中国证券大全

(1997)

名誉总编辑：屠光绍　桂敏杰
总　编　辑：任正德　杨祥海　庄心一
主　　　编：陈京华

①

A COMPREHENSIVE
HANDBOOK OF CHINESE SECURITIES

上海证券交易所
深圳证券交易所　协办

中国证券大全编辑委员会　编
中国经济出版社

图书在版编目（CIP）数据

中国证券大全·1997/陈京华主编
——北京：中国经济出版社，1997.12
ISBN 7—5017—4142—5

Ⅰ.中… Ⅱ.陈… Ⅲ.①证券交易—中国—1997—手册
②资本市场—中国—1997—手册 Ⅳ.F832.5—62

中国版本图书馆 CIP 数据核字〔97〕第 25942 号

责任编辑：苏耀彬

中 国 证 券 大 全

（1997）

主编：陈京华

＊ ＊ ＊

中国经济出版社出版发行
（北京市百万庄北街 3 号）
邮编：100037
各地新华书店经销
东莞新扬印刷有限公司印刷

＊ ＊ ＊

开本：889×1194 毫米 · 大 1/16 · 281 印张 ·13500 千字
1997 年 12 月第 1 版 1998 年 1 月第 1 次印刷
ISNB 7—5017—4142—5/F·2998
定价：750 元（共三册）

稿　约

《中国证券大全》(1998)现已开始编辑组稿,将在1998年8月出版发行;

征集对编辑内容的修改及补充建议;

征集栏目资料、版式设计和证券知识稿件等内容,稿酬从优。

联系电话:(0755)3229756　3239501(传真)

(010)67739522　63071040－352

《中国证券大全》编辑委员会
(1997)

积极稳妥发展证券市场进一步做好股票发行上市工作

周正庆

江泽民总书记在十五大报告中指出:“公有制实现形式可以而且应当多样化。一切反映社会化生产规律的经营方式和组织形式都可以大胆利用。”通过学习和领会十五大报告精神,联系证券市场和上市公司七年来的探索和经验,使我们认识到,在公有制的多种实现形式中,国家或集体控股的上市公司是一种重要形式。部分国有企业发行股票上市,可以推动国有企业的改革和发展,壮大国有经济的实力,增强国有经济的控制力和竞争力,维护和巩固公有制在国民经济中的主体地位,有利于推动建立现代企业制度。

一、国有企业发行股票上市是公有制的一种重要实现形式

经过七年的发展,我国在境内外上市的公司已达742家,其中境内上市公司到1997年8月底总市值16434亿元,占国内生产总值的24%,在社会主义市场经济建设中发挥着越来越积极的作用。

(一)国有企业发行股票上市有利于巩固和增强公有制经济的主体地位

在经济体制从计划经济向社会主义市场经济转变的过程中,如何在多种经济成份共同发展的同时,增强国有经济的控制力和竞争力,保持公有制经济的主体地位,是一个新课题。十五大报告指出,股份制作为现代企业的一种资本组织形式,资本主义可以用,社会主义也可以用。股份制是公有还有私有,关键看控股权掌握在谁手中。上市公司七年来的实践证明,国有企业发行股票上市不仅没有导致私有化,反而扩大了公有资本的支配范围,有利于巩固和增强公有制在国民经济中的主体地位,有利于国有资产的保值和增值。

上市公司中公有制成份居绝对主导地位。1996年末的530家上市公司中,国家及国有企业控股的373家,占70.3%;集体企业控股的83家,占15.7%;股份有限公司和有限责任公司(股东主要是由国有企业或集体企业构成)控股的66家,占12.5%;外资企业间接控股的8家,仅占1.5%。在530家上市公司总计1219亿股本中,国有股占53%。通过发行股票上市,国有和集体经济不仅保持了对企业的控股权,而且吸纳了大量社会资金,有利于增强公有制经济的实力和影响力。

国有企业发行股票上市使国有资产得到保值增值。一是改制时评估增值。上市的国有企业通过评估,资产增值率一般为33%;二是溢价发行增值。从A股市场看,向社会公众发行股票的价格每股平均为6元左右,是发行前企业每股净资产的4倍,国有资产享受的增值率为84%;三是经营增值。1990—1996年,上市公司平均净资产利润率为13.9%,实现了国有资产稳步增值;四是配股增值。上市公司配股价格一般比每股净资产值高50%以上,使国有资产能够进一步增值。

(二)发行股票上市有利于搞好国有大中型企业,促进两个根本性转变

政企不分、资本金不足、技术改造乏力、经济效益低下是长期困扰国有大中型企业的难题,部分国有企业发行股票上市为解决这些问题创造了较好的条件,找到了一条新的途径。

发行股票上市开辟了企业直接融资渠道,支持了国有企业的改革和发展。在计划经济体制

下，我国长期以来实行的是单一的间接融资体制，企业融资几乎全靠银行贷款，国有企业的资产负债结构很不合理，严重影响了银行和企业的健康发展。适应改革开放和建设社会主义市场经济体制的需要，我国自 80 年代初开始逐步发展直接融资，证券市场的发展拓宽了企业融资渠道，特别是股票市场的建立和发展为解决国有企业资本金不足问题开辟了一条重要途径，从国内外吸引了大量建设资金，优化了国有企业资产负债结构，有力地支持了国有大中型企业的改革和发展。

截止到 1997 年 8 月底，我国上市公司通过境内外证券市场筹集到资本金共计人民币 2560 亿元，其中通过发行 B 股、H 股和其它外资股共吸引外资 135.4 亿美元。这些资本金的注入，有力地改善了上市国有企业的资产负债结构，为国有企业轻装上阵参与市场竞争提供了较好的财务基础。1996 年，工业类上市公司平均资产负债率为 50.37%，比国有工业企业平均水平 65.29%低 14.92 个百分点。随着股票市场的发展和股票发行办法的改善，国有重点大中型企业发行股票上市的也越来越多。在国家 512 家重点企业中，已经上市 181 家，占总数的 35%；120 户试点企业集团中，核心企业已经上市 57 家，占 48%；100 户现代企业制度试点企业中，已经上市 40 户，占 40%。

发行股票上市有利于促进国有企业转换经营机制，建立现代企业制度。在建立现代企业制度的过程中，上市公司起到了较好的示范作用。国有企业在上市前的改制过程中，要经过资产重组、评估和审计，要按公司法等国家有关法规确立法人治理结构，要明确募集资金的用途，并将上述信息公诸于众。上市后，要依法定期和不定期披露信息，接受股东的监督和国家证券监管部门的监管。如果公司不适应市场竞争，利润下降，广大投资者就会“用脚投票”，卖出公司股票，公司发展受到影响，公司管理层面临较大的外部压力。如果公司不遵守法规，就会受到监管部门依法查处，情节严重的，公司高级管理人员还要被禁止担任上市公司领导职务。这些要求和做法有利于推动政企分开，促进企业转换经营机制，建立现代企业制度。从实际情况看，办得好的上市公司初步理顺了产权关系，建立了产权约束机制，并形成了一定的内部制衡机制和外部约束机制，决策相对科学，管理相对规范，经营管理基本转移到以市场为导向，以提高经济效益为中心的轨道上来，逐步成为自主经营、自负盈亏、自我发展、自我约束的法人主体和市场竞争主体。

发行股票上市后国有企业经济效益明显提高。从对 1993 年上市的 51 家上市公司的调查看，上市后四年的年均劳动生产率为 48185 元/人，是上市前两年年均劳动生产率 18863 元/人的 2.55 倍。由于国有控股上市公司上市前一般都是较好的企业，上市后多数也能保持一定的增长水平，因此，国有控股上市公司整体经济效益高于非上市的国有企业。1996 年，国有控股上市公司销售利润率为 9.7%，是国有大中型企业销售利润率 1.8%的 5 倍；国有控股上市公司净资产收益率为 9%，是国有大中型企业净资产收益率 1.5%的 6 倍；国有控股上市公司资产总额只占国有企业资产总额的 3%，但利润却占国有企业利润的 23%。

证券市场作为大公司的孵化器，在我国上市公司中初现端倪。例如，上海石化通过在国际国内证券市场上融资 66 亿元，1996 年企业净资产达到 119.4 亿元，主营业务收入达到 122 亿元，名列石化企业前茅，居上市公司榜首。四川长虹先后从证券市场上筹集资金近 30 亿元，1996 年长虹牌彩电实现销售收入 105 亿元，产品份额占全国市场的 27%，取代日本松下成为我国市场上销量最大的彩电品牌。许多国有企业发行股票上市后，抓住机遇，快速发展，成为行业发展的排头兵。在彩电、空调、冰箱、印刷、化工、石化、化纤、医药、电力、纺织、钢铁、建材、商业、航空、摩托车、工程机械等行业，上市公司都是骨干企业，居主导或重要地位。例如，1996 年电子百强企业中，前 10 名均是上市公司，其销售额占全行业的 30%。

(三)国有企业发行股票上市有利于促进产业结构的调整和社会资源的优化配置

几年来,在上市公司的发展过程中,证券主管部门把贯彻国家产业政策,支持国家重点建设,促进产业结构调整,优化资源配置,提高资本集中度作为工作重点,收到了一定成效。

支持了农业、能源、交通、通讯、原材料等基础产业和高新技术产业的发展。基础产业和高新技术产业长期面临资金短缺的难题,证券市场的发展为其提供了一条有效的筹资渠道。截至1997年8月,上市公司通过发行A股筹集资金1384亿元,用于基础产业业和高新技术产业的761亿元,占55%,加上用于支柱产业的347亿元,占到80%以上。

支持了国家重点建设和技术改造。从1993年至1997年6月,国有企业仅通过发行A股,就为79个国家重点建设项目和206个省级重点建设项目提供了资金415亿元,为54个国家技改项目和111个省级技改项目提供了资金256亿元。通过证券市场,提高了资本集中度,对于促进产业结构调整,优化资源配置发挥了积极作用。

促进了企业的收购兼并和资产重组。“大而全”、“小而全”和低水平的重复建设一直是我国经济生活中的一个顽症。上市公司由于经营机制不同,追求低成本的扩张,有着兼并重组的内在动力和能力,加之政策的因势利导,把产品经营和资本经营相结合,既使自身较快成长为控制力、竞争力强的大企业,又有利于带动和搞活一批处于困境的国有企业。目前,已有136家上市公司兼并273家国有困难企业。辽河化工通过发行股票募集资金6.68亿元,以注入资本金、承担债务方式兼并锦西天然气化工厂,使锦天化资本金增加到5.59亿元,资产负债比例由97%下降到66%,扭亏为盈,焕发出新的活力。同时,辽河化工通过兼并锦天化,总资产从21亿元增加到42亿元,主要产品尿素年产量由上市前的48万吨上升到100万吨,市场占有率由3.5%增长到7%,增加了竞争力,成为全国最大的化肥生产基地之一。深康佳是一家拥有资金、技术和品牌优势的企业,1992年上市后面临着如何扩大生产规模和市场占有率的问题。他们通过证券市场募集资金,以收购、兼并、重组等方式与内地同行业国有亏损企业进行联合,组建了几家控股子公司,实现了优势互补、共同发展,使主要产品康佳品牌彩电年产能力由1992年的88万台上升到1996年的250万台,市场占有率由1992年的1.84%上升到1996年的13%,在激烈的市场竞争中,既壮大了自己的力量,又救活了一批国有亏损企业,走出了一条产业化、低成本扩张的路子。

二、以“八字方针”为指导,进一步做好国有企业发行股票上市工作,为增强国有经济的控制力和竞争力服务

证券市场是高风险市场,十五大报告要求,要加强对证券市场的监管,有效防范和化解证券市场风险。上市公司是证券市场的基石,上市公司质量的好坏对于能否有效地防范和化解市场风险,促进证券市场健康发展关系极大。我国上市公司虽然取得了一定成绩,但也存在着一些不容忽视的问题和困难,应该及时采取措施加以解决,促进证券市场健康发展,更好地为国有企业的改革和发展服务,为增强国有经济的竞争力和控制力服务。

(一)上市公司还存在不少问题和困难,证券市场潜在着一些风险和隐患

上市公司存在的主要问题是:对上市认识不清,普遍存在重筹资、轻转制的倾向;部分上市公司质量不高,有的在上市过程中以劣充优,有的上市后经营不善,造成亏损;规范运作程度不高,弄虚作假,违规炒股,操纵市场等现象时有发生;多数公司在发展中也遇到一些困难,例如,政企不分的现象还比较突出,企业办社会的问题还未妥善解决,证券市场功能不全,品种单一,需求不足,缺少机构投资者以及交易成本偏高等等。

(二)坚持以“八字方针”为指导,规范上市公司行为,提高上市公司质量,及时防范和化解市场风险

国务院关于“法制、监管、自律、规范”的八字方针是指导证券市场和上市公司运行的基本方针，任何时候都必须坚定不移地贯彻这个方针，规范上市公司运作，提高上市公司质量，保护投资者利益。一要加强教育，转变观念，采取措施，防止“穿新鞋走老路”，把转换经营机制作为国有企业发行股票上市的重点来抓，为企业的持续发展奠定基础；二要根据“三改一加强”的要求，不断完善审核标准和审核制度，严格把关，保证质量，宁缺毋滥；三要加强监管，铁面无私，从严执法。要建立上市公司持续监管系统，提高上市公司信息披露质量，对违法违规的上市公司，要严肃查处，对经营不善，不再符合上市标准的公司要坚决淘汰，不搞终身制。各地方、各有关部门对上市公司质量问题一定要引起高度重视，不要把主要精力放在争指标、争额度上，而要放在通过搞好上市公司促进国有企业的改革，实现两个根本性转变上来，不要比谁的上市公司多，而要比谁的上市公司质量高、办得好。

(三)以搞好大中型国有企业为中心，培育一批跨国经营的大型上市公司

十五大报告指出，“国有经济起主导作用，主要体现在控制力上”，要“以资本为纽带，通过市场形式具有较强竞争力的跨地区、跨行业、跨所有制和跨国经营的大企业集团”。国有大中型企业发行股票上市要坚决贯彻这一精神，把公有制发展的重点放在质上，或者说控制力上。上市公司的一个特殊功能，在于控股股东可以通过连环控股的杠杆方式，以小拨大，以较小的资本支配较大的社会资本，在较大范围内扩大和增强控股股东的支配力和影响力。应该充分利用证券市场的特殊功能，集中力量培育一批国家控股的有较强竞争力的大型上市公司，增强国有经济的竞争力，保持国有经济对整个国民经济的控制力。

通过证券市场促进国有企业的改革和发展，一定不能再走“大而全、小而全”，重复建设，粗放经营的老路，要根据实现两个根本性转变的指导思想，按照鼓励兼并、规范破产、下岗分流、减员增效的实施再就业工程，形成企业优胜劣汰的竞争机制的要求，把工作重点放到促进企业兼并重组，盘活国有资产，提高经济效益上来。企业兼并重组，走内涵型、低成本扩张和规模经济的道路，这是上市公司发展的内在要求，是证券市场功能深化的体现。我们要遵循市场经济的法则，同时发挥社会主义能集中力量办大事的优势，充分考虑市场承受能力，有组织、有重点地做好这项工作，以点带面，保证质量，逐步推开，但决不能一哄而起，摆花架子，搞拉郎配。要鼓励准备上市的和已经上市的公司兼并有发展前景，但目前还亏损的国有企业，以强带弱，优势互补，共同发展，既壮大上市企业实力，又使被兼并的企业转换经营机制，焕发出新的优势，促进整个国有资产的战略性重组和国家产业结构的调整，为实现在三年左右使大多数国有大中型亏损企业走出困境的目标作贡献。

(四)审时度势，循序渐进，积极稳妥地推动证券市场的发展

目前，我国证券市场还处在发展的初级阶段，市场需求的培育将会是一个较长的过程，尚不存在大规模扩容的条件。国有企业发行股票上市，要在充分考虑市场容量和承受能力的前提下，精心组织，瞻前顾后，质量优先，循序渐进，注意供求平衡，增强发展后劲。要逐步理顺市场结构，完善市场功能，增加投资品种，降低交易成本，培育机构投资者，扩大市场需求，提高市场效率，增强市场的活力和创造力，吸引越来越多的投资者参与证券投资。当前，证券投资基金即将出台，要抓紧做好组织实施工作。同时，要加快国有资产管理体制的改革和社会保障体系的建立，实现政企分开，明确经营责任，减轻企业不合理的负担，解除企业后顾之忧，为上市国有企业创造良好的外部环境。我们相信，在以江泽民同志为核心的党中央领导下，只要高举邓小平理论的伟大旗帜，坚决贯彻党的十五大精神，我国的证券市场和上市公司一定会越办越好，为社会主义现代化事业作出更大贡献。

（作者系中国证券监督管理委员会主席，原文载于1997年10月15日《人民日报》）

目 录

第六卷　证券市场的监管与风险防范

第七卷 证券发行与承销

第八卷 证券交易基本常识

第九卷 沪深证券交易所

二、商业类

三、地产类

四、公共事业类

五、综合类

第十一卷 深圳证券交易所 上市公司信息汇集

一、工业类

二、商业类

三、金融类

四、地产类

五、公用事业类

六、综合类

七、深市上市公司中期业绩一览表 …… 3967

彩页索引 P1377 前

第十二卷 证券商

第十三卷　投资基金汇集

第十四卷　证券服务机构

山西证券交易中心
北京证券登记有限责任公司
重庆会计师事务所
深圳中华会计师事务所

第十五卷　证券投资分析

附录：

重要说明：①本目录表在第十卷、十一卷上市公司信息汇集中，其每家上市公司的详细资料分别为：带"●"刊登96年报、97中报；带"◇"刊登招股说明书、上市公告书、97中报；带"◆"刊登上市公告书、96年报、97中报；带"△"刊登招股说明书、上市公告书；带"■"刊登上市公告书；带"★"刊登96年报(精选)；带"☆"刊登97中报；带"▲"刊登招股说明书、97中报；带"▲"刊登96年报；带"▲"刊登招股说明书；带"○"刊登上市公告书、97中报；另由于部分上市公司提供资料不及时，或没有提供故带"＊"缺资料，特此一并说明。

②本编委会对在本书中所刊载的信息资料或广告概不负责，对其准确性、完整性亦不发表任何评论。并表示不对因该资料全部或部分内容产生的或依赖该资料而引致的任何损失承担责任。投资者若依附本书中的资料而作投资决策时，请直接与刊户联系，采取商业或证券交易中应有的慎重考虑。

《中国证券大全》(1998)将于1998年8月底出版发行，联系电话：(0755)3223327　3229756(F)　(010)63071040—352　67739522

第一卷 学习党的十五大报告精神

高举邓小平理论伟大旗帜，把建设有中国特色社会主义事业全面推向二十一世纪

摘登江泽民同志在中国共产党第十五次全国代表大会上的报告
（1997年9月12日）

一、邓小平理论的历史地位和指导意义

在社会主义改革开放和现代化建设的新时期，在跨越世纪的新征途上，一定要高举邓小平理论的伟大旗帜，用邓小平理论来指导我们整个事业和各项工作。这是党从历史和现实中得出的不可动摇的结论。

中国共产党是非常重视理论指导的党。中国人民找到了马克思列宁主义，中国革命的面貌为之一新。马克思列宁主义同中国实际相结合有两次历史性飞跃，产生了两大理论成果。第一次飞跃的理论成果是被实践证明了的关于中国革命和建设的正确的理论原则和经验总结，它的主要创立者是毛泽东，我们党把它称为毛泽东思想。第二次飞跃的理论成果是建设有中国特色社会主义理论，它的主要创立者是邓小平，我们党把它称为邓小平理论。这两大理论成果都是党和人民实践经验和集体智慧的结晶。

党从诞生之日起，就把马克思列宁主义确立为自己的指导思想。经过遵义会议和延安整风，党的七大又把马克思列宁主义的理论与中国革命的实践之统一的思想—毛泽东思想，确立为党的指导思想。这是总结建党二十四年经验作出的历史性决策。现在，在十一届三中全会和十二大、十三大、特别是十四大的基础上，中央建议十五大在党章中把邓小平理论确立为党的指导思想，明确规定：中国共产党以马克思列宁主义、毛泽东思想、邓小平理论作为自己的行动指南。这是我们党经过近二十年改革开放和社会主义现代化建设的成功实践作出的历史性决策。作出这个决策，表明中央领导集体和全党把邓小平开创的建设有中国特色社会主义事业全面推向新世纪的决心和信念，也反映了全国人民的共识和心愿。

实践证明，作为毛泽东思想的继承和发展的邓小平理论，是指导中国人民在改革开放中胜利实现社会主义现代化的正确理论。在当代中国，只有把马克思主义同当代中国实践和时代特征结合起来的邓小平理论，而没有别的理论能够解决社会主义的前途和命运问题。邓小平理论是当代中国的马克思主义，是马克思主义在中国发展的新阶段。

邓小平理论之所以能够成为马克思主义在中国发展的新阶段，是因为：

第一，邓小平理论坚持解放思想、实事求是，在新的实践基础上继承前人又突破陈规，开拓了马克思主义的新境界。实事求是是马克思列宁主义的精髓，是毛泽东思想的精髓，也是邓小平理论的精髓。一九七八年邓小平《解放思想，实事求是，团结一致向前看》这篇讲话，是在“文化大革命”结束以后，中国面临向何处去的重大历史关头，冲破“两个凡是”的禁锢，开辟新时期新道路、开创建设有中国特色社会主义新理论的宣言书。一九九二年邓小平南方谈话，是在国际国内政治风波严峻考验的重大历史关头，坚持十一届三中全会以来的理论和路线，深刻回答长期束缚人们思想的许多重大认识问题，把改革开放和现代化建设推进到新阶段的又一个解放思想、实事求是的宣言书。在走向新世纪的新形势下，面对许多我们从来没有遇到过的艰巨课题，邓小平理论要求我们增强和提高解放思想、实事求是的坚定性和自觉性，一切以是否有利于发展社会主义社会的生产力、有利于增强社会主义国家的综合国力、有利于提高人民的生活水平这“三个有利于”为根本判断标准，不断开拓我们事业的新局面。

第二，邓小平理论坚持科学社会主义理论和实践的基本成果，抓住“什么是社会主义、怎样建设社会主义”这个根本问题，深刻地揭示社会主义的本质，把对社会主义的认识提高到新的科学水平。新时期的思想解放，关键就是在这个问题上的思想解放。我国社会主义在改革开放前所经历的曲折和失误，改革开放以来在前进中遇到的一些困惑，归根到底都在于对这个问题没有完全搞清楚。拨乱反正，全面改革，从以阶级斗争为纲到以经济建设为中心，从封闭半封闭到改革开放，从计划经济到社会主义市场经济，近二十年的历史性转变，就是逐渐搞清楚这个根本问题的进程。这个进程，还将在今后的实践中继续下去。

第三，邓小平理论坚持用马克思主义的宽广眼界观察世界，对当今时代特征和总体国际形势，对世界上其他社会主义国家的成败，发展中国家谋求发展的得失，发达国家发展的态势和矛盾，进行正确分析，作出了新的科学判断。世界变化很大很快，特别是日新月异的科学技术进步深刻地改变了并将继续改变当代经济社会生活和世界面貌，任何国家的马克思主义者都不能不认真对待。邓小平理论正是根据这种形势，确定我们党的路线和国际战略，要求我们用新的观点来认识、继承和发展马克思主义，强调只有这样才是真正的马克思主义，墨守成规只能导致落后甚至失败。这是邓小平理论鲜明的时代精神。

第四，总起来说，邓小平理论形成了新的建设有中国特色社会主义理论的科学体系。它是在和平与发展成为时代主题的历史条件下，在我国改革开放和现代化建设的实践中，在总结我国社会主义胜利和挫折的历史经验并借鉴其他社会主义国家兴衰成败历史经验的基础上，逐步形成和发展起来的。它第一次比较系统地初步回答了中国社会主义的发展道路、发展阶段、根本任务、发展动力、外部条件、政治保证、战略步骤、党的领导和依靠力量以及祖国统一等一系列基本问题，指导我们党制定了在社会主义初级阶段的基本路线。它是贯通哲学、政治经济学、科学社会主义等领域，涵盖经济、政治、科技、教育、文化、民族、军事、外交、统一战线、党的建设等方面比较完备的科学体系，又是需要从各方面进一步丰富发展的科学体系。

邓小平是伟大的马克思主义者。他为中华民族的独立和解放，为中国社会主义制度的建立，为中国改革开放和现代化建设，建立了不朽的功勋。他把毕生心血都献给了中国人民，一切以人民的利益为出发点和归宿。他对党、对人民、对马克思主义的最大贡献，他留给我们的珍贵遗产，就是邓小平理论。这个理论，集中体现在十一届三中全会以来邓小平著作以及党和国家的重要文献中。

马克思主义是科学，它始终严格地以客观事实为根据。而实际生活总是在不停的变动中，这种变动的剧烈和深刻，近一百多年来达到了前人难以想象的程度。因此，马克思主义必定随着时代、实践和科学的发展而不断发展，不可能一成不变。对待马克思主义，有个学风问题：究竟是从本本出发，还是用马克思主义的立场观点方法来研究和解决中国的现实问题。毛泽东在延安整风时就强调："应确立以研究中国革命实际问题为中心，以马克思列宁主义基本原则为指导的方针，废除静止地孤立地研究马克思列宁主义的方法。"现在提出用邓小平理论武装全党，提出学习马克思列宁主义、毛泽东思想，中心内容是学习建设有中国特色社会主义理论，就是发扬这个优良传统。马克思列宁主义、毛泽东思想一定不能丢，丢了就丧失根本。同时一定要以我国改革开放和现代化建设的实际问题、以我们正在做的事情为中心，着眼于马克思主义理论的运用，着眼于对实际问题的理论思考，着眼于新的实践和新的发展。离开本国实际和时代发展来谈马克思主义，没有意义。静止地孤立地研究马克思主义，把马克思主义同它在现实生活中的生动发展割裂开来、对立起来，没有出路。在当代中国，马克思列宁主义、毛泽东思想、邓小平理论，是一脉相承的统一的科学体系。坚持邓小平理论，就是真正坚持马克思列宁主义、毛泽东思想；高举邓小平理论的旗帜，就是真正高举马克思列宁主义、毛泽东思想的旗帜。

二、社会主义初级阶段的基本路线和纲领

十一届三中全会以来，党正确地分析国情，作出我国还处于社会主义初级阶段的科学论断。我们讲一切从实际出发，最大的实际就是中国现在处于并将长时期处于社会主义初级阶段。我们讲要搞清楚"什么是社会主义、怎样建设社会主义"，就必须搞清楚什么是初级阶段社会主义，在初级阶段怎样建设社会主义。十一届三中全会前我们在建设社会主义中出现失误的根本原因之一，就在于提出的一些任务和政策超越了社会主义初级阶段。近二十年改革开放和现代化建设取得成功的根本原因之一，就是克服了那些超越阶段的错误观念和政策，又抵制了抛弃社会主义基本制度的错误主张。这样做，没有离开社会主义，而是在脚踏实地建设社会主义，使社会主义在中国真正活跃和兴旺起来，广大人民从切身感受中更加拥护社会主义。

这次大会进一步强调这个问题，是因为：面对改革攻坚和开创新局面的艰巨任务，我们解决种种矛盾，澄清种种疑惑，认识为什么必须实行现在这样的路线和政策而不能实行别样的路线和政策，关键还在于对所处社会主义初级阶段的基本国情要有统一认识和准确把握。

社会主义是共产主义的初级阶段，而中国又处在社会主义的初级阶段，就是不发达的阶段。在我们这样的东方大国，经过新民主主义走上社会主义道路，这是伟大的胜利。但是，我国进入社会主义的时候，就生产力发展水平来说，还远远落后于发达国家。这就决定了必须在社会主义条件下经历一个相当长的初级阶段，去实现工业化和经济的社会化、市场化、现代化。这是不可逾越的历史阶段。

在党的纲领中明确提出社会主义初级阶段的科学概念，这在马克思主义历史上是第一次。邓小平在谈到建设初级阶段的社会主义时特别强调："我们现在所干的事业，是一项新事业。马克思没有讲过，我们的前人没有做过，其他社会主义国家也没有干过，所以，没有现成的经验可学。我们只能在干中学，在实践中摸索。"这就是说，在中国，真要建设社会主义，那就只能一切从社会主义初级阶段的实际出发，而不能从主观愿望出发，不能从这样那样的外国模式出发，不能从对马克思主义著作中个别论断的教条式理解和附加到马克思主义名下的某些错误论点出发。

社会主义初级阶段，是逐步摆脱不发达状态，基本实现社会主义现代化的历史阶段；是由农业人口占很大比重、主要依靠手工劳动的农业国，逐步转变为非农业人口占多数、包含现代农业和现代服务业的工业化国家的历史阶段；是由自然经济半自然经济占很大比重，逐步转变为经济市场化程度较高的历史阶段；是由文盲半文盲人口占很大比重、科技教育文化落后，逐步转变为科技教育文化比较发达的历史阶段；是由贫困人口占很大比重、人民生活水平比较低，逐步转变为全体人民比较富裕的历史阶段；是由地区经济文化很不平衡，通过有先有后的发展，逐步缩小差距的历史阶段；是通过改革和探索，建立和完善比较成熟的充满活力的社会主义市场经济体制、社会主义民主政治体制和其他方面体制的历史阶段；是广大人民牢固树立建设有中国特色社会主义共同理想，自强不息，锐意进取，艰苦奋斗，勤俭建国，在建设物质文明的同时努力建设精神文明的历史阶段；是逐步缩小同世界先进水平的差距，在社会主义基础上实现中华民族伟大复兴的历史阶段。这样的历史进程，至少需要一百年时间。至于巩固和发展社会主义制度，那还需要更长得多的时间，需要几代人、十几代人，甚至几十代人坚持不懈地努力奋斗。

从五十年代中期我国进入社会主义初级阶段开始到现在，经过四十多年特别是近二十年的发展，我国生产力有了很大提高，各项事业有了很大进步。然而总的说来，人口多、底子薄，地区发展不平衡，生产力不发达的状况没有根本改变；社会制度还不完善，社会主义市场经济体制还不成熟，社会主义民主法制还不够健全，封建主义、资本主义腐朽思想和小生产习惯势力在社会上还有广泛影响。我国社会主义社会仍然处在初级阶段。

社会主义的根本任务是发展社会生产力。在社会主义初级阶段，尤其要把集中力量发展社会生产力摆在首要地位。我国经济、政治、文化和社会生活各方面存在着种种矛盾，阶级矛盾由于国际国内因素还将在一定范围内长期存在，但社会的主要矛盾是人民日益增长的物质文化需要同落后的社会生产之间的矛盾，这个主要矛盾贯穿我国社会主义初级阶段的整个过程和社会生活的各个方面。这就决定了我们必须把经济建设作为全党全国工作的中心，各项工作都要服从和服务于这个中心。只有牢牢抓住这个主要矛盾和工作中心，才能清醒地观察和把握社会矛盾的全局，有效地促进各种社会矛盾的解决。发展是硬道理，中国解决所有问题的关键在于依靠自己的发展。

在社会主义初级阶段，围绕发展社会生产力这个根本任务，要把改革作为推进建设有中国特色社会主义事业各项工作的动力。改革是全面改革，是在坚持社会主义基本制度的前提下，自觉调整生产关系和上层建筑的各个方面和环节，来适应初级阶段生产力发展水平和实现现代化的历史要求。把社会主义同市场经济结合起来，是一个伟大创举。这就需要积极探索，大胆试验，尊重群众的首创精神；需要深化改革，解决体制转变中的深层次矛盾和关键问题；需要扩大开放，吸收和借鉴世界各国包括资本主义发达国家的先进技术和管理经验。

在社会主义初级阶段，正确处理改革、发展同稳定的关系，保持稳定的政治环境和社会秩序，具有极端重要的意义。没有稳定，什么事也干不成。必须坚持党的领导和人民民主专政，坚持物质文明和精神文明两手抓、两手都要硬的方针，排除一切破坏稳定的因素，反对资产阶级自由化，警惕国际国内敌对势力的渗透、颠覆和分裂活动。必须把改革的力度、发展的速度和社会可以承受的程度统一起来，在社会政治稳定中推进改革、发展，在改革、发展中实现社会政治稳定。

在把我们的事业全面推向二十一世纪的历史时刻，必须郑重指出：全党要毫不动摇地坚持党在社会主义初级阶段的基本路线，把以经济建设为中心同四项基本原则、改革开放这两个基本点统一于建设有中国特色社会主义的伟大实践。这是近二十年来我们党最可宝贵的经验，是我们事业胜利前进最可靠的保证。要警惕右，但主要是防止“左”。保持清醒头脑，克服各种干扰，坚持邓小平理论和基本路线不动摇。根据这个理论和基本路线，围绕建设富强民主文明的社会主义现代化国家的目标，进一步明确什么是社会主义初级阶段有中国特色社会主义的经济、政治和文化，怎样建设这样的经济、政治和文化，是必要的。

—建设有中国特色社会主义的经济，就是在社会主义条件下发展市场经济，不断解放和发展生产力。这就要坚持和完善社会主义公有制为主体、多种所有制经济共同发展的基本经济制度；坚持和完善社会主义市场经济体制，使市场在国家宏观调控下对资源配置起基础性作用；坚持和完善按劳分配为主体的多种分配方式，允许一部分地区一部分人先富起来，带动和帮助后富，逐步走向同富裕；坚持和完善对外开放，积极参与国际经济合作和竞争。保证国民经济持续快速健康发展，人民共享经济繁荣成果。

—建设有中国特色社会主义的政治，就是在中国共产党领导下，在人民当家作主的基础上，依法治国，发展社会主义民主政治。这就要坚持和完善工人阶级领导的、以工农联盟为基础的人民民主专政；坚持和完善人民代表大会制度和共产党领导的多党合作、政治协商制度以及民族区域自治制度；发展民主，健全法制，建设社会主义法治国家。实现社会安定，政府廉洁高效，全国各族人民团结和睦，生动活泼的政治局面。

—建设有中国特色社会主义的文化，就是以马克思主义为指导，以培育有理想、有道德、有文化、有纪律的公民为目标，发展面向现代化、面向世界、面向未来的，民族的科学的大众的社会主义文化。这就要坚持用邓小平理论武装全党，教育人民；努力提高全民族的思想道德素质和教育科学文化水平；坚持为人民服务、为社会主义服务的方向和百花齐放、百家争鸣的方针，重在建设，繁荣学术和文艺。建设立足中国现实、继承历史文化优秀传统、吸取外国文化有益成果的社会主义精神文明。

上述建设有中国特色社会主义的经济、政治、文化的基本目标和基本政策，有机统一，不可分割，构成党在社会主义初级阶段的基本纲领。这个纲领，是邓小平理论的重要内容，是党的基本路线在经济、政治、文化等方面的展开，是这些年来最主要经验的总结。

三、经济体制改革和经济发展战略

从现在起到下世纪的前十年，是我国实现第二步战略目标、向第三步战略目标迈进的关键时期。我们要积极推进经济体制和经济增长方式的根本转变，努力实现“九五”计划二〇一〇年远景目标，为下世纪中叶基本实现现代化打下坚实基础，在这个时期，建立比较完善的社会主义经济体制，保持国民经济持续快速健康发展，是必须解决好的两大课题。要坚持社会主义市场经济的改革方向，使改革在一些重大方面取得新的突破，并在优化经济结构、发展科学技术和提高对外开放水平等方面取得重大进展，真正走出一条速度较快、效益较好、整体素质不断提高的经济协调发展的路子。

（一）调整和完善所有制结构。公有制为主体、多种所有制经济共同发展，是我国社会主义初级阶段的一项基本经济制度。这一制度的确立，是由社会主义性质和初级阶段国情决定的：第一，我国是社会主义国家，必须坚持公有制作为社会主义经济制度的基础；第二，我国处在社会主义初级阶段，需要在公有制为主体的条件下发展多种所有制经济；第三，一切符合“三个有利于”的所有制形式都可以而且应该用来为社会主义服务。

十一届三中全会以来，我们党认真总结以往在所有制问题上的经验教训，制定以公有制为主体、多种经济成分共同发展的方针，逐步消除所有制结构不合理对生产力的羁绊，出现了公有制实现形式多样化和多种经济成分共同发展的局面。继续调整和完善所有制结构，进一步解放和发展生产力，是经济体制改革的重大任务。

要全面认识公有制经济的含义。公有制经济不仅包括国有经济和集体经济，还包括混合所有制经济中的国有成分和集体成分。公有制的主体地位主要体现在：公有资产在社会总资产中占优势；国有经济控制国民经济命脉，对经济发展起主导作用。这是就全国而言，有的地方、有的产业可以有所差别。公有资产占优势，要有量的优势，更要注重质的提高。国有经济起主导作用，主要体现在控制力上。要从战略上调整国有经济布局。对关系国民经济命脉的重要行业和关键领域，国有经济必须占支配地位。在其他领域，可以通过资产重组和结构调整，以加强重点，提高国有资产的整体质量。只要坚持公有制为主体，国家控制国民经济命脉，国有经济的控制力和竞争力得到增强，在这个前提下，国有经济比重减少一些，不会影响我国的社会主义性质。

集体所有制经济是公有制经济的重要组成部分。集体经济可以体现共同致富原则，可以广泛吸收社会分散资金，缓解就业压力，增加公共积累和国家税收。要支持、鼓励和帮助城乡多种形式集体经济的发展。这对发挥公有制经济的主体作用意义重大。

公有制实现形式可以而且应当多样化。一切反映社会化生产规律的经营方式和组织形式都可以大胆利用。要努力寻找能够极大促进生产力发展的公有制实现形式。股份制是现代企业的一种资本组织形式，有利于所有权和经营权分离，有利于提高企业和资本的运作效率，资本主义可以用，社会主义也可以用。不能笼统地说股份制是公有还是私有，关键看控股权掌握在谁手中。国家和集体控股，具有明显的公有性，有利于扩大公有资本的支配范围，增强公有制的主体作用。目前城乡大量出现的多种多样的股份合作制经济，是改革中的新事物，要支持和引导，不断总结经验，使之逐步完善。劳动者的劳动联合和劳动者的资本联合为主的集体经济，尤其要提倡和鼓励。

非公有制经济是我国社会主义市场经济的重要组成部分。对个体、私营等非公有制经济要继续鼓励、引导，使之健康发展。这对满足人们多样化的需要，增加就业，促进国民经济的发展有重要作用。

要健全财产法律制度，依法保护各类企业的合法权益和公平竞争，并对它们进行监督管理。

（二）加快推进国有企业改革。国有企业是我国国民经济的支柱。搞好国有企业改革，对建立社会主义市场经济体制和巩固社会主义制度，具有极为重要的意义。

建立现代企业制度是国有企业改革的方向。要按照“产权清晰、权责明确、政企分开、管理科学”的要求，对国有大中型企业实行规范的公司制改革，使企业成为适应市场的法人实体和竞争主体。进一步明确国家和企业的权利和责任。国家按投入企业的资本额享有所有者权益，对企业的债务承担有限责任；企业依法自主经营，自负盈亏。政府不能直接干预企业经营活动，企业也不能不受所有者约束，损害所有者权益。要采取多种方式，包括直接融资，充实企业资本金。培育和发展多元化投资主体，推动政企分开和企业转换经营机制。

把国有企业改革同改组、改造、加强管理结合起来。要着眼于搞好整个国有经济，抓好大的，放活小的，对国有企业实施战略性改组。以资本为纽带，通过市场形成具有较强竞争力的跨地区、跨行业、跨所有制和跨国经营的大企业集团。采取改组、联合、兼并、租赁、承包经营和股份合作制、出售等形式，加快放开搞活国有小型企业的步伐。要推进企业技术进步，鼓励、引导企业和社会的资金投向技术改造，形成面向市场的新产品开发和技术创新机制。要加强科学管理，探索符合市场经济规律和我国国情的企业领导体制和组织管理制度，建立决策、执行和监督体系，形式有效的激励和制约机制。要建设好企业领导班子，发挥企业党组织的政治核心作用，坚持全心全意依靠工人阶级的方针。

实行鼓励兼并、规范破产、下岗分流、减员增效和再就业工程，形成企业优胜劣汰的竞争机制。随着企业改革深化、技术进步和经济结构调整，人员流动和职工下岗是难以避免的。这会给一部分职工带来暂时的困难，但从根本上说，有利于经济发展，符合工人阶级的长远利益。党和政府要采取积极措施，依靠社会各方面的力量，关心和安排好下岗职工的生活，搞好职业培训，拓宽就业门路，推进再就业工程。广大职工要转变就业观念，提高自身素质，努力适应改革和发展的新要求。

积极推进各项配套改革。建立有效的国有资产管理、监督和营运机制，保证国有资产的保值增值，防止国有资产流失。建立社会保障体系，实行社会统筹和个人帐户相结合的养老、医疗保险制度，完善失业保险和社会救济制度，提供最基本的社会保障。建立城镇住房公积金，加快改革住房制度。

深化国有企业改革，是全党重要而艰巨的任务。要坚定信心，勇于探索，大胆实践，力争到本世纪末大多数国有大中型骨干企业初步建立现代企业制度，经营状况明显改善，开创国有企业改革和发展的新局面。

（三）完善分配结构和分配方式。坚持按劳分配为主体、多种分配方式并存的制度。把按劳分配和按生产要素分配结合起来，坚持效率优先、兼顾公平，有利于优化资源配置，促进经济发展，保持社会稳定。依法保护合法收入，允许和鼓励一部分人通过诚实劳动和合法经营先富起来，允许和鼓励资本、技术等生产要素参与收益分配。取缔非法收入，对侵吞公有财产和用偷税逃税、权钱交易等非法手段牟取利益的，坚决依法惩处。整顿不合理收入，对凭借行业垄断和某些特殊条件获得个人额外收入的，必须纠正。调节过高收入，完善个人所得税制，开征遗产税等新税种。规范收入分配，使收入差距趋向合理，防止两极分化。

集中财力，振兴国家财政，是保证经济社会各项事业发展的重要条件。要正确处理国家、企业、个人之间和中央与地方之间的分配关系，逐步提高财政收入占国民生产总值的比重和中央财政收入占全国财政收入的比重，并适应所有制结构变化和政府职能转变，调整财政收支结构，建立稳固、平衡的国家财政。

（四）充分发挥市场机制作用，健全宏观调控体系。要加快国民经济市场化进程。继续发展各类市场，着重发展资本、劳动力、技术等生产要素市场，完善生产要素价格形成机制。改革流通体制，健全市场规则，加强市场管理，清除市场障碍，打破地区封锁、部门垄断，尽快建成统一开放、竞争有序的市场体系，进一步发挥市场对资源配置的基础性作用。

宏观调控的主要任务，是保持经济总量平衡，抑制通货膨胀，促进重大经济结构优化，实现经济稳定增长。宏观调控主要运用经济手段和法律手段。要深化金融、财政、计划体制改革，完善宏观调控手段和协调机制。实施适度从紧的财政政策和货币政策，注意掌握调控力度。依法加强金融机构和金融市场包括证券市场的监管，规范和维护金融秩序，有效防范和化解金融风险。

（五）加强农业基础地位，调整和优化经济结构。要根据我国经济发展状况，充分考虑世界科学技术加快发展和国际经济结构加速重组的趋势，着眼于全面提高国民经济整体素质和效益，增强综合国力和国际竞争力，对经济结构进行战略性调整。这是国民经济发展的迫切要求和长期任务。总的原则是：以市场为导向，使社会生产适应国内外市场需求的变化；依靠科技进步，促进产业结构优化；发挥各地优势，推动区域经济协调发展；转变经济增长方式，改变高投入、低产出，高消耗、低效益的状况。

坚持把农业放在经济工作的首位，稳定党在农村的基本政策，深化农村改革，确保农业和农村经济发展、农民收入增加。要多渠道增加投入，加强农业基础设施建设，不断改善生产条件。大力推进科教兴农，发展高产、优质、高效农业和节水农业。积极发展农业产业化经营，形成生产、加工、销售有机结合和相互促进的机制，推进农业向商品化、专业化、现代化转变。综合发展农林牧副渔各业，继续发展乡镇企业，形成合理的产业结构。搞好小城镇规划建设。长期稳定以家庭联产承包为主的责任制，完善统分结合的双层经营体制，逐步壮大集体经济实力。改革粮棉购销体制，实行合理的价格政策。建立健全农业社会化服务体系、农产品市场体系和国家对农业的支持、保护体系。要尊重农民的生产经营自主权，保护农民的合法权益，切实减轻农民负担，使广大农民从党在农村的各项政策和工作中得到实惠。

改造和提高传统产业，发展新兴产业和高技术产业，推进国民经济信息化。继续加强基础设施和基础工业，加大调整、改造加工工业的力度，振兴支柱产业，积极培育新的经济增长点。把开发新技术、新产品、新产业同开拓市场结合起来，把发展技术密集型产业和劳动密集型产业结合起来。鼓励和引导第三产业加快发展。

促进地区经济合理布局和协调发展。东部地区要充分利用有利条件，在推进改革开放中实现更高水平的发展，有条件的地方要率先基本实现现代化。中西部地区要加快改革开放和开发，发挥资源优势，发展优势产业。国家要加大对中西部地区的支持力度，优先安排基础设施和资源开发项目，逐步实行规范的财政转移支付制度，鼓励国内外投资者到中西部投资。进一步发展东部地区同中西部地区多种形式的联合和合作。更加重视和积极帮助少数民族地区发展经济。从多方面努力，逐步缩小地区发展差距。各地要从实际出发，发展各具特色的经济，加快老工业基地的改造，发挥中心城市的作用，进一步引导形成跨地区的经济区域和重点产业带。加快改革投融资体制，完善国家产业政策，切实解决“大而全”、“小而全”和不合理重复建设问题。

（六）实施科教兴国战略和可持续发展战略。科学技术是第一生产力，科技进步是经济发展的决定性因素。要充分估量未来科学技术特别是高技术发展对综合国力、社会经济结构和人民生活的巨大影响，把加速科技进步放在经济社会发展的关键地位，使经济建设真正转到依靠科技进步和提高劳动者素质的轨道上来。要从国家长远发展需要出发，制订中长期科学发展规划，统观全局，突出重点，有所为、有所不为，加强基础性研究和高技术研究，加快实现高技术产业化。强化应用技术的开发和推广，促进科学成果向现实生产力转化，集中力量解决经济社会发展的重大和关键技术问题。有重点有选择地引进先进技术，增强自主创新能力。我国是发展中国家，应该更加重视运用最新技术成果，实现技术发展的跨越。

深化科技和教育体制改革，促进科技、教育同经济的结合。充分发挥市场和社会需求对科技进步的导向和推动作用，支持和鼓励企业从事科研、开发和技术改造，使企业成为科研开发和投入的主体。有条件的科研机构和大专院校要以不同形式进入企业或同企业合作，走产学研结合的道路，解决科技和教育体制上存在的条块分割、力量分散的问题。鼓励创新、竞争和合作。实施保护知识产权制度。人才是科技进步和经济社会发展最重要的资源，要建立一整套有利于人才培养和使用的激励机制。积极引进国外智力。鼓励留学人员回国工作或以适当方式为祖国服务。

我国是人口众多、资源相对不足的国家，在现代化建设中必须实施可持续发展战略。坚持计划生育和保护环境的基本国策，正确处理经济发展同人口、资源、环境的关系。资源开发和节约并举，把节约放在首位，提高资源利用效率。统筹规划国土资源开发和整治，严格执行土地、水、森林、矿产、海洋等资源管理和保护的法律。实施资源有偿使用制度。加强对环境污染的治理，植树种草，搞好水土保持，防治荒漠化，改善生态环境。控制人口增长，提高人口素质，重视人口老龄化问题。

（七）努力提高对外开放水平。对外开放是一项长期的基本国策。面对经济、科技全球化趋势，我们要以更加积极的姿态走向世界，完善全方位、多层次、宽领域的对外开放格局，发展开放型经济，增加国际竞争力，促进经济结构优化和国民经济素质提高。

以提高效益为中心，努力扩大商品和服务的对外贸易，优化进出口结构。坚持以质取胜和市场多元化战略，积极开拓国际市场。进一步降低关税总水平，鼓励引进先进技术和关键设备。深化对外经济贸易体制改革，完善代理制，扩大企业外贸经营权，形成平等竞争的政策环境。积极参与区域经济合作和全球多边贸易体系。

积极合理有效地利用外资。有步骤地推进服务业的对外开放。依法保护外商投资企业的权益，实行国民待遇，加强引导和监管。鼓励能够发挥我国比较优势的对外投资。更好地利用国内国外两个市场、两种资源。完善和实施涉外经济贸易的法律法规。正确处理对外开放同独立自主、自力更生的关系，维护国家经济安全。

进一步办好经济特区、上海浦东新区。鼓励这些地区在体制创新、产业升级、扩大开放等方面继续走在前面，发挥对全国的示范、辐射、带动作用。

（八）不断改善人民生活。提高人民生活水平，是改革开放和发展经济的根本目的。在经济发展的基础上，使全国人民过上小康生活，并逐步向更高的水平前进。努力增加城乡居民实际收入，拓宽消费领域，引导合理消费。在改善物质生活的同时，充实精神生活，美化生活环境，提高生活质量。特别要改善居住、卫生、交通和通信条件，扩大服务性消费。逐步增加公共设施和社会福利设施。提高教育和医疗保健水平。实行保障城镇困难居民基本生活的政策。国家从多方面采取措施，加大扶贫攻坚力度，到本世纪末基本解决农村贫困人口的温饱问题。

同志们！我们提出的经济改革和发展的目标和任务，反映了人民的根本利益，要依靠人民的积极性和创造精神，依靠人民的艰苦奋斗来实现。只要我们坚持正确的政策，把各方面的积极性引导好、保护好、发挥好，就一定能够在我国成功地建立起社会主义市场经济体制，实现国民经济持续快速健康发展。

（**编者注：**本篇摘自江泽民同志在中国共产党第十五次全国代表大会上的报告第三、四、五部分）

高举邓小平理论的伟大旗帜就是真正高举马列主义、毛泽东思想旗帜

江泽民同志在党的十五大报告中论述了邓小平理论的历史地位和指导意义。他强调，在社会主义改革开放和现代化建设的新时期，在跨越世纪的新征途上，一定要高举邓小平理论的伟大旗帜，用邓小平理论来指导我们整个事业和各项工作。

江泽民说，中国共产党是非常重视理论指导的党。中国人民找到了马克思列宁主义，中国革命的面貌为之一新。马克思列宁主义同中国实际相结合有两次历史性飞跃，产生了两大理论成果。第一次飞跃的理论成果是被实践证明了的关于中国革命和建设的正确的理论原则和经验总结，它的主要创立者是毛泽东，我们党把它称为毛泽东思想。第二次飞跃的理论成果是建设有中国特色社会主义理论，它的主要创立者是邓小平，我们党把它称为邓小平理论。这两大理论成果都是党和人民实践经验和集体智慧的结晶。

江泽民说，党从诞生之日起，就把马克思列宁主义确立为自己的指导思想。经过遵义会议和延安整风，党的七大又把马克思列宁主义的理论与中国革命的实践之统一的思想—毛泽东思想，确立为党的指导思想。这是总结建党二十四年经验作出的历史性决策。现在，在十一届三中全会和十二大、十三大、特别是十四大的基础上，中央建议十五大在党章中把邓小平理论确立为党的指导思想，明确规定：中国共产党以马克思列宁主义、毛泽东思想、邓小平理论作为自己的行动指南。这是我们党经过近二十年改革开放和社会主义现代化建设的成功实践作出的历史性决策。作出这个决策，表明中央领导集体和全党把邓小平开创的建设有中国特色社会主义事业全面推向新世纪的决心和信念，也反映了全国人民的共识和心愿。

江泽民强调，实践证明，作为毛泽东思想的继承和发展的邓小平理论，是指导中国人民在改革开放中胜利实现社会主义现代化的正确理论。在当代中国，只有把马克思主义同当代中国实践和时代特征结合起来的邓小平理论，而没有别的理论能够解决社会主义的前途和命运问题。邓小平理论是当代中国的马克思主义，是马克国思主义在中国发展的新阶段。

江泽民指出，邓小平理论之所在能够成为马克思主义在中国发展的新阶段，是因为：第一，邓小平理论坚持解放思想、实事求是，在新的实践基础上继承前人又突破陈规，开拓了马克思主义的新境界。第二，邓小平理论坚持科学社会主义理论和实践的基本成果，抓住“什么是社会主义、怎样建设社会主义”这个根本问题，深刻地揭示社会主义的本质，把对社会主义的认识提高到新的科学水平。第三，邓小平理论坚持用马克思主义的宽广眼界观察世界，对当今时代特征和总体国际形势，对世界上其他社会主义国家的成败，发展中国家谋求发展的得失，发达国家发展的态势和矛盾，进行正确分析，作出了新的科学判断。第四，总起来说，邓小平理论形成了新的建设有中国特色社会主义理论的科学体系。

江泽民说，邓小平是伟大的马克思主义者。他为中华民族的独立和解放，为中国社会主义制度的建立，为中国改革开放和现代化建设，建立了不朽的功勋。他把毕生心血都献给了中国人民，一切以人民的利益为出发点和归宿。他对党、对人民、对马克思主义的最大贡献，他留给我们的珍贵遗产，就是邓小平理论。

江泽民强调说，马克思列宁主义、毛泽东思想一定不能丢，丢了就丧失根本。同时一定要以我国改革开放和现代化建设的实际问题、以我们正在做的事情为中心，着眼于马克思主义理论的运用，着眼于对实际问题的理论思考，着眼于新的实践和新的发展。离开本国实际和时代发展来谈马克思主义，没有意义。静止地孤立地研究马克思主义，把马克思主义同它在现实生活中的生动发展割裂开来、对立起来，没有出路。在当代中国，马克思列宁主义、毛泽东思想、邓小平理论，是一脉相承的统一科学体系。坚持邓小平理论，就是真正坚持马克思列宁主义、毛泽东思想；高举邓小平理论的旗帜，就是真正高举马克思列宁主义、毛泽东思想的旗帜。

（编者注：摘自于新华社北京9月12日电）

全面认识公有制经济含义继续调整和完善所有制结构

江泽民同志在党的十五大报告中指出，继续调整和完善所有制结构，进一步解放和发展生产力，是经济体制改革的重大任务。

江泽民说，十一届三中全会以来，我们党认真总结以往在所有制问题上的经验教训，制定以公有制为主体、多种经济成分共同发展的方针，逐步消除所有制结构不合理对生产力的羁绊，出现了公有制实现形式多样化和多种经济成分共同发展的局面。

江泽民提出，要全面认识公有制经济的含义。公有制经济不仅包括国有经济和集体经济，还包括混合所有制经济中的国有成分和集体成分。公有制的主体地位主要体现在：公有资产在社会总资产中占优势；国有经济控制国民经济命脉，对经济发展起主导作用。这是就全国而言，有的地方、有的产业可以有所差别。公有资产占优势，要有量的优势，更要注重质的提

高。国有经济起主导作用，主要体现在控制力上。要从战略上调整国有经济布局。对关系国民经济命脉的重要行业和关键领域，国有经济必须占支配地位。在其他领域，可以通过资产重组和结构调整，以加强重点，提高国有资产的整体质量。只要坚持公有制为主体，国家控制国民经济命脉，国有经济的控制力和竞争力得到增强，在这个前提下，国有经济比重减少一些，不会影响我国的社会主义性质。

江泽民说，集体所有制经济是公有制经济的重要组成部分。集体经济可以体现共同致富原则，可以广泛吸收社会分散资金，缓解就业压力，增加公共积累和国家税收。要支持、鼓励和帮助城乡多种形式集体经济的发展。这对发挥公有制经济的主体作用意义重大。

江泽民指出，公有制实现形式可以而且应当多样化，一切反映社会化生产规律的经营方式和组织形式都可以大胆利用。要努力寻找能够极大促进生产力发展的公有制实现形式。股份制是现代企业的一种资本组织形式，有利于所有权和经营权的分离，有利于提高企业和资本的运作效率，资本主义可以用，社会主义也可以用。不能笼统地说股份制是公有还是私有，关键看控股权掌握在谁手中。国家和集体控股，具有明显的公有性，有利于扩大公有资本的支配范围，增强公有制的主体作用。目前城乡大量出现的多种多样的股份合作制经济，是改革中的新事物，要支持和引导，不断总结经验，使之逐步完善。劳动者的劳动联合和劳动者的资本联合为主的集体经济，尤其要提倡和鼓励。

江泽民说，非公有制经济是我国社会主义市场经济的重要组成部分。他在谈到这个问题时指出，对个体、私营等非公有制经济要继续鼓励、引导，使之健康发展。这对满足人们多样化的需要，促进国民经济的发展有重要作用。

（编者注：摘自于新华社北京9月12日电）

勇于探索　大胆实践
开创国企改革和发展新局面

江泽民同志在党的十五大报告中指出，深化国有企业改革，是重要而艰巨的任务。要坚定信心，勇于探索，大胆实践，力争到本世纪末大多数国有大中型骨干企业初步建立现代企业制度，经营状况明显改善，开创国有企业改革和发展的新局面。

江泽民说，建立现代企业制度是国有企业改革的方向。要按照“产权清晰、权责明确、政企分开、管理科学”的要求，对国有大中型企业实行规范的公司制改革，使企业成为适应市场的法人实体和竞争主体。进一步明确国家和企业的权利和责任。国家按投入企业的资本额享有所有者权益，对企业的债务承担有限责任；企业依法自主经营，自负盈亏。政府不能直接干预企业经营活动，企业也不能不受所有者约束，损害所有者权益。要采取多种方式，包括直接融资，充实企业资本金。培育和发展多元化投资主体，推动政企分开和企业转换经营机制。

江泽民指出，要把国有企业改革同改组、改造、加强管理结合起来。要着眼于搞好整个国有经济，抓好大的，放活小的，对国有企业实施战略性改组。以资本为纽带，通过市场形成具有较强竞争力的跨地区、跨行业、跨所有制和跨国经营的大企业集团。采取改组、联合、兼并、租赁、承包经营和股份合作制、出售等形式，加快放开搞活国有小型企业的步伐。要推进企业技术进步，鼓励、引导企业和社会的资金投向技术改造，形成面向市场的新产品开发和技术创新机制。要加强科学管理，探索符合市场经济规律和我国国情的企业领导体制和组织管理制度。建立决策、执行和监督体系，形成有效的激励和制约机制。要建设好企业领导班子，发挥企业党组织的政治核心作用，坚持全心全意依靠工人阶级的方针。

江泽民说，要实行鼓励兼并、规范破产、下岗分流、减员增效和再就业工程，形成企业优胜劣汰的竞争机制。随着企业改革深化、技术进步和经济结构调整，人员流动和职工下岗是难以避免的。这会给一部分职工带来暂时的困难，但从根本上说，有利于经济发展，符合工人阶级的长远利益。党和政府要采取积极措施，依靠社会各方面的力量，关心和安排好下岗职工的生活，搞好职业培训，拓宽就业门路，推进再就业工程。广大职工要转变就业观念，提高自身素质，努力适应改革和发展的新要求。

江泽民还提出要积极推进各项配套改革。建立有效的国有资产管理、监督和营运机制，保证国有资产的保值增值，防止国有资产流失。建立社会保障体系，实行社会统筹和个人帐户相结合的养老、医疗保险制度，完善失业保险和社会救济制度，提供最基本的社会保障。建立城镇住房公积金，加快改革住房制度。

（编者注：摘自新华社北京9月12日电）

第二卷　著名经济学家谈证券市场与我国国企改革

编者按： 国有企业改革事关大局。其成败得失，不仅直接影响到国民经济的持续健康发展，而且还关系到社会的稳定，关系到整个经济体制改革的成败。国有企业究竟处于什么现状？其问题和出路何在？深化国有企业改革亟需有何突破？资本市场怎样才能更好地服务于国有企业改革……厉以宁、高尚全、董辅礽、吴敬琏、樊纲等著名经济学家、教授撰文，比较系统、深刻、全面地回答了这些问题。

企业应成为真正的市场主体

厉以宁

我国经济改革的目标模式是建立以市场调节为基础性调节的社会主义市场经济体制。在经济改革过程中，关键的问题是加快大型国有企业改革，建立现代企业制度。大型国有企业改革的进度，是判断我国市场经济改革进度的基本标志。

市场经济中的基本单位是企业，企业是最重要的市场主体。有了真正的市场主体，才能产生真正的市场行为，这时的经济才是名副其实的市场经济。企业改革之所以对于社会主义市场经济体制的确立与完善具有关键的意义，正在于只有通过认真的企业改革，才能产生真正的市场主体。假定多数大型国有企业仍然处于产权不明晰、政企未分开、不自主经营和不自负盈亏的状态，不符合作为真正的市场主体的条件，那么即使放开了价格，也难以产生真正的市场行为。我国的市场化进程归根结底依存于大型国有企业改革的进展情况，这是不容置疑的。

对企业来说，改善管理是一项经常性任务，但管理要取得成效，应当以产权界定与产权明确为前提。大型国有企业改革首先是产权改革。必须对模糊不清的产权进行界定，明确产权的归属，明确资产经营的盈亏责任。这是政企分开的客观要求，是转换企业经营机制的客观要求，也是提高企业经济效益的客观要求。

投资体制改革，也是产权改革问题。要让投资主体承担投资风险，而如果不进行产权改革，投资主体又怎么可能承担投资风险，怎么可能同市场经济相适应？金融改革中的重要一环是把专业银行改造成为自主经营、自负盈亏的商业银行。这同样也是一个产权改革问题。商业银行的自主经营和自负盈亏是以界定产权、明确产权为前提的。要使商业银行成为真正的金融企业，就必须使商业银行拥有包括国家在内的出资者投资形成的全部法人财产权，成为享有民事权利、承担民事责任的法人实体。最后，对社会保障体制的改革来说，要建立企业养老和失业保险制度、企业工伤保险制度，以及要合理运营社会保险基金，如果不进行产权改革，不理顺企业的产权关系，各种社会保险基金如何由社会统筹？社会保障基金又如何能在社会范围内运营并使之保值增值？

要知道，产权改革是所有制改革中的一个重要问题，或者说是它的核心部分，但不能认为所有制改革只包括产权改革。所有制改革比产权改革要广泛得多。一般地说，所有制改革包括以下三个部分：

第一，产权改革，也就是产权制度改革。通过产权改革，界定产权，明确产权，建立产权明晰的现代企业制度。大型国有企业的改革就属于产权改革的内容。

第二，各种经济成份的共同发展，或者说，从所有制的单一化走向所有制的多元化。这是指：中小型国有企业可以通过多种渠道改为非国有经济成份的企业，乡镇企业可以改为农民投股、职工持股的企业，从而建立以国有经济、城乡集体经济、个体经济、私营经济、中外合资经济、外商独资经济各占一定比例的所有制体系。也就是说，要把国有经济保持在适当的、但必要的范围内，要扩大非国有经济的比例，包括非公有制经济的比例。

第三，探索并建立新的公有制形式，或者说，探索并建立接近于社会所有制的形式。例如，公共投资基金、职工持股制、社区的共有经济组织等等都属于这种形式。

国企制度创新与资本市场发展

高尚全

“九五”时期，中国的经济体制改革进入了一个关键的历史阶段，我国的改革走了一条循序渐进的道路，从最容易取得成功的领域开始，逐步推进，由此获得了举世瞩目的巨大成就，经济体制发生了实质性变化，形成了不可逆转的市场化改革的大趋势。但同时，我们把改革的难点问题，尤其是国有经济内部的问题累积起来，留到了目前的这个阶段。现在看来，这些问题是拖不过的，已经成为国有企业制度创新的现实障碍。因此，我们应在“九五”期间下大决心，彻底解决这些历史遗留的问题，并通过推进国有企业制度创新和资本市场发展，主动地对国有经济进行战略性改组，保证在本世纪末初步建立社会主义市场经济体制，促进国民经济持续快速发展。

相比较近年来国有小企业改革迅猛发展的趋势来说，国有大中型企业的改革显得明显滞后。其主要原因在于，在实践中还存在着一些不可逾越的障碍。这就是传统体制和体制转轨时期遗留给国有经济的历史性包袱，即国有企业的过度负债，大量的冗员和企业“办社会”负担。

如果不切实解决上述这些历史性、体制性欠帐，国有企业就很难进行制度创新，国有产权也就很难流动，这就必然严重影响对国有经济的战略性调整。

对国有企业进行制度创新，之所以难度很大，说到底是由“谁”来付费清偿体制性欠帐，以及是否存在支付巨额费用的能力。

从我国现实的可行性出发，无论是国家财政、国有银行，还是国有企业自身，均没有能力全部自行消化和弥补国有经济存量如此巨大的缺口。因此，应在承认体制性欠帐的同时，跳出国有经济的范围寻求出路。

1、非国有经济的潜在实力

中国的改革，走了一条不同于其他计划经济体制国家改革的路径。在整个经济体制转轨时期，国有经济独自承担了体制转轨的成本，在维持自身运转的同时，培育了非国有经济的成长与发展；并以非国有经济的高速增长，带动了整个国民经济的增长。

有资料显示，在国民经济和社会发展的结构变动指标中，从投入方面看，1980—1995 年，国有经济单位的投资占社会总投资的比重，从 81.9%下降到 54.54%；非国有经济单位的投资比重，从 18.1%上升到 45.6%。从产出方面看，1980—1995 年，国有工业产值在工业总产值的比重，从 76.0%下降到 34.0%；非国有工业产值的比重，从 24.0%上升到 66.0%。

在非国有经济迅猛发展的同时，有两项结构指标值得引起注意。其一是就业指标，到 1995 年，在全社会就业人数中，扣除 72.2%从事农林牧副渔的农民外，国有单位占了 18.0%，非国有经济单位的就业人数仅为 9.8%。其二是资产规模指标，以工业为例，在全部独立核算的工业企业中，国有企业资产规模占资产总额的比重为 59.5%，非国有企业的比重仅为 40.1%。这说明，如果非国有经济继续保持高速增长的势头，势必进一步吸纳就业人口和扩大资产规模，以满足其强烈的扩充需要。

以上数据表明，在整个经济体制转轨时期，非国有经济保持了强劲的增长势头。改革走到今天，当国有经济面临严重困难时，引入改革的增量参与国有经济存量的调整与重构，不仅具有现实可行性，而且无需增加国家财政的负担，分散了国有银行的资产风险。更重要的是，通过非国有经济增量的进入，为我们提供了对国有经济进行战略性调整的历史契机，从而使国有经济能够有计划地转移一些产业和领域，将有限的国有资本集中起来，投入到需要国有经济加强的产业和领域中去，以达到提高国有经济整体质量和素质的目的。

显然，借助非国有经济的潜在实力，对国有经济进行战略性重组是有条件的。我国非国有经济是在经济体制市场化的进程中发展的，因此，引入非国有经济参与国有经济的重组，只能凭借市场的力量。进一步讲，要对国有企业进行资产的重组、债务的重组，最直接、最现实的途径就是通过资本市场来完成。

2、资本市场的承接能力

我国资本市场以 1981 年发行 48.66 亿元国库券为标志，开始正式启动，截至 1995 年末，我国资本市场运行的基本概况是，发行各类国债共计 4794 亿元，各类公司债券共计 1738 亿元，以各种形式发行的各类股票（A、B、H、N 股）折合人民币共计近 1000 亿元。由此可以认为，我国的资本市场已经起步，并形成了一个良好的开端。

（1）资本市场潜在的融资能力

自改革开放以来，我国在金融资产规模急剧扩大的同时，金融资产结构发生了一些重要的变化。金融资产总额从 1978 年的 3417.5 亿元，扩大到 1995 年的 127265.8 亿元；金融资产总额占国民生产总值的比重，从 1978 年的 0.94%上升到 1995 年的 2.21%。在金融资产结构的变化中，1978 年，流通中的现金占当年金融资产总额的 6.20%，金融机构存款总额占 38.05%，金融机构贷款资产总额的比重变化为 6.20%、42.43%、40.07%和 10.06%。尤其需要指出的是，在金融机构存款中，储蓄主体发生了重大变化。1978 年末，在金融机构存款总额中，政府存款占 14.41%，企业存款占 69.40%，居民存款占 16.199%；到 1995 年末，政府存款陡降至 1.86%，企业存款下降到 42.21%，而居民存款陡升为 54.93%。

以上这些重要变化说明，首先，在我国不同类型的金融资产中，金融机构存贷资产比重仍然过大，占 82.50%；居民个人的金融资产主要集中在金融机构的存款项内，企业的融资渠道也主要依赖与金融机构的贷款业务。第二，在金融资产主体的结构中，政府的金融资产比重不断下降，个人金融资产的比重急剧上升；有专家分析，居民储蓄存款大约占到居民个人金融资产的 80%左右，这意味着，在全社会金融资产中，居民个人金融资产已达 37500 亿元，占我国金融资产总额的 29.47%。第三，相对于庞大的金融资产规模来说，资本市场的发育就显得明显不足，活跃于资本市场中的金融资产仅占金融资产总额的 10.06%；同时这一现实预示着，只要给予适当的政策倾斜，将有相当一部分存贷资产转移到资本市场中来。这表明，我国的资本市场具有相当广阔的发展空间，其融资潜力很大，将成为进行国有经济重组的重要场所。

（2）资本市场的功能和主要品种

显然，相对于进行国有经济重组，目前我国的资本市场状况，无论是在资本市场的功能培育方面，还是在金融产品的规模和种类方面，都还存在较大的差距。但资本市场的功能不是凭空创造的，而通过各类金融产品产生和运用而不断发展和逐步成熟的。我们应积极培育资本市场的功能，开拓新的金融产品，既为国有企业的制度创新和国有经济的结构调整提供更为广阔的运作空间，又在调整与创新过程中大力发展我国的资本市场。

（3）资本市场的竞争主体

资本市场的主体就其性质与业务范围划分，主要包括两大类：一类为除银行业以外的金融机构，如信托、证券与保险公司等；一类为产业界的战略投资者，如国有资产经营公司和优势企业集团等。

在进行国有经济债务重组的过程中，我们不仅可以利用现有的资本市场主体并对其加以引导、规范；还可以再造一批新的资本市场主体，也可以引进国外资金创立中外合资的中介投资主体，并借助其高级专业人才与先进的管理技术，共同参与我国国有经济的重组。

目前，我国资本市场初步形成，并与国外资本市场逐步接轨，这一现实条件，为中国投资银行体制的建立和发展提供了重要的空间和历史机遇。从国外资本市场的发展过程看，投资银行可以说是资本市场上最活跃、最具影响力的高级形态的中介机构。就其业务范围来看，它集证券买卖的代理与自营、投资基金的发行与管理、金融资产的风险管理、企业的财务顾问以及直接投资于一身。如果在培育资本市场的过程中，将我国现有的非银行金融机构加以改造和规范，并结合国外资金、技术和管理经验的引入，可使其成为进行国有经济重组最理想的参与者。伴随着我国金融市场的发育和市场规则的逐步建立，越来越多的金融机构已经意识到自身的生存困境；与银行抢饭吃的前景不容乐观，在证券市场炒作的风险太大，因而面临着重新定位的问题。对国有经济进行重组，恰好为相当一批金融机构提供了端正行为、步入正业的历史性契机，谁抢先进入，谁将首先在资本市场中获得一席之地，并逐渐成为资本市场中成熟的竞争主体，成为我国未来的投资银行的先驱。

通过资本市场，对国有企业进行重组，可以有几种不同的介入方式，如企业层次、产业层次与地域层次。

具体到我国的情况，我们所面对的是一大批因体制性原因而步入困境的国有大中型企业。逐一在企业层次上进行重组，尽管容易具体操作，但可能费时、费力，总体交易成本较大；而在产业层次上进行重组，则要取决于金融产业与主要工业行业的密切配合，协调一致，同步进行，这对于我国幅员广阔、行业复杂的现实情况来说，操作难度较大；而以城市为单位，在一个可控的范围内进行重组，可以充分发挥地方政府的协调组织功能，为银企之外的投资主体提供一个比较集中的参与场所，可能有助于探索出符合我国实际情况的现实途径。

发展资本市场　推进国企创新

高尚全

我国资本市场的承接能力

我国资本市场以1981年发行48.66亿元国库券为标志，开始正式启动。截至1995年，我国资本市场运行的基本概况是：发行各类国债共计4794亿元，各类公司债券共计1738亿元，以各种形式发行的各类股票（A、B、H、N股）折合人民币共计近1000亿元。由此可以认为，我国的资本市场已经起步，并形式了一个良好的开端。

（1）资本市场潜在的融资能力

自改革开放以来，我国在金融资产规模急剧扩大的同时，金融资产结构发生了一些重要的变化。金融资产总额从1978年的3417.5亿元，扩大到1995年的127265.8亿元；金融资产总额占国民生产总值的比重，从1978年的0.94%上升到1995年的22. 1%。在金融资产结构的变化中，1978年，流通中的现金占当年金融资产总额的6.20%，金融机构存款总额占38.05%，金融机构贷款总额占55.30%，各类有价证券占0.44%。到1995年，上述主要金融资产占金融资产总额的比重变化为6.20%、42.43%、40.07%和10.06%。尤其需要指出的是，在金融机构存款中，储蓄主体发生了巨大的变化。1978年末，在金融机构存款总额中，政府存款占14.41%，企业存款占69.40%，居民存款占16.19%；到1995年末，政府存款陡降至1.86%，企业存款下降到42.21%，而居民存款陡升为54.93%。

以上这些重要变化说明：首先，在我国不同类型的金融资产中，金融机构存贷资产比重仍然过大，占金融资产总额的82.50%；居民个人的金融资产主要集中在金融机构的存款项内，企业的融资渠道也主要依赖于金融机构的贷款业务。第二，在金融资产主体的结构中，政府的金融资产比重不断下降，个人金融资产的比重急剧上升；有专家分析，居民储蓄存款大约占到居民个人金融资产的80%左右，这意味着，在全社会金融资产中，居民个人金融资产已达37500亿元，占我国金融资产总额的29.47%。第三，相对于庞大的金融资产规模来说，资本市场的发育就显得明显不足，活跃于资本市场中的金融资产仅占金融资产总额的10.06%；同时这一现实预示着，只要给予适当的政策倾斜，将会有相当一部分存贷资产转移到资本市场中来。这表明，我国的资本市场具有相当广阔的发展空间，其融资潜力很大，将成为进行国有经济重组的重要场所。

（2）资本市场的功能和主要品种

资本市场的主要功能包括：筹资功能、流通功能、定价功能以及奖惩功能。

筹集资金是资本市场最基本的功能之一。通过各种金融产品，不仅使一般的企业以直接或间接的方式从资本市场上获取大量资金，而且为进行国有企业重组提供了增量注资的重要渠道。

流通功能是指各种金融产品的转让与流通。对于进行债务重组的企业来说，在清理企业的债权、债务关系后，如果没有资本市场的流动性，就不可能实现债权的转让与重组。

定价功能是指金融产品以其真实价格在资本市场中实现转让。为了发现金融产品的真实价格，必须遵循市场自由交易的原则，而尽量避免行政性手段，这一点对于债务重组中债权转让价格的形成尤显重要。

奖惩功能是对资本市场的交易主体而言的，主要是风险与收益的比较。

我国目前资本市场中的主要金融产品包括：各种类型的债券、股票与投资基金。

显然，相对于进行国有经济重组，目前我国的资本市场状况，无论是在资本市场的功能培育方面，还是在金融产品的规模和种类方面，都还存在较大的差距。但资本市场的功能不是凭空创造的，正是通过各类金融产品产生、运用及不断发展而逐步成熟的。我们应积极培育资本市场的功能，开拓新的金融产品，既为国有企业的制度创新和国有经济的结构调整提供更为广阔的动作空间，又在这一调整与创新过程中大力发展我国的资本市场。

（3）资本市场的竞争主体

资本市场的竞争主体就其性质与业务范围划分，主要包括两大类：一类为除银行业以外的金融界机构，如信托、证券与保险公司等；一类为产业界的战略投资者，如国有资产经营公司和优势企业集团等。

在进行国有经济债务重组的过程中，我们不仅可以利用现有的资本市场主体并对其加以引导、规范，还可以再造一批新的资本市场主体，也可以引进国外资金创立中外合资的中介投资主体，并借助其高级专业人才与先进的管理技术，共同参与我国国有经济的重组。

目前，我国资本市场初步形成，并与国外资本市场逐步接轨，这一现实条件，为中国投资银行体制的建立和发展提供了重要的空间和历史机遇。从国外资本市场的发展过程看，投资银行可以说是资本市场上最活跃、最具影响力的高级形态的中介机构。就其业务范围来看，它集证券买卖的代理与自营、投资基金的发行与管理、金融资产的风险管理、企业的财务顾问以及直接投资于一身。如果在培育资本市场的过程中，将我国现有的非银行金融机构加以改造和规范，并结合国外资金、技术和管理经验的引入，可使其成为进行国有经济重组最理想的参与者。

各类资本市场主体参与国有企业制度创新与国有经济结构调整，主要受以下几方面利益驱动。

首先，在进行直接或间接投资时，资本市场主体注重的是企业未来增长的潜力，而被重组的企业正是属于自身素质较好、经过改组后有发展前途的企业。资本市场主体在参与国有企业改组过程中，以购买廉价的债权而获得重组企业的股权和控制权，就此改变传统国有企业的政企关系，对重组企业进行全面的改组和改造，使其逐步成为绩优企业。这对于一些拥有企业管理能力及相关的技术装备的资本市场主体（如优势企业）来说，可以用较低的成本，在较短的时期内，迅速扩大企业规模和提高市场竞争能力。

第二，资本市场主体注重资产的流动性。在参与企业重组，并对重组企业进行全面改造后，重组企业的发展潜质得以实现，其资本大大升值、溢价，随即将其转卖或推上市。这对于一些拥有企业改组包装经验、资本实力较强的战略投资者来说，以较低的价格购进，以较高的价格卖出，可以在较短的时期内迅速扩大其资本市场的竞争能力。

第三，有利于非银行金融机构的重新定位。对国有经济进行重组，恰好为相当一批金融机构提供了端正行为、步入正业的历史性契机，谁抢先进入，谁将首先在资本市场中获得一席之地，并逐渐成为资本市场中成熟的竞争主体，成为我国未来的投资银行的先驱。

积极培育资本市场，推进国有企业制度创新

通过资本市场，对国有企业进行重组，可以有几种不同层次的介入方式，如企业层次介入、产业层次介入与地域层次介入。

具体到我国的情况，我们所面对的是一大批因体制性原因而步入困境的国有大中型企业，逐一在企业层次上进行重组，尽管容易具体操作，但可能费时、费力，总体交易成本较大；而在产业层次上进行重组，则要取决于金融产业与主要工业行业的密切配合，协调一致，同步进行，这对于我国幅员广阔、行业复杂的现实情况来说，操作难度较大；而以城市为单位，在一个可控的范围内进行重组，可以充分发挥地方政府的协调组织功能，为银企之外的投资主体提供一个比较集中的参与场所，可能有助于探索出符合我国实际情况的现实途径。

因此，我们以城市为单位，提出对于国有经济存量的体制性欠帐通过多种渠道转移，对于存量调整的缺口通过资本市场解决，最终实现国有企业制度创新与国有经济结构调整的总体操作思路。其要点如下：

第一步：摸清情况，确定重组的规模

搞清楚该城市国有经济的基本情况，主要包括：该市国有企业户数与行业分布，国有企业在该市经济中的地位，国有企业及行业的资产总额（固定资产、流动资产、递延资产）、负债总额（长期负债、流动负债）与所有者权益，资产损失、潜亏挂帐、生产经营、经济效益、利润分配、企业冗员、企业办社会情况与存在的主要问题等；该市国有银行的资产规模和资产质量情况，以及地方财政状况等。在此基础上，对该市国有企业进行分类，以确定参加试点的对象和债务重组的范围。

对国有企业进行分类的定性标准是：Ⅰ类为经济效益良好，资产负债结构大体合理，经营运转正常的企业；Ⅱ类为注资严重不足（或无资本金注入），但自身素质良好，有发展前景的企业；Ⅲ类为注资不足，自身素质一般，处于微利或亏损的企业；Ⅳ类为资不抵债且亏损严重的企业。进行重组的对象主要是Ⅱ、Ⅲ类企业，Ⅰ类企业可积极创造条件进行公司制改造，向现代企业制度过渡，Ⅳ类企业应区别情况进行资产重组、兼并、拍卖、出售，符合条件的实行破产。

进一步分析Ⅱ、Ⅲ类企业的各种体制性欠帐，以确定重组的成本与规模，主要包括其不良债务总额、企业富余人员、非经营性资产与非经营性管理费用等。

第二步：制定重组方案，分担体制性欠帐的成本

在认真分析Ⅱ、Ⅲ类企业的债务结构、冗员情况和非经营性资产占用情况的基础上，由市政府牵头，会同财政部门、企业主管部门、企业主要债权人及相关企业，共同制定重组方案。

具体来讲，针对因体制性原因所形成的不良债务，与财政、银行、金融机构、相关企业及试点企业共同协商，制定具体的债务重组方案。其基本原则是，根据不同的债务构成及相关的债权人情况采取多种方式对存量不良债务进行重组：（1）与财政性有关的“拨改贷”形成的基本建设投资贷款和各种财政性借款，可视情况将贷款、借款转为投资，以补充国家资本金的不足，实现债务股本化。（2）与其他企业有关的借款，经充分协商，可将一部分债权转为股权。（3）与本企业职工有关的集资款，经过协商，可转换成职工持股；对本企业职工在社会保障方面的体制性欠帐，可考虑划出一部分存量资产和相应的负债，交由财政部门委托建立的非经营性资产托管机构集中管理，其债权人由企业转为财政。（4）操作难度较大的是对专业银行和金融机构的负债，对于金融机构的负债，可通过一定的优惠条件，促使金融机构将相关企业的债权转为股权；与专业银行有关的部分技改与流动资金贷款，可通过动用呆帐准备金对债权打折，为建立债权转让市场创造条件，吸引中介投资机构（如债务托管机构）和优势企业参与债务重组。此外，可设立企业职工社会保险基金，以解决国有职工的体制性欠帐；逐步转移企业非经营性资产，以解决国有企业办社会负担。

第三步：通过资本市场引进新的出资人，对国有企业进行公司制改组

在进行国有经济体制性欠帐的存量成本分担的基础上，对存量调整的缺口，应给予优惠政策，通过资本市场引进新的出资人，如建立债务托管机构、设立企业重组基金、发行长期债

券或引入中介投资机构（包括优势企业和外资企业），进行增量资本的注入，使企业有能力归还部分银行贷款，并转入正常的经营运作。在此情况下，国有企业单一的股本结构将发生变化。因此，可适时对参加重组的国有企业进行公司制改造，将其改组为有限责任公司或股份有限公司。国家作为出资人之一，与其他股东一样，只对其投资的资本负有限责任，彻底铲除国家对原国有企业负无限责任的体制性因素。新的企业将通过法人治理结构，以其全部的法人财产，依法自主经营，自负盈亏。

第四步：进行综合配套改革，对国有经济进行战略性调整

进行国有企业重组的城市，应积极推进国有资产管理经营体制改革，实现国有经济的管理从产品经营到商品经营、最终到资本经营的转变；加速社会保障体系的建立，在重组中，统筹兼顾国有企业富余人员的安置，以及企业非经营性资产的分离；在逐步提高国有银行资产质量的基础上，推进国有银行的商业化改造；积极培育资本市场中非国有投资主体，逐步完善资本市场的竞争规则，形成资本市场多元化竞争以及金融资本—产业资本有机结合的格局。

在此基础上，对国有经济进行战略性的调整。充分放开国有小企业，通过股份合作制、兼并、出售和破产等多种形式，将有限的国有资源从效益差的领域或国有经济本不应进入的领域转移到国有经济应该加强的领域。调整之后，国有企业在数量上将会减少，但整体质量和素质将会大大提高。在国民经济中的主导作用将更加显著，从而使国有经济真正成为国民经济的中流砥柱。

（作者为全国政协委员、原香港特区预委会经济组组长、中国体改研究会副会长、深圳市政府高级顾问）

按照社会主义市场经济的要求改革国企

董辅礽

一、国有企业改革的核心在于实现社会公平与市场效率的妥善结合

国有企业如何改革？这是一个许多人都在思考和探索的问题。国有企业的问题不是单一的问题，而是多方面的问题，不同产业、不同地区、不同规模、不同技术、不同组织形式、不同隶属关系、不同发展历史、不同经营管理状况的国有企业有不同的具体问题，需要采取不同的办法来解决。目前各方面都在试验用各种办法来解决国有企业面临的各种问题。不过，在我看来，还缺少对国有企业改革的总体考虑，这就是，在社会主义市场经济条件下，国有企业应该发挥什么功能？怎样按照社会主义市场经济的要求改革国有企业，从而使改革后的国有企业能够在社会主义市场经济中发挥其应有的甚至特有的功能，使社会主义市场经济得以正常运作？如果不从这样的高度、不从总体上来考虑国有企业的改革，仅仅着眼于某个或某些具体问题的解决，很可能某个问题一时解决了，另外的问题又冒出来了，或者原先的问题一时解决了，以后又出现了。

那么，社会主义市场经济对国有企业的要求是什么呢？在社会主义市场经济中国有企业应该和能够发挥什么功能呢？

要回答这个问题，就要回答什么是社会主义市场经济？

对社会主义市场经济，人们有不同的理解。不少人实际上是把它理解为“社会主义的市场经济”，或者更明确地说，把它理解为“社会主义性质的市场经济”。这样的理解，实际上又回到了邓小平南巡讲话以前的争论中去了。因为按照这种理解，市场经济仍是有社会属性的，即市场经济有姓“资”还是姓“社”的问题，既有资本主义的市场经济，也有社会主义的市场经济。这同邓小平所说的：“市场经济不等于资本主义，社会主义也有市场。计划和市场都是经济手段”的意见是不同的。其实，市场经济作为经济的运行方式，作为社会资源的配置方式，(也就是邓小平说的“经济手段”）是没有社会属性的。正是由于把社会主义市场经济理解为“社会主义的市场经济”或者“社会主义性质的市场经济”，一些人就把国有企业看作是“社会主义性质的市场经济”的微观基础，国有企业必须占绝对的比重，国有企业的比重降低了，不占绝对的比重了，社会主义市场经济的基础就丧失了，从而就不是社会主义的市场经济了。因此，有些人甚至认为，小型的国有企业也不能转让，否则，县政权的物质基础就丧失了。我把社会主义市场经济理解为“社会主义与市场经济的结合”，即“社会主义＋市场经济”，或者说“社会公平与市场效率的结合”，即“社会公平＋市场效率”。须知，我们摒弃计划经济，实行市场经济，是因为市场经济具有高的效率，但是市场经济也会有种种失败，其中之一就是会产生分配不公。因为市场经济是通过竞争来配置社会资源的，而在市场竞争的优胜劣汰中，必定会引起财富占有的分化，进而引起收入分配的不公。因此，在实行市场经济时必须在促进效率提高的同时注意解决收入分配不公的问题，也就是，要使社会公平与市场效率得以妥善结合。而实行社会公平正是社会主义的根本要求。我们建立社会主义市场经济体制就是要使社会公平与市场效率结合起来。因此，社会主义市场经济＝社会主义＋市场经济＝社会公平＋市场效率。这里，我们要建立的经济体制的目标与我们要实现的社会经济目标是统一的，不管是经济体制的哪个方面的改革，都必须以此为目标，都必须服从于这个目标。国有企业的改革也应如此，也就是说，要通过对国有企业的改革使国有企业能够在使社会公平与市场效率的妥善结合中发挥其应有的甚至特有的功能。

应该看到，在不同的经济体制中国有企业的功能是不同的。一些人往往以国有企业在计划经济中的功能来要求其在社会主义市场经济中也发挥同样的功能。这是不恰当的。在计划经济中国有企业的最大功能是保证指令性计划的完成和超额完成，保证社会资源能够集中于中央政府以便通过制订指令性计划来配置。这种功能也只有国有企业能够具有。

在计划经济迅速退出历史舞台、社会主义市场经济迅速形成和发展的情况下，如果仍以计划经济中国有企业所发挥的功能来看待和要求国有企业，那就会使国有企业的改革误入歧途，或者寻找不到正确的途径。

那么，在社会主义市场经济中，为了实现社会公平与市场效率的妥善结合，国有企业应该在哪些方面发挥非国有企业不能替代或者难以替代的功能呢？简单地说：

第一，由于市场会有种种失败，政府必须对市场进行必要的干预和调节。为此，政府需要具备必要的调节手段和物质条件。一些国有的或国家控股的企业可以为政府调节市场提供这些手段和条件。为此，例如需要有一些国有的或国家控股的商业银行和非银行金融机构、物资储备企业等。这是非国有企业难以做到的。

第二，为了满足人们的某些基本需要，必须兴办一些国有的或国家控股的企业。例如，城市的公共交通企业等。这类不以盈利为目的的企业，非国有企业是不愿意办的，只能由国家（或某些公益性的社会团体）来办。

第三，有些基础产业和基础设施，兴建时投资额巨大，建成后可能回报率很低，甚至长期亏损，如果非国有企业无力或不愿兴建，就应该由国家投资、兴办一些国有的或国家控股的企业。从这些企业看，从短期看，投入这些国有的或国家控股的企业的效益可能不好，但从国民经济的全局看，从长远看，则是有助于提高市场经济的整体效率的，有助于国民经济的协调发展的。

第四，高科技产业对于国民经济的发展和提高国民经济的素质具有重要意义，但前期的投入往往很大，投入后是否能成功也往往有很大的风险。如果非国有企业无力或不愿投资，就应该由国家来投资、兴办一些国有的或国家控股的企业。

第五，还有一些关系国家和社会安全的部门，例如武器生产、造币等不宜由非国有企业来办，也应该保留或兴办一些国有的或国家控股的企业。

第六，自然垄断部门也宜由国有的或国家控股的企业来经营。因为自然垄断企业容易利用其自然垄断地位抬高价格，往往服务不佳，从而损害消费者的利益。如果由非国有企业来经营，国家较难从消费者的利益出发来加以控制。

如果在上述那些部门保留或兴办一些国有的或国家控股的企业，国有企业就可以在社会主义市场经济中，在使社会公平与市场效率的结合上发挥非国有企业难以替代或不可替代的功能。如果说在计划经济中国有企业的数量及其在国民经济中所占的比重具有重要意义、关系到计划经济能否运行的话，那么在社会主义市场经济中国有企业的数量多少及其在国民经济中所占比重大小就不是重要的问题，重要的在于它们能否发挥上述种种功能。正因为这样，在社会主义市场经济中，在上述部门以外的部门，在竞争性领域，原则上国有企业应该逐渐退出来，让非国有企业去经营和发展。因为国家所有制决定了国有企业在竞争性领域很难与非国有企业竞争。

二、按照社会主义市场经济的要求改革国有企业

如果只在上述部门保留国有的或国家控股的企业，那么那些无需保留的国有企业的国有资产就可以以各种方式转让出去，由此收回的大量资金就可以用于那些需要保留和发展的国有企业，这样，那些需要保留和发展的国有企业不仅可以走出困境，而且能够得到发展。第一，及时地转让那些无需保持国有或国家控股的国有企业的资产或一部分国有资产，或由非国有企业收购或兼并，可以将转让国有资产的所得冲销或部分冲销国有企业拖欠银行的债务，减轻银行和财政的负担。让那些应该破产的国有企业及时破产，则可以及时中止他们的继续亏损，如果清偿债务后尚有多余的资产则也可以用于需要保留的国有企业。第二，经过转让后需要保留的国有企业的数量将大大减少，财政和银行就可以将有限的资金用于需要保留和发展的国有企业的技术改造，以改变其技术落后的状况，或者用于高科技产业和产品开发。第三，转让那些应该转让的国有企业的资产，还可以将转让所得，部分地用于建立社会保障基金，解决国有企业沉重的社会负担（支付养老金、医疗费等），安置企业多余的职工。那些破产的国有企业从转让国有土地使用权中所得的收入也可以用于安置其职工。那些被收购或兼并的国有企业则可以将安置其职工作为在确定其被收购或兼并时的一个条件，以及作价中应考虑的的一个因素。

人们或许会问：这样多的国有企业谁来买呢？谁买得起呢？那些亏损企业又有谁来买呢？这些都是现实的问题。

首先，我认为，要解决国有企业改革的总体思路。如果思路可行就能找到具体实施的办法。

其次，需要和可以转让的国有企业并不是同时转让，而是根据他们的具体情况逐步地转让，转让的办法也可以多种多样。一般地说，小企业的转让较容易，有些可以转让给非国有企业和个人，也可以转让给本企业的管理人士和职工。转让的费用可以一次支付，也可以逐步支付。困难大的是那些大型企业。如果不能整体转让，也可以加以分解，一部分一部分地转让，也可以先改组为股份有限公司或有限责任公司，先保留国有股，并吸收其他股份，然后再逐步将国有股份转让出去。目前已经上市的属于竞争性行业的股份有限公司中的国有股和属于国有股的法人股就可以逐步转让。那些大型国有企业也可以将其中一部分先改组为上市公司，可将其中的国有股在逐步转让后的所得用于改造未改组的部分。

第三，国有企业有好有坏，可以先将那些好的企业的国有资产转让出去，这样就有资金用于改造和改组那些不好的、亏损的国有企业。有人反对“靓女先嫁”，其实是反对所有的“女儿出嫁”、因为如果只能先嫁“丑女”然后才能嫁“靓女”，那么由于“丑女”不经“整容”很难“嫁”出去，结果“靓女”等到人老珠黄，也“嫁”不出去了。这似乎是爱护国有企业，实际只会把国有企业都拖垮，连可以收回的大量国有资产也白白损失掉。如果将那些应该和能够转让的国有企业先转让出去，用其转让所得来改造和改组那些不好或不太好的国有企业，那么后者也可能转让出去。当然，不是说亏损企业就一定不能先转让，如果有买主自然也可以先转让。

转让国有资产的所得应当而且只能用于需要保留和发展的上述国有企业，可以用于它们的技术改造、注入和增加资本金、置换企业欠银行的债务、用于安置企业多余的职工、建立社会保障制度、转移非经营性资产和企业举办的社会福利事业等等。由于国有企业的数量大大减少，所需资金就容易筹措了。这样，现在国有企业面临的许多实际问题都有条件逐步解决。如果不按社会主义市场经济的要求来考虑国有企业的改革，甚至想让国有企业继续发挥其在计划经济中的那些功能（例如，继续成为国家财政收入的最主要来源、保障社会就业等）。从而要求在国民经济的各个部门都保留尽可能多的国有企业，并要求其在国民经济中保持优势比重，这样做的结果，一方面是让国有企业在其不具有竞争优势的竞争性领域去与非国有企业竞争，从而导致国家资源的损失，与此同时，在此领域中有竞争优势的非国有企业的发展则由于得不到更多的资源而受到限制；另一方面在国有企业具有特殊功能的领域，他们却由于无法摆脱现有的困难，无法获得必要的资源来发展，从而也不能发挥其应有的功能。这样，社会主义市场经济的两个方面——社会公平与市场效率——都不能实现，从而也不能使二者结合。

重组国有经济　完善所有制结构

吴敬琏

目前，中国经济改革进入了一个关键时期。如何改造国有经济，使之适合经济市场化进程和国民经济进一步发展的需要，已经成为人们注意的焦点。

越来越多的材料说明，国有企业目前遇到的困难，不仅来自产权界定不清、政企不分、经营机制僵化等企业自身制度的缺陷，还与整个国有经济的布局存在问题有关。因此，当前改革的重点除继续对国有企业进行公司制改造外，还应对国有经济实行战略性改组，以便从根本上克服国有经济在布局上存在的缺陷，实现国有经济以至整个国民经济的结构优化。

有限的国有资本撑不起庞大的国有经济“盘子”

国有经济布局上的主要问题，在于分布过广过散。在市场化改革逐渐深入，居民个人收入在国民收入总额中所占份额日益提高的情况下，有限的国有资本已经愈来愈难以支撑过于庞大的国有经济“盘子”。

据国有资产管理局的统计，1995年底我国国有经营性资产约为4.5万亿元，用于生产经营活动的国有资产不足3万亿元。然而，这区区不足3万亿元的国有资本，却广泛分布在从零售商业到远程火箭制造的几乎所有工商业领域，分散于近30万户工商企业之中，平均每家国有企业拥有的经营性国有资本权为1000万元左右。

国有资产的广泛分布，以少量资本推动大量经济活动，使国有经济处于一种无所不在的地位，从表面上看似乎加强了国家的经济作用，但在实际上，这种状况极大地削弱了国有企业的竞争能力，限制了国有经济优势的发挥，对加强国家的作用和提高国民经济整体效益都极为不利。因为单个企业规模过小，难以形成具有竞争力的大企业；因为国企财力短绌，无力进行重大的技术开发，在高新技术领域与国外的技术差距愈拉愈大；因为国有企业的高负债经营造成企业投资行为的扭曲，使投资总规模过大和投资效率低下这两个相反相成的现象同时并存；因为运用信贷透支的方式支撑国有企业，孕育着发生金融危机的可能性；还因为国家无力筹措国企改组需要的足够的成本，直接制约了建立现代企业制度的改革。

同国有经济分布得太广太散，办了一些不一定必须由国家去办的事情同时存在的事实是：许多国家必须办的事情却因为国家财力支绌而无力去办，政府实现其基本功能都难以得到必要的财力保证，导致国家机关功能错位，整个市场运行秩序混乱，直接威胁到十四届三中全会规定的在本世纪初步建立社会主义市场经济体制的战略目标的实现。

必须对国有经济进行战略性重组

要改变国有企业上述资金短缺的状况，有两种可以选择的方法：一种是增加国家的财政投入，继续向国有企业大量注资，以维持国有企业的现有摊子，保持其在数量上的“主体”地位。根据有关方面的研究，如果要使现有国有企业基本具备平等的市场竞争条件，国家在近期内至少需要投入上万亿元。除此以外，为了投资于目前投资不足的战略部门和办其他由国家应当办的事情，在近期还需再投上万亿元。显然，靠政府现在财力是无法满足这一要求的，采取增税筹资的办法又等于杀鸡取卵，通过政府举债虽尚有一定的空间，但也是远水解不得近渴。

另一种办法是，调整国有经济的存量结构，收缩过长的战线，实现国有资本从低效企业到高效企业，从小型企业到大型企业，从一般竞争性部门到国家必须抓的战略性部门集中。

首先，国有经济要有所不为才能够有所为。将国有经济收缩和集中到那些影响国民经济发展全局的、控制国家经济命脉的、非国有企业办不了或办不好的战略性行业和事业中，集中力量，加强重点，办好国家应该办的事情。

其次，调整国有经济布局的基本原则，按照优先顺序，先考虑排在前面的行业需要。优先顺序的确定要以市场中的国家职能为准绳，兼顾国有经济的现有基础，并根据国家财力的可能，安排国有经济的活动范围。国有经济的优先顺序大体上可以设想为：(1) 关系国家安全的行业，包括军事工业、造币工业、航天工业等。(2) 大型基础设施以及其他具有较大社会经济效益的建设，包括大江大河治理、重点防护林工程、重点公益事业等社会效益大、受益面广、非国有企业无力承担或不愿承担的建设项目。(3) 特大型不可再生资源如油田、煤矿等的开发。(4) 对国家长期发展具有战略意义的高新技术的开发，如超大规模集成电路的研制等。

当然，国家必须掌握的战略产业的范围和优先顺序不是一成不变的，它将随着国民经济的发展、市场的成熟程度和国内外环境的变化而变动，相关的政策也应随之进行调整。

对于如何进行国有经济的战略性重组，目前有两种不同的想法和作法：一种在政府的主持下，以计划经济的方式进行。几十年的经济已经反复证明，通过计划方式进行结构调整，不仅达不到优化结构的目的，反而不利于改革的总体推进。

另外一种想法和作法，是在国家统一产业政策的引导下，依托经过初步改革、建立了现代公司制度的绩优企业和今后还将陆续建立的新型企业，通过在扩股融资、集股变现、收购兼并、债务重组、破产清算等资本市场运作，实现国有资本从低效企业到高效企业，从小型企业到大型企业，从一般性竞争性行业到战略性产业的集中。

目前，各地已经涌现了一批通过这种改组取得了良好成绩的事例，例如一些国内企业在海内外证券市场上募股筹资或者售股变现，然后将募集到的资金投向国内企业。还有一些绩效良好的企业集团进行跨地区的购并活动，改造绩效差的企业，并通过资本积聚使自己壮大起来。这些活动不论对加强企业的主业和完善自身的企业制度，还是对改善国民经济的行业结构、企业结构和资本结构，都起到了良好的作用。

虽然就全国范围看，通过资本市场进行国有企业的产权改组目前还没有形成足够的势头，但这一批成功的事例已经足以说明，在国家产业政策的引导下，通过资本市场的运作，很有可能成功地进行我国国有经济的战略性改组。总结经验，存利去弊，在更大的范围内推广，有利于更快更好地实现江泽民总书记最近在中央党校讲话中提出的“完善以公有制为主体，多种所有制经济共同发展的所有制结构”这一历史性任务。

为了发挥资本市场在实现国有经济重组和完善所有制结构

中的作用，当前需要采取的重点措施包括：

——严格按照《公司法》和“产权明晰、权责明确、政企分开、管理科学”的要求，建立现代企业制度，对准备进入资本市场的国有企业进行初步的改革，实现产权明晰和政企分离，使企业具备进入市场和进行产权流动的最起码的条件。

——加快银行体制改革，对国有专业银行进行商业化改造和公司化改制和组建一批“股份制”的银行，逐步实现以市场为基准的浮运利率，以形成多个独立的商业银行相互竞争的局面。

——组建一批进行机构投资的金融中介组织。发展机构投资组织的途径，一是对现有的信托投资公司进行改造，使其业务集中于中介投资业务；二是组建新的机构投资组织，包括商业性的养老基金、共同基金、捐赠基金会等；三是有步骤地引进境外投资机构。

——促进投资银行的发展，为企业购并和融资活动提供规范的咨询策划服务。发展投资银行的方法与发展机构投资组织相同；一改造、二新建、三引进。

——在规范中发展证券市场。尽快将现行的上市规模控制和额度审批制改为资格审查制；尽快实现A、B股并轨和国有股、法人股流通；完善证券市场管理规则；强化信息披露制度，改善对市场的监管；严厉打击内幕交易、操纵市场以及公款炒股等违法违规活动。

着力营造多种所有制经济平等竞争的市场环境

经过上述国有经济的战略性重组和国民经济所有制结构的调整，除关系国家安全和国民经济长远发展、而民间资本尚无力兴办或不宜由它们兴办的战略性产业外，在一般竞争性领域，国有企业将不再充当主力经营者的角色，而是以市场竞争中的平等一员的身份参与经济活动，根据盈利性考虑进入和退出。即使在前一领域中，绝大部分国有独资、国家控股和国家参股企业，和其他所有制经济成份的企业一样，在民法和其他法律规定的范围内活动。

基于国有经济实现战略性重组后我国经济以公有制为主体、多种经济共同发展的基本格局，为了保证整个国民经济的健康发展，应当把营造各种所有制经济平等竞争的环境作为经济工作的重中之重明确地提出来。实际上，实现各种经济成份在市场竞争规则面前人人平等的要求，早已包含在建立社会主义市场经济的改革目标和以公有制为主体、多种经济成份共同发展的基本方针之中。鼓励和扶持多种形式的公有制经济的发展自不待言，党的十四届三中全会的决议还明确规定要“大力鼓励与扶持个体与私营经济的发展”。但是由于传统思想的影响，迄今为止，党中央提出的这些重大方针政策还没有完全落到实处。这种情况必须迅速改变，否则在国有经济进行战略性重组的同时，就会出现经济发展的某些缺口和真空，只能由外资来填补，这对于我国民族经济的发展是十分不利的。

为了营造各种经济成分平等竞争的环境，需要采取以下政策措施：

——明确宣布和认真执行对各种所有制经济成份一视同仁的政策，消除对不同所有制经济成份的差别待遇和对非国有经济，特别是非公有制经济在法律地位和社会身份，以及价格、税收、金融、市场准入等方面的歧视，着力营造平等竞争的环境，实现在市场规则面前人人平等，使各种所有制经济成份都能在国家统一的法律框架下各显其能。

——在上述经济格局下，除极少数特殊的部门有某些进入限制外，对所有的经济成份实行国民待遇，除特殊行业的国有企业作为特别法人需接受政府的特殊规制外，一般的国家控股公司和国家参股公司，实行自主决策，它们的行为受民法的调节而不享有任何特权。

——在现代大生产的条件下，实现产权社会化即以公有制为主体无疑是应当坚持的方针，但是公有制具有多种形式，而不能将它局限于国家所有制和苏式“集体所有制”，更不能把国家所有制看作“公有制的最高形式和社会主义追求的目标”。因此，国家要大力倡导对公有制的多种实现形式，如各种基金和基金会、各种合作制组织、各种社区组织等的探索和开拓。

——要适应现代社会生产力的多层次和个人创造能力日益发挥重要用途的情况，支持和鼓励各种非公有经济成份，包括个体经济、合伙制经济和其他民营经济的发展。

——加快对内对外普遍实行国民待遇的步伐，使国内企业与外资企业开展平等竞争，全面建立公平竞争的社会主义市场经济格局。

——为了确保社会主义目标的实现，国家除了要在所有制结构调整过程中切实防止公共财产向少数人流失，避免出现财产初始占有的两极分化之外，还必须在人民生活水平普遍提高的基础上，充分运用自己掌握的多种政策工具，例如社会福利设施和累进税制度，来扶助鳏寡孤独老弱病残，抑制少数个人财富的过度积累，防止收入分配的两极分化，逐步实现共同富裕。

——为了规范市场中经济主体的行为，形成良好的市场环境，政府需要首先规范政府自身的行为。经过所有制结构的调整，政府在国民经济中将主要扮演裁判员而非运运员的角色。各级政府的主要工作是不越俎代庖，处理应当由企业自行处理的人、财、物、产、供、销问题，而是着重于竞技规则的设定和执行，建立良好的法律框架和依法治国，将是新的历史阶段中国改革的主题曲。

总之，我们应当通过国有经济的战略性改组，完善以公有制为主体，多种经济成分共同发展的所有制结构，形成各种经济成分平等竞争的市场环境，营造一种人人奋发努力，各种社会经济力量共同缔造我国的长期繁荣的局面。只有这样，才能最大限度地发挥我国的经济资源潜力，实现国民经济的持续、稳定、快速发展和国家的长治久安。

发展资本市场　推动资产重组

樊　纲

一、资本重组与“增加所有者个数”

通过资本重组实现“企业转制”，在目前的各方面约束条件下，一个较有效的方式就是“增加所有者的个数”。

目前国有企业效益低下的基本原因是在单一的国有资产所有权条件下，理论上的“最终所有者”（全体公民）到“所有权代理人”（国家）、再到“最终代理人”（企业经理和工人），有过多的“委托—代理”层次，“过长”的“委托—代理”环节，导致所有者利益、所有者职能、所有者责任、所有权约束等在企业活动中极度弱化；而且，由于“单一国有财产权”，又缺乏不同所有者之间的竞争和相互间施加压力。要改变这种情况，就要实行所有制的改革。

在不把国有资产私有化的前提下，要想改善现有企业的经营状况，一个“渐进”的方式就是“增加企业的资产所有者个数”，也就是对于现有企业，通过资产重组引进一些（一个或几个）“其他所有者”，不论这个“其他所有者”是集体、个人还是外资，也不论这个“其他所有者”是集体、个人还是外资，也不论这个“其他所有者”是通过资产重组购买了企业50%以上还是以下，或者仅仅是10%或20%的股权，取得了控制权还是没有取得控制权。“所有者个数增加”这一变化能产生的效果包括以下几个方面：第一，有利于形成真正的公司制产权结构；第二，多了至少一个所有者，（“非国有”所有者），就多了一份“所有者对资本效益的关心”。

从“增长”的角度看问题，引入新的所有者的意义在于利用非国有资本来解决现存国有企业的问题。达到在引入新体制的同时引入新资本，使企业的“软件”和“硬件”同时得到改造的目的。

二、企业资本重组与资本市场的发展

资本重组不是过去的“关停并转”，必须在市场环境下、通过市场的方式来实现。因此，现在我们必须加快资本市场的发展，为国有企业的改造创造有利的条件。

中国的经济改革已经进入了以产权改革为重心的阶段，包括产权重新界定、产权重组、产权交易、破产、公司制改造等等。而在这当中的一个核心环节，就是产权的交易与资本的流动。因此，资本市场的发展本身既成为企业改革的一个重要环节，又成为推动、促进国有企业改革的重要措施。产权开始交易了，过去的“资产”才开始转变为“资本”；而资本的流动、交易，相应地就需要发展起资本市场。而产权改革本身，要求资本市场的形成。在目前正在深入进行的抓大放小、中小企业改革的实践过程中也可以看出，缺乏资本市场的发展，缺少产权交易的机制与中介机构，是企业改革难以迅速推开的一个重要原因。因此，尽管产权改革刚刚开始，我们也要立即将发展资本市场的问题提高到一个新的高度加以重视。

市场不是一个“场所”，而是由一组规则（法律、规章、政策）、一批组织（交易所、公司企业等）和一系列产权所有者的交易活动所构成一套“机制”，在市场发展的初期，我们应该着重强调、着重研究的问题是市场交易活动的开展与市场组织的建立与发育。

发展资本市场，在目前重点要发展以下几种资本市场的中介组织：

1、以信息沟通为主要职能的产权交易市场或产权交易咨询公司

市场机制的一个基本功能就是揭示与传递信息。当前我国产权交易活动，包括小企业改革过程中卖方与买方难以沟通，一方面是大量资金（内资与外资）在寻找机会进行投资，另一方面又是大量企业资产“待价而沽”、找不到买主，这都与缺乏信息的沟通有关（有了信息不一定达成交易，但没有信息一定达不成交易）。“产权交易中心”或交易场所的作用就在于使各方信息得以汇集到一个地方，减少了人们分头搜集信息的费用；产权交易咨询公司则除了帮助当事人搜集信息的功能外，还能为交易人提供有关产权交易的专业知识和专业技巧。

2、代表千百万小投资者进行专业资本经营活动的“投资基金”

企业改制中价值难以实现、国有资产重组改造难以迅速推开的另一重要原因是缺少社会资本来购买现有资产。但是在另一方面，社会上其实存在着不少闲散的资金。但个人小量的资金难以在现代条件下单独从事投资活动，而且对个人来说，多数也缺乏资本经营活动的专门知识。投资基金实际上提供了两种东西：一是资本集聚的机制；二是资本经营的专业知识与技能。多搞一些投资基金，一方面把闲置游资固定到投资活动中去，另一方面也有利于促进与保持较高的国民储蓄率，从而使高速增长持续下去。这种资本经营活动所涉及因素较多，对个别投资人来说风险较大，容易发生投机与欺诈，因此需要较为严格的法治与政府管理。但这恰恰要求尽早起步，在实践活动的发展过程中摸索与积累起管理的知识与经验。

3、既起沟通信息作用，又从事资本经营，从资本的买卖中赢利的投资中介公司

这种投资公司并不以对实业的长期投资为自己的业务，但也不是以债券（股票）投资为经营对象，而是从事企业资产买与卖的活动。它起到两种作用：一是对通过利用专业投资与管理的知识，对现有企业（往往是经营不善的企业）进行改造，使现有资本增殖；二是中介了最初资本所有者与最终长期投资者的信息沟通与交易的实现。

4、地方性、局部性、小规模的“场外”的柜台证券交易，以适应我国对中小企业实行股份合作制改造的需要

股份制企业的形成，在我国正在走着一条与西方国家不同的道路。在西方，企业最初是私有的，合股制的，发展大了之后才变成“公共的”，向社会发行股票成为股份制企业。而在我国，企业最初是公有的，包括国有的和集体的，对这些公有企业的改造，许多情况下要从股份化开始。大企业往往只能先对其进行股份制改造（股份合作制是实践中一种伟大的发明创造），但另一方面又不可能使这千百万个多数赢利状况不佳的企业都去上市——到全国性的、正规的股票市场。于是，在我们中小企业改革的过程中便会产生一个颇具“中国特色”的问题：我们可能需要一些地方性、局部性的股票市场，使大量小企业股票得以交易、转让。事实上，即使在发达国家中，90%的股票债券的交易，也是在“柜台交易”中实现的，而不是在“正规的”股票市场上实现的。

与此同时，股份合作制的形成与发展，本身也要求形成一个新的市场组织来实现股权的交易。国有小企业和许多集体企业（包括乡镇企业）实行股份合作制，是企业改革的一个重要形式，是对过去的企业制度的一种极大的改进，但它也面临着以下的一些问题：一是资本所有权过于分散，二是工人持股情况下工人一身兼顾劳动者利益与所有者利益，资本权益能否充分发挥作用、与劳动者的利益相抗衡的问题：三是在目前许多企业规定工人股份不得转让、出售的情况下，资本仍然无法流通所导致的效率低下问题；还有一些更具体的问题，比如说原有职工迁移和新来工人不可避免会提出的股权转移问题。要解决所有这些问题，最终都会要求股份能够交易、转让，要求形成一定的市场，因为只有通过股票的交易，才能逐步实现股权的相对集中，才能使某些当事人由于持股更多、也更加“专业地”代表所有者的利益、关心资本的效率，也更加专业地进行资本的经营。

中国证券大全
（1997）
A complete collection of securities in China

第三卷

证券市场概论

第一章　证券与证券市场

第一节　证券

一、证券的产生

证券是商品经济发展的必然产物，是伴随着生产的社会化和商品经济的发展而发展的。社会化的大规模生产和经营对资金等生产要素的需求不断增大，单个资本和少数的资金来源渠道已不能满足扩大的生产规模需要，由于资金、生产资料是由不同所有者分别占有，于是产生了从合伙经营的组织到股份公司的演变，以股票、债券的方式来筹集资金，从而使得证券业务应运而生。股份公司的产生和虚拟资本的证券化以及信用制度的深化，是证券投资形成的基础和产生的条件。证券产生于资本主义社会，但它的发展经历了资本主义和社会主义两个经济形态。

二、证券的概念

证券是各类财产所有权或债权凭证的通称，是用来证明证券持有人有权按其证券持有额取得相应的权益的凭证。它是商品经济发展到一定阶段的必然产物。一般地，证券必须具有法律特征和书面特征两个最基本的特征。证券的法律特征反映的是某种法律行为的结果，它必须具有合法性，同时证券中包含的特定内容具有法律效力；证券的书面特征表明它必须采取书面形式或与书面形式具有同等效力的形式。同时它必须按照特定的格式进行书写或制作，并且须载明有关法规规定的全部必要事项。

按其性质不同，证券可以分为有价证券和无价证券两类。

有价证券是一种具有一定票面金额，证明持券人有权按期取得一定收入，并可自由转让和买卖的所有权或债权证书，通常简称证券。它又有广义和狭义之分。

广义的有价证券，根据其体现的信用性质可分为财物证券、货币证券和资本证券。财物证券是指证券本身就能表明某种财物所有权的有价证券，即凭借其券可以直接支取现金的证书，如支票、期票、汇票等。按照是否记载权利享有者的名称，广义的有价证券可分为记名有价证券和不记名有价证券。记名有价证券一般可以申请挂失，如果转让必须办理过户手续，具有较高的安全性。不记名有价证券如果遗失，发行证券单位一般不受理挂失，转让买卖无须办理过户手续，具有较强的灵活性。

狭义的有价证券专指资本证券，主要包括股票和债券等。相对无价证券而言，有价证券具有两大特点：一是表示财产权，券面上必须载明财产的内容；二是证券所代表的财产权和证券不可分，在享受权利和转移财产时，必须以接受或交付证券作为依据。在本大全中，我们将以资本证券为重点加以论述。

无价证券也叫凭证证券，与“有价证券”相对称。是代表所载面额相对应的所有权而不能转让流通的证券。如存款单、借据、收据等。它与有价证券的主要区别在于是否有可转让性和真正的利益吸引力。

三、证券的特征

收益性　证券是持有者的投资凭证。证券投资者的根本目的在于获取投资报酬——即收益。证券的收益基本可分为三种类型：一是固定收益。它是在债券发行时就规定了的，如国库券、企业债券的利息和优先股的股息。它们不随发行者经营成果的优劣好坏而变动。二是不固定资产收益。这种收益中的一部分是固定的，而另一部分则是浮动的，如参与优先股的股东的收益，其多少取决于公司盈利的多少，即由固定股息和浮动股息（与普通股一起分享的股利）所构成。三是浮动收益。如普通股股息的有无与多少就完全取决于发行企业盈利的有无与多少。

变现性　证券作为一种融资工具，证券投资者可以随时在证券市场转让买卖兑换成现金或现金凭据。证券的变现性就是指证券的流通性和兑换性。证券变现性的强弱受制于证券信用品质、证券期限、利率形式、证券发行者的知名度以及市场便利程度等等多种因素。证券的信用等级越高、期限越短、证券发行者的知名度越大、证券机制越发达，则证券的流通、变现能力越强。

风险性　证券投资风险是客观存在的。风险来源于证券发行公司的经营亏损和证券收益率的不确定，以及证券市场的变化与股价的波动。证券风险主要取决于投资的不同类型以及投资者和证券发行者的经营能力和水平。证券投资的风险大小与其投资效益高低是成正比的。如投资国库券风险最小，因国家不会破产，但国库券的利率相对比较低，投资效益相对就小一些。一般情况下，一个证券投资者至少要冒利率风险、购买力风险、市场能力风险和财务风险等几种风险。

参与决策性　所谓证券的参与性，主要是就股票而言，因为投资于股票的投资者不但拥有股息的分配权，而且同时取得参与股票发行企业的重大经营活动的决策权。投资于不同的证券，所获得的参与决策权力的内容和大小是不同的。

价悖性（价格波动性）　在证券市场上，有价证券发行时具有发行价格，同时在流动中还具有买卖交易价格。在证券发行市场上，既可以平价发行，也可以溢价发行或折价发行；而在证券流通市场上，由于受到政治、经济、社会以及心理预期、投机等多方面的影响，证券的市场价格不断发生变动，因此证券的券面价格与市场价格会发生偏离，两者具有不一致性。这种市价的波动，一方面为证券市场的投资者提供了良好的投机环境，另一方面也能在很大程度上反映出证券发行单位的经营状况、财务状况以及发展前景。

此外还有证券的未来性和不等值性。证券的未来性是指取得证券收益的不同，不是在取得证券的同时，而是在于取得证券后未来一段时期内。证券收益的未来性源于证券本身所代表的资产价值、增值的未来性。证券的不等值性是指在相同时间内，同等价值量的证券品种具有不同的证券收益额和不同的价格。它取决于证券本身所代表的资产增值额的不一致性和证券性质的不一致性以及证券市场状况。

总之，证券是一种特殊的资产，以上性能是证券投资者必须掌握和了解的。

四、证券的功能

证券的功能是指证券在经济活动中的作用，主要表现在如下几个方面：

1. 便于企业筹措资金　随着生产社会化的提高，企业的生产规模日益扩大，创办或扩大企业都需要巨额资金，远远超过少数人的能力范围，所以需要从外部筹措生产所需的资金。企业解决资金短缺主要有两条途径：其一是银行贷款，其二是发行证券。由于银行贷款多属短期性质，只能用于企业流通资金的需要，只有发行证券才能更好地解决企业投资于机器、设备或厂房等固定资产上的长期资金方面的需要。

2. 促进资金的合理流向　从投资者角度来看，资金会流向使用效率高的产业部门。从证券发行者角度看，如果不能有效地利用所筹措的资金，发行债券的企业很可能不能偿付利息，它有被清算的危险。对于发行的股票，如果企业经营不善，不能按期支付股利或虽支付但数量很小，企业股票的行市会急剧下跌，那么，企业不仅不能筹措到扩大生产所需要的资金，有时正常生产需要的资金也得不到满足。于是，企业不得不竭尽全力，以求更有效的运用所筹措的资金，资金的流向会更加合理，有利于提高资金的使用效率。

3. **促进信用制度的高速发展**　商业银行资金来源的性质决定了资金运用的形式。商业银行的资金来源多半由顾客的活期存款构成，所以贷放资金的能力非常有限，因为为了应付提存必须经常保有大量现金。但是，如果银行发行金融债券，其资金来源就会变得相对稳定，不仅使资金能用于长期贷款，而且能使银行的贷款能力增加，更好地发挥银行金融中介的作用。

4. **有利于国家对经济的干预**　(1) 证券是实现产权政策的工具。产权是资产所有权、占有权　支配权及其代理关系的统称。资产所有权表明谁是资产的主人，资产占有权是资产使用价值的实际拥有，资产支配权是指对资产使用的安排和处理的权力。资产使用权是指实际使用该资产的权力，资产的所有权、占有权、支配权、使用权及其代理关系都要在资产收入分配中得以表现，而不同的资产收入分配比例和结构，会通过其利益关系影响到微观经济效益和宏观经济效益。因此，产权关系是社会经济效益的重要决定因素，它的任何变动都会对经济效益产生影响。证券对社会产权关系产生决定性影响。不同时期内，根据国家产权政策的要求，改变发行证券的性质、种类及其比例，就会改变社会的产权关系，并通过其利益关系的改变而改变整个社会的经济效益，实现经济的高速稳定增长。所以，证券是实现产权政策的重要工具。(2) 证券是实施产业政策的杠杆。证券实质上是一种未来收益的权力证书。准备进行证券投资的资金拥有者，选择经营前途广阔，经济效益高的部门、经济区域、产业技术进行投资，促使这些部门、区域或技术得到不断的发展，使整个社会的产业结构不断向产业政策要求的方向迈进。按国家产业政策的要求进行投资，在正常条件下能取得较好的投资效益。对于不符合产业政策的投资，由于其经营前途暗淡，经济效益低，必然受到投资者的冷遇，从另一方面限制不符合产业政策要求的产业的发展，因此，证券是实施产业政策的重要杠杆。(3) 证券是调节、控制货币流通的重要手段。货币流通是在商品过程中，货币作为流通手段和支付手段所形成的连续不断的运动。其核心内容是一定时期的货币供应量和货币供应结构。它直接受社会上证券数量及其流通状况的影响。若一定时期内，发行的证券数量多，流通状况好，则会使流通中大量的手持现金转化为证券，从而减少流通中现金量，降低现金漏损率和资金闲置系数，使流通中的现金量减少，存款增加。同时，在一定时期内，若中央银行在公开市场上大量出售证券，使中央银行拥有证券的规模减少，则会增加流通中现金和存款数量，使流通中的货币供应量上升。证券同时也影响流通中的货币供应量和流通中的货币供应结构。中央银行通过其证券市场信用政策、利率政策等就可以改变货币在证券市场与商品市场的流通比例，改变其在不同地区的流通比例，使货币流通结构发生变化。因此，证券还是调节货币流通的重要手段。

五、证券的种类

1、国际流行的有价证券

(1) **政府债券**　所谓债券就是证明持券人（债权人）有权按期取得固定利息，到期取回本金的证券。政府债券依发行的层次不同可以分为中央政府债券和地方政府债券两类。中央政府债券就是由中央政府或政府有关机构出面发行的债券，依期限不同又可划分为几类，以美国为为例，中央政府债券有三类：

一是国库券。期限一般为90天或180天，有时可长达一年。这种债券流通性强、安全可靠；

二是中期债券。其期限为1－10年。这种债券由政府发行担保，故非常安全可靠，但其流通性不如国库券。

三是政府公债。其期限为10年以上。

地方政府债券是由地方政府为了应付财政开支、修建学校、医院或公路等公用事业的费用而发行的。债券一般由地方政府的信用、征税权以及公用事业的收入来担保，因而具有一定程度的安全性和流通性。

(2) **公司证券**　公司证券指公司依照法定程序发行的，约定在一定期限还本付息的有价证券，也是公司企业为了正常的生产经营活动所需各种资金而发行各种证券的总称。主要由下述四种证券组成：

①商业票据。所谓商业票据就是由少数大公司发行的、没有抵押品的短期本票。期限一般为9个月。此证券能筹措生产所需的现金，是银行贷款或其它方式的补充形式。商业票据大多以折价方式发行，不附息券，在票面上也不写明利率。投资者如有急需，只有商请出票人提前偿付，扣还利息。

②公司债券。公司债券是一家工商企业或财务公司对外借债的一种债权凭证，由发行债券的公司对债券持有人作出承诺，在一定期间按票面金额还本付息。公司债券的期限一般为20－30年，不超过40年。

③公司股票。股票是股份公司发给股东的所有权凭证，代表了股东对企业的所有权，表明股东持有公司的一部分资产，是公司全部产权的部分所有人，公司则由全体股东共同拥有。

④投资公司证券。这是一种特殊类型的证券，是指由投资公司发行的股票和债券。

2、我国主要的有价证券

目前，在我国所称的有价证券，是指含有一定量人民币，表明投资双方权利与义务，可以在规定范围内转让的证券。主要有以下几种：

(1) 股票　　股票是由股份企业申请，经各有关部门批准发行的，证明投资者将资金投人企业的股份所有权凭证。目前，国内的股票分为国家股、法人股和个人股三种。

(2) 债券　　债券是我国发行有价证券的重要组成部分。主要有国家债券、地方债券、金融债券和企业债券。债券的发行亦需按规定申请和批准。

(3) 短期融资券　　融资券是企业为了解决企业流动资金不足，经过银行批准后，向社会发行的一种短期债券。一般规定发行额在3000万元以下，期限为3个月、6个月、9个月和12个月不等，融资券获得批准，可以在证券市场上转让买卖。

(4) 大面额可转让存单　　是金融机构发行的固定面额的定期存款凭证，面额最低500元，期限分为1个月、3个月、9个月和12个月等。这种存款利率一般高于普通储蓄存款利率，可以记名或不记名，不能提前支取。但需要用钱时，存款者可以委托证券经营机构进行转让。存款单到期还本付息，逾期不计利息。

第二节　证券市场

一、证券市场的含义及分类

证券市场是各种证券的发行和流通的场所。证券按规范化的格式，经过法定程序最初从发行人那里转移到购买者手中并在购买人之间流通的过程称为证券市场，证券市场包括发行的行为和流通行为称为发行市场活动。

证券市场作为买卖证券的场所，反映了买卖双方的关系。它与通常的商品交易市场有所不同：①在商品交易市场上，人们购买的商品具有使用价值，其行为是一种消费行为；而从证券交易市场上购得的证券，不能给购买者提供消费方面的功能，但它可以带来收益，其行为是一种投资行为；②商品交易市场一般有固定的交易场所，而证券交易市场可以有固定的交易场所，也可以是非固定场所的场外交易。③在商品交易市场上，钱货两清，其交易行为便结束，而在证券交易市场上，购买证券者还可将持有的证券转让出去，这种行为可以经过多次反复。④商品交易是一种简单的交易行为，购买商品者一般都没有与商品生产者发生利益关系，而证券购买者与证券发行人的盈利有直接关系。⑤大多数的商品交易活动不需要中介机构或经纪人，但证券交易市场的活动是由受委托的经纪人代理才能成交。

证券市场的分类一般有以下几种：

1、按证券的性质分类，可分为债券市场和股票市场；

2、以证券市场的基本职能为标准划分，可分为证券发行市场和证券流通市场。证券的发行市场又称证券的“初级市场”，或称“一级市场”。证券的流通市场亦称“交易市场”，又称“次级市场”或“二级市场”。

3、按证券所约定的期限划分，可分为短期证券市场和长期证券市场（以票面规定期一年为限）。在西方国家，短期债券市场一般归划为货币市场范围，长期证券市场称为资本市场。

4、按成交后是否立即交割划分，可分为证券的现货市场和证券期货市场。

5、按成交的地点和方式划分，可分为交易所市场、柜台市场（又称“店头市场”）、第三市场、第四市场等。

6、按地理范围为标准划分，可分为地方性、全国性、区域性和国际性的证券市场，例如纽约、东京、伦敦、香港、法兰克福、巴黎等都是国际著名的证券市场。

二、证券市场的特征

证券作为一种特殊的商品，其交易场所（即证券市场）与一般商品交易场所（即商品交易市场）也不一样，证券的特殊性决定了证券市场的特殊性，证券市场的特殊性表现在于它有发行市场和流通市场两个性质不同的市场同时存在，并且二者相互依赖、相辅相成，构成一个证券市场的统一体。随着企业单位筹资意识和人们的投资意识的增强，证券市场出现了高度的繁荣和发展，规模也在日益扩大，证券市场的交易活动比较活跃，并出现了一些引人注目的特点，其表现在：

1、融资证券化

以我国的证券市场为例，1990 年深圳的全年股票成交额为 17．65 亿元，到了 1996 年全年股票交易额达到了 11625．80 亿元，仅用了 6 年的时间，交易额翻了 650 多倍。并且，为了满足我国企业对外部资金的强烈需求，1996 年我国政府两次实行银行利率下调，使大量的社会化闲置资金和银行储蓄存款转入到证券市场中去。企业的融资方式从以前的财政拨款、银行贷款方式逐步转移到证券市场上，通过发行证券筹集资金的融资方式。另一方面，由于企业在筹资的过程中十分注重筹资成本，如果在银行利率提高的情况下，企业向银行借款的融资方式成本相应就提高，越来越多的企业愿意通过发行股票和债券的方式公开在证券市场上向社会公众募资。同时，随着国民收入的增加和国民储蓄额的不断上涨，导致大部分民众的储蓄方式也由银行存款转向收益较高的证券投资领域，从而从差价中获得资本利润。加大了证券融资度，因此，融资的证券化是证券的一个重要特点。

2、证券市场多样化

证券市场的多样化主要表现在：

首先，证券品种的多样化。在社会市场经济的条件下，企业为了在激烈的市场竞争中求得自身的生存和发展，证券的发行者不断地推出各种多样的证券品种以满足投资者的偏好，吸引更多的投资者，达到顺利地筹集资金的目的。现在，世界上流通的证券品种很多，有对证券认购者可以分期付款的“分期股票”和“分期债券”；可以到期兑换成股票的“可转换债券”，在规定时期以固定价格购买一定普通股的“附认股证债券”；借款人按浮动利率发行债券，一旦市场利率超过预计水平，债券按事先商定的利率自动变为固定利息债券的自变息债券；借款人按浮动利率发行债券，但投资者可变其为固定利息债券的“可变息债券”；发行时按票面价格打折扣售给投资者，到期时发行人按票面价格赎回的“无息票债券”；以及证券收益与期限相分离的“复合证券”。

其次，证券交易类型的多样化，例如“调换业务”的出现。所谓调换业务是指货币调换、利率调换和复合调换的总称。货币调换就是两家公司把各自筹措到的不同币种的债券调换使用。利率调换是把浮动利率的债券与固定利率的债券相互调换。复合调换是把货币调换和利率调换综合使用的调换业务。调换业务一般都需要中介银行才能进行。此外，期货交易、期权交易和信用交易等方式也日益流行。

另外，证券投资者的多样化。证券投资者包括个人、投资机构及其一些专门从事证券买卖业务的投资基金，它们在证券市场中占有极其重要的地位。现在，证券市场上的证券投资者可谓色彩纷呈，分布广泛。在证券投资者的行列中兼容了社会上不同阶层、不同职业、不同年龄、不同学历的社会公众，同时机构投资者也包括了各类企业和非银行金融机构。证券投资的大众化和证券市场的社会化，大大增强了证券市场发展的深度和广度。

3、证券市场的现代化、电脑化

现代科学技术的发明创造，为证券业务的技术革新开避了广阔的道路，目前世界上主要的金融中心都用电脑、卫星通讯和电讯网络相联系。1970 年 2 月 9 日，伦敦证券交易所，采用市场价格显示装置，这是一个有 22 条线路的闭路电视系统，可以向 200 多家经纪商和银行传递 700 多种股票行情。另外，还通过专线电话与交易所的会员联系。

1978 年美国纽约的证券交易所创设了一套“市场间交易系统”，用电子通讯网络，把美国波士顿、辛辛那提、纽约、费城等交易所相互连接沟通，可以使各交易所每种股票的价格和成交数量在屏幕上显示出来，经纪人和投资者在任何一个证券交易市场，直接进行证券买卖。

美国的场外交易市场占有重要地位。场外交易市场没有集中的交易场所，交易分散，价格不一，信息传递落后。1964 年证券管理委员会提出设置自动报价的设想，1971 年 2 月一套自动报价系统在康涅狄格州的特鲁姆尔建成，称为“全国证券商协会自动报价系统”。它的问世，使场外交易市场的业务发生了巨大变化。通过这个网络把现在约有 6000 个自营证券商号联系起来了，构成了一个从美国东海岸到西海岸连成一起的统一场外交易市场。

通讯设施的现代化，大大增加了股票交易的规模。上千万乃至上亿美元的巨款可以在 1/8 秒内从东京拨往纽约和芝加哥。日本的证券行业的机械化、自动化也已达到相当的水平。证券业务均用电子计算机操作，处理日常文书及票据工作，利用电子计算机传送指令，进行会计核算和通报信息。我国的证券交易市场也实现了电脑化，在全国各地都可以买卖上海和深圳证券交易所的股票。可见，科学技术的运用，使证券业务技术水平发生了质的飞跃，进入到现代化、电脑化发展阶段。

4、证券市场国际化

现代证券交易越来越趋向全球性交易。电脑系统装置被运用于证券业务中，世界上主要证券市场的经纪人可以通过设在本国的电子计算机系统与国外的分支机构进行昼夜 24 小时连续不断的业务活动联系。愈来愈多的大公司，甚至一些中型公司纷纷到本国以外的证券市场上销售股票和债券。

与此同时，国际债券市场迅速发展起来，在国际证券市场上，近年来国际银团贷款不断下降，国际债券的发行却继续上升。据统计，1981 年国际债券总额 占银团贷款总额的 55.8%，1982 年为 72.8%，1983 年国际债券总额上升为银团贷款总额的 1.4 倍，1984 年为 2.58 倍，1985 年则已达银团贷款的近 3 倍。可以说，现代证券市场的发展，已使人类居住的“地球经济村”的交易往来演变成为一个全方位、全时位的全球性证券交易网络。当今，世界各大金融中心的证券市场相互联接，从而构成了一个全球性的昼夜 24 小时连续交易的世界证券市场体系。

证券市场国际化的发展，也与各国政府近年来实行的金融宽松政策有密切联系。1974 年美国政府废除了实行达 10 年之久的，限制外国居民在美国发行证券的利息平衡税。1984 年 7 月宣布取消对外国人征收证券利息预扣税。德国和法国政府随之效法。日本连续几次宣布开放金融市场和措施，包括允许外国人在日本发行债券和在欧洲债券市场上发行日元债券；德国政府也放宽了德国马克债券的管理，准许外国人发行以德国马克为面值的国际债券和浮动利率债券，以及无息债券等等。法国政府在1985年初重新开放了欧洲法郎市场。逐步宽松的金融市场环境，为开展国际证券交易活动提供了较为有利的条件。

在各国金融市场逐步放开，证券交易日趋国际化的形势下，各国经营证券业务的证券公司和银行不失时机走出国境，在国外纷纷建立分支机构，以争夺更多的份额。随着中国金融市场的逐渐开放，世界上一些大的投资银行和证券公司，如美林、高盛、摩根斯坦利、所罗门兄弟等都纷纷在中国开设分支机构和办事处，争夺中国的市场。

三、证券市场成立的条件

证券市场实质上是长期的资金市场，也称资本市场，是商品经济高度发展的产物。它的成立一般具有以下的条件：

1. 金融市场的形成

金融市场的形式是证券市场成立的必要生存条件。在社会的闲散货币资本中，既有长期的闲置货币资本，也有短期的闲置货币资本，由此而形成多种形式的金融市场。各种金融机构为首的事业公司都保有特定的支付准备金，短期金融市场就是支付准备金运用的市场，其资金的运用必须有高度的流动性和利率机能的作用。而长期金融市场的正常发展，则是建立在多种短期金融市场基础上的。而发挥金融市场的利率作用，促进资金自由地在长期、短期金融市场上流通，将短期闲置资本转换成长期资本则是证券市场的功能和特征。

2. 生息资本的形成

生息资本的形成是进行证券投资的物质基础，是证券市场成立的必要物质条件。生息资本是为获得利息而暂时贷给别人的货币资本，在商品经济发展中，闲散资金被金融机构集中起来，作为生息资本进行社会分配，然后作为职能资本在生产或流通领域中加以运作。生息证券则成为生息资本的投资对象，其投资和回收通过证券买卖来实现。

3. 证券的存在和发展

证券是证券市场的交易对象，大量证券的存在和流通需求是证券市场成立的必要前提条件。在资本聚集的过程中，长期闲置的资本逐渐积累，金融机构和事业公司也发行与支付准备金的运用相对称的各种短期证券，以各种短期金融市场，进而为中、长期金融市场的形成与发展奠定基础，为证券市场的形成提供了条件。

4. 经纪人的产生

初期自发的证券市场不一定需要交易代理的经纪人。但当今现代化证券市场，经纪人却必不可少，为了短时间内把大量的证券买卖集中起来，并圆满地完成交易过程，必须由具备一定地位的、具有高超的证券交易技能的经纪人来主持。

四、证券市场的形成

证券市场经营交易的对象是证券，证券的出现和产生是证券市场形成的必要条件，各种证券在社会上的发行和流通，为证券市场的产生和发展奠定了基础。

1. 股份公司的出现

股份公司又称股份有限公司，是指将公司的全部资本分为等额的股份，股东以其所持的股份为限对公司承担责任，公司以其全部资产对公司的债务承担责任的企业法人。

在企业的发展史中，最早出现的企业形成是独资企业。与独资企业类似的是合伙企业，即由两个或两个以上的自然人投资创办的非法人性质的企业。合伙人按合伙契约规定的比例出资并按相应的比例分享收益，同时承担相对称的风险及无限的经济责任。随着社会经济的发展，上述两种企业形式暴露出来的各种缺陷严重阻碍了自身的发展。于是，公司制企业形式便应运而生了。公司是一种概念全新的企业组织形式，它是按公司法组织、登记设立的，以盈利为目的的，由两人以上集资组成的法人组织。其组织形态包括股份有限公司、有限责任公司、无限责任公司、两合公司和股份两合公司等。其中以股份有限公司的企业组织形式为最常见。股份有限公司是指通过法律程序，向社会公开发行股票筹集资金的一种企业形式。这类公司的一个重要特征是全部资本由等额股份构成，以股票的形式向社会公开发行。

在资本主义社会初期，由于社会经济的发展和经济规模的扩大，封建家族式的独资企业难以聚集大额资本，为了满足那些传统的、独资式的企业对巨额固定资本的需求，股份公司便自发地产生了。股份公司产生初期是以合伙公司的形式出现的，以后才通过发行股票、债券的形式向社会筹集资金，将集中的资本用于扩大生产规模，从而迅速建立起资金雄厚的大型企业，这是独个资本家所望尘莫及的。随着社会化的大生产需要，17世纪末，英国出现第一次以筹股方式成立的英国运河股份公司。

2. 信用制度的建立

证券的发行、交易实质上是一种信用活动，它是信用制度发展到一定程度的结果，同时又在形式和内容上丰富了信用制度。信用的基本特征是偿还性，它是以偿还为条件的、价值的特殊运动方式。信用是从属于商品货币关系的一个范畴。当货币资本与企业资本相分离时，证券便能够当作信用工具被充分运用，信用机构也由单纯的中介信用发展为直接向企业投资、买进证券形式的间接投资或通过证券的经营使企业受控于金融资本。随着信用制度的发展，金融资本逐步渗透到证券市场中，从而控制产业资本，同时，也吸引更多的货币收入和储蓄，注入证券市场的资本也就更多。随着社会的发展，企业资本家和商业资本家为了扩大生产、经营的规模，需要筹集资本，便产生了货币资本借贷，债权人贷款或赊销商品，债务人则按约定日期偿还欠款，并按双方约定的比例以货币支付利息。信用机构的借贷，不可能达到长期使用他人资金的目的，而股份公司发行的股票或债券，就可以使个人的资金长期被股东集团使用，或债务人可以更好地使用债权人的全部资金。为了长期、大量使用别人的资金，证券还必须可以买卖。因为如果证券不能买卖转手，投资者就被剥夺了灵活使用投资的权利，这种证券就缺乏吸引力。可见建立证券市场和进行证券交易，是信用制度发展的必然结果，同时，证券市场作为一种新型的信用工具，又使信用机构发生了根本性的变化。

3、证券市场的兴起

随着股份公司的出现、发展和信用制度的变革，早期的证券市场开始形成。1611年，荷兰的一批商人开始在阿姆斯特丹从事股票生意，产生了第一个股票交易所。在早期的证券市场上，发行证券的企业以批发形式将证券转移给证券推销商，再由他们把证券卖给投资者。而开始时的经营场所带有很强的自发性色彩，商人们为了便于组织和碰头，一般是在街道的繁华地段和咖啡馆里互通消息，经营证券交易。英国的第一个证券交易所就是于1723年在伦敦柴思胡同的约那森咖啡馆中组成的，这是当今著名的伦敦交易所的前身，它标志看证券市场的正式形成。从19世纪初到19世纪中叶，英国证券市场迅速发展，从开始时发行的政府债券、公司债券、矿山运河股票，到一些非正式的地方性证券市场的逐步形成，英国的证券市场达到了制度化和组织化的程度。伦敦证券交易所成了世界证券市场的中心，它的中心任务是从事海外证券交易，当时的大企业，如铁路、金融机构的证券交易都集中在那里进行。美国证券市场是以经营国家公债为开端的。美国独立战争胜利后，公共债券的推销交易从当时的首都费城开始向纽约、芝加哥、波士顿等大城市发展。1790年美国第一个证券交易所在费城诞生。1792年5月，纽约24名经纪人在华尔街的一棵梧桐树下聚会，签订了著名的“梧桐树协定”，规定了委托交易收取手续费的最低标准、经纪人之间进行交易的规则等。1817年这些经纪人组织了“纽约证券交易会”，1863年改名为“纽约证券交易所”。美国的工业革命给美国的证券市场带来了新的变化和发展，19世纪上半叶，股票进入证券市场，并成为主要交易对象，公路股、铁路股、矿山股、运输股成为热门股，银行股、保险公司股出现了，股票交易在全社会流行，证券交易所达100多家。

可见，证券市场的产生是股份经济和信用制度的发展共同促成的。

五、证券市场的发展

1. 西方国家证券市场的发展及其特点

西方证券市场的形成和发展是一个漫长的过程，它最初出现于自由资本主义时期，它的形成与发展是同股份公司及信用制度密不可分的。股份公司的产生和信用制度的发展是证券市场得以萌芽、发展的基础。在第一次工业革命以后，西方国家经济已经有了相当程度的发展并要求进一步扩大生产，但是基于资本家个人所有以及个人支配的生产方法已远远不能满足这一要求，因此，要想进一步扩大生产就必须依赖并发展信用制度。所谓信用是商品买卖活动中的延期付款和货币的借贷行为。在资本主义社会前期，信用基本形式是高利贷，随着资本主义社会发展，出现了商业信用和资本信用。随着信用制度的发展，出现了筹资者直接面向社会公众筹集资金而无需银行介入的直接资本信用形式，而股票和债券的出现，为这种直接信用提供了工具和载体，其发行和流通为证券市场的孕育和发展提供了交易对象和交易方式。因此，信用制度的确立和股份制企业的出现，构成了西方证券业兴起的两个必要前提。

在同时具备了上述两个前提后，随着信用制度的深化于是就出现了证券市场的萌芽。大约在17世纪上半叶，西方正式的股票交易市场开始出现，这一时期的证券市场，有人将其描绘为“只是商人和经营证券者的一种非正式的聚会”。到了17世纪30年代左右，伦敦的证券交易也发展起来，同时还产生了一种特殊的股票，这种股票将持股人对公司的责任限制在股票的票面价值之内。但是，当时纯粹依赖股票资本的公司还寥寥无几。英国与荷兰的公司都出售可以在短期内偿还的“债券”。大约在1710年以后，伦敦的银行家自己也开始购买公司债券，并将其作为流动的现金准备，在整个18世纪，债券不仅为大公司提供了大笔的贸易资本，也是银行的现金准备。事实上，西方国家证券业发展的最初动因是政府债券，因为国家信用是这些国家用来进行资本积累的最强有力的手段之一。到了19世纪80-90年代，英国伦敦和荷兰阿姆斯特丹的证券市场已经发展得相当成熟了。这里不仅存在着买方和卖方之间直接的股票转让，而且也存在着通过越来越多的证券经纪人进行的间接股票转让；当时已经产生了期货交易，或称选择买卖（即在未来某日按事先商定的价格转让股票），产生了“多头”和“空头”，产生了边际买卖（即用一小笔现金购买股票；再以新购入的股票作抵押借入其余股票），并且还产生了其他许多现代市场仍在使用的证券新名词。

19世纪末和20世纪初，资本主义由自由竞争阶段过渡到垄断阶段，西方证券业开始向现代证券市场飞速发展，主要体现在以下两个方面：

(1) 银行对证券业的干扰。进入垄断资本主义阶段以后，西方证券市场的独立发展受到银行的干扰，银行大量介入证券市场，并逐渐垄断了证券市场。如果说在前垄断资本主义阶段，证券交易所是证券买卖的交易场所，那么，在这一阶段，证券交易大部分已集中在少数大银行手中，它们直接在自己的客户中处理大量的证券交易事务，只有那些在大银行中不能完成的业务才让给证券交易所。与此同时，大银行利用自己的巨额资金大肆进行炒股活动，干预股市价格，谋取高额垄断利润。此外，大银行还把大量的货币贷放给证券交易所的经纪人。这一点在德国表现得尤为突出。当然，我们也应看到，证券交易所独立地位的衰落并不意味着其作用的下降，相反，它在垄断资本主义经济中仍是资本集中和分配的重要工具，仍是整个经济活动的晴雨表，而且由于垄断资本主义时期虚拟资本的大量膨胀，在二十世纪头30年里，证券市场处于调整发展阶段，证券发行量剧增。例如1921—1930年全世界有价证券的发行额比1890—1900年增加近五倍，这一时期，有价证券的结构也发生了变化，股票和公司债券已经取代了政府公债而在证券市场上居于主导地位。

(2) 国家对证券业的干预。在西方资本主义的发展史上，二十世纪30年代以前，基本上可以归结为自由放任时期，政府只是听任市场这只“看不见的手”调节整个经济活动。与此相应，证券市场也一直处于自由放任状态。这种自由状态虽然使证券市场有了很大的发展，但其弊端也日益暴露。在自由放任的证券市场上，交易活动由于缺乏应有的约束，具有极大的投机性，欺诈、操纵等不正当行为屡屡发生，广大中小投资者因此陷入倾家荡产的境地，严重地扰乱了金融领域和社会经济生活的正常秩序。1929年10月纽约证券市场的大崩溃，最终导致西方各国证券法规的产生，从而开辟了国家对证券市场进行全面管理的新纪元。如美国在大危机后设置了直属总统的联邦证券管理委员会，对全国证券的发行、证券交易所、证券商、投资公司等依法全面监督管理，而且国内通过了一系列法令，其中包括1933年《证券法》，1934年《证券交易法》，1935年《公用事业控股公司法》，1939年《信托条款法》，1940年的《投资公司法》，1944年《投资顾问法》等。同时各州也制定出相应的证券管理法令。此外，政府还要求证券交易单位自订规章，进行自我约束。这些管理法规的内容主要是要求证券发行者必须向主管机关登记、审批，上市公司要定期公布自己的经营活动和财务状况；禁止交易所会员利用职权从事不法活动，违者给予处罚。

通过立法和设置专门机构对证券市场实施管理和控制是西方证券市场机制的一项重要变革。证券交易所由私人俱乐部性质转变为受政府控制的有组织的证券交易市场。投资者的利益在一定程度上得到保护，证券市场中大量的不法行为在相当程度上受到了控制。

第二次世界大战之后，由于西欧和日本经济的振兴和发展以及美国经济的进一步膨胀，有价证券发行量增大，交易也由清淡转向繁荣。另一方面，西方各国均存在着金融证券化的倾向，即在整个金融市场上，证券所占的比重急剧上升，地位越来越重要。因此，西方证券市场虽一度衰落，但不久即得到恢复和发展，到了八、九十年代，更是呈现出高度繁荣的景象。

概言之，西方证券市场的发展出现了一些引人注目的新特点，主要表现在以下几个方面：

①**筹资技术多样化** 各国的证券业为了在竞争中求生存，求发展，证券发行者想方设法去迎合投资者的各种偏好，因而筹资技术日新月异，新的证券品种层出不穷。在现代证券市场上，证券种类繁多。除了一般常见的股票、公司债券和政府公债券外，还出现了大量新的证券品种，诸如：“分期股票”（认购者可以分期付款），“后配股”、“无表决权股”、“浮动利率债券”（可以定期调整利率），“可换股债券”（可以自由兑换股票），“金融债券”、“抵押债券”等等。与此同时，还产生了大量的金融衍生品种。在证券的交易方式上，除了普通交易外，还出现了信用交易、期货交易和期权交易等。融资技术不断翻新，日臻完善，增强了证券市场的活力，加快了证券市场的发展。

②**证券投资的法人化** 证券投资主体可以分为个人和法人两类。二战之前，个人投资者虽然是小户，但由于人数众多，在证券市场上占有重要地位；二战以后西方证券市场的一个重要特点就是法人投资者的地位上升，法人投资者又称机构投资者，是证券投资的大户，包括企业和各类金融机构。

2、我国证券市场的发展

近年来，随着我国经济、金融体制改革的深化，证券发行市场和交易市场也逐步发展壮大起来。在发行市场上已形成了债券、股票、期货等几大门类。其中债券发行市场又包含了国家债券、金融债券、企业债券、外币债券等多个品种；股票发行市场除最初的普通股票（A股）外，又开辟了人民币特种股票（B股）以及在香港及海外上市交易的H股、F股等；期货方面，商品期货、金融期货、指数期货等也正开始陆续上市。随着证券发行市场的形成和发展，证券交易市场也有了相应的发展。从1986年下半年开始，中国金融体制改革和试点城市陆续试办了证券转让柜台交易。到1994年8月止，全国已有近百家专业证券公司，从事证券自营买卖和代理买卖业务；有500多家信托投资公司等金融机构设立了对外营业的证券交易柜台；各证券公司对外营业的交易柜台，在专业银行的分支机构、储蓄所、城乡信用社等设立了众多的交易代办点。1990年12月1日深圳证券交易所开始运作，12月19日上海证券交易所也正式开业。这两个交易所经过近四年的运作，使我国证券市场规模获得飞跃性的发展。截止1997年10月底，在这两个交易所挂牌上市的股票及其它有价证券共700多只（种），共有上市公司730多家。与此同时，全国性金融市场报价、信息、交易系统中心也已基本建立。以两个证券交易所为中心的全国证券市场已初步形成，并加速向规范化、现代化的方向发展。在国务院证券委、中国证券监督管理委员会以及各地证券管理机构的统一领导和管理下，证券市场的发行和交易正逐步走向规范化。

目前，我国对证券发行市场的管理，主要是通过对证券发行的审批，交易监管以及日常监督实现的。目前我国各类证券的发行，需由国务院证券委员会、国家体制改革委员会、中国证券监督管理委员会等机构审批。此外，中国证券监督管理委员会作为证券市场的管理机关，有权根据有关法规及证券发行的有关材料，对发行市场的日常活动进行监督和检查，指导和规范其行为，对于违法行为，视情节轻重给予相应的处罚。同时，各省、市相应成立了证券监管机构，全国各地也相应成立了证券业协会和证券商协会，能够较好地实行行业自律人及会员之间的协调服务，拓展行政监管职能。

证券市场已经在我国的经济建设中发挥着越来越重要的作用。具体表现在：①证券市场促进 了企业体制改革，对企业的股份制改造是我国企业改革的一个重要步骤，股份制企业一方面必须利用证券市场发行股票、筹措资金；另一方面，企业的经营好坏，发展前景等也在一定程度上反映在股票价格的波动上，这样就在无形中增加了企业运行的动力和压力，促进企业发展。②证券市场吸引了大量社会闲散资金，使消费资金得以及时转化为生产资金，这对缓解我国目前资金供求紧张的局面，增加企业发展后劲发挥了重大作用。③通过国家计划指导和证券市场的调节，有助于优化产业结构和产品结构，促进国民经济的发展。④通过市场调节，股票等有价证券的转让，既搞活了资金市场，又较好地实现了对企业产权的转让和兼并，对合理调节投资方向和优化资源配置均起到了良好的作用。事实证明，大力发展我国的证券市场是加速建立社会主义市场经济的必由之路。

第三节　证券市场的地位与功能

一、证券市场的结构

证券市场从程序意义上看，是证券发行和交易网络体系，其内部结构如下图所示：

- 证券市场结构
  - 证券发行市场
    - 公司、政府筹资者
    - 投资机构、证券公司
    - 证券购买者（投资者）
  - 证券流通市场
    - 证券商（自营商、经纪人、自营经纪人）
    - 证券交易所、场外交易市场
    - 第三、第四市场
    - 其他投资者

1. 证券发行市场

证券的发行市场是指新发行的股票、债券的认购以及中介机构的包销、助销活动等。也称做“初级市场”或“一级市场”。通过发行市场，使工商企业和政府发行的新证券（首次发行的股票和债券）第一次销售给投资者，是企业和政府筹集资金的重要渠道。

证券发行的方式根据发行对象不同可分为公开发行和不公开发行两种（又称“公募”和“私募”）；根据发行者推销出售证券的方式不同，可分为直接发行与间接发行两种（股票发行又称为“直接招股”和“间接招股”），其中间接发行又分为包销和代销两种办法进行；对增发新证券的，根据投资者认购证券时是否缴纳投资可分为有偿增资、无偿增资和搭配增资三种。其中，“间接发行”是各国公开发行证券通常使用的一种方式。证券发行的参与者股份公司、证券公司和社会投资机构，通过中介推销组织形成宠大的发行网络。

2、证券的流通市场

证券的流通市场是指对已发行过的证券进行买卖的市场，又称为“次级市场”。证券交易市场主要有证券交易所和场外交易市场两种形式；随着证券市场的发展，还出现了“第三市场”和“第四市场”。

(1) 证券交易所

证券交易所有固定的交易场所和交易活动时间，在多数国家它还是全国唯一的证券交易场所，因此是全国最重要，最集中的证券流通市场。证券交易所接受和办理符合有关法令规定的证券上市买卖，投资者则通过证券商进行自由买卖、成交、结算和交割。

证券交易所不仅是买卖双方公开交易的场所，而且为投资者提供多种服务。这些服务有：随时向投资者提供关于在交易所挂牌上市的证券交易情况，如成交价格和数量等；提供发行证券企业的财务情况，供投资者参考。交易所制定各种法律规则，对参加交易的经纪人和自营商进行严格管理，防止操纵、作假、背信及欺诈等犯罪行为的发生，交易所既严格监管上市公司和证券商，同时完善各种清算交易，以保证正常的交易活动的开展和持续。

(2) 场外交易市场

场外交易市场是指证券交易不在交易所内进行，而是在交易所外由购销双方当面议价成交的市场。它没有固定的场所，其交易主要利用电话进行，交易的证券既有未批准进入证券交易所的证券，也有虽被批准进入证券交易所但交易数量不足规定标准单位的上市证券。在这个市场里，自营商人既可以把自己持有的证券卖给顾客或以业主的身份买进顾客的证券，也可以以代理人的身份向别的自营商买进再卖出。场外交易市场近年来由于先进的电子计算技术在证券交易中广泛使用而大量发展，如美国的店头交易占美国整个证券市场里股票品种的三分之一，仅次于纽约证券交易所，居美国第二位。

(3) 第三市场

第三市场是指专门在交易所外进行已批准于上市证券的买卖市场。这种市场能减轻大额交易费用的负担。自60年代以来发展很快，它反映出证券交易（特别是股票交易）日趋分散化、多样化和成交额扩大的趋势，同时也表明各种投资公司、保险公司、基金会、互助储蓄等机构投资者在证券市场上投资比重明显上升，证券持有量已超过发行总额的半数。这种市场在美国表现得最为典型。

(4) 第四市场

第四市场是指证券持有人和购买者不通过经纪人，也不进入证券交易所而彼此利用电子计算机网络进行大宗证券买卖的场外交易市场。这种市场使交易双方大幅度降低交易成本（双方负担计算机线路使用费），最大限度地保持了证券交易的秘密性，使大量证券交易不立即对证券市场产生了强烈的振荡，从而保证了证券市场的相对稳定，因而日益繁荣，显示出很大的发展潜力。

二、证券市场的组织形式

证券市场的组织形式一般由四部分组成，即证券管理机构、证券发行机构、证券投资机构和证券交易机构。

1、证券管理机构

各国的证券管理机构可分为专管证券的管理机构和兼管证券管理机构两种组织形式，都具有对证券市场进行管理和监督的职能。

(1) 设立专管证券管理机构的证券管理体制的国家以美国较为典型。在美国联邦政府下设有联邦证券管理委员会，具有监督执行美国证券交易法、信托条款法、投资公司法、投资顾问法和公共事业控股公司法等职能。在联邦政府监督下，美国各州也有制定证券法的职权。同时，在政府监督下，证券交易所和证券商公会亦具有相当自主权。这种联邦、各州和专业机关团体多层次的证券管理体制成为美国证券管理的特色。

实行类似美国这种专门管理体制的国家还有加拿大、日本、菲律宾等国，但都根据本国的不同国情进行了不同程度的修改和变通。如日本由大藏省证券局负责证券管理，并另设证券顾问委员会负责重大政策问题的研究和咨询；菲律宾的证券管理委员会采取类似美国联邦和各州证券管理的混和体制，制定本国的《公司法》和《证券法》，依法对证券进行管理监督。

（2）实行兼管证券管理组织形式的以英国较为典型。英国的证券管理体制传统上由证券交易所"自律"为主，政府并不专设证券管理机构。证券发行的登记由贸易部下属的公司登记处兼管。英格兰银行只是根据金融政策的需要，才对一定金额以上的证券发行行使审批权。实际上伦敦证券交易所在行使证券管理的职能，实行类似这样管理体制的国家还有荷兰、意大利、德国等国。

不论何种证券管理体制的国家，有一点组织形式是共同的，那就是中央银行作为一国政府的具体金融管理部门和政府发行公债的代理机关，都拥有根据国家宏观经济和货币金融形势的需要，公开运用市场政策，调节货币供应和稳定金融市场的职能。有些国家的财政部还拥有证券管理职能，并通过财政偿债基金的运用，参与金融市场的调节，平衡财政收支和稳定货币金额。

正处于发展初期的我国证券市场管理机构，除了我国中央银行——中国人民银行是当然的管理机构外，已专门成立了"国务院证券委员会"（简称证券委）和"中国证券监督管理委员会"（简称证监会），作为全国证券市场主管机构和证券委的监督管理机构，依法对全国证券市场实行统一管理和监督，并在全国各省市自治区成立了相应的分支机构。此外，国家计委、财政部、体改委和地方政府等有关机构也配合参与对证券市场的管理和监督。

2. 证券发行机构

证券发行机构通常称为证券发行市场，由于证券发行市场一般没有、也不需要有集中的固定场所，而是由发行者自行推销出售或通过各种证券发行中介机构推销出售，，因此，证券发行机构（或证券发行市场）通常由发行者、推销者和认购者构成，是一种分散的市场。发行者通常是发行证券的股份公司和财政部门，通过发行股票、公债和国库券聚集社会闲散资金。认购者是指为了获利、控股、投机等多种目的的购买证券投资者，包括投资的个人、企业和机构等。有些持股公司作为金融寡头的主要组织机构之一，既发行和销售自己的股票或公司债券，做证券发行者；又购买其他公司的证券，以持有这些公司的证券为后盾，进行自身公司的证券扩大发行和进一步购买其他公司证券，做证券认购者，以控制其他公司的资本。证券的推销者是指承担推销证券任务的机构，通常，由于推销者有推销网点，经营人才，市场信息，资金等方面的优势和经验，证券发行推销业务主要由证券发行中介机构来承担，这些机构主要有证券公司、信托投资公司、投资银行等金融机构，它们有完整的发行承销网，组织机构健全，经验丰富、办事干练，能使新证券在证券市场顺利上市和流通，获得好的市场地位。

3. 证券投资机构

证券投资机构是指专门从事聚集社会公众的资金投资于各种不同种类的证券，以降低风险提高投资收益的专业性机构。证券投资公司是主要的组织形式，大致分为三种类型：（1）公司类型；（2）信托类型；（3）其他类型。公司类型的投资公司一般为股份组织，大多数由证券商组成，雇用经验丰富的证券专业人员从事证券业务的经营。信托类型是指经营信托业务的机构，接受社会公众的委托，从事以第三者为受益人的信托投资业务，一般都根据委托人和受托签订的"信托契约"的规定进行经营。其他类型有保险公司开办的"可变年金"，银行信托部开办的"混合经营代理帐户"等。其中"可变年金"指的是年金收入者将其收入的固定的年金投资于证券获得一定的收益，也承担相应的风险；"混合经营代理帐户"是指社会公众存入银行的一定数额的资金并给予投资的授权、银行作为代理人受权将资金混合运用，牟取投资收益。

证券投资公司的这种利用社会集资来投资证券的做法一方面能把社会公众的零星闲散资金集中起来，成为长短期大额资金投资于各种证券，有利于国家的经济建设；另一方面，投资公司把分散单个的证券投资集中起来，统一投向一定量和品种的证券，不仅能分散投资风险，还能确保平均的收益，加之由经验丰富、精通证券投资业务的专业人才来经营，显然投资的成功率也就更加增大，盈利更有把握。

4. 证券的交易机构

证券的交易机构主要指证券交易所。一般分两种类型的组织形式，即公司制交易所和会员制交易所。它们分别以股东大会或会员大会为最高权力机构；设有董事会，由董事会任命总经理负责日常业务；下设秘书、业务、财务、稽核等部门，其中以业务部门为营业主体，分设证券上市审核部、交易管理部、财务结算中心、会员部、信息部和公共关系部，各负其规定的职责。股份有限公司制交易所的参加者仅限于其经纪人，而会员制交易所的参加者则以交易所的会员为限。

从世界来看，欧美经济发达国家的证券交易所基本上都是采用会员制组织形式，有些发展中国家则采用公司制组织形式。会员制是证券交易所的典型组织形式，也是主要的组织形式。我国的上海、深圳证券交易所均采用会员制。不管采用哪种组织形式，交易所都应当在指定地点公开营业，适时开市，经营业务应限于章程所规定的业务，一切交易必须在场内公开报价成交，并每天公布交易的行情、数量等。交易所还负责监督交易按一定的章程、细则、规定和管理条例进行。

三、证券市场在金融市场中的地位

1. 金融市场的基本分类

金融市场是个整体，它是由各个子市场综合组成的。金融市场的基本分类如下图所示。

金融市场的基本分类：

- 金融市场
  - 短期金融市场（货币市场）
    - 承兑贴现市场
    - 拆借市场
    - 短期政府债券市场
  - 长期金融市场（资本市场）
    - 储蓄市场
    - 证券市场
      - 证券发行市场
      - 证券流通市场
    - 保险市场
    - 融资租赁市场

从图中可以看出，证券市场在本质上属于长期金融市场（或称资本市场），但必须明确以下两点：

①货币市场与资本市场中的证券市场有着密切的联系。证券市场上证券的发行一定要有证券业者的垫款，而垫款所需的资金却常常依赖于货币市场，即短期金融市场的资金供给（这在保证金交易中比较明显）；而当证券市场上买卖兴旺、证券价格上涨时，又需要更多的资金来辅助交易的完成，这就必然会使货币市场上的资金需求压力增大。

②证券市场虽然本质上属于长期金融市场（资本市场），但证券资本并非一开始就属于长期性资金。原因很简单，若有现成的长期资金，就不必通过证券市场，而可以直接作为长期资金按借贷方式进行融资。因此，证券市场也可以说是变短期资金为长期资本的市场。

2. 证券市场在金融市场中的地位

证券市场是金融市场的有机组成部分之一，它是长期金融市场的一个子市场。但是在不同的社会制度、经济基础和文化传统下，证券市场在金融市场中的地位是各不相同的。在西方发达的资本主义国家，股票和债券是金融市场上最活跃、最主要的金融资产，证券市场的交易覆盖了整个金融市场，它是金融市场最主要的组成部分，甚至可以说是金融市场的同义语。而中国的金融市场从萌芽到初步形成，由于社会经济制度和文化传统的不同，出现一种独特的格局，即证券市场并非一马当先；相反，却是以银行同业拆借市场为先导，证券市场、票据贴现市场、外汇调剂市场紧随其后的情况出现。这说明中国金融市场的形成与发展有其独特的目标模式，各种子市场都服务于某一特定的领域，有着不可替代的作用。这和西方的金融市场是根本不同的，中国证券市场也不可能覆盖社会经济的各个方面。因此，在中国未来的金融市场模式中，证券市场只能和其它市场同步协调发展，并按照中国的经济体制来运行。

四、证券市场的功能

证券市场的功能在国内和国际两方面得到体现，一般功能在一国经济上就显示出来，而在国际上发挥的作用实际是其一般功能的延伸。

1. 证券市场对一国经济和社会发展的作用

(1) 联系和沟通资金供给者和资金需求者的功能

发行证券的企业和财政机关很难向社会上广大而分散的证券购买者直接进行证券买卖的交易，必须通过一定的“场合”和“中间机构”才能进行。这种“场合”就是证券市场，这种“中间机构”就是通过证券的发行承销人向社会具有资金供给者发行筹集资金，用于需求企业的发展。取到了沟通和联系作用。

(2) 筹集融通资金的功能

社会最早和最基本集资方式是间接的信用方式。这种方式就是社会的闲散资金和节余资金由银行以储蓄的方式，把这些分散的资金集中起来，以贷款方式投放于生产。这种方式是按银行的安排间接投资于生产，投资者除从银行获得利息外，对投资企业的经营好坏没有直接的关系，不享受企业的利润，也不承担企业的风险。

随着经济的发展，出现了证券市场，这种方式能更加迅速和充分满足企业对资金的需求。人们将闲散资金通过证券市场购买股票、债券，这样就能把社会分散的资金集中起来，投向生产，扶持企业迅速壮大，虽然这种集资方式投资者要承担一定的风险，但投资者可从企业利润中按投资的多少分得相应的红利，企业效益好时回报率很高，而且投资者可自由地选择投资对象，并且国家财政也可通过证券市场，用发行公债、国库券，上市交易的办法向社会筹集资金，因此，这种方式更受到投资者和国家的欢迎和支持。

证券市场的这种股票集资方式对于股份公司来说，显得特别重要。股份公司只有通过证券市场的股票交易，才能做到股东变更而总资本不发生变化，且不影响公司的继续经营；而且只有通过股票溢价上市交易，才能聚集到比股票原价更多的资金。这种优越性是旧合伙制远不能比拟的。

(3) 主动调节和导向资金的功能

证券市场的交易兴衰同资金的活动紧密相联。社会银根松动，游资充斥，证券市场交易活跃，就能吸收社会多余资金，反之就会通过抛售证券，转移资金。此外，股票由于经济或政治原因而影响价格上涨、或发行新股等原因需大量资金时，也会把社会其他的资金强烈地吸引过来。这样，不仅能吸收社会游资，有时还有利于减轻商品市场的压力，避免经济波动和混乱的发生。

(4) 推动企业改善经营提高效益的功能

证券市场上，持有证券的投资者都争向经营前途广阔、竞争实力雄厚，经济效益好的企业投资，社会资金都向这样的企业集中，而其他差的企业必然遭受投资者的冷遇。证券市场时时都在进行这样资金再分配交易，迫使企业必须在激烈的市场竞争中，强化管理和经营，不断开发和提高，增大效益和分红回报，以赢得投资者的青睐和信任，否则就会失败和被淘汰，各个企业都在这种压力下快速进步和发展，就会使整个社会的生产力更快得到发展。

(5) 传播经济等方面信息的功能

证券市场往往是政治，经济形势的晴雨表和温度计，是企业经营好坏的显示器。证券市场的买卖双方、经纪人、银行、证券交易所的工作人员集中在一起进行调查分析研究，将信息在证券市场上互相传播，互相商讨，以供大家决定投资去向，而各种证券的交易成交量和价格也随时反映着形势的变化，这就很自然使证券市场成为经济、社会等信息产生与传播的场合。

(6) 分散投资风险的功能

证券投资的风险除了证券买卖价格变化快速，难以预料、容易赔本外，还在于所投资的企业一旦经营不佳，投资者将得不到收益，还可能血本无归。但证券市场上存在不同性质、不同期限、不同收益证券可供投资者选择，投资者可将资金分散投资于多种证券，以降低投资风险，也可快速买进卖出证券以转移和分散风险。从这种意义上说，证券市场给投资者分散投资风险创造了条件。

2. 证券市场在国际经济和社会发展中的作用

证券市场在国际经济和社会发展中的作用是在一国经济和社会发展中的延伸和发挥，因各国的国情不同而具有组合性的特殊功效。

(1) 促进国际资金融通的功能

企业因集资而发行的证券既可在本国发行，也可拿到国外证券市场上去发行。同样，企业的多余资金和社会游资不仅可以购买本国证券，进行投资，也可通过证券市场购买外国证券，向国外的企业投资。这样，证券市场不仅成为本国资金在国内流通的重要渠道，而且成为各国资金之间流通的重要渠道，形成国际间长期资金的交易市场，加速了各国资金的国际运用和周转。而资金在国际间的横向融通，必然加强各国之间的联系，促进国际间技术、经济、文化等方面的广泛交流与合作。就一国范围来说，本国企业能双管齐下，在国内和国际两方面通过证券市场筹集资金和进行投资，显然有利于企业发展生产和提高效益，必然促进民族经济的快速发展和进步。

(2) 扩大资本国际化，促进跨国公司发展的功能

本世纪60年代，欧洲的美元市场因征税低、利率高、管理松、地理适中，通讯发达而扩大和发展，使受对外直接投资限制的美国跨国公司向海外扩展的资金需要找到了源泉，因而跨国公司就用借贷和发行国际公债的办法在欧洲的资金市场上筹集资金，利用欧洲货币市场基金扩大投资，促进生产与贸易的发展，使跨国公司本身不断扩大。显然，跨国公司的这种发展与货币资本国际化的扩大是分不开的，而证券市场在资本国际化中起到了至关重要的作用。

(3) 改善国际收支逆差的功能

当一个国家外汇出现逆差或财政出现赤字时，可以在国际证券市场上抛售股票和债券，换取大量外汇，用以引进国外资金和设备，部分补偿外汇逆差，相应缩减货币发行和扩大信贷计划，稳定货币流通。美国近年通过发行大量国债来弥补巨额财政赤字和贸易逆差，平衡外汇收支就是其中一例。

(4) 促进国际金融中心形成的功能

国际金融中心的形成和建立，不仅需要有强大的经济实力实行本国货币的可兑换性，需要有地理位置适中、电讯设备先进、交通方便以及灵活的货币政策，而且需要有完善的国内金融市场和拥有广泛国际联系的外汇市场。显然只有建立高度发达的国内国际证券市场才能成为国际金融中心，这两者是互相促进，相辅相成的。伦敦、纽约等世界主要国际金融中心都是如此，它们除了拥有传统的继承性、金融政策的灵活性、政治经济的相对稳定性和地理位置的优越性以外，就是因为还拥有国际证券市场的高度发达性。

(5) 加速第三世界国家经济发展的功能

发展中的第三世界国家经济等方面建设十分需要资金，可以在国际金融市场上大量发行国际债券，筹措生产性资金，使本国经济建设迅速地发展，接近和超过发达国家。巴西作为现代发展中国家的最大债务国之一，1972年还发行2. 7亿美元的国际债券，用于生产性投资，但由于经济的迅速发展，已成为贸易顺差国，债务数量也大大减少，经济已接近发达国家水平。中国也开始在海外发行股票和债券，向国际证券市场筹集国外建设资金。总之，证券市场能为投资和筹资提供方便，促进社会闲散资金尽量转化为经济投资；有利于资金相互转换和融通；能使资金分配合理，效率提高，优化资源配置，对经济发展和社会进步有明

显的促进作用。但同时我们也应看到证券市场给一部分人投机取巧、操纵市场提供了机会，这会助长市场紊乱和经济危机的爆发，因此，我们必须兴利除弊，加强管理，促进经济繁荣和社会进步。

第四节　证券市场的参与对象

一、证券市场主体

广义上来说，证券市场主体是指参与证券从发行到交易整个过程中的全部群体；狭义上来说，在证券发行市场上，发行者是主体；在证券交易市场上，投资者是主体，它包括证券的发行者、投资者、证券商、中介机构、经纪人等单位组织或个人。

1. 证券发行者

证券发行者是指为满足某种资金需要而发行有价证券以筹集资金的企业法人。当一个企业为了扩大生产和经营规模，需要增加资金的投入，以求达到一定的经济目的，但单凭企业本身的自有资金不能满足发展的需要时，证券发行者在具备有发行资格的条件下，可以通过发行股票或债券的方式在证券市场上筹集资金。证券发行者通过证券发行把社会化、零碎化的闲散资金收集起来，由于证券市场资金是一种长期的货币资金，这就可以减少了企业的负债资金，从而大大地减低了企业的生产成本或经营成本，对提高企业的经济效益和增强企业的抗风险能力具有重大意义。股票的发行者可以是依照公司法成立的各种生产性和非生产性的股份公司；债券的发行者可以是政府机构、地方机构、公司、企业、银行以及其他的金融机构。我国证券发行的办法主要有“上网定价”发行方式，“全额预缴款抽签”发行方式和““与储蓄存款挂钩”发行方式三种。股票发行的目的多种多样，大致可以归纳为两类：一是为成立新的股份有限公司筹集自有资金；二是现有的股份公司为改善经营而发行的。根据这两类不同的目的，股份有限公司所决定的股票发行额度、发行时间、发行方式、发行条件和发行价格等均有所不同。

2. 证券投资者

证券投资者亦称证券认购者，是指购买证券进行投资的自然人和法人。证券的购买者可以是社会公众、政府机构、各种股份公司、各类金融机构和各种非盈利性的团体。我国 1997 年 3 月发布了《证券市场禁入暂行规定》，对列为市场禁入的人员不得从事证券的买卖活动。证券投资者主要包括个人投资者和机构投资者。个人投资者是指众多的参与证券市场的个人或家庭。个人或家庭一般都是收大于支（即有盈余资金）的投资者，是证券发行市场主要的资金供应者，个人投资者参与证券市场的目的主要是为了调整自己的资产结构，追求消费的最佳效果和收入最大化。个人投资者的目的不同，选择证券的种类就不一样。一般来说，在风险相同的情况下，选择收益最大化，在收益水平相同的情况下，选择风险最小化。机构投资者是指集聚社会公众分散的资金投资于各种证券，以降低投资风险和提高投资收益的专门机构。其包括：信托投资公司、保险公司、投资基金公司等。与个人投资者相比，机构投资者有着明显的优势，这主要表现在：①投资金额庞大；②投资技术分析专业化；③投资风险分散化。

二、证券市场证券商代理机构

证券代理商机构是指以证券的发行，流通为其经营业务，只赚取手续费而自己不进行投资的从业者所形成的机构。它是随着证券市场的产生而逐步产生和发展起来的。

证券代理商机构首先是证券发行的媒介。企业要发行股票或债券以及政府机构发行的债券，一般都是通过中介机构转交到投资者的帐户上，而不需要发行者和投资者直接见面。证券中介代理机构在经营活动过程中获取佣金或差额利润的同时，也要承担一定的风险。它在发行市场的职能主要是：①对证券发行公司的财务状况和经营情形加以调查，对新证券的社会需要进行分析，并能帮助发行单位合理选择发行券种；②帮助发行机构确定最佳发行时间；③确定证券的发行价格；④负责发行公司的证券销售。

证券中介代理机构也是证券交易的媒体。它的大部分业务都是通过二级市场的证券交易，来解决企业筹资者对长期资金的需求和众多投资者的短期资金供给的矛盾。证券中介代理发行机构是为证券发行后证券所有权的转移提供交易条件。它在证券交易市场上的职能主要有：①维持证券的市场能力，创造连续市场；②形成证券的“均衡价格”；③对含有一定价值的财产进行估价；④帮助上市公司融通资金；⑤为投资者减少风险；⑥进行巨额证券的次级分配。

三、证券服务机构

证券业的服务机构主要有会计师事务所、律师事务所及资产评估机构等，一般属于非官方组织。证券服务机构也是证券市场参与对象之一。

1. 会计师事务所

会计师事务所是指国家批准成立的依法独立承办注册会计师业务的事业单位。实行自收自支、独立核算、依法纳税。它是注册会计师的工作机构，注册会计师只有加入会计师事务所才能执行会计业务。

会计师事务所大致有三种类型：

①部批会计师事务所。是直接由财政部批准、不属于省（市）财政局管理的会计师事务所。

②地方会计师事务所。指由省（市）财政厅（局）批准成立的会计师事务所。

③中外合资会计师事务所。指我国注册的会计师事务所与国际会计公司合作成立的会计师事务所，不论是哪一种类型的会计师事务所，其人员的构成大致相同，即由主任会计师、副主任会计师、部门经理、注册会计师、业务助理人员和其他工作人员组成。

④具有证券经营资格的会计师事务所。中国证监会为了规定管理引导，对会计师事务所和会计师进行注册资格颁证制度。

会计师事务所的证券业务主要是对发行和交易证券的企业、机构和场所进行财务审计、咨询等服务。

2. 律师事务所

律师的工作机构是律师事务所。律师事务所根据不同的标准，可划分为：

①依照律师事务所所有制来划分，可以分为全民的律师事务所、集体的律师事务所和合伙制的律师事务所。全民的律师事务所因系国家开办的，又称公办的律师事务所；集体的律师事务所因系律师合作开办的，又称合作制律师事务所。

②依照律师事务所成员构成来划分，可分为专职律师事务所、兼职律师事务所和特邀律师事务所。有的律师事务所中，往往同时兼有几种不同职业性质的律师。

③依照律师事务所业务范围来划分，可分为综合性律师事务所和专业性律师事务所。

3. 资产评估机构

资产评估机构的证券业务主要指对公开发行和交易证券的企业资产进行评估等服务。有利于明确产权，保证国有资产的保值和增值，保护各方的资产利益，促进公正的证券市场建立和完善。

第二章 股 票

第一节 股票概论

一、股票的定义

股票是一种主要的有价证券，是股份有限公司公开发行的，用以证明投资者的股东身份和权益，并据以获得股息和红利的凭证。股票可以作为买卖对象和抵押品，成为金融市场上主要的长期的信用工具。股票一经认购，持有者不能以任何理由要求退还股票，只可以在证券市场上转让、出售。

股东是指持有股份公司股票的人，法人和自然人都可以成为股份公司的股东。股东有权分享公司的利益和对企业进行股东大会决策，同时也要分担公司清偿债务的责任和经营风险。

股份是指股份公司的整个资本总额按相等金额划分成的最小计量单位。股份是股票的实质内容，股票是股份的表现形式。股份的特征主要有：①金额性，即每股都代表一定的金额；②平等性，指每一股份其金额都相等；③权利性，指每一个股份都代表公司相应的权利和义务；④转让性，持有该股份的人可以在证券市场上自由转让、出售；⑤证券性，即股票具有证券的性质；⑥不可分性，因为股份是股份公司资本划分的最小单位，它不能再继续分割。

股东持有股份的多少，代表股份权利的大小。作为股份公司的股东，一般享有以下的权利：①参与管理权；②股利要求权；③股份转让权；④新股认购权；⑤剩余财产分配权；⑥了解情况权。

二、股票的价值与价格

股票作为纸券本身没有价值，但代表一定的价值量，即股票的价格，它是投资者最为关心的因素之一，其确定的形式有：

1. **票面价值** 亦称面值，是指股票正面所载明的股票票面额，是确定股东所持有的股份占公司所有权大小，核算股票溢（折）价发行，登记股本帐户的依据。另外，面值也为公司确定了最低资本额，即公司股本最低要达到股票面值与股票发行数乘积的水平。可以说，面值实际是一个任意确定的较低数值。但目前我国所发行的股票面值一般都是一元人民币。票面价值没有多大实际意义，它不是证明投资者投入多少资金，而是证明每股金额在公司净额资本额中所占的比例。股票发行时，发行价一般高于面值，即溢价发行。

2. **帐面价值** 公司资产总额减去负债即为公司股票的帐面价值（公司净资产）；再减去优先股价值，为普通股价值；再除以发行在外的普通股股数，则为普通股每股帐面价值，又称“股票净值”。对于经营状况好，财务健全的公司，股东所享有的权益，其帐面价值必然大于面值。长期投资者以“净值”作为投资评估依据，是一种既安全又根本的做法。

3. **市场价值** 即股票在股票市场上买卖的价格，又称“股票行市”或“股价”。对于投资者来说，股价是“生命线”，它可以使投资者破产或发财。股价受到股利分配、公司收益、公司前景、公众对公司的预期、市场供求关系、经济形势变化等多种因素的影响。股份与帐面价值之间没有必然的联系，它受上述各种因素的影响远比受帐面价值的影响大。

4. **清算价值** 指公司终止时清算后股票所具的价值，这一价值可以与股票的帐面价值和市场价值有很大的差异，因为清算时至少要扣除清算费用等支出。如果公司破产，则其资产的实际价值会和其帐面价值发生更大的偏离。

5. **内在价值** 即理论价值，指交易中某一时刻某种股票所代表的真正价值。内在价值计算采用贴现法，即把未来预期收益折成现值。但由于预期收益具有不确定性，一般投资者很少使用内在价值这一概念，只有股票分析专家才经常使用。

三、股票的收益和风险

股票的收益是指股票给投资者带来的收入。主要有以下几个指标：

1、收入收益

收入收益是指投资者以股东身份，按照持股的数量，从公司的盈利分配中获得的收益，具体包括股息和红利两部分，简称“股利”。

股息是指股东凭股票定期并按固定的比率从公司领取的一定盈利额（专指优先股而言）。股息类似于利息，但不是利息，股息支付双方不存在债权和债务关系。

红利就普通股而言，即普通股股东从公司盈余分派中获得的收入收益，股息率是固定的，红利率则极不稳定，只能视公司盈余多少和公司今后经营发展战略决策的总体安排而定。公司税后盈余在弥补亏损、支付公积金、公益金和优先股股息之后，才轮到普通股红利分配。

2、资产增值

股票投资报酬不仅仅只有股利，公司税后利润除支付股息和红利外，还留用一部分作为公积金以及未分配利润等，这部分虽未直接发给股东，但股东对其拥有所有权，作为公司资产增值部分，它仍应属于股票收益。它可以作为老股东优先认股、配股和送股的依据。由此需要用到衡量投资报酬的又一个重要指标——市盈率。具体公式是：

$$市盈率=\frac{每股市价}{每股平均税后年纯收益}$$

市盈率又称“本益比”。公式中每股市价可从股市行情表上很容易获得，每股平均税后年纯收益可从公司财政年度报告中获得。投资者据此便可预测入市后多长时间才能够收回投资，但也不能机械地以市盈率的高低作为选择的唯一标准。市盈率高的股票虽然意味着贵，但也反映出人们对它抱有很大信心；市盈率低的股票固然便宜，但人们之所以冷落它或许正因为它没有发展前途。总之，市盈率依据的是该股票过去财政年度报告，将来则未必如此。

3、市价盈利

市价盈利是指运用资本低价买进股票，再高价卖出所赚取的差价利润。其实，股票的最大魅力就在于巨额市价盈利。由此可得股票收益率的计算公式：

$$股票收益率=\frac{股票卖出价-股票买入价+股利收入}{股票买入价}\times 100\%$$

4、认股权证价值

认股权证价值简称“权值”，指普通股股东有优先认购新股的特权，作为赋予这个特权的证明，即认股权证。在认购证有效期间，股东可以优先低价认购股票；如股东放弃优先认股权，则可以将权证卖出。认股权证实际代表一种期权，它具有一定价值。理论上其价值公式为：

$$V=\frac{P\times R}{1+R}$$

V——认股权证价值

P——换股价（股票市场价格－认购价格）

R——换股比率（每股旧股能认购的新股数）

实际上，认股权证价格还取决于供求关系以及投资者对公司的心理预期。

以上四项收益构成了股票收益的重要内容。

股票投资风险是指投资者不能获得预期收益或遭受损失的可能性，

具体可分为系统性风险和非系统性风险。

系统性风险是指由于某种原因给市场上所有证券带来损失的风险，如国内外政治形势动荡，经济形势恶化、政府政策变化及银行存款利率提高等。这类风险是"大气候"，投资者个人是无法左右的，只能尽量选择受影响较轻微的股票以减少资产损失。

非系统性风险是指由于某种原因给某种证券带来损失的风险，如某一公司可能出现经营不善或产品积压，财务状况不好等情况，使公司收益下降，从而股价也随之下跌。对此，投资者采取分散投资即持有多种股票来抵消风险。

作为证券市场投资者，除了懂得股票基本知识，有一定分析股市能力和投资技巧外，还应具有承受风险的良好心理素质。

四、股票的基本特征和性质

1. 股票的基本特征

股东代表企业资产的所有权，是一种集资工具，也是企业产权的存在形式。股票在市场经济中有以下特征：

(1) **赢利性**　持有者凭其持有的股票，有权按章程从公司领取股息和分享公司的经营红利。这是持股者投资的目的，也是股份公司发行股票的必备条件。赢利大小取决于公司的经营状况和赢利水平。一般情况下，股票的赢利要高于银行的储蓄利息，也要高于债券的利息。股票的赢利性特征还表现在，持股者利用股票可以获得差价和保值。前者指持股者通过低进高出赚取差价；后者当货币贬值时，股票会由于公司资产的增值而升值，或以低于市价的特价乃至无偿获取公司配发的新股而使持股者得到利益。

(2) **风险性**　在现代市场经济的活动中，股票的赢利要随股份公司的经营状况和赢利水平而浮动，同时还要受到股市的行情影响。如果公司破产，则持股者连本金也难以保住，股票的风险性是与赢利性成反向并存的。

(3) **稳定性**　一是指股东与股份有限公司之间稳定的经营关系，反映股东的身份和权益不可改变；二是指通过发行股票所筹措到的资金在公司存续期间稳定性，反映发行股票所筹措到的资金在公司存续期间一笔稳定的自有资本。

(4) **流通性**　股票流通性高，在股市上作为买卖对象或抵押品随时可转让，这意味着转让者将其出资金额以股份形式收回，同时将股份所代表的股东身份及其各种权益让渡给受让者。这一特点对社会资金的有效利用和资源的合理配置具有重要的促进作用。

(5) **决策参与性**　根据公司法规定，股东有权出席股东大会，选举公司董事会，参与公司的经营决策。这种参与权的大小取决于其持有股份的多少。在实践中，只有股东持有的股票数额达到决策所需的实际多数时，才能真正成为股份公司的实际决策者。这一特点对于调动股东的积极性，建立一个制衡性的企业经济运行机制和决策机制，具有重要的实践意义。

(6) **价格波动性**　股票作为特殊商品，它的交易价格的高低不仅与该公司的经营状况和赢利水平紧密相关，而且和股票收益与市场利率的对比关系密切相连，同时还会受到国内外的经济、政治、社会以及投资者心理诸多因素的影响。所以股市价格的变动特征不同，大起大落是其基本特征。这一特征成为股份公司努力改善经营管理，提高经济效益，增加公司的市场竞争力的重要外部压力因素，同时也是吸引社会公众积极进行股票投资的重要动力因素。

2. 股票的基本性质

(1) 股票是证权证券

证券按其所代表的权利是否制作前就已存在分为证权证券和设权证券。证权证券是指证券所代表的权利原已存在，证券只是起一种权利证书的作用；设权证券则是指证券所代表的权利本不存在，只是随着证券的制作而产生。股票的发行是以股份存在为前提的。因此，股票的作用是证明股东的，而不是创造股东的权利，一旦股票丧失，如遗失、毁损等，股票所代表的权利并不因此而消灭，股票持有人即股东可依法定程序要求股份公司补发新股票。

(2) 股票是要式证券

股票应记载一定事项，其制作和发行须经证券主管机关的审核和批准。任何个人或团体，不得擅自印制发行股票，否则，则为违法；股票记载的内容应全面真实，否则，则为无效。

(3) 股票是一种综合权利代表证券

股票既不是物权证券，又不是债权证券。物权证券是指证券的持有者对公司的财产有直接支配处理权的证券；债权证券是指证券持有者为公司债权人的证券。股东虽然享有种种权利，但对公司的财产不能直接支配处理；同时，股东出资持有公司股份后，只能转让股票，不能请求公司返还出资和退股，股东是公司内部的构成分子，而不是公司的债权人。股东的综合权利如前所述，包括参加股东大会、投票表决、收取股利、参加公司剩余财产的分配等。

(4) 股票是有价证券

股票既然是有价证券，那么它与其所代表的股东权利就密不可分。表现在股票的流通转让上，转让股票即是转移股东权，不能只转移股票而保留股东权，也不能只转让股东权而保留股票。

第二节　股票的分类

股票的分类就是指按照一定的标准对股票进行的划分。如依据收益分配请求权及剩余财产分配请求权的不同进行分类；依据表决权的有无进行的分类；依据是否预先规定公司将其收回进行分类；依据股票是否记载一定差额进行的分类；依据股票的票面是否有面额记载进行的分类等等。从世界各国的股票市场来看，虽然对股票进行划分的角度不同，所得的结果也有些差异，但基本上都可归纳为如下：

按股东的权利划分，可分为普通股和优先股

一、普通股

普通股是股票的一种基本形式。指持有人在公司利润分配、表决权等诸多方面均享有普通权利的股票。它是目前世界各国发行最多、最重要的一种股票，还是投资风险最大的股票，是股票中最为普通的形式，构成股份公司资金的基本部分。

普通股股票的特点是持有者按不固定的股息率收取红利，股息率的高低取决于公司经营盈利的多少。

(1) 普通股股票享有的权利

普通股的股东按其所持股份比例享有以下几项基本权利：

①有选举和被选举权。

普通股股东每持有一股便有一个投票权，它们通过股东大会的形式，行使其选举董事会、审查经营报告的权利，参与公司业务的管理。

②有权参加公司收益的分配

在董事会宣告分派股利时有权收取其应得的数额。

③有优先认股的权利。

即是为使现有股东保持对企业所有权的原有比例，在公司增加股本时，现有股东有权按其持有股份的数额优先认购新股份，以维持其在企业的权益比重。股东也可以将优先认购权转让给他人，或可以自动放弃，任其过期失效。

④有分配剩余财产的权利

即当公司解散清算时，可按其持有股份数分得剩余财产，但如果企业还发行优先股时，普通股对剩余财产的求索权当在优先股之后。

(2) 普通股股票种类

①成长股。成长股是指那些销售额和收益额的增长幅度高于整个国家及其所在行业的增长水平的股份公司所发行的股票。在实践中，这些公司为了进一步发展，往往会使公司将利润的大部分留作发展基金，但由于该公司再生产能力强劲，其所发行股票的价格仍会节节上升，从而

使股东从中受益。

②周期性股。周期性股是指股票收益随商业周期而波动的公司所发行的股票。当经济景气时，公司利润增加，股票价格上升；当经济不景气时，公司利润减少，股票价格下跌。

③防守性股。防守性股是一种与周期性股相对应的股票，指的是在经济条件便恶化时，收益高于其他股票的平均收益的股票。

④债优股。债优股是指相对交易所所有上市股票而言，相对于其他股票，这些股票的股份公司业绩优良，每股赢利甚丰，在同行业中处于业绩优良的地位，投资者普遍看好的股票。

⑤A类股与B类股。A类股与B类股是指同一股份公司发行的两种不同类型的普通股。在国外，这两种股票的区别主要表现在股票面额和股票包含的股东权益等方面。我国目前发行的A类股与B类股是A种股（即人民币普通股票）和B种股（即人民币特种股票）。人民币特种股票是以人民币标明面值，以人民币折合成外汇，专供境外外国人进行买卖的普通股股票。两种股票在票面额和股权内容上都是一样的。

二、优先股

优先股票是指股份公司在分配红利及公司清算时分配公司资产两方面比普通股享有优先权的股票。

优先股的特征是可按固定的股息率先取得股息而不以公司利润的多少为转移，当公司解散时也可优先按比例分配剩余财产的权利，相对普通股而言，其风险性较小。但优先股一般不参加公司的红利分配，持有人亦无表决权，不能参加公司的经营管理，只有在特定条件下，部分优先股才有表决权。所以，优先股相对于普通股来说，其收益和权力较小。

优先股的优先条件是：①分配股息和红利时优先于普通股；②清偿资产时优先于普通股。

三、国家股和公众股、法人股

按投资主体不同，股票还可分为国家股、法人股、个人股和外资股。

国家股，又称国有资产股股票，是指有权代表国家投资部门或者机构以国有资产向股份有限公司投资形成的股票。国家股一般是指国有投资或国有资产经过评估并经国有资产管理部门确认的国有资产折成的股份。国家股股票也包括国有企业间股份有限公司转换时，现有国有资产折成的国有股份。

我国国家股的构成，从资金来源看，主要包括三部分：一是国有企业由国家计划投资所形成的固定资产、国拨流动资金和各项专用拨款；二是各级政府的财政部门、经济主管部门对企业的投资所形成的股份；三是原有行政性公司的资金所形成的企业固定资产。

法人股股票，是指企业法人以其依法可支配的资产向股份公司投资形成的股票，或者具有法人资格的事业单位或社会团体以国家允许用于经营的资产向股份公司投资所形成的股票。

法人股是法人相互持股所形成的一种所有制关系。法人相互持股则是法人经营自身财产的一种投资方式。法人股股票，应记载法人名称，不得以代表人姓名记名。法人不得将其所持有的公有股份、认股权和优先认股权转让给本法人单位的职工。

法人股主要有两种形式：一是企业法人股，是指具有法人资格的企业把其所拥有的法人财产投资于股份公司所形成的股份。企业法人股所体现的是企业法人与其他法人之间的财产关系，因为它是企业以法人身份认购其他公司法人的股票所拥有的股权。有些国家的公司法，严格禁止企业法人持有自身的股权。二是非企业法人股，是指具有法人资格的事业单位或社会团体以国家允许用于经营的财产投资于股份公司所形成的股份。

个人股股票，又叫公众股票，是指公民个人以合法财产向股份公司投资所形成的股票。根据我国《股份有限公司规范意见》的规定，一个自然人所持股份（不含外国和我国香港、澳门、台湾地区投资者所持外资股）不得超过公司股份总额的5‰。

若从股权所有者来看，我国的个人股，可以分为两种类型：一是职工股或职工个人股，是指股份公司的职工认购的本企业的股份。职工股又可以分为基础股（基本股）和浮动股（自愿股）两种形式。基础股是每个企业职工所必须认购的股份，具有强制性和长期性，不能自由退股，也不能随便转让，在职工退休、调离或去世时，有的股份公司规定基本股可以退股。浮动股是本企业职工自愿认购的股份，有最高限额的规定，在本企业内部职工之间可以自由转让，也可以按规定自由退股。职工股一般是记名股。二是社会公众股，是指股份公司向社会招股所形成的非本企业职工所拥有的个人股份。公众股是拥有资金或财产的个人，不直接参与招股单位的劳动和管理，通过认购、交易、转让等方式所获得的招股单位的股份。公众股由招股单位在社会上公开发行，属于不记名股，不能退股，可以在证券市场上买卖交易。

外资股股票是指经过批准由外国或我国的港澳台地区投资者向我国股份公司投资所形成的股票。外资股股票是以人民币标明票面价值、以外币认购、专供外国及我国港澳台地区的投资者买卖的股票，也称B种股票或人民币特种股票。

外资股股票可分为境内上市的外资股和境外上市的外资股。所谓境内上市外资股是指发行境内上市外资股的公司向境内投资人发行的股票。它采取记名股票形式，以人民币标明面值以外币认购，买卖在境内证券交易所上市交易。境外上市外资股是指境内企业经过证券管理机构审批同意，直接或间接到境外发行的股票。即股份有限公司向境外投资人募集并在境外上市的股份，采取记名股票形式，以人民币标明面值，以外币认购。

境外上市外资股在境外上市，是以采取境外存股证形式或者股票的其他派生形式。

境外上市，是指境内的股份有限公司其股票到外国的证券交易所挂牌上市交易。境外上市是吸引外资的一种有效方式。外国投资者购买上市公司的股票后，即成为该公司的股东，其投资即转化为公司的财产，较之举借外债，外商在境内举办企业而言，此种投资也是一种无限期投资，上市公司的经济效益与投资者紧密联系，外国投资者同样要承担投资风险。此外，上市股票的流通性、变现性强，是一种较为安全的投资选择，外国投资者更愿意采用购买股票的方式来进行投资活动。境外上市还可扩大公司的国际知名度。境外上市无论对投资者还是对上市公司都十分有利。

境外上市是一项政策性很强的工作。国家对申请到境外上市的公司都要进行严格的审批。为此，国务院国发〔1992〕68号文强调："选择若干家企业到海外公开发行股票和上市，必须在证券委统一安排下，并经证券委审批，各地各部门不得自行其是。"

若境内上市的公司想获得境外上市的资格，该公司必须向证券委提交境外上市申请书、境外上市的可行性报告、股东大会关于境外上市的决议和其他证券委要求提交的文件。

第三节　股份有限公司

一、股份有限公司的概念

股份有限公司是指通过法定程序，由一定人数以上的股东设立的，全部资本分为若干等额的股份，其成员以其认购的股份金额为限对公司承担责任的一种企业组织。它是当代商品经济中作用最大、地位最重要、规模也最大的一种公司形式。目前绝大多数的跨国公司都是采用股份有限公司的形式。

股份有限公司的特点：①公司的资本总额分为等额股份。这是最主要的特征，也是与有限公司最主要的区别。股份是公司资本的最小单元，每股金额必须相等。资本的股份化不仅适应公司发行股票，募集社会资金的需要，而且也便于公司的计算和股本权利的确定和行使。②股东个人财产与公司财产的分离。股份有限公司是最典型的合资公司，股东只能以现金或实物出资，不能以信用或劳务出资。因股份有限公司的信用基础在于资本，不在于股东个人。③股东承担有限责任。这是股份有限公司作为法人具有的最突出特点，也是区别于无限公司的重要特征。股东是股票的持有者，对公司的所有权利和义务均体现在股票上，并随股票的转移而转移。因此，股东仅以认缴股份为限时对公司承担责任。④作为公司发起人的股东人数必须不少于法定的最低限额，各国公司法对此均有明确的规定。一般情况下，大多数国家规定公司发起人不得少于3—7人。但股东最多人数不受限制。⑤公司所有者与经营者的分离。一般是股东大会、董事会、监事会三权制。公司日常业务活动由董事会和经理负责，经理对因其失职而造成的公司经济损失一般负连带责任。⑥公司的设立与招股有严格的法定程序。公司设立程序必须符合规定，发起人必须符合法定要求，必须制定公司章程作为确定公司权力的文件。⑦帐目必须公开。为了防止股份公司的欺诈行为，保护投资者的利益，各国公司法均规定股份公司在每个财政年度终了时公布公司年度报告，包括董事会的年度报告、公司损益表、资产负债表等。

二、股份有限公司的优缺点

股份有限公司的优点

(1) 股份公司是资本集中的一种最有利的公司形式。当社会存在企业需要大量投资而人们又有大量闲散资金时，在集中小额资金形成巨额资本举办大型事业中，股份公司有其特殊的优势，它不仅可以对外公开发行股票和债券，而且由于股份金额一般较小，可以更为广泛地吸收社会上的小额分散资金。

(2) 股份公司有利于分散投资者的风险。由于大量个人股东拥有的股份只占公司总资本的很小一部分，而股东又仅以其拥有的股份金额对公司承担财产责任。这样虽然公司本身可能规模很大，经营风险也很大，但对每个投资者来说却只承担很小的风险。

(3) 股份公司有最广泛的社会性。公司公开向社会筹集资金，任何人都可以通过购买公司股票而成为该公司的股东，而不受身份和个人其他条件的限制。

(4) 股份公司的股票可以自由转让。股东在需要兑换成现金或改变投资对象时，可以根据自己的意志将股份转让出去，收回投资或重新投资。

(5) 股份公司适应所有权与经营权相分离的需要。这种专门化的管理有利于提高公司的管理水平。

股份有限公司的缺点

(1) 股份公司的设立和运行机制比较复杂。公司的设立条件比较严格，其组织机构的设置相当复杂，通常包括股东会、董事会、监事会等，而且涉及公司事务的不同事宜要分别由不同的机构来作出决策。这就导致股份有限公司的决策速度比较慢。公司的活动受约束和限制较多(如股东会应由董事会召集，并于会议召开30日以前通知股东等)。

(2) 股份公司对公司的债权的保护较弱。公司的风险防范措施主要是采取股东有限责任制度。该制度固然有利于分散投资者的风险，但却使公司债权人承担比较高的损失风险。

(3) 股份公司对小股东的保护较差。在股份公司中，公司决策权、经营权等都是以投资数额或股票的持有量的多寡来分配的，易于形成少数股东对公司的操纵与控制，损害小股东的利益。

(4) 股份公司有盲目扩张事业的可能性。相对于其他公司或企业，股份公司容易筹集资本，但有时为了最大限度地提高资本利用率，往往容易盲目扩张事业，甚至脱离市场要求增加产量，造成生产过剩。

(5) 股份公司的发展容易引发投机行为。股份公司的股票上市交易后，由于股票价格可以因多种原因而上下波动，这就为股票投机活动提供了可能。虽然股票流动也需要投机，但当投机性超过正常限度时，就会背离流动的本意，冲击股市，甚至会给整个经济生活带来不利的影响。

从总体上看，股份公司是优大于劣，利大于弊，它们的优点和弱点也是相对的，一些弱点往往派生于它的某些优点。对股份公司的优点及弊端进行全面了解，有利于我们扬长避短，通过完善立法和加强监管，最大限度地发挥股份公司的优势，克服和减少我国在发展股份公司中出现的不良现象，使这种公司形式在我国经济建设中发挥最佳作用。

三、股份公司的设立和组织机构

1. 公司的设立

要筹建一个股份公司，先要有若干个符合法律规定的公司发起人，由发起人起草公司章程，认购发起人必须认购的股份。在法律认可的条件具备之后，公司发起人将提出的公司申请书连同公司章程等文件报政府主管部门办理登记注册手续，拿到颁发的设立证书，获得法人资格，公司即宣告正式成立。

(1) 公司发起人

公司发起人是指按公司法规订立发起人协议，提出设立公司的申请，认购公司股份，对公司的设立承担责任的公司创办人。一般情况下，法人和具有行为能力的、符合创办公司条件的自然人都可能充当发起人。

在公司成立之前，公司发起人之间的关系是互相委托，共担风险的关系，对设立公司的全部费用和债务负连带责任。公司一成立，他们之间的关系就成为股东间的合作关系。发起人直接对股东和债权人负责，不得有欺诈行为。

我国《公司法》规定，公司发起人应对公司的设立承担下列责任：①公司发行的股份未能缴足时，应负连带认缴责任；②公司不能成立时，对设立行为所产生的债务和费用负连带责任；③社会募集公司不能成立时，对认股人已缴纳的股款，负返还股款约定利息的连带责任；④在设立过程中，由于发起人的过失致使公司受到损害时，负连带赔偿责任。

(2) 公司设立方式

发起人创办公司可采取发起设立和募股（募集）设立两种形式。采取发起设立方式设立的公司，发起人自行认定应发行的股份。并在规定的时间内，以现金，实物或公司认可的其他资产形式缴足股款。采取募股设立的公司对发起人公开招募股份时，应提供发起人的背景材料，招股办法以及代收股款银行的名称、地址等文件报主管部门审批。我国规定国家大型建设项目方可采用发起方式设立公司。

募集方式包括定向募集和社会募集两种。定向募集指公司发行的股份除由发起人认购外，其余股份不向社会公众公开发行，但可以向其他法人发行部分股份，经批准也可向本公司内部职工发行部分股份。采取社会募集方式设立，公司发行的股份除由发起人认购外，其余股份应向社会公众公开发行。

采取发起方式设立和定向募集方式设立的公司，称为定向募集公司；采取社会募集方式设立的公司，称之为社会募集公司。定向募集公司在成立一年后增资扩股时，经批准可转为社会募集公司。

以募集方式设立公司的发起人认购的股份不得少于公司应发行的股份总数的35%。

发起人向政府授权审批公司设立的部门提交设立公司的协议书、申请书、可行性研究报告、公司章程、资产评估报告、验资报告、招股说明书的行业主管部门审查意见等文件，由政府授权部门审查、批准。

(3) 公司章程与内部细则

公司章程是由公司发起人起草或由发起人委托的法律顾问起草，经全体发起人一致同意规定公司各方面原则的基本文件。它对外向公众公开申明公司的宗旨、资本数额、权利以及一系列为公众了解公司所必需的内容。这些内容从根本上规定了公司的组织原则、业务活动范围和方式以及公司的发展方向。

我国规定，公司的章程必须载明：

①公司名称、住所、宗旨、经营范围。

②公司的设立方式及其股份发行范围。

③公司注册资本、股份总数及其权益、每股金额、股份转让办法。

④股东的权利、义务、股东大会的职权和议事原则。

⑤公司法定代表人及其职权。

⑥股东大会、董事会、经营管理机构、监事会的各自组成、职权和议事规则。

⑦公司利润分配方法、公司财务、会计、审计制度的原则。

⑧劳动管理、工资福利、社会保险等规定。

⑨章程修改的程序，公司的终止与清算办法及程序。

⑩通知和公告办法。

发起人提出公司的章程草案，应交公司创立大会由股东讨论、审定、通过，成为公司正式章程。公司章程一经政府批准，政府具有依法保证其实施的义务，也有监督检查其实施的权力。这样，章程就成为具有法律约束力的文件。当然，章程不能和国家法律、公司法规相抵触。

公司内部细则是用以规定和调整公司内部关系、公司本身业务活动以及公司各行政机构和人员的权利、义务关系的文件，由发起人起草，经董事会和股东大会通过认可。

公司内部细则不需向公众公布，也不必经主管部门批准。只要不与公司法规和公司章程相悖，就可实施。它只对公司直接有关人员具有约束力。

(4) 股份与股东

公司设普通股，也可设优先股。普通股的股东有表决权，但股息不固定，股息和红利都是根据公司经营状况盈利状况确定，并在支付了优先股股利之后才能分配。普通股有享受分配公司盈余的权利，但在公司清算时，要在优先股之后分配剩余资产。优先股的股利按约定的股利率支付，但不享受公司除股息之外的盈余分配。若当年可供分配股利的利润不足以按约定的股利率支付优先股股利时，通常由以后年度可供分配股利的利润补足。当公司终止清算时，优先股股东先于普通股取得公司剩余资产。

在我国，公司的股份按投资主体又分为国家股、法人股、个人股和外资股。我国规定：

①国家股为有权代表国家投资的政府部门或机构以国有资产投入公司形成的股份。国家股由国务院或地方人民政府授权的部门或机构持有，并委派股权代表。

②法人股为企业法人以其依法可支配的资产投入公司形成的股份，或具有法人资格的事业单位和社会团体以国家允许用于经营的资产向公司投资形成的股份。一个公司拥有另一个企业10%以上的股份，则后者不能购买前者的股份。

③个人股为社会个人或本公司内部职工以个人合法资产投入公司形成的股份。一个自然人所持股份（不含外资股）不得超过公司股份总额的5‰。定向募集公司内部职工认购的股份，不得超过公司股份总额的20%。

④外资股为外国和我国港澳台地区投资者以购买人民币特种股票形式向公司投资形成的股份。

股东是指认购公司股份者。在股份有限公司，股东是指该公司股票持有者。股东对公司的经济责任以其各认缴的股份额为限，并按其持有股份的类别和份额享有权利、承担义务。

股东的主要权利有：经营参与权、处置股份权、利润分配权、剩余财产分配权，认购新股权以及维护自身正当权益不受侵犯等。

股东的主要义务有：遵守公司章程，交足认购的股份，依所持股份对公司债务承担责任以及章程规定的其他义务。

(5) 公司成立与营业

公司股份缴足后，发起人须于40日内召集创立会议。会议应通知全体认股人参加，并有代表2/3以上股份的认股人（或其委托的代理人）参加时，会议即可召开。

创立会议的职责是：听取、审查发起人关于设立公司的报告；通过公司章程；选举公司的董事、监事。

创立会议30日内，董事会应向工商行政管理机关申请办理企业法人登记，并报送有关文件。经核准登记注册后，公司即告成立，取得法人资格。

公司经核准登记后无正当理由超过6个月不开始营业，或开始营业后自行停业6个月以上的，由工商部门收缴并注销其营业执照。

2. 公司的组织机构

现代股份公司的组织管理机构日益科学效率化，它包括公司的最高权力机关、决策部门、执行系统、监督机构等组成部分，即股东大会董事会、监事会下设的专门委员会以及总经理、副总经理等高级职工。

(1) 股东大会

股东大会是公司的最高权力机构，有时也以股东会或股东代表大会形式出现。公司的一切重要的人事任免和重大决策都必须通过股东大会的认可和批准方为有效。股东大会虽然不能代表公司，对内不能直接干预经营的执行业务，但可以通过投票表决程序对公司的经营管理进行间接影响，通过董事会间接地参与经营管理。股东大会通过选举控制董事会，进而获得对公司业务的控制权。因此，股东大会是股东表达其意志、利益、要求的场所和工具。

股东大会分为股东年会和股东临时会。股东会议决议分普通决议和特别决议两种。普通决议应由代表股份总数二分之一以上的股东出席，并由出席股东的三分之二以上的表决权通过。股东表决的基础是股票数量，每股一票，而不是每人一票。

(2) 董事会

董事会是股东在股东大会上选举产生的。所有董事组成一个集体领导班子，成为董事会。董事可以是自然人，也可以是法人，法人必须指定一名有行为能力的自然人作为代理人。董事会是股东大会闭会期间的常设权力机构和常设决策机构，它向股东大会负责。我国规定：董事会由不得少于5人（含5人）的奇数成员组成。曾因管理不善、违法经营等原因被注销、吊销营业执照未满3年的企业主要领导人，解除劳教未满3年者等不能担任公司董事。

董事长为公司法定代表人，由董事担任，并由全部董事的三分之二以上选举和任免。

董事会的权力边界将通过公司章程受到限制。如果董事会的决议与股东大会的决议有冲突，一般以股东大会决议为准。

(3) 监事会

监事会是股东大会领导下的公司监督机构，是与董事会并立的，对董事会和总经理行政管理系统行使监督权的机构。监事会向股东大会负责并报告工作。

监事会成员不得少于3个。监事可连选连任。我国规定：监事会成员的三分之一以上（含三分之一）但不超过二分之一由职工代表担任，由公司职工推举和罢免，监事会成员的三分之二以上（含三分之二）但不低于二分之一由股东大会选举和罢免。

监事会主席由全部监事的三分之二以上选举和罢免。监事不得兼任董事、总经理及其他高级管理职务。

监事会的主要职权有：

①监督董事会的工作。

②列席董事会议。

③对公司各级干部的行为实行监督。

④调查和审查公司业务状况，检查各种财务情况。

⑤代表公司与董事交涉或对董事起诉。

(4) 以总经理为首的行政工作系统

公司日常业务活动的管理责任，通常由总经理领导下的行政班子来担负。总经理是对公司业务进行总控制的经理，他代表公司从事日常的业务交易活动，并对业务活动的效率及结果负总责任。

总经理由董事会委任或招聘，并在董事会的授权下执行和实施董事会议决定的各项方针政策。总经理的资格条件和董事一样。

总经理领导下的日常行政管理班子包括副总经理、各部门经理、总经济师、总会计师、总工程师、公司秘书等。这个班子内的所有成员在其职责范围内向总经理负责。

四、股份公司的变更

公司在经营过程中有时会发生再配置性质的变动，如公司章程的变动，合并、分立、破产、终止与清算等，这些变动有许多方面仍相似于公司的组建工作。

1. 公司章程的变更

公司某些方面发生重大变化后，依法律规定，就必须修改章程。这些变更主要包括：更改公司名称；更改、扩大或缩小公司的经营范围；增加或减少公司发行的任何类别股份的总数；扩大股份认购范围或由定向募集公司转为社会募集公司；改变公司股票交易方式；改变每股股票面额。

上述变更，公司应向工商部门申请变更登记。其中涉及变更名称、住所、经营范围、注册资本等登记注册事项，应予公告。

2. 公司的合并

合并是指两个或两个以上的公司依照法定的程序，通过合同形式合并成一个公司的行为。

合并的方式通常有吸收合并和新设合并两种。吸收合并是指在两个或两个以上的公司合并中，其中一个公司吸收了其他公司而成为存续公司的合并形式。这类合并中，存续公司仍然保持原有公司的名称，而且有权获得其他被吸收公司的财产和债权，同时承担他们的债务。新设合并是指两个或两个以上公司通过合并而同时消失，在新的基础上成立一个新的公司。新设公司接管原来几个公司的合并资产和业务。总之，吸收合并是指公司接纳一个或一个以上的企业加入本公司，加入方解散，取消法人资格，接纳方存续；新设合并是指公司与一个或一个以上的企业合并成立一个新公司，原合并各方解散，取消法人资格。

3. 公司的分立

一个公司依法分成两个或两个以上公司的行为，就是公司的分立。

公司分产通常有派生分立和新生分立两种方式。派生分立是指公司以其部分资产分设一个新的公司（企业），原公司存续。新设分立是指将公司合并资产分别归于两个以上的新设公司（企业）、原公司解散。

公司决定分立时，应立即通知或公告各债权人。债权人在规定期限内对公司分立提出异议的。公司应当清偿债务或提供偿债担保。

4. 公司的破产

公司破产是公司解散的一种特殊方式，即是指公司的负债总额超过其全部资产或者公司的资产不能及时转换成现金用以偿还到期债务。

公司破产必须按破产的程序办理，其手续包括：

①申请破产。公司申请破产时，应附财产状况说明书、债权人和债务人的清册、和解的文件记录等。

②法院裁定。法院自收到公司的破产申请后，应在规定的日期内进行裁定，裁定的结果只能在二中择一。宣告公司破产或驳回破产申请。

③破产登记。公司在接到法院关于破产的裁决书后，应立即进行破产登记，登记时必须提交公司的各种财务表册、文件和法院的裁决书等。

④宣告破产。破产登记批准后，公司必须以公告的形式宣告破产。

5. 公司的终止与清算

①终止

公司的终止是指公司法人资格的消失。随着公司的终止，公司就丧失了进行业务活动的能力。公司在终止了业务经营活动，结束了对内外的法律关系，清算了其全部资产以后，才能真正终止。

其中，公司因破产而终止的，则按我国《破产法》有关规定进行处理。除此以外，董事会应将公司终止事宜通知各股东，召开股东大会，确定清算组人选，发布终止公告。

②清算

公司应在终止公告发布之后 15 日内成立清算组。公司清算组成立后，应以公告及通知形式告知债权人，使债权人能及时向清算组申报其债权。然后，清算组负责制定清算方案，处理公司末了结的业务，收取公司债权、偿还公司债务、解散公司从业人员，处理公司剩余财产，代表公司进行诉讼活动等。若发现公司财产不足以清偿债务时，应立即停止清算，并向人民法院申请宣告破产。公司经法院裁定宣告破产后，由人民法院处理破产，清算组应将清算事务向其移交。

清算顺序是：

(A) 自清算之日起前 3 年所欠公司职工工资和社会保险费用。

(B) 所欠税款和各种应缴纳的税款附加、基金等。

(C) 银行贷款、公司债券及其他债务。

(D) 按优先股股份面值对其股东分配；如不能足额偿还优先股股金时，按各优先股股东所持比例分配。

(E) 按各普通股股东的股份比例进行分配。

清算结束后，清算组应提供有关凭证，报经政府主管部门验证、批准并办理注销登记，宣告公司终止。

五、公司的财务会计

财务会计制度是关于公司财务、会计方面的一系列规则，它包括财务制度和会计制度。股份有限公司的财务会计制度是公司立法的重要一项。只有使公司的财务、会计管理规范化、明细化、确定化，才能使公司损益核算的核心目标突出，才能保证公司经营活动有一个合理的基础。

财务会计报表的内容主要有：①资产负债表；②损益表；③财务状况变动表；④财务情况说明书；⑤利润分配表。

财务会计制度的作用：①保护股东权益；②保护债权人利益；③便于国家执法部门的监督与评估；④对外交往、流通中，有利于对方了解公司的情况。

第三章　债　　券

第一节　债券的概述

一、债券的定义和特征

1. 债券的定义

债券是由国家、地方政府或公司机构依照法律规定的手续发行的，并约定在一定的期限——即利息支付期，支付规定的利息，并在规定的期限内返还本金的有价证券。实际上，债券是将借贷关系证券化，使之可以进入市场流通。债券是特殊化了的借贷证书。

债券一般都具有四个基本要素，第一，债券的面值，其中包括币种。第二，债券的价格。虽然债券的上面都标有面值，但交易过程中的价格很少能与面值相等，这就是理论价格与实际价格的差异。第三，债券的还本期。这里指的是从债券发行生效之日到本金全部还清为止的期限。债券期限的长短往往决定利率的高低。一般来说，期限越长，利率越高。第四，债券利率，即指债券利息收益与面值的比率。

2. 债券的特点

债券的特点表现在筹资和投资两个方面：

(1) 债券筹资的特点是：①筹资者可以完全自主地使用所筹集的资金。与股票筹资相比较，债券持有者无权利参与公司的经营管理和利润分配；②筹资成本较低。相对于银行贷款或商业贷款，债券的偿还期限较长，而且发行债券利率一般都是固定的，因而减轻了筹资者还本付息的负担。③偿还办法灵活，筹资者处于主动的地位。债券发行者如果在债券到期以前偿还贷款，可以从二级市场购回，如欲延期偿还，则可在未到期前再发行新的债券来更替。

(2) 债券投资的特点是：①收益较高，与一般的投资方式相比，债券的收益率较高，这是由于债券的还本付息期限较长，在筹资过程中又减少了许多中间环节的费用。②安全性。由于债券的发行者具有较高的信誉程序，并且有一套的审查制度和法定程序，其还本付息的能力较强，而且债券的收益既不受到发行者经营效益影响，也不受市场利率波动的影响，故债券投资具有安全性和稳定性。③流动性。债券在偿还期未满之前，如果债券持有者急需资金，想提前收回本金，其持有者可以在债券市场上进行交易，提前兑现。④偿还性。即债券到期后可以获得本金和较高的利息。

3. 债券的性质。债券是一种确立债权债务关系的凭证。债券是公开化的，社会化的，可以公开转让的或在市场上买卖（当然也有极少债券是不公开买卖的），因此它成为一种在债权人之间资金流转的工具，加强资金的充分利用。债券的发行可以集聚大量的社会闲散资金，使它具有金融工具的功能，这种意义就不只限于是一种表示债权债务关系的凭证，而要比这种性质广泛而深远得多了。

债券的权（利）和责（任）是一个对立面，在贷款者的立场上说它是一种特定的权利，而从借款者方面来看，它是一种特定的责任或称义务，但其内容的涵义则是一致的，贷方的权利就是借方的责任；借方的责任也正是贷方的权利。

应说明的是，债券所规定的债务人到期偿还的义务，只是对债权人的一种承诺，还不是实际的行动，因为还不能充分担保债务人一定能到时如数归还本金和按时支付利息。

另外，在我国使用债券名称时采用的“债券凭证”这一概括性统称，也包括长期和短期的两种债务凭证在内，因为其性质是一样的。

4. 债券的票面要素：

债券作一种表明债权、债务关系的书面凭证，是重要的法律文件、制作印刷应该精细、高质，票面要素应齐全，内容应简洁明了。

债券的票面应当载明下列内容：

①企业的名称、住所；

②债券的票面额；

③债券的票面利率；

④还本期限和方式；

⑤利息的支付方式；

⑥债券发行日期和编号；

⑦发行企业的印记和企业法定代表人的签章；

⑧审批机关批准发行的文号、日期。

债券票面格式应当经中国人民银行认可。

除以上内容外，有此地方性法规还规定：债券票面应标明债券字样，债券是否转让和转让手续，债券是否记名和挂失，债券提前归还条件，购买债券优惠条件，持券人的权利义务等其它事项。

二、债券的种类

债券按分类方法、标准和划分角度不同可分为不同的种类：

1. 按照发行主体的标准分，可分为政府债券、公司债券和金融债券

政府债券是指中央政府、地方政府或政府机构发行的债券。是由政府承担还款责任的债务凭据。其中中央政府发行的叫国债，地方政府发行的叫地方债券。

公司债券是由企业或股份公司发行的债券，故又称企业债券，它是企事业筹集资金的重要方式，不同行业的债券有不同的称谓，如电力公司发行的称为电力债券、国家建设单位发行的称为建设债券等。

金融债券是银行等金融机构发行的债券，金融债券的信誉度比政府债券低，比企业债券高，因此，它的利率介于二者之间。

2. 按债券的偿还期限可分为短期、中期和长期债券

短期债券一般指期限在一年或一年以下的债券；中期债券一般偿还期限在于一年到五年的债券；长期债券是指偿还期限在五年以上的债券。

3. 按计息方式为标准，债券可分为单利债券、复利债券、贴现债券和累进利率债券

单利债券是指到期还本时一次性支付所有应付利息的债券。即是债券利息按本金计算，债券到期前所派生的利息不加入本金计算。

复利债券是指债券未偿还前所生成的利息加入本金，逐期增加计息基数的债券。

贴现债券是指在发行时从债券面值中先行扣除利息，按低于面值的价格折扣发行的债券。债券到期时只按面值偿还。偿还与发行价格之差，即被当作利息支付给持债券者。

累进利息债券是指债券发行的利息随着持有期限逐年递增的债券。如中国工商银行1987年发行的5年期累计利息债券，该债券第一年年利为9%，第二年为10%，依此在推，第五年为13%，债券持有人可在最低与最高期限之间随时兑现。

4. 按照是否有担保条件，债券可分为抵押债券、担保债券和信用债券

抵押债券是指为保证本金的偿还，而将特定资产（动产或不动产）作为抵押品所发行的债券。如果发行者到期不能还本，债权人有权依法处理抵押品，以偿还本息。

担保债券是指债券本金和利息的偿还，由政府或其他部门以某种方式做担保的债券。如：政府担保债券、银行担保债券。

信用债券是指完全凭发行单位的信用，没有其它部门以任何方式做担保的债券。这种债券的风险较大，但其利息较高，对投资者也有一定的吸收力。

5. 按债券的形态来划分，可分为实物债券、凭证式债券和记帐式债券

三、债券的作用

伴随着商品经济的日益发展，债券作为一种资本市场上的重要交易对象，其在国民经济中的作用越来越重要，概括起来，债券的作用主要有：

1. 筹集资金的作用

通过债券的发行，可以在更大的领域内以较短的时间将分散闲置的社会资金转变为集中化，将小额的资金转变为巨额资金，从而弥补了国家资金的不足，支援国家经济建设。如国家可以通过发行政府债券筹集财政资金；银行可以发行金融债券来调节信贷资金的不足；企业通过法定程序可发行公司债券以筹集资金支持重点项目的建设等。

2. 实现宏观调控的作用

通过发行债券，不仅可以调节一个国家的产业政策，（如国家要扶持重点企业的发展，就发行一些重点企业债券，要扶持能源方面基础设施的发展，就发行能源建设债券），还可以减轻由通货膨胀所带给金融市场的冲击。在通货膨胀时期，国家通过发行债券，调节债券的利率，吸收大量的社会闲散资金，促进货币回笼速度，并把消费资金转变为生产资金，从而达到有效地控制通货膨胀的目的。

3. 转换企业经营机制的作用

企业通过发行债券，一方面缓和了企业对资金需求的矛盾，为企业的发展创造良好的融资条件，同时，由于企业需承担债券到期还本付息的责任，这就要求企业本身要完善生产和经营管理机制，加强企业的自我约束能力，才能适应于市场经济的竞争，使企业的生存和发展得以保证。

四、债券和股票的比较

债券和股票都是作为投资的金融工具，它们既有共同点，又有不同点

债券和股票的共同点：①债券和股票都属于有价证券，即二者都是虚拟资本的一种形式，是具有一定票面金额并能给持有人带来收益的所有权或者债权凭证。②债券和股票都是属于直接融资方式，也就是二者不经过任何金融中介机构而由筹资者和投资者直接进行资金融通，即二者的融资方式相同。③筹资功能相同，即债券和股票都是将社会上分散的、流动的资金转化为长期资金，从而充分挖掘社会资金潜力，为社会经济发展提供良好的融资条件。

债券和股票的区别：①参与程度不同，即体现的法律关系不同，股票是一种所有权凭证，股票持有者即股东可以按持股的份额获得相应的参与公司业务经营管理权和分配利润权。而债券体现的只是债权债务关系即债券持有者不能享有发行者所从事的业务活动的参与权和管理权，它只是一种债权凭证，只能按约定的条件收取利息和到期取回本金。②融资期限不同。债券虽然也是一种长期的融资，但它还是有时间的限制，债券到期筹资者必须负有还本付息的责任。而股票是一种永久性的融资，没有时间方面的限制，直到筹资者解散为止。③风险的程度不同。债券由于发行时已有约定的利率和偿还时间，持有者可以按固定的利率到期收回本金，而与发行者的经营情况和经济效益无关。其风险程度较小，如果债券的利率高于同期的银行存款利率（或通货膨胀率），其几乎就没有风险可言。而股票由于在发行时没有固定利息可言，它的收益是由公司的经营情况和经济效益来决定的，即公司经营好，盈利多，股东获利就多。如果公司的效益差，股东分得利润就少，甚少没有获利的机会。④收益程度不同，一般来说，债券的收益都是固定的，而且收益比较低，而股票没有固定的收益，股东除了享有分红派息的权利以外，还可以从证券市场通过买进卖出赚取市场差价，有时这部分的差额远远高于股票本身的价值，故股票的获利较为丰厚。

五、债券的偿还方式

债券的偿还是指在债券到期时发行人通过支付债券本息，使债权债务关系结束的行为。它是债券运行过程的最后一个环节。在债券的具体偿还过程中。可采用以下的几种方式：

1. **到期偿还** 是指债券在发行时按约定的规定，期限到期后一次性还本付息的方式。这是债券偿还方式中最为普通采用的。

2. **定时偿还** 在债券到期前，分次在规定的日期按一定偿还率偿还本金的债券偿还方法。一般是在宽限期后的每次利息支付日，连同付息一并向债权者偿还。定期偿还也称分割偿还。定时偿还的偿还日期，偿还率、具体偿还方式（抽签偿还是买入注销）是在发行债券时就确定的。实行定时偿还方式，有利于均衡发行者的债券负担，保证到期偿债的足额性和可靠性。

3. **随时偿还** 即在债券到期前，发行者根据自己的需要，一次全额偿还或分数次偿还本金的债券偿还方式。采用这一方式，完全凭发行者的意志，由发行者任意决定偿还时间和偿还金额。它的缺点是会损害债权者的利益，所以实际采用的不多。即使采用这一方式，也必须在债券发行时向投资者说明。

4. **抽签偿还** 它是按抽签来决定债券偿还号码的债券偿还方式。抽签偿还符合债权者平等原则，多用于定期偿还。抽签偿还前（一般为一个月前），发行者应将有关偿还事宜通知受托公司。由发行公司、受托公司共同主持抽签活动，抽签结束后通过新闻媒介或其它办法将抽签结果公布于众，通知债券持有者。

5. **买入注销** 债券发行者在债券市场上用市价购回自己发行的债券，然后加以注销，从而解除债权债务关系的一种债券偿还方式。发行者在债券发行市场上可以任意购买自己的债券，买入数量不受限制，也不会损害债权者的利益。采用这种方式，发行者不需要象抽签偿还那样支付广告费用，同时还可提高债券的流动性。一般说来，当债券市场价格低于偿还价格（即票面金额）时，采用买入注销方式对发行者有利。

6. **期中偿还** 亦称中途偿还。是指在债券到期之前便开始分次偿还，到债券期满时全部偿还完毕。采用这种偿还方式，可以分散发行人到期一次偿还本金的压力，同时，先偿还一部分本金，可以增加债券对投资者的吸引力。

7. **延期偿还** 亦称展期偿还。是指发行人在发行债券时已规定，投资者有权决定在债券到期后继续按原定利率持有债券到某一指定日期再偿还。这种方式往往是在市场利率下降的情况下，投资者才能予以接受。对于发行人来说，如果认为在下一轮新发债券时市场利率变动不大，和投资者签订延期偿还债务的条款，可以节省发行债券的成本。

第二节　公　债

一、公债的定义

公债又称国债，是指政府及政府有关机构为筹集资金而发行的以承担还本付息责任为前提的债务凭证，由于一国政府在本国经济的发展中担任着重要的调控职能，而参与国家的经济活动必需大量的资金，如果单靠政府的财政税收是不能满足这方面的需要，因此，通过在证券市场上发行大量的债券来筹集资金是当今世界各国政府所采用的普遍筹资方式。

二、公债的发行对国家经济的作用

1、通过发行公债吸收社会闲置资金，扩大社会有效需求，有利于克服经济衰退，促进经济发展。而在经济繁荣时期，国家通过增加税收以偿还公债，能够抑制经济发展过旺的势头，有利于经济的稳定发展，减轻经济周期的波动性，使国家已有的社会资金得到充分的运用。

2、公债能从私人手中广泛地吸收小额游资，形成巨额资金用于政府投资，这对整个社会经济的发展是有利的。如果这些资金分散在广大的公众手中，由于每人所持数额太小，难以达到有效投资而无法用于发展经济，则造成社会资财的大量浪费。

3、公债可以调剂整个社会的金融运行状况。在物价上涨迅猛时，政府可以通过发行公债，吸收社会资金，以减少货币流通量，起到平抑物价的作用。在银行贷款利率上升时，公债价格必然下跌，这时政府应偿还公债，收买公债，增加社会货币资金的供给量，以保证国民经济的正常运转。

4、发行公债的延缓税收的课征。当国家由于各种紧急或临时情况，急剧地加大财政支出而财政收入却不能相应增加时，如果采用大幅度增税办法既会造成财政负担的严重不公平，又会形成对社会生产力的严重损害。这时用公债筹资，虽资金数额巨大，但对社会生产力的损失相对减轻，并且可以将财政负担推延到以后的几代人共同负担，即减轻了目前公众的负担，又能体现公平负担的原则。总之，如果公债运用是当，就会成为促进经济发展的有效手段。

三、公债的特点

1、安全性高。由于公债的信用是以一个国家的政府作担保，以一国的政府的财政税收作为支付债券本息的保证，只要国家存在一天，债权人就无须顾虑债券本息的支付问题。公债的这种优势是其他券别所无法相比的，也正是这种优势，公债的利率虽然较低，但还是吸引不少的投资者。

2、流通性强。公债一般都可以在证券市场上公开买卖，由于公债的发行范围相当广泛，不仅可以在国内发行，还可以在国外发行，因此，公债的流通范围和能力较强。

3、收益稳定。公债在发行时都有固定的利率，不会受到市场因素及银行存款利率的波动而影响，公债的利率是由政府规定的，一般情况下利率都不会变动。

4、免税待遇。公债持有者投资于公债而获得的利润收入，国家是给予免收所得税的。

四、公债的种类

随着经济的日益发展，公债的形式和种类也越来越多样化，以发行主体的级别不同，公债可分为中央公债和地方公债

1. 中央公债

中央公债就是以中央政府为发行主体的公债，其发行和收入的安排使用都是从国民经济整体的范围和角度进行的。中央公债又可以分成：

①国库券。是指为了调剂政府财政收支过程中的季节性资金余缺而行的一种短期公债。之所以称为国库券，是因为其发行属于国库内部财政收支的正常调剂，不会影响整个财政年度的财政平衡；另外，其性质不是弥补财政赤字，而只是解决暂时财政用款的需要。

②基本建设债券。是为了更好地筹集建设资金，保证基本建设项目的资金需要而发行的债券。如1988年8月国家能源投资公司，国家交通投资公司、国家原材料投资公司及石油部、铁道部发行的80亿元基本建设债券，债券偿还期为5年，利率为7．5%。

③国家重点建设债券。是指为了调整投资结构，更好地集中资金保证国家能源、交通、原材料等重点建设项目的资金需要而发行的债券。

④财政债券。是指为了筹集国家建设资金，弥补财政赤字，由财政部发行的借款凭证。

⑤特种债券。是由财政部向经济条件较好的全民所有制企业、集体所有制企业、私营企业、金融机构、企业主管部门、事业单位、社会团体等机构发行的借款凭证，其发行的目的是为了筹集资金支援国家建设，促进经济协调发展，特种债券收款单可以记名、挂失，但不得作为货币流通。购买特种债券的利息收入免征个人收入调节税。

⑥保值债券。是由财政部发行为了进一步调整经济结构，筹集经济建设所需资金而发行的借款凭证，债券的利率是随人民银行规定的同期储蓄存款利率浮动的，加保值贴补利率后再加一个百分点。

2. 地方公债

地方公债是指以地方政府机构为发行主体的公债，其发行的区域可以超出本地区以至涉及到国际范围，但它对国民经济的影响只是局部的，是以本地区的需要为出发点的。

地方公债的种类，大致有以下几种：

①一般责任债券，是由地方政府及其管理部门发行的，以发行者的资信和征税能力作为还本付息的保证，发行此种债券的地方政府往往将所筹资金用于修建高速公路、机场、公园以及市政设施等。

②收益债券，是指一种能获得预期收益的设施中利用收益作担保而发行的一种地方债券，投资者的本金和应得利息的归还以有关项目是否盈利为前提，该项目盈利则偿还本息，否则投资者就有可能得不到利息，甚至有丧失本金的危险。发行收益债券所筹集的资金，多用于修建道路、桥梁及飞机场等设施。

第三节　金融债券和公司债券

一、金融债券的定义

金融债券是指由银行或非银行金融机构为筹集信贷资金而向社会发行的债务凭证。金融债券是银行中长期贷款的重要资金来源，由于金融债券的发行主体是银行或非银行的金融机构，信用度高，发行额大，利率较高，风险较小，故对投资者的吸引力较大，流通性也就较强。这也是金融债券的主要特征，另外，金融债券还具有利率形式灵活，收益稳定的特点。

二、公司债券的定义

公司债券也称企业债券，是指公司依照法定程序发行的，约定在一定期限还本付息的债券。发行公司债券是以公司为主体，向为数众多的债券投资者筹集资金的一种方式。

三、公司债的基本要素

公司无论发行何种债券，其债券主要由以下基本要素组成：

(1) **债券面值**　债券面值亦称债券的到期值，它包括票面价值的币种和票面金额两个基本内容。

(2) **债券利率**　是债券利息与债券票面价值的比率，它主要受银行利率，发行公司资信、偿还期限、利息计算方式以及资本市场上资金供求情况的影响。

(3) **债券的价格**　从理论上讲，债券的票面价值就是债券的价格，但实际并非如此。债券在发行过程中，有时发行价格高于票面价值（即溢价发行），有时低于票面价值（即折价发行），也可以是按票面价值（即平价发行）。

四、公司债券的特征

公司债券是一种承诺偿还的特殊债务凭证，它主要具有以下二种特点：

(1) 定期偿还本金，公司债券发行时都注明到期日。债券到期，发行公司要按票面金额偿还本金，不得拖延。

(2) 定期支付利息，债券发行公司要按发行条件中规定的利率向债券持有人按期支付，付息时间通常在公司债券上约定。

公司债券的种类繁多，主要介绍以下几种：

(1) 可转换公司债。是指发行公司事先规定，债权人可以选择有利时机，按发行时规定的条件把其债券转换成发行公司的等值股票。可转换公司债券是一种混合形的债券形式。当投资者不太清楚发行公司的发展潜力及前景时，可先投资于这种债券。待发行公司经营实绩显著，经营前景乐观，其股票行市看涨时，则可将债券换成股票，以受益于公司的发展。

(2) 不动产抵押公司债。指发行公司以土地、房屋等不动产作为抵押品而发行的公司债。在发行公司不能偿还债券本息时，债券持有人可通过法定程序，将抵押品进行拍卖，以取回债券的本息。

(3) 信用公司债。亦称“无担保公司债”。发行公司不以任何其他有形资产作担保，而全凭着发行者的信用而发行的债券。

(4) 证券担保公司债。以发行者所拥有的其他有价证券作担保而发行的债券。一旦发行公司到期不能偿还本息，则必须出让其所掌握的担保品——股票或债券，以支付本息。

(5) 收益公司债。债券利息收入取决于公司收益水平的非固定利息的公司债。债券发行人除了有偿还本金的义务外，利息的多少或有无，取决于公司利润的多少与经营状况的好坏。公司如果没有盈利，就可以不支付或支付部分利息。

(6) 附新股认购权债券，指赋予投资者认购债券发行公司增资新股认购权的债券。投资者购买此种债券后，可在规定的期间内按预先规定价格和数量购买发行公司的股票。该债券类似于可转换债券，但可转换债券在行使转换权后，债券形态即行消失，而此种债券在行使认购权后债券形态依然存在。

第四节　国际债券

一、国际债券的定义

国际债券是指一国政府、地方团体、工商企业及国际组织等为了筹措资金而在发行国境外发行的债券。发行国际债券的目的通常是为了弥补发行国的国内预算赤字、国际收支逆差、筹集大型工程建设项目的资金，企业为扩大生产规模筹措资金以及国际组织实施的经济开发项目

等。

由于国际债券发行的范围超出了一国国境，而且所采用的发行币种与本国的币种不同，这就涉及到了两种货币汇率的兑换问题，因此，国际债券不论是对发行者，还是对投资者，其风险程度都较大。并且筹资者和投资者在这方面的利益是对立的，例如，如果所发行的国际债券所采用的货币在偿还期内升值，就会提高发行者偿还债务的成本，但投资者可以获得更多的收益。如果该种货币汇率下降，即发行者的偿债成本就会降低，但投资者的收益也就减少。

国际债券的最大特点是债券的举债人和债券的发行市场不同属于一个国家，并且债券的发行要受到发行市场所在国的法律及有关规章制度的约束。但是，国际债券发行的范围之广，筹集金额之巨是其他债券无法比拟的。

二、国际债券的种类

国际债券主要包括外国债券和欧洲债券

(1) 外国债券

外国债券是指外国筹资者在某一国家的债券市场上发行的，并以该国货币作为面值货币的债券。如日本公司在美国债券市场上发行的美元债券就是外国债券。外国债券市场主要有美国、瑞士、西德、日本四大市场，其中外国筹资者在美国发行的美元债券称为“扬基债券”。在日本发行的日元债券称为“武士债券”。外国债券一般是由政府发行或由政府担保的，所以也称外币国债。

(2) 欧洲债券

欧洲债券是指由举债人在基本国之外的多个国家发行的，不以发行所在国货币为面值货币的债券，也称“境外债券”。其特点是：举债人属于一个国家，债券发行在另一个国家，而债券面值货币则属于第三国。其发行除须经举债人所在国政府批准外，不受债券面值货币国家及发行市场所在国有关法令的约束。

欧洲债券实际上是一种无国籍债券，债券的票面货币除欧洲美元外，还有德国马克、瑞士法郎、英镑、日元、加拿大元以及综合性货币单位，如特别提款权、欧洲货币等。

第四章　证券市场运行

第一节　证券发行和流通市场

一、证券发行市场

证券发行市场又称证券一级市场或证券初级市场，它是指发行新证券的市场。所谓新证券就是首次发行的证券。即不包括已发行的证券的送配部分。

1. 证券发行市场的构成

构成证券发行市场的基本要素主要包括以下几个：

(1) 参与者。即所有参与证券发行活动的主体对象。它主要有：①发行者，证券的发行者即是证券的资金筹集者。主要是具有发行证券条件的一些企业、政府机构和金融机构，它们通过发行各种证券为自己筹措资金，他们的参与客观上为发行市场提供了各种证券交易的品种。②投资者，也就是证券发行市场的证券认购者，其认购证券的主要目的是获取投资利润。投资者可以是个人，也可以是企业或机构，他们根据自己的需要和意愿选择购买证券，在买入证券的同时也为发行者提供了资金。③发行中介机构，即是证券发行者和购买者的媒介机构，它主要业务是为证券发行者提供各种发行服务，并从中收取一定的报酬，如：证券交易所、证券公司、投资银行和信托投资公司等金融机构。

(2) 金融工具。作为投资的金融工具有很多种。但在证券发行市场上主要是指作为债权债务书面凭证的各种债券和作为所有权凭证的股票两大类。各种新发行的债券和股票是证券发行市场上的交易对象。

(3) 组织形式。也就是指市场的交易方式，由于新发行的证券不能直接进入证券交易所，故证券发行市场没有、也不需要有固定集中的场所，而是采用柜台交易和场外交易的方式，即直接由发行人自己推销出售或委托证券中介机构出售。

上述三个要素是构成证券发行市场的基本框架，三者之间的关系是相辅相成，不可缺少的。证券发行者通过证券的中介机构把证券销售到投资者手中，证券投资者也是通过证券中介机构买到自己所需要的证券。而中介机构和证券发行者的关系是通过一定的组织形式联结起来的。总之，证券发行市场三个要素的统一，构成了一个完整的，不可分割的市场整体。

2. 证券发行市场的基本功能

证券发行市场是证券交易活动中不可缺少的基本环节，它的主要功能是：

(1) 筹集资金，为资金需求者提供了筹集资金的场所。证券发行市场拥有大量的定型证券商品，发行者可以参照各类证券的期限、收益水平、参与权、流通性、风险程度、发行成本等不同特点，根据自己的需要和可能来选择确定发行何种证券，并依据当时市场上的供求关系和价格行情来确定证券发行数量和价格（收益率）。发行市场上还有众多的为发行者服务的中介机构，他们可以接受发行者的委托，利用自己的信誉、资金、人力、技术和网点等向公众推销证券，有助于发行者能及时筹措到所需资金。发达的发行市场还可以冲破地区和时空限制，为发行者扩大筹资范围和对象，在本地或外地面向各类投资者筹措资金，并通过市场竞争逐步使筹资成本合理化。

(2) 为资金供应者提供多种投资和获利的机会。由于证券发行市场集中了各种可供投资的金融工具和投资方式，为投资者提供了多种选择对象，投资者可以根据不同证券的特点及证券本身的优劣，权衡投资收益、风险程度和其他方面的权益，选择适合于自己的投资对象，争取获得较多的收益。

(3) 调节资金供求，引导资金流向。证券发行市场通过证券发售及其价格波动，可以充分动员社会闲散资金向生产投资转化，调剂社会资金的余缺。由于投资者总是选择那些收益丰厚又兼备流动性和安全性的证券，客观上将资金引导到投资效益好的企业或部门中去，有利于提高资金使用效益。

(4) 是政府参与和调节经济的重要依托。在当代经济中政府已成为重要的经济部门之一，证券发行市场是政府筹措资金的重要场所，政府通过市场发行各种长短期债券，或用于平衡财政收支，或用于建设性投资，而通过发行市场发行的政府债券，又成为中央银行进行公开市场业务操作的主要工具。

二、证券流通市场

证券流通市场是指对已发行过的证券进行买卖的市场，又称为“次级市场”或“二级市场”。证券流通市场为证券发行后证券所有权的转移提供条件。证券流通市场根据交易场所和交易规则的不同，可分为证券交易所市场、场外交易市场、第三市场和第四市场。而证券交易所市场是证券流通中最典型、最集中、最规范和最重要的部分，下面着重论述证券交易所市场。

证券交易所市场，简称为证券交易所或证交所，它是买卖股票、公债、公司债券等有价证券的场所，它具有一定的组织结构和固定的场所。证券交易所本身并不买卖证券，只是为证券交易提供场所。

1. 证券交易所的组织形式

证券交易所按其构成来划分只有两种，即会员制证券交易所和公司制证券交易所。

会员制证券交易所是指由证券公司、投资公司、投资银行等证券商自愿组成的自律性组织，参加该组织的成员便是证券交易所的会员。其最高的权力机构是会员大会，下面设理事会、监事会和专门委员会等管理机构。会员制证券交易所是不以盈利为目的的，交易所内发生的各项费用开支由各组成的会员共同承担。

公司制证券交易所是以股份制形式设立的带有企业性质的组织机构。它是由投资银行、证券公司、信托投资公司等金融机构或各类公私企业以股份制形式出资组成的，是以盈利为目的的法人机构，其特点是本身不参与证券买卖交易，只向客户提供交易场所、设施以及各种服务，从中收取一定比例的证券交易费用。

股东会是最高的权力机构，是由全体股东组成的。

2. 证券交易所的法律特点

证券交易所是依照国家有关的法律，经证券主管机关批准，为方便证券集中公开竞价买卖而设立的，它具有以下的法律特征：①证券交易所是依法设立的法人。证券交易所的设立，国际上通行有登记制、特许制、承认制三种制度。大多数的国家都采用特许制，我国的证券交易所也属于这种，英国由于历史原因采用承认制。特许制规定：未经许可，任何单位或个人不得采用类似证券交易所集中竞价买卖方式进行证券交易。②证券交易所是社团法人。会员制证券交易所是由证券自营商和经纪商组成的非以营利为目的的社会团体；公司制证券交易所是以股份制形式的营利性社团法人。③证券交易所依其章程、业务规则及其管理制度进行自律自治的法人组织。交易所的章程应载明宗旨、性质、住所、公告、业务范围，会员条件及其权利、义务、会员大会、董事会、理事会、监事会、经理经费分配、财务会计等事项。证券交易所还应为上市证券的发行者和证券商提供交易业务规则和其他管理制度。④证券交易所的宗旨是为证券集中交易提供市场和有关业务性服务。它应保证公平交易、防止欺诈和操纵市场行为，及时准确地公开市场信息。

(3) 证券交易所的功能

证券交易所是证券交易市场的核心，它在证券市场中占有非常重要的地位。证券交易所的主要职能是创造持续、高效的证券交易市场；提供便利的交易条件；形成公平、公开、公正的市场环境，为筹集融通资金和经济发展服务。

从法律角度来看，证券交易所的作用有：①通过证券交易所竞价交易能产生合理的证券买卖价格，避免柜台交易市场中同一证券在不同柜台上交易的价格不同这一矛盾，体现出其公平交易的法律原则，从而达到保护投资者利益的目的。

②在证券交易所上市的每种证券都可以通过该所的行情显示系统，将各种信息及时地传送到各种传播媒体向社会公众公布，达到公开的目的，使投资者极易了解市场，从而避免证券交易市场可能出现的投机、操纵、垄断等不法行业的产生，以保证证券交易的顺利执行。③降低投资者买卖上市证券的成本。由于证券交易所的证券买卖是一种间接交易，投资者必须通过委托经纪商才能进行买卖，而证券交易所的经营商收取的佣金比柜台交易中证券商收取的费用要低，因而降低了投资者的交易成本。

从对经济发展的作用角度来看，证券交易所的作用主要反映在以下几点：①反映客观经济状况，促进产业结构调整。证券交易所证券行情的涨落，在一定程度上可以反映出整个国民经济的变化，而每一种上市证券价格的变化也可以反映该证券发行公司的生产经营和财务变化。通过行情分析，投资者进行投资选择，从而可促进产业结构或行业结构乃至产品结构的调整。②促进证券发行市场的发展。公正、合理的证券交易价格，能客观地反映证券市场的供求关系，合理引导资金流向，为确定证券发行的时机、数量和价格提供重要的依据。③保护投资者利益。证券交易所采用集中竞价的方式及公开制度，增强了证券交易的公正性，投资者可以通过了解企业的状况或信息，做出合理的投资决策。

三、证券上市制度

证券上市制度是证券交易所和政府有关部门制定的有关证券上市的一系列规则。证券上市制度中规定，一个公司发行的证券要想在某个证券交易所里交易，首先必须在主管证券机关批准后按一定的条件和程序向该交易所提出申请，并经过审核通过后进行登记注册，才能在证券交易所内挂牌交易。证券的发行制度一般有二种，一种是证券发行注册制度，即实行所谓的公开原则，它是指证券发行公司在发行证券时要依法向主管机关注册，并经批准后才可正式办理证券发行；一种是证券发行核准制度，即所谓的实质管理原则。这种制度下发行的证券必须符合发行的实质条件，主管机关依照实质管理原则对证券的发行加以审核。如对发行公司的营业性质，管理人员的资格能力，公司的资本结构，公开的资料是否真实等方面的审核。

四、场外交易市场

场外交易市场是指证券商在证券交易所监管以外进行其他证券交易的场所，是交易所以外的证券交易市场的总称。它包括店头市场，也称柜台市场、第三市场和第四市场。在场外交易市场交易的证券，一般是未上市的证券，但有的国家，如美国，也允许上市证券在场外交易市场交易。

店头市场（或柜台市场）是证券交易的场外市场的一个独特形式，它是不通过交易所，由证券商办理的自营业务。在柜台市场交易的证券价格，是由购销双方的协议价格成交的，而不是采用证券交易所的竞价方式。柜台市场的特点是：①没有固定的营业场所，它主要利用电讯设施进行交易；②证券价格的确定是由买卖双方磋商协定的；③按净价格进行交易，免去了佣金的费用。

第三市场是指已上市证券的场外市场，即已在正式的证券交易所内上市的证券，却在证券交易所之外进行交易的证券买卖市场，由于第三市场交易主要发生在证券商和团体投资者之间，因此交易所就很少或不需要提供有关的服务，如证券研究、证券市场分析、信息传递等。

第四市场，指投资者和金融资产持有人绕开通常的证券经纪人，彼此之间利用电子计算机网络进行大宗股票交易的场外交易市场，利用第四市场进行交易的都是一些大企业、大公司，这种交易一般数量大，且不容易暴露目标。交易成本也很低，因为买卖双方直接交易，不需支付中间人费用，所以具有较大的吸引力。

1. 场外交易市场的功能

场外交易市场的主要功能有：①为已发行的证券提供转化的场所；②通过承销机构，场外交易市场将公开发行的新证券分发给投资者；③巨额证券的次级分配。

2. 场外交易市场的参与者和交易对象

场外交易市场无固定的组织形式，其性质比较复杂，流动性和稳定性都不及证券交易所可靠，缺乏经验的投资者往往容易在场外交易中上当，这就决定了场外交易市场的参与者并不是一般的个人投资者，它主要是一些大企业、大公司以及具有较高专业水平的投资机构和城乡居民。投资机构包括：工商企业、金融机构、保险公司以及自有收入的事业单位和各类基金组织等。城乡居民包括港澳台在内的中国公民。但法律或法规规定不得从事证券交易的特定对象除外。

场外交易的对象主要是一些虽依法公开发行，但尚未在证券交易所挂牌上市的证券。包括不够上市资格的证券；有上市资格但不愿意在证券交易所公开挂牌买卖的证券和在证券交易所不容易成交的证券；买卖双方愿意以净价交易的证券等。由此看来，场外交易市场的业务范围比证券交易所要广，其交易额也较大，如美国 1983 年店头市场的股票交易额为交易所的股票交易额的 7 倍。同时大部分债券也是在店头市场上买卖的。

第二节　证券价格

一、股票的理论价格

股票是一种特殊的商品，它和货币一样，本身是没有价值的，但股票是有价格的，因为股票能给持有者带来股息收入，是资本所有权所带来的股票和红利的凭证，并且股票能在证券市场上自由买卖而转换成货币。股票价格中的市场价格也是股票价格中的一种，另一种是股票的理论价格。股票的理论价格虽然是股票市场价格的基础，但它并不是真正意义上的股票价值。因为股票是一种有价证券，只代表了股东所持有的股权及其相 应的收益。它本身不是劳动产品，因此它不具有真正意义上的价值。尽管它可以有价格，也可以在市场上自由买卖。这一点说明了它只具有某些商品属性，但并不是真正意义上的商品。

股票持有者的股权有什么表现呢？我们从以下几个方面来看：

①参与公司的股东大会决策权。决策权是持股者的一个重要权利。但它不是决定股价高低的主要因素。因为随着股票市场的发展，公司股票持有者有高度分散的趋势。一般投资者购入股票的主要目的并不是为了参与公司经营，而是为了取得股息与红利。而且那些大量的中小股东，行使其股东的表决权也不过是形式而已，很难真正参与公司经营活动。只有极少数股东，才能真正参与公司经营。

②享有股息权。股东购买股票可以参与公司利润分配的权利，而大部分股东购买股票是为了取得股息。

③剩余财产分配权。公司解体这种情况一般很少出现，而大部分人购买股票的目的不在于最终分到解体公司的残余财产。可见参与财产分配权也不是形成股票理论价格的主要因素。

从以上几点可以看出，获取股息的权利是股民的最终目的，也是影响股票价格的主要因素。

我们说股票价格实质上是股息的资本化而不是股票价值的货币表现，这是因为对于投资者来说，股息与利息有同样的意义，即投资者把资金购买股票所获得的股息，自然就要与把同样多的资金存入银行所获得的利息相比较，然后总是把资金投入收益较高的一方。股票价格的实质是资本化股息收入，它的形成主要取决于股票的股息率与市场利率，股票理论价格可用公式表示为：

$$股票价格=\frac{股票面值\times 股息率}{市场利率}$$

股票的股息率就是股票的年度收益与股票面值的比例，市场利率一般是指同期的银行储蓄存款利率。从上面的公式我们可以看出，股票的价格是与其股息率成正比的，即股息率越高，股票的价格也就越高，反之亦然。而股票的价格与市场利率成反比的，即市场利率越高，股票 的价格就越低，市场利率越低，股票的价格就越高。

从上分析可以看出股票价格的决定因素有两个：一个是预期的股息收入，另一个是利息率。也进一步地说明了股票的理论价格、实质上不是股票的价值，股票本身没有价值，不是生产股票抽象劳动的凝结。而股票的价值实际指的就是股息收入请求权的货币表现，即股息资本化的表现，也就是股票的理论价格。

二、股票的主要价值形式

1. 票面价值

又称股票面值，是指股票票面上标明的金额。它的主要功能是确定每股股票在公司中所占的份额。这种价值表现很重要，它表明了持股人在公司中的地位。例如，某公司发行股票的总面值为 100 万元，每股的票面价值为 1 元，那么，一股股票就代表该公司一百万分之一的所有权。股东占有的面值越大，其地位也就越重要。股票的面值是股票理论价格的决定基础，它是由发行公司章程确定的，若要变更面值，须经股东大会讨论决定并修改公司章程，一般只有在变更发行总股数进行股份分割时才这样做。对于投资者来说，股票面值只是印在股票上的金额，对股票质量的分析是没有实质性价值的，股票在市场上发行时，其发行价格与股票面值不一定相等，当发行价高于股票面值时称为溢价发行；当发行价格等于股票面值时就称为等价发行；当发行价格低于股票的面值时就称为折价发行，从这个角度来说，股票面值对于考察发行价格有一定的参考意义。

2. 股票内在价值

是指在交易中某一时期股票所真正代表的价值，也称股票的理论价值。它主要取决于公司的财务状况，盈利前景以及影响公司发展的其它因素。股票的内在价值是通过现值法来计算的。用公式可表示为：

$$A=\frac{A_1}{(1+i)^n}$$

其中 A——未来款项的现值；A_1——未来款项；i——贴现率；n——未来的年数。

现值法的原理是：今天的钱不等于明天的钱，今天的 100 元如果存入银行，按年利率 10% 计算，一年即为 110 元，两年即为 121 元；或者说，一年后的 110 元和二年后的 121 元，就是今天的现值 100 元。

运用这个公式计算出来的股票内在价值，主要受到未来预期收入（即 A_1 值）和贴现率（即 i 值）的影响，股票未来收入与股票的内在价值成正比，即股票未来收入越高，其内在价值就越高，反之亦然；而贴现率与股票的内在价值成反比，即贴现率越高，股票的内在价值就越低，贴现率越低，股票的内在价值就越高。因为，在实际运用中，股票的未来收入和贴现率都是不确定的，而且是由人为估算出来的，所以，对股票的内在价值的判断，不同的股票分析家或投资者对未来收入的预测数值不同，当然得出股票内在价值的结果就不一样，甚至相差很大。

股票的内在价值往往表示的是股票的获利能力，股票的内在价值越高，表明该股票的获利能力越强，按照一般的股票分析理论，排除其它人为因素，股票的内在价值应等于股票市价值。因此，股票的内在价值往往是股份公司发行股票时确定发行价格的重要依据，也是选择发行方式的重要参考，对于投资者来说则是选购股票的主要参考数据之一。

3. 帐面价值

反映每股普通股票所代表的公司资产就是股票的帐面价值，又称“股票净值”。它的计算公式如下：$Va=\frac{T-P}{Nc}$

其中：Va——股票的帐面价值；T——公司资产的净值；P——优先股票的总面值；Nc——普通股票的总股数。

公司资产净值，即股东实际资产的价值，包括股本、公积金、公益金、增加的设备及未分配的盈余等，资产净值等于企业的资产减去负债。当资产大于负债时，资产净值为正，代表股东拥有资产；当资产等于负债时，资产净值为零，表示股东已无资产；当资产小于负债时，净值为负，即表示企业已濒临破产。由此看来，股票净值的大小也就代表股东权益的多少，因此，股票的帐面价值也是投资者进行投资分析的参考依据之一，而且对于长期投资者，以股票净值作为投资评估的依据，是一种既安全又稳固的操作方法。

股票净值与股票的内在价值、股票市值关系密切，由于股票净值表示公司过去年份的经营和财务状况，因此可作为股票内在价值预测的主要依据。如某种股票净值含量高，表示该公司经营财务状况良好，股东享有的权益就越多，股票未来获利的能力就强，该股票的内在价值自然是越高，股票市值就会上升。相对于股票内在价值和股票市值而言，股票净值的分析更为准确可靠。因为股票净值是根据现有的财务报表计算的，所依据的数据相当具体、确切、可信度高。同时，净值又有明确反映出公司历年经营的累积成果，净值还相对固定，一般只有在年终盈余入帐或公司增资时才有变动。因此，股票净值具有较高的真实性、准确性和稳定性。

4. 清算价值

是指公司清算时每股普通股票所代表的公司资产的实际价值。从理论上来说，股票的清算价值等于股票的帐面价值，而实际情况未必这样，因为公司在清算时，大多数的资产只有低价才能出售，再减去一部分清算费用，所剩下的部分资产就远小于公司的帐面资产，即股票的清算价值就小于股票的帐面价值。也有个别公司由于种种原因可以将其资产的抬高的价格卖掉，这时清算价值就高于帐面价值，只有当资产的实际销售额减去清算成本后与财务报表上所反映的公司资产余额相等时，其清算价值才等于帐面价值，一般来说，出现后二种情况的例子较少，因此，清算价值这个概念对于投资者和股份公司都不愿意采用，只有股市分析家偶尔采用到这个词语。

三、股票市场价格

股票的市场价格就是股票在股票市场上买卖的价格。股票的本身并没有价值，之所以能买卖交易，是因为股票是代表投资和收益的要求权，持有者凭它能够得到一定的股息或红利分配，所以说，股票价格的实质是资本化的股息收入。股票的市场价格与股票的面额是不相同的，股票的面额仅代表入股的货币金额，是固定的。股票的市场价格即是股票出售时所标定的价格，它是变动的。股票市场价格的高低主要取决于预期股息收入和当时银行存款利率。

由于股票市场可分为发行市场和流通市场，因而股票在市场上的价格也就有发行价格和流通价格的区分。

1. 股票的发行价格

股票的发行价格就是指股票从发行者手中转移到股票承销商（或包销商）手中的价格。股票的发行价格根据股票的种类不同其价格也各有不同。例如普通股和优先股的发行价格是不一样的，这是由于它们股息分派的性质和内容不同来决定的。就同一种股票而言，其发行价格一般是根据股票时价再考虑行市的变化趋势，股票募集的难易程度和发行新股时原有股东利益的影响等因素决定的。股票的发行价格有几种情况：①股票的发行价格按股票的票面价值发行。②股票的发行价格以股票在流通市场上的价格为基准而确定。③股票的发行价格在股票面值与市场流通价格之间，这种发行价格的采用一般适应于对原有股东的有偿配股。④无偿发行，即股东不用支付购股金就能领取新股票，也就是股票的发行价格等于零。无偿发行的认购者仅限于现有股东，实际上是对原有股东的红利派送。

2. 股票的流通价格

也称“股票交易价格”。股票在流通市场上的价格，才是完全意义上的股票的市场价格，所以，我们常说的股票市场价格，一般都是指其流通价格，又称“股票市价”或“股票行市”。简称为“股价”，对于投资者而言，股价是投资的生命线，它可以让投资者一夜暴富，也可以让投资者在一瞬间倾家荡产，因为股价的波动性很大，并受很多的外在和内在因素的影响。在股票交易市场上，股价还可以分为开市价、收市价、最高价、最低价和平均价。开市价，也称开盘价，是指交易所营业日开始后第一笔交易的成交价格。收市价，也称收盘价。是指交易所营业日结束前最后一笔交易的成交价。最高价是指交易营业日内所达到的最高成交价格。平均价是最高价和最低价的算术平均值。在这些价格中，收市价最为重要，它是人们分析股市以及制作股市行情表时常使用的基本数据。人们之所以分析股价，就在于股市价格的敏感善变和投资的收益不稳定，这也是人们力图找出特定时期影响股价的主要因素，以把握股价的走势，以便投资者做出投资决策。

四、债券的价格

1. 债券的理论价格

债券的理论价格就是债券的收益与市场利率的比值。由于债券的利息是定期支付的，而且其本金是债券满期后归还。所以计算债券的理论价格必须考虑复利因素，通过现值理论进行计算。其计算公式如下：

$$P=\frac{c/m}{(1+r/m)}+\frac{c/m}{(1+r/m)^2}+\frac{c/m}{(1+r/m)^3}+\cdots+\frac{c/m}{(1+r/m)^{m\cdot n}}+\frac{F}{(1+r/m)^{m\cdot n}}$$

其中：P＝债券的理论价格

C＝债券的年利息收入

r＝市场利率

m＝每年支付利息的次数

（一般债券每年支付两次利息）

n＝债券的生存年数

F＝满期归还的本金

从上面的公式中可以看出，债券一经发行，由于其本金、利率、每年支付利息的次数以及债券的生存期限都是确定的。只有市场利率是变化的，因此，债券的理论价格是由市场利率所决定的。它们之间成反比关系，即市场利率越高，债券的理论价格就越低，相反，当市场利率越低时，债券的理论价格就越高。影响市场利率的因素很多，但对市场利率变动起决定性作用的是货币的供求关系。货币供求关系主要由中央银行的货币政策进行调节。

应当指出，实际交易中债券的实际价格往往背离其理论价格，因为债券的市场受多种因素制约，而债券理论价格仅仅是债券市场价格的基础。市场价格往往不反映市场利率的变动。比如时常受到投资者心理因素的影响。如果投资者预期利率即将下降就会抢先买进债券，导致债券价格上升。相反，如果预期利率将会上升，投资者就会迅速抛售债券，导致债券价格下降。

2. 债券的发行价格

是指债券投资者认购新发行债券时实际支付的价格。在发行债券时，债券的发行价格不一定同债券的面额相等。例如企业可以 90 元的发行价格，发行面值为 100 元的债券。

发行价格的确定主要取决于债券的票面利率和发行时的市场收益率，用公式表示为：

$$债券发行价格=\frac{票面额+票面额\times票面利率\times期限}{(1+市场收益率\times期限)}$$

在债券利率已经确定的情况下，可以通过调整发行价格来调整债券的收益率，使之与市场利率保持一致，一般来说，市场利率水平有较大幅度波动时，可用调整债券的票面利率，也可以调整债券的发行价格与之相适应。债券发行价格的计算方法有很多，不同的计息方式和发行方式均有不同的计算方法。

债券的发行价格一般有以下三种：

（1）折价发行。当债券按原定的票面利率发行时低于市场利率，此时会出现发行困难。为了尽快筹措所需资金，往往利用原印制的债券低价发行。

（2）平价发行。又叫等价发行。当原订票面利率与发行时市场利率相近，则可按面值发行。

（3）溢价发行。当原订票面利率明显高于发行中市场利率时，购买者会十分涌跃。在不改变到期按原订利率付息的情况下，可按高于债券面值的价格发行。

债券的发行价格除了受债券的票面利率和发行时市场利率的差异程度等因素影响之外，还与购买者的竞争程度有关，当购买者众多，债券需求过旺时，溢价发行的债券就增多，甚至有的债券可以通过拍卖的方式由竞争者出价确定。

3. 债券的转让价格

也称债券的交易价格，是指在金融市场上，债券作为金融商品流通时，由供求双方所形成的市场价格，在术语上，债券转让价格称为债券行市。债券转让价格通常有两种形式：即现货价格和期货价格。

债券转让价格计算的依据是现值模型，计算得到的结果是债券的理论转让价格。根据债券的种类不同，转让价格的计算可分为两种情况。

1. 无息票债券的价格计算。

其计算公式为：P＝F/（1＋it）　　其中：

P：债券的转让价格；　　F：债券的面额；

i：市场利率（年）；　　t：剩余的时间（年）。

例：三个月的面额为1000美元的国库券，在持有一个月后转让，如当时市场利率为8%，那么：$P=1000/(1+8\%\times\frac{1}{6})=986.8$ 美元。

2．息票债券的转让价格的计算：

该种债券的计算公式为：

$$P=\sum_{t=1}^{m\cdot n}\frac{D}{(1+\frac{i}{m})^{t}}+\frac{F}{(1+\frac{i}{m})^{mn}}$$

其中P：债券的转让价格；　　F：债券面额；

i：市场利率（年）；　　D：每次付息额；

m：年付息次数；　　n：剩余的时间（年）。

例：某种面额为100元，利率为8%的10年期债券，在持有9年后转让，若市场利率为10%，当一年一次付息时，其价格：

$$P=\frac{8}{(1+10\%)}+\frac{100}{(1+10\%)}=98.18\text{元}$$

第三节　股票价格指数

一、股票价格平均数

是指上市的部分或全部股票价格在某一时刻的某种平均值。股票价格平均数的变化可以反映整个股票市场的变化情况。

股票价格平均数的计算方法主要有三种：

1、算术平均法

采用此种方法时，股票价格指数等于组成这个平均数的各种股票价格的算术平均值。用公式表示为：

$$I=\frac{\sum_{i=1}^{n}Pi}{n}$$

式中：I——股票价格平均数：Pi——组成股票价格平均数的各种股票的价格：n——组成股票价格平均数的股票种类数。

2、加权平均法

一个股票价格平均数中所包含的通常有许多种股票，有些股票在市场上交易额比较大，有的则比较小。交易额大的股票价格的变动对市场的影响也比较大。但采用算术平均法计算股票价格平均数时反映不出这一点，因为计算时只考虑了股票的价格与种类。为了弥补这一不足，可采用加权平均法来计算股票价格指数。采用这一方法时不仅考虑股票的价格和种类，还要考虑其他一些因素。通常把计算时的交易总价值或交易总股数作为权数。其计算公式为：

$$I=\frac{\sum_{i=1}^{n}Pi\cdot Wi}{\sum_{i=1}^{n}Wi}$$

式中：I——股票价格平均数；

Pi——组成股票价格平均数的各种股票的价格；

n——组成股票价格平均数的股票种类；

Wi——组成股票价格平均数的几种股票的交易量。

3、几何平均法

采用这一方法时，股票价格平均数等于包括在该平均数中的各种股票价格的几何平均值。计算公式如下：

$$I=n\sqrt{P_1\times P_2X\cdots\cdots\times XP_n}$$

式中：I——股票价格平均数；

$P_1P_2\cdots\cdots P_n$——组成该平均数的各种股票的价格。

n——组成该平均数的股票种类。

以上方法仅为计算股价平均数的基本原则。实际上，许多股价平均数并不是股票价格的绝对平均值，而是相对平均值。此外，计算股价平均数时，一般并不用上市的全部股票，而是取其中的一部分，而且，被选择的股票大部分是上市公司中的活跃股。它们的市场价值占市值的大部分，随着时间的推移，有些公司失去活力，而有些公司股票上扬。这就需要常常调整组成股价平均数的股票种类，用那些更有代表性的公司股票代替那些失去代表意义的公司股票。

除此之外，在计算股价平均数时，还应注意保持股价平均数的连续性，就是要使各个时期算出的股价平均数具有可比性。

二、股票价格指数

又称股票指数或股价指数。是指反映各个时期股价水平变动情况的指数。它是由金融服务机构编制的，通过对股市上一些有代表性的公司发行的股票价格进行平均计算和动态对比后得出的数值。它是对股市动态的综合反映。在编制股价指数时，除了恰当地确定选择股票种类，合理选定基础之外，关键就是运用具有高度适用性的计算方法来进行科学的编制计算。股价指数的计算方法主要有：

（1）简单的算术平均数法

规模不大的市场为简单起见，常采用此法。其公式为：

$$\text{简单算术股价平均数}=\frac{\sum\text{采样股票当天收盘价}}{\text{采样股票数量}}$$

由于这一计算中未考虑各种采样股票上市量这一至关重要的因素，当采样中上市量大的股价平稳，而上市量小的股价大幅度涨落时，此指标显然就不能正确反映股市水平。到1928年为止，美国道·琼斯公司一直用此法编制纽约股市的平均价。

（2）算术股价指数法

计算公式：

$$\text{算术股价指数}=\frac{\sum(\frac{\text{报告期价格}}{\text{基期价格}})}{\text{采样股票数}}\times\text{基期指数值}$$

其中基期指数值定为100。这一方法增加了与过去某一时点对比的内容，但同样有缺少股票上市量的弱点。

（3）除数修正法

除数修正法又称通式修正法。为道·琼斯公司1928年来设计的一种方法，其关键为求出一个名叫道式除数的常数，来修正由于发生股票分割，有偿增资等情况的股票价格总额的变化，以便能够更如实地反映平均股价水平。

其公式为：

$$\text{道式除数}=\frac{\text{变动后新的股价总额}}{\text{旧的股票平均数}}$$

$$\text{道式修正平均股价}=\frac{\text{报告期股价总额}}{\text{道式除数}}$$

尽管除数修正法仍未考虑到各类股票的发行量，但当今日本日经平均股价和世界著名的道·琼斯股价平均数都采取这种方法进行计算。

（4）基期修正法

$$\text{基期修正值}=\text{原基期时价总额}\times\frac{\text{上市股数改变后的时价总额}}{\text{上市股数改变前的时价总额}}$$

$$\text{股价指数}=\frac{\sum(\text{报告期每种股票收盘价}\times\text{上市股数})}{\text{基期修正值}}\times\text{基期时价指数}$$

其中，基期时价指数取为100。目前，日本东京证交所就采用这种方法。此方法有助于在发行新股上市，有偿增资或有的股票被停止交易等情形时修正基期的数值。

（5）上市股数加权法

这种方法是当前最科学的、最普遍采用的方法。具体表达方式有两种：

报告期股价指数

$$=\frac{\sum(\text{报告期股票价格}\times\text{报告期上市股票数})}{\sum(\text{基期股票价格}\times\text{报告期上市股票数})}\times\text{基期指数值}$$

或：

报告期股价指数

$$=\frac{\sum（报告期股票价格\times基期上市股票数）}{\sum（基期股票价格\times基期上市股票数）}\times基期指数值$$

从实际情况看，世界大多数股市的股价指数都利用前一公式来计算股价指数，如英国《金融时报》股价指数、美国标准普尔股价指数、香港恒生指数等。

三、世界各主要股价指数分析

（1）道·琼斯股价平均数

道·琼斯股价指数是以在纽约证券交易所挂牌上市的一部分具有代表性大公司股票作为编制对象，并由三种股价指数所构成：（1）工业股价平均数。以美国埃克森石油公司、通用汽车公司和美国钢铁公司等30家著名大工商业公司股票为编制的对象；（2）运输业股价平均数。以美国泛美航空公司、环球航空公司等20种具有代表性的运输业公司股票为编制的对象；（3）公用事业股价平均数。以美国电力公司、煤气公司等15种具有代表性的公用事业大公司股票为编制的对象；（4）以上述三种股价平均数所涉及的65家公司股票为编制对象的股价综合平均数。

长期以来，道·琼斯股价平均指数被看成是一种权威性的股价指数，被认为是反映美国政治、经济和社会行情的最敏感的股价指数，被用来作为观察分析西方市场动态和进行投资、投机的重要参考依据。由于该指数的历史悠久，采用的65种股票具有典型意义，对纳入编制对象的股票不断进行调整，使其具有代表性，比较好地与纽约证券交易所上市的2000多种股票所反映的股价变动同步，指数的发表及时而详尽及该指数可以用道·琼斯理论加以说明等原因所致。但是，它也存在着一些明显的不足之处。如其平均数的计算未加权；拆股时用除数修正法计算，调整时导致了各种股票的相对重要性发生变化；并未准确反映出现实经济结构，产业结构变化情况等。

（2）标准普尔股价指数

标准普尔指数以1941年至1943年的平均市价为基数，100作为基期，然后将上述股票进行加权计算，以股票发行量作为权数。这是与道·琼斯股价指数的不同之处。然而，普尔股价指数同道·琼斯股价指数也有相同之处。首先，两者都是以“点”而不是以美元价值来表示股价的变动幅度；其次，普尔指数很接近在纽约证券交易所市场上股票的每股平均价格。例如，1957年第一次发表的普尔股价指数为47，而当时在纽约证券交易所上市股票的每股平均价格为45．23美元。以后一直保持相近的关系。由于这个股价指数包括的股票达到500种之多，并且考虑到了发行量的影响，信息资料较全，它能更精确地反映股票市场的变化，所以联邦银行和商业银行都曾采用过普尔指数。

（3）美国股市上主要的股价指数

除了前面介绍过的道·琼斯股价平均数及标准普尔指数外，这里再介绍三个美国股市上常见的股价指数：纽约证券交易所指数、美国证券交易所市场价值指数、全国证券交易商协会自动报价指数。

①纽约证券交易所指数

1966年，纽约证券交易所根据挂牌的1500家公司的所有股票，建立了NYSE（即纽约证券交易所）普通股票指数，即现在的综合指数。该指标是投资者衡量纽约证券交易所市场活动最具综合性的指标。此外，交易所还设四个分组指数：工业、运输业、公用事业和金融业股票指数。

纽约证券交易所指数的计算方法与标准普尔指数相同，所不同的是，纽约证券交易所指数计算中采用的基期是1965年12月31日，基期指数为50。

②美国证券交易所市场价值指数

1973年9月，美国证券交易所（AMEX）向公众介绍了一种新的市场价值指数，以替代原来使用的价值变化指数。市场价值指数适用于在该交易所挂牌的所有普通股和认股证书及美国存款单。

这种指数的计算方法不同于前述的平均指数，它以1973年8月31日为基期，并任意将基期指数定为100，由报告期指数中所有选定证券的市场价值除以前期指数中所有证券市场价值，然后再乘上前期指数，公式为：

$$本期（报告期）指数=\frac{报告期证券市场价值总和}{前期证券市场价值总和}\times前期指数$$

美国证券交易所市场价值指数提供了有关证券价值的相对变化，如果某种证券市场价值增加5%，那么，市场价值指数也将上升相应的数。

③全国证券交易商协会自动报价指数

全国证券交易商协会自动报价指数（NASDAQ）适用于3000多家场外交易公司，这种指数共分七类：综合指数；工业；银行业；保险业；其它金融业；运输业；公用事业。

该指数的计算方法类似于标准普尔指数和纽约证券交易所指数，略有不同的是：NASDAQ的基期是1971年2月5日，基期指数为100。

（4）美国金融时报股票价格指数

英国伦敦证券交易所主要用金融时报指数，是英国经济界最著名的报纸《金融时报》编制并发布用以反映英国伦敦证券交易所股价行情的一种股票价格指数。该指数采用加权法编制，以1935年7月1日为基期，以100为基期指数值进行计算。在交易所营业时间里，每一小时计算一次，下午5时再计算一次作为收盘指数。

金融指数有3个：一个指数包括30种股票，是从在伦敦证券交易所挂牌的近万种股票中选取的最佳工商业股票，另一个包括100种股票，第三个包括500种股票。我们通常所说的金融指数即第一个，又称金融时报工商业普通股票价格指数，也有称之为FT工业普通股指数的。

金融指数在世界上颇有影响，这有两点原因：首先伦敦是国际金融市场的一大中心；其次就是《金融时报》发行量很大，订户遍布120多个国家和地区，该报每天都详细登载伦敦金融市场，尤其是证券交易所的行情变化、市场动向及国内外的政治、经济动态，吸引了众多读者。

（5）东证股票价格指数

东证股价指数，全称是东京证券交易所股票价格指数，是由东京证券交易所编制并公布的用以反映日本股票市场股价变动的股票价格指数。

东证股价指数采用加权法和基数修正法进行综合计算，它以东京证券交易所第一市场上市的全部股票和第二市场中的300种代表股票为计算对象，按收盘价计算时价总值，以1964年1月4日为基期，将基期时价总值指数划为100，具体计算公式是：

$$每日指数=\frac{\sum（当天各种股票收盘价格\times上市股票数）}{基期时价总值}\times100$$

当发生有偿增资、新股上市、上市废止或上市股数改变等情况引起时价总值变化时，基期时价总值要相应调整，以保持指数的连续性。具体方法是将原基期时价总值乘以上市股数改变后的时价总值与上市股数改变前的时价总值之比，即为基期时价总值的修正值。其公式为：

修正基期时价总值

$$=原基期时价总值\times\frac{上市股数改变后的时价总值}{上市股数改变前的时价总值}$$

日后计算东证股价指数时，就采用修正过的基期时价总值，当情况再次发生变动，使上市股票数的变化引起时价总额变化时，就要重新修正，确定新的修正值为基期时价总值。

东证股价指数每天按上述方法计算并公布第一市场股价指数和第二市场300种股价指数外，还公布第一市场的规模类别指标和业务类别指标。对规模类别指标有必要简单说明，共有3种类别：①上市股数在2亿股以上的大型股。②上市股数在6千万股以上的中型股。③上市股数在6千万以下的小型股。

由于东证股价指数的计算对象分布面广，不仅包括了上市条件高的第一市场全部股票，而且还从上市条件较低的第二市场中选取了300种股票作样本，故代表性强；又因为其计算方法科学，不仅考虑了权数，还采用了基本数修正法来及时适应市场变化，故该指数能正确体现出日本股票市场的交易规模并客观地反映股票价格的变化情况，具有较强的准确性和敏感性。

(6) 日经道式平均股价指数

日经道式平均股票价格指数是日本经济新闻社编制并发表的用以反映日本股票市场股价变动的指标。这个指数的名字告诉我们，它是用不加权的平均法计算的，实际上是模仿道·琼斯指数编制的。这个指数诞生于东京证券交易所成立的第二年即1950年，以东京证券交易所第一市场的225家公司的股票价格为依据计算，称为东证修正平均股价。1975年日本经济新闻社向道·琼斯公司买进商标，将该指数改名为日经道·琼斯平均股票价格。1985年合同期满，经两家协商，定指数名称为日经道式平均股票价格。

日经平均股价按计算对象的采样数目不同，现分为两种：①日经225种平均股价，其采样本均为在东京证券交易所第一市场上市的股票。这些样本原则是固定不变。1981年2月样本股票定为制造业150家，建筑业10家，水产业3家，矿业3家，商业12家，运输业14家，金融保险业15家，不动产业3家，仓库业2家，电力和煤气业各4家，服务业5家。固定采样虽然存在着个别上市量小的高价股暴涨暴跌会使平均股价剧烈波动的弱点，但由于该指数从1950年开始一直延续下来，因而具有很好的可比性和连续性，成为考察、分析日本股市股价长期演变及其动向最常用和最可靠的指标。②日经500种平均股价。从1982年1月4日开始编制，该指标把采样数扩大到500种，约占东京证券交易所第一市场上市股票的一半，代表性更为广泛。与225种平均股价不同，500种平均股价的样本是不固定的，一般在每年的4月份进行调整。每年的3月份是日本企业的结算期，根据企业前三个结算年度的经营状况、财政状况及其在股票市场的影响，相应地更迭样本股票。因此，该指标不仅能比较如实地反映日本的股市行情的变化，还能较全面地反映日本产业结构和市场情况的变化。

(7) 恒生指数

恒生指数是投资者衡量香港股市变化的尺度，恒生指数成份股的选定是动态的。在竞争中，一些公司的地位会不断变化，成份股也要相应地进行调整。根据选定成份股的原则，自1969年以来进行了10次调整，克服了以全部上市股票作为采样股，同时考虑了非交易因素变动，如新股上市、老股扩容、复权等，计算范围就必须改变，其可比性较差，指数也需重新编算。对于一个健全的证券市场来说，这样的变动程度可能会超过采用成份股的变动频繁程度。恒生指数采用全部上市股票作为采样加权平均，不能反映各个股票在整体经济中的重要性，对于市场成交量小或交投不活跃的股票常常不能反映市场在某一时点上的供需及真实价值，而成份股指数选择有代表性股票进行编制，客观上反映了证券市场的真实情况。

各种股价指数比较表

比较内容 指数	计算方法	抽取样本数（种） 合计	其中	指数基期	基期选定日期
道·琼斯股价平均数	简单算术平均法 除数修正法	65	工业：30 运输业：20 公用事业：15	100	以1928年10月1日为基日
道·琼斯世界股价指数	简单算术平均法 除数修正法	28		100	以1982年6月30日为基日
道·琼斯公正市价指数	简单算术平均法 除数修正法	700		100	以1982年6月30日为基日
标准－普尔股价指数	以发行量加权的加权算术平均法	500	工业：400 公用事业：40 金融业：40 运输业：20	100	以1941年至1943年为基期
纽约证券交易所	以发行量为权数的加权算术平均法	全部	工业：全 金融业： 运输业： 公用事业：部	50	以1965年12月31日为基日
伦敦金融时报	以发行量为权数的加权算术平均法	30		100	以1953年为基日
日经道式	简单算术平均法 除数修正法	225		100	1975年5月正式向道·琼斯公司买进商标
东京证券交易所	以成交额为权数的加权算术平均法	250		100	以1968年1月4日为基日
恒生指数	以发行量为权数的加权算术平均法	33	金融：4 公用事业：6 地产业：9 其他行业：14	100	以1964年7月31日为基日

四、我国现有股价指数评析

1. 上海证券交易所股价指数评析

在上海证券市场中，共有三类指数。一类是静安指数；另一类是上海证券交易所股价指数；第三类为上证30指数。

(1) 静安指数主要用来反映上海股市行情的基本走势和每日每周的波动情况。但静安指数有以下两点不足之处：①它没有把发行量对股市的作用程度考虑在内，而只是从成交量的角度考虑并将之在平均成交价中予以剔除。这样就导致了每种股票的作用都一样，而成交量的作用也只是隐含于其中。因此，这种指数只能大致反映股市行情的变动状况，而不能反映股市价格综合变动的方向和程度；②静安指数在除数修正时，基日综合成交价一旦被确定以后，就可以被沿用。在这种情形下，它的指数可能会在极短的日期内上涨或下跌的幅度很大。

（2）上证指数的特点是能简略地反映上海股市的波动率，并且考虑了各种股票在股市中的地位和影响。它是用派许公式计算的以报告期发行量为权数的加权指数，其计算公式为：

$$今日股价指数=\frac{今日市价总值}{基日市价总值}\times 100$$

若遇到增加新股票、剔除原有的股票、股本数量变动、股票撤权和汇率变动等，就采用“除数修正法”进行修正，其计算公式为：

$$\frac{修正前的市价总值}{原除数}=\frac{修正后的市价总值}{修正后的除数}$$

由于上证指数考虑到了发行量这个因素，因此就这一点而言，它比静安指数前进了一步，然而，上海股市目前股票流通总量只有股票发行总量的20—30%左右，近70—80%的国家股、法人股、职工内部股并未在市场上流通，因此，以发行量为权数的指数只反映潜在的流通市场。

（3）上证30指数是由上海证券交易所编制，以在上海证券交易所上市的所有A股股票中选取最具市场代表性的30种样本股票为计算对象并以流通股数为权数的加权综合股价指数，取1996年1月至1996年3月间平均流通市值为指数的基期，基期指数定为1000点，上证30指数以“点”为单位，于上证综合指数发布五周年之际即1996年7月1日正式发布。

上证30指数30家样本股的选定是根据既定的样本股选择原则，同时按照定性分析与定量分析相结合，总量分析与结构分析相结合的方法，通过对各种资料的落实分析后进行综合考虑、及专家委员会采用讨论的方式选出，选出的样本股基本上覆盖了上海证券交易所上市公司从属的行业，并在200多家上市公司中具有代表性。截止到1996年6月27日；30家样本股数占上海证券交易所综合指数采样股数的13.82%，30家样本股的A股发行股本为175．75亿元，占所有A股发行股本的34．01%；样本股A股可流通股为29．77亿元，占所有A股可流通股的26．62%。样本股1996年6月27日的A股市价总值为1616．81亿元，占该所有A股市价总值的38．86%，样本股1996年6月27日的A股流通市值为296．02亿元，占该日所有A股流通市值的33．92%，1996年6月3日至1996年6月27日样本股A股成交股数为47．66亿股，占同期所有A股成交股数的433．99%，1996年6月27日样本股的平均市盈率为24倍。

附：三十家样本股名单

工业类：青岛海尔、春兰股份、四川长虹、上海石化、仪征化纤、湖北兴化、上柴股份、福建豪盛、中国嘉陵、华北制药、通化东宝、青岛啤酒、新疆众和、广钢股份、伊利股份

商业类：第一百货、王府井、兰生股份、杭州解放

房地产业类：陆家嘴、广州珠江

公用事业类：申能股份、原水股份、国脉实业、大众出租

其他行业：爱建股份、东方集团、梅雁股份、吉发股份、远洋渔业

2、深圳证券交易所股价指数评析

深圳证券交易所股价指数共有两类12项，第一类为深证综合指数，包括：（1）深证综合指数；（2）深证A股指数；（3）深证B股指数。第二类为深证成份股指数，包括：（1）深圳成份股指数；（2）成份A股指数；（3）成份B股指数；（4）工业分类指数；（5）商业分类指数；（6）金融分类指数；（7）地产分类指数；（8）公用事业指数；（9）综合企业指数。现主要就深证综合指数和深证成份股指数的编制理论和方法进行剖析，并对这两种指数进行比较分析，从中吸取有益的经验。

（1）深圳综合指数是以上市的全部股票为对象来计算指数的，这样就能较为全面、准确地反映某一时点股价的变动情况。这一指数的不足之外是：①每逢新股上市，则第二天指数公式需变更一次；②不能敏感地反映主要股票价格变动对市场大的影响；③采用发行量为权数计算股价指数不符合我国国情。因而指数不能如实反映流通市场变化情况。

（2）深证成份股指数分析

深证综合指数的不足之处，决定了推出深证成份股指数。若对其分析，可以看出以下几个特点：①成份股是指能够上市交易的股本数，即流通股作为权数编制的股价指数，因此它能较真实地反映现实流通市场价格变动的趋势；②它是由上市公司中按一定原则挑选出来的四十家上市公司的股票构成，一旦成份股确定，则在新股上市时，无需作调整，不影响其指数的编制，保持了指数内部结构的稳定性及其指数前后的可比性；③选择成份股的原则较为合理，即有一定的上市交易日期、有一定上市规模、交易活跃。在此原则下，考虑下列因素挑选40家上市公司作为成份股，这些包括公司股份在上段时间内的平均市盈率、公司的行业代表性及所属行业的发展前景、公司近年财务状况、盈利记录、增长展望及管理素质等，以及公司的地位和板块代表等；④只有股本达到一定规模且业绩达到一定标准或排序较前的股票才能进入成份股，这就需对成份股作定期考察，及时更换，这有利于上市公司间的竞争和优胜劣汰，可起到活跃市场的作用，也可保证优质股票的代表性；⑤基日基期定为1000点也是有一定的理由，从其它市场情况来看，将指数基日定为1000点的有香港联交所所有普通股指数、加拿大多伦多300种综合股价指数、意大利股价指数等。同时，在股价全天上下波动不足一个指数点时，用较小的“千分点”作为计量单位，可以较直观地反映股价走势。

然而，从我国现有的股市特点来看，深证成份股指数也有其不足之处，主要有：①若按选定成份股的原则选股，则成份股的更换问题就成为一个棘手的问题。目前我国股份制正处于试点阶段，上市公司的业绩及市场表现变动很大，若选出的成份股在较长时间内不予更换，则又影响指数内部结构及指数前后的可比性；②成份股指数比综合指数更容易为机构大户所操纵。

3、上证指数与深证指数的区别

上证指数和深证综合指数都是以发行量作为权数来加以计算的，但两者在基期修正方法上差异很大。每当样本基数发生变化，基数如何进行修正，这将对指数产生很大的影响。对于深证综合指数来说，若采用股的股本结构有所变动，则可改用变动之日为新基日，并以新基数计算，同时用“连锁”方法将计算而得的指数溯源于原有基日，以维持指数连续性。每日连锁方法的环比公式如下：

$$\begin{aligned}&今日即时指数\\&=上日收市指数\times\frac{今日即时指数股总市值}{经调整的上日指数股收市总市值}\end{aligned}$$

由此可见，深证综合指数是通过将变动部分与原有的指数相乘加以调整的，这与上证指数明显不同。

第四节　证券投资的收益和风险

一、证券投资收益

证券投资所获得的报酬，即是证券投资收益，也称证券投资回报。在证券市场上，人们投资证券的目的无非是获取最大的投资收益。然而，投资收益和投资风险是成正向方向运动的，即收益越高，风险就越大，收益越低，风险就越小。在证券投资活动中，投资的收益和风险组合有四种情况，即高风险高收益；低风险低收益；高风险低收益和低风险高收益，前两种是正常的搭配，后两种是特殊搭配。其中低风险高效益是投资者最理想的选择对象。因此，收益的最大化和风险的最小化是投资的两大目标。在收益水平相同的情况下，应选择风险最小的证券投资；在风险程度相同的情况下，应选择收益最大的证券进行投资。由此看来，取决证券投资收益的最关键是投资者的决策水平。也就是说怎样选择高收益低风险的证券进行投资，这也是证券投资分析的必要性。

证券投资收益通常按年计算用百分比来表示，主要包括股票收益和债券收益两部分。

1. 股票收益

股票收益就是股票持有人依据持有股票的多少和股息率的高低等因素，定期或不定期地从股份公司获取一定量货币形式或其他形式的报酬。构成股票投资收益的内容主要是股息和红利收益，股票交易差价收益、资本增殖收益和认股权证收益。

①股息和红利收益。股息也称股利，是股份公司支付给股东的那部分盈利，作为公司对股东投资入股的报酬。股息是以股东的投资入股额为分配标准，按股权平均的原则进行分配。股息的来源是公司自身经营所获得的利润，一般来说分配的条件应是当公司获利并存有盈余时，方可进行。红利是指股东定期从股份公司领取的收益。这只是对普通股面言。股份公司在支付股息之后，尚有盈余，把它分给股东的行为叫分红。分红所得到的收益就是红利，红利是没有固定的，其分配的多少是由企业利润的多少而定的。

②股票交易差价收益。即资本利得。是指将股票低价买进高价卖出所赚得的差价利润。在证券交易市场上，股票投机者采用这种方法最多，特别是在利多市场，经过股民的暴炒，股票买卖的差价较大，这部分的获利是相当丰厚的，有时高出股票发行价格的几倍，这也是股票最具有诱惑力的特点，难怪许多股民常乐此不彼，靠投机获取股票买卖差价收益的方式主要有三种：买空、卖空、套利。买空是预期将来股价将会上涨而采取买入股票的交易方式。卖空即是买空的反面，即是预期将来股价将会下跌而采取卖出股票的交易方式。套利则是利用不同的金融市场的股票价格差异，通过低卖高卖所获取的差价收益。

③资本增殖收益，指由于利用投资所得的盈利部分再进行投资，使原有资本增加而产生的收益。资本增殖反映在单位股票股息增加，致使股价上扬，给股东带来资本利得的好处，另一方面，资本增殖表现为股票帐面价值的增加。

④认股权益的收益，认股权证也叫认购证，是确认持有人有认股权的一种凭证，即股票发行公司给持有该证的投资者在指定的一段时间内(即有效期内)，用议定价格认购指定数量新股的权利证明。认股权证也是证券的一种，它是发行公司对持该公司股票的老股东发放的，老股东凭借这种权证享有优先低价认购公司新股的权利。当时的股票市场价格高于确定的认购价格时，持证人便可以获取差价，这部分差价带给股东的收益称为认股证的收益。例如配股权证就是证股权益的一种形式。

2、债券投资收益

债券收益是债券投资人进行债券投资所获得的收益。债券的收益越高，对投资者的吸引力就越大，其发行价格就越高，反之，吸引力就小，价格就越低。债券收益根据其买卖价格、持有期限、计付利息方式和频率的不同而有差异。如果债券的市场价格与债券面额相等，投资者只能获得按票面利率支付的利息收益，就称票面收益或名义收益。如果债券的市场价格与票面价格不一致，投资者除可获得票面收益外，还可以获得债券到期时的差损差益，此种收益叫到期收益或最终收益。此外还有单利收益和复利收益，单利收益即是债券采取一次性还本付息方式而投资者无法在债券有效期内对利息进行再投资的收益。复利收益即是债券采取分期付息方式，投资者可以在债券有效期内对每次利息收入再进行投资所带来的全部收益。债券收益的大小，主要取决于以下几个因素：①债券票面利率。债券票面利率越高，其收益就越大；反之则越小。②债券的市场价格，在债券市场上，如果投资者买入债券价格越低，而卖出价格越高，两者的价格差额就越大，即债券收益就越大；反之则收益越小。③利息支付频率。这主要是对债券的复利收益而言，当债券支付利息的频率越高，债券的复利收益就越大；反之则越小。④债券的持有期限，在其他条件一定的情况下，债券的有效期限越长，债券的收益就越大；反之则越小。

债券收益主要包括利息收入、价格变动收入和利息投资收入。债券利息收入是由于在债券发行时已有明确规定的利率，债券持有者将其所有的债券数额乘以该债券的利率得到的积就是债券的利息收入。而债券利息简称债息，是债券持有人凭债券定期向发行公司领取的利息。债券利息的多少取决于债券利率，而债券的利率一般是固定的，债券利率的高低一般取决于债券期限的长短，期限越长，利率越高，债券利息就越多。我国债券利息的形式主要有货币利息、实物利息和以奖代息三种。债券利息的支付方式有：①分期付息。在债券有效期内，一般为一年支付一次利率，其债务附有利息票券，付息时由债券持有人剪下息票兑取债券利息，即剪息票；②息随本清。即在债券期满时，利息连同本金一起支付给持券人；③贴息。是投资者在购买债券时，只交付票面额与贴息之间的差额，即将利息从票面额中预先扣除。

资本损益，是指投资者投资于债券时，在债券市场上进行买卖炒作时所得的差价。这类收益既能给投资者带来利益，也可能带来损失。在债券交易中，债券的价格影响到债券的收益，债券价格越高，债券的收益率越低，但投资者通过卖出债券，得到部分差价抵销了一部分价格所导致的收益下降，因之，资本损益是在债券人交易行为过程中产生的。

影响债券价格变动的因素有：

(1) 市场利息水平，市场利率升高，用于债券投资的资金减少，债券价格下降，反之，债券价格上升。

(2) 通货膨胀。由于通货膨胀的影响，货币的实际购买力降低，投资者的到期收益也相应降低，债券市场供过于求，债券价格下跌。

(3) 中央银行的公开市场活动。中央银行为了调整社会货币供给量和商业银行的信用规模，而在市场上买卖有价证券，引起债券的价格的上升或下降。

(4) 投机活动有时会强烈地造成债券价格较大的变动。

(5) 对于投资者来说，为了减少风险，时刻关注债券价格的变动是十分必要的。把握住债券价格的变动趋势，才会给自己带来较大的投资收益，否则，损失是难免的了。

二、证券投资风险

证券投资风险是指证券投资者在投资证券期间由于各种因素的影响不能获得预期收益的可能性。证券投资风险是和证券投资收益相对的，在证券投资活动中是负效益作用，所以在投资证券时应选择风险最小化的原则。但在投资的实际过程中，风险和收益是成正比的，即风险越大，收益越大，而风险越小，收益也越小。证券投资风险的种类主要分为两大类：系统性风险和非系统性风险。

1、系统性风险

系统性风险是指由于政治、经济及社会环境的变动影响证券市场上所有的证券都会带来损失的可能性，这种风险的来源主要是政治方面、经济方面及整个社会环境等方面所造成的。其中政治因素对证券市场造成的风险最大。系统风险虽然使整个证券市场都会带来损失，但对于个别证券的影响程度又不尽相同，这种不同程度可通过β系数来反映。β值的计算方法如下：

$$\beta=\frac{\text{某种证券的预期报酬}-\text{该期报酬中的非风险部分}}{\text{整个股票市场的预期报酬}-\text{该期报酬中的非风险部分}}$$

如果把整体的股票市场的β值假设为1，当某种股票的风险情况与整个股票市场的风险情况相一致时，这种股票的β系数就是等于1；当某种股票的风险大于整个股票市场风险时，其β系数值就大于1，当某种股票的风险小于整个股票市场的风险时，其β系数值就小于1。股票的β值越小，其抗跌能力就越强。系统性风险也称不可分散风险。它又可以分为许多种类，主要有利率风险、市场风险、政策风险和购买力风险。

①利率风险是指由于利率变化给证券收益带来损失的可能性。因为，在证券交易市场上，证券的交易价格并不是按其票面价值进行交易的，而是按其市场价格来进行，市场价格的变化是随时存在并受到市场利率水平的影响的，证券的价格与市场利率是一种反方向运动趋势，即

当市场的利率提高，证券市场价格就会下降，当利率下调时，证券市场价格就会上升。这种市场利率的变动对债券市场的影响最为明显。例如：假设有一张面值为 1000 元的债券，其票面利率为 8%，期限为 1 年，如果当市场利率升到 10%时，人们把资金投向银行和投资于债券的本息收入分别为 1100 元和 1080 元，这时，投资者就会把投资于债券的资金用于存放到银行里，导致抛售债券者增多，债券供给量大于需求量，债券价格就会下跌。相反，如果当市场利率下降至 6%时，投资债券的收益大于同期银行存款的收益，资金就会转向债券市场而导致债券价格上升。所以，利率的变动是调节证券市场的重要经济杠杆。

②市场风险。是指由于证券市场价格波动 可能造成的投资资本损失。证券市场价格频繁，尤其是股票价格最为敏感，一有风吹草动，即会引起起伏无常，变幻莫测。影响市场价格波动的因素有很多，不论是有形事件或无形事件，投资者都会作出相应的炒作行为。例如，由于经济的衰退，预期上市公司的盈利可能会减少，这就会促使该公司的股票价格会下跌。抛售该种股票的人越多，导致供大于求，由于影响股市变动的因素多种多样，如突发的战争，政局的变动，但更重要的是股票发行企业的经营状况，通货膨胀情况及投资者的心理状况，是决定一切市场风险的重要组成部分。

③政策风险。指政府的经济政策和管理措施使证券的收益造成损失的可能性。如政府的客观调控措施、银根收缩以及政府对证券市场的监管等政策，都会造成证券市场的波动。另外政府对一些企业经营活动的干预，也会影响到该公司的经营业绩，而出现价格波动。

④购买力风险，也称“通货膨胀风险”。指由于通货膨胀而使证券投资收益的实际价值即购买力下降，给投资者带来损失的可能性。因为投资证券的回报是以货币的形式来支付的，货币的购买力下降，其实也就是投资的实际收益下降。如果一种股票的名义收益率（即投资的货币收益）远远小于同期的货币通货膨胀率，那么，这种投资其实是一种无形的资金流失，也是给投资者带来的一种无形资金损失。

购买力风险，对于不能上市交易债券，优先股等固定收益的证券影响是很明显的，因为这些证券不能通过收益和本身价格的提高而对通货膨胀带来的损失作出补偿。相反，却因利率的上升而使本身价格下降，从而使投资者的资本遭受损失。对于普通股等非固定收益的证券，则可以通过股票收益、利率的提高而抵消部分风险。

2、非系统性风险

非系统性风险也称可分散风险，是指某些因素对单个证券造成损失的可能性，它强调的则是对某一种证券的影响，而与整个市场证券不发生系统性的联系。非系统风险的可分散性主要是投资者可以通过分散投资的方法，即投资者同时购买多家企业发行的证券，包括有风险高收益也高的证券，也有风险低收益也低的证券，当其中某些证券收益受到损失时，可以通过其他证券收益的提高给予弥补，从而使投资风险彼此抵消。非系统性风险主要包括：经营风险、违约风险、财务风险、道德风险等。

①经营风险，指由于公司经营和生产活动对公司盈利变化所造成投资者的收益本金减少或损失的可能性。影响企业的经营情况的因素很多，归纳起来有：经济周期或商业营业周期的变化对公司收益的变动、政府产业政策调整对企业的扶持或干预、竞争对手的变化使企业的竞争地位变化和企业的经营决策和管理水平。

②违约风险，也称信用风险。是指一个公司不能按时向证券持有人支付本息的可能性，它主要针对债券而言，对于股票只有在公司破产的情况下才会出现，造成违约风险的直接原因是企业财务状况不好，最严重的是企业破产，对投资者来说，购买该公司的证券类别不同，受到违约风险的程度也不一样，因为，当一家公司宣告破产时，其财产拍卖的所得是按以下顺序给予支付的：有关法律上的费用和拍卖费用→公司雇员工资→税收支付→有担保贷款→无担保贷款→优先股→普通股。

③财务风险，是指与企业进行融资时所采取的方法相联系的风险。

我们可以通过一个企业的资本结构进行分析企业的财务风险。比如，一个企业的固定费用（支付利息、本金或租金等）对普通股的收益影响就很大，减少固定费用亦即减少了财务风险，如果管理者决定不举债，则可以完全避免财务风险，但这种情况通常不会存在。

中国证券大全

（1997）

A complete collection of securities in China

第四卷

证券最新知识

第一章　板块股类

第一节　工业板块股

到97年7月止，在深、沪两地上市的工业类上市公司已达350余家，占了总上市公司的近60%，可见工业股在市场中所占的比重和地位。

97年以来，随着投资者投资理念的重树，证券市场进入良性发展，个股股价分化，绩优股价值得以回报，股价上扬，定位较合理。绩优股中绝大多数是工业股，这显示了工业在国民经济中的主导地位，但同时我们也看到，业绩最差的上市公司也基本上集中在工业板块中。工业股中之所以有这种两极分化的现象，原因有二个：一是客观原因，客观因素包括行业因素，国家宏观经济调控对某些行业造成一定短期行为，如税率调整，国家银根紧缩，对某种产品的限制生产等等；另外就是地区因素。有些地区的工业因自然灾害等不可预测的原因造成原材料供应不及时，不充足，而使得产量下降，收入降低。二是主观因素。主观原因就是指经营管理。它是一个企业盈利与否的关键。从1996年工业股上市公司和年报中，我们可以发现绩优公司盈利的原因主要是在以下几方面管理得当。

一、向规模经营转变，降低产品成本。这一点也是国家宏观经济调控的目标之一。只有形成一定的规模，提高产品产量，才能降低产品成本。如四川长虹，在产品品种上并没有开发新产品，而是把彩电这个唯一的产品壮大，上规模，上档次。1992年，彩电产量在全国首先突破100万台，96年达480.5万台。如今长虹建起了一个庞大的彩电生产基地，到97年底又形成年产彩电800万台的能力，在同行业中的规模优势无可比拟，从而使长虹走上高效益、高成长、低成本、低负债的良性发展轨道。

二、调整产品结构，提高产品科技含量，确保产品质量。产品质量是一个企业的生命，效益是企业经营的核心。在当今，科学技术是第一生产力，一个企业是否能生存发展下去，就看其产品是否具有竞争力，是否符合市场需求。企业应以市场为导向，及时调整产品结构。增加产品的科技含量对高科技工业产业来说是顺理成章的事，而事实上，多种行业的产品都应以科技为先导，以此增加产品竞争实力。比如在纺织业普遍不景气的情况下，兰州三毛却走出了一条科技兴业的路子，成为沙漠中的一片绿洲。兰州三毛实业股份有限公司以产品的技术含量和质量档次为重点，拥有业界一流的技术和装备，先后从法国、意大利等国引进了当代最先进的纺织设备，利用先进的技术和工艺创造出最新的高科技产品，如毛丝混纺织品，使产品的科技含量、产品的附加值大大增加，同时使效益随之增长，兰州三毛因此成为纺织行业的一颗新星，一个高成长的企业。

三、一业为主，多元发展，积极开拓市场。企业都有自己的主营收入，主营业务是最主要的利润增长点。但是一个企业要想提高经济效益，扩大规模、降低产品成本是一条措施。而向多元化发展也是一个很好的途径。拓展其它业务领域，能增加企业新的利润增长点，使公司快速长成起来，并寻求到新的发展机会。

对亏损的工业上市公司来讲，虽说是“不幸的企业各有各的不幸”，但它们仍然有着共同的造成不幸的原因。

一、转制不充分，管理不到位。大多数的上市公司，尤其是工业类股份公司都是由国有企业转制形成的，公司不能完全适应市场经济形势的发展而制定出灵活的经营策略，造成机构重叠，人浮于事，节约意识淡薄，费用开支增加，从而使营业成本增加。如川盐化就是这种原因亏损的典型例子，没有向管理要效益，以致于亏损额96年再度增加。

二、行业不景气。在96年度报告中，深沪两地共有31家亏损企业。其中就有因行业不景气而造成的亏损。如机械行业，由于近几年我国的基建规模大幅压缩，加之管理水平、技术水平与国外发达国家相比差距较大，1995、1996年两年出现整个行业亏损，造成了该类上市公司经营环境的恶化。如闽东1996年交流电动机、发电机和分马力电机分别比上年少销21.4%、16.4%和13%，减利1300万元。

在证券市场中，工业股的股价波动比较大，是一些投资者炒作的热点。事实上，工业股也是最有价值的股票。这是由工业在国民经济中的主导地位决定的。工业控制着一个国家的经济命脉，是国家经济发展的支柱，工业是国家最有前途，最有地位，最不可缺少的产业。因此，作为工业上市公司的个体，应认清自己的优势，看到自身的弱点，寻找发展的机会，不负国家重望。作为投资者，对工业股情有独钟是理所当然的事，一个理智的投资者应当先从宏观上认识工业股，认识工业的重要作用。工业是国民经济各部门进行技术改造的物质基础，是满足其它行业生产资料和消费资料的重要保证；工业是增加国民经济积累的主要源泉，对社会的进步，经济的腾飞起着最关键的作用，因此，工业股也就成为最有投资价值的股票。从微观上讲，各工业类上市公司，虽有参差不齐的业绩，但总体是向好的。随着97年中国新一轮经济增长期的到来，日益宽松的经济背景无疑给公司，尤其是给具有体制优势的上市公司带来良好的发展机遇。据国家统计部门统计数字得知，97年以来，工业总产值呈平稳增长趋势，截止到上半年，工业赢利60亿元，这期间，市场上一些具有强劲走势的工业股股价逐步上扬，尤其是绩优工业股股价居高不下，这反映了投资者对工业股的信任。

但另一方面，工业股的风险也很大，尤其是那些管理不善，业绩差，经营无力的工业类上市公司。在投资时应谨慎选择个股，对工业类上市公司的年报、中报，应及时了解，并能从中掌握其发展动向和前景。看一个企业是否有前途，有成长性，就看其在发展策略上是否具有以下特点：一、能以市场为导向，进行正确的科学决策。经济决策是影响经济效益的首要环节，也是工业经济管理的重要职能。正确的决策应有长期性和预测性。二、企业的经济体制改革彻底，不是换汤不换药，能充分发挥企业的能动性，具有全局性和层次性。体制改革促进工业从宏观到微观都努力优化资源配置，充分挖潜，使改革的全过程都促进经济的提高。三、基本做到工业现代化。把产品的产量和质量建立在当代科学技术基础上，使企业产品步入国内、国际先进行列，具有市场竞争力。工业现代化的含义不仅仅表现在产品、设备上，更表现在企业员工的素质上、人材的应用和配置上。用人是一个企业成败的关键，成功的企业必然是人尽其才，才尽其用，用得其果。

如果一个工业企业能在发展策略上做到以上几条，那么投资者尽管可以放心大胆地对其进行投资。因为这样的企业发展稳定，风险相对较小，而获利的可能性则较大。

第二节　商业板块股的成长及现状

在深、沪两地交易所中，商业类上市公司约占全部上市公司的七分之一（97年上半年数字）。商业类公司，尤其是以零售为主的商业公司大多业绩稳定，给人的印象是适于稳健的投资者。商业股股价也同业绩一样较稳健，相对其它股看，商业股的股价多属中间偏上，且少有大起大落现象。因此，投机性不强。

商业属第三产业——服务业，商业公司稳中有升的业绩，也主要是由其行业特点决定的。

首先，商业类公司多以零售业、批发业和饮食服务业为主要业务。象各类大型商场、酒店等。商业公司又多以零售商场型公司居多。其中，零售业是活跃市场，鼓励生产，刺激消费及满足人们的物质需求最直接的服务方式，也是最重要的服务方式。它直接面对消费者，是工、农业产品投向社会的最后一道环节。因此，零售业的业绩是基本稳定的。批发业则是组织城乡间、地区间、行业间商品流通的枢纽，它能调节市场、支持生产、密切地区间联系、维持正常商品流通和提高社会经济效益，是社会商品流通中不可缺少的环节。

其次，商业股企业在97年上半年业绩大幅提升、走势稳健还有两个原因。其一，从经济运行周期及目前我国经济发展现状看，商业行业应当有条件提前走出经济疲软期。据各项权威经济指标显示，我国工业经济总产值今年来呈不断稳步增长态势，整个工业系统扭转了亏损局面并赢利60亿元，97年夏粮也获得了丰收，这些情况都在预示着我国宏观经济情况正在向好的方面转化。这样就为第三产业等市场流通领域的提前复苏，打下了坚实的市场基础。其二，居民消费仍是市场闲置资金的首要集散地。96年央行两度降息，把市场前期一些过热的投资手段重新做了一次修正，这样就进一步促使市场的流通资金更多地流向居民消费品市场，从而大大刺激了市场消费者的消费愿望。97年中报显示，多数商业公司业绩不俗，如华联商夏、益民百货、王府井等均有过人表现。

虽然，商业类公司整体表现良好，但并不排除部分公司业绩不尽人意。业绩好的商业公司能同时做到以下几点管理措施，业绩差的往往做不到，或只做到其中一、两点。

一、扩大主业经营，调整市场结构以求得规模效益。商业类企业增加主营收入的唯一途径就是扩大经营规模，同时，根据市场需求调整市场经营结构。对商业企业来说，扩大规模其实就是扩大营业面积，尤其是以零售业为主的商业公司，从市场的发展趋势看，大型百货商场，连锁店和专卖店将成为商业零售公司的主导潮流。特别是连锁店的迅速扩展，大大增加了市场占有面积，增强了企业的实力。

二、转变营销体制、降低营业成本。我们评判一家商业企业盈利能力的标准通常是主营收入和销售毛利率。主营业务收入的增长需要扩大规模，但一般却要以降低毛利率为代价来达到多销的效果。因此，公司必须要严格控制营业成本提高毛利率。控制成本就需要变革营销体制。开发多种销售渠道，如批发、赊销、订购等多种营销方式来增加销售量。象成商、大商两公司还通过组建供配货中心来降低成本。这些措施均有利于增加主营收入、降低成本。

三、在发展主业的同时，积极拓展其它业务。作为商业企业，要想保持经济收入持续上升，除了扩大主营业务外，还要积极涉足其它业务领域，以建立新的经济增长点，如积极参加金融、保险、房地产、旅游、咨询、居民生活服务等其它第三产业，扩大公司业务范围，增加收入。

综上所述，可以看出商业企业的成功之路无外乎走薄利多销、控制成本和多元发展的道路。另外，我国商业发达的地区主要在消费水平高、购买能力强、经济发达的大中城市，而偏远地区的商业公司盈利能力则普遍较差。这是投资者较为关注的一个问题。但一个富于进取心的商业公司是会正确对待这一客观因素的。地理位置好的知道发挥其地区优势，差的则能扬长避短，寻求其它发展途径。因此说，目前各商业类上市公司的当务之急是努力搞好自身的主业经营，充分发挥主观能动作用，弱化客观不利因素，以市场为导向，走专业化、集团化的道路；积极建设连锁超市、连锁百货商场、餐饮连锁店以壮大主营业务规模，同时寻求多元发展的途径，从而使商业企业的业绩能够有所突破。

第三节　电力板块股

电力行业是国民经济的基础产业，建国以来一直受到国家政府的重视和扶持，对国民经济发展有至关重要的作用。与其他板块相比，电力行业的上市公司普遍具有行业垄断性，其经营风险相对较小，收益稳定。这些公司的主营业务收入的增长是其稳步发展的主要标志，但是其投资项目一般周期长，回报比较慢。对于热电行业来讲，其生产成本受制于原料、原煤的价格，盈利水平受国家对电价的限制，增幅不可能很大。

目前，电力板块由9只深股和9只沪股构成，在上市公司中独树一帜，走出了个股联动与行业发展同步向上的行情。

我国电力行业可谓从无到有发展起来的。1949年，全国电力总装机容量只有1850MW，发电量只有4.3JW·H。建国40多年来，中国电力的装机容量平均每年增长11%，发电增长12.8%，到1995年底，全国发电达10700亿度，位居世界第4位。从1988年至1995年的7年间，完成了建国后38年才能达到的装机规模。而整个“八五”期间是我国电力工业改革与发展的又一个重要时期，5年共新增7500万千瓦装机容量，累计完成电力工业基本建设投资2720亿元，比“七五”期间增加1.75倍，初步缓解了长期困扰我国经济发展的缺电矛盾。同时在电源结构上，一改以往以水电和火电为主的局面，大亚湾与秦山两座核电站的投产，使我国的核电有了“零”的突破。

近年来，我国电力工业的发展表现了惊人的速度。到1996年底，装机容量和发电量已居世界第二，仅次于美国。然而我国的人均装机容量，人均发电量，人均用电量仅为世界平均水平的1/3，仍落后于许多国家。整个“八五”期间，电力对国民经济生产总值的弹性系数为0.84，不能与国民经济增长达到同步。全国尚有1.1亿人口未用上电，全国性缺电局面并未从根本上得到改变。而“八五”后期，由于宏观调控力度加大，电力工业投资总量虽有所增加，但占全国基建投资的比重却从“八五”的13.9%降至12.2%，电力新开工项目减少，在建规模偏小，后劲仍显不足。

影响我国电力发展的因素有以下几点：

一、电力资源的分布与经济格局在地域上的矛盾。

中国的电力资源主要有水能、煤炭和石油，在地理分布上极不均匀。可开发的水电资源的92%集中在大西北、鄂西、湘西、黄河上游、陇青段及东北三江河流等地区，而四川全省水资源开发量为一亿千瓦，占全国可开发量的24.2%，位居全国第一，潜力巨大，但水资源开发程度低。煤炭资源已探明储量的69.5%集中在山西、陕西、内蒙西部地区，南方则主要集中在云、贵等地。

然而，在经济格局上，拥有丰富资源的地区多为经济发展较为缓慢的地区。以四川省为例，虽然水能资源占全国第一，却是全国的缺电大省，而经济发展较快的华南，华东和中部地区电力资源却严重缺乏。

二、电力格局与电力资源的矛盾。

我国的水能资源蕴藏量为6.76亿千瓦，可开发容量为3.78亿千瓦，可开发年发电量为1.92亿千瓦时，居世界首位，但目前我国仅开发了12%左右，水力发电占总装机容量的24%左右。火力发电占总装机容量的75%左右，核电不到1%。

三、资金不足与先进的技术设备的矛盾。

就办电厂的运营经验和技术装备而言，中国已能够自行设计和制造60万千瓦的发电机组，并能够完成各类水电站和火电站的设计、施工，其价格性能在国际市场上颇具竞争力。但中国缺乏资金兴办电厂，不得不把目光转向外资。截至1995年底，全国电力工业实际利用外资金额114.54亿美元，占同期电力总额的10%左右。外资来源主要是世界银行，亚洲开发银行等国际金融组织和外国政府贷款。这种间接引资方式，虽然便于政府调控，统筹安排，但也有其不可忽视的弱点：一方面加重了国家的外债负担，另一方面外资仍在旧体制下运作，不利于机制转化。而直接引资方式又如何呢？对于BOT形式，即建立(Built)——经营（Operate）——移交（Transfer)，由于存在外汇风险、投资回报和股权问题三大难题，外商认为市场准入难，建设周期长，投资风险大，而开始推崇TOT，即转让—运营—转让的融资方式，也就是说中方把已经投资经营的电厂移交给外资经营，一次性从投资者那儿得到一笔资金，经营期满，再把电厂转交给中方，这样就白白浪费了本国的经济技术。

除以上三大矛盾外当然还存在诸如电力价格一直较低等原因，这些原因共同影响着电力事业的发展。但我国电力事业发展的前景却是美好的，投资者投资电力股的前景也是辉煌的。如下几点可以说明。

一、中国电力资源较为丰富，但开发程度低，因而开发潜力巨大，这为电力企业的发展提供了资源基础。

二、电力工业的地位及现状决定了大力发展电力工业将是国家的一项长期政策，能源尤其电力是国民经济的命脉。据有关部门测算，到2000年，我国电力需求将达1600多亿千瓦时（比1995年增长34%），纵使装机容量能按国家计划增加，届时电力缺口仍将在1100亿到1900亿千瓦时左右。所以电力企业尤其是上市公司将长期受产业政策扶持，政策风险极低。

三、新一轮经济周期启动将促进各行业发展，电力工业将首先得益。各行各业的发展，一方面直接增加对电力的需求，另一方面整个经济的好转将使国家可能在电力供应量和电价控制方面作出一些有利于电力行业的举措。

四、两次降息受惠大。电力工业具有投资大、回收期长的特点，多数电力企业利用政策支持和银行巨额长期贷款进行高负债经营，利息负担重。两次降息及日后利率进一步下调趋势将使企业财务费用明显下降。

五、电力工业集产供销即发电、输电、配电于一体，市场风险小，收益稳定。

从电力板块个股的经营状况看，目前该板块中的“新贵”一族往往集绩优、次新股、高成长，高比例送配和股价较高等特点于一身。就股本结构看，申能股份股本最大，有263308.78万股，“东北热电”股本最小，仅5100万股，但业绩普遍较好。据1996年度财务报表显示，“大连热电”每股收益高达0.79元，华银电力0.81元，粤电力为0.676元，其他电力股每股收益虽没这么高，但整体水平都高于全国的平均水平。

所以，无论是从现在，还是从过去分析，电力股都应成为投资者投资组合的重要成份。

第四节 房地产板块股

目前，我国沪深证交所A股市场共有28家房地产类上市公司，其中上海证交所9家，占上市公司总数的4%，以陆家嘴，浦东金桥，广州珠江，兴业房产为主要代表，绝大多数为上海本地股；深交所19家，占上市公司总数的9%，以深宝安，深深房，深振业，深物业为重要代表，深圳本地股9家，海南股5家。这28家房地产上市公司构成了深沪股市的房地产板块。

我国房地产业在八十年代末兴起，可谓是“泡沫经济”的产物，随着1993年国家实施宏观调控政策，房地产业才初显峥嵘。从1994年3月至12月，我国房地产投资增长速度以每月8至10个百分点快速滑落，直至当年11月，房地产投资回升至23.5%，这表明房地产业盲目发展已得到有效控制，由高速发展渐入平稳消化期。到1995年，全国完成房地产开发投资1488.79多亿元，比上年同期增长36.2%，完成土地开发投资165.88亿元，比上年同期增长55.3%；土地开发面积为9803.77万平方米，比94年同期增长75.3%，这足以说明房地产的主要指标呈增长态势。96年上半年房地产投资开发额为855亿元，就深圳而言，房地产开发投资为49.04亿元，比1995年同期增长30.5%，占全国的5.8%。房地产的开发与商品房的闲置构成一对矛盾，据统计，1995年上半年，累计空置商品房达4232万平方米，其中别墅、高级公寓空置占大部分，这主要是群众的消费水平和工资水平跟不上所造成的。

从1997年开市以来，深沪房地产股经历了一个上升振荡的过程，随着时间推移，开始走向成熟。在深市，1996年个人购房率已上升到85%，地产项目的价格普遍比低潮期回升了10%至15%，深物业、深深房、深万科、深振业等地产股，深受股民的追捧。在沪市的浦东地区一至四月，商品房成交金额高达12.3亿元，是去年同期的4倍。目前新区共有新建住宅187块，在建住宅建筑面积达567.3万平方米。外高桥、浦东金桥、陆家嘴、张江高科等四只股票随着政府的重视，外资的引入，成交量日益增加，一直是沪市地产股的排头兵。

尽管目前房地产业开始出现局部升温，但发展房地产业的黄金时期并未到来。其一、目前房地产业各项措施的制定、协调、实施需要一个相当长的过程。这是一个庞大的系统工程，不仅涉及房地产业的各项改革，也与国有企业改革，金融制度改革密切相关，短期不可能一蹴而就。其二，目前许多空置待售的楼房成本非常高，难以大幅下降，而购房者由于对房价下跌的预期，又会加大这些空置房的出售难度。其三、从目前城镇居民的平均收入水平来看，购房还只是个梦想而已。而只要房地产业不能吸引工薪阶层的消费，房地产业就不能说是一个真正蓬勃发展的行业。

不过，随着新一轮经济周期的启动及1996年业绩浪潮的结束，有理由可以进一步看好沪深房地产板块的走势。

1. 国家政策的优惠

在新一轮经济周期启动之际，房地产业特别是住房建设受到了异乎寻常的重视和推崇。在实施国民经济发展“九五”计划时，住宅建设被确定为新的经济增长点，实施安居工程要确保改革到位，资金到位，质量到位。这表明住宅建设将成为启动房地产市场乃至国民经济全局的新的增长点。

2. 地产业绩的优良

房地产业从1996年下半年开始逐步走出低谷，预计至1999年可达到第二次高潮，这主要是由于“两会”明确地提出将房地产业列入国家“九五”时期的经济增长点，为房地产行业提供了机遇。从已经公布1996年年度报告的房地产股来看，有多家公司主营业务收入和实现利润有不同比例的增加，同时这些指标也大多数超过了全年计划预测数。它们不仅充当了沪深股市房地产板块上涨的“领头羊”，而且也对整个市场产生了较大的示范作用。

3. 绝版股票的优势

我国产业发展计划中已不再将房地产企业改制为上市公司，这就是说房地产板块已经形成了绝版股票。因而给投资者提供了潜在的炒作题材。就深市房地产板块而言，深圳市政府去年已经采取了多项优惠政策，如购房入户，限制工业厂房转为商业用房，限制土地批租，对香港购房办理深港两地车牌优惠等，以刺激深市房地产价格的稳步回升。就企业质地分析，深万科、深深房、深宝恒、深振业、深长城都可作中线投资。深达声、世纪星源等上市公司，由于受地方政府政策倾斜，纷纷涉足安居工程建设、酒店及停车场业务，因而也予以关注。深南物地处蛇口工业开发区，其土地储备较多，发展前景同样看好。近期深圳本地板块在深天地、深特力连续涨停示范作用下，已有整体启动迹象，盘口显示有大量资金不断拉高建仓。这说明了房地产板块股的投资价值受到了投资者的认可，并将成为以后证券投资的热点。

4. 九七回归的优越性

九七回归对全国房地产行业的推动主要表现在对深圳的作用上。“居者有其屋”是香港人为之奋斗的第一需要，弹丸之地的香港，寸土寸金，难圆港人的住房梦，于是一河相隔的深圳不能不说是香港人的第二选择。香港最便宜的楼宇价格和深圳最贵的相差3至5倍，同等楼宇相差5至10倍，香港普通居民因此对深圳楼盘表现出信任和购买热情。境外一些大财团如长江实业，恒基兆业等也已开始关注深圳房地产业，随着特区内“烂尾”楼盘的逐步消灭，外销市场将出现生机。

5. 未来成长性好

随着国家宏观经济形势的不断趋好，股市行情的继续攀升在广大投资者中已形成共识。政府已经推出了培育和发展房地产市场的新措施，从这些措施的具体内容看，包括研究推出一系列搞活二、三级房地产市场的措施，如放开销售对象、降税、抵押贷款等等，这些措施将直接为房地产开发商带来收益。因此，该行业在今后一段时间内会有长足的进步。从西方发达证券市场来看，房地产股、金融股、公用事业股是几类最值得中长期投资的股票。从我国股市几年的发展来看，房地产股票的走势也强于其他许多行业。

以上所述，说明随着业绩浪的结束，房地产股将会成为市场关注的热点，投资者可多加注意。

第五节　农业板块股

农业是国民经济发展的基础，是人们的衣食之源，为国民经济各部门提供了广阔的市场，为工业生产提供了直接原料，同时也是国家出口创汇的主力军。在沪深股市上，农业概念股占有一定比例，具有成长快，股利增长稳定等特点。从1996年的中期报告可以看出，农业股正在迅速崛起。深市中的康达尔、沙隆达、苏常柴、华宝上年中期实现净利润同期相比分别增长156.82%、63.36%、43.9%和507.46%。沪市中的山东农药、蓝田股份也有54.3%和112.6%的增长幅度。这种速度与业绩，是其他股难以比拟的。

农业概念板块之所以有这种业绩主要是因为以下原因：

一、我国始终把农业放在发展国民经济的首位。增加农业投入，改善农业生产条件；实行保农政策并落到实处。具有农业概念的上市公司因而也得到了诸如资金、税收、用地等方面的优势。如沙隆达1996年因为享受国家提高农业价格上限，免征产品增值税等优惠政策而促使其利润进一步上升；华宝、康达尔由于得到当地政府的支持而分别得以低价储备有3800亩和3000亩的工业用地和商住开发用地。

二、农业的广阔天地为农业上市公司提供了广阔的市场。据统计，我国农民收入每年以5%—8%的速度持续增长，农村市场购买力迅速增强，而农民对于实现农业现代化的迫切愿望，又使得这种持续增长的购买力首先瞄准了农业生产资料市场，如柴油机、三轮农用车、四轮农用车、手扶拖拉机和农药等。农业上市公司正是迎合了这种需要。

三、通过股份化的改造，农业概念的上市公司抛弃了旧观念，转换了经营机制，形成了生产、经营、销售等方面的优势。

1、规模经营优势。以规模经营获得规模效益是农业概念公司的共同选择道路。这些公司利用上市公司在资金、体制、品牌等方面的有利条件大搞资本经营，通过兼并、控股、合资、租赁迅速扩大生产经营规模，从而达到了占领市场制高点的目的，如苏常柴近几年通过一系列合资、控股、参股策略，分别组建了常柴长春、常柴齐富、常柴银川、常柴万县等数家柴油机公司和常柴寨桥、常柴奔牛柴油机配件有限公司。此举不仅使苏常柴以较少的投入迅速扩大产量和占领市场，而且保证了零配件的稳定供应，实现了资源优化组合。

2、实现产品系列化。农业概念上市公司有一共同特点，即：精心培养拳头产品，待其形成气候再围绕它不断发展上下游产品，建立新的利润增长点。这种经营特别有利于他们发挥自身在相关行业的优势，降低生产成本，回避市场风险，实现资源使用的最大化。康达尔、华宝都在集团内部实行“一条龙”的生产计划，在饲料生产、畜禽种苗繁殖、饲养加工多个环节实行流水线生产。这样，一部分产品可以在内部得以消化，既保证了原料与市场，又大大减少了销售费用，可以多渠道销售，培养新的利润增长点。

3. 树立名牌效益。这种优点提高了农业概念公司的声誉，在群众中树立了企业的形象，从而增加了销售额。如“沙隆达”和“常柴”这两个商标，现在都已成为所在行业世界级的品牌。“沙隆达”商标已在26个国家和地区登记注册，注册品种达60多个，是我国农业行业唯一一个跨出国门的品牌。1996年上半年，沙隆达出口农药创汇达1250万美元，同比增长92.3%。常柴是我国柴油机行业唯一的世界级品牌，去年上半年公司出口创汇1526.9万美元，同比增长41.8%。因为有了“常柴”这个响亮的名牌，苏常柴的产品的定价虽高于同类产品却依然供不应求，而苏常柴也得以在建立合资公司时能够把商标的使用权作为无形资产作价入股。华宝、康达尔则凭着“华宝”、“康达尔”这两个饲料业名牌使其产品销售迅速扩大到全国各地并占领了港澳地区市场中的相当份额。

4、把资源优势转化为效益优势。相当一部分农业概念公司在城市近郊拥有丰富的土地资源。随着城市区域不断延伸，这些公司抓住有利时机，迅速实现土地功能转换。如康达尔利用公司丰富的土地资源，加大了土地套现及联营合作的力度。去年上半年完成了康达尔大厦项目的转让，所属鸡场拆迁赔偿的6000平方米商住用地也完成套现，仅大厦项目转让和工业区租金收入两项目就使公司利润增收1400余万元，超过主营业务利润40%。

从目前情况看，农业的发展仍滞后于经济的增长。今后调整产业结构，将加快农业的发展，使之与经济增长相适应，这意味着农业今后将快速、稳定增长，为今后国民经济持续、快速、健康发展打下基础。从地区差别来看，由于中西部地区基础设施相对薄弱，政策上会有所倾斜，今后投资力度会加大。从目前资料来看，西部地区固定资产投资增长最快。而发达地区由于经济发展较快，亦会带动农业的增长。李鹏总理曾在政府工作报告中指出：97年全社会固定资产投资调控目标为25300亿元，投资率为32%。他提出，投资要继续向农业和水利建设倾斜，这说明农业的投入会越来越高。农业概念上市公司利用政策上的优势与自身的优点，妥善经营，相信会做出更大的成绩，为股民带来更丰厚的回报。

总而言之，农业板块的优秀上市公司是长线投资的稳妥选择。

第六节　高科技板块股

高科技产业有以下一些特征：即高效益、高智力、高技术、高竞争、高风险、高潜能，是资金、技术、知识密集型行业，这与平时所说的加大产品技术含量、引进先进技术设备不是同一概念。近年来，高科技行业的股票在股市上不断走强，其原因是：

（一）高科技产业集团作为智力密集型企业，代表社会生产力发展的最高水平，是企业未来的一个发展方向，也是政府在未来重点发展和扶植的项目。高科技企业因其行业的特殊性以及其产品的高附加值，往往使其在这一行业获得高额垄断利润，因此在中国目前所有的行业中，高科技产业是最有希望的朝阳产业。

（二）高科技产业，囊括了目前行业里采用了高新技术的优秀企业，这些企业往往是所处行业的排头兵，是同行业中发展最快，效率最高，效益最好的企业，随着市场机制的完善，这些以高科技为手段的企业。将会以其无可比拟的优势，击败传统劳动密集型的竞争对手，逐步在市场上占有垄断地位，为其进一步获得超过社会平均水平的稳定回报奠定基础。

同样因其自身特点，高科技行业还难以充当国民经济的主要增长点。主要原因是高技术行业目前仍是国家扶持行业，与发达国家相比有较大差距。作为发展中国家，人才、资金、技术短缺，不具备大规模发展高技术产业的条件；另外，根据行业生命周期及国际分工原理，尖端技术产业往往是发达国家的垄断行业，在发达国家有垄断优势，而相对成熟的标准化的技术在发展中国家有相对优势。因此我国目前战略是，首先发展适用的先进技术，提高工业产品技术含量，积极引进成熟的、标准化的先进技术，逐步提高我国技术水平，积累资本、培养人才，为发展我国的高技术产业打下基础，同时积极扶持现有高科技企业，使之具有规模优势。

在一个成熟完善的证券市场，对高科技概念的推崇是一种必然，在我国新兴的股市还仅仅是开始。目前，业绩好的高科技股仅有深科技、天津磁卡、长春高新、东大阿派等。随着高科技企业在上市公司中所占比重的提高和高科技在提高企业效益中的作用日渐显著，高科技板块将成为股市中一道亮丽的风景。

第二章　理性投资

证券市场和其他市场一样，是由商品和买卖双方组成的，只不过它的商品是上市公司的股票。而买卖方均是证券投资者，一个成熟的证券市场应该有良好的运作规模。我国证券市场历史较短、投机氛围重，投资者往往盲目跟从，有些投资者对上市公司根本不作研究，对其经营状况、业绩等一无所知的情况下就轻易作出投资决策，要买什么都一齐买，致使一些个股股价与其内在价值严重背离。到最后，受损失的也往往是这些盲目的投资者，他们因盲从而终陷于被动的局面，担的风险也最大。在饱受了市场风险的重创后，投资者终于"吃一堑、长一智"。总结出几点经验教训：一、没有业绩支撑的股价上涨是难以持久的。二、盲目跟风者必定是市场风险的最大承担者。三、认真选股是市场获利避险的关键，这些认识表明投资者投资理念已悄然变化，意识到理性投资的重要性与必要性。

所谓理性投资，就是指投资者在经过了市场的锤炼后，形成一种较为正确的投资理念。它是投资者投资心理成熟和防范风险意识提高的标志，理性投资主要有以下几种表现形式：

（一）科学控制资金，精心进行选股。97年以来，投资者理念发生很大变化，那种准备在市场中搏一记，大赚一笔的投机心态已转变。首先在资金运用上，投资者不再倾其所有，或者透支、借债入市，而是把闲散的资金以储蓄的态度投入股市。这样，就不会因资金的压力而产生盲目冲动。在科学合理地分配好资金后，投资者学会对个股作一番研究，根据自己的财力、精力、智力等因素作出理智的决择，不象以往那样，东抓西抓，对所买个股的业绩、行业、股性等情况知之甚少。买个股一定要买自己了解的股，因为不了解就意味着风险，在充分了解后，精心筛选，借助市场的淘汰，留下业绩最好、抗跌性最强的个股。

（二）用自己的头脑冷静思考。一个理智的投资者懂得，资金是自己的，得用自己的头脑去指挥，万不可盲目跟风，证券市场内充斥着各种真伪难辩，错综复杂的信息，投资者不仅要保持头脑冷静，更要用头脑去思考，与其去捕捉那些不确定的消息，不如对实实在在的信息进行分析研究。如上市公司的年报，国家最新出台的政策、法规等，真正用头脑独立思考、判断，用自己独到的投资思维去获得投资收益。

（三）时时以风险防范意识告诫自己。证卷市场之所以有巨大的吸引力，其原因之一就是在于它的波动和未来行情的不确定性，这种不确定也正是其风险所在，因此，在市场的风云变幻中，在个股的异常波动下，能否保持一种平和的心态就显得很重要了。尤其是新的投资者，决不可简单地把市场当赌场，而是要真正学习金融知识，懂得操作技巧，时时以风险意识提醒自己，对风险有一定心理准备。这样，心中有了底，遇事就不会着慌，不会失去理智了。

在证券市场中，每个投资者都想获利。一个成熟的投资者应该明白，理性投资能使获利的可能性达最大。因此，对投资者来讲，应了解理性投资所要遵循的原则：

（一）崇尚债优原则。绩优股之所以成为理性选择，是因为绩优股都有着良好的业绩，在市场中实力表现最强，经得起袭击，尤其是最抗跌。股价即使下跌，跌幅也很有限。长期以来，不少绩优股能得到合理的市场定位，深沪两地的绩优股曾经是两个市场中市盈率最低的板块，甚至有些绩优股的股价一直"倒挂"，低于其实际价值。97年以来，这种现象得到改变，绩优股的成长性，业绩稳定性受到投资者的普遍关注，成为中、长期投资的最佳理性选择。绩优股受崇尚是投资者成熟的标志，是市场理性化的必然结果。

（二）高成长性原则。一家企业的生命力旺盛与否，从根本上说是由其成长性大小决定的。买股票就是买未来的道理已众所周知，而买未来说到底就是买企业的成长性。关注一家企业的成长性大小，是一种真正的理性投资行为，也是理性投资的一个原则，有些个股表面看上去股价很低，业绩一般，但从长远来看，这其中的一些上市公司很有发展潜力，运作良好，正处在成长阶段，前途光明。因此，要进行理性选股投资的话，这些每股收益增幅超过30%的成长性上市公司，无论如何是要引起重视的。

（三）物有所值的原则。通过上面两种原则选择后，业绩优秀的、高成长性的个股都已被选了出来，剩下的就是那些年报平平的三级股了。这些股票中是否具有潜力的品种呢？应该是有的，有些上市公司虽然收益不高，但股价也不太高，市盈率偏低。这些上市公司就是物有所值，其股价有上涨的空间，承担的风险也相对较小。因此，在这些个股中寻求机会也是比较理智的选择。

值得一提的是，并不是所有的绩优股都值得崇尚，经盲目追涨后的高价位绩优股应谨慎投入。所谓绩优股，一般是指那些业绩及成长性较好的股票。由于绩优股的回报率较高，常受到人们的追棒，有的刚上市的绩优股，其价格是一步到位并有不少投资者在高价位追涨绩优股，而往往忽视绩优股的风险防范意识。绩优股具有所有股票中所遇到的风险之外，还应有以下几种风险。

1．收益摊薄风险

绩优股经过送股配股后，总股本扩大，公司的利润受各种因素限制，业绩增长不可定性，经过利润摊薄，每股的收益相对减少，市盈率高，风险也就随之增大。投资股市时就应注意收益摊薄风险。

2．经营性风险

在市场经济中，商家如云，竞争剧烈，现在的绩优股并不代表将来还是绩优股，其产品的投入产出，促销策略等因素都可能直接影响到利润的增长。

3．股市风险

由于绩优股常受到投资者追涨，其价格普通偏高，如遇到利空因素，造成股价狂跌给投资者带来风险。在深圳上市的四川美丰就是一个很好的例证，由于刚上市时，广大投资者都看好它的高公益累积金，一上市，其价格则一步到位，并有众多的投资者不断追涨，使其股价高达33元以上，并持续不下，直到97年中期报告公布，其业绩并不是人们想象中的那样，使许多投资者"大跌眼镜"，股价连几天跌停，造成不少投资者损失巨大。这就是投资者盲目崇尚绩优股所带来的风险。

证券市场呼唤着理性投资，投资者需要理性投资。正确投资理念的树立，使绩优股出现价值回归，股票的内在价值越来越受关注。绩优股，绩差股都有了较为合理的市场定位。市场的投资热点分化，结构更趋合理。所有这些都标志着证券市场开始走向成熟。而对投资者来说，理性投资更是规避风险的核心，理性投资的最大特点就是在投资决策上注意回避风险。风险最低化，收益最大化的投资原则使投资者更加注重研究个股的内含，也就是上市公司的业绩和成长性。投资理念的重树，使投资者摆脱了盲目跟风的角色，形成了自己独立的思维和见解，并使市场上过重的投机心理被理性投资所取代。这在一定程度上遏制了过度投机给市场构成的伤害，使证券市场走上良性发展之路。

那么，对于投资者来说，怎样培养理性投资理念呢？这是一个需要长期学习的过程。在具体操作中，投资者可从以下几个方面着手：

1. 入市之前、之中、之后都要学习分析国家的政治、经济形势，研判相关的国内、国际的经济形势，具体结合股市走势加以研判。学习、精通几种常用的技术分析指标，对所选定的品种进行分析、定位。

2. 认真研究、分析选定个股的财务报告。研究公司财务报告、分析公司发展前景、不断地挖掘个股价值。此外，选择个股时，要根据当前国家的经济政策，选择最有潜力的，国家重点支持的效益比较好的行业、企业，并尽早地为选定的个股定位。这一点很重要，因为科学的定位可以决定持有的时间，不被短期的涨跌所误。同时注意，在参考各方股评人士意见时，重点是研究股评家尚未说出来的股票，或财务报表中的内在潜力，这是最主要的。

一个没有投资价值，市盈高达数十倍、上百倍的东西，无论它的股性多活，作为工薪层的投资者也不应动心。在选择品种上，总要有自己的独特见解。把股市中的“人气”放在第二位，因为“人气”是暂时的、多变的，同时，“人气”也是一种“正气”，迟早要向价值回归的。经过研判确定投资价位后，要耐心持有，坚决执行已拟定的计划，不要造成好不容易选中的潜力股，给几角钱的下跌就被抛下来了。

3. 克制、约束是一组重要的投资理念。

克制人性的弱点，特别是克制每个人生下来就有的弱点。

在股市中不要把钱看得太重，要把做股票当成一种事业来看，这样在股市中就不会被“钱和利”所迷惑，而看不清陷阱了，就能有足够的精力去分析大势，“感悟”股市。

4. 豁达、愉快、博学。

在成功的背后，总有一种灵感的东西。其实，灵感并不神秘，灵感来自勤奋、博学，同时也来自轻松和愉快。

事实上，只有心平气和才会有灵感，为每天盘中的几个点，一元、一角、一分钱而心跳，是无法做好股票的，在股市中应始终保持心境平如止水。采取理性的投资思维入市理念，将是我国证券市场成熟的标志，也是现代投资者需要树立的观念。

第三章　其他证券概念

第一节　证券保证金

一般证券投资者委托证券商进场买卖债券时，需交相当于债券总面额20%的保证金或相当于卖出所需全部款项或卖出数额20%的债券；买卖股票时，必须将买下股票全部交付证券商，即采用100%的保证。这就意味着证券投资者须提供全部交易所需资金或证券的20%或100%作为开户费用，在证券交易未进行时，这笔保证金就托管于证券经纪商处。实行这种保证金制度目的不言而喻，避免证券商因承担垫付资金或证券不能按期全部收回所造成的损失。这对规范证券投资者的行为有着积极的一面，但也产生了负面影响：即证券商擅自挪用保证金导致投资者无法正常买卖证券，甚至造成更大的损失，使投资者资金受损或消灭，证券机构关闭和破产，投资者因而收不回资金。

证券保证金不仅被券商用来牟取一级市场申购和二级市级市场炒作造成证券市场的混乱，而且被证券商用来进行各种投资，这便加大了市场的综合风险，使投资者的资金始终处于高风险运行状态之中。随着证券机构的转让与并购，一些中小机构被大机构收购，使得原先较为分散的经营变成了相对集中的经营，这样给大券商更好地利用保证金创造了条件。

从整个证券市场来看，保证金被挪用是造成一级市场申购中签率低，广大股民难以中签的原因。

众所周知，从一级市场的申购到二级市场的炒作存在较大的差价。一些不法证券商为牟取这个差价，不惜动用了不知超过自有资金多少倍的股民的保证金为自己申购新股，这就导致了尽管新股发行规模扩大，但中签率仍低的怪现象，广大中小股民资金少，中签率几乎为0。

就二级市场而言，保证金的被挪用来炒作，打破了二级市场的平衡，造成股市的波动。

证券投资者存在券商处的资金不可能全部用作证券买进的单向选择，其中有很大一部分以资金的形式存于券商的统一帐户内，剔除人为因素（被挪用因素），市场的“持筹”与“持币”的比例有一定的规律，也即二者在阶段性的交易过程总是能够达到一个相对的平衡。现在，券商为逐利挪用了部分保证金直接进入二级市场炒作就打破了这一比例，引发了市场后续资金充裕的虚假膨胀，于是各种投机行为出现，股市出现暴涨，但暴涨必有暴跌，其中吃亏的当然是中小投资者。

另外，上级证券机构擅自调用下级证券机构的证券保证金，一方面使得二级市场的操作具有更大的规模性，另一方面也给被调用保证金的证券机构在交易和支付上带来困难。

部分券商为了哄抬股价、操纵股市，又限于资金不足，只好不择手段，不计后果地到处筹借资金，首当其冲的当然是与其有着行政隶属关系的下级机构的保证金了。一旦这些分散的保证金被集中起来，证券市场就会出现心惊肉跳的跌涨。被挪用保证金的证券机构因其保证金被调走，中小投资者股票买进卖出速度加快，出现支不抵收的情况，解决的办法就是靠拆借或者贷款来应急了。

再者，部分证券机构投资具有盲目性，摊子铺得太大后又无法收拾，只好靠挪用保证金来收拾残局。

对于证券保证金在管理和运作过程中出现的种种问题以及保证金被不负责任地挪用从而可能引发的危机和后果，证券管理层要从制度上入手，尽快制定出证券保证金的管理办法，另外要加强对保证金运作的严密监管，具体的建议如下：

第一，由中国人民银行会同有关部门制定出专门针对保证金运作的一套管理办法，以此规范保证金的管理和运作。办法应对保证金的性质和定义，保证金的存取，开户行的确定等有一个明确的界定；办法中对运作保证金的行为应有一个具体的规范；对违规行为的惩罚也应该明确表示，以防在此问题上发生纠纷或者让不法分子钻法律空子。

第二，把对证券机构的监管及对其保证金的管理纳入中国人民银行管理之列。其理由是证券机构是非银行金融机构这一属性。因此就应像其他金融机构一样，将基本结算户直接开设在当地人民银行，而无须重复将户头开设在商业银行，并将保证金存入商业银行的户头，再由商业银行转存人民银行。将户头直接开设在人民银行，并将保证金存入券商在人民银行开设的帐户上，既有利于人民银行对保证金的全面监管，避免商业银行为了竞争的需要而违规或与券商共同违规动用保证金，也有利于货币的回笼和金融的宏观调控。

第三，培养中小投资者的理性投资观念，提高他们规避风险的能力，鼓励他们对证券机构操作违规保证金的行为进行检举。一旦中小投资者有了理性投资观念，掌握了投资技巧，就能够调整证券市场的现状与走向，不会盲目跟从证券机构哄抬股价所造成的股价的虚假膨胀形势而捕风捉影，盲目投资，这样既规避了自我风险，也给挪用保证金，虚张声势的证券机构以致命的打击，迫使他们觉得“此路不通”，慢慢走向规范化。另外，群众的眼光是雪亮的，一旦整个证券业从业人员都加强了对证券保证金的监管，就会使证券机构对保证金的运作寸步难行。

第四，对证券机构从业人员的素质应进行全面的严格的考察，包括对“学历、能力、职业道德”等方面，特别是对职业道德更应给予高度的重视。

任何事物都有一个产生、发展、成熟的过程，我国证券市场从萌芽到现在才历经几年，出现诸如保证金被挪用等现象是不可避免的，针对保证金被挪用后给一、二级市场造成的不利影响，只要我们从法律制度上去规范，从思想素质上去教育，从证券投资能力方面去提高，那么就能保障证券市场的健康发展。

第二节　资产重组与企业并购

一、资产重组

资产重组即对资产的转让、出售、租赁、拍卖、托管的运作，历来是投资银行的主要业务领域。现在被提起较多的资产重组，主要是通过证券市场对企业的资产进行运作，其主要思路是将部分处于经营困难，而在股本结构中国家股占有较大比例的上市公司，通过股权置换或换壳的方法，帮助它们实施行业的转移和转变，或者在本行业内引进新的管理机制，进行集团化经营，从而对业绩差的上市公司做一次彻底的改造，以求扭亏为盈，甚至变为高成长性的企业。在大多数情况下，资产重组不会改变企业原有的净资产数额，改变的仅仅是企业的资产结构。但在特别情况下资产重组既可改变企业的资产结构，又增加了企业的净资产数额，例如，企业的债权转变为股权就属于这种情况。

资产重组的内容包括固定资产重组，流动资产重组，长期投资重组和无形资产重组。其中最关键的部分是固定资产重组和流动资产重组，同时流动资产的重组也是资产重组中技术性最强，难度最大的部分。而负债重组又是流动资产重组中最关键的部分。

上市公司的资产重组工作中的一个核心问题是股权的转让。国有股权有偿转让有一个价格确定问题，一般控制在市场发行价和每股净资产价位之间。但转让过程中还涉及对原国有股股本不实及由历史原因造成的股本不足的消化和处理问题。这些问题都应该在转让中充分考虑。就股权的角度而言，上市公司的资产重组也是一种股权关系的重组。从法律上说，控股权的转移应以不影响其他股东的权益为前提，因此在整个资产重组过程中必须充分考虑对其他投资者权益的保护。

战略投资者的介入是上市公司重组工作中能否取得成效的重要前提。因此对战略投资者应该限定必要的资质条件。　方面可以对投资者的资质进行审核；另一方面也可让投资者据此进行自我衡量。在具体的标准方面，应具如下几个基本条件：

1、有较强的经济实力，具有控股和资产置换所需的资金和项目。其项目要符合国家产业政策支持发展的方向。

2、控制的目标明确，是为了公司自身和被控股对象的长远发展，而不是为了在二级市场上的操作。

3、公司本身已具备较强的市场拓展能力和经营管理能力，具有吸收，消化被控股公司所置换出的资源的能力。

4、股权转让必须是双方的一种自愿行为，按市场规则进行运作。

在资产重组过程中，要有金融的理念，充分重视资产负债中不变现资产的比率、考虑资产的安全性、流动性以及盈利性。

在我国国有资产重组问题上，不能照搬西方的方法、模式，行政性手段仍是不可避免的，在实际操作中，我们应该充分考虑下列几个问题：

(1) 政府有关部门应当对我国经济结构、特别是国有经济结构如何优化配置的问题，要有一个通盘的考虑，并且制定统一的规划和政策、法规，采取必要的步骤，以推动资产的合理流动。包括加强理论政策研究，以提高和统一人们的认识；把企业资产的重组和结构调整战略，纳入企业改革的总体规划之中；向投资者经常发布各种信息，等等。经济结构的调整主要是资产存量的调整，但增量的调整也很必要。调整和重组是一个长过程，不是一次可以完成的。在这个过程中，如果有关部门有一个通盘的调整战略，并且经常发布各种信息，重复建设就可以大大减少。

(2) 积极培育产权交易市场，发展和规范各种中介组织。这是资产流动和重组的必要条件。现在这些市场和机构虽然已经有了一点，但是很不成熟，培育和规范也要有一个过程。在产权交易市场尚未成熟之前，产权的交换和转让宜通过招标、投标的方式进行，以防止幕后交易造成国有资产的流失。

(3) 正确理解多兼并、少破产的方针，改变对亏损、劣质企业不断投入、救济、扶助的办法，而把增量资产投入好的企业，以推动其发展。对亏损企业长期包下来，使其不破产，亏损面会越来越大。由于结构调整的实质是把劣质企业赶出市场，使资本向优质企业集中，因此决不能扶劣限优，而应当扶优限劣。应注意少破产，但该破产的还是要破产。问题是要加强社会保障制度的改革，对破产企业的职工实行必要的救济，发展劳动力市场和组织再就业培训等，帮助他们再就业。在这个问题上要统一认识，否则市场的竞争淘汰机制就很难建立起来。

(4) 建立国有资产的投资和经营机制，由其作为投资主体，来运作国有资产的经营和重组。

(5) 制定和实施地区、行业、企业名牌战略，通过创名牌、保名牌、发展名牌的活动，带动资产的优化配置，实现规模经济。

二、企业的并购

(一) 企业并购的意义

并购，是企业产权转让方式的一种，其实质是将既有资源调整优化，改善资源的配置效率，促进产业结构的调整。它的产生源于市场经济的纵深发展。长期以来，围绕我国经济增长的一个问题是产业结构失衡。并购对于调整经济结构，盘活经济存量有至关重要的作用。

从微观上来说，并购有利于发挥企业经营的协同性，提升规模经济效益；有利于企业集团和经济巨人的诞生与形成；有利于形成激励竞争机制，在促进“抓大放小”，转变企业经营机制等一系列国企改革方面也是功效显著的。同时，与破产这一避免资本损耗的最终手段相比，企业兼并在减轻社会震荡方面也更具有积极意义。

正是由于并购在微观与客观上对经济发展的积极功能与政府中长期经济政策目标具有较高的偶合性，企业并购这一市场机制的重要组成部分，才能够得以产生，发展并加以推广的。

(二) 企业并购的方式及其利弊

我国企业并购主要存在产权交易市场，场外协议转让，证券市场三种方式。

产权交易并购有以下不足：

1. 产权交易市场的政府干预行为和地区保护主义现象严重。进入交易市场的企业受行政干预的现象比较普遍，生产要素的流向常常受人为的规定，硬性撮合或拆散的“拉郎配”更在相当大的程度上存在，妨碍了市场交易的正常进行。

2. 产权交易市场自身建设不足

我国产权交易机构的设置膨胀无序，大多数产权交易市场规模小，辐射范围窄，且各自为政，在市场交组织、交易方式、交易行为方面缺乏统一的规范，缺乏系统的政策法规，信息资源共享性差。这使得跨地区的产权转让很难实现，不利于资产在全国范围内合理流动和转移。

3. 产权交易主体存在先天不足

产权明晰化是产权交易主体必须具备的前提条件，在我国进入产权交易市场的企业大多数是国营企业，他们名义是法人，实际只拥有经营权，企业的所有权由政府部门掌握和行使，国有产权得不到落实，出现架空，导致产权交易决策权，产权转让财产归属权的多元化，阻碍了交易的顺利进行。

由于产权交易市场存在以上不足，因而并购不能充分发挥它的作用甚至形成都难，而场外协议兼并又如何呢？

场所协议并购，是产权交易的另一种形式，是指买卖双方直接洽谈，以协议方式完成产权过渡。这种并购方式只要并购双方不违反国家政策法规并能取得共识即可，且成本较低，易为采用。但由于它需要交易双方自己寻找目标公司，并需要双方就所有问题达成一致，受人为因素影响较大，难以形成规模效应，不能作为企业并购的主要方式。

证券市场作为国民经济变化的睛雨表，总是能够超前反映经济发展趋势与结构变化。因而证券市场并购能够顺应这种趋势，发挥并购的威力。

1993年9月，上海证券市场爆发宝商集团在二级市场收购上海延中公司一事，由此拉开了中国证券市场并购的序幕。随后，又出现“万申事件”、“君申事件”等并购案例，证券市场作为我国企业并购重要途径的地位由此得以确定。97年以来，我国证券市场中的企业并购活动此起彼伏，好戏连台，无论数量上，频率上，还是意义上都大大超过以往任何一年，并且正呈日益加速的良好态势。

（三）企业并购的模式

目前并购模式有以下几种：

——出资买断式。由兼并方出资收购被兼并方企业的全部资产并承担其全部债务，通常又叫购买式兼并。这种模式可使企业迅速扩大规模进行资本结构和股本结构的调整，增强企业的市场占有率和竞争力，对资金需求大，对技术管理要求高。如上海巴士股份买断中福公交联营公司净资产案例即是如此。

——出资控股式。即兼并方出资购买被兼并方权益并达到控股地位，以控制被兼并企业的生产经营。该模式又分为协议转让，直接市场收购控股、间接控股和混合控股。这几种模式对资金要求比出资买断相对较小，但要求较高的策略，有可能导致巨大的风险。该类型主要发生在以股份制公司为目标的企业兼并活动中。

——资产换股式。即被兼并企业的净资产作为股金投入兼并企业，被兼并企业方的所有者成为兼并企业的股东，又称吸收股份式。该模式不需太多资金，投资风险较小，但对兼并方的技术、管理水平要求较高。此类型在股份制公司上市前重组业务中最为常见。

——承担债务式。该模式属于出资买断中的极端情况，即对资债相当或资不抵债的企业，兼并方可以承担债务为条件接收资产，实施企业兼并。该模式对资金需求不大，能马上扩大生产能力，但可能使兼并方背上沉重的包袱，此类模式大量存在于国有优势企业对劣势亏损企业的兼并案例中，比较典型的有广发银行收购中银信托案。

——协议合并。即通过协议形式进行合并。该模式能充分运用协议双方的技术、管理、品牌优势，增加规模优势，并以较低的交易成本进行，关键是合并后要防止管理磨擦形成的内耗，如上海万国证券与申银证券公司合并案。

——“借壳上市”和“买壳上市”。是先通过买“壳”或借“壳”，然后再注入自身业务，使其无需正式申请而获得上市资格。该模式可避免有关法规对新上市公司的种种要求，顺利上市，但受到严格的限制，不能在短期内扩张和开拓新业务。此类以“恒通收购棱光”、“康恩贝收购浙江凤凰”为代表。

——托管。在企业所有权和经营权分开的基础上，再进一步将企业经营者从企业要素中分离出来，以受托方的身份与委托方（即企业管理者）签订合同，专事企业经营管理，从而形成所有者、经营者、生产者之间的利益关系和制衡关系，并最终对托管企业实施兼并，该模式要求受托方有很强的经营管理能力。如鞍山一工托管案。

——杠杆兼并。即兼并方在银行贷款或金融市场借款的支持下进行兼并，又称融资式兼并，该模式为“小鱼”吃“大鱼”创造条件，但风险很大，受到有关金融法规的限制。目前仅有万科股份以此方式参股锦州港一项成功案例。

（四）在证券市场并购发展中应注意的问题

证券市场并购作用主要表现在：

1. 证券市场为企业并购提供有效途径

企业并购的途径很多，上市公司通过发行股票使企业产权商品化、货币化、证券化，摆脱了各种限制，使企业资产以股权转让、置换的方式迅速流动，使资源得到有效配置。

2. 证券市场为企业并购提供合格的交易主体

上市公司产权关系清晰，产权主体明确，具备并购主体的基本条件，这为其开展并购奠定了良好基础。

3. 证券市场为企业并购提供资金支持

企业并购要顺利进行，必须有大量的资金。证券市场最基本的功能之一是融资，它能在短期内以各种方式为企业并购筹集巨款，提供强劲的资金保证。

另外，证券市场并购只需取得一定比例的控股权而不需购入全部股权，可以节省大量资金，同时省去了资产评估等环节，减少了交易费用。

4. 证券市场为企业并购提供了公平竞争的场所

证券市场的并购完全是一种经济行为，只需按交易规则进行，不必受各种外界干扰，不必受制于双方意愿，有利于并购的顺利完成。

经济结构的调整、存量资产的盘活、企业的生存和竞争向企业并购提出了大规模开展的要求；股份制改造的深入、资产证券化的普及为企业并购创造了良好条件，直接融资比例的增加，更多的股份公司上市为证券市场企业并购提供了更广阔的天地。可以预见，不久的将来全国企业并购将呈现以证券市场并购为主导、协议转让方式为补充、产权交易市场并购方式为过渡的局面。

尽管如此，我国二级市场并购案例目前还很少，企业协议并购方式仍然居多。这与我国证券市场是一个新兴市场，尚不具备好的企业并购环境有关。为了推动证券市场并购的发展，当前急需解决以下几个问题

1. 政府的宏观调整问题

在西方国家成熟的市场体制下，企业的并购行为是因为激烈的市场竞争而主动采取的一种企业发展策略，纯属一种市场行为，政府一般没有参与企业并购的必要，但在我国现有的市场经济下，政企没完全分开，政府仍行使着所有权与经营权的职能，政府对企业并购活动的直接干预在所难免。政府采取这种行为往往以减少企业亏损，减轻财政负担为目的，以非经济目标代替政府目标，过份强调“优帮劣，强管弱，富扶贫”的解困行为，通过“拉郎配”的方式，把一些劣势或破产企业并购给优势企业，使企业重组偏离资产最大化目标而扭曲变形。因此政府单靠行政手段进行企业结构调整，往往达不到预想的目的。

2. 上市公司的股权结构问题

我国上市公司股权结构复杂且不规范，国家股，法人股既在上市公司股权中占有相当高的比重，又不能参与二级市场流通的现状，既不利于国有资本的保值增值，也不利于中国股市的健康发展，也妨碍了企业并购的开展。从理论上讲，只有流通股比例超过50%的公司才具有二级市场并购的价值，我国上市公司中只有极少数符合这个条件。要发挥证券市场的并购功能，既要加快规范现有股权结构的步伐，也可暂时着眼于在现有股权结构下调整并购规则。

3、产权界定问题

现在，大多数企业都在进行转制，可全民所有制企业，集体所有制企业，乡镇企业等其产权关系较为复杂。企业并购所涉及的产权交易要求企业所有者将其企业本身作为商品进入产权交易市场，那么全民所有制企业的最终所有者应当是全体人民，但由于我国行政管理的条块分割，这些全民所有制企业大部分都属于各地方，各部门管理，收益上缴，资金来源渠道不一，那么谁为对全民所有制的并购作出总体决策呢？产权转让之所得又谁所有呢？这些都给企业并购设置了障碍。而且，企业并购受条块分割体制的牵制，难以超越所辖部门、行业或地区

范围，因之，并购要素的空间有限。

4．富余劳动力的安置问题：

国有企业有着一种特殊的债务关系，这就是对工人的义务，即保证工人的就业，按照《关于企业兼并的暂行办法》中的某些规定，兼并企业的富余劳动力原则上由兼并方企业接受，这就加重了兼并方的负担。

5．并购法律体系的问题

目前，我国上市公司并购的法律主要有：《股票发行与交易管理暂行条例》。《公开发行股票公司信息披露实施细则（试行）》和《中华人民共和国公司法》及《关于设立外商投资股份有限公司若干问题的暂行规定》。这些法规在制定颁布时尚有超前性和指导性，但随着实践的发展逐渐暴露其过于简略，可操作性不强等问题。

6．资产评估问题

在企业并购中，转让价格是最重要的环节，必须对被兼并企业的所有资产和债务进行准确、合理、合法的评比，这是制定合理转让价格的基础。对整个企业资产负债的评估是一件非常复杂的工作，它既要考虑有形资产的价值，比如机器、厂房、设施、资金、存货等。还要考虑无形资金的价值，包括专利、商标权、专营权等。甚至也要考虑企业管理经验、业务关系，市场占有率等项目的价值。在评估中，除了许多企业的现时价值外，还要考虑其预期的收益。但目前，我国的资产评估方面较为混乱，评估机构和企业从各自所代表的利益出发，各执己见，互不相让，加之政府对资产评估的干预，使得其企业资产价值的评估差距较大，准确性不够，从而影响了企业并购的顺利进行。

7．投资银行培育与发展的问题

投资银行是企业并购中的重要角色。投资银行一方面为银行策划并购方案，另一方面为并购筹集大量资金。我国没有真正意义上的投资银行，只在一些证券公司中设立投资银行部，他们主要以一级市场发行，承销为主营业务，兼作部分二级市场交易。努力拓展投资银行业务，充分发挥其在并购方面的潜能，对于推进我国企业并购的发展至关重要。

解决以上问题，需要各有关方面做出长期的努力，真正做到政企分开，政府在调控企业并购的过程中，不要过多地使用行政手段，使企业成为真正意义上的经营者。

第一，建立“法人财产权制度”。就是要把原来一个法律主体变成“出资者所有权”和“法人财产权”，两个并立的法律主体，达到产权明晰的效果，使企业并购过程中有真正的决策者。

第二，尽快使国家股流通起来。在我国的股份制企业中，国有股占有主要地位，但国有股不流通，不配股，不扩股，不上市，这是中国改革中出现的特殊现象，虽然在一定程度上是不得已而为之，但其弊端十分明显，因而应使之流通起来。珠海恒通购并上海棱光及其关联交易案例中，恒通协议收购棱光国有股，既为国有股的流通和交易找到了一条可行的途径，即通过国有资本的调整，转换达到保值的目的，又减少了对股市的冲击，有利于股市的健康发展。因而可依此效行，随机应变。

第三，建立社会保障制度。富余劳动力加重了兼并者的负担，给兼并造成了障碍。因而寻求解决富余劳动力的问题的办法应该面向整个社会，设立各种福利，社会保险基金，失业救济金等，给被兼并企业职工一个基本的保障。

第四，建立并完善与兼并有关的法规。

法律不是凭空出现的，只有当某一领域的交易多次发生和重复后，才会从交易者的互动中逐渐形成秩序和规则；当交易大规模地发生以后，就会需要更精确和更权威的秩序和规则，这时，商业规则就会变成法律。在我国当前的产权交易市场，当务之急是建立一部既符合国家利益，又适合企业实际情况与发展的《并购法》。

总而言之，企业并购是适合社会主义市场经济的，前途光明的，但发展的道路是曲折的，需要各方面付出艰辛的努力。

第三节　操作新股与新股发行

新股，指公司为增加资本新发行的股票，公司发行新股一般是在两种情况下进行的：一是公司已发行股份不足计划发行的股份因实际需要的分次发行的其余股份；二是公司额定股本已全部发行后尚需增加资本时发行的新股。

国家计委、国务院证券委曾宣布，1997年股票发行规模为300亿元。1997年的额度除解决新公司发行上市外，还将拿出一部分支持已上市公司再发新股。这条决定在促进新股上市的同时，也加快了再发行新股上市的步伐。投资者开始把目光移向某些含权新股，认为它们有足够的滚存利润、资本公积金可供分配。可是，新股“出身”不同，资质自然也不同，它们中间不乏盘小绩优、股本扩张能力较强者，但也有前景堪忧、经营不善的，其中一些含滚存利润的新股有可能是经过包装的。

那么，哪些上市公司才具备再发新股的条件呢？国家公告指出“已上市公司申请发行新股的，重点支持符合国家产业政策，国家绝对控股，可流通股份偏少，经济效益较好的大中型企业”。以上这些是基本条件。就国家产业政策来说主要扶持农业、能源、交通、通讯、重要原材料及高新技术企业。

除此之外，投资者还可注意下述两点：其一，符合上述条件而暂时失去配股资格的公司，入选的可能性更大。股票发行额度是一定的，有配股资格的公司可通过向老股东筹集资金，因此新股发行上市应把有限的额度用于其他企业；其二，此次再发新股的额度有可能用来解决部分上市公司流通股比例没有达标的不规范问题。

再发新股对上市公司二级市场股价的影响主要取决于发行方式，是向老股东配售还是象发新股一样面向所有投资者。按新股发行惯例，发行市盈率在15%左右，而目前二级市场的市盈率远高于此，因此若向老股东配售，获得再发新股额度的股票有可能出现抢权现象，若面向所有投资者发售，则像公司发B股一样，每股利润将被摊薄，这对该公司二级市场的表现则有一定影响。

新股发行的程序

现有股份公司新股发行的程度大体有以下步骤：

①制定新股发行计划、说明新股发行目的，进行可行性分析和前景预测，确定新股发行数额，所发行的股票种类，发行方式，发行价格等。

②形成董事会决议

③向主管部门提交发行申请书，并取得同意。

④制作股票募集书，向新股发行对象说明有关情况。

⑤冻结股东名薄停止办理股票转让后的过户手续，便于在现有股东之间进行新股分摊。

⑥签订委托推销或募集合同，向现有股东发出通知或公告。

⑧公开发行或股东认购，凡认购者都要填写认购书。

⑨处理零股或失权股。

⑩向证券管理部门登记发行情况和结果。

第四节　证券网络软件趋势分析

证券市场瞬夕万变，风险莫测，涨跌难料，为应付风云变幻的股市，为最大程度规避和防范证券风险，以最小投资获得最佳报酬，广大证券机构，证券从业人员和证券投资者开始面向电子信息市场，寻求技术协助。

一、证券网络在证券机构的利用情况

“利用网络资源，拓展证券业务”是证券机构达成的共识。在中国，几乎每个证券公司都有复杂的电脑系统，随着资本市场的发展，证券公司的电脑网络变得越来越复杂，功能也越来越强大，为巧妙地运用这些系统开发证券公司的边沿效益，不少证券公司在此方面做了不少出色的工作。

利用自身资源，开发横向联合，为股民建立资讯网络：青岛证券公

司上证部和丽水信托上证部，充分利用自己的电脑电话资源和软件信息资源，同上海中恒科技公司，北京恒昌公司，南都信息公司等几家电脑公司一起建立横向销售服务体系。成立了一个有声有色的证券金融信息网。“青岛万通信息中心”和“丽信上证金融咨询网”，每天收盘以后，股民可以通过他们的电脑网络，同证券公司联网，可以得到今天或历史上任何一天的盘后数据，上市公司，财经资料，股民甚至可以通过该网络获得任意股票资料，一个月以内任何一天的分时走势数据。该网络得到广大用户的良好反映。

证券监管机构利用现代技术手段，防范风险有较大突破，有的地区已通过改进操作方式，逐步建立了以计算机网络为主体的风险监控和预警体系，提高了防范风险的效率。北京市证管办为在日常监管工作中突出监控风险这一主线，利用计算机网络，开展登记、报告、统计、检查等各种形式的市场预警监控工作，在实践中发挥了良好作用。在期货市场上，用技术手段防范风险也频出新招。上海商品交易所以自行开发的“期货风险适时监控系统”走在同行的前列。监控系统通过计算机系统自动收集和分析期货交易数据，用各种指标量化市场风险程度，以图示方式直观，实时地反映和预测市场的风险程度，从而实现期货市场风险防范和控制的自动化，高效能化和系统化。监控系统设计了反映资金，持仓和价格等各种风险的单项指标系数，建立起适合风险指标的数学模型，并具备包括实时明细查询，超仓和资金预警，综合查询和统计查询四大功能的动态统计分析及实时报警。经过半年多的调试和正式运行，期货风险适时监控系统在风险防范和控制上体现出较大的优点，对于整个市场盘面的风险度的监控，从过去局部的，逐个逐笔的，静止的监控变为整体的，实时的，动态的风险监控；对于市场风险的度量从过去的定性转化为定量分析，同时以直观和形象的形式反映市场风险，变事后监管为事前分析，过程监控，以及风险预防。监控体系的运用也使风险监控人员从简单而繁琐的手工计算、整理、统计工作中解放出来，将更多的精力放在复杂的风险判断上，从而大大提高监控工作的效率和水平。

二、证券投资者利用证券软件的现状。

证券软件是证券投资者理性投资的得力助手。中国股票市场发展才有七年历史，股民投资心理尚不成熟，大多数人在股市几经反复，却一无所获，甚至债台高筑，究其原因，就是许多投资者不懂股市理论，缺少先进快捷的信息传输设备提供最新的信息资料。初期个人用证券分析软件主要是一些精通计算机操作的股民为了减少手工图表制作的繁琐自行设计的，所能处理的股票种类和技术指标非常有限，并不具备商品化的特征。随着股市风险的加剧以及政府对于股市风险的教育使得部分股民开始转变心态，从盲目炒作转向了理性投资。一些入市较早，且赚了一些钱的资深股民在具备了足够的股市经验之后，也开始需要通过技术手段进行辅助决策，以达到最大利润。同时也因为股市持续稳定发展，一批高知识结构的知识分子特别是退休知识分子把投资股票作为一种既有乐趣又有经济收入的活动而加入进来，其知识层次，生活习惯和身体状况不允许他们长时间蹲守在证券营业部中，因此他们迫切需要一种能够在家中使用的，且与股市同步的软件系统。个人用单机版证券软件系统从1996年初开始出现需求热潮并迅速走红。

三、选择证券分析系统和证券软件应注意的问题。

证券商对选用技术分析系统一定要特别重视，在技术分析系统上应不惜投资。多选一些性能好，具有特色及绝招，使用方便的企业分析系统，这直接关系到该证券商能否吸引较多的客户及交投是否活跃的问题，现在的投资人都要求对技术分析来代替决策，但技术分析能提供给他们形象的数据指标和概念，可以帮助他们积累经验，形成直觉，辅助决策。

一个好的分析系统应该是即时技术分析，即盘中和盘后技术分析能同时使用，多个市同时使用并且可以在分析画面变挂出新闻资讯，基本分析，如股本结构、财务分析等，委托窗口代股民判断决策后马上抢点下单。具体应看是否符合以下条件：

(一) 产品的完整性及扩充性。

包括以下内容：即时行情资讯系统（实时行情及实时新闻资讯）；技术分析、价量分析、基本分析、定量分析、解盘分析等组成的综合分析系统；新的分析方法和新的资讯内容的扩充及更新方便。

(二) 系统功能是否齐全。

包括以下三方面，第一，即是行情资讯系统是否能提供完整快捷的报价资讯显示，完整快捷的个股走势图表和分析价量表及委买委卖图表，完整的大盘走势分析。第二，技术分析、价量分析、基本分析、定量分析、解盘分析等组成的综合分析系统，各种技术指标是否完整，实用、准确，是否有每日市况的研究分析提供投资人研究大势。第三，资讯系统能否因客户需求增加或自行增加的功能，能否提供与其配套的相关产品（如电视显示系统、自助委托系统、远程实时分析系统），能否提供国内股市资讯，国内外财经即时新闻，能否提供个股的多种资料库供投资人进行财务分析等多样化的资讯服务。

(三) 网络的兼容性及可用性。

硬件应当以使用最广泛的电脑386—486型为基础，是否采用网络播报技术及先进的数据格式，以降低网络的负荷。

由于国内大多数以NOVELL网络为基础，为不使网络迅速下降，除了检查分析系统的先进性，还要考察其对网络负荷的影响。

在国内一此大券商至少都放置了3—5套分析系统供投资人选择，机构、大户与中小户系统是不同的，一个市场里靠一种分析系统，机构，大户，中小户用同一种系统盘显然是不科学的，不利证券市场正常发展。

(四) 操作是否方便易学。

系统应使投资人一看就会用，实用方便，操作简单。

证券软件包括股市信息接收和分析软件两部分。目前市场上的股票信息接收方式按信源大致可分为四类，一是寻呼扩展；二是电台调频负载；三是图文电视；四是互联网。另外还有一种自成体系的，这就是“每日商情”的无线图文信息实时广播系统。随着互联网作为一种新的数据通信渠道，它也伴随证券交易软件一道进入人们的生活。自1996年10月北京和讯公司首次推出在互联网上的证券分析软件——和讯股市后，上海证星也推出了证券之星。

四、现在流行的证券软件及分析系统

市场上现售的股票分析软件主要分为两大类。一是以“钱龙”为代表的境外软件，以及一些模仿开发的软件；下面介绍“钱龙”系列中的相关产品。

(一)“钱龙”单机版天生赢家软件加图文电视接收系统。

该组合系统主要面向股民大众。用户只要有一台电脑，并能清晰接收中央、浙江、四川、山东电视台（通常建设采用有线电视方式），都能方便地使用功能和界面与其他证券公司使用的“钱龙”完全一致的技术分析软件，内容包括沪深两地交易所所有上市股票即时行情及盘后技术分析和有关电视台发送的股评及其它财经消息。

该组合系统使用的图文电视接收技术，各项技术性能均达到国际先进水平，因此，用户只要在电视远程信号良好的情况下，每分钟可有4—6笔个股成交资料，另外只要用户所在证券公司有龙越公司的远程序列产品，就可以开放一批电话线，让用户在需要下单时，能通过电话，激活MODEM，利用电脑直接下单进场。

(二)“钱龙”远程系统。

1、由于该远程系统是在WINDOS NT SERVER平台上开发的，每台用于NT通信的电脑最多可连32条电话线，也可使用DDN和路由器等各种介质，可视客户不同需求，进行自由选择。

2、由于所选择的平台不同，使得整个系统安全性强，因而确保病毒及其它非法操作无法透过证券公司用于NT通信的服务器，而进入证券公司本地网上。

由于客户保证金和最终委托都在证券公司本部，提供给远程的只是行情和委托查询等指令，便于证券公司进行管理。

3、本系统增加了补线功能，用户在任何时候进入，都能从证券公司本部取回本地机设备打开所丢失的个股及大盘走势资料，同时又为热衷于技术分析的人士提供了一整套带有“钱龙”技术分析的复盘系列，使得众多上班族在晚上可以通过电话或去证券公司采取他想了解的个股及大盘走势，并通过“钱龙”收盘作业，进行技术分析。

二是国内软件企业开发的，如金智、汇金、胜龙等，以其指标丰富，升级快、稳定性好，得到了许多股民的认同，在国内市场上占有较大份额。还有一些股民自行开发的，虽经交流反映不错，但由于扩散范围有限，对整个市场影响不大。

五、证券网络软件的发展趋势。

（一）市场潜力巨大

据统计，目前我国股民数量已达3000万之众，并仍呈较高幅度增长。如以10%股民使用证券软件计算，市场规模就为300万套，而且还有软件升级市场潜力。但另有数据表明，我国个人用证券软件市场是从1996年初开始启蒙的，全年销量约为506万套，因此市场潜力十分雄厚。证券软件作为一个典型的应用类软件，其市场特征是，一旦应用需求被发现，市场迅速启动，竞争也将迅速从无到有，紧接着就是白热化。目前这一趋势已经呈现出来。

（二）竞争性大

1、高利润就有高竞争，这是价值规律的表现。在市场初露端倪后，也即从今年初开始，出现了很多模仿、开发的软件。由于大部分股民尚未意识到证券软件的投入产出效益快，少量愿意接受证券软件的股民数量增长相对比较缓慢，因此部分证券商终于耐不住寂寞，采用了降低竞争的手段。但是，就目前价位，无论是开发商还是经销商，利润仍然具有吸引力。很多人想知道，价格还会不会下降，还能降多少？市场观察人士就此发出警告，信息质量、软件盗版，硬件产品仿造与伪劣产品，盗号问题，价格与商业利润，功能与服务问题已经开始暴露出来，将直接制约证券软件市场的成长。

2、避免重蹈文字处理软件市场结局的覆辙。

由于恶性竞争和盗版的横行，最早发育成熟的文字处理软件市场也只是“昙花一现”就消逝了，尽管仍有金山电脑公司开发的WPS，但其他软件企业大多易弦更张了。证券软件市场如不尽快建立起行业管理规范，那么难免走上文字处理软件市场的老路。

（三）国外软件商的威胁

目前市场上证券软件市场尚未引起境外软件商的注意。一旦境外软件商携其100多年证券理论底蕴的软件产品，依靠雄厚的资金和市场实力冲入中国市场，国内证券业还将面临新一场更为严峻的挑战。

六、面向信息集成化的未来

我国证券软件的开发，已开始在境外软件的基础上，结合本国证券软件市场的特点，寻找新的技改方法。这是可喜的一面，但未来市场正在向信息集成化迈进，纯技术分析已不能适应股民的需要，应开发出更高层次的能对分析结果进行深度加工的系统软件。若要在竞争激烈的证券软件市场立于不败之地，证券软件开发向集成化挺进已是迫在眉捷之事。

第五节　产融结合在我国市场经济中的地位

一、产融结合的产生

广义的产融结合是指产业部门和金融部门为了寻求自身的生存和发展而形成的两个行业之间的结合。其狭义是指工商企业资本和金融业资本的融合，它包括资本、资金、资源、人事等方面相互渗透。产融结合在西方国家已有一二百年的历史，在美国大规模的产融结合是开始于十九、二十世纪之交，1889年至1903年是第一次企业兼并浪潮的高峰，出现了许多大集团企业联盟，形成了大财团几乎控制着美国工业资本的40%。到了1995年，由于产融结合而产生的美国第一、第二大的企业通用汽车公司和福特汽车公司。其当年的销售额分别达到1688亿美元和1371亿美元，年末资产分别达到2171亿美元和2432亿美元，这远远超过一些国家的整个国民经济产值的总和，可见，产融结合在一个企业的经济发展中的作用是多么的巨大。

二、产融结合的主要形式

产融结合形成的初期，是一种企业与企业之间的资金融通，为寻求企业自身的生存和发展，充分利用各自具有的优势，扬长避短，互通有无，企业把一方的产业资金或资本资金与另一方的资本资金或产业资金有机的结合。到了本世纪初，形成了大规模的银行机构、非银行机构和工商企业之间的资金融合，从产业资本和金融资本融合的目的看，产融结合的存在方式主要有二种。

1、融资借贷方式

一方面企业利用自身的资源条件寻求资金合作，解决企业周转资金的困难，以求得企业的生存和发展，获得更高的利润。另一方面，由于近几年我国在推进金融体制改革，金融机构逐步地走向市场化和商业化经营，实行独立经营、自负盈亏、自我发展、自求资金平衡的特点，金融企业在考虑到资金安全的条件下，金融企业为了让一部分闲置资金找到出路，故不得不联合一些信誉好的大中型企业集团进行融资，以获得稳定的资金回报。7月16日中国银行宣布给予康佳集团38亿元的融资，支持康佳集团全力扩大规模经济，推进名牌工程、拓展国际市场。这个例子可以说是融资借贷方式成功的典范。

2、参股和控股

与融资借贷方式的最大不同是参股和控股方式参与了企业的经营策划和监督管理，控制着整个的生产经营活动，是融资借贷方式的深入和扩充。

产业资本向银行、证券公司、信托投资公司等金融机构参股和控股融资，对企业来说采用这种方式意义重大。第一、建立属于自己拥有的有效融资渠道，为保证不断地扩大再生产成为可能。第二、调整经营战略，实行各业并进，分散企业单一化投资的风险。企业运用自己筹集的资金从事企业的兼并、收购、重组等扩张性活动，以达到降低生产成本、增强企业抗风险能力的目的。

金融业向企业参股和控股主要是把金融资金股权化。银行利用资金和管理优势，对企业进行改组，以股东的身份参与企业生产经营全过程的管理和监督，以降低银行资金风险的同时获取高额利润。通过参股和控股的产融结合最终会造就一批具有大规模的产业资本和金融资本的企业集团。

三、产融结合在市场经济中的作用

第一，产融结合有利于提高企业经济发展的速度。没有金融资本的支持，企业要扩大生产规模以求得发展是相当困难的，特别是一些大的高科技产业和支柱产业，如果单靠企业本身资本累积，是要经历一段漫长的时间，在这个时期企业要经历物价、利率、政策等风险因素。所以没有产融结合给予企业的资本援助，其发展道路的艰难而需付出的代价是可想而知的。

第二、产融结合有利于资本的优化组合。在我国市场经济改革当中，有些企业自身的业务发展相当迅速，其资本累积除了可以维持生产规模之外，还有部分剩余资金需要寻求合作，特别是一些金融机构，收集了社会上大量的零星闲置资金，如果这部分资金不通过产融结合发挥其作用，就会造成一些行业之间的资金供求矛盾，形成严重的资金浪费。

四、产融结合是市场经济发展的必然产物

产融结合是客观存在的，也是很普遍的经济现象。在我国的国有企

业中，几乎每一家都持有银行资本，另外，一些经营效益较差的小企业，为了在市场竞争激烈的条件下求得生存，不得不采取企业联合的方式来扩大自己的势力，这就形成了产业的集团化经营。产业集团化的兴起显示了企业的强大生命力，也是我国市场经济组织走向成熟的重要标志之一，产融结合反映了市场竞争和社会化大生产的经济规律，是我国市场经济发展的必然产物。

五、我国产融结合的现状和展望

1、产业资本的经营现状

由于历史的原因，我国一些国有企业对政府的依赖性较大，主要依靠财政拨款来维持生产经营，这些企业很难适应从计划经济到市场经济的转变，其客观上存在的问题是自有资本率低、组织机构和人员编制导致高成本、低效益。另外，企业经过改组、兼并或收购后，职工的就业问题变成了企业的沉重负担，只有解决这些不利因素，寻求广泛的金融渠道，扩大生产规模和经营项目，才能为企业注入新的生机和活力。

2、金融资本经营的现状

目前，金融业在我国还处于垄断行业的地位，金融行业的改革还没有真正地做到政企分开，许多行政贷款、政策贷款的失误，导致金融资金利用率很低，甚至由于企业的亏损造成金融资金回笼困难、金融信贷帐目呆滞、金融机构和企业之间的信用危机而关系僵化。另外，金融机构的风险意识不强，缺乏资金安全观念，在追求资金高额回报的动机下，忽视了资金的安全性和流动性，资金信贷扩大导致资产状况恶化进而引起金融危机。

3、产融结合的展望

据有关资料表明，世界最大的500家超级企业，无一不是通过产融结合——兼并、收购、参股、控股等手段而发展起来的。产融结合在西方国家风行已久，也得到逐步的完善和发展。美国联邦贸易委员会7月4日宣布，波音公司兼并麦道公司成功，这两家位居世界第一和第三的飞机制造商合并后，将占领全球客机市场的65%，这表明垄断市场，以大制胜的时代已经到来。我国许多企业已经认识到集团化经营的重要性，国家也宣布要扶持一些资产过百亿的大集团公司，加大资产重组的主导力量，以强强联合的企业集团跨出国门，参与国际市场竞争。

产融结合是历史赋予企业的契机，也是企业发展壮大的希望。

中国证券大全

(1997)

A complete collection of securities in China

第五卷

证券法规汇编与证券监管机构

第一章　国家证券法规和政策

第一节　法　律

中华人民共和国刑法（部分选登）

第三章　破坏社会主义市场经济秩序罪

第三节　妨害对公司、企业的管理秩序罪

第一百五十八条　申请公司登记使用虚假证明文件或者采取其他欺诈手段虚报注册资本，欺骗公司登记主管部门，取得公司登记，虚报注册资本数额巨大、后果严重或者有其他严重情节的，处三年以下有期徒刑或者拘役，并处或者单处虚报注册资本金额百分之一以上百分之五以下罚金。

单位犯前两款罪的，对单位判处罚金，并对其直接负责的主管人员和其他直接责任人员，处三年以下有期徒刑或者拘役。

第一百五十九条　公司发起人、股东违反公司法的规定未交付货币、实物或者未转移财产权，虚假出资，或者在公司成立后又抽逃其出资，数额巨大、后果严重或者有其他严重情节的，处五年以下有期徒刑或者拘役，并处或者单处虚假出资金额或者抽逃出资金额百分之二以上百分之十以下罚金。

单位犯前款罪的，对单位判处罚金，并对其直接负责的主管人员和其他直接责任人员，处五年以下有期徒刑或者拘役。

第一百六十条　在招股说明书、认股书、公司、企业债券募集办法中隐满重要事实或者编造重大虚假内容，发行股票或者公司、企业债券，数额巨大、后果严重或者有其他严重情节的，处五年以下有期徒刑或者拘役，并处或者单处非法募集资金金额百分之一以上百分之五以下罚金。

单位犯前款罪的，对单位判处罚金，并对其直接负责的主管人员和其他直接责任人员，处五年以下有期徒刑或者拘役。

第一百六十一条　公司向股东和社会公众提供虚假的或者隐瞒重要事实的财务会计报告，严重损害股东或者其他人利益的，对其直接负责的主管人员和其他直接责任人员，处三年以下有期徒刑或者拘役，并处或者单外二万元以上二十万元以下罚金。

第一百六十二条　公司、企业进行清算时，隐匿财产，对资产负债表或者财产清单作虚伪记载或者在未清偿债务前分配公司、企业财产，严重损害债权人或者其他人利益的，对其直接负责的主管人员和其他直接责任人员，处五年以下有期徒刑或者拘役，并处或者单处二万元以上二十万元以下罚金。

第一百六十三条　公司、企业的工作人员利用职务上的便利，索取他人财物或者非法收受他人的财物，为他人谋取利益，数额巨大的，处五年以下有期徒刑或者拘役；数额巨大的，处五年以上有期徒刑，可以并处没收财产。

公司、企业的工作人员在经济往来中，违反国家规定，收受各种名义的回扣、手续费，归个人所有的，依照前款的规定处罚。

国有公司、企业中从事公务的人员和国有公司、企业委派到非国有公司、企业从事公务的人员有前两款行为的，依照本法第三百八十五条、第三百八十六条的规定定罪处罚。

第一百六十四条　为谋取不正当利益，给予公司、企业的工作人员以财物，数额较大的，处三年以下有期徒刑或者拘役；数额巨大的，处三年以上十年以下有期徒刑，并处罚金。

单位犯前款罪的，对单位判处罚金，并对其直接负责的主管人员和其他直接责任人员，依照前款的规定处罚。

行贿人在被追诉前主动交待行贿行为的，可以减轻处罚或者免除处罚。

第一百六十五条　国有公司、企业的董事、经理利用职务便利，自己经营或者为他人经营与其所任职公司、企业同类的营业，获取非法利益，数额巨大的，处三年以下有期徒刑或者拘役，并处或者单处罚金；数额特别巨大的，处三年以上七年以下有期徒刑，并处罚金。

第一百六十六条　国有公司、企业、事业单位的工作人员，利用职务便利，有下列情形之一，使国家利益遭受重大损失的，处三年以下有期徒刑或者拘役，并处或者单处罚金；致使国家利益遭受特别重大损失的，处三年以上七年以下有期徒刑，并处罚金；

（一）将本单位的盈利业务交由自己的亲友进行经营的；

（二）以明显高于市场的价格向自己的亲友经营管理的单位采购商品或者以明显低于市场的价格向自己的亲友经营管理的单位销售商品的；

（三）向自己的亲友经营管理的单位采购不合格商品的。

第一百六十七条　国有公司、企业、事业单位直接负责的主管人员，在签订、履行合同过程中，因严重不负责任被诈骗，致使国家利益遭受重大损失的，处三年以下有期徒刑或者拘役；致使国家利益遭受特别重大损失的，处三年以上七年以下有期徒刑。

第一百六十八条　国有公司、企业直接负责的主管人员，徇私舞弊，造成国有公司、企业破产或者严重亏损，致使国家利益遭受重大损失的，处三年以下有期徒刑或者拘役。

第一百六十九条　国有公司、企业或者其上级主管部门直接负责的主管人员，徇私舞弊，将国有资产低价折股或者低价出售，致使国家利益遭受重大损失的，处三年以下有期徒刑或者拘役；致使国家利益遭受特别重大损失的，处三年以上七年以下有期徒刑。

第四节　破坏金融管理秩序罪

第一百七十条　伪造货币的，处三年以上十年以下有期徒刑，并处五万元以上五十万元以下罚金；有下列情形之一的，处十年以上有期徒刑、无期徒刑或者死刑，并处五万元以上五十万元以下罚金或者没收财产：

（一）伪造货币集团的首要分子；

（二）伪造货币数额特别巨大的；

（三）有其他特别严重情节的。

第一百七十一条　出售、购买伪造的货币或者明知是伪造的货币而运输，数额较大的，处三年以下有期徒刑或者拘役，并处二万元以上二十万元以下罚金；数额巨大的，处三年以上十年以下有期徒刑，并处五万元以上五十万元以下罚金；数额特别巨大的，处十年以上有期徒刑或者无期徒刑，并处五万元以上五十万元以下罚金或者没收财产。

银行或者其他金融机构的工作人员购买伪造的货币或者利用职务上的便利，以伪造的货币换取货币的，处三年以上十年以下有期徒刑，并处二万元以上二十万元以下罚金；数额巨大的或者有其他严重情节的，处十年以上有期徒刑或者无期徒刑，并处二万元以上二十万元以下罚金或者没收财产；情节较轻的，处三年以下有期徒刑或者拘役，并处或者单处一万元以上十万元以下罚金。

伪造货币并出售或者运输伪造的货币的，依照本法第一百七十条的规定定罪从重处罚。

第一百七十二条 明知是伪造的货币而持有、使用，数额较大的，处三年以下有期徒刑或者拘役，并处或者单处一万元以上十万元以下罚金；数额巨大的，处三年以上十年以下有期徒刑，并处二万元以上二十万元以下罚金；数额特别巨大的，处十年以上有期徒刑，并处五万元以上五十万元以下罚金或者没收财产。

第一百七十三条 变造货币，数额较大的，处三年以下有期徒刑或者拘役，并处或者单处一万元以上十万元以下罚金；数额巨大的，处三年以上十年以下有期徒刑，并处二万元以上二十万元以下罚金。

第一百七十四条 未经中国人民银行批准，擅自设立商业银行或者其他金融机构的，处三年以下有期徒刑或者拘役，并处或者单处二万元以上二十万元以下罚金；情节严重的，处三年以上十年以下有期徒刑，并处五万元以上五十万元以下罚金。

伪造、变造、转让商业银行或者其他金融机构经营许可证的，依照前款的规定处罚。

单位犯前款罪的，对单位判处罚金，并对其直接负责的主管人员和其他直接责任人员，依照第一款的规定处罚。

第一百七十五条 以转贷牟利为目的，套取金融机构信贷资金高利转贷他人，违法所得数额较大的，处三年以下有期徒刑或者拘役，并处违法所得一倍以上五倍以下罚金；数额巨大的，处三年以上七年以下有期徒刑，并处违法所得一倍以上五倍以下罚金。

单位犯前两款罪的，对单位判处罚金，并对其直接负责的主管人员和其他直接责任人员，处三年以下有期徒刑或者拘役。

第一百七十六条 非法吸收公众存款或者变相吸收公众存款，扰乱金融秩序的，处三年以下有期徒刑或者拘役，并处或者单处二万元以上二十万元以下罚金；数额巨大或者有其他严重情节的，处三年以上十年以下有期徒刑，并处五万元以上五十万元以下罚金。

单位犯前款罪的，对单位判处罚金，并对其直接负责的主管人员和其他直接责任人员，依照前款的规定处罚。

第一百七十七条 有下列情形之一，伪造、变造金融票证的，处五年以下有期徒刑或者拘役，并处或者单处二万元以上二十万元以下罚金；情节严重的，处五年以上十年以下有期徒刑，并处五万元以上五十万元以下罚金；情节特别严重的，处十年以上有期徒刑或者无期徒刑，并处五万元以上五十万元以下罚金或者没收财产；

（一）伪造、变造汇票、本票、支票的；

（二）伪造、变造委托收款凭证的、汇款凭证、银行存单等其他银行结算凭证的；

（三）伪造、变造信用证或者附随的单据、文件的；

（四）伪造信用卡的。

单位犯前款罪的，对单位判处罚金，并对其直接负责的主管人员和其他责任人员，依照前款的规定处罚。

第一百七十八条 伪造、变造国库券或者国家发行的其他有价证券，数额较大的，处三年以下有期徒刑或者拘役，并处或者单处二万元以上二十万元以下罚金；数额巨大的，处三年以上十年以下有期徒刑，并处五万元以上五十万元以下罚金；数额特别巨大的，处十年以上有期徒刑或者无期徒刑，并处五万元以上五十万元以下罚金或者没收财产。

伪造、变造股票或者公司、企业债券，数额较大的，处三年以下有期徒刑或者拘役，并处或者单处一万元以上十万元以下罚金；数额巨大的，处三年以上十年以下有期徒刑，并处二万元以上二十万元以下罚金。

单位犯前两款罪的，对单位判处罚金，并对其直接负责的主管人员和其他直接责任人员，依照前两款的规定处罚。

第一百七十九条 未经国家有关主管部门批准，擅自发行股票或者公司、企业债券，数额巨大、后果严重或者有其他严重情节的，处五年以下有期徒刑或者拘役，并处或者单处非法募集资金金额百分之一以上百分之五以下罚金。

单位犯前款罪的，对单位判处罚金，并对其直接负责的主管人员和其他直接责任人员，处五年以下有期徒刑或者拘役。

第一百八十条 证券交易内幕信息的知情人员或者非法获取证券交易内幕信息的人员，在涉及证券的发行、交易或者其他对证券的价格有重大影响的信息尚未公开前，买入或者卖出该证券，或者泄露该信息，情节严重的，处五年以下有期徒刑或者拘役，并处或者单处违法所得一倍以上五倍以下罚金；情节特别严重的，处五年以上十年以下有期徒刑，并处违法所得一倍以上五倍以下罚金。

单位犯前款罪的，对单位判处罚金，并对其直接负责的主管人员和其他直接责任人员，处五年以下有期徒刑或者拘役。

内幕信息的范围，依照法律、行政法规的规定确定。

知情人员的范围，依照法律、行政法规的规定确定。

第一百八十一条 编造并且传播影响证券交易的虚假信息，扰乱证券交易市场，造成严重后果的，处五年以下有期徒刑或者拘役，并处或者单处一万元以上十万元以下罚金。

证券交易所、证券公司的从业人员，证券业协会或者证券管理部门的工作人员，故意提供虚假信息或者伪造、变造、销毁交易记录，诱骗投资者买卖证券，造成严重后果的，处五年以下有期徒刑或者拘役，并处或者单处一万元以上十万元以下罚金；情节特别恶劣的，处五年以上十年以下有期徒刑，并处二万元以上二十万元以下罚金。

单位犯前两款罪的，对单位判处罚金，并对其直接负责的主管人员和其他直接责任人员，处五年以下有期徒刑或者拘役。

第一百八十二条 有下列情形之一，操纵证券交易价格，获取不正当利益或者转嫁风险，情节严重的，处五年以下有期徒刑或者拘役，并处或者单处违法所得一倍以上五倍以下罚金；

（一）单独或者合谋，集中资金优势、持股优势或者利用信息优势联合或者连续买卖，操纵证券交易价格的；

（二）与他人串通，以事先约定的时间、价格和方式相互进行证券交易或者相互买卖并不持有的证券，影响证券交易价格或者证券交易量的；

（三）以自己为交易对象，进行不转移证券所有权的自买自卖，影响证券交易价格或者证券交易量的；

（四）以其他方法操纵证券交易价格的。

单位犯前款罪的，对单位判处罚金，并对其直接负责的主管人员和其他直接责任人员，处五年以下有期徒刑或者拘役。

第一百八十三条 保险公司的工作人员利用职务上的便利，故意编造未曾发生的保险事故进行虚假理赔，骗取保险金归自己所有的，依照本法第二百七十一条的规定定罪处罚。

国有保险公司工作人员和国有保险公司委派到非国有保险公司从事公务的人员有前款行为的，依照本法第三百八十二条、第三百八十三条的规定定罪处罚。

第一百八十四条 银行或者其他金融机构的工作人员在金融业务活动中索取他人财物或者非法收受他人财物，为他人谋取利益的，或者违反国家规定，收受各种名义的回扣、手续费，归个人所有的，依照本法第一百六十三条的规定定罪处罚。

国有金融机构工作人员和国有金融机构委派到非国有金融机构从事公务的人员有前款行为的，依照本法第三百八十五条、第三百八十六条的规定定罪处罚。

第一百八十五条 银行或者其他金融机构的工作人员利用职务上的便利，挪用本单位或者客户资金的，依照本法第二百七十二条的规定定罪处罚。

国有金融机构工作人员和国有金融机构委派到非国有金融机构从事公务的人员有前款行为的，依照本法第三十八十四条的规定定罪处罚。

第一百八十六条 银行或者其他金融机构的工作人员违反法律、行政法规规定，向关系人发放信用贷款或者发放担保贷款的条件优于其他借款人同类贷款的条件，造成较大损失的，处五年以下有期徒刑或者拘役，并处一万元以上十万元以下罚金；造成重大损失的，处五年以上有期徒刑，并处二万元以上二十万元以下罚金。

银行或者其他金融机构的工作人员违反法律、行政法规规定，向关系人以外的其他人发放贷款，造成重大损失的，处五年以下有期徒刑或者拘役，并处一万元以上十万元以下罚金；造成特别重大损失的，处五年以上有期徒刑，并处二万元以上二十万元以下罚金。

单位犯前两款罪的，对单位判处罚金，并对其直接负责的主管人员和其他直接责任人员，依照前两款的规定处罚。

关系人的范围，依照《中华人民共和国商业银行法》和有关金融法规确定。

第一百八十七条 银行或者其他金融机构的工作人员以牟利为目的，采取吸收客户资金不入帐的方式，将资金用于非法拆借、发放贷款，造成重大损失的，处五年以下有期徒刑或者拘役，并处二万元以上二十万元以下罚金；造成特别重大损失的，处五年以上有期徒刑，并处五万元以上五十万元以下罚金。

单位犯前款罪的，对单位判处罚金，并对其直接负责的主管人员和其他直接责任人员，依照前款的规定处罚。

第一百八十八条 银行或者其他金融机构的工作人员违反规定，为他人出具信用证或者其他保函、票据、存单、资信证明，造成较大损失的，处五年以下有期徒刑或者拘役；造成重大损失的，处五年以上有期徒刑。

单位犯前款罪的，对单位判处罚金，并对其直接负责的主管人员和其他直接责任人员，依照前款的规定处罚。

第一百八十九条 银行或者其他金融机构的工作人员在票据业务中，对违反票据法规定的票据予以承兑、付款或者保证，造成重大损失的，处五年以下有期徒刑或者拘役；造成特别重大损失的，处五年以上有期徒刑。

单位犯前款罪的，对单位判处罚金，并对其直接负责的主管人员和其他直接责任人员，依照前款的规定处罚。

第一百九十条 国有公司、企业或者其他国有单位，违反国家规定，擅自将外汇存放境外，或者将境内的外汇非法转移到境外，情节严重的，对单位判处罚金，并对其直接负责的主管人员和其他直接责任人员，处五年以下有期徒刑或者拘役。

第一百九十一条 明知是毒品犯罪、黑社会性质的组织犯罪、走私犯罪的违法所得及其产生的收益，为掩饰、隐瞒其来源和性质，有下列行为之一的，没收实施以上犯罪的违法所得及其产生的收益，处五年以下有期徒刑或者拘役，并处或者单处洗钱数额百分之五以上百分之二十以下罚金；情节严重的，处五年以上十年以下有期徒刑，并处洗钱数额百分之五以上百分之二十以下罚金；

（一）提供资金帐户的；

（二）协助将财产转换为现金或者金融票据的；

（三）通过转帐或者其他结算方式协助资金转移的；

（四）协助将资金汇往境外的；

（五）以其他方法掩饰、隐瞒犯罪的违法所得及其收益的性质和来源的。

单位犯前款罪的，对单位判处罚金，并对其直接负责的主管人员和其他直接责任人员，处五年以下有期徒刑或者拘役。

第五节 金融诈骗罪

第一百九十二条 以非法占有为目的，使用诈骗方法非法集资，数额较大的，处五年以下有期徒刑或者拘役，并处二万元以上二十万元以下罚金；数额巨大或者有其他严重情节的，处五年以上十年以下有期徒刑，并处五万元以上五十万元以下罚金；数额特别巨大的或者有其他特别严重情节的，处十年以上有期徒刑或者无期徒刑，并处五万元以上五十万元以下罚金或者没收财产。

第一百九十三条 有下列情形之一，以非法占有为目的，诈骗银行或者其他金融机构的贷款，数额较大的，处五年以下有期徒刑或者拘役，并处二万元以上二十万元以下罚金；数额特别巨大或者有其他特别严重情节的，处五年以上十年以下有期徒刑，并处五万元以上五十万元以下罚金；数额巨大或者有其他严重情节的，处十年以上有期徒刑或者无期徒刑，并处五万元以上五十万元以下罚金或者没收财产：

（一）编造引进资金、项目等虚假理由的；

（二）使用虚假的经济合同的；

（三）使用虚假的证明文件的；

（四）使用虚假的产权证明作担保或者超出抵押物价值重复担保的；

（五）以其他方法诈骗贷款的。

第一百九十四条 有下列情形之一，进行金融票据诈骗活动，数额较大的，处五年以下有期徒刑或者拘役，并处二万元以上二十万元以下罚金；数额巨大或者有其他严重情节的，处五年以上十年以下有期徒刑，并处五万元以上五十万元以下罚金；数额特别巨大或者有其他特别严重情节的，处十年以上有期徒刑或者无期徒刑，并处五万元以上五十万元以下罚金或者没收财产：

（一）明知是伪造、变造的汇票、本票、支票而使用的；

（二）明知是作废的汇票、本票、支票而使用的；

（三）冒用他人的汇票、本票、支票的；

（四）签发空头支票或者与其预留印鉴不符的支票，骗取财物的；

（五）汇票、本票的出票人签发无资金保证的汇票、本票或者在出票时作虚假记载，骗取财物的。

使用伪造、变造的委托收款凭证、汇款凭证、银行存单等其他银行结算凭证的，依照前款的规定处罚。

第一百九十五条 有下列情形之一，进行信用证诈骗活动的，处五年以下有期徒刑或者拘役，并处二万元以上二十万元以下罚金；数额巨大或者有其他严重情节的，处五年以上十年以下有期徒刑，并处五万元以上五十万元以下罚金；数额特别巨大或者有其他特别严重情节的，处十年以上有期徒刑或者无期徒刑，并处五万元以上五十万元以下罚金或者没收财产：

（一）使用伪造、变造的信用证或者附随的单据、文件的；

（二）使用作废的信用证的；

（三）骗取信用证的；

（四）以其他方法进行信用证诈骗活动的。

第一百九十六条 有下列情形之一，进行信用卡诈骗活动，数额较大的，处五年以下有期徒刑或者拘役，并处二万元以上二十万元以下罚金；数额巨大或者有其他严重情节的，处五年以上十年以下有期徒刑，并处五万元以上五十万元以下罚金；数额特别巨大或者有其他特别严重情节的，处十年以上有期徒刑或者无期徒刑，并处五万元以上五十万元以下罚金或者没收财产：

（一）使用伪造的信用卡的；

（二）使用作废的信用卡的；

（三）冒用他人信用卡的；

（四）恶意透支的。

前款所称恶意透支，是指持卡人以非法占有为目的，超过规定限额或者规定期限透支，并且经发卡银行催收后仍不归还的行为。

盗窃信用卡并使用的，依照本法第二百六十四条的规定定罪处罚。

第一百九十七条 使用伪造、变造的国库券或者国家发行的其他有价证券，进行诈骗活动，数额较大的，处五年以下有期徒刑或者拘役，并处二万元以上二十万元以下罚金；数额巨大或者有其他严重情节的，处五年以上十年以下有期徒刑，并处五万元以上五十万元以下罚金；数额特别巨大或者有其他特别严重情节的，处十年以上有期徒刑或者无期徒刑，并处五万元以上五十万元以下罚金或者没收财产。

第一百九十八条 有下形情形之一，进行保险诈骗活动，数额较大的，处五年以下有期徒刑或者拘役，并处一万元以上十万元以下罚金；数额巨大或者有其他严重情节的，处五年以上十年以下有期徒刑，并处二万元以上二十万元以下罚金；数额特别巨大或者有其他特别严重情节的，处十年以上有期徒刑，并处二万元以上二十万元以下罚金或者没收财产：

（一）投保人故意虚构保险标的，骗取保险金的；

（二）投保人、被保险人或者受益人对发生的保险事故编造虚假的原因或者夸大损失的程度，骗取保险金的；

（三）投保人、被保险人或者受益人编造未曾发生的保险事故，骗取保险金的；

（四）投保人、被保险人故意造成财产损失的保险事故，骗取保险金的；

（五）投保人、受益人故意造成被保险人死亡、伤残或者疾病，骗取保险金的。

有前款第四项、第五项所列行为，同时构成其他犯罪的，依照数罪并罚的规定处罚。

单位犯第一款罪的，对单位判处罚金，并对其直接负责的主管人员和其他直接责任人员，处五年以下有期徒刑或者拘役；数额巨大或者有其他严重情节的，处五年以上十年以下有期徒刑；数额特别巨大或者有其他特别严重情节的，处十年以上有期徒刑。

保险事故的鉴定人、证明人、财产评估人故意提供虚假的证明文件，为他人诈骗提供条件的，以保险诈骗的共犯论处。

第一百九十九条 犯本节第一百九十二条、第一百九十四条、第一百九十五条规定之罪，数额特别巨大并且给国家和人民利益造成特别重大损失的，处无期徒刑或者死刑，并处没收财产。

第二百条 单位犯本节第一百九十二条、第一百九十四条、第一百九十五条规定之罪的，对单位判处罚金，并对其直接负责的主管人员和其他直接责任人员，处五年以下有期徒刑或者拘役；数额巨大的或者有其他严重情节的，处五年以上十年以下有期徒刑；数额特别巨大或者有其他特别严重情节的，处十年以上有期徒刑或者无期徒刑。

中华人民共和国公司法

（1993年12月29日 第八届全国人民代表大会常务委员会第五次会议通过）

目 录

第一章 总则

第一条 为了适应建立现代企业制度的需要，规范公司的组织和行为，保护公司、股东和债权人的合法权益，维护社会经济秩序，促进社会主义市场经济的发展，根据宪法，制定本法。

第二条 本法所称公司是指依照本法在中国境内设立的有限责任公司和股份有限公司。

第三条 有限责任公司和股份有限公司是企业法人。

有限责任公司，股东以其出资额为限对公司承担责任，公司以其全部资产对公司的债务承担责任。

股份有限公司，其全部资本分为等额股份，股东以其所持股份为限对公司承担责任，公司以其全部资产对公司的债务承担责任。

第四条 公司股东作为出资者按投入公司的资本额享有所有者的资产受益、重大决策和选择管理者等权利。

公司享有由股东投资形成的全部法人财产权，依法享有民事权利，承担民事责任。

公司中的国有资产所有权属于国家。

第五条 公司以其全部法人财产，依法自主经营，自负盈亏。

公司在国家宏观调控下，按照市场需求自主组织生产经营，以提高经济效益、劳动生产率和实现资产保值增值为目的。

第六条 公司实行权责分明、管理科学、激励和约束相结合的内部管理体制。

第七条 国有企业改建为公司，必须依照法律、行政法规规定的条件和要求，转换经营机制，有步骤地清产核资、界定产权，清理债权债务，评估资产，建立规范的内部管理机构。

第八条 设立有限责任公司、股份有限公司，必须符合本法规定的条件。符合本法规定的条件的，登记为有限责任公司或者股份有限公司；不符合本法规定的条件的，不得登记为有限责任公司或者股份有限公司。

法律、行政法规对设立公司规定必须报经审批的，在公司登记前依法办理审批手续。

第九条 依照本法设立的有限责任公司，必须在公司名称中标明有限责任公司字样。

依照本法设立的股份有限公司，必须在公司名称中标明股份有限公司字样。

第十条 公司以其主要办事机构所在地为住所。

第十一条 设立公司必须依照本法制定公司章程。公司章程对公司、股东、董事、监事、经理具有约束力。

公司的经营范围由公司章程规定，并依法登记。公司的经营范围中属于法律、行政法规限制的项目，应当依法经过批准。

公司应当在登记的经营范围内从事经营活动。公司依照法定程序修改公司章程并经公司登记机关变更登记，可以变更其经营范围。

第十二条 公司可以向其他有限责任公司、股份有限公司投资，并以该出资额为限对所投资公司承担责任。

公司向其他有限责任公司、股份有限公司投资的，除国务院规定的投资公司和控股公司外，所累计投资额不得超过本公司净资产的百分之五十，在投资后，接受被投资公司以利润转增的资本，其增加额不包括在内。

第十三条 公司可以设立分公司，分公司不具有企业法人资格，其民事责任由公司承担。

公司可以设立子公司，子公司具有企业法人资格，依法独立承担民事责任。

第十四条 公司从事经营活动，必须遵守法律，遵守职业道德，加强社会主义精神文明建设，接受政府和社会公众的监督。

公司的合法权益受法律保护，不受侵犯。

第十五条 公司必须保护职工的合法权益，加强劳动保护，实现安全生产。

公司采用多种形式，加强公司职工的职业教育和岗位培训，提高职工素质。

第十六条 公司职工依法组织工会，开展工会活动，维护职工的合法权益。公司应当为本公司工会提供必要的活动条件。

国有独资公司和两个以上的国有企业或者其他两个以上的国有投资主体投资设立的有限责任公司，依照宪法和有关法律的规定，通过职工代表大会和其他形式，实行民主管理。

第十七条 公司中中国共产党基层组织的活动，依照中国共产党章程办理。

第十八条 外商投资的有限责任公司适用本法，有关中外合资经营企业、中外合作经营企业、外资企业的法律另有规定的，适用其规定。

第二章 有限责任公司的设立和组织机构

第一节 设立

第十九条 设立有限责任公司，应当具备下列条件：

(一) 股东符合法定人数；

(二) 股东出资达到法定资本最低限额；

(三) 股东共同制定公司章程；

(四) 有公司名称，建立符合有限责任公司要求的组织机构；

(五) 有固定的生产经营场所和必要的生产经营条件。

第二十条 有限责任公司由二个以上五十个以下股东共同出资设立。

国家授权投资的机构或者国家授权的部门可以单独投资设立国有独资的有限责任公司。

第二十一条 本法施行前已设立的国有企业，符合本法规定设立有限责任公司条件的，单一投资主体的，可以依照本法改建为国有独资的有限责任公司；多个投资主体的，可以改建为前条第一款规定的有限责任公司。

国有企业改建为公司的实施步骤和具体办法，由国务院另行规定。

第二十二条 有限责任公司章程应当载明下列事项：

(一) 公司名称和住所；

(二) 公司经营范围；

(三) 公司注册资本；

(四) 股东的姓名或者名称；

(五) 股东的权利和义务；

(六) 股东的出资方式和出资额；

(七) 股东转让出资的条件；

(八) 公司的机构及其产生办法、职权、议事规则；

(九) 公司的法定代表人；

(十) 公司的解散事由与清算办法；

(十一) 股东认为需要规定的其他事项；

股东应当在公司章程上签名，盖章。

第二十三条 有限责任公司的注册资本为在公司登记机关登记的全体股东实缴的出资额。

有限责任公司的注册资本不得少于下列最低限额：

(一) 以生产经营为主的公司人民币五十万元；

(二) 以商品批发为主的公司人民币五十万元；

(三) 以商业零售为主的公司人民币三十万元；

(四) 科技开发、咨询、服务性公司人民币十万元。

特定行业的有限责任公司注册资本最低限额需高于前款所定限额的，由法律、行政法规另行规定。

第二十四条 股东可以用货币出资，也可以用实物、工业产权、非专利技术、土地使用权作价出资。对作为出资的实物、工业产权、非专利技术或者是土地使用权，必须进行评估作价，核实财产，不得高估或者低估作价。土地使用权的评估作价，依照法律，行政法规的规定办理。

以工业产权、非专利技术作价出资的金额不得超过有限责任公司注册资本的百分之二十，国家对采用高新技术成果有特别规定的除外。

第二十五条 股东应当足额缴纳公司章程中规定的各自所认缴的出资额。股东以货币出资的，应当将货币出资足额存入准备设立的有限责任公司在银行开设的临时帐户；以实物、工业产权、非专利技术或者土地使用权出资的，应当依法办理其财产权的转移手续。

股东不按照前款规定缴纳所认缴的出资，应当向已足额缴纳出资的股东承担违约责任。

第二十六条 股东全部缴纳出资后，必须经法定的验资机构验资并出具证明。

第二十七条 股东的全部出资经法定的验资机构验资后，由全体股东指定的代表或者共同委托的代理人向公司登记机关申请设立登记，提交公司登记申请书、公司章程、验资证明等文件。

法律、行政法规规定需要经有关部门审批的，应当在申请设立登记时提交批准文件。

公司登记机关对符合本法规定条件的，予以登记，发给公司营业执照；对不符合本法规定条件的，不予登记。

公司营业执照签发日期，为有限责任公司成立日期。

第二十八条 有限责任公司成立后，发现作为出资的实物、工业产权、非专利技术、土地使用权的实际价额显著低于公司章程所定价额的，应当由交付该出资的股东补交其差额，公司设立时的其他股东对其承担连带责任。

第二十九条 设立有限责任公司的同时设立分公司的，应当就所设分公司向公司登记机关申请登记，领取营业执照。

有限责任公司成立后设立分公司，应当由公司法定代表人向公司登记机关申请登记，领取营业执照。

第三十条 有限责任公司成立后，应当向股东签发出资证明书。

出资证明书应当载明下列事项：

(一) 公司名称；

(二) 公司登记日期；

(三) 公司注册资本；

(四) 股东的姓名或者名称、缴纳的出资额和出资日期；

(五) 出资证明书的编号和核发日期。

出资证明书由公司盖章。

第三十一条 有限责任公司应当置备股东名册，记载下列事项：

(一) 股东的姓名或者名称及住所；

(二) 股东的出资额；

(三) 出资证明书编号。

第三十二条 股东有权查阅股东会会议记录和公司财务会计报告。

第三十三条 股东按照出资比例分取红利。公司新增资本时，股东可以优先认缴出资。

第三十四条 股东在公司登记后，不得抽回出资。

第三十五条 股东之间可以相互转让其全部出资或者部分出资。

股东向股东以外的人转让其出资时，必须经全体股东过半数同意；不同意转让的股东应当购买该转让的出资，如果不购买该转让的出资，视为同意转让。

经股东同意转让的出资，在同等条件下，其他股东对该出资有优先购买权。

第三十六条 股东依法转让其出资后，由公司将受让人的姓名或者名称、住所以及受让的出资额记载于股东名册。

第二节 组织机构

第三十七条 有限责任公司股东会由全体股东组成，股东会是公司的权力机构，依照本法行使职权。

第三十八条 股东会行使下列职权：

（一）决定公司的经营方针和投资计划；

（二）选举和更换董事，决定有关董事的报酬事项；

（三）选举和更换由股东代表出任的监事，决定有关监事的报酬事项；

（四）审议批准董事会的报告；

（五）审议批准监事会或者监事的报告；

（六）审议批准公司的年度财务预算方案、决算方案；

（七）审议批准公司的利润分配方案和弥补亏损方案；

（八）对公司增加或者减少注册资本作出决议；

（九）对发行公司债券作出决议；

（十）对股东向股东以外的人转让出资作出决议；

（十一）对公司合并、分立、变更公司形式、解散和清算等事项作出决议；

（十二）修改公司章程。

第三十九条 股东会的议事方式和表决程序，除本法有规定的以外，由公司章程规定。

股东会对公司增加或者减少注册资本、分立、合并、解散或者变更公司形式作出决议，必须经代表三分之二以上表决权的股东通过。

第四十条 公司可以修改章程。修改公司章程的决议，必须经代表三分之二以上表决权的股东通过。

第四十一条 股东会会议由股东按照出资比例行使表决权。

第四十二条 股东会的首次会议由出资最多的股东召集和主持，依照本法规定行使职权。

第四十三条 股东会会议分为定期会议和临时会议。

定期会议应当按照公司章程的规定按时召开。代表四分之一以上表决权的股东，三分之一以上董事，或者监事，可以提议召开临时会议。

有限责任公司设立董事会的，股东会会议由董事会召集，董事长主持，董事长因特殊原因不能履行职务时，由董事长指定的副董事长或者其他董事主持。

第四十四条 召开股东会会议，应当于会议召开十五日以前通知全体股东。

股东会应当对所议事项的决定作成会议记录，出席会议的股东应当在会议记录上签名。

第四十五条 有限责任公司设董事会，其成员为三人至十三人。

两个以上的国有企业或者其他两个以上的国有投资主体投资设立的有限责任公司，其董事会成员中应当有公司职工代表。董事会中的职工代表由公司职工民主选举产生。

董事会设董事长一人，可以设副董事长一至二人。董事长、副董事长的产生办法由公司章程规定。

董事长为公司的法定代表人。

第四十六条 董事会对股东会负责，行使下列职权：

（一）负责召集股东会，并向股东会报告工作；

（二）执行股东会的决议；

（三）决定公司的经营计划和投资方案；

（四）制订公司的年度财务预算方案、决算方案；

（五）制订公司的利润分配方案和弥补亏损方案；

（六）制订公司增加或者减少注册资本的方案；

（七）拟订公司合并、分立、变更公司形式、解散的方案；

（八）决定公司内部管理机构的设置；

（九）聘任或者解聘公司经理（总经理）（以下简称“经理”），根据经理的提名，聘任或者解聘公司副经理、财务负责人，决定其报酬事项；

（十）制定公司的基本管理制度。

第四十七条 董事任期由公司章程规定，但每届任期不得超过三年。董事任期届满，连选可以连任。

董事在任期届满前，股东会不得无故解除其职务。

第四十八条 董事会会议由董事长召集和主持；董事长因特殊原因不能履行职务时，由董事长指定副董事长或者其他董事召集和主持。三分之一以上董事可以提议召开董事会会议。

第四十九条 董事会的议事方式和表决程序，除本法有规定的以外，由公司章程规定。

召开董事会会议，应当由会议召开十日以前通知全体董事。

董事会应当对所议事项的决定作成会议记录，出席会议的董事应当在会议记录上签名。

第五十条 有限责任公司设经理，由董事会聘任或者解聘。经理对董事会负责，行使下列职权：

（一）主持公司的生产经营管理工作，组织实施董事会决议；

（二）组织实施公司年度经营计划和投资方案；

（三）拟订公司内部管理机构设置方案；

（四）拟订公司的基本管理制度；

（五）制定公司的具体规章；

（六）提请聘任或者解聘公司副经理、财务负责人；

（七）聘任或者解聘除应由董事会聘任或者解聘以外的负责管理人员；

（八）公司章程和董事会授予的其他职权。

经理列席董事会会议。

第五十一条 有限责任公司，股东人数较少和规模较小的，可以设一名执行董事，不设立董事会。执行董事可以兼任公司经理。

执行董事的职权，应当参照本法第四十六条规定，由公司章程规定。

有限责任公司不设董事会的，执行董事为公司的法定代表人。

第五十二条 有限责任公司，经营规模较大的，设立监事会，其成员不得少于三人。监事会应在其组成人员中推选一名召集人。

监事会由股东代表和适当比例的公司职工代表组成，具体比例由公司章程规定。监事会中的职工代表由公司职工民主选举产生。

有限责任公司，股东人数较少和规模较小的，可以设一至二名监事。

董事、经理及财务负责人不得兼任监事。

第五十三条 监事的任期每届为三年。监事任期届满，连选可以连任。

第五十四条 监事会或者监事行使下列职权：

（一）检查公司财务；

（二）对董事、经理执行公司职务时违反法律、法规或者公司章程的行为进行监督；

（三）当董事和经理的行为损害公司的利益时，要求董事和经理予以纠正；

（四）提议召开临时股东会；

（五）公司章程规定的其他职权。

监事列席董事会会议。

第五十五条 公司研究决定有关职工工资、福利、安全生产以及劳动保护、劳动保险等涉及职工切身利益的问题，应当事先听取公司工会和职工的意见，并邀请工会或者职工代表列席有关会议。

第五十六条 公司研究决定生产经营的重大问题、制定重要的规章制度时，应当听取公司工会和职工的意见和建议。

第五十七条 有下列情形之一的，不得担任公司的董事、监事、经理：

（一）无民事行为能力或者限制民事行为能力；

（二）因犯有贪污、贿赂、侵占财产、挪用财产罪或者破坏社会经济秩序罪，被判处刑罚，执行期满未逾五年，或者因犯罪被剥夺政治权利，执行期满未逾五年；

（三）担任因经营不善破产清算的公司、企业的董事或者厂长、经理，并对该公司、企业的破产负有个人责任的，自该公司、企业破产清算完结之日起未逾三年；

（四）担任因违法被吊销营业执照的公司、企业的法定代表人，并负有个人责任的，自该公司、企业被吊销营业执照之日起未逾三年；

（五）个人所负数额较大的债务到期未清偿。

公司违反前款规定选举、委派董事、监事或者聘任经理的，该选举、委派或者聘任无效。

第五十八条 国家公务员不得兼任公司的董事、监事、经理。

第五十九条 董事、监事、经理应当遵守公司章程，忠实履行职务，维护公司利益，不得利用在公司的地位和职权为自己谋取私利。

董事、监事、经理不得利用职权收受贿赂或者其他非法收入，不得侵占公司的财产。

第六十条 董事、经理不得挪用公司资金或者将公司资金借贷给他人。

董事、经理不得将公司资产以其个人名义或者以其他个人名义开立帐户存储。

董事、经理不得以公司资产为本公司的股东或者其他个人债务提供担保。

第六十一条 董事、经理不得自营或者为他人经营与其所任职公司同类的营业或者从事损害本公司利益的活动。从事上述营业或者活动的，所得收入应当归公司所有。

董事、经理除公司章程规定或者股东会同意外，不得同本公司订立合同或者进行交易。

第六十二条 董事、监事、经理除依照法律规定或者经股东会同意外，不得泄露公司秘密。

第六十三条 董事、监事、经理执行公司职务时违反法律、行政法规或者公司章程的规定，给公司造成损害的，应当承担赔偿责任。

第三节 国有独资公司

第六十四条 本法所称国有独资公司是指国家授权投资的机构或者国家授权的部门单独投资设立的有限责任公司。

国务院确定的生产特殊产品的公司或者属于特定行业的公司，应当采取国有独资公司形式。

第六十五条 国有独资公司的公司章程由国家授权投资的机构或者国家授权的部门依照本法制定，或者由董事会制订，报国家授权投资的机构或者国家授权的部门批准。

第六十六条 国有独资公司不设股东会，由国家授权投资的机构或者国家授权的部门，授权公司董事会行使股东会的部分职权，决定公司的重大事项，但公司的合并、分立、解散、增减资本和发行公司债券，必须由国家授权投资的机构或者国家授权的部门决定。

第六十七条 国家授权投资的机构或者国家授权的部门依照法律、行政法规的规定，对国有独资公司的国有资产实施监督管理。

第六十八条 国有独资公司设立董事会，依照本法第四十六条、第六十六条规定行使职权。董事会每届任期为三年。

公司董事会成员为三人至九人，由国家授权投资的机构或者国家授权的部门按照董事会的任期委派或者更换。董事会成员中应当有公司职工代表。董事会中的职工代表由公司职工民主选举产生。

董事会设董事长一人，可以视需要设副董事长。董事长、副董事长，由国家授权投资的机构或者国家授权的部门从董事会成员中指定。

董事长为公司的法定代表人。

第六十九条 国有独资公司设经理，由董事会聘任或者解聘。经理依照本法第五十条规定行使职权。

经国家授权投资的机构或者国家授权的部门同意，董事会成员可以兼任经理。

第七十条 国有独资公司的董事长、副董事长、董事、经理，未经国家授权投资的机构或者国家授权的部门同意，不得兼任其他有限责任公司、股份有限公司或者其他经营组织的负责人。

第七十一条 国有独资公司的资产转让，依照法律、行政法规的规定，由国家授权投资的机构或者国家授权的部门办理审批和财产转移手续。

第七十二条 经营管理制度健全、经营状况较好的大型的国有独资公司，可以由国务院授权行使资产所有者的权利。

第三章 股份有限公司的设立和组织机构

第一节 设立

第七十三条 设立股份有限公司，应当具备下列条件：

（一）发起人符合法定人数；

（二）发起人认缴和社会公开募集的股本达到法定资本最低限额；

（三）股份发行、筹办事项符合法律规定；

（四）发起人制订公司章程，并经创立大会通过；

（五）有公司名称，建立符合股份有限公司要求的组织机构；

（六）有固定的生产经营场所和必要的生产经营条件。

第七十四条 股份有限公司的设立，可以采取发起设立或者募集设立的方式。

发起设立，是指由发起人认购公司应发行的全部股份而设立公司。

募集设立，是指由发起人认购公司应发行股份的一部分，其余部分向社会公开募集而设立公司。

第七十五条 设立股份有限公司，应当有五人以上为发起人，其中须有过半数的发起人在中国境内有住所。

国有企业改建为股份有限公司的，发起人可以少于五人，但应当采取募集设立方式。

第七十六条 股份有限公司发起人，必须按照本法规定认购其应认购的股份，并承担公司筹办事务。

第七十七条 股份有限公司的设立，必须经过国务院授权的部门或者省级人民政府批准。

第七十八条 股份有限公司的注册资本为在公司登记机关登记的实收股本总额。

股份有限公司注册资本的最低限额为人民币一千万元。股份有限公司注册资本最低限额需高于上述所定限额的，由法律、行政法规另行规定。

第七十九条 股份有限公司章程应当载明下列事项：

（一）公司名称和住所；

（二）公司经营范围；

（三）公司设立方式；

（四）公司股份总数、每股金额和注册资本；

（五）发起人的姓名或者名称、认购的股份数；

（六）股东的权利和义务；

（七）董事会的组成、职权、任期和议事规则；

（八）公司法定代表人；

（九）监事会的组成、职权、任期和议事规则；

（十）公司利润分配法；

（十一）公司的解散事由与清算办法；

（十二）公司的通知和公告办法；

（十三）股东大会认为需要规定的其他事项。

第八十条 发起人可以用货币出资，也可以用实物、工业产权、非专利技术、土地使用权作价出资。对作为出资的实物、工业产权、非专利技术或者土地使用权，必须进行评估作价，核实财产，并折合为股份。不得高估或者低估作价。土地使用权的评估作价，依照法律、行政法规的规定办理。

发起人以工业产权、非专利技术作价出资的金额不得超过股份有限公司注册资本的百分之二十。

第八十一条 国有企业改建为股份有限公司时，严禁将国有资产低价折股、低价出售或者无偿分给个人。

第八十二条 以发起设立方式设立股份有限公司的，发起人以书面认足公司章程规定发行的股份后，应即缴纳全部股款；以实物、工业产权、非专利技术或者土地使用权抵作股款的，应当依法办理其财产权的转移手续。

发起人交付全部出资后，应当选举董事会和监事会，由董事会向公司登记机关报送设立公司的批准文件、公司章程、验资证明等文件，申请设立登记。

第八十三条 以募集设立方式设立股份有限公司的，发起人认购的股份不得少于公司股份总数的百分之三十五，其余股份应当向社会公开募集。

第八十四条 发起人向社会公开募集股份时，必须向国务院证券管理部门递交募股申请，并报送下列主要文件：

（一）批准设立公司的文件；

（二）公司章程；

（三）经营估算书；

（四）发起人姓名或者名称，发起人认购的股份数、出资种类及验资证明；

（五）招股说明书；

（六）代收股款银行的名称及地址；

（七）承销机构名称及有关的协议。

未经国务院证券管理部门批准，发起人不得向社会公开募集股份。

第八十五条 经国务院证券管理部门批准，股份有限公司可以向境外公开募集股份，具体办法由国务院作出特别规定。

第八十六条 国务院证券管理部门对符合本法规定条件的募股申请，予以批准；对不符合本法规定的募股申请，不予批准。

对已作出的批准如发现不符合本法规定的，应予撤销。尚未募集股份的，停止募集；已经募集的，认股人可以按照所缴股款并加算银行同期存款利息，要求发起人返还。

第八十七条 招股说明书应当附有发起人制订的公司章程，并载明下列事项：

（一）发起人认购的股份数；

（二）每股的票面金额和发行价格；

（三）无记名股票的发行总数；

（四）认股人的权利、义务

（五）本次募股的起止期限及逾期未募足时认股人可撤回所认股份的说明。

第八十八条 发起人向社会公开募集股份，必须公告招股说明书，并制作认股书。认股书应当载明前条所列事项，由认股人填写所认股数、金额、住所，并签名、盖章。认股人按照所认股数缴纳股款。

第八十九条 发起人向社会公开募集股份，应当由依法设立的证券经营机构承销，签订承销协议。

第九十条 发起人向社会公开募集股份，应当同银行签订代收股款协议。

代收股款的银行应当按照协议代收和保存股款，向缴纳股款的认股人出具收款单据，并负有向有关部门出具收款证明的义务。

第九十一条 发行股份的股款缴足后，必须经法定的验资机构验资并出具证明。发起人应当在三十日内主持召开公司创立大会。创立大会由认股人组成。

发行的股份超过招股说明书规定的截止期限尚未募足的，或者发行股份的股款缴足后，发起人在三十日内未召开创立大会的，认股人可以按照所缴股款并加算银行同期存款利息，要求发起人返还。

第九十二条 发起人应当在创立大会召开十五日前将会议日期通知各认股人或者予以公告。创立大会应有代表股份总数二分之一以上的认股人出席，方可举行。

创立大会行使下列职权：

（一）审议发起人关于公司筹办情况的报告；

（二）通过公司章程；

（三）选举董事会成员；

（四）选举监事会成员；

（五）对公司的设立费用进行审核；

（六）对发起人用于抵作股款的财产的作价进行审核；

（七）发生不可抗力或者经营条件发生重大变化直接影响公司设立的，可以作出不设立公司的决议。

创立大会对前款所列事项作出决议，必须经出席会议的认股人所持表决权的半数以上通过。

第九十三条 发起人、认股人缴纳股款或者交付抵作股款的出资后，除未按期募足股份、发起人未按期召开创立大会或者创立大会决议不设立公司的情形外，不得抽回其股本。

第九十四条 董事会应于创立大会结束后三十日内，向公司登记机关报送下列文件，申请设立登记：

（一）有关主管部门的批准文件；

（二）创立大会的会议记录；

（三）公司章程；

（四）筹办公司的财务审计报告；

（五）验资证明；

（六）董事会、监事会成员姓名及住所；

（七）法定代表人的姓名、住所。

第九十五条 公司登记机关自接到股份有限公司设立登记申请之日起三十日内作出是否予以登记的决定。对符合本法规定条件的，予以登记，发给公司营业执照；对不符合本法规定条件的，不予登记。

公司营业执照签发日期，为公司成立日期。公司成立后，应当进行公告。

股份有限公司经登记成立后，采取募集设立方式的，应当将募集股份情况报国务院证券管理部门备案。

第九十六条 设立股份有限公司的同时设立分公司的，应当就所设分公司向公司登记机关申请登记，领取营业执照。

股份有限公司成立后设立分公司，应当由公司法定代表人向公司登记机关申请登记，领取营业执照。

第九十七条 股份有限公司的发起人应当承担下列责任：

（一）公司不能成立时，对设立行为所产生的债务和费用负连带责任；

（二）公司不能成立时，对认股人已缴纳的股款，负返还股款并加算银行同期存款利息的连带责任；

（三）在公司设立过程中，由于发起人的过失致使公司利益受到损害的，应当对公司承担赔偿责任。

第九十八条 有限责任公司变更为股份有限公司，应当符合本法规定的股份有限公司的条件，并依照本法有关设立股份有限公司的程序办理。

第九十九条 有限责任公司依法经批准变更为股份有限公司时，折合的股份总额应当相等于公司净资产额。有限责任公司依法经批准变更为股份有限公司，为增加资本向社会公开募集股份时，应当依照本法有关向社会公开募集股份的规定办理。

第一百条 有限责任公司依法变更为股份有限公司的，原有限责任公司的债权、债务由变更后的股份有限公司承继。

第一百零一条 股份有限公司应当将公司章程、股东名册、股东大会会议记录、财务会计报告置备于本公司。

第二节 股东大会

第一百零二条 股份有限公司由股东组成股东大会。股东大会是公司的权力机构，依照本法行使职权。

第一百零三条 股东大会适合下列职权：

（一）决定公司的经营方针和投资计划；

（二）选举和更换董事，决定有关董事的报酬事项；

（三）选举和更换由股东代表出任的监事，决定有关监事的报酬事项；

（四）审议批准董事会的报告；

（五）审议批准监事会的报告；

（六）审议批准公司的年度财务预算方案、决算方案；

（七）审议批准公司的利润分配方案和弥补亏损方案；

（八）对公司增加或者减少注册资本作出决议；

（九）对发行公司债券作出决议；

（十）对公司合并、分立、解散和清算等事项作出决议；

（十一）修改公司章程。

第一百零四条 股东大会应当每年召开一次年会。有下列情形之一的，应当在二个月内召开临时股东大会：

（一）董事人数不足本法规定的人数或者公司章程所定人数的三分之二时；

（二）公司未弥补的亏损达股本总额三分之一时；

（三）持有公司股份百分之十以上的股东请求时；

（四）董事会认为必要时；

（五）监事会提议召开时。

第一百零五条 股东大会会议由董事会依照本法规定负责召集，由董事长主持。董事长因特殊原因不能履行职务时，由董事长指定的副董事长或者其他董事主持。召开股东大会，应当将会议审议的事项于会议召开三十日以前通知各股东。临时股东大会不得对通知未列明的事项作出决议。

发行无记名股票时的，应当于会议召开四十五日以前就前款事项作出公告。

无记名股票持有人出席股东大会的，应当于会议召开五日以前至股东大会闭会时止将股票交存于公司。

第一百零六条 股东出席股东大会，所持每一股份有一表决权。

股东大会作出决议，必须经出席会议的股东所持表决权的半数以上通过。股东大会对公司合并、分立或者解散公司作出决议，必须经出席会议的股东所持表决权的三分之二以上通过。

第一百零七条 修改公司章程必须经出席股东大会的股东所持表决权的三分之二以上通过。

第一百零八条 股东可以委托代理人出席股东大会，代理人应当向公司提交股东授权委托书，并在授权范围内行使表决权。

第一百零九条 股东大会应当对所议事项的决定作成会议记录，由出席会议的董事签名。会议记录应当与出席股东的签名册及代理出席的委托书一并保存。

第一百一十条 股东有权查阅公司章程、股东大会会议记录和财务会计报告，对公司的经营提出建议或者质询。

第一百一十一条 股东大会、董事会的决议违反法律、行政法规，侵犯股东合法权益的，股东有权向人民法院提起要求停止该违法行为和侵害行为的诉讼。

第三节 董事会、经理

第一百一十二条 股份有限公司设董事会，其成员为五人至十九人。

董事会对股东大会负责，行使下列职权：

（一）负责召集股东大会，并向股东大会报告工作；

（二）执行股东大会的决议；

（三）决定公司的经营计划和投资方案；

（四）制订公司的年度财务预算方案、决算方案；

（五）制订公司的利润分配方案和弥补亏损方案；

（六）制订公司增加或者减少注册资本的方案以及发行公司债券的方案；

（七）拟订公司合并、分立、解散的方案；

（八）决定公司内部管理机构的设置；

（九）聘任或者解聘公司经理，根据经理的提名，聘任或者解聘公司副经理、财务负责人，决定其报酬事项；

（十）制定公司的基本管理制度。

第一百一十三条 董事会设董事长一人，可以设副董事长一至二人。董事长和副董事长由董事会以全体董事过半数选举产生。

董事长为公司的法定代表人。

第一百一十四条 董事长行使下列职权：

（一）主持股东大会和召集、主持董事会会议；

（二）检查董事会决议的实施情况；

（三）签署公司股票、公司债券。

副董事长协助董事长工作，董事长不能履行职权时，由董事长指定的副董事长代行其职权。

第一百一十五条 董事任期由公司章程规定，但每届任期不得超过三年。董事任期届满，连选可以连任。

董事在任期届满前，股东大会不得无故解除其职务。

第一百一十六条 董事会每年度至少召开二次会议，每次会议当于会议召开十日以前通知全体董事。

董事会召开临时会议，可以另定召集董事会的通知方式和通知时限。

第一百一十七条 董事会会议应由二分之一以上的董事出席方可举行。董事会作出决议，必须经全体董事的过半数通过。

第一百一十八条 董事会会议，应由董事本人出席。董事因故不能出席，可以书面委托其他董事代为出席董事会，委托书中应载明授权范围。

董事会应当对会议所议事项的决定作成会议记录，出席会议的董事和记录员在会议记录上签名。

董事应当对董事会的决议承担责任。董事会的决议违反法律、行政法规或者公司章程，致使公司遭受严重损失的，参与决议的董事对公司负赔偿责任。但经证明在表决时曾表明异议并记载于会议记录的，该董事可以免除责任。

第一百一十九条 股份有限公司设经理，由董事会聘任或者解聘。经理对董事会负责，行使下列职权：

（一）主持公司的生产经营管理工作，组织实施董事会决议；

（二）组织实施公司年度经营计划和投资方案；

（三）拟订公司内部管理机构设置方案；

（四）拟订公司的基本管理制度；

（五）制定公司的具体规章；

（六）提请聘任或者解聘公司副经理、财务负责人；

（七）聘任或者解聘除应由董事会聘任或者解聘以外的负责管理人员；

（八）公司章程和董事会授予的其他职权。

经理列席董事会会议。

第一百二十条 公司根据需要，可以由董事会授权董事长在董事会闭会期间，行使董事会的部分职权。

公司董事会可以决定，由董事会成员兼任经理。

第一百二十一条 公司研究决定有关职工工资、福利、安全生产以及劳动保护、劳动保险等涉及职工切身利益的问题，应当事先听取公司工会和职工的意见，并邀请工会或者职工代表列席有关会议。

第一百二十二条 公司研究决定生产经营的重大问题、制定重要的规章制度时，应当听取公司工会和职工的意见和建议。

第一百二十三条 董事、经理应当遵守公司章程，忠实履行职务，维护公司利益，不得利用在公司的地位和职权为自己谋取私利。

本法第五十七条至第六十三条有关不得担任董事、经理的规定以及董事、经理义务、责任的规定，适用于股份有限公司的董事、经理。

第四节 监事会

第一百二十四条 股份有限公司设监事会，其成员不得少于三人。监事会应在其组成人员中推行一名召集人。

监事会由股东代表和适当比例的公司职工代表组成，具体比例由公司章程规定。监事会中的职工代表由公司职工民主选举产生。

董事、经理及财务负责人不得兼任监事。

第一百二十五条 监事的任期每届为三年。监事任期届满，连选可以连任。

第一百二十六条 监事会行使下列职权：

（一）检查公司的财务；

（二）对董事、经理执行公司职务时违反法律、法规或者公司章程的行为进行监督；

（三）当董事和经理的行为损害公司的利益时，要求董事和经理予以纠正；

（四）提议召开临时股东大会；

（五）公司章程规定的其他职权。

监事列席董事会会议。

第一百二十七条 监事会的议事方式和表决程序由公司章程规定。

第一百二十八条 监事应当依照法律、行政法规、公司章程，忠实履行监督职责。

本法第五十七条至第五十九条、第六十二条至第六十三条有关不得担任监事的规定以及监事义务、责任的规定，适用于股份有限公司的监事。

第四章 股份有限公司的股份发行和转让

第一节 股份发行

第一百二十九条 股份有限公司的资本划分为股份，每一股的金额相等。

公司的股份采取股票的形式。股票是公司签发的证明股东所持股份的凭证。

第一百三十条 股份的发行，实行公开、公平、公正的原则，必须同股同权，同股同利。

同次发行的股票，每股的发行条件和价格应当相同。任何单位或者个人所认购的股份，每股应当支付相同价额。

第一百三十一条 股票发行价格可以按票面金额，也可以超过票面金额，但不得低于票面金额。

以超过票面金额为股票发行价格的，须经国务院证券管理部门批准。

以超过票面金额发行股票所得溢价款列入公司资本公积金。

股票溢价发行的具体管理办法由国务院另行规定。

第一百三十二条 股票采用纸面形式或者国务院证券管理部门规定的其他形式。

股票应当载明下列主要事项：

（一）公司名称；

（二）公司登记成立的日期；

（三）股票种类、票面金额及代表的股份数；

（四）股票的编号。

股票由董事长签名，公司盖章。

发起人的股票，应当标明发起人股票字样。

第一百三十三条 公司向发起人、国家授权投资的机构、法人发行的股票，应当为记名股票，并应当记载该发起人、机构或者法人的名称，不得另立户名或者以代表人姓名记名。

对社会公众发行的股票，可以为记名股票，也可以为无记名股票。

第一百三十四条 公司发行记名股票的，应当置备股东名册，记载下列事项：

（一）股东的姓名或者名称及住所；

（二）各股东所持股份数；

（三）各股东所持股票的编号；

（四）各股东取得其股份的日期。

发行无记名股票的，公司应当记载其股票数量、编号及发行日期。

第一百三十五条 国务院可以对公司发行本法规定的股票以外的其他种类的股票，另行作出规定。

第一百三十六条 股份有限公司登记成立后，即向股东正式交付股票。公司登记成立前不得向股东交付股票。

第一百三十七条 公司发行新股，必须具备下列条件：

（一）前一次发行的股份已募足，并间隔一年以上；

（二）公司在最近三年内连续盈利，并可向股东支付股利；

（三）公司在最近三年内财务会计文件无虚假记载；

（四）公司预期利润率可达同期银行存款利率。

公司以当年利润分派新股，不受前款第（二）项限制。

第一百三十八条 公司发行新股，股东大会应当对下列事项作出决议：

（一）新股种类及数额；

（二）新股发行价格；

（三）新股发行的起止日期；

（四）向原有股东发行新股的种类及数额。

第一百三十九条 股东大会作出发行新股的决议后，董事会必须向国务院授权的部门或者省级人民政府申请批准。属于向社会公开募集的，须经国务院证券管理部门批准。

第一百四十条 公司经批准向社会公开发行新股时，必须公告新股招股说明书和财务会计报表及附属明细表，并制作认股书。

公司向社会公开发行新股，应当由依法设立的证券经营机构承销，签订承销协议。

第一百四十一条 公司发行新股，可根据公司连续盈利情况和财产增值情况，确定其作价方案。

第一百四十二条 公司发行新股募足股款后，必须向公司登记机关办理变更登记，并公告。

第二节 股份转让

第一百四十三条 股东持有的股份可以依法转让。

第一百四十四条 股东转让其股份，必须在依法设立的证券交易场所进行。

第一百四十五条 记名股票，由股东以背书方式或者法律、行政法规规定的其他方式转让。

记名股票的转让，由公司将受让人的姓名或者名称及住所记载于股东名册。

股东大会召开前三十日内或者公司决定分配股利的基准日前五日内，不得进行前款规定的股东名册的变更登记。

第一百四十六条 无记名股票的转让，由股东在依法设立的证券交易场所将该股票交付给受让人后即发生转让的效力。

第一百四十七条 发起人持有的本公司股份，自公司成立之日起三年内不得转让。

公司董事、监事、经理应当向公司申报所持有的本公司的股份，并在任职期间内不得转让。

第一百四十八条　国家授权投资的机构可以依法转让其持有的股份，也可购买其他股东持有的股份。转让或者购买股份的审批权限、管理办法，由法律、行政法规另行规定。

第一百四十九条　公司不得收购本公司的股票，但为减少公司资本而注销股份或者与持有本公司股票的其他公司合并时除外。

公司依照前款规定收购本公司的股票后，必须在十日内注销该部分股份，依照法律、行政法规办理变更登记，并公告。

公司不得接受本公司的股票作为抵押权的标的。

第一百五十条　记名股票被盗、遗失或者灭失，股东可以依照民事诉讼法规规定的公示催告程序，请求人民法院宣告该股票失效。

依照公示催告程序，人民法院宣告该股票失效后，股东可以向公司申请补发股票。

第三节　上市公司

第一百五十一条　本法所称上市公司是指所发行的股票经国务院或者国务院授权证券管理部门批准在证券交易所上市交易的股份有限公司。

第一百五十二条　股份有限公司申请其股票上市必须符合下列条件：

（一）股票经国务院证券管理部门批准已向社会公开发行；

（二）公司股本总额不少于人民币五千万元；

（三）开业时间在三年以上，最近三年连续盈利；原国有企业依法改建而设立的，或者本法实施后新组建成立，其主要发起人为国有大中型企业的，可连续计算；

（四）持有股票面值达人民币一千元以上的股东人数不少于一千人，向社会公开发行的股份达公司股份总数的百分之二十五以上；公司股本总额超过人民币四亿元的，其向社会公开发行股份的比例为百分之十五以上。

（五）公司在最近三年内无重大违法行为，财务会计报告无虚假记载；

（六）国务院规定的其他条件。

第一百五十三条　股份有限公司申请其股票上市交易，应当报经国务院或者国务院授权证券管理部门批准，依照有关法律、行政法规的规定报送有关文件。

国务院或者国务院授权证券管理部门对符合本法规定条件的股票上市交易申请，予以批准；对不符合本法规定条件的，不予批准。

股票上市交易申请经批准后，被批准的上市公司必须公告其股票上市报告，并将其申请文件存放在指定的地点供公众查阅。

第一百五十四条　经批准的上市公司的股份，依照有关法律、行政法规上市交易。

第一百五十五条　经国务院证券管理部门批准，公司股票可以到境外上市，具体办法由国务院作出特别规定。

第一百五十六条　上市公司必须按照法律、行政法规的规定，定期公开其财务状况和经营情况，在每会计年度内半年公布一次财务会计报告。

第一百五十七条　上市公司有下列情形之一的，由国务院证券管理部门决定暂停其股票上市：

（一）公司股本总额、股权分布等变化不再具备上市条件；

（二）公司不按规定公开其财务状况，或者对财务会计报告作虚假记载；

（三）公司有重大违法行为；

（四）公司最近三年连续亏损。

第一百五十八条　上市公司有前条第（二）项、第（三）项所列情形这一经查实后果严重的，或者有前条第（一）项、第（四）项所列情形之一，在限期内未能消除，不具备上市条件的，由国务院证券管理部门决定终止其股票上市。

公司决议解散、被行政主管部门依法责令关闭或者被宣告破产的，由国务院证券管理部门决定终止其股票上市。

第五章　公司债券

第一百五十九条　股份有限公司、国有独资公司和两个以上的国有企业或者其他两个以上的国有投资主体投资设立的有限责任公司，为筹集生产经营资金，可以依照本法发行公司债券。

第一百六十条　本法所称公司债券是指公司依照法定程序发行的、约定在一定期限还本付息的有价证券。

第一百六十一条　发行公司债券，必须符合下列条件：

（一）股份有限公司的净资产额不低于人民币三千万元，有限责任公司的净资产额不低于人民币六千万元；

（二）累计债券总额不超过公司净资产额的百分之四十；

（三）最近三年平均可分配利润足以支付公司债券一年的利息；

（四）筹集的资金投向符合国家产业政策；

（五）债券的利率不得超过国务院限定的利率水平；

（六）国务院规定的其他条件。

发行公司债券筹集的资金，必须用于审批机关批准的用途，不得用于弥补亏损和非生产性支出。

第一百六十二条　凡有下列情形之一的，不得再次发行公司债券：

（一）前一次发行的公司债券尚未募足的；

（二）对已发行的公司债券或者其债务有违约或者延迟支付本息的事实，且仍处于继续状态的。

第一百六十三条　股份有限公司、有限责任公司发行公司债券，由董事会制订方案，股东会作出决议。国有独资公司发行公司债券，应由国家授权投资的机构或者国家授权的部门作出决定。

依照前二款规定作出决议或者决定后，公司应当向国务院证券管理部门报请批准。

第一百六十四条　公司债券的发行规模由国务院确定。国务院证券管理部门审批公司债券的发行，不得超过国务院确定的规模。

国务院证券管理部门对符合本法规定的发行公司债券的申请，予以批准，对不符合本法规定的申请，不予批准。

对已作出的批准如发现不符合本法规定的，应予撤销。尚未发行公司债券的，停止发行；已经发行公司债券的，发行的公司应当向认购人退还所缴款项并加算银行同期存款利息。

第一百六十五条　公司向国务院证券管理部门申请批准发行公司债券，应当提交下列文件；

（一）公司登记证明；

（二）公司章程；

（三）公司债券募集办法；

（四）资产评估报告和验资报告。

第一百六十六条　发行公司债券的申请经批准后，应当公告公司债券募集办法。

公司债券募集办法中应当载明下列主要事项：

（一）公司名称；

（二）债券总额和债券的票面金额；

（三）债券的利率；

（四）还本付息的期限和方式；

（五）债券发行的起止日期；

（六）公司净资产额；

（七）已发行的尚未到期的公司债券总额；

（八）公司债券的承销机构。

第一百六十七条　公司发行公司债券，必须在债券上载明公司名称、债券票面金额、利率、偿还期限等事项，并由董事长签名，公司盖章。

第一百六十八条　公司债券可分为记名债券和无记名债券。

第一百六十九条　公司发行公司债券应当置备公司债券存根薄。

发行记名公司债券的，应当在公司债券存根簿上载明下列事项：

（一）债券持有人的姓名或者名称及住所；

（二）债券持有人取得债券的日期及债券的编号；

（三）债券总额，债券的票面金额，债券的利率，债券的还本付息的期限和方式；

（四）债券发行日期。

发行无记名公司债券的，应当在公司债券存根簿上载明债券总额、利率、偿还期限和方式、发行日期及债券的编号。

第一百七十条 公司债券可以转让。转让公司债券应当在依法设立证券交易场所进行。

公司债券的转让价格由转让人与受让人约定。

第一百七十一条 记名债券，由债券持有人以背书方式或者法律、行政法规规定的其他方式转让。

记名债券的转让，由公司将受让人的姓名或者名称及住所记载于公司债券存根簿。

无记名债券，由债券持有人在依法设立的证券交易场所将该债券交付给受让人后即发生转让的效力。

第一百七十二条 上市公司经股东大会决议可以发行可转换为股票的公司债券，并在公司债券募集办法中规定具体的转换办法。

发行可转换为股票的公司债券，应当在报请国务院证券管理部门批准。公司债券可转换为股票的，除具备发行公司债券的条件外，还应当符合股票发行的条件。

发行可转换为股票的公司债券，应当在债券上标明可转换公司债券字样，并在公司债券存根簿上载明可转换公司债券的数额。

第一百七十三条 发行可转换为股票的公司债券的，公司应当按照其转换办法向债券持有人换发股票，但债券持有人对转换股票或者不转换股票有选择权。

第六章　公司财务、会计

第一百七十四条 公司应当依照法律、行政法规和国务院财政主管部门的规定建立本公司的财务、会计制度。

第一百七十五条 公司应当在每一会计年度终了时制作财务会计报告，并依法经审查验证。

财务会计报告应当包括下列财务会计报表及附属明细表：

（一）资产负债表；

（二）损益表；

（三）财务状况变动表；

（四）财务情况说明书；

（五）利润分配表。

第一百七十六条 有限责任公司应当按照公司章程规定的期限将财务会计报告送交各股东。

股份有限公司的财务会计报告应当在召开股东大会年会的二十日以前置备于本公司，供股东查阅。

以募集设立方式成立的股份有限公司必须公告其财务会计报告。

第一百七十七条 公司分配当年税后利润时，应当提取利润的百分之十列入公司法定公积金，并提利润的百分之五至百分之十列入公司法定公益金。公司法定公积金累计额为公司注册资本的百分之五十以上的，可不再提取。

公司的法定公积金不足以弥补上一年度公司亏损的，在依照前款规定提取法定公积金和法定公益金之前，应当先用当年利润弥补亏损。

公司在从税后利润中提取法定公积金后，经股东会决议，可以提取任意公积金。

公司弥补亏损和提取公积金、法定公益金后所余利润，有限责任公司按照股东的出资比例分配，股份有限公司按照股东持有的股份比例分配。

股东会或者董事会违反前款规定，在公司弥补亏损和提取法定公积金、法定公益金之前向股东分配利润的，必须将违反规定分配的利润退还公司。

第一百七十八条 股份有限公司依照本法规定，以超过股票票面金额的发行价格发行股份所得的溢价款以及国务院财政主管部门规定列入资本公积金的其他收入，应当列为公司资本公积金。

第一百七十九条 公司的公积金用于弥补公司的亏损，扩大公司生产经营或者转为增加公司资本。

股份有限公司经股东大会决议将公积金转为资本时，按股东原有股份比例派送新股或者增加每股面值。但法定公积金转为资本时，所留存的该项公积金不得少于注册资本的百分之二十五。

第一百八十条 公司提取的法定公益金用于本公司职工的集体福利。

第一百八十一条 公司除法定的会计帐册外，不得另立会计帐册。

对公司资产，不得以任何个人名义开立帐户存储。

第七章　公司合并、分立

第一百八十二条 公司合并或者分立，应当由公司的股东会作出决议。

第一百八十三条 股份有限公司合并或者分立，必须经国务院授权的部门或者省级人民政府批准。

第一百八十四条 公司合并可以采取吸收合并和新设合并两种形式。

一个公司吸收其他公司为吸收合并，被吸收的公司的解散。二个以上公司合并设立一个新的公司为新设合并，合并各方解散。

公司合并，应当由合并各方签订合并协议，并编制资产负债表及财产清单。公司应当自作出合并决议之日起十日内通知债权人，并于三十日内在报纸上至少公告三次。债权人自接到通知书之日起三十日内，未接到通知书的自第一次公告之日起九十日内，有权要求公司清偿债务或者提供相应的担保，不清偿债务或者不提供相应的担保的，公司不得合并。

公司合并时，合并各方的债权、债务，应当由合并后存续的公司或者新设的公司承继。

第一百八十五条 公司分立，其财产作相应的分割。

公司分立时，应当编制资产负债表及财产清单。公司应当自作出分立决议之日起十日内通知债权人，并于三十日内在报纸上至少公告三次。债权人自接到通知书之日起三十日内，未接到通知书的自第一次公告之日起九十日内，有权要求公司清偿债务或者提供相应的担保。不清偿债务或者不提供相应的担保的，公司不得分立。

公司分立前的债务按所达成的协议由分立后的公司承担。

第一百八十六条 公司需要减少注册资本时，必须编制资产负债表及财产清单。

公司应当自作出减少注册资本决议之日起十日内通知债权人，并于三十日内在报纸上至少公告三次。债权人自接到通知书之日起三十日内，未接到通知书的自第一次公告之日起九十日内，有权要求公司清偿债务或者提供相应的担保。

公司减少资本后的注册资本不得低于法定的最低限额。

第一百八十七条 有限责任公司增加注册资本时，股东认缴新增资本的出资，按照本法设立有限责任公司缴纳出资的有关规定执行。

股份有限公司为增加注册资本发行新股时，股东认购新股应当按照本法设立股份有限公司缴纳股款的有关规定执行。

第一百八十八条 公司合并或者分立，登记事项发生变更的，应当依法向公司登记机关办理变更登记；公司解散的，应当依法办理公司注销登记；设立新公司的，应当依法办理公司设立登记。

公司增加或者减少注册资本，应当依法向公司登记机关办理变更登记。

第八章　公司破产、解散和清算

第一百八十九条 公司因不能清偿到期债务，被依法宣告破产的，由人民法院依照有关法律的规定，组织股东、有关机关及有关专业人员成立清算组，对公司进行破产清算。

第一百九十条 公司有下列情形之一的，可以解散：

(一) 公司章程规定的营业期限届满或者公司章程规定的其他解散事由出现时；

(二) 股东会决议解散；

(三) 因公司合并或者分立需要解散的。

第一百九十一条 公司依照前条第 (一) 项、第 (二) 项规定解散的，应当在十五日内成立清算组，有限责任公司的清算组由股东组成，股份有限公司的清算组由股东大会确定其人选；逾期不成立清算组进行清算的，债权人可以申请人民法院指定有关人员组成清算组，进行清算。人民法院应当受理该申请，并及时指定清算组成员，进行清算。

第一百九十二条 公司违反法律、行政法规被依法责令关闭的，应当解散，由有关主管机关组织股东、有关机关及有关专业人员成立清算组，进行清算。

第一百九十三条 清算组在清算期间行使下列职权：

(一) 清理公司财产，分别编制资产负债表和财产清单；

(二) 通知或者公告债权人；

(三) 处理与清算有关的公司未了结的业务；

(四) 清缴所欠税款；

(五) 清理债权、债务；

(六) 处理公司清偿债务后的剩余财产；

(七) 代表公司参与民事诉讼活动。

第一百九十四条 清算组应当自成立之日起十日内通知债权人，并于六十日内在报纸上至少公告三次。债权人应当自接到通知书之日起三十日内，未接到通知书的自第一次公告之日起九十日内，向清算组申报其债权。

债权人申报其债权，应当说明债权的有关事项，并提供证明材料。清算组应当对债权进行登记。

第一百九十五条 清算组在清理公司财产、编制资产负债表和财产清单后，应当制定清算方案，并报股东会或者有关主管机关确认。

公司财产能够清偿公司债务的，分别支付清算费用、职工工资和劳动保险费用，缴纳所欠税款，清偿公司债务。

公司财产按前款规定清偿后的剩余财产，有限责任公司按照股东的出资比例分配，股份有限公司按照股东持有的股份比例分配。

清算期间，公司不得开展新的经营活动。公司财产在未按第二款的规定清偿前，不得分配给股东。

第一百九十六条 因公司解散而清算，清算组在清理公司财产、编制资产负债表和财产清单后，发现公司财产不足清偿债务的，应当立即向人民法院申请宣告破产。

公司经人民法院裁定宣告破产后，清算组应当将清算事务移交给人民法院。

第一百九十七条 公司清算结束后，清算组应当制作清算报告，报股东会或者有关主管机关确认，并报送公司登记机关，申请注销公司登记，公告公司终止。不申请注销公司登记的，由公司登记机关吊销其公司营业执照，并予以公告。

第一百九十八条 清算组成员应当忠于职守，依法履行清算义务。

清算成员不得利用职权收受贿赂或者其他非法收入，不得侵占公司财产。

清算组成员因故意或者重大过失给公司或者债权人造成损失的，应当承担赔偿责任。

第九章 外国公司的分支机构

第一百九十九条 外国公司依照本法规定可以在中国境内设立分支机构，从事生产经营活动。

本法所称外国公司是指依照外国法律在中国境外登记成立的公司。

第二百条 外国公司在中国境内所设立分支机构，必须向中国主管机关提出申请，并提交其公司章程、所属国的公司登记证书等有关文件，经批准后，向公司登记机关依法办理登记，领取营业执照。

外国公司分支机构的审批办法由国务院另行规定。

第二百零一条 外国公司在中国境内设立分支机构，必须在中国境内指定负责该分支机构的代表人或者代理人，并向该分支机构拨付与其所从事的经营活动相适应的资金。

对外国公司分支机构的经营资金需要规定最低限额的，由国务院另行规定。

第二百零二条 外国公司的分支机构应当在其名称中标明该外国公司的国籍及责任形式。

外国公司的分支机构应当在本机构中置备该外国公司章程。

第二百零三条 外国公司属于外国法人，其在中国境内设立的分支机构不具有中国法人资格。

外国公司对其分支机构在中国境内进行经营活动承担民事责任。

第二百零四条 经批准设立的外国公司分支机构，在中国境内从事业务活动，必须遵守中国的法律，不得损害中国的社会公共利益，其合法权益受中国法律保护。

第二百零五条 外国公司撤销其在中国境内的分支机构时，必须依法清偿债务，按照本法有关公司清算程序的规定进行清算。未清偿债务之前，不得将其分支机构的财产移至中国境外。

第十章 法律责任

第二百零六条 违反本法规定，办理公司登记时虚报注册资本、提交虚假证明文件或者采取其他欺诈手段隐瞒重要事实取得公司登记的，责令改正，对虚报注册资本的公司，处以虚报注册资本金额百分之五以上百分之十以下的罚款；对提交虚假证明文件或者采取其他欺诈手段隐瞒重要事实的公司，处以一万元以上十万元以下的罚款；情节严重的，撤销公司登记。构成犯罪的，依法追究刑事责任。

第二百零七条 制作虚假的招股说明书、认股书、公司债券募集办法发行股票或者公司债券的，责令停止发行，退还所募资金及其利息，处以非法募集资金金额百分之一以上百分之五以下的罚款。构成犯罪的，依法追究刑事责任。

第二百零八条 公司的发起人、股东未交付货币、实物或者未转移财产权，虚假出资，欺骗债权人和社会公众的，责令改正，处以虚假出资金额百分之五以上百分之十以下的罚款。构成犯罪的，依法追究刑事责任。

第二百零九条 公司的发起人、股东在公司成立后，抽逃其出资的，责令改正，处以所抽逃出资金额百分之五以上百分之十以下的罚款。构成犯罪的，依法追究刑事责任。

第二百一十条 未经本法规定的有关主管部门的批准，擅自发行股票或者公司债券的，责令停止发行，退还所募资金及其利息，处以非法所募资金金额百分之一以上百分之五以下的罚款。构成犯罪的，依法追究刑事责任。

第二百一十一条 公司违反本法规定，在法定的会计帐册以外另立会计帐册的，责令改正，处以一万元以上十万元以下的罚款。构成犯罪的，依法追究刑事责任。

将公司资产以任何个人名义开立帐户存储的，没收违法所得，并处以违法所得一倍以上五倍以下的罚款。构成犯罪的，依法追究刑事责任。

第二百一十二条 公司向股东和社会公众提供虚假的或者隐瞒重要事实的财务会计报告的，对直接负责的主管人员和其他直接责任人员处以一万元以上十万元以下的罚款。构成犯罪的，依法追究刑事责任。

第二百一十三条 违反本法规定，将国有资产低价折股、低价出售或者无偿分给个人的，对直接负责的主管人员和其他直接责任人员依法给予行政处分。构成犯罪的，依法追究刑事责任。

第二百一十四条 董事、监事、经理利用职权收受贿赂、其他非法收入或者侵占公司财产的，没收违法所得，责令退还公司财产，由公司给予处分。构成犯罪的，依法追究刑事责任。

董事、经理挪用公司资金或者将公司资金借贷给他人的，责令退还公司的资金，由公司给予处分，将其所得收入归公司所有。构成犯罪的，依法追究刑事责任。

董事、经理违反本法规定，以公司资产为本公司的股东或者其他个人债务提供担保的，责令取消担保，并依法承担赔偿责任，将违法提供担保取得的收入归公司所有。情节严重的，由公司给予处分。

第二百一十五条 董事、经理违反本法规定自营或者为他人经营与其所任职公司同类的营业的，除将其所得收入归公司所有外，并可由公司给予处分。

第二百一十六条 公司不按照本法规定提取法定公积金、法定公益金的，责令如数补足应当提取的金额，并可对公司处以一万元以上十万元以下的罚款。

第二百一十七条 公司在合并、分立、减少注册资本或者进行清算时，不按照本法规定通知或者公告债权人的，责令改正，对公司处以一万元以上十万元以下的罚款。

公司在进行清算时，隐匿财产，对资产负债表或者财产清单作虚伪记载或者未清偿债务前分配公司财产的，责令改正，对公司处以隐匿财产或者未清偿债务前分配公司财产金额百分之一以上百分之五以下的罚款。对直接负责的主管人员和其他直接责任人员处以一万元以上十万元以下的罚款。构成犯罪的，依法追究刑事责任。

第二百一十八条 清算组不按照本法规定向公司登记机关报送清算报告，或者报送清算报告隐瞒重要事实或者有重大遗漏的，责令改正。

清算组成员利用职权徇私舞弊、谋取非法收入或者侵占公司财产的，责令退还公司财产，没收违法所得，并可处以违法所得一倍以上五倍以下的罚款。构成犯罪的，依法追究刑事责任。

第二百一十九条 承担资产评估、验资或者验证的机构提供虚假证明文件的，没收违法所得，处以违法所得一倍以上五倍以下的罚款，并可由有关主管部门依法责令该机构停业，吊销直接责任人员的资格证书。构成犯罪的，依法追究刑事责任。

承担资产评估、验资或者验证的机构因过失提供有重大遗漏的报告的，责令改正，情节较重的，处以所得收入一倍以上三倍以下的罚款，并可由有关主管部门依法责令该机构停业，吊销直接责任人员的资格证书。

第二百二十条 国务院授权的有关主管部门，对不符合本法规定条件的设立公司的申请予以批准，或者对不符合本法规定条件的股份发行的申请予以批准，情节严重的，对直接负责的主管人员和其他直接责任人员依法给予行政处分。构成犯罪的，依法追究刑事责任。

第二百二十一条 国务院证券管理部门对不符合本法规定条件的募集股份、股票上市和债券发行的申请予以批准，情节严重的，对直接负责的主管人员和其他直接责任人员，依法给予行政处分。构成犯罪的，依法追究刑事责任。

第二百二十二条 公司登记机关对不符合本法规定条件的登记申请予以登记，情节严重的，对直接负责的主管人员和其他直接责任人员，依法给予行政处分。构成犯罪的，依法追究刑事责任。

第二百二十三条 公司登记机关的上级部门强令公司登记机关对不符合本法规定条件的登记申请予以登记的，或者对违法登记进行包庇的，对直接负责的主管人员和其他直接责任人员依法给予行政处分。构成犯罪的，依法追究刑事责任。

第二百二十四条 未依法登记为有限责任公司或者股份有限公司，而冒用有限责任公司或者股份有限公司名义的，责令改正或者予以取缔，并可处以一万元以上十万元以下的罚款。构成犯罪的，依法追究刑事责任。

第二百二十五条 公司成立后无正当理由超过六个月未开业的，或者开业后自行停业连续六个月以上的，由公司登记机关吊销其公司营业执照。

公司登记事项发生变更时，未按照本法规定办理有关变更登记的，责令限期登记，逾期不登记的，处以一万元以上十万元以下的罚款。

第二百二十六条 外国公司违反本法规定，擅自在中国境内设立分支机构的，责令改正或者关闭，并可处以一万元以上十万元以下的罚款。

第二百二十七条 依照本法履行审批职责的有关主管部门，对符合法定条件的申请，不予批准的，或者公司登记机关对符合法定条件的申请，不予登记的，当事人可以依法申请复议或者提起行政诉讼。

第二百二十八条 公司违反本法规定，应当承担民事赔偿责任和缴纳罚款、罚金的，其财产不足以支付时，先承担民事赔偿责任。

第十一章 附则

第二百二十九条 本法施行前依照法律、行政法规、地方性法规和国务院有关主管部门制定的《有限责任公司规范意见》、《股份有限公司规范意见》登记成立的公司，继续保留，其中不完全具备本法规定的条件的，应当在规定的限期内达到本法规定的条件。具体实施办法，由国务院另行规定。

第二百三十条 本法自1994年7月1日施行。

中华人民共和国注册会计师法

（1993年10月31日第八届全国人民代表大会常务委员会第四次会议通过）

第一章 总则

第一条 为了发挥注册会计师在社会经济活动中的鉴证和服务作用，加强对注册会计师的管理，维护社会公共利益和投资者的合法权益，促进社会主义市场经济的健康发展，制定本法。

第二条 注册会计师是依法取得注册会计师证书并接受委托从事审计和会计咨询、会计服务业务的执业人员。

第三条 会计师事务所是依法设立并承办注册会计师业务的机构。

注册会计师执行业务，应当加入会计师事务所。

第四条 注册会计师协会是由注册会计师组成的社会团体。中国注册会计师协会是注册会计师的全国组织，省、自治区、直辖市注册会计师协会是注册会计师的地方组织。

第五条 国务院财政部门和省、自治区、直辖市人民政府财政部门，依法对注册会计师、会计师事务所和注册会计师协会进行监督、指导。

第六条 注册会计师和会计师事务所执行业务，必须遵守法律、行政法律。

注册会计师和会计师事务所依法独立、公正执行业务，受法律保护。

第二章 考试和注册

第七条 国家实行注册会计师全国统一考试制度。注册会计师全国统一考试办法，由国务院财政部门制定，由中国注册会计师协会组织实施。

第八条 具有高等专科以上学校毕业的学历、或者具有会计或者相关专业中级以上技术职称的中国公民，可以申请参加注册会计师全国统一考试；具有会计或者相关专业高级技术职称的人员，可以免予部分科目的考试。

第九条 参加注册会计师全国统一考试成绩合格，并从事审计业务工作二年以上的，可以向省、自治区、直辖市注册会计师协会申请注册。

除有本法第十条所列情形外，受理申请的注册会计师协会应当准予注册。

第十条 有下列情形之一的，受理申请的注册会计师协会不予注册：

（一）不具有完全民事行为能力的；

（二）因受刑事处罚，自刑罚执行完毕之日起至申请注册之日止不满五年的；

（三）因在财务、会计、审计、企业管理或者其他经济管理工作中犯有严重错误受行政处罚、撤职以上处分，自处罚、处分决定之日起至申请注册之日止不满二年的；

（四）受吊销注册会计师证书的处罚，自处罚决定之日起至申请注册之日止不满五年的；

（五）国务院财政部门规定的其他不予注册的情形的。

第十一条 注册会计师协会应当将准予注册的人员名单报国务院财政部门备案。国务院财政部门发现注册会计师协会的注册不符合本法规定的，应当通知有关的注册会计师协会撤销注册。

注册会计师协会依照本法第十条的规定不予注册的，应当自决定之日起十五日内书面通知申请人。申请人有异议的，可以自收到通知之日起十五日内向国务院财政部门或者省、自治区、直辖市人民政府财政部门申请复议。

第十二条 准予注册的申请人，由注册会计师协会发给国务院财政部门统一制定的注册会计师证书。

第十三条 已取得注册会计师证书的人员，除本法第十一条第一款规定的情形外，注册后有下列情形之一的，由准予注册的注册会计师协会撤销注册，收回注册会计师证书。

（一）完全丧失民事行为能力的；

（二）受刑事处罚的；

（三）因在财务、会计、审计、企业管理或者其他经济管理工作中犯有严重错误受行政处罚、撤职以上处分的；

（四）自行停止执行注册会计师业务满一年的。

被撤销注册的当事人有异议的，可以自接到撤销注册、收注册会计师证书的通知之日起十五日内向国务院财政部门或者省、自治区、直辖市人民政府财政部门申请复议。

依照第一款规定被撤销注册的人员可以重新申请注册，但必须符合本法第九条、第十条的规定。

第三章 业务范围和规则

第十四条 注册会计师承办下列审计业务：

（一）审查企业会计报表，出具审计报告；

（二）验证企业资本，出具验资报告；

（三）办理企业合并、分立、清算事宜中的审计业务，出具有关的报告；

（四）法律、行政法规规定的其他审计业务。

注册会计师依法执行审计业务出具的报告，具有证明效力。

第十五条 注册会计师可以承办会计咨询、会计服务业务。

第十六条 注册会计师承办业务，由其所在的会计师事务所统一受理并与委托人签订委托合同。

会计师事务所对本所注册会计师依照前款规定承办的业务，承担民事责任。

第十七条 注册会计师执行业务，可以根据需要查阅委托人的有关会计资料和文件，查看委托人的业务现场和设施，要求委托人提供其他必要的协助。

第十八条 注册会计师与委托人有利害关系的，应当回避；委托人有权要求其回避。

第十九条 注册会计师对在执行业务中知悉的商业秘密，负有保密义务。

第二十条 注册会计师执行审计业务，遇有下列情形之一的，应当拒绝出具有关报告：

（一）委托人示意其作不实或者不当证明的；

（二）委托人故意不提供有关会计资料和文件的；

（三）因委托人有其他不合理要求，致使注册会计师出具的报告不能对财务会计的重要事项作出正确表述的。

第十一条 注册会计师执行审计业务，必须按照执业准则、规则确定的工作程序出具报告。

注册会计师执行审计业务出具报告时，不得有下列行为：

（一）明知委托人对重要事项的财务会计处理与国家有关规定相抵触，而不予指明；

（二）明知委托人的财务会计处理会直接损害报告使用人或者其他利害关系人的利益，而予以隐瞒或者作不实的报告；

（三）明知委托人的财务会计处理会导致报告使用人或者其他利害关系人产生重大误解，而不予指明；

（四）明知委托人的会计报表的重要事项有其他不实的内容，而不予指明。

对委托人有前款所列行为，注册会计师按照执行准则、规则应当知道的，适用前款规定。

第二十二条 注册会计师不得有下列行为：

（一）在执行审计业务期间，在法律、行政法规规定不得买卖被审计单位的股票、债券或者不得购买被审计单位或者个人的其他财产的期限内，买卖被审计单位的股票、债券或者购买被审计单位或者个人所拥有的其他财产；

（二）索取、收受委托合同约定以外的酬金或者其他财物，或者利用执行业务之便，谋取其他不正当的利益；

（三）接受委托催收债款；

（四）允许他人以本人名义执行业务；

（五）同时在两个或者两个以上的会计师事务所执行业务；

（六）对其能力进行广告宣传以招揽业务；

（七）违反法律、行政法规的其他行为。

第四章 会计师事务所

第二十三条 会计师事务所可以由注册会计师合伙设立。

合伙设立的会计师事务所的债务，由合伙人按照出资比例或者协议的约定，以各自的财产承担责任。合伙人对会计师事务所的债务承担连带责任。

第二十四条 会计师事务所符合下列条件的，可以是负有限责任的法人：

（一）不少于三十万元的注册资本；

（二）有一定数量的专职从业人员，其中至少有五名注册会计师；

（三）国务院财政部门规定的业务范围和其他条件。

负有限责任的会计师事务所以其全部资产对债务承担责任。

第二十五条 设立会计师事务所，由国务院财政部门或者省、自治区、直辖市人民政府财政部门批准。

申请设立会计师事务所，申请者应当向审批机关报送下列文件：

（一）申请书；

（二）会计师事务所的名称、组织机构和业务场所；

（三）会计师事务所章程，有合伙协议的并应报送合伙协议；

（四）注册会计师名单、简历及有关证明文件；

（五）会计师事务所主要负责人、合伙人的姓名、简历及有关证明文件；

（六）负有限责任的会计师事务所的出资证明；

（七）审批机关要求的其他文件。

第二十六条 审批机关应当自收到申请文件之日起三十日内决定批准或者不批准。

省、自治区、直辖市人民政府财政部门批准的会计师事务所，应当报国务院财政部门备案。国务院财政部门发现批准不当的，应当自收到备案报告之日起三十日内通知原审批机关重新审查。

第二十七条 会计师事务所设立分支机构，须经分支机构所在地的省、自治区、直辖市人民政府财政部门批准。

第二十八条 会计师事务所依法纳税。

会计师事务所按照国务院财政部门的规定建立职业风险基金，办理职业保险。

第二十九条 会计师事务所受理业务，不受行政区域、行业的限制；但是，法律、行政法规另有规定的除外。

第三十条 委托人委托会计师事务所办理业务，任何单位和个人不得干预。

第三十一条 本法第十八条至第二十一条规定，适用于会计师事务所。

第三十二条 会计师事务所不得有本法第二十二条第（一）项至第（四）项、第（六）、第（七）项所列的行为。

第五章　注册会计师协会

第三十三条 注册会计师应当加入注册会计师协会。

第三十四条 中国注册会计师协会的章程由全国会员代表大会制定，并报国务院财政部门备案；省、自治区、直辖市注册会计师协会的章程由省、自治区、直辖市会员代表大会制定，并报省、自治区、直辖市人民政府财政部门备案。

第三十五条 中国注册会计师协会依法拟订注册会计师执业准则、规则，报国务院财政部门批准后施行。

第三十六条 注册会计师协会应当支持注册会计师依法执行业务，维护其合法权益，向有关方面反映其意见和建议。

第三十七条 注册会计师协会应当对注册会计师的任职资格和执业情况进行年度检查。

第三十八条 注册会计师协会依法取得社会团体法人资格。

第六章　法律责任

第三十九条 会计师事务所违反本法第二十条、第二十一条规定的，由省级以上人民政府财政部门给予警告。没收违法所得，可以并处违法所得一倍以上五倍以下的罚款；情节严重的，并可以由省级以上人民政府财政部门暂停其经营业务或者予以撤销。

注册会计师违反本法第二十条、第二十一条规定的，由省级以上人民政府财政部门给予警告；情节严重的，可以由省级以上人民政府财政部门暂停其执行业务或者吊销注册会计师证书。

会计师事务所、注册会计师违反本法第二十条、第二十一条的规定，故意出具虚假的审计报告、验资报告，构成犯罪的，依法追究刑事责任。

第四十条 对未经批准承办本法第十四条规定的注册会计师业务的单位，由省级以上人民政府财政部门责令其停止违法活动，没收违法所得，可以并处违法所得一倍以上五倍以下的罚款。

第四十一条 当事人对行政处罚决定不服的，可以在接到处罚通知之日起十五日内向作出处罚决定的机关的上一级机关申请复议；当事人也可在接到处罚决定通知之日起十五日内直接向人民法院起诉。

复议机关应当在接到复议申请之日起六十日内作出复议决定。当事人对复议决定不服的，可以在接到复议决定之日起十五日内向人民法院起诉。复议机关逾期不作出复议决定的，当事人可以在复议期满之日起十五日内向人民法院起诉。

当事人逾期不申请复议，也不向人民法院起诉，又不履行处罚决定的，作出处罚决定的机关可以申请人民法院强制执行。

第四十二条 会计师事务所违反本法规定，给委托人、其他利害关系人造成损失的，应当依法承担赔偿责任。

第七章　附则

第四十三条 在审计事务所工作的注册审计师，经认定为具有注册会计师资格的，可以执行本法规定的业务，其资格认定和对其监督、指导、管理的办法由国务院另行规定。

第四十四条 外国人申请参加中国注册会计师全国统一考试和注册，按照互惠原则办理。外国会计师事务所在中国境内设立常驻代表机构，须报国务院财政部门批准。中国会计师事务所与中国的会计师事务所共同举办中外合作会计师事务所，须经国务院对外经济贸易主管部门或者国务院授权的部门和省级人民政府审查同意后报国务院财政部门批准。

除前款规定的情形外，外国会计师事务所需要在中国境内临时办理有关业务的，须经有关的省、自治区、直辖市人民政府财政部门批准。

第四十五条 国务院可以根据本法制定实施条例。

第四十六条 本法自1994年1月1日起施行。1986年7月3日国务院发布的《中华人民共和国注册会计师条例》同时废止。

全国人大常委会关于惩治违反公司法的犯罪的决定

（1995年2月28日第八届全国人大十二次会议通过）

为了维护社会经济秩序，保护公司的合法权益，惩治违反公司法的犯罪行为，对刑法作如下补充规定：

一、申请公司登记的人使用虚假证明文件或者采取其他欺诈手段虚报注册资本，欺骗公司登记主管部门，取得公司登记，虚报注册资本数额巨大、后果严重或者有其他严重情节的，处三年以下有期徒刑或者拘役，可以并处虚报注册资本金额百分之十以下罚金。

申请公司登记的单位犯前款罪的，对单位判处虚报注册资本金额百分之十以下罚金，并对直接负责的主管人员和其他直接责任人员，依照前款的规定，处三年以下有期徒刑或者拘役。

二、公司发起人、股东违反公司法的规定未交付货币、实物或者未转移财产权，虚假出资，或者在公司成立后又抽逃其出资，数额巨大、后果严重或者有其他严重情节的，处五年以下有期徒刑或者拘役，可以并处虚假出资金额或者抽逃出资金额百分之十以下罚金。

单位犯前款罪的，对单位判处虚假出资金额或者抽逃出资金额百分之十以下罚金，并对直接负责的主管人员和其他直接责任人员，依照前款的规定，处五年以下有期徒刑者或拘役。

三、制作虚假的招股说明书、认股书、公司债券募集办法发行股票或者公司债券，数额巨大、后果严重或者有其他严重情节的，处五年以下有期徒刑或者拘役，可以并处非法募集资金金额百分之五下罚金。

单位犯前款罪的，对单位判处非法集资金金额百分之五以下罚金，并对直接负责的主管人员和其他直接责任人员，依照前款的规定，处五年以下有期徒刑或者拘役。

四、公司向股东和社会公众提供虚假的或者隐瞒重要事实的财务会计报告，严重损害股东或者其他人利益的，对直接负责的主管人员和其他直接责任人员，处三年以下有期徒刑或者拘役，可以并处二十万元以下罚金。

五、公司进行清算时，隐匿财产，对资产负债表或者财产清单作虚伪记载或者在未清偿债务前分配公司财产，严重损害债权人或者其他人利益的，对直接负责的主管人员和其他直接责任人员，处五年以下有期徒刑或者拘役，可以并处二十万元以下罚金。

六、承担资产评估、验资、验证、审计职责的人员故意提供虚假证明文件，情节严重的，处五年以下有期徒刑或者拘役，可以并处二十万元以下罚金。

单位犯前款罪的，对单位判处违法所得五倍以下罚金，并对直接负责的主管人员和其他直接责任人员，依照前款的规定，处五年以下有期刑徒或者拘役。

七、未经公司法规定的有关主管部门批准，擅自发行股票、公司债券，数额巨大、后果严重或者有其他严重情节的，处五年以下有期徒刑或者拘役，可以并处非法募集资金金额百分之五以下罚金。

单位犯前款罪的，对单位判处非法募集资金金额百分之五以下罚金，并对直接负责的主管人员，依照前款的规定，处五年以下有期徒刑或者拘役。

八、国家有关主管部门的国家工作人员，对不符合法律规定条件的公司设立、登记申请或者股票、债券发行、上市申请，予以批准或者登记，致使公共财产、国家和人民利益遭受重大损失的，依照刑法第一百八十七条的规定处罚。

上级部门强令登记机关及其工作人员实施前款行为的，对直接负责的主管人员依照前款规定处罚。

九、公司的董事、监事或者职工利用职务上的便利，索取或者收受贿赂，数额较大的，处五年以下有期徒刑或者拘役；数额巨大的，处五年以上有期徒刑，可以并处没收财产。

十、公司的董事、监事或者职工利用职务或者工作上的便利，侵占本公司财务，数额较大的，处五年以下有期徒刑或者拘役；数额巨大的，处五年以上的有期徒刑，可以并处没收财产。

十一、公司董事、监事或者职工利用职务上的便利，挪用本单位资金归个人使用或者借贷给他人，数额较大、超过三个月未还的，或者虽未超过三个月，但数额较大、进行营利活动的，或者进行非法活动的，处三年以下有期徒刑或者拘役，挪用本单位资金数额较大不退还的，依照本决定第十条规定的侵占罪论处。

十二、国家工作人员犯本决定第九条、第十条、第十一条规定之罪的，依照《关于惩治贪污罪贿赂罪的补充规定》的规定处罚。

十三、犯本决定规定之罪的违法所得的，应当予以没收。

犯本决定规定之罪，被没收违法所得，判处罚金，没收财产，承担民事赔偿责任，其财产不足以支付时，先承担民事赔偿责任。

十四、有限责任公司、股份有限公司以外的企业职工有本决定第九条、第十条、第十一条规定的犯罪行为的，适用本决定。

十五、本决定自公布之日起施行。

第二节 行政法规

证券交易所管理办法

（国务院证券委员会 1996 年 8 月 21 日发布）

第一章 总则

第一条 为加强对证券交易所的管理，明确证券交易所的职权和责任，维护证券市场的正常秩序，制定本办法。

第二条 本办法适用于中华人民共和国境内设立的证券交易所。

第三条 本办法所称证券交易所是指依本办法规定条件设立的，不以营利为目的，为证券的集中和有组织的交易提供场所、设施，履行国家有关法律、法规、规章、政策规定的职责，实行自律性管理的会员制事业法人。

第四条 证券交易所由中国证券监督管理委员会（以下简称“证监会”）监督管理。

证券交易所设立的证券登记结算机构，应当接受证监会的监督管理。

第五条 证券交易所的名称，应当标明“证券交易所”字样。其他任何单位和个人不得使用“证券交易所”的名称。

第二章 证券交易所的设立和解散

第六条 设立证券交易所，由国务院证券委员会（以下简称“证券委”）审核，报国务院批准。

第七条 申请设立证券交易所，应当向证券委提交下列文件：

（一）申请书；

（二）章程和主要业务规则草案；

（三）拟加入会员名单；

（四）理事会候选人名单及简历；

（五）场地、设备及资金情况说明；

（六）拟任用管理人员的情况说明；

（七）证券委要求提交的其他文件。

第八条 证券交易所章程应包括下列事项：

（一）设立目的；

（二）名称；

（三）主要办公及交易场所和设施所在地；

（四）职能范围；

（五）会员的资格和加入、退出程序；

（六）会员的权利和义务；

（七）对会员的纪律处分；

（八）组织机构及其职权；

（九）高级管理人员的产生、任免及其职责；

（十）资本和财务事项；

（十一）解散的条件和程序；

（十二）其他需要在章程中规定的事项。

第九条 解散证券交易所，经证券委审核同意后，报国务院批准。

第三章 证券交易所的职能

第十条 证券交易所应当创造公开、公平、公正的市场环境，保证证券市场的正常运行；

第十一条 证券交易所的职能包括：

（一）提供证券交易的场所和设施；

（二）制定证券交易所的业务规则；

（三）接受上市申请、安排证券上市；

（四）组织、监督证券交易；

（五）对会员进行监管；

（六）对上市公司进行监管；

（七）设立证券登记结算机构；

（八）管理和公布市场信息；

（九）证券委许可的其他职能。

第十二条 证券交易所不得直接或者间接从事：

（一）以营利为目的的业务；

（二）新闻出版业；

（三）发布对证券价格进行预测的文字和资料；

（四）为他人提供担保；

（五）未经证券委批准的其他业务。

第十三条 证券交易所上市新的证券交易品种，应当报证监会批准。

第十四条 证券交易所以联网等方式为非本所上市的证券交易品种提供证券交易服务，应当报证监会批准。

第十五条 证券交易所应当在其职能范围内制定和修改业务规则。证券交易所制定和修改业务规则，由证券交易所理事会通过，报证监会批准。

证券交易所的业务规则包括上市规则、交易规则、会员管理规则及其他与证券交易活动有关的规则。

第四章 证券交易所的组织

第十六条 证券交易所设会员大会、理事会和专门委员会。

第十七条 会员大会为证券交易所的最高权力机构。会员大会有以下职权：

（一）制定和修改证券交易所章程；

（二）选举和罢免会员理事；

（三）审议和通过理事会、总经理的工作报告；

（四）审议和通过证券交易所的财务预算、决算报告；

（五）决定证券交易所的其他重大事项。

章程的制定和修改经会员大会通过后，报证券委批准。

第十八条 会员大会由理事会召集，每年召开一次，有下列情形之一的，应当召开临时会员大会：

（一）理事人数不足本办法规定的最低人数；

（二）占会员总数1/3以上的会员请求；

（三）理事会认为必要。

第十九条 会员大会须有2/3以上会员出席，其决议须经出席会议的过半数以上会员表决通过后方为有效。

会员大会结束后十日内，证券交易所应当将大会全部文件及有关情况报证监会备案。

第二十条 理事会是证券交易所的决策机构，每届任期三年。

理事会的职责是：

（一）执行会员大会的决议；

（二）制定、修改证券交易所的业务规则；

（三）聘任总经理和副总经理；

（四）审定总经理提出的工作计划；

（五）审定总经理提出的财务预算、决算方案；

（六）审定对会员的接纳；

（七）审定对会员的处分；

（八）根据需要决定专门委员会的设置；

（九）会员大会授予的其他职责。

第二十一条 证券交易所理事会由7至13人组成，其中非会员理事人数不少于理事会成员总数的1/3，不超过理事会成员总数的1/2。

会员理事由会员大会选举产生，非会员理事由证监会委派。

理事连续任职不得超过两届。

理事会会议至少每季度召开一次，会议须有2/3以上理事出席，其决议应当经出席会议的2/3以上理事表决同意方为有效，理事会决议应当在会议结束后两个工作日内报证监会备案。

第二十二条 理事会设理事长一人，副理事长一至二人。理事长、副理事长由证监会提名，商证券交易所所在人民政府后，由理事会选举产生。总经理应当是理事会成员。

第二十三条 理事长负责召集和主持理事会会议。理事长因故临时不能履行职责时，由理事长指定的副理事长代其履行职责。

理事长担任会员大会期间的会议主席。

理事长不得兼任证券交易所总经理。

第二十四条 证券交易所设总经理一人，副总经理一至三人，总经理、副总经理由证监会提名，商证券交易所所在地人民政府后，由理事会聘任。总经理、副总经理不得由国家公务员兼任。

第二十五条 总经理、副总经理任期三年。总经理连续任职不得超过两届。总经理在理事会领导下负责证券交易所的日常管理工作，为证券交易所的法定代表人。总经理因故临时不能履行职责时，由总经理指定的副总经理代其履行职责。

第二十六条 理事会设监察委员会，每届任期三年。监察委员会主席由理事长兼任。监察委员会对理事会负责，行使下列职权：

（一）监察证券交易所高级管理人员和其他工作人员遵守国家有关法律、法规、规章、政策和证券交易所章程 、业务规则的情况；

（二）监察 高级管理人员执行大会、理事会决议的情况；

（三）监察证券交易所的财务情况；

（四）证券交易所章程规定的其他职权。

第二十七条 根据需要，理事会可以下设其他专门委员会。

各专门委员会的职责、任期和人员组成等事项，应当在证券交易所章程中作出具体规定。

各专门委员会的经费应当纳人证券交易所的预算。

第二十八条 有下列情形之一的，不得招聘为证券交易所从业人员，不得担任证券交易所高级管理人员：

（一）犯有贪污、贿赂、侵占财产、挪用财产罪或者破坏社会经济秩序罪，或者因犯罪被剥夺政治权利；

（二）因违法、违纪行为被解除职务的证券经营机构或者其他金融机构的从业人员，自被解除职务之日起未逾五年；

（二）因违法行为被撤消资格的律师、注册会计师，或者法定资产评估机构、验资机构的专业人员，自被撤消资格之日起未逾五年；

（四）担任因违法行为被吊销营业执照的公司、企业的法定代表人，并对该公司、企业被吊销营业执照负有个人责任的，自被吊销营业执照之日起未逾五年；

（五）担任因经营管理不善而破产的公司、企业的董事、厂长或者经理，并对该公司、企业的破产负有个人责任的，自破产之日起未逾五年；

（六）被开除的国家机关工作人员，自被开除之日起未逾五年；

（七）国家有关法律、法规、规章、政策规定的其他情况。

第二十九条 证券交易所高级人员的产生、聘任有不正当情况，或者前述人员在任期内有违反国家有关法律、法规、规章、政策和证券交易所章程、业务规则的行业，或者由于其他原因，不适宜继续担任其所担任的职务时，证监会有权解除有关人员的职务，并任命新的人选。如上述人员为证券交易所的正副理事长、正副总经理，由证监会提出意见，商证券交易所所在地人民政府后任免。

第五章 证券交易所对证券交易活动的监管

第三十条 证券交易所应当制定具体的交易规则，其内容包括：

（一）交易证券的种类和期限；

（二）证券交易方式和操作程序；

（三）证券交易中的禁止行为；

（四）清算交割事项；

（五）交易纠纷的解决；

（六）上市证券的暂停、恢复与取消交易；

（七）证券交易所的开市、收市、休市及异常情况的处理；

（八）交易手续费及其他有关费用的收取方式和标准；

（九）对违反交易规则行为的处理规定；

（十）证券交易所证券交易信息的提供和管理；

（十一）其他需要在交易规则中规定的事项。

第三十一条 证券交易所应当公布即时行情，并按日制作证券行情表，记载下列事项，以适当方式公布：

（一）上市证券名称；

（二）开市、最高、最低及收市价格；

（三）与前一交易日收市价比较后的涨跌情况；

（四）成交量、值的分计及合计；

（五）股价指数及其涨跌情况；

（六）证监会要求公开的其他事项。

第三十二条 证券交易所应当就其市场内的成交情况编制日报表、周报表、月报表和年报，并及时向社会公布。

第三十三条 证券交易所应当在业务规则中对证券交易合同的生效和废止条件作出详细规定，并维护在本证券交易所达成的证券交易合同的有效性。

第三十四条 证券交易所应当保证投资者有平等机会获取证券市场的交易行情和其他公开披露的信息，并有平等的交易机会。

第三十五条 证券交易所有权依照有关规定，暂停或者恢复上市证券的交易。暂停交易的时间超过一个交易日时，应当报证监会备案；暂停交易的时间超过五个交易日时，应当事先报证监会批准。

证监会有权要求证券交易所暂停或者恢复上市证券的交易。

第三十六条 证券交易所应当建立市场准入制度，并根据证券法规的规定或者证监会的要求，限制或者禁止特定证券投资者的证券交易行为。

除上述情况外，证券交易所不得限制或者禁止证券投资者的证券买卖行为。

第三十七条 证券交易所及其会员应当妥善保存证券交易中产生的委托资料、交易记录、清算文件等，并制定相应的查询和保密管理措施。

证券交易所应当根据需要制定上述文件的保存期，并报证监会批准。重要文件的保存期应当不少于20年。

第三十八条 证券交易所应当保证其业务规则得到切实执行，对违反业务规则的行为要及时处理。

对国家有关法律、法规、规章、政策中规定的有关证券交易的违法、违规行为，证券交易所负有发现、制止和上报的责任，并有权在职责范围内予以查处。

第三十九条 证券交易所应当建立符合证券市场监督管理和实时监控要求的计算机系统，并设立负责证券市场监管工作的专门机构。

证监会可以要求证券交易所之间建立以市场监管为目的的信息交换制度和联合监管制度，共同监管跨市场的不正当交易行为，控制市场风险。

第六章　证券交易所对会员的监管

第四十条 证券交易所应当制定具体的会员管理规则，其内容包括：

（一）取得会员资格的条件和程序；

（二）席位管理办法；

（三）与证券交易和清算业务有关的会员内部监督、风险控制、电脑系统的标准及维护等方面的要求；

（四）会员的业务报告制度；

（五）会员所派出市代表在交易场所内的行为规范；

（六）会员及其出市代表违法、违规行为的处罚；

（七）其他需要在会员管理规则中规定的事项。

第四十一条 证券交易所接纳的会员应当是有权部门批准设立并具有法人地位的境内证券经营机构。

第四十二条 证券交易所决定接纳或者开除会员应当在决定后的五个工作日内向证监会备案；决定接纳或者开除正式会员以外的其他会员应当在履行有关手续五个工作日之前报证监会备案。

第四十三条 证券交易所必须限定交易席位的数量。证券交易所设立普通席位以外的席位应当报证监会批准。证券交易所调整普通席位和普通席位以外的其他席位的数量，应当事先报证监会批准。

第四十四条 证券交易所应当对会员取得的交易席位实施严格管理。会员转让席位必须按照证券交易所的有关管理规定由交易所审批。严禁会员将席位全部或者部分以出租或者承包等形式交由其他机构和个人使用。

第四十五条 证券交易所应当根据国家关于证券经营机构证券自营业务管理的规定和证券交易所业务规则，对会员的证券自营业务实施下列监管：

（一）要求会员的自营买卖业务必须使用专门的股票帐户和资金帐户，并采取技术手段严格管理；

（二）检查开设自营帐户的会员是否具备规定的自营资格；

（三）要求会员按月编制库存证券报表，并于次月5日前报送证券交易所；

（四）对自营业务规定具体的风险控制措施，并报证监会备案；

（五）每年6月30日和12月31日过后的30日内向证监会报送各家会员截止该日的证券自业务情况；

（六）其他监管事项。

第四十六条 证券交易所应当在业务规则中对会员代理客户买卖证券业务做出详细规定，并实施下列监管：

（一）制定会员与客户所应签订的代理协议的格式并检查其内容的合法性；

（二）规定接受客户委托的程序和责任，并定期抽查执行客户委托的情况；

（三）要求会员每月过后5日内就其交易业务和客户投诉情况提交报告，报告格式和内容由证券交易所报证监会批准后颁布。

第四十七条 证券交易所每年应当对会员的财务状况、内部风险控制制度以及遵守国家有关法规和证券交易所业务规则等情况进行抽样或全面检查，并将检查结果上报证监会。

第四十八条 证券交易所有权要求会员提供有关业务的报表、帐册、交易记录及其他文件、资料。

第四十九条 证券交易所会员应当接受证券交易所的监督管理，并主动报告有关问题。

第五十条 证券交易所可以根据证券交易所章程和业务规则对会员的违规行为进行制裁。

第七章　证券交易所对上市公司的监管

第五十一条 证券交易所应当根据有关法律、行政法规的规定制定具体的上市规则。其内容包括：

（一）证券上市的条件、申请和批准程序以及上市协议的内容及格式；

（二）上市公告的内容及格式；

（三）上市推荐人的资格、责任、义务；

（四）上市费用及其他有关费用的收取方式和标准；

（五）对违反上市规则行为的处理规定；

（六）其他需要在上市规则中规定的事项。

第五十二条 证券交易所应当与上市公司订立上市协议，确定相互间的权利义务关系。上市协议的内容与格式应当符合国家有关法律、法规、规章、政策的规定，并报证监会备案。

交易所与任何上市公司所签上市协议的内容与格式均应一致；确需与某些上市公司签署特殊条款时，报证监会批准。

上市协议应当包括下列内容：

（一）上市费用的项目和数额；

（二）证券交易所为公司证券发行、上市所提供的技术服务；

（三）要求公司指定专人负责证券事务；

（四）上市公司定期报告、临时报告的报告程序及回复交易所质询的具体规定；

（五）股票停牌事宜；

（六）协议双方违反上市协议的处理；

（七）仲裁条款；

（八）证券交易所认为需要在上市协议中明确的其他内容。

第五十三条 证券交易所应当建立上市推荐人制度，保证上市公司符合上市要求，并在上市后由上市推荐人指导上市公司履行相关义务。

证券交易所应当监督上市推荐人切实履行业务规则中规定的相关职责。上市推荐人不按规定履行职责的，证券交易所有权根据业务规则的规定对上市推荐人予以处分。

第五十四条 证券交易所应当根据证监会统一制定的格式和证券交易所的有关业务规则，复核上市公司的配股说明书、上市公告书等与募集资金及证券上市直接相关的公开说明文件，并监督上市公司按时公布。证券交易所可以要求上市公司或者上市推荐人就上述文件做出补充说明并予以公布。

第五十五条 证券交易所应当督促上市公司按照规定的报告期限和证监会统一制定的格式，编制并公布年度报告、中期报告，并在其公布后进行检查，发现问题应当根据有关规定及时处理。证券交易所应当在报告期结束后二十个工作日内，将检查情况报告证监会。

第五十六条 证券交易所应当审核上市公司编制的临时报告。临时报告的内容涉及《公司法》，国家证券法规以及公司章程中规定需要履行审批程序的事项，或者涉及应当报证券委、证监会批准的事项，证券交易所应当在确认其已履行规定的审批手续后，方可准予其公布。

第五十七条 出现以下情况之一的，证券交易所应当暂停上市公司的股票交易，并要求上市公司立即公布有关信息：

（一）该公司股票交易发生异常波动；

（二）有投资者发出收购该公司股票的公开要约；

（三）上市公司依据上市协议提出停牌申请；

（四）证监会依法作出暂停股票交易的决定时；

（五）证券交易所认为必要时。

第五十八条 证券交易所应当设立上市公司股东持股情况的档案资料，并根据国家有关法律、法规、规章、政策对股东持股数量及其买卖行为的限制规定，对上市公司股东在交易过程中的持股变动情况进行即时统计和监督。上市公司股东因持股数量变动而产生信息披露义务的，证券交易所应当在其履行信息披露之前，限制其继续交易该股票，督促其及时履行信息披露义务，并立即向证监会报告。

第五十九条 证券交易所应当采取必要的技术措施，将上市公司尚未上市流通股份与其已上市流通股份区别开来。未经证券委批准，不得准许尚未上市流通股份进入交易系统。

第六十条 证券交易所应当采取必要的措施，保证上市公司董事、监事、经理不得卖出本人持有的本公司股票。

第六十一条 上市公司应当建立上市公司信息统计系统，并按照交易所的要求及时报送、公布有关统计资料。

第六十二条 证券交易所对上市公司未按规定履行信息披露义务的行为，可以按照上市协议的规定予以处理，并可以就其违反证券法规的行为提出处罚意见，报证监会予以处罚。

第六十三条 证券交易所应当比照本章的有关规定，对其他上市证券的发行人进行监管。

第八章 证券登记结算机构

第六十四条 证券交易所应当设立一个证券登记结算机构，为证券的发行和在证券交易所的证券交易活动提供集中的登记、存管、结算与交收服务。

第六十五条 证券登记结算机构的注册资本应当不低于一亿元人民币。

第六十六条 证券登记结算机构应当为证券市场提供安全、公平、高效的服务，并接受证券交易所对其业务活动的监督。

第六十七条 证券登记结算机构的业务范围和职能包括：

（一）股权登记；

（二）证券持有人名册登记和证券帐户的设立；

（三）记名证券的存管和过户；

（四）证券交易所的所有上市品种交易的结算与交收；

（五）代理证券的还本付息或者权益分派及其他代理人服务；

（六）实物证券的保管；

（七）与上述业务有关的咨询、培训等服务；

（八）证监会批准的其他业务。

第六十八条 证券登记结算机构应当在其职能范围内制定和修改章程和业务规则，报证监会批准后生效。

证券登记结算机构的总经理、副总经理应当经证监会进行资格确认。

第六十九条 证券登记结算机构应当建立为证券交易所的上市证券的交易提供集中的登记、存管、结算和交收服务的系统（以上简称结算系统），有必备的电脑、通讯设备，有完整的数据安全保护和数据备份措施，确保证券登记、存管、结算交收资料和电脑、通讯系统的安全。

第七十条 证券登记结算机构可以通过签订协议的方式委托其他证券登记结算机构代理上市证券的部分登记、存管、结算和交收服务。

第七十一条 证券登记结算机构应当与证券交易所签订业务协议，并报证监会备案。

第七十二条 证券交易所的会员为参加证券交易所交易市场而缴存的清算头寸、清算交割准备金，应当由证券登记结算机构专项存储。证券登记结算机构应当在业务规则中明确上述资金的用途及收取标准，并对上述资金严格管理，不得挪作他用。

证券登记结算机构应当设立结算系统风险保证基金，并建立一套完整的风险管理系统，保证证券交易与结算交收的连续性和安全性。结算系统风险保证金的构成和使用原则应当在证券登记结算机构的业务规则中做出明确规定。

第七十三条 证券登记结算机构应当依据与证券发行人签订的服务合同，定期或者不定期地向证券发行人提供证券持有人名册及其他有关资料。在无纸化发行和交易的条件下，证券登记结算机构提供的证券持有人名册是证明证券持有人权益的有效凭证。证券登记结算机构应当确保证持有人名册的合法性、真实性和完整性。任何机构和个人不得伪造、篡改、损毁证券持有人名册及其他相关资料。

第七十四条 证券登记结算机构有权拒绝任何单位或者个人查询证券持有人名册及其相关资料，但下列情况除外：

（一）证券持有人本人或者委托经公证的受托人查询；

（二）依本办法第七十三条向证券发行人提供证券持有人名册及其他有关资料；

（三）证监会及其授权部门、人民法院、人民检察院及其他国家机关依照法律、法规的规定和程序进行的查询和取证。

第七十五条 证券登记结算机构应当按照证监会的规定，建立和健全本机构的业务、财务和安全防范等内部管理制度和工作程序，并报监会备案。

证券登记结算机构应当妥善保存证券登记、存管、结算和交收业务中形成的原始凭证，根据需要制定保存期，并报证监会批准。重要文件的保存期应当不少于二十年，会计凭证和报表按财政部门的规定办理。

第七十六条 证券登记结算机构员及工作人员的任职条件比照本办法第二十八条的规定执行。

第七十七条 证券登记结算机构申请歇业、解散，在根据法定程序办理手续的同时，应当报证监会备案。

第九章 管理与监督

第七十八条 证券交易所不得以任何方式转让其依照本办法取得的设立及业务许可。

第七十九条 证券交易所、证券登记结算机构的高级管理人员对其任职机构负有诚实信用的义务。

证券交易所、证券登记结算机构的总经理离任时，交易所理事会应当聘请地方审计局或者具有从事证券相关业务资格的会计师事务所进行总经理离任审计。交易所聘请的审计机构应当报证监会认可。

第八十条 证券交易所、证券登记结算机构的总经理、副总经理不得在任何营利性组织、团体和机构中兼职。证券交易所的非会员理事及其他工作人员不得以任何形式在证券交易所会员公司兼职。

第八十一条 证券交易所、证券登记结算机构的高级管理人员及其他工作人员不得以任何方式泄露或者利用内幕信息，不得以任何方式从证券交易所的会员、上市公司获取利益。

第八十二条 证券交易所、证券登记结算机构的高级管理人员及其他工作人员在履行职责时，遇到与本人或者其亲属等有利害关系情形的，应当回避。具体事项由其章程、业务规则规定。

第八十三条 证券交易所、证券登记机构收取的各种资金和费用应当严格按照规定用途使用，并制定专项管理规则进行管理，不得挪作他用。

证券交易所的收支结余不得分配给会员。

上述各种费用的收取标准及收取方式应当报收费主管部门备案。

第八十四条 证券交易所、证券登记机构应当履行下列报告义务：

（一）每一财政年度终了后三个月内向证监会提交经具有证券从业资格的会计师事务所审计的财务报告，同时抄送证券交易所所在地人民政府。

（二）每一季度结束后十五日内、每一年度结束后三十日内，就业务情况、国家有关法律、法规、规章、政策的执行情况等向证监会提交季度、年度工作报告，同时抄送证券交易所所在地人民政府。

（三）国家其他有关法律、法规、规章、政策及本办法其他条款中规定的报告事项；

（四）证监会要求的其他报告事项。

第八十五条 遇到重大事项，证券交易所应当随时向证监会报告，必要时报证券交易所所在地人民政府备案。

前款所称重大事项包括：

（一）发现证券登记结算机构、证券交易所会员、上市公司、证券投资者和证券交易所工作人员存在或者可能存在严重违反国家有关法律、法规、规章、政策的行为；

（二）发现证券市场中存在产生严重违反国家有关法律、法规、规章、政策行为的潜在风险；

（三）证券市场中出现国家有关法律、法规、规章、政策未作明确规定，但会对证券市场产生重大影响的事项；

（四）证券交易所因不可抗力导致停市，或者为维护证券交易正常秩序采取技术性停市措施；

（五）执行国家有关法律、法规、规章、政策过程中，需由证券交易所做出重大决策的事项；

（六）证券交易所认为需要报告的其他事项；

（七）证监会规定的其他事项。

第八十六条 证券交易所、证券登记结算机构应当根据证监会的要求，向证监会及证券交易所所在人民政府提供证券市场信息、业务文件和其他有关的数据、资料。

第八十七条 证监会有权要求证券交易所提供会员和上市公司的有关资料。

第八十八条 证监会有权要求证券交易所和证券登记结算机构对其章程和业务规则进行修改。

第八十九条 证监会有权派员监督检查证券交易所和证券登记结算机构的业务、财务状况，或者调查其他有关事项。

上述检查人员在执行检查任务时应当出示合法证明文件。

第九十条 证券交易所、证券登记结算机构涉及诉讼，上述机构的高级管理人员因履行职责涉及诉讼或者依照国家有关法律、法规、规章应受到解除职务的处分时，证券交易所应当及时向证监会报告。

第十章 罚则

第九十一条 证券交易所违反本办法第十二条的规定，从事与其职能无关的业务的，由证监会限期改正；构成犯罪的，由司法机关依法追究刑事责任。

第九十二条 证券交易所违反本办法第十三条和第十四条规定的，由证监会责令停止该交易品种的交易，并对交易所有关负责人给予纪律处分。

第九十三条 证券交易所违反本办法规定，在监管工作中不履行职责，或者不履行本办法规定的有关报告义务，由证监会责令限期改正，并给予通报批评。

后果严重，影响证券交易活动正常开展的，证监会有权责令证券交易所限期停业整顿，并报证券委备案。

第九十四条 证券登记结算机构违反本办法规定，证监会可以责令证券交易所按证券交易所与证券登记结算机构签订的业务协议对证券登记结算机构进行处罚，或者由证监会按照国家有关规定进行处罚。

第九十五条 证券交易所存在下列情况时，由证监会对有关高级管理人员视情节轻重分别给予警告、记过、记大过、撤职等行政处分，并责令证券交易所对有关的业务部门负责人给予纪律处分；造成严重后果的，由证监会按本办法第二十九条的规定处理；构成犯罪的，由司法机关依法追究有关责任人员的刑事责任：

（一）对国家有关法律、法规、规章、政策和证券委、证监会颁布的制度、办法、规定不传达、不执行；

（二）对工作不负责任，管理混乱，致使有关业务制度和操作规程不健全、不落实；

（三）对证监会的监督检查工作不接受、不配合；对工作中发现的重大隐患、漏洞不重视、不报告、不及时解决；

（四）对在证券交易所内发生的违规行为未能及时采取有效措施予以制止或者查处不力。

第九十六条 证券交易所的任何工作人员有责任拒绝执行任何人员向其下达的违反国家有关法律、法规、规章、政策和证券交易所有关规定的工作任务，并有责任向其更高一级领导和证监会报告具体情况。没有拒绝执行上述工作任务，或者虽拒绝执行但没有报告的，要承担相应责任。

第九十七条 证券交易所会员、上市公司违反国家有关法律、法规、规章、政策和证券交易所章程、业务规则的规定，并且证券交易所没有履行规定的监督管理责任的，证监会有权按照本办法的有关规定、追究证券交易所和证券交易所有关高级管理人员和直接责任人的责任。

第九十八条 证券交易所应当在其职责范围内，及时向证监会报告其会员、上市公司及其他人员违反国家有关法律、法规、规章、政策的情况；国家有关法律、法规、规章授权由证券交易所处罚，或者按照证券交易所章程、业务规则、上市协议等证券交易所可以处罚的，证券交易所有权按照有关规定予以处罚，并报证监会提出处罚建议。

证监会可以要求证券交易所对其会员、上市公司进行处罚。

第九十九条 证券交易所、证券交易所会员、上市公司违反本办法规定，直接责任人和与直接责任人有直接利益关系者因此而形成的非法获利或者避损，由证监会予以没收并处以相当于非法获利或者避损金额一至三倍的罚款。

第十一章 附则

第一百条 本办法下列用语的含义：

（一）“上市”是指证券发行人经批准后将其证券在证券交易所挂牌交易。

（二）“上市公告书”是指上市公司按照国家有关法律、法规、规章、政策和证券交易所业务规则的要求，于其证券上市前，就其公司及证券上市的有关事宜，通过指定的报刊向社会公众公布的信息披露文件。

（三）“上市费用”是指上市证券的发行人按照证券交易所的业务规则，就其证券上市向证券交易所交纳的费用。

（四）“上市推荐人”是指由证券交易所认可的、协助证券发行人申请其证券上市的证券交易所正式会员。

（五）“席位费”是指证券交易所会员按照证券交易所章程、业务规则向证券交易所交纳的交易席位使用费。

（六）“证券交易所高级管理人员”是指证券交易所的理事、总经理、副总经理和各专门委员会委员。

（七）“证券登记结算机构”是指由证券交易所设立的，不以营利为目的，为证券的发行和在证券交易所的证券交易活动提供集中的登记、存管、结算与交收服务的证券中介服务机构。

本办法未作定义的用语的含义，依照国家其他有关法律、法规、规章、政策中的定义确定。

第一百零一条 本办法由证券委负责解释。

第一百零二条 本办法自发布之日起施行。1993年7月7日证券委发布的《证券交易所管理暂行办法》同时废止。

证券经营机构股票承销业务管理办法

（1996年6月17日　国务院证券委员会发布）

第一章 总则

第一条 为规范证券经营机构股票承销业务活动，贯彻稳健经营原则，保护投资者的合法权益，根据国家有关法律和法规制定本办法。

第二条 证券经营机构应当依照本办法从事股票承销业务及其相关业务活动。

第三条 中国证券监督管理委员会（以下简称证监会）负责本办法的监督执行。

证券交易所应当配合证监会对作为其会员的证券经营机构的股票承销业务进行监管。

第四条 本办法所称证券经营机构，指依法设立的可经营证券业务，具有法人资格的证券公司和信托投资公司。

本办法所称证券专营机构，指前款所称的证券公司；证券兼营机构，指前款所称的信托投资公司。

第五条 本办法所称股票承销业务，指证券经营机构依照协议或包销代销发行人发行的股票以及证监会核准的其他具有股票性质、功能的证券的行为。

第二章 承销资格

第六条 证券经营机构从事股票承销业务，应当取得证监会颁发的《经营股票承销业务资格证书》（以下简称“资格证书”）。

第七条 证券经营机构申请从事股票承销业务，应当同时具备以下条件：

（一）证券专营机构具有不低于人民币2，000万元的净资产，证券兼营机构具有不低于人民币2，000万元的证券营运资金。

（二）证券专营机构具有不低于人民币1，000万元的净资本，证券兼营机构具有不低于人民币1，000万元的净证券营运资金。

本办法所称净资本的计算公式为：

净资本＝净资产－（固定资产净值＋长期投资）×30％－无形及递延资产－提取的损失准备金－证监会认定的其他长期性或高风险资产

本办法所称净证券营运资金是指证券兼营机构专门用于证券业务的具有高流动性的资金。

（三）三分之二以上的高级管理人员和主要业务人员获得证监会颁发的《证券业从业人员资格证书》。在未取得《证券业从业人员资格证书》前，应当具备下列条件：

1、高级管理人员具备必要的证券、金融、法律等有关知识，近二年内没有严重违法违规行为，其中三分之二以上具有三年以上证券业务或五年以上金融业务工作经历；

2、主要业务人员熟悉有关的业务规则及业务操作程序，近二年内没有严重违法违规行为，其中三分之二以上具有二年以上证券业务或三年以上金融业务的工作经历。

（四）证券经营机构在近一年内无严重的违法违规行为或在近二年内未受到本办法规定的取消股票承销业务资格的处罚。

（五）证券经营机构成立并且正式开业已超过半年；证券兼营机构的证券业务与其他业务分开经营、分帐管理。

（六）具有完善的内部风险管理与财务管理制度，财务状况符合本办法第三十一条、三十二条规定的风险管理要求。

（七）具有能够保障正常营业的场所和设备。

（八）证监会要求的其他条件。

第八条 证券经营机构从事股票承销业务过程中担任主承销商的，除应当具备第七条规定的条件外，还应同时具备下列条件：

（一）证券专营机构具有不低于人民币5，000万元的净资产和不低于人民币2，000万元的净资本，证券兼营机构具有不低于人民币5，000万元的证券营运资金和不低于人民币2，000万元的净证券营运资金。

（二）取得证券承销从业资格的专业人员或符合前条第（三）项条件的主要承销业务人员至少6名，并且应当有一定的会计、法律知识的专业人员。

（三）参与过三只以上股票承销或具有三年以上证券承销业绩。

（四）在最近半年内没有出现作为发行人首次公开发行股票的主承销商而在规定的承销期内售出股票不足本次公开发行总数20％的记录。

牵头组织承销团的证券经营机构或独家承销某一只股票的证券经营机构为主承销商。

第九条 符合前述条件的证券经营机构申请取得资格证书，须向证监会报送下列文件：

（一）由证监会统一印制的《经营股票承销业务资格申请表》；

（二）机构批设机关颁发的《经营金融业务许可证（副本）》；

（三）工商行政管理部门颁发的《企业法人营业执照（副本）》；

（四）由机构批设机关核准的公司章程；

（五）内部风险与财务管理制度情况说明；

（六）由具有从事证券业务资格的会计师事务所出具的净资产或净证券营运资金验资证明；

（七）由具有从事证券相关业务资格的会计师事务所审计的上年末资产负债表、损益表和财务状况变动表；

（八）法定代表人、主要负责人及主要业务人员的《证券业从业人员资格证书》或简历、专业证书等；

（九）最近一年股票承销业务或最近三年证券承销业务情况的说明材料；

（十）证监会要求的其他文件。

第十条 证监会自收到完整申请资料后的三十个工作日内根据本办法对申请文件进行审查。经审查符合条件的，由证监会颁发资格证书；经审查不符合条件的，不予颁发资格证书，且半年内不受理其重新申请。

第十一条 资格证书自证监会签发之日起一年内有效，一年后自动失效。

第十二条 已取得资格证书的证券经营机构如需要保持其股票承销业务资格，应在资格证书失效前的三个月内，向证监会提出申请并报送第九条第（七）、（八）、（九）项和证监会要求的其他有关材料，经证监会审核通过后换发资格证书。

第十三条 未取得资格证书或资格证书失效的机构，不得从事股票承销业务，但作为分销商并以代销方式从事股票承销的除外。

未取得主承销商资格的证券经营机构不得担任发行公司的发行辅导人和上市推荐人。

第三章 承销的实施

第十四条 证券经营机构承销股票，可以包销方式或代销方式进行，并与发行人签定承销协议。

第十五条 证券经营机构持有企业7%以上的股份，或是其前五名股东之一，不得成为该企业的主承销商或副主承销商。

第十六条 证券经营机构以包销方式承销股票，须在承销协议所规定的承销期结束后，按发行价认购未售出的股票。

证券经营机构以代销方式承销股票，在承销协议所规定的承销期结束后，应将未售出的股票全部退还给发行企业或包销商。

第十七条 证券经营机构承销拟公开发行或配售股票的面值总额超过人民币三千万元或预期销售总金额超过人民币五千万元的，应当按照《股票发行与交易管理暂行条例》第二十二条的规定组织承销团。

承销团有三家或三家以上的承销商的，可设一家副主承销商，协助主承销商组织承销活动；承销团中除主承销商、副主承销商以外的证券经营机构为分销商。

组织承销团的承销商应当签订承销团协议，承销团协议应载明下列事项：

（一）当事人的名称、住所及法定代表人的姓名；

（二）承销股票的种类、数量、金额及发行价格；

（三）包销的具备方式、包销过程中剩余股票的认购方法，或代销过程中剩余股票的退还方法；

（四）承销份额；

（五）承销组织工作的分工；

（六）承销期及起止日期；

（七）承销付款的日期及方式；

（八）承销缴款的程序和日期；

（九）承销费用的计算、支付方式和日期；

（十）违约责任；

（十一）证监会要求的其他事项。

第十八条 证券经营机构作为主承销商从事股票承销业务，应当于申报股票发行审查材料的三天之内向证监会报送承销商备案材料。向证监会备案的材料包括承销说明书、承销商承销资格证书复印件、承销协议、承销团协议。

承销说明书应包括以下内容；

（一）承销商和发行人名称；

（二）承销方式；

（三）承销股票的种类、数量、金额及发行价格；

（四）承销团各成员的承销份额；

（五）承销期及起止日期；

（六）承销费用及计算、支付方式；

（七）承销团各成员的对外投资情况及持有发行人的股份的情况；

（八）证监会所要求的其他事项。

第十九条 证监会依据国家有关法规和本办法，可对证券经营机构担任某只股票发行的承销商提出否决意见；对自收到完整的备案材料的十五个工作日内未提出否决意见的，视为得到认可。

第二十条 证券经营机构在承销过程中，公告的信息不得与经证监会所审定的内容有任何不同。

第二十一条 股票发行价格或配股价格由承销商与发行企业共同商定。承销商不得迎合或鼓动发行企业以不合理的高溢价发行股票。

第二十二条 包销商收取的包销佣金为包销股票总金额的1.5－3%；代销商佣金为实际售出股票总金额的0.5－1.5%。

第二十三条 主承销商应当在每次承销结束后十五个工作日内向证监会上报承销工作报告。承销工作报告应详细说明承销协议、承销团协议和承销方案的执行情况，承销费用决算情况，并提供发行人前十名最大股的名册及持股量、持股比例。

第二十四条 证券经营机构以包销方式承销股票，不得为取得股票而以下列行为故意使股票在承销期结束时有剩余：

（一）故意囤积或截留；

（二）缩短承销期；

（三）减少销售网点；

（四）限制认购申请表发放数量；

（五）证监会认定的其他行为。

第二十五条 证券经营机构依第十六条第一款所得股票，除按国家关于金融机构投资的有关规定可以持有的外，自该股票上市之日起，应当将该股票逐步卖出，并不得买入，直到符合国家关于公司对外投资比例及证券经营机构证券自营业务管理规定的要求。

第二十六条 证券经营机构在承销过程中，不得以提供透支、回扣或证监会认定的其他不正当手段诱使他人认购股票。

第二十七条 证券经营机构不得进行虚假承销。

前款所称虚假承销是指证券经营机构名义上是承销团成员，实际上并没有从事承销股票的活动和承担承销股票应尽的责任。

第二十八条 证券经营机构从事股票承销业务不得透露未依法披露的招股说明书、公告前的发行方案以及承销过程中有关认购数量、预计中签率等非公开信息。

第二十九条 证券经营机构不得以下列不正当竞争手段招揽承销业务：

（一）不当许诺；

（二）诋毁同行；

（三）借助行政干预；

（四）证监会认定的其他不正当竞争手段。

第三十条 证券经营机构在承销过程中和在承销结束后股票上市前，不得以任何身份参与所承销股票及其认购证券的私下交易，并不得为这些交易提供任何便利。

第四章 风险控制

第三十一条 证券专营机构负债总额与净资产之比不超过10，证券兼营机构从事证券业务发生的负债总额与证券营运资金之比不得超过10。

第三十二条 证券经营机构从事股票承销业务，其流动性资产占净资产或证券营运资金的比例不得低于50%。

第三十三条 证券经营机构以包销方式承销股票，其每次包销总金额应当符合以下要求：

（一）上年末净资产为一亿元以下（不含本数，下同）的证券经营机构，包销金额不得超过5，000万元。

（二）上年末净资产为一亿元以上（含本数，下同）、五亿元以下的证券经营机构，作为承销团中主承销商的，包销金额不得超过7，500万元。

（三）上年末净资产为五亿元以上的证券经营机构，作为承销团中主承销商的，包销金额不得超过一亿元。

第三十四条 证券经营机构不得同时承销四只或四只以上的股票。

前款所称同时，是指与不同企业签订的承销协议规定的承销时间相互重合或交叉。

第三十五条 证券经营机构从事股票承销业务，应当保持风险意识，贯彻稳健经营原则，制定和执行风险管理制度，严格监督和约束内部各职能部门和下属机构，加强内部风险控制。当发现风险超过本办法有关条款的要求时，应立即向证监会报告并提出调整办法。

第五章 监督检查

第三十六条 证监会对证券经营机构从事股票承销业务情况可进行定期或不定期的检查，并可要求证券经营机构报送其股票承销及相关业务资料。

第三十七条 证监会和由证监会授予部分监管职责的地方证券监管部门对从事股票承销业务过程中涉嫌违反本办法和国家有关法规的证券经营机构，可进行调查，并可要求提供、复制或封存有关业务文件、资料、帐册、报表、凭证和其他必要的材料。

对证监会的检查和调查，证券经营机构不得以任何理由拒绝或拖延提供有关材料，或提供不真实、不准确、不完整的材料。在调查过程中，证券经营机构的主要负责人和直接相关人员不得以任何理由逃避调查。证监会还可要求证券经营机构有关人员在指定时间和地点提供有关证据。

第三十八条 证监会可聘任具有从事证券相关业务资格的会计师事务所等专业性中介机构，依据本规定有关条款并在证监会要求的事项内对证券经营机构从事股票承销业务情况进行稽核。

证券经营机构对前款所称稽核，应视同为证监会的检查并予以配合。

第三十九条 具有股票承销业务资格的证券经营机构，应当于每年1月15日前向证监会报送上年承销情况的报告。

第四十条 承销业务原始凭证以及有关业务文件、资料、帐册、报表和其他必要的材料应当至少妥善保存七年。

第六章 罚则

第四十一条 证券经营机构有下列行为的，单处或并处警告、没收非法所得、三万元以上三十万元以下的罚款：

（一）未取得资格证书或在资格证书失效后从事或变相从事承销业务；

（二）不按规定标准收取佣金。

第四十二条 证券经营机构违反本办法第三十一、三十二条规定，又不作及时调整的，处以警告，并限期纠正；在限期内仍达不到规定要求的，处以暂停股票承销业务资格半年至一年的处罚。

第四十三条 证券经营机构有下列行为之一的，视情节轻重单处或并处警告、五万元以上一百万元以下罚款、暂停股票承销业务资格半年至一年的处罚：

（一）不接受、不配合证监会的检查、稽核；

（二）不按规定上报承销工作报告、承销备案材料和年度承销情况报告；

（三）从事虚假承销；

（四）透露非公开信息；

（五）以不正当竞争手段招揽承销业务；

（六）在承销过程中和在承销结束后股票上市前，参与所承销股票及其认购证的私下交易，或为这种私下交易提供便利。

第四十四条 证券经营机构有下列之一的，视情节轻重，单处或并处警告、没收非法所得、二十万元以上一百万元以下罚款、取消其股票承销业务资格，并在两年内不受理承销业务资格申请：

（一）以欺骗或其他不正当手段获得股票承销业务资格；

（二）在以包销方式承销股票时，通过故意囤积或截留、缩短承销期、减少承销网点等方式使股票在承销期结束时剩余；

（三）通过投资、回扣或其他不正当手段诱使他人认购股票；

（四）其他违反本办法从事股票承销业务的行为。

第四十五条 证券经营机构涉嫌严重违法违规或严重亏损，在被国家有关部门调查期间，可以暂停其股票承销业务资格，暂停时间最多不超过半年，并根据有关部门的调查结论，作相应处理。

第七章 附则

第四十六条 境内及境外证券经营机构从事外资股承销业务管理规定另行制定。

第四十七条 本办法由证监会负责解释。

第四十八条 本办法自发布之日起生效，证监会1993年6月24日颁布的《关于在股票发行工作中强化证券承销机构和专业性中介机构作用的通知》同时废止。

证券经营机构证券自营业务管理办法

第一章 总则

第一条 为规范证券经营机构证券自营业务行为，维护证券市场秩序，保护投资者合法权益，根据国家有关法律和法规制定本办法。

第二条 证券经营机构从事证券自营业务，应当遵守本办法以及证券交易所、证券登记和清算机构的业务规则。

第三条 中国证券监督管理委员会（以下简称证监会）负责本办法的监督执行。

证券交易所应当按照国家有关规定和交易所的业务规则对作为其会员证券经营机构的证券自营业务活动进行监管。

第四条 本办法所称证券经营机构，是指依法设立并具有法人资格的证券公司和信托投资公司。

本办法所称证券专营机构，指前款所称证券公司；证券兼营机构指前款所称信托投资公司。

第五条 本办法所称证券自营业务，是指证券经营机构和为本机构买卖上市证券以及证监会认定的其他证券的行为。

前款所称上市证券，是指在证券交易所挂牌交易的下列证券：

（一）人民币普通股；

（二）基金券；

（三）认股权证；

（四）国债；

（五）公司或企业债券；

前款所称人民币普通股、基金券、认股权证以及证监会认定的其他证券统称为权益类证券。

第二章 自营资格

第六条 证券经营机构从事证券自营业务，应当取得证监会认定的证券自营业务资格并领取证监会颁发的《经营证券自营业务资格证书》（以下简称"资格证书"）。

未取得证券自营业务资格的证券经营机构不得从事证券自营业务。

证券经营机构不得从事本办法第五条所称证券自营业务以外的证券自营业务。

第七条 证券经营机构申请从事证券自营业务，应当同时具备下列条件：证券专营机构具有不低于人民币2，000万元的净资产，证券兼营机构具有不低于人民币2，000万元的证券营运资金。

（二）证券专营机构具有不低于人民币1，000万元的净资本，证券兼营机构具有不低于人民币1，000万元的净证券营运资金。

本办法所称净资本的计算公式为：

净资本＝净资产－（固定资产净值＋长期投资）×30%－无形及递延资产－提取的损失准备金－证监会认定的其他长期性或高风险资产。

本办法所称净证券营运资金是指证券兼营机构专门用于证券业务的具有高流动性的资金。

（三）三分之二以上的高级管理人员和主要业务人员获得证监会颁发的《证券业从业人员的资格证书》，在取得《证券业从业人员资格证书》前，应当具备下列条件：

1、高级管理人员具备必要的证券、金融、法律等有关知识，近二年内没有严重违法违规行为，其中三分之二以上具有二年以上证券业务或三年以上金融业务的工作经历；

2、主要业务人员熟悉有关的业务规则及业务操作程序，近二年内没有严重违法违规行为，其中三分之二以上具有二年以上的证券业务或三年以上金融业务的工作经历。

（四）证券经营机构在近一年内没有严重违法违规行为或在近二年内未受到本办法规定的取消证券自营业务资格的处罚。

（五）证券经营机构成立并且正式开业已超过半年；证券兼营机构的证券业务与其他业务分开经营、分帐管理。

（六）设有证券自营业务专用的电脑申报终端和其他必要的设施。

（七）证监会要求的其他条件。

第八条 符合第七条所列各项条件的证券经营机构申请取得从事证券自营业务资格须向证监会报送下列文件：

（一）证监会统一印制的《经营证券自营业务资格申请表》；

（二）机构批设机关颁发的《经营金融业务许可证（副本）》；

（三）工商行政管理部门颁发的《企业法人营业执照（副本）》；

（四）由机构批设机关核准的公司章程；

（五）证券自营业务内部管理制度情况说明；

（六）由具有从事证券业务资格的会计师事务所出具的上一年度末净资产或证券营运资金验资证明；

（七）由具备从事证券业务资格的会计师事务所审计的上一年度末资产负债表、损益表和财务状况变动表；

（八）法定代表人、主要负责人及主要业务人员的《证券业从业人员资格证书》或简历、专业证书等；

（九）上一年度经营证券业务情况说明。正式开业未超过一年的证券经营机构，应报送从开业时起到上一年度末的经营证券业务情况说明；

（十）证监会要求的其他文件。

第九条 证监会自收到完整申请资料后三十个工作日内对申请文件进行审查。经审查符合条件的，由证监会颁发资格证书；经审查不符合条件的，不予颁发资格证书，且半年内不受理其重新申请。

第十条 资格证书逢证监会签发之日起一年内有效，一年后自动失效。

第十一条 已取得资格证书的证券经营如需要保持其证券自营业务资格，应在资格证书失效前的三个月内，向证监会提出申请并报送第八条第（七）、（八）、（九）项和证监会要求的其他有关材料，经证监会审核通过后换发资格证书。

第三章 禁止行为

第十二条 证券经营机构从事证券自营业务，不得从事有关禁止证券欺诈行为的法规规定的内幕交易。

第十三条 证券经营机构从事证券自营业务，不得从事下列操纵市场的行为：

（一）以明示或默示的，约定与其它证券投资者在某一时间内共同买进或卖出某一种或几种证券。

（二）以自己的不同帐户或与其他证券投资者串通在相同时间内进行价格和数量相近、方向相反的交易。

（三）在一段时间内频繁并且大量地连续买卖某种或某类证券并导致市场价格异常变动。

（四）有关禁止证券欺诈行为的法规规定的其他操纵市场行为。

第十四条 证券经营机构从事证券自营业务不得有下列行为：

（一）将自营业务与代理业务混合操作；

（二）以自营帐户为他人或以他人名义为自己买卖证券；

（三）委托其他证券机构代为买卖证券；

（四）证监会认定的其他违反自营业务管理规定的行为。

第十五条 上市公司或其关联公司持有证券经营机构10%以上的股份时，该证券经营机构不得自营买卖该上市公司的股票。

前款所称关联公司，由证监会依据国家有关法规认定。

第十六条 证券经营机构从事证券业务，应将买进或卖出的证券逐笔交由证券交易所指定的登记清算机构办理交割，不得以当日卖出或买进的同种证券抵充。

第十七条 证券经营机构从事证券自营业务，应当建立和完善内部监控机制，认真贯彻执行国家有关政策和法规，始终保持遵规守法意识，防范和制止公司内部各种内幕交易、操纵市场、欺诈客户行为的发生。

第四章 风险控制

第十八条 证券经营机构负债总额与净资产之比不得超过10:1，证券兼营机构从事证券业务发生的负债总额与证券营运资金之比不得超过10:1。

第十九条 证券经营机构从事证券自营业务，其流动性资产占净资产或证券营运资金的比例不得低于50%。

第二十条 证券经营机构证券自营业务帐户上持有的权益类证券按成本价计算的总金额，不得超过其净资产或证券营运资金的80%。

第二十一条 证券经营机构从事证券自营业务，持有一种非国债类证券按成本价计算的总金额不得超过净资产或证券营运资金的20%。

第二十二条 证券经营机构买入任一上市公司股票按当日收盘价计算的总市值不得超过该上市公司已流通股总市值的20%。

第二十三条 证券经营机构证券自营业务出现盈利时，该机构应按月就其盈利提取5%的自营买卖损失准备金，直到累计总额达到其净资本或净营运资金的5%为止。

前款所指自营买卖损失准备金除用于弥补证券自营买卖损失之外，只能用于形成非股票类高流动性资产，不得用作其他用途。

第二十四条 证券经营机构从事证券自营业务，应当保持风险意识，贯彻稳健经营方针，防范各种风险因素，制定证券自营风险控制和每日风险自查制度，在内部设立专门机构和人员对风险状况进行检查。

第二十五条 证监会可根据有关情况的变化对第十八至二十三条规定的风险控制比例进行调整。

第五章 监督检查

第二十六条 证券经营机构从事证券自营业务，应当以公司名义建立证券自营帐户，并报证监会备案。

第二十七条 证券经营机构同时经营证券自营与代理业务，应当将经营两类业务的资金、帐户和人员分开管理，并将客户存入的保证金在二个营业日内存入指定银行的信托帐户，将公司证券自营资金设立专门帐户管理核算。

第二十八条 证监会对证券经营机构从事证券自营业务情况以及相关的资金来源和运用情况可进行定期或不定期的检查，并可要求证券经营机构报送其证券自营业务资料以及其他相关业务资料。

第二十九条 证监会和由证监会授予监管职责的地方证券期货监管部门对从事证券自营业务过程中涉嫌违反本办法和国家有关法规的证券

经营机构，可进行调查，并可要求提供、复制或封存有关业务文件、资料、帐册、报表、凭证和其他必要的资料。

对证监会和被授权的地方证券期货监管部门的检查和调查，证券经营机构不得以任何理由拒绝或拖延提供有关资料，或提供不真实、不准确、不完整的资料。在调查过程中，证券经营机构的主要负责人和直接相关人员不得以任何理由逃避调查。证监会和被授权的地方证券期货监管部门还可要求证券经营机构有关人员在指定时间和地点提供有关证据。

第三十条 证监会可聘请具有从事证券业务资格的会计师事务所、审计事务所等专业性中介机构，依据本办法有关条款并在证监会要求的事项内对证券经营机构从事证券自营业务情况进行稽核。

证券经营机构对前款所称稽核，应视同为证监会的检查并予以配合。

第三十一条 证券自营业务原始凭证以及有关业务文件、资料、帐册、报表和其他必要的材料应当至少妥善保存七年。

第六章 罚则

第三十二条 证券经营机构在取得资格证书前或在资格证书失效后从事或变相从事证券自营业务的，单处或并处警告、没收非法所得、三万元以上三十万元以下的罚款。

第三十三条 证券经营机构违反本办法第十八条、十九条、二十四条规定，又不作及时调整和建立相应风险控制制度的，处以警告，并限期纠正；在限期内仍达不到规定要求的，处以暂停自营业务资格半年至一年的处罚。

第三十四条 证券经营机构违反本办法第二十条、二十一条、二十二条，单处或并处警告、没收非法所行、三万元以上三十万元以下罚款，并限期纠正；在限期内仍达不到规定要求的，处以暂停自营业务资格半年至一年的处罚。

第三十五条 证券经营机构有下列行为之一的，视情节轻重，单处或并处警告、没收非法所得、三万元以上三十万元以下罚款、暂停自营业务半年至一年的处罚：

（一）不接受、不配合证监会的检查、调查；

（二）不按规定上报自营业务的资料和情况报告；

（三）由上市公司或其关联公司持有10%以上股份的证券经营机构自营买卖该上市公司的股票；

（四）将自营业务与代理业务混合操作；

（五）以自己名义为他人或以他人名义为自己买卖证券；

（六）委托其他证券经营机构代为买卖证券；

（七）其他违反自营业务管理法规的行为。

第三十六条 证券经营机构有下列行为之一，视情节轻重，单处或并处警告、没收非法所得、五万元以上五十万元以下罚款、暂停自营业务半年至一年、取消自营业务资格，并在两年内不受理自营业务资格申请。

（一）以欺骗或其他不正当手段获得证券自营业务资格；

（二）从事或参与内幕交易和操纵市场行为。

第三十七条 证券经营机构屡次违反本办法，在一年的时间中受到警告、没收非法所得、罚款的处罚累计达3次以上，或受到暂停自营业务处罚累计达2次以上，取消自营业务资格，并在两年内不受理自营业务资格申请；情节严重的，可同时暂停或停止其他证券业务。

第三十八条 证券经营机构涉嫌严重违法违规或严重亏损，在被证监会或国家有关部门调查期间，可以暂停其证券自营业务资格，暂停时间最长不超过半年，并根据调查结论作相应处理。

第七章 附则

第三十九条 本办法由证监会负责解释。

第四十条 除第二十条外，本办法各条款自公布之日起施行；第二十条自1997年2月1日起施行。

中国证券监督管理委员会工作人员守则

（1993年7月24日　证监〔1993〕60号）

第一条 为建立规范化的证券监管工作制度，保护证券投资者的合法权益和社会公共利益，保证证券市场的正常运行，促进我国社会主义市场经济的发展，根据国务院关于建立、健全国家证券监督管理工作制度的决定精神和有关法规、政策、制定本守则。

第二条 本守则适用于中国证券监督管理委员会（以下简称“证监会”）的所有工作人员。

前款所指的证监会所有工作人员包括在证监会本部和其派出机构中工作的所有正式、非正式工作人员和兼职人员（以下简称“工作人员”）。

第三条 工作人员除应当遵循本守则外，还应当遵循国家机关工作人员应当遵循的一般行为规范。

第四条 证监会工作坚持高效、公开、公平的原则。

第五条 证监会工作人员应当具备和保持正直、诚实、公正、廉洁的品质，坚持反对和依法制止证券市场运行中可能出现的一切证券欺诈行为以及其他违法的和不道德的行为。

对于与工作人员有利害关系的有关证券业、证券市场的事宜，工作人员必须回避。

第六条 工作人员不得利用因职务之便所得到的非公开信息，为本人或者他人直接或间接谋取私利，亦不得为任何机构和个人提供有关证券买卖的咨询。

第七条 工作人员必须遵守国家有关廉政建设的规定，特别是不得直接或间接向下述人员、机构索取礼品、服务和各种形式的贿赂，或者接受这些人员、机构的礼品、服务和各种形式的贿赂：

（一）受证监会监管的任何机构或者个人；

（二）证监会决定对其经济利益可能产生影响的机构或者个人。

前述机构或者个人向工作人员和会外人员同时赠送礼品时，如果不便当场拒绝，可以先行接受，然后上缴证监会办公室。在不知情的情况下收到礼品，应当原封退回。对确实无法退回以及在特殊情况下确实无法拒绝的礼品，工作人员应当及时上缴证监会办公室。

第八条 工作人员如有受贿行为，一经查实，立即解聘；并由办公室建议有关部门追究其法律责任。

凡向工作人员行贿的机构，一经查实，一律取消其发行证券或者从事证券业务的资格。对向工作人员行贿的机构的直接责任人员以及向工作人员行贿的任何个人，由办公室建议有关部门追究其法律责任。

第九条 工作人员必须执行国家有关保密的规定。未经授权，工作人员不得向任何人透露在证监会备案或申报的任何非公开文件或者机密信息。凡违反保密规定的工作人员，一经查实，立即解聘；并由办公室建议有关部门追究其法律责任。当证监会现任或者前任工作人员是诉讼一方当事人时，如果法院要求前述人员或者其代表披露证监会的有关文件、信息，前述人员必须及时向证监会主席、副主席或者首席律师报告，得到批准后方可披露。

第十条 为防止在行使证监会职权时作出偏袒性决定，工作人员不得有下列行为：

（一）在证券交易场所、证券经营机构、投资管理机构、投资咨询机构、证券登记机构、证券清算过户机构，与证券业有关的律师事务所、会计师事务所、资产评估机构等专业性机构，以及其他直接或间接与证券的发行、上市、交易有关或者属于证监会监管范围内的机构兼职或者担任顾问；

（二）在股份有限公司兼职或者担任顾问；

（三）在其他任何盈利性机构兼职或者担任顾问。

第十一条 如果工作人员的配偶在第十条第一款（一）、（二）所列机构中任职，该工作人员应当向证监会人事处说明这种情况。

第十二条 工作人员可以从事有偿或者无偿的教学、演讲和写作活动，但应当在国家规定及本守则许可的范围内进行，并不得使用证监会非公开的信息、文件。

第十三条 工作人员从事本守则第十条所列各项任职以外的活动，应当事先获得批准。工作人员首先应向其所在部门的领导提出申请，并在申请书上写明在会外兼职的工作单位、内容、性质、期限、报酬等。部门领导批准后，将批准文件送办公室审核。办公室应当及时作出批复。工作人员可就否决的批复，向秘书长提请复议。复议申请书中应当陈述其在外兼职并不违反本守则规定的理由。秘书长可以根据实际情况作出最终裁定。

第十四条 工作人员及其配偶不得为自己或者为他人的利益买卖股票；但是购买证监会认为可以购买的投资基金证券，以及工作人员的配偶因职业关系从事证券买卖业务为他人买卖股票的除外。

第十五条 工作人员在到职以前，应当向证监会人事处提交本人及其配偶的证券持有以及在证券公司开户情况的报告，并在证监会规定的期限内售出其不应当持有的证券。

前款所称证券包括股份有限公司的股票、股权证、认股权证、可转换债券、公开发行的公司债券；但是不包括国债券和国家重点建设项目债券。

第十六条 工作人员持有其不应当持有的证券，办公室有权要求该工作人员在规定期限内处置该证券。连续二次违反本守则关于工作人员持有证券规定的，由办公室向全会通报，并采取适当措施处理。

第十七条 工作人员认为本守则的规定在某一特殊情况下适用会对其造成不合理的困难，可以向会领导提出书面请求，详细写明情况及要求豁免的理由。但是作为一般原则，会领导应当对本条规定从严解释。

第十八条 工作人员不应当与由于履行其职务而发生联系的机构协商其今后拟在该机构的任职事宜；但是工作人员事先已向自己所在部门领导报告了此意向、并经部门领导同意的除外。部门领导在接到上述报告后，应采取措施避免该工作人员单独作出直接或间接影响此机构利益的决定。

第十九条 按规定在调离证监会后12个月内应当回避与证监会职能有关的事宜的工作人员，在调离证监会后应当严格遵守该规定。

第二十条 证监会发行审核委员会的会外委员和咨询委员会委员，执行有关两个委员会的规定。

第二十一条 本守则由证监会办公室负责解释和监督实施。

第二十二条 本守则的修改由证监会主席决定。

第二十三条 本守则自发布之日起执行。

证券业从业人员资格管理暂行条例

（1995年4月18日 国务院证券委员会发布）

第一章 总则

第一条 为提高证券业从业人员专业素质，促进我国证券市场健康发展，维护投资者合法权益，根据《股票发行交易管理暂行条例》以及国家其他有关法规制定本规定。

第二条 中国证券监督管理委员会（以下简称证监会）依照本规定，负责证券从业人员（以下简称从业人员）从事证券业务资格的确认、撤销及有关事宜。

第三条 证监会可授权中国证券业协会和地方证券管理部门依照本规定办理从业人员资格管理的有关工作。

第四条 本规定所称证券中介机构，指有关部门依据有关法规批准设立的可经营证券业务或证券相关业务的下列法人：

1、证券公司；

2、信托投资公司；

3、证券清算、登记机构；

4、证券投资咨询机构；

5、证监会或证监会会同有关部门共同认定的其他可经营证券业务或证券相关业务的机构。

本规定所称证券专营机构，系指前款第1项所列证券公司；证券兼管机构，系指前款第2项所列信托投资公司和证监会会同有关部门共同认定的其他可经营证券业务的金融机构；证券经营机构是指证券专营机构和证券兼营机构。

第五条 本规定所称从业人员指下列人员：

1、本规定第四条第一款各项所列证券中介机构的正、副总经理，但证券兼营机构和该款第五项规定的机构中不负责证券业务的副总经理除外；

2、证券经营机构中内设各证券业务部门的正、副经理人员；

3、证券经营机构下设的证券营业部的正、副经理人员；

4、证券经营机构中从事证券代理发行业务的专业人员；

5、证券经营机构中从事证券自营业务的专业人员；

6、证券经营机构和证券投资咨询机构中从事为客户提供投资咨询服务的专业人员；

7、证券经营机构在证券交易所内的出市代表；

8、证券清算、登记机构内设各业务部门的正、副经理人员；

9、证券投资咨询机构内设各业务部门的正、副经理人员；

10、各类证券中介机构的电脑管理人员；

11、证监会认为需要进行资格确认的其他从业人员。

第六条 从业人员必须按照本规定取得证券从业人员资格证书后方可在第五条所列各项证券专业岗位上工作。

本规定第五条第1项所列高级提高人员中至少应有2/3以上应获得证券从业资格证书。

未取得证券业从业资格，除符合前款豁免规定的人员外，任何人不得在第五条所列各项证券专业岗位上工作。

第二章 申请条件

第七条 申请从业人员资格者应同时具备下列条件：

1、具有中华人民共和国国籍；

2、年满21周岁且具有完全的民事行为能力；

3、品行良好、正直诚实，具有良好的职业道德；

4、在申请从事证券从业资格前五年未受过刑事处罚或严重的行政处罚；

5、具有证券相关专业大学专科以上学历，或高中毕业并有从事两年以上证券业务或三年以上其它金融业务经验，或四年以上证监会认可的其他与证券业务相关的工作经历；

6、按本规定第九条规定，经过证监会指定培训机构举办的证券从业资格培训或通过其他学习方式达到相应水平，并通过证监会统一组织的资格考试。

7、自愿并承诺遵守国家有关法规以及行业自律性组织的行为规范，接受证监会的监督与管理；

8、证监会规定的其他条件。

第三章　资格培训与资格考试

第八条　除本规定的第四十六规定可免予资格考试的人员外，申请取得证券从业人员资格者须通过资格考试。

第九条　资格考试由证监会统一组织，资格培训和资格考试由证监会指定的培训机构举办。

第十条　申请成为指定培训机构的机构应具备下列条件：

1、培训规划及考试办法符合证监会制定的从业人员资格培训及考试大纲要求；

2、使用证监会认可的教材；

3、授课人员的数量、结构和专业水平符合证监会规定的审核确认标准和从业人员资格培训及考试大纲的要求；

4、教学设施和组织规划经证监会审查符合要求；

5、证监会规定的其他条件。

从业人员资格培训及考试大纲、授课人员审核确认标准和前款各项规定的其它未尽事宜由证监会另行规定。

第十一条　拟申请成为指定培训机构者，应按第十条规定的有关内容向证监会报送有关材料。

第十二条　证监会依据第十条所列各项条件和全国证券业的分布情况指定证券业从业人员培训机构，并向社会公告。

第十三条　对通过资格考试的人员，由指定培训机构发给结业证书。

第十四条　证监会依据本规定及资格培训和资格考试的有关文件对指定培训机构进行监督和指导，指定培训机构应当严格执行证监会的有关规定，认真组织资格培训和资格考试。对教学不负责任、培训质量低劣、以及在培训和考试中弄虚作假者，证监会可撤销其指定培训机构资格，并追究其有关责任。

第四章　申请程序

第十五条　申请从业资格者，需向证监会提供下列申请材料：

1、证监会统一印制的申请表；

2、身份证；

3、学历证书；

4、指定培训机构开具的资格考试成绩单及结业证书；

5、所在单位或户口所在地街道办事处以上政府机并开具的以往行为说明材料；

6、证监会要求报送的其他材料。

第十六条　各证券中介机构应负责统一报送本机构申请人的申请材料。

未在证券机构中任职者的申请材料可由指定培训机构统一转报。

第十七条　证监会接到完整的申请材料后，对申请人的材料做出审查，并对符合条件者发给资格证书。

前款所称资格证书，由证监会根据从业人员的情况分为下列类别：

1、证券代理发行从业资格；

2、证券经纪从业资格；

3、投资顾问从业资格；

4、证券中介机构电脑管理从业资格；

5、证监会认为需要设定的其他类别。

第十八条　本规定第五条第1项所列人员至少应获得第十七条规定类别资格证书中的两种；

第五条第2项所列人员应获得第十七条所列资格证书种类中与其所从事专业相对应的资格证书；

第五条第3项所列人员应获得证券经纪资格证书；

第五条第4项所列人员应获得证券代理发行资格证书；

第五条第5项、第6项和第9项所列人员应获得投资顾问资格证书；

第五条第8项所列人员应获得证券经纪、投资顾问、证券中介机构电脑管理三种证书中的一种；

第五条第10项所列人员应获得证券中介机构电脑管理资格证书。

第十九条　证监会对获得资格证书的人员予以注册登记并向社会公布。

第二十条　证监会发放资格证书时，可按国家有关标准向申请人收取登记费用。

第五章　资格的维持

第二十一条　获取资格证书后超过十八个月而未在证券专业岗位上就职，资格证书自动失效。

第二十二条　取得资格证书的人员连续未从事证券业务活动达十八个月，若要重新成为第五条所列各类人员，须按照本规定要求的程序重新申请。

第二十三条　证券中介机构不得聘用无资格证书或资格证书失效者成为第五条所列各类人员。

第二十四条　证券中介机构应将其聘任的所有从事第五条所列各类人员的有关情况向证监会备案。

第二十五条　从业人员在工作中有违反《股票发行与交易管理暂行条例》、《禁止证券欺诈行为暂行办法》和国家其它有关法规之行为时，所在机构应立即向证监会报告。

第二十六条　从业人员在工作期间因涉嫌参与重大经济案件而被有关部门调查，或因触犯我国刑法而被检察机关起诉，或在工作期间因触犯我国刑法而被法院判刑，所在机构应立即向证监会报告。

第二十七条　从业人员发生死亡、辞职、解雇、解任或退休等变动，所在机构应于变动发生后三个月内向证监会报告。

第二十八条　同一从业人员在同一时期内，只能受聘于一家证券中介机构。

第二十九条　从业人员改变受聘机构，原聘用机构应当在该从业人员辞职调离后三个月内，向证监会申报备案；新聘用机构应当在该从业人员就职后三个月内向证监会申报备案。

第三十条　从业人员应当保持正直诚实、公正廉洁、勤勉尽责的品质和遵守国家有关法规的意识。

第三十一条　从业人员应当不断学习，保持和更新专业知识，充实和提高业务技能。

第三十二条　从业人员应当定期或不定期参加有关的业务培训。

第三十三条　证监会可依据本规定所列各项条件，对已获得资格证书并上岗工作的从业人员从事证券业务活动的情况进行定期或不定期的检查。

经检查仍然具备条件者，可维持其从业资格；对未能符合相应条件者，证监会将依照本规定有关条款予以相应处理。

第六章　罚则

第三十四条　从业人员取得资格证书并上岗工作后，如违反国家有关法规或本规定，除按该有关法规进行处罚外，证监会可视情节轻重处以下列一项或多项处罚：

1、警告；

2、暂停从业资格六个月到十二个月；

3、撤销资格证书，此后三年内拒绝受理其从业资格申请；

4、撤销资格证书并永久性地拒绝受理其从业资格申请。

对受到前款第1项处罚的从业人员，证监会将视情况决定是否向社会公告；

对受到本条第一款第2项、第3项、第4项处罚的从业人员，证监会将向社会公告。

第三十五条 在本规定第四十五条规定的时间内未按要求取得资格证书而擅自成为第五条各项所列人员的，证监会可责令其所在证券机构停止该人员的从业活动，并在此后一年之内拒绝受理该人员的从业资格申请。同时，对所在机构的有关负责人按照第三十四条第一款第1项、第2项予以处罚。

第三十六条 申请人在申请过程中提供虚假或误导性的材料，一经发现，证监会可视情况在三年内或永久性拒绝其从业资格的申请。

第三十七条 已取得资格证书者如在申请过程中提供虚假或误导性的材料，一经发出，证监会将视情况按照第三十四条第一款第3项或第4项予以处罚。

已取得资格证书者如在第四条第一款所列之外的非依法定程序设立的证券中介机构中成为第五条各项所列人员，证监会将视情况按照第三十四条第一款第3项或第4项予以处罚。

第三十八条 从业人员在任职期间因涉嫌参与重大经济案件而被有关部门调查期间，或在任职期间因涉嫌违反我国刑法而被检察机关起诉期间，证监会可视情况暂停其从业资格，并要求有关机构在工作安排上做出相应配合。

第三十九条 从业人员如对其任职的证券中介机构的破产或遭受重大损失负有直接责任，证监会将视情况按照第三十四条第一款第2项、第3项、第4项予以处罚。

第四十条 从业人员在工作期间因违反有关业务规定导致客户发生重大经济损失时，证监会可视情节按照第三十四条第一款第1项、第2项、第3项予以处罚。

第四十一条 对直接或间接地拒绝或回避证监会调查或检查的从业人员，证监会可视情节按照第三十四条第一款第1项、第2项、第3项予以处罚。

第四十二条 对严重违反国家有关法规或受到第三十四条第一款第1项或第2项处罚两次以上从业人员，证监会可视情节按第三十四条第一款规定从重处罚，直至撤销资格证书。

第四十三条 从业人员因违反本规定，受到第三十四条第一款第2项、第3项处罚的，处罚期间，任何证券中介机构不得将其录用在证券专业岗位上工作。

第四十四条 从业人员受到第三十四条第一款第4项处罚的，任何证券中介机构永远不得再以任何形式予以录用。

第七章 附则

第四十五条 在本规定公布之前已成为第五条各项所列人员者，如欲继续从事证券业务，须在本规定实施之日起的两年内取得资格证书。

第四十六条 在部门经理或部门经理以上的岗位上专职从事证券业务管理工作达五年以上者，可豁免资格培训与资格考试。

第四十七条 第五条第7项所列人员的从业资格管理，由证监会委托证券交易所负责实施，有关办法由证监会另行制定。

第四十八条 对从事证券投资基金业务的管理及操作人员，其从业资格管理比照本规定执行。

第四十九条 从事证券相关业务的律师事务所、会计师事务所、审计师事务所和资产评估机构从业人员的资格管理办法，由证监会会同有关部门另行制定。

第五十条 本规定由证监会负责解释。

第五十一条 本规定自1995年7月1日起实施。

股票发行与交易管理暂行条例

（国务院一九九三年四月二十二日发布）

第一章 总则

第一条 为了适应发展社会主义市场经济的需要，建立和发展全国统一、高效的股票市场，保护投资者的合法权益和社会公共利益，促进国民经济的发展，制定本条例。

第二条 在中华人民共和国境内从事股票发行、交易及其相关活动，必须遵守本条例。

本条例关于股票的规定适用于具有股票性质、功能的证券。

第三条 股票的发行与交易，应当遵循公开、公平和诚实信用的原则。

第四条 股票的发行与交易，应当维护社会主义公有制的主体地位，保障国有资产不受侵害。

第五条 国务院证券委员会（以下简称“证券委”）是全国证券市场的主管机构，依照法律、法规的规定对全国证券市场进行统一管理。中国证券监督管理委员会（以下简称“证监会”）是证券委的监督管理执行机构，依照法律、法规的规定对证券发行与交易的具体活动进行管理和监督。

第六条 人民币特种股票发行与交易的具体办法另行制定。

境内企业直接或间接到境外发行股票，将其股票在境外交易，必须经证券委审批，具体办法另行制定。

第二章 股票的发行

第七条 股票发行人必须是具有股票发行资格的股份有限公司。

前款所称股份有限公司，包括已经成立的股份有限公司和经批准拟成立的股份有限公司。

第八条 设立股份有限公司申请公开发行股票，应当符合下列条件：

（一）其生产经营符合国家产业政策；

（二）其发行的普通股限于一种，同股同权；

（三）发起人认购的股本数额不少于公司拟发行的股本总额的百分之三十五；

（四）在公司拟发行的股本总额中，发起人认购的部分不少于人民币三千万元，但是国家另有规定的除外；

（五）向社会公众发行的部分不少于公司拟发行的股本总额的百分之二十五，其中公司职工认购的股本数额不得超过拟向社会公众发行的股本总额的百分之十；公司拟发行的股本总额超过人民币四亿元的，证监会按照规定可以酌情降低向社会公众发行的部分的比例，但是最低不少于公司拟发行的股本总额的百分之十；

（六）发起人在近三年内没有重大违法行为；

（七）证券委规定的其他条件。

第九条 原有企业改组设立股份有限公司申请公开发行股票，除应当符合本条例第八条所列条件外，还应当符合下列条件：

（一）发行前一年末，净资产在总资产中所占比例不低于百分之三十，无形资产在净资产中所占比例不高于百分之二十，但是证券委另有规定的除外；

（二）近三年连续盈利

国有企业改组设立股份有限公司公开发行股票的，国家拥有的股份在公司拟发行的股本总额中所占的比例由国务院或者国务院授权的部门规定。

第十条 股份有限公司增资申请公开发行股票，除应当符合本条例第八条和第九条所列条件外，还应当符合下列条件：

（一）前一次公开发行股票所得资金的使用与其招股说明书所述的用途相符，并且资金使用效益良好；

（二）距前一次公开发行股票的时间不少于十二个月；

（三）从前一次公开发行股票到本次申请期间没有重大违法行为；

（四）证券委规定的其他条件。

第十一条 定向募集公司申请公开发行股票，除应当符合本条例第八条和第九条所列条件外，还应当符合下列条件：

（一）定向募集所得资金的使用与其招股说明书所述的用途相符，并且资金使用效益良好；

（二）距最近一次定向募集股份的时间不少于十二个月；

（三）从最近一次定向募集到本次公开发行期间没有重大违法行为；

（四）内部职工股权证按照规定范围发放，并且已交国家指定的证券机构集中托管。

（五）证券委规定的其他文件。

第十二条 申请公开发行股票，按照下列程序办理：

（一）申请人聘请会计师事务所、资产评估机构、律师事务所等专业性机构，对其资信、资产、财务状况进行审定、评估和就有关事项出具法律意见书后，按照隶属关系，分别向省、自治区、直辖市、计划单列市人民政府（以下简称“地方政府”）或者中央企业主管部门提出公开发行股票的申请；

（二）在国家下达的发行规模内，地方政府对地方企业的发行申请进行审批，中央企业主管部门在与申请人所在地地方政府协商后对中央企业的发行申请进行审批；地方政府、中央企业主管部门应当自收到发行申请之日起三十个工作日内作出审批决定，并抄报证券委；

（三）被批准的发行申请，送证监会复审；证监会应当自收到复审申请之日起二十个工作日内出具复审意见书，并将复审意见书抄报证券委；经证监会复审同意的，申请人应当向证券交易所上市委员会提出申请，经上市委员会同意接受上市，方可发行股票。

第十三条 申请公开发行股票，应当向地方政府或者中央企业主管部门报送下列文件：

（一）申请报告；

（二）发起人会议或者股东大会同意公开发行股票的决议；

（三）批准设立股份有限公司的文件；

（四）工商行政管理部门颁发的股份有限公司营业执照或者股份有限公司筹建登记证明；

（五）公司章程或者公司章程草案；

（六）招股说明书；

（七）资金运用的可行性报告；需要国家提供资金或者其他条件的固定资产投资项目，还应当提供国家有关部门同意固定资产立项的批准文件；

（八）经会计师事务所审计的公司近三年或者成立以来的财务报告和由二名以上注册会计师及其所在事务所签字、盖章的审计报告；

（九）经二名以上律师及其所在事务所就有关事项签字、盖章的法律意见书；

（十）经二名以上专业评估人员及其所在机构签字、盖章的资产评估报告，经二名以上注册会计师及其所在事务所签字、盖章的验资报告；涉及国有资产的，还应当提供国有资产管理部门出具的确认文件；

（十一）股票发行承销方案和承销协议；

（十二）地方政府或者中央企业主管部门要求报送的其他文件。

第十四条 被批准的发行申请送证监会复审时，除应当报送本条例第十三条所列文件外，还应当报送下列文件：

（一）地方政府或者中央企业主管部门批准发行申请的文件；

（二）证监会要求报送的其他文件。

第十五条 本条例第十三条所称招股说明书应当按照证监会规定的格式制作，并载明下列事项：

（一）公司的名称、住所；

（二）发起人、发行人简况；

（三）筹资的目的；

（四）公司现有股本总额，本次发行的股票种类、总额，每股的面值、售价，发行前的每股净资产值和发行结束后的每股预期净资产值，发行费用和佣金；

（五）初次发行的发起人认购股本的情况、股权结构及验资证明；

（六）承销机构的名称、承销方式与承销数量；

（七）发行的对象、时间、地点及股票认购和股款缴纳的方式；

（八）所筹资金的运用计划及收益、风险预测；

（九）公司近期发展规划和经注册会计师审核并出具审核意见的公司下一年的盈利预测文件；

（十）重要的合同；

（十一）涉及公司的重大诉讼事项；

（十二）公司董事、监事名单及其简历；

（十三）近三年或者成立以来的生产经营状况和有关业务发展的基本情况；

（十四）经会计师事务所审计的公司近三年或者成立以来的财务报告和由二名以上注册会计师及其所在事务所签字、盖章的审计报告；

（十五）增资发行的公司前次公开发行股票所筹资金的运用情况；

（十六）证监会要求载明的其他事项。

第十六条 招股说明书的封面应当载明：“发行人保证招股说明书的内容真实、准确、完整。政府及国家证券管理部门对本次发行所作出的任何决定，均不表明其对发行人所发行的股票的价值或者投资人的收益作出实质性判断或者保证”。

第十七条 全体发起人或者董事以及主承销商应当在招股说明书上签字，保证招股说明书没有虚假、严重误导性陈述或者重大遗漏，并保证对其承担连带责任。

第十八条 为发行人出具文件的注册会计师及其所在事务所、专业评估人员及其所在机构、律师及其所在事务所，在履行职责时，应当按照本行业公认的业务标准和道德规范，对其出具的文件内容的真实性、准确性、完整性进行核查和验证。

第十九条 在获准公开发行股票前，任何人不得以任何形式泄露招股说明书的内容。在获准公开发行股票后，发行人应当在承销期开始前二个至五个工作日期间公布招股说明书。

发行人应当向认购人提供招股说明书。证券承销机构应当将招股说明书备置于营业场所，并有义务提醒认购人阅读招股说明书。

招股说明书的有效期为六个月，自招股说明书签署完毕之日起计算。招股说明书失效后，股票发行必须立即停止。

第二十条 公开发行的股票应当由证券经营机构承销。承销包括包销和代销两种方式。

发行人应当与证券经营机构签署承销协议。承销协议应当载明下列事项：

（一）当事人的名称、住所及法定代表人的姓名；

（二）承销方式；

（三）承销股票的种类、数量、金额及发行价格；

（四）承销期及起止日期；

（五）承销付款的日期及方式；

（六）承销费用的计算、支付方式和日期；

（七）违约责任；

（八）其他需要约定的事项。

证券经营机构收取承销费用的原则，由证监会确定。

第二十一条 证券经营机构承销股票，应当对招股说明书和其他有关宣传材料的真实性、准确性、完整性进行核查；发现含有虚假、严重误导性陈述或者重大遗漏的，不得发出要约邀请或者要约；已经发出的，应当立即停止销售活动，并采取相应的补救措施。

第二十二条 拟公开发行股票的面值总额超过人民币三千万元或者预期销售总金额超过人民币五千万元的，应当由承销团承销。

承销团由二个以上承销机构组成。主承销商由发行人按照公平竞争的原则，通过竞标或者协商的方式确定。主承销商应当与其他承销商签署承销团协议。

第二十三条 拟公开发行股票的面值总额超过人民币一亿元或者预期销售总金额超过人民币一亿五千万元的，承销团中的外地承销机构的数目以及总承销量中在外地销售的数量，应当占合理的比例。

前款所称外地是指发行人所在省、自治区、直辖市以外的地区。

第二十四条 承销期不得少于十日，不得超过九十日。

在承销期内，承销机构应当尽力向认购人出售其所承销的股票，不得为本机构保留所承销的股票。

承销期满后，尚未售出的股票按照承销协议约定的包销或者代销方式分别处理。

第二十五条 承销机构或者委托机构向社会发放股票认购申请表，不得收取高于认购申请表印制和发放成本的费用，并不得限制认购申请表发放数量。

认购数量超过拟公开发行的总量时，承销机构应当按照公平原则，采用按比例配售、按比例累退配售或者抽签等方式销售股票。采用抽签方式时，承销机构应当在规定的日期，在公证机关监督下，按照规定的程序，对所有股票认购申请表进行公开抽签，并对中签者销售股票。

除承销机构或者其委托机构外，任何单位和个人不得发放、转售股票认购申请表。

第二十六条 承销机构应当在承销期满后的十五个工作日内向证监会提交承销情况的书面报告。

第二十七条 证券经营机构在承销期结束后，将其持有的发行人的股票向发行人以外的社会公众作出要约邀请、要约或者销售，应当经证监会批准，按照规定的程序办理。

第二十八条 发行人用新股票换回其已经发行在外的股票，并且这种交换无直接或者间接的费用发生的，不适用本章规定。

第三章 股票的交易

第二十九条 股票交易必须在经证券委批准可以进行股票交易的证券交易场所进行。

第三十条 股份有限公司申请其股票在证券交易所交易，应当符合下列条件：

（一）其股票已经公开发行；

（二）发行后的股本总额不少于人民币五千万元；

（三）持有面值人民币一千元以上的个人股东人数不少于一千人，个人持有的股票面值总额不少于人民币一千万元；

（四）公司有最近三年连续盈利的记录；原有企业改组设立股份有限公司的，原企业有最近三年连续盈利的记录，但是新设立的股份有限公司除外；

（五）证券委规定的其他条件。

第三十一条 公开发行股票符合前条规定条件的股份有限公司，申请其股票在证券交易所交易，应当向证券交易所的上市委员会提出申请；上市委员会应当自收到申请之日起二十个工作日内作出审批，确定具体上市时间。审批文件报证监会备案，并抄报证券委。

第三十二条 股份有限公司申请其股票在证券交易所交易，应当向证券交易所的上市委员会送交下列文件：

（一）申请书；

（二）公司登记注册文件；

（三）股票公开发行的批准文件；

（四）经会计师事务所审计的公司近三年或者成立以来的财务报告和由二名以上的注册会计师及其所在事务所签字、盖章的审计报告；

（五）证券交易所会员的推荐书；

（六）最近一次的招股说明书；

（七）证券交易所要求的其他文件。

第三十三条 股票获准在证券交易所交易后，上市公司应当公布上市公告并将本条例第三十二条所列文件予以公开。

第三十四条 上市公告的内容，除应当包括本条例第十五条规定的招股说明书的主要内容外，还应当包括下列事项：

（一）股票获准在证券交易所交易的日期和批准文号；

（二）股票发行情况、股权结构和最大的十名股东的名单及持股数额；

（三）公司创立大会或者股东大会同意公司股票在证券交易所交易的决议；

（四）董事、监事和高级管理人员简历及其持有本公司证券的情况；

（五）公司近三年或者成立以来的经营业绩和财务状况以及下一年的盈利预测文件；

（六）证券交易所要求载明的其他事项。

第三十五条 为上市公司出具文件的注册会计师及其所在事务所、专业评估人员及其所在机构、律师及其所在事务所，在履行职责时，应当按照本行业公认的业务标准和道德规范，对其出具文件内容的真实性、准确性、完整性进行核查和验证。

第三十六条 国家拥有的股份的转让必须经国家有关部门批准，具体办法另行规定。

国家拥有的股份的转让，不得损害国家拥有的股份的权益。

第三十七条 证券交易场所、证券保管、清算、过户、登记机构和证券经营机构，应当保证外地委托人与本地委托人享有同等待遇，不得歧视或者限制外地委托人。

第三十八条 股份有限公司的董事、监事、高级管理人员和持有公司百分之五以上有表决权股份的法人股东，将其所持有的公司股票在买入后六个月内卖出或者在卖出后六个月内买入，由此获得的利润归公司所有。

前款规定适用于持有百分之五以上有表决权股份的法人股东的董事、监事和高级管理人员。

第三十九条 证券业从业人员、证券管理人员和国家规定禁止买卖股票的其他人员，不得直接或者间接持有、买卖股票，但是买卖经批准发行的投资基金证券除外。

第四十条 为股票发行出具审计报告、资产评估报告、法律意见书等文件的有关专业人员，在该股票承销期内和期满后六个月内，不得购买或者持有该股票。

为上市公司出具审计报告、资产评估报告、法律意见书等文件的有关专业人员，在其审计报告、资产评估报告、法律意见书等文件成为公开信息前，不得购买或者持有该公司的股票；成为公开信息后的五个工作日内，也不得购买该公司的股票。

第四十一条 未依照国家有关规定经过批准，股份有限公司不得购回其发行在外的股票。

第四十二条 未经证券委批准，任何人不得对股票及其指数的期权、期货进行交易。

第四十三条 任何金融机构不得为股票交易提供贷款。

第四十四条 证券经营机构不得将客户的股票借与他人或者作为担保物。

第四十五条 经批准从事证券自营、代理和投资基金管理业务中二项以上业务的证券经营机构，应当将不同业务的经营人员、资金、帐目分开。

第四章 上市公司的收购

第四十六条 任何个人不得持有一个上市公司千分之五以上的发行在外的普通股；超过的部分，由公司在征得证监会同意后，按照原买入价格和市场价格中较低的一种价格收购。但是，因公司发行在外的普通股总量减少，致使个人持有该公司千分之五以上发行在外的普通股总量减少，致使个人持有该公司百分之五以上发行在外的普通股的，超过的部分在合理期限内不予收购。

外国和香港、澳门、台湾地区的个人持有的公司发行的人民币特种股票和在境外发行的股票，不受前款规定的千分之五的限制。

第四十七条 任何法人直接或者间接持有一个上市公司发行在外的普通股达到百分之五时，应当自该事实发生之日起三个工作日内，向该公司、证券交易场所和证监会作出书面报告并公告。但是，因公司发行在外的普通股的，在合理期限内不受上述限制。

任何法人持有一个上市公司百分之五以上的发行在外的普通股后，其持有该种股票的增减变化每达到该种股票发行在外总额的百分之二时，应当自该事实发生之日起三个工作日内，向该公司、证券交易场所和证监会作出书面报告并公告。

法人在依照前两款规定作出报告并公告之日起二个工作日内和作出报告前，不得再行直接或者间接买入或者卖出该种股票。

第四十八条 发起人以外的任何法人直接或者间接持有一个上市公司发行在外的普通股达到百分之三十时，应当自该事实发生之日起四十五个工作日内，向该公司所有股票持有人发出收购要约，按照下列价格中较高的一种价格，以货币付款方式购买股票：

（一）在收购要约发出前十二个月内收购要约人购买该种股票所支付的最高价格；

（二）在收购要约发出前三十个工作日内该种股票的平均市场价格。

前款持有人发出收购要约前，不得再行购买该种股票。

第四十九条 收购要约人在发出收购要约前应向证监会作出有关收购的书面报告；在发出收购要约的同时应当向受要约人、证券交易场所提供本身情况的说明和与该要约有关的全部信息，并保证材料真实、准确、完整，不产生误导。

收购要约的有效期不得少于三十个工作日，自收购要约发出之日起计算。自收购要约发出之日起三十个工作日内，收购要约人不得撤回其收购要约。

第五十条 收购要约的全部条件适用于同种股票的所有持有人。

第五十一条 收购要约期满，收购要约人持有的普通股未达到该公事发行在外的普通股总数的百分之五十的，为收购失败；收购要约人除发出新的收购要约外，其以后每年购买的该公司发行在外的普通股，不得超过该公司发行在外的普通股总数的百分之五。

收购要约期满，收购要约人持有的普通股达到该公司发行在外的普通股总数的百分之七十五以上的，该公司应当在证券交易所终止交易。收购要约人要约购买股票的总数低于预受要约的总数时，收购要约人应当按照比例从所有预受收购要约的受要约人中购买该股票。

收购要约期满，收购要约人持有的股票达到该公司股票总数的百分之九十时，其余股东有权以同等条件向收购要约人强制出售其股票。

第五十二条 收购要约发出后，主要要约条件改变的，收购要约人应当立即通知所有受要约人。通知可以采用新闻发布会、登报或者其他传播形式。

收购要约人在要约期内及要约期满后三十个工作日内，不得以要约规定以外的任何条件购买该种股票。

预受收购要约的受要约人有权在收购要约失效前撤回对该要约的预受。

第五章 保管、清算和过户

第五十三条 股票发行采取记名式。发行人可以发行簿记券式股票，也可以发行实物券式股票。簿记券式股票名册应当由证监会指定的机构保管。实物券式股票集中保管的，也应当由证监会指定的机构保管。

第五十四条 未经股票持有人的书面同意，股票保管机构不得将该持有人的股票借与他人或者作为担保物。

第五十五条 证券清算机构应当根据方便、安全、公平的原则，制定股票清算、交割的业务规则和内部管理规则。

证券清算机构应当按照公平的原则接纳会员。

第五十六条 证券保管、清算、过户、登记机构应当接受证监会监管。

第六章 上市公司的信息披露

第五十七条 上市公司应当向证监会、证券交易场所提供下列文件：

（一）在每个会计年度的前六个月结束后六十日内提交中期报告；

（二）在每个会计年度结束后一百二十日内提交经注册会计师审计的年度报告。

中期报告和年度报告应当符合国家的会计制度和证监会的有关规定，由上市公司授权的董事或经理签字，并由上市公司盖章。

第五十八条 本条例第五十七条所列中期报告应当包括下列内容：

（一）公司财务报告；

（二）公司管理部门对公司财务状况和经营成果的分析；

（三）涉及公司的重大诉讼事项；

（四）公司发行在外股票的变动情况；

（五）公司提交给有表决权的股东审议的重要事项；

（六）证监会要求载明的其他内容。

第五十九条 本条例第五十七条所列年度报告应当包括下列内容：

（一）公司简况；

（二）公司的主要产品或者主要服务项目简况；

（三）公司所在行业简况；

（四）公司所拥有的重要的工厂、矿山、房地产等财产简况；

（五）公司发行在外股票的情况，包括持有公司百分之五以上发行在外普通股的股东的名单及前十名最大的股东的名单；

（六）公司股东数量；

（七）公司董事、监事和高级管理人员简况、持股情况和报酬；

（八）公司及其关联人一览表和简况；

（九）公司近三年或者成立以来的财务信息摘要。

（十）公司管理部门对公司财务状况和经营成果的分析；

（十一）公司发行在外债券的变动情况；

（十二）涉及公司的重大诉讼事项；

（十三）经注册会计师审计的公司最近二个年度的比较财务报告及其附表、注释；该上市公司为控股公司的，还应当包括最近二个年度的比较合并财务报告；

（十四）证监会要求载明的其他内容。

第六十条 发生可能对上市公司股票的市场价格产生较大影响、而投资人尚未得知的重大事件时，上市公司应当立即将有关该重大事件的报告提交证券交易场所和证监会，并向社会公布，说明事件的实质。但是，上市公司有充分理由认为社会公布该重大事件会损害上市公司的利益，且不公布也不会导致股票市场价格重大变动的，经证券交易场所同意，可以不予公布。

前款所称重大事件包括下列情况：

(一) 公司订立重要合同，该合同可能对公司的资产、负债、权益和经营成果中的一项或者多项产生显著影响；

(二) 公司的经营政策或者经营项目发生重大变化；

(三) 公司发生重大的投资行为或者购置金额较大的长期资产的行为；

(四) 公司发生重大债务；

(五) 公司未能归还到期重大债务的违约情况；

(六) 公司发生重大经营性或者非经营性亏损；

(七) 公司资产遭受重大损失；

(八) 公司生产经营环境发生重要变化；

(九) 新颁布的法律、法规、政策、规章等，可能对公司的经营有显著影响；

(十) 董事长、百分之三十以上的董事或者总经理发生变动；

(十一) 持有公司百分之五以上的发行在外的普通股的股东，其持有该种股票的增减变化每达到该种股票发行在外总额的百分之二以上的事实。

(十二) 涉及公司的重大诉讼事项；

(十三) 公司进入清算、破产状态。

第六十一条　在任何公共传播媒介中出现的消息可能对上市公司股票的市场价格产生误导性影响时，该公司知悉后应当立即对该消息作出公开澄清。

第六十二条　上市公司的董事、监事和高级管理人员持有该公司普通股的，应向证监会、证券交易场所和该公司报告其持股情况；持股情况发生变化的，应当自该变化发生之日起十个工作日内向证监会、证券交易场所和该公司作出报告。

前款所列人员在辞职或者离职后六个月内负有依照本条规定指定作出报告的义务。

第六十三条　上市公司应当将要求公布的信息刊登在证监会指定的全国性报刊上。

上市公司在依照前款规定公布信息的同时，可以在证券交易场所指定的地方报刊上公布有关信息。

第六十四条　证监会应当将上市公司及其董事、监事、高级管理人员和持有公司百分之五以上的发行在外的普通股的股东所提交的报告、公告及其他文件及时向社会公开，供投资人查阅。

证监会要求披露的全部信息均为公开信息，但是下列信息除外：

(一) 法律、法规予以保护并允许不予披露的商业秘密；

(二) 证券会在调查违法行为过程中获得的非公开信息和文件；

(三) 根据有关法律、法规规定可以不予披露的其他信息和文件。

第六十五条　股票持有人可以授权他人代理行使其同意权或者投票权。但是，任何人在征集二十五人以上的同意权或者投票权时，应当遵守证监会有关信息披露和作出报告的规定。

第六十六条　上市公司除应当向证监会、证券交易场所提供本章规定的报告、公告、信息及文件外，还应当按照证券交易场所规定提交有关报告、公告、信息及文件，并向所有股东公开。

第六十七条　本条例第五十七条至第六十五条的规定，适用于已经公开发行股票，其股票并未在证券交易场所交易的股份有限公司。

第七章　调查和处罚

第六十八条　对违反本条例规定的单位和个人，证监会有权进行调查或者会同国家有关部门进行调查；重大的案件，由证券委组织调查。

第六十九条　证监会可以对证券经营机构的业务活动进行检查。

第七十条　股份有限公司违反本条例规定，有下列行为之一的，根据不同情况，单独或者并处警告、责令退还非法所筹股份、没收非法所得、罚款；情节严重的，停止其发行股票资格：

(一) 未经批准发行或者变相发行股票的；

(二) 以欺骗或者其他不正当手段获准发行股票或者获准其股票在证券交易场所交易的；

(三) 未按照规定方式、范围发行股票，或者在招股说明书失效后销售股票的；

(四) 未经批准购回其发行在外的股票的。

对前款所列行为负有直接责任的股份有限公司的董事、监事和高级管理人员，给予警告或者处以三万元以上三十万元以下的罚款。

第七十一条　证券经营机构违反本条例规定，有下列行为之一的，根据不同情况，单处或者并处警告、没收非法获取的股票和其他非法所得、罚款；情节严重的，限制、暂停其证券经营业务或者撤销其证券经营业务许可；

(一) 未按照规定的时间、程序、方式承销股票的；

(二) 未按照规定发放股票认购申请表的；

(三) 将客户的股票借与他人或者作为担保物的；

(四) 收取不合理的佣金和其他费用的；

(五) 以客户的名义为本机构买卖股票的；

(六) 挪用客户保证金的；

(七) 在代理客户买卖股票活动中，与客户分享股票交易的利润或者分担股票交易的损失，或者向客户提供避免损失的保证的；

(八) 为股票交易提供融资的。

对前款所列行为负有责任的证券经营机构的主管人员和直接责任人员，给予警告或者处以三万元以上三十万元以下的罚款。

第七十二条　内幕人员和以不正当手段获取内幕信息的其他人员违反本条例规定，泄露内幕信息、根据内幕信息买卖股票或者向他人提出买卖股票的建议的，根据不同情况，没收非法获取的股票和其他非法所得，并处以五万元以上五十万元以下的罚款。

证券业从业人员、证券业管理人员和国家规定禁止买卖股票的其他人员违反本条例规定，直接或者间接持有、买卖股票的，除责令限期出售其持有的股票外，根据不同情况，单处或者并处警告、没收非法所得、并处以五千元以上五万元以下的罚款。

第七十三条　会计师事务所、资产评估机构和律师事务所违反本条例规定，出具的文件有虚假、严重误导性内容或者有重大遗漏的，根据不同情况，单处或者并处警告、没收非法所得、罚款；情节严重的，暂停其从事证券业务或者撤销其从事证券业务的许可。

对前款所列行为负有直接责任的注册会计师、专业评估人员和律师，给予警告或者处以三万元以上三十万元以下的罚款；情节严重的，撤销其从事证券业务的资格。

对前款所列行为负有直接责任的注册会计师、专业评估人员和律师，给予警告或者处以三万元以上三十万元以下的罚款；情节严重的，撤销其从事证券业务的资格。

第七十四条　任何单位和个人违反本条例规定，有下列行为之一的，根据不同情况，单处或者并处警告、没收非法获取的股票和其他非法所得、罚款；

(一) 在证券委批准可以进行股票交易的证券交易场所之外进行股票交易的；

(二) 在股票发行、交易过程中，作出虚假、严重误导性陈述或者遗漏重大信息的；

(三) 通过合谋或者集中资金操纵股票市场价格，或者以散布谣言等手段影响股票发行、交易的；

(四) 为制造股票的虚假价格与他人串通，不转移股票的所有权或者实际控制，虚买虚卖的；

（五）出售或者要约出售其并不持有的股票，扰乱股票市场秩序的；

（六）利用职权或者其他不正当手段，索取或者强行买卖股票，或者协助他人买卖股票的；

（七）未经批准对股票及其指数的期权、期货进行交易的；

（八）未按照规定履行有关文件和信息的报告、公开、公布义务的；

（九）伪造、篡改或者销毁与股票发行、交易有关的业务记录、财务帐簿等文件的；

（十）其他非法从事股票发行、交易及其相关活动的。

股份有限公司有前款所列行为，情节严重的，可以停止其发行股票的资格；证券经营机构有前款所列行为，情节严重的，可以限制、暂停其证券经营业务或者撤销其证券经营业务许可。

第七十五条 本条例第七十条、第七十一条、第七十二条、第七十四条规定的处罚，由证券委指定的机构决定；重大的案件的处罚，报证券委决定。本条例第七十三条规定的处罚，由有关部门在各自的职权范围内决定。

第七十六条 上市公司和证券交易所或者其他证券业自律性管理组织的会员及其工作人员违反本条例规定，除依照本条例规定给予行政处罚外，由证券交易所或者其他证券业自律性管理组织根据章程或者自律准则给予制裁。

第七十七条 违反本条例规定，给他人造成损失的，应当依法承担民事赔偿责任。

第七十八条 违反本条例规定，构成犯罪的，依法追究刑事责任。

第八章 争议的仲裁

第七十九条 与股票的发行或者交易有关的争议，当事人可以按照协议的约定向仲裁机构申请调解、仲裁。

第八十条 证券经营机构之间以及证券经营机构与证券交易场所之间因股票的发行或者交易引起的争议，应当由证券委批准设立或者指定的仲裁机构调解、仲裁。

第九章 附则

第八十一条 本条例下列用语的含义：

（一）“股票”是指股份有限公司发行的、表示其股东按其持有的股份享受权益和承担义务的可转让的书面凭证。

“薄记券式股票”是指发行人按照证监会规定的统一格式制作的、记载股东权益的书面名册。

“实物券式股票”是指发行人在证监会指定的印制机构统一印制的书面股票。

（二）“发行在外的普通股”是指公司库存以外的普通股。

（三）“公开发行”是指发行人通过证券经营机构向发行人以外的社会公众就发行人的股票作出的要约邀请、要约或者销售行为。

（四）“承销”是指证券经营机构依照协议包销或者代销发行人所发行股票的行为。

（五）“承销机构”是指以包销或者代销方式为发行人销售股票的证券经营机构。

（六）“包销”是指承销机构在发行期结束后将未售出的股票全部买下的承销方式。

（七）“代销”是指承销机构代理发售股票，在发行期结束后，将未售出的股票全部退还给发行人或者包销人的承销方式。

（八）“公布”是指将本条例规定应当予以披露的文件刊载在证监会指定的报刊上的行为。

（九）“公开”是指将本条例规定应当予以披露的文件备置于发行人及其证券承销机构的营业地和证监会，供投资人查阅的行为。

（十）“要约”是指向特定人或者非特定人发出购买或者销售某种股票的口头的或者书面的意思表示。

（十一）“要约邀请”是指建议他人向自己发出要约的意思表示。

（十二）“预受”是指受要约人同意接受要约的初步意思表示，在要约期满前不构成承诺。

（十三）“上市公司”是指其股票获准在证券交易所交易的股份有限公司。

（十四）“内幕人员”是指任何由于持有发行人的股票，或者在发行人或者与发行人有密切联系的企业中担任董事、监事、高级管理人员，或者由于其会员地位、管理地位、监督地位和职业地位，或者作为雇员、专业顾问履行职务，能够接触或者获取内幕信息的人员。

（十五）“内幕信息”是指有关发行人、证券经营机构、有收购意图的法人、证券监督管理机构、证券业自律性管理组织以及与其有密切联系的人员所知悉的尚未公开的可能影响股票市场价格的重大信息。

（十六）“证券交易场所”是指经批准设立的、进行证券交易的证券交易所和证券交易报价系统。

（十七）“证券业管理人员”是指证券管理部门和证券业自律性管理组织的工作人员。

（十八）“证券业从业人员”是指从事证券发行、交易及其他相关业务的机构的工作人员。

第八十二条 证券经营机构和证券交易所的管理规定，另行制定。公司内部职工持股不适用本条例。

第八十三条 本条例由证券委负责解释。

第八十四条 本条例自发布之日起施行。

中国证券监督管理委员会
关于股票发行与认购方式的暂行规定

（1996年12月26日　　证监发字〔1996〕423号）

各省、自治区、直辖市、计划单列市证管办（证监会），国务院有关部门，上海、深圳证券交易所：

为了切实做好新股发行工作，维护股票市场的健康发展，根据《中华人民共和国公司法》及《股票发行与交易管理暂行条例》的有关规定，我会制定了《关于股票发行与认购方式的暂行规定》，现发给你们，请遵照执行。

附件：关于股票发行与认购方式的暂行规定。

附件：

关于股票发行与认购方式的暂行规定

为了切实做好新股发行工作，维护社会安定，促进股票市场的健康发展，根据《公司法》及《股票发行与交易管理暂行条例》等有关法规，特对新股发行与认购作如下规定：

一、股票发行与认购的基本原则及要求

1. 股票发行工作应坚持公开、公平、公正、高效、经济的原则，维护金融秩序稳定和社会安全。

2. 同次发行的股票只能采取一种发行方式。

3. 股票网下发行必须选定良好通讯和交通条件，有一定数量的金融分支机构（含证券经营机构），有上海、深圳证券交易所会员机构的金融业相对发达的城市。

4. 股票发行方案作为股票发行申报的必备材料之一，须经新股发行公司所在地省、自治区、直辖市、计划单列市政府证券管理部门（中央所属企业采用上网发行时，其发行方案可由中央企业主管部门）审核，并报中国证监会审批后，由地方证券管理部门和主承销商组织实施。

5. 地方政府（或地方政府与中央企业主管部门联合）应当成立股票发行领导小组，加强对股票发行工作的领导。

6. 每一股票帐户只能申购一次，重复申购和资金不实的申购一律视为无效申购，无效申购不得认购新股。

7. 股票发行可采用“上网定价”方式，“全额预缴款”方式，以及“与储蓄存款挂钩”方式。各地如有更好的方式，可将方案报证监会批准后试行。

二、“上网定价”发行方式

1. “上网定价”发行方式是指主承销商利用证券交易所的交易系统，由主承销商作为股票的唯一“卖方”，投资者在指定的时间内，按现行委托买入股票的方式进行股票申购。主承销商在“上网定价”发行前应在证券交易所设立股票发行专户和申购资金专户。申购结束后，根据实际到位资金，由证券交易所主机确认有效申购。

2. 投资者应在申购委托前把申购款全额存入与办理该次发行的证券交易所联网的证券营业部指定的帐户。上网申购期内，投资者按委托买入股票的方式，以发行价格，填写委托单。一经申报，不得撤单。

各证券营业部在申购日不得接受投资者的现金申购委托。

每一帐户申购委托不少于1000股。超过1000股的必须是1000股的整数倍。

每一股票帐户申购股票数量上限为当次社会公众股发行数量的千分之一。

3. 为了方便投资者参与定价发行，证券营业部应满足新股民的开户要求，按不少于1000股的申购金额为其开设资金帐户。

4. “上网定价”发行具体处理原则如下：

(1) 当有效申购总量等于该次股票发行量时，投资者按其有效申购量认购股票。

(2) 当有效申购总量小于该次股票发行量时，投资者按其有效申购量认购股票后，余额部分按承销协议办理。

(3) 当有效申购总量大于该次股票发行量时，由证券交易所交易主机自动按每1000股确定为一个申报号，连序排号，然后通过摇号抽签，每一中签号认购1000股。

5. 上网申购程序为：

(1) 申购当日（T+0），投资者申购，并由证券交易所反馈受理情况。

(2) 申购日后的第一天，由证券交易所的登记结算公司将申购资金冻结在申购专户中。确因银行结算制度而造成申购资金不能及时入帐的，须在T+1日提供通过人民银行电子联行系统汇划的划款凭证，并确保T+2日上午申购资金入帐。所有申购资金一律集中冻结在一家指定清算银行的申购专户中。

(3) 申购日后的第二天（T+2），证券交易所的登记结算公司应配合主承销商和会计师事务所对申购资金进行验资，并由会计师事务所出具验资报告，以实际到位资金（包括按规定提供人民银行已划款凭证部分）作为有效申购进行连续配号，证券交易所将配号传送至各证券营业部，并通过卫星网络公布中签率。

(4) 申购日后第三天（T+3），由主承销商负责组织摇号抽签，并于当日公布中签结果。证券交易所根据抽签结果进行清算交割和股东登记。

(5) 申购日后的第四天（T+4），对未中签部分的申购款予以解冻。

6. 证券交易所在申购期（三个工作日）内集中冻结所有投资者申购资金。冻结资金的利息，按企业存款利率计息部分（计息期三天，含法定休息日）归发行公司所有。冻结资金的利息按银行现行有关规定按季支付。

7. 申购日后的第四个工作日，证券交易所将认购款项划入主承销商指定帐户，主承销商于次日将此款项划入发行公司指定帐户。

8. 对投资者只按正常交易报单收取委托单费。主承销商委托证券交易所按照不超过发行总金额的千分之四提取发行手续费，并由证券交易所根据各参与发行的证券营业部的实际认购金额，将该笔费用自动划转到各营业部帐户。

9. 证券交易所应按照中国证监会批准的发行方案，认真做好上网定价发行的准备工作，保证上网发行期间电脑主机和通讯设备的正常运行。同时，证券交易所和有关各方对于尚未公开的认购结果负有保密义务。

三、“全额预缴款”方式

“全额预缴款”方式包括“全额预缴款、比例配售、余款即退”方式和“全额预缴款、比例配售、余款转存”方式两种。

（一）“全额预缴款、比例配售、余款即退”方式

“全额预缴款、比例配售、余款即退”方式，是指投资者在规定的申购时间内，将全额申购款存入主承销商在收款银行设立的专户中，申购结束后转存冻结银行专户进行冻结，在对到帐资金进行验资和确定有效申购后，根据股票发行量和申购总量计算配售比例，进行股票配售，余款返还投资者的股票发行方式。

“全额预缴款、比例配售、余款即退”发行方式分为申购、冻结及验资配售、余款即退”三个阶段。“全额预缴款”方式的发行时间不得超过8天（含法定休息日），每股发行收费不超过0.10元，发行收费总额不得超过500万元。具体程序如下：

1. 申购

(1) 主承销商应在发行地选定收款网点较多、设备条件较好的银行作为收款银行，并同收款银行签订收款协议；收款协议及收款网点名单在发行方案审核前报中国证监会发行部。

(2) 每一股票帐户的申购量，机构申购量上限为发行公司发行后总股本的5%，个人申购量上限为发行公司发行后总股本的5‰。

(3) 投资者可用现金或票据申购，但每一股票帐户现金申购款的上限为3万元。

(4) 申购收款时间为3个连续工作日。

(5) 主承销商应代为开户困难的投资者开办股票帐户，但不得额外收费。

2. 冻结及验资配售

(1) 主承销商应选定股票发行地人民银行作为冻结银行，在冻结银行开设资金冻结专户，并同其签订协议；协议要明确规定双方的权利义务，并在发行方案审核前报中国证监会发行部。

(2) 在各申购缴款日末，申购款应从各收款银行划至冻结银行的冻结专户中。

(3) 由具有证券从业资格的会计师事务所对冻结专户中的申购资金进行验资，并出具验资报告。

(4) 验资结束当天，主承销商按到帐资金进行核查验证，确定有效申购总量。若有效申购总量小于或等于股票发行量，则投资者按其有效申购量认购，余股按承销协议办理。若有效申购总量大于股票发行量，则根据股票发行量和有效申购总量计算配售比例I。

配售比例I=股票发行量/有效申购总量

配售比例I小数点后保留五位。

按配售比例I试算每个帐户可认购量。

可认购量=有效申购量×配售比例Ⅰ

若配售比例Ⅰ能使可认购量满足"千人千股"的规定，投资者按其可认购量认购。若不能满足"千人千股"的规定，则按以下方式处理：

随机抽出1000名申购者，每户配售1000股。在完成"千人千股"配售后，则计算配售比例Ⅱ

配售比例Ⅱ=（股票发行量-100万股）/（有效申购总量-100万股）

前已获1000股配售的投资者每人的实际认购量为：

认购量=（有效申购量-1000）×配售比例Ⅱ+1000

其他投资者各自的认购量为：

认购量=有效申购量×配售比例Ⅱ

在计算过程中，认购量出现小数时，应做取整处理。

3. 余款即退

（1）配售结束后，主承销商随即解冻申购资金余款，并在指定报刊公布申购结果及配售比例和退款公告。

（2）配售结束后的第一天，主承销商应将扣除发行费后的认购款划至发行公司帐户上，申购余款划至各收款银行，由各收款银行退还给投资者。

（3）退款日应尽量避开双休日；若跨双休日，则退款网点应照常营业。

（4）申购人从退款起始日起三个月内未提出异议，则视同认可。

（5）如果发行未满足"千人千股"规定的条件，则发行余额部分由承销团包销，并经中国证监会批准后，选择适当时机作第二次发行。

（二）"全额预缴款、比例配售、余款转存"方式

"全额预缴款、比例配售、余款转存"方式是"与储蓄存款挂钩"方式和"全额预缴款、比例配售、余款即退"方式的结合。其在全额预缴、比例配售阶段的有关规定与"全额预缴款、比例配售、余款即退"方式的相关规定相同，但申购余款转为存款，利息按同期银行存款利率计算。该存款为专项存款，不得提前存取。具体操作程序比照"全额预缴款、比例配售、余款即退"方式的有关规定执行。

四、与储蓄存款挂钩发行方式

1. 与储蓄存款挂钩发行方式是指在规定期限内无限量发售专项定期定额存单，根据存单发售数量、批准发行股票数量及每张中签存单可认购股份数量的多少确定中签率，通过公开摇号抽签方式决定中签者，中签者按规定要求办理缴款手续的新股发行方式。与储蓄存款挂钩方式按具体做法不同可分专项存单方式和全额存款方式两种。

2. 采用与储蓄存款挂钩发行方式，其存款期不得超过三个月，每股费用成本不得超过0.10元。发行收费总额不得超过500万元。发行时间不超过8天，采用专项存单方式，缴款期满后两个工作日内，主承销商将所募资金划入发行公司指定帐户；采用全额存款方式摇号确定中签者后两个工作日内，主承销商将所募资金划入发行公司指定帐户。

具体操作程序参照"全额预缴款"方式的有关规定执行。

五、承销机构的有关职责

1. 承销机构应当在承销及上市推荐过程中，结合承销业务对发行公司进行辅导工作，以达到发行和上市的要求。

2. 承销机构协助新股发行公司选择股票发行方式，起草股票发行方案（含发行费用预算表）。

3. 股票发行前，承销机构应根据《股票发行与交易管理暂行条例》的规定负责在指定报刊上刊登招股说明书概要和发行公告。发行公告须载明发行方式、时间、地点及有关事项。采用上网定价方式发行股票的企业，至少于发行前五个工作日刊登发行公告。

4. 在发售期内，承销机构应在所有发售网点张贴或以其他形式公告招股说明书和发行公告，同时，主承销商应将每天的发行进展情况报告证监会。承销活动中出现重大问题时，应立即向证监会报告。

5. 股票发行结束后，主承销商应立即公布发行结果，并于两个工作日内，将发行情况反馈表传真至证监会发行部，七个工作日内以正式文件将发行情况总结报告、验资报告、公正报告、申购配售磁盘报至证监会发行部，并抄报地方证券管理部门。

6. 承销机构在承销过程中如违反上述规定和有关法规，依情节轻重给予处罚直至取消股票承销资格。

中国证券监督管理委员会
公开发行股票公司信息披露实施细则（试行）

（1993年6月12日　中国证监会发布）

第一章　总则

第一条　根据《股票发行与交易管理暂行条件》（以下简称《条例》）和《股份有限公司规范意见》关于上市公司信息披露的规定，制定本细则。

第二条　中国证券监督管理委员会（以下简称证监会）依照法律、法规的规定，监督公开发行股票的公司按照法律、法规的要求披露信息。

第三条　所有在中华人民共和国境内公开发行股票的公司的招股说明书均须在证监会登记注册。凡在证监会登记注册公开发行股票的公司均必须按照本细则的要求披露信息。

除前款外，本细则还适用于持有一个公司5%以上发行在外普通股的法人和收购上市公司的法人。

第四条　股份有限公司公开发行股票、将其股票在证券交易场所交易，必须公开披露的信息包括（但不限于）：

（一）招股说明书；

（二）上市公告书；

（三）定期报告，包括：年度报告和中期报告；

（四）临时报告，包括：重大事件公告和收购与合并公告。

公开披露的信息应当用中文表述；发行B股的公司公开披露信息，如有必要，还应当用英文表述。英译文本的字义和词义与中文本有差异时，以中文本为准。

第五条　公司的全体发起人或者董事必须保证公开披露文件内容没有虚假、严重误导性陈述或重大遗漏，并就其保证承担连带责任。

公开披露文件涉及财务会计、法律、资产评估等事项的，应当由具有从事证券业务资格的会计师事务所、律师事务所和资产评估机构等专业性中介机构审查验证，并出具意见。专业性中介机构及人员必须保证其审查验证的文件的内容没有虚假、严重误导性陈述或者重大遗漏，并且对此承担相应的法律责任。

承销股票的证券经营机构必须对招股说明书内容的真实性、准确性、完整性进行认真查核，保证经其查核的文件内容没有虚假、严重误导性陈述或者重大遗漏，并且对此承担相应的法律责任。

第二章　招股说明书与上市公告书

第六条　股份有限公司发行股票，应当根据《条例》第十五条编制招股说明书，向社会公开披露有关信息。其股票获准在证券交易场所交易时，上市公司应当编制上市公告书，向社会公开披露有关信息。

招股说明书的具体内容与格式见《公开发行股票公司信息披露的内容与格式准则》（以下简称准则）第一号。

第七条　公开发行股票的公司编制完成招股说明书后，应当将经签署的招股说明书和招股说明书概要（具体编制内容见准则第一号）随其他发行申请文件一并报送当地省或计划单列市一级政府或中央企业主管

部门。经上述部门批准后，将上述文件一式十二份报送证监会复审。获准公开发行股票后，发行人及其承销商应当在承销期开始前二至五个工作日内将招股说明书概要（一万字左右，对开报纸一整版）刊登在至少一种由证监会指定的全国性报刊上，并将招股说明书放置在发行人公司所在地、拟挂牌交易的证券交易场所、各承销机构及发售网点，供公众查阅，并且在发售网点全文张贴，同时报送证监会十份，以供备案和投资公众查阅。

第八条 在公开发行股票的申请获批准后，且招股说明书失效之前，如果发生不修改招股说明书就会产生误导的事件，发行人与其承销商有责任对招股说明书作出相应的修改。发行人对经证监会复审后的招股说明书（包括招股说明书概要）作出的任何改动，必须在招股说明书（包括招股说明书概要）公布之前报证监会审核。

第九条 公司编制的上市公告书的内容应当符合《条例》第三十四条所列事项以及批准其挂牌交易的证券交易场所上市规则中的有关要求。

上市公告中载有财务会计资料的，其资产负债表报表日和利润表及其他规定的报表的报告期间终止日距挂牌交易首日不得超过一百八十日，其盈利预测期间自挂牌交易首日起至盈利预测期间终止日不得少于九十日。

第十条 自发行结束日到挂牌交易首日不超过九十日，或招股说明书尚未失效的，发行人可以编制简要上市公告书。简要上市公告书应当包括《条例》第三十四条（一）、（二）和（三）的内容，并且应当指明该公司发行该种股票的招股说明书曾于何时刊登在何种报刊的何版上。但如果因编制简要上市公告书而省略的事项在该期间发生重大变化，发行人及其上市推荐人有义务作出说明。

自发行结束日到挂牌交易首日超过九十日、并且招股说明书已失效的，发行人编制上市公告书应当包括《条例》第三十四条的全部内容。

发行人在其股票挂牌交易首日前三个工作日内，应当将简要上市公告书全文或不超过一万字的上市公告书概要刊登在至少一种证监会指定的全国性报刊上，并将上市公告书备置于发行人所在地、拟挂牌交易的证券交易场所、有关证券经营机构及其网点，供公众查阅，同时报送证监会一式十份，以供投资公众查阅。

第十一条 在股票公开发行期间，与发行有关的、应当公开的信息，例如股票认购表抽签结果、交款的地点与时间等，也应在至少一种证监会指定的全国性报刊上及时公告。

第十二条 公开发行股票的公司，如果进行股票配售，其信息披露按照《条例》中新发行股票的有关规定办理。

第三章 定期报告

第十三条 公司应当在每个会计年度中不少于两次向公众提供公司的定期报告。定期报告包括中期报告和年度报告。定期报告的格式和表式执行定期报告的内容与格式准则的规定。在定期报告的内容与格式准则公布前，中期报告的内容应当包括《条例》第五十八条所列事项，年度报告的内容应当包括《条例》第五十九条所列事项。

第十四条 公司应当于每个会计年度的前六个月结束后六十日内编制完成中期报告。报告完成后应立即向证监会报送十份备案，并将不超过四千字的报告摘要刊登在至少一种证监会指定的全国性报刊上。同时，将中期报告备置于公司所在地、挂牌交易的证券交易场所、有关证券经营机构及其网点，以供投资公众查阅。除特殊情况外，中期报告毋须经会计师事务所审计。

第十五条 公司应当在每个会计年度结束后一百二十日内编制完成年度报告。报告完成后应当立即报送证监会十份备案，并在年度股东会召开之前至少二十个工作日，将不超过五千字的报告摘要刊登在至少一种证监会指定的全国性报刊上，同时将年度报告备置于公司所在地、挂牌交易的证券交易场所、有关证券经营机构及其网点，以供投资公众查阅。

第十六条 凡既发行了社会公众股，又发行了人民币特种股，或在国内、国外交易场所均挂牌交易的公司，其中期报告和年度报告应同时向国内和国外投资者公布。

第四章 临时报告——重大事件公告

第十七条 公司发生重大事件，应当编制重大事件公告书向社会披露。重大事件是指可能对公司的股票价格产生重大影响的事件，包括（但不限于）以下情况：

（一）《条例》第六十条所列事项；

（二）公司章程的变更、注册资金和注册地址的变更；

（三）发生大额银行退票（相当于被退票人流动资金的5%以上）；

（四）公司更换为其审计的会计师事务所；

（五）公司公开发行的债务担保或抵押物的变更或者增减；

（六）股票的二次发行或公司债到期或购回，可转换公司债依规定转为股份；

（七）公司营业用主要资产的抵押、出售或者报废一次超过该资产的30%；

（八）发起人或者董事的行为可能依法负有重大损害赔偿责任；

（九）股东大会或者公司监事会议的决定被法院依法撤销；

（十）法院作了裁定禁止对公司有控股权的大股东转让其股份；

（十一）公司的合并或者分立。

前款未作规定但确属可能对公司股票价格产生重大影响的事件也应当视为重大事件。

第十八条 公司在发生无法事先预测的重大事件后一个工作日内，应当向证监会作出报告；同时应当按其挂牌的证券交易场所的规定及时报告该交易场所。公司在重大事件通告书编制完成后，应当立即报送证监会十份供备案，并备置于公司所在地、挂牌交易的证券交易场所、有关证券经营机构及其网点，供公众查阅。

第十九条 公司认为有必要通过新闻媒介披露某一重大事件时，应当在公开该重大事件前向证监会报告其披露方式和内容。如果证监会认为有必要时可对披露时机、方式与内容提出要求，公司应当按照证监会的要求进行披露。

第五章 临时报告——公司收购公告

第二十条 法人发生《条例》第四十七条所列的持股情况时，应当按照证监会制定的准则规定的内容和格式将有关情况刊登在至少一种证监会的全国性报刊上。

第二十一条 法人发生《条例》第四十八条所列的持股情况时，除按照该条规定作出报告外，还应当自该条所列事实发生之日起四十五日内向该公司所有股东发出收购公告书，将不超过五千字的收购公告书概要刊登在至少一种证监会指定的全国性报刊上，同时向证监会报送十份备案，并备置于公司所在地、挂牌交易的证券交易场所、有关证券经营机构及其网点，以供公众查阅。

第二十二条 收购公告书应当包括（但不限于）以下事项：

（一）收购人名称、所在地、所有制性质及收购代理人；

（二）收购人的董事、监事、高级管理人员名单及简要情况；收购人为非股份有限公司者，其主管机构、主要经营管理人员及主要从属和所属机构的情况；

（三）收购人的董事、监事、高级管理人员及其关联公司持有收购人和被收购人股份数量；

（四）持有收购人5%以上股份的股东和最大的十名股东名单及简要情况；

（五）收购价格、支付方式、日程安排（不得少于二十个工作日）及说明；

（六）收购人欲收购股票数量（欲收购量加已持有量不得低于被收购人发行在外普通股的50%）；

（七）收购人和被收购人的股东的权利和义务；

（八）收购人前三年的资产负债、盈亏概况及股权结构；

（九）收购人在过去十二个月中的其他收购情况；

（十）收购人对被收购人继续经营的计划；

（十一）收购人对被收购人资产的重整计划；

（十二）收购人对被收购人员工的安排计划；

（十三）被收购人资产重估及说明；

（十四）收购后，收购人或收购人与被收购人组成的新公司的章程及有关内部规则；

（十五）收购后，收购人或收购人与被收购人组成的新公司对其关联公司的贷款、抵押及债务担保等负债情况；

（十六）收购人、被收购人各自现有的重大合同及说明；

（十七）收购后，收购人或收购人与被收购人组成的新公司的发展规则和未来一个会计年度的盈利预测；

（十八）证监会要求载明的其他事项。

第六章　其他信息披露

第二十三条　在发生《条例》第六十一条所述情况时，上市公司应当立即在至少相同范围内作出澄清，并将事情的全部情况立即通知证监会和其股票挂牌交易的证券交易场所。

第七章　信息事务管理

第二十四条　公司应当指定专人负责信息披露事务，包括与证监会、证券交易场所、有关证券经营机构、新闻机构等的联系，并回答社会公众提出的问题。公司负责信息披露事务的人员应当将本人姓名、联系地址和邮政编码、办公室电话号码、图文传真号码等信息，以书面形式报告证监会。

第二十五条　公司除应当遵照本细则的各项规定公开披露信息外，还应遵守其股票挂牌交易的证券交易场所关于信息披露的规定。

第二十六条　公司应按照《条例》第六十三条的规定，在证监会指定的全国性报刊中自行选择至少一家披露信息。任何机构与个人不得干预。

公司除在证监会指定的全国性报刊上披露信息外，还可以根据需要在其他报刊上披露信息，但必须保证：

（一）指定报刊不晚于非指定报刊披露信息；

（二）在不同报刊上披露同一信息的文字一致。

第二十七条　公司公开披露信息的各种文件译成英文的，英译文应该刊登在至少一种证监会指定的英文报刊上。

第八章　附则

第二十八条　凡违反本规定的个人与机构，按照《条例》第七章有关条款处理。

第二十九条　本细则由证监会负责解释。

第三十条　有关地方法规中凡与本细则相抵触的规定，均以本细则为准。

第三十一条　本细则自公布之日起施行。

国务院关于股份有限公司
境外募集股份及上市的特别规定

（1994年8月4日　国务院第160号令发布）

第一条　为适应股份有限公司境外募集股份及境外上市的需要，根据《中华人民共和国公司法》第八十五条、第一百五十五条，制定本规定。

第二条　股份有限公司经国务院证券委员会批准，可以向境外特定的、非特定的投资人募集股份，其股票可以在境外上市。

本规定所称境外上市，是指股份有限公司向境外投资人发行的股票，在境外公开的证券交易场所流通转让。

第三条　股份有限公司向境外投资人募集并在境外上市的股份（以下简称境外上市外资股），采取记名股票形式，以人民币标明面值，以外币认购。

境外上市外资股在境外上市，可以采取境外存股证形式或者股票的其他派生形式。

第四条　国务院证券委员会或者其监督管理执行机构中国证券监督管理委员会，可以与境外证券监督管理机构达成谅解、协议，对股份有限公司向境外投资人募集股份并在境外上市及相关活动进行合作监督管理。

第五条　股份有限公司向境外投资人募集股份并在境外上市，应当按照国务院证券委员会的要求提出书面申请并附有关材料，报经国务院证券委员会批准。

第六条　国有企业或者国有资产占主导地位和企业按照国家有关规定改建为向境外投资人募集股份并在境外上市的股份有限公司，以发起方式设立的，发起人可以少于5人；该股份有限公司一经成立，即可以发行新股。

第七条　向境外投资人募集股份并在境外上市的股份有限公司（以下简称公司）向境内投资人发行的股份（以下简称内资股），采取记名股票形式。

第八条　经国务院证券委员会批准的公司发行境外上市外资股和内资股的计划，公司董事会可以作出分别发行的实施安排。

公司依照前款规定分别发行境外上市外资股和内资股的计划，可以自国务院证券委员会批准之日起15个月内分别实施。

第九条　公司在发行计划确定的股份总数内，分别发行境外上市外资股和内资股的，应当分别一次募足；有特殊情况不能一次募足的，经国务院证券委员会批准，也可以分次发行。

第十条　公司发行计划确定的股份未募足的，不得在该发行计划外发行新股。公司需要调整发行计划的，由股东大会作出决议，经国务院授权的公司审批部门核准后，报国务院证券委员会审批。

公司增资发行境外上市外资股与前一次发行股份的间隔期间，可以少于12个月。

第十一条　公司在发行计划确定的股份总数内发行境外上市外资股，经国务院证券委员会批准，可以与包销商在包销协议中约定，在包销数额之外预留不超过该次拟募集境外上市外资股数额百分之十五的股份。预留股份的发行，视为该次发行的一部分。

第十二条　公司分别发行境外上市外资股和内资股的计划，应当在公司各次募集股份的招股说明材料中全面、详尽披露。对已经批准并披露的发行计划进行调整的，必须重新披露。

第十三条 国务院证券委员会会同国务院授权的公司审批部门，可以对公司章程必备条款作出规定。

公司章程应当载明公司章程必备条款所要求的内容；公司不得擅自修改或者删除公司章程中有关公司章程必备条款的内容。

第十四条 公司应当在公司章程中载明公司的营业期限。公司的营业期限，可以为永久存续。

第十五条 公司章程对公司及其股东、董事、监事、经理和其他高级管理人员具有约束力。

公司及其股东、董事、监事、经理和其他高级管理人员均可以依据公司章程主张权利，提出仲裁或者提起诉讼。

本条第一款、第二款所称其他高级管理人员包括公司财务负责人、董事会秘书和公司章程规定的其他人员。

第十六条 依法持有境外上市外资股、其姓名或者名称登记在公司的股东名册上的境外投资人，为公司的境外上市外资股股东。

境外上市外资股的权益拥有人可以依照境外上市外资股股东名册正本存放地或者境外上市的法律规定，将其股份登记在股份的名义持有人名下。境外上市外资股股东名册为证明境外上市外资股股东持有公司股份的充分证据；但是有相反证据的除外。

第十七条 依据本规定第四条所指的谅解、协议，公司可以将境外上市外资股股东名册正本存放在境外，委托境外代理机构管理；公司应当将境外代理机构制作的境外上市外资股股东名册的副本备置于公司的住所。受委托的境外代理机构应当随时保证境外上市外资股股东名册正本、副本的一致性。

第十八条 境外上市外资股股东名册正本的更正需要依据司法裁定作出的，可以由名册正本存放地有管辖权的法院裁定。

第十九条 境外上市外资股股东遗失股票，申请补发的，可以依照境外上市外资股股东名册正本存放地的法律、证券交易场所规则或者其他有关规定处理。

第二十条 公司召开股东大会，应当于会议召开45日前发出书面通知，将会议拟审议的事项以及会议日期和地点告知所有在册股东。

拟出席股东大会的股东应当于会议召开20日前，将出席会议的书面回复送达公司。

书面通知和书面回复的具体形式由公司在公司章程中作出规定。

第二十一条 公司召开股东大会年会，持有公司有表决权的股份百分之五以上的股东有权以书面形式向公司提出新的提案，公司应当将提案中属于股东大会职责范围内的事项，列入该次会议的议程。

第二十二条 公司根据股东大会召开前20日时收到的书面回复，计算拟出席会议的股东所代表的有表决权的股份数。拟出席会议的股东所代表的有表决权的股份数达到公司有表决权的股份总数二分之一的，公司可以召开股东大会，达不到的，公司应当于5日内将会议拟审议的事项、会议日期和地点以公告形式再次通知股东，经公告通知，公司可以召开股东大会。

第二十三条 公司的董事、监事、经理和其他高级管理人员对公司负有诚信和勤勉的义务。

前款所列人员应当遵守公司章程，忠实履行职务，维护公司利益，不得利用在公司的地位和职权为自己谋取私利。

第二十四条 公司应当聘用符合国家有关规定的、独立的会计师事务所，审计公司的年度报告，并复核公司的其他财务报告。

公司应当向其聘用的会计师事务所提供有关资料和答复询问。

公司聘用会计师事务所的聘期，自公司本次股东年会结束时起至下次股东年会结束时止。

第二十五条 公司解聘或者不再续聘会计师事务所，应当事先通知会计师事务所，会计师事务所有权向股东大会陈述意见。

会计师事务所提出辞聘的，应当向股东大会说明公司有无不当情事。

第二十六条 公司聘用、解聘或者不再续聘会计师事务所由股东大会作出决定，并报中国证券监督管理委员会备案。

第二十七条 公司向境外上市外资股股东支付股利以及其他款项，以人民币计价和宣布，以外币支付。公司所筹集的外币资本金的结汇和公司向股东支付股利以及其他款项所需的外币，按照国家有关外汇管理的规定办理。

公司章程规定由其他机构代为兑换外币并付给股东的，可以依照公司章程的规定办理。

第二十八条 公司所编制的向境内和境外公布的信息披露文件，内容不得相互矛盾。

分别依照境内、境外法律、法规、证券交易所规则的规定，公司在境内、境外或者境外不同国家和地区披露的信息有差异的，应当将差异在有关的证券交易场所同时披露。

第二十九条 境外上市外资股股东与公司之间，境外上市外资股股东与公司董事、监事和经理之间，境外上市外资股股东与内资股股东之间发生的与公司章程规定的内容以及公司其他事务有关的争议，依照公司章程规定的解决方式处理。

解决前款所述争议，适用中华人民共和国法律。

第三十条 本规定自发布之日起施行。

国务院关于股份有限公司境内上市外资股的规定

（国务院 1995 年 12 月 25 日发布）

第一条 为了规范股份有限公司境内上市外资股的发行及交易，保护投资人的合法权益。根据《中华人民共和国公司法》（以下简称《公司法》）的有关规定，制定本规定。

第二条 经国务院证券委员会批准。股份有限公司（以下简称公司）可以发行境内上市外资股；但是，拟发行境内上市外资股的面值总额超过3000万美元的，国务院证券委员会应当报国务院批准。

前款所称本公司发行境内上市外资股，包括以募集方式设立公司发行境内上市外资股和公司增加资本发行境内上市外资股。

国务院证券委员会批准发行境内上市外资股的总额应当控制在国家确定的总规模之内。

第三条 公司发行的境内上市外资股，采取记名股票形式，以人民币标明面值，以外币认购、买卖，在境内证券交易所上市交易。

发行境内上市外资股的公司向境内投资人发行的股份（以下简称内资股），采取记名股票形式。

第四条 境内上市外资股投资人限于：

（一）外国的自然人、法人和其他组织；

（二）中国香港、澳门、台湾地区的自然人、法人和其他组织；

（三）定居在国外的中国公民；

（四）国务院证券委员会规定的境内上市外资股其他投资人。

境内上市外资股投资人认购、买卖境内上市外资股，应当提供证明其投资人身份和资格的有效文件。

第五条 持有同一种类股份的境内上市外资股股东与内资股股东，

依照《公司法》享有同等权利和履行同等义务。

公司可以在其公司章程中对股东行使权利和履行义务的特殊事宜，作出具体规定。

第六条 公司章程对公司及其股东、董事、监事、经理和其他高级管理人员具有约束力。

公司的董事、监事、经理和其他高级管理人员对公司负有诚信和勤勉的义务。

本条第一款、第二款所称其他高级管理人员包括公司财务负责人、董事会秘书和公司章程规定的其他人员。

第七条 国务院证券委员会及其监督管理执行中国证券监督管理委员会（以下简称中国证监会），依照法律、行政法规的规定，对境内上市外资股的发行、交易及相关活动实施管理和监督。

第八条 以募集方式设立公司、申请发行境内上市外资股的，应当符合下列条件：

（一）所筹资金用途符合国家产业政策；

（二）符合国家有关固定资产投资立项的规定；

（三）符合国家有关利用外资的规定；

（四）发起人认购的股本总额不少于公司拟发行股本总额的百分之三十五；

（五）发起人出资总额不少于1.5亿元人民币；

（六）拟向社会发行的股份达公司股份总数的百分之二十五以上；拟发行的股本总额超过4亿元人民币的，其拟向社会发行股份的比例达百分之十五以上；

（七）改组设立公司的原有企业或者作为公司主要发起人的国有企业，在最近3年内没有重大违法行为；

（八）改组设立公司的原有企业或者作为公司主要发起人的国有企业，最近3年连续盈利；

（九）国务院证券委员会规定的其他条件。

第九条 公司增加资本，申请发行境内上市外资股的，除应当符合本规定第八条第（一）、（二）、（三）项的规定外，还应当符合下列条件：

（一）公司前一次发行的股份已经募足，所得资金的用途与募股时确定的用途相符，并且资金使用效益良好；

（二）公司净资产总值不低于1.5亿元人民币；

（三）公司从前一次发行股票到本次申请期间没有重大违法行为；

（四）公司最近3年连续盈利；原有企业改组或者国有企业作为主要发起人设立的公司，可以连续计算；

（五）国务院证券委员会规定的其他条件。

以发起方式设立的公司首次增加资本，申请发行境内上市外资股的，还应当符合本规定第八条第（六）项的规定。

第十条 申请发行境内上市外资股，按照下列程序办理：

（一）发起人或者公司向省、自治区、直辖市人民政府或者国务院有关企业主管部门提出申请，由省、自治区、直辖市人民政府或者国务院有关企业主管部门向国务院证券委员会推荐；

（二）国务院证券委员会会商国务院有关部门选定可以发行境内上市外资股的公司；

（三）被选定的公司将本规定第十一条、第十二条所列文件提交中国证监会审核；

（四）经中国证监会审核符合条件的，报经国务院证券委员会批准或者依照本规定第二条第一款的规定经国务院批准后，公司方可发行境内上市外资股。

第十一条 以募集方式设立公司、申请发行境内上市外资股的，应当向中国证监会报送下列文件：

（一）申请报告；

（二）发起人姓名或者名称，发起人认购的股份数、出资种类及验资证明；

（三）发起人会议同意公开发行境内上市外资股的决议；

（四）国务院授权的部门或者省、自治区、直辖市人民政府批准设立公司的文件；

（五）省、自治区、直辖市人民政府或者国务院有关企业主管部门的推荐文件；

（六）公司登记机关颁发的《企业名称预先核准通知书》；

（七）公司章程草案；

（八）招股说明书；

（九）资金运用的可行性报告；所筹资金用于固定资产投资项目需要立项审批的，还应当提供有关部门同意固定资产投资立项的批准文件；

（十）经注册会计师及其所在事务所审计的原有企业或者作为公司主要发起人的国有企业最近3年的财务报告和有2名以上注册会计师及其所在事务所签字、盖章的审计报告；

（十一）经2名以上专业评估人员及其所在机构签字、盖章的资产评估报告；涉及国有资产的，还应当提供国有资产管理部门出具的确认文件及国有股权的批准文件；

（十二）经2名以上律师及其所在事务所就有关事项签字、盖章的法律意见书；

（十三）股票发行承销方案和承销协议；

（十四）中国证监会要求提供的其他文件。

第十二条 公司增加资本，申请发行境内上市外资股的，应当向中国证监会报送下列文件：

（一）申请报告；

（二）股东大会同意公开发行境内上市外资股的决议；

（三）国务院授权的部门或者省、自治区、直辖市人民政府同意增资发行新股的文件；

（四）省、自治区、直辖市人民政府或者国务院有关企业主管部门的推荐文件；

（五）公司登记机关颁发的公司营业执照；

（六）公司章程；

（七）招股说明书；

（八）资金运用的可行性报告；所筹资金用于固定资产投资项目需要立项审批的，还应当提供有关部门同意资产投资立项的批准文件；

（九）经注册会计师及其所在事务所审计的公司最近3年的财务报告和2名以上注册会计师及其所在事务所签字、盖章的审计报告；

（十）经2名以上律师及其所在事务所就有关事项签字、盖章的法律意见书；

（十一）股票发行承销方案和承销协议；

（十二）中国证监会要求提供的其他文件。

第十三条 公司发行境内上市外资股与发行内资股的间隔时间可以少于12个月。

第十四条 公司应当聘用符合国家规定的注册会计师及其所在事务所，对其财务报告是行审计或者复核。

第十五要 公司应当按照国家有关规定进行会计核算和编制财务报告。

公司向境内上市外资股投资人披露的财务报告，按照其他国家或者地区的会计准则进行相应调整的，应当对有关差异作出说明。

第十六条 发行境内上市外资股的公司应当依法向社会公众披露信息，并在其公司章程中对信息披露的地点、方式等事宜作出具体规定。

第十七条 发行境内上市外资股的公司的信息披露文件，以中文制作；需要提供外文译本的，应当提供一种通用的外国语言文本。中文文本、外文文本发行歧义时，以中文文本为准。

第十八条 公司发行境内上市外资股，应当委托人中国人民银行依法批准设立并经中国证监会认可的境内证券经营机构作为主承销商或者主承销商之一。

第十九条 发行境内上市外资股的公司，应当在具有经营外汇业务资格的境内银行开立外汇帐户。公司开立外汇帐户应当按照国家有关外汇管理的规定办理。

承销境内上市外资股的主承销商应当在承销协议约定的期限内，将所筹款项划入发行境内上市外资股的公司的外汇帐户。

第二十条 境内上市外资股股票的代理买卖业务，应当由中国人民银行依法批准设立并经中国证监会认可的证券经营机构办理。

第二十一条 境内上市外资股股东可以委托代理人代为行使其股东权利，代理人代行股东权利时，应当提供证明其代理资格的有效文件。

第二十二条 境内上市外资股的权益拥有人，可以将其股份登记的名义持有人名下。

境内上市外资股的权益拥有人，应当依法披露其持股变动信息。

第二十三条 境内上市外资股的交易、保管、清算交割、过户和登记，应当遵守法律、行政法规以及国务院证券委员会的有关规定。

第二十四条 经国务院证券委员会批准，境内上市外资股或者其派生形式可以在境外流通转让。

前款所称派生形式，是指股票的认股权凭证和境外存股凭证。

第二十五条 公司向境内上市外资股股东支付股利及其他款项，以人民币计价和宣布，以外币支付。公司所筹集的外币资本金的管理和公司支付股利及其他款项所需的外币，按照国家有关外汇管理的规定办理。

公司章程规定由其他机构代为兑换外币并付给股东的可以按公司章程的规定办理。

第二十六条 境内上市外资股的股利和其他收益依法纳税后，可以汇出境外。

第二十七条 国务院证券委员会可以根据本规定制定实施细则。

第二十八条 本规定自发布之日起施行。中国人民银行、上海市人民银行 1991 年 11 月 22 日发布的《上海市人民币特种股票管理办法》，中国人民银行、深圳市人民政府 1991 年 12 月 5 日发布的《深圳人民币特种股票管理暂行办法》同时废止。

中华人民共和国国债一级自营商管理办法（试行）

（1993 年 12 月 31 日财政部、人民银行、中国证监会发）

第一章 总则

第一条 为建立健全中华人民共和国国债一级自营商（以下简称“国债一级自营商”）制度，完善我国国债发行与流通的市场机制，推动国债市场的发展，特制定办法。

第二条 本办法所称国债一级自营商，是指具备一定资格条件并经财政部、中华人民银行和中国证券监督管理委员会共同审核确认的银行、证券公司和其它非银行金融机构。国债一级自营商可直接向财政部承销和投标国债，并通过开展分销、零售业务，促国债发行，维护国债市场顺畅运转。

第三条 本办法所称“国债”，是指由财政部代表中央政府发行的国内公债。

第二章 国债一级自营商的资格条件

第四条 中国人民银行批准设立的下列金融机构，可以申请成为国债一级自营商：

1. 除政策性银行以外的各类银行。
2. 各证券公司、可以从事有价证券经营业务的各信托投资公司。
3. 前列 1、2 项之外的可以从事国债承销、代理交易、自营业务的其它金融机构。

第五条 申请成为国债一级自营商的金融机构需符合的条件：

1. 具有法定最低限额以上的实收货币资本。
2. 有能力且自愿履行本办法第四章规定的各项义务。
3. 在中国人民银行批准的经营范围内依法开展业务活动，在前二年中无违法和违章经营的记录，具有良好的信誉。
4. 在申请成为国债一级自营商之前，有参与国债一级市场和二级市场业务一年以上的良好经营业绩。

第三章 国债一级自营商享有的权利

第六条 直接参加每期由财政部组织的全国性国债承购包销团。

第七条 享有每期承销合同规定的各项权利。

第八条 享有在每期国债发行前通过正常程序同财政部商议发行条件的权利。

第九条 企业发行股票一次超过 8000 万股的，在同等条件下，优先由取得国债一级自营商资格的证券经营机构担任主承销商。

前款所称的证券经营机构，不包括各专业银行及其它无权经营股票业务的金融机构。

第十条 优先取得直接与中国人民银行进行国债公开市场操作的资格。

第十一条 自动取得同中国人民银行进行国债回购交易等业务的资格。

第十二条 优先取得从事国债投资基金业务资格。

第四章 国债一级自营商须履行的义务

第十三条 必须连续参加每期国债发行承购包销团，且每期承销量不得低于该期承销团总承销量的 1%。

第十四条 严格履行每期承购包销合同和分销合同规定的各项义务。

第十五条 承购包销国债后，通过各自的市场销售网络，积极开展国债的分销和零销业务。

第十六条 维护国债二级市场的流通性，积极开展国债交易的代理和自营业务。

第十七条 国债一级自营商在开展国债的分销、零售和进行二级市场业务时，要自觉维护国债的声誉，不得利用代保管凭证超售国债而为本单位筹集资金。

第十八条 国债一级自营商有义务定期向财政部、中国人民银行、中国证券监督管理委员会提交有关国债承销、分销、零售以及二级市场上国债交易业务的报表、资料。

第十九条 已获得国债一级自营商资格的金融机构参加某期国债承销后被取销一级自营商资格的，仍须履行该期承销合同规定的各项义务。

第二十条 国债一级自营商有办理到期国债券本息兑付业务的义务。

第五章 申请、审查和确认

第二十一条 凡具备本办法第二章所列资格条件的金融机构均可向财政部提出国债一级自营商的书面申请，并提交有关报表资料。

第二十二条 财政部会同中国人民银行和中国证券监督管理委员会共同负责国债一级自营商资格审查确认事宜。凡经审查批准成为国债一级自营商的，由财政部、中国人民银行和中国证券监督管理委员会联合颁发《中华人民共和国国债一级自营资格证书》，并通过大众传播媒介公布其名单。

第二十三条 财政部会同中国人民银行和中国证券监督管理委员会

每年对国债一级自营商的资格进行一次复审。

第六章　罚则

第二十四条　国债一级自营商因未履行承购包销合同的，按每期承购包销合同规定的处罚办法执行。

第二十五条　对利用国债代保管凭证等手段，超售国债为本单位筹资的，没收其全部超售金额，并处以超售额30—100％的罚款。

第二十六条　国债一级自营商违背本办法有关规定或未履行规定义务，情节严重者，经财政部、中国人民银行和中国证券监督管理委员会三方共同裁定，有权在一定时间内停止或永久性地取消其国债一级自营商资格及与其相关联的权利，并通过新闻媒介予以公布。

第七章　附则

第二十七条　本办法颁布后，有关国债一级自营商资格标准及确认等的一切管理事项，皆以本办法为准。

第二十八条　本办法适用于申请成为国债一级自营商的国内金融机构。外资或中外合资的金融机构申请成为国债一级自营商的办法另行制定。

第二十九条　本办法由财政部、中国人民银行和中国证券监督管理委员会共同负责制定实施细则。

第三十条　本办法由财政部会同中国人民银行和中国证券监督管理委员会解释。

第三十一条　本办法自颁布之日起生效。

国债一级自营商资格审查与确认实施办法（试行）

（1993年12月31日财政部、人民银行、中国证监会发）

第一条　根据财政部、中国人民银行和中国证券监督管理委员会联合颁布的《中华人民共和国国债一级自营商管理办法》，结合1994年国债发行工作，特制定本办法。

第二条　国债一级自营商资格审查确认的组织与分工。

1. 国债一级自营商资格审查确认事宜由财政部、中国人民银行与中国证券监督管理委员会共同负责。

2. 成立国债一级自营商资格审查与确认委员会（以下简称“审委会”），负责具体工作。审委会由财政部、中国人民银行、中国证券监督管理委员会派出人员组成。审委会办公室设在财政部国债司，负责审委会日常事务。

第三条　国债一级自营商初次申请与确认的基本程序：

1. 凡第一次申请国债一级自营商资格、并经自查符合“国债一级自营商管理办法”第二章规定资格条件的金融机构，可直接向审委会提出书面申请，填写“国债一级自营商资格申请表”。

2. 金融机构提出申请时应提交下列文件：

（1）法人营业执照（复印件）；

（2）中国人民银行颁发的经营金融业务许可证（复印件）；

（3）公司概况和经过公证机构公证的近（上）年经营业绩报告；

（4）提交近两年来组织的国债发行和国债兑付量报表；

（5）证券交易所（系统、中心）出具的近两年的国债交易量证明；

（6）上年资产负债表；

（7）审委会认为需要提交的其它文件。

3. 审委会办公室对金融机构提交的申请表及本条第二款规定的各项文件进行审查，并将审查结果提交审委会。

4. 审委会对上述审查结果进行复审，并向财政部、中国人民银行、中国证券监督管理委员会负责人提交复审报告。

5. 财政部、中国人民银行和中国证券监督管理委员会负责人共同审批审委会提交的复审报告，确认国债一级自营商资格。

6. 财政部、中国人民银行、中国证券监督管理委员会向经确认成为国债一级自营商的金融机构颁发资格证书。

第四条　复审

1. 审委会每年对获得资格确认的国债一级自营商进行一次复审。

2. 复审主要包括下列内容：

（1）参国国债承购包销及履行承销合同义务的情况；

（2）在国债二级市场上的报价情况及其交易量；

（3）有无违反“国债一级自营商管理办法”有关规定的现象；

（4）在本机构经营范围内的业务活动有无违反法律、政策的行为；

（5）审委会认为需要审查的其它情况。

3. 审委会对本条第二款的内容逐项进行审查，并作出复审结论。

（1）复审合格的结论由审委会签发给金融机构，同时报财政部、中国人民银行、中国证券监督管理委员会备案。

（2）经复审不合格的金融机构，按“国债一级自营商管理办法”的有关规定由审委会报经财政部、中国人民银行、中国证券监督管理委员会三方负责人同意后，做出是否暂停或吊销该金融机构的国债一级自营商资格及其它有关处罚措施。

（3）对于因违反“国债一级自营商管理办法”有关规定而做出没收和罚款的决定的，按有关罚没收入的管理规定执行。

第五条　财政部、中国人民银行、中国证券监督管理委员会责成国债交易、清算系统于每年1月15日以前向审委会报送全体国债一级自营商在国债二级市场上的交易量，审委会汇总后向社会公布其排名录。

公开市场业务暨一级交易商管理暂行规定

第一章　总则

第一条　为保证公开市场业务的顺利开展，维护交易双方的合法权益，推动我国货币市场的稳步发展，制定本规定。

第二条　本规定所称公开市场业务，是指中国人民银行为实现货币政策目标而公开买卖债券的活动。

第三条　本规定所称公开市场业务一级交易商（以下简称一级交易商），是指经中国人民银行审定的、具有直接与中国人民银行进行债券交易资格的商业银行、证券公司和信托投资公司。

第四条　一级交易商资格的确定、变更或取消等事宜由中国人民银行负责审批。

第五条　公开市场业务的日常工作由中国人民银行公开市场业务操作室（以下简称操作室）负责。

第二章　债券交易

第六条　债券交易的券种是指政策性金融债、中央银行融资券、国债以及中国人民银行指定的其他债券。

第七条　债券交易种类包括买卖和回购。

第八条　一级交易商与中国人民银行进行债券交易须签署有关协议。

第九条　回购期限的档次分为7天、14天、21天、28天、2个月、3个月和4个月共7种。

第十条 债券交易一般采用招标方式进行，包括数量招标和利率招标（或价格招标）。具体中标原则由操作室规定。

第十一条 债券交易的资金清算按中国银行有关部门制定的会计核算手续办理。

第十二条 债券登记、托管和交割统一在中央国债登记结算有限责任公司进行，按照其制定的有关办法办理。

第三章 一级交易商的条件及审定

第十三条 申请成为一级交易商须具备下列条件：

一、经中国人民银行批准成立，具有法人资格的商业银行、证券公司和信托投资公司；

二、遵守国家有关经济、金融法律、法规和中国人民银行制定的有关资产负债比例管理的规定；

三、城市合作银行、证券公司和信托投资公司的注册资本金不低于人民币2亿元（包括经折算的外汇资本金）；

四、证券公司和信托投资公司的债券交易量应占有相当的市场份额，具有较大规模的代理业务及合格的业务人员，经营资产质量较好，盈利能力较强，内部管理机制健全；

五、有能力并愿意履行本规定第四章所列的各项义务；

六、中国人民银行规定的其他条件。

第十四条 取得“中华人民共和国国债一级自营商”资格的机构可优先成为一级交易商。

第十五条 凡符合本规定第十三条所列条件的机构均可向中国人民银行提出成为一级交商的申请，报送公开市场业务一级交易商资格申请表（格式见附表），并提交下列资料：

一、机构简介；

二、营业执照（复印件）；

三、经会计师事务所审计的年度资产负债表和损益表（复印件）；

四、参与公开市场业务的具体部门及其人员构成情况；

五、中国人民银行要求报送的其它有关资料。

第十六条 凡经审定批准成为一级交易商的机构，由中国人民银行颁发《公开市场业务一级交易商资格证书》，并予以公告。

第四章 一级交易商的权利和义务

第十七条 一级交易商的权利：

一、同中国人民银行直接进行债券交易；

二、优先获取中国人民银行发布的公开市场业务信息，以及获得操作室提供的有关资料；

三、享有中国人民银行和有关债券登记结算机构在帐户开立、资金清算、债券托管结算及技术支持等方面提供的便利服务；

四、参加中国人民银行定期召开的一级交易商联席会议和交流研讨、人员培训等活动；

五、参与讨论中国人民银行公开市场业务相关规章制度；

六、可按中国人民银行的有关规定，相互进行政策性金融债和中央银行融资券交易；

七、依法享有的其他权利。

第十八条 一级交易商的义务：

一、踊跃参加债券交易，在操作室规定的交易日不参加交易或不进行投标、报价的，应及时向操作室说明原因及有关背景；

二、在宏观调控特殊需要时，完成中国人民银行指定的交易任务，及时传导货币政策意图。中国人民银行在下达指定交易任务的同时，应适当兼顾一级交易商的利益；

三、与中国人民银行进行诚实的债券交易，提供合理的市场报价；

四、提供资金头寸、债券持有情况、债券二级市场交易情况及其他有关资料等数据；

五、定期向操作室提供市场信息及市场分析资料，对重大突发事件及时报告；

六、严格履行公开市场业务有关管理规定的其他业务。

第五章 一级交易商资格的变更和终止

第十九条 中国人民银行每年对一级交易商的资格进行年度审核。审核的主要内容：

一、参与公开市场业务情况；

二、年度债券业务经营状况；

三、年度资产、负债变动情况及损益状况；

四、遵守本规定及公开市场业务其他管理规定的情况；

五、需要审查的其他有关情况。

中国人民银行对年度审核结果予以公告。

第二十条 发生机构更名、合并的一级交易商，须报中国人民银行办理资格变更手续。

第二十一条 自动放弃一级交易商资格的机构，须报中国人民银行并办理相应手续，二年内不得重新申请成为一级交易商。

第二十二条 未完成中国人民银行指定交易任务的，中国人民银行将暂停其一级交易商资格一年。

第二十三条 在债券交易中，联手操作价格情节严重的，中国人民银行取消其一级交商资格。同时，二年内不允许其重新申请成为一级交易商。

第二十四条 有其它违法违规行为的，除按有关法规处理外，中国人民银行视情节轻重，暂停其一级交易商资格一年或取消一级交易商资格。

第二十五条 被暂停或被取消一级交易商资格的，中国人民银行将予以公告。

第二十六条 被暂停或被取消一级交易商资格的，将被终止享有公开市场业务有关规定的各项权利，但必须继续履行其未尽义务。

第二十七条 被主管部门吊销营业执照的机构，其一级交易商资格及相关权利自动终止。

第六章 罚则

第二十八条 未按规定报送材料或提供虚假材料的，给予警告。

第二十九条 年度内连续三个交易日没有成交或没有报价又不报告的，给予通报批评。

第三十条 违返公开市场业务其他规定的，除按有关规定处理外，中国人民银行将视情节轻重，给予其5000元至30000元不等的罚款处罚。

第七章 附则

第三十一条 本规定由中国人民银行解释和修改。

第三十三条 本规定自颁布之日起实行。

中国证券监督管理委员会关于上市公司检查制度实施办法

第一条　为了加强对上市公司的监管，规范上市公司运作，维护投资者利益，根据国家法律、法规，制定本实施办法。

第二　本办法适用于其股票在上海证券交易所、深圳证券交易所上市的股份有限公司。

第三条　本办法由中国证券监督管理委员会（以下简称“中国证监会”）负责组织实施。

第四条　对上市公司检查的主要内容包括：

(一) 公司信息披露是否符合法律、法规及中国证监会发布的规定和规范性文件的要求；信息披露的有关报告、公告、信息及文件是否真实、完整、准确；信息披露是否及时。

(二) 公司募集资金是否按照招股说明书、配股说明书披露的项目使用；若筹集资金的使用项目发生变更，是否经股东大会表决通过；股东大会通过决议后，公司是否就募集资金使用的变动情况及时向股东进行充分披露。

(三) 公司的章程是否符合法律、法规的规定，是否符合中国证监会发布的规定和规范性文件的要求；公司章程的执行情况。

(四) 公司股东大会是否按照法律、法规及公司章程的规定召开；股东大会讨论决议及表决情况；少数股东的权利是否得到保护。

(五) 公司董事会的召开情况，董事会、董事长、董事法定职权的行使情况和法定义务的履行情况；公司董事会的组成、董事侯选人提名方式、董事会议事规则、董事会决议的执行情况及董事会对重大投资决策的讨论记录等。

(六) 公司监事会法定职权的行使情况，监事会的组成，监事会议事规则及表决程序，监事职责的履行情况等。

(七) 公司总经理（经理）及其他高级管理人员职权的行使情况，公司董事会对总经理（经理）和其他高级管理人员的授权范围，总经理（经理）和其他高级管理人员执行董事会的决议情况以及对公司职能部门和分公司、子公司的管理情况等。

(八) 公司董事会秘书职务的设置、秘书的职权范围及秘书对公司信息披露的组织与协调等情况。

(九) 中国证监会认为其它应予检查的事项。

第五条　检查工作由中国证监会负责组织。

中国证监会将根据需要，抽调、聘请地方证管部门和执业水平较高、声誉较好的具有从事证券相关业务资格的会计师（审计）事务所、律师事务所有关人员组成检查小组，由中国证监会工作人员负责领导和组织具体检查工作。

第六条　检查人员对上市公司进行检查时，被检查的公司应当予以协助，不得拒绝检查；接受检查的人员应如实反映情况，不得拒绝检查、隐瞒情况。

第七条　检查人员检查上市公司时，可以对有关情况和资料进行记录、录音、录像、照相和复制。

第八条　检查人员进行检查时，应出示工作证和中国证监会开具的证明。

第九条　被检查公司和有关会计师事务所应当向检查人员提供的文件主要有：

(一) 公司会计报表、相关帐簿和凭证以及其它涉及会计报表的资料；

(二) 公司股东大会的会议记录、决议文本，董事会的会议记录、决议文本，监事会的会议记录、决议文本，以及公司经理办公会议文件和其它有关管理制度文件；

(三) 反映公司重大投资的有关资料和文件；

(四) 会计师事务所对公司财务报告发表的审计意见的工作底稿；

(五) 其它应该查阅的文件。

第十条　检查人员应遵守法律、法规及有关规定，认真履行职责。

检查结果未公布前，检查人员及被检查公司均不得透露与检查结果有关的任何信息。

第十一条　被检查公司由中国证监会决定，检查主要采取抽查方式进行。

第十二条　检查时间由中国证监会决定，并通知被检查的公司。

第十三条　对在检查过程中发现的违反法律、法规及有关规定的上市公司及有关责任人，中国证监会根据法律、法规及有关规定在职权范围内给予处罚。超出中国证监会处罚范围的，移送有关机关处理。构成犯罪的，移送司法机关追究刑事责任。

第十四条　会计师事务所、律师事务所出具的文件违反有关法律、法规及有关规定的，中国证监会将依法在职权范围内给予处罚。

第十五条　本办法由中国证监会负责解释。

第十六条　本办法自发布之日起实施。

中国证券监督管理委员会

1996年12月20日

到境外上市公司章程必备条款

（1994年8月27日　国务院证券委、国家体改委发布）

第一章　总　　则

第一条　本公司系依照《中华人民共和国公司法》（简称《公司法》）、《国务院关于股份有限公司境外募集股份及上市的特别规定》（简称《特别规定》）和国家其他有关法律、行政法规成立的股份有限公司。

公司经〔批准机关和批准文件名称〕批准，于〔设立日期〕，以发起方式〔或募集方式〕设立，于〔登记日期〕在〔公司登记机关所在地名〕工商行政管理局注册登记，取得公司营业执照。公司的营业执照号码为：〔号码数字〕

公司的发起人为：〔发起人全称〕

第二条　公司注册名称：〔中文全称〕

〔英文全称〕

第三条　公司住所：〔公司住所全称，邮政编码，电话、电传号码〕

第四条　公司的法定代表人是公司董事长。

第五条　公司的营业期限为〔年数〕年〔或公司为永久存续的股份有限公司〕。

第六条　公司章程自公司成立之日起生效。

自公司章程生效之日起，公司章程即成为规范公司的组织与行为、公司与股东之间、股东与股东之间权利义务的，真有法律约束力的文件。

第七条　公司章程对公司及其股东、董事、监事、经理和其他高级管理人员均有约束力；前述人员均可以依据公司章程提出与公司事宜有关的权利主张。

股东可以依据公司章程起诉公司；公司可以依据公司章程起诉股东；股东可以依据公司章程起诉股东；股东可以依据公司章程起诉公司的董事、监事、经理和其他高级管理人员。

前款所称起诉，包括向法院提起诉讼或者向仲裁机构申请仲裁。

第八条　公司可以向其他有限责任公司、股份有限公司投资，并以该出资额为限对所投资公司承担责任。

经国务院授权的公司审批部门批准，公司可以根据经营管理的需要，按照《公司法》第十二条第二款所述控股公司运作。

第二章　经营宗旨和范围

第九条　公司的经营宗旨是：〔宗旨内容〕。

第十条　公司的经营范围以公司登记机关核准的项目为准。

公司的主营范围包括〔公司登记机关核准的项目〕。

公司的兼营范围包括〔公司登记机关核准的项目〕。

第三章　股份和注册资本

第十一条　公司在任何时候均设置普通股；公司根据需要，经国务院授权的公司审批部门批准，可以设置其他种类的股份。

第十二条　公司发行的股票，均为有面值股票，每股面值人民币一元。

第十三条　经国务院证券主管机构批准，公司可以向境内投资人和境外投资人发行股票。

前款所称境外投资人是指认购公司发行股份的外国和香港、澳门、台湾地区的投资人；境内投资人是指认购公司发行股份的，除前述地区以外的中华人民共和国境内的投资人。

第十四条　公司向境内投资人发行的以人民币认购的股份，称为内资股。公司向境外投资人发行的以外币认购的股份，称为外资股。外资股在境外上市的，称为境外上市外资股。

第十五条　经国务院授权的公司审批部门批准，公司可以发行的普通股票的总数为〔股份数额〕股，成立时向发起人发行〔股份数额〕股，占公司可发行的普通股总数的百分之〔百分比数〕。

第十六条　公司成立后发行普通股〔股份数额〕股，包括不少于〔股份数额〕股，不超过〔股份数额〕股的境外上市外资股，占公司可发行的普通股总数的百分之〔百分比数〕，以及向社会公众发行的〔股份数额〕股的内资股。

公司的股本结构为：普通股〔股份数额〕股，其中发起人〔各发起人姓名或者名称〕持有〔股份数额〕股，其他内资股股东持有〔股份数额〕股，境外上市外资股股东持有〔股份数额〕股。

第十七条　经国务院证券主管机构批准的公司发行境外上市外资股和内资股的计划，公司董事会可以作出分别发行的实施安排。

公司依照前款规定分别发行境外上市外资股和内资股的计划，可以自国务院证券委员会批准之日起15个月内分别实施。

第十八条　公司在发行计划确定的股份总数内，分别发行境外上市外资股和内资股的，应当分别一次募足；有特别情况不能一次募足的，经国务院证券委员会批准，也可以分次发行。

第十九条　公司的注册资本为人民币〔资本数额〕元。

第二十条　公司根据经营和发展的需要，可以按照公司章程的有关规定批准增加资本。公司增加资本可以采取下列方式：

（一）向非特定投资人募集新股；

（二）向现有股东配售新股；

（三）向现有股东派送新股；

（四）法律、行政法规许可的其他方式。

公司增资发行新股，按照公司章程的规定批准后，根据国家有关法律、行政法规规定的程序办理。

第二十一条　除法律、行政法规另有规定外，公司股份可以自由转让，并不附带任何留置权。

第四章　减资和购回股份

第二十二条　根据公司章程的规定，公司可以减少其注册资本。

第二十三条　公司减少注册资本时，必须编制资产负债表及财产清单。

公司应当自作出减少注册资本决议之日起十日内通知债权人，并于三十日内在报纸上至少公告三次。债权人自接到通知书之日起三十日内，未接到通知书的自第一次公告之日起九十日内，有权要求公司清偿债务或者提供相应的偿债担保。

公司减少资本后的注册资本，不得低于法定的最低限额。

第二十四条　公司在下列情况下，可以经公司章程规定的程序通过，报国家有关主管机构批准，购回其发行在外的股份：

（一）为减少公司资本而注销股份；

（二）与持有本公司股票的其他公司合并；

（三）法律、行政法规许可的其他情况。

第二十五条　公司经国家有关主管机构批准购回股份，可以下列方式之一进行：

（一）向全体股东按照相同比例发出购回要约；

（二）在证券交易所通过公开交易方式购回；

（三）在证券交易所外以协议方式购回。

第二十六条　公司在证券交易所外以协议方式购回股份时，应当事先经股东大会按公司章程的规定批准。经股东大会以同一方式事先批准，公司可以解除或者改变经前述方式已订立的合同，或者放弃其合同中的任何权利。

前款所称购回股份的合同，包括（但不限于）同意承担购回股份义务和取得购回股份权利的协议。

公司不得转让购回其股份的合同或者合同中规定的任何权利。

第二十七条　公司依法购回股份后，应当在法律、行政法规规定的期限内，注销该部分股份，并向原公司登记机关申请办理注册资本变更登记。

被注销股份的票面总值应当从公司的注册资本中核减。

第二十八条　到香港上市公司，应当将下列内容载入公司章程：

除非公司已经进入清算阶段，公司购回其发行在外的股份，应当遵守下列规定：

（一）公司以面值价格购回股份的，其款项应当从公司的可分配利润帐面余额、为购回旧股而发行的新股所得中减除；

（二）公司以高于面值价格购回股份的，相当于面值的部分从公司的可分配利润帐面余额、为购回旧股而发行的新股所得中减除；高出面值的部分，按照下述办法处理：

(1) 购回的股份是以面值价格发行的，从公司的可分配利润帐面余额中减除；

(2) 购回的股份是以高于面值的价格发行的，从公司的可分配利润帐面余额、为购回旧股而发行的新股所得中减除；但是从发行新股所得中减除的金额，不得超过购回的旧股发行时所得的溢价总额，也不得超过购回时公司溢价帐户〔或资本公积金帐户〕上的金额（包括发行新股的溢价金额）；

（三）公司为下列用途的支付的新项，应当从公司的可分配利润中支出：

(1) 取得购回其股份的购回权；

(2) 变更购回其股份的合同；

(3) 解除其在购回合同中的义务。

（四）被注销股份的票面总值根据有关规定从公司的注册资本中核减后，从可分配的利润中减除的用于购回股份面值部分的金额，应当计入公司的溢价帐户〔或资本公积金帐户〕中。

第五章　购回公司股份的财务资助

第二十九条　公司或者其子公司在任何时候均不应当以任何方式，对购买或者拟购买公司股份的人提供任何财务资助。前述购买公司股份的人，包括因购买公司股份而直接或者间接承担义务的人。

公司或者其子公司在任何时候均不应当以任何方式，为减少或者解除前述义务人的义务向其提供财务资助。

本条规定不适用于本章第三十一条所述的情形。

第三十条　本章所称财务资助，包括（但不限于）下列方式：

（一）馈赠；

（二）担保（包括由保证人承担责任或者提供财产以保证义务人履行义务）、补偿（但是不包括因公司本身的过错所引起的补偿）、解除或者放弃权利；

（三）提供贷款或者订立由公司先于他方履行义务的合同，以及该贷款、合同当事方的变更和该贷款、合同中权利的转让等；

（四）公司在无力偿还债务、没有净资产或者将会导致净资产大幅度减少的情形下，以任何其他方式提供的财务资助。

本章所称承担义务，包括义务人因订立合同或者作出安排（不论该合同或者安排是否可以强制执行，也不论是由其个人或者与任何其他人共同承担），或者以任何其他方式改变了其财务状况而承担的义务。

第三十一条 下列行为不视为本章第二十九条禁止的行为：

（一）公司提供的有关财务资助是诚实地为了公司利益，并且该项财务资助的主要目的不是为购买本公司股份，或者该项财务资助是公司某项总计划中附带的一部分；

（二）公司依法以其财产作为股利进行分配；

（三）以股份的形式分配股利；

（四）依据公司章程减少注册资本、购回股份、调整股权结构等；

（五）公司在其经营范围内，为其正常业务活动提供贷款（但是不应当导致公司的净资产减少，或者即使构成了减少，但该项财务资助是从公司的可分配利润中支出的）；

（六）公司为职工持股计划提供款项（但是不应当导致公司的净资产减少，或者即使构成了减少，但该项财务资助是从公司的可分配利润中支出的）。

第六章 股票和股东名册

第三十二条 公司股票采用记名式。

公司股票应当载明的事项，除《公司法》规定的外，还应当包括公司股票上市的证券交易所要求载明的其他事项。

第三十三条 股票由董事长签署。公司股票上市的证券交易所要求公司其他高级管理人员签署的，还应当由其他有关高级管理人员签署。股票经加盖公司印章或者以印刷形式加盖印章后生效。公司董事长或者其他有关高级管理人员在股票上的签字也可以采用印刷形式。

第三十四条 公司应当设立股东名册，登记以下事项：

（一）各股东的姓名（名称）、地址（住所）、职业或性质；

（二）各股东所持股份的类别及其数量；

（三）各股东所持股份已付或者应付的款项；

（四）各股东所持股份的编号；

（五）各股东登记为股东的日期；

（六）各股东终止为股东的日期。

股东名册为证明股东持有公司股份的充分证据；但是有相反证据的除外。

第三十五条 公司可以依据国务院证券主管机构与境外证券监管机构达成的谅解、协议，将境外上市外资股股东名册存放在境外，并委托境外代理机构管理。公司应当将境外上市外资股股东名册的副本备置于公司住所；受委托的境外代理机构应当随时保证境外上市外资股股东名册正、副本的一致性。

境外上市外资股股东名册正、副本的记载不一致时，以正本为准。

第三十六条 公司应当保存有完整的股东名册。

股东名册包括下列部分：

（一）存放在公司住所的、除本款（二）、（三）项规定以外的股东名册；

（二）存放在境外上市的证券交易所所在地的公司境外上市外资股股东名册；

（三）董事会为公司股票上市的需要而决定存放在其他地方的股东名册。

第三十七条 股东名册的各部分应当互不重叠。在股东名册某一部分注册的股份的转让，在该股份注册存续期间不得注册到股东名册的其他部分。

股东名册各部分的更改或者更正，应当根据股东名册各部分存放地的法律进行。

第三十八条 股东大会召开前三十日内或者公司决定分配股利的基准日前五日内，不得进行因股份转让而发生的股东名册的变更登记。

第三十九条 公司召开股东大会、分配股利、清算及从事其他需要确认股权的行为时，应当由董事会决定某一日为股权确定日，股权确定日终止时，在册股东为公司股东。

第四十条 任何人对股东名册持有异议而要求将其姓名（名称）登记在股东名册上，或者要求将其姓名（名称）从股东名册中删除的，均可以向有管辖权的法院申请更正股东名册。

第四十一条 任何登记在股东名册上的股东或者任何要求将其姓名（名称）登记在股东名册上的人，如果其股票（即“原股票”）的遗失，可以向公司申请就该股份（即“有关股份”）补发新股票。

内资股股东遗失股票，申请补发的，依照《公司法》第一百五十条的规定处理。

境外上市外资股股东遗失股票，申请补发的，可以依照境外上市外资股股东名册正本存放地的法律、证券交易所规则或者其他有关规定处理。

到香港上市公司的境外上市外资股股东遗失股票申请补发的，其股票的补发应当符合下列要求：

（一）申请人应当用公司指定的标准格式提出申请并附上公证书或者法定声明文件。公证书或者法定声明文件的内容应当包括申请人申请的理由、股票遗失的情形及证据，以及无其他任何人可就有关股份要求登记为股东的声明。

（二）公司决定补发新股票之前，没有收到申请人以外的任何人对该股份要求登记为股东的声明。

（三）公司决定向申请人补发新股票，应当在董事会指定的报刊上刊登准备补发新股票的公告；公告期间为90日，每30日至少重复刊登一次。

（四）公司在刊登准备补发新股票的公告之前，应当向其挂牌上市的证券交易所提交一份拟刊登的公告副本，收到该证券交易所的回复，确认已在证券交易所内展示该公告后，即可刊登。公告在证券交易所内展示的期间为90日。

如果补发股票的申请未得到有关股份的登记在册股东的同意，公司应当将拟刊登的公告的复印件邮寄给该股东。

（五）本条（三）、（四）项所规定的公告、展示的90日期限届满，如公司未收到任何人对补发股票的异议，即可以根据申请人的申请补发新股票。

（六）公司根据本条规定补发新股票时，应当立即注销原股票，并将此注销和补发事项登记在股东名册上。

（七）公司为注销原股票和补发新股票的全部费用，均由申请人负担。在申请人未提供合理的担保之前，公司有权拒绝采取任何行动。

第四十二条 公司根据公司章程的规定补发新股票后，获得前述新股票的善意购买者或者其后登记为该股份的所有者的股东（如属善意购买者），其姓名（名称）均不得从股东名册中删除。

第四十三条 公司对于任何由于注销原股票或者补发新股票而受到损害的人均无赔偿义务，除非该当事人能证明公司有欺诈行为。

第七章 股东的权利和义务

第四十四条 公司股东为依法持有公司股份并且其姓名（名称）登记在股东名册上的人。

股东按其持有的种类和份额享有权利，承担义务；持有同一种类股份的股东，享有同等权利，承担同种义务。

第四十五条 公司普通股股东享有下列权利：

（一）依照其所持有的股份份额领取股利和其他形式的利益分配；

（二）参加或者委派股东代理人参加股东会议，并行使表决权；

（三）对公司的业务经营活动进行监督管理，提出建议或者质询；

（四）依照法律、行政法规及公司章程的规定转让股份；

（五）依照公司章程的规定获得有关信息，包括：

1. 在缴付成本费用后得到公司章程；

2. 在缴付了合理费用后有权查阅和复印：

(1) 所有各部分股东的名册；

(2) 公司董事、监事、经理和其他高级管理人员的个人资料，包括：

(a) 现在及以前的姓名、别名；

(b) 主要地址（住所）；

(c) 国籍；

(d) 专职及其他全部兼职的职业、职务；

(e) 身份证明文件及其号码。

(3) 公司股本状况；

(4) 自上一会计年度以来公司购回自己每一类别股份的票面总值、数值、最高价和最低价，以及公司为此支付的全部费用的报告；

(5) 股东会议的会议记录。

（六）公司终止或者清算时，按其所持有的股份份额参加公司剩余财产的分配；

（七）法律、行政法规及公司章程所赋予的其他权利。

第四十六条 公司普通股股东承担下列义务：

（一）遵守公司章程；

（二）依其所认购股份和入股方式缴纳股金；

（三）法律、行政法规及公司章程规定应当承担的其他义务。

股东除了股份的认购人在认购时所同意的条件外，不承担其后追加任何股本的责任。

第四十七条 除法律、行政法规或者公司股份上市的证券交易所的上市规则所要求的义务外，控股股东在行使其股东的权力时，不得因行使其表决权在下列问题上作出有损于全体或者部分股东的利益的决定：

（一）免除董事、监事应当真诚地以公司最大利益为出发点行事的责任；

（二）批准董事、监事（为自己或者他人利益）以任何形式剥夺公司财产，包括（但不限于）任何对公司有利的机会；

（三）批准董事、监事（为自己或者他人利益）剥夺其他股东的个人利益，包括（但不限于）任何分配权、表决权，但不包括根据公司章程提交股东大会通过的公司改组。

第四十八条 前条所称控股股东是具备以下条件之一的人：

（一）该人单独或者与他人一致行动时，可以选出半数以上的董事；

（二）该人单独或者与他人一致行动时，可以行使公司百分之三十以上（含百分之三十）的表决权或者可以控制公司的百分之三十以上（含百分之三十）表决权的行使；

（三）该人单独或者与他人一致行动时，持有公司发行在外百分三十以上（含百分之三十）的股份；

（四）该人单独或者与他人一致行动时，以其他方式在事实上控制公司。

第八章　股东大会

第四十九条 股东大会是公司的权力机构，依法行使职权。

第五十条 股东大会行使下列职权：

（一）决定公司的经营方针和投资计划；

（二）选举和更换董事，决定有关董事的报酬事项；

（三）选举和更换由股东代表出任的监事，决定有关监事的报酬事项；

（四）审议批准董事会的报告；

（五）审议批准监事会的报告；

（六）审议批准公司的年度财务预算方案、决算方案；

（七）审议批准公司的利润分配方案和弥补亏损方案；

（八）对公司增加或者减少注册资本作出决议；

（九）对公司合并、分立、解散和清算等事项作出决议；

（十）对公司发行债券作出决议；

（十一）对公司聘用、解聘或者不再续聘会计师事务所作出决议；

（十二）修改公司章程；

（十三）审议代表公司有表决权的股份百分之五以上（含百分之五）的股东的提案；

（十四）法律、行政法规及公司章程规定应当由股东大会作出决议的其他事项。

第五十一条 非经股东大会事前批准，公司不得与董事、监事、经理和其他高级管理人员以外的人订立将公司全部或者重要业务的管理交予该人负责的合同。

第五十二条 股东大会分为股东年会和临时股东大会。股东大会由董事会召集。股东年会每年召开一次，并应于上一会计年度完结之后的六个月之内举行。

有下列情形之一的，董事会应当在两个月内召开临时股东大会：

（一）董事人数不足《公司法》规定的人数或者少于公司章程要求的数额的三分之二时；

（二）公司未弥补亏损达股本总额的三分之一时；

（三）持有公司发行在外的有表决权的股份百分之十以上（含百分之十）的股东以书面形式要求召开临时股东大会时；

（四）董事会认为必要或者监事会提出召开时。

第五十三条 公司召开股东大会，应当于会议召开四十五日前发出书面通知，将会议拟审议的事项以及开会的日期和地点告知所有在册股东。拟出席股东大会的股东，应当于会议召开二十日前，将出席会议的书面回复送达公司。

第五十四条 公司召开股东大会年会，持有公司表决权的股份总数百分之五以上（含百分之五）的股东，有权以书面形式向公司提出新的提案，公司应当将提案中属于股东大会职责范围内的事项，列入该次会议的议程。

第五十五条 公司根据股东大会召开前二十日时收到的书面回复，计算拟出席会议的股东所代表的有表决权的股份数。拟出席会议的股东所代表的有表决权的股份数达到公司有表决权的股份总数二分之一以上的，公司可以召开股东大会；达不到的，公司应当在五日内将会议拟审议的事项、开会日期和地点以公告形式再次通知股东，经公告通知，公司可以召开股东大会。

临时股东大会不得决定通知未载明的事项。

第五十六条 股东会议的通知应当符合下列要求：

（一）以书面形式作出；

（二）指定会议的地点、日期和时间；

（三）说明会议将讨论的事项；

（四）向股东提供为使股东对将讨论的事项作出明智决定所需要的资料及解释；此原则包括（但不限于）在公司提出合并、购回股份、股本重组或者其他改组时，应当提供拟议中的交易的具体条件和合同（如果有的话），并对其起因和后果作出认真的解释；

（五）如任何董事、监事、经理和其他高级管理人员与将讨论的事项有重要利害关系，应当披露其利害关系的性质和程度；如果将讨论的事项对该董事、监事、经理和其他高级管理人员作为股东的影响有别于对其他同类别股东的影响，则应当说明其区别；

（六）载有任何拟在会议上提议通过的特别决议的全文；

（七）以明显的文字说明，有权出席和表决的股东有权委托一位或者一位以上的股东代理人代为出席和表决，而该股东代理人不必为股东；

（八）载明会议投票代理委托书的送达时间和地点。

第五十七条 股东大会通知应当向股东（不论在股东大会上是否有表决权）在专人送出或者以邮资已付的邮件送出，受件人地址以股东名册登记的地址为准。对内资股股东，股东大会通知也可以用公告方式进行。

前款所称公告，应当于会议召开前四十五日至五十日的期间内，在国务院证券主管机构指定的一家或者多家报刊上刊登，一经公告，视为所有内资股股东已收到有关股东会议的通知。

第五十八条 因意外遗漏未向某有权得到通知的人送出会议通知或者该等人没有收到会议通知，会议及会议作出的决议并不因此无效。

第五十九条 任何有权出席股东会议并有权表决的股东，有权委任一人或者数人（该人可以不是股东）作为其股东代理人，代为出席和表决。该股东代理人依照该股东的委托，可以行使下列权利：

（一）该股东在股东大会上的发言权；

（二）自行或者与他人共同要求以投票方式表决；

（三）以举手或者投票方式行使表决权，但是委任的股东代理人超过一人时，该等股东代理人只能以投票方式行使表决权。

第六十条 股东应当以书面形式委托代理人，由委托人签署或者由其以书面形式委托的代理人签署；委托人为法人的，应当加盖法人印章或者由其董事或者正式委任的代理人签署。

第六十一条 表决代理委托书至少应当在该委托书委托表决的有关会议召开前二十四小时，或者在指定表决时间前二十四小时，备置于公司住所或者召集会议的通知中指定的其他地方。委托书由委托人授权他人签署的，授权签署的授权书或者其他授权文件应当经过公证。经公证的授权书或者其他授权文件，应当和表决代理委托书同时备置于公司住所或者召集会议的通知中指定的其他地方。

委托人为法人的，其法定代表人或者董事会、其他决策机构决议授权的人作为代表出席公司的股东会议。

第六十二条 任何由公司董事会发给股东用于任命股东代理人的委托书的格式，应当让股东自由选择指示股东代理人投赞成票或者反对票，并就会议每项议题所要作出表决的事项分别作出指示。委托书应当注明如果股东不作指示，股东代理人可以按自己的意思表决。

第六十三条 表决前委托人已经去世、丧失行为能力、撤回委任、撤回签署委任的授权或者有关股份已被转让的，只要公司在有关会议开始前没有收到该等事项的书面通知，由股东代理人依委托书所作出的表决仍然有效。

第六十四条 股东大会决议分为普通决议和特别决议。

股东大会作出普通决议，应当由出席股东大会的股东（包括股东代理人）所持表决权的二分之一以上通过。

股东大会作出特别决议，应当由出席股东大会的股东（包括股东代理人）所持表决权的三分之二以上通过。

第六十五条 股东（包括股东代理人）在股东大会表决时，以其所代表的有表决权的股份数额行使表决权，每一股份有一票表决权。

第六十六条 除非下列人员在举手表决以前或者以后，要求以投票方式表决，股东大会以举手方式进行表决：

（一）会议主席；

（二）至少两名有表决权的股东或者有表决权的股东的代理人；

（三）单独或者合并计算持有在该会议上有表决权的股份百分之十以上（含百分之十）的一个或者若干股东（包括股东代理人）。

除非有人提出以投票方式表决，会议主席根据举手表决的结果，宣布提议通过情况，并将此记载在会议记录中，作为最终的依据，无须证明该会议通过的决议中支持或者反对的票数或者其比例。

以投票方式表决的要求可以由提出者撤回。

第六十七条 如果要求以投票方式表决的事项是选举主席或者中止会议，则应当立即进行投票表决；其他要求以投票方式表决的事项，由主席决定何时举行投票，会议可以继续进行，讨论其他事项，投票结果仍被视为在该会议上所通过的决议。

第六十八条 在投票表决时，有两票或者两票以上的表决权的股东（包括股东代理人），不必把所有表决权全部投赞成票或者反对票。

第六十九条 当反对和赞成票相等时，无论是举手还是投票表决，会议主席有权多投一票。

第七十条 下列事项由股东大会的普通决议通过：

（一）董事会和监事会的工作报告；

（二）董事会拟订的利润分配方案和亏损弥补方案；

（三）董事会和监事会成员的罢免及其报酬和支付方法；

（四）公司年度预、决算报告，资产负债表、利润表及其他财务报表；

（五）除法律、行政法规规定或者公司章程规定应当以特别决议通过以外的其他事项。

第七十一条 下列事项由股东大会以特别决议通过：

（一）公司增、减股本和发行任何种类股票、认股证和其他类似证券；

（二）发行公司债券；

（三）公司的分立、合并、解释和清算；

（四）公司章程的修改；

（五）股东大会以普通决议通过认为会对公司产生重大影响的、需要以特别决议通过的其他事项。

第七十二条 股东要求召集临时股东大会或者类别股东会议，应当按照下列程序办理：

（一）合计持有在该拟举行的会议上有表决权的股份百分之十以上（含百分之十）的两个或者两个以上的股东，可以签署一份或者数份同样格式内容的书面要求，提请董事会召集临时股东大会或者类别股东会议，并阐明会议的议题。董事会在收到前述书面要求后应当尽快召集临时股东大会或者类别股东会议。前述持股数按股东提出书面要求日计算。

（二）如果董事会在收到前述书面要求后三十日内没有发出召集会议的通告，提出该要求的股东可以在董事会收到该要求后四个月内自行召集会议，召集的程序应当尽可能与董事会召集股东会议的程序相同。

股东因董事会未应前述要求举行会议而自行召集并举行会议的，其所发生的合理费用，应当由公司承担，并从公司欠付失职董事的款项中扣除。

第七十三条 股东大会由董事会召集并担任会议主席；董事长因故不能出席会议的，应当由副董事长召集会议并担任会议主席；董事长和副董事长均无法出席会议的，董事会可以指定一名公司董事代其召集会议并且担任会议主席；未指定会议主席的，出席会议的股东可以选举一人担任主席；如果因任何理由，股东无法选举主席，应当由出席会议的持有最多表决权股份的股东（包括股东代理人）担任会议主席。

第七十四条 会议主席负责决定股东大会的决议是否通过，其决定为终局决定，并应当在会上宣布和载入会议记录。

第七十五条 会议主席如果对提交表决的决议结果有任何怀疑，可以对所投票数进行点算；如果会议主席未进行点票，出席会议的股东或者股东代理人对会议主席宣布结果有异议的，有权在宣布后立即要求点票，会议主席应当即时进行点票。

第七十六条 股东大会如果进行点票，点票结果应当记入会议记录。

会议记录连同出席股东的签名簿及代理出席的委托书，应当在公司住所保存。

第七十七条 股东可以在公司办公时间免费查阅会议记录复印件。任何股东向公司索取有关会议记录的复印件，公司应当在收到合理费用后七日内把复印件送出。

第九章 类别股东表决的特别程序

第七十八条 持有不同种类股份的股东，为类别股东。

类别股东依据法律、行政法规和公司章程的规定，享有权利和承担义务。

第七十九条 公司拟变更或者废除类别股东的权利，应当经股东大会以特别决议通过和经受影响的类别股东在按第八十一条和第八十五条分别召集的股东会议上通过，方可进行。

第八十条 下列情形应当视为变更或者废除某类别股东的权利：

（一）增加或者减少该类别股份的数目，或者增加或减少与该类别股份享有同等或者更多的表决权、分配权、其他特权的类别股份的数目；

（二）将该类别股份的全部或者部分换作其他类别，或者将另一类别的股份的全部或者部分换作该类别股份或者授予该等转换权；

（三）取消或者减少该类别股份所具有的、取得已产生的股利或者累积股利的权利；

（四）减少或者取消该类别股份所具有的优先取得股利或者在公司清算中优先取得财产分配的权利；

（五）增加、取消或者减少该类别股份所具有的转换股份权、选择权、表决权、转让权、优先配售权、取得公司证券的权利；

（六）取消或者减少该类别股份所具有的，以特定货币收取公司应付款项的权利；

（七）设立与该类别股份享有同等或者更多表决权、分配权或者其他特权的新类别；

（八）对该类别股份的转让或所有权加以限制或者增加该等限制；

（九）发行该类别或者另一类别的股份认购权或者转换股份的权利；

（十）增加其他类别股份的权利和特权；

（十一）公司改组方案会构成不同类别股东在改组中不按比例地承担责任；

（十二）修改或者废除本章所规定的条款。

第八十一条 受影响的类别股东，无论原来在股东大会上是否有表决权，在涉及第八十条（二）至（八）、（十一）至（十二）项的事项时，在类别股东会上具有表决权，但有利害关系的股东在类别股东会上没有表决权。

前款所述有利害关系股东的含义如下：

（一）在公司按本章程第二十五条的规定向全体股东按照相同比例发出购回要约或者在证券交易所通过公开交易方式购回自己股份的情况下，“有利害关系的股本”是指本章程第四十八条所定义的控股股东；

（二）在公司按照本章程第二十五条的规定在证券交易所外以协议方式购回自己股份的情况下，“有利害关系的股东”是指与该协议有关的股东；

（三）在公司改组方案中，“有利害关系股东”是指以低于本类别其他股东的比例承担责任的股东或者与该类别中的其他股东拥有不同利益的股东。

第八十二条 类别股东会的决议，应当经根据第八十一条由出席类别股东会议的有表决权的三分之二以上的股权表决通过，方可作出。

第八十三条 公司召开类别股东会议，应当于会议召开四十五日前发出书面通知，将会议拟审议的事项以及开会日期和地点告知所有该类别股份的在册股东。拟出席会议的股东，应当于会议召开二十日前，将出席会议的书面回复送达公司。

拟出席会议的股东所代表的在该会议上有表决权的股份数，达到在该会议上有表决权的该类别股份总数二分之一以上的，公司可以召开类别股东会议；达不到的，公司应当在五日内将会议拟审议的事项、开会日期和地点以公告形式再次通知股东，经公告通知，公司可以召开类别股东会议。

第八十四条 类别股东会议的通知只须送给有权在该会议上表决的股东。

类别股东会议应当以与股东大会尽可能相同的程序举行，公司章程中有关股东大会举行程序的条款适用于类别股东会议。

第八十五条 如果公司股票上市的证券交易所的规则有要求，公司章程应当载入“除其他类别股份股东外，内资股股东和境外上市外资股股东视为不同类别股东”的内容。

载有前款规定内容的公司章程，应当同时规定“下列情形不适用类别股东表决的特别程序：（一）经股东大会以特别决议批准，公司每间隔十二个月单独或者同时发行内资股、境外上市外资股，并且拟发行的内资股、境外上市外资股的数量各自不超过该类已发行在外股份的百分之二十的；（二）公司设立时发行内资股、境外上市外资股的计划，自国务院证券委员会批准之日起十五个月内完成的。”

第十章 董 事 会

第八十六条 公司设董事会，董事会由〔人数〕名董事组成，设董事长一人，副董事长〔人数〕人，董事〔人数〕人。

第八十七条 董事由股东大会选举产生，任期〔年数〕年。董事任期届满，可以连选连任。

董事长、副董事长由全体董事的过半数选举和罢免，董事长、副董事长任期〔年数〕年，可以连选连任。

董事无须持有公司股份。

第八十八条 董事会对股东大会负责，行使下列职权：

（一）负责召集股东大会，并向股东大会报告工作；

（二）执行股东大会的决议；

（三）决定公司的经营计划和投资方案；

（四）制定公司的年度财务预算方案、决算方案；

（五）制定公司的利润分配方案和弥补亏损方案；

（六）制定公司增加或者减少注册资本的方案以及发行公司债券的方案；

（七）拟定公司合并、分立、解散的方案；

（八）决定公司内部管理机构的设置；

（九）聘任或者解聘公司经理，根据经理的提名，聘任或者解聘公司的副经理、财务负责人，决定其报酬事项；

（十）制定公司的基本管理制度；

（十一）制订公司章程修改方案。

董事会作出前款决议事项，除第（六）、（七）、（十一）项必须由三分之二以上的董事表决同意外，其余可以由半数以上的董事表决同意。

第八十九条 董事会在处置固定资产时，如拟处置固定资产的预期价值，与此项处置建议前四个月内已处置了的固定资产所得到的价值的总和，超过股东大会最近审议的资产负债表所显示的固定资产价值的百分之三十三，则董事会在未经股东大会批准前不得处置或者同意处置该固定资产。

本条所指对固定资产的处置，包括转让某些资产权益的行为，但不包括以固定资产提供担保的行为。

公司处置固定资产进行的交易的有效性，不因违反本条第一款而受影响。

第九十条 董事长行使下列职权：

（一）主持股东大会和召集、主持董事会会议；

（二）检查董事会决议的实施情况；

（三）签署公司发行的证券；

（四）董事会授予的其他职权。

董事长不能履行职权时，可以由董事长指定副董事长代行其职权。

第九十一条 董事会每年至少召开两次会议，由董事长召集，于会议召开〔日数〕日以前通知全体董事。有紧急事项时，经〔人数〕名以上董事或者公司经理提议，可以召开临时董事会会议。

第九十二条 董事会及临时董事会会议召开的通知方式为：〔具体通知方式〕；通知时限为：〔具体通知时限〕。

第九十三条 董事会会议应当由二分之一以上的董事出席方可举行。

每名董事有一票表决权。董事会作出决议，必须经全体董事的过半数通过。当反对票和赞成票相等时，董事长有权多投一票。

第九十四条 董事会会议，应当由董事本人出席。董事因故不能出席，可以书面委托其他董事代为出席董事会，委托书中应当载明授权范围。

代为出席会议的董事应当在授权范围内行使董事的权利。董事未出席某次董事会会议，亦未委托代表出席的，应当视作已放弃在该次会议上的投票权。

第九十五条 董事会应当对会议所议事项的决定作成会议记录，出席会议的董事和记录员应当在会议记录上签名。董事应当对董事会的决议承担责任。董事会的决议违反法律、行政法规或者公司章程，致使公司遭受严重损失的，参与决议的董事对公司负赔偿责任；但经证明在表决时曾表明异议并记载于会议记录的，该董事可以免除责任。

第十一章　公司董事会秘书

第九十六条 公司设董事会秘书。董事会秘书为公司的高级管理人员。

第九十七条 公司董事会秘书应当是具有必备的专业知识和经验的自然人，由董事会委任。其主要职责是：

（一）保证公司有完整的组织文件和记录；

（二）确保公司依法准备和递交有权机构所要求的报告和文件；

（三）保证公司的股东名册妥善设立，保证有权得到公司有关记录和文件的人及时得到有关记录和文件。

第九十八条 公司董事或者其他高级管理人员可以兼任公司董事会秘书。公司聘请的会计师事务所的会计师不得兼任公司董事会秘书。

当公司董事会秘书由董事兼任时，如某一行为应当由董事及公司董事会秘书分别作出，则该兼任董事及公司董事会秘书的人不得以双重身份作出。

第十二章　公司经理

第九十九条 公司设经理一名，由董事会聘任或者解聘。

第一百条 公司经理对董事会负责，行使下列职权：

（一）主持公司的生产经营管理工作，组织实施董事会决议；

（二）组织实施公司年度经营计划和投资方案；

（三）拟订公司内部管理机构设置方案；

（四）拟订公司的基本管理制度；

（五）制定公司的基本规章；

（六）提请聘任或者解聘公司副经理、财务负责人；

（七）聘任或者解聘除应由董事会聘任或者解聘以外的负责管理人员；

（八）公司章程和董事会授予的其他职权。

第一百零一条 公司经理列席董事会会议；非董事经理在董事会会议上没有表决权。

第一百零二条 公司经理在行使职权时，应当根据法律、行政法规和公司章程的规定，履行诚信和勤勉的义务。

第十三章　监　事　会

第一百零三条 公司设监事会。

第一百零四条 监事会由〔人数〕人组成，其中一人出任监事会主席。监事任期〔年数〕年，可以连选连任。

第一百零五条 监事会成员由〔人数〕名股东代表和〔人数〕名公司职工代表组成。股东代表由股东大会选举和罢免，职工代表由公司职工民主选举和罢免。

第一百零六条 公司董事、经理和财务负责人不得兼任监事。

第一百零七条 监事会每年至少召开〔次数〕次会议，由监事会主席负责召集。

第一百零八条 监事会向股东大会负责，并依法行使下列职权：

（一）检查公司的财务；

（二）对公司董事、经理和其他高级管理人员执行公司职务时违反法律、行政法规或者公司章程的行为进行监督；

（三）当公司董事、经理和其他高级管理人员的行为损害公司的利益时，要求前述人员予以纠正；

（四）核对董事会拟提交股东大会的财务报告、营业报告和利润分配方案等财务资料，发现疑问的，可以公司名义委托注册会计师、执业审计师帮助复审；

（五）提议召开临时股东大会；

（六）代表公司与董事交涉或者对董事起诉；

（七）公司章程规定的其他职权。

临事列席董事会会议。

第一百零九条 监事会的议事方式为：〔具体议事方式〕；表决程序为：〔具体表决程序〕。

第一百一十条 监事会行使职权时聘请律师、注册会计师、执业审计师等专业人员所发生的合理费用，应当由公司承担。

第一百一十一条 监事应当依照法律、行政法规及公司章程的规定，忠实履行监督职责。

第十四章　公司董事、监事、经理和其他高级管理人员的资格和义务

第一百一十二条 在下列情况之一的，不得担任公司的董事、监事、经理或者其他高级管理人员：

（一）无民事行为能力或者限制民事行为能力；

（二）因犯有贪污、贿赂、侵占财产、挪用财产罪或者破坏社会经济秩序罪，被判处刑罚，执行期满未逾五年，或者因犯罪被剥夺政治权利，执行期满未逾五年；

（三）担任因经营管理不善破产清算的公司、企业的董事或厂长、经理，并对该公司、企业的破产负有个人责任的，自该公司、企业破产清算完结之日起未逾三年；

（四）担任因违法被吊销营业执照的公司、企业的法定代表人，并负有个人责任的，自该公司、企业被吊销营业执照之日起未逾三年；

（五）个人所负数额较大的债务到期未清偿；

（六）因触犯刑法被司法机关立案调查，尚未结案；

（七）法律、行政法规规定不能担任企业领导；

（八）非自然人；

（九）被有关主管机构裁定违反有关证券法规的规定，且涉及有欺诈或者不诚实的行为，自该裁定之日起未逾五年。

第一百一十三条 公司董事、经理和其他高级管理人员代表公司的行为对善意第三人的有效性，不因其在任职、选举或者资格上有任何不合规行为而受影响。

第一百一十四条 除法律、行政法规或者公司股票上市的证券交易所的上市规则要求的义务外，公司董事、监事、经理和其他高级管理人员在行使公司赋予他们的职权时，还应当对每个股东负有下列义务：

（一）不得使公司超越其营业执照规定的营业范围；

（二）应当真诚地以公司最大利益为出发点行事；

（三）不得以任何形式剥夺公司财产，包括（但不限于）对公司有利的机会；

（四）不得剥夺股东的个人权益，包括（但不限于）分配权、表决权，但不包括根据公司章程提交股东大会通过的公司改组。

第一百一十五条 公司董事、监事、经理和其他高级管理人员都有责任在行使其权利或者履行其义务时，以一个合理的谨慎的人在相似情形下所应表现的谨慎、勤勉和技能为其所应为的行为。

第一百一十六条 公司董事、监事、经理和其他高级管理人员在履行职责时，必须遵守诚信原则，不应当置自己于自身的利益与承担的义务可能发生冲突的处境。此原则包括（但不限于）履行下列义务：

（一）真诚地以公司最大利益为出发点行事；

（二）在其职权范围内行使权力，不得越权；

（三）亲自行使所赋予他的酌量处理权，不得受他人操纵；非经法律、行政法规允许或者得到股东大会在的知情的情况下的同意，不得将其酌量处理权转给他人行使；

（四）对同类别的股东应当平等，对不同类别的股东应当公平；

（五）除公司章程另有规定或者由股东大会在知情的情况下另有批准外，不得与公司订立合同、交易或者安排；

（六）未经股东大会在知情的情况下同意，不得以任何形式利用公司财产为自己谋取利益；

（七）不得利用职权收受贿赂或者其他非法收入，不得以任何形式侵占公司的财产，包括（但不限于）对公司有利的机会；

（八）未经股东大会在知情的情况下同意，不得接受与公司交易有关的佣金；

（九）遵守公司章程，忠实履行职责，维护公司利益，不得利用其在公司的地位和职权为自己谋取私利；

（十）未经股东大会在知情的情况下同意，不得以任何形式与公司竞争；

（十一）不得挪用公司资金或者将公司资金借贷给他人，不得将公司资产以其个人名义或者以其他名义开立帐户存储，不得以公司资产为本公司的股东或者其他个人债务提供担保；

（十二）未经股东大会在知情的情况下同意，不得泄露其在任职期间所获得的涉及本公司的机密信息；除非以公司利益为目的，亦不得利用该信息；但是，在下列情况下，可以向法院或者其他政府主管机构披露该信息：

1. 法律有规定；

2. 公众利益有要求；

3. 该董事、监事、经理和其他高级管理人员本身的利益有要求。

第一百一十七条 公司董事、监事、经理和其他高级管理人员，不得指使下列人员或者机构（“相关人”）做出董事、监事、经理和其他高级管理人员不能做的事。

（一）公司董事、监事、经理和其他高级管理人员的配偶或者未成年子女；

（二）公司董事、监事、经理和其他高级管理人员或者本条（一）项所述人员的信托人；

（三）公司董事、监事、经理和其他高级管理人员或者本条（一）、（二）项所述人员的合伙人；

（四）由公司董事、监事、经理和其他高级管理人员在事实上单独控制的公司，或者与本条（一）、（二）、（三）项所提及的人员或者公司其他董事、监事、经理和其他高级管理人员在事实上共同控制的公司；

（五）本条（四）项所指被控制的公司的董事、监事、经理和其他高级管理人员。

第一百一十八条 公司董事、监事、经理和其他高级管理人员所负的诚信义务不一定因其任期结束而终止，其对公司商业秘密保密的义务在其任期结束后仍有效。其他义务的持续期应当根据公平的原则决定，取决于事件发生时与离任之间时间的长短，以及与公司的关系在何种情况和条件下结束。

第一百一十九条 公司董事、监事、经理和其他高级管理人员因违反某项具体义务所负的责任，可以由股东大会在知情的情况下解除，但是本章程第四十七条所规定的情形除外。

第一百二十条 公司董事、监事、经理和其他高级管理人员，直接或者间接与公司已订立的或者计划中的合同、交易、安排有重要利害关系时（公司与董事、监事、经理和其他高级管理人员的聘任合同除外），不论有关事项在正常情况下是否需要董事会批准同意，均应当尽快向董事会披露其利害关系的性质和程度。

除非有利害关系的公司董事、监事、经理和其他高级管理人员按照本条前款的要求向董事会做了披露，并且董事会在不将其计入法定人数，亦未参加表决的会议上批准了该事项，公司有权撤销该合同、交易或者安排，但在对方是对有关董事、监事、经理和其他高级管理人员违反其义务的行为不知情的善意当事人的情形下除外。

公司董事、监事、经理和其他高级管理人员的相关人与某合同、交易、安排有利害关系的，有关董事、监事、经理和其他高级管理人员也应被视为有利害关系。

第一百二十一条 如果公司董事、监事、经理和其他高级管理人员在公司首次考虑订立有关合同、交易、安排前以书面形式通知董事会，声明由于通知所列的内容，公司日后达成的合同、交易、安排与其有利害关系，则在通知阐明的范围内，有关董事、监事、经理和其他高级管理人员视为做了本章前条所规定的披露。

第一百二十二条 公司不得以任何方式为其董事、监事、经理和其他高级管理人员缴纳税款。

第一百二十三条 公司不得直接或者间接向本公司和其母公司的董事、监事、经理和其他高级管理人员提供贷款、贷款担保；亦不得向前述人员的相关人提供贷款　贷款担保。

前款规定不适用于下列情形：

（一）公司向其子公司提供贷款或者为子公司提供贷款担保；

（二）公司根据股东大会批准的聘任合同，向公司的董事、监事、经理和其他高级管理人员提供贷款、贷款担保或者其他款项，使之支付为了公司目的或者为了履行其公司职责所发生的费用；

（三）如公司的正常业务范围包括提供贷款、贷款担保，公司可以向有关董事、监事、经理和其他高级管理人员及其相关人员提供贷款、贷款担保，但提供贷款、贷款担保的条件应当是正常商务条件。

第一百二十四条 公司违反前条规定提供贷款的，不论其贷款条件如何，收到款项的人应当立即偿还。

第一百二十五条 公司违反第一百二十三条第一款的规定所提供的贷款担保，不得强制公司执行；但下列情况除外：

（一）向公司或者其母公司的董事、监事、经理和其他高级管理人员的相关人提供贷款时，提供贷款人不知情的；

（二）公司提供的担保物已由提供贷款人合法地售予善意购买者的。

第一百二十六条 本章前述条款中所称担保，包括由保证人承担责任或者提供财产以保证义务人履行义务的行为。

第一百二十七条 公司董事、监事、经理和其他高级管理人员违反对公司应负的义务时，除法律、行政法规规定的各种权利、补救措施外，公司有权采取以下措施：

（一）要求有关董事、监事、经理和其他高级管理人员赔偿由于其失职给公司造成的损失；

（二）撤销任何由公司与有关董事、监事、经理和其他高级管理人员订阅的合同或者交易，以及由公司与第三人（当第三人明知或者理应知道代表公司的董事、监事、经理和其他高级管理人员违反了对公司应负的义务）订立的合同或者交易；

（三）要求有关董事、监事、经理和其他高级管理人员交出因违反义务而获得的收益；

（四）追回有关董事、监事、经理和其他高级管理人员收受的本应为公司所收取的款项，包括（但不限于）佣金；

（五）要求有关董事、监事、经理和其他高级管理人员退还因本应交予公司的款项所赚取的、或者可能赚取的利息。

第一百二十八条 公司应当就报酬事项与公司董事、监事订立书面合同，并经股东大会事先批准。前述报酬事项包括：

（一）作为公司的董事、监事或者高级管理人员的报酬；

（二）作为公司的子公司的董事、监事或者高级管理人员的报酬；

（三）为公司及其子公司的管理提供其他服务的报酬；

（四）该董事或者监事因失去职位或者退休所获补偿的款项。

除按前述合同外，董事、监事不得因前述事项为其应获取的利益向公司提出诉讼。

第一百二十九条 公司在与公司董事、监事订立的有关报酬事项的合同中应当规定，当公司将被收购时，公司董事、监事在股东大会事先批准的条件下，有权取得因失去职位或者退休而获得的补偿或者其他款项。前款所称公司被收购是指下列情况之一：

（一）任何人向全体股东提出收购要约；

（二）任何人提出收购要约，旨在使要约人成为控股股东。控股股东的定义与本章程第四十八条中的定义相同。

如果有关董事、监事不遵守本条规定，其收到的任何款项，应当归那些由于接受前述要约而将其股份出售的人所有，该董事、监事应当承担因按比例分发该等款项所产生的费用，该费用不得从该等款项中扣除。

第十五章 财务会计制度与利润分配

第一百三十条 公司依照法律、行政法规和国务院财政主管部门制定的中国会计准则规定，制定本公司的财务会计制度。

第一百三十一条 公司应当在每一会计年度终了时制作财务报告，并依法经审查验证。

第一百三十二条 公司董事会应当在每次股东年会上，向股东呈交有关法律、行政法规、地方政府及主管部门颁布的规范性文件所规定由公司准备的财务报告。

第一百三十三条 公司的财务报告应当在召开股东大会年会的二十日以前备置于本公司，供股东查阅。公司的每个股东都有权得到本章中所提及的财务报告。

到香港上市的公司至少应当将前述报告以邮资已付的邮件寄给每个境外上市外资股股东，受件人地址以股东的名册登记的地址为准。

第一百三十四条 公司的财务报表除应当按中国会计准则及法规编制外，还应当按国际或者境外上市地会计准则编制。如按两种会计准则编制的财务报表有重要出入，应当在财务报表附注中加以注明。公司在分配有关会计年度的税后利润时，以前述两种财务报表中税后利润数较少者为准。

第一百三十五条 公司公布或者披露的中期业绩或者财务资料应当按中国会计准则及法规编制，同时按国际或者境外上市地会计准则编制。

第一百三十六条 公司每一会计年度公布两次财务报告，即在一会计年度的前六个月结束后的60天内公布中期财务报告，会计年度结束后的120天内公布年度财务报告。

第一百二十七条 公司除法定的会计帐册外，不得另立会计帐册。

第一百三十八条 资本公积金包括下列款项：

（一）超过股票面额发行所得的溢价款；

（二）国务院财政主管部门规定列入资本公积金的其他收入。

第一百三十九条 公司可以下列形式分配股利：

（一）现金；

（二）股票。

第一百四十条 公司应当为持有境外上市外资股股份的股东委任收款代理人。收款代理人应当代有关股东收取公司就境外上市外资股股份分配的股利及其他应付的款项。

公司委任的收款代理人应当符合上市地法律或者证券交易所有关规定的要求。

第十六章 会计师事务所的聘任

第一百四十一条 公司应当聘用符合国家有关规定的、独立的会计师事务所，审计公司的年度财务报告，并审核公司的其他财务报告。

公司的首任会计师事务所可以由创立大会在首次股东年会前聘任，该会计师事务所的任期在首次股东年会结束时终止。

创立大会不行使前款规定的职权时，由董事会行使该职权。

第一百四十二条 公司聘用会计师事务所的聘期，自公司本次股东年会结束时起至下次股东年会结束时为止。

第一百四十三条 经公司聘用的会计师事务所享有下列权利：

（一）随时查阅公司的帐簿、记录或者凭证，并有权要求公司的董事、经理或者其他高级管理人员提供有关资料和说明；

（二）要求公司采取一切合理措施，从其子公司取得该会计师事务所为履行职务而必需的资料和说明；

（三）出席股东会议，得到任何股东有权收到的会议通知或者与会议有关的其他信息，在任何股东会议上就涉及其作为公司的会计师事务所的事宜发言。

第一百四十四条 如果会计师事务所职位出现空缺，董事会在股东大会召开前，可以委任会计师事务所填补该空缺。但在空缺持续期间，公司如有其他在任的会计师事务所，该等会计师事务所仍可行事。

第一百四十五条 不论会计师事务所与公司订立的合同条款如何规定，股东大会可以在任何会计师事务所任期届满前，通过普通决议决定将该会计师事务所解聘。有关会计师事务所如有因被解聘而向公司索偿的权利，有关权利不因此而受影响。

第一百四十六条 会计师事务所的报酬或者确定报酬的方式由股东大会决定。由董事会聘任的会计师事务所的报酬由董事会确定。

第一百四十七条 公司聘用、解聘或者不再续聘会计师事务所由股东大会作出决定，并报国务院证券主管机构备案。

第一百四十八条 公司解聘或者不再续聘会计师事务所，应当事先通知会计师事务所，会计师事务所有权向股东大会陈述意见。会计师事务所提出辞聘的，应当向股东大会说明公司有无不当情事。

第十七章 公司的合并与分立

第一百四十九条 公司合并或者分立，应当由公司董事会提出方案，按公司章程规定的程序通过后，依法办理有关审批手续。反对公司合并、分立方案的股东，有权要求公司或者同意公司合并、分立方案的股东，以公平价格购买其股份。公司合并、分立决议的内容应当作成专门文件，供股东查阅。

对到香港上市公司的境外上市外资股股东，前述文件还应当以邮件方式送达。

第一百五十条 公司合并可以采取吸收合并和新设合并两种形式。

公司合并，应当由合并各方签订合并协议，并编制资产负债表及财产清单。公司应当自作出合并决议之日起十日内通知债权人，并于三十日内在报纸上至少公告三次。

公司合并后，合并各方的债权、债务，由合并后存续的公司或者新设的公司承继。

第一百五十一条 公司分立，其财产应当作相应的分割。

公司分立，应当由分立各方签订分立协议，并编制资产负债表及财产清单。公司应当自作出分立决议之日起十日内通知债权人，并于三十日内在报纸上至少公告三次。

公司分立前的债务按所达成的协议由分立后的公司承担。

第一百五十二条 公司合并或者分立，登记事项发生变更的，应当依法向公司登记机关办理变更登记；公司解散的，依法办理公司注销登记；设立新公司的，依法办理公司设立登记。

第十八章 公司解散的清算

第一百五十三条 公事有下列情形之一的，应当解散并依法进行清算：

（一）营业期限届满；

（二）股东大会决议解散；

（三）因公司合并或者分立需要解散；

（四）公司因不能清偿到期债务被依法宣告破产；

（五）公司违反法律、行政法规被依法责令关闭。

第一百五十四条 公司因前条（一）、（二）项规定解散的，应当在十五日内成立清算组，并由股东大会以普通决议的方式确定其人选。

公司因前条（五）项规定解散的，由有关主管机关组织股东、有关机关及有关专业人员成立清算组，进行清算。

公司因前条（四）项规定解散的，由人民法院依照有关法律的规定，组织股东、有关机关及有关专业人员成立清算组，进行清算。

第一百五十五条 如董事会决定公司进行清算（因公司宣告破产而清算的除外），应当在为此召集的股东大会的通知中，声明董事会对公司的状况已经做了全面的调查，并认为公司可以清算开始后十二个月内全部清偿公司债务。

股东大会进行清算的决议通过之后，公司董事会的职权立即终止。

清算组应当遵循股东大会的指示，每年至少向股东大会报告一次清算组的收入和支出，公司的业务和清算的进展，并在清算结束时向股东大会作最后报告。

第一百五十六条 清算组应当自成立之日起十日通知债权人，并于六十日内在报纸上至少公告三次。清算组应当对债权进行登记。

第一百五十七条 清算组在清算期间行使下列职权：

（一）清理公司财产，分别编制资产负债表和财产清单；

（二）通知或者公告债权人；

（三）处理与清算有关的公司未了结的业务；

（四）清缴所欠税款；

（五）清理债权、债务；

（六）处理公司清偿债务后的剩余财产；

（七）代表公司参与民事诉讼活动。

第一百五十八条 清算组在清理公司财产、编制资产负债表和财产清单后，应当制定清算方案，并报股东大会或者有关主管机关确认。

公司财产按下列顺序清偿：〔清偿顺序〕。

公司财产按前款规定清偿后的剩余财产，由公司股东按其持有股份的种类和比例进行分配。

清算期间，公司不得开展新的经营活动。

第一百五十九条 因公司解散而清算，清算组在清理公司财产、编制资产负债表和财产清单后，发现公司财产不足清偿债务的，应当立即向人民法院申请宣告破产。

公司经人民法院裁定宣告破产后，清算组应当制作清算事务移交给人民法院。

第一百六十条 公司清算结束后，清算组应当制作清算报告以及清算期内收支报表和财务帐册，经中国注册会计师验证后，报股东大会或者有关主管机关确认。

清算组应当自股东大会或者有关主管机关确认之日起30日内，将前述文件报送公司登记机关，申请注销公司登记，公告公司终止。

第十九章　公司章程的修订程序

第一百六十一条 公司根据法律、行政法规及公司章程的规定，可以修改公司章程。

第一百六十二条 公司章程的修改，涉及《到境外上市公司章程必备条款》（简称《必备条款》）内容的，经国务院授权的公司审批部门和国务院证券委员会批准后生效；涉及公司登记事项的，应当依法办理变更登记。

第二十章　争议的解决

第一百六十三条 凡境外上市外资股股东与公司之间，境外上市外资股股东与公司董事、监事、经理或者其他高级管理人员之间，境外上市外资股股东与内资股股东之间，基于公司章程及有关法律、行政法规所规定的权利义务发生的与公司事务有关的争议或者权利主张，国务院证券主管机构未就争议解决方式与境外有关证券监管机构达成谅解、协议的，有关当事人可以依照法律、行政法规规定的方式解决，也可以双方协议确定的方式解决。

到香港上市的公司，应当将下列内容载入公司章程：

（一）凡境外上市外资股股东与公司之间，境外上市外资股股东与公司董事、监事、经理或者其他高级管理人员之间，境外上市外资股股东与同资股股东之间，基于公司章程、《公司法》及其他有关法律、行政法规所规定的权利义务发生的与公司事务有关的争议或者权利主张，有关当事人应当将此类争议或者权利主张提交仲裁解决。

前述争议或者权利主张提交仲裁时，应当是全部权利主张或者争议整体；所有由于同一事由有诉因的人或者该争议或权利主张的解决需要其参与的人，如果其身份为公司或公司股东、董事、监事、经理或者其他高级管理人员，应当服从仲裁。

有关股东界定、股东名册的争议，可以不用仲裁方式解决。

（二）申请仲裁者可以选择中国国际经济贸易仲裁委员会按其仲裁规则进行仲裁，也可以选择香港国际仲裁中心按其证券仲裁规则进行仲裁。申请仲裁者将争议或者权利主张提交仲裁后，对方必须在申请者选择的仲裁机构进行仲裁。

如申请仲裁者选择香港国际仲裁中心进行仲裁，则任何一方可以按香港国际仲裁中心的证券仲裁规则的规定请求该仲裁在深圳进行。

（三）以仲裁方式解决因（一）项所述争议或者权利主张，适用中华人民共和国的法律；但法律、行政法规另有规定的除外。

（四）仲裁机构作出的裁决是终局裁决，对各方均具有约束力。

第二十一章　附　则

第一百六十四条 《必备条款》中明确规定到香港上市的股份有限公司章程所应当载明的内容，无须载入到香港以外的其他地区或者国家上市的股份有限公司的章程。

第一百六十五条 对于到香港上市的公司，《必备条款》中所称会计师事务所的含义与“核数师”相同。

第一百六十六条 《必备条款》中，以“〔　〕”标示的内容，由公司按照实际情况填入；以“（　）”标示的内容，必须载入公司章程。

国有资产评估管理办法施行细则

（1992年7月18日　　国家国有资产管理局）

第一章

第一条 根据国务院发布的《国有资产评估管理办法》（以下简称《办法》）第三十八条的规定，制定本施行细则。

第二条 《办法》第二条所说的法律、法规另有规定，是指全国人民代表大会及其常务委员会发布的有关资产评估的法律和国务院发布的有关资产评估的行政法规。

第三条 《办法》所说的国有资产是指国家依据法律取得的，国家以各种形式的投资和投资收益形成的或接受捐赠而取得的固定资产、流动资产、无形资产和其它形态的资产。

第四条 《办法》第三条所说的国有资产占有单位包括：

（一）国家机关、军队、社会团体及其他占有国有资产的社会组织；

（二）国营企业、事业单位；

（三）各种形式的国内联营和股份经营单位；

（四）中外合资、合作经营企业；

（五）占有国有资产的集体所有制单位；

（六）其它占有国有资产的单位。

第五条　《办法》第三条规定的应当进行资产评估，是指发生该条款所说的经济情形时，除经国有资产管理行政主管部门批准可不予评估外，都必须进行资产评估。

第六条　《办法》第三条所说的情形中：

（一）资产转让是指国有资产占有单位有偿转让超过百万元或占全部固定资产原值百分之二十以上的非整体性资产的经济行为。

（二）企业兼并是指一个企业以承担债务、购买、股份化和控股等形式有偿接收其他企业的产权，使被兼并方丧失法人资格或改变法人实体。

（三）企业出售是指独立核算的企业或企业内部的分厂、车间及其它整体性资产的出售。

（四）企业联营是指国内企业、单位之间以固定资产、流动资产、无形资产和其它资产投入组成的各种形式的联合经营。

（五）股份经营是指企业实行股份制，包括法人持股企业、内部职工持股企业，向社会公开发行股票（不上市）企业和股票上市交易的企业。

联营、股份经营的企业进行资产评估时，应对联营及合股各方投入的资产进行全面评估。

（六）企业清算是指依据中华人民共和国企业破产法的规定，宣告企业破产，并进行清算；或依照国家有关规定对改组、合并、撤销法人资格的企业资产进行清算；或企业按照合同、契约、协议规定终止经济活动的结业清算。

第七条　《办法》第四条中所说的情形中：

（一）抵押是指国有资产占有单位以本单位的资产作为物质保证进行抵押而获得贷款的经济行为。

（二）担保是指国有资产占有单位以本单位的资产为其它单位的经济行为担保，并承担连带责任的行为。

（三）企业租赁是指资产占有单位或上级主管单位在一定期限内，以收取租金的形式，将企业全部或部分资产的经营使用权转让给其它经营使用者的行为。

第八条　《办法》第四条规定可以进行资产评估，是指发生该条款所说的情形时，根据实际情况可以对资产进行评估或者不评估。但属于以下行为必须进行资产评估：

（一）企业整体资产的租赁；

（二）国有资产租赁给外商或非国营单位；

（三）国家行政事业单位占有的非经营性质资产转为经营性资产；

（四）国有资产管理行政主管部门认为应当评估的其他情形。

第九条　《办法》第四条所说的当事人是指与上述经济情形有关的国有资产占有单位、行业主管部门、国有资产管理行政主管部门以及其他单位。

第十条　对于应当进行资产评估的情形没有进行评估或者没有按照《办法》及本细则的规定立项、确认，该经济行为无效。

第十一条　依照《办法》第五条规定对全国或者特定行业的国有资产进行评估，其评估办法由国务院另行规定。

第十二条　《办法》第七条所说的国家规定的标准是指国家和地方人民政府以及中央各部门颁发的有关技术、经济标准。

第二章　组织管理

第十三条　《办法》和八条所说的国有资产管理行政主管部门是指各级政府专门负责国有资产管理的职能部门。中央是指国家国有资产管理局，地方是指各级国有资产管理局或国有资产管理专门机构。

第十四条　国家对资产评估工作实行统一领导、分级管理的原则。国家国有资产管理局负责组织、管理、指导和监督全国的资产评估工作。

地方各级国有资产管理行政主管部门按照国家政策法规和上级国有资产管理行政主管部门的规定，负责管理本级的资产评估工作。

上级国有资产管理行政主管部门对下级国有资产管理行政主管部门在资产评估管理工作中不符合《办法》和本细则规定的做法，有权进行纠正。

《办法》第八条第二款所说的国有资产评估组织工作由行业主管部门负责，是指各级政府的行业主管部门对所属单位的资产评估立项和评估结果进行初审、签署意见，并对本行业的资产评估工作负责督促和指导。

第十五条　《办法》第九条所说的资产评估公司、会计师事务所、审计师事务所、财务咨询公司等资产评估机构，必须是经工商行政管理部门注册登记、具有法人资格、并持有国务院或省、自治区、直辖市（含计划单列市）国有资产管理行政主管部门颁发的资产评估资格证书的单位。只有同时具备上述条件的单位才能从事国有资产评估业务。

在发生《办法》第三条、第四条和本细则规定的应进行资产评估情形时，必须委托上述具有资产评估资格的评估机构进行评估。当事人自行评估占有国有资产或者评估对方占有资产的行为，不具有法律效力。

第十六条　凡需从事资产评估业务的单位，必须按隶属关系向国务院或省、自治区、直辖市国有资产管理行政主管部门申请资产评估资格，经审查批准，取得资产评估资格或临时评估资格后方能从事国有资产评估业务，也可以从事非国有资产的评估业务。

计划单列市从事资产评估业务的单位，由省国有资产管理行政主管部门委托计划单列市国有资产管理行政主管部门审核其资产评估资格并颁发资格证书。

（一）资产评估资格证书由国家国有资产管理局统一印刷、盖章、编号。

（二）中央管理的资产评估机构（包括在各地的资产评估机构）的评估资格证书由国家国有资产管理局审核颁发。

（三）地方管理的资产评估机构（包括驻外地的资产评估机构）的评估资格证书，由省、自治区、直辖市国有资产管理行政主管部门审核颁发，并报国家国有资产管理局备案。由计划单列市国有资产管理行政主管部门颁发的资产评估资格证书，除报国家国有资产管理局备案外，还要报省国有资产管理行政主管部门备案。

（四）国务院和省、自治区、直辖市以及计划单列市国有资产管理行政主管部门负责对已取得资产评估资格的评估机构每年进行一次年检（具体办法另定）。

第十七条　委托评估机构进行资产评估的委托方，一般是国有资产占有单位，也可以是经占有单位同意、与被评估资产有关的其它当事人，原则上由申请立项的一方委托。特殊情况由国有资产管理行政部门委托。

委托方被委托方应签订资产评估协议书，协议书的主要内容包括：被评估项目名称、评估内容、评估期限、收费办法和金额、违约责任等。

第十八条　经济行为有关各方对委托资产评估机构有争议时，由国有资产管理行政主管部门指定双方可以接受的资产评估机构进行评估。

凡属重大的亿元以上资产评估项目和经国家计委批准立项的中外合资、合作项目的资产评估（含地方），必要时，国家国有资产管理局可以直接组织资产评估机构进行评估。

第十九条　取得资产评估资格证书的资产评估机构，承担评估业务不受地区和行业限制，既可以承接本地和本行业的资产评估业务，也可以承接外地、境外和其它行业的资产评估业务。资产评估机构与被评估单位有直接经济利益关系的，不得委托该评估机构进行评估。

第二十条 凡经批准进行资产评估，资产占有单位必须如实提供评估所需的各种资料。资产评估机构应对所提供的资料保守秘密，不得向外泄露。

对资产评估中涉及的国家机密，有关各方均应严格按照国家保密法规的各项目规定执行，必要时由国家国有资产管理局直接组织资产评估机构进行评估。

第二十一条 国有土地使用价值的评估和国有房地产价值的评估，都应纳入《国有资产评估管理办法》的管理范围。

从事国有土地使用权和国有房产价值评估的专业性资产评估机构，要依照《办法》和本细则的规定，向国家国有资产管理局或省、自治区、直辖市国有资产管理行政主管部门申请并取得资产评估资格证书后，才能从事资产评估业务。

第二十二条 按照《办法》第十一条规定，资产评估实行有偿服务。资产评估机构接受委托进行评估时，应依照国家规定的收费办法向委托单位收费，并与委托单位在评估合同中明确具体收费办法。

第二十三条 资产评估机构的评估收费办法，由国家国有资产管理局会同国家物价局另行制定。

第三章 评估程序

第二十四条 国有资产占有单位发生《办法》第三条、第四条所说的经济情形时，应于该经济行为发生之前，按隶属关系申请评估立项。按照统一领导、分级管理的原则，中央管辖的国有资产的评估立项审批，由国家国有资产管理局负责办理；地方各级管辖的国有资产评估立项审批，原则上由同级国有资产管理行政主管部门负责办理；尚不具备立项审批条件的地、县，可由上级国有资产管理行政主管部门根据《办法》和本细则作出具体规定。

重大的亿元以上资产评估项目和经国家计委批准立项的中外合资、合作项目的评估（含中央、地方国营企业和集体企业占有的国有资产）。除报同级国有资产管理行政主管部门立项审批外，还须报国家国有资产管理局备案，必要时由国家国有资产管理局直接审批。

第二十五条 资产评估立项原则上应由被评估国有资产占有单位申报。

第二十六条 国有资产占有单位资产评估立项申请书，应经其主管部门签署意见后，报国有资产管理行政主管部门。在国家和地方计划单列的单位以及没有上级主管部门的单位，资产评估立项申请书直接报同级国有资产管理行政主管部门。

评估立项申请书包括以下内容：

（一）资产占有单位名称、隶属关系、所在地址；

（二）评估目的；

（三）评估资产的范围；

（四）申报日期；

（五）其它内容。

资产评估立项申请书，应由申报单位和上级主管部门盖章，并附该项经济行为审批机关的批准文件和国有资产管理行政主管部门颁发的产权证明文件。

国有资产管理行政主管部门收到立项申请书后，应在十日内下达是否准予评估立项的通知书，超过十日不批复自动生效，并由国有资产管理行政主管部门补办批准手续。

第二十七条 资产评估机构依据批准的评估立项通知书，接受评估委托，按其规定的范围进行评估。对占有单位整体资产评估时，应在资产占有单位全面进行资产和债权、债务清查的基础上，对其资产、财务和经营状况进行核实。

第二十八条 资产评估机构对委托评估的资产，在核实的基础上，根据不同的评估目的和对象依照国家法律，法规和政策规定，考虑影响资产价值的各种因素，运用科学的评估方法，选择适当的评估参数，独立、公正、合理地评估出资产的价值。

第二十九条 资产评估机构在评估后应向委托单位提交资产评估结果报告书，其内容包括：正文和附件两部分。

正文的主要内容：

（一）评估机构名称；

（二）委托单位名称；

（三）评估资产的范围、名称和简单说明；

（四）评估基准日期；

（五）评估原则；

（六）评估所依据的法律、法规和政策；

（七）评估方法和计价标准；

（八）对具体资产评估的说明；

（九）评估结论；包括评估价值和有关文字说明；

（十）附件名称；

（十一）评估起止日期和评估报告提出日期；

（十二）评估机构负责人、评估项目负责人签名，并加盖评估机构公章；

（十三）其他。

附件：

（一）资产评估汇总表、明细表；

（二）评估方法说明和计算过程；

（三）与评估基准日有关的会计报表；

（四）资产评估机构评估资格证明文件复印件；

（五）被评估单位占有资产的证明文件复印件；

（六）其它与评估有关的文件资料。

第三十条 国有资产占有单位收到资产评估报告书后提出资产评估结果确认申请报告，连同评估报告书及有关资料，经上级主管部门签署意见后，报批准立项国有资产管理行政主管部门确认。

第三十一条 国有资产管理行政主管部门对评估结果的确认工作，分为审核验证和确认两个步骤，先对资产评估是否独立公开、科学合理进行审核验证，然后提出审核意见，并下达资产评估结果确认通告书。

第三十二条 国有资产管理行政主管部门从以下几方面审核验证资产评估报告：

（一）资产评估工作过程是否符合政策决定；

（二）资产评估机构是否有评估资格；

（三）实际评估范围与规定评估范围是否一致，被评估资产有无漏评和重评；

（四）影响资产价值的因素是否考虑周全；

（五）引用的法律，法规和国家政策是否适当；

（六）引用的资料、数据是否真实、合理、可靠；

（七）运用的评估方法是否科学；

（八）评估价值是否合理；

（九）其它。

第三十三条 资产评估报告凡符合本细则第二十九、第三十和第三十二条要求的，应予以确认，由负责审批的国有资产管理行政主管部门下达确认通知书；不符合要求的，分别按情况做出修改、重评或不予确认的决定。

经国有资产管理行政主管部门确认的资产评估价值，作为资产经营和产权变动的底价或作价的依据。

第三十四条 资产占有单位对确认通知书有异议，或与经济情形有关的当事人以及资产评估有关各方因评估问题发生纠纷，经同级国有资产管理行政主管部门协调无效，可以向上级国有资产管理行政主管部门申请复议和仲裁。

第三十五条 资产评估立项审批复议评估结果确认一般应按本细则第二十六条、第三十三条规定办理。国有资产管理行政主管部门认为有必要时，也可以委托国有资产占有单位的主管部门或下级国有资产管理行政主管部门进行。被委托的部门应依照《办法》和本细则的规定，办理资产评估的立项审批和结果确认工作，并将办理结果报委托的国有资产管理行政主管部门备案。

第三十六条 经国有资产管理行政主管部门确认的资产评估结果，除国家经济政策发生重大变动或经济行为当事人另有协议规定之外，自评估基准日起一年内有效。在有效期内，资产数量发生变化时，根据不同情况可由原评估机构或资产占有单位，按原评估方法做相应调整。

第四章 评估方法

第三十七条 资产评估机构进行资产评估时，应根据不同的评估目的和对象，选用《办法》第二十三条规定的一种或几种方法进行评定估算。选用几种方法评估，应对各种方法评出的结果进行比较和调整，得出合理的资产重估价值。

第三十八条 收益现值法是将评估对象剩余寿命期间每年（或每月）的预期收益，用适当的折现率折现，累加得出评估基准的现值，以此估算资产价值的方法。

第三十九条 重置成本法是现时条件下被评估资产全新状态的重置成本减去该项资产的实体性贬值、功能性贬值和经济性贬值，估算资产价值的方法。

实体性贬值是由于使用磨损和自然损耗造成的贬值。功能性贬值是由于技术相对落后造成的贬值。经济性贬值是由于外部经济环境变化引起的贬值。

第四十条 现行市价法是通过市场调节，选择一个或几个与评估对象相同或类似的资产作为比较对象，分析比较对象的成交价格和交易条件，进行对比调整，估算出资产价值的方法。

第四十一条 清算价格适用于依照中华人民共和国企业破产法规定，经人民法院宣告破产的企业的资产评估。评估时应当根据企业清算时其资产可变现的价值，评定重估价值。

第四十二条 资产评估机构接受委托进行资产评估时，选用不同的价格标准应遵守国家法律法规，并维护经济行为各方正当的权益。

在资产评估时，应根据不同的评估目的、对象，选用不同的价格标准。可以采用国家计划价，也可以采用国家指导价、国内市场价和国际市场价。

汇率、利率应执行国家规定的牌价。自由外汇或以自由外汇购入的资产也可以用外汇调剂价格。

国内各种形式联营（包括集团公司）、股份经营的资产评估，对联营各方投入的同类资产应该采用同一价格标准评估。

第五章 中外合资、合作资产评估

第四十三条 凡在中华人民共和国境内与外国公司、企业和其他经济组织或个人，开办中外合资、合作经营的企业，对中方投入的资产必须按规定进行评估，以确认的评估价值作为投资作价的基础。对外方投入的资产，必要时经外方同意也可以进行评估。

第四十四条 中外合资、合作的评估原则上应在项目建议书批准后可行性研究报告批准前进行，特殊情况下也可以在项目建议书审批以前事项正式签订合同、协议前进行。

经国有资产管理行政主管部门确认的资产评估报告，作为计划部门批准可行性研究报告、经贸部门审批合同的必备文件；经国有资产管理行政主管部门确认的资产评估报告和出具的产权登记表（包括变更登记或开办登记）作为工商行政管理部门办理登记注册的必备文件。

第四十五条 已开办的中外合资、合作企业中方投资比例占50%以上（含50%），发生《办法》第三条、第四条和本细则第八条的情形时，必须按规定要求进行资产评估。

第四十六条 开办前的中外合资、合作项目，中方资产的评估，原则上应委托中国有评估资格的资产评估机构评估。特殊情况下，经国有资产管理行政主管部门同意，也可以委托国外评估机构评估或中国评估机构和国外评估机构联合评估，其评估报告，须报同级国有资产管理行政主管部门确认。

第四十七条 国有资产占有单位与香港、澳门、台湾地区进行合资、合作经营，其资产评估比照本细则本章有关规定办理。

第六章 股份制企业资产评估

第四十八条 国有资产占有单位改组为股份制企业（包括法人持股、内部职工持股、向社会发行股票不上市交易和向社会发行股票并上市交易）前，应按《办法》和本细则规定，委托具有资产评估资格的机构进行资产评估。

第四十九条 国有资产占有单位改组为股份制企业的资产评估结果，须按规定报国有资产管理行政主管部门审核确认。未经资产评估或资产评估结果未经确认的单位，政府授权部门不办理股份制企业设立审批手续。

第五十条 国有资产管理行政主管部门确认的净资产价值应作为国有资产折股和确定各方股权比例的依据。

注册会计师对准备实行股份制企业的财务和财产状况进行验证后，其验证结果与国有资产管理行政主管部门确认的资产评估结果不一致需要调整时，必须经原资产评估结果确认机关同意。

国有资产占有单位改组的股份公司发行B种股票，若由外方注册会计师查验帐目，其查验结果与国有资产管理行政主管部门确认的资产评估结果不一致需要调整时，也要由原资产评估结果确认机关审核同意。

第五十一条 含有国家股权的股份制企业在经营过程中，发生《办法》第三条、第四条和本细则第八条的情形时，应按规定要求进行资产评估。

国家控股的股份制企业的资产评估，应按规定向国有资产管理行政主管部门办理资产评估立项和评估结果确认手续；非国家控股的股份制企业的资产评估，由董事会批准资产评估申报和对评估结果的确认。

第七章 法律责任

第五十二条 违反《办法》第三条和本细则的规定，对应当进行资产评估的情形而未进行评估的，应按《办法》三十一条规定对有关当事人给予处罚，造成国有资产重大损失的，应追究有关当事人的法律责任。

第五十三条 国有资产占有单位、资产评估机构违反《办法》和本细则规定，弄虚作假，造成评估结果失实的，国有资产管理行政主管部门有权宣布资产评估结果无效，并根据失实的程度，责令限期改正或重新进行评估。重新评估的费用由违法单位支付。

第五十四条 资产评估机构应对其评估结果的客观、公正、真实性承担法律责任。

资产评估机构违反《办法》及本细则规定，除按《办法》三十二条规定处罚外，还应没收违法收入，并视违法行为的情节轻重，对单位处以评估费用两倍以内、对个人处以三个月基本工资以内的罚款。也可给予通报批评和建议有关单位给予相应的行政处分。以上处罚可以并处。

第五十五条 被处以停业整顿的资产评估机构，在停业整顿期间不得承接资产评估业务。停业整顿期限不得少于三个月。停业整顿的资产评估机构经原颁发资产评估资格证书的国有资产管理行政主管部门审查合格后方可重新开展资产评估业务。

被吊销资产评估资格证书的资产评估机构，两年内不得重新发给资产评估资格证书。两年期满后，需按审批程序重新申请。

第五十六条 以国有资产占有单位及其责任人的罚款，由同级国有资产管理行政主管部门执行。对责任人的行政处分由同级国有资产管理行政主管部门提出建议，提请有关单位或其上级主管部门处理。

对资产评估机构的警告、停业整顿、吊销资产评估资格证书以及罚款，由颁发资产评估资格证书的国有资产管理行政主管部门执行。对直接责任人的处分，由发证机关提出建议，提请有关部门处理。

第五十七条 国有资产管理行政主管部门及受委托的部门对所办理的资产评估立项审批和结果确认负有行政责任。对违反《办法》及本细则规定的工作人员，按《办法》第三十四条规定处理。

第五十八条 国有资产管理行政主管部门收缴的罚款收入按国家有关规定上交国库。单位支付的罚款在企业留利、预算包干结余和预算外资金中列支，个人支付的罚款由本人负担。

第八章 附 则

第五十九条 国有自然资源资产价值评估，应在国有资产管理行政主管部门管理下进行。其评估办法及实施细则由国家国有资产管理局会同有关部门共同制定，报国务院批准执行。

第六十条 资产评估涉及到企业、单位资金增减变动帐务处理和评估费用的开支渠道，按财政部有关规定执行。

第六十一条 各地可根据《办法》和本细则制定具体实施办法，过去发布的有关资产评估的规定与办法和本细则相抵触的，均以《办法》和本细则的规定为准。

第六十二条 集体企业资产评估可参照《办法》和本细则规定办理。

第六十三条 本细则由国家国有资产管理局负责解释。

第六十四条 本细则自发布之日起执行。

禁止证券欺诈行为暂行办法

(1993年8月15日国务院证券委员会发布)

第一条 为禁止证券欺诈行为，维护证券市场秩序，保护投资者的合法权益和社会公共利益，制定本办法。

第二条 本办法所称证券欺诈行为包括证券发行、交易及相关活动中的内幕交易、操纵市场、欺诈客户、虚假陈述等行为。

第三条 禁止任何单位或者个人以获取利益或者减少损失为目的，利用内幕信息进行证券发行、交易活动。

第四条 本办法所称内幕交易包括下列行为：

(一) 内幕人员利用内幕信息买卖证券或者根据内幕信息建议他人买卖证券；

(二) 内幕人员向他人泄露内幕信息，使他人利用该信息进行内幕交易；

(三) 非内幕人员通过不正当的手段或者其他途径获得内幕信息，并根据该信息买卖证券或者建议他人买卖证券；

(四) 其他内幕交易行为。

第五条 本办法所称内幕信息是指为内幕人员所知悉的、尚未公开的和可能影响证券市场价格的重大信息。

前款所称重大信息包括：

(一) 证券发行人（以下简称“发行人”）订立重要合同，该合同可能对公司的资产、负债、权益和经营成果中的一项或者多项产生显著影响。

(二) 发行人的经营政策或者经营范围发生重大变化；

(三) 发行人发生重大的投资行为或者购置金额较大的长期资产的行为；

(四) 发行人发生重大债务；

(五) 发行人未能归还到期重大债务的违约情况；

(六) 发行人发生重大经营性或者非经营性亏损；

(七) 发行的资产遭受重大损失；

(八) 发行人的生产经营环境发生重大变化；

(九) 可能对证券市场价格有显著影响的国家政策变化；

(十) 发行人的董事长、三分之一以上的董事或者总经理发生变动；

(十一) 持有发生人百分之五以上的发生在外的普通股的股东，其持有该种股票的增减变化每达到该种股票发行在外总额的百分之二以上的事实；

(十二) 发行的人的分红派息、增资扩股计划；

(十三) 涉及发行人的重大诉讼事项；

(十四) 发行人进入破产、清算状态；

(十五) 发行人章程、注册资本和注册地址的变更；

(十六) 因发行人无支付能力而发生相当于被退票人流动资金的5%以上的大额银行退票；

(十七) 发行人更换为其审计的会计师事务所；

(十八) 发行人债务担保的重大变更；

(十九) 股票的二次发行；

(二十) 发行人营业用主要资产的抵押、出售或者报废一次超过该资产的30%；

(二十一) 发行人的董事、监事或者高级管理人员的行为可能依法负有重大损害赔偿责任；

(二十二) 发行的股东大会、董事会或者监事会的决定被依法撤销；

(二十三) 证券监管部门作出禁止发行人有控股权的大股东转让其股份的决定；

(二十四) 发行人的收购或者兼并；

(二十五) 发行人的合并或者分立；

(二十六) 其他重大信息。

内幕信息不包括运用公开的信息和资料，对证券市场作出的预测和分析。

第六条 本办法所称内幕人员是指由于持有发行人的证券，或者在发行人或者与发行人有密切联系的公司中担任董事、监事、高级管理人员，或者由于其会员地位、管理地位、监督地位和职业地位，或者作为雇员、专业顾问履行职务，能够接触或者获得内幕信息的人员，包括：

(一) 发行人的董事、监事、高级管理人员、秘书、打字员，以及其他可以通过履行职务接触或者获得内幕信息的职员；

(二) 发行人聘请的律师、会计师、资产评估人员、投资顾问等专业人员，证券经营机构的管理人员、业务人员，以及其他因其业务可能接触或者获得内幕信息的人员。

(三) 根据法律、法规的规定对发行人可以行使一定管理权或者监督权的人员，包括证券监管部门和证券交易所的工作人员，发行人的主管部门和审批机关的工作人员，以及工商、税务等有关经济管理机关的工作人员等。

(四) 由于本人的职业地位、与发行人的合同关系或者工作联系，有可能接触或者获得内幕信息的人员，包括新闻记者、报刊编辑、电台主持人以及编排印刷人员等；

(五) 其他可能通过合法途径接触到内幕信息的人员。

第七条 禁止任何单位或者个人以获取利益或减少损失为目的，利用其资金、信息等优势或者滥用职权操纵市场，影响证券市场价格，制造证券市场假象，诱导或者致使投资者在不了解事实真相的情况下作出证券投资决定，扰乱证券市场秩序。

第八条 前条所称操纵市场行为包括：

(一) 通过合谋或者集中资金操纵证券市场价格；

(二) 以散布谣言等手段影响证券发行、交易；

（三）为制造证券的虚假价格，与他人串通，进行不转移证券所有权的虚买虚卖；

（四）出售或者要约出售其并不持有的证券，扰乱证券市场秩序；

（五）以抬高或者压低证券交易价格为目的，连续交易某种证券；

（六）利用职务便利，人为地压低或者抬高证券价格；

（七）其他操纵市场的行为。

第九条 禁止任何单位或者个人在证券发行、交易及其相关活动中欺诈客户。

第十条 前条所称欺诈客户行为包括：

（一）证券经营机构将自营业务和代理业务混合操作；

（二）证券经营机构违背被代理人的指令为其买卖证券；

（三）证券经营机构不按国家有关法规和证券交易场所业务规则的规定处理证券买卖委托；

（四）证券经营机构不在规定时间内向被代理人提供证券买卖书面确认文件；

（五）证券登记、清算机构不按国家有关法规和本机构业务规则的规定办理清算、交割、过户、登记手续；

（六）证券登记、清算机构擅自将顾客委托保管的证券用作抵押；

（七）证券经营机构以多获取佣金为目的，诱导顾客进行不必要的证券买卖、或者在客户的帐户上翻炒证券；

（八）发行人或者发行代理人将证券出售给投资者时未向其提供招募说明书；

（九）证券经营机构保证客户的交易收益或者允诺赔偿客户的投资损失；

（十）其他违背客户真实意志，损害客户利益的行为。

第十一条 禁止任何单位或者个人对证券发行、交易及其相关活动的事实、性质、前景、法律等事项作出不实、严重误导或者含有重大遗漏的、任何形式的虚假陈述或者诱导、致使投资者在不了解事实真相的情况下作出证券投资决定。

第十二条 前条所称虚假陈述行为包括：

（一）发行人、证券经营机构在招募说明书、上市公告书、公司报告及其他文件中作出虚假陈述；

（二）律师事务所、会计师事务所、资产评估机构等专业性证券服务机构在其出具的法律意见书、审计报告、资产评估报告及参与制作的其他文件中作出虚假陈述；

（三）证券交易场所、证券业协会或者其他证券业自律性组织作出对证券市场产生影响的虚假陈述；

（四）发行人、证券经营机构、专业性证券服务机构、证券自律性组织在向证券监管部门提交的各种文件、报告和说明中作出虚假陈述；

（五）在证券发行、交易及其相关活动中的其他虚假陈述。

第十三条 内幕人员和以不正当手段或者其他途径获得内幕信息的其他人员违反本办法，泄露内幕信息、根据内幕信息买卖证券或者建议他人买卖证券的，根据不同情况，没收非法获取的款项和其他非法所得，并处五万元以上五十万元以下的罚款。

内幕人员泄露内幕信息，除按前款的规定予以处罚外，还应当依据国家其它有关规定追究其责任。

第十四条 发行人在发行证券中有内幕交易行为的，根据不同情况，单处或者并处警告、责令退还非法所筹款项、没收非法所得、罚款、停止或者取消其发行证券资格。

第十五条 证券经营机构、证券交易场所以及其他从事证券业的机构有操纵市场行为的，根据不同情况，单处或者并处警告、没收非法所得、罚款、限制或者暂停其（指证券经营机构，下同）证券经营业务、其（指证券交易场所其及他从事证券业的机构，下同）从事证券业务或者撤销其证券经营业务许可、其从事证券业务许可。

第十六条 前条所列以外的机构有操纵市场行为的，根据不同情况，单处或者并处警告、没收非法所得、罚款；已上市的发行人有操纵市场行为，情节严重的，并可以暂停或者取消其上市资格。

第十七条 个人有操纵市场行为的，根据不同情况，没收其非法获取的款项和其他非法所得，并处以五万元以上五十万元以下的罚款。

第十八条 证券经营机构、证券登记或者清算机构以及其他各类从事证券业的机构有本办法第十条所列行为的，根据不同情况，单处或者并处警告、没收非法所得、罚款、限制或者暂停其经营证券业务、其从事证券业务或者撤销其证券经营业务许可、其从事证券业务的许可。

第十九条 证券经营机构、证券登记或者清算机构以及其他各类从事证券业机构有欺诈客户行为的直接责任人，根据不同情况，单处或者并处警告、三万元以上三十万元以下的罚款、撤销其证券经营业务许可、其从事证券业务许可。

第二十条 证券经营机构、专业性证券服务机构有本办法第十二条所列行为的，根据不同情况，单处或者并处警告、没收非法所得、罚款、暂停其证券经营业务、其从事证券业务或者撤销其证券经营业务许可、其从事证券业务许可。

证券交易场所、证券业协会和其证券业自律性组织有虚假陈述行为的，按照有关规定处罚。

第二十一条 发行人有本办法第二十条所列虚假陈述行为的，根据不同情况，单处或者并处警告、责令退还非法所筹资金、没收非法所得、罚款、暂停或者取消其发行、上市资格。

第二十二条 对与虚假陈述有关的直接责任人员，根据不同情况，单处或者并处警告、没收非法所得、三万元以上三十万元以下的罚款、撤销其从事证券业务许可或者资格。

第二十三条 实施欺诈客户行为，给投资者造成损失的，应当依法承担赔偿责任。

第二十四条 对违反本办法的单位和个人，中国证券监督管理委员会（以下简称“证监会”）有权进行调查或者会同国家有关部门进行调查；重大案件由国务院证券委员会（以下简称“证券委”）组织调查。

第二十五条 对经调查证明确有违反本办法行为的单位和个人，证监会有权单独实施处罚或者会同国家有关部门实施处罚。证券委指定其他机构处罚的，受指定的机构也可以在职权范围内实施处罚。

多个机构对违反本办法的同一种行为享有处罚权的，实施处罚时应当相互协商，不得以同一事实和理由重复实施处罚。

第二十六条 对违反本办法的证券管理、监督人员，除依照本办法予以处罚外，证监会有权要求或者建议有关部门依法追究其行政、刑事责任。

第二十七条 社会公众举报证券欺诈行为以及其他证券违法行为，经查证属实的、对举报人给予奖励。

第二十八条 本办法由证券委负责解释。

第二十九条 本办法自公布之日起施行。

证券市场禁入暂行规定

（1997年3月3日　　中国证券监督管理委员会）

第一条 为了加强证券市场的规范和监督，保护投资者合法权益和社会公众利益，促进证券市场健康稳定发展，根据国家有关规定，制定本规定。

第二条 本规定所称市场禁入是指下列人员因进行证券欺诈活动或者有其他严重违反证券法律、法规、规章以及中国证券监督管理委员会(以下简称中国证监会)发布的有关规定的行为，被中国证监会认定为市场禁入者，在一定时期内或者永久性不得担任上市公司高级管理人员或者不得从事证券业务的制度。

(一)上市公司董事、监事、经理和其他高级管理人员；

(二)证券经营机构(包括分支机构)高级管理人员及其内设业务部门负责人；

(三)证券登记、托管、清算机构高级管理人员及其内设业务部门负责人；

(四)从事证券业务的律师、注册会计师以及资产评估人员；

(五)投资基金管理机构、投资基金托管机构的高级管理人员及其内设业务部门负责人；

(六)证券投资咨询机构的高级管理人员及其投资咨询人员；

(七)中国证监会认定的其他人员。

第三条 本规定所称从事证券业务是指为证券发行人和投资者进行证券发行、交易及其相关活动提供中介服务或者专业服务的行为。

第四条 上市公司的董事、监事、经理和其他高级管理人员有下列行为之一或对该行为负有直接责任或直接领导责任的，除依法给予行政处罚外，中国证监会将视情节，认定其为市场禁入者：

(一)公司采用欺骗或者其他不正当手段获准发行证券或获准证券上市交易的；

(二)公司不履行信息披露义务或在信息披露时有虚假、严重误导性陈述或者重大遗漏的行为，严重损害投资者利益的；

(三)利用职务之便进行内幕交易，为公司、个人或他人获取利益的；

(四)利用公司资金买卖本公司证券的；

(五)利用资金、信息等优势以及其他手段操纵证券市场价格的；

(六)个人累计三次受到中国证监会或其授权的地方证管办警告以上行政处罚的；

(七)其他严重违反证券法律、法规、规章和中国证监会有关规定的行为。

第五条 被认定为市场禁入者的上市公司董事、监事、经理和其他高级管理人员，自中国证监会宣布决定之日起三至十年内不得担任任何上市公司和从事证券业务机构的高级管理人员职务，情节特别严重的，永久性不得担任任何上市公司和从事证券业务机构的高级管理人员职务。

上市公司未遵守前款规定的，中国证监会将不受理其任何事项的审批申请；情节严重的，可责令证券交易所在一定期限内暂停其股票交易。

第六条 证券经营机构(包括分支机构)高级管理人员及其内设业务部门负责人，证券登记、托管、清算机构高级管理人员及其内设业务部门负责人，有下列行为之一或对该行为负有直接责任或直接领导责任的，除依法给予行政处罚外，中国证监会将视情节，认定其为市场禁入者：

(一)在证券发行活动中，组织与参与策划、编制含有虚假、严重误导性内容或有重大遗漏的文件或信息的；

(二)利用职务之便进行内幕交易，为机构、个人或者他人进行内幕交易的；

(三)利用资金、信息等优势以及其他手段操纵证券市场价格的；

(四)将自营业务与代理业务混合操作、挪用客户资金、擅自将客户证券出售、质押以及有其他严重欺诈客户的行为的；

(五)抗拒、阻挠或严重干扰证券监管部门监督检查的；

(六)个人累计三次受到中国证监会或其授权的地方证管办警告以上行政处罚的；

(七)其他严重违反证券法律、法规、规章和中国证监会有关规定的行为。

第七条 被认定为市场禁入者的证券经营机构高级管理人员及其内设业务部门负责人，证券登记、托管、清算机构高级管理人员及其内设业务部门负责人，除其所在机构应当予以解聘外，自中国证监会宣布决定之日起三至十年内不得从事任何证券业务和担任上市公司高级管理人员，情节特别严重的，永久性不得从事任何证券业务。

第八条 从事证券业务的律师、注册会计师、资产评估人员有下列行为之一的，除依法给予行政处罚外，中国证监会将视情节，认定其为市场禁入者：

(一)出具的专业文件有虚假、严重误导性陈述或者重大遗漏的；

(二)利用内幕信息为机构、个人或他人谋取利益的；

(三)个人累计三次受到中国证监会警告以上行政处罚的；

(四)其他严重违反证券法律、法规、规章和中国证监会有关规定的行为。

第九条 被认定为市场禁入者的律师、注册会计师或资产评估人员，自中国证监会宣布决定之日起三至十年内不得从事任何证券业务和担任上市公司高级管理人员，情节特别严重的，永久性不得从事任何证券业务。

第十条 证券投资基金管理机构的高级管理人员及其内设业务部门负责人、证券投资基金托管机构的高级管理人员及其内设业务部门负责人，有下列行为之一或对该行为负有直接责任或直接领导责任的，除依法给予行政处罚外，中国证监会将视情节，认定其为市场禁入者：

(一)不履行信息披露义务或在信息披露时有虚假、严重误导性陈述或者重大遗漏的行为，严重损害投资者利益的；

(二)利用职务之便进行内幕交易，为机构、个人或他人获取利益的；

(三)利用资金、信息等优势或者其他手段操纵证券市场价格的；

(四)挪用所管理或托管的基金资产的；

(五)违反基金章程、信托契约等规定进行投资，造成重大经济损失的；

(六)个人累计三次受到中国证监会或其授权的地方证管办警告以上行政处罚的；

(七)其他严重违反证券法律、法规、规章和中国证监会有关规定的行为。

第十一条 被认定为市场禁入者的证券投资基金管理机构高级管理人员及其内设业务部门负责人、证券投资基金托管机构高级管理人员及其内设业务部门负责人，除其所在机构应当予以解聘外，自中国证监会宣布决定之日起三至十年内不得从事任何证券业务和担任上市公司高级管理人员，情节特别严重的，永久性不得从事任何证券业务。

第十二条 证券投资咨询机构的高级管理人员及其投资咨询人员，有下列行为之一或对该行为负有直接责任或直接领导责任的，除依法给予行政处罚外，中国证监会将视情节，认定其为市场禁入者：

(一)制造、传播虚假信息、市场传言或者以虚假信息、市场传言为依据向客户提供投资咨询，严重损害投资者利益的；

(二)利用咨询服务与他人合谋操纵市场价格的；

(三)利用内幕信息为机构、个人或他人获取利益的；

(四)个人累计三次受到中国证监会或其授权的地方证管办警告以上行政处罚的；

(五)其他严重违反证券法律、法规、规章和中国证监会有关规定的行为。

第十三条 被认定为市场禁入者的证券投资咨询机构的高级管理人员及其证券投资咨询人员，除其所在机构应当予以解聘外，自中国证监会宣布决定之日起三至十年内不得从事任何证券业务和担任上市公司高级管理人员，情节特别严重的，永久性不得从事任何证券业务。

第十四条 申请公开发行证券并上市的证券发行人，在下列行为之一的，中国证监会将视情节，三至十年内停止受理其证券发行或上市的申请，情节特别严重的，永久性不受理其证券发行和上市的申请：

（一）采用欺骗或者其他不正当手段取得申请证券发行、上市资格所需各种批准文件的；

（二）申报文件或披露的信息中含有虚假、重大误导性陈述或者有重大遗漏的；

（三）未经国务院证券主管部门批准，擅自向社会公开发行或者变相公开发行证券的；

（四）其他严重违反证券法律、法规、规章和中国证监会有关规定的行为。

第十五条 被中国证监会认定为市场禁入者的人员，中国证监会将通过指定报刊和其他信息传播媒介向社会公布。

第十六条 被中国证监会宣布为市场禁入者的人员，除不得继续在原机构任职外，也不得在其他任何从事证券业务的机构中任职。

第十七条 上市公司或者从事证券业务的机构违反本规定，聘用被中国证监会宣布为市场禁入者的人员的，中国证监会将依法给予相应的行政处罚。

第十八条 地方证券期货监管部门负责监督本地区上市公司和从事证券业务机构贯彻中国证监会作出的市场禁入的决定。

第十九条 本规定由中国证监会负责解释。

第二十条 本规定自发布之日起施行。

中华人民共和国国库券条例

（国务院1992年3月18日发布）

第一条 为了筹集社会资金，进行社会主义现代化建设，制定本条例。

第二条 国库券的发行对象是：居民个人、个体工商户、企业、事业单位、机关、社会团体和其他组织。

第三条 国库券以人民币为计算单位。

第四条 每年国库券的发行数额、利率、偿还期等，经国务院确定后，由财政部予以公告。

第五条 国库券发行采取承购包销、认购等方式。

国家下达的国库券发行计划，应当按期完成。

第六条 国库券按期偿还本金。国库券利息在偿还本金时一次付给，不计复利。

第七条 国库券的发行和还本付息事宜，在各级人民政府统一领导下，由财政部门和中国人民银行组织有关部门多渠道办理。

第八条 国库券可以用于抵押，但是不得作为货币流通。

第九条 国库券可以转让，但是应当在国家批准的交易场所办理。

第十条 发行国库券筹集的资金，由国务院统一安排使用。

第十一条 对伪造国库券的，依法追究刑事责任。

对倒卖国库券的，按照投机倒把论处。

第十二条 国库券的利息收入享受免税待遇。

第十三条 本条例由财政部负责解释。实施细则由财政部商中国人民银行制定。

第十四条 本条例自发布之日起施行。

中华人民共和国国债托管管理暂行办法

（1997年3月　　中华人民共和国财政部）

第一章　总则

第一条 为了规范国债托管行为，保护国债投资人的合法权益，完善国债市场的监督机制，提高国债市场效率，特制定本办法。

第二条 本办法所称国债是指中华人民共和国财政部代表中央政府发行的以人民币支付的国家公债，包括具有实物券面的有纸国债和没有实物券面的记帐式国债。

第三条 本办法所称国债托管，是指国债投资人基于对国债托管机构（以下简称托管人）的信任，将其所拥有的国债委托托管人进行债权管理、实物券面保管与权益监护的行为。

第四条 中华人民共和国财政部是全国国债托管业务的主管部门，审查确认托管人的资格，对其托管业务进行监管。各级财政部门有权对本地区的托管业务进行监管。

第五条 国债托管实行全国集中、统一管理的体制，财政部授权中央国债登记结算有限责任公司（以下简称中央公司）依本办法按照不以营利为目的的原则主持建立和运营全国国债托管系统，并实行自律性管理。

第六条 托管人在为投资者办理国债托管业务时应遵循诚信、安全、方便的原则。

第七条 在中华人民共和国境内从事国债托管活动，适用本办法。

第二章　托管关系人及其权利义务

第八条 记帐式国债的托管关系在办理债权登记手续后即产生。实物国债的托管关系在托管客户按本办法和有关业务规则办理存券手续后产生。

第九条 托管客户（以下简称客户）是指委托托管人托管其国债的具有完全民事行为能力的自然人或法人。

第十条 客户的权利如下：

（一）享受托管人提供的各项托管服务；

（二）对进入已托管的国债拥有唯一的所有权、处置权和收益权；

（三）有权随时根据规定的程序查询所托管国债的情况；

客户的义务如下：

（一）按照本办法的规定履行托管手续和支付托管费用；

（二）不得卖空国债；

（三）遵循托管机构的规章制度。

第十一条 托管人包括中央公司及其认可的成员单位，中央公司的成员单位必须是经中国人民银行批准设立的下列金融机构：

除政策性银行以外的各类银行、各证券公司、可以从事有价证券经营业务的信托投资公司；

申请成为托管人的金融机构须符合以下条件：

1. 具有法定最低限额以上的实收货币资本；

2. 有能力且自愿履行本办法规定的有关托管人的各项义务；

3. 在中国人民银行批准的经营范围内依法开展业务活动，在前三年中无违法和违章经营记录，具有良好的信誉；

4. 在申请成为国债托管人之前，有参与国债一级市场和二级市场业务一年以上的良好经验。

第十二条 托管人的权利如下：

（一）要求客户提交真实的资料文件；

（二）扣押伪造、变造国债券；

（三）监督、制止卖空国债等行为；

（四）取得国债托管服务费用；

托管人的义务如下：

（一）为客户提供本办法规定的各项托管服务，包括债权登记、实物国债的存券和提券、债券转帐过户、代理还本付息以及为客户提供有关查询服务等；

（二）设置帐簿，及时准确记录托管事务的处理情况，保存完整的业务记录。

（三）按主管部门的要求报送有关资料；

（四）将自有国债和其它财产与为客户代理托管的国债分别开设帐户，予以分别管理，不得擅自挪用客户的国债；

（五）切实保护客户的国债的安全，对客户的国债托管帐户记录的真实性与准确性负责。除不可抗力的因素外，须对因自身原因给客户造成的损失进行赔偿；

（六）必须为客户保守商业秘密；

（七）对客户送交托管的实物国债券的真实性进行鉴别，对送达实物国债保管库的实物国债券的真实性负责；

（八）托管人停业整顿、解散、破产或被撤销时，不得损害客户的利益，并应协助新托管人接管托管事务。

第十三条 中央公司根据国债托管业务开展情况，制定全国国债托管系统各个托管环节的收费标准和收取办法，经财政部核准后实施。

第三章 托管体制

第十四条 中央公司依据本办法及国债市场管理的法律法规和行政法规负责全国国债托管系统的日常业务，其它托管人均为该系统的成员单位（以下简称成员单位），所有国债托管业务均通过中央公司的全国国债托管系统办理。

第十五条 中央公司负责根据本办法制定和修改全国国债托管系统国债托管的业务规则，报经财政部核准后实施。

第十六条 中央公司依据本办法第十一条规定和公司规章，对申请成为成员单位托管人的资格等情况进行审查，并报财政部核准。

对已成为成员单位的机构，由中央公司对它们的国债托管业务进行统一组织协调。

第十七条 成员单位直接在中央公司开立托管帐户；经中央公司同意的机构客户，也可在中央公司开立托管帐户；其它客户在中央公司成员单位处开立托管帐户。

第四章 托管帐务管理

第十八条 托管人根据合法的国债债权载明依据办理国债托管业务。

有纸国债券以财政部统一印制的具有实物券面的人民币国债券为准；记帐式国债以发行结束时经财政部确认的债权证明文件或财政部确认的托管系统合法帐户余额的证明文件为准。

第十九条 国债进入托管系统后，托管人按规定为客户设置并管理的托管帐户所载明的余额是客户拥有国债数额的唯一法定依据。

第二十条 中央公司负责建立国债托管系统的帐务管理体系，保护帐务体系的正常运作。

第二十一条 托管人应按客户名称及国债品种建立国债托管明细帐、分类帐和总帐，保持各帐记录的及时性、准确性及帐与帐之间相互关系的正确性，并定期与客户对帐。

中央公司应于每月10日前将上月与其成员的对帐结果汇总上报财政部。

第二十二条 托管人在接受客户委托，为其办理国债托管手续后，须向客户开具能够证明该客户托管帐户余额的托管凭证。

托管凭证由财政部监制，以中央公司的名义统一印制，任何其它机构或个人不得以任何名义印发。

托管凭证不能用于抵押和买卖流通转让。

第二十三条 中央公司可根据业务需要，按国家标准，对国债及相关业务实行统一编码，报财政部批准后及时公告社会，供各交易场所和投资人参与国债市场时使用。

第五章 实物国债保管库管理

第二十四条 客户办理实物国债的托管手续后，实物券入库存管，其债权采用簿记方式进行管理。

第二十五条 托管人保证所托管的同种实物国债券面值总额一致性。但不必是原托管的实物国债券。

第二十六条 中央公司统一管理实物国债保管库（以下简称保管库），并履行以下职责：

（一）委托符合条件的金融机构担任保管库代理人，并报经财政部核准；

（二）制定保管库业务规则，报财政部核准后实施；

（三）对保管库的业务运作进行监督、稽核，对保管库的安全性和服务质量负责。

第二十七条 保管库代理人的权利如下：

（一）拒绝保管伪造、变造国债券；

（二）取得保管费用；

保管库代理人的义务为：

（一）确保所保管的国债券的安全；

（二）根据中央公司的指令对库存国债进行业务处理，不得挪用或出借所保管的国债。

（三）建立严格的国债券出入库制度，按实物券种类分别登记入帐，确保“帐实相符”；

（四）按中央公司要求定期提交库存国债汇总表和明细表。

第二十八条 提取实物国债时，客户凭托管凭证到托管人处办理提券手续，托管人持中央公司出具的出库单在保管库代理人处办理提券手续。

第六章 法律责任

第二十九条 在本办法界定的业务范围内，托管人和保管库代理人对于客户所托管国债券的安全性、转让过户的及时性与正确性负责。如果由于中央公司、成员单位或其分支机构托管库的原因，造成客户所托管债券的损失或未能及时过户、转库的，由负有直接责任的托管机构首先赔偿客户的经济损失，并视情节轻重，由主管部门对其予以处罚。

第三十条 伪造、变造托管凭证没有非法所得的，由主管机关给予警告，并处以一万元以下的罚款；有非法所得的，由主管机关给予警告，并处以三万元以下的罚款；构成犯罪的，提交司法机关依法追究刑事责任。

第三十一条 因托管人出具的托管凭证超出客户实有债券额或因保管库代理人提供虚假帐表等原因造成国债卖空的，由主管机关给予警告，并对托管人处以三万元以下的罚款，对直接责任人处以一万元以上三万元以下的罚款。构成犯罪的，提交司法机关依法追究刑事责任。中央公司经财政部同意可取消上述机构的托管人或保管库代理人资格。

第三十二条 托管人擅自挪用客户国债的，保管库代理人擅自挪用保管的实物国债的，除令其退还或补足库存，赔偿损失外，由主管机关给予警告，并对托管人处以三万元以下的罚款，对直接责任人处以一万元以上三万元以下的罚款。构成犯罪的，依法追究刑事责任。经财政部同意，中央公司对上述机构可取消托管人或保管库代理人的资格。

第三十三条 进行国债卖空的，由主管机关没收其非法所得，并处以三万元以下的罚款，对直接责任人处以一万元以上三万元以下的罚款。

第三十四条 对于上述罚款规定，视具体情节，由主管机关报经国务院批准后，罚款可以超过上述限额。

第七章 附 则

第三十五条 本办法由财政部负责解释。

第三十六条 本办法自发布之日起实施。

企业债务管理条例

（1993年8月2日　国务院第121号令发布）

第一章 总 则

第一条 为了加强对企业债券的管理，引导资金的合理流向，有效利用社会闲散资金，保护投资者的合法权益，制定本条例。

第二条 本条例适用于中华人民共和国境内具有法人资格的企业（以下简称企业）在境内发行的债券。但是，金融债券和外币债券除外。

除前款规定的企业外，任何单位和个人不得发行企业债券。

第三条 企业进行有偿筹集资金活动，必须通过公开发行企业债券的形式进行。但是，法律和国务院另有规定的除外。

第四条 发行和购买企业债券应当遵循自愿、互利、有偿的原则。

第二章 企业债券

第五条 本条例所称企业债券，是指企业依照法定程序发行、约定在一定期限内还本付息的有价证券。

第六条 企业债券的票面应当载明下列内容：

（一）企业的名称、住所；

（二）企业债券的面额；

（三）企业债券的利率；

（四）还本期限和方式；

（五）利息的支付方式；

（六）企业债券发行日期和编号；

（七）企业的印记和企业法定代表人的签章；

（八）审批机关批准发行的文号、日期。

第七条 企业债券持有人有权按照约定期限取得利息、收回本金，但是无权参与企业的经营管理。

第八条 企业债券持有人对企业的经营状况不承担责任。

第九条 企业债券可以转让、抵押和继承。

第三章 企业债券的管理

第十条 国家计划委员会会同中国人民银行、财政部、国务院证券委员会拟订全国企业债券发行的年度规模和规模内的各项指标，报国务院批准后，下达各省、自治区、直辖市、计划单列市人民政府和国务院有关部门执行。

未经国务院同意，任何地方、部门不得擅自突破企业债券发行的年度规模，并不得擅自调整年度规模内的各项指标。

第十一条 企业发行企业债券必须按照本条例的规定进行审批；未经批准的，不得擅自发行和变相发行企业债券。

中央企业发行企业债券，由中国人民银行会同国家计划委员会审批；地方企业发行企业债券，由中国人民银行省、自治区、直辖市、计划单列市分行会同同级计划主管部门审批。

第十二条 企业发行企业债券必须符合下列条件：

（一）企业规模达到国家规定的要求；

（二）企业财务会计制度符合国家规定；

（三）具有偿债能力；

（四）企业经济效益良好，发行企业债券前连续三年盈利；

（五）所筹资金用途符合国家产业政策。

第十三条 企业发行企业债券应当制订发行章程。

发行章程应当包括下列内容：

（一）企业的名称、住所、经营范围、法定代表人；

（二）企业近三年的生产经营状况和有关业务发展的基本情况；

（三）财务报告；

（四）企业自有资产净值；

（五）筹集资金的用途；

（六）效益预测；

（七）发行对象、时间、期限、方式；

（八）债券的种类及期限；

（九）债券的利率；

（十）债券总面额；

（十一）还本付息方式；

（十二）审批机关要求载明的其他事项。

第十四条 企业申请发行企业债券，应当向审批机关报送下列文件：

（一）发行企业债券的申请书；

（二）营业执照；

（三）发行章程；

（四）经会计师事务所审计的企业近三年的财务报告；

（五）审批机关要求提供的其他材料。

企业发行企业债券用于固定资产投资，按照国家有关规定需要经有关部门审批的，还应当报送有关部门的审批文件。

第十五条 企业发行企业债券应当公布经审批机关批准的发行章程。

企业发行企业债券，可以向经认可的债券评信机构申请信用评级。

第十六条 企业发行企业债券的总面额不得大于该企业的自有资产净值。

第十七条 企业发行企业债券用于固定资产投资的，依照国家有关固定资产投资的规定办理。

第十八条 企业债券的利率不得高于银行相同期限居民储蓄定期存款利率的百分之四十。

第十九条 任何单位不得以下列资金购买企业债券：

（一）财政预算拨款；

（二）银行贷款；

（三）国家规定不得用于购买企业债券的其他资金。

办理储蓄业务的机构不得将所吸收的储蓄存款用于购买企业债券。

第二十条 企业发行企业债券所筹资金应当按照审批机关批准的用途，用于本企业的生产经营。

企业发行企业债券所筹资金不得用于房地产买卖、股票买卖和期货交易等与本企业生产经营无关的风险性投资。

第二十一条　企业发行企业债券，应当由证券经营机构承销。

证券经营机构承销企业债券，应当对发行债券的企业的发行章程和其他有关文件的真实性、准确性、完整性进行核查。

第二十二条　企业债券的转让，应当在经批准的可以进行债券交易的场所进行。

第二十三条　非证券经营机构和个人不得经营企业债券的承销和转让业务。

第二十四条　单位和个人所得的企业债券利息收入，按照国家规定纳税。

第二十五条　中国人民银行及其分支机构和国家证券监督管理机构，依照规定的职责，负责对企业债券的发行和交易活动，进行监督检查。

第四章　法律责任

第二十六条　未经批准发行或者变相发行企业债券的，以及未通过经营机构发行企业债券的，责令停止发行活动，冻结并责令退还非法所筹资金，处以相当于非法所筹资金金额百分之五以下罚款。

第二十七条　超过批准数额发行企业债券的，冻结并责令退还超额发行部分或者核减相当于超额发行金额的贷款额度，处以相当于超额发行部分百分之五以下的罚款。

第二十八条　超过本条例第十八条规定的最高利率发行企业债券的，责令改正，处以相当于所筹资金金额百分之五以下的罚款。

第二十九条　用财政预算拨款、银行贷款或者国家规定不得用于购买企业债券的其他资金购买企业债券的，以及办理储蓄业务的机构用所吸收的储蓄存款购买企业债券的，责令收回该资金，处以相当于所购买企业债券金额百分之五以下的罚款。

第三十条　未按批准用途使用发行企业债券所筹资金的，责令改正，没收其违反批准用途使用资金所获收益，并处以相当于违法使用资金金额百分之五以下的罚款。

第三十一条　非证券经营机构和个人经营企业债券的承销或者转让业务的，责令停止非法经营，没收非法所得，并处以承销或者转让债券金额百分之五以下的罚款。

第三十二条　本条例第二十六条、第二十七条、第二十八条、第二十九条、第三十条、第三十一条规定的处罚，由中国人民银行及其分支机构决定。

第三十三条　对有本条例第二十六条、第二十七条、第二十八条、第二十九条、第三十条、第三十一条所违法行为的单位的法定代表人和直接责任人员，由中国人民银行及其分支机构给予警告或者处以一万元以上十万元以下的罚款；构成犯罪的，依法追究刑事责任。

第三十四条　地方审批机关违反本条例规定，批准发行企业债券的，责令改正，给予通报批评，根据情况相应核减该地方企业债券的发行规模。

第三十五条　企业债务监督管理机关的工作人员玩忽职守、徇私舞弊的，给予行政处分；构成犯罪的，依法追究刑事责任。

第三十六条　发行企业债券的企业违反本条例规定，给他人造成损失的，应当依法承担民事赔偿责任。

第五章　附　　则

第三十七条　企业发行短期融资券，按照中国人民银行有关规定执行。

第三十八条　本条例由中国人民银行会同国家计划委员会解释。

第三十九条　本条例自发布之日起施行。一九八七年三月二十七日国务院发布的《企业债券管理暂行条例》同时废止。

可转换公司债券管理暂行办法

（1997年3月25日发布　国务院证券委员会）

第一章　总　　则

第一条　为了加强对可转换公司债券的管理，规范可转换公司债券的发行、上市、转换股份及其相关活动，保护当事人合法权益，制定本办法。

第二条　本办法适用于中华人民共和国境内符合本办法规定的上市公司和重点国有企业（以下统称发行人），在境内发行的以人民币认购的可转换公司债券。

第三条　本办法所称可转换公司债券，是指发行人依照法定程序发行、在一定期间内依据约定的条件可以转换成股份的公司债券。

第四条　可转换公司债券的发行、上市、转换股份及其相关活动，应当遵循公开、公平、公正和诚实信用的原则。

第五条　可转换公司债券在转换股份前，其持有人不具有股东的权利和义务。

第六条　可转换公司债券可以依法转让、质押和继承。

第二章　可转换公司债券的发行

第七条　发行可转换公司债券，必须依照本办法规定报经批准。未经批准，不得发行可转换公司债券。

第八条　上市公司发行可转换公司债券，应当经省级人民政府或者国务院有关企业主管部门推荐，报中国证券监督管理委员会（以下简称中国证监会）审批；重点国有企业发行可转换公司债券，应当由发行人提出申请，经省级人民政府或者国务院有关企业主管部门推荐，报中国证监会审批，并抄报国有计划委员会、国家经济贸易委员会、中国人民银行、国家国有资产管理局。对符合本办法规定条件的，中国证监会予以批准。

第九条　上市公司发行可转换公司债券，应当符合下列条件：

（一）最近3年连续盈利，且最近3年净资产利润率平均在10%以上；属于能源、原材料、基础设施类的公司可以略低，但是不得低于7%；

（二）可转换公司债券发行后，资产负债率不高于70%；

（三）累计债券余额不超过公司净资产额的40%；

（四）募集资金的投向符合国家产业政策；

（五）可转换公司债券的利率不超过银行同期存款的利率水平；

（六）可转换公司债券的发行额不少于人民币1亿元；

（七）国务院证券委员会规定的其他条件。

第十条　重点国有企业发行可转换公司债券，除应当符合本办法第九条第（三）、（四）、（五）、（六）、（七）项条件外，还应当符合下列条件：

（一）最近3年连续盈利，且最近3年的财务报告已经具有从事证券业务资格的会计师事务所审计；

（二）有明确、可行的企业改制和上市计划；

（三）有可靠的偿债能力；

（四）有具有代为清偿债务能力的保证人的担保。

第十一条　申请发行可转换公司债券，应当向中国证监会报送下列文件：

（一）发行人申请报告；

（二）股东大会作出的发行可转换公司债券的决议或者国有企业主管部门同意发行可转换公司债券的文件；

（三）省级人民政府或者国务院有关企业主管部门的推荐文件；

（四）公司章程或老企业组织章程；

（五）可转换公司债券募集说明书；

（六）募集资金的运用计划和项目可行性研究报告；

（七）偿债措施、担保合同；

（八）经会计师事务所审计的公司最近3年的财务报告；

（九）律师事务所出具的法律意见书；

（十）与承销商签订的承销协议；

（十一）中国证监会要求报送的其他文件。

第十二条　股东大会作出的发行可转换公司债券的决议或者国有企业主管部门同意发行可转换公司债券的文件，应当包括以下内容：

（一）可转换公司债券的发行总额；

（二）票面金额；

（三）可转换公司债券利率；

（四）转股价格确定方式；

（五）转换期；

（六）募集资金用途；

（七）可转换公司债券还本付息的期限和方式；

（八）赎回条款及回售条款；

（九）股东大会决定的或者国有企业主管部门同意的其他事项。

股东大会决议还应当包括股东购买可转换公司债券的优先权的内容。

第十三条　可转换公司债券采取记名式无纸化发行方式。

第十四条　可转换公司债券的最短期限为3年，最长期限为5年。

第十五条　在下列情形之一的，不得发行可转换公司债券：

（一）前一次发行的债券尚未募足的；

（二）对已发行的债券有延迟支付本息的事实，且仍处于继续延期支付状态的。

第十六条　发行可转换公司债券，发行人必须公布可转换公司债券募集说明书。

募集说明书应当包括下列内容：

（一）发行人的名称；

（二）批准发行可转换公司债券的文件及其文号；

（三）发行人的基本情况介绍；

（四）最近3年的财务状况；

（五）发行的起止日期；

（六）可转换公司债券票面金额及发行总额；

（七）可转换公司债券利率和付息日期；

（八）募集资金的用途；

（九）可转换公司债券的承销及担保事项；

（十）可转换公司债券偿还方法；

（十一）申请转股的程序；

（十二）转股价格的确定和调整方法；

（十三）转换期；

（十四）转换年度有关利息、股利的归属；

（十五）赎回条款及回售条款；

（十六）转股时不足一股金额的处理；

（十七）中国证监会规定的其他事项。

第十七条　上市公司发行可转换公司债券的，以发行可转换公司债券前1个月股票的平均价格为基准，上浮一定幅度作为转股价格。重点国有企业发行可转换公司债券的，以拟发行股票的价格为基准，折扣一定比例作为转股价格。

第十八条　可转换公司债券的发行，应当由证券经营机构承销，证券经营机构应当具有股票承销资格。承销方式由发行人与证券经营机构在承销协议中约定。

第十九条　发行人应当在承销期前2至5个工作日内，将可转换公司债券募集说明书刊登在中国证监会指定的至少一种全国性报刊上。证券经营机构应当将可转换公司债券的募集说明书置于营业场所，并有义务提醒认购人阅读可转换公司债券募集说明书。

可转换公司债券募集说明书的有效期为6个月，自可转换公司债券募集说明书签署之日起计算。可转换公司债券募集说明书生效后，可转换公司债券的发行必须立即停止。

第二十条　发行人和证券经营机构应当在可转换公司债券承销期满后的15个工作日内，向中国证监会提交承销情况的书面报告。

第三章　可转换公司债券的上市

第二十一条　可转换公司债券在发行人股票上市或者拟上市的证券交易所上市。证券交易所应当与发行人订立上市协议，并报中国证监会备案。

第二十二条　发行人应当在可转换公司债券上市前5个工作日内，将上市公告书刊登在中国证监会指定的至少一种全国性报刊上，并将上市公告书置备于发行人所在地、拟上市的证券交易所、证券经营机构的营业场所，供公众查阅，同时报中国证监会备查。

第二十三条　可转换公司债券上市公告书应当载明下列事项：

（一）可转换公司债券在证券交易所上市的起止日期；

（二）可转换公司债券发行的情况；

（三）证券交易所要求载明的其他事项。

第二十四条　可转换公司债券上市交易期间，公司发布有关股份变动涉及调整转股价格的信息，应当暂停交易1天。

第二十五条　可转换公司债券上市交易期间，未转换的可转换公司债券数量少于3000万元时，证券交易所应当立即公告，并在3个交易日后停止其交易。

可转换公司债券转换期结束前的10个工作日停止交易。

可转换公司债券停止交易后、转换期结束前，不影响持有人依据约定的条件转换股份的权利。

第四章　可转换公司债券转换股份及债券偿还

第二十六条　上市公司发行的可转换公司债券，在发行结束6个月后，持有人可以依据约定的条件随时转换股份。重点国有企业发行可转换公司债券，在该企业改建为股份有限公司且其股票上市后，持有人可以依据约定的条件随时转换股份。

第二十七条　可转换公司债券转换为股份后，发行人股票上市的证券交易所应当安排股票上市流通。

第二十八条　发行人应当在每一季度结束后的2个工作日内，向社会公布因可转换公司债券转换为股份所引起的股份变动情况。转换为股份累计达到公司发行在外普通股的10%时，发行人应当及时将有关情况予以公告。

第二十九条　因可转换公司债券转换为股份引起股份变动的，发行人应当根据有关法律、行政法规的规定，于每年年检期间，向工商行政管理部门申请办理注册资本变更登记。

第三十条　可转换公司债券发行后，因发行新股、送股及其他原因引起公司股份发生变动时，发行人应当及时调整转股价格，并向社会公布。

第三十一条　可转换公司债券持有人请求转换股份时，所持债券面额不足转换一股股份的部分，发行人应当以现金偿还。

第三十二条　法人因可转换公司债券转换为股份，直接或者间接持有上市公司发行在外的普通股达到5%时，应当在3个工作日内，向中国证监会、证券交易所和上市公司作出书面报告，并向社会公告。

第三十三条 重点国有企业发行可转换公司债券，转换期满时仍未转换为股份的，利息一次性支付，不计复利。

第三十四条 可转换公司债券到期未转换的，发行人应当按照可转换公司债券募集说明书的约定，于期满后5个工作日内偿还本息。

第五章 法律责任

第三十五条 未经中国证监会的批准，擅自发行可转换公司债券的，由中国证监会责令停止发行，退还所募集资金及其利息，处非法所募集资金金额5%以下的罚款。构成犯罪的，依法追究刑事责任。

第三十六条 在可转换公司债券的发行、上市、转换股份的过程中，作出虚假、严重误导性陈述，遗漏重大信息或者未按规定履行信息披露义务的，由中国证监会责令改正，给予警告，没收违法所得。并处20万元以下的罚款。构成犯罪的，依法追究刑事责任。

第三十七条 可转换公司债券发行人未按期偿还本息的，除支付本息外，应当按每日1‰的比例向债权人支付赔偿金。

第三十八条 可转换公司债券发行人在发行、上市和转换股份的过程中有其他违法行为的，依照有关法律、行政法规的规定处理。

第六章 附 则

第三十九条 本办法下列用语的含义：

（一）赎回：是指公司股票价格在一段时期内连续高于转股价格达到某一幅度时，公司按事先约定的价格买回未转股的可转换公司债券。

（二）回售：是指公司股票价格在一段时期内连续低于转股价格达到某一幅度时，可转换公司债券持有人按事先约定的价格将所持债券卖给发行人。

（三）转股价格：是指可转换公司债券转换为每股股份所支付的价格；

（四）转换期：是指可转换公司债券转换为股份的起始日至结束日的期间。

第四十条 本办法由中国证监会负责组织实施。

第四十一条 本办法自发布之日起施行。

关于向金融机构投资入股的暂行规定

（1994年 中国人民银行）

为规范金融机构管理，保证金融机构资本来源正当，结构合理，促进金融机构健康发展，现就向金融机构投资入股的问题规定如下：

一、各党政机关、部队、团体以及国家拨给经费的事业单位，除国务院批准或法规及中国人民银行规章规定外，一律不得向金融机构投资。

二、各级地方财政部门经当地政府同意，由中国人民银行核实，可以用财政节余资金向金融机构投资。

三、国家开发银行、中国农业发展银行、中国进出口银行等政策性银行一律不得向金融机构投资。

四、中国工商银行、中国农业银行、中国人民建设银行、中国银行未经中国人民银行批准，一律不得向金融机构投资。

五、其他商业银行、信托投资公司、企业集团财务公司、融资租赁公司在资本充足率为8%并遵守以下规定的前提下，可以向金融机构投资。

（一）投资累计金额不得超过资本金的20%；

（二）投资来源限于超过8%以上资本金部分，以及公积金、公益金结余。

六、保险公司可向金融机构投资，投资累计金额不得超过该公司资本金的25%。

七、城市信用合作社、农村信用合作社除按中国人民银行规定的比例可向信用合作社联社、合作银行投资外，不得向其他金融机构投资。

八、证券公司可用资本金向金融机构投资，其投资累计金额不得超过资本金的20%。

九、各金融机构分支机构一律不得向金融机构投资。

十、各金融机构向金融机构的投资入股数额，在计算资本充足率时必须等额核减自身的资本金。

十一、工商企业向金融机构投资必须符合以下规定：

（一）经企业行政主管机关或董事会批准，可以用自有资金向金融机构投资，但必须同时具备以下条件：

1. 在工商行政管理部门登记注册的具有法人资格的企业；

2. 经营业绩良好，按期足额归还银行贷款，最近3年连续盈利。

（二）年终分配后，净资产达到全部资产30%的，可以向金融机构投资入股。但对金融机构投资的累计金额加企业其他投资的累计金额不得超过本企业净资产的50%。

（三）严禁以银行贷款向金融机构投资。

十二、外资、中外合资金融机构和企业均不得向中资金融机构投资。

十三、严禁工商企业与金融机构之间、金融机构之间以换股形式相互投资。

十四、未经中国人民银行总行批准，金融机构（城市信用合作社、农村信用合作社除外）不得向个人募集股本。

十五、单个股东投资金额超过金融机构资本金10%以上的，必须报经中国人民银行批准。

十六、各级人民银行在审批金融机构时，对资本来源要认真按照上述规定严格审查。

十七、金融机构投资者的报表必须真实、准确、完整。中国人民银行审核时，发现弄虚作假者，必须严肃查处。

加强金融机构内部控制的指导原则

（1997年5月16日 中国人民银行）

第一章 总 则

第一条 根据《中华人民共和国中国人民银行法》、《中华人民共和国商业银行法》、《中华人民共和国保险法》等法律法规，为了有效防范金融风险，保证金融业安全稳健运行，各金融机构必须建立科学完善的内部控制制度。

第二条 金融机构内部控制是金融机构的一种自律行为，是金融机构为完成既定的工作目标和防范风险，对内部各职能部门及其工作人员从事的业务活动进行风险控制、制度管理和相互制约的方法、措施和程序的总称。

第三条 完善金融机构内部控制是金融监管工作的重要组成部分，是规范金融机构经营行为、有效防范风险的关键，也是衡量金融机构经营管理水平高低的重要标志。

第四条 本指导原则的适用范围是政策性银行、国有独资商业银行、其他商业银行、城乡信用社、信托投资公司、证券机构、保险机构、财务公司、融资租赁公司、典当行等非银行金融机构。

第五条 建立健全有效的内部控制运行机制是各金融机构管理层的基本职责，管理层可以根据自身经营的规模和业务特点，制定实施各自的内控模式，分支机构可以制订实施细则，但这些细则不得与机构本身的内部控制制度相抵触。

第二章 内部控制的目标、原则

第六条 金融机构内部控制要达到以下目标：

（一）确保国家法律法规和中央银行监管规章的贯彻执行；

（二）确保将各种风险控制在规定的范围之内；

（三）确保自身发展战略和经营目标的全面实施；

（四）有利于查错防弊，堵塞漏洞，消除隐患，保证业务稳健运行。

第七条 金融机构要按照合法、合规、稳健的要求，确定明确的经营方针，建立“自主经营、自担风险、自负盈亏、自我约束”的经营机制，坚持资金营运“安全性、流动性、效益性”相统一的经营原则。在内部控制建设方面要遵循以下原则：

（一）有效性原则。各种内部控制制度包括最高决策层所制订的业务规章和发布的指令，必须符合国家和监管部门的规章，必须具有高度的权威性，必须真正落到实处，成为所有员工严格遵守的行动指南；执行内控制度不能存在任何例外，任何人（包括董事长、总经理）不得拥有超越制度或违反规章的权力。

（二）审慎性原则。内部控制的核心是有效防范各种风险，任何制度的建立都要以防范风险、审慎经营为出发点。

（三）全面性原则。内部控制必须渗透到金融机构的各项业务过程和各个操作环节，覆盖所有的部门和岗位，不能留有任何死角。

（四）及时性原则。新设立的金融机构或开办新的业务种类，必须树立“内控优先”的思想，首先建章立制，采取有效的控制措施。

（五）独立性原则。内部控制的检查、评价部门必须独立于内部控制的建立和执行部门，直接的操作人员和直接的控制人员必须适当分开，并向不同的管理人员报告工作；在存在管理人员职责交叉的情况下，要为负责控制的人员提供可以直接向最高管理层报告的渠道。

第三章 内部控制的要素及内容

第八条 金融机构内部控制包括：金融机构内部组织结构的控制、资金交易风险的控制、衍生工具交易的控制、信贷资金风险的控制、保险基金的风险控制、会计系统的控制、授权授信的控制、计算机业务系统的控制等。

第九条 金融机构组织结构的控制要按照决策系统、执行系统、监督反馈系统互相制衡的原则来设置。

（一）金融机构要制定明确、成文的决策程序，全部经营管理决策要按照规定程序并保留可核实的记录，防止个人独断专行、超越或违反决策程序。

（二）金融机构的各级经营管理机构要严格执行上级的决策，并在各自职责和权限范围内办理业务、行使职权。

（三）金融机构要建立有效的内部监督系统，建立各项业务风险评价、内部控制的检查评价机制和对内部违规违章行为的处罚机制，及时发现问题，堵塞漏洞，有效防止内部的侵吞、挪用和外部的盗窃、诈骗。

第十条 金融机构对资金交易（包括本、外币拆借，下同）、证券交易、衍生金融产品交易，要建立完善的内部监督和风险防范制度。

（一）资金交易必须遵从管理层制定的操作规程，资金的交易额、交易策略、交易品种、市场范围要严格按授权办理。

（二）建立资金交易、证券交易、衍生工具交易业务的会计和统计记录制度以及头寸核查和交易损益的核算制度。

（三）建立用于测量和监控风险头寸以及分析潜在亏损、风险大小并对其进行控制和管理的系统，包括风险定量分析方法、信用、市场、法律、操作风险管理等。

（四）按照中国人民银行制订的有关资产负债比例管理办法的规定、按月、按季对各项监控、监测指标进行自我监测和考核，对达不到指标要求的分支机构要制订适当的处罚措施。

第十一条 金融机构要围绕防止和降低信贷风险、提高信贷资产质量、优化信贷资产结构建立有效的内部控制制度。

（一）对各类贷款的发放和使用必须实行严格控制，并符合国家的法律、行政法规和监管部门发布的行政规章。金融机构应遵循贷款的“效益性、安全性和流动性”原则，建立管理与操作人员行为控制的信贷管理制度。

（二）建立以风险评估和控制为核心的信贷风险管理制度。对贷款必须遵循“贷前调查，贷时审查，贷后检查”的原则。

（三）建立以贷款立项、调查、贷款审核认定、贷款决策、贷款检查监督为内容的信贷资产管理责任制，做到明确责任，逐级负责。任何人不得超越职权和违反程序发放贷款。

（四）建立监测信贷风险的预警系统、监测借款企业经营风险的预警系统、监测信贷风险的考核指标体系。

第十二条 金融机构要建立严密会计控制系统。会计记录、帐务处理和经营成果核算要完全独立，会计部门只接受其主管的领导；会计主管不得参与具体经营业务的经办。

（一）会计制度制定的唯一依据只能是国家颁布的会计准则和财务通则。会计制度必须明确规定有效会计凭证的要素。会计人员进行帐务记录必须是经严格审定的有效会计凭证，除此以外，会计人员不得接受任何指令。会计人员进行的任何帐务记录如果没有有效的会计凭证，其主管人员和会计人员应受到严厉的处罚。

（二）会计记录必须能够确定业务活动发生的时间，并在适当的会计期间得到反映。通过电子数据处理系统录入会计数据时，必须保证只有在识别特殊密码状态下才能进入该系统。修改会计记录必须履行必要的手续，得到适当的授权，并详细记录在案，在电子数据处理系统中修改会计记录，处理系统要能够自动识别授权密码并自动记录在案。

（三）会计控制系统的建立应遵循以下基本原则：

规范化原则。会计帐务处理须按照会计制度的要求，建立并执行规范化的操作程序。

授权分责原则。对会计帐务处理实行分级授权。会计人员不得超越权限范围处理会计帐务和增删改会计帐务事项或参数；上级授权处理的事项须履行必要的手续；建立并执行财务收支审批制度。会计帐务处理必须实行岗位分工，明确岗位职责，严禁一人兼岗或独自操作全过程。会计岗位实行定期或不定期轮换。

监督制约原则。对会计帐务处理的有效依据如业务用章、密押、空白凭证实行专人分管；资金与实物分别核算与管理，会计部门对重要空白凭证和有价单证要进行表外登记，应有独立于会计部门之外的部门管理现金、有价证券及其他实物形态的资产。对会计帐务处理的全过程要实行监督，即事前监督——受理业务时，临柜人员对业务的合法性、真实性，手续的完整性及数据的准确性进行审核；事中监督——对会计处理的凭证、帐表内容和数据均须复核，重大事项须由会计主管复核；事后监督——对已经处理过的会计帐务实行再核对，重点监督重要业务的处理。会计部门须设置相应岗位，配备必需人员，落实监督事项。

帐务核对原则。对会计帐务，须坚持“六个核对相符”，即帐帐、帐据、收款、帐实、帐表及内外帐务核对相符；根据制度要求对不同帐号务采取每日核对或定期核对的办法。要建立和完善外部对帐制度，定期按户对帐。

完全谨慎原则。会计部门须妥善保管密押、重要空白凭证和业务用章，防止遗失或被盗；妥善保管会计档案，严格会计资料的调阅手续，防止会计数据的散失和流弊。会计人员调离须办理交接手续。

第十三条 保险公司要建立内控机制，增强自控能力。

（一）建立健全以核保、核赔、投资风险控制为主内容的内部控制制度，严格防范各种保单、批单、保险协议等可能带来的风险；坚持“双人勘查、交叉复核、分级核损、终审归案”的原则，防止假赔、骗赔案的发生；严格控制高风险、低流动性资产比例，加强资产负债匹配和现金流量管理。

（二）建立各项准备金提取与管理制度，以提高偿付能力。各保险机构要按规定及时、足额提取未到期责任准备金，未决赔款准备金以及公积金、保险保障基金，并加强集中管理，资金运用限存入商业银行或购买政府、金融债券。

（三）加强保险条款管理。各公司对寿险条款要实行高度集中管理，所有寿险条款均由总公司统一制订；建立寿险精算部门，并逐步建立产险精算制度，提高精算水平，控制经营风险。

（四）保险公司要设立再保险管理部门，制定再保险规章制度，严格执行法定分保规定，合理确定每一风险单位的计算方法和分保办法，制定巨灾风险的计划安排和管理措施，严格控制巨灾风险。

第十四条 金融机构要建立合理的授权分责制度，要按照业务工作程序和授权，健全完善各种审批手续。

（一）按照各自经营活动的性质和功能，建立以局部风险控制为内涵的内部授权、授信管理制度。对各分支机构授权、授信要定期检查、确保授权、授信范围适当，有据可查，所授权限和信用额度不得超越和突破。

（二）针对部门的工作性质、人员的岗位职责，赋予相应的工作任务和职责权限。

（三）各种授权都要以书面形式确认，逐级下达。

（四）辖属分支机构、各职能部门各级管理操作人员，要在各自岗位上按所授予的权限开展工作，并对职责范围的工作负责。

（五）凡对外开办的每一笔业务都要按业务授权进行审核批准，对特别授权的业务要经过特别批准。

第十五条 金融机构要建立科学的金融计算机系统风险控制制度。要对计算机系统的项目立项、设计、开发、测试、运行的维护整个过程实施严格管理，明确业务主管部门和稽核监督部门的职责，严格划分软件设计、业务操作和技术维护诸方面的责任。

（一）系统的业务需求由主管业务部门提出，应符合金融法律、法规的规定，明确防范风险控制的要求，并经过稽核监督等部门的确认。

（二）系统的设计开发由科技部门负责，应该符合国家、金融行业软件工程标准的要求，编写完整的技术资料；在实现金融业务电子化时，应设置保密系统和相应控制机制，并保证计算机系统的可稽核性。

（三）系统投入运行前，必须经过业务、科技、稽核等部门的试验运行，提供必备的测试资料，正式投入运行应经过业务、科技和稽核部门的联合验收，由金融机构法人（或法人代表）批准。

（四）系统投入运行后，应按照操作管理制度进行经常性和定期相结合的稽核检查，完善业务数据保管等安全措施，进行排除故障、灾难恢复的演习，确保系统可靠、稳定、安全地运行。

（五）采用商品软件应经过金融电子化设计人员和稽核监督部门的测试确认，购买计算机系统设备合同中应明确厂商承担的责任，租用公共网络时应确定经营机构承担的责任。

（六）严禁系统设计、软件开发等技术人员介入实际的业务操作。用户使用的密码口令要定期更换，不得向他人泄露。对系统的数据资料必须建立备份，异地存放。系统应具备严密的数据存取控制措施，数据录入应依照合法、完整的业务凭证照实输入，数据的修改要经过适当的批准。

第四章　对建立内部控制的基本要求

第十六条 金融机构要设立顺序递进的三道监控防线，建立完善内部控制制度。

（一）各金融机构对涉及信贷的立项审查和发放、资金拆借、证券买卖、外汇交易、衍生工具交易等重要交易的办理与管理必须由两个系统或两个以上职能部门共同执掌；会计业务和使用自动数据处理系统时，要有适当的程序和措施，保证职能分工，实行相互监督约束，共同负责。

（二）建立一线岗位双人、双职、双责为基础的第一道监控防线。属于单人单岗处理业务的，必须有相应的后续监督机制。

（三）建立相关部门、相关岗位之间相互监督制约的工作程序作为第二道监控防线。要建立业务文件在相关部门和相关岗位之间传递的标准，明确文件签字的授权。

（四）建立以内部监督部门对各岗位、各部门各项业务全面实施监督反馈的第三道防线。内部监督部门作为对业务的事后监督机构，必须独立地监督各项业务活动，同时及时将检查评价的结果反馈给最高管理层。

第十七条 金融机构在业务运营过程中要实行恰当的责任分离制度。

（一）实行对货币、有价证券的保管与帐务记录相分离。

（二）重要空白凭证的保管与使用相分离。

（三）资金交易业务的授权审批与具体经办相分离，前台交易与后台结算相分离。

（四）信用的受理发放与审查相分离。

（五）损失的确认与核销相分离。

（六）电子数据处理系统的技术人员与业务经办人员及会计人员相分离等。

（七）风险评定人员与业务办理岗位相分离。

（八）对直接接触客户的业务，必须复核或事后监督把关，重要业务必须实行双签有效的“四眼原则”。

第十八条 金融机构在操作层要建立完善的岗位责任制度和规范的岗位管理措施。

（一）要推行内部工作的目标管理，制定规范的岗位责任制度、严格的操作程序和合理的工作标准。

（二）按照不同的岗位，明确工作任务，赋予各岗位相应的责任和职权，建立相互配合、相互督促、相互制约的工作关系。

（三）对重点岗位、重点业务、重要空白凭证、重要财物等要特别加强监控和管理。

（四）对资金交易、信贷管理和会计财务等重要岗位实行定期或不定期轮换和强制休假制度。

第十九条 金融机构要建立完整的信息资料保全系统，必须真实、全面、及时地记载每一笔业务，正确进行会计核算和业务核算，建立完整的会计、统计和各种业务资料的档案，并妥善保管，确保原始记录、合同契约、各种信息资料数据的真实完整。

第二十条 金融机构要建立有效的预警预报系统。

（一）围绕经营行为、业务管理、风险防范、资产安全，建立定期业务分析、信贷资产质量评价、保险标的风险评估、资金运用风险评估制度。

（二）建立定期实物盘点、各种帐证、帐表的核对制度以及业务活动的事前、事中和事后监督制度。

（三）健全完善内部控制系统的评审和反馈，以及对带有苗头性、倾向性问题的预测预报系统。

（四）建立保险风险考核指标体系。

第二十一条 金融机构要建立有效的应急应变措施。尤其是各个重要部位、营业网点等遇到断电、失火、火灾、抢劫等紧急情况时，要确保应急应变措施及时到位，真正发挥作用。应急应变措施要考虑各种可能因素，分别依次设定具体的应急应变步骤。

第二十二条 金融机构要进一步加强和完善检查监督手段。

（一）内部稽核（审计）部门要行使综合性的内部监督职责，实行对一级法人负责，以保证其独立地履行监督检查职能。

（二）建立制度规章，保证内部稽核部门的独立性和权威性，按“下查一级”的要求实行“派驻制”。

（三）对下属机构的全面稽核应实行“周期制”，循环反复进行，同时安排一定数量的专项稽核，对重大事项要随时报告。

（四）稽核人员的配备在数量上、质量上要适应完成以上任务的需要。

（五）建立稽核处罚制度和稽核检查制度，督促内部各项管理措施和规章制度的贯彻实施。

（六）内部稽核（审计）部门和有关人员要认真履行其职责，真实及时地反映情况，对隐瞒不报、上报虚假情况和监督检查不力，造成重大案件和出现金融风险的要追究法律责任。

第二十三条 金融机构要按各自的业务经营范围和特点，制定全面、系统、具体的内部控制制度，并在辖属分支机构、各职能部门、各岗位人员之间，建立既有分工负责，又有相互制约的内部控制系统。

第二十四条 金融机构制定的内部控制制度既要有切实的制约措施，又要有利于发挥辖属分支机构、各职能部门及人员的工作积极性，以合理的控制成本保证内控目标得到全面实现。

第二十五条 金融机构要对自身制定的内部控制制度定期进行检查，并随经营业务的发展、国家政策的变更和法律环境的改变进行修订。

第二十六条 金融机构的内部控制制度要具备普遍适用性和可操作性。

第二十七条 金融机构要通过培训、考试、考核等方式，确保员工熟悉岗位基本要求，理解和掌握有关内部控制制度。

第五章　内部控制制度的管理与监督

第二十八条 内部控制制度的综合管理，要由各金融机构稽核（审计）部门具体负责。其具体职责是：

（一）对各项业务提出内部控制建议。

（二）检查和评价有关内部控制制度。

（三）对有关内部控制的问题进行专题检查。

（四）对违反内部控制的单位和人员给予纪律处分。

第二十九条 中央银行负责对金融机构内部控制的监督和稽核。

（一）中央银行在对金融机构实施业务稽核的同时，要对金融机构内部控制状况做出评价。

（二）中央银行可以委托外部审计部门对金融机构的内部控制状况做出评价。

（三）对内部控制存在问题的金融机构，中央银行可以提出整改建议，情节严重的给予处罚。

（四）对因内部控制制度长期不健全或执行监督不力造成重大资产损失，或导致发生重大金融犯罪案件的负有个人责任或直接领导责任的金融机构高级管理人员，中央银行可以依据有关规定，根据情节轻重及后果，取消一定期限内甚至终身的任职资格。

第六章　附　　则

第三十条 对在中华人民共和国注册的外资、中外合资金融机构应参照本指导原则，建立健全内部控制机制。

第三十一条 本指导原则由中国人民银行负责解释。

第三十二条 本指导原则自发布之日起由金融机构实行。

定向募集股份有限公司内部职工持股管理规定

（1993年7月1日　国家体改委发布）

第一章　总　　则

第一条 为搞好定向募集股份有限公司内部职工持股的管理，促进股份制试点企业健康发展，根据国务院关于加强股份制企业和证券市场管理的有关规定以及《股份有限公司规范意见》，制定本规定。

第二条 定向募集股份有限公司是指不向社会公开发行股票，只对法人和公司内部职工募集股份的股份有限公司（本规定以下简称“公司”）。

设立公司应按《股份有限公司规范意见》的规定办理。

第三条 内部职工持股是指本规定限定范围内的人员作为投资者持有公司发行的股份。

本规定将限定范围内的人员统称为内部职工。

第四条 公司向内部职工募集股份的，应当依照本规定执行。

第二章　内部职工持股的范围

第五条 公司向内职工募集的股份，只限于以下人员购买和持有：

（一）公司募集股份时，在公司工作并在劳动工资花名册上列名的正式职工；

（二）公司派往子公司、联营企业工作，劳动人事关系仍在本公司的外派人员；

（三）公司的董事、监事；

（四）公司全资附属企业的在册职工；

（五）公司及其全资附属企业在册管理的离退休职工。

第六条 下列人员不得购买和持有公司向内部职工募集的股份：

（一）公司法人股东单位（包括发起单位）的职工；

（二）公司非全资附属企业及联营单位的职工；

（三）公司关系单位的职工；

（四）公司外的党政机关干部；

（五）公司外的社会公众人士；

（六）根据国家法律、法规，禁止购买和持有公司股份的其他人员。

第三章　内部职工持股的股权证及持有卡

第七条 公司向内部职工募集股份，应当印制股权证，不得印制股票。

第八条 股权证是公司发行的，表示其股东按持有的股份享受权益和承担义务的书面凭证。

第九条 股权证采取簿记形式。

第十条 公司印制薄记式股权证，可以自行选择印刷厂，以经过公司审批部门认可的样式印刷。

第十一条 股权证应当载明下列事项：

（一）公司名称、住所；

（二）公司设立登记或新股发行之变更登记的文号及日期；

（三）公司注册资本、股份类别、每股金额；

（四）股东姓名；

（五）股权证号码、身份证号码、工作证号码（或职工离退休证号码）、股权证持有卡号码；

（六）发行日期；

（七）购买或转让日期；

（八）职工签章；

（九）经手人签章。

除上款事项外，股权证还应载明职工持股数量及其增减情况。

第十二条　股权证由董事长签名，加盖公司股权证专用章后生效。

第十三条　股权证不得交内部职工个人持有，由公司委托省级、计划单列市人民银行认可的证券经营机构集中托管。

第十四条　公司应当依据股权证向持股职工签发股权证持有卡作为持股身份的证明。股权证持有卡应加盖股权证托管机构的登记专用章。

第十五条　股权证持有卡应当载明下列事项：

（一）公司名称；

（二）股东名称；

（三）股权证号码；

（四）股权证持有卡号码；

（五）发卡日期；

（六）其他注意事项。

第十六条　股权证持有卡不得载明持股职工持有的股数、金额。

第十七条　内部职工可凭本人的股权证持有卡和身份证及工作证（职工离退休证）到公司委托的证券经营机构核对自己拥有的股份，办理股权证转让、过户、分红手续。

第四章　内部职工持股的审批

第十八条　公司实行内部职工持股，应当按照《股份有限公司规范意见》及国家有关规定，中央企业、地方企业分别向国家体改委或省、自治区、直辖市以及计划单列市政府的体改部门报送有关文件，经批准后方可实施。

第十九条　公司报送的有关文件，除满足《股份有限公司规范意见》的要求外，还须对涉及内部职工持股的事项作出说明或规定，包括：

（一）在设立公司申请书或已设立公司向内部职工募股的申请书中，应对股份发行方案、股权结构、内部职工持股范围、每股面值及预计发行价格、发行方式等作出说明；

（二）在公司章程或公司章程草案中，应对内部职工持股范围和股权证、股权证持有卡管理方式作出规定；

（三）在招股说明书中，应对股份发行及转让的有关事项，以及对负责股权证登记、保管和转让工作的公司委托的证券经营机构作出说明；

（四）附送股权证样式、股权证持有卡样式；

（五）经两名以上律师及其所在事务所就公司内部职工持股有关事项签字、盖章的法律意见书。

第二十条　公司增加内部职工持股额，应当按照《股份有限公司规范意见》和国家有关扩股增资的规定报批。

第二十一条　公司应当坚持国家股、法人股、内部职工股同股同利以及同次募集的股份价格一致的原则。

第五章　内部职工持股的转让

第二十二条　内部职工持有的股份在公司配售3年内不得转让，3年后也只能在内部职工之间转让，不得在社会上转让交易。

第二十三条　内部职工持有的股份，在持有人脱离公司、死亡或其他特殊情况下，可以不受转让期限限制，转让给本公司其他内部职工，也可以由公司收购。

第二十四条　内部职工转让股份，须经公司委托的证券经营机构办理过户手续，并开具转让收据。

第二十五条　内部职工的转让价格或公司收购价格，应以公司每股净资产额为基础，由转让、收售双方协商确定。公司委托的证券经营机构可通过提供参考价格给予指导。

第六章　内部职工持股的管理

第二十六条　公司的审批部门和证券托管机构的管理部门应当对本规定的执行情况进行监督。

第二十七条　公司委托的证券经营机构须对内部职工持有的股份在本规定范围内的转让负责。

第二十八条　定向募集公司内部职工认购的股份总额，不得超过公司股份总额的2.5%。

第二十九条　内部职工持股的定向募集公司转为社会募集公司时，应按《股票发行与交易管理暂行条例》规定的审批程序办理。内部职工持有的股份从配售之日起，满3年后才能上市转让。

第七章　附　　则

第三十条　对违反本规定的行为，依照《股票发行与交易管理暂行条例》、《股份有限公司规范意见》的规定处理。凡公司的股权证出现炒卖现象的，该公司一律不得转为社会募集公司和申请上市。

第三十一条　《股份制企业试点办法》和《股份有限公司规范意见》中，有关内部职工持股的条款与本规定不一致的，按本规定执行。

第三十二条　新建和在建项目组建定向募集股份有限公司，其内部职工持股的范围，另行规定。

第三十三条　本规定由国家体改委负责解释。

第三十四条　本规定自颁布之日起施行。

股份有限公司土地使用权管理暂行规定

（1994年12月3日　国家体改委、国家土地管理局发布）

第一条　为深化企业改革，优化配置土地资源，规范股份有限公司（以下简称公司）设立中的土地使用权管理，根据《中华人民共和国公司法》和国家关于土地法律、法规有关规定，制定本规定。

第二条　办理地价评估，必须依法进行土地使用权登记，取得《国有土地使用证》。尚未登记的，应向土地管理部门申请登记，领取土地使用权证书。

第三条　改建或新设公司使用的国有土地使用权必须评估。地价评估结果经县级或市级人民政府土地管理部门初审后，按本规定第六条规定的审批权限报批确认。

第四条　改建或新设为上市公司的，必须选择具有A级土地估价资格的评估机构进行地价评估；其他的应选择具有A级或B级土地估价资格的评估机构进行地价评估。

第五条　接受委托的评估机构，应与土地使用权持有者订立委托评估协议，按国家土地管理局颁布的《城镇土地估价规程》要求进行地价评估，并向土地使用权持有者和相应的土地管理部门提交土地估价报告。

第六条　由国务院授权部门批准设立的公司，其地价评估结果，向国家土地管理局申请确认；由省级人民政府批准设立的公司，其地价评估结果，向省级人民政府土地管理部门申请确认。

第七条 改建或新设公司应由土地使用权持有者拟订土地使用权处置方案。由国务院授权部门批准设立的公司，其土地使用权的处置方案，报国家土地管理局批准；由省级人民政府批准设立的公司，其土地使用权处置方案报省级人民政府土地管理部门批准。

第八条 企业可依法以出让方式取得土地使用权。在签订土地使用权出让合同、缴纳土地使用权出让金后，企业以出让方式取得的土地使用权，可以转让、出租或作价入股。持有土地使用权的公司，在土地使用权出让期限内，须承担土地使用权出让合同和土地登记文件所载明的权利和义务。

土地使用权转让、出租或入股的最高期限为土地使用权出让年期减去原企业以出让方式获取土地使用权后已使用的年期。

第九条 国家以租赁方式将土地使用权租给公司的，定期收取租金。公司以租赁方式使用土地，必须签订租赁合同。以租赁方式使用的土地不得转让、转租、抵押。

第十条 国家根据需要，可以一定年期的国有土地使用权作价入股，经评估作价后，界定为国家股，由土地管理部门委托国有股权持股单位统一持有。土地管理部门应与国有股权持股单位签订委托持股合同。

第十一条 国家以国有土地使用权作价入股的，其土地使用权折算的股本额不得低于审核确认的土地使用权作价总额除以股票的溢价倍数；土地使用权作价入股占国有资产总股本的比例也不得低于土地使用权作价总额占进入股份制企业的国有资产总额的比例。

土地使用权折股及土地使用权出让金、租金数额确定，均应以经审查确认的土地评估结果为基础。

第十二条 改建或新设的公司，凭公司审批机关的批准文件、土地使用权变更登记申请、土地使用权处置方案批准文件、土地使用权出让(租赁)合同、土地使用权出让金缴纳凭证及其他有关文件，按国家有关法律规定和《土地登记规则》的要求，向县级以上人民政府土地管理部门申请变更土地登记。

县级以上人民政府土地管理部门根据以上文件，并对用地情况进行复核后，办理变更土地登记，更换国有土地使用证。

第十三条 已经改建为公司的，没有进行土地使用权价格评估、处置方案审批和土地变更登记的，应当按本规定重新补办。

凡未按上述要求补办手续的公司，土地管理部门不予办理变更土地登记。

第十四条 改建或新设公司使用集体所有土地的，必须持公司审批机关的批准文件，向县级以上人民政府土地管理部门提出申请，按国家规定，经批准征为国有土地后，方可按可规定办理土地使用权评估、处置和变更登记手续。

第十五条 改建或新设有限责任公司的土地使用权管理，参照本规定执行。

第十六条 本规定自发布之日起施行。1992年7月9日国家土地管理局、国家体改委联合发布的《股份制试点企业土地资产管理暂行规定》、1993年10月9日发布的《关于到境外上市的股份制试点企业土地资产管理若干问题的通知》同时废止。

第十七条 本规定由国家土地管理局负责解释。

股份有限公司境内上市外资股规定的实施细则

(1996年5月3日　国务院证券委员会发布)

第一章　总　则

第一条 为了加强对股份有限公司境内上市外资股发行、交易及其相关活动的监督和管理，保护投资人的合法权益，根据《国务院关于股份有限公司境内上市外资股的规定》(以下简称《规定》)，制定本实施细则。

第二条 境内上市外资股的发行、交易及其相关活动，应当遵守《规定》和本实施细则。

《规定》和本实施细则未作规定的，适用国家其他证券法律、法规的有关规定。

第三条 经国务院证券委员会(以下简称国务院证券委)或由国务院证券委报经国务院批准，股份有限公司(以下简称公司)可以向特定的、非特定的境内上市外资股投资人募集股份，其股票可以在境内证券交易所上市。

前款所称公司，包括已经成立的公司和经批准拟成立的公司。

第二章　发行与上市

第四条 申请首次发行境内上市外资股的公司，应当向省、自治区、直辖市人民政府或者国务院有关企业主管部门提出申请。

省、自治区、直辖市人民政府或者国务院有关企业主管部门对公司申请审查后，认为符合《规定》所列发行境内上市外资股条件的，可以向国务院证券委推荐，并向国务院证券委报送下列文件：

(一)推荐文件；

(二)公司申请文件；

(三)公司符合《规定》所列发行境内上市外资股条件的说明材料和有关文件；

(四)公司所募资金运用的可行性报告；

(五)经具有从事证券业务资格的中国注册会计师审阅的公司前一年度资产负债表、损益表；

(六)公司当年税后利润预测；

(七)尚未设立公司的，发起人对拟投人公司的资产价值估算意见；

(八)具有承销资格的证券经营机构就公司发行前景所作的分析报告；

(九)国务院证券委要求的其他文件。

第五条 国务院证券委收到本实施细则第四条规定的文件后，会商国务院有关部门选定可以发行境内上市外资股的公司，并将结果通知省、自治区、直辖市人民政府或者国务院有关企业主管部门。

第六条 被选定发行境内上市外资股的公司，应当将《规定》第十一条或第十二条所列文件报经省、自治区、直辖市人民政府或者国务院有关企业主管部门核报中国证券监督管理委员会(以下简称中国证监会)审核。

第七条 已发行境内上市外资股的公司申请再次募集境内上市外资股的(公司向现有股东配股除外)，应当将《规定》第十二条所列文件报经省、自治区、直辖市人民政府或者国务院有关企业主管部门核报中国证监会审核。

第八条 如有境外会计师事务所、律师事务所、评估机构等专业机构为公司发行境内上市外资股出具有关专业文件的，公司在根据本实施细则第六条、第七条报送申请文件时，应当将该有关专业文件同时报送。

国家对前款所述机构的资格有要求的，应当符合国家有关规定。

第九条 公司依据本实施细则第六条、第七条报送的文件中，有关承销协议、招股说明书等可以是草签或者是尚未签字、盖章但经有关当事人确认的文件。

第十条 中国证监会对省、自治区、直辖市人民政府或者国务院有关企业主管部门核报的公司申请文件进行审核，经审核同意的，报国务院证券委批准；拟发行境内上市外资股的面值总额超过三千万美元的，由国务院证券委报经国务院批准。

公司在发行境内上市外资股前，应当向中国证监会报送正式签署的承销协议、招股说明书等，领取批准文件，即可发行境内上市外资股。

第十一条 《规定》和本实施细则所称招股说明书，可以是信息备忘录或者其他形式的招股说明材料。

第十二条 公司发行境内上市外资股，应当在境内按照中国有关法律、法规要求的内容、格式和披露方式披露招股说明书；其在境外向投资者提供的招股说明书，除募集行为发生地法律另有规定外，应当按照中国有关法律、法规要求的内容制作和提供。

公司在境内、外提供的招股说明书，在内容上不得相互矛盾，并不得有重大遗漏、严重误导或者虚假陈述。

第十三条 公司向现有股东配股，应当符合中国证监会发布的关于上市公司配股的有关规定。

第十四条 公司根据实施细则第七条、第十三条报送申请文件时，应当同时报送下列文件：

(一) 股东会议通知以及对通知情况的说明；

(二) 公司内资股股东和外资股股东出席会议及表决情况。

第十五条 公司在发行计划确定的股份总数内发行境内上市外资股，经国务院证券委批准，可以与包销商在包销协议中约定，在包销数额之外预留不超过该次拟募集境内上市外资股数额百分之十五的股份。预留股份的发行视为该次发行的一部分。

第十六条 境内上市外资股承销期不得超过九十日。

第十七条 境内上市外资股主承销商应当于承销结束后十五日内，向中国证监会提交承销报告及前十名最大境内上市外资股股东名单和所持股份数额。承销报告应当详细说明承销过程和结果。

第十八条 境内证券经营机构因包销业务而持有境内上市外资股，应当向中国证监会报告，并应当遵守有关信息披露的规定。

第十九条 承销协议的订立、履行和争议的解决，应当适用国家法律、法规的有关规定。

第二十条 公司应当在下列文件齐备后七日内报送中国证监会备案：

(一) 经二名以上具有从事证券业务资格的中国注册会计师及其所在事务所签字、盖章的关于所募资金的验资报告；

(二) 公司营业执照（副本复印件）；

(三) 创立大会或股东大会通过的决议和公司章程。

第二十一条 公司发行境内上市外资股，需要向境外证券主管机构申请注册或取得认可的，应当及时将有关申请文件和所取得的注册或认可文件报中国证监会备案。

第二十二条 公司发行的境内上市外资股，可以在证券交易所上市交易。

第二十三条 公司应当遵守其股票上市交易的证券交易所的业务规则。

第三章 交易、登记与结算

第二十四条 买卖境内上市外资股的投资人和境内上市外资股的经纪商，应当遵守证券交易所和证券登记结算机构的业务规则。

第二十五条 买卖境内上市外资股，应当根据证券登记结算机构的有关规定开立境内上市外资股帐户。

第二十六条 境内上市外资股投资人可以委托证券登记结算机构接受的托管机构为其办理境内上市外资股托管业务。

第二十七条 境内上市外资股的股东名册登记、股票存管、过户登记、资金结算应当由股票上市交易的证券交易所指定的证券登记结算机构进行。

境内上市外资股股东名册为证明境内上市外资股股东持有公司股份的充分证据；但是有相反证据的除外。

第二十八条 经纪商、托管机构可以依照登记结算机构的规定申请成为其境内上市外资股结算会员。

第二十九条 结算会员的境内上市外资股资金清算通过外币专门帐户进行。

第三十条 结算会员应当按照证券登记结算机构的规定缴纳风险基金等有关款项。

第四章 证券经营机构

第三十一条 证券经营机构从事境内上市外资股承销业务，应当具有中国证监会认可的境内上市外资股承销商资格。

第三十二条 境内证券经营机构从事境内上市外资股代理买卖业务，应当具有中国证监会认可的境内上市外资股经纪商资格。

第三十三条 境外证券经营机构可以与境内经纪商签订代理协议，也可以按照证券交易所规定的方式从事境内上市外资股代理买卖业务。

第五章 信息披露

第三十四条 除《规定》和本实施细则另有规定外，发行境内上市外资股的公司应当遵守国家有关法律、法规和中国证监会发布的有关公司信息披露的规定。公司还应当遵守证券交易所有关上市公司信息披露的规定。

第三十五条 公司根据《规定》第十七条需要提供外文译本时，应当保证外文文本的准确性。中文文本、外文文本发生歧义时，以中文文本为准。

第三十六条 公司在中期报告、年度报告中，除应当提供按中国会计准则编制的财务报告外，还可以提供按国际会计准则或者境外主要募集行为发生地会计准则调整的财务报告。如果按两种会计准则提供的财务报告存在重要差异，应当在财务报告中加以说明。

公司按国际会计准则或者境外主要募集行为发生地会计准则调整的年度财务报告，应当经过会计师事务所审计。

公司可以聘请符合国家规定或要求的境外会计师事务所对本条第一款所述按国际会计准则或者境外主要募集行为发生地会计准则调整的财务报告进行审阅或审计；但是在境内披露有关公司财务报告的审阅或审计报告时，应当由中国注册会计师及其所在事务所签署。

第三十七条 公司披露信息时，应当在境内外报刊上或者以其他中国证监会允许的信息披露方式向境内外投资人同时披露，披露内容原则上应当一致。

招股说明书的披露按本实施细则第十二条的规定办理。

第三十八条 任何境内上市外资股股东直接或者间接持有境内上市外资股股份达到公司普通股总股本的百分之五时，应当自该事实发生之日起三个工作日内向中国证监会、证券交易所和公司作出报告并公告，说明其持股情况和意图；并在其持有该股票的增减变化每达到该公司普通股总股本的百分之二时，作出类似的报告和公告。

境内上市外资股股东在作出前款规定的报告和公告之前及当日，不得再行直接或者间接买卖该种股票。

第六章 会计、审计

第三十九条 公司应当按照《企业会计准则》及国家其他有关财务会计法规、规定进行会计核算和编制财务报告，并根据《规定》第十四条聘请具有从事证券业务资格的中国注册会计师及其所在的境内事务所进行审计或者复核。

第四十条 公司分配股利前，应当按国家有关规定计提法定公积金和法定公益金。公司在分配股利时，所依据的税后可分配利润根据下列两个数据按孰低原则确定：

（一）经会计师事务所审计的根据中国会计准则编制的财务报表中的累计税后可分配利润数；

（二）以中国会计准则编制的、已审计的财务报表为基础，按照国际会计准则或者境外主要募集行为发生地会计准则调整的财务报表中的累计税后可分配利润数。

第四十一条 境内上市外资股股利的外汇折算率的确定，由公司章程或者股东大会决议规定。如果公司章程或者股东大会决议未作出规定，应当按股东大会决议日后的第一个工作日的中国人民银行公布的所涉外汇兑人民币的中间价计算。

第四十二条 公司除应当聘请具有从事证券业务资格的境内会计师事务所外，还可以根据需要聘请符合国家规定的境外会计师事务对其财务报告进行审计或审阅。

第四十三条 公司聘用、解聘或者不再续聘会计师事务所，由股东大会作出决定，并报中国证监会备案。

公司聘用会计师事务所的聘期，自公司本次股东年会结束时起到下次股东年会结束时止。

给批准拟设立的公司发行境内上市外资股时，会计师事务所的聘用决定由公司主要发起人或者改组设立公司的原有企业作出。

第四十四条 公司解聘或者不再续聘会计师事务所，应当事先通知会计师事务所，会计师事务所有权向股东大会陈述意见。

会计师事务所提出辞聘的，应当向股东大会说明公司有无不当情事。

第七章 附则

第四十五条 境内上市外资股股东与公司之间，境内上市外资股股东与公司董事、监事、经理和其他高级管理人员之间，境内上市外资股股东与内资股股东之间发生的与公司章程规定的内容以及公司其他事务有关的争议，适用中华人民共和国法律。

第四十六条 经国务院确定的计划单列市人民政府比照适用《规定》和本实施细则关于省、自治区、直辖市人民政府的规定。

第四十七条 中国证监会可以依据本实施细则制定专项规定。

第四十八条 本实施细则于《规定》施行之日起同时施行。

关于设立外商投资股份有限公司若干问题的暂行规定

（1995年1月10日　　国家对外经贸部令〔1995〕第1号）

第一条 为进一步扩大国际经济技术合作和交流，引进外资，促进社会主义商品经济的发展，外国的公司、企业和其他经济组织或个人（以下简称外国股东），按照平等互利的原则，可与中国的公司、企业或其他经济组织（以下简称中国股东），在中国境内，共同举办外商投资股份有限公司（以下简称公司）。

第二条 本规定所称的外商投资股份有限公司是指依本规定设立的，全部资本由等额股份构成，股东以其所认购的股份对公司承担责任，公司以全部财产对公司债务承担责任，中外股东共同持有公司股份。外国股东购买并持有股份占有公司注册资本25%以上的企业法人。

第三条 公司为外商投资企业的一种形式，适用国家法律、法规对于外商投资企业的有关规定。

第四条 设立公司应符合国家有关外商投资企业产业政策的规定。国家鼓励设立技术先进的生产型公司。

第五条 公司可采取发起方式或者募集方式设立。

第六条 以发起方式设立的公司，除应符合《公司法》规定的发起人的条件外，其中至少有一个发起人应为外国股东。

以募集方式设立的公司，除应符合前款条件外，其中至少有一个发起人还应有募集股份前3年连续盈利的记录，该发起人为中国股东时，应提供其近3年经过中国注册会计师审计的财务会计报告；该发起人为外国股东时，应提供该外国股东居所所在地注册会计师审计的财务报告。

第七条 公司的注册资本应为登记注册机关登记注册的实收股本总额，公司注册资本的最低限额为人民币3千万元，其中外国股东购买并持有的股份应不低于公司注册资本的25%。

第八条 股东认购的股份的转让应符合本规定第七条所规定的条件。发起人股份的转让，须在公司设立登记3年后进行，并经公司原审批机关批准。

第九条 发起人达成设立公司协议后，可共同委托一发起人办理设立公司的申请手续，具体程序是：

（一）申请人向其省、自治区、直辖市及计划单列市政府主管部门（以下简称主管部门）提交设立公司的申请书、可行性研究报告、资产评估报告等文件。

以募集方式设立公司的，申请（还须提交招股说明书）。

（二）上述文件经主管部门审查同意后，由主管部门转报省、自治区、直辖市及计划单列市对外经贸部门。上述文件经省、自治区、直辖市及计划单列市对外经贸部门核准后，发起人正式签定设立公司的协议、章程。

（三）发起人签定设立公司的协议、章程。报省、自治区、直辖市对外经贸部门审查同意后，报对外贸易经济合作部审查批准。对外贸易经济合作部在45日内决定批准或不批准。

第十条 发起人提交的各项文件必须用外文书写。在发起人各方认为需要时，可商定再用一种外文书写，但以审批生效的中文文本为准。

第十一条 设立公司的申请书应概要说明：

（一）发起人的名称、住所、法定代表人；

（二）组建公司的名称、住所及宗旨；

（三）公司设立方式、股本总额、类别、每股面值、发起人认购比例、股份募集范围和途径；

（四）发起人的生产经营情况包括近3年生产经营、资产与负债、利润等情况（限于以募集方式设立公司的发起人）；

（五）公司的资金投向及经营范围；

（六）提出申请的时间，发起人的法定代表签名并加盖发起人单位公章；

（七）其他需要说明的事项。

第十二条 发起人协议应包括以下主要内容：

（一）发起人的名称、住所、法定代表人的姓名、国籍、住所、职务；

（二）组建公司的名称、住所；

（三）公司的宗旨，经营范围；

（四）公司设立的方式、组织形式；

（五）公司注册资本、股份总额、类别、发起人认购股份的数额、形式及期限；

（六）发起人的权利和义务；

（七）违约责任；

（八）适用法律及争议的解决；

（九）协议的生效与终止；

（十）订立协议的时间、地点、发起人签字；

(十一)其他需要载明的事项。

第十三条 发起人设立公司的协议、章程经对外贸易经济合作部批准后，发起人应在30日内凭对外贸易经济合作部颁发的批准证书到银行开立专用帐户。发起人应自批准证书签发之日起90日内一次缴足其认购的股份。发起人在公司发行的股份缴足之前应承担连带认缴责任。公司不能设立时，发起人为设立行为所发生的费用和债务负连带责任。

第十四条 以发起方式设立公司的，发起人按本规定第十一条的规定缴足其认购的股份后，应当选举董事会和监事会，由董事会向公司登记机关报送设立公司的批准文件、公司章程、验资证明等文件，申请设立登记。

以募集方式设立公司的，发行股份的股数缴足后，必须经法定的验资机构验资并出具证明，发起人应当在30日内主持召开公司创立大会，并选举董事会、监事会，董事会应于创立大会结束后30日内，向公司登记机关报送设立公司的批准文件、公司章程、验资证明、创立大会的会议记录等文件，申请设立登记。

公司登记机关自接到全部登记文件之日起30天内完成登记注册手续，并颁发营业执照。

第十五条 已设立中外合资经营企业、中外合作经营企业、外资企业(以下简称外商投资企业)，如申请转变为公司的，应有最近连续3年的盈利记录，由原外商投资企业的投资者作为公司的发起人(或与其他发起人)签字设立公司的协议、章程，报原外商投资企业所在地的审批机关初审同意后转报对外贸易经济合作部审批。

申请转变应报送下列文件：

(一)原外商投资企业的合同、章程；

(二)原外商投资企业董事会关于企业改组的决议；

(三)原外商投资企业投资者关于终止原合同、章程的决议；

(四)原外商投资企业资产评估报告；

(五)发起人(包括但不限于原外商投资企业投资者)协议；

(六)公司章程；

(七)原外商投资企业的营业执照、批准证书，最近连续3年的财务报告；

(八)设立公司的申请书；

(九)发起人的资信证明；

(十)可行性研究报告。

第十六条 上述申请经对外贸易经济合作部批准后，发起人应自批准证书签发并缴足其认购的股本金后向公司登记机关办理变更登记手续。

第十七条 外商投资企业变更登记为公司后，原外商投资企业的一切权利、义务全部转由公司承担。

外商投资企业的中外投资者在原外商投资企业合同、章程中承诺的义务，应列入发起人协议及章程，同样适用所设立的公司。

第十八条 国有企业、集体所有制企业如申请转变为公司的，除符合本规定其他条款的规定外，还须符合以下条件：

(一)该企业至少营业5年并有最近连续3年的盈利记录；

(二)外国股东以可自由兑换的外币购买并持有该企业的股份占该企业注册资本的25%以上；

(三)企业的经营范围符合外商投资企业产业政策；

中外股东作为发起人签定设立公司的协议、章程，报企业所在地审批机关初审同意后转报对外贸易经济合作部审批。

申请转变应报送下列文件：

(一)原企业资产评估报告；

(二)设立公司的申请书；

(三)可行性研究报告；

(四)发起人协议；

(五)公司章程；

(六)原企业营业执照、最近连续3年的资产负债表；

(七)发起人的资信证明；

(八)其他必要的文件。

第十九条 上述申请经对外贸易经济合作部批准后，发起人应自批准证书签发并缴足其认购的股本金后向公司登记机关办理变更登记手续。

第二十条 股份有限公司申请转变为公司的，除符合本规定其他条款的规定外，还须符合以下条件：

(一)该股份有限公司是经国家正式批准设立的；

(二)外国股东以可自由兑换的外币购买并持有该股份的有限公司的股份占公司注册资本的25%以上；

(三)股份有限公司的经营范围符合外商投资企业产业政策。

第二十一条 股份有限公司通过向社会公开发行人民币持特种股票(B股)。申请转变为公司的，应报送如下文件：

(一)股东大会对转变为公司的决议；

(二)原股份有限公司资产评估报告；

(三)申请转变为公司的报告；

(四)原股份有限公司章程的补充、修改协议；

(五)证券管理部门批准公开发行人民币特种股票(B股)的文件；

(六)其它必要的文件。

第二十二条 股份有限公司通过增资扩股或转股发行外国股东持有的股份，申请转变为公司的，除报送前条第(一)、(二)、(三)、(四)款规定的文件外，还应报送股份有限公司与定向购股人的购股协议等其他必要的文件。

第二十三条 股份有限公司在境外发行境外上市外资股(包括但不限于H股和N股)并在境外上市申请转变为公司的，除报送第二十一条第(一)、(二)、(三)、(四)款规定的文件外还应报送如下文件：

(一)证券管理部门批准境外上市的文件；

(二)境外证券机构批准原股份有限公司股票上市的文件；

(三)境外上市的原股份有限公司股票交易情况。

第二十四条 上述申请经对外贸易经济合作部批准后，原股份有限公司应持批准证书和公司的募股证明向工商行政管理机关办理变更登记手续。

第二十五条 本暂行规定未规定的公司的其他事宜，按《公司法》，“国务院关于股份有限公司境外募集股份及上市的特别规定”及有关规定办理。

第二十六条 凡属外商投资企业改组成公司的，其减免税等优惠期限，不再重新计算。

第二十七条 香港、澳门、台湾地区的公司、企业、其他经济组织或个人，在大陆投资设立公司的，准用此暂行规定。

第二十八条 本暂行规定由对外贸易经济合作部负责解释。

境外上市企业股份制改组工作程序

（1994年3月9日　　国家体改委生产司发布）

一、拟订股份制改组总体方案

试点企业初步拟订投入股份有限公司的资产、负债及组织框架方案，开展相应的效益测算，对改组前后企业与国家的利税关系进行比较测算，对募集资金的投向及可行性进行分析研究。

二、资产评估立项和财产清查

1. 地方试点企业各省、市人民政府提出国有资产和国有土地使用权评估立项申请，省、市人民政府审批立项，分别报地方国有资产管理部门和土地管理部门审定备案。

2. 中央试点企业向其主管部委提出国有资产和国有土地使用权评估立项申请，由业主管部委审批立项，并分别报国家国有资产管理局和国家土地管理局审定备案。

3. 试点企业开展清产核资和存货盘点工作，对企业财会历史遗留问题拟出处理建议，并结合产权界定工作，请原企业主管部门或政府明确产权代表（法人机构或部门）。

三、聘请中介机构开展工作

1. 聘请具有资格的律师事务所拟写企业股份制改组的系列法律文件、企业重大合约的变更、设立公司的章程、律师的法律意见书。

2. 聘请具有资格的资产评估机构进行国有资产评估。

3. 聘请具有资格的注册会计师事务所开展企业前三年的经营业绩审计、后一年经营效益预测、债权债务清理、资产验资等工作。

4. 聘请具有资格的证券发行机构拟定股票发行方案、招股说明书和提出推荐公司上市的申请。

5. 聘请具有资格的土地评估机构对国有土地使用权进行评估。

以上工作一般由有资格的中外中介机构采取项目合作或其他方式联合进行，但向国家有关部门报送的文件需由国内中介机构签署，不发行A股的试点企业，可暂不聘国内证券发行机构。

四、申报公司重组报告

地方试点企业通过省、市人民政府，中央试点企业通过其行业主管部委向国家体改委申报公司重组报告，其中包括：

1. 公司重组方案：公司的分立和合并情况，股份有限公司的机构设置，股份有限公司与原有企业的关系及有关问题的处理。

2. 资产和负债的划分及债权债务的处理。

3. 有关的效益、利税测算数据。

4. 股份有限公司的股权设置及募股方案。

5. 重组实施计划。

五、申报发起设立公司

在资产评估、财务审计和公司重组方案等工作完成的基础上，地方试点企业通过省、市人民政府，中央试点企业通过行业主管部委向国家体改委申报发起设立股份有限公司，申报的文件：

1. 地方试点企业向省、市人民政府，中央试点企业向行业主管部委上报关于发起设立股份有限公司的申请；

2. 省、市人民政府或行业主管部委向国家体改委转报试点企业关于发起设立股份有限公司的申请；

3. 国有资产评估及产权界定报告及评估机构从业证券资格证明复印件；

4. 国家资产管理局关于企业股份制试点的国有资产评估结果。确认和国有资产折股结果确认及国有股股权管理的批复；

5. 试点企业前三年经营业绩财务审计报告和未来一年经营盈利预测报告、债权债务处理方案及注册会计师事务所从业证券资格证明复印件；

6. 涉及国有土地使用权的应有国家土地管理局对企业股份制改组国有土地使用评估结果和确认及国有土地使用权作价方式确认等问题的批复；

7. 试点企业发起设立股份有限公司的初步公司章程；

8. 律师出具公司改组的法律意见书及其从业证券资格复印件证明。

（注：为适应企业到境外上市进度的需要，在特殊情况下，经批准，企业在本条3、4、5、6款工作未完成的基础上，可依据公司财务报表及企业改组方案，先行提出发起设立公司的申请，所需提交的文件应为本条1、2、7及国有资产管理局对企业股份制试点的国有资产初步折股方案的批复，余下的文件归入申请转为社会募集公司时一并补报。）

六、召开公司创立会议

在国家体改委批复发起设立公司的基础上，公司召开创立会议。创立会议通过下列主要决议案：

1. 发起人设立公司的工作报告；

2. 通过设立公司的章程；

3. 选举公司董事及委托公司法定代表。

七、工商登记

公司召开创立会议后，向有关工商行政管理局进行工商登记，领取营业执照，取得法人资格，公司正式成立。

八、申报股票发行及上市方案

公司积极筹划招股方案和招股说明书，向国务院证券委、中国证监会申报股票发行及上市方案。

九、申请转让社会募集公司

新设立的公司在申报股票发行及上市方案的同时，地方试点企业通过省、市人民政府，中央试点企业通过其行业主管部委向国家体改委提出公司转为社会募集公司的请示，应申报下述文件：

1. 地方试点企业向省、市人民政府，中央试点企业向行业主管部委提出公司转为社会募集公司的申请；

2. 省、市人民政府或行业主管部委向国家体改委转报公司申请的函；

3. 转为社会募集公司的公司章程；

4. 股东临时会议通过的关于转为社会募集公司、增资扩股、公司章程及股票交易方式的特别决议；

5. 律师出具的关于转为社会募集公司章程的法律意见书。

十、国家体改委批复公司转为社会募集公司

凡上述需申报国家体改委的报告或文件均由正本一份，副本二份上报，并抄报国家经贸委一份。

到香港上市公司章程必备条款

1、公司章程的约束力

1.1 法律效力

章程须包括具有下列内容的条款：

自公司在工商行政管理机关登记注册取得法人资格之日起，本章程即成为规范公司与股东之间、股东与股东之间关系的法律文件。根据公司章程而产生的有关公司事宜的权利和义务，股东可依据章程起诉公司，公司可依据章程起诉股东，某股东也可依据章程起诉另一股东。本款所指起诉包括在法院提出诉讼或在仲裁机构进行仲裁。

1.2 营业期限

章程须载明公司的营业期限。

2.股份和股票

2.1 赎回和购回股份

章程须对公司赎回和购回其股份作出规定，包括具有下列内容的条款：

(1) 公司在任何时候必须设有普通股。

(2) 公司经有关机构批准可以设立可赎回的股份，赎回时须按〔本款 (8)、(9)、(10)〕项的规定及发行时载明的条件办理。

(3) 公司经有关机构批准可购回股份，但购回时须按〔本款 (4)、(5)、(6)、(7)、(8)、(9)、(10)〕项的规定办理。

(4) 公司只可以下列方法之一购回股份：

(a) 全面购回；

(b) 在中国境内一家证券交易所或香港联合交易所购回；

(c) 以在证券交易所以外订立的合同购回。

(5) 公司提出全面购回其股份或在〔本款 (4) 项 (b) 目〕指的证券交易所购回股票，须经股东会按本章程的规定批准。

(6) 公司以在证券交易所外订立合同的方式购回股份时，须事先经股东会按本章程的规定批准。但股东会以同一方式事前批准，公司可以解除或改变经上述方式已订立的合同，或放弃其合同中的任何权利。购回股份的合同，包括（但不限于）同意承担购回的义务和取得购回股份权利的合同。

(7) 公司购回自身股份合同的权利不可转让。

(8) 除非公司已开始清算，公司赎回或购回股份时应遵守以下规定：

(a) 公司以面值价格赎回股份时，其款项可从可分配的利润或从为赎回该等股份而发行的新股所得中支出。

(b) 公司以高于面值价格赎回股份时，其面值部分从可分配的利润和从为赎回该等股份发行的新股所得中支出。高出面值的部分，按下述办法办理：（Ⅰ）如果赎回的股份是以面值价格发行的，须从可分配利润中支出；（Ⅱ）如果赎回的股份是以溢价发行的，须从可分配利润和从为赎回而发行的新股所得中支出；但从新股所得中支出的金额，不得超过赎回的股份发行时获得的溢价总额，也不得超过赎回时公司溢价帐户上的金额（包括其发行新股的溢价金额）。公司须按上述支出的数额相应减少溢价帐户上的金额。

(c) 公司购回股份的款项须从可分配的利润或从为购回该等股份而发行新股所得中支出。

(d) 公司为以下用途所支付的款项须从可分配的利润中支出：

（Ⅰ）取得购回自身股份的购回权；（Ⅱ）变更购回股份的合同；（Ⅲ）解除其在购回合同中的义务。

(9) 由公司购回或赎回的股份须予以注销，注销股份的票面总值须从公司的注册股本中核减。

(10) 从可分配的利润中支出的用于购回或赎回股份的金额，在根据上述第 (9) 项从公司注册股本中核减后，须计人资本公积金。

2.2 购买股份的财务资助

章程须对公司资助购买自己的股份作出规定，包括具有下列内容的条款：

(1) 除〔本款 (3) 项〕规定的情形外，对于购买或拟购买公司股份者，公司或其子公司均不得在购买前或购买时直接或间接地提供任何财务资助。

(2) 除〔本款 (3) 项〕规定的情形外，对于因购买公司的股份而承担义务者（由购买者本人承担或由其他人承担），公司或其子公司均不得直接或间接地提供任何财务资助以减少或解除该项义务。

(3) 不禁止以下的交易：

(a) 公司所提供的财务资助是诚实地为了公司利益，并且该项财务资助的主要目的并不是为购买本公司股份，或该项财务资助是公司某项总计划中附带的一部分；

(b) 公司合法的以其财产作为股利进行分配；

(c) 以股份的形式分配的股利；

(d) 依照公司章程减少股本、赎回或购回股份、重组股本或其他改组；

(e) 公司在其经营范围内正常业务活动中所做的贷款，只要公司的净资产未因此而减少，或即使构成了减少，但该项财务资助是从可分配的利润中支出的；

(f) 公司为职工持股计划而提供的款项，只要公司的净资产未因此而减少，或即使构成了减少，但该项财务资助是从可分配的利润中支出的。

(4) 本款中有关概念的含义：

(a)“财务资助”包括：

（Ⅰ）以馈赠的方式提供财务资助。

（Ⅱ）以担保（包括由保证人承担责任或提供财产以保证义务人履行义务）、补偿（不包括因公司本身的疏忽或过失所提供的补偿）、解除或放弃权利的方式提供财务资助。

（Ⅲ）以下述的方式提供财务资助：提供贷款、订立由公司先于他方履行义务的合同；该贷款或合同中任何一方的变更、该贷款或合同中权利的转让。

（Ⅳ）公司在无力偿还债务、没有净资产、其净资产会大幅度减少的情形下，以任何其他方式提供的财务资助。

(b)“承担义务”包括因订立合同或作出安排（不论该合同或安排是否可强制执行，也不论是其个人或与任何其他人共同承担），或以任何其他方式改变了其财务状况而承担的义务。

2.3 股票遗失的处理

章程须就股票遗失后的补发办法作出规定，包括具有下列内容的条款：

任何在股东名册登记的股东或任何要求将其姓名（名称）登记在股

东名册上的人，如果其股票（即"原股票"）遗失，可向公司申请就该股份（即"有关股份"）补发新股票，新股票的补发须遵循下列程序：

(a) 申请人须用公司指定的标准格式提出申请并附上公证书或法定声明文件，公证书或法定声明文件的内容应包括（Ⅰ）申请人申请的理由，股票遗失的情形，以及根据实际情况可用以证明申请理由的其他细节，和（Ⅱ）无其他任何人可就有关股份要求登记为股东的声明。

(b) 如公司准备补发新股票，须在董事会为此指定的报刊上 90 日内每 30 日至少刊登一次准备补发新股票公告。

(c) 为使〔本项（b）目〕所规定的公告有效，公司必须在刊登公告之前：

（Ⅰ）向其挂牌上市的证券交易所呈交一份拟根据本项〔本项（b）目〕刊登 的公告的副本，并收到了该证券交易所的回复，确认该拟刊登的公告已在证券交易所展示，直至自收到上述公告 90 日的期限届满；

（Ⅱ）如补发股票的申请未得到有关股份有登记股东的同意，公司须将拟刊登的公司的复印件邮寄给该股东。

(d) 如果〔本项（b）目〕所规定的 90 日期限届满，公司未收到任何人对补发股票的异议，即可向申请人或根据申请人的指令补发新股票。

(e) 公司根据本款补发新股票时，须立即注销原股票，并将此注销和补发登记在股东的名册上。

(f) 公司根据本款补发新股票后，

（Ⅰ）获得上述新股票的善意购买者或其后登记为有关股份的所有者（如属善意购买者），其姓名（名称）均不得从股东名册中删除；

（Ⅱ）公司对任何由于注销原股票或补发新股票而受到损害的人均无赔偿义务，除非该当事人能证明公司有欺诈行为。

(g) 公司为注销原股票和补发新股票的全部费用，均由申请人负担。在申请人未提供合理的担保之前，公司有权拒绝采取任何行动。

2.4 H 种股票

章程须包括具有下列内容的条款：

(1) 公司发行的 H 种股票须由董事长亲自或印刷签署，经加盖上公司证券专用章后生效。

(2) H 种股票指获香港联合交易所批准上市的人民币特种股票，即以人民币标明股票面值，以港币认购和进行交易的股票。由外国和香港、澳门、台湾地区投资者以购买人民币特种股票形式向公司投资形成的股份称为外资股。

3. 股 东

3.1 股东的界定

章程须界定何为股东，包括具有下列内容的条款：

(1) 股东为同意成为公司股份持有人且其姓名（或名称）登记在股东名册上的人；

(2) 除非有相反的证据，否则股东名册即为证明公司股权所有的充分证据；

(3) 任何对股东名册持异议而要求将其姓名（名称）登记在股东名册上或将其姓名（名称）从股东名册中删除者，均可向有管辖权的法院申请更正股东名册。法院可就申请人的股份所有权作出决定，且可命令更正股东名册（在〔2.3 款〕的情况除外）。

3.2 股东名册

章程须包括具有下列内容的条款：

(1) 公司必须设股东名册，登记以下的事项：

(a) 股东的姓名（名称）、地址（住所）、职业或性质、所持的股份类别及其数量，就所持股份已付及应付的款项；

(b) 登记为股东的日期；及

(c) 不为股东的日期。

(2) 公司须有完整的股东名册，由以下部分组成：

(a) 存放于公司住所的部分，为应按〔本项（b）、(c) 两目〕规定登记的股东之外的其他全部股东的名册。

(b) 存放于香港的部分，为在香港联合交易所所挂牌上市股份之股东的名册；及

(c) 董事会为公司股份上市的需要，而决定设于其他地方的部分。

公司可委托代理机构管理股东名册。根据〔本项（b）、(c) 两目〕而设立的股东名册部分须制作复印件，备置于公司住所。

(3) 股东名册的各部分应互不重叠。在股东名册某一部分注册的股份的转让，在该股份注册存续期间不得注册到股东名册的其他部分。

(4) 股东名册各部分的更改或更正，须根据股东名册各部分存放地的法律进行。

3.3 股东获取信息的权利

章程中须载有股东获取信息的条款，至少应包括以下内容：

(1) 在缴付象征性的费用后有得到公司章程的权利；

(2) 在缴付了合理的费用后有权查阅和复印：

(a) 所有各部分股东的名册；

(b) 公司董事、监事和高级管理人员的个人资料：

（Ⅰ）现在及以前的姓名、别名；

（Ⅱ）主要的地址（住所）；

（Ⅲ）国籍；

（Ⅳ）职业、职务及其他全部兼职；及

（Ⅴ）身份证明文件及其号码。

(c) 公司股本状况；

(d) 自上一财务年度以来公司购回自己每一类别股份的票面总值、数量以及最高和最低价，和公司为此支付的全部费用的报告；及

(e) 股东会议的会议记录。

3.4 不可附加义务

章程中必须包括具有下列内容的条款，即股东除了股份的认购人在认购时所同意的条件之外，不承担其后追加任何股本的责任。

3.5 董事、监事及高级管理人员对股东的义务

章程须包括具有下列内容的条款：

除法律或公司股份上市的证券交易所的上市规则 要求的义务外，董事、监事及高级管理人员在行使公司赋予他们的权力时，还须对每个股东负有下列的义务：

(a) 不得使公司超越其营业执照规定的营业范围；

(b) 须真诚地以公司最大利益为出发点行事；

(c) 不得以任何形式剥夺公司财产，包括（但不限于）对公司有利的机会；及

(d) 不得剥夺股东个人权益，包括（但不限于）分配权、表决权，但不包括根据章程提交股东会通过的公司改组。

3.6 控股股东对其他股东的义务

章程须包括具有下列内容的条款：

(1) 除法律或公司股份上市的证券交易所的上市规则要求的义务外，控股股东在行使其股东的权力时，不得在下列问题上有损于全体或部分股东的利益行使其表决权：

(a) 免除董事、监事须真诚以公司最大利益为出发点行事的责任；

(b) 批准董事、监事（为其或他人利益）以任何形式剥夺公司财

产，包括（但不限于）任何对公司有利的机会；或

(c) 批准董事、监事（为其或他人利益）剥夺其他股东的个人权益，包括（但不限于）任何分配权、表决权，但不包括根据章程提交股东会通过的公司改组。

(2) 本款所指控股股东是具备以下条件之一的人：

(a) 此人单独或与其他人一致行动时，可选出半数以上的董事；

(b) 此人单独或与其他人一致行动时，可行使公司30%以上（含）的表决权或可控制公司的表决权的3%以上（含）的行使；

(c) 此人单独或与其他人一致行动时，持有公司发行在外30%以上（含）的股份；或

(d) 此人单独或与其他人一致行动时，以其他方式在事实上控制公司。

3.7 收款代理人

章程须包括具有下列内容的条款：

(1) 公司须代持有H种股份的股东委任收款代理人。收款代理人须代该等股东收取公司就H种股份分配的股利及其他应付的款项。

(2) 公司委任的收款代理人须为按香港《受托人条例》注册的信托公司。

4. 公司董事、监事和高级管理人员

4.1 董事、监事和高级管理人员资格的限定

章程须包括具有下列内容的条款：

(1) 非自然人没有资格成为公司董事、监事。

(2) 被裁定违反股票发行与交易管理的规定，或其它法律，且涉及有欺诈或不诚实的行为者，自该裁定之日起五年内没有资格成为公司的董事、监事和高级管理人员。

4.2 董事、高级管理人员的行为对善意第三人的有效性

章程须包括具有下列内容的条款：

董事、高级管理人员代表公司的行为对善意第三人的有效性，不因其在任职、选举和资格 上有任何不合规定而受影响。

4.3 公司董事会秘书

章程必须包括具有下列内容的条款：

(1) 公司应设公司董事会秘书，由董事会委任。

(2) 公司董事会秘书是公司的高级管理人员，其主要责任是保证公司有完整的组织文件和记录，准备和递交工商行政管理机关以及其他机构所要求的文件和表格，保证公司的股东名册妥善设立，保证有权得到公司有关记录和文件的人及时得到有关记录和文件。

(3) 董事会应任命他们认为具有必备知识和经验的自然人担任公司董事会秘书。

(4) 公司董事或其他高级管理人员〔公司的会计师事务所（注册会计师）（核数师）除外〕均可兼任公司董事会秘书。当董事会秘书由董事兼任时，如某一行为应由董事及董事会秘书分别作出，则该兼任董事及董事会秘书的人不得以双重身份作出。

4.4 董事和高级管理人员的义务

章程须包括具有下列内容的条款：

(1) 每位董事、高级管理人员都有责任在行使其权利或履行其义务时，以一个合理的谨慎的人在相似情形下所应表现的谨慎、勤勉和技能为其所应为的行为。

(2) 每位董事和高级管理人员在行使公司赋予他们的权力时须遵守诚信义务，不可置自己于自身的利益和承担的义务可能发生冲突的处境。此原则包括（但不限于）执行下列的义务：

(a) 须真诚地以公司最大利益为出发点行事；

(b) 须按赋予权力时所规定的目的行使权力；

(c) 须亲自行使所赋予他的酌量处理的权力，不得为他人所操纵；非法律允许或得到股东会在知情的情况下的同意不得将其酌量权转给他人行使。

(d) 对同类别的股东应平等，对不同类别股东应公平；

(e) 除本章程有关规定或由股东会在知情的情况下，另有批准外，不得与公司订定合同、交易或安排；

(f) 未经股东会在知情的情况下同意，不得用任何形式以公司财产为自己谋私利；

(g) 不得以任何形式剥夺公司财产，包括（但不限于）对公司有利的机会；

(h) 未经股东会在知情的情况下同意，不得利用其在公司的地位为自己谋私利；

(i) 未经股东会在知情的情况下同意，不得接受与公司交易有关的佣金；

(j) 未经股东会在知情的情况下同意，不得与公司竞争；及

(k) 除非由股东会在知情的情况下另有批准，须为在其任职期间所获得的机密信息保密；如不是为公司利益计，不得利用该信息；但如（Ⅰ）法律有规定；（Ⅱ）公众利益有要求，（Ⅲ）该董事或高级管理人员本身的利益有要求，则可向法院或其他政府主管机关披露信息。

(3) 按诚信义务的要求，董事或高级管理人员不得指使与其相关的人作出董事或高级管理人员不能作的事。与董事或高级管理人员相关的人指：

(a) 该董事、高级管理人员的配偶或未成年子女；

(b) 该董事、高级管理人员或〔本项 (a) 目〕所列人士的信托人；

(c) 该董事、高级管理人员或〔本项 (a)、(b) 目〕所列人士的合伙人；

(d) 由该董事或高级管理人员单独在事实上所控制的公司，或与〔本项 (a)、(b)、(c) 目〕所提及的人士或公司其他董事、监事或高级管理人员在事实上共同控制的公司；或

(e)〔本项 (d) 目〕所指公司的董事、监事或高级管理人员。

(4) 在〔本款 (2) 项〕中所列的董事和高级管理人员的诚信义务不一定在他们的任期结束时终止。对公司商业秘密保密的义务在其任期结束后仍有效。其他的义务的持续期应根据公平的原则决定，取决于事件发生时与离任之间时间的长短，以及与公司的关系在何种情形和条件下结束。

(5) 董事或高级管理人员因违反某项具体的义务所负的责任，可由股东会在知情的情况下解除，但〔3.6款〕所规定的情况除外。

4.5 董事、高级管理人员与公司订约

章程须包括具有下列内容的条款：

(1) 如某董事或高级管理人员，直接或间接地在与公司已订立的或计划中的合同、交易或安排上有重要利害关系（董事或高级管理人员的聘任合同除外），该董事、高级管理人员必须尽快向董事会披露其利害关系的性质和程度，不论上述事项在正常情况下是否需要董事会批准同意。除非该董事或高级管理人员已按本款的要求向董事会做了披露，并且董事会在其不计入法定人数，亦未参加表决的会议上批准了该事项，公司可撤销该合同、交易或安排，但对方是对该董事、高级管理人员违反其义务的行为不知情的善意当事人的除外。如果某董事或高级管理人员的相关人士（定义与在〔4.4款 (3) 项〕相同）在某合同、交易或安排上有利害关系，该董事或高级管理人员也应被视为有利害关系。

(2) 如董事给董事会一项书面通知，声明由于通知所列的内容，他与公司日后达成的合同、交易或安排有利害关系，在通知阐明的范围

内，该董事被视为做了本款规定的披露，但该通知须在公司首次考虑订定有关合同、交易或安排前已送达董事会。

4.6 应予禁止的利益

章程须对禁止公司向董事或监事提供某些利益作出规定，包括具有下列内容的条款：

(1) 公司不得以任何方式为董事、监事交纳税款。

(2) 公司不得直接或间接地向其董事、监事或母公司的董事、监事提供贷款、不得为该等董事或监事提供贷款担保；不得向与该等董事或监事相关的人提供贷款或为该等人士提供贷款担保。

(3) 以下的交易不受〔本款（2）目〕的限制；

(a) 公司向其子公司提供贷款或为子公司提供贷款担保；

(b) 公司根据经股东会批准的董事、监事聘任合同向董事、监事提供贷款或贷款担保，或提供款项，使之支付为了公司目的或为了履行其公司职责所发生的费用；及

(c) 如公司的正常业务范围包括提供贷款或贷款担保，公司可向董事、监事或与董事、监事相关的人士提供贷款或贷款担保，但贷款或提供贷款担保的条件必须属正常商务条件。

(4) 公司违反〔本款（2）项〕而提供贷款，收到款项的人必须立即偿还，不论其贷款条件如何。

(5) 公司违反〔本款（2）项〕所提供的贷款担保不得强制公司执行。但下述情况除外：

(a) 向与公司或其母公司董事、监事相关的人提供贷款时，提供贷款人不知情，则公司提供贷款担保可强制执行；或

(b) 公司提供的担保物已由提供贷款人合法地售予善意购买者，则公司不得索回该担保物；

(6) 本款中有关概念的含义：

(a) 担保包括由保证人承担责任或提供财产以保证义务人履行义务。

(b) 与监事或董事相关的人的定义：适用〔4.4款（3）项〕相关人的定义。

4.7 董事会权力的限制

章程须包括有下列内容的条款：

(1) 如拟处置固定资产会预期到的价值，与此项处置建议前四个月内已处置了固定资产所得到的价值的总和，超过股东会最近审议的资产负债表所显示的固定资产价值的33%，则董事会在未经股东会批准不得处置或同意处置公司的固定资产。

(2) 公司处置固定资产进行的交易的有效性，不因违反〔本款（1）项〕而受影响。

(3) 本款所指的对固定资产处置，包括转让某些资产权益的行为，但不包括以固定资产提供担保的行为。

4.8 公司的补救措施

章程须包括有下列内容的条款：

除法律规定的各种权利、补求措施之外，在某董事、监事或高级管理人员违反了对公司所负的义务时，公司有权采取以下措施：

(a) 向该董事、监事或高级管理人员索取其失职所造成的损失的赔偿；

(b) 撤销任何由公司与该董事、监事或高级管理人员订立的合同或交易，亦有权撤销由公司与第三人（当第三人明知或理应知道代表公司的董事、监事或高级管理人员违反了向公司应负的义务）订立的合同或交易；

(c) 要求该董事、监事或高级管理人员交出因违反义务而获得的收益；

(d) 追回该董事、监事或高级管理人员本应为公司所收取的款项，包括佣金；

(e) 要求该董事、监事或高级管理人员退还本应交予公司的款项所所赚取的利息或可能赚取的利息；

(f) 采取法律程序裁定该董事、监事或高级管理人员因其违反义务所获得的财产归公司所有。

4.9 监事或董事的报酬

章程须包括具有下列内容的条款：

公司应与董事、监事订立事前经股东会批准的书面合同，规定其报酬，包括：

(a) 作为公司的董事、监事或高级管理人员的报酬；

(b) 作为公司的子公司的董事、监事或高级管理人员的报酬；

(c) 为公司及其子公司的管理提供其他服务的报酬；及

(d) 该董事或监事因失去职位或退休所获补偿的款项。

除按上述合同外，董事、监事不得因上述事项为其应获取的利益向公司提出诉讼。

4.10 公司被收购时，董事、监事因失去职位所获的补偿的处理程序

章程须包括具有下列内容的条款：

(1) 董事、监事在公司将被收购的情况下，因失去职位或退休而获得的补偿或其他款项，该董事、监事有义务事前取得股东会在知情情况下的同意。本项所指的公司被收购是指下列情况之一：

(a) 任何人向全体股东提出收购要约；或

(b) 任何人提出收购要约，旨在使要约人成为控股股东，控股股东的定义与在〔3.6款（2）项〕规定相同。

(c) 如果有关董事或监事没有遵守〔本款（1）项〕的规定，则其收到的任何款项，归那些由于该要约而将其股份出售的人所有，该董事、监事须承担因按比例分发该等款项所产生的费用，该费用不得从该等款项中扣除。

4.11 须由股东会控制的管理合同

章程须包括具有下列内容的条款：

非经股东会事前批准，公司不得与董事或高级管理人员以外的人订立将公司全部或重要业务的管理交予该人负责的合同。

4.12 监事会的设立

章程须对设立监事会或不设立监事会作出明确规定。

4.13 监事的业务

章程须包括具有下列内容的条款：

除法律或公司股份上市的证券交易所要求的义务外，每位监事都有责任在行使公司赋予他的权力时，

(a) 善意、诚地以公司最大利益为出发点行事；

(b) 以一个合理的谨慎的人在相似情形下所应表现的谨慎、勤勉和技能为其所应为的行为。

5. 财务披露

5.1 公司财务状况

章程须包括具有下列内容的条款：

(1) 董事会须在每次股东年会上向股东呈交有关法律、法规、地方政府及主管部门颁布的规范性文件所规定由公司准备的财务状况报表。该等报表须按〔本款（2）至（4）项〕的规定编制，亦须经验证。

(2) 向股东会呈交的财务状况报表须按中国会计标准及法规编制。

(3) 如果公司有任何证券获批准在香港联合交易所上市，在其证券在该交易所上市期间，向股东会呈交的财务状况报表，除按〔本款(2)项〕规定编制外，还须按国际或香港会计标准编制。如该等财务状况报表与按〔本款(2)项〕规定编制的财务状况报表有重要区别的，该等财务状况报表须注明该等区别。

(4) 如果按〔本款(3)项〕编制的财务状况报表与按〔本款(2)项〕编制的财务状况报表有不同的，为了批准公司的利润分配，公司在有关会计年度的纳税后的利润被视为下列两个数额中较少的：(a) 按中国会计标准及法规得出的数额，(b) 按国际和香港会计标准得出的数额。

(5) 每个股东(不论在股东会上是否有表决权)有权得到〔本款(1)项〕所提及的财务状况报表。公司至少须将该等报表以邮资已付的邮件寄给每个H股股东，受件人地址以股东的名册登记的地址为准。

(6) 公司公布或披露的中期业绩或财务资料亦须按中国会计标准及法规编制及呈交。如果公司有任何证券在香港联合交易所上市，该等业绩或资料亦须同时按国际或香港会计标准编制及呈交。

5.2 会计师事务所(注册会计师，下同)(核数师)的聘任和解聘

章程须规定会计师事务所(核数师)的聘任和解聘，包括具有下列内容的条款：

(1) 会计师事务所(核数师)的聘任

(a) 股东应在各次股东年会上聘任一个或一个以上的会计师事务所(核数师)(即负责验证公司的年度会计报告以及复核公司其他会计报告的注册会计师)，该会计师事务所(核数师)的任期自本届股东会结束时起至下届股东年会结束时止。

(b) 如果在股东年会上，没有聘任或续聘任何会计师事务所(核数师)，主管部门经任何股东要求可委任会计师事务所(核数师)填补空缺。

(c) 公司的首任会计师事务所(核数师)可由董事会在首次股东年会前聘任，该会计师事务所(核数师)的任期在首次股东年会结束时终止。

(d) 如果董事会不行使其根据〔本项(c)目〕规定的权力，该权力由股东会行使。

(e) 如果会计师事务所(核数师)职位出现空缺，董事会或股东会可委任会计师事务所(核数师)填补该空缺。但在空缺持续期间，公司如有其他在任的会计师事务所(核数师)，该等会计师事务所(核数师)仍可行事。

(f) 股东会可在任何会计师事务所(核数师)任期满前以普通决议通过将该会计师事务所(核数师)解聘，不论该会计师事务所(核数师)与公司的合同条款如何。该会计师事务所(核数师)如有因被解聘而向公司索偿的权利，该权利不因此而受影响。

(g) 由董事会或主管部门聘任的会计师事务所(核数师)的报酬由董事会或主管部门确定。在其他情况下，会计师事务所(核数师)的报酬或确定报酬的方式由股东会决定。

(2) 会计师事务所(核数师)的更换和解聘

股东会在通过聘任一名非现任的会计师事务所(核数师)，填补会计师事务所(核数师)职位的任何空缺，续聘一名由董事会聘任填补空缺的会计师事务所(核数师)或在某会计师事务所(核数师)在任期未满前将他解聘等的决议时，须按以下规定办理：

(a) 提案在召集股东会议通知发出之前，须送给拟聘任的或拟去职的或在有关会计年度已去职的会计师事务所(核数师)〔包括解聘、辞聘、退任的会计师事务所(核数师)。〕

(b) 如果即将去职的会计师事务所(核数师)作出书面陈述，并要求公司将该陈述告股东，除非书面陈述收到过晚，公司须采取以下措施：

(Ⅰ) 在为作出决议而发出的通知上说明将去职的会计师事务所(核数师)作出了陈述。

(Ⅱ) 将该陈述副本送出给每位有权得到股东会议通知的股东。

(c) 如果有关会计师事务所(核数师)的陈述未按〔本项(b)目〕的规定送出，该会计师事务所(核数师)可要求该陈述在股东会议上宣读，并可进一步作出申诉。

(d) 去职的会计师事务所(核数师)有权出席以下的会议：

(Ⅰ) 其任期应到期的股东会议；

(Ⅱ) 拟填补因其被解聘而出现空缺的股东会议；

(Ⅲ) 因其主动辞聘而召集的股东会议。

去职的会计师事务所(核数师)有权收到上述会议的所有通知或其他通信，并在该等会议上就涉及其作为公司前会计师事务所(核数师)的事宜发言。

(3) 会计师事务所(核数师)的辞职

(a) 会计师事务所(核数师)可用置于公司注册办事处一份书面通知的方式辞去其职务，该通知须作出下列之一的陈述：

(Ⅰ) 认为其辞聘并不涉及任何应该向公司股东或债权人交代情况的声明；

(Ⅱ) 任何该等应交代情况的陈述。

该等通知在其置于公司住所之日或通知内注明的较迟的日期生效。

(b) 公司收到〔本项(a)目〕所指的书面通知的14日内，须将该通知复印件送出给主管部门。如果通知载有〔本项(a)目(Ⅱ)〕提及的陈述，还须送给每位有权得到公司财务状况报告的股东。

(c) 如果会计师事务所(核数师)的辞聘通知载有〔本项(a)目(Ⅱ)〕所提及的陈述，他可要求董事会召集临时股东会，听取他就辞聘有关情况作出的解释。

5.3 会计师事务所(核数师)的权利

章程规定须会计师事务所(核数师)享有为履行其职务所需的充分权利，包括具有下列内容的条款：

(1) 每位会计师事务所(核数师)有权在任何时候查阅公司的帐簿、记录或凭证，有权要求公司的董事或高级管理人员提供他认为为了履行会计师事务所(核数师)的职务所需的资料和说明。

(2) 如果会计师事务所(核数师)提出要求，公司须采取一切合理的措施从其子公司取得该会计师事务所(核数师)为履行职务而必需的资料和说明。

(3) 会计师事务所(核数师)有权出席公司股东会，收到任何股东有权收到的会议通知或与会议有关的其他通讯，在任何股东会上就涉及其他为公司的会计师事务所(核数师)的事宜发言。

6. 不同类别股东权利的变更

6.1 章程须保护不同类别股东的权利，包括具有下列内容的条款：

如拟变更或废除持有某类别股份的股东的权利，必须经股东会以特别决议通过和经受影响的类别股东在按〔本款(2)、(3)、(4)、(5)、(6)项〕分别召集的股东会议上通过方可进行。以下的情形应被视为变更或废除某类别股东的权利：

(a) 增加或减少该类别股份的数目，或增加或减少与该类别股份享有同等或更多的表决权、分配权、其他特权的类别股份的数目；

(b) 把该类别股份的全部或部分换作其他类别，或把另一类别的股份的全部或部分换作该类别股份或授予该等转换权；

(c) 取消或减少该类别股份具有的取得已产生的股利或累积股利的权利；

(d) 增加、取消或减少公司赎回该类别股份的权利；

(e) 减少或取消该类别股份所具有的优先取得股利或在公司清算中优先取得财产分配的权利；

(f) 增加、取消或减少该类别股份所具有的转换股份权、选择权、表决权、转让权、优先权、优先配售权、取得公司证券的权利；

(g) 取消或减少该类别股份所具有的以特定货币收取公司应付款项的权利；

(h) 设立与该类别股份享有同等或更多表决权、分配权或其他特权的新类别；

(i) 对该类别股份的转让或所有权加以限制或增加该等限制；

(j) 发行该类别或另一类别的股份认购权或转换股份的权利；

(k) 增加其他类别股份的权利或特权；

(l) 公司改组方案会构成不同类别股东在改组中不按比例地承担责任，及

(m) 修改或废除〔第6.1款〕。

(2) 受影响的类别股东，无论原来在股东会上有否表决权，在涉及〔本款 (b)、(c)、(d)、(e)、(f)、(g)、(h)、(i)、(j)、(l)、(m)〕的事项时，在类别股东会上具有表决权，但有利害关系的股东在类别股东会上没有表决权。

(3) 类别股东会的决议，须经根据 (2) 项出席类别股东会议的有表决权的三分之二以上的股权表决通过，方可作出。

(4) 类别股东会议的法定人数为代表该类的发行在外的股份总数三分之二的股东（系自出席或经股东代表人出席）。

(5) 类别股东会的会议通知只须送给有权在该会议上表决的股东。

(6) 类别股东会议应以与股东会尽可能相同的程序举行，章程中有关股东会议的条款适用于类别股东会议。

(7) 本款有关概念的含义：

(a) 除普通股和优先股等股份类别外，人民币股和外资股也被视为不同类别股份，但本目不适用于公司每12个月内经股东会以特别决议批准后，同时或单独发行人民币股及外资股各不超过百分之二十（各自以在该决议通过之日已发行在外的数量计）的情形。

(b) 有利害关系股东是指：

(Ⅰ) 在公司按本章程中〔2.1款 (5) 项〕的规定提出全面购回或在交易所上购回自己的股份的情况下，有利害关系股东指控股股东，控股股东的定义与〔3.6款 (2) 项〕规定的相同；

(Ⅱ) 在公司按本章程中〔2.1款 (6) 项〕的规定用在证券交易所外达成合同的方式购回股份的情况下，有利害关系股东指与该合同有关的股东；

(Ⅲ) 公司改组方案中，以低于本类别其他股东的比例承担责任的股东或有与该类别中的其他股东不同利害关系的股东。

7. 股东会议

7.1 股东自行召集股东临时会议或类别股东会议

章程须包括具有下列内容的条款：

股东自行召集股东临时会议时或类别股东会议时，须按下列程序办理：两个或两个以上的股东持有公司股份合计不少于在该拟举行的会议上有表决权的股份的10%以上（含10%）（持股数按提出书面要求日计），该股东应签署一份或数份同样格式内容的书面要求，提请董事会召集股东临时会或类别股东会议，并阐明会议的议题。董事会在收到该要求后应尽快召集股东临时会或类别股东会议。如董事会在收到该要求后三十日内没有发出召集会议的通告，提出该要求的股东可以自行召集会议，召集的程序应尽可能与董事会召集股东会议的程序相同，但提出要求的股东不得在董事会收到该要求四个月后才自行召集会议。要求召集会议的该股东，如因董事会没有按要求召集会议而自行召集及举行会议，所产生的费用公司须予合同补偿，并从公司欠失职董事的款项中扣除。

7.2 会议通知

章程须对会议的通知作详尽的规定，包括具有下列内容的条款：

(1) 股东会议须在开会日的30日前（但不超过60日）通知股东，不包括发出通知之日。

(2) 股东会议的通知必须：

(a) 以书面形式作出；

(b) 指定会议的地点、日期和时间；

(c) 阐明会议将讨论的事项；

(d) 向股东提供为使股东对将讨论的事项能够作出明智决定所需要的资料及解释。此原则包括（但不限于）在公司提出合并、购回股份、股本重组或其他改组时，须提供拟议中的交易的具体条件和合同（如有的话），并对其起因和后果作出认真的解释；

(e) 如任何董事、监事或高级管理人员在将讨论的事项上有重要利害关系，应披露其利害关系的性质和程序。如将讨论的事项对该董事、监事或高级管理人员作为股东的影响有别于对其他同类别股东的影响，则应说明其区别；

(f) 载有任何拟在会议上提议通过的特别决议的全文；

(g) 以明显的文字说明有权出席和表决的股东，有权委任一位或一位以上股东代理人代他出席和表决，而该股东代理人不必为股东；

(3) 股东会通知须向所有股东（不论在股东会上是否有表决权）以专人送出或邮资已付的邮件送出，受件人地址以股东的名册登记的地址为准。

(4) 因意外忽略向某有权得到通知的人送出会议通知或该等人没有收到会议通知，会议及作出的决议并不因此无效。

7.3 表决

章程须就表决事项做出具体规定，包括具有下列内容的条款：

(1) 在股东会通过决议由股东举手表决，除非下述人士在举手表决前或后要求以投票方式表决：

(a) 会议主席；

(b) 至少两名有表决权的股东或有表决权的股东的代理人；

(c) 一个或若干个合计持有不少于在该会议有表决权的股份10%的股东或其股东代理人。

除非有人提出以投票方式表决，会议主席根据举手表决的结果宣布提议通过的决议已获一致通过或以多数通过或没有通过，并将此记载在会议记录中，作为最终的依据，无须证明该会议通过的决议支持或反对的票数或其比例。以投票方式表决的要求可由提出者撤回。

(2) 如要求以投票方式表决的事项是选举主席或中止会议，则应立即进行投票表决。其他要求以投票方式表决的事项，由主席决定何时举行投票，会议可继续进行，讨论其他事项，投票结果仍被视为在该会议上所通过的决议。

(3) 在投票表决时，有两票或两票以上的表决权的股东，不必把所有投票权全部投赞成票或反对票。

(4) 当反对和赞成票相等时，无论是举手或投票表决，会议主席享有两票表决权。

7.4 代表和股东代理人

章程须有关于由代表或股东代理人出席会议的具体规定，包括具有下列内容的条款：

(1) 如股东是法人，其法定代表人或董事会、其他决策机构决议授权的人作为代表出席公司的股东会。

(2) 任何有权出席股东会并有权表决的股东有权委任一个或多个人（不论该人是否股东）作为其股东代理人，代他出席及投票，该股东代

理人

(a) 享有该股东所有的发言权；

(b) 可自行或与他人共同要求以投票方式表决；及

(c) 可以举手或以投票方式行使表决权，但委任超过一名股东代理人的股东，其股东代理人只能以投票方式行使表决权。

(3) 股东须以书面形式委托代理人，由委托人签署或由其以书面形式委托的代理人签署。如委托人是法人，则加盖法人印章或由其董事或正式委任的代理人签署。

(4) 投票代理委托书至少应当在该委托书委托投票的有关会议前24小时，或者指定投票时间前24小时，备置于公司住所或召集会议的通知中指定的其他地方。如果该委托书由委托人授权他人签署，则授权其签署的授权书或其他授权文件须经过公证。经公证的授权书或其他授权文件应和投票代理委托书同时备置于公司住所或召集会议的通知中指定的其他地方。

(5) 任何由公司董事会发给股东用于任命股东代理人的委托书的格式，必须让股东自由选择指示股东代理人投赞成或反对票，并就会议每项议题所要作出表决的事分别作出指示。该委托书应包括注明如股东不作指示，股东代理人可按自己的意思表决。

(6) 如果表决前委托人已经去世、丧失行为能力、委任撤回、签署委任的授权撤回、有关股份已被转让，只在公司在有关会议开始前没有收到该等事项的书面通知，由股东代理人按委托书作出的表决仍然有效。

7.5 会议记录

章程须包括具有下列内容的条款：

(1) 如任何会议记录经该会议主席或下次会议的主席签署，即为该会议有效的记录。

(2) 股东可在公司办公时间免费查阅会议记录复印件。任何股东向公司索取有关会议记录的复印件，公司应在收到合理费用后七日内把复印件送出。

7.6 特殊情况下的股东会议

章程须包括具有下列内容的条款：

如在特殊情况下股东会不能召集或不能按本章程规定的形式召集，法院可自行或根据任何董事或在拟召集的会议上有表决权的股东的要求，下令以该法院认为合适的方式召集及举行会议，并可附有任何为使会议顺利召集及举行的指示，包括只有一名股东或其股东代理人出席会议亦被视为合法举行该会议的指示。

8. 清算

8.1 股东会的控制权

章程须包括具有下列内容的条款：

(1) 如董事会决定公司进行清算（因公司宣告破产而清算者除外），则必须在为此召集的股东会的通知中作出声明：董事会对公司的状况已经做了全面的调查之后，认为公司在清算开始后十二个月内全部清偿公司债务。

(2) 清算组应由股东会以普通决议任免（因公司宣告破产除外）。

(3) 进行清算的特别决议通过后，公司的董事的权力立即终止。

(4) 清算组须：

(a) 每年最少一次向股东会报告清算组的收入和支出，公司的业务和清算的进展；

(b) 在清算结束时向股东会作最后报告；及

(c) 遵循股东会的指示。

9. 纠纷的解决

9.1 仲裁

章程必须包括具有下列内容的条款：

(1) 当〔本款(2)项〕提及的人士基于本章程或《规范意见》及日后颁布的取代《规范意见》的法律或法规所规定的权利或义务发生与公司事务有关的争议或权利主张时，该等人士须把争议或权利主张提交下述仲裁机构之一进行仲裁。国家体改委发布的《到香港上市公司章程必备条款》〔第3.1款〕与〔第3.2款〕中另有规定除外。申请仲裁者可选择中国国际经济贸易仲裁委员会按其仲裁规则进行仲裁，亦可选择香港国际仲裁中心按其证券仲裁规则进行仲裁。申请仲裁者把争议或权利主张提交仲裁后，对方必须在申请者选择的仲裁机构进行仲裁。上述仲裁机构的裁决是终局的，对各方均有约束力。

(2) 本款适用于下列人士之间的争议或权利主张：

(a) H股股东与公司；

(b) H股股东与公司董事、监事或高级管理人员；

(c) H股股东与人民币股股东。

〔本款(1)项〕所提的争议或权利主张，涉及上述任何一目所列出的人士时，必须将全部权利主张或争议整体诉诸仲裁；所有由于同一事由有诉因的人或该争议或权利主张的解决需要其参与的人，如果系公司或公司股东、监事、董事或高级管理人员，须按本条的规定服从仲裁。

(3) 因章程而产生的任何争议或权利主张适用中华人民共和国的法律，国家体改委发布的《到香港上市公司章程必备条款》中另有规定除外。

(4) 本款所指的《规范意见》是指国家体改委于一九九二年五月十五日发布的《股份有限公司规范意见》及其后颁布的任何补充或说明。

境内及境外证券经营机构从事外资股业务资格管理暂行规定

第一章 总则

第一条 为规范境内、境外证券经营机构从事外资股业务活动，保护投资者合法权益，根据国家有关法律和法规，制定本规定。

第二条 境内、境外证券经营机构从事外资股业务，应当依据本规定，取得中国证券监督管理委员会(以下简称证监会)颁发的《经营外资股业务资格证书》(以下简称资格证书)。

前款所称外资股包括境内上市外资股和境外上市外资股。

第三条 本规定所称境内证券经营机构，指在中国境内注册，由机构批设机关依法批准可经营证券业务的、具有独立法人资格的证券公司和信托投资公司。

本规定所称证券专营机构，指前款所称的证券公司；证券兼营机构，指前款所称的信托投资公司。

第四条 本规定所称境外证券经营机构，指在中国境外注册，并依照所在地法律可经营证券业务的、具有独立法人资格的投资银行、证券公司和其他金融机构。

第二章 从事外资股业务的条件

第五条 境内证券经营机构申请从事外资股经纪业务，应当具备下列条件：

（一）证券专营机构具有不少于5000万元人民币的净资产，证券兼营机构具有不少于5000万元人民币的证券营运资金；

（二）具有国家外汇管理部门批准的外汇业务经营权；

（三）具有能够保障涉外业务正常开展的通讯设施、营业场所、设备等技术手段；

（四）具有五名以上能够从事涉外证券业务的专业人员；

（五）遵守国家有关法律、法规，最近二年内未受到吊销资格证书的处罚；

（六）证券兼营机构的证券业务与其他业务分开经营、分帐管理；

（七）证监会要求的其他条件。

第六条 境外证券经营机构通过与境内证券经营机构签订代理协议，或者证券交易所规定的其他方式申请从事境内上市外资股经纪业务，应当具备下列条件：

（一）依照所在地法律可以经营证券经纪业务；

（二）受到所在地证券监管部门的有效监管；

（三）具有相当于人民币5000万元以上的净资产或者由依照境外法律可提供担保并经证监会认可的机构出具相应的担保；

（四）具有二年以上从事国际证券业务的经验；

（五）最近二年财务状况的各项指标符合所在地监管部门的风险控制要求；

（六）拥有广泛的营业网络；

（七）执行董事及其他高级管理人员具有五年以上的证券业从业经验和良好的职业信誉；

（八）最近二年中没有因严重违反有关法规受到境外证券监管部门处罚；

（九）遵守中华人民共和国有关法律、法规；

（十）具有二名以上熟悉中国证券市场以及相关的政策、法律的专业人员；

（十一）证监会要求的基础条件。

第七条 境内证券经营机构申请从事外资股承销业务，应当具备下列条件：

（一）证券专营机构具有不少于8000万元人民币的净资产，证券兼营机构具有不少于8000万元人民币的证券营运资金；

（二）依照《证券经营机构股票承销业务管理办法》已经取得股票承销业务资格；

（三）具有国家外汇管理部门批准的外汇业务经营权；

（四）具有能够保障涉外业务正常开展的通讯设施、营业场所、设备等技术手段；

（五）具有十名以上有证券承销经验的专业人员，其中熟悉国际金融业务、会计业务和相关法律的专业人员至少各一名；

（六）具有一年以上从事证券承销业务或参与承销一只以上股票的经历；

（七）证监会要求的其他条件。

第八条 境内证券经营机构申请担任外资股主承销商或者境内事务协调人，除具备第七条规定的条件外，还应当具备下列条件：

（一）证券专营机构具有不少于12000万元人民币的净资产，证券兼营机构具有不少于12000万元人民币的证券营运资金；

（二）依照《证券经营机构股票承销业务管理办法》已经取得主承销商资格；

（三）具有二十名以上有证券承销经验的专业人员，其中熟悉国际金融业务、会计业务和相关法律的专业人员至少各二名；

（四）具有参与外资股承销的经历；

（五）证监会要求的其他条件。

第九条 境外证券经营机构担任境内上市外资股主承销商、副主承销商和国际事务协调人的，除具备本规定第六条规定的条件外，还应当具备下列条件：

（一）依照所在地法律可经营股票承销业务；

（二）具有相当于人民币12000万元以上的净资产或者由依照境外法律可提供担保并经证监会认可的机构出具相应的担保；

（三）提出申请前二年内未中断在国际市场开展证券承销业务；

（四）具有三名以上熟悉中国证券市场以及相关的政策、法律的专业人员；

（五）证监会要求的其他条件。

第十条 境外证券经营机构担任境外上市外资股主承销商时，可聘请一家境内证券经营机构担任境内事务协调人。

第三章 资格的申请与维持

第十一条 境内证券经营机构申请取得资格证书，应当向证监会报送下列文件：

（一）证监会统一印制的《经营外资股业务资格申请表》；

（二）机构批设机关颁发的《经营金融业务许可证（副本）》和国家外汇管理部门颁发的《经营外汇业务许可证（副本）》；

（三）工商行政管理部门颁发的《企业法人营业执照（副本）》；

（四）机构批设机关核准的公司章程；

（五）具有从事证券业务资格的会计师事务所审计的最近二年的资产负债表、损益表和财务状况变动表；

（六）法定代表人、主要负责人及主要业务人员《证券从业资格证书》或简历、专业证书等；

（七）最近二年经营证券业务情况说明；

（八）证监会要求的其他文件。

第十二条 境外证券经营机构申请取得资格证书，应当向证监会报送下列文件：

（一）证监会统一印制的《经营外资股业务资格申请表》；

（二）所在地证券监管部门颁发的经营执照；

（三）公司章程；

（四）高级管理人员及主要业务人员学历、从业资格证书和其他有关专业证书；

（五）注册会计师提供的资本证明文件；

（六）经注册会计师审计的前二年的财务报告；

（七）最近二年承销情况介绍；

（八）以往参与中国证券业务情况的说明；

（九）证监会要求的其他文件。

证监会可以根据情况要求境外证券经营机构提交所在地监管部门出具的有关证明文件。

第十三条 证监会收到完整申请资料后，根据本规定对申请文件进行审查。经审查符合条件的，由证监会颁发资格证书；经审查不符合条件的，不予颁发资格证书，并且半年内不再受理其申请。

第十四条 资格证书自证监会颁发之日起二年内有效，二年后自动失效。证券经营机构需要维持其经营外资股业务资格的，应当在资格证书失效前的三个月内，向证监会提出申请并报送前二年财务报告、业务开展情况说明书和证监会要求的其他文件，经证监会审核通过后换发资格证书。

第十五条 取得资格证书的境内、境外证券经营机构须按资格证书规定的事项从事有关业务；未取得资格证书或资格证书失效的机构，不得从事本规定的外资股业务。

第十六条 取得资格证书的境内、境外证券经营机构，应当于每年1月31日前向证监会报送上个年度从事外资股承销和经纪业务情况的报告。

从事境外上市外资股承销业务的境外证券经营机构应当在每次承销活动结束后30日内向证监会报送业务报告。

第十七条 从事外资股业务的境内、境外证券经营机构应当将承销业务原始凭证、交易记录以及有关业务文件、资料、帐册、报表和其他必要的材料至少妥善保存七年。

第十八条 证监会对境内、境外证券经营机构从事外资股业务情况可进行定期或者不定期的检查，并可以随时要求其报送相关业务资料。

第四章 罚则

第十九条 境内、境外证券经营机构有下列行为之一的，视情节轻重单处或并处警告、没收非法所得、罚款、暂停从事外资股业务半年至一年、吊销资格证书的处罚；罚款数额参照《证券经营机构股票承销业务管理办法》执行：

（一）以欺骗或者其他不正当手段获得资格证书；

（二）未取得资格证书或者在资格证书失效后从事或者变相从事外资股业务；

（三）不按规定上报从事外资股业务情况报告；

（四）不接受、不配合证监会检查；

（五）违反国家有关法规和本规定的其他行为。

第五章 附则

第二十条 境内证券经营机构从事外资股承销业务，除应遵守本规定外，还应遵守《证券经营机构股票承销业务管理办法》的有关规定。

第二十一条 本规定由证监会负责解释。

第二十二条 本规定自1996年12月1日起实施。

股份制试点企业国家股股利收缴管理办法

（1992年12月25日 国家国资局、财政部、中国人民银行、国资法规发〔1992〕87号）

第一条 为了做好股份制试点企业国家股股利的收缴工作，确保国家预算收入足额入库，根据国家国有资产管理局和国家体改委联合发布的《股份制试点企业国有资产管理暂行规定》财政部发布的《关于股份制试点企业所得税有关预算管理问题规定的通知》及财政部和中国人民银行发布的《国家金库条例实施细则》，制定本办法。

第二条 国有资产管理部门是组织国家股股利收缴工作的主管机关，国家国有资产管理局和地方各级国有资产管理部门按隶属关系和现行财政体制分别负责组织股份制试点企业的中央和地方国家股股利的收缴工作。

国家国有资产管理局也可以委托地方国有资产管理部门代行组织收缴中央级国家股股利的工作。

第三条 股份制试点企业在审议通过向股东派发现金股利的分配方案后，国家股持股单位或其委派的股权代表要在七日内向国有资产管理部门送出反映股份制试点企业有关经营状况、财务状况和收益分配方案等情况的报告，送请备案审核。国有资产管理部门要认真检查国家股股利分配是否符合同股同利原则及是否符合股份制企业的章程。

第四条 国有资产管理部门在审查国家股持股单位或其委派的股权代表提交的报告后，应及时向国家股持股单位或其委派的股权代表发出“国家股股利收缴通知书”。

第五条 国家股持股单位或其委派的股权代表在接到国有资产管理部门的“国家股股利收缴通知书”后，应在股份制试点企业发放股利之日起十日内，将国家股所分得的股利按规定缴入国库。

第六条 国家股股利收入，按照中央和地方投入的股份，分别使用国家预算收支科目“国营企业利润类”第159款之二“股份制企业国家股股利收入”的“中央股利收入”和“地方股利收入”两个“项”级科目。

第七条 上缴国家股股利收入，使用“一般缴款书”缴库。缴款书各栏的填写应按《中华人民共和国国家金库条例实施细则》第三十四条的规定办理。缴款书中“财政机关”栏内填写同级收款的财政机关名称。缴款书第四联回执联，由国库收款盖章后按日退征收机关即国有资产管理部门。缴款书第五联报查联，国库收款盖章后退同级财政部门。

第八条 国有资产管理部门在收到回执联后，要认真将应收数同实收数进行核对，发现少交的，要立即查明原因，作出催缴处理。

第九条 国有资产管理部门要妥善保管国家股股利收入缴库凭证，建立帐簿，编制报表，并要定期与国库进行对帐，以确保数字准确一致。

地方国有资产管理部门要按月、按季、按年编制国家股股利收入的汇总报表，报送同级财政部门和上一级国有资产管理部门。国家国有资产管理局要汇总编制全国的国家股股利收入报表，并报送财政部。

第十条 股份制试点企业的国家股持股单位或其委派的股权代表违反本规定，拖欠、挪用、截留及私分应缴国库国家股股利收入，造成国有资产收益不能足额、及时缴库的，国有资产管理部门要追究有关单位和人员经济的和行政的责任，触犯刑律的，移送司法机关依法处理。

第十一条 国家股股利的收缴入库，除经国家国有资产管理局和财政部同意，另有规定者外，一律执行本办法。

第十二条 鉴于银行及非银行金融机构的一些特殊情况，其股份制试点企业的国家股股利，目前仍由财政部门组织收缴，不适用本办法。

第十三条 本办法由国家国有资产管理局和财政部负责解释。

第十四条 本办法自发布之日起施行。

股份有限公司国有股权管理暂行办法

（1994年10月 国家国资局、国家体改委发布）

第一章 总则

第一条 为贯彻《公司法》，规范股份有限公司（以下简称“股份公司”）国有股权管理，维护国有资产权益，制定本办法。

第二条 组建股份公司，视投资主体和产权管理主体的不同情况，分别构成“国家股”和“国有法人股”。

国家股是指有权代表国家投资的机构或部门向股份公司出资形成或依法定程序取得的股份。在股份公司股权登记上记名为该机构或部门持有的股份。

国有法人股是指具有法人资格的国有企业、事业及其他单位以其依占用的法人资产向独立于自己的股份公司出资形成或依法定程序取得的股份。在股份公司股权登记上记名为该国有企业或事业及其他单位持有的股份。

国家股和国有法人股统称为国有股权。

第三条 股份公司国有股权管理应遵循以下原则：

一、贯彻以公有制为主体的方针，保证国有股权依国家产业政策在股份公司中的控股地位。

二、坚持政企职责分开，维护国有资产权益，依法落实股份公司法人财产权。

三、促进国有资产合理配置，优化国有资产投资结构，提高国有资产运营效益。

四、保障国有股权益，做到与其他股权同股、同权、同利。

第四条 国有资产管理部门是国有股权行政管理的专职机构。

第二章 股份公司设立时国有股权的界定

第五条 国有企业改建为股份公司时，可整体改组，也可根据实际情况对企业资产进行重组。

企业资产重组必须有利于企业自身发展，有利于提高企业盈利能力和水平，有利于发展专业化分工和社会化服务，资产重组中对原企业实行分立的，必须明确分立后独立于股份公司之外的经济实体的产权管理主体和管理体制，明确其与股份公司的产权关系和经济关系。

第六条 设立股份公司，必须按照国务院发布的《国有资产评估管理办法》的有关规定，委托有资格的评估机构进行资产评估。

第七条 国有企业改建为股份公司，要按国家有关规定进行产权界定。

第八条 股份公司设立时，股权界定应区分改组设立和新设成立两种不同情况。

一、国有企业改建为股份公司的股权界定；

1. 有权代表国家投资的机构或部门直接设立的国有企业以其全部资产改建为股份公司的，原企业应予撤销，原企业的国家净资产折成的股份界定为国家股。

2. 有权代表国家投资的机构部门或直接设立的国有企业以其部分资产（连同部分负债）改建为股份公司的，如进入股份公司的净资产（指评估前净资产，下同）累计高于原国有企业净资产50%（含50%），或主营生产部分全部或大部分资产进入股份制企业，其净资产折成的股份界定为国家股；进入股份公司的净资产低于50%（不含50%），其净资产折成的股份界定为国有法人股。国家另有规定的从其规定。

3. 国有法人单位（行业性总公司和具有政府行政管理职能的公司除外）所拥有的企业，包括产权关系经过界定和确认的国有企业（集团公司）的全资子企业（全资子公司）和控股子企业（控股子公司）及其下属企业，以全部或部分资产改建为股份公司，进入股份公司的净资产折成的股份界定为国有法人股。

二、新建设立股份公司的股权界定：

1. 国家授权投资的机构或部门直接向新设成立的股份公司投资形式的股份界定为国家股。

2. 国有企业（行业性总公司和具有政府行政管理职能的公司除外）或国有企业（集团公司）的全资子企业（全资子公司）和控股子企业（控股子公司）以其依法占用的法人资产直接向新设立的股份公司投资入股形成的股份界定为国有法人股。

第九条 按本《办法》应界定为国家股的不得界定为国有法人股。

第十条 国有企业（指单一投资主体的企业）改组设立股份公司时，其占有使用的资产经评估确认后，须将净资产一并折股，股权性质不得分设；其股权要按本《办法》确定的国有股持股单位统一持有，不得由不同部门或机构分割持有。

第十一条 国有企业进行股份制改组，要按《在股份制试点工作中贯彻国家产业政策若干问题的暂行规定》，保证国家股或国有法人股（该国有法人单位应为国有独资企业或国有独资公司）的控股地位。

国有股权控股分为绝对控股和相对控股。绝对控股是指国有股权持股比例占50%以上（不含50%），相对控股是指国有股权持股比例高于30%低于50%，但因股权分散，国家对股份公司具有控制性影响。

计算持股比例一般应以同一持股单位的股份为准，不得将两个或两个以上国有股权持股单位的股份加和计总。

第十二条 国有资产严禁低估作价折股，一般应以评估确认后净资产折为国有股的股本。如不全部折股，则折股方案须与募股方案和预计发行价格一并考虑，但折股比率（国有股股本/发行前国有净资产）不得低于65%。股票发行溢价倍率（股票发行价格/股票面值）应不低于折股倍数（发行前国有净资产/国有股股本）。净资产未全部折股的差额部分应计入资本公积金，不得以任何形式资本（净资本）转为负债。净资产折股后，股东权益应等于净资产。

第十三条 国有企业改建为股份公司必须明确国家股或国有法人股持股单位。

第十四条 资产评估结束后，有关单位要提出国有股权管理方案的申请并附送有关材料，报国有资产管理部门审核、批复。国有资产管理部门的批复是审批设立股份公司的必备文件。国有股权管理方案的申请，凡需国务院授权部门审批设立公司的，报国家国有资产管理局审批；凡需地方省、自治区、直辖市人民政府批准设立公司的，报省级人民政府国有资产管理部门审批。

第十五条 国有资产管理部门要建立股份公司国家股档案，包括国家股持股单位名称、国家股数额占总股本的比例、国家股股利收缴、国家股权变动等情况，对国家股股权及收益实施动态管理。

第三章 国有股持股单位和股权行使方式

第十六条 国家股权应由国家授权投资的机构持有，在国家授权投资的机构未明确前，也可由国有资产管理部门持有或由国有资产管理部门代政府委托其他机构或部门持有。

国家股权委托持有的，国有资产管理部门应与被委托单位办理委托手续，订立委托协议，明确双方在行使股权、股利收缴、股权转让等方面的权利和义务。国家授权投资的机构持有国家股权的，国有资产管理部门代授权方拟定有关协议。

国有法人股应由作为投资主体的国有法人单位持有并行使股权。

第十七条 国有股持股单位须依法行使股份公司的国有股权，维护国有股的权益，对国有股权益的安全完整负责。

第十八条 国有股持股单位必须妥善保管股票或其他股权凭证。

第十九条 国有股持股单位可委派法定代表人或其指定的代理人出席股东大会，审议和表决股东大会议程上的事项。国有股持股单位通过出席股东大会的代表提名董事、监事候选人或提出罢免董事、监事的建议，并依持股比例参加投票、表决。

第二十条 受国有股持股单位委派出席股东大会的代表人或代理人，应按持股单位的利益和意志行使股东权利。

第二十一条 国有股持股单位不得委托任何自然人作为国有股股东，并以个人名义行使国有股股权。

第二十二条 明确为某一持股单位持有的国有股股权，不得分割为若干部分委派一个以上的股东代理人分别行使。

第二十三条 非经法定程序，国有股持股单位不得直接指定任何人担任公司董事，也不得要求任何董事只代表国有股持股单位的利益行事或事先单方面向国有股持股单位报告应当向全体股东同时披露的重要信息。

公司的全体当选董事，不论是否由国家股持股单位提名，均应代表全体股东的利益，对全体股东负责。

国有股股权行使管理办法另行制定。

第四章 国有股股权的收入、增购转让及转让收入的管理

第二十四条 经股东大会决议采取分配现金股利方式的，国有股持股单位应按时足额收缴国有股应分得的股利，不得以任何方式放弃国有股的收益权。

第二十五条 国家股股利收入由国有资产管理部门监督收缴，依法

纳入国有资产经营预算并根据国家有关规定安排使用。

国有法人股股利由国有法人单位依法收取，按《企业财务通则》有关规定核算。

第二十六条 国有股持股单位不得将国有股应分得的股利单方面留归股份公司使用。

第二十七条 国有股持股单位在股东大会决定送配股等事宜时，须从维护国有股权益出发，不得盲目赞成配股或放弃配股权；不得同意国有股权分派现金股利而其他股权分派等值红股及其它不规范、不公正的分配方案。

国有股持股单位不得以任何理由、任何方式同意单方面缩小国有股权比例。

第二十八条 国有股持股单位可根据国家产业政策、经营策略及有关法规增购股份。

完成增购股份并增加国家股权后，须报国有资产管理部门备案。

第二十九条 国有股权可以依法转让。

国家股权转让应符合以下规定：

一、转让国家股权应以调整投资结构为主要目的。

二、转让国家股权须遵从国家有关转让国家股的规定，由国家股持股单位提出申请，说明转让目的、转让收入的投向、转让数额、转让对象、转让方式和条件、转让定价、转让时间以及其他具体安排。

三、转让国家股权的申请报国家国有资产管理局和省级人民政府国有资产管理部门审批；向境外转让国有股权的（包括配股权转让）报国家国有资产管理局审批；国家股转让数额较大，涉及绝对控股权及相对控股权变动的，须经国家国有资产管理局会同国家体改委及有关部门审批。

四、非国有资产管理部门持股的股东单位转让国家股权后，须向国有资产管理部门报告转让收入的金额、转让收入的使用计划及实施结果。

国有股权转让的具体办法另行制定。

第三十条 国家股配股权转让须遵从证券监管的有关规定。

第三十一条 国家股权转让收入应纳入国有资产经营预算收入，用于购买须由国家控股的股份制企业的配股或购入其他股权等国有资产经营性投资。

第三十二条 股份公司破产或终止清算后，国有股持股单位应按股权比例收回剩余资产。

第五章 监督和制裁

第三十三条 国有资产管理部门应考核、监督国家股持股单位正确行使权利和履行义务，维护国有股的权益。

第三十四条 国有资产管理部门有权对国家股权的管理经营情况进行检查，被检查单位不得弄虚作假或以任何方式拒绝和逃避。

第三十五条 国有资产管理部门有权单独或会同有关部门对违反本《办法》，导致国有资产权益受到侵害的单位和人员给予经济、行政的处分，包括终止授权或解除其被委托行使国家股股权的资格。对触犯刑律的责任人，由司法机关依法追究其刑事责任。

第三十六条 国有资产管理部门及授权机构的工作人员，利用职权营私舞弊或玩忽职守，造成国有资产权益损失的，国有资产管理部门或其授权机构应对有关责任人员给予经济、行政的处分；触犯刑律的，由司法机关依法追究其刑事责任。

第六章 附则

第三十七条 本《办法》原则适用于有限责任公司。

第三十八条 本《办法》发布后，《股份制试点企业国有资产管理暂行规定》同时废止。其他有关规定与本《办法》的规定不符的，以本《办法》为准执行。

第三十九条 各地可根据《办法》制订具体操作规定，报国家国有资产管理局和国家体改委备案。

第四十条 本《办法》由国家国有资产局负责解释。

第四十一条 本办法自发布之日起施行。

企业兼并有关财务问题的暂行规定

（1996年8月20日　中华人民共和国财政部）

一、为了促进企业结构调整，规范企业兼并的财务行为，依据《中华人民共和国公司法》、《企业财务通则》以及国家其他有关法律、法规，制定本规定。

二、本规定所称“兼并”，指一个企业通过购买等有偿方式取得其他企业的产权，使其失去法人资格或虽然保留法人资格但变更投资主体的一种行为。

在被兼并企业资产与债务基本等价的情况下，兼并方企业承担被兼并企业债务的，经批准，兼并方企业可以采取划转方式取得被兼并企业的资产。

三、企业兼并其他企业或被其他企业兼并前，应按规定向政府主管部门提出书面报告，并报主管财政机关备案，其中涉及有关财务事项的，需报主管财政机关审批。各级主管财政机关要认真做好企业兼并中的各项财务管理和监督工作，参与企业兼并的全过程，履行以下职责：

（一）参与审批企业兼并的总体方案；

（二）审批被兼并企业的财产清查结果及其财务处理；

（三）会同国有资产管理部门审批资产评估中各项财产损失的处理结果；

（四）会同国有资产管理部门审批资本金的合并，划转被兼并企业的财务隶属关系；

（五）会同国有资产管理部门收缴应上缴的被兼并企业产权转让收入以及其他国有资产经营收益；

（六）对企业兼并过程中的其他各项财务活动实施管理和监督检查。

四、经批准被兼并的企业，应对企业的固定资产、流动资产、无形资产、长期投资以及其他资产进行全面清查登记，对各项资产损失以及债权债务进行全面核对查实。在此基础上，被兼并企业应编制资产负债表、损益表和利润分配表，连同财产清册报主管财政机关审批。

五、被兼并企业应在财产清查的基础上，按国家有关规定，由法定资产评估机构对其财产评估作价，报国有资产管理部门审批、确认，并依此进行相应的财务会计处理。

六、在财产清查和资产评估中，被兼并企业清理出来的各项资产盘盈、盘亏、毁损、报废等，计入企业当期损益；尚未处理的潜亏、亏损挂帐、产成品清查损失，报经主管财政机关审批后冲减盈余公积金和资本公积金，不足部分冲销资本金。

国有资产管理部门在对企业资产评估结果进行确认时，对有关资产损失等财务处理，应当以主管财政机关的审批意见为依据，未经主管财政机关批准的，不得核销。

七、被兼并企业的产权转让底价，应以审批确认的资产评估净值为依据，综合考虑被兼并企业职工、资产及债权债务状况等因素后合理核定。

被兼并企业的产权转让成交价，由主管财政机关会同国有资产管理部门确认。产权转让的成交价低于底价的，必须报主管财政机关的国有资产管理部门审核、批准。

八、经批准采取划转方式取得被兼并企业资产的，应当办理企业产权和财务体制的划转手续，属于同一财政体制的企业兼并，由同级国有资产管理部门和主管财政机关负责办理；属于不同财政体制的企业兼并，由上一级国有资产管理部门和主管财政机关负责办理。

九、被兼并企业的产权转让成交后，被兼并企业应编制兼并成交日的财务报告，报其主管财政机关备案。

兼并方企业接收被兼并企业的各项资产和债权债务后，应及时组织入帐，并编制兼并成交日的财务报告，报送主管财政机关审批。

十、在被兼并企业法人资格取消的情况下，兼并方企业支付的产权转让价格与被兼并企业净资产的差额，兼并方企业应作为商誉计入无形资产，从兼并成交次月起按规定年限分月摊销，没有规定年限的，可按十年摊销。

在被兼并企业继续保留法人资格的情况下，兼并方企业所支付的价款，作长期投资处理。

十一、兼并方企业的应付价款一般应在兼并程序终结日一次付清。如数额较大，一次付清确有困难的，在取得有担保资格人担保的前提下，可以分期付款。但付款期限不得超过三年，在兼并程序终结日支付的价款不得低于被兼并企业产权转让成交价款的50%。

十二、被兼并企业的产权转让成交价款，加上兼并方企业分期付款的利息扣除清理评估及公证等费用后的净收入，以及兼并过程中发生的其他国有资产收益，按财政部、国家国有资产管理局和中国人民银行联合颁发的《国有资产收益收缴管理办法》（财工字〔1994〕295号）以及财政部颁发的《关于<国有资产收益收缴管理办法>有关问题解答的通知》（财工字〔1995〕31）号执行，由被兼并企业的主管财政机关会同国有资产管理部门收取，纳入预算管理，用于资本再投入。

十三、“优化资本结构”试点城市经济效益好的国有企业兼并困难国有工业企业的，以及企业整体接收破产企业财产、承担分配方案确定清偿的破产企业债务、全员安置破产企业职工的，可以按照中国人民银行、国家经贸委、财政部《关于鼓励和支持18个试点城市优势国有企业兼并困难国有工业生产企业后有关银行贷款及利息处理问题的通知》（银发〔1995〕130号）的规定，享受免息、停息的优惠政策。

十四、被兼并企业属于政策性亏损的，其产权转让成交后，兼并方企业可以在被兼并企业原核定的政策性亏损补贴范围内，继续享受一定期限的亏损补贴，具体由兼并方企业的同级主管财政机关根据兼并方企业的生产经营状况予以核定。

十五、企业兼并后，被兼并企业失去法人资格，按兼并方企业的财务管理办法执行。如果被兼并企业仍保留法人资格，但投资主体改变的，被兼并企业按其适用的财务管理办法执行。

十六、国有企业兼并其他企业或被其他企业兼并的，执行本规定。其他所有制企业之间的兼并，可比照本规定执行。

十七、本规定由财政部负责解释。

十八、本规定自发布之日起执行，财政部《关于国营企业兼并财务处理的暂行规定》（财工字〔1989〕131号）同时废止。

财政部关于印发《合并会计报表暂行规定》的通知

（1995年2月9日　　财会字〔1995〕11号）

国务院有关主管部门，各省、自治区、直辖市、计划单列市财政厅（局）：

为了适应建立现代企业制度，促进企业集团的发展，规范企业集团编报合并会计报表，根据《企业会计准则》的规定，我部制定了《合并会计报表暂行规定》，现印发给你们，请遵照执行。

本规定适用于国家国有资产管理局授权试点的企业集团、股票上市企业以及需要编报合并会计报表的外贸企业。其他企业编制合并会计报表时，也应参照本暂行规定执行。

编制合并会计报表的企业集团，除按照本规定单独报送合并会计报表外，还应当按原渠道报送本公司的会计报表和汇总会计报表。

附件：一、合并会计报表暂行规定

二、股份制试点企业合并会计报表格式

附件一

合并会计报表暂行规定

根据《企业会计准则》的有关规定，现就合并会计报表编制规定如下：

一、凡设立于我国境内，拥有一个或一个以上子公司的母公司，应当编制合并会计报表，以综合反映母公司和子公司所形成的企业集团的经营成果、财务状况及其变动情况。

二、母公司在编制合并会计报表时，应当将其所控制的境内外所有子公司纳入合并会计报表的合并范围。

1．母公司拥有其过半数以上（不包括半数）权益性资本的被投资企业，包括：（1）直接拥有其过半数以上权益性资本的被投资企业；（2）间接拥有其过半数以上权益性资本的被投资企业；（3）直接和间接方式拥有其过半数以上权益性资本的被投资企业。

间接拥有过半数以上权益性资本是指通过子公司而对子公司的子公司拥有其过半数以上权益性资本。

直接和间接方式拥有其过半数以上权益性资本是指母公司虽然只拥有其半数以下的权益性资本，但通过与子公司合计拥有过半数以上的权益性资本。

2．其他被母公司所控制的被投资企业。母公司对于被投资企业虽然不持有其过半数以上的权益性资本，但母公司与被投资企业之间有下列情况之一的，应当将该被投资企业作为母公司的子公司，纳入合并会计报表的合并范围：

（1）通过与该被投资公司的其他投资者之间的协议，持有该被投资公司半数以上表决权；

（2）根据章程或协议，有权控制企业的财务和经营政策；

（3）有权任免董事会等类似权力机构的多数成员；

（4）在董事会或类似权力机构会议上有半数以上投票权。

3．在母公司编制合并会计报表时，下列子公司可以不包括在合并会计报表的合并范围之内：

（1）已关停并转的子公司；

（2）按照破产程序，已宣告被清理整顿的子公司；

（3）已宣告破产的子公司；

（4）准备近期售出而短期持有其半数以上的权益性资本的子公司；

（5）非持续经营的所有者权益为负数的子公司；

（6）受所在国外汇管制及其他管制，资金调度受到限制的境外子公司。

三、合并会计报表包括下列内容：

1．合并资产负债表；

2．合并损益表；

3. 合并财务状况变动表

4. 合并利润分配表。

四、合并会计报表以母公司和纳入合并范围的子公司（以下凡涉及到子公司，即为纳入合并范围的子公司）本身的会计报表以及其他有关资料为依据，合并各项目数额编制。

为编制合并会计报表，子公司向母公司提供的其他有关资料包括：

1. 子公司所采用的与母公司不同的会计政策；

2. 与母公司及与母公司的其他子公司业务往来、债权债务、投资等资料；

3. 子公司利润分配有关资料；

4. 子公司所有者权益变动的明细资料；

5. 其他编制合并会计报表所需要的资料。

五、母公司为了编制合并会计报表，应当统一母公司与子公司的会计报表决算日和会计期间，使子公司会计报表决算日和会计期间与母公司会计报表决算日和会计期间保持一致。不一致时，母公司应当按照母公司本身会计报表决算日和会计期间，对子公司会计报表进行调整，以调整后的子公司会计报表编制合并会计报表，或者要求子公司按照母公司的要求编报相同会计期间的会计报表。

六、母公司应当统一母公司和子公司所采用的会计政策，使子公司采用的会计政策与母公司保持一致。

当子公司所采用的会计政策与母公司不一致时，母公司应当按照母公司本身规定的会计政策对子公司会计报表进行必要的调整。但当子公司与母公司所规定的会计政策差异不大，并且对财务状况和经营成果的影响不大时，母公司也可直接利用该会计报表编制合并会计报表。

七、母公司为编制合并会计报表，对子公司进行的权益性资本投资必须采用权益法进行核算，并以此编制个别会计报表，为编制合并会计报表提供基础数据。

1. 对于子公司因本期损益而引起的所有者权益的变动，母公司应当计算确定其所拥有的数额，并将其计入本期投资损益，同时按照该数额增加或减少长期投资，调整长期投资帐面价值。母公司进行帐务处理时，在增加长期投资的情况下，借记“长期投资”科目，贷记“投资收益”科目；减少长期投资的情况下，借记“投资收益”科目，贷记“长期投资”科目。

收到子公司分来的利润时，母公司应作为长期投资减少处理。进行帐务处理时，借记“银行存款”等科目，贷记“长期投资”科目。

2. 对于子公司因本期损益以外的原因，如接受捐赠、法定资产重估增值、接受外币投资折算差额所引起的子公司所有者权益的变动，母公司应当计算确定所拥有的数额，按照计算确定的数额增加或减少长期投资，调整长期投资帐面价值，同时增加或减少资本公积的数额。

(1) 对于因子公司接受捐赠和对资产进行法定重估增值所引起子公司所有者权益的变动，母公司进行帐务处理时，接受捐赠和确认的法定资产重估增值，应借记“长期投资”科目，贷记“资本公积”科目。

(2) 对于因子公司接受外币投资折算差额所引起的所有者权益的变动，在外币投资折算差额为贷方余额时，母公司进行帐务处理时应借记“长期投资”科目，贷记“资本公积”科目，在外币折算差额为借方余额时，母公司应借记“资本公积”科目，贷记“长期投资”科目。

八、对于境外子公司以外币表示的会计报表，母公司应当按照下列规定将境外子公司会计报表各项目的数额折算为母公司记帐本位币，并以折算为母公司本位币后的会计报表编制合并会计报表。对于境内子公司采用与母公司记帐本位币以外的货币编报的会计报表，也应当按照本规定将其会计报表折算为母公司记帐本位币表示的会计报表。

1. 资产负债表

(1) 所有资产、负债类项目均按照合并会计报表决算日的市场汇率折算为母公司记帐本位币。

(2) 所有者权益类项目除“未分配利润”项目外，均按照发生时的市场汇率折算为母公司记帐本位币。

(3) “未分配利润”项目以折算后的利润分配表中该项目的数额作为其数额列示。

(4) 折算后资产类项目与负债类项目和所有者权益类项目合计数的差额，作为报表折算差额在“未分配利润”项目后单独列示。

(5) 年初数按照上年折算后的资产负债表的数额列示。

2. 损益表和利润分配表

(1) 损益表所有项目和利润分配表中有关反映发生额的项目应当按照合并会计报表的会计期间的平均汇率折算为母公司记帐本位币，也可以采用合并会计报表决算日的市场汇率折算为母公司记帐本位币。在采用合并会计报表决算日市场汇率折算为母公司记帐本位币时，应当在合并会计报表附注中说明。

平均汇率根据当期期初、期末市场汇率计算确定，也可以采用其他的方法计算确定。平均汇率计算方法一经采用，前后各期必须连续使用，不得随意变更。如果确需变更，应当在会计报表附注说明变更理由及变更对会计报表的影响。

(2) 利润分配表中“净利润”项目，按折算后损益表该项目的数额列示。

(3) 利润分配表中“年初未分配利润”项目，以上一年折算后的期末的“未分配利润”项目的数额列示。

(4) 利润分配表中“未分配利润”项目，按折算后的利润分配表中的其他各项目的数额计算列示。

(5) 上年实际数按照上期折算后的损益表和利润分配表的数额列示。

3. 财务状况变动表

(1) 有关收入、费用各项目，按照合并会计报表的会计期间的平均汇率（或市场汇率）折算为母公司记帐本位币。

(2) 有关增减长期负债、增减长期投资以及增减固定资产、递延资产和无形资产的项目，按照合并会计报表决算日的市场汇率折算为母公司记帐本位币。

3) 有关资本的净增加额项目，按照发生时的汇率折算为母公司记帐本位币。

(4) 其他项目均按照折算后的子公司的其他报表相应项目的数额列示或计算填列。

(5) “流动资金来源和运用”中的“流动资金增加净额”项目，按照“流动资金各项目的变动”中的“流动资金增加净额”列示。

(6) “流动资金来源合计”减去“流动资金运用合计”后的余额，与“流动资金增加净额”不一致时，其差额在“流动资金运用合计”项目之后，“流动资金增加净额”之前，单列报表折算差额项目反映。

九、合并资产负债表

合并资产负债表以母公司和子公司的个别资产负债表为依据，在相互抵销下列项目的基础上，合并资产、负债和所有者权益各项目的数额编制。

1. 母公司对子公司权益性资本投资项目的数额与子公司所有者权益中母公司所持有的份额相抵销。有关抵销分录参见本规定中合并利润分配表规定。

抵销时发生的合并价差，在合并资产负债表中以“合并价差”项目在长期投资项目中单独反映（贷方余额时以负数表示）。

对于子公司之间相互投资，母公司应当比照上述做法，将权益性资本投资项目的数额与相对应另一子公司所有者权益各有关项目中相应的数额相互抵销。

2. 母公司与子公司、子公司相互之间的债权与债务项目，包括应收、应付、预收及预付等项目应当相互抵销。在合并工作底稿中编制抵销分录时，借记应付和预收等项目，贷记应收和预付等项目。

对于母公司与子公司、子公司相互之间持有对方的债券，母公司编制合并会计报表时也应相互抵销。在合并工作底稿中编制抵销分录时，借记“应付债券”项目，贷记“长期投资”或“短期投资”项目。

对于长期投资中内部债券投资与应付债券抵销时发生的差额，应当作为合并价差处理。当长期投资中债券投资的数额高于相对应的应付债券的数额，编制抵销分录时，应当借记“合并价差”项目，贷记“长期投资”项目；当长期投资中内部债券投资的数额低于相对应的应付债券的数额，编制抵销分录时，应当借记“长期投资”项目，贷记“合并价差”项目。

母公司与子公司，子公司相互之间应收帐款与应付帐款相互抵销后，其已抵销的应收帐款所计提的坏帐准备的数额也应予以抵销。在合并资产负债表中，坏帐准备应当以抵销后应收帐款计提的数额列示。在合并工作底稿中，编制抵销分录抵销已抵销的应收帐款计提的坏帐准备时，借记“坏帐准备”项目，贷记“管理费用”项目。

对于以前会计期间编制合并会计报表时因内部应收帐款抵销而抵销的坏帐准备的数额，在本期编制合并会计报表编制抵销分录时，应当借记“坏帐准备”项目，贷记“年初未分配利润”项目。对于本期内部应收帐款增加而计提的坏帐准备进行抵销，编制抵销分录时，应当借记“坏帐准备”项目，贷记“管理费用”项目；对于本期内部应收帐款减少而冲销的坏帐准备进行抵销，编制抵销分录时，借记“管理费用”项目，贷记“坏帐准备”项目。

3. 存货项目中，由内部销售所产生的未实现内部销售利润的数额，应当予以抵销，并以抵销后的数额列示。有关抵销分录参见本规定中合并损益表中有关部分。

4. 固定资产等有关项目中，由于内部销售产生的未实现内部销售利润的数额应当予以抵销，并以抵销后的数额列示。有关抵销分录参见本规定中合并损益表中有关部分。

5. 子公司所有者权益各项目中不属于母公司拥有的数额，应当作为少数股东权益，在合并资产负债表中所有者权益类项目之前，单列一类，以总额反映。

6. 所有者权益中未分配利润的数额根据合并利润分配表中期末未分配利润的数额列示。

十、合并损益表

合并损益表应当以母公司和子公司的损益表为基础，在抵销下列项目的基础上，合并各项目的数额编制。

1. 母公司与子公司、子公司相互之间发生的内部销售收入的抵销：

(1) 内部销售商品全部实现对外销售时，应当在合并销售收入项目中抵销内部销售收入的数额，在合并销售成本项目中抵销从内部购进该货物所发生的购进成本的数额（即出售公司内部销售收入的数额）。在合并工作底稿中编制抵销分录时，借记“营业收入”项目，贷记“营业成本”项目。

(2) 内部销售商品全部未实现对外销售而形成存货时，应当在合并销售收入项目中抵销内部销售收入的数额，在存货项目中抵销内部销售商品中所包含的未实现内部销售利润的数额，在合并销售成本项目中抵销内部销售商品的成本数额（销售商品公司销售收入减去未实现内部销售利润的数额）。在合并工作底稿中编制抵销分录时，借记“营业收入”项目，贷记“存货”项目（在合并资产负债表中抵销）和“营业成本”项目。

未实现内部销售利润根据销售商品公司的销售毛利率乘以内部销售收入的数额确定。

销售毛利率＝（销售收入－销售成本）÷销售收入×100%

(3) 在内部销售商品部分售出的情况下，应当分别已实现内部销售的数额和未实现内部销售的数额进行处理。

(4) 对于上一会计期间存货包含的未实现内部销售利润的处理。

1) 上一会计期间抵销未实现内部销售利润的内部销售形成的存货，在本期编制合并会计报表时，应当视为本期销售实现处理。其中包含的未实现内部销售利润，在本期编制合并会计报表时视为本期实现利润处理。在合并工作底稿中编制抵销分录时，应当根据上期编制合并会计报表存货中抵销的未实现内部销售利润的数额，借记“年初未分配利润”项目，贷记“营业成本”项目。

2) 上期结转存货应当视同本期购进的存货处理，并以此分别按照上述（1）至（3）的情况，抵销内部销售收入、内部销售成本和未实现内部销售利润。

2. 母公司与子公司、子公司相互之间发生的固定资产交易所产生的未实现内部销售利润的抵销。

母公司与子公司、子公司相互之间发生的固定资产交易是指母公司与子公司之间，子公司相互之间发生的一方销售自身的产品，另一方购买对方产品作为固定资产使用的固定资产购售活动。

(1) 不计提折旧固定资产中包含的未实现内部销售利润的抵销。

1) 将内部销售收入与该内部销售成本和固定资产原价项目中所包含的未实现内部销售利润相互抵销，即在合并销售收入项目中抵销该产品销售收入的数额；在合并销售成本项目中抵销该产品的销售成本的数额；在合并固定资产原价项目中抵销未实现内部销售利润的数额。编制抵销分录时，借记“营业收入”项目，贷记“营业成本”和“固定资产原价”项目。

2) 在该固定资产的使用期间内，每期编制合并会计报表时都必须将该固定资产原价中所包含的未实现内部销售利润抵销，直至该固定资产退出企业集团止。在合并工作底稿中编制抵销分录时，应当借记“年初未分配利润”项目，贷记“固定资产原价”项目，其数额为上一会计期间该固定资产原值中抵销的未实现内部销售利润的数额。

(2) 计提折旧的固定资产中包含的未实现内部销售利润的抵销。

1) 在发生该固定资产交易的会计期间，应当进行如下抵销处理：

在发生固定资产交易的当期，应当将内部销售收入与该内部销售成本和固定资产原价中所包含的未实现内部销售利润相互抵销，即在合并销售收入项目中抵销该固定资产交易的销售收入的数额；在合并销售成本项目中抵销该固定资产交易的销售成本的数额；在合并固定资产原价项目中抵销该固定资产原价中未实现内部销售利润的数额。编制抵销分录时，借记“营业收入”项目，贷记“营业成本”和“固定资产原价”项目。

在计提折旧时，还应当将该固定资产计提的折旧中包含的未实现内部销售利润的数额抵销。抵销数额为该固定资产当期计提的折旧额减去按照不包含有未实现内部销售利润的固定资产原价计提的折旧额的差额。在采用直线法时，即该固定资产原价中包含的未实现内部销售利润总额除以该固定资产的使用期间。在合并工作底稿中编制抵销分录时，借记“累计折旧”项目，贷记“管理费用”等项目。

2) 在发生该固定资产交易以后的会计期间到该固定资产清理报废时止，应当进行如下抵销：

将内部销售固定资产所包含的未实现内部销售利润的数额予以抵销。在合并工作底稿中编制抵销分录时，借记“年初未分配利润”项目，贷记“固定资产原价”项目。

将内部购进固定资产计提的折旧中包含有未实现内部销售利润的数额抵销。其抵销数额为该固定资产当期计提的折旧额减去按照不包含有未实现内部销售利润的固定资产原价计提的折旧额的差额。在合并工作底稿中编制抵销分录时，借记“累计折旧”项目，贷记“管理费用”等项目。

将内部销售固定资产原价所包含的未实现内部销售利润中以前会计期间已计入累计折旧的数额抵销。在合并工作底稿中编制抵销分录时，借记“累计折旧”项目，贷记“年初未分配利润”项目。

3) 固定资产报废清理时，应当将固定资产原价中包含的未实现内部销售利润总额减去报废清理以前固定资产原价中包含的未实现内部销售利润中已计入以前折旧费用的数额（即已实现内部销售利润的数额）

后的余额予以抵销。在合并工作底稿中编制抵销分录时，借记“年初未分配利润”项目，贷记“管理费用”项目和“营业外支出”（或“营业外收入”）项目。其中抵销管理费用项目的数额为该固定资产当期计提的折旧额减去按照不包含有未实现内部销售利润的固定资产原价计提的折旧额的差额。

(3) 母公司与子公司、子公司相互之间固定资产交易发生不多，或其交易对企业集团财务状况和经营成果影响不大的，也可将其固定资产交易视为企业集团外交易，不按照上述规定进行抵销处理。

3. 母公司与子公司及子公司相互之间持有对方债券所发生的投资收益应当与其相对应的利息支出相互抵销。在合并工作底稿中编制抵销分录时，借记“投资收益”项目，贷记“财务费用”等项目。

4. 母公司对子公司权益性资本投资收益应当予以抵销。在合并工作底稿中编制的抵销分录，参见本规定中合并利润分配表的有关规定。

5. 子公司“净利润”项目扣除母公司投资收益后的余额，即为少数股东本期损益。在合并工作底稿中编制的抵销分录，参见本规定中合并利润分配表的有关规定。

少数股东本期损益应当在合并损益表中单列“少数股东损益”项目，在“净利润”项目之前列示。

6. 全部损益减去少数股东所持有的损益后的余额为净利润。

十一、合并利润分配表

合并利润分配表以母公司和子公司利润分配表的数据为基础，通过抵销子公司利润分配表各项目的数额编制。

在合并工作底稿编制中，应当分别不同情况，编制如下抵销分录进行抵销：

1. 对于全资子公司，应当将子公司利润分配表中年初未分配利润项目，子公司资产负债表中实收资本项目、资本公积项目、盈余公积项目和母公司损益表中投资收益项目，与母公司对子公司权益性资本投资项目，子公司利润分配表中提取盈余公积（或提取法定公积金、提取法定公益金、提取任意公积金、储备基金和生产发展基金）项目、应付利润（或已分配股利、应付股利、已分配优先股股利、已分配普通股股利）项目相互抵销。

在合并工作底稿中编制抵销分录时，借记“投资收益”、“年初未分配利润”、“实收资本”、“资本公积”、“盈余公积”项目，贷记“长期投资”、“提取盈余公积”（或提取法定公积金、提取法定公益金、提取任意公积金、储备基金和生产发展基金）、“应付利润”（或已分配股利、应付股利、已分配优先股股利、已分配普通股股利）项目。

在上述抵销发生抵销差额时，其差额应当作为合并价差处理。当上述抵销分录借方发生额大于贷方发生额时，应当贷记“合并价差”项目；当上述抵销分录借方发生额小于贷方发生额时，应当借记“合并价差”项目。

3. 对于非全资子公司，应当将子公司利润分配表中年初未分配利润项目，子公司资产负债表中实收资本项目、资本公积项目、盈余公积项目和母公司损益表中投资收益项目，少数股东损益项目，与母公司对子公司权益性投资项目、少数股东权益项目、子公司利润分配表中提取盈余公积（或提取法定公积金、提取法定公益金、提取任意公积金、储备基金和生产发展基金）项目、应付利润（或已分配股利、应付股利、已分配优先股股利、已分配普通股股利）项目相互抵销。

在合并工作底稿中编制抵销分录时，借记“投资收益”、“少数股东损益”、“年初未分配利润”、“实收资本”、“资本公积”、“盈余公积”项目，贷记“长期投资”、“提取盈余公积”（或提取法定公积金、提取法定公益金、提取任意公积金、储备基金和和生产基金）、“应付利润”（或已分配股利、应付股利、已分配优先股股利、已分配普通股股利）、“少数股东权益”项目。其中，少数股东权益的数额根据子公司所有者权益的数额减去母公司所持有的份额，计算确定。

在上述抵销发生抵销差额时，其差额应当作为合并价差处理。当上述抵销分录借方发生额大于贷方发生额时，应当贷记“合并价差”项目；当上述抵销分录借方发生额小于贷方发生额时，应当借记“合并价差”项目。

十二、合并财务状况变动表

合并财务状况变动表是以合并资产负债表和合并损益表及其他有关资料为基础编制。

1. 少数股东本期损益应当作为流动资金来源（或作抵销流动资金来源项目）处理，其数额在“流动资金来源”中“固定资产折旧”项目之前，单列“少数股东损益”项目反映。

2. 少数股东增加对子公司的投资，作为流动资金来源处理，其增加的数额在“其他来源”中“资本净增加额”项目之后，单列“少数股东资本增加额”项目反映。

3. 子公司将利润分配给少数股东，应当作为资金运用处理，其分配的数额在“流动资金运用”中“利润分配”与“其他运用”之间，单列项目“少数股东利润分配”项目反映。

十三、合并会计报表的附注

合并会计报表除附注会计报表应附注的事项外，还应当附注如下事项：

1. 纳入合并会计报表合并范围的子公司名称、业务性质、母公司所持有的各类股权的比例；

2. 纳入合并会计报表的子公司增减变动情况；

3. 未纳入合并会计报表合并范围的子公司（即本规定第二条第3款所规定的不纳入合并范围的子公司）的情况（包括名称、持股比例）、未纳入合并会计报表合并范围的原因及其财务状况和经营成果的情况，以及在合并会计报表中对未纳入合并范围的子公司投资的处理方法；

4. 纳入合并会计报表合并范围的非子公司（即本规定第二条第2款规定的纳入合并范围的其他被投资企业）的有关情况，包括名称、母公司持股比例以及纳入合并会计报表的原因；

5. 子公司与母公司会计政策不一致时，在合并会计报表中的处理方法。在未进行调整直接编制合并会计报表时，应在合并会计报表中说明其处理方法；

6. 纳入合并会计报表合并范围，经营业务与母公司业务相差很大的子公司的资产负债表和损益表等有关资料。

7. 需要在合并会计报表附注中说明的其他事项。

十四、本规定使用的下列术语，定义如下：

合并会计报表，是指由母公司编制的，将母公司和子公司形成的企业集团作为一个会计主体，综合反映集团整体经营成果、财务状况及其变动情况的会计报表。

母公司，是指通过对其他企业投资，对被投资企业拥有控制权的投资企业。

子公司，是指被另一公司拥有控制权的被投资公司，包括由母公司直接或间接控制其过半数以上权益性资本的被投资企业和通过其他方式控制的被投资企业。

控制权，是指能够统驭一个企业的财务和经营政策，并以此从企业经营活动中获取利益的权力。

权益性资本，是指能够据以参与企业经营管理，对经营决策有投票权的资本。

会计政策，是指企业进行会计核算和编制会计报表时所采用的会计原则、程序和处理方法。

少数股东权益，是指子公司所有者权益中由母公司以外的其他投资者拥有的份额。

外币，是指记帐本位币以外的货币。

外币会计报表的折算，是指将以母公司记帐本位币以外的货币揭示的子公司会计报表折算为以母公司记帐本位币揭示的会计报表。

内部交易，是指由母公司与其他所有子公司组成的企业集团范围内，母公司与子公司、子公司相互之间发生的交易。

十五、合并会计报表格式

1. 合并损益表

2. 合并利润分配表

3. 合并资产负债表

4. 合并财务状况变动表

附件二

股份制试点企业合并会计报表格式

表1

合并损益表

编制单位：　　　　年　　　　单位：元

项　　目	行次	上年累计数	本年累计数
一、主营业务收入	1		
减：营业成本	2		
销售费用	3		
管理费用	4		
财务费用	5		
进货费用	6		
营业税金及附加	7		
二、主营业务利润	8		
加：其他业务利润	9		
三、营业利润	10		
加：投资收益	11		
营业外收入	12		
减：营业外支出	13		
加：以前年度损益调整	14		
四、利润总额	15		
减：所得税	16		
减：少数股东损益	17		
五、净利润	20		

表2

合并利润分配表

编制单位：　　　　年　　　　单位：元

项　　目	行次	本年实际	上年实际
一、净利润	1		
加：年初未分配利润	2		
盈余公积转入数	3		
二、可分配利润	10		
减：提取法定公积金	11		
提取法定公益金	12		
三、可供股东分配的利润	15		
减：已分配优先股股利	16		
提取任意公积金	17		
已分配普通股股利	18		
四、未分配利润	20		

表 3

股份制试点企业合并会计报表格式

合并资产负债表

编制单位： 年 月 日 单位：元

资　产	行次	年初数	期末数	负债与股东权益	行次	年初数	期末数
流动资产：				流动负债：			
货币资金	1			短期借款	41		
短期投资	2			应付票据	42		
应收票据	3			应付帐款	43		
应收帐款	4			预收货款	44		
减：坏帐准备	5			应付福利费	45		
应收帐款净额	6			未付股利	46		
预付货款	7			未交税金	47		
其他应收款	8			其他未交款	48		
待摊费用	9			其他应付款	49		
存货	10			预提费用	50		
待处理流动资产净损失	11			一年内到期的长期负债	51		
一年内到期的长期债券投资	12			其他流动负债	52		
其他流动资产	13						
流动资产合计	15			流动负债合计	55		
长期投资：				长期负债：			
长期投资	16			长期借款	56		
其中：合并价差（贷差以“－”号表示）	17			应付债券	57		
				长期应付款	58		
				其他长期负债	59		
固定资产：							
固定资产原价	18			长期负债合计	60		
减：累计折旧	19						
固定资产净值	20						
在建工程	21			递延税项：			
固定资产清理	22			递延税款贷项	61		
待处理固定资产净损失	23						
固定资产合计	30			负债合计	62		
无形资产及递延资产：				少数股东权益	63		
无形资产	31						
递延资产	32			股东权益：			
无形资产及递延资产合计	33			股本	64		
				资本公积	65		
其他长期资产：				盈余公积	66		
其他长期资产	34			其中：公益金	67		
				未分配利润	68		
递延税项：				外币报表折算差额	69		
递延税款借项	35			股东权益合计	70		
资产总计	40			负债与股东权益合计	80		

补充资料：1．已贴现的商业承兑汇票____元；

2．已包括在固定资产原价中的融资租入固定资产原价____元。

表 4

合并财务状况变动表

编制单位： 年度 单位：元

流动资金来源和运用	行次	金额	流动资金各项目的变动	行次	金额
一、流动资金来源：			一、流动资产本年增加数：		
1. 本年净利润	1		1. 货币资金	41	
加：不减少流动资金的费用和损失；			2. 短期投资	42	
（1）少数股东本期损益（亏损以“－”号表示）	2		3. 应收票据	43	
（2）固定资产折旧	3		4. 应收帐款净值	44	
（3）无形资产、递延资产及其他资产摊销（减其他负债转销）	4		5. 预付货款	45	
（4）固定资产盘亏（减盘盈）	5		6. 其他应收款	46	
（5）清理固定资产损失（减收益）	6		7. 待摊费用	47	
（6）递延税款	7		8. 存货	48	
（7）其他不减少流动资金的费用和损失	8		9. 待处理流动资产净损失（减收益）	49	
小计	10		10. 一年内到期的长期债券投资	50	
2. 其他来源			11. 其他流动资产	51	
（1）固定资产清理收入（减清理费用）	11				
（2）增加长期负债	12				
（3）收回长期投资	13				
（4）对外投资转出固定资产	14				
（5）对外投资转出无形资产	15				
（6）资本净增加额	16				
（7）少数股东资本净增加额	17				
小计	19		流动资产增加净额	60	
流动资金来源合计	20		二、流动负债本年增加数：		
二、流动资金运用：			1. 短期借款	61	
1. 利润分配：			2. 应付票据	62	
（1）提取法定公积金	21		3. 应付帐款	63	
（2）提取法定公益金	22		4. 预收货款	64	
（3）提取任意公积金	23		5. 应付福利费	65	
（4）已分配股利	24		6. 未付股利	66	
小计	25		7. 未交税金	67	
2. 少数股东利润分配	26		8. 其他未交款	68	
3. 其他运用：			9. 其他应付款	69	
（1）固定资产和在建工程净增加额			10. 预提费用	70	
（2）增加无形资产、递延资产及其他资产	28		11. 一年内到期的长期负债	71	
（3）偿还长期负债	29		12. 其他流动负债	72	
（4）增加长期投资	30				
小计	31				
流动资金运用合计	32				
外币会计报表折算差额	33		流动负债增加净额	79	
流动资金增加净额	40		流动资金增加净额	80	

中国证券监督管理委员会关于企业公开发行股票报送材料要求的通知

（1993 年 6 月 3 日中国证监发字［1993］39 号

各省、自治区、直辖市、计划单列市人民政府、证券管理部门：

为利于股份制企业股票发行、上市复审工作的顺利进行，我会制定了《申请公开发行股票公司报送材料的标准格式（试行）》和公开发行股票公司信息披露的内容与格式准则第一号《招股说明书的内容与格式（试行）》，请转发给有关企业。今后企业上报有关股票公开发行、上市的材料，应按这两个文件的要求送审。

附件：1、《申请公开发行股票公司报送材料的标准格式（试行）》

2、公开发行股票公司信息披露的内容与格式准则第一号《招股说明书的内容与格式（试行）》

附件一

申请公开发行股票公司报送材料的标准格式（试行）

为提高工作效率，方便复审工作，减少重复劳动，降低文件制作成本，现决定，经地方政府或中央企业主管部门批准公开发行股票的企业申请材料报中国证监会复审时，应按下列标准格式制作：

一、发行申请材料的纸张、封面及份数

（一）纸张：

应采用幅面为209×295毫米规格的纸张（相当于A4纸张规格）

（二）封面：

1、标有“公开发行股票申报材料”字样；

2、申请企业名称；

3、申报时间；

（以下由我会填写）

4、受理时间；

5、复审会议时间；

6、复审意见书签发时间。

（三）份数：

1、申请材料共报12份，其中至少一份为原件。

二、发行申请材料的目录

注：1、招股说明书按《上市公司信息披露的内容与格式准则》第一号进行编制，其中涉及的文件应为原件或其复印件。

2、《招股说明书概要》应与日后在指定报刊上公布的《概要》完全一致。

3、招股说明书目录中各项的页码应与其实际页码相符。

注：1、每一页的页码必须与目录中的页码相符。

2、页码标注的举例说明：

例如，第四章4—1节的页码标注应为：4—1—1，4—1—2，4—1—3……4—1—n。

附件二

公开发行股票公司信息披露的内容与格式准则

第一号

招股说明书的内容与格式（试行）

说　明

（一）根据《股票发行与交易管理暂行条例》（以下简称《条例》）和《股份有限公司规范意见》（以下简称《规范意见》）制定本准则。

（二）凡在中华人民共和国境内公开发行股票和将其股票在经国务院证券委员会（以下简称“证券委”）批准可以进行股票交易的证券交易场所交易的发行人，在申请公开发行股票时，应当按照本准则编制招

股说明书。

本招股说明书作为发行人向中国证券监督管理委员会（以下简称“证监会”）申请公开发行申报材料的必备部分。

（三）本准则规定的内容与格式包括：

1、招股说明书封面；

2、招股说明书目录；

3、招股说明书正文；

（1）主要资料

（2）释义

（3）绪言

（4）发售新股的有关当事人

（5）风险因素与对策

（6）募集资金的运用

（7）股利分配政策

（8）验资证明

（9）承销

（10）发行人情况

（11）发行人公司章程摘录

（12）董事、监事、高级管理人员及重要职员

（13）经营业绩

（14）股本

（15）债项

（16）主要固定资产

（17）资产评估

（18）财务会计资料

（19）盈利预测

（20）重要合同及重大诉讼事项

（21）公司发展规划

4、招股说明书附录；

5、招股说明书备查文件。

（四）发行人对本准则列举的各项内容应当进行披露。但是本准则某些具体要求对发行人确实不适用的，发行人可根据实际情况做出适当修改，同时予以说明。发行人还可根据其自身的实际情况，增加其他内容。

发行人及其应编制合并报表的子公司（由发行人持股50%以上（含）的公司，下同）成立均不足三年的，应提供其自成立之日起，至进行股票公开发行准备工作之时止的经营业绩及其他资料。

如果发行人及其应编制合并报表的子公司由原有企业经改制而设立，且改制不足三年，则发行人在根据本准则的要求对其历史情况进行披露时，应包括原有企业情况。

人民币特种股票（B股）的发行人，应当增加关于中国经济、政治、法律等有助于外国投资人了解中国一般情况的资料，以及有助于对发行人增加了解的其他资料。有必要时，B股发行人还应编制招股说明书的外文文本。发行人应当保证两种文本内容的一致性。在对两种文本的理解上发生歧义时，以中文文本为准。

发行人尚未成立董事会、监事会，而由筹备机构代行其权力的，本招股说明书中凡要求董事会、监事会在股票发行过程中以及对本招股说明书所应承担的责任与义务，由筹备机构承担，对董事、监事有关情况的披露改为对筹备机构成员有关情况的披露。

（五）招股说明书的有效日期为六个月，自招股说明书签署之日起计算。发行人不得使用过期的招股说明书发行股票。发行人在招股说明书有效期内未能发行股票，必须修订招股说明书，补充最新财会资料和其它信息，报证监会审核后，方可发行。

（六）招股说明书不得刊登任何个人、机构或企业的题字或任何有祝贺性、恭维性或推荐性词句。

（七）招股说明书中的数字应当采用阿拉伯数字。招股说明书中有关货币金额的资料除特别说明之外，一般应指人民币金额。

（八）有关地方法规中凡与本准则相抵触的部分，应以本准则为准。

（九）本准则自公布之日起实施。

一、招股说明书封面

招股说明书的封面应载明下列事项：

1、发行人的正式名称及注册成立地；

2、“招股说明书”字样，未正式定稿前，必须标有“未定稿”显著字样；

3、说明发行股票的类型，例如普通股、优先股或者人民币特种股；如果同时发行认股证，还须列明认股证与股票的比例；

4、重要提示，必须按照《申请公开发行股票公司报送材料的标准格式（试行）》规定的文字列示；

5、发行量、每股面值、每股发行价、发行费用、募集股本；

如果在编写招股说明书时，尚无法确定发行价格，有关发行价格的数据可以空缺，或填写一个价格范围。但在正式向公众披露前必须填入确切的发行价。

6、预计何时在何证券交易场所开始交易；

7、主承销商；

8、推荐人；

9、招股说明书签署日期。

招股说明书必须用幅面为209×295毫米规格的纸张（等于A4纸规格），封面必须为浅色，除可以印有发行人的标志之外，不应当有其他图案。具体格式见《申请公开发行股票公司报送材料的标准格式（试行）》。

二、招股说明书目录

目录在招股说明书的封二上排印，包括每一节的标题及相应的页数。

三、招股说明书正文

（一）主要资料

本节是以2—3页的较少篇幅，把招股说明书中关键内容摘要刊印在招股说明书之首，以使投资人尽快了解该说明书提供的主要信息。但是“主要资料”不得误导投资人，同时应当采用下述文字提醒投资人阅读全文，以正确了解招股说明书的完整内容：“以下资料节录自本招股说明书。欲购买本次发行股票的投资者，在做出投资决策前，应该认真阅读招股说明书全文。”

本节包括以下内容：

1、发行人简介：发行人的一般情况、主营业务、经营业绩、股权结构（以图表示意）等。

2、本次发行：

（1）本次发行的一般情况：

股票种类、每股发行价、每股面值；

发行数量（股）其中：普通股、优先股等；在以持股人的不同类型区分股份的情况下，还应当分别按法人股、社会公众股（A股）、B股、可转换股等加以列示，

发行总市值，

税后盈利预测，

每股盈利，

预计市盈率，

发行后每股净资产；

（2）本次发行前已发行的股票及本次发行后的股权结构变化；

（3）募股资金的运用：简单说明募股资金的用途；

(4) 股利政策：是否分配股利，分配间隔时间，预期首次分配是何时间等；

(5) 风险因素：涉及到哪几方面的风险；

(6) 发行地区、发行对象、承销期的起止日期；

(7) 挂牌交易：本股票预计将于何时在何证券交易场所开始挂牌交易。

3、主要会计数据（采用列表式）：

(1) 资产负债表数据：营运资金、总资产、长期负债、股东权益；

(2) 利润表数据：销售收入、营业利润、税后利润。

发行人在招股说明书中应提供其最近连续三个年度的会计数据。最近一期会计数据的有效期为六个月。因此在必要时，发行人还应提供自最后一个会计年度终止后，到编制招股说明书之前最近可行的季度终了的会计数据。会计期间的排列应当自左至右，最左侧为最近一期数据，每个期间均应注明。上述会计数据应选自经有资格从事证券业务的会计师事务所审计过的财务报表。

4、预计时间表：

(1) 申请表发售期；

(2) 交回申请表截止日期；

(3) 交款期；

(4) 股票及认股权证寄存日期；

(5) 预计挂牌交易日期。

发行人和其承销商还可以根据需要加入发行上市过程中的其他重要日期，例如抽签日期、公布抽签结果日期，等等。

(二) 释义

对招股说明书中具有特定含意的词汇做出明确的定义、解释和说明。

(三) 绪言

在绪言中必须声明：

本说明书的编写所依据的法规，所经由批准的部门（例如地方主管部门、交易所等），发行人董事会成员（或股份有限公司筹备组成员）已批准该招股说明书，确信其中不存在任何重大遗漏或者误导，并对其真实性、准确性、完整性负个别的和连带的责任。

下列文字必须载入绪言：

“新发行的股票是根据本说明书所载明的资料申请发行的。除本发行人和主承销商外，没有委托或授权任何其他人提供未在本说明书中列载的信息和对本说明书作任何解释或者说明。”

本招股说明书应当提醒投资人自行负担买卖该发行人股票所应支付的税款，发行人、推荐人和承销商对此不承担责任。

(四) 发售新股的有关当事人

本节列出下列有关当事人的机构名称、所在地、电话、传真以及这些当事人中负责与本次发行销售有关事项的联系人姓名：

1、发行人及其法定代表人；

2、财务顾问（如果聘用了财务顾问）；

3、主承销商（如果由若干家证券商联合牵头，应将其全部列示）及其律师事务所；

4、推荐人；

5、发行人的律师事务所和经办律师；

6、会计师事务所和经办注册会计师；

7、资产评估机构和经办评估人员；

8、资产评估确认机构；

9、收款银行；

10、股票登记机构；

(11) 其他与发售新股有密切联系的机构和个人。

(五) 风险因素与对策

本节介绍投资风险和股市风险。

投资风险介绍可能对发行人发展前景、产品销售、市场份额、财务状况、经营效益等方面产生不利影响的重要因素。

本节开始时，应采用下列提示：

“投资者在评价本发行人此次发售的股票时，除本招股说明书提供的其它资料外，应特别认真地考虑下述各项风险因素。”

风险因素包括（但不限于）下列各项：

1、经营风险。指发行人在生产经营过程中可能存在的风险因素，例如：

(1) 对重要原材料或者供货渠道的依赖，进口材料的限制；

(2) 对主要客户的依赖；

(3) 能源或者交通运输方面存在的制约；

(4) 产品价格方面的限制；

(5) 产品外销的限制；

(6) 产品的生产与销售是否有任何补贴；

(7) 产业结构过度集中或分散的风险；

(8) 主要产品或者主要业务所采用技术的先进程度以及同类的最新产品、最新技术和替代产品的简况；

(9) 融资能力的局限性；

(10) 外汇风险（包括汇率风险），主要适用于收入或支出中相当部分需以外汇结算的发行人；

(11) 自然条件的限制，等等。

2、行业风险。指发行人所在行业的行业特点、发展趋势中可能存在的不利因素以及行业竞争情况，例如，

(1) 国家的产业政策；

(2) 行业发展存在的限制因素，如属于限制发展的行业、污染环境、有害健康（例如烟草行业），等等；

(3) 严重依赖其他行业；

(4) 严重依赖有限的自然资源；

(5) 行业内部竞争的情况，等等。

3、市场风险。指发行人是否会受到商业周期的影响，市场的发育情况，以及与发行人密切相关的行业的情况，例如：

(1) 发行人是否存在某种商业周期或受商业周期的影响；

(2) 市场不够发达或存在市场分割的情况；

(3) 主要市场所在的国家和地区属于经济、政治不稳定的地区；

(4) 密切相关的行业存在各种制约因素；

(5) 市场容量方面的限制，等等。

4、政策性风险。指国家政策、法律（包括税务法规、进出口政策等等）是否对发行人不利或存在某种限制，国家政策、法律是否在可见的将来有可能发生变化，并因其变化而对发行人产生不利影响。

5、其它风险。指对发行人存在除上述各方面风险之外的风险，例如：

(1) 对海外市场的依赖；

(2) 现有股东的控制；

(3) 发行人设立或发行股票，存在哪些法律上的欠缺，等等。

在陈述每项风险之后，还可说明发行人采取或准备采取哪些措施减少上述风险的影响。

股市风险介绍影响股票市场价格变化的基本原因，说明股市风险与投资风险的联系，提醒投资人对股价波动应有充分了解。

(六) 募集资金的运用

本节说明对所募集资金的运用计划，包括（但不限于）以下几方面：

1、通过发行股票所募集资金的计划用途；

2、如果所募集的资金准备用于投资项目，应对项目的情况作简单介绍，包括其投资预算；

3、投资项目使用资金的计划时间表；

4、如果投资项目不止一项，不应说明这些项目的轻重缓急；

5、在采用代销方式发行股票的情况下，如果不能募集到预计的全部资金，对可能取得资金的使用计划加以说明；

6、如果发行人尚未确定募集资金的用途，必须予以说明，并详细陈述发行的理由；

7、如果所筹资金尚不能满足规划中的项目的资金需求，应说明其缺口部分的来源及落实情况；

8、增资发行的发行人必须说明前次公开发行股票所筹资金的运用情况。

（七）股利分配政策

本节叙述发行人关于股利分配的各项政策：

1、发行人在发行股票后第一个盈利年度是否准备派发股利，如果准备发放，发放几次，约在何时发放；

2、发行人股利分配的一般政策；

3、不同类别股票在股利分配方面的权益；

4、用于发放股利的净利润是如何确定的，即税后利润是否需要扣减各种公积金和基金，是否需要弥补以前年度的亏损，各种公积金和基金的计提比例和以前年度结转亏损的金额；

5、预计派发的股利占净利润的百分比；

6、如果暂时不准备派发股利，简要说明原因；

7、其他应说明的股利分配政策。

如果发行人的决策机构为股份有限公司筹备组，无法确定股利分配政策，需等发行之后由首届股东会选举出的董事会予以确定，则本节须将此情况如实披露。

（八）验资证明

本节是注册会计师对发起人根据《条例》第八条第（三）、第（四）款的规定投入股份有限公司筹备机构的认购股份的股本进行验证后出具的验资证明。

（九）承销

本节说明与本次承销和发行有关的事项，包括（但不限于）下列项目：

1、承销方式（包销或代销）；

(2) 如果为代销，应该达到的最低发行量；

(3) 承销期的起止日期；

(4) 发行地区；

(5) 发行对象；

(6) 发行股票的种类（普通股、优先股、可转换股等）、面值、数量；

7、如果本次发行区别不同持股人类别发行不同类型股票的话，列示按持股人类别划分的股票种类（例如法人持股、内部职工持股、社会公众持股、人民币特种股持股等）、面值、数量；

8、发行价格及其确定价格的方法；

9、本次发行预计实收金额；

10、全部承销机构的名称及其承销量（一般应当按承销量的大小为序排列，主承销商排列在最前面，并予以注明）；

11、发行费用，包括承销费用、注册会计师费用（包括审计、验资、盈利预测等费用）、评估费用、律师费用、公关及广告费用、印刷费用、其他费用等。

（十）发行人情况

本节简要介绍发行人的全面情况，包括（但不限于）下列内容：

1、发行人的名称；

2、发行人成立的日期；

3、发行人的注册地及总部的地址；

4、发行人的历史情况简史，包括隶属关系的演变；

5、发行人的组织结构和内部管理结构，如果发行人属于某一集团，还应当介绍该集团的情况及发行人在该集团中的地位；

6、发行人的职工人数，职工的专业构成如生产人员、销售人员、技术人员、财务人员、行政人员等，职工的教育程度和年龄情况以及有关职工的其他情况，例如福利、劳保、待业保险、养老退休金等；

7、发行人的经营业务范围；

8、发行人的主要业务；

9、发行人的主要产品品种、生产能力、主要市场及其市场占有情况和销售额、销售方式等（包括海外市场）；

10、发行人业务收入的主要构成，如果发行人有二种以上（含）主要业务或主要产品，说明每种主要业务或产品在收入中所占的份额；

11、主要原材料的供应、自然资源的耗用情况，如果涉及外汇平衡问题，还应予以说明；

12、对发行人业务有重要意义的工业产权和其它类似无形资产的有关情况；

13、新产品、新项目研究开发的有关情况；

14、正在进行或计划进行的投资项目、技术改造、产品更新的一般情况，包括对机器设备、土地、厂房及研究开发项目的投资；

15、国家的政策、法规、制度等对发行人改制前的生产经营条件（如原料与能源的供应和价格、产品或服务的销售和价格、税收、员工的聘用及工资水平、产品或业务的专营与垄断等方面）是否有任何限制或优惠，这些限制或优惠在公开发行股票之后是否仍然存在；

16、发行人在过去三年内如果发生过重大改组、变更、收购、兼并、清理整顿行为以及重大投资行为，需给予详细说明。

本节内容中的某些部分如果属于发行人的重要商业秘密，可适当简化。

（十一）发行人公司章程或公司章程草案的摘录

本节摘录发行人公司章程或章程草案中的部分主要内容，包括（但不限于）下列各项：

1、股东的权利、义务；

2、股东会的职权和议事规则；

3、公司法定代表人及其职权；

4、董事会的组成、职权和议事规则；

5、经营管理机构的组成、职权和议事规则；

6、监事会的组成、职权和议事规则。

（十二）董事、监事、高级管理人员及重要职员

本节介绍发行人的董事、监事、高级管理人员及重要职员的简单情况，包括（但不限于）下列各项：

1、姓名、性别、年龄、学历、职称；

2、正在担任和曾经担任的重要职务及任期；

3、主要业务简历；

4、其他。

高级管理人员是指发行人日常管理的最高负责人及其主要助手，例如总经理、副总经理、总会计师等或者与这些职务相当的主要负责人。重要职员是指除高级管理人员之外的对发行人具有一定程度控制权或者对发行人生产经营活动至关重要的人员。

（十三）经营业绩

本节介绍发行人在过去至少三年中的经营业绩，包括（但不限于）下列内容：

1、生产经营的一般情况；

2、每年销售总额和利润总额的情况；

3、完成的主要工作，包括完成的重大项目的科研成果等；

4、产品或者服务的市场情况；

5、产品性能、质量方面的情况；

6、筹资与投资方面的情况；

7、生产经营设备、主要固定资产增加、改进的情况；

8、经营管理的改进与提高；

9、职工数量与业务水平方面的变化，等等。

（十四）股本

本节介绍发行人股本的下列有关情况：

1、注册股份；

2、已发行的股份；

3、超过面值缴入的资本及其用途；

4、如果发行人已进行过股份制改组、定向募集或本次发行不是首次公开发行，本次发行前股份的结构，包括国家持股、法人持股、个人持股（其中内部职工持股）、外资持股等各占的份额；

5、如果已发行过内部职工股，内部职工股是否严格地限制在本企业职工范围之内，是否已全部按照要求集中托管，根据《规范意见》第三十条第五款的规定，内部职工股不得上市交易的截止日；

6、发起人认购股份的情况；

7、本次发行后公司股份的结构；

8、本次发行后净资产总额；

9、本次发行前每股净资产；

10、本次发行后每股净资产；

11、本次发行前持有发行人5%以上（含）股权的股东名单及其简要情况，如果股东总数超过10名，但持股5%以上的股东不足10名时，则应提供按持股比例排列的前10名股东的名单及简要情况；

12、董事、监事、高级管理人员及重要职员持有股份情况，包括持有本发行人及其他关联企业股份的情况；

13、股票回购程序。

根据《规范意见》第三十二条的规定，发行人一般不得收购其发行在外的股票。当发生例如《条例》第四十六条的情况，发行人需要购回已发出的部分股票时，说明所应执行的程序，例如报告需回购的情况，向有关部门和董事会提出申请、审批、收购、披露等。

（十五）债项

本节陈述发行人在特定日期（不得早于本招股说明书所载最新一期财务报表截止日）的主要借款情况，包括银行贷款、公司债、内部人员和关联人员贷款等以及或有负债、主要合同承诺等。下列资料的日期必须载明。

	金额		利率	债券期间	抵押或担保的情况	其他限制性条件
	短期	长期				
银行贷款 公司债 内部人员＊和关联人贷款						
合计						

或有负债

主要合同承诺＊＊

所有债项均应区分有担保、无担保、有抵押、无抵押、不同期间不同利率分别列示。如果因为发行人的股票公开发行和上市而导致对其担保的改变，应予说明。

发行人如果有逾期未偿还的债务，应当对其金额、利率、贷款人、资金用途、未按期偿还的原因、预计还款期等做详细说明。

＊内部人员是指发行人的董事、股东（法人或个人）和雇员。

＊＊合同承诺指发行人与其它机构或个人订立合同，在未来期间购买合同对方的劳务或者产品，同时按规定的价格进行支付。

（十六）主要固定资产

本节介绍发行人及其子公司拥有或者占有的主要固定资产的一般性质、原值、用途、折旧情况和所在地等。

主要固定资产包括：

1、各种房地产（包括土地使用权）、建筑物、厂房等；

2、各种矿产等自然资源；

3、主要生产、经营、运输、办公设备等；

4、由原企业改制设立的发起人，原则上不应将原企业固定资产中的非生产性、福利与服务性项目，例如食堂、医院、学校、影剧场、职工宿舍等转移到股份制企业中。如果因某些原因而无法将非生产性、福利与服务性资产完全剥离，应对这部分资产的有关情况充分披露。

（十七）资产评估

本节介绍原有企业改制为股份制企业时进行资产评估的有关情况，包括（但不限于）下列各项：

1、公司各类资产（指资产负债表大类划分）评估前帐面价值及固定资产净值；

2、公司各类资产评估后净值；

3、各类资产增（减）值幅度；

4、各类资产增（减）值的主要原因；

本节还应该简单介绍资产评估时采用的主要评估方法。

（十八）财务会计资料

本节列示发行人主要财务会计资料，包括（但不限于）以下各项：

资产负债表主要数据：流动资产、固定资产、无形资产和其他资产、总资产、流动负债、长期负债、股东权益。

利润表主要数据：净销售收入或者营业收入、销售成本与销售税金、期间费用（包括销售、管理、财务费用等），营业外收支、非常项目损益、税后利润，对于发行人原已是股份公司的，还应当提供每股盈利，派发股利等资料。

上述主要财务会计资料的有关要求与本招股说明书正文第一项第三款“主要会计数据”的要求相同。

申请公开发行股票的发行人设有子公司的，应当提供合并报表数据及其发行人单独的报表数据。

上述数据应以人民币元或千元为单位。以元为单位的，原报表中的分、角通过四舍五入略去。

本节还应当对所列示的资料做出必要说明，说明的内容应包括（但不限于）以下方面：

1、对发行人财务状况和经营成果的一般性介绍；

2、主要会计政策对合并报表所采用的会计处理方法；

3、资产、负债、销售（营业）收入、销售成本的主要内容或者对之有重大影响的项目；

4、如果在几年比较数据中的主要项目出现较大波动和变化，说明造成变化的原因；

5、如果有正在进行或者计划进行的重大资本支出项目，说明资本支出项目对企业财务状况和经营成果的影响及其资金来源；

6、发行人在最近三年中资产流动性的情况及变化的趋势，包括营运资金和流动性比率的增减变动及其原因，等等。

本节还应提示，如果投资人欲对发行人的财务状况、经营成果及其会计政策进行更详细的了解，应当认真阅读在附录中所载的发行人财务报表和注释。

（十九）盈利预测

如果发行人或其财务顾问或其承销商认为提供盈利预测数据将有助于投资人对发行人及其所发行的股票做出正确判断，且发行人确信有能力对最近的未来期间的盈利情况作出比较切合实际的预测，则发行人可在招股说明书中提供盈利预测数据。预测的数据包括会计年度税后利润总额、每股盈利及市盈率。

预测应是在对一般经济条件、营业环境、市场情况、发行人生产经营条件和财务状况等进行合理假设的基础上，按照发行人正常的发展速度做出的。如果预测中包括尚未投入使用的项目的收益，则应当有确实的证据，证明该项目在预测期间内能够投入使用并且产生预期的收益。

预测期间的确定：

1、如果预测是在发行人会计年度的前六个月做出，则为自预测时起至该会计年度结束时止的期间。

2、如果预测是在发行人会计年度的后六个月做出，则为自预测时起至不超过下一个会计年度结束时止的期间，但最短不得少于12个月。

盈利预测所采用的各项假设必须加以说明。注册会计师必须对盈利预测所采用的会计政策和计算方法进行审查并做出报告。盈利预测所采用的会计政策必须与招股说明书所载财务报表所采用的会计政策一致。

（二十）重要合同及重大诉讼事项

本节简要介绍发行人已签订的重要合同和作为一方当事人的尚未做出判决的重大诉讼事项。

重要合同是指对发行人生产经营活动、未来发展或者财务状况具有重要影响的合同。

重大诉讼事项是指其对发行人的财务状况、经营成果、声誉、业务活动、未来前景等可能产生较大影响的诉讼或者发行人的董事、监事、高级管理人员受到刑事起诉。

凡发行人及其母公司、子公司、并行子公司、控股公司、联营公司，发行人的董事、监事、高级管理人员，持有发行人5%以上（含）股份的主要股东作为重大诉讼一方当事人，都应予以披露。

披露的内容包括：

1、受理该诉讼的法庭的名称；

2、提起诉讼的日期；

3、诉讼的主要当事人和代理人；

4、提起诉讼的原因和争议双方各自的理由；

5、请求何种赔偿，可能赔偿的数额或者受到的处罚；

6、证监会要求予以披露的其他事项。

（二十一）公司发展规划

本节介绍发行人已经制定的、比较切实可行的发展计划与安排，包括（但不限于）以下内容：

1、发行人的生产经营发展战略；

2、发行人的发展目标和规模；

3、发行人的市场发展计划；

4、发行人的销售计划；

5、发行人的生产经营计划；

6、发行人的固定资产投资计划；

7、发行人的人员扩充计划；

8、发行人的资金筹措和运用计划，等等。

四、附　录

附录至少应包括以下各项：

1、财务报表及其注释和审计报告（不少于三年的利润表，不少于两年的资产负债表，不少于一年的财务状况变动表或现金流量表）；

2、财务报表差异调节表；如果发行人既发行A股，又发行B股或者既在境内发行，又在境外发行，由于会计准则的不同导致不同类型的股票同期财务报表数据不完全相同的，应当对其差异编制调节表，说明差异的原因；

3、资产评估报告；

4、盈利预测报告和注册会计师的意见；

5、法律意见书；

6、发行人的公司章程和细则；

7、发行人的营业执照。

五、备查文件

备查文件至少应当包括以下各项：

1、发行人成立的注册登记文件；

2、主管部门和证券交易所批准发行上市的文件；

3、承销协议；

4、国有资产管理部门关于资产评估的确认报告；

5、发行人改组的其他有关资料；

6、重要合同；

7、证监会要求的其他文件。

同时还应当说明备查文件的查阅期间（不应短于发行期间）和查阅地点。这些地点应当是投资公众较易达到的地点，例如发行人、承销商、证券交易所和证监会所在地等。

中国证券监督管理委员会
公开发行股票公司信息披露的内容与格式准则

第二号

年度报告的内容与格式

（1995年12月21日修订　证监发字［1995］200号）

说明

（一）根据《股票发行与交易管理暂行条例》（以下简称《股票条例》）和《公开发行股票公司信息披露实施细则》（以下简称《信息细则》）制订本准则。

（二）凡根据《股票条例》在中华人民共和国境内公开发行股票的股份有限公司应当按照本准则的规定编制年度报告。

（三）本准则规定的年度报告的内容与格式包括：

1、封面及目录；

2、年度报告正文

（1）公司简介，

（2）会计数据和业务数据摘要，

（3）董事长或总经理的业务报告，

（4）董事会报告，

（5）监事会报告，

（6）股东会简介，

（7）财务报告，

（8）公司在报告年度内发生的重大事件及其披露情况要览，

(9) 关联企业,

(10) 公司的其他有关资料;

3、备查文件。

(四) 公司对本准则列举的各项内容应当进行披露。但是本准则某些具体要求对公司确实不适用的,公司可根据实际情况做出适当修改,同时予以说明。公司还可根据其自身的实际情况,增加其他内容。

已发行境内上市外资股、境外上市外资股及其派生证券的公司,除受境外证券监管部门管理,有特定要求的之外,应同时编制年度报告外文译本。公司应努力保证两种文本内容的一致性。并在外文本上注明:"本报告分别以中、英(或日、法文等)两种语言编制,在对两种文本的理解上发生歧义时,以中文文本为准。"

已在境内和境外两个以上证券市场(含两个,下同)发行了股票和挂牌上市的公司,在编制境内和境外的年度报告时,应尽量做到内容一致。如果境外证券市场所要求的年度报告的内容与本准则不同,应遵守报告内容从多不从少,报告编制时间从短不从长,报告要求从严不从宽的原则办理。如境内外年度报告内容有较大差异的,应将另一文本的年度报告列为备查文件。

(五) 公司全体董事必须保证年度报告所提供的信息的真实、准确、完整和公正,并就其保证承担连带责任。向股东提供的年度报告可以刊载宣传本公司业绩的照片、图表等,但内容应与年度报告正文相一致,不得有误导和欺诈行为。

(六) 公司应当在每个会计年度结束后一百二十日(相当于四个连续的月份,下同)内编制完成年度报告。报告完成后,公司应立即将年度报告十份分别报送中国证券监督管理委员会(以下简称"证监会")、地方证券管理部门和其股票挂牌交易的证券交易场所,同时公司应将报告摘要刊登在至少一种由证监会指定的全国性报刊上(报告摘要刊登日期与召开股东会日期间隔不得少于三十日),并将年度报告备置于公司所在地、挂牌交易的证券交易场所、有关证券经营机构及其网点,以供股东和投资公众查阅。

已在境内和境外两个以上证券市场发行了股票和挂牌上市的公司,应在同一时间对境内、外市场公布年度报告。如果国内外市场对编制年度报告的期限要求不同,应以较短的期限为准。

(七) 如果公司确有困难,无法在会计年度结束后的一百二十日内编制完成年度报告,应该在报送年度报告最后期限到期前至少十五日,向其股票挂牌交易的证券交易所提出延期申请,延期最长不得超过六十日(相当于两上连续的月份)。同时报告证监会。在申请中应说明延期的原因及预计的最后期限。一旦证券交易所予以批准,公司应在指定报刊上公布延期提供年度报告的消息。

(八) 公司按以上第(六)条要求在证监会指定的报刊上披露年度报告摘要时,其内容按照《公开发行股票公司年度报告摘要(试行)》的要求进行披露。

(九) 年度报告应采用质地良好的纸张印刷,幅面应为209×295毫米(相当于标准的A4纸规格)。

(十) 本准则由证监会负责解释,自公布之日起实施。凡证监会以前颁布的有关规定和地方有关规定与本准则规定相抵触的,按本准则执行。

一、封面及目录

年度报告的封面应载明公司的正式名称、"年度报告"字样和报告期年份,并可以载有本公司的外文名称以及公司徽章或其它标记的图案。

目录应在封面内首页上排印。

二、年度报告正文

(一) 公司简介

本节简要介绍公司的历史与发展、各项主营业务、突出的特点及规模、公司负责信息披露事务人员的姓名、联系地址、电话,公司总部所在地、通讯地址、邮政编码及各种通讯工具的号码等,以500字以内为宜,可以刊载于封二或正文中。

(二) 会计数据和业务数据摘要

本节采用数据列表方式(还可以附有图形表),提供至报告年度末为止的公司前三年(或自公司成立以来)的主要会计数据和财务指标,包括(但不限于)以下各项:主营业务收入、净利润、总资产、股东权益、每股收益、每股净资产、净资产收益率等。

每股收益=净利润/年度末普通股份总数

每股权益=年度末股东权益/年度末普通股份总数

净资产收益率=净利润/年度末股东权益×100%

注:编制合并报表的公司应以合并报表数填列以上数据和指标。

已发行普通股以外的其他种类的股票(如优先股等)的公司,应按国际惯例计算以上指标,并说明计算方法和参照依据。

除会计数据和财务指标外,公司也可以采用数据列表方式或图形表方式,提供与上述会计数据相同期间的业务数据和指标,例如,产品销售量、市场份额、以实物量计算的人均劳动生产率、公司各项主要业务占总收入百分比,公司各地区收入占总收入的百分比等等。

数据的排列应该从左到右,左边是报告年度(最近一期)的数据。报告年度的数据也可采用与其他年度数据不同颜色或黑体字印刷。

(三) 董事长或总经理的业务报告

公司的董事长或总经理应向股东和其他年度报告的使用人报告公司的经营情况及本节规定的其他内容。

1、公司经营情况的回顾

报告人应首先简要回顾公司在报告年度内总的经营情况。然后对公司所处的行业做简要介绍,例如行业的总体情况、相关产业政策、本行业的主要统计数据等。

报告还应介绍公司在本行业中的地位,如按销售额排列的名次、是否为国家主管部门专业定点生产经营单位等。

凡引用的有关本行业的数据,应注明数据来源。

在介绍了行业的情况之后,报告人应较详细地介绍公司在报告年度的经营情况,包括(但不限于)以下内容:

(1) 公司主营业务业绩概述

本条简要说明公司主营业务的范围,每类产品的生产、销售数量和市场占有率,或服务项目的收支情况,以及产品改进措施的落实、科研成果的应用成果,技术的改进与提高等情况的说明;

(2) 公司财务状况说明

本条简要分析报告年度内总资产、长期负债、股东权益比上年的增减变动情况,并说明增减变动的主要原因;

(3) 公司投资情况说明

本条简要分析报告年度内公司投资额比上年的增减变动数及增减幅度,被投资的公司名称、其主要经营活动、占被投资公司权益的比例等;

(4) 公司全资附属及控股公司经营业绩概述

本条简要分析公司的每个全资附属及控股公司的生产经营情况;

(5) 公司员工的数量和专业素质情况说明;

(6) 在经营中出现的问题与困难及解决方案;

(7) 有关公司的其他情况。公司可根据其具体情况补充陈述(但不限于)下列内容:

①受国家限额控制的资源消耗情况,

②境外市场的发展情况,

③公司外汇平衡情况,

④对公司业务有影响的工业产权及版权的有关情况。

如果公司实行多元化经营,其业务涉及不同行业,则应对占公司主营业务收入10%以上（含）的经营活动及其所在行业分别作出介绍。如果公司在不同地区或国家开展业务，还应该按照不同地区或国家来反映公司主营业务收入的构成。

2、对实际经营结果与盈利预测的重大差异的说明

如果公司在报告年度之前或之中公布过报告年度全年或六个月以上（含）的盈利预测，而报告年度实际经营结果与盈利预测存在重大差异的，应对差异产生的原因进行较为详细的分析与说明，包括产生差异的主要项目和造成差异的主要原因。

本条所说重大差异，是指公司在报告年度内的主营业务利润实际数低于预测数的20%或高于预测数的50%。

3、对前次募集资金的运用情况的说明

如果公司在报告年度内募集过资金（包括增资配股），或者虽然报告年度内没有新募集资金，但报告年度之前募集的资金所投入的项目的建设延续到报告年度之内，则应就以下几个方面（但不限此）对资金的运用情况和结果加以说明：

（1）资金的投入情况，是否按计划进度进行，是否控制在原预算金额之内，其他配套资金（如果有的话）是否按计划到位，如有改变，应就其原因及依据进行披露；

（2）项目的建设进展是否符合计划进度；

（3）项目的收益是否与预测相符；

（4）列表说明募集资金时拟投资项目与实际投资项目的异同，若公司改变投资项目，应说明原因及变更的法律程序。

4、新年度的业务发展规划

本条介绍公司在新的年度中的业务发展规划，包括（但不限于）下列各项：

（1）公司在这一年中生产经营的总目标；

（2）为实现这一目标所需采取的措施；

（3）正在建设、开发中的项目的预期进度；

（4）配套资金的筹措等等。

5、其他需要披露的业务情况与事项

本条列示报告人或者公司股票挂牌的证券交易场所认为有必要披露的、与公司业务有关的其他信息。

（四）董事会报告

1、董事会工作报告摘要

本条摘要登载报告年度内董事会的工作情况。

2、股票与股东

本条介绍公司在报告年度末股票与股东的有关情况及其在报告年度内的变动情况，包括（但不限于）下列各项：

（1）股票与股本变动情况

①股票发行与上市情况

本项介绍到报告年度末为止的前三年（或自公司成立以来）历次股票发行情况，包括每一次的股票和派生证券的种类（境内上市外资股、境外上市外资股、优先股、认股权证、可转股债券等）、发行日期、发行价格、发行数量、上市日期、获准上市交易数量、交易终止日期等。

②对报告期内因发行新股票（包括送、配股）、拆细或合股等原因引起本公司股票面值和股份总数的变动，对认股权证的购股情况，可转换优先股转为普通股和可转股债券转股的情况等应分别说明。

③公司本年内各类发行在外的股票的最高价、最低价、年初交易首日的开盘价和年终最后交易日的收盘价以及全年交易量。

④介绍到报告年度末为止的前三年（或自公司成立以来）普通股每股净资产的变化情况。

⑤介绍报告年度内回购和注销已发行在外的本公司股票的情况。

⑥内部职工股情况，指专门向内部职工发行的股票、股权证及派生证券。应介绍现存的内部职工股历次发行日期、数量、发行价格、托管起止日期、本年获准公开转让的数量等。

（2）股东情况介绍

①股权结构情况，参照证监发字［1994］202号附件《年度报告中股份结构的披露格式》进行披露。

②股东数量，介绍报告期末的股东总人数。

③主要股东持股情况，要求将持有本公司5%以上股份的股东的名称、年末持股数量、年度内股份增减变动的情况做出报告。若持股5%以上的股东少于10人，则应列出至少10名最大股东的持股情况。

以上列出的股东情况中对代表国家持有股份的股东、非境内或外籍股东应予以注明。证监会批准豁免的情况除外。

④内部职工股东（指通过专门向内部职工发行而获得股票的内部职工）数量，年末持股总人数、年度内增加（或减少）的人数。

3、董事、监事与高级管理人员

本条包括（但不限于）下列各项：

（1）现任公司董事、监事、高级管理人员的姓名、性别、年龄、职务、任期和专业简历，并陈述报告期内前述人员的变动情况；

（2）公司董事、监事及高级管理人员年初、年末持股数量、年度内股份增减变动量及增减变动的情况；

（3）公司董事、监事及高级管理人员年度报酬情况（以公司支付为限），包括采用货币形式、实物形式和其他形式的工资、资金、福利、特殊待遇及有价证券等。

4、重大诉讼、仲裁事项报告

本条要求披露重大诉讼、仲裁事项的有关情况，内容要求如下：

（1）对发生在编制本年度报告之后、且尚未编入重大事件报告的重大诉讼、仲裁事项，应陈述该事项中的诉讼、仲裁受理日期，诉讼、仲裁各方当事人、代理人及其所在单位的姓名或名称，受理法院或仲裁庭的名称和所在地，诉讼、仲裁的原因、依据和诉讼、仲裁的请求，判决、仲裁的日期，判决、仲裁的结果以及各方当事人对结果的意见等。

（2）对已编入本年度中期报告或重大事件报告、但当时尚未结案的重大诉讼、仲裁事项，应陈述其进展情况或审理结果。

（3）公司董事、监事和高级管理人员个人受到刑事起诉或被司法机关处以刑事处罚，亦应在本节陈述。

（4）如报告期内无以上情况发生，应明确陈述“本年度公司无重大诉讼、仲裁事项。”

本条所指的重大诉讼、仲裁事项是：以公司的名义或公司董事、监事和高级管理人员因其在本公司任职而以个人名义作为诉讼、仲裁当事人且对公司的财务状况、经营成果、声誉、业务活动和未来前景等可能产生较大影响的法律诉讼、仲裁事项。

如果公司确知存在着发生与公司有关的重大诉讼、仲裁的可能性，也应对此加以说明。

5、其他报告事项

本条提供董事会认为有必要报告，而又未包括在上述各项之中的事项，例如：

（1）会计师事务所和注册会计师的变更；

（2）法律顾问的变更；

（3）选定用于信息披露的报刊的名称，以及选定报刊的变更等等。

（五）监事会报告

本节摘要提供报告年度内监事会的工作情况。

（六）股东会简介

本节摘要提供报告年度内召开的年度股东会和临时股东会的有关情况，例如：

1、召开股东会的地址、时间；

2、到会股东的情况；

3、股东大会的通过的决议内容等。

（七）财务报告

本节提供公司的财务报告和注册会计师对该财务报告发表的审计报

告。

1、审计报告

审计报告必须由具有从事证券相关业务资格的会计师事务所和其两名有从事证券相关业务资格的注册会计师出具。注册会计师只有遵照财政部颁布的《中国注册会计师独立审计准则》的规定，对公司的财务会计记录及其他有关资料进行了审计之后，方可出具审计报告。注册会计师所出具的审计报告必须符合上述准则。

2、财务报表

财务报表包括公司报告年度末及其前一个年度末的比较式资产负债表，该两年度的比较式利润及利润分配表、财务状况变动表（或现金流量表）。

财务报表的编制应符合《中华人民共和国企业会计准则》、《股份制试点企业会计制度》、《关于在证券交易所和交易系统已挂牌和申请挂牌的公司如何执行会计制度的函》、《合并会计报表暂行规定》及财政部、证监会颁布的其他有关准则、制度和规定。

若公司持有其他企业50%以上权益的，公司与其控股企业应编制合并报表，被合并企业的会计报表必须要经有从事证券相关业务资格的注册会计师进行审计。凡编制合并财务报表的公司，除提供合并财务报表之外，还应提供本公司未经合并的已审计的财务报表。

3、财务报表附注

财务报表附注是财务报告中不可缺少的一个组成部分，它应对比较式报表的两个期间的数据均作出说明。

报表附注按照《财务报表附注指引（试行）》进行编制。

财务报表附注也应符合本准则“年度报告正文”第（七）节第2条所列的各项准则、制度和规定。

公司在年度报告的其他章节所披露的同期财务会计资料以及在其他公开披露的信息中包含的同期财务会计资料，应与本节经过审计的财务报告一致。

本准则不要求公司编制新年度的盈利预测。但是凡公司在年度报告中提供新一年度盈利预测的，该盈利预测必须经过具有从事证券相关业务资格的注册会计师审阅并发表意见。

（八）公司在报告年度内发生的重大事件及其披露情况简介。

凡公司在报告年度内发生过《股票条例》第六十条和《信息细则》第十七条所列举的重大事件，以及公司董事会判断为重大事件的事件，应对这些事件及其披露情况，做一简单说明。如果上述事件取得进展，或产生结果的，公司应对此作出说明。

（九）关联企业

本节列示（也可采用图示或附以图示）关联企业的有关资料，包括（但不限于）关联企业的名称、所在地、主营业务范围以及本公司持有该关联企业所有者权益的份额。

公司在列示关联企业的有关资料时，可以只列示由公司以长期投资的形式直接或间接地持有其所有者权益的20%以上的其他法人或经营单位。

（十）公司的其他有关资料

本节提供公司的其他有关资料，包括（但不限于）下列各项：

1、公司首次注册登记日期、地点；

2、报告期内变更注册日期、地点；

3、工商登记号码；

4、税务登记号码；

5、股票上市交易场所名称；

6、公司在上市交易场所的编号；

7、公司股票主承销机构名称（如果在报告期内有证券发行行为）；

8、公司未上市股票的托管机构名称；

9、会计师事务所名称、办公地；

10、法律顾问名称、办公地。

三、备查文件

备查文件为公司在披露年度报告后在公司办公地点必备的有关文件，在证监会、交易所要求提供时和股东依据法规或公司章程要求查阅时，公司应及时提供。在年度报告中应明确说明备查文件是否齐备、完整，备查文件包括下列文件：

（一）载有董事长、总经理亲笔签名的年度报告原本；

（二）载有会计师事务所盖章、注册会计师亲笔签字的审计报告正文及财务报表；

（三）年度内发行新股时的《招股说明书》（或“配股说明书”）、上市公告书；

（四）在其它证券市场公布的年度报告文本；

（五）公司各类统计报表（对个别公司，经股东大会批准，并经政府有关部门认可后，有关内容可免于向社会公众公开提供）。

附件一

公开发行股票公司年度报告摘要（试行）

重要提示：本公司董事会确信本报告所载资料不存在任何重大遗漏、虚假陈述或者严重误导，并对其内容的真实性、准确性和完整性负个别及连带责任。本年度报告摘自年度报告原件，投资者欲了解详细内容应阅读年度报告原件。

一、公司简介

1、公司名称

公司法定中文名称、英文名称及缩写；

2、公司地址

公司注册地址和办公地址及邮政编码；

3、公司法定代表；

4、公司咨询服务机构联系电话、传真。

二、主要财务数据与财务指标

指标项目：　本年数　上年数　比上年的增减（ %）

1、主营业务收入；

2、净利润；

3、总资产；

4、股东权益；

5、每股权益＝净利润/年度末股本总数；

6、每股净资产＝年度末股东权益/年度末股本总数；

7、净资产收益率＝净利润/年度末资产总数×100%

8、股东权益比率＝年度末股东权益/年度末资产总计×100%

注：编制合并报表的公司应以合并报表数填列以上数据和指标。

三、公司业务回顾

1、一年来经营情况

（1）介绍产品产量、销售量、公司在本行业的名次、产品市场占有率、建设项目收支等情况，

（2）按行业、产品分析公司利润来源构成情况；

2、对于已发行人民币普通股的公司，若又发行境内上市外资股或境外上市外资股的，须披露按两种不同会计准则、制度计算的税后利润，并说明其差异。

3、对公司本年度主营业务收入、净收入实际完成情况进行分析，若公司在上一年度报告中披露盈利率预测，应对差异产生的原因进行详细的分析与说明。

4、前次募集资金的使用情况说明

如果公司在报告年度内募集过资金（包括增资配股），或者虽然报告年度内没有新募集资金，但报告年度之前募集的资金所投入的项目的建设延续到报告年度之内，则应就以下几方面（但不限于此）对资金的使用情况和结果加以说明：

（1）资金的投入情况，是否按计划进度进行，是否控制在原预算金额之内，其他配套资金（如果有的话）是否按计划到位，如有改变，应就其原因及依据进行披露；

（2）项目的建设进展是否符合计划进度；

（3）项目的收益是否与预测相符；

（4）列表说明募集资金时拟投资项目与实际投资项目的异同，若公司改变投资项目，应说明原因及变更的法律程序。

四、股本变化及股本结构情况

1、股本变化及股本结构情况，

（1）股本结构情况，参照证监发字［1994］202号附件《年度报告中股份结构的披露格式》进行披露；

（2）股本变动情况及原因；

（3）主要股东持股情况，要求将持有公司5%以上发行在外普通股的股东名称、年末持股数量、年度内股份增减变动的情况做出报告；若持股5%以上的股东少于10人，则应列出前10名最大股东的持股情况；

（4）股东数量，介绍股东期末的股东总数。

2、公司董事、监事与高级管理人员持股情况。

本条须列示公司董事、监事与高级管理人员的姓名、职务、年初持股数、年末持股数、变化原因。

五、重要事项

1、报告期内的股东大会、董事会情况说明；

2、报告期内发生的配股、收购兼并、重大投资等事项的说明；

3、公司法定代表、董事、监事变动情况说明；

4、公司注册地址、会计师事务所、法律顾问变动情况说明；

5、重大事件简介

本条须列示根据《股票发行与交易管理暂行条例》第六十条及《公开发行股票公司信息披露实施细则》第四章、第五章的规定，公司在报告期内已发生的须予披露的重大事件，如在报告期内发布了重大事件公告，此处可将重大事件中的主要内容及披露情况简要叙述；

6、重大诉讼、仲裁事项报告

内容要求参照“年度报告正文”第（四）节第4条。若报告期内公司无重大诉讼、仲裁事项，应明确陈述“本报告期内公司无重大诉讼、仲裁事项”；

7、其他事项。

六、子公司及关联企业

本节须列示子公司及关联企业的名称、注册资金、本公司拥有权益（%）、主营业务。

七、财务报告

1、审计意见（若注册会计师出具的审计意见为无保留意见，且在审计报告中无其他说明，本条可省略，但应明确陈述：注册会计师出具“无保留意见的审计报告”字样）；

2、财务报表

（1）、资产负债表，

（2）损益表及利润分配表，

（3）财务状况变动表（或现金流量表）；

注：上述财务报表要求是比较式报表，若公司根据财政部财会字（1995）11号文《关于印发（合并会计报表暂行规定）的通知》的要求编制了合并报表，除提供合并财务报表之外，还应提供本公司未经合并的已审计的财务报表。

3、财务报表附注，至少应包括（但不限于）以下内容：

（1）如果报表上年数不是合并数，必须注明，

（2）如果公司报告年度采取的会计政策和核算方法，与上年相比发生变化，应重点说明，

（3）如果公司有承诺事项、或有事项，应详细披露，

（4）以下报表项目需按照财务附注指引的要求披露；

①短期投资，

②应收帐款，

③其他应收款，

④长期投资，

⑤资本公积金，

⑥盈余公积金，

⑦未分配利润，

⑧投资收益。

八、其它事项。

本节须列示有助于投资者更好地了解公司情况，但未包含在以上各节的内容。

附件二

财务报表附注指引（试行）

财务报表附注是财务报表的一个必备的组成部分。其目的是为了使报表使用者更好地理解财务报表，更好地了解公司的财务状况和经营成果。其原则是所有在财务报表内未提供的、与公司财务状况与经营成果有关的、有助于报表使用者更好地了解财务报表的、且可以公开的信息都应包括在财务报表附注中。财务报表附注一般应包括以下几方面内容：

一、公司的一般情况（公司可自行确定是否需要披露本项内容）

主要简述公司的历史、行业性质、主要产品或提供的劳务、生产经营的简况等。

二、公司采用的主要会计政策

1、公司执行的会计制度；

2、会计期间；

3、合并报表的编制方法；

4、记帐原则和计价基础；

5、外币折算方法（如有外币业务）；

6、存货计价方法；

7、长期投资核算方法；

（1）债券投资，

（2）股权投资和联营投资；

8、固定资产及其折旧：固定资产的标准及计价，固定资产根据其类别、原价、估计经济使用年限、预计残值及采用的折旧方法确定的折旧率；

9、无形资产及其摊销；

10、递延资产及其推销；

11、税项

列明主要税种和税率，包括增值税、营业税、消费税、所得税等，

若有递延税项，则应说明其核算方法；

12、利润分配

列明税后利润各项目分配比例的依据。

若公司的会计政策与上年相比发生变化，应重点说明其变化及其对公司的财务状况和经营成果的影响。

三、在财务报表表内无法说明的报表项目的明细情况（按照本指引附件《对财务报表项目附注内容的要求》进行编制)。

四、相同的报表项目在两年比较报表中的数字变动幅度达30%以上(含)应说明原因。

五、少见的报表项目或报表项目的名称反映不出项目的性质或报表项目金额异常的（例如资产项目的金额为负数，固定资产原值的金额很小，库存现金的金额很大等等)，应加以说明。

六、分地区、分行业资料

公司的经营如果涉及到不同行业的业务，在不同地区设有子公司，则还应将财务报表（或合并财务报表）按不同行业、不同地区提供有关数据。格式如下所示：

项目	主营业务收入		税前利润		净资产	
	本年数	上年数	本年数	上年数	年末数	上年末数
按产业分类 A B C … 集团内行业间相互抵减						
按国家或地区分类 中国 美国 香港 … 集团内各国家或地区的相互抵减						

七、承诺事项、或有事项应详细披露。

八、资产负债表日后事项：主要披露公司在会计报表截止日和审计报告日之间发生的、影响报告期或报告期后的财务状况和经营成果的事项，例如：重大的建设项目、重大经济纠纷的发生和解决、由于火灾洪水等自然灾害而造成的重大损失等。

九、其他有必要披露的内容。

附件三

对财务报表项目附注内容的要求

本财务报表项目附注内容的要求，供公司在编制财务报表项目详细注解时参考。对于项目金额很小的，公司也可不做详细披露。

1、短期投资。按股票投资、债券投资、短期合作经营投资分别列项说明，证券投资中期末持有证券的市价不同于帐面价值的，应列明期末市价。

2、应收帐款。首先要作帐龄分析（分为一年以内的、1-2年的、2-3年的、3年以上的）；其次应收帐款中如有持本公司5%以上股份的主要股东单位的欠款，应予披露。

3、其他应收款。同上。

4、长期投资。应按下列格式予以披露：

(1) 股权投资：被投资公司名称　股数　占被投资公司股权的比例　投资金额　合计

若股票有市价，则须列示股票期末市价。

(2) 债券投资：债券种类　到期日　面值　年利率　投资金额　合　计

(3) 联营投资：被投资公司名称　投资期限　占被投资单位注册资本比例　投资金额

(如实际投资比例与注册资本比例不一致，应予以披露)。

若公司的长期投资采取权益法进行核算，年末调整的被投资公司的所有者权益净增减金额（扣除年末分配给公司的损益）也应在此单独列示。

注：年末调整的被投资公司所有者权益净增减金额是指被投资公司的年末净资产减去年初净资产乘以公司所占的权益比例。

(4) 应计利息：按债券种类说明截止报告日止的应计利息。

总　计

5、固定资产及累计折旧。应按下列格式予以披露：

固定资产　类别及原价　期初价值　本年增加　本年减少　期末价值

房屋及建筑物

通用设备

专用设备

运输工具

融资租入固定资产

其他

累计折旧

房屋及建筑物

通用设备

专用设备

运输工具

融资租入固定资产

其他

6、在建工程。应按下列格式予以披露：

工程名称　工程进度　实际支用数　原预算数　批准文号　资金来源

合　计

7、无形资产。应按下列格式予以披露：

无形资产种类　原值　已摊金额　期末余额　剩余摊销年限

合　计

8、递延资产。应按下列格式予以披露：

项目　原值　已摊余额　期末余额　剩余摊销年限　开办费

租人固定资产改良支出

固定资产大修理支出

其他递延支出

9、短期借款。应按借款条件、币种分类列示金额进行披露。

10、应付帐款。应披露欠与公司有关联的公司的款项。

11、预收货款。同上。

12、其他应付款，同上。

13、未交税金。应分税种列明欠交的税额，如有减免，则说明税务机关批准文件的文号和减免幅度。

14、一年内到期的长期负债。应按下列格式予以披露：

贷款单位　年利率　币种　金额　到期日　借款条件

合计

15、长期负债。应按下列格式予以披露：

贷款单位　借款日　到期日　年利率　币种　金额　借款条件

合　计

16、应付债券。应列明债券面值、债券溢价（折价）、债券期限及到期日应计利息等内容。

17、股本。应分别列示股票种类，每类股票的持股结构（即国家股、法人股、个人股），并详细披露股份本期变动数、期末数及其变动原因。

18、资本公积金。应披露本期增减数、期末数，若用资本公积金转增资本，则还要说明有关决议和批准文件等依据。

19、盈余公积。应披露本期增减数、期末数，如用盈余公积金弥补亏损、分配股利，则还应说明有关决议和批准文件等依据。

20、未分配利润。应披露本期增减数、期末数。

21、主营业务收入。分列主营项目的营业收入。

22、财务费用。应列示利息净支出、汇兑净损失、其他。

23、其他业务利润。分类列示。

24、投资收益。分股票投资收益、债券投资收益、非控股公司分配来的利润、年末调整的被投资公司的所有者权益净增减的金额列示，对非控股公司分配的利润应说明法律依据。

25、营业外收入。列示主要内容。

26、营业外支出。列示主要内容。

27、以前年度损益调整。分别列示损益调整的项目、经济内容及金额，并说明调整的有关决议和批准文件等依据。

证监发字［1994］202号文附件

年度报告中股份结构的披露格式

股份单位：　股；　面值：每股　元

股份类别	年初数	本年增减	年末数
一、尚未流通股份			
1、发起人股份			
其中：			
国家股			
外资法人股			
境内法人股			
其　他			
2、募集法人股			
3、内部职工股			
4、优先股或其他			
尚未流通股份合计：			
二、已流通股份			
1、A股			
2、B股			
3、H股			
4、其他			
已流通股份合计：			
三、股份总数			

公开发行股票公司信息披露的内容与格式准则

第三号

中期报告的内容与格式

（一）根据《中华人民共和国公司法》（以下简称《公司法》、《股票发行与交易管理暂行条例》（以下简称《股票条例》，和《公开发行股票公司信息披露实施细则》（以下简称《信息细则》）制订本准则。

（二）凡根据《公司法》、《股票条例》在中华人民共和国境内公开发行股票的股份有限公司应当按照本准则的规定编制中期报告。

（三）本准则规定的中期报告的内容与格式包括：

1、中期报告正文

(1) 财务报告;

(2) 经营情况的回顾与展望;

(3) 重大事件的说明;

(4) 发行在外股票的变动和股权结构的变化;

(5) 股东大会简介。

2、备查文件。

(四) 公司对本准则列举的各项内容应当进行披露。但是本准则某些具体要求对公司确实不适用的,公司可根据实际情况作出适当修改,同时予以说明。公司还可根据其自身的实际情况,增加其他内容。

已在境内和境外两个以上证券市场(含两个,下同)发行了股票和挂牌上市的公司,在编制境内和境外的中期报告时,应尽量做到内容一致。如果境外证券市场所要求的中期报告的内容与本准则有不同之处,在可行的情况下,应遵守报告内容从多不从少,报告编报时间从短不从长,报告要求从严不从宽的原则办理。如果境内、外中期报告内容有较大差异且无法遵守上述原则的,应将境外中期报告的文本列为备查文件。

已发行境内上市外资股、境外上市外资股及其派生证券的公司,除受境外证券监管部门管辖,有特定要求者之外,应按照本准则的要求编制中期报告,并提供外文译文。公司应努力保证译文的准确性,并在外文本上注明:"本报告分别以中、英文(或日、法文等)两种语言编制,在对两种文本的理解发生歧义时,以中文文本为准。"

(五) 公司全体董事必须保证中期报告所提供的信息的真实、准确、完整和公正,并就其保证承担连带责任。

(六) 公司应当在每个会计年度的前六个月结束后六十日内(相当于两个连续的月份)编制完成中期报告。报告完成后,公司应立即将中期报告各十份报送中国证券监督管理委员会(以下简称"证监会")、地方证券管理部门和其股票挂牌交易的证券交易所备案,并将报告刊登在至少一种由证监会指定的全国性报刊上。

已在境内和境外两个以上证券市场发行了股票和挂牌上市的公司,应在同一时间对境内、外市场公布中期报告。如果境内、外市场对编制中期报告的期限要求不同,应以较短的期限为准。

(七) 报送证监会、地方证券管理部门和交易所的中期报告所用的纸张应有良好的质量,幅面应为209×295毫米(相当于标准的A4纸规格)。

(八) 本准则由证券会负责解释,自公布之日起实施。证监会1994年6月23日发布的《中期报告的内容与格式(试行)》同时废止。

一、中期报告正文

(一) 财务报告

1、财务报表

公司在中期报告中提供的财务报表,至少应包括资产负债表和损益表。中期报告中的财务报表可以是简化的财务报表,也可以是完整的财务报表。

简化的资产负债表至少应包括下列各项:

(1) 流动资产

(2) 长期投资

(3) 固定资产净值

(4) 在建工程

(5) 无形资产及递延资产

(6) 其他长期资产

(7) 资产总计

(8) 流动负债

(9) 长期负债

(10) 少数股东权益

(11) 股东权益

简化的损益表至少应包括下列各项:

(1) 主营业务收入

(2) 主营业务利润

(3) 其他业务利润

(4) 投资收益

(5) 营业外收支净额

(6) 利润总额

(7) 所得税

(8) 净利润

应提供的其他财务指标包括(但不限于)下列各项:

(1) 每股收益

(2) 净资产收益率

(3) 每股净资产

如果净资产收益率低于同期银行存款利率,应说明原因。

资产负债表的报告日为公司本会计年度前六个月的最后一天和上个会计年度的最后一天。损益表的报告期间为本会计年度前六个月和去年的相同期间。

财务报表的编制应符合财务部、中国证券监督管理委员会颁布的有关准则、制度和规定。对同一内容的规定若有变化,应以最新颁布的为准。

若公司持有其他企业50%(不含50%)以上权益的,公司应与其控股的企业编制合并报表。对应纳入合并范围而未进行合并报表处理的被控股企业应明确列示,并说明原因。

上年度会计师事务所出具保留意见或无保留意见但有解释性说明审计报告的,应在本报告期内对相关事宜进行说明。

2、财务报表附注

如果在报告期间内有下列情况(但不限于此)发生的,应通过财务报表注释加以说明:

(1) 与最近一期年度报告相比,会计政策或方法发生了变化;

(2) 报告主体由于合并、分立等原因而发生了变化;

(3) 生产经营环境以及宏观政策、法规发生了重大变化,因而已经、正在或将要对公司的财务状况和经营成果产生重要影响;

(4) 资产负债表中资产类及负债类项目与上一会计年度末资产负债表对应各项目相比、损益表各项目与上年同期损益表相同项目相比,发生异常变化以及资产负债表股东权益类项目发生的变化。

财务报表的附注可参照《年度报告的内容与格式》准则中《财务报表附注指引(试行)》的要求,简要编制。

财务报表附注也应符合本准则"中期报告正文"第(一)节第1条所列的各项准则、制度和规定。

本节提供的财务报告,除特别情况外,无须经会计师事务所审计。凡未经审计的中期财务报告,应在表头下面注明"未经审计"字样。同时,公司全体董事必须确保该中期财务报告中所采用的会计政策与最近一期年度报告中所采用的会计政策相互一致,除非已在中期财务报告注释内加以说明。

如果中期财务报告已经具有从事证券业务资格的会计师事务所审计,公司必须如实报告该会计师事务所的审计意见。

公司在中期报告的其他章节所披露的同期财务会计资料以及在其他公开披露文件中包含的同期财务会计资料,应与本节的财务报告一致。

(二) 经营情况的回顾与展望

1、上半年经营情况的回顾

本条由公司的董事长或总经理较简要地介绍公司在报告期内的经营情况,包括(但不限于)公司在报告期内取得的成绩与进展。如果实际经营结果与原经营计划目标存在重大差异,应对差异产生的原因进行分析与说明。

2、下半年计划

本条主要叙述公司为了完成或超额完成年度经营计划，针对上半年生产经营过程中存在的问题准备采取的措施和对策；公司按照年度生产经营计划将要在下半年继续施行的项目安排；公司针对宏观经济环境的变化和国家有关政策的要求所要着重进行的工作。

（三）重大事件的说明

本节须列示根据《股票条例》第六十条及《信息细则》第四章、第五章的规定，公司在报告期内发生的须予披露的重大事件，如在报告期内已发布了重大事件公告，此处可将重大事件的主要内容及披露情况简要叙述。

公司在本报告中须特别注意披露涉及公司的重大诉讼、仲裁事项，已披露过的但未结诉讼案件的进程及影响也须进行披露。如报告期内无重大诉讼、仲裁事项，应明确陈述“本报告期内公司无重大诉讼、仲裁事项”。

此处所指的重大诉讼、仲裁事项是：以公司的名义或公司董事、监事和高级管理人员因其在本公司任职而以个人名义作为诉讼、仲裁当事人且对公司的财务状况、经营成果、声誉、业务活动和未来前景等可能产生较大影响的法律诉讼、仲裁事务。

如果公司确知存在与公司有关的重大诉讼、仲裁的可能，也应对此加以说明。

（四）发行在外股票的变动和股权结构的变化

本节介绍公司在报告期末股票与股东的情况及其在报告期内的变动情况，包括（但不限于）下列各项：

1、报告期内发行新股票（包括送、配股）及股票的派生种类、拆细或合股、可转换债券转换情况、以及发行在外的股票的其它变化情况。

2、股权结构情况：应参照证监发字（1994）202号附件《年度报告中股份结构的披露格式》进行披露。

3、主要股东持股情况；要求将持有本公司5%以上的股份的股东的名称、报告期内股份增减变动情况、期末持有量如实填写。若持股5%以上的股东少于10人，则应列出至少10名最大股东的持股情况。

以上列出的股东情况中对代表国家持有股份的股东、境外或外籍股东应予以注明。

（五）股东大会简介

本节应披露召开股东大会（包括年度股东大会和临时股东大会）的情况，例如

1、召开股东大会的地址、时间；

2、到会股东的情况；

3、董事会提交股东大会讨论和作出表决的事项以及会议通过的决议。

如果股东大会对年度预分方案进行了修改，应进行披露。

如果股东大会对公司章程进行了修改，应介绍修改情况。

如果报告期内没有召开股东大会，则应明确陈述：“本报告期内公司没有召开年度股东大会或临时股东大会”。未召开年度股东大会的，应说明原因。

二、备查文件

备查文件为公司在披露中期报告后在公司办公地点备置的有关文件。在证监会、交易所要求提供时和股东依据法规或公司章程要求查阅时，公司应及时提供。在中期报告中应明确说明备查文件是否齐备、完整，备查文件包括下列文件：

（一）载有董事长、总经理亲笔签名的中期报告原本；

（二）报告期内发行新股时的《招股说明书》（或《配股说明书》）、《上市公告书》；

（三）在其它证券市场公布的中期报告文本。

中国证券监督管理委员会

上市公司办理配股申请和信息披露的具体规定

（1994年10月27日　证监发字［1994］161号）

根据中国证券监督管理委员会（以下简称“证监会”）证监发字［1994］131号文件《关于执行〈公司法〉上市公司配股的通知》（以下简称“《配股通知》”）第五条的要求，现就有关的具体问题规定如下：

一、上市公司向股东配股，应当召开股东大会就下列事项表决：

1、股东配股比例和本次配售股份的总额；

2、配股价格浮动的幅度；

3、本次募集资金的用途；

4、关于本次配股决议的有效期限；

5、授权董事会办理的与本次配股有关的其他事项。

二、公司董事会在制定和实施配股方案过程中，应当保证所有普通股股东均受到公平的对待；应当保证股东同时享有受让或不受让他人所转让的配股权的权利。公司董事会不得将一部分股东的配股权向其他股东强行摊派。

三、采取配股权证方式配股的上市公司，其方案内容必须符合《配股通知》和本规定的要求；公司所拟定的配股权证的交易期间按证券交易所的有关规定办理。

四、上市公司向证监会报送的复审材料的格式应当按《上市公司配股复审材料的标准格式（试行）》附件一的要求制作。

五、上市公司应当自签署配股说明书的日期（在向证监会报送材料之前）起，到配股缴款结束之日止，六个月内完成本次配股的全部工作。上市公司在收到证监会同意其配股的复审意见书后，与证券交易所协商确定有关的具体操作事项。证券交易所应当在收到公司配股文件后二个工作日内给予书面答复，并按照《配股通知》的规定和本规定的要求，办理有关业务活动。

六、上市公司向股东配股，应当按照下列要求披露有关信息：

1、董事会有关本次配股的方案表决通过后，应当在二个工作日内通知证券交易所，七个工作日内公布该次董事会决议和召开股东大会的通知；其内容应当包括配股方案的具体事项，并载明“该项决定尚须经股东大会表决后，报政府有关部门审批，并经中国证券监督管理委员会复审”字样；召开股东大会的通知应当提前三十天公布，并至少应当连续刊登二次。

2、配股方案经股东大会表决通过后，上市公司在有关的公告中应当载明“该方案须报政府有关部门审批，并报中国证券监督管理委员会复审”。股东大会对董事会的配股方案有修改的，该公告中应公布修改后的方案。

3、上市公司接到证监会出具的配股复审意见书后，应当在证券交易所规定的期间内公布配股说明书。配股说明书的内容与格式见本规定之公开发行股票公司信息披露的内容与格式准则第四号《配股说明书的内容与格式（试行）》；配股说明书刊登后，上市公司应当就该说明书至少再刊登一次提示性公告。公布的配股说明书内容应当与报送证监会复审时的该说明书的内容一致；确有必要修改的，应当在公布前取得证监会的书面认可。

4、配股说明书公布后，上市公司应当在七个工作日内将经证券交易所确认的配股说明书文本一式二份报送证监会。

5、上市公司应当在配股缴款结束后，按照证券交易所的要求及时报送有关本次股份变动的报告，并应当予以公布；其内容与格式可参考公开发行股票公开信息披露内容与格式准则第五号《公司股份变动报告的内容与格式（试行）》。

七、负责配股承销工作的证券经营机构应当根据承销协议，会同上市公司按照证券交易所的有关规定，及时公布有关的具体操作事宜。

八、在上市公司配股说明书公布之前，参与配股说明书的起草、申报和审查的有关人员均属内幕人员，必须严格遵守国务院证券委颁布的《禁止证券欺诈行为暂行办法》的有关规定，对有关内幕信息严格保密。上述人员包括证监会、证券交易所、地方有关部门、上市公司和参与本次配股的证券经营机构、中介机构等单位的有关人员。

九、上市公司应当聘请有从事证券业资格的律师事务所就本次配股出具法律意见书，其内容与格式应当符合证监发字［1994］162号文件《关于发布〈公开发行股票公司信息披露的内容与格式准则第六号〉的通知》的有关要求。

以上规定从发布之日起执行。

一九九四年十月二十七日

中国证券监督管理委员会
公开发行股票公司信息披露的内容与格式准则

第四号
配股说明书的内容与格式（试行）

说　明

（一）根据《股票发行与交易管理暂行条例》和《公开发行股票公司信息披露实施细则》制订本准则。

（二）上市公司在向股东配售发行股票时，应按本准则编制配股说明书。

配股说明书应当作为上市公司向中国证券监督管理委员会（以下简称“证监会”）申请配售发行申报材料的必备部分。

（三）本准则规定的配股说明书内容与格式包括：

1、封面；

2、正文；

3、附录；

4、备查文件。

本准则适用于上市公司编制向股东及政府有关部门、证券主管部门、证券交易所报送的配股说明书文本的格式和内容，其中本准则第一部分第6节重要提示和正文部分应在证监会指定的全国性报刊上公布，并同时公布配股说明书附录和备查文件部分中的全部文件的索引。

（四）上市公司对本准则列举的各项内容应当进行披露，但是本准则某些具体要求对上市公司确实不适用的，上市公司可根据实际情况做出适当修改，同时予以说明。上市公司还可根据其自身的实际情况，增加其他内容。

（五）配股说明书的有效期不超过六个月，自配股说明书签署之日起计算。上市公司不得使用过期的配股说明书配售股票。

（六）本准则适用于上市公司在配售人民币普通股时编制的配股说明书。上市公司配售境内上市外资股或境外上市外资股的，在编制配股说明书时，原则上应遵守本准则；国家另有规定的，从其规定。

（七）本准则自公布之日起实施。有关地方法规中凡与本准则相抵触的部分，应以本准则为准。

一、封面

配股说明书封面应载明下列事项：

1、公司股票上市的证券交易所名称，股票简称和代码；

2、“配股说明书”字样，未正式定稿前，必须标有“未定稿”字样；

3、公司的正式名称和注册地；

4、配股承销商；

5、配售发行股票的类型（例如普通股、优先股；如果配售外资股，应特别说明）、每股面值、配售发行的股份数量、每股发行价；如果发行配股权证，还须列明配股权证的发行数量。

6、重要提示，上市公司应按照下列文字陈述：

“本公司全体董事保证本配股说明书的内容真实、准确、完整，政府及国家证券管理部门对本次配股所作出的任何决定，均不表明其对发行人所配售的股票的价值或者投资人的收益作出实质性判断或者保证，任何与此相反的声明均属虚假不实陈述。”配股说明书所用纸张规格应与该公司招股说明书规格相同。

二、正文

（一）绪言

在绪言中应当载明：

1、本说明书的编写所依据的法规，批准和复审本次配股方案的部门；

2、声明公司董事会全体成员确信该说明书中不存在任何重大遗漏或者误导，并对其内容的真实性、准确性、完整性负个别和连带的责任。

3、下列文字必须载入绪言：

“本次配售的股票是根据本说明书所载明的资料申请发行的。除本公司董事会和主承销商外，没有委托或授权任何其他人提供未在说明书中列载的信息和对本说明书作任何解释或者说明。”

（二）配售发行的有关机构

本节应列出以下有关机构的名称、所在地、电话、传真以及这些机构中与本次配售发行有关的联系人姓名：

1、该股票上市的证券交易所；

2、上市公司及其法定代表人；

3、主承销商；

4、股份登记机构；

5、其他。

（三）本次配售方案

1、配售发行股票的类型、每股面值、配售发行的股份（或配股权证）数量、每股发行价；

2、股东配股比例，如果发行配股权证，还须列明每张配股权证可认购的股份数量；

3、预计募集资金总额和发行费用；

4、股权登记日和除权日；

5、发起人和持股5%以上的股东（持股数量以股东大会时的股权登记为准）放弃或出让（全部或部分）配股权的承诺，应包括股东名称、现持股量、放弃或出让配股权的数量。如果进行配股权的转让，应详细说明转让的方式，并明确说明国家目前对转让后股份的流通方式的政策；

6、如果持股5%以上的股东拟采取非货币资金方式认购本次配售的股份，应详细说明以该种方式认购股份的总量、股票价格的折算方法、资产评估机构的报告摘要和有关主管部门审批意见的摘要；

7、配售前后股本总额、股权结构。其格式可参照公开发行股票公司信息披露的内容与格式准则第五号《公司股份变动报告的内容与格式》（试行）中附表的格式。

（四）配售股票的认购方法

1、配股缴款起止日期；

2、缴款地点；

3、缴款办法，应详细列示缴款手续和支付方式；

4、对逾期未被认购股份的处理办法；

5、若采用配股权证方法配售股票，应列示配股权证的派发方式及交易办法。

（五）获配股票的交易

1、获配股票中可流通部分的上市交易开始日。

2、配股认购后产生的零股的处理办法。

（六）募集资金的使用计划

1、项目简介：应扼要说明有关的项目名称、所属行业、投资总额、本次募集资金的投入额、投资方式和期限，若有两个以上的项目，应分别陈述。

2、有关立项、审批情况的说明，应陈述有关国家产业政策、政府审批意见，应列出有关批文的文题和编号。

3、上市公司如做盈利预测，则应列示所预测年度税后利润总额、配股后按全面摊薄计算的每股税后利润值和净资产税后利润率。

（七）风险因素及对策

1、上市公司应参照公开发行股票公司信息披露的内容与格式准则第一号《招股说明书的内容与格式（试行）》正文第五节“风险因素与对策”的内容予以披露。

2、如果采用余额包销以外方式发售股票，上市公司应当对本次发售的股份可能未被足量认购的情况做必要的分析和说明。包括未认购股票的处理，上市公司拟投资的哪些项目将受到不利影响，其预计年度盈利水平和其他主要财务指标将出现何种程度的变化，上市公司拟采取哪些措施弥补资金需求的缺口以减少上述风险的影响等。

（八）配股说明书的签署日期及董事长签名。

三、附录

（一）股东大会关于配股的决议（摘要）；

（二）刊载本公司最近的年度报告或中期报告的报刊名称、日期；

（三）刊载本公司最近的董事会公告和股东大会公告的报刊名称、日期；

（四）公司章程修改内容简述。

四、备查文件

（一）修改后的公司章程正本；

（二）本次配股之前最近的公司股份变动报告；

（三）最近年度报告或中期报告正本；

（四）本次配股的承销协议书；

（五）资产评估报告（有非现金方式配股时必备）；

（六）证监会要求的其他文件。

中国证券监督管理委员会
关于公开发行股票公司信息披露内容与格式准则

第五号
公司股份变动报告的内容与格式（试行）

一、根据《股票发行与交易管理暂行条例》和《公开发行股票公司信息披露实施细则》制订本准则。

二、当上市公司股份总额、股权结构（指各类股份的数量和比例）、股票面值发生变化时，或其尚未流通股份转为流动股份时，均应按照本准则编制公司股份变动报告。

三、公司应对本准则列举的各项内容进行披露，并可根据自身情况，增加其他内容。当公司未流通股份转为流通股份时，或股票面值改变、股权结构没有其他变动时，披露本准则第七条第1、3项即可。

四、公司应在每次配股缴款结束、送股除权或有权批准公司股份变动的有关部门出具文件批准后，按照证券交易所的要求，参照本准则的规定报告股份变动情况；并应当予以公布。

五、在公司股份变动报告标题下必须特别载明：公司董事会全体成员确信本报告中不存在任何重大遗漏或者误导，并对其内容的真实性、准确性、完整性负个别和连带的责任。

六、公司股份变动报告原件须由公司法人代表签字并加盖公章。

七、公司股份变动报告应包括以下内容：

（一）本次变动的原因，应当载明有关批准本次股份变动的政府发文单位、文号、标题和内容摘要，以及与本次变动有关的、在本报告前已公布的公司公告内容摘要或索引；

（二）若采取余额包销以外的方式发售股份，应当说明所剩余股票的处理结果和公司后续工作的有关事项。

（三）公司股份变动情况表；（见附表）

（四）公司股份变动后的前十名股东名单及其持有股份数量；

（五）董事、监事及高级管理人员本次增加的持股数量及本次股份变动后的持股情况，如无变动，要特别说明；

（六）备查文件，应说明以下文件是否齐备：有关的董事会议、股东大会文件、政府有关的批准、复核文件和公司章程等。

八、本准则自公布之日起实施。

公司股份变动情况表

公司名称

填报日期　　　　　　年　　月　　日　　　数量单位：股　　每股面值：×元

	本次变动前	本次变动增减（+/-）				本次变动后
		送股	配股	其他	小计	
一、尚未流通股份						
1　发起人股份						
其中：						
国家拥有股份						
境内法人持有股份						
外资法人持有股份						
其他						
2　募集法人股						
3　内部职工股						
4　优先股或其他						
尚未流通股份合计						
二、已流通股份						
1　境内上市的人民币普通股						
2　境内上市的外资股						
3　境外上市的外资股						
4　其他						
已流通股合计						
三、股份总数						

注：

1、“尚未流通股份”系指尚未在证券交易所上市交易的股份。

2、“已流通股份”系指已在证券交易所上市交易的股份。

3、发起人股份中的“国家拥有股份”系指按照《股份有限公司规范意见》设立的公司所设的国家股及其增量。

4、发起人股份中的“境内法人持有股份”系指发起人为境内法人时持有的股份。

5、发起人股份中的“外资法人持有股份”系指按照《股份有限公司规范意见》设立的公司，其发起人为适用外资法律的法人（外商，港、澳、台商等）所持有的股份。

6、发起人股份中的“其他”系指个别公司发起人与以上分类有区别的特殊情况，如有数字填报，应另附文字说明。

7、“募集法人股”系指在《公司法》实施之前成立的定向募集公司所发行的、在报告时尚未上市的内部职工股。

8、“内部职工股”系指在《公司法》实施之前成立的定向募集公司所发行的、在报告时尚未上市的内部职工股。

9、“优先股及其他”为上市公司发行的优先股或无法计入其他类别的股份，如有数字填写，应另附文字说明。

10、“境内上市的人民币普通股”即A股，含向社会公开发行股票时向公司职工配售的公司职工股。若报告时有尚未上市的公司职工股，应另具文字说明该部分股份数量和预计上市时间。

11、“境内上市的外资股”即B股。

12、“境外上市的外资股”即在境外证券市场上市的普通股，如H股。

13、“本次变动增减”项下“其他”栏指除送配股外其他原因引起的股份变动，如有数字填写，应另附文字说明。

14、上市公司在编制本表时，对本公司没有的项目可以省略。

中国证券监督管理委员会
关于公开发行股票公司信息披露的内容与格式准则

第六号

（1994年10月28日　证监发字［1994］162号）

第一部分
法律意见书和
律师工作报告的内容与格式（试行）

说明

（一）根据《股票发行与交易管理暂行条例》（以下简称《股票条例》）的有关规定，制定本准则。

（二）发行人依据《股票条例》申请公开发行股票和上市，其所聘请的律师应当按照本准则的要求，出具法律意见书和制作律师工作报告。

（三）法律意见书是发行人向中国证券监督管理委员会（以下简称证监会）申请公开发行股票所必须具备的法定文件之一。律师工作报告随申报材料上报，存证监会备案。

（四）法律意见书按照下述《法律意见书的内容与格式》的各项提示，只表述结论性的意见（一般不超过3000字）。律师工作报告应当就律师的工作过程、下述《法律意见书的内容与格式》和《律师工作报告的内容与格式》所涉及的事实及其发展过程、每一法律意见所依据的事实和有关法律规定作出详尽、完整的阐述，并就疑难问题展开讨论和说明。

（五）律师出具法律意见书，应当对本准则要求的内容做出全面说明。本准则的某些具体要求对发行人确实不适用的，律师可以根据实际情况，作适当修改；也可以根据需要，增加其他内容；但是应当在律师工作报告中对作了某项修改或者增加内容的原因作出特别说明。

（六）律师出具法律意见书，不宜使用“基本符合条件”一类的措辞。对于不符合条件的事项或者律师已经勤勉尽责不能对其法律适用作出确定意见的事项，应当发表保留意见，并且应当指出上述事项对本次发行、上市的影响程度。

律师出具法律意见书，在行文中不宜使用“假设”、“推定”一类措辞；但是可以使用“经核查，未发现”等措辞。对于某些可以依法作出假设的事实（如对原件的真实性和对企业重要管理人员的书面陈述的信赖，等等）可以直接说明没有再作进一步的验证。

（七）律师可以要求发行人就某些事宜作出书面保证；但是，无论有无发行人的书面保证，律师仍受勤勉尽责义务的约束，不得出具有虚假、严重误导性内容或者有重大遗漏的法律意见。

（八）发行人申报材料上报后，如有任何改动，必须立即通知律师，并经过律师的书面确认；该书面确认意见应当立即报送证监会。如有必要，律师应当对法律意见书作出相应的修改或者补充，并将其反映在工作报告中。

（九）如果发行人取得发行、上市的许可，律师应当发表补充意见，说明法律意见书出具日至招股说明书公布日期间，法律意见书所涉及的内容及发行人的法律地位没有发生重大变化。如有重大变化事项。应当就此发表法律意见，同修改后的招股说明书一起上报证监会。

（十）为了维护法律意见书的严肃性，防止律师出具有虚假、严重误导性内容或有重大遗漏的法律意见书，律师在股票发行、上市筹备过程中，可以选择适当的时机，以工作报告的形式向发行人提供法律意见，并日不断补充、修改工作报告；只有等到全部工作结束后，发行、上市申报材料正式上报时，方可出具法律意见书。

（十一）根据《股票条例》的规定，法律意见书应当在发行人向地方政府或者中央企业主管部门提出公开发行股票申请之前完成；但是，如果地方政府或者中央企业主管部门认可，承办律师可以先行提交法律意见书的草稿，待地方政府或中央企业主管部门作出审批决定后，再签署法律意见书。报送证监会的法律意见书应当是经二名以上律师及其所在律师事务所签字、盖章的正式文本。

（十二）本准则供发行人律师使用，供主承销商律师参考。主承销商律师出具法律意见书的范围和内容与发行人律师出具法律意见书的范围和内容应当各有侧重。

主承销商律师应当对主承销商负责，主要就发行人的发行、上市申报材料的合法性、完整性、规范性作出充分说明。

（十三）本准则自公布之日起施行。

附：

法律意见书的内容与格式

××律师事务所关于××公司××××年度
股票发行、上市的法律意见书

××公司（发行人）：

（引言）

一、出具法律意见书的依据

1. 说明根据《股票条例》第十三条的要求出具法律意见书。

2. 说明根据发行人与律师签订的《聘请律师协议》出具律师意见书，并具体说明律师以下述一种或数种身份参与工作：

（1）发行人（或者主发起人）的常年法律顾问；

（2）前期股份制改造及本次发行、上市特聘专项法律顾问；

（3）本次发行、上市特聘专项法律顾问。

二、出具法律意见书的范围

1. 说明根据《聘请律师协议》，对审查过的事项作概括引述。

2. 说明是依据法律意见书出具日以前已经发生的事实发表法律意见。

3. 说明仅就本次股票发行、上市有关问题发表法律意见，并不对有关会计、审计、资产评估等专业事项发表意见。

4. 说明律师是根据对事实的了解和对法律的理解发表法律意见。

三、律师应当声明的事项

1. 发行人保证已经提供了律师认为作为出具法律意见书所必需的、真实的原始书面材料、副本材料或者口头证言。

2. 律师已经证实副本材料或者复印件与原件的一致性。

3. 对于本法律意见书至关重要而又无法得到独立的证据支持的事实，律师依赖于有关政府部门、发行人或者其他有关单位出具的证明文件出具本法律意见。

4. 本法律意见书仅供发行人为该次股票发行、上市之目的使用，不得用作任何其他目的。

5. 律师同意将本法律意见书作为发行人申请公开发行股票所必备的法定文件，随其他申报材料一起上报，并依法对其出具的法律意见承担责任。

四、引言的结束段应载入下列文字：

"本律师根据《股票发行与交易管理暂行条例》第十八条和第三十五条的要求，按照律师行业公认的业务标准、道德规范和勤勉尽责精神，对××公司提供的上述文件和有关事实进行了核查的验证，现出具法律意见如下："

(正文)

一、发行人发行股票的主体资格

1. 说明发行人是否为依照法律程序设立的股份有限公司或者经批准拟成立的股份有限公司。

(1) 说明发行人的设立申请是否获得法律、法规和有关主管部门规定所要求的批准和授权；

(2) 说明发行人的设立程序是否符合现行法律、法规及有关主管部门规定的要求；

(3) 说明发行人的章程（或者章程草案）、营业执照、现行有效的合同、协议及其他使其财产或者行为受约束的文件是否有导致发行人设立不成的法律障碍；

(4) 说明由于发行人的设立引起原有债权、债务关系的处理是否违反现行法律、法规及有关主管部门的规定，或者违反其他对发行人的行为或者财产有约束力的文件；

(5) 发行人为经批准拟成立的股份有限公司时，说明涉及有关财产所有权、使用权转移的法律文件是否齐备。

2. 说明发行人是否依法有效存续，即根据法律、法规及其章程说明发行人是否有需要终止的情形出现。

3. 说明发行人目前正在从事或者拟从事的业务活动是否与其法定行为能力一致。

二、发行人的章程（或者章程草案）

1. 说明发行人的章程是否获得了法律、法规和有关主管部门规定要求的批准或者授权。

2. 说明发行人的章程内容是否符合现行公司法律、法规和有关主管部门的规定，并单独就股东（特别是小股东）的权利是否得到充分保护作出具体说明。

三、本次发行、上市的授权和批准

1. 说明股东大会、发起人会议是否已经依法定程序作出批准发行、上市的决议。

2. 根据法律、法规、公司章程或者发起人协议等文件，说明上述决议的内容、形式是否合法有效，并且应当就股东大会的授权是否合法作出说明。

3. 说明申请人已经依法取得和尚待取得有权部门同意发行、上市的许可事项（如发行规模、地方政府的批准、主管部门的批准、证监会的复审意见、证券交易所的同意安排上市等）

四、本次发行、上市的实质条件

1. 发行人的类别

(1) 设立新公司发行

(2) 原有企业组织设立公司发行

(3) 定向募集公司转为社会募集公司增资发行

(4) 社会募集公司增资发行

2. 发行、上市条件

分别就不同类别的公司，对照《股票条例》第八至十一条的规定，概括说明是否符合条件（涉及资产评估、审计报告、盈利预测等内容时，应当说明是严格按照有关中介机构出具的报告引述）。

五、发行人的招股说明书

1. 说明招股说明书是否符合《股票条例》和证监会有关信息披露规定。

2. 说明招股说明书对重大事实的披露是否有虚假、严重误导性陈述或者重大遗漏。

3. 说明招股说明书对有关法律、法规和相关法律文件内容的表述是否真实准确，有无虚假、严重误导性陈述或者重大遗漏。

4. 关联企业。

(1) 说明发行人与关联企业的关系；

(2) 这种关系是否合法；

(3) 子公司是否依法定程序设立；

(4) 是否有由于发行人与关联企业的关系而影响发行人重大合同条款及其履行的可能性。

六、发行人所有或者授权使用、经营的主要财产（如机器设备、房产、土地使用权、知识产权等）

1. 说明发行人对其主要财产的所有权或者使用、经营权的行使有无限制，如是否存在提保或者其他债务关系。

2. 说明发行人的房产证、土地使用权证、商标证书、专利证书及其他产权证书取得的法律手续是否完备、合法；如应办理变更登记而发行人尚未办理变更登记手续，还应说明完成有关变更登记手续是否存在法律障碍。

七、发行人的重大债权、债务关系

1. 律师应当审查发行人将要履行、正在履行的重大合同，以及虽已履行完毕，但是经审查发现内容有瑕疵，并且对发行人经营活动可能产生重大影响的合同，并说明前述合同内容和形式是否合法有效。

2. 说明发行人在上述合同项下的任何义务与其依据其他合同或者法律文件承担的义务是否有冲突，该等冲突所造成的法律障碍是否已经排除。

3. 说明上述合同的主体是否已因发行人的重组而变更，并构成合同履行障碍。如果上述合同主体拟变更，应当说明是否获得合同对方的同意。完成变更手续后，对合同履行是否构成法律障碍。

4. 说明发行人是否有因环境保护、知识产权、产品质量、劳动安全、人身权等原因产生侵权之债。

5. 其他应收、应付帐目项下的法律关系。

八、发行人的环境保护和产品技术标准

1. 发行人生产经营活动是否符合国家关于环境保护的要求。

2. 发行人的产品是否符合国家关于产品质量、标准和技术监督的要求。

九、发行人涉及的诉讼、仲裁或行政处罚

1. 说明发行人是否有尚未了结的或者可预见的诉讼、仲裁案件或者被行政处罚的案件。

2. 如上述案件存在，还应说明其所涉金额及对本次发行、上市的影响程度。

十、发行人的税务问题

1. 说明发行人近三年是否依法纳税。

2. 说明发行人执行的税率是否符合国家法律、法规及地方性法规的要求。

3. 是否有国家税务部门或者地方税务部门追究以前欠税的可能性。

十一、发行人募股资金的运用

1. 说明发行人本次募股所筹资金的使用是否需要得到有权部门要

求的批准或授权；如需要，是否已经得到该批准或授权。

2. 如果发行人改变前次募股资金的用途，还应当说明该改变是否得到有关授权或者批准。

十二、本次发行所涉及的其他中介机构

说明参与本次发行、上市的中介机构是否具备证券业从业资格。

十三、律师认为需要说明的其他问题

十四、结论意见

概括说明对本次股票发行、上市的意见。即对本次发行、上市的合法性给予总括确认。如果不能作总括确认，可以逐项确认，或者对保留意见事项作出限定后再给予确认。

（结尾）

一、法律意见书的日期及签字、盖章

二、法律意见书的正、副本份数

律师事务所名称（加盖公章）经办律师（印刷体）（签字）

×××　×××

×××　×××

××××年××月××日

附：

律师工作报告的内容与格式

××律师事务所为××公司××××年度股票发行、上市出具法律意见书的工作报告

致：××公司（发行人）

××公司，现将本律师事务所为贵公司××××年度股票发行、上市出具法律意见书所做的工作及有关意见报告如下：

一、律师参与本次发行、上市工作的身份以及业务范围

1、说明以何种身份参与工作

2、本次出具法律意见所涉及业务概述

二、律师应当对其出具法律意见书的工作过程作详细说明（包括与发行人的相互沟通、对发行人提供材料的查验、走访、谈话记录、现场勘查记录、查阅文件清单，以及工作小时等）。

三、律师应当对下列事实及其形成和发展过程作出详尽、完整的阐述

（一）发行人简况

1、发行人（包括发起人）的历史沿革

2、发行人在股份制改造及其运作过程中执行国家有关部门（如国家体改委、国家国有资产管理局、财政部、国家土地管理局等）关于股份制改造规定的情况

3、发行人在股份制改造前后的组织结构

4、发行人的股权结构及其形成过程

5、对发行人公司章程（或者章程草案）内容的审查情况

6、发行人的经营状况

7、发行人对其主要财产（如机构设备、厂房、土地使用权、知识产权等）的所有权或者经营、使用权

8、发行人的关联关系

（1）发行人与其关联企业的股权关系

（2）发行人的董事、监事、高级管理人员在关联企业中兼职情况

9、发行人的重要合同及其合同之外的重大债权债务关系

10、与发行人有关的诉讼、仲裁、行政处罚等情况

11、发行人的税务问题

（二）本次股票发行、上市情况

1、本次发行、上市的授权及批准

2、本次发行、上市的实质条件

3、有关承销协议的内容及承销的其他事宜

4、对招股说明书的审查

5、募股资金的运用

6、专业性机构的证券业务资格

（1）律师事务所

（2）会计师事务所

（3）资产评估机构

（4）证券经营机构

（5）其他有关机构

四、有待解决的法律问题及其对疑难问题的讨论和说明

五、律师所审查的文件清单

1、政府批文

2、公司文件

3、权益证书

4、合同文件

5、有关信函

6、其他文件

（印刷体）（签字）

律师事务所名称（加盖公章）经办律师××××××

××××××

××××年××月××日

第二部分 上市公司配股法律意见书的内容与格式（试行）

说明

（一）根据《股票发行与交易管理暂行条例》（以下简称《股票条例》）和《上市公司办理配股申请和信息披露的具体规定》的有关规定，制定本内容与格式。

（二）发行人发币股票的上市公司向股东配售发行股票，所聘请的律师应当按照本内容与格式的要求，出具法律意见书。除国家另有规定外，发行人发币特种股票（B种股票）或者境外上市外资股的公司向股东配售股票的，参照适用本法律意见书的内容与格式。

（三）法律意见书是发行人向中国证券监督管理委员会（以下简称“证监会”）申请向股东配售发行股份所必备的文件之一。

（四）律师可以根据实际情况，对本内容与格式中确实不适用于发行人的某些具体要求作出适当修改，或者根据需要增加其他内容；但是律师应当向发行人和证监会书面说明修改或者增加的理由。

（五）发行人申报材料上报后，有任何改动，应当附有律师的书面确认；如有必要，律师应当对法律意见书作出相应的修改或补充。

（六）如果发行人取得配股的许可，律师应当发表补充意见，说明自法律意见书出具日至配股说明书公布日期间，法律意见书所涉及的内容及发行人的法律地位没有发生重大变化。如有重大变化事项应当就此发表法律意见，同修改后的配股说明书一起上报证监会。

（七）本内容与格式自发布之日起实施。

附：

××律师事务所关于××公司××××年度配股的法律意见书

××公司（发行人）：

（引言）

一、出具法律意见书的依据

1、说明根据《股票条例》、《上市公司办理配股申请和信息披露的具体规定》的要求出具法律意见书。

2、说明根据发行人与律师事务所签订的有关聘请协议出具法律意见书，并且具体说明律师以下述一种或者数种身份参与工作：

（1）发行人的常年法律顾问；

（2）本次发行、上市特聘专项法律顾问。

二、出具法律意见书的范围

1、概括说明根据有关聘请协议已经审查的事项。

2、说明是根据法律意见书出具日以前已经发生的事实发表法律意见。

3、说明律师是根据对事实的了解和对法律的理解发表法律意见。

三、律师应当声明的事项

1、发行人保证已经提供律师认为作为出具法律意见书所必要的、真实的原始书面材料、副本材料或者口头证言。

2、律师已经证实副本材料或者复印件与原件的一致性。

3、对于对本法律意见书至关重要而又无法得到独立的证据支持事实，律师依赖于有关政府部门、发行人或其他有关单位出具的证明文件出具本法律意见书。

4、本法律意见书仅供发行人为该次股票发行、上市之目的使用，不得用作任何其他目的。

5、律师同意将本法律意见书作为发行人本次配股申请所必备的法定文件，随其他申报材料一起上报，并且依法对其出具的法律意见承担责任。

四、引言的结束段应载入下列文字：

"本律师根据《股票发行与交易管理暂行条例》第十八条和第三十五条的要求，按照律师行业公认的业务标准和道德规范和勤勉尽责精神，对××公司提供的上述文件和有关事实进行了核查和验证，现出具法律意见如下："

（正文）

一、发行人发行股票的主体资格

1、说明发行人是否为其股票已经依法在国务院或者国务院授权证券管理部门批准或认可的证券交易场所交易的股份有限公司。

2、说明发行人是否依法有效存续。即根据法律、法规及其章程说明发行人是否有需要终止的情形出现。

二、本次配股、上市的授权和批准

1、说明公司本次配股是否依法按照公司章程规定的程序作出决议。

2、说明申请人已经依法取得或者尚待取得有权部门同意发行、上市的许可事项（如地方政府的批准、主管部门的批准、证监会的复审意见、证券交易所同意安排上市等）。

三、本次发行、上市的实质条件

说明本次配股是否符合《公司法》、《股票条例》以及国家证券主管机构关于公司配股或者增资发行新股的具体规定。

四、发行人的配股说明书

1、说明配股说明书是否符合证监会有关信息披露规定的要求。

2、说明配股说明书是否对重大事实的披露有虚假、严重误导性陈述或者重大遗漏。

3、说明配股说明书中对有关法律、法规和相关法律文件内容的表述是否真实准确，有无虚假、严重误导性陈述或者重大遗漏。

五、发行人募股资金的运用

1、说明发行人本次募股所筹资金的使用是否需要得到有权部门要求的批准或授权；如需要，是否已经得到批准或者授权。

2、如果发行人改变前次募股资金的用途，应当说明该改变是否得到有关授权或批准。

六、本次发行所涉及的其他中介机构

说明参与本次发行、上市的其他中介机构是否具备证券业从业资格。

七、律师认为需要说明的其他问题

八、结论意见

（结尾）

一、法律意见书的日期及签字、盖章

二、法律意见书的正、副本份数

律师事务所（加盖公章）经办律师（印刷体）（签字）

××× ×××

××× ×××

××××年××月××日

中国证券监督管理委员会关于上市公司送配股的暂行规定

（1993年12月17日 证监上字［1993］128号）

各上市公司：

为加强证券市场管理，使上市公司的运作规范化，现根据《股票发行与交易管理暂行条例》（以下简称"条例"）及有关法规，对有关上市公司向股东以股票的形式分配股利（即送股）和配售发行股票（即配股）做如下规定：

一、上市公司向股东配股应符合以下条件：

1、距前一次发行股票的时间间隔不少于12个月；前次发行包括配股等其他发行方式，间隔计算以前次的招股说明书或其他招募文件公布日期到本次配股说明书公布日期的间隔为准；

2、前一次发行股票所募集的资金用途与当时该公司的《招股说明书》、《配股说明书》或股东大会有关决议相符；

3、公司连续两年盈利；

4、近三年无重大违法行为；

5、本次配股募集资金的用途符合国家产业政策规定；

6、配售的股票限于普通股，配售的对象为根据股东大会决议而规定的日期持有该公司股票的全体普通股股东；

7、本次配售的股份总数不超过公司原有总股本的30%；发行B股和H股的上市公司，还应遵守有关该类别股份的其他法规的规定；

8、配售发行价格不低于本次配股前最新公布的该公司财务报告中每股净资产值。

二、上市公司向股东送股应符合以下条件：

1、已按规定弥补亏损（如果有的话）、提取法定盈余公积金和公益金；

2、动用公积金送股后留存的法定盈余公积金和资本公积金不少于股本的50%；

3、发送的股票限于普通股，发送的对象为根据股东大会决议而规定的日期持有该公司股票的全体普通股股东；

4、因送股增加的股本额与同一财务年度内配股增加的股本额两者之和不超过上一个财务年度截止日期时的股本额。

三、上市公司向股东送、配股按以下程序和要求披露有关信息：

1、董事会制定方案，表决通过之日后两个工作日内通知该公司股票挂牌上市的交易所；七个工作日内在中国证券监督管理委员会（以下简称“证监会”）指定的报刊和交易所指定的报刊上公布该次董事会决议，并必须载明“该项决定尚 须经股东大会表决”字样。向股东发出的召开股东大会通知的公告日期距股东大会召开之日的间隔不应少于三十天，不多于六十天。

2、召开股东大会审议并表决发行方案，修改公司章程；发行方案可以根据持股超过50%以上（或公司章程规定的比例）的股东的意见修改，但必须符合本规定的要求；持该公司5%以上普通股的主要股东应就接受或放弃配股权利做出声明，并在有关文件中公布；该公司股东大会期间其股票停牌及复牌事宜，应按其股票上市所在的交易所有关规定办理。

3、上市公司在与交易所协商关于本次送配股的业务安排时，应出具省、自治区、直辖市或计划单列市人民政府根据本规定和国家有关法规做出的复核意见；并在其后三个工作日内在与本规定本条款第1项规定的相同报刊上公布《送配股说明书》（或《配股说明书》、《送股说明书》）。该说明书应包括送配股方案、承销机构与承销方式、送股办法与配股缴款办法、到期未配售的剩余股票的处理办法、股份增加后的资金用途等内容。

4、上市公司于配股缴款结束之日（只有送股的公司在除权除息日）后十五日内在与本规定本条款第1项规定的相同报刊上刊登《股本变动公告书》，载明实际配售和（或）股份划拨结果，包括新增股份总数、配股筹集资金总额、发行费用以及前十名股东名单、董事与高级管理人员持股变动情况等。

四、上市公司应在缴款结束之日（只有送股的公司在除权除息日）后三十个工作日内向地方人民政府、其股票上市的证券交易所、证监会呈报或补足以下材料备案：

1、修改后的公司章程正本；

2、董事会决议和股东大会决议；

3、经有从事证券业资格的会计师事务所审计后的年度财务报表，若申请日期距最近的财务年度截止日期超过六个月，还应附经审计的中期财务报表；已呈报过的材料免报；

4、《送、配股说明书》（或《配股说明书》、《送股说明书》）；

5、前次发行股票后募集资金使用说明；

6、《股本变动公告书》；

7、地方人民政府、其股票上市的证券交易所、证监会要求的其他材料。

五、在境内发行人民币特种股票（即B股）并上市的公司在决定向股东送配股时，应参照《到香港上市公司章程必备条款》中的相关规定。

六、交易所根据本通知的要求对上市公司的送、配股方案进行复核，凡不符合本规定的，有权拒绝办理有关的业务活动。

各上市公司及有关单位应认真按以上要求履行自己的义务。对违反本规定的任何单位或个人，证监会将根据《条例》第七章第六十八条至第七十八条的规定进行调查和处罚。

附件一：

上市公司配股复审材料的标准格式（试行）

上市公司向中国证券监督管理委员会报送配股复审材料，应按下列标准制作：

一、配股复审材料的纸张、封面及份数

（一）纸张

应采用幅面为209×295规格的纸张（相当于A4纸张规格）

（二）封面

1、标有“上市公司配股复审申报材料”字样；

2、申请配股的上市公司名称；

3、申报日期；

（三）份数

需向证监会呈报申报材料10份，其中至少一份为原件。

二、配股复审材料的目录

第一章　地方政府或者中央企业主管部门批准配股的文件及附件

1－1　地方政府证券管理部门或者中央企业主管部门批准上市公司配股的文件　……页码

1－2　配股申请报告　……页码

第二章　有关本次配股的股东大会文件及附件

2－1　召开本次股东大会的通知（公告复印件）　……页码

2－2　本次股东大会的基本情况　……页码

2－3　本次股东大会的决议　……页码

2－4　董事会决议及会议记录（复印件）　……页码

2－5　关于股东之间转让配股权事项的补充说明　……页码

2－6　关于部分股东以非现金方式配股的补充说明　……页码

2－7　资产评估机构对非现金方式配股所有的资产的评估报告　……页码

2－8　国有资产管理部门的有关文件　……页码

注：2　5、2　6、2　7为有该项内容时必备

第三章　前次发行股票（或配股）以来的有关资料

第四章　有关本次募集资金运用的文件

注：4－2为参考文件

第五章　配股说明书

（提示：　1、配股说明书按上市公司信息披露的内容与格式准则第四号《配股说明书的内容与格式》（试行）进行编制，其中涉及的文件应为原件或其复印件。

2、配股说明书目录中各项的页码应与其实际页码相符。

3、配股说明书中须与证券交易所协商确定的日期、数据在报送证监会时可暂时空缺。）

附件：

1、本公司（或发起人）最近二个年度的资产负债表、利润表（如在下半年申报，应附上当年经有从事证券业资格的会计师事务所审计的中期报告）

2、与前款有关的审计报告（复印件）

3、法律意见书

4、配股承销协议书（草稿）

提示：1、每一页的页码必须与目录中的页码相符。

2、页码标注的举例说明。例如：第四章4－1节的页码标注应为：4－1－1，4－1－2，4－1－3，……，4－1－n。

附件二：

上市公司配股申报材料的标准格式（试行）

上市公司向中国证券监督管理委员会（以下简称“证监会”）报送配股申报材料，应按下列标准制作：

一、配股复审资料的纸张、封面及份数

（一）纸张

应采用幅面为209×295规格的纸张（相当于A4纸张规格）

（二）封面

1.标有“上市公司配股申报材料”字样；

2.申请配股的上市公司名称；

3.申报日期。

（三）份数

需向证监会报送申报资料10份，其中至少一份为原件。

二、配股申报材料的目录

第一章　省、自治区、直辖市及计划单列市证管办（证监会）对配股申请出具的意见及附件

第二章　有关本次配股的股东大会文件及附件

注：2－8、2－9、2－10为有该项内容时必备。

第三章　前次发行股票（或配股）以来的有关资料

第四章　有关本次募集资金运用的文件

注：4－2参考文件

第五章　配股说明书

提示：

1.配股说明书按上市公司信息披露的内容与格式准则第四号《配股说明书的内容和格式》（试行）进行编制，其中涉及的文件应为原件或其复印件。

2.配股说明书目录中各项的页码应与其实际页码相符。

3.配股说明书中须与证券交易所协商确定的日期、数据在报送证监会时可暂时空缺。

附件：

1.本公司（或发起人）最近三个年度已经审计的财务报告（如在下半年申报，应附上当年经有从事证券业务资格的会计师事务所审计的中期财务报告）

2.前次发行股票（或配股）时的《招股说明书》（或《配股说明书》）

3.公司章程

4.法律意见书

5.律师事务所从事证券业务的资格证书

6.律师从事证券业务的资格证书

7.配股承销协议书（草稿）

此外承销机构应当根据证监机字〔1995〕45号文的要求按时报送相应的材料提示：

1.每一页的页码必须与目录中的页码相符。

2.页码标注的举例说明。例如：第四章4－1节的页码标注应为：4－1－1、4－1－2、4－1－3、……，4－1－n。

中国证券监督管理委员会
上市公司办理配股申请和信息披露的具体规定

(1994 年 10 月 27 日　　证监发字〔1994〕161 号)

根据中国证券监督管理委员会（以下简称“证监会”）证监发字〔1994〕131 号文件《关于执行〈公司法〉规范上市公司配股的通知》(以下简称《配股通知》第五条的要求，现就有关的具体问题规定如下：

一、上市公司向股东配股，应当召开股东大会就下列事项表决：

1、股东配股比例和本次配售股份的总额；

2、配股价格浮动的幅度；

3、本次募集资金的用途；

4、关于本次配股决议的有效期限；

5、授权董事会办理的与本次配股有关的其他事项。

二、公司董事会在制定和实施配股方案过程中，应当保证所有普通股股东均受到公平的对待；应当保证股东同时享有受让或不受让他人所转让的配股权的权利。公司董事会不得将一部分股东的配股权向其他股东强行摊派。

三、采取配股权证方式配股的上市公司，其方案内容必须符合《配股通知》和本规定的要求；公司所拟定的配股权证的交易期间按证券交易所的有关规定办理。

四、上市公司向证监会报送的复审材料的格式应当按本规定附件一的要求制作。

五、上市公司应当自签署配股说明书的日期（在向证监会报送材料之前）起，到配股缴款结束之日止，六个月内完成本次配股的全部工作。上市公司在收到证监会同意其配股的复审意见书后，与证券交易所协商确定有关的具体操作事项。证券交易所应当在收到公司配股文件后二个工作日内给予书面答复，并按照《配股通知》的规定和本规定的要求，办理有关业务活动。

六、上市公司向股东配股，应当按照下列要求披露有关信息：

1、董事会有关本次配股的方案表决通过后，应当在二个工作日内通知证券交易所，七个工作日内公布该次董事会决议和召开股东大会的通知；其内容应当包括配股方案的具体事项，并载明“该项决定尚须经股东大会表决后，报政府有关部门审批，并经中国证券监督管理委员会复审”字样；召开股东大会的通知应当提前三十天公布，并至少应当连续刊登二次。

2、配股方案经股东大会表决通过后，上市公司在有关的公告中应当载明“该方案须报政府有关部门审批，并报中国证券监督管理委员会复审”。股东大会对董事会的配股方案有修改的，该公告中应当公布修改后的方案。

3、上市公司接到证监会出具的配股复审意见书后，应当在证券交易所规定的期间内公布配股说明书。配股说明书的内容与格式见本规定之公开发行股票公司信息披露的内容与格式准则第四号《配股说明书的内容与格式（试行）》；配股说明书刊登后，上市公司应当就该说明书至少再刊登一次提示性公告。公布的配股说明书内容应当与报送证监会复审时的该说明书内容一致；确有必要修改的，应当在公布前取得证监会的书面认可。

4、配股说明书公布后，上市公司应当在七个工作日内将经证券交易所确认的配股说明书文本一式二份报送证监会。

5、上市公司应当在配股缴款结束后，按照证券交易所的要求及时报送有关本次股份变动的报告，并应当予以公布；其内容与格式可参考本规定附件三。

七、负责配股承销工作的证券经营机构应当根据承销协议，会同上市公司按照证券交易所的有关规定，及时公布有关的具体操作事宜。

八、在上市公司配股说明书公布之前，参与配股说明书的起草、申报和审查的有关人员均属内幕人员，必须严格遵守国务院证券委颁布的《禁止证券欺诈行为暂行办法》的有关规定，对有关内幕信息严格保密。上述人员包括证监会、证券交易所、地方有关部门、上市公司和参与本次配股的证券经营机构、中介机构等单位的有关人员。

九、上市公司应当聘请有从事证券业务资格的律师事务所就本次配股出具法律意见书，其内容与格式应当符合证券发字〔1994〕162 号文件《关于发布〈公开发行股票公司信息披露的内容与格式准则第六号〉的通知》的有关规定。

以上规定从发布之日起执行。

一九九四年十月二十七日

第三节　法规解释及其他规范性文件

中国证券监督管理委员会
关于股票发行工作若干规定的通知

(1996 年 12 月 26 日　　证监发字〔1996〕12 号)

各省、自治区、直辖市、计划单列市人民政府，国务院有关部门，上海、深圳证券交易所：

为了认真贯彻国务院办公厅国办发〔1996〕37 号文，切实做好 1996 年度新股发行工作，现将有关问题通知如下：

一、关于选择企业标准的问题

为了扩大上市公司的规模，提高上市公司的质量，1996 年新股发行采取“总量控制、限报家数”的管理办法。各地、各部门在执行 1996 年度新股发行计划中，要优先考虑国家确定的 1000 家特别是其中的 300 家重点企业，以及 100 家全国现代企业制度试点企业和 56 家试点企业集团。

在产业政策方面，是重点支持农业、能源、交通、通讯、重要原材料等基础产业和高新技术产业，从严控制一般加工工业及商业流通性企业，金融、房地产等行业暂不考虑。

各地、各部门应推荐经济效益好，主业突出，发展潜力大，在行业中处于领先地位的企业发行股票并上市。

二、关于募集资金投向和使用问题

为了贯彻中央经济工作会议精神，切实抓好经济工作的两个根本性转变，各地、各部门在选择发行公司时，要注意审查公司募集资金投向和使用情况。公司投资项目要有可行性研究报告并按有关规定获得国家或政府主管部门的立项批文。公司所募资金不按招股说明书使用，而且又未经法定程序批准的或虽经法定程序批准但有欺骗性质的，一经查实，中国证监会将按有关规定进行处罚。

三、关于资产评估问题

股份有限公司在筹建时已依法进行过资产评估的，在公开发行股票时，一般不再需要进行资产评估。但以下情况除外：

1、公司设立时聘请的资产评估机构在公司上报公开发行股票的申报材料时仍不具有证券业从业资格的，应聘请有资格的评估机构重新进行资产评估。

2、公司在申请公开发行股票时所聘请的审计机构与设立时所聘的资产评估机构为同一家具有证券业从业资格的机构的，应聘请另一家具有证券从业资格的评估机构重新评估（1990 年以前以社会募集方式设立的股份有限公司除外）。

上述两种情况下，公司资产评估的帐务处理应按照国家财务会计制度的有关规定办理。

四、关于公司盈利预测的问题

公司上报材料中的盈利预测报告应切合实际，并需由具有证券从业资格的会计事务所和注册会计师出具审核报告。若年度报告的利润实现数低于预测数10%－20%的，发行公司及其聘任的注册会计师应在指定报刊上作出公开解释并致歉。若比预测数低20%以上的，除要作出公开解释和致歉外，中国证监会将视情况实行事后审查，对有意出具虚假盈利预测报告，误导投资者的，一经查实，将依据有关法规对发行公司进行处罚；对盈利预测报告出具不当审核意见的会计师事务所和注册会计师，中国证监会将予以处罚。

五、关于发行定价问题

为了使公司股票发行定价更加客观、公正、合理，切实维护投资者的利益，1996 年新股发行定价不再以盈利预测为依据，改为按过去三年已实现每股税后利润算术平均值为依据。对由国有企业依法改组新设立的公司，可按主要发起人改制当年经评估确认后的净资产所折股数，模拟计算改制前各年度的每股税后利润作为定价依据。前三年盈利不得弄虚作假，对出具虚假盈利报告的，一经查实，中国证监会将依据有关法规对发行公司进行处罚；对盈利报告出具不当审核意见的会计师事务所和注册会计师，也将予以处罚。

六、关于职工股上市问题

原定向募集公司经批准转为社会公开募集公司的，其内部职工股，从新股发行之日起，期满三年方可上市流通。

凡采取募集设立的股份公司，本公司职工可按不超过社会公众股百分之十的比例认购股票，但人均不得超过 5000 股。公司在上报申请材料时，须报送经当地劳动部门核准的职工人数和职工预约认购股份的清单，中国证监会将对其材料进行核查。发行结束后，发行公司及主承销商须在十五日内向中国证监会报送发行情况的报告。

七、关于发行费用的问题

发行费用是指发行公司支付给与股票发行相关的中介机构的费用，主要包括承销费用、注册会计师费用（审计、验资、盈利预测审核等费用)、资产评估费用、律师费用等。发行费用可在股票发行溢价中扣除。目前，在股票发行过程中，存在着一些发行公司将与股票发行无关的费用在发行费用中列支的情况，导致实际募集资金减少。按照证监机字〔1993〕8 号文的规定，股票发行中文件制作、印刷、散发与刊登招股说明书及广告等费用，应由股票承销机构在承销费用中负担，发行公司不得将上述费用在承销费之外计入发行费用。发行公司在上报股票发行申请材料时，应同时报送发行费用预算明细表；发行完毕后，发行公司应向中国证监会报送发行费用预算执行情况及会计师事务所出具的发行费用审计报告。

由于 1996 年计划内上报企业的发行规模与以往有所不同，承销费用的收费标准须做相应调整，且与发行方式挂钩，具体标准如下：

承销金额	收费标准
2 亿元以内	1.5%－3%
3 亿元以内	1.5%－2.5%
4 亿元以内	1.5%－2%
4 亿元以上	除特殊情况外，不得超过 900 万元（采用上网发行方式）或不得超过 1000 万元（采用网下发行方式）

八、关于对发行公司进行辅导的问题

主承销商要切实做好发行公司的辅导工作，对承销过程的辅导和上市后的持续辅导都必须严格按照有关法规承担相应的义务。主承销商要有详细的辅导计划，通过辅导要使发行公司达到规范的上市公司所应具备的水平。各地证管办对辅导工作要认真验收、监管，对不认真履行辅导义务的承销机构应提出严肃批评，对严重不符合规定要求的，应报告中国证监会，证监会将对承销机构给予停止承销资格的处罚。

九、关于加强中介机构业务管理的问题

在 1996 年新股发行过程中，证券公司、律师事务所、会计师事务所、资产评估机构等中介机构在制作材料时，必须严格执行《公司法》、《股票发行与交易管理暂行条例》及国家其他有关政策规定，以本行业的业务标准和道德规范对企业提供的材料进行核查验证。同时，各中介机构应勤勉尽责，加强自律，强化内部管理，在开展业务时须依法行事、公平竞争。如中介机构及个人出具的文件有虚假、严重误导性内容或者有重大遗漏的，一经查实，中国证监会将给予处罚，情节严重的，将限制、暂停甚至取消其有关业务资格。

十、关于加强发行监管的问题

各地证管部门、证券交易所必须切实加强对股票发行的领导及组织工作，严格按照有关发行方式的要求进行操作。对于透支申购股票以及违规融资申购等违规行为，发行领导小组要采取措施坚决制止，并立即向中国证监会报告。对违规者，中国证监会将予以处罚。

自本通知发布之日起，中国证监会证监发字〔1995〕162 号文停止执行。

中国证券监督管理委员会关于要求各证券交易场所对国债回购与证券交易实行分帐管理的通知

（1995 年 7 月 18 日　证监发字〔1995〕123 号）

各省、自治区、直辖市、计划单列市政府证管办、深圳证券交易所、上海证券交易所、深圳证券登记有限公司、各证券交易中心：

为加强对国债回购交易风险的控制，决定各证券交易场所必须对国债回购与证券交易实行分帐管理。具体内容包括：

1. 各有关交易场所和清算机构应为参与国债回购交易的会员设立单独的清算帐户，与其它证券清算帐户分开，并单独收取清算保证金。应监督会员严格实行客户资金与自有资金的分帐管理，不得挪用客户资金。

2. 各有关交易场所和清算机构不得为回购交易提供担保，也不得动用证券营运资金（包括自有资金和会员的证券交易保证金）为回购交易垫付清算资金。

3. 严格审核会员的资金情况，根据各个会员的资本金和自有资金情况对其回购交易实行控制。

4. 各有关交易场所应就国债回购交易编制单独的业务统计表，并定期向主管部门报送。

各有关交易所见此文后应立即研究制订实施细则，并报我会备案。

国务院办公厅转发国家体改委等部门关于立即制止发行内部职工股不规范做法意见的紧急通知

（1993 年 4 月 3 日　　国办发〔1993〕22 号）

各省、自治区、直辖市人民政府，国务院各部委、各直属机构：

国家体改委、国家经贸委、国务院证券委《关于立即制止发行内部职工股不规范做法的意见》已经国务院同意，现转发给你们，请立即采取有力措施，认真贯彻执行。

关于立即制止发行内部职工股不规范做法的意见

国务院：

当前，我国企业股份制试点工作，从总体上看，发展是比较健康的。但在试点中，由于一些地方没有严格按规范化要求办事，也出现了一些问题。主要是一些企业在进行内部职工持股的定向募集股份有限公司试点中，超范围、超比例发行内部职工股，有的以法人名义购买股份后分发给个人，有的在报纸上公开发布招股说明书在全国范围内招股。一些地方还出现了内部职工股权证的非法交易，造成“内部股公众化，法人股个人化”。这些不规范的做法，对股份制试点产生了不良影响，造成了不少社会问题，妨碍了试点工作的健康发展。

党中央、国务院对股份制试点工作非常重视，多次强调要抓紧制定和落实有关法规、严格按规范化的要求进行试点，使之有秩序地健康发展。1992 年 5 月，国家体改委、国家计委、财政部、中国人民银行、国务院生产办联合发出《股份制企业试点办法》，明确规定“不向社会公开发行股票的股份制企业内部职工持有的股份，采用记名股权证形式，不印制股票”，“内部职工持有的股份证，要严格限定在本股份制企业内部”。国家体改委发布的《股份有限公司规范意见》也指出，“本公司内部职工持有的股权证要严格限定在本公司内部，不得向公司以外的任何个人发行和转让”，“公司内部职工的股份，在公司配售后三年内不得转让”。去年八月，在部省、市股票试点工作座谈会上，国务院又再次明确，股份制试点要严格按规范化要求办，不能乱来。根据这些要求，为了进一步加强对定向募集股份有限公司的规范化管理，制止内部职工股权证的非法交易，进一步引导内部职工持股试点的健康发展，特提出以下意见：

一、内部职工持股的定向募集股份有限公司，要继续按规范要求进行试点。为了进一步搞好试点工作，国家体改委将尽快下发《定向募集股份有限公司职工持股管理规定》（以下简称《规定》），各省、自治区、直辖市人民政府和国务院有关部门要按照《规定》的要求，对不规范的做法进行清理，在本地区和本部门清理工作结束以前，对新要求成立内部职工持股的定向募集股份有限公司要暂缓审批。

二、各地要严格执行《股份制企业试点办法》和《股份有限公司规范意见》的规定，定向募集股份有限公司内部职工持有股份，采用记名股权证形式，不得印刷股票。本公司内部职工持有的股权证要严格限定在本公司内部，不得向公司以外的任何个人发行和转让。公司内部职工的股份，在公司配售后的三年内不得转让，三年后也只能在内部职工之间转让。定向募集股份有限公司经批准转为社会募集股份有限公司，原内部职工股份从配售之日起未满三年的，也不得上市交易。根据有关规定，未经国务院主管部门批准，定向募集股份有限公司不得擅自转为社会募集股份有限公司。

三、自本通知下发之日起，各地要立即采取措施，尽快将发放在个人手中的定向募集股份有限公司的内部职工股股权证，由公司委托国家认可的证券经营机构集中托管。未实行集中托管的定向募集股份有限公司，不得转为社会募集股份有限公司。

四、任何机关、团体、部队、企事业单位和个人不得利用职权索取和非法购买企业内部职工股，也不得以法人（含社团法人）名义购买法人股后分发给个人。

五、凡已经出现内部职工股权证非法交易的地方，当地人民政府要组织有关部门立即采取坚决而又稳妥的措施，加以制止和取缔。

六、对违反本通知和国家有关规定的定向募集股份有限公司，要进行严肃查处，今后一律不得转为社会募集股份有限公司。

以上意见如无不妥，请批转各地区、各部门贯彻执行。

关于境内企业到境外发行股票和上市审批程序的函

（1994 年 2 月 4 日　　中国证监会发布）

香港证监会：

最近连续有中国律师事务所向香港有关方面出具法律意见书，解释中国法规中关于境内企业到境外发行股票和上市（包括在香港收购上市公司）的审批程序，核心问题是某些特殊情况下，是否需要经证券主管机关审批。由于这些解释未能正确反映有关程序的内容和要旨，因而引起一些疑问。现就有关审批程序作以下说明，以便澄清这些法律意见书中的不当之处。

一、根据《国务院关于进一步加强证券市场宏观管理的通知》（1992 年 12 月 17 日）和《股票发行与交易管理暂行条例》（1993 年 4 月 22 日）的规定，境内企业直接或者间接到境外发行股票，将其股票在境外交易，必须经国务院证券委员会审批。

二、境内企业到境外发行股票和上市申请的审核工作，由国务院证券委的监督执行机构中国证监会负责，批准或者不予批准的决定，由国务院证券委员会作出并授权中国证监会对外答复。凡境内企业申请到境外发行股票和上市，应当向中国证监会提交申报材料。由于境内企业申请到境外发行股票和上市仍然处于小范围试点阶段，中国证监会目前尚未正式发布申报材料的内容与格式要求。

三、国务院证券委员会于1993年4月9日转批了《中国证监会关于境内企业到境外公开发行股票和上市存在的问题的报告》（以下简称《报告》），要求各级政府要贯彻执行。《报告》指出，为了防止境内企业一哄而上到境外发行股票和上市，避免国有资产产权受到侵害，保护国家和投资者的利益，对境内企业到境外发行股票和上市要统一管理，严格审批。

四、《报告》列举了境内企业直接或者间接到境外发行股票和上市的几种主要方式，其中之一是“境内企业利用境外设立的公司的名义在境外发行股票和上市”。《报告》还重申：今后凡是企业采取报告中所列举的方式到境外公开发行股票和上市，均应当事先报国务院证券委审批，由中国证监会对获得批准到境外发行股票和上市的企业及其业务活动进行监管。

五、在《报告》列举的境内企业直接或者间接到境外发行股票和上市的几种主要方式中，“境内企业利用境外设立的公司的名义在境外发行股票和上市”的情况比较复杂。境内企业的境外关联人在境外发行股票和上市或者收购上市公司，是否构成境内企业利用境外设立的公司的名义在境外发行股票和上市，由于境外关联人的情况不同，需要根据具体情况，进行个案分析后，方能判定。

六、中国证监会根据国务院证券委员会确立的事先审批原则，要注所有拟直接或者间接到境外发行股票和上市的境内企业及其境外关联人；在事先向中国证监会汇报情况，说明意图和解释方案。中国证监会将在全面了解情况的基础上，根据已有的规定和实践作出判定。凡经中国证监会判定属需要经审批的情况的，未经国务院证券委员会批准，任何境内企业不得以任何方式到境外发行股票和上市。

七、由于境内企业利用境外设立的公司名义在境外发行股票和上市的情况复杂，而且目前尚没有确立的标准和足够的案例可作为律师就某项证券投资活动是否需要经国务院证券委员会审批的问题出具独立的法律意见和充分依据，因此，律师在就某一境内企业到境外发行股票和上市是否需要经国务院证券委员会审批的问题提供法律意见时，应当直接向中国证监会询问。

八、在就是否需要经上述审批的问题出具法律意见时，律师未能说明中国证监会关于该问题的答复的，其法律意见存在重大遗漏，律师对此至少应当负未能勤勉尽责的责任；声称不需要经国务院证券委员会批准或者中国证监会审核的，其法律意见含有虚假陈述，律师对此至少应当负证券欺诈行为责任。

九、中国证券会在对专业性中介机构的证券业务活动的监管中，严格贯彻执行勤勉尽责的原则和坚决禁止证券欺诈行为。在未能按照证券律师行为公认的业务标准和道德规范履行职责的律师及其所在的事务所，中国证监会将建议行为主管部门按照有关规定追究其责任；对在法律意见书中作虚假陈述的律师及其所在事务所，中国证监会将依法追究其证券欺诈行为责任。

关于到香港上市公司对公司章程作补充修改的意见的函

（1995年4月3日　中国证监会、国家体改委证监海函〔1995〕1号）

各到香港上市公司：

你们在即将召开的1995年股东年会上，按照国务院证券委、国家体改委于1994年8月27日发出的《到境外上市公司章程必备条款》（以下简称《必备条款》）修改公司章程时，可考虑香港联交所新订上市规则附录三及附录十三D部第一节（1994年11月11日生效）的要求进行补充（以下简称补充内容）。经商香港联交所，有关方案可作如下技术处理：

一、公司在将《必备条款》第三十三条要求的内容写入公司章程时，应当在该条第三句话“……加盖印章后生效。”之后，第四句话“公司董事长……”之前，写入下列补充内容；

“在股票上加盖公司印章，应当有董事会的授权。”

二、公司在将《必备条款》第三十五条要求的内容写入公司章程时，应当在该条第一句话“……境外代理机构管理。”之后，写入下列补充内容：

“在香港上市的境外上市外资股股东名册正本的存放地为香港。”

此外，将该条原第二句话“公司应当将境外……的一致性。”另起一段落。

三、公司在将《必备条款》第八十五条要求的内容写入公司章程时应当删除该条第一段的开首语句“如果公司股票上市……应当载入”及该段最后一句内的“的内容”几个字，同时还应删除该第二段的开首语句“载有前款规定内容的公司章程，应当同时规定”和该段首尾的引号。

四、公司在将《必备条款》第八十七条要求的内容写入公司章程时，应当在该条第一段之后，另起段落，写入下列补充内容：

“有关提名董事候选人的意图以及候选人表明愿意接受提名的书面通知，应当在股东大会召开七天前发给公司。”

此外，公司应当在该条原第二段之后，另起段落，写入下列补充内容：

“股东大会在遵守有关法律、行政法规规定的前提下，可以以普通决议的方式将任何任期未届满的董事罢免（但依据任何合同可提出的索偿要求不受此影响）。”

五、公司在将《必备条款》第一百零四条要求的内容写入公司章程时，应当在该条内容后，另起段落，写入下列补充内容：

“监事会主席的任免，应当经三分之二以上监事会成员表决通过。”

六、公司在将《必备条款》第一百零九条要求的内容写入公司章程时，应当在该条内容后，另起段落，写入下列补充内容：

“监事会的决议，应当由三分之二以上监事会成员表决通过。”

七、公司在将《必备条款》第一百三十三条要求的内容写入公司章程时，应当删除该条第二段“到香港上市的”语句，并在“公司至少应当”之后，“将前述报告”之前，写入下列补充内容：

“在股东大会年会召开前二十一日”。

八、公司在将《必备条款》第一百四十条要求的内容写入公司章程时，应当在该条第二段内容之后，写入下列补充内容：

“公司委任的在香港上市的境外上市外资股股东的收款代理人，应当在依照香港《受托人条例》注册的信托公司。”

九、公司在将《必备条款》第一百四十七条要求的内容写入公司章程时，应当在该条内容后，另起段落，写入下列补充内容：

股东大会在拟通过决议，聘任一家非现任的会计师事务所以填补会计师事务所职位的任何空缺，或续聘一家由董事会聘任填补空缺的会计师事务所或者解聘一家任期未届满的会计师事务所时，应当符合下列规定：

（一）有关聘任或解聘的提案在股东大会会议通知发出之前，应当送给拟聘任的或者拟离任的或者在有关会计年度已离任的会计师事务所。

离任包括被解聘、辞聘和退任。

（二）如果在即将离任的会计师事务所作出书面陈述，并要求公司将该陈述告知股东，公司除非收到书面陈述过晚，否则应当采取以下措施：

1. 在为作出决议而发出通知上说明将离任的会计师事务所作出了陈述；

2. 将陈述副本作为通知的附件以章程规定的方式送给股东。

（三）公司如果未将有关会计事务所的陈述按条款（二）项的规定送出，有关会计师事务所要求该陈述在股东大会上宣读，并可以进一步作出申诉。

（四）离任的会计师事务所有权出席以下会议：

1. 其任期应到期的股东大会；

2. 为填补因其被解聘而出现空缺的股东大会；

3. 因其主动辞聘而召集的股东大会。

离任的会计师事务所有权收到前述会议的所有通知或者与会议有关的其他信息，并在前述会议上就涉及其作为公司前任会计师事务所的事宜发言。

十、公司在将《必备条款》第一百四十八条要求的内容写入公司章程时，应当在该条内容后，另起段落，写入下列补充内容：

会计师事务所可以用把辞聘书面通知置于公司法定地址的方式辞去职务。通知在其置于公司法定地址之日或者通知内注明的较迟的日期生效。该通知应当包括下列陈述：

1. 认为其辞聘并不涉及任何应该向公司股东或者债权人交代情况的声明；或者

2. 任何应当交代情况的陈述。

公司收到前款所指书面通知的14日内，应当将通知复印件送出给有关主管机关。如果通知载有前款2项提及的陈述，公司应当将该陈述的副本备置于公司，供股东查阅。公司还应将前述副本以邮资已付的邮件寄给每个境外上市外资股股东，受件人地址以股东的名册登记的地址为准。

如果会计师事务所的辞聘通知载有任何应当交代情况的陈述，会计师事务所可要求董事会召集临时股东大会，听取其就辞聘有关情况作出的解释。

十一、公司在将《必备条款》第一百六十三条要求的内容写入公司章程时，应当删除该条第一段的全部内容。此外，删除该条第二段的开首句："到香港上市公司的公司，应当将下列内容载入公司章程；"，并以"本公司遵从下述争议解决规则："语句代替。

十二、公司在将《必备条款》第三十七条要求的内容写入公司章程时，应当在该条第一段之后，另起段落，写入下列补充内容：

所有股本已缴清的在香港上市的境外上市外资股，皆可依据章程自由转让；但是除非符合下列条件，否则董事会可拒绝承认任何转让文据，并无需申述任何理由：

（一）向公司支付二元港币的费用，或支付香港联交所同意的更高的费用，以登记股份的转让文据和其他与股份所有权有关的或会影响股份所有权的文件；

（二）转让文据只涉及在香港上市的境外上市外资股；

（三）转让文据已付应缴的印花税；

（四）应当提供有关的股票，以及董事会所合理要求的证明转让人有权转让股份的证据；

（五）如股份拟转让与联合持有人，则联名持有人之数目不得超过4位；

（六）有关股份没有附带任何公司的留置权。

此项是香港联交所建议的内容，不是联交所新订上市规则附录三所要求必备的内容。我们建议公司在修改公司章程时可酌情写入。

除上述关于公司章程文字作技术处理之外，为了顺利修改公司章程，公司在股东大会召开时，可要求股东大会通过一项授权决议，如股东大会通过的公司章程报国家体改委和国务院证券委审批需进行文字或者条文顺序的变动，公司董事会有权依据国家体改委和国务院证券委的要求作出相应的修改。

关于到香港上市公司执行《股份有限公司规范意见》的补充规定

第一条 为适应在境内设立的股份有限公司直接到香港发行股票和上市交易的需要，特对《股份有限公司规范意见》作补充规定。

第二条 直接到香港发行股票和上市交易的股份有限公司（以下简称公司）必须执行《股份有限公司规范意见》（以下简称《规范意见》）和补充规定，按照《规范意见》、本补充规定及《到香港上市公司章程必备条款》制定或修订公司章程。

公司章程是公司行为的准则，是规范公司与股东、股东与股东之间权利义务的具有法律约束力的文件。

除公司法及有关行政法规另有规定外，公司章程中依《到香港上市公司章程必备条款》所载明的内容，不得修改或废除。

第三条 公司章程须载明公司的营业期限，永久存续亦视为一种营业期限。

第四条 公司可发行人民币股票（A种股票）和人民币特种股票。

人民币特种股票除《规范意见》第二十九条所指的在境内证券交易所上市交易的B种股票外，还包括以人民币标明面值，以外币认购和进行交易，获香港联合交易所批准上市的股票（简称H种股票）。

公司发行H种股票应当按照《股票发行与交易管理暂行条例》的有关规定，经国务院证券委审批。

除公司按其章程规定的办法赎回或购回H种股票外，其他非外国和非我国香港、澳门、台湾地区的投资者不得买卖H种股票。

第五条 公司章程中规定的股份总数，可在公司成立后十五个月内分次发行，但首次发行的股份不得少于公司股份总数的百分之四十，公司在股份总数内分次发行股份，应按国家证券主管机构规定的程序办理核准手续，并遵守以下规定。

（一）公司股份总数内拟发行的H种股份应全部一次发行，但包销协议要求在该次发行计划中预留一部分股份作进一步发行的，对预留股份的发行可被视为该次发行的一部分；

（二）公司在股份总数内分次发行股份，须在各次发行股份的招股说明书（包括发行H种股份的招股说明书）内作出详尽披露。在该披露的计划范围内，公司发行股份应由董事会作出决定，毋须另行取得股东会或类别股东会的批准；但如在任何招股说明书披露的计划以外发行股份，须按《规范意见》及《到香港上市公司章程必备条款》有关增加股份的规定办理。

公司股份分次发行时，公司注册资本应为已发行股份的实收股本。

第六条 国有大型企业改组为公司的，经特别批准，可以发起方式设立且发起人可为该大型企业一人。该公司发起设立后，即可增资扩股，转为社会募集公司。

第七条 公司对其他营利性组织的投资总额可超过公司净资产的百分之五十，不受《规范意见》第四条第二款关于公司对其他组织投资比例的限制。

第八条 公司增加股份的间隔时间可少于十二个月，不受《规范意见》第三十六条关于股票发行间隔时间的限制。

第九条 公司增加新股份，由公司按其章程规定的程序确定，可不受《规范意见》第三十七条关于增加股份时对新股的限制。

第十条 公司股东为同意成为股东，并持有公司股份，其姓名（或名称）登记在股东名册上的人。

第十一条 公司可将香港的H股股东的名册存放于香港并委托代理机构管理，并由受委托的代理机构制作H股股东的名册的复印件，备置于公司住所。

公司H种股票的受益权拥有人可让其股份依照H股股东的名册的存放地法律登记在他人名义下。在此情况下，《规范意见》第二十六条第二、三、四款关于股票记名办法的规定可不适用于公司H种股票。

公司H种股票的转让，按其上市地的法律办理。

公司H种股东的名册的更正需作裁定时，由其存放地有管辖权的法律按存放地的法律裁定。

第十二条 公司H股股东欲获得公司百分之十以上（含百分之十）H种股份时，可不按《规范意见》第三十一条的规定报经人民银行和国家体改委批准，但必须按《股票发行与交易管理暂行条例》和香港的有关规定加以披露，并通知公司。

第十三条 《规范意见》第八十三条（三）至（八）项及第九章规定范围以外的公司改组，只要公司并非无力清偿其债务，仍应向《规范意见》第八十三条规定的政府授权部门申请批准。

第十四条 有关政府授权部门依照《规范意见》第八十三条（三）至（八）项，第九章及本补充规定第十三条进行审查时，应依下列原则办理：

（一）有关政府授权部门的批准原则应与《规范意见》的基本精神一致，需考虑股东是否已得到所应获得的有关资料和信息；有关的决议是否已获得足够的票数；控股股东是否公平地和恰当地行使了其所拥有的权力；公司的有关提议和方案是否公平合理等；

（二）有关政府授权部门可酌情要求公司根据政府授权部门委任的独立评估机构所评定的价格购买反对改组方案的股东的股票等，作为批准的前提；

（三）有关政府授权部门应将其决定通知公司，并以书面形式列明决定的理由；

（四）对决定持不同意见者，可依《行政复议条例》或《中华人民共和国行政诉讼法法》申请复议或提起行政诉讼。

第十五条 《规范意见》第四十六条（一）项关于“普通决议应由代表股份总数二分之一以上的股东出席，并由出席股东的二分之一以上的表决权通过”的规定，以及（二）项关于特别决议应由代表股份总数三分之二以上的股东出席，并由出席股东的三分之二以上的表决权通过”的规定，与香港的现行法例规定不同，公司应在招股说明书中予以披露。

第十六条 公司须在各次股东年会上聘请一家或一家以上会计师事务所，负责验证公司的年度会计报告，以及复核公司其他会计报告。该会计师事务所的聘期自该股东年会结束时起至下次股东年会结束时止。公司聘请会计师事务所的报酬，以及公司解聘或改聘会计师事务所，由股东会以普通决议方式决定，公司股东会聘请、解聘或改聘会计师事务所的决议，以及会计师事务所主动辞聘时给公司的书面通知，应报有关主管部门备案。

第十七条 公司聘请的会计师事务所必须是独立的，并具备一定的资格。如股东会拟将会计师事务所解聘或不再续聘，应事先通知被解聘或不再续聘的会计师事务所，该会计师事务所有权向股东会申诉自己的意见。如果会计师事务所主动提出辞聘，则该会计师事务所有义务向股东会说明公司有无不当情况。

第十八条 公司聘请的会计师事务所有权取得公司及其附属企业与验证公司年度会计报告、复核其他会计报告有关的充分资料，并有权要求公司董事及高级管理人员提供资料和回答问题。

第十九条 公司的法定盈余公积金和资本公积金应按照《规范意见》第七十二条（一）、（二）项的规定，用于弥补亏损和转增股本，但不适用《规范意见》第七十二条（三项）关于“国家另有规定的其他用途”。

第二十条 公司向H股股东支付股利以及其他一切款项，应按人民币计价，以外币支付。以外币支付的折算公式为：

$$\text{股利或他款项折算价}=\frac{\text{股利或其他款项人民币额}}{\text{股利或其他款项宣布前一周深圳外汇调剂中心每一外币单位调剂平均收盘价}}$$

公司H种股票的转让，在香港清算、交割。所涉及的转让中的有关事宜，不按《规范意见》第一百一十六条、一百一十七条规定办理。

第二十一条 公司因违反国家法律、法规及《规范意见》，并危害社会公共利益被依法撤销时，可按《规范意见》第十章的规定进行，但必须遵守如下规定：

（一）公司清算组的人选、职能须报决定撤销公司的机关批准；决定撤销公司的机关认为必要时可指定清算组组成人员；

（二）清算组制定的清算方案，不得违反法律的有关规定，并须报决定撤销公司的机关备案；

（三）决定撤销公司的机关根据该次撤销理由所依法确定的罚款、赔偿或其他相关费用，应在《规范意见》第一百条所列的清偿顺序中于（二）项之后、（三）项之前作出清偿。

第二十二条 本补充规定适用于经国务院有关授权部门批准，并获准在香港联合交易所上市或在境内证券交易所和香港联合交易所同时上市的公司。地方政府颁发的法规、规章及有关文件与《规范意见》及本补充规定相抵触时，以《规范意见》和本补充规定为准。

第二十三条 本补充规定由国家体改委负责解释。

第二十四条 补充规定自发布之日起施行。

关于境外上市企业外汇管理有关问题的通知

（1994年1月13日　中国证监会、国家外管局联合发布）

各省、自治区、直辖市、计划单列市人民政府、境外上市企业：

为了积极促进国内企业通过股权方式利用外资，加强境外上市企业外汇资金的管理，保证境外上市工作的顺利进行，现就经国务院证券委批准到境外发行股票并上市的企业（以下简称“境内企业”）的外汇资金管理的问题通知如下：

一、境内企业到境外发行股票，其发行股票所筹资金属于资本项目收入，经国家外汇管理局批准，可在境内开立外汇帐户，保留现汇。

二、境内企业在境外发行股票应当在外汇资金到位后十天内，将所筹外汇资金全部调入中国境内，存入经批准开立的外汇帐户。

三、境内企业在境外发行股票派付给境外持股人的股息、红利所需外汇，经国家外汇管理局批准，开户银行可从其外汇帐户中支付并汇出，其它用汇按有关规定办理。

四、境内企业在境外发行股票所筹外汇资金总额达到企业净资产总额的25%或以上时，可以按照《中外合资经营企业法》规定向中国对外贸易经济合作部或其授权部门申请办理中外合资企业有关手续，经批准作为中外合资企业的，有关外汇收支事宜，按对外商投资企业外汇管理规定办理。

此规定自下发之日起实施。

中国证券监督管理委员会海外上市部关于到境外上市公司向境外上市外资股股东发出会议通知信函时间的函

（1995年4月26日　证监海函字〔1995〕5号）

各到境外上市公司：

国务院证券委和国家体改委1995年3月29日发出的《关于境外上市公司1995年召开股东年会和修改公司章程若干问题的通知》第一项（1）规定："对于境外上市外资股股东，公司章程有规定的，公司还应当于暂停登记日，以信函方式向这些股东再次发出内容相同的会议通知。"在实际操作中，到境外上市公司（公司）的境外上市外资股股东名册正本存放在境外代理机构，向境外上市外资股股东发出会议通知信函的工作由公司委托的境外代理机构来完成，按照境外代理机构的习惯作法，会议通知信函只能在股东名册暂停登记日向境外上市外资股股东发出。前述规定要求公司于暂停登记日，以信函方式向境外上市外资股股东再次发出内容相同的会议通知，是指公司委托的境外代理机构于暂停登记日，以信函方式向这些股东再次发出内容相同的会议通知。

公司在股东大会召开前45日以公告方式向境内外股东发出会议通知的同时，应当将发给境外上市外资股股东的会议通知信函送达其委托的境外代理机构。鉴于境外代理机构具有境外上市外资股名义持有人的身份，公司将发给境外上市外资股股东的会议通知信函送达其委托的境外代理机构，即视为满足了公司章程中关于在以公告方式向境内股东发出股东大会通知外，以信函方式向境外上市外资股股东发出会议通知的要求。

特此函告。

关于国内注册会计师执行国内企业境外上市有关业务若干规定的通知

（1994年5月7日　财政部、国家体改委、国务院证券委、财会协字〔1994〕第8号）

有关企业、主管部门、具有执行上市业务资格的会计师事务所：

根据《中华人民共和国公司法》和《中华人民共和国注册会计师法》以及《股票发行与交易管理暂行条例》等有关法律、法规的规定，现对中国注册会计师执行国内企业境外上市的有关业务问题，作如下规定：

一、境内非股份制企业要成为上市公司，应当首先改组成为股份有限公司。作为中国境内的法人，在进行股份制改组时，必须按照中国法律和行政法规的规定，聘请有资格的中国会计师事务所、注册会计师对原企业投入股份公司的净资产等进行审查验证，并出具报告。境外会计师事务所、注册会计师为企业改制出具的审计或验资报告无效。

二、国内股份有限公司的股票经批准到境外上市，应聘请境外证券管理机构认可的会计师事务所、注册会计师承担境外上市有关的审计业务。境外会计师事务所、注册会计师进入中国境内执行审计业务必须遵守中国有关法律、行政法规的规定，执行财政部、中国证监会（94）财会协字第12号文的规定。

三、根据以上两条，为了加快上市进度，保证上市有关业务质量，尽量避免多次重复审计，降低审计成本，凡经批准到境外上市的国内企业，在委托会计师事务所进行有关业务项目时，应考虑中、外会计师事务所的合作。凡涉及到股份制改组的业务，必须由中国会计师事务所、中国注册会计师承担；涉及境外上市的有关业务，可选择能够与中方会计师事务所友好合作的境外会计师事务所与中国会计师事务所合作承办或由中外合作会计师事务所承办。

四、对中、外会计师事务所的委托，均应采取议标的方法确定，任何单位、部门，均不得进行干预；任何会计师事务所，均不得采取不正当的手段招揽业务。

关于暂停将上市公司国家股和法人股转让给外商的请示

国务院：

最近，少数上市公司向外商转让国家股和法人股，引起公司股权结构变化，股价出现异常波动。鉴于目前国家关于上市公司国家股和法人股转让的法规还不健全，为避免造成国有资产流失，保证股票市场健康发展，经与有关部门研究，现提出以下意见：

一、在国家有关上市公司国家股和法人股管理办法颁布之前，任何单位一律不准向外商转让上市公司的国家股和法人股。在国家有关管理办法颁布后，按规定执行。

二、各级人民政府和国务院有关部门要立即停止审批向外商转让上市公司的国家股和法人股事项；已受理企业转让申请的，由受理机关通知申请企业立即停止转让活动，并做好善后工作，违者将追究有关领导人的责任。

三、请国家国有资产管理局会同国家证券监督管理委员会等有关部门，抓紧研究制定上市公司国家股和法人股转让的有关规定，报国务院批准后执行。

以上意见如无不妥，请批转各地区、各部门贯彻执行。

关于推荐境外上市预选企业的条件、程序及所需文件

一、推荐境外上市预选企业的条件

1、符合国家产业政策。

重点支持符合国家产业政策的大中型企业，向能源、交通、原材料等基础设施、基础产业和高新技术产业及国家支持的重点技改项目倾斜，适当考虑其它行业。企业应属于国家允许外商投资的行业。

2、企业有发展潜力，急需资金。

企业发行股票所募资金应有明确用途，主要用于企业生产发展，应符合向集约化经营转变的要求，部分资金也可用于调整资产负债结构、补充流动资金等。原则上企业应具备基本落实的资金使用计划。属于基建、技改项目建设的，应符合国家关于固定资产投资、技术改造立项的规定

有经国务院批准急需外汇的重大技术引进项目的企业，可优先考虑。

3、企业具有一定规模和良好的经济效益。

申请企业应有连续三年的盈利业绩，同时考虑到 企业筹资成本、上市后的表现和运作的合理性，预选企业需要达到一定规模：企业改组后投入上市公司部分的净资产规模一般不少于4亿元人民币，经评估或估算后的净资产税后利润率达到10%以上，税后净利润规模需达到6000万元以上。募股后国有股一般应占控股地位，对于国家政策要求绝对控股的行业或企业，企业发行股票后国有股的比例应超过51%。

对国家支持发展的基础设施建设项目，境外证券交易所对业绩有豁免的，可以不需要连续三年盈利业绩。

4、对国务院确定的现代企业制度试点企业，试点取得明显进展的，同等条件下适当优先考虑。

5、企业发行境外上市外资股筹资额预计可达4亿元人民币（折合约5000万美元）以上。

6、企业有一定的创汇能力。

创汇水平一般需达到税后净利润额的10%，确保上市后分红派息有可靠的外汇来源，属于基础设施等行业的可适当放宽，但应征得有关外汇管理部门的同意。

7、企业有一定的知名度和经营管理水平。

企业产品市场占有率在国内同行业中名列前茅，连续三年比较稳定；企业主要管理人员应有较好的专业水平和管理经验，在上市前后能保持基本稳定。

二、推荐预选企业的程序

根据《国务院关于股份有限公司境外募集股份及上市的特别规定》第二条和第四条的规定，以及考虑前三批企业选择过程的实际情况，确定推荐境外上市预选企业的程序为：

1、申请在境外发行股票并上市的公司，应当向所在地的省级人民政府或者向所属国务院有关企业主管部门（直属机构）提出申请；

2、地方企业由企业所在地的省级人民政府、中央部门直属企业由国务院有关企业主管部门（直属机构）以正式文件向国务院证券委员会推荐。省级人民政府和国务院有关企业主管部门可联合推荐企业。推荐文件同时抄送国家计委、国家经贸委、国家体改委和中国证监 会；

3、国务院证券委员会在征求行业主管部门的意见，会商国家计委、国家经贸委、国家体改委后初步确定预选企业，报国务院批准。

4、国务院同意后，由国务院证券委员会发文通知省级人民政府或者国务院企业主管部门（直属机构），企业开始进行发行、上市准备工作。

三、省级政府或国务院有关企业主管部门及国务院直属机构在向国务院证券委员会推荐企业时，应附送下列文件：

1、省级人民政府或国务院有关企业主管部门（直属机构）的推荐文件。

省级人民政府或国务院有关企业主管部门根据国家产业政策或根据企业具体情况对外资比例如果有限制性要求的，应在推荐文件中注明其比例限制或发行额度。

2、公司申请文件。

3、企业符合境外发行股票与上市条件的说明材料和有关文件。说明材料中除应对企业符合条件的情况做出说明外，还应包括以下内容：企业现状及发展前景简介，企业资金需求、筹资计划及所募资金主要投向的说明，公司改组方案（包括原企业与改组后公司的结构关系、改组后公司的股权结构），外汇来源 、上市地点初步选择方案等。

如所募资金用于投资项目需要经国家批准的，应附有国家有关部门批准的文件。

4、公司前三年经营业绩及前一会计年度的财务报表。如公司改组方案已明确的则可主要说明改组后的经营业绩及其财务报表。

5、公司当年及今后两年经营预测、利润预测及税后利润预测，如公司改组方案已明确的则可主要说明改组后的预测。

6、尚未设立股份有限公司的，发起人对拟投入股份有限公司资产的价值的估算意见。

7、有承销意愿的证券经营机构对企业改组、发行前景所作的分析报告。

8、公司联系部门、联系人、电话、传真及通讯地址。

有些企业过去已经由省级人民政府或国务院有关企业主管部门（直属机构）出具推荐文件的，今年以来上报的文件继续有效，不需出具新的推荐文件。但省市或企业主管部门只能推荐1－2家企业。

上述文件力求简明扼要，以A4纸印刷，装订成册后，一式八份，其中四份上报国务院证券委员会，其余报送中国证监 会、国家计委、国家经贸委和国家体改委。

关于发行B股的企业在分红派息时如何确认利润分配标准的函

（1994年1月6日　　证监 函字〔1994〕1号）

深圳证券交易所、上海证券交易所：

我会上市公司部于1993年12月3日收到 深圳证券交易所来函，询问发行B股的企业在分红派息时，是否可以依照发行H股的企业以境内、外会计师审计过的两个报表中利润较低的为利润分配标准。

证监会就此问题与财政部会计事务管理司进行了磋商。现答复如下：

根据有关规定，发行H股的企业，在分红派息时，以经过注册会计师审计过的向境内、外投资人分别提供的两张利润表中利润数较低的作为利润分配标准，B股上市公司也应照此办理。

关于调整B股发行及发放股息红利所涉外汇折算率的通知

（1995年4月6日　沪证办〔1995〕019号）

各B股上市公司：

因一九九四年一月一日起我国实行新的外汇管理体制，原《上海市人民币特种股票管理办法实施细则》中，关于“B种股票在发行、交易和股息、红利发放等所涉及的外汇与人民币的折算价格，按上海外汇调剂中心公布的上一星期美元现汇交易的加权平均价计算”的规定已不符合人民币汇率并轨的要求。为此，按照外汇管理的有关新规定，现对B股发行及股息、红利发放所涉及的外汇与人民币折算率作如下调整：

一、发行价折算率按承销首日中国人民银行公布的上一个日历星期美元现汇兑人民币的中间价的平均值计算；

二、发放股息、红利折算率按股东大会决议日后的下一个营业日中国人民银行公布的美元现汇兑人民币的中间价计算。

特此通知

中国证券监督管理委员会关于严格管理B股开户问题的通知

（1996年6月28日　证监发字〔1996〕75号）

上海证券交易所、上海证券中央登记结算公司：

《国务院关于股份有限公司境内上市外资股的规定》第四条规定，境内上市外资股限于以下投资人持有：（1）外国的自然人、法人和其他组织；（2）中国香港、澳门、台湾地区的自然人、法人和其他组织；（3）定居在国外的中国公民；（4）国务院证券委员会规定的境内上市外资股其他投资人。目前市场上存在的不符合规定条件投资人开立B股帐户的情况，严重违反了国务院的上述规定和国家外汇管理制度，对B股市场的健康发展十分不利。现要求你们必须执行国家有关规定，严格禁止不符合规定条件的投资人开设B股帐户。

对已经开设的B股帐户，你们根据国家规定进行清理和规范。对不符合规定条件的B股帐户，要按国务院的规定提出处理方案，并上报中国证监会和当地人民政府，以逐步妥善解决B股帐户的遗留问题。对在B股帐户规范过程中可能引发的各种问题，要认真防范，妥善处理，及时向中国证监会和当地人民政府报告。

中国证券监督管理委员会关于严格管理B股开户问题的通知

（1996年6月28日　证监发字〔1996〕76号）

深圳证券交易所、深圳证券结算有限公司：

《国务院关于股份有限公司境内上市外资股的规定》第四条规定，境内上市外资股限于以下投资人持有：（1）外国的自然人、法人和其他组织；（2）中国香港、澳门、台湾地区的自然人、法人和其他组织；（3）定居在国外的中国公民；（4）国务院证券委员会规定的境内上市外资股其他投资人。目前市场上存在的不符合规定条件投资人开立B股帐户的情况，严重违反了国务院的上述规定和国家外汇管理制度，对B股市场的健康发展十分不利。现要求你们必须执行国家有关规定，严格禁止不符合规定条件的投资人开设B股帐户。

对已经开设的B股帐户，你们要根据国家规定进行清理和规范。对不符合规定条件的B股帐户，要按国务院的规定提出处理方案，并上报中国证监会和当地人民政府，以逐步妥善解决B股帐户的遗留问题。对在B股帐户规范过程中可能引发的各种问题，要认真防范，妥善处理，及时向中国证监会和当地人民政府报告。

关于境内上市外资股（B股）发行上市过程中有关信息披露问题处理意见的通知

（1996年7月17日　国际业务部〔1996〕1号）

上海市证券管理办公室、深圳市证券管理办公室、上海证券交易所、深圳证券交易所：

最近我们在审查境内上市外资股（B股）的发行上市过程中，遇到一些信息披露方面的问题，现将有关问题的处理意见通知如下：

一、根据中国证监会1993年发布的《公开发行股票公司信息披露实施细则（试行）》第九条的规定，发行人在股票上市前应编制上市公告书，上市公告书中披露的财务资料的有效期为180日；根据上述实施细则第十条，如股票发行结束日到挂牌交易首日之间的间隔不超过90日或招股说明书尚未失效，发行人可以只编制简要上市公告书，简要上市公告书的内容应包括《股票条例》第三十四条的部分内容，即第

(一)、(二)、(三)条的内容。

根据上述规定，在B股发行上市过程中，如B股发行人的财务会计资料已超过6个月或180天的有效期，但发行结束日距离上市首日不超过90日，发行人因编制简要上市公告书而省略的事项在该期间内没有发生重大变化，则B股发行人只须编制简要上市公告书，该简要上市公告书应该说明发行B股的招股说明书刊登的时间、报刊、版面等信息，不要求包括有效期内的财务审计资料。

二、如B股发行人在上市以前财务会计资料已超过有效期，且发行结束日距离上市交易首日的间隔也已超过90日，根据上述《股票条例》和信息披露实施细则的规定，发行人的上市公告书应该包括《股票条例》第三十四条的全部内容，即应该包括有效期内的财务会计资料及审计报告。在这种情况下，B股发行人应补充新的财务审计资料。B股发行人在补充新的财务审计资料时，应该按境内会计准则编制财务会计报表并对其进行审计，不要求按国际会计准则编表和审计。

三、由于市场变化等原因，一些B股发行人在发行准备过程中出现了财务审计报告过期的问题，并向中国证监会提出了豁免的申请。对这些问题的处理，我们将严格遵照《股票发行与交易管理暂行条例》、《国务院关于股份有限公司境内上市外资股的规定》及其实施细则的有关规定，没有特殊理由，一般不予豁免。

国务院证券委员会关于推荐B股预选企业的通知

(1997年3月10日　证委发〔1997〕13号)

国务院有关部委、有关直属机构：

为了进一步搞好B股市场，根据《国务院关于股份有限公司境内上市外资股的规定》及其实施细则的要求，现将有关推荐B股预选企业的要求通知如下：

一、申请发行B股企业的条件

发行B股的预选企业须满足《国务院关于股份有限公司境内上市外资股的规定》第八条、第九条所列的条件。

二、推荐企业的程序

申请发行B股的企业应当按行政隶属关系向国务院主管部门（直属机构）提出申请。各部门按照发行B股的条件，对企业申报的文件进行认真审查，认为条件成熟的，选择1—2家向国务院证券委推荐。

三、国务院主管部门（直属机构）在推荐企业时，应向证券委提供下列文件：

1、推荐文件；

2、公司申请文件；

3、公司符合《国务院关于股份有限公司境内上市外资股的规定》所列发行条件的说明材料和有关文件；

4、公司所募资金运用的可行性报告；

5、经具有从事证券业务资格的中国注册会计师审阅的公司前一年度资产负债表、损益表；

6、公司当年税后利润预测；

7、尚未设立公司的，发起人对拟投入公司的资产价值估算意见；

8、具有承销资格的证券经营机构就公司发行前景所作的分析报告；

9、国务院证券委需要的其它文件。

此外，材料还应附上填写好的《申请发行B股企业基本情况一览表》(见附件)。

上述文件力求简明扼要，以A4纸印刷，装订成册后，一式八份上报国务院证券委。

四、国务院证券委在接到国务院主管部门（直属机构）的推荐文件后，根据B股法规的规定和市场情况，筛选发行B股的企业并会商国务院有关部门，确定发行B股的预选企业（其中发行面值3000万美元以上的由国务院证券委报国务院审批）后，通知国务院主管部门（直属机构）及企业。企业正式接到通知后，方可开始发行B股的准备工作，并按照B股法规要求向中国证监会报送有关文件。

附件：申请发行B股企业基本情况一览表（略）

监管合作备忘录

(1993年6月19日　中国证券监督管理委员会、上海证券交易所、深圳证券交易所、香港证券及期货事务监察委员会、香港联合交易所有限公司)

一、引言

鉴于内地与香港的金融市场之间关系日趋密切，有必要建立和促进两地金融市场监管机构之间的合作，以保护投资者和维护市场稳健操作，中国证券监督管理委员会（"中国证监会"）、上海证券交易所（"上海证交所"）、深圳证券交易所（"深圳证交所"）、香港证券及期货事务监察委员会（"香港证监会"）及香港联合交易所有限公司（"香港联交所"）同意就以下方面进行合作：

(一)通过互相协助和信息交流，加强对投资者的保护，维持公平、有序、高效的证券市场；

(二)通过互相协助和信息交流，确保各方的有关法规得到遵守；

(三)通过定期联络和人员交换，促进互相磋商和合作。

二、各方职能

(一)中国证券监督管理委员会

中国证监会根据国务院国办发〔1992〕54号文件决定成立，作为国务院证券委员会对证券业进行监督、管理的执行机构，依法对证券业、证券市场进行全过程、全方位的监督、管理。其主要职责包括起草证券法规，制定其实施细则和其它有关规则；监督、管理有价证券的发行、上市和交易；监督证券经营机构、证券从业人员及从事证券业务的专业人员的业务活动；监管证券交易场所的业务活动；监管上市公司及其收购、兼并活动；监管境内企业直接或间接向境外发行股票和上市的行为，对违反证券法规的行为进行调查。

(二)上海证券交易所

上海证交所是经国务院同意设立的，不以盈利为目的，实行自律性管理的会员制事业法人。其职能包括提供证券交易的场所和设施；制定各种规则和制度；对会员进行自律性管理；组织和监督证券交易活动；审核并批准挂牌交易申请；向社会公众提供证券市场信息。

（三）深圳证券交易所

深圳证交所是经国务院同意设立的，不以盈利为目的，实行自律性管理的会员制事业法人。其职能包括提供证券交易的场所和设施；制定各种规则和制度；对会员进行自律性管理；组织和监督证券交易活动；审核并批准挂牌交易申请；向社会公众提供证券市场信息。

（四）香港证券及期货事务监察委员会

香港证监会是根据《证券及其货事务监察委员会条例》成立的监察委员会，负责监管香港的证券及期货市场。香港证监会的职能包括执行证券法规，以保护投资者、维护市场稳健操作；执行有关规定，以确保公众股东及投资者获得完整的信息披露和公平的对待；监督香港联交所的活动，以确保其以专业性态度，就所有与上市及与其会员有关的事宜，公平地执行其监管职责；监管证券商和投资顾问；促进香港的证券及期货市场的发展；鼓励香港及外地投资者增加使用上述市场。

（五）香港联合交易所有限公司

香港联交所是获得《证券交易所合并条例》认可，负责经营及维持香港股票市场的有限责任公司。与此相联系，香港联交所的职责包括依法维护市场的公平、有序、以确保通过香港联交所的证券交易符合公众利益。香港联交所是负责对上市事宜及其会员进行日常监督为一线监管机构。

三、范围

各方同意，通过本备忘录中所确立的机制，促进相互合作和信息交流，以便各方有效地依法行使其各自的职能。根据上述宗旨，特确定本备忘录的范围如下：

（一）内地或香港证券市场的证券发行人及要约人、所有上市或申请上市的公司的董事、高级管理人员、股东及公司的专业顾问，应当遵守所有有关法规，并有义务完整、准确、及时地披露与投资者有关的信息；

（二）执行有关证券及其他金融工具的发行、交易、安排、管理和咨询服务的法规；

（三）推广证券商和投资顾问的适准原则，确保证券商和投资顾问具有适当的、合乎标准的业务能力和职业道德素质，促进上述人员在其从业活动中遵循高标准的公平交易原则和职业道德准则；

（四）监督证券市场及其清算交割和登记过户活动，以及在上述活动中对有关法规的执行情况；

（五）协助调查内幕交易、操纵市场以及其他就证券交易和上市公司的活动中出现的欺诈行为，并对此采取制裁措施；

（六）人员培训和交流；

（七）各方同意的其它事项。

四、基本原则

各方将合作加强对投资者的保护，并通过相互协助和信息交流来维持公平、有序、高效的证券市场。据此，各方同意确立下述基本原则：

（一）证券交易应以公平、公开、有序、高效的方式进行；

（二）意向投资者应得到充分、准确、及时的信息，以便他们在充分知情的前提下对发行人及其发行的金融工具作出判断；

（三）上市公司应完整、准确、及时地向其股东和公众披露任何可被合理地认为可能对上市证券的市场行为或价格有实质性影响的信息；

（四）所有证券持有者均应得到公平的对待；

（五）上市公司董事的行为应符合全体股东的整体利益；

（六）欺诈投资者、压迫小股东、操纵市场和内幕交易等行为均应受到制止及依法制裁；

（七）上市公司的控股权如有改变，通常应以同等条件向该公司其余所有股东发出全面收购、兼并要约；

（八）所有证券商及投资顾问均应有充分的资金来源、符合适准原则（包括具备相关经验、资格、信誉、道德品质以及在财务上稳健可靠）并以高效、诚实和公平的态度从事其业务。

五、法律、条例及规定

各方将互相协助、交流信息，确保遵守附录一所列出的法律、条例、规定及其任何补充与修订。各方将执行各自的法律、条例、规定，并协助其它各方执行其任务。经各方同意，附录一可随时修订，而毋须各方重新签署备忘录。

六、提供协助或索取信息的要求

（一）各方可为某项要求或拟提出的要求随时接触。

（二）索取信息或提供其它方面协助的要求均须以中文或英文书面提出。遇到紧急情况时，可用概要的方式提出要求，但应在其后五个工作日内补充交正式要求。

（三）索取信息的正式要求应根据附录二填写，其内容包括：

（1）要求索取的信息内容（如有关人员身份等）；

（2）索取信息的目的（详细说明与该要求事项有关的法律或监管规定）；

（3）导致作出该索取要求的行为或涉嫌行为；

（4）提出要求一方的监管职能与上述法律或监管规定之间的联系；

（5）索取的信息与上述法律或监管规定的相关性；

（6）如可能有必要向他人披露所取得的信息，该人的身份以及向其披露的理由。

（四）收到要求的一方应对每个要求加以斟酌，以决定能否根据本备忘录的条款提供信息。如果一项要求不能被全部接受，收到要求的一方应考虑是否有可能提供任何其他相关信息。

（五）正式的书面要求必须由附录三所列联络人之一签署。

（六）各方可共同协商修订附录二表格，而毋须重新签署备忘录。

七、主动提供信息

如任何一方拥有可协助他方执行其监管职能的信息，则即使没有任何一方提出要求，拥有信息的一方也可主动自愿地提供或安排他人提供该信息。如提供信息方声明该信息系根据本备忘录提供，则本备忘录的条款将同样适用。

八、保密及信息的使用

各方提供信息或协助，其目的只在于协助本备忘录签字各方执行其监管职能。根据本备忘录所提供的协助或信息，接受方只能为执行其监管职能的目的而使用，未经提供协助或信息一方的同意，不得向任何第三方披露该协助或信息的内容。

九、磋商及定期联络

为促进相互磋商和合作，本备忘录的签字各方将视情况需要，讨论互相关注的事宜，并将各自证券市场中出现的可能影响任何他方证券市场的政策发展，通知该方。上述事宜可为具体案件，亦可为诸如下列各项之事宜：

（一）各自证券市场中察觉到的异常活动；

（二）法律、规定或操作程序的改变；

（三）对投资者投诉的解决；

（四）上市公司、证券商及投资顾问的双重管辖权问题；

（五）对本备忘录关键条文拟作出的修改；

（六）其他共同关注的事宜。

有鉴于此，各方将举行季度会议，会议将由签字各方轮流筹备和主持。

十、人员培训及交流

各方将就工作人员的培训及交流进行磋商合作。

十一、联络人员

根据第六条提出互相协助或交换信息的正式要求，应在附录三中所列的联络人之间进行。任何一方可用书面形式通知所有其他各方，对附录三所列的联络人名单作出修订。

十二、其他具体合作方面

各方将在其他具体方面进行合作，如公司信息发布在各市场之间的协调、暂停、交易、收购与合并及对金融中介机构的监管等问题。上述具体方面及操作细节载于附录四。经所有各方书面同意，附录四的内容可以扩充或修改，而毋须各方重新签署备忘录。

十三、本备忘录所用文字及生效日期

本备忘录的中、英文本具有同等效力，并自中国证监会、上海证交所、深圳证交所、香港证监会及香港联交所共同签署之日起生效。

本备忘录于一九九三年六月十九日在北京签署。

中美证券合作、磋商及技术援助的谅解备忘录

中国证券监督管理委员会（“中国证监会”）与美国证券与交易管理委员会（“美国证管会”）(以下合并简称“主管机构“）对建立和维护公开、公平、高效、健康的证券市场的目标有着一致的看法，认识到发展有效的国内法律和监管制度对于维护市场的公正性和保护投资者至关重要，确信国际合作能够促进证券市场的发展和有效运作，愿意奠定一个双方均能接受的合作与磋商的基础，据此达成下述谅解。

一般原则

一、本谅解备忘录陈述主管机构的意向，但是不构成有约束力的国际法律义务。

二、主管机构认为依据本谅解备忘录向对方提供协助是必要的和有益的。这些协助应当在主管机构所属国家的法律及各种资源条件允许的范围内提供。凡提供某项协助与主管机构所属国家的公共利益相违背的，该主管机构可以拒绝提供此项协助。

三、未明文写入本谅解备忘录的有关要求和提供协助的程序，使用信息方式的许可、保密要求和其他事宜，将采取个案方式处理。

法律实施的合作与磋商

四、主管机构特此表明其意向，彼此将向对方提供获取信息和证券材料方面的协助，以便于各自对其本国证券法规的实施。主管机构认为，这些协助对于涉及证券发行、买卖中可能存在的欺诈行为等事宜，具有特别重要的意义。凡有必要，主管机构将通过各种合理努力，取得本国其他政府部门或者机构的合作，以提供本谅解备忘录规定的各项协助。

五、主管机构确信，在与各自市场运作和保护投资者相关的所有事务上，建立一个框架以加强联络与合作是必要的和适宜的。为实现这些目标，主管机构的意向是就双方共同感兴趣的问题进行定期磋商，从而加强各自的证券市场，维护和促进这些市场的稳定、高效和公正。

六、为了进一步保证本谅解备忘录的有效执行和主管机构之间的沟通，主管机构特此指定联系人员。

技术援助

七、为了实现发展完善的证券监管机制的目标，美国证管会有意向与中国证监会探讨建立和实施一项持续的技术援助的计划，并就此向中国证监会提供咨询。在这方面，主管机构的意向是在人力物力条件许可的范围内，共同确定培训和技术援助的需要并为此工作，从而促进发展在中国境内发行、买卖证券和向境外发行证券的监管框架，其中包括：

1、保护投资者的法律、法规；

2、发行证券的标准，包括信息披露标准，会计、审计原则和标准，证券估价的方法和标准；

3、市场监督和执法机制；

4、对包括代理商、自营商和投资顾问等市场专业人员的监督制度和行为准则。

八、主管机构预期可以按照下述方式提供具体援助；

1、美国证管会在起草法律、法规方面提供协助；

2、美国证监会派其工作人员及其他有关专家来中国提供咨询并就专项课题进行集中培训；

3、在中美两国或其中一国进行证券法规的一般性培训；

4、在美国证管会及美国金融机构中为中国证监会的工作人员安排实习。

生效日期及后续谅解

九、本谅解备记录将于主管机构签字之日起生效，且将继续有效直至主管机构任何一方将其终止时失效。

十、主管机构将定期评议本谅解备忘录的执行情况，以便改进双方之间的合作。有鉴于此，一旦中国证券法正式生效，主管机构将考虑是否对本备忘录进行补充或者替代。

本谅解备忘录于1994年4月28日在北京签订，一式两份，每份均用中文和英文写成，两种文本同等作准。

关于公开发行股票公司国有资产折股等问题的复函

(1993年8月13日　　国资企函发〔1993〕94号)

中国证券监督管理委员会：

你会《关于公开发行股票公司国有资产折股等问题的函》(证监函字〔1993〕46号）收悉。应你会要求，现函复如下。

一、国有企业整体改组为公众股份有限公司的，须先进行资产评估并经过确认。在募集新股之前，应以调整过的企业帐面净资产值折为原国有股东的股本。如果不全部折股，所余部分净资产应计入资本公积金，不得以任何形式将资本（净资产）转为负债。

折股比率（股本/净资产）和折股倍数（净资产/股本）是否恰当，须与预计的募股发行方案和发行价格一并审查。即新股发行溢价倍率(股票发行价格/股票面值）应不低于折股倍数，否则原国有股东的帐面净资产值得不到完整体现。

除此之外，新股溢价发行价格还应力争进一步提高，以反映企业的实际经济价值（取决于企业的未来收益能力和发展前景）高于其帐面净资产值的情况以及股票市场供求关系等因素的影响，从而更充分地实现原国有股东股权的价值。

地方国有企业股份制改组的折股方案等国有股权管理事项，应由同级或上级国有资产管理部门审查批准。具体审批程序由地方人民政府决定。推荐上市的地方试点企业，上述事项需经省、自治区、直辖市一级国有资产管理部门审批或复审。列入国家股份制试点和直接在境外公开发行股票并上市交易的地方国有企业，上述事项需经国家国有资产管理局复审。

中央国有企业整体改组为公众股份有限公司的，其折股方案等国有股权管理事项，须由国家国有资产管理局提出审查意见。

二、转让国有企业产权或股份企业的国家股权，须明确股权（产

权）性质，转让行为主体（即所有权管理主体或行使单位）、转让原因和目的、转让数量、转让收入的处置、转让对象、转让价格和条件等，经过批准后单独实施。不得在国有企业改组为股份、有限公司或定向募集公司转为社会募集公司的同时，将股权（产权）转让与改组、转制混在一起进行。

在股份制改组之前，转让国有企业产权应按照出售或划转国有企业产权的有关规定办理。在定向募集公司转为社会募集公司之前，转让国家股权就按照有限责任公司或股份有限公司股东转让股权的规定办理。上市交易的社会募集公司国家股股票的转让，须按照国家规定经过有关部门审批；在相应的规定颁布前，除非特别批准，一般不宜进行这类股权转让。

转让国家产权或股权涉及到 国家必须控制的行业和企业时，应考虑转让对股权结构和国家控股地位的影响。

转让国家产权或股权应区分地方企业和中央企业，区分不同情况，分别由地方政府、主管部门、国有资产管理部门、体改部门或会同其他有关部门审批，由国有企业所有权行使单位或国家股持股单位实施。

三、国家在哪些股份有限公司中必须拥有控股地位，目前尚无全面、具体的规定，可以暂按股份制试点的有关规定精神执行。但是，对某个行业的控制要求，并不等于对该行业每个企业的控股要求。

绝对控股地位是指国家持股比例达到51%以上，相对控股地位是指国家持股比例低于 51%高于 35%，由于股权分散，其他股东持股比例更低，因而国家股具有实际控制权和影响力。

上述控股地位，专指国家股而言，一般不应将各个不同国有法人单位或公有法人单位的股份合并计算，因为这些法人股东难以协调一致地对股份公司实施控制，合并计算没有意义。如果合并计算，须同时规定各国有法人股和公有法人股统一股权管理的具体办法。

关于公开发行上市股票股份制试点企业资产评估立项、确认问题的通知

（1993 年 8 月 24 日　国资办发〔1993〕41 号）

国务院各部委、各直属机构，各省、自治区、直辖市和计划单列市国有资产管理局（办公室、处）：

为贯彻国务院《关于进一步加强证券市场宏观管理的通知》（国发〔1992〕68 号）和国家国有资产管理局、中国证券监督管理委员会《关于从事证券业务的资产评估机构资格确认的规定》（国资办发〔1993〕12 号文件的精神，加强对证券业资产评估的规范管理，保证资产评估质量，按照《国有资产评估管理办法》和《国有资产评估管理办法施行细则》的有关规定，现对公开发行上市股票的股份制试点企业资产评估立项、确认等有关问题通知如下：

一、凡经批准进行股份制试点公开发行上市股票的企业，资产评估立项工作，中央企业须经主管部门签署意见后报国家国有资产管理局办理；地方企业须经省、自治区、直辖市和计划单列市国有资产管理部门审查后报国家国有资产管理局办理。

上述地方企业在本通知发布前已经在地方国有资产管理部门办理评估立项的，可不再补办，但须抄报国家国有资产管理局备案。

二、上述企业资产评估报告的审核、确认工作，中央企业经主管部门签署意见后报国家国有资产管理局办理；地方企业由省、自治区、直辖市和计划单列市国有资产管理部门初审后，报国家国有资产管理局审定。

上述地方企业通知发布前，资产评估报告已经由地方国有资产管理部门审核、确认、但股份制企业尚未正式成立的，资产评估报告仍须报我局审定。

关于对上市公司国家股配股及股权转让等有关问题的通知

（1994 年 12 月 1 日　　国资企发〔1994〕91 号）

国务院各部委、各直属机构，各省、自治区、直辖市和计划单列市国有资产管理局（办公室、处）：

为规范上市公司国家股权管理，维护国家股权益，经商中国证监会，现对上市公司的国家股配股、股权转让等有关问题通知如下：

一、国家股持股单位（含受托行使国家股权单位，下同）在处理上市公司配股时应严格按照国资企发〔1994〕12 号文件规定执行，正确、有效行使股权。在股东大会决定配股事宜时，切实维护国家股利益，不得盲目赞成配股。同时具备以下条件可赞成配股：第一，股份公司确需筹集资金；第二，筹资最佳途径为增加股本；第三，保持现有股权比例不被稀释；第四，国家股股东有能力追加股本投资。如国家股持股单位所持股份在股份公司中不占控股地位，无力阻止配股的，应设法购买配股或有偿转让配股权，不得放弃配股权。

二、转让上市公司国家股配股权或者以其他方式单方减少国家股份数量和比例，须在公司董事会或国家股持股单位拟定初步方案后，由国家股持股单位向初审及复审部门事先报送转让配股权、减少国家股份数量和比例的理由等有关说明材料。

三、国家股权由地方有关部门、单位持有的，国家股持股单位向省、自治区、直辖市、计划单列市国有资产管理部门报告，并由其初审后，报国家国有资产管理局复审；国家股权由中央有关部门、机构持有的，国家股持股单位报国家国有资产管理局审核。

凡是涉及到上述情况的，国家国有资产管理局的复审及审核文件是证券监管部门复审配股和上市公司编制股份变动报告的必备文件。

关于对公开发行股票公司进行辅导的通知

（1995年9月5日　　证监发字〔1995〕138号）

各省、自治区、直辖市、计划单列市证券管理部门，中央有关部门：

为了保证公开发行股票公司按照《中华人民共和国公司法》（以下简称《公司法》和《股票发行与交易管理暂行条例》（以下简称《股票条例》）的规定，建立规范的组织制度和运行机制，促进上市公司转换经营机制，提高上市公司的质量，现就有关辅导事宜通知如下：

一、取得国家股票发行计划额度的公司（以下简称“公司”），在其股票发行与上市过程中，应聘请承销机构进行辅导工作，并在签定承销协议的同时签订辅导协议。

二、辅导期自公司与证券经营机构签订证券承销协议和辅导协议起，至公司股票上市后一年止。辅导期包括承销过程的辅导和上市后的持续辅导两个阶段。

三、辅导业务是承销和上市推荐业务的一项重要内容。承销机构（包括上市推荐人）应当为企业制定辅导计划。公司辅导计划包括辅导的目的、内容、方式、步骤、要求。

四、承销过程的辅导内容主要包括：

（一）对公司发起人的高级管理人员和拟担任公司高级职务的人员进行培训。培训的内容包括《公司法》、证券法规中有关上述人员责任义务的条款及与发行和上市有关的证券知识、法律、法规和政策等。

（二）协助公司进行资产重组，界定产权关系；

（三）按照《公司法》制定公司章程，建立规范的组织机构；

（四）协助公司进行帐务调整，执行股份制企业会计制度；

（五）制定筹措资金的使用计划；

（六）协调各中介机构，制作规范的股票发行申报材料；

（七）其它相关的辅导内容。

五、上市持续辅导阶段应帮助公司及其高级管理人员做好以下工作：

（一）督促公司严格执行《公司法》、公司章程，保证股东大会、董事会、监事会等依法履行职责。

（二）严格按照上市公司信息披露的要求披露信息。

（三）按发行募集计划合理地运用资金。

（四）制定规范的财务管理制度，严格执行国家财务管理法规，按照上市公司利润分配的有关规定分配股利。

（五）编制年度财务报告、中期财务报告。

（六）完善内部监督机制，建立内部控制制度。

（七）切实保护中小股东的利益。

（八）制定董事、监事及高级管理人员切实履行诚信义务的办法。

（九）严格按照《股票条例》有关上市公司的股票交易规定运作。

（十）其他有关需要辅导的内容。

六、辅导机构应当将辅导计划报地方证券管理部门或中央企业主管部门备案后实施，并定期将辅导工作进展情况报地方证券管理部门或中央企业主管部门。

七、辅导机构在辅导工作中，应当制作工作底稿；分阶段辅导结束后，应当出具各阶段辅导工作报告。地方证券管理部门或中央企业主管部门对辅导工作进行评价验收，并出具验收报告。

承销过程辅导工作报告和验收报告作为公司申请股票发行和上市的必备文件，与《企业公开发行股票申报材料》一并报中国证监会。如特殊情况，经证监会批准，可以在股票发行上市后报告。

八、为保证辅导工作顺利进行，辅导期内，辅导机构指定的辅导人员有权查阅股东会、董事会、监事会会议记录，并视会议内容有权列席相关的股东会、董事会、监事会会议。

辅导机构辅导人员视为内幕人员，负有保密义务，并在买卖本公司股票时受同等限制。

九、辅导工作是承销活动的一项内容，承销机构不得在证监会规定的承销收费之外另行收取辅导费。

十、在公司辅导结束后，各地方证券管理部门或中央企业主管部门要对辅导机构的辅导能力和辅导效果进行鉴定，并报证监会备案。对不称职的辅导机构，证监会将视情节轻重决定给予警告、暂停直至撤消承销和辅导资格的处罚。

关于上市辅导机构资格审查及有关问题的通知

（1994年7月18日　　证监发字〔1994〕101号）

各证券经营机构：

建立公开发行股票公司上市辅导制度是促进我国证券市场健康发展的重要措施，是完善证券经营机构股票承销行为的一项重要内容。为使上市辅导制度得到的有效贯彻，根据《国务院证券委员会第四次全体会议纪要》的精神，现将有关规定和要求通知如下：

一、上市辅导机构由符合本通知规定条件的证券经营机构担任。

二、为了确保辅导机构的辅导能力和辅导质量，证监会将按照本通知的规定，对申请从事上市辅导业务的证券经营机构进行资格审查，并对获取资格的机构每年进行复审。

三、拟申请辅导资格的证券经营机构应当认真学习证监会下发的公开发行股票公司上市辅导办法等有关辅导制度的法规和文件，制定内部辅导操作规则，充实具有辅导能力和经验的人员，并有效地开展辅导业务培训。

四、证券经营机构取得辅导资格后，为加强其上市辅导力量，可以自身的名义聘请具有辅导资格的承销团成员或具有从事证券相关业务资格的专业性中介机构帮助其进行上市辅导。

五、申请上市辅导资格的证券经营机构应当具备以下条件：

1.是合法证券经营机构；

2.符合证监机字〔1993〕45号文件第四条第1、2、3、4、项规定；

3.具有三年以上代理发行证券的业绩，或者具有一年以上代理发行股票的业绩并担任过主承销；

4.具有专职从事上市辅导业务的人员，这些人员应当符合以下条件：

（1）人数不少于五名；

（2）具有中级以上会计类专业技术职务资格、中级以上经济类专业技术职务资格和律师资格的三类人员的比例为2:2:1；

（3）具有三年以上的证券从业经历，其中包括一年以上直接从事股票发行工作的经历；

5. 制定了开展上市辅导业务的内部操作规则；

6. 最近三年中没有因违反国家有关证券市场的管理法规而受到通报批评以上的处罚；

7. 认真执行证监会下发的各项规章和文件；

8. 证监会规定的其他条件。

六、申请辅导资格的证券经营机构应当如实向证监会报送以下文件资料：

1. 申请书；

2. 人民银行批准设立机构的文件和《经营金融业务许可证》副本；

3. 人民银行核准的机构章程；

4. 工商局颁发的《营业执照》副本；

5. 公司内部的上市辅导操作规则；

6. 专职辅导人员的资历证明及有关材料，包括学历证明文件、专业技术职务资格证书、工作经历和主要工作成绩；

7. 证监会要求报送的其他文件资料。

七、经证监会审查确认辅导资格并发给批复文件的证券经营机构，方可对发行公司进行辅导。

八、已取得辅导资格的证券经营机构如要求保持其辅导资格，应当在前次被确认辅导资格的一年后，向证监会提出申请并报送以往辅导业绩报告和证监会要求的有关文件，经证监会复审并发给批复文件后，方可继续从事上市辅导业务。

九、取得辅导资格的证券经营机构应当严格执行《中华人民共和国公司法》、《股票发行与交易管理暂行条例》及证监会下发的公开发行股票公司上市辅导办法等有关法律和规章，遵守职业道德，同时应当与公司为发行股票所聘请的各专业性中介机构加强配合。

十、辅导机构同时对几个公司进行辅导时，符合本通知第五条第4项要求、进驻公司的专职辅导人员在每家公司的数量不得少于二名。“同时”是指不同公司的辅导期在时间上相互重叠或者交叉。

十一、公司的辅导机构原则上应当与代理该公司发行股票的主承销商为同一证券经营机构。

当主承销商承销异地公司股票时，可以委托承销团中的发行人所在地的具有上市辅导资格的证券经营机构代行辅导业务，但有关责任仍由该主承销商承担。

十二、上市辅导是承销活动的一项内容，承销机构不得在证监会证监机字〔1993〕8号文规定的承销收费限度之外另外收取辅导费。遇有前条第二款所列情况时，应当由主承销商从自身的承销收费中向接受辅导委托的证券经营机构支付与上市辅导活动直接相关的各项费用。

十三、辅导机构以自身名义聘请有辅导资格的承销团成员或者专业性中介机构帮助其进行上市辅导时，如何支付报酬由双方协商，但不得为此目的以任何名义向发行人另行收费或将有关费用计入发行成本。

十四、证监会依照有关法规和本通知的要求，可以随时派人或者聘请专业性中介机构对辅导机构的辅导情况进行检查。

十五、证券经营机构申请辅导资格的材料中有严重失实或重大遗漏的，或者不按证监会下发的公开发行股票公司上市辅导办法进行上市辅导作业的，或者有违背本通知要求的行为和其他违法、违规行为的，证监会将视情节给予处罚。

中国证券监督管理委员会
关于上市公司根据《公司法》配套行政法规和文件的规定修改公司章程的函

（1994年4月7日　证监函字〔1994〕14号）

各省、自治区、直辖市、计划单列市人民政府证券主管部门：

最近，我会收到一些上市公司的来函，询问公司在《公司法》实施之前召开股东大会，是否应当依照《公司法》修订公司章程。经研究，现通知如下：

1、上市公司（指其股票在境内、外交易场所挂牌交易的股份有限公司）在《公司法》实施前，继续执行《股份公司规范意见》、《关于到香港上市的公司执行<股份有限公司规范意见>的补充规定》及其他有关规定，无需在本次股东年会上修订公司章程。

2、《公司法》第229条规定：“本法施行前依照法律、行政法规、地方性法规和国务院有关主管部门制定的《有限责任公司规范意见》、《股份有限公司规范意见》登记成立的公司，继续保留，其中不完全具备本法规定的条件的，应当在规定的限期内达到本法规定的条件。具体实施办法，由国务院另行规定”。根据该条规定，国务院有关部门将制定具体规定，对上市公司进行规范并对修改公司章程事宜提出具体指导意见。《公司法》实施后，上市公司应当根据国务院有关部门的具体规定，完成由现行规定向《公司法》的过渡。上市公司一般应当在《公司法》生效后的第一次股东年会上修改公司章程。

中国证券监督管理委员会
关于规范上市公司行为若干问题的通知

（1996年7月24日　证监上字〔1996〕7号）

各省、自治区、直辖市、计划单列市证管办（证监会）、上海证券交易所、深圳证券交易所、各上市公司：

为了进一步规范上市公司的行为，维护证券市场的正常秩序，保护投资者的合法权益，现就有关问题通知如下：

一、上市公司确须进行中期分红派息的，其分配主案必须在中期财务报告经过具有从事证券会计业务资格的会计师事务所审计后制定；公布中期分配方案的日期不得先于上市公司中期报告的公布日期；中期分配方案经股东大会批准后，公司董事会应当在股东大会召开后两个月内完成股利（或股份）的派发事项。已发行境外上市外资股的上市公司，其中期分红派息事宜按其公司章程的规定办理。

二、上市公司董事会必须遵照《公司法》第一百三十条关于同股同权、同股同利和《股票发行与交易管理暂行条例》第四条关于股票的发行与交易应当保障国有资产不受侵害的规定，制定公平的分配方案，不得向一部分股东派发现金红利而向其他股东派发股票红利。

三、上市公司制定配股方案同时制定分红送股方案的，不得以配股作为分红送股的先决条件。

四、上市公司的送股方案必须将以利润派送红股和以公积金转为股本予以明确区分，并在股东大会上分别作出决议，分项披露，不得将二者均表述为送红股。

五、上市公司应当密切注意新闻媒介涉及本公司的报道，对已报道的属本公司确须履行信息披露义务的事项，应当及时报告并公告；对报道中与本公司发生的事项不完全相符的，应当及时澄清；对无中生有、捏造事实的报道，应当立即公告说明。证券交易所应督促上市公司履行上述义务。

六、上市公司涉及公司股份变动的行为，如上市公司与非上市公司合并以及上市公司进行股票面值拆细等，应按照“先立法、后试点”的原则进行，在国家有关管理办法出台前，不得擅自行动。

请各地证管办（证监会）督促本地区的上市公司认真执行上述规定；证券交易所和证券登记公司不得为违反上述规定的上市公司办理有关登记、过户和信息披露事宜。对违反本通知规定的上市公司，中国证监会将不受理其配股申请或其他须报中国证监会审批的事项；情节严重的，中国证监会将按照《股票发行与交易管理暂行条例》的有关规定予以处罚。

关于从事证券法律业务律师及律师事务所资格确认的暂行规定

（1993年1月12日司法部、中国证监会发布）

第一条 为保证国家法规的切实施行，保护投资人的合法权益和社会公众的基本利益，特制定本规定。

第二条 凡从事证券法律业务的律师事务所和律师，除必须符合《中华人民共和国律师暂行条例》和国家有关律师事务所、律师资格的规定外，还必须符合本规定。

第三条 本规定所指的从事证券法律业务是指为发行和交易证券的企业、机构和场所所作的各种证券及相关业务出具有关法律意见书，审查、修改、制作各种有关法律文件等活动。

第四条 凡欲从事证券法律业务的律师，应由本人提出申请，省、自治区、直辖市司法厅（局）审核报司法部，经司法部会同中国证券监督管理委员会（以下简称证监会）批准并发给从事证券法律业务的资格证书。

申请从事证券法律业务的律师应符合以下条件：

1、有三年以上从事经济、民事法律业务的经验，熟悉证券法律业务；或有两年以上从事证券法律业务、研究、教学工作经验；

2、有良好的职业道德，在以往三年内没有受过纪律处分；

3. 经过司法部、证监会或司法部、证监会指定或委托的培训机构举办的专门业务培训并考核合格（培训和考核规定另行制定）。

第五条 从事证券法律业务的律师事务所，必须有三名以上（含本数，下同）取得从事证券法律业务资格证书的专职律师。由律师事务所申请，省、自治区、直辖市司法厅（局）审核报司法部，经司法部会同证监会审核批准并发给从事证券法律业务许可证。

申请报告一式三份，应当包括以下内容：

1. 申请单位的名称、地址、主管部门；

2. 法定代表人姓名、职务；

3. 登记注册文件复印件；

4. 专业人员人数及结构；

5. 主要业务范围；

6. 专业人员持有股票的详细情况；

7. 三名以上取得从事证券法律业务资格证书的律师的简历及资格证书复印件；

8. 司法部和证监会认为需要提供的其他文件。

第六条 具有从事证券法律业务许可证的律师事务所，必须根据规定提取职业责任风险准备金或者购买职业责任保险，职业责任风险准备金的年度的提取比例不低于从事证券法律业务净收入的10%。有关购买的规定另行制定。

第七条 向证监会及公众提供有虚假、误导内容或重大遗漏的法律文件（包括法律意见书）且拒不纠正的律师，由证监会会同司法部吊销该律师从事证券法律业务资格证书或停止其一年至三年从事该业务的资格。

当律师事务所在具有从事证券法律业务资格证书的专职律师因调离、吊销资格证书或停止从业资格等原因不满三名时，应及时向司法部和证监会报告。司法部与证监会有权要求该律师事务所在具有从事证券法律业务资格证书的专职律师增至三名以上之前停止从事证券法律业务。

第八条 司法部、证监会应当对从事证券法律业务的律师事务所及律师的活动进行监督。

第九条 凡协助中国企业到境外发行股票和股票上市交易的外国律师事务所必须向司法部、证监会备案，提交该律师事务所的主要情况。司法部、证监会审核认可后予以公布。已获得认可的外国律师事务所每年须重新申报一次。

第十条 本规定由司法部同证监会负责解释。

第十一条 本规定自发布之日起施行。

关于从事证券业务的会计师事务所注册会计师资格确认的规定

（1993年2月23日财政部、中国证监会发布）

第一条 根据国务院《关于进一步加强证券市场宏观管理的通知》的规定，财政部和中国证券管理委员会（以下简称“证监会”）对从事证券业务的会计师事务所和注册会计师的执业资格进行审核确认，并对取得资格的会计师事务所和注册会计师在执行上述业务时进行监督。

本规定所述证券业务，是指对公开发行和交易股票的企业、机构和场所进行财务审计、咨询及其他相关的专业服务。

第二条 从事证券业务的会计师事务所必须符合下列条件：

1. 从事财务审计、咨询及其他相关的专业服务的会计师事务所，应依法批准成立已达三年，经登记取得法人资格，内部机构及管理制度比较健全。

对由于合资、合作、合并、改组、重建、另建等原因成立时间不足三年的会计师事务所，经财政部和证监会确认，符合本条其他各项要求的，可作为例外情况处理。

2. 专职从业人员少于30人，至少有8名具有3年以上财务审计工作经验的专职注册会计师，其中专职注册会计师职龄人员（男60岁以下，女55岁以下）应至少在50%以上。目前达不到这个比例的，应在1994年3月31日前达到。同时还应具有相应的专业水平的业务助理人员。

3. 从事证券业务的注册会计师必须具备必要的证券、金融、法律等有关知识。其中，执行国内发行B股和境外股票上市业务的注册会计师和助理人员，必须具有一定的外语水平。

4. 具有良好的职业道德和声誉。在以往3年内没有发生过严重工作失误和违反职业道德的行为。

5. 必须根据规定向有关机构购买职业责任保险或事业发展基金不少于50万元、风险准备基金不少于10万元，并自取得从事证券业务资格之年起，每年从业务收入中计提4%以上的风险准备金。

第三条 凡申请许可证的会计师事务所和注册会计师，须向财政部和证监会提交下列资料：

1.《会计师事务所从事证券业务许可证申请表》；

2.《注册会计师从事证券业务许可证申请表》；

3.《会计师事务所从事证券业务助理人员情况呈报表》；

4.《会计师事务所从事证券业务其他专家和技术人员情况呈报表》；

5.《执行证券业务专业人员持有股票情况呈报表》；

6. 职业责任保险或事业发展基金及风险准备基金情况；

7. 会计师事务所的审计工作程序样本、工作底稿及编制说明材料；

8. 会计师事务所从事证券业务职业道德和工作纪律的保证书；

9. 会计师事务所认为应当申报或财政部与证监会认为需要了解的其他情况。

第四条 所有会计师事务所均可根据上述规定，向所在的省、自治区、直辖市的财政主管机关提出从事证券业务的书面申请，并提交本规定第三条所列资料一式两份。经财政主管机关审查属实并签章后，连同会计师事务所呈报的资料分别报财政部和证监会，由财政部会同证监会共同审定其执业资格。

第五条 财政部和证监会在收到申请材料后，应对会计师事务所的工作程序、工作底稿、客户资料、专业人员从业资格、财务状况、职业责任保险或事业发展基金及风险准备基金等进行审核。符合条件者，财政部会同证监会联合颁发从事证券业务许可证，并予以公布。审核工作按照公正、公开的原则进行。

经审核不符合标准，不予批准者，财政部或证监会应当向申请人说明原因。

财政部和证监会收到申请材料60天之内未提出意见者，视为不予批准。申请人可向国务院证券委员会提出申诉。

第六条 未经批准，没有取得许可证的会计师事务所和注册会计师以及其他机构和人员不得从事证券业务。公开发行与交易股票的企业、机构和场所聘请没有取得许可证的会计师事务所所进行的财务和编报的财会资料，一律无效。

第七条 根据《注册会计师执行股份制试点企业有关业务的暂行规定》，经财政部批准，已取得执行股份制试点企业社会募集公司业务许可证的会计师事务所和注册会计师，应向财政部和证监会补充提交本规定第三条第5、6、7款所要求的资料，并由财政部会同证监会进行复核。

第八条 取得从事证券业务许可证的会计师事务所，应于每个会计年度结束后90日内，向财政部和证监会报送上一年度从事证券业务情况、专业人员培训情况等资料以及自上一次报送资料后发生变化的有关会计师事务所和注册会计师的最新资料，供财政部和证监会对其资格重新进行确认。

第九条 来我国协助境内企业到境外发行股票和股票上市交易的境外注册会计师，必须属于中国境内设有常驻代表机构的国际会计公司在境外的会计师事务所。

执行本条第一款业务的境外注册会计师由财政部归口管理，并向财政部和证监会备案及提交该事务所主要情况的有关资料，经财政部和证监会审核认可予以公布。已获得认可的外国会计师事务所每年需向财政部和证监会重新申报一次。

第十条 会计师事务所在对发行与交易证券的企业、机构和场所进行财务审计时，必须严格执行财政部和注册会计师协会制定发布的有关规定、规则和程序。这些规定、规则和程序目前是指：

1.《注册会计师检查验证会计报表规则》；

2.《注册会计师查帐验证工作底稿规则》；

3.《注册会计师查帐验证报告规则》；

4.《注册会计师查帐验证计划规则》；

5.《注册会计师验资规则》；

6.《注册会计师管理建议书规则》；

7.《中国注册会计师职业道德守则》。

会计师事务所出具的专业报告、意见书的格式与内容，必须符合财政部和证监会的规定与要求。

第十一条 取得许可证的会计师事务所和注册会计师，必须严格执行有关证券和证券市场、会计、财务审计、注册会计师的有关法律、法规及专业准则。在该会计师事务所执业的专业人员每年必须按照《注册会计师教育要求和培训制度》的规定继续接受有关的专业培训。

第十二条 公开发行与交易证券的企业、机构和场所，有权自行选择取得许可证的会计师事务所和注册会计师提供服务，任何政府机关、部门不得干预。

第十三条 已取得许可证的会计师事务所在出现达不到本规定第二条各项要求的情况时，在不严格执行本规定第十条的专业规定、规则和程序时，在发生违背职业道德的行为时，在不按时报送本规定第八条所要求提供的资料时，或根据会计师事务所自身的请求，财政部可会同证监会吊销其从事证券业务的许可证。

第十四条 取得许可证的会计师事务所和注册会计师在从事证券业务时，接受财政部和证监会的监督。会计师事务所及其专业人员在执行上述业务时出现重大疏漏、严重误导、欺诈舞弊以及其他违反证券和证券市场有关法规的行为时，证监会可建议财政部予以处罚，亦可吊销其从事证券业务许可证，并予以公布。

第十五条 本规定由财政部会同证监会负责解释。

第十六条 本规定自公布之日起生效。其他有关规定凡与本规定不符的，依本规定执行。

关于从事证券业务的
资产评估机构资格确认的规定

(1993年3月20日国家国资局、中国证监会发布)

第一条 为了适应证券市场发展的需要，加强对从事证券业务的资产评估机构的管理，根据国务院第91号令《国有资产评估管理办法》及国务院《关于进一步加强证券市场宏观管理的通知》(国发〔1992〕68号)的规定，特制定本办法。

第二条 本办法所说的证券业务，是指对股票公开发行、上市交易的企业资产进行评估和开展与证券业务有关的资产评估业务。

第三条 申请从事证券业务资产评估的机构必须具备以下基本条件：

1. 必须是已取得省级以上国有资产管理部门（或受托的计划单列市国有资产管理部门）授予正式资产评估资格的评估机构。兼营评估业务的机构必须设有独立的资产评估业务部门。

2. 在具备正式资格的资产评估机构中，必须是业务水平高、职业道德好、社会信誉高并拥有丰富评估经验的机构，以往没有发生过明显工作失误或违反职业道德的行为。

3. 评估机构中的专职人员不得少于10人，其中职龄人员（非离退休人员）不得少于5人。专职人员超过17人的评估机构，其中职龄人员所占比例不少于三分之一。

4. 评估机构中的专职人员必须具有较高的资产评估水平、经验和技能，并具有较丰富的证券业务及相关金融、法律、经济方面的知识，其中骨干人员参加过股份制改造的资产评估工作。

5. 评估机构的实有资本金不得少于30万元人民币，风险准备金不得少于5万元人民币，自取得从事证券业务资格之年起，每年从业务收入中计提不少于4%的风险准备金。

第四条 申请从事证券业务的资产评估机构，需呈报以下资料：

1. 资产评估机构从事证券业务许可证申请表；
2. 资产评估机构从事证券业务专业人员持有股票情况呈报表；
3. 能够代表该机构水平的资产评估报告书二份；
4. 实有资本金和风险准备金情况证明文件；
5. 资产评估机构从事证券业务遵守职业道德和工作纪律的保证书；
6. 国家国有资产管理局与中国证券监督管理委员会认为需要了解的其他有关材料。

第五条 申请从事证券业务的资产评估机构持本办法第四条所列资料一式二份；首先向所在省、自治区、直辖市（或受托的计划单列市）的国有资产管理部门提出申请，经审查同意并签章后，上报国家国有资产管理局进行审核。中央所属欲从事证券业务资产评估的机构直接向国家国有资产管理局申请，并由国家国有资产管理局进行审核。审核工作按照公平、公开的原则进行。

国家国有资产管理局审核同意后会同证监会对申请机构的证券评估资格进行联合确认，并由国家国有资产管理局和证监会联合颁发证券业务资产评估许可证，同时向社会公告。

第六条 境外及外国的资产评估机构，欲在中国境内从事证券业务资产评估或为协助境内企业到境外发行、交易证券而对境内企业进行资产评估的，需先向国家国有资产管理局提出申请，提交该评估机构主要情况的资料，由国家国有资产管理局进行审核，同意后会同证监会确认。经确认后，方可接受委托，从事证券业项目的资产评估。

第七条 获得证券业务资产评估许可证的国内资产评估机构（包括中外合资评估机构），每个会计年度结束后90日内，需向国家国有资产管理局和证监会报送其上个年度从事证券业务情况、专业人员培训情况、国有资产管理部门年检结论以及资产评估机构变化的其它有关资料，由国家国有资产管理局会同证监会重新确认其证券业评估资格。

第八条 股票公开发行与上市交易的企业，有权自己选择已取得证券业务资产评估许可证的机构进行评估，任何部门不得进行干预。

没有取得证券业务资产评估许可证的专业资产评估机构和兼营资产评估业务的其它机构，不得从事证券业资产评估业务。

对同一股票公开发行、上市交易的企业，其财务审计与资产评估工作不得由同一机构承担，以利于股票发行的公正性。

第九条 取得证券业务资产评估许可证的评估机构，必须严格执行有关证券和证券市场、资产评估方面的法律、法规、业务准则。在该机构执业的专业人员每年必须接受不少于一周的专业培训。

第十条 资产评估机构在从事证券业务时，必须接受国家国有资产管理局和证监会的监督。资产评估机构及其人员在执行上述业务时出现重大疏漏、严重误导、弄虚作假及其它违反职业道德、工作纪律和证券市场有关法规的行为时，证监会可建议国家国有资产管理局予以处罚，情节严重的可由审定方吊销其资产评估许可证，直至追究经济和法律责任。

第十一条 本办法由国家国有资产管理局和证监会负责解释。

第十二条 本规定自发布之日起执行。

关于从事证券业务的审计事务所
资格确认有关问题的通知

(1993年3月23日审计署、中国证监会发布)

各省、自治区、直辖市审计局：

根据国务院《关于进一步加强证券市场宏观管理的通知》，现将审计事务所从事证券业务有关问题通知如下：

一、从事证券业务的审计事务所资格由审计署和中国证券监督管理委员会（以下简称证监会）审核确认，并对其进行监督。

二、申请从事证券业务的审计事务所向所在省、自治区、直辖市主管审计机关提出书面申请，提交有关资料一式两份，经主管审计机关审查属实签章，报审计署和证监会审查批准。符合条件者，审计署同证监会联合颁发从事证券业务许可证，并予以公布。审核工作按照公正、公开的原则进行。

三、从事证券业务的审计事务所及其注册审计师的资格条件、申报资料、工作内容和权利、义务，均比照《关于从事证券业务的会计师事务所、注册会计师资格确认的规定》（以下简称《资格确认的规定》执行。申报所用的具体表格由审计署、证监会制发。

四、审计事务所在对发行与交易证券的企业、机构和场所进行财务审计时，应按照《资格确认的规定》和有关社会审计工作的法规、规章的要求办理。

五、从事证券业务时，注册审计师称注册会计师，审计事务所称会计师事务所。有关事宜由审计署与财政部协商确定。

六、对本通知的执行过程中遇到的问题，审计事务所和各省、自治区、直辖市审计机关可向审计署、证监会反映。

附：财政部、中国证券监督管理委员会《关于印发（关于从事证券业务的会计师事务所、注册会计师资格确认的规定）的通知》（略）

中国证券监督管理委员会
关于严禁操纵证券市场行为的通知

（1996年10月31日　　证监〔1996〕7号）

各省、自治区、直辖市及计划单列市证管办（证监会），上海证券交易所、深圳证券交易所，上海证券中央登记结算公司、深圳证券结算有限公司，各上市公司，各证券经营机构：

近一时期，证券市场上出现了若干制造和传播虚假信息、恶炒个别股票等操纵市场的现象，严重影响了证券市场的健康发展，为了保护投资者的合法权益，促进证券市场健康发展，根据国家有关法律、法规，现将严禁操纵市场行为的有关问题通知如下：

一、禁止任何单位和个人以获取利益或者减少损失为目的，利用其资金、信息等优势操纵市场，影响证券市场价格，诱导投资者在不了解事实真相的情况下作出证券投资决定，扰乱证券市场秩序。操纵市场行为包括：

1. 通过合谋或者集中资金操纵证券市场价格；
2. 以散布谣言、传播虚假信息等手段影响证券发行、交易；
3. 为制造证券的虚假价格，与他人串通、进行不转移证券所有权的虚买虚卖；
4. 以自己的不同帐户在相同的时间内进行价格和数量相近、方向相反的交易；
5. 出售或者要约出售其并不持有的证券，扰乱证券市场秩序；
6. 以抬高或者压低证券交易价格为目的，连续交易某种证券；
7. 利用职务便利，人为地压低或者抬高证券价格；
8. 证券投资咨询机构及股评人士利用媒介及其他传播手段制造和传播虚假信息，扰乱市场正常运行；
9. 上市公司买卖或与他人串通买卖本公司的股票；
10. 中国证监会认定的其他操纵市场的行为。

二、严禁任何单位以个人名义在证券交易登记机构开设股票帐户。已经开设的，必须立即纠正。证券交易所和登记结算公司要采取有效措施，进行督促与检查，并将纠正和检查的结果于11月底前报告中国证监会。

三、证券交易所要加强对股价异常变动的股票的监控，及时查处操纵市场的行为，并向中国证监会报告。

四、各地方证管办（证监会）要按照中国证监会证监发字〔1996〕48号《关于授权地方证券、期货监管部门行使部分监管职责的决定》的要求，切实加强对本地区上市公司、证券经营机构、证券投资咨询与信息机构的监管，对上述机构利用制造、传播虚假信息和其他手段操纵市场的行为，要严肃查处，并将情况及时报告中国证监会。

五、各地方证管办（证监会）要按照中国证监会证监发字〔1996〕64号《关于加强对地方报刊及其他媒体传播证券期货市场信息的监管的通知》的要求，加强对本地区证券信息传播的管理，对为机构和个人制造、传播虚假信息提供方便的媒体，予以严厉查处。

中国证监会对操纵市场行为一经查实，将依法从严惩处。对制造和传播虚假信息的媒体，中国证监会将会同国家有关部门严肃查处，直至吊销执照，并追究法律责任。

中国证券监督管理委员会
关于上市公司发布澄清公告若干问题的通知

（1996年12月13日　　证监上字〔1996〕28号）

各上市公司：

为了维护证券市场的正常秩序，保护广大投资者的合法权益，防止误导性信息对上市公司股票价格产生不正常的影响，禁止利用信息优势操纵市场，根据《股票发行与交易管理暂行条例》第六十一条的规定，现对上市公司发布澄清公告若干问题通知如下：

1. 在公共传播媒介中有下列传闻时，上市公司有义务立即作出澄清：上市公司从未发生，也未在拟议中的事项；上市公司正在拟议中，从未公开披露过的事项。

2. 上市公司发布澄清公告前，应事先报证券交易所审查。除报送公告全文外，还应同时报送有关传闻在公共传播媒介中传播的原始证据（书面资料或音像资料，提供录像资料的，还应有其他方面旁证），并将上述材料报中国证监会备案。证券交易所有权根据《关于证监会和证券交易所对上市公司的监管职责分工及建立上市公司动态监管体系的意见》的规定做出对上市公司的澄清公告准予公布、不予公布或暂缓公布的决定。

3. 各指定报刊登在刊登上市公司澄清公告前，应取得该公司股票上市的证券交易所的书面同意。

4. 澄清公告应以董事会公告的形式发布，不得以公司有关人员的谈话或答记者问等其他方式发布。未经证券交易所同意，也不得载于公司的其他公告之中。

5. 澄清公告在指定报刊上披露前，不得以任何方式在任何公共传播媒介上发布。

6. 中国证监会或证券交易所发现公共传播媒介中有涉及上市公司的传闻时，有权要求上市公司发布澄清公告。上市公司在接到书面要求后应立即发布澄清公告，对拒绝发布公告的，证券交易所应立即暂停其股票和其他证券的交易。

7. 澄清公告的内容可以涉及有关市场传闻的来源，但只能对其作出客观说明，不应作主观评价，不应使用恶意或挑衅性的语言。

8. 因涉嫌违反证券法规正在被中国证监会调查或因违反证券法规受到中国证监会处罚的上市公司，在作出涉及违规事项的澄清公告时，应事先报告中国证监会。中国证监会有权依据《公开发行股票公司信息披露实施细则（试行）》第十九条的规定，对公告的披露时机、方式、内容提出要求。

对违反上述规定的上市公司和有关当事人，中国证监会将根据《股票发行与交易管理暂行条例》、《禁止证券欺诈行为暂行办法》的有关规定予以处罚。

关于指定报刊披露上市公司信息收费问题的通知

（1995年6月5日　　国家计委、中国证监会计价格〔1995〕648号）

中国证券报社、金融时报社、经济日报社、上海证券报社、证券时报社、中国改革报社、证券市场周刊社、中国日报社：

根据《国务院关于进一步加强证券市场宏观管理的通知》关于加强证券市场管理、保障证券市场健康发展的要求，中国证券监督管理委员会于1993年3月建立了上市公司信息披露指定报刊制度。这项制度建立以来，对于保护投资公众的利益，向投资者迅速准确地提供股票公开发行与上市公司的信息，起到了积极的作用。为了保护公众利益，监督披露信息，起到了积极的作用。为了保护公众利益，监督披露信息，减轻企业负担，现将指定报刊披露上市公司信息收费的有关问题通知如下：

一、上市公司信息披露指定报刊制度的建立，不仅赋予了被指定报刊经营此项业务的一定垄断权，而且披露上市公司信息具有一定的社会服务性。因此，披露上市公司信息的收费标准应低于普通商业广告收费标准。

二、指定报刊披露上市公司年度报告、中期报告和临时报告等信息的具体收费标准，应以披露信息的成本费用为基础，充分考虑上市公司的经济承受能力，在不超过普通商业广告收费的70%的幅度内，由报刊与企业协商议定。

三、各指定报刊要按照上述要求制定披露上市公司信息的具体收费办法，并向社会公布。收费办法应按《中华人民共和国广告法》有关规定，向国家计委、国家工商行政管理局备案。

四、中国证券监督管理委员会原向各指定报刊收取的信息披露费的规定同时废止。

五、为防止信息垄断，保护公平竞争，各指定报刊不得为拉上市公司信息披露业务而对上市公司或其经办人支付回扣费；上市公司或其经办人也不得收受回扣费；证券交易所所在地的报刊不得以各种借口阻止上市公司向其他指定报刊披露其信息。有上述行为之一的，由中国证券监督管理委员会视其情节轻重，采取警告、暂停或者取消指定报刊资格等处理措施。

中国证券监督管理委员会
关于执行《公司法》规范上市公司配股的通知

（1994年9月28日　　证监发字〔1994〕131号）

各省、自治区、直辖市及计划单列市证券管理部门，上海证券交易所、深圳证券交易所：

为加强证券市场管理，督促上市公司贯彻《公司法》，规范上市公司的股票发行行为，加强上市公司的信息披露，现对上市公司向股东配售发行股票（即配股）的有关问题通知如下：

一、上市公司向股东配股是公司发行新股的形式之一，上市公司配股须经省、自治区、直辖市及计划单列市政府或中央企业主管部门依本通知规定审批，并报中国证券监督管理委员会（以下简称“证监会”）复审。

二、上市公司向股东配股必须符合下列基本条件：

1. 配股募集资金的用途必须符合国家产业政策的规定；

2. 前一次发行的股份已经募足，并间隔1年以上。前一次发行包括配股等发行方式；间隔时间是指从公司前一次募足股份后的工商注册登记日或变更登记日，至本次配股说明书的公布日，其间隔不少于12个月；

3. 公司在最近3年内连续盈利；公司净资产税后利润率3年平均在10%以上，属于能源、原材料、基础设施类的公司可以略低于10%；

4. 公司最近3年内财务会计文件无虚假记载或重大遗漏；

5. 公司预期利润率达到同期存款利率水平，即本次配股募集资金后，公司预测的净资产税后利润率应达到同期银行个人定期存款利率；

6. 配售的股票限于普通股，配售的对象为根据股东大会决议规定的日期在册的本公司全体普通股股东；

7. 公司一次配股发行股份总数，不得超过该公司前一次发行并募足股份后其普通股股份总数的30%；

三、上市公司有下列情形的，地方政府或中央企业主管部门及证监会对其配股的申请不予批准：

1. 不按有关法律、法规的规定履行信息披露义务的；

2. 近3年有重大违法行为，特别是有以违反国家现行规定的方式和范围发行或变相发行股票的行为、有证券欺诈等行为的；

3. 前一次发行股票所募集的资金用途与当时该公司的《招股说明书》、《配股说明书》或股东大会有关决议不相符的；

4. 有关本次配股的股东大会的召集、召开方式和表决方式不符合《公司法》及有关规定的；

5. 其申报材料存在虚假陈述的；

6. 公司所确定的配股价格低于该公司配股前每股净资产的。

四、地方政府或中央企业主管部门在接到上市公司的配股申请后30个工作日内作出审批决定，证监会在接到配股复审申请后20个工作日内出具复审意见书。公司的配股申请经证监会复审，因本通知第三条第2、3、5款的原因未能通过的，1年以内不得再次提出配股申请。

五、有关上市公司配股的申请和信息披露等具体事宜由证监会会同有关部门另行规定。

六、到境外募集股份并上市的股份有限公司同时在境内发行股票并上市的，原则上应遵守本规定，国家另有规定的，从其规定；同时还应当遵守《到境外上市公司章程必备条款》的有关规定。

七、本通知自公布之日起实行。证监会证监上字〔1993〕128号文件《关于上市公司送配股的暂行规定》和证监发字〔1994〕79号文件《关于做好上市公司送配股复核工作的通知》从即日起停止执行。

关于在上市公司送配股时维护国家股权益的紧急通知

（1994年4月4日　国资企发〔1994〕12号）

国务院各部委、各直属机构，各省、自治区、直辖市和计划单列市国有资产管理局（办公室、处）：

最近一个时期，某些上市公司在决定送配股和分红事宜时，对国家股、法人股和个人股采取不同做法，区别对待，实际上损害了国家股的利益，如：国家股放弃配股权并自动转归个人股东享用，国家股分派现金红利而其他股份派等值红股，国家股不享受送股，等等。

为保障国家股正当权益不受侵犯，推动股份制试点企业和股市健康发展，经商中国证监会，特作如下通知。

一、国家股持股单位（含受托行使国家股权单位，下同）应正确、有效地行使股权，在股东会决定送配股事宜时维护国家股利益，不得盲目赞成配股。在同时具备下列条件时，国家股持股单位可以同意上市公司采用配股方式发行新股：股份公司确需筹集资金；筹资最佳途径为增加股本；股东要求保持现有股权比例不被稀释；国家股东有能力追加股本投资。

如果筹资目的不明确，或采用非配股方式筹资更为有利，或国家股无意追加投资，则国家股持股单位应在股东大会上运用表决权阻止配股；无力阻止的，应设法购买配股或者偿转让配股权；任何情况下不得随意放弃配股权。

如系国家有控股要求的上市公司，转让国家股配股权造成的股权结构变化应以不影响国家控股地位（绝对控股或相对控股）为限。

目前，国家股配股权宜采用协议方式转让；证券监管机构另有规定的，从其规定。国家股不由国有资产管理部门直接持有的，持股单位须将预计的配股权转让数额、方式、对象、时间和价格，事前向国有资产管理部门备案，事后报告办理结果。是否需要审批，由省级以上国有资产管理部门决定或报请同级人民政府决定。

转让国家股配股权的具体方式、交易手续、委托代理、税费缴纳、登记过户和信息披露范围，对配股权再次转让的限制，以及通过购买配股权认购的股份的转让办法，均按照证券监管机构和证券交易所的规定执行。

二、国家股分派现金股利而其他股分派等值红股，相当于以面值作价向部分股东发行新股。鉴于股票面值一般低于市价、配股价格、股票投资价值和每股净资产值，这种做法直接损害国家股利益，造成国家股权比例下降和国有资产流失。上市公司国家股持股单位应在股东会上明确反对这种做法，坚持按照同等条件向全体股东分派现金红利或分派红股。

三、上市公司股东会决定将全体股东共享的公积金转增股本，应按持股比例向全体股东派送新股。不向国家股东送股侵害了国家股对公积金享有的权益，导致国家股比例单方面缩小。国家股持股单位应在股东会上明确反对这种做法，不得以任何理由、任何方式同意单方面缩小国家股比例。

四、各地方国有资产管理部门和国务院各行业主管部门不得擅自批准国家股持股单位放弃配股权，接受不平等送配股和分红方案，或单方面缩股。

五、近期内，各省、自治区、直辖市、计划单列市国有资产管理部门和国务院各行业主管部门应就本通知所涉内容对上市公司的国有股权管理状况进行一次检查。发现有本通知所列问题的，请查明情况后于1994年5月20日前具文报告国家国有资产管理局，同时抄报国家体改委、国家经贸委、财政部、国务院证券委、中国证监会。

本通知各项规定，原则上适用于上市公司国有法人股以及非上市股份公司国家股和国有法人股。

中国证券监督管理委员会
关于做好上市公司送配股复核工作的通知

（1994年6月16日　证监发字〔1994〕79号）

各省、自治区、直辖市、计划单列市证券主管部门、上海证券交易所、深圳证券交易所：

根据国务院证券委第四次全体会议提出的“发展股票市场必须坚持逐步推进、慎重试验”的原则，现对各省、自治区、直辖市、计划单列市证券主管部门（以下简称“地方证券主管部门”）和证券交易所复核上市公司送配股方案的有关工作提出以下要求：

一、地方证券主管部门应在上市公司董事会披露送配股方案之前，对该方案进行复核；应按中国证监会证监上字〔1993〕128号文件《关于上市公司送配股的暂行规定》（以下简称《送配股规定》）第一条、第二条的规定，严格复核上市公司送配股的条件，重点复核配股的时间间隔、前一次募集资金使用情况、本次配股募集资金的用途、送配股增加的股份总额等是否符合《送配股规定》。对上市公司连续两年盈利的复核，以这两年税后利润是否连续增长为准。

二、上市公司安排配股一律以上一年度的普通股股本总额为基数，既不得以先送股、后配股的做法扩大当年配股基数，也不得以上一年（或连续数年）未安排配股为由，而使本年的配股数量超过上一年度股本总额的30%。

三、在国家有关法规公布之前，地方证券主管部门对上市公司以送配股的形式发行普通股以外的其他股权性或者债权性证券的，一律不予复核。

四、根据当前股票市场还处于试点阶段的特点，一九九四年不安排国家股、法人股因送配股而增加的股份或配股权上市流通；对上市公司有以上内容的送配股方案，地方证券主管部门暂不予复核。

四、地方证券主管部门和证券交易所应当督促上市公司按照《送配股规定》第三条的要求及时公布有关的董事会公告、股东大会公告、送股说明书（或配股说明书、送股说明书）和股本变动公告书，并履行《送配股规定》的其他要求。

六、未经地方证券主管部门复核，上市公司董事会不得披露送配股方案，证券交易所对其因送配股而增加的股份或配股权上市的申请亦不予受理。

本通知自发布之日起执行。地方证券主管部门自接到本通知之日起，应当对本地区上市公司的送配股活动做一次全面检查，督促上市公司履行其信息披露和报告义务，依照法规要求进行运作，并于七月底前将检查情况书面报告中国证监会。

中国证券监督管理委员会
关于证券争议仲裁协议问题的通知

（1994年10月11日　证监发字［1994］139号）

各省、自治区、直辖市、计划单列市人民政府证券管理部门，上海证券交易所、深圳证券交易所：

为了做好证券的调解、仲裁工作，维护证券争议当事人的合法权益，促进证券市场的健康发展，现将证券争议仲裁协议的有关问题通知如下：

一、《股票发行与交易管理暂行条例》第七十九条规定：“与股票发行或者交易有关的争议，当事人可以按照协议的约定向仲裁机构申请调解、仲裁”；第八十条规定：“证券经营机构之间以及证券经营机构与证券交易场所之间因股票的发行或者交易引起的争议，应当由证券委批准设立或者指定的仲裁机构调解、仲裁”。据此，凡是与股票发行或者交易有关的争议，需要采取仲裁方式解决的，应当签订证券争议仲裁协议或者仲裁条款。证券经营机构之间以及证券经营机构与证券交易场所之间因股票的发行或者交易引起的争议必须采取仲裁方式解决。上述机构签订的与股票发行或者交易有关的合同，应当包括证券争议仲裁条款。

二、依据证委发（1994）20号文件，国务院证券委员会指定中国国际经济贸易仲裁委员会作为解决证券经营机构之间以及证券经营机构与证券交易场所之间因股票的发行或者交易引起的争议的仲裁机构。其他与股票的发行或者交易有关的争议也可以选择中国国际经济贸易仲裁委员会仲裁。

三、证券争议仲裁协议或者仲裁条款应当包括下列内容：“凡因执行本合同所发生的或者与本合同有关的一切争议，如果当事人协商不能解决，应当提交中国国际经济贸易仲裁委员会，根据该会仲裁规则和有关证券争议仲裁的特别规定进行仲裁。仲裁地点在北京，仲裁裁决是终局的，对合同当事人具有约束力。”

四、证券经营机构之间以及证券经营机构与证券交易场所之间因股票的发行或者交易引起的非合同争议，采取仲裁方式解决的，应当签订证券争议仲裁协议。证券争议仲裁协议包括下列内容：“因股票的发行或者交易引起的非合同争议，有关当事人协商不能解决的，由当事人提交中国国际经济贸易仲裁委员会，根据该会仲裁规则和有关证券争议仲裁的特别规定进行仲裁。仲裁地点在北京，仲裁裁决是终局的，对当事人具有约束力。”因股票的发行或者交易引起的其他非合同争议，可以依照上述格式自愿签订仲裁协议。

请将此通知转发所属证券经营机构，切实贯彻执行。

中国证券监督管理委员会
关于规范上市公司股东大会的通知

（1996年2月7日　证监发字［1996］22号）

各省、自治区、直辖市、计划单列市证管办（证监会），上海证券交易所、深圳证券交易所，各上市公司：

为了贯彻《中华人民共和国公司法》，规范上市公司的行为，保证上市公司股东大会依法行使职权，维护公开、公正和公平的原则，现就上市公司召开股东大会的有关事项，提出如下要求：

一、上市公司（以下简称公司）应当按照《中华人民共和国公司法》（以下简称公司法）和《国务院关于原有有限责任公司和股份有限公司依照<中华人民共和国公司法>进行规范的通知》的有关规定，在一九九六年十二月三十一日前，完成公司章程修订工作，切实保证《公司法》赋于股东大会的职权得以落实。

二、股东大会分为股东年会和临时股东大会。股东年会每年召开一次，并应当于上一会计年度完结后的六个月内举行；上述期限内不召开股东年会，又无正当理由的，证券交易所应当依据有关规定，对该公司挂牌交易的股票予以停牌，要求该公司董事会作出解释并公告。

三、股东大会的召集和召开方式，除应当符合《公司法》第一百零四条、第一百零五条的规定外，还应当符合下列要求：

公司召开股东大会应当将会议拟审议的事项、开会的时间、地点等事项通知全体股东。召开股东大会的通知采取公告方式。发行境内上市外资股的公司通知召开股东大会，可以依据公司章程规定采取书面形式通知境内上市外资股股东。会议通知的公布日至股东大会的召开日不得少于三十日。发行无记名股票的公司，会议通知的公布日至股东大会召开日不得少于四十五日。

前款所称公告，指公司将召开股东大会的有关事项，应当在中国证监会指定的一家或者多家报刊上刊登。会议通知一经公告，视为内资股股东已经收到股东大会通知。

四、公司召开股东大会，应当保证全体股东享有出席会议的平等权利。股东应当按照所持每一股份有一表决权的原则进行表决，任何人不得以任何理由剥夺股东的表决权。

五、公司股东大会或者董事会应当依据《公司法》的有关规定行使职权。公司董事会有责任保证股东大会的职权得以落实。

六、公司应当认真准备股东大会年会。公司董事会拟定的年度财务预算、年度财务决算、年度利润分配方案、公积金转增股本方案，应当在股东大会年会上讨论并表决；涉及募股资金投向、用途变更或者需要报送中国证监会审批的事项，应当作为专项议题单独表决；股东大会年会无正当理由未能安排讨论并表决前述事项的，公司董事会应当事先以公告方式向股东公开说明理由，并向中国证监会和证券交易所作出书面报告。

七、年度利润分配方案经股东大会年会表决批准后，公司董事会应当按照股东大会的决定或者公司章程的规定完成股利（或股份）的派发事项。股东大会未作决定或者公司章程未作规定的，除股东大会决定该年度不分配股利的情形外，公司董事会应当在股东大会召开后两个月内完成股利（或股份）的派发事项。

八、股东大会各项决议的内容应当符合法律、法规和政策，符合公司章程的规定。公司董事、股东大会决议的授权起草人应当忠实履行职责，保证决议草案内容的真实、准确，避免使用容易产生歧义的表述。

九、公司董事会应当采取措施，保证股东大会召开的正常秩序。对于干扰股东大会秩序、寻衅滋事和侵犯其他股东合法权益的，应当通知公安机关按照有关法律法规处理；情节严重并构成犯罪的，应当依法追究其刑事责任。

十、公司召集、召开股东大会的方式和股东大会决议内容不符合《公司法》和上述要求的，中国证监会除责令公司限期采取补救措施外，将给予公开批评；拒不纠正的，自该事实发生之日起十二个月内，不受理该公司申请审核配股等事项；涉及违反信息披露或者其他证券法规的，一经查实，依法予以处罚。

十一、各地证券管理部门应当督促公司认真执行《公司法》，指导公司按照本通知的要求，履行股东大会的职权，依法召开股东大会，保护股东的合法权益。对于执行中发生的问题，应当及时报告中国证监会。

十二、本通知自发布之日起施行。

中国证券监督管理委员会
关于授权地方证券、期货监管部门行使部分
监管职责的决定

（1996年3月21日　证监发字［1996］48号）

为了加强对证券、期货市场的监督管理，及时查处违法违规行为，促进证券、期货市场的健康发展，根据《国务院关于批转国务院证券委1995年证券期货工作安排意见的通知》（国发［1995］22号）的精神和我国证券、期货市场发展的实际情况，中国证券监督管理委员会（以下简称中国证监会）决定分期分批授权省、自治区、直辖市、计划单列市和部分省会城市证券、期货监管部门（以下简称地方监管部门）对证券、期货市场行使部分监管职责。具体监管职责范围和权限如下：

一、负责对设立在本行政区域内的证券经营机构、证券经营机构的分支机构、证券登记公司、期货经纪公司、期货经纪公司的分支机构、从事期货经纪业务的非期货经纪公司会员、证券或者期货咨询机构的业务活动进行日常监管。

上述机构应当接受地方监管部门的日常监管，地方监管部门应当维护上述机构的正常业务活动。

二、负责查处设立在本行政区域内的证券经营机构、证券经营机构的分支机构、证券登记公司、期货经纪公司、期货经纪公司的分支机构、从事期货经纪业务的非期货经纪公司会员、证券或者期货咨询机构以及前述机构的从业人员，证券、期货市场投资者（以下统称为被监管者）的有关证券、期货违法、违规行为。

三、负责处理本行政区域内的有关证券、期货的信访投诉和举报，调解证券、期货纠纷和争议；涉及重大案情的，应当立即向中国证监会报告。

四、负责督促本行政区域内的上市公司依照国家有关法律、法规和公司章程的规定完善公司组织机构，规范公司股东大会，协调政府有关部门与上市公司的关系。

五、地方监管部门查处违法、违规行为，需要对被监管者进行调查时，可以采取下列措施：

（一）询问当事单位或者个人，要求其提供与被调查事件有关的文件、证明材料和其他资料；

（二）检查当事人单位或者个人与案件有关的交易记录、结算记录、登记过户记录、财务会计资料及其他相关文件和资料；

（三）向与被调查事件有关的单位或者个人了解情况。

被调查当事单位或者个人、与被调查事件有关的单位或者个人应当如实提供有关情况和资料；调查人员进行调查时应当出示合法证件，并对调查中所知悉的情况和取得的资料严格保守秘密。

调查时需要取得交易所及其所属登记结算机构的交易资料、股东资料的，除交易所及其所属登记结算机构认为可以提供的外，应当由行使调查权的地方监管部门报中国证监会决定。

六、经过调查，证据充分、事实清楚的，地方监管部门应当依据国家有关法律、法规对违法、违规当事单位或者个人进行处罚，并报中国证监会备案。

七、被调查事件属于下列情况之一的，地方监管部门应当及时报告中国证监会，由中国证监会直接查处或者由中国证监会指定的地方监管部门查处：

（一）被调查事件所涉及金额在300万元（含，下同）以上的；

（二）需处以20万元以上罚款的；

（三）情节严重，需要限制、暂停业务资格或者撤销业务许可的；

（四）两个或两个以上地方监管部门对被调查事件管辖权有争议的；

（五）在全国造成重大影响的其他案件。

中国证监会认为不适合由地方监管部门查处的案件，由中国证监会直接查处。

八、被授权的省会城市地方监管部门不负责本通知涉及的期货监管工作。

九、地方监管部门应当按照中国证监会的要求报告有关证券、期货市场执法情况的信息和统计资料。

十、被处罚单位或者个人不服地方监管部门的处罚，可以向中国证监会申诉；中国证监会对地方监管部门不符合法律、法规、规章的处理决定，有权予以变更或者撤销。

被授权的地方监管部门应当按照本通知的要求认真履行监管职责，建立健全各项监管工作制度，完善内部组织机构，严格执行国家关于证券、期货市场的法律、法规和政策，坚决查处证券、期货市场中的违法违规行为，不断提高工作人员的思想水平和业务能力，廉洁自律，杜绝一切腐败现象，使监管工作上一个新台阶。

被授权的地方监管部门执行本决定中遇到什么问题和有什么建议，请及时报中国证监会。

被授权名单另行发布。

中国证券监督管理委员会
关于加强对上市公司董事、监事、经理持有
本公司股份管理的通知

（1996年4月22日　　证监发字〔1996〕54号

各上市公司：

为贯彻和执行《公司法》，规范上市公司董事、监事、经理持有本公司股份的行为，现将有关事项通知如下：

一、上市公司董事、监事、经理在任期内不得转让其所持有的本公司股份，包括由于公司送配股而增加的股份。

二、各上市公司须在定期报告（中期报告、年度报告）中报告公司董事、监事、经理持有本公司股份的情况，包括持股数量、变动情况、变动原因等。

三、上市公司董事、监事、经理在离职六个月后方可出售自己所持有的本公司股份。

四、证券交易所须采取必要的技术性措施，对上市公司董事、监事、经理持有的本公司股份进行锁定；对离职六个月后欲出售所持股份的，须由公司董事会向证券交易所提供其不再任职的证明。

五、本通知自发布之日起执行。

中国证券监督管理委员会
关于禁止股票发行中不当行为的通知

（1996年2月6日　　证监发字〔1996〕21号）

各证券经营机构：

近一时期，广大证券经营机构积极开展企业股票承销和上市辅导业务，有力地推动了企业的股份制改造和股票发行工作的开展。但是，某些证券经营机构在开展代理发行业务、争取承销项目的过程中，存在着一些不正当竞争的行为。这些不当行为损害了市场秩序，有碍于我国证券市场的健康发展。为进一步做好股票发行工作，制止股票发行过程中的不当竞争，现就有关问题通知如下：

一、证券经营机构在股票承销过程中应当加强自律，强化内部管理，特别是要加强对公司内部有关人员的遵规守法教育，严格要求他们在业务活动中依法行事，公平竞争。

二、证券经营机构在争取承销项目的过程中，不得有以下行为：

1. 迎合或鼓动企业以不合理的高溢价发行股票；

2. 贬损同行；

3. 向企业允诺在其股票上市后维持其股票价格；

4. 利用行政干预；

5. 给有关当事人回扣；

6. 违反规定降低承销费用或免费承销；

7. 其它不当竞争行为。

三、中国证券监督管理委员会（以下简称证监会）对有不当行为的证券经营机构将暂停受理其股票承销业务资格申请。

四、发行股票的企业也应按照上述规定的精神加强自律，规范发行行为，不得在发行过程中提出不合理的高溢价要求。对上述不当行为负有责任的发行股票企业，证监会将暂停受理其发行申请。

中国证券监督管理委员会关于坚决制止股票发行中透支等行为的通知

（1996年8月22日　证监发字〔1996〕169号）

各省、自治区、直辖市、计划单列市证管办（证监会），上海、深圳证券交易所，各证券经营机构：

最近，在新股发行认购过程中，出现了透支申购等不正常现象。这种行为严重违反了股票发行申购的有关规定。为了严肃发行纪律、维护股票发行的公正性，现将有关问题通知如下：

1．各证管办（证监会）、证券交易所和证券经营机构要严格按照我会证监发字〔1995〕161号文的规定加强对股票发行的领导及组织工作，切实履行对股票发行中申购资金专户的监督和管理。

2．各证券经营机构不得透支申购股票，也不得为客户进行透支申购或为客户融资申购股票。一经发现，我会将视情节严肃处罚，直至暂停其单项或全部证券业务经营资格。

3．上网发行的申购资金必须按规定期限全部集中冻结在证券交易所为主承销商开设的申购帐户中，非上网发行的申购资金必须集中冻结在主承销商开设的申购帐户中，任何单位和个人不得虚报存款。

4．交易所要严格禁止透支行为，对于申购中出现的透支申购，一律视为无效申购。交易所对无效申购应制定处理办法，并对违反规定的证券商进行严肃处理，同时将透支的证券商名单报告中国证监会。

本通知自下发之日起执行。

中国证券监督管理委员会关于加强股票发行市场监管工作的通知

（1996年7月26日　证监发字〔1996〕130号）

各省、自治区、直辖市、计划单列市证管办（证监会），各证券经营机构：

经过各方的共同努力，今年上半年股票发行工作进展顺利。但在股票发行过程中，还存在着对发行工作重视不够，组织不力，信息披露不充分，计算机数据处理失常，申购资金退还不及时，冻结资金利息未按规定支付等问题。个别中介机构不能勤勉尽责，甚至在承销活动中弄虚作假。为了加强对股票发行市场的监管，切实做好股票发行工作，维护市场健康、稳定发展，特通知如下：

一、要加强对股票发行工作的领导

股票发行面对全国成千上万股民，涉及面广，容易引发社会问题。各地对股票发行工作要高度重视，要按规定成立发行领导小组，统一指挥，精心组织，确保股票发行工作万无一失。在股票发行时，要建立正常的联系制度，将发行中的情况及时向中国证监会发行部报告。

二、要切实做好企业申报材料的初审工作

各地证管办（证监会）要充分履行自身的职能，加强发行监管。在审核企业申报材料过程中，要按照国家及证监会的法律、法规和规定，严把初审关，确保上报材料符合国家及证监会的法律、法规、政策，杜绝上报材料的虚假和不实。

三、要稳妥做好股票发行工作

证券商在制定和执行发行方案时，要切实组织好安全保卫和技术保障工作，确保设备正常运转和发行顺利进行，要加强对申购资金的验资和公证，不能虚报存款资金和有意延长退款时间。对在承销过程中未能勤勉尽责，发行工作发生事故或违反“三公”原则，出现弄虚作假等问题的证券商，中国证监会将视情节轻重给予严肃处理。

第二章　沪深地方性业务规则

第一节　上海地方性业务规则

上海市证券交易管理办法

（1990年11月27日上海市人民政府发布）

第一章　总　则

第一条　为了使证券的发行和流通能够公正和顺利地进行，以保护投资者的合法权益，促进国民经济的发展，根据《中华人民共和国民法通则》、《中华人民共和国银行管理暂行条例》和其他有关法律、法规的规定，制定本办法。

第二条　凡在上海市行政区域内发行、买卖及从事与之相关的证券业务，都必须遵守本办法。但国家法律、法规另有规定的除外。

第三条　本办法所称的证券，是指：

（一）政府债券；

（二）金融债券；

（三）公司（企业）债券；

（四）公司股票或新股认购权证书；

（五）投资信托受益凭证；

（六）经批准发行的其他有价证券；

第四条　本市的证券主管机关是中国人民银行上海市分行。日常工作由中国人民银行上海市分行金融行政管理处负责。

第五条　发行或买卖证券者，不得有虚伪、欺诈或其他足以致使他人误信的行为。

违反前款规定者，对该证券的善意取得人因而所受的损害，应负赔偿责任。

第六条　在本办法中，下列词语的含义是：

（一）发行者是指发行或申请发行证券的法人。

（二）发行是指以同一条件向公众招募及发售证券的行为。

（三）证券承销是指证券经营机构按照承销合同，为发行者包销或代销证券的行为。

（四）证券交易是指在证券交易所市场或证券柜台交易市场，买卖证券的行为。

（五）证券交易所是指依本办法规定，设置场所和设备，以提供证券集中交易市场为目的的法人。

（六）可交易证券是指证券发行章程或说明书载明证券持有人可于该证券发行后，在证券市场上自由转让的证券。

（七）自营买卖是指证券经营机构以自己的名义和帐户，买卖证券的行为。

（八）代理买卖是指证券经营机构受客户委托，代理客户买卖证券的行为。

（九）上柜交易是指证券在证券柜台交易市场挂牌交易。经批准上柜交易的证券，称为上柜证券。

（十）上市交易是指证券在证券交易所市场挂牌交易。经批准上市交易的证券，称为上市证券。

第二章　证券的发行

第七条　凡在本市发行证券，必须取得证券主管机关批准。未经批准，禁止发行证券。

第八条　发行证券，由发行者直接或委托证券公司、信托投资公司向证券主管机关提出申请。证券主管机关应在接到申请发行的全部文件后20日内，决定是否批准。若不予批准，应向申请人说明理由。

证券主管机关办理证券发行审批手续，可按批准发行证券的总金额，收取1‰的手续费，但最高不得超过3000元。

第九条　申请发行股票，发行者应向证券主管机关提交下列文件和资料：

（一）发行股票申请表；

（二）公司章程；

（三）招股说明书；

（四）与证券承销机构签订的售销合同；

（五）筹资用于固定资产投资的应提交有关管理部门的批准文件。

第十条　新成立的股份有限公司申请发行股票，除提交前条规定的文件外，还应同时提交下列文件和资料：

（一）有关部门同意设立或改组为股份有限公司的批准文件；

（二）公司发起设立者认购不少于股份总额30%股份的验资证明；

（三）国有企业改组为股份有限公司的，应提交国有资产管理部门签发的资产评估价值确认书，并附资产评估机构出具的资产评估结果书；其他企业改组为股份有限公司的，应提交会计师事务所及其注册会计师出具的资产评估结果书。

第十一条　股份有限公司申请增资发行股票，除报送第九条规定的文件外，还应同时提交下列文件和资料：

（一）经股东大会通过的增资发行股票的决议；

（二）经会计师事务所及其注册会计师签证的前两个年度和本年度上一个季度连续盈利的财务报表。

第十二条　申请发行债券，发行者应向证券主管机关提交下列文件：

（一）发行债券申请表；

（二）公司或企业作出的发行债券的决议；

（三）债券发行章程；

（四）经会计师事务所及其注册会计师签证有前两个年度和本年度上一个季度连续盈利的财务报表；

（五）证券主管机关指定的资信评估机构出具的债券等级证明；

（六）与证券承销机构签订的承销合同；

（七）筹资用于固定资产投资的，应提供有关管理部门的批准文件。

第十三条　发行债券总金额在1000万元以上的，必须向社会公开发行。发行者应在申请发行之前，向证券主管机关提出发行意向，同时向资信评估机构申请办理债券评级的手续。在取得A级以上等级证明后，方可向证券主管机关提出发行申请。

第十四条　证券主管机关可根据需要，要求发行者提供与证券发行有关的文件及资料。

第十五条　证券发行申请一经批准即行生效，发行者不得变更。如需变更，发行者必须终止发行或重新办理发行申请。

第十六条　招股说明书应载明下列事项：

（一）发行者名称、地址及法定代表人；

（二）发行者的资本构成和经营范围；

（三）发行者近3年的资产负债情况和经营状况（新建公司除外）以及发展前景；

（四）发行股票的目的和效益预测；

（五）股票总类、发行总金额和发售方式及价格，或增股的种类及方法；

（六）承销机构名称、地址和承销金额及方式；

（七）股票发行范围和投资者的权利、义务；

（八）发行的起止日期；

（九）其他需要说明的事项。

第十七条　债券发行章程应载明下列事项：

（一）发行者名称、地址及法定代表人；

（二）发行者近3年的资产负债情况和经营状况（新建公司除外）以及发展前景；

（三）债券种类、发行总金额和发售方式及价格；

（四）债券利率以及还本付息的方式、日期；

（五）承销机构名称、地址及承销金额和方式；

（六）债券发行的范围和购买者的权利、义务；

（七）发行的起止日期；

（八）其他需要说明的事项。

第十八条　证券承销合同应载明下列事项：

（一）合同当事人的名称、地址及法定代表人；

（二）承销方式；

（三）承销证券的名称、数量、金额及发行价格；

（四）证券发行的日期；

（五）承销的起止日期；

（六）承销付款的日期及方式；

（七）承销费用的计算及支付方式和支付日期；

（八）剩余证券的退还方法；

（九）违约责任；

（十）其他需要约定的事项。

第十九条　发行者应于证券发行七日前，在证券主管机关指定的报刊上，刊登债券发行章程及招股说明书。

股票发行者应于发行时，向应募者交付招股说明书。

第二十条 依本办法规定，发行者向证券主管机关提交的，以及向投资者公布的文件和资料必须真实、完整，不得有虚假记载或欠缺重要事项。

违反前款规定的，发行者对该证券的善意取得人因而所受的损害，应负赔偿责任。下列单位和人员就其所负责部分与发行者负连带赔偿责任；

（一）在提交、公布的文件和资料上签章证实其所记载内容的全部或一部分者。

（二）该证券的承销机构。

（三）会计师、律师、工程师、经济师或其他因职业赋予其职权可以这样做的人员，在提交、公布的文件和资料上签章证实其所记载内容的全部或一部分者。

虽有前款规定，但除发行者之外的前款所列人员如能证明提交、公布的文件和资料中的虚假记载或欠缺重要事项，是在其不知情的情况下制作的，则不负连带赔偿责任。

第二十一条 除国家另有规定及非公开发行的证券外，发行股票或1000万元以上债券的，必须由证券经营机构承销。承销金额在3000万元以上的，应由证券公司牵头组成承销集团联合承销。

承销机构可按承销总金额收取手续费或价格差。手续费率和价格差比例，由证券主管机关另行规定。

第二十二条 证券承销包括证券包销和证券代销。

（一）证券包销是指：

(1) 承销机构承购发行者所发行的全部证券，然后再向公众发售的全额包销。

(2) 承销机构承购发行者所发行的部分证券，然后再向公众发售的定额包销。

(3) 承销机构承诺在证券销售后，承购其剩余部分证券的余额包销。

（二）证券代销是指承销机构代理发售证券，于发售期结束后，将未销售部分证券通还给发行者或包销者的承销方式。

第二十三条 发行者和承销机构可根据市场情况，采用下列方式发售证券：

（一）低于票面金额或贴现金额平价发售；

（二）低于票面金额或贴现金额溢价发售；

（三）低于票面金额或贴现金额折价发售。

股票不得折价发售。

第二十四条 证券发行自批准之日到承销期结束，不得超过90日。承销期满时未售出的证券，非经证券主管机关批准，不得再行销售。

承销机构应在承销期满后10日内，向证券主管机关报送证券销售情况报告书。

第二十五条 发行者申请发行新股票，距前次发行股票的时间，不应少于1年。

第二十六条 发行者必须在每个会计年度结束后90日内，向证券主管机关报送经会计师事务所及其注册会计师审核签证的会计报表。

第三章　证券的交易

第二十七条 禁止任何单位和个人在证券主管机关批准的证券交易市场外买卖证券。

第二十八条 证券交易以现货交易为限。

第二十九条 未经证券主管机关批准，任何证券不得上柜交易或上市交易。

第三十条 公开发行的可交易证券，发行者必须于发行后30日内或在该证券发行前，向证券主管机关提出上柜交易申请或按第三十二条规定提出上市交易申请。

第三十一条 发行者按前条规定提出上柜交易申请时，应参照第三十三条规定提交有关文件和资料。证券主管机关应在收到申请书和有关文件和资料后15日内决定是否批准。经审查批准的，由证券主管机关通知各证券经营机构，在指定的日期后上柜交易。若不予批准，应向申请人说明理由。

第三十二条 发行人按第三十条规定提出上市交易申请的，由发行者向证券交易所提出上市交易申请书。证券交易所应自收到上市交易申请书后10日内，提出审查意见书转报证券主管机关。证券主管机关应在收到审查意见书后10日内决定是否批准该证券上市交易，并通知证券交易所。

第三十三条 发行者提出上市交易申请时，应向证券交易所递交上市交易证券票样及下列文件三套：

（一）证券上市交易申请书；

（二）证券上市报告书；

（三）至少一家证券经营机构出具的同意帮助交易的证明；

（四）经会计师事务所及其注册会计师签证的两个年度以上连续盈利的财务报告。

第三十四条 证券经批准上市交易后，发行者应公布证券上市报告书和经会计师事务所及其注册会计师签证的两个年度以上连续盈利的财务报告，并设置在指定的处所供公众查阅。

第三十五条 证券上市规则由证券交易所制订、报证券主管机关批准。

第三十六条 经批准上柜交易或上市交易的股票发行者，应在每个会计年度的中间，向证券主管机关报送中期财务报告书，上柜交易和上市交易证券的发行者，应在每个会计年交易，向证券主管机关报送会计师事务所及其注册会计师签证的期末财务报告书，并向公众公布。

中期财务报告和期末财务报告书，应于报告期结束后45日内报送。

第三十七条 证券发行者必须于下列情况发生后15日内向证券主管机关提交该情况报告书。该证券属上市证券的，发行者应同时抄送证券交易所：

（一）与他人订立将对企业的资产、负债、股东权益产生较大影响的合同或协议；

（二）经营项目或方式发生重大变化；

（三）作出重大或期限较长的投资决策；

（四）发生重大的债务或亏损；

（五）企业资产遭受重大损失；

（六）生产经营环境发生重要变化；

（七）董事会成员或高级管理人员发生人事变化；

（八）占股份总额5%以上的股东，持股情况发生变化以及董事会成员或高级管理人员持有本公司股份情况发生变化；

（九）参与重大法律诉讼事件；

（十）作出兼并、合并等重大的决策；

（十一）进入清算或破产整顿。

第三十八条 记名债券应在发行章程规定的还本付息日前10日，停止交易及办理过户手续。

记名股票应在公布的股息、红利发放日及增发股票日前10日，停止交易和办理过户手续。

未在规定期限办妥过户手续，股息、红利、债券本户或增发的股票仍发给原证券记名人。

第三十九条 证券交易中，禁止任何单位和个人进行下列行为：

（一）同一单位个人和两个以上单位或个人私下串通。同时买卖同一种证券，制造证券的虚假供求和价格；

（二）利用内幕消息，从事证券买卖；

（三）为诱使他人参与交易，制造或散布虚假的、容易使人误解的信息；

（四）以操纵市场为目的，连续抬价买入或压价卖出同一种证券；

（五）未经许可，在证券交易市场上直接或间接买卖自己发行的证券；

（六）以其他直接或间接方法，操纵市场或扰乱市场秩序的。

第四十条 禁止下列人员直接或间接为自己进行股票买卖：

（一）证券主管机关中管理证券事务的有关人员；

（二）证券交易所管理人员；

（三）证券经营机构中与股票发行或交易有直接关系的人员；

（四）与发行者有直接行政隶属或管理关系的机关工作人员；

（五）其他与股票发行或交易有关的知情人。

第四章 证券经营机构

第四十一条 证券经营机构应依据国家有关规定，向证券主管机关提出经营证券业务的申请，经批准后始得经营证券业务。

禁止任何单位和个人未经批准，从事证券业务。

第四十二条 前条所称的证券业务的范围是：

（一）承销推销证券；

（二）自营买卖证券；

（三）代理买卖证券；

（四）证券投资信托；

（五）证券融资；

（六）证券的登记、签证、结算兑付、集中代保管、财务代理或代办过户；

（七）提供证券发行、投资等方面的咨询；

（八）其他与证券有关的业务。

第四十三条 证券经营机构必须在批准的业务经营范围内，专营或兼营证券业务。

兼营证券业务的机构必须在证券主管机关核定的证券营运资金内经营证券业务，不得擅自抽调或增加资金，并实行证券业务部门内部独立核算。

证券投资信托所募集的基金必须单独列帐，不得与基金保管机构的自有资产相混淆。证券投资信托所募集的基金与基金保管机构的债务无关。

第四十四条 证券经营机构不得经营存款、贷款和借贷证券业务。

未经批准，证券经营机构不得以自己发行的证券办理抵押、贴现、交易等业务。

第四十五条 申请设立证券经营机构，应符合下列条件：

（一）符合证券业务发展的需要；

（二）有完备的组织章程并具备法人条件；

（三）有具备经营证券业务能力的专业人员；

（四）有符合规定的实收货币资本金或用于兼营证券业务的单独核算的营运资金。

第四十六条 申请设立证券经营机构时，申请人应向证券主管机关提交下列文件：

（一）设立证券经营机构申请报告；

（二）证券经营机构章程；

（三）设立证券经营机构的可行性报告；

（四）证券经营机构主要负责人姓名及简历；

（五）证券主管机关认为需提交的其他文件。

第四十七条 证券经营机构发生下列情况，应经证券主管机关批准：

（一）变更名称、住所和主要负责人；

（二）变更资本金总额或证券营运资金总额；

（三）变更证券业务经营范围；

（四）在国内外设立或撤销、合并分支机构及业务代理机构；

（五）机构合并或转让；

（六）停止经营证券业务或解散机构；

（七）其他重大的变动情况。

第四十八条 证券经营机构必须在每个会计年度结束后60日内，向证券主管机关报送本年度状况报告书及经会计师事务所及其注册会计师审核签证的资产负债表、损益计算书。

第四十九条 证券经营机构必须提取证券交易风险基金，用于弥补证券交易及其他业务因事故而产生的损失，或赔偿因证券经营机构的失误而对客户造成的损失，或补偿自营买卖中的损失。

证券交易风险基金的提取比例，由证券主管机关另行规定。

第五十条 证券经营机构停止经营证券业务或撤销、解散机构时，必须按国家有关规定进行清算，妥善解决其正在进行中的业务。

第五十一条 从事证券业务中，证券经营机构及其高级管理人员或其他职员，不得进行下列行为：

（一）向客户提供证券价格上涨或下跌的肯定性意见；

（二）为劝诱客户参与证券交易，向客户保证承担可能招致的全部或部分损失；

（三）为达到排除竞争者目的，不正当地运用其在交易中的优越地位限制某一客户的业务活动；

（四）其他保护投资者利益或公平交易有害的活动，或从事有损于证券业务信誉的活动。

第五十二条 证券经营机构的高级职员或其他职员不得向他人公开或泄露客户的证券买卖和其他交易情况。但因接受证券管理机关的例行检查或配合行政执法机关和司法机关的调查而须提供有关资料和信息，不在此限。

第五十三条 证券经营机构及其工作人员不得在代理客户买卖证券时，为自己作对应买卖。

第五十四条 证券经营机构编辑发放、供公众阅览的投资参考资料，必须真实、合法，不得含有使他人误信的内容。

第五章 证券交易所

第五十五条 凡成立证券交易所必须经国家证券主管机关许可。设立程序及有关事项，按国家有关规定办理。

未经许可，任何单位或个人不得采用类似证券交易所集中竞价买卖方式进行证券交易。

非证券交易所不得使用类似证券交易所的名称。

第五十六条 证券交易实行会员制。非会员不得在证券交易所市场上进行证券交易。

第五十七条 证券交易所章程应载明宗旨、性质、住所、公告、业务范围、会员条件及其权利义务、会员大会、理事会、监事会、经理、经费、分配、财务会计等事项。

第五十八条 证券交易所以提供证券集中交易市场和有关服务为其业务。未经批准，不得经营其他业务和进行投资活动。

第五十九条 证券交易所的会员以证券经营机构为限。

经批准，会员可兼营证券自营业务和证券代理业务，但在业务和帐务处理上必须严格分开，不得混淆。

第六十条 未经许可，会员不得在证券交易所市场之外买卖证券。

第六十一条 证券交易所章程、业务规则及其他管理制度，由证券交易所制订，报证券主管机关批准后施行。

证券交易所章程、业务规则及其他管理制度，应符合下列原则：

（一）公平交易、诚实信用；

（二）有利于防止欺诈和操纵市场的行为；

（三）促进及时、准确地公开市场信息；

（四）有利于证券交易公正、顺利地进行。

第六十二条 证券交易所对会员违反证券交易所章程、业务规则及其他管理制度的行为，可进行处罚，直至除名。有关处罚办法，由证券交易所制订，报证券主管机关批准后施行。

第六十三条 证券主管机关在查明证券交易所管理人员有违法行为后，有权命令证券交易所管理机构解除其职务。

第六十四条 证券交易所工作人员不得向他人泄露或为自己的利益使用其因职务关系得到的证券交易的内幕信息。

第六十五条 证券交易所必须在其开设的集中交易市场上，公布每个上市证券的成交价格和成交量以及总成交量。

第六十六条 证券交易所必须按证券主管机关的规定，向证券主管机关报送市场行情、交易统计资料及证券交易情况报告书。

第六十七条 解散证券交易所，必须经国家证券主管机关的批准。

第六章 证券业同业公会

第六十八条 证券业同业公会是受证券主管机关领导和指导的，由证券经营机构组成的行业性自我管理组织。

证券经营机构必须加入证券业同业公会，成为其会员。

第六十九条 设立证券业同业公会，必须经证券主管机关批准。

第七十条 证券业同业公会章程中应载明宗旨、性质、会员条件及权利义务、活动、经费及财务会计等事项。

第七十一条 证券业同业公会的活动及证券业交易规则，应按证券主管机关的规定制订，报证券主管机关批准后施行。

第七章 证券主管机关

第七十二条 证券主管机关负责管理、监督、指导、协调本市证券市场活动。

第七十三条 证券主管机关的主要职能是：

（一）负责制订或批准有关证券业务的规章制度，制订国家有关法规的实施细则，并负责解释和组织实施。

（二）管理、监督本市证券市场，采取合理措施和步骤，制止和制裁证券活动中的违法行为，维持证券市场的正常秩序。

（三）收集和输送证券市场的有关信息，指导证券业务活动。

第七十四条 证券主管机关主管以下事项：

（一）审批证券的发行，审定证券的样式，批准证券的发售和价格。

（二）审批证券上柜交易或上市交易申请；决定暂停或取消上市证券的资格；审核、检查发行者的财务报表和帐册。

（三）批准设立或撤销证券经营机构，审定其业务经营范围，审核其定期报送的财务报表、经营状况报告。必要时，责令其暂停证券业务活动。

（四）依法管理证券经营机构、证券交易所和证券业同业公会。

（五）负责证券市场的调查、统计、分析。

（六）协调和仲裁证券经营机构之间的争议。

（七）监管证券交易活动，认定是否违法。

（八）依法查处证券活动中的违法行为。

（九）其他有关证券活动的管理。

第八章 罚 则

第七十五条 对违反本办法规定的单位和个人，中国人民银行上海市分行金融行政管理处除责令其立即停止违法活动或按国家法律、法规和本办法的规定限期纠正外，可给予下列处罚：

（一）违反第七条、第十五条、第二十四条第一款规定的，处以5万元以上、10万元以下罚款。

（二）违反第十九规定的，处以1万元以上、5万元以下罚款。

（三）违反第二十条第一款、第五十四条规定的，处以5万元以上、10万元以下罚款；情节严重的，处以10万元以上、20万元以下罚款。

（四）违反第二十四条第二款、第二十六条、第三十四条、第三十七条、第四十七条、第四十八条、第六十六条规定的，处以5000元以下、1万元以下罚款。

（五）违反第二十七条、第二十九条、第四十一条第二款、第五十三条、第五十五条第二款规定的，没收其进行非法交易的证券、钱款及非法所得，并处以1万元以上、5万元以下罚款；情节严重的，处以5万元以下、20万元以下罚款。

（六）违反第三十九条规定的，处以5万元以上、10万元以下的罚款；情节严重的，处以10万元以上、20万元以下罚款。

（七）违反第四十条规定的，处以5000元以上、5万元以下罚款。

（八）违反第四十三条第二款、第四十四条规定的，按国家有关法律、法规和规章的规定处理。

（九）违反第五十一条、第五十二条、第六十四条规定的，处以5000元以上、5万元以下罚款。

（十）违反第五十八条、第六十条规定的，处以1万元以上，10万元以下罚款。

第七十六条 本市工商、公安等行政管理机关应当按照各自的职责，协助证券主管机关对证券市场进行管理。

对从事非法倒卖证券的单位和人员，工商行政管理机关可依照《投机倒把行政处罚暂行条例》和本办法的有关规定，予以处罚。

对拒绝、阻碍行政管理机关工作人员依法执行职务的人员，公安机关可按照《中华人民共和国治安处罚条例》的有关规定予以处罚。

第七十七条 证券主管机关违反第八条第一款、第三十一条、第三十二条的，应负行政责任。以管理相对人造成经济损失的，应予以赔偿。

第七十八条 对受到按第七十五条、第七十六条处罚的单位的有关责任人员，本市证券主管机关或工商、公安等行政管理机关认为应当给予行政处分的，移送监察机关或行政主管部门处理，情节严重、构成犯罪的，提请司法机关依法追究其刑事责任。

第七十九条 被处罚的单位或个人不服中国人民银行上海市分行金融行政管理处和工商、公安等行政管理机关的处罚决定的，可在接到处罚决定书之日起15日内，向上一级行政主管机关申请复议，对复议决定不服的，可依法向人民法院提起诉讼。

第九章 附 则

第八十条 本办法由中国人民银行上海市分行负责解释。

第八十一条 本办法自1990年12月1日起施行。1987年5月23日上海市人民政府发布的《上海市企业债券管理暂行办法》和《上海市股票管理暂行办法》同时废止。

上海证券交易所上市公司董事会秘书管理办法（试行）

第一章 总则

第一条 为规范上市公司的行为，保护投资人的合法权益，促进证券市场持续、稳定、健康发展，特制定本办法。

第二条 凡股票获准在上海证券交易所（以下简称“本所”）上市的股份有限公司（以下简称“公司”）应根据本办法聘任董事会秘书。

第三条 董事会秘书为公司的高级管理人员。

法律、法规及公司章程对公司高级管理人员的有关规定，适用于董事会秘书。

第二章　任职条件

第四条　董事会秘书的任职者，应具有大学专科（含专科）以上毕业文凭，从事金融、工商管理、股权事务等工作三年以上，业经本所组织的专业培训并考核合格，一般年龄不超过45岁。

第五条　董事会秘书应熟悉公司经营情况的行业知识，掌握履行其职责所应具备的专业知识，具有良好的个人品质和职业道德，具有较强的公关能力和处事能力。

第六条　董事会秘书原则上由专职人员担任，亦可由公司董事兼任。但如某一行为应由董事及董事会秘书分别作出时，则兼任董事会秘书的董事应以董事会秘书的身份作出。

第七条　董事会秘书不得由有《中华人民共和国公司法》第五十七条规定情形之一的自然人担任。

第八条　公司聘任的会计师事务所的会计师、律师事务所的律师、国家公务员及其他中介机构的人员不得兼任董事会秘书。

第三章　职权范围

第九条　董事会秘书根据法律、法规、公司章程的有关规定，履行下列职权：

（一）依法准备和及时递交中国证监会、地方证券管理部门、政府有关部门及本所要求董事会，股东大会出具的报告和文件；

（二）依法负责公司信息披露事务，并保证公司有关信息及时、真实、完整、规范地进行披露；

（三）筹备董事会会议和股东大会，负责会议的记录工作，并负责保管会议文件和记录；

（四）为董事会决策提供意见或建议，协助董事会在行使职权时切实遵守国家法律、法规、公司章程及本所有关规章制度，在董事会作出违反有关规定的决议时，应及时提出异议，并有权如实向中国证监会、地方证券管理部门及本所反映情况。

（五）负责管理和保存公司股东名册资料，保管董事会印章，确保符合资格的投资人及时得到公司披露的资料；

（六）负责公司咨询服务，协调处理公司与股东之间的相关事务和股东日常接待及信访工作；

（七）负责筹备公司境内外推介宣传活动；

（八）负责办理公司与董事、中国证监会、地方证券管理部门、本所、各中介机构之间的有关事宜；

（九）董事会授予的其他职权。

第四章　任免程序

第十条　董事会秘书由公司董事会聘任。

董事会聘任董事会秘书，应向股东大会报告，并通过公共传播媒介向社会公众披露，同时报中国证监会、地方证券管理部门和本所备案。

第十一条　董事会聘任董事会秘书后，应向中国证监会、地方证券管理部门及本所备案的资料包括：

（一）董事会秘书的品德、工作能力及表现等；

（二）董事会秘书的履历、学历证明（复印件）、相关工作经历；

（三）董事会秘书取得的由本所颁发的董事会秘书培训合格证书；

（四）董事会出具的董事会秘书聘任书；

（五）董事会秘书的通讯方式，包括办公电话、住宅电话、移动电话、传真、通讯地址、邮政编码等；

（六）公司董事会聘任的董事会秘书合格替任人员名单及通讯方式。

第十二条　董事会秘书在任职期间出现下列情形之一时，公司董事会应终止对其聘任；

（一）在执行职务时因个人行为造成重大错误或失误，给公司和投资人造成重大损失；

（二）在执行职务时违反法律、法规、公司章程及本所规章制度，造成严重后果或恶劣影响；

（三）本所认为不具备继续出任董事会秘书条件。

第十三条　公司董事会解聘董事会秘书，应立即以书面形式通知中国证监会、地方证券管理部门和本所，并向下届股东大会报告；同时通过公共传播媒介向社会公众说明被解聘的董事会秘书终止聘任的原因。

第十四条　公司董事会终止聘任前任董事会秘书的同时，须按本办法第十一条所要求提供的资料和必须履行的手续，重新聘任董事会秘书。

第十五条　被解聘的董事会秘书离任前，应接受公司监事会的离任审查，并将有关档案材料、尚未了结的事务、遗留问题在公司监事会的监督下，完整地移交给新任董事会秘书，并有向中国证监会、地方证券管理部门、本所反映申诉个人意见的权力。

第五章　法律责任

第十六条　如董事会的决议违反法律、法规或公司章程，致使公司遭受严重损失时，除依照《公司法》一百一十八条第（三）款的规定由参与决策的董事对公司负赔偿责任外，董事会秘书也应承担相应责任；除非董事会秘书能够提供证据证明自己已经履行了本办法第九条第（四）款的职责。

第十七条　董事会秘书出现本办法第十二条规定情形之一时，本所可以采取以下处罚措施：

（一）向公司董事会通报并建议免除其任职资格；

（二）情节严重者，不得从事本所其他上市公司董事会秘书的工作，并通过公共传播媒介向社会公众披露；

（三）向公司董事会或中国证监会、地方证券管理部门提出处罚意见。

第十八条　董事会秘书对所受处罚不服，可在接到处罚决定通知之日起十五日内向中国证监会、地方证券管理部门或指定机构提出申诉。

第六章　附则

第十九条　本办法如有未尽事宜，本所将及时修改补充。

第二十条　本办法由本所负责解释。

第二十一条　本办法自公布之日起施行。

一九九六年八月九日

异地证券经营机构上海（证券）业务部及其营业部管理办法

（1994年12月14日　沪银金管〔1994〕5394号）

第一条　为了进一步发展和完善上海证券市场，加强对异地证券经营机构上海（证券）业务部及其营业部的管理，根据有关的法律、法规，特制定本办法。

第二条　本办法所称异地证券经营机构上海（证券）业务部，是指经中国人民银行批准成立，在上海行政区域外注册登记，可经营证券业务的非银行金融机构、综合性银行在上海行政区域内设立的不具有法人资格的（证券）业务部（以下简称上海业务部。）

第三条　本办法所称异地证券经营机构营业部，是指经中国人民银行上海市分行批准设立，隶属于上海业务部的不具有法人地位的非独立核算的专门经营证券交易等业务的对外营业场所（以下简称营业部）。

第四条 中国人民银行上海市分行是上海业务部及其营业部的主管机关（以下简称主管机关），负责对上海业务部及其营业部的领导、管理、监督、稽核和检查，日常工作由中国人民银行上海市分行金融行政管理处负责。

第五条 上海业务部的设立必须经主管机关批准，未经批准任何异地证券经营机构不得在上海设立业务部。

上海业务部的名称，必须冠以“上海”字样。

第六条 申请上海业务部应至少具备下列条例：

1. 有不少于1000万元人民币的营运资金；
2. 有固定的业务办公场所和必要的业务设备；
3. 有合格的从业人员；
4. 已被批准成为上海证券交易所会员。

第七条 申请设立上海业务部应向主管机关提供下列文件（一式二份）：

1. 设立上海业务部的申请报告；
2. 中国人民银行颁发给其公司（或银行）的金融许可证副本（复印件）及批准的章程；
3. 当地省或计划单列市人民银行同意其在上海设立业务部的批文；
4. 上海证券交易所同意其成为会员的批文（复印件）；
5. 营运资金的验资证明；
6. 某公司（或银行）的业绩报告和近两年的年度财务报表；
7. 上海业务部主要负责人简历；
8. 主管机关认为需要的其他文件。

第八条 上海业务部只能在上海证券交易所内经营下列业务：

1. 证券自营买卖业务；
2. 证券异地委托买卖业务。

第九条 经批准设立的上海业务部，由主管机关颁发《经营金融业务许可证》并须在上海市办理工商登记和税务登记。

第十条 上海业务部有下列变动需报经主管机关批准：

1. 变更营运资金；
2. 变更名称、地址、业务范围和主要负责人；
3. 其他重大的变动情况。

第十一条 上海业务部经主管机关批准后，可按有关规定在上海市行政区域内申请设立一家营业部。

营业部的名称，应冠以所在路段的路名，如遇同路同名的情况可另定。

第十二条 上海业务部申请设立营业部必须具备下列条件：

1. 上海业务部的业绩良好，无重大违章违规行为；
2. 有不少于500万元人民币的营运资金；
3. 有足够的营业场所和必要的交易设施；
4. 有合格的业务人员；
5. 异地交易专线必须开通。

第十三条 上海业务部申请设立营业部应首先向主管机关申请筹建，待筹建完毕后才可申请开业。

第十四条 上海业务部申请筹建营业部应向主营机关报送下列文件：

1. 筹建营业部的申请报告；
2. 当地省或计划单列市人民银行同意其在上海设立营业部的批文；
3. 营业部所在区、县公安局同意在其客辖区域内设立营业部的批文；
4. 房屋租赁意向书。

第十五条 上海业务部在其营业部筹建完毕后，于正式开业前15天向主管机关报送下列文件：

1. 开业的申请报告；
2. 房屋租赁协议（至少三年）或房屋所有权凭证；
3. 营业部负责人简历；
4. 营运资金的验资证明；
5. 上海业务部的业绩报告和近期财务报表；
6. 营业部自律管理文件及内容操作规则；
7. 主管机关需要的其他文件。

第十六条 营业部经批准可以经营下列业务：

1. 自营或代理买卖在上海证券交易所上市或市内上柜的有价证券；
2. 代理销售在上海市发行的有价证券；
3. 证券代保管；
4. 证券投资咨询；
5. 经中国人民银行上海市分行批准的其他业务。

第十七条 设立营业部的上海业务部应将下更变列事项报主管机关批准：

1. 变更营业部的营运资金数额；
2. 变更营业部的营业地址和主要负责人。

第十八条 上海业务部及其营业部必须履行下列义务：

1. 遵守国家和上海市有关法律、法规及规章制度；
2. 依法纳税；
3. 每月12日以前向主管机关按时送上一月份的财务报表、有价证券转让统计月报表及主管机关要求的其他报表；
4. 将上海市的每日证券行情及时传输异地证券机构并公开显示。

第十九条 上海业务部及其营业部在没有申领到《经营金融业务许可证》以前，不得通过新闻媒介对外公开宣传。

第二十条 上海业务部及其营业部的负责人必须是其公司的在册职工。

第二十一条 上海业务部及其营业部的终止必须报主管机关批准，并在主管机关和有关部门的监督下清理债权债务，缴销《经营金融业务许可证》，持主管机关的批准撤销文件，向工商行政管理部门报请缴销《营业执照》。

第二十二条 异地证券经营机构违反第五条一款的、上海业务部违反第十一条一款的，主管机关可以按照《金融机构管理规定》条五十一条的规定作出处罚。

第二十三条 上海业务部违反第八条、第十九条、第十条的，上海业务部的营业部违反第十六条、第十七条的，上海业务部及其营业部违反第二十一条的，主管机关可以按照《金融机构管理规定》第五十八条的规定作出处罚。

第二十四条 上海业务部及其营业部违反第十八条第3款的，主管机关可予以警告、通报批评或处以1万元以上5万元以下罚款。

第二十五条 上海业务部及其营业部违反第二十条的，主管机关可责令其限期改正，在期限内未改正的，可缴销上海业务部及其营业部的《经营金融业务许可证》。

第二十六条 本办法由中国人民银行上海市分行负责解释。

第二十七条 本办法自颁布之日起实施，我行1992年5月16日颁布的《异地证券经营机构上海（证券）业务部管理暂行方法》同时废止。

上海证券交易所交易市场业务规则

第一章　总则

第一条　根据国家有关法律、法规和《上海证券交易所章程》制定本规则。

第二条　本规则所称交易市场，为上海证券交易所（以下简称本所）设立的证券集中交易市场。

第三条　本规则所称证券，为依国家法律、法规及本所上市管理规则所定义的上市证券。

第四条　本规则所称上市，为证券在交易市场挂牌买卖。

第五条　本规则所称证券主管机关，为国家证券委员会及其指导下的中国证券监督管理委员会。

第六条　本规则所称证券商，为本所会员。

第七条　本规则所称受托买卖，为证券商按委托人的要求在交易市场买卖证券。

第八条　本规则所称委托人，为依国家法律、法规的规定，可进行证券买卖的自然人和法人。

第九条　本规则所称自营买卖，为证券商以自己的名义和帐户在交易市场买卖证券。

第十条　本规则所称清算交割，限于证券商之间在交易市场成交后的清算交割。

第十一条　本规则所称买卖证券，限于现货交易，采用集中公开竞价方式。

第十二条　本所交易市场业务，除遵照有关法令规定外，依本规则办理。

第二章　交易市场

集市时间

第十三条　交易市场每周一至周五开市，每日分前、后两市，上午九时三十分至十一时三十分为前市，下午一时三十分至三时三十分为后市。法定假日不开市。

本所认为有必要时，可临时调整开市时间。

第十四条　交易市场开市、闭市以鸣锣为号。

第十五条　交易市场开市后，如遇偶发事故，可宣布暂停交易。在宣布之前已成交的买卖仍属有效。前项事故消除后，本所宣布恢复交易。

交易席位和进场人员

第十六条　证券商可在交易市场拥有一个交易席位。经证券商申请本所同意后，可增加交易席位。

第十七条　进入交易市场，限于下列人员：

一、本所登记注册的证券商交易员；

二、本所场务执行人员；

三、本所特许入场的人员。

第十八条　各证券交易员可按交易席位向本所办理登记注册，每个交易席位一般登记注册二名交易员。

第十九条　交易市场开市时，每个交易席位至少须有一名登记注册的交易员到场。

第二十条　证券商须指定交易员一人为其场内代表。交易市场开市时，场内代表必须到场，如因故不能到场，证券商须另行指定交易员一人为其临时场内代表。

第二十一条　证券商交易员经本所培训考核合格方可出任。

第二十二条　证券商交易员须按规定着装，遵守入场规定，最迟于开市前十分钟到场。

第二十三条　证券商交易员须遵守交易市场的一切规定，自觉维护市场秩序。

第二十四条　证券商交易员须爱护使用交易市场的设备。如需增减设备或变动设备位置，须经本所批准。

第二十五条　证券商交易员涉讼为民事、刑事诉讼被告者，证券商应即报本所备案。

第二十六条　证券商更换交易员须本所批准，并变更注册登记。

第二十七条　交易市场的监理人员由本所场务执行人员担任，并按规定时间着装和佩戴标志进场。

第二十八条　交易市场开市时，一律使用普通话。

第三章　委托买卖证券

名册登记和开户

第二十九条　委托人委托买卖股票，必须先亲自向本所（或本所指定的证券商）办理名册登记并开立股票帐户。

第三十条　委托人办理名册登记分为个人名册登记和法人名册登记。

第三十一条　个人名册登记应载明登记日期和委托人的姓名、性别、身分证号码、家庭地址、职业、联系电话、并留存印鉴或签名样卡。

第三十二条　法人名册登记应提供人注册登记证明，并载明法定代表人及授权证券交易执行人的姓名、性别，留存法定代表人授权证券交易执行人的书面授权书。

第三十三条　每个委托人可开立一个股票帐户，限本人使用。

第三十四条　委托人开立的股票帐户如因故丢失，可申请挂失，经本所审核后可予补开。

第三十五条　委托人委托买卖股票，须事先在证券商或本所指定的银行开立资金专户，委托人存入资金专户中的资金利息，由开户证券商或银行转入专户。

第三十六条　委托人可在证券商处开立债券专户。债券专户中的余额，表明委托人所持债券数，由证券商免费代为保管。

第三十七条　下列人员不得办理名册登记和开户：

一、国家法律、法规规定不得参与股票交易的自然人和法人；

二、未成年人未经法定监护人的代理或允许者；

三、因违反证券法规，经有权机关决定停止其证券交易而期限未满者。

第三十八条　本所和证券商对委托人的名册登记和开户事项负有保密的责任，未经委托人许可不得披露。

委托的办理

第三十九条　委托人办理名册登记后，可在证券商的营业时间内向其办理委托。

前项所称的营业时间，证券商须公开告示。

第四十条　委托人向证券商办理委托时，应详细说明下列内容：

一、证券名称和交易的种类；

二、买进或卖出及其数量；

三、出价的方式及价格的幅度；

四、委托的有效期限；

五、纠纷处理方式的选择。

第四十一条　委托人办理委托买入证券时，须将委托买入所需的款项全额交付给证券商（也可事先存入本所或证券商指定的帐户。）

第四十二条　委托人办理委托卖出股票时，须将股票实物全额存入或帐面形式存入本所。

第四十三条　委托人办理委托卖出债券时，须将债券足额交付给证券商；如委托人在债券专户中留有所卖出债券足够的余额，可以不再向证券商交付债券。

第四十四条 委托人委托买卖记名证券时，如本所认为必要，须附加过户申请或转让、背书等。

第四十五条 委托人办理委托时，须承诺对设备、供电、通讯故障或偶发事故等不可抗力因素造成的损失责任不予追究。

形式和种类

第四十六条 委托买卖证券按下列形式办理：

一、当面委托；

二、电话委托；

三、电报委托；

四、传真委托；

五、信函委托。

第四十七条 委托人在办理当面委托时，须由本人填写委托书并签章。

第四十八条 委托人办理电话委托时，由证券商根据电话录音代为写委托书，委托人应于成交后办理交割时补行签章。

第四十九条 委托人在办理电报、传真、信函委托时，由证券商代为填写委托书，并将函电文件附于委托书后。

第五十条 委托买卖证券分市价委托和限价委托。

本所如认为有必要时，可实行特殊形式委托，如停止损失买入（卖出）委托、停止损失及限价委托、授权委托等交易。

第五十一条 市价委托为委托人要求证券商按交易市场当时的价格买进或卖出证券，证券商有义务以最有利的价格为委托人成交。

第五十二条 限价委托为委托人要求证券商按限定的价格买进或卖出证券，证券商在执行时，必须按限价或低于限价买进证券，按限价或高于限价卖出证券。

第五十三条 委托人委托买卖证券的数额，须符合本规则第一一一条、第一一二条规定。

第五十四条 委托人的委托有效期一般为当日有效，指从委托之时起，到当日本所营业终了的时间内有效。

第五十五条 委托人与证券商约定，可实行约定日（营业日）有效，指从委托之时起，到约定的营业日本所营业终了的时间内有效。

委托的受理

第五十六条 受理委托人买卖证券，限于经本所批准可经营经纪业务并落实行情揭示的证券商。

第五十七条 证券商受理委托买卖证券，限于其公司本部营业机构和分支营业机构，以及经本所批准的证券交易业务的代理机构。

第五十八条 代表证券商受理委托买卖证券的，须是经本所培训考核合格的证券业务员。前项人员在执行业务时，须佩戴证券商颁发的标志，并有义务向委托人提供咨询。

第五十九条 证券商遇有下列情况之一时，不得受理委托：

一、本规则第三十七条规定的人员；

二、未按本规则第二十九、三十五、四十一、四十二、四十三、四十五条规定办妥手续及违反本规则第三十三条规定的人员；

三、记名证券成交后未办妥过户手续；

四、全权委托决定买卖证券的种类；

五、全权委托决定买卖证券的数量；

六、全权委托决定买卖证券的价格；

七、信用方式的证券买卖。

第六十条 证券商业务人员受理委托后，须按受托先后顺序即刻通知驻场交易员。

第六十一条 证券商对委托人交保的资金和证券须有详实的记录和凭证，按户分帐管理，不得挪用。

第六十二条 证券商对委托人的委托事项负有保密的责任，未经委托人许可不得披露。

第六十三条 证券商在受理委托时，须向委托人说明遇有不可抗力因素造成的损失责任的处理事项。

委托的执行

第六十四条 委托人的委托如未能全部成交，证券商在委托有效期内可继续执行，直至有效期结束。

第六十五条 在委托未成交之前，委托人有权变更和撤销委托。

第六十六条 委托人变更委托，视同重新办理委托。

第六十七条 对委托人变更或撤销委托，证券商业务员须即刻通知驻场交易员，在经驻场交易员确认后，当即将执行结果告知委托人。

第六十八条 对委托人撤销和失效的委托，证券商须根据委托人的要求，及时退还其交保的资金或证券。

第六十九条 委托人买卖成交后，证券商须及时通知委托人，并按规定的交割时间向委托人办理交割手续。

第七十条 证券商在向委托人办理交割时，须将“成交过户交割凭单”（或“成交交割凭单”）交给委托人签收。

第七十一条 委托人在接到成交通知后，应及时向证券商办理交割手续。

第七十二条 在证券商按委托人要求成交后，委托人必须承认成交的价格和数量，如期履行交割手续，否则即为违约。

第七十三条 委托人的委托书及委托执行中的有关收付凭证，证券商须保存两年以上。

第四章 自营买卖证券

第七十四条 在交易市场自营买卖证券，限于经本所批准可经营自营买卖业务的证券商。

第七十五条 证券商在交易市场自营买卖证券，由固定的一个交易席位申报。

前项所指交易席位，由证券商自行指定，报本所备案，未经本所同意，不得擅自变更。

第七十六条 证券商的自营买卖证券，须通过本所指定的特种经纪商进行。

第七十七条 证券商不得以自己的名义为他人或以他人的名义为自己在交易市场自营买卖证券。

第七十八条 证券商不得在交易市场联手进行自营买卖。

第七十九条 证券商在交易市场自营买卖证券，不得有为达到操纵市场的目的高价收购或低价抛售的行为。

第八十条 当本所根据交易市场的需要，对自营买卖提出要求时，证券商应予配合。

第五章 交易市场交易

交易类别和申报竞价

第八十一条 本所交易市场交易分为下列类别。

一、普通交易：指买卖成交当月，成交各方进行清算交割的交易；

二、约定日交易：指买卖成交后的十五天（含成交当天）内，成交各方按约定日期进行清算交割的交易。

第八十二条 证券商进行约定日交易，在执行前须征得本所同意。

第八十三条 证券如有下列情况，以拍卖、标购或其他方式进行交易。

一、债券发售及其整批买卖；

二、股票上市前整批发售；

三、情形特殊不宜依通常规定处理的证券买卖。

第八十四条 证券商在交易市场买卖证券均需公开申报竞价。

第八十五条 交易市场交易，由本所选用下列申报竞价方式。

一、口头申报竞价；

二、电脑申报竞价；

三、书面申报竞价。

第八十六条　证券商申报竞价时，可依集合竞价方式或连续竞价方式进行，其申报竞价限于当日有效。

第八十七条　连续竞价时的申报方法为：

一、无论买入或卖出，每次申报的价格以不超过即时揭示价格的上下一定百分比为限；

二、如买入或卖出有一方无揭示价格，则申报价格按另一方的即时揭示价格上下一定百分比为限；

三、如买卖双方均无揭示价格，则按最新一笔成交价为申报价格的基准；如当日无成交价，则取前一日收盘价为申报价格的基准。

第八十八条　集合竞价时的申报价格无限定。

第八十九条　证券商须按受托的时间顺序进行申报竞价。

第九十条　证券商申报的价格，股票以一股，债券以100元面额为计价单位。

第九十一条　本所可根据需要，规定证券商每次申报的数量和价格的幅度。

第九十二条　证券商在申报竞价时，须一次完整地报明买卖证券的数量、价格及其他规定的要素。

第九十三条　证券商同时接受两个以上委托人买进与卖出委托且种类、数量、价格相同时，仍应分别向本所申报竞价。

开盘交易

第九十四条　每个营业日开市后，某种证券的第一笔成交价为该证券的开盘价。

第九十五条　每个营业日闭市前，某种证券的最后一笔成交价为该证券的收盘价。

第九十六条　证券的开盘价和收盘价，可由本所通过集合竞价或连续竞价的方式产生。

第九十七条　本所证券买卖的成交价格实行随行就市、自由竞价。但本所认为有必要时，可临时实行涨跌停制度。

第九十八条　证券商申报竞价不能一次全部成交时，其余量仍可继续竞价。

第九十九条　股票上市公司增发股票或发放股息、红利时，其股票以除权或除息的方式交易。

前条所称除权，为当日在交易市场买入股票，要除去购买新股的权利。前条所称除息，为当日在交易市场买入股票，要除去领取股息红利的权利。

竞价成交

第一〇〇条　本所交易市场交易按价格优先、时间优先的原则竞价成交。

第一〇一条　成交时价格优先的原则为：

一、较高买进申报优先满足于较低买进申报，较低卖出申报优先满足于较高卖出申报；

二、市价买卖申报优先满足于限价买卖申报。

第一〇二条　成交时间优先的原则为：同价位申报，先申报者优先满足于较后申报者。

第一〇三条　确定时间优先的方法为：

一、口头申报竞价时，按中介经纪人听到的顺序排列；

二、电脑申报竞价时，按计算机主机接受的时间顺序排列；

三、在书面申报竞价时，按中介经纪人接到的书面申报单证的顺序排列。

第一〇四条　在无法区分证券商申报的时间先后时，由中介经纪人组织抽签决定。

第一〇五条　连续竞价时，成交价格的决定原则为：

一、最高买进申报与最低卖出申报价位相同；

二、买入（卖）出申报价格高（低）于市场即时的最低（高）卖出（买入）申报价格时，取即时揭示的最低（高）卖出（买入）申报价位；

第一〇六条　集合竞价时，成交价格的决定原则为：

一、能实现成交量最大的价位；

二、高于决定价格的买进申报与低于决定价格的卖出申报须全部满足；

三、与决定价格相同的一方（买方或卖方）须全部满足。

如有两个价位都满足上述条件，则取其中间价位为决定价格。

第一〇七条　证券商申报竞价成交后，买卖即告成立，不得撤销冲正。

第一〇八条　如申报有误，可依下列办法处理：

一、如价格申报有误，由买卖双方自行协商解决；

二、如买卖申报反向，由证券商在场内自行补正；

三、对因特殊情况确需本所调整的，可通过本所办理非交易过户。

整数交易和零股交易

第一〇九条　交易市场的股票交易实行整数交易和零股交易两种方式，债券交易等实行整数交易。

第一一〇条　股票整数交易以一定面额为一个交易单位，债券整数交易以每1000元面额为一个交易单位，均简称为“一手”。

第一一一条　整数交易时，委托买卖股票、债券的数额，须是以一个交易单位（一手）为起点的整倍数。

第一一二条　股票零股交易时，由零股证券商自营买入，并按规定办法办理过户。

第一一三条　零股交易的成交价格由委托人和零股证券商双方协定。

第六章　清算交割

时间和人员

第一一四条　本所办理清算交割的时间为营业日的上午休市前一小时。

第一一五条　如遇偶发事故时，本所可临时变更清算交割时间，并提前通告。如有不可抗力之事故发生，致使无法办理清算交割，由本所先行停止清算交割事务，另拟处理办法报请证券主管机关核准后实施。

第一一六条　证券商须配备专职清算交割人员，并经本所登记注册后方可执行职务。

第一一七条　证券商清算交割人员，须按每日清算交割时间，准时向本所办理清算交割事务。如因故不能执行职务，须由证券商事先向本所报备，并指定人员代理执行。

第一一八条　证券商在本所交易市场成交后的清算交割，必须通过本所办理。

第一一九条　证券商在本所交易市场拥有多少个交易席位，经本所同意后可按席位分别向本所办理清算交割事务。

清算

第一二〇条　本所以每一营业日为一个清算期。

第一二一条　各证券商须统一在本所指定的银行开设清算帐户，并保持足够的余额，保证即日清算交割划拨价款之需。

第一二二条　本所按“净额交收”的原则清算交割。

第一二三条　按前条的规定，每一证券商在一个清算期中，对价款的清算，计其应收应付相抵后的净额；对证券的清算，计每种证券应收应付相抵后的净额。

第一二四条　每日交易市场闭市后，本所按席位编制当日“清算交割表”和“资金结算一览表”，分发送证券商清算交割人员。

第一一二五条　证券商核对“清算交割表”和“资金结算一览表”无误后，须在约定的交割期和本所的清算交割时间内履行交割手续。

交割

第一二六条　各证券商须按“清算交割表”中所载事项足额办理交割。

第一二七条　办理价款交割时，由本所委托指定的银行通过帐面划转直接进行。

第一二八条 证券商可按本规则第一四五条的规定，参加证券集中保管。

第一二九条 办理证券交割时，由本所通过证券集中保管库存帐户划转完成。如有特殊需要，依下列规定办理：

一、应付证券者，将应付证券如数送至本所；

二、应收证券者，向本所提领或持本所开具的凭证向应付证券者提领。

第一三〇条 证券商不参加证券集中保管造成不能通过库存帐户划转完成交割时，该证券商须承担送交或提领证券的全部事务。

交割争议处理

第一三一条 买方证券交易商在交割时，如遇下列情形可拒绝提领卖方证券商交付的证券。

一、有伪造嫌疑；

二、污损不全或印章模糊不能辨认；

三、种类不符或不合交易单位；

四、其他疑义。

第一三二条 卖方证券商如认为买方证券商拒绝提领的理由不妥时，可提请本所或有权机关裁定。

第一三三条 卖方证券商在对方拒绝提领的理由成立时，应负责按交割双方约定的办法，以同种证券补正交付买方证券商并承担一切损失。

第一三四条 买方证券商在拒绝提领的理由不成立时，须承担由此造成卖方证券商的一切损失。

清算交割准备金

第一三五条 证券商参加本所交易市场交易，须按下列标准一次向本所缴存并保持足额的清算交割准备金。

一、专营经纪或自营业务的证券商：人民币20万元；

二、兼营经纪和自营业务的证券商：人民币50万元。

第一三六条 证券商拥有一个以上交易席位时，须按每增加一个席位人民币10万元的标准向本所增缴清算交割准备金。

第一三七条 清算交割准备金由本所专项存储，当证券商未如期履行交割义务时，由本所动用清算交割准备金先为垫付。

第一三八条 对缴存的清算交割准备金，除经法院强制执行外，证券商不得动用。

第一三九条 证券商如转让会员席位，须了结交易市场的交易并结清一切帐目后，本所方发还其清算交割准备金。

清算交割责任

第一四〇条 证券商不得因委托人违约而不履行办理清算交割的责任。

第一四一条 证券商有下列行为时，视为违约。

一、不依规定时间办理清算交割；

二、交割的价款和证券有误；

三、其他违约行为。

第一四二条 证券商违反清算交割规定，除须追缴交割延误款外，还须承担由此造成的一切损失。

第七章 证券保管和过户

证券保管原则

第一四三条 本所建立证券集中保管制度，设立证券集中保管库。

第一四四条 本所集中保管库设立在上海。

第一四五条 参与本所证券集中保管，限于本所的会员。

第一四六条 本所集中保管的证券，限于在本所交易市场上市的证券。

第一四七条 本所集中保管的证券，由本所和证券商双向记帐，分户核算，月末核对。

第一四八条 上市股票全部由本所集中保管。

第一四九条 证券商向本所证券集中保管库寄存和提领证券，须按中国人民银行有价证券出入库制度和本所的规定办理。

第一五〇条 证券商对寄存的证券，须承担完整无缺损的责任。

证券异地寄存

第一五一条 经本所同意，证券商可将其证券寄存于上海市以外的地区，在将代保管寄存凭证交本所验存后，视同存入本所证券保管库。如将证券放在本单位库房的须由当地人民银行鉴证签章。

第一五二条 将证券寄存于上海市地区以外的证券商，须承担下列责任。

一、自行负担寄存费用；

二、确保寄存证券完整无缺损；

三、未经本所同意，寄存证券不得动用；

四、在本所提出调拨要求后，须在十五天内将寄存证券送至本所指定的地点，并承担相应运输费用；

五、随时接受本所核查。

第一五三条 本所可在上海市以外的地区设立证券寄存库。

记名证券过户

第一五四条 上市的记名证券，统一由本所（或本所指定的证券商）办理过户事项。

第一五五条 记名证券每次在本所交易市场买卖成交后，均须办理过户手续，否则不得卖出。

第一五六条 因继承、赠予、财产分割等原因而发生的记名证券转让，受让人须凭公证机关出具的公证文书至本所办理过户。

第一五七条 除本规则第一五六条所列的原因外，记名证券未经本所交易市场成交，一律不得办理过户。

第八章 费用

开户费

第一五八条 委托人开立股票帐户，须向本所交纳开户费，个人投资者依帐户的不同形式交纳10元或40元，机构投资者500元。

第一五九条 委托人要求股票帐户挂失时，须交纳费用10元，补开股票帐户时，按正常开户费交纳。

委托买卖手续费和佣金

第一六〇条 委托人买卖股票，须在向证券商办理委托时，交纳手续费1元。

第一六一条 委托人委托买卖成交后，须在办理交割时，按规定向证券商交纳佣金。

第一六二条 委托买卖债券的佣金起点为5元，交纳标准为：

一、成交金额在5000元以下的，按3.2‰交纳；

二、成交金额在5000元至1万元（含万元）的，按3‰交纳；

三、成交金额在1万元至50万元（含50万元）的，2.8‰交纳；

四、成交金额在50万元至100万元（含100万元）的，按1.8‰交纳；

五、成交金额在100万元至500万元（含500万元）的，按1.5‰交纳；

六、成交金额在500万元以上的，按1.2‰交纳；

第一六三条 委托买卖股票的佣金起点为10元，交纳标准：

一、委托买卖的数量在300元（含300元）面额以下时，按成交金额的7‰交纳；

二、委托买卖的数量在300元面额以上时，按成交金额的5‰交纳。

第一六四条 委托人在上海市以外的地区委托证券商买卖股票另加手续费5元，买卖债券另加手续费2元。

第一六五条 证券商不得任意提高或降低收取佣金的标准。

第一六六条 证券商如遇委托人不交纳佣金，有权从其交保的资金或资金帐户中扣除。

场内交易费

第一六七条 证券商参加本所交易市场交易，须向本所交纳交易费，交易费分为年费和经手续。

第一六八条 自加入本所的当年起，证券商每个席位每年向本所交纳交易年费3万元。

第一六九条 证券商加入本所当年的年费，须在接到批准为会员的通知后的一周内一次向本所交清；七月一日以前加入的，交纳全年的年费，七月一日以后加入的，交纳半年的年费。

第一七〇条 证券商从加入本所的第二年起，最迟须在每年的一月五日前将全年的年费一次划入本所帐户。

第一七一条 证券商在本所交易市场成交后，按下列标准向本所交纳交易经手费：

一、股票按成交金额的0.3‰交纳；

二、债券按成交金额的0.15‰交纳；

三、其他有价证券按成交金额0.3‰交纳。

过户与证券保管费

第一七二条 股票委托买卖成交后，成交双方须各向证券商交纳成交面额0.1%的过户费，由证券商全额交纳本所。

第一七三条 因第一五六条而办理过户，受让人须在至本所办理过户时，按每笔10元交纳过户费。

第一七四条 证券商参加本所证券集中保管须按保管制度规定，交纳证券保管成本费。

第一七五条 投资者要求提取存入本所的股票时，须按提取总面额0.1%的比例向本所交纳手续费，起点为5元。

场内设施使用费

第一七六条 证券商使用本所场内设施，须向本所交纳设施使用费。

第一七七条 证券商使用本所提供的交易人员办公用房，须向本所交纳房屋设施使用费。

第一七八条 证券商使用本所统一提供的电话、传真、电传等电讯设施，其初装费由本所负担，日常使用费按本所向邮电部门交费的标准，向本所交纳电讯设施使用费。

第一七九条 证券商经本所批准在场内自行安装的设施，其一切费用自理。

第一八〇条 证券商交纳设施使用费每月与本所结算一次，须在本所规定的日期内将款项如数划入本所帐户。

第九章 处罚

第一八一条 投资者违反第七十二、一五八、一五九、一六一、一七二、一七三、一七四条规定，本所和证券商有权向其追索赔偿。

第一八二条 证券商交易员违反第十八、二十二、二十三、二十四、五十二、八十四、九十二、九十三条的规定，本所通知其限期改正。情节严重，屡禁屡犯者，将依《上海证券交易所会员管理规则》规定进行处理。

第一八三条 证券商业务员违反第四十九、五十八、五十九、六十、六十一、六十二、六十四、六十七、六十八、六十九、七〇条的规定，本所通知证券商限期改正。其情节严重的，将暂停资格。对造成投资者不应有损失的，应由其证券商负赔偿责任。

第一八四条 证券商清算员违反第一一七、一二五条规定的，本所通知证券商限期改正。屡禁屡犯者，将依《上海证券交易所会员管理规则》规定进行处理。

第一八五条 证券商违反第二十五、二十六、五十七、七十三、七十五、一一六、一一八、一四〇、一四九、一五〇、一五一条的规定，本所通知其限期改正。

第一八六条 证券商违反第一三五、一三六、一六九、一七〇、一七一、一七四、一八〇条的规定，逾期不交或欠交，本所将按应交金额每日0.3‰的比例计收滞纳金。

第一八七条 证券商违反第一二一条、第一二七条第一项规定者，本所将处以一定罚金。

第一八八条 证券商遇下列情况之一者，本所将给予口头警告、书面通报或处以1万元以下罚金；

一、未依第一八五条规定期限改正；

二、违反第七十七、七十八、七十九、八十二、一六五条的规定。

第一八九条 证券商违反第一八八条第二项规定，情节严重，本所将暂停其三个月以下场内交易。

第一九〇条 证券商违反第一八八第二项规定，情节特别严重，对市场造成重大影响，本所将先行停止其场内交易资格，并报请证券主管机关处理。

第一九一条 本所工作人员违反本规则相关条款，本所将依《上海证券交易所工作人员守则》的规定进行处理。

第一九二条 凡对本所处罚不服的当事者，可提请证券主管机关复议或向法院提起诉讼。

第十章 附则

第一九三条 本规则如有未尽事宜，除按有关规定或另订实施办法执行外，本所将修订补充。

第一九四条 本规则解释权属本所理事会。

第一九五条 本规则经本所理事会讨论通过，报证券主管机关核准后施行，修改时亦同。

上海证券交易所交易市场业务（人民币特种股票）补充规则

第一章 总则

第一条 根据《上海市人民币特种股票管理办法》、《上海市人民币特种股票管理办法实施细则》和《上海证券交易所交易市场业务规则》制订本规则。

第二条 除本规则规定外，人民币特种股票（以下简称B种股票）交易业务按《上海证券交易所交易市场业务规则》的规定办理。

第三条 本规则所称营业日，为本所、上海市B种股票业务结算银行、纽约的银行同时营业的工作日。

第二章 名册登记和开户

第四条 境内的委托人办理名册登记和开立B种股票帐户，可委托证券商代为办理：境外的委托人办理名册登记和开立B种股票帐户，可通过境外证券代理商代为办理。

第五条 办理名册登记和开立B种股票帐户时，如属个人投资者，须提供有效的本人护照、身份证；如属机构投资者，须提供登记注册的证明文件、董事会决议书和授权证券交易执行人的书面授权书，以及授权证券交易执行人的护照、身份证等。

第六条 前条所称授权证券交易执行人，必须为境外居民。境内个人投资者和委托他人代理买卖B种股票，其代理人也必须为境外居民。

第三章 委托买卖

第七条 受理B种股票委托买卖业务的，必须是证券主管机关批准可经营B种股票经纪业务的证券商。

第八条 机构投资者委托买卖B种股票，必须由授权证券交易执行人办理。

第九条 委托人的境外委托买卖B种股票时，必须通过境外证券代理商办理。

第十条 委托买卖成交后，证券商须在成交日向委托人发出成交通知；在委托人履行交割手续后，将“成交过户交割凭单”交给委托人。

第四章　交易

第十一条 B种股票交易按电脑申报竞价方式进行，并以每1000元面值为一个交易单位。

第十二条 证券商进行B种股票买卖申报，须在本所同意的一个交易席位进行。

第五章　清算交割

第十三条 B种股票交易在成交后第四个营业日（即T+3）进行清算交割。

第十四条 经营B种股票经纪业务的证券商，须交纳5万美元的清算交割准备金。

第十五条 证券商办理B种股票清算交割及价款划拨，按清算银行的要求执行。

第六章　过户

第十六条 B种股票买卖成交后，由本所统一办理过户手续。

第十七条 买入B种股票的委托人，在未完成过户手续前，不得将其卖出。

第七章　费用

第十八条 B种股票上市、交易、清算、过户等所发生的费用以人民币计价，用美元支付，其折算率按《上海市人民币特种股票管理办法实施细则》的规定办理。

第十九条 B种股票上市初费按发行面额的1‰交纳，起点金额为1500美元，最高不超过5000美元。上市月费按发行面额的0.05‰交纳，起点金额为50美元，最高不额过200美元。

第二十条 委托人在本所开立B种股票帐户，按下列标准交纳费用：

一、个人投资者20美元；

二、机构投资者100美元。

第二十一条 B种股票买卖成交后，委托人在办理交割时，按成交金额0.6%的比例向证券商交纳佣金，起点金额为20美元。

第二十二条 B种股票大宗交易佣金的交纳标准为：成交金额在50万元至500万元（含500万元），按5‰交纳；成交金额在500万元以上的，按4‰交纳。

第二十三条 B种股票买卖成交后，委托人须在办理交割时，按成交面额0.1%的比例交纳过户费，起点为1美元。

第二十四条 B种股票买卖成交后，委托人须在办理交割时，依照税务机关的规定，按成交金额0.3%的比例交纳印花税。

第二十五条 B种股票投资者，如因抵押需要开付“B种股票库存证明”须按库存证明所开列面额0.02%的比例向本所交纳手续费，起点为5美元。

第二十六条 证券商受托买卖B种股票成交后，须向本所交纳成交金额0.3‰的经手费，起点为5美元。

第八章　纠纷处理

第二十七条 B种股票交易中的争议与纠纷，按《上海市人民币特种股票管理办法实施细则》第四十九条规定办理。

第九章　附则

第二十八条 本规则未尽事宜，除比照有关规定执行外，本所将修订补充。

第二十九条 本规则经本所理事会讨论通过，报证券主管机关核准后施行，修订时亦同。

第三十条 本规则解释权属本所理事会。

上海证券交易所证券上市管理规则

（1993年1月修订稿）

第一章　总则

第一条 为了加强对证券上市公司的管理，促进证券市场的健康发展，保护投资者的合法权益，根据国家有关法律、法规制定本规则。

第二条 本规则所称证券，是指政府债券、公司（企业）债券、公司股票（人民币股票和人民币特种股票）及经主管机构批准发行的其他有价证券。

认股权证、投资信用受益凭证等，视同有价证券。

第三条 本规则所称证券上市，是指证券经批准在上海证券交易所（以下简称本所）交易市场挂牌买卖。

第四条 本规则所称财务报表，是指股票上市公司依照国家统一规定的格式编制的资产负债表、利润表、利润分配表和财务状况变动表。

第五条 本规则所称主管机关是指国务院证券委员会及其指导下的中国证券监督管理委员会。

第六条 本规则所称发行上市委员会，是指隶属于本所理事会，由有关方面代表和专家组成，专事证券发行上市审核、监督等职能的专门委员会。

第七条 本规则所称会计师事务所，是指持有执行股份制企业业务许可证的会计师事务所及经有权部门核准的境外会计师事务所。

第八条 本规则所称注册会计师，是指上述会计师事务所中持有执行股份制企业业务许可证的中国注册会计师和境外执行会计师。

第九条 已在另一交易所上市的证券申请在本所上市，由本所酌定上市事宜。

第十条 境外证券申请在本所上市，由本所参照国际惯例，另行制定办法。

第二章　股票上市的条件

第十一条 申请股票上市的公司，同时具备下列各款条件，其股票在本所交易市场第一部上市。

一、依法登记注册，持有标明“股份有限公司”字样的营业执照；

二、实收股本额不低于5000万元人民币；

三、非特定社会公众（自然人和法人）所持股份占总股份的比例不低于25%；

四、持有面值总额一千元以上的个人股东人数不少于1000人；

五、最近三个会计年度连续盈利，且最近两个会计年度股本利润率不低于10%；

六、最近一个会计年度有形资产净值占有形资产总值的比例不低于35%；

七、最近两个会计年度无违反国家法律、法规行为或损害公众利益的记录，且不存在可能严重影响公司业务的法律诉讼案。

八、已落实供投资者索阅有关文件资料的地址，并承诺向社会公众提供咨询服务；

九、已获得至少一位本所会员的推荐上市；

十、已与本所签署上市协议书，并承诺履行待续责任。

第十二条 申请股票上市的公司，同时具备本规则第十条（除二、三、四、五、六）及下列各款条件，其股票在本所交易市场第二部上市：

一、实收股本额不低于2000万元人民币；

二、非特定社会公众所持股份占总股份的比例不低于20%；

三、持有面值总额一千元以上的个人股东人数不少于500人；

四、最近三个会计年度连续盈利，且最近两个会计年度股本利润率不低于8%；

五、最近一个会计年度有形资产净值占有形资产总值的比例不低于25%。

第三章 股票上市的申请

第十三条 申请股票上市的公司须向本所提交下列文件：（一式四份）

一、上市申请书；

二、上市报告书；

三、有权部门批准成立公司的文件；

四、主管机关同意公开发行股票的审核意见书；

五、资产评估机构或国际会计公司所出具的评估报告；

六、国有资产管理部门资产评估的确认书；

七、股票发行的承销协议；

八、招股说明书（或B种股票招股备忘录）；

九、会计师事务所注册会计师出具的验资报告；

十、公司章程；

十一、登记注册的营业执照；

十二、会计师事务所注册会计师签证的最近三个会计年度及截止申请上市前一个月的财务报表；

十三、公司股东大会同意股票上市的决议；

十四、股东名册（软盘）；

十五、本所会员署名的上市推荐书；

十六、在个别情况下，本所认为须提供的其他文件。

第十四条 前条所指上市报告书至少应包括下列主要内容：

一、公司概况；

二、公司组织状况；

三、公司股东持股情况；

四、公司经营业绩；

五、公司财务状况；

六、财务指标分析；

七、公司内部审计监督制度；

八、重要事项揭示；

九、公司后三年发展规划及奖金投向；

十、公司后三年盈利预测。

第十五条 增资配售的公司股票申请上市，须提交下列文件：

一、股东大会通过增资配售股票的决议；

二、主管机关同意增资配售股票的审核意见书；

三、增资配售股票的承销协议及承销报告；

四、会计师事务所注册会计师的鉴证报告；

五、公司股东大会同意增资配售股票上市的决议。

第四章 股票上市的获准

第十六条 申请股票上市的公司向本所提交的文件应内容真实、资料完整，财务报表各项指标应详细、可靠，不得虚假、含糊不清或其他可能使人误信的内容。

第十七条 申请股票上市的公司已提交本所的文件，如须在获准股票上市前作重要更改，须提交与被修订的文件具有同等法律效力的文件。未经本所同意，不得擅自修订。

第十八条 申请股票上市的公司在提出申请至其股票获准上市前，未经本所同意，不得向社会披露有关信息，为推销产品及相关业务而作的宣传不在此例。

第十九条 本所受理公司申请股票上市后，由上市部门在十五个工作日内提出初审意见。

第二十条 本所发行上市委员会根据上市部门提出的初审意见，在十五个工作日内核准公司申请股票上市的要求，并报主管机关备案。

第二十一条 本所发行上市委员会核准公司申请股票上市要求时，以不少于全体分员三分之二通过有效。

第二十二条 主管机关在接到本所发行上市委员会的批准证券上市意见后，十五个工作日内不提出疑议，该批准即自动生效。

第二十三条 股票获准上市后一周内，本所向股票上市公司开具"上市通知书"。

第二十四条 获准股票上市的公司最迟须在正式上市日的一周前公布上市报告书，及经会计师事务所注册会计师鉴证的财务报表。

第二十五条 获准股票上市的公司须在收到"上市通知书"的三天内，将上市费用汇入本所指定的帐户。

第五章 股票上市的暂停与终止

第二十六条 股票上市公司有下列情况之一时，本所暂停其股票上市，并报主管机关备案。

一、公司发生重大改组或经营有重大变更而不符合上市条件；

二、公司未履行法定公开的义务或财务报告及报本所的文件资料严重不实；

三、公司吸收合并或派生分立的资金占股本总额50%（含50%）以上；

四、公司出售或收购的资产占股本总额25%（含25%）以上；

五、最近两个会计年度连续亏损；

六、公司处于重大法律诉讼案件被告地位；

七、公司因信用问题被停止与银行的业务往来；

八、公司面临破产；

九、连续两个季度未交纳上市费；

十、未履行上市协议且情况严重者；

十一、其他必须暂停上市的原因。

第二十七条 上市股票因上述原因被本所暂停上市后，由本所开具"暂停上市通知书"，并在指定的公开发行的报刊上公布。

第二十八条 股票暂停上市的时间，一般不超过九个月。

第二十九条 暂停上市的股票因被暂停的原因消除，上市公司向本所提交恢复上市的申请，经本所同意后开具"恢复上市通知书"，并在指定的公开发行的报刊上公布。

第三十条 股票上市公司，遇有下列情况之一时，本所可作为临时暂停上市的决定，其临时暂停上市的时间依情况而定。

一、股票上市公司的某项消息在市场上流传而引起股价的较大变动；

二、股票上市公司的管理人员或大股东买卖股票数占总股份1%时；

三、股票上市公司公告送配股等重要消息后；

四、其他须临时暂停上市的原因。

第三十一条 在本所交易市场第一部上市的股票上市公司，连续两年会计年度不符合第一部上市条年，其股票降为第二部上市。在本所交易市场第二部上市的股票上市公司，连续两个会计年度不符合第二部上市的条件，本所将终止其股票上市，并报主管机关备案。

第三十二条 上市股票有下列情况之一，本所将终止其上市，并报主管机关备案。

一、本规则第二十六条所列情况，并已造成严重后果；

二、在暂停时间内未能消除被暂停的原因；

三、公司解散或破产清算；

四、其他必须终止上市的原因。

第三十三条 上市股票被终止上市后，由本所开具“终止上市通知书”，并在指定的公开发行报刊上公布。

第三十四条 股票终止上市的公司，经调整改进后（不低两年）其股票符合上市条件，可重新提出上市申请。申请手续按新上市办理。

第六章 财务报表与年度报告

第三十五条 股票上市公司须向本所报送季度财务报表（包括资产负债表和利润表），并须于每季度结束后三周内送达。

第三十六条 股票上市公司须向本所报送中期财务报表，并须于每半年结束后五周内送达。

第三十七条 中期财务报表至少应有下列内容：

一、资产负债表（与上年度同期比较）；

二、利润表（与上年度同期比较）；

三、财务报表附注说明；

四、重大事项揭示。

第三十八条 股票上市公司须向本所报送年度报告，并须于每年度结束后十周内送达。

第三十九条 年度报告至少应有下列内容：

一、公司基本情况；

二、公司高级管理人员简况；

三、公司股东情况；

四、财务状况；

五、财务指标分析；

六、重大事项揭示。

第四十条 股票上市公司年度报告须经股东大会审议通过，董事长签名公司盖章。

第四十一条 股票上市公司的董事长、董事会其他成员对季度财务报表、中期财务报表和年度报告的内容负个别和共同责任。

第四十二条 中期财务报表应于会计年度半年终了后九周内，年度报告应于会计年度结束后十五周内，在本所指定的公开发行的报刊上予以公布。

第四十三条 股票上市公司的高级管理人员和其他知情者，在中期财务报表和年度报告尚未公布前，不得以任何方式向社会披露相关信息。

第七章 重要事项揭示

第四十四条 股票上市公司发生下列可能对股票价格产生重大影响的重要事项，须在事后三天内向本所报告。

一、法定地址、法定名称、注册资本变更；

二、法律顾问、会计师事务所变更；

三、生产经营环境、经营项目或方式发生重要变化；

四、公司高级管理人员发生人事变动；

五、公司及控股公司、子公司组织机构发生变化；

六、公司高级管理人员和持股占总股本5%以上的股东持股情况发生较大变化；

七、公司章程修改；

八、股东大会通过增、减公司股本或发行优先股、公司债券、可转换债券的决议；

九、公司出售或收购资产占总股本10%（含10%）以上；

十、发生重大债务或非常亏损事件；

十一、公司资产遭受巨大损失；

十二、作出兼并、合并、分立等重大的决策；

十三、公司发生重大法律诉讼案件；

十四、进入清算或破产整顿；

十五、本所和股票上市公司认为需要报告的其他事项。

第四十五条 股票上市公司发生第四十四条所列重要事项，须将变更内容及事项情况通过本所指定的公开发行的报刊予以揭示。

第八章 债券及其他证券

第四十六条 申请债券上市的公司（企业），同时具有下列各款条件，其债券可在本所交易市场上市。

一、依法登记注册，持有营业执照；

二、最近两个会计年度连续盈利；

三、经本所认可的评估机构评估，债券信用等级不低于A级；

四、债券的期限不低于一年；

五、债券实际发行额不低于1000万元人民币。

第四十七条 申请债券上市的公司（企业），须向本所提交下列文件（一式三份）。

一、上市申请书；

二、批准债券发行的文件；

三、债券发行章程；

四、最近两个会计年度的财务报表；

五、经本所认可的评估机构出具的债券评估证明（外币债券应有担保书）；

六、债券样张（两套）；

七、登记注册的营业执照；

八、债券发行的完成报告；

九、本所会员署名的上市推荐书；

十、本所认为其他须提交的文件。

第四十八条 本所受理公司（企业）申请债券上市后，由本所发行上市委员会在十五个工作日内核准其债券上市要求，并报主管机关备案。

第四十九条 债券获准上市后一周内，本所向债券上市公司（企业）开具“上市通知书”，并在指定的公开发行的报刊上予以公告。

第五十条 获准债券上市公司（企业），须在收到“上市通知书”的三天内将上市费用汇入本所指定帐户。

第五十一条 政府债券在本所上市，豁免上市审批，费用缴纳事宜。

第五十二条 政府债券上市由本所根据主管机关及有权部门的通知，在本所指定的公开发行的报刊上予以公告。

第五十三条 认股权证、投资信托受益凭证的上市等一应事项，比照股票上市的办法。

第五十四条 公司债券、认股权证、投资信托受益凭证的暂停上市和重要事项揭示等处理原则，与股票相同。

第五十五条 政府债券公司债券于到期兑付前一周、认股权证可转让期结束，自动终止上市。

第九章 上市的费用

第五十六条 证券在本所上市的公司（企业），须向本所交纳上市费。

第五十七条 上市费分上市初费和上市月费。上市初费由证券上市公司最迟在其证券上市的三天前交纳，上市月费自上市日的第二月起至终止上市的当月止每月15日前交纳，也可按季或年预交。

第五十八条 在第一部上市的人民币股票上市初费的标准，按上市总面额0.02%交纳；在第二部上市的人民币股票上市初费的标准，按上市总面额0.05%交纳，起点为10000元，最高不超过50000元。

第五十九条 人民币特种股票上市初费的标准，按上市总面额0.2%交纳，起点为3000美元，最高不超过10000美元。

第六十条 在第一部上市的人民币股票上市月费的标准，按上市总面额0.001%交纳，在第二部上市的人民币股票上市月费的标准，按上市总面额0.0025%交纳，起点500元，最高不超过2500元。

第六十一条 人民币特种股票上市月费的标准，按上市总面额0.005%交纳，起点为100元，最高不超过500元。

第六十三条 暂停上市的证券恢复上市，不再交纳上市初费。

第六十四条 被本终止证券上市的公司，已交纳的上市费不予退还(预交不在上例)。

第六十五条 被本所终止上市的公司，其证券重新获准上市时，须重新交纳上市初费和上市月费。

第十章 罚则

第六十六条 股票上市公司违反本规则第十三条、第十四条、第十五条、第十七条、第十八条、第三十四条、第三十七条、第三十九条、第四十条规定，本所促其限期改正，改正不力的，处以二千元以上二万元以下的罚款。

第六十七条 股票上市公司违反本规则第十六条、第十八条、第二十四条、第四十二条、第四十五条规定，处以一万元以上五万元以下的罚款。

第六十八条 股票上市公司违反本规则第五十七条规定，本所将向其按日收取迟纳金，并处以五千元以上三万元下的罚款。

第六十九条 股票上市公司违反本规则第四十四条规定，除临时暂停交易外，并处二万元以上十万元以下罚款。

第七十条 债券及其他证券违反本规则第四十七条、第五十条、第五十三条、第五十四条规定，处以二千元以上二万元以下罚款。

第七十一条 证券上市公司在接到处罚决定后，应予执行。但如对处罚决定有异议，可向主管机关提出申诉，或向法院提出诉讼。

第十一章 附则

第七十二条 本规则如有未尽事宜，本所将及时修订补充。

第七十三条 本规则解释权属本所理事会。

第七十四条 本规则经本所会员大会讨论通过，报经主管机关批准后施行。《上海证券交易市场业务试行规则》第三章同时废止。

上海证券交易所会员管理规则

(1993年1月修改稿)

第一章 总则

第一条 根据国家有关法律、法规和《上海证券交易所章程》制定本规则。

第二条 本规则所涉专门用语，同上海证券交易所(以下简称本所)业务规则等法规。

第二章 会籍

第三条 证券经营机构符合本所章程第八条规定的条件，向本所提出申请并经本所批准后，可成为本所的成员。

第四条 证券经营机构申请加入本所，须向本所递交下列文件(一式三份)：

一、申请表；

二、报告书；

三、机构设立的有效批准文件；

四、有权部门核发的《经营金融业务许可证》；

五、机构登记注册的证明件；

六、机构章程；

七、主要业务规章制定；

八、部门设置和证券业务人员名册；

九、法定代表人和证券业务负责人简历；

十、经会计师事务所注册会计师查核签证的最近两年的财务报表；

十一、当地有权部门同意加入本所的批准文件；

十二、本所或证券主管机关认为须提供的其他文件。

第五条 证券经营机构向本所递交的报告书至少须说明下列内容：

一、机构概况，包括辖属关系、资本金、历史沿革、业务范围等；

二、机构最近两年的业务经营状况和财务状况；

三、机构最近两年的证券经营情况；

四、申请加入本所的理由；

五、加入本所的业务准备情况；

六、本所或证券经营机构认为须说明的其他情况。

第六条 本所收到证券经营机构加入本所的申请后，由本所管理部门进行初审。

第七条 如经本所管理部门初审合格后，报本所理事会(或常务理事会)审核批准。

第八条 对获准加入本所的证券经营机构，本所向其发出批准通知，颁发《上海证券交易所会员证书》，并在公开发行的报章上予以公告。

第九条 证券经营机构收到本所发出的批准为会员的通知后，须在一周内按章程的规定，将会员席位费划入本所帐户。

第十条 会员若要转让会籍，必须提前向本所递交报告，详细说明转让的理由、方式、时间及受让人的情况等。受让人须经本所同意并按本所章程和本规则的规定办妥加入本所的手续后，方能正式转让。

第十一条 会员转让会籍的行为完成后，由本所在公开发行的报章上予以公告。

第三章 业务

第十二条 会员可向本所申请经营下列业务：

一、专营经纪业务，即专门接受投资者的委托，为投资者的需要在本所交易市场买卖证券。

二、专营自营业务，即专门以自己的资金和帐户为会员自身利益和投资需要在本所交易市场买卖证券。

三、兼营自营和经纪业务，即既从事自身证券买卖，也接受投资者的委托，在本所交易市场买卖证券。

四、特种经纪业务，即在本所的指导下，专门接受会员自营买卖证券的委托，在本所交易市场买卖证券。

第十三条 会员可根据自身业务情况，申请从事下列证券买卖：

一、股票现货买卖；

二、股票零股现货买卖；

三、人民币特种股票现货买卖；

四、债券现货买卖；

五、债券期货买卖；

六、其他证券买卖。

第十四条 会员在本所交易市场只能从事本所核准的业务，不得擅自超越范围。

第十五条 申请专营经纪业务的会员，其资本金不得少于100万元人民币，申请专营自营业务或专营特种经纪业务的会员，其资本金不得少于1000万元人民币，兼营自营业务和经纪业务的会员，其资本金不得少于2000万元人民币，申请兼营自营、经纪和特种经纪业务的会员，其资本金不得少于5000万元人民币。

第十六条　申请兼营自营、经纪和特种经纪业务的会员，须具备下列条件：

一、最近两年证券交易在同行中处于前列；

二、最近一年无受本所处分记录；

三、具备业务素质较好的人才；

四、本所认为须附加的其他条件；

第十七条　除经本所特许外，下列交易行为必须通过本所交易市场进行：

一、投资者委托进场的证券买卖；

二、机构投资者的证券买卖；

三、会员之间的证券买卖；

四、证券主管机关和本所规定必须通过本所交易市场的证券买卖。

第十八条　会员设置的营业场所须有利于证券交易业务的开展，并不得与其他会员共同使用同一处所。

第十九条　经营经纪业务的会员须落实向投资者公开显示证券行情的设施，并落实专人为投资者提供咨询服务。

第二十条　会员须设置完备的帐簿，与有关的交易凭证、单据、表册、合同等置于营业处所，本所可派员查询。

第二十一条　会员如遇下列情况，须在七天内向本所报告（一式三份）：

一、变更章程；

二、增减资本额；

三、法定代表人、证券业务负责人变更；

四、法定地址变动；

五、业务经营发生重大变化；

六、其他须向本所报告的事项。

第四章　业务人员

第二十二条　会员场内代表和交易员除具备国家法律、法规规定的条件外，还须具备下列条件之一：

一、大学毕业，从事证券或其他金融业务两年以上者；

二、大专毕业，从事证券或其他金融业务三年以上者；

三、中专毕业，从事证券或其他金融业务四年以上者；

场内代表一般须具有经济或相当于经济师以上的专业技术职称。

第二十三条　会员场内代表、交易员、清算员及业务员在进场或上柜前，须经本所培训，考核合格，并取得本所颁发的合格证书。

第二十四条　已取得合格证书的会员场内代表、交易员、清算员及业务员，还须参加本所举办的提高培训班的学习和考核，连续两次不合格者将取消从业资格。

第二十五条　会员场内代表和交易员均须在本所注册登记。若有变更，须在七日前向本所办理变更登记手续。

第二十六条　会员场内代表、交易员、清算员及业务员均应遵守本所章程及各项业务规则。

第二十七条　会员对其场内代表、交易员、清算员及业务员在本所交易市场或营业处所的业务行为负完全责任。

第二十八条　会员场内代表和交易员的注册登记，因解除或更换，其职务自动失效，但在变更登记前的业务行为，仍应由会员负完全责任。

第二十九条　会员获准转让会籍或被开除会籍时，其场内代表、交易员的登记自动失效。

第五章　财务

第三十条　会员在正式进入本所交易市场进行证券买卖三天前，须向本所按规定缴足会员席位费、交易年费和清算交割准备金。

第三十一条　会员向本所缴纳席位费的标准为：专营经纪业务的会员席位费为三十万元人民币，专营自营特种经纪及兼营业务的会员席位费为十六万元人民币。

第三十二条　本所认为必要时，可调整会员缴纳席位费、交易年费和清算交割准备金的标准。

第三十三条　会员须向本所报送月度财务报表、半年财务报表和年度财务报表，并接受本所对此监管。

第三十四条　会员的月度财务报表须在月度结束后两周内送达，半年财务报表须在半年结束后四周内送达，年度财务报表须在年度结束后八周内送达。

第三十五条　本所按统一格式将会员的年度财务报表在公开发行的报刊上向社会公布。

第六章　处罚

第三十六条　本所设立由有关主管部门和各方代表参加的纪律执行委员会，专事对会员违纪违规整肃处理的职能。

第三十七条　会员违反本所章程、业务规则和本规则等有关规定，由本所管理部门核查，并由纪律执行委员会提出处理意见提请理事会或会员大会按本所章程的规定进行处罚。

第三十八条　会员如对理事会作出的处罚决定不服，可向会员大会申请要求复议；如对会员大会作出的处罚决定不服，可向证券主管机关申诉或向法院提起诉讼。

第三十九条　在会员违反有关规定又拒不改正时，本所有权采取相应临时措施制止其违规则行为。

第四十条　会员场内代表、交易员、清算员及业务员违反本所业务规则和本规则等有关规定，本所纪律执行委员会可予以以下处罚并报告理事会。

一、口头警告；

二、书面通报；

三、临时停止执行职务；

四、暂停其执行职务；

五、撤销其注册登记资格。

第四十一条　本所纪律执行委员会对会员场内代表、交易员、清算员及业务员的处罚，可视其情节轻重，给予本规则第四十条规定的一项处罚或数项并处。

第四十二条　会员场内代表、交易员、清算员及业务员对处罚决定不服，可向理事会申诉要求复议。

第七章　附则

第四十三条　本规则如有未尽事宜，除按有关规定执行外，本所将修订补充。

第四十四条　本规则的解释权属本所理事会。

第四十五条　本规则由本所会员大会通过并报证券主管机关批准后施行，修改时亦同。

上海证券交易所国债期货业务试行规则

第一章　总则

第一条　为了发展国债市场，活跃国债交易，特制定本细则。

第二条 本细则中所称合约，指按照标准规格，买卖双方约定于未来一既定的日期以既定价格进行结算交割的国债买卖合同。

第三条 本细则所称开仓，指买入或卖出期货合约。

第四条 本细则所称平仓，指对前所买入或卖出的合约，进行交收月份和数量相同的反向卖出或买入的交易。

第五条 本细则所称跨期买卖，指对前所买入或卖出的合约，进行交收月份不同但数量相同的反向卖出或买入的交易。

第六条 本细则所称持仓，指买入或卖出合约后未平仓。

第七条 本细则所称保证金，指投资者或证券期货商在买卖合约时，按规定数额交纳给证券商或本所的资金。

第八条 本细则所称按市计算，指每日收市后以当天期货市场价格计算持仓合约的浮动盈亏。

第九条 本细则所称最后交易日，指某个交收月份的合约最后交易的日期。

第十条 本细则所称最后结算，指合约到期后，对持仓合约结算。

第十一条 除本细则的规定外，本所国债期货的委托、交易及清算等事项，皆按《上海证券交易所交易市场业务试行规则》的规定办理。

第二章 证券期货商

第十二条 本所从事国债现货经纪业务的会员，同时具备下列条件，可在本所交易市场经营国债期货的经纪业务。

一、能够严格履行本所国债期货交易的一切规定，具有良好的经营信誉；

二、证券经营连续盈利二年以上；

三、设有专门的业务部门和人员；

四、拥有独立的期货交易席位；

五、至少有二人通过本所国债期货业务资格的考核。

第十三条 本所从事国债现货自营或兼营自营与经纪业务的会员，具备前条所列条件，并资本金在一千万元以上（含一千万元），可在本所交易市场从事国债期货的自营业务。

第十四条 具备本细则第十二条、第十三条规定条件的会员，向本所提交申请，本所审核同意后，方可从事国债期货业务。

第十五条 会员从事国债期货业务，若因经营管理不善，严重违反本所国债期货交易业务的规定，不能充分保障公正、公平交易，本所可暂停或取消其国债期货业务的资格。

第三章 开户

第十六条 凡国家法令允许参与证券交易的自然人和法人（以下简称客户），均可通过证券期货商在本所交易市场买卖国债期货。

第十七条 客户买卖国债期货，事先须选定某一证券期货商为特定经纪人，并向该证券商申请开立“期货买卖帐户”。

第十八条 客户在申请开户时，须提供身份证或营业执照原件等证明文件，填写本所统一制作的“期货开户登记表”（一式三份）。

第十九条 证券期货商在接受客户开户申请时，须向客户充分揭示期货交易的风险性，并双方签署协议书。协议书至少应包括下列条款：

一、揭示和知晓期货买卖的风险；

二、遵守本所关于期货交易及清算的一切规定；

三、缴付本所规定的每一宗期货交易所需的任何费用；

四、保证金不能按时缴付时，证券期货商有权处置客户所有或部分开（持）仓合约。在签署前述协议书后，证券期货商方可接受客户的开户申请。

第二十条 证券期货商须将客户的“期货开户登记表”一份送达本所备案，本所在查核无误后，统一按会员的编号向每个客户提供“期货帐户”的号码。

第二十一条 “期货帐户”交由客户持有，证券期货商留存底卡，帐户和底卡用于逐日同步记载客户存入的资金余额，利息收入、国债期货品种和开、平、持仓合约数量、保证金数和保证金追收等情况。

第二十二条 证券期货商对客户存入“期货帐户”的所有资金，须分帐管理，不得挪作客户自身买卖国债期货之外的用途。

第二十三条 证券期货商须于每月五日以前，向客户提供“期货帐户”变动情况的“月核对表”。

第四章 委托

第二十四条 证券期货商必须完成本细则第十七条至第二十一条规定的事项后，方接受客户买卖国债期货。

第二十五条 客户委托买卖国债期货，须按本细则第三十五至第四十条的规定，向证券期货商交纳保证金。

第二十六条 客户委托买卖国债期货，必须是一个合约或其整倍数。

第五章 交易

第二十七条 本所可根据上市国债的情况，确定国债期货交易的品种。

第二十八条 每一国债期货合约的标的为20000元面值的国债。

第二十九条 国债期货交易申报竞价的变动价位为0.02元人民币。

第三十条 国债期货合约交收的月份，为每年的三、六、九、十二月份。

第三十一条 国债期货的最后交收日为最后交易日后第四个营业日。

第三十二条 每个交收月份的最后一个营业日，除本规则第三十三条的规定外，为该月份交收的国债期货合约的最后交易日。

第三十三条 如遇有国债现货到期兑付的情况，同品种国债期货合约的最后交易日自然提前至该交收月份的第二周的星期五。

第三十四条 本所可按照国债期货品种订立持仓合约的最高数额，任何客户和证券期货商持仓的合约数不得超过该限额。证券期货商亦可按照客户承受风险的能力和资信，订立客户的最高持仓数额。

第六章 保证金

第三十五条 客户开仓时（跨期买卖除外），每个合约须向证券期货商交纳保证金100元人民币。

第三十六条 证券期货商须在本所开立“保证金”帐户，对客户和自营的所有开仓合同（跨期买卖除外），须按每个合约200元向本所交纳保证金。

第三十七条 在每日按市计算时，如因国债期货价格发生不利波动而出现浮动亏损，致使交纳的保证金低于每个合约300元的最低维持保证金时，证券期货商应立即向客户追收至500元。如追收保证金失败，证券期货商有权强行平仓。前条所述追收保证金失败，如系通信原因造成，其责任由期货商和客户自行商定。

第三十八条 在每日按市计算时，如因国债期货价格发生有利波动而出现浮动盈余，致使保证金高于500元时，客户可支取超出500元以上部分的资金。

第三十九条 在每日按市计算时，证券期货商向本所交纳的保证金，如因国债期货价格发生波动而出现浮动盈亏，致使保证金低于或高于每个合约200元时，本所即向证券期货商追收至200元，或将高于200元的部分划转让券期货商。如证券期货商未能按时补足保证金至每个合约200元，本所有权强行平仓。

第四十条 本细则第三十七条、第三十八条、第三十九条、所述每日按市计算，计算的价格为当日同品种国债期货合约的加权平均成交价格。如当日无成交，则延用最近一日的加权平均成交价格。

第四十一条 本所对跨期买卖实行“总额保证金”办法，即当客户进行跨期买卖后，客户对跨期的合约不需交纳保证金，证券期货商也不需向本所交纳保证金。

第四十二条 对于已平仓的合约，本所将相应的保证金划转证券期货商，证券期货商也须将相应的保证金划给客户，在划转保证金时，将增加或扣减所平仓合约的买卖盈亏。

第四十三条 本细则第三十五条、第三十六条、第三十七条、第三十八条、第三十九条所述保证金的追收、划转，于成交当日完成。

第七章 最后结算

第四十五条 本所国债期货的最后结算采用实物结算方式，即合约期满后，按持仓合约的价格进行实物清算交割；买进方按以买入价格计算的持仓合约金额向本所划款和领取国债券。卖出方按以卖出价格的持仓合约金额向本所缴存国库券和领取国债券。卖出方按以卖出价格的持仓合约金额向本所缴存国库券和领取款项。

第四十六条 最后交易日收市后，本所即向证券期货商发出每个帐户的交收通知，应付资金和国债券的证券期货商，在收取应付客户的券、款后，须于最后交收日的上午将资金和国债券划交本所。所有到期合约保证金和累计浮动盈亏和清算亦在同日上午完成。本所于下午向应收方划拨资金和国库券。在最后交收日后的第一个营业日，证券期货商须完成与应收客户的清算交割。

第四十七条 证券期货商须保证履行交收义务。对违约客户证券期货商有权追索其责任。

第四十八条 客户向证券期货商申请开立"期货帐户"，须缴纳开刻费50元人民币，其中20元交纳给本所。

第四十九条 客户在买卖国债期货时，须按每一合约（单边）向证券期货商交纳佣金，佣金标准为每一合约最高不超过10元。

第五十条 对客户到期未平仓合约，在最后结算时，证券期货商按每一合约收取最后结算费10元。

第五十一条 证券期货商买卖国债期货合约（不论经纪业务和自营业务），须按每一合约（单边）向本所交纳一元经手费。最后结算费每一合约亦为一元。

第八章 附则

第五十二条 本细则如有未尽事宜。本所可及及时修订补充。

上海证券交易所

1993年10月11日

人民币特种股票业务试行规则

（1993年5月）

第一章 总则

第一条 为发展和完善人民特种股票市场，保障投资者的合法权益，特制定本规则。

第二条 本规则下列词汇具有如下意义或内容：

一、公司：指上海证券中央登记结算公司；

二、交易所：指上海证券交易所；

三、B种股票：指在交易所上市或准备上市的人民币特种股票，及新股认购权证书和其他受益凭证；

四、发行公司：指发行B种股票的股份有限公司；

五、客户：指B种股票的最终受益人；

六、T+日："T"指交易所的交易日，"日"指交易后的营业日，营业日指上海和美国的工作日；

七、代理银行：指公司办理B种股票结算交收的收付款银行。

第三条 本规则提及的时间，为中国北京时间。

第二章 结算会员

结算会员的资格和种类

第四条 交易所B种股票的境内经纪商、境外代理商和托管银行，提出申请并交纳公司规定的"市场发展基金"和"交收风险共同基金"后，可成为公司结算会员。

第五条 申请结算会员的机构，须填写公司编制的"结算会员申请表"，并向公司指定的银行帐户汇入市场发展基金和交收风险共同基金后，公司将向其发出"结算会员确认书"予以确认。

第六条 结算会员分基本结算会员和一般结算会员，基本结算会员为交易所会员，一般结算会员为B种股票的境外代理商和托管银行。

结算会员缴纳的"市场发展基金"和"交收风险共同基金"。

第七条 结算会员缴纳"市场发展基金"和"交收风险共同基金"的标准为：

一、"市场发展基金"：

1. 基本结算会员：10万美元

2. 一般结算会员：

境外代理商　　5万美元

托管银行　　5万美元

二、"交收风险共同基金"：

1. 基本结算会员：20万美元

2. 境外代理商：5万美元

第八条 第二章第十一条和第七章第七十条和七十一条分别阐述"市场发展基金"和"交收风险共同基金"的性质和用途。

第九条 每个结算会员缴纳的"市场发展基金"将由公司按实际收款后五年或结算会员终止其结算会员资格后退还给各结算会员。"交收风险共同基金"在公司准予退还之前，不能转让用于抵押。

第十条 "市场发展基金"的主要用途为：

一、购置和维护公司的计算机、通讯设施、办公用品等项固定资产；

二、满足公司必要的营运资金；

三、满足公司发展所必需的其他用途；

四、结算会员的职责。

第十二条 结算会员的职责为：

一、作为公司的名册登记代理机构办理客户的名册登记；

二、为客户向公司办理股权登记和股票中央存管；

三、为客户向公司办理结算交收；

四、为客户办理公司向客户提供的各项服务。

第十三条 结算会员具有完全履行其交收义务的责任。（各结算会员应承担的交收责任详见第六章）。

第三章 名册登记

名册登记机构

第十四条 公司为B种股票的法定名册登记机构。客户在市场行为发生之前，须向公司办妥名册登记手续。

第十五条 公司设立名册登记代理机构，但仅限于公司批准的结算会员。

名册登记人

第十六条 公司以客户为名册被登记人。

第十七条 对具有下列情况之一者，在提出名册登记申请后，公司予以办理登记：

一、在发行时认购B种股票；

二、参与交易所上市B种股票交易；

三、符合法律规定的变更B种股票股权的受益者。

第十八条 客户在办理名册登记之后，公司将向客户提供登记号码。一个客户只能拥有一个登记号码。

名册登记程序

第十九条 客户须由本人或指定的委托人，通过名册登记代理机构向公司办理登记手续。

第二十条 客户向名册登记代理机构办理登记手续时，须填写公司统一制作的“投资者开户登记表”。

第二十一条 “投资者开户登记表”的内容包括：名册登记人名，有效证件号码（商业注册登记号）、国籍（机构注册地）通讯地址及联系电话等。

第二十二条 名册登记代理机构应仔细校验“投资者开户登记表”内容的完整性和准确性、在登记表上加盖签章、并及时将客户填制的登记表、有效证件和文件的复印件等送达公司。

第二十三条 客户在办理名册登记时，须选择一家结算会员为其办理股票结算交收，并通过该结算会员办妥登记手续。

第二十四条 客户如需变更结算会员，须通过新选定的结算会员向公司发送更换结算会员通知书，通知书须有新老结算会员共同签章确认。公司在办理更换手续以后，通过新结算会员，向客户发出确认书，并将副本送达老结算会员。

第二十五条 客户的名册登记资料由公司保存，除客户本人、发行公司，证券主管机关和司法机关外，任何人不得加以查阅。

第四章 股权登记

股权登记的范围

第二十六条 公司办理股权登记限于下列范围：

一、发行新股认购；

二、发行公司供股认购；

三、发行公司派送红股；

四、交易股权变更；

五、非交易股权变更。

认购新股和供股登记

第二十七条 客户认购发行公司新发行或供股的股票，须向发行公司或承销商提供在公司登记的帐户号码，由发行公司编制“认购清单”(一式两份)，统一向公司办理股权登记。

第二十八条 在公司以电子计算机进行股权登记时，发行公司在上市日之前十五天，除向公司提供“客户认购清单”之外，须附加公司指定格式的电子计算机数据软盘。

第二十九条 公司根据“认购清单”进行股权登记，并出具“股权登记（股票存管）“确认书”，通知客户。

第三十条 如客户对股权登记的结果持有异议，可立即通过结算会员向公司提出查询，公司将及时进行查核，并将查核和纠正结果通过结算会员通知客户。

红股登记

第三十一条 发行公司派送红股，由发行公司统一向公司办理股权登记。发行公司向公司提交的登记资料以及向客户提供的股权确认手续等，与本规则第四章第二十七条至第三十条的规定相同。

交易股权变更登记

第三十二条 B种股票买卖成交后，公司根据结算会员的交收指令办理股权变更登记。但若因强制性买进或卖出引致的股权变更则按第七章的有关规定办理。

第三十三条 交易股权变更登记按本规则第六章第五十六条至第六十八的规定办理。

非交易股权变更登记

第三十四条 有下列情况之一时，公司准予办理非交易股权变更登记：

一、符合法律规定的股票继承和馈赠；

二、结算会员以库存股票抵补交收不足；

三、交易双方对一项错误的买卖达成修订协议，并经交易所同意的；

四、由强制性买进或卖出而导致的非交易性过户；

五、符合法律的抵押进为所引起的过户；

六、其他经公司许可的过户。

第三十五条 本规则第三十四条“一”和“五”款所述股权变更，由客户通过其结算会员公司提出申请并出示法律公证书后，公司方予办理。

第三十六条 非交易股权变更登记完成后，公司向变更双方出具“非交易过户确认书”。

第五章 股票存管

存管原则

第三十七条 公司对B种股票实行中央存管，并按每一客户开设“股票存管帐户”，用以记载存放于公司的股票数额及变更情况。

第三十八条 公司实行“非流动性制度”，对股权变更引起的股票转移。公司不签发实物股票，通过帐面予以划转。

存管方法

第三十九条 对发行认购的股票，由发行公司将全部股票交由公司核点后入库封存，公司根据发行公司提交的“认购清单”，分别记入客户的“股票存管帐户”。

第四十条 对发行公司供股和配送红股，公司依前条所述方法办理股票的存管。

第四十一条 对交易股权变更引致的股票转移，按本规则第六章第五十六条至第六十八条的规定办理股票存管。

第四十二条 对非交易股权变更引致的股票转移，公司在完成股权变更的同时，相应调整客户在“股票存管帐户”中的记录。

存管凭据和抵押

第四十三条 公司依股票存管变更情况向客户出具存管凭证。

一、对发行认购和发行公司供股、派送红股以及非交易股权变更引起的股票存管变更，公司出具“股权登记（股票存管）”确认书；

二、对交易股权变更引致的股票存管变更，公司于交收日出具“交收确认书”；

三、每月初交易所的第三个营业日，提供“月股权变更和股票交收存管对帐表”。

第四十四条 客户对股票存管情况存有疑义，可通过结算会员向公司查询。公司将通过结算会员将查讯结果通知客户。

第四十五条 公司提供的股票存管凭据，不能流通和直接设定抵押。客户如需动用股票办理抵押，公司不签发实物股票，以公司出具的“抵押股票存管证明”为据。

第四十六条 公司向客户出具“抵押股票存管证明”的同时，冻结被抵押股票数量，并记载于客户的“股票存管帐户”。

第四十七条 如客户归还公司“抵押股票存管证明”，公司将解除冻结并相应调整客户的“股票存管帐户”。

第六章 交易结算交收

结算交收准则

第四十八条 公司实行中央结算交收制度，所有结算会员以公司为结算交收对手。

第四十九条 公司以实现每项交易如期交收为原则。

第五十条 公司实行“净额结算交收”和“逐项结算交收”相结合的制度。基本结算会员与公司之间实行“净额结算交收”；一般结算会员与公司之间实行“逐项结算交收”。

第五十一条 公司按“钱货两讫”的原则办理结算交收。

第五十二条 公司在T+3日完成交收。

代理银行和资金帐户

第五十三条 公司选择一家或多家商业银行为收付款代理银行。代理银行的责任限于依公司的指令办理交收资金的收付。

第五十四条 公司在代理银行开立收付款资金帐户，结算会员汇入公司的款项及公司向结算会员划拨的款项均通过该帐户办理。

第五十五条 公司为每个结算会员设立收付款资金子帐户，用于记载和查核结算会员与公司的收付款往来。

结算交收指令

第五十六条 公司于交易所每日交易闭市后，根据交易所提供的成交资料，编制各结算会员当日交易成交的"结算交收通知书"。该通知书于T+0日下午四时后发送结算会员。

第五十七条 结算会员接到"结算交收通知书"后，境内经纪商和境外代理商最迟须于T+1日下午3:00之前、托管银行最迟须于T+2日中午12:00之前向公司发至"结算交收指令"。

第五十八条 公司于T+2日下午3:00之前完成所有交收指令的核对。如交收指令核对无误，公司将据此进行交收；如交收指令核对有误，公司将及时通知有关的结算会员。

第五十九条 结算会员一旦确认其各交收事项则有义务按期同公司进行交收。

第六十条 如结算会员在T+2日下午3:00仍未将结算交收指令发至公司或对其交收内容持有异议，则该项交收按如下办法处理：

一、一项涉及托管理银行（或其他作为客户存管机构的结算会员）的交收，如托管银行不对其交收进行确认或对其交收内容持有异议，而办理交易的境外代理商已向公司确认该项交收，则境外经纪商须负责同公司进行该项交收。

二、前款所述的交收如托管银行和境外代理商均未对该项交收予以确认或对其交收内容持有异议，则办理该项交易的基本结算会员有责任根据"交收通知书"完成交收。

三、一项不涉及到托管银行（或其他作为客户存管机构的结算会员）的交收，如境外代理商未对该项交收予以确认或对其交收内容持有异议，则办理该项交易的基本结算会员有责任按"交收通知书"完成交收。

第六十一条 公司于T+2日下午3:00，会将有异议的交收事项以及根据第六十条办法作出的交收责任更改情况，知会有关结算会员。结算会员应对公司承担的交收责任，则按本规则第七章"强制性买进和强制性卖出"条款所规定的特殊处理程序履行。

第六十二条 有关结算会员应自行协商和解决有异议的交收。责任方结算会员须承担由该等交收所引起的全部赔偿和损失。如在交收日两周后仍未排除异议，有关结算会员可通过书面形式报请公司仲裁，结算会员须接受公司对该项异议交收的仲裁决定。

交收执行

第六十三条 买方结算会员须于T+3日中午12:00之前，将应付款项足额汇入公司在代理银行开立的资金帐户。如为一项持有异议的交收，则承提交收责任的结算会员应将价款汇入公司的资金帐户以履行其交收。

第六十四条 如因时差导致提前一天以上的汇款，公司将不支付相应利息。该项利利由公司统一计算，并划入公司的"交收风险共同基金"。

第六十五条 公司接到买方结算会员汇入的款项后，于T+3日下午3:30实施股权变更和股票转移，按买方客户购入股票的数量调整其股权登记和"股票存管帐户"的数额。

第六十六条 对卖方结算会员，公司于T+3日下午3:30，根据其"结算交收指令"指定的银行帐号向代理银行发出汇款指令，并同时实施股权变更和股票转移，按卖方客户沽出股票的数量，调整其股权登记和"股票存管帐户"的数额。

第六十七条 公司按前条所述向卖方结算会员汇出款项时，如因其提供的收款银行名称、所在地或银行帐号有误导致汇款错失，公司将不承担责任。

第六十八条 公司于交收完成的当日下午5:00之后，向结算会员发出"交收确认书"（见附表）。公司同时按客户的每笔委托编制"交收凭证"。公司每周向结算会员邮寄一次"交收凭证"，客户可在其结算会员处领取自己的"交收凭证"。

第七章 风险管理

交收风险共同基金

第六十九条 公司设立"交收风险共同基金"（以下简称风险基金），专作抵补交收的用途，以维护公司结算交收系统的连续性和稳定性。

第七十条 风险基金由下列资金来源组成：

一、境内经纪商和境外代理商缴存的风险基金；

二、公司以自己的资产所安排的银行付款担保；

三、市场发展基金和风险基金所滋生的利息；

四、公司的罚款处入等；

五、公司在其收付款代理银行所孳生的利息；

风险基金使用

第七十一条 如买方结算会员未能于交收日将足额款项汇至公司帐户，公司将动用风险基金代为交收。风险基金也可用于抵补因强制性买进或强制性卖出而导致的款项不足。

第七十二条 交收日未汇足款项的买方所购股票，将暂时划入公司待交收帐户，直到买方结算会员补交价款后方划归买方客户名下。

第七十三条 结算会员动用风险基金，须按动用金额每日向公司支付0.5%的罚金。

第七十四条 结算会员动用风险基金之后，最迟须在动用日起（含动用当日）的七日内，向公司补足动用的风险基金数额和罚金，否则公司将暂停其结算会员的资格。

强制性补进

第七十五条 如卖方结算会员发生卖空，可用自身的股票予以垫补。否则公司将实施强制性补进措施。

第七十六条 强制性补进按以下程序进行：

一、公司在T+2日下午3:00向结算会员发出交收异议通知和结算会员买空的通知，于T+3日公司将冻结该项交收的款项并借记相关数量的股票于结算会员的股票结算帐户。

二、公司准予结算会员在二天之内同其客户及其他结算会员协商解决有异议的交收，并于T+5日将协商解决的结果和修正办法（通知非交易过户）知会公司。否则公司将通过指定交易席位在交易所实施强制性补进措施。

三、如所冻结的价款不足以买入卖空的股票，公司将动用风险基金予以补足。由此导致的价差和其他费用由责任方结算会员承担。

四、公司于完成补进之日，向当事结算会员提供强制性补进执行情况。

五、强制性补进的交收按延期交收处理，交收每延误一日，公司按该笔交易额的0.1%向当事结算会员处予罚金。

六、在此期间，公司会将股票借记结算会员结算帐户，直至强制性补充实施完毕，结算会员结算帐户内的股票负数方可冲销。

强制性卖出

第七十七条 如结算会员对一项买入交易未汇足款项，公司将动用风险基金予以抵补。

第七十八条 强制性卖出按以下程序进行；

一、公司于T+3日中午12:00之后知会有关结算会员款项缺额情况，并即时冻结相应股票。结算会员须于二天之内与其客户及其他结算会员协商解决有异议的交收。

二、与此同时，公司将动用风险基金抵补该项交收。结算会员须于T+5日之前将其协商解决结果、修正办法、包括付款安排知会公司，否则公司将于T+6日通过指定交易席位在交易所实施强制性卖出措施。

三、如强制性卖出所得款项不足以补足卖方应得价款，有关结算会员应承担价差和其所发行的费用。

四、公司于完成强制性卖出之日，向结算会员提供强制性卖出的执行情况，以备查核。

五、强制性卖出按延期交收处理。交收每延误一天，公司按该笔交易额的0.1%向当事结算会员收取罚金。

第八章 代理服务

第七十九条 公司作为发行公司和客户的中间人，可以不时决定提供服务的范围和方式。

第八十条 发行公司发布重要消息和公告，公司将在接获消息的24小时之内，知会结算会员和客户。

第八十一条 公司向发行公司定期提供股东名册，并提供年终分红派息的服务。

第九章 费 用

第八十二条 公司业务收取下列费用：

一、名册登记费

1. 个人投资者：20美元

2. 机构投资者：100美元

3. 更换结算会员：2美元

以上费用由投资者支付，结算会员汇总交纳。

二、股权登记费：

1. 发行认购：每一帐户号码0.50美元，由发行公司支付；

2. 供股认购：(同上)；

3. 派送红股：(同上)；

4. 交易股权变更：成交股票面值的0.1%，每个买卖指令起点收费为一美元；

5. 非交易股权变更：每笔15美元，由受股方支付；

6. 修正错误交收指令的非交易过户：每笔30美元，由让股方支付。

三、股票存管费：

按每个帐户号码，每年向客户收取20美元。由结算会员汇总交纳。

四、结算交收费：

1. 使用托管银行的投资者：每项交易8美元，最高每个买卖指令24美元；

2. 使用境外代理商的投资者：每项交易4美元，最高每个买卖指令24美元；

3. 使用境内证券商的投资者：每项交易1美元，最高每个买卖指令24美元；

五、汇入汇出手续费：

1. 汇入汇款：每笔8美元

2. 汇出汇款：每笔10美元

六、“月股权变更和股票存款对帐表”：每份5美元。

七、公司提供代理服务的费用标准，以协议方式拟订。

第十章 报告与报表

第八十三条 公司出具的各类报告和报表如下：

一、结算会员申请表；

二、结算会员资格确认书；

三、名册登记申请表；

四、更换结算会员确认书；

五、非交易过户确认书；

六、月股权变更和股票存管对帐表；

七、抵押股票存管证明（待提供)；

八、结算交收通知书；

九、结算交收指令；

十、交收确认书；

十一、新股认购确认书；

十二、按监管机关或司法机关要求提供的有关报告和报表。

第十一章 罚则

第八十四条 结算会员凡具有下列行为之一的，公司予以处罚：

一、违反本规则；

二、监管机关或司法机关对其不利的任何裁决；

三、损害结算交收系统运作或公司名誉。

第八十五条 公司处罚的形式可以：

一、罚款；

二、暂停结算会员资格；

三、取消结算会员资格。

第八十六条 公司若决定公开谴责结算会员，可运用下列方式：

一、向交易所、监管机关发出书面通函；

二、向其他结算会员同时发出书面通知；

三、在海内外报章等发表；

第十二章 附则

第八十七条 本规则未尽事宜，除比照有关规定执行外，公司将不时修订补充。

第八十八条 本规则解释权属公司董事会。

第八十九条 本规则用中文发布，如因译文使条文的解释发生歧意，以中文本为准。

关于上海证券市场信息传播管理的若干规定

（1994年10月31日 上海市证管办、出版局、广电局、工商局、邮电局、公安局沪证办〔1994〕116号）

一、为了加强对本市证券市场信息传播的管理，保障广大投资者的利益，根据有关法律、法规和规章的规定，结合本市证券市场信息传播的实际情况，制定本规定。

二、凡在本市范围内从事证券市场信息传播的有关单位和个人，必须遵守国家的有关法律、法规和规章以及本规定，坚持客观、准确和公正的原则。禁止任何单位和个人以散布虚假信息等手段影响证券发行、交易，扰乱证券市场秩序。

三、本规定所称证券市场信息，是指证券主管部门、证券交易所、上市公司或其他法定机构按照法定程序发布的有关证券的发行、交易及其相关活动的信息；证券经营机构、证券咨询服务机构以及股评人员预测证券市场行情走势等作出的可能影响证券市场价格的分析报告、评论等。

四、证券市场信息传播的媒体，包括：

（一）电台、电视台、通讯社、综合性报刊、经济类报刊；

（二）经新闻出版部门批准的专门从事证券市场信息传播并公开发行的证券专业出版物；

（三）声讯服务电话、信息传呼台、可视图文系统、计算机信息系统；

（四）各类证券讲座或股市沙龙。

五、本市证券、新闻出版、广播电视、邮电、公安、工商等行政管理部门，依照各自的职责，负责对证券市场信息传播的监管。

六、各类传播媒体的主办单位，应加强对本单位的证券市场信息传播工作及其人员的管理。

七、电台、电视台、通讯社和综合性报刊、经济类报刊传播证券市场信息，应该根据主管部门批准的宣传、报导宗旨，严格限定在其主管部门确定的范围以内，不得随意扩大。

八、声讯服务电话、信息传呼台、可视图文系统、计算机信息系统在传播证券市场信息时，只得传播法定机构按照法定程序已经公开的信息。

九、任何单位和个人，不得擅自印刷、出版、销售未经新闻出版部门批准的证券专业出版物。

经批准非公开发行的证券专业出版物，只得在本单位、本系统内部发行，不得在社会上公开陈列、张贴、销售。

经外省市新闻出版部门批准的非公开发行的证券专业出版物，不得在本市印刷、出版，不得在市场上陈列、张贴、销售。

十、从事图书报刊经营业务的单位和个人，直接从外省市出版社或发行单位购进证券专业出版物的，必须在销售前向本市书刊市场管理部门申报并交验有关出版、发行的证明及证券专业出版物的样本，经批准后方能在本市销售。

十一、各证券经营机构、证券咨询服务机构编印的内部证券信息简报、快讯、动态等，只得限于本机构范围内，不得通过各种渠道向社会传播。

编印单位对编印工作应有严格的管理措施。管理措施应报上海市证券管理办公室备案。

十二、非证券经营机构、证券咨询服务机构，不得编印内部证券信息简报、快讯、动态等，已经编印的，一律停止。

十三、各类社会性证券讲座或股市沙龙，只能由证券经营机构、证券咨询服务机构举办，举办单位应在举办前报其上级单位备案。

举办单位应在举办活动3日前，就活动举办的地点、时间、人数、规模以及安全保卫工作措施等情况，向举办活动所在地的区、县公安部门报备。如规模较大、可能影响社会秩序的，应按有关举办大型活动的规定，于7日前到上述公安部门办理申办手续。

证券业从业人员人不得在此类活动中从事股评活动。

十四、股评人员在向公众进行股票行情分析时，只得传播已经公开的证券市场信息，不得传播虚假信息，不得对本人买卖的股票进行评论。

十五、凡违反本规定的单位和个人，由有关行政管理部门根据有关法律、法规和规章，予以处罚。

十六、本规定已报中国证券监督管理委员会备案。

十七、本规定自公布之日起实施。

上海市人民币证券投资信托基金暂行管理办法

（1993年5月31日　沪银金管〔1993〕5217号）

第一章　总则

第一条　为进一步深化金融体制改革，促进上海证券市场的发展，保护投资者的合法权益，根据《上海市证券交易管理办法》及其他有关法律、法规的规定，制定本办法。

第二条　所有在上海市行政区域（以下简称“本市”）内从事与证券投资信托基金相关的业务及其与该业务相关的公众与机构，都须遵守本办法。

第三条　本办法所称证券投资信托基金（以下简称“基金”），是指由基金发起人或由其委任的基金管理人根据投资信托契约并通过一定的方式向社会公开发行基金的信托受益凭证（以下简称“受益凭证”）所募集的专门买卖或投资于各种有价证券的专项资金以及由上述资金所形成的各项资产。

第四条　本办法所述名词具有以下意义。

（一）基金发起人，是指一家或一家以上证券经营机构为募集基金而发起或联合发起并委任一家证券经营机构为基金管理人的组织形式。

（二）基金管理人，是指运用专门的证券分析，买卖及投资知识，依据本办法的各项规定，运用所募集或管理的基金，对各种有价证券进行投资或买卖，使其所管理的基金资产不断增值，并使投资受益人获取收益的本市各证券经营机构。

（三）信托受益凭证，是指由基金发起人或由其委任的基金管理人为募集基金而公开发行的含有基金若干单位份额的有价证券。

（四）投资受益人，是指受益凭证的持有者。

（五）基金托管人，是指受基金发起人或基金管理人的委托，保管各项基金资产、确保投资受益人的权益不受侵犯的银行、投资信托公司及经特许的其他金融机构。

（六）投资信托计划，是指基金管理人的基金投资管理计划。

（七）投资信托契约，是指由基金管理人。基金托管人订立的规范基金管理人、基金托管人及投资受益人权利、义务的法律文件。

（八）证券经营机构，是指依《上海市证券交易管理办法》第四十一条规定设立的证券经营机构。

（九）主管机关，是指《上海市证券交易管理办法》第四条规定的证券主管机关。

第五条　受益凭证的买卖对象，为中华人民共和国境内的法人和自然人。

第六条　基金的投资对象，限于境内公开发行的各种上市证券及本市公开发行的各种未上市证券。

第二章　基金发起人

第七条　未经批准，任何法人和自然人不得发起并募集基金。

第八条　经主管机关批准，下列机构可成为基金发起人；

（一）持有“经营金融业务许可证”的本市各证券公司

（二）持有“经营金融业务许可证”的本市各信托投资公司

（三）持有“经营金融业务许可证”的异地各证券经营机构

第九条　基金可由本市一家证券经营机构单独发起，也可在本市各证券经营机构之间或由本市证券经营机构与异地证券经营机构联合发起。

由本市一家证券经营机构单独发起时，基金发起人可为基金管理人。

采用联合发起方式时，发起人必须委任本市一家证券经营机构为基金管理人。

第三章　基金的设立

第十条　基金可以封闭型和开放型两种方式设立。

前款所称封闭型基金是指发行总额事先确定，发行期满后不再随意增减基金单位份额，投资受益人只能通过证券经营机构在证券交易所竞价买卖其单位份额的基金存在形式。

前款所称开放型基金是指发行总额不予规定，可随时增减基金单位份额，投资受益人可按基金的资产净值在基金管理人指定的营业场所申购或赎回其单位份额的基金存在形式。

第十一条 封闭型基金必须在投资信托契约中规定基金存续的起迄时间，基金存续期不得少于五年，但基金管理人因管理不善而经准许提前终止投资信托契约者除外。

第十二条 封闭型基金在发行结束后经批准可在上海证券交易所挂牌上市。

第十三条 封闭型基金追加募集单位份额须经主管机关批准。

第十四条 开放型基金的存续时间为基金设立日起至基金终止日止。

第十五条 开放型基金在首次募集结束并办妥有关手续后，即可提出上市申请及办理基金份额赎回的申请。

第十六条 开放型基金经主管机关批准可在基金管理人指定的营业场所办理基金单位份额的申购及赎回，也可在上海证券交易所挂牌上市。

第十七条 开放型基金的基金管理人必须于每日营业终了时，计算基金每一单位份额的资产净值，并以适当方式公布。

第四章 基金的募集

第十八条 基金一经批准设立，即可进行募集。基金的募集，必须以发行受益凭证的方式进行。

第十九条 受益凭证可由基金发起人或基金管理人单独发行，也可委托其他证券经营机构发行。

第二十条 封闭型基金的募集可采用无券发行方式。开放型基金的募集必须发行现实的记名式受益凭证。受益凭证必须载明下列事项：

一、基金的名称、批准文号及批准日期。

二、受益凭证的持有人栏目和每一受益权单位份额及其受益权单位份额总数。

三、基金管理人及基金托管人的名称、地址。

四、基金的投资目标、原则及投资限制。

第二十一条 基金的募集期限亦即受益凭证的发行期限为自该基金批准之日起三个月。基金募集期间，基金的发起人及其委任的基金管理人不得随意动用该基金进行证券买卖。

第二十二条 封闭型基金的募集期限结束后，其募集的基金小于信托契约规定的基金总量的80%，或开放型基金的募集期限结束后，其基金总数小于5000万元时，基金募集即告失败。其募集基金所需的费用由基金发起人承担。

第二十三条 基金募集一旦失败，基金发起人必须在一个月内将募集的基金加计银行利息退还给受益凭证的购买者。

第五章 基金管理人

第二十四条 未经批准，任何法人和自然人不得从事基金管理业务或以各种方式行使基金管理人的职能。

第二十五条 经主管机关批准，本市的各证券经营机构可成为基金管理人。

第二十六条 申请成为基金管理人必符合下列条件：

一、有连续三年以上经营金融业务的经验并有前两年连续盈利的记录；

二、自申请之日前连续二年内，未受到证券主管机关的任何书面形式的处罚；

三、必须设置专门的基金管理部门，该部门的帐户须单独设置，独立核算。

四、基金管理的负责人必须是专职的，其资格必须经主管机关核准。

第二十七条 申请成为基金管理人，必须向主管机关提交下列文件：

（一）基金管理人申请报告

（二）基金发起人的委任书

（三）投资信托计划

（四）投资信托契约

（五）发行基金受益凭证的公开说明书

（六）基金管理部门负责人的简历

（七）经会计师事务所签证的连续两年以上盈利的会计报告

（八）主管机关要求的其他文件

第二十八条 前条第二款投资信托计划，必须载明以下内容：

（一）基金的名称及基金发起人的名称、地址及法人代表

（二）基金管理人及基金托管人的名称、地址及法人代表

（三）基金的发行日期发行规模及存续时间

（四）基金投资、收益目标及投资限制

（五）基金管理人从投资受益人处或基金资产中得到的各项费用及这些费用的计算标准与计算方法

（六）基金管理人和基金托管人之间相互发生的各项费用及这些费用的计算标准及计算方法

（七）基金的募集期限及逾期未募足的处理方法

（八）基金资产净值的计算方法及支付投资受益人红利的方法与时间。

（九）基金存续期满或投资信托契约中止后基金的清算方法及基金净资产的处分方法。

开放型基金的投资信托计划除须载明以上内容外，还须载明基金申购赎回的程序、方法、时间、地点及其价格的计算方法与给付方法。

第二十九条 第二十条第三款所述投资信托契约，除须载明第二十八条规定的全部内容外，还须载明基金管理人、基金托管人与投资受益人的权利与义务及其他须载明的事项。

第三十条 第二十条第四款所述公开说明书，除须载明第二十八条、第二十九条规定的全部内容外，还须载明发行受益凭证的承销机构、承销地点，受益凭证的销售价格（含销售费用）、有关的管理费用及其他须载明的事项。

第三十一条 基金投资于一上市公司的股票，其市价总额不得超过该基金资产净值的10%。

第三十二条 基金投资于一上市公司的股票，其股票面值不得超过该上市公司股本总额的5%。

第三十三条 基金管理人运用募集的基金投资于未上市证券的市价总额，不得超过该基金资产净值的30%。

第三十四条 基金不得买任何基金的受益凭证。基金管理人不得以基金的名义，在其所管理的基金之外用其他各项资金，买卖各种证券。

第三十五条 基金管理人不得以基金资产从事抵押、担保及经营贷款业务，不得从事信用交易，不得以任何方式进行买空卖空。

第三十六条 具有证券交易所会员资格的各证券经营机构获准成为基金管理人时，不得自营或代理买卖由其管理的各项基金。该证券经营机构以其管理的基金买卖上市证券时，必须委托其他证券商进行。上款所称证券商，是指第四十八条规定的证券商。

第三十七条 基金管理人必须将管理的基金与基金管理人的营运资金分别列帐核算，并应分别基金的名称，实行分帐管理，分别核算。

第三十八条 基金管理人应于每月五日前向主管机关呈报其所管理的各基金的资产净值上一个月的动态月报及月末投资组合，并于每周在主管机关指定的报纸上向投资受益人公布基金的资产净值动态周报。

上述动态月报及动态周报须经基金托管人确认并出具书面确认书。

第六章 基金托管人

第三十九条 未经批准，任何法人和自然人不得经营基金的托管业务。

第四十条 本市的各银行、各投资信托公司及其他经特许的金融机构，可申请基金托管人资格。申请基金托管人资格必须符合下列条件：

一、有连续五年以上经营金融业务的业绩和前两年连续盈利的记录。

二、自申请之日前连续两年内，未受到主管机关的任何书面形式的处罚。

三、必须设置专门的基金托管部门，该部门的帐户须单独设置，独立核算。

第四十一条 申请基金托管人业务，必须向主管机关呈报下列文件：

一、基金托管人的申请报告；

二、投资信托契约；

三、主管机关认为必要的其他文件。

第四十二条 基金托管人必须履行下列义务：

(一) 受基金管理人的委托，保管基金管理人所委托的某一基金或多个基金的所有资产。

(二) 根据证券投资信托契约，执行基金管理人的投资指令，并负责与有关的证券经营机构及证券交易所进行清算和交割。

(三) 根据信托投资契约，复核、审查基金管理公司计算的基金资产净值及该基金在发行、注销或申购、赎回时每一单位份额的价格是否合理、准确，其计算方法是否符合信托投资契约的规定。

(四) 分别在每年年中及年终出具报告、陈述基金管理人对信托契约的执行情况、基金的净资产增值情况及基金的申购、赎回情况或基金上市后的交投及价格情况等。

第四十三条 基金托管人必须将受托管的基金与自己的营运资金分别列帐核算，并应分别基金管理人的名称及基金的名称、性质分别设置帐户，实行分帐管理，分别核算。

第四十四条 基金托管人不得以自身的名义或基金管理人名义，将受托管的基金用于经营各种委托（信托）存贷款业务或挪作他用。

第四十五条 具有基金管理人资格的信托投资公司获准成为基金托管人时，不得托管由其自行发起或管理的各项基金资产。

第四十六条 本市各银行获准成为基金托管人时，不得托管其下属的信托投资公司所管理的各项基金资产。

第四十七条 基金托管人应履行为基金保密的义务，未经基金管理人同意，不得随意将与该基金管理人名义下的有关基金的信息向外泄漏。但主管机关需获取上述信息时，不受此限。

第七章 基金的运作

第四十八条 基金管理人运用基金买卖各种证券，必须委托证券商进行。

前款所称证券商是指经上海证券交易所同意、主管机关批准的上海证券交易所会员。

第四十九条 基金管理人买卖上市证券，必须向其委托的证券商发出买卖指令，证券商必须按基金管理人的指令进行各种买卖。

第五十条 证券商根据基金管理人的买卖指令，作成买卖成交后，应及时将成交单传送基金管理人，经基金管理人确认后传送基金托管人。

第五十一条 基金托管人根据投资信托契约对买卖成交单审核无误后，按规定办理清算，交割手续。

第五十二条 基金管理人发现成交单与委托指令不一致或基金托管人发现委托指令不符合投资信托契约规定时，应视同正常业务积极为其办理清算、交割手续。

基金托管人在办妥前款清算、交割手续后，应迅速核查原因，并责成责任方赔偿清算损失。

如属委托指令与成交单不一致，由证券商负责赔偿。

如属委托指令不符合投资信托契约，则由基金管理人以基金以外的资金负责赔偿。

第八章 基金资产净值的计算

第五十三条 基金的资产净值由基金管理人在每日营业终了时计算，并按第三十八条规定定期公布。

第五十四条 基金的资产净值以基金资产总值扣除各有关管理费用计算。

基金每一受益权单位份额的资产净值，以计算日基金的资产净值除以计算日受益权单位总数计算。

第五十五条 基金的资产总值应包括以基金购买的各类有价证券及银行存款。基金的资产总值以以下标准计算：

(一) 上市证券：以计算日上海证券交易所的收盘价为准。该日无交易的证券，以最近一日收盘价为准。

(二) 未上市股票：以股票发行价为准。

(三) 未上市债券：以债券发行价加计至计算日止应收利息为准。

(四) 银行存款：以存款本金加计至计算日止应收利息为准。

第五十六条 基金管理过程中所涉基金管理费、基金托管费、证券交易所上市月费、投资受益人会议费等各有关管理费用，应从基金资产中扣除。但为发行、销售受益凭证所涉各有关发行费用，则应从受益凭证的发行销售费中扣除。

第五十七条 基金管理人委托证券商买卖证券，在计算日当天已成交但尚未办妥交割手续的，视同完成交割，并相应增加或减少其资产价值。其应付税金及应付证券商的其他有关费用，应从基金资产中扣除。

第九章 投资受益人大会

第五十八条 发生下列情况之一时，必须召开投资受益人大会。

(一) 修改信托投资契约内容；

(二) 提前终止信托投资契约；

(三) 更换基金管理人；

(四) 更换基金托管人；

(五) 50%以上的投资受益人提出书面申请，要求召开投资受益人大会。

第五十九条 投资受益人大会的决议，在符合下列条件的情况下具有法律效应，即举手表决的单位份额超过基金净资产的75%以上。

第六十条 投资受益人享有以下权利：

(一) 出席或委派代表出席投资受益人大会；

(二) 监督基金合法经营并定期获取基金经营及财务状况；

(三) 享在转让、申购及赎回基金单位份额的权利；

(四) 享有按期获取基金收益分配及基金清算后处分基金剩余资产的权利；

第六十一条 投资受益人必须履行下列义务：

(一) 遵守与基金有关的各项法律、法规；

(二) 交纳必须的基金认购金额；

(三) 承担基金亏损或破产的有限经济责任；

(四) 不从事危害基金利益的活动。

第十章 附则

第六十二条 受益凭证发行的有关事宜，按《上海市证券交易管理办法》的有关规定办理。

第六十三条 受益凭证运作的未尽事宜及上市交易的具体事宜，按上海证券交易所的有关规定办理。

第六十四条 基金运作过程中所涉税收问题，按税务管理部门的有关规定办理。

第六十五条 违反本办法规定者，比照《上海市证券交易管理办法》处罚。

第六十六条 本办法解释权属中国人民银行上海市分行。

第六十七条 本办法自颁布之日起施行。

上海证券交易所指定交易制度试行办法

（1996年5月1日　　上交所）

为促进上海证券市场的发展，完善市场交易制度和运作体系，特制定本办法。

一、上海证券交易所（以下简称本所）实行可选择性指定交易制度，依据自愿选择的原则，市场参与者可自主决定是否选择指定交易方式。

二、指定交易是指投资者与某一证券经营机构签订协议后，指定该机构为自己买卖证券的唯一交易点。投资者按本办法规定完成指定交易的登记手续后，即可通过指定的证券经营机构进行委托、交易、结算、查询及享有其他市场服务。

三、办理指定交易的登记确认程序为：

1、投资者向证券经营机构提出申请，经证券经营机构同意后，双方签署"指定交易协议书"；

2、证券经营机构按协议通过其场内交易员向本所电脑主机申报证券帐户的指定交易指令；

3、交易所电脑主机接受申报当日收市后，由本所发出指定交易确认回报（附确认编号），该证券帐户的指定交易自下一个营业日生效。

四、凡已选择指定交易的投资者，有权撤销指定交易或变更指定的证券经营机构。投资者撤销指定交易的程序为：

1、向其原指定的证券经营机构填交"指定交易撤销申请表"；

2、由证券经营机构通过其场内交易员向本所电脑主机申报撤销指定交易的指令；

3、交易所电脑主机接收撤销申报指令当日收市后，由本所发出确认回报，该证券帐户的指定交易即失效。

投资者变更指定交易须先办理撤销手续，然后重新办理指定交易的登记手续。

五、投资者已办妥选择指定交易的，若遇证券帐户遗失需挂失、补办或证券的非交易过户等，均须经原指定交易的证券经营机构出具其确无交收等违约责任的证明书后，证券登记结算公司方予办理相关手续。

六、证券经营机构在为投资者办理指定交易业务中须遵照积极引导、客户自愿的原则，同时有权审核及决定是否受理投资者办理指定交易登记的申请。

七、证券经营机构应为指定交易客户建立完整的交易数据库，并提供指定交易客户的交易查询服务。

八、证券经营机构应办理指定交易客户的自动领取股票现金红利业务。凡上市公司通过本所市场系统派发现金红利的，各证券经营机构在收到本所划拨的现金红利资金后，须根据其营业点受理的指定交易证券帐户，相应将现金红利资金记入各投资者的资金帐户。

九、证券经营机构须为指定交易客户按季或按月提供对帐服务，对帐服务必须包括证券帐户及资金帐户的期初余额、期末余额、本期发生额等项内容。对帐服务的方式自定。

十、证券经营机构可为指定交易客户办理配股业务。凡开办此项业务的，均须与客户签订"代理客户办理配股协议书"。

十一、证券经营机构对指定交易客户提供有关服务项目，须严格为客户保密，维护投资者的合法权益。

不得泄漏指定交易客户的交易数据和其他资料；

不得擅自动用指定交易的证券帐户和资金帐户；

严禁擅自"指定"投资者的证券帐户或撤销客户的指定交易；

不得在办理为客户领取现金红利业务中拖延划拨及占用客户的现金红利资金；

不得以任何理由拖延或拒绝办理投资者申请撤销或变更指定交易（除非因其未履行交易交收责任等违约情况）。

十二、本所可为证券经营机构办理证券经营柜台交易席位联通指定及证券经营机构全部交易席位联通指定。各证券经营机构办理证券经营柜台或全部交易席位联通指定的，须向本所提出申请，并办妥相关手续，否则，本所电脑主机将自动认定为席位指定的申报指令。

十三、本所将定期根据各指定交易点的指定交易证券帐户，传送相应的交易资料及变更指定交易后建库所须的历史资料，以保证各证券经营机构建立完整的客户交易资料数据库。

十四、本所将根据各证券经营机构指定交易证券帐户，自动将股票现金红利资金划入各证券经营机构的银行帐户。

十五、对违反本办法十一条有关规定的，本所将根据章程及有关规定给予处罚。

十六、本办法如有未尽事项将及时修改补充。

十七、本办法由上海证券交易所负责解释。

十八、本办法自一九九六年五月一日起试行。

上海市证券管理办公室关于严格执行上市公司不得买卖本公司股票法规的通知

（1994年11月18日　　沪证办〔1994〕126号）

上海市各上市公司、有关证券经营机构：

据了解，本市有些上市公司动用公司资金买卖本公司的股票。此种行为严重违反了《中华人民共和国公司法》第一百四十九条和《股票发行与交易管理暂行条例》第四十一条的规定。

为了维护证券市场秩序，保护广大投资者的合法权益，促进证券市场的健康发展，现就严格执行上市公司不得买卖本公司股票法规的问题，通知如下：

一、各上市公司不得以各种形式动用公司资金买卖本公司股票。

二、各上市公司不得认购、持有本公司新发行或增资配售的股票。

三、各上市公司应自本通知下达之日起三十日内，认真进行自查。如发现有上述违规行为的，应立即纠正，并同时将自查结果报上海市证券管理办公室。

四、各有关证券经营机构不得为上市公司买卖本公司股票的违规行为提供条件。

五、本通知下达后，上海市证券管理办公室将依法对上市公司、有关证券经营机构进行检查，凡被查实仍有上述违规行为的，即予以处罚。

特此通知

上海市证券管理办公室
关于上市公司股东大会议事规则的指导意见

（1994年3月28日　　沪证办〔1994〕024号）

上海市各上市公司：

为了维护投资者的合法权益，确保上市公司股东大会的正常秩序和议事效率，根据有关法律、法规和规章的规定，以及最近公安部、中国人民银行、国务院证券委联合下发的《关于加强股票市场治安管理工作的通知》的精神，经与有关部门共同研究，特就上市公司召开大会的议事规则，提出如下指导意见。

一、各上市公司要认真执行《股份有限公司规范意见》、《上海市股份有限公司暂行办法》等一系列法规以及公司章程，认真做好召开股东大会的有关各项工作。

二、根据公司章程或董事会决议，可以设立股东大会秘书处，具体负责大会有关程序方面的事宜。

三、董事会在股东大会的召开过程中，应当以维护股东的合法权益、确保大会正常秩序和议事效率为原则，认真履行法定职责。

四、股东参加股东大会，依法享有发言权、质询权、表决权等各项权利。

五、股东要求在股东大会发言，应当在股东大会召开前二天，向大会秘书处登记。登记发言的人数一般以十人为限，超过十人时，取持股数多的前十位股东。发言顺序亦按持股数多的在先。

在股东大会召开过程中，股东临时要求发言或就有关问题提出质询的，应当先向大会秘书处报名，经大会主持人许可，始得发言或提出问题。

六、股东发言时，应当首先报告其所持有的股份份额并出示其有效证明。

七、每一股东发言不得超过两次，第一次发言的时间不得超过五分钟，第二次不得超过三分钟。

八、公司的董事长或总经理，应当认真负责、有针对性地回答股东提出的问题。回答问题的时间，同样不得超过五分钟。

九、列入大会议程需要表决的议案或决定，在进行大会表决前，应当经过审议讨论。股东在审议中对议案和决定草案有重要不同意见的，可以表决由董事会重新商议后提出的修正案。

在进行大会表决时，股东不进行大会发言。

十、股东大会表决议案和决定，采用投票方式，举手方式或者其他方式，由董事会决定。

股东参加股东大会，应当认真履行其法定义务，不得侵犯其他股东的权益，不得扰乱大会的正常程序或会议秩序。

十二、上市公司召开股东大会，应当采取安全保卫措施；需要由公安机关采取治安措施的，可以在股东大会召开的七日前，向会议场所所在地的区、县公安分局提出申请。

在股东大会召开过程中，股东、董事会或其他人员没有履行法定义务或法定职责的，由公安机关依照《上海市公共场所治安管理办法》的有关规定，给予警告、罚款和拘留等行政处罚。

中国证券监督管理委员会关于在上交所挂牌的上市公司股份全部在上海证券中央登记结算公司托管的函

（1994年8月16日　　证监函字〔1994〕41号）

上海证券中央登记结算公司：

目前上市公司的非流通股份没有集中统一托管，其管理基本处于无序状态。为了加强对上市公司股份的监管，应将非流通股份与可流通股份一起由上海证券中央登记结算公司集中托管。已上市的公司，应于1994年10月底前完成其非流通股份的集中托管。今后，凡申请在上交所上市的公司必须在上市前到上海证券中央登记结算公司托管其全部股份。希望你公司尽快制定集中托管上市公司股份的具体规则，并报证监会。

上海市公司登记管理的若干规定

（1995年10月10日　　沪府发〔1995〕49号）

第一条　（目的和依据）

为了规范公司登记行为，完善公司登记规则，根据《中华人民共和国公司登记管理条例》（以下简称《条例》）的有关规定，结合本市的实际情况，制定本规定。

第二条　（适用范围）

在本市范围内的有限责任公司和股份有限公司（以下合称公司）设立、变更、终止，根据《条例》及本规定办理公司登记。

第三条　（登记机关）

市工商行政管理局、浦东新区工商行政管理局和各县工商行政管理局是公司登记机关。

各区工商行政管理局在市工商行政管理局委托的范围内开展公司登记工作。

市工商行政管理局主管本市的公司登记工作。

第四条　（市工商行政管理局的登记管辖）

市工商行政管理局负责本市下列公司的登记：

（一）市人民政府批准设立的股份有限公司；

（二）市人民政府授权投资的公司；

（三）国务院授权投资的机构或者部门与其他出资人共同投资设立的有限责任公司；

（四）市人民政府授权投资的机构或者部门单独或者共同投资设立的有限责任公司；

（五）经营进出口业务、对外劳务输出业务、国际技术合作业务、金融业务的有限责任公司；

（六）冠市名而不冠区县名的集团性的有限责任公司；

（七）国家工商行政管理局委托登记的公司；

（八）其他应当或者需要由市工商行政管理局登记的有限责任公司。

第五条　（浦东新区和区县公司登记机关的登记管辖）

浦东新区工商行政管理局和各县工商行政管理局负责本辖区内除

《条例》第六条及本规定第四条所列公司以外的其他公司的登记。

各区工商行政管理局负责本辖区内由市工商行政管理局委托登记的公司的登记。

第六条 （投资主体资格的限制）

下列机构或者人员不能成为有限责任公司的股东或者股份有限公司的发起人：

（一）国家机关及其工作人员；

（二）未分割共有财产而投资设立同一公司的共有人；

（三）向其他公司投资累计额已达到净资产百分之五十的公司；

（四）法律、法规限制的其他机构或者人员。

前款第（三）项规定不适用于国家规定的投资公司和控股公司。

第七条 （提交的文件）

申请设立公司，应当根据《条例》的规定提交有关文件。

申请设立国有独资公司，还应提交市国有资产管理部门或者市国有资产管理部门授权的机构、部门的批准文件。

申请设立集团性的有限责任公司，还应提交市人民政府有关委、办或者区、县人民政府的批准文件。

第八条 （公司名称）

公司名称应当符合国家有关规定。公司只能使用一个名称。经公司登记机关核准登记的公司名称受法律保护。

设立集团性的有限责任公司，可以在公司名称中标明"集团"的字样。

第九条 （住所登记）

公司住所是公司主要办事机构所在地。住所为自有房屋的，公司在登记时须提交房屋产权证明；住所为租赁房屋的，公司在登记时须提交一年以上租赁期的协议书或者合同，并附房屋产权证明。

第十条 （注册资本登记）

公司设立时，股东应当足额缴纳公司章程中规定的各自所认缴的出资额；股东为公司的，还须出具其累计投资额未超过净资产百分之五十的验资证明。

设立国有独资公司的，应提交国有资产产权登记证明。

第十一条 （经营范围的登记）

公司应在公司登记机关核准的经营范围内从事经营活动。

公司申请登记的经营范围中有法律、法规、规章规定须报经审批的项目的，应当在申请登记前报经有关部门审批，并向公司登记机关提交批准文件。

公司登记机关核准的公司的经营范围，不能自然成为其分公司的经营范围；公司登记机关核准的分公司的经营范围，可视为已同时成为公司经营范围的一部分。

第十二条 （全资子公司的设立）

下列公司经原审批机关批准，可以设立全资子公司：

（一）股份有限公司；

（二）对外贸易公司；

（三）经政府特许设立的其他公司。

第十三条 （年度检验）

公司登记机关每年1月1日至4月30日对公司进行年度检验。

公司应于每年2月15日前向原公司登记机关申领空白年度检验报告书。

有限责任公司应于每年3月31日前向公司登记机关提交年度检验报告书、经会计师事务所或者审计师事务所验证的年度资产负债表和损益表、《企业法人营业执照》副本；股份有限公司应于每年4月20日前向公司登记机关提交年度检验报告书、经会计师事务所或者审计师事务所验证的年度资产负债表和损益表、《企业法人营业执照》副本。

经审核通过年度检验的公司，公司登记机关应在其《企业法人营业执照》正、副本上加贴年度检验的标识。

第十四条 （例外情形）

外商投资的有限责任公司和外国公司在本市设立的分支机构的登记，不适用本规定。

第十五条 （应用解释部门）

本规定的具体应用问题，由市工商行政管理局负责解释。

第十六条 （施行日期）

本规定自发布之日起施行。

境内证券经营机构经营上海市人民币特种股票业务的若干规定

为适应上海市人民币特种股票（以下简称B股）市场发展的需要，进一步规范境内证券经营机构（以下简称券商）从事经营业务，促进上海B股市场健康发展，根据《上海市人民币特种股票管理办法》、《上海市人民币特种股票管理办法实施细则》及其他有关规定，结合B股市场的特点，对券商经营上海市B股业务作如下规定：

一、上海市证券管理办公室（以下简称证管办）是券商经营上海市B股业务的主管机关。券商经营上海市B股业务，应向市证管办申请"上海市B种股票经营业务（有限制）资格证书"或"上海市B种股票经营业务（无限制）资格证书"。

二、申请上海市B股经营业务的券商应当具备以下条件：

1. 具有经营证券业务及外汇业务的资格。

2. 符合本规定三的实收资本金的要求。

3. 具有三年以上经营人民币股票业务的经验。

4. 负责B股业务的高级管理人员必须具有三年以上的证券业务或国际金融业务的经验。

5. 有固定的经营场所和合格的交易设施。

6. 最近二年中没有因涉嫌违反国家有关证券市场的法规而被调查或因违规而受到通报批评以上的处罚。

7. 上海市证券管理办公室规定的其他条件。

三、申请"上海市B种股票经营业务（有限制）资格证书"的券商的实收资本金必须在3000万元人民币及200万美元以上。

申请"上海市B种股票经营业务（无限制）资格证书"的券商的实收资本必须在3000万元人民币及500万美元以上。

四、取得"上海市B种股票经营（有限制）业务资格"的券商只能从事B种股票的经纪业务。

取得"上海市B种股票经营业务（无限制）资格证书"的券商，除可从事上款规定的业务外，还可经营包括承销B种股票业务在内的其他业务。

五、申请经营上海市B股业务的券商应向市证管办报送以下文件资料：

1. 上海市B股经营业务的申请报告。

2. 经营上海市B股业务的可行性报告。

3. 上海市B股经营业务申请表〔表一〕、及本年度最近季度的证券业务汇总表（申请用）〔表二〕。

4. 中国人民银行颁发的具有经营证券业务资格的《经营金融业务许可证》副本。

5. 国家外汇管理局颁发的具有经营外币有价证券业务的《经营外汇业务许可证》副本。

6. 人民银行核准的机构章程副本。

7. 工商管理部门颁发的《企业法人营业执照》副本。

8. 经注册会计师事务所验证的人民币及外汇资本金的验资报告。

9. 最近二年经注册会计师事务所审核的公司年报（包括资产负债表、损益表）。

10. 负责B股业务的负责人简历及B股从业人员的情况说明材料。

11. 市证管办要求的其他材料。

六、券商只有在取得"上海市B种股票经营业务资格"后，方可向上海证券交易所申请B股席位，并可向结算公司申请成为基本结算会员。

七、券商从事上海B股经营业务，必须遵守有关证券法规、上海B股法规及有关外汇管理的规定。

八、具有上海市B股经营业务资格的券商须在每年四月五日前，将公司上一年度经注册会计师审核的年报（包括资产负债表、损益表）和B股业务年度总结报告报送市证管办。在每一季度结束后五天内将公司经营上海B股业务的季度报表〔表三〕报送市证管办。

九、市证管办依照有关法规及本规定，可随时派员或委托专业性中介机构对具有上海B股经营业务资格的券商进行检查。

十、券商如在上海B股经营业务资格申报材料中有严重失实或重大遗漏的、或在从事B股业务活动中有违法、或违背本规定行为的，市证管办可视情节轻重分别给予以下处理：

1. 口头警告；
2. 书面通报；
3. 没收非法所得；
4. 五万美元以上二十万美元以下的罚款；
5. 停止部分或全部上海B股经营业务。

以上处罚可以并处。

十一、本规定解释权属上海市证券管理办公室。

十二、本规定自发布之日起执行。

附表一：上海市人民币特种股票经营业务申请表

附表二：年度证券业务汇总表（申请用）

附表三：上海B股业务季（年）度报表

附表一：

上海市人民币特种股票经营业务申请表

填表日期　　年　　月　　日

公司名称（中文）		（英文）	
金融业务许可证号		外汇业务许可证号	
成立时间	注册资本（RMB）　　（USD）	注册地址：	
电话	传真	邮政编码	
公司法定代表人		B股业务负责人	
公司最大控股者		控股比例	
*上海证券业务部地址		*主要负责人	
*电话	传真	邮政编码	
申请种类	上海B股经营资格（有限制）		
	上海B股经营资格（无限制）		
公司法定代表人签名：	公司盖章		
*：若无此项，可以免填 备注：			

附表二：

一九　　年度证券业务汇总表（申请用）

填表单位名称　　　　年　　月　　日

<table>
<tr><td rowspan="11">投
资
银
行</td><td rowspan="2">主承销
（A股、B股或H股）业务</td><td colspan="2">公司名称</td><td colspan="2">承销量</td><td colspan="2">承销方式</td></tr>
<tr><td colspan="2"></td><td colspan="2"></td><td colspan="2"></td></tr>
<tr><td rowspan="2">分销
（A股、B股或H股）业务</td><td colspan="2">公司名称</td><td colspan="2">承销量</td><td colspan="2">本公司承销量</td></tr>
<tr><td colspan="2"></td><td colspan="2"></td><td colspan="2"></td></tr>
<tr><td rowspan="2">财务顾问业务</td><td colspan="2">公司名称</td><td colspan="4">服务方式和内容</td></tr>
<tr><td colspan="2"></td><td colspan="4"></td></tr>
<tr><td rowspan="3">资金拆借业务</td><td colspan="2">拆　入</td><td colspan="2">拆　出</td><td colspan="2">净　拆　入</td></tr>
<tr><td>笔数</td><td>金额</td><td>笔数</td><td>金额</td><td>笔数</td><td>金额</td></tr>
<tr><td></td><td></td><td></td><td></td><td></td><td></td></tr>
<tr><td>国债承销量</td><td colspan="2">万元</td><td>债券承销量</td><td colspan="3">万元</td></tr>
<tr><td>其他</td><td colspan="2">万元</td><td>总承销量</td><td colspan="3">万元</td></tr>
<tr><td rowspan="4">交
易</td><td>A股</td><td colspan="2">万元</td><td>基金</td><td colspan="3">万元</td></tr>
<tr><td>国债现货</td><td colspan="2">万元</td><td>国债期货</td><td colspan="3">万元</td></tr>
<tr><td>国债回购</td><td colspan="2">万元</td><td>法人股</td><td colspan="3">万元</td></tr>
<tr><td>其他</td><td colspan="2">万元</td><td>总交易量</td><td colspan="3">万元</td></tr>
<tr><td colspan="8">备注：</td></tr>
</table>

附表三：

上海市B股业务季（年）度报表

填表单位： 年 月 日

<table>
<tr><td rowspan="4">承
销</td><td colspan="4">担任主承销商公司数</td><td colspan="5">公司名称及承销量</td></tr>
<tr><td colspan="4">担任分销商公司数</td><td colspan="5">公司名称及承销量</td></tr>
<tr><td colspan="9">其他</td></tr>
<tr><td colspan="9">总承销量 万元 折美元 万元</td></tr>
<tr><td rowspan="6">交
易</td><td>数量
栏目</td><td>上期数</td><td>本期发生</td><td>本期累计</td><td colspan="2">数量
栏目</td><td>上期数</td><td>本期发生</td><td>本期累计</td></tr>
<tr><td>上交所B股席位数</td><td></td><td></td><td></td><td rowspan="2">自营</td><td rowspan="2">交易量</td><td rowspan="2"></td><td rowspan="2"></td><td rowspan="2"></td></tr>
<tr><td>境外代理商数</td><td></td><td></td><td></td></tr>
<tr><td>境外投资者开户数</td><td></td><td></td><td></td><td rowspan="2">经纪</td><td>交易量（境外）</td><td></td><td></td><td></td></tr>
<tr><td>境内代理人开户数</td><td></td><td></td><td></td><td>交易量（境内）</td><td></td><td></td><td></td></tr>
<tr><td>总开户数</td><td></td><td></td><td></td><td colspan="2">总交易量</td><td></td><td></td><td></td></tr>
<tr><td colspan="10">备注：</td></tr>
<tr><td colspan="5">填表人</td><td colspan="5">公司盖章</td></tr>
</table>

第二节 深圳地方性业务规则

深圳市证券经营机构自营业务管理暂行办法

第一条 为了完善和发展深圳证券市场，充分发挥证券经营机构功能，规范证券商自营证券行为，根据国家有关规定，特制定本办法。

第二条 本办法中的自营业务是指证券商自行买卖在深圳证券交易所挂牌交易的股票、认股权证、可转换债券及其它派生证券（以下统称证券）。

第三条 在深圳市设立的证券公司、证券业务部开办自营业务，须经深圳市证券管理办公室（以下简称主管机关）批准并接受其管理。

深圳证券交易所依据本办法制订自营业务监管细则，并对证券商自营业务进行日常监管。

第四条 证券商开办自营业务须以维护市场的公平性、流动性和合理性为原则，不得以任何方式操纵市场或冲击市场。

第五条 证券商申请开办自营业务须具备以下条件：

1、法人；

2、深圳证券交易所会员；

3、在深圳市有固定的营业场所，经营期满六个月以上；

4、注册资本不少于1，000万元；

5、有两年以上证券经营经验的证券投资分析人士；

6、经营状况良好，在证券行业具有良好的声誉和管理水平；

7、主管机关要求的其它条件。

第六条 证券商申请开办和自营业务，应向主管机关提交下列材料：

1、开办自营证券业务申请书；

2、最近六个月的营业报告书和资产负债表；

3、《企业法人营业执照》；

4、专业证券投资分析人士的资历证明及简历；

5、内部管理、自营业务管理规章制度；

6、主管机关要求的其它文件。

第七条 证券商开办自营业务须在深圳证券登记有限公司开设自营业务专门证券帐户。

第八条 证券商开办自营业务须设自营业务专用申报终端，不得影响代理客户买卖证券业务。

第九条 证券商开办自营业务须开设独立的自营业务资金清算银行帐户。严禁使用客户的保证金帐户。

第十条 证券商开办自营业务须设立独立的会计帐目，按月编制库存证券报表及损益表，并于次月五日之前报送主管机关。证券商自营业务原始凭证应保存七年，以备主管机关查核。

开办自营业务的证券商须在次日将其自营业务报告书报深圳证券交易所。

第十一条 证券商买卖证券申报价格应与当时成交价接近，不得以不合理的价格申报买卖证券。全日买进证券申报价格不得高于前日该证券收市价格的5%，卖出证券申报价格不得低于前日该证券收市价格的5%。在同一市期（营业日上、下午各为一市期）证券商再次买卖同一证券时，不得以高于前一笔买入价格购买，也不得以低于前一笔卖出价格出售。

第十二条 证券商开办自营业务，以同一证券于卖出成交后，当日不得再行买入；买入成交后当日不得再行卖出。

第十三条 证券商开办自营业务，每笔买卖证券数量不得破坏当时市场的供求平衡，妨碍市场的公平性和连续性。

第十四条 证券商开办和自营业务应保持合理的资金流动性：

1、自营业务帐户上持有的证券，其市价总额不得超过证券商营运资金的70%；

2、自营业务帐户上同一证券的市价总额不得超过证券商营运资金的20%；

3、自营业务帐户上持有同一上市公司的证券数额不得超过该公司总股本的5%。

第十五条 上市公司或上市公司的母公司、子公司持有证券商5%以上股份时，该证券商不得自营其上市公司证券。

第十六条 证券商开办自营业务不得有下列行为：

1、以自己名义为他人或以他人名义为自己在交易市场买卖证券；

2、在交易市场联手买卖证券；

3、在接受客户委托时，为自己场外对应买卖证券；

4、挪用客户保证金或托存证券买卖证券；

5、其他有关操纵市场价格、内部交易及扰乱市场行情、从中渔利的行为和交易。

第十七条 证券商被主管机关依法撤销自营业务资格或命令停业，该证券商应负有清理其被撤销或停业前开办自营业务的责任和义务。

第十八条 证券商开办自营业务违反本办法由主管机关和深圳证券交易所依据本办法负责查处。

第十九条 证券商开办自营业务违反本办法，分别给予下列处罚：

1、警告；

2、责令改正；

3、侵害客户利益，按照客户损失数额处以三倍以下赔偿；

4、没收非法所得及处以五万元以下罚款；

5、停业整顿；

6、暂停自营业务直到取消自营业务资格。

以上处罚可以并处。

上述第1、2、3项处罚由深圳证券交易所决定并执行；第4、5、6项处罚由主管机关决定并执行。

第二十条 本办法由主管机关解释。

第二十一条 本办法自颁布之日起施行。

1993年7月2日

深圳市证券经营机构管理暂行办法

第一章 总则

第一条 为加强对深圳市证券经营机构的管理，规范证券经营机构的经营行为，保护投资者的合法权益，根据国家有关法律、法规，特制定本办法。

第二条 中国人民银行深圳经济特区分行依法履行深圳市证券经营机构设立、变更和终止的审批职责，并对其进行监管和稽核。

第三条 本办法所称的证券经营机构是指依法定程序设立的经营证券业务的下列金融机构：

（1）证券公司；

（2）证券公司分公司；

（3）上述机构以及兼营证券业务的金融机构下设的证券营业部。

第二章 设立原则和条件

第四条 设立证券经营机构必须根据审批权限报经中国人民银行或中国人民银行深圳经济特区分行批准。未经批准，任何机构不得经营证券业务。

第五条 设立证券经营机构应依据下列原则：

一、符合国家证券市场发展政策及证券市场发展的需要；

二、符合银行业、保险业、财务租赁与证券业分业经营、分业管理的原则；

三、符合证券经营机构合理布局、公平竞争的原则；

四、符合经济核算原则。

第六条 申请设立证券公司须具备下列条件：

一、证券公司的发起人及其投资人股资金必须符合中国人民银行《关于向金融机构投资入股的暂行规定》；

二、有不少于人民币1亿元的实收货币资本金。经营外币证券业务的，必须有不少于750万美元的实收外币资本金；

三、有完备的公司章程和内部管理规定；

四、有符合要求的管理人员和从业人员；

五、有符合要求的经营场所和设施；

六、中国人民银行深圳经济特区分行要求具备的其他条件。

第七条 外地证券公司申请在深圳设立分公司须具备下列条件：

一、经营状况良好，无重大违规行为；

二、在深圳至少已设立两家证券营业部，且其证券营业部至少有两年以上的营业时间；

三、拨付给分公司的营运资金不得少于3000万元人民币；

四、有符合要求的管理人员和从业人员；

五、有完备的内部管理规定；

六、有符合要求的经营场所和设施；

七、中国人民银行要求具备的其他条件。

第八条 证券公司、证券公司分公司或证券兼营机构申请设立证券营业部须具备下列条件：

一、经营状况良好，无重大违规行为；

二、拨付给证券营业部资金不得少于500万元人民币。

三、有完备的内部管理规定；

四、有符合要求的管理人员和从业人员；

五、有符合要求的经营场所和设施；

六、中国人民银行深圳经济特区分行要求具备的其他条件。

第三章 审批权限和程序

第九条 设立证券公司和证券公司分公司，须先报经中国人民银行深圳经济特区分行审查同意后，再上报中国人民银行审批。

第十条 设立证券营业部由中国人民银行深圳经济特区分行审批。中国人民银行另有规定的，按中国人民银行的规定办理。

第十一条 设立证券经营机构必须经过筹建和开业两个阶段。

第十二条 申请筹建证券公司或证券分公司，须向中国人民银行深圳经济特区分行提交下列材料：

一、筹建请示；

二、筹建可行性报告；

三、筹建方案；

四、发起人或申请机构资信情况及背景材料；

五、筹建负责人名单及其简历；

六、中国人民银行要求提供的其他材料。

第十三条 申请筹建证券营业部须向中国人民银行深圳经济特区分行提交以下材料：

一、筹建请示；

二、筹建可行性报告；

三、筹建方案；

四、申请机构已设证券营业部的分布及上年度经营状况的说明材料；

五、中国人民银行认可的会计师事务所出具的申请机构上年度的会计报告书；

六、筹建负责人名单及其简历；

七、中国人民银行深圳经济特区分行要求提供的其他材料。

第十四条 中国人民银行深圳经济特区分行对证券经营机构筹建申请的答复期为三个月，逾期未获批准的，申请人在六个月内不得再次提出同样的申请。

第十五条 证券经营机构的筹建申请经批准后方可筹建。筹建期限为六个月。筹建期满未达到本办法要求的，原批准文件自动失效。如遇特殊情况，经中国人民银行深圳经济特区分行批准可适当延长期限，但最长不得超过1年，筹建期内不得从事证券业务。

第十六条 证券经营机构筹建就绪，须向中国人民银行深圳经济特区分行提出开业申请，并提交开业申请材料一式三份。

第十七条 证券公司或证券分公司申请开业，须向中国人民银行深圳经济特区分行提交下列材料：

一、开业请示及筹建情况报告；

二、中国人民银行认可的会计师事务所出具的验资证明、投资者近三年的资产负债表和损益表，以及资本金或营运资金入帐原始凭证复印件，投资者的其他背景材料；

三、拟任职的法定代表人和主要负责人的名单、简历及有关证明材料，从事过三年以上证券业务的操作人员达到全部从业人员三分之一以上的说明材料；

四、经营场所所有权或使用权的证明材料；

五、公司章程，其主要内容包括机构名称、营业地址、机构性质、领导体制、经营宗旨、注册资本（或营运资金）数额、业务范围、组织形式、经营管理、财务管理以及终止、清算等事项。

六、内部管理规定；

七、中国人民银行要求提交的其他材料。

第十八条 证券营业部申请开业，须向中国人民银行深圳经济特区分行提交下列文件：

一、开业请示及筹建情况报告；

二、中国人民银行认可的会计师事务所出具的验资证明、营运资金入帐原始凭证复印件、总公司近三年的资产负债表和损益表；

三、拟任职的主要负责人的名单、简历及有关证明材料，从事过三年以上的证券业务的操作人员达到全部从业人员三分之一以上的说明材料；

四、经营场所所有权或使用权的证明材料；

五、内部管理规定；

六、中国人民银行深圳经济特区分行要求提交的其他材料。

第十九条 中国人民银行深圳经济特区分行在收到申请开业文件之日起一个月内，书面通知申请人是否批准申请。未予批准的，在书面通知中注明理由。

第二十条 证券经营机构应于收到批准开业文件之日起一个月内，持批准文件到中国人民银行或深圳经济特区分行领取《金融机构法人许可证》或《金融机构营业许可证》，然后凭批准文件和许可证到工商行政管理部门登记注册，领取工商营业执照。经营外币证券业务的，另按规定向国家外汇管理局申领《经营外汇业务许可证》。

第二十一条 证券经营机构自领取许可证之日起三个月内必须对外宣布开业，在开业后的一个月内向税务机关办理税务登记手续，否则原批准文件失效，由中国人民银行深圳经济特区分行收回许可证。但遇不可抗力因素经中国人民银行深圳经济特区分行同意延期开业的不受此限。

第二十二条 证券经营机构批准设立后，由中国人民银行深圳经济特区分行统一在指定的报纸上向社会公告。公告费用由被公告的证券经营机构支付。

第二十三条 证券经营机构的场所、设备和从业人员必须符合下列标准：

一、对外营业场所的使用面积200平方米以上。

二、设备

1. 符合金融管理安全要求；

2. 微机服务器至少1台；

3. 无盘工作站至少40台；

4. 有盘工作站至少2台；

5. 与交易所联结的通迅设备；

6. 数据备份设备；

7. 相应的网络配套设备；

8. 主管机关要求的其他设备。

三、从业人员数量：

1. 证券公司总部30人以上；

2. 证券分公司本部20人以上；

3. 证券营业部12人以上。

四、从业人员构成：

1. 证券公司和证券公司分公司：有1/3以上的人员从事过三年以上的证券操作业务；有1/3以上人员具有经济类本科（含本科）以上学历；经营外币证券业务的，证券公司至少有4人以上、证券公司分公司至少有2人以上通过国家外汇管理局的外汇从业人员考试。

2. 证券营业部：有1/3以上的人员从事过三年以上的证券操作业务；有1/3以上人员具有经济类大专（含大专）以上学历；经营外汇证券业务的，至少有2人以上取得交易所境内上市外资股出市代表资格，至少有1人以上取得交易所境内上市外资股清算员资格。

五、证券营业部的岗位设置：

1. 经理1名，副经理1至2名；

2. 专职财务人员不少于2人；

3. 有出市代表资格者不少于2人，清算员不少于1人；

4. 柜台业务人员不少于5人；

5. 合格的保安人员若干人。

六、有下列情形之一的人员，不得从事证券业务：

1. 因触犯刑律被定罪判刑者；

2. 因经济问题受到行政处分者；

3. 因违反金融法规被除名者。

第四章　业务范围

第二十四条　经中国人民银行批准，证券公司可经营下列部分或全部本、外币证券业务；

一、发行和代理发行各种有价证券；

二、自营和代理买卖各种有价证券；

三、有价证券的代保管、鉴证和过户；

四、代理还本付息和分红派息等权益分派业务；

五、证券抵押融资业务；

六、基金和资产管理业务；

七、企业重组、收购与兼并业务；

八、投资咨询、财务顾问业务；

九、经中国人民银行批准的其他业务。

第二十五条　经中国人民银行批准，证券公司分公司可经营下列部分或全部本、外币证券业务：

一、发行和代理发行各种有价证券；

二、自营和代理买卖各种有价证券；

三、有价证券的代保管、鉴别和过户；

四、代理还本付息和分红派息等权益分派业务；

五、企业重组、收购与兼并业务；

六、资产管理业务；

七、投资咨询、财务顾问业务。

八、经中国人民银行批准的其他业务。

第二十六条　经中国人民银行深圳经济特区分行批准，证券营业部可经营下列部分或全部本、外币证券业务：

一、代理发行各种有价证券；

二、自营和代理买卖各种有价证券；

三、有价证券的代保管、鉴证和过户；

四、代理还本付息和分红派息等权益分派业务；

五、投资咨询业务；

六、经中国人民银行深圳经济特区分行批准的其他业务。

第五章　事项变更

第二十七条　证券经营机构变更下列事项，须事先报经中国人民银行或中国人民银行深圳经济特区分行批准后方可办理：

一、机构转让或股权变更；

二、业务范围的变更；

三、注册资本或营运资金的变更；

四、机构名称、地址的变更；

五、机构法定代表人和主要负责人的变更；

六、章程修改；

七、其他重大变更。

第二十八条　证券经营机构变更事项的审批程序和权限，按照本规定第三章中关于设立机构的审批权限和程序办理。证券公司和证券公司分公司变更营业地址，由中国人民银行授权中国人民银行深圳经济特区分行审批。经审查同意后，到中国人民银行办理变更手续。

第二十九条　中国人民银行深圳经济特区分行对证券经营机构变更申请的答复期为两个月，逾期未获批准的，申请人在三个月内不得再次提出相同的申请。

第六章　接管和终止

第三十条　证券经营机构已经或者可能发生信用危机，严重影响债权人的利益时，中国人民银行深圳经济特区分行对该机构实行接管。被接管的证券经营机构的债权债务关系不因接管而发生变化。

第三十一条　接管由中国人民银行深圳经济特区分行决定并组织实施，中国人民银行深圳经济特区分行的接管决定应载明下列内容：

一、被接管的证券经营机构名称；

二、接管理由；

三、接管组织；

四、接管期限；

接管决定由中国人民银行深圳经济特区分行予以公告。

第三十二条　接管自接管决定实施之日起开始。自接管开始之日起，由接管组织行使证券机构的经营管理权力。

第三十三条　接管期限届满，中国人民银行深圳经济特区分行可以决定延期，但接管期限最长不得超过两年。

第三十四条　有下列情形之一，接管终止：

一、接管决定规定的期限届满或中国人民银行深圳经济特区分行决定的接管延期届满。

二、接管期限届满前，该证券经营机构已恢复正常经营能力。

三、接管期限届满前，该证券经营机构被合并或者被依法宣告破产。

第三十五条　证券经营机构因合并或者出现公司章程规定的解散事由需要解散的，须向中国人民银行深圳经济特区分行提出申请，并附解散理由和债务清偿计划，经中国人民银行深圳经济特区分行批准后解散。

证券经营机构解散的，须依法成立清算组，进行清算，按照清偿计划及时清偿债务，中国人民银行深圳经济特区分行监督清算过程。

第三十六条　证券经营机构因吊销经营许可证被撤销的，中国人民银行深圳经济特区分行依法及时组织成立清算组，进行清算，按照清偿计划及时偿还债务。

第三十七条　证券经营机构不能支付到期债务，经中国人民银行深圳经济特区分行同意，由人民法院依法宣告其破产。证券经营机构被宣告破产的，由中国人民银行深圳经济特区分行等有关部门和有关人员成立清算组，进行清算。

证券经营机构破产清算时，在支付清算费用、所欠职工工资和劳动保险费用后，应当优先支付个人债务。

第三十八条　证券经营机构因解散、被撤销和被宣告破产而终止。

第七章　监督管理

第三十九条　证券经营机构须按照国家有关法律、法规和政策的规定，本着公平、公开、公正的市场原则开展经营活动，接受中国人民银行深圳经济特区分行的管理和监督。

第四十条　中国人民银行和中国人民银行深圳经济特区分行对证券经营机构实行许可证制度。对证券公司颁发《金融机构法人许可证》，对证券公司分公司、证券营业部颁发《金融机构营业许可证》。未取得许可证的，一律不得经营证券业务。

第四十一条　证券经营机构须将《金融机构法人许可证》或《金融机构营业许可证》正本，经营外币证券业务的，还须将《经营外汇业务许可证》正本放置在营业场所的显著位置，并妥善存放、保管许可证副本，以备查验。禁止伪造、涂改、出租、出借、转让许可证。

第四十二条 《金融机构法人许可证》或《金融机构营业许可证》每三年更换一次，如许可证正本丢失或严重破损，须于发现之日起半个月内在全国性报刊上声明作废，并持书面检查和已刊发的登载声明向中国人民银行或中国人民银行深圳经济特区分行重新申领。

第四十三条 证券经营机构的货币资本必须及时足额入帐。投入证券公司的资本金和证券公司、证券公司分公司投入分支机构的营运资金须是投资者有权支配的自有资金，不得以借入资金、债权作为资本金和营运资金。

第四十四条 证券公司之间不得相互参股。证券公司不得向其股东投资。

第四十五条 证券公司分公司、证券营业部须为设立机构的全资附属的非法人机构，不得合资、合作设立，不得承包、出租。证券营业部不得再下设营业部。

第四十六条 证券公司须按《中华人民共和国公司法》建立、健全董事会和监事会制度。

第四十七条 中国人民银行深圳经济特区分行对证券经营机构的法定代表人及主要负责人（董事长、总经理、副总经理）的任职实行资格审查制度。

第四十八条 证券公司的法定代表人和主要负责人以及证券公司分公司的主要负责人，其任命和变更均须事先报中国人民银行深圳经济特区分行进行任职资格审查。经审查同意后，报中国人民银行审查确认。异地证券公司和异地证券兼营机构在深圳设立的证券营业部，其总经理或主持工作的副总经理的任命和变更，须事先报中国人民银行深圳经济特区分行进行任职资格审查。未经中国人民银行和中国人民银行深圳经济特区分行进行任职资格审查或审查不合格的，证券经营机构的董事会或行政主管部门不得办理任命手续。深圳本地证券公司和证券兼营机构在深圳设立的证券营业部的主要负责人和异地证券营业部的副总经理，其任命和变更须报中国人民银行深圳经济特区分行备案。

第四十九条 中国人民银行深圳经济特区分行对证券经营机构法定代表人及主要负责人任职资格的审查方式包括：

一、审查履历及有关材料；

二、考察谈话；

三、了解有关情况。

第五十条 证券经营机构法定代表人及主要负责人的任职资格条件参照中国人民银行的有关规定执行，但有下列情形之一者，不得担任证券经营机构的法定代表人及主要负责人：

一、在金融专业岗位上工作未满三年；

二、缺乏从事证券业所必需的知识和经验；

三、因犯罪而被判刑的；

四、因工作失误或渎职给国家造成巨大经济损失；

五、有中华人民共和国以外的国家公民身份；

六、有中国人民银行认为不适合从事证券业务的其他记录。

第五十一条 证券经营机构的主要负责人均不得在与其机构无直接隶属、控股关系的其他经济组织兼职。

第五十二条 证券经营机构不得办理存贷款业务。

第五十三条 取得经营证券自营业务资格的证券经营机构，必须将自营业务与代理业务的资金、帐户严格分开，分别核算。

第五十四条 证券经营机构每年须从其盈利中提取5%以上的风险准备金，直至其风险准备金总额达到相当于其注册资本的5%为止。风险准备金专项用于弥补经营亏损，动用风险准备金须报中国人民银行深圳经济特区分行备案。

第五十五条 证券经营机构在经营中收取的各项费用须符合有关规定。

第五十六条 证券经营机构须按照国家的有关法律、法规建立、健全财务会计制度，妥善保管帐簿、帐册及各种原始凭证，其中证券经营机构办理证券买卖的原始凭证至少保留五年。

第五十七条 证券经营机构须建立会计报表和统计报表报送制度，并于每月10日前向中国人民银行深圳经济特区分行报送上月的会计报表和统计报表。每个会计年度结束后的三个月内须向中国人民银行深圳经济特区分行提交业务报告书和中国人民银行认可的会计师事务所审计的会计报表，会计报表包括：

一、资产负债表；

二、损益表；

三、中国人民银行深圳经济特区分行要求提交的其他报表。

第五十八条 中国人民银行深圳经济特区分行可随时对证券经营机构进行日常检查，并实行年度检查制度。

第五十九条 中国人民银行深圳经济特区分行的工作人员在依法对证券经营机构行使检查职权时，应持中国人民银行统一颁发的《金融检查证》。

第六十条 对证券经营机构年检及日常检查的内容包括：

一、设立变或更事项的审批手续是否完备；

二、申报材料的各项内容与实际情况是否相符；

三、资本金或营运资金是否真实、充足；

四、是否超业务范围经营；

五、是否违法、违章经营；

六、业务经营状况是否良好；

七、营业场所和安全设施是否符合要求；

八、是否按规定报送有关报表；

九、需要检查的其他事项。

第六十一条 证券经营机构年检时间为每年的第一季度。证券经营机构在接到年检通知书之日起15天内，须向中国人民银行深圳分行报送下列文件和报表：

一、年检报告书；

二、资产负债表和损益表；

三、年度决算报告；

四、《金融机构法人许可证》或《金融机构营业许可证》副本；

五、中国人民银行深圳经济特区分行要求报送的其他资料。

第六十二条 年检合格的证券经营机构，由中国人民银行深圳经济特区分行在其《金融机构法人许可证》或《金融机构营业许可证》副本上加盖合格印章，并予以公告。对证券经营机构年检和日常检查的有关资料和结论，由中国人民银行深圳经济特区分行记入该证券经营机构档案。

第八章 风险资产比例管理

第六十三条 证券公司的资本指标必须满足以下要求：

一、资本充足率：资本基础占权重风险资产总额的比例不得低于8%，其中核心资本充足率（即核心资本总额扣除对不合并列帐的企业、金融机构的股本投资以及公益金50%后的余额与权重风险资产总额的比例）不得低于4%。

二、核心资本不得低于资本总额的50%，附属资本如果大于核心资本，必须调减附属资本，或增加核心资本。

三、资本成份：

核心资本为一级资本，指实收资本金、资本公积金、盈余公积金和未分配利润。附属资本为二级资本，指风险准备金、资产重估储备以及五年以上的长期债务，其中：风险准备金是指按本办法所提取的可随时用于弥补目前尚不能确定的损失的资金。用于某项特别资产或已知负债所损失的准备金不应包括在内。资产重估储备是对各项资产全面评估后的增值，包括物业重估储备、股权重估储备和其他资产重估储备。重估必须经中国人民银行深圳经济特区分行批准，并由中国人民银行认可的评估机构进行。

五年以上的长期债务计入附属资本必须满足以下条件：

（1）普通的、无担保的和缴足金额的；

（2）不可提前撤回的；

（3）除非证券经营机构停止交易，否则它们得用于分担损失；

（4）在最后五年填报时每年应摊提20%，以反映债务资本工具缩减的情况。

四、资本总额是核心资本和附属资本之和。

资本基础是以下两项之和：

（1）核心资本扣除对不合并列帐的企业、金融机构的股本投资以及公益金的50%后的余额；

（2）附属资本扣除资产重估储备的50%以及五年以上的长期投资后的余额。

第六十四条 证券公司向金融机构投资入股的金额不得超过其资本总额的20%。向其股东提供融资的期限不得超过半年，且其余额不得超过该股东入股金额的50%。

第六十五条 证券公司拨付给分支机构的营运资金总额不得超过资本总额的60%，证券公司分公司拨付给证券营业部的营运资金不得超过其营运资金的70%，证券兼营机构拨付给证券营业部的营运资金不得超过资本总额的30%。

第六十六条 证券公司因自营而持有的库存证券按其购入价计算的总额不得超过资本总额的80%，但其持有的国债可不计入。

第六十七条 证券公司的长期投资余额不得超过资本总额的30%。长期投资是指期限一年以上（含一年期）的投资。

第六十八条 证券公司的担保总额不得超过资本总额的10倍。

第六十九条 证券公司流动资产与流动负债的比例不得低于25%。

第七十条 资产负债比例管理指标除资本充足率实行按月监控、按季考核、以每季的月平均数为考核基数外，其他的比例指标实行按月考核，以每月的月末余额数为考核基数。

第七十一条 中国人民银行深圳经济特区分行可以根据需要对资产负债比例管理指标和考核办法进行调整，调整可以针对：（1）所有证券经营机构；（2）部分证券经营机构；（3）个别证券经营机构。

第七十二条 证券公司须设立由总经理和财务部、交易部等部门负责人组成的风险资产负债比例管理小组，按月考核、分析资产负债比例管理各项指标的执行情况，制定和实施针对性的改进措施。

第七十三条 证券公司须按照中国人民银行深圳经济特区分行的要求如实上报资产负债比例管理报表和分析报告。

第九章　罚则

第七十四条 凡未经批准擅自设立证券机构和经营证券业务的，给予以下处罚：

一、取缔；

二、没收非法所得；

三、视情节轻重处以人民币100万元以上500万元以下的罚款；

四、移送司法机关追究直接负责的主管人员和其他直接责任人员的刑事责任。

第七十五条 证券经营机构在筹建期间擅自经营证券业务的，给予以下处罚：

一、没收其非法所得；

二、处以违规金额万分之五的罚款；

三、取消筹建资格。

以上处罚可以并处。

第七十六条 证券经营机构在设立过程中提供虚假材料、弄虚作假者，给予以下处罚：

一、处以人民币50万元以上300万元以下的罚款；

二、吊销《金融机构法人许可证》或《金融机构营业许可证》；

三、移送司法机关追究直接负责的主管人员和其他直接责任人的刑事责任。

第七十七条 证券经营机构擅自超范围而经营业务的，给予以下处罚：

一、责令停止非法经营；

二、通报批评；

三、没收非法所得，并视情节轻重处以人民币50万元以上300万元以下的罚款；

四、取消经营部分证券业务的资格；

五、停业整顿；

六、对直接责任人处以人民币1万元以上10万元以下的罚款。

以上处罚可以并处。

第七十八条 证券经营机构未经批准擅自变更本办法第二十七条所列事项的，给予以下处罚：

一、宣布有关变更无效；

二、警告；

三、通报批评；

四、停业整顿；

五、视情节轻重处以50万元以上200万元以下的罚款；

六、取消经营部分证券业务的资格。

以上处罚可以并处。

第七十九条 凡伪造、变造、出租、出借、转让《金融机构法人许可证》、《金融机构营业许可证》和《经营外汇业务许可证》的，给予以下处罚：

一、没收非法所得；

二、处以人民币100万元以上500万元以下的罚款；

三、构成犯罪的，移送司法机关追究有关人员的刑事责任。

第八十条 违反本办法第四十三条的，给予以下处罚：

一、限期纠正；

二、视情节轻重处以50万元以上300万元以下的罚款；

三、取消部分证券业务的资格；

四、吊销金融业务许可证。

五、构成犯罪的，移送司法机关追究直接负责的主管人员和直接责任人员的刑事责任。

以上处罚可以并处。

第八十一条 违反本办法第四十四条的，给予以下处罚：

一、限期纠正；

二、没收违法所得；

三、处以违规金额日万分之一的罚款。

以上处罚可以并处。

第八十二条 违反本办法第四十五条的，给予以下处罚：

一、视情节轻重处50万元以上500万元以下的罚款；

二、停业整顿；

三、吊销金融业务许可证；

四、视情节轻重对直接负责的主管人员和直接责任人员处以1万元至10万元的罚款。

以上处罚可以并处。

第八十三条 违反本办法第四十八条的，给予以下处罚：

一、警告；

二、宣布有关任命无效；

三、通报批评；

四、处以人民币50万元的罚款；

五、取消经营部分证券业务的资格。

以上处罚可以并处。

第八十四条 证券经营机构办理存贷款业务的，按照本办法第七十七条的规定进行处罚。

第八十五条 违反本办法第五十三条的，给予以下处罚：

一、限期纠正；

二、视情节轻重处以50万元以上200万元以下的罚款；

三、停业整顿；

四、吊销《金融机构法人许可证》或《金融机构营业许可证》。

以上处罚可以并处。

第八十六条 证券经营机构在经营中收取的各项费用违反有关规定的，给予以下处罚：

一、限期纠正；

二、通报批评；

三、没收非法所得，并视情节轻重处以非法所得1倍以上3倍以下的罚款；

以上处罚可以并处。

第八十七条 违反本办法第五十六条的，给予以下处罚：

一、限期整改；

二、通报批评；

三、停业整顿；

以上处罚可以并处。

第八十八条 凡拒绝和阻挠中国人民银行深圳经济特区分行对证券经营机构年检或日常检查的，给予以下处罚：

一、通报批评；

二、视情节轻重处以50万元以上100万元以下的罚款；

三、建议更换法定代表人或主要负责人。

以上处罚可以并处。

第八十九条 证券经营机构年检不合格的，给予以下处罚：

一、限期纠正；

二、缓办年检登记；

三、建议更换法定代表人或主要负责人；

四、停业整顿。

以上处罚可以并处。

第九十条 证券经营机构不如实和不及时上报财务会计报表、统计报表和中国人民银行深圳经济特区分行要求的其他材料的，给予以下处罚：

一、警告；

二、通报批评；

三、视情节轻重处以10万元以上50万元以下人民币的罚款；

四、取消经营部分证券业务的资格；

五、停业整顿。

以上处罚可以并处。

第九十一条 证券公司在规定的期限内达不到本办法所规定的资本充足率要求的，给予以下处罚：

一、限期纠正；

二、对风险资产超出部分处以日万分之一的罚款；

三、取消经营部分证券业务的资格；

四、逾期未纠正的，停业整顿。

以上处罚可以并处。

第九十二条 违反本办法第六十四条的，给予以下处罚：

一、限期纠正；

二、没收违规所得；

三、处以违规金额日万分之一的罚款。

以上处罚可以并处。

第九十三条 证券公司违反本办法第六十六条、第六十七条、第六十八条、第六十九条的，给予以下处罚：

一、限期纠正；

二、处以违规金额日万分之一的罚款。

以上处罚可以并处。

第九十四条 凡弄虚作假改变资产种类、风险权重或信用转换系数以隐瞒资产风险程度的，给予以下处罚：

一、警告；

二、通报批评；

三、取消经营部分业务的资格；

四、视情节轻重处以10万元以上100万元以下的罚款；

五、停业整顿。

以上处罚可以并处。

第九十五条 证券经营机构及其工作人员对中国人民银行深圳经济特区分行处罚决定不服的，可在接到处罚通知之日起15日内向中国人民银行依法申请复议，也可直接向人民法院提起行政诉讼。对复议决定不服的，可在接到复议决定书之日起15日内向当地人民法院提起行政诉讼。逾期不申请复议和起诉，处罚决定生效。对拒不执行处罚决定的，中国人民银行深圳经济特区分行依法强制执行或申请人民法院强制执行。

复议期间和人民法院审理期间，除法律、法规另有规定外，不停止原处罚决定的执行。

第十章　附则

第九十六条 本办法与国家有关部门在本办法发布之后颁布的相关规定不符的，以国家有关部门的规定为准。

第九十七条 本办法由中国人民银行深圳经济特区分行负责解释。

第九十八条 本办法自发布之日起实施。中国人民银行深圳经济特区分行1991年6月12日发布的《深圳市证券机构管理暂行规定》同时废止。

1996年9月25日

深圳证券交易所
上市公司董事会秘书管理暂行办法

第一章　总则

第一条 为规范上市公司的行为，保护投资人合法权益，促进证券市场健康发展，特制定本办法。

第二条 所有其股本证券获准在深圳证券交易所（以下简称“本所”）上市的股份有限公司（以下简称“公司”）必须依照本办法设立董事会秘书。

第三条 董事会秘书为公司的高级管理人员，对董事会负责。法律、法规及公司章程对公司高级管理人员的有关规定，适用于董事会秘书。

第二章　任职资格

第四条 董事会秘书应由具有大学专科以上毕业文凭，从事秘书、管理、股权事务等工作三年以上、年龄不低于25周岁的自然人担任。

第五条 董事会秘书应掌握（或经培训后掌握）有关财务、税收、法律、金融、企业管理等方面专业知识，具有良好的个人品质，严格遵守有关法律、法规及职业操守，能够忠诚地履行职责，并具有良好的沟通技巧和灵活的处事能力。

第六条 董事会秘书可由公司董事兼任。但如某一行为应由董事及董事会秘书分别作出时，则该兼任公司董事会秘书的人士不得以双重身份作出。

第七条 有《中华人民共和国公司法》第57条规定情形之一的人士不能担任董事会秘书。

公司聘任的会计师事务所的会计师和律师事务所的律师不得兼任董事会秘书。

第三章　职责范围

第八条 董事会秘书应履行下列职责：

（一）依法准备和递交国家有关部门所要求董事会、股东大会出具的报告和文件；

（二）筹备董事会会议和股东大会，并负责会议的记录工作，保管会议文件和记录；

（三）依法负责公司有关信息披露事宜，并保证公司信息披露的及时性、合法性、真实性、完整性；

（四）协助董事会行使职权时切实遵守国家有关法律、法规、公司章程及本所有关规章制度，在董事会决议违反法律、法规、公司章程及本所有关规定时，应及时提出异议，避免给公司或投资人带来损失；

（五）为公司重大决策提供法律援助、咨询服务和决策建议；

（六）筹备公司境内外推介的宣传活动；

（七）办理公司与董事、证券管理部门、证券交易所、各中介机构及投资人之间的有关事宜；

（八）保管股东名册和董事会印章；

（九）董事会授权的其它事务。

第四章　任免程序

第九条 董事会秘书由公司董事会推荐，经过本所组织的专业培训的专业培训和资格考核合格后，由董事会任命，通过公共传播媒介向社会公众披露，并报经中国证监会、地方证券管理机构和本所备案。

第十条 公司董事会聘任秘书应同时向证券主管机关及本所提交以下材料：

（一）公司董事会推荐书。内容包括被推荐人的职务、工作表现及个人品德等；

（二）被推荐人的个人简历、学历证明（复印件）；

（三）被推荐人取得的由本所颁发的董事会秘书培训考试合格证书；

（四）公司董事会的聘任书；

（五）董事会秘书与证券主管机关及交易所的联络办法，包括办公电话、住宅电话以及传真电话；

（六）经董事会委任的董事会秘书合格替任人名单及与该替任人的联络办法。

第十一条 董事会秘书在执行职务时，出现下列情形之一，本所有权建议公司董事会终止该秘书的聘任：

（一）在执行职务时出现重大错误或疏漏，给公司和投资人造成重大损失；

（二）出现违反有关公司法规、证券法规及本所有关规定的行为，给公司和投资者造成重大损失；

（三）其它本所认为不应继续出任公司秘书的情形。

第十二条 公司解聘原任秘书应立即以书面形式通知证券主管机关和本所，被解聘的秘书与公司董事会应分别以书面形式说明终止委任的原因。

第十三条 公司董事会终止前任秘书的职务，须同时按本规定第十条所要求提供的材料和必须履行的手续，重新委任新的董事会秘书。

第十四条 被解聘的董事会秘书离任前，应接受离任审查，并将有关档案材料、正在办理的事务及其他遗留问题全部移交。

第五章　法律责任

第十五条 董事会的决议违反法律、法规或公司章程，致使公司遭受损失的，除依照《公司法》第一百一十八条第（三）款规定同参与决策的董事对公司负赔偿责任外，董事会秘书也应承担相应的赔偿责任；但能够证明自己对所表决事项提出过异议的，可免除责任。

第十六条 董事会秘书有本规定第十一条规定情形之一的，本所可采取以下处罚措施：

（一）取消其任职资格，并建议公司董事会免去其职务；

（二）情节严重者，取消其今后从事本所上市公司董事会秘书的资格，并通过传媒向社会公告；

（三）向公司董事会或国家有关部门提出处罚意见书。

第十七条 董事会秘书对所受处罚不服的，可在接到处罚决定通知之日起十五日内向中国证监会或该会指定的机构提出申诉。

第六章　附则

第十八条 本办法由本所负责解释，自1997年7月1日起实施。

深圳证券交易所

1996年5月10日

深圳证券交易所
回转交易管理暂行办法

（1993年11月10日　　深圳证券交易所）

第一条 为促进深圳证券市场的发展，保护投资者合法权益，根据国家有关法律法规及《深圳证券交易所章程》制定本办法。

第二条 除本办法另有规定外，下列词证具有如下含义：

1．回转交易：指在不改变现行清算交收期的前提下，投资者在交易日当天得到成交确认后进行的反向交易，即买进（卖出）委托成交确认后，清算交割前可再委托卖出（买进）。

2．本所：指深圳证券交易所

3．登记公司：指深圳证券登记有限公司

4．委托人：指委托证券商买卖证券的自然人和法人。

5．本地证券商：指本所会员在深圳市内设立的证券经营机构。

6．异地证券商：指本所会员在深圳市以外设立的证券经营机构。

7．异地登记处：指参与深圳证券市场上市证券的清算、登记过户业务的深圳市以外的证券登记机构。

8.T：指交易日。

第三条 凡本所会员均可开展回转交易业务，但不得允许客户买空卖空。因回转交易产生的风险由会员及投资者自行承担。

第四条　会员在开展回转交易时，应严格遵循以下程序：

1. 会员接到客户委托买进后，应先查询委托人的资金帐户，由电脑判断是否可以接受，交易一经确认，应即时记减委托人的资金帐户，记加委托人的证券帐户。

2. 会员接到客户委托卖出后，应先查询委托人的证券帐号，由电脑判断是否可以接受，交易一经确认，应即时记减委托人的证券帐户，记加委托人的资金帐户。

第五条　会员应为回转交易委托人制作每笔买卖报告书。

第六条　会员在本所开展回转交易业务后，对所有委托，必须输入投资者的证券帐户号码。异地会员因通讯困难者可暂时不输入投资者证券帐户号码。

第七条　本所在送交登记公司的数据项目中，增加证券帐户栏位，正常情况下于每日下午4：30以前，由本所送交登记公司并以此作为股份清算的依据。

第八条　本办法实施后A股一级清算交割的时间保持不变。

第九条　本办法实施后，本地证券商在本所达成的股份交易，其清算过户按以下程序办理：

1、T+1上午11：00前，各会员公司清算员将T日成交股份的明细过户表（具体到每位客户、每笔交易），以软盘形式或其它传输方式送交登记公司；

2. 登记公司将本所送来的本地证券商于T日成交的各只股份逐笔与对应证券商送来的明细过户表的每笔数目核对无误，并检查无卖空行为后，于T+1下午5：00前完成证券清算与过户登记；

3.T+2，会员与其客户办理交割，打印证券存折。

第十条　本办法实施后，异地证券商于本所达成的股份交易，在完成一级清算后，其过户登记按以下程序办理：

1.T+1上午9：00前，各异地证券商清算员到登记公司领取对帐单，并立即将对帐单传回异地证券商本部；

2.T+1上午11：00前，异地证券商派专人将T日成交股份的对帐单及明细过户表以软盘形式送所在地区股份登记处（异地登记处）办理过户登记；

3. 异地登记处将登记公司签发的对帐单记录的各只股份净额数目与证券商送来过户股份的买卖净额数目核对无误，并检查无卖空行为后，于T+1下午5：00前完成过户登记；

4.T+2，异地证券商与其客户办理交割，打印证券存折。

第十一条　在正式清算过户前，会员不得为回转交易委托人办理转托管或提转保证金业务。

第十二条　会员成交数据的即时回报按以下方式处理：

1. 本地证券商的成交数据可通过柜台联网即时回报；

2. 使用卫星通讯的异地证券商的成交数据的即时回报，可直接通过卫星通讯解决；

3. 使用X·25的异地证券商的成交数据回报，目前可通过交易大厅电话回报方式解决，以后可通过卫星通讯或利用广东省内分组交换网及DDN网的通讯方式解决。

第十三条　本办法适用于A股证券（含宝安权证、配股权证）的回转交易，不适用于零股交易、债券（含宝安可转换债券）及B股。

第十四条　对违反本办法的会员，本所将视情节轻重单独或合并给予下列处分：

1. 警告；

2. 内部或公开通报；

3.1万元以上10万元以下罚款；

4. 暂停参加本所交易；

5. 开除会籍。

第十五条　登记公司可根据本办法制定相应的证券清算过户管理办法。

第十六条　本办法自1993年11月22日起实施。

第十七条　本办法由本所负责解释。

深圳市投资信托基金管理暂行规定

第一章　总则

第一条　为了促进我市投资信托业务的发展，开辟证券市场吸收投资的新途径，推动投资专业化，增加稳定市场力量，引导证券市场健康发展，根据《深圳市股票发行与交易管理暂行办法》及《深圳市证券机构管理暂行规定》，特制定本规定。

第二条　本规定所指的投资信托基金，是指通过发行受益凭证，募集资金后，由专门经营管理机构用于证券投资或其它投资的一种信托业务。

基金分为开放式和封闭式两种，开放式是指其受益凭证可以赎回并可根据申购情况追加发行受益凭证；封闭式是指其受益凭证在设定的期限内不能赎回而只能在市场上转让，在设定的期限内不能追加发行受益凭证。

受益凭证是指为募集投资信托基金而发行的有价证券。

第三条　凡投资信托基金的设立与经营，受益凭证的发行、认购、转让与赎回、投资的分配等有关事宜均须遵守本规定。

第四条　中国人民银行深圳经济特区分行是投资信托基金业务的主管机关。

第二章　投资信托基金的构成

第五条　投资信托基金业务是以信托契约为基础，至少由三个要素构成：信托人、经理人和投资人。

第六条　信托契约是规定信托人、经理人及投资人之间的权利义务关系的文件，是投资信托基金的基础。

第七条　信托人是基金资产的名义持有人或保管人。

第八条　经理人负责投资信托基金的投资与管理。

第九条　投资人是受益凭证的受益人和基金资产的实际持有人。

第十条　基金设立的份额不得低于三千万元，经主管机关批准后方可成立。

第十一条　信托人、经理人必须经主管机关批准后方可从事业务。

第十二条　信托人必须具备以下条件：

1、经主管机关批准的法人机构；

2、属全国性的国营金融机构或净资产在一亿元以上；

3、信托人不得持有某家上市人司10%以上的股份，不得担任某家上市公司的董事或经理；

4、信托人与经理人之间的相互持股比例不得超过对方股本总数的10%，其中任何一方不得担任对方董事或经理。

第十三条　信托人必须履行下列职责：

1、建立并保存持有人的登记名册，主持召开投资人会议；

2、信托人的资产必须与信托资产严格划分且分别独立核算；

3、负责投资项目的清算；

4、负责基金买卖证券的交割、清算及过户；

5、负责持有人股息等权益的派发及扩股认购；

6、审核基金帐目，保护投资人的利益；

7、监督经理人按契约履行职责，监督经理人的投资活动公正与合法；

8、审查投资信托基金各类公开性文件；

9、信托人如相信有停止或暂时停止赎回单位的严重危险时，必须及时通知主管机关。

第十四条 经理人必须具备以下条件：

1、经主管机关批准的法人机构；

2、符合证券市场发展需要；

3、净资产在二千万元以上；

4、有固定的场所和必要的设施；

5、其从业人员中必须有三分之一以上，具备二年以上证券投资管理经验的大学本科经济类毕业生或具有相当于经济师职称的专业技术人员；

6、经理人不得持有某家上市公司10%以上的股份，不得担任上市公司的董事或经理。

第十五条 经理人必须履行以下职责：

1、负责基金的投资与管理；

2、编制信托报告，该报告内容应包括信托人收入帐目，与该基金有关的管理公司帐目，会计师事务所的签证报告；

3、经理人必须对每一笔投资活动作出可行性分析，必要时应聘请投资顾问，并保持交易纪录备查；

4、经理人在编制各项信托业务的报告中，不得有任何误导成分，不得预测信托业绩，让投资者对各项公开性文件有充分了解的机会；

5、经理人负责受益凭证的转让或赎回事宜，并定期（至少一周一次）公布信托的净资产和交易价格；

6、在募集资金后，经理人须经信托人书面认可，方可将信托资产进行投资。

第十六条 投资人是信托资产的实际持有人，投资人可以是法人或自然人。

第十七条 投资人有权按基金章程的规定参加持有人的会议，参与决定信托基金管理及发展的方针政策等重要事项。

第十八条 投资信托的风险性应予说明。

第三章 信托契约

第十九条 信托契约是指规范信托人、经理人及投资人之间权利与义务的书面文件。信托契约是投资合作基金的基础，由信托人和经理人共同签署并经公证，报主管机关审核后方可生效。

第二十条 信托契约至少应包括以下内容：

1、契约当事人的名称、地址；

2、投资合作基金名称、基金期限、总额，受益凭证单位及总数；

3、信托人代表受益凭证的购买者（投资人）在名义上持有信托资产，并由信托人保管和控制信托资产，信托人委托经理人负责信托资产的投资与管理。

4、定明契约各方及投资人的权利和义务；

5、定明信托投资目标、投资政策及投资范围，禁止使用信托资产对无限债务的投资，禁止使用信托资产提供债务担保；

6、标明受益凭证是投资者对信托资产所有权的证明，但不是保障收益的凭证；

7、信托契约必须清楚列明运用基金资产的投资限制；

8、定明信托是开放式还是封闭式；

9、定明受益凭证的转让方式及收费标准或赎回的程序、时间及费用；

10、发行受益凭证所得款项经信托人收讫后，立即受信托契约的约束；

11、定明信托费用种类及标准；

12、定明基金净资产的计算方法；

13、定明每一受益凭证净资产的计算方法及公告方式；

14、定明信托规模的最高和最低限额，如发行不足最低规模要求时则信托基金不能成立；

15、定明有关召集及举行单位持有人会议的规定，在持有人会议中禁止信托人、经理人及其关连人等有关人士在有实质利益关系的事项的会议中，凭其所持有的份额投标或构成法定人数；

16、定明基金的最高负债率；

17、定明受益凭证的发行程序、发行期限、发行价格及其计算方法；

18、定明信托契约的更改、终止程序及限制；

19、定明投资信托基金发生下列行为前，须报主管机关核准：

(1) 停业及复业；

(2) 解散与合并；

(3) 更换信托人或经理人；

(4) 转让（或受让）全部或部分营业及资产；

(5) 信托人或经理人股东构成变化；

(6) 改变受益凭证的交易方式认购或赎回办法及净资产的计算方法；

(7) 其它须经主管机关核准的变更事项。

第四章 投资信托基金业务的管理

第二十一条 凡经中国人民银行批准，可经营证券业务的证券经营机构或其它经主管机关批准的金融机构，均可申请开办投资信托业务，经主管机关批准后方可营业。

第二十二条 投资信托基金的申请人（信托人和经理人）应向主管机关报送以下文件：

1、主管机关批准从事证券业务的批文；

2、基金发行计划；

3、信托契约；

4、基金章程；

5、公开说明书；

6、信托人简介及其最近二年的经营业绩；

7、经理人简介及其最近二年的经营业绩；

8、受益凭证样本；

9、基金投资计划；

10、主管机关要求的其它文件。

第二十三条 基金发行期满后的一个月内，信托人必须向主管机关报送基金发行的具体情况并根据信托契约的要求召开持有人会议。

第二十四条 经理人必须每季度编制经会计师事务所公证的信托报告，并在报纸上登载。

第二十五条 投资信托机构必须按《深圳市证券机构管理暂行办法》的要求，报送有关材料以及提取损失准备金。

第五章 受益凭证的发行与交易

第二十六条 基金凭证的发行对象由信托人和经理人共同确定。

第二十七条 经理人编制的受益凭证发行公开说明书必须包括以下内容：

1、投资信托基金名称、信托人及经理人名称、地址；

2、发行日期、发行单位及总数、发行价格及其计算方法；

3、募集基金期间以及逾期未募足的处理办法；

4、认购程序及缴款办法；

5、运用基金的投资范围；

6、有代理机构者，列明代理机构的名称、地址及代理事项；

7、主管机关要求的其它事项。

第二十八条 受益凭证应保证每周至少有一交易日。

第二十九条 封闭基金由经理人（或其委托机构）于交易日以柜台

转让方式交易，或在交易所上市；开放基金由经理人在柜台办理赎回手续。

第三十条 基金的信托人和经理人必须遵守信托契约的条款以及下列规定从事证券投资信托业务：

1、不得从事证券承销业务；

2、不得从事信贷业务和提供借款担保；

3、不得从事承担无限责任的投资；

4、不得从事信用交易；

5、不得在同一经理人下的基金间作证券交易；

6、不得投资于其它信托基金的受益凭证；

7、不得投资于与信托人或经理人有利害关系的公司证券；

8、投资于某一上市公司的股票不得超过该基金净资产价值的10%；

9、投资于某一家公司的证券不得超过该公司总股份的10%；

10、主管机关规定的其它投资限制。

第三十一条 经理人必须把基金的证券投资分散委托于其它证券经纪商，委托某一家经纪商的份额不得超过总份额的25%。

第六章 罚则

第三十二条 违反本规定的按《深圳市股票发行与交易管理暂行办法》及《深圳市证券机构管理暂行规定》的有关规定予以处罚。

第七章 附则

第三十三条 本规定由主管机关解释，修改时亦同。

第三十四条 本规定自公布之日起执行。

深圳证券交易所A股认股权证交易清算办法

（1993年4月15日）

一、本办法适用于A股个人股及除国有股、发起人法人股、定向法人股以外的法人股的认股权证的交易清算。

二、A股认股权证（即上述范围的认股权证，以下简称A股权证）由上市公司向本所提出申请，经批准后在本所上市交易，上市交易时间以上市公司公告为准。

三、A股权证交易单位与股票交易单位相同（如发展为100股一手，万科为500股一手），以0.05元为一升降单位。不足一手的A股权证，可按零股交易办法办理。

四、A股权证的交易采取电脑自动撮合交易方式进行，其程序与现行A股交易电脑程序同。

五、A股权证的交易清单及“清算表”打印方式与现行A股打印方式同。

六、A股权证的编号及简称由深圳证券登记公司编制发布，本所及各证券经营机构均按此执行。

七、A股权证的清算交割方式与现行A股方式同。

八、A股权证交易的佣金、经手费、清算过户费及印花税均与A股收费标准同。

九、A股权证交易不纳入指数计算范围。

十、本办法由本所负责解释，其未尽事宜由本所修订补充。

中国证券监督管理委员会
关于在深交所挂牌的上市公司股份
全部在深圳证券登记有限公司托管的函

（1994年8月16日 证监函字〔1994〕40号）

深圳证券登记有限公司：

目前上市公司的非流通股份没有集中统一托管，其管理基本处于无序状态。为了加强对上市公司股份的监管，应将非流通股份与可流通股份一起由深圳证券登记有限公司集中托管。已上市的公司，应于1994年10月底前完成其非流通股份的集中托管。今后，凡申请在深交所上市的公司必须在上市前到深圳证券登记有限公司托管其全部股份。希望你公司尽快制定集中托管上市公司股份的具体规则，并报证监会。

深圳证券交易所业务规则

第一章 总则

第一条 为维护证券市场秩序，保护投资者合法权益，按国家有关政策法令，并根据《深圳市股票发行与交易管理暂行办法》（以下简称《暂行办法》）制定本规则。

第二条 除本规则其他章节另有规定外，下列词汇具有如下意义：

(1) 证券，是指下列有价证券：

国家发行的各类债券。

地方人民政府发行的各类债券。

金融机构发行的各类金融债券。

全国各地公开发行的企业债券、股票及其相关联的各种权利受益凭证。

中国人民银行批准发行的其他有价证券。

(2) 上市，是指证券在本所集中交易市场挂牌买卖。

(3) 上市公告书，是指有关上市申请获准后需刊发的招股章程、通告文件、协议计划及任何同等文件的汇编文件。

(4) 发行人，是指依法发行有价证券法人。

(5) 最近时期，是指以有关证券的上市公告书刊发日期为计算基点，发行人设立超过三年的为最近三年度，发行人设立不到三年的为自设立以来的时期。

(6) 最近期间，是指自最近会计年度结束以来的期间。

(7) 主要业务，是指就一家公司及其附属公司而言，其所运用的资产、或其产生的营业额、或其形成的损益占该公司上述相应项目总额的10%及10%以上的业务。

(8) 股份，是指普通股及优先股份额。

(9) 可转让股本证券，是指可转换或可交换股份的股份凭证及附有可认购或购买股份的不可分离期权、认股权证或类似权利的股份凭证。

(10) 股本证券，是指股份、可转换股本证券及可认购或购买股份或可转换股本证券的期权、认股权证或类似权利证书。

(11) 可转换债务证券，是指可转换或可交换股本证券的债务证券及附有可认购或购买股本证券的不可分离期权、认股权证或类似权利的债务证券。

(12) 专家，是指注册会计师、工程师等作出的报告具有权威性的专业人士。

(13) 专业机构，是指会计师事务所、资产评估所等作出的报告具有权威性的专业机构。

(14) 注册会计师，是指中国注册会计师。

(15) 集中交易，是指在本所设立的集中交易市场内，采用公开竞价方式进行的证券交易。

(16) 主管机关，是指中国人民银行深圳经济特区分行。

(17) 证券商，是指属本所会员的证券经营机构。

(18) 受托买卖，是指证券商按委托人的要求在本所集中交易市场买卖证券。

(19) 委托人，是指委托证券商买卖证券的自然人和法人。

(20) 清算交割，是指证券商之间在本所集中交易市场成交后的清算交割。

(21) 停牌，是指在本所上市的证券暂停交易。

(22) 复牌，是指在本所上市的证券停牌后恢复交易。

(23) 终止上市，是指在本所上市的证券终止在本所的交易。

(24) 上柜股票，是指未达上市标准，但在证券商柜台或本所市场专柜挂牌买卖的股票。

第三条 证券在本所上市、集中交易、清算交割等业务，除遵照《暂行办法》及有关规定外，依本规则办理。

第二章 证券上市

第一节 上市的申请

第四条 公司申请股票上市，应由本所审查后，报主管机关批准。凡属上市股票在本所的集中交易必须符合《暂行办法》、主管机关的规定，以及本规则和本所的公告。

第五条 申请股票上市的公司须向本所提交下列文件（一式三份）：

(1) 上市申请书。

(2) 上市公告书。

(3) 批准发行股票的文件。

(4) 公司章程。

(5) 申请上市的股东大会决议。

(6) 公司登记注册的证明文件。

(7) 股权结构及分布。

(8) 经注册会计师签证的公司最近三年的资产负债表和损益表。

(9) 本所会员的书面推荐证明。

(10) 股份登记事项的说明。

(11) 经营状况公告事项的说明。

第六条 国债和深圳市人民政府发行的债券或经主管机关批准豁免的证券在本所上市，免于申请、上市审查及收费等一应事项。

第七条 金融债券上市，可由发行人或委托其在深圳的分支机构向本所提出申请，并向本所提交下列文件（一式三份）：

(1) 上市申请书。

(2) 上市公告书。

(3) 批准发行金融债券的文件。

(4) 金融债券发行章程。

(5) 金融债券实际发行数额的证明。

(6) 记名金融债券过户事项的说明。

第八条 企业债券上市，发行人须向本所提交下列文件（一式三份）：

(1) 上市申请书。

(2) 上市公告书。

上市公告书至少须说明下列情况：

主要业务状况。

主要财务状况。

债券发行和转让情况。

(3) 批准发行债券的文件。

(4) 债券发行章程。

(5) 债券资信评估证明以及担保单位文件。

(6) 债券实际发行数额的证明。

(7) 企业登记注册的证明文件。

(8) 记名债券过户事项的说明。

第二节 上市的审查

第九条 公司申请股票上市应按《暂行办法》第三十七条规定办理。

第十条 申请债券上市的企业，同时具备下列各款条件者，其债券可在本所上市。

(1) 企业经工商行政管理部门登记注册。

(2) 担保单位资信良好，或债券信用评估等级不低于A级。

(3) 债券实际发行额不低于1000万元（人民币，以下同）。

第十一条 具备上市条件的证券，经本所审查报主管机关批准后，由本所签发《上市通知书》。

获准上市的证券，其发行者应将证券的样张送本所存验。

第十二条 获准股票上市的公司最迟须于上市日的三天前向社会公众公告上市公告书。

第十三条 上市公告书的编制除了招股说明书所要求的内容外还应载明下列事项：

(1) 公司上市的日期和获准上市的批准文号；

(2) 股份发行情况和股权结构；

(3) 创立大会或股东大会有关上市决议的主要事项；

(4) 董事、监事和高级管理人员简况及持股状况；

(5) 招股后的业务和财务状况以及最近一年的预测报告；

(6) 其它重要事项（包括可能影响股票价格不正常波动的情况）；

(7) 重要备案事项。

(8) 如招股说明书已列明的事项可略载。如招股后的六个月内上市的可略载其业务和财务状况。

第三章 证券的集中交易

第一节 证券商参加集中交易准则

第十四条 欲参加本所集中市场交易的证券商，须向本所提出申请，经主管机关批准成为正式会员后，方有权参加集中交易。

第十五条 申请人需提交下列文件：

(1) 营业执照复印件。

(2) 证券业务特许证复印件。

(3) 税务登记证复印件。

(4) 公司章程。

(5) 董事、监事及经理人名册、履历表，并各附户籍或身份证复印件。

第十六条 证券商向本所缴存证券交易证金、清算头寸后，方可参加本所集中市场交易。

第十七条 证券商的资本额、公司章程、董事、监事、经理人或营业处所地址、电话等如有变更，应于三日内填具变更登记书，连同有关证明文件，送本所备案。

第十八条 证券商的出市人员必须通过本所统一培训、考试并取得合格证。

前项人员对有关法规、本所有关规章、市场公告及其他规定均应遵守，不得委而不知。

第十九条 证券商出市及清算人员的登记，因证券商解除或更换其职务而失效。但在证券商未办理变更登记或注销登记前所有的行为，证券商仍应负前条的责任。

证券商经获准终止参加集中交易时，其在交易所登记的人员均因此而丧失其登记所取得的资格。

第二十条 证券商不得与其他证券商共同使用同一营业处所。

第二十一条 证券商经主管机关核准设置分支机构的，应将主管机关签发的许可证复印件一式三份，送本所备案。

第二十二条 证券商的帐薄及有关交易凭证、单据、表册、合同等业务、财务资料，本所有权检查或查询。

前款帐薄及有关交易凭证、单据、表册、合同的保存年限，按国家和证券主管机关有关规定执行。

证券商的业务、财务资料，本所必要时可通知其提供。

第二十三条 证券商及分支机构应按有关的会计、统计规定向本所报送证券交易日报表。

前述各项报表均为一式二份，并应按本所的规定时间送达。

第二十四条 证券商未经主管机关或本所同意，不得以其自有资金或证券，或向他人借入资金或证券而为其委托人买卖证券办理交割，但证券商为处理委托人违约案件，并在违约事实发生后即报本所备案的，不在此限。

第二十五条 证券商由本所编定代号，凡有关交易及清算单据、凭证、报表，证券商除写明名称外，并须加注代号。

第二十六条 证券商有停业的，在其了结停业前通过本所市场所为有价证券买卖或受托事务范围内，仍视为尚未停业。

第二十七条 证券商有解散、或被撤销特许登记、或终止参加集中交易或因其他原因丧失其营业权利的，本所和证券商对双方的债权、债务应进行清算。

第二十八条 证券商向公众传播重要证券资料时，应检二份送本所备案。

第二十九条 证券商或其分支机构如有以全部或部分相同上市证券的买入委托与卖出委托在场外私相抵算，或证券商相互间在场外为对敲买卖，本所可终止其参加集中交易，并报请主管机关给予其他处理。

第三十条 委托人因证券商受托在场内买卖违约所产生的债权，对于违约证券商缴存本所的交易保证金享有优先受偿权。

委托人有对其受托证券商缴存本所的交易保证金，须经其受托证券商的同意或执有确定的执行名义或仲裁判断，方可向本所请求给付。

第三十一条 委托人不如期履行交割，不以交割代价或交割证券交付给证券商的即为违约，证券商经通知委托人后，立即代办交割手续。

证券商依前款规定代办交割所受的证券或代价，应在确定委托人违约之日开始在本所市场委托其他证券商予以处理。

证券商依前款规定办理后应即以书面形式向本所报告，并以副本通知委托人。

第二节　证券商受托买卖证券准则

第三十二条 委托人有下列各项情形之一者，证券商不得接受其委托开户或买卖：

(1) 未成年人未经法定代理人的代理或允许者。

(2) 受破产宣告未经复权者。

(3) 法人委托开户未能提出该法人授权开户证明者。

(4) 曾因证券交易违约纪录在案未满三年者。

(5) 曾因违反法令规章，经主管机关通知停止买卖证券未满五年者。

第三十三条 证券商于接受委托证券买卖时，必须先与委托人办妥受托契约，未经办妥受托契约者，证券商不得受理。

委托人须亲自签订受托契约并交验《居民身份证》和《股东代码卡》正本。

委托人为法人者，应附法人登记证明文件影本、合法的授权书与被授权人《居民身份证》正本。

委托契约应载明委托人（如有代理人者其代理人）的姓名、性别、年龄、籍贯、联系电话和地址、《居民身份证》统一编号、开户银行帐号，其为法人者应载明名称、地址及统一编号，并认定以本所规章为其契约之一部。

第三十四条 受托契约的有效期间，由契约双方当事人约定。

第三十五条 委托书应按本所规定的统一格式制备，属于买进者以红色印制，属于卖出者以蓝色印制。

委托书应记载委托人姓名、股东代码、委托日期时间、证券种类、股数或面额、限价、有效期间、营业员签章、委托人签章、委托方式（电话、电报、书信、当面委托）、保管方式（领回证券、集中保管），并应附注下列各款事项：

(1) 未填明［有效期限］者视为当日有效。

(2) 委托方式应予标明。

(3) 书面或电报委托者应粘附函电。

第三十六条 证券商必须依据委托人或其代理人的书信、电报、电话或当面委托，方得填造及承办前条所规定的委托书。

委托人或其代理人买卖证券以书信、电报或电话委托者，由受托证券商承办人员填制委托书并签章，当面委托者应由委托人或其代理人加以确认。

在证券商具备录音电话的条件下，方可接受有价证券的电话委托买卖。委托人或其代理人以电话委托买卖成交后应补办签章，如有错误，其错误的原因非可归责于受托证券商的，证券商不负责任。

第三十七条 证券商接受委托时，应在每一委托书上依序打上接收时、分，承办时，应依据委托书所载委托事项及其编号顺序执行，委托有效期内不得撤销。

第三十八条 委托买卖证券有下列各项情况之一者，受托证券商不得受理：

(1) 全权选择证券种类的委托买卖。

(2) 全权决定买卖数量的委托买卖。

(3) 全权决定买卖价格的委托买卖。

(4) 全权决定卖出或买入的委托买卖。

(5) 分期付款方式的证券买卖。

(6) 对委托人作赢利保证或分享利益的证券买卖。

第三十九条 证券商对于委托人的一切委托事项有严守秘密的义务。但答复主管机关、本所、司法机关及监察机关的查询案件者，不在此限。查询案件应依中国人民银行和最高人民法院关于向金融机构查询的有关规定。

第四十条 证券商接到客户委托后，应尽快将委托事项以电话通知其派驻本所的出市代表，交易一经成交，出市代表应尽快通知其营业处所，以制作买卖报告书，并于成交后的第二个营业日通知委托人（或以某种方式公告），并于该日下午办理交割手续。

第四十一条 买卖报告书应按本所规定的统一格式制备。买进者以红色印制，卖出者以蓝色印制。买卖报告书应记载委托人姓名、股东代码、成交日期、证券种类、股数或面额、单价、价金、手续费、代缴税款应收或应付金额、场内成交单号码等事项。

第四十二条 普通交易买卖报告书，应于买卖成交后由证券商填具一式四联并签章，一联送交委托人，一联由证券商送本所。

第四十三条 证券商受托买卖，应于接受委托时，由委托人或其代理人，将托买证券的价款或托卖的证券全额点交与受托证券商。

第四十四条 证券商因受托买卖关系所接受的证券，应依主管机关核定的保管有价证券作业办法办理。

第四十五条 委托人（代理人）不按期履行交割代价或交割证券者，即为违约。受托证券商得迳行解除委托买卖契约，了结买卖，并处分所有委托买卖关系所收委托人的财物。其处分所得代价与应付委托人的款项，得合并抵充委托人应偿付上述应履行的债务，及因委托买卖关系或解除契约所生损害赔偿的债务，如尚不足，得向委托人追偿，如有剩余、应予返还。

证券商对于前项处理，应即通知本所。

第四十六条 证券商因委托人违约，对所收委托人的财物及款项有留置权。

第四十七条 委托人与证券商间因委托买卖证券订立受托契约所发生的争议，应依主管机关及市政府有关职能部门制订的有关规定进行处理。

第四十八条 委托书及买卖报告书，其保存年限依专业银行会计凭证保管有关规定办理。

第四十九条 本所如奉主管机关核准制订有价证券特种买卖办法时，该证券商受托为特种买卖者，依该办法的规定办理。

各证券商应将本准则公开张贴于其营业处所。

第三节 集会时间

第五十条 本所集中交易市场开市时间，星期一至星期五，上午为九时至十一时，下午为二时至三时半。星期六为上午九时至十一时。已修改为周五日制（注），但本所认为必要时，可申报主管机关变更。

第五十一条 本所市场休假日与深圳市银行行业通行休假日相同，但本所认为必要时，可申报主管机关变更。

注：已参照国际惯例，取消星期六交易日，定于周五交易日制。

第四节 出市人员

第五十二条 参加本所集会买卖证券的证券商出市人员，必须是本所的会员出市代表。

第五十三条 非经本所允许并佩带入场证者，不得进入集中交易市场。

第五十四条 凡拥有一个席位的会员可委派二至三名出市人员，其中代表人有签单权、其他人无签单权，权限由会员自定。此外，各会员至少应有一名在本所登记的后备出市人员。

第五十五条 会员的出市人员应依规定时间参加本所市场集会，人场时须穿着规定服装，并佩带规定登记证于上衣显著位置。

本所场务人员应穿着规定服装。

第五十六条 本所场务人员负责监督执行场内有关证券交易的规定，维持市场秩序，保证交易正常进行。

进入集中交易市场的人员，均应遵守《出市人员守则》和《场务人员守则》。

第五节 交易办法

（一）上市股票的通常交易

1. 场内交易的基本规定

第五十七条 集中交易必须遵循价格优先、时间优先、委托优先的原则。

第五十八条 初次上市证券竞价买卖时，按申报买卖该证券的数量及价格决定其开盘价格。

前项开盘价格以上市前的销售价格为计算基准，如无销售价格或市场价格有重大变动时，由本所与上市公司参酌有关资料拟订，报主管机关核准。

第五十九条 申报买卖证券的数量，须为一交易单位或其整数倍。

第六十条 申报买卖的价格，股票以一股为准，债券以面额百元为准。

第六十一条 申报买卖价格的升降单位，应依照下列规定：

（1）股票、债券每个价位一律为五分。

（2）每日开盘后申报的价格，须以该项股票最近一次申报价格或成交价格为基准，并以延续两个升降单位为限。

第六十二条 证券商于场内设置的证券买卖纪录簿，其场内人员不得对外泄露其内容，但本所需要时得指定人员随时调阅。

第六十三条 证券商同时接受两个以上委托人的种类、数量、价格相同的买进与卖出委托时，仍应按本所关于两边客买卖的规定申报，竞价成交。

第六十四条 证券商申报买卖不能一次全部成交时，得为其一部分成交，其余量仍依申报价格列入委托电话纪录簿。

第六十五条 股票的买卖，于上市公司决定分派股息及红利或其他利益之基准日而停止变更股东名薄记载日（即停止过户之日）以后办理交割者，应为除息或除权交易。

第六十六条 每日成交的证券名称或代号、数量、价格及买卖双方证券商代号，记载于买卖日报表，并由本所予以公告。

每日成交的证券名称或代号、数量、开盘、最高、最低及收盘价格，与前一营业日收盘价格比较的涨跌及股价指数等，于当日收市后由本所编造证券行情单公开报导。

仅有申报价格而无成交价格时，于证券行情单载明“无成交”。

第六十七条 在股市异常时期（如狂涨暴跌），本所应按“公开、公平、公正”原则制订应急措施，报主管机关核准后实施。

2. 上板竞价交易细则

第六十八条 作业程序：

（1）电话员在接到其营业处所转告的买卖证券事项时，应依序记载于《委托电话记录簿》，然后向场内出市代表下达买卖指令。

（2）场内出市代表接到电话员的买卖指令后，应先看申报价格是否达到《竞价告示板》公告价位。如果达到，场内出市代表将买卖指令填写在竞价告示板的价格栏内，并在适当的栏内填上证券商的代号和买或卖指令，按证券名称和价格归类汇总，即每种证券按买入价由高到低，卖出价由低到高依序排列，待价位达到时，再登录于《竞价告示板》。

（3）每笔买卖成交后，卖方出市代表应立即填写《成交记录》并签章，交买方出市代表确认后，将成交纪录送至本所指定柜台打印成交时间及成交号码，然后将红色一联交买方收执，黄色一联交本所清算柜台，蓝色一联则交给其电话员。

（4）电话员接到《成交记录》后，应对照《买卖记录簿》中记载的买卖数量，将已成交的数量删减或注销，并将成交情况电话通知其营业处所，以便转告委托人及制作有关凭证。电话员应密切注视行情揭示变动，对照《委托电话记录簿》所载价格、数量、随时向场内出市代表提示买卖指令。

（5）每天上午和下午收市时，各证券商的场内出市代表应尽快将当市成交的证券名称、买卖数量、价格、对方证券商代号、总金额及收付净差额与本所核对，全部对帐无误后，方可离开交易大厅。

第六十九条 竞价告示板填写规则

(1) 竞价告示板限填四个价位，即未成交的最高买入价、次高买入价、最低卖出价、次低卖出价，每个价位上的数量申报应依时间先后顺序填写。

(2) 每日开市时，在板上未登录价格以前，证券商场内出市代表应以昨日收市价为基准，以上下各两个升降单位为限，将符合该标准的申报价格填写在《竞价告示板》上，买方后手的登录价不得低于前手，卖方后手的登录价不得高于前手。

(3) 开市时，在一般情况下，买卖双方均可在《竞价告示板》上挂牌。出现混乱拥挤等情况，本所场内工作人员有权决定由买方或卖方先行挂牌。每日开盘后的申报价格，须从《竞价告示板》上最近一次登录的价格或成交价格为基准，以上下各两个升降单位为限。但股票当日除息或除权的首天，或新股首天上市时，其开市申报价格不受上述两个升降单位规定限制。

(4) 买方（卖方）申报价高于（低于）《竞价告示板》上登录的最高买入价（最低卖出价）一个价位时，后手申报者应先将板上登录的最高买入价（最低卖出价）改写，再将次高买入价（次低卖出价）一栏的内容擦掉，随后将左边一栏，即原最高买入价（最低卖出价）一栏的内容移到右边一栏，在左边一栏里填上后手的证券商代号和买卖数量。

若买方（卖方）后手申报价格高于（低于）前手在板上登录的最高买入价（最低卖出价）二个价位时，后手可以在改写价格后将原先前手登录在买方（卖方）栏内的内容全部擦去，然后登上自己的代号和买（卖）数量。

价格改写时被擦掉的板上登条价，在其再次达到《竞价告示板》申报价位时须由出市代表重新填写。

(5) 板上登录的内容，不得任意撤销或减少申报数量，但若变更价格或增加数量时，须依板上价位重新申报。

板上内容一旦成交，任何一方不得变更或撤销，否则，以违约处理。

(6) 买卖成交时，买方或卖方应将对方出市代表登在板上的数量删减或划去，然后在黑板的下方写出每笔的证券商代号、成交价格与数量，成交后剩余的部分应写在《竞价告示板》上，待下次继续成交。

第七十条 成交的先后顺序

(1) 较高买进限价申报优先于较低买进限价申报；较低卖出限价申报优先于较高卖出限价申报。

(2) 同价位申报，依照申报时序决定优先顺序。

(3) 同价位申报，客户委托申报优先于证券自营买卖申报。

各证券商出市代表在执行客户委托时，应参照以上原则执行。

第七十一条 成交价格的决定原则：

最高买入申报与最低卖出申报相同的价位。

第七十二条 两边客的买卖

同一证券商在接到同种股票，相同价的买和卖的委托单时，可以依下列原则，进行两边交易：

(1) 一项交易成交后，可立即采用该成交价进行两边客买卖。

(2) 当场内买卖价相差一个价位时，成交价在“牛市”时，可以是买入价，“熊市”时可以是卖出价。

(3) 当场内买卖相差两个价位时，成交价必须是中间价。

(4) 当场内卖买价相差两个价位以上、或没有买卖价、或只有买价或卖价的时候，出市代表必须在板上写出适当的买卖价，令价位符合 (1) 和 (2) 的条件，然后缓步离开《竞价告示板》，给予其他出市代表机会和他交易，如无人与他交易，他方可依据 (1) 和 (2) 的方法进行两边客买卖。

(5) 所有两边客成交时，场内出市代表应喊出“两边客”，同时在《竞价告示板》下方票上证券商代号和标记“C”以及成交价格的数量，并应立即填制《成交记录》，以最快的速度将其送至本所指定的专柜打印时间及号码。

第七十三条 开市价和收市价的决定原则：

(1) 开市后的第一笔成交价即为开市价。

(2) 当日收市钟响前，由本所场内职员在成交纪录上划上一线。在线上的最后一笔成交价即为收市价。

如当日无成交，本所根据大市走势及叫价情况，决定当日收市价。

第七十四条 本所业务执行人员应随时检查、监督出市代表的电话记录以及其它情况，以确保公开、公平、公正原则。

第七十五条 作业表单样式：

(1)《委托电话记录簿》。

(2)《竞价告示板》。

(3)《成交记录单》。

3. 口头唱板交易细则

第七十六条 作业程序：

(1) 电话员在接到其营业处所转告的受托（或自行）买卖证券事项时，应依序记载于《委托电话记录簿》，然后向场内出市代表下达买卖指令。

(2) 出市代表在接到电话员的买卖指令后，即到本所划定的股票买卖喊价区进行喊价买卖。

(3) 股票唱报买卖采用分柜连续竞价方式。本所应划定证券商出市代表参加股票买卖喊价的区域，在划定区域的喊价，本所业务执行人员有权制止。

(4) 买方或卖方喊价，一经对方承诺接受即为成交。一经成交，卖方应立即按规定填制成交纪录，并交买方签认，同时将成交纪录送到本所指定柜台打印时间及成交号码，然后将红色一联交给买方收执，黄色一联交给本所清算柜台，蓝色一联则交给其电话员。

(5) 电话员在接到成交纪录后，应对照《委托电话记录簿》中记载的买卖数量，将已成交的数量删减或注销，然后通知其营业处所，以便转告委托人及制作有关凭证。

(6)《委托电话记录簿》所载数量未能全部成交时，其余量可待下次继续成交。电话员应密切注视行情揭示变动，对照《委托电话记录簿》所载价格、数量、随时向场内出市代表提示买卖指令。

(7) 每天上午或下午收市时，各证券商出市人员应尽快将当市成交的证券名称、数量、价格、对方的证券商代号、总金额及收付净差额与本所核对，全部对帐无误后，方可离开交易大厅。

第七十七条 场内出市代表喊价规则

(1) 出市代表参加唱报股票买卖，除以手势表示买进或卖出价格外，同时须口头高声喊出买进或卖出品种及价格。买方举手以掌心向内，卖方举手以掌心向外，具体价格、数量的手势由本所统一规定。

(2) 开市后首次喊价限于昨日收市价的上下两个升降单位内。开市后喊价限于最近一次成交价或喊价上下各两个升降单位内。买方后手喊价不得低于前手，卖方后手喊价不得高于前手。

(3) 买方或卖方喊出价格，除开盘首次喊价必须报明每股买价或卖价全数外，在竞价过程中，可只喊出其最后两位数。如遇升进或降落至元位时，仍须报明其每股买价或卖价的全数。

(4) 场内出市代表在场内喊价，必须举手或高声申报数次，使众周知。买价或卖价一经喊出，除另一新喊价出现外，不得撤销。

(5) 买方最高喊价或卖方最低喊价，应当优先成交。相同喊价依其先后次序决定。

(6) 买卖双方成交的数量未达买方或卖方原喊价买进或卖出数量时，其成交价格对未成交部分仍属有效，直至买方或卖方另一新喊价出现为止。

买方或卖方喊价，一经对方承诺接受，买卖契约即告成立，任何一方不得变更。

第七十八条 两边客的买卖

两边客买卖是买方及卖方经同一证券商达成交易。当证券商接到同种证券、相同价格的买和卖的委托单时，仍应在场内公开喊出。若他想自行成交，即做两边客买卖，则须依上板竞价两边客买卖原则进行：

两边客成交时，出市代表应喊出两边客、成交价格及成交数量，并应立即填制成交记录，以最快的速度将成交记录送至本所指定的柜台打印时间及号码。

第七十九条 决定成交先后顺序的原则：

按上板竞价原则进行。

第八十条 成交价格的决定原则：

最高买进申报与最低卖出申报相同的价位。

第八十一条 开市价和收市价的决定原则：

(1) 开市时采用主席叫价制，即由主持口头唱报竞价专柜的工作人员指定某支股票的买方或卖方先喊价，开市后的第一笔成交价即为开市价。

(2) 当日收市钟响前的最后一笔成交价即为收市价。如无成交，按上板作业原则处理。

第八十二条 作业表单样式：

(1)《委托电话记录簿》(与第七十五条规定的样式相同)。

(2)《成交记录单》(与第七十五条规定的样式相同)。

4.电脑自动交易细则

第八十三条 作业程序：

(1) 电脑交易的买卖申报由终端机输入，限当日有效。

(2) 买卖申报的输入，自市场集会时间开始前半小时进行。前款输入买卖申报的时间，本所认为必要时可变更。

(3) 买卖申报应依序逐笔输入证券商代号、输入序号、委托书编号、委托种类（融资、融券、集中保管、自行保管）、证券代号、单价、数量、买卖类别、输入时间及代理或自营。但本所可视需要而增减。前款输入序号，证券商应依接单顺序，按每部终端机分别编定，不得跳号。

(4) 买卖申报传输至本所电脑主机，经接受后，由参加买卖的证券商的印表机列印买卖申报回报单。

(5) 买卖申报仅限价申报一种。

(6) 证券商查询其未成交的买卖申报，应经由终端机进行。

(7) 申请撤销买卖申报时，应经由终端机撤销。请变更买卖申报时，除减少申报数量外，应先撤销原买卖申报，再重新申报。

第八十四条 行情揭示分为公开揭示屏幕与专业揭示屏幕。公开揭示屏幕置于本所集中交易市场和各证券商营业厅。

市场集会时间内，公开屏幕应将成交价格随时揭示，买卖申报价格的揭示以当市最近一次成交价格为基准报出最高叫买价与最低叫卖价。

专业屏幕通过证券商的作业终端显示，可随时揭示围绕最近一次成交价上下两个升降单位的所有申报。

第八十五条 证券商的买卖申报本所电脑主机接受后，由本所主机自市场集会时间开始时起自动撮合成交。

第八十六条 撮合成交时，买卖申报的优先顺序，依下列原则决定：

(1) 价格优先。

(2) 时间优先。

(3) 客户委托优先。

第八十七条 买卖申报的竞价方式，分为集合竞价与连续竞价两种。开盘或收盘采用集合竞价方式，收盘时集合竞价自收盘前10分钟开始。

第八十八条 集合竞价产生首次上市或除权除息后上市开市价。

第八十九条 依集合竞价方式产生开盘价格的，其未成交买卖申报，仍然有效，并依原输入时序连续竞价。

开盘价格未能依集合竞价方式产生时，应以连续竞价方式，产生开盘价格。

第九十条 连续竞价时，在当市最近一次成交价或当时揭示价延续两个升降单位内，其价格依下列原则决定：

(1) 最高买进申报与最低卖出申报价格相同的价位。

(2) 买（卖）方申报价格高（低）于卖（买）方申报价格时，采较接近当市最近一次成交价格或当时揭示价格的价位。

第九十一条 买卖申报一经成交，即经由参加买卖的证券商的印表机列印成交回报单。

第九十二条 成交回报单的项目应包括证券商代号、委托书编号、委托种类、证券代号、成交数量、成交价格、成交金额、买卖别、代理或自营及成交时间。

但本所可视需要而增减。

（二）上市股票的特种交易

1.巨额买卖

第九十三条 证券商接受委托人自行一次买卖同种上市股票，其市值在五十万元以上者为巨额证券买卖，应依本办法规定办理。其数量达发行公司发行总面额的百分之五以上时，应依本所股票拍卖办法、标购办法或其它特别办法办理。

第九十四条 巨额证券买卖于每日下午二时起至二点三十分止，接受相对要买及要卖申报，并自二点三十分起至三时止，接受其他应买或应卖申报，其每笔申报不得超过要买或要卖申报的总数量，且起点不得低于十万元。申报当日未成交或未完全成交，次日可继续挂牌，如余额已低于市值五十万元，次日可转于普通专柜挂牌。

第九十五条 证券商应将款券交会本所后，始得办理申报，申报后一经成交不得取消。本所并自下午二点三十分起至三点止，将所有申报资料经由交易资讯系统公告。

第九十六条 巨额证券买卖的申报，本所于下午三点起依下列方式予以撮合成交：

(1) 无应买或应卖的申报时，以要买及要卖的申报数量撮合成交。

(2) 有应买或应卖的申报时，应并同前款要买或要卖的申报数量，按各笔申报数量比例撮合成交，如有余数按申报先后顺序分配成交。巨额证券买卖一经成交，即由本所将成交资料经由交易资讯揭示系统专项公告。

第九十七条 巨额证券买卖于成交当日办理交割。

依本办法申报及成交的股票价格均不作为当日的开盘、收盘价格、亦不得作为最高、最低行情的纪录依据。

2.拍 卖

第九十八条 依本办法拍卖上市证券的委托或申请，程序如下：

(1) 证券商接受委托人（以下简称拍卖委托人）委托申请在本所拍卖时，由受托证券商（以下简称申请拍卖证券商）填具申请书。

(2) 证券商以其自有证券申请在本所拍卖时，由该证券商填具申请书。

政府以其持有证券依拍卖方法处理时适用前款第一项规定。

(3) 第一款委托人或申请经本所同意或认可后，于实施拍卖前三日由本所将拍卖条件予以公告。

第九十九条 本所依本办法拍卖证券在本所市场设专柜进行，参加竞买或应买者以本所交易市场的证券商为限。

前款证券商参加竞买或应买时，应有委托人应买的委托，其委托事项依证券商受托买卖准则各条规定并须签订开户契约。

第一百条 参加拍卖的竞买或应买证券商，其报价方式，除本所另有公告外，采用申报单表明买价及其数量，并以公开申报方式进行。但本所认为必要时采取密封方式进行。

第一百零一条 依本办法拍卖证券时，本所场务执行人於征得申请拍卖证券商的场内代表人同意后，在开始拍卖时或停止接受申报单时，当场宣布拍卖底价。

前款拍卖底价应由申请拍卖证券商於当场宣布时，以密封方式通知本所场务执行人当众拆封宣读。

拍卖底价及申报单所列竞买或应买价格均以每股为计算单位。

证券商对於申报单所列竞买或应买数量及价格不得变更，但证券商所申报竞买或应买价格明显有错误或与其原委托人委托事项不符，以致影响拍定价格，经申请拍卖证券商与拍卖委托人同意及当场参加拍卖各证券商表示无异议时得取消其申报单。本所并得对该证券商课以过怠金，其金额由本所视情节轻重核定。

第一百零二条 依本办法申请拍卖的证券，其拍卖数量不得少於市值100万元。但政府以其持有的证券申请拍卖时，不在此限。

依本办法拍卖的证券，除公告另有规定外，依该项证券的交易单位及其倍数为拍卖单位，不按规定申报者，无效。

第一百零三条 依本办法拍卖证券者，拍卖委托人应自下列方法中选定一种为拍定依据，并依第九十八条（3）款规定通知本所予以公告：

（1）参加竞买或应买的证券商所报买价在宣布拍卖底价以上者，以报价最高的证券商为拍定人，拍定人有二人以上而所申报的竞买或应买的数量超过拍卖数量时，按各拍定人申请数量比例拍定。

（2）参加竞买或应买的证券商所报买价在宣布拍卖底价以上者，於本所公告拍卖数量限额内，依第一百零五条规定为拍定人。

拍卖委托人有特殊情形不能适用前款所定办法时，得另订拍定方法，经本所同意并呈准主管机关后公告施行。

第一百零四条 依本办法第一百零三条方法拍卖的证券，如参加竞买或应买的证券商所报买价在宣布拍卖底价以下时或拍定人所报数量未达公告拍买数量时，其处理办法由本所洽商申请拍卖证券商於宣布拍卖底价时一并公告。

第一百零五条 依本办法第一百零三条方法拍卖的证券，其拍定人依下列顺序依次成交：

（1）申报或应买的买价较高者优先成交。

（2）申报或应买的买价相同时，按照申报数量比例成交。

依前款顺序成交数量总额未达公告拍卖数量时，由本所洽商申请拍卖证券商另定处理办法。

低於宣布拍卖底价的申报单或不能依第一款规定为拍卖成交的申报单，均为无效。

第一百零六条 依第一百零三条规定拍卖成交者，仍须依照规定填写场内成交单。

有关拍卖的卖方一切手续，由申请拍卖证券商负责办理。

第一百零七条 依本办法成交的买卖除公告声明外，概于成交日办理交割。

第一百零八条 依本办法申请拍卖的证券商及应习的证券商，对其拍卖或申购数量得规定其各缴拍卖或应买证据金，其办法於公告拍卖条件时一并公告。

第一百零九条 依本办法拍卖的证券，本所认为必要时，得规定参加竞买或应买证券商的申购数量。

第一百一十条 证券商接受委托申请拍卖得在本所规定手续费率以下与其委托人另行约定手续费。

第一百一十一条 本所依本办法拍卖上市证券，按拍卖成交总额千分之一向申请拍卖的证券商收取拍卖经手费。

申请拍卖证券商依前款规定缴付拍卖经手费者，该次拍卖成交的数量，本所不再计入该证券商当月份买卖成交总数量，并不再收经手费。

依第一款规定拍卖经手费未达人民币一千元者或申报应买或竞买价格未达底价而无法拍定时，概依人民币一千元计收，其不足之数，申请拍卖证券商得约定拍卖委托人负担。但有第一百零一条情况发生导致不能拍定时，本所得免收拍卖经手费或经手费。

第一百一十二条 本所依本办法拍卖上市证券，於拍卖期间可停止该项证券的通常交易。拍卖成交的价格不受通常交易升降幅度规定限制，并不作为当日开盘、收盘价格及最高、最低成交价格。

3．标购

第一百一十三条 证券商依本办法接受委托人委托标购上市证券者，应填具申请书向本所申请。申请经本所同意并转报主管机关核备后，於实施标购前三个营业日由本所将下列事项公告。本所经公告委托人及受托证券商不得申请变更或撤销。

（1）标购证券名称及其数量。

（2）标购日期及时间。

（3）标购者简历、标购目的、资金来源，如为法人者，附最近一年度的财务状况。

（4）标购底价，或在开始标购时当场宣布。

（5）标定数量未达公告标购数量的处理方式。

（6）参加竞价证券商的申报时间及方式。

（7）其他有关事项。

第一百一十四条 依本办法标购上市证券在本所市场设专柜施行，参加竞读者，以属于本所会员的证券商为限。

第一百一十五条 参加标购的竞卖证券商，其报价采用申报单。申报单载明证券名称、单位价格及数量，同一价格限於一张申报单，可不受巨额证券买卖办法的数量限制。

前款申报数量，除公告另有规定外，应合於该种证券的交易单位或其倍数，不按规定的申报无效。

第一百一十六条 依本办法申请标购的证券，其标购数量不少于市值100万元。但经专案核准者，不在此限。

第一百一十七条 办理标购时，在不超过公布标购底价，以能满中所需标购数量的最高卖出申报价格为标定价格。底於标定价格的卖出申报数量全部按标定价格成交，标定价格的卖出申报数量如未能全部成交，按各证券商申报数量的比例分配至整交易单位为止，如尚有余量，由各申报证券商抽签决定，每家以分配一交易单位为限。

标定数量未达公告标购数量时，依公告的处理方式办理。

第一百一十八条 申请标购的证券商有两家以上者，其标定数量按申请标购数量的比例分配至整交易单位为止，如尚有余量，由申请票购的证券商抽签决定，每家以分配一交易单位为限。

第一百一十九条 标定成交者，须依照规定完成场内成交手续。

第一百二十条 标定成交的买卖除公告申明成交日交割者外，一概当日办理交割。

第一百二十一条 申请标购的证券商于接受委托申请标购时应向委托人预收全部价金。

参加标购的竞卖证券商于接受委托时应向委托人预收全部股票。

证券商接受第一百一十三条委托标购或竞卖者，应于受托契约中订明委托人违约及其损害赔偿的处理。

第一百二十二条 证券商接受委托申请标购或参加竞卖经成交人，均依规定向委托人收取手续费。

第一百二十三条 本所办理标购上市证券向买卖双方证券经纪商收取经手费，其费率由本所拟订报请主管机关核准后施行。

第一百二十四条 本所办理标购上市证券，于标购期间得停止该种证券的通常交易。标购成交的价格不受通常交易升降幅度规定限制，并不作当日开盘、最高、最低或收盘价格。

4．零股交易

第一百二十五条 买卖上市股票不足一手的为零股交易，应依《深圳市证券机构管理暂行规定》第三十九条的规定办理。

（三）上柜股票在本所市场第二部的交易

第一百二十六条 经本所申查报主管机关批准，上柜股票可在本所市场第二部挂牌，采取电脑自动交易方式公开竞价买卖，办法另订。

（四）债券的交易

1．政府债券

第一百二十七条 政府债券的交易，面额在1000元以上的，在本所市场进行，面额在1000元以下的，在证券商柜台进行。

第一百二十八条 政府债券在本所的交易时间定为星期一至星期六的上午9:00-11:00。※

第一百二十九条 证券商受托买卖上市政府债券，或证券商自行买卖上市政府债券，应在上午10:30之前向本所市场政府债券专柜申报竞价，本所专柜业务执行人员依各类债券申报的买卖数量及价格登记，于上午10:00获致单一的成交，并将成交价格及未成交的最高买入价、最低卖出价揭示公告。

第一百三十条 证券商接受客户买卖委托，对卖方采用当时交割方式交易，对买方采用全额预付款隔日或特约日交割方式交易。证券商当天接到的买方委托单应依不同价格予以合并，上报本所，由本所与其他证券商协商，分摊给各证券商承做。证券商在同一价格上应首先完成客户的委托后，才能自营，证券商对客户的委托不得以任何理由拒绝接受与代为申报。

第一百三十一条 政府债券申报价格以面额百元为准，以面额千元为一交易单位，价格升降单位为5分。

第一百三十二条 客户委托买卖手续费按成交价格千分之二计收。

第一百三十三条 对特种政府债券由本所设专柜以逐批发售方式或其它特殊方式办理交易，办法另订。

2. 金融债券

第一百三十四条 金融债券在本所的交易时间、交易单位、价格升降单位竞价成交、行情揭示、交割方式、证券商佣金计收标准及交给本所的手续费等一应事项，参照本规则中政府债券买卖办法执行。

3. 企业债券

第一百三十五条 企业债券在本所的交易时间、交易单位、价格升降单位、竞价成交、行情显示、交割方式、证券商佣金计收标准及交给本所的手续费等一应事项，参照本规则中政府买卖办法执行。

第六节　上市证券的停牌与终止上市

（一）停牌

第一百三十六条 上市公司有下列情况之一者，本所对其上市的证券可报请主管机关核准限制或变更原有交易方式，或予以停牌、终止交易：

（1）公司累积亏损达实收资本额二分之一时。

（2）公司资产不足抵偿其所负债务时。

（3）因公司财政原因而发生银行退票或拒绝往来的事项者。

（4）全体董事、监事、经理人所持有记名股票的股份总额低于本所规定的。

（5）有关资料发现有不实记载，经本所要求上市公司解释而逾期不为解释者。

本所基于其他正当理由对上市证券认为有限制或变更其交易方式以及停牌、终止交易的必要时，可书面报请主管机关核准后实施。

第一百三十七条 上市公司有下列情况之一者，本所对其上市证券可报请主管机关核准停牌或终止交易：

（1）公司董事或执行业务的股东，有违反法令或公司章程的行为，并足以影响公司正常经营的。

（2）公司的业务经营，有显著困难或受到重大损害的。

（3）公司发行证券的申请经核准后，发现其申请事项的违反有关法规、本所规章或虚假情况的。

（4）公司因财务困难，暂停营业或有停业之可能，法院对其证券做出停止转让裁定的。

（5）经法院裁定宣告破产者。

（6）违反政府法令，或不履行本所有关规章规定者。

（7）公司组织及营业范围有重大变更，本所认为不宜继续上市的。

（8）经依前条规定对其上市证券限制或变更交易方式后，仍未能改善其情况的。

（9）债券偿还期满应为终止上市的。

（10）本所基于其他正当理由对上市证券认为应停牌或终止交易的。

第一百三十八条 经主管机关核准停牌或终止交易的证券，上市公司接到本所通知后应在与本所商定的日期公告，并将公告报纸三份送本所备查。

上市公司如未依前项规定公告，本所可直接在市场公告其证券停牌或终止交易。

第一百三十九条 本所依照规定或基于正当理由，可通知上市公司限期提供有关证券的资料。

第一百四十条 在下列情况下，上市公司应考虑向本所申请其上市证券停牌：

（1）上市公司计划进行重组的。

（2）上市证券计划换发新票券的。

（3）上市公司计划供股集资的。

（4）上市公司计划派发特别股息的。

（5）上市公司计划将上市证券拆细或合并的。

（6）上市公司计划停牌的。

第一百四十一条 上市公司有交易正在商洽，而此情况一经公布，其合理预期会对上市证券价格造成影响的，或交易商洽虽尚在进行，上市公司董事会如合理预期有关情况已为参加交易商洽的以外的人士所获悉，应考虑向本所申请其上市证券停牌或公布概略的交易内容。

第一百四十二条 上市公司对于是否应申请停牌的事项，应及时将有关情况知会本所及向本所咨询。

第一百四十三条 上市公司向本所提出停牌申请的，应说明理由、计划停牌时间及预计复牌时间。

第一百四十四条 上市公司在其证券停牌后，应及时处理导致停牌的事或积极采取行动以符合有关上市标准。

（二）终止上市

第一百四十五条 上市股票有下列情况之一时，本所报经主管机关核准后终止其上市。

（1）公司进行重大改组或经营有重大变化而不符合上市标准者。

（2）公司不履行法定公开的义务或财务报告和呈报本所的文件有不实记载。

（3）公司董事、监事、经理人和持有股份占实发股本额5%以上的股东的行为损害公众利益的。

（4）最近三个月无成交。

（5）最近二年连续亏损。

（6）公司解散或破产清算。

（7）公司因信用问题而被停止与银行的业务往来。

（8）连续一季度不交纳上市费。

（9）在停牌时间内未能清除被停牌的原因。

（10）其他必须终止上市的原因。

第一百四十六条 债券于本息兑付日前一周自动终止上市。

第一百四十七条 上市证券停牌、复牌和终止上市，均由本所予以公告。

第四章　行情揭示与统计

第一节　行情揭示

第一百四十八条 本所遵循公开、公平、公正原则，对证券商申报竞价、成交及行情统计分析情况予以公开揭示。

第一百四十九条 在本所集中交易市场内，证券商买卖申报价格由电脑终端通过“申报价格揭示栏”揭示，数据取最高申报买价和最低申报卖价。

第一百五十条　在本所集中交易市场内，买卖成交后，随时通过“成交价格揭示栏”，揭示成交情况，分为证券名称、昨日收盘价、当日开盘价、最新成交价、最高成交价、最低成交价、当日累计成交量（额）等项。

第一百五十一条　本所集中交易市场申报价格和成交情况的揭示，均通过电脑联机网络传送至证券商营业柜台，证券商在接受揭示内容后，须即在营业柜台处向投资者公告。

第一百五十二条　本所集中交易市场每日成交的证券名称、价格、数量、买卖各方证券商的代号等，由本所记载于“买卖日报表”，在收市后于集中交易市场公布。

第一百五十三条　本所集中交易市场每日成交的证券名称、价格、数量，以及本所有关统计分析指标，由本所在收市后编制“证券行情单”，每日向社会公众公开报道。

第一百五十四条　本所可根据需要，调整行情揭示的方法的内容。

第一百五十五条　本所集中交易市场统计分日报、月报、年报三种汇总统计制度。

第一百五十六条　本所每日编制和发布“深圳证券交易所股价指数”，（简称“深圳股价指数”）办法见附见（1）。

第五章　清算与交割

第一节　清算交割人员

第一百五十七条　证券商须配备若干名专职清算交割人员（以下简称“清算员”），并经本所考核合格和登记注册后方可执行清算交割任务。

第一百五十八条　证券商清算员，必须佩带本所发给的清算员证，在每个工作日依照规定时间准时到达本所交收部集中交割手续。

清算员因故不能执行职务者须先由证券商向本所交收部报备，然后指定其场内代表人或其他人执行。

清算员不遵守秩序妨碍交割进行者，本所可通知其证券商予以处分或更换。

第二节　清算交割时间

第一百五十九条　本所市场买卖成交的证券，均由本所交收部与有关证券商办理一级清算与交割手续。

证券商设有分支机构者，统由其总部汇总向本所交收部办理清算与集中交割手续。

第一百六十条　普通交割的买卖，以同一营业日成交者为一结算期。

一级交割，概采余额交割。逢星期一至星期五，本所依据当日“场内成交单”记载各证券商买卖各种证券的数量及价金，应收应付相抵后的余额（即净额）编制“交割清算表”。各证券商应与本所清算部门于交易当日下午5点以前完成对帐，对帐无误后编制“交割清单”，由其清算员于成交的次一营业日上午10点，将填好的股票付出明细表和应交割的证券连同“交割清单”一并带到本所交收部办理集中交割手续。逢星期六应于上午11点30分完成对帐，下午3点完成一级交割。

第三节　清算交割的办理

第一百六十一条　各证券商必须在本所统一开设清算头寸结算帐户，并在帐户中始终保持足够清算即日交割的现金余额，各证券商清算头寸日存款余额不得低于25万元。余额不足够清算支付时，应于次日上午10时补足头寸，过时不补者，其差额本所将按人民银行清算透支时的罚款标准罚款。

第一百六十二条　办理一级交割时，依下列规定，完成交割手续。

（1）有应收应付交割价款者，本所交收部将依据一级交割前“价款交割清算表”，进行现金转帐，并由交收部向各个证券商按日通知清算头寸帐户存款余额。

（2）有应收应付证券者，本所交收部将于一级交割前，依据“股票交割清算表”，向应收应付的证券商开出股票指令性的收付交割分配表，以各证券商之间为对手，于交割期间完成交割手续。

第一百六十三条　买方证券商或本所，对卖方证券商提出交割的证券，认为其权利有瑕疵或法律上争议或发生其他疑义时，可拒绝收受，但卖方证券商另提出相当担保经认可者不在此限。卖方证券商提出担保后仍应负责于交割日或次一营业日在本所市场买进同种证券予以换回。原卖出的瑕疵证券，由本所交收部，查明证券商背书资料，由该项证券权利瑕疵情事发生后第一次卖出背书的证券商负责。

依前两项规定应行负责的证券商，应依有关规定于一周内在市场补进同种类同数额股票以换回瑕疵股票。如届期未补进换回，由本所迳行指定其他证券商代为补进，其支付的价款、附连权益的代价及佣金税金等，在该应负责的证券商所存交易保证金拨付，并通知于一周内如数缴款补足，逾期不缴补者，依有关规定处理。

应负责的证券商，对瑕疵股票的委托出售人应自行追偿。

第一百六十四条　卖方证券商提出交割的证券，负有移转其权利与买方的责任。

交割的证券其权利瑕疵情事发生于交割之前者，买受人应对原提出交割的证券商行使追索权。

第一百六十五条　卖方证券商提出交割的证券，如有下列情形之一者，经买方证券商同意及本所交收部认可后，得提供担保取回并办理补正手续：

（1）破损不全、污损或签盖印章模糊不能辨识的证券；

（2）未经签证机构签证的证券；

（3）同一上市公司证券种类不符者；

（4）证券背面或转让过户申请书漏盖出让人印章者；

（5）缺附转让过户申请书转手纸或证券背书出让人印章与转让过户申请书印章不符者。

（6）漏盖上市公司过户印鉴者。

卖方证券商办理补正手续时，应填制《交割证券补正申请书》连同应行补正的证券送交本所交收部查核，并由申请补正证券商开具相当补正股票价款的支票作担保，经本所交收部收帐。

凡经认可补正的证券由本所交收部填制《证券支付凭单》经交易、交收两部主管签章后，交与买方证券商收执，暂代交割并凭以换取证券。卖方证券商应于承诺限期内办妥补正手续交付证券，逾期本所视为违背交割义务，即依第一百七十一条规定办理。

第一百六十六条　证券商提交的交割代价或交割证券，经交收部发现有错误并通知当事证券商后，不于当日收盘前补齐更正者，依第一百七十一条规定办理。

第一百六十七条　买方证券商或卖方证券商不照第一百六十一条规定时间办理结算交割，经本所交收部通知后不于当日补送应行交割的证券或代价者，依第一百七十一条规定办理。

第一百六十八条　证券商不得因委托人的违约而履行其向本所办理结算交割的责任。

第一百六十九条　证券商违背交割义务时，本所应于交割日的次一营业日收市前指定其他证券商代为卖出或补进了结，其所发生价格上的差额包括证券商手续费及其他费用，由违背交割义务的证券商负担，如无法卖出或补进了结时得由本所同意再顺延一营业日交割了结，或由本所会同证券商中选定三至五家为评价人，评定其价格，作为清算依据。

违约证券商对于前项评价，不得提出异议。

第一百七十条　应由违背交割义务证券商负担的款项，本所即将其交易保证金及其他债权相互抵销，抵销后如尚不足，即向违约证券商追缴。

第一百七十一条 证券商违背交割义务时，由本所公告并函报主管机关，其在违背交割义务案件未了结前，该证券商不得接受客户委托买卖及进入本所市场交易。

第一百七十二条 本所市场交易，如遇有战争、自然灾害或其他不可抗拒的事故发生，使本所清算部门无法办理结算及一级交割事务或办理确有困难时，经本所决定后先行停止办理一级交割，另拟处理办法专案报请主管机关核准后实施。

第一百七十三条 证券商不依第一百六十一条规定时间办理交割，迟延交割三十分钟内者应缴纳过怠金人民币壹佰元，超过三十分钟至一小时者增缴贰佰元，其后每超过一小时增缴叁佰元，但超过规定时间三小时以上者，视为违约案件，依第一百七十一条规定处理。

前款过怠金，应于接到本所通知后二日内向本所交收部缴纳。

第一百七十四条 证券商应依主管机关规定，向本所缴存证券交易保证金，其管理办法另订。

第一百七十五条 证券商不如期缴存或如期补缴证券交易保证金时，本所即暂停其参加市场交易。

第一百七十六条 本所于每营业日终依据证券商当日买卖金额，按规定费率计应算收经手费金额，开具帐单分送各证券商，并直接从证券商结算帐户划缴。

第四节 证券商清算头寸的管理

第一百七十七条 参加本所集中市场交易的证券商应按以下标准与方式向本所缴存清算头寸：

（1）证券商应於开始营业前一次缴存清算头寸二十五万元。

（2）证券商开始营业后，于每月末核算一次，凡日平均交易额超过基数者，超过部分按百分之十的比例补缴清算头寸。以上补缴部分须于次月五日内划入本所指定专户。逾期未补者，未补款项按人民银行规定的日贷款利率罚息。当日平均交易额下降到基数以下时，超过基数补缴的清算头寸，本所将在次月五日内发还。

（3）凡客户一次买入委托金额超过证券商缴存清算头寸基数者，必须预先将全部款项划入本所清算帐户，方得进行交易。

证券商不如期缴存或不依通知如期补缴清算头寸时，本所可暂停其参加市场交易。

证券商对其缴存的清算头寸，不得转让或抵押。

第一百七十八条 各证券商缴纳的清算头寸应视为一整体，其用途如下：

证券商在本所市场买卖证券，如不履行交付义务时，由本所动用清算头寸先为付支。其因此所生价金差额及一切费用，本所应先动用清算头寸代偿，均向违约证券商追偿。

本所应与银行签订授信额度契约，遇前款所需动用清算头寸时，可以清算头寸资产向银行贷款交付，其贷款利息由清算头寸扣除，再向违约证券商追偿。

第一百七十九条 证券商所缴清算头寸，如经法院强制执行或因其他原因动用，应行补缴而未补缴时，本所通知其期限补缴，逾期不缴，即暂停其场内交易。

第一百八十条 证券商终止集中交易时，须了结在本所市场所为之交易，并将一切帐目结清以后，始可向本所申请发还清算头寸。

第五节 证券商交易保证金的管理

第一百八十一条 参加本所集中市场的证券商应依以下标准与方式向本所缴存证券交易保证金：

（1）证券商应於开始营业前一次缴存基数保证金二十五万元。

（2）证券商开始营业后，于每月末核算一次，凡日平均成交额超过250万元时，其超过部分按百分之十的比例补缴保证金。以上补缴部分须于次月五日内划入本所指定帐户。逾期未补者，未补款项按人民银行规定的同业拆借日贷款利息率罚息。当日平均成交额下降到250万元以下时，超过基数补缴的保证金，本所应在次月五日内发还。

证券商不如期缴存或不依通知如期补缴保证金时，本所可暂停其参加集中交易。

证券商对其缴存的保证金，不得转让或抵押。

第一百八十二条 各证券商缴纳的保证金应视为一整体，其用途如下：

证券商在本所市场买卖证券，如不履行交付义务时，由本所动用保证金先为支付。其因此所生价金差额及一切费用，本所应先动用保证金代偿，均向违约证券商追偿。

第一百八十三条 证券商所缴保证金，如经法院强制执行或因其他原因动用，应行补缴而未补缴时，本所通知其限期补缴，逾期不缴，即暂停其在本所市场交易。

第一百八十四条 证券商终止参加集中交易时，须了结在本所市场之交易，并将一切帐目结清以后，始向本所申请发还保证金。

第六章 费 用

第一节 上市费用

第一百八十五条 在本所上市的证券，其发行者须向本所交纳上市费。

第一百八十六条 上市费分上市初费和上市月费，上市初费由发行者最迟在其证券上市的三大前交纳，上市月费自上市日的第二个月至终止上市的当月止，于每月5日前交纳，也可按季度或年预交。

第一百八十七条 股票上市初费的标准，一律为50，000元。债券上市初费的标准，按其发行面额总额的0.03%计算，起点为3000元，最高不超过10，000元。

第一百八十八条 股票上市月费的标准分为：

（一）股本额不超过5，000万元的，月费为5，000元。

（二）股本额不超过1亿元的，月费为8，000元。

（三）股本额不超过2亿元的，月费为10，000元。

（四）股本额不超过3亿元的，月费为12，000元。

（五）股本额不超过4亿元的，月费为14，000元。

（六）股本额不超过5亿元的，月费为16，000元。

（七）股本额不超过6亿元的，月费为18，000元。

（八）股本额不超过7亿元的，月费为20，000元。

（九）股本额不超过8亿元的，月费为22，000元。

（十）股本额不超过9亿元的，月费为24，000元。

（十一）股本额不超过10亿元的，月费为26，000元。

债券上市月费，按其发行面额总额的0.01%交纳。

第一百八十九条 上市证券停牌后复牌交易，不再交纳上市初费。

第一百九十条 被本所终止交易的证券，其发行者已交纳的上市费不予退还。

第一百九十一条 对逾期交纳上市费的，本所按逾期天数处以应交金额每日0.03%的滞纳金。

第二节 委托买卖佣金

第一百九十二条 证券商受托买卖股票的收费标准，一律按实际成交金额向买卖双方各收0.5%的佣金，不足5元的按5元计收。

第一百九十三条 证券商受托买卖债券佣金，一律按主管机关和市工商局制定的标准计收。

第一百九十四条 证券商不得任意或变相提高或降低收取佣金的标准，受托买卖未成交时不得收取佣金。

第一百九十五条　证券商如遇委托人不交纳佣金，有权从其资金专户或交保的资金中扣除。

第一百九十六条　证券商应按月编制对帐单一式二份，一份供委托人备查，一份收存。

第三节　场内交易费

第一百九十七条　证券商在本所集中交易市场买卖按成交金额的万分之十向本所交纳交易经手费及过户费。

其中70%为交易经手费，30%为过户费。过户费由本所每月与登记公司结算一次。

第一百九十八条　对逾期不交或欠交的，本所按应交金额每日0.3%的比例计收滞纳金，对拒不交纳场内交易费的，本所可暂停其参加集中交易，直到交清为止。

第四节　场内设施使用费

第一百九十九条　证券商日常使用本所统一提供的电话、传真、电传费，按本所向邮电部门交费的标准，向本所交纳电讯设施使用费。

第二百条　证券商经本所批准在场内自行安装的设施，其一切费用自理。

第二百零一条　证券商交纳设施使用费每月与本所结算一次，应根据本所财务部门的通知，在规定的日期内将款项如数划入本所帐户。

第二百零二条　对逾期不交或欠交设施使用费的，本所按有关部门处罚的标准向违规者计收滞纳金。

第七章　上市公司管理人员、证券从业人员证券交易准则

第一节　上市公司管理人员证券交易准则

第二百零三条　上市公司的董事、监事、经理等高级管理人员所持有的该公司的股票，新股认购权利证书等有价证券，在任职期间内不得转让。

第二百零四条　上市公司管理人员如拥有与公司的证券有关并可影响价格的未经公布的资料，均不得将有关资料告知非因工作关系必须告知的人士。

第二百零五条　在下列事项宜布前的一个月内，上市公司的人员均不得买卖所属公司的任何证券：

(1) 公布发行人的中期报告及年度报告。

(2) 公布中期及年度分配方案。

第二百零六条　上市公司管理人员以个人身份将持有所属公司证券抵押或接受所属公司证券为抵押物的，不论其形式如何，均视为证券交易，应按照本准则的有关规定处理。

第二百零七条　上市公司管理人员应以其职务及个人身份尽力确保其公司或附属公司的任何管理人员及其他任何从业人员，不会利用其因在该公司或该附属公司的职务或工作上的关系而拥有与任何上市发行人的证券有关并可影响价格的未经公布资料，在本准则禁止管理人员买卖有关证券的类似情况下买卖有关证券。

第二节　证券从业人员证券交易准则

第二百零八条　证券从业人员（以下简称从业人员）不得买卖股票。

第二百零九条　从业人员如获悉或拥有与证券交易有关并可能影响价格的未经公布的资料，个人均不得将有关资料告知非因工作关系必须告知的人士。

第二百一十条　从业人员如因职务上或工作上的关系，令有关可能影响证券价格的资料为较多人士所知悉，致使该等证券价格产生异常波动的，应就有关问题作出书面报告上报主管机关。

第二百一十一条　从业人员中有关人士应以其职务及地位，尽力确保其他有关从业人员遵守国家、地区本所有关规定，而不应对有关事项采取消极放任的态度。

第八章　违规处罚

第二百一十二条　证券商违反本规则，除本规则已订立处罚条款外，由本所按《暂行办法》及本所章程的规定进行处罚。

第二百一十三条　上市证券或上柜证券的发行者和受托买卖证券的委托人违反本规则，除本规则已订立处罚条款外，由本所提请主管机关和有关部门进行处罚。

第二百一十四条　本所场务执行人员违反本规则，由本所根据《暂行办法》和本所工作人员守则进行处罚。

第二百一十五条　凡对本所处罚不服的当事者，可提请主管机关复议或向法院提起诉讼。

第九章　附　则

第二百一十六条　本规则如有未尽事宜，除按有关规定执行外，本所将修订补充。

第二百一十七条　本规则报主管机关核准后施行，修改时亦同。

第二百一十八条　本规则由本所负责解释。

深圳证券交易所信息管理暂行办法

第一条　为贯彻公开、公平、公正的原则，保证信息传播的真实、准确和完整，按国家有关政策法令，特制订本办法。

第二条　本办法所称信息是指有价证券在深圳证券交易所（以下简称本所）集中交易产生的市场行情及因之产生的其它信息。

第三条　为加强对异地信息传播的管理，本所可与经本所认可的代理监管机构订立代理监管协议。

第四条　市场行情包括实时行情与非实时行情。实时行情是指与本所集中交易市场所显示的行情基本同步且连续的市场行情。非实时行情是指除实时行情以外的行情，包括每日开市、收市行情及有关交易数据。

第五条　根据《证券交易所管理规则》本所对由于本所集中交易而产生的行情及其统计资料享有所有权。

第六条　除根据国家有关规定，本所有义务向会员单位及证券主管机关提供信息外，本所的一切证券信息服务均实行有偿服务。

第七条　本所会员对证券市场行情再传播的范围只限于其营业场所。

第八条　未经本所许可，任何单位和个人不得以盈利为目的接收和利用本所的市场行情。

第九条　欲使用本所市场行情的单位和个人，须向本所提出书面申请，并与本所签订行情使用合同。

第十条　获准使用或传播本所市场行情的单位或个人，应有责任防止其传播对象未经本所许可进行信息的再传播，并协助本所对其进行监管。

第十一条　任何机构或个人传播本所市场行情或其它信息时，必须

保证其准确、完整。

第十二条 对不可抗力事件造成的信息传递中断所致的后果，本所及有关中介机构不承担任何法律责任和经济责任，但本所及有关中介机构应及时向公众作出解释，并尽快使之恢复正常。

第十三条 对未经本所许可，擅自使用和传播本所市场行情，进行经营性服务的，本所除依有关规定索赔外，并保留向司法机关提请处理的权利。

第十四条 对利用本所信息故意制造、传播错误信息、扰乱市场的，本所将提请证监会和（或）司法机关处理。

第十五条 为对信息使用、发送情况等进一步加强监督、管理，使用本所信息从事经营者，必须无偿向本所提供壹台终端机显示器。

第十六条 各地本所信息监管代理人有权对信息使用方式，客户情况以及收费情况、财务报表进行调查。

第十七条 已获本所许可使用和传播本所市场行情的，如违反本规定，本所视情节轻重，给予下列处罚：

1. 警告；
2. 将所得收益交回交易所；
3. 按合同没收违约保证金；
4. 取消合同，中止其信息来源。

第十八条 本规则由深圳证券交易所负责解释。

深圳证券交易所上市公司信息披露管理暂行规定

第一章　总　则

第一条 根据《股票发行与交易管理暂行条例》（以下简称《条例》）和《公开发行股票公司信息披露实施细则（试行）》（以下简称《细则》）关于上市公司信息披露的有关规定，制定本规定。

第二条 所有其股本证券（以下称“上市证券”）获准在深圳证券交易所（以下简称“本所”）交易的股份有限公司（以下简称“上市公司”）必须按照本规定的要求披露信息。

第三条 本所依照法律、法规的规定，监督管理上市公司按照法律、法规和本规定的要求披露信息。

第四条 本所对上市公司发生的对上市证券价格或投资决定有实质影响的事项，除法律法规已有规定的以外，视不同情况决定是否予以披露和提出披露的要求。

第五条 上市公司披露信息，应当充分揭示有关事件（项）的法律含义，所涉及的法律关系和可能发生的法律后果，必须保证公开披露文件内容没有虚假、误导性陈述或重大遗漏，并就其承担法律责任。

第六条 本规则的有关原则亦适用于上市公司有关B股的信息披露事宜，具体方式由本所另行规定。

第二章　信息披露的内容

第七条 上市公司发生的对上市证券价格或投资决定有实质影响的事项分为：

1. 必须公开事项；
2. 可公开事项；
3. 免予公开事项；
4. 应保密事项。

第八条 必须公开事项是指《条例》、《细则》及本规定第十二条和其它有关法规中涉及信息披露的有关条款的内容。上市公司披露上述内容、必须按本所有关信息披露的程序和统一格式办理。

第九条 招股说明书的编制按证监会《公开发行股票公司信息披露的内容与格式准则》第一号执行，上市公告书的编制应符合《细则》规定，按本所制定的《上市公告书编写提纲》执行。

第十条 上市公司定期报告除按《条例》及《细则》中有关规定编制外，还应按本所制定的《上市公司经营业绩及财务状况公开细则》编制，并按规定时间公开：

1. 中期报告；
2. 年度报告。

第十一条 上市公司临时报告应按《细则》的要求主要披露以下类别的内容：

1. 收购与合并事项的通告
2. 重大事件的通告

第十二条 上市公司发生（但不限于）下列事项时应及时予以公布：

1. 公司债（含或有负债）的变动情况；
2. 董事、监事、高级管理人员及其持股的变动；
3. 主要业务的变更；
4. 一次投资总额或交易总额或6个月的合计额，占公司最近年度资产总额的10%以上；
5. 重要经济合同的缔结、变更及终止；
6. 政府主管机关或上级主管部门要求公司重新整顿；
7. 营业用主要资产的抵押、出售或报废占其同类资产总额5%以上的；
8. 由于不可抗力，致使重要或全部业务停顿；
9. 重大诉讼及工商、税务等行政处分案件的进展情况及终结；
10. 上市证券式样及登记过户方式和董事长印鉴的更换；
11. 因损害公众或他人利益而导致的赔偿事项；
12. 股东大会或股东临时会议的决议被法院依法撤销的；
13. 持有5%以上股份的股东其股权变动的情形；
14. 有关上市证券的拆细、合并及分红配股的决定；
15. 生产资源取得、产品销售的方式或渠道发生重要变化的；
16. 上市公司的母公司或主要子公司发生合并、分立或发生重整、接管、破产清算等情况的；
17. 直接或通过其子公司持有另一上市公司发行在外股份5%以上时；
18. 上市公司知悉公众持有其上市证券的数量已降至低于有关规定的最低百分比（上市证券为股票时，比例为25%）时。

本条所称主要、重要一般均指单项值或6个月的同类各项合计值占当时同类、或同项总值的15%以上。

第十三条 上市公司发生的必须公开事项均应及时、充分地予以公开。

第十四条 可公开事项是指上市公司可以自行决定是否公开的事项，上市公司有权决定是否披露可公开事项，但必须将此类事项上报本所。

第十五条 免予公开事项是指由于业务或财务的特殊性，上市公司向本所申请免予公开的事项，包括：

1. 法律允许保护的，不便于披露的商业秘密或财务信息；
2. 本所调查上市公司违法行为过程中所获得的信息；
3. 与国家利益有直接关系的经济情报；
4. 本所依据国家证券管理部门规定的标准认为可以免予公布的、不公布也不会对证券市场价格产生重大影响的文件资料。

第十六条　上市公司有关信息要求免予公开的，应以董事会特别决议的形式向本所提出申请。本所同意免予公开的，上市公司应在公布有关情况时指出哪些资料获准免予公开。

第十七条　上市公司发生的非必须公开且尚未公开，应严格保密的，是应保密事项。应保密事项如已为外界所知悉，应根据其内容被泄漏的程度向公众公开。

第十八条　上市公司应保密事项泄密的，应及时调查泄密的原因、当事人、责任人，并采取补救、防范措施。

前款内容应在事件发生后三个工作日内书面报告本所。

第三章　信息披露的原则

第十九条　上市公司不得随意向外披露和提供有关影响价格的信息，不得进行虚假、误导等旨在影响有关证券价格的宣传活动。有关董事、高级经理人员必须承担相应的责任，并须及时予以澄清。

第二十条　有关上市证券的资料和有关上市公司情况的变化，在信息披露时应力求最大限度的传播，必须在证监会指定的全国性报刊和本所指定的地方性报刊上登载。各公共传播媒介公布的内容必须保持一致，并力求同步进行。

第二十一条　各公共传播媒介在取得有关证券的信息方面应受到公正、平等的对等。

第二十二条　向境外投资者发行证券的上市公司信息披露必须在境外传播媒介上同时公布，财务和业绩报告的公告还必须说明编制依据和会计政策，并明确揭示因国际与国内会计核算方法上的差异而产生的影响。

第二十三条　上市公司选择信息披露时间的原则是任何影响证券价格的资料必须在作出某项决定后立即公开，同时保证投资者有均等机会。除本所另有规定或经本所同意作技术性停牌处理外，上市公司在公布某项信息时，不得在开市期间及开市前半小时进行。

第二十四条　如上市公司所发行的证券同时在其它证券交易所上市，上市公司应确保在同一时间将通知该证券交易所的资料通知本所。

第四章　披露信息的程序

第二十五条　本所有权审查上市公司信息披露的文件，并要求其按经本所审查的文件披露。如有关文件内容在公开的时候发生变动而未经本所同意，上市公司及有关当事人除对由此引起的一切后果承担责任外，必须在传播媒介中负责澄清。

第二十六条　有关上市公司信息披露因不可预料的原因或其所依赖的推理基础产生变化而导致需作出更正说明时，有关内容必须与本所磋商，以免再次误导投资者。

第二十七条　上市公司应委任两名授权代表，负责与本所联络，该两名授权代表应由两名董事或由一名董事及股份事务负责人。董事会应向授权代表出具授权委托书，该委托书副本应交本所存档。

第二十八条　授权代表必须履行下列义务：

随时（尤指上午开市前）作为本所与上市公司之间的主要联系人，并以书面通知本所与其本人联络的方法，包括住宅和办公室电话号码及（如有）图文传真号码；

确保其本人不在深圳时有经委任并为本所知悉的合适替任人负责与本所联络，并以书面通知本所与该替任人联络的方法，包括该人的住宅和办公室电话号码及（如有）图文传真号码；

授权代表必须预先通知本所有关其拟终止授权代表职务的事项及原因，方可辞去有关职务。

第二十九条　除特殊情况外，上市公司在另行委任授权代表之前，不可终止授权代表的职务。如上市公司终止授权代表的职务，上市公司及授权代表均应立即通知本所，并分别说明终止委任的原因，而上市公司及新委任的授权代表亦须立即将该项新委任通知本所。

第三十条　授权代表必须及时、全面地向本所报告本规定要求的一切信息披露事项，如本所认为授权代表未能适当履行其责任，本所可建议上市公司终止职务，并尽快委任替任人。上市公司及新委任的授权代表须立即将该项新委任通知本所。

第三十一条　上市公司信息披露的文件，一般应提前二个工作日报本所审查，本所在收到全部资料后二十四小时内作出答复。年度报告经注册会计师签证后的第二日即应提交本所审核，本所在收到全部资料后五日内作出答复。如有关信息受时间的严格限制，本所可安排其在与股市行情揭示系统相连的信息披露系统上发布摘要信息，详细资料按规定在报刊上登载。

第三十二条　如预计在董事会会议上决定重大事项，则上市公司须在该董事会会议日期前至少三个工作日将确定的会议日期通知本所，并在董事会议结束后的二个工作日内将有关决议上报本所，本所视具体情况审查后公布。

第三十三条　上市公司必须在股东大会召开前三十日在报刊上登载公告，并在股东大会召开前七日将有关事宜报告本所。如该会议上公布的资料可能会影响证券价格，本所安排在会议举行的同时或闭会后立即将该资料向市场公布。

如会议期间与开市时间有重叠，从开会日起有关证券暂停交易，直至其所披露资料经审查公布的当日停牌二小时后，再行复牌（如公布日为非交易日，则公布后第一个交易日即可复牌）。

第三十四条　如正在筹划可能对上市证券的买卖情况或价格有重大影响的发展计划，则上市公司董事及关连人士有直接责任确保该资料绝对保密，直至正式公布为止。如在任何时间发觉不能维持必需的保密程度，或秘密可能已经外泄，则必须立即公布。

第三十五条　在任何公共传播媒介中出现的消息可能对上市公司证券的市场价格产生误导性影响或当市场上某种证券价格或成交量波动异常时，本所有权对该种证券实施技术性停牌，上市公司应主动或应本所的要求及时找出发生异常的原因。本所有权责成上市公司作出口头或书面解释，上市公司在经本所许可后应尽快通过各种传播媒介向公众予以披露，披露后该上市证券复牌。

第三十六条　按照《细则》规定，必须向证监会报告并备案的所有文件，均须提前或在同一时间报送本所。除本办法另有规定外，须一式十份报送证监会备案的，应同时一式十份报送本所备查。

第三十七条　上市公司选择信息披露的媒介为报刊时，应将有关登载信息披露内容的当期报刊一式二份送本所存档。

第三十八条　上市公司现行有效的各项文件、最近期间公布的各项资料及与其密切相关的资料均应备置于上市公司主要办公处所或本所认可的处所，供公众查阅。

第五章　对违反本规定的处理

第三十九条　对违反有关上市公司信息披露管理规定的机构与个人，本所将按国家有关法律、法规提请有关部门处理。

第四十条　对违反有关上市公司信息披露管理规定的上市公司，除按国家有关法律、法规进行处罚外，本所视情节轻重给予下列处分：

1．责令改正；

2．根据上市协议，处以10万元以下违约金；

3．停牌或除牌。

法律、法规或上级主管部门授权由本所制裁的，本所可以在授权范围内依法予以制裁。

第四十一条　上市公司对本所的处理决定不服的，本地公司可以自接到处理决定通知之日起十五日内，向深圳市人民政府授权机构申请裁定；外地公司可以自接到处理决定通知之日起十五日内，向国务院证券委指定的机构申请裁定。

前款所称“外地”指中华人民共和国境内深圳市以外的地区。

第六章　附　则

第四十二条　有关信息披露方面的争议，依照《条件》第八章的规定解决。对行政处罚有争议的，可以申请行政复议或提起行政诉讼。

第四十三条　本规定中有关专业用语已在下列法规、部门规章和规则中解释的，其含义与之相同：

1.《条例》；

2.《细则》；

3.《深圳证券交易所业务规则》；

4.《深圳证券交易所上市规则》。

第四十四条　本规定所称“以上”，均含本数在内。

第四十五条　本规定由本所负责解释。

第四十六条　本规定报证监会会同深圳市人民政府批准生效。

第四十七条　本规定自公布之日起施行。

深圳证券交易所 B股特别席位管理暂行规则

第一章　释义

第1.1条　本规则中，除文意另有所指，下列用语的含义为：

1.“本所”指深圳证券交易所；

2.“主管机关”指深圳市证券管理办公室；

3.“B股”指在本所上市的人民币特种股票及其他的人民币特种证券；

4.“境外特许经纪商”指经主管机关批准的具有B股经纪业务资格的境外证券经营机构；

5.“B股特别席位”指本所批准的境外特许经纪商（非会员）在本所交易大厅内使用的B股交易席位；

6.“B股特别席位使用者”指经本所批准获得B股特别席位的境外特许经纪商；

7.“席位费”指本所B股特别席位的使用费；

8.“交易保证金”指参加本所集中市场交易的境外特许经纪商按照本所业务规则的规定，为保证B股交易的正常进行，向本所缴存的最低额度的外汇金额。

第二章　特别席位的申请

第2.1条　B股特别席位的申请需具备下列条件：

1.经主管机关批准的境外特许经纪商；

2.有本所认可的境外监管机构的证券商执照；

3.在国际证券市场上有良好信誉；

4.公司的财政状况健全；

5.在B股市场上无违法经营记录；

6.本所要求的其他条件。

第2.2条　申请B股特别席位需向本所递交如下文件：

1.由公司董事会授权人士签署的申请报告；

2.主管机关批准其为境外特许证券商的批文复印件及本所认可的境外监管机构的证券商执照复印件；

3.公司股东股权结构及其控股参股情况；

4.公司的简况（包括公司名称、注册地、通讯地址，主要董事及高级管理人员的简历、内部组织架构，公司简史、章程、公司近两年资产负债表和损益表）；

5.公司在各国（地区）证券交易所的交易量及市场占有率；

6.在中国B股市场中的承销、经纪经历；

7.本所要求的其他材料。

第2.3条　本所接到申请后在15个工作日内决定是否批准，并将批准文件报主管机关备案。

第三章　席位费和交易保证金

第3.1条　B股特别席位的席位费为100万港元，于进场交易前一次性汇入本所指定帐号。

第3.2条　本所将负责B股特别席位上电脑设备与通讯设施的安装及维护。该席位在本所交易大厅内的电话、电传等通讯费用由本所垫付，按季度向该席位使用者收取。

第3.3条　交易保证金不低于50万港元，可交付现金，也可交付本所指定银行的不可撤销的一年期信用证。

交付现金者，须于进场交易前一次性汇入本所指定帐户。

交付信用证者，须于进场交易前交付本所。信用证到期前15日内持新开具的信用证到本所更换原信用证。

不按规定交付现金或信用证，或信用证过期不更换者，本所有权停止其使用该席位。

第3.4条　各B股特别席位使用者缴纳的保证金应视为一整体，其用途如下：B股特别席位使用者在本所买卖证券，买卖一方如不履行交付义务时，本所有权要求其他B股特别席位使用者代为交付，如其他B股特别席位使用者不愿或无力代为交付时，由本所动用保证金先为交付。其因此所生价金差额及一切费用，本所应先动用保证金代偿，并均向违约B股特别席位使用者追偿，同时向其收取所涉价金的0.1%的违约金。

第3.5条　B股特别席位不得撤回，但可以放弃。经本所同意，可转让给其他境外特许经纪商，转让价格由双方商定。席位转让后，价金由受让方交付转让方，而本所收到受让方交付的保证金后将还原保证金。

第四章　B股特别席位的管理

第4.1条　B股特别席位作用者只限于进行B股交易业务，未经本所许可不得进行其他业务。

第4.2条　B股特别席位使用者须按本所之规定收取B股代理买卖佣金和其他费用。每笔买卖均按成交金额向买卖双方各收取0.6%的佣金。其他费用按原规定执行。

第4.3条　B股特别席位的出市代表必须通过本所统一培训、考试并取得本所签发的合格证书后，方可进场交易。其出市代表的行为视为该B股特别席位使用者的行为。

第4.4条　本所有权依据《深圳证券交易所B股交易、清算业务规则》及本规则对B股特别席位使用者的交易实施监管。B股特别席位使用者须保存其全部的B股交易记录不少于3年，本所有权要求其提供报表、帐簿、交易记录及其他有关文件以便查阅。

第4.5条 B股特别席位使用者须向本所申报参与B股交易的负责人名单。若变动，须在变动发生后15个工作日内申报本所。

第五章 争议的解决与仲裁

第5.1条 本所与B股特别席位使用者之间及B股特别席位使用者相互之间争议适用中国法律、法规和行政规章。

第5.2条 B股特别使用者之间的争议应提交本所仲裁委员会仲裁。

第5.3条 本所与B股特别席位使用者的争议可由双方协商解决，如协商不成应提交中国国际经济贸易仲裁委员会深圳分会仲裁。

第六章 罚则

第6.1条 对违反《深圳证券交易所B股交易、清算业务规则》及本规则的行为，本所将视其情节轻重，处以如下处罚：

1. 警告；
2. 通报；
3. 按上述规则的标准罚款；
4. 暂时停止其使用B股特别席位，停止使用席位期间该席位不得转让；
5. 消取席位。

第七章 附则

第7.1条 本规则经主管机关批准后实施，修改时亦同。

第7.2条 本规则解释权属本所。

第7.3条 凡按本规则向本所提出申请，并经批准获得B股特别席位的境外特许经纪商，均被视为自动承认和接受了本规则的全部条款。

第7.4条 本规则自发布之日起生效。

深圳证券交易所

1993年8月12日

深圳证券交易所基金上市规则

第一章 总则

第一条 为维护证券市场秩序，保护投资者的合法权益，规范基金上市行为，根据法律、法规的有关规定，依照《证券交易所管理暂行办法》和《深圳市投资信托基金管理暂行规定》（以下简称“《规定》”）制定本规则。

第二条 本规则是《深圳证券交易所上市规则》的组成部分，适用于申请在深圳证券交易所（以下简称“本所”）上市的基金。

境外基金申请上市由本所另行规定。

第三条 本规则所称“基金”指封闭式基金；“主管机关”指中国人民银行深圳经济特区分行。

第二章 上市申请和审查

第四条 基金申请在本所交易应当具备下列条件：

1. 基金募集总额不得少于五千万元；
2. 基金的期限不得少于三年；
3. 经理人必须是经中国人民银行批准设立的主要业务为基金管理的机构；
4. 经理人的净资产不少于一千万元；
5. 经理人的主要从业人员应当具有相当程度的专业学识水平，具备良好职业道德，无违法违纪记录；
6. 基金的信托人（托管人）应当是完全独立于基金管理公司的金融机构，且其净资产不少于1亿元；
7. 基金的投资方向与投资比例符合有关规定和信托契约的要求。

第五条 基金申请上市应当由上市推荐人推荐。上市推荐人应当向本所提交由法定代表人或其授权的委托代理人签字的推荐报告。该报告的撰写提纲由本所规定。

第六条 基金经理人应经主管机关核准后方可向本所提出上市申请，在上市推荐人的协助下按本所的要求提交全部上市申请文件。

第七条 本所在收到全部上市申请文件后二十日内由上市委员会作出是否批准基金在本所上市的决定。

第八条 基金经理人提交上市文件后，如有修改，应征得本所的同意。未经本所同意，上市文件的最后定稿不得作出任何重大修订。基金经理人至迟应在本所上市委员会对该基金上市申请的审查期限届满前五日提交上市文件的最后定稿，以备核准。

第九条 在上市委员会批准基金的上市申请后三日内，获准上市基金的有关当事人应与本所签订上市协议，并依据协议及有关规定缴纳上市费用。

第十条 经上市委员会审查不具备上市条件的基金，本所退回其上市申请，自前一次申请提交之日起半年内不再接受其上市申请。

第十一条 本所在签订上市协议后三个工作日内向获准上市的基金签发上市通知书，确定上市日期。

第三章 信息的披露

第十二条 获准上市的基金应当在上市日前三日登载上市公告书，其登载日距上市日不得超过一个月。

第十三条 本所有权审查基金上市公告书的内容，对其内容无进一步修改意见后方可登载于指定报刊。

第十四条 上市基金应定期在本所指定的报刊上公布其资产净值，每个会计年度至少应公布中期报告及年度报告。中期报告须在每一年会计年度的前6个月后的30日内公布，年度报告须在会计年度结束后60日内公布。

第十五条 上市基金有关信息的披露应依照《规定》和《基金上市协议》执行。《规定》和协议中没有规定的，参照《深圳证券交易所上市公司信息披露管理暂行规定》执行。

第十六条 基金经理人应委托两名授权代表，负责与本所联络有关事宜。授权代表应书面通知本所与其本人联络的方法，并确保其本人不在深圳市时有经委任并为本所知悉的合适替任人负责与本所联络。

授权代表的更换应提前三日通知本所。

第四章 停牌与除牌

第十七条 上市基金发生下列情况，本所有权对其受益凭证实行停牌，直到除牌。如停牌事由消除，符合上市条件，可以给予复牌。

1. 未按本所要求通知或披露有关信息；

2. 发生收购事项；

3. 其他基于正当理由应予停牌的事项。

第十八条 上市基金期限届满清算前30日或受益人大会决定将其转为开放式基金后30日内，本所对其受益凭证实行除牌。

第十九条 如发生异常情况或确有必要，经理人可自行向本所申请停牌或除牌，经本所批准后方可实行。

第五章 附则

第二十条 违反本规则的规定，本所视情节轻重给予下列处分：

1. 警告；

2.10万元以下的罚款；

3. 责令改正；

4. 停牌或除牌。

第二十一条 基金的当事人对本所依照本规则作出的处理决定不服的，可以自接到处理决定通知之日起十五日内，向主管机关申请裁定。

第二十二条 本规则由本所负责解释。

第二十三条 本规则经主管机关批准后实施。

深圳证券交易所B股交易、清算业务规则

第一章 总则

第一条 为加强人民币特种股票（简称B股）上市的管理，确保其交易、清算正常进行，根据国家有关政策法规、《深圳市人民币特种股票管理办法》（简称《管理办法》）、《深圳证券交易所章程》（简称《章程》）、《深圳证券交易所业务规则》（简称《业务规则》）特制定本规则（简称《B股业务规则》）。

第二条 凡B股在本所上市，其交易、清算等均须遵守本规则。

第二章 B股上市

第三条 B股发行人申请在本所上市，必然经上市推荐人推荐，向本所提出上市申请。

第四条 对B股上市申请的审查按本所《业务规则》有关规定进行。

第五条 B股申请上市，申请人除须递交A股申请上市所必须提供的文件外，还须同时向本所递交以下文件：

（1）主管机关批准同意发行B股的文件；

（2）申请B股上市的报告；

（3）B股招股说明书和上市公告书；

（4）B股承销协议及其附件；

（5）由二名以上境外注册会计师及其所在国际会计师事务所签字、盖章的审计报告。

（6）B股发行人历年外汇收支报表和未来一年外汇收支预测；

（7）B股发行情况报告；

（8）B股发行所筹外资使用计划同使用情况报告。

（9）其它必要的资料。

第六条 本所对B股上市申请按《业务规则》有关规定进行上市审查。

第七条 本所上市委员会在收到资料后的二十个工作日内对B股发行人的上市申请作出审批。

第八条 上市申请获准后，申请人应与本所签订上市协议，本所自上市协议签订之日起三个工作日内向申请人签发上市通知书，确定上市日期。

第九条 B股上市申请获准后，发行人须在本所指定的报刊上刊登上市公告书，上市公告书须经本所审查，并至少在B股上市前三天予以公布。

第十条 B股上市后，本所根据有关证券法律、规则、规章及本所有关规则对发行人和当事人实施监管。上市B股发行人在每一财政年度结束后，须公布由境外注册会计师及其所属国际会计签字、盖章的年度审计报告。

第三章 B股交易

第十一条 有关B股的信息披露事项参照《深圳证券交易所上市公司信息披露暂行规定（试行）》执行。

第十二条 本所对B股上市的监管依据《业务规则》第二章第三节进行。

第十三条 证券市场上其它有关方面有以下情况之一者，本所对相关B股予以停牌，意见报请主管部门核准后即可施行：

（1）国际金融市场发生重大变化波及深圳金融市场、证券市场时；

（2）B股交易环节发生重大事故时；

（3）主管机关特许的清算银行发生清盘、合并、改组以及清算银行严重违反中国法律和侵犯投资者利益时；

（4）本所断定必须停牌的其它事项。

第十四条 上市公司派息分红时，A、B股一般情况下同步进行；如有特殊情况，A、B股派息、分红需暂时分作两步实施时，可按照已有的程序分别执行停牌制度。

第十五条 特许证券经营机构接受委托时，应在每一委托书上依序打上接收时间和序号。承办时，应依据委托书所载委托事项及其序号执行。

第十六条 特许境内证券经营机构不得受理下列任何一种买卖：

（1）替客户全权选择证券种类的委托买卖；

（2）替客户全权决定买卖数量的委托买卖；

（3）替客户全权决定买卖价格的委托买卖；

（4）替客户全权决定买入或卖出的委托买卖；

（5）替客户分期付款方式的委托买卖；

（6）对委托人作赢利保证、分享利益或亏损补偿保证的买卖。

第十七条 B股交易严禁买空卖空。

第十八条 特许境内证券经营机构办理受托买卖B股手续后，应尽快将客户委托指令输入本所集中市场电脑系统。买卖一经成交，则不可撤销。代客买卖B股的特许境内证券经营机构应于当日制作买卖报告书于成交后的第一个营业日通知委托人，并依本所发出的成交资料于T+3在特许清算银行办理清算交割手续。本所发出的成交资料经核实无误后不可撤销。

第十九条 买卖报告书应按本所规定的统一格式印制。买入报告书为红色，卖出报告书为蓝色。买卖报告书应记载委托人姓名、国籍、股

东代码、成交日期、时间、股票种类、股数、单价、价金、手续费、印花税、汇率、场内成交单号码等事项。

第二十条 B股买卖报告书，应于买卖成交后由特许境内证券经营机构填制一式四联并签章，一联留存、一联交委托人，一联送特许清算银行、一联送本所。属代理特许境外证券经营机构买卖B股的，特许境内证券经营机构应在书面委托书上注明每笔成交数量、单位和金额，并复印一份作为买卖报告书附件一并送本所和特许清算银行。

第二十一条 特许境内证券经营机构因受托买卖关系所收受的B股，应依主管机关特许的清算银行关于有价证券保管作业办法办理。

第二十二条 委托人（代理人）不按时履行交割代价或交割证券者，即为违约。如遇违约，受托的特许境内证券经营机构得自行解除委托买卖契约，了结买卖，并处分所有因委托买卖关系所收委托人的款券。其处分所得代价与应付委托人的款项，得合并抵充委托人应偿付上述应履行的债务，及因委托买卖关系或解除契约所生损害赔偿的债务，如尚不足，得向委托人追偿，如有剩余，应予返还。特许境内证券经营机构依前款规定办理后应立即以书面形式向本所报告，并以副本通知特许清算银行和委托人。

特许境内证券经营机构因委托人违约，对所收委托人的款券有留置权。

第二十三条 委托人与特许境内证券经营机构因委托买卖B股订立受托契约后所发生的买卖争议，应依中华人民共和国的法律、法规和主管机关的有关规定处理。

第二十四条 本所B股集中交易市场开市时间为星期一至星期五，每日分上、下午两市，上午九时三十分至十一时三十分，下午一时三十分至三点三十分。

本所B股市场休假日为本所A股市场休假日和香港公众假日。

本所认为必要时，集中交易时间与休市时间可申报主管机关变更。

第二十五条 B股集中交易必须遵循价格优先、时间优先、客户委托买卖优先（简称“三优先”）的原则。

第二十六条 初次上市证券竞价买卖时，按申报买卖B股的数量及价格决定其开盘价格。

前款开盘价格以上市前的销售价格为计算基准，如无销售价格或市场价格有重大变动时，由本所与上市公司参酌有关资料拟订，报主管机关认可。

第二十七条 申报买卖B股的数额，须为一个交易单位或其整数倍，每一个交易单位为2000股，简称为一手。不满一手的B股交易，按本所有关规定执行。

第二十八条 申报买卖B股的价格的一股为准，其交易以港币计价和清算。

第二十九条 证券商对于委托人的一切委托事项有严守机密的义务，不得对外泄露，但本所认为需要时场内工作人员可以随时查询。签复主管机关、司法机关及监察机关的查询，应依中国人民银行和最高人民法院关于向金融机构查询的有关规定办理。

第三十条 本所B股交易方式分集中交易和对敲交易两种。B股对敲交易按本所有关规定执行。B股集中交易采用电脑自动撮合的交易方式。

第三十一条 在上市公司分派股息及红利或其他利益之基准日而停止变更股东名簿记载日（即停止过户之日）以后办理B股买卖交割者，应为除息或除权交易。

第三十二条 在股市异常时期（如狂涨或暴跌），本所为稳定股市可制订应急措施，报主管机关核准后实施。

第三十三条 B股电脑自动撮合作业程序如下：

(1) 电脑交易的买卖申报由终端机输入，限当日有效；

(2) 买卖申报的输入，自市场集会时间开始前半小时进行。前款输入买卖申报的时间，本所认为必要时可变更；

(3) 买卖申报应依序逐笔输入证券商代号、输入序号、委托书编号、委托种类、证券代号、单价、数量、买卖类别、输入时间。但本所可视需要而增减。输入序号，证券商应依接单顺序，按每部终端机分别编定，不得跳号；

(4) 买卖申报传输至本所电脑主机接受后，由参加买卖的特许证券经营机构的印表机打印买卖申报回报单；

(5) 买卖申报仅限价申报一种；

(6) 证券商查询其未成交的买卖申报，应经由终端机进行；

(7) 申请撤销买卖申报时，应经由终端机撤销。申请变更买卖申报时，除减少申报数量外，应先撤销原买卖申报，再重新申报。

第三十四条 B股行情揭示分为公开揭示与专业揭示。公开揭示屏幕置于本所集中交易市场和特许证券经营机构及其境外代理机构。

市场集会时间内，公开屏幕应将成交价格随时揭示，买卖申报价格的揭示以当市最近一次成交价格为基准报出最高叫买与最低叫卖价。

专业屏幕通过证券商的作业终端机显示。

第三十五条 B股的买卖申报经本所电脑主机接受后，按买卖申报的顺序和“三优先”原则自动撮合成交。B股自动撮合按照本所有关规则进行。

第三十六条 买卖一经成交，即经由参加买卖的证券商的印表机列印成交回报单。

成交回报单的内容应包括：证券商代号、委托书编号、委托种类、证券代号、成交数量、成交价格、成交金额、买卖类别、成交时间。

前款项目本所可视需要而增减。

第三十七条 每天上午或下午收市时，各证券商出市代表应尽快将当市成交的证券名称、数量、价格、对方证券商代号、总金额及股票和价款收付净差额与本所核对，全部对帐无误并签字确认后，方可离开交易大厅。

第五章 行情揭示与发布

第三十八条 本所遵循公开、公平、公正原则，对证券商申报竞价、成交情况予以公开揭示。

第三十九条 在本所集中交易市场内，特许证券商买卖申报价格由电脑终端通过“申报价格揭示栏”揭示。

第四十条 在本所集中交易市场内买卖成交后，随时通过行情揭示板和电脑联机显示系统揭示上日收盘价、当日开盘价、最高成交价、最低成交价、最近成交价、成交总股数、股价指数等。

第四十一条 本所集中市场申报价格和成交情况通过电脑联机显示系统传到各会员证券商柜台，并通过本所指定资讯商传播。

第四十二条 本所集中交易市场每日成交的B股证券名称、价格、数量、买卖各方证券商代号等，由本所记载于买卖日报表，在收市后于集中交易市场公布。

第四十三条 本所可根据需要调整行情揭示的方法和内容。

第六章 清算与交割

第四十四条 本所依《管理办法》实施细则的规定，委托经主管机关认可的银行代为办理特许境内证券经营机构和境外代理机构等相互之间有关B股的清算交割业务。

第四十五条 经国家外汇管理局深圳分局批准，境内特许证券经营机构依《管理办法》在深圳市内的银行开立B股交易帐户。该帐户为离岸帐户，非经外汇管理部门批准，不得接受境内存人或汇人的资金。

投资者直接通过境内特许证券经营机构买卖B股，必须通过前款帐户办理资金的存入和支付。

第四十六条 B股交易后，特许证券经营机构应于办理清算时，将其每一股东持有B股的变更情况报告B股登记机构。

第四十七条 本所每交易日的B股成交资料为清算银行进行一级清算与交割的唯一凭据。

第四十八条 代理B股买卖的特许境内外证券商与清算银行应按下列程序进行清算交割：

(1) T+1上午10时前，清算银行到本所领取B股成交资料；

(2) T+1中午12时前，凡买卖有成交的证券商应将交割指令传送到清算银行；

(3) T+1下午3时前，清算银行根据本所及证券商提供的资料进行对盘；

(4) 如对盘无误，清算银行根据本所提供的成交资料在T+3上午12时前完成清算交割；

(5) T+3下午5时前，清算银行将清算交割情况通知有关证券商；

(6) 如遇客户的款项未达清算银行帐号时，则由代理买卖机构垫款完成清算交割。

第四十九条 清算银行在T+1根据本所成交资料与各特许证券商对盘不符或发现卖空情况，分别按如下办法处理：

(1) 对盘不符，由清算银行于T+1下午5时前将其原因通知本所及有关证券商，上述证券商应于T+2下午3时前将更正情况通知清算行，清算银行在T+3完成清算交割；

(2) 如发生卖空情况，清算银行应于T+1下午5时前通知该证券商，该证券商须于T+2进行补进，并于T+3完成交割。

第五十条 因对盘、清算交割而发生的特许证券商之间或特许证券商与清算银行之间的经有关方协商而未能解决的争议和纠纷，应提交本所仲裁委员会以其规则进行仲裁。

第五十一条 为了保证清算交割的顺利进行，凡境内特许证券商接受境外特许证券经营机构的委托，必须要求境外机构提供银行给予的信贷额度，境内特许证券商根据该信贷额度酌情接受境外代理机构买卖盘的总额。

清算银行对该信贷额度负有督查的责任，即保证该信贷额度能在T+3付款进行清算交割该信贷额度撤消时，须提前十个营业日通知清算银行，并由清算银行即日通知有关特许证券商。

第五十二条 特殊境外证券商于T+3无法交割时，该信贷额度即行动用。

第五十三条 发生买空于T+3未能清算交割的，可延期到T+4进行清算交割。若在T+4还未完成清算交割的，由清算银行指定一家经纪商于T+5将已买进的股票抛出，违约的买方经纪商须向卖方经纪商赔偿由此而发生的买卖差价。并处以罚款（按成交金额每日0.05%计罚），由买方经纪商付给卖方经纪商转卖方。

第五十四条 发生卖空T+3未能清算交割的，必须在T+5之前完成补进。如于T+5还未补进的，由清算银行指定一家经纪商代为补进，其发生的买卖差价由违约的卖方经纪商补偿给买方经纪商，并处以罚款（按成交金额每日0.05%计罚），由卖方经纪商付给买方经纪商转买方。

第五十五条 凡在本所有交易席位的特许证券经营机构，必须在其从事B股交易前，向本所交存50万港币的B股交易互保基金，并向本所交纳其他费用。

互保基金按本所有关规则进行管理。

第五十六条 凡在T+3时无法进行清算交割的，清算银行应尽可能提供短期信贷，以保证清算交割的顺利进行。

第五十七条 凡在T+5不完成交割的，清算银行须于该日下午5时前通知本所及境内外特许证券商，并按如下办法处理：

(1) 境内特许证券经营机构即行暂停接受该代理业务，并报主管机关和本所备查；

(2) 特许证券经营机构不完成清算交割的，本所即行暂停该证券机构的B股交易业务，报主管机关备查；

(3) 经纪商受处罚暂停交易三次以上的，由主管机关处理。

第五十八条 清算银行在进行一级清算交割时必须代深圳税务机关扣收有关税款，同时代本所扣收交易经手费，并划拨本所开设于清算银行的帐户内。印花税由本所按月划转深圳税务机关。

第五十九条 股份托管银行或托管证券机构应代其客户收取股息红利。

第七章 费用

第六十条 在本所上市的B股，其发行者须向本所交纳上市费。

第六十一条 B股上市费的种类、标准及缴纳办法按本所《业务规则》第六章办理。

第六十二条 拥有交易席位的特许境内证券经营机构受托买卖B股的收费标准一律按实际成交金额向买卖双方各收取0.6%的佣金和0.3%的印花税。佣金和印花税均收取港元。

未拥有交易席位的境外特许证券经营机构一律按实际成交金额向买卖双方各收取0.7%的佣金（其中0.3%归代理交易的境内机构所有）和0.3%的印花税。

第六十三条 特许证券经营机构不得任意或变相提高或降低收取B股代理买卖佣金的标准。受托买卖B股未成交时，不得收取佣金。

第六十四条 委托人不交纳B股代理买卖的佣金时，特许证券经营机构有权指令清算银行从委托人的现金帐户中扣收。

第六十五条 特许证券经营机构在本所集中交易市场买卖B股按成交金额的万分之十向本所交纳交易经手费，通过特许清算银行以转帐划拨方式完成。对逾期不交或欠交的，本所按成交金额每日0.03%的比例计收滞纳金，对拒不交纳交易经手费的，本所有权暂停其参加集中交易，直到交清为止。

第八章 附 则

第六十六条 本规则由本所负责解释。

第六十七条 本规则经主管机关批准后自公布之日起执行。

1994年5月19日

深圳证券交易所投资基金估值暂行规定

第一条 本规定是《深圳证券交易所基金上市规则》的附件，凡在深圳证券交易所上市的基金均应按照本规定的要求估值。

第二条 基金以每星期五为基金资产的估值日，如遇公众假日，则估值日提前到公众假日前一个交易日。

基金经理人和信托人应于每星期一公布上一估值日的每基金单位的资产净值。

如果基金投资所涉及的证券交易等在非法定、公众假日因故暂停营业，经理人可按前一估值日数据估值；如因任何经理人无法控制的原因致使经理人无法准确评估基金资产净值时，经理人在上述情形消除之前可以暂停估值。

第三条 基金经理人应于每个估值日计算本基金的资产净值。该资产净值按已发行的基金单位总量平均分割，得出每基金单位的资产净值。该基金单位净值应计算至0.01元人民币，不足0.01元的部分四舍五入。

第四条 资产净值的计算应根据一般公认会计准则，依下列会计公式计算：基金资产净值＝基金资产总额－基金负债总额。

第五条 基金资产按下列原则估值：

1. 任何上市流通的有价证券以其估值日在挂牌的证券交易所的收市价计算；

上市证券中未能在二级市场流通部分以其市值扣除按市值的15%年利率计算的年息（360天）计算。

2. 上柜交易的有价证券以估值日之经营该等有价证券买卖的证券商柜台（或交易中心）交易的收市价（或证券管理部门公布的该等有价证券在估值日的买卖中间价）计算。

3. 未上市证券以原始成本加上按360天分摊的未上市公司年预测税后利润值计至估值日应能获取的利润数计算。

4. 房地产投资以该项投资原始成本加上按360天分摊的年预测税后利润值计至估值日应能获取的利润数计算。

5. 持有的房地产价值按公布的售楼价计算；未有或未公布售楼价的按当地房地产交易所公布的同类房地产价格计算。

6. 前述原则规定之外的股权投资应按投资原始成本加上按360天分摊的该公司年预测税后利润值计至估值日应能获取的利润数计算；或者根据该公司年度审计报告，按投资比例乘以被投资公司最近一年度的年末净资产额计算。

7. 未到期之定期存款及未到付息日之活期存款以本金加计至估值日为止的应计利息额计算。

8. 未到期应付基金借款所发生的利息应计至估值日作为本基金的负债金额。

9. 外汇折算人民币的价格以估值日当日的外汇交易市场的买卖中间价计算。

10. 基金负债应包括基金信托契约规定的各项基金费用。

11. 前述“预测税后利润”应以注册会计师审计结果为准。若无法审计的，应以经理人所作的该公司的可行性报告中的预测税后利润值为准。

第六条 如本规定未提及的有关估值事项于《上市协议》中已有规定，应按《上市协议》的规定执行。

第七条 本规定与《深圳证券交易所基金上市规则》具有相同的生效和修改程序。

深圳证券交易所债券现货交易清算暂行办法

第一章 总则

第一条 为发展债券交易，活跃债券交易，完善资本市场结构，根据国家有关法律、法规，特制定本办法。

第二条 本办法所称债券包括国家债券、地方政府债券、金融债券及企业债券（不含可转换债券）等。

第三条 本办法所称债券特别席位是指该席位只能用于债券的现货交易，不得用于股票及其衍生证券的交易。

第四条 本办法适用于在深圳证券交易所（以下简称“交易所”）上市的各类债券的交易、存管、登记、清算。

第五条 深圳证券登记有限公司（以下简称“深圳登记公司”）是交易所上市债券的中央结算机构。深圳登记公司依照本办法向参与债券交易的交易所会员或债券特别席位使用者（以下统称债券交易商）提供债券的存管、登记及清算服务。

第二章 债券交易商

第六条 凡交易所会员均可通过现有席位或向交易所申请债券特别席位办理债券现货交易业务。

第七条 资本金在500万元人民币以上的非会员金融机构，经向交易所申请批准后，可以成为交易所债券特别席位使用者，由交易所给予一个或多个有形或无形席位。

第八条 债券特别席位使用者须就每个债券特别席位向交易所一次性交纳席位费20万元人民币，并每年交纳管理费1万元。

第九条 债券特别席位不得退回，经交易所同意后可以转让。

第十条 中国人民银行为实施公开市场业务操作需要，由交易所无偿提供席位及基本通讯设施，并免收其交易经手费。

第三章 上市与交易

第十一条 交易所可根据市场情况，确定债券交易的品种及上市日期。

第十二条 国债及地方政府债券在交易所上市豁免上市申请、审批、费用缴纳等事宜。金融债券、企业债券的上市申请、审批、费用交纳等由交易所另行规定。

第十三条 债券于本息兑付前一周自动终止交易，在终止交易前一周由交易所予以公告。

第十四条 债券现货交易的集中开市时间同A股，交易所认为有必要时，可以进行调整或设立债券交易专场。

第十五条 债券交易以面额百元为一报价单位，以合计面额千元为一交易单位，价格升降单位为0. 01元人民币。不足一个交易单位的，在债券交易商柜台进行交易。

第十六条 若一次买卖在深圳登记公司集中托管的同种上市债券面额在30万元以上的，允许实行场外协议成交。场外协议成交是指投资者之间直接或通过债券交易商进行成交，并通过债券交易商报交易所结算系统进行清算过户。

第十七条 场外协议成交的申报时间同债券现货交易时间，由债券交易商的出市代表从其场内席位上的终端输入。每笔场外协议成交的申报须包括以下内容：债券交易商双方代码、合同序号、交易品种、价格、数量及成交金额。

第十八条 场外协议成交的价格不计入即时行情，其成交金额计入当日成交总额。

第十九条 债券交易商可开展债券自营业务。

第二十条 债券交易允许实行回转交易。

第二十一条 除本办法另有规定外，债券现货交易的委托、交易、行情揭示参照A股办理。

第四章 登记与存管

第二十二条 凡国家法令允许参与债券交易的自然人和法人（以下简称投资者）均可凭其在各地证券登记机构开设的证券帐户卡买卖债券。

第二十三条 债券交易商可通过其在深圳登记公司开设的证券托管一级帐户或证券自营一级帐户买卖债券。托管一级帐户用于反映债券交易商接受客户托管的债券数量及其变更情况，债券交易商可按照客户的股东代码或以其它方式设置二级明细帐户，该明细帐户由债券交易商负责管理。债券交易商有义务定期或于需要时不定期向深圳登记公司上报客户的债券明细帐户资料。

第二十四条 深圳登记公司将委托符合条件的国内证券登记机构或其它金融机构（以下简称“代保管处”）办理实物债券的代保管业务，具体实施按照深圳登记公司制定的《深圳上市债券实物代保管业务暂行办法》办理。

第二十五条 实物债券于交易前应集中托管。先行卖出而尚未集中托管的债券，卖出方的债券交易商须将相应债券送交代保管处，并由代保管处在该笔交易发生后的五个交易日内向深圳登记公司传送有关代保管凭证，否则按卖空处理。在债券截止交易日前的二十日内，债券交易商不得再先行卖出尚未集中托管的债券。

第二十六条 实物债券的托管按照下面程序办理：

(一) 投资者凭实物债券及有关证件在债券交易商处办理托管，债券交易商查验无误后打印债券托管申请书交客户收执；

(二) 债券交易商将债券交其选择的代保管处（可就近或跨地区选择）集中保管；

(三) 债券交易商在收到深圳登记公司债券记帐通知书后方可为客户打印证券存折或其它债券托管凭证，投资者即可委托卖出其托管债券。

投资者如要求提取实物债券，可向其托管的债券交易商提出申请，由债券交易商根据《深圳上市债券实物代保管业务暂行办法》的规定办理提券手续。债券交易商对其客户的提券要求不得无故拒绝或拖延。

第二十七条 上市债券不可办理转托管。

第五章 清算与本息兑付

第二十八条 债券特别席位使用者须于开始营业前向交易所一次性缴存清算头寸及交易保证金各10万元人民币，交易所对该项清算头寸及交易保证金的管理参照A股办理。

第二十九条 债券交易的一级清算参照交易所上市A股的现行清算办法办理；债券交易的二级清算过户由债券交易商自行办理，与客户的交割时间同现行上市A股。

第三十条 深圳登记公司将根据债券的发行方式，决定自行或委托代保管处为到期债券或未到期可赎回债券提供还本付息或赎回的代理服务。

债券的本息兑付按下列程序办理：

(一) 深圳登记公司于债券本息兑付日前一周内按债券交易商打印债券本息兑付清单。若为实物债券，尚需完成与各代保管处的实物债券存量对帐，并按债券交易商打印实物债券存量清单；

(二) 实物债券由各代保管处就地兑付，并根据实物债券存量向债券交易商支付本息款。深圳登记公司于兑付日后一周内，根据债券本息兑付清单和实物债券存量清单计算出各债券交易商本息应收付净额，交易所据此对其清算头寸进行调整；

(三) 投资者可于本息兑付日一周后开始到其托管的债券交易商处领取债券本息。

第六章 费用

第三十一条 投资者委托债券交易商买卖债券时，须向债券交易商交纳佣金，佣金每笔起点5元，最高不得超过成交金额的3‰。债券交易免收印花税。

第三十二条 交易所和深圳登记公司对所有债券现货交易向买卖双方按成交金额的0.1‰征收交易经手费，并按A股相关比率分配。经手费直接向债券交易商计征。

第三十三条 场外协议成交的有关费用按第三十条、三十一条的规定收取。

第三十四条 投资者提取实物债券须向其托管的债券交易商交纳不超过债券面值1%的手续费。

第七章 附则

第三十五条 各债券交易商和各代保管处在有关业务中均应遵守国家有关法律、法规、政策。

第三十六条 对于违反本办法的债券交易商和代保管处，交易所和深圳登记公司除参照现行交易清算有关规定进行处罚外，交易所有权停止该债券交易商在交易所的债券交易业务。

第三十七条 本办法由交易所及深圳登记公司负责解释、修订、本办法的修改补充构成本办法的组成部分。

第三十八条 原颁布业务办法中凡与本办法不一致的规定，均以本办法为准。

第三十九条 本办法自颁布之日起生效。

1994年3月11日

深圳上市债券实物代保管业务暂行办法

第一条 为发展深圳证券交易所债券交易、简化债券交易清算交割手续，根据深圳证券市场有关管理法规，特制定本办法。

第二条 债券实物代保管业务是指在深圳证券交易所上市的实物债券的存管、提取与兑付。

深圳证券登记有限公司（以下简称“深圳登记公司”）委托各具备实物证券代保管条件的证券登记机构或其它金融机构（以下简称“代保

管处”）办理代保管业务。各代保管处应依据“集中存放，统一管理，分类核算，就地兑付”的原则，受理证券商（含债券特别席位使用者，下同）的债券实物代保管业务。

第三条 各代保管处应于当地选择一个符合有价证券保管条件的库房作为集中代保管库，并报深圳登记公司备案。

第四条 代保管处于受理当地或异地证券商的债券存券和提券业务时，须按下列存取办法执行：

一、证券商在办理债券存取手续时，须于代保管处填写由深圳登记公司统一印制的“深圳上市债券存券单”或“深圳上市债券提券单”，并加盖业务公章和经办人印鉴：存券单和提券单皆为一式三联，第一联为证券商联，第二联为深圳证券登记公司联，第三联为代保管处联。

二、证券商于存入债券时，应将面额相同的同一券种每100张为一把，用宽纸条交叉捆紧，并在交叉处加盖业务公章和经办人印鉴；面额相同的券种每十把为一捆以线绳双十字捆紧加封，在封面上加盖业务公章及经办人印鉴，代管处核验无误后于债券存券单上加盖业务公章和经办人印鉴，第一联交证券商，第二联传真（并快邮）深圳登记公司，第三联留存。

深圳登记公司根据债券存券单记加证券商债券一级帐户。

三、证券商如要求提取债券，首先应填写提券申请书，代保管处将申请书传真（并快邮）深圳登记公司，深圳登记公司如发现证券商帐户余额不足则于当日向代保管处传真“债券提券拒付通知书，”否则传真“债券提券通知书”至代管处并冻结相应债券余额，代保管处根据“债券提券通知书”要求证券商填写债券提券单并办理出库。提券的证券商应会同代保管处开封清点债券，检查券种、面额、卡捆点把、与债券提券单核对相符，清点时若发现多缺应保持现场。通知原存券证券商会同代保管处处理，结果上报深圳登记公司。如证券商选择不开封清点，以后发现任何问题，由提券证券商承担责任。

如代保管处库存不足，证券商到深圳登记公司指定其它代保管处提取缺额。

办理出库手续后代保管处应于债券提券单上加盖业务公章和经办人印鉴，并将债券提券单第一联交提券证券商，第二联传真（并快邮）深圳登记公司，第三联留存，深圳登记公司根据提券单核减证券商债券一级帐户。

第五条 开办债券实物代保管业务的代保管处必须承担以下责任和义务：

一、确保代保管债券的安全无误，并承担损缺差错事故的责任。不得私自动用库存，否则将按动用面额的10%处罚，并通报批评。

二、建立库存实物帐，按券种类别分类核算，每日核对余额，保证帐实相符。

三、将债券存券单和提券单及时传报深圳登记公司，每月5日前将上月库存月报快邮深圳登记公司。

四、对于任何证券商的存券和提券要求不得无故拒绝或拖延。

五、接受并配合深圳登记公司做好查库工作。

第六条 证券商在代保管处存入实物债券须向代管处支付保管费，年费率为代保管债券面额总值的0．5‰。于存入时一次性支付。

第七条 证券商提券时须向代保管处支付提券手续费。该费用由证券商与代保管处协商议定，但最高不超过证券商向客户收取提券手续费的50%。

第八条 实物债券到期后原则上就地兑付，兑付手续费由代保管处全额收取。

第九条 本办法由深圳登记公司负责解释，本办法的修改补充构成本办法的组成部分。

深圳证券登记有限公司

1994年2月

深圳证券交易所
A股零股交易清算办法

一、本办法适用于在本所上市的不足一标准手且办理了托管手续的A股（以下简称零股）。

二、零股交易开市时间内，凡参加本所集中市场交易的证券商均应对外营业，接受股民的零股买卖委托。

三、零股集中交易时间确定为每月的第三个星期六上午8时30分至10时整（遇节假日则推迟至次周星期六）。在分红派息配股权证上市期间，每月加开一场零股交易，时间为当月第一个星期六上午8时30分至10时。

四、凡在零股交易日的下一营业日除权除息的股票，其零股在该交易日停止交易一次。

五、零股在本所电脑自动撮合系统集中竞价交易。

六、零股交易以每一股为一个交易单位，以0．05元为一价格升降单位，成交价格在上一营业日的标准手股票收市价的上下各20个价位内。

七、零股交易时，采取集合竞价方式，证券商在上述时间将股民委托盘全部输入电脑，上午10时后电脑自动撮合系统将所有符合成交条件的委托盘全部撮合完毕。

八、在零股交易专场，委托卖出的股民须将自己名下的同一股种的零股一次全部委托；不接受标准手股票卖出委托，也不允许将标准手股票分割委托卖出；委托买进既可买进标准手，也可买进零股，但买进零股者，必须已经持有同一股种的零股。

九、零股交易不纳入股价指数计算范围，不发布即时行情，仅在集合竞价完毕后公布收市行情。

十、零股柜台委托方式及清算交割方式与现行A股方式相同，一级清算交割时间为T+1，即下周一、二级清算交割时间为下周二。

十一、零股交易的佣金、经手费、清算过户费及印花税均与A股收费标准相同。

十二、不足一手的A股认股权证按以上规定执行。

十三、本办法经主管机关批准后实行，凡与本办法相冲突的规定同时停止实行。

十四、本办法由本所负责解释，其未尽事宜由本所修订补充。

深圳证券交易所

1993年4月15日

深圳证券交易所
B股对敲交易暂行规则

第一条 为活跃深圳B股市场，方便B股投资者，本所特设立B股对敲交易系统。该系统允许B股特许证券商将其接受的同一种B股的买入委托和卖出委托配对后输入，经对敲交易系统确认后成交。

第二条 对敲交易只适用在交易所上市的B股、B股权证及其他人民币特种证券的交易。

第三条 在某公司股票的收购要约期内，该公司B股及其权证不得进行对敲交易。

第四条 对敲交易的申报只限于在交易所拥有席位的B股特许证券商的出市代表从其场内席位上的终端输入。

第五条 每笔对敲交易的申报内容必须包括以下内容：

1. 证券代码；
2. 买、卖双方股东代码；
3. 买、卖双方合同序号；
4. 对敲价格；
5. 对敲手数。

第六条 每笔对敲交易必须在10万股以上（含10万股）。

第七条 每笔对敲交易的成交价格必须在以下范围之内：

上限：不得高于前一交易日收盘价加四个价位的价格与当日开市以来最高成交价两者中的最高价；

下限：不得低于前一交易日收盘价减四个价位的价格与当日开市以来最低成交价两者中的最低价。

第八条 对敲交易时间为B股交易日开市始，至闭市前5分钟止。

第九条 对敲交易的价格不影响交易所自动撮合成交即时行情的揭示，不影响指数计算，但对敲交易的成交量和成交金额纳入当日总成交量和总成交金额的统计。

第十条 每笔对敲交易一经交易所对敲交易系统接受，证券商即不能取消该笔对敲交易，除非有关的证券商发现有错误并向交易所报告，而交易所总经理又确信错误并非故意造成，可以由总经理发出指示取消该笔有错误的对敲交易。

第十一条 经交易所对敲交易系统接受的每笔对敲交易的价格、数量及经纪商代号即时显示于场内所有B股特许经纪商席位上，出市代表应将经确认的对敲交易即时回报场外营业处。

第十二条 B股对敲交易的清算交割和登记过户依现行规定办理。

第十三条 本规则由交易所负责解释。

第十四条 本规则自公布之日起施行。

深圳证券交易所

1993年8月11日

第三章　港台证券法规选编

第一节　香港证券交易法规简介

香　港　证　券　法

（第333章　1989年修订）

为使股票市场和证券交易有章可循，为对证券交易和投资顾问业进行控制，并对投资者及相关利益进行保护，特制定本法。

第一章

第一条 名称

本法令可作为《证券法》引用。

第二条 解释

一、在本法中，除另有规定外：

“审计师”，依照《专业会计师法》指注册并有从业执照的专业会计师。

“债权人票据”指

（一）债权人的票据；

（二）债权人手中的支票、催付单、汇票、承兑汇票；

（三）债权人手中通过接受抵押或其他方式所掌握的证券。

“票据”包括帐户和契约。

“交易”，在同交易者有关时，交易指证券交易。

“登记证明书”指在第四部分规定下颁发的登记的证明书。

“委员会”指在《证券和期货代理法》下成立的证券和期货代理委员会。

“管理委员会”，在同交易公司联合时，指不论以何名义存在，为管理的控制交易公司而成立的委员会。

“公司”，指《公司法》第二节定义的，并适用于此法第六部分的公司，以及任何在香港的有股份资本的法人团体。

“基本法”，在同公司有关时，指为公司提供基本法的有关备忘录、条款或其它形式的条规。

“法人成员”指证券交易公司成员的法人团体。

“有限公司”指在香港或港外组成的法人团体。但不包括；

（一）在香港的法人团体，是皇家公共权力机关，组织成部分；

（二）任何独资法人；

（三）按照《审计联合会法》登记的审计联合会；

（四）按照《多层建筑（多名业主合伙）法》第三百四十四章登记的法人；

（五）已由本法有关“有限公司”部分规定排除在外公司，或属于排出在外一类公司的法人团体。

“法院”指高级法院。

“交易者”，依照第八十二（1）节，指从事证券交易行业的人，不论该人是否还从事其他行业。在交易者是股份有限公司情况下，包括该公司积极参与或以任何方式对证券交易往来直接负责的主任。但不包括：

(一) 由于在从业过程中偶然以交易者出现的律师或专业会计师;

(二) 除本法另有具体规定;不包括豁免交易者;

(三) 只超过登记在案豁免交易者从事证券交易行业的人员。

"交易者代表"指由交易者雇佣成双方达成安排,替交易者完成其日常工作的不属于豁免交易者的人员,无论该人的报酬是以工资、佣金或其他形式计算(日常工作不包括会计职员、出纳的日常工作),在交易者是股份公司的情况下,不包括该公司交易主任。

"交易主任"指股份公司独自或联合他人积极参与或以任何方式对证券往来直接负责的主任。

"证券交易",在同任何人员(不论是自营代理)有关时,依照第三节,指同他人达成或提出达成协定,或诱使或试图诱使任何其他人员达成或提出达成协议:

(一) 获得、抛出、预定、代理证券

(二) 其目的或表面目的是为任意一方获得由证券或证券的价值波动而产生的利润。

"交易合伙"指共同从事证券交易行业的合伙。

"盗用公款"指挪用金钱证券或其他的财产。

"董事",同《公司法》第二节规定有相同含义(第三十二章)。

"资料",包括登记册、帐本、记录、磁带记录、任何形式的电脑输入和输出,以及其他资料或类似材料(不论是由机械、电子、手工或其他方法而编制的)。

"交易公司"指《股票交易协调法》(第三百六十一章)第三节承认的交易公司。

"豁免交易者",指由本法第六十节宣布为豁免交易者的人员。

"豁免投资顾问",指由本法第六十一节宣布为豁免顾问的人员。

"财政年度"指:

(一) 对交易者来说,指依照第八十七节(A)由该人指定或由委员会同意的区间;

(二) 在其他任何条件下,指每年公历中在3月31日结束的12个月的区间。

"外国股票交易所",指由香港以外的国家或地区的法律批准,在该国或该地区营业的股票交易所。在该国或该地区没有有关股票交易所的书面法律条文规则指该国或该地区未被法律禁止的营业的股票交易所。

"个人会员"指交易所公司会员的自然人。

"投资公司"指以下的人员——

(一) 为获取报酬而从事有关证券的咨询行业的人员;

(二) 为获取报酬,在其从事的日常工作中有一部分是发表有关证券的分析和报告的人员;

(三) 为取获报酬,按照与其客户订立的合同或安排,代表其客户进行有价证券管理,包括安排购买,卖出或通过交易者或豁免交易者进行证券交易。在投资顾问是一家股份公司的情况下(包括积极参与或以任何一种方式对该公司顾问营业负直接指导责任的公司的任何主任),不包括下述情况:

(1) 执照银行;

(2) 在从业中偶尔从事投资顾问的律师和专业会计师;

(3) 面对公司发行而非只供订阅的报刊、杂志、期刊,或其他定期发表的刊物的真正业主、出版人,或主要投资人,但不包括那些唯一或主要目的就是向他人提出有关证券方面的建议或发表有关证券的分析、报告:

(1) 在从业过程中,偶然发表投资建议的交易者或豁免交易者;

(2) 在《信托法》第八部分登记的信托公司(第二十九章)

(3) 豁免投资公司顾问:

"投资顾问合伙公司",指从事投资顾问行业的合伙公司。

"投资代表"指被投资公司雇佣或依照协议代其执行投资顾问日常工作的非豁免投资者的人员,而不论其报酬是通过工资、佣金或其他形式得到的。(日常工作中不包括会计、职员或出纳的工作),但在投资顾问是股份公司的情况下,并不包括该公司负责主任。

"发行"包括分配和散发。

"执照银行"指依照《银行法》(第一百五十五章)登记并从事银行业的银行。

"有限合伙",指根据《有限合伙法》第三十七章登记的有限合伙。

"上市",在同证券有关时,指某种证券在香港联合交易所上市的过程。

"会员",在同交易公司或联合交易公司有关时,指《股票交易公司协调法》第二节有关交易公司中定义的会员。

"共用基金公司",指经营方向主要是,或准备经营投资、再投资或证券交易,并且该公司发行的可赎股票均准备售出或已经发行并售出的任何公司。

"购买",在同证券有关时,包括该类证券的定购。

"已注册",在同交易者、交易合伙公司,交易者代表,投资顾问、投资顾问合伙,投资代表有关时,指已依照本法注册。

"注册公司",指依照本法组成并注册的公司。

"代表",指交易者的代表或投资者的代表。

"规则",在同联合交易所有关时,指以任何名称或内容出现的,规定联合交易所管理以及其会员行为的规则。

"证券",指由任何人、任何合股或非合股公司、任何政府、地方行政当局发行或发出的股票、公司债权、借资股票、公债、债券、借契。包括:

(一) 和上述有关的权利、选择权、或利率(不论是以单位或别的方法作规定的);

(二) 任何与上述有关的利益证明或预期利益证明,短期或中间证明,收据、订货或买进特许书;

(三) 任何众所周知的可作为证券的单据。

但不包括:

(四) 属于《公司法》第二十九节规定范围内的私营公司的股票或债券。

(五) 除非合伙协定同一公司、计划、企业、或投资公司有关,并且该公司、计划、企业或投资合同是由一名专业从事(或其从事行业中包括)促成相似的公司、计划、企业或投资合同的人员所促成的(不论该人是否是合伙一方);除非该合伙协定已达成或即将达成,或属于本段所规定的那一类协定,否则由于除有限合伙企业协定外的合伙协定产生的利益均不属于证券所指范围:

(1) 任何证明一笔资金的存入的可转让收据,或其他类似的可转让的证明文件,以及由于这些收据、证明、文件而产生的任何利益或权利;

(2)《汇票法》第三节定义之内的汇票以及任何第八十九节定义之内的本票;

(3) 任何注明不得买卖或转让的债券。

"股份",指股份公司资本的一部分。包括股份公司的所有股票。

"股票经纪人",指交易公司的会员。

"股票市场",指人们通常聚集一起谈判股票、证券的买、卖(包括价格)的场所;或指配备有专职人员聚合证券买、卖双方的场所,但不包括股票经纪人的办公室,或股票经纪人是其中一员的交易合伙公司。

"名称",包括名字和说明。

"信托帐户",指依照第八十四节规定建立的信托帐户。

"包销人",指为获取报酬,依照发行人或卖出人向公众提出的条件,来预定或买入证券的人。但该证券尚未被公众预定或买入。

"联合交易所"或"交易所",指依照《股票交易协调法》第27节而建立起来的股票市场。

"互惠投资公司",指出于使信托人得到参与获得、持有、管理和处理证券或其他资产从而获取收入和利润的目的而达成的安排。

二、在本法中，当提到某股份有限公司证券时是指：

(一) 由该公司发行、提供或赠与的证券；

(二) 预定由该公司发行、提供或赠与的证券；

(三) 在该公司成立之后预定发行、提供或赠与的证券。

三、在本法中，当香港联合交易所应发行证券公司的申请，或按该证券持有者的申请，同意依照本法规定，准许该证券在联合交易所交易时，即认为该种证券已上市。

四、(取消 1985/58S.2)

第三条　股票保证条款

一、为了明确有关人员是否已进行了证券交易或已传递了买进或卖出某证券的要求，不论该人是自营或代理，下列记录不得被抽走；

(一) 通过注册交易者或交易者代表，或豁免交易者或豁免交易者代表进行证券交易或向其发出买、卖证券要求；

(二) 遵照或豁免遵照《公司法》第二部分（第三十二章），发行了招股说明书，对于港外的公司来说，遵照或被豁免遵照该法第七部分发行了招股说明书；

(三) 发表任何有关在香港组成的不是注册公司的有限公司的证券的资料；

(四) 如果该有限公司是注册公司的话，这种资料就会成为《公司法》第三十二章第三十八节所适用招股书。或者如果这种资料不属于该法第五 (6) 节或第三十八 A 节所规定的例外的话，就会成为招股书；

(五) 包括所有港外组成的公司在发布招股书时依照《公司法》第七部分必须包括进去的所有材料；

(d) 发出该公司股票或债券的购买申请表，连同：

(i) 符合或被豁免符合《公司法》第二部分的招股书，在该公司在港外组成时，招股书符合或被豁免符合《公司法》第七部分；

(ii) 在股份公司在香港组成但并非注册公司时，包括进了所有 (c)(ii) 段中指出的材料的资料。

(e) 发布已被委员会批准的有关互惠基金有限公司或委员会依照第十五节授权的互惠投资公司招股书；

(f) 适用已被委员会同意的招股书，发出被委员会授权的互惠基金有限公司或互惠投资公司股票的购买申请表。

或者该人自营或代理进行了购买、定购、包销证券；或者该人通过从事购买、售出、持有证券的人员参与了交易。

二、委员会可在有关方面已提出申请的情况下，同意发布出第 (1)(e) 条的目的的招股书。

三、条款 (2) 所指的同意的决定可在委员会认为适当的任何条件下作出。

第四条　有关股份有限公司定义

一、当某股份有限公司：

(一) 是另一股份有限公司的控股公司；

(二) 是另一股份有限公司的附属公司；

(三) 是另一股份有限公司的控股公司的附属公司；

则首先提到的股份有限公司和其他公司在本法中被认为是相互关联。

二、在条款 (1) 的情况下，依照条 (3)，一个股份有限公司在下述情况下，被认为是另一股份有限公司的附属公司：

(一) 后一股份有限公司

1、控制了前一股份有限公司的董事会的组成；

2、控制前一股份有限公司超过一半的股票权；

3、持有超过前一公司已发行股本的一半（但不包括除了分享利润和资本以外没有任何权利的股票）。

(二) 前一股份有限公司是另一股份有限公司的附属公司的附属公司。

三、在条款 (2) 中，如果后一股份有限公司在行使其可行使权时，不须旁人同意或协助即可任命或解除大多数甚至全部董事的职务，则可认为前一股份有限公司的董事会已被后一公司所控制。对于这一规定，下述情况应被视为后一股份有限公司有权力任命或解除一名董事的职务。

(一) 1 名人员未经后一股份有限公司的赞同不能被任命为董事；

(二) 1 名人员在被任命为董事会成员后，必然会成为后一股份有限公司的董事或其他官员。

四、为决定一个股份有限公司是否是另一股份有限公司的附属公司：

(一) 后一股份有限公司持有的任何股票或行使的权力，如果是受委托而持有或行使的，则不应被视为该股份有限公司所有的股票和权力；

(二) 根据第 (c) 和 (d) 段，任何股票或权利应：

1、由后一股份有限公司所指派的人所持有或行使（后一股份有限公司是受委托的情况除外）；

2、由后一股份有限公司的附属公司所指派的人所持有行使（该附属公司是受委托的情况除外）则均应被视为由后一股份有限公司所行使。

(三) 由前一公司所发行的公司债券所规定而持有的股份和可行使的权力，以及为保证上述债券的发行而作为一种信托行为导致的股份和权力均应不计算在内；

(四) 如果后一股份有限公司或其附属公司的正常业务中包括贷款业务，该股份有限公司或其附属公司所持有的股票（非第 (C) 部分所指的股票），如果是由于该公司为生意往来而作为信贷保证持有的股票或权力应被视为不为该公司所拥有。

第五条　证券利益

一、根据本节，如果某人具有处理证券的权力，或行使控制证券处理的权力（不论该权力为正式或非正式，隐含或公开），则该人拥有第十九、六十七、七十九、一百三十五节以及第一百四十一 E (3) 节意义上的证券利益。

二、条款 (1) 中所指的该人拥有的处理证券的权利力或控制证券处理的权力是无形的，尤其是当证券受到或可能会受到管制或限制时。

三、在条款 (1) 中，不能仅因为该人是与他人联合行使权力，即认为该人不具有处理证券的权力或控制处理的权力。

四、在条款 (1) 中，当某股份有限公司拥有（正式或非正式的）处理某种证券的权力或控制证券处理的权力，并且

(一) 如果该股份有限公司或其交易主任习惯上或有义务在处理有关证券业务时，听从某人员指导或

(二) 另一人员或其有关该人员在该股份有限公司的利益足以使其控制该股份有限公司，则该人员应被视为具有处理上述证券或控制上述证券处理的权力。

五、在条款 (4) 中，以及第一百三十五节 (4) 中，在下列情况下，某人是和另一人有关联的：

(一) 该股份有限公司是符合第四节规定被认为同该人有关的；

(二) 如果该人按照另一人的指示，在习惯上或具有义务对公司上述证券业务具有指导权（不论正式或非正式）

(三) 当该人在习惯上或具有义务（不论正式或非正式）在处理有关证券业务时，听从另一人的指导；

(四) 该股份有限公司或其营业主任在习惯上或具有义务在处理有关证券业务时（正式或非正式的）听从该人的指导；

(五) 某股份有限公司根据某人或某交易主任指导，另一人在习惯上或具有义务在处理证券时同公司相关。

六、当某人

(一) 已签约购买证券；

(二）具有将证券转至自己或其指定人名下的权利，不论这种权利是现在就可行使，还是将来才能行使，或者这种权利的行使是否要有先决条件；

(三）具有选择权以获取证券或证券利益，不论该权是现在就可行使，还是将来才能行使，或者这种权利的行使是否要有先决条件。

则该人应按照他完成合同，行使选择权的程序被认为是有处理证券的权利或有控制证券处理的权力。

七、下列应不被纳入

(一）在第六十七节和第一百四十一E（3）节中，如果某人的正常业务中包括贷款，在只是由于正常贷款过程中，他才持有的证券利益；

(二）在第六十七、七十九、一百四十一（E）节中，某人只是作为经理、代理商、信托者，或被持派人，才持有的证券利益；

(三）在第一百三十五（4）或一百四十一E（3）节中提到的证券，那些属于某信托的利益，但不是被托者的人却依照条款（6）（b）在其中拥有利益的；

(四）在第十七、六十七、七十九、一百三十五或一百四十一E（3）节，属于该条款规定所指的人或那一类人的证券利益。

第二章　证券和期货代理

第六条至第十三条　1989/10S.65已被取消。

第十四条　规则

一、委员会在征求交易所意见之后，可制定以下有关事务的一切规则：

(一）证券在联合交易所上市情况，特别是——

1、规定证券在联合交易所上市前必须满足的条件；

2、规定申请某种证券上市的程序；

3、在某种证券不满足理事会规定的上市条件，或不满足（f）段所规定的条件，或委员会出于保持有秩序的香港市场的目的，而认为有必要的情况下，取消任何一种证券在香港联合交易所的上市。

(一）交易公司暂停证券经营的条件和情况；

(二）向公众开放的证券的分配方法；

(三）被接纳成为交易公司会员的人数限额；

(四）联合交易所可从事的商业种类；

(五）要求有股票在香港联合交易所上市，或已被允许上市的公司加入交易所规定的组织，并提供在特定时期要求提供的信息，履行其证券所附加的义务；

(六）要求交易公司主管委员会的主席在发现影响或即将影响该公司所属成员的履行义务的不利证据后，立即就有关事务向委员会上报；

(七）要求在开除、暂停其任何成员的成员资格或提出让其成员放弃会员资格的要求后，3个交易日之后向委员会通报，并按照规则的要求，将上述情况在规定时间内，以规定的形式通知公众；

(八）任何将来会增加的规定。

(九）任何与本节（第十四节）具体规定矛盾的行为均为违反本法，并可能受到10000元之内的罚款；

二、本节规定在获得港督批准并在公报上公布后，方能生效；

三、交易公司可在本法之外自行制定关于《股票交易协调法》第34节（1）条款规定的任何有关事项的规定，或交易公司和组织规定，但这些规定只有在不与委员会依据条款（1）所制定的规则抵触时方具有效力。

第十五条　委员会可授权设立共用基金公司和互惠投资公司

一、在本法中，委员会可授权设立共用基金公司和互惠投资公司；

二、委员会可在其认为恰当的任何时候作出第15节（1）中规定的授权。

第十六条至第十九条　1989/109.65已被取消。

第三章　股票市场

第二十条　建立股票市场的限制

一、建立股票市场的限制：

(一）任何人不得在香港联合交易所之外另行建立或经营股票市场；

(二）任何人不得有意协助经营香港联合交易所之外的股票市场。

二、任何人在与（1）中规定抵触时均被认为触犯本法，并可被判处500000元罚款，如不悔改，可在其继续犯法期间对其处以每月50000元的罚款。

第二十一条　使用“股票交易所”名称的限制及其他规定

一、按照《股票交易协调法》（第三百六十一章）第四十二（2）节中规定，除交易公司外，任何人不得：

(一）取得或使用“股票交易所”或“联合交易所”或“联合股票交易所”或“联营股票交易所”；

(二）取得或使用，或在任何地方显示任何与（一）段中所指类似的名称，或其他出于欺诈目的使用的类似名称；

二、任何人在与（1）中规定抵触时，均被认为触犯本法，并可被判处100000元的罚款，如不悔改，可在其继续犯法期间对其处以每月5000元的罚款。

第二十二条　交易者不得在香港联合交易所以外的股票市场交易。

任何有意在香港联合交易所以外的股票市场交易的交易者，均被认为触犯法律，并在可针对其每笔买卖处以50000元的罚款。

第二十三条　进入权和搜查权

一、在没有搜查令的情况下，任何被授权官员可在其他必要官员协助下：

(一）进入并搜查任何其有理由怀疑违反三节第二十或二十二条规定的地方；

(二）转移和扣押任何违法证券。

二、在执行（1）中授与的权力时，该官员可：

(一）在实施进入被怀疑住宅时，强行打破内外各层大门；

(二）可强行带走任何妨碍其执行公务的人员或物体；

(三）在搜查之前，拘捕任何被怀疑地点内的人员。

三、本节中“被授权官员”指委员会授权官员或任何职位不低于“督察”的警务人员。

四、《刑事诉讼法》中第一百零二节的规定（同违法有关财产的处置）同样也适用于委员会在本节中所控制的财产，其效力适用于同警方所掌握的财产时相同。

第二十四条　封闭权

一、在任何人被指控违反第二十节规定时，法官可就委员会申请或代表委员会，命令封闭和监视被指控经营证券交易的地点，直到案件开庭并定案。

二、任何不服（1）中命令的有关人员向法官申请解除该命令，在接受申请中，法官可驳回该申请也可命令取消封闭。

三、除非委员会在开庭前24小时已接到申请书副本，否则该申请不得开庭审理。

四、在被宣判触犯了第20节规定之后，法庭可将经营股市的地点封闭视情况而定，不超过3个月的时间。

五、在（1）或（4）中命令已下达之后，任何授权官员可采取为确保有关地点被封闭和一切步骤。

六、在（1）或（4）中命令生效期间，任何人未经委员会允许进入或试图进入被封闭地点，均触犯法律并受到50000元的罚款。

七、在本节中，“授权官员”指委员会授权官员或任何警方官员。

第二十五条　（1985/58S.42已被取消）

第二十六条　因不法行为而暂停交易权

一、委员会可以：

(一）依照《股票交易协调法》第36节具体规定；

(二）作为依照该法收回对交易所公司的承认的替代手段；

命令香港联合交易所的交易场关闭并停止所有交易业务，直到委员会收回封闭令。

二、(1989/10S.65已被取消)

三、委员会至少应提前14天以书面形式通知交易所公司其发布(1)中命令的计划，并在通知中具体指明理由。

四、在(1)中的命令生效期间，在《股票交易协调法》第三节中所作出的对交易所公司的承认应视为已被撤销，在执行第二十、二十一的二十二节的规定。

五、当(1)中规定的命令生效期间，任何授权官员可采取必要的一切措施保证有关宅屋被封闭。

六、未经授权官员许可，任何进入或企图进入封闭地点的人均被视为违法，并可被判处50000元的罚款。

七、不论是否有针对该决定的上诉，一个决定一次发布，立即生效。

八、在本节中“授权官员”指委员会授权的官员或任何警方官员。

第二十七条　委员会可在紧急情况下命令关闭香港联合交易所

一、在不与第26节中规定的委员会的权力发生冲突的情况下，委员会可在同交易公司协商后，命令香港联合交易所停止证券交易业务，但时间不得超过55个银行营业日。

二、委员会可在其认为由于下述原因，香港联合交易所的正常交易秩序被或将被破坏时，下达(1)中规定的命令：

(一)在香港发生紧急情况或自然灾害；

(二)香港或其它任何地方存在或财政危机或其他任何正在或将要破坏香港联合交易所正常秩序的情况。

三、(1)中规定的命令可被延长，但不得超过10个银行营业日。

四、任何交易者如在(1)或(3)中命令生效期间，从事在香港联合交易所上市的证券的交易将被认为触犯法律，并可被判处50000元的罚款。

五、(1)和(3)中的命令一经做出，委员会可采取一切必要的步骤在保证命令得到执行，在特定情况下，可对香港联合交易所加锁并加以监护。

六、未经委员会授权，任何人进入或试图进入依照(5)中规定已被加锁的香港联合交易所将被认为违法，并可处以20000元的罚款。

第二十八条　指示和命令在公告上的发布

当委员会依照第二十六(1)节、二十七(1)或(3)节决定并发表时，指示和命令须在公告上发表。

第二十九条　不服命令的上诉

一、委员会依照第二十六(1)节发布了命令后，在发表于公告之后十四天内，不服的交易所公司可向理事会理事长提出上诉。但即使在上诉已经进行的情况下，该决定仍然具有效力。

二、在考虑过(1)中上诉之后，理事会理事长可以维持、推翻或修改委员会的决定。理事会理事长的决定是最后决定。

第三十条(已被取消)

第四章

(已被取消)

第五章

第三十八条至第四十六条　(已被取消)

第六章　交易者、投资公司以及代表的登记

第四十七条　第六部分适用范围

一、除非另有具体规定，本部分不适用于豁免交易者或豁免投资顾问、或豁免交易者以及豁免投资顾问的代表，但：

(一)依照第六十一节，对于从事依照本节登记的投资顾问业的豁免交易者，将不予豁免；

(二)依照第六十节，对于从事依照本节登记的证券交易业的豁免投资顾问，将不予豁免；

二、当某人因没有登记成为交易者、交易者代表、投资顾问或投资顾问代表而将受到惩罚时，他可以免受惩罚——

(一)直到其开始从业后，立即算起的3个月期间已经结束；

(二)在该期间结束前，该人已提出登记申请直到：

(1)他已获取登记；

(2)他的申请被驳回。

第四十八条　登记成为交易者

一、除非已依照本部分法律进行了登记，所有人(不论为个体或集体，或合伙企业成员或某集体的董事)不得在香港从事证券交易，或以从事证券交易者的身份出现。

(一A)除非至少有一个董事(在只有一个董事时即为该主任)，积极参与或对证券交易业务直接负责并已依照本部分规定登记成为交易者，否则一股份有限公司不得在香港从事证券交易，或以证券交易公司名义出现。

二、任何人有意识地违反(1)或(1A)的规定，将被认为违法并被判处50000元的罚款，如果续犯，可在其续犯期间内，处以每月500元的追加罚款。

第四十九条　登记成为投资顾问

一、除非已按照本部分法律进行了登记，所有人(不论为个体或集体或合伙企业成员或集体的主任)不得在香港从事投资顾问行业，或以投资顾问的身份出现。

(一)除非至少有一个董事(在只有一个董事时即为该主任)积极参与或对公司投资顾问业务直接负责并已依照本部分法律登记成为投资顾问，否则一股份有限公司不得在香港从事投资顾问业务或以投资顾问公司的名义出现。

二、任何有意识违反(1)和(1A)的人将被视为触犯法律，并可被判处200元至20000元的罚款。如仍不悔改，在其续犯期间可对其处以每月200元的罚款。

第四十九A条　登记成为交易合伙公司

一、关于交易者

(一)除非交易合伙公司已依照本法规定登记成为合法交易合伙公司，否则任何交易者不得成为该交易合伙公司的一员在香港从事证券交易，或以从事证券交易者的身份出现；

(二)身在某已依法登记的交易合伙公司合伙人的情况下，以该交易合伙公司成员以外的名义在香港从事证券交易，或以从事证券交易者的身份出现。

二、任何有意识违反(1)的人将被视为触犯法律，并可被判处50000元的罚款，如仍不悔改在其续犯期间可对其处以每月500元的罚款。

第四十九B条　登记成为投资顾问合伙公司

一、关于投资顾问

(一)除非投资顾问合伙公司已依照本法登记成为合法投资顾问公司，否则任何投资顾问不得成为该投资顾问合伙公司的一员在香港从事投资顾问业，或以从事投资顾问业者的身份出现；

(二)在身为某已依法登记的投资顾问合伙公司人的情况下，以该投资顾问合伙公司成员以外的名义在香港从事投资顾问业，或以从事投资顾问业者的身份出现。

二、任何有意识地违反(1)的人将被视为触犯法律，并可被判处20000元的罚款，如仍不悔改，在其续犯期间可对其处以每月200元罚款。

第四十九C条　只代表注册交易股份有限的公司交易主任

一、除非代表以下各方，股份有限公司的注册交易主任不得在香港从事证券交易：

(一)其所属股份有限公司；

(二)其所属股份有限公司所属的已注册的交易合伙公司；

(三)其所属的另一家股份有限公司，他在该公司中也必须是注册

交易者。

二、任何有意识地违反（1）的人将被视为触犯法律，并可被判处50000元的罚款，如仍不悔改，在其续犯期间可对其处以每月500元的罚款。

第四十九D条 身为注册投资顾问并且只代表股份有限公司从事投资顾问的董事

一、下述两种情况的从属于某股份有限公司的投资顾问

（一）积极参与，或直接对该公司的投资顾问业负有督导责任，并且

（二）是注册投资顾问的

除非代表下面的团体，否则不得在香港从事投资顾问业：

1、所属股份有限公司；

2、其所属股份有限公司所属的已注册的投资顾问合伙公司；

3、其所属的另一家股份有限公司，他在该公司中也必须是注册投资顾问。

二、任何有意识地违反（1）的人将被视为触犯法律，并可被判处20000元的罚款。如仍不悔改，在其续犯期间可对其处以每日200元的罚款。

第五十条 登记成为代表

一、任何人不得：

（一）在未按本法登记的情况下，在香港充当交易者代表。

（二）在未按本法登记的情况下，在香港充当投资代表。

（一A）任何注册交易者，注册投资顾问，任何股份有限公司，合伙企业依照本法规定均不得登记成为交易者代表或投资代表。

（一B）交易者代表或投资代表均应进行登记注册，成为一名指明注册交易者或注册投资顾问的代表。

（一C）交易者代表或投资代表不得代表（1B）中登记时指明的交易者或投资顾问以外的人员。

二、任何有意识地违反（1）的人将被视为触犯法律，并可被判处10000元的罚款。如仍不悔改，在其续犯期间可对其处以每日100元的罚款。

第五十A条 可注册成为交易合伙公司或投资顾问合伙公司的合伙公司的合伙企业

一、除非是以下情况，合伙公司不得登记成为交易合伙公司或延长其作为交易合伙公司的资格。

（一）是有限合伙，并且所有合伙人均为注册交易者；

（二）是无限合伙，并且所有无限合伙人均为注册交易者。

二、除非是以下情况，合伙公司不得登记成为投资顾问合伙公司或延长其作为投资顾问合伙公司的资格。

（一）是无限合伙，并且所有合伙人均为注册投资公司；

（二）是有限合伙，并且所有无限合伙人均为注册交易人。

第五十一条 授与注册登记证明

一、依照本段条文以及第六部分第一段和第（5）段的规定，委员会可应申请人请求，以规定的方式在收取规定的费用之后，授与申请人——

（一）允许其成为证券交易者从事证券交易业的注册证明；

（二）允许其成为证券交易者代表从事证券交易业的注册证明；

（三）允许其成为投资顾问从事投资顾问业的注册证明；

（四）允许其成为投资顾问的代表。

（一A）依照条文50A以及53和（5)，委员会可应申请人请求，以规定的方式在收取规定的费用之后，授与申请合伙企业：

（一）组成合伙公司从事证券交易的权利；

（二）组成合伙公司从事投资顾问业的权利。

二、注册证书的有关事项必须依照委员会认为必须的条件进行。

三、在授与交易者或投资顾问的允许其从事证券交易或投资顾问业的注册证书中，必须具体说明被授与人的姓名。

四、授与申请人的注册证书中将不允许持证人以证书注明的姓名以外的姓名从业。

五、本条文依照《证券及期货代理法》第23、25、27（1）（b）节的规定并生效。

第五十一A条（已被取消）

第五十二条 注册成为交易者所需保证金

一、依照条款（6）的规定，除非申请人已按规定向委员会交纳保证金，否则将不能获准登记成为交易者。

（一A）依照条款（6）的规定，在申请人是股份有限公司的情况下，除非该公司已为其属下所有积极参与并对该公司在香港的证券交易业务负有直接责任的董事向委员会交纳了规定的保证金，否则将不能获准登记成为交易者。

二、

（一）不论是个人或合伙公司成员，交易者如果破产，委员会将把保证金付与其信托人；

（二）在交易者是股份有限公司的情况下，如该公司已被法庭命令结业，则委员会将把保证金付与其清算人；

（三）在交易者的注册证明被收回，在交易者或其雇员（在交易者是股份有限公司时，其合伙成员或其董事或职员）被发现在其客户的金钱、证券方面有违反投资信托规定，或有毁损、贪污、滥用职权等行为时，委员会可全部或部分没收其注册保证金。

三、在交易者破产，其保证金付与其信托人或根据（2）（a）或（b）付与清算人时，付出的数额将依照本法的规定，根据信托人或清算者的申请而定。

四、在保证金被依照（2）（c）的规定全部或部分没收的情况下，没收的金额，将由委员会依照本法的规定而定。

五、除非本法另有规定，或属于本条中支付所需，任何人不得抽出或转移本节所规定的保证金。

六、下述人员可免于交纳本节所要求的保证金。

（一）交易公司的一名成员；

（二）一家是交易公司成员的股份有限公司的交易主任，但在其同时又是另一家不是交易公司成员的股份有限公司的注册交易者时，仍需交纳保证金；

（三）不是交易公司成员的股份有限公司，如果其所属每一名交易主任都已按规定要求交纳了保证金，可以不再交纳；

（四）任何符合按照规定可以免交的情况的交易者。

七、委员会应在持照银行开立一个或一个以上的帐户，并将其收到的所有交易人按照本节规定交纳的保证金存入该帐户；委员会可自行确定应继续保留在该帐户的金额比例，使其是以偿付本节中（2）所指的支付要求，或其他按规定应付的款项。

八、在确定了（7）中规定所需保留的比例后，委员会可将其余额以任何其认为适当的方式进行投资。

（八A）任何有关（8）中所指投资的资料，可存放于委员会办公室中或存放在持照银行进行安全保管。

九、当委员会已按照（8）的规定将余额进行了投资之后，应在一个财政年度结束之后尽早在公告上公布——

（一）该财政年度应对每笔按规定存入的保证金所经收的管理费用；

（二）指明付给利息的方式和利润；

（三）指出委员会管理本节规定中交纳的保证金，所应征收的管理费用。

十、在（9）中所指的公告公布之后，委员会应尽可能早地向每位交纳了保证金的人士，或该人的合法权代理人或其私人代表发放扣除了应征收的管理费用以后的应付的该财政年度的利息。

十一、在其保证金没有被没收或不会即将按规定被没收的情况下，

任何存入保证金的交易者在停业从业时，可向委员会退还其保证金。

十二、在提出（11）中规定的申请时，申请人应该：

（一）以委员会满意的方式提出声明，指出：

1、他本人不知道任何已提出或被授权提出从保证金中得到赔偿的人；

2、在他本人不是保证金的交纳人时，应说明他已被授于代领的权利，并说明获得这种权利的条件。

（二）向委员会提出足够的资料，可以以其满意的方式在香港的英文或中文报纸上各刊登一次启事。

十三、委员会在手续完备之后即应向申请人退还保证金。

第五十二A条　五十二中规定存入保证金的帐目

一、委员会应对所有依照第五十二节规定收取的保证金保留适当的帐目，并在每一财政年度开始前和结束后，编制收入和支出帐目，以及该财政年度最后一天的资金平衡表。

二、委员会应任命一名审计师专职审计（1）中规定的帐目，并就每一份（1）中规定的资金平衡表以及收入及支出帐目进行审计，并编制报告上交委员会。

三（已被取消）

第五十三条　拒绝登记

一、在下述情况下，委员会可拒绝一名申请人的登记：

（一）申请人是个体时，可由于下列原因不予登记：

1、申请人未能按照本法的规定，向委员会提供相应的说明该人或其雇佣人员或其相关人员情况的资料，以及会影响其从业方式的情况；

2、申请人正依照《精神健康法》在精神医院接受监护，或正患有或显得正患有该法所定义下的精神错乱；

3、申请人正处于尚未结束的破产状况下，或已按照《破产法》3（1）规定宣布破产或已与债权人达成妥协安排；

4、申请人没有《证券及期货代理法》第二十八节中在登记时仍有效的，并适用于申请人，申请获准后情况的规定中所要求的，从事其所登记行业的财力；

5、申请人未能按照《证券及期货交易法》第二十七节规定注明营业地址，该营业地址将存放所有的有关其申请从事的行业的行业资料。这种营业地址按照委员会的判断，不得属于《证券及期货交易法》第三十节中不适合充当营业地址的情况；

6、申请人不足21岁。

（二）在申请人是股份有限公司的情况下，可由于下列原因不予登记：

1、申请公司未能按照本法的规定，向委员会提供相应的说明该公司或其雇佣人员或其相关人员情况的资料，以及会影响其从业方式的情况；

2、其属下任何董事正依照《精神健康法》被监护或属于该法第二节中定义的病人；

3、申请公司的董事正处于尚未结束的破产状态下，或已按照《破产法》第三（1）节的规定宣布破产或已与债权人达成妥协安排；

（3a）当申请公司申请登记或成为交易者时，该公司没有董事注册成为交易者，或按照委员会的判断，该公司不会有董事注册成为交易者，当申请公司申请登记成为投资顾问公司时，该公司没有董事注册为投资顾问，或按照委员会的判断该公司不会有董事注册成为交易者；

4、申请公司没有《证券及期货代理法》第二十九节中登记时仍有效的，并适用于申请人申请获准后情况的规定中所要求的从事其所登记行业的财力；

5、申请公司未能按照《证券及期货交易法》第二十七节规定注明营业地址，该营业地址将存放所有有关申请从事的行业的营业资料。这种营业地址按照委员会的判断，不得属于《证券及期货交易法》第三十节中不适合充当营业地址的情况。

（三）在申请人是合伙公司的情况下，可由于下列原因不予登记：

1、(a)（b）中指出的任何原因适用于该合伙公司中的任何一个合伙人。在本条运用中，将把每一合伙人视为一名申请人：

申请人没有《证券及期货代理法》第二十八节中在登记时仍有效的，并适用于申请人申请获准后情况的规定中所要求的从事其所登记行业的财力；

2、申请人未能按照《证券及期货交易法》第二十七节规定注明营业地址，该营业地址将存放所有有关申请从事的行业的营业资料。这种营业地址按照委员会的判断，不得属于《证券及期货交易法》第三十节中不适合充当营业地址的情况。

二、委员会不得在尚未给予申请人申辨机会的情况下就拒绝其登记申请。

三、委员会在拒绝申请人登记申请后，应将情况书面通知申请人，并陈述拒绝原因。

第五十三A条　登记证明所需条件的修改

在不影响五十一（a）的广泛适用性的情况下，委员会可在适行时以书面通知的形式向登记证明持有者提出该委员会认为正当的附加条件，或在必要时，修改或取消证书当时所需的条件。

第五十四条（已被取消）

第五十四A条　合伙公司注册登记的承认

一、（一）在任何注册的交易合伙企业或注册投资顾问合伙企业中：

1、任何合伙人认定退出合伙企业或有新的合伙人被接受加入合伙企业时；

2、根据第五十五或五十六节规定，是注册交易者或注册投资顾问的合伙人的登记资格被撤销时；

3、任何合伙人死亡、被开除、破产时，或股份有限公司被清算或被勒令停业时。

（二）任何注册交易合伙公司或注册投资顾问合伙公司被法庭勒令解散时，前任合伙人或留任合伙人如欲继续维持合伙从事证券交易，或从事投资顾问业，必须向委员会以书面形式通知其意图。在新合伙人被接受加入合伙公司时，以前的合伙人应同新合伙人一起通知委员会。

二、在（1）中所指的通知发出之后，除非委员会另有书面指示，该类新组成的从事证券交易或从事投资顾问业的合伙公司应被认为已注册登记，但如果合伙人没有向委员会发出此类通知，则该类合伙公司不应被认为已经注册登记。

三、委员会在指示中可准许想继续经营或新组成的合伙公司在委员会认为适当的条件下继续从业。在不同上文的总本原则相冲突的情况下，这些条件可要求该继续经营或新组成的合伙公司在一定时间之内，依照本法进行登记，或者重新提出登记申请。没有按时提出申请或申请未获批准的合伙公司，将不被认为已经登记注册。

四、（1）中所指的合伙公司发出的通知中如果已经陈述了第六十三节所要求的所有事实，则应被视为合格的通知。

第五十五条　在特定情况下撤消或暂停注册资格

一、在注册登记人属于以下情况时，其注册登记应视为已被取消

（一）是个体并且已经死亡；

（二）是股份有限公司或合伙公司，并已依照五十四A的规定予解散。

二、在以下情况时，如委员会认为适当可在一定时间内撤销或暂停注册人的注册登记资格。

（一）在注册人员是个体时，如该人——

1、正患有或有迹象患有《精神健康法》中定义的精神错乱；

2、已经按照《破产法》第三（1）节的规定宣告破产，或已与其债主达成某种妥协或计划安排；

3、不论在香港或港外，已被判定触犯法律，且判决中提及该人有贪污或欺诈的行为；

4、已被判定违反本法；

5、已停止在香港开业；

6、已经注册成为一名代表，在注册成功以后，其以前作为交易者或投资顾问的有关注册登记相应取消或暂停。

(二) 在注册人是股份有限公司时，如——

1、该公司已经被清算或被勒令停业；

2、该公司资产的接收人或管理人已被任命；

3、该公司已停止营业；

4、该公司应交的行政费用未如数上交；

5、该公司已与其债权人达成妥协或计划安排；

6、无论在香港或港外，该公司有董事已被判定触犯法律，且判决中提及该人有贪污或欺诈的行为；

7、该公司所有董事中有人违反本法；

8、依照本法必须进行登记的，如董事、秘书，及其他有关公司管理的人员的登记未获批准或已被撤销或暂停。

(下A) 委员会可在交易者或合伙公司不遵守第六十五B节的情况下：

(一) 撤销某位注册交易者或注册交易合伙公司的注册登记资格；

(二) 暂停某位注册交易者或注册交易合伙公司的注册登记资格一段时期，直到委员会另有决定做出。

三、委员会可应登记证书执有者的请求收回证书。

四、在委员会认为适当的时机下，可在任何时候恢复注册人的注册登记资格。

五、委员会任何撤消或暂停某注册人注册登记资格的决定都应以书面形式通知该人，并陈述所依据的理由。暂停或撤销在通知送达该人的当日立即生效，也可从通知中指明的晚于送达日的某日起生效。

第五十六条　委员会有关不法行为的权限

一、委员会可在任何时间对下述问题进行调查：

(一) 任何一名注册人员，不论其是个人还是股份有限公司、合伙公司、是否已经——

1、依照本法和《证券及期货代理法》的规定，要登记前或登记后向委员会提交了两部法令中任何一部所要求的与该人有关的情况，以及有可能会影响其从业方式的其他情况；

2、由于从业中不良表现被认定有违法行为；

3、有其他理由适合进行登记。

(二) 在登记者是股份有限公司的情况下，其属下任何董事、秘书或公司管理有关人员是否已经——

1、被认定有不法行为；

2、符合成为董事、秘书或和公司管理有关人员的条件。

二、在进行了此类针对登记人员的调查之后，委员会可自行决定：

(一) 取消该人登记资格；

(二) 将该人登记资格暂停委员会认为适当的时间，直到另有决定做出；

(三) 对登记者进行申诉，在登记者是股份有限公司时，可对其属下董事、秘书或和公司管理有关人员进行申诉。

三、委员会在给予登记申辨机会之前，不应实施 (2) 中规定的处罚。在登记者是股份有限公司的情况下，应在实施前给予于其所属董事、秘书或和公司管理有关的人申辨的机会。

四、委员会作出的任何 (2) 中所指的处罚决定，都应以书面形式通知被罚人，并应在通知中指明所依据的理由。

五、在本书中"不法行为"指：

(一) 未能遵守本法或《证券及期货代理法》所附加的有关交易者、投资顾问或代表规定和要求；

(二) 未能遵守有关登记证明的条件和要求；

(三) 从业的交易者，投资顾问或代表的任何不利于公众中投资者的有关行为。

第五十七条　撤销或暂停登记资格的生效

一、(已被取消)

二、出于下述目的，本法中的撤销或暂停可暂不执行：

(一) 不论登记资格被暂停或撤销的登记人在处罚前或处罚后促成了某项证券交易合约或安排，为使该合约或安排实施或取消，可暂不执行处罚；

(二) 完成由该合约而产生的各种权利、义务、债务等；

三、不论是登记成为交易者，投资顾问或代表，在被依照第五十五节 (2 (a) (V), (Vi), (b), (iii) 除外) 或第六十六节撤销登记未满至少12个月前，任何人不得依照本部分法令申请登记。

四、依照第五十五或五十六节取消或暂停了任何人的注册资格或依照第五十六节施加了其他处罚之后，委员会应将撤销、暂停或其他处罚以书面形式通知被罚人，并应在通知中说明处罚原因。

第五十八条至第五十九条　(已被取消)

第六十条　豁免交易者

一、在某人所从事的行业满足下列要求的情况下，委员会可宣布任何人为本法中所指的豁免交易者。

(一) 该人所从事行业主要是下述一项或两项业务：

1、从事除证券交易业务以外的业务；

2、以本节 (2) 中所指的一种或一种以上方式从事证券交易。

(二) 其在香港的证券交易业务的主要部分除了以 (2) 中所规定的方式外，主要是通过下述人员完成——

1、注册交易人

2、豁免交易人

3、港外的某证券交易所的成员

二、在本节 (1) 中所提到的从事证券交易的方式指——

(一) 公布被认为或会被认为是符合《公司法》定义的招股书的材料，或公布委员会授权成立的共同基金公司或互惠投资公司所发行并得到委员会同意的招股书；

(二) 与某人达成协定由该人包销证券，或提出达成该种协定的要求；

(三) 邀请某人订购或购买发行的证券；

(四) 邀请某人订购或购买港府或港外任何国家或地区的政府证券；

(五) 由某位业务中包括以业主身份获得、抛出或持有证券的人士完成任何交易。

三、(已被取消)

四、在不歧视第 (1) 条规定上，委员会可以公布申请——

(一) 所有持照银行；

(二) 所有信托公司第八部分注册的信托公司；或

(三) 所有属于法人或从事一种商业 (此商业依本段制定的规则中规定的) 的人，依本法成为例外经纪人。

五、委员会可随时撤销依本节制定申明。

六、委员会每年至少可在公报中公布所有例外经纪人的姓名与地点一次。

第六十一条　例外投资顾问

一、委员会可依本法宣布任何人为例外投资顾问，只要已证明此人所经营的企业符合如下规定，即——

(一) 投资咨询主要是提供给那些从事购置或卖，或持有证券等活动的人或

(二) 投资咨询仅向港外人士提供

二、委员会可随时撤销第 (1) 段的申明。

第六十二条　有关歪曲申述以获得部分所述的注册证的行为

一、任何为取得本部分所述的登记证的人，不论是为自己或他人，而伪造申述，不论是手写或其他方式，只要在其重要细节中发现错误或

不实，都属犯罪，此人应对犯罪起诉负责，并被判2年监禁。

二、为解释第一条，“申述”应是——

(一) 如实的，无论过去或现在；或

(二) 关于未来事件的；或

(三) 关于现有目的、意见、信念、意识，或其它思想状况。

三、违犯本节内容而被判的罚款可在惩罚执行后的六个月内任何时候收齐。

第六十三条　有关非代表的注册人所需提供的

一、每一位非代表的注册人应在注册证生效时立即向委员会书面执行可能发生的变化——

(一) 要香港开办的从事证券交易或投资咨询（视具体情况而定）的企业的地址；或

(二) 在提供的申请注册证更换注册证的资料或与此有关的资料中，由规则规定的资料。

二、每位非代表的注册会员应在停止在本港作为交易者或投资顾问时，书面通知委员会。

三、如果，当公司的交易人或投资顾问注册时，任何人成为或退出公司主任，公司应在此事发生七天内，将此人的姓名与地址及其国籍或其无国籍的事实书面报告给委员会。

四、如果，当个人的交易代表或投资代表注册时，此人离开或加入此行或成为或退出任何交易人或投资顾问的经纪人时，此人及交易人或投资顾问（视具体情况而定），应在事发七天内将事实及交易或投资顾问的姓名与地址书面告知委员会。

(四A)(一) 所有注册交易合伙或注册投资顾问合伙中——

1、任何合伙人退出合伙或进一步合伙人被获准加入合法；或

2、任何合伙人死亡或破产，或进行清理，或被勒令停止；或

(二) 一切注册交易合伙或注册投资顾问合伙被理事会勒令解散时，此事发生前的合伙人，及已故合伙人的法人代表，应立即将事实书面报告理事会。

五、任何人，若无适当理由，而违反本节规定被判罚且有责任承担2000元的罚金。

第六十四条　存放交易人登记簿等资料的委员会

一、此委员会应在其办公室设立并保持——

(一) 载有所有注册交易人姓名及按规定记录有关注册交易人情况的交易人登记簿；

(二) 载有所有注册投资顾问姓名及按规定记录有关注册投资顾问情况的投资顾问登记簿；

(三) 载有所有注册交易人代表姓名及其它规定记录事项的交易人代表登记簿；

(四) 载有所有注册交易人代表姓名及其它规定记录事项的投资代表登记簿；

(五) 载有每位合伙人姓名及规定记录的相关事项的交易合伙登记簿；

(六) 载有每位合伙人姓名及规定记录的相关事项的投资顾问合伙登记簿。

二、本节所提及的登记簿及注册后或重新注册后（视具体情况而定），所有依本部分提出的注册或重新注册的申请，在规定的时间及条例规定的费用支出时，应公开接受会员的检查。

三、一切有关提出或记入本节所指的登记簿的，且要由委员会授予官员书面证明的副本，可作为符合本法或其他法律规定的程序的证据。

第六十五条　注册交易人等人姓名的印发

一、委员会应在适当时候以适当形式将所有依本部分注册的人员名单、地址及以下内容公布于公报上：

(一) 有关所有自然人名义及有关每位以自然人注册的无限合伙人有关的自然人为自然人的事实，其国籍或可能无国籍的情况；

(二) 有关每位已注册的无限合伙人的姓名与地址；和

(三) 有关所有注册公司，此公司所在国家或依哪国法律组建的公司。

二、第一条所要求的资料至少每年公布一次。

三、若委员会平时修改依本部分归其保管的登记簿，若增加或除去任何人，它应在修改后一个月内将修改事项公布于公告中。

第六A章　有关交易人的特别规定

第六十五A条　以交易人身份注册的资格

一、任何人都不能以交易人注册、除非他能证明——

(一) 他有足够的资格或经历从事证券交易；

(二)（已被取消）；

(三) 他能遵守第六十五节B款的规定。

二、任何人，除非具备如下条件，都不得被视如第（1）(a) 所述的足够资格或经历——

(一) 不少于三年的证券交易经历——

1、在香港；或

2、在委员会根据本段公布于公告中的认可的其它证券交易市场；或

(二) 通过委员会根据本段公布于公告中的认可的考试。

三、任何公司，除非具备以下条件，都不得以交易人注册——

(一) 它是——

1、已注册公司；或

2、依公司法第32章第六部分建立，且符合该法有关单证注册部分规定的海外公司；

(二) 将成为交易主任的人是已注册交易人；或

(三) 它能符合第六十五节B款的要求。

四、任何合伙都不得以交易合法注册，除非——

(一) 在无限合伙中的所有合伙人；或

(二) 在有限合伙中的所有无限合伙人，能符合第六十五节B款的要求。

第六十五B条　有关交易人资本的要求

一、注册交易人应在其作为交易人的企业里提供且始终保持——

(一) 若为公司，则为不少于5000000港元净资本；或

(二) 据第（2）条，其它情况就应为不少于1000000港元的净资本。

二、注册交易合伙应在其作为交易人的公司提供且始终保持总计净资产，不少于——

(一) 每份公司合伙人5000000港元，且

(二) 其他所有合伙人每人1000000港元，在以上两种情况的任何一种中，本法都要求合伙人为注册的交易人。

三、注册交易人或交易合伙应始终在其作为交易人的企业里保持(1) 及 (2) 中规定的不少于最小净资本需要量10%的流动幅度。

四、本节规定不适用作为交易董事的注册交易人。

五、董事会主管人员可通过公报所改本节所规定的所有金额或百分比。

六、本节中——

“核定资产”及“等级负债”专指要委员会规定于公告中的资产及等级负债；

“流动资产”指委员会核定于公告中的流动资产；

“流动幅度”指流动资产大于等级负债的部分；

“净资本”指核定资产超过等级负债的部分。

七、在第六条，委员会规定的所有作为核定资产或流动资产的资产中，它还有权规定在计算资本或流动性幅度（视情况而定）时可能被考虑到的资产价值百分比，或这些资产包括的最小净资本或流动资产的百分比。

八、委员会可以放弃或改变本节中有关注册交易合伙的要求。

第六十五C条　不遵守第六十五B节

一、若注册交易人意识到他本身或他作为交易合法人的已注册交易合伙无力遵守第六十五节款的规定，他应立即

(一) 将此通知委员会；且

(二) 停止证券交易且停止其作为交易合伙人的交易合伙的证券交易。

二、在委员会意识到注册交易人或合作公司无力符合第六十五节B款规定时，它可，不论是否已按第一点得到通知——

(一) 在考虑第五十五节的事项或第九十节委任的审计师报告后中止注册交易人或交易合伙的注册；

(二) 允许注册交易人或交易合法继续经营证券交易，但要强加一些它认为合适的附加条件。

三、任何人只要经正当的调查意识到无力交付且若此人为公司时，该公司任何交易董事意识到将无力支付，则此人都应被视为意识到第(1)条所述的无力支付。

四、任何人若违反第(1)条规定或无法与委员会依第(2)(6)条所定的情况相符，都被视为犯法，且接受25000港元的罚金；且若再继续违法，将每日加约250港元罚金。

第六十五D条　帐号、帐户及记录

一、为了确定一注册交易人或交易合伙是否符合第六十五节B款的条件，委员会及所有经委员会书面授权代表委员会的人员，依第九十五节(1)款，有权审计。

二、根据第九十五节(3)款，委员会依或委员会授权人依授予它或他的权利所提出的有关第(1)条的要求，后被视为第九十五节(1)款所做：要求相同。

第七章　记录

第六十六条　第七部分的申请书

一、本部分适用于如下情况或与如下情况有关的情况——

(一) 任何

1、交易人

2、交易人代表

3、投资顾问；或

4、投资代表；且

(二) 在联合交易所上市的证券及所有其他据本条规定的等级证券。

二、理事会主管人员可以命令的形式运用本部分的任何规定，并加上他认为合适的修改与补充规定，管理经济记者。

三、在第(2)条中，经济记者指在任职或工作期间，在报纸、杂志、日报或其他期刊中提出有关证券的建议的人。

第六十七条　保管证券登记簿的专门人员

一、本部分所指的人员应保管与他利益有关的证券及有关经委员会同意取得或处理证券的事项的登记簿。

二、与本部分所指人员利益相关的证券的有关事项及其利益的事项应在其意识到获得利益或本节开始生效后相对晚的一个时间起的14日之内入登记簿。

三、当本部分所指人员在证券中的利益发生变化(非规则规定的变化)，他应在意识到变化后的14天之内，将变化的所有事项包括变化发生时间及变化发生的背景写入登记簿。

四、在本节中，在任何人获得或处理证券时，总应认为此人的利益发生了变化。

(四A) 在本节所指人员是注册交易合伙的注册交易人或注册投资合伙的注册投资合伙人时，如果依本节要求保存的有关所有属于注册交易人或注册投资顾问情况的登记簿由合伙企业保管，则应符合本节规定。

五、凡违反本节规定者应被判罪且接受5000港元的罚金。

第六十八条　呈交委员会的有关通知

一、本部分所指人员应将其存放或打算存放与其利益有关的证券登记簿的地点书面告知委员会。

若这些人员是作为注册交易合伙企业合作人的注册交易人或注册投资顾问合伙的一个注册投资顾问，这类通知可由合伙企业或可为代表的其他合伙人提供，且如果合伙企业或合伙人完成这一行为，这类通知在本节中应被视为已由上述人员提供。

二、第(1)条中的通知应在如下情况时提供：

(一) 若此人是本节开始生效时所运用的人员，在开始日算起的一个月内；或

(二) 在其他情况，依本法作为个人注册申请的一部分时。

三、第(2)条(a)段所指的通知应在该段所假设的情况下提供，不论此人是否已在该段所指的时间内变为不属于本部分的适用的人员。

四、本部分所适用的人员应将与他利益有关的证券的登记簿存放在依第(1)条所提及的通知规定的地点，除非他又以规则要求格式交给委员会一份大意为登记簿被保存在其他指定地点，通知，此种情况下，他可将登记簿保存于——

(一) 仅有的第二份通知中的所指定的地点；或

(二) 在几次通知中的最后一次通知中所指定的地点。

五、已不属本部分所适用的人员应按规则规定的格式，将此事实于此事发生后14天之内通知委员会。

六、任何违反本节规定者均应判罪并罚以2000港元罚金。

第六十九条　辩护

一、被控为违反第六十七节(5)款或六十八节(6)款者如能证明违反行为是因其不明确完成此种行为的发行必然构成犯罪，则可进行辩护。

二、在本部分中，任何人若没有相反的证据，都应被认为在事发时已意识到作为对其雇主或委托人的相关证券利益负有责任的雇员或经纪人已意识到的情况。

第七十条　委员会要求提供资料的权利

委员会要求本部分所指的人员提供按第六十七节规定保存的登记簿的检查，且委员会有权复制或抽出登记簿的有关内容。

第七十一条　委员会提供登记簿的权利

委员会可向总律师提供登记簿的复本，或节选的复本，总律师若有理由认为任何人已违犯本法，可将复本交给他认为可调查此事的人员或犯法的会员的律师。

第八章　证券交易

第七十二条　交易人报价

一、交易人不得发出报价的获得或处置公司证券除非——

(一) 此报价

1、用中文或英文书写；或

2、若以口头传达，应以中文或英文书写下来，且在二十四小时以内交给卖主；且

(二) 报价

1、应阐明报价人姓名与地址，若任何人代表报价人报价，则其姓名及地址也应在此注明。

2、包括借以分辨有关证券的内容的说明。

3、阐明报价术语(包括依报价可能要支付购买证券的金额时用到的术语)

4、在证券转移前，证券分红已宣布或计算，或预计红利要宣布时，说明红利是否随证券转移。

5、阐明当他人接受报价时，报价人是否要因交易后买卖汇券通知而支付任何印花税。

6、记有报价发出日三天内的一个日期；

7、若报价关系到证券的获得，则应符合一览表1的要求。

8、若报价关系到证券的处置，则应符合一览表2的要求。

9、在与报价有关的专家的报告也列入报价时，应包含一个大意为此专家已允许列入声明，且在报价发出前未撤回上述允诺。

（三）报价包括（b）段所要求的事项的中文或英文译文，除非委员会事先已同意在任何特殊情况下此段免予执行。

二、包含第（1）条所牵涉到的单证，包括大意为由专家所写的报告的声明不得发出，除非此专家已在报价复本发出前允许按格式及内容附上声明的报价发出，且不收回此声明。

三、据第（5）条，任何交易人为获得或处置证券而报价时，若不符合第（1）条及第（2）条的规定，应以违法论处且罚以10000港元罚金。

四、在任何已接受为获得或处置本节所指证券的报价而报价人在重要事项上不符合第（1）及（2）条规定时，据确实为获益而购买证券的买主的权利，此人可在接受报价日十四天内的书面申明撤回对报价的接受。

五、在不违反第三节规定下，本节不适于

（一）一切将公司证券出售给已持有该公司证券者的报价；

（二）在此报价是发给已在报价日算起的3年内与交易人已进行过3次以上证券买卖者的情况下的一切交易人报价。

（三）一切发给下列几种人的报价：

1、其企业经营购买、处置或持有证券的人；或

2、律师或专职会计师；或

3、一切属于根据本段制定的规则中规定的那些人，或

（四）一切由证券经纪人按联合交易所通常的交易程序发出的报价。

六、交易人发出请求某人购买或处置其手中某公司证券的征求书时，另据本节——

（一）此征求书应被视为报价；且

（二）以请求人用为回复所制订的购买或处置证券；报价应被视为此人接受购买或处置（视具体情况而定）报价的行为。

且本节所指的“接受”在此相应解释。

七、为购买或处置待购买或处置的证券或证券利息的权利的报价应被视为取得或处置证券的报价；所指的持有证券者应包括有权取得证券或证券利息者。

八、在本节中，“专家”包括工程师、估价人、专职会计师、律师，以及其他一切有权作出声明的人。

九、在本节中，出于完全或部分考虑为获得其他证券而购买或处置证券的报价，即被视为获得证券报价，又被视为处置证券的报价。

第七十三条　注册交易人拜访

一、根据第（3）条交易人不论在任何人住处或工作地或其他地方拜访任何人后，都不得参与出售证券的合同，除非他

（一）应对方邀请拜访，且

（二）在订合同前将包含所有若合同依第七十二节成为报价时他本应交给对方的资料的书面申明交给对方。

二、任何违反第（1）条规定交易人应被判为违法且接受10000港元罚金及两年监禁。

三、第（2）条不适用于——

（一）任何与已持该公司证券者所在的出纳公司证券的合同

（二）任何已与交易人在合同日起前三年中进行过三次以上买卖证券交易的合同；或

（三）任何与下列几类人所订立的合同

1、其企业经营购买、处置或把持证券的人。

2、律师或专职会计师

3、其他一切属于本段制定的规则中提及的人。

四、在出售证券的合同中有违反第（1）条之处，买者可根据任何为获利而购买证券的诚善购买者的权利，在合同日起二十八日之内书面通知卖主撤销合同。

五、在本节中，所谓“拜访”包括上门拜访或以电话交谈。

第七十四条　有关证券消息的散布

一、据第（2）（3）条，任何人不论是为自己或他人，也无论是以约会或其他方式，交诸关于

（一）与任何人订立或表明有愿望订立

1、让对方购买某种证券的协定。

2、目的或自称目的在使对方通过购买某种证券或通过指明某种证券价值的变动买方获利的协定；或

（二）企图诱使其他任何人订立第（4）段（Ⅰ）条或（Ⅱ）条中所指的协定。

不论他以何种方式交谈。

二、第（1）条不适用于——

（一）一切符合下列条件的人

1、拜访对象为银行家、律师、专职会计师、注册或除外交易人，注册或除外投资顾问或注册交易人代表或注册投资顾问代表，且

2、无论作为委托人或代理人，他都与或欲与对方签定第（1）条中所指的协定，或试图说服对方订立此协定；或

（二）其他一切属于依本条例制定的规则中提及的那一类人。

三、本节规定一律不运用于已由委员会依本节允许的除外证券，条件是除外证券已被承认。

四、任何违反第（1）条规定者应视为违法且罚以5000港元罚金及两年监禁。

五、若在依第（4）条被判为违法的行为中，被告至少两次有（1）（a）或（b）中所述行为，则他直到出示相反证据前都应被视为已拜访。

第七十五条　买卖帐单的发放

一、每位交易人（包括除外交易人），在订立每一份香港的买卖或兑换证券的合同时（不论以委托人或经纪人身份），应在订立合同日的第二个交易日，按第（2）条及以下规定制定买卖帐单——

（一）若以经纪人身份订立此合同，则将买卖帐单交给他所代表订立合同的人；或

（二）若本人订立合同，则保留买卖帐单

二、由交易人按第（1）条制订的买卖帐单应包括——

（一）交易人姓名或交易企业各姓名及经营交易的主要地址；

（二）当交易人作为委托人时，应有对方申明；

（三）交易人应将买卖合同交给的对方（若有）的姓名；

（四）合同日期，及买卖帐单签发日期；

（五）将购买或处置证券的数量及有关说明。

（六）除兑换以外，出示证券单价；

（七）合同中应付补偿额，在兑换中足以分辨证券的有关要项；

（八）合同中应付佣金或佣金单（若有）；

（九）与合同及转让有关的应付印花税（若有）；

（十）结算日月期。

三、一切交易人（包括除外交易人）若不符合第（1）条而订立买卖或兑换证券的合同，应被视为违法且罚以5000港元罚金。

第七十六条　交易人不得涉及购股权远期交易

一、除非规则中规定，交易人（包括除外交易人）不得在香港从事或准备从事

（一）任何交易人已将购股权授予他人使其得以与交易人买卖上市于本交易所的证券的交易；

（二）在交易生效日的第二个交易日后才完成的交易。

二、凡违反第（1）条的交易人，依第（3）条，都应被视作违法且罚以5000港元罚金。

三、对于上述第（1）条（6）提及的交易，被告人可以通过证明他在（1）（b）中允许的期限内是采取合理及切实可行的步骤完成交易来

为其违法行为辩护；

四、已生效合同若违反第（1）条规定，交易人或合同另一方都不得实行。

第七十七条　交易人将有交资料等提供给客户

一、在第（2）条中，每位交易人（包括除外交易人）在由他所代表进行证券交易的人的要求下——

（一）应提供有关合同的买卖帐单复本及其与交易人对此交易所做帐目的复本；且

（二）若委员会接受此人申请，在交易人正常营业时间的适当时期，证明他对交易人的买卖帐单复本及帐目复本的有效性。

二、第（1）条并不要求交易人（包括除外交易人）

（一）提供或据以审查提出申请日前交易已超过两年的有关交易的一切买卖帐单复本，或

（二）提供或据以审查一些申请日前已超过六年的有关交易的一切帐目的复本。

三、所有这些交易人可对依第（1）条提供的单证复本征收不超过规则中规定的费用。

四、凡没有正当理由违反第（1）条的交易人，都以违法论处，并罚以2000元罚金。

第七十八条　禁止有关陈述

一、注册法人不得在一切通信中，无论书面的或口头的，提示或暗示或隐晦地提示或暗示自己的能力及资格已由香港政府及委员会全面审核。

二、大意为某人已依本法注册或为注册卡持有者的说明并不违反第（1）条。

三、任何人若无正当理由而违反第（1）条，应以违法论处且罚以2000港元罚金。

第七十九条　有关利益的规定

一、当交易人在香港将传阅文件或其它书面通信发给至少两个人，交易人或投资顾问（包括除外交易人或除外投资顾问），无论是明确或暗示地推荐某公司的任何证券；他应在传阅文件或其它书面通信中的不小于本文的字清晰地打印出于该公司证券在依第（5）条制定的文件中指定的日期是否有利益的说明。

二、第（1）条不要求在传阅文件或其他书面通信中包括有关收取买卖中依交易所公司规则规定的佣金的权利的说明。

三、第（1）中，凡特定有关证券包销协定的人应被视为在此证券买卖中有经济利益。

四、公布于众的证券未被充分认购时，无论认购或占有，或被要求认购或占有那些无否定证券包销协定的证券的人，不得在报价结束后90天之内对这些证券再报价或推荐，除非此报价包含或附有一张大意为此报价的经鉴定包销协定后成为有关于认购完证券报价声明。

五、与本节有关的每份传阅文件或其它通信应标日期且在封面写上发行人的交易人或投资顾问的姓名；

六、发行与本节有关的传阅文件或通信的交易人或投资顾问应按规则规定保留一份载有自己的署名及署名时间的复本；

七、在本节中，传阅文件或其他通信应被视为由姓名载在封首上的人发行的；

八、在本节中，所指的证券不包括由政府或地方政权机构发行的股票或信用债券，或由政府或地方政权机构担保的证券。

九、在不侵犯依第四十六节的规定的权力的前提下，可制定如下规则——

（一）要求将交易人或投资顾问所发行的一切传阅文件或其他书面通信，复本交存于委员会；且

（二）对于由交易人或投资顾问发行的有关传阅文件或其他类似书面通信等的证券制定保管规则。

十、一切交易人或投资顾问，无论是注册法人或除外注册法人，且

（一）发行有悖于第（1）或一百五十一条的传阅文件或其他书面通信；

（二）违反第（4）条；或

（三）未按第（6）条要求保留传阅文件或其他书面通信，都应被判为违法且加以罚5000港元罚金。

十一、仅当发行传阅文件或其他通信的法人的业务包括证券的购买、处置或持有时，他才可以为自己违反第（10）条的行为辩护。

第八十条　禁止卖空

一、任何人都不得在或通过联合交易所出售证券，除非他在售出时

（一）他有或当他是经纪人时他委托人有；或

（二）他有根据地且确定地相信他有，或，当他是经纪人时，相信他的委托人有，

现时可运用的，无条件的权力将证券授予买者。

二、任何人违反第（1）条则属违法，且加以10000港元罚金及六个月监禁。

三、在第（1）条中——

（一）满足以下条件者应被视为将出售证券者——

1、声称将出售证券；

2、揭示要出售证券；

3、以出售证券者身份出现；

4、任命交易人出售证券

（二）在特定的时间里，任何有现时可行的，无条件的权利将证券授与自己或由他指定的人应被视为当时有现时可行及无条件的权利将证券授与买者的人；且

（三）将证券授与买者的权利不应被视为有条件的，除非证券是为了其他人获得现金支付而授与的。

四、第（1）条不适用于以下情形——

（一）以行动充分或确定地表明相信其声称出售或表示出售或本人认为可以出售的证券权利、声誉或利益的人；

（二）代表其他人的行动充分确定地表明相信其声称出售，表示出售或本人认为可以出售的证券的权利、声誉或利益的交易人；

（三）当地作为与交易所公司规则相一致的专营零批股商时，证券经纪人作为委托人出售证券的行为仅出于以下目的——

1、接受购买证券零批股的报价；或

2、处置少于一个整批的证券包裹；或

（四）据本段规定的规则中判定的交易范围内的证券卖出。

第八十一条　处置证券单证

一、在非交易人（包括除外交易人）财产的证券及交易人或一切由交易人支配的提名人负责的证券在香港安全保管之外，交易人应按第（2）条，满足以下两个条件之一——

（一）非不记名证券使证券在尽可能少的时间内注册于交易人或提名负责人名下或注册于交易提名人名下或

（二）存放在指名的交易人存放的银行中的安全保管或存放在其他委员会认可的提供安全保管单证投放的机构。

二、委员会可据交易人交来的书面的申请、豁免注册人实行第（1）条规定，但在同意豁免时可附加上它认为合适的条件。

三、任何交易人在未取得他所负的责任的人特定书面授权前，不得将不属于自己的证券作为贷款或预付抵押金，或为任何目的担保的借款或其他为任何目的放弃证券所有权押金。

四、第（3）条中的授权应指明有效期，但据第一百五十一条在任何时候有效期不得超过12年。

五、第（3）条中，授权可在多次书面授权后延续，每次退续不得超过十二个月。

六、一切未合法授权或无正当理由违反第（1）或（3）条的交易人

均属违法。

七、第（6）条中的任何违法者应接受如下惩罚：

（一）若违反第（1）条，罚以2000港元罚金；且

（二）若违反第（3）条，罚以20000港元罚金和两年监禁。

第九章　帐户及审计

第八十二章　本部分适用范围及有关说明

一、本部分适用于注册交易人企业、而非代表公司进行证券交易而作为董事的注册交易人；且所有交易人都依此解释。

二、本部分中，除非文中另行规定，所指的一切与合伙企业交易人有关的帐簿、帐户、记录、证券、信托帐户或经济业务都是指与合伙企业有关的帐簿、帐户、记录、证券、信托帐户或经济业务。

(二 A) 本部分规定的关于交易人的一切义务，在交易人是交易合伙企业合伙人时，却应被视为关于合伙企业的义务；且所有无限合伙企业的合伙人及有限合伙企业中所有无限合伙人应共同或分别地对义务的实施负责；

三、理事会主管人员可以用公告的形式发布命令，改变或原封不变将本部分规定运用于投资顾问。

第八十三条　交易人应有帐号

一、交易人应

（一）保存足以充分解释其证券交易企业的业务、反映相应经济状况、且能随时真实地反映损益帐户及编制资金平衡表的会计及其他有关记录；且

（二）使那些帐户以便于审计的方式保存。

二、第（1）条中所指的记录的保存应符合如下要求：

（一）以英文书写；或

（二）能轻易且迅速地被译为英文

三、在不影响第（1）条的整体下，交易人应使记录的保存符合以下几条要求——

（一）以足够细节体现如下事项——

1、所有交易人应收、应付款，包括信用帐户中款项。

2、所有有关交易人的证券买卖，从中产生的费用及收入，买者或卖者的姓名及其购买的相应证券；

3、所有从佣金、利息、及其他来源获得的收入，及所有交易人应付的费用及利息；

4、交易人所有资产与负债（包括或有负债）；

5、所有归交易人所有的证券，表明持有证券单证人于何地从他人手中取得证券，是否作为贷款担保或预付款持有；

6、所有不属于交易人及受交易人支配的棣名人负有责任的证券，表明证券单证由谁持有，除去安全保管的证券存放于第三方或作为贷款担保或为其他目的预付给交易人或有关公司的预付款；及

7、所有无由交易人包销或分色的业务；且

8、包括承认交易人向或为客户收取的证券收进的资本，每笔证券的收进都能清楚地分辨出相应的客户及证券。

四、在不违反第（3）条的前提下，交易人应作详细记录以分明显和所有交易人或为以下两类人代销的业务的细项——

（一）交易人的客户；及

（二）交易人本身。

(四 A) 在不影响第（1）及（3）的整体下，按照依第一百四十六条制定的规则规定，交易人不论是否符合六十五条及款都应使记录足以证实。

五、交易人须保留

（一）不少于六年的第（1）中的有关记录；及

（二）不少于两年的——

1、收到作为委托人发出的一切买卖帐单，及

2、其作为经纪人发出的一切买卖帐单复本。

六、与本节一致的会计分类及其他有关的交易人记录应被视为已由交易人所作或已获得其授予。

七、当欲使被用于本节所指的记录的保管的文件以机构设备、电子设备或其他设备以不清楚的格式记录或储存时，存心有以下举动的人——

（一）将他知道是错误或伪造的文件记录或储存于重要事项中；

（二）毁坏、移去或伪造记入或存入设备中的文件；或

（三）因企图全部或部分依此文件伪造分类而未将文件记入或存入设备中；

应以违法论处，且加以10000港元罚金及六个月监禁。

八、在本节中，交易人所须保存的记录即可采用作记录于订本帐的方式，又可采用记录于其他记录文件的方式；

九、当本节要求的记录不采用作记录于订本帐的方式而采用其他方式时，交易人应采取合理措施防止伪造及加速伪造的发现。

十、尽管本节其他规定，交易人不应被视为未按第（1）条记录，除非此记录作为与除他所经营的证券交易有关的其他业务的记录的一部分或与之有关联的一部分。

第八十四条　有关交易人收以到的信用帐户的款项

一、交易人应在持照银行开设并保持一个或多个信用帐户，在帐户中标明他应支付

（一）所有代表他人（非证券经纪人）收得的证券售出款（除去经纪费及其他合理费用），除去在款收后4个银行交易日内支付给交易人的归属于证券购买的款项；及

（二）作任何相反的协定，所有保留在信用帐户中的上述或（二）段所提及的款项产生的利息。

二、所有依第（1）条要求存入信用帐户的款项应由交易人存入，直到支付给对方或对方指定的人为止，或有可能，直到代表对方购买证券时被要求从中支付款项时为止。

三、本节中要求存入信用帐户的款项应在交易人收到之后的4个银行交易日内存入。

四、本节中所有交易人存入信用帐户的款项产生的利息总额，在相反的协定中，属于交易人对其负责的人所有。

五、除了第（1）条（a）或（b）中提及的款项外，其他款项都不得存入信用帐户；

六、每年交易人都就保持有关如下内容的记录——

（一）所有存入信用帐户的款项，专门指明代表持有此款的人及有存款日期；

（二）所有从信用帐户中的提款，提款日期，及代表提款的人的姓名；及

（三）其他规则中可能规定的事项（若有）。

七、任何人——

（一）若无正当理由而违反本节的任何规定，都以违法论处，并加以10000港元罚金；或

（二）若企图行骗而违反本节任何规定，都以违法论处，且对起诉负责，并接受50000港元罚金及五年监禁。

第八十五条　信用帐户中存款不可用于支付债务等

一、若非本部分另行规定，信用帐户中的存款不得用于清偿交易人负债或被用来支付作为有司法权；法定判决中的罚金。

二、所有与第（1）条相悖的支付行为应避免接收，且任何已收款者都不得拥有这笔款项。

第八十六条　不受影响的索赔权及扣押权

本部分中所有规定都不应影响任何人拥有的信用帐户中在款项未记入信用帐户前因购买证券应收款项或从证券出售中得到的款项的一切合法索赔权或扣押权。

第八十七条　交易人任审计师

一、交易人在委托审计师其帐户（包括所有第八十四节中要求保持的信用帐户），且当审计师出于任何原因停止为交易人审计时，交易人应在事发后尽快委任另一审计师审代替；

二、任何人若属以下条件之一，均不符合第（1）条中所委任的审计师的资格——

（一）是交易人雇员或是其雇员雇佣的人员；

（二）若交易人是合伙企业时，此人是合伙人之一或为合伙人雇员；

（三）交易人若为公司，此人是公司官员或此类官员的雇员；

（四）属于据本段制定的规则中提及的一类人；

第八十七A条　交易人会计年度

一、交易人应——

（一）在本节生效日起一个月之内；或

（二）若在本节生效日尚未注册，则在依第五十一节得到注册卡后的一个月之内，将其会计年度的末日日期书面报告委员会。

二、在交易人书面申请中，委员会可在附加适当条件后，允许交易人的会计年度。

三、若非委员会书面允诺，一个交易人的会计年度不得超过12个月；

四、本节中任何规定不得与公司法第一百二十二节相抵触；

第八十八条　交易人交存审计师报告

一、交易人应在开始于且结束于以下日期

（一）本节生效日；

（二）交易人开始作为交易人营业日中较迟的日期前开始的会计年度中，且以后一个会计年度中，编制详实的损益帐户及会计年度末日资金平衡表，且将这些文件在会计年度末日起四个月之内连同包含规则规定的资料的审计师报告；一并交存委员会；

二、尽管有第（1）条规定，第（1）条中所指的交存理事会的文件之期限可由委员会应交易人因特殊原因延期的申请展期，展期不得超过一个月。

三、第（2）条中，限期可附加一些委员会认为适合的条件；

四、凡未在本节规定完成许可的展限前将本节要求的文件交存理事会的交易人都以违法论处，且罚以5000港元罚金。

第八十九条　审计师直接将报告送至委员会的情况

若在作为交易人的审计师履行其义务时，此审计师

（一）意识到一些他认为极不利于交易人财务状况的问题；或

（二）发现交易人违反第六十五节B款、八十一节、八十三节或八十四节的违法行为的证据时，他应尽快把关于此问题，或违法行为（视情况而定）的报告送交委员会及交易人。

第九十条　委员会委任审计员的权力

（1）当——

（一）交易人未依第八十八节规定将审计师报告交存委员会；

（二）委员会收到第八十九节中所述的审计师报告，或

（三）委员会有理由相信交易人已违反第六十五条B款时，委员会若已证实此事与有关交易人、交易人客户、或社会公众的利益相关时，可书面委任审计师检查、审计且报告所有或与问题有关的交易人所持的帐簿、帐户及记录的情况。

二、当委员会认为本节中的全部或部分任命审计师的费用应由有关交易人或交易所公司来承担时，它可以书面指令命令此交易人或交易所公司在指定的时间以特定的方式支付全部或部分费用的金额；

三、当交易人或交易所公司不遵守第（2）条中委员会的指令，指令中金额可作为债务在任何有司法权的法庭提出起诉并得到弥补。

第九十一条　委员会应客户申请委任审计师的权力

一、在收到声称交易人在代表他收到现金及证券时未说明来由的人的书面申请后，委员会可以先给交易人提供一次解释的机会后，书面委托审计师检查、审计且报告交易人所持的所有或与问题有关的帐簿、帐户及记录。

二、第（1）条中所述的每一份申请都应署明——

（一）交易人未说明收到款项或证券来由的事实及有关细项；

（二）有关此笔款项或证券及申请人和交易人与此事有关的业务的事项；及

（三）其他规则中规定的事项；

三、每份申请的内容应由申请人法定声明予以证实，且若申请人是真诚的且不出于恶意，可以特许。

四、委员会不得委任第（1）条中所指的审计师、除非经证实

（一）申请人有充分理由申请；且

（二）交易人帐簿、帐户、记录及其所持证券的检查、审查及报告与交易人或申请人或公众的利益有关。

第九十二条　审计师将报告呈交委员会

依第九十或九十一条委任的审计师应将受命检查、审计的结论写于报告中，并交给委员会。

第九十三条　审计师权限

委员会委任的检查、审计并报告交易人帐簿、帐户、记录及所持证券的审计师为了检查与审计的顺利进行，可以——

一、检查交易人有关誓约，且当交易人的企业为合伙企业或公司时，检查合伙企业的任何合伙人或公司中的一切董事（视情况而定）及交易人的所有雇员、经纪人及其他依本法委任的与这些帐簿、帐户、记录及证券有关的审计师的有关誓约；

二、雇佣必要的人员；且

通过以他的名义签发的文件，可授权他所雇佣的人员采取与检查与审计有关的除检查誓约或行使本段授予的权力外其他一切审计师应采取的行动；

第九十四条　审计师及其雇员交流有关问题的权限

若不是依本法中有关规定或至少出于任何法律程序的要求，不论是民事或刑事的，依第九十条或九十一条委任的审计师及其委任的人员，不得将其在履行第九十或九十一条中规定的义务时获得的信息泄露给除以下几种人之外的任何人——

（一）委员会；及

（二）—（c）（已取消）

（三）作为雇员；雇佣他的审计师；

第九十五条　帐簿、帐户及记录的提供

一、在依本部分委任的审计师及依第九十三条（a）款有书面授权的人员的要求下——

（一）交易人、当交易人是公司或其企业为合伙企业时，公司董事或合伙企业的其他合作人及交易人雇员及经纪人，应提供与交易人企业有关的所有帐簿、帐户及所持证券的记录；且

（二）交易人委任的审计师应提供他所持有与交易人企业有关的所有帐簿、帐户及记录。

二、交易人、当交易人为公司或企业为合伙企业时，公司董事或合伙企业其他合伙人，（视情况而定），与交易人雇员，经纪人以及其他由交易人委任的所有审计师，应回答由依本节委任的审计师或第九十三节（c）款被书面权的人员提出的一切与检查和审计师有关的问题

三、第（1）条中提及的所有人，若无正当理由而拒绝依第（1）条提出的要求，或第（2）条中提及的所有人，若无正当理由而拒绝回答依本节提出的问题，都被视为违法，且罚以10000港元罚金及两年监禁。

第九十六条　有关毁坏、藏匿、或更改记录或将记录或其他财产送出香港的处罚

一、凡企图阻止、推迟或妨碍本部分中的有关检查本审计的进行的人若——

（一）毁坏、藏匿或更改与交易人企业有关的任何帐簿、帐目记录

或文件；或

（二）企图或已将这些帐簿、帐目、记录文件或其他任何属于或由交易人支配的财物财产的说明送出或与他人策划送出香港，都属违法，且罚以50000港元罚金及两年监禁。

二、若在上述违法行为的处理中，经证实被告

（一）毁坏、藏匿或更改（1）中的提及的帐簿、帐目或记录；或

（二）企图或已将（1）条（b）款中所提及帐簿、帐目、记录的文件或任何财产送出或与人策划送出香港。

证实交易人并非防止、延迟或妨碍检查与审计执行；责任应由他自己负担。

三、任何企图阻止、延迟或妨碍本部分的检查与审计的执行而离开或企图逃离香港的人，均属违法，且罚以50000港元罚金，监禁两年。

第九十七条 委员会加于不受本部分影响的交易所公司会员义务的权利。

本部分内容不阻碍交易所公司委员会增加交易所公司会员有关义务或要求——

（一）审计帐目；

（二）送交审计师报告；或

（三）帐目、帐簿及记录的保管。

第十章 补偿基金

第九十八条 有关说明

一、在本部分、若非文中另行要求——

"委员会"指依第一百节（1）条成立的证券补偿基金委员会；

"补偿基金"指依九十九节建立的基金；

与证券经纪人来履行法定义务相关的"拖欠"，指由以下情况而产生的拖欠——

（一）证券经纪人的破产、停止或无力偿付债务；

（二）不履行已承担的信托；

（三）经纪人或作为交易合伙的合伙人或经纪人的雇员或交易合伙中的雇员盗用公款或滥用职权

"法定义务"包括合同或准合同或信托中的义务。

"代客买卖证券业务"指——

（四）从事上市于交易所公司且由会员经营的证券的业务。

（五）一切信托管理或附属于第（a）条的经营活动。

（六）无论是为安全保管或其他原因，无论出于特殊考虑或与第（a）条有关的业务的其他原因，证券的留置权。

二、本部分所指的索赔人，包括在死亡或破产或其他无力情况下的所指的他的法人代表或其他有权管理资产的任何人。

第九十九条 补偿基金的建立

委员会根据本部分内容应建立且保持补偿基金，全称为"联合交易所所补偿基金"。

第一百条 证券补偿基金特别委员会

一、据本节应建立一个特别委员会，全称为证券补偿基金特别委员会，来负责补偿基金的管理。

二、特别委员会应由委员会指定五名成员组成，这五名成员中至少有两名是委员会的董事且有两名是由交易所公司提名的。

三、委员会可从同时是委员会董事的特别委员会成员中提名一位特别委员会主席。

四、特别委员会应代表委员会行使本部分规定的委员会应有并由委员会定期授予的权力、义务及职责，但委员会不得将本节规定的授权或第一百一十节规定的权力授给特别委员会。

五、若据本部分已将权力、义务或职责授予特别委员会成员中的大多数时，所有依本节授予的权力、义务或职责可由作为多数的特别委员会成员行使。

六、依本节而给予的任何授予都可在任何时候被修改及或撤销。

七、委员会可在任何时候撤销已依本节任命的特别委员会成员的职务，且在出现空位时随即补充成员。

八、根据委员的指令，特别委员会可自行规定其程序。

第一百零一条 组成补偿基金的款项

一、补偿基金应——

（一）所有交易所公司依本部分规定支付或交存于委员会的款项；

（二）已取消；

（三）所有由委员会通过行使部分授予的行动权利取得的款项；

（四）第（2）条中规定的所有借款；

（五）法定开支于基金的其他款项；

二、委员会为了补偿基金可随时向任何放款人借款，但一定所欠的总金额不得超过1000000港元。

第一百零二条 存于银行存款帐户的款项

委员会应在一家或多家持照银行中开立一个或若干个独立的银行存款帐户，且应在依本部分提出申请前，将所有组成部分补偿基金的款项存入这个或这些帐户。

第一百零三条 基金帐户委员会应保持正确的补偿基金帐户，且在开始于本节生效前和结束于本节生效后的会计年度及此后第二年，编制收入及支出帐目、该年度末日的资金平衡表。

一、委员会应委任审计师补偿基金。

二、被委任的审计师应每年对补偿基金的帐目进行审计，且应对依第一条编制的资金平衡表及收支帐目进行审计、编制审计报告，并将报告交存委员会。

三、委员会应在每年七月三十一日以前已将审计的资金平衡表、收支帐目及审计师报告的复本交给交易所公司。

第一百零四条 交易所公司交纳会员保证金

一、交易所公司依一部分规定，应以现金为每个会员向委员会交存金额为50000港元的应付款。

二、第一条中所提及的金额应——

（一）对于在指定日期已取得会员资格的会员，须在该日算起一个月内交存；且

（二）对会员资格在指定日期尚未确定的会员，应在会员资格确定日之后一个月内必须交存。

三、在本节第一百零六节中，会员在交易所公司所持的每一份股份就构成一个独立的会员资格。

四、本节中一切到期未付款，都向有司法权的法庭起诉并作为债务收回。

第一百零五条 银行存款帐户中的余款可用于投资

一、委员会可将组成补偿基金一部分且不在即用于本部分规定的其它用途的任何款项用于投资。其它用途指——

（一）在持照银行中的定期存款；或

（二）财产信托人由法律授权投资于信用基金的证券。

二、在会计年度末尽可能早的时候，委员会应书面通知交易所——

（一）依第一百零四节（1）（a）条存入款项在该年中可得的利息率；

（二）此利息的支付方式及时间；及

（三）应支付的补偿基金有保管费用款项

三、一切第（1）条定期存款收入或与证券投资有关的单证，都应保留于委员会办公室，或由委员会交存持照银行妥善保管。

第一百零六条 保证金存款的归还

一、当交易所公司已依第一百零四节为会员向委员会交纳一笔保证金而该会员资格又因某种原因被停止时，委员会将在该会员资格停止后6个月之内将已交保证金退还交易所公司，除非此笔款项被要求用于支付该会员资格停止前此会员发生的索赔或负债。

二、若依第（1）条将有关会员的保证金交还交易所公司，且此会

员已履行所有作为该会员资格的会员应负的经济义务，并且在交易所声誉良好，交易所公司应将款项交还——

（一）会员；

（二）若会员已死亡或破产，则交给其法人代表或破产财产管理人（视情况而定）；或

（三）当会员是破产公司，交给破产财产管理人。

第一百零七条　补偿基金的补充

一、在第（2）条中，若任何时候需将依第一百零四节交存的款项用于支付对证券经纪人补偿基金的索赔时，交易所公司款应委员会的要求，向委员会交存一笔相当于支付索赔（包括与索赔有关的一切法定的或其他费用）的款项以补充原有基金。

二、委员会可不要求交易所公司按第（1）条规定交存任何款项以补足支付索赔的支出，除非它在对经纪人的索赔中已丧失了所有权和一百一十八节得到的所有直接行动权利及其他合法权利。

三、本节中要求交存的保证金都可由委员会向任何有司法权的法定起诉并作为债务收回。

第一百零八条　从基金中支款

一、在本部分里，补偿基金不对因被要求以及如下原因而开支——

（一）所有在调查或为本部分所指的索赔的辩护中发生的或与基金有关的或由交易所或委员会依本部分授权的特别委员会在行使与基金有关的权利。权力及授权时发生的所有法定的和其他的开支。

(二）在管理基金中发生的费用；

（三）所有索赔金，包括联合交易所特别委员会批准的或依本节对联合交易所提出的索赔费用；及

（四）其他所有与本部分规定相符的应由基金开支款。

二、一（3）（已取消）

第一百零九条　对基金提出索赔

一、在证券经纪人有关证券交易行为而产生的后果中，若某人对于委托或交给此证券经纪人或其任何合伙人或此经纪人雇佣的任何人的现金、证券或其他财产，有理由对其提出诉讼，则此人应本部分，有权从补偿基金中索赔相应的财物损失补偿金。

二、第（1）节并未授权任何证券经纪人对补偿基金提出索赔。

三、除非本部分另行规定，依本部分可支付给所有遭受第（1）条中提及的拖欠损失的人的款项总额在任何情况下都不得超过每位与拖欠有关的证券经纪人负担2000000港元的水平；除此之外，任何从补偿基金中支付的款项，只要得到相应的补偿，都不予注意。

四、任何人不得就指定日之后提出的拖欠对补偿基金提出索赔。

五、在本部分中，任何索赔人有权作为从补偿基金中得到的补偿金的索赔额，是包括其提出及证券索赔的合理费用在内的实际经济损失。

六、除了依本部分支付的一切补偿金外，利息也应由补偿基金中开支，其金额的补偿金扣除一切可归答于费用及开支的金额为基础。以委员会各个时期规定的利率，自拖欠提出索赔得到补偿止计算。

七、在本节中——

(一)“证券经纪人”包括原先曾是，但在第（1）条提及的拖欠中不再是交易所公司会员的人，若当索赔人在与此类经纪人交易过程中提出索赔，则他有正当理由认为此人为交易所公司会员。

（二）一（c）（已取消）

第一百一十条　委员会增加索赔偿款的权力

一、若在与交易所公司特别委员会磋商并且考虑已确定或未确定的补偿基金负债时，委员会在考虑到现有基金允许的情况下，可发布书面公告以增加第一百零九节规定的可索赔总额；且公告发布日起废止或更改日止，公告中规定的金额都应作为依上节提出的索赔款的上限。

二、第（1）条中的公告可由委员会以公告的形式更改或废止。

第一百一十一条　无恶意合伙人等与基金有关的权利

一、尽管与本部分规定相反，当依第一百零九节提出索赔的人已依本部分规定得到本部分规定的因交易合伙中合伙人或公司经纪人的董事未履行其法定义务而蒙受损失的赔偿时，其他任何人支付蒙受损失的交易合伙中的合伙人，或当经纪人是公司时，此经纪人或经纪人的董事交易已支付损失款，此经纪人或交易董事，经董事会考虑符合以下条件时，可将所有开支转嫁于补偿基金。

（一）他（它）不是导致不履行义务的拖欠方；且

（二）他（它）的支付行为是诚实的、正当的。

二、若任何交易合伙中的交易人，或公司经纪人，或作为经纪人的公司的任何董事，认为交易所公司依第（1）条所做的决定冤屈于他（它），是可在收到决定的通知后28天内，就此决定向委员会提出申诉。

三、申诉人应在将申诉通知呈交委员会的同日，将该通知复件交存交易所公司。

四、委员会应对申诉进行调查并做出决定，且，若委员会认为在考虑各方面情况中申诉人

（一）都决非拖欠当事人之一；且

（二）在此事上行事诚实、合理，

它可指令，申诉人可在已支付金额的范围内收回所有与他已付给款项的人的补偿基金有关的所有权利及补偿。

第一百一十二条　要求从基金中索赔的通知

一、交易所公司特别委员会可在每日出版且在香港公开发行的一家或多家英文报纸及一家或多家中文报纸中刊登通知，指明一个不得早于通知刊登后三个月的日期，在此日或此日前，通知中所指明的人可向补偿基金提出索赔。

二、任何人若希望索取到本部分所指的补偿，则应将其索赔以书面形式在以下时间内呈交给交易所公司特别委员会——

（一）若第（1）条中通知已刊登，则应在通知中指明的日期或此日期以前，或

（二）若尚无刊登的通知，则应在索赔人意识到引起索赔的拖欠起六个月内。

三、若非交易所公司另行决定，任何未依第（2）条规定的时间限制提出的索赔都应被禁止。

四、对损害赔偿基金的索赔行为不得欺骗诚信且无恶意的交易所公司特别委员会或其会员，或交易所公司的任何雇员。

第一百一十三条　交易所公司委员会的索赔权力

一、当交易所公司委员会认为根据第一百零九节提出的索赔合理，则按该部分，可做出允许索赔的决定。

二、如果交易所公司委员会对据第一百零九节提出的索赔的正当性有疑问，则应作出不予批准的决定，或如果委员会仅认为索赔的部分内容合理，则应对该部分作出允诺。

三、当交易所公司委员会根据第（1）或（2）副节作出某决定时，应由索赔人或其律师出具决定的书面文件，并送交委员会。

四、如果交易所公司委员会对向补偿基金的索赔不同意或仅部分同意，委员会就应此阐明原因。

五、如果在每一单独索赔中，考虑了补偿基金的所有经验证的和或有的负债以后，如果交易所公司委员会认为基金会资产允许，那么可事先征得委员会同意后，可批准根据第一百零九节提出的大于总额的索赔中超出的部分。

六、根据第（3）副节提交的允诺或部分允诺索赔的书面文件，已赋予委员会足够权力支付该节允许的索赔。

第一百一十四条　交易所公司委员会可要求出示证券等

一、交易所公司委员会可随时要求任何人出示证券、文件或必须的证明文书：

(一）以证明任何对补偿基金提出的索赔；或

（二）为了对证券经纪人或其他任何有关人员行使权力；或

（三）为了对某人提出拖延付款的违纪行为的经过。

二、任何索赔人未能按照第（1）副节的要求出示证券、文件或必须的证明文书时，交易公司委员会在认定索赔人掌握着或可获取上述材料时，可拒绝其索赔，直至索赔人出示文件。

第一百一十五条 建立对基金索赔的法律程序

一、据第一百一十三条第（2）副本、如果某人的索赔未被允诺或仅部分允诺，则通知该决定之后的任何时间，该人可开始对交易进行对补偿基金索赔的程序。

二、除非经法院同意，任何针对交易公司根据第一百一十三节未允诺或部分允诺的索赔的程序不能在通知结束后3个月后进行。

三、任何对交易公司向补偿基金提出索赔的程序是针对交易公司应付款项。

第一百一十六条 根据第一百一十五节进行的程序的补充规定：

任何据第一百一十五节进行程序中：

(一) 交易公司拥有所有对索赔人的保护权；

(二) 任何有关成本的问题由法庭全权决定；或

(三) 任何可对某证券经纪人或其他人提出拖欠的证据均可被采纳，来证明是否有拖欠行为，无论该证券经纪人或其他人在程序中是否为被告。

第一百一十七条 提出索赔的法律形式

在对交易公司向补偿基金提出索赔的程序中，法庭认为索赔针对拖欠的确存在，并且索赔人另有一项有效索赔，法庭应：

一、在认为恰当的情况下批准，索赔款额或部分款额；

二、公布拖欠的事实和日期及据第（a）段批准的款项；并且

三、指示委员会向索赔人支付第（b）段公布的款额。

第一百一十八条 委员会代行从基金支付赔偿权力等

本部分中委员会就任何索赔从补偿基金支付赔偿时：

一、委员会应代行因拖欠导致损失，并由此提出索赔人的所有权利；

二、索赔人无权要求有关证券经纪人或合伙人破产或关闭或通过法律程序或其他支付其索赔，同样无权要求该情况发生，如果损失是由证券经纪人的雇员或合伙人的盗用公款、欺诈或违法行为引起的，直至委员会已接到其全部还款。

第一百一十九条 仅从基金支出的赔偿付款

除补偿基金，委员会或交易公司拥有的任何现款或其他财产，不得被用来支付任何赔偿，无论该索赔是否被交易公司批准或提交法庭裁决或其它。

第一百二十条 有关基金不足以支付索赔或索赔超过应付款的规定

一、如果补偿基金贷方余额不足以支付经允诺的或指令的索赔总额，则该余额应交易公司或法庭在认为恰当的情况下，在各索赔人之间均分；并且任何未付索赔应计人基金的未来应付帐内，在重获资金后再支付。

二、如果经允诺或由法庭指令的对补偿基金的全部索赔超过了证券经纪人或与拖欠有关的证券经纪人能够支付的数额，则总额应由交易公司或法庭在认为恰当的情况下，在各索赔人之间均分，并且以下索赔应全部从分摊中扣除：

(一) 所有此类索赔和法庭对其的有关指令；和

(二) 所有其他可能就拖欠随之而引起的或提出的索赔。

第一百二十一条 交易公司停业时委员会归还捐款的权力

交易公司根据《公司法》(32) 停业时，委员会完全有权在同意对补偿基金的未偿还负债后，向交易公司的清算人支付据本部分提供的捐款的金额或部分款项，及由此产生的任何收入，以上支付必须根据《公司法》(32) 为交易公司资产的一部分，并且能够分配之。

第一百二十一A条 特别委员会未能执行的可由委员会执行

对本部分的任何事件，如果委员会认为交易公司特别委员会：

一、未能或拒绝行使其权力、功能或职责；或

二、无理地延迟任何据第一百一十三节应做出的决定；

则委员会可行使交易公司的全部或任一权力、功能或职责，委员会由此做出的任何决定被认为是特别委员会的决定。

第十一章 检验和调查

检验

第一百二十二至第一百二十五条 （已被取消）

调查

第一百二十六条 第一百二十七条至第一百三十四条的意图的说明

在第一百二十七至一百三十四节，除非文中另行规定，则：

"检验员"即据第一百二十七（1）节委任的检验人员；

"调查"即据第一百二十七节由检验员进行的调查；

"规定人员"即检验员怀疑或相信的，在合理的基础上，可就检验员的事件提供有关信息的人员。

第一百二十七条 检验员进行调查

一、当委员会认为为保护公众和证券持有者利益而有必要委任检验员进行调查时，

(一) 任何所谓的违反信用，盗用公款，欺诈或违法行为；或

(二) 任何与证券交易或提供投资建议有关的事件。

委员会可通过书面方式委任某人为检验员对断言或事件进行调查，并按委员会要求报告情况。

二、委员会应在检验员委任书中阐明该任命的所有细节，包括：

(一) 将要对之调查的事件；如

(二) 任命期限和条件，包括与薪金有关的期限和条件。

三、检验员可以规则定明的通知方式，要求一名规定人员，形式如下：

(一) 向检验人员出示该人员掌管、控制的有关事件的文件；

(二) 给予检验员与调查有关的所有合理帮助；和

(三) 对检验员做检查宣誓。

并可指导（C）段中所指宣誓。

四、根据本节向检验员出示文件后，检验员可在他认为对调查必须的阶段内持有该文件，并且在此期间他应批准一人被授权以对他不掌握的一份或多份文件在适当时进行调查。

五、规定人员：

(一) 应据第（3）副节符合检验员的要求；

(二) 无论在资格审核或其它事项中，不得故意就某一单独资料向检验员透露虚假或引起误解的信息；

(三) 资格审核中，应对检验员根据要求宣誓。

六. 任何人若无正当理由违反了第（5）副节中的任一规则，应被认为有违纪行为，并可能被处以5000元的罚款。

七、代表某一规定人员的律师或顾问：

(一) 可参加对该人的调查；并且

(二) 可在检验员批准的情况下：

1. 委托检验员；并

2. 调查该人。

就检验人已向该人提出质问的事件。

八、某规定人员不得在回答可能连累该人而拒绝对检验员的问题做出回答，当该日在回答问题前声明，回答可能连累他时，则提问与回答均不作为其违纪行为的证据，这不同于第（6）副节中的行为或就回答与假证有关的罚款。

九、根据第（3）副节，某符合检验员的要求，则该人不应仅因符合要求面对某人产生债权。

十、按要求参加检查的人有权得到规则定明的津贴和费用。

十一、如果某人据第（3）副节不符合检验员的要求、除非该人得

到合法授权证明其失效，则检验员可亲自向法庭书面阐述其失效。

十二、检验员据第（11）副节提交证明时，法庭可就此事件提出质询，并

（一）命令该规定人在法庭规定的期限内达到检验员的要求；

（二）如果法庭认为该人的失效未经合法授权，则可视其藐视法庭而惩罚之。

第一百二十八条　检查通知

一、据该节检验员可发生书面检查通知，向被检查人宣读或由被检查人亲自宣读，并可要求该人在通知上签字，被签字的通知可被用在对此人的任何法律程序中。

二、由该签字的一份通知的副本，应免费提供给应要求书面通知的人。

三、据本节有关回答可能连累某人的问题的通知不应用在对该人的法律程序中，这不同于第一百二十七（6）节的行为或对回答作伪证的惩罚。

四、本节中无任何内容对其他书面或口头证据的可采纳性加以影响或限制。

五、委员会可向某人律师或顾问提供一份通知副本，如果委员会认为该人正在或正在善意地考虑就检验员正调查的事件采取法律程序。

六、接到通知副本的律师或顾问，除非在法律程序中或与之有关的机构接触中，不得使用该通知副本，也不得向任何人以任何其他目的透露其任何内容。

七、任何违反第（6）副节的律师或顾问应被视为有违纪行为，并有可能被罚款 2000 元。

八、每份据第一百三十节制作的报告，应附有据本节制作的与此报告有关的通知。

第一百二十九条　检验员委托的权力等

一、其检验员可由书面证明

（一）可将其全部或部分权力或职能委托他人，除该委托权，指导宣誓权和检查宣誓权；并且

（二）变更或取消其委托的权力。

二、由检验员委托的权力或职能可由其代表根据委托书不定期地执行。

三、某代表应某规定人员的要求出示委托书以被检查。

四、本节中由检验员作出的委托权力或职能并不阻止其行使权力或发挥职能。

第一百三十条　检验员报告

一、按第一百二十七节完成检验之后，检验员应向委员会汇报其发现，并向检察总长提出一份报告副本。

二、据第（3）副节，委员会应给予被调查的规定人员一份检验员报告的副本。

三、据第（4）副节，委员会不应给予其规定人员检验员报告副本，如果检察总长认为已进行的法律程序可能被该报告歧视。

四、本节中，对某规定人员或就某事件诉诸 法律程序的法庭可命令将一份报告副本给予该人。

五、如果认为符合公众意愿，委员会可印刷并公布报告的全部或部分。

六、如果从本节的报告中，显示某人有违纪行为且该行为足以被起诉，则检察总长应提出起诉。

七、如果情况表明检察总长应提出起诉，他可以根据第（6）副节在起诉前或以后，要求某规定人员提供合理范围内的一切帮助。

八、本节中如果报告显示，根据公众意愿，应由某规定人员就其事件中的违反信用、盗用公款、欺诈或违法行为引起的损失采取补偿措施，则委员会或检察总长可根据该规定人员的名义采取相应措施。

第一百三十一条　特许交流

一、检察员不应向律师或顾问要求任何口头或书面的特许交流，除了其客户的姓名和地址。

二、第一百二十七至一百三十节的内容对内地收入法的第四节毫无影响。

第一百三十二条　调查费用

一、根据本节，检验员调查发生的费用（包括委员会以规定人员的名义，采取措施而发生的应付费用）应由立法理事会提供的款项支付。

二、第（3）副节中所述向法庭的申请可由或代表以下名义提出：

（一）根据第一百三十（8）节，以规定人员的名义在法庭中采取措施的委员会或检察总长；

（二）检察总长在 14 天之内，由于检验员的调查而采取经其证明的、以申请为目的的措施。

法庭可在其认为恰当的情况下就申请做出如下命令：

三、据第（2）副节提出的申请可以下列一个或一个以上命令为目的：

（一）某人支付全部或某一特定部分因调查措施而发生的费用；

（二）据第（1）副节费用已被支付时，某人就该数额偿还委员会；

（三）某人偿还委员会因调查而雇佣的任何人而支付的薪金。

四、如果检验员调查结束后 6 个月内，按第一百三十（6）节，未发生对某规定人员或若该人为公司时，对公司总裁的指控，则规定人员可就调查中发生的费用向法庭提出支付要求；如果法庭发现调查未被保证，其可命令委员会支付规定人员该笔款额，数目不得超过该人员认为的实际发生的数目。

五、据第四副节提交的申请书副本应交给委员会，并且委员会应有权在就申请做出决定时发表意见。

第一百三十三条　藏匿与证券有关的帐簿

一、某人——

（一）藏匿、销毁、残缺或更改与检验员正在对之进行调查的事件有关的文件；

（二）将该文件送出，使被送出的或与他人合谋将其远离香港；或

（三）为规定人员，并按第一百二十七（3）节接到通知，却离开香港；

应被视为有违法行为，并应被判罚款 20000 元或监禁 2 年。

二、就第（1）节的指控，证明被处罚人员非有意地破坏第一百二十七节的意图，或拖延阻碍调查的进行，为一种辩护。

第一百三十四条　委员会可发出某些命令

一、当根据第一百二十七节进行调查时，并且情况向委员会表明与调查有关的证券事实，因规定人员未能或拒绝与检验员要求合作而无法证实时，委员会可通过在“公报”上发布，做出以下一个或数个命令：

（一）限制某人对某特定证券的利息的支配；

（二）限制某人购买某特定证券；

（三）限制与某特定证券相关的投票权或其它权利；

（四）指示某个注册为证券持有者的人就本节各个命令发出书面通知，通知该人所知的与那些股份有关的有权的行使投票权的人；

（五）指示公司不支付，除非由法庭使之停业的，任何应付款项给与某特定证券有关的公司；

（六）指示公司不注册某特定证券的转让或传送；

（七）指示公司不向持有其股份的人发售股票，因为该人不遵循对他的发价。

二、据第（1）副节发出命令的副本或任何被违反或更改的命令应送交：

（一）当它与由权力机构发行销售的某特定证券有关时，或当证券由权力机构针对某人或实施为权利或选择时，或当证券发售与选择相关时；并且

（二）当它与公司有关时，给公司

三、据第（1）副节受某命令侵害的人可向法庭申请撤销该命令，并且法庭可以，如果其认为恰当，撤销该命令或任何已被更改或变形的命令。

四、据第（1）副节任何违反命令的人应被视为犯法，并可被判处罚款5000元。

五、在对检察总长行使对违法行为指控的权力不产生歧视的情况下，则指控除非经委员会书面同意不得进行。

第十二章 防止不正当交易行为

侵犯

第一百三十五条 虚假市场和交易

一、任何人不得故意制造或使被制造、或做任何事以故意制造：

（一）联合交易所的任何证券的虚假或引起误解的活跃交易；

（二）联合交易所的任何证券的虚假市场。

二、以第（l）（b）副节为目的，有关证券虚假市场即通过下列方式被制造，当证券的市场价格被提高、压低、钉住或稳固：

（一）由为固定证券的市场价格而相互合作出售或购买的人，这些证券未经发行证券的公司资产或其盈利（包括预估盈利）鉴定；

（二）任何具有在证券交易中阻止或妨碍证券的市场价格的自由谈判的行为；

（三）主可任何虚假交易或工具或任何其他形式的欺骗或违反。

三、任何人不得以压低、抬高、或引起证券市场波动为目的，影响该类证券交易，其本身并不因所有权而带来利益。

四、如果某人在交易前持有证券利息，或与他人联合在交易后对该证券持有利息，则在第（3）副节的意义中，此类交易不带来所有权利益。

五、任何人不应传阅，散播或授权或与传阅、散播有牵连的任何将会或可能影响证券价格的文件或信息，由于据该人所知，一人或多人正在从事违犯第（1）副节的市场交易。

第一百三十六条 采用欺诈或蒙骗手段

任何人不应直接或间接与任何人参加涉及证券购买、销售或交换的交易。

（一）使用任何手段、策略或诡计以欺骗他人；或

（二）参与任何欺诈或蒙骗他人的、或可能如此的行为或交易。

第一百三十七条 证券价格的限制

任何人不应，单独或与他人合作，在证券买卖中，或在以钉住或稳固某级证券价格的买卖中，违犯本节所做的任何规则，影响任何一系列交易。

第一百三十八条 虚伪或导致误解的关于证券的声明

任何人不应直接或间接，以导致任何公司的证券出售为目的，关于那些证券或交易或公司的过去或未来交易；

一、当时并根据情况的声明，该声明对有关事实具虚伪性或将导致误解，或其认为或有合理依据判定其为虚伪或将导致误解；

二、任何由于省略事实而成为虚伪或引起误解的声明，或其认为或有合理依据判定其为虚伪或引起误解。

第一百三十九条 节的惩罚

任何违反第一百三十五节、一百三十六节、一百三十七节或一百三十八节中任何规定的人应被视为违法，并可能被判罚款50000元或监禁二年。

第一百四十条 （已被取消）

第一百四十一条 支付赔偿的负债

一、任何违反第一百三十五节、一百三十六节、一百三十七节或一百二十八节的人，除据第一百三十九节的负债外，应对由于购买或销售由违反规则而影响证券价格的证券而导致金钱损失的人支付赔偿。

二、就违反行为据第（1）副节即可采取措施，无论是否有人因违犯据第一百三十九节而被定罪。

三、本节中无任何内容对普通法下产生的负债有限制或减少作用。

第十二A部分 内部交易

第一百四十一A条 该部分的运用

一、本部分适用对象为在第一百四十一B（1）节含义中，与证券相关的、在交易前5年内在联合交易公司挂牌或曾在联合交易公司或其经核准的证券交易所挂牌的公司证券。

（一A）在第（1）副节中，"核准证券交易所"指在第二十五节废除之前，根据该节被核准或自然被核准为交易所的公司。

二、仅仅因为在本部分含义内的内部交易，则该交易不应被宣告无效或可以被宣告无效。

内部交易的定义

第一百四十一B条 当内部交易发生时

一、据第一百四十一C节，有关某公司证券的内部交易发生并按本部分应受处罚的：

（一）当某人的证券交易被进行，达成或引起，且该人与有关该证券信息的公司有联系；

（二）当与该公司有联系的人直接或间接向他人透露证券信息时，并且前者知道或有合理根据相信后才必将利用该信息来交易证券或达成另一桩买卖。

二、以第（l）（a）副节为目的，由该公司有联系的人引起一桩证券交易，当某人在第（l）（b）副节描述的情况下获取有关信息时，则实际上此人利用了该信息以从事证券交易或达成另一桩买卖。

第一百四十一C条 内部交易处罚

一、本部分中，参与第一百四十一B（l）（a）节所述交易的人不受处罚：

（一）如果其参与交易的唯一目的是为了购得任何公司作为董事的资格股；

（二）如果其参与交易；

1. 有诚意地执行，就与交易有关证券签订承保协议；

2. 作为破产中的私人代表、清算人、接管人或被接管人，有诚意地执行其职责。

二、如果本节中某公司参与了第一百四十一B（l）（a）节的内部交易，则虽然有关证券的信息正在董事或公司职员的掌握中，但：

（一）参与交易的决定是由他人做出，而非该董事或职员；并且

（二）应采取措施保证信息不被透露给该人，并且掌握信息的人不得向他提出任何建议；并且

（三）信息的确不被如此透露，建议未曾如此提出。

三、本节中某人参与了第一百四十一B（l）（a）节所述的内部交易可以不受处罚，如果其目的或主要目的并非为了利用有关信息达到盈利或避免亏损（为其本人或他人）的目的。

四、本节中作为他人代理的人参与第一百四十一B（l）（a）节所述的内部交易可以不受处罚，如果他并未就有关交易的证券选择做出挑选或建议。

五、根据第一百四十一H（B）节就某人参与第一百四十一B节所述的内容做出处罚决定时，法官应据情况而定：

（一）该人由本人意愿向委员会揭露交易，当交易发生后立即揭露；或

（二）该人非由本人意愿向委员会批露，并且该人未能对其不予揭露做出合理解释。

六、据本节，参与第一百四十一B节所述的内部交易者应受的处罚应由法官根据第一百四十一H（3）节做出裁决。

第一百四十一D条 适用本部分的定义

一、本节中：

关于公司的"相关公司"即由第四节定义的与之相关的公司。

关于证券的"相关信息"即非普通获得的信息，如果可普通获得则

将对证券价格造成实质的变化。

二、如果（无论作为当事人或代理人）某人购买、出售、交换或预订，或者同意购买、出售、交换或预订任何证券，或购得处理或同意购得后处理购买、出售、交换预订任何证券的权力，则对第一百四十一B(1)节中的“相关证券交易”的含义不作限制并且无论第二和第三节的内容。

第一百四十一E条　与某公司联系的某人的定义

一、如果作为个人，某人以第一百四十一B节为目的与某公司联络，则

（一）他是某公司或某相关公司的董事的或职员；或

（二）他是某公司或某相关公司的大股东；或

（三）他的职位使其能合理地接触该公司证券的相关信息，由于

1．其（其雇主或其为董事的公司或其为合伙人的企业）职业或商务关系，与此类公司的某公司、某相关公司大股东存在联络；

2．任某公司某相关公司的大股东的董事、职员或合伙人。

（四）他能够接触公司证券的相关信息，是由于其（在第（a)、(b)、(c)段的含义内）与另一公司联络，获取所有参与交易公司或其中之一和另一公司的证券的信息（实际的或预期的）；

（五）在符合第一百四十一B(1)节含义的证券交易前的6个月内，他是与第(a)、(b)、(c)、(d)段所述公司有联络的人。

二、为了第一百四十一B节所述目的，与公司联络的公司为某人，只要其董事或职员与第(1)副节含义的其它公司有联络。

三、在第(1)副节中，关于公司的“大股东”即构成该公司的普通股票资本的证券持有证券利息的人。

（一）该证券的名义价值相当于超过股本10%的价值；或

（二）该证券使股东有权在该公司的任何股东大会上行使或者10%的表决权。

第一百四十一F条　公共官员掌握相关信息

一、某公共官员在其能力范围之内获取某公司的证券之相关信息时，此人则必然成为以第一百四十一B节为目的与该公司联络的人。

二、在第(1)副节中，“公共官员”指下列中的成员或职员，无论是暂时或永久、受薪或不受薪：

（一）政府

（二）执行理事会

（三）立法理事会

（四）城市理事会

（五）由总督或其名义或理事会主管任命的董事会、委员会、特别委员会或其他机构

（六）任何属于王室机构或代理人的公司实体

内部交易法庭

第一百四十一G条　内部交易法庭的建立

一、由此建立一个称作“内部交易法庭”（本部分中即“法庭”）。

二、法庭应由由总督任命的一名主席和两名其他成员组成。

三、法庭主席应为最高法院的法官，另两名成员则不应为公共官员（属于说明和总条款法的第3节所述含义）。

四、主席以外的法庭成员应在财务秘书认为恰当的情况下，因其服务而接受薪金，款项应从香港国民总收入中支出，而不用从其它项下支出。

五、一览表三中的规定应影响法庭成员或临时成员的委任，并且有关法庭程序和其他事项及规则的制订详见下文。

法庭调查

第一百四十一H条　调查内部交易

一、无论是否应委员会请求，如果情况向财务秘书显示有关公司的证券内部交易已进行或可能进行，他可据本节要求法庭对此调查（本节中所指的“调查”）。

二、财务秘书应向法庭主席发布书面通知组织调查，该通知应对调查各细节进行详细阐述。

三、调查目的应被定为法庭的定义内：

（一）是否应受处罚的某公司证券交易已发生；并且

（二）因此而涉及的人员身份及其处罚范围。

根据第(3)(b)副节做出决定时，法庭不应受限于内部交易直接参与人的身份和处罚，还可以根据第一百四十一C节。

（三）包括与交易有关的任何其他人；

（四）如果为公司实体，则包括行使管理权的人。

第一百四十一I条　法庭调查报告

一、据第一百四十一H(2)节接到通知后，法庭应按照本部分规定和一览表组织调查，准备书面报告。

二、任何人不得印制法庭团调查接到的通知或其由此而获得的消息。

三、任何人违反第(2)副节即有违法行为，可能被判罚款10000元并监禁1年。

四、法庭应以下列形式发布报告；

（一）首先向财务秘书呈交一份副本，并且

（二）以后按照第(5)副节，通过

1．使报被印制，而公众可由此获得这些报告；

2．只要合理，向被直接调查的人提供一份副本；

五、当法庭意欲印制某份报告，报告指出某人不应由于被调查交易而受到处罚时，以下规定应适用：

（一）如果某人以本副节为目的，向法庭提供服务地址，则法庭应将提议报告副本按该地址递送或留给该人，只要与被调查事件有关；

（二）如果递送在后7天内，法庭接到该人的书面通知反对其姓名被在调查事件中提及，则法庭不应在交易报告中提及其姓名；

（三）如果7天以后法庭未收到(b)段所述的书面通知，或某人尚未提供(a)段所述的服务地址，则法庭应在报告中指出该人的姓名；

六、任何人不得因法庭根据第(4)(b)副节印制了真实准确的报告或公共准确的报告概要，而诉诸民事或刑事程序。

法庭权力

第一百四十一J条　调查法委员会法庭的运用

一、调查委员会的第四(1)（除(i)、(j)和(ma)段）节、第五节、第七节、第八节((1)(ca)((2d)和(3)副节）和第九——十四节，根据本法，应用于调查：

（一）该调查中使用了本法；

（二）由此的委员会、主席和专员分别为所指的法庭、主席和一位成员；

（三）上述第四(1)节的(b)段授权向到庭的人支付损失的费用和总额；

（四）法庭是一个全权委员会，根据上述第九节处理不正当；

（五）应就上述法的一览表的第二表格作所有必要改变。

二、法庭可命令任何由其掌握或委员会掌握的调查所需文件或文章，均应被公正地处理。

第一百四十一K条　法庭获取消息的进一步权力

一、当情况显示有助于进行调查时，法庭可书面授权委员会行使第(2)副节所述的全部或部分权力，并就获取的关于调查的信息向法庭汇报。

二、第(1)副节所指的权力：

（一）检查任何人的帐簿和文件，如果法庭有合理依据相信或怀疑那些帐簿或文件含有的调查有关的信息；

（二）对(a)段提及的帐簿和文件复制摘录，并且根据第(3)副节在恰当期限内保留这些文件（不超过2天）；

（三）要求任何人对(a)段提及的帐簿和文件做出解释或详细说

明；

（四）书面要求任何人，无论是否存在前提，提供是否存在与调查相关的文件或帐簿的信息；

（五）要求按本节获取的信息或详情经法定声明验证并发表该声明。

三、当委员会掌握第（2）（b）副节所述的帐簿或文件时，它应允许授权人在适当的时候检验之，如果其不在委员会的掌握范围内检验，并复制摘录。

四、委员会根据本节的权力进行调查时，任何人均应出示其保管或控制的帐簿和文件。

五、本节中任何人如被要求批露任何信息或详情或解释，只要在其权力范围内，应给予合作，并且通过法定声明验证以上信息，详情或解释。

六、某人被视为违法，如果他：

（一）违反了第4或（5）副节

（二）为了符合第（4）或（5）副节，故意做出任何虚假或引起误解的陈述或不顾后果地就某具体细节做出虚假或引起误解的陈述；

（三）阻碍委员会在本节中行使权力；

（四）将与调查有关的任何帐簿或文件藏匿、销毁、残缺或串改，或者将其送离或使之送离香港，可被判罚5000元并监禁3个月。

七、第（6）副节所述的违法行为应被视为藐视法庭，法庭可根据第一百四十一J（1）（d）节所述处理藐视行为的权力处理，并可实施上述第（6）副节的处罚。

八、如果被处罚者证明其没有故意做出第一百四十一B（1）节所述证券交易的阻止行为或者拖延或阻止调查，则应被视为对第（6）（d）副节指控的辩护。

九、本节中"帐簿"包括债权人帐簿。

第一四十一L条　除法律顾问外无任何特权

一、除了第（2）副节的假设，任何人不得就第一百四十一K的要求享受特免权，或出庭时，享受不回答问题或披露信息或细节或出示帐簿或文件的特权。

二、本部分无论任何内容可要求任何享有特权方的律师和顾问做口头中书面的披露，除了其客户的姓名和地址。

三、第（1）副节中无任何内容对内陆收入法的第四节产生影响。

第十三章　其它规定

第一百四十二条　使用"包销人"名称的限制

一、（已被取消）

二、一个非包销人不应；

（一）使用或取得"包销人"名称；或

（二）取得或使用、在任何地方联系或展示、任何种类似于"包销人"名称的名称或非常类似而可被视作行骗。

三、任何违反第（2）副节的人应被视为违法并应被判罚款5000元。

四、（已被取消）

五、从事承保人业务的人并不因为其取得或使用"承销人"名称而违反第（2）副节，只他清楚地显示他使用名称并非第2节所指的含义。

第一百四十三条　投资顾问契约

一、任何投资顾问或其合伙人均不与香港的任何人签订投资顾问契约（本节指其客户），或延展或更新此类契约，或以任何方式自本节开始后使该投资顾问契约被签订、延展或更新，如果该契约：

（一）使客户向投资顾问或其合作人，在其基金或部分基金的一股资本获益的基础上支付酬金；

（二）不包括某项由投资顾问或其合伙人签订的合同的某部分，仅在征得客户同意后方可制订的规则；或

（三）不包括下列规则：

1．如由投资顾问的合伙人制订，则应将合伙方面的任何变化通知客户；或

2．如由作为公司的投资顾问制订，则应将董事方面的任何变化通知客户，在变化发生后一段合理的期限内。

二、第（1）（a）副节下：

（一）不禁止签订在某特定阶段、某特定日期在基金总价值基础上吸取酬金的投资顾问契约；

（二）运用于由委员会授权的投资互惠公司或互助基金会（或从事投资事业的，按公司法注册的公司）的经理或其他代表，以该法为目的签订的投资顾问契约，而该合同在特定阶段中按信托基金，公司或企业的资产值收取酬金，并根据信托基金，公司或企业在某种特定阶段的经营情况而增减：

1．某恰当证券指数的投资记录；或

2．由委员会书面阐释对某合同或预订合同的运用中所述的，其他该类投资措施。

三、在第（1）（b）和第（c）副节中，投资顾问契约，即某合同或协议，其中某人以本法为目的同意担任投资顾问或经营某非由委员会授权的投资互惠公司或互助基金会的客户的交易帐户，或某从事投资事业的，按公司注册的公司。

四、任何故意违反第（1）副节规定而签订合同的投资顾问应被视为违法，并被处罚2000元。

五、任何违反第（1）副节规定而签订的合同，无论合同内容是什么，可由客户选择为无效。

第一百四十四条　法庭可发生某些命令

一、委员会申请时，如果情况向法庭显示某人已违反本法或任何注册条件，或将就证券交易采取属于违法的行为，则法庭可以，在不对任何命令产生歧视的情况下，发生以下一项或几项命令：

（一）限制某人购买，处理或交易命令中阐明的证券；

（二）关于某注册交易或注册交易合伙人，委任某人管理该交易人或合伙人的财产；

（三）声明关于证券的合同无效或可被宣布无效；

（四）为了使本节的其他命令与该命令符合，指示某人采取或禁止采取某特定的行动；或

（五）根据（a）至（d）段发布命令以后，有必要发布的辅助性命令。

二、据第（1）副节发布命令之前，法庭应尽可能合理地使之不对任何人产生歧视。

三、据第（1）副节发布命令之前，法庭应指示申请通知向其认为合适的人递交，或指示申请通知以其认为合适的方式印制，或二者兼有。

四、法庭可撤销、更改或履行其按本节发布的命令或使该命令暂停执行。

第一百四十五条　其他侵害

任何人：

一、阻止委员会或任何其他公共官员或人员行使本法的权力、代理权、职责或功能；或

二、根据本法规则，未能向委员会授权的委员会或人员为调查要求出示的文件，应被视为违法并补判罚款5000元并被监禁3个月。

第一百四十六条　规则

一、委员会可为下列事实之一或全部制订规则：

（一）至（二）（已被取消）

（三）与注册交易人、其合伙人及其代表有关人员可从事证券交易；

（四）与注册投资建议人，其合伙人及其代表有关的人员可进行投资建议或投资代表，视情况而定；

（五）预定为第五十二节而要求的订金额，并据第（3）和（4）副节提供适用订金；

(六) 要求注册交易人及其合伙人，注册投资建议人及其合伙人在其交易场所出示注册证书；

(七) 为第六十三 (1) (b) 节预定应被通知的信息；

(八) (j) (已被取消)

(九) 为第七十九 (6) 节预定留存传阅文件副本的方式，时间或条件；

(十) 预定据第八十四节有关保存帐户的应记录细则；

(十一) 预定据第八十八节有关损益帐户、资产负债表和审计报告中应保留信息的应记录细则；

(十二) 在不废止上述内容时，预定任何可对第六十五B节施加更好影响的事项，可以下列为目的；

1. 预定注册交易人及其合伙人将交利润，由此包括的信息和以何种方式验证该信息；

2. 提供评估资产的方式和应支付的评估费用；

3. 提供为第六十五B节应计入内的资产被记录应被保存的地点；和

4. 为不同级别或某类别的注册交易人或其合伙人制订分别的规则；

(十三) (已被取消)

(十四) (已被取消)

(十五) 为第一百二十二节预定公共办公室

(十六) 为第十一部分进行调查预定步骤，为调查中接收证据（口头的或书面的)，为传讯和检查证人提供步骤；

(十七) 预定任何将由或可能被规则预定的内容。

二、当委员会根据第 (1) 副节制订规则时，理事会主管可就违反该规则的特定规定制定处罚条例，该处罚不超过罚款 2000 元和监禁 3 个月。

三、除非本法另行规定，本法制订的规则可作普通或特殊运用。

四、本节规则，据由此预定的条款和定义，可提供第六至十一部分的规定，或规则中阐述的：

(一) 不应与任何特定人员或某特定级别人员中一员有关：

1. 某个是或可能是交易人或投资建议人的人，仅因为其从事恰与其他业务有关的事业；

2. 不为或不代表任何他人从事证券交易；或

3. 某个是交易人或投资建议人的人，仅因为其参与某一或某类特定交易。

(二) 不应与 (a) 段所指的任何该人或该类人员的成员的代表有联系；

(三) 应与前述的任何人或成员，或该人或成员的代表有联系；

(四) 不应与由某一或某类特定人员达成的某一或某类特定交易有联系。

第一百四十六A条　委员会规则

一、委员会可就以下某一或全部事实制定下列规则：

(一) 由注册交易人及其合伙人、代表或注册投资建议人及其合伙人，代表从事的交易；

(二) 本法中与交易人、其合伙人或代表或者投资人．其合伙人或代表注册巧合的事件；

(三) 据第六十四节，预定记录关于注册交易人及其合伙人、代表或注册投资人及其合伙人、代表的细则；

(四) 使委员会能对据本法保存的任何注册错误进行纠正；

(五) 据本规则支付费用时，使委员会能在原证书或任何复制证书丢失或损坏时颁发注册的副本；

(六) 为本法预定形式；

(七) 为据第六部分申请注册预定方式；

(八) 预任何本节将预定完成可能已预完的内容。

二、据本节制订规则可被普通或特殊运用。

第一百四十七条　董事的负债

一、如果本法定义的公司侵害行为被证实为经公司董事、经理、秘书或其他官员同意或默许，或疏忽造成或任何以此为目的行为的人，则该人或公司被视为违法，并应受到相应的制裁。

二、根据第 (3) 副节，本节中如果某人无论其名称为任何董事之职，或行使公司董事的权力，则该人自然成为董事。

三、如果某人仅因公司董事在专业方面向其征询建立，则不应被视为董事是按照其建议或指导行动。

四、当某合伙人的侵害行为被证明经由另一合伙人同意或默许，或疏忽造成，则另一合伙人应被视为违法，并受到相应制裁。

第一百四十八条　委员会可对本法提出部分指控

在对刑事犯罪其他指控条款和对处理有关该犯罪的检察总长的权力不产生歧视的情况下，委员会可就该应受处罚的犯罪对本法提出指控。

第一百四十九条　修改一览表和某些特定数字

理事会主管可通过公布的报章修改：

(一) 一览表 (1) 和 (2)；和

(二) 第十部分特定的数字或总额。

第一百五十条　(已被取消)

一览表 (1)

有关要求购买证券的条件

一、如果欲购证券正在联合交易公司或某国外交易所挂牌或报价，则根据第二段，该要求应：

(一) 陈述该事实，阐明证券正挂牌或报价的交易所情况；

(二) 阐明联合交易公司有关证券的最终记录价；或如果为某国外交易所，则阐明欲购目前 3 个月之内某一适当日期的最终记录价；

(三) 阐明欲购日前每 6 个月的有关证券在最后交易日的最终价；

(四) 阐明欲购日前 6 个月内的有关证券的最低价和最高价；

(五) 当欲购已被公开发布，无论在报纸或其他新闻媒介及其他，则阐明公布日前 3 个月内有关证券的最终交易日的最终记录价，或如果证券未在该阶段内交易，亦应说明。

二、如果欲购证券不在联合交易公司或某国外交易所挂牌或报价，则欲购内容应包括：

(一) 欲购人所知的任何信息，包括：欲购日前 6 个月内于香港售出的证券的数量和名义价值，以及由于销售而产生的价格，或当欲购人不了解以上情况时做出相应解释；

(二) 关于组建发行证券公司证券转移的限制细则，以及使证券按欲购人要求被转移的安排事宜。

三、当欲购证券为港外公司发行而证券持有者居住在香港，并且该证券在公司所在地的交易所挂牌或报价，欲购应陈述该事实并阐明证券在哪一交易所挂牌或报价。

四、欲购应在显著位置表示以下格式的通知；

注　意

如果对本欲购有任何疑义，应向某证券经纪人或其他注册经纪人、某银行经理、律师、职业会计师或其他职业建议人咨询。一览表 (2)

有关要求处理证券的条件

一、如果欲售证券正在联合交易公司或某国外交易所挂牌或报价，并在各方面与现行挂牌或报价的证券一致，则处理应：

(一) 陈述该事实并阐明证券在哪一交易所挂牌或报价；

(二) 阐明联合交易公司证券的最终记录价；或如果在某国外交易所，则欲售日前 3 个月之内某一适当日期的最终记录价；

(三) 阐明欲售日前每 6 个月的有关证券在最交易日的最终价；

(四) 阐明欲售日前 6 个月内有关证券的最低和最高价；

(五) 当欲售已被公开发布，无论在报纸或其他新闻媒介及其他，则阐明公布日前 3 个月内有关证券的最终交易日的最终记录价，或如果证券未在该阶段内交易，应说明。

二、当欲售证券的发行公司在港外时，并且：

（一）在公司所在国或地区的交易所挂牌或报价；或

（二）仍将发行并且将在各方面与已挂牌或报价的证券一致。

三、当某公司证券不在联合交易公司或某国外交易所挂牌或报价，或与已挂牌或报价的证券不一致时，欲售应：

（一）提供组建发行证券公司的证券转移的限制性细则；

（二）除非某公司欲售出的证券附有符合公司法第二或十二部分文件，包括本表第四段细则或附有陈述该细则的声明。

四、(1) 第 (3) (b) 段所述细则指：

（一）1. 发行公司组建的年份和国家或地区；

2. 其在香港的注册或委托人办公室地址；和

3. 当公司于港外组建时，其注册或委托人办公室所在国家或地区的地址。

（二）1. 发行公司的法定资本；

2. 欲售日前 5 个财政年度的特定结束日期的公司法定资本数额；

3. 资本分为哪种股份级别；

4. 每一级股东的资本、红利和投票权；和

5. 为获取现金或部分或全部由其它方式支付的所发行的证券的各自数量和名义价值；

（三）1. 发行公司自上一财政年度结束后发行证券的数量和名义价值；

2. 证券分为哪种级别以及每一级股东的资本、红利和投票权；

3. 为获取现金或部分或全部由其它方式支付的所发行证券的各自数量和名义价值；

4. 偿还可赎优先股的数量和偿还的数额；和

5. 合法授权的就减少公司资本的细则。

（四）欲售日前 2 个财政年度内的发行公司资本的认可；

（五）1. 发行公司的损益额；

2. 欲售日 5 个财政年度内，发行公司支付红利的百分比，和每级证券以红利方式支配的数额；

3. 当数年中未对任何级别的证券分发红利，则必须提出说明；

（六）如果欲售日前发行公司发行的债券总额尚未超过 28 天，并且该公司抵押负债、贷款、费用总额及其应付利息百分比不超过 28 天；

（七）发行公司董事的姓名和地址；

（八）由发行公司董事或以其名义掌握的证券的数量、情况和名义价值，或董事不掌握该类证券，也不以他人名义掌握，应就此做出解释，并且

1. 无论将发行或已发行证券是否被金额支付；如果没有，则将在何情况下被支付，并且如果发行公司确定了支付日期和金额，则每一未付款的日期和数额。

2. 如果任何副段 (1) 要求的细则因为发行公司尚未交易到足够长的时间或其他原因而不能获取，欲售应陈述该事实；并且如果发行公司在香港组建，而细则在其交给公司注册人的利润表上无反映，欲售应陈述此事实。

五、如果欲售证券仍将发行，则欲售应：

（一）陈述：

1. 是否发行必须经过发行公司的决定授权；

2. 证券将参加的并次分红；和

3. 就欲售人所知，欲售日前财政年度的发行公司资产负债表有损益帐户的财政状况是否发生任何变化，如果有，则该变化的细节。

（二）附欲售前财政年度的公司资产负债表和损益帐户的副本；

（三）附发行公司组建备忘录和款或其它文件的副本，除非欲售阐明；

1. 在香港某处，欲购人可检验上述文件的副本；和

2. 其可进行检验的时间。

（四）如果在某证券各方面与发行公司已发行证券一致，但未在联合交易公司或某国外交易所挂牌或报价，欲售人应就其所知提供欲售日前 6 个月内所出售的该证券的数量和名义价值的信息，以及由出售而产生的的价格；或如果欲售人不了解以上情况，亦应做出说明；

（五）如果某证券与发行公司已发行证券不一致，则应陈述：

1. 证券在哪些方面与发行证券不同；

2. 这些证券是否有任何投票权，如果有，该权的限制；如

3. 是否存在已向或将向联合交易公司或国外我交易所提出拥有这些挂牌的申请，如果有，则申请交易所的名称。

六、欲售应在显著位置表示下列格式的通知：

“注意”

如果对该欲售有任何疑议，应向某证券经纪人或其他注册经纪人，银行经理、律师、职业会计师或其他职业建议人咨询。

内部交易法庭

一、本表中，除文中另行规定，否则：

“主席”即法庭主席。

“调查”即第一百四十一 H 节所述调查。

“成员”即法庭成员

“法庭”即根据第一百四十一 G 节成立的法庭。

委任成员

二、根据第四和五段，主要任期为 3 年，但只要根据第一百四十一 G (3) 节保持其被委任资格，则可不断地被重新委任。

三、另两名成员应由于某特别调查被委任，并且或被多次委任。

四、成员可在任何时候向主管呈交书面报告离职。

五、任何时候如果主席不在最高法院担当法官，则应离任。

六、主管有权由于其无能、破产、渎职或疏忽撤销主席以外成员的职务。

七、如果法院已开始某项调查，但在主席任期已满或某成员离职或撤职尚未生效以前调查尚未完成，主管可为了完成该调查授权主席或成员继续在职。

八、无论法庭成员变化如何，调查可继续进行，并且法庭采纳的特别证据不应由于变化被再次采纳。

临时成员

九、任何成员因疾病，离开香港或其他原因不能行使职责，或认为在某一事件中不宜行使职责，则主管可委任一临时成员代替。

十、被委任代行主席职责的临时人员应在最高法院中担任法官，被委任代行某成员职责的临时人员则应具有第一百四十一 G (3) 节所述的资格。

十一、代行主席或成员职责临时人员，应赋有法庭主席或成员的所有目的。

十二、主席应就其认为有益于职责行使的效益而召集法庭会议。

十三、主席应主持所有法庭会议，并且在另 2 名成员不到会的情况下不得召开会议。

十四、法庭前的任何问题均应由多数成员意见决定，除法律问题应由主席决定。

十五、法庭的每次会议应被录制，并且根据第十六段，法庭应决定哪些人可出席会议。

十六、被调查人或调查暗示或有关的人有权亲自出席法庭关于该调查的所有会议，并且可由律师代表。

十七、为了第十六段，法庭应决定某人的行为是否可成为被调查对象，或是否可能被调查暗示。

十八、法庭可委任由检察总长提名的法律官员或律师作为法庭的顾问。

十九、第十六段中“会议”不包括法庭为商议任何问题而召开的会议。

香港《证券上市管理规则》(要点)

(1986年6月)

第一章 上市的方式

1、报价认购 指公司将其证券向公众报价以便后者认购。对这类证券的认购必须为全额认购。

2、报价出售 指交易所的某个会员向公众报价出售业已发行或其已认购的证券。

3、私募 指交易所的某个会员向交易所的其他会员出售或邀购证券，一般只有在市场化资本的发行总额比较小，从而表明私募能节省费用的情况下，才批准这种发行方式。必须遵守由证券管理委员会颁布的私募规则。不过，私募申请应尽早提出以便获得原则批准，而且批准私募并不必然地表明其上市申请也能获得批准。该交易所会员必须在申请书中说明私募的方法和详细情况，所有尚未上市的证券私募额（无论公司的部分资本业已上市与否）必须由募股说明书予以保证。

4、引进股份 指出于拟上市的证券金额大、发行面广，因此上市时这类证券有充分的销售保证而不需要作销售安排的申请。引进股份的申请必须尽早提出，并且只有在某些特殊情况下才能获得批准，包括：

(1) 已在某个股票交易所注册登记的公司的证券的上市，该股票交易所应为上市委员会所确认。

(2) 控股公司（证券已上市的公众公司）向其股东或其他控股公司的股东分配其子公司（公众公司）的同种证券。

(3) 某控股公司形成，且其发行的证券系用于与一个或几个现有的证券已上市的公司的证券作交换。

与此有关的募股说明书必须说明保证公众的这类证券中有足够的利益的事项。

5、发行认股权 指提供给持股人的一种权利，使他们能按自己已有股份的比例以现金认购证券。

认股权一般应以可放弃的临时派股通知书或其他可转让单证发行。

发行认股权必须由募股说明书予以保证，且须说明董事会是否得到有关任何大股东打算接受临时分配给他们或将要分配给他们的认股权的任何信息以及有关的详细情况。

以临时派股通知书发行的认股权如果被受分配人所拒绝，可以通过追加申请予以安排。这部分必须由所有股东公开认购，并且公平地加以分配。必须说明或公布有关分配方法和零星股份的处理的具体情况。所有的认股权必须全额认购。

6、公开报导价 指向现有股东报价，使他们按自己的股份比例或不按自己的股份比例认购证券，这些证券并未以可放弃单证分配给他们。公开报价必须全额认购。

7、资本化发行 指公司将其公职积金转化为资本，同时按现有股份的比例将这部分证券分配给持股人，而不包含任何货币支付。资本化发行同样应有将未分配利润转化为资本股利计划。必须说明或公布零星股份的处理和安排的具体情况。

8、作为买进资产或企业的证券发行 指证券已上市的公司发行证券以买进资产或企业。

9、证券的交换或转换，股份的分割或合并 (1) 必须在给股东的发行说明书中说明有关证券的交换、转换，股份的分割与合并的详细情况，由此而引起的财务结果及其对现有股权的影响。

(2) 批准分割股票或合并股票上市的条件一般为，上市委员会认为这将不会对股东的权利产生不利的影响，并且其实施方式能产生良好的效果。

10、使用选择权、受权证、交换权或其他权力以取得证券只有经上市委员会批准，所有的选择权、受权证、交换权或其他权力才能被授与或发行。如果没有特殊情况，只要能根据规定的要求正当地使用选择权或交换权或其他权力，那么这类证券的上市理所当然地能获得批准。

11、其他方式 上市委员会可随时同意其他方式以批准证券上市。

第二章 申请的程序和要求

概述

1、申请者应尽早提出申请。申请上市的公司可以通过自己的财务顾问与上市部联系以取得有关上市资格的非正式和无保留的意见。

2、如果希望在英文或中文报纸上刊登广告或公开报价通知，申请者必须至少在登记的4个营业日之前向上市部呈交其稿件的复印件四份以备审批。(不得包含任何没有在募股说明书中列入的内容)。

3、按照要求递呈了申请书之后，如果对任何文件作了任何修改，必须向上市部呈交其修改后的同样份数的复印件以备审批。根据上市委员会的指示所作的修改须用红色标记，其他修改则用黑色标记。

4、此外，公司必须向上市委员会或上市部提供它们根据具体情况所需要的其他文件和资料。

申请上市所需要的文件。

5、A、资本尚未上市的公司：

(Ⅰ) 申请者必须至少在将下列文件公诸于众的14个营业日之前向上市部呈交这些文件的草样以备审批：

(1) 募股说明书的样件四份；

(2) 拟发行的临时股权凭证的样件四份；

(3) 拟发行的正式证券或其他正式股权凭证的样件二份，这些样件宜尽早呈交给上市部；

(4) 条例和组织章程或其他相应文件的样件或复印件二份；

(5) 若为债务证券，则需委托书或作为债务证券的担保或使之合法的其他文件的复印件二份。

(Ⅱ) 申请者必须至少在上市委员会对其申请举行意见听取会的2个营业日之前将下列文件呈送给上市部：

(1) 正式申请书一份以及规定的上市市费，申请书的格式由上市委员会规定，并且必须有由该指定的某个交易所会员的签章。

(2) (Ⅰ) 募股说明书的复印件四份，其中一份须注明日期，并且须有公司的各位董事或尚未正式公布的董事或由他授权的代理人的签名。

(Ⅱ) 如果在 (1) 中所述及的文件系由某个代理人签署的，则需授权答名证明书复印件一份。

(3) 在各种报纸上刊登的募股说明书或简介或公开报价通知等广告的复印件一份。

(4) 公司注册登记执照的正式副本或影印件一份。

(5) 公司营业执照（如果有的话）的正式副本或影印件一份。

(6) 条例和组织章程或其他相应文件的样件一份，已呈送过的可免。

(7) 委托书或作为债务证券的提保或使之合法的其他文件的样件一份，已呈送过的可免。

(8) 上市协议书。

(9) 下列文件的正式副本一份：

(Ⅰ) 公司决定申请发行证券和分配证券的决议；

(Ⅱ) 董事会批准并授权发行募股说明书的决议。

(10) 募股说明书中摘用或提及的各种信件，报告，财务报表，估价报告，合同书，决议或其他文件的正式副本一份。

(11) 专家对募股说明书的内容表示同意的书面报告的正式副本一份，如

(Ⅰ) 由该专家提供的调查报告或估价报告或其他的复印件或摘录或概要或与上述报告有关的其他文件；

(Ⅱ) 由该专家提供的对某项建议或计划决定取舍的建议书。

(12) 募股说明书提及的股东大会的通知书的复印件三份。

(13) 临时股权凭证的样件一份。

(14) 正式证券或其他正式股权凭证的样件一份。

(15) 关于拟上市证券的详细情况的报告一份，在报告中要保证将董事会宣布支付股利的公告呈交给上市部：

(Ⅲ) 下述文件可能在需要之列：

(1) 如果发起人或其他利益相关的当事人是某个股份有限公司或企业，按照规定需呈交一份报告，说明控制该公司或企业，或与其利润或资产利益相关的具体对象。

(2) 各位董事须以书面形式保证完全履行《证券上市管理规则》。

B、部分资本已经上市的公司：

(Ⅰ) 申请者必须在将下列文件公诸于众的14个营业日前向上市部呈交这些文件的草样以备审批；

(1) 募股说明书的样件四份；

(2) 拟发行的随时股权凭证的样件四份；

(3) 拟发行的正式证券或其他正式股权凭证的样件二份，已呈送过的可免；这些样件宜尽早呈交给上市部。

(4) 条例和组织章程或其他相应文件的样件或复印件二份，已呈现送过的可免。所有有关的决议的样件或复印件二份，根据《公司法》，这些决议均须加以登记，已经送过的可免。

(5) 若为债务证券，则委托书或作为债务证券的担保或使之合法的其他文件的样件或复印件二份。

(Ⅱ) 申请者必须至少在上市委员会对其申请举行意见听取会的二个营业日之前将下列文件呈送给上市部。

(1) 正式申请书一份以及规定的上市费。申请书的格式由上市委员会规定，并且必须有由该公司指定的某个交易所会员的签章。

(2) (Ⅰ) 募股说明书的复印件四份，其中一份须注明日期，并且须有公司的各位董事或尚未正式公布的董事或由他授权的代理人的签名：

(Ⅱ) 如果在 (1) 中述及的文件系由某个代理人签署的，则需授权签名证明书的复印件一份。

(4) 下列文件的正式副本一份：

(Ⅰ) 公司决定申请发行证券和分配证券的决议；

(Ⅱ) 董事会批准并授权发行募股说明书的决议。

(5) 募股说明书中摘用或提及的各种信件，报告，财务报表，估价报告，合同书，决议书或其他文件的正式副本一份。

(6) 专家对募股说明书的内容表示同意的书面报告的正式副本一份，如：

(Ⅰ) 由该专家提供的调查报告或估价报告或其他报告复印件或摘录或概要或上述报告有关的其他文件；

(Ⅱ) 由该专家提供的对某项建议或计划决定取舍的建议书。

(7) 募股说明书提及的股东大会的通知书的复印件二份。

(8) 临时股权凭证的样件一份。

(9) 如果所发行的证券与已经上市的证券不同或将会个同，则需正式证券或其他正式股权赁证的样件一份。

(10) 关于拟上市证券的详细情况的报告一份，在报告中要保证将董事会宣布支付股利的公告呈交给上市部。

(11) 如果证券承销商在报价日没有全部付清承销证券应付的款项：

(Ⅰ) 由该承销商开具给发行人收款银行的不可撤销委托书的正式副本一份。该委托书应授权发行人的收款银行按照承销契约所规定的付款日期运用发行证券所获得的收入以清偿承销商的债务。

(Ⅱ) 收款银行对该委托的确认书和付诸实施的协议书的正式副本一份。

(Ⅲ) 下述文件可能在需要之列：

(1) 条件和组织章程或其他文件的复印件一份；以前尚未呈送的所有的决议的复印件，根据公司法这些决议均须加以登记。

(2) 若为债务证券，则需委托书或作为债务证券的担保或使之合法的其他文件的样件一份。

(3) 上市协议书。

(4) 各位董事须以书面形式保证完全履行《证券上市管理规则》。

如果上述文件中的任一项有悖于上市委员会规定的要求，并且该公司无法在提出上市申请之前加以修改，该公司可以向上市委员会递交一份保证书以尽快修改这些文件。如果债务证券系以委托书作为担保。而该委托书只有在举行意见听取会之后才能生效，则应将最近的草稿送交上市委员会审批，并须在该委托书生效后立即将副本和受托人律师的证明书一并交给上市委员会。该证明书应证明委托书完全相同于上市委员会最终批准的草稿，或者写明经上市委员会同意的修改细节。

台湾证券交易法规简介

台湾证券交易法

(1989年1月29日)

第一章 总则

第一条 为发展国民经济，并保障投资，特制定本法。

第二条 有价证券之募集、发行、买卖，其管理、监督依本法之规定；本法未规定者，适用公司法及其他有关法律之规定。

第三条 本法所称土管机关，为“财政部”证券管理委员会。

第四条 本法所称公司，谓依公司法组织之股份有限公司。

第五条 本法所称发行人，谓募集及发行有价证券之公司，或募集有价证券之发起人。

第六条 本法所称有价证券，谓政府债券及公开募集、发行之公司股票、公司债券及经“财政部”核定之其他有价证券。

新股认购权利证书、新股权利证书及前项各种有价证券之价款缴纳凭证或表明权利之证书，视为有价证券。

第七条 本法所称募集，谓发起人于公司成立前或发行公司于发行前，对非特定人公开招募股份或公司债之行为。

第八条 本法所称发行，谓发行人于募集后制作并交付有价证券之行为。

第九条 （删除）

第十条 本法所称承销，谓依约定包销或代销发行人发行有价证券行为。**第十一条** 本法所称证券交易所，谓依本法之规定，设置场所及设备，以供给有价证券集中交易市场为目的之法人。

第十二条 本法所称有价证券集中交易市场，谓证券交易所为供有价证券之竞价买卖所开设之市场。

第十三条 本法所称公开说明书，谓发行人为有价证券之募集或出卖，依本法之规定，向公众提出之说明文书。

第十四条 本法所称财务报告，谓发行人及证券商、证券交易所依照法令规定，应定期编送主管机关之财务报告。

前项财务报告之编制准则，由主管机关以命令定之。

第十五条 依本法经营之证券业务，某种类如下：

一、有价证券之承销。

二、有价证券之自行买卖。

三、有价证券买卖之行纪或居间。

第十六条 经营前条各款业务之一者为证券商，并依下列各款定其种类：

一、经营前条第一款规定之业务者，为证券承销商。

二、经营前条第二款规定之业务者，为证券自营商。

三、经营前条第三款规定之业务者，为证券经纪商。

第十七条 公司依本公开募集及发行有价证券时，应先向主管机关申请核准或申报生效。

公司须由具有特定资格之股东所组成，或其事业之范围或性质不适宜由公众投资者，得经“财政部”之核定，不适用本法及公司法关于公开发行之规定。

第十八条 经营证券投资信托事业、证券金融事业、证券投资顾问业、证券集中保管事业或其他证券事业，应经主管机关之核准。

前项事业之管理、监督事项，由行政院以命令定之。

第十八条之一 第三十八条、第三十九条及第六十六条之规定，于前条之事业准用之。

第五十三条、第五十四条及第五十六条之规定，于前条事业之人员准用之。

第十八条之二 证券投资信托事业募集之证券投资信托基金，与证券投资信托事业及基金保管机构之自有财产，应分别独立。证券投资信托事业及基金保管机构就其自有财产所负债务，其债权人不得对于基金资产请求扣押或行使其他权利。

证券投资信托基金管理办法，由“财政部”定之。

第十九条 凡依本法所订立之契约，均应以书面为之。

第二十条 有价证券之募集、发行或买卖，不得有虚伪、诈欺或其他足致他人误信之行为。

发行人申报或公告之财务报告及其他有关业务文件，其内容不得有虚伪或隐匿之情事。

违反前二项规定者，对于该有价证券之善意取得人或出卖人因而所受之损害，应负赔偿之责。

委托证券经纪商以行纪名义买入或卖出之人，视为前项之取得人或出卖人。

第二十一条 本法规定之损害赔偿请求权，自有请求权人知有得受赔偿之原因时起2年间不行使而消灭；自募集、发行或买卖之日起逾5年者亦同。

第二章 有价证券之募集、发行及买卖

第二十二条 有价证券之募集与发行，除政府债券或经“财政部”核定之其他有价证券外，非经主管机关核准或向主管机关申报生效后，不得为之，其处理准则，由主管机关定之。

已依本法发行股票之公司，于依公司法之规定，发行新股而可不公开发行者，仍应依前项之规定办理。

第一项规定于出售所持有之公司股票、公司债券或其价款缴纳凭证、表明其权利之证书或新股认购权利证书，新股权利证书而对非特定人公开招募者，准用之。

第二十二条之一 已依本法发行股票之公司，于增资发行新股时，主管机关得规定其股份分散标准。

公开发行股票公司股务处理准则，由主管机关定之。

第二十二条之二 已依本法发行股票公司之董事、监察人、经理人或持有公司股份超过股份总额10%之股东，其股票之转让，应依下列方式之一为之：

一、经主管机关核准或自申报主管机关生效日后，向非特定人为之。

二、依主管机关所定持有期间及每一交易日得转让数量比例，于向主管机关申报之日起3日后，在集中交易市场或证券商营业处所为之，但每一交易日转让股数未超过一万股者，免予申报。

三、于向主管机关申报之日起3日内，向符合主管机关所定条例之特定人为之。

经由前项第三款受让之股票，受让人在一年内欲转让其股票，仍须依前项各款所列方式之一为之。

第一项之人持有之股票，包括其配偶、未成年子女及利用他人名义持有者。

第二十三条 新股认购权利证书之转让，应于原股东认购新股限期前为之。

第二十四条 公司依本法发行新股者，其以前未依本法发行之股份，视为已依本法发行。

第二十五条 公开发行股票之公司于登记后，应即将其董事、监察人、经理人及持有股份超过股份总额10%之股东，所持有之本公司股票、股数及票面金额，向主管机关申报；并公告之。

前项股票持有人，应于每月5日以前将上月份持有股数变动之情形，向公司申报，公司应于每月15日以前，汇总向主管机关申报，必要时主管机关得命令其公告之。

第二十二条之第三项之规定，于计算前二项持有股数准用之。

第一项之股票经设定质权者，出质人应即通知公司；公司应于其质权设定后5日内，将其出质情形，向主管机关申报并公告之。

第二十五条之一 公开发行股票公司出席股东会使用委托书应予限制、取缔或管理；其规则由主管机关定之。

使用委托书违反前项所定规则者，其代理之表决权不予计算。

第二十六条 凡依本法公开募集及发行有价证券之公司，其全体董事及监察人二者所持有记名股票之股份总额，各不得少于公司已发行股份总额一定之成数。

前项董事、监察人股权成数及查核实施规则，由主管机关以命令定之。

第二十六条之一 已依本法发行有价证券之公司召集股东会时，关于公司法第二百零九条第一项、第二百四十条第一项及第二百四十一条第一项之决议事项，应在召集事由中列举并说明其主要内容，不得以临时动议提出。

第二十六条之二 已依本法发行股票之公司，对于持有记名股票未满1000股股东，其股东常会之召集通知得于开会30日前；股东临时会之召集通知得于开会15日前，以公告方式为之。

第二十七条 主管机关，对于公开发行之股票，得规定其每股之最低或最高金额。但规定前已准发行者得依照原金额；其增资发行之新股亦同。

公司更改其每股金额，每年度以一次为限。

第二十八条 公司经营之事业，以由公众投资为适当者，得由“财政部”事先以命令规定发起人认足股份数额之一定限度，其在限度以外之股份，应先行公开招募；招募不足时，由发起人认足之，并得规定一

定小额认股者之优先认股权。

公司成立后发行股票时，准用前项之规定。但以公债或其他准备转作资本者，不在此限。

第二十八条之一 股票未在证券交易所上市或未于证券商营业处所买卖之公开发行股票公司，其股权分散未达主管机关依第二十二条之第一项所定标准者，于现金发行新股时，除主管机关认为无须或不适宜对外公开发行者外，应提拔发行新股总额之一定比率，对外公开发行，不受公司法第二百六十七条第一项关于原股东优先分认规定之限制。

股票已在证券交易所上市或于证券商营业处所买卖之公开发行股票公司，于现金发行新股时，主管机关得规定提拔发行新股总额之一定比率，以时价向外公开发行，不受公司法第二百六十七条第一项关于原股东优先分认规定之限制。

第二项提拔比率定为发行新股总额之百分之十。但股东会另有较高比率之决议者，从其决议。

依第一项或第二项规定提拔向外公开发行时，同次发行由公司员工承购或原有股东认购之价格，应与向外公开发行之价格相同。

第二十九条 公司债之发行如由金融机构担任保证人者，得视为有担保之发行。

第三十条 公司募集、发行有价证券，于申请审核时，除依公司法所规定记载事项外，应另行加具公开说明书。前项公开说明书，其应记载之事项，由主管机关以命令定之。

第三十一条 募集有价证券，应先向认股人或应募人交付公开说明书。

违反前项之规定者，对于善意之相对人因而所受之损害，应负赔偿责任。

第三十二条 前条之公开说明书，其应记载之主要内容有虚伪或隐匿之情事者，下列各款之人，对于善意之相对人，因而所受之损害，应就其所应负责部分与公司负连带赔偿责任：

一、发行人及其负责人。

二、发行人之职员，曾在公开说明书签章，以证实其所载内容之全部或一部者。

三、该有价证券之证券承销商。

四、会计师、律师、工程师或其他专门职业或技术人员，曾在公开说明书上签章，以证实其所载内容之全部或一部，或陈述意见者。

前项第一款至第三款之人，除发行人外，对于未经前项第四款之人签证部分，如能证明已尽相当之注意，并有正当理由确信其主要内容无虚伪、隐匿情事或对于签证之意见有正当确信其为真实者，免负赔偿责任；前项第四款之人，如能证明已经合理调查，并有正当理由确信其签证或意见为真实者，亦同。

第三十三条 认股人或应募人缴纳股款或债款，应将款项连同认股书或应募书向代收款项之机关缴纳之；代收机构收款后，应向各该缴款人交付经由发行人签章之股款或债款之缴纳凭证。

前项缴纳凭证及其存根，应由代收机构签章并将存根交还发行人。

已依本法发行有价证券之公司发行新股时，如依公司法第二百七十三条公告之股款缴纳期限在一个月以上者，认股人过期不缴纳股款，即丧失其权利，不适用公司法第二进百六十六条第三项准用同法第一百四十二条之规定。

第三十四条 发行人应于依公司法得发行股票或公司债券之日起30日内，对认股人或应募人凭前条之缴纳凭证，交付股票或公司债券，并应于交付前公告之。

公司股款、债款缴纳凭证之转让，应于前项规定之限期内为之。

第三十五条 公司发行股票或公司债券应经签证，其签证规则，由主管机关定之。

第三十六条 已依本法发行有价证券之公司，应于每营业年度终了后四个月内公告并向主管机关申报，经会计师查核签证、董事会通过及监察人承认之年度财务报告。其除经主管机关核准者外，并依下列规定办理：

一、于每半营业年度终了后2个月内，公告并申报经会计师查核签证、董事会通过及监察人承认之财务报告。

二、于每营业年度第一季及第三季终了后1个月内，公告并申报经会计师核阅之财务报告。

三、于每月十日以前，公告并申报上月份营运情形。

前项公司有下列情事之一者，应于事实发生之日起2日内公告并向主管机关申报：

一、股东常会承认之年度财务报告与公告并向主管机关申报之年度财务报告不一致者。

二、发生对股东权益或证券价格有重大影响之事项。

第一项之公司，应编制年报，于股东常会分送股东；其应记载之事项由主管机关定之。

第一项及第二项公告，申报事项暨前项年报，有价证券已在证券交易所上市买卖者，应以抄本送证券交易所及证券商同业公会；有价证券已在证券商营业处所买卖者，应以抄本送证券商同业公会供公众阅览。

第二项第一款及第三项之股东常会，应于每营业年度终了后6个月内召集之。

公司在重整期间，第一项所定董事会及监察人之职权，由重整人及重整监督人行使。

第三十七条 会计师办理前条财务报告之查核签证，应经主管机关之核准；其准则由主管机关定之。

会计师办理前项签证，发生错误或疏漏者，主管机关得视情节之轻重，为下列处分：

一、警告。

二、停止其二年以内办理本法所定之签证。

三、撤销签证之核准。

前条之财务报告，应备置于公司及其分支机构，以供股东及公司债权人之查阅或抄录。

第三十八条 主管机关为有价证券募集或发行之核准，因保护公益或投资人利益，对发行人、证券承销商或其他关系人，得命令其提出参考或报告资料，并得直接检查其有关书表、帐册。

有价证券发行后，主管机关得随时命令发行人提出财务、业务报告或直接检查财务、业务状况。

第三十九条 主管机关于审查发行人所申报之财务报告、其他参考或报告资料时，或于检查其财务、业务状况时，发现发行人有不符合法令规定之事项，除得以命令纠正外，并得依本法处罚。

第四十条 对于有价证券募集之核准，不得藉以作为证实申请事项或保证证券价值之宣传。

第四十一条 主管机关认为有必要时，对于已依本法发行有价证券之公司，得以命令规定其于分派盈余时，除依法提出法定盈余公债外，并应另提一定比率之特别盈余公债。

已依本法发行有价证之公司申请以法定盈余公债或资本公债拨充资本时，应先填补亏损，不适用公司法第二百三十九条第一项但书之规定；其以土地增值或资本重估增值之资本公债拨充资本者，应以其增值净额之一定比率为限。

第四十二条 公司对于未依本法发行之股票，拟在证券交易所上市或于证券商营业处所买卖者，应先向主管机关申请补办本法规定之有关发行审核程序。

未依前项规定补办发行审核程序之公司股票，不得为本法之买卖，或为买卖该种股票之公开征求或居间。

第四十三条 有价证券买卖之给付或交割，应以现款、现货为之。但已上市之有价证券买卖，其交割期间及预缴买卖证据金额，得由主管机关以命令定之。

证券集中保管事业之有价证券，其买卖之交割，得以帐簿划拨方式为之；其作业办法由主管机关定之。

以证券集中保管事业保管之有价证券为设质之标的者，其设质之交付，得以帐簿划拨方式为之，并不适用民法第九百零八条之规定。

证券集中保管事业保管之股票，经证券集中保管事业将所保管股票号码、股票所有人之本名或名称、住所或居所及所持有股数通知该股票之发行公司时，视为已记载于公司股东名簿或已将股票交存公司，不适用公司法第一百六十五条第一项及第一百七十六条之规定。

第四十三条之一　任何人单独或与其他人共同取得任一公开发行公司已发行股份总额超过10%之股份者，应于取得后10日内，向主管机关申报其取得股份之目的、资金来源及主管机关所规定应行申报之事项；申报事项如有变动时，并随时补正之。

不经由有价证券集中交易市场或证券商营业处所，对非特定人公开收购公开发行公司之有价证券者，非经主管机关核准，不得为之。

前项公开收购公开发行公司有价证券管理办法。由主管机关定之。

第三章　证券商

第一节　通则

第四十四条　证券商须经主管机关之许可及发给许可证照，方得营业；非证券商不得经营证券业务。

证券商分支机构之设立，应经主管机关许可。

外国证券商在"中华民国"境内设立分支机构，应经主管机关许可及发给许可证照。

证券商设置标准及管理规则，由主管机关定之。

第四十五条　证券商应依第十六条之规定，分别依其种类经营证券业务，不得经营其本身以外之业务。但经主管机关核准者，得兼营他种证券业务或与其有关之业务。

证券商不得由他业兼营。但金融机构得经主管机关之许可，兼营证券业务。

证券商不得投资于其他证券商，但兼营证券业务之金融机构，报经"财政部"核准者，不在此限。

华侨及外国人投资证券商者，应经主管机关核准。

第四十六条　证券商依前条第一项但书之规定，兼营证券自营商及证券经纪商者，应于每次买卖时，以书面文件区别其为自行买卖或代客买卖。

第四十七条　证券商须为依法设立公司。但依第四十五条第二项但书规定兼营者，不在此限。

第四十八条　证券商应有最低之资本额，由主管机关依其种类以命令分别定之。

前项所称之资本，为已发行股份总额之金额。

第四十九条　证券商之对外负债总额，不得超过其资本净值之规定倍数；其流动负债总额，不得超过其流动资产总额之规定成数。

前项倍数及成数，由主管机关以命令分别定之。

第五十条　证券商之公司名称，应标明证券之字样。但依第四十五条第二项但书之规定为证券商者，不在此限。

非证券商不得使用类似证券商之名称。

第五十一条　证券商之董事、监察人或经理人不得投资于其他证券商，或兼为其他证券商或公开发行公司之董事、监察人或经理人。但兼营证券业务之金融机构，因投资关系，其董事、监察人或经理人，得兼为其他证券商或公开发行公司之董事、监察人或经理人。

第五十二条　（删除）

第五十三条　有下列情事之一者，不得充任证券商之董事、监察人或经理人，其已充任者，解任之，并由主管机关函请"经济部"撤销其董事、监察人或经理人登记：

一、有公司法第三十条各款情事之一者。

二、曾任法人宣告破产时之董事、监察人、经理人或与其地位相等之人，其破产终结未满三年或调协未履行者。

三、最近三年内在金融机构有拒绝往来或丧失债信之纪录者。

四、依本法之规定，受罚金以上刑之宣告，执行完毕、缓刑期满或赦免后未满五年者。

五、违反第五十一条之规定。

六、受第五十六条及第六十六条第二款解除职务之处分，未满5年者。

第五十四条　证券商雇用对于有价证券营业行为直接有关之业务人员，应为有行为能力之"中华民国"国民，且具备有关法令所规定之资格条件，并无下列各款情事之一者：

一、受破产之宣告尚未复权者。

二、兼任其他证券商之职务者。

三、投资于其他证券商者。

四、曾犯诈欺、背信罪或违反工商管理法律，受有期徒刑以上刑之宣告，执行完毕，缓刑期满或赦免后未满3年者。

五、有前条第二款至第四款及第六款之情事者。

六、违反主管机关依照本法所发布之命令者。

前项业务人员之职称，由主管机关以命令定之。

第五十五条　证券商于办理公司设立登记后，应依主管机关规定，提存营业保证金。

因证券商特许业务所生债务之债权人，对于前项营业保证金，有优先受清偿之权。

第五十六条　主管机关发现证券商之董事、监察人及受雇人，有违背本法或其他有关法令之行为，足以影响证券业务之正常执行者，除得随时命令该证券商解除其职务外，并得视其情节之轻重，对证券商处以第六十六条所定之处分。

前项人员于解除职务后，应由证券商申报主管机关。

第五十七条　证券商取得经营证券业务之特许，或设立分支机构之许可后，经主管机关发觉有违反法令或虚伪情事者，得撤销其特许或许可。

第五十八条　证券商或其分支机构于开始或停止营业时，应向主管机关申报备查。

第五十九条　证券商自受领证券业务特许证照，或其分支机构经许可并登记后，于3个月内未开始营业，或虽已开业而自行停止营业连续3个月以上时，主管机关得撤销其特许或许可。

前项所定期限，如有正当事由，证券商得申请主管机关核准延展之。

第六十条　证券商不得收受存款、办理放款、借贷有价证券及为借贷款项或有价证券之代理或居间。

但经主管机关核准者，得为下列之行为：

一、有价证券买卖之融资或融券。

二、有价证券买卖融资融券之代理。

证券商办理有价证券买卖融资融券之管理办法，由"财政部"拟报请"行政院"核定之。

第六十一条　有价证券买卖融资融券之额度、期限及融资比率、融券保证金成数，由主管机关商经"中央银行"同意后定之；有价证券得为融资融券标准，由主管机关定之。

第六十二条　证券经纪商或证券自营商，在其营业处所受托或自行买卖有价证券者，非经主管机关核准不得为之。

前项买卖之管理办法，由主管机关定之。

第一百五十六条及第一百五十七条之规定，于第一项之买卖准用之。

第六十三条　第三十六条关于编制、申报及公告财务报告之规定，于证券商准用之。

第六十四条　主管机关为保护公益或投资人利益，得随时命令证券商提出财务或业务之报告资料，或检查其营业、财产、帐簿、书类或其他有关物件；如发现有违反法令之重大嫌疑者，并得封存或调取有关证件。

第六十五条 主管机关于调查证券商之业务、财务状况时，发现该证券商有不符合规定之事项，得随时以命令纠正之。

第六十六条 证券商违反本法或依本法所发布之命令者，除依本法处罚外，主管机关并得视情节之轻重，为下列处分：

一、警告。

二、命令该证券商解除其董事、监察人或经理人职务。

三、六个月以内之停业。

四、营业许可之撤销。

第六十七条 证券商经主管机关依本法之规定撤销其特许或命令停业者，该证券商应了结其被撤销前或停业前所为有价证券之买卖中受托之事务。

第六十八条 经撤销证券业务特许之证券商，于了结前条之买卖或受托之事务时，就其了结目的之范围内，仍视为证券商；因命令停业之证券商，于其了结停业前所为有价证券之买卖划受托事务之范围内，视为尚未停业。

第六十九条 证券商于解散或部分业务歇业时，应由董事会陈明事由，向主管机关申报。

第六十七条及第六十八条之规定，于前项情事准用之。

第七十条 证券商负责人与业务人员管理之事项，由主管机关以命令定之。

第二节 证券承销商

第七十一条 证券承销商包销有价证券，于承销契约所订定之承销期间届满后，对于约定包销之有价证券，未能全数销售者，其剩余数额之有价证券，应自行认购之。

证券承销商包销有价证券，得先行认购后再行销售或于承销契约订明保留一部分自行认购。

证券承销商办理前项之包销，其应具备之条件，由主管机关定之。

第七十二条 证券承销商代销有价证券，于承销契约所订定之承销期间届满后，对于约定代销之有价证券，未能全数销售者，其剩余数额之有价证券，得退还发行人。

第七十三条 第七十一条及第七十二条之承销期间，不得少于10日，多于30日。

第七十四条 证券承销商除依第七十一条规定外，于承销期间内，不得为自己取得所包销或代销之有价证券。

第七十五条 证券承销商出售依第七十一条规定所取得之有价证券，应依本法之规定，于有价证券集中交易市场为之；其未上市者，得于经主管机关依第六十二条核准证券经纪商或证券自营商之营业处所为之。

第七十六条 证券承销商承销契约，应记载下列事项：

一、契约当事人之名称、地址及其负责人之姓名。

二、包销或代销之标的名称、数量、金额及发行价格。

三、主管机关核准募集、发行或申报生效之年、月、日。

四、承销期间之起讫日期。

五、承销付款日期及方式。

六、包销报酬或代销手续费之计算及支付日期。

七、包销之方式、包销时剩余有价证券之认购方法，或代销时剩余有价证券之退还方式。

八、其他主管机关所规定事项。

证券承销商共同承销者，应指定一承销商为主办承销商，其共同契约之内容，除适用前项之规定外，并应订明主办承销商与其他共同承销商承销比例及其责任内容。

第七十七条 证券承销商于履行承销契约开始销售前，应将承销契约之副本申报主管机关备查。

第七十八条 证券承销商于承销期间届满后，应将销售情形及自己取得之数量附具清册，申报主管机关备查。

承销期间届满前即结束销售者，准用前项之规定。

第七十九条 证券承销商出售其所承销之有价证券，应依第三十一条第一项之规定，代理发行人交付公开说明书。

第八十条 证券承销商于承销期间内，应按其契约所订之发行价格销售，并应一次收款。

第八十一条 证券承销商包销有价证券者，其包销之总金额，不得超过其流动资产减流动负债后余额之一定倍数；其标准由主管机关以命令定之。

共同承销者，每一证券承销商包销总金额之计算，依前项之规定。

第八十二条 证券承销商包销之报酬或代销之手续费，其最高标准，由主管机关以命令定之。

第三节 证券自营商

第八十三条 证券自营商得为公司股份之认股人或公司债之应募人。

第八十四条 证券自营商由证券承销商兼营者，应受第七十四条规定之限制。

第四节 证券经纪商

第八十五条 证券经纪商受托于证券集中交易市场，买卖有价证券，其向委托人收取手续费之费率，由证券交易所申报主管机关核定之。

证券经纪商非于证券集中交易市场，受托买卖有价证券者，其手续费比率，由证券商同业公会申报主管机关核定之。

第八十六条 证券经纪商受托买卖有价证券，应于成交时作成买卖报告书交付委托人，并应于每月底编制对帐单分送各委托人。

前项委托书之记载事项，由主管机关以命令定之。

第八十七条 证券经纪商应备置有价证券购买及出售之委托书，以供委托人使用。

前项委托书之记载事项，由主营机关以命令定之。

第八十八条 第八十六条第一项及第八十七条第一项之书件，应保存于证券经纪商之营业处所。

第四章 证券商同业公会

第八十九条 证券商应依其经营证券业务之种类，分别地区，组织同业公会。

证券商非加入同业公会，不得开业。

第九十条 证券商同业公会章程之要内容，及其业务之指导与监督，由主管机关以命令定之。

第九十一条 主管机关为保障有价证券买卖之公正，或保护投资人，必要时得命令证券商同业公会变更其章程、规则、决议或提供参考、报告之资料，或为其他一定之行为。

第九十二条 证券商同业公会之理事、监事有违反法令怠于实施该会章程、规则、滥用职权、或违背诚实信用原则之行为者，主管机关得予纠正、或命令证券商同业公会予以解任。

第五章 证券交易所

第一节 通则

第九十三条 证券交易所之设立，应于登记前先经主管机关之转呈或许可；其申请程序及必要事项，由主管机关以命令定之。

第九十四条 证券交易所之组织，分会员制及公司制。

第九十五条 设立证券交易所之地区及组织，由主管机关斟酌当地情况，报请"财政部"核定之。

前项同一地区内，以设立一个证券交易所为限。

每一证券交易所以开设一个有价证券集中交易市场为限。

第九十六条 非依本法不得经营类似有价证券集中交易市场之业

务；其以场所或设备供给经营者亦同。

第九十七条 证券交易所名称，应标明证券交易所字样，非证券交易所，不得使用类似证券交易所之名称。

第九十八条 证券交易所以经营供给 有价证券集中交易市场为其业务，非经主管机关核准不得经营其他业务，或对其他事业投资。

第九十九条 证券交易所应向国库缴存营业保证金，其金额由主管机关以命令定之。

第一百条 主管机关于特许或许可证券交易所设立后，发现其申请书或加具之文件有虚伪之记载，或有其他违反法令之行为者，得撤销其特许或许可。

第一百零一条 （删除）

第一百零二条 证券交易所业务之指导、监督及其负责人与业务人员管理事项，由主管机关以命令定之。

第二节 会员制证券交易所

第一百零三条 会员制证券交易所，为非以营利为目的之社团法人，除依本法规定外，适用民法之规定。

前项证券交易所之会员，以证券自营商及证券经纪商为限。

第一百零四条 会员制证券交易所之会员，不得少于7人。

第一百零五条 会员制证券交易所之章程，应记载下列事项：

一、目的。

二、名称。

三、主事务所所在地，及其开设有价证券集中交易市场及场所。

四、关于会员资格之事项。

五、关于会员名额之事项。

六、关于会员纪律之事项。

七、关于会员出资之事项。

八、关于会员请求退会之事项。

九、关于董事、监事之事项。

十、关于会议之事项。

十一、关于会员存置交割结算基金之事项。

十二、关于会员经费之分担事项。

十三、关于业务之执行事项。

十四、关于解散时剩余财产之处分事项。

十五、关于会计事项。

十六、公告之方法。

十七、关于主管机关规定之其他事项。

第一百零六条 会员不得兼为其他证券交易所之会员，或与公司制证券交易所订立使用有价证券集中交易市场之契约。

第一百零七条 会员得依章程之规定请求退会，亦得因下列事由之一而退会：

一、会员资格之丧失。

二、会员公司之解散或撤销。

三、会员之除名。

第一百零八条 会员应依章程之规定，向证券交易所缴存交割结算基金，及交付证券交易经手费。

第一百零九条 会员应依章程之规定出资，其对证券交易所之责任，除依章程规定分担经费外，以其出资额为限。

第一百一十条 会员制证券交易所对会员有下列行为之一者，应罚以违约金并得警告或停止或限制其于有价证券集中交易市场为买卖或予以除名：

一、违反法令或本于法令之行政处分者。

二、违反证券交易所章程、业务规则、受托契约准则或其他章则者。

三、交易行为违背诚实信用，足致他人受损害者。

前项规定应于章程中订定之。

第一百一十一条 会员制证券交易所依前条之规定，对会员予以除名者，应报经主管机关核准；其经核准者，主管机关并得撤销其证券商业务之特许。

第一百一十二条 会员退会或被停止买卖时，证券交易所应依章程之规定，责令本人或指定其他会员了结其于有价证券集中交易市场所为之买卖，其本人于了结该买卖目的范围内，视为尚未退会，或未被停止买卖。

依前项之规定，经指定之其他会员于了结该买卖目的范围内，视为与本人间已有委任契约之关系。

第一百一十三条 会员制证券交易所至少应置董事3人，监事1人，依章程之规定，由会员选任之，但董事中至少应有1/3就非会员之有关专家中选任之。

董事、监事之任期均为3年，连选得连任。

董事应组织董事会，由董事过半数之同意，就非会员董事中选任1人为董事长。

董事长应为专任。但交易所设有其他全权主持业务之经理人者，不在此限。

第一百一十四条 第五十三条之规定，于会员制证券交易所之董事、监事或经理人准用之。

董事、监事或经理人违反前项之规定者，当然解任。

第一百一十五条 会员制证券交易所之董事、监事或经理人，不得为他证券交易所之董事、监事、监察人或经理人。

第一百一十六条 会员制证券交易所之会员董事或监事之代表人，非会员董事及其他职员，不得为自己用任何名义自行或委托他人在证券交易所买卖有价证券。

前项人员不得对该证券交易所之会员供给资金，分提盈亏或发生营业上之利害关系。但会员董事或监事之代表人，对于其所代表之会员为此项行为者，不在此限。

第一百一十七条 主管机关发现证券交易所之董事、监事之当选有不正常情事者，或董事、监事、经理人有违反法令、章程或本于法令之行政处分时，得通知该证券交易所令其解任。

第一百一十八条 会员制证券交易所之董事、监事或经理人，除本法有规定者外，准用公司法关于董事、监察人或经理人之规定。

第一百一十九条 会员制证券交易所，除下列各款外，非经主管机关核准，不得以任何方法运用交割结算基金。

一、政府债券之买进。

二、银行存款或邮政储蓄。

第一百二十条 会员制证券交易所之董事、监事及职员，对所知有关有价证券交易之秘密，不得泄露。

第一百二十一条 本节关于董事、监事之规定，对于会员董事、监事之代表人准用之。

第一百二十二条 会员制证券交易所因下列事由之一而解散：

一、章程所定解散事由之发生。

二、会员大会之决议。

三、会员不满7人时。

四、破产。

五、证券交易所设立许可之撤销。

前项第二款之解散，非经主管机关核准，不生效力。

第一百二十三条 会员制证券交易所雇用业务人员应具备之条件及解除职务，准用第五十四条及第五十六条之规定。

第三节 公司制证券交易所

第一百二十四条 公司制证券交易所之组织，以股份有限公司为限。

第一百二十五条 公司制证券交易所章程，除依公司法规定者外，并应记载下列事项：

一、在交易所集中交易之经纪商或自营商之名额及资格。

二、存续期间。

前项第二款之存续期间，不得逾10年。但得视当地证券交易发展情形，于期满3个月前，呈请主管机关核准延长之。

第一百二十六条 证券商及其股东或经理人不得为公司制证券交易所之董事、监察人或经理人。但金融机构兼营证券业务者，因投资关系，并经主管机关核准者除经理人职位外，不在此限。

公司制证券交易所之董事、监察人至少应有1/3，由主管机关指派非股东之有关专家任之；不适用公司法第一百九十二条第一项及第二百十六条第一项之规定。

第一百二十七条 公司制证券交易所发行之股票，不得于自己或他人开设之有价证券集中交易市场上市交易。

第一百二十八条 公司制证券交易所不得发行无记名股票；其股票之转让出质，以“中华民国”国籍之人民或其构成人员全体，均为“中华民国”国籍之法人为限。

第一百二十九条 在公司制证券交易所交易之证券经纪商或证券自营商，应由交易所与其订立供给使用有价证券集中交易市场之契约，并检同有关资料，申报主管机关核备。

第一百三十条 前条所订之契约，除因契约所订事项终止外，因契约当事人一方之解散或证券自营商、证券经纪商业务特许之撤销或歇业而终止。

第一百三十一条 在公司制证券交易所交易之证券自营商或证券经纪商，不得在其他公司制证券交易所交易，或兼为会员制证券交易所之会员。

第一百三十二条 公司制证券交易所于其供给使用有价证券集中交易市场之契约内，应订立由证券自营商或证券经纪商缴存交割结算基金，及缴付证券交易经手费。

前项交割结算基金额标准，由主管机关以命令定之。

第一项之经手费费率，应由证券交易所会同证券商同业公会拟定，申报主管机关核定之。

第一百三十三条 公司制证券交易所应于契约内订明对使用其有价证券集中交易市场之证券自营商或证券经纪商有第一百一十条各款规定之情事时，应缴纳违约金或停止或限制其买卖或终止契约。

第一百三十四条 公司制证券交易所依前条之规定，终止证券自营商或证券经纪商之契约者，准用第一百十一条之规定。

第一百三十五条 公司制证券交易所于其供给使用有价证券集中交易市场契约内，应比照本法第一百十二条之规定，订明证券自营商或证券经纪商于被指定了结证券自营商或证券经纪商所为之买卖时，有依约履行之义务。

第一百三十六条 证券自营商或证券经纪商依第一百三十三条之规定终止契约，或被停止买卖时，对其在有价证券集中交易市场所为之买卖，有了结之义务。

第一百三十七条 第四十一条、第四十八条、第五十三条第一款至第四款及第六款、第五十八条、第五十九条、第一百十五条、第一百十七条、第一百十九条至第一百二十一条及第一百二十三条之规定，于公司制证券交易所准用之。

第四节 有价证券之上市及买卖

第一百三十八条 证券交易所除分别订定各项准则外，应于其业务规则或营业细则中，将有关下列各款事项详细订定之：

一、有价证券之上市。

二、有价证券集中交易市场之使用。

三、证券经纪商或证券自营商之买卖受托。

四、市场集会之开闭与停止。

五、买卖种类。

六、证券自营商或证券经纪商间进行买卖有价证券之程序，及买卖契约成立之方法。

七、买卖单位。

八、价格升降单位及幅度。

九、结算及交割日期与方法。

十、其他有关买卖之事项。

前项各款之订定，不得违反法令之规定；其有关证券商利益事项，并应先征询证券商同业公会之意见。

第一百三十九条 依本法发行之有价证券，得由发行人向证券交易所申请上市。

股票已上市之公司，再发行新股者，其新股股票于向股东交付之日起上市买卖。但公司有第一百五十六条第一项各款情事之一时，主管机关得限制其上市买卖。

前项发行新股上市买卖之公司，应于新股上市后10日内，将有关文件送达证券交易所。

第一百四十条 证券交易所应订定有价证券上市审查准则及上市契约准则，申请主管机关核定之。

第一百四十一条 证券交易所应与上市有价证券之公司订立有价证券上市契约，其内容不得抵触上市契约准则之规定，并应申报主管机关核准。

第一百四十二条 发行人发行之有价证券，非于其上市契约经前条之核准，不得于证券交易所之有价证券集中交易市场为买卖。

第一百四十三条 有价证券上市费用，应于上市契约中订定；其费率由证券交易所申报主管机关核定之。

第一百四十四条 证券交易所得依法令或上市契约之规定，报经主管机关核准，终止有价证券上市。

第一百四十五条 证券交易所上市之有价证券，其发行人得依上市契约申请终止上市。

证券交易所对于前项申请之处理，应经主管机关核准。

第一百四十六条 主管机关为前条之核准时，应指定生效日期，并视为上市契约终止之日期。

第一百四十七条 证券交易所依法令或上市契约之规定，或为保护公众之利益，就上市有价证券停止或回复其买卖时，应申报主管机关核准。

第一百四十八条 于证券交易所上市有价证券之公司，有违反本法或依本法发布之命令时，主管机关为保护公众或投资人利益，得命令该证券交易所停止该有价证券之买卖或终止上市。

第一百四十九条 政府发行之债券，其上市由主管机关以命令行之，不适用本法有关上市之规定。

第一百五十条 上市有价证券之买卖，应于证券交易所开设之有价证券集中交易市场为之。但下列各款不在此限。

一、政府所发行 债券之买卖。

二、基于法律规定所生之效力，不能经由有价证券集中交易市场之买卖而取得或丧失证券所有权者。

三、私人间之直接让受，其数量不超过该证券一个成交单位；前后两次之让受行为，相隔不少于3个月者。

四、其他符合主管机关所定事项者。

第一百五十一条 于有价证券集中交易市场为买卖者，在会员制证券交易所限于会员；在公司制证券交易所限于订有使用在有价证券集中交易市场契约之证券自营商或证券经纪商。

第一百五十二条 证券所交易于有价证券集中交易市场，因不可抗拒之偶发事故，临时停止集会，应向主管机关申报，回复集会时亦同。

第一百五十三条 证券交易所之会员或证券经纪商、证券自营商在证券交易所市场买卖证券，买卖一方不履行交付义务时，证券交易所应指定其他会员或证券经纪商或证券自营商代为交付。其因此所生价金差额及一切费用，证券交易所应先动用交割结算基金代偿之，如有不足，再由证券交易所代为支付，均向不履行交割之一方追偿之。

第一百五十四条 证券交易所得就其证券交易经手费提存赔偿准备金，备供前条规定之支付；其摊提方法摊提比率、停止提存之条件及其保管、连用之方法，由主管机关以命令定之。因有价证券集中交易市场买卖所生之债权，就第一百零八条及第一百三十二条之交割结算基金有优先偿之权，其顺序如下；

一、证券交易所。

二、委托人。

三、证券经纪商、证券自营商。

交割结算基金不足清偿时，其未清偿部分，得依本法第五十五条第二项之规定受偿之。

第一百五十五条 对于在证券交易所上市之有价证券，不得有下列各款之行为：

一、在集中交易市场报价，业经有人承诺接受而不实际成交或不履行交割，足以影响市场秩序者。

二、在集中交易市场，不移转证券所有权而伪作买卖者。

三、意图抬高或压低集中交易市场某种有价证券之交易价格，与他人通谋，以约定价格于自己出售，或购买有价证券时，使约定人同时为购买或出售之相对行为者。

四、意图抬高或压低集中交易市场某种有价证券之交易价格，自行或以他人名义，对该有价证券，连续以高价买入或以低价卖出者。

五、意图影响集中交易市场有价证券交易价格，而散布流言或不实资料者。

六、直接或间接从事其他影响集中交易市场某种有价证券交易价格之操纵行为者。

.前项之规定，于证券商营业处所买卖有价证券准用之。

违反前二项规定者，对于善意买入或卖出有价证券之人所受之损害，应负赔偿之责。

第二十条第四项之规定，于前项准用之。

第一百五十六条 主管机关对于已在证券交易所上市之有价证券，发生下列各款情事者，得命令停止其一部或全部之买卖，或对证券自营商、证券经纪商之买卖数量加以限制：

一、发行该有价证券之公司遇有诉讼事件或非诉讼事件，其结果足使公司解散或变动其组织、资本、业务、计划、财务状况或停顿生产，而有影响市场秩序或损害公益之虞者。

二、发行该有价证券之公司，遇有重大灾害，签订重要契约，发生特殊事故，改变业务计划之重要内容，或退票，其结果足使公司之财务状况有显著重大之变更，而有影响市场秩序或损害公益之虞者。

三、发行该公司有价证券公司之行为，有虚伪不实或违法情事，足以影响其证券价格，而及于市场秩序或损害公益之虞者。

四、该有价证券之市场价格，发生连续暴涨或暴跌情事，并使他种有价证券随同为非正常之涨跌，而有影响市场秩序或损害公益之虞者。

已上市之有价证券发生前项各款以外之情事，显足影响市场秩序或损害公益者，主管机关经报请"财政部"核准后，准用前项之规定办理。

第一百五十七条 发行股票公司董事、监察人、经理人或持有公司股份超过10%之股东，对公司之上市股票，于取得后6个月内再行卖出，或于卖出后6个月内再行买进，因而获得利益者，公司应请求将其利益归于公司。

发行股票公司董事会或监察人不为公司行使前项请求权时，股东得以30日之限期，请求董事或监察人行使之；逾期不行使时，请求之股东得为公司行使前项请求权。

董事或监察不行使第一项之请求以致公司受损害时，对公司负连带赔偿之责。

第一项之请求权，自获得利益之日起二年间不行使用而消灭。

第二十二条之二第三项之规定，于第一项准用之。

第一百五十七条之一 下列各款之人，获悉发行股票公司有重大影响其股票价格之消息时，在该消息未公开前，不得对该公司之上市或在证券商营业处所买卖股票，买入或卖出：

一、该公司之董事、监察人及经理人。

二、持有该公司股份超过10%之股东。

三、基于职业或控制关系获悉消息之人。

四、从前三款所列之人获悉消息者。

违反前项规定者，应就消息未公开前其买入或卖出该股票之价格，与消息公开后10个营业日收盘平均价格之差额限度内，对善意从事相反买卖之人负损害赔偿责任；其情节重大者，法院得依善意从事相反买卖之人之请求，将责任限额提高至三倍。

第一项第四款之人，对于前项损害赔偿，应与第一项第一款至第三款提供消息之人，负连带赔偿责任。但第一项第一款至第三款提供消息之人有正当理由相信消息已公开者，不负赔偿责任。

第一项所称有重大影响其股票价格之消息，指涉及公司之财务、业务或该证券之市场供求，对其股票价格有重大影响，或对正当投资人之投资决定有重要影响之消息。

第二十二条之二第二项之规定，于第一项第一款、第二款准用之；第二十条第四项之规定，于第二项从事相反买卖之人准用之。

第五节 有价证券买卖之受托

第一百五十八条 证券经纪商接受于有价证券集中交易市场为买卖之受托契约，应依证券交易所所订受托契约准则订定之。

前项受托契约准则之主要内容，由主管机关以命令定之。

第一百五十九条 证券经纪商不得接受对有价证券买卖代为决定种类、数量、价格或买入、卖出之全权委托。

第一百六十条 证券经纪商不得于其本公司或分支机构以外之场所，接受有价证券买卖之委托。

第六节 监督

第一百六十一条 主管机关为保护公益或投资人利益，得以命令通知证券交易所变更其章程、业务规则、营业细则、受托契约准则及其他章则，或停止、禁止、变更、撤销其决议案或处分。

第一百六十二条 主管机关对于证券交易所之检查及命令提出资料，准用第六十四条之规定。

第一百六十三条 证券交易所之行为，有违反法令或本于法令之行政处分，或妨害公益或扰乱社会秩序时，主管机关得为下列之处分：

一、解散证券交易所。

二、停止或禁止证券交易所之全部或一部业务。但停止期间，不得逾3个月。

三、以命令解任其董事、监事、监察人或经理人。

四、纠正。

主管机关为前项第一款或第二款之处分时，应先报经"行政院"核准。

第一百六十四条 主管机关得于各该证券交易所派驻监理人员，其监理办法，由主管机关以命令定之。

第一面六十五条 证券交易所及其会员，或与证券交易所订有使用有价证券集中交易市场契约之证券自营商、证券经纪商，对监理人员本于法令所为之指示，应切实遵行。

第六章 仲裁

第一百六十六条 依本法所为有价证券交易所生之争议，当事人得依约定进行仲裁。但证券商与证券交易所或证券商相互间，不论当事人间有无订立仲裁契约，均应进行仲裁。

前项仲裁，除本法规定外，依商务仲裁条例之规定。

第一百六十七条 争议当事人之一造违反前条规定，另行提起诉讼时，他造得拒以请求法院驳回其诉。

第一百六十八条 争议当事人之仲裁不能依协议推定另一仲裁人时，由主管机关依申请或以职权指定之。

第一百六十九条 证券商对于仲裁之判断，或依商务仲裁条例第二十八条成立之和解，延不履行时，除有商务仲裁条例第二十三条情形，经提起撤销判断之诉者外，在其未履行前，主管机关得以命令停止其业务。

第一百七十条 证券商同业公会及证券交易所应于章程或规则内，订明有关仲裁之事项。但不得抵触本法及商务仲裁条例。

第七章 罚则

第一百七十一条 违反第二十条第一项或第一百五十五条第一项、第二项之规定者，处7年以下有期徒刑、拘役或科或并科25万元以下罚金。

第一百七十二条 证券交易所及证券投资信托事业之董事、监事、监察人或受雇人，对于职务上之行为，要求期约或收受不正利益者，处五年以下有期徒刑、拘役或科或并科20万元以下罚金。

前项人员对于违背职务之行为，要求期约或收受不正利益者，处以7年以下有期徒刑、拘役或科或并科20万元以下罚金。

犯前二项之罪者，所收受之财物没收之，如全部或一部不能没收时，追征其价额。

第一百七十三条 对于前条人员关于违背职务之行为，行求期约或交付不正利益者，处3年以下有期徒刑、拘役或科或并科15万元以上罚金。

犯前项之罪而自首者，得免除其刑。

第一百七十四条 有下列情事之一者，处5年以下有期徒刑、拘役或科或并科20万元以下罚金：

一、于依本法第三十条、第四十四条第一项至第三项或第九十三条规定之申请事项为虚伪之记载者。

二、对有价证券之行情或认募核准之重要事项为虚伪之记载而散布于众者。

三、发行人或其负责人、职员有第三十二条第一项之情事，而无同条第二项免责事由者。

四、发行人或其关系人、证券商或其委托人、证券商同业公会、证券交易所或第十八条所定之事业，对于主管机关命令提出之帐簿、表册、文件或其他参考或报告资料之内容有虚伪之记载者。

五、发行人、证券商、证券商同业公会、证券交易所或第十八条所定之事业，于依法或主管机关基于法律所发布之命令规定之帐簿、表册、传票、财务报告或其他有关业务文件内容有虚伪之记载者。

六、就发行或某种有价证券之交易，依据不实之资料，作投资上之判断，而以报刊、文书、广播、电影或其他方法表示之者。

七、会计师或律师，于查核公司有关证券交易之契约、报告书或证明文件时，为不实之签证者。

主管机关对于前项第七款之情事，得予以停止执行签证工作之处分。

第一百七十五条 违反第一十八条第一项、第二十二条、第四十三条第一项、第四十三条之一第二项、第四十四条第一项至第三项、第六十条第一项、第六十二条第一项、第九十三条、第九十六条至第九十八条、第一百十六条、第一百二十条、第一百五十七条之一第一项或第一百六十条之规定者，处2年以下有期徒刑、拘役或科或并科15万元以下罚金。

第一百七十六条 （删除）

第一百七十七条 有下列情事之一者，处一年以下有期徒刑、拘役或科或并科10万元以下罚金：

一、违反第三十一条第一项、第三十四条、第四十条、第四十一条、第四十五条、第四十六条、第五十条第二项、第一百十九条、第一百二十八条、第一百五十条或第一百六十五条之规定者。

二、违反主管机关依第六十一条所为之规定者。

三、违反主管机关其他依本法所为禁止、停止或限制之命令者。

第一百七十七条之一 违反第七十四条或第八十四条之规定者，处相当于所取得有价证券价金额以下之罚锾。但不得少于2万元。

第一百七十八条 有下列情形之一者，处2万元以上10万元以下罚锾：

一、违反第二十二条之二第一项、第二项、第二十五条第一项、第二项、第四项、第二十六条之一、第三十六条第四项、第四十三条之一第一项、第五十八条、第六十九条第一项、第七十三条、第七十七条、第七十九条、第一百四十一条、第一百四十四条、第一百四十五条第二项、第一百四十七条、第一百五十二条或第一百五十九条之规定者。

二、发行人或其关系人、证券商或其委托、证券商同业公会、证券交易所或第十八条所定之事业，对于主管机关命令提出之帐簿、表册、文件或其他参考或报告资料，逾期不提出，或对于主管机关依法所为之检查予以拒绝或妨碍者。

三、发行人、证券商、证券商同业公会、证券交易所或第十八条所定之事业，于依法或主管机关基于法律所发布之命令规定之帐簿、表册、传票册、财务报告或其有关业务之文件，不为制作、申报、公告、备置或保存者。

四、违反主管机关依第二十六条第二项所定之公开发行公司董事、监察人股权成数及查核实施规则之规定者。

有前项第二款至第四款规定之情事，经主管机关科处罚锾，并责令限期办理；逾期仍不办理者，得继续限期令其办理，并按次连续各处4万元以上20万元以下罚锾，至办理为止。

第一百七十九条 法人违反本法之规定者，依本章各条之规定处罚其为行为之负责人。

第一百八十条 本法所定之罚锾拒不缴纳者，移送法院强制执行。

附则

第一百八十一条 本法施行前已依证券商管理办法公开发行之公司股票或公司债券，视同依本法公开发行。

第一百八十二条 （删除）

第一百八十三条 本法施行细则，由“财政部”定之。

第一百八十四条 本法自公布日施行。

台湾证券交易所管理规则

（1990年10月16日）

第一章 总则

第一条 本规则依照证券交易法（以下简称本法）第九十三条、第九十九条、第一百〇三条、第一百三十七条及第一百五十四条之规定订之。

第二条 证券交易所之组织机构分会员制及公司制两种，其设立应经“财政部”证券管理委员会（以下简称本会）之许可。

第三条 本规则所称业务人员，指为证券交易所从事下列业务之主管或人员：

一、有价证券上市之审查。

二、有价证券上市公司财务业务之查核。

三、集中交易市场有价证券之撮合买卖、结算、交割及保管。

四、集中交易市场电脑作业及资讯管理。

五、本证券交易所、会员或证券经纪商、证券自营商财务业务之查核。

第二章 设立许可或特许

第一节 会员制证券交易所

第四条 会员制证券交易所之设立，应由全体会员检附下列文件各三份向本会申请许可：

一、申请书（如附表1）

二、组织章程及业务规则。

三、会员名册。

四、场地及设备情形说明。

五、董事、监事名册及国民身份证影本。

六、董事、监事登记表（如附表二）暨无证券交易法第五十三条规定情事之书面声明。

七、会员出资额缴足之银行专户存款证明文件。

八、年度业务概算书及收支概算。

九、经会计师签证之最近财务报告及查帐报告。

十、设立会记录。

第五条 前条第二款之组织章程应记载下列事项：

一、关于本法第一百零五条、第一百十三条、第一百七十条所规定之事项。

二、关于解散事由。

第六条 第四条第三款会员名册内应记载下列事项；

一、名额。

二、名称及地址。

三、身份及兼业。

第七条 会员制证券交易所之董事、监事，应于证券交易所收到本会发给许可之核准 通知后，始得就任。

董事就任后，应即依法成立董事会及选任董事长，并拟任经理人及业务人员，报本会核准登记。

第八条 会员制证券交易所收到本会发给许可之核准通知后，应于30日内持凭核准通知向地方法院依照有关之规定，申请办理法人登记手续。

第九条 会员制证券交易所办妥法人登记后，应于15日内检附法人登记证件影本营业保证金缴存收据影本申请本会发给许可证，逾期不写申请者，原核准失其效力，但有正常理由者，事前得向本会申请核准延展之。

第十条 会员制证券交易所之登记事项如有变更，应于变更之日起15日内填具有变更申请书连同有关文件各三份，向本会申请变更登记。

第二节 公司制证券交易所

第十一条 公司制证券交易所应为发起设立之股份有限公司。

第十二条 公司制证券交易所之最低实收资本额 为新台币5亿元。

第十三条 公司制证券交易所之设立，应由全体股东检具下列文件各三份向本会申请许可：

一、申请书（如附表）。

二、公司章程及营业细则。

三、股东名册。

四、场地及设备情形说明。

五、董事、监察人名册及其国民身分证影本。

六、董事、监事人登记表（如附表二）暨无本法第一百二十六条第一项前段、第五十三条第一款至第四款、第六款所定情事之书面声明。

七、收足股款之银行专户存款证明文件。

八、年度营业概算书。

九、经会计师签证之最近财务报告及查帐报告。

十、发起人会议记录。

第十四条 公司制证券交易所之章程其内容除应有符合公司法之规定外、并应记载下列事项：

一、关于本法第一百二十五条、第一百二十六条第二项、第一百二十八条及第一百七十条规定之事项。

二、本规则第三十二条所定之事项。

三、会计之事项。

第十五条 公司制证券交易所应于收到本会发给许可之核准通知后，依公司法规定办理公司设立登记。

第十六条 公司制证券交易所收到公司执照后，应于15日内检附执照影本及营业保证金缴存收据影本中请本会发给许可证，逾期不写申请者，原核准许失其效力。但有正当理由者，事前得向本会申请延展之。

第十七条 本规则第七条及第十条之规定，于公司制证券交易所备用之。

第三章 管理与监督

第一节 财务及业务

第十八条 证券交易所经本会许可并依法登记后，应向国库缴存营业保证金。

前项营业保证金之金额为其会员出资总额或公司实收资本额5%。

第十九条 证券交易所应依本法第一百五十四条规定一次提存新台币5000万元作为赔偿准备金；并于每季终了后15日内，按证券交易经手费收人之20%，继续提存。

第二十条 证券交易所提存前条之赔偿准备金，应专户提存保管，非经本会核准，不得为下列以外之运用：

一、政府债券。

二、银行存款或邮政储金。

第二十一条 证券交易所应于年度开始一个月前，拟具年度业务计划书与预算，申报全会核定，修正时亦同；于每季结束后15日内，编制年度业务计划书与预算截至该季之执行情形，申报本会检查。

证券交易所应依本会核定之年度以业务计划书与预算执行之。

第二十二条 证券交易所对集中交易市场，应建立监视制度，拟具力法申报本会核检，并确定执行。

证券交易所为前项市场之监视，必要时得向其会员或证券经纪商、证券自营商、上市公司查询及调阅有关资料或通知提出说明，其会员或证券经纪商、证券自营商、上市公司，不得拒绝。

第二十三条 证券交易所应注意查察其会员或证券经纪商、证券自营商之财务业务情形；发现有违反法令或不当情事者，应即为适当处置，并通知本会。

证券交易所为前项之查察时，发现其会员或证券经纪商、证券自营商有经营不善，发生亏损信用难以维持，或遇有突发事件，应即为专案检查，并予辅导。其办法，由证券交易所会同证券商同业公会拟定，申报本会核定。

第二十四条 证券交易所应于一定处所备置各上市公司及其会员或证券经纪商、证券自营商之财务业务资料，以供公众阅览。

第二十五条 证券交易所对受寄之款项及证券，应拟具保管办法、申报本会核备。

第二十六条 证券交易所应将每日成交之用价证券名称或代号、数量、价格及买卖双方证券商代号，迅速在适当处所揭示之。

第二十七条 证券交易所应按日制作证券市价表，记栽下列事项于交易所揭示处公告之。

一、成交证券之名称。

二、开市、最高、最低及收市价格；其有申报价格而无成交者，记载其最后之申报价格。

三、与前一营业日收市价格比较后之涨跌情形。

四、成交量、值之分计及合计。

五、股价指数。

第二十八条 证券交易所应就有价证券集中交易市场内成交之买卖，于每日、每月、每年终了制作日报表、月报表及年报表。

第二十九条 证券交易所之章程或其他规章如有变更时，应即申报本会核备。

第三十条 公司制证券交易所应于每半营业年度终了后2个月内及每营业年度终了后2个月内及每营业年度终了后4个月内，向本会申报营业报告书及经会计师查核签证，董事会通过、监察人承认之财务报告。公司制证券交易所应于每月10日以前，向本会申报上月份会计科目月计表。

第三十一条 会员制证券交易所之财务报告除以编制收支报告表替代损益表及盈亏发补表外，准用前条之规定。

第三十二条 公司制证券交易所应于每年税后盈余项下，提列30%至80%特别盈余公积。

前项特别盈余公积每年提列之比率，由本会视其盈余状况在所列幅度内指定之。

第一项特别盈余公积，除填补公司亏损或报经本会核定拨充资本外，不得使用之。

第三十二条之一 证券交易所应订定取得或处分固定资产处事程序，报经本会核定；修正时亦同。

证券交易所取得或处分固定资产，其每笔交易价额超过新台币5000万元以上者，应依前项所定程序办理其一年内连续分次与同一相对人写买卖，累积交易金额达新台币5000万元者亦同。

证券交易所取得、处分固定资产，应于董事会决议之日起2日以内，就下列事项检附相关资料申报本会并公告之。

一、标的物之名称与性质。

二、不动产之座落地点、面积及专业鉴价机构之鉴价结果。

三、交易之相对人。相对人为关系人者，其相互关系。

四、前次移转时之所有人及其移转之价据与登记日期。

五、本次交易之对价或预定价额。

六、交付或付款之条件。

七、本次交易之决定方式（如招标、比价或议价）。

八、有经纪人者，其经手之经纪人及应负担之经纪费。

九、取得或处分之目的或用途。

第三十三条 证券交易所有下列情事之一时，应即申报本会核备：

一、集中交易市场因不可抗拒之偶发事故停止超过一个营业日之集会或回复集会。

二、证券交易所、会员及证券自营商，证券经纪商之负责人或业务人员因执行业职务涉讼或受诉讼上之判决或为破产人、强制执行人之债务人、或有银行退票、拒绝往来之情事或依证券交易法应受解除职务之处分者。

三、会员人会或退会。

四、证券自营商或证券经纪商与证券交易所间，关于有价证券集中交易市场使用契约之订立、变更或终止。

五、依本法第一百一十条或第一百二十三条之规定，对会员或证券自营商、证券经纪商所为除名或终止契约以外之处分。

六、证券商存置于证券交易所之交割结算基金运用情形。

七、董事会之决议。

八、其他经本会提定应行申报核定之事项。

第三十四条 证券交易所对下列规定情事，除应即为适当处置外，并应向本会申报备查；

一、集中交易市场因不可抗拒之偶发事故临时停止当市之部分交易或集会之情事。

二、会员或证券经纪商、证券自营商有逾时交割或交割不能之情事。

三、上市公司重大讯息查证及公开处理情形。

四、集中交易市场监视及处理情形。

五、因经营业务，发生诉讼事件。

六、证券商、上市公司财务报告之审阅结果。

七、其他经本会规定应行申报备查之事项。

前项第一款至第二款之事项，应于事实发生之次日前向本会申报；第三款至第五款之事项，应于事实发生或处理完成后五日内，向本会申报；第六款之事项，应于每月底汇报当月份已完成之审阅结果。

第三十五条 证券交易所依本法及本规则之规定取得之业务许可，不得以任何方式作为权利之标的。

第三十六条 会员间或证券商间因有价证券集中交易所生之争议，证券交易所得请证券商同业公会为仲裁前之和解。

第二节 组成及人员

第三十七条 证券交易内部单位之组设、员额编制及职称，应订定组定规程，申报本会核定，修正时亦同。

第三十八条 证券交易所对人员之进用、待遇、考勤、奖惩、训练、进修、退休、资遣、抚恤等，应订人事管理办法，申报本会核定，修正时亦同。

证券交易所对人员待遇之支给，除前项人事管理办法所订定者外，不得另立科目支给。

第三十九条 证券交易所之经理人，除不得有本法第五十三条所定各款之情事外，须为“中华民国”国民及具备下列资格之一：

一、具有硕士以上学位，曾任证券、金融机构或公民营企业业务部门之主管职务或曾在国内外独立学院以上学校任讲师以上职务1年以上者。

二、大专以上学校毕业，曾任证券、金融机构或公民营企业业务部门之主管职务三年以上者。

三、曾任证券、金融机构或公民营企业业务部门之主管职务5年以上者。

第一项所称经理人，包括总经理、副总经理、协理及各业务单位之主管、副主管。

第四十条 证券交易所雇用主管之业务人员，除不得有本法第五十四条所定各款之情事外，须为“中华民国”国民及具备下列资格之一：

一、大专以上学校毕业或高等考试或相当于高等考试以上之特种考试及格，曾任证券、金融机构之业务部门或上市证券发行公司财务、股务部门职务3年以上者。

二、曾任证券、金融机构之业务部门或上市证券发行公司职务、股务部门职务5年以上者。

三、具有证券投资分析人员资格者。

四、经本会或本会所指定机构举办之证券商高级业务员测验合格者。

第四十一条 证券交易所雇用非主管之业务人员，除不得有本法第五十四条所定各款之情事外，须为“中华民国”国民及具备下列资格之一：

一、大专以上学校毕业者。

二、普通考试或相当于普通考试以上之特种考试及格者。

三、曾任证券、金融机构之业务部门或上市证券发行公司财务、股务部门职务3年以上者。

四、经本会或本会所指定机构之证券商业务员测验合格者。

第四十二条 证券交易所雇用助理业务人员，除不得有本法第五十四条所定各款之情事外，须为“中华民国”民国及具备下列资格之一；

一、高中或高职以上学校毕业者。

二、低于普通考试之特种考试及格者。

第四十三条 证券交易所董事、监事、监察人及经理人异动，该证券交易所应于异动后5日内，申报本会核备。

第四十四条 证券交易所业务人员异动，该证券交易所应按月列册汇报本会。

第四十五条 证券交易所之经理人及业务人员不得以任何方式担任有价证券上市公司、证券商之任何兼职或名誉职位。

第四十五条之一 证券交易所之经理人及业务人员就应执行之业务事项有怠于执行或未确实执行者，所属证券交易所应予以解聘、解雇或为适当之处分。

第四十六条证券交易所之董事监察人、经理人及业务人员，不得有下列行为：

一、以职务上所知悉之消息，直接或间接从事上市有价证券买卖之交易活动。

二、非应依法令所为之查询、泄露职务上所悉之秘密。

三、与有价证券上市公司、会员或证券商有借贷款项、有价证券或为借贷款项、有价证券之媒介情事。

四、办理有价证券上市、交易、结算、交割时或保管，有虚伪、诈欺或其他足致他人误信之行为。

五、其他违反证券管理法令或本会规定应为或不得为之情事。

第四十七条 证券交易所之业务人员；于证券交易所营业处所或集中交易市场执行营业行为时，应穿着规定服装，并佩带证券交易所核发之识别证；非经登记之证券交易所业务人员，不得执行第三条所定之业务。

第四章 附则

第四十八条 证券交易所或证券交易所之董事，监事、监察人、经理人及业务人员，违反本规则之规定者，依本法之规定处罚。

第四十九条 本规则自发布日施行。

第四章 证券监管机构

第一节 国务院证券委员会

证券市场的建立和发展，对于筹集资金，优化资源配置，调整产业结构，转换企业经营机制，促进社会主义市场经济具有积极的作用。我国的证券市场在改革开放中得到恢复并有了较快发展，在邓小平同志视察南方时的重要谈话和中央政治局全体会议精神的指导下，又有了进一步发展。为了加强证券市场的宏观管理，统一协调有关政策，建立健全证券监管工作制度，保护广大投资者的利益，促进我国证券市场健康发展，国务院决定于1992年10月成立国务院证券委员会（简称证券会）。这是深化改革，完善证券管理体制的一项重要决策，对于保障证券市场健康发展有着重要意义。

国务院证券委员会是国家对全国证券市场进行统一宏观管理的主管机构，主要职责是：

1、负责组织拟订有关证券市场的法律、法规草案；

2、研究制定有关证券市场的方针政策和规章；

3、制定证券市场发展规划和提出计划建议；

4、指导、协调、监督和检查各地区、各有关部门与证券市场有关的各项工作。

5、归口管理证监会。

证券市场是社会主义市场经济体系的重要组成部分，我国的证券市场经过多年的发展，虽已初具规模，但与社会主义市场经济发展的要求还有很大距离。证券委要组织各有关方面，根据建立社会主义市场经济体制的要求和证券市场的发展战略和规划，不断加强和改善国家对证券市场的宏观调控，积极发挥证券市场对资金配置所具有的积极作用，努力克服证券经营机构和证券交易所、证券业协会等机构以及全国证券交易系统的自身建设。要采取多种方式，大力培养证券专业人才。要建立证券市场的分析、预测和信息发布系统。积极开展对外交往与合作，学习借鉴境外的成功经验。

第二节 中国证券监督管理委员会

中国证券监督管理委员会（简称“证监会”）经国务院批准，于1992年10月在北京成立。成立证监会的目的是为了加强证券市场的管理，统一协调有关政策，建立健全监管工作制度，保护广大投资者的利益。它的成立，对完善证券管理体制，保障证券市场健康发展有着重要意义。

根据《国务院关于进一步加强证券市场宏观管理的通知》（国发〔1993〕68号）、《国务院关于坚决制止期货市场盲目发展的通知》（国发〔1993〕77号）和《国务院关于中国证券监督管理委员会列人国务院直属事业单位序列的通知》（国发〔1994〕2号），中国证券监督管理委员会为国务院直属事业单位，是国务院证券委员会的监管执行机构，依照法律、法规的规定对证券市场、期货市场进行监督和管理。其主要职责为：

（一）根据国务院和国务院证券委员会授权起草证券、期货法规，拟定证券、期货市场的管理规则和实施细则。

（二）依法对有价证券的发行、上市、交易及其相关活动进行监管。

（三）审查证券经营机构，证券结算、保管、过户、登记机构从事证券业务的资格，并对其业务活动以及其上述机构人员的从业资格进行监管。

（四）会同有关主管部门制定市场中介组织及其从业人员从事证券、期货业务的资格标准、业务规则和行为准则，并对其业务活动、从业行为进行监管。

（五）依法对证券交易场所、证券业协会的业务活动进行监管。

（六）依据证券委授权，对期货交易所、期货经纪机构的设立进行审核，对其活动进行监管。

（七）依法对向社会公开发行股票的公司实施监管。

（八）依法对境内企业直接或间接向境外发行具有股票性质、功能的证券以及在境外上市活动进行监管。

（九）依据有关法律、法规的规定，根据证券委授权或者会同有关部门对违反证券、期货法律、法规、实施细则和有关规则的行为进行调查、处罚。

（十）会同有关部门管理证券、期货市场信息，研究分析证券市场、期货市场发展形势和问题，根据证券委的要求，拟定证券、期货市场发展规划和战略。

（十一）组织、参与证券业、期货业对外交往与合作活动。

（十二）办理国务院和国务院证券委员会交办的其他事宜。

第三节　省（市）证券监管机构

从上述两节我们知道，国务院证券委员会（证券委）是全国证券市场的主管机构，中国证券监督管理委员会（证监会）是证券委的执行机构。近年来，我国有许多省（市）自治区均相继成立了对证券监督管理的专门机构，管理当地证券市场。上海、深圳两地均有市证券管理办公室。但是目前国家、省（自治区）、市三级证券管理部门之间尚未有直接隶属关系。

编者说明：各省、市的证券管理机构的形式和管理办法不完全一致，但是职能和组织架构基本相同。下面我们以上海市、深圳市、广东省、吉林省和内蒙古自治区的证券管理机构与证券市场为例，对我国地方证券管理体系进行简要的介绍：

一、上海市证券管理办公室与上海市证券市场概况

经中国证监会授权，在上海市证券管理委员会领导下，上海市证券管理办公室负责对本市证券、期货市场进行统一规划、指导、监督、管理和协调，内部设置了公司部、市场部、期货部、稽查部、调研部和行政部。上海市证券管理办公室行使下列监管职责：

（1）对本市新发行股票公司的选择，上市（拟上市）公司的新股发行、增资或减资、配股及相关业务，证券、期货市场有关新品种、衍生品种试点和期货标准合约进行初审。

（2）对本市公司的证券发行，拟发行外资股的公司选择和证券（含衍生品种）发行，本市企业或有关部门投资的境外公司在境外发行证券及上市进行初审。

（3）对证券经营机构、期货经营机构的有关业务进行初审，对证券和期货投资咨询机构的有关业务进行审批。

（4）对设立在本市的上市公司、期货交易所、证券经营机构、期货经营机构、证券或者期货咨询机构、同证券和期货业务相关的其他机构的业务活动进行监管。

（5）对设立在本市的上市公司、证券经营机构、期货交易所、期货经营机构、证券或者期货投资咨询机构、同证券和期货业务相关的其他机构以及前述机构的从业人员、证券及期货市场投资人的违法、违规行为进行调查，并依法予以处罚。

（6）起草证券、期货市场的有关地方性法规、规章草案和其他规范性文件。

（7）制订本市证券、期货市场的长远发展规划，并做好信访、调解、培训、理论研究等工作。

（8）归口管理上海证券业协会、期货业协会。

（9）办理法律、法规和规章规定的有关事项以及市政府、中国证监会交办的其他事项。

在证券管理机构和有关各方的共同努力下，上海证券市场1996年呈现出如下的特征：

1．*加强法制注重规范*

经过本市和国家有关部门几年来的共同努力，全国性的证券市场的法规已初步形成体系，对于证券市场的发行、交易、信息披露等各类行为以及行为主体都有了相应了的规则，上海市证券管理办公室被中国证监会授权监管上海证券市场及有关的中介机构，上市公司、证券经营机构等市场参与各方，在几年来的实践中运作日趋规范。1996年起，在上市公司中建立了董事会秘书工作制度，成立了由257家证券中介机构组成的上海市证券业协会，加强了证券业自律管理。

2．*运作体系追求高效*

经过六年多的实践，上海证券交易所已初步建立了一套功能齐全、技术先进、效率较高的市场运作体系。率先实行了无纸化交易，建立了每秒种撮合1800笔交易的电子计算机系统和中央清算系统，全面实现了电脑自动对盘的交易系统，与分布在全国大城市的24个证券交易中心实行连网交易，并由上交所523个会员单位在400多个大中型城市中设立了2464个有卫星和光纤通讯的营业网点，极大地方便了分布于全国的1200万证券投资人参与上海证券市场的投资。为方便国际B股投资人，上海B股市场实行以美元标价的挂牌制度，建立托管银行、代理人制度和连通全球的行情传播系统。特别是在1993年建立了一个符合国际证券交易委员会G30小组要求的中央登记清算公司，为境外投资者提供了一个能切实保障其合法权益的清算体系。

3．*扩大规模服务全国*

上海证券市场以服务全国经济为宗旨，积极创造条件吸纳全国各地的上市公司、投资人和证券经营机构。截止1996年底，在上海证券交易所的293个上市公司中有190个来自全国各地，其中96个异地公司（有4个发行B股）是在1996年一年内新增的。上市公司门类已涉及工业、商业、房地产、公用事业、综合等五类，这些上市公司都为当地同行业中的佼佼者。293个上市公司发行股本总额达747.76亿元，比上年增加33%；上市股本市价总值5477.81亿元，比95年增长116%。1996年，上海证券市场通过新股发行及部分上市公司的配股，为本市及异地公司募集资金达192.1亿元，创下历年最高水平。

1996年，通过上海市场国债一级承销商发行的国债有910亿元，其中通过上交所上网发行560亿元。全年国库券发行总额1952亿元中有1600亿元在上交所上市注册，占当年上市量的80%。加上历年发行尚未到期兑付的国库券，上交所上市国库券总量已达2000亿元。

开户投资人到年末逾1200万户，比上年末的680万户增加76%，新增的520万户中有480万户来自于全国其它地区，占新增量的92%，本市开户投资人达245万户，比上年末增16%。

到1996年底上海证券市场挂牌的交易品种达368个，比上年增加42%，其中A股287个，B股42个，国债17个，基金15个，其他7个。1996年上海各类证券成文总额为27661.45亿元，比1995年增长4倍。

4．*开拓B股市场推进国际化进程*

经过四年努力，到1996年底，上海已有43家公司发行B股，共发行45.28亿股B股，筹集外资19.4亿美元，B股市价总值达161.68亿元人民币，比95年增长75%。拥有投资者4.5万户。B股公司已涉及能源、交通、通信、制造业、房地产和酒店、旅游及商业零售业等领域。从事B股业务的境内证券经营机构33家、境外分销商57家、境外代理商91家，境外证券经营机构在上海设立的代表处达31家。上海B股市场正在逐步成为亚洲新兴的资本市场。

为提高B股发行的筹资效果和维护交市场的股价表现，1996年在东方通信等B股发行中引入了国际上通行的“超额配售选择权”的做法。冰箱压缩和上柴进行了增发B股的尝试，发挥了B股公司再筹资功能。发售和上市都获圆满成功。同时推进了上市公司进入国际资本市场，1996年陆家嘴公司和金桥公司在美国建立了一级ADR计划，这类公司已达6个。并有上柴、冰箱压缩等公司准备建立一级ADR。

1996年起B股的试点由上海、深圳两市扩大到全国范围，一些效益好、规模大、有发展前景的企业发行了B股并在上海证券交易所上

市。随着中国改革开放的深化，经济的持续增长，以及人民币日近自由兑换，上海B股市场必将成为海外投资者热切关注和积极参与的资本市场。

上海证券市场连年的快速发展，为经济发展开拓了新的筹资渠道，也为建立市场经济体系，探索现代企业制度，提供了广阔的舞台。积极培育和规范证券市场，有利于实现经济体制从计划经济向社会主义市场经济体制转变，有利于经济增长方式从粗放型向集约型转变，也有利于国民经济持续、快速、健康发展。上海证券市场将在各方面的共同努力下，加强法制、监管、自律、规范，进一步发挥筹资、资产重组和资源配置功能，加强国际化进程。

二、深圳市证券管理委员会暨深圳市证券管理办公室

1、深圳市证券管理委员会

深圳市证券管理委员会是根据中共深圳市委、深圳市人民政府深发〔1993〕1号文件精神而成立的，其主要职责、任务和组成方式如下：

（1）市证券委是对本市证券市场进行宏观管理的机构，它对市委、市人民政府负责，并接受国家证券管理部门的领导。其主要职责是：①根据国家有关证券市场管理的法律、规章，组织拟订有关证券市场的法规草案或管理规定；②制定证券市场发展规划，提出发行计划，经批准后组织实施；③对证券经营机构实行业务监管；④对本地公开发行上市公司进行资格审查和监督；⑤对资产评估、会计、审计、律师事务所等社会中介机构从事与证券业有关的业务实行监督；⑥对证券市场、证券业及涉及证券买卖的重大违纪事件进行调查处理。

（2）市证券委实行委员制，成员由14人组成，由市政府市长、常务副市长和分管副市长分别任正副主任。委员由市证券管理办公室、市计划局、人民银行特区分行、体改办、财政局、工商局、投资管理公司、法制局、证券交易所和专家组成。还可聘请有证券专业知识和实践经验专家若干人担任顾问。

深圳证券委成立之后，先后举行了多次会议，对深圳证券市场的一些重大问题进行了讨论、研究、决策。

2、深圳市证券管理办公室

深圳市证券管理办公室是根据中共深圳市委、深圳市人民政府深发〔1993〕1号文件而成立的。1993年4月1日正式对外挂牌办公，1997年8月，深圳市期货管理办公室并入深圳市证券管理办公室。深圳证管办是深圳市证券委的日常办事机构，主要职责是根据中国证券监督管理委员会的授权，依法监督管理全市证券期货市场，其基本职能是：

（1）贯彻执行国家有关证券、期货市场管理的法律、规章，拟订并组织实施我市证券、期货市场的法规草案、管理规定以及发展规划、证券发行计划。

（2）负责本市股份公司的规范、公开发行股票公司的股份制改组、股票发行审查。

（3）负责监管本行政区域内的上市公司。

（4）监管设立在行政区域内的证券经营机构、期货经纪机构的业务活动。

（5）监管证券、期货投资咨询机构及其投资咨询人员的业务活动。

（6）对资产评估、会计、审计、律师事务所等中介机构从事与证券、期货有关的业务活动实行监督。

（7）会同有关部门查处设立在本行政区域内的证券经营机构、期货经纪机构、证券与期货咨询以及前述机构的从业人员，市场投资者及证券、期货方面的违法、违规行为。

（8）负责受理有关证券、期货的信访投诉和举报、调解证券、期货纠纷和争议。

（9）承办中国证监会和市证券管理委员会交办的其他有关工作。

深圳市证券管理办公室下设六个处，分别是秘书处、市场处、公司审查处、稽查处、政策法规处和期货管理处。

三、广东省证券监督管理委员会

1997年7月广东省政府下发了《关于印发广东省证券监督管理委员会职能配置、内设机构和人员编制方案的通知》（粤府办〔1997〕31号）。现广东省证券监督管理委员会为省政府直属副厅级事业单位，内设办公室、信息部、市场部、证券部、期货部、国际部、监察部、人事部等八个部室。刘兴强同志任广东省证券监督管理委员会主任，侯外林任副主任。

根据中国证券监督管理委员会和广东省证券委员会授权，广东省证券监督管理委员会依法对全省证券、期货市场进行监督管理。其主要职责是：

（一）贯彻执行国家证券、期货工作的方针、政策和有关法律、法规、规章，拟订全省证券、期货市场发展战略和规划，提出实施意见并负责组织实施。

（二）按国家有关规定负责股份有限公司的上市股票、可转换债券发行以及股票（股权证）流通转让的审批、上报工作；受省政府委托会同有关部门对股份有限公司上市进行初审，并负责上报和规范化管理工作；参与股份有限公司设立的初审和规范化管理工作；对股份有限公司的有关行为进行监管。

（三）负责有价证券在证券交易中心挂牌交易的审核、报批，会同有关部门对证券经营机构、期货经营机构进行初审、报批。

（四）负责对证券交易中心、证券登记公司的监管；负责对证券经营机构及分支机构、期货经纪公司及分支机构、从事期货经纪业务的非期货经纪公司会员、证券或期货咨询机构的业务活动进行日常监管。

（五）负责督促上市公司依照国家有关法律、法规和公司章程完善公司组织机构、规范公司股东大会，协调政府有关部门与上市公司的关系。

（六）负责查处证券经营机构及分支机构、证券登记公司、期货经纪公司及分支机构、从事期货经纪业务的非期货经纪公司会员、证券或期货咨询机构以及前述机构的从业人员、证券、期货市场投资者的有关证券、期货违法、违规行为。

（七）负责处理有关证券、期货的信访投诉和举报，调解证券、期货纠纷和争议。

（八）会同有关部门监管证券、期货市场信息的披露，对披露虚假信息、误导市场行为的机构、人员进行查处；会同有关部门监管从事证券业务的会计师、审计师、律师事务所和资产评估等中介机构。

（九）负责证券、期货方面的宣传、培训和统计工作；指导证券业等协会的工作。

（十）承办省人民政府、中国证券监督管理委员会交办的其他事项。

四、吉林省证券市场

在邓小平同志建设有中国特色社会主义理论指导下，随着中国经济的改革、开放的不断深入和发展，吉林省证券市场从无到有、从小到大，从不规范到逐步规范，逐步发展壮大，截止到96年末，吉林省共有上市公司18家，位列全国各省（市）上市公司数前10名。其中发行A股股票18只，股本总额为52.2亿元，流通股份21.1亿股，共向社会募集资金29亿元（含配股4亿元）。吉化公司除发行A股外，以B股和美国的ADR（美国存托凭证）形式在香港和美国同时挂牌上市，及B股9.67亿股，境外募集资金合人民币16亿元。如果加上全省111家定向募集公司设立时间社会法人和内部职工定向募集的60亿元，全省通过股份制改造，企业直接融贸共达100多亿元。这18家上市公司从行业分布来看，属工业类12家，商业类3家，其它3家属综合类。

东北华联做为我省先期股份制试点单位之一。于93年8月29日率先上市，为其他工商企业股份制改造提供了必要的经验，随后辽源得亨、吉林轻工、吉林制药、通化东宝、欧亚集团、长百集团等17家企业于96年年底前陆续上市。使我省上市公司数目跃居全国前十位。在

18家上市公司中，有国家确定300家重点企业吉林化工、吉林化纤、汽油机；有全国农业第一股吉发集团；百家现代化企业制度试点企业之一的长春高新；全国医药行业重点企业延边敖东等。在上交所，吉发集团、通化东宝双双列入30指数样板股行列。由于这些企业优势明显以及在上交所和深交所的良好表现，在证券市场中树立了吉林经济的良好形象。

全省证券机构建设经过几年的努力和实践，由于采取了适合省情的政府和措施，有了长足的发展。全省现有证券交易中心1家，证券经营机构37家，注册资本4.5亿元。其中，具有股票承销资格的法人机构5家。全省共有上交所席位76个，深交所席位37个。股票交易营业部35个，营业面积共计3万余平方米。证券从业人员1000人，投资者近25万人。96年全省共完成股票交易额360亿元，实现利润共计8127万元。可以说在各个方面的共同努力下，我省证券市场自88年以来在建设和运作管理上，收到了良好的成效。主要呈现出以下几个特点：

1、股票交易网点设施建设初具规模。

1988年5月，吉林省第一家专营证券业务的非银行金融机构——吉林省证券有限责任公司成立，1992年10月该公司开办了东北三省第一家上海股票异地委托买卖业务。其后，随着证券市场的发展，各地陆续建立股票交易网点开展股票代开交易业务。到目前为止，全省已有同时经营上海、深圳股票异地买卖业务的营业网点35家，其中有相当一部分网点通过搬迁、改造，改变了过去规格小，交易手段落后的状况，呈现出向高层次、规模化方向发展的趋势。省财政信托公司证券部通过对交易所进行改造，营业面积由2000平方米增加到3000平方米，大户室的行情显示器由30个增加到50个，存款窗口由3个增加到6个，开户人数由5000多户增加到2万余户。从而一跃成为全省最大的股票大厅。

2、风险防范措施得到进一步加强。

随着股票市场的不断升温，各营业网点普遍重视了风险防范，积极开展内部宣传教育，完善各种规章制度并采取措施组织落实，严格禁止透支、内部工作人员炒作等违规行为的发生。长春市证券公司为防范风险建立内部监控体系，实行“双线”控制制度，把电脑控制和财务控制结合在一起，控制交易风险。为保证监控措施落到实处，公司设立了稽核部，配合财务部、电脑部工作，形成监控体系；同时认真进行业务自查，把好交易关。

3、形成了一支基本适应证券业发展的从业人员队伍。

据不完全统计，全省证券从业人员约1000人，其中大多数具有大专以上文凭。公司及各营业部的业务骨干和管理者绝大多数来自于有关专业银行，具有多年从事金融工作的经验，又经过在证券市场上的几年实践，基本上能够适应证券市场风云变幻的需要，能够保证国家和省政府有关证券市场运行和管理的政策和方针落到实处。以我省最大的证券专营机构为例，所属14个营业部，共有从业人员约400人，其中具有专科以上文凭的占80%以上。

4、交易手段和交易方式现代化水平逐步提高。

随着证券市场的发展和竞争的加剧，部分证券经营机构开始把注意力放在提高交易手段现代化上，并且不惜为此投入巨资。以先进的设备在市场竞争中占据主动，逐渐成为各机构追求的目标和制胜的法定。从目前情况看，提高交易方式和交易手段现代化水平的主要措施是开办电话委托业务和自动委托业务。到目前为止已有省证券公司、省财政信托、长春市证券公司、中民信长春营业部等正式开办了电话委托业务和自动委托业务。随着这两项业务的开展，标志着我省证券机构在交易方式、服务手段开始上档次，上水平，证券市场正在逐步由有形向无形过渡。

全省证券市场经过几年的初创阶段后，开始稳步进入规范发展的时期。为防范市场风险，保持社会的稳定，省证管办先后召开了各经营机构总经理座谈会，沟通了情况，提出了问题，布置了措施；成立了以省证管办主任为组长的证券市场稽核领导小组，对长春市的主要经营机构进行了重点清查和抽查；建立股票市场交易火爆时期每日报告制度，对重点营业场所进行连续监测。通过这些工作，保证了全省证券市场运行基本平衡，未因股市的波动而出现较大的问题。

目前省证管办及省证券业协会正在对全省证券市场进行全面系统的调查、摸底，在此基础上按照《全国证券从业人员资格考试大纲》的要求，拟订培训计划，分期分批组织证券，期货从业人员上岗培训。此外，有关部门正在围绕风险防范、行业自律等方面制定保证证券市场依法运作的规章和条例。我们相信，在各方面的共同努力下，吉林省的证券市场一定会持续、稳定、健康的向前发展，为吉林省的经济腾飞再立新功。

五、内蒙古证券市场发展概况

内蒙古证券业基本上是1993年起步，几年来发展迅速，取得了令人瞩目的成就。

1993年5月自治区人民政府批准成立了内蒙古自治区证券委并下设办公室（代证监会职能），是全国最早成立证券监管机构的省区之一，证券委成立后，艰苦创业，为促进全区证券期货市场发展做了大量创造性的工作。1994年成立了全区证券业协会，1995年9月正式成立了自治区证券监督管理委员会，1996年3月又成为中国证监会在全国第一批授权的14个省级地方证管部门之一。证券监管机构的建立和健全，对全区证券业发展起到了先导、促进、规范的关键性作用。我区证券业已初步形成了一个监管、经营、中介、自律等科学配套的组织体系，为促进内蒙证券市场和经济发展发挥着越来越重要的作用。

目前，全区已发展了一大批股份制企业，同时精心培育选择上市公司，坚持“优中选优”的原则，把符合国家和自治区产业政策，运作规范、发展前景好、业绩优良的企业推荐上市，自1994年起到97年8月，先后有内蒙华电、鄂绒公司、赤峰宏峰、呼市伊利、赤峰富龙、民族集团、天然碱、赤峰兴发、包头黄河化工、伊煤公司等10只股票发行上市，其中A股8家，B股2家。股本总额达19.48亿元，发行总规模为6.2亿元，共筹集国内外资金27亿元，有外资16亿元。其中蒙电、伊利实施了配股，配股筹资2.5亿元。这些企业股票发行上市都非常成功，市场反映较好，在全国证券市场呈现了“内蒙古板块”和“蒙股热”，树立了内蒙古经济和企业的良好形象。今后将继续培育发展，把我区最具代表性的好企业推向境内外股市。

全区现有证券营业机构20家。区内17家，区外3家，证券登记机构1家，初步形成以呼、包两市，辐射区外及全区各盟市的经营网络。按分业管理要求，这些机构已基本完成了体制过渡，理顺了机制，积极发展市场业务，强化提高风险管理，规范经营行为，经过几年的实践，已走上了稳步发展的路子。据统计，从1994年到97年6月，全区各机构共代理发行各类有价证券40亿元，其中股票19亿，债券21亿。随着我区证券市场的发展，全区股票投资者队伍迅速壮大，累计开户数达178495户，其中上交所96418户，深交所82077户，每年成倍增长。全区各机构累计证券交易额达300亿元，实现利润9000万元。

全区现有期货经纪公司3家，共设5个营业部，拥有北京、上海等12个期货交易所会员席位，累计期货交易额达550亿元。几年来，大家对期货市场保值避险，发展价格，强化资源配置功能有了一定认识。

与证券业发展配套服务的审计、评估、律师、咨询等中介机构已有近40家，其中大部分取得了中国证监会和国家有关部委确认的从业资格。这些机构机制灵活，运作规范，在中介服务业务中严格执法，诚实信用，为自治区证券市场发展和经济改革起到了重要作用。

（编者注：本节稿件由各证管办提供，其它各省市证券管理机构设置情况详见1996年出版的《中国证券大全》第二卷）

中国证券大全

(1997)

A complete collection of securities in China

第六卷

证券市场监管与风险防范

第一章 证券市场监管

第一节 证券市场监管概述

一、证券市场监管的目的

证券市场监管是指国家通过立法和政策对证券市场业务及从事证券业的机构和个人的监督管理。

证券市场管理的目的主要是为了保护投资者利益，保障合法证券交易活动，督促证券交易机构依法经营，禁止违法交易行为，防止个别企业垄断操纵和扰乱证券市场，维护证券市场正常秩序。利用国家宏观经济管理，根据需要来调控证券市场的交易规模，引导投资方向，支持重点产业，促进国民经济持续、快速、健康发展，充分发挥证券市场的积极作用，为国家市场经济建设创造良好的经济环境。

二、证券市场监管的必要性

由于证券在交易过程中所从事的对象分布广泛，层次高低参差不齐，交易内容复杂多样，加上我国有关证券市场的法律、法规和监督体系还不健全，市场的操作经验不足，投资者缺乏必要的风险意识，所有这些都决定了我国政府对证券市场管理的必要性。

(1) 保护投资者利益的需要

在众多的金融投资工具中，证券投资是属于高收益、高风险的投资项目之一。而在我国，因证券市场正处于起步阶段，证券投资者对证券的基本知识了解和投资分析能力较差，风险意识十分淡薄，对筹资者的经营生产情况缺乏了解，因此，良莠不分，盲目跟庄，哄抬股价。国家对于这些现象，必须通过立法和各种管理措施，监督筹资者向社会如实公开经营和财务状况。组织专门机构对筹资者的资信进行评级，对弄虚作假的行为给以处罚和管制，另外，对投资者操纵市场的行为实施制裁，确实保护投资者的合法权益，为市场的运行提供必要的条件。

(2) 保护正当交易，维护证券市场正常秩序的需要

发展社会主义证券市场，必然要引入竞争机制；由于市场供求规律的作用，市场价格经常会发生波动，可能有少数投资者采用不正当手段来哄抬证券市场价格，买空卖空，牟取暴利；有些公司伪造各种文件欺骗公众，骗取公众的资金；有些证券商利用受客户之托的机会，运用客户资金为自己牟取暴利；有一些证券从业人员与投机分子内外勾结进行内幕交易，操纵市场。为此，国家必须加强对证券市场的管理，对其活动检查监督，对非法的证券交易活动严厉进行查处，以维护证券市场的正常秩序，促进证券市场的健康发展。

(3) 健全证券市场体系的需要

证券市场按金融商品可分为债券市场和股票市场；按功能的不同可分为发行市场和转让交易市场；按组成证券市场的机构职能可以划分为投资机构、发行机构、交易机构、咨询机构等。证券市场体系中的不同市场和机构各有其运行的规律和特点，又相互联系和制约。这就需要国家根据它们不同的特点和运行规律，和它们之间的客观内在联系，根据整个经济发展的需要，来统筹规划，建制立法，加强监督和管理才能促进整个证券市场体系不断完善和协调发展，充分发挥证券市场的作用。

(4) 及时提供信息，提高证券市场效率的需要

及时、准确、可靠、全面的信息是证券市场参与者进行交易决策的重要依据。因此，一个发达的高效率的证券市场必须是一个消息灵通的市场。首先，它必须要有一整套现代化的信息通讯设备系统，其次，必须要有一个组织严密的科学的信息网络机构，再次，必须要有一整套收集、分析、交换信息的制度和技术及管理人员。这些只有通过国家的统一组织和管理才能实现。

三、我国对证券市场监管的手段

我国目前对证券市场监管主要采用行政监督管理，自律性监督管理，公开性监督和社会公众监督相结合的方式，运用法律手段与运用经济手段，行政手段结合起来。

1、行政监督管理

也称为官方监督管理，它是一种最主要的监督管理方式、显然也是比较有力和有效的方式。中国行政监督机构主要有国务院证券委员会、中国证券监督管理委员会、国家计委、中国人民银行、财政部、国有资产管理局，国家外汇管理局等有关部门。

行政管理监督具有法律性，强制胜和全面性的特点。它具有法律依据和法律保障，与证券市场活动有关的机构、个人及事项，都必须无条件接受其监督管理。行政监督管理既监管证券发行，也监管证券交易；既监管公开发行，也监管内部发行；既监管证券的上市交易，也监管证券的柜台交易；既监管证券的发行与上市公司，也监管所有的证券经营机构，证券商和经纪人，以及投资者的交易行为。行政监督管理包容了所有证券市场活动的有关方面。

2、自律性监督管理

行政监管尽管很全面，但日常性的具体监督管理还需要证券交易所的证券经营机构及证券行业协会等建立一套自律性的规章制度。它们根据国家有关的法规、政策，以及证券主管机构的要求，制定相应的经营与运作规章、细则等，对其内部以及证券的发行与交易、实行严格的监督管理。每个证券交易所和证券经营机构，都制定自己的章程，并经证券主管机构的批准和确认。交易所或经营机构章程对其性质、宗旨、业务范围，会员条件及其权利义务，会员大会，内部组织机构，经费、分配，财务会议等事项，都有较明确的规定。交易所对会员资格，证券上市，场内交易以及结算交割等，也都有具体的要求。由此可见，交易所既是一个证券交易的经营与服务机构，也是一个监督管理机构，具有监督管理证券交易活动的职能，是一种非官方的，带有自律性的监督管理。

3、公开性监督

按照公开原则的要求，每个证券发行、上市公司，必须公开证券主管机构及证券交易所要求的文件、资料。资产评估公司要对发行公司，上市公司的资产进行评估，并签署资产评估报告；信用评级公司，要对其信用进行评级，并签署信用等级证明；会计师事务所注册会计师要对公司的财务报告进行审核，并签署财务审核意见书；证券交易所和证券主管机构要对所有文件和资料进行审核，提出最后审批意见；与此同时，上述文件和资料还要登载在指定的报刊上、公之于众。可见贯彻公开性原则的过程，也是进行监督的过程，每个公开发行证券的公司，都必须接受这一监督。

4、社会公众监督

投资者投资证券为了获得较高的收益减少投资的风险，必须会对证券的发行和上市交易，对发行公司及证券经营机构实行监督，由此构成公众对证券市场的监督。公众监督一般通过两个途径：①是通过阅读发行证券公司所公开的文件和资料，如招股说明书、上市公告书、年度报告、临时公告等，对该公司进行分析评价最后决定是否购买证券。是否购买本身就是对发行上市公司的一种评价和监督。对发行上市公司的经营现状及发展前景进行评价和预期，再结合所公开的资料，就可对公司做出较全面可靠的估价。②利用股东的身份，对发行上市公司进行监督。作为股东，股票所赋予的权利，就有权参加股东大会，有权参加投票和检查帐薄记录，有权参与公司的管理监督。公众监督也包括新闻媒介及一些投资团体或机构投资者的监督。

以上的几种管理监督形式，都有自己的局限性，只有它们结合起来，相互补充，才能达到监督的目的，才能保证证券市场的健康运行和发展，才能使投资者的合法权益得到最大限度的保护。

目前，我国证券管理体制是一个以证券委为主管机关的分层管理，各司其职，各负其责，协调配合的体系。

四、证券市场管理的原则

我们所说的"三公原则"即公开性原则，公平性原则，公正性原则是我国证券市场的管理原则。

(1) 公开性原则

就是在法律和规章上，保证有关证券发行和上市公司的信息公之于众，为保证这些信息的真实，防止出现弄虚作假的现象，主管部门要求这些信息要经过权威部门的审核鉴定，并通过新闻媒介向社会公布。使投资者在获得全面、准确信息的基础上，做出自己的投资选择，以防止出现欺诈舞弊，使投资者上当受骗。公开发行证券的公司必须向公众提供公司营业情况、财务情况、财产情况，主要证券持有人情况、公司董事及主要职员情况，以及发行证券的种类、数量、发行日期、发行方式、发行价格、发行所得资金的用途，可预见的风险因素，盈利分析、注册人与注册资料，有关部门对以上内容真实性的鉴定意见和对有关责任、风险的意见等。同时，对资料欠缺和弄虚作假的，明确规定了应负的责任及应受的处罚。

(2) 公平性的原则

就是通过有关法律和法规，保证每个投资者都享有平等的权力和地位，严格禁止内幕交易和一部分人的内部交易。在证券交易中，要贯彻"时间优先、价格优先、客户优先"的原则，即在卖出时，出价低者优先成交；在买进时，出价高者优先成交；在出价相同时，先出价者优先成交；在兼营代理买卖和自营买卖时，委托买卖的客户优先；证券从业人员不能进场或上柜为自己买卖证券；证券主管机构、交易所、证券经营机构中与证券管理与经营有直接关系的人员，不能为自己买卖证券，也不能向其他人透露有关价格涨跌的机密性信息；证券商不能相互勾结，操纵市场买卖价格；公开发行的证券必须全部向社会出售，本企业职工、法人不能先行认购，经批准后，其认购部分不能超过发行总量的一定比例，而且不能立即转让。这些规定的目的就是使公众具有平等的投资权力与竞争地位，保护全体投资者的利益。

(3) 公正性原则

就是通过相应的法律和法规，保证证券的发行和交易能够规范地进行，证券经营机构能够依法从事证券经营活动，证券管理和监督机构要依法对其进行管理监督。它要求各行政监管机构，证券交易所和经营机构对市场进行规范、公正和严肃的管理，披露信息要公正，执法处罚要公正，市场行为准则要公正。

五、政府监管部门

1、国务院证券委员会

为了加强证券市场的宏观管理，统一协调有关政策，建立健全证券监管工作制度，保护广大投资者的利益，促进我国证券市场健康发展，国务院决定于1992年10月成立国务院证券委员会（简称证券委）。这是深化改革，完善证券管理体制的一项重要决策，对于保障证券市场健康发展有着重要意义。

国务院证券委员会是国家对全国证券市场进行统一宏观管理的主管机构，主要职责是：

(1) 负责组织拟订有关证券市场的法律、法规草案；

(2) 研究制定有关证券市场的方针政策和规章；

(3) 制定证券市场发展规则和提出计划建议；

(4) 指导、协调、监督和检查各地区、各有关部门与证券市场有关的各项工作；

(5) 归口管理证监会。

证券市场是社会主义市场经济体系的重要组成部分，我国的证券市场经过多年的发展，虽已初具规模，但与社会主义市场经济发展的要求还有很大距离。证券委要组织各有关方面，根据建立社会主义市场经济体制的要求和市场发展的规律，在充分调查研究的基础上，研究制订证券市场的发展战略和规划，不断加强和改善国家对证券市场的宏观调控，积极发挥证券市场对资金配置所具有的积极作用，努力克服并限制其自身的弱点和消极面，指导证券市场健康发展。要加强证券经营机构和证券交易所、证券业协会等机构以及全国证券交易系统的自身建设。要采取多种方式，大力培养证券专业人才。要建立证券市场的分析、预测和信息发布系统。积极开展对外交往与合作，学习借鉴境外的成功经验，使我国证券市场朝着与国际化接轨的目标健康发展。

2、中国证券监督管理委员会

中国证券监督管理委员会（简称"证监会"）经国务院批准，于1992年10月在北京成立。成立证监会的目的是为了加强证券市场的管理，统一协调有关政策，建立健全监管工作制度，保护广大投资者的利益。它的成立，对完善证券管理体制，保障证券市场健康发展有着重要意义。

根据《国务院关于进一步加强证券市场宏观管理的通知》（国发〔1993〕68号）、《国务院关于坚决制止期货市场盲目发展的通知》（国发〔1993〕77号）和《国务院关于中国证券监督管理委员会列入国务院直属事业单位序列的通知》（国发〔1994〕2号），中国证券监督管理委员会为国务院直属事业单位，是国务院证券委员会的监管执行机构，依照法律、法规的规定对证券市场、期货市场进行监督和管理。其主要职责为：

(1) 根据国务院和国务院证券委员会授权起草证券、期货法规，拟定证券、期货市场的管理规则和实施细则。

(2) 依法对有价证券的发行、上市、交易及其相关活动进行监管。

(3) 审查证券经营机构，证券清算、保管、过户、登记机构从事证券业务的资格，并对其业务活动以及其上述机构人员的从业资格进行监管。

(4) 会同有关主管部门制定市场中介组织及其从业人员从事证券、期货业务的资格标准、业务规则和行为准则，并对其业务活动、从业行为进行监管。

(5) 依法对证券交易场所、证券业协会的业务活动进行监管。

(6) 依据证券委授权，对期货交易所、期货经纪机构的设立进行审核，对其活动进行监管。

(7) 依法对向社会公开发行股票的公司实施监管。

(8) 依法对境内企业直接或间接向境外发行具有股票性质、功能的证券以及在境外上市活动进行监管。

(9) 依据有关法律、法规的规定，根据证券委授权或者会同有关部门对违反证券、期货法律、法规、实施细则和有关规则的行为进行调查、处罚。

(10) 会同有关部门管理证券、期货市场信息，研究分析证券市场、期货市场发展形势和问题，根据证券委的要求，拟定证券、期货市场发展规划和战略。

(11) 组织、参与证券业、期货业对外交往与合作活动。

(12) 办理国务院和国务院证券委员会交办的其他事宜。

3、地方证券管理部门

为了加强对证券、期货市场的监督管理，及时查处违法违规行为，促进证券、期货市场的健康发展，中国证券监督管理委员会1996年3月21日发布《中国证券监督管理委员会关于授权地方证券，期货监管部门行使部分监管职责的决定》，决定分期分批授权省、自治区、直辖市，计划单列市和部分省会城市证券、期货监管部门对证券、期货市场行使部分监管职责。

具体监管职责范围和权限见《决定》（1996 年 3 月 21 日证监发字〔1996〕48 号）。地方证券管理还须承担地方政府赋予的地方所辖区的证券监管职能。

六、我国的自律性组织

1. 中国证券业协会

中国证券业协会成立于 1991 年 8 月，经中国人民银行批准，民政部注册登记，总部设在北京。实行会员制，其最高机构是会员大会。为全国证券业行业自律管理组织，具有社团法人资格。它的宗旨是，依据我国社会主义市场经济的要求，贯彻执行国家有关方针、政策和法规，发挥政府与证券经营机构之间的桥梁和纽带作用，促进证券业的开拓发展、加强证券业的自律管理，维护会员的合法权益，建立和完善具有中国特色的证券市场体系。其具体职责：根据党和国家的有关政策，规划进行证券业开拓发展的设计，拟定自律性管理规章，加强本行业的管理，协调会员之间、本行业与国家有关管理部门之间的关系；代表会员的共同利益，集中反映会员的愿望和要求，及时研究解决证券业的新情况和新问题；搜集、整理国内外证券行业的资料信息，进行综合统计和分析，向会员提供咨询服务；协助证券主管部门开展有关证券市场理论、业务的研究和开发工作，组织实施证券业发展的中、长期规划；经批准后，协调组织本行业的对外联络和国际间的交流与合作；组织人才培训和业务交流，提高从业人员的业务技能和管理水平，编辑出版证券业务类的书籍刊物和内部资料，为广大会员服务。

协会会员分为团体会员与个人会员。团体会员，凡依法批准设立的证券交易所，专门经营证券业务的证券公司和兼营证券业务的金融机构与团体，承认协会章程，遵守协会的各项规则，均可申请加入，成为团体会员。团体会员享有以下权利：(1) 有选举权和被选举权，会员会议表决权；(2) 享有对协会的工作提出批评与建议权；(3) 有向协会提出维护其合法权益不受损害的权利；(4) 优先参加协会组织的各种活动；(5) 有权享有协会提供的各种服务；(6) 有请示退会的权利等。团体会员必须承担下列义务：(1) 遵守协会章程、协会规章制度及各项决议；(2) 服从协会的协调事务；(3) 积极参加协会组织的各项活动，承办协会交办的事宜；(4) 按协会规定提供经济、金融证券信息及统计资料；(5) 按规章缴纳会费；(6) 协会规定的其他义务。协会还根据需要吸收证券市场管理部门有关领导及从事证券研究及业务工作的专家、学者成为个人会员。个人会员的权利为，享受协会提供的各种服务，参加协会举办的各项活动，获取协会提供的各类信息资料等；同时个人会员有接受咨询、参加论证、审校书刊等义务。

该协会的最高权力机构是会员大会，会员大会每二年举行一次，必要时经常务理事会决议可临时召开。其职责是：(1) 制定和修改协会章程，审议工作报告；(2) 选举理事会、会长、副会长、理事会理事；(3) 确定会费的收取标准；(4) 讨论决定协会的其他重大问题。会员大会每两年举行一次，闭会期间由常务理事会主持日常工作。常务理事会设理事长、副理事长和常务理事，其具体职责是：在理事会闭会期间行使理事会职责，聘任协会正副秘书长及其他工作人员，负责筹备召开下届会员大会或理事会，并向会员大会或理事会报告工作，审查批准会员入会申请、退会申请，定期向理事会报告会员基金及会费运用情况和财务收支情况，协调解决其他重大问题等。中国证券业协会的成立是我国证券业走向规范和全面发展的一个重要标志。

2. 中国国债协会

中国国债协会是 1991 年 8 月 10 日经由财政部和民政部批准后成立的。协会会员主要由团体会员和个人会员组成。凡经国家批准成立的财政证券公司、国债服务部，以及经营国债业务的其他中介机构，承认该协会章程，执行该协会决议，均可申请加入，经常务理事会批准后即可成为正式会员。凡是从事国债发行、兑付、流通及有关国债发展战略研究等工作的个人，也可以提出申请，经常务理事会的批准后便可以成为国债协会的个人会员。中国国债协会运用自律性管理的特点，发挥自身在行业管理中的积极作用，利用已形成的国债服务网络，把所有的国债中介机构凝聚成一个团体，使行业管理落到实处。

中国国债协会的宗旨是：在国家有关法律法规和国家财政经济政策的指导下，为维护国债信誉，促进国家债券业的发展，在会员之间交流债券业务经验，沟通有关债券业务的信息，提高业务水平和国债服务质量，提高债券交易技术。其组织机构由会员大会、理事会、常务理事会、办事机构组成。

3. 证券交易所

证券交易所是专门从事证券交易的场所，证券交易所本身不买卖证券，只是提供交易场所，其在整个证券市场的构成中，占有核心地位，对证券交易所的成员进行周密的组织和严格的管理。证券交易所不以盈利为目的，是实行自律管理的法人。

证券交易所的主要职责是：根据国家的法律、法规和规章制定证券交易所的业务规则；提供证券交易的场所和设施；审核批准证券的上市申请；组织监管证券交易活动；根据证券交易所规章对会员的证券交易活动进行监督管理；提供管理证券交易所的证券市场信息等。证券交易集中于场内集中交易的管理，采用会员制度，要求参与场内交易的会员遵守业务规则；提供相应的抵押金；并按规定的内容和时间向交易所提供其证券交易所业务报告和统计资料；同时，管理会员与交易所的帐户。

第二节　证券市场监管的主要内容

一、证券发行市场监管

1. 证券发行审核制度

证券发行审核制度是证券的主管机关依照一定的法律程序和标准对证券发行进行审批的一系列规则。各国对证券发行和管理一般是通过两种制度实现的：一种是证券发行注册制度；一种是证券发行核准制度。

证券发行注册制度是指证券发行人在发行证券之前，必须按照法规向主管机关申请注册的一种制度。这种证券发行注册制度一般是在证券市场发展到一定规模并相应建立起管理制度以后采用。在实行注册制度的情况下，注册申请书必须随附公开说明书、公司章程、经会计师签署的各项财务报表等文件资料，发行人并对这些资料的真实性和可靠性负责。如果注册申请经主管机关审查，发现有遗漏、谎报失实等现象，则根据情节予以处理。

证券发行核准制度是发行的证券在符合证券发行条件并经主管机关审查许可后获准发行的制度。这种制度一般是在证券市场发展初期，发行和交易规模不大，管理制度不健全的情况下采用。采用证券发行核准制度时，不仅要公开真实情况，而且还要满足若干实质条件，每个国家对实质条件的规定各不相同，一般都会在公司法中有明确规定。只有当这些实质性条件经证券管理机关审查合格后，发行人才可以发行证券。

我国的证券市场产生较晚，尚属于初级发展阶段，证券的发行仅限于上海和深圳两地。按照现行的规定，企业申请公开发行证券必须经过国务院或者国务院授权的证券管理部门批准，对符合上市公司条件的企业进行审核后，依照有关法律、行政法规对符合条件的企业，予以批准。被批准后的企业必须公告其上市报告，并将其申请文件存放在指定的地点，供公众查阅。

我国的证券发行是按核准制进行的，以股票的发行为例，新股发行申报的工作程序如下：

一）申请上市公司在征得地方政府或者中央企业主管部门（按照行政隶属关系）同意后，向直属证券管理部门正式提出发行股票的申请。

二）公司公开发行股票的申请报告由证管部门受理，考察汇总后进行预选资格审定。

三）被选定股票公开发行公司在向直属证券管理部门呈报企业总体情况资料，经审核同意转报中国证监会核准发行额度后，公司可正式制作申报材料。

四）公司聘请具有从事证券业务资格的会计师事务所、资产评估机构、律师事务所等中介机构，对其资信、资产、财务状况进行审定、审计、评估，完成发起人到位资金验资报告、审计报告、评估报告和国家股及国有法人股的确认报告，并就有关事项出具法律意见书。聘请具有证券承销资格的证券经营机构负责股票承销和上市推荐工作，制定股票发行承销方案，组编公开发行股票申报资料，签订承销协议等。公司要按照中国证监会发函字〔1995〕02 号《关于报送公开发行股票企业申报材料的通知》要求的标准格式，制作正式申报材料。

五）公司向准备挂牌上市的证券交易所呈交企业总体情况资料，提出上市申请，证券交易所上市审核部初审通过后，出具上市承诺函。

六）直属证券管理部门收到公司正式申报材料后，根据有关法律法规，对申报材料是否完整、有效、准确、合法等进行审查，审核通过后，转报中国证监会复审。

七）中国证监会收到复审申请后，由发行部对申报材料进行初审，审核通过后提交中国证监会股票发行审核委员会复审。

八）公司股票发行申请经中国证监会股票发行审核委员会复审通过后，中国证监会出具批准发行的有关文件，并就公司股票发行方案进行审核。

九）公司自接到中国证监会股票发行批准文件和发行方案批准文件后，严格按照批文规定，组织股票发行和上市工作。

2. **证券发行信息披露制度**

信息披露制度是指上市公司为保障投资者利益和社会公众的监督而依照法律规定必须公开其有关的信息和资料，使投资者能在充分了解情况的基础上做好决策的一系列制度。信息披露制度在各国的证券法中都有明确规定。在我国，信息披露制度是证券市场监管的必要手段。通过对上市公司的信息披露，可以让投资者了解到上市公司的经营状况、财务状况及其发展趋势，从而有利于证券主管机构对证券市场的管理，引导证券市场健康、稳定地发展；有利于社会公众依据所获得的信息，及时采取措施，做出正确的投资选择；也有利于投资者对上市公司进行监督。

证券发行信息披露制度的三大原则是：公平、公正、公开。

上市公司实行公司营业和财务完全公开的原则，其目的在于向有可能成为投资人的社会公众提供有关公司股票、债券等证券的投资价值的资料，从而防止公司发起人、内部知情人以及证券经纪人的欺诈行为，即防止欺诈或架空的公司产生；实行公开原则还可以防止投资人在公司因经营不善或财务不健全而导致营业状况恶化时，因情况不明而投资有误，即防止投资者冒不合理投资的风险。

对于企业投资者和贷款人来说，在他们作出投资或贷款之前必须了解企业的营运资金情况、短期偿债能力、支付能力、盈利能力、发放股利能力以及经营前景等，以保证投资者通过股票升值或高额股利获取收益，保证债权人能安全、及时地收回各项贷款。而上市公司披露的财务信息等各种文件，就为他们全面了解公司状况提供了依据。

(1) 信息披露的意义

在我国要求股票发行申请人和上市公司披露信息具有如下意义：

第一，信息披露是衡量发行申请人是否符合发行、上市条件的重要手段。只有申请人将招股说明书、发行与上市申请文件提交审批机构，才能使审批机构全面了解发行申请情况。因此，相关法律文件的制作必须真实、准确、全面披露申请人的有关信息。

第二，信息披露是保护投资者的重要手段。投资者鉴别上市公司质量的唯一手段是阅读信息披露文件。由此，投资者可以全面真实地了解企业情况，并作出投资选择。如果信息披露不及时、不全面或不真实，就可能对投资者形成欺诈或误导，损害公众投资者的利益。

第三，信息披露是促使企业走向规范化的重要手段。股份制和股票市场的试验目的不仅在于通过证券市场融通资金，更重要的是使企业真正实现经营机制的转换。要做到这一步，必须使企业按照公司法律规范进行改组。上市公司的信息披露行为是股份有限公司的特征之一。这使上市公司以高度透明的方式，展示自己的资信和经营活动，使公司置于广大股东和全社会的监督与制约之下，从而改变过去传统的政府行政管理企业的方式，推动企业的股份制改革。可以说，上市公司信息披露制度在我国企业制度中的确立，是对建国后我国行政管理企业模式的一次重大突破，是企业转换经营机制的一个重要标志。

目前，我国证券市场中信息披露制度的法规依据，主要是《股票发行与交易管理暂行条例》中关于招股说明书、上市公告书、上市公司的信息披露和公司合并与收购的规定；证监会制定《公开发行股票公司信息披露实施细则（试行）》和《公开发行股票公司信息披露的内容与格式准则》（第 1－6 号）。今后，还将陆续制定相应的法律规范。

(2) 信息披露的内容

上市公司公开发行证券或其证券已在交易市场上流通，必须公开披露信息，信息披露的内容应包括（但不限于）以下内容：

①**招股说明书**　招股说明书是公司信息披露的关键性资料，是向证券监管机构报送的主要审核文件之一。投资者需要了解的主要信息都应当在招股说明书中反映出来。

②**上市公告书**　上市公告书是上市公司按照证券法规和证券交易所业务规则的要求，于该公司证券上市前，就其公司及证券上市事宜，通过指定报刊向社会公众披露的法律文件。

公开上市公告书的意义是使投资者了解上市公司情况，判断上市公司的经营状况及前景，从而作出科学的投资决策。上市公告书是保护投资者权益的法律手段。

③**定期报告**　定期报告是保证上市公司信息持续公开的法律文件。上市公司应当在每个会计年度中，不少于两次向公众提供公司的定期报告。定期报告包括中期报告和年度报告。中期报告每个会计年度的前六个月结束后 60 日内提交，年度报告在每个会计年度结束后 120 日内提交。

④**重大事件临时报告**　在发生重大事件的情况下，上市公司应当编制重大事件公告书，向社会披露相关信息。重大事件指可能对公司的股票价格产生重大影响的事件。重大事件报告是使投资者及时了解上市公司发生的重大事件，从而作出科学的投资决策。

⑤**公司收购行为报告**　任何法人直接或间接持有一个上市公司发行在外的普通股达到 5％时，应当自该事实发生之日起 3 个工作日内，向该公司、证券交易所和证监会作出书面报告并公告。

任何法人持有一个上市公司 5％以上的发行在外的普通股后，其持有该种股票的增减变化每达到该种股票发行在外总额的 2％时，应当自该事实发生之日起 3 个工作日内，向该公司、证券交易所和证监会作出书面报告并公告。

法人在作出上述报告并公告之日起 2 个工作日内和作出报告前，不得再行直接或者间接买入或者卖出该种股票。

发起人以外的任何法人直接或者间接持有一个上市公司发行在外的普通股达到 30％时，应当自该事实发生之日起 45 个工作日内，向该公司所有股票持有人发出收购要约，即公司收购公告书。

上述报告制度的最终目的是保护小股东的权益。用信息披露和强制收购方式，创造公平竞争环境，使小股东在大股东掌握控股权时，仍能维护自己的合法权益。

(3) 信息披露的要求。

①上市公司的董事必须保证公开披露的文件内容没有虚假、严重误导性陈述或重大遗漏，并就其保证承担连带责任。

公开披露的文件内容涉及财务会计、法律、资产评估等事项的，应由具有从事证券业务资格的会计师事务所、律师事务所和资产评估机构等专业性中介机构审查验证，并出具意见。专业性中介机构及人员必须保证其审查验证的文件的内容没有虚假、严重误导性陈述或者重大遗漏，并且对此承担相应的法律责任。

②上市公司应当将要求公布的信息在证监会指定的全国性报刊中自行选择至少一家予以刊登、披露。同时上市公司可以在证券交易所指定的地方报刊上披露有关信息，但必须保证：指定报刊不晚于非指定报刊披露信息；在不同报刊上披露同一信息的文字必须一致。

③公开披露的信息应当用中文表述；发行B股等特种股票及境外上市的公司公开披露信息，如有必要，还应当用英文等其他文字表述，外文本的字义和词义与中文本有差异时，以中文本为准。

上市公司公开披露信息的各种文件译成英文的，英译文应刊登在至少一种证监会指定的英文报纸上。

④上市公司应当指定专人负责信息披露事务，包括与证券主管机关、证券交易场所、有关证券经营机构、新闻机构等的联系，并回答社会公众提出的问题。

公司负责信息披露事务的人员应当将本人姓名、联系地址、邮政编码、办公室电话号码和图文传真号码等信息，以书面形式报告证券主管机关。

(4) 信息披露的程序

①编制表册及各种文件；

②提交股东大会通过；

③呈报法定的主管机关备案；

④供社会公众查阅；

⑤在法定的报刊上予以公告；

⑥法律还要求公司的年度会计报告必须经过法定审计员进行审计。

二、证券交易市场监管

1. 证券上市条件

股票和债券是证券的组成部分，对证券交易制度监管，也就是对股票交易制度和债券交易制度的监管，在我国证券交易制度管理条例中，股票的上市条件和债券的上市条件是略有不同的。

①股票上市条件。

A、只有经国务院证券管理部门批准并向社会公开发行的股票才能上市，凡是公司内部定向募集的股份一律不得上市。

B、上市公司的股本总额不少于人民币5000万元。

C、上市公司开业时间在三年以上，并最近三年连续经营盈利，国有企业依法改建而成立的股份有限公司，或公司法实施后新组建成立，但其主要发起人为国有大中型企业的股份有限公司，可连续计算其开业年限和连续经营盈利时间。

D、持有股票面值达人民币1000元以上的股东人数不得少于1000人；向公众发行股份占公司股份总数的此例在25%以上；公司股本总额超过人民币4亿元的，其向社会公众发行股份的比例应在15%以上。

E、公司在最近三年内无重大违法行为，财务会计报告经会计师事务所的注册会计师审计证明无虚假记载。

F、国务院规定的其他条件。

②债券上市的条件。

A、债券自发行日起至还本付息日止，其期限不得低于一年。

B、发行企业必须经过工商行政管理部门注册登记。

C、债券的发行额不低于人民币1000万元。

D、债券信用评估等级不低于A级，对金融债券对此项未作要求。

E、国务院规定的其他条件。

2 证券上市的程序

证券上市申请程序，是指发行者按照法定的步骤向证券交易所及主管机关申请要求对自己及所提交法定文件加以审查，以期获准在证券市场上公开上市交易自己的证券的流程。具体可分为制作证券上市文件和提出上市审请两步。

(1) 制作申请证券上市文书

法定文书必须依照法定要求的种类、规格、内容制作，文书必须真实完整规范。

(2) 向证券交易所上市委员会提出上市申请，需附送下列文件：

①证券管理机关核准公开发行证券的证明副本；

②经会计师鉴证的最近年度的会计表册（上市日期在下半年者应包含上半年会计表册）；

③董事会有关上市决议的副本；

④公开招股说明书（含股权分散情况）；

⑤已签证的欲上市证券的副本（包括董事印鉴及董事会授权签字的决议副本）；

⑥委托董事与交易所订立上市契约的副本；

⑦若上市证券欲委托承销者包销或代销，则需附送发行公司与承销者订立的契约副本；

⑧证券交易所认为必要的其他文件。

另外，申请上市的公司一般还要填写证券上市说明书，说明书上应载明：A、公司成立日期、经营目的、经营范围与发展前景。有过破产经历的要说明破产状况与结果，有子公司的要说明子公司状况；B、公司股份总数，授权股数，已发行和未发行股数，记名和不记名股票数，股份持有人状况，持有数状况，大股东持股情况；C、公司产品产量，主要原材料进货量，生产经营的历史、现状及前景、规划、发展趋势；D、公司董事会、监事会成员及高级职员简历及持股情况等。

(3) 证券上市申请审批程序。

证券上市申请审批程序，是指上市委员会受理证券上市申请在法定的时间内对申请事项予以审查并答复是否准予上市的流程。上市委员会是证券交易所理事会的下设机构，其职责是：

①审批证券上市。

②拟订上市的规则和提出修改上市规则的建议。

上市委员会由13名委员组成，由下列人员构成：

①律师、注册会计师、证券交易所所在地会员和外地会员代表各2人；由证券交易所理事会聘任，报证券交易所所在地人民政府和证监会备案。

②证监会和证券交易所所在地人民政府授权机构各委派1人。

③证券交易所理事长、总经理。

④证券交易所其它理事1人。

上市委员会设主席1人、副主席1人，由上市委员会第一次会议在委员中推选。上市委员会会议由主席召集和主持。会议法定人数至少7人，其决议须经出席会议的2/3以上委员以不记名投票方式表决通过后方可有效，主席因故不能履行职责时，由副主席代行。

我国现行上市审查程序如下：

①审批制度

目前，我国对公司股票上市申请采取的是严格的复审制。即首先由证券交易所依有关法律法规对上市申请进行审查批准后，再报送证券主管机构审查核定。

②审查内容

对于上市申请的审查内容主要有以下两方面：

(1) 申请其股票上市交易的股份有限公司是否具备《公司法》第一百五十三条规定的各种条件。主要是考察公司的财务状况、生产经营状况、公司的股票状况等。

(2) 申请其股票上市交易的股份有限公司所提交的文件是否齐备、规范，内容是否真实、可靠等。

③审批

《股票发行与交易管理暂行条例》第三十一条规定，股份有限公司提出上市申请，上市委员会应当自收到申请之日起20个工作日内作出审批，确定具体上市时间。审批文件报证监会备案，并抄报证券委。

具备上市条件的股票，经证券交易所报经证券主管机构批准后，证券交易所即签发《上市通知书》，通知提出申请上市的股份有限公司。

获准上市的股票，该公司应将股票的样张送证券交易所存验。此外，已上市公司若增发新股时，需重新审查批准。

④**签订上市协议书**

经过审查后，认为公司股票符合上市标准，即批准该公司股票上市，在交易所内正式挂牌交易。同时获准股票上市的公司应与证券交易所签订上市协议书以确定相互间的权利义务关系。依据《深圳经济特区证券管理暂行办法》第六十五条第二款规定，证券交易所应当与获准上市的上市公司签订有价证券上市合同。

上市协议书的主要内容是上市公司对其应尽义务的承诺，应当包括以下内容：

A、公司应定期呈报各种财务报表，此类报表均应由会计师事务所签署。

B、公司有人事、财务、经营、股权处理等重大变化应及时通知证券交易所。

C、公司应定期向公众充分公布有关应予以披露的资料和事项，当公司遇有重大情况发生时亦应及时公布。

D、上市公司不得拒绝证券交易所提出的上市公司提供其它资料的合理要求。

E、上市协议还应写明该公司上市股票的种类、发行时间、发行股数、面值及发行价格、发行总额、累计上市总额等等。

F、交易所保证上市公司股票上市的权利，并不得予以歧视。

G、应写明有关上市费用事宜。

⑤**上市费用**

任何上市公司其股票上市后，均须交纳上市费用。上市费用是指上市股票的股份有限公司按照证券交易所的业务规则，就其股票上市向证券交易所交纳的费用。上市费用分为上市初费和上市月费。

上市初费是公司股票上市申请获准后一次性缴纳的费用。对上市初费的交纳，不同的证券交易所有不同的规定。

(4) 上市公告

《中华人民共和国公司法》第一百五十三条第三款规定："股票上市交易申请批准后，被批准的上市公司必须公告其股票上市报告，并将其申请文件存放在指定的地点供公众查阅。"

①**上市公告书的内容**

上市公告书是指上市公司按照证券法规和证券交易所业务规则的要求，于其股票上市前，就其公司及股票上市的有关事宜，通过指定的报刊向社会公众公布的宣传和说明材料。

关于上市公告书的内容，《股票发行与交易管理暂行条例》作了十分明确的规定。《条例》第三十四条规定："上市公告的内容，除应当包括本条例第十五条规定的招股说明书的主要内容外，还应当包括下列事项：

A、股票获准在证券交易所交易的日期和批准文号。

B、股票发行情况、股权结构和最大的十名股东的名单及持股数额。

C、公司创立大会或者股东大会同意公司股票在证券交易所交易的决议。

D、董事、监事和高级管理人员简历及其持有本公司证券的情况。

E、公司近3年或者成立以来的经营业绩和公司的股票状况等。

F、交易所保证上市公司股票上市的权利，公告期间终止日距挂牌交易首日不得超过180日，其盈利预测期间自挂牌交易首日起至盈利预测期间终止日，不得少于90日。

在以下两种情况下：上市公司可以编制简要上市公告书：

情况一，自股票发行结束日到挂牌交易首日不超过90日；

情况二，招股说明书尚未失效的。

简要上市公告书应当包括以下内容：

a. 股票获准在证券交易所交易的日期和批准文号。

b. 股票发行情况、股权结构和最大的10名股东的名单及持股数额。

c. 公司创立大会或者股东大会同意公司股票在证券交易所交易的决议。

d. 公司发行该种股票的招股说明书所刊名称、版面以及刊登日期。但如果因编制简要上市公告书而省略的事项在该期间发生重大变化。上市公司及其上市推荐人有义务作出说明。

②**上市公告的时间、方式**

上市公司应当在其股票挂牌交易首日前3个工作日内，将简要上市公告书全文或不超过1万字的上市公告书概要刊登在至少一种证监会指定的全国性报刊上，并将上市公告书备置于上市公司所在地、拟挂牌交易的证券交易所、有关证券经营机构及其网点供公众查阅，同时报送证监会一式十份，以供投资公众查阅。

3、**上市证券的停牌和除牌**

上市证券的停牌是因某种原因，上市证券暂时停止上市交易。上市证券的停牌，并不是终止，故亦称其为上市证券的暂停。某一证券停牌时，须报送证券主管机关备案。暂停多长时间，一般也有规定期限。停牌可分为自动停牌和强制停牌两种。

(1) 自动停牌

自动停牌一般多指股票上市公司在增发股票或发放利息期间，其股票自动停止上市交易。

通常在下列情况下，上市公司应考虑向交易所申请其上市证券停牌。

①上市公司计划重组的；

②上市公司计划换发新票券的；

③上市公司计划供股集资的；

④上市公司计划派发特别股息的；

⑤上市公司计划将上市证券拆细或合并的

⑥债券本息兑付日前一周的；

⑦上市公司计划停牌的。

上市公司有交易正在商洽，而此情况一经公布，其合理预期会对上市证券造成价格影响的，或交易商洽尚在进行，上市公司董事会如合理预期有关情况已为参加交易商洽的以外人士所获悉，应考虑向交易所申请上市证券停牌或公布概略的交易内容。

上市公司对于是否应申请停牌的事项，应及时将有关情况通知交易所及向交易所咨询。

上市公司向交易所提出停牌申请的，应说明理由、计划停牌时间及预计复牌时间。股票停牌后，上市公司应及时采取措施处理导致暂停上市的事项，以求尽快重新符合上市标准。若导致其股票暂停上市的事项不复存在，上市公司重新达到上市要求，证券交易所应允许上市公司的股票恢复上市交易。

股票上市的停牌和恢复，证券交易所均将予以公告。上市股票停牌后复牌交易，上市公司不再交纳上市初费。

(2) 强制停牌

强制停牌指证券交易所对上市证券进行定期和不定期复核中发现某上市证券不宜继续上市，而对其作出的暂停交易的处分。

证券交易所对强制股票暂停上市有如下几种规定（各证券交易所规定不同）。

①上海证券交易所的规定

上海证券交易所对上市股票进行定期和不定期的复核，以审查上市股票是否符合上市标准。定期复核于每年第一季度进行。

在复核中，上海证券交易所如发现上市股票已不宜继续上市，该所即开具"暂停上市通知书"暂停其上市，并报证券主管机关备案。暂停上市的时间最长不超过9个月。

《上海证券交易所交易业务试行规则》规定，上市股票的公司有下列情况之一时，该所可暂停其股票上市；

A、公司发生重大改组或经营有重大变更而不符合上市标准者。

B、公司不履行法定公开的义务或财务报告和呈报该所的文件有不实记载。

C、公司董事、监事、经理人和持有股份占实发股本额5%以上股东的行为损害公众的利益。

D、最近1年内月平均交易量不足100股或最近3个月无成交。

E、最近2年连续亏损。

F、公司面临破产。

G、公司因信用问题而被停止与银行的业务往来。

H、连续一个季度不交纳上市费。

I、其他必须终止上市的原因。

当上市债券的企业有上述〔(A)、(B)、(C)、(D)、(E)、(F)、(G)、(H)、(I)〕款所列的同类情况之一，交易所可暂停其上市。

上市金融债券的企业遇有上述(H、I)款所列的情况之一时，交易所可暂停其上市。

如果被暂停上市的原因消除，暂停上市的股票即可恢复上市，由该所出具“恢复上市通知书”并报证券主管机关备案。暂停上市的证券恢复上市又叫复牌。

②深圳证券交易所的规定

深圳证券交易所对股票上市暂停规定得更为详细。除了规定证券交易所暂停股票上市的权力范围、行使方式外，还规定了上市公司申请其股票上市停牌制度。

《深圳证券交易所业务规则》规定，上市公司有下列情况之一者，深圳证券交易所对其上市的股票可报请主管机关核准限制或变更原有交易方式，或予以停牌、终止交易：

A、公司累计亏损达实收资本额1/2时。

B、公司资产不足抵偿其所负债务时。

C、因公司财政原因而发生银行退票或拒绝往来的事项者。

D、全体董事、监事、经理人所持有记名股票的股份总额低于证券交易所规定的。

E、有关资料发现有不实记载，经证券交易所要求上市公司解释逾期不作解释者。

基于其他正当理由，证券交易所认为有必要对上市股票限制或变更交易方式以及停牌终止交易时，可书面报请主管机关核准后实施。若上市公司有下列情况之一者，证券交易所对该公司的上市股票可报请主管机关核准后予以停牌、终止交易：

A、公司董事或执行业务的股东，有违反法令或公司章程的行为，并足以影响公司正常经营的。

B、公司的业务经营，有显著困难或受到重大损害的。

C、公司发行股票的申请经核准后，发现其申请事项有违反有关法规、证券交易所规章或虚假情况的。

D、公司财务困难，暂停营业或有停业可能，法院对其股票作出停止转让裁定的。

E、违反政府法令，或不履行证券交易所有关规章规定者。

F、公司组织及营业范围有重大变更，证券交易所认为不宜继续上市的。

G、证券交易所依规定对公司上市股票限制或变更交易方式后，公司有关情况仍未改善的。

H、债券偿还期满应为终止上市的。

I、证券交易所基于其他正当理由对上市股票认为应停牌或终止交易的。

经主管机关核准停牌或终止交易的股票，证券交易所将通知上市公司。上市公司在接到通知后应与证券交易所商定公告日期，及时予以公告，并将公告报告3份送证券交易所备查。如果上市公司未依规定公告，证券交易所可直接在交易场所内公告该上市公司股票停牌或终止交易。

③由国家证券主管机关决定的强制性停牌

我国《公司法》第一百五十七条规定，上市公司有下列情形之一的，由国务院证券管理部门决定暂停其股票上市：

A、公司股本总额、股权分布等发生变化不再具备上市条件。这主要是指以下几种情况：

a. 公司股本总额减少已不足人民币5000万元；

b. 持有股票面值达人民币1000元以上的股东人数已少于1000人；

c. 向社会公开发行的股份占公司股份总数的比例已低于25%；

d. 公司股本总额超过人民币4亿元的，其向社会公开发行的股份占公司股份总数的比例已不到15%。

B、公司不按规定公开其财务状况，或者对财务会计报告作虚假记载。这主要是指上市公司未及时公告其中期报告、年度报告，或其中有虚假记载。

C、公司有重大违法行为。这主要是指以下几种情况：

a. 办理公司登记时，虚报注册资本，提交虚假证明文件或者采取其他欺诈手段隐瞒重大事实取得公司登记；

b. 制作虚假的招股说明书、认股书、公司债券募集办法发行股票或者公司债券的；

c. 公司未经有关主管部门的批准，擅自发行股票或者公司债券；

d. 公司在法定的会计帐册以外另立会计帐册；

e. 公司有重大的偷税、逃税行为；

f. 公司在业务往来中利用合同进行重大欺诈活动或严重超越经营范围；

g. 其他重大违法行为。

D、公司最近连续3年亏损。连续3年亏损，使意味着上市公司不能为其股东支付股息、分发红利。该上市公司的股票在证券交易所的交易价格必定一蹶不振。出于维护证券市场的正常交易秩序、保护投资者的利益的考虑，应当暂停该公司股票的上市。公司股票上市资格暂停后，公司为重新获得上市资格，会卧薪尝胆，对公司进行重整，以求复牌。

根据我国《公司法》的规定，在发生上述四种情形时，公司股票暂停上市交易的决定权由国务院证券管理部门行使，其他任何机关、组织都无权与之分享此项决定权或越权行使此项决定权。

所谓上市证券的除牌，即指由于某种原因，原已上市的证券终止在交易所的挂牌买卖。它也分为自动除牌和强制除牌两部分。

①自动除牌

自动除牌一般指已上市的证券因某种原因自动停止挂牌交易，或其行为人依法申请终止上市且经证券交易所核准。上市证券自动除牌，证券交易所应予以公告。

②强制除牌

强制除牌即指当上市公司违反了有关法规或不履行上市契约时，或公司经营发生变化，不能达到上市证券必须具备的条件时，经审查核准后，交易所取消其上市资格的处分。

证券交易所对股票上市的终止的规定如下：

A、上海证券交易所除牌规定，其证券在上海证券交易所挂牌交易的上市公司，若有下列情况之一时，该所报经证券主管机关核准后终止其证券上市：

a. 发生重大改组或经营有重大变更而不符合上市标准，已造成严重后果的。

b. 公司不履行法定公开的义务或财务报告和呈报本所的文件有不实记载，已造成严重后果的。

c. 公司董事、监事、经理人和持有股份占实发股本额5%以上的股东的行为损害公众的利益，已造成严重后果的。

d. 最近1年内，月平均交易额不足100股或最近3个月无成交，已造成严重后果的。

e. 最近两年连续亏损，已造成严重后果的。

f. 公司面临破产，已造成严重后果的。

g. 公司因信用问题而被停止与银行的业务往来，已造成严重后果的。

h. 在暂停时间内未能消除被暂停的原因。

i. 公司解散或破产清算。

j. 其他必须除牌的原因。

B、《深圳证券交易所业务规则》规定，其证券在深圳证券交易所挂牌交易的上市公司有下列情况之一的，证券交易所报经主管机关核准后予以除牌：

a. 公司发生重大改组或经营有重大变化而不符合上市标准。

b. 公司不履行法定公开的义务或财务报告和呈报证券交易所的文件有不实记载。

c. 公司董事、监事、经理人和持有股份占实发股本额5%以上的股东的行为损害公众的利益。

d. 最近3个月无成交。

e. 最近2年连续亏损。

f. 公司解散或破产清算。

g. 公司因信用问题而被停止与银行的往来。

h. 连续一季度不交纳上市费。

i. 在停牌时间内未能消除被停牌原因。

j. 其他必须予以除牌的原因。

C、国家管理部门对于上市股票强制除牌规定：

我国《公司法》第一百五十八条对股票上市的除牌作了规定。根据规定，上市公司有下列情列之一的，由国务院证券管理部门决定终止其股票上市：

a. 公司因股本总额、股权分布等发生变化，被暂停上市后，在合理限期内未能改变，依然不具备上市条件的。

b. 公司因最近3年连续亏损，其股票被暂停上市后，在合理限期内依然亏损，未能扭亏为盈，依然不具备上市条件的。

c. 公司不按规定公开其财务状况，或者对财务会计报告作虚假记载，后果严重的。

d. 公司重大违法行为后果严重的。

e. 公司决议解散的。

f. 公司被行政主管部门依法责令关闭的。

g. 公司被宣告破产的。

另外，对于B股，在出现下列情况时，交易所可提出终止B股上市意见报请主管机关核准后施行：

a. 发行B股的公司行为严重影响了本证券市场正常运作时；

b. 发行B股的公司利用内幕信息炒卖本公司股票，严重损害了股民利益，扰乱证券市场；

c. 发生跨国、跨地区的重大法律诉讼事件而严重涉及发行B股的公司时；

d. 其它的必须断定为除牌的事项。

4. 上市公司信息持续披露制度

(1) 信息披露的虚假或重大遗漏的法律责任。

随着证券市场的日益完善，我国对证券发行人、证券经营机构在招募说明书、上市公告书、公司年度报告及其他文件中作出虚假陈述的问题也逐步重视起来。招募说明书、上市公告书、公司年度报告及其他文件是人们了解上市公司并作出证券投资决策的主要依据。为此，有关证券法规一再强调全体发起人或者董事以及主承销商应当在招募说明书上签字，保证招募说明书没有虚假、严重误导性陈述或者重大遗漏，并保证对其承担连带责任；证券经营机构承销证券，应当对招募说明书和其他宣传材料的真实性、准确性、完整性进行核查；发现含有虚假、严重误导性陈述或者重大遗漏的，不得发出要约邀请或者要约；已经发出的，应当立即停止销售活动，并采取相应的补救措施。公开说明书内容不实或欠缺的责任在《上海证券交易办法》和《深圳股票交易办法》中分别规定如下：

上海证券交易所的规定

①证券发行者的责任

《上海市证券交易管理办法》第20条第1款规定："依本办法规定，发行者向证券主管机关提交的，以及向投资者公布的文件和资料必须真实、完整，不得有虚假记载或欠缺重要事项。""违反前款规定的，发行者对该证券的善意取得人因而所受的损害，应负赔偿责任。"第54条规定"证券经营机构编辑发放，供公众阅览的投资参考资料，必须真实、合法，不得含有使他人误信的内容。"违反上述规定者，除限期纠正外，可处以5万元以上、10万元以下罚款；主要机关等政府部门认为应当给予行政处分的，移送监察部门或主管部门处理；情节严重，构成犯罪的，提请司法机关依法追究其刑事责任。

②协助制作者的责任

《上海市证券交易管理办法》规定，如果发行者向证券主管机关提交的、以及向投资者公布的文件和资料有虚假记载或欠缺重要事项，下列单位和人员就其负责部分与发行者负连带赔偿责任：A、在提交、公布的文件和资料上签章证实其所记载内容的全部或一部分者；B、该证券的承销机构；C、会计师、律师、工程师、经济师或其他因职业赋予其职权可以这样做的人员，在提交、公布的文件和资料上签章证实其所记载内容的全部或一部分者。虽有前款规定，但除发行提交、公布的文件和资料中的虚假记载或欠缺重要事项，是在其不知情的情况下制作的，则不负连带赔偿责任。

深圳证券交易所的规定

①证券发行者的责任

《深圳市股票发行与交易管理暂行办法》第87条规定，凡经主管机关批准已发行股票的公司，如不按本办法及时并如实向主管机关报送有关材料或向社会公众披露有关资料，给予如下处罚：A登报通报批评；B处以1万元以下罚款；C该公司有价证券停牌交易5至7天；D造成重大危害的，提请司法部门依法处理。以上处罚，可以并处。

②协助制作者的责任

该办法第86条还规定，为发行公司提供不真实材料的或因此而造成损失的资产评估机构和会计师事务所等评估及公证机构，给予如下处罚：A警告；B通报；C处于1万元以下的罚款；D责令该机构停止该项业务半年，吊销直接责任人的评估或公证资格。以上处罚，可以并处。

(2) 中期报告的规定

根据《股票发行与交易管理暂行条例》第五十八条的规定，中期报告应当包括下列内容：

①公司财务报告。

②公司管理部门对公司财务状况和经营成果的分析。

③涉及公司的重大诉讼事项。

④公司发行在外股票的变动情况。

⑤公司提交给有表决权的股东审议的重要事项。

⑥证监会要求载明的其他内容。

中期报告的制作和公布。

上市公司应当于每个会计年度的前6个月结束后的60日内编制完成中期报告。中期报告应当符合国家的会计制度和证监会的有关规定，由上市公司授权的董事或者经理签字，并由上市公司盖章。除特殊情况外，中期报告毋须经会计师事务所审计。

中期报告完成后，上市公司应立即向证监会报送10份备案，并将不超过4000字的报告摘要刊登在至少一种证监会指定的全国性报刊上。同时将中期报告备置于公司所在地、挂牌交易的证券交易所、有关证券经营机构及其网点，以供投资者查阅。

(3) 年度报告的规定

1994 年 1 月 24 日证监会发布了《公开发行股票公司信息披露的内容与格式准则》(第二号)《年度报告的内容与格式(试行)》。根据该《准则》及我国证券交易法规年度报告应包括下列事项:

①封面及目录

②年度报告正文

A、公司简介;

B、会计数据和业务数据摘要;

C、董事会或总经理的业务报告;

D、董事会报告;

E、财务报告;

F、公司在报告年度内发生的重大事件及其披露情况;

G、关联企业;

H、有关本公司的参考信息。

③备查文件

备查文件为公司在年度报告后在公司办公地点必备的有关文件,在证监会、交易所要求提供和股东依据法规或公司章程要求查阅时,公司应及时提供。备查文件包括下列文件:

A、载有董事长、总经理亲笔签名的年度报告原本。

B、载有会计师事务所盖章、注册会计师亲笔签字的审计报告正文及财务报表。

C、年度内发布新股的《招股说明书》或《送配股说明书》、《上市公告书》。

D、在其他证券市场公布的年度报告文本。

E、公司各类统计报表和原始记录。

(4) 临时报告制度—重大事件公告

上市公司发生重大事件,应当编制重大事件公告书向社会披露。重大事件是指可能对公司的股票价格产生重大影响的事件,其包括(但不限于)以下情况:

①中国证监会发布的《股票发行与交易管理暂行条例》第六十条所列事项;

②公司章程的变更、注册资金和注册地址的变更;

③发生大额银行退票(相当于被退票人流动资金的 5%以上);

④公司更换为其审计的会计师事务所;

⑤公司公开发行的债务担保或抵押物的变更或者增减;

⑥股票的二次发行或公司债到期或购回,可转换公司债依规定转为股份;

⑦公司营业用主要资产的抵押、出售或者报废一次超过资产的 30%;

⑧发起人或者董事的行为可能依法负有重大损害赔偿责任;

⑨股东大会或者公司监事会议的决定被法院依法撤销;

⑩法院作了裁定禁止对公司有控股权的大股东转让其股份;

⑪公司的合并或者分立。

公司在发生无法事先预测的重大事件后一个工作日内,应当向证监会作出报告;同时应当按其挂牌的证券交易场所的规定及时报告该交易场所。公司在重大事件通告书编制完成后,应当立即报送证监会十份供备案,并备置于公司所在地、挂牌交易的证券交易场所、有关证券经营机构及其网点,供公众查阅;公司认为有必要通过新闻媒介披露某一重大事件时,应当在公开该重大事件前向证监会报告其披露方式和内容。如果证监会认为有必要时可对披露时机、方式与内容提出要求,公司应当按照证监会的要求进行披露。

(5) 临时报告—公司收购公告

法人发生《股票发生与交易管理暂行条例》第四十七条所列的持股情况时,应当按照证监会制定的准则规定的内容和格式将有关情况刊登在至少一种证监会指定的全国性报刊上;法人发生《股票发行与交易管理暂行条例》第四十八条所列的持股情况时,除按照该条规定作出报告外,还应当自该条所列事务发生之日起四十五日内向该公司所有股东发出收购公告书,将不超过五千字的收购公告书概要刊登在至少一种证监会指定的全国性报刊上,同时向证监会报送十份备案,并备置于公司所在地、挂牌交易的证券交易场所、有关证券经营机构及其网点,以供公众查阅。

三、证券经营机构监管

1. 证券经营机构设立的监管

世界上各国的证券交易法对证券经营机构的设立,一般有三种制度模式:一是承认制。所谓承认制就是证券法对证券交易所会员以及各种豁免机构的证券商予以承认其合理性和现实性,而不需重新进行设立的登记注册。对于专门从事证券业者,如店头市场的证券商,则应取得许可证,并接受工商部门管理。这种制度模式在英国采用较多。二是注册制。所谓注册制即是证券交易法明确规定,凡从事证券买卖的证券商必须在证券交易管理委员会登记注册。这种制度模式美国采用较为普遍。三是特许制。即是证券立法规定,证券经营机构的设立必须经过证券主管机关的特别许可。从事证券买卖者要持有许可证方能进行证券交易。特许制在日本、台湾及欧洲大陆部分国家采用最多。我国的证券经营机构的设立也是采取特许制模式。在《股票发行与交易管理办法》中规定,证券商须经主管机关批准,并凭主管机关发给的经营证券业务许可证到工商行政管理局领取营业执照后方可经营证券业务。

2. 我国对证券经营机构的监管

①证券经营机构股票承销业务的监管

为规范证券经营机构股票承销业务活动,贯彻稳健经营,保护投资者的合法权益,根据国家有关法律和法规,中国证券监督管理委员会对证券经营机构作出监管。

证券经营机构承销股票业务必须具备的条件:

A、证券专营机构具有不低于人民币 2000 万元的净资产,证券兼营机构具有不低于人民币 2000 万元的证券营运资金。

B、证券专营机构具有不低于人民币 1000 万元的净资本,证券兼营机构具有不低于人民币 1000 万元的净证券营运资金。

C、三分之二以上的高级管理人员和主要业务人员获得证监会颁发的《证券业从业人员资格证书》。在未取得《证券从业人员资格证书》前,应当具备下列条件:

a. 高级管理人员具备必要的证券、金融、法律等有关知识,近二年内没有严重违法违规行为,其中三分之二以上具有三年以上证券业务或五年以上金融业务工作经历;

b. 主要业务人员熟悉有关的业务规则及业务操作程序,近二年内没有严重违法违规行为,其中三分之二以上具有二年以上证券业务或三年以上金融业务的工作经历。

D、证券经营机构在近一年内无严重的违法违规行为或在近二年内未受到本办法规定的取消股票承销业务资格的处罚。

E、证券经营机构成立并且正式开业已超过半年;证券兼营机构的证券业务与其他业务分开经营、分帐管理。

F、具有完善的内部风险管理与财务管理制度、财务状况符合规定的风险管理要求。

G、具有能够保障正常营业的场所和设备。

H、证监会要求的其他条件。

另外,如果证券经营机构从事股票承销业务过程中担任主承销商,除具备上面的条件外,同时还应具备:

A、证券专营机构具有不低于人民币 5000 万元的净资产和不低于人民币 2000 万元的净资本,证券兼营机构具有不低于人民币 5000 万元的证券营运资金和不低于人民币 2000 万元的净证券营运资金。

B、取得证券承销从业资格的专业人员或符合前条第(C)项条件的主要承销业务人员至少 6 名,并且应当有一定的会计、法律知识的专业人员。

C、参与过三只以上股票承销或具有三年以上证券承销业绩。

D、在最近半年内没有出现作为发行人首次公开发行股票的主承销商而在规定的承销期内售出股票不足本次公开发行总额20%的记录。

牵头组织承销团的证券经营机构或独家承销某一只股票的证券经营机构为主承销商。

②承销的实施

A、证券经营机构承销股票，可以包销方式或代销方式进行，并与发行人签定承销协议。

B、证券经营机构持有公司7%以上的股份，或是其前五名股东之一，不得成为该公司的主承销商或副主承销商。

C、证券经营机构以包销方式承销股票，须在承销协议所规定的承销期结束后，按发行价认购未售出的股票。

证券经营机构以代销方式承销股票，在承销协议所规定的承销期结束后，应将未售出的股票全部退还给发行企业或包销商。

D、证券经营机构承销拟公开发行或配售股票的面值总额超过人民币3000万元或预期销售总金额超过人民币5000万元的，应当按照《股票发行交易管理暂行条例》第二十二条的规定组织承销团。

承销团有三家或三家以上的承销商的，可设一家副主承销商，协助主承销商组织承销活动；承销团中除主承销商、副主承销商以外的证券经营机构为分销商。

③风险控制

A、证券专营机构负债总额与净资产之比不超过10，证券兼营机构从事证券业务发生的负债总额与证券营运资金之比不超过10

B、证券经营机构从事股票承销业务，其流动性资产占净资产或证券营运资金的比例不得低于50%。

C、证券经营机构以包销方式承销股票，其每次包销总金额应当符合以下要求：

a. 上年末净资产为一亿元以下（不含本数，下同）的证券经营机构，包销金额不得超过5，000万元。

b. 上年末净资产为一亿元以上（含本数，下同）、五亿元以下的证券经营机构，作为承销团中主承销商的，包销金额不得超过7，500万元。

c. 上年末净资产为五亿元以上的证券经营机构，作为承销团中主承销商的，包销金额不得超过一亿元。

证券经营机构不得同时承销四只或四只以上的股票。

D、证券经营机构从事股票承销业务，应当保持风险意识，贯彻稳健经营原则，制定和执行风险管理制度，严格监督和约束内部各职能部门和下属机构，加强内部风险控制。当发现风险超过本办法有关条款的要求时，应立即向证监会报告并提出调整办法。

④监督检查

A、证监会对证券经营机构从事股票承销业务情况可进行定期或不定期的检查，并可要求证券经营机构报送其股票承销及相关业务资料。

B、证监会和由证监会授予部分监管职责的地方证券监管部门对从事股票承销业务过程中涉嫌违反本办法和国家有关法规的证券经营机构，可进行调查，并可要求提供、复制或封存有关业务文件、资料、帐册、报表、凭证和其他必要的材料。

对证监会的检查和调查，证券经营机构不得以任何理由拒绝或拖延提供有关材料，或提供不真实、不准确、不完整的材料。在调查过程中，证券经营机构的主要负责人和直接相关人员不得以任何理由逃避调查。证监会还可要求证券经营机构有关人员在指定时间和地点提供有关证据。

C、证监会可聘任具有从事证券相关业务资格的会计师事务所等专业性中介机构，依据规定有关条款并在证监会要求的事项内对证券经营机构对前款所称稽核，应视同为证监会的检查，并予以配合。

D、具有股票承销业务资格的证券经营机构，应当于每年1月15日前向证监会报送上年承销情况的报告。

E、承销业务原始凭证以及有关业务文件、资料、帐册、报表和其他必要的材料应当至少妥善保存七年。

3. 证券经营机构自营业务的监管

为规范证券经营机构证券自营业务的行为，维护证券市场秩序，保护投资者合法利益，根据国家有关法律和法规，对证券经营机构自营业务的审核和监管，具体如下：

①自营资格

证券经营机构从事证券自营业务，应当取得证监会认定的证券自营业务资格并领取证监会发的《经营证券自营业务资格证书》，未取得证券自营业务资格的证券经营机构不得从事证券自营业务。

证券经营机构申请从事证券自营业务，应当同时具备下列条件：

A、证券专营机构具有不低于人民币2，000万元的净资产，证券兼营机构具有不低于人民币2，000万元的证券营运资金。

B、证券专营机构具有不低于人民币1，000万的净资本，证券兼营机构具有不低于人民币1，000万元的净证券营运资金。

C、三分之二以上的高级管理人员和主要业务人员获得证监会颁发的《证券业从业人员资格证书》，在取得《证券业从业人员资格证书》前应具备下列条件：

a. 高级管理人员具备必要的证券、金融、法律等有关知识，近二年内没有严重违法违规行为，其中三分之二以上具有二年以上证券业务或三年以上金融业务工作经历；

b. 主要业务人员熟悉有关的业务规则及业务操作秩序，近二年内没有严重违法违规行为，其中三分之二以上具有二年以上证券业务或三年以上金融业务的工作经历。

D、证券经营机构在近一年内没有严重违法违规行为或在近二年内未受到本办法规定的取消证券自营业务资格的处罚。

E、证券经营机构成立并且正式开业已超过半年；证券兼营机构的证券业务与其他业务分开经营、分帐管理。

F、设有证券自营业务专用的电脑申报终端和其他必要的设施。

G、证监会要求的其他条件。

②禁止行为

证券经营机构从事证券自营业务，不得从事下列行为：

A、以明示或默示的方式，约定与其它证券投资者在某一时间内共同买进或卖出某一种或几种证券；

B、以自己的不同帐户或与其他证券投资者串通在相同时间内进行价格和数量相近、方向相反的交易。

C、在一段时间内频繁并且大量地连续买卖某种或某类证券并导致市场价格异常变动；

D、有关禁止证券欺诈行为的法规规定的其他操纵市场行为；

E、将自营业务与代理业务混合操作；

F、以自营帐户为他人或以他人名义为自己买卖证券；

G、委托其他证券经营机构代为买卖证券；

H、证监会认定的其他违反自营业务管理规定的行为。

③风险控制

A、证券经营机构负债总额与净资产之比不得超过10:1，证券兼营机构从事证券业务发生的负债总额与证券营运资金之比不得超过10:1。

B、证券经营机构从事证券自营业务，其流动性资产占净资产或证券营运资金的比例不得低于50%。

C、证券经营机构证券自营业务帐户上持有的权益类证券按成本价计算的总金额，不得超过其净资产或证券营运资金的80%。

D、证券经营机构从事证券自营业务，持有一种非国债类证券按成本价计算的总金额不得超过净资产或证券营运资金的20%。

E、证券经营机构买入任一上市公司股票按当日收盘价计算的总市值不得超过该上市公司已流通股总市值的20%。

F、证券经营机构证券自营业务出现盈利时，该机构应按月就盈利提取5%的自营买卖损失准备金，直至累计总额达到其净资本或净营运资金的5%为止。

自营买卖损失准备金除用于弥补证券自营买卖损失之外，只能用于形成非股票类高流动性资产，不得用作其他用途。

G、证券经营机构从事证券自营业务，应当保持风险意识，贯彻稳健经营方针，防范各种风险因素，制定证券自营风险控制和每日风险自查制度，在内部设立专门机构和人员对风险状况进行检查。

H、证监会可根据有关情况的变化对A至F条规定的风险控制比例进行调整。

④监督检查

A、证券经营机构从事证券自营业务，应当以公司名义建立证券自营帐户，并报证监会备案。

B、证券经营机构同时经营证券自营与代理业务，应当将经营两类业务的资金、帐户和人员分开管理，并将客户存入的保证金在二个营业日内存入指定银行的信托帐户，将公司证券自营资金设立专门帐户单独进行管理核算。

C、证监会对证券经营机构从事证券自营业务情况以及相关的资金来源和运用情况可进行定期或不定期的检查，并可要求证券经营机构报送其证券自营业务资料以及其他相关业务资料。

D、证监会和由证监会授予监管职责的地方证券期货监管部门对从事证券自营业务过程中涉嫌违反本办法和国家有关法规的证券经营机构，可进行调查，并可要求提供、复制或封存有关业务文件、资料、帐册、报表、凭证和其他必要的资料。

对证监会和被授权的地方证券期货监管部门的检查和调查，证券经营机构不得以任何理由拒绝或拖延提供有关资料，或提供不真实、不准确、不完整的资料。在调查过程中，证券经营机构的主要负责人和直接相关人员不得以任何理由逃避调查。证监会和被授权的地方证券期货监管部门还可要求证券经营机构有关人员在指定时间和地点提供有关证据。

E、证监会可聘请具有从事证券业务资格的会计师事务所、审计事务所等专业性中介机构，依据本办法有关条款并在证监会要求的事项内对证券经营机构从事证券自营业务情况进行稽核。

证券经营机构对前款所称稽核，应视同为证监会的检查并予以配合。

F、证券自营业务原始凭证以及有关业务文件、资料、帐册、报表和其他必要的材料应当至少妥善保存七年。

4．证券经营机构外资股业务的监管

从事外资股业务的条件：

①境内证券经营机构申请从事外资股经纪业务，应当具备下列条件：

A、证券专营机构具有不少于5000万元人民币的净资产，证券兼营机构具有不少于5000万元人民币的证券营运资金；

B、具有国家外汇管理部门批准的外汇业务经营权；

C、具有能够保障涉外业务正常开展的通讯设施、营业场所、设备等技术手段；

D、具有五名以上能够从事涉外证券业务的专业人员；

E、遵守国家有关法律、法规，最近二年内未受到吊销资格证书的处罚；

F、证券兼营机构的证券业务与其他业务分开经营、分帐管理；

G、证监会要求的其他条件。

②境外证券经营机构申请从事境内上市外资股经纪业务，应当具备的条件：

A、依照所在地法律可以经营证券经纪业务；

B、受到所在地证券监管部门的有效监管；

C、具有相当人民币5000万元以上的净资产或者由依照境外法律可提供担保并经证监会认可的机构出具相应的担保；

D、具有二年以上从事国际证券业务的经验；

E、最近二年财务状况的各项指标符合所在地监管部门的风险控制要求；

F、拥有广泛的营业网络；

G、执行董事及其他高级管理人员具有五年以上的证券业从业经验和良好的职业信誉；

H、最近二年中没有因严重违反有关法规受到境外监管部门处罚；

I、遵守中华人民共和国有关法律、法规；

J、具有二名以上熟悉中国证券市场以及相关的政策、法律的专业人员；

K、证监会要求的其它条件。

③境内证券经营机构申请从事外资股承销业务，应当具备下列条件：

A、证券专营机构具有不少于8000万元人民币的净资产，证券兼营机构具有不少于8000万元人民币的证券营运资金；

B、依照《证券经营机构股票承销业务管理办法》已经取得股票承销业务资格；

C、具有国家外汇管理部门批准的外汇业务经营权；

D、具有能够保障涉外业务正常开展的通讯设施、营业场所、设备等技术手段；

E、具有十名以上有证券承销经验的专业人员，其中熟悉国际金融业务、会计业务和相关法律的专业人员至少各一名；

F、具有一年以上从事证券承销业务或参与承销一只以上股票的经历；

G、证监会要求的其他条件。

④境内证券经营机构申请担任外资股主承销商或者境内事务协调人，除具备上面③所规定的条件外，同时还应具备下列条件：

A、证券专营机构具有不少于12000万元人民币的净资产，证券兼营机构具备不少于12000万元人民币的证券营运资金；

B、依照《证券经营机构股票承销业务管理办法》已经取得主承销商资格；

C、具有二十名以上有证券承销经验的专业人员，其中熟悉国际金融业务、会计业务和相关法律的专业人员至少各二名；

D、具有参与外资股承销的经历；

E、证监会要求的其他条件。

⑤境外证券经营机构担任境内上市外资股主承销商，副主承销商和国际事务协调人的，除具备上面②所规定的条件外，还应同时具备下列条件：

A、依照所在地法律可经营股票承销业务；

B、具有相当于人民币12000万元以上的净资产或者由依照境外法律可提供担保并经证监会认可的机构出具相应的担保；

C、提出申请前二年内未中断在国际市场开展证券承销业务；

D、具有三名以上熟悉中国证券市场以及相关的政策、法律的专业人员；

E、证监会要求的其他条件。

从事外资股业务资格的申请与维持

①境内证券经营机构申请取得资格证书，应当向证监会报送下列文件：

A、证监会统一印制的《经营外资股业务资格申请表》；

B、机构批设机关颁发的《经营金融业务许可证（副本）》和国家外汇管理部门颁发的《经营外汇业务许可证（副本）》；

C、工商行政管理部门颁发的《企业法人营业执照（副本）》；

D、机构批设机关核准的公司章程；

E、具有从事证券业务资格的会计师事务所审计的最近二年的资产负债表、损益表和财务状况变动表；

F、法定代表人、主要负责人及主要业务人员《证券从业资格证书》或简历、专业证书等；

G、最近二年经营业务情况说明；

H、证监会要求的其他文件。

②境外证券经营机构申请取得资格证书，应当向证监会报送下列文件：

A、证监会统一印制的《经营外资股业务资格申请表》；

B、所在地证券监管部门颁发的经营执照；

C、公司章程；

D、高级管理人员及主要业务人员学历、从业资格证书和其他有关专业证书；

E、注册会计师提供的资本证明文件；

F、经注册会计师审计的前二年的财务报告；

G、最近二年承销情况介绍；

H、以往参与中国证券业务情况的说明；

I、证监会要求的其他文件。

证监会可以根据情况要求境外证券经营机构提交所在地监管部门出具的有关证明文件。

证监会收到上述完整的申请资料后，对申请文件进行审查。经审查符合条件的，由证监会颁发资格证书；对不符合条件的，不予颁发资格证书，并且半年内不再受理其申请。资格证书自颁发之日起二年内有效，二年后自动失效。证券经营机构需要维持其经营外资股业务资格的，应当在资料证书失效前的三个月内，向证监会提出申请并报送前二年财务报告、业务开展情况说明书和证监会要求的其他文件，经证监会审核通过后换发资格证书。

对取得资格证书的境内、境外证券经营机构须按资格证书规定的事项从事有关业务；未取得资格证书或资格证书失效的机构，不得从事外资股业务。取得资格证书的境内、境外证券经营机构，应当于每年1月31日前向证监会报送上个年度从事外资股业务情况的报告。从事境外上市外资股承销业务的境外证券经营机构应当在每次承销活动结束后30日内向证监会报送业务报告。

证监会对境内、境外证券经营机构从事外资股业务情况可进行定期或不定期的检查，并可以随时要求其报送相关业务资料。而从事外资股业务的境内境外证券经营机构应当将承销业务原始凭证、交易记录以及有关业务文件、资料、帐册、报表和其他必要的材料至少妥善保存七年。

5. 对证券经营机构禁入证券市场的规定。

为了规范我国证券市场，加强市场监管，保护投资者合法权益和社会公众利益，保进证券市场健康稳定发展，证监会对证券经营机构禁人证券市场做出了以下规定：

①证券经营机构（包括分支机构）高级管理人员及其内设业务部负责人，证券登记、托管、清算机构高级管理人员及其内设业务部负责人，有下列行为之一或对该行为负有直接责任或直接领导责任的，除依法给予行政处罚外，中国证监会将视其情节，认定其为市场禁入者：

A、在证券发行活动中，组织或参与策划、编制含有虚假、严重误导性内容或有重大遗漏的文件或信息的；

B、利用职务之便进行内幕交易，为机构、个人或者他人进行内幕交易的；

C、利用资金、信息等优势以及其他手段操纵证券市场价格的；

D、将自营业务与代理业务混合操作；挪用客户资金、擅自将客户证券出售、质押以及其他严重欺诈客户的行为的。

E、抗拒、阻挠或严重干扰证券管理部门监督检查的；

F、个人累计3次受到中国证监会或其授权的地方证管办警告以上行政处罚的；

G、其他严重违反证券法律、法规、规章和中国证监会有关规定的行为。

被认定为市场禁人者的证券经营机构高级管理人员及其内设业务部门负责人，证券登记、托管、清算机构高级管理人员及其内设业务部门负责人，除其所在机构应当予以解聘外，应自中国证监会宣布之日起，3至10年内不得从事任何证券业务和担任上市公司高级管理人员；情节特别严重的，永久性不得从事任何证券业务。

②证券投资基金管理机构的高级管理人员及其内设业务部门负责人、证券投资基金托管机构的高级管理人员及其内设业务部门负责人，有下列行为之一，或对该行为负有直接责任或直接领导责任的，除依法给予行政处罚外，中国证监会将视其情节，认定其为市场禁入者：

A、不履行信息披露义务或在信息披露时有虚假、严重误导性陈述或者重大遗漏行为，严重损害投资者利益的；

B、利用职务之便进行内幕交易，为机构、个人或他人获取利益的；

C、利用资金、信息等优势或者其他手段操纵证券市场价格的；

D、挪用所管理或者托管的基金资产的；

E、违反基金章程、信托契约等规定进行投资，造成重大经济损失的；

F、个人累计3次受到中国证监会或其授权的地方证管办警告以上行政处罚的；

G、其他严重违反证券法律、法规、规章和中国证监会有关规定的行为。

被认定为禁人者的证券投资者基金管理机构高级管理人员及其内设业务部门负责人，证券投资基金托管机构高级管理人员及其内设业务部门负责人，除其所在机构应当予以解聘外，自中国证监会宣布决定之日起，3至10年内不得从事任何证券业务和担任上市公司高级管理人员；情节特别严重的，永久性不得从事任何证券业务。

③证券投资者咨询机构的高级管理人员及其投资咨询人员，有下列行为之一，或对该行为负有直接责任或直接领导责任的，除依法给予行政处罚外，中国证监会将视其情节，认定其为市场禁入者：

A、制造、传播虚假信息、市场传言或者以虚假信息、市场传言为依据向客户提供投资咨询，严重损害投资者利益的；

B、利用咨询服务与他人合谋操纵市场价格的；

C、利用内幕信息为机构、个人或他人获取利益的；

D、个人累计3次受到中国证监会或其授权的地方证管办警告以上行政处罚的；

E、其他严重违反证券法律、法规、规章和中国证监会有关规定的行为

被认定为市场禁入者的证券投资咨询机构的高级管理人员及其证券投资咨询人员，除其所在机构应当予以解聘外，自中国证监会宣布决定之日起，3至10年内不得从事任何证券业务和担任上市公司高级管理人员；情节特别严重的，永久性不得从事任何证券业务。

四、对证券业从业人员的监管

1. 证券业从业人员的分类

①证券代理发行从业人员；

②证券经纪业从业人员；

③投资顾问业从业人员；

④证券中介机构电脑管理业从业人员；

⑤证监会认为需要设立的行业从业人员。

2. 资格考试与注册制度

①资格考试。根据中国证监会的规定，凡是从事证券业的人员，必须经过证监会指定的证券培训机构办的证券从业资格培训或通过其他学习方式达到相应的水平，并通过证监会统一组织的资格考试。

申请从业人员资格者应具备的条件：

A、具有中华人民共和国国籍；

B、年满21周岁且有完全的民事行为能力；

C、品行良好、正直诚实，具有良好的职业道德；

D、在申请从事证券从业资格前五年未受过刑事处罚或严重的行政处罚；

E、具有证券相关专业大学专科以上学历，或高中毕业并有从事两年以上证券业务或三年以上其它金融业务经验，或四年以上证监会认可的其他与证券业务相关的工作经历；

F、自愿并承诺遵守国家有关法规以及行业自律性组织的行为规范，接受证监会的监督与管理；

G、证监会规定的其他条件。

②注册制度。证券业从业人员必须经过证监会的注册认可，并取得证监会颁发的资格证书，才能从事证券业务。申请从业资格者，需向证监会提供下列申请材料：

A、证监会统一印制的申请表；

B、身份证；

C、学历证书；

D、指定培训机构开具的资格考试成绩单及结业证书；

E、所在单位或户口所在地街道办事处以上的政府机关开具的以往行为说明材料；

F、证监会要求报送的其他材料。

五、对上市公司的监管

上市公司的质量是中国证券市场健康发展的基石。自从我国证监会成立以来，一直把提高上市公司的质量作为工作的重点，通过一系列的监管措施，使得上市公司的依法运作观念有所加强，规范化运作水平有了一个提高。但也应该清醒地看到上市公司还存在着许多问题，从1996年我国证监会组织的对若干家上市公司进行试点抽查的情况来看，发现有的公司存在着多计收益，少摊成本、虚计利润的现象；有的公司不同程度地改变了募集资金的用途；有的公司在参与股票交易活动中未能严格遵守法律、法规规定；在信息披露方面，上市公司对一些重大事项需履行临时报告的报告和公告义务缺乏认识，一些该披露的重大事项没有披露；同时，还发现为上市公司出具审计报告的会计师事务所及其注册会计师存在着未能严格执行现行会计制度和审计准则的问题。

中国证监会颁布了一系列的对上市公司的监管措施，目的是促进上市公司规范运作，督促上市公司合理使用募集资金，督促上市公司及时准确地进行信息披露，提高公司的透明度，监督注册会计师客观公正地对上市公司财务报表进行审计，以切实保护投资人利益，促进证券市场健康地发展。

1. 对上市公司检查制度的规范

为加强对上市公司的监管，规范上市公司运作，维护投资者利益，由中国证监会对上市公司的检查制度做出以下规定。

对上市公司检查内容的规定：

(1) 公司信息披露是否符合法律、法规及中国证监会发布的规定和规范性文件的要求；信息披露的有关报告、公告、信息及文件是否真实、完整、准确；信息披露是否及时。

(2) 公司募集资金是否按照招股说明书、配股说明书披露的项目使用；若筹集资金的使用项目发生变更，是否经股东大会表决通过；股东大会通过决议后，公司是否就募集资金使用的变动情况及时向股东进行充分披露。

(3) 公司的章程是否符合法律、法规的规定，是否符合中国证监会发布的规定和规范性文件的要求；公司章程的执行情况。

(4) 公司股东大会是否按照法律、法规及公司章程的规定召开；股东大会讨论决议及表决情况；少数股东的权利是否得到保护。

(5) 公司董事会的召开情况，董事会、董事长、董事法定职权的行使情况和法定义务的履行情况；公司董事会的组成、董事候选人提名方式、董事会议事规则、董事会决议的执行情况及董事会对重大投资决策的讨论记录等。

(6) 公司监事会法定职权的行使情况，监事会的组成，监事会议事规则及表决程序，监事职责的履行情况等。

(7) 公司总经理（经理）及其他高级管理人员职权的行使情况，公司董事会对总经理（经理）和其他高级管理人员的授权范围，总经理（经理）和其他高级管理人员执行董事会的决议情况及对公司职能部门和分公司、子公司的管理情况等。

(8) 公司董事会秘书职务的设置、秘书的职权范围及秘书对公司信息披露的组织与协调等情况。

(9) 中国证监会认为其它应予检查的事项。

被检查公司和有关会计师事务所应提供的主要文件：

1) 公司会计报表、相关帐薄和凭证以及其它涉及会计报表的资料；

2) 公司股东大会的会议记录、决议文本，董事会的会议记录、决议文本，监事会的会议记录、决议文本，以及公司经理办公会议文件和其它相关管理制度文件；

3) 反映公司重大投资的有关资料和文件；

4) 会计师事务所对公司财务报告发表的审计意见的工作底稿。

5) 其他应该查阅的文件。

被检查的上市公司对检查结果未公开之前，不得透露与检查结果有关的任何信息。

2. 对上市公司财务报表编制的规范

上市公司的财务报告可以说是投资者对投资分析的重要工具。上市公司财务报表编制的规范和监管对稳定证券市场意义重大。上市公司能否及时、全面、准确、真实地做好财务报表编制工作，直接关系到股东的权益能否得到合理的保障及投资者能否获得客观、公正的投资决策信息。为了切实保护投资者的利益，证监会对上市公司年度报告的编制工作进行了以下几点的规范：

(1) 按照中国证监会《关于规范上市公司行为若干问题的通知》(证监字〔1996〕7号）的要求，上市公司应将以税后利润派送红股和公积金转增股本予以明确区分。

(2) 新上市的公司，若财务报表数据中包含新股申购冻结资金利息，则在披露年度报告第（二）部分的内容时，除按照证监发字〔1995〕200号文的要求进行披露外，还要披露扣除新股申购冻结资金利息的各项财务数据和财务指标。

(3) 公司在编制财务报表时应严格执行财政部的有关规定，并注意以下问题：

①新上市公司，其当年新股申购冻结资金的利息，计算依据执行中国证监会证监发字〔1996〕423号文和发行部发函字〔1996〕009号文件的规定，会计处理执行财政部财工字（1996）434号文件的规定，并在财务报表附注中予以说明。

②地方财政部门对公司所得税实行全额征收、比例返还政策的，公司在编制财务报表时，对会计科目的处理，应当书面征得省级财政部门的同意，并在财务报表附注中予以说明。

③公司在报告期内因收购兼并或资产重组而使被合并对象的所有者权益全部转移到上市公司的，应当确立合并基准日。合并当事人应就合并前后被合并单位的资产、负债、收益的变化，提出具体的处理意见，并按照法定程序履行各方产权所有者批准程序，有关的会计科目处理，应当以财政部现行的有关规定为准。公司还应当在年度报告第（八）节中专门披露，并在财务报表附注中予以说明。

④财务报表附注中“在建工程”的附注，应当注明在建工程的利息资本化金额。

(4) 1996年内，注册会计师对1995年公司年度报告中的财务报告出具了保留意见的，公司董事会应当在1996年度报告第（八）节中专门说明是否采取了相应的措施，或者表明董事会的意见。

5）在境外证券交易所上市的公司以及在境内发行外资股的公司，其会计核算应遵循财政部财会计字〔1996〕11号文件的规定。

3. 关于上市公司配股的有关规定。

上市公司向股东配股必须符合下列基本条件：

（1）公司章程符合《公司法》的规定。

（2）配股募集资金的用途必须符合国家产业政策的规定；

（3）前一次发行的股份已经募足，并间隔一年以上，间隔时间是指从公司前一次募足股份后的工商注册登记日或变更登记日，到本次配股说明书的公布日，其间隔不少于12个月；

（4）公司在最近三年内净资产税后利润率每年都在10%以上，属于能源、原材料、基础设施类的公司可以略低，但不低于9%；

（5）公司在最近三年内财务会计文件无虚假记载或重大遗漏；

（6）本次配股募集资金后，公司预测的净资产税后利润率应达到同期银行个人定期存款利率；

（7）配售的股票限于普通股，配售的对象为股权登记日登记在册的本公司全体普通股股东；

（8）公司一次配股发行股份总数，不得超过该公司前一次发行并募足股份后其普通股股份总数的30%，公司将本次配股募集资金用于国家重点建设项目和技改项目的，在发起人承诺足额认购其可配股份的情况下，可不受30%比例的限制；

上市公司有下列情形的，其配股的申请不予批准：

①不按有关法律、法规的规定履行信息披露义务的；

②近三年有重大违法行为，特别是有以违反国家现行规定的方式或范围发行或变相发行股票的行为、有证券欺诈等行为的；

③前一次发行股票所募集的资金用途与《招股说明书》、《配股说明书》不相符，而且又未经法定程序批准的；

④股东大会的召集、召开方式、表决方式和决议内容不符合《公司法》及有关规定的；

⑤申报材料存在虚假陈述的；⑥公司所确定的配股价格低于该公司配股前每股净资产的；

⑦公司上市不足一年的

除上述规定外，上市公司配股还必须符合中国证监会有关配股申请和信息披露的规定。

4. 严禁国有企业和上市公司炒作股票。

由于我国证券市场尚处于发展初期，过度的投机和违规现象比较严重，国有商业银行资金通过各种渠道不断流入股市。有的国有企业和上市公司用银行信贷资金炒作股票；有的上市公司把募股用于生产经营的资金投入股市炒作股票；有的国有企业把用于自身发展的自有资金投入股市炒作股票。这种状况一方面助长了股市投机，另一方面使国有资产处于高风险状态，严重危及国有资产的安全。为了发挥社会主义股票市场为经济建设筹集资金和促进企业转换经营机制的功能，维护正常的市场秩序，必须制止国有企业和上市公司在股票市场上的炒作行为。证监会特做出以下规定：

（1）国有企业不得炒作股票，不得提供资金给其他机构炒作股票，也不得动用国家银行信贷资金买卖股票。

（2）上市公司不得动用银行信贷资金买卖股票，不得用股票发行募集资金炒作股票，也不得提供资金给其它机构炒作股票。

（3）国有企业和上市公司为长期投资而持有已上市流通股票，应向证券交易所报告。交易所应采取措施，加强管理，监督国有企业和上市公司遵守本规定的有关要求。

（4）国有企业和上市公司只能在交易所开设一个股票帐户（A股），必须用本企业（法人）的名称。严禁国有企业和上市公司以个人名义开设股票帐户或者为个人买卖股票提供资金。存在上述问题的单位，必须在本规定发布之日起一个月内纠正，拒不纠正的，将从严处罚并追究法定代表人和直接责任人的责任。

（5）证券交易所，证券登记清算机构和证券经营机构，要对已开设的股票帐户和资金帐户进行检查，如发现有国有企业和上市公司炒作股票，或以个人名义开设股票帐户以及为个人股票帐户提供资金的，应要求其立即纠正并及时向中国证监会报告。

（6）各省、自治区、直辖市人民政府，国务院各部门应立即对所属国有企业参与股票炒作的情况进行检查，各地方证券管理部门要组织对辖区内的上市公司参与股票炒作的情况进行检查，检查结果要向国务院证券委报告。对本规定发布后继续违规炒作股票的国有企业和上市公司，一经查实，其收入一律没收并处以罚款；对挪用银行信贷资金买卖股票的企业，银行要停止新增贷款，限期收回被挪用的贷款；对国有企业的主要负责人和直接责任人，由其主管部门给予撤职开除处分；对上市公司的主要负责人和直接责任人，由中国证监会认定并宣布其为市场禁入者。

六、对证券欺诈行为的监管

证券欺诈行为包括证券发行、交易及相关活动中的内幕交易，操纵市场、欺诈客户、虚假陈述等行为。

1. 内幕交易行为

内幕交易行为是指证券交易内幕信息的知情人员或者非法获取证券交易内幕信息的人员，在涉及证券的发行，交易或者其他对证券价格有重大影响的信息尚未公开前，买入或者卖出该证券、或者泄露该信息，情节严重的行为。内幕交易的主体是指证券交易内幕信息的知情者或者非法获取证券交易内幕信息的人员，自然人和单位都可以成为该行为的主体。

内幕信息是指为内幕人员所熟悉的，尚未公开的和可能影响证券市场价格的重大信息，不包括运用公开的信息和资料，对证券市场作出分析和预测。这些重大信息主要包括：

①证券发行人（以下简称“发行人”）订立重要合同，该合同可能对公司的资产、负债、权益和经营成果中的一项或者多项产生显著影响。

②发行人的经营政策或者经营范围发生重大变化；

③发行人发生重大的投资行为或者购置金额较大的长期资产的行为；

④发行人发生重大债务；

⑤发行人未能归还到期重大债务的违约情况；

⑥发行人发生重大经营性或者非经营性亏损；

⑦发行人资产遭受重大损失；

⑧发行人的生产经营环境发生重大变化；

⑨可能对证券市场价格有显著影响的国家政策变化；

⑩发行人的董事长、三分之一以上的董事或者总经理发生变动；

⑪持有发行人百分之五以上的发行在外的普通股的股东，其持有该种股票的增减变化每达到该种股票发行在外总额的百分之二以上的事实；

⑫发行人的分红派息、增资扩股计划；

⑬涉及发行人的重大诉讼事项；

⑭发行人进入破产、清算状态；

⑮发行人章程、注册资本和注册地址的变更；

⑯发行人无支付能力而发生相当于被退票人流动资金的5%以上的大额银行退票；

⑰发行人更换为其审计的会计师事务所；

⑱发行人债务担保的重大变更；

⑲股票的二次发行；

⑳发行人营业用主要资产的抵押、出售或者报废一次超过该资产的30%；

(21) 发行人的董事、监事或者高级管理人员的行为可能依法负有重大损害赔偿责任；

(22) 发行的股东大会、董事会或者监事会的决定被依法撤销；

(23) 证券监管部门作出禁止发行人有控股权的大股东转让其股份的决定；

(24) 发行人的收购或者兼并；

(25) 发行人的合并或者分立；

(26) 其他重大信息。

内幕信息“知情人员”的范围，依照法律、行政法规的规定，包括以下内容：

①发行股票或者公司债券的公司董事、监事、经理、副经理；

②持有该公司股份超过10%的股东或者其控股公司的负责人，这里包括自己持有和以他人名义的持有，或利用他人购买的股票都应统计在内；

③由于所任公司职务可以获取有关证券交易信息的人员，例如，秘书、打字员、业务员等；

④由于法定的责职对证券交易进行管理的人员，例如，对证券公司或者上市公司履行监管职务的证券管理机构、交易所或税务局的人员等；

⑤由于法定职务而参与证券交易的社会中介机构或者证券交易服务的有关人员，如为股票发行出具审计报告、资产评估报告、法律意见书等文件的会计师、律师等。

“非法获取证券交易内幕信息”的人员是指“知情人员”以外的知悉内幕信息的人员，通过非法渠道从“知情人员”处获取信息的人员，如用私下交易、套取等手法获取信息，也可以是以偷听、监听、盗窃、诈骗等手段获取内幕交易的人员。

2．操纵市场行为

操纵市场行为是指某单位或个人以获取利益或者减少损失为目的，利用资金、信息等优势或者利用职权来控制证券市场价格，制造证券市场假象，诱导或者致使投资者在不了解事实真象的情况下作出证券投资决定，扰乱证券市场秩序的行为。操纵市场的行为包括：

①通过合谋或者集中资金操纵证券市场价格；

②以散布谣言等手段影响证券发行、交易；

③为制造证券的虚假价格，与他人串通，进行不转移证券所有权的虚买虚卖；

④出售或者要约出售其并不持有的证券，扰乱证券市场秩序；

⑤以抬高或者压低证券交易价格为目的，连续交易某种证券；

⑥利用职务之便，人为地压低或者抬高证券价格；

⑦其他操纵市场的行为。

3．欺诈客户行为

欺诈客户行为是指以获利或者减少损失为目的，以隐瞒或者违背客户指令买卖证券的交易行为。其包括：

①证券经营机构将自营业务和代理业务混合操作；

②证券经营机构违背被代理人的指令为其买卖证券；

③证券经营结构不按国家有关法规和证券交易场所业务规则处理证券买卖委托；

④证券经营机构不在规定时间内向被代理人提供证券买卖书面确认文件；

⑤证券登记、清算机构不按国家有关法规和本机构业务规则的规定办理清算、交割、过户、登记手续；

⑥证券登记、清算机构擅自将顾客委托保管的证券用作抵押；

⑦证券经营机构以多获取佣金为目的，诱导顾客进行不必要的证券买卖，或者在客户的帐户上翻炒证券；

⑧发行人或者发行代理人将证券出售给投资者时未向其提供招募说明书；

⑨证券经营机构保证客户的交易收益或者允诺赔偿客户的投资损失；

⑩其他违背客户真实意志，损害客户利益的行为。

4．虚假陈述行为

虚假陈述行为是指某单位或个人对证券发行、交易及其相关活动的事实、性质、前景、法律等事项作出不实、严重误导或者含有重大遗漏的陈述，导致投资者在不了解事实真相的情况下作出证券投资决定的行为。

其包括的内容有：

①发行人、证券经营机构在招募说明书，上市公告书、公司报告及其他文件中作出虚假陈述；

②律师事务所、会计师事务所、资产评估机构等专业性证券服务机构在其出具的法律意见书、审计报告，资产评估报告及参与制作的其他文件中作出的虚假陈述；

③证券交易所，证券业协会或者其他证券业自律性组织作出对证券市场产生影响的虚假陈述；

④发行人，证券经营机构，专业性证券服务机构、证券自律性组织在向证券监管部门提交的各种文件，报告和说明中作出虚假陈述；

⑤在证券发行、交易及其相关的活动中的其他虚假陈述。

内幕人员和以不正当手段或者其他途径获得内幕信息的其他人员违反内幕信息交易条例，泄露内幕信息，根据内幕信息买卖证券或者建议他人买卖证券的，根据不同情况，没收非法获取的款项和其他非法所得，并处五万元以上五十万元以下的罚款，并对当事人按国家的其他规定追究其责任。

第二章　证券市场风险

第一节　证券市场风险的概念

风险这个概念在我们的现实生活中被广泛运用，但在不同的场合、对不同的主体而言，它却有不同的含义。广义来说，风险是人们预测的不确定性，泛指人们在社会领域中从事各种社会活动而不能达到某种预期效果的可能性。证券市场风险是随着社会经济的高度发展，有价证券的产生而出现的，证券市场风险和证券收益是证券市场的孪生兄弟，二者是不可分离的。

所谓证券市场风险就是指证券投资者在证券市场中从事证券买卖而不能获得预期的投资收益的可能性，例如：如果你希望在股票投资中获得20%的的报酬，但实际上，你得到的是10%甚至更少，那么这二者之间所形成的投资差额就是投资风险。

风险唯一的特点就是不确定性。如果这种不确定性已经变成现实，此时风险已经释放，则风险也就不存在了。从这种意义上说，风险和损失有一定的区别，获利或持平但没有取得预期效果也是风险，风险一旦变成现实就会造成某种程度的损失。证券市场风险是客观存在的，风险主要来源于证券发行公司的经营亏损和证券收益率的不确定性，以及证券市场的变化与股价的波动。证券市场风险主要取决于投资的不同类型以及投资者和证券发行者的经营能力和水平。证券风险的大小和其投资效益的高低是成正比的，投资效益的回报越高，投资的风险就越大。相反，如果投资的回报越小，其风险也就越小。一般来说，投资于国债的证券风险最小，而股票投资是风险最大的证券投资之一，且规模之大，数量之多，成交额之巨是其它证券不可相匹敌的。从股票市场的交易情况可以反映出一个国家的国民经济状况，故有股票是国民经济的“晴雨表”之称。在美国1929年发生的股票危机，之后不久，也就暴发了规模宏大的经济危机。在我国，股票交易仅有七年左右的时间，大的股票危机还没有经历过，但1996年12月份股票大涨之后的狂跌无不给人们上了一堂深刻的风险教育课。

第二节　证券市场风险的种类

证券市场风险可分为两类：系统性风险（Systematic－Risk）和非系统性风险（Unsystematic－Risk）。

一、系统性风险

系统性风险又称制度性风险。是指由于某种因素的影响使市场上所有证券都遭受损失的可能性。对于证券投资者来说这种风险是无法消除的，投资者无法通过多样化的投资组合进行证券保值。然而，这种风险对各种股票的影响程度又是不一样的。这种影响的不同程度可以通过贝塔（β）系数来反映。

$$\beta\text{系数}=\frac{\text{某种证券的预期报酬—该期报酬中的非风险部分}}{\text{整个市场证券组合的预期报酬—该期报酬中的非风险部分}}$$

在计算β值时，通常把整体的证券市场的贝塔（β）值设定为1。如果某种证券风险和整个证券市场（β）风险的波动幅度完全一致，则贝塔（β）值为1；如果某种证券风险和整个证券市场风险的比值小于1，则说明该种证券的风险程度小于整个证券市场风险水平；如果某种证券风险和整个证券市场风险的比值大于1，则表示该种证券的风险程度大于整体证券市场风险水平。可以通俗地说，β值大，该种证券的抗跌性就弱，β值小，该种证券的抗跌性就强。例如，1996年12月16日公布股票实行涨跌停板制度当天，整个股票市场全部以跌告收，持续时间近两周。从整个股票市场来计算，跌幅将近35%，而个股深发展的跌幅不到20%，这说明发展的β值小于1，即其风险明显小于整个股票市场风险水平，也说明其具有良好的抗跌性。

二、非系统性风险

非系统性风险又称非制度性风险。是指由于某些因素对单个证券造成损失的可能性。因为非系统性风险仅仅影响个别证券的收益，故人们一般可以通过证券投资的多样化来避免这种风险。非系统性风险主要来源于三个方面：市场风险、经营风险和购买力风险。

1. **市场风险**也称价格风险，是由证券价格的涨落而直接引起的。而造成市场风险的原因很多，除政治、政策、经济方面之外，投机者非法从事投机活动，人为左右股票价格从中获利也是一个重要因素。如一些公司董事或高级人员串通股市大户或投机机构利用内幕消息合力抬高或压低股价，造成证券价格瞬息间暴涨或暴跌，让不知情者陷入他们的圈套，损失惨重，而他们可以从中获取暴利。另外，银行资金违规进入证券市场、证券商违规透支、新闻媒介对信息误导等因素都可能引起证券市场价格的异常波动。但不论如何，证券市场的规律是有涨必有落。纵观世界各国证券市场发展的历史，没有只涨不跌或只跌不涨的证券市场，缓涨可能缓跌，暴涨必有暴跌，这是证券市场的一条普遍规律。

2. **经营风险**主要指公司经营不景气，甚至失败、倒闭而给投资者带来损失。公司出现经营亏损甚至破产倒闭，使投资者不能获利，甚至完全赔掉本金。对于股票市场而言，市盈率是衡量一种股票投资价值和公司的盈利状况的重要参考指标之一。所谓市盈率就是股票价格和该种股票每股盈利的比值，它是一个动态、发展的指标。对于一个成熟的证券市场来说市盈率一般在10至20倍之间，市盈率值越大，投资该种证券的风险就越大，反之亦然。所以，选择一种股票是否有投资价值，最主要的是看该股票发行的公司经营状况如何。衡量一家上市公司经营情况可以根据该公司的财务报表和相关数据进行分析，分析的方法主要有比率分析法、趋势分析法和结构分析法。比率分析法是通过计算不同报表项目的比率来分析财务状况和盈利能力。趋势分析是通过不同时期的财务指标的比较，来分析公司某些重要财务指标的变动情况。结构分析法在财务分析中，主要用于资产结构分析、负债结构分析、成本结构分析和收益结构分析。此外，将不同企业的相同财务指标进行比较，则可以分析出个别企业在行业中的水平。不论采取何种分析方法，正确地把握一个公司盈利能力的大小，是发现企业内在潜力的关键。除了上面所说的市盈率之外，测量公司获利能力的指标还有：资产回报率、净资产收益率、销售利润率、盈利增长率。

通过对公司财务的分析，可以直截了当地了解到该公司股票的风险程度。另外，由于公司经营原因使股票的股息降低甚至取消而引起股票价格的下跌，市场上抛售该股的人增多，股价猛跌，造成投资者遭受巨大损失。

3. **购买力风险**是指由于通货膨胀使固定收支款项的购买力下降而给投资者带来的损失。这种风险主要发生在通货膨胀时期，容易损害到获得固定投资报酬的投资者，如购买优先股、债券等投资者。购买力风险主要通过通货膨胀率的大小和投资者盈利率大小相比较体现出来。例如一位投资者投资100，000元于某投票，一年后的股息为10，000元，盈利率为10%，但假设通货膨胀率为6%，那么该投资者实际获利就只有4%即4，000元，如果通货膨胀率为10%时，该投资者实际获利为0，也就没有获利可言。证券作为一种虚拟货币，它具有货币的一些特征，直接受到银行利率的影响，银行利率提高，流入银行即储蓄资金会增加，其它证券方面的投资相对减少，证券交易市场受供求的影响呈下跌态势。相反，如果银行利率下降，投入证券方面的资金就会增加，资金供过于求，对证券的需求增加，证券市场出现交易活跃的上升趋势。由于国家法定利率与投资证券市场的盈利率之间存在较大的差距，这样，只要有机会，资金就会流向资本回报率最高的地方。96年银行利率两次下调，使大量的居民储蓄存款流入股票市场，使沪、深股市出现前所未有的暴涨行情。

购买力风险主要来源于一个国家的政策，包括宏观面的和直接针对证券市场的微观面的风险。对于大多数的投资者来说，政策性的风险是无法避免的，但投资者可以选择一些回报率高于通货膨胀率的投资渠道或选择一些业绩优异高成长的公司股票进行投资，例如去年的政策性风险对于长虹、发展为代表的绩优股的影响微乎其微，可以说这是那些既不想失去机会又想逃避风险的投资者的最好选择。

第三节　降低风险的投资策略

证券市场的风险是与收益相伴相随的。造成证券市场风险的因素很多，人们也没有办法准确无误地判断证券市场的行情在今后如何变化，更不能准确判断哪一种证券的市价走势，因此，风险是不可避免的，但是人们可以想办法降低风险，将风险缩小到尽可能小的范围内。下面介绍几种降低风险的策略。

一、分散投资法

即将股票的资金分散在不同种类的证券上。这样做可以利用某种证券的价格下跌而其它证券的价格却在上涨的可能性，避免出现“一着失误，全盘皆输”的情况。比如，某投资者使用资金分散的方法，一部分资金投入股票，又利用一部分资金投资了基金，假如股票价格下跌，基金可能会上涨，从而可以弥补股票投资方面的损失，假如基金价格下跌，股票价格可能会上涨，从而弥补了基金投资的亏损。这也是俗话所说的“不把鸡蛋放在同一个篮子里”。分散投资可以考虑以下几种方案。

1. 证券发行公司的分散

即投资者不可将全部资金集中购买一家公司发行的证券，以防止该公司业务的亏损或公司破产倒闭带给投资者资金损失。

2. 发行证券公司的行业分散

投资者不可将全部资金投资于同一种行业的公司证券，因为一旦这个行业遇到商业循环不景气或遇到某些政策限制因素，投资者就会造成损失。

3. 时间上的分散

这主要相对于固定的长期投资者。依靠领取利息的投资者，必须先了解各公司的发息日期。股市有淡季和旺季，投资者可在股市淡季以低价买进股票，在股市旺季以高价卖出股票。能在时间上分散也可以减少投资者的损失。

4. 地区上的分散

投资者最好不要把全部资金用来购买某一地区的证券，可以分散投资到不同的地区。以防止某些偶发因素如战争暴乱、洪水、地震等不可抗拒原因给这一地区的经济带来损害，从而给投资者造成损失。

5. 投资组合

投资组合是指依据各种证券的利润和风险程度加以适当地选择、搭配，以降低风险。投资组合的前提是：在同样风险程度的条件下，选择利润较大的股票，在同样利润水平的条件下，选择风险程度最小的股票。在投资比较流行的西方国家，人们常将个人财产合理地分配到银行存款、有价证券和不动产三部分进行投资。在有价证券方面的投资上，又采取三分法，即以一部分资金购买安全性甚高的债券和优先股；另一部分资金投资于具有良好经济效益的成长性股票；第三部分资金作为预备金，以备机动之用，以等待更好的投资时机或作为投资失利后的援助，从而求得投资的安全与利润。

二、预期目标法

在股票市场上，如果遇到股票市价连翻大涨，投资者总是希望在股票价格涨到顶点的时候抛出手中的股票以谋取利润。但是，股份的最高点如何预测，即便是股票交易的行家也心中无数。为了解决这一难题，有的投资者就采用了“预期目标”法即当股票上升时，达到了投资者的预期获利目标时即可抛售。例如，某一投资者以每股20元买进某一种股票，这位投资者的预期获利为每股6元，当该种股票价格上涨到每股26元时，不论是否涨到顶点，适可而止，果断卖出，以达到预期的获利水平。

“预期目标”法的好处是不必为预测股价的最高点而劳神。如达到了自己的预期结果，则坚决出手。影响股票价格的因素很多，有些因素是无法估计的，股市瞬息万变，若去等待最高点，所承受的风险也太大。所以，“预期目标”法可以让投资者赚到一定数量的钱，当然不是最大数额的钱，但却不用承担太大的风险。

三、上涨摊平法

“预期目标”虽然能赚到一定数量的钱，但如果在股票出手后股价仍然继续上涨，总会有些后悔。“上涨摊平”法可以在一定程度上，弥补这一缺陷。例如：以每股20元价格买进某种股票100手，当股份涨到每股26元时先卖出50手，当股价涨到每股28元时又卖出30手，当股价涨到每股30元时再卖出最后的20手，这就叫“上涨摊平”法。我们可以计算一下这种方法和“预期目标”法所得利润差额：（5，000×26+3，000×28+2，000×30）元－10，000×26元=14，000元，与“预期目标”法相比较，“上涨摊平”法可以多赚14，000元，但无疑冒的风险要比“预期目标”法大。

四、看跌出手法

证券投资者在运用这种方法时，不是看市价涨到什么程度抛售该种证券，而是看市场价格下跌到什么程度卖出该证券。举例来说，某投资者以每股10元的价格买进某一种股票，当该种股票的价格上涨到22元时，投资者可能还会看涨一筹而不卖出股票，而该股票并不上涨反而下跌，这时投资者认为只要以每股20元的价格卖出股票就可以盈利100%。因此，他将每股20元的价格标准作为抛出点，即当股票价格降到20元时卖出手中的股票。看起来这种做法似乎有点不合情理，其实，这是一种保险的操作方法。因为在股票市场上经常遇到股价在涨涨跌跌的过程中呈现不断升降的状态，以每股10元的价格买进，股价涨到22元时，接下来是涨是跌，投资者心中无底，卖急了，也许股价还会上涨，卖晚了，可能原来能够获得的利润也失之一旦。于是投资者可以运用看跌的手法，等待观望股价的涨落，一旦降到所确定的目标，立即出手，以免遭受损失。

由于股票行情千变万化，因此投资人也需灵活运用以上方法，以降低风险，使之达到最小的程度。

第四节　风险教育的普及和意义

一、风险教育的普及是我国证券工作当务之急

作为一个证券投资者应该都知道这么一个道理：投资证券必有风险。我国证券交易市场创立已经有7年的时间了。根据有关的调查资料统计，在我国证券市场的投资者当中还有相当一部分人认为股票投资没有风险，甚至有的投资者误认为炒卖股票稳赚不赔。前段时间有传媒报导某一农民因炒股操作不当导致赔本而向证券商要求给予赔偿的事例。这说明了我国证券市场对于投资者的风险教育还远远不够。今年中国证监会发出通知，决定开展“证券期货市场防范风险年”活动，目的是普及和宣传证券市场的风险教育，增强和提高投资者的风险意识。做好风险教育的普及工作主要从以下三方面着手：

1. 各指定报刊要充分发挥舆论导向作用，加强正面风险宣传，引导市场参与各方增强风险意识。

对于一个成长中的证券市场而言，投资者没有风险意识是最大的风险。国外成熟的证券市场发展道路给了我们一个重要启示：任何一个成长的证券市场都不能放任自流，都需要政府的引导。我国证券市场经过几年的发展取得了巨大的成就，无论市场规模、参与人数和管理层的调控水平都有了很大的提高，但新入市的投资者风险意识不强是人所共知。而作为各指定的报刊杂志一般来说，是新人市投资者不可缺少的投资参考工具，可以通过报刊刊载有关的风险常识，让投资者在分析投资价值之余也受到风险教育，让他们知道投资证券市场，风险无处不在。

2. 有关证券方面的单位要组织编写风险教育手册，通过各种形式发放和摆放。

在从事证券相关业务的单位中，除了一些（审）会计师事务所、律师事务所、资产评估机构等证券服务机构外，许多从事证券业务的单位都或多或少地与投资者有直接接触的机会。例如：一个新的证券投资者必须到证管办办理股东卡开户手续。然后又要到相关的银行、证券交易所办理保证金开户等手续，这样，只要相关的单位做好对投资者的风险解释或发放风险手册的方式，就能让证券投资者直接得到风险方面的教育。并且，各地方的证管办要定期或不定期地对以上相关的证券部门进行检查，对不规范的单位给予处罚和监控，从而做好风险的普及工作。

3. 各证券经营机构定期举办一次宣传日活动，发放有关风险的宣传资料，解答有关的具体问题。

证券经营机构是广大证券投资者经常聚集的场所。各证券交易所要切实担负起对投资者进行风险宣传和风险教育的职责，特别是在证券市场长期牛市阶段，有的投资者确实有“好了伤疤忘了痛”的感觉，牛市行情不断创历史新高时，投资者的风险意识特别淡薄，被一阵阵的喝彩声冲昏了头脑，似乎每个人所想到的都是赚钱，早把风险抛到九霄云外，这时，各证券商特别是专业股评人士应利用自己的专业知识，把市场风险宣传工作贯穿到股评当中，让每一位投资者时刻意识到市场风险无处不在，以提高自己的风险防范意识。

二、风险教育的意义

实行证券市场的风险教育其意义重大。证券市场由于参与者多，涉及面广、系统性强，市场的风险程度很高。我国的证券市场还处于初级阶段，尚未走向成熟，期货市场也处在试点阶段，不规范的问题相当突出，防范和化解市场风险的任务相当严峻。所以，积极开展风险教育宣

传，把证券市场规范化建设推向前进，不仅对证券市场健康稳步发展具有极其迫切的现实意义，而且对于保证国民经济健康发展和社会稳定也具有十分深远的意义。

1. 实行证券市场风险教育，切实保护广大投资者利益。在我国证券市场现阶段，保护投资者利益是维护市场公平、公开原则从而促进市场健康发展的基本环节，对于发展初期的新兴证券市场，这一点更为重要。从我国目前市场的情况来看，由于我国对证券市场的风险教育不够，一些机构大户的违规行为时常存在，使广大投资者包括坚持守法按规经营的机构蒙受损失。比如，在一级市场上，一些机构大户以违法违规手段集中资金认购股票，造成了中签机会不平等，使广大中小投资者买不到新发行的股票；而在二级市场上，比较突出的是一些机构大户频频坐庄，操纵市场，恣意哄抬或打压股价，使盲目跟进的投资者受损，有的机构大户和一些市场媒体不断散布虚假信息，欺骗其他投资者，达到从中渔利的目的，还有一些机构进行内幕交易。凡此种种，我们不能不从中得到启示：加强市场风险教育，树立起正确的投资理念，对市场情况要有正确的独立判断能力，不能轻信传言盲目跟风。

2. 加强风险教育对我国证券市场健康稳步发展具有极其迫切的现实意义。

证券市场是名符其实的风险投资市场，因为其相对于别的投资渠道具有高风险、高收益的特点，因些，风险在任何时候、任何证券市场都是永远存在的。作为一个逐渐走向成熟和发展的证券市场，对待风险应有足够的认识，暴涨暴跌、齐涨共跌的现象和盲目去追逐那些所谓的炒作题材，都是与逐步走向理性和成熟的证券市场格格不人的。实践证明，健康，稳定地发展证券市场，离不开证券投资者对证券投资觉悟的提高，而投资觉悟的培养是与风险教育息息相关的，让证券投资者对我国的证券市场充满信心，在市场出现过热或过冷的情况时，不盲目乐观或盲目悲观，不追涨杀跌，也不盲目跟风，以便建立和巩固社会主义经济制度，繁荣和发展证券市场。

3. 实行证券市场的风险教育，有利于保证国民经济健康发展和社会稳定。证券市场是我国资金融合市场的重要组成部分，而且在证券市场上所筹集的资金都是属于长期资金，这完全有利于筹资者充分利用所筹得资金有计划、有秩序地从事各项经济活动。如果对证券市场风险教育不够，使投资者盲目跟风，一旦出现“挤兑”现象，造成金融秩序混乱，就会严重影响国民经济建设和社会的稳定。因此，在证券市场运作和发展过程中，要经常地进行风险防范教育。

第三章　证券市场风险防范的措施

第一节　缓和资金供求矛盾抑制金融风险

在我国证券市场投资中，股票投资占有绝对优势，因而流入股票市场的资金也是相当大的。现在，要统计出究竟有多少资金在股票市场中活动，可能是件相当不容易的事情，但可以用一个简陋的方法就可以窥探出流入股市资金的大概数字，即股票发行中签率低。以创出几年来上网发行中签最低记录的重庆实业来估计，至少有上千亿元的资金停留在一级市场专事认购新股。此外，一段时间沪深两地二级市场的日成交额曾连续多日保持在300亿元左右，这已说明股市中的资金是非常充沛的，并且还有不断增多的趋势。面对如此 巨大的资金以及由此产生的需求，应该说现在的股票供应量是不够的。1996年度发行的100亿新股额度曾经被不少人认为是防止股市过热的重要手段，但96年的股市行情不断暴涨，特别是新股不败的强烈示范效应，证明这举措未能真正地起到平衡需求的作用，相反，在某种程度上还创造了新的需求。这样，高速扩张的需求量与缓缓增加的供应量之间，产生了一定的矛盾。由于市场规律的作用，资金量与股票的市值应自然而然地保持一种相对平衡关系，资金多了，而股票数量发行相对少了，就可能会把股票的价格提高以取得资金供求平衡，股票价格提高，其孕育的风险就不言而喻。所以，缓和资金供求矛盾是防范证券市场风险的有效措施。

一、采用资金分流方式避免资金集中于同类的证券市场

1996年股票市场火爆是大家有目共睹的，股票价格不断上涨的原因有许多，如国家宏观经济看好，人们的投资概念转变。人民生活水平有所提高，通货膨胀率降低等诸多因素，但最主要的应该是国家实行两次银行利率下调，大量的银行储蓄存款流入股市，股市资金充裕而股票供不应求，从而造成股票价格的提高。高股价高市 盈率孕育着高风险，这是证券投资者应共知的。纵观深圳的证券市场投资情况，股票投资过于火热，而其它证券投资受到冷落，在全国宏观经济形势好转、通货膨胀被有效抑制的情况下，深圳国债仍存在销售难的现象，这说明了我国的投资者对于当前投资观念认识不足，这主要表现在以下二点：

1、投资只注重短期利益

就以国债投资为例，发行国债是国际上通行的做法，通过发行国债可以将部分闲置的资金和消费资金转化为建设资金，支援国家建设，参与国民收入的再分配，调整产业结构，优化资源配置，还可以直接增加货币回笼，有利于抑制通货膨胀，稳定人民群众的生活。从长远的利益角度，投资国债，不仅可以利己，还有利民利国。个人投资于国债可以使自己的资金安全稳定地增值这是利己；国债具有调节国民经济的功能，当物价上涨幅度较大时，国家发行国债回笼一部分货币，使社会的货币流通量减少，以减轻通货膨胀的压力，有利于稳定人们的经济生活，使人民群众的既得利益得到保护，这是利民；国债所筹集的资金都是用于发展国家能源、交通、文教卫生等基础设施和重点建设项目，为发展生产，提高人民生活水平打下良好基础，造福后人，这是利国。所以，投资国债在考虑到获利的同时，更应该以个人利益和国家利益高度统一的角度来进行投资，做到短期利益和长远利益相并重的投资策略。

2、投资只注重获利而忽略了风险

1997年凭证式国债和无记名国债发行利率为二年期8.64%，三年期9. 18%，五年期为10.17%，相比同时储蓄存款利率分别高出0.72、0.90、1.17个百分点。从利率的表面看，今年国债发行利率低于去年，但必须认识到，国债利率的确定是以银行存款利率为依据的。假如让一个投资者在高通货膨胀加高利率和低通货膨胀加低利率之间做出选择，相信不少的投资者应该选择后者，其实道理很简单，只看哪一种方案能让你真正的获利。况且，从我国当前的经济、金融、物价的情况及长远的经济发展趋势进行分析，我国银行的储蓄存款利率是不会轻易上调的，从这种意义上看，今年的国债利率水平就不应算低。与股票投资相比，国债的优势在于既获利又无风险。而在众多的股票投资者当中，过去被套牢而现在仍未解套或仍在辛苦地收复失地的股民大有人在。

在股票市场，“亏七平二赚一”这句话不知有没有其准确性，但至少“高收益必伴有高风险”是颠扑不破的真理。所以，为了减少既得利益风险，用一部分资金投资于获利稳定、安全性好、流通性强的证券，不失为投资者的明智之举。

二、清除进入证券市场不合理资金

证券市场作为企业直接融资的主要渠道之一日益受到各方重视，而证券市场本身还存在许多不规范的行为。参与证券市场的资金雄厚，使证券市场长期呈现出一种极其炽热的状态，这是一种很不正常的现象。分析进入证券市场的资金来源，从性质上来说，有合理资金和不合理资金两方面。合理的是居民在满足消费以后的剩余资金，以及机构、企业、基金会等长期投资于证券市场的投资组合。不合理部分包括一些为牟取短期暴利而来的违规资金，如被挪用而来的企业生产资金；少数证券中介机构个别上市公司违规融资炒作，或为客户提供透支的资金；部分投资者把用于消费、养老、教育的资金，甚至抵押贷款，投人证券市场的资金；某些神秘的被称为“过江龙”的游资等等，只有在资金源头上严把闸门，把不合理不正当的资金从证券市场中挤出去，挤干市场上的资金“水分”，才能避免出现泡沫经济的局面，使证券市场健康稳定地发展。

对于当前股票市场扩容的节奏加快，有关管理部门在公司上市时应严格把关，上市公司及证券业相关的单位更应严格自律。最近国务院证券委、中国人民银行、国家经贸委日前作出规定，严禁国有企业和上市公司炒作股票。

规定要求：（一）国有企业不得炒作股票，不得提供资金给其他机构炒作股票，也不得动用国家银行信贷资金买卖股票。本规定所称炒作股票是指在国务院主管部门规定的期限内买入股票又卖出，或者卖出股票又买入的行为。（二）上市公司不得动用银行信贷资金买卖股票，不得用股票发行募集资金炒作股票，也不得提供资金给 其他机构炒作股票。（三）国有企业和上市公司为长期投资而持有已上市流通股票（在国务院主管部门规定的期限以上），应向证券交易所报告，交易所采取措施，加强管理，监督国有企业和上市公司遵守本规定。（四）国有企业和上市公司只能在交易所开设一个股票帐户（A股），必须用本企业（法人）的名称。严禁国有企业和上市公司以个人名义开设股票帐户或者为个人买卖股票提供资金，存在上述问题的单位，必须在本规定公布之日起一个月内纠正，拒不纠正的，将从严处罚并追究法定代表人和直接责任人的责任。（五）证券交易所、证券登记清算机构和证券经营机构，应对已开设的股票帐户、资金帐户进行检查，如发现国有企业和上市公司炒作股票，或者以个人名义开设股票帐户以及为个人股票提供资金的，应及时纠正并向中国证监会报告。（六）各省、自治区、直辖市人民政府，国务院各部门应立即组织对所属国有企业参与股票炒作的情况进行检查，各地证券管理部门要组织对辖区内的上市公司参与股票炒作的情况进行检查，检查结果要向国务院证券委报告。对规定发布后继续炒作股票的国有企业和上市公司，一经查实，其收入一律没收并处以罚款；对挪用银行信贷资金买卖股票的企业，银行要停止新增贷款，限期收回被挪用的贷款；对国有企业的主要负责人和直接责任人，由其主管部门给予撤职或开除的处分；对上市公司的主要负责人和直接责任人，由中国证监会认定为市场禁入者。

世界上任何国家对于股市过度投机都是要抑制的。严禁国有企业和上市公司参与股票市场炒买炒卖活动，对控制证券市场投机行为，及时防范和化解证券市场风险，维护正常的市场秩序和社会稳定，保证国民经济持续、快速、健康发展都有极其重大的意义。

三、探索开发新的证券品种

在我国证券市场上开辟新的投资品种，对资金的筹集和充分利用，降低证券市场风险具有重大的作用。1996年5月份，管理层提出要选择有条件的公司进行可转换债券的试点工作，受到市场各界人士的高度重视，不少公司也打算积极准备参与。最近《可转换公司债券管理暂行办法》已经公布，这是我国证券史上的一件大事，它将为我国蓬勃发展的证券市场再添一个全新的交易品种。

可转换债券，顾名思义，就是指以债券的形式发行，在规定的期限内，在约定的条件下，以约定的价格转换成发行公司普通股的凭证。它具有债券与股票的双重特性，即可转换债券既有债券的特点，又有股票的特征。但可转换债券又区别于债券和股票，一般来说其利率低于同期的银行存款利率，而国债或一般的企业债券的利率均高于银行存款利率。另外，可转换债券具有可转换性，即它可以转换成发行公司的股票。可转换债券与股票的区别在于可转换债券只是准股票的概念，如果可转换债券在一定时期因发行公司或市场变化等原因不能转换股票或者转换不成功，可转换债券就只能作为一般的债券一样到期进行还本付息了。可转换债券是债券的衍生品，也是一种新的金融工具，对于投资者来说，它作为准股票概念的特征可以带来非常丰厚的收入，但也具有一定的风险，如转换不成功，就只能领取低于同期银行利率的利息。对于可转换债券的发行公司而言，最大的好处就是通过转换能将 负债变为资产，有利于公司的融资和进一步发展。同时，发行可转换债券对促进我国资本市场的繁荣和稳定，分流部分资金，缓和证券市场的供求矛盾，防范证券市场风险有着深远的意义。

第二节　建立风险监控体系 完善风险管理制度

我国96年至97年上半年股票市场快速上涨，跟宏观经济趋势明显好转，通货膨胀率降低等诸多因素有关，同时，也暴露出其不合理的一方面，即投机行为过盛，这主要表现在：第一，市盈率高于国外证券市场比较发达国家的二倍；第二，上市公司的业绩明显比去年下降，而股价反而上涨，也就是说，上市公司的经营业绩不可能支持这么高的股价；第三，违规资金流入股市呈递增趋势。造成股市超常暴涨的原因主要是：机构大户操纵市场，一些资金大户利用不法手段轮番炒作，特别是那些国有企业大户，凭借其地位、关系等有利条件，在股市上呼风唤雨，牟取暴利。他们一掷亿金，不计风险，成则腰缠万贯，败则贻害国家，严重影响市场秩序；银行违规资金和证券机构透支行为，例如工商银行合肥分行和中信银行济南分行在安徽古井贡酒和济南柴油机两家公司发行股票期间，分别拆借资金17.09亿元和48亿元给非银行金融机构炒卖股票，中山证券公司、广东发展银行江门分行等证券经营机构也有类似的例子。巨额的银行资金流入股市，无不推动了股价的上扬。另外，新闻媒介的误导也对股价的飚升起到推波助澜的作用。

凡以上的种种现象说明了我国的证券市场有很多地方还不完善，法规法津还不够健全、监管力度不够、缺乏有力的执行法规措施，致使违规交易行为屡禁不止。对此，加强我国证券市场的监督和管理，完善和健全证券市场的法制体系是我国证券工作的首要任务。

一、规范证券保证金的运作和管理

目前，证券商挪用投资者的保证金来从事其它经营活动的事件已是屡见不鲜的现象，从而造成了证券市场的混乱无序和不稳定，严重损害了广大投资者的利益。这主要体现在：

1、保证金被券商挪用于股票二级市场，是造成股票市场剧烈波动和投机盛行的重要原因。

由于证券交易的特殊性，投资者存放在券商帐户的资金是不可全部用于证券买进的单向过程，其中有买进和卖出的双向行为，其中必定有相当一部分的资金存放于券商处。证券商正是利用这一部分资金从事二级股票市场炒作，导致了证券市场后续资金充裕的虚假膨胀现象，从而更进一步地加剧了股票二级市场的波动，另外，由于这部分资金是券商非法挪用，不能长时间占有，势必限制了这种炒作股票的行为只能是短期的，因此就引发了市场的投机风气盛行。

2、保证金被券商挪用是造成一级市场申购中签率低，广大中小投资者难以中签的重要原因。

由于股票从一级市场的申购到二级市场的炒作之间存在较大的差价，一些不法券商为牟取暴利，不惜动用投资者的保证金为自己申购新股，以致产生即使新股发行规模不断增大，发行的节奏不断的加快，而新股的中签率仍然很低，中小投资者几乎中签无望的怪现象。

3、证券商非法挪用保证金，从事其它经营活动。

据调查，证券机构动用保证金，用于资金拆借的有之，发放贷款的有之，将保证金用于自营的有之，为股票交易提供融资者有之，甚至用于从事房地产等各项经营投资者有之。此外，以挪用保证金充当资本金和营运资金，以保证金交纳和支付各种费用，甚至有的证券商以保证金做为兼并，收购其它证券部的资金和费用。

面对证券保证金在管理和运作过程中出现的种种问题，针对保证金被不负责任地挪用从而可能引发的危机和后果，作为证券业的管理部门不能不加强对保证金的管理和监督，尽快制定出符合我国国情，适应我国证券市场现状和未来发展所需要的证券保证金的管理办法，以便维护证券市场秩序和社会政治、经济稳定，保护投资者的合法权益。

二、防范和化解金融风险，加强金融机构内部控制

证券机构做为金融行业的一部分，金融行业的政策措施及其一举一动，都会引起证券市场的波动。我国“九五”期间金融工作的重点就是加强金融监管，切实防范和化解金融风险，整顿金融秩序，提高金融企业经营管理水平。其中包括：坚决取缔非法设立的金融机构；严禁银行资金进入股市；继续查处违规经营和私设帐外帐户问题；加强现金管理；采取综合措施，坚决抑制不良贷款的上升。加快法律法规宣传与普及工作；加强中央银行的监管力度，改进人民银行金融监管体制，充实监管力量，建立金融监管责任制，建立金融监管电子信息系统，提高管理水平；对金融机构高级管理人员的任职资格进行严格管理等等。

另外，为了有效地防范金融风险，保证金融业安全稳健运行，中国人民银行根据相关的法律法规，颁布了关于《加强金融机构内部控制的指导原则》的通知，对金融机构内部控制的内容、原则、要求、管理和监督等都做了具体的规定。

金融机构的内部控制包括：金融机构内部组织结构的控制、资金交易风险的控制、衍生工具交易的控制、信贷资金风险的控制、保险基金的风险控制、会计系统的控制、授权经营的控制、计算机业务系统的控制等。

金融机构内部控制要达到确保国家法律、法规和中央银行监管规章的贯彻执行，确保将各种风险控制在规定的范围之内，确保自身发展战略和经营目标的全面实施及有利于查错防弊，堵塞漏洞，消除隐患，保证业务稳健运行的目标。在内部控制建设方面要遵循高效、审慎、全面、及时和独立的原则。金融机构建立内部控制制度要做到：一是要设立顺序递进的三道监控线，建立完善内部控制制度；二是在业务运营过程中要实行恰当的责权分离制度，在操作层要建立完善的岗位责任制度和规范的岗位管理措施；三是要建立完整的信息资料保全系统，各金融机构必须真实、全面、及时地记载每一笔业务，正确地进行会计核算和业务核算，建立完整的会计、统计和各种业务资料档案，并妥善保管，确保原始记录、合同契约，各种信息资料数据的真实完整；四是要建立有效的预警预报系统和应急应变措施，应急应变措施要考虑各种可能因素，分别依次设定具体的应急应变步骤；五是要进一步加强和完善恰当的监管手段；六是金融机构要按各自的业务经营范围和特点，制定全面、系统、具体的内部控制制度，并在辖属分支机构，各职能部门、各岗位人员之间，建立既有分工负责，又有相互制约的内部控制系统等。

防范金融风险的措施主要有以下几点：

1、深化社会保障制度改革，提供金融风险约束机制的宏观环境，深化企业改革。

构造金融风险的微观机制，其基础在于改革现行企业制度，建立产权明晰的企业法人组织，重塑企业与金融机构之间的信用关系，化解不良债权债务，强化信用制度约束。一是通过产权制度改革，清晰产权关系，重塑金融风险约束的微观经济基础，增强金融的调节功能。做到产权主体法人化、产权要素流动化、产权结构合理化、产权治理有效化、政企分开，法人财产独立化；二是重组企业债务，建立风险约束，化解金融机构不良的存量贷款债权风险。在实际中要建立风险消偿基金，对银企间债权债务进行清产核资，理顺企业之间及它与金融机构的信用风险，变无序的债权债务为有序的债权债务约束，通过合理兼并、拍卖等切实可行措施，转化一部分不良债权债务，实施企业破产淘汰机制，消除一部分不良债权债务。

2、处理存在严重问题的金融机构，化解金融风险。

问题严重的金融机构是当前金融风险的集聚点。因此，要根据它们问题的严重程度和对经济的危害程度，采取不同的措施，加以认真处理，切实化解现实的金融风险。具体办法是通过兼并方式，把经营状况不好，问题较多的金融机构并入经营良好的金融机构。这是解决金融风险引起社会震荡较小的一种办法。通过整顿方式，对资不抵债、风险较大，但尚可挽救的金融机构，重新注入资本，或冲销一定数量的债务使其起死回生。这是金融机构的股东、债权人共同承担经营责任、一起为化解风险做出努力的一种方法。通过撤销、关闭方式，结束无法继续经营下去的金融机构的生命，不要让其风险继续影响经济生活。对个别资不抵债，无法挽救的金融机构实行破产。

3、建立我国中央银行的“三道防线”监督体系。

①预防性管理。预防性管理是为了预防或限制由金融机构本身经营不善引起的种种风险而采取的一种积极的进攻性策略，是金融管理当局最经常、业务量最大的工作，通过当局全面、细致和严格的“事先检查”，可以将风险隐患消除在萌芽状态。这是央行的第一道防线管理。具体措施：一是登记注册管理；二是资本充足管制；三是清偿力管制；四是对金融业务活动限制；五是对金融机构关系人贷款的限制；六是管理评价。目前，中国人民银行总行倡导推行的资产负债比例管理，人民银行深圳分行实施的资产风险管理，都是对金融风险的预防性管理，通过这种管理，不仅建立一种可以量化的风险警戒指标，而且极大地推动了商业银行风险意识和风险管理水平的提高。

②建立和健全风险补偿制度。建立风险补偿制度，实质上是发生小的风险时，及时加以化解，以防小风险累积成大风险。各国银行普遍设立的呆帐准备金，就是风险补偿制度的具体形式。我国现行的呆帐准备金本身存在提留过小的问题，而且一些金融机构还不足额提取。今后，各类金融机构应按规定提取呆帐准备金。对于呆帐准备金的提取比例冲销办法，也要从实际出发，进行必要的改革。那些抗风险能力较强的金融机构，如信用社，还应当考虑建立全国性的存款保险制度，以避免出现超出单个金融机构自身补偿能力的风险，避免由于个别金融机构的风险酿成系统性的金融风险。

③建立特大风险应急制度。由于特大金融风险的出现将对整个金融体系、信用制度的稳定产生重大影响，因此，除采取一般性的预防措施外，必须建立特大风险的应急制度，以便在特大风险出现的时候，应付自如，化险为夷，至少降低风险的危害程度。特大风险应急制度应包括特大风险基金制度、紧急救援办法、接管制度等。要通过总结“八五”期间对非银行金融机构进行整顿、接管、撤并的经验，制定出特大风险应急制度。

4、转换政府职能，规范政府行为，加强社会监督。

加快政府职能转变。政府应放松对金融活动过多的不必要的行政干预，使金融机构能够按照风险原则、信用原则和效率原则，自主配置资金。社会监督部门要把监督金融机构的风险纳入其审计、检查的内容之一，及时了解、掌握金融机构的风险状况，对金融机构控制风险形成外部的压力，督促金融机构化解和防范金融风险。

我国的证券市场仍然是一个刚刚起步的新市场，新兴市场的最大特点是既欣欣向荣又投机盛行，因此，建立健全法律法规体系是当务之急。众所周知，证券市场既是一个高风险的投资市场，又是各种金融案件容易发生的投资领域，对于我国的证券发展情况更是这样，“法制、监管、自律、规范”是我们证券事业一贯要坚持执行的方针，在认真总结自身发展经验教训和借鉴国际经验的基础上，进一步加强证券市场法规建设和市场建设，加快制定《证券法》及相关配套法规，严格规范市场行为，加大市场监管力度，严厉打击过度投机，努力创造良好的市场环境，切实保护投资者的利益。

第三节 建立金融分析师制度

证券市场股票价格上涨，虽然有些是股票价值的回归现象，但也不乏人为炒作，导致股价的非理性上涨。这种人为的操作，可能是上市公司为实现战略目标，制造假象，诱惑投资者追捧本公司股票；也可能是证券商受人贿赂，暗中散布谣言，导致暴涨。也可能是投资者为牟取暴利，盲目下注而致；但起关键作用的应该是机构投资者。他们利用普通投资者对上市公司信息的不灵通，以及对上市公司宏观基本面分析知识的缺乏，来操纵股价波动。现在有许多股评人士在开设讲座或咨询热线指导普通投资者，但是一些人受知识的局限，更有一些受机构投资者贿赂，误导了投资者。这一方面说明我国证券市场还不规范，另一方面，说明我国缺乏货真价实的股评人士即金融分析师，因此，从这两方面看，中国证券市场应当尽快成立金融分析师协会，建立金融分析师的教育和资格考试制度并加以落实。

那么，金融分析师的具体作用有哪些呢？综观国外市场，它的作用主要是它在投资决策过程中的作用。

在投资决策过程中，金融分析师事先要进行多角度的数据分析和评估，以发现投资机会，一方面，他要在宏观经济分析的基础上，进一步做出产业分析结论，并进而落实到企业分析上。另一方面，他又要通过对广义金融市场数据的分析，对证券市场整体方向乃至具体某一个证券作出分析。与这两个分析过程中，广义金融分析与宏观经济分析，企业分析与证券分析实际是相通的。

在数据的分析评估中，往往发现的投资机会不止一个，金融分析师要选择的当然是投入量最小，所用时间最少，而产出量最多的机会，然后，在数据评估的基础上，根据投资的目的，做一定的经济环境和证券市场形势等方面的调查，随后安排整个资产组合的类型。并初步确定构成资产组合的各项资产、各个行业、各个地区的匹配。实际上这是投资方案的确定。

就同一个投资项目，投资方案有多个，其中效益最佳的应是金融分析师的所选，在此之后，金融分析家运用历史数据和经济计量学模型，计算投资组合中每一资产的风险和报酬，并进行重组和调整，最后应用于买卖的执行。值得注意的是，这一不断评价调整的过程是在决策与操作中反复应用的。

金融分析师的研究成果，如被投资者利用应该是有利无害的，投资者在运用这些成果的同时也提高了自己的理论水平与实际操作能力，如所有投资者投资水平都提高了，那么他们对证券市场的风险防范能力也必然加强，就不会出现“炒”出来的暴涨，整个证券市场就会向规范化发展。

由以上所述可以看出金融分析师对规范市场行为，培育理性投资者的作用之大，因此成立金融分析师协会，建立金融分析师的教育和考试制度势在必行。如何建立呢？

首先，可以借鉴海外金融分析师协会的经验。最早的金融分析师协会是 1925 年出现于美国的芝加哥，经过数十年的演变，伴随 B. Grahum 著名的《证券分析》一书（1934 年）的问世，全美金融分析师协会联合会于 1947 年正式成立。

1952 年 H. Markwfz 的经典名著《投资组合选择》的出版，极大地促进了金融分析理论的形成和向国外的推广。1955 年，英国成立国内金融分析师协会；1962 年，日本也成立了东京证券分析师协会，美国公认金融分析师协会也于当年成立。

有组织，就必然建立约束组织的各项规章制度。1962 年，全美金融分析师协会联合会首次制定了职业伦理纲领，1963 年，注册金融分析师（CFA）的资格考试制度出台。日本也在 1981 年开始了类似的“检定会员（CMA）”资格考试。在各国金融分析师协会国际协调委员会（ICC）的工作努力下，日美两大金融分析师协会从 70 年代开始了广泛的交流，并于 1991 年就双方注册资格（CMA 和 CFA）达成协议。

目前，全美注册金融分析师协会（AIMR）其有会员 26000 多人，现具备 CFA 资格的约 2 万人，它由美加等地 73 个地区协会，支部和其联合体（FAF）以及 CFA 的组织所组成。欧洲 17 国的分析师协会联合（EFFAS）则拥有 1 万名会员，而亚洲、太平洋地区（除本洲外）的 11 国和地区的分析协会会员也有 16500 多人。日本协会是美国以外最大的单个国家金融分析师协会，目前拥有 8617 个会员，其中法人会员 758 人，个人会员 7859 个，具备“检查会员”资格的有 7296 人。

其次可以了解一下国外金融分析师的教育和资格考试制度。

美国注册金融分析师的考试分一级至三级三个水准，采用教科书自学，按时举办考试的方法进行。整个考试内容分三个领域，一是伦理及职业行为准则；二是投资评估及资产组合业务的工具和基础概念，包括经济计量分析和财务报表及宏观经济景气分析；三是投资评估方面，包括应用上述技能和知识进行经济、产业和企业分析，以及对股票、派生证券、固息证券，房地产等各种资产的分析和评估方法。

而日本的注册资格考试只分一级和二级两档，预先进行函授讲座辅导，考试分证券分析与资产组合业务、经济分析和财务分析三个领域，二级考试加试职业伦理课程。

第三，鉴于海外金融分析师制度的经验，在中国当务之急是成立中国金融分析师协会。协会的人员应该具有理论功底，又有实际经验，并具有良好的职业道德水平的证券业人士，人数宜少；制定协会章程，准则，明确协会的宗旨，并使之尽快运转。

我国证券业起步晚，发展快，在某些方面并不成熟，对这一领域专门人才的需求量大。针对这种状况，金融分析师的教育和资格考试制度应着重从“质”和“量”上制定，在“质”上以国家教育委员会为中心，辅之以现有的中国证券业培训中心，沪深证券交易所的培训部门和机关高校等力量，构成金融分析师的教育阵地。

在考试制度上，可以借鉴国外经验，根据中国的实际需要，编辑证券管理，经济分析，财务分析，投资组合理论和职业道德（含相关法规）等 5 个领域的相关教材，成立专门的考试专家委员会，形成每年一到两次的正常考试制度。由国家教委制定统一考核标准，其标准应基本上符合国际金融师的考核标准，也应与中国现实情况相适应。

在“量”上，可以采用多条途径并举的方式，一方面，通过函授与自学相结合，使从业人员能够取得资格，保证现需人才的供应。另一方面，可以通过相关高等院校设立此专业，通过系统化的训练，培养一批非执业的金融分析师，待从业后可转为执业 CFA，这样，从长远利益上保证了金融分析师的供应，这也是最重要的。

第四节 建设证券业信息系统宏观掌握风险要素

我国第一家证券交易所是 1990 年 12 月 19 日在上海成立的，在不到 7 年的时间里，我国的证券市场迅速实现了由分散的柜台交易走向集中交易，由现金交易走向非现金交易，由实物股票交收走向无纸化交割清算，由手工操作走向电脑自动撮合、由市场内申报走向远程自动报盘的飞跃发展，更为重要的是我国证券市场由一个区域性的证券市场迅速发展成为全国性证券市场。

纵观我国证券交易市场的发展历史，可以肯定地说没有先进的现代化计算信息系统，也就没有我国今天的证券市场的繁荣。计算机信息系统不仅为我国证券市场的发行、交易、清算、信息披露、内部控制、外部监管以及信息咨询业与服务业等提供先进的管理水平，同时也降低了交易成本，大大提高了工作效率，在二级交易市场上开始出现了无形席位和无形市场，投资者不但可以利用磁卡式、触摸屏式手段在证券营业部完成交易，而且在任何地方都可以通过电话来委托下单。现在，在上海、深圳等许多城市出现了家庭计算机信息与下单交易系统，投资者不出家门，就可以知道市场行情与各种信息并且能进行证券交易。最重要的是建立完善的计算机信息系统对证券市场的规范、防范和化解金融风险都具有深远的意义。其主要表现为：

一、建设证券业信息系统是提高我国证券市场科学管理及决策水平的需要。

随着证券市场的发展和我国人民投资意识的提高，市场规模不断扩大，投资者增多，市场交易变得繁多复杂，不象刚开始时只有几只股票上市，投资者不多，交易额不大，市场情况比较清楚，易于管理，现在证券交易市场要面对成千上万的各类投资者，几百家经营机构，几千家营业部，无论是政策的制定还是监管措施的采取都必须考虑到市场反应。另外，证券市场与国民经济的关系越来越密切，如利率、汇率、税收、产业政策、货币政策、国债发行等都会对证券市场产生影响，将来随着证券市场国际化的进程，我国证券市场与国际市场的联系也会加深，而证券市场的变化也会引起一连串的经济和社会反应。所有这些都要求我们必须采取有效的措施，提高监管的效率和水平，有效地组织市场，提供更好的市场服务，增强市场的规范和吸引力，更好地把握市场以制定正确的经营策略。如果没有健全完善的信息系统，要实行证券市场的科学管理，提高证券市场的运作能力和工作效率是不可能的。

二、信息系统的建设是解决目前证券市场信息不快、不准、不全的有效手段。

信息公开制度是证券市场风险监管和防范的主要内容。没有信息，就没有证券市场。我们可以通过利用信息系统提供的透视器、监管器，及其真实、全面、系统的资料，对事前预防、事中报警与事后监管有机地结合起来，针对市场运行中的新情况新问题和可能存在的风险作出基本判断和科学决策，以便为社会公众创造一个安全、有序、公开、公平、公正的投资环境，保证证券市场沿着规范化的轨道健康发展。加强信息管理，必须要做到信息的快、准、全。快，就是要及时，“时过境迁”，信息不及时，抓不住机会，措施就不及时，工作就会处于被动状态；准，就是准确性高，正确的判断依靠准确的信息。信息不准必然会形成错误判断，造成错误决策，导致经济损失；全，就是全面掌握各方面的资料情况和动向，这样制定出来的政策措施和经营战略就能比较周密，避免顾此失彼。

三、建设证券业信息系统是规范市场行为、控制市场风险的需要。

开始由柜台的手工交易方式向集中的电脑自动撮合交易方式转变是我国证券市场的一个重大突破，在这个转变的过程中，计算机信息系统建设功不可没。然而，当今计算机犯罪行为又给证券界人士提出了新的挑战。目前，证券市场上的最大风险是技术风险。如果我们回顾一下证券市场几年来走过的路就不会对这个结果感到惊讶。英国巴林银行的倒闭，不能不让各国中央银行、证券监管部门和证券期货交易所对利用计算机实现金融风险控制给予极大的关注。对于信息系统的建设，我国证券市场所面临的问题主要有：一是由于证券交易所缺乏行业技术标准和系统监控，交易所的集中撮合系统受到以散户为主的投资者买卖股票数量和我国现有通信水平的双重限制，在交易过程中，常有堵单、压单的现象发生；二是一部分证券公司领导对计算机系统的安全性认识不足，对计算机系统管理不善，各证券营业部的计算机系统配置水平参差不齐，计算机维护和升档方面的问题很多，导致交易中“死机”的现象时有发生。据公安部门的情况通报，交易所和营业部的计算机系统出问题，是造成投资者情绪激动、影响社会治安的诱因；三是证监会和证券交易所都没有各自的管理信息系统，更谈不上自动化操作，大量的监管工作，主要靠电话、传真和现场调查等手工劳动，不但成本高，效率低，而且难以保证信息的安全、准确和保密；四是少数不法分子利用证券行业对计算机和通信技术的高依赖性，违法截取、披露和利用信息，篡改交易记录，盗卖股票，计算机犯罪案件时有发生，并呈上升趋势。这些事实告诉了我们，证券市场潜伏着风险，在计算机和通信技术引入证券业后，高效率与高风险同时存在。当前，我们控制、防范和化解风险，最重要的是从技术角度，通过覆盖全行业的信息系统，建立起自己的业务管理信息系统，并形成一套制度，不因人、因时而改变，以此强化一线监管职能；证券、期货公司要建立和完善以控制财务与市场风险为核心的业务管理信息系统，使之制度化；证监会要在这个信息系统建设的过程中，提高自身的监管水平，同时，注意调动各方面的积极性，主持制定各种技术标准和信息标准，及其相应的法规制度，从外部督促交易所加强一线监管，检查证券、期货公司的风险控制情况。计算机信息系统除要有严密的管理制度外，在建设的过程中应实行超前的意识进行统一规划，以满足证券市场的长远发展需要。

信息系统在证券市场发挥其防范和化解市场风险作用的过程中，存在着机遇和挑战，我们应克服困难，充分发挥其优势，本着安全、高效、低成本的原则，利用国际互联网系统，实行与国际证券市场并轨，以便更多地吸引境外投资者和外国资金，繁荣和稳定我国的证券市场。

第四章　证券市场精神文明建设

第一节　精神文明建设在证券市场中的重要性

精神文明建设在证券市场不断发展的今天越来越被重视。在《中共中央关于加强社会主义精神文明建设若干重大问题的决议》中指出，社会主义精神文明是社会主义社会的重要特征，是现代化建设的重要目标和重要保证。《决议》为证券业精神文明的建设发展指明了方向，提供了理论保证。证券业的发展离不开精神文明建设，这一论断完全符合我国的证券业发展的自身内在规律，是证券业走向健康稳定、繁荣发展的有力保证。精神文明建设促进了证券业的发展，它是证券业发展成果最重要的体现，也是适应建设有中国特色的社会主义事业的需要，是发展证券市场最重要的手段。

一、证券业精神文明建设的成就

证券业是在改革开放的时代背景下出现在我国经济舞台上的。它的产生和发展既是社会主义物质文明建设的成果，同时它也成为了社会主义精神文明的新领域。经过几年的发展和建设，我国证券市场已初具规模，并在精神文明建设方面取得了一定的成果，这些成果主要表现在我国证券业已基本形成了有效的市场监管组织结构，理顺了组织机构之间的关系，并开展了一系列的旨在为改善服务质量的创建活动以及进行深入广泛的规范教育活动。

1. 在管理结构上，形成了证监会、地方政府或行业主管和证券交易所的三级监管架构，理顺了自身和与证券业有关部门之间分工合作的关系，理顺这些关系使证券业走向规范有序的方向，减少了不必要拖拉。在证券行业自身内部，证监会采取了向地方主管部门授权和将两个证券交易所直接纳入行政监管体系的措施，针对证券业中的一些不规范现象颁布了相应的法规、条例和管理办法，有效地杜绝了不法分子的违纪行为，从而有效地保护了广大投资者利益，促进了我国证券市场健康发展。

2. 初步形成了市场的法规体系。我国证券市场这几年以来一方面不断扩大发展规模，一方面努力规范证券市场秩序，在法律法规的建设上，先后颁布了一系列法律法规，标志着我国证券业的法制建设迈上了一个新的台阶，也给我国证券业精神文明建设提供了法制体系的保证。

3. 证券业服务质量有了明显的提高。

为提高服务质量，提高从业人员的业务素质，改变证券业从业人员的精神风貌，全行业开展了“四讲一服务”的建设证券业精神文明活动，即“讲改革、讲政治、讲法纪、讲效益、提高服务水平”。活动促进了证券业体制的改革，促进了证券业领导班子和职工队伍的建设，促进了证券业依法管理和依法经营的水平。通过形式多样的活动，增强服务意识，提高服务技能，加强法制观念，全面提高证券业的服务质量，开创了精神文明建设的良好局面。

4. 有效实施证券委颁布的“八字”方针。

针对证券行业的“高风险”的特点，特别是96年下半年对于股市行情暴涨，市场规模迅速扩大，入市投资的新股民迅速增多的实际情形，为了维护股市长远的健康发展，为了保护广大投资者的利益，根据国务院证券委确立的“法制、规范、监管、自律”的方针，证监会采取了一系列规范股市发展的措施，发出了一系列加强监管规范行为的通知，处理了一大批违规上市公司和违规券商，加强了一线市场的监管力度，从市场组织上建立起了风险预警、防范以及化解机制，通过这些措施，规范精神文明建设标准。

二、加强证券业精神文明建设是时代的要求

证券业精神文明建设促进了证券业市场的规范化发展，是我国经济发展到一定阶段的必然产物。

证券业作为一个高风险、高效率的行业，它的发展，关系着整个社会经济的稳定、繁荣。如果不加强证券业精神文明建设，势必会使证券业的进程走向盲目、无序化，甚至会出现方向性错误。我国现阶段是改革开放的时代，是多种经济成份并举的时代，是经济迅速向前发展的时代，在这种物资文明发展快速的时代，我们需要精神文明做思想指导。因为建立社会主义市场经济体制，必然引起人们思想观念、思维方式的深刻变化，我们需要通过加强社会主义精神文明建设，正确地把握和积极引导新的社会心理、社会思潮和社会舆论。证券业精神文明建设也是在这种背景下越来越显得更加重要。因为证券市场是最讲“钱”的地方，也是最容易出现急功近利，尔虞我诈，为了个人私欲，甘冒风险，违法乱纪的地方，只有加强证券业精神文明建设才能形成正确的投资理念，良好的职业道德，公平的竞争环境，良好的市场秩序。最近几年出现的股市暴涨，从业人员违规操作，投资人员过度投机以及一些经营机构违规行为都说明了加强证券业精神文明建设的重要性。历史和现实都告诉我们加强证券业精神文明建设是发展证券市场的客观要求，是完善证券市场发展建设的具体实践的需要。

第二节　证券业精神文明建设的指导思想

在大力促进证券市场规范、健康发展的今天，我们要理直气壮地提倡证券业的精神文明建设，这是党为证券业的发展指明的方向，也是我国证券业发展到一定阶段的结果。

党的十四届六中全会通过《中共中央关于加强社会主义精神文明建设若干重要问题的决议》，决议明确指出，社会主义精神文明建设要以马克思列宁主义、毛泽东思想和邓小平建设有中国特色社会主义理论为指导，坚持党的基本路线和基本方针，加强思想道德建设，发展教育科学文化，以科学知识武装人、以正确的舆论引导人、以高尚的精神塑造人、以优秀的作品鼓舞人，培育有理想、有道德、有文化、有纪律的社会主义公民，提高全民族的思想道德素质和科学文化素质，团结和动员各族人民把我国建设成为民主、富强、文明的社会主义现代化国家。这是我国精神文明总的指导思想，证券业作为社会主义市场经济的一部分，应该以指导思想为方向，大力促进证券业精神文明建设。

既然为市场经济的发展和市场精神文明建设指明了方向，那么证券业精神文明的建设就应牢固树立“两手抓、两手都要硬”的思想观念，在证券业经济发展的同时，抓紧证券业精神文明建设，一是要加强法制建设，加大违法违规案件的查处工作，二是要从思想文化和精神道德上培育和造就新型社会主义投资者和证券从业人员，把证券业的精神文明建设落到实处。

加强证券业精神文明建设要坚持正确的政治方向，改革开放以来的实践证明，不注意抓证券业的精神文明建设，证券业的发展就会发生倾斜和失衡，道德风气就会出现滑坡，一些落后的甚至腐朽的东西就会滋长，如权钱交易的腐败现象，金钱至上的拜金主义，以权谋私的不正之风等，这些消极因素就会影响证券业发展的正常秩序，给其发展带来阻碍。只有在具体工作实践中保持坚定的政治思想，把爱国主义，集体主义，社会主义牢牢记在心里，弘扬顾全大局，诚实守信，建立公平公正、公开的竞争道德规范，才能形成文明、健康的证券市场。沿着正确的政治方向前进，以指导思想为发展之纲领，就能够在加强证券业精神文明建设的同时，推动证券业的发展，建立有利于证券业发展的良好的社会环境，提高证券参与者的思想道德素质，培养出具有高素质、高水平的证券业从业者和投资者，为证券业的发展提供文化条件和智力支持。

第三节　证券业精神文明建设和物质文明建设的关系

正确处理物质和意识的辩证关系是证券业精神文明建设的关键，马克思辩证唯物主义理论中指出：物质是第一性，意识是第二性，物质决定意识，意识对物质具有能动作用。物质生活的生产方式制约着整个社会生活、政治生活和精神生活的过程，而不是相反。因此，物质和意识的辩证关系原理是制定证券业精神文明建设和物质文明建设关系的重要依据。

1. 证券业物质文明建设是精神文明建设的基础和原动力

人们要生存，必然离不开衣食住行等物质资料，没有人类从事物质生产劳动，一切精神生产、精神生活都是不可能产生的，没有物质财富的增长，也就没有科学、文化、教育的繁荣。同样，如果没有证券业物质文明建设做基础，要谈建设证券业精神文明只是一句空话。因此，改革开放以来，党和国家都非常重视社会主义经济建设，特别是我国的证券业在物质文明建设方面所取得的卓越成就是有目共睹的，其主要表现在：证券交易设施不断更新换代，从第一只上市股票的产生到现在，只用了短短的不够7年的时间，证券交易所从手工撮合到自动化交易以及从区域市场到全国市场的巨大转变。股票的上市规模到1997年10月止已有700多家上市公司，投资者开户数已超过2500万户，证券业物质文明建设为企业扩大生产经营规模所需要的资金提供了融通的场所，也为我国各行各业的从业人员提供了成千上万的就业机会，并提高和改善了人民的物质生活水平。在我国的证券市场中，广大投资者物质生活的稳定和提高，居民的银行储蓄不断增长，一部分资金正需要找出路，而证券市场正是一个良好的投资选择，因此，这部分资金的所有者在为了获得丰厚的资金回报的同时，还要提高证券市场的风险防范意识，从而不得不投身于证券业的精神文明建设当中，努力学习证券知识和分析技术，了解相关的证券法律法规，保护了自己的合法权益，也为证券业精神文明建设提供了巨大的原动力。

2、证券业精神文明建设是证券业物质文明建设的必要条件和保证

在社会主义现代化建设当中，我们始终把发展生产力放在首位，以经济建设为中心。但是，一个完整的社会也离不开精神文明建设。做为证券业也不例外，我国在证券市场成立之初，在不断完善证券业基础设

施等物质文明建设的同时，坚持不懈地抓好证券业的精神文明建设，努力贯彻邓小平同志提出的“两手抓，两手都要硬”的指导思想。针对证券市场发展初级阶段较为混乱的现象，制定和颁布了一系列的市场规范和风险防范措施，开展证券市场的风险管理和教育活动，坚持取缔和处罚不正当的违规操作行为，保护广大投资者的合法权益，为证券市场的健康繁荣和证券业的物质文明建设提供了必要的条件和保证。

纵观世界各国，无不把证券业精神文明和物质文明建设的协调发展做为社会稳定、证券市场健康繁荣的保证和标记。证券业物质文明建设是证券业精神文明建设形成和发展的基础，而证券业的精神文明对物质文明的建设又起着巨大的推动作用。两者缺一不可，同时又相互作用，相互促进，互为条件。

第四节　证券业精神文明建设具体措施

精神文明建设是规范证券业发展的根本保证，精神文明建设越来越被人们重视。规范发展是证券业精神文明建设的具体体现。

1、规范中介机构的经营

由于我国证券市场尚不发达，我国证券中介机构普遍存在数量少，素质低的问题，部分中介机构和服务机构为了自己的利益，采取不正当的手段，不惜做假帐，帮助上市公司制作虚假报表，欺骗广大投资人，使投资人蒙受巨大损失，给投资者的内心造成很大的伤害。更有甚者，有些证券分析人士散布虚假信息，误导股民，达到自己或他人谋利的目的。对于这些不良现象，我们要加大打击力度，更要加强精神文明建设，提高职业道德建设和行业新风建设，抵制违背我国法律法规和道德规范的腐朽思想和不法行为，要大力宣传，使我国证券交易、中介机构、服务机构的整体素质有所提高。

2、规范投资者的投资行为

对投资者来说，主要是投资者不能形成长期投资理念，存在侥幸与过度投机、盲目跟进的行为。精神文明建设应该发挥主渠道作用，使投资者用发展的眼光看问题，不能局限在很小的范围，应该用客观的态度全面评价证券市场。由于我国证券市场的发展还不成熟，参与投资者多为短线投资，一些机构投资者甚至不惜用国家资金操纵股市买空卖空，过度投机造成股市剧烈动荡，给 国家造成巨大损失。就目前来看，由于投资者增加速度很快，投资队伍的结构建设不能适应市场发展的要求，若不加以结构调整，适当引导，任其无序运行，必将给我国的资本市场带来巨大冲击。采取有效措施及时调整证券投资队伍结构实行专业化投资，就显得十分必要和迫切。

3、对发行公司和上市公司进行规范

发行公司和上市公司是我国证券市场的基础，它们的行为是否规范，直接影响着证券市场的顺利发展。只有加强证券业精神文明建设才能使规范走向正轨。有些机构为了不正当的目的散布小道消息，蛊惑人心，刻意造市；有的上市公司为了不正当的牟取暴利，以种种手法恶性炒自己的股票，使广大老实巴交的小股民蒙受重大损失；有的机构为了制造行情，刻意制造假象，使一些缺乏理性的股民上当受骗。目前有些上市公司筹资目的不明确，不注重提高企业的经营效益，而是设法掩盖亏损状况，借助各种手段，造成虚假繁荣现象。对此，我们应规范上市公司的信息披露的制度。在企业文化建设上要重塑企业形象，加强发行公司和上市公司的爱国主义、集体主义、社会主义教育；认真学习党的十四届六中全会以来的指导方针，树立具有中国特色社会主义经济发展的理论观念，加强职业道德建设，建立与现代企业制度相适应的企业文化，这样不仅有利于股票的顺利发行上市，而且有利于股份公司的长期发展。

4、进行证券的风险教育

高风险是证券行业最明显的行业特征。过度投机，必然带来高风险。特别是在我国证券市场不十分成熟的时候，风险更大，存在着无法抵御的系统性风险。因此，整个证券业必须加强对市场风险的防范，严格按规操作避免重大恶性风险事件的发生，这是精神文明建设在证券业的最有效的体现。

我们要认真开展多种宣传教育活动增强大家的风险意识，只有在思想上有了高度的认识，我们才能防范于未来。各指定的报刊杂志要充分发挥舆论导向作用，加强正面风险宣传，引导市场参与各方增强风险意识。

同时，我们要建立市场风险监测系统，有效地监控市场出现风险的因素，把风险控制在起因中。

证券业精神文明建设要为证券市场的发展提供正确的保证，这是证券业发展规律的具体体现。证券业精神文明建设的加强在理论上给证券业的发展予以指导；在法制建设上给以规范；在政策方面得以保证。这样，就保证了证券市场的正确的发展方向，克服了证券市场发展的局限性和弱点，有效地制止了证券交易市场违规犯纪的行为，减少了不必要的损失。

中国证券大全

(1997)

A complete collection of securities in China

第七卷

证券发行与承销

第一章　股份有限公司概述

第一节　股份有限公司

一、股份有限公司的设立

股份有限公司的设立是指创办股份有限公司并使其取得法人资格的一系列法律行为和活动的总称。要筹建一个股份公司，先要有若干个符合法律规定的公司发起人，由发起人起草公司章程，认购发起人必须认购的股份。在法律认可的条件具备之后，公司发起人将提出的公司申请书连同公司章程等文件报政府主管部门办理登记注册手续，拿到颁发的设立证书，获得法人资格，公司即宣告正式成立。

（1）公司发起人

公司发起人是指按公司法规订立发起人协议，提出设立公司的申请，认购公司股份，对公司的设立承担责任的公司创办人。一般情况下，法人和具有行为能力的、符合创办公司条件的自然人都可以充当发起人。

在公司成立之前，公司发起人之间的关系是互相委托，共担风险的关系，对设立公司的费用和债务负连带责任。公司一成立，他们之间的关系即成为股东间的合作关系。发起人直接对股东和债权人负责，不得有欺诈行为。

我国《公司法》规定，公司发起人应对公司的设立承担下列责任：①公司发行的股份未能缴足时，应负连带认缴责任；②公司不能成立时，对设立行为所产生的债务和费用负连带责任；③社会募集公司不能成立时，对认股人已缴纳的股款，负返还股款约定利息的连带责任；④在设立过程中，由于发起人的过失致使公司受到损害时，负连带赔偿责任。

（2）公司设立方式

发起人创办公司可采取发起设立和募股（募集）设立两种形式。采取发起设立方式设立的公司，发起人自行认定应发行的股份。并在规定的时间内，以现金，实物或公司认可的其他资产形式缴足股款。采取募股设立的公司对发起人公开招募股份时，应提出发起人的背景材料，招股办法以及代收股款银行的名称、地址等文件报主管部门审批。我国国家大型建设项目方可采用发起方式设立公司。

募集方式包括定向募集和社会募集两种。定向募集指公司发行的股份除由发起人认购外，其余股份不向社会公众公开发行，但可以向其他法人发行部分股份，经批准也可向本公司内部职工发行部分股份。采取社会募集方式设立，公司发行的股份除由发起人认购外，其认购部分不得少于公司应发行股份总数的35%，其余股份应向社会公众公开发行。

（3）股份有限公司设立的条件

根据《中华人民共和国公司法》，设立股份有限公司，应当有五人以上为发起人，其中须有过半数的发起人在中国境内有住所。国有企业改建为股份有限公司的，发起人可以少于五人，但应当采取募集设立方式；发起人认缴和社会公开募集的股本达到法定资本最低限额，设立的股份有限公司应有名称，建立符合要求的组织机构，有固定的生产经营场所和必要的生产经营条件，并由发起人制定公司章程，经创立大会通过，股份发行，筹办事项应符合法律规定。

（4）股份有限公司的设立登记

股份公司的设立登记是指发起人或负责人依照公司法规定的程序和条件，就公司的有关事项向政府主管登记部门申请办理注册登记手续，通过设立登记，使公司取得法人资格。这样既便于国家对公司设立进行统一的管理和监督，又让社会公众知悉该公司的成立，具有公开的意义。

经工商行政管理机关核准登记注册后，公司即告成立，取得法人资格。

二、股份有限公司的股份

1．股份有限公司的股份及其特点

股份有限公司的资本是由股份组成的，公司的股份包含着两层含义，即：

（1）股份是股份公司资本的构成成分。公司资本划分为均等的股份，发行的股份总额即是股东的出资总额，每一股份代表一定金额，每一金额都相同，因而，股份是均分资产的单位，也是资本的成份，且是计算公司的资本的最小的、均等的构成单位。

（2）股份有限公司的股份反映了股东权，即股东的权利和责任，是认购股份的股东其权利和责任的体现。股份也是股东权利和责任的来源及其计量单位，每个股东的权利和责任来源于其所拥有的股份，而该股东所拥有的股份总数在全部股份数中所占的比例，又决定了其权利和责任在全部权利和责任中所占的相对地位。

股份是通过股票这种外在形式所表现出来的，它是一种抽象的公司财产的份额，只有借助股票这种实物形态才能表现出其价值，并由股东现实地持有，据此行使权利。

股份有限公司的股份具有以下几个特点：

（1）股份一律平等。主要是指股份所反映的股东的权利义务一律平等。每股股份所代表的资本额一律平等。对于无面值股份，则表现为每一股份在资本总额中所占的比例相等。股份是股东权的来源，每一股份代表一个股东权，因而，每个股份所代表的股东权和义务的种类和大小也都相等。除法律有特殊规定外，公司不能以任何理由限制或取消其权利。

（2）股份可以自由转让。股份公司是典型的资合公司，是以资本为信用基础的，股东的转换对公司资本并无实质影响，因而，股票可以自由转让。股份的转让是股东的基本权利之一，除了法律有特别规定外，公司不能以章程或其它方式加以限制。

（3）股份具有证券性。股份是通过股票这种形式来表现的，股票也叫股份证书。股份是股票的实质内容，股票是股份的证券形式，股份公司的股票可以象其它有价证券一样自由转让。

此外，股份有限公司的股份还具有金融性、不可分性、权利性、有限性等诸多特点。

2．股份有限公司的股份类型

股份有限公司的股份根据不同的标准有不同的类型，主要有：

（1）根据股份所反映的股东的权利，可将股份分为普通股、优先股和劣后股三种。

普通股是享有股东的基本权利的股份，也即指对公司的财产权和管理权享有平等权利的股份，它所代表的经济利益和法律地位一律平等，没有任何差别。普通股是构成股份有限公司的基本股份。

优先股是指在盈余的分配、剩余财产分配等有关利益分配上享有优先权的股份。优先股根据不同的标准又可分为累积优先股和非累积优先股、参与优先股和非参与优先股、可转换优先股和不可转换优先股等。

劣后股是指在公司盈余分配、剩余财产分配上劣后于普通股的股份，主要是作为发起人的特别利益而提供的。

（2）根据是否在股票上记载股东姓名，可将股份分为记名股和无记名股。

记名股是指在股票票面上载明股东姓名的股份，它的特点是只有记名股股东才能行使股东权。这类股票的股金可不必一次缴足，转让股票时，必须将受让人的姓名、住所记在公司的股东名册上。

无记名股是指在股票票面上不记载股东姓名的股份。只要持有该股票，就可以行使股东权，这种股票的转让非常方便。

(3) 根据股票票面有无载明一定的金额，将股份分为有面值股和无面值股。

有面值股是指股票票面上标明一定金额的股份。每股股份面值相等，发行价格一般可以高于或等于面值，但不能低于面值。

无面值股是指股票票面上不记载一定金额，而只是记载其所代表的股份数，来表示其占公司总资本的一定比例的股份。

(4) 根据股东对公司事务有无表决权，可将股份分为有表决权股、无表决权股和限制表决权股。

有表决权股是指对公司的事务有表决权的股份，如普通股。一般一股有一表决权。

无表决权股是指依据法律或公司章程的规定，对公司的事务没有表决权的股份，如优先股。

限制表决权股是指表决权受到公司章程限制的股份。有些国家为防止拥有大量股份的股东由于享有的表决权过多而形成对公司的控制，规定股东持有公司股份达一定比例以上时，公司应以章程限制其表决权。

此外，根据股份是否可收回、是否可转换等标准可将股份分为可收回股和不可收回股、可转换股和不可转换股等。

3. **股份有限公司股份的分派**

股份有限公司股份的分派，是指公司发起人和其他认股人认购了股份后，公司将股份按照其认购金额分配给认股人。当公司采取发起设立方式时，则由发起人认购全部股份，因而股份就全部分派给发起人。当公司采取募集设立方式时，认购股份的除了公司的发起人外，还有其他认股人，因而公司就将股份分派给发起人和其他认股人。

股份的分派主要有以下几种形式：

①现金分派。指公司对发起人和其他认股人以现金方式认购的股份进行分派。许多国家对现金分派的比例作了强制性的规定，以便使公司成立后能立即拥有相当数量的现金。

②实物分派。指公司对认股人用有形资产作为出资对象认购的股份进行分派。实物分派的具体情况应在公司章程和发起人的报告中载明，且应当由会计师或审计师对实物价值进行合理的估价，公司根据该项估价分派股份。

③无形资产分派。指公司对认股人用知识产权认购的股份进行分派。知识产权包括专利权、商标权、专有技术、发明权等。

④溢价分派。指公司对溢价发行的股份进行分派。

另外，有些国家还允许折价分派和用劳务分派股份。

4. **股份有限公司股份的收回**

狭义上说，股份的收回是指股份公司无偿地收回已经发行的股份；广义上说，股份的收回除了无偿收回外，还包括有偿收回，即股份公司按照一定的价格，以公司拥有的资金从股东手中买回自己公司所发行的股份。

大多数国家都认为股份有限公司不能收回已发行的股份。首先是因为股份表示了股东权，而股东权是股东请求公司进行一定行为或不进行一定行为的可能性，如果公司收回自己已发行的股份，公司就同时成了自己的股东，这样股份公司既成为公司本身权利和义务的主体，又成为股东的权利和义务的主体，容易混淆股份公司和公司股东间的法律关系，同时实际上也达到了销除股份的作用。其次，股份有限公司的资本是由很多股份所构成的，股份是资本的成份，没有股份就没有资本。公司一般都是有代价地收回自发股份的，这样就实际上等于将一部分投资返还给投资者，也就是股东退股，使公司的资本减少，这会影响股份有限公司的财产基础，违背了股份有限公司的资本充实原则，损害了公司债权人和其他股东的利益。另外，如果公司可以收回股份，公司就可能以高于或低于股市价格收回自发股份，倘若公司收回的数量较大，就可能会影响到股票的市价，甚至会操纵股票价格，这样就会引起股市的混乱，损害广大投资者的利益，因而许多国家都规定公司不能收回自发股份。但是，股份的收回在法律上并非完全受到禁止，有些国家法律规定股份有限公司可以因为一些特殊情况收回自发股份，如由于销除股份的需要而收回股份等。

以上所说的股份一般指的是普通股。对于特别股来说，由于特别股是股东平等原则的例外，如果容许其长期存在，则必会影响普通股的利益，因而，对于特别股可根据章程的规定予以收回。在这种情况下，我们指的股份的收回，一般是指发行公司以相当的价格，用自己的盈余或发行新股所得的股款收回已经发行的特别股这样的契约行为。此时，收回特别股的给付一定要以公司有盈余或发行新股所得股款为限，收回时不能损害特别股股东按章程规定应有的权利，收回价格也要相当，不致于使公司普通股权益受到损失，同时收回价格必须一律平等，并且股份的收回除章程中的强制性规定外，必须以特别股股东的承诺作为前提。

第二节　股份有限公司的股东和组织机构

一、股份有限公司的股东

（一）股东的概念及其确定

股份有限公司的股东是指公司资本的出资者或股份的持有者，也就是向股份有限公司投资认购该公司的股份，取得公司的股票从而取得股东权的人。他是作为社团法人的股份公司的组成成员，是公司财产的所有者，可以根据其拥有的股份行使权利，并承担义务。

股东和发起人、认股人是有所区别的。发起人是指在公司成立前从事发起设立活动，并在公司章程上签字盖章的人。发起人必须认购公司的一定比例的股份，因而公司成立后，发起人就当然成为公司的股东。认股人是指除发起人外认购股份的人。认股人只有在缴足股款后才成为公司的股东。

股东可以是自然人，也可以是法人，还可以是国家股东。股东资格在一般情况下没有限制，凡是在民法上具有权利义务主体资格的个人或组织都可以成为股东。但有些国家的公司法对股东资格作了一些必要的限制。

股份有限公司的股东的人数是众多的，一般对股东人数只有最低限制而没有最高限制。由于股东人数众多，因而不可能全都参与公司事务，直接管理公司，股东只能通过股东会这个机构来表达自己的意愿，决定公司的重大事项。

（二）股东的基本权利和义务

股份有限公司股东的权利主要有以下几项：

①股东有召集股东会的请求权。股东会一般是由董事会根据公司法和章程的规定予以召集，但符合法定比例的股东认为有必要召集时，即使董事会不同意召集，也可以请求法院或公司召集。

②股东有出席股东大会并参加表决权的权利。出席股东大会是股东的基本权利之一，也是股东参与公司经营管理决策的基本形式之一，因而每一股东都有资格出席股东大会，可以书面委托代理人行使表决权。

③股东有转让股份的权利。股份的自由转让是股东的基本权利之一，公司章程不能予以剥夺，但法律和公司章程可以对此作合理的限制，如公司发起人在公司设立登记后，在一定时期内不能转让其所认购股份。

④股东有盈余分派请求权。股东认购和持有股份，就有权要求公司依照法律和章程的规定，并根据公司经营情况，分得股息或红利。这也是股东固有的也是最重要的权利之一，它直接关系到股东的切身的物质利益。

⑤股东有参加剩余财产分派的请求权。股份有限公司在按照公司章程的规定或股东大会的决议宣告解散时，在依照法定顺序清偿了各种债务和费用以及其它全部应付款后，股东有权按照持股比例参加剩余财产的分配。

⑥股东有审查公司财务帐簿和股东会决议的权利。为了使股东了解和监督公司的经营，保护股东的利益，公司应向股东公开其有关财务帐簿，以供股东随时查阅。股东也有权在股东会上查看、审查公司的年度帐目和股东会的决议，并可以提出质询意见。

此外，股东还有获得股标的请求权、特别调查请求权和起诉权等权利。

股东在广泛享有各种法律权利的同时，，也应承担相应的义务，股东的义务包括：

①股东有缴纳股款的义务。股东认购股份后，应按购买时的价格以现金或实物等形式向公司直接或间接交纳股款。

②股东有在出资额限度内承担责任的义务。如果股份有限公司由于经营不佳、资不抵债被宣告破产时，股东应在其认购的股份数额限度内承担责任，即股东应承担有限责任。

③股东有依照法律和章程的规定行使权利的义务。股东在行使权利时，必须遵守法律和章程的有关规定，否则将承担法律责任。

（三）公司的股东名册

股东名册是指股份公司依法设置的记载股东和股票事项的簿册。记名股票在转让时，须将受让人的姓名、住所等记载到股东名册中，否则，股份公司不会将受让人视为其股东，受让人虽取得股票，也不能向公司主张股东权利。设置股东名册，有助于公司和股东履行义务，如分派股利，也有利于股东行使股东权利。股东名册应将所有股票依次编号，并载明各股东的姓名、住所；股东所持股份数额和股票的日期，如有发行特别股的，还应注明其特别股的种类。股东名册应于申请设立登记前编制，公司成立后，应将股东名册备置于本公司或其服务代理机构，股东和公司债权人可以根据一定的条件和程序，随时请求查阅或抄录。

二、股份有限公司的组织机构

由于股份公司中股东人数众多，股东对公司关系不甚密切，很大一部分股东只想凭所持股份分得股息或红利，而不愿意直接参加公司的经营管理活动，因而公司不得不依靠有专业才能的人来管理，这样就出现了企业所有权与经营权相分离的现象，所以，为了保护公司所有者的利益，又能使公司经营者充分发挥其能力而又不滥用职权，于是就产生了三权分立的组织形式，即股东会、董事会和监事会，三机构分工负责，互相配合和制约，来完善公司的管理。

股东会是股份有限公司的最高意思机关和权力机构，对公司的重大事项作出决策。但它不是执行机关，对内不能执行业务；也不是代表机关，对外不能代表公司。董事会是由股东会选举出的董事所组成的，由股东会授权在股东会闭会期间代其行使职权的机构。它要受到股东会的管理和支配，要向股东会负责。董事会是个执行机关，通常由董事长、董事以及常务董事组成。监事会是股份公司的监督机构，主要负责监督公司的董事会议以及执行机构的各项业务活动。股份有限公司还可以根据自己的需要，在董事会下设立经理机构作为具体执行机构。

1. 股东会

股份公司的股东会又称股东大会和股东代表大会，由全体股东所组成的，对公司经营管理和股东利益作出最高决策。它既是一种定期或临时举行的由全体股东出席的会议，又是一种法定的必备的公司意思机构和最高权力机构，是股东表达自己的意愿和要求的场所。

2. 董事会

董事会是股东在股东大会上选举产生的。所有董事组成一个集体领导班子，成为董事会。董事可以是自然人，也可以是法人，法人必须指定一名有行为能力的自然人作为代理人。董事会是股东大会闭会期间的常设权力机构和常设决策机构，它向股东大会负责。我国规定：董事会不得少于5人（含5人）的奇数的成员组成。曾因管理不善、违法经营等原因被注销、吊销营业执照未满3年的企业主要领导人，解除劳教未满3年者等不能担任公司董事。

董事长为公司法定代表人，由董事担任，并由全部董事的三分之二以上选举和任免。

董事会的权力边界将通过公司章程受到限制。如果董事会的决议与股东大会的决议有冲突，一般以股东大会决议为准。

3. 监事会

监事会是股东大会领导下的公司监督机构，是与董事会并立的，对董事会和总经理行政管理系统行使监督权的机构。监事会向股东大会负责并报告工作。

监事会成员不得少于3个。监事可连选连任。我国规定：监事会成员的三分之一以上（含三分之一）但不超过二分之一由职工代表担任，由公司职工推举和罢免，监事会成员的三分之二以上（含三分之二）但不低于三分之一由股东大会选举和罢免。

监事会主席由全部监事的三分之二以上选举和罢免。监事不得兼任董事、总经理及其他高级管理职务。

监事会的主要职权有：

①监督董事会的工作。

②列席董事会议。

③对公司各级干部的行为实行监督。

④调查和审查公司业务状况，检查各种财务情况。

⑤代表公司与董事交涉或对董事起诉。

4. 总经理为首的行政工作系统

公司日常业务活动的管理责任，通常由总经理领导下的行政班子来担负。总经理是对公司业务进行总控制的经理，他代表公司从事日常的业务交易活动，并对业务活动的效率及结果负总责任。

总经理由董事会委任或招聘，并在董事会的授权下执行和实施董事会决定的各项方针政策。总经理的资格条件和董事一样。

总经理领导下的日常行政管理班子包括副总经理、各部门经理、总经济师、总会计师、总工程师、公司秘书等。这个班子内的所有成员在其职责范围内向总经理负责。

第三节　股份有限公司的财务会计

股份有限公司的财务会计是指企业管理者为开展正常的工作和对外业务提供定期的财务报表和信息的管理部门。

1. 股份有限公司会计核算应遵循以下原则：

①合法性、真实性、统一性

合法性是指股份公司在进行会计核算时必须遵守国家有关法律、法规的规定。例如《会计法》、《会计人员工作条例》等。

真实性是指会计记录以实际发生的经济业务及证明经济业务发生的合法凭证为依据，如实反映股份公司的财务状况和经营成果，要求做到内容真实，数字准确；项目完整，手续齐备，资料可靠。

统一性是指会计核算必须符合国家统一规定，做到口径一致，相互可比。

②一致性、及时性、清晰性、全面性

一致性是指会计核算方法应当前后各期一致，不能随意变动。如果有必要变动，应当按规定的报批程序进行，应当将变动情况及原因以及变动后对公司财务状况和经营成果的影响在会计报告中予以说明。

及时性是指会计事项的处理必须于当期内进行，不得提前或延后。

清晰性是指会计事项记录必须清晰，利于信息使用者理解、检查和利用。

全面性是指会计核算应当全面反映公司的财务状况和经营成果。

③重要性原则

重要性原则，是指在企业会计事项中，对企业的经济活动或者对信息使用者的决策至关重要的会计事项，需严格遵从会计原则进行会计处理。

④稳健原则

稳健原则也称谨慎性原则，是指充分预计损失的原则，即在有不确定因素情况下作出所要求的预计时，在所需用的判断中加入一定程度的谨慎，既不高估资产或收益，也不压低负债或费用。

2. 财务报表的基本种类及其相互关系

财务报表是为公司管理当局、股东和外界有关人士定期提供的、概要说明公司经营状况的财务报告。它是会计核算的最终产品，是以日常核算资料为依据，总括和反映会计主体在一定时期内的财务状况、经营成果和理财过程的报告文件，主要包括资产负债表、损益表、财务状况变动表等其它报表以及它们的附表。其中资产负债表、损益表和财务状况变动表是现代财务会计中三张重要的报表，它们分别从不同的侧面反映了同一会计主体的财务状况、经营成果和理财过程，相互补充、相互配合，形成了一个较为完整的会计信息体系，共同为报表使用者提供有用的重要会计信息。

①资产负债表

股份有限公司的资产负债表，是总括地反映公司在特定日期财务状况的会计报表。它揭示了公司所掌握的经济资源及其分布与结构，也揭示了公司资金的来源构成；通过对该表的分析，还可以了解到公司的财务实力、短期偿债能力和支付能力等情况。

资产负债表的左边为资产方，右边为负债和权益方，并按项目的流动性来排列顺序。资产方首先是现金、银行存款、有价证券、应收款、存货等流动资产，接下来是长期投资、固定资产、在建工程、无形资产等非流动资产；表的右边依次是流动负债、长期负债和股东权益。一张完整的资产负债表包括表首、正表、附注及附列资料。表首列有企业和报表的名称、编制日期及计量单位，正表各项数字应按公司本期总分类帐户、明细分类帐户期末余额直接填列或进行分析加工处理后填列，采用左右平衡式，左边的资产总额总是等于右边的负债总额加股东权益总额，因而也称为“资金平衡表”。

②损益表

股份有限公司的损益表是用来反映公司在一个会计期间经营成果的一种会计报表。主要分两部分，一部分反映公司的收入与费用，说明会计期间公司盈利或亏损的数额，据此可分析公司的经济效益和盈利能力；另一部分反映了公司财务成果的分配过程和结果，可单独列“留存收益表”来反映。

损益表的结构有两种形式。一种是单步式损益表，采用左右对照的帐户结构，即把表格分为左右两部分，左边反映公司的各种收入，右边反映的是各种费用，期末收入总额减去费用总额即为本期净收益。这种格式的表比较直观、简单且编制方便，但却揭示不出收入与费用之间的配比关系，不利于报表分析；另一种是多步式的损益表，采用上下加减的报告式结构，利润的计算被分解为毛利、营业利润和利润总额几个步骤，弥补了单步式损益表的不足，大多数公司都采用这种格式编制损益表。

③财务状况变动表

财务状况变动表也称资金来源和运用表，是反映公司一定时期内资金来源和运用情况的一种会计报表。它的编制有两种方法，一种是以营运资金为基础的财务状况变动表，集中反映了营运资金的变动情况；另一种是以现金为基础的财务状况变动表，集中反映了现金的变动情况。财务状况变动表可以向公司管理部门、股东、潜在的投资者及其他报表使用者提供报告期内公司的财务状况变动以及资金来源和运用是否合理等情况。它不仅说明了公司资金变化的结果，而且通过系统地揭示公司在一定时期内的重大财务事项，进一步阐明这些变化的原因。同时，它还揭示了许多资产负债表和损益表没能反映，但却十分重要的信息，并把以上两大报表所反映的内容结合了起来，不仅弥补了这两大财务报表的不足，而且也成为沟通这两大财务报表之间的桥梁，为公司管理部门控制财务收支和提高经济效益提供了必要的信息资料。

④附属报表。是指对主要报表的某些项目进行详细描述的会计报表，如利润分配表。利润分配表又称留存收益表，它是指反映企业季度内实现利润分配情况的一种会计报表。它是利润表的附表之一，在会计实务中，有的企业将利润分配表与损益表合并，编制“收益及留存收益表”。

第四节　股份有限公司的变更、破产

一、公司的变更

公司在其经营过程中会发生再配置性质的变动（如章程的变动、合并、分立、终止、清算等），这些变动许多方面仍相似于公司的组建工作。

(1) 章程的变更

公司章程一般具有相对的稳定性，但是公司某些方面发生重大变化后，依法律规定属于公司章程记载，就必须修改章程。这些变更主要包括：更改公司名称；更改、扩大或缩小公司的经营范围；增加或减少公司发行的任何类别股份的总数；扩大股份认购范围或由定向募集公司转为社会募集公司；改变公司股票交易方式；改变每股股票面额。

上述变更，公司应向工商部门申请变更登记。其中涉及变更名称、住所、经营范围、注册资本等登记注册事项的应予公告。

(2) 合并

合并是指两个或两个以上的公司依照法定的程序，通过合同形式合并成一个公司的行为。

根据参与合并的公司是否全都解散，合并的方式有吸收合并和新设合并两种。吸收合并是指在两个或两个以上的公司合并中，其中一个公司因吸收了其他公司而成为存续公司的合并形式。这类合并中，存续公司仍然保持原有公司的名称，而且有权获得其他被吸收公司的财产和债权，同时承担他们的债务。新设合并是指两个或两个以上公司通过合并而同时解散，在新的基础上成立一个新的公司。新设公司接管原来几个公司的合并资产和业务。总之，吸收合并是指公司接纳一个或一个以上的企业加入本公司，加入方解散，取消法人资格，接纳方存续；新设合并是指公司与一个或一个以上的企业合并成立一个新公司，原合并各方解散，取消法人资格。

(3) 分立

一个公司依法分成两个或两个以上公司的行为，就是公司的分立。

公司分立通常有派生分立和新生分立两种方式。派生分立是指公司以其部份资产分设一个新的公司（企业），原公司存续。新设分立是指将公司资产分别归于两个以上的新设公司（企业）、原公司解散。分立出来的公司是独立法人，财产责任与原公司分家。除了在业务活动上与总公司协调一致外，各自承担风险、分派盈余。

公司决定分立时，应立即通知或公告各债权人。债权人在规定期限内对公司分立提出异议的，公司应当清偿债务或提供偿债担保。

二、公司破产的条件：

公司破产必须同时具备下列条件：

①公司经营管理不善，造成严重亏损；

②公司亏损不仅达到资不抵债，失去偿还能力，而且达到不能借新债还旧债，失去信用能力的程度；

③经限期整顿无效；

④公司必须有两个或两个以上的债权人。利害关系人之间的矛盾超出了一般债权债务关系的双方范围，而导致了债权债务关系的社会化，必须宣告破产才能解决。

第二章　企业股份制改组

第一节　企业股份制改组的目的

一、推行股份制改组有以下几个目的：

1．筹集资金

股份制改组为企业筹集资金发展生产提供了有利条件。股份制的集资方式打破了原来单一的银行资金供给的束缚，从而广泛地吸收社会闲散资金、发展生产。实行股份制后，企业可建立现代财务运作体系，通过发行股票、债券吸收社会的闲散资金，为企业提供所需的扩大企业生产建设的资金。生产力的发展要求不断扩大企业规模，从而使企业拥有雄厚的资本及先进的技术。而在大企业的发展中，那些对巨额资金的需求，单靠一家企业或银行是很难承担的。这就给那些需长期、稳定地占有一定资金的大型建设造成威胁。发行股票，成立股份公司就在一定程度上解决了上述矛盾。

2．转换经营机制

企业进行股份制改组，转换经营机制是其主要目的之一。

可以从以下几个方面进行分析：

①便于形成企业内部制衡机制，有利于政企分开。股份制企业通过股东和股东代表大会，董事会，厂长（经理）几个层次，形成决策权、经营权、监督权三权分离又互相制约的内部制衡管理机制。董事会取代政府机关成为企业资产人格化代表，董事会的决策和约束比政府的指令和干预及时有效。董事会成了政企之间隔离体，为政府经济职能的转变和新的宏观间接管理体系的建立奠定了基础。

②股份制改革有利于形成企业内部自负盈亏的管理机制。股份制公司发生了亏损，由股权代表的董事会负责解决，政府只是股东之一，以入股资金承担有限责任。这样就避免了以前政府作为企业所有者，对企业承担无限责任的状况，使企业在经营机制上发生根本性的变化，使企业逐步走向自负盈亏的机制。

③增强了企业的自我约束机制。企业改组为股份公司后，产权的观念迅速增强，从领导到普通职工都时时刻刻要考虑资产的增值，关心公司股票上市发行，增减情况，增强了主人翁的责任感，使自我约束能力有所增强，特别是股东们对企业生产经营情况的监督，企业发行股票在市场上的价格反映，及接受独立于企业之外的国家认可的注册会计师对企业财务帐目审核，都在一定程度上反映了股份制企业的约束机制。

④股份制改组有利于打破企业干部的铁交椅和终身制，形成干部制度改革的新机制。股份制企业董事会成员由职工和股东代表选举产生。厂长（经理）由董事会选聘，改变了由主管部门、组织部门任命的传统做法，使德才平庸的人无法占据企业的领导位置，避免了企业遭受不必要的危险因素的侵扰。

3．协调利益关系

股份制改组企业有利于突破条块分割的限制，使企业走向企业集团和横向联合。

股份制改造企业集团，本着“风险共担，收益分享”的基本原则，在评估集团成员企业资金的基础上，通过界定国家、地方、集体、个人资产数额，依法划分股份，明确所有者和所有者代表，各所有者即可凭借股份大小分享应有的红利，从而协调各方的经济利益关系。当前企业集团没有找到一种解决集团与地方既得利益矛盾的手段，不能按互补效应和整体效应完善企业集团成员之间的协作体系，真正形成高效率的专业化协作整体，提高企业运行的综合能力和整体规模经济效益。股份制改组，打破了这种条块分割的限制、可以有利于集团同地方利益的关系的处理。

4．增加企业的凝聚力

股份制改组现有企业集团，可以使企业集团产权关系更加牢固，可以使资金联合纽带更加坚韧，对企业进行股份制改造，有利于形成企业集团内部各企业的资金联系，紧密各企业的关系，增加企业的凝聚力。一改以往大多数集团的核心企业和其他成员企业只靠行政权和契约等脆弱的联结纽带维系相互间的关系，而股份制改组使企业具有可以流动转让的股票，每个企业就可以根据效益原则和自身发展的需要，选择或更换联合对象。这不仅有利于促进每个股份制企业积极搞好生产经营，增强对投资者的吸引力，而且有利于企业集团的核心企业和其他成员企业进行联合关系的动态调整，使集团组织机构不断完善，内聚力日益加强，更能形成和发挥积极优势。

而且股份制使职工（内部职工）持有一定股份，无疑强化了职工的主人翁责任感，激发了更大的劳动积极性和创造性，使职工变成集体的劳动者和所有者，使企业的凝聚力更加坚强。

二、企业股份制改组的条件

企业股份制改组除了依据《公司法》的有关规定外，还应遵守国家行政法规和国家有关政策的规定。

1．股东人数

设立股份有限公司，应当有五人以上发起人，其中须有过半数的发起人在中国境内有住所。

国有企业改建为股份有限公司的发起人可以少于五人，但应当采取募集设立方式。

2．股东最低出资限额

股份有限公司的注册资本为在公司登记机关登记的实收股本总额。

股份有限公司注册资本的最低限额为人民币一千万元。股份有限公司的注册资本最低限额需高于上述所定限额的，由法律、行政法规另行规定。

3．公司章程的制定

股份有限公司章程应当载明下列事项：

①公司名称和住所；

②公司经营范围；

③公司设立方式；

④公司股份总数、每股金额和注册资本；

⑤发起人的姓名或者名称，认购的股份数；

⑥股东的权利和义务；

⑦董事会的组成、职权、任期和议事规则；

⑧公司法定代表人；

⑨监事会的组成、职权、任期和议事规则；

⑩公司利润分配办法；

⑪公司的解散事由与清算办法；

⑫公司的通知和公告办法；

⑬股东大会认为需要规定的其他事项。

4．公司名称及组织机构

依照《公司法》设立的股份有限公司，必须在公司名称中标明股份有限公司字样。

股份公司的组织机构有董事会、监事会、股东大会等。

①股东大会

股份有限公司由股东组成股东大会，股东大会是公司最高权力机构。股东大会行使下列职权：

A. 决定公司的经营方针和投资计划；

B. 选举和更换董事，决定有关董事的报酬事项；

C. 选举和更换由股东代表出任的监事，决定有关监事的报酬事项；

D. 审议批准董事会的报告；

E. 审议批准监事会的报告；

F. 审议批准公司的年度财务预算方案、决算方案；

G. 审议批准公司的利润分配方案和弥补亏损方案；

H. 对公司增加或者减少注册资本作出决议；

I. 对发行公司债券作出决议；

J. 对公司合并、分立、解散和清算等事项作出决议；

K. 修改公司章程。

②董事会

股份有限公司设董事会，其成员为五人至十九人。董事会对股东大会负责，行使下列职权：

A. 负责召集股东大会，并向股东大会报告工作；

B. 执行股东大会的决议；

C. 决定公司的经营计划和投资方案；

D. 制订公司的年度财务预算方案、决算方案；

E. 制订公司的利润分配方案和弥补亏损方案；

F. 制订公司增加或者减少注册资本的方案以及发行公司债券的方案；

G. 拟订公司合并、分立、解散的方案；

H. 决定公司内部管理机构的设置；

I. 聘任或者解聘公司经理，根据经理的提名，聘任或者解聘公司副经理、财务负责人，决定其报酬事项；

J. 制定公司的基本管理制度。

董事会设董事长一人，可以设副董事长一至二人，董事长和副董事长由董事会以全体董事过半数选举产生，董事长为公司的法定代表人。

董事长行使下列职权：

A. 主持股东大会和召集、主持董事会会议；

B. 检查董事决议的实施情况；

C. 签署公司股票、公司债券。

副董事长协助董事长工作，董事长不能履行职权时，由董事长指定的副董事长代行其职权。

③监事会

股份有限公司设监事会，其成员不得少于三人，监事会应在其组成人员中推行一名召集人。监事会由股东代表适当比例的公司职工代表组成，具体比例由公司章程规定，监事会中的职工代表由公司职工民主选举产生。董事、经理及财务负责人不得兼任监事。监事的任期每届为三年，监事任期届满，可以连选连任。

监事会行使下列职权：

A. 检查公司的财务；

B. 对董事、经理执行公司职务时违反法律、法规或者公司章程的行为进行监督；

C. 当董事和经理的行为损害公司的利益时，要求董事和经理予以纠正；

D. 提议召开临时股东大会；

E. 公司章程规定的其他职权。

监事列席董事会会议。

监事会的议事方式和表决程序由公司章程规定。并应当依照法律、行政法规、公司章程，忠实履行监督职责。

三、国有企业改组为上市公司的程序

根据《公司法》规定，国有企业改组为公司，必须依照法律、行政法规规定的条件和要求，转换经营机制，有步骤地清产核资，界定产权，清理债权债务，评估资产，建立规范的内部管理机构，依据一定的法律程序进行实施。

1. 提出改组申请

①现有企业改组为股份公司时，首先应由国有资产所有者代表，会同企业主管部门，本企业负责人等各方代表组成筹委会，负责股份制企业改组工作。

②发起人达成设立公司的协议后，可共同委托一个发起人办理设立公司的申请手续。发起人必须向政府授权审批部门提交设立公司的协议书、申请书、可行性研究报告、公司章程、资产评估报告、验资报告、招股说明书和行业主管部门审查意见等文件。政府授权部门根据企业的实际情况及对上述文件的审查，方可批准改组。

③原有企业改组为股份有限公司时，应对原有企业的债权、债务进行清理，委托具有资格的资产评估机构进行资产评估和注册会计师进行验资，界定原有企业的净资产权。

2. 制定改组，公司重组的总体方案

发起人在提出改组申请时，就应开始起草公司改制的总体方案，包括可行性报告，公司章程等文件。方案的重点在于三个方面，即股权设置、设立内部机构，确立分配制度。

国有企业改组为股份制企业，设置股份关键问题是划清企业的产权归属，尤其是要明确国有资产存量界限与数量，保持其完整和不受侵犯。

国有企业改组为股份制企业一般设置以下几种股份：国家股、法人股、个人股和外资股。

3. 提出股票发行和上市申请

(1) 股票发行的申请

①申请上市公司在征得地方政府或者中央企业主管部门（按照行政隶属关系）同意后，向直属证券管理部门正式提出发行股票的申请。

②公司公开发行股票的申请报告由证券管理部门受理，考察汇总后进行预选资格审定。

③被选定股票公开发行公司在向直属证券管理部门呈报企业总体情况资料，经审核同意转报中国证监会核准发行额度后，公司可正式制作申报材料。

④公司聘请具有从事证券业务资格的会计师事务所、资产评估机构、律师事务所等中介机构，对其资信、资产、财务状况进行审定、审计、评估、完成发起人到位资金验资报告、审计报告、评估报告和国家股及国有法人股的确认报告，并就有关事项出具法律意见书。聘请具有证券承销资格的证券经营机构负责股票承销和上市推荐工作，制定股票发行承销方案，组编公开发行股票申报资料，签订承销协议等。公司要按照中国证监会发函字〔1995〕02号《关于报送公开发行股票企业申报材料的通知》要求的标准格式，制作正式申报材料。

⑤公司向准备挂牌上市的证券交易所呈交企业总体情况资料，提出上市申请，证券交易所上市审核部初审通过后，出具上市承诺函。

⑥直属证券管理部门收到公司正式申报材料后，根据有关法律法规，对申报材料是否完整、有效、准确、合法等进行审查、审核通过后，转报中国证监会复审。

⑦中国证监会收到复审申请后，由发行部对申报材料进行初审，审核通过后提交中国证监会股票发行审核复员会复审。

⑧公司股票发行申请经中国证监会股票发行审核委员会复审通过后，中国证监会出具批准发行的有关文件，并就公司股票发行方案进行审核。

⑨公司自接到中国证监会股票发行批准文件和发行方案批准文件后，严格按照批文规定，组织股票发行和上市工作。

(2) 发行公司提出上市交易申请的，由发行公司向证券交易所提出上市交易申请书。证券交易所应在收到上市交易书十日内提出审查意见书并转报证券主管机关。证券主管机关应在收到审查意见书后十日内决定是否批准该证券上市交易，并通知证券交易所。

申请上市的公司需提交下列材料：

①上市申请书；

②上市报告书、说明公司主要业务状况、股票发行情况，以及可能影响股票价格波动和避免出现不正常市况的事项；

③批准发行股票的文件；

④公司章程；

⑤申请上市的董事会决议；

⑥公司登记注册的证明文件；

⑦股东名册；

⑧经会计师事务所会计师签证的公司最近两年及当年一月至申请前一个月的资产负债表和损益表；

⑨本所会员的书面推荐证明；

⑩过户事项的说明；

⑪经营状况公告事项的说明。

证券批准上市交易后，发行者应公布上市报告书（在报纸上或以其他形式公布）和经会计师事务所注册会计师签证的两个年度以上连续盈利的财务报告，并设置在指定的处所供公众查阅。

(3) 发行及上市辅导

取得国家发行计划额度的公司，在其股票发行与上市过程中，应聘请承销机构进行辅导工作，并在签定承销协议的同时签订辅导协议，目的是为了促进上市公司转换经营机制，提高上市公司的质量，辅导期一般从签订辅导协议和承销协议至股票上市后一年止。辅导是承销和上市推荐业务的一项重要内容，承销机构应当为上市公司制定辅导计划。

(4) 股票发行及登记

公开发行的股票应由证券经营机构承销，承销机构按照承销协议向社会公开发行股票，承销方式一般是包销或者代销，公开发行股票的面值总额超过3000万元或者预期销售总金额超过5000万元的，应当由承销团承销。我国目前股票发行主要是采取上网定价的方式，承销期一般在10～90日内。股票发行一般要考虑四个问题：确定股票价格、发行总量、发行范围、发行时机。

公司股票发行缴款结束后，主承销商将募集资金划解到股份公司在银行开设的帐户。公司同时须聘请具有证券从业资格的会计师事务所及注册会计师进行验证，并出具验资报告。

股份公司经过一定的筹备，在发行股份的股款缴足后，刊登公告，召开公司创立大会暨首次股东大会。对公司创立、公司章程、公司股票发行、股票上市、公司发展规划等进行审议，选举董事会成员、监事会成员，并形成一系列法定决议。

定向募集公司改制为公众公司并发行新股的，不一定在上市前召开股东大会。

公司创立大会召开后，应向相应工商登记机关申请注册登记或变更登记，领取法人营业执照。

第二节　股份制改组的资产评估及产权界定

一、资产评估的意义

企业资产评估是指资产评估机构，根据委托人的特点，目的与要求，按照法定的标准和程序，运用科学的方法，对委托人在某一特定时日有关的资产（部分或全部）价值进行评定和估算，并向委托人提供资产评估的意见和结果。

资产评估是企业股份制改造中最基础的一项工作。资产评估涉及到各方的物质利益关系，因此，要求评估机构应做到公平、公正、准确地进行评估工作。资产评估可以确定企业资产净值、考察其是否达到股份公司的条件；可以确定资产折股的数额以及法定资本公积金提取的数额，可以确定股权的设置。这是产权明晰化的基础，也是新老股东的利益关系和分配关系规范化的要求。

二、资产评估的程序

企业资产评估的程序，是指企业资产评估工作从开始准备到最后结束，有计划、有步骤地进行工作的过程。企业资产评估必须严格按照程序进行，不然会因其技术性较强，难度较大而达不到预期评估要求。只有遵循评估工作程序之间内在联系的客观性，认真做好每一步评估工作，才能使评估达到预期结果。

目前我国企业资产评估工作程序有：

①申请立项阶段；②资产清算阶段；③评定估算阶段；④验认确认阶段。

这里简单介绍一下验证确认阶段。

①确认审批

资产评估报告写出后，经评估小组成员签定和有关人员同意，要报主管部门审批。审查验证批准之后，才能正式通过评估文件。

②法律公证确认

经过有审批权限的主管部门批复，并且征得委托人的意见，由司法部门进行公证。

三、资产评估报告

资产评估报告没有固定的结构模式。结构按评估要求，灵活掌握，但主要构成有两个部分。

1. 正文

资产评估报告中正文的写作是报告的主体部分，主要包括以下内容：

(1) 报告书正文范围段

范围段是注册会计师对评估标的物名称（或分类）、时日、评估依据、方法的说明。

评估标的物名称（或分类）视评估标的物的品种多少而定，少则按品种列示，分别分类阐述。具体有以下情况的评估：

①企业概况，包括：

A. 写明企业名称、所有制性质与隶属关系企业的地址、历史与发展；

B. 写明企业领导人、组织人、机构与职工素质情况；

C. 企业的产品种类、生产规模、供需情况、市场范围、竞争能力；

D. 写明有关计划、潜力与发展目标。

②企业资产评估，包括：

A. 固定资产评估情况。主要有各类固定资产的现有数量、配套结构、使用年限、新旧程度、利用效果、折旧计算与现价。

B. 流动资产评估情况。说明流动资产的来源、使用情况、利用效果和现有数量及价值。

C. 专项资产分析评价。主要对专项资金的数量来源，占用和使用效果进行综合分析。

D. 无形资产评估情况。主要撰写无形资产的种类、数量、寿命、使用价值与现价。

③企业财物分析评价

A. 产品成本、盈利水平、偿还能力。

B. 生产能力投资、投资纯收益率、投资创汇率、投资回收期、经济净现和内部收益率。

C. 货币资金、结算业务、销售和利润分析评价。

D. 各种会计报表的综合分析评价，如资金平衡表、成本报表、利润报表等。

④企业环境条件的评价

被评估企业环境条件好坏，直接关系到企业的生产效率，经营难易和经济效益，尤其关系到企业资产的价值的确定。

⑤存在的问题，要求说明企业资产和人员现存的重要问题。

(2) 报告书正文意见段

意见段中注册会计师对委托人确立的资产评估范围的评估结果提出有利于解决某些问题和有利于企业生存发展的建设性意见。

2. 附件

资产评估汇总表。该表一般有汇总表名称、金额单位、资产分类、帐面价值、重估价值、溢值或减值、备注等几个要素组成。

资产评估明细表。明细表一般组成有以下要素：明细表名称、金额单位、资产分类（应与资产评估汇总表的资产分类相一致）、资产名称、计量单位、数量、单价、原价、折旧、净值、重估价值、溢值或减值、备注等。

附图。主要有企业总平面图、生产流程图、建设项目图、主要设备图等。

附文。指有关评估事宜的说明，主要阐述在报告正文中不宜叙述的而有必要加以表述的重要事项，如：外币标价的资产折算人民币的折算汇率问题，评估资产抵押情况，无形资产评估情况等。若无需要说明的情况则不必书写说明。

四、资产评估方法

1. 收益现值法

收益现值法是指通过估算被评估资产的未来预期收益并折算成现值，借以确定被评估资产价格的一种资产评估方法。

(1) 应用收益现值法评估资产必需具备两个条件：一是被评估资产必须是能用货币衡量其未来期望收益的单项或整体资产；二是产权所有者承担的风险也必须是能用货币量衡量的。

(2) 收益现值评估资产的程序

①搜集验证有关经营、财务状况的信息资料；

②计算和对比分析有关指标及其变化趋势；

③预测资产的未来预期收益并按一定的方式折现或本金化处理；

④确定评估资产价值。

(3) 收益现值的决定因素

①重置成本。通常情况下重置成本是以现时货币量反映资产的存量规模的指标，也是反映投入本金数额的尺度。

②超额利润。指一个企业获利能力较大，就国民经济总体而言超出其他企业的获利能力，就行业而言，超出其他行业的获利能力。这个因素是资产购买者（投资者）最关心的问题。因为若能再获得超额收益将使其收益率增大，收益额增多，由此而使收益现值增加。

2. 重置成本法

重置成本法是指在评估资产时按被评估资产的现时完全重置成本（重置全价）减去应扣损耗或贬值来确立被评估资产价格的一种方法。

基本公式具体为：

被评估资产的重置成本＝重置全价－有形损耗－功能性损耗

重置成本法充分考虑了资产的重置全价和应计损耗，对于一切以资产重置、补偿为目的的资产业务都是适用的，是清产核资中最基本的评估方法。即使在企业整体转让的场合，也要通过重置成本的评估，提供分项资产的价格资料，建立有关资产的帐簿和报表。我国由于资产市场尚待完善，以及对资产未来收益额、预测条件有限制等因素制约，应用现时价法和收益现值法的客观条件尚不完全具备的情况下应广泛应用重置成本法进行资产评估。对于中外合资、合作经营，以及国有资产转让给非全民所有制单位或是与之合资、合作应以收益现值为基准价格的，应创造条件用收益现值法评估。

由于购建所用的材料、技术不同，重置成本可分为以下两种：

(1) 复原成本。指用与原资本相同的材料、建造标准、设计结构和技术条件等，以现时价格再购建相同的全新资产所需的成本。

(2) 更新成本。指利用新型材料、新技术标准，以现时价格购建的相同功能的全新资产所需的成本。

选择重置成本时，在同时可得复原重置成本和更新重置成本情况下，应选用更新重置成本；在无更新重置成本时可采用复原重置成本。

采用重置成本评估资产采用步骤如下：

①被评估资产一经确定即应根据该资产实体特征等基本情况，用现时市价估算其重置全价。

②确定被评估资产的已使用年限，尚可确定使用年限及总使用年限。

③应用年限折旧法或其他方法估算资产的有形损耗和功能性损耗。

④估算确认被评估资产的净价。

3. 现行市价法

现行市价法是指按市场现行价格作为价格的标准，据以确定资产价格的一种资产评估方法。

资产的现行市价虽然其特定条件不同但决定市价的因素一般有以下几个方面：

①基础价格。即资产的生产成本价格。在正常情况下，一项资产的生产成本的高低决定其价格的高低，因为大多数资产都是由产品转化而成的，其价值量基础是由生产过程所耗费的劳动（包括物化劳动和活劳动）累积，因此决定资产现行市价的价格基础是其生产成本。

②供需关系。一项商品或劳务的价格与需求量成正比关系，与供应量成反比例关系，而需求量大于供应量时价格就高，反之则价格就低。在资产评估时，应充分考虑市场供需关系对资产现行市价的影响。

③质量因素。指资产本身功能、精度等技术参数。一般来说，商品价格是“优质优价”，同类商品质量好的价格高一些，质量差的价格要低一些。质量因素也是应在资产评估时考虑的主要因素之一。

应用现行市价法评估资产的主要工作如下：

①评估对象一经确定，应明确评估资产的评估指标。

②进行市场调查，收集相同或类似资产的市场基本信息资料。

③分析整理资料并验证其准确性，确立参照物。评估人员对从市场收集到的资料应认真分析，验证其真实程度，然后在多个可供选择的参照物中判断选定一个或一组相似性较强的参照物。

④将被评估资产与参照物作比较

⑤分析调整差异。通过与参照物的比较，一般都可以发现一些差异，为了得到正确的评估结论，就需要进行定量分析，调整差异。

4. 清算价格法

清算价格法是指以清算价格为标准，对被评估资产价格进行评估的一种方法。清算价格则是指企业由于破产或其他原因，要求在一定期限内将企业的资产变现，于是在企业清算之中预期出卖资产可收回的快速变现价格。

清算价格评估方法主要有整体评估法、现行市价折扣法、模拟拍卖法。

整体评估法指对一项资产或一个企业整体进行估价。应用这种方法，首先评估该资产或企业能否继续经营使用，其次再观其具体情况进行估价。能继续经营使用，可以应用现行市价法，重置成本法进行评估；不能继续经营使用，只能估其残值，如按资产本身重量、体积、材质等计量单位的总量价值估价。现行市价折扣法，指对清理资产，首先在市场上寻找一个相适应的参照物；然后根据快速变现原则估定一个折旧率，据以确定其清算价格。模拟拍卖法也称意向询价法，这种方法根据向被评估资产的潜在购买者询价的办法取得市场信息最后经评估人员分析确定其清算价格的一种方法。

五、国有权的处置与其他

1. 国有资产产权界定及折股

根据国有资产管理局、财政部、国家工商管理局发布的《企业国有资产所有权界定暂行规定》，下列投资形成的资产属于国家资产应划为国家股。

①各级人民政府、国家行政部门或国家其他单位的各种形式的实物投资，货币投资和所有权应属国家的发明创造的技术成果等无形资产投资；

②全民所有制企业单位依据国家规定或经国家批准用于投资或归还投资贷款的减免税金；

③全民所有制企业单位依据国家规定或经国家批准用于归还投资贷款的利润；

④全民所有制企业单位依照国家规定，通过从经营收入中提取，从成本费用中列支和从留用利润中提取所建立的各种专项基金，不包括按国家规定提取用于职工工资、奖励、福利等分配给个人消费者的基金；

⑤国家银行、国家投资公司以及其他全民所有制金融经营单位用财政拨款和留用利润转人的信贷基金、投资基金、财政周转金及其他经营基金和资本金；

⑥以国家机关名义担保或实际上由国家承担投资风险，完全用国内外借入资金和国家以各种方式投资创办的全民所有制企业，其内部积累的资金。

⑦全民所有制企业用国有资产兼并，购买其他企业单位所取得的资产权；

⑧其他依法属国有的资产。

国有资产折股的有关规定如下：

①国有企业整体改组为公众股份有限公司的，须先进行资产评估并经过确认。在募集新股之前，应以调整过的企业帐面净资产值折为原国有股东的股本。如果不全部折股，所余部分净资产应计人资本公积金，不得以任何形式将资本（净资产）转为负债。

②折股比率（股本/净资产）和折股倍数（净资产/股本）是否恰当，须与预计的募股发行方案和发行价格一并审查。即新股发行溢价倍率（股票发行价格/股票面值）应不低于折股倍数，否则原国有股东的帐面净资产值得不到完整体现。

除此之外，新股溢价发行价格还应力争进一步提高，以反映企业实际经济价值（取决于企业的未来收益能力和发展前景），高于其帐面净资产值的情况以及股票市场供求关系等因素的影响，从而更充分地实现原国有股东股权的价值。

地方国有企业股份制改组的折股方案等国有股权管理事项，应由同级或上级国有资产管理部门审查批准。具体审批程序由地方人民政府决定。推荐上市的地方试点企业，上述事项需经省、自治区、直辖市一级国有资产管理部门审批或复审，列人国家股份制试点和直接在境外公开发行股票并上市交易的地方，国有企业上述事项需经国家国有资产管理局复审。

中央国有企业整体改组为公众股份有限公司的，其折股方案等国有股权管理事项，须由国家国有资产管理局提出审查意见。

2. 无形资产

无形资产主要是由知识产权和专有技术构成的，也包含一些为保证运用条件的特种权利和必要的费用支出。

所谓知识产权，是指经济法规赋予的知识产权人，对其智力发明创造的科技成果，在一定时间和一定范围内所享有的独占权利如专利权、版权等。

所谓专有技术，是指企业取得专利的技术决窍和技术秘密，如先进的设计方案，先进的工艺技术，图纸、技术说明书，重要的技术参数等。这类专有技术不受法律保护。

所谓提供技术发挥条件的特种权利和费用支出，如：场地使用权，新建企业（公司）筹建或创办期间的开办费。

无形资产的主要内容包括：专利权与技术决窍，商标权与许可证协议，版权与租赁权，商誉与经营秘密，开办费与人员素质，工业产权与场地使用权等。

3. 非经营性资产

是指企业非生产领域内使用的资产，包括职工宿舍、招待所、食堂、幼儿园、托儿所、俱乐部、浴室、理发室、学校、医院、疗养院等单位使用的资产。

4. 土地资源处置

土地是国家的重要资源和资产，也是重要的生产资料。根据国家体改委等部门的有关要求，对股份制改组的企业土地资产管理有以下规定：

(1) 改组或新设股份制企业时，涉及的国有土地使用权必须作价入股。土地使用权的价格由县级以上人民政府土地管理部门组织评估并报县级以上人民政府审核批准后，作为核定的土地资产金额。

(2) 改组的股份制企业，凭负责审批、组建股份制企业主管部门批准文件，向当地人民政府土地管理部门申请土地登记或变更土地登记。股东单位在改组股份制企业之前，已经领取国有土地使用证的，由土地管理部门对用地情况进行复核，用地情况发生变化的进行变更登记，更换或更改国有土地使用证，尚未领取土地使用证的，由土地管理部门进行地籍调查，核实权属界址，面积和用途，经审核注册登记，颁发国有土地使用证。

(3) 通过出让方式取得国有土地使用权，土地资产与股东单位其他资产一并入股。土地使用权由改组后的股份制企业拥有。

①土地资产入股期限为土地使用权出让年期减去原股东单位以出让方式获取土地使用权后已使用的年期。

②在土地使用权出让期内，持有土地使用权的股份制企业须承担土地使用权出让合同和土地登记文件所载明的权利和义务。

③在土地使用权出让期内，持有土地使用权的股份制企业应依法缴纳土地税费。

④土地使用权出让期届满，股份制企业须到土地管理部门依法办理土地使用权注销登记手续，土地使用权由国家依法收回，股份制企业如需续期使用土地，应重新向土地管理部门申请办理出让手续，支付土地使用权出让金并办理土地登记手续。

(4) 以划拨方式取得国有土地使用权的股份制企业，在补办土地使用权出让手续，补交出让金，进行土地登记后，土地使用权由股份制企业所持有。

(5) 使用集体所有土地的股份制企业，必须持负责审批组建股份制企业主管部门批准文件，向县级以上人民政府、土地管理部门提出申请，经县级以上人民政府批准，按国家所有作为土地资产入股，原集体土地所有者可获得征地补偿，以安置费向该股份制企业投资入股。

第三节　股份制改组的法律意见书

法律意见书的格式、内容和写法

××律师事务所关于××公司××××年度股票发行、上市的法律意见书

公司（发行人）：

引　言

一、出具法律意见书的依据

1. 说明根据《股票发行与交易管理暂行条例》第十三条的要求出具法律意见书。

2. 说明根据发行人与律师签订的《聘请律师协议》出具法律意见书，并具体说明律师以下述一种或数种身份参与工作；

(1) 发行人（或者主发起人）的常年法律顾问；

(2) 前期股份制改造及本次发行、上市特聘专项法律顾问；

(3) 本次发行、上市特聘专项法律顾问;

二、出具法律意见书的范围

1. 说明根据《聘请律师协议》,对审查过的事项作概括引述;

2. 说明是依据法律意见书出具日以前已经发生的事实发表法律意见;

3. 说明仅就与本次股票发行、上市有关问题发表法律意见,并不对有关会计、审计、资产评估等专业事项发表意见;

4. 说明律师是根据对事实的了解和对法律的理解发表法律意见。

三、律师应当声明的事项

1. 发行人保证已经提供了律师认为作出具法律意见书所必需的、真实的原始书面材料、副本材料或者口头证言;

2. 律师已经证实副本材料或者复印件或者复印件与原件的一致性;

3. 对于本法律意见书至关重要而又无法得到独立的证据支持的事实,律师依赖于有关政府部门、发行人或者其他有关单位出具的证明出具本法律意见;

4. 本法律意见书仅供发行人该次股票发行、上市之目的使用,不得用作任何其他目的;

5. 律师同意将本法律意见书作为发行人申请公开发行股票所必备的法定文件,随其他申报材料一起上报,并依法对其出具的法律意见承担责任。

四、引言的结束段应载入下列文字:

"本律师根据《股票发行与交易管理暂行条例》第十八条和第三十五条的要求,按照律师行业公认的业务标准、道德规范和勤勉尽责精神,对××公司提供的上述文件和有关事实进行了核查验证,现出具法律意见如下:"

正　文

一、发行人发行股票的主体资格

1. 说明人发行人是否为依照法律程序设立的股份有限公司或经批准拟成立的股份有限公司。

(1) 说明发行人的设立申请是否获得法律、法规和有关主管部门规定所要求的批准和授权;

(2) 说明发行人的设立程序是否符合现行法律、法规及有关主管部门规定的要求;

(3) 说明发行人的章程(或者章程草案)、营业执照、现行有效的合同、协议及其他财产或者行为受约束的文件是否有导致发行人设立不成的法律障碍;

(4) 说明由于发行人的设立引起原有债权、债务关系的处理是否违反现行法律、法规及有关主管部门的规定,或者违反其他对发行人的行为或者财产有约束力的文件;

(5) 发行人为经批准拟成立的股份有限公司时,说明涉及有关财产所有权、使用权转移的法律文件是否齐备。

2. 说明发行是否依法有效存续,即根据法律、法规及其章程说明发行人是否有需要终止的情形出现。

3. 说明发行人目前正在从事或者拟从事的业务活动是否与其法定行为能力一致。

二、发行人的章程(或者章程草案)

1. 说明发行人的章程是否获得了法律、法规和有关主管部门规定要求的批准或者授权。

2. 说明发行人的章程内容是否符合现行公司法律、法规和有关主管部门的规定,并单独就股东(特别是小股东)的权利是否得到充分保护作出具体说明。

三、本次发行、上市的授权和批准

1. 说明股东大会、发起人会议是否已经依法定程序作出批准发行、上市的决议;

2. 根据法律、法规、公司章程或者发起人协议等文件,说明上述决议的内容、形式是否合法有效,并且应当就股东大会的授权是否合法作出说明;

3. 说明申请人已经依法取得和尚待取得有关部门同意发行、上市的许可事项(如发行规模、地方政府的批准、主管部门的批准、证监会的复审意见、证券交易所的同意安排上市等)。

四、本次发行、上市的实质条件

1. 发行人的类别

(1) 设立新公司发行;

(2) 原有企业改组设立公司发行;

(3) 定向募集公司转为社会募集公司增资发行;

(4) 社会募集公司增资发行。

2. 发行、上市条件

分别就不同类别的公司,对照《股票发行与交易管理暂行条例》第八至十一条的规定,概括说明是否符合条件(涉及资产评估、审计报告、盈利预测等内容时,应当说明是否严格按照有关中介机构出具的报告引述)。

五、发行人的招股说明书

1. 说明招股说明书是否符合《股票发行与交易管理暂行条例》和证监会有关信息披露规定。

2. 说明招股说明书对重大事实的披露是否有虚假、严重误导性陈述或者重大遗漏。

3. 说明招股说明书对有关法律、法规和相关法律文件内容的表述是否真实准确,有无虚假、严重误导性陈述或者重大遗漏。

4. 关联企业

(1) 说明发行人与关联企业的关系;

(2) 这种关系是否合法;

(3) 子公司是否依法定程序设立;

(4) 是否有由于发行人与关联企业的关系而影响发行人重大合同条款及其履行的可能性。

六、发行人所有或者授权使用、经营的主要财产(如机器设备、房产、土地使用权、知识产权等)

1. 说明发行人对其主要财产的所有权或者使用、经营权的行使有无限制,如是否存在担保或者其他债务关系;

2. 说明发行人的房产证、土地使用权证、商标证书、专利证书及其他产权证书取得的法律手续是否完备、合法。如应办理变更登记而发行人尚未办理变更登记手续,还应说明完成有关变更登记手续是否存在法律障碍。

七、发行人的重大债权、债务关系

1. 律师应当审查发行人将要履行、正在履行的重大合同,以及虽已履行完毕,但是经审查发现内容有瑕疵,并且对发行人经营活动可能产生重大影响的合同,并说明前述合同内容和形式是否合法有效;

2. 说明发行人在上述合同项下的任何义务与其依据其他合同或者法律文件承担的义务是否有冲突,该冲突所造成的法律障碍是否已经排除;

3. 说明上述合同的主体是否已因发行人的重组而变更,并构成合同履行障碍。如果上述合同主体拟变更,应当说明是否获得合同对方的同意。完成变更手续后,对合同履行是否构成法律障碍;

4. 说明发行人是否有因环境保护、知识产权、产品质量、劳动安全、人身权等原因产生侵权之债;

5. 其他应收、应付帐目项下的法律关系。

八、发行人的环境保护和产品技术标准

1. 发行人生产经营活动是否符合国家关于环境保护的要求。

2. 发行人的产品是否符合国家关于产品质量、标准和技术监督的要求。

九、发行人涉及的诉讼、仲裁或行政处罚

1. 说明发行人是否有尚未了结的或者可预见的诉讼、仲裁案件或者被行政处罚的案件。

2. 如上述案件存在，还应说明其所涉金额及本次发行、上市的影响程度。

十、发行人的税务问题

1. 说明发行人近3年是否依法纳税。

2. 说明发行人执行的税率是否符合国家法律、法规及地方性法规的要求。

3. 是否有被国家税务部门或者地方税务部门追究以前欠税的可能性。

十一、发行人募股资金的运用

1. 说明发行人本次募股所筹资金的使用是否需要得到有关部门要求的批准或授权；如需要，是否已经得到该批准或授权。

2. 如果发行人改变前次募股资金的用途，还应当说明该改变是否得到有关授权或者批准。

十二、本次发行所涉及的其他中介机构

说明参与本次发行、上市的中介机构是否具备证券业从业资格。

十三、律师认为需要说明的其他问题

十四、结论意见

概括说明对本次股票发行、上市的意见。即对本次发行、上市的合法性给予总括确认。如果不能作总括确认，可以逐项确认，或者对保留意见事项作限定后再给予确认。

结　尾

（一）法律意见书的日期及签字、盖章

（二）法律意见书的正、副本份数

律师事务所名称（加盖公章）经办律师

（印刷体）　（签字）

×××　×××

××××年××月××日

律师工作报告的内容与格式：

致：××公司（发行人）

××公司，现将本律师事务所为贵公司××××年度股票发行、上市出具法律意见书所做的工作及有关意见报告如下：

一、律师参与本次发行、上市工作的身份以及业务范围

1. 说明以何种身份参与工作。

2. 本次出具法律意见所涉及业务概述。

二、律师应当对其出具法律意见书的工作过程作详细说明（包括与发行人的相互沟通、对发行人提供材料的查验、走访、谈话记录、现场勘查记录、查阅文件清单，以及工作小时等）

三、律师应当对下列事实及其形成和发展过程作出详尽、完整的阐述。

（一）发行人简况

1. 发行人（包括发起人）的历史沿革；

2. 发行人在股份制改造及其运作过程中执行国家有关部门（如国家体改委、国家国有资产管理局、财政部、国家土地管理局等）关于股份制改造规定的情况；

3. 发行人在股份制改造前后的组织机构；

4. 发行人的股权结构及其形成过程；

5. 对发行人公司章程（或者章程草案）内容的审查情况；

6. 发行人的经营状况；

7. 发行人对其主要财产（如机器设备、厂房、土地使用权、知识产权等）的所有权或者经营、使用权；

8. 发行人的关联关系；

(1) 发行人与其关联企业的股权关系

(2) 发行人的董事、监事、高级管理人员在关联企业中兼职情况

9. 发行人的重要合同之外的重大债权债务关系；

10. 与发行人有关的诉讼、仲裁、行政处罚等情况；

11. 发行人的税务问题。

（二）本次股票发行、上市情况

1. 本次发行、上市的授权及批准；

2. 本次发行、上市的实质条件；

3. 有关承销协议的内容及承销的其他事宜；

4. 对招股说明书的复查；

5. 募股资金的运用；

6. 专业性机构的证券业务资格。

四、有待解决的法律问题及其对疑难问题的讨论和说明

五、律师所审查的文件清单

1. 政府批文；2. 公司文件；3. 权益证书；4. 合同文件；5. 有关信函；6. 其他文件。

律师事务所名称（加盖公章）经办律师

（印刷体）　（签字）

×××

×××

××××年××月××日

第三章 股票的发行与承销

第一节 股票发行与承销准备

一、承销资格的取得

（一）承销商的条件有如下几项主要内容：

1. 证券经营机构从事股票承销业务，应当取得证监会颁发的《经营股票承销业务资格证书》；

2. 证券经营机构申请从事股票承销业务，应当同时具备下列条件：

(1) 证券专营机构具有不低于人民币2000万元的净资产，证券兼营机构具有不低于人民币2000万元的证券营运资金。

(2) 证券专营机构具有不低于人民币1000万元的净资本，证券兼营机构具有不低于人民币1000万元的净证券营运资金。

净资本的计算公式为：

净资本＝净资产－（固定资产净值＋长期投资）×30%－无形及递延资产－提取的损失准备金－证监会认定的其他长期性或高风险资产

净证券营运资金是指证券兼营机构专门用于证券业务的具有高流动性的资金。

(3) 三分之二以上的高级管理人员和主要业务人员获得证监会颁发的《证券业从业人员资格证书》，在未取得《证券从业人员资格证书》前，应当具备下列条件：

①高级管理人员具备必要的证券、金融、法律等有关知识，近二年内没有严重违法违规行为，其中三分之二以上具有三年以上证券业务或五年以上金融业务工作经历；

②主要业务人员熟悉有关的业务规则及业务操作程序，近二年内没有严重违法违规行为，其中三分之二以上具有二年以上证券业务或三年以上金融业务的工作经历。

(4) 证券经营机构在近一年内无严重的违法违规行为或在近二年内未受到《证券经营机构股票承销业务管理办法》规定的取消股票承销业务资格的处罚。

(5) 证券经营机构成立并且正式开业已超过半年；证券兼营机构的证券业务与其他业务分开经营、分帐管理。

(6) 具有完善的内部风险管理与财务管理制度，财务状况符合《证券经营机构股票承销业务管理办法》第三十一条、三十二条规定的风险管理要求。

(7) 具有能够保障正常营业的场所和设备。

(8) 证监会要求的其他条件。

3. 证券经营机构从事股票承销业务过程中担任主承销商的，除应当具备从事股票承销业务规定的条件外，还应具备下列条件：

(1) 证券专营机构具有不低于人民币5000万元的净资产和不低于人民币2000万元的净资本。证券兼营机构具有不低于人民币5000万元的证券营运资金和不低于人民币2000万元的净证券营运资金。

(2) 取得证券承销从业资格的专业人员或符合前条（3）所列条件的主要承销业务人员至少6名，并且应当有一定的会计、法律知识的专业人员。

(3) 参与过三只以上股票承销或具有三年以上证券承销业绩。

(4) 在最近半年内没有出现作为发行人首次公开发行股票的主承销商而在规定的承销期内售出不足本次公开发行总数20%的记录。

牵头组织承销团的证券经营机构或独家承销某一只股票的证券经营机构为主承销商。

（二）承销商资格申请文件

符合条件的证券经营机构申请取得资格证书，须向证监会报送下列文件：

1. 由证监会统一印制的《经营股票承销业务资格申请表》；

2. 机构批设机关方面发的《经营金融业务许可证（副本）》；

3. 工商行政管理部门颁发的《企业法人营业执照（副本）》；

4. 由机构批设机关核准的公司章程；

5. 内部风险与财务管理制度情况说明；

6. 由具有从事证券业务资格的会计师事务所出具的净资产或净证券营运资金验资证明；

7. 由具有从事证券相关业务资格的会计师事务所审计的上年末资产负债表、损益表和财务状况变动表；

8. 法定代表人、主要负责人及主要业务人员的《证券业从业资格证书》或简历、专业证书等；

9. 最近一年股票承销业务或最近三年证券承销业务情况的说明材料；

10. 证监会要求的其他文件。

证监会自收到完整申请资料后的三十个工作日内对申请文件进行审查。经审查符合条件的，由证监会颁发资格证书；经审查不符合条件的，不予颁发资格证书，且半年内不受理其重新申请。

（三）承销资格的维持

1. 资格证书自证监会签发之日起一年内有效，一年后自动失效。

2. 已取得资格证书的证券经营机构如需要保持其股票承销业务资格，应在资格证书失效前的三个月内，向证监会提出申请并报送证监会要求的其他有关材料，经证监会审核通过后换发资格证书。

3. 未取得资格证书或资格证书失效的机构，不得从事股票承销业务，但作为分销商并以代销方式从事股票承销的除外。

未取得主承销商资格的证券经营机构不得担任发行公司的发行辅导人和上市推荐人。

二、股票承销前的调查

证券承销机构承销证券要承担一定的风险，因此，在承销前承销机构要进行严格的考察，以决定是否承销或采取何种承销方式。考察对象主要有以下三方面：发行人、市场情况和产业政策

（一）发行人

承销机构对发行人的状况，发行动机与目的，资金的筹集与运用，偿还等方面进行审查并有一定认识后，还需对以下方面加以考察。

1. 企业的信誉。如信誉不佳，可暂时不接受其发行或在发行条件上适度调整。

2. 股票集资的效益。包括财务效益和社会效益（满足国家短线产品集资的需要），以把符合国家优先政策，经济效益显著的企业和项目作为其发行重点。

3. 企业的偿还能力。

（二）市场的状况包括：

①发行市场现状。主要是当前国家宏观经济形势或金融形势、政治局势下决定的发行市场现状，具体包括各种证券的平均利润水平、发行价格、交易情况。

②证券流通市场情况。主要指证券流通市场上的证券差价收益大小和流动性即变现能力大小，这是两个影响投资者收益的主要因素。

③产业政策

一个国家的产业政策，一般侧重于该国的支柱产业，因为支柱产业的发展状况决定着整个国民经济的运行。一个国家的不同时期，产业政策会有所侧重。所以，证券承销机构在承销实施前，必须把支柱产业作为影响全局的因素，从其他各个行业中分散出来，着重进行分析。

支柱产业的发展状况影响着自身股价，对于一个国家而言，政府的一大经济职能是维持经济稳定，持续增长，避免出现大的经济波动，因此国家为了避免大型产业衰滞所带来的就业不足，收入下降等社会问题，也会采取一定的措施加以调节和扶植，如增加政府购买，持有该产业股份，以及实行一定的优惠财政与信贷政策，使得该产业的股价即使下降也不至于过分剧烈，从而带来支柱产业的稳定。承销机构承销这些产业，收益一般稳定而且较高。

通过对产业政策的分析，承销机构承销证券，就不会有太大的风险。通过分析产业政策可以更清楚地了解国家当前的经济走向，从而把资金投入到稳定的证券品种上，避免了证券承销的盲目性和随意性。

三、股票发行与上市的辅导

1. 股票发行与上市辅导的目的

为了保证公开发行股票，公司按照《中华人民共和国公司法》和《股票发行与交易管理暂行条例》的规定，建立规范的组织制度和运行机制，促进上市公司转换经营机制，提高上市公司质量，需对公开发行股票公司进行辅导。

2. 上市辅导的时间

辅导期自公司与证券经营机构签订证券承销协议和辅导协议起，至公司股票上市后一年止。辅导期包括承销过程的辅导和上市后的持续辅导两个阶段。

3. 承销过程的辅导内容包括以下几个方面：

（一）对公司发起人的高级管理人员和拟担任公司高级职务的人员进行培训。培训的内容包括《公司法》，证券法规中有关上述人员责任义务的条款及与发行和上市有关的证券知识、法律、法规和政策等。

（二）协助公司进行资产重组，界定产权关系；

（三）按照《公司法》的规定，制定公司章程，建立规范的组织机构；

（四）协助公司进行帐务调整，执行股份制企业会计制度；

（五）制定筹措资金的使用计划；

（六）协调各中介机构，制作规范的股票发行申报材料；

（七）其他相关的辅导内容。

上市后持续辅导阶段应帮助公司及其高级管理人员做好以下工作：

（一）督促公司严格执行《公司法》、公司章程，保证股东大会、董事会、监事会等依法履行职责。

（二）严格按照上市公司信息披露的要求披露信息。

（三）按发行募集计划合理地运用资金。

（四）制定规范的财务管理制度，严格执行国家财务管理法规，按照上市公司利润分配的有关规定分配股利。

（五）编制年度财务报告、中期财务报告。

（六）完善内部监督机构，建立内部控制制度。

（七）切实保护中小股东的利益。

（八）制定董事、监事及高级管理人员切实履行诚信义务的办法。

（九）严格按照《股票发行与交易管理暂行条例》有关上市公司的股票交易规定运作。

（十）其他有关需要辅导的内容。

四、募股文件的准备

股份公司发行新股或增资发行股票时需要准备以下文件：

（一）招股说明书及其概要

招股说明书是向投资者介绍公司的概况、历史、管理状况、盈利与前景、出售股份的资料，并附上申请表格的文书。它是股票发行人向中国证券监督管理委员会申请公开发行申报材料的必备部分。

招股说明书分招股说明书封面、招股说明收目录、招股说明书正文、招股说明书附录和招股说明书备查文件五部分。在第三部分招股说明书正文中需说明以下情况：

(1) 主要资料；
(2) 释义；
(3) 绪言；
(4) 发售新股的有关当事人；
(5) 风险因素与对策；
(6) 募集资金的运用；
(7) 股利分配政策；
(8) 验资证明；
(9) 承销；
(10) 发行人情况；
(11) 发行人公司章程摘录；
(12) 董事、监事、高级管理人员及重要职员；
(13) 经营业绩；
(14) 股本；
(15) 债项；
(16) 主要固定资产；
(17) 资产评估；
(18) 财务会计资料；
(19) 盈利预测；
(20) 重要合同及重大诉讼事项。
(21) 公司发展规划

（二）资产评估报告

资产评估报告，是表述资产评估内容和结果的文件，它反映评估人员的工作质量。编写资产评估报告的目的，主要是对被评估的企业资产作出公正的评价，并根据事实，依照法律，提出评估意见，向交办或委托单位报告。

资产评估报告的基本内容包括以下内容：

⑴ 评估说明；
⑵ 公司概况；
⑶ 公司资产评估；
⑷ 企业财务分析评价；
⑸ 企业环境条件评价；
⑹ 存在的问题；
⑺ 总评估；
⑻ 建议；
⑼ 附件；
⑽ 资产评估人员名单。

资产评估报告没有固定的格式，但正文、附件和规范意见这三部分是必不可少的。

（三）审计报告

审计报告必须由具有从事证券相关业务资格的会计师事务所和两名有从事证券相关业务资格的注册会计师出具。注册会计师只有遵照财政部颁布的《中国注册会计师独立审计准则》的规定，对公司的财务会计记录及其他有关资料进行了审计之后，方可出具审计报告。注册会计师所出具的审计报告必须符合上述准则。

审计报告的内容包括以下六方面。

⑴ 审计概况；
⑵ 对问题的说明；
⑶ 审计意见；
⑷ 有关审计人员的签章；
⑸ 审计报告日期；

(6) 税金。

（四）盈利预测的审核函

公司在募股前对下期的盈利预测必须经过具有从事证券相关业务资格的注册会计师审核并发表意见。

（五）法律意见书与律师工作报告

1. 法律意见书。

法律意见书，是律师根据当事人的委托提出的就企业改组股份制，股票发行和上市交易事项，依照有关法律、法规规定作出法律上的肯定或否定的结论，提出法律意见的书面形式。

2. 律师工作报告

律师工作报告应包括以下内容：

①律师参与本次发行，上市工作的身份以及业务范围。

②律师应当对其出具法律意见书的工作过程作详细说明（包括与发行人的相互沟通，对发行人提供材料的查验、走访、谈话记录、现场勘查记录、查阅文件清单，以及工作小时等）。

③律师应对发行人及发行情况作出详尽，完整的阐述。

④有待解决的法律问题及其对疑难问题的讨论和说明。

⑤律师所审查的文件清单。

（六）辅导报告

辅导报告需注明辅导机构、辅导时间、辅导阶段、辅导内容、辅导方式、辅导成绩等。

五、股票发行的审批程序

我国目前股票的公开发行审批工作采取的是地方政府或中央企业主管部门审批与中国证券监督管理委员会（以下简称证监会）复审以及证券交易所上市委员会上市审查相结合的审批制度。发行人公开发行股票应经过下述五道程序：

1、申请人聘请会计师事务所、资产评估机构、律师事务所等专业性机构，对其资信、资产、财务状况进行审定、评估和就有关事项出具法律意见书后，按照隶属关系，分别向省、自治区、直辖市、计划单列市人民政府或所属中央企业主管部门提出公开发行股票的申请。

2、地方政府或中央企业主管部门在接到上述申请后，根据国家下达给该地区或该部门的发行额度对其所属企业的发行和申请进行审批，审查的主要内容包括：

(1) 应提交的各项文件资料是否齐全，不齐要求及时补交；

(2) 审查公开说明书内容。重点审查股票发行方案有无经过股东大会或董事会决议、股票发行计划成本效益分析、股票发行的资金来源与运用进度、各方面业务专家审查意见；

(3) 审查财务报表。主要审查会计师查帐的签字意见，与发行股票有关的盈亏及资本负债情况、查阅会计师工作底稿，以了解查帐工作情况；

(4) 审查其他事项，如上次股票发行执行情况，发行公司的资格检查等。

审查中发现有不清楚或不当的事项，应要求其修改补充，审查完毕后，审查机关要填写审查报告书，就公开说明和财务报告书的调整与修改事项，写出初审意见。

3、地方政府或中央企业主管部门审批通过后，下达相应的发行额度给申请单位，然后报证监会复审。

4、申请人得到证监会复审同意后，向拟挂牌的证券交易所提出上市申请。

5、证券交易所上市委员会根据自己的上市规则对上述申请进行审查。申请人经过上述五道申请程序并最终获得有关证券交易上市委员会的上市同意后，才能公开发行股票。

在上述申请审批过程中，地方政府或中央企业主管部门应在收到发行申请之日起三十个工作日内作出批准或不批准的决定。自收到复审申请之日起算，证监会的复审时间不得超过二十个工作日。

第二节　股票发行与承销的实施

一、承销方式

1、包销。包销又分为全额包销、余额包销。

①全额包销，指由承销商向发行人支付全部欲发行股票的款项，承购发行人发行的全部股票，然后再按市场价格向公众发售的销售方式。采用全额包销方式，有利于发行者保证及时得到所需资金，但对承销者来说则要承担全部发行风险，故而全额包销一般由承销团承销。

②余额包销，又称助销，即证券商按照与股票发行者签订的推销合同规定的发行额和发行条件，在约定期限内，如有未售出的股票，由承购者认购。这种方法能保证发行者最终筹集到预期得到的资金，但对承购者来说则要承担较大风险，故而一般较受发行者的欢迎。

2、代销

亦称委托公开募集或尽力推销。即股份有限公司或发起人自行承担股票发行风险，只是将股票公开销售事务委托证券承销商办理。在此种方式下，证券中介机构只是作为股票发行人的代理机构，同意“尽可能地销售股票”，按照发行人委托的价格销售股票，销多少算多少，证券中介机构不承担任何风险，只收取手续费和其他有关费用。由于全部发行风险和责任都由发行者承担，证券中介机构只是受委托代为推销，因此，代销手续费较低。

二、承销协议与承销团协议

1、承销协议及其内容

公开发行的股票应当由证券经营机构承销，发行人应当与证券经营机构签署承销协议。承销协议应当载明下列事项：

(1) 当事人的名称、住所及法定代表人的姓名；

(2) 承销方式；

(3) 承销股票的种类、数量、金额及发行价格；

(4) 承销期及起止日期；

(5) 承销付款的日期及方式；

(6) 承销费用的计算、支付方式和日期；

(7) 违约责任；

(8) 其他需要约定的事项。

证券经营机构收取承销费用的原则，由证监会确定。

2、承销团协议的内容

承销团由二个以上承销机构组成。主承销商由发行人按照公平竞争的原则，通过竞标或者协商的方式确定。主承销商应当与其他承销商签署承销团协议。

证券经营机构承销拟公开发行或配售股票的面值总额超过人民币三千万元或预期销售总金额超过人民币五千万元的，应当组织承销团。

承销团有三家或三家以上的承销商的，可设一家副主承销商，协助主承销商组织承销活动；承销团中除主承销商、副主承销商以外的证券经营机构为分销商。

组织承销团的承销商应当签订承销团协议，承销团协议应载明下列事项：

(1) 当事人的名称、住所及法定代表人的姓名；

(2) 承销股票的种类、数量、金额及发行价格；

(3) 包销的具体方式、包销过程中剩余股票的认购方法，或代销过程中剩余股票的退还方法；

(4) 承销份额；

(5) 承销组织工作的分工；

(6) 承销期及起止日期；

(7) 承销付款的日期及方式；

(8) 承销缴款的程序和日期；

(9) 承销费用的计算、支付方式和日期;

(10) 违约责任;

(11) 证监会要求的其他事项。

三、股票发行方式

目前，我国股票发行的方式主要有以下几种:

1.“上网定价”发行方式，是指主承销商利用交易所的交易系统，由主承销商作为股票的唯一“卖方”，投资者在指定的时间内，按现行委托买入股票的方式买入股票。

2.“全额预缴款”方式，它包括“全额预缴款、比例配售、余款即退”方式和“全额预缴款、比例配售、余额转存”方式二种。

“全额预缴款、比例配售、余款即退”方式，是指投资者在规定的申购时间内，将全额申购款存入主承销商在收款银行设立的专户中，申购结束后转存冻结银行专户进行冻结，在对到帐资金进行验资和确定有效申购后，根据股票发行量和申购总量计算配售比例，进行股票配售，余款返还投资者的股票发行方式。

“全额预缴款、比例配售、余款转存”方式的有关规定与“全额预缴款、比例配售、余款即退”方式相同，但申购余款转为存款，利息按同期银行利息计算。

3.与储蓄存款挂钩方式，是指在规定期限内无限量发售专项定期定额存单，根据存单发售数量、批准发行股票数量及每张中签存单可认购股份数量的多少确定中签率，通过公开摇号抽签方式确定中签者，中签者按规定要求办理缴款手续的新股发行方式。

四、股款缴纳，股票交割

认股人缴纳股款。认股人（包括原有股东和第三人）应在规定期限内向认股书所指定的代收股款的银行或其他代理机构足额缴纳股款。不论股票有无面额，也不论股票面额大小，股款一律按发行价格一次缴纳。认股人应在交付股款的同时，交付认股书。代收机构收款后，应向缴款人交付经由发行公司签名盖章的股款缴纳凭证。

认股人须在认股书所载的股款交纳日期缴纳股款，认股人拖欠应缴的股款时，董事会就应催告认股人在一定期限内照缴，并声明逾期不缴者丧失其权利。如果董事会已进行催告，而认股人仍逾期不照缴者，即丧失其权利，其所认股份由董事会另行募集，如果因此造成了损失，董事会可以通过一定途径请求赔偿损失。

董事会在股款缴纳期限内未能收足股款者，已缴纳的认股人可以催告董事会在一定期限内收足股款，逾期未收足时，可撤回其认领的股份，由发行公司返还其股款并付给法定利息。

交割股票。认股人在承诺认购后，必须在规定的期限内缴纳所认股份的股款，才能领取所买进的股票。同样，发行公司出售股票，也必须在成交（即收到股款）后的规定日期交付所售出的股票（即交割），否则，发行公司应负失约责任。

五、股票承销中的禁止行为

《证券经营机构股票承销业务管理办法》对股票承销中的禁止行为有以下规定:

1.股票发行价格或配股价格由承销商与发行企业共同商定。承销商不得迎合或鼓动发行企业以不合理的高溢价发行股票。

2.证券经营机构以包销方式承销股票，不得为取得股票而以下列行为故意使股票在承销期结束时有剩余:

(1) 故意囤积或截留;

(2) 缩短承销期;

(3) 减少销售网点;

(4) 限制认购申请表发放数量;

(5) 证监会认定的其他行为。

证券经营机构以包销方式而售不出去的所有股票，除按国家关于金融机构投资的有关规定可以持有的外，自该股票上市之日起，应当将该股票逐步卖出，并不得买入，直到符合国家关于公司对外投资比例及证券机构证券自营业务管理规定的要求。

3.证券经营机构在承销过程中，不得以提供透支、回扣或证监会认定的其他不正当手段诱使他人认购股票。

4.证券经营机构不得进行虚假承销。所称虚假承销是指证券经营机构名义上是承销团成员，实际上并没有从事承销股票的活动和承担股票承销应尽的责任。

5.证券经营机构从事股票承销业务不得透露未依法披露的招股说明书、公告前的发行方案以及承销过程中有关认购数量、预计中签率等非公开信息。

6.证券经营机构不得以下列不正当竞争手段招揽承销业务:

(1) 不当许诺;

(2) 诋毁同行;

(3) 借助行政干预;

(4) 证监会认定的其他不正当竞争手段。

证券经营机构在承销过程中和在承销结束后股票上市前，不得以任何身份参与所承销股票及其认购权证的私下交易，并不得为这些交易提供任何便利。

第三节　股票发行价格与发行费用

一、发行价格的基本规定

《中华人民共和国公司法》第一百三十一条规定：股票发行价格可以按票面金额，也可以超过票面金额，但不得低于票面金额。

以超过票面金额为股票发行价格的，须经国务院证券管理部门批准。

以超过票面金额发行股票所得溢价款列入资本公积金。

股票溢价发行的具体办法由国务院证券委另行规定。

二、确定发行价格的方法

股票发行价格方法主要有以下三种:

(一) 竞价法。又称“招标购买方式”，是指股票发行公司将其证券发行计划和招标文件向一定范围的众多承销机构公告，各证券承销商根据各自的情况拟订各自的标书，以投标方式相互竞争证券承销业务，中投标的价格就是发行价格。

采取竞价方式，一般都在决定发行证券后事先通知各证券承销商，说明要发行证券的内容，推销的价格条件等发行计划和条件，以及对股票承销商的要求等，欢迎有条件的证券商投标。招标的发行公司公开招标，根据各证券商的投标条件确定由谁获得新证券的承销权。

与其他经济事务活动的招、投标一样，证券发行的招、投标也必须坚持公开原则，即公开招标、投标、议标和决标，不允许私下议标和决标。各国对发行公司的招标条件和投标单位的投标资格都有一套详细的规定和审查制度。只有获得授权机构的批准，发行公司才能着手投标准备工作，实施招标计划，有意参加投标的投资银行或其他金额机构才能拟订标书，参与投标。

竞价方式对发行公司比较有利。因为竞争激烈，中标人常常是标的出价最高的人，发行公司有可能定到较高的价格，而且也能自行决定价格。

采用竞价法确定证券发行代理的发行公司，通常都是营业业绩良好或前景看好的公司，其发行的证券也就比较优良，因此，推销这种股票对受理发行业务的中标者来说并不困难。

(二) 市盈率法

市盈率法亦称“市价与收益比率法”。所谓市盈率是指普通股每股市价与每股收益的比率，是衡量股票价格水平的一个重要指数。其计算公式为:

$$市盈率=\frac{普通股每股市价}{普通股每股收益额（每股盈利）}$$

证券交易所在对外公布市盈率时，每股收益已作了相应调整。具体调整方法为：①每股收益是税后利润剔除职工福利和奖励基金之后，按当年的加权平均数来计算的，实际上是按每股可分配利润，即每股收益计算的。②上市公司分红配股后市价已被除权除息，计算市盈率时应调整每股可分配利润，即将除权价与分红配股截止过户日的收市价之比作为一个调整系数来调整每股收益额，公式为：

$$调整后每股收益额=每原股收益额\times\frac{除权价}{分红配股截止过户日的收市价}$$

计算市盈率时，采用的每股收益额一般是上年末的实际数。但用上年的收益与本年的市价相比往往不能较好地反映实际，因此，可用本年的计划预计利润数再来计算一个市盈率。这样有两个市盈率：市盈率Ⅰ和市盈率Ⅱ。

$$市盈率Ⅰ=\frac{现行普通股每股市价}{本年计划每股收益额}$$

$$市盈率Ⅱ=\frac{现行普通股每股市价}{本年计划普通股每股收益额}$$

上市公司要确定股票发行价格，依上述原理，预测出市盈率及公司未来收益，即可得到理想中的发行价格。

（三）净资产倍率法。

净资产倍率是指普通股每股市价与普通股每股净资产（原帐面价值）之比，是衡量股票市价高低及投资风险性的指标，其计算公式为：

$$净资产倍率=\frac{普通股每股市价}{普通股每股净资产}$$

公司净资产在公司申请上市时由资产评估机构测出，因此要得到合理的股票发行价格只要大致估计出市价与净资产比率即可算出。

三、发行费用

了解股票发行成本的内容和构成，有利于降低股票发行费用，提高股票筹资效益。股票发行成本的内容较多，主要有以下三方面。

（一）股票印制费

股票印制费是指股票在印刷制作过程中支出的费用。股票作为一种书面股权凭证，首先需要一定质量的纸张，并印有股票类别、公司名称、面额、发行股数、编号、公司董事签名等内容以及其他一些注意事项，有些股票为了防止伪造还要印上各种特殊标志和图案。因此，股票印制费中包括纸张费、设计费、制版费、油墨费、人工费等。股票印制费的高低与股票印制质量好坏有关，其中的设计费和制版费与发行股票种类有关，总费用是固定费用，单位费用则是随股票种类的不同而不同。随着股票发行的无纸化，此项费用已大大减少。

（二）发行手续费

发行手续费是指发行公司因委托金融中介机构代理发行股票所支付的费用。决定和影响股票发行手续费高低的因素主要有：

1．发行总量

股票发行量的大小决定了受托金融中介机构代理业务的大小，从而也就决定了发行公司需支付给受托人手续费的高低。发行量越大，手续费越高，发行量越小，手续费也越低。

2．发行总金额

在其他条件相同的情况下，发行手续费是由股票筹资额和一定的手续费比例决定的，即受托金融中介机构按筹资额的一定比例收取发行手续费。因此，股票筹资额越大，收取的手续费就越多，股票筹资额越小，收取的手续费就越少。

3．股票发行公司的信誉

股票发行是否顺利和成功也直接影响着手续费的高低。而股票发行顺利与否主要取决于发行公司的信誉。发行公司的信誉越好，所发行股票的销路就好，受托方的发行效率就高，发行风险就比较小，收费也就较低；反之，发行公司的信誉越差，所发行股票的销路就差，受托方的发行效率就不能不受到影响，发行风险无疑就比较大，收费也就较高。

4．股票的种类

股票的种类繁多，其各自的特点也互不相同，在市场上的适销状况也相差不一，受托金融中介机构需承担的工作量也各不相同，风险就有大小之分，从而收取的手续费也不一样。

5．代理发行方式

受托代理发行股票业务的金融中介机构，在接受受托过程中所承担的责任和风险决定于代理发行的具体方式。不同的代理方式下所承担的责任和风险也不相同，从而受托方收取或委托方需支付的手续费也不相同。如果采取包销方式代理发行，受托方所承担的责任和风险最大，因为一旦股票推销不掉，受托方就有自购剩余股票的义务，所以，在这种情况下收取的手续费就最高。如果采取代销方式代理发行，受托方所承担的责任和风险则小些，因为此时受托方只是接受委托尽量推销股票，不承担完全推销股票的责任，因而其风险就小得多，收取的手续费也必然要低些。

（三）宣传广告费

发行股票的目的就是在资金市场上筹措资金。既然是市场，就必然存在着竞争问题。股票发行市场越繁荣，股票品种越多，竞争就越激烈。为了在竞争中战胜对方，占有市场，就必须赢得尽可能多的投资者。这就需要扩大股票发行公司自身的社会影响和在商界的知名度，使广大社会公众更多更充分更全面地了解发行公司，加深社会公众对发行公司的印象，从而就必须做大量的宣传、广告工作，这无疑需要支出一定的费用。

证监会为了加强费用管理，1996年12月26日发出《中国证券监督管理委员会关于股票发行工作若干规定的通知》，其中关于发行费用的问题，具体规定以下：

发行费用是指发行公司支付给与股票发行相关的中介机构的费用，主要包括承销费用、注册会计费用（审计、验资、盈利预测审核等费用）、资产评估费用、律师费用等。发行费用可在股票发行溢价中扣除。目前，在股票发行过程中，存在着一些发行公司与股票发行无关的费用在发行费用中列支的情况，导致实际募集资金减少。按照证监机字〔1993〕8号文的规定，股票发行中文件制作、印刷、散发与刊登招股说明书及广告费用，应由股票承销机构在承销费用中负担，发行公司不得将上述费用在承销费之外计入发行费用，发行公司在上报股票发行申请材料时，应同时报送发行费用预算明细表；发行完毕后，发行公司应向证监会报送发行费用预算执行情况及会计师事务所出具的发行费用审计报告。

同时，该通知对承销费用的收费标准作相应调整，且收费与发行方式挂钩，其具体标准如下：

承销金额在2亿元以内的，收费标准为1．5%—3%，承销金额在3亿元以内的，收费标准为1．5—2．5%，承销金额在4亿元以内的，收费标准为1．5%—2%；承销金额在4亿元以上的，除特殊情况外，采用上网发行方式的，其收费标准不得超过900万元，采用网下发行方式的，其收费标准不得超过1000万元。

第四章　债券的发行

第一节　债券发行市场概述

所谓债券的发行指的是债券的发行者通过一定的渠道，将新的债券流通到债券投资者手中的行为。而这种行为是在集中债券发行市场中进行的。简而言之，对新的债券进行设计、研究、推出、发行的经济环境和行为，统称债券的发行市场。债券的发行市场也称债券一级市场或初级市场。

一、债券发行市场的主体

债券发行市场的主体一般由发行者、投资者、中介人三大类构成。

通过发行债券筹集资金的单位或组织被称为债券发行人，也就是资金需求者或筹措者，因此又称为债务人。政府、政府各机构、工商企业，只要具备债券发行条件，都可以成为债券发行人。

债券投资者是债券发行市场上的债权人，即债券认购者。债券投资者可以是个人，也可是银行、保险公司、各种基金组织，或公司企业等。

所谓中介人也叫主干事，是负责债券发行和包销工作的组织者。主干事由债券发行者选定，一般由证券公司或有名望的银行担任。

此外，债券发行市场的成员中还有：受托机构（受发行人委托经办债券发行事宜的金融机构）、承购集团（由主干事组织的向公众销售债券的机构）、支会代理机构（受发行人委托、向债权人付息还本的办事机构）、律师（向发行人提供法律咨询服务、为发行人起草法律文件）、政府管理机构等辅助机构和服务机构。

债券发行市场是债券投资中最基础的环节，没有健全的债券发行市场，债券的投资活动就不能顺利、有序地进行。债券发行市场是筹集资金和从事投资活动的场所。在市场经济活动中，债券发行市场使投资者和筹措资金者联系起来。

二、债券工具

债券工具是债券发行市场的又一构成要素，随着债券市场的扩大，筹资手段和技术的发展，债券工具也日趋多样化。

(1) 政府债券

政府根据信用原则，以承担还本付息责任为前提而筹措资金的债务凭证。

①国库券。国库券的发行对象为国营企业集体所有制企业，企业主管部门和地方政府；机关、团体、部队、事业单位和农村富裕社队城乡居民个人。国库券以人民币计算，平价发行，利息在偿还本金时一次付给，不计复利。

②特种债券。财政部从1989年起开始发行特种国债，选择发行面向经济条件较好的国营企业、集体企业、私营企业、金融机构、企业主管部门、事业单位和社会团体；国营企业职工退休养老基金管理机构、待业保险基金管理机构，交通部车辆购置附加费管理机构，期限为5年，年利率为15%。特种国债是以人民币为计算单位的收款单，可以记名，挂失和抵押。

③保值公债。国家财政部于1989年发行保值公债。发行对象是城乡职工、居民、个体工商户、各种基金会、保险公司以及有条件的某些公司。保值公债以人民币为计算单位，不记名、不挂失、可以向银行抵押，也可以在指定的场所转让。

④财政债券。国家财政部于1988年向各专业银行、综合性银行及其他金融机构发行了财政债券。财政债券是以人民币为计算单位的证券收据，计单利，到期一次还本付息，可以记名，可以挂失，可以抵押。

⑤国家重点建设债券。财政部于1987年开始发行由地方政府、机关团体、中央及国务院各部委、武警部队，企事业单位和个人认购的国家重点建设债券，期限为5年。平价发行，不计复利，到期一次还本付息，利息收入免交个人收入调节税。

2. 企业债券

由企业发行的债券。主要有以下几种：

①重点企业债券。为保证国家重点企业的资金需要，国家电力、冶金、有色金属、石油化工等部门所属企业向企事业单位发行的债券，大都是以平价能源、原材料等产品偿还本息的。

②地方企业债券。由国营工商企业发行的债券。我国是从1984年开始发行的。发行对象主要是个人，不计复利，个人购买企业债券的利息要交纳20%的个人收入调节税。

3. 金融债券

我国从1985年开始，专业银行、综合性银行陆续发行了金融债券，1988年部分非银行金融机构也发行少量金融债券。

金融债券是由国家专业银行、综合性银行及其金融机构发行，发行对象为城乡个人，利息一般比同期储蓄存款利率高1—2个百分点，利息收入免征个人收入调节税。不记名、不挂失，可以抵押转让，金融债券主要有三种形式：①普通金融债券；②累进利率金融债券；③贴现（贴水）金融债券。

三、债券发行市场的组织方式

债券发行市场组织方式是在发行市场中充分协调各方的关系，以便把债券工具销售出去的组织方式，债券发行市场一般有“无形”市场和“有形”市场两种组织方式。

(1) 无形市场组织方式

无形市场组织方式有多种表现形式，它包括筹资者自己直接发行债券的方式，当筹资者自己直接向投资者推销债券时，没有特定的场所，可在街头及其他公共场所销售债券或直接同单位达成债券成交协议。在非特定的场所也包括筹资者同证券承购公司，受托人，财务代理人，担保人联系，谈判，达成某种业务协议的方式，还包括证券承销公司在非特定的场所销售债券的方式等等。

(2)“有形”柜台组织方式

“有形”柜台组织方式随着债券市场的发展也越来越呈现多样化。筹资者可以委托证券公司、银行、信托投资公司承购、推销债券，而这些金融中介机构向投资者推销债券多在柜台上进行。随着人类电讯化的发展，通过电话、电报、电信、电脑等电讯设备成交已成为人们主要的选择。

第二节　债券发行的目的和条件

一、债券发行的目的

债券的种类有多种多样，其发行目的也各有不同，概括起来，主要有以下几方面：

1. 国债发行的目的

国债亦称公债，是指国家根据信用原则举借的各种债务，包括内债和外债。国债发行的目的是多重的。①调节中央政府预算收支的差额，即调节财政赤字，这是发行国债的直接目的。②实行宏观政策调整的重要手段，协调财政政策和中央银行的货币政策。通过增加或减少国债的发行量，直接调节银根松紧程度，达到刺激经济发展和控制通货膨胀的目的。③为金融市场提供有效的市场工具。国债是市场中流通的金融商品，其发行量的多寡影响到市场的供求关系，从而导致市场价格和市场利率的变动。④为中央银行的公开市场操作提供有效的宏观调控工具。⑤为银行提供有效的资产负债管理手段。

2. 金融债券发行的目的

金融债券是由银行或非银行金融机构，为筹集信贷资金面向社会发行的债务凭证。发行金融债券的目的主要有以下三种。①增强负债的稳定性，发展资本市场，改善国有经济资本负债结构。从我国整个国有企业资本负债结构可以看出，国有资本过少，对银行等金融机构的负债过多，资产负债比例极不合理。因此，从一定意义上来讲，目前我国的国有经济本质上是一种过度负债经济，调整国有经济结构主要是调整国有经济的资本负债结构，发行金融债券可以很大程度上吸收资金，推动金融资产多样化。平衡负债比率，满足国家建设和生产发展的需要。②获得长期资金来源，金融债券是银行中长期贷款的重要资金来源，从而扩大了金融机构对企业发展所需的长期资金能力。③扩大资产经营业务。由于金融债券的资信度高，许多投资者都愿意认购。所以，金融债券的发行可以筹措到社会大部分游资，支持国家建设，同时也会增强金融机构本身盈利能力。

3. 公司债券发行的目的

公司债券是公司为了筹措长期资本而发行的一种借款凭证。公司债券发行的目的有：①增加企业资金来源的渠道，在一定程度上满足企业短缺资金的要求。企业通过发行债券募集资金，增强企业取得资金的主动性，使企业扩大了对资金的自主权。②有利于企业充分合理地使用资金。由于债券的发行成本较高，并且，企业负有债券到期必须还本付息的责任，这就促使企业在资金运用方面不得不考虑资金的分配问题，从而提高了资金的利用率。③增强国家宏观调控的弹性。由于企业可以通过发行债券筹集资金，银行就可以根据宏观经济调控的需要，增加或减少甚至停止对企业的贷款。

二、发行条件

任何债券的发行都必须符合国家的宏观政策和经济法规，这是债券发行的大前提。此外，还有许多基本的发行条件。

在债券的发行中，必须事先确定好债券的面额、利率、期限及发行数量。这些内容称作债券发行的基本条件。债券发行的基本条件对发行人、债券投资者和中介人都至关重要。适宜的发行条件可使筹资者顺利地筹集资金，使中介人顺利销售出债券，使投资者顺利进行投资决策。

债券发行的基本条件主要有以下几个方面：

（1）发行数量

债券发行数量指的是发行一次债券时预筹集的资金总量，因此，又叫债券发行额。债券发行数量要依发行者的资信程度、需求资金的程度、市场吸收能力、债券发行种类等因素进行综合判断来确定。发行额定得太大，会发售不出去，从而增加了筹资成本；发行额定得太小，又不易满足筹资的需要。在发行中，预先定的发行数量可依市场状况进行调整。

（2）债券面值

债券的券面上标出的金额为面值。为了适应不同的认购者，债券面值可以多样化。既可有大额面值，又可有小额面值。如10元、20元、50元、100元、500元、1000元等。

（3）票面利率

发行固定利率债券，须在票面上标明年息率。票面利率十分重要，它既是吸引投资者的重要指标，也是集资者筹措资金的成本。因此，确定票面利率时应根据发行者的承受能力和资信程度来定。票面利率大小，应符合下列原则：A、票面利率应高于存款利率，低于贷款利率。B、单利计息的债券票面利率应高于复利计息的债券票面利率。

票面利率在债券票面上标明后，不能随市场利率变化而更动。发行者应按票面利率向持券人付息。

（4）发行价格

债券的发行价格指的是债券从发行者手中转到债券投资者手中的价格。对于浮动利率债券，面值就是其发行价格。对于固定利率的债券，发行价格可依市场状况，进行溢价、平价、折价等不同的价格发行。

（5）付息方式

债券发行时，必须先决定付息方式。付息方式指债务人在偿还期限内对债权人的付息方法。付息方式可分为一次性付息和分期付息两种。

A、分期付息的债券可按年、半年、季度付息。这种付息方式多用于中长期债券。

B、一次性付息的债券常用贴现形式付息。这种方式主要用于短期债券，到期偿还本金时，按债券面值偿还，面值中既包括本金也包括利息，所以发行时要将面值折合成现值发行。

有的债券，按单利计算各期利息，期满后一次性偿还本金和利息。

（6）本金的偿还方式

本金的偿还方式是债券发行的重要条件。发行债券时，应明确写在发行条款中，偿还可分为期末偿还和中途偿还两种。

A、期末偿还本金债券，即期满时将本金偿还给债券投资者，这种偿还方式适用于短期债券和部分中长期债券。债券持有人在债券有效期内，只按票面规定领取利息。对于短期债券，这种偿还方式显然比较简便，但对于中长期债券，还本时会对企业（债务人）造成压力。

B、中途偿还本金债券是一种到期前开始偿还本金的方式。又具体分为定期偿还、任意偿还和选择性偿还等。

（7）偿还期限

债券从发行日起到还本日止的期间称为债券偿还期限，偿还期限又叫债券有效期限。期限的长短看筹措资金时筹措者对资金需求量的大小，对资金需求量大，偿还期限就长。偿还期限也与证券市场的发达程度有关，证券市场发达，可方便筹集下一次的资金，偿还期限就短。此外，偿还期限的确定，还应考虑到货币市场利率的变化趋势。一般来说，当货币市场利率上升时，应发行长期债券，当货币市场利率趋于下降时，则宜发行短期债券。

（8）债券发行的信用级

信用等级是债券顺利发行的又一重要条件。发行人应在公认的评级机构中申请评级，并公诸于债券投资者。这样做可使债券投资者了解发行人状况，降低风险程度。债券的信用等级的评定有专门的标准和制度。

第三节 债券发行制度

目前债券的发行，主要有两种制度：一种是注册制，一种是核准制。

一、注册制

注册制是指发债人在发行债券之前，首先必须按照有关法律规定向证券主管机关提出申请注册。按照公开原则，发债人应遵照有关法规规定把全部有关的资料如实地向社会公众投资者公布，以使投资者能够据以判断该债券的投资价值和风险程度。如果发行人提供的资料有遗漏虚假之处，则要承担相关的法律责任。

1. 发行申报注册内容

发债人在发行债券之前，必须向证券主管机关提出发行申请，办理中标注册手续。发债人首先从证券管理机关领取该机关制做的注册申报书，并按要求填写。注册申报书一般包括两部分内容。第一部分内容有以下几个方面：①公司的历史发展概况；②公司过去5年的进展情况，产品市场及行业竞争情况；③公司的财产情况；④公司过去5年的财务资料与逐年的审计分析报告；⑤公司管理阶层人员个人资料及报酬情况；⑥公司资本情况，公司股价，股利情况及债务消偿情况；⑦债券的发行目的和发行条件，及承销商情况。第二部分内容有以下几个方面：①经公证的发债人的财务报表；②前3个月内经注册会计师验证的发债人的资产负债表；③最近3年经过公证的发债损益表；④公司董事会议募集公司债记录；⑤公司经营管理报告等。

2. 注册申报书的审核

一般说来，注册申报书在登记时内容毫无问题的情况比较少见，大部分注册书经过证券主管机关审查后，发现问题需要加以修正补充。如发现问题比较严重，则证券主管机关将于注册生效前发出通知，禁止发债注册申请生效。但是，一旦发生这种情况，证券主管机关必须给予注册申请人申辨的机会，并准许其上诉。

3. 发行注册过程

在实行发债注册制的国家，发债人提出正式申请后，并不需要证券主管机关的批准，而只需等待一段时间，在等待期间如证券主管机关没有提出修改意见，则等待期满后，申请自动生效。

二、核准制

核准制即所谓的“实质管理原则”。这一制度被广泛采用于西欧各国，因为在实行注册制情况下，虽然发债人要公布公开说明书，但部分投资者往往并不完全理解说明书的内容，或有人忽视说明书的作用，而时常发生投资损失。为此，一些国家，特别是西欧国家不仅要求发债人要公开真实情况，而且还规定了若干核准条件。发债人要发行债券必须经过证券主管机关审查批准。这些条件在各国的公司法规里均有明确规定。

实行实质管理原则通常需要考虑的因素是：

1. 发行公司的营业性质、管理人员的资格能力；
2. 发行公司的资本结构是否健全；
3. 发行人所得的报酬是否合理；
4. 公布的资料是否充分；
5. 事业有无合理的成功机会等。

以上这些条件在各国的公司法里均有明确规定，只有当这些实质条件经证券主管部门审查合格后，发行人才可以发行债券。

第四节　债券发行程序

一、政府债券的发行程序

各国公债发行都有一定程序，大致步骤为：

①债券发行者事先与选择的承销公司进行协商，提出发行意图。

②承销公司将发行者的意图以书面形式交证券市场发行编排后，由其安排发行事宜，如发行地方公债券，还需与当地政府有关部门进行磋商。

③由评级机构对债券进行信用评级（发行国债可以不评级），待符合等级规定后，在证券发行编排后安排具体发行时间。

④发行者按照规定的时间发行公债券。

目前，我国发行国内公债券的程序较为简单：首先由财政部向国务院提出发行公债的报告，报国务院批准后，由国务院公布公债的发行条例；其次，财政部依据一定的测算口径，将公债的发行数额指标分配到各省、自治区、直辖市及计划单列市，并通过各级地方财政部门将公债任务层层分解，分配落实到基层单位；最后，任务分配到各基层单位后，各基层单位按照公债条例规定的发行时间，开始向基层单位和个人募集公债券。

二、企业债券发行的程序

我国企业债券的发行程序如下：

①制定债券发行章程，准备有关文件。这一程序是债券发行的基础性程序。债券发行章程和有关文件的内容主要包括：发行者名称、地址、法人代表姓名；预发行债券种类、发行总额、发行方式及发行价格；票面利率及付息偿本方式、债券发行日期；承销单位名称、地址、承销数量和方式；债券发行范围及债权人权利；还本付息资金来源；企业现有资产状况、收益分配状况、经营状况、资产负债状况、发展前景等。

②申请与审批。债券发行人填写债券发行申请，报债券发行审批机关审批；报送有关审批的文件和资料；审批机关根据申请和报批的有关企业财务、资信评级、经营状况、债券发行决议和发行章程等资料，组织专业人员审批。

③发行债券。企业经审批机关审批同意后，方可发行债券。这一环节的工作主要有：印制债券、选择时机、确定发行方式、办理具体发行手续和事宜。

④总结与善后。债券发行完毕，企业或公司主管人员须向债券主管部门报告发行情况。

三、短期融资券的发行程序

按照《企业发行短期融资券管理规定》，企业发行短期融资券必须依照法规程序发行。

1. 企业发行融资券必须经过证券主管机关批准。企业申请发行融资券，应向审批机关提供：营业执照，发行融资券的申请报告，发行融资券的章程或办法，融资券的效益预测，偿还计划和其他相关材料，主管部门和开户银行对发行融资券的意见，经会计师事务所签证的上两年度与上一季度的财务会计报表、资信评估机构的资信评估报告，审批机关要求提供的其他资料。

2. 企业在发行融资券前，须公开向社会发布发行办法、介绍发行融资券的概况，融资目的，企业资产状况，生产、经营状况及效益预测。

3. 发行企业委托银行或其他金融机构代理发行，大部分融资券采用代销方式，少部分采用余额包销或全额包销方式，向社会公开发行短期融资券。短期融资券全部印制债券，单位认购的可以记名，个人认购的不记名，发行后可上市转让。

第五节　债券的信用评级

一、信用评级的意义

债券评级是指测定债券对履行偿还本金和利息的可靠性，换言之，是测定由不履行债务造成债券的本金和利息不能偿还的违约概率（程度）。债券评级活动是债券发行中不可缺少的组成部分。债券评级的目的在于把测定债券还本付息的清偿能力可靠程度公诸于投资者，以保护广大投资者的利益。债券的信用等级即为按时还本付息的相对可能性的指标。

国家财政发行的国库券和国家银行发行的金融债券，由于有政府的担保，因此不参加债券评级。地方政府或非国家银行金融机构发行的某些有价证券，则有必要进行评级。

债券评级就债权人来说，是为其提供充分可靠的信息，从而便于选择正确的投资，保证取得预期的债券利息和如期收回本金。就发债单位来说，评级可表明对它投资安全，风险系数低，投资收益大。在国际金融市场上，主要信用评级机构对债券发行者所评定的信用等级已成为投资家们衡量发行者及其债券的信誉水平和可靠程度的重要尺码。级别越高，债券还本付息的安全性就越好，筹资所付利息的安全性就越好，筹资所付利息就越少，即筹资成本越低；级别越低，投资资金的安全性、偿还本息的可靠性越差，筹资者就得支付很高的利息来吸引人们购买，从而加重了筹资的成本。所以信用等级的高低不仅关系到债券发行顺利与否，筹资数量的多少，还直接影响到筹资成本的高低。因此，债券评级主要是评估其资产流动性、负债规模及消偿能力等有关投资安全性、风险性、收益性方面的问题。

二、信用评级指标和评级方法

信用等级的评定，是资信评级机构对证券资信所作的估计。以美国的资信评级机构的评级分类来看，证券评级一般分为3个等级9个级别，即AAA、AA、A；BBB、BB、B；CCC、CC、C。有的在一级里还分出三等，如A—1、A—2、A—3。

上海远东资信评估公司债券评定等级采用三等九级制，此外，每一级还加"+"、"-"号来作为微调，以保证等级的可比性。

信用评级的具体办法主要有以下几种：

1、**产业状况分析**。评级机构对要求评级的发行人所属的产业性质应作出判断，以明确该发行人的产业是新兴产业还是传统产业；要通过分析得出发行人所代表的企业在经济环境变动中的稳定程度；评级机构还应特别注意发行者的固定资产利用率、固定资产生产率等情况；评级机构还要对企业竞争能力作出分析和判断。

2、**财务状况分析**。评级机构对发行人财务状况的分析，明确发行者偿本付息的能力。对财务状况分析，要采用以下指标：①收益率分析。通过对发行人财务状况分析，销售利润率、投资盈利率、利息支付能力分析，得出发行人收益率的大小。收益率分析对企业资信的评级至为重要，收益率大，信用等级也高。②负债经营比率分析。这一分析包括了长期负债比率分析、负债构成比率分析、负债比例分析等内容。负债经营比率越高，信用等级就越低。③财务弹性分析。这一分析包括资金流动比率分析、运营资金比率分析、应收帐款周转比率分析等内容。这些指标越高，说明企业资金流动性好、偿债可能性强、风险性小。因此，信用等级也越高。④清算价值分析。清算价值等于资产与债务数量的比值。这个比值越高，债务偿还能力就越强，因而信用等级也越高。

3、**信托证书分析**。信托证书是债券发行人与债券投资人权利和义务的证书，该证书应注明限制条款和债券清偿优先次序。对信托证书内容的分析有助于更准确地评定债券信用等级。

在信用评级过程中，需要用到大量的指标，用来测定信用等级。主要指标有以下一些：

①资产负债比率；②盈利与利息倍数比率；③固定费用偿付能力比率；④流动比率；⑤抵押条款。债券有否抵押品担保？如有抵押品，价值若高于债券金额则可提高债券级别。⑥从属条款。如债券从属于其他债券，其级别比它不从属时低一个等级；相反，带有从属债券的债券其级别相对提高。⑦担保条款。弱公司的债券受到强公司（通常为母公司）的担保，其级别按强公司评定。⑧偿债基金，设有偿债基金的债券级别可提高。⑨债券期限。债券期限短则风险小，期限长则风险大。⑩销售额和盈利额的稳定性。⑾行业常规，反常规因素是否削弱公司的经济地位。⑿反合并法，是否存在不利于公司的反对公司合并的行动。⒀海外经营状况。来自国外的销售额、资产、利润分别占公司总销售额、总资产、总利润额的比例。⒁环境因素。公司是否支付大笔费用以购买控制环境污染的设备。⒂退休基金负债额。⒃应付工资。⒄原材料供货能力。⒅会计政策。公司采用相对稳定的会计政策，其报告利润被认为比采用较少稳健的会计政策下的利润具有更高的质量，故稳健的会计政策在债券评级中是加分因素。

第五章　我国的国债发行与承销

第一节　我国国债的形式

一、我国国债的发行方式

我国现阶段国债发行主要筹集大型生产建设资金，通过国债宏观调控经济，调整国家财政结构。主要发行机构是国家财政部和国家有关专门部门牵头组织，它主要有以下几种国债形式：

（一）国库券　我国从1981年开始发行国库券。从年初开始发行，时间一般为9个月。采取分配认购任务的方式，对单位按照预算外资金或集体企业税后留利的一定比例分配任务；对城乡个人按其收入的比例分配任务，在发行期间单位和个人的债券款项可以分次交清。从1990年起，我国开始进行国库券承购包销的试点，由各地的证券经营机构组成承销团，承购包销的数额由发行者与承销单位商定或由承销单位通过竞价投标确定，承销费为1．5‰。1994年国库券的发行全部采用承购包销方式。

（二）特种国债　从1989年开始发行特种国债，采取向认购单位分派任务的方式。中央单位、部队和各省、自治区、直辖市及计划单列城市的认购任务，由财政部分配，地方的认购任务由各省、自治区、直辖市及计划单列市人民政府分配。其发行和还本付息事宜由各地财政部门组织办理。

（三）财政债券　从1988年财政部开始发行财政债券，采用认购单位分配任务的方式，银行、信用社按照上一年储蓄存款增加额的一定比例认购；保险公司按照国内财产险总保证金与国内财产险未到期责任准备金之和的一定比例认购债券。购股债券采取一次发行，分次交款的方法，款项分三次支清。债券发行和还本付息事宜由中国人民银行及其所属机构办理，财政部按照兑付款的1‰支付手续费。

（四）国家重点债券　国家重点债券发售是向单位发行部分，采取分配任务的方式，对各省、自治区、直辖市以及计划单列城市，按照各地方当年自筹固定资产投资规模的一定比例，并参考预算外收入情况分配认购任务；对中央、国务院各部委，武警部队主要参照国库券的分配比例分配任务；向个人发行部分采取由投资者自愿认购的方式。

（五）国家建设债券　1988年财政部发行国家建设债券30亿元，国家建设债券不是每年都发行，它的发行是由投资者自愿认购，由中国人民银行组织各专业银行，综合性银行和其他金融机构向社会销售，采用代销方式。

（六）保值公债　1989年和1990年财政部发行保值公债120亿元，由投资者自愿认购，各级人民政府负责组织各专业银行和财政、邮政部门多渠道推销，剩余部分由各级政府用地方预算外资金认购。

二、国债现行的发行方式

1．承购包销的发行

承购包销也称总额承购包销，是指承购公司一开始就用自己的资金承购全部债券，然后根据市场条件将其转卖给投资者。这种方式下若有未销售出去的债券，于事承购公司或自己持有到期，或以后减价出售，全部发行风险由包销者承担；发行者可以以最快的速度一次获得全部所需的资金，等于在债券发行期间，发行者事先得到了一笔无息贷款，没有必要等到发行结束后才能收到所筹的资金，因此包销费用要大大高于推销费和协助费。在包销承购中，根据包销者的人数和风险分担形式不同，可分为独家承购、俱乐部承购和银团承购3种：①独家承购是由一个承购包销发行者对全部的待发行债券的包销方式。发行风险由该承购公司独自承担，手续费也全部归这个承购公司。②俱乐部承购是由若干承购公司合作包销，每个承购公司所包销的份额，承担的风险以及所获得的包销费都均匀分摊。③银团承购是由一个包购者牵头，若干承购公司参加包销活动，以竞争的方式确立各自的包销份额，并根据包销的份额规定包销费率的高低，组成包销银团的一种包销方式。对于在发行中出现的各种风险均由各承购公司按其包销的份额承担。

2．招标发行

招标发行又称拍卖发行。证券发行时通过招标来决定应募者、价格或利率的发行方式。招标方式主要适用于债券，尤其是国债。招标发行主要有两种做法：①竞争性投标。先由各参加招标的证券商主动出价投标，然后按出价多少依次配售，一直到售完预定的发行额为止。竞争性招标发行按投标对象不同又可分为价格招标和利率招标两种方式。在价格招标方式下，发行者只确定债券票面利率和预定发行额，而发行价格和应募者、承购额都是通过投标者的价格竞争来决定，即谁出价最高，谁优先应募。按自己的出价承购所需数额，然后由出价次高的投标者继续承购，这样按出价的多少从高到低依次承购，这样按出价的多少从高到低依次配售，直至预定发行额售完为止。在利率招标方式下，债券的票面利率不是先由发行者确定，而是由投标决定。谁给出的利率最低，谁为中标者。参与竞争性投标者多为投资银行、信托投资公司、证券公司等大证券商。②非竞争性投标。投资者只申请购买数量，发行者根据投资者申请的时间先后为序，按照当天该证券市场成交的最高价与最低价之间的中间价格进行配售，直至预定发行额售完为止。非竞争性投标主要适用于那些小额投资者。各国的国债发行大都采用招标方式，其中又以竞争性投标为主。

第二节　国债一级自营商

一、国债一级自营商性质、地位

国债一级自营商是指具备一定资格条件并经财政部、中国人民银行和中国证券监督管理委员会共同审核确认的银行、证券公司和其它非银行金融机构。国债一级自营商可直接向财政部承销和投标国债，并通过开展分销、零售业务，促进国债发行，维护国债市场顺畅运转。

我国的国债发行以前主要由政府机构和中央银行负责发行，自1991年起逐步扩大了发行方式，建立了国债一级自营商制度。

国债一级自营商制度，是指在国债市场上建立稳定的国债一级自营商组织（具备一定资格条件的金融机构），直接向作为国债发行主体的财政部承销国债，然后通过自己的融资活动开展分销和零售，将国债券推销给投资者，协助国家完成以国债形式筹集资金的计划。当国债券进入流通市场后，国债一级自营商要在二级市场上承担做推销的义务。建立国债一级自营商制度，明确国债一级自营商的权利和义务，是世界各国的通行作法，是国债市场走向规范化和现代化的重要标志。

我国从1991年开始试行国债承购包销发行方式，引入市场机制，起到了积极作用。但是，这期间的承购包销并不十分规范，没有形成较为固定的权利义务规范。

为促进国债发行市场与流通市场的进一步发展，我国于1993年结合部分非实物国库券的承购包销，建立了国债一级自营商制度，有19家信誉良好、资金势力雄厚、分销能力强的银行、证券公司、信托投资公司和其它金融机构获准成为首批国债一级自营商，标志着我国国债市场向着规范化方向迈出了可喜的一步。

二、我国国债一级自营商的资格条件和审批

1. 资格条件

（1）中国人民银行批准设立的下列金融机构，可以申请成为国债一级自营商：

①除政策性银行以外的各类银行。

②各类证券公司、可以从事有价证券经营业务的各信托投资公司。

③可以从事国债承销、代理交易、自营业务的其它金融机构。

（2）申请成为国债一级自营商的金融机构需符合的条件：

①具有法定最低限额以上的实收货币资本。

②有能力且自愿履行规定的各项义务。

③在中国人民银行批准的经营范围内依法开展业务活动，在前二年中无违法和违章经营的记录，具有良好的信誉。

④在申请成为国债一级自营商之前，有参与国债一级市场和二级市场业务一年以上的良好经营业绩。

2. 审批

①具备资格条件的金融机构均可以向财政部提出成为国债一级自营商的书面申请，并提交有关报表资料。

②财政部会同中国人民银行和中国证券监督管理委员会共同负责国债一级自营商资格审查确认事宜。凡经审查批准成为国债一级自营商的，由财政部、中国人民银行和中国证券监督管理委员会联合颁发的《中华人民共和国国债一级自营资格证书》，并通过大众传播媒介公布其名单。

③财政部会同中国人民银行和中国证券监督管理委员会每年对国债一级自营商的资格进行一次复审。

3. 审批具体程序

（1）国债一级自营商资格审查确认的组织与分工。

①国债一级自营商资格审查确认事宜由财政部、中国人民银行与中国证券监督管理委员会共同负责。

②成立国债一级自营商资格审查与确认委员会（以下简称“审委会”），负责具体工作。审委会由财政部、中国人民银行、中国证券监督管理委员会派出人员组成。审委会办公室设在财政部国债司，负责审委会日常事务。

（2）国债一级自营商初次资格审批基本程序：

①凡第一次申请国债一级自营商资格、并经自查符合“国债一级自营商管理办法”规定资格条件的金融机构，可直接向审委会提出书面申请，填写“国债一级自营商资格申请表”。

②金融机构提出申请时应提交下列文件：

A、法人营业执照（复印件）；

B、中国人民银行颁发的经营金融业务许可证（复印件）；

C、公司概况和经过公证机构公证的近（上）年经营业绩报告；

D、提交近两年来组织的国债发行和国债兑付量报表；

E、证券交易所（系统、中心）出具的近两年的国债交易量证明；

F、上年资产负债表；

G、审委会认为需要提交的其它文件。

③审委会办公室对金融机构提交的申请表及规定的各项文件进行审查，并将审查结果提交审委会。

④审委会对上述审查结果进行复核，并向财政部、中国人民银行、中国证券监督管理委员会负责人提交复审报告。

⑤财政部、中国人民银行和中国证券监督管理委员会负责人共同审批审委会提交的复审报告，确认国债一级自营商资格。

⑥财政部、中国人民银行、中国证券监督管理委员会向经确认成为国债一级自营商的金融机构颁发资格证书。

（3）复审

①审委会每年对获得资格确认的国债一级自营商进行一次复审。

②复审主要包括下列内容：

A、参与国债承购包销及履行承销合同义务的情况；

B、在国债二级市场上的报价情况及其交易量；

C、有无违反“国债一级自营商管理办法”有关规定的现象；

D、在本机构经营范围内的业务活动有无违反法律、政策的行为；

E、审委会认为需要审查的其它情况。

③审委会对上述内容逐项进行审查，并作出复审结论。

A、复审合格的结论由审委会签发给金融机构，同时报财政部、中国人民银行、中国证券监督管理委员会备案。

B、经复审不合格的金融机构，按“国债一级自营商管理办法”的有关规定由审委会报经财政部、中国人民银行、中国证券管理委员会三方负责人同意后，做出是否暂停或吊销该金融机构的国债一级自营商资格及其它有关处罚措施。

C、对于因违反“国债一级自营商管理办法”有关规定而做出没收罚款决定的，按国家有关罚没收入的管理规定执行。

(4) 财政部、中国人民银行、中国证券监督管理委员会责成国债交易、清算系统于每年1月15日以前向审委会报送全体国债一级自营商在国债二级市场的交易量，审委会汇总后向社会公布其排名录。

三、国债一级自营商的权利和义务

1. 权利

①直接参加每期由财政部组织的全国性国债承购包销团。

②享有每期承销合同规定的各项权利。

③享有在每期国债发行前通过正常程序同财政部商议发行条件的权利。

④企业发行股票一次超过8000万股的，在同等条件下，优先由取得国债一级自营商资格的证券经营机构担任主承销商。

⑤优先取得直接与中国人民银行进行国债公开市场操作的资格。

⑥自动取得同中国人民银行进行国债回购交易等业务的资格。

⑦优先取得从事国债投资基金业务资格。

2. 义务

①必须连续参加每期国债发行承购包销团，且每期承销量不得低于该期承销团总承销量的1%。

严格履行每期承购包销合同和分销合同规定的各项义务。

②承购包销国债后，通过各自的市场销售网络，积极开展国债的分销和零售业务。

③维护国债二级市场的流通性，积极开展国债交易的代理和自营业务。

④国债一级自营商在开展国债的分销、零售和进行二级市场业务时，要自觉维护国债的声誉，不得利用代保管凭证超售国债而为本单位筹集资金。

⑤国债一级自营商有义务定期向财政部、中国人民银行、中国证券监督管理委员会提交有关国债承销、分销、零售以及二级市场上国债交易业务的报表、资料。

⑥已获得国债一级自营商资格的金融机构参加某期国债承销后被取消一级自营商资格的，仍须履行该承销合同规定的各项义务。

⑦国债一级自营商有办理到期国债券本息兑付业务的义务。

第三节　国债承销程序与策略

固定价格的国债多数通过各大银行的业务网点和证券公司的柜台，以有纸化实物券的方式出售，而通过招标方式定价的无纸化国债，均通过承销商在上海和深圳交易所场内的挂牌分销和场外柜台式分销的方式销售，购买者需要在证券交易所下属的证券登记结算公司，首先开设证券帐户，才能通过证券经营机构买卖国债。

1996年中央财政共完成债务总额1927.79亿元，其中内债1847.79亿元，外债10亿美元。在国债发行工作中，去年财政部把建立高效率、低成本的国债发行市场作为工作重点，在保证国家财政预算正常运行的前提下，抓住宏观金融环境趋于改善、通货膨胀得到控制的有利时机，加速国债发行市场化建设进程，保证了国债发行任务的完成。

一、我国国债的承销机制

国债发行市场的供给方是国家，其具体承担制定国债发行计划和执行国债发行及管理职能的是财政部。国债发行市场的最终需求方实际上是以个人和机构组成投资者群体。他们每次在参与国债发行竞争和投标后，由中标者组成国债承销团，从财政部以中标价（类似于“批发价”）获得承销份额，然后根据市场情况和自身的资金状况，加上约定佣金的价格“零售”给其他投资者，或者自己持有。

国债发行市场的供求价格方式主要有两种，一种是传统的固定价格的发行方式，在这一方式下，由财政部按照扣除佣金的价格批发给国债承销团；投资者最终买到的国债价格是财政部的批发价与承销商佣金之和，多数情况下，销售价格是国债的面值。

另一方式是由财政部召开由国债一级自营商和主要金融机构参与国债发行工作会议，由各金融机构的代表根据财政部制定的招标办法进行投标，最后由财政部确定中标价格、中标者和中标，但国债一级自营商有1%的基准承销量。

二、国债承销策略

从1981年恢复国债发行以来，我国的国债发行规模总体上呈逐步增长的态势，特别是近几年，国债发行规模迅速扩大并呈几何级增长。国债作为政府筹集资金的重要手段和宏观调控的工具，对发展市场经济起着越来越重要的作用。

我国的证券中介机构是随着国债二级市场的出现和发展迅速发展起来的，国债承销是其传统业务。目前券商均不同程度地陷入困境，股市低迷，代理手续费入不敷出；股票一级市场竞争激烈，利润大为减少；国债回购形成的金融债务链尚难彻底解决，资金拆贷的风险很大；商品期货业务也将金融机构关上大门；唯有国债市场日趋活跃，极具潜力，国债业务成为历年各项业务的重头戏。

今年国债发行与往年相比一个重要不同之处是记帐式国债发行是在承购包销的基础上采取价格招标的方式，在国债发行市场化方面又迈出了历史性一步。

1. 商业银行与券商

到目前为止，已发行四期国债。除96记帐（一期）的承销由申银证券公司担任主干事外，其余三期国债的承销干事均由各专业银行担任，商业银行逐渐成为国债的主要承销者，与券商相比有明显优势。对承销国债机构来说，如推销顺利可获得一笔手续费，反之则可能占有大量的资金。目前，我国的券商资本金很少，又缺乏融资渠道，资本成本高，承销风险很大。相对而言，银行参与国债的风险小，又可获得一定的收益。这是因为各银行存款余额迅速增长，而贷款规模受到严格限制，企业效益大都不理想，发放贷款的风险较大，而国债利率一般高于同期银行存款利率，不但无风险，且有收益。97年发行的三期记帐式国库券均为短期债券，从资产管理和参与中央银行公开市场业务操作来说，短期国债是银行持有的最好的金融资产之一。此外，银行柜台网点多，分销渠道畅通，在承销实物券方面有更多的优势。

2. 承销具体策略

从长远看，国债市场有着极大的潜力。今后几年，国债的发行规模将在2000亿人民币左右。而建立有效的国债二级市场对国债的发行至关重要。为此应当从以下几个方面做工作：

①完善国债一级自营商制度，首先要修订1993年制订和颁布的《国债一级自营商管理暂行办法》，重新审核国债一级自营商的资格条件，并规定国债一级自营商的年审制度；其次要取消国债一级自营商每次1%的承销基准额，改为规定其每次承销的最高限度，以防止发行市场的垄断和不正当竞争；此外，还要研讨国债一级自营商承担起国债做市商的义务。

②建立国债的多种发行渠道

在现有国债当异地集中招标的基础上，建立国债的多种发行渠道。例如，应当继续保留原来向银行系统发行的储蓄债券，并适当增加发行数量和发行网点，以满足风险承受力较小和偏远地区的中小投资者的需求；应当尝试通过证券交易所的交易网络，面向最终投资者直接进行国债的上网定价无纸化发行，并在机构投资者中尝试竞价发行等创新的发行方式。

③加快组建国债投资基金。

国债投资基金是帮助个人投资者有效投资国债市场，培育良好的机构投资者，优化国债市场需求方结构的重要举措。特别是国债发行频率提高、品种增加，方式日益复杂化之后，大力发展国债投资基金应当成为首选，从而优化我国国债发行市场的需求方。

④完善全国国债中央无纸化托管清算体系，为了健全全国国债发行和交易市场，其中首要的就是建立和完善统一的国债托管结算机构。1996年，我国已经建立了中央国债登记结算公司，开始办理不同交易市场间的转托管业务，为商业银行开办国债的托管帐户，为中央银行的公开市场业务操作提供托管结算服务。在这一基础上，应当尽快制订全国国债统一登记托管和清算的行政法规，并建立跨市场的国债全托管制度，实现国债跨市场的无纸化交易，从根本上杜绝卖空根源。

随着我国经济实力增强，社会主义市场经济机制不断完善，国债发行承销的机制和管理不断优化，我国国债市场将会获得长足的发展。

第六章 境外筹资与国际证券的发行

第一节 外资股的发行

一、外资股定义、产生

外资股股票，是指经过批准由外国和我国香港、澳门、台湾地区投资者向我国股份公司投资所形成的股票。外资股股票以人民币标明票面价值，以外币认购专供外国及我国香港、澳门、台湾地区的投资者买卖。

我国外资股，是于1991年11月30日首次在上海发行的。根据我国的有关规定，准许外商投资的股份有限公司，经过中国人民银行批准后，才可以发行外资股股票。非外国和我国香港、澳门、台湾地区的投资者，不得买卖外资股。

在发行B股的基础上，我国后来又发行了港股，即H股，在香港市场上，以港币为计价单位。中资企业发行港币股票，使大陆内地企业进入香港股市，为企业进入国际市场奠定了基础。

二、外资股的种类

1．股份有限公司境内上市外资股

(1) 公司发行境内上市外资股种类，包括：①以募集方式设立公司发行境内上市外资股；②公司增加资本发行境内上市外资股。

公司发行境内上市外资股，采取记名股票形式，以人民币标明面值，以外币认购、买卖，在境内证券交易所上市交易。

发行境内上市外资股的公司向境内投资人发行的股份（以下简称内资股），采取记名股票形式。

境内上市外资股投资人限于：

①外国的自然人、法人和其他组织；

②中国香港、澳门、台湾地区的自然人、法人和其他组织；

③定居在国外的中国公民；

④国务院证券委员会规定的境内上市外资股其他投资人。

境内上市外资股投资人认购、买卖境内上市外资股，应当提供证明其投资人身份和资格的有效文件。

(2) 发行条件

以募集方式设立公司、申请发行境内上市外资股的，应当符合下列条件：

①所筹资金用途符合国家产业政策；

②符合国家有关固定资产投资立项的规定；

③符合国家有关利用外资的规定；

④发起人认购的股本总额不少于公司拟发行股本总额的百分之三十五；

⑤发起人出资总额不少于1．5亿元人民币；

⑥拟向社会发行的股份达公司股份总数的百分之二十五以上；拟发行的股本总额超过4亿元人民币的，其拟向社会发行股份的比例达百分之十五以上；

⑦改组设立公司的原有企业或者作为公司主要发起人的国有企业，在最近3年内没有重大违法行为；

⑧改组设立公司的原有企业或者作为公司主要发起人的国有企业，最近3年连续盈利；

⑨国务院证券委员会规定的其他条件。

公司增加资本，申请发行境内上市外资股的，除应当符合以上第①、②、③项的规定外，还应当符合下列条件：

①公司前一次发行的股份已经募足，所得资金的用途与募股时确定的用途相符，并且资金使用效益良好；

②公司净资产总值不低于1．5亿元人民币；

③公司从前一次发行股票到本次申请期间没有重大违法行为；

④公司最近3年连续盈利；原有企业改组或者国有企业作为主要发起人设立的公司，可以连续计算；

⑤国务院证券委员会规定的其他条件。

以发起方式设立的公司首次增加资本，申请发行境内上市外资股的，还应当符合《国务院关于股份有限公司境内上市外资股的规定》。

(3) 申请发行境内上市外资股，按照下列程序办理：

①发起人或者公司向省、自治区、直辖市人民政府或者国务院有关企业主管部门提出申请，由省、自治区、直辖市人民政府或国务院有关企业主管部门向国务院证券委员会推荐；

②国务院证券委员会会同国务院有关部门选定可以发行境内上市外资股的公司；

③被选定的公司将规定提交中国证监会审核；

④经中国证监会审核符合条件的、报经国务院证券委员会批准或者依照规定经国务院批准后，公司方可发行境内上市外资股。

2．股份有限公司境外上市外资股

股份有限公司经国务院证券委员会批准，可以向境外特定的、非特定的投资人募集股份，其股票可以在境外上市。

境外上市，是指股份有限公司向境外投资人发行的股票，在境外公开的证券交易场所流通转让。

(1) 外资股发行方式

我国外资股的发行一般有四种方式：

①境内企业直接到境外发行股票和上市包括到境外公开发行B股；

②境内企业利用境外设立的公司的名义在境外发行股票和上市；

③境内上市的公司到境外的交易所上市交易；

④境内上市的公司在境外发行存券证（DR）或者股票的其它派生形式。

股份有限公司向境外投资人募集并在境外上市的股份，采取记名股票形式，以人民币标明面值，以外币认购。

境外上市外资股在境外上市，可以采取境外存股证形式或者股票的其他派生形式。

向境外投资人募集股份并在境外上市的股份有限公司向境内投资者发行的股份，采取记名股票形式。

(2) 外资股发行的有关规定

股份有限公司向境外投资人募集股份并在境外上市，应当按照国务院证券委员会的要求提出书面申请并附有关材料，报经国务院证券委员会批准。

国有企业或者国有资产占主导地位的企业按照国家有关规定改建为向境外投资人募集股份并在境外上市的股份有限公司，以发起方式设立的，发起人可以少于5人；该股份有限公司一经成立，即可以发行新股。

公司在发行计划的股份总数内，分别发行境外上市外资股和内资股的应当一次募足，有特殊情况不能一次募足的，经国务院证券委员会批准，也可以分次发行。

公司发行计划确立的股份未募足的，不得在该发行计划外发行新股。公司需要调整发行计划的，由股东大会作出决议，经国务院授权的公司审批部门核准后，报国务院证券委员会审批。

公司增资发行境外上市外资股与前一次发行股份的间隔期间，可以少于12个月。

公司在发行计划确定的股份总数内发行境外上市外资股，经国务院证券委员会批准，可以与包销商在包销协议中约定，在包销数额之外预留不超过该次拟募集境外上市外资股数额百分之十五的股份。预留股份的发行，视为该次发行的一部分。

(3) 发行境外上市外资股准备

公司发行境外上市外资股，应当在公司各次募集股份的招股说明材料中全面、详尽披露对已经批准并披露的发行计划进行调整的，必须重新披露。

国务院证券委员会会同国务院授权公司审批部门，可以对公司章程必备条款作出规定。

公司章程应当载明公司章程必备条款所要求的内容；公司不得擅自修改或者删除公司章程中有关公司章程必备条款的内容。

公司应当在公司章程中载明公司的营业期限。公司的营业期限，可以永久存续。

三、申请境内上市外资股所需文件

(1) 以募集方式设立公司、申请发行境内上市外资股的，应当向中国证监会报送下列文件：

①申请报告；

②发起人姓名或者名称，发起人认购的股份数、出资种类及验资证明；

③发起人会议同意公开发行境内上市外资股的决议；

④国务院授权的部门或者省、自治区、直辖市人民政府批准设立公司的文件；

⑤省、自治区、直辖市人民政府或者国务院有关企业主管部门的推荐文件；

⑥公司登记机关颁发的《企业名称预先核准通知书》；

⑦公司章程草案；

⑧招股说明书；

⑨资金运用的可行性报告；所筹资金用于固定资产投资项目需要立项审批的，还应当提供有关部门同意固定资产投资立项的批准文件；

⑩经注册会计师及其所在事务所审计的原有企业或者作为公司主要发起人的国有企业最近3年的财务报告和有2名以上注册会计师及其所在事务所签字、盖章的审计报告。

⑾经2名以上专业评估人员及其所在机构签字、盖章的资产评估报告；涉及国有资产的，还应当提供国有资产管理部门出具的确认文件及国有股权的批准文件；

⑿经2名以上律师及其所在事务所就有关事项签字、盖章的法律意见书；

⒀股票发行承销方案和承销协议；

⒁中国证监会要求提供的其他文件。

(2) 公司增加资本，申请发行境内上市外资股的，应当向中国证监会报送下列文件：

①申请报告；

②股东大会同意公开发行境内上市外资股的决议；

③国务院授权的部门或者省、自治区、直辖市人民政府同意增资发行新股的文件；

④省、自治区、直辖市人民政府或者国务院有关企业主管部门的推荐文件；

⑤公司登记机关颁发的公司营业执照；

⑥公司章程；

⑦招股说明书；

⑧资金运用的可行性报告；所筹资金用于固定资产投资项目需要立项审批的，还应当提供有关部门同意资产投资立项的批准文件；

⑨经注册会计师及其所在事务所审计的公司最近3年的财务报告和有2名以上注册会计师及其所在事务所签字、盖章的审计报告；

⑩经2名以上律师及其所在事务所就有关事项签字、盖章的法律意见书；

⑾股票发行承销方案和承销协议；

⑿中国证监会要求提供的其他文件。

四、发行与上市

(1) 申请首次发行境内上市外资股的公司，应当向省、自治区、直辖市人民政府或国务院有关企业主管部门提出申请。

省、自治区、直辖市人民政府或国务院有关企业主管部门对公司申请审查后，认为符合《规定》所列发行境内上市外资股条件的，可以向国务院证券委推荐，并向国务院证券委报送下列文件：

①推荐文件；

②公司申请文件；

③公司符合《规定》所列发行境内上市外资股条件的说明材料和有关文件；

④公司所募资金运用的可行性报告；

⑤经具有从事证券业务资格的中国注册会计师审阅的公司前一年度资产负债表、损益表；

⑥公司当年税后利润预测；

⑦尚未设立公司的，发起人对拟投人公司的资产价值估算意见；

公司在境内、外提供的招股说明书，在内容上不得相互矛盾，并不得有重大遗漏、严重误导或者虚假陈述。

(2) 公向现有股东配股，应当符合中国证监会发布的关于上市公司配股的有关规定。

(3) 公司根据实施细则第七条、第十三条报送申请文件时，应当同时报送下列文件：

( ) 股东会议通知以及对通知情况的说明；

(二) 公司内资股股东和外资股股东出席会议及表决情况。

(4) 公司在发行计划确定的股份总数内发行境内上市外资股，经国务院证券委批准，可以与包销商在包销协议中约定，在包销数额之外预留不超过该次拟募集境内上市外资股数额百分之十五的股份。预留股份的发行视为该次发行的一部分。

(5) 境内上市外资股承销期不得超过九十日。

(6) 境内上市外资股主承销商应当于承销结束后十五日内，向中国证监会提交承销报告及前十名最大境内上市外资股股东名单和所持股份额。承销报告应当详细说明承销过程和结果。

(7) 境内证券经营机构因包销业务而持有境内上市外资股，应当向中国证监会报告，并应当遵守有关信息披露的规定。

(8) 承销协议的订立、履行和争议的解决，应当适用国家法律、法规的有关规定。

(9) 公司应当在下列文件齐备后七日内报送中国证监会备案：

①经二名以上具有从事证券业务资格的中国注册会计师及其所在事务所签字、盖章的关于所募集资金的验资报告；

②公司营业执照（副本复印件）；

③创立大会或股东大会通过的决议和公司章程。

(10) 公司发行境内上市外资股，需要向境外证券主管机构申请注册或取得认可的，应当及时将有关申请文件和所取得的注册或认可文件报中国证监会备案。

(11) 公司发行的境内上市外资股，可以在证券交易所上市交易。

(12) 公司应当遵守其股票上市交易的证券交易所的业务规则。

第二节　国际债券的发行

一、国际债券的种类

国际债券是指一国政府、地方团体、工商企业及国际组织等为了筹措资金而发行的债券。其特点是举债人属于一个国家，债券发行在另外一个国家。国际债券产生于本世纪20年代，当时的国际债券主要是外国债券。第一笔欧洲债券于1963年2月1日在欧洲的主要金融中心卢森堡发行，面值500万欧洲货币单位。近年来，国际债券的发行量迅速增加，已成为各国在国际金融市场上筹措资金的重要方式之一。1982年1月，中国国际信托投资公司在日本发行100亿日元私募债券，这是我国建国以来首次发行的国际债券。

外国债券是一种传统的国际债券，早已存在多年。它是指由一国政府、公司、银行或其他金融机构及国际性组织为借款人，在某一外国的资本市场上发行的债券。外国债券通常由发行地的金融机构认购，并通过买卖转让形成外国债券市场。外国债券的偿还期限较长，筹措到的资金可以自由运用，但由于其发行必然会引起两国之间的资金流动，所以发行时既要受到本国外汇管理法规的约束，又要得到外国货币当局的批准，法律手续较为繁琐。一般讲，外国债券的具体发行程序因国而异，但总的原则不外乎以下两条：①申请批准和注册，②选择包销集团。如在日本债券市场上发行日元的具体步骤是：①外国债券发行人向日本的资信评定公司提供资料，以便后者调查和确定债券发行人的债券资信级别。②债券发行人完成向日本大藏省呈报注册文件工作。③日本大藏省审查债券发行人的注册文件并发出关于注册文件的评议书。④债券发行人根据日本大藏省在评议书中提出的意见完成注册文件的修改工作。⑤债券发行人选择一名管理包销人。管理包销人则组织包销集团，负责包销及有关工作。⑥正式在债券市场上发行债券。

外国债券发行后便转入流通市场进行自由买卖和转让。目前主要的外国债券市场在美国、瑞士、德国和日本。

二、我国国际债券的发行情况

我国国际债券发行是从中国国际信托投资公司1982年1月首次在日本东京发行，发行100亿日元的外币债券开始的。到1988年底，中国在海外共发行外币债券39次，其中东京21次，法兰克福5次，伦敦5次，新加坡4次，香港4次，发行总额分别为4000亿日元，10．5亿美元，8亿马克和7亿港元。

截止1992年1月，我国机构境外发债共43笔，其中期限最长的为12年，分别是1982年中信公司发行的100亿日元私募债券和中国银行1986年发行的500亿日元公募债券，其余在东京发行的公募债券通常为10年期限。

96年我国政府成功发行了14亿美元外债，其中在美国市场发行了4亿美元杨基债，在亚欧美主要资本市场发行了10亿美元全球债。我国政府从1993年重新进入国际资本市场以来，先后进入亚欧美市场发行七笔政府外债，为国家共筹建资金40亿美元。

三、主要外国债券的发行简介

1．欧洲债券的发行

(1) 欧洲债券的发行特点：

在欧洲市场上发行欧洲债券具有与在某一国家发行债券很多方面不同的地方。欧洲债券市场是世界国际债券市场中自由化程度较高的市场，它有以下特点：

首先，由于欧洲市场不属于单一国家，所以发行者不必向任何监督机关登记注册，发行手续简单，发行者不必提供大量的数据资料，指定主干事的，翌日即可公布发行事宜。而且欧洲市场是完全自由市场，不存在有关限制标准。

其次，欧洲债券是由来自许多国家的证券公司组成的辛迪加团负责承销的（一般为40—120个公司）。

第三，与日本、美国的市场不同，公募债券和私募债券没有明显的差异，如果区分的话只是上场和非上场的差别，然而大多数欧洲机构投资家都被禁止认购未在证券交易所上场证券，所以几乎所有欧洲债券都是上场的债券。

除此以外，在具体的发行方面也比较灵活，主要是：

A、发行时机、发行条件可随行就市，由当事各方自由商定。

B、发售债券由跨国的干事团、包销团和销售团组成。面向以欧洲为中心的广大地区的销售。可自由选定债券经纪人。

C、债券一般为不记名的实物债券，有利于为发行者和投资者保密。

D、投资者购买债券免缴利息所得税，可以促进债券的流通。

(2) 欧洲债券的发行条件

A、债券的发行额。在欧洲市场发行债券，如发行固定利率债券，发行额通常在5000万美元至1亿美元之间；活动利率债券的限行额通常在5000万美元至3亿美元之间。

B、债券的期限。固定利率债券的期限一般为五年至十年，浮动利率债券一般是五年至十五年。可以实行定期偿还或任意偿还。

C、债券的收益率。债券的收益率没有一定标准，要根据发行者的信誉，市场的环境，多种形式的变化趋势以及承购者的能力确定。发行者一定要对市场作出合乎实际的预测，选择好发债时机。

D、债券的币种。选择币种很重要，它是减少外汇汇率风险的重要环节。从1989年欧洲债券的发行额看，其中欧洲美元债券占34%，日元债券占11.4%，英镑债券占8.7%，欧洲德国马克债券占8.4%，其他超过70亿等值美元以上的币种是，ECU、欧洲通货单位、澳元、加拿大元，法郎和新西兰币等。

(3) 欧洲债券的发行方式

欧洲债券的发行方式分为公开发行和非公开发行两种，所谓公开发行是指债券在一个具有国际性的证券交易所登记上市交易，欧洲债券多在伦敦或卢森堡证券交易所登记，亚洲债券在新加坡或香港证券交易所登记。经过公开登记的债券，在证券交易所挂牌进行经常性的交易，这可以使投资者通过证券交易所的交易价格及时了解证券发行人的信息以及市场状况，便于投资者做出投资决策。非公开发行是指债券不在任何证券交易所登记上市。非公开发行手续简单，费用较公开发行方式较低。

(4) 欧洲债券的发行程序

①确定发行债券的种类，主要有固定利率债券或是浮动利率债券，可调换债券或是不可调换债券等。

②确定债券的期限。

③选定主干事承购公司。

④制作有关发行文件。首先要制作发行说明书，承购合同等，在发行手续中，制作文件最需时间，在制作文件的过程中，必须得到主干事承购公司和律师的协助。

⑤主干事承购公司为呼吁国际上有备的承购公司及金融机构加入承销团或销售团，要向其发出邀请电报，并将临时发行说明书分发给他们，征求他们承销该债券的意向。

⑥议定发行条件，正式签订承购合同及财务代理人合同。签字仪式通常由发行者，主干事、承购公司及代理人的代表参加，合同签好后将最后议定条件记入发行说明书，并印制正式发行说明书。

⑦向销售团成员分派债券的销售额度，并签订销售合同，同时发给

正式的发行说明书样本。

⑧确定承购集团发行者交付债券款项的时间。

2. 美国债券的发行

（1）美元私募债券的发行

在美国发行私募债券，不必向美国证券交易委员会申请注册，发行者可以直接向机构投资者销售，发行手续比公募债券简单，一般由证券公司作为斡旋人，协助发行者选定发行时机，决定发行条件，并动员投资者认购债券。

①发行条件

A、债券的发行额。外国机构在美国市场发行私募债券的额度，通常是在5000万元到1亿美元之间，但是根据发行者的需要和投资者的意愿，也可以超过这个规模。

B、债券的期限。根据发行者的希望和投资者的投资意向，债券的期限有一定的幅度，但对外国发行者来讲，以10年到15年为适宜。

C、债券的收益率。由于发行私募债券时，对投资家的数量有限制，同时对债券的转让也有限制，因此在一般情况下，私募债券的收益率要略高于公募债券。

②发行程序

A、发行者表明发行意向，正式指定某个证券公司为斡旋人；

B、起草发行说明书，认购合同等文件；

C、初步确定发行条件，开始向投资者进行征募；

D、对投资者征募结束，确定发行额；

E、最后确定发行文件，发行者与认购者签定认购合同；

F、发布公告；

G、认购者交纳债券款项。

（2）美元公募债券的发行

外国发行人要在美国市场上发行公募债券需要按照1933年证券法的规定，向美国证券交易委员会办理申报注册手续，并要接受美国资产评级机构对其债券的评级，方可进入美国市场。如果只在某个州内发行债券，则要遵守有关州的法律规定，向州证券管理部门申报注册。

①发行条件

A、债券的发行额。发行者根据自己所需资金的数量，市场情况，投资家购买债券的意向及承销机构的销售能力决定债券的发行额。外国机构在美国市场发行债券的额度，通常在5000万美元至2亿美元之间。

B、债券的期限。通常在5—20年之间。

C、债券的收益率。债券的收益率根据债券的级别，参照流通市场上同期限的美国国债的收益率确定。在确定债券收益率时，要兼顾筹资者和投资者双方的利益。

②发行程序

在美国发行公募债券的手续比较复杂，从开始筹划到正式发行大约需6个月左右的时间，具体发行步骤为：

A、选定主干事，会计师和律师等。

B、开始准备填写证券申报书的各种资料和申请评级的有关资料；

C、发行人同干事承购公司，律师共同草拟有价证券申报书及有关的合同文件，向评级机构提出评级申请；

D、向证券交易委员会提交有价证券申报书；

E、主干事负责组织包销团，向各包销机构发临时说明书；

F、证券交易委员会对有价证券申报书进行审查，发行人修改申报书；

G、发行人和有关认购人员签订认购协议并向包销团成员分发债券发行说明书最后文本的副本，准备进行债券的出售工作；

H、发行人及其有关人员选择一个生效日期，根据他们视为最有利的市场条件给有价证券定价，并在市场上正式发行。

3. 日本债券的发行

在日本，债券的发行市场又叫做“起债市场”。是指新债券从发行者手里，转移到最初的投资者手里的活动。日本的债券发行是从明治元年开始的。明治5年，日本第一次发行了政府公债。明治23年，为修建大阪铁路，民间第一次发行了公司债。

日本债券的主要种类：①公共债。亦可称为公债，包括日本政府发行的国债、日本政府有关机构发行的特殊债以及地方政府发行的地方债。②民间债。日本除公共债和外国债之外的债券统称为民间债，包括金融债和公司债。金融债是由金融机构发行的债券。金额债根据发行主体不同分为银行债和金库债；又根据利息支付方式的不同，分为附息金融债和贴现金融债。公司债是由民间股份公司发行的债券。③外国债。即“武士债券”，指外国政府、外国法人或一些国际性组织在日本国内发行的以日元标值及还本付息的债券。外国债大多为公募发行的无担保债券。

日本债券发行市场结构。日本债券发行市场的主要角色是发行者和投资家，同时也包括为确保债券发行事务顺利进行而组成的承受公司或受托公司。①发行者。即以通过发行债券形式筹措资金的人。日本债券市场对于发行私募债券几乎没有什么特殊的限制，但对于发行公募债券则要求很严。如果没有从美国的信用评级机构或日本评级机构取得“三A”者是不能直接进入日元公募债券市场的，必须首先发行日元私募债券。②投资家。债券的认购者。③受托公司。它是债券发行市场的中介机构。根据发行者招募委托合同，受托公司可分为募集受托公司和担保受托公司。④承受公司。是承受证券经销的机构，其业务是向非特定的多数人推销新发债并在发生滞销时负责自行承销债券。

日本债券发行方式。①直接发行。就是指债券发行者不经过证券公司而自己办理各种发行手续，直接在发行市场上募集并出售发行债券。②间接发行。即发行者无需亲自办理发行手续来直接向投资家募集，而是经由中介机关，间接地从投资家手中募集资金的一种方法。

日本债券发行条件。发行条件是债券发行过程中一个重要的因素，是发行债券成败的关键。对债券发行者来说，发行条件能直接影响筹资的成本，对承购公司来说，发行条件的好坏关系到能否顺利推销债券；对购买债券的投资者来说，发行条件是判断该项债券与其它债券相比是否有吸引力的标准。日本债券的发行条件主要有发行额，票面利率，发行价格，偿还期限，偿还方式，认购者收益率和债券的付息方式等几个主要内容构成的。其中，票面利率和发行价格对发行人来说，是直接关系到筹资成本高低的重要因素。

发行额。它是债券的总值，是筹措一笔债券的资金数额。发行额的多少与发行者的资金需求有关。

票面利率。是指票面金额一年的利息率，它的高低直接影响着债券发行人的筹资成本，它是债券发行条件中最重要的内容之一。

偿还期限。它是表示债券发行者还完本息的年限。即从债券的发行日到还本付息的这段时间叫做偿还期限。

发行价格。它是指从发行人手中转移到初始投资人手中的价格。这是对票面金额而言的，习惯上以对券面金额的百分比来表示。

偿还方式。债券的偿还制度是为了提高偿还的确实性，保护投资者以及为发行者减轻偿还负担而制定的。债券的偿还方式分为两种：期满偿还和期中偿还。

债券的付息方式。是指发行人在债券的有效期内，何时或分几次向债券持有人支付利息的方式。在选择债券付息方式时，债券的发行人一方面要尽量吸引投资人的前提下降低筹资成本，另一方面又要尽量降低筹资成本的同时使债券更富有吸引力。

认购者收益率。所谓认购者收益率是指其所得的偿还价格和发行价格的差额利润及票面利息率的总和。

第七章　证券发行与上市的信息披露制度

第一节　招募说明书与上市公告书

一、信息披露要则

1. 上市公司信息披露的必要性

信息披露制度是指上市公司为保障投资者利益和接受社会公众的监督而依照法律规定必须公开或公布其有关的信息和资料，使投资者能在充分了解情况的基础上做好决策的一系列制度。信息披露制度在各国的证券法中都有明确的规定。公平、公正、公开是证券市场运作的三大原则，也是建立我国证券市场信息披露制度的基石。通过上市公司的信息披露，可以了解上市公司的经营状况、财务状况及其发展趋势。从而有利于证券主管机关对证券市场的管理，引导证券市场健康、稳定地发展；有利于社会公众依据所获得的信息，及时采取措施，做出正确的投资选择；也有利于上市公司的广大股东及社会公众对上市公司进行监督。因此信息披露制度是我国证券市场良好运行的重要一环。

在我国要求股票发行申请人和上市公司披露信息具有如下意义：

①信息披露是衡量发行人是否符合发行、上市条件的重要手段。只有申请人将招股说明书、发行与上市申请文件提交审批机构，才能使审批机构全面了解发行申请情况。因此，相关法律文件的制作必须真实、准确、全面披露申请人的有关信息。

②信息披露是保护投资者的重要手段。投资者鉴别上市公司质量的唯一手段是阅读信息披露文件。由此，投资者可以全面真实地了解企业情况，并作出投资选择。如果信息披露不及时、不全面或不真实，就可能对投资形成欺诈或误导，损害公众投资者的利益。

③信息披露是促使企业走向规范化的重要手段。股份制和股票市场的试验目的不仅在于通过证券市场融通资金，更重要的是使企业真正实现经营机制的转换。要做到这一步，必须使企业按照公司法律规范进行改组。上市公司的信息披露行为是股份有限公司的特征之一。这使上市公司以高度透明的方式，展示自己的资信和经营活动，使公司置于广大股东和全社会的监督与制约之下，从而改变过去传统的政府行政管理企业的方式，推动企业的股份制改革。可以说，上市公司信息披露制度在我国企业制度中的确立，是对建国后我国行政管理企业模式的一次重大突破，是企业转换机制的一个重要标志。

目前，我国证券市场中信息披露制度的法规依据，主要是《股票发行与交易管理暂行条例》中关于招股说明书、上市公告书、上市公司的信息披露和公司合并与收购的规定；证监会制定《公开发行股票公司信息披露实施细则（试行）》和《公开发行股票公司信息披露的内容与格式准则》（第1—6号）。今后，还将陆续制定相应的法律规范。

2. 信息披露制度

（1）信息披露的内容

股份有限公司公开发行股票或其股票在证券交易场所交易，必须公开披露信息。信息披露的主要形式包括：

①**招股说明书**。招股说明书是公司信息披露的关键性资料，是向证券监督机构报送的主要审核文件之一。投资者需要了解的主要信息都应当在招股说明书中反映出来。

②**上市公告书**。上市公告书是上市公司按照证券法规和证券交易所业务规则的要求，于该公司证券上市前，就其公司及证券上市事宜，通过指定报刊向社会公众披露的法律文件。

公开上市公告书的意义是使投资者了解上市公司情况，判断上市公司的经营状况及前景，从而作出科学的投资决策。上市公告书是保护投资者权益的法律手段。

③**定期报告**。定期报告是保证上市公司信息持续公开的法律文件。上市公司应当在每个会计年度中，不少于两次向公众提供公司的定期报告。定期报告包括中期报告和年度报告。中期报告在每个会计年度的前六个月结束后60日内提交，年度报告在每个会计年度结束后120日内提交。

④**重大事件临时报告**。在发生重大事件的情况下，上市公司应当编制重大事件公告书，向社会披露相关信息。重大事件指可能对公司的股票价格产生重大影响的事件。重大事件报告是使投资者及时了解上市公司发生的重大事件，从而作出科学的投资决策。

⑤**公司收购行为报告**。任何法人直接或间接持有一个上市公司发行在外的普通股达到5%时，应当自该事实发生之日起3个工作日内，向该公司、证券交易所和证监会作出书面报告并公告。

任何法人持有一个上市公司5%以上的发行在外的普通股后，其持有该种股票的增减变化每达到该种股票发行在外总额的2%时，应当自该事实发生之日起3个工作日内，向该公司、证券交易所和证监会作出书面报告并公告。

法人在作出上述报告并公告之日起2个工作日内和作出报告前，不得再行直接或者间接买入或者卖出该种股票。

发起人以外的任何法人直接或者间接持有一个上市公司发行在外的普通股达到30%时，应当自该事实发生之日起45个工作日内，向该公司所有股票持有人发出收购要约，即公司收购公告书。

上述报告制度的最终目的是保护小股东的权益。用信息披露和强制收购方式，创造公平竞争环境，使小股东在大股东掌握控股权时，仍能维护自己的合法权益。

（2）信息披露的要求

①上市公司的董事必须保证公开披露的文件内容没有虚假、严重误导性陈述或重大遗漏，并就其保证承担连带责任。

公开披露的文件内容涉及财务会计、法律、资产评估等事项的，应由具有从事证券业务资格的会计师事务所、律师事务所和资产评估机构等专业性中介机构审查验证，并出具意见。专业性中介机构及人员必须保证其审查验证的文件的内容没有虚假、严重误导性陈述或者重大遗漏，并且对此承担相应的法律责任。

②上市公司应当将要求公布的信息在证监会指定的全国性报刊中自行选择至少一家予以刊登、披露。同时上市公司可以在证券交易所指定的地方报刊上披露有关信息，但必须保证：指定报刊不晚于非指定报刊披露信息；在不同报刊上披露同一信息的文字必须一致；

③公开披露的信息应当用中文表述；发行B股等特种股票及境外上市的公司公开披露信息，如有必要，还应当用英文等其他文字表述，外文本的字义和词义与中文本有差异时，以中文本为准。

上市公司公开披露信息的各种文件译成英文时，英译文应刊登在至少一种证监会指定的英文报纸上。

④上市公司应当指定专人负责信息披露事务，包括与证券主管机关、证券交易场所、有关证券经营机构、新闻机构等的联系，并回答社会公众提出的问题。

公司负责信息披露事务的人员应当将本人姓名、联系地址、邮政编码、办公室电话号码和图文传真号码等信息，以书面形式报告证券主管机关。

二、招股说明书的内容及格式

1. 招股说明书封面

招股说明书的封面应载明下列事项：

①发行人的正式名称及注册成立地；

②“招股说明书”字样，未正式定稿前，必须标有“未定稿”显著字样；

③说明发行股票的类型，例如普通股、优先股或者人民币特种股等；如果同时发行认股证，还须列明认股证与股票的比例；

④重要提示，必须按照股本准则附件一规定的文字列示；

⑤发行量、每股面值、每股发行价、发行费用、募集股本；

如果在编写招股说明书时，尚无法确定发行价格，有关发行价格的数据可以空缺，或填写一个价格范围。但在正式向公众披露前必须填入确切的发行价。

⑥预计何时在何证券交易场所开始交易；

⑦主承销商；

⑧推荐人；

⑨招股说明书签署日期。

招股说明书必须用幅面为209×295毫米规格的纸张（等于A4纸规格），封面必须为浅色，除可以印有发行人的标志之外，不应当有其他图案。

2. 招股说明书目录

目录在招股说明书的封二上排印，包括每一节的标题及相应的页数。

3. 招股说明书正文

（1）主要资料

本节是以两到三页的较少篇幅，把招股说明书中关键内容摘要刊印在招股说明之首，以使投资人尽快了解该说明书提供的主要信息。但是“主要资料”不得误导投资人，同时应当采用下述文字提醒投资人阅读全文，以正确了解招股说明书的完整内容：“以下资料节录自本招股说明书。欲购买本次发行股票的投资者，在做出投资决策前，应该认真阅读招股说明书全文。”

本节包括以下内容：

①发行人简介：发行人的一般情况、主营业务、经营业绩、股权结构（以图表示意）等。

②本次发行：

A. 本次发行的一般情况：

股票种类、每股发行价格、每股面值；

发行数量（股）其中：普通股、优先股等；在以持股人的不同类型区分股份的情况下，还应当分别按法人股、社会公众股（A股）、B股、可转换股等加以列示。

发行总市值；

税后盈利预测；

每股盈利；

预计市盈率；

发行后每股净资产。

B. 本次发行前已发行的股票及本次发行后的股权结构变化；

C. 募股资金的运用：简单说明募股资金的用途；

D. 股利政策：是否分配股利，分配间隔时间，预期首次分配是何时间等；

E. 风险因素：涉及到哪几方面的风险；

F. 发行地区、发行对象、承销期的起止日期；

G. 挂牌交易：本股票预计将于何时在何证券交易所开始挂牌交易。

③主要会计数据（采用列表式）：

A. 资产负债数据：营运资金、总资产、长期负债、股东权利；

B. 利润表数据：销售收入、营业利润、税后利润。

发行人在招股说明书中应提供其最近连续三个年度的会计数据。最近一期会计数据的有效期为六个月。因此在必要时，发行人还应提供自最后一个会计年度终止后，到编制招股说明书之前最近季度末的会计数据。会计期间的排列应当自左至右，最左侧为最近一期数据，每个期间均应注明。上述会计数据应选自经有关有资格从事证券业务的会计师事务所审计过的财务报表。

④预计时间表：

A. 申请表发售期；

B. 交回申请表截止日期；

C. 交款期；

D. 股票及认股权证寄存日期；

E. 预计挂牌交易日期。

发行人和其承销商还可以根据需要加入发行上市过程中的其他重要日期，例如抽签日期、公布抽签结果日期，等等。

（2）释义

对招股说明书中具有特定含意的词汇做出明确的定义、解释和说明。

（3）绪言

在绪言中必须声明：

本说明书的编写所依据的法规，所经由批准的部门（例如地方主管部门、交易所等），发行人董事会成员（或股份有限公司筹备组成员）已批准该招股说明书，确信其中不存在任何重大遗漏或者误导，并对其真实性、准确性、完整性负个别的和连带的责任。

下列文字必须载入绪言：

“新发行的股票是根据本说明书所载明的资料申请发行的。除本发行人和主承销商外，没有委托或授权任何其他人提供未在本说明书中列载的信息和对本说明书作任何解释或者说明。”

本招股说明书应当提醒投资人自行负担买卖该发行人股票所应支付的税款，发行人、推荐人和承销商对此不承担责任。

（4）发售新股的有关当事人

本节列出下列有关当事人的机构名称、所在地、电话、传真以及这些当事人中负责与本次发行销售有关事项的联系人姓名：

A. 发行人及其法定代表人；

B. 财务顾问（如果聘用了财务顾问）；

C. 主承销商（如果由若干家证券商联合牵头，应将其全部列入）及其律师事务所；

D. 推荐人；

E. 发行人的律师事务所和经办律师；

F. 会计师事务所和经办注册会计师；

G. 资产评估机构和经办评估人员；

H. 资产评估确认机构；

I. 收款银行；

J. 股票登记机构；

K. 其他与发售新股有密切联系的机构和个人。

（5）风险因素与对策

本节介绍投资风险和股市风险，并提出规避风险的应对策略。

投资风险介绍可能对发行人发展前景、产品销售、市场份额、财务状况、经营效益等方面产生不利影响的重要因素。

本节开始时，应采用下列提示：

“投资者在评价本发行人此次发售的股票时，除本招股说明书提供的其它资料外，应特别认真地考虑下述各风险因素。”

风险因素包括（但不限于）下列各项：

①经营风险。指发行人在生产经营过程中可能存在的风险因素，例如：

A. 对重要原材料或者供货渠道的依赖，进口材料的限制；

B. 对主要客户的依赖；

C. 能源或者交通运输方面存在的制约；

D. 产品价格方面的限制；

E. 产品外销的限制；

F. 产品的生产与销售是否没任何补贴；

G. 产业结构过度集中或分散的风险；

H. 主要产品或者主要业务所采用技术的先进程度以及同类最新产品、最新技术和替代产品的简况；

I. 融资能力的局限性；

J. 外汇风险（包括汇率风险），主要适用于收入或支出中相当部分需以外汇结算的发行人；

K. 自然条件的限制，等等。

②行业风险。指发行人所在行业的行业特点、发展趋势中可能存在的不利因素以及行业竞争情况，例如：

A. 国家的产业政策；

B. 行业发展存在的限制因素，如属于限制发展的行业、污染环境、有害健康（例如烟草化工行业），等等；

C. 严重依赖其他行业；

D. 严重依赖有限的自然资源；

E. 行业内部竞争的情况，等等。

③市场风险。指发行人是否受到商业周期的影响，市场的发育情况，以及与发行人密切相关的行业的情况，例如：

A. 发行人是否存在某种商业周期或受商业周期的影响；

B. 市场不够发达或存在市场分割的情况；

C. 主要市场所在的国家和地区属于经济、政治不稳定的地区；

D. 密切相关的行业存在各种制约因素；

E. 市场容量方面的限制，等等。

④政策性风险。指国家政策、法律（包括税务法规、进出口政策等）是否对发行人不利或存在某种限制，国家政策、法律是否在可见的将来有可能发生变化，并因其变化而对发行人产生不利影响。

⑤其它风险。例如：

A. 对海外市场的依赖；

B. 现有股东的控制；

C. 发行人设立或发行股票，存在哪些法律上的欠缺，等等。

在陈述每项风险之后还可说明发行人采取或准备采取哪些措施。

股市风险介绍影响股票市场价格变化的基本原因，说明股市风险与投资风险的联系，提醒投资人对股价波动应有充分了解。

(6) 募集资金的运用

本节说明对所募集资金的运用计划，包括（但不限于）以下几方面：

①通过发行股票所募集资金的计划用途；

②如果所募集的资金准备用于投资项目，应对项目的情况作简单介绍，包括其投资预算；

③投资项目使用资金的计划时间表；

④如果投资项目不止一项，还应说明这些项目的轻重缓急；

⑤在采用代销方式发行股票的情况下，如果不能募集到预计的全部资金，对可能取得资金的使用计划加以说明；

⑥如果发行人尚未确定募集资金的用途，必须予以说明，并详细陈述发行的理由；

⑦如果所筹资金尚不能满足规划中的项目的资金需求应说明其缺口部分的来源及落实情况；

⑧增资发行的发行人必须说明前次公开发行股票所筹资金的运用情况。

(7) 股利分配政策

①发行人在发行股票后第一个盈利年度是否准备派发股利，如果准备发放，发放几次，约在何时发放；

②发行人股利分配的一般政策；

③不同类别股票在股利分配方面的权益；

④用于发放股利的净利润是如何确定的，即税后利润是否需要扣减各种公积金和基金，是否需要弥补以前年度的亏损，各种公积金和基金的计提比例和以前年度结转亏损的金额；

⑤预计派发的股利占净利润的百分比；

⑥如果暂时不准备派发股利，简要说明原因；

⑦其他应说明的股利分配政策。

如果发行人的决策机构为股份有限公司筹备组，无法确定股利分配政策，需等发行之后由首届股东会选举的董事会予以确定，则本节须将此情况如实披露。

(8) 验资证明

本节是注册会计师对发起人根据《条例》第八条第（三）、第（四）款的规定投入股份有限公司筹备机构的认购股份的股本进行验证后出具的验资证明。

(9) 承销

本节说明与本次承销和发行有关的事项，包括（但不限于）下列项目：

A. 承销方式（包销或代销）；

B. 如果为代销，应该达到的最低发行量；

C. 承销期的起止日期；

D. 发行地区；

E. 发行对象；

F. 发行股票的种类（普通股、优先股、可转换股等）、面值、数量；

G. 如果本次发行区别不同持股人类别发行不同类型股票的话，列示按持股人类别划分的股票种类（例如法人持股、内部职工持股、社会公众持股、人民币特币股持股）、面值、数量；

H. 发行价格及其确定价格的方法；

I. 本次发行预计实收金额；

J. 全部承销机构的名称及其承销量（一般应当按承销量的大小为序排列，主承销商排列在最前面，并予以注明）；

K. 发行费用，包括承销费用、注册会计师费用（包括审计、验资、盈利预测等费用）、评估费用、律师费用、公关及广告费用、印刷费用、其他费用等。

(10) 发行人情况

本节简要介绍发行人的情况，包括（但不限于）下列内容：

A. 发行人的名称；

B. 发行人成立的日期；

C.③发行人的注册地及总部的地址；

D. 发行人的历史情况简介，包括隶属关系的演变；

E. 发行人的组织结构和内部管理结构，如果发行人属于某一集团，还应当介绍该集团的情况及发行人在该集团中的地位；

F. 发行人的职工人数，职工的专业构成，如生产人员、销售人员、技术人员、财务人员、行政人员等，职工的教育程度和年龄情况以及有关职工的其他情况，例如福利、劳保、待业保险、养老退休金等；

G. 发行人的经营业务范围；

H. 发行人的主要业务；

I. 发行人的主要产品品种、生产能力、主要市场及其市场占有情况和销售额、销售方式等（包括海外市场）；

J. 发行人业务收入的主要构成，如果发行人两种以上（含）主要业务或主要产品，说明每种主要业务或产品在收入中所占的份额；

K. 主要原材料的供应、自然资源的耗用情况，如果涉及外汇平衡问题，还应予以说明；

L. 对发行人业务有重要意义的工业产权和其它类似无形资产的有关情况；

M. 新产品、新项目研究开发的有关情况；

N. 正在进行计划进行的投资项目、技术改造、产品更新的一般情况，包括对机器设备、土地、厂房及研究开发项目的投资；

O. 国家的政策、法规、制度等对发行人改制前的生产经营条件(如原料与能源的供应和价格、产品或服务的销售和价格、税收、员工的聘用及工资水平、产品或业务的专营与垄断等方面）是否有任何限制或优惠，这些限制或优惠在公开发行股票之后是否仍然存在；

P. 发行人在过去三年内如果发生过重大改组、变更、收购、兼并、清理整顿行为以及重大投资行为，需给予详细说明。

本节内容中的某些部分如果属于发行人的重要商业秘密，可适当简化。

(11) 发行人公司章程或公司章程草案的摘录

本节摘录发行人公司章程或章程草案中的部分主要内容，包括（但不限于）下列各项：

①股东的权利、义务；

②股东会的职权和议事规则；

③公司法定代表人及其职权；

④董事会的组成、职权和议事规则；

⑤经营管理机构的组成、职权和议事规则；

⑥监事会的组成、职权和议事规则。

(12) 董事、监事、高级管理人员及重要职员介绍

本节简要介绍发行人的董事、监事、高级管理人员及重要职员，包括（但不限于）下列各项：

①姓名、性别、年龄、学历、职称；

②正在担任和曾经担任的重要职务及任期；

③主要业务简历；

④其他。

高级管理人员是指发行人日常管理的最高负责人及其主要助手，例如总经理、副总经理、总会计师等或者与这些职务相当的主要负责人。重要职员是指除高级管理人员之外的对发行人具有一定程度控制权或者对发行人生产经营活动至关重要的人员。

(13) 经营业绩

本节介绍发行人在过去至少三年中的经营业绩，包括（但不限于）下列内容：

①生产经营的一般情况；

②每年销售总额和利润总额的情况；

③完成的主要工作，包括完成的重大项目和科研成果等；

④产品或者服务的市场情况；

⑤产品性能、质量方面的情况；

⑥筹资与投资方面的情况；

⑦生产经营设备、主要固定资产增加、改进的情况；

⑧经营管理的改进与提高；

⑨职工数量与业务水平方面的变化，等等。

(14) 股本

本节介绍发行人股本的下列有关情况：

A. 注册股份；

B. 已发行的股份；

C. 超过面值缴入的资本及其用途；

D. 如果发行人已进行过股份制改组、定向募集或本次发行不是首次公开发行，本次发行前股份的结构，包括国家持股、法人持股、个人持股（其中内部职工持股）、外资持股等各占的份额；

E. 如果已发行过内部职工股，内部职工股是否严格地限制在本企业职工范围之内，是否已全部按照要求集中托管，根据《规范意见》第三十条第五款的规定，内部职工股不得上市交易的截止日；

F. 发起人认购股份的情况；

G. 本次发行后公司股份的结构；

H. 本次发行后净资产总额；

I. 本次发行前每股净资产；

J. 本次发行后每股净资产；

K. 本次发行前持有发行人5%以上（含）股权的股东名单及其简要情况，如果股东总数超过10名，但持股5%以上的股东不足10名时，则应提供按持股比例排列的前10名股东的名单及简要情况；

L. 董事、监事、高级管理人员及重要职员持有股份情况包括持有本发行人及其他关联企业股份的情况。

M. 股票回购程序。

根据《规范意见》第三十二条的规定，发行人一般不得收购其发行在外的股票。当发生例如《条例》第四十六条的情况，发行人需要购回已发出的部分股票时，说明所应执行的程序，例如报告需回购的情况，向有关部门和董事会提出申请、审批、收购、披露等。

(15) 债项

本节陈述发行人在特定日期（不得早于本招股说明书所载最新一期财务报表截止日）的主要借款情况，包括银行贷款、公司债、内部人员和关联人贷款等以及或有负债、主要合同承诺等。下列资料的日期必须载明。

	金　额		利　率	债　券　期　间	抵押或担保的情况	其他限制性条件
	短　期	长　期				
银行贷款 公司债 内部人员 和关联人贷款						
合　计						

或有负债

主要合同承诺　*　*

所有债券均应区分有担保、无担保、有抵押、无抵押、不同期间不同利率分别列示。如果因为发行人的股票公开发行和上市而导致对其担保的改变，应予说明。

发行人如果有逾期未偿还的债务，应当对其金额、利率、贷款人、资金用途、未按期偿还的原因、预计还款期等做详细说明。内部人员是指发行人的董事、股东（法人或个人）和雇员。

合同承诺指发行人与其它机构或个人订立合同，在未来期间购买合同双方的劳务或者产品，同时按规定的价格进行支付。

(16) 主要固定资产

本节介绍发行人及其子公司拥有或者占有的主要固定资产的一般性质、原值、用途、折旧情况和所在地等。

主要固定资产包括：

①各种房地产（包括土地使用权）、建筑物、厂房等；

②各种矿产等自然资源；

③主要生产、经营、运输、办公设备等；

④由原企业改制设立的发起人，原则上不应将原企业固定资产中的

非生产性、福利与服务性项目，例如食堂、医院、学校、影剧场、职工宿舍等转移到股份制企业中。如果因某些原因而无法将非生产性、福利与服务性资产完全剥离，应对这部分资产的有关情况充分披露。

(17) 资产评估

本节介绍原有企业改制为股份制企业时进行资产评估的有关情况，包括（但不限于）下列各项：

①公司各类资产（指资产负债表大类划分）评估前帐面价值及固定资产净值；

②公司各类资产评估后净值；

③各类资产增（减）值幅度；

④各类资产增（减）值的主要原因。

(18) 财务会计资料

本节列示发行人主要财务会计资料，包括（但不限于）以下各项：

资产负债表主要数据：流动资产、固定资产、无形资产和其他资产、总资产、流动负债、股东权益。

利润表主要数据：净销售收入或者营业收入、销售成本与销售税金、期间费用（包括销售、管理、财务费用等），营业外收支、非常项目损益、税后利润，对于发行人原已是股份公司的，还应当提供每股盈利，派发股利等资料。

上述主要财务会计资料的有关要求与本招股说明书正文第一项第三款“主要会计数据”的要求相同。

申请公开发行股票的发行人设有子公司的，应当提供合并报表数据及其发行人单独的报表数据。

上述数据应以人民币元或者千元为单位。以元为单位的，原报表中的分、角通过四舍五入略去。

本节还应当对所列示的资料做出必要说明，说明的内容应包括（但不限于）以下方面：

①对发行人财务状况和经营成果的一般性介绍；

②主要会计政策及对合并报表所采用的会计处理方法；

③资产、负债、销售（营业）收入、销售成本的主要内容或者对之有重大影响的项目；

④如果在几年比较数据中的主要项目出现较大波动和变化说明造成变化的原因；

⑤如果有正在进行或者计划进行的重大资本支出项目，说明资本支出项目对企业财务状况和经营成果的影响及其资金来源；

⑥发行人在最近三年中资产流动性的情况及变化的趋势，包括营运资金和流动性比率的增减变动及其原因，等等。

本节还应提示，如果投资人欲对发行人的财务状况、经营成果及其会计政策进行更详细的了解，应当认真阅读在附录中所载的发行人财务报表和注释。

(19) 盈利预测

如果发行人或其财务顾问或其承销商认为提供盈利预测数据将有助于投资人确信有能力对最近的未来期间的盈利情况作出比较切合实际的预测，则发行人可在招股说明书中提供盈利预测数据。预测的数据包括会计年度税后利润总额、每股盈利及市盈率。

预测应是在对一般经济条件、营业环境、市场情况、发行人生产经营条件和财务状况等进行合理假设的基础上，按照发行人正常的发展速度做出的。如果预测中包括尚未投入使用的项目的收益，则应当有确实的证据，证明该项目在预测期间内能够投入使用并且产生预期的收益。

预测期间的确定：

①如果预测是在发行人会计年度的前六个月做出，则为自预测时起至该会计年度结束时止的期间。

②如果预测是在发行人会计年度的后六个月做出，则为自预测时起至不超过下一个会计年度结束时止的期间，但最短不得少于12个月。

盈利预测所采用的各项假设必须加以说明。注册会计师必须对盈利预测所采用的会计政策和计算方法进行审查并做出报告。盈利预测所采用的会计政策必须与招股说明书所载财务报表所采用的会计政策一致。

(20) 重要合同及重大诉讼事项

本节简要介绍发行人已签订的重要合同和作为一方当事人的尚未做出判决的重大诉讼事项。

重要合同是指对发行人生产经营活动、未来发展或者财务状况具有重要影响的合同。重大诉讼事项是指其对发行人的财务状况，经营成果、声誉、业务活动，未来前景等可能产生较大影响的诉讼或者发行人的董事、监事、高级管理人员受到刑事起讼。

凡发行人及其母公司、子公司、并行子公司、控股公司、联营公司，发行人的董事、监事、高级管理人员，持有发行人5%（含）股份的主要股东作为重大诉讼一方当事人的，都应予以披露。

披露的内容包括：

①受理该诉讼的法庭的名称；

②提起诉讼的日期；

③诉讼的主要当事人和代理人；

④提起诉讼的原因和争议双方各自的理由；

⑤请求何种赔偿，可能赔偿的数额或者受到的处罚；

⑥证监会要求予以披露的其他事项。

(21) 公司发展规划

本节介绍发行人已经制定的、比较切实可行的发展计划与安排，包括（但不限于）以下内容：

①发行人的生产经营发展战略；

②发行人的发展目标和规模；

③发行人的市场发展计划；

④发行人的销售计划；

⑤发行人的生产经营计划；

⑥发行人的固定资产投资计划；

⑦发行人的人员扩充计划；

⑧发行人的资金筹措和运用计划等等。

4. 附　录

附录至少应包括以下各项：

(1) 财务报表及其注释和审计报告（不少于三年的利润表，不少于两年的资产负债表，不少于一年的财务状况变动表或现金流量表）；

(2) 财务报表差异调节表。如果发行人既发行A股，又发行B股或者既在境内发行，又在境外发行，由于会计准则的不同导致不同类型的股票同期财务报表数据不完全相同时，应当对其差异编制调节表，说明差异的原因；

(3) 资产评估报告；

(4) 盈利预测报告和注册会计师的意见；

(5) 法律意见书；

(6) 发行人的公司章程和细则；

(7) 发行人的营业执照。

(8) 关于本次发行的股东大会公告及决议。

5. 备查文件

备查文件包括以下各项：

(1) 发行人成立的注册登记文件；

(2) 主管部门和证券交易所批准发行上市的文件；

(3) 承销协议；

(4) 国有资产管理部门关于资产评估的确认报告；

(5) 发行人改组的其他有关资料；

(6) 重要合同；

(7) 审计报告、财务报表及附注。

(8) 证监会要求的其他文件。

同时还应当说明备查文件的查阅期间（不应短于发行期间）和查阅

地点。这些地点应当是投资公众较易达到的地点，例如发行人、承销商、证券交易所和证监会所在地。

三、香港及境外发行境内上市外资股招股说明书制作中的特殊问题

香港对公司上市招股说明书规定的内容包括公司的股本及负债情况，公司的历史及概况、经营业绩，董事及高级管理人员的资料、盈利预测、未来计划及前景，发行新股所得股款的各项用途，有形资产净值，参与发行工作的中介机构，还有各附件如会计师报告，房地产资产评估报告，机械设备评估报告，公司章程的概要，其他法律规定的一般资料。

美国对招股说明书没有提供盈利预测的要求，但规定公司的管理人员须对公司的经营业绩作出详细评论和分析。另外，对风险因素也要求写得比较全面和详细。

美国规定招股说明书所载资料必须准确、全面、没有重大遗漏而引至误导。对所载资料须进行全面、仔细验证工作。

在香港，招股说明书向公众发行前必须得到香港联交所的批准，并在公司注册署登记。在美国，招股书在向公众发行前必须得到美国证券交易委员会及纽约证券交易所批准。

四、上市公告书

股份公司股票获准在证券交易所交易后，上市公司应当公布上市公告书。依据《股票发行与管理暂行条例》第三十四条规定，上市公告书内容应包括下列事项：

1、公司名称、住所；

2、发起人、发行人简况；

3、筹资的目的；

4、公司现有股本总额，本次发行的股票种类、总额，每股的面值、售价，发行前的每股净资产值和发行结束后每股预期净资产值，发行费用和佣金；

5、初次发行的发起人认购股本的情况、股权结构及验资证明；

6、承销机构的名称、承销方式和承销数量；

7、发行的对象、时间、地点及股票认购的股款缴纳方式；

8、所筹资金的运用计划及收益、风险预测；

9、公司近期发展规划和经注册会计师审核人并出具审核意见的公司下一年的盈利预测文件；

10、重要的合同；

11、涉及公司的重大诉讼事项；

12、公司董事、监事名单及其简历；

13、近三年或者成立以来的生产经营状况和有关业务发展的基本情况；

14、经会计师事务所审计的近三年或者成立以来的财务报告和由二名以上注册会计师及其所在事务所签字、盖章的审计报告；

15、增资发行的公司前次公开发行股票所筹集资金的运用情况；

16、股票获准在证券交易所交易的日期和批准文号；

17、股票发行情况、股权结构和最大的十名股东名单及持股数额；

18、公司创立大会或股东大会同意公司股票在证券交易所交易的决议；

19、董事、监事和高级管理人员简历及其持有本公司证券的情况；

20、公司近三年或者成立以来的经营业绩和财务状况以及下一年的盈利预测文件；

21、证券交易所要求载明的其他事项。

制作上市公告书应遵循下列格式：

1、封面。载明公司的正式名称，“上市公告书”字样、上市时间、上市推荐人、上市地点、股票简称和股票代码。

2、说明部分。写明如下字样：“本公司根据《中华人民共和国公司法》、《股票发行与交易管理暂行条例》和《××证券交易所市场业务规则》的规定，公布上市公告书并愿就此公告书的内容进行解释和承担一切责任。××股份有限公司董事会。”

3、绪言部分。

4、公司概况部分。

5、公司组织状况部分。

6、股本结构及主要股东持股情况部分。

7、公司近三年经营业绩部分。

8、公司财务状况部分。

9、财务指标分析部分。

10、董事会上市之承诺部分。

11、重要事项揭示部分。

12、投资风险及发展规划部分。

13、盈利预测部分。

14、备查文件部分。

15、财务附表部分。

第二节　配股说明书

一、配股信息披露的有关规定

1. 上市公司办理配股申请的规定

根据中国证券监督管理委员会（以下简称“证监会”）证监发字〔1994〕31号文件《关于执行〈公司法〉上市公司配股的通知》（以下简称“《配股通知》”）第五条的要求，现在就有关的具体问题规定如下：

（1）上市公司向股东配股，应当召开股东大会就下列事项表决：

①股东配股比例和本次配售股份的总额；

②配股价格浮动的幅度；

③本次募集资金的用途；

④关于本次配股决议的有效期限；

⑤授权董事会办理的与本次配股有关的其他事项。

（2）公司董事会在制定和实施配股方案过程中，应当保证所有普通股股东均受到公平的对待；应当保证股东同时享有受让或不受让他人所转让的配股权的权利。公司董事会不得将一部分股东的配股权向其他股东强行摊派。

（3）采取配股权证方式配股的上市公司，其方案内容必须符合《配股通知》和本规定的要求；公司所拟定的配股权证的交易期间按证券交易所的有关规定办理。

（4）上市公司应当自签署配股说明书的日期（在向证监会报送材料之前）起，到配股缴款结束之日止，六个月内完成本次配股的全部工作。上市公司在收到证监会同意其配股的复审意见书后，与证券交易所协商确定有关的具体操作事项。证券交易所应当在收到公司配股文件后二个工作日内给予书面答复，并按照《配股通知》的规定，办理有关业务活动。

2. 信息披露具体程序

（1）董事会有关本次配股的方案表决通过后应当在二个工作日内通知证券交易所，七个工作日内公布该次董事会决议和召开股东大会的通知；其内容应当包括配股方案的具体事项，并载明“该项决定尚须经股东大会表决后，报政府有关部门审批，并经中国证券监督管理委员会复审”字样；召开股东大会的通知应当提前三十天公布，并至少应当连续刊登二次。

（2）配股方案经股东大会表决通过后，上市公司在有关的公告中应当载明“该方案须报政府有关部门审批，并报中国证券监督管理委员会复审”。股东大会对董事会的配股方案有修改的，该公告中应公布修改后的方案。

（3）上市公司接到证监会出具的配股复审意见书后，应当在证券交易所规定的期间公布配股说明书。配股说明书的内容与格式见本规定之

公开发行股票公司信息披露的内容与格式准则第四号《配股说明书的内容与格式（试行）》；配股说明书刊登后，上市公司应当就该说明书至少再刊登一次提示性公告。公布的配股说明书内容应当与报送证监会复审时的该说明书的内容一致，确有必要修改的，应当在公布前取得证监会的书面认可。

（4）配股说明书公布后，上市公司应当在七个工作日内将经证券交易所确认的配股说明书一式二份报送证监会。

（5）上市公司应当在配股缴款结束后，按照证券交易所的要求及时报送有关本次股份变动的报告，并应当予以公布；其内容与格式可参考公开发行股票公开信息披露内容与格式准则第五号《公司股份变动报告的内容与格式（试行）》。

二、配股说明书的内容与格式

1. 封　面

配股说明书封面应载明下列事项：

（1）公司股票上市的证券交易所名称，股票简称和代码；

（2）“配股说明书”字样，未正式定稿前，必须标有“未定稿”字样；

（3）公司的正式名称和注册地；

（4）配股承销商；

（5）配售发行股票的类型（例如普通股、优先股；如果配售外资股，应特别说明）、每股面值、配售发行的股份数量、每股发行价；如果发行配股权证，还须列明配股权证的发行数量。

（6）重要提示，上市公司应按照下列文字陈述：

“本公司全体董事保证本配股说明书的内容真实、准确、完整，政府及国家证券管理部门对本次配股所作出的任何决定，均不表明其对发行人所配售的股票的价值或者投资人的收益作出实质性判断或者保证，任何与此相反的声明均属虚假不实陈述。”配股说明书所用纸张规格应与该公司招股说明书规格相同。

2. 正　文

（1）绪言

在绪言中应当载明：

①本说明书的编写所依据的法规，批准和复审本次配股方案的部门；

②声明公司董事会全体成员确信该说明书中不存在任何重大遗漏或者误导，并对其内容的真实性、准确性、完整性负个别和连带的责任。

③下列文字必须载入绪言：

“本次配售的股票是根据本说明书所载明的资料申请发行的。除本公司董事会和主承销商外，没有委托或授权任何其他人提供未在说明书中列载的信息和对本说明书作任何解释或者说明。”

（2）配售发行的有关机构

本节应列出以下有关机构的名称、所在地、电话、传真以及这些机构中与本次配售发行有关的联系人姓名：

①该股票上市的证券交易所；

②上市公司及其法定代表人；

③主承销商；

④股份登记机构；

⑤其他。

（3）本次配售方案

①配售发行股票的类型、每股面值、配售发行的股份（或配股权证）数量、每股发行价；

②股东配股比例，如果发行配股权证，还须列明每张配股权证可认购的股份数量；

③预计募集资金总额和发行费用；

④股权登记日和除权日；

⑤发起人和持股5%以上的股东（持股数量以股东大会时的股权登记为准）放弃或出让（全部或部分）配股权的承诺，应包括股东名称、现持股量、放弃或出让配股权的数量。如果进行配股权的转让，应详细说明转让的方式，并明确说明国家目前对转让后股份的流通方式的政策；

⑥如果持股5%以上的股东拟采取非货币资金方式认购本次配售的股份，应详细说明以该种方式认购股份的总量、股票价格的折算方法、资产评估机构的报告摘要和有关主管部门审批意见的摘要；

⑦配售前后股本总额、股权结构。其格式可参照公开发行股票公司信息披露的内容与格式准则第五号《公司股份变动报告的内容与格式》（试行）中附表的格式。

（4）配售股票的认购方法

①配股缴款起止日期；

②缴款地点；

③缴款办法，应详细列示缴款手续和支付方式；

④对逾期未被认购股份的处理办法；

⑤若采用配股权证方法配售股票，应列示配股权证的派发方式及交易办法。

（5）获配股票的交易

①获配股票中可流通部分的上市交易开始日。

②配股认购后产生的零股的处理办法。

（6）募集资金的使用计划

①项目简介：应扼要说明有关的项目名称、所属行业、投资总额、本次募集资金的投入额、投资方式和期限，若有两个以上的项目，应分别陈述。

②有关立项、审批情况的说明，应陈述有关国家产业政策、政府审批意见，应列出有关批文的文题和编号。

③上市公司如做盈利预测，则应列示所预测年度税后利润总额、配股后按全面摊簿计算的每股税后利润值和净资产税后利润率。

（7）风险因素及对策

①上市公司应参照公开发行股票公司信息披露的内容与格式准则第一号《招股说明书的内容与格式（试行）》正文第五节“风险因素与对策”的内容予以披露。

②如果采用余额包销以外方式发售股票，上市公司应当对本次发售的股份可能未被足量认购的情况做必要的分析和说明。包括未认购股票的处理，上市公司拟投资的哪些项目将受到不利影响，其预计年度盈利水平和其他主要财务指标将出现何种程度的变化，上市公司拟采取哪些措施弥补资金需求的缺口以减少上述风险的影响等。

3. 附　录

（1）股东大会关于配股的决议（摘要）；

（2）刊载本公司最近的年度报告或中期报告的报刊名称、日期；

（3）刊载本公司最近的董事会公告和股东大会公告的报刊名称、日期；

（4）公司章程修改内容简述。

4. 备查文件

（1）修改后的公司章程正本；

（2）本次配股之前最近的公司股份变动报告；

（3）最近年度报告或中期报告正本；

（4）本次配股的承销协议书；

（5）资产评估报告（有非现金方式配股时必备）；

（6）证监会要求的其他文件。

中国证券大全
（1997）
A complete collection of securities in China

第八卷

证券交易基本常识

第一章　证券交易概述

第一节　证券交易基础

一、证券交易的概念

证券交易指的是股票、债券等有价证券的买卖或转让，是证券在市场上实施其流通的一种手段。证券包括国家债券、金融债券、公司债券、股票、企业短期融资券、内部债券、新股认购权证书及经国家批准发行的其他有价证券。但并非所有的证券都可以参与证券市场进行交易，只有经国家有关部门批准可以在证券市场上自由转让的证券才属于可交易证券。

证券交易的出现，有着内在需求和外部条件。证券交易的内在需求即是股票、债券等有价证券的出现。债券只有到期才能还本付息，股票则是永远不能退股。这些证券的持有人如果想兑现(即将手中持有的有价证券兑换成现金)，就只有通过证券交易才能实现。另一方面，一些货币持有者出于投资或投机的目的，买卖证券为实现资金的增殖或者利用证券价格的波动赚取证券买卖差价，获得资本收益。因此，社会闲散资金的存在从外部保证了证券交易的存在，而且促使其发展。

我国的证券交易只是在九十年代才开始发展，壮大，交易机制也得到了逐步完善。证券的出现及证券交易的发展，为我国企业的发展提供了新的融资渠道，促进了闲散资本转为长期资本，调节资金供求，保证了社会资金的最佳使用。

证券交易的方式、程序在不同的证券市场条件下，具体的要求及通行的规则都各不相同，但交易过程中通行的原则则大致相同。我国证券经营机构及其从业人员、投资者在证券交易活动中，必须遵守"三公原则"及真实性原则，必须遵循证券法律法规进行证券交易。

二、证券交易的种类

证券交易方式就是证券交易的方法和形式，它是随着证券市场的逐渐成熟而不断向前发展的。最早的证券交易主要采取现货交易方式，但是随着商品经济的发展，证券流通市场迅速扩大，证券的交易额不断增加，证券交易方式也逐渐从低级向高级，从简单向复杂，从单一向复合发展起来。目前从各国的证券交易实际情况来看，证券交易的方式是多种多样，千姿百态的。但是，种类繁多的证券交易方式仍可按照一定标准对其进行分类。

(一)按交易场所的不同而划分。

1、场内交易

即通过证券交易所买卖证券的交易方式。参加交易的一般是取得交易所会员资格的证券公司及证券经纪人，而且交易对象也必须是准许在证券市场上买卖和自由转让的股票、债券和其他有价证券。普通的证券持有人，包括未取得交易所会员资格的公司法人，都不能直接进入证券市场从事交易活动。他们只能以客户的身份，委托上述具有合法资格的证券经营机构和证券经纪人代理买卖，也可以从自营买卖的证券公司(经纪人)那里购进或向他们卖出证券。

2、场外交易

是指在证券交易所以外进行证券交易的总称。又称"店头交易"或"柜台交易"。它的情况比较复杂，既包括那些虽然证券本身在交易所挂牌上市，却由非交易所会员的经纪人在场外的交易，也包括那些不足规定买卖单位的小额证券交易，以及证券交易人不通过证券交易所而把未正式挂牌上市的证券直接同顾客进行买卖。场外交易的产生，是因为证券在交易所内挂牌上市，需遵守一系列严格的规定，以保障投资者的利益。因此，某些证券在发行以后，不能够在证券交易所内上市，或即使上市了，也由于各种原因在交易所外成交。

场内交易和场外交易相比较，场内交易是最安全可靠、风险最小的方式。这是因为场内交易的有关条件或手续必须符合证券交易或证券市场管理的有关规定，证券经纪人也都是经过严格的资格考核和择优选拔。而场外交易的流动性和稳定性均不及证券交易所，交易分散，投资者很难了解场外交易市场的证券行市。因此，场外交易的风险较大。

(二)按交易主体的不同划分

1. 相对买卖

相对买卖是一个买主对一个卖主交易的最原始的交易方法。大多数的商品交易都采用这种方法，买方或卖方根据各自的标准选择合适的卖方或买方，以达成交易合同，直到合同履行。这种方法在证券交易所中用得较少，而在其它证券市场，如场外市场则用得比较多。由相对买卖达成的价格远非社会的均衡价格，为克服这个缺点，人们为证券交易设计了拍卖标购和竞价买卖的交易方式。

2. 拍卖标购

拍卖标购是一个卖主对众多买主，或众多卖主对一个买主的交易方式。这种交易方式，不仅有买主与卖主间的竞争，而且有买主与买主间的竞争。在一个卖主与多个买主的交易中，买主竞相出高价，谋求购买某种出售的标的物，卖主则与出价最高的买主达成交易，这种交易方式称作拍卖。拍卖一般以公开叫价方式达成交易，叫价的方法有两种，即递价由低向高逐渐提高的"普通拍卖"和报价(卖主的出售价)由最高逐次下降的"荷兰式拍卖"。另一方面，在一个买主与多个卖主的交易中，卖主竞相报出低价，以示出售他们拍卖的标的物，买主则与出价最低的卖主达成交易。这种交易方式一般称作标购。

3. 竞价买卖

竞价买卖与拍卖标购的不同之外，是交易的双方，即买主和卖主，都是多于一个人的众多的买主与众多的卖主。交易则可以出价最高的买主与报价最低的卖主达成交易。这种由多数的买主和卖主以相互竞价的方式达成交易，比相对买卖和拍卖标购较好地体现均衡、公平合理的价格。竞价买卖根据决定证券价格的方法不同可划分为单一成交价格的竞价买卖和复数成交价格的竞价买卖。

(1)单一成交价格的竞价买卖就是根据买方和卖方在一定价格水平所申报的买卖数量，编制一供需表，当表上供给数大于需求数时，则减价以调节供求量；反之当表上的供给数小于需求数时，则要调高价格，以刺激供给，减少需求。最终实现在某一价格水平上供需的平衡，这时在场的执行员便以均衡价格的拍板宣布成交。单一成交价格的竞价买卖有两方面优点：一是由此形成的价格是均衡价格，而且结算手续在技术上也非常简便；另一方面，委托人不会出现计算错误，投资者能得到最佳保护。其缺点是：交易容易受群众心理的影响，且投机性很强。一般而言，单一成交价格的竞价买卖多适用于交易对象单一的商品交易所。对交易对象众多的证券交易所，单一成交价格的竞价买卖则很难胜任。

(2)复数成交价格竞价买卖就是在交易时间上连续进行的买卖。在这种买卖中多数卖方中出价最低的卖主与多数买方中递价最高的买主达成交易合同。每笔交易构成一组买卖，交易依买卖组连续进行，每买卖组形成不同的价格。所以按这种交易方法形成的价格具有连续性。这种买卖方法不仅能使投资者在交易时间上随时有买卖的机会，而且也有适应瞬息万变的市场情况的功能。证券交易所一般都采用这种方法进行证券买卖。

(三)按交割时间不同划分

1. 当日交易

当日交易是指明证券买卖成交后，交易双方在成交当日进行证券和价款的收付交割。这种交易方式交易快速,一般多用于证券经纪商在证券交易所或柜台上的自营买卖。

2. 普通日交易

普通日交易是一种例行的交易方式,一般指证券经纪商在证券交易所内买卖证券成交后,按交易所的有关规定,在规定的时间内交易双方进行证券和价款的收付和交割的交易。

3. 特约日交易

特约日交易往往由那些外地客户采用。他们因距离或其他原因无法进行例行交割手续。交易双方根据实际情况,商定在买卖成交后十五天以内的某一特约日,进行证券和价款的收付和成交。

(四)按证券经营者不同划分。

1、自营买卖

自营买卖就是证券经营者为自己的帐户进行的交易。它具有以下特点:①从事自营买卖的自营商必须拥有一定的自有资金;②自营买卖的目的是为了取得价差收入而不是股东权利;③自营买卖的风险由经营者自己承担。

我国规定,从事自营买卖必须得到批准。

2、代理买卖

代理买卖就是证券经营者接受客户委托,代理客户从事证券交易。与自营买卖相比,代理买卖也具有三个特点:①从事代理买卖所需自有资金不多;②代理买卖的收入来自向客户收取的手续费;③代理买卖的风险由客户承担,对代理商而言风险很小甚至没有。

(五)按证券交易完成交割期限分

1、现货交易

顾名思义,是指在现场成交的同时一手交钱一手交证券,交易完成时钱货两清。

2、期货交易

是指在证券买卖成交后,根据双方商定的协议,在一定时间内或是经过一段时间后再办理钱货的交割。

3、期权交易

首先期权是指投资人购买或确定在以后一定时期内,按一定价格买卖证券的权利。而期权交易是投资者与期权的出售者双方按约定的价格,在约定的时间内某一天,对是否购买或出售某种证券,而预先达成契约交易。

4、信用交易

是指投资人在购买证券时没有足够的资金支付所需价款,其不足部分由证券交易经纪人代为垫付,证券购买人则负责利息。在这种情况下,证券就变成证券商或经纪人垫付价款的抵押品。投资人可以日后用现款偿还,也可以在股票或债券行情有利的情况下卖出证券偿还垫款。到期仍未归还垫款时,抵押品归证券商处理。

(六)按证券交易付款资金来源分

1. 现金交易

2. 保证金交易

3. 借贷交易

三、证券交易的场所

从市场形态的角度看,证券交易市场由集中交易市场和场外交易市场两大部分构成。

1、集中交易市场,指的是设有固定的交易场所,并按照规定的程序和制度进行报价、交易、交割、清算的市场。最典型的集中交易市场是证券交易所市场。证券交易所是通过集中竞价的方式,买卖股票、债券及其它有价证券的场所。一般的证券交易所都设有固定的交易大厅,附有各种各样的服务设施,如行情显示设备、通讯设备等,同时配备有必要的管理人员。为了保证场内交易健康、公开、公正地进行,一般的证券交易所都制订了严格的交易程序和交易规则。在实行会员制的证券交易所,只有登记在册的会员方有资格派交易员在交易厅内展开交易活动,而一般的投资者只能通过委托经纪人的方式,才能参与交易市场,只有那些经过交易所审核并批准的上市证券,才能成为证券交易所市场上的交易对象。证券交易所的职能或业务范围一般包括:①提供证券交易的场所和设施;②制订证券交易所的业务规则;③审核批准证券的上市申请;④组织、监督证券交易活动;⑤根据《股票发行与交易管理暂行条例》以及证券交易所业务规则的有关规定对上市公司进行监管;⑥依照证券交易所章程、业务规则的规定对会员的证券交易活动进行监管;⑦提供和管理证券交易所的证券市场信息。

在我国,目前被国家管理部门认可的合法证券交易所只有两个,即上海证券交易所和深圳证券交易所。两个证券交易所都采取会员制,交易对象既有股票又有债券。

除了两个已被批准的全国性证券交易所之外,还存在着一些集中交易市场,如北京的证券交易自动报价系统(STAQ)、海南证券报价交易中心、沈阳证券交易中心、武汉证券交易中心等,这些组织虽然名称不叫证券交易所,但无论从组织形式,还是从交易规则、交易程序以及服务设施来看,都与证券交易所极其相似。目前这些交易中心,只托管有价的其他证券和债券,不是全国性的统一市场。1997年7月1日香港回归祖国,香港成为特别行政区,香港证券交易所除保持国际证券交易所地位外,也成为我国证券市场的一部分。

2、场外交易市场

场外交易市场是指证券商在证券交易所以外进行证券交易的场所,通常称之为"店头市场"也叫柜台市场。但是,随着时间的推移,证券流通市场的整体面貌已经发生很大变化,场外市场这一概念的外延也被相应地扩大了,比如第三市场和第四市场的交易,既与柜台交易市场相区别又不在交易的场内进行,因而被列入场外市场的范畴,所以我们不能简单地称场外市场就是柜台市场,而柜台交易市场只是场外市场的一个组成部分。在场外交易市场的证券,一般是未上市的证券,场外交易市场无固定的组织形式,交易方式与证券交易所相比也存在着明显差异。一般而言,是采用相对买卖的方式进行交易。场外交易市场的性质比较复杂,其流动性和稳定性都不及证券交易所可靠,其风险性也较大。场外交易主要由两部分组成:一是经批准允许经营证券交易业务的证券机构和金融机关设置的证券交易柜台;二是允许经营证券交易业务的证券机构和金融机构委托基层金融单位设置的证券交易业务代理处。

第二节 会员和席位

一、会员制度

我国的两个证券交易所,即深圳证券交易所和上海证券交易所都实行会员制度。会员制交易所是由会员自愿出资共同组成的,不以盈利为目的的法人团体,正是由于它的非盈利性,才被认为有利于证券市场的稳定发展。会员制交易所的会员是出资的证券经纪人或自营商,只有具有会员资格者才能进入交易所从事证券买卖。交易所由会员共同经营,会员与交易所不存在合同契约关系,而是自治自律关系。会员制交易所的最高权力机构由全体会员选举产生,交易所会员在交易中必须严格遵守交易所制定的一切法规,经营业务应限于交易所章程所规定的范围。会员制证券交易所的参与者包括会员证券商、会员经纪人、证券自营商和零售证券商,其内部职能机构有:①会员大会。主要任务是选举理事会,提出经营管理方案,经批准并在交易所登记的会员都可参加会员大会;②理事会,其职责是决定经营方针、任免经理、审查会员资格、核定财务报告以及处理交易纠纷等;③总经理,负责主持、协调交易所的一切日常工作;④证券上市部;⑤投资人信息服务部;⑥稽核部或监事会

在会员制交易所中,交易中的一切责任由交易双方自负,交易所不负责赔偿,交易所按成交额收取佣金,但是费用很低,不以盈利为目的。

1、会员资格

《深圳证券交易所章程》(修正稿)对其会员资格有如下规定:

具备下列条件的法人,向本所提出申请,经本所理事会批准后,可成为本所会员。

①经中国人民银行及其分行批准设立,具有经营证券业务资格的金融机构。

②资本金或证券业务营运资金在500万元人民币以上。

③组织机构、业务人员及其他方面符合本所规定的条件。

④承认本所章程,交纳不低于100万元人民币的会员席位费。(目前,深圳交易所会员席位费调整为60万元人民币)。

上交所会员资格同深交所会员资格大抵相同,只是会员席位费有所不同。

2、会员权利和义务

《上海证券交易所会员管理规则》中规定成为上海证券交易所的会员享有下列权利:

①参加会员大会

②选举权和被选举权

③对本所事务的提议权利和表决权

④参加本所的场内交易,享受本所提供的服务

⑤对本所事务和其他会员的活动进行监督

⑥在保留至少一个交易席位的情况下,有权转让交易席位

⑦证交所规定的其他相应的权利

会员承担下列义务:

①遵守国家的法律、法规和章程,依法开展证券业务经营活动;

②遵守证交所的章程,各种规章制度,执行证交所的决议;

③派合格代表从事证券交易活动;

④维护投资者的合法权益,促进交易市场的稳定发展;

⑤按照规定交纳各种经费和提供各有关信息资料;

⑥接受证交所的监督;

⑦其他相关义务。

3、会籍的申请与审批

我国的证券交易所是会员制交易所,证券经营机构开通证交所交易业务首先必须申请成为证交所会员,符合条件的证券经营机构向证交所提出申请并经相关的主管机关批准后,才可以成为证交所的会员。证券经营机构申请加入证券交易所,必须向证交所提供下列文件,一式三份:

①申请表;

②报告书;

③机构设立的有效批准文件;

④有关部门核发的《经营金融业务许可证》;

⑤机构登记注册的证明文件;

⑥机构章程;

⑦主要业务规章制度;

⑧部门设置和证券业务人员名册;

⑨法定代表人和证券业务负责人简历;

⑩经会计师事务所注册会计师查核鉴证的最近两年的财务报表;

⑪当地有关部门同意加入证交所的批准文件;

⑫证交所或证券主管机关认为须提供的其他文件

证券经营机构向证券交易所递交的报告书至少须说明下列内容:

①机构概况,包括辖属关系、资本金、历史沿革、业务范围等。

②机构最近两年的业务经营状况和财务状况。

③机构最近两年的证券经营情况。

④申请加入证交所的理由。

⑤加入证交所的业务准备情况。

⑥证交所或证券经营机构认为须说明的其他情况。

证交所收到证券经营机构加入证交所的申请后,由证交所管理部门进行初审。

经证交所管理部门初审合格后,报证交所理事会(或常务理事会)审核批准。

对获准加入证交所的证券经营机构,证交所向其发出批准通知,颁发会员证书并在公开发行的报刊上予以公告。

二、交易席位

1、席位的取得

已成为证券交易所会员的公司,在开展交易业务前,须向证交所提出席位申请,当会员公司第一次申请席位时,应向证交所交易部提供下列材料:

①会员公司填写的席位申请表。

②会员公司新设营业部所在地,人民银行批准成立该营业部的批文及该营业部的金融许可证。

③营业部所在地工商行政管理部门颁发的营业执照。

证交所交易部在接受到会员公司的席位申请并对上述材料审核无误后,应向会员公司分派席位,并开具席位开通内部流程表,会员按流程表要求办理有关手续,各项手续办理完毕后,由证券交易所场内监理人员通知工程部门调试电脑和通讯设施,然后安排进场交易。

B股交易席位分为两种,一种是境内券商席位,一种是B股特别席位。根据《深圳证券市场证券商入市手册》,证券商要取得境内券商席位,必须持中国证监会颁发的《经营境内上市外资股业务资格证书》和外汇局同意开立外汇帐户的批文向深圳证券交易所申请开通B股交易。已经开通A股业务的境内证券商,B股交易可在原A股席位进行,委托方式和成交回报与A股相同。每一营业部开通B股业务均需单独申请,营业部本身应具有相应的交易通道。B股特别席位是专为境外证券商设立的,但席位拥有者不作为交易所会员。境外B股经纪人申请开通深圳B股交易,亦需取得中国证监会颁发的《经营境内上市外资股业务资格证书》,但其交易可委托境内B股证券商进行,也可向交易所申请B股特别席位。

根据《深圳证券交易所B股特别席位管理暂行条例》,B股特别席位的申请须具备下列条件:

①经主管机关批准的境外经纪商;

②有证交所认可的境外监管机构的证券商执照;

③在国际证券市场上有良好信誉;

④公司的财政状况健全;

⑤在B股市场上无违规经营记录;

⑥证券交易所要求的其他条件。

申请B股特别席位需向证券交易所送交如下文件:

①由公司董事会授权人士签署的申请报告;

②主管机关批准其为境外特许证券商的批文复印件及证券交易所认可的境外监管机构的证券商执照复印件;

③公司股东股权结构及其控股参股情况;

④公司简况(包括公司名称、注册地、通讯地址,主要董事及高级管理人员的简历,内部组织架构、公司简史、章程、公司近两年资产负债表和损益表;

⑤公司在各国(地区)证券交易所的交易量及市场占有率;

⑥在中国B股市场中的承销,经纪经历;

⑦证券交易所要求的其他材料。

证券交易所在接到申请后15个工作日内决定是否批准,并将批准文件报主管机关备案。

2、交易席位费用

上交所会员向证交所缴纳席位费的标准为,专营经纪业务会员席位费为30万元人民币,自营特种经纪及兼营业务的会员席位费为60万元人民币。深交所规定的会员席位费为60万元人民币。会员在正式进入证券交易所交易市场进行证券买卖三天前,必须将席位费缴足。

B股特别席位的席位费为100万港元,于进场交易前一次性汇入证券交易所指定帐号。

第二章 证券经纪业务

第一节 证券经纪业务的含义和要素

一、基本含义

经纪业务是指证券商接受客户委托，以自己的名义从事证券买卖，收取一定佣金的经济活动。证券经纪业务是证券交易中一项重要的业务活动，对于证券商来说，证券经纪业务是他们最主要的一项业务活动，证券市场的大部分买卖都是通过证券经纪人来完成交易的。

我国的证券交易所实行会员制，股票和债券的持有人不能直接进入交易所进行交易，必须经由获得证交所会员席位的证券商代为交易。客户需要买入或卖出某种上市证券时，只要向证券商提出委托申请，证券商接受委托后，按照客户的委托指令，把相关的数据或代码通过证券交易所系统进行竞价买卖，成交后及时做出反馈。

在证券经纪业务中，证券经纪人作为证券交易的中介，帮助委托双方完成交易。经纪人与客户之间一般有下列四种关系。

(一)授权代理关系

客户是授权人，经纪人为代理人，客户授权经纪人进行证券买卖，经纪人接受委托后，根据客户的要求代理买卖证券，从中收取佣金。经纪人一般不能诱导客户买卖何种证券，只限于代理。

(二)债权债务关系

在保证金信用交易中，客户与经纪人的关系，扩大为债权债务关系。当客户购买证券时只缴纳一部分保证金，不足部分由经纪人借款或垫付证券，不管该项借款是由经纪人本人贷出或由商业银行垫付，经纪人就成为债权人，客户成为债务人。

(三)抵押关系

抵押关系即客户急需用款而其证券尚未售出时，在保证金交易制度下客户可将证券存放于经纪人手中，充作抵押，取得借款，等证券出售后，经纪人可自行扣除借款，经纪人也可将客户的证券向商业银行再抵押以取得贷款。

(四)名誉信用关系

客户与经纪人相互信任，属于一种名誉、信用关系，无任何财产关系。客户相信经纪人的诚实和责任心，而将其资金或证券，委托经纪人代理买卖，这时经纪人成为客户财产的受托人，但经纪人不得利用客户的财产以谋私利，同时，经纪人也应对客户有充分的了解和信任。

二、证券经纪业务要素

(一)委托人与经纪人

在证券经纪业务中，投资者向证券经纪商提出委托申请时，他就是委托人。投资者向证券经纪商发出指令以一定的价格买卖一定数量的特定证券的委托请求，证券经纪商接受委托，按委托人的要求代理买卖，经纪人对于客户委托买卖何种证券以及委托买卖的数量和价格都无权干涉，并且对于委托人按对方委托要求所进行的买卖所带来的损失不负任何责任。

经纪商在证券经纪业务过程中应对客户遵守代理原则，对委托人的资格必须明确，投资者(即委托人)具有下列事项时，证券商不能受理受托①未成年人未经法定代理人的代理或允许者；②受破产宣告未经复权者；③法人委托开户未能提出该法人授权开户证明者；④曾因证券交易违约记录有案未满三年者；⑤曾因违反法令规章，经主管机关通知停止买卖股票未满五年者。证券经纪人是证券交易市场的核心，它接受顾客的各种委托、定单、并在交易所内代理买卖有价证券，以赚取佣金收入。经纪人的出现，克服了证券交易中证券数量与投资者日益增多的矛盾，有利于扩大交易的范围和形成公平的价格。

证券经纪人可以是个人经纪人，也可以是法人。对于个人经纪人来说，必须具备一定的学历、信誉、较丰富的业务经验和资产保证等条件才能充当。法人经纪人则通常是由具有一定财力的银行，信托公司、证券公司、投资公司或财务公司等金融机构充当，由它们按规定指派代表参加交易所的交易活动。证券交易所的经纪人又可分为：(a)佣金经纪人。即接收客户委托，在证券交易所内代理客户买卖有价证券，并按固定比率收取佣金的经纪人。(b)二元经纪人。即专门接受佣金经纪人的委托，代理买卖的证券经纪人。这类经纪人通常以个人身份在交易所内取得交易席位，不属于任何金融机构，是独立的经纪人。(c)特种经纪人。即专门从事某种特殊行业的证券交易，接受佣金经纪人的委托，成为经纪人的经纪人。由于经纪人作为买者和卖者的集中代表，在证券交易所中具有十分重要的地位。因此世界各国普遍注意对证券经纪人进行严格管理。例如：要求经纪人必须诚实可靠，在以往的经历中没有劣迹，严格遵守交易所的各项制度；工作中不得向顾客虚报价格，或者劝告诱导顾客买卖某种证券而暗中获利。

(二)经纪关系的确定

投资者在买卖证券之前，必须根据投资需要选择好合适的证券经纪人，预先确定好经纪关系，投资者选好的经纪商后，首先要在选好的经纪商处开户。

初次申请开户的客户，必须填写“证券买卖契约”一式二份，由证券经纪商、申请人各执一份。开户者除了填写姓名，地址等基本情况外，还必须写明委托交易方式，应遵守的其他营业细则等，最后予以签章，全部内容填写完后，如证券经纪商审核无误，则予以编列帐户，并填写“开户帐卡”交给委托人，开户手续即告结束。

经纪关系的确定，普通投资者应该考虑以下三个方面的事情：一是要明确投资者投资的根本目的。投资者在证券市场上进行投资时他面对着种类繁多的证券，不同的证券其特点优势和局限性都各不相同。投资者应先根据自己的需要和市场条件，选择好准备进行投资的证券类型，然后才能来确定合适的证券经纪商。再者要看证券经纪商的信誉是好是坏，以前有没有违法违章的行为。市场证券界对经纪商的评价如何，经纪商是不是证券交易所的会员，该经纪商的资金状况和规模如何。三是看证券经纪商擅长哪方面的证券买卖。如有的经纪商对短期证券市场情况熟悉，有的则擅长于代理长期证券买卖，有的对国债，金融市场情况熟悉，有的则对企业债券交易情况精通。这样投资者就应当广泛地征求他们熟悉的人对证券经纪商的意见，选择那些信用可靠，效益高的证券经纪商来代理自己进行证券投资。

(三)委托人与经纪人的权利与义务

经纪人受委托人委托，享有下列权利：

1、经纪人在委托权利范围内可以进行代理买卖，投资者向经纪人发出委托申请时，经纪人要求投资者明确授权权限，在此授权范围内，经纪人可以自行决定证券买卖。

2、经纪人有权要求委托人提供其详细真实的情况，经纪人审查委托人，对不符合规定的客户，不予办理开户登记，如果委托人是未成年人或未经保护人代理，违反证券法规者，经纪人不得受理其证券买卖。

3、经纪人有权收取合理的佣金。经纪人除非自营证券买卖，其收入来源主要靠代理证券交易的佣金。经纪的佣金以及中介费都有相关的法律法规规定，经纪人有权根据有关法规得到酬金以及中介费用。

经纪人的主要义务是：

1、经纪人应同委托人签订证券买卖的委托契约(开户)。委托契约的内容应该记载委托人的姓名、职业、身份证明,以及双方产生纠纷时处理的方法等。明确经纪关系后,经纪人应该认真履行契约,完成委托人委托的职责、忠实地按委托人的委托要求,在委托有效期限内买卖证券,以最有利于委托人的价格成交,不得以任何方式损害其利益。

2、经纪人应向委托人提供相关的资料,经纪人应该利用自己掌握的信息、技术、经验向委托人提供合理的分析,如实介绍委托人想要了解的有关中介的诸多事项,经纪人作为代理证券买卖的中介人,虽然无权要求改变委托人委托的证券买卖的数量、价格等,但他们在证券买卖中积累了大量的经验以及比客户更快捷的信息,证券经纪人本着代理的原则,应该及时向客户提出建议,分析不同证券的投资价值,并进行投资介绍以求客户受到最好的利益回报。

3、经纪人应对委托人委托的一切事项严格保密,不得泄露委托人的情况。为了维护证券市场的稳定,我国的证券法规对经纪人的保密制度有严格规定,《上海证券交易所交易市场业务试行规则》(1990 年 11 月 26 日)第七十八条规定:"证券商对于委托人的名册登记和委托事项负有保密的责任,未经委托人许可不得泄露。"《深圳证券交易所业务规则》也有类似规定,其中第三十九条规定:"证券商对于委托人的一切委托事项有严守秘密的义务。但答复主管机关、本所、司法机关及监察机关的查询案件者不在此限"。

4、经纪人如接受委托,代理证券买卖,成交后应及时作出买卖报告书交付委托人,提供有关的营业与财务资料。《深圳证券交易所业务规则(1991)》第四十条规定:"证券商接受客户委托后,应尽快将委托事项以电话通知其派驻本所的出市代表,交易一经成交,出市代表应尽快通知其营业处,及时制作买卖报告书,并于成交后的第二个营业日通知委托人,或以某种方式公告,并于该日下午办理交割手续。"

5、经纪人对委托人的委托买卖内容及交纳保证金和证券的情况必须有详实的记录和凭证;接受委托人的委托的保证金和证券,应该给以委托人凭证。《深圳证券交易所业务规则》第三十六条规定:"证券商必须依据委托人或其代理人的书信、电报、电话或当面委托,方得填制及取消承办委托书,委托人或其代理人买卖证券以书信、电报或电话委托者,由委托证券商承办人员填制委托书并签章,当面委托者应由委托人或其代理人加以确认,在证券商具备录音电话的条件下,方可接受有价证券的电话委托买卖。"第三十七条规定:"证券商接受委托时,应在每一委托书上依序打上接受时,承办时,应依据委托书所载委托事项及其编号顺序执行。"这些规则的制定,避免事后交割发生不必要的纠纷。

委托人的权利与义务

委托人在明确经纪关系,发出委托申请,经纪人接受委托申请后,委托人在证券买卖过程中就享有下列权利和应尽义务。

委托人享有下列权利:

1、委托人有权要求经纪人按照委托人发出的指令详细填写证券买卖委托单,并且有权要求经纪人忠实地执行其委托要求,在委托范围内买卖证券。

2、证券买卖成交后,委托人有权要求经纪人及时通知成交结果,取得证券买卖单据,同时,委托人有权要求经纪人提供有关的营业及财务资料。

3、委托人开户的名册登记及帐户资料,经纪人因为代理的关系全都知晓,委托人有权要求经纪人保守秘密。

4、经纪人过失造成委托人损失,委托人有权索要赔偿。

委托人在交易中应尽义务有:

1、如实填写委托契约的内容,接受经纪人(经纪商或其代理人)的审查,使其充分了解委托人的情况。各国证券法规都对委托人的资格进行限定,经纪人对不符合规定的委托人的委托不得受理。为了避免证券纠纷的发生,委托人在名册登记时要如实填写自己的情况。

2、向经纪商或其经纪人交付佣金和证券交易保证金,委托人在委托买卖成交后,应向经纪人支付佣金,佣金的数量根据实际成交的金额按比例收取。

3、委托人在成交后必须履行与证券商之间的清算交割手续,如果证券商是按照委托人的委托内容代理买卖的,委托人必须接受交易结果,不管这笔交易对委托人有利还是不利。

第二节　登记存管

一、登记开户的要求

登记开户是证券经纪业务的第一步,投资者选定一家可靠的证券经纪商以后,须在那里办理开户手续开立证券交易帐户,才能从事交易活动。投资者申请开户时,必须按照证券交易所规定提供开户所需的各种资料,证券商在接受其开户申请时,应当记录投资者提供的主要开户资料。经纪商对投资者的资格有权审查,要求投资者必须具有合法性和真实性。

真实性是指投资者在开户时,必须提供其真实的情况以利于证券商了解自己。投资者申请开户时,必须先同经纪人订立开户合同(也称委托契约),投资者必须真实地记录自己的各种情况,详细记载以下事项:(1)投资者的真实姓名、住址、职业、年龄、身份证号码;(2)证券投资者与证券经纪商之间的权利和义务,同时认可证交所的营业细则及经纪商协会的规章作为开户合同的有效组成部分。(3)确定开户合同的有效期限,以及延长合同期限或撤消合同的条件和程序。

按照证券界通行的"了解你的客户"的原则,经纪商可以不接受不了解情况的委托人的委托申请,因此,经纪商必须严格审定投资人的资格,投资者如不提供详细的资料,或者提供了不真实的资料,经纪商可以不接受他的开户申请,或者可以撤消其委托的委托申请。

合法性指的是投资者在开户时,证券商必须审查其身份是否符合法规的规定。对不符合规定的投资者,证券商可以拒绝其开户或委托申请。一般来说,凡属下列情况之一的不能在证券商处开户:

1、未成年且未经其法定代理人允许者;

2、证券主管机关及证券交易所,证券公司的职员和雇员;

3、政府机构、金融机构与公营事业公司的出纳人员;

4、被宣告破产且未复权者;

5、法人申请开户时未能出具法人授权开户证明者;

6、该证券商的股东与职员;

7、曾经违反法令法规,经主管机关认定为市场禁入者;

8、曾因证券交易违约记录有案未满三年者;

9、其他未经主管机关或证券交易所允许者。

登记开户时的真实性合法性要求,目的是为了让证券商了解委托人的有关情况,沟通委托人与证券商之间的联系,确保交易业务顺利进行,防止某些人向不同的证券商到处发放欺骗性委托单。

二、开设证券帐户

投资者因为不能直接进入交易所参加交易,所有的证券买卖活动均需要证券商代理,开设证券帐户,就是为了便于进行资金往来及证券清算。开设帐户时,投资者必须持有效证明身份证件到证券登记机构填写证券帐户申请表,经过审核后,才能领取到证券帐户卡。我国现在的证券市场分为A股与B股(特种股票),境外投资者持外币才能进行特种股票买卖,开设帐户时,境外投资者不可开立A股帐户。

自然人是指具有承担法律责任能力的本国公民。个人(自然人)开户只需持有自身有效证件,开户前要办理个人名册登记,登记内容有登记日期、委托人的姓名、性别、身份证号码、家庭住址、职业、联系电话,并要留存印签或签名样片。如果有委托代理人,委托人也必须留存真书面授权书。公安局的居民身份证是个人开户唯一有效的身份证件,涂改、伪造及剪角的身份证视为无效。数字、文字模糊的身份证,登记处有权要求其本人同时出具发证机关证明。

个人开户如需委托他人代办，代办人须出示其本人和委托人的有效身份证件，代办人不必对委托人证券买卖的其他事务负责，但必需对委托人的证券申请表所填资料的真实性负责。代办人的有效身份证件可以是中华人民共和国居民身份证，公安机关签发的临时身份证，本地公安机关签发的申领身份证回执，警官证或军官证。

未满十八岁的个人不可开立个人帐户，如需开户，必须由其监护人代理。

法人开户时，须提供下列资料：

(1)有效法人证明文件(营业执照)及其复印件；

(2)法人代表证明书及其本人居民身份证；

(3)银行帐户；

(4)法人主管机关批准入市证明和入市资金来源证明。

法人开户可以由法人代表自己办理，也可以委托他人代为办理。代办人除出示其本人有效身份证件外，还须同时出示有效委托证明文件和代办人姓名及联系电话。

境外投资者只能以外币买卖B股，认购或买卖B股前，须持本人身份证明、护照或法人登记注册证明文件，在特许证券经营机构或其代理机构办理，境外投资者如需委托他人认购和买卖的，必须另附委托人的合法委托书，委托国内公民代理买卖的须经深圳市或上海市公证机关出具公证的委托书。

《上海市人民币特种股票管理办法实施细则(1991年11月25日)第十一章第二十五条规定："买卖B种股票的投资者必须在上海证券交易所开立B种股票帐户。"第二十六条规定："证券经营机构也可凭境内B种股票个人投资者有效的护照和身份证，或机构投资者的董事会决议书和授权代表有效的身份证代其在上海证券交易所开立B种股票帐户。证券经营机构也可凭境外证券代理商的开户委托书代境外个人和机构投资者在上海证券交易所开立B种股票帐户。授权代表必须为境外居民。

深圳证券交易所对境外投资者的开立证券帐户也有类似的规定。《深圳市人民币特种股票管理暂行办法实施细则1991年12月6日)第十五条中规定："投资人买卖B种股票，须事先凭身份证、护照，或法人登记注册文件在特许证券经营机构或其代理机构处开户。投资人可以按开户契约约定的当面委托、电话委托、电报委托、信函委托等一种或数种方式委托买卖B种股票。"

证券经营机构如果开设自营业务，除具备自营业务资格外，还必须在证券登记公司开设自营业务专门证券帐户和自营业务资金清算银行帐户，以同其代理业务分开。证券经营机构申请开办自营业务，应向主管机关提交下列材料：

(1)开办自营证券业务申请书；

(2)最近六个月的营业报告书和资产负债表；

(3)《企业法人营业执照》；

(4)专业证券投资分析人士的资历证明及简历；

(5)内部管理，自营业务管理规章制度；

(6)主管机关要求的其他文件。

证券经营机构开办自营业务还必须开设自营业务专用申报终端，不得影响代理客户买卖证券业务。

三、股权登记

证券发行的目的在于高效地筹集资金，能否达到这一目的，也就是能否及时有效地筹集和筹足资金，这与证券发行的方式有极为密切的关系。以证券发行的范围来看，证券发行分为定向募集发行和公开发行两种方式。定向募集，是指股份有限公司发起成立时公司发行的股份除由发起人认购外，其余股份不向社会公众公开发行，而是在其它法人或公司内部职工中发行。定向募集公司的募集对象比较明确，股东人数较小且利益比较一致，因而比较容易协调，是一些股份公司特别是一些新的股份公司都愿意采用的一种方式。公开发行，是指发行人通过证券经营机构向发行人以外的社会公众就发行人的股票作出要约邀请，《公司法》中规定的募集方式指的就是公开发行这种方式，从股权设置方面看，就是要减少法人股和内部职工股的股份，使得股份公司的制度日趋合理化，保护公司、股东和债权人的合法权益。

根据国务院有关规定，发行公司募集的股份必须集中登记托管。发行公司在其股份募集完毕后，向经主管机关批准的登记机构申请将其所有股东拥有的股权以电脑帐和薄记帐方式统一记载。根据发行方式的不同，发行公司可以采取不同的股权登记方式。一般来说，定向募集公司发行股票可以自办发行，也可以委托证券商发行，因此，定向募集发行有两种股权登记办法。

第一种方法是由发行公司自己发行的股权登记。

1、发行公司向特定入股法人和内部职工收缴股款，同时按缴款收据填制相应的股东名册并向股东出具股金收据。

2、发行公司向股份登记机构提出股份登记申请，并呈交如下材料：1)批准设立股份有限公司的文件；2)工商行政管理部门颁发的股份公司的执照或股份公司筹建证明；3)股份公司章程；4)股权结构状况。

3、发行公司与股份登记机构签订内部股份登记协议书。

4、发行公司将有关认购缴款股东名册和认购磁盘交股权登记机构签收。

5、股份登记机构审查无误后进行电脑处理。

6、股份公司股东凭证券帐户卡、股金或认购缴款凭证、有效身份证至股份登记机构进行股权登记。

7、股权登记机构审核无误后，收回其股金收据或认购缴款凭证，打印股权证持有卡，并交由股东本人。

第二种方式是发行公司委托证券商发行的登记：

1、发行公司按股份登记机构要求提供本次定向募集的文件和资料，文件和资料内容同第一种发行登记规程要求；

2、股份登记机构应与发行公司，代理发行商签订股权登记合同，以明确三方之间的权利、义务关系；

3、由发行公司持由其认可的代理证券商提供的股东名册和磁盘交由股权登记机构签收；

4、股份登记机构核对其提交募股文件与股东名册是否一致，如一致，则将数据装入登记系统；

5、发行公司股东持证券帐户股金收据到股份登记机构进行股权登记；

6、股份登记机构经与电脑资料核对无误后，收回股金收据，给股东打印股权持有卡。

股份公司公开发行股票募集资金一般有三种情况，一是在证券市场建设初期，发行公司经批准直接向社会发行实物股票，然后经审批直接上市；二是由定向募集公司经审批向社会增资扩股转变而来，增资扩股的方式首先采用无限量发售抽签表或定额定期存单的方式摇号中签认购；三是利用交易系统采取公开竞价的方式发售新股。

第一种情况发行登记的规程如下：

1、发行公司在上市前向股份登记机构提供下列文件；

①政府主管机关同意发行股票的决定；

②批准设立股份公司的文件；

③公司章程；

④营业执照；

⑤招股说明书；

⑥经会计师事务所审计的公司近三年或者成立以来的财务报告和由二名以上注册会计师及其所在事务所签字、盖章的审批报告；

⑦股份公司对股权结构的说明及股东名册；

⑧股份公司保证股东名册准确无误的确认书；

⑨高级管理人员名册；

⑩实物股票样本；

⑪登记机构要求提供的其他材料；

股份登记机构以发行公司提供的上述文件作为股份登记的依据。

2、股份登记机构应与公司、主承销商共同签订股份登记协议书以明确股本登记机构、发行公司、主承销商三者之间的权利和义务关系。

3、股份登记机构应与发行公司签订长期股份登记服务合同明确双方长期权利、义务关系。

4、由发行公司、主承销商、股份登记机构联名刊登记股权登记公告。

5、主承销商向股份登记机构提供发行公司签字认可的股东名册和磁盘以及股权结构表。

6、股份登记机构审核其股权结构与股东名册磁盘,如一致则装入登记系统。

7、发行公司股东持有效身份证、证券帐户卡、实物股票到股份登记机构进行股权登记。

8、股权登记机构核对无误,收回实物股票,给股东打印托管回执。

第二种情况发行登记规程:

1、发行公司在上市前向股份登记机构提供下列文件;

①政府主管机关同意方可发行股票的决定;

②批准设立股份公司的文件;

③公司章程;

④营业执照;

⑤招股说明书;

⑥经会计师事务所审计的公司近三年或者成立以来的财务报告和由二名以上注册会计师及其所在事务所签字、盖章的审批报告。

⑦股份公司对股权结构的说明及股东名册;

⑧股份公司保证股东名册准确无误的确认书;

⑨高级管理人员名册;

⑩实物股票样本;

⑾登记机构要求提供的其他材料。

2、由发行公司、主承销商、登记机构联名在全国性报刊上刊登认股缴款与股份登记公告。

3、新股认购者在公告的认购期限内,凭公安部门颁发的有效身份证,股权登记机构为其开立的证券帐户卡、中签的号码、现金或银行存折到指定的收款点缴款认购。收款点要严格审核认购者所持证件是否有效。

4、如属在深圳证券交易所上市的股票,根据深圳证券交易所运作模式,认购者在缴款的同时,应按要求在有关资料中注明自己选定的托管证券商名称;如属在上海证券交易所上市的股票,根据上海证券交易所运作模式,则不需选择托管证券商。

5、收款点将新股认购者出示的有关证件审查无误后,办理收款手续,同时按要求将认购资料(包括缴款收据登记机构联、中签号码及相对应的缴款清册)送主承销商签收,主承销商将各收款点所送认购资料汇总后,送股份登记机构签收。

6、股份登记机构签收认购资料后进行电脑登录、复核,对有疑问和有问题的认购资料退回主承销商处理。

7、股份登记机构将该只股份录入确认完毕后,将录入磁盘送给该只股票拟挂牌上市证券交易所在地的证券中央登记结算公司。

8、该只股票若在上海证券交易所挂牌上市,认购人如欲将自己持有的该只股票卖出,只需凭上海证券登记结算公司及其全国有关代理机关开具的证券帐户,即可在全国任何一家上海证券交易所会员证券商处委托办理。

9、该只股票若在深圳证券交易所挂牌上市,深圳证券中央登记清算公司收到新股发行地股份登记机构送来的软盘后,记加有关证券商的一级清算帐户的股份余额,并向新股发行地的股份登记机构及全国有关二极机构签发股份进入深圳A股清算系统确认书。之后认购新股人在发行地所在的登记机构颁布的公告所要求的时间内,凭居民身份证,缴款收据顾客联,证券帐户卡到自己缴款时所选择的证券商处打印或领取股票存折。该只股票挂牌后,其股票持有人如欲将该只股票全部或部分卖出,只能在自己所在的托管商处办理委托。如欲到其它证券商处卖出,必须到有关证券登记和清算机构办理转托管手续。

第三种情况通过深交所交易系统竞价发行登记程序如下:

1、深交所在竞价期结束后将有效的竞价明细认购资料和新股认购确认报表传送给深圳登记公司,内容包括:成交序号、证券编码、证券商代码、申购人证券帐户号、认购股数。

.2、深圳登记公司在收到上述明细资料的第二个工作日后按托管地区和托管券商整理出新股竞价发行统计清单,并通过 MODEM 将当地投资者的竞价认购明细资料传送给各地登记机构,新股竞价发行统计清单则通过传真送给各登记机构。

3、各地登记机构在收到上述两份资料后,先相互核对数据是否一致再将开户资料库中的认购人姓名或名称代入认购股份明细资料,并按托管商制作成磁盘数据发给当地托管券商。

4、深圳登记公司结算部将股份记帐通知书发给各券商,并将深圳本地认购股份的明细磁盘直接发给深圳本地托管券商。

5、证券商在收到深圳登记公司的股份记帐通知书、深交所的竞价回报明细资料以及当地登记机构的认购股份磁盘数据这三份资料后,应将深圳登记公司发来的记帐通知书、当地登记机构发出的认购明细资料与深交所的竞价回报明细资料进行核对。核对的内容主要包括:

①托管券商的一级帐户与股份记帐通知书上的数据是否一致;

②认购者的名称与证券帐户号是否一致,如不一致,查看是否串号,并找出原始的认购委托书进行核对;

③若认购者的名称为空白,则说明此证券帐户号不存在,此时应及时通知认购者补办证券帐户卡,未补办之前,可先将该股份冻结。

第三节 委托买卖

一、开设资金帐户

投资者在证券交易前,必须以客户的身份开设资金帐户。资金帐户是在证券交易过程中,证券商与委托人进行资金清算往来时所使用的专用帐户,设立资金专户后,委托人就可以在买卖证券时直接通过该帐户进行资金往来的清算。以A股为例,证券交易开户的具体程序如下:

(1)客户进行深沪股买卖,须先在开户柜台办理开户手续,按个人或机构分别提供以下资料:

A个人开户须提供股东代码卡及其本人身份证,若为他人代理,须同时出示代理人身份证。

B机构开户须提供机构股东代码卡、加盖公章的公司营业执照复印件、法人证明书原件、法人授权书原件及法人和代理人身份证,同时填写《印签卡》,预留印签。

(2)客户填写开户申请书,签订《证券交易委托协议书》一式二份,申请人工电话委托的客户须填写《人工电话委托买卖补充协议》;若为他人代理,须由股东及代理人临柜签定《授权委托书》。

(3)开户柜员认真审核上述资料无误后,将资料输入,并提示客户输入保证金密码和交易密码。

(4)柜员妥善保管股东身份证复印件、股东代码卡复印件、营业执照复印件、代理人身份证复印件、法人证明书、法人授权书和《证券交易委托协议书》、《授权委托书》及《人工电话委托买卖补充协议》等资料,存档备查。

(5)开户柜员将股东身份证、股东代码卡、开户申请书客户联、《证券交易委托协议书》和《人工电话委托买卖补充协议》各一份交还客户,完成开户手续。

二、委托买卖方式

投资者开立资金帐户和证券帐户后,就可以委托证券商买卖证券了。目前,我国证券市场委托买卖的形式有四种:当面委托、电话委托、函电委托、自助委托(条形码、磁卡、触摸屏)。

1、当面委托，当面委托是最常用的委托形式之一，也叫柜台递单委托，即委托人亲自到委托的经纪商的营业机构，填写委托书并签章，委托经纪商代为执行买卖，投资者的证券买卖数量较大时，采用当面委托买卖方式比较可靠。代理买卖成交后，证券经纪商的经纪人签章，然后，交由委托人签章，成交单便成为成交契约，投资者和经纪商都较省事，互有信任感。

2、电话委托，委托人通过电话委托证券商填写委托书代理买卖证券的形式，它要求委托人在成交后办理交割时补行签章，一些大、中型投资者多采用此种形式。随着科技的发展，电话委托的形式也有所改变，现在已经把计算机系统与普通电话网络联结起来，构成一个电话自动委托交易系统，投资者通过普通电话机，按照系统给出的指示输入客户委托指令，从而完成证券买卖委托。开设电话委托专户后，投资者可以在任何一个地方拨通电话委托热线。投资者接通电话后，该电话委托交易系统会自动用标准普通话指示投资者通过电话机上的数字健输入密码，股票种类、数量、价格等，并自动将投资者委托情况复述一遍，然后请示投资者确认回答是与否，同时，按下确认特定符号，并将复述及确认内容自动打印备查。随着这一系统的完善，不仅本地而且异地的股民也渐渐使用电话委托。大额的证券买卖多采用电话委托方式，电话委托方式的好处是投资者可以在几家证券经纪商处进行买卖，将大量证券交易买卖分散化，能够保证其买卖的秘密性。

3、函电委托，函电委托是指投资者采用电报、传真以及信函等方式来委托经纪人代为买卖证券的形式。证券商受托时代为填写委托单，并将函电粘附于委托书后，作为委托凭证，这种委托方式在我国不常使用。

4、自助委托。自助委托是指投资者持有专用的条形码、磁卡等工具插入证券商经营机构专设的机器内，或者手触证券商专设的屏幕，按照屏幕的提示输入要买卖的股票的代码、数量、价格等内容，同时按下确认符。证券商营业大厅现在一般都设有计算机，投资者可以直接在计算机上操作由计算机终端将委托内容传给经纪人，经纪人通过计算机配对撮合交易。

投资者委托证券商进行证券买卖时，为保证交易的成功，投资者一般都对买卖的价格作出限定。按照委托价格的不同方式，委托买卖又分为两种，市价委托和限价委托。

市价委托，市价委托是指委托人要求证券商按交易市场当时的价格买进或卖出证券，"当时"是指投资者填写委托单或电话委托的一段时期，对于这种委托，证券商有义务以最有利于委托人的价格为其成交。这种委托多数是卖出证券的委托，市价委托在证券交易所竞价买卖优先顺序中最优先。

限价委托是指投资者委托证券商按其限定的价格范围内买卖证券(一般限定最高价或最低价)，证券商在执行委托时，只能按照限价或低于限价买进证券，按照限价或高于限价卖出证券。市场交易价格流动比较小的情况下，采用限价委托对委托者有利，但在股价波动剧烈的情况下，限价委托的实现比较困难。

对于投资者来说，除了这两种普通常见的委托方式外，还有一种特殊形式的委托，即停止委托，有时也称为"停止损失委托"。当委托人的委托交易已为委托人带来盈利时，为防止因证券市价下跌而造成损失，委托人可以发出停止委托的交易，并规定当该种证券下跌到某一价格时即可售出，

四、委托单的基本要素

证券委托买卖中，委托人必须根据证券交易所委托契约准则，填写好委托单，委托单的基本要素有：日期、品种、数量、价格、时间、有效期、仲裁方式、签名。

(1)日期是指委托人委托买卖的交易种类，是当日交易，普通日交易还是特约日交易，委托人确定之后，签写委托日期；

(2)品种是指委托人委托买卖的证券名称或代号；

(3)数量是指委托人委托买卖的证券的数量，购买还是售出证券；

(4)价格是指委托人委托买卖的证券的委托方式，是市价委托，还是限价委托，如果是限价委托应写明卖出的最高价或买进的最低价；

(5)有效期是指委托人委托证券买卖委托的有效期限，是当日有效还是5日有效，当日有效是从委托之时起到当日交易所营业终了的时间(每周一至周五的下午15时)内有效。5日有效是指从委托日起，其中包括办理委托的当天到第5个交易日交易所营业终了时间之内有效。如果是休息日，日期往后顺延，委托之日没有成交，委托自行失效，若仍希望买卖，投资者可以重新提出委托。

(6)仲裁方式是指委托人同经纪人在代理证券买卖中纠纷的处理方式。根据规定，证券商在与委托人订立委托书时，应当约定发生纠纷在自行协商无效时，由交易所仲裁，并承认交易所仲裁为最终仲裁。

四、受理委托

投资者填好委托申请书后，剩下的事就交由经纪人办理，受理委托就是指经纪人接受委托人委托的行为。受理委托人委托买卖证券的，必须是经过证券交易所批准可在交易厅经营经纪业务的证券商的营业机构和分支营业机构，以及经证券交易所批准的证券交易业务的代理机构。证券商受理委托证券买卖时，由在证券交易所注册登记的证券业务员代表证券商受理委托买卖，证券业务员在执行代理业务时，必须佩戴证券交易所颁发的标志，穿着规定服装，并有责任向委托人提供咨询。

证券商受理委托买卖后，必须认真履行名册登记的规定，审查委托人是否有资格参与委托买卖，对不具有委托资格的委托人坚决不予办理。对投资者将证件及填毕的委托书交由证券商审验。证券受理委托的主要内容是：①明确委托内容，当委托人向证券商办理委托时，必须详细说明以下内容：买卖证券的名称和交易种类，买进和卖出及其数量；出价的方式及价格的幅度；委托的有效期限等。②选定委托形式：现行的委托买卖证券的形式有，当面委托、电话委托、电报委托、传真委托、信函委托。③确定委托种类，委托的种类多种多样，经纪人必须选定一种委托种类。

证券商审验委托单，对委托内容确定无误后，在委托书上签章，表示证券商认可受理该笔委托，再将委托书交与投资者确认签名。投资者确认后，留存委托书第二联。证券商确立委托关系后，将委托指令传给证券交易所的交易代表，由交易代表执行委托买卖。

证券商对委托单的审验，确认有下列内容者，可以不予办理：

1、全权选择证券种类的委托买卖；

2、全权决定买卖数量的委托买卖；

3、全权决定买卖价格的委托买卖；

4、分期付款方式证券买卖；

5、全权决定卖出或买入的委托买卖；

6、对委托人作赢利保证或分享利益的证券买卖；

7、信用方式的证券买卖。

证券商对委托人进行验证、审单后，对委托人交付的保证金仔细点收，或者将委托人委托卖出的证券验收，并作出详细的记录。上海证券交易所规定，委托人办理买入债券时，需向证券商交付相当于券面金额20%的保证金，委托卖出时，需向证券商交付相当于卖出数额20%的债券，委托人办理委托买卖股票时，需按委托买入的价格或卖出的数额，将款项或股票金额交付给证券商，即按股票买卖金额的100%交纳。委托人如在资金专户和证券专户中存有足够支付其委托买卖所需的资金和证券，可以不再向证券商交付保证金。

经纪商受理委托时必须注意：①必须认真填写或审核委托买卖书。客户用电话委托时，委托书只能由经纪商的营业员填写。填写时，必须听清客户电话，委托买进和委托卖出分别用不同的委托书，不能用错，委托买卖的数量、价格、种类必须填写准确。②对客户必须服务周到、诚实。要尽力完成交易，尽量使客户满意放心。③证券商对委托人的名册登记和委托严格保密，不得泄露。

证券商必须以"公开竞价，信守委托"为原则为客户完成交易，严禁各证券商之间串通营私舞弊，或者不负责任导致客户蒙受损失的行为。

五、委托执行

证券商驻证券交易所接到委托通知,即须按一定方式在场内依照委托要求进行公开申报竞价,代表完成委托交易。证券商委托交易的申报竞价,必须遵循交易所规定的申报竞价规则。我国的证券交易所的申报竞价规则主要有以下几种:

①不论采用何种申报竞价形式,证券商的申报均限当日有效;

②证券商申报的价格,股票以一股、债券以100元面额为计价单位。

③证券商申报价格的升降单位为:人民币单位分为标准,则小数点后保留两位数。

④证券商申报竞价时,必须一次完整地报明买卖证券的数量与价格。

⑤同一个证券商不得有二个人以上同时对一笔交易申报竞价。

⑥证券商应将申报记录保存三个月以上,并随时接受交易所的核查。

⑦交易所的股票交易单位多以"手"来表示,1手等于100股,有些交易冷淡的股票则以10股为1单位,有的交易单位则根据股票的市价来分,未满10元的,以100股为1单位,10元以上未满50元的以50股为1单位,50元以上的以10股为1单位,一个交易单位或其倍数的股票交易称为整数交易,一个交易单位以下的股票交易称为零数交易。零数股票与整数股票的交易在经纪人执行委托时会有差异。

⑧由于交易所采用复数成交价格的竞价买卖方式成立,在经纪人以竞价方式成交时,往往会出现多个买方(或卖方)经纪人同时叫价的情形,在这种情况下,须以以下三个原则为准:

A,价格优先原则,就是指谁的出价(要价)越低(或越高),谁就有优先出卖(或购买)的权利。B,时间优先原则,就是在经纪人的出价(或要价)一样时,以谁最先提出出价(或要价)为最先成交的标准。C,数量优先原则,当出价(或要价)一样,而且报出价格的时间也一致时,则采用数量优先原则,即谁的购买(或出售)的数量最大,谁就有优先成交权。

对委托人撤消委托和失效的委托,证券商应立即退还,委托人交保的资金或证券。委托人的委托如未能全部成交,证券商在委托有效期内可继续执行,直至有效期结束。

交易一经成交,出市代表应尽快通知其营业处,以制作买卖报告书,并于成交后的第二个营业日通知委托人,并于该日下午办理交割手续。

第四节 竞价成交

一、竞价原则

竞价买卖是证券交易所场内交易中常见的方式。代理买卖的证券价格不是由交易所或其会员决定,而是委托代理买卖的双方经纪人通过公开竞价的方式来形成。在证券交易所里,一般采用复数成交价格的方式成交,竞价时,会出现多个买方或卖方经纪人同时喊价的情况,买卖双方根据自己对证券价格的预测和期待,向集中交易市场报价,交易市场根据买卖双方所报的价格,按照一定原则进行配对,从而达成交易。

证券交易所里的委托买卖公开竞价一般遵循两个原则,即价格优先原则和时间优先原则。

价格优先原则,即根据买方或卖方出价最高或最低的价格来决定谁能优先成交,出价相对较高的买者可以优先于出价相对较低的买者达成交易,要价相对较低的卖者可以优先于要价相对较高的卖者达成交易。在委托买卖中,一般以要价最低的与要价最高的买卖双方达成交易。

时间优先原则,当经纪人的要价(或出价)一样时,谁最先报价,谁就享有最先交易的权利,即同价位申报中先申报者优先满足的原则,如果无法判断谁报价在先时,则由中介经纪人组织抽签决定或者抛掷硬币来决定谁有优先成交权,在电脑撮合交易中,这种现象是不会出现的。

证券商申报竞价成交后,买卖即告成立,任何一方都不得反悔和拒不承认成交的价格和数量。

上述竞价原则是证交所里经常使用的原则。有利于进行大规模的集中交易,充分体现了成交双方的公平竞争。但是,在委托买卖中,投资者的报价并不是无限制的,证券委和证监会为了防止股市的过度波动与投机,制定了涨停板和跌停板制度,对投资者的报价作了些补充规定,限制交易所里股票价格涨跌幅度。

从1996年12月16日起,深交所、上交所上市的股票、基金等证券的交易实行涨停板和跌停板限制,涨跌均限制在10%以内,即当天涨跌幅度以前一日收盘价的10%为限。根据规定,超过涨跌停板限制幅度的委托为无效委托,不能成交。

二、竞价方式

证券商在证券交易所的经纪人接到证券商的委托指令,即须按一定的方式在场内依照委托要求进行公开申报竞价,竞价买卖一般包括集合竞价和连续竞价两种方式。每一个交易日中,任一证券的竞价分为集合竞价与连续竞价两部分,集合竞价对所有有效委托进行集中处理,连续竞价对有效委托进行逐笔处理。

集合竞价买卖是根据双方在一定价格水平所申报的买卖数量,编制成一供需表,当表上供给数量大于需求时,则减价以调节供求量,反之,如果该表上的供给小于需求数,则要调高价格,以供给减少需求,最终实现某一价格水平上供需的平衡。当供需表上的供需最终出现均衡时,在场的执行员便拍卖全部成交。集合竞价也叫做单一成交价格的竞价买卖,成交时,证券市场形成一个均衡的单一价格。

在采用电脑自动交易的交易所里,开盘或收盘采用集合竞价方式,收盘时集合竞价自收盘前十分钟开始。集合竞价产生首次上市或除权除息后上市开市价。依集合竞价方式产生开盘价格的,其未成交的买卖申报,仍然有效,并且依输入时间顺序按连续竞价方式竞价成交。如果开盘价未能依集合竞价方式产生,则以连续竞价方式,产生开盘价格。

连续竞价方式也称为复数成交价格的竞价买卖,其竞价买卖是在交易时间上连续进行的买卖,,多数卖方中出价最低的卖主与多数买方中递价最高的买主达成交易合同。每笔交易构成一组买卖,交易依买卖组连续进行,每个买卖组形成不同的价格,所以按这种交易方法形成的价格具有连续性。

连续竞价时,在当市最近一次成交价或当时揭示价延续升降单位内,其价格按照下列原则决定:

1、最高买进申报与最低卖出申报价格相同的价位;

2、买(卖)方申报价格高(低)于卖(买)方申报价格时,采用较接近当市最近一次成交价格或当时揭示价格的价位。

连续竞价买卖申报一经成交,即经由参加买卖的证券商的印表机列印成交回报单。成交回报单的项目应包括下列内容,证券商代号,委托书编号,委托种类、证券代号、成交数量、成交价格、成交金额、买卖、代理及成交时间。

集合竞价同连续竞价的规则都分为四个步骤:确定有效委托、选取成交价位、集中撮合处理、行情揭示。

根据《深圳市证券商入市手册》,集合竞价的规则为:

1、确定有效委托,确定有效委托主要是确定有效价格。目前股票、基金的涨跌幅度为10%,有效价格的确定是根据该只证券上一交易日收盘价以及确定的涨跌幅度来计算当日的最高限价和最低限价。最高限价和最低限价根据下列公式计算得出:

最高限价=1.1×上一交易日收盘价

最低限价=0.9×上一交易日收盘价

计算得出的最高限价和最低限价都需四舍五入,有效价格范围就是该只证券最高限价;最低限价之间的所有价位,限价超出此范围的委托为无效委托,系统作自动撤单处理。

2、选取成交价位

选取成交价位的第一步,在有效价格范围内选取使所有有效委托产生最大成交量的价位,如有两个以上这样的价位,则依以下规则选取成交价位。

1)高于选取价格的所有买有效委托和低于选取价格的所有卖有效委托能够全部成交。

2)与选取价格相同的委托的一方必须全部成交。

但如果满足以上条件的价位仍有多个,则选取离昨收市价最近的价位。

3、集中撮合成交

所有买方的有效委托按照委托限价由高到低的顺序排列,限价相同者按照进入系统的时间先后排列,所有卖方的有效委托按照委托限价由低到高的顺序排列,限价相同者按照进入系统的时间先后排列。依序逐笔将排在前面的买卖委托配对成交,即按照"价格优先,同等价格下时间优行"的成交顺序依次成交,直到成交条件不满足为止。这样就不存在限价高于或等于成交价的叫买有效委托和或不存在限价低于等于成交价的叫卖有效委托,所有成交都以同一成交价成交。

4、行情揭示,如该只证券的成交量不为零,则将成交价位揭示为开盘价,最近成交价,最高价,最低价,并揭示出成交量,成交金额。剩余有效委托中,实际的最高叫买价,揭示为叫买揭示价。若最高叫买价不存在,则叫买揭示价,揭示为空,实际的最低叫卖价揭示为叫卖揭示价,若最低叫卖价不存在,则叫卖揭示价揭示为空。

连续竞价的规则如下:

1、确定有效委托,连续竞价的有效委托同集合竞价的有效委托一样。对于新进来的一笔买委托,选取排在队列最前面的最低叫卖有效委托;对于新进来的一笔卖委托,则选取在最前面的最高叫买有效委托。在连续竞价中依照这两个原则选取两笔有效委托进行竞价撮合。

2、竞价、选取成交价位

若参与该次竞价的买委托限价大于或等于卖委托限价,则可竞出一个新的最近成交价,产生一笔成交。对新进入的一个买进有效委托,若能成交,其成交价格取卖方叫价;对新进入的一个卖出有效委托,若能成交,其成交价格取买方叫价。

3、撮合

参与该次竞价的能够成交的买卖双方以选取的成交价成交。

4、行情揭示

当交易系统按受一笔委托时,如该笔委托不能成交,则依其买卖类别更新叫买揭示价或叫卖揭示价。否则,对于每笔成交,以最近成交价作比较,更新当日最高价、最低价,并更新成交量,成交金额;当系统已有买卖盘撮至不能成交即系统达到平衡状态时,便进行叫买价,叫卖价的揭示。

剩余有效委托中,实际的最高叫买价揭示为买揭示价,若最高叫买价不存在,则叫买揭示价揭示为空;实际的最低叫卖价揭示为叫卖揭示价,若最低叫卖价不存在,则叫卖揭示价揭示为空。

三、B股交易

(一)B股及其发行条件

B股,即人民币特种股票,是相对于一般人民币股票而言的,B股指用人民币标明股票面值,以外币认购和交易,专供我国境外的投资者买卖的记名式股票,B种股票享有与人民币普通股票同等的权利和义务。根据《深圳市人民币特种股票管理办法》(1991年12月5日),B股的境外投资者包括:外国的法人和自然人,港、澳、台等地区的法人和自然人以及主管机关批准的其他对象。

根据我国有关人民币特种股票(B种股票)的管理规定和法律规范,发行人民币特种股票必须向人民币特种股票的主管机关申请、人民币特种股票发行者除符合公开发行人民币股票应具备的一般条件,还必须具备以下法定条件。

1、具备国家有关部门同意利用外资或转变为外商投资企业的书面文件。发行B种股票所筹资金的使用必须符合国家关于外商投资管理的法律规定;

2、有稳定的,数量比较充足的外汇收入来源。其年度外汇收入来源总额应足够支付B种股票的年度股息红利。

3、B种股票的股份(含发起人股份)占公司总股份的比例不得超过主管机关核定的上限;

4、公司须有三年以上的经营业绩。但属高科技产业或其他特殊产业,经主管机关特许的,可不受此规定限制。

(二)B股交易特点

B种股票的转让仅限于境外投资者之间进行,境外投资者可委托境外特许证券经营机构,由他们再委托与之签有协议的境内特许证券商,或经证券交易所批准B股特别席位交易,具体地说,B种股票交易具有以下特点:

1、B种股票的交易必须在我国境内的证券交易所场内进行,一律禁止场外交易。B股的交易还必须委托主管机关批准的可经营B股业务的证券经营机构代理。

2、B股必须是境外投资者以外币形式进行认购和交易,按深交所的规定,个人投资者直接通过特许证券经营机构委托买入B种股票,须缴付不少于买入股票市价金额60%的保证金,机构投资者购入B股保证金的缴付与否与数量多少,由特许经营机构决定,投资者购买B股不能使用外汇现钞,只能通过转帐或汇票,将外汇从境外转入境内证券商指定清算银行所开立的帐户后方能办理。

3、B股交易按照电脑申报竞价方式进行。证券商负责人民币特种股票交易的申报,必须在证交所同意的一个交易席位上进行,上交所规定B股的交易以1000股为基点,1000股以上的为100股的整数倍,深交所规定,申报B股的数额,须为一个交易单位或其整数倍,每一交易单位为100股,简称一手,不同投资者名下的零股不得凑成整手在交易所买卖。

4、合法的个人投资者在境内买卖B股,必须出具个人的B股帐户和本人的有效身份证,并填写委托买卖单据,机构投资者在境内进行B股买卖时,只有授权交易执行人才能发出委托买卖指令,境外投资者在境外委托买卖B股时,必须通过境外的证券代理商办理有关手续。

5、B股交易除遵守一般的证券法规和国家对股份有限公司的有关规定外,还必须遵守专门的有关人民币特种股票管理的规定,B股的所有者必须接受我国的外汇管理法规,个人所得税法及外企在中国投资的有关规定。有关B股的纠纷,发生在我国境内的,依我国法律处理。

6、B股的股息红利,交易收入及其它合法收入,依法纳税后,方可汇出境外,B股帐户上的外汇也可提现钞,但提取后不能通过B股帐户汇出。

7、B股的投资者买入B股后,当日不能卖出,必须在3天后方能卖出,B股交易严禁买空卖空。在深交所上市的B股买卖申报单位价格的港币定价,每个价位为0.05元,买卖成交后以港币进行清算,每股外币清算价为前一营业日外汇调剂中心港币调剂收盘价。

(三)B股开户

投资B股也要遵循"先开户,后入市"的原则,目前深圳B股的清算交收与过户登记由渣打、花旗、汇丰三家银行深圳分行代理,B股投资者开户的规则如下:

1、B股投资者申请开立B股帐户,须提供其姓名或名称,身份证号码或护照号码或商业登记注册号码,国籍或注册地、地址以及合法委托书。

2、B股投资者的开户申请,应通过具有B股代理开户资格的境内特许经营机构、境外代理经营机构或B股代理登记银行向深圳登记公司或上海登记公司申请。

3、B股投资者或其代办人须完整填写一份开户申请表,并将该表交与开户代理人,投资者对其提供的开户资料的真实性,准确性负责,否则承担由此引起的一切后果。

4、B股投资者申请开立B股帐户,个人投资者需缴纳120港元,机构投资者需缴纳580港元,B股投资者申请开户时,应将开户费用缴纳给代理人,如开户申请未被接纳,则开户代理人退回该笔费用。如在上交所开户,个人投资者交纳20美元,机构投资者交纳100美元。

四、B股交易方式

根据我国规定,B股的买卖只限于在境外的投资者之间进行,在我国证交所集中交易,投资者的买卖只能通过特许证券经营机构的代理方能办理,委托人在境外委托买卖B股时,必须通过境外证券代理商办理,机构投资者委托买卖B股时,必须由授权证券交易执行人办理。

B股的交易分为集中交易和对敲交易两种。集中交易通过电脑申报竞价方式进行。特许证券经营机构办理委托买卖B股手续后,应尽快将客户委托指令输入证券交易所集中市场电脑系统。B股电脑自动撮合作业程序如下:

1、电脑交易的买卖申报由终端机输入,限当时有效;

2、买卖申报的输入,自市场集会时间开始前半小时进行;

3、买卖申报应依序逐笔输入证券商代号,输入序号、委托书编号、委托种类、证券代号、单价、数量、买卖类别、输入时间、输入序号时,证券商应依接单顺序,按每部终端机分别编定,不得跳号;

4、买卖申报输至证券交易所电脑主机接受后,由参加买卖的特许证券经营机构的印表机打印买卖申报回报单;

5、买卖申报仅限价申报一种;

6、证券商查问其未成交的买卖申报,应经由终端机进行;

7、申报撤消买卖申报时,应经由终端机撤消,申请变更买卖申报时,除减少申报数量外,应先撤消原买卖申报,再重新申报。

B股交易的价格同A股价格一样,开盘价采用集合竞价方式产生,收盘价按收市前最后三笔成交价的平均价格决定,上市或除权除息后B股的开盘价也由集合竞价方式产生,集合竞价未能产生开盘价时,应以连续竞价方式产生。

委托人的委托买卖成交后,受托买卖的证券商立即通过印表机印出成交回报单。

B股的交收期为T+3,即在达成交易后的第四个交易日完成资金和股票的正式交收,并实现"货银对付",但可以进行T+0回转交易,,投资者委托买入的B股经交易所系统确认成交后在未完成结算交割期间,可在交易日当天(T+0)至T+3日交割前卖出所买入的全部或部分股票。成交确认后以当日收到的成交回报为准。回转交易适用于在交易所内达成的集中交易和对敲交易。

第五节　交易费用

一、佣金

佣金是指委托人委托经纪商代理买卖证券时,向证券经纪商交纳的费用或酬金。佣金根据实际成交的交易额的一定比例收取。委托人在委托买卖成交后,办理交割时向经纪商交付佣金,根据1993年1月通过的《上海证券交易所交易市场业务规则》之规定,证券商委托买卖股票的佣金起点为10元,收费标准:

1、委托买卖的数量在300元(含300元)面额以下时,按成交金额的7‰交纳;

2、委托买卖的数量在300元面额以上时,按成交金额的5‰交纳。委托人在上海市以外地区委托证券商买卖股票成交后,另加手续费5元,《深交所业务规则》(1991年)规定深圳证券交易所的委托买卖佣金一律为0.5%,不足5元按5元计。

《上海证券交易所交易市场业务规则》(1993年1月)规定,委托买卖债券佣金的标准为:

1、成交金额在5000元(含5000元)以内的;按3.2‰交纳;

2、成交金额在5000元至10000元(含10000元)的,按3‰交纳;

3、成交金额在1万元至50万元的,按2.8‰交纳;

4、成交金额在50万元至100万元(含100万元)的,按1.8‰交纳;

5、成交金额在100万元至500万元(含500万元)的,按1.5‰交纳

6、成交金额在500万元以上的,按1.2‰交纳。

另外还规定,委托人在上海市以外的地区委托证券商买卖债券成交后,另加手续费2元。

B股的收费标准有所不同,根据《深圳证券市场证券商人市手册》的规定,拥有交易席位的特许境内证券经营机构委托买卖B股的收费标准一律按实际成交金额向买卖双方各收取0.43‰佣金。佣金收取为港元。未拥有交易席位特许证券经营机构一律按实际成交金额,向买卖双方各收取0.7%的佣金,其中0.3%归代理交易的境内机构所有。《上海证券交易所交易市场业务人民币特种股票补充规则》中规定,B种股票买卖成交后,委托人办理交割时,按成交金额0.6%的比例向证券商交纳佣金,起点金额为20美元,B种股票大宗交易佣金的交纳标准为:成交金额在50万元至500万元(含500万元)按5‰交纳成交额在500万元以上的按4‰交纳。

二、过户费

证券的过户指证券的原所有者向新所有者转移有关证券全部权利的记录活动,证券的过户包括两方面的内容,一是转让背书的证券凭证;二是把有关所有权的转移事项记人证券发行公司的帐薄中。在证券过户过程中,买卖双方向交易所交纳一定金额的费用,这种费用就是过户费,过户费由证券商全额交纳给证交所。《深交所业务规则》(1991年)规定过户费收费标准为:A股的过户费按成交面额的0.3‰交纳。上交所规定B股股票的过户费按过户股票面额总额收取0.1%,起点为1美元,深交所规定,B种股票的登记过户费为以过户股票面值总额的0.3%向买方收取,登记过户收费以人民币计价,以港币进行支付,以深圳外汇调剂中心公布之前一个营业日的港币收盘价折算,登记过户收费由代理登记银行在办理清算过户时代收。

三、市场监管费,印花税,交易经手费

市场监管费是一项行政性收费,由证监会向证券商收取。市场监管费的收取按证券商证券成交金额的0.07‰收取。

经手费属于场内交易的一种,是证券商加人交易所会员组织,参加交易所场内证券交易必须交纳的一种费用。《上交所交易市场业务规则》(1993年1月)规定证券商在场内交易所场内委托买卖股票和自营买卖股票成交后,成交双方均须按实际成交金额的0.3‰向交易所交纳交易经手费,起点为3元,债券按成交金额的0.15‰交纳。《深圳证券市场证券商人市手册》(1997年4月)规定A股及A股权证的交易经手费收费标准为3.5‰,基金为3‰,债券不超过2‰。B股买卖交易经手费标准为:清算银行代交易所按成交金额向买卖双方各收0.03%,证券商交纳交易经手费每日与交易所结算一次,由交易所财务部门按"场内成交单"所载各证券商的成交金额计算,证券商在接到通知后的3天内将款项如数及时划人交易所帐户。证券商逾期或欠交交易费。交易所有权按其成交额每日0.3‰计收滞纳金。

印花税是对经济活动和经济交往中书立的凭证征收的一种行为税,其征收对象是印花税暂行条例中所列举的各种凭证,由凭证的书立、领受人缴纳,是一种兼有行为税性质的凭证税。证券印花税是人们对与证券转让有关的各类文件征收的印花税。在我国,国家税务局目前只授给上海、深圳两市税务局在经市人民政府批准后,对股权转让书据征收印花税。

1991年10月,上海市税务局颁发了对股份转让书据征收税的实施办法,规定证券印花税征税对象是企业股权转让凭证和股份转让凭证,其征取证券交易所代扣、代缴。证券印花税采用比例税率,对企业股权转让凭证按照产权转移凭证所载金额的5‰征收印花税,对股份转让凭证所载金额的3‰征收印花税,转让双方持有的成交过户交割凭单,均按办理过户手续的证券交易市场价格计算的金额,作为证券印花税的计税依据。为了方便代缴税款,每份成交过户交割凭单应纳的印花税金额不满一角的免税,超过一角的,据实计算代扣,即计算到分,分后四舍五入。

深圳证券交易所规定的A股及A股权证收取标准为3‰,B股印花税的征收上、深交易所均规定:B股买卖成交后,买卖双方按成交金额的3‰的比例交纳印花税,并用美元交付,B股印花税由证券交易所汇总代扣代缴。

债券交易一律免收印花税。

第三章　证券自营业务

第一节　证券自营业务的含义与范围

一、自营业务的含义与特点

自营业务，是指证券商运用自有资金或自有营运资金以自己的名义和帐户，为自己买卖证券，从中获取差价收益的活动。在自营业务中，证券商自行承担证券买卖中的资金风险。自营业务的优点在于交易成本低而且方便，投资人不必支付委托经纪人的佣金，可直接参与上市交易及柜台交易，手续非常简便。另外，自营业务中具备比较专业的投资人才，从而较大程度上降低了投资风险。

按规定，我国的证券经营机构，只有证券公司和证券交易营业部才依法享有此经营范围，得以获准经营证券自营业务。但证券交易营业部自营业务范围比证券公司狭窄，证券交易营业部只能在自己的经营场所，从事债券(国库券)买卖，证券公司可以在发行市场，并能够以会员身份出席证券交易所，以自己的名义从事债券，股票买卖。对于证券经营机构经营自营业务的作用历来存在争议，但是在我国社会主义市场经济模式下，证券经营机构开展证券自营买卖，既是搞活社会融资活动，调控证券市场的供求状况，发展和完善证券市场，促进市场经济发展的客观要求，也是搞活自身业务经营的重要环节。作为一个自主经营，自负盈亏的证券经营机构，有计划地开展证券投资业务可以充分利用现有资金避免资金的闲置和浪费，让消费资金转化为生产资金，促进社会经济发展，使资金在证券投资中增殖。从证券市场上看，自营证券业务也有助于证券市场的流动性和持续性，增加市场的交易量，活跃证券市场，缓和证券价格的波动，稳定证券市场。

证券自营业务既不同于一般的商品买卖，也不同于证券委托业务，自营业务的特点有：

1、自营证券业务从根本上来说，是一种投资活动，买入证券就构成了对证券发行者的投资，同时也就取得了对证券发行者资产的索偿权，或者说取得了对证券发行者净资产的所有权，而卖出证券则是让渡已经取得的权力来收回投资。从这里我们可以看出，自营业务的形成与商业企业的商品购销活动相似之处。即以低价买进又以高价卖出，从中赚取差价，自营业务又有特殊之外，作为买卖对象的证券不是一般意义上的普通商品，而是代表某种权利如债权或所有权的特殊商品，持有这种商品既可伺机出售获取买卖中的差价收益，又可通过较长时间的持有，取得债券利息和股利收入等收益。

2、自营证券业务的申报规则同委托业务的申报规则不一样。证券商买卖申报价格应与当时成交价相近，不得以不合理的价格申报买卖证券。全日买进证券申报价格不得高于前日该证券收市价格的5%，卖出证券申报价格不得低于前日该证券收市价格的5%。在同一市期‘营业日上、下午各为一市期’，证券商再次买卖同一证券时，不得以高于前一笔买入价格购买，也不得以低于前一笔卖出价格出售。

3、证券商在证券自营业务活动中，要自担风险，证券商必须有足够的证券交易风险基金，用以弥补自营业务中的损失。在委托业务中，证券商以经纪人的身份出现，既不垫资金，也不承担风险，只收取一定比例的佣金。

4、证券商自营业务买卖受到主管机关的严格监督。自营业务中证券商既有雄厚的资本，又有便利的信息和专业的人才，如果不加以管理，证券商极有可能联合起来操纵股市，为自己谋利而损害广大小股民的利益。按照规定，证券商不能连续抬价买入或卖出同一种证券以操纵市场，证券主管机关可根据证券市场的实际情况限制一部分或全部的自营证券买卖数量，证券商开办自营业务时，每笔买卖证券数量不得破坏当时市场的供求平衡，妨碍市场的公平性和合理性，如1996年10月23日发布的《证券经营机构证券自营业务管理办法》中规定，自营帐户上持有的证券，其市价总额不得超过证券商营运资金的80%，自营业务帐户上同一证券的市价总额不得超过证券商营运资金的20%，自营业务帐户上持有同一上市公司的证券不得超过该公司总股本的20%。这些规定的实施，都是为了防止证券商操纵市场，控制风险，保障证券市场的稳定。

二、自营业务的程序

自营业务的基本业务程序为：

(1)定价，即根据证券的市场收益率、现值等因素，确定证券交易柜台的买入价和卖出价。

(2)挂牌，即证券经营机构根据市场行情和各种证券的内在价值及收益率，每天挂出证券买进价格和卖出价格等行情。

(3)成交，即证券投资者在证券交易柜台根据挂牌行情，认为符合投资意向后，向证券商买人或卖出证券，成交后填写成交单。

(4)交割，指证券投资者和证券公司在证券交易成交后，支付现金和交付证券的过程，交割时要填好交割单、过户申请书等，然后由买入方办理过户手续。

(5)库存调节，为保持交易顺利而连续地进行，证券商须保持一定数量的库存，其主要作用是使买卖交易基本平衡，适应市场变化，使库存证券的结构合理，减少风险，为了避免库存积压造成资金呆滞和价格下跌而需保持库存证券合理的比例，也是国家对自营业务进行监管的要求。证券商每月编制库存证券报表，并于次月5日前报送证券交易所。

(6)会计核算，自营业务同其他投资活动一样，证券商在证券自营业务完成之后，也要制定会计核算表，进行盈亏比较。

三、自营业务的范围

证券自营业务范围按其内容，有以下三种形式：

1、柜台自营买卖

柜台自营买卖也称柜台交易，它是证券经营机构与客户之间直接进行的证券交易活动。证券的买入卖出价格由证券公司在权衡证券买卖的各种因素后自行确定，每次证券交易的数量较小。这种方式的特点是，交易次数频繁，工作量较大，它是证券营业柜台的主要经营方式。柜台交易的对象主要是一些虽依法公开发行，但尚未在证券交易所挂牌上市的证券，包括不够上市资格的证券。

有上市资格但不愿在交易所公开挂牌买卖的证券和交易所不易成交的证券；买卖双方愿以净价交易的证券等等。柜台交易不定期进行。我国的柜台自营买卖是从1986年后才出现的，目前除上交所和深交所外，其余的证券自营买卖都采用柜台交易形式。

2、上市证券自营买卖

上市证券自营买卖是证券经营机构通过本公司的证券经纪人在证券交易所内进行的证券交易活动，上市证券自营买卖的对象是依法公开发行，在证券交易所挂牌上市的证券。这种方式的特点是，证券的买入价和卖出价均在证券交易所内通过自由竞价确定，价格随市场行情变化，公司也不直接与客户发生联系，交易的成交量较大，成交迅速安全。它是证券公司调节证券库存的主要经营方式。上市证券自营买卖，采取的交易方法主要是经纪制方法，即多数证券交易都是交易双方通过证券经纪商进行的，交易双方不能进入交易大厅。在上市证券自营业务中，根据证券商自营业务的范围，证券商可分为两种类型：①直接经营人。直接经营人就是在交易所内注册的,可以直接在交易大厅买卖证券的会员。他们替自己买卖证券,其利润来源于短期股票价格的变动。这种会员一般不参加长期看涨或看跌的信用交易,只注重短期价格的波动,他们时刻注意市场的动向,抓住时机买卖证券从中获利。由于他们在交易所有固定的席位,所以常处于比较有利的地位,获利的机会也较多,直接经营人的活动有扩大市场交易、稳定市场价格、缩小报价差额的功能;②零数交易商,证券交易所通常以一定数量如100股或1000股为交易单位,如顾客委托买卖的股票数少于一个交易单位而不是交易单位的整数倍,就是零数交易。一般情况下,当证券公司收到零数委托时,它就把该委托交给零数交易商,以便在交易所买卖成交。零数交易商不能收取佣金,他的收入来源于价差。即以低于整份交易的价格卖给零数股票的购买者。根据交易所的规定,零数交易商无论市场情况是否对他有利,都得以本人的身份买卖证券。零数交易商对证券市场,乃至整个经济运行来说都是很重要的,因为零数交易商使小额投资者也能参加交易所的证券买卖,促进小额零散资金投资购买证券,这有助于企业资金来源的分散化,有利于小额资金对大额资金的控制,有利于整个产业的发展。

3、承销业务中的自营买卖

承销业务中的自营买卖同证券承销不一样。证券承销是一种发行方式,证券商承销的目的是为了帮助发行人发行证券,证券发行人为此向承销商支付报酬或手续费,而承销业务中的自营买卖,其目的是购进证券后再以较高的价格销售出去,赚取证券发行市场与证券交易市场之间的差价。证券商在自营买卖中要承担风险,所以证券商并不是接受所有的证券发行业务,对于风险大的证券,证券商可以拒绝。证券商通常要对发行者的投资方案进行详细的分析和研究,以确定该投资是否有可靠的盈利。

证券商承销证券的主要方式有三种:

(1)包销,一般指证券发行者与承销者签订购买合同,证券商一次将所发行的证券全部买下,然后再以较高的价格将证券转卖给投资者,证券商从中赚取差价。采用这种承销方式,不论证券售出与否,证券商都必须在双方规定的时间内,将包销证券价款如数拨给发行者。因此,收取的费用较高。对于不同企业新发行的证券,包销的具体作法有所不同。包销新企业发行的证券,一般是采取平价或折价发行,包销已上市企业发行的新证券,一般采用平价或溢价发行。

(2)代销,是指证券商接受证券发行者所托,按其指定价格代理证券发行者发售证券,赚取相应的佣金,在这种承销方式中,证券能否销出,证券承销者不负担任何责任,由发行者在发售中自己承担全部发行风险,因此,发行者只向承销者交纳少量的手续费(一般为发行额的0.5%以下)

(3)助销,是指证券商自己认购一部分证券,同时代理发售一部分证券,在这种承销方式下,承销者付担了大部分发行风险,因此手续费也比代销高。

证券商在承销中的自营买卖,只仅仅相当于承销业务中的包销和助销两部分的业务,如果证券商从承销中收取佣金,则不属于自营买卖,证券商在承销业务中的自营买卖,是以获取利润为目的,自担风险的。

根据我国法律的规定,证券公司及证券交易营业部均可以经营证券承销业务,二者不同处在于证券交易营业部的证券营运资金最低限额为人民币500万元,少于证券公司资本总额最低限度的一半,但是,证券交易营业部进行自营买卖时,只能从事债券(含国库券)买卖,而证券公司可以以自己的名义从事债券和国库券买卖以及股票买卖。

按照我国的现行规定,境内特许证券经营机构以及境外证券经营机构不得从事B股的自营业务,B股的买卖只限于境外投资者,因此,在B股的承销业务中也就没有自营买卖这一业务。

第二节 证券自营业务的管理与监督

一、自营资格

1、取得自营资格的条件:

《证券经营机构证券自营业务管理办法》对证券经营机构申请自营业务的资格作了如下规定:

证券经营机构申请从事证券自营业务,应当同时具备下列条件:

(一)证券专营机构具有不低于人民币2,000万元的净资产,证券兼营机构具有不低于人民币2,000万元的证券营运资金。

(二)证券专营机构具有不低于人民币1,000万元的净资本,证券兼营机构具有不低于人民币1,000万元的净证券营运资金。净资本的计算公式为:

净资本=净资产-(固定资产净值+长期投资)×30%-无形及递延资产-提取的损失准备金-证监会认定的其他长期性或高风险资产。

净证券营运资金是指证券兼营机构专门用于证券业务的具有高流动性的资金。

(三)三分之二以上的高级管理人员和主要业务人员获得证监会颁发的《证券业从业人员资格证书》,在取得《证券业从业人员资格证书》前,应当具备下列条件:

1、高级管理人员具备必要的证券、金融、法律等有关知识,近二年内没有严重违法违规行为,其中三分之二以上具有二年以上证券业务或三年以上金融业务的工作经历;

2、主要业务人员熟悉有关的业务规则及业务操作程序,近二年内没有严重违法违规行为,其中三分之二以上具有二年以上的证券业务或三年以上金融业务的工作经历。

(四)证券经营机构在近一年内没有严重违法违规行为或在近二年内未受到本办法规定的取消证券自营业务资格的处罚。

(五)证券经营机构成立并且正式开业已超过半年;证券兼营机构的证券业务与其他业务分开经营、分帐管理。

(六)设有证券自营业务专用的电脑申报终端和其他必要的设施。

(七)证监会要求的其他条件。

2、申请自营资格的程序

符合条件的证券经营机构申请取得从事证券自营业务资格须向证监会报送下列文件:

(一)证监会统一印制的《经营证券自营业务资格申请表》;

(二)机构批设机关颁发的《经营金融业务许可证(副本)》;

(三)工商行政管理部门颁发的《企业法人营业执照(副本)》

(四)由机构批设机关核准的公司章程;

(五)证券自营业务内部管理制度情况说明;

(六)由具有从事证券业务资格的会计师事务所出具的上一年度末净资产或证券营运资金验资证明;

(七)由具备从事证券业务资格的会计师事务所审计的上一年度末资产负债表、损益表和财务状况变动表;

(八)法定代表人、主要负责人及主要业务人员的《证券业从业人员资格证书》或简历、专业证书等;

(九)上一年度经营证券业务情况说明。正式开业未超过一年的证券经营机构,应报送从开业时起到上一年度末的经营证券业务情况说明;

(十)证监会要求的其他文件。

证监会自收到完整申请资料后的三十个工作日内对申请文件进行审查。经审查符合条件的,由证监会颁发资格证书;经审查不符合条件的,不予颁发资格证书,且半年内不受理其重新申请。

3、资格证书管理

资格证书自证监会签发之日起一年内有效,一年后自动失效。已取得资格证书的证券经营机构如果需要保持其证券自营业务资格,应在资格证书失效前三个月内,向证监会提出申请,并报送下列资料:由具备从事证券业务资格的会计师事务所审计的上一年度末资产负债表、损益表和财务状况变动表,以及法定代表人,主要负责人及主要从业人员的《证券业从业人员资格证书》或简历、专业证书等;上一年度经营证券业务情况说明,正式开业未超过一年的证券经营机构,应报送自开业时到上一年度末的经营证券业务情况说明。

证监会审核通过后换发新的资格证书。

二、禁止行为

《证券经营机构证券自营业务管理办法》对证券经营机构的自营业务作了严格限制。

1、证券经营机构从事证券自营业务,不得从事下列操纵市场的行为:

①以明示或默示的形式,约定与其它证券投资者在某一时间内共同买进或卖出某一种或几种证券。

②以自己的不同帐户或与其他证券投资者串通在相同时间内进行价格和数量相近、方向相反的交易。

③在一段时间内频繁并且大量地连续买卖某种或某类证券并导致市场价格异常变动。

④有关禁止证券欺诈行为的法规规定的其他操纵市场行为。

2、证券经营机构从事证券自营业务不得有下列行为:

①将自营业务与代理业务混合操作;

②以自营帐户为他人或以他人名义为自己购买证券;

③委托其它证券经营机构代为买卖证券;

④证监会认定的其他违反自营业务管理规定的行为。

3、上市公司或其关联公司(由证监会依据国家有关法规认定的公司)持有证券经营机构10%以上的股份时,该证券经营机构不得自营买卖该上市公司的股票。

4、证券经营机构从事证券业务,应将买进或卖出的证券逐笔交由证券交易所指定的登记清算机构办理交割,不得以当日卖出或买进的同种证券抵充。

5、证券经营机构从事证券自营业务,应当建立和完善内部监控机制,认真贯彻执行国家有关政策和法规,始终保持遵规守法意识,防范和制止公司内部各种内募交易、操纵市场、欺诈客户行为的发生。

除《证券经营机构证券自营业务管理办法针》中规定了从事证券自营业务的禁止行为外,其他证券相关法规也有类似的规定,如《深圳市证券经营机构自营业务管理暂行办法》中对证券经营机构的资金流向作了规定,以利于证券市场的稳定。自营业务帐户上持有的证券,其市价总额不得超过证券商营运资金的70%;自营业务帐户上同一证券的市价总额不得超过证券商营运资金的20%;自营业务帐户上持有同一上市公司的证券数额不得超过该公司总股本的5%。上市公司或上市公司的母公司,子公司持有证券商5%以上股份时,该证券商不得自营其上市公司证券。

三、检查和监督

对证券经营机构自营业务的监督和检查,主要是依据证监会发布的《证券经营机构自营业务管理办法》。

证券经营机构从事证券自营业务,应当以公司名义建立证券自营帐户。如果是同时经营证券自营与代理业务,应当将经营两类业务的资金帐户和人员分开管理,并将客户存入的保证金在二个营业日内存入指定银行的信托帐户,将公司证券自营资金设立帐户管理核算。证监会对证券经营机构自营业务的情况以及相关的资金来源和运用情况可进行定期或不定期的检查,并可要求证券经营机构报送其证券自营业务资料及其它相关业务资料。

证监会和由证监会授予监管职责的地方证券期货监管部门对从事证券自营业务过程中涉嫌违反国家有关法规的证券经营机构,可进行调查,并可要求提供复制或封存有关业务文件、资料、帐册、报表、凭证和其他必要的资料。对证监会和被授权的地方证券期货监管部门的检查和调查,证券经营机构不得以任何理由拒绝或拖延提供有关资料,或提供不真实、不准确、不完善的资料。在调查过程中,证券经营机构的主要负责人和直接相关人员不得以任何理由逃避调查,证监会和被授权的地方证券期货监管部门还可要求证券经营机构有关人员在指定时间内提供有关证据。

证监会聘请具有从事证券业务资格的会计师事务所、审计师事务所等专业性中介机构,依据有关条款并在证监会要求的事项内对证券经营机构从事证券自营业务情况进行稽核。证券经营机构应给予配合。

证券自营业务原始凭证以及有关业务文件、资料、帐册和其他必要的材料应当至少妥善保存七年。

第四章　清算与交割

第一节　清算、交割的含义

一、清算的概念

证券交易的清算交割是证券买卖双方在买卖成交后,通过证券交易所将证券商之间买卖进出证券的款项和数额分别进行核算,把应收的和应付的进行轧抵以后结出余额,在约定的时间内进行收付了结。

具体而言,清算是指证券商在证券交易所内成交后,对应收和应付的价款和证券进行结算,并轧抵结出最后应付的余额,整个计算过程称为清算。证券的清算都是在证券清算公司里进行的,证券清算公司的设立使证券公司毋须就每笔交易出售的证券向其购买者支付,证券公司向清算公司交付应交的证券即可。同时,证券公司也毋须就所购买的证券分别向各有关出售者支付价款,只须向清算机构支付一笔价款即可。清算公司的作用类似于银行转帐结算,大大节约了社会资源,提高了经济效益。以当日清算为例,具体地说,清算公司在交易当日闭市时,应当依据当日场内成交单所记载各证券经纪商买进和卖出各种证券的数量、价格,计算出各种证券应收应付数量相抵后的净额,编制当日"清算交割汇总表"和各证券经纪商的"清算交割表"分送各证券经纪商的驻场清算人员。而各证券经纪商应当在同一清算日内将同一种证券的买进和卖出列表统计,只计某种证券应付应收证券数额相抵后的净额,并编制出该证券经纪商当日的交割清单,与接到的证券交易所清算公司的"清算交割表"核对无误后,在约定的交割期和证券交易所办理清算交割手续。

二、交割的概念

证券投资人在委托买进股票,成交之后必须缴纳买进价款,领取所买进的股票,同样投资人委托卖出股票也必须在成交后缴交所卖出的股票,领取所应得的卖出价款。这种买卖股票所必须履行的缴款义务,称为交割。交割分证券商之间的交割和证券商与委托人之间的交割两个阶段。

客户与证券商之间的交割应在证券商进行交割之前完成,。一般的情况是,客户在委托证券商买卖股票时,就应将证券款存入证券商处;领取存单,购回证券也存放在证券商处,以避免不能交割的危险,若客户在交割时不能缴足购股现金或卖出股票,证券商有权将购入股票卖出或将卖出股票购回,由此产生的任何损失均由客户负担。

证券商与证券商之间的交割,应当在证券成交和清算后进行,由证券交易所主持进行,通过证券交易所下设的清算公司或清算机构具体办理。证券交易所可根据不同情况,采用个别交割或集中交割。个别交割是以每笔买卖双方为对象的个别交割。该种方式需要较多的时间、人力和物力,一般用于当天结算交割和特约日交割。集中交割是交易所对同一证券公司同一天所成交的买卖,先进行清算,对相同名称的证券卖出和买进的数量相抵,仅对扣除后的余额进行交割。这种方法的好处是能够迅速处理大量交割业务而广被采用。

三、清算、交割的原则

方便、安全、公正是证券清算、交割业务的基本原则。

所谓方便原则,是指简化清算交割工作,减轻工作量,使投资人和证券商均感到便利、简易。例如证券商之间的清算一般统一按照"净额交收"原则办理,即对价款的清算只计其应收应付价款,相抵后的净额对股票的清算只计应收应付价款相抵后的净额。大大缩短了交易程序、省时省力,这就体现了方便原则。

所谓安全原则,是指要保证股票清算交割的安全操作和正常进行,防止股票在转移时的损坏或丢失等差错出现,防范证券商对股票或资金的挪用等扰乱交易秩序的情形。例如对清算交割准备金的规定就是鉴于清算交割种类多、数量大、手续比较复杂,而为保证清算交割的顺利进行,要求证券商必须缴存的,当证券商不履行交割义务时,由证券交易所动用清算交割基金支付,以维持股票交割的连续性,其目的是为了维护交易市场的信用和投资人的权益。

所谓公平原则,是指清算交割的业务规则对投资人和证券商、证券商之间一律公正、平等,不得有所偏向。

同样的道理,证券清算机构内部管理规则的制定也要遵循方便、安全、公正的原则。

证券清算机构在考虑接纳会员时,对待会员申请一律公正、平等,适用同等的资格条件,如在机构性质,资本,证券业务营运资金的要求,组织机构和从业人员的条件以及会员费的交纳标准等方面都要体现公平原则,只有这样,才能健全股票市场,促进证券事业的发展、保护投资者的合法权益和社会公众的利益。

四、清算交割的意义与作用

清算交割是证券交易的了结行为,是客观交易的最终结果。从证券交易的全过程来说,委托和成交都是中间过程。即使成交,也还没有实际生效,只有在办理了清算交割后,证券交易才算了结。所以说,如果没有清算交割这一环节,股票交易只是一种形式,而没有一个明确的结果。所以,清算交割是整个证券交易过程中不可缺少的重要环节。

清算交割简化了交易手续。证券市场不同于其他市场,每一个投资者的交易品种不是单一的,而且证券商在交易中既是买主又是卖主,在整个交易过程中,买卖交易频繁。如果每笔业务都单独结算,工作量是十分庞大的,因此,交易所规定:以每个开市日为交易清算期,集中办理清算业务。通过证交所中介机构清算,每日业务的价款只是一个余额,每个品种数量也是一个余额,交割简化了手续,提高了经济效率,并节省了大量的人力、物力与财力。

第二节　交割方式

一、一般交割方式

证券的交割方式一般包括以下几种:

(1)当日交割

当日交割是指证券买卖成交后,双方在成交当日进行证券和价款的收付交割,也称"T+0"清算交割。这种交易方式交易快速,一般多用于证券经纪商在证券交易所柜台上的自营自卖。适用于买方急需证券或卖方急需价款的场合。

(2)普通日交割

普通日交割是一种例行的交易方式,一般指证券商在证券交易所内买卖证券成交后,按交易所的有关规定,在规定的时间内交易双方进行证券和价款的收付和交割的交易。

(3)特约日交割

特约日交割往往由那些外地客户采用。他们因距离或其他原因无法进行例行交割手续,交易双方根据实际情况,商定在买卖成交后十五天以内的某一特约日,进行证券和价款的收付和成交。这种方式通常在交易双方相距甚远,例行交割方式来不及采用,通讯设备又落后时采用。

(4)次日交割

次日交割即在成交后的下一个营业日上午10:00前办理完交割事宜,并将清算明细数据通过结算电脑输入券商处,若次日是节假日,则顺延一天,又称T+1交割。目前,泸深两地交易所实行该交割制度。

(5)第三日交割

第三日交割即自成交日的次日算起,在第二个营业正午前办理完交割事宜,即T+2交易,如逢节假日则顺延,这种交割方式已很少采用。

二、我国目前的交割方式

对于A股和基金的交易,我国是采用T+1的交割方式,而对B股则采用T+3的交割方式。上海证券交易所规定:B种股票在成交后第四个营业日(即T+3)进行清算交割;经营B种股票经纪业务的证券商,须交纳5万美元的清算交割准备金;证券商办理B种股票清算交割及价款划拨,按清算银行的要求执行。

深圳证券交易所规定:特许境内证券经营机构办理受托买卖B股手续后,应尽快将客户委托指令输入本所集中市场电脑系统。买卖一经成交,则不可撤销。代客买卖B股的特许境内证券经营机构应于当日制作买卖报告书于成交后的第一个营业日通知委托人,并依本所发出的成交资料于T+3在特许清算银行办理清算交割手续。

B股买卖报告书,应于买卖成交后由特许境内证券经营机构填制一式四联并签章,一联留存,一联交委托人,一联送特许清算机构,一联送本所,属代理特许境外证券和金额,并复印一份作为买卖报告书附件一并送本所和特许清算银行。

第三节　股权(债权)登记变更

股权是指股份拥有者即股东的权利。股权的大小通常以股份计量,一股一权。根据公司法律规定,每一股权包含的内容有:参与并获得股利的分配;出席股东大会,行使表决权;在公司解散时,分得公司的剩余财产;监查公司的会议记录、资产负债表、损益表,索取公司业务进展资料等;就公司经营状况,向董事,经理等有关人员进行咨询等。

股东可以按照国家有关规定和公司章程的规定转让股份,并可以赠与(公有股份不可赠与)、继承和抵押,但不得违反以下规定:(1)采取发起方式设立的公司,公司股权证的转让必须在法人之间进行;定向募集方式设立的公司,其股权证按其原持有人身份,可在法人之间以及公司内部职工之间转让,本公司内部职工持有股权证要严格限定在本公司内部,不得向公司以外的任何人发行或转让。以上两种方式设立的定向募集公司在公司成立一年以后,增资扩股时如需转为社会募集公司,扩大股份的认购和转让范围,应按照国家规定的审批权限并符合规定,经批准后方可进行,同时应换发股票。

(2)各种法人均不得将持有的公有股份、认股权证和优先认股权转让给本法人单位的职工,不得将以集体福利基金、奖励基金、公益金额购买的股份派送给职工;

(3)国家股、外资股的转让需按国家有关规定进行;

(4)发起人认购的股份自公司成立之日,1年内不得转让;

(5)公司内部职工的股份(除去职和死亡者的股份外),在公司配售后三年内不得转让;

(6)公司董事和经理在任职的三年内不得转让本人所持有的公司股份,三年后在任职期内转让的股份不得超过其持有公司股份额的百分之五十,并须经董事会同意。社会募集公司的董事或经理转让股份还应报国家或省、自治区、直辖市的体改委和人民银行备案;

(7)公司股份自公司清算之日起不得转让。

股东遗失股票应公告声明所失股票失效。如90日内公司未收到任何异议,遗失股票股东可向公司申请补发股票。

股权登记变更的种类分为两类,即交易性变更与非交易性变更。交易性变更即通过股票的买卖、转让而使股权易主。进行股权交易时，买卖双方通过签订股权契约规定各自在一定期限内的权利和义务。买方在股权契约有效期内有权行使股权；也可放弃期权，还可把期权转卖，期权卖方具有在买方要求行使股权时履行股权契约的义务。

非交易性变更包括赠与、继承、分割、帐户挂失变更。

股权的继承与公民其他合法私人财产的继承一样，要经过一定的法律程序，股权的继承意味着股票所有权的转移，股权的继承人取得证券所有权后，也就取得了获取股权收益和按照自己的意愿处置股票的权利。

股权的赠与，就是股票持有人将完全属于自己所有的股票，按照自己的真实意愿，无条件或附加一定条件地赠与自己的亲属或朋友或国家，或集体，股权的赠与同样包含了股票所有权的转移。

股票的分割就是指增加发行在外的股票股数，减少每股股票的票面价值，即用新股票按一定的比例替换发行在外的旧股票。例如2:1就是用2股新股票换1股旧股票；3:2就是用3股新股票换2股旧股票。

股票分割通常用来降低公司股票的价格。有时候，公司觉得它的股票在市场上的价格太高了，不利于交易的开展，需要通过股票分割来降低市场价格，活跃市场。

第四节　清算程序

证券的清算与交割都是在证券清算公司内进行，分为两个步骤：证券商之间的清算交割和证券商与委托人之间的清算交割。

证券商之间采用资金净额清算，实行T+1日清算交割制度，下面以深交所为例，说明其清算办法：

1、开立帐户

深交所在深圳人行和深圳清算银行开立清算帐户；深圳本地券商须在深圳本地开立银行帐户；直接同深交所资金交收部进行清算的异地券商须在所在地人行和深圳市人行分别开立帐户以便通过电子联行汇款方式划拨资金，并在深交所资金交收部预留印签；实行就地清算的异地券商则只需在异地清算代理机构开立清算头寸分户。

2、清算

①当一交易日(T日)收市后，深交所资金交收部根据前一日交易数据与当日非交易数据进行资金净额清算，产生每一券商T日清算头寸帐户余额。

②清算头寸表现为借方余额，即反映券商透支，表现为贷方余额，说明券商头寸有余额可以使用。

③T+1日上午8:30,9:20开市前，深交所通过交易网络将T日及T+1日上午的清算头寸明细变动数据及头寸余额数据传送给各券商。

④券商根据传送的明细数据对帐，掌握其资金到帐、红利派发、配股缴款、清算头寸余额等相关的资金情况，并根据清算头寸余额情况进行资金划拨。

⑤每月的第一个交易日深交所传送上月汇总资金明细数据。数据接收方式与接收结算数据包相同，数据文件为PKZIP压缩文件，文件名：ZJXBnnnn(X：当日的星期代号，如星期一则X为1；nnnn：券商编码)。

交易清算金额的计算公式：

T日清算应收(付)金额=(T-1)日卖出总金额-(T-1)日买进总金额-交易经手费-印花税

3、交收(T日交易，T+1日交收)

①深圳本地券商，在深圳设有代表处或营业部的异地券商补交头寸，应在T+1日上午10:00前，将支票交到资金交收部登记(在“进帐单存根”栏应注明席位编码)，交收部出具收到支票回执；

提款须由券商指派的清算员将盖好预留印鉴的提款单(提款单要求字迹清晰，涂改无效)交资金交收部审核办理，清算员须签收开出的支票。

②异地券商补交头寸时，应于T+1日上午10:00前从所在地人行通过电子联行汇款方式将清算款汇出(在“汇款事由”栏应注明券商编码，以免因户名不清而无法及时入帐)，于当日下午4:00前将银行电汇回单传真至资金交收部。

③提款时，券商资金清算头寸帐户留有余额不得少于当月结算保证金余额，提款后，必须留有足额的头寸。假设本月结算保证金金额为35万元，T日清算头寸为贷方余额100万元，T日卖差60万元(不计经手费、印花税)则T+1日可提款金额不得超过：100+60-35=125万元。

④券商资金清算头寸在T+1日如出现借方余额，券商应于当日上午10:00前从银行将不足的资金划入深交所清算帐户或通过席位间头寸帐户转帐补进资金，未按规定时间及时补入资金的，资金交收部将按照深交所《深圳证券交易所会员买空卖空处理试行办法》中的第五条进行处罚：根据透支金额按金融同业往来存款利率计收利息，并按日罚息率千分之一收取透支罚息款。资金交收部每月初在券商清算头寸帐户收取上月透支罚息总额。

券商应逐日及时对帐，如因资金在途造成头寸透支，应在当月内向交收部出具汇款凭证及情况说明，资金交收部查实后，进行调帐。

4、异地券商资金就地清算交收

深交所1996年起推出异地券商就地清算交收的试点，即由深交所委托深圳的清算银行与异地清算代理机构进行该地区资金净额清算，异地清算代理机构同该地区证券商进行资金净额清算，该地区证券商与投资者进行资金清算。资金就地清算的具体办法如下：

①申请就地清算办法：A、申请就地清算券商与当地清算代理机构签订资金清算协议书。会员券商要做好就地清算前的对帐及其他准备工作。B、清算代理机构将“深圳证券交易所资金就地清算确认清单”传真给资金交收部，资金交收部对“确认清单”核对后予以盖章确认，会员券商自确认之口起在当地同清算代理机构进行资金清算交收。

C、会员券商就地清算开始日起，可将其在资金交收部清算头寸余额全部划至当地清算代理机构清算帐户。

②、开立资金清算帐户：

资金交收部在深圳清算银行开立资金清算帐户；异地清算代理机构在当地清算行开立资金清算帐户(目前大部分就地清算地区的清算代理机构即是当地清算银行)；异地券商在异地清算代理机构开立清算头寸分户。券商清算头寸起点为25万元，该头寸按金融机构往来存款利率按季度结息。同时，各异地券商向资金交收部交纳交易保证金25万元，国债专席证券商交纳交易保证金10万元。交易保证金均不计息，保证金金额根据本所资金交收业务规则按季调整。

③清算数据传送

资金交收部于T日晚将T日资金清算数据(交易及非交易清算数据)，通过通讯网络传至深圳清算银行、异地代理机构。

④资金清算交收

T+1日上午9:00以前

——深圳清算银行根据资金交收部提供的资金清算数据完成同资金交收部的资金清算；

——异地清算代理机构依据资金交收部发送的T日清算数据进行帐面划转，完成同当地证券商的资金清算。

——深圳清算银行根据资金交收部清算数据，异地清算行根据异地清算代理机构的转帐通知，于T+1日上午9:00以前通过电子联行系统进行两地汇划，以深圳清算行为发报行，异地清算行为收报行。

⑤资金清算费用

异地清算代理机构每月向参与清算的席位收取清算代理手续费，最高不超过1000元，若多个席位统一办理清算，则每增加一个席位增收50%手续费。

5、深交所与证券交易中心的资金清算办法

深交所与交易中心对清算款逐项净额清算，即清算应收(付)款、派息款、配股扣款、新股发行等款项逐项净额交收。划拨方式主要有两种：①通过人行电子联行于T+1日进行资金划拨。交易中心付款时，应于T+

1日上午10:00前由电子联行将款项汇至深交所人行帐户,并将电汇凭证传真至资金交收部。

②通过清算银行进行资金划拨。深交所在深圳指定一家银行为清算行,交易中心在当地选定一家相应的银行为清算行。

深圳B股的清算方法:

①交收原则

深圳B股的交收期为T+3日,即在某一个交易日成交的股票将在第四个交易日完成股份的过户及资金的收付。在交易所买进并确认成交的股票可于当天全部或部分卖出,但股份及资金净额的最终交收亦需在T+3日完成。

结算公司根据交易所成交资料及结算会员指令进行股份及资金的结算交收。

结算公司根据结算交收指令的对盘与配对的成功来保证交易所发生的每笔交易如期交收,并实现"货银对付"。

②指令及报送方式

用于完成同一投资者在不同结算会员之间进行股份转移的指令为二类指令(目前仅适用于境外B股经纪及托管银行)。

证券商及托管银行通过B-COM(结算公司客户终端服务系统)或传真在B股中央结算系统规定时限内向结算公司发送各类交收指令。

③结算交收程序

A、在交易所达成的所有B股交易记录在当日收市后传送至结算公司的B股中央结算系统。在T+1日结算系统根据成交资料生成交收指令。

B、T+2日中午12:00前,使用二类指令的结算会员需将该指令发送至B股中央结算系统,系统将于T+2日下午完成二类指令的配对,不配对指令的修正需在T+2日下午完成。二类指令配对完成后,进行试交收,打出试交收报告及各参予结算会员资金应收/应付报表,通知各会员以便应付款结算会员准备资金划拨。

C、T+3日中午12:00前,应付款结算会员须将应付资金划至结算公司指定帐户。T+3下午4:00前,结算公司进行股份及资金的最终交收,打出应交收确认书通知各参予结算会员。

④B股的资金交收

A、B股的交收资金为港币现汇,目前B股交收资金的划拨通过港币离岸专门帐户进行。证券商所收取的港币现钞在交收时需经银行转成港币现汇,钞转汇银行收取一般不超过1.5%的费用。B、B股的资金划拨银行为渣打银行深圳分行。

C、买方结算会员须在T+3日中午12:00前将应付款项汇至结算公司在渣打银行指定帐户。卖方结算会员须事先指定一帐户,以便结算公司在当日将应收款汇给该会员。结算会员无需事先缴纳清算头寸,但需保证应付资金按时到位。

券商之间清算交割完毕后,根据成交的价款,分别按委托品种分类,按姓名分类进行核算,将委托人买卖股票的资金直接划入或划出委托人设在券商处的资金帐户。

第五章 上市公司的信息披露

第一节 年度报告

一、年度报告的制作和公布

在我国境内公开发行股票的股份有限公司均应按照规定对要求披露的各项内容进行披露。证券市场是涉及到诸多领域的金融市场。我国证券对信息披露有严格的要求,新颁布《刑法》就增加对编造虚假信息造成股市动荡,要追究法律责任。

已发行人民币特种股票(包括B股和H股以及其他类型的海外股票及其派生证券)的公司同时应编制年度报告外文译本。公司应努力保证两种文本内容的一致性,并在外文本上注明:"本报告分别以中、英(或日、法文等)文两种语言编制,在对两种文本的理解上发生歧义时,以中文文本为准。"已在境内和境外两个以上证券市场(含两个)发行了股票和挂牌上市的公司,在编制境内和境外的年度报告时,应尽量做到一致,如果境外证券市场所要求的年度报告的内容与证监会颁布的《信息披露的内容与格式准则》(修正稿)不同,应遵守报告内容从多,编制时间从短,要求从严的原则办理。如境内年度报告内容有较大差异的,应将另一文本的年度报告列为备查文件。

公司全体董事必须保证年度报告所提供的信息的真实、准确和公正,并就其保证承担连带责任。向股东提供的年度报告可以登载宣传本公司业绩的照片和图表等,但内容与年度报告正文相一致,不得有误导和欺诈行为。

公司应当在每个会计年度结束后120日内完成编制年度报告。如果公司确有困难,无法在会计年度结束后的120日内完成编制报告,应该在报送年度报告最后期限到期前至少15个工作日内,向其股票挂牌交易的证券交易所提出延期申请,延期最长不得超过60日,同时应报告证监会。在申请中应说明延期的原因及预计的最后期限。一旦证券交易所批准了延期申请,公司应在指定报刊上公布延期提供年度报告的消息。

年度报告编制完成后,公司应立即将年度报告10份报送证监会和其股票交易的证券交易所。在召开年度股东会之前至少20个工作日,公司应将不超过5000字的报告摘要刊登在至少一种由证监会指定披露信息的全国性报刊上,同时将年度报告备置于公司所在地、挂牌交易的证券交易所、有关证券经营机构及其网点,以供股东和投资公众查阅。

已在境内和境外两个以上证券市场发行了股票和挂牌上市的公司,应在同一时间对境内外市场公布年度报告。如果国内外市场对编制年度报告的期限要求不同,应以较短的期限为准。

公司在证监会指定的报刊上披露年度报告摘要时,其内容应当至少包括年度报告正文、会计数据和业务数据摘要、董事长或总经理的业务报告,董事会报告中的主要内容及公司财务报告、关联企业、有关本公司的参考信息等方面的内容。

经证券交易所同意,公司可以在股东大会召开之前公布财务报告,其后公布年度报告。

根据《准则》的要求,年度报告的幅面应为209×295毫米(相当于A4纸规格)。

二、年度报告的主要内容与格式

(一)年度报告的封面及目录

年度报告的封面应载明公司的正式名称、"年度报告"字样和报告期年份,并可以载有本公司的外文名称以及公司徽章或其他标记的图案。

目录应在封面内首页上排印。

(二)年度报告正文

1、公司简介

本节主要简单介绍公司的历史与发展各项主营业务、特点及规模等,以400字以内为宜,可以刊载于封二或正文中。

2、会计数据和业务数据摘要

本节采用数据列表方式，还可以附有图形表，提供至报告年度末为止的前3年(或公司成立以来)的主要会计数据和财务指标，包括(但不限于)以下各项：净营业收入、税后利润、总资产、股东权益、每股收益、每股净资产、每股红利、净资产收益等。

每股收益＝税后利润/普通股份总数(按全面摊薄计算)

每股净资产＝股东权益/普通股份总数

每股红利＝当年可分配利润/普通股份总数

净资产收益率＝税后利润/股东权益×100％

已发行普通股以外的其他的股票(如优先股等)的公司，应按国际惯例计算以上指标，并说明计算方法和参照依据。

除会计数据和财务指标外，公司也可采用数据列表方式或图形表方式，提供与上述会计数据相同期间的业务数据和指标。例如，产品销售量、市场份额、以实物量计算的人均劳动生产率、公司各项主要业务占总收入的百分比，公司各地区收入占总收入的百分比等等。

数据的排列应该从左到右，左边是报告年度(最近一期)的数据。报告年度的数据也可以采用与其他年度数据不同颜色或黑体字印刷。

3、公司主要经营业务报告

公司的董事会或总经理应当向股东和其他年度报告的使用人报告公司的经营情况及本节规定的其他内容。

(1)公司经营情况的回顾。报告人应首先简要回顾公司在年度报告内总的经营情况。然后对公司所处的行业做简要介绍，例如行业的总体情况、相关产业政策、本行业的统计数据等。

报告还应介绍公司在本行业中的地位，如按销售额排列的，是否为国家主管部门专门定点生产经营单位等。

凡引用的有关本行业的数据，应注明数据来源。

在介绍了行业的情况之后，报告人应较详细地介绍公司在报告年度的经营情况，包括(但不限于)以下内容：①公司在报告年度取得的成绩与进展以及对经营计划目标的完成情况。应分别介绍每类产品的生产、销售数量和市场占有率，或建设项目的进展情况，服务项目的收支情况以及产品改进措施的落实，科研成果的应用效果，技术的改进与提高，人员的增加和专业素质的提高等。②在经营中出现的问题与困难及解决方案。③有关公司的其他情况公司可根据其具体情况补充陈述(但不限于)下列内容：a、受国家限额控制的资源消耗情况；b、境外市场的发展情况；c、公司外汇平衡情况；d、对公司业务有影响的工业产权及版权的有关情况。

如果公司属多元化经营，其业务涉及不同行业，则应对占公司主营业务收入10％以上(含10％)的经营活动及其所在行业分别作出介绍。如果公司在不同地区或国家开展业务，还应该按照不同地区或国家来反映公司主营业务收入的构成。

(2)对实际经营结果与盈利预测的重大差异的说明。

如果公司在报告年度之前或之中公布过报告年度全年或6个月以上(含6个月)的盈利预测而报告年度实际经营结果与盈利预测存在重大差异的，应对差异产生的原因进行较为详细的分析和说明，包括产生差异的主要项目和造成差异的主要原因。

这里所说的重大差异，是指公司在报告年度内的主营业务利润实际数低于预测数的20％或高于预测数的50％。

(3)对前次募集资金的运用情况的说明。如果公司在报告年度内募集过资金(包括增资配股)，或者虽然报告年度内没有新募集资金，但报告年度之前募集的资金投入的项目的建设延续到报告年度之内，则应就以下几方面(但不限于此)对资金的运用情况和结果加以说明：①资金的投入情况，是否按计划进度进行，是否控制在原预算金额之内，其他配套资金。(如果有的话)是否按计划到位，如有改变，应就其原因及依据进行披露。②项目的建设进展是否符合计划进度。③项目的收益是否与预测相符。

(4)新年度的业务发展规划。该部分介绍公司在新的年度中的业务发展规划，包括(但不限于)下列各项：①公司在这一年中生产经营的总目标；②为实现这一目标所需采取的措施；③固定资产更新、改造和扩充；④新技术、新工艺、新材料的研究、开发与实施；⑤正在建设、开发中的项目的预期进度；⑥人员数量的增加和素质的提高；⑦配套资金的筹措等等。

(5)其他需要披露的业务情况与事项。该部分列示报告人或者公司股票挂牌的证券交易场所认为有必要披露、与本公司业务有关的其他信息。

4、董事会报告

(1)董事会工作报告摘要。该部分摘要董事会向股东会提交的工作报告的要点。

(2)股票与股东。该部分介绍公司在报告年度末股票与股东的有关情况及其在报告年度内的变动情况，包括(但不限于)下列各项：

①股票与股本变动情况。a、股票发行与上市情况。该项到报告年度末为止的前3年(或自公司成立以来)两次股票发行情况，包括每一次的股票和派生证券的种类(A种股票、B种股票、H种股票、N种股票以及其他种类的海外股票、优先股、认股权证等)发行日期、发行价格、发行数量、上市日期、获准上市交易数量、交易终止日期等；b、对报告期内因发行新股票(包括送、配股)、拆股或合股等原因引起本公司票面值和股份总数的变动，对认股权证的购股情况，可转换优先股转为普通股和可转换债券转股的情况等应分别说明；c、公司本年内发行在外的股票的最高价、最低价、年初交易首日的开盘价和年终最后交易日的收盘价以及全年交易量；d、介绍报告年度末为止的前3年(或自股份有限公司成立以来)普通股每股净资产的变化情况；e、介绍报告年度内公司回购和注销已发行在外的本公司股票的情况；f、内部职工股情况，指专门向内部职工发行股票、股权证及派生证券。应介绍现存的内部职工股历次发行日期、数量、发行价格、托管起止日期、本年获准公开转让的数量等。

②股东情况介绍。a、股权结构情况，介绍报告期末的股权结构亦即以数量和比例表示的国家、法人、个人等各类股东持有股份和外国投资人持有的股份；b、股东数量，介绍报告期末的股东总人数、法人股东、个人股东和内部职工股东人数等；c、主要股东持股情况要求将持有本公司5％以上股份的股东的名称、年末持股数量、年度内股份增减变动的情况如实报告。若持股5％以上的股东少于10人，则应列出至少10名最大股东的持股情况。以上列出的股东情况中对代表国家持有股份的股东、非境内公民或外籍股东应予以注明。证监会批准豁免的情况除外。d、内部职工股东(指通过专门向内部职工发行而获得股票的内部职工)数量、年末持股总人数、年度内增加(或减少)的人数。

(3)董事、监事与高级管理人员。本条包括(但不限于)下列各项：

①现任公司董事、监事、高级管理人员的姓名、性别、年龄、职务、任期和专业、并陈述报告期内前述人员的变动情况；

②公司董事、监事及高级管理人员年末持股数量、年度内股份增减变动的情况

③公司董事、监事及高级管理人员年度报酬情况(以公司支付为限)，包括采用货币形式，实物形式的工资、奖金、福利、特殊待遇及有价证券等。年度报告中，应列有以上人员的身份证号码。

(4)重大诉讼事项报告。该部分要求披露重大诉讼事项(如果有的话)的有关情况，内容要求如下：

①对发行的编制本年度中期报告之后，且尚未编入重大事件报告的重大诉讼事项，应陈述该事项中的诉讼提出日期、诉讼的原因和依据、对赔偿和处罚的要求、开庭审理日期、判决日期、判决结果、诉讼各方当事人对该结果的意见等；

②对已编入本年度中期报告或重大事件报告、但当时尚未结案的重大诉讼事项，应陈述其进展情况或审理结果；

③公司董事、监事和高级管理人员个人被司法机关处拘役以上的刑事处罚或受到刑事起诉后，亦应在本节陈述；

④如报告期内无以上情况发生，应明确陈述“本年度公司无重大诉讼事项”。

如果公司确知存在与公司有关的重大诉讼的可能,也应对此加以说明。

(5)年度股东会。该部分应说明年度股东会的召开时间和地点,并简要介绍准备提交股东会审议批准的事项,包括下列各项:

①董事会和监事会向股东会提交的工作报告;

②年度决算和预算报告;

③利润分配或亏损弥补方案(包括股利分配方案);

④新年度发行股票(包括配股);

⑤董事会成员和监事会成员的变动,董事监事的报酬、福利的变动;

⑥董事会提交股东会审议批准的其他事项。

(6)其他报告事项。该部分提供董事会认为有必要报告,而又未包括在上述各项之中的事项。例如:

①注册会计师的变更;

②法律顾问的变更;

③选定用于信息披露的报刊的名称,以及选定报刊的变更等等。

5、财务报告

该部分提供公司的财务报告和注册会计师对该财务报告发表的审计报告。

(1)审计报告必须由具有从事证券业务资格的注册会计师出具。注册会计师只有遵照中国注册会计师协会颁布的《注册会计师检查验证会计报表规则》、《注册会计师查帐验证工作底稿规则》、《注册会计师查帐验证计划规则》的规定,对公司的财务会计记录及其他有关资料进行审计之后,方可出具审计报告。注册会计师所出的审计报告必须符合《注册会计师查帐验证报告规则》。

(2)财务报表。财务报表包括公司报告年度末及其前一个年度末的比较式资产负债表,该两年度的比较式利润及利润分配表、财务状况变动表(或现金流量表)。

财务报表的编制应符合《中华人民共和国企业会计准则》、《股份制试点企业会计制度》、《关于在证券交易所和交易系统已挂牌的公司如何执行会计制度的函》及财政部、中国证券监督管理委员会颁布的有关准则、制度的规定。

若公司持其他企业50%以上权益的,公司与其控股企业应编制合并报表。

(3)财务报表注释。财务报表注释是财务报告中不可缺少的一个组成部分,它应对比较式报表的两个期间的数据均作出说明。

财务报表的注释应说明的主要事项有公司的主要会计政策、报表内项目的分解与详细说明报表上的非常规项目及非正常情况,表内无法反映的重要事项等。

财务报表注释亦应符合"财务报表"中所列的各项准则、制度和规定。

公司在年度报告的其他部分所披露的同期财务会计资料以及在其他公开披露中包含的同期会计资料,应与部分经过审计的财务报告一致。

《准则》不要求公司编制新年度的盈利预测。但是凡公司在年度报告中提供新一年盈利预测的,该盈利预测必须经过具有从事证券业务的注册会计师审阅并发表意见。

6、公司在报告年度内发生的重大事件及其披露情况简介

凡公司在报告年度内发生过《股票发行与交易管理暂行条例》第六十条和《公开发行股票公司信息披露实施细则》第十七条所列举的重大事件,以及公司董事会判断为重大事件的事件,应对这些事件及其披露情况,作一简单的说明。如果上述事件取得进展或产生结果的,公司应对此作出说明。

7、关联企业

该部分列示关联企业的有关资料,也可采用图示或附以图示,包括(但不限于)关联企业的名称、所在地、主营业务范围以及本公司持有该关联企业所有者权益的份额。

公司在列示关联企业的有关资料时,可以只列示由公司以长期投资的形式直接或间接地持有其所有者权益的20%以上的其他法人或经营单位。

8、有关本公司的参考信息

该部分提供有关公司的一般参考信息,包括(但不限于)下列各项:

①公司的正式名称或外文名称;

②公司总部所在地、通讯地址、邮政编码及各种通讯工具的号码;

③公司首次注册登记日期、地点;

④报告期内变更注册日期、地点;

⑤工商登记号码;

⑥税务登记号码;

⑦股票上市交易场所名称;

⑧公司在上市交易场所的编号;

⑨公司股票主承销机构名称(如果在报告期有证券发行行为);

⑩公司未上市股票的托管机构名称;

⑪会计师事务所名称、办公地;

⑫律师事务所名称、办公地;

⑬公司负责信息披露事务人员的姓名、联系地址、电话等。

(三)备查文件

备查文件为公司在年度报告内在公司办公地点必备的有关文件,在证监会、交易所要求提供和股东依据法规或公司章程要求查阅时,公司应及时提供。在年度报告中应明确说明备查文件是否齐备、完整,备查文件包括下列文件:

①载有董事长、总经理亲笔签名的年度报告原本。

②载有会计师事务所盖章、注册会计师亲笔签字的审计报告正文及财务报表。

③年度内发行新股的《招股说明书》(或"送配股说明书")《上市公告书》。

④在其他证券市场公布的年度报告文本。

⑤公司各类统计报表和原始记录(对个别公司,经股东大会批准,并经政府有关部门认可后,有关内容可免于向社会公众公开提供)。

第二节 中期报告

一、编制中期报告的要求

上市公司编制中期报告,应当根据《公司法》的有关规定对各项内容进行披露。已在境内和境外两个以上证券市场发行股票和挂牌上市的公司,在编制境内和境外的中期报告时,应尽量做到内容一致。如果境外证券市场所要求的中期报告的内容与证监会颁布的准则有不同之处,在可行的情况下,应遵守报告内容从多不从少,报告编报时间从短不从长,报告要求从严不从宽的原则办理。如果境内、外中期报告内容有较大差异且无法遵守上述原则的,应将境外中期报告的文本列为备查文件。

已发行境内上市外资股、境外上市外资股以及其派生证券的公司,除受境外证券监管部门管辖,有特定要求者之外,应按照本准则的要求编制中期报告,并提供外文译文。公司应努力保证译文的准确性,并在外文本上注明:"本报告分别以中、英文(或日、法文等)两种语言编制,在对两种文本的理解发生歧义时,以中文文本为准。"

公司全体董事必须保证中期报告所提供的信息的真实、准确、完整和公正,并就其保证承担连带责任。

公司应当在每个会计年度的前六个月结束后六十日内(相当于两个连续的月份)编制完成中期报告。报告完成后,公司应当即将中期报告各十份报送中国证券监督管理委员会(以下简称"证监会")、地方证券管理部门和其股票挂牌交易的证券交易所备案,并将报告刊登在至少一种由证监会指定的全国性报刊上。

已在境内和境外两个以上证券市场发行了股票和挂牌上市的公司,应在同一时间内对境内、外市场公布中期报告。如果境内、外市场对编制

中期报告的期限要求不同,应以较短的期限为准。

报送证监会、地方证券部门和交易所的中期报告所用的纸张应有良好的质量,幅面应为209×295毫米(相当于标准的A4纸规格)。

二、中期报告的内容与格式

一、中期报告正文

(一)财务报告

1、财务报表

公司在中期报告中提供的财务报表,至少包括资产负债表和损益表。中期报告中的财务报表可以是简化的财务报表,也可以是完整的财务报表。

简化的资产负债表至少应包括下列各项:

①流动资产

②长期投资

③固定资产净值

④在建工程

⑤无形资产及递延资产

⑥其他长期资产

⑦资产总计

⑧流动负债

⑨长期负债

⑩少数股东权益

⑪股东权益

简化的损益表至少应包括下列各项:

①主营业务收入

②主营业务利润

③其他业务利润

④投资收益

⑤营业外收支净额

⑥利润总额

⑦所得税

⑧净利润

应提供的其他财务指标包括(但不限于)下列各项:

①每股收益

②净资产收益率

③每股净资产

④每股现金股利(在中期预分现金股利情况下)

如果净资产收益率低于同期银行存款利率,应说明原因。

资产负债表的报告日为公司本会计年度前六个月的最后一天和上个会计年度的最后一天。损益表的报告期间为本会计年度前六个月和去年的相同期间。

财务报表的编制应符合财政部、中国证券监督管理委员会颁布的有关准则、制度和规定,对同一内容的规定若有变化,应以最新颁布的为准。

若公司持有其他企业50%(不含50%)以上权益的,公司应与其控股的企业编制合并报表。对应纳入合并范围而未进行合并报表处理的被控股企业应明确列示,并说明原因。

上年度会计师事务所出具保留意见或无保留意见但有解释性说明审计报告的,应在本报告期内对相关事宜进行说明。

2、财务报表附注

如果在报告期间内有下列情况(但不限于此)发生的,应通过财务报表注释加以说明:

①与最近一期年度报告相比,会计政策或方法发生了变化;

②报告主体由于合并、分立等原因而发生了变化;③生产经营环境以及宏观政策、法规发生了重大变化,因而已经正在或将要对公司的财务状况和经营成果产生重要影响;

④资产负债表中资产类及负债类项目与上一会计年度末资产负债表对应各项目相比、损益表各项目与上年同期损益表相同项目相比,发生异常变化以及资产负债表股东类项目发生的变化;

⑤在报告期内有新的大额借款发生或对原债务进行重组;

⑥已知但尚未发生的重大或有关事项。

财务报表的附注可参照《年度报告的内容与格式》准则中《财务报表附注指引(试行)》的要求,简要编制。

财务报表附注也应符合"中期报告正文"第(一)节第1条所列的各项准则、制度和规定。

本节提供的财务报告,除特别情况外,无须经会计师事务所审计。凡未经审计的中期财务报告,应在表头下面注明"未经审计"字样。同时,公司全体董事必须确保该中期财务报告中所采用的会计政策与最近一期年度报告中所采用的会计政策相互一致,除非已在中期财务报告注释内加以说明。

如果中期财务报告已经具有从事证券业务资格的会计师事务所审计,公司必须如实报告该会计师事务所的审计意见。

公司在中期报告的其他章节所披露的同期财务会计资料以及在其他公开披露文件中包含的同期财务会计资料,应与本节的报告一致。

(二)经营情况的回顾与展望

1、上半年经营情况的回顾

本条由公司的董事长或总经理较简要地介绍公司在报告期内的经营情况包括(但不限于)公司在报告期内取得的成绩与进展。如果实际经营结果与原经营计划目标存在重大差异,应对差异产生的原因进行分析与说明。

2、下半年计划

本条主要叙述公司为了完成或超额完成年度经营计划,针对上半年生产经营过程中存在的问题准备采取的措施和对策;公司按照年度生产经营计划将要在下半年继续施行的项目安排,公司针对宏观经济环境的变化和国家有关政策的要求所要着重进行的工作。

(三)重大事件的说明

本节须列示根据《股票条例》第六十条及《信息细则》第四章、第五章的规定,公司在报告期内发生的须予披露的重大事件,如在报告期内已发布了重大事件公告,此处可将重大事件的主要内容及披露情况简要叙述。

公司在本报告中须特别注意披露涉及公司的重大诉讼、仲裁事项,已披露过的但未结束诉讼案件的进程及影响也须进行披露,如报告期内无重大诉讼、仲裁事项,应明确陈述"本报告期内公司无重大诉讼、仲裁事项"。

此处所指的重大诉讼、仲裁事项是:以公司的名义或公司董事、监事和高级管理人员因其在本公司任职而以个人名义作为诉讼、仲裁当事人且对公司的财务状况、经营成果、声誉、业务活动和未来前景等可能有产生较大影响的法律诉讼、仲裁事务。

如果公司确知存在与公司有关的重大诉讼、仲裁的可能,也应对此加以说明。

(四)发行在外股票的变动和股权结构的变化

本节介绍公司在报告期末股票与股东的情况及其在报告期内的变动情况包括(但不限于)下列各项:

1、报告期内发行新股票(包括送、配股)及股票的派生种类、拆细或合股、可转换债券转换情况、以及发行在外的股票的其它变化情况。

2、股权结构情况:应参照证监发字(1994)202号附件《年度报告中股份结构的披露格式》进行披露。

3、主要股东持股情况:要求将持有本公司5%以上的股份的股东的名称、报告期内股份增减变动情况、期末持有量如实填写。若持股5%以上的股东少于10人,则应列出10名最大股东的持股情况。

以上列出的股东情况中对代表国家持有股份的股东,境外或外籍股东应予以注明。

(5)股东大会简介

本节应披露召开股东大会(包括年度股东大会和临时股东大会)的情况,例如

1、召开股东大会的地址、时间;

2、到会股东的情况;

3、董事会提交股东大会讨论和作出表决的事项以及会议通过的决议。

如果股东大会对年度预分方案进行了修改,应进行披露。

如果股东大会对公司章程进行了修改,应介绍修改情况。

如果报告期内没有召开股东大会,则应明确陈述:"本报告期内公司没有召开年度股东大会或临时股东大会",未召开年度股东大会的,应说明原因。

二、备查文件

备查文件为公司在披露中期报告后在公司办公地点备置的有关文件。在证监会、交易所要求提供时和股东依据法规或公司章程要求查阅时,公司应及时提供。在中期报告中应明确说明备查文件是否齐备、完整,备查文件包括下列文件:

(一)载有董事长、总经理亲笔签名的中期报告原本;

(二)报告期内发行新股时的《招股说明书》(或《配股说明书》)、《上市公告书》;

(三)在其它证券市场公布的中期报告文本。

第三节 临时报告

一、重要会议的报告

1、董事会会议及会议公告。

根据证监会及《公司法》的有关规定,董事会的召开应按下列要求进行:

①公司董事会每年度至少召开两次会议,每次会议应当于会议召开十日以前通知全体董事。

②公司董事会召开临时会议,可以另定召集董事会的通知方式和通知时限。

③董事会会议应由二分之一以上的董事出席方可举行,董事会作出决议,必须经全体董事的半数通过。

④董事会议,应由董事本人出席,董事因故不能出席,可以书面委托其他董事代为出席董事会,委托书中应载明授权范围。

⑤董事会应当对会议所议事项的决定作成会议记录。出席会议的董事和记录员在会议记录上签名。

⑥董事应当对董事会的决议承担责任,董事会的决议违反法规或者公司章程,致使公司遭受严重损失的,参与决议的董事对公司负赔偿责任,但经证明在表决时曾表明异议并记载于会议记录的,该董事可免除责任。

⑦董事会通过决议在会议结束后,即应在第一时间将会议形成的决议以传真或专人送达的方式报告证券交易所上市部。经审定需公开披露的信息,由证券交易所上市审核部按信息披露要求通知公司董事会,在会议结束后两个工作日内在信息披露指定报刊上向社会公开披露。

⑧公司董事会应指定公司专职人员作为其信息披露联络人,并将其联系电话、传真号码等向证券交易所上市监察部报备,若有变化应及时通知变更。

董事会会议公告应该包括下列内容:

①董事会会议的时间、地点

②总经理业务工作报告或年度内董事会工作报告

③财务决算报告

④修改章程的提案、董事变动情况

⑤年度利润分配及分红方案

2、监事会会议及会议公告

公司监事会会议及会议公告的实施及披露,按照有关法律要求进行,若法律法规没有明确的,参照董事会会议及会议公告要求实施。监事会会议公告格式如下:××股份有限公司监事会公告

根据《公司章程》第五十一条规定,及公司第×届第×次职工代表大会改派公司监事(职工代表担任)的决议,××先生不再担任监事,改由×××先生担任。

××股份有限公司监事会

一九××年×月×日。

附:×××先生简历

3、股东大会及会议公告

股东大会是公司权力机构,依照《中华人民共和国公司法》行使职权。股东大会决议公告应遵循信息披露的要求。

从召开股东大会的当天起,公司挂牌股票停止交易,直至公司在指定报刊上公开披露股东大会决议公告当天(营业日)的下午复牌交易,披露期限原则要求在股东大会会议结束后的第一时间把股东大会决议公告以传真或专人送达的方式报告证券交易所上市审核部,经审核在信息披露指定报刊上向社会公开披露。

公司应将完整的股东大会会议资料以及股东大会形成的决议资料上报证券交易所上市审核部备案。

股东大会会议公告内容与格式如下:

××股份有限公司第×次大会决议公告

××股份有限公司第×次股东大会于19××年×月×日在×省×市×路×号召开,出席会议的股东代表×人,代表股份×股,占公司总股本的×%,符合《公司法》与公司规定的比例,经大会审议批准,表决通过了如下决议:

一、审议通过了《公司19××年经营计划》,19××年,公司各项经济指标均创历史同期最好水平,全年完成营业收入×万元,比上年增长×%,实现税后利润×万元,比去年增长×%;每股净资产×元,比上年增长×%。19××年,公司计划完成营业收入××万元,税后利润×万元。

二、审议通过了《公司监事会工作报告》。

三、审议通过了《公司19××年度财务决算报告》。

四、审议通过了公司19××年度利润分配方案,公司19××年度实现税后利润×元,分别提取10%的任意公积金,分红基金为×元,加上19××年未分配利润×元,19××年度可供股东分配利润为×元,按每10股送×股红股的比例分配。结余分红基金××元作为未分配利润,留待下年度分配。

五、审议通过了公司19××年度增资配股方案。

1、向全体股东按10股配×股的比例进行配股,每股配股价不低于×元,具体配股价授权董事会决定。

2、个人股可配股×万股,国家股可配股×万股,在征得国家股持股者同意后,个人股还可以从国家股转让的配股权×万股中受让配股,即1股转配×股,配股权转让费每股为×元。

3、个人股东受让国家股转让的配股权而增加的股份,在国家就国家股与法人股的流通问题作出新的规定之前,暂不上市流通。本方案报请政府有关部门审批同意后,授权公司董事会在适当时机与利润分配方案一并实施。

六、审议通过了修改《公司章程》部分条款的议案。

本次股东大会投票表决通过的上述决议均经×市公证处公证员××、××公证,决议有效,特此公告。

××股份有限公司董事会

一九××年×月×日

二、重要事件的公告

1、重要事件的定义

重要事件是指可能对上市公司的股票价格产生重大影响的事件。根

据《股票发行与交易管理暂行条例》及证监会制订的《公开发行股票公司信息披露实施细则(试行)》的有关规定,重大事件应当包括(但不限于)下列情况:

1)公司订立重要合同,该合同可能对公司的资产、负债、权益和经营成果中的一项或者多项产生显著影响。

2)公司的经营政策或者经营项目发生重大变化。

3)公司发生重大投资行为或者购置金额较大的长期资产的行为。

4)公司发生重大债务。

5)公司未能归还到期重大债务的违约情况。

6)公司发生重大经营性或者非经营性亏损。

7)公司资产遭受重大损失。

8)公司生产经营环境发生重要变化。

9)新颁布的法律、法规、、规章等,可对公司的经营有显著影响。

10)董事长、或者30%以上的董事总经理发生变动。

11)持有公司5%以上的发行在外的普通股的股东,其持有该种股票的增减变化每达到该种股票发行在外总额的2%以上的。

12)涉及公司的重大诉讼事项。

13)公司进入清算、破产状态。

14)公司章程变更、注册资金和注册地址的变更。

15)发生大额银行退票(相当于退票人流动资金的5%以上)。

16)公司更换为其审计的会计师事务所。

17)公司公开发行的债务担保或抵押物的变更或者增减。

18)股票的二次发行或者公司债到期或购回,可转换公司债依规定转为股份。

19)公司营业主要资产的抵押、出售或者报废一次超过该资产的30%。

20)发起人或者董事的行为可能依法负有重大损害赔偿责任。

21)股东大会或者监事会议的决定被法院依法撤销。

22)法院作了裁定禁止对公司有控股权的大股东转让其股份。

23)公司的合并或者分立。

24)其他可能对公司股票价格产生重大影响的事件。

25)公司发生员工伤亡,自然灾害损失、重大环保处罚等事实;

26)公司的董事、监事和高级管理人员持有本公司普通股的应履行披露其持股情况,持股情况发生变化的,应自该变化日起十个工作日内向中国证监会、证券交易所和本公司董事会作出报告;

27)前款未作规定,但确属可能对公司股票价格产生重大影响的事件也应列为重大事件。

但是,公司有充分理由认为向社会公布该重要事件会损害公司的利益,且不公布也不会导致股票市场价格重大变动。经证交所上市监察部同意,可以不予公布。中国证监会要求披露的全部信息均为公开信息,但法律法规予以保护且允许不予披露的商业秘密及中国证监会在调查违法行为过程中获得的非公开信息可以不予公布。

2、重要事件公告的有关运行规定

上市公司在发生无法事先预测的重大事件后一个工作日内,应当向证监会报告,同时应按其挂牌的证券交易所的规定及时报告这个交易所上市监察部。

公司发生重大事件,应当编制重大事件公告书向社会披露。重大事件公告书是上市公司依照证券法规的规定,就其发生的可能对公司股票价格产生影响的事件,通过指定的报刊向社会公众公布的宣传和说明材料。重大事件公告书编制完成后,应当立即报送证监会十份供备案,上市公司应当将重大事件公告书在证监会指定的全国性报刊中选择至少一家有一定影响力的报刊予以刊登和披露,并备置于公司所在地、挂牌交易的证券交易所、有关证券经营机构及其网点,供公众投资者查阅。

公司认为有必要通过新闻媒介披露某一重大事件时,应当在公开重大事件前向证监会报告其披露方式和内容。如果证监会认为有必要时可对披露时机、方式与内容提出要求,公司应当按照证监会的要求进行披露。

如果上市公司有充分理由认为向社会公布该重大事件会损害上市公司的利益,且不公布也不会导致股票市场价格的重大变动时,经挂牌交易的证券交易所同意,也可以不予公布。

公司因某种重要投资或经营行为等事项正在进行之中,又无法保证关联人不泄露相关信息,且无法保证该投资或经营行为必定成功,但预计该信息会对股价有所影响,公司应就此向投资者作出警告性公告。

在任何公共传媒中出现的消息,可能对公司股票的市场价格产生误导性影响,为此,公司知悉后应立即对该消息作出公开澄清。

公司的董事、监事和高级管理人员在辞职或者离职后六个月内负有向中国证监会、证券交易所上市监察部和原公司董事会报告其持股情况的义务。

公司应当将公司及其董事、监事、高级管理人员和持有公司5%以上的发行在外的普通股的股东所提交的报告、公告及其他文件及时向社会公开,供投资人查阅。

股票持有人可以授权他人代理行使其同意权或投票权,但是,任何人在征集25人以上的同意权或投票权时,应当遵守中国证监会有关信息披露和作出报告的规定。

三、公司收购控股兼并公告

根据证监会制定的有关法规,一个上市公司的收购控股或兼并另外一个公司,或者它被另一个公司收购,控股或兼并,致使上市公司的股份结构发生变化时,上市公司应当就此发布公告,并在证监会指定的报刊上公布。关于公司收购、控股及兼并的公告规定如下:

任何法人直接或间接持有一个上市公司发行在外的普通股达到5%时,应当自该事实发生之日起3个工作日内,向该上市公司、证券交易所和证监会作出书面报告并公告,并且要按证监会制订的准则和规定的内容、格式将有关情况刊登在至少一种证监会指定的全国性报刊上,当发行人除外的任何法人直接或间接持有一个上市公司发行在外的股份达到30%时,应当自该事实发生之日起四十五日内向该公司所有股东发出收购公告书,并将不超过五千字的收购公告概要刊登在至少一种证监会指定的全国性报刊上,同时向证监会报送备案,并且备置于公司所在地、挂牌交易的证券交易所,有关证券经营机构及其网点,以供公众查阅。

收购兼并控股公司应在协议公布后的20天内编制并公布公开说明书,收购公告书应包括以下事项:

(一)收购、兼并、控股人名称、所在地、所有制性质及收购兼并代理人。

(二)收购、兼并、控股人的董事、监事、高级管理人员名单及简要情况,收购、兼并、控股人为非股份有限公司者,其主管机构、主要经营管理人员及主要从属和所属机构的情况

(三)收购、兼并、控股人的董事、监事、高级管理人员及其关联公司持有收购、兼并、控股人和被收购股份人数量;

(四)持有收购、兼并、控股人5%以上股份的股东或持股数量最大的十名股东名单及简要情况;

(五)收购价格、支付方式、日程安排(不得少于二十个工作日)及说明。

(六)收购、兼并、控股人欲收购股票数量(欲收购量加已持有量不得低于发行在外普通股的50%);

(七)收购、兼并、控股人和被收购、兼并、控股人的股东的权利和义务;

(八)收购、兼并、控股人前三年的资产负债、盈亏概况及股权结构;

(九)收购、兼并、控股人在过去十二个月中的其他收购情况;

(十)收购、兼并、控股人对被收购、被兼并、被控股人继续经营的计划;

(十一)收购、兼并、控股人对被收购、被兼并、被控股人的资产重整计

划;

(十二)收购、兼并、控股人对被收购、被兼并、被控股人的工作安排计划;

(十三)收购、兼并、控股人资产重估及说明;

(十四)收购后,收购人、兼并、控股与被收购人、被兼并、被控股组成的新公司的章程及有关内部规则;

(十五)收购后,收购、兼并、控股人或收购、兼并、控股人与被收购、被兼并、被控股人组成的新公司对其关联公司的贷款、抵押及债务担保等负债情况;

(十六)收购、兼并、控股人对被收购、被兼并、被控股人各自现有的重大合同及说明;

(十七)收购后,收购、兼并、控股人或收购、兼并、控股人与被收购、被兼并、被控股人组成的新公司的发展规划和未来一个会计年度的盈利和预测。

(十八)证监会要求载明的其他事项。

被收购、被兼并、被控股公司应在协议公布后的20天内编制并公布公开说明书,其内容应包括。

1、公司状况;

2、公司董事会对收购的意见;

3、公司董事及高级行政管理人员持有收购公司股份的详细说明;

4、控股、兼并、收购公司及其附属公司概况;

5、公司前三年的资产负债概况,盈亏概况;

6、公司及其对附属公司的借款、贷款、抵押,债务担保及其他债务情况;

7、重大会约及其说明;

8、与收购、兼并、控股公司有重大利益关系的董事及高级行政管理人员应加以详细说明;

9、主管机关要求的其他资料。

四、利润分配公告

上市公司对利润的分配及公告按下述要求和程序进行:

1、公司分配当年税后利润时,应当提取税后利润的10%列入公司法定公积金,并提取税后利润的百分之五到百分之十列入公司法定公益金。公司法定公积金累计为公司注册资本的百分之五十以上的,可不再提取。

2、公司的法定公积金不足以弥补上一年度公司亏损的,在依照前款规定提取法定公积金和法定公益金之前,应当先用当年利润弥补亏损。

3、公司在以税后利润中提取法定公积金后,经股东大会决议,可以提取任意公积金;

4、公司弥补亏损和提取法定公积金、法定公益金后所余利润,按照股东持有的股份比例分配。

5、股东会或者董事会违反规定,在公司弥补亏损和提取法定公积金、法定公益金之前向股东分配利润的,必须将违反规定分配的利润返还公司。

6、公司的公积金用于弥补公司的亏损,扩大公司生产经营或者增加公司资本。公司经股东大会决议将公积金转为资本时,按股东原有股份比例派送新股,法定公积金转为资本时,所留存该项公积金不得少于注册资本的百分之二十五。

7、公司提取的法定公益金用于本公司的集体福利。

8、公司披露分配公告应详细说明分配来源的构成关系、分配方案、以及相关的股权登记日、除权(息)日,红股上市交易日。

9、公司派发现金红利、应说明派发方法,若委托证券登记结算公司派发,则应与其签订代派现金红利合同,及时划转现金。委托方在收到代派发现金红利款项后的两个工作日内派发现金红利公告。派发现金红利挂牌时间不少于二十个工作日。

10、公司披露分配公告,应指定专人携带密封件净分配公告送达证券交易所上市审核部,在公开披露之前,负有保密责任。

11、公司分配方案若不同股同权,应向证券交易所上市审核部提供当地证管部门批准文件,涉及国家股东的应由国有资产管理局出具同意批文、股东大会决议、关联方的承诺文件,并要求向中国证监会提供相关文件。

12、公司董事会在审批年度审计报告时,应向会计师事务所提供年度利润分配方案,由会计师事务所据此调整会计报表,分配方案实施完毕,再根据实际分配情况调整相关帐务。

利润分配内容及顺序如下:

1)应在弥补以前年度亏损后(不超过规定的弥补期限之内),按照国家税收规定计算并缴纳所得税;

2)弥补以前年度亏损,指超过用所得税前的利润抵补亏损的期限后,仍未补足的亏损。

3)提取法定盈余公积金,按规定企业必需按当年税后利润(减弥补亏损)的10%提取,当法定盈余公积金达注册资本的50%时可不再提取。

4)提取公益金

5)支付优先股股利

6)提取任意盈余公积金

7)支付普通股股利

五、配股提示性公告

上市公司向股东送、配股要按以下程序和要求披露有关信息:

1、董事会制订方案,表决通过之日后两个工作日内通知该公司股票挂牌上市的交易所;七个工作日内在中国证监会指定的报刊和交易所指定的报刊上公布该次董事会决议,并必须载明"该项决定尚须经股东大会表决"字样,向股东发出的召开股东大会通知的公告日期距股东大会召开之日的间隔不应少于三十天,不应多于六十天。

2、召开股东大会审议并表决发行方案,修改公司章程;发行方案可以根据持股超过50%以上(或公司章程规定的比例)的股东的意见修改,但必须符合本规定的内容要求;持该公司5%以上普通股的主要股东应就接受或放弃配股权利做出声明,并在有关文件中公布,该公司股东大会期间其股票停牌及复牌事宜,应按其股票上市所在的交易所有关规定办理。

3、上市公司在与交易所协商关于本次送配股的业务安排时,应出具省、自治区、直辖市或计划单列市人民政府根据规定和国家有关法规作出的复核意见,并在其后三个工作日内公布《配股说明书》。

4、上市公司于配股缴款结束之日后十五日内在指定报刊上刊登《股本变动公告书》。

配股提示性公告的内容与格式如下:

××股份公司董事会公告

重要提示

本公司将于近期公布《配股说明书》,《配股说明书》是本次配股的法律文件,股东和其他投资人在作出认购本次配股决定之前,应首先仔细阅读《配股说明书》,并将其作为投资决定的依据。

一、本公司19××年×月×日第×次临时股东大会及19××年×月×日第×次临时股东大会决议通过的配股方案已由中国证监会根据证监发字〔1994〕131号文件《关于执行〈公司法〉规范上市配股的通知》及证监发字〔1994〕101号《关于颁发〈上市公司办理配股申请和信息披露的具体规定〉的通知》的规定审核同意。

二、配股方案概要

1、股票类型:人民币普通股

每股面值:×元人民币

配售价格:×元人民币

配售发行股份总量:×万股

股东配股比例:向全体股东1:×的比例配售,其中向国有法人股股东配售×万股;向社会公众股股东配售×万股。

2、本次配股的认购方式为:拥有配股权的股东根据所持有股份按例认购。

3、本公司社会公众股股东可根据自己的意愿决定是否从国有法人股配股权转让中获得每1股配售×股，每股转让价为×元。在国务院就国有法人股流通问题未作新规定以前，由国有法人股拥有的本公司配股权出让后，受让者由此增加的股份暂不上市流通。

××股份有限公司董事会

一九××年×月×日

六、公司合并或分立

根据我国有关法律、法规，公司的合并或者分立，应当由公司的股东会作出决议，股份有限公司的合并或者分立，必须经国务院授权的部门或者省级人民政府批准。

公司合并，应当由合并双方签订合并协议，并编制资产负债表及财产清单，公司应当自作出合并决议之日起十日内通知债权人，并于三十日内在报纸上至少公告三次。公司分立时，也应当编制资产负债表及财产清单，公司应当自作出分立决议之日起十日内通知债权人，并于三十日内在报纸上至少公告三次。债权人自接到通知书之日起三十日内，未接到通知书的自第一次公告之日起九十日内，有权要求公司清偿债务或者提供相应的担保，不清偿债务或者不提供相应担保的公司不得合并或分立。

公司合并公告应包括下列内容：

(一)合并申请书；

(二)政府授权部门批准文件；

(三)合并各方股东会(或其所有者)同意合并的决议；

(四)合并合同；

(五)存续公司或新设公司的章程；

(六)注册会计师验证的合并前各方的资产负债表，利润表以及注册会计师的查帐报告等；

(七)应当提交的其他文件；

公司分立公告应包括以下内容：

(一)分立申请书；

(二)政府授权部门批准文件；

(三)分立协议；

(四)股东大会同意分立的决议；

(五)分立各方的公司章程；

(六)经注册会计师验证的分立前公司的资产负债表、利润表以及注册会计师的查帐报告等；

(七)应当提交的其他文件。

公司合并时，合并各方的债权、债务，应当由合并后存续的公司或者新设立公司承继。公司分立时，其财产应作相应的分割，分立前的债务按所达成的协议由分立后的公司承担。当公司合并或者分立，登记事项发生变更的，应当向公司登记机关办理变更登记，如公司新增加或减少注册资本时，应当向登记机关办理变更登记。

七、公司破产、解散和清算

根据我国《公司法》，关于公司破产、解散和清算，应按照下列要求和程序进行。

1、公司因不能清偿到期债务，被依法宣告破产的，由人民法院依照有关法律的规定，组织股东，有关机关及有关专业人员成立清算组，对公司进行破产清算。

2、公司有下列情形之一的，可以解散。

1)公司章程规定的营业期限届满，或者公司章程规定的其他解散事由出现时；

2)股东会议决议解散；

3)因公司合并或者分立需要解散的。

3、公司依照前条第1项，第2项规定解散的，应当在十五日内成立清算组，清算组由股东大会确定其人选；逾期不成立清算组进行清算的，债权人可以申请人民法院指定有关人员组成清算组，进行清算。人民法院应当受理申请、并及时指定清算组成员，进行清算。

4、公司违反法律，行政法规被依法责令关闭的，应当解散，由有关主管机关组织股东，有关机关及有关专业人员成立清算组，并进行清算。

5、清算组在清算期间行使下列职权：

1)清理公司财产，分别编制资产负债表和财产清单；

2)通知或公告债权人；

3)处理与清算有关的公司未了结的业务；

4)清缴所欠税款；

5)清理债权、债务；

6)处理公司清偿债务后的剩余财产；

7)代表公司参与民事诉讼活动；

6、清算组应当自成立之日起十日内通知债权人，并于六十日内在报刊上至少公告三次，债权人应当自接到通知书之日起三十日内，未接到通知书的自第一次公告之日起九十日内向清算组申报其债权。

7、债权人申报债权，应当说明债权的有关事项，并提供证明材料。清算组应当对债权进行登记。

8、清算组在清理公司财产，编制资产负债表和财产清单后，应当制定清算方案，并报股东会或者有关主管机关确认。

9、公司财产能够清偿公司债务的，分别支付清算费用，职工工资和劳动保险费用，缴纳所欠税款，清偿公司债务。

10、公司财产按规定清偿后的剩余财产，股份有限公司按照股东持有的股份比例进行分配。

11、清算期间，公司不得开展新的经营活动，公司财产在未按规定清偿前，不得分配给股东。

12、因公司解散而清算，清算组在清理公司财产、编制资产负债表和财产清单后，发现公司财产不足清偿债务的，应当立即向人民法院申请宣告破产。

13、公司经人民法院裁定宣告破产后，清算组应当将清算事务移交给人民法院。

14、公司清算结束后，清算组应当制作清算报告，报股东会或者有关主管机关确认，并报送公司登记机关，申请注销公司登记，公告公司终止。不申请注销公司登记的，由公司登记机关吊销其公司执照，并予以公告。

15、清算组成员应当忠于职守，依法履行清算义务。清算组成员不得利用职权收受贿赂或者其他非法收入，不得侵占公司财产。

16、清算组成员因故意或重大过失给公司或债权人造成损失，应当承担赔偿责任。

第六章　证券营业部的制度管理

第一节　岗位责任制度

为明确证券营业部业务活动中各岗位的职责，规范交易业务活动，加强风险控制，提高工作效率，便于规范管理，各证券公司对营业部的管理和机构设置都有明确的规定，但不同的证券公司其管理模式略有不同。一般来说，营业部的部门管理架构，如下图所示：

营业部管理的完善有利于证券营业部规范运作、规避风险、创造利润、更好地发展。

交易部负责A、B股交易的日常交易及客户服务；

电脑部负责营业部数据接收系统、证券交易系统等的有效工作。负责电脑网络及交易、行情系统的管理和维护，保证证券交易的正常运行。

业务发展部负责客户开发、信息研究、新业务拓展、资金等业务；

财务部负责营业部的会计核算和财务管理工作；

综合管理部负责营业部行政、文秘、人事、档案管理、后勤、保安等工作。

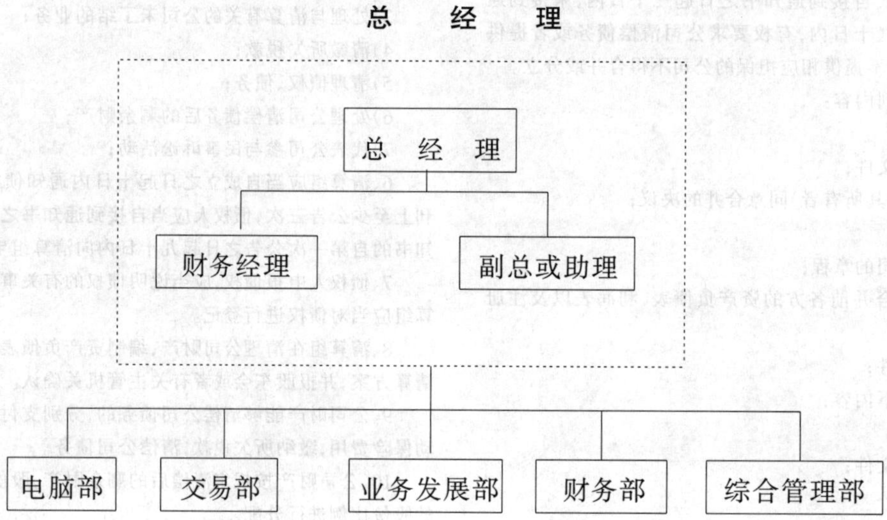

一)交易部岗位职责

严格遵守国家法律、法规及证券主管机关颁布的各项法令、法规，认真执行公司下发的各项规章制度，服务客户，规范操作，做好A、B股票交易日常工作。交易部各岗位职责如下：

1、交易部经理岗：

(1)认真、负责地做好交易部日常管理工作，妥善处理客户纠纷及突发事件；

(2)充分调动交易部员工的工作积极性，尽量发挥各人的技长，发现并培养人才；

(3)负责交易部同其它业务及管理部门的联络和沟通，防止工作脱节；

(4)及时向营业部总经理、副总经理汇报交易部工作开展情况，反映工作中存在的问题，推动交易部业务工作的发展；

(5)负责对交易部员工业务技能及业务知识的培训；

(6)负责对交易部员工的日常工作进行检查和考评；

(7)负责处理交易中的委托交易差错、清算差错及卖空差错等，负责同交易所各业务部门的联络工作；

(8)负责对交易部有关制度及有关交易的文件的草拟及监督执行；

(9)负责营业部交易环境、交易秩序的统筹安排工作。

2、柜台主管岗：

(1)负责自己所用电脑等设备及散户大厅所有设备的日常检查工作；

(2)负责协调客户与柜台之间的有关争议；

(3)解答客户提出的柜员不能解释的问题；

(4)负责督促各柜员认真作好本职工作；

(5)负责在柜员忙不过来的时候，帮助柜员做一些急需做的工作，以及代替个别临时不能上班的柜员的工作；

(6)负责收市后督促各柜员整理当天的有关单证和接受各柜员交来的资料，月末复印，原件交办公室，复印件归档保存；

(7)负责向交易部经理汇报柜台工作中反映的问题及工作开展情况；

(8)负责客户股票转托管、沪股交易指定与撤销指定、客户资料修改申请、证件挂失与解挂、客户销户的审核工作；

(9)兼作柜台某一重要岗位工作。

3、开户岗：

(1)遵守各项规章制度，树立良好职业道德和职业形象，热忱待客，优质服务，严禁与顾客争吵；

(2)负责证券委托买卖协议书，空白资金卡的申请表领取准备工作；

(3)负责个人户、机构户的开户申请审核办理及登记工作；

(4)负责个人户、机构户的销户申请初审办理登记工作；

(5)负责客户资料修改申请初审办理及登记工作；

(6)负责客户证件挂失申请初审办理及登记工作；

(7)负责客户询问的解答工作；

(8)负责每日将客户资料整理交柜台主管的工作。

4、保证金岗：

(1)遵守各项规章制度，树立良好职业道德和职业形象，热忱待客，优质服务，严禁与顾客争吵；

(2)负责空白保证金存取单的领取工作；

(3)严格查验存取款客户的证件和保证金，不符者拒绝办理，代办人需出具股东身份证、本人身份证及股东代码卡、交易卡及公证过的委托书；

(4)负责收取现金和客户支付现金的工作(如有银行进场，此工作由银行人员办理，柜台人员须当天核对客户保证金发生额是否与银行存取额一致)；

(5)以转帐形式存入的保证金，取款时只能以相同方式转出，不能提现，且收款方名称必须与原保证金帐户一致或按授权书规定执行；

(6)严格按取款审批权限执行；

(7)负责柜台备用金的保管工作和多余现金上交财务部出纳或交存银行的工作；

(8)负责打印"当日资金存取明细表"和"汇总表"的工作；

(9)负责当日保证金存取单(包括内转单)的整理和核对工作；

(10)负责将所有存取单的会计联连同当日打印的"当日资金存取明细表"、"汇总表"交清算会计，将存取单的柜台联整理交柜台主管；

(11)维护客户利益，不能擅自泄漏客户一切资料。

5、委托买卖及报盘岗

(1)遵守各项规章制度，树立良好职业道德和职业形象，热忱待客，优质服务，严禁与顾客争吵；

(2)负责替客户申报委托买卖股票的工作；

(3)负责整理委托单柜台联，并转交给档案管理员的工作；

(4)负责向上海交易所场内的报盘工作；

(5)负责客户红利领取及配股工作。

6、清算岗

(1)遵守各项规章制度，树立良好职业道德和高度的责任感，不利用工作之便谋取私利；

(2)负责同电脑人员一起按清算流程对客户的股票交易清算工作；

(3)负责进行平帐检查工作和与清算会计一起作保证金核对工作；

(4)及时将登记公司发出的各类通知和帐单等传回本部；

(5)负责配合资金存取人员前往银行打印客户存折的工作；

(6)本部与登记公司在对帐中发现问题，应及时向登记公司了解和查询，并将结果及时反馈本部。

7、交割及查询岗

(1)遵守各项规章制度，树立良好职业道德和职业形象，热忱待客，优质服务，严禁与顾客争吵；

(2)负责给客户打印交割单的工作；

(3)负责替客户查询当天的成交情况；

(4)负责客户转托管申请的初审及办理工作；

(5)负责与客户核对其转进股票种类及数量的工作；

(6)负责客户交易指定与撤销指定申请的初审及办理工作；

(7)负责(T+1)日开市前确认指定与撤销指定是否成交并做好记录的工作；

(8)负责将当日发生的客户资料整理归档交柜台主管保管的工作。

8、专户管理岗

(1)负责所有大、中户电脑的开启与关闭及日常检查工作；

(2)遵守各项规章制度，不利用工作之便谋取私利，不在工作权限内与客户有利益上的交换；

(3)负责各种咨信资料的收集复印与分发工作；

(4)负责管理机构大户的委托下单及向场内报盘等工作；

(5)负责客户的基础咨询工作；

(6)负责受理大户的其它委托联络代办工作；

(7)负责加强公司与客户的沟通工作；

(8)负责为客户安排大、中户室及登记工作；

(9)负责每月对大中户进行资金、交易分类统计的工作；

(10)负责整理专户的委托资料并归档交部门经理的工作。

注：交易部在调配柜员岗位时，须遵循以下客户资料保管及保密制度：

(一)客户资料指客户开户资料所载内容及客户历史和即时成交记录；

(二)客户开户资料属需长期妥善保管的资料，开户资料实行"每日一缴"制度，即开户人员按日上交所受理的开户资料；

(三)客户当面委托买卖凭据属时效性的客户资料，柜台人员"按日装订，按月上缴"；

(四)客户资料的保管分散户和大户，实行两种不同的保管办法：

(1)对于散户，实行按"时间顺序保管"的保管办法；

(2)对于大户和法人户实行按"户头保管"的保管办法；

(五)所有柜台人员及能接触客户资料的人员为涉密人员，涉密人员不得向非涉密人员泄漏任何客户资料；

(六)涉密人员因故调看某一客户资料时应避开任何客户；

(七)柜员密码应经常更换，应避免使用重复数字及简单顺序排列数字，如"8888"、"1234"等等。

(八)有时效性的客户资料的销毁须经过营业部总经理的批准，并作专门登记。

二)营业部电脑岗位职责

(1)负责本营业部系统的每日启动，关闭及监控运行等日常工作。

(2)负责本营业部的电脑网络系统的管理与维护，每月定期检查网络状况，写书面报告，上报电脑中心。

(3)解决交易中发生的突发性事件，保证交易的正常进行。

(4)负责与交易所、电信局等部门保持业务联系，确保通讯线路的通畅。

(5)管理好本部门的电脑设备，配合财务部做好电脑固定资产的登记，清点工作。

(6)根据营业部总经理的指令，给各网络用户、各交易柜员授权。

(7)及时传达和处理交易所传来的有关数据和文件。

(8)负责本营业部日常交易资料的数据备份和日结清算工作以及新股上市交易。

(9)记录每日电脑系统的运行日志和有关电脑的文档的收集，交电脑中心存档。

(10)根据营业部业务发展的需求，提出恰当的软件需求报告及硬件购置计划。

(11)对于有故障的设备，要及时检查处理。工作站故障应自行准确判断，板卡级故障应及时进行更换，显示器和主机电源故障可请专人来修理。

三)发展部岗位职责

业务发展部负责为营业部不断开发利润增长点，保证营业部快速发展。目前主要工作为：客户开发与管理、信息咨询研究及相关资料存档、融资融券等工作，其岗位设置与职责如下：

1、经理岗

(1)认真负责地做好本部门日常管理工作；

(2)加强学习，了解证券市场动向，配合其它部门做好风险防范工作；

(3)负责同其它业务及管理部门的联络与沟通，防止工作脱节；

(4)起草本部门的各种业务制度并监督执行；

(5)不断开拓新业务并组织实施；

(6)及时向营业部经理会汇报业务发展情况，反映问题，推动业务的发展。

2、客户开发与管理岗

(1)对外拓展各类客户。

(2)对内加强同客户的交流，定期对客户进行各种类型的问卷调查，为总经理提供改进服务的意见。

(3)与外界保持经常的广泛的联系,广开客源、宣扬和维护公司的外部形象。

(4)负责经纪人的管理工作。

(5)负责配合交易部做好客户管理工作。

3、市场研究岗

(1)研究证券市场,为客户提供解盘服务。

(2)了解上市公司、建立上市公司的最新资料档案。

(3)开展新项目投资研究,为公司创新、发展献计献策。

(4)准确及时地提供深沪各上市公司配股、红股、股利的详细资料和新股发行的主要事项,并下发给各业务部门。

(5)了解客户对信息需求,订阅、分发、传真有关证券市场的各类咨信资料,并归档整理。

(6)配合总部研究中心,开展某类专题研究。

4、投资银行岗

分支机构投资银行业务人员业务职责:

(1)协助公司投资银行总部的从事投资银行业务。

(2)情报搜集。积极设法及时了解本省(市)当年哪些企业将发行新股、哪些有希望获得新股发行额度,企业的基本情况如何,并将信息反馈总部。

(3)公关联络。在营业部经理带领下与当地证券主管部门建立良好关系,掌握主管部门动态,为我公司在当地开展投资银行业务奠定基础。

(4)参与实际工作。总部在当地或邻近地区取得项目当开始实际工作时,随同进场参加工作,学习积累业务经验,逐渐培养独立工作能力。

(5)加强与已上市公司联系。主动与当地已上市公司联系,搜集有关资料,寻求业务机会,如配股、兼并收购、二级市场配合等。

(6)积极参与新股承销。通过各种关系和努力,与本地区进行股改的企业和主承销商密切联系,争取参与分销或上市推荐业务,获得经济收益,并扩大社会影响。

(7)开拓业务:与本地区有一定规模(资产规模2亿元以上)、经济效益较好、有可能改制上市的企业建立联系,表达公司与其合作的意向。合作的方式包括A股与B股的发行与上市、海外上市等。

各分支机构投资银行业务人员应及时将重大问题(如各地拟上市企业名单和排队情况,分销及配股机会等)报总部,并每月初书面向总部汇报一个月来有关业务和联系情况。

5、债券及资金计划岗

(1)配合总部国债部开展各类债券的承销工作。

(2)研究债券市场,为公司领导提供债券自营赢利方案。

(3)根据总部及营业部的经营目标和方针,研究国家金融政策,分析金融行业形势,制定好营业部的长、中、短期资金筹集运用计划;

(4)努力开展业务,建立广泛而稳定的融资渠道,通过拆借、理财、回购、保证金存款等形式筹集资金,保证本部需求;

(5)制定好资金管理制度和操作规程,并负责监督实施。

6、其他

由于各营业部所处经济地理环境的不同,新业务的开展侧重点也有差别,各营业部须充分认清经济政治形势,结合自身特点,不断尝试新业务,成熟后,可大力开展。

四)综合管理部岗位职责

综合管理部是负责办公、行政、人事管理的部门,具体落实、执行总公司和营业部的各项工作任务,为营业部及其他部门创造有序、高效、规范的工作环境,其主要职责是:

1、办公文秘、人事管理

(1)负责有关会议组织、文件起草、会议记录、决议督办等事项;

(2)负责有关文件资料的收发、整理、登记、传递、归案,对领导阅批文件负责催办落实;

(3)负责公司行政印章的管理、文件资料打印、复印、传真及有关事宜的联络工作、来信来访;

(4)负责人事制度的制定、收集、管理和执行;

(5)办理人员招聘、转正、晋级、调离、辞职、解聘等方面的具体工作;

(6)负责公司员工的考勤、考评、奖惩及其他有关具体事项。整理、保管人事档案、负责员工培训及办理职工保险等;

(7)负责客户开户资料、委托资料(原件)的归档保存工作。

2、行政管理

(1)负责公司公物管理、办公用品、固定资产购置、登记、保管与配用;

(2)负责公司职工福利、医疗、休假管理方面的具体工作;

(3)负责公司卫生、安全、保安管理;

(4)负责公司物业管理、维护保养、处理日常来信、来访、接待、招待等事宜;

(5)公司领导交办的其它事宜。

五)财务部岗位职责

营业部财务部的工作任务主要是负责营业部的会计核算与财务管理,其具体职责是:

(一)遵照总部的财务会计制度,结合各营业部实际情况,组织制定营业部的财务会计制度并认真贯彻执行。

(二)依据有关规定,对营业部发生的各项财务收支及其他经济业务的合法性、合理性、有效性进行监控,具体包括:

1、审查各项资金来源是否正当、合法、资金运用是否安全、有效;

2、审查和参与拟订营业部的经济合同、协议及其他经济文件:

3、审查各种原始凭证的来源是否合法。

(三)负责营业部日常的会计核算工作。具体包括:

1、按照现金管理和银行结算制度的规定办理现金和银行结算业务,并做好现金帐和银行帐的核对工作,做好日清月结。

2、严格按照借款及费用报销制度的规定,审核各项费用报销手续是否齐全,单据是否真实,开支是否符合规定标准。

3、负责处理每日发生的各项会计事项,及时编制会计凭证,登记总帐、明细帐。

4、及时填报会计报表,保证金帐表、帐实相符,确保会计报表的真实性和及时性。

5、负责固定资产、低值易耗品明细帐的登记,并定期做好资产的清查工作,以保证公司财产物资的安全、完整。

6、负责会计档案的管理,及时装订整理会计凭证。

(四)负责每日客户保证金和清算头寸的核对工作,做好公司清算头寸的划拨,不发生透支行为。

(五)编制营业部财务预算、参与拟订有关的资金计划、业务计划,控制、考核、分析财务预算的执行情况。

(六)负责营业部财务会计资料的汇总、汇编及上报工作,为营业部及公司总部领导决策提供及时、准确的财务信息。

(七)负责办理营业部经理及上级领导安排的其他财务事项。

第二节　业务操作制度

一)沪深A股业务流程

1、证券交易的开户:

(1)客户进行深沪股买卖,须先在开户柜台办理开户手续-按个人或机构分别提供以下资料:

A、个人开户须提供股东代码卡及其本人身份证,若为他人代理,须同时出示代理人身份证。

B、机构开户须提供机构股东代码卡、加盖公章的公司营业执照复印件、法人证明书原件、法人授权书原件及法人和代理人身份证,同时填写《印签卡》,预留印签。

(2)客户填写开户申请书，签订《证券交易委托协议书》一式二份，申请人工电话委托的客户须填写《人工电话委托买卖补充协议》；若为他人代理，须由股东及代理人临柜签定《授权委托书》。

(3)开户柜员认真审核上述资料无误后，将资料输入，并提示客户输入保证金密码和交易密码。

(4)柜员妥善保管股东身份证复印件、股东代码卡复印件、营业执照复印件、代理人身份证复印件、法人证明书、法人授权书和《证券交易委托协议书》、《授权委托书》及《人工电话委托买卖补充协议》等资料，存档备查。

(5)开户柜员将股东身份证、股东代码卡、开户申请书客户联、《证券交易委托协议书》和《人工电话委托买卖补充协议》各一份交还客户，完成开户手续。

2、客户资料的修改

(1)客户资料的修改分一般修改和特殊修改。一般修改是指客户电话号码、通讯地址等的修改；特殊修改是指客户证券帐户卡号、交易密码、代理人资料等的修改。

(2)修改客户资料的客户须填写客户资料修改申请表。

(3)客户资料的一般修改在客户提供书面材料（即开户申请）以后即可办理，特殊修改则须经交易部负责人审查。

(4)客户因遗失须更换股东卡而修改股东资料，须持登记公司出具的“调帐通知书”方可受理。

(5)客户因遗忘而需强行修改密码，须留下书面的“情况说明”，柜台人员在查验客户签字与原开户资料中预留印鉴一致后，方可受理，客户强制性修改密码后，一个月内不得提款和办理股票的托管转出及指定撤销等。

(6)客户因故需取消代理人或更换代理人，须在所有当事人均在场并留下书面的“情况说明”并当面签字后方可受理。

(7)客户修改资料须客户本人持有效证件亲自办理。

(8)客户资料修改申请表同原客户开户申请表一起存档保管。

3、保证金存取

保证金的存取在资金柜台（保证金柜台）办理。资金柜至少设一名经办人员和复核员。保证金柜员在每天收市后，打印《当日资金存取明细表》两份，并汇总对帐，核对无误后，将《存取明细表》送主管经理和财务部各一份，将当日《保证金提取单》和《保证金存入单》第一联的商券联、电脑打印的客户保证金存、取凭证一并送交财务部。

（一）保证金存入

保证金存入有现金存入、存折存入和票据存入等方式。

(1)现金的存入

1)客户填写一式二联保证金存单，填写内容必须包括姓名、证券帐户卡卡号、身份证号码、金额（大小写）等；

2)资金柜经办人员审核客户填写的存单要素是否齐全，清点存入的现金，检查无误后，输入电脑，并在存单上盖私人印鉴后，打印二联存款凭证，将打印的一联凭证交客户，另一联与保证金存单一起留存。

(2)银行存折转入

1)客户在柜台当面填写一联《银行存折提取单》及一式二联《保证金存入单》，连同存折一起交保证金柜员（如存折有密码，则写在一张小纸条上一同交保证金柜员）。

2)保证金柜员审查银行存折帐号填写是否正确，证券帐户卡卡号填写是否正确，存折上是否有足够余额，《银行存折提取单》和《保证金存入单》上的内容是否一致，没有任何问题后，为客户存入保证金，并留下客户存折，将客户联与客户证券帐户卡、《居民身份证》等有效证件交予客户。

3)一般在中午十二点和下午三点，保证金柜员将客户存折及《银行存折取款单》交保证金复核人员，保证金复核人员按银行类别，填写《银行存入单》（汇总填写），连同客户存折一起由专门人员送银行转帐。

4)银行存折打印完后，将客户存折交存折保管人员（可以由复核人员以外的其他人员兼任），公司存折交复核人员，客户凭《保证金存入单》客户联到存折保管人员处领取存折，存折保管人员在《保证金存入单》客户联上盖“存折已取”字样的专用章后，把《保证金存入单》和对应的存折，交予客户。

5)若在打印存折时出现客户密码不符，应于当天通知客户到我部重新提供正确密码，客户未能及时联系上的，应立即查看客户帐户，该笔资金是否已动用，若未动用，应将该笔帐进行冲帐，将客户《保证金存入单》及《银行存折提取单》抽出来，并继续与客户取得联系。

若该笔资金已经用于买入上海股票，在实在无法与客户取得联系的情况下，将此情况向主管人员汇报，然后决定冻结股票还是强行平仓；

如果该笔资金已经用于买入深圳股票，应通知主管人员于当天进行上海帐户指定交易的操作，当天来不及沪股指定交易操作的，应于第二天集合竞价时尽早委托卖单（委托卖价应该保证不能成交，委托股票的市值大于客户存入数）；同时作指定交易操作并委派专人负责与客户联系。

(3)票据方式的转入

1)客户的柜台当面填写一式二联《保证金存入单》，后由保证金柜员为客户提供银行帐户，由客户到银行转帐，客户支票（客户所提供的票据须在用途栏中指定存入帐户的股东姓名及证券帐户卡卡号），或交我部财务部出纳，同时递交票据委托书，委托书内应该注明票据转入的股东帐号及授权何人何用该笔资金，财务经办人员在检查以上手续后，拿票据到银行转帐。

2)保证金经办人员应及时将客户填写的《保证金存入单》一式二联交财务部出纳。

(4)财务部出纳证实款到后，在《保证金存入单》的复核栏签字，并将单交还给保证金柜员，保证金柜员为客户入帐，入帐后，在《保证金存入单》上营业员一栏签字，在《保证金存入单》客户联盖章，并将客户联交予客户。

（二）保证金提取

客户提取保证金应严格审查客户证件是否齐全，即要有证券帐户卡、股东身份证及代理人《居民身份证》（即代理人情况）三证齐全，或证券帐户卡、股东身份证二证齐全并密码正确方可提取。公司提取保证金须出具公司《法人代表证明书》及《法人代表授权书》及被授权人《居民身份证》方可提款。保证金的提取各营业部须制定分级审批制度。

1．现金支取

1)客户填写“保证金取款单”，填写内容必须包括证券帐户卡卡号、姓名、身份证号码、取款金额（大小写）等，并提供相应证件。如果非本人取款，代取人必须是曾当面办过委托书的代理人，并提供委托人的身份证、证券帐号卡及代取款人的身份证和委托书，连同取款单一起交资金柜经办人。

2)资金柜经办人员在检查上述要素无误后，输入电脑，并在取款单上盖私人印鉴后，打印二联存款凭证，将打印的一联凭证交客户，另一联与保证金存单一起留存。

3)大中户取款，在第(1)条的基础上还须由客户管理员在取款单上签字后方可办理。

2、存折提取

1)客户在柜台当面填写《保证金提取单》一式二联及《银行存折存入单》，或《银行无折存入单》）连同存折一起（无折存入不交存折，但客户必须本人填写《银行无折存入单》，并在《保证金提取单》上备注栏注明“无折存入”字样），交保证金柜员。

2)保证金柜员审核上述有效证件的真实性和一致性，审核《保证金提取单》和《银行存折存入单》上的内容是否一致，审核这两张单上的客户签字是否合法，确认无误后（如提款额超过或等于五万元，则须审批后）从电脑中作提取操作，并在《保证金提取单》上签字，在客户联上盖章，之后将客户联交予客户。

3)每半天收市后（一般在中午十二点和下午三点），将客户存折及客户填写的《银行存折存入单》交复核人员(同上)复核,由复核人员复核无误后填写《银行存折取款单》(汇总单)连客户存折一起由专门人员送银行打印存折。

4)存折打印完毕后,将客户存折交存折保管人员(同上),公司存折交复核人员,客户凭《保证金提取单》客户联取存折。

5)每日营业终了后,复核人员以及客户存折保管人员将存折移交财务出纳,第二天开市后再领取存折,客户存折及公司存折应视同现金保管,两种存折按每天财务规定的交接制度交接。

3.票据方式的提取

1)客户在柜台当面填写《保证金提取单》一式二联,并在备注栏注明"支票转出"字样和"收款人名称"交保证金柜员。

2)保证金柜员审核上述有效证件的真实性和一致性,审核《保证金提取单》上的内容和客户提供的证件是否一致,审核单上的客户签字是否合法,确认无误后(如提款额超过或等于五万元,则须审批后)从电脑中作提取操作,并在《保证金提取单》上签字,在客户联上盖章。

3)保证金柜员将《提取单》客户联交财务出纳人员,由出纳人员为客户填写支票。客户领取支票按照财务部的有关规定办理。

(三)冲帐

保证金柜台经办人员在为客户存取保证金时,可能因操作失误,未能为客户正确存取保证金,此时经办人员为纠正错误,会进行多次保证金存取操作,(例如:在为客户存入10万元保证金时,误敲入100万元,经办人员发现错误后,会为客户取出100万元,再重新存入10万元),由于每次操作均会在《当日资金存取明细表》和《客户保证金存取凭证》中反映,为了便于财务人员冲帐,经办人员须提供冲帐说明,由主管负责人签署意见后,与客户保证金存取单一并交财务人员。

注:保证金存取方式(现金、存折、票据方式)可能因各营业部的地区差异而会有所不同,各营业部应根据自身经营特点,创造保证金存取优势(如请银行进场),严格保证金存取秩序管理,保证客户资金存取的安全、高效,尽量减少营业部现金库存。

4、委托买卖

(一)签订证券委托交易协议书(客户可通过选择方式自行委托)

(二)柜台当面委托(客户应凭身份证、证券帐户卡等填写一式二联买卖证券委托单),在委托单上应详细填写以下内容:

①委托人姓名、证券帐户卡卡号及身份证号;

②在不同的买卖委托单上填写买进或卖出数量;

③证券名称和证券代码;

④价格;

⑤委托人的签字。

(三)客户代理人委托买卖证券须出具代理人和客户本人身份证、客户本人证券帐户卡。

(四)委托柜经办人员严格审查客户所填写的买卖委托书的要素是否齐全、完整、正确,验看身份证、证券帐户卡是否真实。

(五)委托经办人根据委托人先后顺序,严格按客户所填写委托书的内容,迅速及时地办理业务。

(六)委托买入时必须先验看是否有足够金额支付买入,委托卖出时,先验看是否有足额的股票卖出,否则均视为无效委托。

(七)客户委托书确认后,委托经办人在委托人签字盖章后,第二联交客户,第一联妥善保管,并于营业终止后交交割柜封存并保存三年以上。

(八)在委托未成交之前,委托人可以变更和撤销委托,委托人变更委托视同重新办理委托。

(九)委托人变更委托,须同时提交原委托单第二联交委托经办人员,委托经办人员在确认已撤销原委托后,方可重新办理委托,客户撤销委托须提供原委托第二联,注明撤销两字,交委托经办人员,撤销成功后,委托经办人在此联上加注"已撤"同第一联一并保管。

(十)委托经办人员对委托人的委托事项负有保密责任,未经委托人许可不得披露。

(十一)原则上不接受客户电话人工方式委托,电话人工方式只对少数个别大户,客户电话委托须申报密码,委托经办人一律用自助方式执行客户电话委托指令,电话录音保存一个月时间。

(十二)采用自助方式(电话、电脑、小键盘)委托买卖,客户可根据语音提示或画面提示自行操作。

5、新股认购

(一)新股认购时间:上海:9:30-11:30　13:00-15:00

深圳:9:30-11:30　13:00-15:00

(二)每日开市前,各营业部须派专人负责将当日上网发行新股认购编号、价格、单个证券帐户卡的最大新股认购股数等一系列新股发行情况通知电脑人员和交易部、财务部相关人员。

(三)客户可通过柜台委托或自助系统委托认购新股,程序同股票委托买入程序。

(四)严格控制联合帐户(即一个资金帐户同时有多个深、沪证券帐户卡卡号)的开户、修改。联合帐户一经确定,无特殊情况不得随意增减。大户用联合帐户认购新股,交易部有关人员须登记每一个证券帐户卡的新股数量,新股认购配号,并请客户签名,严禁为客户融资认购新股。

(五)认购日结束后,财务部须结合新股认购资金和公司清算头寸情况及时划拨资金,确保T+2日上午申购资金入帐,用于深圳新股认购的资金,还须注明"新股认购用途"。

(六)T+2日下午,营业部清算人员须将所发送的"新股认购的有效申购配号"打印,交易部有关人员领取后,将之张贴于公告栏。

(七)T+3日交易所公布抽签结果,电脑相关人员应根据交易所送的确认资料,对中签的股东的股份作相应的添加处理。

6、清算

(一)各营业部交易部门须设置一名柜员配合电脑人员完成日结清算工作。

(二)清算人员须严格按照日结清算流程操作。

(三)清算人员应将打印的报表分类,交财务部门处理。

(四)财务部门根据传送的明细数据对帐,掌握其资金到帐,红利派发、配股缴款,清算头寸余额等相应资金情况,并根据清算头寸余额情况进行资金划拨。

(五)日结清算流程

1、清算前数据处理

(1)每日从交易所接收准确完整的成交数据。

(2)注意:以即时成交回报做为正式过户资料的营业部,一定要等到交易所闭市标志传来后才可断开通讯机,否则当成交量大时,将有可能漏收成交回报。

(3)每日从交易所接收完整准确的分红派息,托管转托等文件。

(4)每日注意接收交易所有无特别文件传到。

(5)确定应收数据完整接到后,首先把它们备份,然后按各自清算的需要处理数据。

(6)注意:当有新股上网定价发行时,其确认及返回文件一定不要忘记处理。

2、柜台清算处理

(1)确认所有清算数据均已经处理好,并做了备份之后,进入极目柜台系统,选择日结清算一栏。

(2)首先做柜台系统自身的数据备份。(注意:只备份一次。)

(3)做各个市场、股种的回报处理,无误后做清算处理。

(4)若上述过程有出错现象,则选择做数据恢复,将系统恢复到初始状态重做。

(5)注意:数据恢复后,不用再次备份数据,各个市场、各股种均需重新做回报与清算。

(6)打印成交汇总表及交易所清算表,仔细对照,确认二者完全吻合后再进行下一步操作。若有出入,则仔细查找问题的出处并加以解决,直到二者完全一致。

(7)处理并打印各种所需要的报表。

3、清算后关机处理:

(1)确认清算无误,且当日其他有关柜台的操作完成后,做关机处理。(注意:整个柜台系统只做一次;)

(2)关机处理时,一定要仔细看清每一步操作的提示后再做,避免出错。

(3)关机处理时,要注意按要求生成当日的各种数据库,平时按缺少生成,月末增加生成股东资料库,全部对帐单库。

(4)将打印出的报表分类,妥善保管或交相应的业务部门处理。

(5)关好做清算后所使用的电脑或其它设备。

其中:第1、3项工作由电脑人员完成,第2项工作由交易部指派的柜台人员完成。

7、交割

(一)交割员在开市前取回交割单,并做好交割准备。

(二)使用自助委托,客户办理交割时,可凭身份证、证券帐户卡申请打印交割清单。

(三)柜台当面委托客户须凭身份证、证券帐户卡和委托单办理手续。

(四)交割有效期为三天,三天内无异议视同默认。

8、托管转出与转入

托管转出与转入程序上视同保证金存取

(一)托管转出

1、客户凭身份证原件、证券帐户卡到柜台办理转托管手续,代理人须出示代理人身份证原件及客户身份证原件,证券帐户卡原件。

2、审核证件无误后,由客户填写转托管申请一式二份,申请单上须注明以下要素:

1)股东姓名、深圳证券帐户卡卡号(如代办转托管时,代理人应填好姓名、身份证号);

2)转出券商名称及席位号(六位数);

3)转入券商名称及席位号(六位数);

4)标明股票名称、编码及股票数量(多种股票转出时,应按顺序编号);

3、填写的申请单不得涂改。

4、必须有客户签字,密码无误后方能确认。

5、审核转托管申请书无误后,按交易所规定的时间。(每周一至周五9:30-11:301:00-3:00)迅速及时地办理转托管业务。

6、将申请单客户联盖好公章(转托管专用章)交客户,以便客户到转入券商处查询。

7、转托管申请书留底联,按月汇总、装订。

8、托管转出均须交易部有关负责人分级审批。

(二)托管转入

客户凭身份证原件、证券帐户卡及转出券商转托管申请单查询。

1)已在本部开户的客户,根据证券帐户卡查询股东资料或打印对帐单,以确认是否转入;

2)未在本部开户的客户,根据证券帐户卡查询后,应及时修改股东资料(转入时,电脑会自动开户,只有证券帐户卡卡号),新设交易密码,以保证客户正常交易。

9、指定与撤销指定

指定与撤销指定由专人负责。

(一)指定交易:

1、客户根据需要可指定席位交易。

2、客户办理指定交易时,应出示身份证原件,上海证券帐户卡原件,填写指定交易申请表(一式二联),并标明以下内容:

1)股东姓名、上海证券帐户卡卡号;

2)指定交易席位号;

3)签订日期及签名。

3、办理好以上手续后,通知场内人员按交易所规定的时间(开市时间)办理指定交易,并向客户作出口头声明(上交所指定交易有效期为T+1)。

4、办理指定交易柜员于下一交易日九点钟之前核实该笔指定交易是否成交,如已成交则在该表中注明“已成交”字样。

5、在客户联加盖公章交客户。

6、将注“已成交”字样的《指定交易申请表》券商联交档案管理人员另档保管备查,同时在开户柜员的专门登记本上作“已成交”的登记。

(二)撤销指定:

1、客户办理撤销指定交易时,出示身份证原件、上海证券帐户卡,代理人出示代理人身份证,同时还须出具客户本人身份证原件、上海证券帐户卡原件;

2、填写撤销指定申请书,标明以下内容;

1)姓名、上海证券帐户卡号;

2)撤销席位号;

3)撤销日期及签名。

3、在填好的撤销申请书上标明指定申请书编号;

4、撤销指定交易必须经主管经理签字后方能办理;

5、收回指定交易申请表(客户联),抽出券商联,附在撤销申请表后,定期装订、存栏。

10、挂失与解挂

(一)挂失:

1、客户不慎遗失身份证和证券帐户卡时,可申请办理挂失手续。

2、身份证遗失的客户,应出示所属派出所开出的证明或本人户口本。

3、申请挂失时填写挂失申请书一式二份,标明以下内容:

①股东姓名、证券帐户卡卡号、身份证号码;

②写明遗失情况;

③客户本人签名。

4、根据挂失申请,在确认客户密码无误后,进行挂失处理。

5、将申请书客户联加盖公章后,交客户并做好登记。

6、若客户暂未提供有关身份的证明而申请挂失,在客户口述其帐户的基本情况及提供的密码无误后,可先办理口头挂失,即先不作电脑处理,但柜台人员须提醒客户更改交易密码并尽快补办有关身份证明。

(二)解挂:

1、客户将遗失的身份证找回或已重新办理身份证时,可申请解挂。

①申请解挂时必须填写解挂申请书,一式二份,注明以下内容。

A、股东姓名、证券帐户卡卡号、身份证号;

B、挂失申请书号码;

C、股东签名。

②核对申请书后,将挂失申请书客户联收回,抽出挂失申请留底附在解挂申请书后,经主管经理签字后,进行解挂处理,并做好登记,装订存栏。

2、客户重新申请证券帐户卡申请解挂,应出具登记公司证券帐户卡更改通知。

①柜台人员通过电脑人员查询通知是否收到,无误后,在通知单加盖公章(交易专用章)以确认。

②根据通知单,经主管经理签字后,交电脑管理人员变更证券帐户卡。

③将挂失申请单(客户联)收回,与解挂单及变更通知装订、存根。

3、若客户原证券帐户卡有股票或基金,柜台人员须提醒客户禁止利用旧卡卖出,以免造成卖空。

11、配股、分红领取

(一)受理客户配股缴款视同证券买卖,客户可在其配股认购有效期内通过柜台或自助系统自愿委托,程序同股票买入程序。

(二)超过配股认购期限的一律不予补购,配股认购时间同股票交易时间。

(三)股票的分红派息,深交所为自动到帐。上交所红股领取同深交所;红利领取,客户需凭证券帐户卡通过柜台经办人员办理有关事项。

12、客户保证金计息

(一)客户保证金余额按国家规定的利率计息,每年一次(6月30日),在计息日,电脑人员按照极目柜台交易系统操作说明书所述操作方式,运行程序让电脑自动给客户保证金计息。

(二)对一些特殊客户,其保证金余额按营业部与客户商定的利率计息,这时应事先与客户签定合同。其应计利息一部分按国家规定的利率由电脑自动计入(如第1条所述),超过电脑自动计入的部分,由财务人员根据合同填保证金存入单并加盖财务章交柜员或电脑人员输入电脑,并请客户出具收据。

(三)计息完毕后,打印计息明细表,对特殊客户超过按活期利率计算的利息,打印出利息存入明细和汇总数,由处理计息的柜员或电脑人员签字后交财务部复审入帐。

13、销户

(一)负责销户的柜员接收客户提供的销户申请表,本人有效身份证、股东卡、资金卡(若是代理人办理销户申请,还须出示代理人身份证及委托书),认真审核并与其开户时留下的印鉴卡相核对,确认无疑后,将销户申请单有关数据输入电脑,并同时由电脑自动为其保证金余额结息,并打印出客户保证金余额及利息表。

(二)柜员在销户申请表及客户保证金余额及利息表上加盖公章及私章,之后将客户保证金余额及利息表,以及身份证、股东卡交给客户,由客户凭加盖公章、保证金余额及利息表及身份证、股东卡到财务部办理清帐手续,客户的销户申请表留存。

(三)收市后将客户销户申请表交柜台主管归档保存。

(四)若是机构户销户,客户还必须持有其法人委托授权书,方可办理,其保证金余额及利息,除非有其法人专项委托授权书指出该款项打自何处,原则上打回其原单位银行帐上。

二)B股业务操作规程

第一条　为了规范B股业务流程,加强B股业务的管理,扩大B股交易规模,规避B股经营风险,并根据深交所、上交所B股业务的有关规则和国家证券监管部门颁发的各类B股交易管理规定,制定本业务规程。

第二条　本规程未作说明的B股业务操作程序及其注意事项均同A股业务操作规程。

第三条　境内上市外资股称为B种股票,即B股,是以人民币标明面值,供境外投资者以外汇进行买卖的股票。深圳B股以港币标价,上海B股以美元标价,B股同A股相比,其区别主要有:

1、投资者不同:B股为境外投资者,A为境内投资者;

2、交易币种不同:B股以港币或美元交易,A股以人民币交易;

3、交易及清算方式不同:B股可作T+0回转交易,A股为T+1交易,B股资金T+3,A股资金T+0,交易单位和分红派息方式及配股均有差别。

4、深圳B股的转托管方式不同,上海B股无指定交易方式。

由于B股较A股有以上区别,B股同A股有业务操作上的不同,主要为:

1、开户管理;

2、客户保证金管理;

3、交易与清算;

4、转托管,指定交易;

5、分红派息及配股;

下面就业务操作的不同方式分别阐述:

1、开户管理

(1)B股开户柜员须严格B股开户管理,由于B股的投资者有以下资格规定:

①外国的自然人、法人和其它自然人。

②中国港、澳、台地区的自然人和其它组织。

③定居国外的中国公民。

④国务院证券委规定的其它投资人。

因此,B股开户柜员须审查B股开户者的开户资格是否符合以上规定。

(2)B股投资者帐户分为直接帐户和代理人帐户,凡符合B股法规规定之B股投资者,均可申请办理直接帐户,亦可委托他人(机构)开立代理人帐户,以代理人名义持有股份。开户柜员在为投资者开设直接帐户和代理人帐户时,须认真核对有关证、照、授权书等是否真实、合法。

①开立直接帐户,客户须提供资料:

个人开户:

a、开户人境外身份证、护照及其复印件;

b、开立深圳B股帐户须提供深圳B股证券帐户确认书。

机构开户:

a、加盖公章的公司营业执照复印件或注册证明文件;

b、B股证券帐户确认书;

c、法人委托书;

d、被授权人身份证。

②开立代理人帐户,客户还须提供一份经公证处公证的客户授权书(内容同A股授权书)。

③开户柜员在审核以上开户资料无误后,与客户签订《B股买卖开户契约》、《证券委托交易协议书》,让客户填写《开户登记申请表》。

④上海B股开户,开户柜员在审核客户证、照无误后,将客户证、照复印件及《上海B股开户登记申请表》传真至上交所国际业务部,由上交所提供B股证券帐户确认书。

(3)柜员将资料输入电脑,进行开户处理,并妥善保管客户身份证复印件,B股买卖开户契约、证券委托交易协议书,B股证券帐户确认书复印件、营业执照复印件、授权人身份证复印件及法人委托书等文件,并归档保存。

(注:B股开户按交易所要求收费)

2、客户保证金存取管理

保证金提取:

1)客户提取保证金须出示合法证件,填写保证金提款单,经审核无误(审核程序同A股保证金提取),方可办理提款手续。

2)财务人员根据客户要求,将客户资金汇至客户指定的银行帐户,但客户须填写一份“划款指令表”写明收款人、帐号、收款银行,财务人员据此再填写“划款指令”,通知资金划拨银行划款。

3)客户划款金额较大的,应提前通知公司。

4)提款、汇款所发生的一切银行费用,均由客户承担。

注:B股客户保证金提取的审批及有关交易单据的处理均同A股保证金存取。

3、交易与清算

1)B股的交收期为T+3日,即在某一个交易日成交的股票将在第四个交易日完成股份的过户及资金的收付,在交易所买进前确认成交的股票可于当天全部或部分卖出,但股份及资金净额的最终交收亦需在T+3日完成。

2)B股交易时间为周一至周五9:30-11:30;13:00-15:00,周六、日及国内和香港公共假日休息。

3)深圳B股买入股数须是100股整数倍,上海B股买入必须是以1000股为基点,1000股以上为100股整数倍,委托价格的小数点后的第三位数应为偶数,深沪B股的卖出股数无限制。

4)B股交易方式及其注意事项同A股。

5)B股严禁出现透支交易。

6)B股交易在成交后第四个营业日进行清算交割。

7)B股清算数据的接收及核对须由专人负责。

8)清算人员办理B股清算交割及资金划拔按清算银行的要求执行。

4、转托管与指定交易

1)深圳B股的转托管均通过人工方式办理。

2)托管转出时,客户填写《转托管申请表》经办人员审核无误后,方可盖章,B股业务负责人同时取出股票。

3)托管转入时,客户须提供经转出券商盖章签字的《转托管申请表》,我方经办人员签字盖章后,由清算人员交给登记公司国际结算部,经登记公司国际结算部有效签字确认后,由B股业务负责人给予记加股份,同时收取转托管费。

4)上海B股无指定交易方式,股民要求更改其开户的券商,需由原开户券商写份说明,盖章后,再由新的券商盖章后交到上交所国际业务部经确认后才有效(从生效日起以后的分红股、配股全由新券商负责)。

5、分红派息及配股

上海B股:

(1)B股派息、分红股、配股由其开户的券商统一办理;

(2)派息:上交所发一份证券商名下所享有B股分红股东的姓名、住址、股票名称、股权及分红金额的清单传真,由B股负责人员核对确认后,将清单汇总,盖好公章,以传真形式返传上交所。上交所将分红总金额汇到券商的B股清算开户行,由券商统一分给客户。B股业务负责人根据分红派息清算单为相应的B股帐户作添加处理,添加时,采用双人复核制。

(3)分红股是由证交所发一份该券商名下所有享有B股分红股的股东姓名、住址、股票名称、原有股数及分配股权的清单传真,分红股自动入股东帐号。

(4)配股是由上市公司指定的配股承销券商寄一份配股通知书给股东由其填写签名后交到其开户的券商处。券商汇总后将股东的配股通知书与汇总表及配股总金额交至配股承销商的指定银行,承销券商核定后分配到各股东帐号。

深圳B股:

(1)深交所发送B股股东的分红派息数据传给券商,公司B股清算人员须认真核对,无误后交B股业务负责人为相应的B股帐户添加红股和红利。添加股份和红利时须采用双人复核制。

(2)深圳B股的配股缴款方式同A股。境内投资者的配股以登记公司的相关文件为准。

中国证券大全

（1997）

A complete collection of securities in China

第九卷

沪深证券交易所

第一章 证券交易所概述

第一节 证券交易所组织结构及其职能

证券交易所是进行股票、公债、公司债券等有价证券买卖的场所。证券交易所的成立要经过证券主管机构批准，它是由很多成员组成的法人机构，是有组织、有固定场所进行证券交易的市场，交易所内设有交易场地，备有各种服务设施（如行情显示牌、电视屏幕、电子计算机、电话、电传等），并配备了必要的管理及服务人员。进行股票及其它证券的买卖。跟一般的商店不一样，证券交易所本身并不参与买卖，只是为买卖双方提供交易活动场所与设施及制定规则，对证券交易进行组织和严格的监督管理，为证券投资者提供一个稳定而公正的高效率市场，保证交易过程顺利进行。

证券交易所的组织形式可分为两种：会员制证券交易所和公司制证券交易所。

会员制证券交易所，是经过证券主管机关批准，依法设立的不以盈利为目的的会员制法人团体，主要由证券商组成，以协会形式成立。会员包括证券经纪人、证券自营商和专业会员三类。只有会员及享有特许权的经纪人才有资格在交易所中进行证券交易。会员对交易所的责任是交纳会费，交易中一切责任由买卖双方自负。交易所只按成交额收取佣金。目前美国、欧洲大多数国家以及印尼、泰国、巴西等国的证券交易所均实行会员制。我国上海、深圳两家证券交易所都属会员制。

公司制证券交易所，是由银行、证券公司、投资信托机构及各类公营、民营公司等共同投资入股依法建立的公司法人。公司制证券交易所是以盈利为目的，它对在本所内的证券交易负有担保责任，它设有赔偿基金。为了保证交易所经营者与参与者的分离，避免发生利益冲突，通常规定在公司制证券交易所，证券商及其股东或经理不得担任交易所的董事、监事或经理。这是为了防止公司制证券交易所利用有利条件以自己发行的股票操纵市场。目前世界上实行公司制证券交易所的国家或地区主要有日本、加拿大、澳大利亚、马来西亚、新加坡、香港、印度、阿根廷、智利等，美国纽约证券交易所、瑞士的日内瓦证券交易所，台湾证券交易所都是公司制。

我国两大全国性证券交易所都采用会员制形式，下面以深圳证券交易所为例来说明会员制证券交易所的组织结构。

深圳证券交易所结构如下：

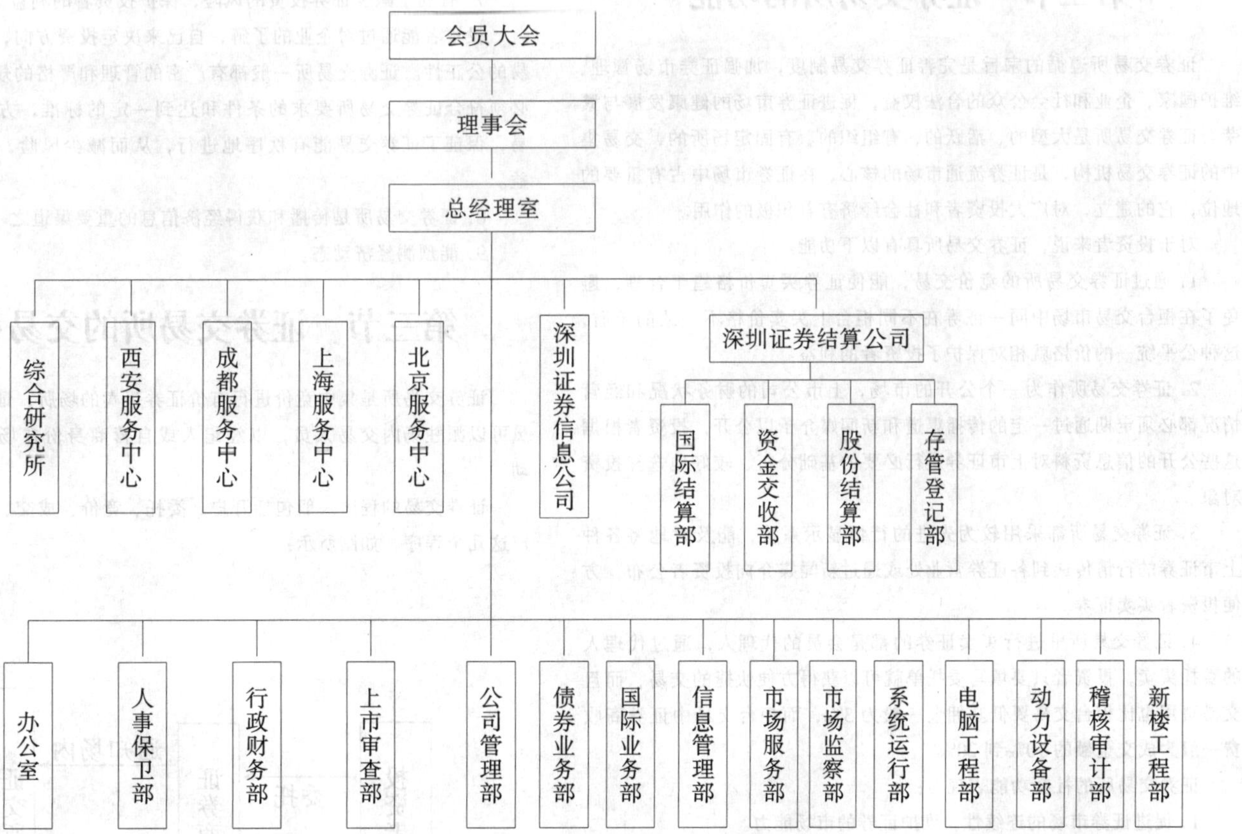

会员制证券交易所的最高权力机构是会员大会，最高决策机构是理事会，实行理事会领导下的总经理日常工作负责制。

(1) **会员大会**。会员是证券交易所的基础，会员资格的取得条件一般由每个证券交易所的章程规定，满足条件者，经交易所批准，申报主管机关审核，即可取得证券交易所会员资格。会员须严格遵守交易所的章程，业务规定及其他法规、制度，若有违反将受处罚，直至除名。会员组成会员大会，行使平等的会员权。会员大会是证券交易所的最高权力机构，享有法律、章程规定的权力。其主要任务是选举理事会，并提出讨论有关交易所经营管理和盈利分配的有关议案。

（2）**理事会**。理事会是证券交易所日常事务决策机构，向会员大会负责。其主要职责，一是执行会员大会决议；二是选举理事长和常务理事，聘任总经理和根据总经理的提名聘任副总经理等高级管理人员；三是协同专家顾问委员会制订经营决策方针，审订总经理和各业务部门经理的业务和财务报告；四是审定对会员的接纳，制定并维持会员纪律，核定会员应缴的营业保证金及其他费用，审定对会员的处分。

（3）**总经理**。总经理由理事会聘任并对理事会负责。总经理负责证券交易所的日常业务和行政工作，向理事会提名副总经理的人选，聘任部门的负责人，总经理有权撤消不称职的高级职员，有权召开临时会议。

（4）**监事会**。监事会的主要职责是监督证券交易所的业务，财务工作，并向会员大会负责。监事会可以列席理事会会议，对理事会议决定可提出异议并要求复议，审计年度决算报告、检查证券交易所的财务状况，监事会还可以监察理事、总经理等高级管理人员执行会员大会、理事会决议的情况。

（5）**上市审查部**。上市审查部的职责是主管上市证券的审批，拟订上市规则和提出修改上市规则的建议，在一定范围内对上市公司进行日常监管。

第二节　证券交易所的功能

证券交易所遵循的宗旨是完善证券交易制度，加强证券市场管理、维护国家、企业和社会公众的合法权益，促进证券市场的健康发展与繁荣。证券交易所是大型的、活跃的、有组织的、有固定场所的，交易集中的证券交易机构，是证券流通市场的核心，在证券市场中占有重要的地位，它的建立，对广大投资者和社会经济有着积极的作用。

对于投资者来说，证券交易所具有以下功能。

1. 通过证券交易所的竞价交易，能使证券买卖价格趋于合理，避免了在柜台交易市场中同一证券在不同柜台上买卖价格不一致的矛盾，这种公平统一的价格就相对保护了投资者的利益。

2. 证券交易所作为一个公开的市场，上市公司的财务状况和经营情况都必须定期通过一定的传播渠道和新闻媒介予以公开，投资者根据这些公开的信息资料对上市证券进行必要的基础分析、较好地选择投资对象。

3. 证券交易所都采用较为先进的行情显示系统，能及时地将各种上市证券的行情传递到各证券营业处或通过新闻媒介向投资者公布，方便投资者买卖证券。

4. 证券交易所里进行买卖证券的都是会员的代理人，通过代理人的委托买卖，投资者只要填写委托单就可以获得方便快捷的交易，而且交易费用也比柜台交易要低。佣金一般为3‰，而柜台交易中证券商收费一般为成交金额的10‰到20‰。

证券交易所的社会功能表现为：

1. 促进证券市场的连续性，维护证券的市场能力。

所谓连续市场，就是指在价格变动较小的范围内迅速买卖证券的市场，而凡是买卖迅速且能在价格变动范围内完成大量交易的证券，就是说明该证券有较强的连续性。

2. 能自然沟通储蓄和投资之间的联系，是联系市场长短利率的桥梁。

证券交易所是各种证券转让、买卖和流通的中心，工商企业可以通过它发行和出售公司股票及债券，以筹集生产资金，而社会各阶层持有闲散资金者可通过购买证券来获得高于储蓄利息的投资收益，因此证券交易所能够把个人资金的短期收益与生产资金的长期投资完美地统一起来。

3. 能够客观反映经济状况，促进产业结构的调整。

在证券交易所内，交易者对证券的价格变动极其敏感。证券交易所所反映的整个证券行情的涨落，在一定程度上反映出整个国民经济的变化，而从每一种证券价格的涨落也可反映出该公司的经营财务状况的变化。通过投资者重新选择投资，可以促进资金的有效再分配，促进产业结构的调整，直至行业结构、产品结构的调整。

4. 能对上市公司的财产进行评估，并协助上市公司融通资金。

证券市场最重要的功能之一就是通过买卖双方的竞价，最终确定一个合理的价格，达到评估的目的。

5. 能形成公平合理的交易价格

证券交易所能够维持证券的市场能力，创造连续市场，在充分竞争的前提下，通过买卖双方之间多重竞争，可形成公平合理的价格，即经济学中所谓的“均衡价格”。

6. 能够促进证券发行市场的发展，有利于新股票发行。

合理的、公正的证券交易价格客观地反映证券市场中的供求关系，合理引导资金导向，为确定证券发行的时机、品种、数量、价格等提供重要的市场依据。

7. 有利于减少证券投资的风险，保护投资者的利益。

投资者能通过对企业的了解，自己来决定投资方向，增强了证券交易的公正性。证券交易所一般都有严密的管理和严格的规章，上市公司必须符合证券交易所要求的条件和达到一定的标准，方能获得上市交易，保证了证券交易能有秩序地进行，从而减少风险，保障投资者利益。

8. 证券交易所是传播和获得经济信息的重要渠道之一。

9. 能预测经济动态。

第三节　证券交易所的交易程序

证券交易所是集中竞价进行有价证券买卖的场所，证券交易所的会员可以派驻场内交易人员，以经纪人或自营商身份在场内完成交易活动。

证券交易的程序一般包括开户、委托、竞价、成交、清算交割和过户这几个程序，如图所示：

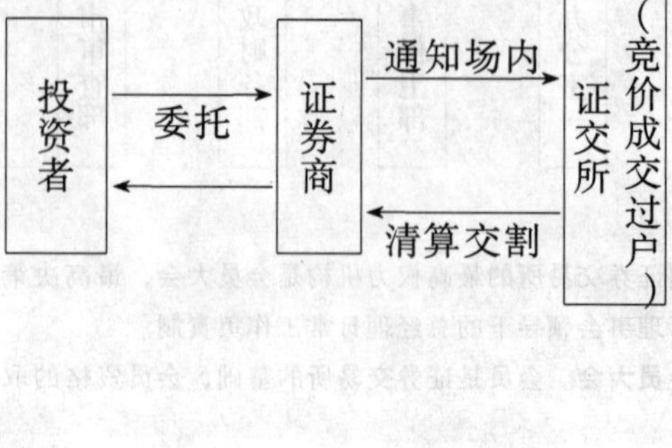

第二章　上海证券交易所

第一节　上海证券交易所简介

一、上海证券交易所

中国自一九七八年以来的改革开放，使曾为亚太地区经济贸易和金融中心的上海重新焕发生机。上海证券交易所是在中国坚持改革开放，浦东新区建设开始起步的形势下诞生的，成立于 1990 年 11 月 26 日，同年 12 月 19 日正式开业。作为改革开放后诞生的中国大陆第一家证券交易所，她揭开了中国证券业发展的崭新一页。上海证券交易所在短短数年内获得了迅猛的发展，尤以其迅速扩大的市场规模和逐步完善的运作体系，而为海内外所瞩目。她已经并将继续在促进中国证券事业发展和推动现代化建设的宏伟大业中发挥重要的作用。

上海证券交易所是非盈利性的、会员制的事业法人，致力于造就公平、稳定、高效的证券市场。

会员大会是上海证券交易所最高权力机构。理事会是日常事务决策机构，由 13 名理事组成，其中会员理事 9 人，非会员理事 4 人。理事长、总经理和会员理事 3 人为常务理事。总经理为法定代表人，主持交易所日常工作。

上海证券交易所目前拥有会员 521 家，遍布全国各省、市、自治区，会员证券营业网点已超过 2000 个，通达 500 多个大中城市。

上海证券交易所上市证券品种逾 370 个，可分为以下几大类。即股票（A 股、B 股），债券（国债、企业债、金融债）、基金（包括其它信托受益凭证）及认股权证等金融商品。上市股票的市价总值近 6200 亿元人民币。

公司申请股票上市，须按规定向交易所提交相关文件。交易所根据上市规则进行审核，批准公司股票上市，并依规则决定上市股票的暂停和终止。

上海证券交易所采用先进的电脑自动交易，拥有以 HP－T500 为主机的计算机自动配对系统。客户买卖指令经场内交易员通过电脑终端申报输入，由计算机按照“价格优先、时间优先”的原则自动撮合配对成交。主机的配对处理能力高达每秒 5000 笔。

上海证券交易所实行无纸化交易。所有上市股票无须印制股票实物，而以数据形式存放于上海证券中央登记结算公司的电子帐户内。买卖发生时，由电脑进行自动划拨，股票的最高日成交金额为 190.6 亿元，最高日成交股数为 19.8 亿股。

上海证券交易所全资拥有的上海证券中央登记结算公司，为中央登记、存管、结算的专门机构。

上海证券中央登记结算公司办理股权登记主要采用自动过户的办法。在电脑撮合成交同时，A 股同步完成股票过户；B 股同步完成预过户，可实行当日回转交易，最后过户 T+3 日完成。对所有股票实施逐笔结算，A 股交易的价款实行净额结算。市场的直接参与者均为登记结算公司的交收对方，A 股实行 T+1 交收，B 股实行 T+3 交收。上海证券中央登记结算公司为每个投资者统一开立股票帐户，提供实时交易记录查询，月对帐单等服务。

上海证券交易所为确保市场信息及时、公正地传播，开发建立了一个覆盖全国、通达海外的信息传播系统。该系统由高速光纤 DDN 网和单向与双向卫星接收站组成，通过近 500 个 DDN 用户，近 3000 个卫星接收小站通达全国，并经与路透社、德励资讯等联网后通向全世界。在保证每日证券行情实时揭示和成交、清算数据及时、准确传送的同时，上海证券交易所信息中心负责及时发送市场信息和上市公司重要信息。

上市公司年度报告、中期报告、临时重要报告及其它重要信息，在第一时间刊登在上海证券报、中国证券报等指定报刊上。

上海证券交易所现有 8 个交易大厅，设置交易席位 3700 个，并与国内 20 多个证券交易中心实施电脑联网交易，整个交易系统电脑竞价申报终端已达 6000 个。

为适应上海发展成为金融中心的需要，上海证券交易所在浦东筹建的上海证券大厦 1997 年上半年竣工，并投入使用。拥有设施一流、亚洲最大的证券交易场所的上海证券大厦建成，将有助于使上海证券交易所办成世界一流的证券交易所。

第二节　上海证券市场上市公司行为指南

一、A 股的发行与上市

在上海证券交易所上市

大大小小的公司来沪上市的原因很多。不少公司是因为被上海市场的声望和这里完善、成熟的投资环境所吸引。早在 30 年代，上海便是名闻遐迩的远东金融中心，有亚洲华尔街之称。还有一些公司来上海上市是因为它们希望通过发行上市募集更多的资金、刺激投资兴趣，分享在一个亚洲新兴金融中心扩张股本的优越性。

具体说，公司可期望实现以下几点：

打开资本市场大门

对不少公司来说，在上海证券市场上市有助于它们走上资本经营的道路。上海市场的规模、资本变现能力、及其国际性特征，加上友好优良的服务体系，使上市公司最大限度的实现其不断融资的目的。

宣传公司形象、奠定与投资者发展关系的良好基础

上海是我国与世界各国相沟通的信息港之一。世界各国的综合研究所、信息传媒组织都在上海设立了代表处或常驻机构，每天从这里将我国发生的各种信息传送到世界各地。在上海挂牌上市，将使一家公司的大名及其产品和服务项目不仅给投资者留下深刻印象，而且，很快传遍全球。成千上万的研究机构、投资者和报社均收视有关上海证交所上市公司新闻及股价行情的信息，无疑，公司的名声可由此显著提高。此外，一些研究机构撰写的研究报告将有助于进一步提高公司的形象。

支持公司业务发展战略的实施

在上海挂牌上市还能起到促销产品的作用。投资者及市场通过股票交易和活跃的宣传报道，对一家公司的大名，及该公司的产品形成较深的印象。上海是我国最大的贸易中心，一些公司通过其股票在沪挂牌，带动其产品在沪上市流通，从而走向世界。

一家公司必须满足哪些主要条件才能在沪上市

《中华人民共和国公司法》、《股票发行与交易管理暂行条例》和中国证监会制定的有关规定列举了公司股票发行上市的要求。在这方面，公司及其中介机构应以以上法律、法规的文字表述为准。

主要须满足的条件有：

1、其股票已经公开发行；

2、发行后的股本总额不少于人民币 5000 万元；

3、持有面值人民币一千元以上的个人股东人数不少于 1000 人，个人持有的股票面值总额不少于人民币 1000 万元；

4、社会公众股不少于总股本的 25%；公司股本总额超过人民币四亿元的，其向社会公开发行的股份比例为 15%以上；

5、职工持股不超过社会公众股的10%；

6、股票发行前，公司净资产比率不得低于30%；

7、发起人持有发行公司股票不得低于30%；

8、公司在最近三年内无重大违法行为，财务会计报告无虚假记载；

9、开业时间在三年以上，最近三年连续盈利；原国有企业依法改建而设立的，或者新组建成立、其主要发起人为国有大中型企业的，可连续计算。

新股发行申报工作程序

（一）申请上市公司在征得地方政府或者中央企业主管部门（按照行政隶属关系）同意后，向直属证券管理部门正式提出发行股票的申请。

（二）公司公开发行股票的申请报告由证管部门受理，考察汇总后进行预选资格审定。

（三）被选定股票公开发行公司在向直属证券管理部门呈报企业总体情况资料，经审核同意转报中国证监会核准发行额度后，公司可正式制作申报材料。

（四）公司聘请具有从事证券业务资格的会计师事务所、资产评估机构、律师事务所等中介机构，对其资信、资产、财务状况进行审定、审计、评估，完成发起人到位资金验资报告、审计报告、评估报告和国家股及国有法人股的确认报告，并就有关事项出具法律意见书。聘请具有证券承销资格的证券经营机构负责股票承销和上市推荐工作，制定股票发行承销方案，组编公开发行股票申报资料，签订承销协议等。公司要按照中国证监会发函字〔1995〕02号《关于报送公开发行股票企业申报材料的通知》要求的标准格式，制作正式申报材料。

（五）公司向准备挂牌上市的证券交易所呈交企业总体情况资料，提出上市申请，证券交易所上市审核部初审通过后，出具上市承诺函。

（六）直属证券管理部门收到公司正式申报材料后，根据有关法律法规，对申报材料是否完整、有效、准确、合法等进行审查，审核通过后，转报中国证监会复审。

（七）中国证监会收到复审申请后，由发行部对申报材料进行初审，审核通过后提交中国证监会股票发行审核委员会复审。

（八）公司股票发行申请经中国证监会股票发行审核委员会复审通过后，中国证监会出具批准发行的有关文件，并就公司股票发行方案进行审核。

（九）公司自接到中国证监会股票发行批准文件和发行方案批准文件后，严格按照批文规定，组织股票发行和上市工作。

股票发行中应注意的问题

根据中国证券监督管理委员会发行部的有关规定和要求，现就股票发行申报中应注意的几个问题归纳如下，供参考。

材料报送

中国证监会新颁布的《招股说明书的内容与格式》和《上市公告书的内容与格式》已于1997年4月1日起开始实施，即4月1日以后报送的材料都要以此为准。

公司材料报送时，最近一期的财务会计资料的有效期不少于2个月（如6月30日为其有效期截止日，则材料至少将在4月30日前报送，公司材料的准备时间比以前放宽1个月）。

缩股的问题

定向募集公司，如果分配的额度不够（即社会公众股比例不能达标的话），允许公司同比例缩股。但是缩股比例不应过高，否则中国证监会将适当降低公司发行市盈率。

另外，96年计划内的缩股，不影响其上市以后的配股。

内部职工股清理问题

定向募集公司需要对内部职工股进行清理，进行集中托管，并分别按以下三种情况处理。否则，中国证监会将不予受理其材料的申报：

1、1993年4月3日以前设立的，按照体改委“规范意见”处理，对照比例，超范围发行部分由省一级证管部门出具意见，并承担责任；

2、1993年4月3日至7月1日设立的，对照比例，超范围发行部分审批部门需向中国证监会和体改委对当时情况作出说明，承担责任并作出检讨；

3、1993年7月1日以后，一定要符合体改委的“规范意见”对违规的内部职工股进行清理和纠正。

土地使用权的处理

土地可以与地上建筑物一起评估，再报国资局确认；

如土地单独评估，需聘请专业的土地评估机构，并需报国资局和国家土地管理局；

公司如通过出租方式取得土地所有权，需要明确使用年限、租金、到期处理方案并报租赁协议，该土地所有权不得折股；如通过出让方式取得，公司在出让期内可以转让、出租；如公司将土地所有权折股，需要报土地使用证。

会计报表

假设改制企业前三年已经存在，并模拟按照股份制会计制度进行编制。原定向募集公司分立的，按公司分立后模拟编制；对于新设合并，也按合并后模拟编制；以上需要对模拟方式作出详细说明。

税收

如对上市公司给予税收优惠，需要由省级政府机构出具文件，并需要明确公司所执行的税率；先征收后退还的，需要明确由哪一级退还；另外，需要明确开始执行税收优惠的时间。

资产评估

公司在筹建时已经评估的一般不需要在发行上市时再次评估，但以下两种情况除外：

1、公司原评估机构在公司上报材料时仍然不具备证券评估机构资格的；

2、公司发行上市时的审计机构与原评估机构相同的；

评估结果可以不调帐，只作为确定发行价格的考虑之一。

发行企业的排序

由于1996年计划内的企业数量过多，将不再实行分期分批审批的制度，证监会将采取先报先审、先审先发的方法。证监会将简化审核程序，把审核环节由目前的反馈意见、预审和发审减少到反馈意见和发审两个环节。已经经过证监会预选并核定过额度的企业，在材料制作完成以后，可以马上上报证监会。

新股发行有哪几种方式

证监会证监发字〔1996〕423号《关于股票发行与认购方的暂行规定》认可的发行方式有三种，即上网定价方式、全额预缴款方式和与储蓄存款挂钩方式。

上网定价发行方式是指主承销商利用证券交易所的交易系统，由主承销商作为股票的唯一卖方，投资者在指定的时间内，按规定价格委托买入股票的方式进行认购。超额认购比例抽签。

全额预缴款方式分为两种，即全额预缴款、比例配售、余额即退和全额预缴款、比例配售、余款转存。

与储蓄存款挂钩发行方式是指在规定期限内无限量发售专项定期定额存单，根据存单发行数量、批准发行股票数量及每张中签存单可认购股份数量的多少确定中签率，，通过公开摇号抽签方式决定中签者，中签者按规定要求办理缴款手续的新股发行方式。与储蓄存款挂钩方式按具体做法不同可分专项存单方式和全额存款方式两种。

发行价格是如何确定的

据中国证监会有关规定，发行市盈率不超过15倍的原则来确定新股的发行价。即新股最高发行价为：

新股发行价＝前3年平均每股收益×15

这里，关键的是前3年平均每股收益，如3年平均每股收益大，则新股发行价高；反之，则新股发行价低。

申请在沪上市需呈送哪些文件

上证所在审核公司上市申请时，申请上市公司须提交下列文件各2份：

1、证监会批准发行和发行方式的批文

2、呈交证监会发行复审资料全套

3、上市申请书（见附录）

4、上市公告书文稿及软盘

5、会计师事务所出具的募集资金到位验资报告书

6、公司登记注册的营业执照

7、上市推荐人出具的上市推荐书

8、股票发行的有关文件

9、公司董事、监事和经理人员持股情况的报告

10、确定公司股票挂牌简称的函

11、公司创立大会的有关决议

申请在沪上市的整个过程需多长时间

申请过程长短不一，取决于所涉及到的工作量和发行方式。采用上网定价方式发行，公司股票从发行到上市所需时间较短。聘请经验丰富的承销商可有助于缩短这个过程，而最重要的是公司及其中介机构与上证所接触，以研讨任何预期可能存在的难点。

符合上市条件并做好股票上市前各项准备工作的，上证所即刻安排挂牌交易。但上市公告书须在挂牌交易日前两至三天刊登在指定的报刊上。

上市前公司须做哪些准备工作

符合上市条件的公司，在其股票向社会公众公开发行完毕并向上证所申请上市前，必须做好以下准备工作，以利于公司股票尽快顺利地上市。

1. 验资。公司股票发行缴款结束后，主承销商将募集资金划解到股份公司在银行开设的帐户。公司同时须聘请具有证券从业资格的会计师事务所及注册会计师进行验证，并出具验资报告书。

2. 召开创立大会。股份公司经过一定的筹备，在发行股份的股款缴足后，刊登公告，召开公司创立大会暨首次股东大会。对公司创立、公司章程、公司股票发行、股票上市、公司发展规划等进行审议，选举董事会成员、监事会成员，并形成一系列法定决议。

3. 注册登记。公司创立大会召开后，应向相应工商登记机关申请注册登记或变更登记，领取法人营业执照。

4. 上市形象宣传。股份公司在其股票上市以前，应进行公司形象设计和宣传，塑造良好的公司形象，提高公司知名度，以更好地把公司推向社会，推向广大投资者，也推向证券市场。

上市前上市推荐人应做好哪些准备工作

1. 股东名册登记即股本托管。在办理好新股认购缴款工作后，上市推荐人或主承销商协同有关证券登记机关进行股东名册登记。依规定，股票在挂牌上市前，公司所有股本（包括流通股和非流通股）都必须托管。具体事务与上证所上市审核部或上海证券中央登记结算公司存管部联系。

2. 编制上市公告书。上市推荐人依照证监会信息披露准则第七号《上市公告书的内容与格式（试行）》和上证所的要求编制公司股票上市公告书，并于刊登日前送达上证所上市审核部。

3. 上市推荐。作为公司股票的上市推荐人，在上市各项准备工作完毕后，应向上证所呈交上市推荐书，说明公司上市条件符合要求，上市准备工作完毕和阐明公司的优势及推荐上市的理由。

股票简称和证券代码如何确定

公司股票挂牌交易要确定股票简称和交易代码。股票简称可3或4个汉字，但这几个汉字必须取自于公司注册登记的法定名称中。

证券代码是6个阿拉伯数字，为“6☆☆☆☆☆”，它是根据公司到上证所申请上市的先后次序排列。

新股上市开盘价是如何形成的

公司股票在上海证券交易所挂牌上市首日的开盘价是通过集合竞价方式产生的。集合竞价时间是上市日上午9：15—9：25，投资者通过交易的网络按照各自确定的数量和价格进行买入或卖出的申报，由交易所电脑主机在遵照价格优先、时间优先的原则对买卖申报进行排序的基础上，于9：25根据集合竞价成交价格的决定原则对买卖申报进行撮合，产生开盘价。

集合竞价成交价格的决定原则为：一、实现成交量最大的价位；二、高于决定价格的买进申报与低于决定价格的卖出申报须全部满足；三、与决定价格相同的一方（买方或卖方）须全部满足。如有两个价位都满足上述条件，则取其中间价位为决定价格。如果通过集合竞价未能产生开盘价，则以该股当日首笔成交价作为开盘价。

同时，新股上市首日不执行价格涨跌停幅制度，以其发行价作为前收盘价计算该股上市首日涨跌幅度。

开盘仪式如何组织

为祝贺公司股票挂牌交易和上海证券交易所增添新的上市股票，由上证所组织新上市公司股票挂牌交易开盘仪式。

地点：上海证券交易所贵宾厅。

参加人员：政府部门有关领导、上交所领导、新上市公司的公司领导。

内容：a、参观交易所交易大厅；

b、于9：25观看开盘价；

c、由公司领导鸣开市锣；

d、开香槟酒祝贺上市成功；

e、上交所领导同公司赠送资料。

上市需支付哪些费用

上海证券交易所的上市费用很低，具有很强的市场竞争力。

股票挂牌上市，公司须支付的费用有两种，即上市初费和上市年费。上市初费是一次性支付的费用，公司于上市前2天按公司总股本的万分之三（0.03%）支付，但最多不超过3万元。上市年费按每月500元计，全年6000元。新公司在上市前2天同上市初费一并支付。以后，每年7月份支付。

职工股的发行及上市

公司发行股票，职工认购的股份不得超过向社会公众发行股本总额的10%，且其认购价格必须与公开发行的价格相同。

职工股发行对象是经劳动部门核准的在册职工，每一职工最多认购量不得超过5000股，职工股为占发行额按比例发行的，其持股在公司社会公众股上市后6个月，由公司向交易所申请，即可安排上市。

定向募集公司转为社会募集公司并成为上市公司的，其过去发行的职工股，在本次公开发行股票满3年后，即可上市。

董、监事和经理人员持股如何交易

《公司法》规定，公司董事、监事和经理人持有股票在其任聘期间不得抛售。依此规定，公司在其股票挂牌上市前，须向上证所提交公司董事、监事和经理人员持股情况的报告。报告应列示姓名、职务、股票帐号和持股数。上证所据此对以上人员持有本公司的股票进行冻结。

以上人员不再担任公司董事、监事和经理人员，从股东大会或董事会通过之日起，由公司提出书面文件，六个月后可上市流通。

上市后公司应承担的持续性义务

公司承担持续性义务的主要目的之一是确保迅速披露或申报那些对上市股票的交易动向和行情有可能产生实质性影响的信息。以下简要阐明股票在上证所上市后公司应承担的持续性义务，更加详细和具体的信息披露义务请参照证监会和上证所的规定，参考文本有上证所编写的《上市公司信息披露行为指南》。

定期报告

公司应在每个会计年度中分两次向公众披露定期报告，即中期报告

和年度报告。定期报告的内容和格式参照证监会信息披露准则第二号和第三号。

1、公司应于每会计年度中期结束后60日（2个月）内编制完成中期报告，且在指定报刊上公布，并报送证监会、所属证券主管部门、上证所备案。

2、公司应于每个会计年度结束后120日内（4个月）编制完成年度报告，且在指定报刊上公布，并报送证监会、所属证券主管部门、上证所备案。

临时报告

当发生可能对公司上市股票的市场价格产生影响而广大投资者尚未得知的重大事件时，公司应立即将该重大事件报告证监会和上证所，并在得到核准后向社会公告，说明事件的实质。这里指的重大事件主要有：

1、公司订立重要合同，该合同可能对公司的资产、负债、权益和经营成果中的一项或多项产生显著影响

2、公司的经营政策或经营项目发生重大变化

3、公司发生重大的投资行为或者购置金额较大的长期资产

4、公司发生重大债务

5、公司未能归还到期重大债务的违约情况

6、公司发生重大经营性或非经营性亏损

7、公司资产遭受重大损失

8、公司生产经营环境发生重大变化

9、新颁布的法律、法规、政策、规章等，可能对公司的经营有显著影响

10、董事长、30%以上的董事或总经理发生变动

11、持有公司5%以上的发行在外的普通股的股东，其持有该种股票的增减变化每达到该种股票发行在外总额的2%以上的事实

12、涉及公司的重大诉讼事项

13、公司章程的修改、变更、注册资本和注册地址的变更

14、公司更换为其审计的会计师事务所

15、公司发生收购、兼并事件的事实

16、未作具体规定但可能对公司股票价格产生重大影响的事件

澄清性公告

根据《股票发行与交易管理暂行条例》规定，在任何公共传媒中出现的消息可能对公司股票的市场价格产生误导性影响时，当公司知悉后应立即对该消息作出澄清。

警告性公告

警告性公告也可理解为揭示性公告，公司正在进行一件可能对公司上市股票的市场价格产生重大影响的事项，该事项因有关部门审批手续的缘故尚不能立即完整公告，但公司又不能为此消息保密的情况下，公司有义务将该事项向社会公众公告，以提醒投资者。或公司的配股等申请已得到证券管理部门批准，但公司决定在法定认可的时间内暂不实施，此时也需作出提示性公告，让投资者知道此事。

说明性公告

公司在定期报告、临时报告公布后，对未表述清楚的事项或含糊的内容，公司主动或证券监管部门要求下，应公开公告说明解释。

怎样派发股东红利

股东大会通过决议以现金方式派发股东红利，而公司股东遍布全国各地，公司如何将红利派发给每一股东呢？

公司只要与上海证券中央登记结算公司签一份委托协议，将红利总额划到上海证券中央登记结算公司，接下来的事由我们去做。上证所将享有红利分配权的股东以红利权的方式挂牌，通过上证所遍布全国各地的营业网点来派发。股东以卖出红利权的交易方式领取红利，这种方式方便、快捷。

公司送股如何操作

股东大会通过决议以派送红股方式分配股东红利，或公司用资本公积转增股本，公司要做的事是刊登公告，具体操作由上证所安排。

股东大会通过送股决议后二个工作日内，公司要在指定报刊上刊登决议公告，并可同时或迟后刊登送股公告及资本公积转增股本公告（公告的格式和内容参阅上证所编写的《上市公司信息披露行为指南》）。刊登送股公告日后的第三个工作日为股权登记日，次日为除权交易日及送股可流通股上市日。

上证指数

上证指数系列是一个包括上证30指数、综合指数、A股指数、B股指数、分类指数在内的多侧面、多层次的股价指数系列，其中历史最悠久的是“上海证券交易所综合股价指数”，简称“上海综合指数”或“上证指数”。上证指数系列均采用派许加权综合价格指数公式计算，即以指数股报告期的股本作为权数进行加权计算。

上证综合指数是以全部已上市股票作为指数股，全面涵盖了上市股票，具有最充分的代表性。它是以1990年12月19日为基准日，以该日所有股票的市价总值为基期，基期指数定为100点，自1991年7月15日起正式发布。

什么是“上证30指数”

上证30指数是上证指数系列之一。上证30指数是在所有已上市A股股票中抽取最具市场代表性的30种作为样本股编制发布的股价指数。上证30指数以1996年1月至3月的平均流通市值为基期，基期指数定为1000点，自1996年7月1日起正式发布。上证30指数的样本股将根据市场情况，由专家委员会按照样本稳定与动态跟踪相结合的原则适时调整。

股 票 上 市 申 请 表

单位：万元

<table>
<tr><td>公司全称</td><td colspan="2"></td><td>成立日期</td><td colspan="2"></td></tr>
<tr><td>公司注册地址</td><td colspan="2"></td><td>联系电话</td><td>邮政编码</td><td></td></tr>
<tr><td>公司办公地址</td><td colspan="3"></td><td>联系电话</td><td></td></tr>
<tr><td>董事长</td><td></td><td>总经理</td><td></td><td>法定代表</td><td></td></tr>
<tr><td>经办人员</td><td></td><td>联系电话</td><td></td><td>公司职工人数</td><td></td></tr>
<tr><td>注册资本</td><td></td><td>资本结构</td><td>原股本金</td><td>增减股本金</td><td>股本合计</td></tr>
<tr><td>实收资本</td><td></td><td>国家股</td><td></td><td></td><td></td></tr>
<tr><td>申请上市金额</td><td></td><td>发起人股</td><td></td><td></td><td></td></tr>
<tr><td>推荐上市单位</td><td></td><td>社会法人股</td><td></td><td></td><td></td></tr>
<tr><td>股票品种</td><td></td><td>个人股</td><td></td><td></td><td></td></tr>
<tr><td>股票面值</td><td></td><td>其中职工股</td><td></td><td></td><td></td></tr>
<tr><td>送配股比例</td><td></td><td>人民币特种股（H）</td><td></td><td></td><td></td></tr>
<tr><td>送配股时间</td><td></td><td>人民币特种股（B）</td><td></td><td></td><td></td></tr>
<tr><td>批准发行日期</td><td></td><td>实行发行日期</td><td></td><td>实际发行额</td><td></td></tr>
<tr><td>代理发行日期</td><td></td><td>代理发行方式</td><td></td><td>批准发行机关</td><td></td></tr>
<tr><td>申请上市理由</td><td colspan="5"></td></tr>
<tr><td>申请公司意见</td><td>年　月　日盖章</td><td>证券交易所意见</td><td>年　月　日盖章</td><td>证券主管单位核准意见</td><td>批准日期
年　月　日盖章</td></tr>
</table>

股份有限公司改制、股票发行上市流程图

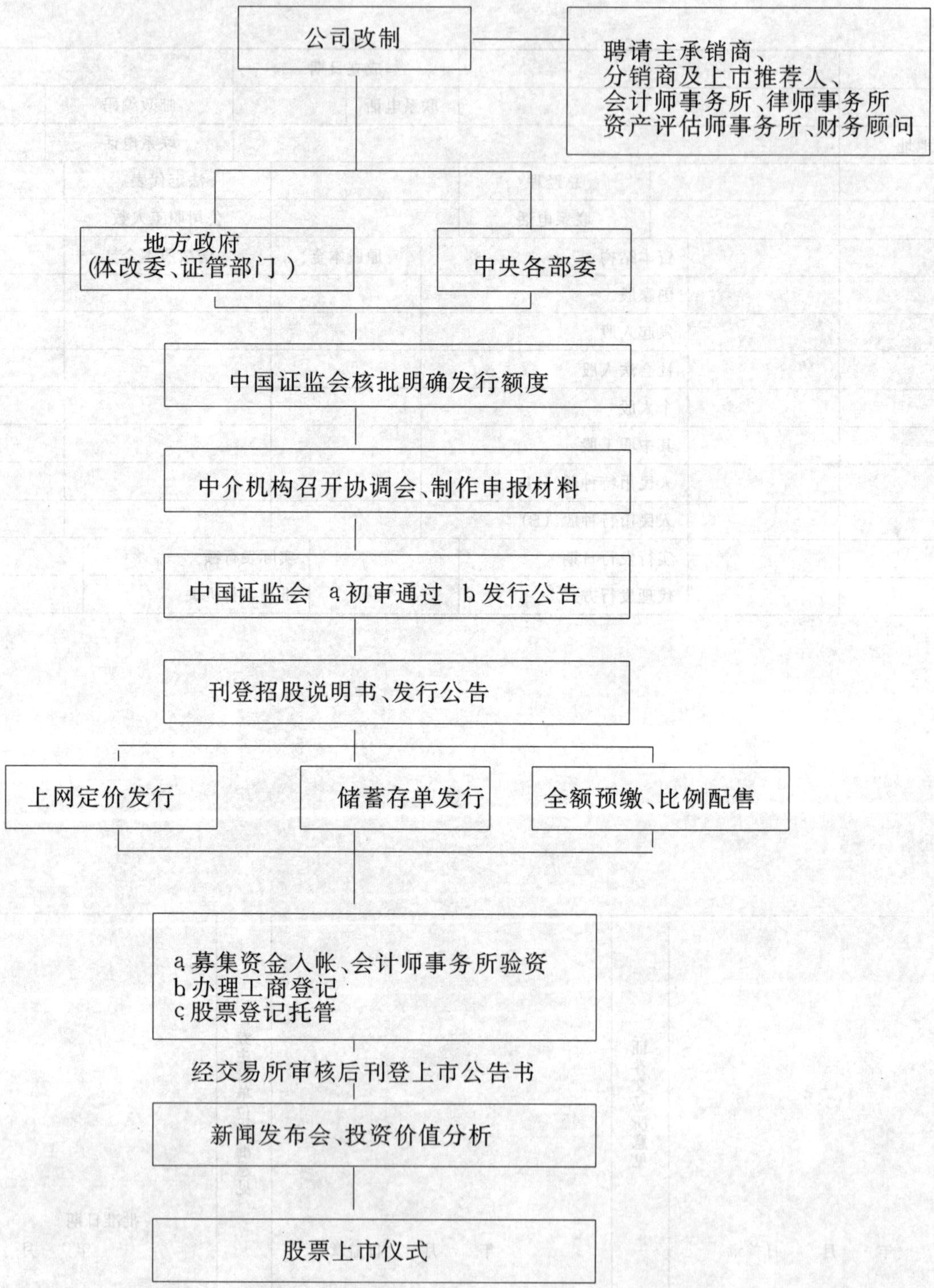

二、B股的发行与上市

发行B股的条件

根据《中华人民共和国公司法》、《国务院关于股份有限公司境内上市外资股的规定》、《股份有限公司境内上市外资股规定的实施细则》以及《股票发行与交易管理暂行条例》等法律法规的规定，以募集方式设立公司申请发行B股，应当符合下列条件：

1、所筹资金用途符合国家产业政策；

2、符合国家有关固定资产投资立项的规定；

3、符合国家有关利用外资的规定；

4、发起人认购的股本总额不少于公司拟发行股本总额的百分之三十五；

5、发起人出资总额不少于1．5亿元人民币；

6、拟向社会发行的股份达公司股份总数的百分之二十一以上；拟发行的股本总额超过4亿元人民币的，其拟向社会发行股份的比例达百分之十五以上；

7、改组设立公司的原有企业或者作为公司主要发起人的国有企业，在最近3年内没有重大违法行为；

8、改组设立公司的原有企业或者作为公司主要发起人的国有企业，最近3年连续盈利；

9、国务院证券委员会规定的其他文件。

公司增加资本，申请发行境内上市外资股的，除应当符合上述1，2，3，项的规定外，还应当符合下列条件：

1、公司前一次发行的股份已经募足，所得资金的用途与募股时确定的用途相符，并且资金使用效益良好；

2、公司净资产总值不低于1．5亿元人民币；

3、公司前一次发行股票到本次申请期间没有发生重大违法行为；

4、公司最近3年连续盈利，原有企业改组或者国有企业作为主要发起人设立的公司，可以连续计算；

5、国务院证券委员会规定的其他条件。

以发起方式设立的公司首次增加资本，申请发行B股的，还应当符合上述第6项规定。

发行B股申报程序

1、发起人或者公司向省、自治区、直辖市人民政府或者国务院有关企业主管部门提出申请，由省、自治区、直辖市人民政府或者国务院有关企业主管部门向国务院证券委员会推荐；

2、国务院证券委员会会同国务院有关部门选定可以发行境内上市外资股的公司；

3、被选定的公司将申报材料报中国证监会复审（同时核定发行额度）；

4、经中国证监会审核符合条件的，报经国务院证券委员会批准（发行面值总额超过3000万美元的，国务院证券委员会报国务院批准），公司要发行B股。

发行B股的工作程序

1、拟定股份制改组总体方案

申请发行股票的企业，首先应按《公司法》的要求改制为股份有限公司，可由发起人牵头成立股份公司筹备小组，初步拟定改制方案，确定股份公司的股权结构、发起人的出资方式、组织框架以及开展募集资金投向的可行性分析研究，经济效益预测等工作，同时准备改制文件。

2、申请

企业将申请改制文件上报主管部门，向主管部门提出公开发行B股的书面申请。经主管部门审核后，取得主管部门同意企业改组为股份有限公司并发行B股的批文，并确认发行B股的额度，公司在发行计划克定的股份总数内发行B股，经国务院证券委批准，可以与承销商在承销协议中约定，在承销数额之外预留不超过该次拟募集B股数额的15%的股份，预留股份的发行视为该次发行的一部分。（超额配售也称“GreenShoe”，上海B股上市公司中已经有华源B股和东信B股尝试采用了此种发行方式，超额配售部分不计入发行额度。）

3、工商预登记

向外资委提出成立中外股份有限公司的申请，到工商管理部门办理企业名称预登记手续。

4、聘请中介机构开展工作

聘请一家有B股经营资格的境内证券机构担任B股发行的主承销商，全面协调B股发行工作；必要时还可聘请一家副主承销商。聘请一家符合条件的境外证券机构作为B股发行的国际协调人，与主承销商一起协调B股的发行工作，并拟定股票发行方案，编制招股说明书、资料备忘录及其他相关工作。

聘请一家有证券从业资格的境内律师事务所拟定企业股份制改组的系列法律文件例如：企业重大合约的变更，公司章程，法律意见书等等，同时聘请一家有影响的境外律师楼（行），为公司B股发行提供法律保障。

聘请有资格的资产评估机构对投入股份公司的资产（包括土地使用权）进行评估；

聘请一家有资格的会计师事务所对公司前三年的经营业绩进行审计并出具审计报告；聘请一家有影响的境外会计师行根据国际会计准则对公司经营业绩进行审计。

聘请有资格的会计师事务所对投入股份公司的资产（包括现金和其他形式的资产）进行验资。

5、国有资产确认

国有资产和国有土地使用权的评估结果和国有资产的折股须得到国有资产管理部门的确认。

6、组织承销团

由发起人，主承销商及国际协调人和若干国际包销商共同组织承销团，负责B股承销事务（私募）。

7、发行申请

向证券管理部门提交已完成的各项文件及推销活动的计划和定价区间，并正式提出发行申请。

8、取得上海证券交易所上市承诺。

9、推销活动

按各方协商的程序进行B股发行的推销活动。

10、定价

根据推销活动的结果，制订最终的发行价格，并得到证券管理部门认可。

11、取得证券管理部门关于同意发行人发行B股的批文；

12、由发行人和主承销商签订承销协议，并由主承销商和承销团其他成员签订协议；

13、在指定报刊上刊登招股说明书概要。

14、正式发售B股。（承销期不得超过九十日）

发行B股所需准备的文件

1、申请报告；

2、发起人名称，发起人认购的股份数、出资种类及验资证明；

3、发起人会议同意公开发行境内上市外资股的决议；

4、国务院授权的部门或者省、自治区、直辖市人民政府批准设立公司的文件；

5、省、自治区、直辖市人民政府或者国务院有关企业主管部门的推荐文件；

6、公司登记机关颁发的《企业名称预选核准通知书》；

7、公司章程草案；

8、招股说明书＊（自正式签署之日起计算有效日期为六个月）；境外信息备忘录；

9、资金运用的可行性报告；所筹资金用于固定资产投资项目需要立项审批的，还应当提供有关部门同意固定资产投资立项的批准文件；

10、经注册会计师及其所在事务所审计的原有企业或者作为公司主要发起人的国有企业最近3年的财务报告和有2名以上注册会计师及其所在事务所签字盖章的审计报告（最近一期会计数据的有效期为六个月）如有境外会计师行出具的审计报告，应同时报送；

11、经2名以上专业评估人员及其所在机构签字盖章的资产评估报告（有效期一年）；涉及国有资产的还应当提供国有资产管理部门出具的确认文件及国有股权的批准文件；（若公司固定资产占总资产比例较大，还需提供境外执业估值师行出具的物业估值报告供投资人参考）；

12、经2名以上律师及其所在事务所就有关事项签字盖章的法律意见书；境外律师楼（行）出具的B股承销律师验证笔记。

13、股票发行承销方案和承销协议。

14、年度外汇收入来源计划；

15、上海证券交易所出具的B股上市承诺书；

16、中国证监会要求提供的其他文件。

*招股说明书和承销协议可以是草签的或者是尚未签字盖章的，但是须经有关当事人确认。

B股上市程序

1、验资，发行B股所筹资金到位后，由有证券从业资格的会计师事务所出具验资报告；

2、召开股东大会，通过B股股票上市决议；（创立大会提前十五天公告）；

3、到工商行政管理部门进行工商登记；

4、聘请有资格的证券机构担任上市推荐人并由上市推荐人出具上市推荐书；

5、向上海证券交易所提出上市申请，并提交下列文件；

⑴上市申请书

⑵公司新营业执照副本；

⑶公司申请发行B股文件一套；

⑷上海证券交易所会员出具的上市推荐书；

⑸验资报告；

⑹最近一次股东大会决议；

⑺B股股东名册（软盘）；

⑻公司B股上市公告书；

⑼上海证券交易所要求的其他文件；

6、得到上海证券交易所的上市批准；

7、在上市三天前，在指定报刊上公布上市公告书；

8、交付上市费用；

9、上市交易

主要参考法规目录

1、《公司法》

2、《股票发行与管理暂行条例》

3、《国务院关于股份有限公司境内上市外资股的规定》

4、《股份有限公司境内上市外资股规定的实施细则》

5、《公开发行股票公司信息披露实施细则（试行）》

6、《公开发行股票公司信息披露的内容与格式准则1－6号》

三、上市公司信息披露行为指南

（一）信息披露范围

《股票发行与交易管理暂行条例》第六十四条规定，证监会要求披露的全部信息均为公开信息，但是下列信息除外：

1. 法律、法规予以保护并允许不予披露的商业机密；

2. 证监会在调查违法行为过程中获得的非公开信息；

3. 根据有关法律、法规规定可以不予披露的其他信息和文件。

《公开发行股票公司信息披露实施细则（试行）》第四条对股份有限公司公开发行股票，将其股票在证券交易场所交易，必须公开披露的信息又作了明确的界定。

根据有关法规规定，公司信息披露的范围主要包括四大部分，招股说明书；上市公告书；定期报告，包括：年度报告和中期报告；临时报告，包括：重要会议公告、重要事件公告和收购与合并公告等。

公司公开披露信息应当用中文表述；同时发行境内上市或境外上市外资股的公司公开披露信息，如有必要，还应当用英文表述并同时在境内外予以披露。英文本的定义和词义与中文本如有歧义时，以中文本为准。

公司的全体发起人或者董事必须保证公开披露的信息内容没有虚假、严重误导性陈述或重大遗漏，并就其保证承担连带责任。

公司公开披露的信息涉及财务会计、法律、资产评估等事项的，应当由具有从事证券业务资格的会计师事务所、律师事务所和资产评估机构等专业性中介机构审查验证，并出具书面意见。专业性中介机构及人员必须保证其有审查验证的文件的内容没有虚假、严重误导性陈述或者重大遗漏，并且对此承担相应的法律责任。

（二）招股说明书

经过披露的招股说明书具有发行人向投资人作出招股要约的法律意义。招股说明书的本质是"向特定人或者非特定人发出购买或者销售某种股票的书面意思表达"。招股说明书的披露与备案标志着发行准备工作的完成和股票发行工作的开始。

发行人及其发起人或者董事对于招股书内容的真实性、准确性和完整性负有直接的法律责任。

承销股票的证券经营机构对于招股书内容的真实性、准确性和完整性负有担保责任。

参与发行准备的专业性中介机构及人员对招股书内容及相关文件的内容负有审查验证的责任。

1. 招股说明书概要

《公开发行股票公司信息披露的内容与格式》第一号规定招股说明书概要应记载（但不限于）以下必要事项：

⑴绪言

说明招股书编制所依据的法规，发行人董事会声明是否存在任何重大遗漏或误导，并对其真实性、准确性、完整性负个别和连带的责任，以及得到中国证监会批准的文件确认。

⑵新股发售有关当事人

当事人包括发行人、主承销商（副承销商或承销团成员）、推荐人、发行人法律顾问、会计师事务所、资产评估机构、股票登记机构、收款银行（采用存款方式认购发行的）等，以及相关的当事人的机构名称、所在地、通讯工具、联系人等。

⑶发行情况

介绍发行的股票类型、发行日期、发行地区、发行对象、发行方式、承销起止日、预计上市日期及上市场所、每股发行价、每股面值、发行量、发行总市值、预计内部职工股的上市日期等。

⑷风险因素与对策

应介绍预计存在的经营风险、行业风险、市场风险、政策性风险以及其他不可预计风险。应注明"投资者在评价本发行人此次发售的股票时应特别认真地考虑各项风险因素"的提示。

⑸募集资金的运用

包括：募集资金的计划用途、投资项目简介、投资项目资金安排进度计划、投资收益预测、资金缺口安排等。

⑹股利分配政策

包括利润分配顺序、股利分配政策、含权股的股利派发信息等。

⑺发行人及发行人主要成员的情况

包括历史沿革、生产经营状况、股本形成过程、董事、监事及高级管理人员简要情况等。

⑻经营业绩

介绍过去三年的经营业绩及效益。

⑼资产评估及确认情况

包括评估后各类资产的净值、负债、增减值和幅度及原因，评估方法，确认证明等。

⑽主要会计政策

包括财务报表和财务报表注释、财务状况、经营成果及会计政策。

⑾盈利预测

包括假设说明、会计政策、预测期间、每股盈利、税后利润、注册会计师对盈利预测的审计意见等。

⑿重要合同及重大法律诉讼事项。

⒀公司发展规划。

2. **招股说明书的披露程序及管理**

⑴公司编制完成招股说明书后，应当将经签署的招股说明书及其概要随其他发行申请文件一并报送当地省或计划单列市政府或中央企业主管部门，经审核批准后，将上述文件一式十二份报送中国证监会复审。

⑵公司获准公开发行股票后，发行人及其承销商应当在承销期开始前二至五个工作日内将招股说明书概要刊登在至少一种上市公司信息披露指定报刊上。

⑶发行人应将招股说明书放置在公司所在地，拟挂牌交易的证券交易所、各承销机构及发售网点，并在发售网点全文张贴，以供投资公众查阅。

⑷发行人应将招股说明书文件一式十份上报中国证监会，另上报两份给拟上市挂牌交易的证券交易所备案。

⑸在公开发行股票的申请被批准后，且在招股说明书失效之前，如果发生不修改招股说明书就会产生误导的事件，发行人与其承销商有责任对招股说明书作出相应的修改。

⑹发行人对经中国证监会复审后的招股说明书（包括概要）作出任何改动，必须在招股说明书（概要）公布之前报中国证监会审核同意。

⑺招股说明书的有效期为六个月，自招股说明书签署之日起计算，招股说明书失效后，股票发行必须立即停止。

⑻股票承销期不得少于十日，不得超过九十日。承销机构应当在承销期满后的十五个工作日内向中国证监会提交承销情况的书面报告。

⑼在股票公开发行期间，与发行有关的，应当公开的消息，例如股票发行公告、发行中签率公告、摇号结果公告等，也应在至少一种上市公司信息披露指定报刊上及时公告（附录：1至5）。

（三）上市公告书

上市公告书是公司股票上市前的重要信息披露材料，应严格按照《公开发行股票公司信息披露的内容与格式准则》第七号编制及披露。

由于公司股票发行至上市的期间不一致，为避免重复，减轻披露工作压力，采用简要上市公告书与完整上市公告书两种不同格式加以调整。

1. **简要上市公告书**

公司股票自发行结束日到挂牌交易的首日不超过九十天，或者招股说明书尚未失效的，可以编制及披露简要上市公告书。

根据格式准则要求，简要上市公告书必须记载并披露的事项至少包括：

⑴发行人股票发行责任与承诺的声明（说明）；

⑵发行人股票获准在证券交易所上市的日期和批准文号；

⑶股票发行情况、股权结构和前十名股东的名单及持股数量；

⑷公司创立大会或股东大会同意公司股票在证券交易所上市交易的决议；

⑸发行人披露的目前仍然有效的招股说明书所刊登的报刊、刊登时间；

⑹自招股说明书披露至上市公告书刊登期间所发生的重大事项、重大变化等应详细说明；

⑺证券交易所要求载明的其他事项。

2. **完整的上市公告书**

公司股票自发行结束日到挂牌交易的首日超过九十天，并且招股说明已失效的，须编制完整内容的上市公告书。

根据格式准则第七号规定，完整内容的上市公告书记载事项应包括《股票发行与交易管理暂行条例》第十五条的主要内容和第三十四条的全部内容。至少包括：

⑴股票获准在证券交易所上市的日期和批准文号；

⑵股票发行情况、股权结构和前十名股东的名单及持股数量；

⑶公司创立大会或股东大会同意公司股票在证券交易所上市的决议；

⑷董事、监事及高级管理人员简历及持有本公司股票的情况；

⑸公司近三年或者成立以来经注册会计师审计的经营业绩和财务状况以及下一年的盈利预测；

⑹公司的名称、住所、通讯联络工具等；

⑺发起人、发行人简介（含沿革）；

⑻本次发行前每股净资产值和发行结束后每股净资产值；

⑼募集资金的运用计划及收益、风险预测；

⑽重要合同、重大诉讼和其他重大事项；

⑾发行人董事会的上市承诺与责任声明（说明）；

⑿证券管理部门和证券交易所要求载明的其他事项。

3. **上市公告书编制格式**

⑴封面

包括重要提示（说明）、上市日期、上市场所、总股本、上市推荐人、股权登记机构等。

⑵正文

包括绪言、公司概况、公司组织情况、股本结构及前十名股东持股情况、公司近三年经营业绩、公司财务状况、财务指标分析、重要事项提示、投资环境、风险对策和发展计划、盈利预测等。

⑶附录

包括财务报表和财务分析。

⑷备查文件

包括上市通知书、验资报告、创立大会或股东大会通过的上市决议、招股说明书和上市推荐书等。

4. **上市公告书披露程序与管理**

⑴获股票发行资格后，发行人应将上市申报材料及获得股票发行资格批文，以及申报日以后截止刊登上市公告书日之前所形成的有关文件资料等上报给证券交易所上市审核部。

⑵上市公告书中载列的财务会计资料，其资产负债表报表日和损益表及其他规定的报表的报告期间终止日距挂牌交易首日不得超过一百八十日（六个月），其盈利预测期间自挂牌交易日起至盈利预测期间终止日，不得少于九十日。

⑶股票挂牌交易日之前的五个工作日，公司应把全体股东登记托管资料交上海证券中央登记结算公司托管登记完毕。

⑷披露上市公告书之前的三天，公司应与证券交易所签订《上市协议书》（附录：6）。

⑸发行人在其股票挂牌交易日之前的三天，应当将简要上市公告书刊登在至少一种上市公司信息披露指定报刊上。

⑹刊登上市公告书后的两个工作日内，公司应当履行缴纳上市费用义务。

⑺公司刊登上市公告书后，应将其备置于公司所在地，挂牌交易的证券交易所，有关证券经营机构及其网点，供公众查阅，同时报送中国证监会一式十份。

（四）定期报告

《公司法》及其他有关法规规定上市公司负有持续披露的义务，定期报告是最主要的形式之一。上市公司应当在每个会计年度中分两次向公众披露公司的定期报告，定期报告包括中期报告和年度报告，定期报告是法定报告。

1. **中期报告**

中期报告按《公开发行股票公司信息披露的内容与格式准则》第三号要求编制。

中期报告内容要点：

⑴财务报告

中期报告中的财务报告包括财务报表和财务报表注释两部分。财务报表至少应当包括资产负债表和利润表。披露的财务报表可以是简化的财务报表，也可以是完整的财务报表。

除特殊情况或计划实施中期增资配股、中期分配外，中期报告毋须经会计师事务所审计。

披露简化的财务报表应严格按照规定的会计科目列示。

财务报表的编制口径应与前次披露的财务报表口径一致。

资产负债表期初数应与上年末数据一致；损益表应同时列示上年同期数据。

⑵财务指标（不限于以下指标）

①每股收益率

②净资产收益率

③每股净资产

④每股分配（在实施中期分配的情况下）

⑶财务报表注释

如果在报告期内有下列情况（不限于以下内容）发生的，应通过财务报表注释加以说明：

①会计政策或方法有变化；

②报告主体发生变化；

③生产经营环境以及宏观政策、法规发生了重大变化，已经、正在或可能对公司的财务状况和经营成果产生重要影响；

④资产负债表中资产类及负债类项目与上一会计年度末对应项目相比，损益表的报告期间为本会计年度的前6个月和去年的同期相比，变化达到30%以上（含），股东权益类项目发生变化的；

⑤报告期内有新的大额借款或对原债务重组的；

⑥重大的其它事项；

⑦披露未经审计的财务报表须注明。

⑷经营情况的回顾与展望

分列提示上半年经营情况的回顾及下半年的经营计划；

⑸重大事项揭示

⑹发行在外股票的变化和股权结构的变化

①股本变动情况简介

②股本结构情况

③前十名股东持股情况

④董事、监事、高级管理人员持股情况

⑺临时股东大会简介

⑻列示备查文件

2．年度报告

年度报告按《公开发行股票公司信息披露的内容与格式准则》第二号要求编制。

刊登的年度报告摘要应以正本年度报告为基础，保持相关口径的一致，并以规定格式披露。

年度报告内容要点：

⑴封面及目录

⑵年度报告正文

①公司简介

②会计数据和业务数据摘要

③董事长或总经理的业务报告

注意把握实际经营指标数据与预测数据差异超过规定比率的要加以分析与说明；

说明前次募集资金的运用情况以及经过合法程序变更后的运用情况；介绍新的年度中的业务发展规划。

④董事会报告

董事会报告应包括董事会工作报告摘要、股票与股东、董事与监事以及高级管理人员、重大诉讼事项报告和年度股东大会以及其他报告事项等六项内容。

⑤财务报告

年度报告中的财务报告包括财务报表和注册会计师对其发表的审计报告。财务报表应包括本年度末与前一个会计年度末的比较式资产负债表、损益表及利润分配表、财务状况变动表（或现金流量表）。

年度财务审计报告须有从事证券业务资格的会计师事务所及注册会计师审计。

财务报表的编制口径与前次披露的财务报表口径应保持一致，如有变化须加以说明。财务报表注释，作为财务报告不可缺少部分，应对比较式报表的两个期间的数据进行说明，主要事项包括公司的主要会计政策、报告内项目的分解与说明、报表中的非常规项目与非正常情况、以及报表内无法反映的重要内容。

审计报告属有条件的报告，则要全文披露审计报告全文。公司董事会须在年度股东大会上就该事项作出解释。

⑥重大事件披露

⑦关联企业

关联企业可以只列示长期投资形式直接或间接持有20%以上股权的其他单位，并注明列示关联企业的名称、所在地、主要业务范围以及公司持有该关联企业的权益份额。

⑧公司参考信息

包括公司中文、英文的正式名称、所在地（或注册地）、邮编、电话号码、传真号码、联系部门、股票代码、上市场所、财务顾问、法律顾问等。

3．定期报告披露程序及管理

⑴公司应当于每个会计年度的前六个月结束后六十日内（两个日历月份）编制完成中期报告（逾期公司应向证券交易所上市审核部报告原因，逾期期间公司股票予以停牌）。中期报告编制完成后应向中国证监会报送十份备案，并将报告摘要刊登在至少一种上市公司信息披露指定报刊上。

⑵公司应当在每个会计年度结束后一百二十日内（四个日历月份）编制完成年度报告。年度报告编制完成后应当报送中国证监会十份备案，并在年度股东大会召开前至少三十天，将报告摘要刊登在至少一种上市公司信息披露指定报刊上。遇特殊情况，由公司提出延期申请，经证券交易所同意，可最迟延期至六月底前完成编制并披露年度报告。

⑶公司应将中期报告和年度报告备置于公司所在地、挂牌交易的证券交易所、有关证券经营机构及其网点，供投资者查阅。

⑷公司在信息披露指定报刊上披露中期报告和年度报告的当天上午，其股票暂停交易半个工作日，如遇非工作日披露，则顺延至其后第一个交易日的上午补停半个工作日。

⑸公司披露其中期报告、年度报告前，应将披露登记表、报告摘要、审计报告、电脑磁盘、董事会决议公告等，报证券交易所上市审核部备案登记，然后落实刊登和停牌时间。

⑹中期报告、年度报告均实行事后审核，公司董事会对所披露内容负全部责任。

⑺公司对证券交易所上市审核部的事后审核意见，应认真对待，并出具答辩意见，如系信息误导，则在收到审核意见的两个工作日内，在指定报刊上刊登说明公告（附录：17）。

⑻同时发行境内上市或境外上市外资股的公司，其境外披露的报刊联系及外文翻译均由公司自行负责。

现将中期报告和年度报告的有关披露要求简要列示如下：

	中期报告	年度报告
报告期	前半个会计年度（1—6月）	上一会计年度（1—12月）
公布时间	每个会计年度前六个月结束后的两个月内（7—8月）	每个会计年度结束后四个月内（1—4月）
格式准则	内容与格式准则第三号	内容与格式准则第二号
财务审计	除特殊情况（中期分红、申请配股），毋须审计	须经审计
披露前提交资料（报上市总部）	1. 报告摘要 2. 披露登记表 3. 电脑磁盘 4. 审计报告（如经审计）	1. 报告摘要 2. 披露登记表 3. 电脑磁盘 4. 审计报告 5. 董事会决议公告
正文报送要求	8月底前报证监会、交易所各十份	4月底前报证监会、交易所各十份，特殊原因于4月15日前提出申请，经交易所同意，不超过6月底
停牌事宜	刊登报告摘要例行停牌半天（逢非交易日顺延）；逾期未公布，逾期期间予以停牌	刊登报告摘要例行停牌半天（逢非交易日顺延）；逾期未公布，逾期期间予以停牌
审核方式	事前登记，事后审核	事前登记，事后审核

（五）临时报告

公司股票发行上市后，除按规定披露中期报告、年度报告等定期报告外，其余的信息披露均属临时报告范围。根据证监会《关于加强对上市公司临时报告审查的通知》，上市公司披露临时报告必须经过证券交易所的审核，未经交易所同意，各指定报刊不得刊登上市公司的临时报告。

本所上市总部下设上市审核一部、上市审核二部、上市监察部，分司对上市公司信息披露的监管。三个部门的审核分工如下：

部门	审核对象	主要审核范围
上市审核一部	只发行A股的公司	发行公告、上市公告书、年度报告、中期报告、分配公告、配股说明书、股份变动报告、常规性会议报告等
上市审核二部	发行B股H股的公司（含同时发行A股）	同上
上市监察部	全部上市公司	《条例》第六十条、《细则》第四章及第五章规定的重大事件报告、收购兼并控股公告、澄清公告、警告性公告、说明公告。

上市公司由董事会秘书或其合格替任人与本所上市总部联系临时报告的披露事宜。拟刊登的临时报告连同有关的附件，以传真、专人送达等方式提交本所上市总部。

根据《关于加强对上市公司临时报告审查的通知》，本所上市总部审查上市公司临时报告包括以下内容：核实上市公司办理临时报告信息披露人员的身份以及是否经过合法授权；核查临时报告涉及的政府批文、有关中介机构的意见书；核对公司临时报告涉及内容和时间与其备查文件的因果关系；对公司临时报告进行必要的文字审核。

上市公司应提供的政府批文和中介机构意见书等备查文件，重点参照《关于加强上市公司临时报告审查的通知》第四点及附件的内容，具体按照本所上市总部的要求。

临时报告披露的手续及程序参见“信息事务管理”第四项。

（六）重要会议及公告

董事会会议公告、监事会会议公告、股东大会会议公告是临时报告的常规性组成部分。现根据现有法规和市场约定俗成的做法，分类作出相关的操作要领，并附相关公告的参考格式，供参照执行。

1. 董事会会议及会议公告　　《公司法》第三章第三节“董事会、经理”对董事会行使职权及召开会议作了明确规定。

董事会对股东大会负责。董事会与股东大会的职权列表如下：

董事会	股东大会
决定公司的经营计划和投资方案	决定公司的经营方针和投资计划
聘任或解聘公司经理根据经理提名，聘任或解聘公司副经理、财务负责人，决定其报酬事项	选举和更换董事及由股东代表出任的监事，决定其报酬事项
执行股东大会的决议	审议批准董事会、监事会的报告
制订公司的年度财务预算方案、决算方案、利润分配方案和弥补亏损方案	审议批准公司的年度财务预算方案、决算方案、利润分配方案和弥补亏损方案
制订公司增加或者减少注册资本的方案以及发行公司债券的方案	对公司增加或者减少注册资本作出决议，以发行公司债券作出决议
拟定公司合并、分立、解散的方案	对公司合并、分立、解散和清算等事项作出决议
制定公司的内部管理制度	修改公司章程

（1）董事会每年度至少召开两次会议，每次会议应当于会议召开十日以前通知全体董事。董事会召开临时会议，可以另定召集董事会的通知方式和通知时限。

（2）董事会会议应由二分之一以上的董事出席方可举行，董事会作出决议，必须经全体董事的过半数通过。

（3）董事会会议，应由董事本人出席。董事因故不能出席，可以书面委托其他董事代为出席董事会，委托书中应载明授权范围。

董事会应当对会议所议事项的决定作成会议记录，出席会议的董事和记录员在会议记录上签名。

董事应当对董事会的决议承担责任。董事会的决议违反法律、法规或者公司章程，致使公司遭受严重损失的，参与决议的董事对公司负赔偿责任。但经证明在表决时曾表明异议并记载于会议记录的，该董事可免除责任。

（4）董事会通过的决议在会议结束后，如决议涉及信息披露义务的，即应在第一时间将会议形成的决议拟就公告，报本所上市总部。经审核后在信息披露指定报刊刊登。

（5）董事会决议事项如须提交股东大会审议批准，则应在公告中写明“决议尚须提交股东大会审议批准”字样。

（6）董事会决议公告落款为公司董事会，也可落款“承董事会命 董事会秘书 ×××”。

（7）董事会决议事项如不属可能影响公司股价的重大事项，可不必报告及公告；如属重大事项，但董事会认为公布该事项会损害公司的利益，且不公布也不会导致股票市场价格的重大变动的，经本所上市总部同意，可以不必公告。

2. 监事会会议及会议公告

《公司法》第三章第四节“监事会”对监事会行使职权及召开会议作了规定。

监事会会议公告的披露，参照董事会会议公告要求（附录：9）。

3. 股东大会及会议公告

（1）股东大会是公司的权力机构，依照《中华人民共和国公司法》行使职权。

（2）股东大会行使职权范围参照《中华人民共和国公司法》第一百零三条。

（3）股东大会应当每年召开一次年会。上市公司股东年会应在上一会计年度完结后的六个月内举行。

（4）公司有下列情形之一的，应当在二个月内召开临时股东大会：

a、董事人数不足公司法规定的人数或者公司章程所定人数的三分之二时；

b、公司未弥补的亏损达股本总额三分之一时；

c、持有公司股份百分之十以上的股东请求时；

d、董事会认为必要时；

e、监事会提议召开时。

（5）股东大会会议由董事会依照《中华人民共和国公司法》规定负责召集，由董事长主持。董事长因特殊原因不能履行职务时，由董事长指定的副董事长或其他董事主持。

（6）召开股东大会，应当将会议审议的事项于会议召开三十日以前以召开股东大会公告的形式通知各股东。公司董事会提议召开股东大会的议项及公告，应在公司董事会作出决议的第一时间报本所上市总部，经审核后在作出决议日后两个工作日内在信息披露指定报刊上，向社会公开披露（附录：7）。

（7）临时股东大会不得对通知中未列明的事项作出决议。

（8）股东出席股东大会，所持每一股份有一表决权，公司不得借故设置出席会议股东的资格障碍。

（9）股东大会作出决议，必须经过出席会议的股东所持表决权的半数以上通过。股东大会对公司合并、分立或者解散公司作出决议，必须经出席会议的股东所持表决权的三分之二以上通过。

（10）修改公司章程，必须经出席股东大会的股东所持表决权的三分之二以上通过。

（11）对股东大会审议涉及到大股东利益的关联交易议项时，应提倡关联方回避表决。

（12）股东可以委托代理人出席股东大会，代理人应当向公司提交股东授权委托书，并在授权范围内行使表决权。但是，任何人在征集二十五人以上的同意权或者投票权时，应当遵守证监会有关信息披露和作出报告的规定。

（13）股东大会应当对所议事项的决定作成会议记录，由出席会议的董事签名，会议记录应当也与出席会议股东的签名册及代理出席的委托书一并保存。

（14）股东有权查阅公司章程、股东大会会议记录和已公开披露的财务会计报告，有权对公司的经营提出建议或者质询。

（15）股东大会、董事会的决议违反法律、行政法规，侵犯股东合法权益的，股东有权向人民法院提出要求停止违法行为和侵害行为的诉讼。

(16) 临时股东大会可以采用通讯表决方式召开，表决议案内容应明确提出。采用通讯表决方式，应不致妨害股东表达意见的权利。通讯方式股东大会的召开日为表决票的开箱统计日。表决统计过程应由公证机关监督，并出具公证文书。采用通讯表决方式召开股东大会的其他条件，参照非通讯表决方式的股东大会要求（附录：8）。

(17) 临时股东大会可采用现场和通讯表决相结合的方式召开。

(18) 召开年度股东大会，或召开临时股东大会审议公司重要事项（分配、配股、购并、重大投资等），公司挂牌股票停牌一天。但如临时股东大会审议不致影响股价的非重要事项（例：更换个别董事），则不停牌。公司在股东大会召开日之前，应与本所上市总部落实停牌事宜以及决议公告传送时间。

(19) 决议公告应在股东大会会议结束后，在第一时间报本所上市总部，经审核后在指定报刊刊登。如决议与预案有变化或增加重要内容，应立即与上市总部取得联系，力求第一时间披露（附录：10）。决议的刊登最迟不得超过大会召开后两个工作日。

(20) 刊登临时股东大会决议与预案有变化或增加重要内容的，以及刊登年度股东大会决议，其股票交易停牌半天，如恰逢非交易日则顺延至下一交易日停牌半天。

(21) 公司应将完整的股东大会会议资料及决议文件报本所上市总部备案。

(七) 利润分配及分配公告

1.《公司法》对利润分配的有关规定

(1) 公司分配当年税后利润后，应当提取税后利润的百分之十列人公司法定公积金，并提取税后利润的百分之五至百分之十列人公司法定公益金。公司法定公积金累计为公司注册资本的百分之五十以上的，可不再提取。

(2) 公司的法定公积金不足以弥补上一年度公司亏损的，在依照前款规定提取法定公积金和法定公益金之前，应当先用当年利润弥补亏损。

(3) 公司在从税后利润中提取法定公积金后，经股东大会决议，可以提取任意公积金。

(4) 公司弥补亏损和提取法定公积金、法定公益金后所余利润，按照股东持有的股份比例分配。

(5) 股东会或者董事会违反前款规定，在公司弥补亏损和提取法定公积金、法定公益金之前向股东分配利润的，必须将违反规定分配的利润退还公司。

(6) 公司的公积金用于弥补公司的亏损，扩大公司生产经营或者转为增加公司资本。公司经股东大会决议将公积金转为资本时，按股东原有股份比例派送（转增）新股，法定公积金转为资本时，所留存该项公积金不得少于注册资本的百分之二十五。

(7) 公司提取的法定公益金用于本公司职工的集体福利。

2. 证监会《关于规范上市公司行为若干问题的通知》对分配的有关规定

(1) 上市公司确须进行中期分红派息的，其分配方案必须在中期财务报告经过具有从事证券业务资格的会计师事务所审计后制定；公布中期分配方案的日期不得先于上市公司中期报告的公布日期；中期分配方案经股东大会批准后，公司董事会应当在股东大会召开后两个月内完成股利（或股份）的派发事项。已发行境外上市外资股的上市公司，其中期分红派息事宜按其公司章程的规定办理。

(2) 公司董事会必须遵照《公司法》第一百三十条关于同股同权、同股同利和《暂行条例》第四条关于股票的发行与交易应当保障国有资产不受侵害的规定，制定公平的分配方案，不得向一部分股东分派现金红利而向其他股东派发股票红利。

(3) 上市公司制定配股方案同时制定分红送股方案的，不得以配股作为送股的前提。

(4) 上市公司的送（增）股方案必须将以利润派送红股和以公积金转为股本予以明确区分，并在股东大会上分别作出决议，分项披露，不得将两者均表述为送红股。

3. 分配的具体运作

(1) 董事会拟定的分配预案经股东大会审议通过后，应在两个月之内实施（送股除权或红利挂牌）。

(2) 公司披露分配公告应详细说明分配来源的构稽关系和分配方案。涉及股份变动的，列明变动前后的股份结构。

(3) 分配公告相关的股权登记日、除权（息）日、可流通红股（转增股）上市日等应与本所上市审核部事先落实。股权登记日一般应在分配公告刊登日后三到五个工作日。

(4) 公司派发现金红利，应说明派发方法，若委托上海证券中央登记结算公司派发，则应与其签订代派现金红利合同（附录：12），及时划转现金。受托方在收到代派发现金红利款项后的两个工作日内刊登派发现金红利公告。派发现金红利挂牌时间不少于二十个工作日。

(5) 公司披露分配公告，应指定专人携带密封件将分配公告送本所上市审核部，在公开披露之前，负有保密责任。

(6) 公司董事会在审批年度审计报告时，应向会计师事务所提供年度利润分配预案，如系分配现金红利的由会计师事务所据此调整会计报表，分配方案实施完毕，再根据实际分配情况调整相关帐务。

(7) 分配涉及的公告列表如下

公告名称	公布事宜	参照格式
董事会决议公告	第一时间，最迟不超过两个工作日	附录：7
股东大会决议公告	第一时间，最迟不超过两个工作日	附录：10
分配公告	一般距股权登记日三至五个工作日	附录：11
红利挂牌公告	由上海证券中央登记结算公司发布	

(八) 配股及配股公告

公司向股东配售发行新股，目前参照证监会《关于 1996 年上市公司配股工作的通知》执行。

1. 公司向股东配股必须符合下列基本条件：

(1) 公司章程符合《公司法》的规定；

(2) 配股募集资金的用途必须符合国家产业政策的规定；

(3) 前一次发行的股份已经募足，并间隔一年以上。间隔时间是指从公司的前一次募足股份后的工商注册登记日或变更登记日，至本次配股说明书的公布日，其间隔不少于 12 个月；

(4) 公司在最近三年内净资产税后利润率每年都在 10%以上，属于能源、原材料、基础设施类的公司可以略低，但不低于 9%；

(5) 公司在最近三年内财务会计文件无虚假记载或重大遗漏；

(6) 本次配股募集资金后，公司预测的净资产税后利润率应达到同期银行个人定期存款利率；

(7) 配售的股票限于普通股，配售的对象为股权登记日登记在册的本公司全体普通股股东；

(8) 公司一次配股发行股份总数，不得超过公司前一次发行并募足股份后其普通股股份总数的30%，公司将本次配股募集资金用于国家重点建设项目和技改项目的，在发起人承诺足额认购其可配股份的情况下，可不受30%比例的限制。

2. 公司有下列情形的，其配股的申请不予批准：

(1) 不按有关法律、法规的规定履行信息披露义务的；

(2) 近三年有重大违法行为，特别是以违反国家现行规定的方式和范围发行或变相发行股票的行为，有证券欺诈等行为的；

(3) 前一次发行股票所募集的资金用途与《招股说明书》、《配股说明书》不相符，而且又未经法定程序批准；

(4) 股东大会的召集、召开方式、表决方式和决议内容不符合《中华人民共和国公司法》及有关规定的；

(5) 申报材料存在虚假陈述的；

(6) 公司所确定的配股价格低于该公司配股前每股净资产的；

(7) 公司上市不足一年的；

3. 公司的配股申请因本通知第（二）条第2、3、5款的原因被中国证券监督管理委员会（以下简称“证监会”）拒绝批准后，一年以内不得再次提出配股申请。

4. 在国务院做出新的规定前，国家拥有的股份和法人持有的未流通股份及其配股权和红股出让后，受让者由此增加的股份暂不上市流通。

5. 公司配股的申请和信息披露应按下列规定办理具体事宜：

(1) 公司向股东配股，应当召开股东大会就下列事项进行逐项表决：

①股东配股比例和本次配售股份的总额；

②配股价格浮动的幅度；

③本次募集资金的用途；

④关于本次配股决议的有效期限；

⑤授权董事会办理的与本次配股有关的其他事项。

公司董事会应当保证全体股东有充分行使表决权的机会。

(2) 公司董事会在制定和实施配股方案过程中，应当保证所有普通股股东均受到公平的对待；应当保证股东同时享有受让或不受让他人所转让的配股权的权利。公司董事会不得将一部分股东的配股权向其他股东强行摊派。

(3) 公司向证监会报送的申报材料的格式应当按要求制作。

(4) 公司应当在自签署配股说明书的日期（在向证监会报送材料之前）起，到配股缴款结束之日止，六个月内完成配股的全部工作，与证券交易所协商确定有关的具体操作事项。证券交易所应当在收到公司配股文件后二个工作日内给予审核答复，并按照要求，办理有关业务活动。

(5) 公司向股东配股，应当按照下列要求披露有关信息。

①董事会有关本次配股的方案表决通过后，应当在二个工作日内通知证券交易所上市总部，同时公布召开股东大会的会议通知；其内容应当包括董事会决议和配股方案的具体事项，并载明“该项决议尚须经股东大会表决后，报××省（自治区、市）证管办（证监会）出具意见，并报中国证券监督管理委员会审核”字样；召开股东大会的通知应当提前三十天公布。

②配股方案经股东大会表决通过后，应当在二个工作日内公布股东大会决议内容，公告中应当载明“该方案须报××省（自治区、市）证管办（证监会）出具意见，并报中国证券监督管理委员会审核”字样（附录：10）。如果股东大会对董事会的配股方案有修改的，还应公布修改后的方案。

③公司接到中国证监会出具的配股审核意见书后，应当在二个工作日内以公司董事会公告的形式公布配股申请获批准的消息，证券交易所应在公司确定的股权登记日前至少十个工作日安排公司公布配股说明书。配股说明书应按照《公开发行股票公司信息披露的内容与格式准则》第四号的规定编制；配股说明书刊登后，公司应当就该说明书至少再刊登一次提示性公告（附录：14）。公布的配股说明书内容应当与报送中国证监会审核的该说明书内容一致；确有必要修改的，应当在公布前取得中国证监会的书面认可。

④配股说明书公布后，公司应当在七个工作日内将经证券交易所上市审核部确认的配股说明书文本一式二份报中国证监会备案。

⑤公司应当在配股缴款结束后二十个工作日内完成新增股份的登记工作，聘请有从事证券业务资格的会计师事务所出具验资报告，编制公司股份变动报告，并将上述两个报告报送证监会和证券交易所上市审核部备案。股份变动报告的内容与格式应按照《公开发行股票公司信息披露的内容与格式准则》第五号的规定编制并予以公布。

⑥证券交易所上市审核部在收到公司有关配股的股份变动报告和验资报告后，择时安排该次配售的股票上市交易。

⑦负责配股承销工作的证券经营机构在承销结束后，应在十五个工作日内向中国证监会提交承销情况的书面报告。

⑧公司应当聘请有从事证券业务资格的律师事务所就本次配股出具法律意见书，其内容与格式应当符合证监发字〔1994〕162号文件《关于发布〈公开发行股票公司信息披露的内容与格式准则〉第六号通知》附件二规定的《上市公司配股法律意见书的内容与格式（试行）》的要求。

6. 在公司配股说明书公布之前，参与配股说明书的起草、申报和审查的有关人员均属内幕人员，必须严格遵守国务院证券委颁布的《禁止证券欺诈行为暂行办法》的有关规定，对有关内幕信息严格保密。上述人员包括中国证监会、证券交易所、地方有关部门、公司和参与本次配股的证券经营机构、中介机构等单位的有关人员。

7. 发行A股的公司申请配股必须遵守本通知的规定，发行B股或H股的公司，原则上应遵守本通知的规定，国家另有规定的，从其规定。

8. 公司在指定报刊披露配股说明书前，应将配股申报材料、配股说明书文件及记录软盘报证券交易所上市审核部审核，经审核同意，确定股权登记日、除权日、配股缴款日期、配股交易代码、配股交易方式等，并在信息披露指定报刊上披露。

9. 配股缴款工作，按正常时间结束后，原则上不再受理投资者补缴款。缴款结束两个工作日后，由主承销商与上市审核部核对缴款数据，并处理包销余额。

10. 配股工作结束后，公司应抓紧验资工作，并做好注册资金变更登记手续。

11. 前述工作均完成后，公司应按中国证监会规定抓紧编制股本变动公告，在指定报刊上刊登股本变动公告之前，承销商应递交股票承销报告、验资报告、补缴款及包销股东资料软盘、股本变动公告文件及记录软盘，报证券交易所上市审核部，经审核无误后，确定配股增量部分中的可流通股份的上市交易日，并在指定报刊上披露。

12. 披露配股预案、刊登配股说明书的当天上午暂停交易半个工作日，若遇披露日为非交易日，则在其后第一个交易日的上午予以补停半个工作日。

13. 实施配股的公司，其财务报表及会计资料须经有资格的会计师事务所审计，有效期为6个月。

14. 股东大会通过的配股决议方案，若在配股复审通过时有变动的，应由公司董事会以公告的形式予以披露。

15. 配股涉及的公告事宜列示如下：

公司名称	公布事宜	参照格式
董事会决议公告	董事会制定配股预案；第一时间披露，最迟不超过两个工作日	附录：7
股东大会决议公告	逐项表决通过配股方案；第一时间披露，最迟不超过两个工作日	附录：10
董事会提示性公告	接到证监会复审意见书后两个工作日内	附录：13
配股说明书	股权登记日前至少十个工作日	
配股提示性公告	配股说明书公布后至少刊登一次	附录：14
股份变动公告	缴款结束二十个工作日内登记、验资后刊登；报告中公布配股上市日	

（九）重要事件公告

重要事件是指可能对公司的经营、投资行为、资产的安全性、公司股票价格产生重大影响的事件。除非公司有充分理由认为向社会公布该重要事件会损害公司的利益，且不公布也不会导致股票市场价格重大变动，经证券交易所同意，可以不予公布外，对发生可能对公司股票的市场价格产生较大影响，而投资人尚未得知的重要事件时，公司应当立即将有关该重要事件的报告提交证券交易所和中国证监会并向社会披露，说明事件的实质。

1. **所称重要事件包括（但不限于）下列情况：**

(1)《股票发行与交易管理暂行条例》第六十条所列事项；

(2) 公司章程的变更、注册资金和注册地址的变更；

(3) 发生大额银行退票（相当于被退票人流动资金的5%以上）；

(4) 公司更换其聘请的会计师事务所；

(5) 公司公开发行的债务担保或抵押物的变更或者增减；

(6) 股票的二次发行或者公司债到期或购回，可转换公事债依规定转为股份；

(7) 公司营业用主要资产的抵押、出售或者报废一次超过该资产的30%；

(8) 发起人或者董事的行为可能依法负有重大损害赔偿责任；

(9) 股东大会或者公司监事会议的决定被法院依法撤消；

(10) 法院作出裁定禁止对公司有控股权的大股东转让其股份；

(11) 公司的合并或者分立；

(12) 公司订立重要合同，该合同可能对公司的资产、负债、权益和经营成果中的一项或者多项产生显著影响；

(13) 公司的经营政策或者经营项目发生重大变化；

(14) 公司发生重大的投资行为或者购置金额较大的长期资产的行为；

(15) 公司发生重大债务；

(16) 公司未能归还到期重大债务的违约情况；

(17) 公司发生重大经营性或者非经营性亏损；

(18) 公司资产遭受重大损失；

(19) 公司生产经营环境发生重要变化；

(20) 新颁布的法律、法规、政策、规章等，可能对公司的经营有显著影响；

(21) 董事长、百分之三十以上的董事或者总经理发生变动；

(22) 持有公司百分之五以上的发行在外的普通股的股东，其持有该种股票的增减变化每达到该种股票发行在外总额的百分之二以上的事实；

(23) 涉及公司重大诉讼事项；

(24) 公司进入清算、破产状态；

(25) 公司发生员工伤亡、自然灾害损失、重大环保处罚等事实；

(26) 公司的董事、监事和高级管理人员持有本公司普通股的应履行披露其持股情况，持股情况发生变化的，应自该变化日起十个工作日内向中国证监会、证券交易所和本公司董事会作出报告；

(27) 前款未作规定，但确属可能对公司股票价格产生重大影响的事件也应当视为重大事件。

2. **重要事件公告运作**

(1) 公司在发生无法事先预测的重要事件后一个工作日内，应当向中国证监会作出报告；同时应当按其挂牌的证券交易所的规定及时报告证券交易所上市监察部。公司在重要事件公告编制完成并按规定披露后，把有关材料报送中国证监会备案，并备置于公司所在地、挂牌交易的证券交易所，有关证券经营机构及其网点，供公众查阅。

(2) 公司认为有必要通过新闻媒介披露某一重要事件时，应当在公开该重要事件前向中国证监会报告其披露方式和内容。如果中国证监会认为有必要时可对披露时机、方式和内容提出要求，公司应当按照中国证监会的要求进行披露（附录：15）。

(3) 公司已公开披露的信息，如公司认为尚须补充说明有关内容的，可作出说明公告。公司已公开披露的信息，如证券监管部门对披露内容的完整性和准确性提出质询，并要求公开说明的，公司应作出说明公告（附录：16，17）。

(4) 在任何公共传播媒介中出现的消息，可能对公司股票的市场价格产生误导性影响时，公司知悉后应立即对该消息作出公开澄清（附录：18）。上市公司发布澄清公告前，应事先报证券交易所审查，具体规定参见证监会《关于上市公司发布澄清公告若干问题的通知》。

(5) 公司因某重要投资或经营行为等事项正在进行之中，且无法保证该投资或经营行为必定成功，又无法保证关联人不泄露相关信息，但预计该信息会对股价有所影响，公司应就此向投资者作出警告性公告。(附录：19)

3. **可豁免披露的信息**

(1) 法律、法规予以保护并允许不予披露的商业秘密；

(2) 中国证监会在调查违法行为过程中获得的非公开信息和文件；

(3) 根据有关法律、法规规定可以不予披露的其他信息文件。

（十）公司收购、兼并、控股公告

公司收购、兼并、控股行为，属重大的公司经营投资行为，关系到公司的健康、稳定、持续发展，对社会及投资者亦有重要影响。随着经济体制改革的不断深入，存量资产的合理使用及社会资源的优化配置，产业结构的科学化重组调整，追求经济规模和经济效益的更大化等，不同经济成份以及不同公司之间的收购、兼并、控股的运作将日益增多。

上市公司一方面可以通过产权交易等方式获得对其他企业一定程度的控制权，以实现自身经济利益；另一方面，由于其股权的社会化，自身也可能成为被控股乃至收购兼并的对象。上述情况，均涉及到上市公司和相关行为人应履行的信息披露义务。

1. 上市公司收购、兼并、控股其他企业的信息披露

（1）信息披露义务主体

上市公司作为主体收购、兼并、控股其他企业。上市公司的重大事项信息披露为法定披露，当事另一方的信息披露为从属披露。对上市公司的重大收购、兼并、控股行为，当事另一方就该等行为的合法性、时效性等，以法人名义，采用声明或公告的形式公开披露相关信息，以此来保障自身的权益。

（2）信息披露时间

①原则上在具有法律作用的协议或合同签订后的第一时间披露。

②如该协议或合同尚须经政府有关部门批准，且不公布也不会导致股票市场价格重大变动的，可待有关部门批准后公布相关信息。但公司若无法保证相关信息不致泄露，且预计该信息可能影响股价，应在证券管理部门审核同意后作出警告性公告。

③若收购、兼并、控股行为的标的较小，经上市监察部同意，可申报相关资料备案，在定期报告中披露。

（3）重要性和充分披露原则

收购、兼并、控股行为的重要性主要考虑以下几方面因素：收购、兼并、控股行为的标的；由此形成的净资产及资产总额占上市公司净资产及资产总额的比例；对上市公司经营活动、产品市场占有份额的影响；当事另一方与上市公司是否有产权关联关系等。

上市公司应根据行为的重要性，对该等行为进行充分披露。

（4）收购、兼并、控股公告内容（不限于下列内容）

①行为双方名称、行为的发生时间、简要过程、行为资金成本、支付方式、支付期限、资金来源、行为目的、行为合法性、有关中介机构的合法执业资格；

②标的企业的资产、负债、权益情况、盈亏情况、盈利预测、所在地点、占地面积、员工人数、员工安置方式；

③行为目的、行为的合法性、行为对上市公司的影响、行为对社会的影响；

④备查文件：相关的决议、协议、批文、审计报告、评估报告、法院裁定书等。

（5）披露的格式要求：应充分体现该等行为的全部相关内容，但又可根据不同的行为双方当事人及行为事实，自定披露格式，亦可参照市场中约定俗成的模式运作（附录：20，21）。

（6）中介机构报告

①购并行为涉及的中介机构报告有审计报告、评估报告、财务顾问报告、法律意见书等。这些报告是投资者了解被购并企业和购并行为合法性的重要依据，有关结果和意见应在公告中提示。

②为购并行为出具报告或意见书的会计师事务所、资产评估事务所、律师事务所及从业人员，应具有从事证券业务资格。

③对被购并企业的审计报告，报告截止期距披露期不应超过半年。

④所涉中介机构报告应在公告"备查文件"中以目录形式列示，并供投资者查阅，随有关收购、兼并、控股的临时报告一并提交上市监察部备案。

（7）股东大会的权力

①董事会应根据公司法、公司章程、股东大会对董事会的授权，决定收购、兼并、控股事项是否召开临时股东大会审议。

②如收购、兼并、控股行为涉及上市公司募集资金用途的改变，应提交股东大会审议。

③如收购、兼并、控股行为的另一方当事人为持有公司5%以上股份的股东，且标的较大，应提交股东大会审议。提倡关联方回避表决。

（8）公司在报告期内因收购兼并或资产重组而使被合并对象的债权、债务、所有者权益转移到上市公司的，应当履行资产评估及确认手续，并以此作为财务报表的合并基准日，合并当事人应就合并前后被合并单位的资产、负债、权益的变化，提出具体的处理意见，并按照法定程序履行各方产权变更批准程序，有关会计科目处理，应当以财政部现行有关规定为准，公司还应在年度报告有关章节专门披露，并在财务报表附注中予以说明。

（9）公司资产托管、租赁、重组等行为，在信息披露上可参照上述要求（附录：22）。

2. 上市公司作为收购、兼并、控股标的信息披露

（1）行为人发生《暂行条例》第四十七条所列的持股情况时（持有上市公司5%以上股权，以及此后每增减2%），应向该上市公司、证券交易所、证监会、书面报告并公告。该行为人因此成为上市公司第一大股东，公告中应对行为人基本情况作一简介。

（2）根据《暂行条例》第六十条的规定，上市公司接到该行为人报告并证实后应作出公告，表明公司已知悉该事实。（附录：23）

（3）行为人发生《暂行条例》第四十八条所列的持股情况时（持有上市公司股超过30%），应当自该事实发生之日起四十五日内向该公司所有股东发出收购要约。收购要约及收购公告书的要求详见《暂行条例》第四章和《实施细则》第五章。

3. 尚未流通股份协议转让信息披露

本节内容是上述第（二）节内容的延伸。在有关规定未颁布之前，可暂参照本节要求进行操作。

（1）上市公司尚未流通股份协议转让，发生《暂行条例》第四十七条规定事项的（5%以上，30%以下），协议当事人应在达成意向后两个工作日内按要求报告证券交易所、证监会经审核批准后，可以豁免多次购买（出售）多次公告的义务，一次性办理过户公告手续（附录：24）。

（2）出让方应出具的资料包括：

①法人资格证明；

②持有上市公司股份的托管登记凭证；

③出让方属国家股持股单位的，应当出具省级人民政府或国家国有资产管理局的授权文件或批文；国务院另有规定，从其规定；金融类上市公司国家股、法人股的转让，应出具中国人民银行总行的批文；

④报送材料时持有该上市公司已上市流通股份的说明；

⑤关于在报送材料前六个月内，该法人及其子公司或附属企业买卖该上市公司已上市流通股份行为的说明；

⑥关于其拟出让的股份有质押或其他法律争议事项的说明；

⑦公告草稿，该公告应对上述资料内容作出必要的阐述；

⑧证券交易所要求的其他材料。

（3）受让方（直接或间接达到5%以上的）应出具的资料包括；

①法人资格证明；

②股权转让协议；该协议除符合一般民事合同的要件外，还应当就履行信息披露义务和办理登记过户事宜作出表述；

③注册资本出资人或法人主管机关的情况说明；如受让方与某上市公司或证券经营机构有产权关系的，应特别说明。

④受让方关联企业情况简介（参照年报披露格式）

⑤如果受让方或其出资人在股份转让协议生效后成为上市公司第一大股东，或者受让方为境外法人，应当由有从事证券业务资格的境内律师事务所出具法律意见书；

⑥关于报送材料时受让方及其关联企业持有该上市公司流通股份的说明；

⑦关于在报送材料前六个月内，该法人及其子公司买卖该上市公司已上市流通股份行为的说明；

⑧受让方公告草稿，该公告应对上述资料内容作出必要的阐

述；

⑨证券交易所要求的其他材料。

(4) 根据"银货两讫"的过户原则，协议当事人办理过户时还应出具转让金额已如数划转的银行划款凭证复印件。协议当事人应向上市公司报告协议签订事实。上市公司根据《暂行条例》第六十条规定，向证券交易所提供公告草稿。

(5) 本所上市监察部对有关当事人报送的材料进行审核，经审核同意，到上海证券中央登记清算公司登记存管部办理过户手续并在指定报刊刊登公告。

(6) 有下列情形的，暂停或中止办理公告和过户事宜：

①有关当事人报送的材料不全；

②有关材料中的主要事实的表述与证券法规和证券业规范不符；

③受让方或与其有产权关系的出资人累计持有该上市公司股份达30%以上，并且未经中国证监会批准或认可的；

④出让方为境内法人、受让人为境外法人，并且未能出具国务院或国务院授权部门的批准文件的；

⑤当事人在报送材料前六个月内，有买卖该上市公司已上市流通股份行为，并且未按照规定方式履行信息披露义务的；

⑥当事人涉嫌证券违规行为，正在由中国证监会或证券交易所调查而尚未结案的；

⑦拟出让的股份涉及质押或其他法律争议事项，股份所有权不明确的；

⑧按照中级人民法院的书面通知，拟出让的股份被冻结的；

⑨证监会责令暂停的。

(7) 上市公司尚未流通股协议转让，受让方发生《暂行条例》第四十八条规定事项的，且受让方并未持有上市公司流通股份，可以向证监会申请豁免收购要约义务。

(8) 经国务院、省级人民政府或国家国有资产管理局批准的国家股持股单位的行政性变更，或法人单位因追索他人民事赔偿责任，经中级人民法院终审裁决而获得上市公司股份，而产生持有上市公司30%以上股份的股东，毋须申请豁免要约义务，可直接到证券交易所办理公告和过户事宜。

(十一) 公司合并、分立

1. 公司合并

公司合并是指两个或两个以上的公司依照法律规定或者合同约定合并成为一个公司的行为。

公司合并，分为吸收合并和新设合并两种方式。

吸收合并是指两个以上的公司合并中，一个公司吸收了其他公司而成为存续公司，其他公司则消灭其原有法人资格的合并方式。

新设合并是指两个或两个以上的公司通过合并同时消灭，而在新的基础上形成一个新的公司。

公司的合并需要严格依照法律规定的程序进行，例如《公司法》、《金融法》、《会计法》、《税法》以及《反不正当竞争法》等相关的法规规定。

股份有限公司之间或股份有限公司与有限责任公司之间的合并，合并后存续的公司必须是股份有限公司，其合并行为必须经过国家授权的行政主管部门批准，涉及发行或变更公司股本的，必须报经国家证券管理部门批准。

合并应遵循的程序：

(1) 董事会提出合并方案；

(2) 股东会作出特别决议；

(3) 报经有关部门批准；

(4) 签订公司合并合同；

(5) 编造财产清单；

(6) 通知债权人；

(7) 办理合并登记手续。

2. 公司分立

公司分立是指一个公司因生产经营需要或其他原因而分开设立为两个以上公司。

公司分立分新设分立和派生分立两种方式。

新设分立是指一个公司将其全部财产分割，分别归入两个以上的公司中的分立方式。

派生分立是指一个公司以其部分财产设立另一个公司的分立形式。

公司分立应遵循的程序：

(1) 由原公司的董事会提出分立方案，并提交股东大会讨论；

(2) 由股东大会对公司的分立作出特别决议，须经出席股东会有表决权的股东的三分之二以上多数通过；

(3) 公司的分立必须由国务院授权部门或省级人民政府批准，涉及发行或者变更股本的必须报经国家证券管理部门批准；

(4) 签订分立合同；

(5) 通知债权人；

(6) 公司应当依法向工商行政管理机关办理设立登记、注销登记、变更登记手续并公告。

3. 公司合并、分立的运作

(1) 公司合并，应当由合并各方签订合并协议并编制资产负债表及财产清单，公司应当自作出合并决议之日起十日内通知债权人，并于三十日内在信息披露指定报刊上至少公告三次。债权人自接到通知书之日起三十日内，未接到通知书的自第一次公告之日起九十日内，有权要求公司清偿债务或者提供相应的担保，不清偿债务或者不提供相应的担保的，公司不得合并。

(2) 公司合并时，合并各方的债权、债务，应当由合并后存续的公司或者新设的公司承继。

(3) 公司分立，其财产作相应的分割。

(4) 公司分立时，应当编制资产负债表及财产清单，公司应当自作出分立决议之日起十日内通知债权人，并于三十日内在信息披露指定报刊上至少公告三次。债权人自接到通知书之日起三十日内，未接到通知书的自第一次公告之日起九十日内，有权要求公司清偿债务或者提供相应的担保，不清偿债务或者不提供相应担保的，公司不得分立。

(5) 公司分立前的债务按所达成的协议由分立后的公司承担。

(6) 公司需要减少注册资本时，必须编制资产负债表及财务清单。公司应当自作出减少注册资本决议之日起十日内通知债权人，并于三十日内在信息披露指定报刊上至少公告三次。债权人自接到通知书之日起三十日内，未接到通知书的自第一次公告之日起九十日内，有权要求公司清偿债务或者提供相应的担保。

(7) 公司减少资本后的注册资本不得低于法定的最低限额。

(8) 公司为增加注册资本发行新股时，股东认购新股应当按照公司法设立股份有限公司缴纳股款的有关规定执行。

(9) 公司合并或者分立，登记事项发生变更的，应当依法向公司登记机关办理变更登记；公司解散的，应当依法办理公司注销登记；设立新公司的，应当依法办理公司设立登记。

(10) 公司新增加或者减少注册资本，应当依法向公司登记机关办理变更登记。

(十二) 公司破产、解散和清算

1. 公司破产

《中华人民共和国企业破产法（试行）》规定："企业因经营管理不善造成严重亏损，不能清偿到期债务的，依照本法规定宣告破产。"我国对破产的认定是指债务人无力偿付其到期的债务，也称法律上的破产。

债权人在破产程序中具有主要地位，债权人会议就是债券人利益的体现，所有债权人均参加债权人会议，债权人会议的成员享有表决权。破产分为自愿破产和非自愿破产。自愿破产是由债务人自己提出，非自愿破产是由债权人向法院提出破产申请。无论哪一种方法和程序必须经过法院，由人民法院受理审判。破产程序是一种诉讼程序，只有法院才有权受理并宣布债务人的破产。

破产的程序：

（1）破产程序开始的条件

《企业破产法（试行）》第3条规定："企业因经营管理不善造成严重亏损，不能清偿到期债务的，依照本法规定宣告破产。"所以，计划性亏损和政策性亏损造成的不能清偿，不能作为破产原因。

（2）破产申请的提出

享有破产申请权的只有债权人和债务人，其他任何人都无权申请破产。债权人申请破产必须具备三个条件：

①债权人是到期债务的债权人；

②债权人是现实债务的债权人；

③债权人是申请破产企业的债权人，而不是具有行为请求权的债权人。

债务人申请宣告破产的必须经其上级主管部门同意。

（3）破产案件的受理

法院受理破产案件后，将破产案件已受理的法律事实和受理后的有关事项告知利害关系人，要求债权人在法定期间申报债权，并规定第一次债权人会议召开的日期。

（4）债权人会议

债权人会议由法定期间内向人民法院申报债权的所有债权人组成。债权人会议作出的决议，一般应由出席会议的有表决权的债权人过半数通过，并且他们所代表的债权额，必须占无财产担保债权总额的半数以上。

债权人会议职权：

①审查有关债权的证明材料，确认债权有无财产担保及其数额；

②讨论通过和解协议草案；

③讨论通过破产财产的处理和分配方案。

（5）和解和整顿

和解的提出必须以债权人提出破产申请为条件。在债务人申请破产的情况下，则不能申请和解。

申请破产的公司应在法院受理案件后三个月内向债权人提出和解协议草案，由债权人会议以特别决议通过。

人民法院有权对和解协议的内容进行审查，和解协议达成后，由人民法院认可，并发布公告，破产程序中止。

公司整顿的申请只能由公司的上级主管部门向人民法院提出。

公司不执行和解协议或者企业财务状况继续恶化时，债权人会议可以向法院申请终结整顿，宣告企业破产。

（6）破产宣告

人民法院根据债权人或债务人申请作出破产宣告的裁定。

破产的公司因破产宣告而丧失对公司财产的管理处分权，对破产的公司未履行的合同，由破产清算组决定解除或继续履行。

破产宣告后，即开始破产清算程序。

（7）破产程序的终结

在下列情况下应终结破产程序：

①人民法院受理破产案件后，申请宣告破产的公司，经过整顿，能够按照和解协议清偿债务的，人民法院应当终结该公司的破产程序并予以公告；

②人民法院对公司作出破产裁定后，经清算组对破产财产的破产费用进行清算，认为破产财产甚微，不足以支付破产费用，没有任何财产可供破产债权人受偿时，应报请人民法院作出裁定，宣告破产程序终结；

③破产财产按照分配方案分配完毕，人民法院审理破产案件的程序已进行到底，清算组应提请人民法院作出裁定，宣告破产程序终结。破产程序终结，清算组应向破产公司的原登记机关申请办理注销登记。

2. 公司解散

公司解散是指公司法人资格的消灭，即公司实体不再存在。公司虽经解散，但其法人资格仍然存续，只有进行清算或破产清算程序后，公司才能真正地解散。

公司解散的类型：

（1）自愿解散

①公司章程规定的营业期限届满或者公司章程规定的其他解散事由出现；

②股东会特别决议解散；

③合并的结果，不论是吸收合并，还是新设合并，总有一个或一个以上的公司解散。

（2）强制解散

①依法被撤消；

②依法被宣告破产。

3. 清算

（1）公司因不能清偿到期债务，被依法宣告破产的，由人民法院依照有关法律的规定，组织股东、有关机关及有关专业人员成立清算组，对公司进行破产清算。

（2）公司依照公司章程规定的营业期限届满或者公司章程规定的其他解散事由出现时，或股东大会决议解散时，应当在十五日内成立清算组，清算组由股东大会确定其人选；逾期不成立清算组进行清算的，债权人可以申请人民法院指定有关人员组成清算组，进行清算。人民法院应当受理该申请，并及时指定清算组成员，进行清算。

（3）公司违反法律、行政法规被依法责令关闭的，应当解散，由有关主管机关组织股东、有关机关及有关专业人员成立清算组，进行清算。

（4）清算组在清算期间行使下列职权：

①清理公司财产，分别编制资产负债表和财产清单；

②通知或公告债权人；

③处理与清算有关的公司未了结的业务；

④清缴所欠税款；

⑤清理债权、债务；

⑥处理公司清偿债务后的剩余财产；

⑦代表公司参与民事诉讼活动。

（5）清算组应当自成立之日起十日内通知债权人，并于六十日内在报刊上至少公告三次。债权人应当自接到通知书之日起三十日内，未接到通知书的自第一次公告之日起九十日内，向清算组申报其债权。

（6）债权人申报债权，应当说明债权的有关事项，并提供证明材料。清算组应当对债权进行登记。

（7）清算组在清算公司财产、编制资产负债表和财产清单后，应当制定清算方案，并报股东会或者有关主管机关确认。

（8）公司财产能够清偿公司债务的，分别支付清算费用、职工工资和劳动保险费用，缴纳所欠税款，清偿公司债务。

（9）公司财产按前款规定清偿后的剩余财产，股份有限公司按照股东持有的股份比例进行分配。

（10）清算期间，公司不得开展新的经营活动。公司财产在未按第9款的规定清偿前，不得分配给股东。

（11）因公司解散而清算、清算组在清算公司财产、编制资产负债表和财产清单后，发现公司财产不足清偿债务的，应当立即向人民法院申请宣告破产。

（12）公司经人民法院裁定宣告破产后，清算组应当将清算事务移交给人民法院。

(13) 公司清算结束后，清算组应当制作清算报告，报股东会或者有关主管机关确认，并报送公司登记机关，申请注销公司登记，公告公司终止。不申请注销公司登记的，由公司登记机关吊销其公司营业执照，并予以公告。

(14) 清算组成员应当忠于职守，依法履行清算义务。清算组成员不得利用职权收受贿赂或者其他非法收入，不得侵占公司财产。

(15) 清算组成员因故意或重大过失给公司或债权人造成损失，应当承担赔偿责任。

(十三) 信息事务管理

1. 董事会秘书制度

(1) 凡在上海证券交易所挂牌上市的公司，应当按照《上海证券交易所上市公司董事会秘书管理办法（试行）》聘任董事会秘书。董事会秘书、董事会秘书后备人员的任职条件、职权范围、任免程序、法律责任等，公司董事会应严格按照本办法执行。

(2) 董事会秘书为公司高级管理人员，根据法律、法规、公司章程的规定履行下列职权：

①依法准备和及时递交中国证监会、地方证券管理部门、政府有关部门及本所要求董事会、股东大会出具的报告和文件；

②依法负责公司信息披露事务，并保证公司有关信息及时、真实、完整、规范地进行披露；

③筹备董事会会议和股东大会，负责会议的记录工作，并负责保管会议文件和记录；

④为董事会决策提供意见或建议，协助董事会在行使职权时切实遵守国家法律、法规、公司章程及本所有关规章制度，在董事会作出违反有关规定的决议时，应及时提出异议，并有权如实向中国证监会、地方证券管理部门及本所反映情况；

⑤负责管理和保存公司股东名册资料，保管董事会印章，确保符合资格的投资人及时得到公司披露的资料；

⑥负责公司咨询服务，协调处理公司与股东之间的相关事务和股东日常接待及信访工作；

⑦负责筹备公司境内外推介宣传活动；

⑧负责办理公司与董事、中国证监会、地方证券管理部门、本所、各中介机构之间的有关事宜；

⑨董事会授予的其他职权。

(3) 董事会聘任董事会秘书后，应向股东大会报告，并通过公共传播媒介向社会公众披露，同时报中国证监会、地方证券管理部门、本所上市总部备案。

(4) 董事会秘书及其合格替任人应向本所上市总部书面提供联系地址和邮政编码、办公室电话号码、图文传真号码、家庭电话、传呼机、手机等信息，以便及时取得联系。

(5) 公司董事会秘书及后备人员应认真参加本所举办的培训学习，取得合格证书后方可正式上岗履行职责。

2. 信息披露事务

(1) 公司除应当遵守法律、法规的各项规定公开披露信息外，还应遵守证券交易所关于信息披露的规定。

(2) 公司应按照《股票发行与交易管理暂行条例》第六十三条的规定，在信息披露指定报刊中自行选择至少一家披露信息，任何机构与个人不得干预。

(3) 公司除在信息披露指定报刊上披露信息外，还可以根据需要在其他报刊上披露信息，但必须保证；

①指定报刊不晚于非指定报刊披露信息；

②在不同报刊上披露同一信息的文字一致。

(4) 公司不得以答记者问发布新闻信息的方式代替其应履行的报告和公告的义务。

(5) 公司公开披露信息如须同时对境外投资者公布的，也应该刊登在至少一种指定报刊上。

3. 董监事及高级管理人员持股管理工作

(1) 根据《公司法》规定和证监会有关通知要求，公司董监事及高级管理人员应向公司申报其持有本公司股票数，在任职期间和离任六个月内不得转让。高级管理人员至少应包括总经理、副总经理、董事会秘书。

(2) 公司应在招股说明书、上市公告书、年度报告、股份变动报告等信息披露文件中均应如实披露董监事及高级管理人员的持股数及变动情况。

(3) 本所于1996年8月颁发《关于做好上市公司董监事及高级管理人员持股监管工作的通知》。由上市监察部根据上市公司申报资料，对公司董监事和高级管理人员持有本公司的股份予以核实并锁定，锁定后上述人员对本公司股票只可买入不可卖出。

(4) 公司董事会秘书应负责做好该项申报工作。凡新公司上市，或公司遇发生董事、监事、高级管理人员的增选或离任情况，均应及时向上市监察部申报其姓名、职务、股票帐号、持股数量和应加锁或解锁的日期。

(5) 上市监察部每半年向各上市公司董事会秘书寄发锁定记录清单，以供核对。

4. 临时报告的披露手续及程序

(1) 经登记审查完毕的上市公司临时报告及定期报告指标摘要交上市监察部信息员，由信息员传送到信息公司及有关指定报刊。

(2) 上海证券信息有限公司负责上海证券交易所卫星公告信息屏的运作。信息公司从信息员取得公告信息，经编辑处理，通过卫星播发到全国各证券营业网点的信息屏。

(3) 上市公司自行到指定报刊联系刊登事宜须出示本所上市总部的书面认可。在本所审核同意前，上市公司不得把公告传递给指定报刊或其他新闻媒介。上市公司也可委托本所上市总部代为联系有关指定报刊刊登公告。

(4) 由上市监察部负责对上市公司临时报告的刊登和信息发布进行监督。

(十四) 暂停交易办法

公司股票挂牌交易后，为保证市场交易的“公开、公平、公正”性，对其披露的重要信息，以及证券管理部门对其进行的处罚，均采取暂停交易（停牌）。暂停交易方式分即时停牌与短期停牌两种。停牌由上市监察部负责具体运作。

1. 即 时 停 牌

行为内容	停牌时间	备 注
公布年报、中报	半个工作日	如逢休市，次交易日补停半天
召开股东大会	一个工作日	如审议非重要事项时，则不停
公告分配方案	半个工作日	如逢休市，该公司股票次交易日补停半天。
公布配股说明书	半个工作日	如逢休市，该公司股票次交易日补停半天。
公布重大股权变动	半个工作日	如逢休市，该公司股票次交易日补停半天。
公告重要信息	半个工作日	如逢休市，该公司股票次交易日补停半天。

2．短期停牌

行为内容	停牌时间	备注
存在引发股价异常波动的事实	视情况定	须持公司公开澄清事实后方能复牌
证券交易所、证监会认为必要时	视情况定	待处理结果公布后方能复牌

（十五）处罚条例

公司在信息披露工作中，应本着“公开、公平、公正”原则履行义务，违者按《中华人民共和国公司法》、《股票发行与交易管理暂行条例》、《公开发行股票公司信息披露实施细则（试行）》、《国务院关于股份有限公司境内上市外资股的规定》、《禁止证券欺诈行为暂行办法》、《全国人大常委会关于惩治违反公司法的犯罪的决定》、《证券市场禁入暂行规定》、《上海证券交易所交易市场业务试行规则》、《上海证券交易所交易市场业务补充规定》等相关法律、法规、市场法则进行处罚。

附录：1

××股份有限公司股票发行公告

重要提示

1、本次公司股票发行及发行方案已获中国证券监督管理委员会〔证监发字（1997）13号〕文和〔证监发字（1997）14号〕文批准。

2、××股份有限公司（以下简称“××”）股票经上海证券交易所同意，由主承销商××证券有限公司通过上海证券交易所交易系统，进行上网定价发行。

3、本次上网定价发行并非上市，上市事项另行公告。

4、投资者请注意申购程序、申购价格、数量和次数的限制，以及认购量的确定。

5、本公告仅对发售“××”股票的有关事宜向社会公众作扼要说明，投资者欲了解“××”股票的一般情况，请详细阅读《××股份有限公司招股说明书（概要）》。

6、《××股份有限公司招股说明书（概要）》参见1997年1月14日的《××××报》和1997年1月14日的《××××报》。

7、本次发行不得非法利用他人帐户或资金进行申购，也不得违规融资或帮助他人违规融资申购。

一、发行基本情况

1、本次发行额度共2925万股，全部向社会公开发行，每股面值1元人民币，发行价格为每股6.78元人民币。

2、发行日期为1997年1月17日，发行时间为上午10：30至11：30，下午1：00至4：00，如遇重大突发事件影响本次发行，则在次日继续申购。

3、发行地点：与上海证券交易所联网的各证券交易网点。

4、发行对象：在上海证券交易所进行股东登记的境内自然人、法人和经中国人民银行总行批准的基金等（法律、法规禁止购买者除外）。

5、××股份有限公司股票的申购代码为：730790。

二、发行方式简介

“××”股票的发行采取“上网定价”的方式。这种方式利用上海证券交易所交易系统，由主承销商××证券有限公司按拟定的发行价格将2925万股“××”股票全部输入主承销商在上海证券交易所的股票专户，投资者在指定的时间内，通过与上海证券交易所联网的证券交易网点的柜台，以固定的发行价格和符合本公告规定的申购数量进行申购委托。申购结束后，由上海证券交易所交易系统主机统计有效申购总量和申购户数，并根据有效申购总量和有效申购户数确定申购者和所认购股数。确定的方法是：

1、当投资者的有效申购量小于或等于本次股票发行量时，投资者按各自的有效申购量认购，余额部分由承销团包销。

2、当投资者的有效申购量大于本次股票发行量时，由上海证券交易所的电脑主机按每1000股有效申购确定一个申报号，顺序排号，然后通过摇号抽签确定每个帐户的中签数量，每一个中签申报号认购1000股。

三、申购股数的规定

1、本次定价发行每个股票帐户的申购量最少不得低于1000股，超过1000股的，必须是1000股的整数倍。

2、每个帐户只能申购一次，并且不能撤单，同一帐户多次申购的，除第一次申购外，均视作无效申购。

3、每一个股票帐户申购数量的上限为29000股。

四、申购程序

1、办理开户登记

凡认购本次“××”股票的投资者，必须持有上海证券交易所的股票帐户卡，尚未办理开户登记手续的投资者，必须在1月16日（含该日）之前办好上海证券交易所股票帐户的开户手续。

2、存入足额的申购资金

已开立资金帐户但没有存入足够资金的投资者应根据自己的申购数量于1月17日前（含该日）存入足额申购资金。

尚未开立资金帐户的投资者，必须在1月17日（含该日）之前在与上海证券交易所联网的证券交易网点开立资金帐户，并根据申购数量存入足额申购资金。

3、申报手续

申报手续与二级市场买入沪市股票的方式相同。

（1）投资者填好申购委托单的各项内容，持本人身份证、股票帐户和资金帐户到与上海证券交易所联网的证券交易网点办理委托手续。柜台经办人员查验投资者交付的各项凭证，复核无误后即可接受委托。

（2）投资者通过电话委托时，应按各证券交易网点的规定，委托交易网点键入股票帐户号码、密码、“××”股票代码和申购价格及申购数量等资料。

（3）投资者的申购委托一经接受，不得撤单。

五、摇号抽签方法

1、申购配号确认

申购结束后的第一个工作日（1月20日），由各证券交易网点将申购资金划至各清算银行，再由各清算银行划至唯一指定清算银行的申购资金专户，进行冻结。申购结束后的第二个工作（1月21日），由主承销商和上海证券中央登记结算公司对申购资金到位情况进行核查，由具有证券从业资格的会计师事务所验资，上海证券交易所以实际到帐资金作为有效申购进行配号，并将申购配号记录传给各证券交易网点。凡资金不实的申购，一律视为无效申购，将不给予申购配号。申购结束后的第三个交易日（1月22日），申购者到原委托申购的证券交易网点确认申购配号。

2、计算中签率并于1月21日（第二个交易日）公告。每一个申购号代表1000股，发行量为2925万股，故应有29250个中签号。则中签率=29250/配号总数。

3、摇号抽签

1月22日（第三个工作日），在主管部门、上海证交所和公证部门的监督下，由主承销商主持摇号抽签，并于申购结束后的第四个工作日（1月23日）公布抽签结果。

投资者根据中签号码，确认认购股数，每一个中签号仅能认购1000股。

六、清算及交割

1、申购结束后第一个工作日至第三个工作日，申购资金由上海证券中央登记结算公司冻结，所冻资金的利息（三个工作日），按企业活期存款利率计算所得归发行人所有。

2、申购结束后的第三个工作日（1月22日），在当天摇号抽签结束后，上海证券交易所将进行认购股数确定和股东登记，并将认购结果通过上海证券交易所发给各证券交易网点。

3、在申购结束后的第四个交易日（1月23日）对未中签的认购款项予以解冻，并向各交易网点返还多余申购款及定价发行手续费（3.5‰），将中签的认购款项在扣除发行手续费后由上海证券中央登记结算公司划入主承销商指定的银行帐户。

4、主承销商在收到上海证券中央登记结算公司所划转的认购股款后，依据承销协议划入发行人指定帐户。

5、新股股权登记由电脑主机在本次定价发行结束后自动完成，并由上海证券交易所以软盘的形式交给主承销商和发行人。

七、发行费用

1、本次上网定价发行对投资者只按规定收取委托手续费，不收取佣金、过户费和印花税等费用。委托手续费按各地原有标准，由各地证券经营机构自行收取，不得随意涨价。

2、主承销商委托上海证券中央登记结算公司按实际成交金额的3.5‰提取上网定价发行手续费。上海证券中央登记结算公司按各参加上网定价发行的证券交易网点的实际认购量，将这笔费用自动转至各证券交易网点帐户。

八、承销商和发行公司

主承销商：××证券有限公司

法人代表：×××

地址：××市××路××号

联系人：×××　×××　×××

联系电话：×××—×××××××

发行人：××股份有限公司

法人代表：×××

地址：××省××县××镇

联系电话：×××—×××××××

联系人：×××　×××

××证券有限公司

一九九七年一月十四日

附录：2

××股份有限公司2925万股A股上网定价发行中签率公告

××集团股份有限公司于1997的1月17日利用上海证券交易所交易系统上网定价发行"××"A股2925万股，已获圆满成功。经上海证券交易所交易系统主机统计并经××会计师事务所验资，本次发行总有效申购户数377970户，有效申购股数为3510990000股，配号总数为3510990个，中签率为0.8330984%，本公司于1997年1月22日上午在上海市××路××号××证券有限公司进行摇号抽签，并将于1997年1月23日公布摇号结果。

××证券有限公司

一九九七年一月二十一日

附录：3

××股份有限公司A股股票发行摇号结果公告

××证券有限公司于1997年1月22日在××路××号×楼××证券有限公司会议室主办了A股股票发行抽签摇号仪式。摇号仪式在有关单位的监督下进行，并经××公证处公证，现将中签号码公布如下：

429、554、679、804

929、054、179、304

4218、9218、9019

23812、73821、20463

051536

凡申购"××"A股股票的投资者持有的申购号码尾数与上述中签号码相同，则为中签号码，每个中签号码可认购1000股"××"A股股票。

××证券有限公司

一九九七年一月二十三日

附录：4

××股份有限公司（筹）股票发行公告

重要提示

1、本次股票发行及发行方式已获得中国证券监督委员会证监发字〔1996〕401号文与证监发字〔1996〕402号文批准。

2、本次发行1500万股社会公众股（含150万股公司职工股），每股面值1.00元，发行价4.80元。公开发行的1350万股社会公众股，每股手续费0.10元。

3、本次股票发行采用"全额预缴、比例配售、余款即退"方式，申购者务必请注意申购程序、申购时间、申购方式、申购数量、申购价格、发行手续费及股份确认等有关规定。

4、不得非法利用他人帐户或资金进行申购，也不得违规融资或帮助他人违规融资进行申购。

5、申购者欲了解××股份有限公司（筹）的有关情况，请阅读1997年1月3日在《××××报》、《××日报》上刊登的《××股份有限公司（筹）招股说明书（概要）》。

一、发行基本情况

1、××股份有限公司（筹）本次向社会公众公开发行1350万股社会公众股（另150万股公司职工股，同时发行），每股发行价格为4．8元，每股手续费为0．10元。本次发行由主承销商××证券有限公司组织承销团进行承销。

2、发行地点：云南省昆明市及曲靖市。

3、发行对象：具有上海证券交易所证券帐户卡的境内个人投资者和机构投资者（法律、法规禁止购买者除外）。

4、日程安排：

1997年1月8日至9日　　全额预缴款

1997年1月10号　　资金冻结、确定配售比例

1997年1月11日至14日　　拟股份登记

1997年1月14日　　资金解冻

1997年1月15日至17日　　办理退款

预缴款、股份登记及退款时间为：

上午9：00—12：00　　下午13：00—16：30

其中1997年1月9日16：30为全额预缴款排队截止时间，申购者依次立即办理缴款手续。

5、投资者可选择以现金、支票和汇票、昆明市或曲靖市工行通存通兑活期存折全额预缴股款。

二、发行方式简介

本次发行采用“全额预缴、比例配售、余款即退”的方式。

1、开立上海证券交易所股票帐户

凡未持有上海股票帐户的申购者，凭本人有效身份证或企业法人营业执照复印件、法人授权委托书及经办人身份证，到云南证券登记有限公司（昆明市崇仁街5号）或云南省证券公司曲靖营业部（曲靖市南宁东路11号）开立上海证券帐户。

2、办理申购

A、个人投资者凭现金或昆明市工行通存通兑活期存折（限昆明市网点）、曲靖市工行通存通兑活期存折（限曲靖市网点），及本人身份证，在规定的发行时间内，到各发行网点缴足申购款，领取缴款凭证。

B、机构投资者持支票、汇票到付款银行或兑付行办理票据的付款、兑付手续，并在有关凭证上注明收款人：××证券，用途：申购××股票，支票、汇票受理网点的管辖行名和储蓄所名。在管辖行确认资金到帐后，由经办人本人凭身份证及转帐回单、法人受权委托书原件，到对应网点办理申购，领取缴款凭证。申购资金在1997年1月9日16：30前到达发行网点，未到达者一律不予办理。

C、申购款额＝申购股数×（每股发行价格＋每股手续费），本次发行的申购数最少不得低于1000股，超过1000股的必须是1000股的整数倍。

D、缴款凭证只记名，不挂失。

3、比例配售

主承销商统计申购总股数和申购总户数，在公证机构的监督下，依据如下原则进行分配，并与申购款项逐一核对。

A、如果申购总股数小于或等1350万股，则申购者按其申购数100％进行配售，余股由承销团包销。

B、如果申购总股数大于1350万股，则计算配售比例：

配售比例＝13，500，000股÷申购总股数。配售比例截尾保留小数点后五位数。

按配售比例计算每个帐户可认购股数。

可认购的股数＝申购股数×配售比例

在进行上述计算过程中，当认购股数出现小数时，应对之进行取整处理，所余零股由主承销商认购。

4、股份确认、登记

自1997年1月11日至14日，个人投资者凭缴款收据、本人身份证、上海证券帐户，机构投资者还须凭法人授权委托书原件，到云南证券登记有限公司或者云南省证券公司曲靖营业部办理股权登记确认手续。

在规定期限内，未办理股份确认及无效认购的股份，由主承销商认购。

5、退款办法

自1997年1月15日至17日由各网点向申购者办理退款。

申购者凭本人身份证、缴款收据等到原认购网点办理退款手续，机构投资者还须提供法人授权委托书原件。退款形式和缴款形式相同，以支票、汇票缴款的只能以支票、汇票退款，余款只能划至原汇出行原汇出帐户。

退款金额＝（申购股数－配售股数）×（4．80＋0．10）

在规定期限内未办理股份确认及无效认购股份对应股款的退款，须凭本人身份证、缴款点退余款后出具的“缴款配售股单”，机构投资者还须提供法人授权委托书原件，到云南证券登记公司或云南省证券公司曲靖营业部办理已配售股的退款手续。

三、注意事项

1、每个个人证券帐户的申购数量不得超过25．5万股（总股本的0．5％），每个机构证券帐户的申购数量不得超过255万股（总股本的5％）。超过限额部分为无效申购，无效申购款项可在退款期内办理退款手续。

2、所有申购一旦做出即不得撤回，同时锁定申购款。

3、自缴款日至实际办理退款日，申购者不享有资金利息。

4、本次发行咨询电话：××××—×××××××

本次发行监督电话：××××—×××××××

云南证券登记有限公司电话：××××—×××××××

云南省证券曲靖营业部电话：××××—×××××××

××证券有限公司

一九九七年一月三日

中国工商银行昆明市分行发行网点名单（略）

中国工商银行曲靖市支行发行网点名单（略）

附录：5

××股份有限公司股票发行公告

重要提示

1、本次发行业经中国证券监督管理委员会（证监发字〔1996〕218号文和证监发字〔1996〕219号文）下达批准。

2、××股份有限公司（以下简称“××”）股票采用“与储蓄存款挂钩”的方式发行，投资者务请注意本次股票之发行方式，申购程序，申购价格及申购的限制等有关规定。

3、本公告仅对××股票有关事宜向社会公众作扼要说明，投资者欲了解××股票的一般情况，请仔细阅读××的《招股说明书概要》。

一、发行的基本情况

1、发行人本次向社会公众发行每股面值1元的人民币普通股（A股）1500万股（含公司职工股150万股），每股发行价为人民币5．36元，中签存单每股手续费0．12元。本次发行由主承销商××信托投资公司组成承销团进行承销。

2、发行时间：1996年10月7日至1996年10月15日

预约缴款时间：1996年10月7日至1996年10月9日

换取专项存款时间：1996年10月11日至1996年10月12日

缴款及股权登记时间：1996年10月14日至1996年10月15日

营业时间：上午9：30—下午5：30。

预约缴款第三日4：00以后若出现排队现象，则由工作人员采取断尾方式结束申购，停止排队后继续办理，直至办理完毕为止。

3、发行地点：西藏自治区拉萨市

4、发行对象：凡符合法律、法规规定的可以购买本股票的自然人和法人。

5、××的《招股说明书概要》已刊登在1996年10月3日《××××报》和1996年10月3日《××日报》上。

二、发行方式简介

（一）本次发行采用“与储蓄存款挂钩”的方式。

本次发行采用“与储蓄存款挂钩”的发行方式。即利用金融机构的营业网点，投资者在规定的时间里，按规定要求预先缴足申购新股所需款项〔等于申购股数×（5．36元＋每股认购手续费0．12元)〕。主承销商电脑中心在预缴款结束后，根据各网点的缴款情况汇总有效申购户数和申购数量，按照投资者申购时间结合股东帐户卡大小以（1000×5．48）为一个序号单位分配存单序号，同时按每卡一号方式分配申购者序号。申购者领取的每一张存单分配有一个申购者序号和一个或若干个连续存单序号，主承销商计算中签比例，在公证机关的监督下摇号抽签，中签号码分为中签申购者序号和中签存单序号，认购者凭中签存单办理缴款和股权登记手续。

（二）专项定期存单

1、性质：本次发行的金珠申购存单属于专项定期存单，记名，不挂失。

2、面额：最小面额　5480元＝1000股×（5．36＋0．12）元

3、标记：存单上均标有“××申购”字样。

4、序号：专项存单配有两种序号，即申购者序号和存单序号，两种序号都参加摇号抽签，每一中签序号可认购××股票1000股。

5、存单期限及计息：三个月，专项存款未中签部分自股权登记开始日即10月14日开始计息并享有银行同期定期存款利率，除中签存单之相应款项抵缴股款外，投资者不得提前支取，过期不付息，缴纳股款部分不计利息。

6、投资者记入存单的股东帐号必须与上海股东帐户卡帐号一致。

三、申购股数的规定

1、每一股东帐户只能申购一次，重复申购为无效申购。

2、每一股东帐户卡最低申购数为1000股，超过1000股必须为1000股的整数倍，投资者实际的认购股数不得超过法律规定的数量，超过部分无效。

四、认购申报程序

（一）办理开户登记

凡愿参加本次定价认购的投资者，应预先办好上海证券交易所的股票帐户卡，尚未办理开户登记手续的投资者，可去西藏信托投资公司拉萨证券业务部办理上海证券交易所股票帐户的开户手续。

（二）预缴股款

投资者可用现金、支票、自带汇票三种方式预缴股款，预缴股款对个人投资者须带本人身份证、上海股东帐户卡，机构投资者须持有营业执照复印件、上海股东帐户卡、经办人身份证、法人授权委托书。

1、投资者在申购金珠股票前应认真填写“认购申请表”，投资者持填写正确的“认购申请表”按各网点接受的缴款方式办理全额预缴手续（各网点的缴款方式可见附后），并取得全额预缴款收据的客户联。

2、使用支票、汇票的投资者必须于10月9日以前持票据到指定付款银行或银行兑付行办理票据的付款、兑付手续。并在有关凭证上填写收款人名称、用途、转帐代理发行网点的所名及其管辖行行名。款项到帐后，投资者持转帐回单和本人身份证到发行网点办理预缴款手续，汇票过期到帐不予办理。存单到期后，凡使用支票、汇票的投资者，未中签存单的本息不得提取现金，请持存单到原发行网办理转帐手续。

3、申购者一但作出申购委托并经申购网点确认均不得撤回，并提醒投资者注意所有申购款项在股权登记开始日即10月14日之前不计利息。

（三）换取专项定期存单

1、投资者凭“全额预缴款收据的客户联”到原缴款网点换取“专项定期存单”，预约缴款、换取专项存单必须在同一网点。

2、投资者必须在规定的时间内办理换取专项存单手续，逾期未办理者将取消其认购资格。

五、摇号抽签办法

（一）认购申报结束后，由主承销商统一汇总申购数量。

1、若投资者申购量少于或等于此次股票发行量时，按投资者的申购量认购股票，余额部分由承销团包销。

2、若投资者的申购数量超过此次股票发行量时，由主承销商与发行人为主的发行领导小组组织摇号抽签。

（二）摇号抽签

1、中签率的确定

考虑到《公司法》中关于“千人千股”的上市要求，为避免出现持有1000股以上的股东不足1000名，主承销商将从本次公开发行额度中预留100万股，通过幸运摇号产生中签申购者序号，剩余1250万股则通过一般摇号方式产生中签存单序号。

在一般摇号方式下，每一个中签存单序号代表1000股，对应发行量1250万股，故应有12500个中签号，则中签率＝12500/存单序号总数。在幸运摇号方式下，每一个中签申购者序号代表1000股，对应发行量100万股，故应有1000个中签号，则中签率＝1000/申购者序号总数。

2、摇号抽签

10月13日在西藏自治区证管办和公证机关监督下，由主承销商主持一般摇号和幸运摇号的摇号抽签仪式，中签号码于1996年10月14日在《××日报》公布。

六、股权登记及认股缴款

1、本次发行中签存单每股手续费0．12元，中签者在认股缴款时须同时认缴手续费。（手续费＝中签序号对应股数×0．12元）

2、中签者凭中签存单、中签者身份证（或营业执照）和上海股票帐户卡等有效证件到原申购网点办理认股缴款和股权登记手续，先由业务人员验证存单是否有效（非伪造、号码中签），核查无误后打印余额存单和股金收据，中签者专项存款内若无足额股数，必须先补交足额股款再办理股权登记手续。

3、持有中签存单的投资者必须在规定时间内办理股权登记手续，逾期未办理者将取消其认股缴款资格。

七、注意事项

1、金融机构的营业网点在发行期间均设有专用柜台为申购者服务，在此期间内这些柜台不再办理其他业务。申购者请按各网点的缴款方式

预缴股款并注意预缴股款、换取存单及股权登记必须在同一网点。

2、用票据申购的投资者，出具票据金额必须与申购金额相等，柜台工作人员有权退回票据金额与申购金额不等的认购申请。

3、为防止申购期内投资者的支票、汇票不能及时解付，特提醒投资者考虑西藏的特殊情况（西藏无工商银行），在申购期内尽早办理有关银行手续。

4、投资者如有疑问或不解之处，请向主承销商咨询。

咨询电话：×××××—×××××××

联系人：××　××

××信托投资公司

一九九六年十月三日

附：××股票发行代理网点：

一、现金网点（略）

二、支票、汇票网点（略）

附录：6

上市协议书

甲方：上海证券交易所　　乙方：××股份有限公司

（简称甲方）　　（简称乙方）

住所：上海市黄浦路15号　　住所：

法定代表人：　　法定代表人：

为规范股票上市行为，保护广大投资者的合法权益，促进股票市场的健康发展，甲乙双方根据《公司法》、《股票发行与交易管理暂行条例》、《上海证券交易所交易市场业务试行规则》等法规及规定，为明确双方的权利义务，特订立上市协议书如下：

一、上市股票

1、上市股票全称

2、上市股票面值

3、上市股票数量（按面值计）

4、有关批准上市股票发行的文件和主管部门

5、上市股票总体结构及申请流通量（列表反映）

注1：表内数据以本协议签订日的数字为准。

注2：上述股票构成的数量、股票总体结构、流通量发生衍生变动时，以批准变动的有关文件为准，视同正常的衍生变动，不另行签订补充协议。

6、上市股票挂牌交易简称及交易代码

7、上市股票种类

8、上市股票登记托管机构

9、上市股票交易首日日期

年　月　日

二、股票上市交易地点

1、本协议所指股票（可上市流通股票）的上市交易地点为上海证券交易所交易场所。

2、本协议所指股票（非上市流通股票）的非交易过户地点为上海证券中央登记结算公司及指定地点。

3、本协议所指证券之外的其它经批准发行的证券名称、数量、面值、种类、挂牌交易地点、证券交易简称、交易代码。（非上海证券交易所挂牌交易的证券，其上市管理不受本协议约束）

三、上市费用项目和费用金额

1、上市初费

2、上市月费

3、上市费用计费币种

4、上市费用交纳期限

a、上市初费交纳期限从刊登上市公告书日起至上市后七日（含上市日），逾期每日按上市初费总额千分之一计收滞纳金，直至撤牌暂停上市资格。

b、上市月费从上市月起计收，交纳期限于次月15日前（含15日），逾期每日按上市月费总额千分之一计收滞纳金，直至撤牌暂停上市资格。

c、为简化交费手续，上市月费可以按季（年）预交，预交期间不计月费利息。

d、上市费用应汇入甲方指定的帐户。

四、日常信息披露事务管理人

1、甲方授权上市总部负责上市证券发行人日常信息披露事务的监管、协调、联系、权限内的处置等管理权。

2、乙方授权本公司董事会秘书或股证办负责人与上海证券交易所上市总部、证券管理部门协调、联系日常信息披露事务的管理。

3、被授权人名称

a：甲方：上海证券交易所　　上市总部

联系电话：021－63066633，65350741，63065543

传真号码：021－63565173

邮　编：200080

b：乙方：　　公司董事会秘书　　股证办负责人

联系电话：

传真号码：

邮　编：

五、上市审核

1、甲方上市总部根据有关法律、法规、规则的规定，按照证券上市审核程序，就乙方提交的全部上市申请材料，一般在受理乙方申请资料日起十五日内提出审核意见。

2、甲方上市委员会根据上市部门提出的审核意见，决定核准乙方申请证券上市的要求，并报主管机关备案。

3、甲方自本协议签订之日起三日内向乙方签发证券上市通知书，确定证券上市日期并公告。

4、乙方发行的证券获准上市，最迟须在上市日前三天（包括非交易日）在信息披露指定报刊上公布上市公告书，上市公告书按有关要求编制。

5、乙方应于刊登上市公告书前，把协议所指的同种类证券在上海证券中央登记结算公司进行登记托管。

六、信息披露及相关程序与时限

证券上市后，证券发行人应按规定履行信息披露义务，并严格履行相关程序与时限的要求，信息披露内容按定期报告与临时报告划分为两类，定期报告所指的是中期报告、年度报告，临时报告所指的是（不仅限于）董事会公告、监事会公告、召开股东大会公告、股东大会决议公告、分配公告、配股公告、股权变动公告、重要事件公告、公司收购、兼并、控股公告、公司合并、分立公告、公司破产、解散和清算公告、警告性公告、澄清性公告、说明性公告等。

（一）定期报告

1、乙方应当于每个会计年度的前六个月结束后六十日内（两个日历月份）编制完成中期报告。遇特殊情况，由乙方提出延期申请，经甲

方同意，可适当延期披露中期报告，并将报告摘要刊登在至少一种信息披露指定报刊上。

除特殊情况外，中期报告毋须经会计师事务所审计。

中期报告按《公开发行股票公司信息披露的内容与格式准则》第三号要求编制。

2、乙方应当于每个会计年度结束后一百二十日内（四个日历月份）编制完成年度报告。并在年度股东大会召开前至少三十天，将报告摘要刊登在一种信息披露指定报刊上。遇特殊情况，由乙方提出延期申请，经甲方同意，最迟可延期至六月底编制完成并披露年度报告。

3、乙方披露其中期报告、年度报告前，应将有关正本文件、简要文件、记录软盘、董事会议案文件等，上报甲方上市总部备案，然后再落实刊登时间。

4、乙方对上市审核部门事后审核意见，均应仔细核对，并出具答辩意见，如系信息误导，则在收到审核意见的两个工作日内，在指定报刊上刊登说明公告。

（二）临时报告

1、乙方董事会会议决议应在第一时间以传真或专人送达的方式报告甲方上市总部，经审定需公开披露的信息，由甲方上市总部通知乙方，在会议结束后两个工作日内在信息披露指定报刊上公开披露。

2、乙方监事会会议决议的公开披露原则上按董事会会议决议披露方式参照执行。

3、乙方召开股东大会，应当将会议审议的事项于会议召开前三十日以前以公告形式通知各股东。决议披露期限原则要求在股东大会结束后的第一时间把股东大会决议公告传真或专人送达甲方上市总部，经审核在信息披露指定报刊上公开披露。

4、乙方披露分配公告，应指定专人携带密封件将分配公告送达甲方上市总部，在公开披露之前，负有保密责任。

5、乙方进行配股应按不同进展程序披露相关信息

（1）乙方董事会有关本次配股预案表决通过后，应在两个工作日内报告甲方上市总部，并公布召开股东大会的会议通知。

（2）配股预案经乙方股东大会表决通过后，应在两个工作日内公布股东大会决议内容。

（3）乙方收到中国证监会出具的配股意见书后，应在两个工作日内披露配股申请获批准的信息。

（4）甲方应在乙方确定的股权登记日前至少十个工作日安排公布配股说明书。

（5）乙方配股工作结束后应在两个工作日内在信息披露指定报刊上公布股本变动公告。

（6）披露配股预案、配股说明书的当天上午暂停半个交易日，若遇披露日为非交易日，则在其后第一个交易日的上午予以补停。

6、乙方在发生无法事先预测的重要事件，或认为有必要披露某一种事件，应在事实发生后一个工作日内向中国证监会、甲方上市总部作出报告，并公开披露。

7、乙方对任何公共传媒中出现的消息，可能对乙方挂牌证券市场价格产生误导性影响时，应立即对该消息作出公开澄清，或公开警告。

七、暂停交易事宜

证券挂牌交易后，为保证市场交易的“公开、公平、公正”性，对其披露的重要信息，以及证券管理部门对其进行的处罚，均采取暂停交易方式。

（1）即时停牌

行为内容	停牌时间	备注
公布年报、中报	半个工作日	如逢休市，次交易日补停半天
召开股东大会	一个工作日	如审议非重要事项，则不停
公告分配方案	半个工作日	如逢休市，该公司股票次交易日补停半天
公布配股说明书	半个工作日	
公布重大股权变动	半个工作日	
公布重要消息	半个工作日	

（二）短期停牌

行为内容	停牌时间	备注
存在引发股价异常波动的事实	视情况定	须待公司公开澄清事实后方能复牌
证券交易所、证监会认为必要时	视情况定	待处理结果公布后方能复牌

八、处罚条款

1、乙方违反《中华人民共和国公司法》有关规定，按公司法第二百零六条至第二百一十条的相关法律给予处罚。

2、乙方违反《股票发行与交易管理暂行条例》有关规定，按其暂行条例第七十条、第七十二条、第七十四条、第七十五条、第七十六条、第七十七条、第七十八条的相关法规给予处罚。

3、乙方违反《禁止证券欺诈行为暂行办法》有关规定，按其暂行办法第十三条、第十四条、第十六条、第十七条、第二十一条、第二十二条法规给予处罚。

4、乙方违反中国证监会颁发的有关规定，按其相关法规给予处罚。

5、乙方违反除以上法律法规外的其他有关法律法规的，按相关法规给予处罚。

九、仲裁条款

乙方与甲方就本协议书有关事项的执行发生争议时，当事人可以按规定向证券仲裁委员会提请调解、仲裁，或向人民法院提出诉讼。

十、其他

甲方认为适当的其他内容（包括有关法律法规规定的相关内容，证券主管部门认为需要设立的其他内容，以及就目前暂无法预见的但又必须履行的其他内容。）

十一、附则

本协议自签发之日起生效，如发生重大变化，本协议双方当事人应重新签订协议或补充本协议。

新协议生效时，本协议自行废止。

补充协议是本协议的组成部分，与本协议具有同等效力。

所有协议文本一式四份，当事人各执两份，每份文本具有同等效力。

一九　　年　　月　　日

于　　上海

附录：7

××股份有限公司董事会决议和召开一九××年度股东年会的公告

本公司董事会于一九××年×月×日召开×届×次会议，讨论通过了如下决议：

一、一九××年年度报告（摘要详见19××年×月×日《××××

报》）；

二、一九××年度财务决算和利润分配预案；

一九××年度公司营业收入×万元，利润总额×万元。本公司税后利润×万元，提取10%的法定公积金×万元，提取10%的公益金×万元后，当年度可供股东分配利润×万元，加上年结转×万元，股东实际可分配利润×万元。董事会决议19××年度股利分配向全体股东按10股送×股红股（按每股面值壹元计算），计送出×万元，尚余可分配利润×万元转入下一年度。

三、一九××年配股预案：以19××年末股本总额×股为基数，向全体股东以10:×的比例配股，共可配×股，配股价暂定为每股×元人民币。发起法人股东和社会法人股东可将部分配股权转让给社会公众股东，转让费暂定为×元/股，本方案尚需经股东大会表决通过后，报××省证管办出具意见，并报中国证券监督管理委员会审核。

四、召开一九××年度股东年会

股东年会有关事项公布如下：

1、会议时间：19××年×月×日

2、会议地点：公司本部（×市××路×号）

3、会议内容：

（1）审议一九××年度公司董事会、监事会、生产经营等各项工作报告；

（2）审议一九××年度财务决算报告和利润分配方案；

（3）审议一九××年配股方案；

（4）审议其他事项。

4、参加会议办法：

（1）凡19××年×月×日下午交易结束后在上海证券中央登记结算公司登记在册的本公司股东均可参加会议；

（2）请符合上述条件的股东于×月×日至×日持股东帐户卡及个人身份证或单位介绍信至本公司股东大会秘书处登记。异地股东可以信函或传真方式登记。

公司地址：×市×××路×号

联系电话：（×）×××××

传　　真：（×）×××××

邮政编码：××××××

联 系 人：×××

（3）与会股东住宿及交通费自理，会期半天。

××股份有限公司董事会

一九××年×月×日

附：授权委托书

兹全权委托　　　先生（女士）代表我单位（个人）出席××股份有限公司第×次股东大会，并代为行使表决权。

委托人签名：　　　　　　　　身份证号码：

委托人持有股数：　　　　　　委托人股东帐户：

受托人签名：　　　　　　　　身份证号码：

委托日期：

回　　执

截止19××年×月×日，我单位（个人）持有××股份有限公司股票×股，拟参加公司第×次股东大会。

出席人姓名：　　　　　　　　股东帐户：

股东名称（盖章）：

一九××年××月××日

注：授权委托书和回执剪报及复印件均有效。

附录：8

××股份有限公司

关于召开199×年第×次临时股东大会（通讯方式）的公告

××股份有限公司董事会决定于199×年×月×日召开199×年第×次临时股东大会（通讯方式），现将有关事项通知如下：

一、会议内容：

1、原"××股份有限公司"，更名为"×××股份有限公司"。

2、增补×××先生为董事。

二、出席会议对象

1、公司全体董事、监事及高级管理人员；

2、199×年×月×日在上海证券中央登记结算公司在册的本公司股东。

三、会议方式：通讯表决

四、会议表决方法：

1、股东在199×年×月×日前将表决单寄至或传真至××股份有限公司办公室，信封上或传真上注明"通讯表决"字样。逾期作弃权处理。

2、本次临时股东大会上将由××公证处公证。

五、公司联系地址、邮编、电话、传真：

××市××路×号

邮编：×××

电话：×××

传真：×××

附：通讯表决单

通讯表决单

股东姓名		股东帐号	
持股数（股）		身份证号	
表决意见	1、原"××"股份有限公司"更名为"×××股份有限公司"	□同意　□反对　□弃权	
	2、增补×××先生为董事	□同意　□反对　□弃权	
股东签名或盖章：		日期：　　年　月　日	

注：表决单用剪报或复印后填写均有效。

××股份有限公司

董事会

一九九×年×月×日

附录：9

××股份有限公司监事会公告

根据《公司章程》第五十一条规定，及公司第×届第×次职工代表大会关于改派公司监事（职工代表担任）的决议，×××先生不再担任公司监事，改由×××先生担任。

××股份有限公司监事会

一九××年×月×日

附：×××先生的简历（略）

附录：10

××股份有限公司第×次股东大会决议公告

××股份有限公司第×次股东大会于19××年×月×日在×省×市×路×号召开，出席会议的股东代表×人，代表股份×股，占公司总股本的×%，符合《公司法》与公司章程规定的比例。经大会审议批准，表决通过了如下决议：

一、审议通过了《公司19××年度工作报告与19××年经营计划》。19××年，公司各项经济指标均创历史同期最好水平，全年完成营业收入×万元，比上年增长×%；实现税后利润×万元，比上年增长×%；每股净资产×元，比上年增长×%。19××年，公司计划完成营业收入××万元，税后利润×万元。

二、审议通过了《公司监事会工作报告》。

三、审议通过了《19××年度财务决算报告》。

四、审议通过了公司19××年度利润分配方案。公司19××年度实现税后利润×元，分别提取10％的法定公积金×元和法定公益金×元，提取×％的任意公积金，分红基金为×元，加上19××年未分配利润×元，19××年度可供股东分配的利润为×元，按每10股送×股红股的比例分配。结余分红基金××元作为未分配利润，留待下年度分配。

五、审议通过了公司19××年增资配股方案。

1、向全体股东按10股配×股的比例进行配股，计配售×万股。

2、社会公众股可配股×万股，国家股可配股×万股，在征得国家股持股者同意后，社会公众还可以从国家股转让的配股权×万股中按10:×的比例受让配股，配股权转让费每股为×元，转配股份暂不上市。

3、每股配售价格暂定为×元。

4、本次预计募集资金×万元，将投入××项目。

5、本次配股决议的有效期为自股东大会通过之日起×个月。

6、授权董事会办理与本次配股有关的其他事项。

该方案须报××省证管办出具意见，并报中国证监会审核。

六、审议通过了修改《公司章程》部分条款的议案。

本次股东大会投票表决通过的上述决议均经×市公证处公证员××、××公证，决议有效，特此公告。

××股份有限公司

一九××年×月×日

附录：11

××股份有限公司

1995年度分红公告

根据1996年4月26日召开的公司1995年度股东大会通过的1995年度利润分配方案，现对实施1995年度的分红方案公告如下：

一、1995年度利润分配方案

1995年净利润30398642.94元，按10％比例提取法定公积金3039864.29元，按10％比例提取法定公益金3039864.29元，加年初未分配利润4391676.29元，可供股东分配利润28710590.65元，向全体股东按每10股送红股1.5股，派发红利1.5元（含税），剩余部分3438590.65元转入任意盈余公积金。

二、股权登记和除权除息日期

1.股权登记日为1996年5月9日。

2.除权除息及红股上市交易为1996年5月10日。

三、送股办法

本次送股由上海证券交易所通过计算机网络，按股东持股数比例自动送入股东帐户。本次分红方案实施后，公司股本变化情况为：

	送股前	本次送股	送股后	比例
（一）尚未流通股份				
发起人持股	4276.8	641.52	4918.32	50.77％
社会公众持股				
其中：受让转配	648.0	97.2	745.20	7.69％
小　计	4924.8	738.72	5663.52	59.46％
（二）已流通股份				
境内上市人民币普通股	3499.2	524.88	4024.08	41.54％
小　计	3499.2	524.88	4024.08	41.54％
（三）股份合计	8424.0	1263.6	9687.60	100.00％

四、红利发放办法

（1）发起人股现金红利由公司直接向各股东发放。

（2）社会公众股现金红利的派发由公司代交所得税后，委托上海证券中央登记结算公司在上海证券交易所以“现金红利权”交易方式发放，交易代码、交易时间由上海证券中央登记结算公司另行公告。

××股份有限公司

1996年5月2日

附录：12

代理发放股息，红利协议书

甲方：

乙方：上海证券中央登记结算公司

为积极、稳妥地做好上市公司股票现金红利的发放工作，维护投资者的合法权利，甲、乙双方就下列事项达成协议。

一、甲方全权委托乙方代理发放甲方199　年年度/中期A种股票现金红利。

二、乙方接收甲方委托。乙方通过上交所市场交易网络及登记、清算网络，组织实施现金红利的发放。

三、甲方须向乙方提交经甲方股东大会批准的有关分红派息决议文本和委托发放现金红利申请表〔附件一〕。

四、乙方负责制定现金红利发放的实施方案，并以公告形式在指定报刊公布红利发放及领取的具体事宜。

五、乙方根据双方商定，定于199年×月×日起向于股权登记日登记在册的持股人派发甲方股息、红利。

六、甲方应于本协议第五款确定的乙方代理发放现金红利起始日的三个营业日前将现金红利的“代发总额（含税）及代发手续费”一并汇入乙方指定的银行帐户。甲方逾期汇入，乙方则不承担代理发放现金红利的责任。

七、甲方按现金红利代发总额的1.6％向乙方支付代理手续费。

八、乙方/甲方　根据国家税法的有关规定对其代发的每股股息红利额进行所得税税项扣除，并按期将所扣除税款缴付征管机关。

九、乙方按每股除税后的红利实付金额向投资者支付现金红利。

十、对投资者因故未及时领取的现金红利由乙方保管，并常年接收投资者的查询和补领（通过乙方的结算会员公司）。

十一、除有法律规定或另有协议规定外，甲方不收回已由乙方代理发放的现金红利。

十二、本协议对代理发放红利的未尽事宜，由甲、乙双方本着友好态度协商解决。

十三、本协议自甲、乙方签章后生效。

十四、本协议一式两份，甲、乙方各执一份。

附件一：

委托发放现金红利申报表

甲方（签章）	乙方（签章）
日期：199　年　月　日	日期：199　年　月　日
住址：	住址：上海闵行路67号
甲方经办人签字：	乙方经办人签字：
电话：	电话：021－63560868　56970974
传真：	传真：021－65355758　63562324
邮编：	邮编：200080

委托发放现金红利申报表

上海证券中央登记结算公司：

为方便投资者领取现金红利，特申请委托贵公司全权代理发放本公

司派发的一九九　度人民币普通股现金红利，现根据公司股东大会决议将有关红利派发的具体事项申报如下：

一、股票（或基金）交易代码		
二、委托发放范围	1、流通股（股数）	
	2、未上市职工股（股数）	
	3、未上市转配股（股数）	
	4、未上市法人股（股数）	
三、委托发放红利总股数		
四、每股应付红利额	红利额/每股（含税）	
	红利额/每股（除税）	
五、代发红利总额	含税	
	除税	
六、股权登记日		
七、除息日		
八、本年度内是否派发过股息红利		
其他说明事项：		

申报单位（签章）：

申报单位经办人（签字）：

申报日期：

注：1、红利所得税税率按国家税法规定的标准确定

2、每股红利税额＝（每股红利额－银行同期同类储蓄利息/元）×20%

3、银行同期同类储蓄利率按　　%计算

4、每股红利实付金额（税后）按四舍五入原则保留至小数点后三位数

附录：13

××股份有限公司董事会公告

重要提示

本公司将于近期公布《配股说明书》，《配股说明书》是本次配股的法律文件，股东和其他投资人在作出认购配股决定之前，应首先仔细阅读《配股说明书》，并将其作为投资决定的依据。

一、本公司19××年×月×日第×次股东大会（注：在此说明表决方式）通过的配股方案已于19××年×月×日获中国证监会证监上字〔19××〕××号文件批准。

二、配股方案概要

1、股票类型：人民币普通股

每股面值：1.00元人民币

配售价格：×元人民币

配售发行股份总量：××万股

股东配股比例：向全体股东按10:×的比例配售，其中向××股东配售×万股（注：在此说明向各类股东配售的股份数量）。

2、本次配股的认购方式：拥有配股权的股东根据所持有的股份按比例认购。

3、本公司社会公众股股东可根据自己的意愿决定是否接受×股东转让的配股权，每10股最多可获得×股的配股权，每1股的配股权转让价为×元。在国务院就国家股、法人股的流通问题做出新的规定之前，由国家股股东、法人股股东拥有的本公司配股权出让后，受让者由此增加的股份暂不上市流通。

××股份有限公司董事会

19××年×月×日

附录：14

××股份有限公司
××年度配股提示性公告

××股份有限公司1996年度配股方案经××市证券管理办公室同意，中国证券监督管理委员会批准，将于近日开始实施，配股说明书已刊登于1997年1月3日的《××××报》上，现将本次配股方案提示如下：

1、配售价格：每股人民币3.10元；

2、配股比例：每10股配售2．7股；

3、社会公众股股东除可按10:2．7的比例配售外，还可按10:4的比例受让国家股股东和法人股股东转让的部分配股权，配股权转让费为每股0．20元（每股转让的股价合计3．30元）；

4、股权登记日：1997年1月17日；

5、除权基准日：1997年1月20日；

6、配股缴款起止日期：1997年1月20日至1997年1月31日（期间证券营业日）；

7、本次××股份配股交易代码：700820；

8、本次××股份转让交易代码：710820；

9、本次××股份转配交易代码：701820；

10、本次××股份转转交易代码：711820；

11、法人股股东认购部分请到本公司财务结算中心办理缴款手续（公司地址：××市××路××号），或与董事会秘书室联系（电话：××－××××）；

12、投资者如在规定缴款期内未办理缴款手续，其配股权作自动放弃。

详细情况参阅1997年1月3日的《××××报》刊登的本公司1996年度配股说明书。

××股份有限公司董事会

一九九七年一月十日

附录：15

成都量具刃具股份有限公司重大事件公告书

根据证监会《公开发行股票公司信息披露实施细则（试行）》的有关规定，并请示中国证监会同意，按程序将涉及本公司的两件重大诉讼事件披露如下：

一、1994年8月1日，四川省国际信托投资公司在四川省高级人民法院起诉我公司为四川省博绅房地产总公司担保1400万元贷款承担连

带清偿责任（该诉讼事件已在本公司1994年度报告中予以披露）。1995年10月17日，四川省高级人民法院作出一审判决：

1、四川省博绅房地产总公司偿付四川省国际信托投资公司借款本金1400万元。

2、按照中国人民银行同期关于对逾期还贷计收加收罚息规定的最高限额利率和关于对逾期支付利息计收复利的规定，四川省博绅房地产开发总公司向四川省国际信托投资公司给付自1994年6月29起至本案生效判决确认偿付之日止因其逾期占用四川省国际信托投资公司1400万元贷款的罚息和利息款额的复利。

3、成都量具刃具股份有限公司对四川省博绅房地产总公司前述所列给付义务承担连带清偿责任。

我公司对该案一审判决不服，已依法向最高人民法院提起上诉。

二、1995年9月4日，中国银行四川省分行在四川省高级人民法院提起诉讼请求如下：

1、有连带义务的成都量具刃具股份有限公司、中国机械设备进出口总公司，应偿付逾期贷款本金441739080日元和1924055.24美元，逾期应收未收利息27863779日元和233361.22美元（截至1995年6月20日帐面数，下同）。

2、成都量具刃具股份有限公司还应偿付逾期贷款本金1071480.55美元和逾期应收未收利息103746.39美元，四川省机械设备进出口公司应在其承诺的范围内负连带责任。

目前本案正在审理中。

成都量具刃具有限公司

1995年10月30日

附录：16

北京旅行车股份有限公司

一九九五年亏损原因及改进措施的说明公告

根据中国证监会、上海证券交易所就本公司1995年度亏损原因及改进措施向社会予以公告的要求，公司董事会就此项要求召开了会议，并就有关事宜说明公告如下：

一、亏损原因；

北京旅行车股份有限公司在1995年产销量、收入和利润指标均未完成计划，出现3150.4万元的亏损。

具体增减利因素分析如下：

（一）减利因素：

1、销售数量减少是导致亏损的主要原因：

因国家在控制通货膨胀上采取政策，汽车市场平滞，年度内旅行车总销量比年计划8000辆减少了1661辆，引进产品BL/BE客车销售不畅，从销售数量上看造成减利共计3303.4万元。

2、产品销售价格调整造成减利

由于汽车市场平滞，竞争更加激烈，销售数量下降，制约了企业的投入产出。为了占领市场，公司采取降价策略，旅行车价格平均下调8.4%造成减利2786万元。

3、期间费用增加造成减利

由于1995年新产品研究开发及劳动保险费用所致，造成减利853万元。

4、1995年投资收益比计划减少，造成减利689万元。

5、由于BL/BE系列客车销售不畅，BL/BE没有完成成本计划，使实际成本比计划增加9058元/辆，造成减利59．5万元。

以上1－6项减利合计为7690．9万元。

（二）增利因素：

1、营业税金及附加实际比计划减少形成增利

1995年根据税务机关关于调整待扣税金的规定，使当年进项税抵扣增大，应交增值税减少，造成营业税金及附加减少而增利，加之产品价格下调，使营业税金及附加减少，以上共增利429.5万元。

2、销售成本实际比计划减少形成增利

因调整生产工艺，改进产品设计使销售成本下降，6560系列销售成本实际比计划减少3180元/车，共增利1668.5万元，6590系列减少9136元/辆，共增利395.6万元，6440系列比计划减少6350元/辆，共增利371．4万元，以上共增利2435．5万元。

3、其他业务利润增加149.4万元；

4、营业外净支出减少增利0.9万元；

以上1－4项增利合计3015.3万元。

通过以上分析，总减利因素7690.9万元，抵销总增利因素3015.3万元之后。比计划利润1525.2万元减少4675.6万元，实际亏损为3150.4万元。

二、改进措施：

为确保1996年经营计划的实现，董事会通过了北旅公司扭亏增盈措施：

（一）降低采购成本350万元

自1996年1月以来公司采取一系列降低采购成本的措施，将配套件按价值分为A、B、C三类，逐一对厂家进行分析，开展工作，以确保降低指标的完成。

（二）节约制造成本700万元

具体措施是：

1、将压缩制造成本指标600万元下达到各单位进行严格考核，并辅之以严格的奖惩措施；

2、下大力量压缩外协件加工费用，确保压缩100万元，争取达到150万元；

（三）强化管理，提高质量，发挥日方管理的优势，提高冲压、焊接、油漆、总装的质量水平。

（四）努力开拓市场、确保销售计划完成

1、强化销售工作，确保7400辆销售任务；

(1) 充实销售人员；

(2) 改革分配制度，调动销售人员积极性；

(3) 在整体的销售策略上，一方面积极依靠经销商推销产品，一方面积极探索北旅开展直销的新途径，在条件允许的情况下，不断扩大直销的份额。

2、以96型批量生产推上市场为契机，扩大产品市场占有率。

3、加快BE国产化客车速度，确保BE国产化客车批量上市。

4、努力开拓国际市场

(1) 成立进出口分公司，积极开拓国际市场，产品及维修备件出口创收；

(2) 借助五十铃、伊藤忠在国际市场的销售网络推销北旅的产品。

（五）降低管理费240万元

北旅公司在完成1996年产销计划的同时，结合以上措施，实现持平，争取实现150万元的利润。

北京旅行车股份有限公司董事会

一九九六年五月七日

附录：17

××股份有限公司19××年度报告摘要

补充说明公告

本公司根据上海证交所上市审核部年报摘要审核通知所提出的问题，作补充说明如下：

1、会计报表的利润中，×年共分配股利×元，其中，×年分配股利×元，根据×年度利润分红方案决议，按×万股，每股分配×元，实

际已分配股利×元，余×元，作×年未分配利润，留作×年分配，记在“未付股利”帐户。×年实现净利润×元，根据董事会利润分配预案，普通股股利占×%，计×元，加上年分配结余数×元，因此19××年分配普通股股利为×元。

2、投资××项目19××年暂未实施，因该项目正在申报中，待上级部门正式批准后实施。

3、因校对错误，利润分配表中本年提取法定公积金误刊登为×元，应更正为×元，重要事项×项中19××年实现净利润误刊登为×元，应更正为×元。

××股份有限公司董事会

一九××年×月×日

附录：18

澄清公告

根据国务院《股票发行与交易管理暂行条例》第六十一条“在任何公共传播媒介中出现的消息可能对上市公司股票的市场价格产生误导性影响时，该公司知悉后应立即对该消息作出公开澄清”的规定，鞍山第一工程机械股份有限公司对新闻媒介传闻的“外资收购概念股”一事特作如下说明：

前一时期，公司为了解决技术引进和技术改造资金缺乏的矛盾，拟对外商进行合资合作。并与若干家外商进行了接触，他们也都表示了极大的兴趣。但有关合资的方式、内容等条件尚待进一步探讨，本公司及本公司主要股东尚未就此事办理任何实质性的报批手续。该事情目前仍在进一步接触中。

以上内容已书面报告中国证监会。

鞍山第一工程机械股份有限公司

一九九五年八月十八日

附录：19

新疆屯河股份有限公司董事会关于协议受让中国工商银行所持新疆金新信托投资股份有限公司法人股的警告性公告

本公司董事会郑重地向公司股东及广大投资者申明：本公司已与中国工商银行签订《中国工商银行转让所持新疆金新信托投资股份有限公司股权合同》，据此，本公司将协议受让中国工商银行所持新疆金新信托投资股份有限公司法人股3000万股，占总股本的30%，协议受让价格为6450万元人民币。此次协议受让事宜已经中国人民银行银复〔1996〕416号文《关于同意中国工商银行转让所持新疆金新信托投资股份有限公司股份的批复》和中国工商银行办公室工银办〔1996〕227号文《关于转发中国人民银行同意工商银行转让所持新疆金新信托投资股份有限公司股份批复的通知》批复同意，目前，本公司正在按照中国人民银行及中国工商银行的批复精神办理有关报批手续，并将提请本公司1996年股东大会年会审议通过，为保证“公开、公平、公正”规范地披露信息，使本公司股东及广大投资者能与该项目的关联人同时了解该信息，公司董事会特此作出警告性公告。

本公司董事会重申该警告性公告的披露，纯属履行信息披露的义务，其对公司股票价格的影响由投资者自行判断。

该协议受让事宜完成全部报批手续并变更工商注册登记后，本公司董事会承诺于第一时间在中国证监会指定的信息披露媒介上予以公告。

新疆屯河股份有限公司董事会

一九九七年元月九日

附录：20

豪盛（福建）股份有限公司董事会关于收购饶平吉阳陶瓷企业有限公司的公告

经临时股东大会授权，本公司董事会研究决定，正式收购广东吉阳陶瓷企业有限公司（以下简称“吉陶公司”），现就有关事项公告如下：

一、吉陶公司概况：

饶平吉阳陶瓷企业有限公司为台商独资企业，成立于1992年10月，注册资本1200万美元，实际投资总额为1480万美元。公司地处广东省与福建省交界的广东省饶平县黄岗上林管理区，占地面积60000平方米，建筑面积15669平方米，拥有意大利九十年代国际先进水平、高度机械化、自动化的建筑陶瓷生产线。目前年生产高级墙地砖100万平方米，同时有生产部分釉药的机械设备，其经营范围主要是生产建筑用瓷及瓷土原料，公司按现有法律享有二免三减半的企业所得税优惠待遇。

经福建省华兴会计师事务所评估，吉陶公司评估前资产总额为人民币82904020.61元，负债总额为人民币4647550.09元，股东权益总额为人民币78256470.52元。评估后资产总值为人民币80379433.12元，负债总额为0元，股东权益总值为80379433.12元（其中：评估后净资产增值2122962.60元）。

二、收购形式及价格：

本次收购为全额收购，收购后吉陶公司为本公司的全资下属企业，本公司以美元800万元（折合人民币约6800万元）收购吉陶公司全部净资产8037.94万元人民币，对吉陶公司在本次收购资产评估项目之外的其它债权、债务不负任何责任。

本次收购后，因收购投资成本低于企业资产净值，所以本公司的净资产实际增值1237.94万元人民币，收购增值率18.2%。

三、收购吉陶公司的目的、意义：

豪盛公司是中国大陆唯一一家台资股票上市公司，也是中国建筑陶瓷业唯一一家股票上市公司。公司1989年创业后高速发展，目前已跻身中国最大500家外商投资企业，中国最大500家工业最佳效益企业和中国建材行业50强。高速的成长使豪盛公司急欲拓展企业发展空间。收购吉陶公司是本公司发展战略的一个重要步骤。

本公司区域发展战略是以福建为主要基地，发展华东、华中市场，以豪盛（山东）公司为基地拓展北方市场，收购吉陶公司旨在拓展两广、海南市场，也是本公司实施区域发展战略的第二步。本公司还将在适当时机在中部、西部寻求发展机会。

建材行业是国家九五计划重点支持发展的支柱产业，而且在现有基础上再投资100多万美元还能再增加一条生产线，年生产墙地砖能力可提高到200万平方米以上。若公司以自有资金重新组建一个同等规模的企业，至少需要两年时间，而且耗资在9000万元人民币以上。

本次收购成功，将使本公司能以较低的投人，以最快的速度获得一个生产性公司，公司的生产规模由原来年产能力800万平方米增加到1000万平方米，本公司净资产将增值1237.94万元人民币。所以本次收购成功可使公司在短时间内形成最大的生产能力，以满足市场需求，从而提高公司整体效益，为全体股东谋求最高回报。

四、其它重要事项

1.本公司于1995年6月组织公司中高级专业负责人对吉陶公司进行实物盘点、财务审计、生产设备试运行，以及交通、通讯考察。

2.本公司于1995年8月25日召开临时股东大会，授权公司董事会办理收购吉陶公司有关事项。

3.于1995年9月聘请福建华兴会计师前往吉陶公司进行资产评估，并于9月18日出具评估报告。

4.正式签订协议时间1995年12月8日。

五、备查文件

本次收购的有关备查文件如下：

1.福建华兴会计师事务所《资产评估报告》

闽华兴所〔95〕评字第10号

2.豪盛（福建）股份有限公司临时股东大会会议决议

3.《关于饶平吉阳陶瓷企业有限公司各事项总报告》

4.《吉阳陶瓷企业有限公司产权转让协议书》

豪盛（福建）股份有限公司董事会

一九九五年十二月十一日

附录：21

浙江省凤凰化工股份有限公司关于收购
浙江康恩贝集团制药有限公司部分产权的公告

根据国家对上市公司信息披露的有关规定，本公司就本次收购浙江康恩贝集团制药有限公司部分产权一事，作如下公告，并愿意答复本公司股东就此次收购所涉及的各项问题提出的质询，将根据股票发行与交易管理的各项规定，对本公告作出解释。

一、释义

本公告中下列简称具有如下意义：

1、本公司：指浙江省凤凰化工股份有限公司；

2、康恩贝公司：指浙江康恩贝集团股份有限公司；

3、康恩贝制药公司：指浙江康恩贝集团制药有限公司；

4、收购协议：指浙江省凤凰化工股份有限公司与浙江康恩贝集团股份有限公司签订的《产权收购协议》。

5、元：指人民币元。

二、绪言

本公告系根据《公司法》和《股票发行与交易管理暂行条例》之规定，就本公司收购浙江康恩贝集团制药有限公司部分产权一事，向本公司股东提供有关各项详细资料。本公司和被收购方愿就本公司所载资料的真实性、准确性和完整性承担共同的和个别责任。并确信本公告未遗漏任何重大事项，致使本公告内容有误导成份。

除本公告外，没有委托或授权任何其他人提供未在本公告中列载的信息和对本公告作任何解释或者说明。

三、产权收购的有关当事人

1、收购方：浙江省凤凰化工股份有限公司

地址：浙江省兰溪大阙路18号　　电话：0579—8823485

2、被购方：浙江康恩贝集团制药有限公司

地址：浙江省兰溪市劳动西路　　电话：0579—8884937

3、本次收购咨询顾问：浙江康普咨询有限公司

地址：杭州市体育场路409号　　电话：0571—5170888转613

4、本公司会计顾问：浙江会计师事务所

地址：杭州市体育场路185号　　电话：0571—5159224

5、本公司法律顾问：浙江省经济律师事务所

地址：杭州市湖墅南路4号　　电话：0571—5108458

四、被购方简介

康恩贝制药公司是由康恩贝公司和兰溪市康恩贝投资发展公司共同投资组建（产权比95:5）的一家以生产药品和保健品为主的企业。资产经营规模为2．3亿元，拥有符合国际GMP标准的国内一流厂房和代表90年代初国际先进技术水平的制药设备，年综合生产能力：片剂15亿片，胶囊5．5亿粒，水针剂5000万支，口服液1亿支，颗料剂500吨、皇浆冻干粉20吨，目前正在建设年产银杏提取物20吨的中药提取国家“双加”技改项目。

该公司为国家二级企业，省级文明单位，系浙江省医药行业重点骨干企业，1990年以来一直是浙江省最佳经济效益企业。创有“前列康”、“天保宁”、“贝贝血宝”、“伊洁康”等名牌药品和保健品。其中“前列康”获国家银质奖，“天保宁”是国家级新产品，国家中药保护品种。“前列康”、“天保宁”、“贝贝”均系该公司拥有的浙江省著名商标。公司现有员工700余人，其中各类专业技术人员60余人。

该公司是一个发展潜质较好，可以高速成长的企业。今年1－10月份实现主营业务收入1．11亿元，实现利润2185．41万元（已审计），分别比去年同期增长70.10%和37.70%。

五、收购目的

1、本次收购是遵循“浙江省兰溪市财政局、浙江康恩贝集团股份有限公司关于转让浙江省凤凰化工股份有限公司部分国家股的联合公告”精神，旨在发挥本公司作为上市公司的优势，尽快提高经营业绩，使其成为质地优良的工业股，以取信于股东。

2、以康恩贝制药公司高速成长的经营业绩来体现本公司经营的迅速增长。给本公司日化和化工产品腾出时间和空间作战略性调整，使其得以充分积蓄发展力量，通过二、三年时间的努力，使本公司化工产品重新步入良性循环的发展轨道。

3、发挥日化产品和医药保健品的产业近邻优势，把医疗保健和洗涤清洁、医药和精细化工有机地结合起来，拓展产业领域，调整产品结构，开拓新市场，寻找新的增长点。

六、收购方案

1、根据国家有关政策、法规之规定，本次收购采取订立收购协议方式进行。

2、本公司协议收购康恩贝公司控股子公司浙江康恩贝制药有限公司95%的产权。依据浙江资产评估公司出具的《资产评估报告书》，截止1995年10月31日，该公司评估后的净资产总额为11097.66万元。按净资产总额剔除该公司在建的二期工程价款1638.56万元和无形资产价款4137.48万元后乘以95%，计5055.54万元，以1:1的比例再加上本年度11、12两个月的税后利润95%计365.36万元，总计产权收购价款5420.90万元。

3、收购生效后，该公司将成为本公司的一个绝对控股比例的子公司，其独立法人主体地位不变。本公司将保持康恩贝公司康恩贝制药公司的现行研、产、销基本经营格局，以促进该公司的高速成长。

七、年度盈利预测

本次收购完成后，本公司95年年度业绩将有大幅度的增长，预计税后利润3110万元，每股税后利润0.40元，将成为业绩优良的工业股。

损益表（合并报表）

浙江省凤凰化工股份有限公司　　单位：万元、元/股

项　　目	行　次	1995年1—10月实绩	1995年预计	1996年预测
主营业务收入	1	26669	31600	39672
利 润 总 额	2	3034	3569	3765
净　利　润	3	2700	3110	3212
每股税后利润	4	0.35	0.40	0.41

注：（1）表列95年1—10月实绩数依据浙江会计师事务所浙会审字〔1995〕472号康恩贝制药公司《审计报告》和本公司实绩数填列。

（2）表列95年预计数依据浙江会计师事务所对康恩贝制药公司1—10月份的审计数推算和本公司计划数确定。

（3）表列96年预测数依据浙江会计师事务所对浙会审字

〔1995〕473号康恩贝制药公司96年《盈利预测审核报告》数和本公司的计划数预测。

八、资产重组后的发展设想

本公司收购康恩贝制药公司95%的产权后，公司整体实力显著增强，产业结构得到调整，经营规模成倍扩大，成为一个总资产5.3亿元，利税5600万元的兼容化工和医药二大类的综合性公司。

1、加强新产品开发，提高产品档次。充分发挥本公司和康恩贝制药公司科研力量的优势，开发高档次、高附加值的市场适销产品；在洗涤用品方面，重点发展卫生洗涤用品和疗效洗剂，将“清洁”和“康复”结合起来；在化妆品方面，将重点发展第三代“营养加疗效型化妆品”，把美容和医疗价值结合起来；化工产品要向精细化工方面发展。

2、加强资产管理，盘活资产存量。本公司资产存量比较大，要充分利用资产存量，发挥资产的效能，为企业获取最大利润。可以利用现有的资产、设备发展天然药物原料、化学合成药及医药中间体，为康恩贝制药公司制剂产品配套，以增加盈利。

3、运用现代市场营销策略，争创凤凰名牌。当前日化产品市场竞争激烈，在开发适销对路产品的同时，制订切实有效的营销策略，加强销售网络建设，努力开拓市场领域，巩固老市场，开发新市场，使凤凰名牌享誉全国。

4、充分利用产权重组后的有利时机，切实抓好技术改造工作。脂肪醇在建的二期技改项目按原计划完工并投入使用，以切实提高脂肪醇产品的质量，发展脂肪醇的深度加工产品，提高附加值，增强盈利能力。

九、其他重要事项

1、此次收购，已获本公司董事会通过。

2、此次收购，已获康恩贝公司董事会通过。

3、《产权收购协议》需经本公司股东大会和康恩贝公司股东大会审议通过后实施。

4、康恩贝公司成为本公司的子公司后，其主要产品的销售仍由康恩贝公司所属的销售代理并以康恩贝制药公司与销售公司所签的《代理销售协议》规范销售行为。

5、本公司将遵循有关法律程序，办理收购康恩贝制药公司后的有关产权交接手续及其它有关事项。

十、备查文件

1、本公司与康恩贝公司《产权收购协议》。

2、浙江会计师事务所浙会审字〔1995〕472号《审计报告》。

3、浙江会计师事务所浙会审字〔1995〕473号《盈利预测审核报告》。

4、浙江资产评估公司浙评〔1995〕96号《资产评估报告书》。

5、本公司二届董事会二十一次会议决议。

6、康恩贝公司一届董事会十三次会议决议。

浙江省凤凰化工股份有限公司董事会

一九九五年十二月二十六日

附录：22

鞍山第一工程机械股份服份有限公司董事会公告

经5月18日董事会讨论通过，我公司于1996年5月22日与辽宁工程机械（集团）有限责任公司签订了托管该集团与外方合资的辽宁利勃海尔柴油有限公司、辽宁利勃海尔轮式装载机有限公司、辽宁利勃海尔挖掘机有限公司三家公司中方股权的合同。

该项合同经辽宁省国有资产管理局（辽国资产字〔1996〕第83号）及辽宁省对外贸易经济合作厅（辽外经资字〔1996〕231号）正式批准。并得到三家合资公司的外方股东——利勃海尔投资股份公司的认可。北京金诚律师事务所就该托管合同所涉及的相关事项进行了审核，并出具法律意见书，认定签订托管合同的各方主体、托管标的、合同形式、托管程序符合有关法律法规的规定，托管合同具有法律效力。

鉴于此次托管将对我公司未来经营业绩、资产结构产生重大影响，由于该合同涉及相关各方主管部门审批手续的办理，故我公司在严格保守秘密的情况下，履行了有关法律手续，现予公告。并委托北京新民生理财顾问公司就有关具体事宜另做详细说明。

鞍山第一工程机械股份有限公司董事会

一九九六年六月二十九日

关于将我公司在三家合资公司中的中方股权全权委托鞍山第一工程机械股份有限公司经营的公告

我公司董事会于1996年5月16日通过决议，同意将我公司在辽宁——利勃海尔柴油机有限公司、辽宁——利勃海尔轮式装载机有限公司、辽宁——利勃海尔挖掘机有限公司中的中方股权（均为75%）全权委托鞍山第一工程机械股份有限公司（下称鞍山一工）经营，鞍山一工享有收益权。当鞍山一工偿还我公司投资额（16587万元）的120%即19904万元后，我公司以100万元象征性价格将我公司在三家合资公司中的全部股权售给鞍山一工，同时，委托关系自然终止。

特此公告。

辽宁工程机械（集团）有限责任公司

一九九六年六月二十九日

北京新民生理财顾问公司就有关鞍山第一工程机械股份有限公司托管事项的说明

我公司根据与鞍山第一工程机械股份有限公司（下称“鞍山一工”）所签订的财务顾问协议，参与本次托管策划设计的主要过程，现受鞍山一工委托，根据该公司提供的本次托管的有关资料，就其托管辽宁利勃海尔柴油机有限公司、辽宁利勃海尔挖掘机有限公司、辽宁利勃海尔装载机有限公司的中方股权（以下简称“合资公司”）事宜做如下说明：

一、托管　托管是指以契约形式，在暂时产权不变条件下，在一定时期内将企业的经营权委托给另一家法人或自然人经营。托管以极低的成本迅速扩大受托人的资产规模，它是我国企业兴起的资本经营的最新概念。本次托管是上市公司托管大型合资企业的中方股权，开上市公司托管之先河。

二、有关各方　辽宁工程机械（集团）有限责任公司（以下简称“辽工集团”）是辽宁省政府授权的国有资产投资主体，辽工集团现有职工27463人，资产净值约8亿元，主要产品为各类工程机械，属辽宁省四大支柱产业之一。

瑞士利勃海尔国际有限公司（以下简称“利勃海尔”）是一家族式大型跨国公司。目前在德国、奥地利、瑞士和法国等十几个国家拥有47座工厂，现有职工16000多人。在工程机械领域，它与美国卡特彼勒、日本小松并称世界三巨头。瑞士利勃海尔投资股份公司是瑞士利勃海尔国际有限公司100%拥有的子公司。

本次托管的三家合资公司是瑞士利勃海尔投资股份公司与辽工集团成立的合资企业，这三家合资公司产品分别为装载机、挖掘机、柴油机，总投资分别为：7100万元，6100万元，22600万元，注册资本分别为：3648万元，3648万元，14820万元，双方投资按合同约定分期逐步到位，中方所占股权比例均为75%，双方均为现金投入，三家合资企业均为新注册成立的公司。目前正处于设备采购阶段。其中挖掘机，装载机的主要配套零部件由鞍山一工提供，柴油机主要作为挖掘机、装载机和鞍山一工的推土机配套发动机，装载机以大马力为主，与鞍山一工现有装载机现有品种不形成竞争。

三、托管内容　本次托管的委托方辽工集团将其在三家合资企业中的全部股权，委托鞍山一工全权经营，鞍山一工享有收益权，并保证履行合资合同中规定辽工集团应承担的各项责任，并且用从被托管公司分得的利润或自筹资金，偿还辽工集团在被托管公司投资额（16587万元）的120%即19904.4万元，辽工集团将以100万元象征性价格将三家合资公司全部中方股权售于鞍山一工。

四、财务评价：利勃海尔作为著名跨国公司，为大多数中国人所熟知，国内某著名冰箱企业就是与该公司合作的范例。对于以工程机械为主体的利勃海尔来说，它的工程机械产品是当代世界上技术最先进的产品，冰箱是它的分支产品。该公司已经用17年的时间在中国寻找战略合作伙伴，在此之前，利勃海尔与中国17家企业合作，合作方式均为技术转让，本次却以合资方式进军中国工程机械领域，并首选中国北方机械行业实力最雄厚的辽工集团合作，同时举办三家合资企业。这三家合资企业合资双方均以现金投入，全部厂房和基础配套设施均以租赁方式取得，在利用辽宁工程机械行业现有资产存量的基础上，在设备和人员到位后，即可迅速投产。这三家企业摆脱了中方一贯以土地、厂房作价投入的模式，由于节省了庞大的基本建设投资，在同等投资下，生产规模增大，从合资经营方式上来看，三家合资公司的运作模式简洁、高效、投资少、规模大。

本次托管对鞍山一工具有战略影响。鞍山一工采用托管方式，取得三家合资企业的控制权，这是成本较低，期限灵活的方案，当前不需投资就可以契约方式获得三家企业收益权，其后可以利用经营利润和融资逐步购买股权，而且在购买期限上具有相当灵活性。同时值得关注的是，三家合资公司产品中，挖掘机、装载机的主要配套零部件由鞍山一工供应，并租用鞍山一工厂房，柴油机又是鞍山一工推土机的配套发动机，以上供销、租赁关系将使鞍山一工多方直接或间接受益。鞍山一工受近两年宏观经济形势影响，处于周期性低谷，为摆脱国内经济周期的影响，正建立除推土机外的利润生长点。如果取得三家合资企业的控股权，以其高质量、高技术的产品，并利用我国劳动力优势打开国际市场销售局面，将会是鞍山一工克服困难，走出低谷的战略性步骤。

根据辽工集团与鞍山一工的托管协议，三家合资公司的收益将进入鞍山一工损益表中相关收入项，将增加鞍山一工每股收益，在鞍山一工逐步购买三家合资公司中方股权过程中，资产负债表中长期投资将逐步增加。这些合资项目的顺利进行，将为鞍山一工带来丰厚的收益。具体的数据见下表：

鞍山一工托管三家合资公司新增收益表　　　　单位：元

利润 投资年份	挖掘机	装载机	柴油机	合计	中方所得	鞍山一工新增每股收益
1	406030	471360	-6218804	-5341414	-4006060	-0.02
2	13938947	9852756	39094473	62886476	47146320	0.22
3	31166436	30509481	56425218	118101135	88575851	0.41
4	58070514	45001473	92289496	195361483	146521112	0.68
5	88607097	65611709	123831984	277850790	208300092	0.97
6	90041036	68100430	126605288	284746754	2135600655	0.99
7	90043036	68100430	128218488	286359954	214769965	1.00
8	90805618	68976237	130673786	290455641	217841732	1.01
9	78423034	59570387	133109982	271103403	203327552	0.95
10	78423034	59570387	108772860	246766281	185074711	0.86

＊以上数据除“中方所得”、“鞍山一工新增每股收益”两项依据本表财务数据及有关合同计算所得外，其余均摘自利勃海尔股份公司为三家合资公司编制并经辽工集团与利勃海尔投资股份公司共同签署的可行性研究报告财务分析一节，该可行性报告数据，系按1996年不变价格计算。

＊表中各项收益数均为税后利润。中方所得未考虑合资公司提取各项基金，原因是各年提取比例不同，而且它将在鞍山一工控股合资公司后，转为鞍山一工的权益。

＊新增每股收益是按21500万股总股本匡算。

＊项目第一年为1996年。其中第二年税后利润应弥补第一年亏损，鞍山一工该年实际新增每股收益0.20元。

（1）从表中可以看出，挖掘机、柴油机项目投产以后不到三年就可收回全部投资，4年之内就可赚回一个同样项目，由于三家合资公司投资规模大，效益显著，1997年鞍山一工将新增每股收益0.20元，从第5年开始为鞍山一工增加每股收益约1元。可以预计，它们将成为鞍山一工今后利润增长的主要生长点。

（2）从表中可以看出前4年中方所得累计约为2.8亿元，按照托管协议，鞍山一工通过资本市场融资或者利润积累，返还辽工集团投资，鞍山一工一旦返还辽工集团总投资的120%，则受托管的资产归属鞍山一工，三家盈利前景非常光明的合资公司中所有75%的中方股权归属鞍山一工，这将使鞍山一工的资产规模获得极大良性扩张。作为鞍山一工控股方，国家股股东将是最大的收益者。

（3）鞍山一工托管三家公司中方股权的作用。除了给鞍山一工每股收益与净资产带来快速增长外，利勃海尔的先进技术与管理无疑会对鞍山一工产生潜移默化的示范作用，而这将是鞍山一工业绩增长持久，可靠的保证。

（4）以上分析将可能因为以下原因有所偏差。

①由于工程机械行业面临国内市场日趋激烈的竞争，三家海尔公司经营业绩未能达到可行性研究的预期水平。

②在今后数年内，鞍山一工将投资2亿元取得三家合资公司中方75%的股权。这将是事关鞍山一工未来发展的重大投资行为，在取得全部股权的过程中，需要详细周密的融资计划，这将是对鞍山一工财务能力的重要考验。因而，存在着鞍山一工不能顺利完成融资的可能性。

③鞍山一工取得三家合资公司75%股权后，从受托人成为股权所有人将完全承担三家大型合资企业的经营风险，三家企业的经营风险也将成为鞍山一工公司经营风险的主要组成部分。

备查文件：

1、鞍山一工与辽工集团签订的股权托管合同

2、辽工集团、鞍山一工与德国利勃海尔投资股份公司签署的托管协议

3、鞍山一工董事会决议

4、辽工集团董事会决议

5、辽宁省国有资产管理局批复（辽国资产字〔1996〕第83号）

6、辽宁省对外贸易经济合作厅关于托管股权转让的函（辽外贸经资字〔1996〕231号）

7、金诚律师事务所法律意见书

8、鞍山一工对北京新民生理财顾问公司授权书

9、三家合资公司合同章程及可行性研究报告

北京新民生理财顾问公司

一九九六年六月

附录：23

广州三新实业公司
公　告

根据《股票发行交易管理暂行条例》第四十七条的规定，广州三新实业总公司（本公司）向社会各界公告下列事宜：

截止1996年10月23日交易结束，本公司通过上海证券交易所系统购入上海申华实业股份有限公司（简称申华实业）普通股计900万股，占申华实业公司发行在外的17901万股普通股的5.028%。本公司已将上述事宜分别报知了中国证券监督管理委员会、上海证券交易所、上海申华实业股份有限公司。

本公司工作时间联系电话：

（021） 58604429 58602624

广州三新实业总公司

一九九六年十月二十三日

上海申华实业股份有限公司

公　告

接广州三新实业总公司通知，截止于1996年10月23日交易结束，该公司已持有本公司普通股900万股，占本公司总股本的5．028%。有关三新公司与本公司参股合作事宜正在洽商过程中，对洽商之结果，本公司董事会承诺将于第一时间在中国证监会指定的媒体予以披露。

上海申华实业股份有限公司

一九九六年十月二十三日

附录：24

上海中桥投资股份有限公司公告

根据上海中桥股份有限公司（甲方）与宁波保税区新湖实业发展有限公司（乙方）股权转让协议，甲方同意将所持有的绍兴百大780.45万股法人股权全数转让给乙方（每股价格1．6元，共1248．72万元），转让后，乙方所持绍兴百大法人股780．45万股，占总股本的9．21%。

特此公告。

上海中桥投资股份有限公司

一九九七年二月二十一日

宁波保税区新湖实业发展有限公司

公　告

根据上海中桥投资股份有限公司（甲方）与宁波保税区新湖实业发展有限公司（乙方）股权转让协议，甲方同意将所持有绍兴百大780.45万股法人股全数转让给乙方（每股价格1．60元，共1248．72万元），转让后，乙方所持绍兴百大法人股780．45万股，占总股本的9．21%。

特此公告。

宁波保税区新湖实业发展有限公司

一九九七年二月二十一日

绍兴市百货大楼股份有限公司公告

公司原法人股股东上海中桥投资股份有限公司（简称中桥公司）与宁波保税区新湖实业发展有限公司（简称新湖公司），经双方协商，中桥公司同意将所持的绍兴百大法人股780.45万股转让给新湖公司，转让后，中桥公司不再持有绍兴百大法人股，新湖公司所持绍兴百大法人股780.45万股，占总股本的9．21%。根据《股票发行与交易管理暂行条例》第60条的有关规定，特将此事项向投资者公告。

绍兴市百货大楼股份有限公司

一九九七年二月二十一日

第三节　上海证券交易所部分通知汇集

关于调整股票上网定价发行发送申购配号记录的方法的通知

各会员单位：

为使各会员单位更好地为投资者提供优良服务，方便投资者确认股票上网定价发行的申购配号，避免不必要的误会，经研究决定，本所将从八月廿十二日起调整发送申购配号的方法，现将有关事项通知如下：

一、本所交易系统按有效申购帐户每1000股的申购数量顺序产生申购配号的方法不变，并记录于交易系统电脑主机。

二、当日申购结束后，本所向各证券经营机构传送申购配号记录将每一有效申购帐户一个配号一条记录的方法调整为只发送每一有效申购帐户首个申购配号及申购数量，投资者可按首个申购配号及申购数量顺序累推其余配号。现举例如下：

股东代码栏：A201012892

成交编号栏（首个中购配号）：10199778

成交数量栏（申购数量）：15000

证券代码栏：740×××

……

根据该帐户的申购数量为15000股、应有15个申购配号，则该股东帐号的申购配号应为从首个申购配号10199778开始的15个连续号码，号码范围为10199778～10199792。

三、申购次日根据摇号抽签结果，本所进行清算交割和股东登记，具体方法没有变化，即本所向各证券经营机构传送认购结果，同时发送中签的申购配号。现举例如下：

如上述帐户中的某一个申购配号10190780为中签号码，则

股东代码栏：A201012892

成交编号栏（中签的申购配号）：10199780

成交数量栏：1000

证券代码栏：730×××

……

四、如一个申购帐户的申购配号中有一个以上的中签号码，则按每一个中签号码发送认购结果。

五、请各会员单位在营业柜台做好向投资者的宣传工作，确保股票上网定价发行的顺利进行。

上海证券交易所

一九九六年八月廿一日

关于对股票、基金交易实行公开信息制度的通知

各会员单位：

根据上证交〔96〕字第037号《关于对股票、基金交易实行公开信息制度的通知》，经中国证监会同意，本所决定自三月三日起对股票（A股）、基金类证券（包括联网交易的基金）的交易实施公开信息制度。现将有关事项通知如下：

一、公开交易信息的证券品种为每个交易日涨（跌）幅超过7%的各前五种证券。选取方式为按涨（跌）幅大小为序（达涨、跌停板的为同一档）；如涨（跌）幅相同，则按成交股数大小为序；如成交股数相

同，则按成交额大小为序。

二、公开上述证券的交易信息内容为：证券代码、证券简称、涨（跌）幅（%）、成交量（股数）、成交金额（万元）。

三、公开交易信息的证券营业部为每个交易日对应上述公布的每种证券交易金额最大的前五家证券营业部。

四、公开上述证券交易金额最大的证券营业部的交易信息内容为：证券代码、证券简称、营业部名称、买卖金额（万元）。

五、本所于每个交易日闭市后二小时内（特殊情况下于下一个交易日开市前）将上述公开交易信息通过卫星传输系统传至各会员单位证券营业部。文件名为：JY＊＊＊＊＊＊.TXT（“＊＊＊＊”为年月日）；目录为：REMOTE\MSG\。

六、各会员单位证券营业部每日必须于开市前将上述信息通过电子显示屏或其它方式公布于营业大厅内。

上海证券交易所

一九九七年二月廿八日

关于对股票、基金交易实行价格涨跌幅限制的通知

各会员单位：

为了进一步规范证券交易市场，保持市场稳定，保护投资者利益，经中国证监会同意，决定自一九九六年十二月十六日起，对在本所上市和交易的股票（含A、B股）、基金类证券的交易实行价格涨跌幅限制。现将有关事项通知如下：

一、在一个交易日内，除上市首日证券外，上述证券的交易价格相对上一交易日收市价格的涨跌幅度不得超过10%。

二、上述每个证券的涨跌限价的计算公式为（1±10%）×上一交易日收市价，计算结果四舍五入至0.01元（B股四舍五入至0.001美元）。

三、自本通知实施之日起，超过涨跌限价的委托为无效委托。

四、各会员单位不得接受超过涨跌限价的委托。同时，应向投资者做好宣传工作。

上海证券交易所

一九九六年十二月十三日

关于对股票、基金交易实行公开信息制度的通知

各会员单位：

为了保证证券市场的“公开、公平、公正”，提高市场透明度，保护投资者利益，经中国证监会同意，本所决定对A股和基金类证券的交易实行公开信息制度，现将有关事项通知如下：

一、需要公开交易信息的证券包括：在一个交易日内收市价格相对于上一交易日收市价格的涨幅和跌幅各超过7%的前五个证券，如果涨幅（或跌幅）相同，则依次按成交金额的大小选取。

二、需要公开的交易信息包括：第一条所涉及的证券交易金额最大的若干家证券营业部或席位的名称、交易金额。

三、公开上述信息的方式为，通过本所的电子信息网络传送到各证券营业部，并由营业部在次日开市前张贴或电子显示在营业大厅内。

四、本制度将于近期实施，具体实施时间另行通知。

上海证券交易所

一九九六年十二月十三日

关于实施上网定价发行改进方案的通知

各会员单位：

根据证监会发函字〔1996〕009号《关于改进上网定价发行方式的通知》和近期与本所共同商定的意见，结合本所交易系统和登记公司清算系统的实际情况，特将上网定价发行改进方案的具体事项通知如下，请遵照执行。

一、主要变更

1、新股上网定价发行的时间将从三天改为四天，其具体操作程序为：T+O申报；T+1划拨资金；T+2核资，确定有效申购；T+3摇号抽签，并办理交割和股东登记；T+4未中签申购款解冻。

2、为便于操作和核资，将为新股发行设定专门的股票帐户供主承销商使用，并在主要清算银行设定冻结全部申购资金的新股申购资金专户。

3、主承销商将配合登记公司进行核资，由会计师事务所出具验资报告，并据以作为有效申购进行连续配号。

4、上网定价发行新股的公司按规定一律享有三天冻结资金的利息。

二、具体技术要求

1、各会员单位应通过登记公司认定的清算单位及时在T+1划拨新股申购资金，资金不到位的，将视为无效申购处理（详见登记公司规定）。

2、为便于登记公司和主承销商对新股申购资金的核查，各会员单位应将新股申购资金和其他证券买卖清算资金分开，并向清算单位提供新股申购资金清单。

三、注意事项

1、各会员单位应认真履行对投资人申购新股进行必要审核的有关规定，任何单位和个人不得非法使用他人股票帐户或资金。

2、各会员单位不得违规拆借或帮助他人拆借资金用于新股认购。

3、各会员单位应积极组织必要的人力和物力，在规定的时间内完成投资者认购新股的申报。

4、上网定价发行的其他事宜，原则上遵从原规定。

上海证券交易所

一九九六年十月十六日

关于实施场外报盘有关事项的通知

各会员单位：

为适应证券市场发展的需要，充分利用现代化技术手段为证券交易服务，根据上海证券市场的实际情况，决定交易申报全面调整为有形与无形相结合的方式。即本所在场内保留一定数量的交易席位（以下简称有形席位）用于交易申报，其余全部实施场外无形席位申报（简称场外报盘）。现将有关事项通知如下：

一、为了留有交易备份及为今后交易方式的创新留有余地，各会员单位所属的每一个证券营业部原则上可在场内保留一个有形席位，其余席位归并为场外报盘。

二、场外报盘是指各会员单位的交易申报经计算机业务处理汇总至本所规定的数据库、由前置终端处理机和通讯网络自动传送至本所交易主机，有关结果仍由交易主机通过通讯网络和前置终端处理机返回各营业部的数据库。

三、各会员单位实施场外报盘，其通讯网络可视情况选择以下方式。

1、上海地区的营业部可直接通过市内的 DDN 网与本所交易主机相联；

2、在深圳、武汉地区的营业部可直接通过本所通讯站与本所交易主机相联；

3、在已与本所联网的交易中心所在地区的营业部，可通过交易中心与本所交易主机相联；

4、其它地区的营业部可通过卫星与本所交易主机相联。

四、实施场外报盘的技术条件和实施步骤：

1、申请实施场外报盘以会员为单位可根据自己的情况，填写《实施场外报盘意向书》报本所。本所一般在两周内，根据不同的技术要求返回实施进度表；

2、用于场外报盘的通信线路一般由各单位向邮电部门提出申请，本所或有关交易中心予以配合。

3、场外报盘对各会员单位的电脑系统有规定的要求，本所工程技术部门已准备了一套测试程序，到时本所将发送详细资料并帮助培训技术人员；

4、各会员单位与本所之间的数据传送将由本所负责调试，各会员单位予以积极配合；

5、为保证场外报盘实施过程中，各会员单位的正常业务不受影响，无形席位的正式启用须经本所工程技术部门测试鉴定，并与原场内席位并行运转两周，确认已属安全可靠后，再撤销相应的场内席位。

五、在场外报盘实施过程中，本所暂不核定每个场外报盘席位的每日最高申报笔数，今后视市场发展情况再定。

六、原场内席位改为场外报盘后，按席位数收取的席位费、交易年费和清算交割准备金目前不作变更。

七、因实施场外报盘所引起的业务变更事项，详见《关于场外报盘业务变更注意事项》（附件一）。

上海证券交易所

一九九六年十月十一日

附件一

关于场外报盘业务变更注意事项

根据《关于实施场外报盘有关事项的通知》，现将实施场外报盘后有关业务变更注意事项通知如下：

一、无论是单个或多个营业部使用一个场外报盘的前置终端处理机（以下简称无形席位），各会员单位都须在《实施场外报盘意向书》中表述清楚，并确认归并于无形席位的原场内席位号，由本所统一编制无形席位号。

二、各会员单位单个营业部使用一个无形席位，必须先行办理无形席位的“指定交易”联通手续，实施撤销归并于无形席位的原场内席位时，必须事前办理转移“指定交易”的手续，并将保留的场内席位作为“指定交易”的主席位；若多个营业部使用一个无形席位，“指定交易”的变更手续同上，但各会员单位须注意，“指定交易”的投资者帐户的股票在上述的多个营业部是可“通买通卖”的。

三、各会员单位实施场外报盘，若清算途径发生变更，须先行至上海证券中央登记结算公司办妥有关清算交收的变更手续。

四、各会员单位无形席位正式启用前，须按新增席位的办法办妥有关清算手续。

五、各会员单位无形席位的清算方式与场内席位的清算方式相同，多个营业部使用一个无形席位而由此产生的内部清算分帐处理由各会员单位自行解决。

六、各会员单位归并于无形席位的原场内席位发生的未到期国债回购业务的到期购回清算，继续以原场内席位号纳入各会员单位的清算交收。

七、由于本所上市的无记名国债（包括其它上市债券）的托管是根据交易席位号记库存分户帐和国债回购业务的标准券帐户，因此，各会员单位实施场外报盘，须先行至上海证券中央登记结算公司办妥有关国债托管的变更手续。

八、实施场外报盘是本所交易方式的重大调整，各会员单位须充分引起重视，做好有关业务变更事项的相关工作，以保证场外报盘工作的正常进行。

上海证券交易所

一九九六年十月十一日

关于调整股票（A股）、基金交易佣金和经手费标准的通知

各会员单位：

经本所理事会常务理事研究决定，自今年十月三日起，调整交易市场股票（A股）、基金交易佣金和经手费标准，现将有关事项通知如下：

一、股票（A股）、基金的交易佣金的收取标准从原按成交金额的4‰调至3．5‰。

二、股票（A股）、基金的交易经手费的收取标准从原按成交金额的0．15‰调至0．12‰。

上海证券交易所

一九九六年九月二十五日

关于代理上市公司向“指定交易”帐户自动划付现金红利的通知

各会员单位：

根据《上海证券交易所指定交易制度试行办法》，本所在完成电脑调整工作后决定从六月廿一日起实施向“指定交易”帐户自动划付上市公司现金红利（以下简称自动划付），现将有关事项通知如下：

一、自动划付的日期为每个上市公司“红利权”最后一个交易日。

二、自动划付的对象为各单位的“指定交易”帐户且持有该公司红利权但未通过“红利权”交易领取过红利的客户。

三、自动划付的方式由本所根据各单位“指定交易”帐户持有“红利权”的数据统一按“红利权”交易成交的数据格式做好成交、清算数据，并入各单位当日正常的成交、清算数据一并传回各单位。

四、请各单位在每个上市公司“红利权”最后一个交易日结束后注意接收并核查“指定交易”客户的现金红利数额。

五、自动划付的“成交过户交割凭单”申请编号栏显示“划付红利”字样。

上海证券交易所

一九九六年六月廿日

关于开设三天期限国债回购交易品种的通知

各会员单位：

为促进国债市场的发展，满足国债回购参与者的投资需求，本所决定增添国债回购品种，从5月6日起开设3天期限国债回购业务。现将有关事项通知如下：

一、在本所正常营业日内，会员可以从事3天期限的国债回购业务，交易及清算方式与本所已开出的其它国债回购业务相同。如到期购回日恰逢法定节假日，则顺延至本所下一营业日进行购回清算。

二、该国债回购交易品种在本所挂牌的证券名称为R003，证券代码为201000。

三、各会员单位向客户收取的佣金标准为成交金额的0．15‰，本所向会员单位收取的经手费标准为佣金的5%。

上海证券交易所

一九九六年五月三日

关于实施《上海证券交易所指定交易制度试行办法》的通知

各会员单位：

为进一步完善上海证券市场的可选择性指定交易制度，增进证券经营机构和证券交易所对投资者的服务，建立高效、便利、安全的市场运作管理体系。本所在上证交〔94〕字第3007号《关于实行可选择性指定交易制度的通知》和上证交〔94〕字第3008号《关于“指定交易”操作方法的通知》的基础上，结合市场发展的需要，制定了《上海证券交易所指定交易制度试行办法》（以下简称办法）。现就《办法》的执行与实施有关事项通知如下：

一、各会员单位应根据《办法》加强对投资者进行指定交易的宣传及指导，并按本办法的有关规定，加强对投资者的服务。

二、各会员单位可根据《办法》的有关规定，结合本单位的有关柜台管理制度制定相应的实施细则，并告示投资者。

三、《办法》中提及的“指定交易协议书”（附件1）仅为各单位提供的参考样本，各单位可根据实际情况补充协议的有关条款。

四、各会员单位应按《办法》的规定办理投资者指定交易事项，健全、补全并妥善保存投资者指定交易的资料。

五、对拥有一个以上交易席位的证券营业部，可按《办法》规定向本所交易部申请（申请表详见附件2）办理席位联通手续，便于因某一席位交易故障时，指定交易的投资者证券帐户可在同一营业部其它席位进行交易和撤销指定交易的操作。

六、各会员单位必须加强所属交易席位的管理，明确交易席位的使用归属（所属营业部）。交易席位归属的任何变更应报本所交易部备案，并按下列规定办妥指定交易证券帐户的有关事项：

1、按规定通知有关投资者办理撤销指定交易的手续；或向本所交易部申请办理该席位指定的投资者证券帐户全部转移指定于本营业部其它席位上；

2、已经办妥席位联通的还必须根据业务变更情况向本所交易部申请变更席位联通事项。

各会员单位应在《办法》颁布之后，根据本通知的要求认真组织实施，进一步完善市场运作体系。

上海证券交易所

一九九六年三月二十九日

上海证券交易所指定交易制度试行办法

为促进上海证券市场的发展，完善市场交易制度和运作体系，特制定本办法。

一、上海证券交易所（以下简称本所）实行可选择性指定交易制度，依据自愿选择的原则，市场参与者可自主决定是否选择指定交易方式。

二、指定交易是指投资者与某一证券经营机构签订协议后，指定该机构为自己买卖证券的唯一交易点，投资者按本办法规定完成指定交易的登记手续后，即可通过指定的证券经营机构进行委托、交易、结算、查询及享有其他市场服务。

三、办理指定交易的登记确认程序为：

1、投资者向证券经营机构提出申请，经证券经营机构同意后，双方签署“指定交易协议书”；

2、证券经营机构按协议通过其场内交易员向本所电脑主机申报证券帐户的指定交易指令；

3、交易所电脑主机接受申报当日收市后，由本所发出指定交易确认回报（附确认编号），该证券帐户的指定交易自下一个营业日生效。

四、凡已选择指定交易的投资者，有权撤销指定交易或变更指定的证券经营机构。

投资者撤销指定交易的程序为：

1、向其原指定的证券经营机构填交“指定交易撤销申请表”；

2、由证券经营机构通过其场内交易员向本所电脑主机申报撤销指定交易的指令；

3、交易所电脑主机接收撤销申报指令当日收市后，由本所发出确认回报，该证券帐户的指定交易即失效。

投资者变更指定交易须先办理撤销手续，然后重新办理指定交易的登记手续。

五、投资者已办妥选择指定交易的，若遇证券帐户遗失需挂失、补办或证券的非交易过户等，均须经原指定交易的证券经营机构出具其确无交易交收等违约责任的证明书后，证券登记结算公司方予办理相关手续。

六、证券经营机构在为投资者办理指定交易业务中须遵照积极引导、客户自愿的原则，同时有权审核及决定是否受理投资者办理指定交易登记的申请。

七、证券经营机构应为指定交易客户建立完整的交易数据库，并提供指定交易客户的交易查询服务。

八、证券经营机构应办理指定交易客户的自动领取股票现金红利业务。凡上市公司通过本所市场系统派发现金红利的，各证券经营机构在收到本所划拨的现金红利资金后，须根据其营业点受理的指定交易证券帐户，相应将现金红利资金记入各投资者的资金帐户。

九、证券经营机构须为指定交易客户按季或月提供对帐服务，对帐服务必须包括证券帐户及资金帐户的期初余额、期末余额、本期发生额等项内容。对帐服务的方式自定。

十、证券经营机构可为指定交易客户办理配股业务。凡开办此项业务的，均须与客户签订“代理客户办理配股协议书”。

十一、证券经营机构对指定交易客户提供有关服务项目，须严格为客户保密，维护投资者的合法权益。

不得泄漏指定交易客户的交易数据和其他资料；

不得擅自动用指定交易的证券帐户和资金帐户；

严禁擅自“锁定”投资者的证券帐户或撤销客户的指定交易；

不得在办理为客户领取现金红利业务中拖延划拨及占用客户的现金红利资金；

不得以任何理由拖延或拒绝办理投资者申请撤销或变更指定交易（除非因其未履行交易交收责任等违约情况）。

十二、本所可为证券经营机构办理证券经营柜台交易席位联通指定及证券经营机构全部交易席位联通指定。各证券经营机构办理证券经营柜台或全部交易席位联通指定的，须向本所提出申请，并办妥相关手续，否则，本所电脑主机将自动认定为席位指定的申报指令。

十三、本所将定期根据各指定交易点的指定交易证券帐户，传送相应的交易资料及变更指定交易后建库所须的历史资料，以保证各证券经营机构建立完整的客户交易资料数据库。

十四、本所将根据各证券经营机构指定交易证券帐户，自动将股票现金红利资金划入各证券经营机构的银行帐户。

十五、对违反本办法十一条有关规定，本所将根据章程及有关规定给予处罚。

十六、本办法如有未尽事宜将及时修改补充。

十七、本办法由上海证券交易所负责解释。

十八、本办法自一九九六年五月一日起试行。

上海证券交易所

一九九六年三月二十九日

关于实行可选择性指定交易制度的通知

各会员公司：

本所自1991年7月以来，一直实行股票中央集中托管制度，投资者可在任一证券经营柜台委托买卖。两年多来的实践表明，这种中央托管、通买通卖的制度一方面具有高效、方便等特点，促进了上海股票市场的快速发展，另一方面，也暴露了投资者的股票易被盗卖等问题。为了进一步发展完善上海股票市场的交易交收系统，经酝酿并征求部分会员公司的意见后，本所决定从今年6月份起，实行股票中央集中托管下的可选择性指定交易制度，现将有关事项通知如下：

一、从6月6日起，所有投资者均可自由选择某一证券经营柜台为自己买卖股票的指定交易地点。在完成本所规定的登记手续后，投资者买卖股票必须通过其指定交易的证券经营柜台进行委托申报，否则，本所电脑主机一概予以拒绝。

二、依据自愿选择的原则，投资者可以自主决定是否选择指定交易方式。对不选择指定交易方式的投资者，其股票买卖仍按现行通买通卖的办法处理。

三、投资者选择指定交易方式，须办理登记手续。登记确认的程序为：投资者向证券经营柜台提出申请，经同意后双方签署合约（本所提供标准文本）；证券经营柜台通过其场内交易员向本所电脑主机进行申报（操作方法另行通知）；当日申报，隔日（交易日）有效。

四、指定交易以场内交易席位为单位。拥有多个交易席位的证券经营柜台，可自主决定将投资者分别登记于各个席位或是集中“锁定”于一个交易席位。在集中“锁定”的情况下，其它交易席位仍可以“锁定”席位的名义进行交易操作，由证券经营柜台自行控制。

五、投资者选择指定交易后，可以撤销或变更。撤销的程序与登记的程序相同。变更指定交易须先撤销，再登记。若投资者申请撤销或变更指定交易地点，除非因其有未履行交易交收等违约情况，否则，证券经营柜台不得以任何理由拖延或拒绝。

六、本所在每个交易日的开市时间内受理指定交易的登记和撤销、变更申报，首日申报时间为今年6月3日。

七、证券经营柜台受理投资者指定交易的登记和撤销、变更，可按本所规定的委托手续费标准向投资者收取费用。

八、证券经营柜台对投资者指定交易的资料应妥善保存。为加强对投资者的服务工作，各柜台可根据本所每日交易提供的成交回报资料，建立指定交易客户的交易和持股情况的简易数据库，对投资者提供持股余额查询、集中领取股息红利等服务。

九、要求各证券经营柜台结合资金帐户管理方法或是建立密码等防范措施，在委托环节加强识别控制，防止指定交易客户相互之间发生盗卖股票的问题。

十、要求各证券经营柜台在办理指定交易业务中，对所有投资者一视同仁。严禁未经投资者同意，擅自“锁定”或撤销客户的指定交易。

十一、由于指定交易是一种新的交易管理方式，请各会员公司高度重视这项工作，加强对所属证券经营指定交易业务的管理，及时发现和纠正存在的问题，注意总结正、反两方面的经验，协助本所不断完善市场运作体系。

上海证券交易所

一九九四年五月二十日

指定交易协议书（附件1样张）

编号：

甲方：投资者　　　　　乙方：证券经营机构

一、甲、乙双方同意，甲方选择乙方作为指定交易地点，指定交易的股票帐户号码为：………………………；

乙方接受甲方指定交易的申请指定交易的席位号码为：………………………；

二、甲、乙双方指定交易的范围，以在上海证券交易所上市交易的无纸化证券品种为限。

三、在指定交易期间，甲方的交易均通过乙方办理，并保证按规定履行清算交割义务；乙方保证甲方的权益不受侵犯。

四、在履行清算交割义务以后，甲方有权撤销或变更指定交易地点，乙方保证及时为甲方办理撤销或变更指定交易地点的登记手续。

五、甲、乙双方指定交易的行为应遵守国家相关法律、法规和上海证券交易所业务规则的规定。

六、在指定交易期间，如发生违约纠纷而导致对方的损失，由责任方承担责任。

甲方：　　　　　　　　乙方：

（签字盖章）　　　　　（签字盖章）

年　月　日　　　　　　年　月　日

指定交易撤销登记表（附件2样张）

<table>
<tr><td>申请日期</td><td colspan="2">年　月　日</td><td colspan="2">指定交易协议书编号</td><td></td></tr>
<tr><td>申请人姓名</td><td></td><td></td><td colspan="2">身份证号码</td><td></td></tr>
<tr><td>股票帐户号码</td><td colspan="2"></td><td></td><td>撤销指定交易席位的号码</td><td></td></tr>
<tr><td colspan="3">申请人签字（盖章）</td><td colspan="3">证券经营柜台确认后（盖章）
经办人签字</td></tr>
</table>

注：此表一式两联，申请人与证券经营柜台各执一联。

关于清理、规范上海B股帐户的通知

各B股会员单位：

为进一步规范上海B股帐户登记制度，根据中国证监会证监发字〔1996〕75号《关于严格管理B股开户问题的通知》的文件精神和证监交字〔1996〕1号《关于清理B股帐户的通知》的文件精神，结合上海B股市场的实际情况，现将清理B股帐户的有关事项通知如下，望遵守执行：

一、各B股会员单位要严格按中国证监会上述要求，本着“实事求是”、“稳定市场”、“外松内紧”、“严格区分”的原则，认真做好B股帐户的清理工作。

二、各B股会员单位接本通知后应即时对其名下的B股投资者帐户进行自查，并将自查结果于十二月三十一日前报本公司。

三、在自查期间，各会员单位需对不符合B股帐户开户规定、及原登记手续不全的B股投资者帐户，限时办理清理登记，以规范开户管理。

四、各B股会员单位应严格执行《国务院关于股份有限公司境内上市外资股的规定》第四条关于开立B股投资者的有关规定，不得擅自超越规定接受不合规定条件的投资者开立B股帐户的申请。

五、不符合规定的B股帐户的处理办法由本公司按证监会有关通知规定执行。

上海证券中央登记结算公司

一九九六年十一月十一日

关于落实“证券期货市场防范风险年”活动的通知

各结算会员、结算代理银行：

中国证监会下发了《关于开展“证券期货市场防范风险年”活动的通知》，要求建立层层责任制，具体组织，狠抓各项工作的落实。根据上述通知的精神，现就上海证券市场登记结算系统贯彻落实“证券期货市场防范风险年”活动的具体事项通知如下：

一、各单位要组织员工认真学习证监会的通知精神，统一开展对“证券期货市场防范风险年”活动必要性和紧迫性的认识，增强风险意识。积极行动起来，投入“证券期货市场防范风险年”活动中去。

二、各结算会员、结算代理银行要组织力量对登记、查询、结算、债券代保管等项代理业务的每个环节进行分析，要分析存在的风险，并提出如何防范风险的发生以及如何化解已经发生的风险的措施，下半年我们将组织一次专题会议，介绍各单位开展防范风险年活动的经验，通报有关情况。

三、各结算会员、结算代理银行要健全结算制度，严格结算管理，严格按有关业务规则和有关协议的要求执行，不得对证券经营机构透支和拆借资金，不得挪用结算备付金。要加强对参与结算的证券经营机构进行遵守结算纪律的宣传，严肃结算纪律。我公司将于7月份组织一次结算备付金管理情况检查。

四、各登记代理机构应按照我公司有关通知要求对登记开户、查询业务进行全面检查，如发现违规开户或违规查询行为应立即制止并及时报告我公司。

五、各单位要加强统计，计算机联网及其他基础工作的建设，指定专人负责统计工作，要按我公司要求及时准确报送有关数据，同时要注意数据的安全保密。

六、我公司与各会员单位重新签定的各项业务代理协议，是响应证监会开展“证券期货市场防范风险年”活动的一项重要措施。目前这项工作已基本结束，要求各签约单位认真落实协议内容，承担协议规定的责任与义务。少数未签约的单位，要按要求抓紧此项工作。

七、各地在防范风险年活动中有好的经验做法，要及时报送我公司，我公司将不定期通过简报形式进行交流。

上海证券中央登记结算公司

一九九七年五月二十六日

关于开展“证券期货市场防范风险年”活动的通知

各省、自治区、直辖市、计划单列市证管办（证监会），各证券、期货交易所：

为贯彻八届人大五次会议通过的《政府工作报告》提出的“规范证券、期货市场，增强风险意识”的要求，落实国务院关于金融系统1997年要大力开展“整顿金融秩序，防范金融风险年”活动的指示，中国证监会决定今年在证券期货行业开展“证券期货市场防范风险年”活动，并以此作为全年的工作重点，通过加强市场监管，规范市场行为，努力防范和化解市场风险，保持市场稳定，为香港回归和党的十五大召开创造良好的社会环境。现将有关事项通知如下：

一、开展“证券期货市场防范风险年”活动的重要意义、主要任务和目标

1、证券期货市场的风险防范意义重大。证券期货市场由于参与者多、涉及面广、系统性强，市场的风险程度较高，而且因其突发性强、传导快，如不能有效控制，容易诱发金融风险并影响社会稳定。我国证券市场还很不成熟，期货市场还处在试点阶段，不规范的问题相当突出，防范和化解市场风险的任务则更为严峻，因此，积极开展“证券期货市场防范风险年”活动，把证券期货市场规范化建设推向深入，不仅对于证券期货市场健康稳步发展具有极其迫切的现实意义，而且对于保证国民经济健康发展和社会稳定具有十分深远的意义。

2、开展“证券期货市场防范风险年”活动是今年证券期货市场工作的主要任务，各级监管机构，都要切实担起各自的监管职责，实行防范风险主要领导负责制，建立必要的风险防范制度和措施。证券期货市场的参与各方，都要增强风险意识，提高风险防范能力，形成证券期货市场风险防范体系。

3、“证券期货市场防范风险年”主要目标是：通过防范风险年活动的开展，使市场风险意识进一步增强，初步形成证券期货行业多层次的风险管理制度和风险防范机制，证券期货市场风险防范能力得到提高。

二、“证券期货市场防范风险年”活动的主要内容和具体措施：

1、开展多种形式宣传教育活动，增强风险意识

（1）充分发挥舆论导向作用，加强正面风险宣传，引导市场参与各方增强风险意识，各指定报刊要提出防范风险年报道方案，开辟证券期货市场风险报道专栏（持续1年），针对市场情况，及时组织评论分析文章，组织采编有关国内外证券期货市场防范风险的经验及教训的通讯报道；

（2）有关单位要组织编写风险教育手册，通过各种形式发送和摆放。手册主要内容包括：介绍证券期货市场基本知识，介绍证券期货市场法规、规章和政策，突出分析投资风险，介绍市场风险，如何解读上市公司年报，等等；

（3）开展“证券期货市场风险宣传日”活动。各证券期货经营机构每季度举办一次宣传日活动，发放有关宣传资料，解答有关具体问题；

（4）定期召开证券期货监管部门、证券期货交易所、证券期货经营机构、上市公司、投资者、新闻单位等有关方面参加的专题座谈会，内容有：各单位开展防范风险年的经验和问题，当前市场存在的风险隐患及对策，通报有关情况，提醒各方面注意市场风险。

2、建立市场风险监测系统

有效的市场监测是防范市场风险的基础。要抓紧建立风险监控体系，准确把握市场动态，及早发现隐患，尽快堵塞漏洞，防患于未然。

（1）中国证监会正加快开发建立证券期货市场信息系统，近期建设重点是加紧开发中央数据库，为市场监控提供全面、准确、及时的数据和资料；

（2）完善证券交易所的监控系统，健全监控制度，改进监控方式，加大监控力量，落实监控岗位，提高一线监控的效率和水平；

（3）充实市场稽查和一线监管力量，通过定期和非定期、重点和非重点、现场和非现场等多种检查方式，查疏堵漏，及时发现市场风险苗头。

3、形成证券期货市场风险防范体系

加快制度建设是防范市场风险的根本。要抓紧制定和健全各个方面、各个环节的风险防范制度和办法，使风险防范工作规范化、正常化。

（1）各地证券期货监管部门要把工作重点转移到加强市场监管、防范市场风险上来，加强市场稽查力量，制订辖区内防范风险目标和具体措施；

（2）各证券、期货交易所要切实担起一线监管的职责，建立和健全各种风险管理制度，加强市场监管；

（3）证券期货交易所、证券期货经营机构要改进和提高技术设施的运行质量，从制度、技术上确保交易系统安全运行。

（4）证券登记结算公司，期货清算部门和资金清算代理银行要完善清算制度，严格清算纪律，不得对证券期货经营机构透支和拆借资金，严格防范清算风险。；

（5）证券期货经营机构要健全内部风险管理制度，严格遵守各项交易制度和财务制度，严禁违规自营、挪用客户保证金、向客户透支、向银行拆借资金、超比例持仓等行为；

（6）上市公司要规范运作，严格规范信息披露，认真执行各项会计和财务制度，不得弄虚作假，不得买卖或炒作本公司股票。要严格管理、依法经营，降低经营风险；

（7）进一步整顿证券期货市场信息传播秩序，规范新闻媒体从业人员的行为，对咨询机构及股评人士实行准人制度和资格管理，对造谣惑众，误导股民的违规行为要严厉查处；

（8）会计师事务所、律师事务所、资产评估机构等其它中介机构要规范行业行为，提高行业道德水平，不得出具虚假的、有重大遗漏的和严重误导性陈述的文件。

4、建立健全各类市场风险基金

健全风险化解机制是化解市场风险的保证。目前主要是要健全不同层次的风险基金、要完善证券交易所风险基金，建立证券经营机构各类风险控制基金，掌握化解市场风险的必要手段，增强化解市场风险的能力。

5、建立重点监控和公开举报制度

对新股发行环节、新股发行公司、上市公司、中介机构以及机构、

个人大户等重点部位、重点对象实行重点防范、重点监控，及时查处各类违规案件，严厉打击各种市场违规行为。

（1）抽选若干证券期货经营、经纪机构，对其各种市场行为实施重点监控；

（2）抽选若干上市公司，对其信息披露等行为实施重点监控；

（3）抽选若干机构大户和个人大户，对其交易行为实施重点监控；

（4）对新股发行公司进行重点监控，对其申报材料的真实性实行发审抽查和实地考查制度；

（5）对发行环节等重点部位进行重点监控，加大查处虚假认构资金的力度；

（6）实行公开举报制度，中国证监会和各地证管部门、各交易所要公布举报电话，方便社会大众对证券期货市场中的违法违规活动和行为进行举报，提供线索和证据。

对重点监控和公开举报制度要通过建立档案、动态跟踪、综合分析等环节，及时查实和查处违规活动，迅速采取有效措施，把严重违规机构和个人等“害群之马”清除出场，涉及刑律的要依法追究其刑事责任。

三、加强“证券期货市场防范风险年”活动的组织领导

防范和化解证券期货市场风险，是一个系统工程，涉及到市场的各个方面，需要加强领导、精心组织、周密部署、认真落实。

1、为加强领导，统一行动，中国证监会成立“证券期货市场防范风险年”活动办公室，负责活动的具体协调组织工作。

2、各地证券期货监管部门、各证券期货交易所、各证券期货经营机构的主要负责人要直接领导，成立专门协调部门，建立层层责任制，具体组织，狠抓各项工作的落实。

3、由中国证监会牵头，从各地证管办（证监会）、各交易所、会计师事务所、律师事务所等机构抽调干部组成若干检查小组，近期将分批分期赴各地对“证券期货市场防范风险年”活动情况进行检查。

4、对各地活动开展情况进行评比和年终总结。对各项工作开展不力的单位要通报批评，对情节严重、造成损失的单位要予以处分并追究主要领导人的责任，对先进单位要进行表扬并总结推广其经验。

各地接到本通知后，请即转发至辖区内的证券期货经营机构、上市公司、其它中介机构。

中国证券监督管理委员会

一九九七年四月二十三日

第三章　深圳证券交易所

第一节　深圳证券交易所简介

深圳证券交易所成立于1990年12月1日，是中国大陆两大证券交易所之一，是依照中华人民共和国《证券交易所管理办法》设立的，不以盈利为目的，只是为证券的集中和有组织的交易提供场所、设施，履行国家有关法律、法规、规章、政策规定的职责，实行自律性管理的会员制事业法人。

会员大会作为深交所的最高权力机构，设立理事会作为常设机构，并实行理事会领导下的总经理负责制。深圳证券交易所的宗旨是创造公开、公平的市场环境，提供便捷的交易条件，以保证证券市场的正常运行，维护证券市场秩序，保护广大投资者的利益。主要职能是提供证券集中交易的场所和设施；制定证券交易所的业务规则；接受上市申请、安排证券上市；组织、监督证券交易活动；对会员和上市公司进行监管；提供深圳证券市场的信息服务和管理等。

1991年深圳证券交易所上市公司只有6家，上市股票也只有6只，且均为深圳本地上市公司。1993年以后，深圳证券市场开始向全国性证券市场发展，上市公司和上市股票数逐年增加，至1997年10月底止上市公司为360家，比1996年底的237增长52%，上市股票（含A、B股）为392只，比96年底270只增长45%。

在过去6年中，深圳证券交易所经历了从手工撮合到自动化交易以及从区域市场到全国市场的巨大转变。深交所多年来一直致力于规范化管理和交易手段的完善和改进。目前，一个多层次、立体式的交易系统和通讯网络已经建成，无形化的交易模式和与之相配套的通讯方式得到了会员单位和投资者的普遍认同。现在99%的日常交易量是通过场外直接报单完成的，大大降低了会员的交易成本。在交易手段实行自动化的同时，深交所非常重视风险管理和规范运作，积极建立制度化、前端化、自动化的风险控制体系，努力使深圳证券市场成为一个技术装备先进、投资者放心的全国性市场。

1996年9月份召开的深圳证券交易所第四次会员大会，总结深圳证券市场的发展经验，充分考虑香港回归后中国证券市场格局将发生变化的因素，站在新的历史起点，确定了深圳证券市场下一阶段的发展目标，并提出实现这一发展目标的途径。

发展目标：

用15到20年的时间，进入国际主要证券市场的行列，衡量市场的主要指标，如证券品种、成交总量、上市公司家数、会员席位数量、投资者人数及技术水平和风险控制能力，达到世界发达市场的水平。

实现目标的途径：

为实现深圳证券市场发展的基本目标，深交所第四次会员大会提出要创造八个方面的新优势：

成本　依托高新技术，减少运行环节，降低市场费用，争创低成本优势，深圳证券市场要成为全国成本最低的市场。

服务　强化服务意识，完善服务工程，提高服务质量，争创服务新优势，深圳证券市场要成为全国服务质量最高的市场。

技术　采用现代信息技术新成果，不断完善扩大无形化市场交易网络，争创技术新优势，深圳证券市场要成为全国技术装备最好的市场。

风险防范　全面分析、研究现代市场条件下各种金融风险产生的根源和表现形式，建立制度化、前端化、自动化的风险控制体系，争创风险防范新优势，深圳证券市场要成为全国投资者最放心的市场。

规范　从法规上、监管上、宣传上和技术上多管齐下，综合治理，争创公平竞争新优势，深圳证券市场要成为全国运作最规范的市场。

人力资源　坚持反腐保廉，加强行业自律，注重人才培养，造就一支作风过硬、训练有素的证券专业队伍，争创人才新优势，深圳证券市场要成为全国证券人才最集中的市场。

合作　加强社会联系，拓宽交流领域，增强互补功能，争创合作新优势，深圳证券市场要成为全国合力最强的市场。

创新　发扬拓荒精神，强化研究开发，注重学习借鉴，争创创新试验新优势，深圳证券市场要成为全国进取性能最佳的市场。

组 织 架 构 图

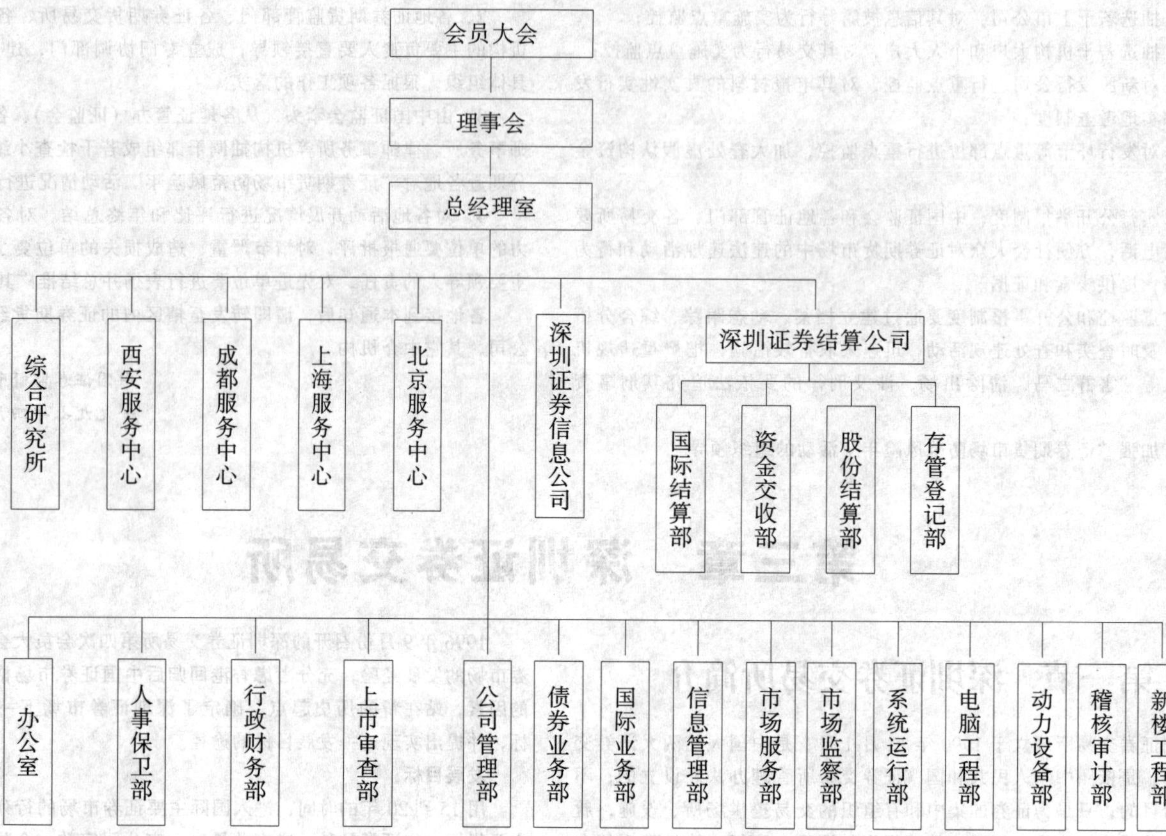

第二节　深圳证券市场证券商入市流程与服务标准

（一）入市流程

第一步：申请会籍（三天）：证券商申请开通深市交易业务，首先须成为深交所会员。

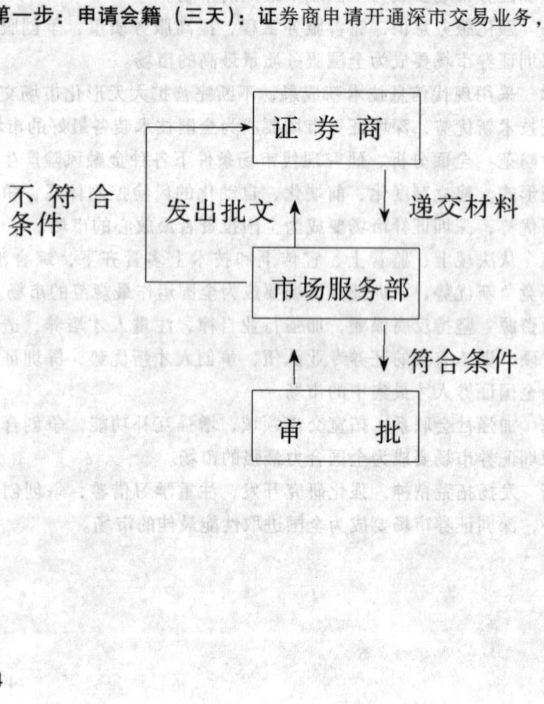

证券商申请会籍须向本所市场服务部提供以下文件：

1．会员申请报告（原件）；
2．申请人所在地人民银行批文；
3．法人营业执照（复印件加盖公章）；
4．金融许可证（复印件加盖公章）；
5．公司法人代表和证券部负责人姓名、电话、传真、地址及邮编。

第二步：申购席位（二天）：证券商成为本所会员后，应申购交易席位。

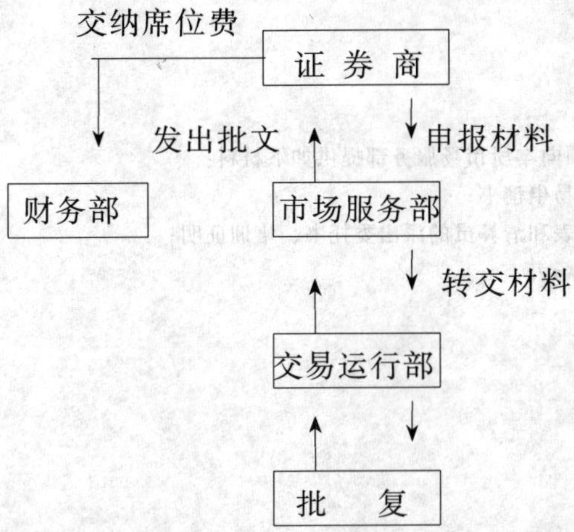

申购席位须向本所市场服务部提交席位申请报告（会员盖章），同时向财务部交纳席位费（60万元）和管理年费（每年3万元）。

收款单位：深圳证券交易所

开 户 行：深圳建行深南中路办事处

帐　　号：33－26121365

交纳费用：63万元正

第三步：　开通准备（八天）：证券商成为交易所会员并获得交易席位后，应及时做好以下开通交易前的准备工作（可同步进行）。

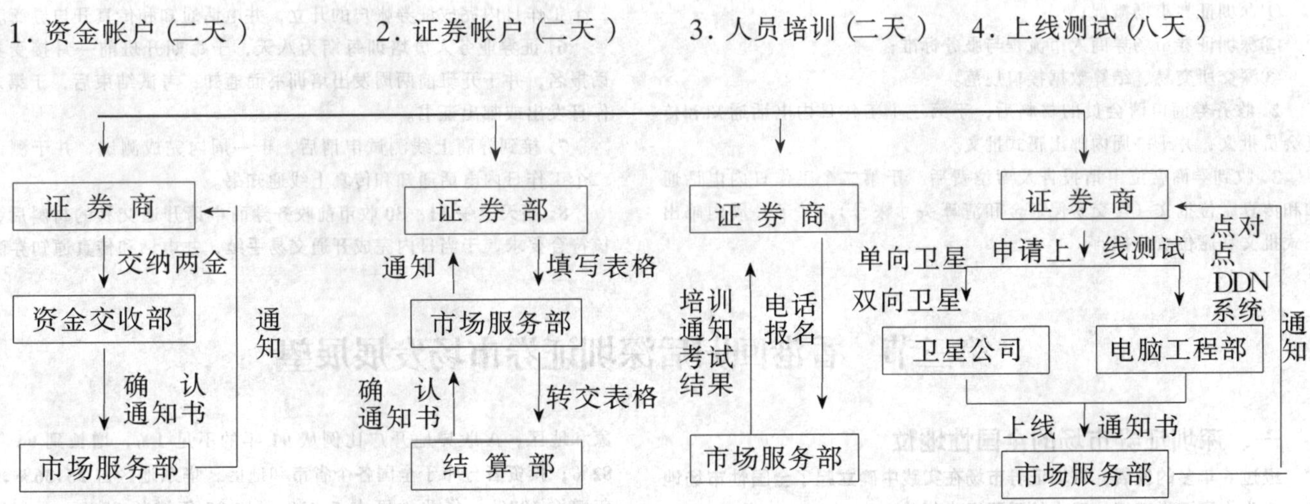

向本所划拨“两金”，即25万元保证金和25万元清算头寸（实行资金就地清算的券商只需划拨25万元保证金。）

向本所市场服务部领取、填写并递交《结算系统会员资料维护》表

培训人员须具有中专以上学历并有一定证券从业经验。

证券商根据自身及地区特点，选择不同的通讯系统并在完成相应的技术准备工作后（券商柜台系统、通讯系统等），根据各自的通讯方式向本所卫星公司（单、双向卫星）或电脑工程（点对点、DDN）申请开通深市交易的上线测试。

收单位：深圳证券交易所

开 户 行：深圳市人行

帐　　号：02460102474

第四步：　开通交易（当天）：证券商在完成以上各项准备工作后，可申请开通深市交易业务。

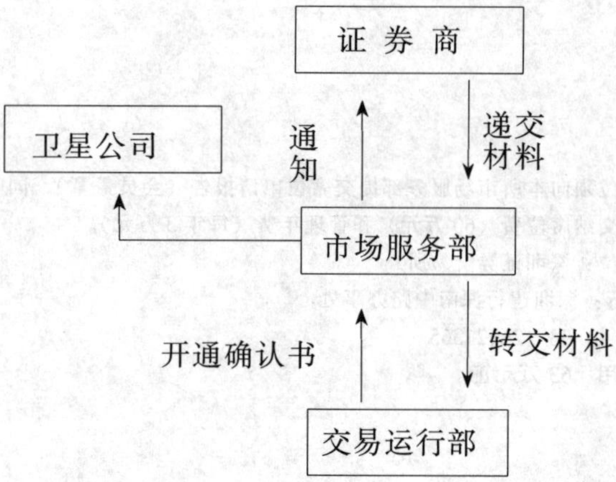

开通交易须向本所市场服务部提供如下材料：
1、开通交易申请书；
2、出市代表和清算员的派出委托书、培训证明；
3、填写进场表

（二）服务标准

1. 收到券商要求开通深市的申请后，于第二个工作日内以特快专递邮出如下资料：

①深圳证券市场概况；

②深圳证券市场券商入市流程与服务标准；

③深交所交易、结算数据接口规范。

2. 收齐券商申请会员的材料后，于第三个工作日内电话通知和传真会员批文，并于一周内邮出正式批文。

3. 收到券商席位申请报告及席位费后，于第二个工作日内电话通知和传真席位批文（含交易保证金和清算头寸帐号），并于一周内邮出正式批文和席位费收据。

4. 收到券商的"两金"后，于第二个工作日内完成资金帐户的开立，并用电话通知和传真开户券商，一周内邮出"两金"收据。

5. 收到券商按要求填好的《结算系统会员资料维护》表后，于第二个工作日内完成证券帐户的开立，并电话通知和传真开户券商。

6. 证券业务人员培训每期为八天，于每期开班前一月接受券商电话报名，并于开班前两周发出培训书面通知；考试结束后，于第八个工作日发出或邮出证书。

7. 接到券商上线测试申请后，于一周内完成测试，并于测试后第二个工作日内电话通知和传真上线通知书。

8. 当天上午 **11：30** 收市前收齐券商申请开通交易的材料后，经审核符合要求，于当日内完成开通交易手续，并电话和传真通知券商。

第三节　香港回归后深圳证券市场发展展望

一、深圳证券市场的全国性地位

经过 6 年多的发展，深圳证券市场在实践中确立起了全国性市场地位，成为中国证券市场体系中的重要组成部分。

1. 具有国际领先地位的交易、结算系统

深圳证券市场具有先进、高效、安全的交易撮合及结算系统，并在国际上处于领先地位。目前正在进行的系统扩容和优化升级工作结束后，每日可处理成交笔数 **750** 万笔，成交金额 **1000** 亿元，可容纳上市公司 **2000** 家。

2. 高效、经济的无形化交易模式

无形席位为全国投资者提供了安全、便捷的投资手段，极大地节省了券商和投资者的交易成本。截止到 **97** 年 **3** 月底席位数达 **1193** 个，比 **93** 年年底增长 **242.82%**，其中异地席位占 **77.42%**。采用现代技术所形成的无形市场，符合国际证券市场发展的新潮流，其辐射力和渗透力强大，已成为支撑深圳证券市场成为全国性证券市场和稳步加快国际化步伐的技术保障。

3. 迅速发展壮大的全国性投资者队伍

投资者开户数从 **91** 年底的 **25** 万户，发展到 **97** 年 **3** 月底的 **1216.78** 万户，增长 **49** 倍，年均增长 **112.43%**。B 股投资者遍布世界 **108** 个国家和地区；A 股异地开户比例从 **91** 年的不足 **1%**，增长到 **96** 年底的 **82%**；投资者分布于全国各个省市和地区，华东地区占 **25.36%**，比 **95** 年增长 **109%**，华北地区占 **5.93%**，比 **95** 年增长 **98%**，西南地区占 **10.55%**，比 **95** 年增长 **40%**。

4. B 股投资者遍及世界 **108** 个国家和地区

B 股开户数 **97** 年 **3** 月底已达 **9.66** 万，比 **95** 年年底增长 **3.4** 倍。投资者遍布世界 **108** 个国家和地区。

5. 遍布全国各地的上市公司

上市公司家数从 **91** 年的 **6** 家，增长到 **97** 年 **3** 月底的 **268** 家，增长 **43** 倍，年均增长 **109%**。

6. 异地上市公司最多的市场

截止 **1997** 年 **3** 月底，异地上市公司达 **209** 家，比 **95** 年底增长 **158%**，超过周边市场而成为异地上市公司最多的全国性市场。

7. 高速发展的市场规模

总股本 **97** 年 **3** 月底达 **496.31** 亿元，比 **91** 年增长 **139** 倍；总市值 **97** 年 **3** 月底达 **6573.97** 亿元，比 **91** 年增长 **82** 倍。

证券品种从单一性向多样化发展，证券品种有 A 股、B 股、基金、企业债券、国家债券、国债回购等。

8．流通市值最大的全国性市场

1997年3月底，深市股票流通市值达2170.84亿元，占全国证券市场股票流通市值的52.44%。

9．交易份额最大的全国性市场

1996年股票、基金成交额达到13286亿元，比91年增长386倍，占中国大陆证券市场股票、基金总成交金额的58%。1996年11月20日，日股票成交金额达189.57亿元，创下中国证券市场的历史新纪录。1997年1—3月份股票、基金成交金额达4308.52亿元，占中国大陆证券市场股票、基金总成交金额的57%。

10．1996年全球涨幅第一的市场

据美国彭博资讯统计，1996年深圳股票市场涨幅居世界证券市场之首。

二、香港回归后深圳证券市场发展的经济环境

香港回归使中国经济格局发生重大变化，包括香港、深圳、广州在内的珠江三角洲地区可能成为中国最重要的经济中心，深圳将成为这个经济中心的关键环节，成为沟通内地和香港的咽喉和桥梁。

深港经济合作，以及香港、深圳及广东其他地区的经济一体化，形成在中国乃至在世界经济格局中具有十分重要战略地位的经济区域，将为深圳证券市场提供更加广阔的经济环境。

1．香港回归后，珠江三角洲地区将成为中国最重要的经济中心

1997年7月1日，香港将回归祖国的怀抱，香港回归必将使中国经济格局发生重大变化。香港回归后，香港经济的内陆化、与内地经济的一体化进程加快。香港经济内陆化和与内地经济的一体化，首先是与珠江三角洲地区尤其是与深圳经济的融合。随着香港产业的后移，香港与深圳及珠江三角洲其他地区的互相合作，互相依存，互相促进关系越来越密切。香港的产业后移以及与包括深圳、广东其他地区经济的不断融合，将会使珠江三角洲地区成为中国最重要的经济中心。

（1）经济总产出最大的地区

1995年，香港的国内生产总值折合人民币为11913亿元，深圳与广东其他地区为5381亿元，两者合计17294亿元。长江三角洲地区的上海、江苏、浙江1995年的国内生产总值合计为11142亿元；渤海湾地区的山东、天津、大连1995年国内生产总值合计为6567亿元。如果把中国大陆1995年的国内生产总值与香港地区1995年的国内生产总值加总，两者合计为69403亿元，香港、深圳及广东其它地区的国内生产总值所占的比重为25%；而上海、江苏、浙江地区的这一比重为16%；渤海湾地区中的山东、天津、大连这一比重仅有9.5%。

三地带1995年国内生产总值及其比重

国内生产指数	香港、深圳及广东其它地区	上海、江苏、浙江	山东、天津、大连
国内生产总值（亿元）	17294	11142	6567
所占比重（%）	25	16	9.5

（2）经济外向度最高的地区。

1995年广东省进出口商品总额为1039.24亿美元，占全国进出口商品总额的37%，上海、浙江和江苏三个地区总和为521.27亿美元，仅达广东省的50.16%，占全国进出口商品总额的18.6%；山东、天津、大连地区总和为261.2亿美元，仅达广东省的25.13%，占全国进出口总额的9.3%。1995年广东全省实际利用外资106.72亿美元，占全国实际利用外资总额的22.17%，上海、浙江和江苏三省实际利用外资合计为96.21亿美元，占全国实际利用外资的19.98%；山东、天津、大连实际利用外资为50.6亿美元，占全国实际利用外资的10.51%。以上数据充分明显，珠江三角洲地区已成为我国经济外向度和对外开放度最高的地区，香港回归后，这一地区的经济外向度将进一步提高。

三地带1995年进出口商品总额及其比重

	深圳及广东其它地区	上海、江苏、浙江	山东、天津、大连
进出口总额（亿元）	1039.24	521.27	261.2
所占比重（%）	37.00	18.6	9.3

三地带1995年实际利用外资及其比重

	深圳及广东其它地区	上海、江苏、浙江	山东、天津、大连
实际利用外资（亿元）	106.72	96.21	50.6
所占比重（%）	22.17	19.98	10.51

（3）牵引亚太地区区域经济重要的成长点。

深圳市市长李子彬指出：加强深港经济合作，有利于形成一个在中国乃至世界经济格局中都具有十分重要战略地位的经济区域。随着深港两地合作的加强，经济联系的日益密切，两地的产业和生产要素配置的优化，将形成有较强的综合经济实力和整体对外竞争优势的经济带。这个经济带将有力推动港澳区域经济体系继续成为牵引亚太区域经济的一个重要成长点，并为增强我国在世界经济中的地位发挥不可忽视的作用。

（4）现代化交通网络最密集的地区。

在珠江三角洲地区，目前已形成了现代化的立体交通网络。

□空中交通网：深圳机场、广州的白云机场均是国内最最繁忙的四大空港之一，此外珠海、汕头机场也是国内较大机场。

□港口交通网：目前，深圳已建成蛇口、赤湾、妈湾、盐田港口，拥有500吨以上的泊位112个，其中万吨以上的深水泊位26个，货运航线30多条，抵达港澳、日本、欧美、澳洲等10多个国家和地区。珠海、汕头也拥有国内较大的港口。

□陆路交通网：京九铁路、京广铁路和京深高速公路贯穿南北。

2．经过十多年的建设与发展，深圳已由边陲小镇发展成为现代化的国际城市，经济发展速度居全球之首，综合经济实力日益提高，在全国城市中的位次不断向前。

深圳市国内生产总值从刚建立特区的1.96亿元，猛增到1995年底的796亿元，增长400倍。“八五”期间，国民经济持续、快速、健康发展，综合经济实力跃居全国大中城市前列。

“八五”时期是深圳发展史上的一个辉煌时期，国民经济保持快速、健康发展，全国国内生产总值“八五”期间翻了两番。1995年国内生产总值指数与1979年相比增长近129倍。

深圳市出口贸易发展迅猛，贸易额从1979年的0.09亿美元，增长到1995年的205.27亿美元，增长2280倍，年均增长53.4%，1995年出口贸易额跃居全国大中城市第一位。

深圳的经济发展

	1979－1995年	1990－1995年
国内生产总值	年均增长35.5%	年均增长30.4%
工业总产值	年均增长56.2%	年均增长36.9%
镇及镇以上工业总产值	年均增长56.3%	年均增长33.9%
预算内财政收入	年均增长50.0%	年均增长39.1%
社会消费品零售总额	年均增长41.8%	年均增长33.3%
外贸出口总额	年均增长53.4%	年均增长23.8%
实际利用外资金额	年均增长34.4%	年均增长27.3%
邮电业务总量	年均增长58.3%	年均增长46.1%
竣工住宅建筑面积	年均增长32.8%	年均增长21.6%

深圳在全国城市中的地位

	1990年	1995年
国内生产总值	居全国第11位	居全国第6位
人均国内生产总值	居全国第3位	居全国第1位
预算内财政收入	居全国第11位	居全国第4位
固定资产投资额	居全国第5位	居全国第6位
外贸出口总额	居全国第4位	居全国第1位

1996年深圳5项综合经济效益指标全国第一

1996年深圳市创造的利润总值全国名列第三位，并且5项综合经济效益指标居全国第一位。

指　标	深圳市	全国平均
总资产报酬率（%）	7．2	3．7
净资产利润率（%）	12．9	3．7
资本收益率（%）	21．5	3．9
销售利润率（%）	9．0	2．0
获利倍数（倍）	2．17	

3．江泽民总书记关于深圳经济特区保持香港繁荣稳定作用的重要论述

（1）**1994**年**6**月，江泽民总书记在考察广东时强调：中央对发展经济特区的决心不变；中央对经济特区的基本政策不变；经济特区在全国改革开放和现代化建设的地位和作用不变。要把发展经济特区贯穿于社会主义现代化建设的整个过程。那种认为在全国形成全方位对外开放格局的新形势下，经济特区的地位和作用可以削弱甚至可以逐步消失的看法是不对的。

在这次考察中，江总书记还就在新的形势下，特区如何增创新优势，更上一层楼讲了五点重要意见：

①是经济特区要为加快建立全国的社会主义市场经济体制，继续积极探索和创造更多的经验。

②是经济特区要通过深化改革和扩大开放，保持经济又快又好地向前发展。

③是经济特区要继续发展外引内联，为带动和促进全国其他地区的共同发展、共同繁荣作出新的贡献。

④是经济特区尤其是深圳、珠海地区要继续为国家对香港、澳门恢复行使主权和保持香港、澳门的长期繁荣作出更多的贡献。

⑤是要大力加强经济特区的社会主义精神文明建设，加强和改善党对特区工作的领导。

（2）**1995**年**12**月江泽民总书记在广州考察时强调了深圳经济特区要发挥对外开放的“窗口”作用，经济体制改革的“试验场”作用，对内地的示范、辐射和带动作用外，还要发挥对保持香港繁荣稳定的促进作用。

（3）**1997**年**3**月江泽民总书记参加八届全国人大五次会议湖南代表团、广东代表团讨论时指出：深圳、珠海、汕头经济特区要继续办好，进一步发挥“四个窗口”的作用，改革开放要继续走在全国的前面。

4．深圳在促进香港稳定繁荣和香港经济的内陆化过程中，其作用不可替代

（1）深圳市市长李子彬在香港经济内陆化过程中作用的概括。

深圳市市长李子彬在**1997**年**1**月份发表讲话时指出：促进香港稳定繁荣，深圳作用不可替代。①深圳可为香港提供广阔的产业发展空间；②为香港提供市场拓展空间；③为香港的持续繁荣提供新的经济增长动力；④当前深港衔接主要是城市基础设施、重点产业、运行机制和经济供给的衔接。

（2）深圳对促进香港繁荣的作用，深港经济衔接的重要作用，理论界已达成一致的共识。

①中国证券报**1997**年**3**月**3**日署名曹海的文章指出：

近几年来，华南地区与香港的经济联系十分密切。深圳特区经济的快速发展，很大程度上得益于香港的经济转型。香港由于劳动力、土地价格的高昂和资源空间的限制，在深圳经济特区建立之初就将深圳作为其产业转换的首选地区。由于深圳毗邻香港，在信息、交通、通讯等方面与香港联系便捷，因此，深港经济衔接成为’**97**香港因素对国内地区经济带来积极影响的一大焦点。

②深圳商报**1997**年**3**月**20**日署名丁时照的文章指出：

香港经济是高度国际化的经济。在研究过程中，世界经济界人士很羡慕香港，认为香港具有独特的比较优势。独特在于香港有一个山水相连的大后方，香港的发展有很大潜力，潜力在哪里？就是和深圳、珠江三角洲、大后方相结合。斯坦福大学的前主席认为，这个优势是无穷无尽的，香港没有这个优势的话，就很受局限。

对于香港与内地联系的咽喉之地的深圳，天降大任于其肩！

正因为如此，深港经济合作成为顺应世界经济区域化潮流及双方自身经济发展规律客观要求的必然选择。

国务院发展研究中心名誉主任马洪进一步指出，深港经济合作是一项跨世界的大工程。它的政治意义和经济意义非常大，绝不仅仅是深圳和香港两地的发展问题。它关系着广东省的发展、东南沿海的发展，东、中、西部的发展以至全中国的发展，同时还关系着中国在世界经济发展中的地位。

5．香港回归与深港衔接，使深圳再次成为中国经济增长的热点

（1）一轮以香港大财团为主的投资热潮正在深圳涌现。

在香港的产业转移中，深圳所具有的经济增长潜力和各方面的优势使香港的企业家非常看好深圳，如香港著名的企业家李嘉诚要在盐田港投资**70**亿港元。香港熊谷组董事长、新世界发展有限公司主席近期拜访深圳市长，要求积极投资参与深港西部通道工程等深圳重点工程项目建设。一轮以香港大财团为主的投资高潮正在深圳出现。

（2）盐田港和西部通道建设规划。

盐田港是国内少有的深水良港。根据规划，盐田港建设**5**万吨级泊位**5**个以上，全部建成后成为以集装箱为主体的多功能综合性港口，年处理集装箱能力达**800**万至**960**万标准箱，包括散装货。年吞吐能力可达**1**亿吨至**1.2**亿吨。（香港**1994**年港口吞吐量为**1.4**亿吨）；在港口建设的同时，开发港区后方陆域**30**万平方公里，兴建与港口相配套的各种设施，逐步形成集仓储、工业、商贸、金融、旅游、信息、商住于一体的现代化国际性港口卫星城。

规划建设的深港西部通道，南联香港西北部干线公路网，西北铁路、深圳机场及正在建设的机场高速公路、与珠江三角洲地区的高速公路、虎门大桥及铁路、平南铁路、广梅汕铁路组成一个发达的交通网。西部通道的建成，将促进珠江三角洲地区与香港交通经济走廊的形成，有利于香港、深圳、珠江三角洲地区都市群的形成，优势互补，共同发展。

（3）深圳的“深业控股”和深圳高速公路股份有限公司股票在香港发行创记录，说明香港民众普遍看好深圳。

今年春节刚过，“深业控股”公司在港发行H股，股份超额认购**438**倍，集结资金逾**546**亿港元，其保荐人百富勤因此全面行使超额配股权，使该公司的募集资金由原来的**4**亿余港元增至**5.32**亿港元。另有**12%**的“深业控股”股份被战略投资者长江实业、百富勤投资等拥有。“深业控股”此次招股刷新了去年**5**月上海实业创造的记录，成为香港股坛的又一“神话”。

紧随其后在香港招股的深圳高速公路股份有限公司，公开招股超额认购**37**倍，专业配售亦获得逾**10**倍的认购。按预计发行**6.5**亿股本计算，募集资金至少为**14.3**亿港元，创今年首季香港上市企业中募资额的最高记录。

（4）国际名商巨贾大举进入深圳。

投资环境好，投入回报高，前景更诱人的深圳经济特区，随着香港回归临近，香港及外国跨国公司对其投资再现新高潮。目前，已有150多家跨国大财团、大企业、大商社进入深圳，其中有90多家兴办了实业，投资项目140个，协议外商投资额超过20亿美元。

深圳正在吸引着越来越多投资者的瞩目。云集深圳的这些跨国公司不仅包括国际石化、能源、电子、商业、房地产、食品等行业的名家，且伴随着深圳影响力的增强，来深投资的外商已从周边地区扩散至欧美等发达国家和地区。

这些为人们所熟知的跨国公司包括：美国的百事可乐、杜邦、IBM、艾默生、康柏、惠普、西方石油公司、沃尔玛、惠而浦、田纳西、当纳利、大陆谷物集团、德士古石油、乐思化学公司、埃克森石油公司等，有日本的凸板印刷、日立、三洋、三井、理光、三菱、松下、奥林巴斯、西开、丰田、熊谷组、野村证券、八百伴等，还有英国的壳牌石油、联合饼干、韩国三星、锦湖建设，加拿大的北方电讯，荷兰的菲利浦，澳大利亚的邓禄普，泰国的正大集团，马亚西亚的郭氏兄弟以及香港的和记黄埔、长江实业、新鸿基等等。

不仅如此，外商投资项目的档次不断提高，外商投资项目呈扩大之势，跨国公司投资的部分工业项目技术达国际先进水平，成为深圳利用外资促进本地经济腾飞的另一重要特色。例如，IMB与长城国际信息公司生产的微机，为当代先进产品；还有中华自行车公司生产碳纤维自行车，其工艺技术已达到世界水平。以这些大型跨国公司为代表的外商投资企业所创造的工业产值和出口额，均已占到深圳工业总产值和出口总额的半数以上。

三、香港回归后深圳证券市场成为国际金融中心的重要组成部分

香港的国际金融中心地位，为中国经济发展提供了广阔的空间，保持和增强这种地位，是历史赋予我们的责任。

“九七”回归后，香港国际金融中心的外延和内涵都将延伸，深圳将无疑成为这个国际金融中心的重要组成部分。

1. 香港在国际上的金融中心地位，为中国经济的发展提供了广阔的空间，全力保持和增强这种地位，是历史赋予我们的责任。

中国人民银行行长戴相龙在亚洲经济和金融一体化研讨会上指出：中国领导人以及我的同事们，还有香港金融各界的朋友们都坚信，回归中国后，香港的国际金融中心地位不但能够维护，而且会得以加强。对于这个结论，国际金融界目前已有了共识。

中国人民银行副行长陈元在“金融系统学习宣传《基本法》”报告大会上指出：一年后，香港将成为中国境内的国际金融中心，这是确定无疑的，从巨大的本地生产总值、外汇储备、银行体系资产和贸易金融实力以及辐射能力各方面来讲，都是无可比拟的，无法取代的。因此，我们要全力保持和增强香港金融中心地位，不能作任何损害她的事，这是我们的历史责任。

香港国际金融中心的地位

□全球100家大银行的其中85家在香港开设分行。

□日本设在香港的银行达70多家，超过了纽约的66家（1994年）。

□拥有国际银行机构数量在全世界排行第三。

□安排银团贷款的次数（314）和金额（超过247亿美元）居全球首位（1993年）。

□拥有三个债券市场：本地港元债券市场；在香港发行及买卖的非港元债券市场（包括龙债券市场和欧洲可换股债券市场）和欧洲美元债券市场。

□亚洲第二大股票市场。

□全球四大金市之一。

□海外市场排名第六，每日平均交易量达609亿美元（1992年）。

□包括在场内和场外交易的整体衍生工具市场，可媲美新加坡。

□有庞大的资产管理规模，1994年3月有903个互惠基金及单位信托基金，管理资产总共455亿美元。

□总体金融业从1987年至1992年均有出超，从1987年的22.76亿港元增至1992年43.93亿港元，其中除保险业例有入超，在金融资产买卖及银行服务方面，则例有出超。

□香港银行体系对外享有净债权、总额为3130亿港元（1993年）。

□香港外汇基金资金总值达4500亿港元，其中外币储备位列全球第七位。若以人均计，每名市民拥有外汇储备逾7.3万港元，全球排名第二。

2. 关于亚洲国际金融中心之争

在亚洲，欲想与香港竞争成为国际金融中心城市有新加坡、东京、汉城等，实际上，亚洲其他国家的一些城市想取代香港而成为亚洲地区国际金融中心的可能性不大。

关于这个问题，我国留加学者徐滇教授作了很精辟论述，他在《经济学消息报》1997年3月份发表的一篇文章中指出：现在想要取代香港成为国际金融中心的，自己报名的，有新加坡、东京、汉城……，可是金融中心的形成并不是行政命令可以成就的，它是在一个长期的金融运行中自然形成的；是银行家们愿意在这个地方做生意，而且今天在这儿，明天也还是在这儿。因为搬家成本太高，而且要搬得大家一起搬，不是你自己想走就走得了的。你退出可以，你走就输了。所以费城没有提出要跟纽约竞争，巴黎也没有说要取代伦敦成为金融中心。……继续让香港维持一个自由港和国际金融中心的地位，这对中国人是最有利的。

从全球的国际金融中心的发展和形成历史来看，国际金融中心应具备以下条件：①一体化的经济结构；②符合国际惯例的法律环境；③资本的自由流动与金融自由化；④国际性移民及其兼容性；⑤国际性商业语言及习惯。

3. 香港作为国际金融中心，回归后其外延和内涵都将延伸，深港金融衔接与合作是这种延伸的重要组成部分，深圳金融的地位将不断提高。

（1）深圳金融实力初步显现。

□全球27家大银行、保险机构在深圳开设分行或分支机构。其中包括：英国的标准渣打（麦加利）银行深圳分行，法国的巴黎国民银行深圳分行，日本的东京银行深圳分行，美国的花旗银行深圳分行，荷兰的荷兰银行深圳分行等。

□金融保险业增加值1995年达87亿元，占深圳市当年国内生产总值（GDP）的11%，人均增加值居全国城市排名第一。

□国内生产总值（GDP）1996年达950亿元，居全国城市排名第五；人均国内生产总值（GDP）达2.34万元，是全国平均水平的4.9倍，居全国城市排名第一。

□1996年末金融机构各项存款余额1536亿元，各项贷款余额900亿元，居全国城市排名前列。

□1996年中国大陆最大的股票交易市场，股票年成交金额达12217亿元，占全国股票总成交金额的58%。

□“八五”期间累计实际利用外资61.92亿美元，连续五年居全国首位。

□全国第一家商业银行深圳发展银行在深圳诞生，招商银行是全国第一家获国际质量认证的商业银行。国内各大专业、商业银行在深圳都设立了分行，目前有营业网点近400个。

□组建了全国第一家城市合作商业银行，成立了全国第一家金融电子结算中心。

□全国金融、证券机构数量最多，网点最密集的城市。

（2）深港金融衔接与合作的框架已确立。

深圳金融合作的框架是按“一国两制”、互利互补的原则和模式，实现以“一个窗口、两个系统、三个改革、四个功能、五个市场”为内容的全面合作。

“一个窗口”：指深圳通过香港的金融合作，借鉴香港金融业国际惯例和成功经验，深化深圳的金融体制改革，辐射内地，继续发挥改革开放的窗口作用。

“两个系统”：指现代支付和结算系统。即深港两地联合开发两地共用的金融工具，实行支付和结算系统的联机操作。

“三个改革”：指深圳通过改革专业银行体制，实行银行商业化；改革资金管理体制，实行资金商品化；改革利率市场化，以建立起与香港金融体制相适应的市场化、国际化、现代化金融体制。

“四个功能”：指通过深港双方合作，促使深圳金融具有内地资金集散的渠道功能、金融人才培养交流的基地功能、经济和金融信息搜集辐射的传导功能、国际惯例借鉴引进的桥梁功能。

“五个市场”：是指货币市场、离岸金融市场、保险市场、证券市场和外汇市场。

业内人士认为，金融市场的互补性是深港金融合作的基石和中心内容，深圳以及整个中国内地是香港这一国际金融中心的延伸市场，既为其庞大的资本提供了新的流向，又为其多元化的金融产品拓展了强劲的要求；深圳则可利用香港发达的证券市场、银团贷款市场、国际租赁中心等为全国建设筹集资金，引进设备。

深港金融合作是建立在现实基础之上的。业内人士认为，香港的国际金融中心地位将在“九七”后因“中国因素”而更加巩固，而深圳正是走向中国腹地的走廊与通道。目前，深圳已成为国内金融服务网点最密集、从业人员比例最高、金融门类最齐全的城市，区域性金融中心的雏形初步显现。

深港金融合作已经勾勒出比较清晰的轮廓：

就货币市场而言，深圳金融电子结算中心已与珠江三角洲城市联网，在此基础上可进一步拓展债券回购市场，扩大深港两地同业本票融资、商业汇票贴现业务、同业拆借业务，或由香港金融机构代理发行短期债券等形式，发展人民币衍生业务，搞活货币市场。

离岸金融市场，深圳已小试牛刀，深港联手协作，则可吸收部分欧元市场资金，使深港金融市场成为融通境外外汇资金的市场。

深圳是全国外汇改革的试验区，通过引进香港一些比较成熟的按国际惯例设计的外汇市场操作方式，深圳有望为中国外汇市场与国际接轨提供一个范例。

香港写字楼租金和劳动成本昂贵，香港金融部分作业如离岸金融业务、银行数据处理、计算机中心等完全可移师深圳，实现业务分流。

（3）深港金融衔接与合作已迈出实质性步伐。

深港金融衔接与合作已迈出了实质性的步伐：①香港金融管理局正在设计与深圳金融电子结算中心硬件和软件开发相吻合的新结算系统；②人行深圳特区分行和香港金管局已成立了票据交换工作协调小组。

四、香港回归：深圳证券市场新的历史起点

香港回归后，中国证券市场格局会发生重大变化，一个国际性的证券市场，香港、深圳两个交易所相互合作、相互补充、相互促进、共同发展。

1. 香港回归，使中国证券市场格局发生重大变化，一个国际性的证券市场，香港、深圳两个交易所相互合作、相互互补、相互促进、共同发展

香港回归后，作为国际性的证券市场，香港证券市场将成为中国对外集资的中心，而深圳证券市场作为全国性的证券市场，则成为中国对内集资的中心，这两个市场相互合作、相互促进、共同发展。只有这样，香港证券市场才能不断保持和提高其国际证券市场地位，深圳证券市场也能够较快地走向国际化。深圳证券市场和香港证券市场的合作的基本框架已经明确，这种合作表现在以下几个方面：

（1）深港两地在证券业务、证券监管方面的合作交流。

①信息交流：互相交流证券市场及上市公司等信息。

②经验交流：深交所借鉴香港联交所市场监管、业务运作、内部管理等经验。

③人才培训：主要是香港联交所为深圳证券交易所培训有关专业人才。

（2）相互第二上市：已经在各证交所上市的证券到对方证交所第二上市。

香港证监会已设立研究中国企业B股来港上市的工作小组，深交所也开始研究B股在香港第二上市的方案。深交所的招港B股已成功地在新加坡第二上市，加之在深交所上市的B股以港元买卖，投资者多数是香港地区，因此其B股在香港作第二上市有可能在近期内实现。

（3）新产品开发：深交所协助联交所推出与深圳证券市场上市证券有关的衍生产品，联交所指导深交所开发证券新品种。

（4）互换终端：深、港两个交易所将其终端延伸到对方市场，深交所终端将率先延伸到香港。

（5）联网交易：深、港之间实现联网，两个交易所上市的证券可以互通买卖。

2. 深、港证券市场相互第二上市的方案

（1）深市B股到香港联交所第二上市。

这方面的政策法规障碍已不存在。《国务院关于股份有限公司境内上市外资股的规定》第二十四条规定：“经国务院证券委员会批准，境内上市外资股或者其派生形式可在境外流通转让”。《香港联合交易有限公司证券上市规则》在第十九章中也就海外发行人（包括中国发行人）的股票在香港联交所作次级上市的条件、申请程序作了规定。而且，深圳B股到境外作第二上市还有深招港B股到新加坡作第二上市的成功经验可供借鉴。因此，深交所可在对B股市场和香港证券市场相关板块的交投状况作充分研究的基础上与香港联交所协商选择合作的B股或其派生形式（认股权凭证和境外存股凭证）到香港作第二上市。

（2）香港联交所上市的中国概念股到深交所作第二上市。

与香港证券市场相比，深圳证券市场的规模要小，但它却具有一个香港证券市场所不具备的优势：作为中国大陆仅有的两个全国性证券市场之一，它直接面对中国内地广阔的市场，其潜在投资者数量理论上可以达到**10**亿以上。因此，推出一些目前在香港证券市场上而又成为内地投资者所熟悉和了解的中国概念股到深交所作第二上市，对于提高这些股票的流通性，促进两地证券市场的衔接与合作无疑是大有裨益的。

（3）改造深圳B股市场，利用香港国际中心地位，增强国际投资人对深圳B股的接受程度。

香港证券市场是一个成熟的国际性证券市场，对上市公司在规模和公开流通性等方面的条件要求较高。香港证交所近期正在研究推出第二板市场，即目前尚不符合香港证券市场第一板上市条件的公司股票可以在第二板上市，经过一段时间达到条件后再到第一板上市。而深圳B股市场相对而言要求较低，且具有与香港证券市场一样以港元交易和结算的特点。因此，深交所与香港联交所可以合作将深圳B股市场改造成兼具香港证券市场一样以港币交易和结算的特点。因此，深交所与香港联交所可以合作将深圳B股市场改造成兼具香港联交所第二板功能的市场，为一些目前尚不具备香港联交所上市条件的公司股票提供“预备期”服务，待其在深圳B股市场上市一段时间以后符合条件的再申请到香港联交所上市；另一方面，现已在香港上市的公司股票如不再符合香港联交所上市条件，也可转移到深圳B股市场继续交易，而不是直接将其停牌或除牌。

3. 香港回归极大促进深圳B股市场的发展

（1）“香港因素”使深圳B股市场在**1996**年获得空前的发展。

从**1992**年**2**月**28**日第一只B股上市以来，深圳B股市场有了较大的发展，B股数量从**1992**年底的**9**只增加到**1996**年底的**43**只，平均每年增长**47.84%**；B股总股本从**1992**年底**4.99**亿元人民币增加到**1996**年底的**40.06**亿元人民币，平均每年增长**68.33%**。

深市B股总市值从**1992**年底的**32.21**亿元人民币增加到**1996**年底

的232.15亿元人民币，平均每年增长**63.85%**；B股成交总额从**1992**年底的**16.63**亿元人民币增加到**1996**年度的**185.3**亿元人民币，平均每年增长**82.70%**，高于总市值的年均增长率。尤其是**1996**年，由于香港回归因素的推动，深圳B股市场的总市值与成交金额出现了巨大幅度的增长。

1996年第二季度、第三季度深市B股成交金额分别占全国市场的**59.86%**、**59.22%**，而第四季度迅猛发展，其成交金额占全国市场的**73.11%**。

1996年深圳B股市场指数在稳步攀升的同时，成交金额亦迅速增长，占全国市场份额逐步扩大，第二、三季度占六成左右，第四季度占四分之三左右，充分体现了全国的“主战场”地位。

1996年在香港回归因素推动下，深圳B股市场稳步攀升，**10**月份以来，出现历史性的新行情，深市B股指数年底收于**145.48**点，升幅达**144.58%**。

(2) 香港回归后，深圳B股市场潜力更大。

目前深圳B股市场的开户人数为**9.66**万，其中香港居民开户的就有**3.8**万，占总开户人数将近**40%**，成为深圳B股市场的主要投资群体。而目前深圳B股市场的市盈率与发达市场市盈率相比还较低。随着市场的回归，深圳证券市场与香港证券市场的相互合作增强，深市B股会较快的到香港联交所第二上市，香港投资者买卖深市B股更为便捷，热情会更高，从而使深圳B股市场在规模和其他方面获得更大发展。

4. 香港回归后为深市的上市公司带来的发展机遇

香港回归后为深市上市公司带来的机遇包括以下几个方面：

(1) 对深圳本地上市公司提供了新发展机会。

《中国证券报》**1997**年**3**月**1**日发表的题为《'**97**回归对中国证券市场格局的影响》文章中就香港回归对深圳本地上市公司的影响作了以下概括：

从深圳经济发展潜力来看，由于市场程度较高，政府的企业负担相对较轻；而**10**多年来的财政收入使深圳市有条件开发建设一些大型工程项目，如规划中的深港西部通道等。因此，香港回归对深圳金融服务业、港口运输业、房地产业、高新技术产业的第二轮高速发展，可能会起到一定的推动作用，与此相关的上市公司也将获得新的发展机会。

(2) 对所有上市公司从根本上转变经营机制、建立和完善法人治理机制具有较大的促进作用。

改革开放以来，深圳一直是市场经济的“试验场”，深圳是全国市场化程度最高的地区。香港回归后，将会进一步促进深圳社会主义市场经济的完善，在深圳上市的公司将会在越来越完善的市场经济环境中，相互影响，相互学习，不断促进，从而从根本上转化经营机制，建立完善适应市场经济的法人治理体系。

(3) 深市的上市公司可能会率先进入国际证券市场。

中国证券市场对外开放只是时间问题。香港回归后，深、港证券市场合作不断加强，深圳证券市场的独特优势，决定了深市的对外开放会先行一步，如深市的A股到香港联交所第二上市，深市的终端率先在香港设立，这些都会使深市的上市公司率先进入国际证券市场。

5. 深交所已制定未来的发展目标

1996年**9**月份召开的深圳证券交易所第四次会员大会，总结深圳证券市场已成为全国性市场的经验，充分考虑香港回归后中国证券市场格局将发生变化的因素，站在新的历史起点，确定了深圳证券市场下一阶段的发展目标，并提出实现这一发展目标的途径。

(1) 发展目标。

用**15**年到**20**年的时间，进入国际主要证券市场的行列，衡量市场的主要指标，如证券品种、成交总量、上市公司家数、会员席位数量、投资者人数及技术水平和风险控制能力，达到世界发达市场的水平。

(2) 实现目标的途径。

为实现深圳证券市场发展的基本目标，深交所第四次会员大会提出要创造八个方面的新优势：

运作成本　依托高新技术，减少运行环节，降低市场费用，争创低成本优势，深圳证券市场要成为全国成本最低的市场。

市场服务　强化服务意识，完善服务工程，提高服务质量，争创服务新优势，深圳证券市场要成为全国服务质量最高的市场。

技术装备　采用现代信息技术新成果，不断完善扩充无形市场交易网络，争创技术新优势，深圳证券市场要成为全国技术装备最好的市场。

风险防范　全面分析、研究现代市场条件下各种金融风险产生的根源和表现形式，建立制度化、前端化、自动化的风险控制体系，争创风险防范新优势，深圳证券市场要成为全国投资者最放心的市场。

规范运作　从法规上、监管上、宣传上和技术上多管齐下，综合治理，争创公平竞争新优势，深圳证券市场要成为全国运作最规范的市场。

人力资源　坚持反腐保廉，加强行业自律，注重人才培养，造就一支作风过硬、训练有素的证券专业队伍，争创人才新优势，深圳证券市场要成为全国证券人才最集中的市场。

合作交流　加强社会联系，拓宽交流领域，增强互补功能，争创合作新优势，深圳证券市场要成为全国合力最强的市场。

创新开拓　发展拓荒精神，强化研究开发，注重学习借鉴，争创创新试验新优势，深圳证券市场要成为全国进取性能最佳的市场。

中国证券大全

(1997)

A complete collection of securities in China

第十卷

上海证券交易所上市公司信息汇集

重要说明：为确保《中国证券大全》(1997) 所载资料的真实性、完整性，本卷基本上都是在遵循原文的基础上予以刊载各上市公司的公众信息资料，分别刊登在1997年10月31日前在两地证交所上市公司的招股说明书、上市公告书、96年年报、97年中报、企业简介及董事长与总经理的详细介绍（其具体刊载内容在目录中已有标注）。另有部分上市公司的公众信息资料因版面情况或该单位未及时协助提供等原因，而稍作删减或不全。其排列顺序按其来稿时间先后或股票代码顺序分类排列，在此一并说明。

上海证券交易所上市公司概述

上海证券交易所自1990年12月19日成立以来，经过6年多的不断开拓、发展，成为中国证券市场的一个重要中心市场，经过风雨的洗礼，时间的考验，上海证券交易所能从开始的几家上市公司发展到现在的370多家上市公司，这不能不说上海证券交易所为中国的证券市场和发展起到巨大的推动作用，下面从三个方面介绍上交所上市公司的概况：

一、上海证券交易所上市公司的发展

上海证券交易所从建立的最初之日，就注意打破传统的行政区域概念，上海证券交易所成立之初，只有“延中实业”、“真空电子”等8个上市股票，8家上市公司，几年后的今天，呈现在我们眼前则是一个具有勃勃生机的股票交易的大市场。上海证券交易所目前拥有会员521家，遍布全国各省、市、自治区，会员证券营业网点已超过2000个，通达500多个大中城市。

从上市公司的数量来看，截止到1997年10月31日止，上海证券交易所上市股票总数已达到415只，比1996年增加了145只。其中A股上市公司股票已365只，B股上市50只，分别比96年增长62%、14%。

二、上海证券交易所上市公司特点

上海证券交易所上市公司以其快速的发展数量占据中国证券交易市场的排头兵地位，上市公司的不同行业化特征也在上海证券交易所呈现出百家争鸣的灿烂景象。上市证券品种逾370个，主要有股票（A股、B股），债券（国债、企业债、金融债）、基金（包括其它信托受益凭证）及认股权证等金融商品，截至97年10月底，上市股票的市价总值已达到8477.51亿人民币。在376家的上市公司中，按行业板块区分，主要有工业、商业、公用事业、房地产业、综合性事业。而上市公司涉及专业相当广泛，如化工、电子、高科技、汽车化工、纺织、冶金商业、房地产、金融等20多个行业，其中大部分公司都是我国的支柱产业。

根据97年中期报告显示，上海证券交易所老股居多，所占的比例较大，一批老的上市公司在中期报表公布后，其股价序列将产生较大的变化，两极分化现象可能重新产生。从目前来看，纺织、化纤机械、钢铁行业景气较差，而食品、服装、科技、家电等行业的业绩较好，从而股价可能出现程度不同的分化。从总体来看，新上市公司业绩表现较好。

三、上海证券交易上市公司的前景展望

随着上海证券交易市场的繁荣发展及证券市场的规范化，为适应上海发展成为金融中心的需要，上海证券交易所不断完善交易设施，开发建立覆盖全国，通达海外的信息系统，并与路透社，德励资讯等联网后通向全世界。为上市公司的正常交易提供更加有力的保证，上海证券交易市场现今已成为国内市场容量最大的市场，形成了股票与债券市场的良性发展，债券与股票互动，而且衍生品种得以开发，且市场交易趋于活跃，因此上市公司就可根据不同的需要，发行适合自已的交易品种。再者，上海交易市场交易方式先进。繁杂的交易、清算、过户等操作过程，均有先进的电脑自动完成，上市公司交易的品种快速交易完全成为可能。并且上海证券交易所形成了自身的市场监管体系，完全形成了发现功能、调查职能、处理职能，报告与公告职能的一体化监管体系，这样就可以及时发现并解决一些上市公司的违规行为，打击一些上市公司的不当交易行为和其他违规行为，保护正当交易的上市公司的权益。随着上海证券交易市场的建设水平不断提高，交易设施不断完善，市场容量不断扩大，监管体系不断规范化和投资者风险意识的不断提高，上海证券交易所将向世界一流的证券交易所发展迈出坚实的步伐。

江西纸业股份有限公司

江西纸业股份有限公司简介

一、公司概况

"江西纸业"是全国八大新闻纸定点生产企业之一,在册员工1929人,主导产品为新闻纸,年生产能力为10万吨,每年优质品产值占公司总产值的85%以上,主导产品"松竹"牌胶印新闻纸先后荣获江西省名牌产品、全国轻工名牌产品和'96中国国际造纸工业博览会名优产品等称号。经过"八五"期间的技术改造,公司的生产规模和产品质量均上了一个新台阶,经济效益在全国同行业中排名第四位,通过引进国外先进技术及有关设备,企业的安全生产、内部管理得到进一步增强。近几年来江纸公司注重加大环保投入,目前企业在环保方面已达到国家级环保要求。

"江西纸业"管理基础工作扎实,重视科技进步,多次受到国家有关部门的表彰。近年来先后荣获全国"降损"工作先进单位、国家科技进步二等奖、全国造林绿化先进单位、江西省质量管理先进企业、江西省企业管理优胜单位、江西省企业改革管理先进单位、江西省省级先进企业、江西省优秀企业等荣誉称号。

近三年来,江纸公司实现的利润连年大幅度增长,成为全国1000户重点联系企业之一、江西省利税大户和江西省60户重点调度盈利企业之一(20重中之重企业之一)。本公司拟通过"九五"技改使生产能力达到20万吨,进入全国同行业前三强。

二、公司董事长、总经理简介

姜和平先生,江西纸业股份有限公司董事长,男,45岁,大学本科学历,中共党员,高级经济师,中国国资青年总裁委员会常务理事,江西省工业经济协会常务理事,江西省造纸印刷协会副会长,南昌市人大代表,全国轻工业优秀企业家和江西省优秀经理。姜先生长期从事大型制浆造纸企业生产经营管理和领导工作,具有丰富的管理经验,历任车间副主任、主任,分厂副厂长、分厂厂长,副厂长,常务副厂长、厂长。

吴三罗先生,江西纸业股份有限公司总经理,男 44岁,大专学历,中共党员,经济师,江西省轻工质量协会副会长。吴先生长期从事新闻纸生产管理并主管生产工作,具有丰富的管理经验,历任车间副主任、主任,厂办主任,生产运行部部长、总经理助理。

江西纸业股份有限公司招股说明书

一、释义

在本招股说明书中,除另有说明外,下列名词之含义应由以下释义规范:

发起人或江纸公司	指江西纸业有限责任公司
发行人	指江西纸业股份有限公司(筹)
筹委会	指江西纸业股份有限公司筹备委员会
公司或本公司	指江西纸业股份有限公司(筹)
股份公司	指江西纸业股份有限公司(筹)
中国证监会	指中国证券监督管理委员会
承销协议	指本公司与主承销商达成的包销协议
主承销商	指华夏证券有限公司
承销团	指以华夏证券有限公司为主承销商组成的本次股票发行的承销团
本次新股发行	指本次向社会公众发行的4500万股A股

A股　指每股面值为1.00元的记名式人民币普通股

元　指人民币元

二、绪言

本招股说明书根据《中华人民共和国公司法》、《股票发行与交易管理暂行条例》和国家现行有关证券管理法规而编写并公布,并经中国证监会证监发字[1997]第109号文和证监发字[1997]第110号文核准,旨在向社会公众人士提供有关公司的资料。本公司筹委会成员已批准本招股说明书,确信其中不存在任何重大遗漏或者误导性提示,并对其真实性、准确性、完整性负个别及连带的责任。

本公司本次新发行的股票是根据本说明书所载明的资料申请发行的,除本发行人和主承销商外,没有委托或授权任何其他人提供未在本说明书列载的信息和对本说明书作任何解释或者说明。

本公司股票之买卖,应由投资者按规定负担相应的税款,发行人、推荐人和承销商对此不承担责任。

三、发售新股的有关当事人

1.发行人

名称:江西纸业股份有限公司(筹)

筹委会主任:姜和平

地址:江西省南昌市董家窑112号

电话:(0791)8624072-2515

传真:(0791)8632392

联系人:黄倬桢

2.财务顾问

名称:华夏证券有限公司

法定代表人:黄玉峻

地址:北京市复兴路乙63号

3.(1)主承销商及上市推荐人

名称:华夏证券有限公司

法定代表人:黄玉峻

地址:北京市复兴路乙63号

传真:(021)63239157

联系电话:(上海)(021)63217777*642

联系人:王迅　张露　孙斯惠

联系电话(南昌):(0791)6768028

联系人:熊培华　宗萍

(2)副主承销商

名称:江西省国际信托投资公司

法定代表人:江云龙

地址:南昌市八一大道2号

电话:(0791)6277202

联系人:竺力波 钱峰

(3)分销商

名称:中国科技国际信托投资公司
联系地址:北京市朝阳区北辰东路8号
法定代表人:张钢
电话:(010)64953021 64924103
联系人:吴涛　沈谨
(4)分销商
名称:蔚深证券有限责任公司
联系地址:深圳市振华路飞亚达大厦八楼
法定代表人:谢林
电话:(0755)3241577
联系人:何小林　赵宏志
(5)分销商
名称:中国新技术创业投资公司
法定代表人:徐振国
地址:北京建国门外大街22号赛特广场
电话:(010)65227550－922,921
联系人:高伟、赵峰
(6)分销商
名称:厦门国际信托投资公司
法定代表人:游永华
地址:上海市中山北一路1208号
电话:(021)65164701
联系人:余磊　刘军
(7)分销商:
名称:黑龙江省证券公司
法定代表人:卞玉祥
地址:哈尔滨市南岗区西大直街40号
电话:(0451)3628839
联系人:陈海良
4.上市推荐人:同主承销商
5.发行人律师事务所和经办律师
名称:江西省律师事务所
法定代表人:肖敏
地址:南昌市省政府大院宾招大厦
电话:(0791)6224486
经办律师:肖敏　方世扬　胡海若
6.主承销商律师事务所和经办律师
名称:上海市万国律师事务所
法定代表人:吕红兵
地址:上海市南京西路1728号622室,623室
电话:021－62488686＊622
传真:021－62485297
经办律师:吕红兵　刘维
7.会计师事务所和经办注册会计师
名称:南昌会计师事务所
法定代表人:董选增
地址:南昌市民德路411号
电话:(0791)6772210
经办注册会计师:熊靖　龚勤红
8.资产评估机构和经办评估人员
名称:江西会计师事务所
法定代表人:詹铁军
地址:南昌市叠山路246号
电话:(0791)6234624
经办评估人员:周益平　黎开佑　熊泊毅
9.资产评估确认机构
名称:国家国有资产管理局
地址:北京市海淀区万泉河路66号
电话:(010)62567744
10.收款银行
名称:中国工商银行南昌市分行阳明路办事处
地址:南昌市阳明路151号
电话:(0791)6827160
11.股票登记机构
名称:上海证券中央登记结算公司
地址:上海市黄浦路15号
电话:(021)63068888

四、发行情况

1.股票类型:本次发行的4500万股股票全部为人民币普通股
2.发行日期:1997年4月3日
3.发行对象:中国境内合法的投资者和基金(法律、法规禁止购买者除外)
4.发行地区:与上海证券交易所联网的各证券交易网点
5.承销起止日期:1997年4月3日至1997年4月12日
6.上市交易所名称:上海证券交易所
7.发行方式:"上网定价"发行方式
8.每股发行价:前三年平均每股税后利润×发行市盈率＝0.40×14＝5.60元/股
9.每股面值:1元
10.发行量:4500万股(其中450万股将配售给公司职工,该部分股份自社会公众股上市半年后即可上市流通)
11.发行总市值:25,200万元

五、风险因素及对策

投资者评价本发行人此次发售的股票时,应特别认真地考虑下述各项风险因素。

(一)风险因素

1.经营风险

(1)重要原材料供应风险:

本公司主要原材料是松原木,目前主要来自于江西、广西、湖南、湖北等地,一旦这些地区的木材供应出现困难(如出现特大自然灾害、火灾等)或者其他行业或企业对上述地区松木需求量增加,则公司的主要原材料供应有可能出现供给困难。

此外本公司还每年从加拿大等国进口部分纸浆,随着国外保护自然资源意识逐年强化,或者中加国际贸易往来出现障碍,则可能对公司的纸浆缺口部分供应产生影响。

(2)对主要客户的依赖:

本公司主要客户是中央七报一刊在南方的分印点(七报一刊为:人民日报、工人日报、参考消息、光明日报、中国青年报、经济日报、法制日报和《求是》杂志)上海地区的解放日报、文汇报、新民晚报及华东华中地区的几十种地方性报纸,其中部分客户对本公司的需求占生产总量的5%－10%,如果这些客户的需求量大幅减少,公司必须另找销售对象,短期内会对公司的销售产生影响。

(3)能源方面制约:

新闻纸的生产要消耗大量电力,目前本公司月耗电量约为1400万度,如果"九五"技改项目投产,则用电量还要增加一倍,南昌市所在的华中电网一旦供应过度紧张有可能在短时间内影响本公司生产。

此外,本公司的自备发电机组每年要消耗大量原煤,本公司用煤主要由江西省内几个大煤矿供应,在供煤紧张、煤价上涨情况下,本公司产品成本可能相应提高。

(4)产品外销限制:

由于本公司每年需进口小部分纸浆以供生产之需,为达到外汇基本平衡,也出口少量新闻纸,但由于国内本身存在供给缺口,遇到供应特别紧张的年份,国家明令禁止出口,本公司产品只能内销。

(5)产业结构过度集中的风险：

因公司主导产品是新闻纸，国内市场对新闻纸需求疲软或进口新闻纸数量过大，会直接冲击本公司的生产和销售。

(6)外汇风险：

因本公司每年需进口部分纸浆，每年支付外汇约300万美元，如果美元对人民币汇率上涨，将在一定程度上影响本公司的生产成本。

2.行业风险

(1)环保限制的风险：

由于造纸过程排放大量废水，这些废水对赣江形成一定程度的污染，国家规定，如果要新增生产规模，首先必须保证改善其污染程度，否则将受到环保部门干预。

(2)行业内部竞争风险：

国内新闻纸生产布局为北方四家，南方五家，从减少运输费用考虑一般是就近供应和销售。与本公司形成竞争的主要是南方新闻纸生产企业，有的厂家产品质量和规模均对本公司形成一定竞争。

3.市场风险

(1)受商业周期影响的风险：

影响本公司产品需求的因素主要是报刊发行地区的经济发展速度和国家的新闻出版发行政策等因素，这些因素的变化会使市场对公司产品需求产生一定波动，形成不规则的商业周期。

(2)密切相关行业存在的制约因素：

因许多行业均对木材有大量需求，如建筑、铁路、家俱、煤炭等行业，如果某一行业在某一时间内需求骤增，可能会使本公司木材供应紧张，采购木材成本上升。

4.加入WTO(世界贸易组织)风险

目前，本公司产品质量还不能同国际市场新闻纸质量相竞争，如果国家对进口新闻纸采取较宽松政策，则会对本公司造成较大冲击。

5.本次募股资金投向新项目的风险

本次募股资金投资项目总预算为13.1亿元，如果投资管理不善，可能出现实际投资金额大大突破预算，并且项目不能如期完工，这将对投资者的回报产生影响。

6.股市风险

由于中国股市尚不成熟，股价受政治、经济、政策等多种因素影响，同时企业内部、外部环境、供需状况变化也给企业的盈利带来影响，从而影响本公司股价，投资者对此应有充分认识。

(二)风险对策

1.经营风险对策

(1)重要原材料供应风险对策：

本公司已开始着手对后备材料基地的培养工作，主要有三处后备林业基地：

a.与南昌进贤县林业局建立了木材供应关系，当地种植的二十万亩湿地松、火炬松，成材后定点供应本公司，一九九八年起部分树林即可进入间伐期，公司已支付部分款项。

b.本公司与广西热带森林实验中心和广州热带森林研究所三方初步达成意向，合作开发营造三十万亩松树、桉树实验林业基地，树木成材后全部供应本公司；

c.本公司在南昌政府的大力支持下，将在南昌市周边地区营造30万亩杨树林基地。

通过上述措施，基本保证了本公司将来的原材料供应。

本公司的"九五"技术项目中，每年将生产13.6万吨纸浆，除10万吨纸浆供新生产线造纸用外，其余纸浆可供现有生产线的生产需要，这样，公司基本可以不再进口纸浆。

(2)对主要客户依赖对策：

由于本公司主要客户是中央一级报刊及省市级报刊，其发行量稳定且有逐年增加趋势，除非某主要客户停刊或发行量锐减，否则不会出现销售困难情况。并且，本公司也有意识地发展新的客户，为本公司"九五"技改增量产品打开销路。

(3)能源制约对策：

目前江纸公司有一座自备电厂，有两台6000KW的发电机组，每月可自发电量500--600万度，约占公司耗电总量的2/5，公司已与江纸公司签订了长期供电合同(详见重大合同一节)，此外公司的"九五"技改项目将新增一台容量为6000KW的发电机，这样可部分保证本公司正常生产用电，在外部供电方面，本公司被列为"江西省七个重点用户"之一，其用电由华中电网计划下达，加上江西省近年供电能力增加，故本公司用电基本能得到保证。

在用煤方面，本公司已与主要供煤单位形成长期良好的供煤关系，煤价也较稳定，如遇到煤价涨幅较大的年份，本公司内部不能完全消化时，可在一定范围内调整产品价格，也抵销上涨的成本。

(4)产品外销限制对策：

"九五"技改后，新闻纸年产量将达20万吨，质量也将从Bs级达到As级标准，如果国内用户需求不足，本公司可向国外出口。

(5)产业过度集中风险对策：

公司的主要对策是力争做"强中之强"，经过"九五"技改，成为行业中最具竞争实力的厂家之一，这样才能在市场需求减少或竞争加剧时最大限度减少冲击。

(6)外汇风险对策：

在正常年份，本公司均需进口部分纸浆，以平衡本公司浆纸比例，待"九五"技改项目投产后，本公司纸浆可实现自给自足，这样，可以有效地避免外汇风险。

2.行业风险对策

(1)环保因素限制的风险对策：

对于现有的生产线，公司已配套建成了碱回收厂，通过对制浆黑液中主要污染成分的回收和再利用，大大减轻了排出废水的污染，目前企业已在环保方面达到国家环保要求。对于"九五"技改新项目，本公司相应设计了先进的污染处理系统，对生产过程中的废水、废气、废渣进行综合处理，不仅能使"九五"新项目排污符合国家标准，还能够使现有污染得以根治。

(2)行业内部竞争风险：

由于本公司是几十年的老企业，已形成相当稳定的客户群，只要公司注重不断改进技术，根据新闻出版业的需要提高产品质量，控制成本，就可以在竞争中立于不败之地。

3.市场风险

(1)受商业周期影响的风险对策：

因本公司客户主要在经济发展较快的华东地区，对本公司产品需求上升较快，需求波动较小，加上本公司可在必要时出口部分产品，这样可以较好地避免国内需求波动带来的影响。

(2)密切相关行业存在制约因素对策：

随着科学技术的进步，许多原来大量采用木材的行业已逐渐改用钢铁、塑料等其他材料，这使木材耗用量大大减少，加上本公司后备林业基地逐渐形成，可以有效地防止木材紧缺的冲击。

4.加入WTO风险对策

因西方国家对中国出口的新闻纸采取价格倾销政策，目前国际市场销售给中国的新闻纸价格较低，待中国加入WTO后，进口新闻纸价格相对较高，加上本公司"九五"技改完成后，产品质量将达到国际同类产品水平，可以大大减轻进口冲击。

5.本次募股资金投向新项目的风险对策：

公司将加强新项目的投资预算管理和工程建设进程的管理，积极争取早日开工，以最好的质量和最快的速度完成新项目的投资。

6.股市风险对策

改善本公司经营，提高本公司素质是降低股市风险的有效途径。本公司一方面将妥善使用好募集资金，用良好的业绩给广大股东带来高回报，另一方面将及时向广大投资者披露可能影响本公司股价的重大信息，使投资者更多了解公司的经营状况，降低投资风险。

六、行业背景及公司在行业中的地位

1.市场需求状况

造纸业是我国国民经济中不可缺少的基础材料产业，近十多年来随着新闻出版业的发展，国内市场对新闻纸的需求增长很快，过去两三年中年需求增长率为12%左右，预计一九九七年新闻纸需求量为85－90万吨，并且近年我国经济仍然保持较快的发展速度，对新闻纸需求仍维持较高的增长率，据国家有关部门预测，到2000年，国内对新闻纸的需求量约为120－130万吨/年，即四年左右时间内，需求量将增加30－40万吨。

2.市场供给状况

目前，国内主要有九家新闻纸生产企业，其中北方四家，南方五家，北方四家为：吉林纸业股份有限公司、齐齐哈尔造纸厂、石岘纸厂、鸭绿江造纸厂，南方五家为：广州造纸有限公司、南平造纸厂、江西纸业有限责任公司、宜宾纸业股份有限公司、岳阳造纸有限责任公司，因市场需求的增加，这些厂家年产量也逐年提高。但从近几年情况看，国内市场总体状况是需求略大于供给，国家每年仍需进口5－10万吨，以弥补供需缺口。而且，因新闻纸非同一般的纸张，它直接关系到国家新闻出版业的生存和发展，为了进一步提高规模经济和便于管理，国家规定，要扩大新闻纸生产规模，只能在现有九家生产企业中进行，不再另行建设新的新闻纸生产企业。因此，该行业具有一定的垄断性。

3.生产工艺及产品状况

从新闻纸生产工艺看，目前国内仍多数采取传统的"化学浆＋磨木浆"的生产方式，因此产品质量与国际上同类产品相比处于中低档水平。而国外的新闻纸生产企业除采用先进的造纸设备和工艺以外，还改进了浆的配比，即逐步以"化机浆"取代"磨木浆"，因此，其产品质量明显高于国内的新闻纸，具体表现在强度高，白度白，适应性好。另外，就国内新闻印刷设备而言，几乎所有大报纸已均从国外引进了高速轮转胶印机，这对新闻纸各项质量指标要求甚高，以传统的磨石磨木浆为主生产的新闻纸难以满足其速度要求，先进印刷设备的优越性得不到充分发挥，这就需要国内新闻纸质量尽快得以提高。

4.国家产业政策

根据国家的"九五"规划，全国用于新闻纸增产总投资约为30亿元，其中近三分之一投入江西纸业股份有限公司(即用于公司年增10.2万吨新闻纸的"九五"技改项目)。公司为了赶上国际先进水平，决定从国外进口主要生产设备，其中包括造纸机和"化机浆"生产线，使产品质量能与国外市场同类产品相竞争，"九五"技改规划完成后，产品质量能达到国际同类产品的水平。

5.结论

综上分析可得出如下结论：

(1)目前国内新闻纸存在一定供给缺口，且国家对新闻纸的进口监管较严，除国内供应特别紧张的年份，(如1995年)临时降低关税放宽进口数量外，其它年份均征收较高的进口关税，使之失去价格竞争优势，这对国内新闻纸生产厂家非常有利。

(2)随着国内经济的发展，新闻纸的需求将以平均每年13%的速度增长，预计到2000年，绝对需求量将增长30－40万吨，即使国家"九五"规划中的扩建工程如期完成，仍然存在少量供给缺口。

(3)公司在国内新闻纸生产企业中具有较强的实力，且待公司新的生产线建成投产后，由于其生产工艺的改进将使产品质量及经济效益大为提高，极大增强公司在国内、国际市场的竞争力，使公司具有很好的前景。

七、募集资金运用

公司本次公开发行所募集资金将全部用于公司的"九五"技改项目，即投资13.1亿元建成年产10.2万吨高质量新闻纸(含13.6万吨化机浆)的技术改造工程，本项目已被国家经贸委列入技术改造第二期"双加"导向性项目计划(国经贸改[1996]555号文)。

"九五"技改项目介绍：

1.建设内容及规模

(1)投资10034万元新建化浆机车间

规模：化机浆300吨/日，主要关键设备如盘磨机、压榨螺旋挤压机、浸渍器、反应器及控制系统从国外引进。

(2)投资5058万元新建废纸脱墨浆车间

规模：废纸脱墨浆100吨/日，主要设备如碎纸机、浮选脱墨设备、筛选净化设备均从国外引进。

(3)投资47189万元新建第四造纸厂

规模：低定量胶印新闻纸300吨/日，全套引进一台具有国际九十年代初国际先进水平的造纸机及控制系统。

(4)投资9680万元相应改造配套的水、电汽等公用工程

主要包括新建供水能力为15万吨/日的水厂；新建110KV的总降压站；新建6000KW发电机组一台，新建75T/H锅炉一台。

规模：供水能力为15万吨/日。

(5)投资4585万元新建污水处理站，处理能力为40000吨/日。

(6)投资3000万元，建设30万亩造纸用速生材基地。

(7)非工程费用：48454万元。

其中：建设期利息19247万元、投资方向税630万元、价差预备费6181万元、土地征用费2851万元、筹建费824万元、生产准备费450万元、其它工程费10000万元、不可预见费8271万元。

(8)自筹铺底流动资金3000万元。

2.投资估算和资金来源

本次技改项目总投资131000万元(含外汇4781万美元)，资金来源为国家将安排96000万元技改专项贷款，其余35000万元由地方自筹解决(其中本次股票发行可募集资金净额24120万元，不足部分通过地方、企业自筹解决)。

资金使用时间表：

时间	1997年	1998年	1999年
金额	3.128亿元	5.672亿元	4.310亿元

3.财务评价

(1)建设周期

本技改项目建设期为2.5年，生产期为18年，经济寿命期为20.5年，初步估计，投产后第一年生产达设计能力的90%，第二年以及以后各年为100%。

(2)销售收入及利润

根据目前新闻纸销售价格以及我们对今后新闻纸市场的预测，达产达标后预计年增销售收入83640万元，利润17555.45万元，假设所得税率为33%，每年新增净利润11762.51万元。

"九五"技改项目盈利预测表

单位：万元

项目	1999年	2000年	2001年
销售收入	54273	108547	13640
利润总额	8777	15799	17555

(3)财务现金流量

通过逐年现金流量分析，全部投资财务内部收益率(税后)为17.1%，投资回收期7.12年(含建设期)。

(4)敏感性分析

对本项目固定资产投资、销售收入及生产成本按增减10%作不确定性分析，计算其税后财务内部收益率，变化情况如下：

变动因素	＋10%	本设计	－10%
固定资产	16.12	17.10	18.30
销售收入	20.83	17.10	12.60
生产成本	15.14	17.10	19.10

从上表可知，销售收入变动最敏感，其次是生产成本，且上表各项结果不小于基准收益率，故本技改项目有较好的抗风险能力。

4.综合评价

如果该"九五"技改项目能够如期完成并顺利投产，则每年公司现生

产能力可以提高一倍,达到了经济规模。并且,新生产线还将为老生产线提供一定数量的纸浆,使老生产线的生产能力得到充分发挥,并做到浆纸平衡。从经济效益看,新建生产线将每年为公司增加1.75亿元利润总额,其经济效益远远高于具有同样产量的老生产线,同时,纸张的质量得到了极大的提高,适应了先进印刷的要求,极大地提高了公司的竞争能力和抗风险能力,具有良好的经济效益。

八、股利分配政策

1.本公司股利分配的一般政策

本公司上交所得税后的净利润在弥补以前年度亏损后,按下列顺序及比例分配:

提取法定公积金(提取比例为10%)

提取法定公益金(提取比例为5%-10%)

提取任意公积金

分配普通股股利

除法定盈余公积金和公益金每项不超过10%外,每一年度的任意盈余公积金和普通股股利的具体分配比例,由董事会视公司经营状况和发展需要提出分配方案,并报股东大会审定。

本公司股票全部为普通股,采取只分股利,不计股息的政策,同股同利,股利同时派付。

2.本公司在股票发行后第一个盈利年度派发一次股利,所发放股利以本次募股后会计年度内实际实现的可分配利润为依据,时间为年终决算后。

3.本公司自一九九六年十二月一日折股后至本公司工商登记日实现的净利润归江纸公司所有。

4.其他应说明的股利分配政策

股东按持股比例参加分配,公司当年亏损或没有盈利时,不分配股利。

本公司股利每年派付一次,公司分派股利时,以公告形式通知股东。

本公司采取现金股利或股票股利的形式分派股利,现金股利以人民币派付,本公司分派股利时,按有关法律和法规代扣股东股利收入的应纳税金。

本公司股利分配政策须待本公司正式成立后由股东大会予以确认。

九、发行人及发行人主要成员的情况

1.本公司名称为:江西纸业股份有限公司

本公司英文名称:JIANGXI PAPER INDUSTRY CO., LTD.

2.本公司注册地址:南昌市董家窑112号

3.本公司筹委会主任:姜和平

4.本公司简介

(1)发起人简介

a.历史沿革

江纸公司的前身是江西造纸厂,1950年开始筹建,1952年10月1日正式投产,当时隶属于江西省工业厅,从1969年起先后隶属于南昌市轻化工业公司、南昌市轻化工业局、南昌市轻工业局,在40多年的发展历程中,先后进行了五次较大规模的扩建和技术改造。江纸公司的日生产能力从5吨提高到现有的300吨水平。

1988年4月经国家经委、国家计委等审核批准为国家大型二档企业。

1994年5月,经江西省人民政府批准,江西造纸厂改制组建成国有独资公司,即"江西纸业有限责任公司"。

1995年7月,江纸公司被江西省人民政府列为全省首批三十三家建立现代企业制度试点企业之一。

b.发展现状

江纸公司是全国造纸行业的大型骨干企业和全国九大新闻纸定点生产企业之一,占地面积50万平方米,在册员工3645人,主导产品为新闻纸。年生产能力为10万吨,每年优质产品产值占公司总产值的85%以上,主导产品"松竹"牌胶印新闻纸先后荣获江西省名牌产品,全国轻工名牌产品和'96中国国际造纸工业博览会名优产品等称号。经过"八五"期间的技术改造,江纸公司的生产规模和产品质量上了一个新台阶,经济效益在全国同行业中排名第四位。通过引进国外先进技术及有关设备,企业的安全生产、内部管理得到进一步增强。近几年来江纸公司注重加大环保投入,目前企业在环保方面已达到国家级环保要求。

江纸公司管理基础工作扎实,重视科技进步,多次受到国家有关部门的表彰。近年来先后荣获全国"降损"工作先进单位、国家科技进步二等奖、全国造林绿化先进单位、江西省质量管理先进企业、江西省省级先进企业、江西省优秀企业、江西省企业管理优胜单位、江西省企业改革管理先进单位等荣誉称号。

江纸公司法定代表人姜和平先生具有丰富的大型造纸企业生产经营管理经验,先后荣获全国轻工业优秀企业家和江西省优秀厂长(经理),并兼任众多国家级和省级社会团体的领导职务。

近三年来,江纸公司实现的利润连年大幅度增长,成为全国1000户重点联系企业之一,江西省利税大户和江西省60户重点调度盈利企业之一(20户重中之重企业之一),由于江纸公司对外经贸发展迅速,1996年1月经国家经贸委和外经贸部批准,江纸公司获得了自营进出口权。

(2)发行人简介

本公司是经江西省股份制改革联审小组办公室1996年12月4日(赣股办)[1996]15号文"关于同意筹建江西纸业股份有限公司"批准筹建,由江纸公司独家发起,投入部分净资产,向社会公众募集股份,以募集设立方式设立。据此成立了本公司筹委会并负责本公司的筹备工作,江西省股份制改革联审小组1997年1月31日(赣股)[1997]01号文"关于同意设立江西纸业股份有限公司"批准本公司设立。

本公司拥有年产能力10万吨新闻纸的先进造纸设备,生产能力居全国同行业前列,本公司拟通过"九五"技改使生产能力达到20万吨,进入全国同行业前三名。

5.发行人的组织机构和内部管理结构

本公司按照《中华人民共和国公司法》的规定将设立股东大会、董事会、监事会、总经理及有关生产经营管理机构,具体组织机构和内部管理结构图如下:(见附表后)

6.本公司的经营范围

本公司主营业务为纸及纸制品,纸浆、造纸机械、造纸原料

本公司兼营业务为化工、木材零售、批发、代购、机械设备、仪器仪表、零配件、设计、生产、安装、维修普通机械及配件、制浆造纸及设备的技术咨询、技术服务。

7.本公司的主要业务为从事新闻纸的生产和销售

8.本公司的主要产品、生产能力、主要市场

(1)主要产品:"松竹"牌新闻纸

(2)生产能力:10万吨/年

(3)主要市场:中央七报一刊南方代印点(即人民日报、光明日报、经济日报、参考消息、中国青年报、工人日报、法制日报,《求是》杂志和上海三大报(解放日报、新民晚报、文汇报)及华东、华中等地区报社和印刷单位。

9.本公司业务收入的主要构成

1996年,本公司主要产品的销售收入占总收入的比例如下:

产品名称	销售收入(万元)	比例(%)
低定量胶印新闻纸	28.356	82.2%
普通新闻纸	6.139	17.8%
销售收入总额	34,495	100%

10.本公司主要原材料的供应,自然资源的耗用情况

本公司主导产品新闻纸生产所需的主要原材料为原木,耗用的自然资源主要为水资源。

原木:

(1)以本公司目前的生产能力计算,每年需原木25万立方米,待"九五"技改完成后,年耗原木将达50万立方米。

(2)本公司目前主要从广西、江西、湖南、湖北等南方森林资源较丰富的省份采购原木。

(3)江西省的木材资源较为丰富,本公司已建立和正在建立总面积80万亩的工业林基地,因此本公司的原木供应将较为稳定。

水:

本公司每年耗用水量达2800万吨。由于本公司地处赣江下游,本公司直接从赣江取水,以供生产所需。

11.根据江西省人民政府(赣府字[1997]13号文件批复,本公司自股票上市后起执行15%的所得税税率,同时享有股份制企业的各项经营管理自主权。

12.发行人过去三年内重大改组行为

(1)1994年3月,江西省人民政府(赣府发)[1994]06号文,同意发起人的前身——江西造纸厂被列为江西省国有独资公司的试点企业,经南昌会计师事务所评估并经南昌市国有资产管理局(洪国资字)[1994]第29号文确认,1994年5月25日,南昌市经济体制改革委员会(确认书)确认改组合格,并同意进行工商变更登记。

(2)1996年12月,经江西省股份制改革联审小组办公室(赣股办)[1996]15号文件批复,批准筹建江西纸业股份有限公司。

本次股份制改制资产重组的过程如下:

重组前江纸公司拥有造纸一厂、造纸二厂、造纸三厂、碱回收厂、轻工机械厂、热电厂、铁路专用线以及医院、学校等非经营性资产,在本次重组中,将造纸二厂、造纸三厂、碱回收厂的机器设备作为实物资产投入股份公司。这部分资产帐面总价值为25746.63万元,其中帐面净资产为8000.01万元,占江西纸业有限责任公司净资产总额的36.19%(8000/22100=36.19%),负债为17746.62万元。经江西会计师事务所评估,上述资产总值为26843.76万元,其中净资产9097.14万元(评估升值1097.13万元),负债为17746.62万元。

投入的9097.14万元净资产按1:0.6595的比例折为6000万元国有法人股,超过面值部分计入资本公积金。

股份公司使用的其他资产如厂房、土地等由江纸公司租赁给股份公司,而江纸公司所供应的水、电、汽由股份公司按双方商定的不高于市场价格的协议价格支付费用。

13.关联交易

本公司与控股公司——江纸公司之间的关联交易主要有:江纸公司为本公司提供水、电、汽及铁路运输、仓储服务,江纸公司向本公司出租商标使用权和土地使用权,另外江纸公司为本公司提供后勤方面的服务,具体内容如下:

(1)公司租用江纸公司59256平方米的土地,每年支付租金252.34万元,自1997年1月1日起租,租期50年。

(2)公司租用江纸公司53385.17平方米的厂房,每年支付租金572.67万元,自1997年12月1日起租,租期50年,其间维修费用由江纸公司承担,房屋租金从1997年1月1日起计算。

(3)公司取得了江纸公司"松竹"牌商标的独家使用权,每生产一吨新闻纸公司向江纸公司支付10元使用费。

(4)江纸公司保证长期稳定供应公司生产电力、水、蒸汽,双方以市价结算费用。

(5)江纸公司为公司提供铁路专用线、船运专用码头、仓储货场,仓库等方面的使用服务,双方按等价有偿的原则处理上述业务。

(6)江纸公司还为公司员工提供医疗、子女入托入学等各种后勤服务,公司向江纸公司按协商价格支付费用。

双方的关联交易已由双方签署一系列关联协议约束。详细参见本招股说明书第22部分——《重要合同和重大诉讼事项》。

14.本公司的最大股东——江纸公司承诺将不从事与股份公司相竞争的业务。

由于江纸公司已将新闻纸生产经营性资产投入本公司,因此,江纸公司将不再从事与股份公司相竞争的业务,其主要作为本公司国有股权持有者,行使股东权益、承担义务,负责国有资产保值增值。其资产主要由造纸一厂、热电厂、轻机厂及其他非经营性资产组成,其中造纸一厂是生产卫生系列纸,与本公司的业务不会产生同业竞争。

15.本公司筹委会简介:

姜和平先生,本公司筹委会主任,男,44岁,大学本科学历,中共党员,高级经济师,中国国资青年总裁委员会常务理事,江西省工业经济协会常务理事,江西省造纸印刷协会副会长,南昌市人大代表,全国轻工业优秀企业家和江西省优秀经理。姜先生长期从事大型制浆造纸企业生产经营管理和领导工作,具有丰富的管理经验,历任车间副主任、主任,分厂副厂长,分厂厂长,副厂长、常务副厂长、厂长。现任江西纸业有限责任公司董事长、总经理、党委副书记。姜先生现有年收入16,000元左右(含工资、津贴、奖金等)。

高庆鸿先生,本公司筹委会副主任,男,57岁,大专学历,中共党员,高级工程师、高级政工师,曾获"江西省优秀厂长"、"南昌市劳动模范"称号。高先生长期从事大型制浆造纸企业的党政领导工作,具有丰富的党群工作和管理经验,历任工艺技术科副科长、厂办副主任、主任,副厂长、党委书记、厂长。现任江西纸业有限责任公司党委书记、副董事长。高先生现有年收入17,000元左右(含工资、津贴、奖金等)。

彭春林先生,本公司筹委会成员,男,42岁,大专学历,中共党员,高级经济师,江西省市场营销协会常务理事。彭先生长期从事新闻纸生产的经营管理,并主管营销工作,具有丰富的管理经验,历任厂办副主任,主任,厂长助理,副厂长。现任江西纸业有限责任公司董事、副总经理。彭先生现有年收入为15,500元左右(含工资、津贴、奖金等)。

李水保先生,本公司筹委会成员,男,49岁,大专学历,中共党员,高级经济师,李先生长期从事企业党群和企业管理工作,具有丰富的党群工作和管理经验,历任组织部副部长、部长,工会主席、副厂长,现任江西纸业有限责任公司董事、副总经理。李先生现有年收入16,000元左右(含工资、津贴、奖金等)。

吴二罗先生,本公司筹委会成员,男,43岁,大专学历,中共党员,经济师,江西省质量管理协会副会长。吴先生长期从事新闻纸生厂管理,并主管生产工作,具有丰富的管理经验,历任车间副主任,主任,厂办主任,生产运行部部长,总经理助理。现任江西纸业有限责任公司董事,副总经理。吴先生现有年收入为15,000元左右(含工资、津贴、奖金等)。

何睦文先生,本公司筹委会成员,男,40岁,大专学历,中共党员,高级工程师,江西省造纸学会副会长。何先生长期从事新闻纸生厂的技术管理并主管技术工作,尤其擅长大型技术改造项目组织领导工作,具有丰富的管理经验和新闻纸生产专业知识,历任车间副主任、生产调度室副主任,总工程师助理、副总工程师。现任江西纸业有限责任公司董事,总工程师。何先生现有年收入15,500元左右(含工资、津贴、奖金等)。

孙建明先生,本公司筹委会成员,男,38岁,大学本科学历,中共党员,高级政工师、经济师,孙先生长期从事企业党群工作,具有丰富的党群工作经验,历任修建科科长、车间副书记,销售处处长兼支部书记,市场经营部副部长,现任江西纸业有限责任公司党委副书记。孙先生现有年收入为14,500元左右(含工资、津贴、奖金等)。

兰举贤先生,本公司筹委会成员,男,48岁,大专学历,中共党员,高级经济师,南昌市政协委员。兰先生长期从事企业党群工作,具有丰富的党群工作经验,历任保卫科副科长、车间副书记、总务科副书记兼副科长、厂长助理、工会主席,现任江西纸业有限责任公司董事,工会主席。兰先生现有年收入15,500元左右(含工资,津贴、奖金等)。

罗文先生,本公司筹委会成员,男,39岁,大专学历,中共党员,高级政工师,罗先生长期从事企业党群工作,具有丰富的党群工作经验,历任宣传部副部长、部长。现任中共江西纸业有限责任公司纪检委书记。罗先生现有年收入14,500元(含工资、津贴、奖金等)。

饶建山先生,本公司筹委会成员,男,41岁,大学本科学历,高级工程师,南昌市政协委员,饶先生具有丰富的新闻纸生产专业知识,尤其擅长大型技术改造项目的组织领导工作,历任技改处制浆室副主任、主任,技改处副处长,技改部副部长。现任江西纸业有限责任公司总经理助理、副总工程师,技改部部长。饶先生现有年收入14,500万元(含工资、津贴、奖金等)。

姜凤水先生,本公司筹委会成员,男,44岁,大学学历,中共党员,经济师，历任车间副主任、主任。现任江西纸业有限责任公司造纸三厂厂长，姜先生现有年收入12,000元左右(含工资、津贴、奖金等)。

蔡敏如先生，本公司筹委会成员，男，56岁，高中文化，中共党员，经济师，历任车间副主任，主任，造纸二厂厂长。蔡先生现有年收入12,000元左右(含工资、津贴、奖金等)。

徐斌先生，本公司筹委会成员，男，48岁，大专学历，中共党员，经济师，历任车间副主任、主任，干教科副科长，厂办副主任，主任，现任江西纸业有限责任公司组织部部长、人事管理部长、经济发展部部长，徐先生现有年收入11,000元左右(含工资、津贴、奖金等)。

汪立浩先生，本公司筹委会成员，男，55岁，中专学历，中共党员，经济师，历任车间副主任、主任，生产调度室主任，厂办主任，计划调度处处长，生产运行部副部长。现任江西纸业有限责任公司生产运行部部长、企管部部长兼江西纸业股份有限公司(筹)办公室主任。汪先生现有年收入11,000元左右(含工资、津贴、奖金等)。

邓润国先生，本公司筹委会成员，男，36岁，大专学历，中共党员，高级会计师，全国财会工作先进工作者，历任财务科副科长，财务处处长，现任江西纸业有限公司副总会计师、财务部部长兼江西纸业股份有限公司(筹)办公室副主任，邓先生现有年收入为11,000元左右(含工资、津贴、奖金等)。

黄棹桢先生，本公司筹委会成员，男，40岁，大专学历，中共党员，经济师，南昌市政协委员，南昌市企业管理协会和南昌市企业家协会副秘书长，历任厂办秘书、厂办副主任、企管办副主任。现任江西纸业有限责任公司企管部副部长、公司办公室副主任兼江西纸业股份有限公司(筹)办公室副主任。黄先生现有年收入为10,000元左右(含工资、津贴、奖金等)。

姜　宏先生，本公司筹委会成员，男，41岁，大专学历，中共党员，经济师，历任技改处办公室副主任、房地产公司经理、市场经营部副部长。现任江西纸业有限责任公司市场经营部部长。姜先生现年收入为10,500元左右(含工资、津贴、奖金等)。

邹擎云先生，本公司筹委会员成员，男，35岁，大学本科学历，中共党员，高级工程师，历任车间副主任、主任、轻机厂厂长、设备动力部副部长。现任江西纸业有限责任公司设备动力部部长。邹先生现有年收入为10,500元左右(含工资、津贴、奖金等)。

本公司筹委会承诺江纸公司董事长、总经理将不兼任本公司总经理。

十、经营业绩

1.生产经营的一般情况

江纸公司是全国九大新闻纸定点生产企业之一，新闻纸年生产能力为10万吨，产品中85%为优质产品。近三年来，江纸公司进行了"八五"技术改造，产品质量和生产规模上了一个新台阶。

2.销售及利润情况

本公司近三年来模拟销售收入及利润情况如下表：

单位：千元

项目	1996年度	1995年度	1994年度
主营业务收入	344,952	213,504	85,431
主营业务利润	44,844	30,609	8,820
利润总额	44,812	30,898	8,994
净利润	38,090	26,263	7,645

3.完成的重大项目和科研成果

(1)完成的重大项目

江纸公司历来重视技术进步，不断加速科技成果转为生产力，成立40多年来先后进行了多次大规模的技术改造和革新，使日产量从5吨增加到现有300吨的规模。

(2)科研成果

a.八十年代初，江纸公司在江西造纸行业中首家建成了年回收3500吨烧碱的碱回收厂，通过对生产过程中的碱液进行处理，对生产用碱进行回收，大大减少了造纸废液对环境的污染。

b.八十年代初期，本公司在全国造纸行业率先运用造纸微机调度管理系统进行生产调度管理，此项科研成果获国家科技进步二等奖。

4.产品性能与质量状况

本公司产品——"松竹"牌新闻纸，质量已达到新闻纸Bs技术标准，具有定量低，纵向拉力大，吸墨性能好，不掉毛与不掉粉的特点，先后荣获"江西省名牌产品"和"全国轻工名牌产品"，"'96中国国际造纸工业博览会名优产品"称号。

5.筹资与投资方面情况

本公司主要的筹资渠道为银行贷款，包括国家专项技改贷款，省、市财政"拨改贷"及发行企业债券等，"八五"期间本公司筹集了2.8亿元进行技术改造，生产能力达到了10万吨。本公司"九五"期间技改贷款主要由国家开发银行和中国工商银行提供。

6.生产经营设备，主要固定资产增加、改进情况

(1)生产经营设备改进情况

"八五"期间，本公司从国外引进了八十年代末国际先进水平的造纸技术和设备，大幅度提高了劳动生产率，降低了生产成本，本公司开始走向规模化经营之路。

a.新增两台3150mm纸机

该纸机由上海造纸机械总厂引进奥地利VOITH公司技术制造，为国内生产能力最大，技术最先进的纸机，该纸机配备的低脉冲上浆系统，高湍流流浆箱。全脱水板网集、高线压复合压榨、烘缸袋道风、恒张力控制系统等均属八十年代国际先进水平。

b.纸机控制系统

引进德国AEG公司纸机速度控制系统

引进美国麦休公司纸贡、水份、定量、厚度自控系统

c.机浆控制保护系统

从奥地利鲍尔公司引进的高浓度盘磨设备。

(2)主要固定资产改进、增加情况

"八五"期间，在省市政府的支持下，本公司进行了大规模的技术改造，使固定资产原值从27,752万元增加到56,408万元，固定资产净值从20,481万元增加到49,137万元。

7.职工数量与业务水平的变化

本公司的发起人——江纸公司设有专门的职工培训中心，1996年江纸公司技术人员和管理人员参加继续教育的有150人，适应性培训212人，接受高等教育214人，资格培训40人，培训面占总数的89.6%；职工参加技术等级培训的有3526人，培训面达97%。江纸公司于94、95年度被评为全国轻工系统造纸行业职工教育先进单位。

十一、股本

1.注册股份：本公司成立后注册资本为105,000,000元，本次发行向社会公众募集45,000,000股(含公司职工股4,500,000股)，每股面值1元，发行价为5.60元/股。

2.超过面值部分在扣除募股费用后列入资本公积金，所募集资金按本说明书第六章所载用途使用。

3.本公司发起人——江西纸业有限责任公司，以9,097.14万元净资产(其中包括本次评估升值的1,097.13万元)按65.95%比例折为6,000万股，超过面值部分列入资本公积金。该部分资产已经南昌会计师事务所、江西会计师事务所验证和评估，并经国家国有资产管理局[国资评[1997]第105号]确认。

4.本公司本次发售每股面值1.00元之人民币普通股4,500万股，新股发行后，本公司注册股本将为105,000,000元，其股本结构如下：

股权种类	股数(股)	所占比例(%)
国有法人股	60,000,000	57.14%
社会公众股	45,000,000	42.86%
其中：公司职工股	4,500,000	4.29%
股本总量	105,000,000	100.00%

5.净资产

本次发行后净资产总额33,217万元

本次发行前每股净资产1.52元/股

本次发行后每股净资产3.16元/股

以上数据均以1996年11月30日净资产和本次募股资金净额计算

6.本公司筹委会成员一共18人,其中姜和平和高庆鸿认购4,500股,彭春林、李水保、吴三罗、何睦文、孙建明、兰举贤、罗文、饶建山认购3,000股,其他高级管理人员认购2,000股。

十二、财务会计资料

以下为江西纸业股份有限公司(筹)1994年至1996年之主要财务资料,如果投资人欲对发行人的财务状况,经营成果及会计政策进行更详细的了解,应当认真阅读在附录中所载的发行人财务报表和注释。

此部分材料摘自南昌会计师事务所[洪会股审字][1997]第01号的审计报告。

(一)会计报表的主要数据

1.资产负债表数据、利润表、财务状况变动表(见附表)

2.主要财务指标

项目	1996.12.31	1995.12.31	1994.12.31
资产负债率	66.84%	69.00%	71.50%
速动比率	0.71	0.56	0.63
流动比率	1.39	1.57	1.31
每股净利(元)	0.635	0.438	0.127

附注:每股净利计算口径系以6000万元的股本计算得来。

项目	1996年	1995年	1994年
净资产收益率	41.6%	36.0%	18.4%
应收帐款周转率	11.4	17.7	14.6
存货周转率(次)	5.6	6.4	6.5

(二)发行人财务状况和经营成果的一般性介绍

本公司于一九九五年下半年投产了"八五"技术项目——造纸三厂,因而1995年比1994年的资产规模、营运资金、主营业务收入和净利润大幅度增加。

(三)重要会计政策

1.公司执行的会计制度

股份制改组前,执行《企业会计准则》及《工业企业会计制度》;改组后执行《企业会计准则》和《股份制试点企业会计制度》。经审计的94年度、95年度、96年度会计报表已按《股份制试点企业会计制度》及有关补充规定进行了政策性调整。

2.会计期间:以公历1月1日至12月31日为一会计年度

3.货币核算:以人民币为记帐本位币进行核算。发生外币业务时,按业务发生当月1日的市场汇价,折合人民币记帐,各外币帐户期末余额按期末汇率进行调整。

4.记帐原则和计价基础

公司按权责发生制为记帐原则,以历史成本为计价基础,采用借贷复式记帐方法。

5.存货计价方法

(1)原辅材料购入时采用实际成本计价,领用时以加权平均法计价;

(2)修理用配件及维修材料购入时以计划成本价计价,领用时调整为实际成本核算;

(3)低值易耗品采用"五·五"摊销法核算;

(4)产成品入库按实际成本计价,发出时按先进先出法计价核算。

6.坏帐准备

根据财务制度规定,按应收帐款年末余额的3‰计提。

7.固定资产及其折旧

固定资产按实际成本计价,固定资产标准为价值2000元以上,并使用年限在一年以上。折旧采用直线法平均计算,残值率为3%,使用年限及年折旧率为:

类别	折旧年限(年)	年折旧率(%)
专用设备	12-14	6.92-8.08
通用设备	12-14	6.92-8.08

8.有关资产租赁费标准:改制后土地使用权,房屋及建筑物等租赁费以评估确认的租赁费标准作为底价计算。

9.销售收入实现:以开出发票且产品已经发出,款项已经收讫,或已取得索取货款的凭证作为销售收入的实现。

10.主要税项

(1)增值税:按销售收入的17%计算销项税,抵扣进项税后的余额交纳;

(2)城市维护建设税,按应纳增值税额的7%计征;

(3)教育费附加:按应纳增值税额的3%计征;

(4)印花税:按税务局核定的标准交纳;

(5)所得税:改制前根据南昌市人民政府办公厅一九九四年六月八日市政府办秘抄字(1994)131号对"江西纸业有限责任公司"的抄告单,同意公司从1994年上交所得税按15%的税率执行。

改制后,根据江西省人民政府[赣府字][1997]13号文《关于给予江西纸业股份有限公司所得税优惠的批复》,1997年度起公司按33%税率征收,然后由市财政返还18%,实际税负为15%。

11.利润分配

改制前,公司交纳所得税后的利润,按如下顺序分配:(1)弥补以前年度的亏损;(2)提取法定盈余公积金10%;(3)提取公益金10%;(4)向投资者分配利润。

改制后,将按《公司法》和股东大会决议进行利润分配。

(四)会计报表编制基准及其方法

改制前,造纸二厂、造纸三厂、碱回收厂是比较完整的生产线,三个厂属责任公司的二级核算单位,其占用的资产,在帐薄记录上比较清晰,其营业收入、制造成本、营业税金及附加、其他业务利润在有关帐薄记录上均单独反映。在编制时,按资产重组方案将进入公司的三个经营性资产(不包括三个厂的土地、房屋、建筑物等)、负债及权益,从母体(江西纸业责任有限公司,下同)报表中剥离出来,并按其归属和一贯性原则推算出94、95年度的资产负债表。

94、95、96年度的利润表,其营业收入、制造成本、营业税金及附加,其他业务利润以有关帐薄记录为基础,管理费用、财务费用、销售费用按进入公司的管理人员配置、资产负债配置以及生产需要进行计算,从母体报表中剥离出来。

在编制上述报表时,按照《股份制试点企业会计制度》及有关补充规定的要求进行调整。

报告期间的报表编制方法前后期一致。

(五)会计报表注释(1996年12月31日)　　单位:人民币元

注释1.货币资金:	9,250,666
其中:现金	2,953
银行存款	9,247,713
注释2.应收帐款:	42,177,833

共25户,帐龄均为一年以内。

单位名称	金额	主要内容
文汇报	1,238,607	应收销售新闻纸款
工人日报	2,650,177	"
经济日报	694,517	"
南京日报	1,185,964	"
新民晚报	808,802	"
湖北日报	3,884,816	"
羊城晚报	2,850,903	"
安徽日报	2,752,274	"
新华日报	2,616,754	"
法制日报	604,566	"

甘肃日报	547,455	"
光明日报	1,758,303	"
广西日报	169,246	"
信息日报	949,775	"
劳动日报	299,149	"
长江日报	2,519,114	"
大众日报	2,867,334	"
中国教育报	417,958	"
中国青年报	3,043,466	"
上海青年报	1,129,699	"
新华社物资处	3,319,824	"
江苏广播电视报	1,034,438	"
盐阜大众日报印刷厂	1,733,831	"
上海每周广播电视报	2,012,372	"
安徽广播电视报印刷厂	1,088,489	"
合计	42,177,833	"

本帐户无持有公司5%以上股份的股东欠款,1996年比1995年余额增加23,875,016元,增幅为130.44%,1995年比1994年余额增加12,445,873元,增幅为212.50%,系新生产线投产,生产销售规模不断扩大所致。

注释3 预付货款(1户) 2,734,949

进货原料基地,帐龄为一年以内,预付木材款。

注释4.其他应收款(1户) 617,029

代垫款项,帐龄为一年以内

1996年比1995年余额增加380,056元,增幅为160.38%,系代垫九五技改项目的规划设计费、旅差费、培训费等增加所致。

注释5.待摊费用 405,434

系94年实行增值税时的期初进项税,从江西纸业有限责任公司帐面余额中剥离出来,并已取得南昌市国税局直属一分局确认。

注释6.存货	53,361,373
其中:原材料	33,488,038
辅助材料	3,674,200
维修材料	9,579,876
包装物	270,031
低值易耗品	352,004
在产品	1,828,306
产成品	4,168,918
合　计	53,361,373

注释7.固定资产及累计折旧

A固定资产原价

类别	1996年1月1日	本年增加数	本年减少额	1996年12月31日
专用设备	111,349,951	14,015,739	——	125,365,690
通用设备	89,801,062	11,301,708	——	101,102,770
合计	201,151,013	25,317,447	——	226,468,460

B累计折旧

类别	1996年1月1日	本年增加额	本年减少额	1996年12月31日
专用设备	18,265,139	16,252,430	——	34,517,569
通用设备	11,345,308	13,106,190	——	24,451,498
合计	29,610,447	29,358,620	——	58,969,067

C.固定资产净值

1996年1月1日	本年增加额	本年减少额	1996年12月31日
171,540,566	9,878,477	13,919,650	167,499,393

说明:

A.固定资产原值增加25,317,447元,系评估增值所致。

B.累计折旧增加29,358,620元,由本年计提折旧13,919,650元和评估增加折旧15,438,970元构成。本年计提折旧中:专用设备为7,705,417元,通用设备为6,214,233元,评估增加折旧额中:专用设备8,547,014元,通用设备为6,891,956元。

C.固定资产净值增加9,878,477元,系评估增值,固定资产净值减少13,919,650元,系本年计提折旧所致。

固定资产原值1995年比1994年增加152,936,360元,增幅为317.20%,系"八五"技术改造工程于95年11月竣工验收投入生产,由在建工程转入所致。

注释8.短期借款 49,154,000

贷款单位	借款日	到期日	月利率(‰)	币种	金额	借款条件
市工行阳明路办事处	96.07.02	97.01.02	10.065	人民币	1,000,000	担保
市工行阳明路办事处	96.07.09	97.01.09	10.065	人民币	1,900,000	担保
市工行阳明路办事处	96.07.15	97.01.15	10.065	人民币	230,000	担保
市工行阳明路办事处	96.07.16	97.01.16	10.065	人民币	3,500,000	担保
市工行阳明路办事处	96.08.01	97.02.01	10.065	人民币	650,000	担保
市工行阳明路办事处	96.08.08	97.02.08	10.065	人民币	2,000,000	担保
市工行阳明路办事处	96.08.13	97.02.13	10.065	人民币	500,000	担保
市工行阳明路办事处	96.08.30	97.02.28	9.24	人民币	2,000,000	担保
市工行阳明路办事处	96.08.30	97.02.28	9.24	人民币	1,500,000	担保
市工行阳明路办事处	96.08.30	97.02.29	9.24	人民币	160,000	担保
市工行阳明路办事处	96.09.03	97.03.03	9.24	人民币	1,350,000	担保
市工行阳明路办事处	96.09.04	97.03.04	9.24	人民币	1,200,000	担保
市工行阳明路办事处	96.09.09	97.03.09	9.24	人民币	3,800,000	担保
市工行阳明路办事处	96.09.18	97.03.12	9.24	人民币	400,000	担保
市工行阳明路办事处	96.09.13	97.03.13	9.24	人民币	200,000	担保
市工行阳明路办事处	96.09.16	97.03.16	9.24	人民币	400,000	担保
市工行阳明路办事处	96.09.19	97.03.19	9.24	人民币	3,500,000	担保
市工行阳明路办事处	96.09.20	97.03.20	9.24	人民币	3,000,000	担保
市工行阳明路办事处	96.09.28	97.03.28	9.24	人民币	2,500,000	担保
市工行阳明路办事处	96.10.08	97.04.08	9.24	人民币	3,000,000	担保
市工行阳明路办事处	96.10.10	97.04.10	9.24	人民币	400,000	担保
市工行阳明路办事处	96.10.25	97.04.25	9.24	人民币	104,000	担保
市工行阳明路办事处	96.10.31	97.04.30	9.24	人民币	1,600,000	担保
市工行阳明路办事处	96.11.08	97.05.08	9.24	人民币	3,000,000	担保
市工行阳明路办事处	96.11.15	97.05.15	9.24	人民币	2,100,000	担保
市工行阳明路办事处	96.12.02	97.06.02	9.24	人民币	350,000	担保
市工行阳明路办事处	96.12.05	97.06.05	9.24	人民币	2,000,000	担保
市工行阳明路办事处	96.12.10	97.06.10	9.24	人民币	2,000,000	担保
市工行阳明路办事处	96.12.20	97.06.20	9.24	人民币	2,000,000	担保
市工行阳明路办事处	96.12.31	97.07.01	9.24	人民币	2,810,000	担保
合计					49,154,000	

1996年比1995年增加17,354,000元,增幅57.57%,1995年比1994年增加18,000.000元,增幅为130.43%,系生产规模不断扩大,所需资金增加所致。

注释9、应付票据 10,000,000

票据类别	收款人名称	出票日期	面额	到期日
银行承兑汇票	省机电设备公司	96.07.16	50万	97.01.14
"	省机电设备公司	96.07.16	100万	97.01.23
"	江西宜黄县林业 工业公司	96.08.07	50万	97.02.18
"	江西宜黄县林业 工业公司	96.09.10	50万	97.03.03
"	江西光辉物资有 限公司	96.09.10	200万	97.03.20
"	赣州储木场木材 公司	96.10.11	30万	97.04.05
"	新会远东网厂	96.10.11	30万	97.04.10
"	河北安平县造纸 网厂	96.10.11	40万	97.04.03
"	广昌盱江联商贸 易经理部	96.10.15	20万	97.04.11
"	中国林科院南宁 办事处	96.10.15	80万	97.04.09
"	中国林科院南宁 办事处	96.10.15	70万	97.04.10

"	江西光辉物资有限公司	96.11.05	100万	97.04.06
"	市郊前湖城洪木竹经销部	96.11.05	100万	97.05.03
"	江西光辉物资有限公司	96.11.22	80万	97.05.02
合计			1000万	

1996年余额增加10,000,000元,是公司生产量增大,所需材料增加,及付款信誉提高所致。

注释10.应付帐款　　10,691,129

单位名称	金额	主要内容
南宁树木园	26,678	应付木材款
宁都横江林场	158,123	"
赣县林业公司	11,762	
兴达纸业公司	43,000	应付纸浆款
广西贺县纸浆厂	1,824,400	
南昌造纸工业公司	3,362,348	
瑞德经济发展公司	129,169	应付木材款
湖南礼陵木材公司	50,000	"
会同侨汇经济公司	50,000	"
靖安县躁都森工站	5,200	"
杰灵实业有限公司	4,668,884	"
南漳林产品经销公司	19,978	"
庆远林场宜山储木场	16,494	"
广西宁明派阳山林场	127,421	"
广西宜山县流河储木场	51,531	"
南京港运输代理贸易公司	20,000	"
吉安地区储木场经销公司	126,141	"
合计	10,691,129	"

本帐户无持有公司5%以上的股份的股东应付款,1996年比1995年余额增加6,032,871元,增幅为129.51%,95年比94年余额增加4,274,756元,增幅为1114.6%,主要是由于业务扩大,客户增多所致。

注释11.未交税金　　1,456,477

其中:增值税　　934,619

所得税　　456,435

城建税　　65,423

1996年比1995年余额增加1,366,380元,增幅1516.57%,系1995年末预交了一部分税金。

注释12.其他应付款

供电局电费　　6,115,966

96年比95年余额增加2,288,132元,增幅为59.78%,95年比94年余额增加2,582,091元,增幅为207.27%,系生产规模扩人,用电量增加所致。

注释13.长期借款　　104,020,000

贷款单位	借款日	到期日	年利率	币种	金额	借款条件
市工行阳明路办事处	93.03.31	98.03.30	8.46%	人民币	920,000	担保
市工行阳明路办事处	93.11.16	98.10.30	14.04%	人民币	1,500,000	担保
市工行阳明路办事处	93.11.30	98.11.29	14.04%	人民币	1,500,000	担保
市工行阳明路办事处	93.12.18	98.12.30	10.98%	人民币	7,000,000	担保
市工行阳明路办事处	93.12.18	98.12.30	10.98%	人民币	1,500,000	担保
市工行阳明路办事处	93.12.31	98.06.30	10.98%	人民币	1,650,000	担保
市工行阳明路办事处	94.01.04	99.01.04	10.98%	人民币	10,000,000	担保
市工行阳明路办事处	94.01.27	98.12.30	10.98%	人民币	2,500,000	担保
市工行阳明路办事处	94.02.02	98.02.04	10.98%	人民币	2,850,000	担保
市工行阳明路办事处	94.03.24	98.03.23	10.98%	人民币	7,500,000	担保
市工行阳明路办事处	94.04.22	99.04.21	10.98%	人民币	1,500,000	担保
市工行阳明路办事处	94.05.31	98.06.01	10.98%	人民币	500,000	担保
市工行阳明路办事处	94.06.16	98.08.30	10.98%	人民币	1,500,000	担保
市工行阳明路办事处	94.07.26	99.06.30	14.04%	人民币	5,000,000	担保
市工行阳明路办事处	94.08.29	99.12.30	14.04%	人民币	9,000,000	担保
市工行阳明路办事处	94.09.22	99.12.30	14.04%	人民币	4,000,000	担保
市工行阳明路办事处	94.10.19	99.12.30	10.98%	人民币	4,000,000	担保
市工行阳明路办事处	94.12.23	99.12.30	10.98%	人民币	6,000,000	担保
市工行阳明路办事处	95.03.22	99.10.31	11.70%	人民币	4,600,000	担保
市工行阳明路办事处	95.06.30	99.10.30	11.70%	人民币	8,000,000	担保
市工行阳明路办事处	95.11.24	2000.9.25	15.30%	人民币	7,000,000	担保
市工行阳明路办事处	95.12.14	2000.6.30	15.30%	人民币	2,000,000	担保
市工行阳明路办事处	95.12.14	2000.3.31	15.30%	人民币	4,000,000	担保
市工行阳明路办事处	95.12.21	2001.3.31	15.30%	人民币	2,300,000	担保
市工行阳明路办事处	95.12.28	2001.6.30	15.30%	人民币	2,000,000	担保
市工行阳明路办事处	95.12.28	2001.9.30	15.30%	人民币	2,700,000	担保
市工行阳明路办事处	96.03.29	2001.9.30	15.30%	人民币	3,000,000	担保
合计					104,020,000	

95年比94年余额增加32,840,000元,增幅为38.11%,系"八五"技改工程所需资金增加所致。

注释14.长期应付款　　2,677,629

其中:育林基金　　2,416,456

环保补助金　　261,173

育林基金是按江西省财政厅、江西省轻工厅89年的有关规定,从成本中提取用于育林基地的款项,此款待育林基地建成后,一次性结算拨给基地,环保补助金是93年前由南昌市环保局从本公司上交的排污费中返还的款项,专门用于支付企业环境保护方面的费用。

注释15.股本　　60,000,000

1996年12月31日前余额为人民币4,009万元,1996年12月31日余额为人民币6,000万元,系由江西纸业有限责任公司以评估确认的国有净资产90,971,309元(包括股票股本4,009万元,资本公积26,027,772元,盈余公积13,882,331元,资产评估升值10,971,256元)按65.955%的折股比例折为6000万股,每股面值1元人民币。

注释16.资本公积　　30,971,309

系本公司发起人江西纸业有限责任公司以1996年11月30日评估后的国有净资产90,971,309元,按65.955%折股比例折股后的余额部分,根据有关规定计人资本公积。本公司1995年资产负债表上反映的资本公积26,027,722元,系1995年清产核资评估增值所产生,该项增值已获南昌市国有资产管理局核准。

注释17.盈余公积　　517,292

1996年12月31日原帐面值为14,399,624元,折股后余额为517,292元,其形成过程如下:

提取年份	法定公积金	法定公益金	合计
1994	764,460	764,460	1,528,920
1995	2,626,316	2,626,316	5,252,632
1996	3,809,036	3,809,036	7,618,072
合计	7,199,812	7,199,812	14,399,624

注释18.主营业务收入及主营业务成本

项目	96年	95年	94年
主营业务收入	344,952,157	213,503,670	84,430,927
其中:低定量胶			
印新闻纸	283,558,489	145,899,845	
普通新闻纸	61,393,668	67,603,825	85,430,927
主营业务成本	265,390,449	165,323,724	68,049,444

公司主要生产销售产品为低定量胶印新闻纸,普通新闻纸。

主营业务收入96年比95年增加131,448,487,增幅61.57%,95年比94年增加128,072,743元,增幅149,91%,系由于造纸三厂生产线完工,95年下半年正式开始投产所致。

注释19.销售费用

项目	96 年	95 年	94 年
工资及附加	344,401	229,362	126,937
业务费	1,877,078	1,099,088	451,221
广告费	87,000	66,600	35,000
其他	137,476	95,866	40,756
合计	2,445,955	1,400,916	653,914

1996 年比 1995 年增加 1,045,039 元,增幅 74.6%,95 年比 94 年增加 747,002 元,增幅 114.24%,系销售规模不断扩大,费用随之增加所致。

注释 20、管理费用

项目	96 年	95 年	94 年
工资及附加	5,000,961	4,452,106	2,988,116
差旅费	797,451	932,764	193,833
办公费	392,797	436,712	93,260
业务招待费	514,857	381,622	240,993
修理费	687,272	649,887	343,655
物料消耗	376,345	342,653	53,918
折旧费	136,078	136,078	106,028
劳动保护费	1,113,328	966,079	609,247
排污费	241,000	374,000	68,000
坏帐准备	72,436	37,337	17,571
其他	2,892,542	2,811,102	806,109
合计	12,225,067	11,520,340	5,520,730

95 年较 94 年增加 5,999,610 元,增幅 108.67%,主要原因是:

1. 业务量增大,有关费用相应增加;

2. 办公设备更新增加了支出;

3. 新增工伤事故保险。

注释 21. 财务费用

	96 年	95 年	94 年
利息净支出	18,206,560	4,228,169	2,130,808
手续费	63,773	3,288	2,133
合计	18,270,333	4,231,457	2,132,941

1996 年比 1995 年增加 14,038,876 元,增幅 331.8%,是由于生产规模扩大,流动资金借款增加所致;1995 年比 1994 年增加 2,098,516 元,增幅 98.4%,是由于 1995 年 11 月份固定资产竣工决算后的长期借款利息在财务费用中列支所致。

注释 22. 其他业务利润

	96 年	95 年	94 年
其他业务净利润	313,633	289,191	174,089

系废料回收处理等收入。

注释 23. 营业外支出

1996 年度发生额为 344,952 元,系根据江西省人民政府赣府发(1995)63 号文《关于印发<江西省征集防洪保安资金暂行规定>的通知》规定,从 1996 年 1 月 1 日起按销售收入的 1‰支付的防洪资金。

(六)或有负债

截至 1996 年 12 月 31 日止,本公司无任何重大担保,重大财务承诺及其他或有债项。

(七)关联交易

截止 1996 年 12 月 31 日,本公司无关联交易。

(八)期后事项

截至本报告日 1997 年 2 月 4 日止,本公司无发生重大期后事项。

本公司无任何重大担保,重大财务承诺及其他或有债项。

十三、资产评估的主要情况

摘自江西省会计师事务所[赣会师评字][1997]第 001 号的评估报告书。

1. 资产评估情况(评估基准日:1996 年 11 月 30 日)

单位:千元

项目	帐面原值	帐面净值	重置价值	评估值	增减值	增值率(率)
流动资产	9,882.65	9,868.54	9,977.82	9,977.82	109.28	1.11%
固定资产	20,115.10	15,878.09	22,646.85	16,865.94	987.85	6.22%
资产总计	29,997.75	25,746.63	32,624.67	26,843.76	1,097.13	4.26%
流动负债	-	7,076.86	-	7,076.86	-	-
长期负债	-	10,669.76	-	10,669.76	-	-
净资产	-	8,000.01	-	9,097.14	1,097.13	13.71%

2. 各类资产增值的主要原因是固定资产中机器设备(本公司无其它固定资产)等通过评估而产生的增值。详细资料请参阅江西会计师事务所所做的资产评估报告书。

3. 本次评估所采用的主要方法是:重置成本法。其中为了体现本公司整体资产效应及为验证采用重置成本法评估结果是否合理,江西会计师事务所还采用了收益现值法进行验证,验证结果表明评估结果基本合理。

本公司已依据前表评估结果进行了会计帐务处理,收益现值法仅供投资人参考。

十四、盈利预测

发行人提醒投资者:鉴于盈利预测所依据的种种假设的不确定性,投资者在进行投资判断时不应过于依赖以下预测资料。

根据南昌会计师事务所《关于江西纸业股份有限公司(筹)一九九七年度盈利预测的审核报告》[洪会股审字][1997]第 02 号所载之预测说明及基准、假设,如无不可预测之情况出现,本公司 1997 年可实现净利润 38,679,090 元(具体预测表见下页)。

其预测基准和假设如下:

基准

本盈利预测是根据公司 1996 年的经营业绩以及现时各项基础、生产能力和业务发展规划及 1997 年生产经营计划,在遵循我国现行法律、法规与有关规定和股份制企业财务会计制度,按照公认的会计准则与规定的计算方法秉着求实、稳健的原则和会计政策的一贯性原则编制的。

假设

(1)本公司所遵循的国家现行法律、法规、制度及社会政治和经济政策无重大变化。

(2)本公司在盈利预测期间内,有关信贷利率、税率、市场行情无重大变化。

(3)本公司各项经营业务所涉及地区的有关现行政策、法律、法规及其经济环境无重大变化,公司业务发展能如期实现。

(4)无其他人力不可抗拒和不可预见的因素造成不利的重大影响。

(5)本次股票发行成功。

单位:元

项目	金额
一、主营业务收入	434,188,000.00
减:营业成本	356,812,000.00
销售费用	2,513,000.00
管理费用	14,440,000.00
财务费用	11,832,000.00
进货费用	
营业税金及附加	2,192,000.00
二、主营业务利润	46,399,000.00
加:其他业务利润	
三、营业利润	46,399,000.00
加:投资收益	
补贴收入	
减:营业外支出	434,188.00
加:以前年度损益调整	
四、利润总额	45,964,812.00

(1)按 15%的税率计算

减:所得税	6,894,722.00
净利润	39,070,090.00
每股盈利	0.36

(2)按 33%的税率计算

减:所得税	15,168,388.00
净利润	30,796,424.00
每股盈利	0.28

(1)预计发行市盈率为 14 倍。

(2)预测实现后每股净资产为 3.36 元(按 33%所得税税率),每股净资产为 3.41 元(按 15%所得税税率)。

以上两数据均以募股资金 1997 年 5 月 1 日到位,同时以本公司成立前实现的净利润归发起人所有的口径计算。

(3)根据江西省人民政府[赣府字][1997]13 号文《关于给予江西纸业股份有限公司所得税优惠的批复》,1997 年度起公司按 33%税率征收,然后由市财政返还 18%,实际税负为 15%。

十五、公司发展规划

1.生产经营发展战略

(1)实施引进技术,引进设备,加速技改步伐的发展战略

我国新闻出版事业发展迅速,对新闻纸的需求量急剧上升,同时对产品的各项质量指标提出了更高的要求。

本公司"九五'期间将直接从造纸发达国家引进国际九十年代先进水平的造纸技术和设备,缩短我国造纸工业与发达国家造纸工业的差距,使新闻纸的质量达到国家 As 级标准,以适应新闻出版事业飞速发展的需求。同时本公司将加速实施"创名牌"的步伐,使"松竹"商标尽快成为全国名牌商标。

(2)实施 ISO9000 质量认证体系的发展战略。

目前,本公司已成立了以筹委会主任为首的贯彻 ISO9000 标准化管理委员会,全面指导和推进企业标准化管理的工作。1996 年 12 月 19 日本公司经江西省经贸委专家考核论证已通过了内部质量管理体系的评审,为本公司的质量管理体系的进一步提高奠定了良好的基础。预计 1998 年本公司将进一步改善管理手段,引进国际先进的生产技术和设备,尽快全面通过 ISO9000 的质量体系认证,使公司的产品质量全面提高。

2.发展目标和规模

本公司地处江西省南昌市,位于"京九"、"浙赣"线黄金交叉地带,交通极为便利。江西省是南方林业资源大省,对于保证本公司主要原材料——原木的供应起着极为重要作用,本公司将充分利用交通和资源的两大主要优势,加快"九五"技改的进程和加大投资力度,使新闻纸年产量达到 20 万吨以上,实现规模经营。届时本公司将跻身于全国新闻纸生产企业前三名之列。

本公司上市后,将充分利用上市公司广泛的筹资渠道,加快技术改造步伐,兼并和收购一批国内具有发展潜力的造纸企业,使本公司的生产规模快速扩大,将本公司发展成为名牌造纸集团,规划到 2010 年,本公司新闻纸产量将达到 35-40 万吨/年。

3.市场发展与销售计划

目前,本公司新闻纸主要的市场为华东、华中地区,但本公司正在积极拓展全国市场,力争使产品的市场占有率有较大幅度提高,具体的销售计划如下:

项目	1997 年	1998 年	1999 年	2000 年
产品销售收入(万元)	43,419	48,846	54,273	108,547
全国市场占有率	13.5%	14%	15.5%	18%

附注:本公司"九五"技改项目将于 1999 年底竣工,投产后公司的产量将增加一倍,故销售收入也将增加一倍。

4.固定资产投资计划

本公司本次募集资金主要投入"九五"期间的技术改造项目即年增 10.2 万吨新闻纸(含 13.6 万吨化机浆),使公司新闻纸年产量达到 20 万吨,本项目固定资产投资 12.8 亿元,项目建设期为 2.5 年(详细参见本招股说明书第六部分)。

5.生产经营计划

本公司 1997 年计划实现销售收入 4.34 亿元,实现利润总额超过 4600 万元,净利润 3868 万元(按 15%所得税率计算)。

在产品质量方面,本公司计划新闻纸稳定提高率为 100%,产品合格率达 98.5%,成品率 94%,其它指标达国家标准。

6.人员扩充计划

本公司技术力量雄厚,拥有近 200 名的专业技术人员。为了进一步适应"九五"期间的技改项目,本公司将进一步引进一定数量的高级专业技术人才,充实企业技术力量;同时将吸收更多的大中专毕业生,为企业储备更多的后备人才,加快企业技术进步的步伐。

7.资金筹措和运用计划

本公司"九五"期间投资 13.1 亿元进行的技术改造项目经国家经贸委[国经贸改字][1996]555 号文批准,已列入第二批"双加"工程项目,国家将给予 9.6 亿元的技改专项贷款,本次募股资金和其它地方企业自筹渠道将解决 3.5 亿元资金缺口,保证了本项目的资金来源。

十六、重要合同及重大诉讼事项

本公司的重大合同中合同主要为两部分:

(一)原由江纸公司签订,按重组协议由本公司继续履行的合同,其中标的在 500 万元以上的合同主要有:

1)1993 年 12 月 18 日,江纸公司和中国工商银行南昌市支行阳明路办事处签订借款合同,借款 700 万元,借款期限自 1993 年 12 月 18 日至 1998 年 12 月 30 日,年利率 10.98%,由江西油脂化工厂作为借款的担保方,该合同现正常履行。

2)1994 年 1 月 4 日,江纸公司和中国工商银行南昌市支行阳明路办事处签订借款合同,借款 1000 万元,借款期限自 1994 年 1 月 4 日至 1999 年 1 月 4 日,年利率为 10.98%,由江西油脂脂工厂作为借款的担保方,该合同现正常履行。

3)1994 年 3 月 24 日,江纸公司和中国工商银行南昌市支行阳明路办事处签订借款合同,借款 750 万元,借款期限自 1994 年 3 月 24 日至 1999 年 3 月 23 日,年利率为 10.98%,由江西油脂化工厂作为借款的担保方,该合同现正常履行。

4)1994 年 7 月 26 日,江纸公司和中国工商银行南昌市支行阳明路办事处签订借款合同,借款 500 万元,借款期限自 1994 年 7 月 26 日至 1999 年 6 月 30 日,年利率为 14.04%,由江西油脂化工厂作为借款的担保方,该合同现正常履行。

5)1994 年 8 月 29 日,江纸公司和中国工商银行南昌市支行阳明路办事处签订借款合同,借款 900 万元,借款期限自 1994 年 8 月 29 日至 1999 年 12 月 30 日,年利率为 14.04%,由江西油脂化工厂作为借款的担保方,该合同现正常履行。

6)1994 年 12 月 23 日,江纸公司和中国工商银行南昌市支行阳明路办事处签订借款合同,借款 600 万元,借款期限自 1994 年 12 月 23 日至 1999 年 12 月 30 日,年利率为 10.98%,由江西油脂化工厂作为借款的担保方,该合同现正常履行。

7)1995 年 6 月 30 日,江纸公司和中国工商银行南昌市支行阳明路办事处签订借款合同,借款 800 万元,借款期限自 1995 年 6 月 30 日至 1999 年 10 月 30 日,年利率为 11.70%,由江西油脂化工厂作为借款的担保方,该合同现正常履行。

8)1995 年 11 月 24 日,江纸公司和中国工商银行南昌市支行阳明路办事处签订借款合同,借款 700 万元,借款期限自 1995 年 11 月 24 日至 2000 年 9 月 25 日,年利率为 15.30%,由江西油脂化工厂作为借款的担保方,该合同现正常履行。

上述合同原由江纸公司签订,待发行人注册登记后,将变更合同主体为发行人,合同主体的变更,已获得合同对方的同意,完成变更手续后,对合同履行不构成法律障碍。

(二)本公司与江纸公司签订的《重组协议》及作为《重组协议》附件的六个有关关联事务的合同。

《重组协议》明确了造纸二厂、造纸三厂、碱回收厂三个生产经营单位相应的资产及相关债务投入股份公司,但相应的土地使用和厂房仍保留在江纸公司,由本公司以向江纸公司租赁的形式有偿使用。在《重组协议》中,江纸公司承诺将不会在中国境内外任何地方和任何形式(包括但不限于独资经营、合资经营和拥有其它公司或企业的股票或权益)从事与发行人的业务有竞争或能构成竞争的业务或活动。

《土地使用权出租合同》规定,江纸公司将发行人所占用的59256平方米土地的使用权出租给发行人,租赁期限为50年,自1997年1月1日至2046年1月30日,发行人每年向江纸公司支付土地使用权租金暂定252.34万元,土地使用权年租金的调整按国家有关规定办理。

《厂房租赁合同》规定,江纸公司将发行人所使用的53385.17平方米厂房出租给发行人,租赁期限为50年,自1996年12月1日至2046年11月30日,发行人每年向江纸公司支付厂房租金572.67万元。租赁期间,江纸公司负责厂房的维修并承担维修费用,租赁期间的物业管理及其他有关费用由发行人承担。

《商标使用许可合同》规定,发行人生产的新闻纸将独家使用江纸公司依法承继原江西造纸厂在中国登记注册的"松竹"牌商标。商标使用许可期限自1996年12月1日至2003年2月28日,发行人每年按生产量向江纸公司计费,即每生产一吨新闻纸支付使用费10元。

《水电汽供应合同》规定,江纸公司保证长期稳定供应发行人所需的电力、水和蒸汽,双方以市价结算。

《仓储保管合同》中江纸公司和发行人就江纸公司在铁路专用线、船运专有码头、仓储货场、仓库等方面为发行人提供服务作了详尽规定,双方一致同意按等价有偿,公平交易的原则处理上述方面的业务往来。

《员工福利合同》规定,江纸公司向发行人员工提供医疗服务、职工宿舍、子女入托入学、工作就餐等后勤服务,江纸公司提供上述福利的标准,与其自身员工的福利标准一致,双方参照国家有关规定,每年十二月协商下一年的费用标准。

截止本招股说明书刊登之日,本公司无任何重大诉讼事项。

十七、其他重要事项

本公司筹委会成员认为除以上披露事项外,没有其他对投资者作出投资判断有重大影响的事项。

资　产　负　债　表

编制单位:江西纸业股份有限公司(筹)　　　　单位:人民币元

资产	行次	注释号	1996.12.31	1995.12.31	1994.12.31	负债及股东权益	行次	注释号	1996.12.31	1995.12.31	1994.12.31
流动资产:						流动负债:					
货币资金	1	1	9,250,666	1,152,905	868,836	短期借款	41	8	49,154,000	31,800,000	13,800,000
短期投资	2					应付票据	42	9	10,000,000		
应收票据	3					应付帐款	43	10	10,691,129	4,658,258	383,502
应收帐款	4	2	42,177,833	18,302,817	5,856,944	预收货款	44				
减:坏帐准备	5		126,534	54,908	17,571	应付福利费	45		288,301	184,088	39,314
应收帐款净额	6		42,051,299	18,247,909	5,839,373	未付股利	46				
预付货款	7	3	2,734,949	2,514,949	2,464,949	未交税金	47	11	1,456,477	90,097	82,373
其它应收款	8	4	617,029	236,973		其它未交款	48		28,039	1,768	1,617
待摊费用	9	5	405,434	540,578	675,723	其它应付款	49	12	6,115,966	3,827,834	1,245,743
存货	10	6	53,361,373	40,925,068	10,478,084	预提费用	50				
待处理流动资产净损失	11					一年内到期的长期负债	51				
一年内到期的长期债券投资	12					其他流动负债	52				
其它流动资产	13										
						流动负债合计	55		77,733,912	40,562,045	15,552,549
流动资产合计	15		108,420,750	63,618,382	20,326,965	长期借款:					
						长期借款	56	13	104,020,000	119,020,000	86,180,000
长期投资						应付债券	57				
长期投资	16					长期应付款	58	14	2,677,629	2,677,629	2,677,629
固定资产						其他长期负债	60				
固定资产原价	17	7	226,468,460	201,151,013	48,214,653						
减:累计折旧	18	7	58,969,067	29,610,447	25,392,060	长期负债合计	65		106,697,629	121,697,629	88,857,629
固定资产净值	19	7	167,499,393	171,540,566	22,822,593						
在建工程	20	7			102,879,540						
固定资产清理	21					负债合计	67		184,431,541	162,259,674	104,410,178
待处理固定资产净损失	22										
固定资产合计			167,499,393	171,540,566	125,702,133						
无形资产及递延资产						股东权益					
无形资产	24					股本	68	15	60,000,000	40,090,000	40,090,000
递延资产	25					资本公积	69	16	30,971,309	26,027,722	
无形资产及递延资产合计	30					盈余公积	70	17	517,293	6,781,552	1,528,920
其它长期资产						其中:公益金	71		258,646	3,390,776	764,460
其它长期资产	31					未分配利润	72				
递延税项											
递延税款借项	32					股东权益合计	79		91,488,602	72,899,274	41,618,920
资产总计	40		275,920,143	235,158,948	146,029,098	负债及股东权益总计	80		275,920,143	235,158,948	146,029,098

利　润　表

编制单位:江西纸业股份有限公司(筹)　　　　单位:人民币元

项目	行次	注释号	1996 年度	1995 年度	1994 年度
一、主营业务收入	1	18	344,952,157	213,503,670	85,430,927
减:主营业务成本	2	18	265,390,449	165,323,724	68,049,444
销售费用	3	19	2,445,955	1,400,916	653,914
管理费用	4	20	12,225,067	11,520,340	5,520,730
财务费用	5	21	18,270,333	4,231,457	2,132,941
进货费用	6				
营业税金及附加	7		1,776,849	418,589	254,336
二、主营业务利润					
(亏损以“-”号表示)	8		44,843,504	30,608,644	8,819,562
加:其他业务利润					
(亏损以“-”号表示)	9	22	313,633	289,191	174,089
三、营业利润					
(亏损以“-”号表示)	10		45,157,137	30,897,835	8,993,651
加投资收益					
(损失以“-”号表示)	11				
补贴收入	11-1				
营业外收入	12				
减:营业外支出	13	23	344,952		
加:以前的年度损益调整					
(调减以“-”号表示)	14				
四、利润总额					
(亏损以“-”号表示)	15		44,812,185	30,897,835	8,993,651
减:所得税	16		6,721,828	4,634,675	1,349,048
五、净利润					
(亏损以“-”号表示)	17		38,090,357	26,263,160	7,644,603

财　务　状　况　变　动　表

编制单位:江西纸业股份有限公司(筹)　　　　1996 年度　　　　单位:人民币元

流动资金来源和运用	行次	金额
一、流动资金来源		
1.本年净利润(合并报表为合并净利润)	1	38090357
加:不减少流动资金的费用和损失:	2	
(1)固定资产折旧	3	13919650
(2)无形资产、递延资产及其他资产摊销(减其他负荷转销)	4	
(3)固定资产盘亏(减盘盈)	5	
(4)清理固定资产损失(减收益)	6	
(5)递延税款	7	
(6)其他不减少流动资金的费用和损失	8	
小计	9	52010007
2.其他来源	10	
(1)固定资产清理收入(减清理费用)		
(2)增加长期负债	11	
(3)收回长期投资	12	
(4)对外投资转出固定资产	13	
(5)对外投资转出无形资产	14	
(6)资本净增加额	15	18589328
(7)少数股东资本净增加额	16	
小计	17	18589328
流动资金来源合计	18	70599335
二、流动资金运用利润分配		
(1)提取法定公积金	19	3809036
(2)提取法定公益金	20	3809036
(3)提取任意公积金(减盈余公积转入)	21	
(4)已分配股利	22	30472285
小计	23	38090357
(1)固定资产和在建工程净增加额	24	9878477
(2)增加无形资产、递延资产及其他资产	25	
(3)偿还长期负债	26	15000000
(4)增加长期投资	27	
小计	28	24878477
流动资金运用合计	29	62968834
流动资金增加净额	30	7630501

流动资金各项目的变动	行次	金额
一、流动资产本年增加数		
1.货币资金	31	8097761
2.短期投资	32	
3.应收票据	33	
4.应收帐款净额	34	23803390
5.预付贷款	35	220000
6.其他应收款	36	380056
7.待摊费用	37	-135144
8.存货净额	38	12436305
9.待处理流动资产净损失	39	
10.一年内到期的长期债券投资	40	
11.其他流动资产	41	
流动资产增加净额	45	44802368
二、流动负债本年增加数		
1.短期借款	46	17354000
2.应付票据	47	10000000
3.应付帐款	48	6032871
4.预付货款	49	
5.应付福利费	50	104213
6.未付股利	51	
7.未交税金	52	1366380
8.其他未交款	53	26271
9.其他应付款	54	2288132
10.预提费用	55	
11.一年内到期的长期负债	56	
12.其他流动负债	57	
流动负债增加净额	58	37171867
流动资金增加净额	59	7630501

组织机构和内部管理结构图：

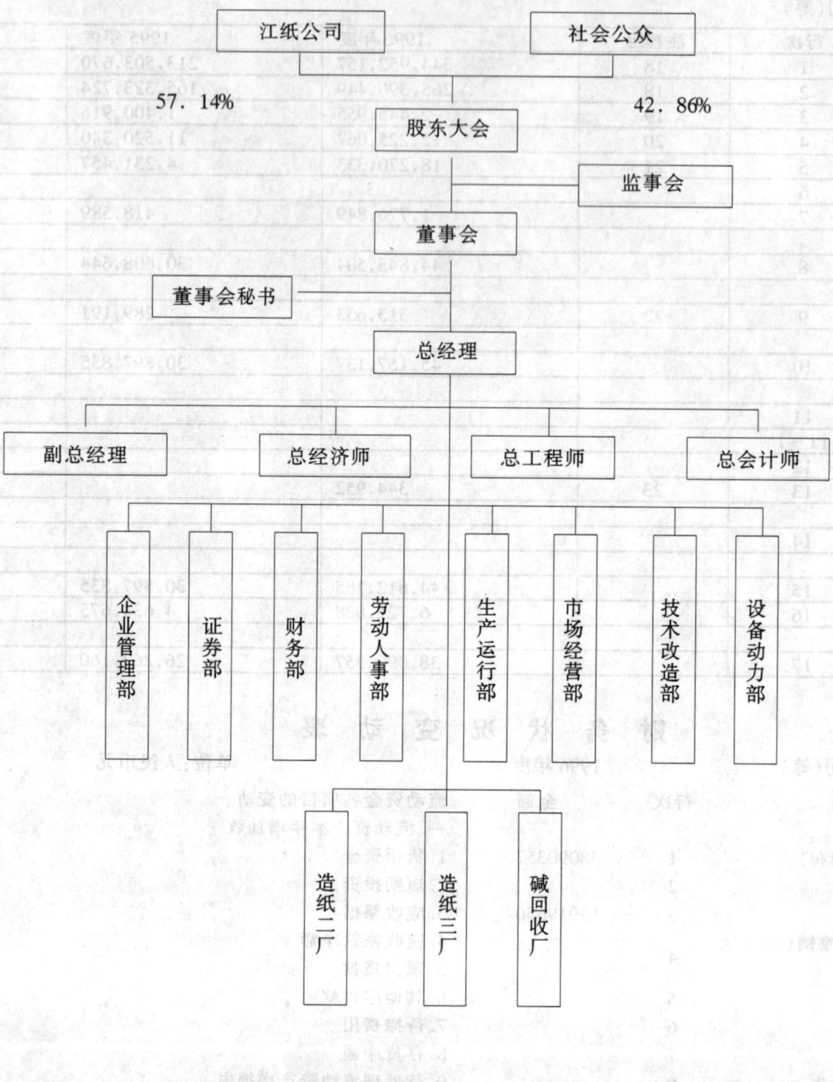

江西纸业股份有限公司股票上市公告书

一、绪言

本上市公告书依据《中华人民共和国公司法》、《股票发行与交易管理暂行条例》和《上海证券交易所交易市场业务试行规则》的规定编制。本公司股票发行经中国证券监督管理委员会【证监发字】(1997)109 号文和【证监发字】(1997)110 号文批准，股票上市经上海证券交易所【上证上】(97)第 15 号文审核同意，将于 1997 年 4 月 18 日在上海证券交易所挂牌交易。本次上市流通的股票 4,050 万股均为 1997 年 4 月 3 日向社会公开发行的新股，公司职工股 450 万股预计于 1997 年 10 月 18 日后上市。本公司董事会成员已批准该上市公告书，确信其中不存在任何重大遗漏或者误导，并对其真实性、准确性和完整性负个别的及连带的责任。

二、发行公司概况

1、发行公司主要发起人简介：

⑴法定名称：江西纸业有限责任公司

⑵注册资金：4,510 万元

⑶法定代表人：姜和平

⑷成立日期：1952 年 1 月 1 日

⑸经营范围：纸及纸制品、造纸机械、器材及配件制造、自销、纸浆、电器机械、机械配件、五金、化工、建筑材料、造纸原料、金属材料、木材零售、批发、代购代销、出口纸张及纸制品、造纸机械、进口原辅材料、机械设备、仪器仪表、零配件、设计、生产、安装、维修普通机械及配件、制浆造纸及设备的技术咨询、技术服务(以上生产经营国家有规定的按规定)、招待所住宿等。

⑹所属行业：工业(造纸)

⑺注册地址及联系电话：

江西省南昌市董家窑 112 号(电话：0791－－8632392)

2、发行公司历史沿革

⑴公司法定名称：江西纸业股份有限公司

英 文 名 称：Jiang Xi Paper Industry CO.,LTD

⑵公司注册地址：江西省南昌市董家窑 112 号

⑶公司法定代表人：姜和平

⑷本公司是经江西省股份制改革联审小组办公室 1996 年 12 月 4 日【赣股办】(1996)15 号文"关于同意筹建江西纸业股份有限公司"批准筹建，由江西纸业有限责任公司独家发起，投入部分净资产，向社会公众募集股份，以募集设立方式设立。据此成立了本公司筹委会并负责本公司的筹备工作。江西省股份制改革联审小组 1997 年 1 月 31 日【赣股】(1997)01 号文"关于同意设立江西纸业股份有限公司"批准本公司设立，并获江西省人民政府【赣股】(1997)01 号股份有限公司批准证书。

三、股票公开发行及承销

1、股票公开发行

⑴社会公众股发行数量：4,500 万股

⑵公司职工股:450万股

⑶股票发行价格:5.60元/股

⑷募集资金总额:2.52亿元

⑸发行方式:上网定价

⑹配售比例:0.97236538%

⑺配售户数:39513人

⑻持1000股以上的户数:41223户

⑼发行费用总额:1,080万元

⑽每股发行费用:0.24元

(11)发行市盈率:14倍

2、股票承销

社会公众认购股票后,由承销商包销股票的数量:零

3、验资报告

⑴验资报告(97)洪会股验字第2号

江西纸业股份有限公司筹委会:

我们接受委托,对贵公司(筹)截止1997年4月11日的实收股本及相关的资产、负债的真实性和合法性进行审验。我们根据《中国注册会计师独立审计实务公告第1号－－验资》的要求,根据贵公司(筹)具体情况,实施了我们认为必要的审验程序。贵公司(筹)的责任是提供真实、合法和完整的验资资料,保护资产的安全、完整。我们的责任是对上述资料进行审验的基础上出具真实、合法的验资报告。

贵公司(筹)申请的注册资本为人民币105,000,000元,其中:国有法人股为60,000,000元,社会公众股为45,000,000元。经过我们的审验,截止1997年4月11日,贵公司(筹)已收到向社会公众募集的资本241,973,091.85元,投入资本中包括股本45,000,000元,资本公积196,973,091.85元。与上述投入资本相关的资产总额为245,166,200元,负债总额为3,193,108.15元。

南昌会计师事务所

中国注册会计师:熊靖、龚勤红

一九九七年四月十一日

⑵募集资金的入帐时间:1997年4月11日

⑶入帐金额:241,973,091.85元

⑷开户银行	帐号
工行南昌市阳明路办事处	20400221044019
南昌交行营业部	601000100172－75
中行江西省分行营业部	40600517032388

四、董事、监事及高级管理人员简历及持股情况

董事会成员

姜和平先生,本公司董事长,男,44岁,大学本科学历,中共党员,姜先生持有本公司股份4,500股。占总股份比例0.0429‰。

彭春林先生,本公司副董事长兼副总经理、总经济师,男,42岁,大专学历,中共党员,彭先生持有本公司股份3,000股。占总股份比例0.0286‰。

李水保先生,本公司董事,男,49岁,大专学历,中共党员,李先生持有本公司股份3,000股。占总股份比例0.0286‰。

吴三罗先生,本公司董事兼总经理,男,43岁,大专学历,中共党员,吴先生持有本公司股份3,000股。占总股份比例0.0286‰。

何睦文先生,本公司董事兼副总经理、总工程师,男,40岁,大专学历,中共党员,何先生持有本公司股份3,000股。占总股份比例0.0286‰。

孙建明先生,本公司董事,男,38岁,大学本科学历,中共党员,孙先生持有本公司股份3,000股。占总股份比例0.0286‰。

饶建山先生,本公司董事兼副总经理,男,41岁,大学本科学历,饶先生持有本公司股份3,000股。占总股份比例0.0286‰。

姜凤水先生,本公司董事,男,44岁,大学学历,中共党员,姜先生持有本公司股份3,000股。占总股份比例0.0286‰。

蔡敏如先生,本公司董事,男,56岁,高中文化,中共党员,蔡先生持有本公司股份3,000股。占总股份比例0.0286‰。

监事会成员

高庆鸿先生,本公司监事会主席,男,57岁,大专学历,中共党员,高先生持有本公司股份4,500股。占总股份比例0.0429‰。

兰举贤先生,本公司监事会副主席,男,48岁,大专学历,中共党员,兰先生持有本公司股份3,000股。占总股份比例0.0286‰。

罗文先生,本公司监事,男,39岁,大专学历,中共党员,罗先生持有本公司股份3,000股。占总股份比例0.0286‰。

徐斌先生,本公司监事,男,48岁,大专学历,中共党员,徐先生持有本公司股份2,000股。占总股份比例0.0190‰。

涂钟豫女士,本公司监事,女,47岁,大专学历,中国民盟盟员,涂女士现任江西纸业股份有限公司计量处处长。持有本公司股份2,000股。占总股份比例0.0190‰。

万斌先生,本公司监事,男,44岁,高中文化,中共党员,南昌市劳动模范,万先生现任造纸二厂机浆车间工段长。持有本公司股份2,000股。占总股份比例0.0190‰。

胡玉葵先生,本公司监事,男,32岁,高中文化,中共党员,南昌市劳动模范,胡先生现任造纸二厂二抄车间值班长。持有本公司股份2,000股。占总股份比例0.0190‰。

其他高级管理人员

邓润国先生,本公司总会计师,男,36岁,大专学历,中共党员,邓先生持有本公司股份3,000股。占总股份比例0.0286‰。

黄倬桢先生,本公司董事会秘书,男,40岁,大专学历,中共党员,黄先生持有本公司股份3,000股。占总股份比例0.0286‰。

汪立浩先生,本公司总经理助理,男,55岁,中专学历,中共党员,汪先生持有本公司股份3,000股。占总股份比例0.0286‰。

姜宏先生,本公司总经理助理,男,41岁,大专学历,中共党员,姜先生持有本公司股份2,000股。占总股份比例0.0190‰。

邹擎云先生,本公司总经理助理,男,35岁,大学本科学历,中共党员,邹先生持有本公司股份2,000股。占总股份比例0.0190‰。

本公司董事、监事及高级管理人员共持有本公司股票6万股,占公司总股数的0.571%。其持有的股份按《中华人民共和国公司法》的规定在任职期间内不得转让。

五、公司设立

1、公司创立大会同意公司股票在上海证券交易所交易的决议:

经1997年4月12日召开的本公司第一届股东大会审验,同意本公司4,050万A股在上海证券交易所挂牌上市的议案。

2、公司注册资金:10,500万元

3、公司注册时间:1997年4月14日

4、公司注册地址:江西省南昌市董家窑112号

5、营业执照注册号码:15830998－0

六、关联企业及关联交易

1、关联企业

本公司的控股母公司为江西纸业有限责任公司,详细可参见本上市公告书的主要发起人简介。

2、关联交易

本公司与控股公司——江西纸业有限责任公司之间的关联交易主要有,江西纸业有限责任公司为本公司提供水、电、汽及铁路运输、仓储服务,该公司向本公司出租厂房、商标使用权和土地使用权,同时为本公司提供后勤方面的服务。

由于该公司已将新闻纸生产经营性资产和销售业务全部投入本公司,因此,该公司将不再从事与股份公司相竞争的业务,其主要作为本公司的国有股权持有者行使股东权利,承担义务,负责国有资产保值增值,其资产主要由造纸一厂、热电厂、轻机厂及其它非经营性资产组成,其中造纸一厂是生产卫生系列纸,与本公司的业务不会产生同业竞争。

七、股本结构及大股东持股情况

1、上市前的股本结构:

		比例
总股本	10,500万元	100%
其中:尚未流通股份:		
发起人股份		
境内法人持有的股份	6,000万元	57.14%
可流通股份:		
境内上市人民币普通股		
本次公开发行股份	4,500万元	42.86%

其中:公司职工股　　450万元　　4.29%

2、前十名股东所持股数及比例:

前十名股东	持股数	占总股本
江西纸业有限责任公司	6,000万股	57.14%
刘　红	4,900股	0.0467‰
万光福	4,800股	0.0457‰
黄承启	4,800股	0.0457‰
王　沪	4,800股	0.0457‰
李建跃	4,800股	0.0457‰
彭德红	4,600股	0.0438‰
叶　先	4,600股	0.0438‰
姜和平	4,500股	0.0429‰
高庆鸿	4,500股	0.0429‰

八、公司财务会计资料

1、审计报告(97)洪会股审字第01号

江西纸业股份有限公司筹委会:

我们接受委托,审计了贵公司1994年12月31日、1995年12月31日、1996年12月31日的资产负债;1994年度、1995年度、1996年度利润表;1996年度财务状况变动表。这些会计报表由贵公司负责,我们的责任是对这些会计报表发表审计意见。我们的审计是依据《中国注册会计师独立审计准则》进行的。在审计过程中,我们结合贵公司的实际情况,实施了包括抽查会计记录等我们认为必要的审计程序。

我们认为,上述会计报表符合《企业会计准则》和《股份制试点企业会计制度》的有关规定,在所有重大方面公允地反映了贵公司1994年12月31日、1995年12月31日、1996年12月31日的财务状况及1994年度、1995年度、1996年度的经营成果和1996年度的资金变动情况,会计处理方法的选用遵循了一贯性原则。

南昌会计师事务所

中国注册会计师　熊靖、龚勤红

一九九七年二月四日

2、资产负债表、利润表

资　产　负　债　表

编制单位:江西纸业股份有限公司(筹)

资产	1996.12.31	1995.12.31	1994.12.31
货币资金	9,250,666	1,152,905	868,836
应收帐款	43,177,838	18,302,817	5,856,944
减:坏帐准备	126,534	54,908	17,571
应收帐款净额	42,051,299	18,247,909	5,839,373
预付货款	2,734,949	2,514,949	2,464,949
其它应收款	617,029	236,973	
待摊费用	405,434	540,578	675,723
存货	53,361,373	40,925,068	10,478,084
流动资产合计	108,420,750	63,618,382	20,326,965
固定资产原价	226,468,460	201,151,013	48,214,653
减:累计折旧	58,969,067	29,610,447	25,392,060
固定资产净值	167,499,393	171,540,566	22,822,593
在建工程			102,879,540
固定资产合计	167,499,393	171,540,566	125,702,133
资产总计	275,920,143	235,158,948	146,029,098

负债及股东权益	1996.12.31	1995.12.31	1994.12.31
短期借款	49,154,000	31,800,000	13,800,000
应付票据	10,000,000		
应付帐款	10,691,129	4,658,258	383,502
应付福利费	288,301	184,088	39,314
未交税金	1,456,477	90,097	82,373
其它未交款	28,039	1,768	1,617
其它应付款	6,115,966	3,827,834	1,245,743
流动负债合计	77,733,912	40,562,045	15,552,549
长期借款	104,020,000	119,020,000	86,180,000
长期应付款	2,677,629	2,677,629	2,677,629
长期负债合计	106,697,629	121,697,629	88,857,629
负债合计	184,431,541	162,259,674	104,410,178
股本	60,000,000	40,090,000	40,090,000
资本公积	30,971,309	26,027,722	
盈余公积	517,293	6,781,552	1,528,920
其中:公益金	258,646	3,390,776	764,460
股东权益合计	91,488,607	72,899,274	41,618,920
负债及股东权益总计	275,920,143	235,158,948	146,029,098

利　润　表

编制单位:江西纸业股份有限公司(筹)　　单位:人民币元

项 目	1996年度	1995年度	1994年度
一、主营业务收入	344,952,157	213,503,670	85,430,927
减:主营业务成本	265,390,449	165,323,724	68,049,444
销售费用	2,445,955	1,400,916	653,914
管理费用	12,225,067	11,520,340	5,520,730
财务费用	18,270,333	4,231,457	2,132,941
营业税金及附加	1,776,849	418,589	254,336
二、主营业务利润	44,843,504	30,608,644	8,819,562
加:其他业务利润	313,633	289,191	174,089
三、营业利润	45,157,137	30,897,835	8,993,651
减:营业外支出	344,952		
四、利润总额	44,812,185	30,897,835	8,993,651
减:所得税	6,721,828	4,634,675	1,349,048
五、净利润	38,090,357	26,263,160	7,644,603

3、财务报表附注(1996年12月31)

⑴、重要会计政策

a公司执行的会计制度

股份制改组前,执行《企业会计准则》及《工业企业会计制度》;改组后执行《企业会计准则》和《股份制试点企业会计制度》。

b、存货计价方法

①原辅材料购入时采用实际成本计价,领用时以加权平均 法计价;

②修理用配件及维修材料购入时以计划成本价计价,领用 时调整为实际成本核算;

③低值易耗品采用“五.五”摊销法核算;

④产成品入库按实际成本计价,发出时按先进先出法计价 核算。

c、坏帐准备

根据财务制度规定,按应收帐款年末余额的3‰计提。

d、固定资产及其折旧

固定资产按实际成本计价,固定资产标准为单位价值在2000元以上,并使用年限在一年以上。折旧采用直线法平均计 算,残值率为3%。

e、主要税项

①增值税:按销售收入的17%计算销项税,抵扣进项税后 的余额交纳;

②城市维护建设税,按应纳增值税额的7%计征;

③教育费附加:按应纳增值税额的3%计征;

④印花税:按税务局核定的标准交纳;

⑤所得税:改制前根据南昌市人民政府办公厅一九九四年 六月八日市政府办秘抄字(1994)131号对“江西纸业有限责任 公司”的抄告单,同意公司从1994年至1996年上交所得税按15% 的税率执行。

改制后,根据江西省人民政府赣府字(1997)13号文《关于 给予江西纸业股份有限公司所得税优惠的批复》,从1997年度 起公司按33%税率征收,然后由市财政返还18%,实际税负为15%。

⑵、应收帐款:42,177,833

共25户,帐龄均为一年以内。

本帐户无持有公司5%以上股份的股东欠款。1996年比1995年余额增加23,875,016元,增幅为130.44%,1995年比1994年 余额增加

12,445,873元,增幅为212.50%,系新生产线投产,生产销售规模不断扩大所致。

⑶、其他应收款(1户):617,029

代垫款项,帐龄为一年以内。

1996年比1995年余额增加380,056元,增幅为160.38%,系代垫"九五"技改项目的规划设计费、旅差费、培训费等增加所致。

⑷、资本公积:30,971,309

系本公司发起人江西纸业有限责任公司以1996年11月30日评估后的国有净资产90,971,309元,按65.955%折股比例折股后的余额部分,根据有关规定计入资本公积。本公司1995年资产负债表上反映的资本公积26,027,722元,系1995年清产核资评估增值所产生,该项增值已获南昌市国有资产管理局核准。

⑸、盈余公积:517,292

1996年12月31日原帐面值为14,399,624元,折股后余额为517,292元。其形成过程如下:

提取年份	法定公积金	法定公益金	合计
1994年	764,460	764,460	1,528,920
1995年	2,626,316	2,626,316	5,252,632
1996年	3,809,036	3,809,036	7,618,072
合计	7,199,812	7,199,812	14,399,624

4、主要财务指标

项目	1996.12.31
速动比率	0.71
流动比率	1.39
应收帐款周转率(次)	11.4
股东权益比率	33.16%
每股净利(元)	0.635
净资产收益率	41.6%
每股净资产	1.52元

注:股票发行后本公司每股净资产为3.17元

九、董事会上市之承诺

本公司董事会承诺将严格遵守《中华人民共和国公司法》、《股票发行与交易管理暂行条例》、《公开发行股票公司信息披露实施细则》、《上海证券交易所规则》和有关法律、法规的规定,并自股票上市之日起向全体股东作出如下承诺:

1、按照法律、法规的规定程序和要求披露重大信息,并接受证券主管机关、上海证券交易所的监督管理。

2、及时、真实、准确地公布中期报告和年度报告。并备置于规定场所供投资公众查阅。

3、本公司董事、监事及高级管理人员如发生人事变动或持本公司股票发生变化时,在报告证券主管机关、证券交易所的同时向投资者公布。

4、在任何公共传播媒介中出现的消息可能对公司股票的市场价格产生误导性影响时,本公司获悉后将及时对该消息予以公开澄清。

5、本公司董事、监事及高级管理人员将认真听取社会公众的意见和批评,自觉抵制不正之风,不利用已获得的内幕消息和其他不当手段直接或间接从事股票买卖活动。

6、本公司没有无记录负债。

十、重要事项揭示

1、股利分配政策

⑴弥补以前年度亏损

⑵提取法定公积金(提取比例为10%)

⑶提取公益金(提取比例为5%-10%)

⑷提取任意公积金

⑸支付普通股股利

2、社会公众股股东与国有法人股股东共享1997年4月以后本公司产生的利润,在此之前产生的利润归国有法人股股东所有。

3、盈利预测

根据南昌会计师事务所对本公司盈利预测的审核报告,1997年度如无不可预测情况出现,本公司1997年度将实现净利润38,679,090元。每股收益0.37元。

4、截止法律意见书出具日,本公司未发生对生产经营活动有重大影响的民事诉讼、行政诉讼、行政处罚或仲裁事宜,公司的董事、监事和高级管理人员亦无一人受到刑事起诉或此类事件的威胁。

5、其他事项

本公司董事会认为没有在股票发行后发生的或将会发生的对公司资产,负债和股东权益有较大影响的重要事项。

十一、备查文件目录及查阅地址

1、备查文件目录

⑴招股说明书

⑵审计报告

⑶验资报告

⑷资产评估报告

⑸公司章程

⑹法律意见书

⑺公司营业执照

⑻创立大会会议纪要及决议

⑼其他有关文件

2、备查文件查阅地址

⑴江西纸业股份有限公司

地址:江西省南昌市董家窑112号

电话:0791-8632392

传真:0791-8632392

联系人:黄倬桢

⑵华夏证券有限公司

地址:上海市金陵东路2号2301室

电话:021-63217777×642

传真:021-63239157

联系人:孙斯惠

江西纸业股份有限公司

一九九七年四月十五日

江西纸业股份有限公司一九九七年度中期报告

一、财务报告(未经审计)

(一)财务报表

1. 简化资产负债表(未经审计)

1997年6月30日　　单位:人民币元

资产	年初数	年末数	负债及股东权益	年初数	年末数
一、流动资产合计	108420750.00	384783777.50	流动负债合计	77733912.00	88501014.55
			其中:短期借款	49154000.00	57154000.00
二、长期投资			长期负债合计	106697629.00	106697629.50
			其中:长期借款	104020000.00	104020000.00
三、固定资产合计	167499393.00	163416824.69	负债合计	184431541.00	195198644.05
其中:固定资产净值	167499393.00	163416824.69	股东权益:		
在建工程			股本	60000000.00	105000000.00
四、无形资产及递延资产			资本公积	30971309.00	227981821.37
			盈余公积	517293.00	4004027.35
			未分配利润		16016109.42
五、其他长期资产			其中:公益金	258646.00	2002013.68
			未分配利润		16016109.42
六、递延税款			股本权益合计	91488602.00	353001958.14
资产总计	275920143.00	548200602.19	负债及股东权益总计	275920143.00	548200602.19

2、简化损益表(未经审计)

单位:人民币元

项目	本期发生数(1-3)	本期发生数(1-6)
一、主营业务收入	60494881.51	124795738.02
二、主营业务利润	7512218.50	19598435.68
加:其他业务利润	13984.44	144456.82
三、营业利润	7526202.94	19742892.50
加:投资收益		
营业外收入		3811133.07
减:营业外支出		923.49
四、利润总额	7526202.94	23553102.08
减:所得税	1128930.44	3532965.31
五、净利润	6397272.50	20020136.77

(二)财务指标

1、每股收益	0.191元
2、每股净资产	3.362元
3、净资产收益率	5.67%
4、股东权益比率	64.39%

注:1. 财务指标涉及的股本数量是以期末公司总股本10,500万股为基数计算的。

2. 净利润按15%所得税税率计算得出。

3. 剔除无效申购利息收入3,811,133.07元,每股收益0.16元。

(三)财务报表附注

1. 江西纸业股份有限公司(以下简称本公司)是由江西纸业有限责任公司(以下简称江纸公司)作为独家发起人,以其造纸二厂、造纸三厂及碱回收厂等部分经营性资产折为6,000万股国有法人股,通过社会募集4,500万股(含公司职工股450万股)的方式设立的股份有限公司。

2. 根据"招股说明书"中有关股利分配的政策,同时考虑会计核算期,决定1996年12月1日至1997年3月31日实现的净利润归江纸公司(发起人)所有,但今年第一季度实现的净利润仍留在本公司。

3. 本期财务报告所采用的重要会计政策和"招股说明书"所阐述的重要会计政策相互一致。

4. 本报告期内主体未发生合并、分立等变化。

5. 本公司无合并会计报表事项。

6. 货币资金期末数234,223,892.09元,较期初数增加224,973,226.09元,主要为本次发行股票募集资金到位,银行存款增加所致。

7. 应收帐款期末数76,513,961.78元,较期初数增加34,336,128.78元,为用户拖欠货款量增大所致,帐龄均为一年内。

8. 其他应收款期末数1,023,902.81元,较期初数增加406,873.81元,主要系代垫"九五"技改项目环保评估费、咨询费、旅差费等增加所致。

9. 待摊费用期末数850,826.43元,较期初数增加445,392.43元,为今年公司企财保费发生所致。

10. 存货期末数69,262,778.95元,较期初数增加15,901,405.95元,主要为原材料(松木及外购浆)、产成品增加所致,其中:仅外购商品浆一项就增加库存2,670吨,计币1,334万元。

存货主要项目增减变化情况:

	期初数	期末数	增减额
原材料	33,488,038	48,050,840.75	+14,562,802.75
辅助材料	3,674,200	2,957,015.08	-717,184.92
产成品	4,168,918	11,273,363.27	+7,104,445.27

11、固定资产原价期末数230,221,700.21元,较期初数增加3,753,240.21元,为今年6月造纸三厂新闻纸机增加二根真空辊(进口)计3,204,943.41元及碱回收厂碱炉主体改造增值548,296.80元所致。

12、累计折旧期末数66,804,875.52元,较期初数增加7,835,808.52元,为按规定折旧率计提折旧所致。

13、短期借款期末数57,154,000元,较期初数增加8,000,000元,属今年6月底向交行南昌分行营业部借入期限为六个月,月利率8.4‰的临时贷款。

14、应付票据期末数1,000,000元,属今年6月9日开出的,到期日为97年12月8日应付木材款的承兑汇票,收款单位:南昌市郊区前湖城洪木竹经销部,原应付票据1,000万元均已到期并支付。

15、应付帐款期末数25,784,820.15元,较期初数增加15,093,691.15元,主要为原材料储备加大,货款未及时支付和应付票据减少所致。

16、内部往来期末数贷方余额720,609.80元,属月终结欠江纸公司款。

17、未交税金

	应交增值税	应交城建税	应交所得税	合计
期初数	934,619	65,423	456,435	1,456,477
期末数	-95,718	-6,700.59	3,532,965.31	3,430,546.72

18、其他应交款(教育费附加)期末数-2,871.11元,较期初数减少30,910.33元,是因应交增值税进项大于销项1,030,337元,故本报告期提取值为负值所致。

19、其他应付款期末数97,737.85元,较期初数减少6,018,228.15元,主要为付清供电局电费所致。

20、预提费用期末数316,171.14元,为大修费预提所致。

21、股本期末数105,000,000元,较期初数增加45,000,000元,为股票发行4,500万股社会公众股所致。

22、资本公积期末数227,981,821.37元,较期初数增加197,010,512.37元,为股票发行溢价净额196,973,092.12元(含暂未使用发行费773,091.85元)及股票发行申购有效资金利息收入37,420.25元所致。

23、盈余公积期末数4,004,027.35元,为本报告期内净利润20,020,136.77元的20%(法定盈余公积金和公益金提取率均为10%)提取款,其中第一季度提取盈余公积1,279,454.50元,第二季度提取盈余公积2,724,572.85元。期初数517,293元按"招股说明书"中有关股利分配政策的规定归江纸公司(发起人)所有并留在江纸公司。

24、未分配利润期末数16,016,109.42元,为本报告期形成额。

25、发行股票冻结无效申购利息收入3,811,133.07元,根据有关规定,全部作为上半年当期收益,列营业外收入。

(四)本公司关联企业及其交易

1、关联企业即江西纸业有限责任公司为新闻纸行业的国家大型企业,属国有独资性质、法定代表人姜和平,该企业在江西省南昌市注册,注册资本4,409万元,主营业务为机制纸及制浆,该企业持有本公司6,000万股即57.14%的股份。

2、关联交易

(1)江纸公司依据关联事务合同即《水电汽供应合同》之规定,按市价向本公司提供水、电、汽,97年上半年实际结算金额分别为:1,154,974.18元、19,228,333.12元、10,008,689.47元。

(2)本公司向江纸公司租用的土地、厂房、铁路专用均按相应的关联事务合同的规定进行了结算,97年上半年实际结算金额分别为:1,261,708.74元、2,863,354.20元、94,526.34元。

(3)97年上半年本公司产品使用"松竹"牌商标,按关联协议规定,共支付商标使用费255,176.97元。

(4)按照协议之规定,97年上半年向江纸公司支付通讯设施租赁费、用电变贴费、水增容费分别为:13,517.40元、661,762.50元、33,264元。

二、经营情况的回顾与展望

(一)上半年经营情况的回顾

1997年上半年,公司完成了由国有企业筹建为股份制上市公司的改制工作,公司按《公司法》和有关规律、法规规范运作,加大了改革力度,对内强化经营管理,节能降耗;对外适应和开拓市场,充分发挥名牌优势、资源优势、规模扩展与规模经营优势,面对进口新闻纸冲击国内市场使产品价格下滑的不利局面,公司进一步充实销售力量、积极拓展销售渠道,以学邯钢为龙头,全方位挖掘内部潜力,在主导产品新闻纸价格下调的情况下,公司狠抓节能降耗,主导产品成本与1997年预测数相比下降11.1%,今年上半年实现主营业务收入12,480万元,主营业务利润1,960万元,净利润2,002万元。

回顾上半年的工作,主要做法如下:

1、加大了企业内部管理的力度,一是强化成本管理,把提高经济效益放在首位,公司通过制定严格的内部承包经营责任制,以学邯钢为主线,紧紧抓住降低成本这个"牛鼻子",制定并实施了"摸拟市场、成本否决、吨纸工资含量"的成本考核办法,健全和完善了总成本与工资、奖金挂钩的分配制度,变二级核算为三级核算,初步形成了以原料定成本、销售定生产、消耗定指标,企业定效益的目标成本管理。二是强化了以产品质量为中心的管理工作，上半年已完成ISO9000全部文件的编制工作，现已开始按照ISO9000质量保证体系的要求全面进行了有效的运行，并通过了江西省经贸委和南昌市经贸委专家组成的内部审核，按照质量体系文件要求，进行了对内部产品质量和工序质量的审核，广泛开展了群众性的QC活动，公司发布的QC成果获"国家级优秀QC成果奖"，同时，本公司被评为江西省唯一的全国QC活动先进单位。与此同时，进一步完善了产品的质量控制体系，增强了全员质量意识，优质品率大幅度提高，Bs率达90%，使公司的各项管理又上了一个新台阶。

2、加大了市场营销力度，实施了"以优质拓展市场，以售后服务巩固市场"营销策略，进一步加强了营销队伍的建设，提高了营销人员的素质，并以其工作实绩与工资、奖金挂钩的办法，调动了营销人员的积极性，在新闻纸销售市场竞争激烈的前提下，仍实现了产销基本平衡。

(二)下半年经营计划

下半年，公司将在董事会的领导下，依靠全体员工的团结拼搏，抓住加盟上市公司的契机，为实现预期的目标，着重抓好以下几项工作：

1、抓好主营业务，向市场要效益

公司将紧紧围绕主营业务，进一步提高产品质量，深入持久的开展学邯钢活动，通过挖潜改造和节能降耗，以质量和价格优势提高市场占有率和产品竞争力，一方面进一步加大产品促销力度，健全市场信息网络，不断调整产品的营销策略和改善产品的售前、售中及售后服务。另一方面实施了名牌战略，加快新产品开发步伐，在本公司造纸二厂试产胶印书刊纸，注重发挥"松竹"牌的名牌优势，走出一条以"名牌占市场，以名牌促发展，以名牌求效益"的名牌之路，使之成为"江西纸业"的信誉和实力的象征。

2、抓好"九五"技改，向规模要效益

下半年，公司将围绕主业，按招股计划，逐步投入使用募股资金，鉴于公司"九五"技改项目已获国家经贸委批复立项，公司将集中力量尽快做好项目可行性研究报告、资金评估、资源评估等方面的衔接工作，启动"九五"技改项目中的扩建废纸脱墨浆车间和改造配套的电增容工程，并着手进行设备选型和"三通一平"等项前期准备工作，力争该项目早开工、早投产、早见效。

3、建立投资决策体系，向资本经营要效益

下半年，公司将依托母公司的优势，逐步建立科学的投资决策体系和资本运营体系，偿试其他有效投资收益形式，进一步盘活存量，用好增量，寻求新的经济增长点，提高以追求企业最佳效益为中心的经营增长质量，为公司的长期发展打下扎实的基础。

4、加速资金周转，向资金管理要效益

针对企业应收帐款相对较高的实际情况，公司在下半年将强化资金管理，进一步加大清欠力度，加快货款回笼，加速资金周转，减少利息支出，节约财务费用，改善财务状况。

此外，我们还将做好公司职工股上市工作，进一步增强公司员工的凝聚力，有决心和信心实现盈利预测目标，使公司驶入高速成长的快车道。

三、重大事件的说明

1、本公司于1997年4月3日利用上海证券交易所系统采用上网定价方式向社会公众发行A股4,500万股，其中公司职工股450万股，共募集资金24,120万元(已扣除发行费用)，募股资金将全部用于公司的"九五"技改项目。

本公司发行之社会公众股4,050万股于1997年4月18日在上海证券交易所挂牌交易，公司职工股450万股预计于1997年10月18日后上市。

2、被国家经贸委列入轻工技改第二批"双加"项目的江西纸业股份有限公司年增10.2万吨优质新闻纸(含13.6万吨化浆)的"九五"技术改造工程，已获国家经贸委批复(国经贸改(1997)420号文)立项。

3、遵照国务院证券委、中国人民银行、国家经贸委联合发布的《严禁国有企业和上市公司炒作股票的规定》的要求，公司进行了认真自查，迄今为止，本公司尚未在任何证券经营机构开设股票帐户，也未在二级市场上买卖上市公司流通股票，本公司如果以后从事可流通证券投资，将严格按照国家有关规定办理。

4．募集资金使用情况

本公司此次公开发行股票所募集资金24,120万元(已扣除发行费用)均在银行专户储存，将全部用于"九五"技改项目，根据公司"九五"技改项目审批进度，今年上半年已使用少量启动资金，下半年将逐步增大资金投入量。

5、本公司今年中期不分红，也无资本公积金转增股本的事项。

6、本公司在报告期内无重大诉讼、仲裁事项。

四、发行在外股票的变动和股权结构的变化

1、股权结构情况

公司现有股权结构如下：

数量单位：万股　　　　每股面值：1元

	1996年12月31日	比例%	1997年6月30日	比例%
(1)尚未流通股份				
a.发起人股份				
国有法人股	6,000	100	6,000	57.14
b.公司职工股			450	4.29
尚未流通股份合计	6,000	100	6,450	61.43
(2)已流通股份				
境内上市的人民币				
普通股			4,050	38.57
已流通股份合计			4,050	38.57
(3)股份总数	6,000	100	10,500	100

本报告期内公司股本结构的变化，系报告期内发行社会公众股(A股)股票所致。

2、主要股东持股情况(1997年6月30日)

序号	股东名称	持股数(单位股)	占总股本(%)
1	*江西纸业有限责任公司	60,000,000	57.14
2	昆明市国际信托投资公司	809,891	0.771
3	王风珍	281,930	0.269
4	陆　闽	216,400	0.206
5	史颐珠	149,000	0.142
6	王　展	80,300	0.076
7	文湘贵	74,000	0.070
8	包　丰	73,400	0.070
9	周学群	60,000	0.057
10	陈　辉	60,000	0.057

注：*为国有法人股份

五、股东大会简介

江西纸业股份有限公司创立大会暨第一届股东大会于1997年4月12日在"江西纸业"大礼堂召开，出席本次会议的股东代表906人，代表股份数6,450万股，占公司总股本的61.43%，符合《中华人民共和国公司法》和《江西纸业股份有限公司章程(草案)》的有关规定，经大会审议表决，通过了以下决议：

1、审议并通过了姜和平先生代表江西纸业股份有限公司筹委会所作的《关于江西纸业股份有限公司筹建情况的工作报告》；

2、审议并通过了《江西纸业股份有限公司章程》；

3、选举姜和平、彭春林、李水保、吴三罗、何睦文、孙建明、饶建山、姜凤水、蔡敏如九人为公司董事，组成公司第一届董事会；

4、选举高庆鸿、兰举贤、罗文、徐斌、涂钟豫为公司监事，和由职代会推选产生的职工代表胡玉葵、万斌共七人组成公司第一届监事会；

5、审议并通过了《关于江西纸业股份有限公司社会公众股股票在上海证券交易所挂牌上市的议案》；

6、审议并通过了南昌会计师事务所作的《关于江西纸业股份有限公司设立费用情况的审计报告》。

六、备查文件

1、载有董事长、总经理亲笔签名的中期报告原本；

2、公司发行股票时的《招股说明书》和《上市公告书》；

3、本公司1997年上半年财务报表原件；

查询地址：本公司证券部(江西省南昌市董家窑112号)。

联系地址：(0791)8632392

江西纸业股份有限公司董事会

一九九七年八月七日

北京万东医疗装备股份有限公司

北京万东医疗装备股份有限公司简介

一、公司概况

北京万东医疗装备股份有限公司是由北京万东医疗装备公司独家发起，于1997年5月12日成立的公司。公司流通股股票于1997年5月19日在上海证券交易所挂牌上市。公司总股本为5000万股，其中发起人法人股为3500万股，占总股本的70%，流通股为1500万股占总股本的30%。1996年公司主营业务收入1.21亿元，利润总额2760万元。

万东医疗是我国医疗器械的专业生产厂家之一，企业综合实力在全国医疗器械行业中排行第一。主要产品是各类型诊断、理疗用医用X射线机，公司产品由于品质优良、服务完善，深受广大用户的信任和喜爱，其市场占有率达到60%—70%。公司以“为了我们的健康”为宗旨，不断开发新产品和新技术，产品品种从200mA到800mA形成多个系列，在相继推出高频机和多种型号具有遥控功能的高档床台后，目前又利用募集资金开发介入治疗设备及图像数字技术等国家级项目的新产品。这些项目完成之后，公司产品的质量、档次、品种会有一个大的飞跃，将形成新的增长点，企业的经营规模、经济效益将会大幅度提高。

地址：北京市朝阳区建外朗家园6号

邮编：100022

法定代表人：许家驹

电话：010—65062598

传真：010—65062598

二、董事长情况介绍

许家驹，男，1946年6月生人，大学学历，高级工程师，曾任北京医用射线机厂技术科科长，研究所所长，厂长，现任北京万东医疗装备公司总经理兼党委书记，北京万东医疗装备股份有限公司董事长。他在企业领导岗位上工作多年，有丰富的企业经营管理经验。

1990年他出任北京医用射线机厂厂长后提出“成功的企业必须具备三个基本条件，即好的产品，好的机制和好的企业组织模式。”几年来，他注重科研开发，坚持“依靠科技进步，营造产品优势。提高市场占有，以量的扩充增加收入，以质的提高创造效益”的经营方针，优化产品结构，不断扩大市场占有份额，实施整体技术改造，扩大规模，提高产品质量，并疏通管理，对劳动、人事和工资制度等进行配套改革，调动了职工的积极性，提高了职工素质，提高了劳动生产率，使企业的各项经济指标均保持在历史最好水平。他勇于开拓，敢于进取。1994年，他抓住了产业结构调整的机遇，实现了北京医用射线机厂和北京医用电子仪器厂、北京医用空调设备厂的三厂合并，组建了北京万东医疗装备公司这一高新技术企业，后又兼并了北京昌平喷雾器厂，使国有资产得以盘活，资源得以合理配置，为实现规模经济效益，走集团化发展之路奠定了基础。他引入多种经济成份调整运行机制，使公司形成科研开发、生产制造、市场营销、资本营运和管理决策五大体系。在他的带领下，1996年公司顺利通过了中外两家认证机构的审查鉴定，取得ISO—9001体系认证。同时，他带领领导班子转变观念，引进现代化企业制度，顺利地完成了企业股份制改造工作，以独家发起人的方式，成立了北京万东医疗装备股份有限公司，并于1997年5月成功的成为北京医药行业的首家上市公司。这一别具一格的股份制改造，被北京市领导满意地称赞为“万东模式”而大力推进。

他多次被评为北京市劳动模范，全国医药行业优秀企业家，荣获首都劳动奖章，被树为北京市十佳厂长(经理)，是北京市朝阳区人大代表。正如他推崇的人生格言“机遇偏爱有准备的人”一样，他以优秀企业家所具备的、特有的、敏锐的洞察力、首创精神和坚韧不拔的拓荒者的品格，带领着全公司全体职工，以每一天作为一个新的起点，不断充实着企业力量，以迎接更新、更艰巨的挑战，向着那更辉煌的未来进军！

三、总经理情况介绍

蒋达，男，现年38岁，高级工程师。曾任北京医用射线机厂研究所设计组组长、北京万东医疗装备公司研究所副所长、所长，现任北京万东医疗装备股份有限公司总经理。他是位技术全面、经验丰富、勇于开拓、年轻有为的管理者。

他曾多次赴国外学习和工作。1988年去日本岛津公司学习80KWX射线机主机技术，1991年赴日本东芝公司学习80kw高频X射线机系统的先进知识，并在1992—1993年期间作为中国卫生进出口公司援巴专家组成员，负责医院X射线设备项目工作。先进科技知识的学习和运用，为更高层次的技术开发奠定了坚实的基础。他曾参与和负责国内第一台“无暗盒遥控床”的研制和开发，参与50KW、80KWX射线主机的设计与开发，主持“无暗盒胸片架”的设计开发工作，并参加了国家“六五”、“八五”攻关项目，目前是国家“九五”科技攻关“X射线血管数字影像系统的研究与开发”项目的负责人，同时负责公司引进合作项目的技术工作，可谓科技硕果累累。

他不仅是一位兢兢业业的科技人员，同时又是一位成功的管理者，在他出任公司研究所所长期间，运用高起点的先进技术，把科技成果转化为商品，为公司创造了更多的科研开发经费；利用灵活的机制，聘请及反聘优秀的科研人才，提高公司科技人员的积极性，为科技攻关项目的顺利完成、人员才智的充分发挥提供了保障，使一大批年轻有为、敢于拼搏的科技人员聚集在他的周围，为公司的发展、壮大奉献着自己的力量。

这位曾多次被评为公司级先进工作者的年轻人，正面临着新的挑战。作为公司的总经理，他将在国有大中型企业股份制的浪潮中，驾驶着“万东医疗”这条航船，乘风破浪，带领公司向更快、更高、更强发展，创造一个更美好的明天！

北京万东医疗装备股份有限公司招股说明书

一、释义

在本招股说明书中，下列词 汇除非另有说明，具有如下意义：

本公司或发行人：指筹备中的北京万东医疗装备股份有限公司

发起人或万东公司：指北京万东医疗装备公司

筹委会：指北京万东医疗装备股份有限公司筹委会

证监会：指中国证券监督管理委员会

国家医药局：指国家医药管理局

北京市体改委：指北京市经济体制改革委员会

北京市经委：指北京市经济委员会

主承销商：指广发证券有限责任公司

上市推荐人：指广发证券有限责任公司

新股：指本公司本次向社会公众和公司职工发售的每股面值1元之

人民币普通股。

元:指人民币元。

二、绪言

本招股说明书依据《中华人民共和国公司法》、《股票发行与交易管理暂行条例》、《公开发行股票公司信息披露细则》和国家现行有关证券管理法规和行政规章编写并公布,旨在向社会公众提供有关本公司的情况,本公司筹委会成员已审阅并批准本招股说明书,确信本招股说明书没有存在任何重大遗漏或者误导性揭示,并对其真实性、准确性、完整性负个别及连带责任。

本公司本次发行的新股是根据本招股说明书所载明的资料申请发行的,除本发行人和主承销商外,没有委托或授权任何其他人提供未在本说明书中列载的信息和对本说明书作任何解释或者说明。

本公司股票之买卖,应由投资者按规定负担相应的税款,发行人、承销商及推荐人对此不承担责任。

三、发售新股的有关当事人

1. 发行人:北京万东医疗装备股份有限公司(筹)
地址:北京市朝阳区建外郎家园6号
筹委会主任:许家驹
电话:(010)65062598
传真:(010)65062598
联系人:张丹石　何一中

2. 主承销商:广发证券有限责任公司
地址:广东省广州市农林下路83号广发金融大厦4楼
法定代表人:陈云贤
电话:(020)87310888—2420
传真:(020)87767635
联系人:陈宇杰　任群　邵佩东
副主承销商:北京证券有限公司
地址:北京市西城区德胜门东滨河路B11号
法定代表人:张克俭
电话:(010)62058031
传真:(010)62058007
联系人:李弘吉　杜军
分销商:君安证券有限公司
地址:广东省深圳市罗湖区春风路5号
法定代表人:张国庆
电话:(010)66159508
传真:(010)66158975
联系人:凌联平

3. 上市推荐人:广发证券有限责任公司

4. 发行人财务顾问:中国诚信证券评估有限公司
地址:北京市和平里东街民旺乙191号楼七层
法定代表人:毛振华
电话:(010)64275969
传真:(010)64275625
联系人:关勃　刘燕平

5. 发行人律师事务所:北京竞天律师事务所
地址:北京市朝阳区麦子店西路3号新恒基大厦323室
法定代表人:彭学军
电话:(010)64671982
传真:(010)64673772
经办律师:张绪生　徐跃武

6. 主承销商之律师事务所:广东对外经济律师事务所
地址:广东省广州市东风东路707号自动化大厦12楼
电话:(020)8760231
传真:(020)8760231
经办律师:张锡海　梁治烈

7. 会计师事务所:北京兴华会计师事务所
地址:北京市阜城门外大街2号万通新世界广场708室
法定代表人:王全洲
电话:(010)68587588
传真:(010)68587589
经办注册会计师:袁连生　胡毅

8. 资产评估机构:北京德威资产评估公司
地址:北京市车公庄西路20号
法定代表人:刘捷
电话:(010)68438529
传真:(010)68472789
经办评估师:邓小丰　朱喜初

9. 资产评估确认机构:国家国有资产管理局
地址:北京市海淀区万泉沙路66号
电话:(010)62567744
传真:(010)62561817

10. 土地评估机构:北京北方房地产咨询评估中心
地址:北京市白石桥路3号友谊宾馆苏园公寓
电话:(010)68498888—60841
传真:(010)68498925
经办评估师:高向军　白龙吉

11. 股份登记机构:上海中央证券登记结算公司
地址:上海市闵行路67号
电话:(021)63566657
传真:(021)63257454

四、承销

1. 本公司本次股票发行由以广发证券有限责任公司牵头的承销团以余额包销的方式承销。

2. 承销期从1997年4月24日至1997年5月4日。

3. 本次股票发行地区:与上海证券交易所联网的各证券交易网点。

4. 本次股票发行对象:中国法律、法规规定有资格可以从事股票投资的境内自然人和法人。

5. 本次公司职工股根据本公司提供,经北京市劳动局核准的职工名册和公司职工股分配方案发售,由主承销商安排统一收款,公司职工股不以任何方式售予公司职工以外人士。

6. 本次将发售每股面值为1元的人民币记名普通股1500万股,若本次发行成功,则本公司总股本为5000万股。

7. 发行价格及确定办法:本次股票溢价发行,每股发行价格8.54元,若本次发行成功,扣除相关发行费用后预计实收金额为12330万元。

(1)发行价格计算方法:

发行价格的计算采用以下公式

$$发行价格=\frac{1994年、1995年、1996年每股税后利润之和}{3}\times 市盈率$$

市盈率为14倍。

(2)计算数据的确定

A. 本公司1994年度税后利润为1940.54万元,每股税后利润为0.55元,1995年度税后利润为2097.92万元,每股税后利润为0.60元,1996年度税后利润为2347.33万元,每股税后利润为0.67元。

B. 根据本公司行业特点,及1997年税后利润预测结果,经与各方协商,发行市盈率定为14倍。

8. 本次股票发行采用"上网定价"方式,利用上海证券交易所电脑系统发行,发行成功后将申请在上海证券交易所上市,上市推荐人为广发证券有限责任公司。

9. 承销机构:

主承销商　广发证券有限责任公司

副主承销商　北京证券有限公司

分销商　君安证券有限公司

五、风险因素及对策

投资者在评价本发行人本次发售的股票时,除本招股说明书提供的其他资料外,应特别认真考虑下列各项风险因素:

(一)风险因素:

1. 经营风险

(1)本公司主导产品医用射线机所需要的原材料主要有通用五金材料、电子原器件、电真空器件、影像及光学器件、高压材料等,这些原材料主要从国内采购,小部份从国外进口。如果国内外相关市场发生变化,引起原材料价格变动,将会直接影响本公司的生产经营成本。

(2)本公司是生产医疗器械的高科技企业,产品技术含量高,企业的成长性好,但产品的前期研制开发费用高,资金投入大,产品从研制、临床试验到投产形成成熟产品批量生产,环节较多,具有一定的风险性。

2. 行业风险

医疗器械行业在世界经济中一直是发展最为迅速的行业之一,我国医疗器械工业虽起步较晚,但发展速度却高于国际平均水平。同时,医疗器械行业又是国家支持发展的高科技产业,本公司主导产品医用诊断X射线机的国内市场占有率高达60%,且在国际市场也有一定的份额,其商标“DONG FANG”品牌有较高的知名度,但本公司产品的开发会受到国家综合工业水平发展的制约,对相关的高科技行业如电子计算机行业有一定的依赖性。同时,国内同行业之间的竞争难以避免,亦存在一定的竞争风险。

3. 市场风险

我国的医疗技术和诊断、治疗水平已与发达国家十分接近,而我国医院的装备水平却与发达国家有相当的差距,随着经济的发展,我国医疗器械的市场也将有较大的发展空间,但本公司部份产品价值较高,使用寿命较长,在国家医疗制度改革后,医院和患者的经济实力限制可能制约其购买力。另外本公司产品有30%以上外销,销售地区主要为发展中国家,若这些国家和地区经济、政治不稳定,有可能影响本公司产品的销售。

4. 政策性风险

目前国家政策是支持高科技产业,本公司属高科技医疗器械企业在新产品的开发、研制上,都得到了政府各层部门在财政、税收、资金等多方面的支持,一旦国家产业政策及医疗卫生政策发生变化,均可能对本公司的生产经营产生影响。

5. 外汇风险

本公司在新产品开发研制中都涉及到国外产品和技术的进口,同时本公司亦有相当部份产品出口,这些进出口业务均涉及外汇的结算,因此外汇汇率的变化,将可能影响本公司的进口成本和销售收入。

6. 加入世界贸易组织的风险

目前国外医用诊断X射线机产品在质量上占有一定的优势,一些国外厂商的产品已开始进入中国市场。一旦我国加入世界贸易组织,发达国家的同类产品依靠其技术、质量的优势,可能会使本公司产品面临一定的竞争压力。

7. 股市风险

股票市场瞬息万变,政治局势、经济周期、宏观经济政策、上市公司业绩、投资者心理因素及股市中的投机行为都可能导致股价波动,从而给投资者造成一定的风险。因此,投资者在认购本公司股票时,应充分了解股市风险,以避免或减少损失。

(二)风险对策

1. 针对经营风险,本公司将采取以下对策:

(1)对于公司所需的重要原材料采购,本公司均选择两个以上有经济实力且产品质量有保障的厂家,与之建立长期合作关系,并充分利用竞争机制,以保证供货厂家能优质、优价地为本公司提供货源。

(2)由本公司科技开发部下属科研所牵头,设立有关专家委员会,对新产品的选择决策、消化吸收,设计试制、定型投产全过程进行科学论证和实施监督,确保研制开发产品的科学性和实用性,降低产品开发风险。

2. 医疗器械行业是高新技术反应最集中、最广泛的行业之一,针对行业风险,本公司计划继续投入资金加大技改力度,调整产品结构,着力发展高频医用射线机产品,在已形成系列的基础上,不断提高产品的高科技含量,发展高档次产品,以增强市场竞争力。

3. 针对市场风险,本公司将努力提高产品质量,降低产品成本,并利用本公司在国内外的100多个特约维修网点,继续完善售后服务,同时调整出口产品结构,通过实施产品多样化,高档化,出口地区多元化经营策略来降低风险。

4. 针对政策性风险问题,根据目前的情况,本公司的产品在相当一段时间内,仍会得到政府的大力支持和鼓励,行业前景继续看好,且随着人民生活水平的提高,人们对健康的关注更为殷切,这将有利于本公司产品的销售。另外,本公司也将不断跟踪研究国家有关政策的变动,使自身的生产经营始终保持与国家政策相吻合,以争取更多的扶持和鼓励。

5. 针对外汇风险,本公司一方面提高产品质量、开拓销售渠道,增加销售收入;另一方面,通过原材料进口及产品出口结算货币多样化,尽量降低外汇风险。

6. 关于加入世界贸易组织,一方面,目前本公司产品在价格、适用范围、可靠性、售后服务等诸多领域与国外厂商相比,有着较大的优势,因此,加入世界贸易组织也有助于推动本公司产品的出口,另一方面,本公司将继续强化优势,引进吸收国外同类产品优点,开发出适销对路的产品,增强本公司产品与国外同类产品的竞争力。

7. 对于股市风险,本公司将严格按照《公司法》、《股票发行与交易管理暂行条例》等法律法规的要求,不从事内幕交易,不操纵股市,忠实履行信息披露义务,及时公布相关信息,自觉接受证券管理部门和股东的监督,克尽本公司职责减少投资者的股市风险。

六、募集资金的运用:

本次1500万股社会公众股发行后,可募集资金12810万元,扣除相关发行费用,实际可运用资金12330万元,拟投资于以下项目:

1. 电加工和电测量技术改造项目

医用X射线数字图像技术是计算机和微电子技术在医用X射线设备上的具体应用,其开发和生产对电加工和电测量技术要求较高,本公司拟通过电加工和电测量的技术改造,使引进开发的医用X射线数字诊断系列设备能形成规模生产。

本项目总投资2600万元,计划在1997年12月完成施工、安装、验收、投产。本项目建成后,不仅能使现有年产2700套医用X射线机的内在质量从一般水平跨入国际先进水平,而且可新增医用放射线主机生产能力500套/年,年新增销售收入5000万元,年新增利润850万元,可望取得较好的经济效益。本项目预计1998年可开始产生效益,投资回收期4.43年,内部收益率为28.95%。本项目已由北京市经委(97)京经技字第026号批准立项。

2. 医用X射线(CT)管装置技术改造项目

医用X射线诊断及治疗设备,需要多种规格、多种品种的医用X射线管装置与其配套,以满足医学临床对高清晰图像质量及不同诊断、治疗目的的需要,特别是高频主机用的X射线管装置以及大功率工频主机用的高速旋转阳极X射线管装置更为重要。目前,国内尚不能生产这类装置,全部依赖进口。

CT管装置是X—CT装置上重要的配套件,目前CT管装置全部由国外进口,价格特别昂贵,国内医疗单位在更换CT管时,不得不购买价格昂贵的国外CT管装置。

本项目总投资2860万元,计划在1998年3月完成施工、安装、验收、投产。项目建成后预计年产各种规格的X射线管装置6000套,X—CT管150只,不仅能填补我国不能生产高频主机用X射线管和大功率小焦点高速旋转阳极X射线管以及X—CT管的空白,而且也具备生产多品种、多规格、高质量的中速X射线管的能力,可年新增销售收入5850万元,年新增税后利润1020万元,取得较好的经济效益。本项目预计1998年可开始产生效益,投资回收期为4.36年,内部收益率为30.13%。本项目已由北京市经委(97)京经技字第018号批准立项。

3.介入治疗设备技术改造项目

介入放射学诊疗技术,是借助高精度计算机化的影像学仪器的观察,通过导管深入体内,对疾病进行直接诊断和治疗的一种新的医疗技术。

由于我国在此领域的研究起步较晚,长期以来血管造影设备基本依赖进口,进口产品的市场份额在95%以上,且多集中在大城市、大医院中使用,既耗费了大量外汇,又不能为大多数人民解决痛苦。为了改变这种状况,立足于国内生产厂家的技术水平和加工能力,适当引进国外的关键技术,研制并生产出性能可靠、价格低廉的介入治疗/血管造影设备就是本项目的目的。

本项目投资总额2650万元,计划在2000年通过国家指定检测机关的检测验收,并通过国家医药局的市场准入。该项目投产后,预计年新增销售收入7000万元,年新增税后利润1275万元。本项目预计2001年可开始产生效益,投资回收期为3.68年,内部收益率为39.21%。本项目已由北京市经委(97)京经技字第024号批准立项。

4.医用X射线数字图像技术引进、消化、吸收、创新项目

自七十年代以来,随着半导体技术和计算机技术的高速发展,生产技术和加工制造能力的普遍提高,使得X射线诊断设备和技术有了长足的进步,其中进步最快就是医用X射线图像技术的发展。

由于我国在此领域的研究起步较晚,仅在八十年代中后期才廾始进行医用X射线电视系统的研究开发和临床应用推广工作,在九十年代初才开始进行图像存储、处理技术及产品的研究开发工作。目前我国图像技术的整体水平较低,为了改变这种状况,本公司拟适当引进国外关键的数字图像技术,进行消化、吸收,研制并生产出性能可靠、价格低廉的国产数字图像设备。

该项目总投资2150万元,计划在2000年通过国家指定检测机关的检测验收,并通过国家医药管理局的市场准人。

该项目投产后,预计年新增销售收入5200万元,年新增税后利润1232万元,每年可为国家节约外汇4000万美元。本项目预计2001年可开始产生效益,投资回收期为3.47年,内部收益率为44.06%。本项目已由北京经委(97)京经技字第025号批准立项。

5.用2070万元补充企业流动资金。

下面用图表方式列示本次募股资金使用计划时间安排

募股资金使用计划表　　单位:万元

		电加工和电测量技改项目	医用X射线管(CT)装置技改项目	介入治疗设备技改项目	医用X射线数字图象技术引进吸收创新项目	补充企业流动资金	合计
1997年	1季度						
	2季度	2130		750	1400	2070	6350
	3季度	228	710				938
	4季度	242	1200	400			1842
1998年	1季度		950	800	600		2350
	2季度			700	150		850
	3季度						
	4季度						
合计		2600	2860	2650	2150	2070	12330

七、股利分配政策

1.根据《公司法》和本公司章程(草案),本公司的税后利润在弥补亏损后,按以下顺序和比例分配:

(1)提取法定公积金10%

(2)提取法定公益金5—10%

(3)按股东大会决议提取任意公积金

(4)支付股利

2.公司在未弥补亏损和提取法定公积金和公益金之前,不得向股东分配利润。

3.公司应按每一股东持有公司股份的比例,在每一会计年度结束后六个月内分配股利,经董事会提议,股东大会通过,公司也可进行年中分红。

4.公司向股东分配股利时,依法代为扣缴股利收入的应纳税金。

5.本公司的股利分派采用现金股利和股票股利两种形式。

6.新股东参与公司1997年度全年利润分配。

7.本公司预计1998年6月前进行首次股利分配。

8.本公司的股利政策尚待本公司第一届股东大会通过方可实施。

八、验资报告

根据北京兴华会计师事务所为出具的(97)京会兴字第198号验资报告,截至1997年1月1日止,北京万东医疗装备股份有限公司(筹)已收到其发起股东投入的资本伍仟叁佰叁拾玖万陆仟佰肆陆拾玖元(RMB53,396,469),其中股本叁仟伍佰万元整(R MB 35,000,000),资本公积壹仟捌佰叁拾玖万陆仟肆佰陆拾玖元整(RMB18,396,469)。

九、发行人情况

1.发行人名称:北京万东医疗装备股份有限公司(筹)

2.发行人住所:北京市建外郎家园6号

3.发起人概况

本公司是由北京万东医疗装备公司独家发起,以募集设立方式设立的股份有限公司。

北京万东医疗装备公司是由北京医用射线机厂(为龙头)、北京医用电子仪器厂、北京医用空调设备厂经北京市经济委员会(94)京经调字第154号文批准于1994年组建的,是以医疗器械工业制造为主,并开展技术开发及内外贸易的经济实体,为北京市现代企业制度试点单位。其前身(原北京医用射线机厂)自1955年建厂,已有四十年历史,是中国医疗器械行业骨干企业,享有外贸自营权。1991年被定为北京市高新技术企业,1992年被评为全国质量效益型企业,1993年被评为北京市工业系统十佳企业。1994年,北京万东医疗装备公司被评为中国专用设备制造行业百强之一,并晋升为大型二类企业,1995年被北京市经济委员会评为“八五”技术改造、技术引进优秀企业,1996年8月在国家医药局对行业内企业进行评价时,被评定为医药工业50强企业,且在医疗器械行业排名第一。1996年被国家经贸委确定为1000家重点联系企业之一,并被评为北京市工业系统一九九六年度“双十佳企业”。万东公司是我国目前唯一有能力成系列生产高频医用诊断X射线机的厂家,各类医用诊断X射线机的生产、销售量均居全国首位。万东公司先后承担了国家“六五”、“七五”、“八五”科研攻关项目,并均已通过国家鉴定和验收,科研力量雄厚,有一支高水平的技术开发队伍。

1997年3月24日,经北京市政府京政办函〔1997〕60号文批准,由北京万东医疗装备公司作为独家发起人,以募集方式设立股份有限公司。为此,万东公司对其资产进行重组。将生产医用诊断X射线机的生产经营性资产投入本公司,并折为3500万股国有法人股,由万东公司持有。

4.发行人组织和内部管理结构

本公司组织结构和内部管理结构图(附后):

5.发行人职工人数及其构成

截全1996年12月31日,本公司在册职工总数为893人

项目	人数(人)	占总人数的比例(%)
(1)按业务分工分类		
一线生产工人	461	51.62

工程技术人员	126	14.11
销售人员	26	2.93
管理人员	148	16.57
其他人员	132	14.77
(2)按职称分类		
高级职称	23	2.58
中级职称	78	8.73
初级职称	137	15.34
(3)按文化程度分类		
大专以上	69	7.73
大专	104	11.65
高中	484	54.20
初中	236	26.42
(4)按年龄分类		
30岁以下	247	27.66
30—50岁	569	63.72
50岁以上	77	8.62

本公司对每位员工实行聘用合同制,本公司员工按照与本公司签定的劳动聘用合同承担义务和享受权利。本公司根据国家有关规定为职工办理安全生产及劳动保护、养老保险、待业保险、医疗统筹等福利待遇。

6.发行人经营业务范围:各类医疗器械的生产和销售。

7.发行人主要业务

本公司的主要业务为各类型医用诊断X射线机的生产、销售和开发。

8.发行人主要产品品种、生产能力和市场情况

(1)主要产品品种:200mA—800mA工频X射线机,15KW—50KW高频X射线机

(2)主要产品的生产能力:各类医用诊断X射线机2700台套。

(3)市场情况:本公司有四十多年的医用诊断X射线机生产、销售的历史和经验。"DONG FANG"牌系列医用诊断X射线机拥有较高的知名度,曾荣获国家级、部级、市级优质产品称号,七种被列为替代进口产品,不但畅销全国,在同类产品中占有国内市场最高份额,而且每年出口300万美元以上产品到世界二十个国家和地区,并多次在国际招标中中标,居同行业企业领先地位。产品销售额以每年20%的速度递增。"DONG FANG"牌X射线机在全国的市场占有率为60%以上。本公司以技术服务中心为龙头,在国内外设有100多个特约维修网点,为产品的及时安装和维修提供了周到快捷的服务,同时还注重用户培训,由技术服务中心负责经常性地举办产品技术讲座,对巩固和不断开发市场给予了最大程度的保证。

9.主要原材料的供应情况

本公司产品所用的主要原材料有:通用五金材料、电子原器件、电真空器件、影像及光学器件、高压材料等,本公司的原材料采购遵循优质采购的原则,一种原材料,选择两个以上的供货家,充分利用竞争机制以保证原材料供货厂家能够稳定、优质地为本公司提供货源。

10.新产品、新项目研究开发情况

本公司拥有一个具有二十多年历史的研究所,专门负责新产品的开发研制工作,培养了一支高素质的科技开发队伍,其中的科研人员三分之一以上具有高级职称,80%曾在国外著名公司学习和参加技术培训。为了加速科研成果到产品的转化,还成立了建制完备的中试车间。建立了从产品设计、样机试制到小批试生产的成套的新产品设计开发体系。

本公司继九十年代初在国内率先实现X射线发生装置由工频到高频转化的重大技术突破之后,相继出了2KW、15KW、30KW、50KW系列高频X射线机,实现了产品的更新换代,并迅速形成了产业化规模。在此基础上,又根据国内外市场的需求相继开发了ZC45SY—1、2、3型及ZC25SY—1型床上管,具有遥控功能的高档诊断床,实现了产品的系列化。

本公司每年的科技投入都在销售额的3%以上,在老产品市场相对稳定的前提下,以每年推出3—5个新产品的速度,迅速实现着产品结构的调整。本公司目前主要从事以下产品的开发工作:高频医用X射线机高压发生装置改进项目、诊断床的设计改造开发项目、系列医用X射线电视系统设计开发项目、数字减影系统(DSA)设计开发项目、高压注射器设计开发项目。

11.发行人计划进行的投资项目

投资2600万元用于电加工与电测量技术改造项目;

投资2860万元用于医用X射线(CT)管装置生产线技术改造项目;

投资2650万元用于介入治疗设备技术改造项目;

投资2150万元用于医用X射线数字图像技术引进、消化、吸收、创新改造项目;

12.政府的优惠政策

(1)产业政策

北京市政府将医疗器械行业作为重点扶持的行业,并将医用射线仪器作为重点发展对象之一。

国家医药局在"九五"规划中也将机电一体化的诊断、治疗仪器设备作为重点发展的产品。

(2)税收政策

根据1991年北京万东医疗装备公司和北京市税务局等部门签订的协议和北京市人民政府京政发(1991)63号文的有关规定,北京万东医疗装备公司1994年至1996年企业所得税实际税负水平为15%。北京市财政局以京财工〖1997〗162号文批准本公司上市后,在依法缴纳所得税的情况下,超过15%税负上缴的所得税部分,由市财政局实行"先征后返",返还资金并入企业税后利润统一进行分配。

13.发行人前三年重大改组、变更、收购、兼并、清理整顿行为。

发行人在前三年无重大改组、变更、收购、兼并、清理整顿行为。

14.关联交易

本公司医用诊断X射线机产品使用"DONG FANG"牌注册商标,该商标为北京万东医疗装备公司所有,根据万东公司与本公司签订的商标使用协议,由本公司有偿使用。另外,本公司还根据与万东公司签署的土地租赁协议,向万东公司租用18916.2平方米的土地。

本公司成立后,根据本公司与万东公司所签订的不竞争承诺协议,万东公司承诺不直接或间接从事或参与任何在商业上对本公司有竞争的业务或活动。

未进入本公司的附属生产福利性设施,本着依照市场价格实行有偿使用的原则,本公司已与万东公司就职工宿舍、浴池、托儿所、医务室等非经营性资产的使用达成正式的协议。

十、筹委会成员简介

许家驹先生,现年51岁,大学学历,高级工程师,本公司筹委会主任。曾任北京医用射线机厂技术科科长、研究所所长、厂长,现任北京万东医疗装备公司总经理兼党委书记,在企业领导岗位上工作多年,有丰富的企业经营管理经验。1990年被评为北京工业系统优秀厂长,1991年获首都劳动奖章,1994年获全国医药行业第二届优秀企业家称号,现在还担任中国医疗器械行业协会副会长。

刘健女士,现年46岁,研究生学历,高级经济师。曾任江西医疗器械厂厂长兼党委书记、江西制药厂副厂长,北京医用射线机厂副厂长,现任北京万东医疗装备公司副总经理、总经济师。

胡承志先生,现年51岁,大专学历,工程师。曾任北京医用射线机厂设备科科长、销售科科长、厂长助理、副厂长,现任北京万东医疗装备公司副总经理。

张有民先生,现年42岁,大学学历,高级工程师。曾任北京医用射线机厂研究所工程师、所长,现任北京万东医疗装备公司总经理助理兼副总工程师。

杨力先生,现年38岁,大专学历,经济师,曾任北京医用射线机厂研究所副所长,北京万东医疗装备公司中试车间主任、现任北京万东医疗装

备公司总经理助理兼总调度室主任。

蒋达先生，现年38岁，大学学历，高级工程师，曾任北京医用射线机研究所设计一组组长，北京万东医疗装备公司研究所副所长，现任北京万东医疗装备公司研究所所长。1992年期间，为中国卫生进出口公司援巴专家组成员。

童愿女士，现年37岁，大专学历、经济师。曾任北京医用射线机厂外经办副主任、主任，现任北京万东医疗装备公司外经办主任。

高福宇先生，现年41岁，大专学历，工程师。曾任北京医用射线机厂研究所组长，技术服务中心经理，现任北京万东医疗装备公司技术服务中心经理兼销售科科长。

张丹石先生，现年42岁，大专学历，会计师。曾任北京医用射线机厂财务科副科长、财务科科长，北京万东医疗装备公司财务科长，现任北京万东医疗装备公司证券办公室主任。

十一、经营业绩

1. 生产经营一般情况

本公司通过"六五"、"七五"、"八五"期间持续技术改造，引进国外先进技术及数控板金加工中心，数控机械加工中心，卧式铣镗中心，数控弯板机等具有国际九十年代先进水平的加工设备，使产品技术性能得到不断提高。通过引进国外先进技术及消化吸收，提高了自己开发的能力，形成200mA—800mA工频医用诊断X射线机、15KW—50KW高频医用诊断X射线机及其各种配套件生产完善的产品结构。产品性能也已达到九十年代国际水平。在加强产品质量控制的同时，加强产品的售后服务，除建立起功能齐全的技术服务中心用户培训，产品安装和售后服务外，在全国各地都设立了维修服务网点，并向国外派驻了维修人员，为用户提供完备的售前售后服务。近年来本公司在经济效益出口创汇、产品市场占有率等方面一直保持全国同行业领先地位。本公司F139—Ⅰ专用摄影床、F99—Ⅳ医用诊断X射线摄影装置、F125—Ⅰ50kw/150kv高压发生装置、F99—ⅢA500mA医用诊断X射线机F136—Ⅰ80kw/150kv高压发生装置在1993年被北京市科学技术委员会授予高新技术产品证书。1994年产品销售额为9029万元，1995年产品销售额为11293万元，1996年产品销售额为12132万元，呈稳定快速增长势头。

2. 本公司近三年经营业绩如下表：(单位：千元)

根据北京兴华会计师事务所出具的审计报告，本公司近三年经营业绩如下：

	1996年	1995年	1994年
主营业务收入	121,323	112,931	90,287
利润总额	27,616	24,681	22,830
税后利润	23,473	20,979	19,405

3. 发行人业务收入的主要构成

本公司1996年的主营业务收入的主要构成如下：

项　目	收入金额(万元)	占主营业务收入比例
200MAX光射线机	2203	18.15%
300MAX光射线机	1474	12.15%
400MAX光射线机	155	1.30%
500MAX光射线机	5335	43.97%
800MAX光射线机	2107	17.36%
其　他	858	7.07%
合　计	12132	100.00%

4. 完成的重大项目和科研成果

本公司于1983年承担了"六五"国家重点科技攻关项目大毫安医用X射线诊断机组，于87年4月通过国家鉴定。其中成果C型臂架、导管床、快速换片机、高压注射器及医用X射线电视系统已形成商品，具有一定的市场规模。

1986年本公司承担了"七五"国家重点攻关项目高频X射线发生装置，成功的开发了15KW、30KW、高频X射线发生装置，为国产X射线机由工频向高频的转变起了重大的作用。1991年又承担了"八五"国家重点企业技术开发项目，高频医用X射线机系列产品开发并均已通过国家鉴定。"八五"技术开发的重点在于使高稳定、高质量X射线输出的高频X射线机在小型化、智能化的同时具有极高的可靠性和完善的工艺性，为高频X射线机系列化打下基础。1994年在利用世界银行贷款进行的国际招标中，本公司的30KW高频X射线机以优质低价一举中标，批量437台。高频技术应用于医用X射线机是一次革命性措施，与传统的工频X射线机相比，具有X射线辐射量大、线质高、体积小，更易于实现小型化和自动控制等优点。目前发达国家已普遍应用高频技术，而我国尚处于起步阶段，市场前景十分广阔。另外，本公司配合50KW、80KW X射线机发生装置开发了无片盒遥控自动诊断床，一投入生产就受到广大用户的好评，现已形成批量生产。

主机高频化、床台智能化和图像数字化是本公司近期奋斗的目标。在开发高频X射线主机和遥控床、自动化床台的同时，一直关注着X射线电视图像数字技术的处理。已开始电视图像数字存储及数字减影DSA系统的研究，现已开发出SY—1型数字减影系统，并结合"六五"成果产品组成HS—100型数字血管造影设备，并已投放市场。

5. 本公司的筹资能力

由于万东公司主要产品医用X射线机的市场销售状况良好，资金周转较快，加之万东公司信誉一直很好，因此与金融机构之间的关系良好，银行借贷能力较强，本公司成立之后，资本规模和生产规模进一步扩大，投资项目盈利前景好，通过银行借贷的能力将进一步提高。通过本次股票发行上市，本公司还可通过证券市场进一步直接筹措资金。

6. 产品质量保证

由于医疗产品与人们的生命和健康直接相关，因此对它的质量有着很高的要求，本公司一方面不断引进先进的加工生产设备，保证产品的制造质量，另一方面本公司对生产经营的各个环节实行全面质量管理，参照国际IEC标准制定了产品内检标准，为了加强企业生产指挥系统，对生产要素进行合理配置，调整了生产组织结构，组建了总调度室和总计划室，进行有效地计划和控制，建立起了一套严密的质量保证管理体系，不断提高产品质量，并于1996年12月通过了中国质量管理协会质量保证中心和法国国际质量认证有限公司(BVQI)的联合审核，取得了ISO9001质量质量体系认证。

7. 经营管理的改善及提高

本公司一直不断地强化基础管理工作，建立健全规章制度和标准，不断完善经济责任制，把总的经营目标、经营责任分解落实到各基层单位，并把工资、奖金与责任目标挂钩，强化职工的生产责任心。使企业的生产效率和经济效益都得到了显著的提高。

8. 职工培训

本公司十分注重对职工的培训，八十年代以来，先后派送了300余人次技术管理人员到欧美和日本同行业大企业进行项目考察和技术培训。另外本公司还对专业技术人员进行高新技术的讲座知识培训，对管理人员及普通职工进行岗位培训和知识更新教育，不断的提高职工的文化素质和专业技能水平。

十二、股本

1. 拟注册股份：5000万股

2. 已发行股份：

截止本招股说明书签署日，发行人股本总额为3500万股，其中北京万东医疗装备公司以生产医用诊断X射线机的全部经营性净资产5339.64万元折成3500万股，经北京兴华会计师事务所(97)京会兴字第198号验资报告验证，发起人的股本金已全部到位。

发起人认购股份超过面值缴入股资本共1839.64万元，全部计入资本公积金，用于弥补亏损，扩大公司生产经营或者转增公司股本。

3. 本次公开发行后股本

本次申请公开发行1500万股社会公众股，若发行成功，发行后股本

结构如下：　(单位:万股)

股份名称	股份数	占总股本比例
发起人股		
国有法人股	3500	70.00%
社会公众股	1500	30.00%
其中:公司职工股	150	3.00%
合计:	5000	100.00%

注:本次发行中,1500万股公众股本的10%,即150万股向公司职工配售,根据国家现行规定,公司职工股要在新股上市半年后方可上市流通。

4.本次发行后的净资产总额为:17669.64万元

5.本资发行前的每股净资产为:1.53元

6.本次发行后的每股净资产为:3.53元

7.股票回购程序

根据《中华人民共和国公司法》和《股票发行与交易的管理暂行条例》规定,发行人一般不得收购其发行在外的股票,但为减少公司资本而注销股份或者与持有本公司股票的公司合并时除外。

十三、债项

根据北京兴华会计师事务所出具的(97)京会兴字第194号审计报告,截至1996年12月31日,本公司负债总额为8024.34万元,其中:

(1)短期借款期末余额35,600,000元,具体借款项目如下:

贷款银行	币种	借款期间	借款金额	月利率(‰)	借款条件
工商银行朝阳支行	人民币	96.8—97.2	1,050万元	8.4	担保
工商银行朝阳支行	人民币	96.9—97.3	1,000万元	9.24	担保
工商银行朝阳支行	人民币	96.10—97.4	1,470万元	9.24	担保
工商银行朝阳支行	人民币	96.11—97.5	40万元	9.24	担保
合计			3,560万元		

(2)一年内到期长期负债期末余额2,200万元,具体借款项目如下:

贷款银行	币种	借款期间	借款金额	月利率(‰)	借款条件
工商银行朝阳支行	人民币	94.2—97.2	208万元	9.15	担保
工商银行朝阳支行	人民币	94.3—97.3	1,000万元	9.15	担保
工商银行朝阳支行	人民币	94.6—97.6	992万元	9.15	担保
合计			2,200万元		

(3)长期借款期末余额1,200万元,具体借款项目如下:

贷款银行	币种	借款期间	借款金额	月利率(‰)	借款条件
工商银行朝阳支行	人民币	95.5—98.5	1,200万元	9.75	担保
合计			1,200万元		

十四、财务会计资料

(一)本公司主要会计数据:见附表

(二)本公司主要会计政策

1.会计制度:公司改制前执行《工业企业会计制度》,改制后将执行《股份制试点企业会计制度》,1994—1996年的会计报表已按股份制试点企业会计制度进行了调整。

2.会计年度:以公历1月1日至12月31日为一会计年度。

3.记帐原则及计价基础:按权责发生制原则进行会计核算,以历史成本为计价基础。

4.记帐本位币:以人民币为记帐本位币。

5.外币折算:发生外币业务,按中国人民银行公布的当日人民币基准汇价折合成记帐本位币记帐,月末将外币帐户余额按上述基准汇价进行调整,与原帐面差额计入当期财务费用。

6.坏帐准备:采用直接转销法核算坏帐,不计提坏帐准备金,发生的坏帐损失计入当期费用。确认坏帐的标准是,因债务人破产或死亡不能收回的应收帐款,或者债务人预期3年仍未偿还的应收帐款。

7.存货核算:存货包括原材料、在产品、产成品等。均按计划成本核算,月末通过'材料成本差异"等科目进行调整,将发出和期末存货调整成实际成本。

8.长期投资:

(1)债券投资:按成本法核算。

(2)股权投资和联营投资;持股低于20%的按成本法核算;持股份20%及以上的按权益法核算;持股50%以上的子公司纳入合并报表。

9.固定资产及折旧:固定资产按照历史成本计价,固定资产的确认标准为:单位价值2,000元以上并且使用年限1年以上。按平均年限法计提折旧。各类固定资产的使用年限和预留净残值率按《工业企业财务制度》的规定确定如下:

固定资产名称	使用年限	净残值率	年折旧率
房屋建筑物	30—40	3%	2.4—3.2%
专用设备	10—14	3%	6.9—9.7%
运输设备	6—12	3%	8.1—16.2%
其　他	4—10	3%	9.7—24.3%

10.无形资产:无形资产按取得时的实际成本计价,按平均年限法摊销。

11.递延资产:递延资产按实际成本计价,按平均年限法摊销。

12.产品成本计算方法:产品成本包括直接材料、直接人工、制造费用。销售费用、管理费用、财务费用全部计入当期损益。

13.收入确认:产品发出,收到货款或取得收取货款的凭证时,确认营业收入实现。

14.税项:增值税按销售收入乘17%作为销项税额,扣除当期允许抵扣的进项税额后缴纳;根据1991年北京万东医疗装备公司和北京市税务局等部门签订的协议和北京市人民政府京政发(1991)63号文的有关规定,北京万东医疗装备公司1994年至1996年企业所得税实际税负水平为15%。北京市财政局以京财工〖1997〗162号文批准股份上市公司在依法缴纳所得税的情况下,超过15%税负上缴的所得税部分,由市财政局实行"先征后返",返还资金并入企业税后利润统一进行分配。

15.利润分配:北京万东医疗装备股份有限公司(筹)章程规定,税后利润按以下顺序分配:(1)弥补亏损;(2)提取10%法定公积金;(3)提取5%—10%法定公益金;(4)提取任意公积金;(5)分红:由董事会按法律规定和公司经营状况提出分配方案,经股东大会决议批准执行。

十五、资产评估

根据北京德威评估公司的资产评估报告,本公司本次发行所进行的资产评估情况如下:

1.评估基准日:1996年12月31日

2.评估方法:本次评估将房屋建筑物、机器设备采用重置成本法,流动资产以委估清单及帐面价值为依据,对现金及银行存款进行清点核对,经对债权进行核实核对,企业每年均对时间较长的债权进行处理,且债权均较短,按帐面值计评估值;对存货进行了重点抽查核实,在核实分析的基础上,确定评估值;对待摊费用按受益期保留。

3.评估结果:

资产类别	帐面原值	帐面净值	重置价值	评估值	增加额	增值率
机器设备	3831.65	2710.12	4571.06	2906.77	196.65	7%
房屋建筑	3335.81	2803.65	4700.52	3795.62	991.97	35%
流动资产	6863.30	6863.30	6863.30	6661.59	-201.71	-3%
资产合计	14030.76	12377.07	16134.88	13363.98	986.91	8%
长期负债	3400.00	3400.00	3400.00	3400.00	0.00	0%
流动负债	4624.34	4624.34	4624.34	4624.34	0.00	0%
负债合计	8024.34	8024.34	8024.34	8024.34	0.00	0%
净资产	6006.42	4352.73	8110.54	5339.64	986.91	23%

本次评估房屋及机器设备增值,主要是由于本公司的房屋及机器设备成新率较高,因此评估后有所增值;本次流动资产减值主要是评估中将

不可变现的债权按零值处理;同时将已完工漏转成本的存货按零值处理。本次评估结果已得到国家国有资产管理局国资评(1997)161号文确认。

十六、盈利预测

以下摘自北京兴华会计师事务所出具的盈利预测审核报告:

一、编制基准

1. 根据本公司1994年到1996年度经营业绩和发展规划及市场需求变化预测,本着实事求是、稳步发展的原则,编制了1997年度的盈利预测。编制盈利预测所依据的会计政策在各主要方面均与本公司所采用的会计政策一致,并符合我国法律、法规及制度的有关规定。

2. 根据《股份制试点企业有关税收问题的暂行规定》,股份制试点企业所得税按33%的比例交纳。经北京市财政局京财工〖1997〗162号文批准,本公司上市后实际执行15%的所得税优惠政策,故盈利预测分别按15%和33%的所得税率计算和披露。

二、主要假设

1. 我国的股份制有关法律、法规、政策没有重大变化;

2. 本公司所在北京市政治、经济、法律等社会环境无重大变化;

3. 未来一年的利率、税率、汇率及市场行情无重大变化;

4. 无不可抗力及不可预测因素造成重大不利影响;

5. 本公司资金运用计划可顺利实施,按计划形成生产能力并盈利。

项　　目	1997年
一、主营业务收入	13294
减:营业成本	8200
销售费用	572
管理费用	890
财务费用	627
营业税金及附加	89
二、主营业务利润	2916
加:其他业务利润	
三、营业利润	2916
加:投资收益	
营业外收入	
减:营业外支出	
四、利润总额	2916
减:所得税(按15%)	437.40
或所得税(按33%)	962.28
五、税后利润(按15%)	2478.60
税后利润(按33%)	1953.72
六、每股税后利润(按15%交税)	0.50(元)
每股税后利润(按33%交税)	0.39(元)

十七、重要合同及重大诉讼事项

1. 重要借款合同

(1)1994年北京万东医疗装备公司与中国工商银行北京朝阳支行签订贷款合同,金额992万元,期限自1994年6月30日至1997年6月30日,借款月利率9.15‰,借款用于"八五"整体改造,北京第二制药厂为本次借款提供信用担保。

(2)1995年北京万东医疗装备公司与中国工商银行北京朝阳支行签订贷款合同,金额为1250万元,期限自1995年5月25日至1998年5月25日,借款月利率为9.75‰,借款用作"八五"技改,北京第二制药厂为本次借款提供信用担保。

(3)1996年北京万东医疗装备公司与中国工商银行北京朝阳支行签订贷款合同,金额为1050万元,期限自1996年8月26日至1997年2月26日,借款月利率为8.4‰,借款用作流动资金,北京第三制药厂为本次借款提供信用担保。

(4)1996年北京万东医疗装备公司与中国工商银行北京朝阳支行签订贷款合同,金额为1000万元,期限自1996年9月19日至1997年3月19日,借款月利率为9.24‰,借款用作流动资金,北京第三制药厂为本次借款提供信用担保。

(5)1996年北京万东医疗装备公司与中国工商银行北京朝阳支行签订贷款合同,金额为1470万元,期限自1996年10月21日至1997年4月21日,借款月利率为9.24‰,借款用作流动资金,北京第三制药厂为本次借款提供信用担保。

中国工商银行北京朝阳支行同意北京万东医疗装备公司将上述债务转移至本公司,待本公司依法正式成立之后,再办理有关变更手续。

2. 土地租赁合同

1997年3月13日,本公司与北京万东医疗装备公司签署土地租赁合同,本公司向北京万东医疗装备公司租赁北京市区建外郎家园6号18916.2平方米土地。

3. 商标使用许可合同

1997年3月13日,本公司与北京万东医疗装备公司签署商标许可使用合同,自本公司成立之日,北京万东医疗装备公司将"DONG FANG"商标授予本公司独占有偿使用。

4. 不竞争承诺协议

1997年3月13日,本公司与北京万东医疗装备公司签署了不竞争承诺协议,北京万东医疗装备公司承诺不直接或间接从事或参与任何在商业上对本公司有竞争的业务或活动。

5. 生活服务和生产合作协作协议

1997年3月13日,本公司与北京万东医疗装备公司签署了生活服务和生产合作协作协议,双方就生活后勤服务、医疗卫生服务、离退休人员费用、劳务供应、公安保卫消防费用、产品供应、动力供应、房屋有偿使用、办公、机器设备、车辆使用等有关事宜达成协议。

6. 重大诉讼

本公司以及本公司的筹委会成员并无涉及任何重大诉讼及仲裁,亦无任何尚未了结或可能发生的诉讼。

十八、公司发展规划

1. 发展战略

医疗器械是治病救人、理疗康复的特殊产品。随着社会的进步及人民生活水平的提高,医疗器械市场会有很大的增长。从世界范围来看,医疗器械行业也是发展最迅速的工业之一。近十年来,全世界医疗器械的总销售额都以年均10%以上的速度稳定增长。我国医疗器械行业在"八五"期间的平均年增长速度为30.72%,有着广阔的发展前景。

本着向国内外医学临床提供优良产品和优质服务的信念,抱着为人类健康而努力的宗旨,以振兴民族工业为己任,本公司将积蓄人才、管理装备和产品四方面的优势,坚持"科技为先导,质量为主线,管理为手段,人才为后盾"的方针,利用公司上市良机,加上新产品开发和技改力度,继续保持本公司在我国同行业中的领先地位,并跻身于世界医疗器械名牌厂家之列。

2. 发展目标:

在"九五"期间,保持和加强本公司在同行业的龙头地位,进一步满足国内医用X射线机的发展需要,通过技术引进、消化、吸收、创新,使产品达到国外90年代初中水平,不断提高经济效益,给股东以丰厚的回报。到"九五"期末,力争达到下述主要指标:年销售额从目前的1.3亿元增加到4亿元,年创利润6千万元。

3. 发展规划:

(1)做好技术储备及生产制造工艺准备,不失时机地实现X射线电气土机系列的高频化,且在制造成本水平降到一定程度时,完成200mA—500mA全系列的高频改造。

(2)实现床台设备的智能化生产,更新通用床台系列化,锐意提高制造水平,达到组合多样、接口完善、电源通用性强、安全标准裕度大的要求,同时高档床台以微机控制取代模拟控制,增加产品品种。

(3)成像装置数字化。图像装置是X射线机系统技术比重中最高的部分,其价值占系统总价的1/3至2/3,这方面的突破将使本公司的经济效益再上台阶。

(4)开发其他重点项目,如X—CT的开发和生产,不同档次的介入放射临床设备、胸部检查专用设备、X线专用摄影装置等。

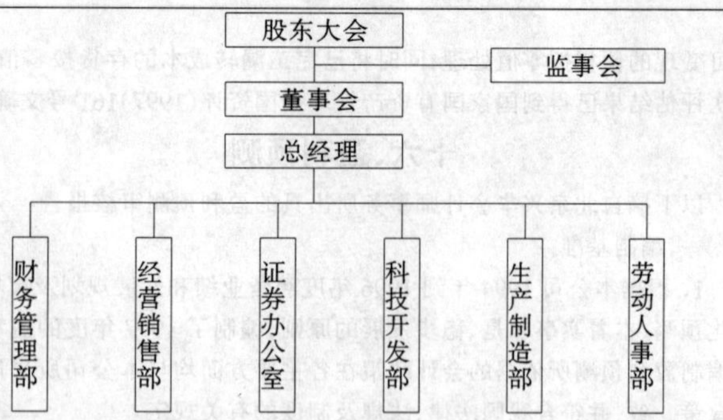

备查文件:

1. 主管部门同意设立的批准文件
2. 主管部门批准发行上市的文件
3. 承销协议
4. 辅导工作报告及辅导工作的验收报告
5. 资产评估确认报告及国有股权管理方案的批复
6. 上市承诺函
7. 重要合同
8. 发行人改组的其他有关文件

北京万东医疗装备股份有限公司(筹)

一九九七年四月十七日

资产负债表

编制单位:北京万东医疗装备股份有限公司(筹)　　1996年12月31日　　单位:人民币元

资　产	附注号	1996年12月31日	1995年12月31日	1994年12月31日	负债及股东权益	附注号	1996年12月31日	1995年12月31日	1994年12月31日
流动资产:					流动负债:				
货币资金	1	2783296	8678144	1516061	短期借款	6	35600000	37700000	33600000
短期投资					应付票据				
应收票据					应付帐款	7	2042018	2760363	845903
应收帐款	2	18196415	7877157	9872244	预收货款	8	6508109	7862085	9818947
减:坏帐准备					应付福利费	15			
应收帐款净额		18196415	7877157	9872244	未付股利				
预付货款	3	3345145	4766399	2930698	未交税金	9	487049	−469216	524014
其它应收款					其他未交款	10	30223	−17413	−6187
待摊费用		3337840	4450454	5952144	其他应付款	11	1575981	774675	375085
存货	4	38953253	41061535	58981524	预提费用				
待处理流动资产净损失					一年内到期的长期负债	12	22000000	500000	
一年内到期的长期债券投资					其他流动负债				
其他流动资产					流动负债合计		68243380	49110494	45157762
流动资产合计		66615949	66833689	79252671	长期负债:				
长期设资:					长期借款	13	12000000	34000000	22500000
长期投资					应付债券				
其中:合并价差					长期应付款				
固定资产:					其他长期负债				
固定资产原价	5	92715800	68838105	32753550					
减:累计折旧		25691900	12734331	8717335	长期负债合计		12000000	34000000	22500000
固定资产净值		67023900	56103774	24036215					
固定资产清理					递延税项:				
在建工程					递延税款贷项				
待处理固定资产净损失					负债合计		80243380	83110494	67657762
固定资产合计		67023900	56103774	24036215					
无形资产及递延资产:					少数股东权益				
无形资产					股东权益:				
递延资产					股本	14	35000000	30000000	30000000
					资本公积	15	18396469		
无形及递延资产合计					盈余公积	16		9826969	5631124
其他长期资产:					其中:公益金			4913484	2815562
其他长期资产					未分配利润				
递延税项:					外币报表折算差额				
递延税款借项					股东权益合计		53396469	39826969	35631124
资产总计		133639849	122937463	103288886	负债及股东权益总计		133639849	122937463	103288886

利润表

编制单位:北京万东医疗装备股份有限公司(筹)　　1996 年度　　单位:人民币元

项目	注释	1996 年度	1995 年度	1994 年度
一、主营业务收入	17	121322537	112931034	90287210
减:营业成本	18	75897107	69165901	56088571
销售费用	19	3220012	6778588	3475360
管理费用		6782717	5271734	3246901
财务费用	20	6988024	6415157	4505310
进货费用				
营业税金及附加	21	818999	618216	141201
二、主营业务利润		27615678	24681438	22829867
加:其他业务利润				
三、营业利润		27615678	24681438	22829867
加:投资收益				
营业外收入				
减:营业外支出				
加:以前年度损益调整				
四、利润总额		27615678	24681438	22829867
减:所得税		4142352	3702216	3424480
减:少数股东损益				
五、净利润		23473326	20979222	19405387

财务状况变动表

编制单位:北京万东医疗装备股份有限公司(筹)　　1996 年度　　单位:人民币元

流动资金来源和运用	金额	流动资金各项目的变动	金额
一、流动资金来源:		一、流动资产本年增加数	
1. 本年净利润	23473326	1. 货币资金	-5894848
加:不减少流动资金的费用和损失		2. 短期投资	
(1)固定资产折旧	12957569	3. 应收票据	
(2)无形资产、递延资产及其他资产摊销(减:其他负债转销)		4. 应收帐款净额	10319258
(3)固定资产盘亏(减盈)		5. 预付货款	
(4)处理固定资产损失(减收益)		6. 其他应收款	
(5)递延税款		7. 待摊费用	-1112614
(6)其他不影响流动资金的费用和损失		8. 存货	-2108281
小计	36430895	9. 待处理流动资产净损失(减收益)	
2. 其他来源		10. 一年内到期的长期	
(1)固定资产清理收入(减清理费用)		11. 其他流动资产	
(2)增加长期负债			
(3)收回长期投资			
(4)对外投资转出固定资产			
(5)对外投资转出无形资产			
(6)资本净增加额	13569500	流动资产增加净额	-217739
小计	13569500		
流动资金来源合计	50000395	二. 流动负债本年增加数	
二. 流动资金运用:		1. 短期借款	-2100000
1. 利润分配:		2. 应付票据	
(1)提取法定公积金	3700500	3. 应付帐款	-718345
(2)提取法定公益金		4. 预收货款	-1353976
(3)提取任意公积金		5. 应付福利费	
(4)已分配股利		6. 未付股利	
(5)应付利润	19772826	7. 未交税金	956265
		8. 其他未交款	47636
小计	23473326	9. 其他应付款	801307
2. 其他运用		10. 预提费用	
(1)固定资产和在建工程净增加额	23877695	11. 一年内到期的长期负债	21500000
(2)增加无形资产、递延资产及其他资产		12. 其他流动负债	

流动资金来源和运用	金额	流动资金各项目的变动	金额
(3)偿还长期负债	22000000		
(4)增加长期投资			
小计	45877695		
流动资金运用合计	69351021	流动负债增加净额	19132887
流动资金增加净额	-19350626	流动资金增加净额	-19350626

北京万东医疗装备股份有限公司股票上市公告书

一、要览

总股本:5000万股

可流通股本:1500万股

本次上市流通股本:1350万股

股票简称:万东医疗

股票代码:600055

上市地点:上海证券交易所

上市日期:1997年5月19日

登记机构:上海证券中央登记结算公司

上市推荐人:广发证券有限责任公司

二、绪 言

本公司书依据《中华人民共和国公司法》、《股票发行与交易管理暂行条例》、《公开发行股票公司信息披露细则》和《上海证券交易所交易规则》及国家有关证券管理法规的规定编制。本公司经中国证券监督管理委员会证监发字〖1997〗146号文及证监发字〖1997〗147号文批准,已向社会公开发行人民币普通股1500万股(含150万股公司职工股)。按上海证券交易所上证上(1997)26号文,本公司1350万股可流通股将于1997年5月19日在上海证券交易所挂牌交易,150万股公司职工股将根据国家有关规定半年后安排上市。

本公司于1997年4月18日在《上海证券报》及《中国证券报》刊登了招股说明书概要,距今不足6个月,故与其重复的内容在此不再重述,敬请投资者查阅本公司的招股说明书概要。本公司董事会成员已批准该上市公告书,确信其中不存在任何重大遗漏或者误导,并对其真实性、准确性和完整性负个别及连带责任。

三、发行公司概况

(一)发起人简介

1. 法定名称:北京万东医疗装备公司

2. 成立日期:1994年6月30日

3. 注册资金:5997.5万元

4. 法定代表人:许家驹

5. 经营范围:医疗器械制造;经营本企业自产机电产品、成套设备及相关技术的出口业务;经营本企业生产、科研所需的原辅材料、机械设备、仪器仪表、备品备件、零配件及技术的进口业务(国家实行核定公司经营的14种进口商品除外);开展本企业"三来一补"业务。

6. 注册地址:北京市朝阳区建外郎家园6号

联系电话:(010)65062598

(二)公司历史沿革

1997年3月,本公司经北京人民政府办公厅京政办函(1997)60号文批准,由北京万东医疗装备公司作为独家发起人,将其生产医用诊断X射线机的生产经营性净资产5339.64万元投人本公司,折为3500万股国有法人股,并向社会公众发行1500万股人民币普通股(含150万股公司职工股),以募集方式设立。1997年5月5日召开创立大会,并于1997年5月12日在北京市工商行政管理局办理工商登记,领取营业执照。

四、股票发行与承销

(一)股票公开发行

1. 发行数量:社会公众股1500万股,其中公司职工股150万股

2. 发行价格:8.54元

3. 发行市盈率:14倍

4. 发行方式:上网定价发行

5. 募集资金总额:12810万元

6. 配售比例:0.50627823%

7. 配售户数:442990户

8. 持1000股以上的户数:13395户

9. 发行费用总额:480万元

10. 每股发行费用:0.32元

(二)股票承销

本次A股发行超额认购197.52倍,社会公众认购股票后,由承销团包销股票数量:零股。

(三)验资报告

根据北京兴华会计师事务所(97)京会兴字第330号验资报告,北京万东医疗装备股份有限公司本次发行人民币普通股1500万股,每股面值1.00元,发行价8.54元,总计募集资金为人民币128,100,000元,扣除发行费用4,800,000元,净额为123,300,000元,已于1997年5月4日汇入以下帐户:工商银行北京市朝阳支行金台路分理处060002—76帐户。

五、董事、监事及高级管理人员持股情况

1. 董事、监事和高级管理人员简介:

许家驹先生,本公司董事长,现年51岁,大学学历,高级工程师,本公司筹委会主任。曾任北京医用射线机厂技术科科长、研究所所长、厂长,现任北京万东医疗装备公司总经理兼党委书记。

刘健女士,本公司副董事长、财务总监,现年46岁,研究生学历,高级经济师。曾任江西医疗器械厂厂长兼党委书记、江西制药厂副厂长,北京医用射线机厂副厂长,现任北京万东医疗装备公司副总经理、总经济师。

蒋达先生,本公司董事、总经理,现年38岁,大学学历,高级工程师,曾任北京医用射线机研究所设计一组组长,北京万东医疗装备公司研究所副所长,现任北京万东医疗装备公司研究所所长。

胡承志先生,本公司董事、工会主席,现年51岁,大专学历,工程师。曾任北京医用射线机厂设备科科长、销售科科长、厂长助理、副厂长,现任北京万东医疗装备公司副总经理。

张有民先生,本公司董事,总工程师,现年42岁,大学学历,高级工程师。曾任北京医用射线机厂研究所工程师、所长,现任北京万东医疗装备公司总经理助理兼副总工程师。

杨力先生,本公司董事、副总经理,现年38岁,大专学历,经济师,曾任北京医用射线机厂研究所副所长,北京万东医疗装备公司中试车间主任、现任北京万东医疗装备公司总经理助理兼总调度室主任。

童愿女士,本公司董事、副总经理,现年37岁,大专学历、经济师。曾任北京医用射线机厂外经办副主任、主任,现任北京万东医疗装备公司外经办主任。

高福宇先生,本公司董事、副总经理,现年41岁,大专学历,工程师。

曾任北京医用射线机厂研究所组长，技术服务中心经理，现任北京万东医疗装备公司技术服务中心经理兼销售科科长。

张丹石先生，本公司董事，董事会秘书，现年42岁，大专学历，会计师。曾任北京医用射线机厂财务科副科长、财务科科长，北京万东医疗装备公司财务科长，现任北京万东医疗装备公司证券办公室主任。

师志刚先生，本公司监事会负责人，现年53岁，中专学历，曾任北京医用电子仪器厂行政科科长，北京医用超声仪器厂四车间书记，北京医用电子仪器厂常委书记兼副厂长，北京万东医疗装备公司副经理，现任北京万东医疗装备公司纪委书记。

王万良先生，本公司监事，现年43岁，大专学历，政工师。曾任北京医用射线机厂保卫科干部、党支部书记、党办副主任，北京医用射线机厂华诚公司副经理、党支部书记，现任北京万东医疗装备公司工会主席。

陈志英女士，本公司职工监事，现年42岁，大专学历。曾任北京钢管厂财务科会计、团支部书记，北京医用射线机厂财务科会计，现任北京万东医疗装备公司财务部成本科副科长。

2．持股情况

姓名	职务	持股数(股)	持股比例(%)
许家驹	董事长	10000	0.02
刘健	副董事长	8000	0.016
胡承志	董事	6000	0.012
张有民	董事	6000	0.012
蒋达	董事	6000	0.012
杨力	董事	6000	0.012
童愿	董事	6000	0.012
高福宇	董事	6000	0.012
张丹石	董事	6000	0.012
师志刚	监事	6000	0.012
王万良	监事	6000	0.012
陈志英	监事	3000	0.006

公司董事、监事及高级管理人员共持有公司股份75000股，占总股本的0.15%，其持有股份按《公司法》规定在任职其间不得转让。

六、公司设立

1．本公司1997年5月5日召开的股东大会审议通过了本公司1500万A股在上海证券交易所挂牌上市的议案。

2．公司注册资金：5000万元

3．公司注册时间：1997年5月12日

4．公司注册地点：北京市朝阳区建国门外郎家园6号

5．公司营业执照注册号码：11510277(2—1)

七、关联企业及关联交易

1．关联企业

本公司的控股母公司为北京万东医疗装备公司，北京万东医疗装备公司是由北京医用射线机厂(为龙头)、北京医用电子仪器厂、北京医用空调设备厂经北京市经济委员会(94)京经调字第154号文批准于1994年组建的，是以医疗器械工业制造为主，并开展技术开发及内外贸易的经济实体，为北京市现代企业制度试点单位。其前身(原北京医用射线机厂)自1955年建厂，已有四十年历史，是中国医疗器械行业骨干企业，享有外贸自营权。1991年被定为北京市高新技术企业，1992年被评为全国质量效益型企业，1993被评为北京市工业系统十佳企业。1994年，北京万东医疗装备公司被评为中国专用设备制造行业百强之一，并晋升为大型二类企业，1995年被北京市经济委员会评为“八五”技术改造、技术引进优秀企业，1996年8月在国家医药局对行业内企业进行评价时，被评定为医药工业50强企业，且在医疗器械行业排名第一。1996年被国家经贸委确定为1000家重点联系企业之一，并被评为北京市工业系统一九九六年度“双十佳企业”。北京万东医疗装备公司是我国目前唯一有能力成系列生产高频医用诊断X射线机的厂家，各类医用诊断X射线机的生产、销售量均居全国首位。万东公司先后承担了国家“六五”、“七五”、“八五”科研攻关项目，并均已通过国家鉴定和验收，科研力量雄厚，有一支高水平的技术开发队伍。

2．关联交易

本公司医用诊断X射线机产品使用“DONG FANG”牌注册商标，该商标为北京万东医疗装备公司所有，根据万东公司与本公司签订的商标使用协议，由本公司有偿使用，商标年使用费为本公司年销售净收入的2‰。另外，本公司还根据与万东公司签署的土地租赁协议，向万东公司租用18916.2平方米的土地，土地年租赁费为18.92万元。

本公司成立后，根据本公司与万东公司所签订的不竞争承诺协议，万东公司承诺不直接或间接从事或参与任何在商业上对本公司有竞争的业务或活动。未进入本公司的附属生产福利性设施，本着依照市场价格实行有偿使用的原则，本公司已与万东公司就职工宿舍、浴池、托儿所、医务室等非经营性资产的使用达成正式的协议。

八、股本结构及大股东持股情况

(一)本次上市前的股本结构

股份种类	数量(万股)	占总股本比例(%)
总股本	5000	100.00
尚未流通股份		
发起人股(国有法人股)	3500	70.00
可流通股份		
本次公开发行股份	1500	30.00
其中：公司职工股	150	3.00

(二)前十名股东所持股数及比例

股东名称	持股数量(股)	占总股本比例(%)
北京万东医装备公司	35000000	70.00
许家驹	10000	0.02
刘健	8000	0.016
胡承志	6000	0.012
张有民	6000	0.012
蒋达	6000	0.012
杨力	6000	0.012
童愿	6000	0.012
高福宇	6000	0.012
张丹石	6000	0.012

九、财务会计资料

(一)审计报告

(97)京会兴字第194号

北京万东医疗装备股份有限公司(筹)：

我们接受委托，审计了贵公司1994年12月31日、1995年12月31日、1996年12月31日的资产负债表，1994年度、1995年度、1996年度的利润表及1996年度的财务状况变动表。这些会计报表由贵公司负责，我们的责任是对这些会计报表发表审计意见。我们的审计是依据中国注册会计师独立审计准则进行的。在审计过程中，我们结合贵公司实际情况，实施了包括抽查会计记录等我们认为必要的审计程序。

我们认为，上述会计报表符合《企业会计准则》和《股份制试点企业会计制度》的有关规定，在所有重大方面公允地反映了贵公司1994年12月31日、1995年12月31日、1996年12月31日的财务状况，1994年度、1995年度、1996年度的经营成果和1996年度的资金变动情况，会计处理方法的选用遵循了一贯性原则。

北京兴华会计师事务所　注册会计师　袁连生　胡毅

1997年3月9日

(二)本公司主要会计数据：见附表

(三)本公司主要会计政策

1. 会计制度:公司改制前执行《工业企业会计制度》,改制后将执行《股份制试点企业会计制度》,1994—1996年的会计报表已按股份制试点企业会计制度进行了调整。

2. 会计年度:以公历1月1日至12月31日为一会计年度。

3. 记帐原则及计价基础:按权责发生制原则进行会计核算,以历史成本为计价基础。

4. 记帐本位币:以人民币为记帐本位币。

5. 外币折算:发生外币业务,按中国人民银行公布的当日人民币基准汇价折合成记帐本位币记帐,月末将外币帐户余额按上述基准汇价进行调整,与原帐面差额计入当期财务费用。

6. 坏帐准备:采用直接转销法核算坏帐,不计提坏帐准备金,发生的坏帐损失计入当期费用。确认坏帐的标准是,因债务人破产或死亡不能收回的应收帐款,或者债务人逾期3年仍未偿还的应收帐款。

7. 存货核算:存货包括原材料、在产品、产成品等。均按计划成本核算,月末通过'材料成本差异"等科目进行调整,将发出和期末存货调整成实际成本。

8. 长期投资:

(1)债券投资:按成本法算。

(2)股权投资和联营投资:持股低于20%的按成本法核算;持股份20%及以上的按权益法核算;持股50%以上的子公司纳入合并报表。

9. 固定资产及折旧:固定资产按照历史成本计价,固定资产的确认标准为:单位价值2,000元以上并且使用年限1年以上。按平均年限法计提折旧。各类固定资产的使用年限和预留净残值率按《工业企业财务制度》的规定确定如下:

固定资产名称	使用年限	净残值率	年折旧率
房屋建筑物	30—40	3%	2.4—3.2%
专用设备	10—14	3%	6.9—9.7%
运输设备	6—12	3%	8.1—16.2%
其　他	4—10	3%	9.7—24.3%

10. 无形资产:无形资产按取得时的实际成本计价,按平均年限法摊销。

11. 递延资产:递延资产按实际成本计价,按平均年限法摊销。

12. 产品成本计算方法:产品成本包括直接材料、直接人工、制造费用。销售费用、管理费用、财务费用全部计入当期损益。

13. 收入确认:产品发出,收到货款或取得收取货款的凭证时,确认营业收入实现。

14. 税项:增值税按销售收入乘17%作为销项税额,扣除当期允许抵扣的进项税额后缴纳;北京市财政局以京财工〖1997〗162号文批准股份上市公司在依法缴纳所得税的情况下,超过15%税负上缴的所得税部分,由市财政局实行"先征后返",返还资金并入企业税后利润统一进行分配。

15. 利润分配:北京万东医疗装备股份有限公司(筹)章程规定,税后利润按以下顺序分配:(1)弥补亏损;(2)提取10%法定公积金;(3)提取5%—10%法定公益金;(4)提取任意公积金;(5)分红:由董事会按法律规定和公司经营状况提出分配方案,经股东大会决议批准执行。

(四)主要会计项目注释

(1)应收帐款:期末余额18,196,415元,其中帐龄在1年以内的17,509,119元,占96.22%;帐龄在1—2年的566,398元,占3.11%;帐龄在2—3年的120,898元,占0.67%;其中无应收发起人的帐款。

(2)应交税金:期末余额487,049元,其中:

税项	金额(单位:元)
企业所得税	83,016
增值税	257,887
城市建设维护税	70,521
房产税	70,052
土地税	4,725
营业税	848
合　计	487,049

(3)资本公积:期末余额18,396,469元。

根据国家国有资产管理局国资评〔1997〕161号文确认,北京德威资产评估公司1997年1月31日出具的资产评估报告,北京万东医疗装备公司投入本公司的经营性净资产为53,396,469元,折成3500万股国有法人股,每股面值1元,共计3500万元,其余18,396,469元为资本溢价,计入资本公积金。

(五)本公司主要财务指标

	1996年
流动比率	0.98
速动比率	0.41
资产负债率	60.04%
应收帐数周转率	9.32
存货周转率	1.90
净资产收益率	43.96%
每股净利润	0.67元
每股净资产	1.53元

注:1. 上述财务指标是根据北京兴华会计师事务所审计报告计算得出。

2. 每股税后利润以总股本3500万股计算。

十、董事会上市之承诺

本公司董事会将严格遵守《中华人民共和国公司法》、《股票发行与交易管理暂行条例》、《上海证券交易所市场业务试行规则》和国家有关法律、法规的规定,并自股票上市之日向全体股东作出如下承诺:

1. 按照法律、法规的规定程序和要求披露重大的信息,并按受证券主管部门、上海证券交易所的监督管理。

2. 及时、准确、真实地在证券主管部门指定的报刊公布中期报告,年度报告及经营业绩等资料,并备置于规定场所以供投资者查询。

3. 本公司董事、监事和高级管理人员如发生人事变动或持股数量发生变化时,及时报告证券管理部门、上海证券交易所,并及时通过证券主管部门指定的报刊通告社会公众。

4. 在任何公众传播媒介中出现的消息可能对本公司的市场价格产生误导性影响时,本公司知悉后将对该消息予以公开澄清。

5. 本公司董事、监事及高级管理人员将认真听取社会公众的意见和批评,决不利用已获知的内幕消息和其他不正当手段,直接或间接从事股票买卖活动。

6. 本公司没有无记录负债。

十一、重要事项说明

1. 本公司本次发行的1500万股社会公众股中向公司职工配售的150万股,将根据国家有关规定在本次上市后半年上市。本次上市流通的股份为1350万股。

2. 截止本上市公告书刊登之日,本公司未涉及任何重大诉讼和仲裁,亦无任何尚未了结或可能面临的重大诉讼或索赔要求。

3. 本公司上市后在依法缴纳所得税的情况下,超过15%税负上缴的所得税部分,由北京市财政局实行"先征后返",返还资金并入企业税后利润统一进行分配。

4. 本次发行购买本公司股票的股东,参与本公司1997年全年的利润分配。

十二、咨询机构

发行人:北京万东医疗装备股份有限公司

法定代表人:许家驹

地址:北京市朝阳区建外郎家园6号

电话:(010)65062598
传真:(010)65062598
联系人:张丹石　何一中
主承销商及上市推荐人:广发证券有限责任公司
法定代表人:陈云贤
地址:广州市农林下路83号广发金融大厦4楼
电话:(020)87310719　(020)87310888—2420
传真:(020)87310255
联系人:陈宇杰　任群　邵佩东

十三、备查文件

1. 注册登记文件
2. 主管部门和证券交易所批准发行上市的文件
3. 承销协议
4. 验资报告
5. 本公司招股说明书
6. 审计报告
7. 公司章程

北京万东医疗装备股份有限公司
一九九七年五月十四日

资产负债表

编制单位:北京万东医疗装备股份有限公司　　　　单位:元

资　产	注释	96.12.31	95.12.31	94.12.31	负债及股东权益	注释	96.12.31	95.12.31	94.12.31
流动资产:					流动负债:				
货币资金	1	2,783,296	8,678,144	1,516,061	短期借款	6	35,600,000	37,700,000	33,600,000
短期投资					应付票据				
应收票据					应付帐款	7	2,042,018	2,760,363	845,903
应收帐款	2	18,196,415	7,877,157	9,872,244	预收货款	8	6,508,109	7,862,085	9,818,947
减:坏帐准备					应付福利费				
应收帐款净额		18,196,415	7,877,157	9,872,244	应付工资				
预付货款	3	3,345,145	4,766,399	2,930,698	未付股利				
其它应收款					未交税金	9	487,049	-469,216	524,014
待摊费用		3,337,840	4,450,454	5,952,144	其他应交款	10	30,223	-17,413	-6,187
存货	4	38,953,253	41,061,535	58,981,524	其他应付款	11	1,575,981	774,675	375,085
待处理流动资产净损失					预提费用				
一年内到期的长期债券投资					一年内到期的长期负债	12	22,000,000	500,000	
其他流动资产					其他流动负债				
流动资产合计		66,615,949	66,833,689	79,252,671	流动负债合计		68,243,380	49,110,494	45,157,762
长期设资:									
长期投资					长期负债:				
其中:合并价差					长期借款	13	12,000,000	34,000,000	22,500,000
固定资产:					应付债券				
固定资产原价	5	92,715,800	68,838,105	32,753,550	长期应付款				
减:累计折旧		25,691,900	12,734,331	8,717,335	其他长期负债				
固定资产净值		67,023,900	56,103,774	24,036,215	长期负债合计		12,000,000	34,000,000	22,500,000
在建工程					递延税款贷项				
固定资产清理					负债合计		80,243,380	83,110,494	67,657,762
待处理固定资产净损失					少数股东权益				
固定资产合计		67,023,900	56,103,774	24,036,215					
无形资产及递延资产:									
无形资产					股东权益:				
递延资产					股本	14	35,000,000	30,000,000	30,000,000
无形及递延资产合计					资本公积	15	18,396,469		
其他长期资产:					盈余公积	16		9,826,969	5,631,124
其他长期资产					其中:公益金			4,913,484	2,815,562
递延税项:					未分配利润				
递延税款借项					股东权益合计		53,396,469	39,826,969	35,631,124
资产总计		133,639,849	122,937,463	103,288,886	负债及股东权益总计		133,639,849	122,937,463	103,288,886

利润表

编制单位:北京万东医疗装备股份有限公司　　　　单位:元

项目	注释	96年度	95年度	94年度
一、主营业务收入	17	121,322,537	112,931,034	90,287,210

项目	注释	96年度	95年度	94年度
减:营业成本	18	75,897,107	69,165,901	56,088,571
销售费用	19	3,220,012	6,778,588	3,475,360
管理费用		6,782,717	5,271,734	3,246,901
财务费用	20	6,988,024	6,415,157	4,505,310
进货费用				
营业税金及附加	21	818,999	618,216	141,201
二、主营业务利润		27,615,678	24,681,438	22,829,867
加:其他业务润				
三、营业利润		27,615,678	24,681,438	22,829,867
加:投资收益				
营业外收入				
减:营业外支出				
加:以前年度损益调整				
四、利润总额		27,615,678	24,681,438	22,829,867
减:所得税		4,142,352	3,702,216	3,424,480
少数股东损益				
五、净利润		23,473,326	20,979,222	19,405,387

财务状况变动表

编制单位:北京万东医疗装备股份有限公司　　1996年度　　单位:元

项目	金额	项目	金额
一、流动资金来源:		一、流动资产本年增加数	
1.本年净利润	23,473,326	1.货币资金	-5,894,848
加:不减少流动资金的费用和损失		2.短期投资	
(1)少数股东本期损益		3.应收票据	
(2)固定资产折旧	12,957,569	4.应收帐款净额	10,319,258
(3)无形、递延资产及其他资产摊销		5.预付贷款	-1,421,254
(4)固定资产盘亏损失(减盘盈)		6.其他应收款	
(5)清理固定资产损失(减收益)		7.待摊费用	-1,112,614
(6)递延税款		8.存货	-2,108,281
(7)其他不减少流动资金的费用和损失		9.待处理流动资产净损失(减收益)	
小计	36,430,895		
2.其他来源		10.一年内到期的长期债券投资	
(1)固定资产清理收入(减清理费用)		11.其他流动资产	
(2)增加长期负债			
(3)收回长期投资			
(4)对外投资转出固定资产			
(5)对外投资转出无形资产			
(6)资本净增加额	13,569,500		
(7)少数股东资本净增加额		流动资产增加净额	-217,739
小计	13,569,500	二.流动负债本年增加数	
流动资金来源合计	50,000,395	1.短期借款	-2,100,000
二.流动资金运用:		2.短期票据	
1.利润分配:		3.应付帐款	-718,345
(1)提取法定公积金	3,700,500	4.预收货款	-1,353,976
(2)提取法定公益金		5.应付福利费	
(3)提取任意公积金		6.未付股利	
(4)应付利润	19,772,826	7.未交税金	956,265
小计	23,473,326	8.其他未交款	47,636
2.少数股东利润分配		9.其他应付款	801,307
3.其他运用		10.预提费用	
(1)固定资产和在建工程净增加额	23,877,695	11.一年内到期的长期负债	21,500,000
(2)增加无形、递延资产及其他资产		12.其他流动负债	
(3)偿还长期负债	22,000,000	13.应付工资	
(4)增加长期投资			

项目	金额	项目	金额
小计	45,877,695		
流动资金运用合计	69,351,021		
外币会计报表折算差额		流动负债增加净额	19,132,887
流动资金增加净额	－19,350,626	流动资金增加净额	－19,350,626

北京万东医疗装备股份有限公司一九九七年度中期报告

一、财务报告(未经审计)

1. 财务报表:

资产负债简表:　　单位:元

项目	1997年6月30日	1996年12月31日
流动资产	185425202.32	66615949.13
长期投资		
固定资产净值	67878642.76	67023900.00
再建工程	104712.69	
无形资产及递延资产		
资产总计	253408557.77	133639849.13
流动负债	53606785.19	68243380.18
长期负债	12000000.00	12000000.00
股东权益		
股本	50000000.00	35000000.00
资本公积	126696468.95	18396468.95
盈余公积	2221060.72	
未分配利润	8884242.91	
股东权益合计	187801772.58	53396468.95
负债及股东权益合计	253408557.77	133639849.13

损益表:　　单位:元

项目	1997年1-6月	1996年1-6月
主营业务收入	49956953.10	43676113.32
主营业务利润	9202739.28	5281087.75
其它业务利润	100633.31	
投资收益		
营业外收支净额	3761690.51	
利润总额	13065063.10	5281087.75
所得税	1959759.47	792163.16
净利润	11105303.63	4488924.59

2. 主要财务指标:

项目	1997年1-6月	1996年1-6月
每股收益	0.22元	0.13元
净资产收益率	5.91%	8.4%
每股净资产	3.76元	1.52元

注:本期财务指标以5000万股本数为计算基数,上年同期以3500万股本数为计算基数,剔除无效利息每股收益0.15元,净资产收益率3.92%,每股净资产3.76元。

3. 财务报表附注:

(1)本报告所采用的会计政策和会计制度与上年度一致。

(2)货币资金同期初相比增加较大主要是募集资金到位。

(3)其他应收款较上年相比增加175万元,主要是包装物的抵押款及备用金差旅费。

(4)在建工程增加是新购置、未安装的机器设备。

(5)预付帐款同期初相比增加183万元,系生产规模扩大,电器元件等原材料预付款较大。

(6)产成品较上年同期相比增加799万元,主要是上年末预投产品部分完工入库,同时为下半年销售高潮做销售准备。

(7)长期借款同期初余额相比减少较多,系偿还到期的借款1208万元。

(8)资本公积的增加主要是发行股票的溢价收入。

(9)主营业务利润较上年同期相比增长74%,主要是销售收入增加而成本及费用降低。

(10)其他业务利润的增长主要是本年度发生材料调拨业务。

(11)营业外收支较上年同期相比增加较大,系发行利息收入376万元。

(12)盈余公积系税后利润按比例的提取数。

(13)净利润增长147%主要利润总额增长较大。

(14)关联企业及关联交易:

关联企业名称	经济性质	注册资金
北京万东医疗装备公司	国有	5997.5万元

关联交易:本公司使用北京万东医疗装备公司商标,商标年使用费为本公司销售净收入的千分之二,土地年租用费为18.92万元。

二、经营情况的回顾与展望

1. 上半年经营情况的回顾

(1)上半年公司的主要工作之一是进行股份制改造和上市准备。在有关各方的支持和努力下,公司完成了上市工作,为今后的发展奠定了坚实的基础。

(2)在去年通过ISO9001质量体系认证后,为了保证质量体系持续有效地运行,公司进一步完善了质量体系文件,建立了监督检查队伍和内审员队伍,并配备了必要的资源,使质量控制成为日常行为。通过内部审查及采取必要的纠正和预防措施,不断地发现问题、解决问题,从而保证了工作质量及产品质量,提高了企业的竞争力。

(3)主营业务收入上半年达到4995.7万元,完成全年计划的37.60%,比上年同期的4367.6万元增长14.38%,销售形势是历年来最好的。随着下半年销售高潮的到来,我们对完成全年计划充满信心。

(4)为了不断提高公司产品的市场竞争力,进一步了解市场新的动向,并提供满足市场需要的新产品,我们有机的组成了按照产品的不同进行专项销售,按照地区的不同进行综合销售,按照需求的不同进行分类销售的三个渠道,直接听取用户意见,以促进研究和开发新产品,为扩大产品市场占有率和提高产品竞争力打下良好基础。同时,发挥遍布全国各地的代理商和产品服务网络作用,以更好地实现销售计划和完成售后服务。此外,公司积极参与国内外大型的、影响广泛的专业性展览活动。充分展示公司产品在市场竞争中的优势及独特方面,得到国内外同行的认可和用户的好评。

(5)根据公司的生产经营计划,九七年上半年生产结构进行了调整,生产任务按计划完成。产品质量的稳定和机器性能的一致性是企业最高荣誉。"八五"—"九五"期间从日本引进的最先进的两套COMA－505072大型板金中心和从西班牙等国引进的数控LFG－1000等机加工中心设备,已全部投入使用,形成了独自的生产加工体系,使产品质量和生产效率大幅度提高。管理水平的提高和先进设备的引进,HS100系列数字减影血管系统、800mA、600mA、500mA高频遥控X射线机等大功率机组生产基地已经建成。常规产品500mA、400mA、300mA、200mA医用诊断X射线机以逐步用数字技术、计算机技术所代替,正在全面推向市场,同时为了给公司产品配套和满足用户需要,配套件生产基地也已经建成,生产经营形势出现前所未有的大好局面。

2. 下半年工作的展望

(1)在下半年工作中要继续抓紧募集资金使用项目的安排,X射线管项目年内要基本完成,其它项目抓紧实施,争取早日完工,增加效益。

(2)继续加大科技投入,加大新产品的开发力度。结合国家"九五"攻关项目,启动80KW大功率高频X射线机组项目。进一步完善遥控床的系列化,形成大规模的生产能力,以满足市场的需求。

(3)为了适应新形式下的市场发展趋势,在下半年本公司将实行常规销售与代理商销售相结合的方式,有条件有选择的逐步发展代理商的销售渠道,以便进一步扩大市场份额。

(4)本公司产品在国内市场占有率已达到60%－70%的同时,逐步加大了对国际市场开拓的力度。目前,公司产品已覆盖到24个国家和地区,并在三个国家中建立了售后服务中心。我们将在此基础上继续加强与国外的产品、技术等方面的交流,在发展完善全球、地区代理商网络的情况下,根据不同需求及时提供高品质的产品和优良的服务。同时,利用本公司产品的优势积极参与国际上的专业展览会和世界卫生组织(WHO)、有关国家政府的装备计划,提高公司产品在国际市场上的占有率。

三、重大事件的说明

1. 本公司经中国证券监督管理委员会证监发字〔1997〕146号、147号文批准,向社会公开发行人民币普通股1500万股(含150万股公司职工股)。公司(万东医疗)股票于1997年5月19日在上海证券交易所挂牌上市,成为北京市医药行业的首家上市公司,标志着公司的发展进入了一个新阶段。

2. 募集资金的情况

(1). 电加工和电测量技术改造项目

原计划通过改造部分厂房、设备全部进口,对工艺布局进行统一调整,形成具有先进水平的电加工及电测量生产线。在落实项目的前期活动中,有关专家指出,北京电子行业内有一些闲置的设备能满足本公司产品电加工与电测量的需要,购置这些设备,既可以盘活其他企业的存量,又可以节约我们的资金。本公司已派出工程技术人员在北京市经委技改处的帮助下,与上述企业取得了联系,正在进行考察与调研。预计1997年8月份完成调研,12月份完成采购、安装、验收、投产。

(2). 医用X射线(CT)管装置技术改造项目

经进一步论证,本公司认为:与目前国内生产X射线管装置的厂家合作,组成股份有限公司或有限责任公司,在该厂现有生产技术和设备的基础上引进部分先进的设备和技术,是迅速提高生产能力、达到项目要求的一条捷径。目前公司已与国内一家X射线管生产厂家签订了合作意向书,并完成了对该厂的资产评估。预计1997年9月份后开始进行新公司的筹建工作。与此同时,本公司正在就引进大功率X射线管扭亏为盈术寻求广泛的国际合作。本项目已支出45万元。

(3). 介入治疗设备技术改造项目

1997年上半年已完成项目的总体规划和方案设定,并在6月份被"国家科委"、"卫生部"、"国家医药局"列入我国"九五"国家科技攻关项目,现已进入到具体实施阶段。到目前为止,本项目合计支出已达760万元其中:HS100型、HS200型介入治疗设备投入235万元,新型高压发生装置、智能化C型臂架、微机控制高压注射器以及智能化通用导管床等新型介入治疗设备的技术改造投入480万元。国家"九五"科技攻关项目的市场调研及方案论证投入45万元。

本项目的资金投入与招股说明书载明的项目投入基本相符。

(4). 医用X射线数字图像技术引进、消化、吸收、创新项目

已经完成高扫描制式、高清晰度医用电视摄像系统及监视器系统的技术引进、数字点片系统(DSI)的关键技术引进及数字减影系统(DSA)的关键技术引进。技术引进后的整理吸收工作也已完成。正在进行国产化的可行性研究。预计1998年中后期将向市场提供成熟产品。

到目前为止,本项目合计支出已达1460万元。其中:高扫描制式、高清晰度医用电视摄像系统及监视系统的技术引进投入180万元;数字点片系统(DSI)的关键技术开发及引进投入350万元;数字减影系统(DSA)的关键技术上引进投入600万元。上述引进技术国产化和产业化所需技术保障设备和生产制造设备投入330万元。

本项目的资金投入与招股说明书载明的项目投入基本相符。

募集资金除上述项目支出外补充流动资金2070万元,其余在银行存款中。

3. 根据国务院证券委、中国人民银行、国家经贸委5月2日联合发布的《严禁国有企业和上市企业炒作股票的规定》,公司对有关情况做了认真检查,至今为止,本公司尚未在境内任何经营机构开设买卖已上市流通股票的帐户,本公司今后如果从事股票投资,将严格遵循国家政策法规和本公司章程的规定。

4. 由于发行股票上市,募集了社会资金,本公司注册资金已增至5000万元。

5. 本公司在报告期内无重大诉讼、仲裁等事项。

四、发行在外股票的变动和股权结构的变化

1. 经中国证券监督管理委员会证监发字〔1997〕146号文和证监发字〔1997〕147号文批准,公司于1997年4月24日通过上海证券交易所交易系统,以上网定价发行方式向社会公开发行了人民币普通股1500万股(含公司职工股150万股),每股发行价8.54元,并于1997年5月19日在上海证券交易所挂牌上市。

2. 股权结构情况:(单位:股　　　每股面值:1元)

	期初数	本资变动增减(＋－)	期末数
一、尚未流通股份			
1. 发起人股份	35,000,000		35,000,000
其中			
国家拥有股份	35,000,000		35,000,000
境内法人持有股份			
外资法人持有股份			
其他			
2. 募集法人股			
3. 内部职工股	0	1,500,000	1,500,000
4. 优先股或其他			
尚未流通股份合计	35,000,000	1,500,000	36,500,000
二、已流通股份			
1. 境内上市的人民币普通股	0	13,500,000	13,500,000
2. 境内上市的外资股			
3. 境外上市的外资股			
已流通股份合计	0	13,500,000	13,500,000
三、股数总数	35,000,000	15,000,000	50,000,000

3. 主要股东持股情况(截止1997年6月27日)

股东名称	持股数(股)	占股本比例(%)
北京万东医疗装备公司	35,000,000	70.00
安徽国际	263,800	0.53
高居平	130,000	0.26
杨勤财	80,000	0.16
张宝风	69,000	0.14
余良钦	50,000	0.10
建行信托	50,000	0.10
张忠汉	47,000	0.09

王中明	40,000	0.08
新疆租赁	37,500	0.08

五、股东大会简介

1997年5月5日,公司在本公司多功能厅召开九七年度股东大会暨创立大会。出席本次大会的股东代表40人,代表股权数35123800股,占公司总股本的70.25%,符合《公司法》和《章程》的规定,本次会议合法有效,经与会股东一致讨论,会议决议事项如下:

1. 审议通过了发起人《关于筹办事宜的报告》;

2. 审议通过了批准《设立公司的议案》。公司已于1997年4月24日,以每股8.54元的发行价格,"上网定价"发行了社会公众普通股1350万股;

3. 审议通过了《关于北京万东医疗装备股份有限公司股票于上海证券交易所上市的议案》;

4. 审议通过了《公司章程》;

5. 选举许家驹、刘健、胡承志、张有民、杨力、蒋达、童愿、高福宇、张丹石为第一届董事会董事;

6. 选举师志刚、王万良和陈志英为第一届监事会监事;

7. 审议通过了《关于公司设立费用的报告》,公司投立的费用共计为480万元人民币;

8. 审议通过了《关于发起人用于抵作股款的财产作价的报告》。发起人将生产医用X射线机的生产经营性净资产5339.64万元按65.55%的比例折为股本,为3500万股国有法人股,其余1839.64万元计人公司的资本公积金;

9. 审议通过了公司1997年工作计划。

本次大会内容公告已于1997年5月7日分别刊登在《中国证券报》和《上海证券报》上。

六、备查文件

公司在办公地点备置了完整、齐备的备查文件随时供股东查阅,备查文件包括:

1. 载有公司董事长、总经理亲笔签名的中期报告原本。

2. 报告期内发行新股时的《招股说明书》及《上市公告书》。

查阅地址:北京市朝阳区建国门外郎家园6号公司证券部。

北京万东医疗装备股份有限公司

一九九七年八月十一日

厦门厦新电子股份有限公司

厦门厦新电子股份有限公司招股说明书概要

一、释义

在本招股说明书中,除非文义另有所指,下列词语具有以下涵义:

(1)"公司"、"本公司":指根据《中华人民共和国公司法》将注册成立的股份有限公司,名称为"厦门厦新电子股份有限公司"。

(2)"厦门证券":指厦门证券公司,A股发行的主承销商;

(3)"股票"、"A股":章程规定的每股面值人民币1元,以人民币认购及交易的普通股人民币股票;

(4)"A股发行":指按照本招股说明书,并根据本公司与厦门证券签订之承销协议而进行的股票发行;

(5)"发起人":指厦新电子有限公司、中国电子租赁有限公司、厦门电子器材公司、厦门电子仪器厂、成都广播电视设备(集团)公司、中国电子国际经济贸易公司;

(6)"筹委会":指本公司之发起人因设立股份有限公司并向社会公开发行A股而成立的筹划和组织机构。

(7)"元":指人民币元;

二、绪言

本招股说明书依据《中华人民共和国公司法》、《股票发行与交易管理暂行条例》、《公开发行股票公司信息披露实施细则》等国家现行有关证券管理法规编写,并经中国证券监督管理委员会证监发字[1997]176号文审核通过,旨在向公众人士提供本公司的资料。筹委会各位成员确信,本招股说明书不存在任何重大遗漏或有误导性提示,对其真实性、准确性、完整性负个别及连带责任。

本次发行的股票是根据本说明书所载明的资料申请发行的。除发行人和主承销商外,没有委托或授权其他任何人提供未在本说明书中列载的信息和对本说明书作任何解释或者说明。

本次发行的A股仅售予中国境内投资者(国家法律、法规禁止者除外)。投资者须自行负担买卖发行人股票所应支付的税款,发行人、上市推荐人和承销商对此不承担责任。

三、发售新股的有关当事人

1. 发行人:厦门厦新电子股份有限公司(筹)
   地址:厦门市体育路45号
   筹委会主任:邢大智
   联系人:吕东　　陈伟鸣　秦慧茹
   电　话:(0592)5058123
   传　真:(0592)5051631
2. 主承销商:厦门证券公司
   地址:厦门市莲前西路2号莲富大厦17层
   法定代表人:苏金龙
   联系人:胡来旺　陈巍　叶朝辉
   电　话:(0592)5161816
   传　真:(0592)5161102
3. 副主承销商:大连证券有限责任公司
   地址:大连市中山区人民路29号
   法定代表人:石雪
   联系人:孙仲阳
   电话:(0411)2825838
   传真:(0411)2808390
4. 分销商:西安证券公司
   地址:西安市西大街344号
   法定代表人:王文学
   联系人:崔燕
   电话:(029)7288437
   传真:(029)7231813
   分销商:厦门建发信托投资公司
   地址:厦门市海滨大厦1楼夹层
   法定代表人:曾华池
   联系人:于娟
   电话:(0592)2120053
   传真:(0592)2076982
5. 上市推荐人:君安证券有限公司
   大连证券有限责任公司
6. 发行人的法律顾问:北京众天律师事务所
   地址:北京市志新东路14号太极饭店4层
   法定代表人:苌宏亮
   经办律师:苌宏亮　许军利　李宏
   电话:(010)62329518
   传真:(010)62325870
7. 发行人的财务顾问:华银国际信托投资公司
   地址:北京市德胜门外北滨河路国旅发展大厦
   法定代表人:朱熹豪
   联系人:吴伟其　童佳　刘靖宇
   电话:(010)62383355
   传真:(010)62027276
8. 主承销商的法律顾问:厦门英合律师事务所
   地址:厦门市湖滨南路鸿翔大厦16层
   经办律师:张斌生　陈文荣
   电话:(0592)5150655
   传真:(0592)5150651
9. 财务审计机构:厦门大学会计师事务所
   地址:厦门大学经济学院A座二楼
   法定代表人:常勋
   经办注册会计师:姚立中　李建发
   电话:(0592)2186730
   传真:(0592)2184859
10. 资产评估机构:厦门大学资产评估事务所
    地址:厦门大学经济楼A楼三层
    法定代表人:邱华炳
    主办评估人员:邱华炳　陈工
    电话:(0592)2086372
    传真:(0592)2089861
11. 资产评估确认机构:国家国有资产管理局
    地址:北京市海淀区万泉河路66号
    法人代表:张佑才

电话:(010)62567744

传真:(010)62561817

12. 股票登记机构:厦门证券登记有限公司

地址:厦门市槟榔商业中心之三(二楼)

法人代表:付毅辉

电话:(0592)5074466

传真:(0592)5074464

13. 土地评估机构:厦门市地价评估所

地址:厦门市湖滨南路闽南大厦十七楼

法人代表:郭俊胜

评估经办人:郭俊胜　王胜　张建平

电话:(0592)5180110

传真:(0592)5180051

14. 土地评估确认机构:厦门市土地管理局

地址:厦门市湖滨南路闽南大厦十七楼

法人代表:郑振生

电话:(0592)5180070

传真:(0592)5180097

四、发行情况

1、承销方式:

本次发行的A股由厦门证券公司作为主承销商组织承销团,以余额包销方式承销。

2、本次发行如获成功,扣除发行费用后,可募集资金17120万元

3、承销期的起止日期:

本次承销的起始日为1997年5月13日,截止日为1997年5月20日。

4、发行方式、地区:本次发行采取"全额预缴款、比例配售、余款转存"的方式发行,发行地区为福建省厦门市。

5、发行对象:在上海证券交易所开设股东帐户的中国境内公民、法人(国家法律、法规禁止购买者除外)

6、发行股票的种类、面值和数量:

种类:本次发行的A股均为普通股

面值:每股面值人民币1元

数量:发行数量4000万股,其中包括400万股公司职工股。

7、发行价格:

本次A股发行采用溢价发行,每股发行价格为4.43元。

发行价格及其确定方法:

本公司结合评估后的净资产值、公司发展前景、发行市盈率、上市时间、市场供求等因素,确定本次发行价:

(1994年每股税后利润+1995年每股税后利润+1996年每股税后利润)/3×市盈率

=每股发行价格

=(0.253+0.308+0.388)元/3×14

=4.43元

8、承销机构:

主承销商:厦门证券公司

副主承销商:大连证券有限责任公司

分销商:西安证券公司

　　　　厦门建发信托投资公司

9、发行费用:

预计发行费用600万元(包括承销费用、宣传广告费、律师费用、财务审计和资产评估费用等)。

10、上市承诺:

本公司已获得上海证券交易所的上市承诺。

五、风险因素与对策

投资者在评价发行人本次发售的股票时,除本招股说明书提供的其他资料外,应特别认真地考虑下述各项风险因素。

[1]. 经营风险:

(1)原材料供应风险:

本公司生产的产品所涉及的原材料有50%依靠进口,受汇率、关税、国际市场商情等因素影响,其他原料和元器件均购自国内,原材料价格占制造成本的比例为80%左右,一旦元器件供应出现短缺使价格出现波动,将直接导致公司生产成本的变动,进而影响公司的盈利水平。

(2)产品结构风险:

本公司在前三年主要以生产录像机为主,录像机业务占公司盈利的绝大多数,1996年公司就产品结构进行了调整,销售收入中各项产品的构成比例为放像机62.78%,录像机34.46%,影碟机2.75%,但在短期内盈利不会出现大幅度上升。

[2]. 行业风险:

中国的电视机、录像机及其他消费电子产品市场竞争日益激烈。本公司目前面临的竞争对手多数为中外合资公司和国内其他电子产品制造商,给公司的生产经营带来了一定的压力。

[3]. 市场风险:

随着我国经济改革的不断深入,经济活动的周期性日趋明显,消费观念的不断更新使得产品更新换代的速度越来越快,今后信息高速传播方式的进步必将对音像产品产生冲击,虽然本公司一直致力于与客户保持紧密的联系,不断开发、推广新产品,提高现有产品水平,但不能保证一旦经济活动步入低谷,市场疲软,消费低潮,公司的销售状况不受到影响。

[4]. 外汇风险:

虽然我国目前的汇率水平基本保持稳定,但市场力量对统一汇率仍有影响。本公司产品的部分原材料需要进口,此因素致使公司不能保证能以合理汇率取得足够外汇以满足需要。同样,由于本公司有部分产成品出口,不能保证避免人民币汇率升高使出口成本提高而导致的出口数量的减少。

[5]. 加入世界贸易组织的风险:

加入世界贸易组织有利于将中国企业推向世界市场,对本公司而言有利于减低进口原材料的成本和扩大出口,从而增强公司产品的竞争力。但与此同时,关税的下调,对进口产品的限制减少,导致同类产品的进口量增大,本公司产品将面临进口商品的冲击。因此,加入世贸组织对本公司来说机遇与风险并存。

[6]. 政策风险:

木公司的政策风险来源于国家对经济实行宏观调控,包括产业政策调整、金融、税收、进出口政策等。这些政策的变化可能会在一定程度上影响社会总需求,从而影响公司的经营。

[7]. 投资风险:

本公司的投资项目均属于先进的数字化家电产品,符合当今家电产品发展趋势,具有较好的经济效益和社会效益。其主要风险在于国外某些关键技术的封锁,或因附加条件过多而造成项目拖延、中止,不能按原定计划实施,影响预计效益。

[8]. 股市风险:

股票的价格及其波动受到各种经济因素、政治因素、国家政策、投资者心理以及信息等影响。投资风险和股市收益并存,敬请各位投资者应对股价波动有充分的了解。

本公司依靠科技进步,艰苦创业,在激烈的市场竞争中实现了持续、快速、健康发展,开了独具特色的竞争优势。

本公司筹委会相信,公司具有以下抗风险的有利条件:

1、公司具有较强的开发新产品的条件和能力;

2、公司具有现代化经营管理机制和高素质的技术管理人才;

3、公司拥有先进的生产设备和技术;

4、公司地处厦门特区具有独特的政策和地域优势。

针对以上各项风险因素,本公司将采取如下对策予以规避。

1、针对本公司在经营上的风险:

(1)原材料供应本公司已与大部分供应商建立了长期、良好的供应合作关系,且对主要原材料的供应实行多方选择,以避免独家供应所导致的个别供应商的依赖。因此,本公司认为不会出现由于原材料问题而使生产成本大幅上升的情况。同时,公司将在采购过程中严把质量关,避免各种可以预防的损失。

(2)产品结构

公司相信竞争日益激烈的电子工业今后会有强劲的增长。为把握发展机会,本公司将努力维持现有产品在国内市场的有利地位,加速结构调整,提高产品质量,充分利用本公司的整体综合实力,技术优势,扩大高科技电子产品种类,重点开发、生产技术含量高、质量可靠的新一代视像产品,扩大本公司在同类产品市场中的份额。

2、针对本公司在行业竞争中的风险:

本公司是目前国内最大的录像机、摄录一体机、影碟机生产企业之一,实力雄厚;在国内具有强大的产品研制和技术开发实力,能迅速适应瞬息万变的科技和市场环境;本公司注重质量管理,率先在同行业中通过了 IS09000 国际标准的评审,以科学严密的质量控制获得了 IS09002:1994 年质量保证体系证书。同时,公司庞大的销售和售后服务网络覆盖全国 25 个省市,与广大客户有着紧密的联系。本公司将充分利用自身优势,加大科技投入,加速产品开发和结构调整,加强与国际跨国电子企业的合作,拓展国内外市场,提高竞争能力。

3、针对公司可能遇见的市场风险:

中国的电器市场是一个稳定增大的市场,社会经济持续高速的发展,产生了对电子电器产品的强大的市场需求。这为公司的发展提供了广阔的空间。而对日趋激烈的市场竞争,公司将坚持稳定老客户,开拓新市场,强调规模效益的经营方针。一方面,积极开展市场调查,不断推出新产口,满足消费者的需求,加大市场促销力度。另一方面,开发新的销售地区,力求市场多样化,并将产品更多更广地推向海外市场。同时,充分利用国内市场对消费类电子产品巨大的潜在需求,扩大生产能力,实行规模经营,进一步扩大市场占有率。

4、针对公司的外汇平衡和汇率风险:

本公司有一定的外汇收入,并且在逐年递增。1995 年本公司的外汇收入为 7365.3 万美元,外汇支出为 7196.8 万美元,1996 年本公司的外汇收入为 4613 万美元,外汇支出为 4242 万美元。本公司将加强对外汇市场信息的收集和分析,及时掌握外汇市场情况,力求减少和避免因汇率波动而给公司带来的风险。不仅如此,公司将充分发挥自身的综合优势,降低产品成本,扩大出口产品数量。同时,开发新的高技术产品打入国际市场,增加创汇能力,以满足公司的外汇需求。

5、针对公司加入世界贸易组织的风险:

本公司正积极采取各种措施,以适应和开拓我国加入世界贸易组织后的国际、国内市场。本公司将继续引进国外的先进技术和设备,开发生产高科技电子产品。同时,本公司将利用加入世贸组织会使生产成本降低这一契机,不断扩大出口,开拓和占有海外市场。

6、针对政策风险:

电子业被国家指定为重要工业。在已经颁布的“九五”计划和 2010 年远景规划中,国家已明确提出要大力发展中国电子产业,把电子信息产业建成带动整个经济增长和结构升级的支柱产业。从目前经济发展趋势来看,未来十年将是电子工业发展的新阶段。同时经国家近几年的宏观调控,包括产业政策调整、抑制通货膨胀等,经济形势有了进一步好转,为公司的产品发展和销售市场打开了广阔的市场前景。

7、针对公司的投资风险:

本公司为音像产品整机装配企业,具有较强的跟踪世界先进技术进行自我开发和对产品更新换代的能力。公司所投资的项目达产后,作为新一代音像产品,符合当今消费类电子产品发展潮流,具有较大的市场潜力和较高的赢利水平。

8、针对股市风险:

本公司将严格按照《中华人民共和国公司法》和《股票发行与交易管理暂行条例》等法律法规规范公司行为,及时、公正、公开地披露公司信息,加强同广大股东的沟通,树立良好的公司形象。公司将以提高经济效益为目的,不断完善经营管理,从而为广大股东创造最佳的投资回报,提高本公司股票在二级市场上的抗风险能力和市场表现。

本公司将充分发挥股份制的优势,建立起产权清晰、权责明确、政企分开、管理科学的现代企业制度,全面提高公司的企业素质,促进公司的快速发展,创制一流产品,赶超世界选进水平。

六、募集资金的运用

一、本次募集资金的运用:

本次股票发行成功后,扣除预计发行费用 600 万元,预计可实际募集资金 17120 万元。根据公司发展规划和所募资金运用的可行性研究,经公司筹委会讨论通过,拟作以下四个项目投资,以扩大公司生产经营能力,提高公司盈利水平。

(一)、扩大声像产品出口技术改造项目

录像机是当前最普及的家用电器之一,预计今后几年全世界录像机市场仍将呈扩大趋势,到 2000 年将达 4800 万台。影碟机是新兴的消费类电子产品,由于其性能优良,价格便宜,节目来源丰富而受到广大投资者的青睐,市场前景十分广阔。本次启动的声像产品出口技改项目,将新增一条生产线,以加强和扩大不断增长的录像机、影碟机的出口需要。本项目 1996 年底已使用银行贷款投入 1200 万元,本次募集资金到位后将偿还 1200 万元贷款并投入剩余建设资金 3300 万元,流动资金 5019 万元,共计 9519 万元。

本项目投产后,将年增产录像机 15 万台,影碟机 7.5 万台,均全部外销。新增销售收入 37194 万元,实现税后利润 2586 万元,总投资利润率 17.3%。该项目已获得国家经济贸易委员会(国经贸改【1996】555 号文)批准。

(二)、激光影碟机技术改造项目

激光影碟机是目前较为流行的电子视听产品,由于其具有较强的娱乐性和实用性,而且与 CD、LD、VCD、CDV 等多种光碟兼容,节目来源丰富,因此一面市就受到广大投资者的青睐。因此,作为我国最大的视听设备生产企业之一,本公司将于本年投资 4100 万元,通过与国外厂商的合作,引进激光影碟机关键生产技术和专用设备,以及相应的检测仪器等,以满足国内市场不断增长的需求。本项目达产后,可实现年销售收入 42420 万元,税后利润 3012 万元。总投资利润率 17.8%,投资回收期 3.6 年。本项目已获电子工业部(电子计【1996】324 号文)批准。

(三)、录像机科技成果创名牌技术改造项目

名牌产品不仅是一个企业综合实力的表现,也是企业在市场角逐中立于不败之地的重要标志。为提高产品的质量和品种,创建国产的录像机名牌产品,形成批量生产,提高我国国产品牌录像机的市场份额,公司将投资 2700 万元以进一步完善 CAD 设计开发手段及相关设计软件的配置,更新部分测试设备。预计年新增利润 650 万元,投资利润率达 20%。该项目已获厦门市经济发展委员会(厦经电【1996】297 号文)批准。

(四)、数字照相机技术改造项目

当前,数字产品逐步替代传统产品已成为现代电子科技发展的大潮流。数字照像机代替传统照像机已成为不可避免的趋势。预计我国的数字照相机市场将在 97 年启动,98、99 年进入高速增长阶段。因此,本公司将投资 6650 万元,利用已有的数字信号处理方面的优势,与国外有能力的企业开展技术合作,进行数字照相机的开发和生产。本项目完成后,预计最终形成年产 10 万台的能力,约占国内市场的 10%。平均年销售收入 30000 万元,年新增利润 2100 万元。总投资利润率为 31.57%,投资回收期四年六个月。本项目已由厦门市经济发展委员会(厦经电【1997】12 号

文)批准。

本次募集的资金共17120万元,四个投资项目97年共需投人22969万元,资金缺口5849万元将靠银行贷款解决。

本次发行采用余额包销方式,因而不存在资金不能募集到位的情况。

七、股利分配政策

1、本公司本所发行的股票为记名普通股,在股利分配方面的权益是平等的,即同股同权。

2、本公司每一年会计年度实现利润将按下列顺序分配;

a.弥补按国家规定应用税后利润弥补的以前年度亏损;(如有此项亏损);

b.提取税后利润的10%作为法定公积金;

c.提取税后利润的5%—10%作为法定公益金;

d.经股东大会决议提取的任意公积金;

e.支付普通股股利。

本公司每年派付股利一次。是否派发股利及派发的数额、方式,需经董事会根据盈利情况和经营发展状况提出分配方案,经股东大会决议通过后执行。

公司分派股利时,以公告和书面形式通知股东。

本公司采取现金和股票的形式分派股利,现金股利以人民币派付。

公司分派股利时,按有关法律和法规代扣股东股利收入的应纳税款。

3、本公司的上述股利分配政策,将在股票发行后由首届股东大会予以确定。

4、预计首次股利分配时间在1998年6月30日前执行。

5、发起人会议已经通过决议,自资产界定日至公司登记日期间的经营利润带入本公司由全体股东共同享用。

八、验资证明

经厦门大学会计师事务所厦大所验(97)字第5001号《验资报告》审验,截止1996年12月31日止,厦门厦新电子股份有限公司(筹)实际收到六名发起人投入的资本总计人民币106,060,700.00元。投入的资本中,包括股本人民币70,000,000.00元,资本公积人民币36,060,700.00元。

九、发行人情况

1、发行人名称:厦门厦新电子股份有限公司(筹)

英文中称:XIAMEN XIAXIN ELECTRONICS COMPANY LIMITED

2、名称预核准日期:1996年12月23日

3、发行人的注册地址:厦门市体育路45号

4、发行人概况:

本公司的主要发起人厦新电子有限公司是电子工业部经营管理国有资产的中国电子信息产业集团公司控股的有限责任公司,主要生产高新技术产品,属于国家产业政策鼓励发展和重点扶持的行业和电子部及厦门特区重点支持、加快发展的骨干企业。

作为我国11家录像机定点生产企业之一,厦新电子有限公司以振兴民族录像机工业为己任,以打破国外技术封锁为公关目标,以企业的生存与发展为原动力,经过不懈努力,走出了一条发展民族工业,坚持自主开发、自我配套的新路子,为我国录像机工业的发展作出了很大的贡献。1996年初,厦新Amoisonic品牌的录放像机系列产品国产化率已达70%以上。目前,厦新电子有限公司已具有运用CAD系统对录像机、VCD影碟机系列化开发和生产能力,初步形成规模经济。

1993年起,厦新电子有限公司连续四年被列人全国电子工业百强企业并获得"全国外商投资双优企业"的称号;1994年,被国家统计局确认为"中国500家最大工业企业"之一。1996年被厦门市经济发展委员会评为"经济效益先进企业"和"技术进步先进企业"。

5、行业排位

经电子工业部电运函(97)015号文确认,厦新电子有限公司作为全国唯一的一家生产国产品牌录像机的企业,已逐步确立了国内录像机生产行业排头兵的地位,在国内录像机行业拥有多项第一:第一个用K机芯设计开发出拥有自我版权的CPU—IC;第一个打出国产录像机品牌厦新Amoisonic并大批投放市场;第一个通地ISO:9002国际质量标准体系和国内外双重认证;第一个做到录像机和VCD产品同时出口的企业(除三星、松下外);录像机的产值、产量、销量第一,国内市场占有率第一(达20%)。

6、发行人历史沿革:

1981年、经厦门市经济特区管理委员会(1981)第036号文批准,由厦门市电子工业局和香港新利有限公司(简称"香港新利")共同组建厦新电子有限公司。注册资本为200万元人民币。

1988年、厦门电子工业局撤销,其所持厦新电子有限公司股份转移给厦门经济特区华夏集团公司(简称"华夏集团")。与此同时,厦新电子有限公司又吸纳成都电视设备厂(简称"成都电视")入股,公司股本调整为:华夏集团30%,成都电视30%,香港新利40%。

1989年3月,经厦门市外商投资企业管理局(厦外资[1989]134号)文批准,中国电子信息产业集团公司(简称"中国电子")控股厦新电子有限公司,其他股东也相应增资,厦新电子有限公司的注册资本扩大至1000万美元,中外方股权比例为75:25。股权结构为:中国电子40%,华夏集团29.3%,香港新利25%,成都电视5.7%。

1996年5月,经厦门市外商投资工作委员会(厦外资审[1996]485号)文批准,厦新电子有限公司的合营期限变更为30年。

1996年3月,经厦门市经济体制改革委员会厦体改(1996)080号文批准,厦新电子有限公司在对其主要经营性资产进行改组的基础上,与中国电子租赁有限公司、厦门电子仪器厂、厦门电子器材公司、成都广播电视设备(集团)公司、中国电子国际经济贸易公司六家企业共同发起,筹建股份有限公司。

1997年2月,厦门市人民政府以厦府(1997)57号文批复,同意设立厦门厦新电子股份有限公司。

厦门市工商行政管理局(厦工商名预字第4678号)《企业名称预先核准通知书》同意了本公司名称为"厦门厦新电子股份有限公司"。

厦门市人民政府以厦府(1997)函015号文确认,认同厦新电子有限公司为国有大中型企业。

7、厦新电子有限公司股东简介:

(1)中国电子信息产业集团公司是经国务院批准的全民所有制企业,是具有高技术电子产品科研开发、生产经营、工程承包以及投资办实业等多种功能,是集科技、教育、工业、金融、贸易为一体的面向国内外两个市场的综合性企业集团,并负责电子工业部委托所属国有资产的管理与经营。公司在北京注册,注册资本26196万元。法定代表人:欧阳忠谋。持有厦新电子有限公司40%的股份。

(2)厦门经济特区华夏集团是一家以电子工业为主,集科、工贸为一体,跨地区、跨行业、多元化、多功能的全民所有制产业集团,于一九八八年在厦门市登记注册成立,注册资本5000万元,现有净资产约8000万元。法定代表人:赵树阁。该集团持有厦新电子有限公司29.3%的股份。

(3)香港新利创业有限公司为一家进出口贸易、生产制造性质的公司,一九七五年五月在香港注册成立,注册资本为5000万港币。该公司资产总额日前已达18740万元港币。法定代表人苏宝桑。该公司持有厦新电子有限公司25%的股份。

(4)成都广播电视设备集团公司原为电子部直属企业,是一家军品、民品结合的大型工业企业,于一九六六年注册成立,注册资本2664万元,法定代表人:杨汉彬。该公司持有厦新电子有限公司5.7%的股份。

8、其他发起人简介:

(1)中国电子租赁有限公司

地址:北京市复兴路甲23号电子大厦七层

注册资本:人民币陆仟叁佰叁拾壹万元

法定代表人:崔天清

主营:机电行业融资租赁、租赁、进出口、信托存款业务等

(2)厦门电子器材公司

地址:厦门市升平路26—28号

注册资本:人民币玖拾贰万元

法定代表人:吴宗发

主营:机械、电子设备、医用电子、仪器设备、化工材料等

(3)厦门电子仪器厂

地址:厦门市梓山路华厦工业中心一层、四层

注册资本:人民币壹仟陆佰伍拾壹万元

法定代表人:陈茂林

主营:制造数字仪表及装置、通用应用电视设备、民用灯具等

(4)成都广播电视设备集团公司

地址:成都市外南永丰路

注册资本:人民币贰仟陆佰陆拾肆万元

法定代表人:杨汉彬

主营:广播电视设备整机

(5)中国电子国际经济贸易公司

地址:北京市海淀区万寿路27号

注册资本:人民币壹仟万元

法定代表人:杨光

主营:经营中国电子工业总公司所属企业生产产品的出口业务和生产、科研自用原辅材料、设备、仪器仪表、零配件、技术的进出口业务等

9、发行人组织结构如图所示:

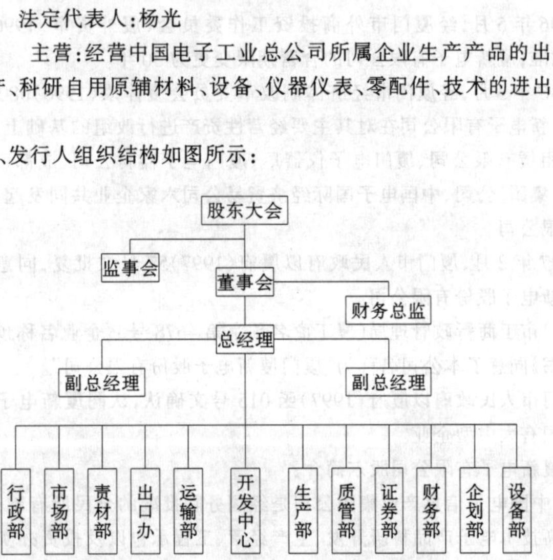

10、发行人职工构成及劳保、保险情况:

本公司拥有一支知识化、年轻化、开拓进取,勤奋敬业的员工队伍。共有职工1123人,按专业构成划分为:

专业构成	人数	所占百分比
行政管理人员	85	7.6%
生产人员	676	60.2%
销售人员	64	5.7%
技术人员	282	25.1%
财务人员	16	1.4%
总计	1123	100%

上述人员中,具有高、中、初级职称的人数分别为21人,93人和236人;大专以上文化程度的职工有241人,占公司员工总额的22%,中专、高中文化程度的职工有468人,占公司员工总额的42%。本公司员工平均年龄为29岁左右。

本公司设立全面的职工培训计划。

本公司全体员工享受国家规定的福利待遇。

公司筹委会认为本公司与职工的关系良好。

11、经营范围:

生产、开发、销售声像电子产品及其他机械电子产品;

房地产开发与经营;旅馆;餐饮;批发零售建筑材料、百货、五金交电、包装材料、电子元器件、运输。

12、发行人的主要业务:

本公司主要开发、生产、销售录放像机、摄录一体机、光盘视像产品及其他多媒体电子产品。

13、发行人的主要产品:

本公司坚持立足于录像机民族工业的长远目标,率先在录像机行业结束了生产"CKD散件合同产品"的历史,推出了厦新Amoisonic品牌的录放像机,国产化率达70%以上,为录像机工业的民族化作出了成绩。

具体为:6磁头HIFI录像机(卡拉OK)、4磁头普及型录像机、2磁头放像机(卡拉(OK)、3盘式VCD影碟机等。

14、发行人的生产能力:

自80年代初开始,公司先后引进了日本索尼公司、松下公司的录像机生产制造技术,已经具有运用CAD系统进行视像产品设计开发的能力,并且拥有国内最完备的录像机生产线、测试仪器及全制式中央信号源、编程机、自动插件、自动贴片等表面安装设备。该生产线能够兼容生产各种录像机及8MM摄录一体机和激光影碟机。在全电脑化手段的支持下,公司的设计开发水平和速度得到大幅度的提升,录放像机已经实现了系列开发和生产。

为了形成规模优势,公司以自身的实力对生产线进行了扩容改造,公司主产品的年生产能力已从开始的10万台发展到现在的单班60万台,放像机的年产能力已达到120万台。

自1992年以来,公司录像机的产值、产量、销量一直处于同行业首位。

15、发行人销售情况

本公司根据电子行业发展的趋势和需求,不断调整销售和市场推广策略,充分利用产品拥有广泛客户基础的优势,保持与客户紧密良好的关系。

(1)销售

面对国际跨国公司对国内市场的巨大冲击,公司决策层采取了扬长避短,产品开发以紧密结合中国国情为主,实行系统集成、增值销售及推广应用带动销售的经营方针,凭借自身实力,为公司带来了可观的经济效益。1993年至1995年公司的录像机产量达82万台,销售78万台,剔除走私冲击的因素,公司录放机三年的平均市场占有率为20%。

同时,公司的销售触角已开始通过国际互联网络等方式向海外延伸,先后与东南亚、欧、美、澳各洲的客户建立了良好的业务联系。在国内,已形成了覆盖全国25个省、市的销售网络,为公司在消费类高科技领城开拓各项业务,进入自主经营,创出优质民族品牌奠定了坚实基础。

(2)售后服务

本公司非常重视售后服务,因为本公司认为优良的售后服务是决定用户购买产品的主要因素。本公司的售后服务维修网络遍及全国大部分地区,以其优质的服务深受广大消费者好评。

1997年公司将继续扩大原有的维修网点,确保沿海省份2—3家,其他省份各有1家,并对各大商家培训2名售前服务人员,以保证消费者在购买公司产品时能得到满意的操作示范和讲解,真正使用户买时放心,用时更放心。

(3)市场推广

本公司相信了解产品最新信息,掌握产品发展趋势是公司及时作出正确决策的关键。本公司成立了进行信息收集和市场调研的专门机构,以及时了解国内外市场动态,迅速作出相应安排。本公司经常利用各有关的展销会、销售会以推广产品,增加了解,加强联系。本公司实施CI战略,全方位地树立起良好的企业形象,通过各种媒体进行产品宣传,以推广国产品牌厦新Amoisonic商标及系列产品。

16、主要原材料:

本公司生产所需的主要原材料为机芯、印刷电路板、IC等。根据整机产品档次之需求,这些材料分别从国内外渠道采购。

本公司在国内外市场中有稳定的供货来源。在原材料价格方面,随着电子行业的高速成长,其价格也将逐步下降,这有利于本公司降低产品成本。

17、无形资产

商标:

根据本公司与厦新电子有限公司签订了《注册商标使用许可合同》,厦新电子有限公司允许本公司有偿使用其下列合法所有的商标:

商标名称	注册证号	注册有效期限
Xiaxin	846666	1996.6.14—2006.6.13
Amoisonic	846660	1996.6.14—2006.6.13

合同规定商标的使用期限为10年,使用范围为视像电子产品,本公司将严格按合同规定使用上述注册商标,维护商标信誉,并按销售总额以12元/台的价格向厦新电子有限公司支付费用,每年结算一次。本合同为草案,需经首届股东大会按《公司章程》表决通过后方能生效。

18、主要生产设施:

本公司应用各种自动化生产设施及先进的生产技术以确保公司产品的质量和水平。

本公司主要有自动贴片机、自动插件机、自动回流焊接机、自动波峰焊接机、多制式中央信号源、编程机等生产设施,可以适应从2磁头至6磁头各种型号录放像机的生产。

本公司拥有由日本SONY公司帮助设计的1.85万平方米的标准厂房,并引进由SONY公司、松下公司提供的录像机生产装配线,已形成全国规模最大的年产60万台录像机P板,60万台录放像机整机的单班生产能力。

19、新产品、新项目研究开发:

拥有优秀的专业技术人才和较强的产品开发能力使本公司在激烈的竞争中立于不败之地。作为知识、技术密集型企业,本公司十分重视新产品、新项目的开发,公司下设研究开发中心,拥有86名从事声像产品技术开发的专业人员。

本公司认为当前电子产品更新换代的重要特征是数字技术的广泛应用。电子工业"九五"期间的八大重点专项之一的数字音像专项就是要发展新一代数字技术的音像产品。根据这一发展思路,公司将适时调整产品结构,依靠已形成的综合能力,开发生产VCD系列产品,并着手下一代的视像产品DVD的研制以及具有LD清晰度的数字录像机和DVD－ROM的开发。

此外,随着电视、电脑、录像分立产品的概念逐渐被高科技所揉和,公司将进一步在上述产品及多媒体视像产品开发方面作适当的投入,使公司产品始终能把握住时代的脉搏,以科技为先导,为公司的产品具有较好的市场竞争力和良好的经济效益提供有力的保障。

20、投资项目:

本公司所筹资金拟投入出口技改、影碟机技改、创名牌技改和数字照相机技改4个项目。

21、优惠政策:

本公司作为高科技企业,具有明显的政策优势。本公司所在行业为国家产业政策倾斜的行业,本公司是电子部重点扶持的百强重点企业。

根据国家财政部[88]财税字第039号《关于厦门经济特区内资企业征收所得税有关问题的批复》和厦门市人民政府厦府[1988]综116号文的规定,本公司适用15%的所得税率。

22、发行人重大改组情况

1996年3月,为了优化资产组合、调整产业结构,以谋取更好、更快的发展、厦新电子有限公司对其经营性资产进行了改组。

此次改组已经厦门市经济体制改革委员会(厦体改[1996]080号)文批准。

(1)改组情况

以1996年12月31日为基准日,厦新电子有限公司将与录像机、VCD、DVD有关的经营性资产投入本公司。

(1)土地使用权的处理

厦新电子有限公司在以出让方式取得土地使用权后,与投入本公司的经营性资产相应的23473.08平方米土地将折股进入本公司。此方案已经厦门市土地管理局厦土管〔1996〕122号文批准。

(3)债权、债务的处理

按厦新电子有限公司于本公司签订的《投资协议》,本公司将承继厦新电子有限公司与录像机、VCD、DVD生产有关的经营性资产及其相应的债权、债务。上述债务的处理,已征得债权人的同意。

(4)非经营性资产的使用

未进入本公司的非经营性资产,其为本公司提供的相关服务,本公司已与厦新电子有限公司签订了《生活福利设施使用合同》,按标准成本费加上不超过8%的利润计付使用服务费,进行有偿服务,期限5年。本合同需经首届股东大会按《公司章程》表决通过后方能生效。

(5)人员安置

与投入本公司经营性资产相应的员工及行政管理人员均进入本公司。

厦新电子有限公司的离退休人员已经归属社会养老保险范畴,故不需安置,为联系方便,仍由厦新电子有限公司管理。

(6)改组后本公司与厦新电子有限公司的关系

厦新电子有限公司与本公司是两个相互独立的法人。

厦新电子有限公司是本公司的控股公司,持有本公司60%的股份。改组后的厦新电子有限公司将以精密注塑件生产为主,并继续为国内录像机行业或其他整机厂提供配套及加工,不再经营录像机、VCD、DVD等视听声像产品生产业务,本公司成立后,将按市场经济的原则与有限公司签定业务往来协议,以保证双方供货、销售业务的正常进行。

因此双方不存在利益冲突和同行竞争问题。

十、筹委会成员简介

邢大智先生:62岁,高级工程师。曾任电子工业部干部司副司长、司长、部党组织成员、中国电子工业总公司局长、中国电子信息产业集团公司党委书记、副总经理。现任中国电子信息产业集团公司监事会副主席、中国信息信托投资公司副董事长、厦新电子有限公司董事长。

赵树阁先生:59岁,教授级高级工程师,国家科技进步一等奖项目主要参加者。曾任电子部第二十二研究所所长、厦门经济特区华夏集团副总经理等职。现任厦门经济特区华夏集团董事长兼总经理。

林国良先生:70岁,工商管理硕士。现任菲律宾新利集团董事长;香港新利创业有限公司董事长;新利实业(深圳)有限公司董事长。

陆焕文先生:50岁,硕士,高级工程师。中国电子科技大学兼职教授。曾任国营七八七厂厂长、国营零八一总厂副厂长。曾荣获"福建省优秀共产党员"、"福建省优秀企业家"、"电子工业部劳动模范"称号。现任厦新电子有限公司总经理。

许毅女士:59岁,高级工程师。曾任电子工业部副处长、处长,中国电子工业总公司消费类产品事业部副部长。现任中国电子信息产业集团公司副局长、计划发展部主任,厦新电子股份有限公司常务董事。

赖伟德先生:中国电子科技大学硕士,高级会计师。长期在电子工业部、机电部、中国电子工业总公司等单位从事财务及企业管理工作,历任科长、副处长、处长、中国电子工业信息产业集团资财部副主任、主任、香港艺高电脑国际有限公司总经理等职。现任中国电子租赁有限公司总经理、法人代表。

陈茂林先生:52岁,高级工程师。毕业于清华大学。曾任北京761厂工程师,厦新电子有限公司副总工程师。现任厦门电子仪器厂厂长。

杨光先生:57岁,高级工程师。曾任国防科委第十四研究院情报处处长;电子部元器件局外事处副处长;中华人民共和国驻美国旧金山总领事馆领事;中国电子工业总公司国际合作局副局长;中国电子信息产业集团公司国际部主任。现任中国电子国际经济贸易公司总经理。

王文林先生:53岁,高级会计师。曾任国营七二二厂财务处长、副总会计师、总会计师。现任厦新电子有限公司副总经理。

苏宝桑女士:46岁,大学毕业。新利实业(深圳)有限公司总经理。

吴宗发先生:36岁,长期从事贸易工作,曾任厦门经济特区华夏集团贸易部副经理、经理等职。现任厦门电子器材公司总经理。

杨汉彬先生:55岁,大学毕业,教授级高工。曾任成都市电子仪表局副局长,国营708厂副厂长。现任成都广播电视设备集团公司董事长、总经理;国营六三0厂厂长,中国广播电视协会副会长、成都市电子行业大中型企业厂长(经理)研究会会长。被评分成都市劳动横范,成都市有突出贡献企业家,优秀企业家。

十一、经营业绩

1、生产经营的一般情况:

本公司近几年生产经营状况良好,1994年至1996年利润总额呈持续增长,其中,1994年实现主营业务收入36948.5万元,利润总额1963万元;1995年实现主营业务收入23906万元,利润总额2391万元,1996年实现主营业务收入23445万元,利润总额3012万元。各项经济指标在同行业位居首位。

2、发行人业务收入的主要构成:

下表列出所示期间的主要业务收入金额及占全部收入比例

单位:人民币万元

年度 业务	1996		1995		1994	
	金额	比例%	金额	比例%	金额	比例%
放像机	16332.2	69.7	9865.3	41.3	2544.9	6.4
录像机	6137.6	26.3	11712.5	49	32706.1	82.5
影碟机	482.9	2	0	0	0	0
出口	491.9	2	2327.7	9.7	4397.5	11.1
合计	23444.6	100	23905.5	100	39648.5	100

说明:1995年本公司改变了产品生产和销售结构,减少了录像机的生产和销售,因而销售收入有所下降,虽增加了单放机的生产和销售,但不能增加销售收入,而能提高利润。

3、重大项目和科技成果:

"八五"期间,本公司先后开发出厦新907录像单元、XR—908C录像机、928放像机、5401视录一体机等产品,均分别通过了机电部组织的设计生产定型,其中908B录像机被列入国家级新产品,获厦门市科技成果一等奖及国家科委科技成果进步奖。录像机塑料体国产化技术改造项目荣获国家"八五"技术改造优秀项目奖。

1996年4月,本公司的PD100、HD1000两个新产品又一次通过了电子部的设计生产定型鉴定,专家作出严格的测试和样机对比后一致确认厦新Amoisonic品牌的录放像机技术质量指标达到国际同类产品水平和国内先进水平。

4、产品性能、质量方面的情况:

(1)质量

本公司认为质量是产品的生命,建立了完善的质量管理体系。

1996年2月,本公司的录像机产品生产质量体系率先在国内录像机生产企业中通过了中国商检厦门质量认证中心和挪威船级社(DNV)IS09000国际标准的评审,分别获得了由其颁发的(IS09002:1994年质量保证体系注册证书。

同年七月,本公司的录像机产品又通过了中国电工产品认证委员会的审核,获准使用CCEE颁发的长城安全标志,在同行中再创一个第一。

(2)保险

本公司已分别就企业财产、货物运输等向中国人民保险公司、中国平安保险公司投保。

(3)安全措施本公司一向把安全生产放在第一位,重视劳动安全管理。为保证安全生产,公司按国家劳动保护条例制定有关安全制度,安置配套劳动保护设施,健全安全生产制度管理和操作规程,加强安全生产教育。

5、公司筹资与投资方面的情况:

本公司与工行厦门市分行、农行厦门市分行、建行厦门市分行、福建兴业银行、中行厦门市分行、厦门国际银行、厦门国际信托投资公司等金融机构始终保持良好的合作关系,在筹资上获得大力支持。

6、生产经营设备改进情况:

根据电子部的统一安排,公司已于近年完成了录像机生产线适应性改造和扩容改造项目,总投资5385万元。项目完成后,主产品录(放)像机的年产能力提升到60万台/单班,表面安装的自动化水平得到大幅度提高,可实现跨接件、贴片元器件的自动安装,进一步提高了产品的质量,保障了品牌优势。

7、经营管理改进和提高:

本公司按照现代化企业制度的关于科学管理的要求,形成自主经营、自负盈亏、自我发展、自我约束的运行机制,提高公司的管理水平。

8、职工数量与业务方面的变化:

本公司十分注意提高员工素质,大力加强员工培训,同时建立管理制度,公司管理人员实行双向选择、使公司管理人员更加年轻化、知识化。本公司拥有一批高素质的员工队伍,专业技术开发人员228人,经营班子领导均是本科以上毕业,生产一线工人主要为技校和职高的毕业生。近年来,通过与菲利浦公司的合作,公司在光盘视像产品技术领域也培养了一批专业人才。

十二、股本

1、发行前的股本形成和股本结构:

厦新电子有限公司将经评估后的净资产10000万元,按66%的比例折成6600万股进入股份有限公司,由此形成的股权为法人股。其余部分进入资本公积金。

中国电子租赁有限公司、厦门电子仪器厂、厦门电子器材公司、成都广播电视设备(集团)公司、中国电子国际经济贸易公司均以现金方式投入,分别投入212.12万元,172.27万元,156.82万元,34.55万元,30.32万元,均按照66%的比例分别折成140万股、113.7万股、103.5万股、22.8万股、20万股,共计400万股,由此形成的股权为国有法人股。

发起人股份合计7000万股。

形成发起人股本结构如下:

名称	股数(万股)	占总股本比例%
厦新电子有限公司	6000	60.00
中国电子租赁有限公司	140	1.27
厦门电子仪器厂	113.7	1.03
厦门电子器材公司	103.5	0.94
成都广播电视设备(集团)有限公司	22.8	0.21
中国电子国际经济贸易公司	20	0.18
总计	7000	63.64

厦门市国有资产管理局以厦国资综(1997)020号文出具的资产折股意见书,同意了此股权处置方案。

2、公司本次向社会公众公开发行4000万股A股,其中包括400万股公司职工股,按同股同价的原则同时向职工发行,其上市时间按国家有关规定执行。

本次股票公开发行如获成功,本公司股本结构将为:

	股数(万股)	占总股本比例(%)
发起人法人股	7000.00	63.64
(其中:国有法人股	400.00	3.64
法人股	6600.00	60.00)
社会公众股	4000.00	36.36
(其中:公司职工股	400.00	3.64)

	总股本	11000.00	100.00

3、本次发行结束后，本公司的注册资本为11000万元人民币。

4、本次发行结束后超过面值部分的溢价收入在扣除本次发行费用后为14360万元，将按有关规定作为本公司的资本公积金。

5、净资产：

本次发行前每股净资产：1.607元

本次发行后净资产总额：28120万元

本次发行后每股净资产：2.53元

6、股票回购程序：

根据国家法律和"公司章程"的规定，公司非因减少资本或者与公司合并等特殊情况，不得回购本公司股票。

十三、债项

根据厦门大学会计师事务所出具的《审计报告》[厦大所审字(97)GF字第5001号]，截止1997年12月31日，公司短期负债余额为169,670,216.00元，长期负债余额为38,260,000.00元。构成如下：

A、短期借款

贷款银行	金额	汇率	年利率	期限	借款条件
一、人民币借款(单位：人民币元)					
工商银行	5,000,000.000		11.088%	96.12.25—97.7.25	信用担保
	4,500,000.000		12.078%	96.7.17—97.2.20	信用担保
	8,000,000.000		11.088%	96.12.25—97.8.24	信用担保
中国银行	7,000,000.000		12.078%	96.6.28—97.1.28	信用担保
	8,000,000.000		10.098%	96.9.19—97.1.19	信用担保
	11,000,000.00		10.098%	96.12.20 97.6.20	信用担保
农业银行	8,000,000.000		12.078%	96.5.28—97.1.28	信用担保
	7,000,000.000		12.078%	96.5.29—97.2.29	信用担保
	6,000,000.000		12.078%	96.5.30—97.1.30	信用担保
	3,000,000.000		12.078%	96.6.4—97.4.3	信用担保
	2,000,000.000		12.078%	96.6.5—97.3.5	信用担保
	4,000,000.000		12.078%	96.7.24—97.4.24	信用担保
	4,000,000.000		11.088%	96.9.11—97.6.11	信用担保
	2,000,000.000		11.088%	96.11.8—97.8.8	信用担保
建设银行	3,000,000.000		11.088%	96.8.28—97.3.30	信用担保
	2,000,000.000		10.098%	96.12.20—97.5.19	信用担保
兴业银行	3,000,000.000		10.098%	96.10.21—97.3.20	信用担保
	4,000,000.000		10.098%	96.11.29—97.2.25	信用担保
二、美元借款(单位：美国美元)					
工商银行	170,000.00	8.2981	7.375%	96.12.17-97.2.19	信用担保
	600,000.00	8.2981	7.375%	96.6.18-97.3.15	信用担保
	420,000.00	8.2981	7.375%	96.9.26-97.1.15	信用担保
	600,000.00	8.2981	7.375%	96.12.20-97.3.20	信用担保
	610,000.00	8.2981	7.375%	96.9.26-97.1.15	信用担保
	150,000.00	8.2981	7.375%	96.10.15-97.1.16	信用担保
	800,000.00	8.2981	7.375%	96.11.26-97.6.17	信用担保
	450,000.00	8.2981	7.375%	96.11.4-97.2.6	信用担保
	360,000.00	8.2981	7.375%	96.12.16-97.4.16	信用担保
	500,000.00	8.2981	7.375%	96.12.16-97.4.16	信用担保
	800,000.00	8.2981	7.375%	96.12.17-97.6.17	信用担保
	600,000.00	8.2981	7.375%	96.8.28-97.3.23	信用担保
中国银行	2,200,000.00	8.2981	8.175%	96.12.20-97.6.20	信用担保
厦门国托	1,100,000.00	8.2981	P+2.5%		信用担保

注释：金额一栏中人民币贷款为人民币金额，美元贷款为原币金额。

B、长期借款　　单位：人民币元

贷款银行	金额	年利率	期限	借款条件
工商银行	16,260,000.00	11.70%	93.12.23-98.6.22	信用担保
	22,000,000.00	15.12%	95.12.29-99.12.29	房产抵押

除上述债项外，截止1996年12月31日，本公司无因对外担保而形成的或有负债，无任何未偿还之债券、借贷资本、银行透支、贷款或其他类似债务。

十四、主要固定资产

根据厦门大学资产评估事务所厦大资产所(1997)第001号评估报告，本公司的固定资产主要包括：房屋建筑物、机器设备和在建工程。

房屋建筑物主要为简易仓库和工艺大楼。机器设备包括机加工设备、彩色电视机生产线、录像机生产线、运输设备及办公设备等。在建工程包括扩容设备、线体改造、开关站和工艺楼等。

固定资产评估情况如下：　　单位：元

项目	评估前帐面		评估结果		评估后净值增加	
	原值	净值	重置值	净值	增加金额	增长率
机器设备	105,485,100.13	76,816,144.68	144,902,077.42	105,637,498.94	(+)28,821,354.26	37.5%
房屋建筑物	7,586,650.88	4,132,593.53	19,470,976.00	14,594,482.00	(+)10,461,888.47	253.1%
在建工程		2,679,405.25		2,679,405.25		

在本次股份制改制时，已将固定资产中的非生产性、福利与服务性资产完全剥离，未进入本公司。

十五、财务会计资料

资产负债表：(附后)

利润及利润分配表：(附后)

主要财务指标及财务数据如下：

指标	1996年12月31日	1995年12月31日	1994年12月31日
速动比率	0.38	0.616	0.512
流动比率	0.936	0.924	0.80
资产负债率	0.685	0.841	0.849
应收帐款周转率	22.08	28.24	9.25
存货周转率	1.56	2.4	5.71
净资产收益率	24.13%	38.14%	41.36%
每股净资产	1.607	0.807	0.611
每股税后利润	0.388	0.308	0.253

投资者如欲了解财务数据的详细情况，请参阅厦门大学会计师事务所出具的《审计报告》。

说明：

1、上述"资产负债表"和"利润表"的数据已经厦门大学会计师事务所审核，并出具审计报告[厦大所所审字(97)GF字第5001号]。

2、筹建中的本公司前三年(1994—1996)的财务状况、财务状况的变动情况及经营成果，系模拟主要发起人厦新电子有限公司1994至1996年的财务状况、财务状况的变动情况及经营成果进行报告。

3、会计制度：本公司审计报告已按照《股份制试点企业会计制度》、《企业会计制度》及其他有关规定进行了归口整理。

4、会计期间：按照《企业会计制度》的规定，执行公历年制。即自每年1月1日起至12月31日为一个会计制度。

5、会计确认、计价基础和记帐方法：按《企业会计制度》的规定，会计确认依据权责发生制原则；会计计价依据实际(历史)成本原则；会计记录采用借贷复式记帐方法。

6、坏帐准备：采用直接销帐法处理，不提取坏帐准备。

7、外币业务的核算：按业务发生时的市场汇率折算为记帐本位币—人民币记帐，各期期末将货币性项目余额按期末市场汇率(中间价)进行折算调整，汇率折算差额为当期损益。

8、存货计价：按实际(历史)成本计价。发出、领用或销售的原材料、产成品等存货按全月一次加权平均法计价。低值易耗品的领用，单项价值低且领用量不大的一次性进入费用；单项价值大领用量大的，按五五摊销法进行摊销。

9、固定资产计价及折旧的计提:固定资产按实际成本计价,固定资产折旧按直线法分类计提,统一预留4%残值。各类固定资产折旧年限如下:

房屋建筑物	15—30年
机器设备	10—15年
交通运输设备	8—12年
电子设备	5—10年
其他设备	5—10年

10、无形资产及摊销;土地使用权按50年摊销;技术指导费、产品开发费、模具设计费、技术使用费等项按预计收益年限5—8年摊销;各种电脑、管理软件按5年摊销。

11、收入的确认:产品在已经销售,劳务在已经提供并取得收入或取得收入权力的确切凭据时予以确认。

12、税 项:增值税按17%计纳,企业所得税按15%计纳。

13、利润分配:1994年已分配股利10,012,130.55元,1995年已分配股利5,358,766.43元,1996年末应向股东分配的利润已转化为对本公司投资的净资产。

14、本公司的主要发起人厦新电子有限公司无股权超过50%以上的长期投资,所以本次编报的报表没有涉及合并会计报表的事项。

15、本公司在本报告期间无重大的关联交易发生,截止1996年12月31日的负债见所附的资产负债表,除此之外无其他或有负债事项。

十六、资产评估

根据厦门大学资产评估事务所出具的资产评估结果报告书(厦大资产所[1997]第001号)并经国家国有资产管理局确认(国资评[1997]88号),截止1996年12月31日,厦新电子有限公司投人本公司的全部资产评估如果如下:

(金额:人民币万元)

类别及项目	评估前帐面值	评估后现值	评估后现值增减	
			金额	变动率%
流动资产	19,910.59	17,659.91	(-)2,250.67	(-)11.30
长期投资				
在建工程	267.94	267.94		
建筑物	413.26	1,459.45	(+)1,046.19	(+)253.16
机器设备	7,681.61	10,563.75	(+)2,882.14	(+)37.52
固定资产合计	8,362.81	12,291.14	(+)3,928.33	(+)46.97
土地使用权	492.13	1,636.07	(+)1,143.94	(+)232.45
其他无形资产	1,707.32	1,756.82	(+)49.50	(+)2.90
无形资产合计	2,199.45	3,392.89	(+)1,193.44	(+)54.26
资产合计	30,472.86	33,343.95	(+)2,871.09	(+)9.42
流动负债	19,013.78	19,013.78		
长期负债	3,826.00	3,826.00		
负债合计	22,839.78	22,839.78		
净资产合计	7,633.08	10,504.17	(+)2,871.09	(+)37.61

本次资产评估已作了相应的帐务调整。

十七、公司发展规划

本公司位于我国最早的四大经济特区之一的厦门经济特区。特区不仅具有优越的地理、政策等环境优势,特区人更具有勇于开拓、勤奋创业的进取意识。本公司将抓住机遇,把握特区优势,继续以高科技发展为核心,以经济蓬勃发展的厦门特区为依托,加大新技术、新产品开发力度,扩大国内、国际市场占用率,走品牌发展之路,努力把公司建设成为具有强大竞争力的国际化、现代化的电子产品生产企业。

1、生产经营发展战略

本公司将继续以振兴民族工业为已任、立足高科技开发,坚持自身科研,在扩大规模经济效益的基础上,充分利用本公司强大的研究开发能力、广泛的销售网络和优质的服务,以及在电子产品市场的丰富经验和良好形象,进一步加强和国外跨国公司的合作,积极引进、吸收国内外先进的科技成果,改进生产工艺,拓展国内外市场,使厦新品牌深入人心。本公司相信,不断更新换代的厦新产品将在日新月异的电子行业一支独秀,有着更加稳健的增长和发展。

2、发展目标及规模

本公司将以规模经济树立起大公司的社会形象,占主导支柱地位的视像产品要在两年内实现年产百万台的规模,保持在行业中的领先地位。

3、市场发展、销售计划

公司拟在两年实现从模似技术向数字技术的重点转变,并将数字技术应用于新型消费类电子产品。公司将凭借长期进行模拟VHS录像机研制开发的基础条件和生产条件,联合有关电子院校、科研单位及国外大公司共同开发设计,在一、二年内尽快形成规模经济,为民族产业控制国内巨大潜在的家电市场作出努力。

4、人员扩充计划:

公司充分认识到人才培养的重要性,计划在"九五"期间,培养造就一支能跟踪世界先进技术水平、拓展产品领域的工程技术人员队伍;善经营会管理的经营管理队伍;作风严谨,质量意识强,制造技术一流的生产工人队伍。

本公司筹委会相信,凭借本公司的人才、科技、品牌优势,凭借本公司具有强大竞争实力的高新技术电子系列产品和生产规模,本公司将以本次股票发行及上市为发展契机,充分利用电子市场日益庞大的发展趋势和国家重点扶持的产业政策而大展鸿图。

十八、重要合同及重大诉讼事项

(1)厦新电子有限公司与厦门市土地局于1996年12月29日签订(96)厦地合字(协)134号《厦门市国有土地使用权有偿出让合同书》,并取得厦国用(96)字第345号《国有土地使用证》。

(2)厦新电子有限公司与本公司签订的《投资协议》规定,本公司将承继厦新电子有限公司与录像机、VEC、DVD生产有关的经营性资产及其相应的债权、债务。

(3)厦新电子有限公司与公司经友好协商,本着等价有偿的原则,于1997年1月8日签订的《注册商标使用许可合同》规定,公司有权使用厦门厦新电子有限公司持有Amoisonic和Xiaxin注册商标,按12元/台支付使用费。

(4)厦新电子有限公司与公司于1997年1月8日签订《生活福利设施使用合同》。就未进人本公司的非经营性资产为本公司提供的相关服务进行有偿服务。

(5)公司与国内其他企业订有标的较大的《工矿产品购销合同》9份,涉及金额5354.63万元,内容均为公司向其他企业销售视像产品。

(6)公司尚未履行完毕的借款合同7份,涉及总金额10026万元人民币;160万美元。

本招股说明书特别声明;本公司正式成立前,与厦新电子有限公司签定的《投资协议》、《注册商标使用许可合同》和《生活福利设施使用合同》等均为草案,需经首届股东大会按《公司章程》表决通过后方能生效。

本公司目前无未结或可预见之重大诉讼或仲裁案件,亦未曾受到过有关部门的行政处罚。厦门市工商行政管理局、厦门市环境保护局、厦门市国家税务局、厦门市劳动局为本公司出具证明,发行人一直守法经营,依法纳税,生产活动符合国家环境保护标准和劳动安全标准。

十九、备查文件

1、厦门大学会计师事务所《审计报告》(厦大所审字[97]GF字第5001号)

2、厦门大学资产评估所出具的《资产评估报告(厦大资产所[1997]第001号)

3、厦门大学会计师事务所《验资报告(厦大所验字[97]字第5001号)

4、厦门厦新电子股份有限公司(筹)盈利预测报告

5、厦门大学会计师事务所《关于厦门厦新电子有限公司一九九七年度盈利预测的函》

6、北京众天律师事务所《关于厦门厦新电子股份有限公司(筹)1996年度A股股票发行、上市的法律意见书》(众天股字[1997]第005号)

7、厦门厦新电子股份有限公司(筹)发起人会议决议

8、发起人的营业执照

9、厦门市工商行政管理局《企业名称预核准通知书》(厦工商名预字第4678号)

10、厦门市人民政府《关于申请设立厦门厦新电子股份有限公司的报告的批复》(厦府[1997]57号)

11、厦门市证券管理监督委员会《关于申请对厦门厦新电子股份有限公司(筹)发行A股复审的函》

12、发起人协议

13、重要合同和协议

14、国家国有资产管理局《对厦新电子有限公司筹建上市公司并发行上市股票项目资产评估结果的确认》(国资评[1997]88号)

15、厦门国有资产管理局《关于厦新电子有限公司改组设立上市股份有限公司净资产折股意见书》(厦国资综[1997]020号)

16、上海证券交易所上市承诺函

17、承销协议

18、证监会要求的其他文件

文件查阅时间:每逢星期二上午9:00——11:30

文件查阅地址:(1) 厦门厦新电子股份有限公司(筹)股证办

厦门市体育路45号

(2) 厦门证券公司投资发展部

厦门市莲前西路2号莲富大厦十七层

资产负债表

货币单位:人民币元

资产	1996年12月31日	1995年12月31日	1994年12月31日
流动资产			
货币资金	22,754,095.72	31,716,711.82	19,300,954.86
短期投资			
应收票据	33,425,000.00		
应收帐款	10,616,528.61	8,463,178.83	42,849,752.08
减:坏帐准备			
应收帐款净额	10,616,528.1	8,463,178.83	42,849,752.08
预付货款	1,560,247.63	68,554,935.26	29,253,474.48
其他应收款	4,501,573.84	42,620,747.20	13,645,475.10
存货	108,449,725.21	76,213,238.92	60,258,014.67
待摊费用	1,352,714.30	1,255,191.42	1,636,131.47
待处理流动资产损失			
一年内到期的长期债券			
其他流动资产			
流动资产合计	182,659,885.31	228,824,003.45	166,943,802.66
长期投资			
长期投资			
其中:合并价差			
固定资产			
固定资产原价	164,373,053.42	109,288,780.08	107,543,854.68
减:累计折旧	44,141,072.48	24,132,142.07	14,580,684.45
固定资产净值	120,231,980.94	85,156,638.01	92,963,170.23
在建工程	2,679,405.25	5,066,687.75	1,094,780.60
固定资产清理			
待处理固定资产损失			
固定资产合计	122,911,386.19	90,223,325.76	94,057,950.83
无形及递延资产:			
无形资产	33,928,955.82	16,882,268.24	6,300,793.42
递延资产			
无形及递延资产合计	33,928,955.82	16,882,268.24	6,300,793.42
其他长期资产:			
其他长期资产			
递延税项:			
递延税款借项			
资产总计	339,500,227.32	335,929,597.45	267,302,546.91
负债及股东仅益			
流动负债			
短期借款	169,670,216.00	166,792,514.78	146,300,752.61
应付票据			
应付帐款	2,307,258.95	47,122,734.93	42,621,330.84
预收货款	15,414,905.23	25,519,205.84	8,289,599.99
应付福利费	1,835,306.68	5,327,025.73	2,840,952.52
未付股利		2,511,885.98	4,674,653.85

资产	1996年12月31日	1995年12月31日	1994年12月31日
未交税金	(13,719,035.84)	(9,546,211.66)	(10,767,053.63)
其他未交款			
其他应付款	6,670,876.30	1,323,310.25	3,108,982.30
预提费用			
一年内到期的长期负债	8,000,000.00	8,652,000.00	11,242,000.00
其他流动负债			
流动负债合计	195,179,527.32	247,702,474.85	208,311,218.48
长期负债			
长期借款	38,260,000.00	34,948,000.00	18,648,000.00
应付债券			
长期应付款			
其他长期负债			
长期负债合计	38,260,000.00	34,948,000.00	18,648,000.00
递延税项			
递延税款贷项			
负债合计	233,439,527.32	282,650,474.85	226,959,218.48
少数股东权益			
股东权益			
股本	70,000,000.00	32,119,209.28	32,113,846.33
资本公积	36,060,700.00	1,305.00	1,305.00
盈余公积		14,324,576.34	8,228,177.10
其中:公益金			
未分配利润		6,834,031.98	
外币报表折算价差			
股东权益合计	106,060,700.00	53,279,122.60	40,343,328.43
负债及股东权益总计	339,500,227.32	335,929,597.45	267,302,546.91

利润及利润分配表

货币单位:人民币元

项目	1996年度	1995年度	1994年度
一、主营业务收入	234,446,199.21	239,055,431.18	396,485,048.51
减:营业成本	169,098,702.09	183,556,362.27	343,981,883.09
销售费用	10,100,423.28	7,618,976.97	8,078,918.87
管理费用	12,020,607.08	14,043,737.81	17,741,755.23
财务费用	15,951,370.58	11,022,118.18	7,201,425.66
进货费用			
营业税金及附加	24,233.60	239,218.52	
二、主营业务利润	27,250,862.58	22,575,017.43	19,481,101.66
加:其他业务利润	1,074,417.54	1,438,037.10	
三、营业利润	28,325,280.12	24,013,054.53	19,481,101.66
加:投资收益			
补贴收入			
营业外收入	4,066,940.37		283,399.70
减:营业外支出	2,271,850.87	105,606.61	132,872.81
加:以前年度损益调整			
四、利润总额	30,120,369.62	23,907,447.92	19,631,628.55
减:所得税	4,518,055.44	3,586,117.19	2,944,744.28
少数股东本期损益			
五:净利润	25,602,314.18	20,321,330.73	16,686,884.27
加:年初未分配利润	6,834,031.98		
盈余公积金转入数			
六、可供分配的利润	32,436,346.16	20,321,330.73	16,686,884.27
减:提取法定公益积金	2,560,231.42	2,032,133.08	1,668,688.43
提取法定公益金			
职工福利及奖励金	2,560,231.42	2,032,133.08	1,668,688.43
七、可供股东分配的利润	27,315,883.32	16,257,064.57	13,349,507.41
减:已分配优先股股利			
提取任意公积金	5,120,462.84	4,064,266.16	3,337,376.86
已分配普通股股利	22,195,420.48	5,358,766.43	10,012,130.55
八、未分配利润	—	6,834,031.98	0.00

厦门厦新电子股份有限公司股票上市公告书

一、要览

总股本:11000 万股

可流通股本:4000 万股

本次上市流通股本:3600 万股

股票简称:厦新电子

股票代码:600057

上市地点:上海证券交易所

上市时间:1997 年 6 月 4 日

登记公司:上海证券中央登记结算公司

二、绪言

本公司本次新股发行经中国证券监督管理委员会证监发字[1997]第176、177 号文批准,股票上市申请经上海证券交易所上证上字[1997]第039 号文同意,于 1997 年 6 月 4 日(星期三)在上海证券交易所挂牌交易,本公司总股本 11000 万股,本次上市流通的股份 3600 万股公司为 1997年 5 月 13 日～20 日向社会公开发行的新股,本次同时发行的 400 万股公司职工股预计在六个月后上市。

本公司于 1997 年 5 月 5 日在《上海证券报》、《证券时报》、《厦门日报》上刊登了《招股说明书概要》,距今不足六个月,故与其重复的内容在此不再重述,敬请投资者查阅本公司的《招股说明书概要》。

本公司董事会成员已批准本上市公告书,确信其中不存在任何重大遗漏或者误导,并对其真实性、准确性、完整性负个别的和连带的责任。

三、公司概况

(一)概况

1. 公司法定名称:厦门厦新电子股份有限公司

英文名称:XIAMEN XIAXIN ELECTRONICS CO. LTD

2. 公司注册地址:福建省厦门市体育路 45 号

邮政编码:361012

3. 公司法定代表人:邢大智

4. 经营范围:1. 声像电子产品及其他机械电子产品开发、制造;2. 房地产开发与经营;3. 旅馆;4. 餐饮;5. 批发零售建筑材料、百货、五金交电、包装材料、电子元器件;6. 运输。

5. 公司所属行业:工业类

6. 公司成立日期:1997 年 5 月 23 日

7. 公司在册人数:1123 人

8. 公司占地面积:23473.08 平方米

9. 公司咨询电话:0592-5058123 转

10. 联系人:吕东

股东接待和公司文件资料索阅地点:厦门市体育路 45 号

(二)公司历史沿革

1981 年,经厦门市经济特区管理委员会[1981]第 036 号文批准,厦新电子有限公司成立,注册资本为 200 万元人民币,由厦门市电子工业局和香港新利有限公司共同组建。为了进一步调整产业结构,优化资源配置,建立起与企业发展相适应的现代企业制度,1996 年 3 月,根据《中华人民共和国公司法》、《股票发行与交易管理暂行条例》及其有关国家政策、法规的规定,经厦门市经济体制改革委员会厦体改(1996)080 号文批准,由厦新电子有限公司、中国电子租赁有限公司、厦门电子器材公司、厦门电子仪器厂、成都广播电视设备集团公司,中国电子国际经济贸易公司作为共同发起人,在对厦新电子有限公司经营性资产进行改组的基础上筹建股份有限公司。

1997 年 2 月,厦门市人民政府以厦府(1997)57 号文批准,同意设立厦门厦新电子股份有限公司。

厦门市工商行政管理局(厦工商名预字第 4678 号)《企业名称预告核准通知书》同意了本公司名称为"厦门厦新电子股份有限公司"。

厦门市人民政府以厦府(1997)函 015 号文确认,认同厦新电子有限公司为国有大中型企业。

四、股票发行与承销

(一)本次公开发行

发行数量:4000 万股(其中公司职工股 400 万股)

发行价格:4.43 元/股

发行市盈率:14 倍

股票面值:每股 1 元

发行日期:1997 年 5 月 13 日-20 日

发行方式:全额预缴、比例配售、余款转存

发行地区:福建省厦门市

配售户数:33022 户

配售比例:2.917%

持 1000 股以上的户数:3819 户

发行费用总额:6,000,000 元

每股发行费用:0.15 元

实募资金总额:171,200,000 元

(二)股票承销

本次公开发行 4000 万股股票全部被符合法律、法规规定的投资者所认购。

(三)验资报告

厦门厦新电子股份有限公司筹备委员会: 厦大所验(97)CF字低 5008 号

我们接受委托,对贵公司(筹)截止 1997 年 5 月 20 日的实收资本及相关的资产和负债的真实性和合法性进行验证。在审验过程中,我们按照《独立审计实务公告第 1 号--验资》的要求,实施了必要的审验程序,贵公司(筹)的责任是提供真实、合法、完整的验资资料,保护资产的安全与完整,我们的责任是出具真实、合法的验资报告。

厦门厦新电子股份有限公司筹备委员会申报的注册资本(股本)为人民币 11,000 万。根据我们的审验,截至 1997 年 5 月 20 日止,贵公司(筹)已收到各位股东投入的资本人民币贰亿捌仟叁佰贰拾陆万零柒佰元整(人民币 283,260,700.00),其中:发起人投入资本人民币 106,060,700.00,向社会公众募集资本为人民币 177,200,000.00。收到的投入资本中,包括股本人民币 11,000 万资本公积人民币 173,260,700.00。于上述投入资本相关的资产总额为人民币 501,144,148.28,负债总额为人民币 217,964,197.49。

附:一、实收资本明细表。

二、验资事项说明。

厦门会计师事务所 中国注册会计师: 姚立中

中国 厦门 一九九七年五月二十一日

五、董事、监事及高级管理人员持股情况

姓名	职务	持股数(股)	比例(%)
邢大智	董事长	16000	0.01454
赵树阁	副董事长	16000	0.01454
林国良	副董事长	0	0
陆焕文	执行董事(总经理)	16000	0.01454
许　毅	执行董事	9000	0.00818
史顺华	执行董事	9000	0.00818
苏宝桑	执行董事	0	0

刘盛纲	董事	0	0
张　薇	董事	5000	0.00454
龚显丰	董事	5000	0.00454
秦家钗	董事	7000	0.00636
杨汉彬	董事	7000	0.00636
林礼密	董事	0	0
许乃聪	监事长	7000	0.00636
马忠达	监事	5000	0.00454
王文林	监事	7000	0.00636
苏珊玲	监事	0	0
李蓉川	监事	5000	0.00454
韩成顺	常务副总经理	7000	0.00636
李晓忠	副总经理	7000	0.00636
黄志辉	副总经理	7000	0.00636
顾菊琴	财务负责人	5000	0.00454
吕　东	董事会秘书	5000	0.00454

六、公司设立

1. 本公司召开的股东大会通过了公司申请向社会公开发行股票并在上海证券交易所上市的决议。

2. 公司注册资本金:11000 万元

3. 本次发行后重新注册登记时间:1997 年 5 月 23 日

4. 公司注册地址:福建省厦门市体育路 45 号

5. 营业执照注册号码:26013128-5 厦 C003337

七、关联企业及关联交易

本公司的大股东情况

名称	持有本公司股份(万股)	持股比例(%)	主要业务
厦新电子有限公司	6600	60	生产、开发、销售声像电子产品及其他机械电子产品

八、股本结构及大股东持股情况

种类	股数(万股)	比例(%)
1. 尚未流通股		
(1)发起人股	7000	63.64
其中:厦新电子有限公司	6600	60
中国电子租赁有限公司	140	1.27
厦门电子仪器厂	113.7	1.03
厦门电子器材公司	103.5	0.94
成都广播电视设备集团公司	22.8	0.21
中国电子国际经济贸易公司	20	0.18
(2)内部职工股	400	3.64
2. 可流通股份	3600	32.73
合　计	11000	100

(二)本公司前十名股东所持股数及持股比例

股东名称	股份(万股)	占总股本比例(%)
1. 厦新电子有限公司	6600	60.00
2. 中国电子租赁有限公司	140	1.27
3. 厦门电子仪器厂	113.7	1.03
4. 厦门电子器材厂	103.5	0.94
5. 成都广播电视设备集团公司	22.8	0.21
6. 中国电子国际经济贸易公司	20.00	0.18
7. 山西省信托投资公司河西证券营业部	16.043	0.15
8. 中国电子进出口公司山东公司	16.043	0.15
9. 厦门华鲁贸易公司	16.043	0.15
10. 山西省信托投资公司大营盘证券营业部	16.043	0.15

九、公司财务会计资料

(一)审计报告

厦大所审字(97)GF 字第 5001 号

厦门厦新电子股份有限公司筹备委员会:

我们接受委托,审计了贵公司 1994、1995、1996 年各年度 12 月 31 日的资产负债表,1994、1995、1996 年各年度的利润及利润分配表及 1994、1995、1996 年各年度的财务状况变动表。这些会计报表的编报由贵公司负责,我们的责任是对上列会计报表发表审计意见,我们的审计是依据中国注册会计师独立审计准则进行的。在审计过程中,我们结合贵公司实际情况,实施了包括抽查会计凭证等我们认为必要的审计程序。

我们认为上述会计报表符合《企业会计准则》和《股份制试点企业会计制度》的有关规定,在所有重大方面公允地反映了贵公司 1994、1995、1996 年 12 月 31 日的财务状况,1994、1995、1996 年各年度经营成果,以及 1994、1995、1996 年度的财务状况的变动情况,会计处理方法的选用遵循了一致性原则。

厦门大学会计师事务所　　中国注册会计师:姚立中　李建发

中国　　厦门　　一九九七年二月十日

(二)报表附注:

1. 会计制度

主要发起人厦新电子有限公司系外商占 25%股权的中外合资经营企业,执行《外商投资企业会计制度》,为适应厦门厦新电子股份有限公司财务报告的需要,在本报告中已按照《股份制试点企业会计制度》、《企业会计准则》及其他有关规定进行了归口调整。

2. 会计期间

以公历每年一月一日至十二月三十一日为一个会计年度。

3. 会计确认、计价基础和记帐方法

本报告依据《企业会计准则》的规定,会计确认依据权责发生制原则;会计计价依据实际(历史)成本原则;会计记录采用借贷复式记帐方法。

4. 坏帐损失的处理

对于经营过程中发生的坏帐,采用直接销帐法处理,不提取坏帐准备。

5. 外币业务的核算

外币业务按照业务发生时日的市场汇率折算为记帐本位币——人民币记帐,各期期末将货币性项目余额按期末市场汇率(中间价)进行折算调整,调整汇率折算差额列为当期损益。

6. 存货计价

存货按实际(历史)成本计价。发出、领用或销售的原材料、产成品等存货按全月一次加权平均法计价。低值易耗品的领用,单项价值低且领用量不大的一次进入费用;单项价值大或领用量大的,按分次摊销法进行摊销。

7. 固定资产计价及折旧的计提

固定资产按实际成本计价,固定资产折旧按直线法分类计提,统一预留 4%残值。各类固定资产折旧年限如下:

房屋建筑物	15-30 年
机器设备	10-15 年
交通运输设备	8-12 年
电子设备	5-10 年
其他设备	5-10 年

8. 无形资产及其摊销

土地使用权按 50 年摊销;技术指导费、产品开发费、模具设计费、技术使用费等项按预计受益年限 5-8 年摊销;各种电脑、管理软件按 5 年摊销。

9. 收入的确认

产品在已经销售,劳务在已经提供并取得收入或取得收入权利的确切凭据时予以确认。

10. 税项

本报告中涉及的税项主要为增值税和企业所得税。增值税按17%计纳,企业所得税按15%计纳。

11. 利润分配

1994年至1996年三年利润分配情况如下:

(1)按规定比例提取各种基金

法定盈余公积金	10%
任意盈余公积金	20%
职工福利及奖励基金	10% *
(2)1994年已分配股利	10,012,130.55
1995年已分配股利	5,358,766.43

(3)1996年末应向股东分配的利润,已转化为对厦门厦新电子股份有限公司投资的净资产。

* 主要发起人厦新电子有限公司按规定可提取职工福利及奖励基金用于职工福利及奖励,提取后的职工福利及奖励基金列入负债。

12. 主要财务指标如下:

		1996年	1995年	1994年
流动比率	(%)	0.936	0.924	0.80
速动比率	(%)	0.38	0.616	0.512
资产负债率	(%)	0.685	0.841	0.849
应收帐款周转率	(次/年)	22.08	28.24	9.25
每股净利润	(元)	0.388	0.308	0.253
每股净资产	(元)	1.607	0.807	0.611
净资产收益率	(%)	24.13	38.14	41.36

(三)资产负债表、利润及利润分配表、财务状况变动表

见附表1、附表2、附表3。

十、董事会上市承诺

本公司董事会将严格遵守《中华人民共和国公司法》、《股票发行与交易管理暂行条例》、《上海证券交易所市场业务试行规则》和有关法律法规的规定,并自股票上市之日起向全体股东做如下承诺:

1. 按照法律、法规的规定程序和要求披露重大的信息并接受证券主管机关、上海证券交易所的监督管理;

2. 及时、准确、真实地在证券主管部门指定的报刊公布中期报告、年终报告及经营业绩等资料,并置于规定场所供投资者查阅;

3. 本公司董事、监事及高级管理人员持股数量发生变化时,及时报告证券管理机关、上海证券交易所,并及时通过证券主管部门指定的报刊通告社会公众;

4. 在任何公共传播媒介中出现的消息可能对本公司股票的市场价格产生误导性影响时,本公司知悉后将对消息予以公开澄清;

5. 本公司董事、监事及高级管理人员将认真听取社会公众的建议和批评,决不利用已获得的内幕消息直接或间接从事股票买卖活动;

6. 本公司没有无记录负债。

十一、重要事项揭示

(一)利益分配政策:

1. 发起人会议已经通过决议,自资产界定日至公司登记日期间的经营利润带入本公司由全体股东共同享用。

2. 预计首次股利分配时间在1998年6月30日前

(二)盈利预测

根据厦门大学会计师事务所关于厦门厦新电子股份有限公司一九九七年度盈利预测的审核报告,公司一九九七年度预测税后利润为3536万元。

(三)截止本公告书公布之日,本公司无重大诉讼事项。

十二、咨询机构

发行人:厦门厦新电子股份有限公司

法定代表人:邢大智

注册地址:厦门市体育路45号

电话:0592-5058123-3500

联系人:吕东

主承销商:厦门证券公司

注册地址:厦门市莲前路2号莲富大厦17层

法人代表:苏金龙

联系人:胡来旺　陈巍　叶朝辉

电话:(0592)5161816

传真:(0592)5161102

上市推荐人:君安证券有限责任公司

大连证券有限责任公司

君安证券有限责任公司

法定代表人:张国庆

注册地址:深圳市罗湖区春风路5号

联系地址:上海市常德路466号304室

电话:021-62712014

联系人:邵永刚、罗小雷、柴哲树

十三、备查文件

1. 上海证券交易所上市通知书
2. 招股说明书
3. 审计报告
4. 营业执照
5. 公司章程
6. 法律意见书

厦门厦新电子股份有限公司

一九九七年六月二日

资产负债表

编制单位:　厦门厦新电子股份有限公司(筹)　　　　单位:人民币元

资产	附注号	1996年12月31日	1995年12月31日	1994年12月31日	1993年12月31日	负债及股东权益	附注号	1996年12月31日	1995年12月31日	1994年12月31日	1993年12月31日
流动资产						流动负债					
货币资金	1	22,754,095.72	31,716,711.82	19,300,954.86	77,189,841.64	短期借款	11	169,670,216.00	166,792,514.78	146,300,752.61	100,182,350.60
短期投资						应付票据					
应收票据	2	33,425,000.00				应付帐款	12	8,042,337.92	47,122,743.93	42,621,330.84	127,079,148.11
应收帐款	3	10,616,528.61	8,463,178.83	42,849,752.08	156,816,601.36	预收货款	13	15,414,905.23	25,519,205.84	8,289,599.99	8,723,142.71
减:坏帐准备						应付福利费	14	1,835,306.68	5,327,025.73	2,840,952.52	1,226,852.84
应收帐款净额		10,616,528.61	8,463,178.83	42,849,752.08	156,816,601.36	未付股利			2,511,885.98	4,674,653.85	5,181,825.73
预付货款	4	1,560,247.63	68,554,935.26	29,253,474.48	25,688,667.67	未交税金	15	(9,412,399.35)	(9,546,211.66)	(10,767,053.63)	4,813,541.38
其他应收款	5	4,501,573.84	42,620,747.20	13,645,475.10	25,973,284.27	其他未交款					

资产	附注号	1996年12月31日	1995年12月31日	1994年12月31日	1993年12月31日	负债及股东权益	附注号	1996年12月31日	1995年12月31日	1994年12月31日	1993年12月31日
存货	6	108,449,725.21	76,213,238.92	60,258,014.67	9,753,115.44	其他应付款	16	1,629,160.84	1,323,310.25	3,108,982.30	9,303,712.68
待摊费用	7	1,352,714.30	1,255,191.42	1,636,131.47		预提费用		727,767.00			
待处理流动资产损失						一年内到期的长期负债	17	8,000,000.00	8,652,000.00	11,242,000.00	4,090,000.00
一年内到期的长期债券						其他流动负债					
其他流动资产						流动负债合计		195,179,527.32	247,702,474.85	208,311,218.48	261,328,451.05
流动资产合计		182,659,885.31	228,824,003.45	166,943,802.66	295,421,510.38	长期负债					
长期投资						长期借款	18	38,260,000.00	34,948,000.00	18,648,000.00	27,890,000.00
长期投资						应付债券					
其中:合并价差						长期应付款					
固定资产						其他长期负债					
固定资产原价	8	164,373,053.42	109,288,780.08	107,543,854.68	36,642,936.69	长期负债合计		38,260,000.00	34,948,000.00	18,648,000.00	27,890,000.00
减:累计折旧		44,141,072.48	24,132,142.07	14,580,684.45	10,508,170.35	递延税项					
固定资产净值		120,231,980.94	85,156,638.01	92,963,170.23	26,134,766.34	递延税款贷项					
在建工程	9	2,679,405.26	5,066,687.75	1,094,780.60	622,636.98	负债合计		282,650,474.85	226,959,218.48	289,218,451.05	
固定资产清理											
待处理固定资产损失						少数股东权益					
固定资产合计		122,911,386.19	90,223,325.76	94,057,950.83	26,757,403.32						
无形及递延资产:						股东权益					
无形资产	10	33,928,955.82	16,882,268.24	6,300,793.42	2,375,495.49	股本	19	70,000,000.00	32,119,209.28	32,113,846.33	32,113,846.33
递延资产						资本公积	20	36,060,700.00	1,305.00	1,305.00	
无形及递延资产合计		33,928,955.82	16,882,268.24	6,300,793.42	2,375,495.49	盈余公积	21	14,324,576.34	8,228,177.10	3,222,111.81	
其他长期资产:						其中:公益金					
其他长期资产						未分配利润	22		6,834,031.98		
递延税项:						外币报表折算价差					
递延税款借项						股东权益合计		106,060,700.00	53,279,122.60	40,343,328.43	35,335,958.14
资产总计		339,500,227.32	335,929,597.45	267,302,546.91	324,554,409.19	负债及股东权益总计		335,929,597.45	267,302,546.91	324,554,409.19	

利润及利润分配表

编制单位: 厦门厦新电子股份有限公司(筹)　　单位:人民币元

项目	附注号	1996年度	1995年度	1994年度	1993年度
一、主营业务收入	23	234,446,199.21	239,055,431.18	396,485,084.51	734,916,289.76
减:营业成本		169,098,702.09	183,556,362.27	343,981,883.09	679,345,153.28
销售费用	24	10,100,423.28	7,618,976.97	8,078,918.87	4,844,105.78
管理费用	25	12,020,607.08	14,043,737.81	17,741,755.23	13,760,039.29
财务费用	26	15,951,370.58	11,022,118.18	7,201,425.66	10,248,560.09
进货费用					
营业税金及附加	27	24,233.60	239,218.52	11,148,785.52	
二、主营业务利润		27,250,862.58	22,575,017.43	19,481,101.66	15,568,745.80
加:其他业务利润	28	1,074,417.54	1,438,037.10	(119,930.56)	
三、营业利润		28,325,280.12	24,013,054.53	19,481,101.66	15,448,815.24
加:投资收益					
补贴收入					
营业外收入	29	4,066,940.37	283,399.70	20,759.79	
减:营业外支出	30	2,271,850.87	105,606.61	132,872.81	86,066.48
加:以前年度损益调整					
四:利润总额		30,120,369.62	23,907,447.92	19,631,628.55	15,383,508.55
减:所得税	31	4,518,055.44	3,586,117.19	2,944,744.28	1,524,066.40
少数股东本期损益					
五:净利润	32	25,602,314.18	20,321,330.73	16,686,884.27	13,859,442.15
加:年初未分配利润		6,834,031.98			(5,223,065.90)
盈余公积金转入数					
六、可供分配的利润		32,436,346.16	20,321,330.73	16,686,884.27	8,636,376.25
减:提取法定公积金		2,560,231.42	2,032,133.08	1,668,688.43	863,637.63
提取法定公益金					
职工福利及奖励金		2,560,231.42	2,032,133.08	1,668,688.43	863,637.63
七、可供股东分配的利润		27,315,883.32	16,257,064.57	13,349,507.41	6,909,100.99

项目	附注号	1996年度	1995年度	1994年度	1993年度
减:已分配优先股股利					
提取任意公积金		5,120,462.84	4,064,266.16	3,337,376.86	1,727,275.26
已分配普通股股利		22,195,420.48	5,358,766.43	10,012,130.55	5,181,825.73
八、未分配利润		0.00	6,834,031.98	0.00	0.00

财务状况变动表

编制单位:厦门厦新电子股份有限公司(筹)　　　　单位:人民币元

流动资金来源和运用	1996年度	1995年度	1994年度	流动资金各项目的变动	1996年度	1995年度	1994年度
一、流动资金来源				一、流动资产本年净增加额			
1. 本年净利润	25,602,314.18	20,321,330.73	16,686,884.27	1. 货币资金	(8,962,616.10)	12,415,756.96	(57,888,886.78)
加:少数股东本期收益				2. 短期投资			
不减少流动资金的费用和损失				3. 应收票据	33,425,000.00		
(1)固定资产折旧	10,502,510.49	9,789,750.59	5,007,883.36	4. 应收帐款净额	2,153,349.78	(34,386,573.25)	(113,966,849.28)
(2)无形资产、递延资产及其他资产				5. 预付货款	(66,994,687.63)	39,301,460.78	3,564,806.81
摊销(减其他负债转销)	2,773,441.49	2,104,490.62	223,515.63	6. 其他应收款	(38,119,173.36)	28,975,272.10	(12,327,809.17)
(3)固定资产盘亏(减盘盈)		(2,843,580.61)		7. 存货	32,236,486.29	15,955,224.25	50,504,899.23
(4)清理固定资产损失(减收益)	2,242,469.52	104,750.09	51,631.05	8. 待摊费用	97,522.88	(380,940.05)	1,636,131.47
(5)递延税项				9. 待处理流动资产损失			
(6)其他不减少流动资金的费用和损失				10. 一年内到期的长期债券			
小计	38,277,155.07	32,320,322.03	21,969,914.31	11. 其他流动资产			
2. 其他来源:							
(1)固定资产清理收入(减清理费用)	26,000.00	7,400.00	104,992.61	流动资产增加净额	(46,164,118.14)	61,880,200.79	(128,477,707.72)
(2)增加长期负债	11,964,000.00	27,542,000.00	12,000,000.00	二、流动负债本年增加额			
收回长期投资				1. 短期借款	2,877,701.22	20,491,762.17	46,118,402.01
(4)对外投资转出固定资产		82,550.21		2. 应付票据			
(5)资本净增加额(减少以-表示)	59,615,609.38	6,101,762.19	5,007,370.29	3. 应付帐款	(39,080,406.01)	4,501,413.09	(84,457,817.27)
(6)少数股东资本增加额				4. 预收货款	(10,104,300.61)	17,229,605.85	(433,542.72)
小计	71,605,609.38	33,651,162.19	17,194,913.11	5. 应付福利费	(3,491,719.05)	2,486,073.21	1,614,099.68
流动资金来源合计	109,882.764.45	65,971,484.22	39,164,827.42	6. 未付股利	(2,511,885.98)	(2,162,767.87)	(507,171.88)
二、流动资金运用:				7. 未交税金	133,812.31	1,220,841.97	(15,580,705.01)
1. 利润分配:				8. 其他未交款			
(1)提取法定公积金	2,560,231.42	2,032,133.08	1,668,688.43	9. 其他应付款	305,850.59	(1,785,672.05)	(6,194,730.38)
(2)提取法定公益金				10. 预提费用		(727,767.00)	
提取任意公积金	5,120,462.84	4,064,266.16	3,337,376.86	11. 一年内到期的长期负债	(652,000.00)	(2,590,000.00)	7,152,000.00
(4)已分配利润	22,195,420.48	5,358,766.43	10,012,130.55	12. 其他流动负债			
(5)提取职工奖励福利基金	2,560,231.42	2,032,133.08	1,668,688.43				
小计	32,436,346.16	13,487,298.75	16,686,884.27				
2. 少数股东利润分配							
3. 其他运用							
(1)固定资产和在建工程净增加额	42,615,459.83	6,067,275.61	72,547,604.74				
(2)增加无形资产、递延资产和其他资产	19,820,129.07	12,685,965.44	4,148,813.56				
(3)偿还长期负债	8,652,000.00	11,242,000.00	21,242,000.00				
(4)增加长期投资							
小计	71,087,588.90	29,995,241.05	97,938,418.30				
流动资金运用合计	103,523,935.06	43,482,539.80	114,625,302.57	流动负债增加净额	(52,522,947.53)	39,391,256.37	(53,017,232.57)

厦门厦新电子股份有限公司一九九七年度中期报告

一、财务报告(未经审计)

1、财务报告

(1)简化的资产负债表　　　　单位:元

项目	年初数	期末数
流动资产	182659885.31	312365885.96
固定资产净值	120231980.94	114981698.38
在建工程	2679405.25	2672156.25
无形资产	33928955.82	35600103.05
递延资产		5516056.17
资产总计	339500227.32	471135899.81
负债及股东权益		
流动负债	195179527.32	132088101.05
长期负债	38260000.00	38260000.00

负债合计	233439527.32	170348101.05
股东权益	106060700.00	300787798.76
其中:股本	70000000.00	110000000.00
资本公积	36060700.00	168675346.40
未分配利润	—	22112452.36
负债及股东权益合计	339500227.32	471135899.81

(2)简化的损益表　单位:元

项目	1997年1—6月
主营业务收入	196293145.72
主营业务利润	24242672.82
其他业务利润	562166.67
营业外收支净额	1086742.14
利润总额	26014649.83
应交所得税	3902197.47
净利润	22112452.36

(3)其他财务指标

指标项目	1997年上半年
每股收益	0.201元
净资产收益率	7.35%
每股净资产	2.73元

注:1)财务指标的股本数以11000万股为计算基础。

2)如剔除1996年发行股票冻结申购资金利息89.66万元,每股收益0.20元。

2、财务附注

(1)本中期财务报告与以前年度财务报告相比,会计政策及会计方法没有发生变化。

(2)本公司于今年6月份在上海证券交易所正式挂牌上市,新注入1.7亿余元,使本公司总资产和净资产同时增长,引起相应的财务指标和会计科目随之发生变化。

(3)递延资产551万元,为本报告期内支付的产品模具款。

(4)应收票据4624万元,较期初增长38.35%,主要是公司产品销售部分实行票据兑付方法。

(5)应收帐款5131万元,比期初增加4064万元,增加的主要原因是公司产品销售跨月回收货款。

(6)预付货款期初156万元,期末1286万元,增加的主要原因是预付VCD机芯等材料开证款。

(7)其他应收款期初450万元,期末1882万元,增加的主要原因是垫付广告费及技术开发费等款项。

(8)待摊费用74万元,较期初减少45.07%,主要原因是待摊增值税期初进项税用予抵扣。

(9)短期借款10719万元,较期初减少36.82%,主要原因是将公司社会募集资金中的5210万元归还短期银行贷款。

(10应付帐款2580万元,比期初增加1849万元,增加的原因是暂欠国外进口材料款。

(11)预收货款期初1541万元,期末4.9万元,减少的原因是预收货款已结算。

(12)营业外收入111.4万元,主要是新股发行冻结资金无效申购部分利息89.66万元。

(13)资本公积金比年初数增加13262万元,系股票溢价发行收入扣除转增股本和发行费用后转入所致。

(14)一年内到期的长期负债已偿还,故期末数为零。

(15)未分配利润2211万元,系本期实现的净利润。

本报告期内未与其他企业发生任何关联交易。

二、经营情况的回顾与展望

1、上半年经营情况回顾

公司于今年5月23日正式创立并在厦门市工商局注册登记,6月4日在上海证券交易所挂牌上市,至本报告日,步入上市公司规范运作只有短短的两个多月时间。然而、公司员工发扬"坚韧求实,争创一流"的企业精神,用现代企业制度的管理标准迅速建立起一个崭新的机制,以良好的精神面貌投入到生产经营工作中,并结合公司实际情况,重点抓了以下几个方面的工作:

(1)进一步完善内部用人机制。根据股份公司的组织结构,公司对中层干部全部作了重新聘用,同时对各部门下达了压缩10%人员的硬性定员指标,从而增强了各级员工的危机感和责任感,工作效率得到大幅度提高。

(2)根据目前家电市场的变化,公司把调整产品结构的工作放在首位。为了规避产品结构单一的市场风险,公司在继续组织生产出口录(放)像机的同时,大批量生产VCD,并抓紧新一代数字视盘产品的研制开发,也为拓展新的AV产品领域作了大量的前期导入工作。下半年,厦新电子"Amisonic"品牌的VCD视盘机将扩展到六个机型。

(3)向全体员工贯彻成本意识,实施增产节约措施,杜绝各个环节的浪费现象,加强财务核算,努力降低生产制造和经营成本;进一步完善物料的自我配套体系,降低配套成本,提高了产品的竞争能力。

(4)在家电行业竞争激烈的形势下,公司及时调整的营销策略,积极开拓市场,录(放)像机,VCD除保持一定的国内市场份额外,在出口产品中又增添了VCD品种,是目前VCD浩荡产业队伍中第一个进军国际市场的企业。

1—6月,已经实现销售收入19629万元,利润2211.2万元,总体上完成了1997年度预测利润目标的62%。

2、下半年经营计划

(1)健全和完善市场营销体系,从广告宣传、销售渠道、公共关系等方面策划正确的市场营销战略,加强市场网络建设,在全国主要大中城市增设20个销售分支机构,提高售前售后的服务质量,力争同类产品的销量进入前五名。

(2)根据福建省电子工业厅闽电规(1997)047号文,公司已被列为福建省电子支柱产业首批确定的重点产品、重点企业(集团)、重点项目名单。借此机会,公司将实施创优质、创品牌的"名牌战略",并且按照省厅具体布置开展一系列的工作。

(3)进一步提升企业内部的综合管理水平,努力实现向经营管理型的转变;加强财务管理,削减非生产性开支,提高资金运作效率。

(4)全力推进有关项目的研制开发和试产,加快与国外的技术合作步伐,使新项目能够尽早产出效益,形成新的经济增长点。

公司将以脚踏实地的工作精神,为全面完成一九九七年的利润目标作出不懈的努力,给支持、关心公司发展的广大股民以良好的回报。

三、重大事件说明

1、对照国务院证券委、中国人民银行、国家经贸委5月21日联合公布的《严禁国有企业和上市公司炒作股票的规定》,经自查,截止报告日,本公司未持有已上市流通股票,没有任何违反《规定》的事项。如本公司今后从事股票投资;将严格遵守国家有关法规和政策。

2、1997年5月13日至20日采用"全额预缴款、比例配售、余额转存"的方式向社会公开发行4000万股(含公司职工股400万股),共募集资金1.7720亿元。

3、按公司《招股说明书》之要求,已使用募集资金先期投入"扩大声像产品出口技术改造项目"、"数字照相机技术改造项目"5050万元;为启动新项目投入流动资金6310万元,余下部分暂作其他项目的还贷,以降低财务费用和暂为银行存款。

4、为适应视像家电市场的变化,公司准备对产品结构作出进一步的调整,重点向科技含量高、潜在市场前景广阔的数字化家电产品及家庭多媒体系统方面拓展。因此,部分募集资金暂缓投入,有利于减少匆忙上马带来的风险,为建立具有更佳经济效益的新项目储备投资能力。

5、国家科委十分重视和支持公司DVD技术开发工作,并把该项目更入了一九九七年国家科委科技开发贷款第三批评审项目名单,报批材料通过后公司将获得2000万元的科技开发贷款。

6、公司本报告期内无重大诉讼、仲裁事项。

四、发行在外股票的变动和股本结构的变化

①公司在本报告期内没有送配股转增股本的行为,因此公司发行在外的股本结构无变化。

②截止1997年6月30日,本公司股本结构如下:

填报日期:1997年6月30日　　数量单位:万股　　每股面值:1元

	期初数	本次变动增(+/-) 配股	送股	公积金转股	其他	小计	期末数
一、尚未流通股份							
1、发起人股份	7000						7000
其中							
国家拥有股份	400						400
境内法人持有股份	6600						6600
公司职工股	400						400
尚未流通股份合计	7400						7400
二、已流通股份							
境内上市人民币普通股	3600						3600
已流动股份合计	3600						3600
三、股份总数	11000						11000

③主要股东持股情况(1997年7月30日):

股东名称	持股数(万股)	持股比例(%)
1、厦新电子有限公司	6600	60%
2、中国电子租赁有限公司	140	1.27%
3、厦门电子仪器厂	113.7	1.03%
4、厦门电子器材公司	103.5	0.94%
5、厦门华正	30	0.27%
6、成都广播电视设备集团公司	22.8	0.21%
7、中国电子国际经济贸易公司	20	0.18%
8、王亚志	17.01	0.154%
9、朱凤英	16.61	0.15%
10、冠京建材	13.71	0.124%

五、股东大会简介

公司于1997年5月23日在厦门市马哥孛罗大酒店召开创立大会暨首届股东大会,到会股东或代理人共163名,代表公司股份7014.8336万股,占公司股本总数11000万股的63.77%,大会就审议的问题和选举通过了以下决议:

1、通过公司筹办情况的报告。

2、通过公司章程。

3、选举邢大智、赵树阁、林国良、陆焕文、许毅、史顺华、苏宝桑、龚显丰、张薇、杨汉彬、秦家钗、林礼密、刘盛纲共十三人为公司首届董事会董事。

4、选举许乃聪、马忠达、苏珊玲为公司首届监事会监事;王文林、李蓉川被职工推举为公司首届监事会职工监事。

5、通过公司设立费用的报告。

6、通过公司发起人厦新电子有限公司投资入股的财产作价的报告。

7、通过公司普通股股票在上海证券交易所上市交易的议案。

8、通过公司与厦新电子有限公司签订的有关重大合同。

9、通过公司一九九七年度工作计划的报告。

本报告期内未召开临时股东大会。

六、备查文件及查阅地址

1、载有董事长、总经理亲笔签名的公司1997年度中期报告原本及完整的财务报表;

2、1997年公司创立大会暨首届股东大会文件;

3、查阅地址:厦门市体育路45号

厦门厦新电子股份有限公司证券部。

厦门厦新电子股份有限公司董事会

一九九七年八月十五日

安徽皖维化纤化工股份有限公司

安徽皖维化纤化工股份有限公司简介

一、公司概况

公司是由安徽省维尼纶厂作为独家发起人，以安维厂所属的电石分厂(不含矿山)、有机分厂、维纶分厂、强力纱分厂、热电分厂、水泥分厂、乳胶分厂、机械分厂、冷空分厂、给排水分厂、建安工程处等生产经营性资产作为发起人出资，按募集方式设立的股份有限公司。

公司5000万股社会公众股(含400万股职工股)于1997年5月12日在上证所上网定价发行，共募集资金29212.5万元。公司创立大会于5月22日在安维厂职工俱乐部隆重召开。5月28日，公司股票在上海证券交易所正式挂牌交易。

公司现有职工3568人，其中专业技术人员614人。在专业技术人员中，具有高级职称的74人，中级职称208人。

公司的资产规模，评估前总资产为25251.87万元，总负债为14817.42万元，净资产为10434.45万元；评估后公司资产总额为28582.91万元，负债为14812.93万元，净资产为13769.99万元。

公司主要产品及其生产能力

化工系列：年产2.5万吨聚乙烯醇(PVA)，4.5万吨电石(自用)，5万吨醋酸乙烯，3000吨醋酸乙烯乳液。

化纤系列：年产4000吨高强高模PVA纤维和1500吨PVA强力纱。

建材系列：年产90000吨高标号水泥。

公司坚持以产品质量和服务质量"两个质量"闯市场，不断开辟新的销售渠道，开拓新的产品市场。公司主导产品聚乙烯醇89年获省优产品称号，95年获省质量免检产品称号；醋酸乙烯乳液91年获化工部优质产品称号；高强高模PVA纤维产品开发项目，94年获安徽省科技进步一等奖；PVA强力纱94年获国家级和省级新产品称号。目前本公司产品销往全国二十多个省市自治区，并出口欧美、东南亚等许多国家和地区。主导产品聚乙烯醇国内市场占有率约为10%，省内市场98%，并有部分出口；醋酸乙烯乳液国内市场占有率约为5%；高强高模PVA纤维是公司94年开发的高科技含量、高附加值新产品，广泛应用于工业生产领域，并被欧美发达国家公认为替代石棉的理想材料。目前，高强高模PVA纤维产品全部出口，仅此1997年预计可创汇1000万美元左右。

二、公司主要领导简介

现任安徽皖维化纤化工股份有限公司董事长、总经理兼安徽省维尼纶厂厂长陈信生同志，1945年2月5日出生，1968年毕业于南京化工大学。

陈信生同志自1973年调入安徽省维尼纶厂以来，先后担任过工段长、车间技术组长、车间副主任、主任等职务，85年进入厂领导班子，任生产副厂长，87年兼任总工程师。92年任厂长后，他团结和带领全厂职工，解放思想，实事求是，依靠技术进步，科学治厂，从严管理，不断深化企业内部改革，使企业走上振兴之路，经济效益年年迈上新台阶，为国家作出了较大贡献。"八五"期间，该厂年产值由12860万元上升到22503万元，增长75%；年销售收入由12803万元上升到38568万元，增长201%；年利税由1589万元上升到5374万元，增长238%；固定资产净值由13244万元上升到28513万元，增长115%。经济效益居安徽省纺织行业之首。因此，该厂连续四年获得"安徽省最佳经济效益单位"称号，并进入安徽工业50强、全国化纤工业50强行列。

依靠科技进步，走科技兴企之路是陈信生同志几年来一直在倡导和实践的。在他的领导和参与下，该厂不断加大科技投入，大搞技术改造和新产品开发，取得了显著成效。五年内，企业共取得科技开发成果12项。其中，国家级新产品2项，实用新型专利权1项，省科技进步奖4项(一等奖2项，三、四等奖各1项)，地区科技进步奖5项。以陈信生为首研制开发的高强高模聚乙烯醇纤维及其产品应用，获安徽省科技进步一等奖，其"纺丝中和水洗装置"获国家实用新型专利权。该产品全部用于出口，获得了较高的经济效益。在此基础上，陈信生又组织实施以高强高模PVA纤维为原料，开发研制聚乙烯醇强力纱，并获得成功。聚乙烯醇强力纱获国家级和省级新产品称号。

由于陈信生同志治厂有方，严格管理，勤奋工作，1994年被评为全国纺织行业劳动模范，并受到李鹏总理亲切接见，1995年荣获安徽省首届优秀企业家称号，并获国家有突出贡献的专家津贴。

安徽皖维化纤化工股份有限公司(筹)招股说明书概要

一、释义

在本招股说明书中，除非另有说明，下列简称具有如下意义：

发起人或安维厂	指安徽省维尼伦厂
发行人	指安徽皖维化纤化工股份有限公司(筹)
筹委会	指发行人筹委会
本公司	指发行人或文义所需指改制前的安徽省维尼伦厂
主承销商	指安徽省国际信托投资公司
推荐人	指安徽省国际信托投资公司和南方证券有限公司
A股	指本次发行的每股面值1.00元的记名式普通股
本次发行	指本次向社会公众发行5000万股A股
公司职工股	指本次发行中，向本公司在册职工配售的400万股A股
元	指人民币元
省	指安徽省

二、绪言

本招股说明书是依据《中华人民共和国公司法》、《股票发行与交易管理暂行条例》和《公开发行股票公司信息披露实施细则(试行)》等国家有关法律、法规、规定及发行人的实际情况而编写，旨在为投资者提供本公司的基本情况及本次发行和认购的各项有关资料，本公司筹委会全体成员已批准本招股说明书，确信其中不存在任何重大遗漏或者误导，并对其真实性、准确性、完整性负个别的和连带的责任。

本公司本次公开发行5000万股A股(含公司职工股400万股)已经中国证券监督管理委员会证监发字(1997)173号文批准。

本次发行的股票是根据本招股说明书所载明的资料申请发行的，除发行人和主承销商外，没有委托或授权任何其他人提供未在本招股说明书中列载的信息和对本招股说明书作任何解释或说明。

投资者须自行负担买卖本公司股票所应支付的税款和其他有关费用，发行人、推荐人和承销商对此不承担责任。

三、发售新股的有关当事人

1. 发　　行　　人:安徽皖维化纤化工股份有限公司(筹)
筹委会主任:陈信生
地　　　　址:安徽省巢湖市北郊巢维路56号
电　　　　话:(0565)2317280　传　　　真:(0565)2317447
联　系　人:汤华意

2. 主承销商:安徽省国际信托投资公司
法定代表人:卢继延
地　　　　址:安徽省合肥市寿春路111号
电　　　　话:(0551)2634400－1502　传　　　真:(0551)2654274
联　系　人:高新
副主承销商:中国工商银行信托投资公司
法定代表人:杨家思
地　　　　址:北京市西城区车公庄大街丙3号
电　　　　话(010)68310881　传　　　真:(010)68353137
公　销　商:君安证券有限公司
法定代表人:张国庆
地　　　　址:广东省深圳市罗湖区春风路5号
电　　　　话:(0755)3396666
分　销　商:南方证券有限公司
法定代表人:沈沛
地　　　　址:深圳市深南东路56号南方国际大酒店
电　　　　话:(0755)2256728－1315
分　销　商:海通证券有限公司
法定代表人:李惠珍
地　　　　址:上海市四川中路175号
电　　　　话:(021)63241406
分　销　商:江苏省证券公司
法定代表人:鲍志强
地　　　　址:南京市管家桥87号华荣大厦
电　　　　话:(025)4523777－4300
分　销　商:安徽省信托投资公司
法定代表人:夏存怜
地　　　　址:安徽省合肥市阜阳路48号
电　　　　话:(0551)2634609

3、财务顾问:安徽国信投资顾问有限责任公司
法定代表人:陈平
地　　　　址:合肥市寿春路111号
电　　　　话(0551)2634400－2501

4、推　荐　人:安徽省国际信托投资公司
　　　　　　　南方证券有限公司

5、发行人的律师事务所:联合律师事务所
负　责　人:葛长金
地　　　　址:安徽省合肥市安庆路125号
电　　　　话:(0551)2630804　传　　　真:(0551)2650391
经办律师:李荣　于雷　葛长金

6、主承销商的律师事务所:安徽安泰律师事务所
法定代表人:汪利民
地　　　　址:安徽省合肥市荣事达大道75号富康大厦九层
电　　　　话:(0551)2644751　传　　　真:(0551)2623748
经办律师:汗利民　潘平　鲍金桥

7、会计师事务所:安徽会计师事务所
法定代表人:许根普
地　　　　址:安徽省合肥市徽州路66号
电　　　　话:(0551)2648425　传　　　真:(0551)2648722
经办注册会计师:吕永贞　汪群

8、资产评估机构:安徽资产评估事务所
法定代表人:杨皖林
地　　　　址:安徽省合肥市益民街28号文采大厦4楼
电　　　　话:(0551)2623369　传　　　真:(0551)2644149
经办评估人员:李家川、牛传亮

9、土地评估机构:安徽省地产评估事务所
法定代表人:蒋立爱
地　　　　址:安徽省合肥市永红路光明巷1号
电　　　　话:(0551)2812893　传　　　真:(0551)2642789

10、资产评估确认机构:国家国有资产管理局
地　　　　址:北京市海淀区厂洼路5号
电　　　　话:(010)66766690

11、股票登记机构:上海证券中央登记结算公司
地　　　　址:上海市黄浦路15号
电　　　　话:(021)63068888

四、本次发行情况

1、股票种类、面值、数量:本次发行的股票为记名式普通股,每股面值1.00元,共计5000万股。

2、本公司此次公开发行的5000万股社会公众股,包括:向社会公众发售4600万股,向本公司在册职工配售400万股。

3、发行日期:1997年5月12日。

4、发行地区:全国所有与上海证券交易所联网的证券交易网点。

5、发行对象:在上海证券交易所进行股东登记的的境内自然人、法人和经中国人民银行总行批准的基金等(法律、法规禁止购买者除外)。

6、承销的起止日期:自1997年5月12日至1997年5月21日

7、承销方式:本公司此次公开发行的5000万股社会公众股采用余额包销的承销方式。

8、发行方式:本次股票发行采取"上网定价"发行方式。

9、(1)发行价格:本次发行的股票采用溢价发行,每股发行价格为6.15元。

(2)发行价格确定方法:
发行市盈率15倍

$$发行价=\frac{1994年、1995年、1996年三年每股税后利润之和}{3}\times 市盈率$$

$$=\frac{0.302+0.492+0.436}{3}\times 15=0.410\times 15=6.15元/股$$

10、本次股票发行总市值为30750万元,在扣除发行费用1537.5万元后,预计实收金额为29212.5万元。

五、风险因素与对策

投资者在评价发行人本次发行的A股时,除本招股说明书提供的其它资料外,应特别认真考虑下述各项风险因素。

(一)风险因素

1、生产经营风险

(1)本公司为化工、化纤生产企业、生产流程长、工艺环节多、对整个生产流程中各个环节的要求都比较高,一些重要环节或重大设备出现故障都可能影响产品产量、质量和消耗。

(2)本公司生产所需的原材料主要包括石灰石、水、醋酸、甲醇、烧碱、硫酸等,所需的能源为原煤、焦炭和电力。除石灰石、水利用本地资源可满足本公司生产需要外,醋酸、甲醇、烧碱、原煤、焦炭等主要依靠市场供应,电力也主要使用市价电。因此,原材料、燃料和电力的供应以及价格上涨将直接影响到产品成本,可能导致生产成本增加,从而降低盈利水平。

2、行业风险

(1)目前,国内同行业企业有9家,各家企业都在加快技术改造,挖掘生产潜力,扩大产量,行业内部竞争将可能激烈。

(2)本公司产品主要应用于纺织、建筑材料及其加工行业,而国家宏观经济政策的调整以及国际经济形势的变化会直接影响纺织业和建筑业的发展,从而会影响对本公司的产品需求,

(3)本公司属化纤化工行业,特别是在有机化工产品的生产过程中,有一定的废气、废水、废渣及粉尘产业,存在一定的环境污染风险。

3、市场风险

全国同行业企业经过十几年的经营,基本完成了对国内市场的分割,本公司产品主要销往经济相对发达的华东地区,该地区的市场需求变化将直接影响本公司的生产经营。

4、外汇风险

本公司每年均有一部分产品出口国外,在未来的发展规划中,还将增加出口创汇产品的品种和数量,因此汇率的波动及国家对汇率和出口产品政策的调整,都将会对公司的收益带来影响。

5、本次募集资金投入新项目的风险

本公司拟利用此次募集资金投资于七个技改项目,根据对这些项目的综合分析和预测,本公司认为,能源价格和引进技术两个方面是影响项目收益的主要因素。

技改新项目的建成投产,将增加本公司煤、电力、焦炭等能源用量,目前由于我国能源供应较为紧张,若价格上涨则可能对本公司效益产生一定的影响。

在七个技改项目中,其中 TRICOL 环保强化保护漆膜项目的生产技术系从英国引进,本公司对该项技术的吸收和掌握需要一定的过程,因此该项目存在一定的技术方面的难度和风险。

6、股市风险

股票市场瞬息万变,投资风险与收益并存,国家宏观经济形势变化,国家经济、金融政策重大调整,本公司经营状况、投资者心理因素变化以及市场投机因素大小等,都将对投资者带来影响。

(二)风险因素之对策

1、生产经营风险之对策

(1)针对生产工艺比较复杂而可能引起的风险,本公司将加大技改力度,依靠技术进步,改进生产工艺,对部分关键设备、仪表进行更新改造,制定严密的生产责任管理制度,加强科学和严格的管理,提高全体员工的业务技能素质,增强全体员工的事业心和责任感,以确保优质、高产、低耗和安全稳定的生产局面。另外,经过二十多年的发展,本公司生产管理人员积累了丰富的生产经营经验,增强了本公司的抗风险能力。

(2)在原材料采购方面,采取合同供货、协议供货等措施,使原材料的货源和价格保持相对稳定。安徽省有淮南、淮北两大全国优质煤矿,资源丰富、交通便利,本公司将利用这一有利条件,使生产用煤炭和焦炭的成本比其他生产厂家更低。在电力方面,本公司属巢湖地区一类负荷企业,电力供应有可靠保证,但为了减小市价电的影响,"八五"期间,本公司实施了热电联产改造工程,年自发电力量 6000 万度,而本次 A 股发行成功后,将利用所募集资金完成热电联产扩建工程,年新增发电量 3500 万度,同时本公司将严格实行能源管理与定额考核,积极采用节能新技术新工艺,以降低能耗,从而控制产品成本。

2、行业风险之对策

(1)针对化工化纤行业内部日趋激烈的竞争和对纺织行业的依赖性,本公司发挥产品品种多、规格全和技术力量雄厚的优势,一方面调整产品结构,研究开发新产品,增加自己的优势名牌产品,增强产品竞争能力;另一方面,大力拓宽本公司主要产品聚乙烯醇的新用途,实现产品销售的多元化,减小因对行业的依赖而带来的风险。

(2)本公司将加强主要产品的应用研究,利用自身和国内其它科研院校的科研力量,加强国际合作,共同开发引进新产品,增加产品系列,开发产品新用途,不断介入新的行业和新的市场,以减少市场周期性变化和国家宏观经济政策的调整对本公司产品需求的影响。

(3)本公司非常重视环境保护,针对环境影响采取了以下措施:

a、本公司兴建的石灰窑粉尘治理工程已经投入运行,效果良好,废气的排放已达到国家规定的排放标准。

b、本公司已建有污水处理站,通过对污水的生化处理和中和处理,可以确保污水排放达到环保标准。另外,本公司还计划投资扩建综合处理工业废水技改工程,从根本上消除废水对环境的影响。

C、本公司已建有水泥生产线,可利用有机化工生产过程中产生的废渣生产高标号水泥,不仅消除了废渣对环境的影响,而且产生了经济效益。

3、市场风险之对策

根据目前市场状况和公司发展要求,本公司积极研究市场动态,提高产品质量,在巩固和发展华东市场的基础上,采取灵活多变的促销策略,建立新的销售网络,占领国内其他市场,提高产品国内市场占有率,同时积极争取产品出口自营权,开拓国际市场,缓解产品对国内市场的依赖性,减小因市场限制对本公司的影响。

4、外汇风险对策

针对外汇汇率带来的风险,本公司将密切注意外汇市场走势,开展外汇保值业务,选择对本公司有利的币种进行计价和结算,以规避外汇风险。

5、本次募集资金投入新项目的风险之对策

针对能源价格上涨的风险,本公司除了利用本地交通方便,资源丰富的优势建立长期稳定的供应渠道外,还将利用本公司现有技术力量,通过加强内部的管理、挖掘能源利用潜力,提高能源综合利用效率,降低能耗水平,以最大限度地减小能源价格上涨给本公司带来的影响。

针对引进技术方面的风险,本公司将聘请有关专家进行指导,组织有关人员进行培训,以强化对引进技术的吸收,使本公司有关人员尽快掌握该项技术。另外,本公司经过近二十年的有机化工生产,积累了丰富的生产经营管理经验,通过"七五"、"八五"期间技术改造,培养和锻炼了一批经验丰富、技术扎实的工程技术人员,这对本公司掌握该项技术奠定了良好的基础,因而,对于该项目的建设和生产,本公司有信心有能力解决技术上存在的问题"。

6、股市风险对策

针对股市风险,本公司将严格按《公司法》和《股票发行与交易管理暂行条例》等法律、法规要求,规范公司行为,及时公开披露信息,加强与投资公众信息的沟通,树立本公司良好的形象;同时,本公司将尽可能给股东以长期、稳定的回报,以提高本公司股票在二级市场上的抗风险能力。

六、募集资金的运用

本公司此次发行股票成功,可募集资金 30750 万元,扣除各项发行费用 1537.5 万元,预计可实收资金 29212.5 万元,拟投资于以下项目:

1、年产 30000 吨醋酸乙烯乳液生产线项目

醋酸乙烯乳液(即白乳胶)作为粘合剂被广泛用于造纸,纸制品粘接、无纺布、卷烟、玩具、木材加工、涂料、装潢等行业。本公司"巢湖"牌醋酸乙烯乳液为部优产品,为发挥本公司产品优势,形成规模效益,本公司计划在现有年产 3000 吨醋酸乙烯乳液生产线的基础上,通过技术改造达到年产 30000 吨各种高性能质量粘合剂的生产能力。

该项目总投资 4980 万元,将于本次 A 股发行募集资金到位后开工,建设期 1 年,项目达产后,可年新增产值 15990 万元,利税 2575 万元,利润总额 1858 万元。

2、年产 6000 吨高强高模聚乙烯醇(PVA)纤维生产线项目

高强高模 PVA 纤维以其更高的强度和模量,被广泛应用于橡胶制品、涂层布、塑料软管以及其它需要更高强力的工业用丝的行业;特别是近年来国外开始禁用石棉,而高强高模 PVA 纤维因其综合性能好,被公认为是代替石棉的最理想材料,本公司计划用自行研制出中和水洗装置,在"八五"期间建成的年产 4000 吨高强高模 PVA 纤维生产线基础上,投资扩建年产 6000 吨高强高模 PVA 纤维生产线。

该项目总投资 2992 万元,一方面,本公司在原有的一条待改造的维纶生产线上增加设备,进行技术改造,建成一条 2000 吨高强高模 PVA 纤

维生产线,计划于本次A股发行募集资金到位后开工,97年底完成;另一方面,根据市场情况,再新建两条生产线,计划于97年8月开工,98年9月竣工,项目建成达产后,可年新增销售收入6900万元,利税1355万元,利润总额1335万元,(出口产品实行退税)。

3、6000kw热电联产扩建工程

近年来,随着本公司生产规模的不断扩大,生产用电、用汽日趋紧张,现有的供热机组将不能满足生产需要,为解决这一问题,本公司拟在原有热电工程的基础上扩建改造,新增一台每小时蒸发量为54吨的中压煤粉锅炉和一台功率为6000kw的抽凝式汽轮发电机组。

该项目总投资4959万元,96年已完成全部工程设计,计划于本次A股发行募集资金到位后开工,第一期锅炉建造部分,预计97年9月投入生产;第二期汽机、电气部分,预计98年底建成并网发电,项目建成投产后,供热年新增利润363万元,供电新增利润593万元,全年新增利润956万元。

4.高档化纤面料技改工程

随着人们生活水平的逐步提高,市场对高档化纤面料需要越来越大,本公司计划生产分别具有仿麻、仿毛、仿真丝、仿皮类特点的高附加值、高档次的面料及其它高档产品,以调整本公司的产品结构,适应高档化纤面料市场的需求。

该项目总投资为2990万元,计划于97年8月动工,98年4月建成,建设期9个月,项目建成达产后,可年产260万米重磅高档面料,年新增销售收入8450万元,利润1580万元,利润总额845万元。

5、年产5000吨PVA17—88扩建工程项目

PVA17—88作为本公司PVA系列新产品之一,在工农业生产、医药卫生和日常生活中具有广泛的用途,市场需求量越来越大,为保证本公司PVA产品的良好经济效益和市场竞争能力,本公司计划利用自身的化工原材料、技术、公用工程等优势,依托本公司生产线及其改造后的富裕能力,采用先进的皮带式低碱醇解工艺,在原有年产1000吨釜式PVA17—88生产装置基础上,扩建一套年产5000吨PVA17—88皮带式醇解生产线。

目前PVA17—88国内外市场销售情况都很好,为保证本公司当年效益,该项目采用边生产边扩建的方式,分两期进行,第一期为新线部分,计划于97年8月开工,98年7月投入生产;第二期为老线改造部分,预计98年底投入生产,该项目总投资为4900万元,达产后可实现年销售收入8000万元,利税3810万元,利润总额2450万元。

6.年产10000吨TRICOL环保强化保护漆膜生产线

该项目是利用从英国引进的专利技术,生产TRICOL环保强化保护产品。该产品是一种高技术含量、高附加值产品,具有耐高温、耐低温、无污染等特性,不仅可广泛应用于工业生产和社会生活领域,而且在国防和航空航天领域中也得到广泛的应用,目前年进口使用量已达千吨。目前该种产品仅在西欧、北美、日本有一定的生产能力。国内尚无生产该产品的企业,项目投产后将会很快占领市场,为本公司带来良好的经济效益。

该项目总投资4888万元,计划于97年11月份动工,98年12月份建成投产,建设期13个月,项目达产后可年新增销售收入28000万元,利税4270万元,利润总额2702万元。

7、工业废水综合治理和利用工程项目

为进一步贯彻"环保国策"和实现国家、省"九五"环保计划,本公司计划对现有工业废水排放现状及本次技改项目投产后废水排放情况,计划进行实施工业废水综合治理和利用工程。该工程每年综合治理和利用工业废水820万吨,其中对无机废水全部实行闭路循环使用,对有机废水经生化处理后,除达省标排放外,亦可根据生产需要将处理后的废水引入本公司循环水系统,以节约新鲜水补充量。

该工程是在本公司原有废水处理设施的基础上,对污水处理场实行扩建改造。项目总投资2636万元,97年10月动工,98年底完成改造,项目建成后,间接经济效益达380万元,并具有很好的社会效益。

根据项目投资计划,本公司在一定时期内有资金闲置的情况,除部分作为流动资金使用外,另一部分将用作政府债券、企业债券和金融债券等投资。以发挥资金的经济效益。

七、股利分配政策

1.本公司每一个会计年度的税后利润将按下列顺序分配;

①弥补亏损;②提取法定公积金10%;③提取公益金5%—10%;④提取任意盈余公积金;⑤支付普通股股利。

2.本公司将依照公司章程,根据同股同利的原则,按股东持有股份分配股利。本公司向个人分配股利时,由本公司依法代扣、代缴股东股利收入的应纳税金。

3.本公司除无可分配利润或股东大会通过决议另有规定外,在每年的年终决算后派发一次股利。股利的派发采取现金或股票形式,股利分配预案在每一会计年度后三个月内公布。

4.本公司在股票发行后第一个盈利年度派发股利,时间为年终决算后。1997年度,本公司本次股票发行的股款验资到位日前的利润归发起人所有,新股股东参加从股款验资到位日至1997年12月31日的可分配利润的分配。

由于本公司尚未成立,无法确定股利分配政策,需等发行之后由首届股东大会选举的董事会予以确定。

八、发行人情况

1.发行人名称:安徽皖维化纤化工股份有限公司(筹)

2.本公司于1996年12月16日获得企业名称预先核准通知书

3.住所:安徽省巢湖市北郊巢维路56号

4.发行人历史情况简介

本公司是由安维厂作为独家发起人,以安维厂所属的电石分厂(不含矿山)、有机分厂、维纶分厂、强力纱分厂、热电分厂、水泥分厂、浮胶分厂、机械分厂、冷空分厂、供排水分厂、建安工程处等生产经营性资产(不含土地使用权)作为发起人出资,按募集方式设立的股份有限公司。

1969年,安维厂经国家计委批准设计,是国家"四五"期间投资建设的重点企业,1978年投入试运行,1983年办理竣工验收并交付生产,现直属安徽省纺织总会。

1996年9月25日,安维厂作出了《关于实施股份制改造并申请公开发行股票的决议》,决定对企业进行股份制改造并申请公开发行社会公众股,募集设立"安徽皖维化纤化工股份有限公司"。1997年1月31日,经安徽省证券管理办公室皖证管字(1997)24号文推荐,本公司为安徽省1966年计划内发行A股第三家上报企业。1997年3月28日,经安徽省人民政府皖政秘(1997)45号文批准设立本公司。

5、发行人组织机构

本公司组织管理机构按照《公司法》的规定设置,其组织构架如下图所示:

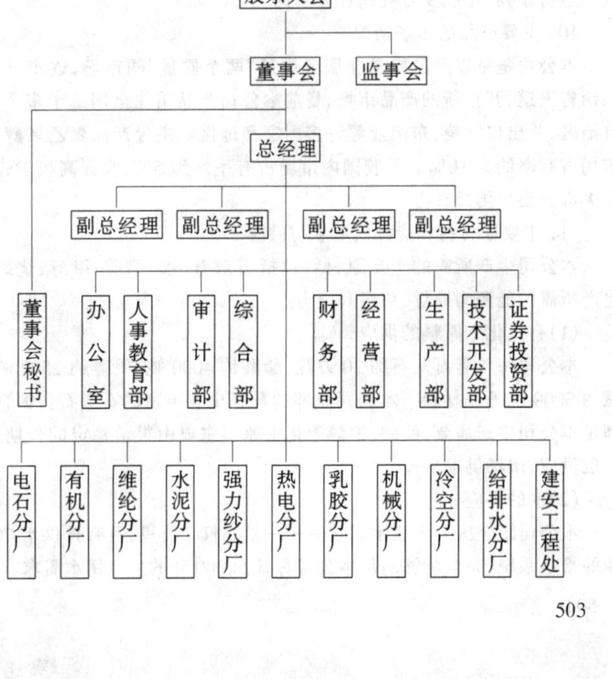

6、职工情况

截止于1997年2月28日,本公司在册职工有3568人,其中:40岁以下的职工有2150人,占总人数的60.3%;具有中专以上文化程度的职工有710人,占总人数的19.9%;具有高级职称的职工有74人,中级职称的有208人,初级职称的有332人。

本公司根据国家有关规定,制定本公司职工聘用、报酬、奖金、津贴以及职工福利、劳动工资和人事管理等方面的制度。

本公司执行国家有关劳动保护法律、法规并参加退休基金、待业保险基金和合同制工人保险基金统筹。本公司职工享有相应待遇。

7、经营范围

主营:聚乙烯醇、高强高模聚已烯醇纤维、聚乙烯强力纱、醋酸乙烯乳液、醋酸乙烯、高档面料、水泥、溶解乙炔。

兼营:电石、石灰、氧气、建筑安装、机械加工与制造。

8、主要业务

本公司的主要业务为从事聚乙烯醇系列产品及其关联产品和水泥的生产和销售。

本公司各生产分厂及其生产产品或从事的业务如下:

(1)电石分厂　主要生产电石。

(2)有机分厂　主要生产乙炔、醋酸乙烯和聚乙烯醇系列产品。

(3)维纶分厂　主要生产高强高模PVA纤维和聚乙烯醇牵切长丝。

(4)强力纱分厂　主要生产PVA强力纱

(5)水泥分厂　主要生产水泥熟料和水泥。

(6)乳胶分厂　主要生产各种醋酸乙烯乳液(乳胶)。

(7)热电分厂　提供软水、纯水、蒸汽、转供电力和自发电。

(8)冷空分厂　提供生产用氧气、氨气、仪表用气、杂用空气、循环水和冷冻量。

(9)供排水分厂　提供生产用水,进行污水处理。

本公司另有一个机构分厂负责各分厂机器设备零件的制作和对外承缆加工业务;并有一个建安工程处负责本公司的中、小型土建及安装和大修业务。

9、主要产品

本公司主要产品及其生产能力为:

化工系列:年产2.5万吨聚乙烯醇,4.5万吨电厂(自用),5万吨醋酸乙烯,3000吨各类醋酸乙烯乳液等。

化纤系列:4000吨高强高模PVA纤维。

建材系列:年产9万吨高标号水泥。

10.主要产品的市场情况

本公司坚持以产品质量和服务质量"两个质量"闯市场,逐步开辟新的销售渠道,开拓新的产品市场,目前本公司产品销往全国二十多个省市自治区,并出口欧美,东南亚等许多国家和地区。主导产品聚乙烯醇国内市场占有率约为10%。乳胶国内市场占有率约为5%,高强高模PVA纤维大部分出口国外,

11.主要原材料和能源的需求与供应

本公司生产所需的主要原材料包括石灰石、水、醋酸、甲醇、烧碱等;生产所需的能源为原煤、焦炭和电力。

(1)有机化工原料的供应

本公司每年需石灰石约20万吨、醋酸约4000吨、甲醇约2500吨、烧碱约3000吨等原材料。本公司毗邻的马脊山有丰富的石灰石资源,能够满足本公司生产需要,醋酸、甲醇等化工原料主要由渠道稳定的长期供货单位供应,市场供求平衡。

(2)水的供应

本公司距全国五大淡水湖之一——巢湖仅7公里,且有日供水70000吨的给水系统,完全能够满足本公司每日50000吨的生产用水需求。

(3)原煤、焦炭的供应

本公司每年需原煤约18万吨、焦炭5万吨,安徽省有淮南、淮北两个全国优质煤矿,原煤资源丰富,交通方便,本公司可直接采购,能够满足生产需求;本公司的焦炭主要来自淮北、合肥,西安等地,渠道稳定,供求平衡。

(4)电力的供应

本公司每年需电力约22000度。电力的供应主要由安徽省电力局统筹解决;另外,本公司现在每年可自发电6000万度,本次A股发行后,将进行热电扩建工程,每年能增加发电量3500万度,可缓解电力供应紧张局面。

12.无形资产

(1)土地使用权　本公司生产经营所占用的土地共有9宗,计520788.23平方米,土地使用权价值为2464.15万元,该评估结果已获安徽省土地管理局皖土(籍)字(1996)185号文《关于安徽省维尼纶厂拟出租土地作用权评估结构确认报告的批复》的确认,安维厂已通过出让方式取得该土地使用证。根据安徽省土地管理局皖土(籍)字(1996)184号文《关于对安徽省维尼纶厂土地使用权处置方案的批复》和1997年3月6日本公司与安维厂签订的《土地使用权租赁协议》,本公司将采用租凭方式取得该土地使用权,年租金为273万元。

(2)高强高模聚乙烯醇纤维生产技术(其中:纺丝中和水洗装置为国家实用新型专利)经安徽省资产评估事务所评估,并经国家国有资产管理局国资评(1997)199号文确认,其评估价值为142万,折股投人本公司。

13、国家和地方政府的政策改制前后的变化

政策方面主要是所得税政策的变化,改制前安维厂执行33%的税得税率;经安徽省人民政府皖政秘[1997]34号文批准,改制后本公司所得税实行先征后返还的优惠政策,即按33%的税率征收后,再由地方财政返还18%,实际所得税负担率为15%。

14、关联交易

1997年3月6日,本公司与安维厂订立了《资产分离协议》,就安维厂与本公司之间有关资产分立的范围、资产分立的方式、原有债权债务的划分及承担、生产经营及其他方面的情况等进行了约定。安维厂作为本公司唯一发起人,目前是本公司唯一关联企业。

(1)本公司与安维厂于1997年3月6日签订了《生产协作协议》和《综合服务协议》,就本公司和安维厂在生产经营及综合服务等方面的协作进行约定。

(2)本公司与安维厂于1997年3月6日签订了《土地使用权租赁协议》,就本公司以向安维厂租赁的方式取得土地使用权有关事宜进行了约定。

(3)由于安维厂与本公司生产不同种类的产品,且本公司的生产经营基本上自成体系,因此不存在生产经营上的竞争现象。发起人向本公司承诺,对于本公司已建成投产或拟投资建设的项目,发起人将在投资方向和项目选择上,避免与本公司相同。

九、筹委会成员简介

陈信生　男,51岁,南京化工大学毕业,高级工程师,现任安徽省维尼纶厂厂长,总工程师,本公司筹委会主任。1983年6月-1992年5月曾任车间副主任、主任、副厂长、总工程师,1994年荣获全国纺织行业劳模,1995年被评为安徽省首届优秀企业家,获省科技进步一等奖、国家实用新型专利、国家有突出贡献的专家津贴。

杨克中　男,49岁,南开大学毕业,高级工程师,现在安徽省维尼纶厂党委书记,本公司筹委会副主任。1980年8月-1992年5月曾任车间副主任、厂办主任、党委组织部长、政治处主任、厂党委副书记。

汤华章　男,48岁,合肥工业大学毕业,高级工程师,现任安徽省维尼纶厂党委副书记,本公司筹委兼秘书长,1984年5月-1992年11月曾任党委宣传部副部长,厂办公室主任。

倪学明　男,43岁,安徽轻工业学校毕业,党校党政管理大专班毕业,

会计师,现任安徽省纺织总会财务处处长,本公司筹委。1989 年 4 月 - 1996 年 4 月曾任省纺织设计院副院长,省纺织总会财务处副处长。

徐绪恩　男,41 岁,安徽农学院毕业,经济师,现任安徽省纺织总会人事教育处处长,本公司筹委。1990 年 8 月 - 1996 年 4 月曾任省纺织总会政治处副主任,人事教育处副处长。

盛炜临　男,46 岁,安徽芜湖电校毕业,工程师,现任安徽省维尼纶厂副厂长,本公司筹委。1986 年 10 月 - 1992 年 11 月曾任车间副主任、总工助理、副总工程师。

陆远　男,51 岁,皖南大学毕业,高级工程师,现任安徽省维尼纶厂副厂长,本公司筹委。1978 年 8 月 - 1992 年 11 月曾任车间副主任、主任、生产处处长、副总工程师。

汪成美　男,42 岁,合肥工业大学毕业,高级工程师,现任安徽省维尼纶厂副厂长 ,本公司筹委。1987 年 9 月—1995 年 5 月曾任车间副主任、生产处处长、副总工程师。

陆纯霞　女,57 岁,高中文化,会计师,现任安徽省维尼纶厂总会计师,本公司筹委。1984 年 5 月 - 1987 年 5 月曾任厂财务处副处长、科长、处长、副总会计师。

徐廷贵　男,59 岁,高中文化,高级政工师,现任安徽省维尼纶厂纪委书记,本公司筹委。曾历任指导员、宣传股长、政治处副主任、团副政委。1980 年转业 - 1984 年 3 月曾任车间党总支书记。

马茂枝　男,58 岁,高中文化,高级政工师,现任安徽省维尼纶厂工会主席,本公司筹委,曾历任指导员、组织股长、政治处主任、团政委、师政治部副主任。1984 年 5 月转业 - 1988 年 12 月曾任车间党总支书记,厂党委副书记。

十、经营业绩

1、生产经营的一般情况

近年来,安维厂通过转换经营机制,依靠科技进步,强化管理,取得了长足的发展,资产不断升值,利税大幅度上升,企业综合实力和发展后劲大大增强,1992 年被评为“安徽省工业 50 强”和“全国化纤工业 50 强”,并被国家经贸委,国家统计局评为“中国工业企业技术开发实力百强”企业;1993、1994 年被评为“安徽省最佳经济效益单位”;并于 1994 年被安徽省委、省政府授予“省级文明单位”,荣获“全国纺织工业先进集体”和“全国纺织工业双文明建设优委企业”称号;同年,晋升为国家大型一档企业;1996 年 10 月,被安徽省委、省政府列为省级扶优扶强重点支持的 56 户大中型企业之一。

2、销售及利润情况

本公司 1994、1995、1996 年三个年度的销售及利润情况如下表所示:

单位:人民币元

项　　目	1996 年度	1995 年度	1994 年度
主营业务收入	299853371	303562130	185137871
主营业务利润	56398463	65908859	40316133
营业利润	58184949	66007572	40535345
利润总额	58546942	66055323	40546348
税后利润	39226451	44257066	27166053

3、业务收入的构成

本公司 1995 年、1996 年各主要产品销售额及所占比例如下:

产品名称	1995 年		1996 年	
	销售额(万元)	所占比例(%)	销售额(万元)	所占比例(%)
聚乙烯醇	24427.98	80.47	22313.57	74.41
醋酸乙烯	2025.63	6.75	2024.55	6.75
醋酸乙烯乳液	798.89	2.63	663.30	2.21
溶解乙炔	114.16	0.38	136.28	0.45
高强高模 PVA 纤维	1012.14	3.33	1458.13	4.86
PVA 强力纱	165.79	0.55	1525.32	5.09
水泥	1633.61	5.38	1737.86	5.80
其他	153.01	0.51	126.33	0.43
小计	30356.21	100.00	29985.34	100.00

4、完成的技术改造工程

“八五”期间,本公司共投入技改和产品开发资金 23734 万元,共完成 7 个技改项目:

(1)年产 4000 吨高强高模 PVA 纤维和 1500 吨 PVA 强力纱项目;

(2)年产 5000 吨聚乙烯醇扩产项目;

(3)年产 1500 吨超细旦涤(锦)纶 POY 丝项目:

(4)碳化焦球制造项目;

(5)蒸汽冷凝水回收利用项目:

(6)循环水质净化改造项目:

(7)蒸汽余热发电项目;

在完成投资项目的同时,本公司还积极进行科学研究开发,“八五”期间,共取得了十二项科研成果(国家级三项,省级四项,地区级五项),其中:“纺丝中和水洗装置”获国家实用新型技术专利;PVA 强力纱被评为“国家级新产品”;“高强高膜聚乙烯醇纤维及其产品应用”获省、地科技进步一等奖。另外,在电石炉扩容改造工程中,其电气部份的设计,经省内外有关专家鉴定,达到国内领先水平。

5、主要产品质量情况

本公司产品获得以下质量荣誉:

产　　品	时间	荣誉称号或奖项
聚乙烯醇	1989 年	安徽省优质产品
	1995 年	安徽省质量免检产品
醋酸乙烯乳液	1991 年	化学工业部优质产品
高强高膜 PVA 纤维	1994 年	省地科技进步一等奖
聚乙烯醇强力纱	1994 年	省地科技进步一等奖
		国家级新产品

6、经营管理的改进与提高

本公司在生产经营过程中,按照市场规律和科学治厂的要求,不断深化内部管理体制改造,建立健全内部激励和内部约束机制,近年来已取得了显著成效。

(1)建立以经济责任承包为主线、内部利润考核为核心的内容管理体制,这对提高经济效益、促进本公司发展发挥了重要的推动作用。

(2)实施对劳动用工制度、人事制度、内部分配制度、物资管理制度的改革与完善,不仅提高了职工的劳动积极性,而且盘活了资产存量,使本公司在生产经营中更富活力和更具灵活性。

(3)积极研究市场、建立灵敏的市场信息反馈系统、使生产和市场融为一体,提高了本公司市场应变能力和职工市场意识。

(4)提出“快一点、高一点、稳 一点、实一点、严一点”的工作总要求和“从严管理,科学治厂”的的治厂方针,全面提高了本公司整体素质和经济能力。

十一、股本

1、本公司股份总额为 14000 万股,注册资本为 14000 万元。

2、本公司经安徽省人民政府皖政秘(1997)45 号文批准,由安维厂作为独家发起人,采取募集方式设立。安维厂纳入本公司改组范围的资产评估结果经国家国有资产管理局国资评(1997)199 号文确认,总资产为 28582.91 万元,总负债为 14812.93 万元 ,净资产值为 13769.99 万元,经安徽省国有资产管理局皖国资工字(1997)第 067 号文批准,评估后净资产按 65.36%折成 9000 万股国有法人股,由安维厂持有该股权,其余 4769.99 万元进入本公司的资本公积金 。

3、经中国证监会证监发字(1997)173 号文批准,本公司首次公开发行

5000 万股 A 股(其中向公司职工配售 400 万股)。

4、本次 A 股发行后超过面值部分扣除发行费用后将列入本公司资本公积金。

5、本次 A 股发行成功后,本公司股本结构如下:

股份类别	股数(万股)	占总股本的比例(%)
一、尚未流通股份		
国有法人股	9000	64.29
二、可流通股份		
社会公众股	5000	35.71
其中:公司职工股	400	2.86
股本合计	14000	100.00

说明:本公司此次发行 5000 万股 A 股,其中向社会公众发售 4600 万股,向本公司职工配售 400 万股。公司职工股根据有关规定从本公司股票上市之日起,期满六个月后可申请上市流通。

6、本次发行前、后净资产总额和每股净资产

	净资产总额(万元)	每股净资产(元)
发行前	13769.99	1.53
发行后	42982.49	3.07

7、股票回购程序

本公司若需回购已发行的部分股票,将按《公司法》及《股票发行与交易管理暂行条例》等有关规定,由公司董事会提议,经股东大会审议通过,并报主管部门批准后,按有关回购规则进行。

当出现下列情形时,本公司可以回购股票:

(1)因减少资本回购股票;

(2)与持有本公司股票的其他公司合并;

(3)收购持有本公司股票的其他公司。

十二、主要会计资料

以下主要会计资料摘自安徽会计师事务所会股字(1997)第 097 号审计报告。

1、资产负债主要数据

资产	1996 年 12 月 31 日	1995 年 12 月 31 日	1994 年 21 月 31 日
流动资产			
货币投资	5,996,749.78	3,051,177.51	11,461,521.75
短期股资			
应收票据	1,019,280.00	1,216,500.00	600,000.00
应收帐款	10,502,920.29	7,920,604.67	4,469,918.75
减:坏帐准备	97,964.60	39,603.02	22,349.59
应收帐款净额	19,494,955.69	7,881,001.65	-4,447,569.16
预付货款	2,903,910.64	5,292,752.60	5,400,324.15
其他应收款	1,623,119.43	4,357,552.76	402,117.91
待摊费用	223,032.65	305,873.00	382,341.00
存货	22,830,773.97	29,606,885.22	33,568,247.05
流动资产合计	54,091,822.16	51,713,742.74	56,562,121.02
长期投资			
长期投资			
固定资产			
固定资产原值	318,382,389.61	234,482,718.95	165,671,218.74
减:累计折旧	146,443,643.22	85,154,055.83	68,224,697.11
固定资产净值	171,038,746.39	149,328,663.12	97,446,521.63
固定资产清理			
在建工程	59,000.150.67	50,583,268.24	63,286,007.65
待处理固定资产净损失			
固定资产合计	230,938,897.06	199,991,929.36	160,732,529.28
无形资产及递延资产			
无形资产	1,420,000.00		
递延资产	2,818,920.00	3,523,650.00	173,118.07
无形资产及递延资产合计	4,238,920.00	3,523,650.00	173,118.07
资产总计	289,269,639.22	255,149,322.10	217,167,768.37

资 产 负 债 表

单位:人民币元

负债及股东权益	1996 年 12 月 31 日	1995 年 12 月 31 日	1994 年 21 月 31 日
流动负债			
短期借款	16,300,000.00	31,800,000.00	1,800,000.00
应付票据	8,000,000.00		
应付帐款	10,387,416.01	2,484,144.43	2,889,299.63
预收货款	3,548,267.27	2,212,775.94	3,775,042.43
其他应付款	16,091,680.40	15,685,895.71	11 ,494,273.62
未交税金	2,188,452.58	3,850,677.69	2,703,398,79
应付福利费	3,030,921.86	2,127,294.16	744,402.86
未付股利			
其他未交款	531,723.34	143,515.11	525,861.96
预提费用	471,306.24	6,814,127.22	5,104,592.23
流动负债合计	60,599,767.70	65,118,430.26	29,016,835.52
长期负债			
长期借款	90,970,000.00	91,022,344.09	95,780,945.06
长期应付款			
长期负债合计	90,970,000.00	91,022,344.09	95,780,945.06
负债合计	151,569,767.70	156,140,774.35	24,797,780.58
股东权益			
股本	90,000,000.00	88,295,079.78	88,295,079.78
资本公积	47,699,871.52		
盈余公积		10,713,467.97	4,074,908.01
其中公益金		3,571,155.99	1,358,302.67
未分配利润			
股东权益合计	197,699,871.52	99,008,547.75	92,369,987.79
负债及股东权益合计	289,269,639.22	225,149,322.10	217,167,768.37

2、利润表主要数据

利 润 表

单位:人民币元

项　目	1996 年度	1995 年度	1994 年度
一、主营业务收入	299,853,371	303,562,130	185,137,871
减:营业成本	226,535,979	205,493,820	135,135,532
销售费用	1,257,794	1,229,328	798,784
管理费用	8,137,492	16,600,242	5,877,639
财务费用	6,102,697	12,6430,022	2,117,625
营业税金及附加	1,420,946	1,689,859	892,158
二、主营业务利润	56,398,463	65,908,859	40,316,133
加:其他业务利润	1,786,4 86	98,713	219,212
三、营业利润	58,184,949	66,007,572	40,535,345
加:投资收益			
营业外收入	420,070	52,123	18,346
减:营业外支出	58,077	4,372	7,343
加:以前年度损益调整			
四、利润总额	58,546,942	66,055,323	40,546,348
减:所得税	19,320,491	21,798,257	13,380,295
五、净利润	39,226,451	44,257,066	27,166,053

3、主要财务指标分析

指标名称	1996 年	1995 年	1994 年
(1)资产负债率	52.40%	61.20%	57.47%
(2)流动比率	0.89	0.79	1.94

(3)速动比率	0.52	0.34	0.78
(4)应收帐款周转率	21.80	49.00	41.42
(5)存货周转率	8.64	6.51	4.03
(6)净资产收益率	0.28	0.45	0.29

4、主要会计政策

(1)、执行的会计制度

执行《股份制试点企业会计制度》及其补充规定。

(2)、会计期间

公司会计年度采用公历年,即每年一月一日起至十二月三十一日止为一个会计年度。

(3)、记帐原则和计价基础

合计核算采用权责发生制原则,采用借贷复式记帐法记帐,以实际成本为计价基础。

(4)、外币折算法

以人民币为记帐本位币,发生涉及外币的经济业务按发生时市场汇价折合人民币记帐,期末货币性项目中外币余额按期末市场汇价折合人民币余额进行。

(5)存货计价方法

原材料及主要材料购入按实际成本计价,发生按计划成本进行核算,按月结转价格差异,调整为实际成本、包装物采用计划成本的计价方法,月末结转成本差异。产成品按实际成本进行核算,其发生采用先进先出法计算确定。低值易耗品领用时采用分期摊销法摊销。

(6)、固定资产及其折旧

固定资产标准为使用年限一年以上的房屋建设物、机器、机械、运输工具以及其他与生产经营有关的设备、器具、工具等;不属于生产经营主要的物品单位价值在2000.00元以上,且使用年限超过两年的,按实际成本计价,采用直线法计提折旧。固定资产分类折旧年限,预计残值及折旧率如下:

类别	净残值率(%)	使用年限	年折旧率(%)
机械设备	3	10-14	9.70-6.93
动力设备	3	11-18	8.82-5.39
传导设备	3	15-28	6.47-3.46
动输设备	3	6-12	16.17-8.08
仪器仪表	3	8-12	12.13-8.08
工业炉窑	3	7-13	13.86-7.46
发电及供热设备	3	12-20	0.08-4.85
输电线路	3	30-35	3.23-2.77
配电线路	3	14 16	6.39-6.06
变电设备	3	18-22	5.39-4.41
化工专业设备	3	7-14	13.86-6.98
建材专业设备	3	6-12	16.17-8.08
复印机文学处理机	3	5-8	19.40-12.13
非生产用设备工具	3	18-22	5.39-4.41
建筑物	3	15-25	6.47-3.88
生产用房	3	30-40	3.23-2.43
非生产用房	3	35-45	2.77-6.16

(7)、无形资产及其摊销

无形资产系生产高强高模聚乙烯醇纤维的专利技术,按10年期限平均摊销。

(8)、递延资产及其摊销

递延资产系总变增容费,按5年期限平均摊销。

(9)、税项

①增值税

1994年1月1日起,执行《中华人民共和国增值税暂行条例》,即销项税额按销售收入的17%计税,并扣除进项税额后缴纳,委托代理出口销售的产品免征增值税。

②营业税

1994年1月1日起,执行《中华人民共和国营业税暂行条例》,即各种副产品、气瓶租金等收入按5%计缴。

③城建税及教育费附加

1994年1月1日起,城建税及教育费附加分别按应纳增值税额,营业税额的7%和3%缴纳。

④所得税

1994、1995、1996年公司执行33%的所得税。

⑤其他税项按国家有关规定计算缴纳。

(10)、销售收入确认

销售收入以产品、商品已发生、劳务已提供,货款已收到或取得了收取货款的权利为确认原则。

(11)、坏帐准备

坏帐核算采用备抵法,按应收帐款年末余额的5‰计提坏帐准备。

(12)、利润分配

①按税后利润10%计提法定公积金。

②按税后利润5%计提法定公益金。

③1994、1995、1996年1-11月税后利润经分配法定公积金和法定公益金后全部分配给安徽省维尼纶厂;1996年12月实现的税后利润全额分配给安徽维尼纶厂。

④公司在本次股份制改组后,净按《公司法》和本公司章程的规定进行利润分配。

十三、资产评估的主要情况

1、经安徽资产评估事务所评估,并经国家国有资产管理局国资评(1997)199号文确认,截止1996年11月30日,本公司资产评估情况如下:

资产评估结果汇总表　　单位:万元

资产项目	帐面净值	评估值	增加值	增加率
流动资产	5075.63	5017.67	32.04	0.63%
长期投资	--	--	--	--
在建工程	6270.00	6283.29	13.29	0.21%
建筑物	3549.99	5069.76	1519.77	42.81%
机器设备	10072.99	11696.93	1623.94	16.12%
土地使用权	--	--	--	--
无形资产	--	142.00	142.00	--
其它资产	283.26	283.26	--	--
资产总计	25251.87	28582.91	3331.04	13.19%
流动负债	5952.42	5924.13	-28.29	-0.48%
长期负债	8865.00	8888.79	23.79	0.27%
负债总计	14817.42	14812.93	-4.50	-0.03%
净资产	10434.45	13769.99	3335.54	31.97%

2、评估增值的说明

(1)固定资产,评估前帐面净值为19892.98万元,评估值为23049.98万元,评估增加值为3157万元,其中:

在建工程评估前帐面净值为6270.00万元,评估值为6283.29万元,评估增加值为13.29万元;建筑物评估前帐面净值为3549.99万元,评估值5069.76万元,评估增加值为1519.77万元;机器设备评估前帐面净值为10072.99万元,评估值11696.93万元,评估增加值1623.94万元。

(2)流动资产,评估前帐面净值为5075.63万元,评估值为5107.67万元,评估增加值为32.04万元,其中:存货评估前帐面净值为2179.93万元,评估值为2203.04万元,评估增值23.11万元;应收帐款净额评估前帐面净值为1777.76万元,评估值1786.69万元,评估增值为8.93万元。

(3)流动负债,评估前帐面净值为5952.42万元,评估值为5924.13

万元,评估增值-28.29万元。其中:

短期借款评估前帐面净值为1030.00万元,评估值为1047.30万元,评估增值为17.3万元;其他应付款评估前帐面净值为831.90万元,评估值为815.19万元,评估增值为-16.71万元,预提费用评估前帐面净值为187.20万元,评估值为158.32万元,评估增值为-28.88万元。

(4)长期负债,评估前帐面净值为8865.00万元,评估值为8888.79万元,评估增值23.79万元。主要为长期借款评估增值。

3.评估方法

(1)流动资产的评估

①货币资金将清查核实后的帐面值取为评估值。

②应收票据系不带息承兑汇票,勿需贴现,帐面值即为评估值。

③应收帐款中96%为一年以内,少数三年期的债务人为固定客户,信誉很好,应收帐款确信能全部收回,评估值以帐面值为准。

④预付帐款和其他应收款以帐面值作为评估值。

⑤原材料及低值易耗品采用现行市价法进行评估。

⑥产产品经调查,属于正常销售产品,根据其出厂销售价格减去销售费用、全部税金和50%的税后净利润确定其评估值。

⑦在产品选用约当量方法确定其评估值。

(2)递延资产的评估

采用现行市价法进行评估。

(3)设备的评估

采用重置成本法进行评估。

(4)建筑物的评估

采用重置成本法进行评估。

(5)在建工程的评估

在建工程的评估采用重置成本法。

(6)无形资产的评估

无形资产的评估采用收益现值法。

(7)流动及长期负债的评估

根据评估目的实现后的产权持有者实际需要承担的负债项目及金额确定其评估值。

十四、盈利预测

根据安徽会计师事务所会股字(1997)第098号《关于安徽皖维化纤化工股份有限公司(筹)一九九七年度盈利预测的审核报告》所载基准和假设情况下,本公司有关盈利预测的数据如下:

安徽皖维化纤化工股份有限公司(筹)

1997年度盈利预测表

项　目	金额(万元)
一、主营业务收入:	35554.50
减:营业成本	26256.80
销售费用	239.40
管理费用	1900.00
财务费用	963.35
营业税金及附加	149.04
二、主营业务利润:	6045.91
加:其他业务利润	44.94
三、营业利润:	6090.85
加:投资收益	700.00
营业外收入	20.00
减:营业外支出	10.00
加:以前年度损益调整	
四、利润总额:	6800.85
减:①所得税(按33%计算)	2244.28
减:②所得税(执行优惠税率*)	1530.19
五、①净利润(按33%计算)	4556.57
②净利润(执行优惠税率*)	5270.66

注*:根据安徽省人民政府皖政秘(1997)34号文件《关于安徽皖维化纤化工股份有限公司所得税征收问题的批复》的规定,本公司股票上市发行后,本公司的企业所得税实行先征后返还的优惠政策,即按33%的税率征收后,再由地方财政返还18%,本公司所得税的实际负担率为15%。预计资金到位时间为1997年5月底,故按1997年全年预测利润分月平均计算所得税(1-5月按33%所得税率计算,6-12月按15%所得税率计算)。

说明:

1.盈利预测之基准

本公司预测是依据经中国注册会计师审计的1994年到1996年三个年度的经营业绩,并依据本公司现行各项基础、能力、潜力和本公司发展的各项计划,本着求实、稳健的原则审定编制,并建立在本公司所确定的基本假设之上,在各重要方面与本公司目前所采用的会计原则相一致。

2.盈利预测之基本假设

(1)本公司所遵循的我国有关政策、法律、法规等仍如现实状况而无重大变化。

(2)本公司所在地巢湖市生产经营环境无重大变化。

(3)本公司所经营的各项业务涉及的国家和地区的有关法律、政策仍为现状而无重大变化。

(4)本公司的各项生产安期进行,各项技改工程如期完工投人生产。

(5)本公司在盈利预测期内,有关信贷利率、税率、汇率及市场行情在正常情况与既定的范围变化。

十五、公司发展规划

(一)发展指导思想

本公司将坚持"以改革为契机、以市场为导向、以质量为根本、以效益为中心"的发展思想;进一步完善经营管理,实现本公司快速稳定的发展。

(二)发展目标

进一步拓展经营范围和经营领域,完成技术改造计划,增加产品品种,扩大生产能力。到本世纪末,本公司主导产品达到如下生产能力:年产30000吨聚乙烯醇,年产10000吨高强高模聚乙烯醇纤维,年产30000吨醋酸乙烯乳液。在同行业中,要有一流的产品质量,一流的能耗物耗,一流的经济效益。

(三)实施措施

1.在生产经营上,坚持以科技为先导,不断提高产品质量,优化产品结构,以扩大市场占有份额的原则,充分发挥本公司技术力量雄厚和主导产品聚乙烯醇应用范围广泛的优势,采用先进的技术,对聚乙烯醇进行深度开发,研究开发新产品,使聚乙烯醇及其系列产品应用于更多的行业和产业,扩大市场空间,同时积极进行技术改造,加大技改投人,扩大现有的深加工产品的规模,提高产品质量,降低能耗物耗,控制产品成本。在提高产品质量和控制产品成本的基础上,进一步铺设销售网点,完善销售网络,提高产品市场占有率,同时,积极争取产品进出口自营权,全方位开辟国际市场,扩大产品出口规模,使本公司从一般型外贸向营销型外贸转变。

2.在经营管理上,本公司将进一步转换经营管理机制,改善管理方式,努力提高管理层的经营管理水平,严格按规范运作,以股份制改造为契机,将各种现代化管理方法切实运用到公司的日常运营优化本公司产品结构。

十六、重要合同及重大诉讼事项

1.重要合同

截止本招股说明书刊登之日,本公司已订立的重要合同如下:

(1)本公司与安徽省国际信托投资公司于1997年3月28日订立了A股《承销协议》。

(2)本公司与安维厂于1997年3月6日签订了《资产分离协议》,就安维厂与本公司之间有关资产分立的范围、方式,原有债权债务的划分及承担等进行了约定。

(3)1997 年 3 月 6 日,本公司与安维厂订立了《生产协作协议》,就本公司与安维厂在生产经营上协作与配合进行约定,协议主要内容有:

a. 安维厂确保本公司电石分厂生产所需的石灰石,并负责运输;

b. 安维厂负责为本公司提供铁路专用线服务和汽车货运、客运服务;

c. 本公司负责向安维厂提供水、电、汽、气、冷冻量等公用工程产品和有关辅助生产服务;

d. 本公司负责处理安维厂生产污水;

e. 有关相互关联设施的责任划分等。

以上各产品或服务的价格或费用均按本协议有关规定计算。

(4)1997 年 3 月 6 日,本公司与安维厂订立了《综合服务协议》,就安维厂向本公司提供有偿服务事宜进行约定。协议规定:双方可平等使用安维厂的医院、学校、幼儿园、食堂、有线电视台、消防队、交通班车、运动场、俱乐部等生活娱乐公用设施,本公司按协议规定每年向安维厂交纳综合服务费用 931.45 万元。

2. 重大诉讼事项

截止本招股说明书刊登之日,本公司不存在对其财务状况、经营成果、声誉、业务活动及未来前景等产生或可能产生较大影响的诉讼案件,本公司筹委会成员也未遭受任何形式起诉。

十七、其他重要事项

除在本招股说明书中已披露的重要事项外,没有其它对投资者作出投资判断有重大影响的其它事项。

备查文件及查阅地点

1. 备查文件

(1)审计报告、财务报表及附注;

(2)企业名称预先核准通知书;

(3)主管部门和证券交易所批准发行上市的文件;

(4)承销协议;

(5)国产资产管理部门关于资产评估的确认报告;

(6)重要合同;

(7)发行人改组的其他有关资料;

(8)证监会要求的其他文件。

2. 查阅地点

(1)安徽皖维化纤化工股份有限公司

地址:安徽省巢湖市北效巢维路 56 号

咨询电话:(0565)2317280

传真:(0565)2317447

联系人:汤华章

(2)安徽省国际信托投资公司

地址:安徽省合肥市寿春路 111 号安徽国际大厦

咨询电话:(0551)2634400-1502 传真:(0551)2654274

联系人:高新

安徽皖维化纤化工股份有限公司

一九九七年五月六日

安徽皖维化纤化工股份有限公司股票上市公告书

一、要览

总股本:14000 万股

可流通股本:5000 万股

本次上市流通股本:4600 万股

股票简称:皖维股份

股票代码:600063

上市地点:上海证券交易所

上市时间:1997 年 5 月 28 日

登记机构:上海证券中央登记结算公司

二、绪言

本上市公告书是根据《中华人民共和国公司法》、《股票发行与交易管理暂行条例》、《公开发行股票公司信息披露实施细则》及《上海证券交易所交易市场业务试行规则》等有关法律、法规的规定编制,为本公司股票公开上市之目的向社会公众提供有关资料。

安徽皖维化纤化工股份有限公司(下称本公司)本次股票发行经中国证券监督管理委员会证监发字[1997]173 号文和证监发字[1997]174 号文批准,股票上市申请经上海证券交易所上证上字[1997]035 号同意,将于 1997 年 5 月 28 日(星期三)在上海证券交易所挂牌交易。本次上市流通的 4600 万股 A 股均为 1997 年 5 月 12 日向社会公开发行的新股,公司职工股 400 万股按国家有关规定于本次股票上市半年后可申请上市流通。

本公司已于 1997 年 5 月 6 日在《上海证券报》、《中国证券报》、《安徽日报》上刊登了《招股说明书概要》,距今不足六个月,故与其重复的内容在此不再重述,敬请投资者查阅本公司的《招股说明书概要》。

本公司董事会成员已批准本上市公告书,确信其中不存在任何重大遗漏或者误导,并对其真实性、准确性、完整性负个别的和连带的责任。

三、公司概况

(一)概况

1. 公司法定名称:安徽皖维化纤化工股份有限公司

英文名称:ANHUI WANWEI CHEMICAL FIBRE & INDUSTRY COMPANY LIMITED

2. 法定代表人:陈信生

3. 注册地址:安徽省巢湖市北郊巢维路 56 号

邮政编码:238002

4. 注册资金:140000000 元人民币

5. 经营范围:主营:聚乙烯醇、高强高模聚乙烯醇纤维、聚乙烯醇强力纱、醋酸乙烯乳液、醋酸乙烯、高档面料、水泥、溶解乙炔

兼营:电石、石灰、氧气、建筑安装、机械加工与制造

6. 所属行业:化纤、化工类

7. 联系电话:(0565)2317280

8. 联系人:汤华章

(二)公司历史沿革

本公司是由安徽省维尼纶厂(下称安维厂)作为独家发起人。通过募集方式设立的股份有限公司。安维厂于 1969 年经国家计委批准设立,是国家"四五"期间投资建设的重点企业,1978 年建成投入试生产,1983 年通过国家竣工验收并交付正式生产。经过二十多年的建设与发展,现已成为安徽省最大的化工、化纤、建材联合企业,国家大型一档企业。

现直属于安徽省纺织总会。

1996 年 9 月 25 日,安维厂作出了《关于实施股份制改造并申请公开发行股票的决议》(维厂字[96]100 号),决定对企业进行股份制改造并申请公开发行社会公众股,募集设立"安徽皖维化纤化工股份有限公司"。1996 年 12 月 16 日,安徽省工商行政管理局预先核准了本公司的名称[(皖企)名称预核(96)第 90 号通知]。1997 年 1 月 31 日,经安徽省证券管理办公室皖证管字(1997)24 号文推荐,本公司为安徽省 1996 年计划内发行 A 股第三家上报企业。根据安徽省国有资产管理局皖国资工字(1997)第 067 号文批准,评估后净资产按 65.36% 的比例折为国有法人股 9000 万股,股权持有人为安维厂。1997 年 3 月 28 日,经安徽省人民政府皖政秘(1997)45 号文批准设立本公司。

四、股票发行及承销

(一)本次公开发行

发行数量:5000 万股(其中公司职工股 400 万股)

发行价格:每股 6.15 元

发行市盈率:15 倍

股票面值:1.00 元

发行日期:1997 年 5 月 12 日

发行方式:在上海证券交易所"上网定价"发行

配售户数:46452 户

配售比例:1.2851%

持 1000 股以上的户数:44739 户

募集资金总额:307500000 元

发行费用总额:15375000 元

每股发行费用:0.3075 元

实募资金总额:292125000 元

(二)股票承销

本次发行 5000 万股股票全部被符合法律、法规规定的投资者所认购,承销团包销股票的股数为零股。

(三)验资报告

安徽会计师事务所会股字(1997)第 243 号验资报告;

安徽皖维化纤化工股份有限公司筹委会:

我所接受委托,对贵公司截至一九九七年五月二十日的实收股本真实性和合法性进行了审验。贵公司的责任是提供真实、合法、完整的验资资料,保护资产的安全、完整,我们的责任是按照《独立审计实务公告第 1 号——验资》的要求,出具真实、合法的验资报告。

我们的验证,是按照《独立审计实务公告第 1 号——验资》及有关法律、法规的规定进行的,并根据中国证券监督管理委员会、安徽省人民政府的有关批文及贵公司提供的股票发行承销协议、托管机构的托管证明等有效文件资料,实施了必要的审验程序。现将验证结果报告如下:

一、截止一九九七年五月二十日安徽皖维化纤化工股份有限公司总股本为人民币 140000000 元,总股份为 140000000 股已按有关规定募足股本金,其中发起人股份之股本金募集已由安徽会计师事务所"会股字(1997)第 099 号"验资报告予以验证。本次发行的社会公众股及公司职工股已募集资金人民币 306509850 元,已扣除上海证券交易所上网发行交易手续费人民币 990150 元(其它发行费用未扣除),该募集的资金于一九九七年五月二十日缴存贵公司于安徽省国际信托投资公司营业部开设的股本金专用帐户(帐号 95220620036),其中社会公众股股本人民币 50000000 元,溢价人民币 256509850 元列入资本公积。

经过本次募集社会公众股及公司职工股后,贵公司现时之股本结构如下:

1. 发起人股份(即国有法人股):发起人股份合计为 90000000 股,占总股份的 64.29%。

2. 社会公众股:由社会公众股东以货币资金人民币 282900000 元,按 1:6.15 溢价认购 46000000 股,占总股份的 32.85%。

3. 公司职工股:由公司职工以货币资金人民币 24600000 元,按 1:6.15 溢价认购 4000000 股,占总股份 2.86%。

安徽会计师事务所　中国注册会计师　吕永贞

中国　合肥　　　　中国注册会计师　汪　群

一九九七年五月二十日

五、董事、监事及高级管理人员持股情况

1. 董事、监事及高级管理人员简介

董事会成员:

陈信生先生　本公司董事长、总经理,51 岁,南京化工大学毕业,高级工程师。安维厂厂长、总工程师。

杨克中先生　本公司副董事长,49 岁,南开大学毕业,高级工程师,安维厂党委书记。

汪成美先生　本公司董事、常务副总经理兼总工程师,42 岁,合肥工业大学毕业,高级工程师,安维厂副厂长。

盛炜临先生　本公司董事,46 岁,芜湖电校毕业,工程师。安维厂副厂长。

汤华章先生　本公司董事、董事会秘书,48 岁,合肥工业大学毕业,高级工程师。安维厂党委副书记。

马放云先生　本公司董事、副总会计师,46 岁,电大毕业,会计师。安维厂副总会计师。

张立德先生　本公司董事,46 岁,电大毕业,助理经济师,安维厂企管处处长。

监事会成员:

倪茂永先生　本公司监事长,57 岁,工程师。安徽省纺织总会纪检组长。

钱道璋先生　本公司监事,46 岁,海军航校毕业,助理工程师。电石分厂厂长。

许巨生先生　本公司监事,36 岁,电大毕业,经济师、助理会计师。水泥分厂会计统计员。

高级管理人员:

李　泰先生　本公司副总经理,45 岁,电视中专班毕业,助理工程师。安维厂副厂长助理兼生产处处长。

季学勇先生　本公司副总经理,42 岁,电大毕业,经济师。安维厂副厂长助理兼副总经济师。

顾虬如先生　本公司副总工程师,56 岁,南京化工学院毕业,高级工程师。安维厂副总工程师。

夏普生先生　本公司副总工程师,43 岁,合肥工业大学毕业,高级工程师。安维厂副厂长助理兼副总工程师。

王光钊先生　本公司副总工程师,49 岁,合肥工业大学毕业,高级工程师。安维厂设计研究所所长。

2. 董事、监事及高级管理人员持股数额和比例

姓名	职务	持股数(股)	持股比例(%)
陈信生	董事长、总经理	2500	0.00179
杨克中	副董事长	2500	0.00179
汪成美	董事、副总经理	1500	0.00107
盛炜临	董事	2000	0.00143
汤华章	董事、董事会秘书	2000	0.00143
马放云	董事、副总会计师	1000	0.00071
张立德	董事	2000	0.00143
倪茂永	监事长	0	0
钱道璋	监事	1900	0.00136
许巨声	监事	1600	0.00114
李　泰	副总经理	1000	0.00071
季学勇	副总经理	1000	0.00071
顾虬如	副总工程师	1000	0.00071
夏普生	副总工程师	1000	0.00071
王光钊	副总工程师	1900	0.00136

六、公司设立

1. 本公司于 1997 年 5 月 22 日召开了创立大会暨第一届股东大会,审议并通过了本公司本次公开发行的股票在上海证券交易所上市的决议。

2. 公司注册资金:14000 万元

3. 公司注册地点:安徽省巢湖市北郊巢维路 56 号

4. 公司注册时间:1997 年 5 月 23 日

5. 营业执照注册号码:14897496-0

七、关联企业及关联交易

安维厂作为本公司唯一发起人,目前是本公司唯一关联企业。1997 年 3 月 6 日,本公司与安维厂订立了《资产分离协议》、《生产协作协议》、

《综合服务协议》和《土地使用权租赁协议》。

1.《资产分离协议》就安维厂与本公司之间有关资产分立的范围、资产分立的方式、原有债权债务的划分及承担、生产经营及其他方面的情况等进行了约定。

2.《生产协作协议》就本公司与安维厂在生产经营上协作与配合进行约定。

3.《综合服务协议》就安维厂向本公司提供有偿服务事宜进行约定。

4.《土地使用权租赁协议》就本公司采用租赁方式向安维厂取得土地使用权进行约定。

5. 由于安维厂与本公司生产不同种类的产品,且本公司的生产经营基本上自成体系,因此不存在生产经营上的竞争现象。安维厂向本公司承诺,对于本公司已建成投产或拟投资建设的项目,安维厂将在投资方向和项目选择上,避免与本公司相同。

八、股本结构及大股东持股情况

(一)本次上市前的股本结构

股份名称	股数(万股)	占总股本比例(%)
总股本	14000	100.00
尚未流通股份:		
国有法人股	9000	64.29
可流通股份:		
社会公众股	5000	35.71
其中:公司职工股	400	2.86

(二)本公司前十名股东持有股数及持股比例

股东名称	持有股数(股)	持股比例(%)
安徽省维尼纶厂	90000000	64.29
赵红英	4600	0.00329
孙品	4200	0.00300
程家栋	4100	0.00293
赵宏	3700	0.00264
陆宗奎	3600	0.00257
梁琴	3600	0.00257
陈红	3600	0.00257
张超	3500	0.00250
王兵	3400	0.00243

九、公司财务会计资料

(一)审计报告

安徽皖维化纤化工股份有限公司(筹):

我们接受委托,审计了贵公司一九九四年十二月三十一日、一九九五年十二月三十一日、一九九六年十二月三十一日的资产负债表和到该日截止的各年度的利润表,以及一九九五年度、一九九六年度财务状况变动表。这些会计报表由贵公司负责,我们的责任是对这些会计报表发表审计意见。我们的审计是依据《中国注册会计师独立审计准则》进行的。在审计过程中,我们结合贵公司的实际情况,实施了包括抽查会计记录等我们认为必要的审计程序。

我们认为,上述会计报表符合《企业会计准则》、《股份制试点企业会计制度》和国家其他有关财务会计法规的规定,在所有重大方面公允地反映了贵公司上述各会计期末的财务状况和各期间经营成果及资金变动情况,会计处理方法遵循了一贯性原则。

安徽会计师事务所　　中国注册会计师:吕永贞

中国·合肥　　中国注册会计师:汪　群

一九九七年三月六日

资产负债表、利润表和财务状况变动表见附录

(二)财务报表附注

1. 主要会计政策

(1)执行的会计制度

执行《股份制试点企业会计制度》及其补充规定。

(2)会计期间

公司会计年度采用公历年,即每年一月一日起至十二月三十一日止为一个会计年度。

(3)记帐原则和计价基础

会计核算采用权责发生制原则,采用借贷复式记帐法记帐,以实际成本为计价基础。

(4)外币折算方法

以人民币为记帐本位币,发生涉及外币的经济业务按发生时市场汇价折合人民币记帐,期末货币性项目中外币余额按期末市场汇价折合人民币余额进行调整。

(5)存货计价方法

原材料及主要材料购入按实际成本计价,发出按计划成本进行核算,按月结转价格差异,调整为实际成本。包装物采用计划成本的计价方法,月末结转成本差异,产成品按实际成本进行核算,其发出采用先进先出法计算确定。低值易耗品领用时采用分期摊销法摊销。

(6)固定资产及其折旧

固定资产标准为使用年限一年以上的房屋建筑物、机器、机械、运输工具以及其他与生产经营有关的设备、器具、工具等;不属于生产经营主要的物品单位价值在2000.00元以上,且使用年限超过两年的,按实际成本计价,采用直线法计提折旧。

(7)无形资产及其摊销

无形资产系生产高强高模聚乙烯醇纤维的专利技术,按10年期限平均摊销。

(8)递延资产及期摊销

递延资产系总变增容费,按5年期限平均摊销。

(9)税项

①增值税

1994年1月1日起,执行《中华人民共和国增值税暂行条例》,即销项税额按销售收入的17%计税,并扣除进项税额后缴纳,委托代理出口销售的产品免征增值税。

②营业税

1994年1月1日起,执行《中华人民共和国营业税暂行条例》,即各种副产品、气瓶租金等收入按5%计算。

③城建税及教育费附加

1994年1月1日起,城建税及教育费附加分别按应纳增值税额、营业税额的7%和3%缴纳。

④所得税

1994、1995、1996年公司执行33%的所得税。

⑤其他税项按国家有关规定计算缴纳。

(10)销售收入确认

销售收入以产品、商品已发出、劳务已提供、货款已收到或取得了收取货款的权利为确认原则。

(11)坏帐准备

坏帐核算采用备抵法、按应收帐款年末余额的5‰计提坏帐准备。

(12)利润分配

①按税后利润10%计提法定公积金。

②按税后利润5%计提法定公益金。

③1994、1995、1996年1—11月税后利润经分配法定公积金和法定公益金后全部分配给安徽省维尼纶厂;1996年12月实现的税后利润全额分配给安徽维尼纶厂。

④公司在本次股份制改组后,将按《公司法》和本公司章程的规定进行利润分配。

2. 会计报表项目注释

(1)应收帐款

应收帐款系销售产品(商品)形成的债权,包括:

帐龄	金额	比例(%)
1年以内	17957783.41	91.65
1—2年	1221785.51	6.24
2—3年	190793.98	0.97
3年以上	222557.39	1.14
合计	19592920.29	100.00

本帐户余额中无应收持本公司5%以上股份的主要股东的欠款。

(2)其他应收款

其他应收款系对其他单位和个人的应收及暂付款项,截止一九九六年十二月三十一日其他应收款余额为1623119.43元。

其中主要有:

户名	金额	款项内容
江西省化纤化工有限责任公司	600000.00	行业保证金
安徽省维尼纶厂劳服公司	472190.54	代垫运费
备　用　金	488501.02	

(3)在建工程

截止一九九六年十二月三十一日在建工程余额59000150.67元,其中包括高强高模聚乙烯醇纤维二期工程评估增值132889.06元。该等工程资金来源均为自筹资金,无资本利息化支出。

(4)资本公积

截止一九九六年十二月三十一日资本公积余额为47699871.52元,系经确认的资产评估价值并按安徽省国有资产管理局皖国资工字[1997]第067号《关于安徽皖维化纤化工股份有限公司国有股权管理有关问题的批复》的规定,将截止1996年11月30日净资产的65.36%折为股本,余额转入资产公积。

(5)盈余公积

	1996年	1995年	1994年
期初余额	10713467.97	4074908.01	/
本年增加	5336052.25	6638559.96	4074908.01
本年减少	16049520.22	/	/
期末余额	/	10713467.97	4074908.01

1994、1995年度盈余公积的增加数为两年累计按税后利润的10%和5%提取的法定公积金和法定公益金,1996年的本年增加数为1996年1—11月实现的税后利润按上述比例提取的法定公积金和法定公益金;

1996年的本年减少数系按安徽省国有资产管理局皖国资工字[1997]第067号文件的规定,并入净资产折股。

(三)主要财务指标

指标名称	1996年
(1)资产负债率	52.40%
(2)流动比率	0.89
(3)速动比率	0.52
(4)应收帐款周转率	21.80
(5)存货周转率	8.64
(6)净资产收益率	0.28
(7)每股净资产	1.53元
(8)每股收益	0.436元

注:每股净资产和每股收益均按经审计的1996年会计报表计算,本次发行后的本公司每股净资产为3.07元。

十、董事会上市承诺

本公司董事会将严格遵守《中华人民共和国公司法》、《股票发行与交易管理暂行条例》、《上海证券交易所市场业务试行规则》和有关法律法规的规定,并自股票上市之日起向全体股东做如下承诺:

1. 按照法律、法规的规定程序和要求披露重大的信息,并接受证券主管机关、上海证券交易所的监督管理。

2. 及时、准确、真实地在证券主管部门指定的报刊上公布中期报告、年终报告、并置于规定场所供投资者查阅。

3. 本公司董事、监事及高级管理人员如发生人事变动或持有本公司股票数量发生变化时,在及时报告证券管理机关、上海证券交易所同时向投资者公布;

4. 在任何公共传播媒介中出现的消息可能对本公司股票的市场价格产生误导性影响时,本公司知悉后将对该消息予以公开澄清;

5. 本公司董事、监事及高级管理人员将认真听取社会公众的建议和批评,决不利用已获得的内幕消息直接或间接从事股票买卖活动。

6. 本公司没有无记录负债。

十一、重要事项揭示

1. 在本次发行中认购本公司股票的股东,参加以股款验资到位日至1997年12月31日的可分配利润的分配。

2. 根据安徽会计师事务所对本公司盈利预测的审核报告,本公司1997年度将实现净利润5270.66万元,全面摊薄每股盈利0.376元。

本公司上市前执行33%的所得税率,本公司股票上市发行后,企业所得税实行先征后返的优惠政策,所得税实际负担率为15%。

3. 除本公司招股说明书和本上市公告书披露的事项外,本公司董事会认为没有其它对本公司资产、负债及股东权益有较大影响的重要事项。

十二、咨询机构

1. 发行人:安徽皖维化纤化工股份有限公司

法定代表人:陈信生

地址:安徽省巢湖市北郊巢维路56号

电话:(0565)2317280

联系人:汤华章

2. 上市推荐人:安徽省国际信托投资公司

法定代表人:卢继延

地址:安徽省合肥市寿春路111号

电话:(0551)2634400-1502

联系人:高新

3. 上市推荐人:南方证券有限公司

法定代表人:沈沛

地址:深圳市深南东路56号南方国际大酒店

电话:(0755)2256728-1315

联系人:李杰

十三、备查文件

1. 上海证券交易所上市通知书
2. 招股说明书
3. 审计报告、财务报表及附注
4. 资产评估报告
5. 盈利预测报告及注册会计师的意见
6. 验资报告
7. 营业执照
8. 公司章程
9. 法律意见书

安徽皖维化纤化工股份有限公司

一九九七年五月二十六日

资产负债表

编制单位:安徽皖维化纤化工股份有限公司(筹)　　　　单位:元

资　　产	附注	1996年12月31日	1995年12月31日	1994年12月31日	负债及股东权益	附注	1996年12月31日	1995年12月31日	1994年12月31日
流动资产					流动负债				
货币资金	1	5,996,749.78	3,051,177.51	11,461,521.75	短期借款	12	16,300,000.00	31,800,000.00	1,800,000.00
短期投资					应付票据	13	8,000,000.00		
应收票据	2	1,019,280.00	1,216,500.00	600,000.00	应付帐款	14	10,387,416.01	2,484,144.43	2,839,,299.63
应收帐款	3	19,592,920.29	7,920,604.67	4,469,918.75	预收货款	15	3,548,267.27	2,212,775.91	3,755,042.43
减:坏帐准备		97,964.60	39,603.02	22,349.59	其他应付款	16	16,091,680.40	15,685,895.71	11,494,237.62
应收帐款净额		19,494,955.69	7,881,001.65	4,447,569.16	未交税金	17	2,188,452.58	3,850,677.69	2,703,398.79
预付货款	4	2,903,910.64	5,292,752.60	5,400,324.15	应付福利费		3,080,921.56	2,127,294.16	744,402.86
其他应收款	5	1,623,119.43	4,357,552.76	402,117.91	未付股利				
待摊费用	6	223,032.65	305,873.00	382,341.00	其他未交款	18	531,723.34	143,515.11	525,861.96
存　　货	7	22,830,773.97	29,608,835.22	33,568,247.05	预提费用	19	471,306.24	6,814,127.22	5,104,592.23
待处理流动资产净损失					一年内到期的款项负债				
一年内到期的长期信贷投资					其他流动负债				
其他流动资产									
流动资产合计		51,091,322.16	51,713,742.74	56,262,121.02	流动负债合计		60,599,767.70	65,118,430.26	29,016,835.52
长期投资					长期负债				
长期投资					长期借款	20	90,970,000.00	91,022,344.09	95,780,945.06
其中:合并价差					应付债券				
固定资产					长期应付款				
固定资产原值	8	318,382,389.61	234,482,718.95	165,671,218.74	长期负债合计		90,970,000.00	91,022,344.09	95,780,945.06
减:累计折旧		146,443,643.22	85,154,055.83	68,224,697.11	负债合计		151,569,767.70	156,140,774.35	124,797,780.58
固定资产净值		171,938,746.39	149,328,663.12	97,446,521.63	股东权益				
固定资产清理					股　　本	21	90,000,000.00	88,295,079.78	88,295,079.78
在建工程	9	59,000,150.67	50,583,206.24	63,286,007.65	资本公积	22	47,699,871.52		
待处理固定资产净损失					盈余公积	23		10,713,467.97	4,074,908.01
固定资产合计		230,938,897.06	199,911,929.36	160,732,529.28	其中:公益金			3,571,155.99	1,358,302.67
无形资产及递延资产					未分配利润				
无形资产	10	1,420,000.00							
递延资产	11	2,818,920.00	3,523,650.00	173,118.07					
无形资产及递延资产合计		4,238,920.00	3,523,650.00	173,118.07	股东权益合计		137,699,871.52	99,008,547.75	92,369,987.79
资产总计		289,269,639.22	255,149,322.10	217,167,768.37	负债及股东权益合计		280,269,639.22	255,149,322.10	217,167,768.37

利润表

编制单位:安徽皖维化纤化工股份有限公司(筹)　　　　单位:元

项目	附注	1996年度	1995年度	1994年度
一、主营业务收入	24	299853371.10	303562130.21	185137870.62
减:营业成本	25	226535978.93	205493820.09	135135532.00
销售费用	26	1257793.94	1229328.20	798784.19
管理费用	27	8137492.33	16600242.56	5877638.58
财务费用	28	6102696.98	12640021.84	2117624.73
营业税金及附加	29	1420945.61	1689858.85	892158.36
二、主营业务利润		56398463.31	65908858.67	40316132.76
加:其他业务利润	30	1786486.17	98713.12	219212.17
三、营业利润		58184949.48	66007571.79	40535344.93
加:投资收益				
营业外收入	31	420070.08	52123.50	18346.13
减:营业外支出	32	58077.04	4372.25	7342.70
加:以前年度损益调整				
四、利润总额		58546942.52	66055323.04	40546348.36
减:所得税		19320491.03	21798256.60	13380294.96
五、净利润		39226451.49	44257066.44	27166053.40

财务状况变动表

编制单位:安徽皖维化纤化工股份有限公司(筹) 单位:元

流动资金来源和运用	行次	1996年度	1996年度	流动资金各项目的变动	行次	1996年度	1995年度
一、流动资金来源:				一、流动资产本年增加数			
1.本年净利润:	1	39226451.49	44257066.44	1.货币资金	41	2945572.27	-8410344.24
加:不减少流动资金的费用和损失				2、短期投资	42		
(1)固定资产折旧	2	15481413.96	16929358.72	3.应收票据	43	-197220.00	616500.00
(2)无形资产、递延资产及其他资产摊销	3	704730.00	-88945.86	4、应收帐款净额	44	11613954.04	3433432.49
(3)固定资产盘亏(减盘盈)	4			5.预付货款	45	-2388841.96	-107571.55
(4)清理固定资产损失(减收益)	5			6.应收补贴款	46		
(5)递延税款	6			7.其他应收款	47	-2734433.33	3955434.85
(6)其他不减少流动资金的费用和损失	7			8.存货	48	-6778111.25	-3959361.83
小计	12	55412595.45	61097479.30	9、待摊费用	49	-82840.35	-76468.00
2.其他来源:				10.待处理流动资产净损失(减收益)	50		
(1)固定资产清理收入(减清理费用)				11.一年内到期的长期债券投资	51		
(2)增加长期负债	13	33320000.00		12.其他流动资产	52		
(3)收回长期投资	14						
(4)对外投资转出固定资产							
(5)对外投资转出无形资产							
(6)无偿调出固定资产净损失							
(7)资本净增加额	19	38691323.77	6638559.96	流动资产增加净额	55	2378079.42	-4548378.28
小计	22	72011323.77	6638559.96				
流动资金来源合计	23	127423919.22	67736039.26	二、流动负债本年增加数			
二、流动资金运用				1.短期借款	56	-15500000.00	30000000.00
1.利润分配				2.应付票据	57	8000000.00	
(1)提取法定公积金	24	3557368.17	4425706.64	3.应付帐款	58	7903271.58	-405155.20
(2)提取法定公益金	25	1778684.08	2212853.32	4.预收货款	59	1335491.33	-1542266.49
(3)提取任意公积金	26			5.其他应付款	60	405784.69	4191658.09
(4)已分配股利	27	33890399.24	37618506.48	6.应付福利费	61	953627.70	1382891.30
	28			8.未交税金	62	-1662225.11	1147278.90
	29			9.未付股利	63		
	30			10.其他未交款	65	388208.23	-382346.35
小计	32	39226451.49	44257066.44	11.预提费用	66	-6342820.98	1709534.99
2、其他运用				12.一年内到期的长期负债	67		
(1)固定资产和在建工程净增加额	33	46508381.66	56019812.87	13.其他流动负债	68		
(2)增加无形资产,递延资产及其他资产	34	1420000.00	3350532.00		69		
(3)偿还长期负债	35	33372344.09	4758600.97				
(4)增加长期投资	36						
小计	38	81300725.75	64128945.84				
流动资金运用合计	39	120527177.24	108386012.28	流动负债增加净额	74	-4518662.56	36101594.74
流动资金净增加额	40	6896741.98	-40649973.02	流动资金增加净额	75	6896741.98	-40649973.02

安徽皖维化纤化工股份有限公司一九九七年度中期报告

一、财务报告(未经审计)

1.财务报表

(1)简化的资产负债表

单位:人民币元

项目	1997年1月1日	1997年6月30日
资产		
流动资产	54,091,822.16	242,990,149.54
长期投资		30,215,000.00
固定资产净值	171,938,746.39	212,798,669.69
在建工程	59,000,150.67	43,540,017.90
无形资产及递延资产	4,238,920.00	3,896,373.18
其他长期资产		
资产总计	289,269,639.22	533,440,210.31
负债及股东权益		
流动负债	60,599,767.70	42,691,585.68
长期负债	90,970,000.00	53,330,000.00
负债合计	151,569,767.70	96,021,585.68
股本	90,000,000.00	140,000,000.00
资本公积	47,699,871.52	289,871,548.34
盈余公积		
其中:公益金		
未分配利润		7,547,076.29
股东权益合计	137,699,871.52	437,418,624.63
负债及股东权益合计	289,269,639.22	533,440,210.31

(2)简化的损益表

项　　目	1997年1—6月　　单位元
主营业务收入	152,979,618.46
主营业务利润	30,235,271.62
其他业务利润	1,681,389.74
投资收益	1,887,245.94
营业外收支净额	3,784,003.52
利润总额	37,587,910.82
所得税	5,355,099.73
净利润	32,232,811.09
分配普通股股利	24,685,734.80
未分配利润	7,547,076.29

注:分配普通股股利,系根据本公司招股说明书之规定,公司成立前的利润分配给控股企业安徽省维尼纶厂,社会公众股股东参加公司成立日至年末的利润分配。

2. 主要财务指标

	1997年上半年
(1)每股收益	
全面摊薄	0.23元
加权平均	0.328元
(2)净资产收益率	7.37%
(3)每股净资产	3.12元

注:①由于本公司是1997年5月12日发行上市公司,为便于投资者正确阅读和合理评价本公司的经营业绩,本公司按两种方法计算每股收益指标,供投资者参考。

②上述(1)、(2)项收益指标,如不包括股票发行申购资金利息收入,则分别为:每股收益(摊薄)0.21元、(加权)0.297元,净资产收益率6.67%。

3. 财务报表附注

A. 主要的会计政策

本报告期与1996年度经审计的会计报告相比,执行的主要会计政策与方法没有变化。

B. 财务报表项目变动超过30%的分析说明

(1)货币资金比期初增加16052.29万元,主要系发行A股股票募集资金存款。

(2)应收帐款比期初增加702.32万元,主要系下列原因所致:

①生产规模扩大;

②高强高模聚乙烯醇纤维产品出口量迅速扩大,结算资金的占用增加。

(3)其他应收款比期初增加246.91万元,主要系下列原因所致:

①应收股票发行申购资金利息(已于7月初到位);

②应收出口产品退税款。

(4)存货比期初增加1137.21万元,主要系下列原因所致:

①生产规模扩大,生产储备增加;

②为保证汛期供料、增加煤、焦等主要原材料的储备。

(5)待摊费用比期初增加482.04万元,主要系94年初待扣税金摊余额转入。

(6)长期投资系本期购买国债投资。

(7)固定资产及其折旧分别比期初增加4982.09万元和896.10万元,主要系原在建工程转入和本期折旧提取数。

(8)在建工程比期初减少1546.01万元,主要系:

①本期完工转入固定资产4982.09万元;

②募集资金投入项目建设增加3400万元(详见募集资金运用说明)。

(9)其他应付款比期初减少490.20万元,主要系期初的应付电费款,本期无电费欠款。

(10)应付福利费比期初减少292.71万元,系根据公司与安徽省维尼纶厂达成的协议,公司福利费统一交付安徽省维尼纶厂,以支付公司职工福利事项。

(11)长期借款比期初减少3764万元,系本期借款到期已予以偿还部分。

(12)股本比期初增加5000万元,系1997年5月12日发行5000万股社会公众股股票募集的股本。

(13)资本公积比期初增加242,171,676.82元,系1997年5月12日发行社会公众股股本溢价款减股票发行费用1537.50万元后转入部分。

(14)未分配利润7,547,076.29元,为公司1997年5月22日成立后至本期末生产经营净利润。

(15)投资收益1,887,245.94元,系本期购买国债投资的应计利息收入。

C. 关联企业与关联交易

(1)关联企业

企业名称	经济性质	法定代表人	经营业务
安徽省维尼纶厂	国有	陈信生	工业生产
安维厂劳动服务公司	集体	胡　巍	工业生产
安维厂振华公司	集体	孙昌华	工业生产

(2)关联交易

根据本公司与安徽省维尼纶厂签订的《资产分离协议》及其《生产协作协议》之规定,本公司与安徽省维尼纶厂及其下属劳动服务公司、振华公司存在下列关联交易事项:

①本公司向关联企业提供产品和劳务的交易情况:

关联企业名称	产品或劳务	金额(元)
安徽省维尼纶厂	水、电、汽等	1,197,770.99
安维厂劳动服务公司	产品、水电汽等	410,537.75
安维厂振华公司	产品、水电汽等	789,251.87

②关联企业向本公司提供的产品或劳务情况

关联企业名称	产品或劳务	金额(元)
安徽省维尼纶厂	汽车运输、片石等	318,462.14
安维厂劳动服务公司	包装材料等	216,258.00
安维厂振华公司	包装材料等	123,130.07

二、经营情况的回顾与展望

1. 上半年经营情况回顾

今年上半年,公司以改制、股票发行上市为契机,进一步转变经营机制,坚持外抓市场、内抓管理,努力提高产品质量,降低费用和成本,取得了较好的经营业绩。上半年公司完成主营业务收入152,979,618.46元,利润总额为37,587,910.82元,净利润为32,232,811.09元。上半年主要工作如下:

(1)注重按照现代企业制度规范运作。公司成立后,较快地理顺了企业的法人治理结构,调整了内部管理机构和职能,使公司管理运作愈加规范、精干、高效。

(2)坚持眼睛向内、苦练内功,扎扎实实学习邯钢经验。一分一厘降低生产成本,公司将成本指标逐级分解,层层考核,严格物资、费用管理,细化成本核算,上半年主要产品成本均有不同程度的下降。

(3)大力开展质量效益年活动,通过建立健全质量监控网络,加强质量管理,公司主产品质量稳定提高,增强了产品的竞争力。

(4)加大产品促销力度,奋力开拓国内国际两个市场,扩大产品市场占有率,实现产供销协调发展。上半年公司工业产品产销率105.25%。

(5)根据《招股说明书》的承诺,公司集中相关的人力物力,加快内涵技术改造,三个技改项目进展顺利,30000吨醋酸乙烯乳液项目一期工程已完成工程进度80%;6000KW热电联产项目一期工程已完成工程进度的95%;6000吨高强高模聚乙烯醇纤维项目扩建一期工程已完成设计。

2.下半年经营情况的展望

(1)以市场为导向,优化产品结构,全力搞好销路畅、效益高的产品生产,增加主营业务收入。

(2)实施市场多元化战略,在巩固传统市场的前提下,适度进行销售地域和行业的转移,开好产品订货会,充分利用进出口自营权,进一步拓展国际市场。

(3)强化内部管理,突出"严、细、实",重点抓好资金管理、费用管理、成本管理、严格控制非生产性支出,开源节流,力争主要产品成本下降3—5%,确保年度利润水平较去年有较大幅度增长。

(4)切实抓紧抓好在建工程的建设和生产前的各项准备工作:

①30000吨聚醋酸乙烯乳液项目一期工程15000吨生产线,将提前于今年11月底建成投产,该项目全部建成后,年新增产值15990万元,年新增利润1858万元;

②6000KW热电联产项目一期工程,将提前于今年8月底竣工生产,每年可增加供热和自发电效益250万元,二期工程将于98年底完成并并网发电。该项目全部建成后,年新增利润950万元。

③6000吨高强高模聚乙烯醇纤维项目扩建一期2000吨工程,已于97年7月动工,预计98年3月建成投产,年新增利润达1315万元。今年9月,本公司董事长兼总经理陈信生先生一行应外商邀请,将出国进一步进行市场考察以及洽谈98年出口计划。

三、重大事件说明

1.经1997年4月29日中国证券监督管理委员会证监发字[1997]173号和证监发字[1997]174号文批准,公司于1997年5月12日采用上网定价发行的方式向社会公开发行5000万股A股股票(含职工股400万股),扣除发行费用,实际募集资金2.92亿元,中签率为1.28%,经上海证券交易所上证上字[1997]035文同意,公司4600万社会公众股股票,于1997年5月28日在上海证券交易所正式挂牌交易,公司职工股400万股,须在公司4600万股上市交易期满半年以后,方可上市交易。

2.1997年5月22日,公司召开创立大会暨第一届股东大会(详见本报告五,股东大会简介)。

3.公司第一届董事会、监事会第一次会议,于1997年5月22日在安徽省维尼纶厂东三楼会议室召开,会议选举的人员以及董事会决定聘任人员,已于1997年5月23日在《上海证券报》上公开披露。

4.按照国务院证券委、中国人民银行、国家经贸委5月21日联合发布的《严禁国有企业和上市公司炒作股票的规定》的要求,公司经自查,没有从事任何违规的事项。

5.高强高模聚乙烯醇纤维,是本公司自行研制开发的高技术含量、高附加值的新产品,该产品被西欧发达国家认定为替代石棉的"绿色环保产品",上半年以来,该产品备受外商青睐,供不应求,出口创汇势头良好,仅此一项,创利润1099.7万元,成为公司新的利润增长点。

6.募集资金的使用情况。

本公司于1997年5月12日A股发行上市,共募集资金30750万元,扣除股票发行费用,实际募集资金29212.50万元。到6月底,已投资3万吨聚醋酸乙烯乳液项目、6000kw热电联产项目、6000吨高强高模聚乙烯醇纤维项目计3400万元。尚未投入的资金,除补充流动资金外,部分购买国债,部分留作银行存款。

7.本报告期内,利润暂不分配。

8.本报告期内,无重大诉讼、仲裁事项。

四、发行在外股票的变动和股权结构的变化

1.股本结构

在本报告期内,公司发行在外的股票及公司的股本结构未发生变化,公司现有股本结构如下:

股份名称	期末数	占总股本比例%
总股本	14000万股	100.00
尚未流通股份		
国有法人股	9000万股	64.29
可流通股份		
社会公众股	5000万股	35.71
其中公司职工股	400万股	2.86

2.主要股东持股情况(1997年6月30日)

股东名称	持股数(万股)	占总股本(%)
(1)安徽省维尼纶厂	9000.00	64.29
(2)安徽国际	106.28	0.76
(3)张承林	66.76	0.48
(4)朱根水	45.00	0.32
(5)刘顺斌	40.00	0.29
(6)悦誉实业	39.81	0.28
(7)荆大器	33.00	0.24
(8)张志远	32.28	0.23
(9)张洪宇	30.76	0.22
(10)付 强	30.63	0.22

五、股东大会简介

公司创立大会暨第一届股东大会,于1997年5月22日在安徽省维尼纶厂职工俱乐部召开。出席本次会议的股东代表272人,代表公司股份9051万股,占公司股份总额的64.65%,超过公司股份总数的二分之一,符合《公司法》的规定,本次会议审议通过了以下决议。

1.关于公司筹建情况报告的决议;

2.关于公司设立费用情况报告的决议;

3.关于公司募集资金投向的决议;

4.关于通过公司章程的决议;

5.关于公司在上海证券交易所上市的决议;

6.选举产生了公司首届董事会和监事会。

本次股东大会表决通过上述决议,均经巢湖市公证处公证,并在中国证监会指定的报刊上予以公告。

六、备查文件

在本公司办公室备有以下备查文件,随时供股东查阅。

1.载有董事长兼总经理陈信生亲笔签名的中期报告原本。

2.首届股东大会的资料汇编。

3.公司《招股说明书》和《上市公告书》。

4.《公司章程》及其它有关文件

地址:安徽省巢湖市北郊巢维路56号

联系电话:(0565)2317280

传　　真:(0565)2317447

邮　　编:238002

安徽皖维化纤化工股份有限公司

一九九七年八月五日

郑州宇通客车股份有限公司

郑州宇通客车股份有限公司企业简介

一、企业概况

郑州宇通客车股份有限公司是交通部生产公路客车的专业厂家，也是全国大客车生产骨干企业。总注册资本7300万元。经过"七五"、"八五"技术改造，现已形成年产3000辆以上大客车的生产规模，具有完备的生产工艺和独立设计开发各类客车产品的技术能力，新产品研制开发的速度之快、质量之好，在国内客车行业中居领先地位，已开发和生产的ZK6980型等五大系列四十多个品种的郑州牌客车远销全国二十多个省、市、自治区，市场占有率达10%以上，市场覆盖率达90%以上。郑州牌客车被国内贸易部技术开发中心推荐为中国名牌产品；荣获全国消费者信得过国产车银奖；公司被中国企业形象认定委员会认定为AAA级企业。经过近几年的快速发展，企业综合实力明显增强，经济指标连续几年均居全国同行业前茅。目前，公司正进行以建设一条年产4000辆高档客车生产线和一条年产4000台客车专用底盘生产线为内容的"九五"技术改造。届时，将形成具有全国一流生产水平的客车生产基地。

地址：河南省郑州市凤凰路7号

邮编：450004　　电挂：0330

电话：(0371)6232177　　传真：(0371)6316894

二、董事长、总经理介绍

路法尧：男，56岁，大专学历，从1958年开始在原郑州客车厂从事化验、电镀、铸造机械设计等技术工作，先后被聘为技术员、工程师、高级工程师，1984年以来从事生产技术管理工作，先后任车间主任、副厂长、厂长等职，1993年本公司成立后任公司董事长、总经理。1994年获郑州市"五一"劳动奖章，1995年被评为郑州市杰出企业家，1996年辞去公司总经理职务，现任本公司董事长。

汤玉祥：男，43岁，大专学历，高级工程师。1977年参加工作，1981年调入郑州客车厂，历任技术员、副科长、科长、车间主任、副厂长，1995年聘为高级工程师。1993年本公司成立后任董事、副总经理，1996年任总经理，财务负责人。曾被评为郑州"新长征突出手"、市"十大青年企业家"，多次获郑州市"五一"劳动奖章。1997年河南省十大青年新闻人物。

郑州宇通客车股份有限公司招股说明书概要

一、释　　义

在本招股说明书中除非另有说明，下列简称具有如下意义：

(1)公司、本公司或发行人：均指郑州宇通客车股份有限公司

(2)郑州客车厂：指公司前身原郑州客车厂

(3)内部职工：指本公司成立时的在册职工

(4)股东大会、董事会、监事会：指公司股东大会和由股东大会推举产生的董事会、监事会

(5)社会公众股：指公司本次发行的3500万股人民币普通股

(6)主承销商：指黄河证券有限责任公司

(7)元：指人民币元

(8)证监会：指中国证券监督管理委员会

二、绪　　言

本招股说明书概要是依据《中华人民共和国公司法》、《股票发行与交易管理暂行条例》、《公开发行股票公司信息披露实施细则(试行)》及其他有关法律、法规的规定编制而成，旨在向投资者提供有关本公司的基本情况和股票发行认购手续等资料。本招股说明书概要摘自招股说明书全文，确信内容与招股说明书一致。公司董事会已批准了本招股说明书，确信其中不存在任何重大遗漏或误导，并愿对其真实性、准确性、完整性负个别及连带责任。

新发行的股票是根据招股说明书所载明的资料申请发行的，除本发行人和主承销商外，没有委托或授权任何其他人提供未在本说明书中列载的信息和对本说明书作任何解释或者说明。

投资人买卖本公司的股票应根据有关法律、法规的规定支付相关税款，发行人、主承销商和上市推荐人对此不承担责任。

为方便投资者，本公司和主承销商特设咨询电话：

本公司咨询电话：(0371)6323177-3004

主承销商咨询电话：(0371)6229493

三、新股发行的有关当事人

1. 发行人：郑州宇通客车股份有限公司

地　　址：河南省郑州市凤凰路7号

法定代表人：路法尧　　联系人：刘自强　　电话：(0371)6323177-3004　　传真：(0371)6316894

2. 主承销商：黄河证券有限责任公司　　地址：郑州市西太康路139号　　法定代表人：南凤兰　　联系人：王园、屈桂林、王作功　　电话：(0371)6229493　　传真：6222499

3. 副主承销商：南方证券有限公司　　地址：深圳市深南中路南方国际大酒店十二楼　　法定代表人：王景师　　联系人：俞露、王岚、韩昌　　电话：(0755)2256728-1315(深圳)　(021)62788788转(上海)　　传真：(021)62788777

4. 分销商：中信证券有限责任公司　　地址：北京市朝阳区新源南路6号京城大厦　　法定代表人：常振明　　联系人：林初学　　电话：(010)64661492　　分销商：中国工商银行信托投资公司　　地址：北京市西城区车工庄大街丙3号　　法定代表人：杨家思　　联系人：宋占举　　电话：(0371)3944411　　分销商：国泰证券有限公司　　地址：上海市浦东新区乳山路61号　　法定代表人：金建栋　　联系人：苗君、齐炳玉　　电话：(0371)5713306

5. 主承销商律师：天达律师事务所　　地址：北京市三里屯外交公寓东门　　法定代表人：李大进　　经办律师：宁立、徐俊峰　　电话：(010)64629131

6. 上市推荐人：南方证券有限公司　　法定代表人：王景师　　地址：深圳市深南中路南方国际大酒店十二楼　　联系人：俞露、王岚、韩昌　　电话：(0755)2256728-1315(深圳)

7. 发行人律师：信达律师事务所　　地址：深圳市人民南路国际贸易中心四十三层　　法定代表人：徐育康　　经办律师：陈利民、徐育康　　电话：(0755)3244669

8. 审计机构：郑州会计师事务所　　地址：郑州市互助路1号　　法定代表人：朱晓琳　　经办注册会计师：龚淑敏、胡建新　　电话：(0371)7970287

9. 资产评估机构:河南审计事务所　　地址:河南省郑州市纬二路27号　　法定代表人:张锡华　　经办评估人员:安光有、郭瑞冬　　电话:(0371)5959587

10. 收款银行:中国工商银行郑州分行　　交通银行郑州分行

11. 资产证估确认机构:国家国有资产管理局

12. 股票登记机构:上海证券中央登记结算公司

四、发行情况

1. 本公司此次新股发行和承销的基本情况:

股票种类:人民币普通股

股票面值:1.00元

承销方式:余额包销

承销起止日期:1997年4月23日至1977年4月30日;

发行方式:全额预缴、比例配售、余款转存

发行地区:河南省郑州市

发行对象:在上海证券交易所开立股票帐户的自然人、法人和经过中国人民银行批准的基金等其他机构(法律、法规禁止者除外)

2. 本次发行的新股为记名式人民币普通股股票,发行面值每股人民币1元,发行数量3500万股。

3. 发行价格及其确定办法

本次新股溢价发行,每股发行价9.75元。

(1)计算方法

发行价格=前三年平均每股税后利润×市盈率=(0.20+1.19+0.56)/3×15=9.75元

(2)市盈率为15倍。

4. 预计实收资金

本次发行可募资金34125万元,扣除发行费用,公司实募资金33075万元。

5. 拟上市交易所:上海证券交易所

五、风险因素及对策

投资者在评价本发行人此次发行的股票时,应特别认真地考虑下述各项风险因素。

一、风险因素

1. 政策风险

今后我国汽车行业(包括客车行业)的产业政策将是重点支持销量大的企业的发展,解决我国汽车行业厂点多、投资分散的问题,本公司如果不能保持目前已取得的良好的发展趋势,国家产业为政策的调整中将面临困境。

2. 经营风险

"九五"期间如果专业技术人员的增加不能与发展规模的扩大相适应,一定程度上影响公司的发展。

新项目投资需要一定的资金,不能排除汇率变化的风险。

3. 行业风险

客车生产行业对公路建设和客流量的依赖性很强,因此基础产业发展的快慢和宏观经济的景气程度将直接影响客车行业发展。

4. 市场竞争风险

我国目前有大约200家客车生产企业,竞争激烈,因此稍有不慎就可能给公司生产经营造成困难。

5. 股市风险

6. 其他风险

二、公司对策

1. 政策风险对策

大型客车制造企业的经济规模一般在1000—5000辆之间,本公司已达到客车行业的经济规模,公司将进一步加强高附加值的新产品新技术的开发,以适应不同的经济环境对客车产品的需求,稳定市场占有率。

新投资项目的底盘生产线为4000辆,远远超过了国家扶持发展的最低规模。

2. 经营风险的对策

本公司与广大客户建立了长期的相互信任的供应关系,主要原材料在国内供应充足,价格稳定。

公司现有产品进口原材料的比重仅为1%,受外汇汇率变动的影响较小。本公司的产品在性能上已基本具备了国外进口客车的水平,新研制的高档客车价格只有70至80万元,较容易拓展国际市场,实现外汇收支平衡。

3. 行业风险对策

随着我国经济的快速发展,人员流动数量不断增加、范围迅速扩大,公路运输在客运总量中所占的比重还会将进一步提高;我国旅游行业空前兴旺,对客车的需求将向高档化的方向发展,给客车生产企业带来了一次难得的发展机遇。

4. 市场风险对策

公司将不断改进现有产品的结构,增加中高档客车的比重,提高基本性能和设计水平,开发生产专用客车底盘,增强车身与底盘的匹配性,提高竞争能力,通过以上措施,本公司产品将不断扩大国内市场,并且可能利用价格优势打入国际市场。

六、募集资金的运用

本次发行扣除发行费用后预计可以募集资金33075万元,所募资金将被用于年产4000辆高档客车生产线和年产4000台中高档专用客车底盘生产线两个技术改造项目,这些项目均已获河南省经贸委豫经贸技字[1995]865号和866号文件批准,并且年产4000台专用客车底盘生产线技术改造项目被国家经贸委列入"双加"工程导向性计划。

(一)年产4000辆高档客车技术改造项目

1. 年产4000辆高档客车生产线技术改造项目

(1)项目简介

据国家权威部门预测,未来时期国内大中型客车的市场需求将呈现普档客车为主流、中高档客车为方向的发展趋势,近期将出现对中高档客车的迫切需求,本公司拟投产的高档客车由于重点在消化吸收上,因而目标价格为60—70万元,容易被市场接受。本公司已对该项目作了严密的可行性分析,河南省经贸委已批准本项目立项。

(2)项目的投资内容和资金需求

本项目的主要投资内容为建设4000辆高档大客车专用生产线,是公司"九五"期间重点投资项目,建设内容包括车身焊装、涂装、总装和公司设施用房,新增建筑面积3.2万平方米,新增生产设备185套。项目固定投资4993万元,流动资金需求22152万元,建成后可形成年产4000辆大、中、轻型高档客车的生产能力。

建设项目的资金安排如下:

1996年开工,用于工程预付和项目铺底,投资1500万元;

1997年用于项目基础设施建设和设备采购、安装,投资2500万元,从1997年5月份开始陆续投入流动资金;

1998年用于工程收尾,投资993万元,并投入项目所需剩余流动资金。

(3)经济效益预测

项目完成后,年产4000辆高档客车项目将成为本公司主要的利润增长点,每年可形成124270万元的销售收入和12427万元的利润,从而使本公司在我国客车生产企业中取得领先地位。

本项目将采用边建设、边生产的办法,预计在1997年下半年开始产生效益。

2、年产4000台专用客车底盘生产线技术改造项目

(1)项目简介

高档客车底盘在设计上具有本身的特点,目前我国普通客车的底盘一般都采用货车底盘,显然不能满足高档客车的运行要求,年产4000台

客车专用底盘的技术改造项目投资是稳妥的，该项目经河南省经贸委批复后，并被国家经贸委列入“双加”工程导向性计划。

(2)项目的投资内容和资金安排

本项目的主要投资内容为车架焊装、涂装、底盘总装厂房及仓库、公用设施用房，新增建筑面积8750平方米，新增生产设备37台(套)。项目固定资产投资4992万元，流动资金需要约8204万元，建成后可形成年产大、中、轻型专用客车底盘4000台的生产能力。

项目所需资金的时间大致如下：

1996年投资500万元用于工程预付和项目前期投资；

1997年投资2500万元用于土建工程和设备购置、安装，1997年在10月开始注入流动资金。

1998年投资1492万元，完成该项目固定资产投资，同时投入项目所需流动资金。

(3)项目的效益预测

本项目如能按期完成并达产后，每年可以实现销售收入3.52亿万元，利润3667万元，建成后可以增强公司产品的自我配套程度，从而大大提高公司的竞争能力。以上两个项目的总投资为40341万元，本次发行可募集资金33075万元，公司已投入资金约1500万元，尚余缺口约6000万元，主要依靠1997、1998年的利润分配解决，同时不排除银行贷款的方式。

本公司于1993年定向募集所筹资金和1996年配股合计，募集资金3280万元已按原招股说明书的要求用于原有生产线的技术改造和补充流动资金，同时解决了“九五”技改项目建设用地约45万平方米。

七、股利分配政策

根据公司章程(修正案)所载，除非股东大会通过决议另有规定，公司每年分配股利一次，公司股利可以采用现金和股票两种形式，税后利润按如下顺序进行分配。

A. 弥补亏损

B. 提取法定公积金10%

C. 提取公益金5～10%

D. 提取任意公积金

E. 分配股利

本公司股利分配将在每个会计年度终结后四个月内由董事会根据公司盈利状况及公司投资计划提出方案。

本公司1997年1月12日召开的股东大会已形成决议，本公司股票公司发行前不分配1997年度股利，新股东将参与1997年度及以前年度公司未分利润的分配。

八、发行人及发行人主要成员的情况

1. 发行人名称：郑州宇通客车股份有限公司

2. 发行人成立日期：1993年2月28日

3. 注册地：河南省工商行政管理局

4. 公司住所：河南省郑州市凤凰路7号

5. 公司沿革及改制情况

公司位于河南省郑州市市区，是在原郑州客车厂的基础上经定向募集设立的股份有限公司。

郑州客车厂始建于1963年，是交通部在河南省唯一的一家公路客车生产厂，也是我国从事客车生产较早的专业厂之一，位于郑州市凤凰路，距郑州火车东站仅数百米，距郑汴高速公路和107国道仅数千米，具有优越的交通条件。

到1993年郑州客车厂已经成为我国主要的公路客车生产企业之一，尤其是1989—1993年公司(及其前身)投入3300多万元进行了技术改造，引进了日本、德国的关键设备和生产工艺，新建了一条贯通式的生产线，生产工艺和技术水平得到了进一步的提高，初步形成了2000辆大客车的生产能力。

1993年根据河南省经济体制改革委员会豫体改字[1993]第29号文件批复，郑州客车厂与中国公路车辆机械公司、郑州旅行车厂共同发起以定向募集方式设立郑州宇通客车股份有限公司。

1993年公司改制后，公司发挥了技术、资金和经营机制上的优势，企业规模和效益快速发展，三年中总资产从公司创立时的8000多万元增加到目前的24000多万元。1994年公司生产客车1401辆，首次突破1000辆大关，1995年生产客车2297辆，1996年生产客车3432辆，经过短短3年的发展，本公司的实力已大大加强。目前，客车产量已列全国同行业第二，仅次于扬州客车制造总厂，经济效益列第一，为将来公司的进一步发展打下了良好的基础。

组织结构及管理机构图

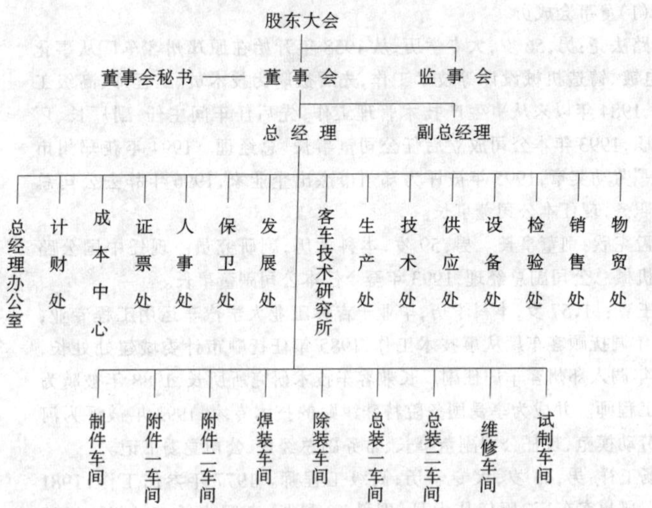

6. 发行人经营业务范围：

客车及其配件、附件制造，机械加工；汽车及其配件、附件销售，五金交电、化工产品，百货，客货运输，客车产品设计与技术服务，摩托车；旅游，饮食服务。

7. 主要业务：本公司的主要业务为客车产品的生产和销售，最近三年客车产品的销售收入和销售利润均占公司全部产品销售收入和利润的98%以上。

8. 产品的生产和销售能力：

本公司现有客车生产能力为3000辆，为国内较大的客车生产企业，1996年实际生产客车3432辆。本公司生产的客车性能良好，车型美观，其中卧铺客车是本公司产品中比重较大的主导产品之一。本公司产品具备了车型多、高中低档齐全的特点，可以随时根据市场需求调整产品结构，因而销售情况一直保持着良好的势头。

根据有关方面统计，1996年我国客车产销量在1000辆以上的企业有5家，客车生产情况如下：

单　位	产量(台)
扬州客车制造总厂	6220
郑州宇通客车股份有限公司	3432
山东客车股份有限公司	2325
桂林客车工业集团公司	1816
长沙客车制造总厂	1783

9. 原材料及其供应情况

本公司生产用主要原材料有汽车底盘、钢板、角钢、冷弯型钢、铝材、玻璃、橡塑制件等。

本公司生产过程中并不需要特殊的原材料，所需原材料供应充足，并对任一供应者没有特殊依赖,主要原材料的价格稳定。公司已有四十年的客车生产历史,在全国建立了包括一汽、二汽、宝钢、武钢、洛玻、长城铝业、西南铝业等国家大型、超大型企业在内的稳定的供货渠道,本公司信誉良好、需求稳定,原材料供应有足够的保证。

10. 新技术开发

本公司十分重视新产品、新技术的开发工作,每年开发5—10种客车新型号。公司专门设有产品开发处,该处现有科研人员30人,其中高级工程师3人,工程师15人,助理工程师11人,拥有一个CAD计算机辅助设计中心,先后设计了ZK6980-1、ZK6980W-1、ZK6100系列座位及卧铺客车,ZK6980WK和ZK6100WK系列空调车,ZK6730W、ZK6700W客车等四十余个车型,均供不应求。

11. 董事会、监事会、高级管理人员简介

(1)董事会成员

路法尧:男,56岁,大专学历,从1958年开始在原郑州客车厂从事化验、电镀、铸造机械设计等技术工作,先后被聘为技术员、工程师、高级工程师、1984年以来从事生产技术管理工作,先后任车间主任、副厂长、厂长等职,1993年本公司成立后任公司董事长、总经理。1994年获郑州市"五一"劳动奖章,1995年被评为郑州市杰出企业家,1996年辞去公司总经理职务,现任本公司董事长。

孟宪欣:副董事长。男,59岁,本科学历,副研究员。现任中国公路车辆机械总公司副总经理,1993年至今任本公司副董事长。

王克:男,57岁,本科学历,毕业于吉林工业大学汽车运用工程专业,1966年调抚顺客车厂从事技术工作,1985年任抚顺市计委城建处处长,1987年调入郑州客车厂任副厂长兼客车技术研究所所长,1988年被聘为高级工程师。并成为享受国务院特殊津贴的技术专家,1993年被评为河南省劳动模范,现任公司副董事长、常务副总经理、公司党委书记。

汤玉祥:男,43岁,大专学历,高级工程师。1977年参加工作,1981年调入郑州客车厂,历任技术员、副科长、科长、车间主任、副厂长,1995年聘为高级工程师。1993年本公司成立后任董事、副总经理,1996年任总经理,财务负责人。曾被评为郑州"新长征突出手、市"十大青年企业家",多次获郑州市"五一"劳动奖章。

王家军:男,52岁,大专学历,会计师,1965年7月在郑州客车厂参加工作,历任厂财务科会计、副科长、科长、厂长助理、副厂长、总会计师等职,1993年3月任本公司董事、总会计师,1996年起任公司董事。

魏延岭:男,48岁,大专学历,助理工程师,1969年12月应征入伍,1975年3月复员到郑州客车厂工作,历任车间副主任、主任、生产科长、厂长助理、副厂长等职,1993年至今任公司董事。

裴天义:男,51岁,中专学历,经济师。1962年应征入伍,1968年3月复员到郑州客车厂工作,历任厂全面质量管理办公室副主任、主任、销售部经理等职,1993年3月至今任公司销售部经理,现为本公司董事。

宋士英:男,58岁,高中学历,政工师,1958年9月在郑州客车厂参加工作,历任厂工会秘书、副主席、主席,1993年至今任本公司董事、工会主席。

秦双桥:男,57岁,高级政工师。1965年毕业于新乡师范学院,并在河南省冶金学校任教,1970年调入郑州第一钢厂,任宣传部干事,后历任炼钢车间党支部副书记,郑州第一钢厂副厂长、厂长、党委书记,1992年起任该厂厂长,党委书记,现为本公司董事。

(2)监事会成员

穆成桥:男,56岁,大专学历,政工师。1959年7月应征入伍,在中国人民解放军空军某部历任中队长、副大队长、领航主任、师副参谋长等职。1986年12月转业到郑州客车厂,历任厂纪委书记、党委副书记。1993年3月起任公司董事、党委副书记,现任公司监事会主席、党委副书记。

齐建钢:男,44岁,大专学历,经济师。1969年11月应征入伍,1975年复员到郑州客车厂工作,历任办公室秘书、主任、企管办主任、供应处处长等职,1993年3月起任公司客车厂副厂长兼供应处处长,现任公司监事。

徐建生:男,33岁,本科学历,工程师。1984年7月从西安公路学院车身设计专业毕业后分配到郑州客车厂工作,历任助理工程师、工程师、设计科副科长、新产品试制车间主任、产品开发处处长。现任本公司监事。

孙纪元:男,48岁,中专学历,助理经济师。1968年12月应征入伍,1973年3月复员到郑州客车厂,现为公司劳资科科员,现任本公司监事。

宋金喜:男,59岁,初中文化,1953年3月到新乡运输公司工作,1957年入伍,1961年复员,1963年调入郑州定车厂,1992年起任郑州客车厂生产处副处长,公司成立后任生产处副处长、销售部副经理,现任本公司监事。

(3)公司高级管理人员

鲁照贤:男,40岁,大专学历,经济师。1978年9月参加工作,历任郑州客车厂生产科调度、副科长、车间主任、生产处处长等职,1993年3月起任公司客车厂副厂长兼生产处处长。1996年后任公司副总经理。

吴项林:男,31岁,本科学历,工程师。1988年7月从西安公路学院车身设计专业毕业后分配到郑州客车厂工作,历任助理工程师、工程师、设计处副处长、开发处副处长、技术处副处长、处长等职,现任本公司副总经理。

鲍玲玲:女,51,本科学历,高级工程师。1970年7月毕业于北京农机学院,在河南遂平塑料机械设备厂任技术员,1975年1月到郑州客车厂工作,历任技术员、助理工程师、工程师、高级工程师、副厂长等职,1993年3月任公司董事、经理,现任公司副总经理。

陈宝庆:男,59岁,本科学历,高级工程师。1963年8月毕业于吉林工业大学后分配到郑州客车厂工作,历任技术员、助理工程师、工程师、高级工程师、副总工程师等职,公司成立后任公司总质量师。92年被国务院批准享受"政府特殊津贴"。

(4)董事会秘书

刘自强:男,57岁,高中学历。1958年在郑州客车厂参加工作,历任厂办秘书、办公室副主任、主任、总工办主任。1993年公司成立后任总经理办公室主任、董事会办公室主任等职。现为董事会秘书。

(5)董事会成员在其他企业的任职情况

孟宪欣先生为本公司董事,任中国公路车辆机械总公司副总经理。

秦双桥先生为本公司董事,任郑州第一钢厂厂长。

九、经营业绩

1. 生产能力

1993年公司设立时,原郑州客车厂已初步形成了年产2000辆中高档客车的生产能力,经过"八五"期间较大规模的技术改造,使原有生产线的生产能力得到发挥并且生产能力增加到3000辆,1996年实际生产客车3432辆。

本公司此次发行股票所募资金将被用于年产4000辆高档客车生产线和年产4000台客车专用底盘生产线的技术改造项目,这次技术改造将是本公司有史以来最大的一次技术改造,项目建成后,本公司的客车生产能力将提高一倍以上,并有望成为我国最大的客车生产基地。

2. 公司过去三年营业记录

过去三年是本公司及其前身郑州客车厂发展最快的三年,经过这三年的发展,公司生产能力和整体实力发生了质的飞跃,客车生产量从1993年的708辆增加到1996年的3432辆,增加了3.85倍,平均每年增长69.3%,销售收入从7147万元增加到43907万元,增加了5.14倍,年均增长83.1%,利润总额从21.3万元增长到3032万元,增长了141.35倍,公司在同行业中的排名从中下游水平一跃成为第二名。前三年的主要经营指标如下:

项目	数量	1996年	1995年	1994年
客车产量	辆	3432	2297	1401

销售收入	万元	43907	27424	13763
利润总额	万元	3032	2218	380
税后利润	万元	2120.5	1486.3	254.8

3．产品的市场情况

1996年本公司产品的国内市场占有率已达到10％左右，市场覆盖率达90％，在市场竞争中已经取得了比较优越的地位。1994年以来市场占有情况和产销比例如下：

年　份	1994年	1995年	1996年
客车产量(辆)	1401	2297	3432
市场占有率(％)	5	7	10
产销率(％)	96	97	97

十、股　本

1．注册股份：3800万股

2．已发行股份：目前公司股本为3800万股，其中已向内部职工发行的股份为765.96万股。

3．1993年公司以面值发行股票。

1996年公司以每股2元的价格配股，超面值发行部份已进入公司资本公积金。

本次股票发行后，溢价资金将作为公司资本公积金。

4．内部职工股

本公司此次发行新股不再配售内部职工股，现有的内部职工股是1993年2月本公司创立时和1996年2月配股时配售的，发行对象严格控制在本公司职工范围内，1993年股本发行后已按有关要求办理了集中托管手续，未在社会上流通。

5．发行前后股本结构：

单位：万股

股份种类	发行前 股份数量	发行前 占总股本％	发行后 股份数量	发行后 占总股本％
发起人持股	1934	50.90	1934	26.49
其中：				
国家股	1482	39.00	1482	20.30
法人股	452	11.90	452	6.19
其他法人持股	1100.04	28.94	1100.04	15.07
社会公众持股			3500	47.95
内部职工持股	765.96	20.16	765.96	10.49
总股本	3800	100	7300	100

6．发行前和发行后每股净资产

发行前净资产总额：7624万元

发行前每股净资产：2.01元

发行后净资产总额：40699万元(扣除发行费用)

发行后每股净资产：5.58元

十一、主要会计资料

如果投资者欲对本公司的财务状况、经营成果及其会计政策进行更详细的了解，应当认真阅读在附录中所载的经郑州会计师事务所郑会证审字[1997]001号审计的本公司财务报表及注释。

(一)审计报告

郑州宇通客车股份有限公司全体股东：

我们接受委托，对贵公司1994年12月31日、1995年12月31日、1996年12月31日的资产负债表和1994年度、1995年度、1996年度的利润及利润分配表、1996年度财务状况变动表进行了审计。上述会计报表由贵公司负责，我们的责任是对这些会计报表发表审计意见。我们的审计是依据中国注册会计师独立审计准则进行的，在审记过程中，我们结合贵公司的实际情况，实施了包括抽查会计记录等我们认为必要的审计程序。

我们认为：上述会计报表符合《企业会计准则》和《股份制试点企业会计制度》及其补充规定，在所有重大方面恰当地反映了贵公司1994年12月31日、1995年12月31日、1996年12月31日的财务状况及1994年度、1995年度、1996年度的经营成果和1996年度的资金变动情况，会计处理方法的选用遵循了一贯性原则。

郑州会计师事务所　中国注册会计师：龚淑敏

中国注册会计师：胡建新

(二)资产负债主要数据：　单位：元

	1996.12.31	1995.12.31	1994.12.31
流动资产			
货币资金：	32,520,083	12,605,622	8,695,672
应收票据			
应收帐款净额：	5,586,808	7,997,174	13,020,684
预付货款：	2,604,507	1,139,651	2,236,498
其它应收款：	4,134,646	4,137,840	2,848,337
待摊费用	2,451,664	3,212,525	4,160,077
存货：	101,902,709	65,258,394	38,655,425
待处理流动资产净损失			
流动资产合计：	149,200,417	94,351,207	69,616,693
长期投资合计：	118,047	223,487	250,511
固定资产净值：	54,541,567	46,131,480	9,808,901
在建工程：	17,252,394	6,200,879	35,026,648
固定资产清理：		6,447	2,246
待处理固定资产净损失			
固定资产合计：	71,793,961	52,338,806	44,837,795
无形及递延资产合计：	19,905,667	1,380,924	1,473,114
资产总计	241,018.092	148,294.423	116,178.114
流动负债：			
短期借款：	77,250,000	48,553,000	39,360,000
应付票据：	30,500,000	4,800,000	1,918,215
应付帐款：	19,496,840	20,140,959	15,311,776
预收贷款：	1,614,261	6,560,182	4,882,750
应付福利费：	577,138	90,167	147,741
未付股利：		1,009,788	2,053,750
未交税金：	6,358,902	1,568,544	580,693
其他未交款：	192,670	38,743	29,099
其它应付款：	14,408,189	12,127,032	7,816,995
预提费用：		411,109	835,001
一年内到期的长期负债：	10,069,387	7,700,000	4,700,000
流动负债合计：	160,467,385	102,999,523	77,630,636
长期负债			
长期借款	2,800,000	13,475,057	25,095,058
长期应付款	1,511,064	2,865,224	271,445
长期负债合计：	4,311,064	16,340,281	25,366,503
负债合计：	164,778,449	119,339,804	100,948,774
所有者权益：			
股本：	38,000,000	12,500,000	12,500,000
资本公积：	13,995,752	915,752	
盈余公积：	5,792,433	2,611,679	382,188
未分配利润：	18,451,458	12,927,188	293,402
所有者权益合计：	76,239,643	28,954,619	13,175,590
负债及所有者权益合计：	241,018,092	148,294,423	116,178,114

(三)利润表主要数据：

单位：元

项　目	1996年	1995年	1994年
1．主营业务收入	439,068,983	274,237,533	137,629,196

销售成本	369,063,910	225,141,238	121,860,020
销售费用	7,030,640	4,451,221	2,763,600
管理费用	23,754,785	16,103,087	5,569,596
财务费用	9,039,543	6,749,006	4,385,344
营业税金及附加	1,224,034	734,461	430,700
2.主营业务利润	28,956,072	21,058,521	2,619,936
加:其他业务利润	715,641	711,180,	405,316
3.营业利润	29,671,712	21,769,701	3,025,252
加:投资收益	10,848	19,688	17,896
营业外收入	818,626	547,390	850,426
减:营业外支出	179,476	152,784	90,710
4.利润总额	30,321,710	22,183,995	3,802,864
减:所得税	9,116,686	7,320,718	1,254,945
5.税后利润	21,205,024	14,863,277	2,547,919

(四)关于财务报表的注释

1.重要会计政策

A.会计制度:公司执行《企业会计准则》和《股份制试点企业会计制度》。

B.会计年度:本公司以公历1月1日至12月31日为一个会计年度。

C.记帐本位币:人民币。

D.记帐原则和计价基础:公司以权责发生制原则记帐,以实际成本为计价基础。

E.坏帐准备:年末按应收帐款余额的3‰计提坏帐准备金。

F.存货计价方法:原材料日常按计划成本核算,月末通过成本差异调整为实际成本。产成品按实际成本计价,发出时按加权平均法计算。低值易耗品价值在300元以下的采用一次摊销法,价值在300元以上的采用"五五"摊销法。

G.长期投资:

证券投资企业认购的债券按实际支付的价款入帐。

H.固定资产及其折旧:使用期限在一年以上,单位价值在人民币2000元以上的劳动资料作为固定资产,固定资产按历史成本计价,按直线法计提折旧。固定资产按原值3%预留残值。固定资产折旧年限和折旧率分别列示如下:

类别	折旧年限	年折旧率
房屋及建筑物	30年	3.2%
机械设备	10年	9.7%
运输工具	6年	16.2%

I.无形资产及其摊销:土地使用权按50年平均摊销。

J.销售收入的确认:以产品已经发出,货款已经收到或者取得索取货款的凭据时,确认销售收入。

K.税项:公司承担主要税项如下:

(1)增值税:增值税销项税率为17%,按扣除进项税后的余额缴纳。

(2)城建税:按应缴增值税的7%计征。

(3)所得税:所得税按33%的税率计征。经河南省人民政府豫政文[1997]23号文批准,省政府同意本公司股票发行后所得税实行"照章纳税,财政返还,实际税负15%"的政策。

L.利润分配政策:根据1997年1月12日临时股东大会决议,1996年度暂不分配,公开发行股票后,由新老股东共享。

2.重要会计指标解释

(1)应收帐款:5,603,618.67元

帐龄	金额(元)	比例(%)
一年以内(37户)	4,851,870.39	86.58
一年至三年(13户)	541,748.28	9.67
三年以上(3户)	210,000.00	3.75

应收帐款比上年同期减少2,417,619.33元,下浮30.14%。主要原因是随着市场需求量的变化,本公司产品以现款交易为主。应收帐款中无应收股权占5%以上股东的货款。

(2)预付货款:2,604,507.39元

帐龄	金额(元)	比例(%)
一年以内(26户)	2,598,917.39	99.79
一年至三年(1户)	5,590.00	0.21

预付货款比上年增加1,464,856.83元,增长128.54%,系生产规模扩大,预付材料款增加。预付货款中无预付股权占5%以上股东的款项。

(3)其他应收款:4,134,646.20元

帐龄	金额(元)	比例(%)
一年以内(49户)	3,826,453.10	92.55
一年至三年(11户)	90,422.00	2.19
三年以上(4户)	217,771.10	5.26

其他应收款中无应收股权占5%以上股东的款项。

(4)存货:101,902,709.14元

存货类别:	金额(元)
原材料	49,835,145.54
在产品	25,599,160,07
产成品	15,713,664.90
分期收款发出商品	10,168,769.69
低值易耗品	585,968.94

存货比上年同期增加36,644,314.79元,增长56%,主要原因是本公司扩大生产规模,原材料储备量增长113.17%、分期收款发出商品增长180.13%,在产品增长8.3%所致。

(5)在建工程:17,252,394.00元

其中利息资本化支出450,925.80元

工程名称	工程进度	实际支用数	原预算数	批准文号	资金来源
400台中高档				省经贸委(95)	
客车底盘生产线	16.34%	16,317,374.00	99,850,000.00	865,866号	自筹
新建污水处理站	59%	438,000.00	740,000.00		自筹
计算机网络	15%	250,000.00	1,717,950.00		自筹
自动点焊设备站	38%	147,020.00	390,000.00		自筹
办公楼加层	67%	100,000.00	150,000.00		自筹

(6)无形资产: 19,905,667.07元

种类	原值	已摊金额	期末余额	剩余摊销年限
土地使用权	1,463,877.00	112,230.57	1,351,646.43	46年
土地使用权	18.838,980.00	284,959.36	18,554,020.64	49年

土地使用权原值1,463,877.00元,系93年企业改制时,国家以国有土地使用权折价入股,自93年3月开始摊销。

土地使用权18,838,980.00元,系郑州第一钢厂以土地使用权折价入股款及入股后的土地开发费,自96年4月开始摊销。原郑州第一钢厂入股前已摊销5个月,本公司按其存续期49年零4个月进行平均摊销。

(7)应付福利费:577,137.56元

系职工福利费节余。

(8)未分配利润:18,451,458.17元

根据1997年1月12日临时股东大会决议,1996年度暂不分配,公开发行股票后由新老股东共享。

资产结构、流动性及获利能力分析

财务分析指标	1996年	1995年	1994年
财务结构:			
资产负债率(%)	68.37	80.47	88.66
偿债能力:			
流动比率	0.93	0.92	0.90
速动比率	0.29	0.28	0.40

经营能力:			
存货周转率(次)	4.4	4.3	3.5
应收帐款周转率(次)	64.45	26.02	5.8
获利能力:			
净资产收益率(%)	27.81	51.33	19.30
每股净利润(元)	0.56	1.19	0.20

十二、资产评估

1993年公司设立时,主要发起人郑州客车厂委托郑州审计师事务所对其拥有的全部资产进行了评估。根据该所出具的郑社评字[93]第1号评估报告,原郑州客车厂申报的1992年12月31日的资产为88,317,864.33元,评估值为88,766,220.67元,评估增值448,356.34元,增值率5%。净资产为12,691,665.33元,其中生产经营性净资产为5,703,188.33元。河南省国资局豫国资字[1993]第10号文件《关于郑州客车厂股份制改造项目资产评估结果的确认及国有资产折股的批复》确认了以上评估结果,并将以上生产经营性净资产折为570万股,其他非生产性净资产剥离后归郑州市国资局所有。

1997年公司委托河南审计事务所对公司全部资产进行了价值评估,该所于1997年1月16日出具了《关于对郑州宇通客车股份有限公司的资产评估报告》[豫审事评字(1997)第002号],以下资料引自该报告。

评估范围:

评估范围为宇通公司申报的固定资产、流动资产、长期投资、土地使用权及相关负债。宇通公司申报之帐面资产总额241,298,172.12元,负债总额164,870,875.34元,净资产为76,427,296.78元,清查调整后的资产241,018,092.35元,负债总额164,778,449.02元,净资产为76,239,643.33元。

评估基准日:

根据公司发行股票及上市工作安排,此次评估基准日为一九九六年十二月三十一日。

评估结果:

评估后资产总额为292,423,963元,负债总额为164,768,123元,净资产价值为127,655,840元,净资产增值51,416,197元,各类资产负债和权益增减变化见下表:

资产评估结果汇总表

单位:元人民币

评估项目	帐面净值	评估值	增加额	增加率%
流动资产	149200417	152246556	3046138	2.04
长期投资	118047	140398	22351	18.93
固定资产	71793961	75456572	3662610	5.10
无形资产	19905667	60471738	40566071	203.79
其他资产		4108700	4108700	
资产总计	241018092	292423963	51405871	21.33
流动负债	160467385	160457059	-10326	-0.01
长期负债	4311064	4311064		
负债合计	164778449	164768123	-10326	-0.01
所有者权益	76239643	127655840	51416197	67.44

注:评估方法及计价标准

本次评估采用重置成本法,同时也相应采用其它我们认为必要的评估方法,计价标准以市场价为主。

主要项目的评估方法如下:

固定资产:主要采用重置成本法

计算公式:评估价值=重置全价×成新率

流动资产:存货除产成品、在产品以现行市价为基础外采用重置成本法,非实物形态的流动资产以核实帐面价值为主。

长期投资均为债券,为债券面值加持有期利息确定评估值土地使用权:土地使用权采用成本逼近法确定评估价值负债:以核实会计记录及查证法律文件为主进行评估。

增减值的原因分析:

本次增值主要是无形资产增值比重大,原因有两个:一是公司周围的环境因素的变化使土地的实际价值增大,二是原郑州第一钢厂投人本公司的土地属该厂以出让方式取得的近郊生地,由于郑州市近年经济发展较快,使该部份土地使用价值增加。

以上评估结果经国家国有资产管理局国资评[1997]91号文件确认,但公司财务报表未根据以上评估结果调帐。

十三、盈利预测

一、预测基准:

本公司一九九七年度盈利预测是以经中国注册会计师验证的本公司前三年的经营为基础,考虑公司现时的生产能力,根据九七年产品销售意向合同、生产经营计划及所确定的各项假设而编制的,对公司主要产品的销量、价格和成本作出了必要的分析和判断。所采用的会计政策和计算方法,遵循了我国法律、法规和财务会计制度的确定,且与公司以前年度采用的会计政策一致。

二、假设条件:

1. 本公司所遵循的有关法律、法规、政策仍如现时状况无重大改变。

2. 本公司主要经营所在地及业务涉及地区的社会政治、经济情况无重大变化。

3. 本公司未来之贷款、税率将在正常范围内变化。

4. 本公司生产经营不受材料短缺或成本严重变动的不利影响。

5. 国内销售市场与现时比较将无重大改变。

6. 本公司资金运用计划可顺利实施,按计划形成生产能力并盈利。

7. 无其他人力不可抗因素造成的重大影响。

郑州宇通客车股份有限公司一九九年度盈利预测表

单位:万元

项目	一九九七年预测数	备注
一、主营业务收入	50750	
减:制造成本	41310	
销售费用	880	
管理费用	2660	
财务费用	1000	
税金及附加	140	
二、主营业务利润	4760	
加:其他业务利润	70	
三、营业利润	4830	
加:投资收益		
营业外收入	40	
减:营业外支出	20	
四、利润总额	4850	
减:所得税(33%所得税率)	1600.50	
所得税(15%所得税率)	909	
五、净利润		
(所得税率33%)	3249.50	
(所得税率15%)	4122.50	

说明:根据河南省人民政府豫政文[1997]23号文批准,对公司实行"照章纳税,财政返还,实际税负15%"的优惠政策。

一九九七年本公司预测销售收入增加6843万元,利润总额增加1818万元,主要因素分析如下:

一、主要业务收入

1. 投产销售6101HK高档客车90辆,平均售价52.5万元,增加收入4725万元;

2. 6921、6700、6980、6730系列客车上档次改进,适当提价,可增加销售收入2118万元。

(1)改进6921、6700系列客车内装饰,按原销量600辆计算,可增加销售收入918万元;

(2)改进6980系列客车,增设空调,按原销量80辆计算,可增加销售收入720万元;

(3)改进6730系列客车,增设空调,按原销量60辆计算,可增加销售收入480万元。

上述两项共增加主营业务收入6843万元。

二、营业成本

1. 投产销售6101HK高档客车90辆,平均每辆材料费用预计42万元,材料成本合计3780万元;

2. 增加生产和销售空调客车140辆,平均每辆车空调按8万元计算,增加材料费用预计1120万元;

3. 依据产品产量的增加,使制造费用、直接人工费用增加约34万元。

4. 依据九七年本公司原材料及配套产品订货会价格合同,各种配套产品平均降价2%,全年可降低材料采购成本530万元。其中:减少汽车底盘采购成本80万元;减少冷轧薄板和冷轧镀锌薄板采购成本150万元,减少配套产品价格成本300万元。

上述四项共增加营业成本4404万元。

三、销售费用

1. 增多产品销售网点,扩大售后服务,增加费用支出60万元;

2. 为扩大产品宣传增加广告费用支出60万元;

3. 为加强产品销售工作需增加销售人员及差旅费等支出57万元。

上述三项共增加销售费用177万元。

四、管理费用

1. 为不断开发新产品,促进产品升级换代,预计增加各项科研开发费用支出245万元;

2. 随着公司经营业务的不断扩大,计划增加办公费支出和差旅费支出40万元。

上述两项共增加管理费用285万元。

五、财务费用

预计增加96万元,主要是增加生产用流动资金贷款,而支出的贷款利息。

六、税金及附加

预计增加18万元。

十四、公司发展规划

1. 公司经营发展战略

本公司的发展战略是:巩固现有优势,发展集团规模,坚持开放经营,勇创行业一流。

2. 发行人的发展目标和规模

通过技术改造,进一步扩大生产规模,继续调整产品结构。(1)以搞好ZK6120、ZK6100和ZK6700三大系列高档客车和专用底盘的生产为重点,力争到2000年客车年产量达6000辆,专用客车底盘产量达4000辆,实现销售收入20亿元,利润20000万元。(2)各类客车产品在全国市场的占有率达到10%以上,市场覆盖率达90%以上。(3)客车产品的工艺技术水平在国内同行业中达到领先地位,并实现以产顶进,出口创汇的目标。

3. 市场发展计划

坚持贯彻实施"立足本省,面向全国,着眼世界"的营销战略和"全员为用户"的服务宗旨,巩固现有市场开拓新市场。

1996年本公司的现有生产能力已经基本用足,公司今后将适应中国客车需求市场的变化,调整公司的产品结构。中国目前的客车生产能力远远高于实际需求量,但结构性的短缺也是客观存在的,而且将会进一步加剧,这种结构性的短缺将表现为:普通车型过剩,中高档客车不足,公司将尽力开发价格在60—80万元的中高档客车。

同时本公司充分认识到,随着公司产品市场的进一步开发,售后服务将成为一个重要的竞争内容,公司设立销售部,负责全公司的所有客车的销售工作。销售部现有人员70人,下设四个销售部门分管东南西北四个区的销售和售后服务工作。公司将加大力度开展售后技术服务工作,完善一条龙销售服务体系。同时将以参股形式,在短期内联合3—4家相关企业,成立客车维修中心和服务站。

4. 固定资产投资计划

"九五"期间,公司的主要固定资产投资是年产4000辆高档客车和4000台客车专用底盘生产线,集中力量争取在两年左右的时间内达到设计批量。

随着市场的发展和公司实力的进一步提高,公司将考虑到现有生产线的技术改造,吸收国外的技术加快发展步伐,使本公司成为在国际上具有较强竞争能力,国内技术领先、产品领先的一流客车生产企业。

5. 人员扩充培训计划

年产4000辆高档客车和4000台客车专用底盘两个项目,需要新增人员871人,其中生产人员779人,公司将自主决定招聘和录用职工。为保证公司的长期稳定发展,公司将对所有人员的岗位进行专项培训,原有生产线转新项目的人员,需进行再培训,所有人员必须待培训合格后方能上岗。根据公司预算,该部分人员的培训费用约为40万元。

今后公司将取消企业内部干部与工人之间的身份界限,各级管理人员一律实行逐级聘任制,专业技术人员的技术职称实行评聘分开,允许低职高聘或高职低聘,形成能上能下,合理流动的动态用人机制,制定定期考核标准,完善考核体系。建立"效率优先,按劳分配"为原则的工资制度,自主确定职工的工资水平和内部分配形式,继续完善岗位技能工资制度。

十五、重大合同及重大诉讼事项

据信达律师事务所出具的《信达律师事务所关于郑州宇通客车股份有限公司一九九六度股票发行、上市的法律意见书的工作报告》,本公司所涉及的重大合同主要包括贷款合同、购销合同和建筑安装工程合同。

1. 与工商银行郑州市二里岗支行、建设银行郑州市城东路支行、广东发展银行郑州分行、交通银行郑州分行铁路办事处等银行签订的有关人民币贷款担保合同,根据郑州会计师事务所审计,截止到1996年12月31日,该等合同项下的贷款金额为人民币9012万元。

2. 公司与合肥江淮汽车制造厂在1996年12月11日签订了工矿产品购销合同,由公司每月定期向江淮汽车制造厂购买客车底盘,合同有效期1997年1月11日至1997年12月31日,总金额为人民币4140万元。

3.1996年11月31日同中国天然气第一建设公司签订建设安装工程合同,由公司将技改工程底盘车间、焊装车间、装配车间建筑面积约4万平方米的钢结构夹芯板厂房施工任务交给中国石油天然气第一建设公司施工。暂估工程造价4000万元人民币,工程总工期为343天,自1996年11月22日开工至1997年10月31日竣工验收。

经信达律师事务所审查,到法律意见书出具日止,公司不存在任何导致公司股票不能发行和上市的且未了结的重大诉讼、仲裁或行政处罚。

十六、招股说明书及备查文件地点

本公司招股说明书及所附备查文件查阅地点为:

河南省郑州市凤凰路7号。

联系人:刘自强

联系电话:(0371)6323177-3004

附录:

1. 河南省证券管理委员会豫证券办字(1996)第15号《关于确定郑州宇通客车股份有限公司为公开发行股票并上市预选企业的通知》

2. 郑州宇通客车股份有限公司股东大会同意股票公开发行的决议

3. 郑州会计师事务所郑会证审字[1997]002号《关于郑州宇通客车股份有限公司1997年度盈利预测的审阅报告》

4. 郑州审计事务所验审字[93]18号验资报告

5. 郑州会计师事务所郑会验字第[1996]012 号验资报告

6. 信达律师事务所《关于郑州宇通客车股份有限公司 1997 年度股票发行与上市的法律意见书》

7. 郑州宇通客车股份有限公司章程

8. 郑州宇通客车股份有限公司企业法人营业执照

9. 河南审计事务所豫审事评字[1997]第 002 号《关于郑州宇通客车股份有限公司的资产评估报告》

10. 江苏省金陵土地资产评估高新技术公司金地宗评[1997]第 02-1 号《土地评估报告》

11. 郑州审计师事务所郑社评字[93]第 1 号《对郑州客车厂资产评估结果报告书》

备查文件

1. 郑州会计师事务所郑会证审字[1997]001 号《关于郑州宇通客车股份有限公司的审计报告》、财务报表及附注

2. 国家国有资产管理局(国资评[1997]91 号)《关于郑州宇通客车股份有限公司股票发行与上市项目资产评估结果的确认报告》

3. 河南省土地局关于土地评估结果的确认文件

4. 河南省土地局关于土地使用权处置方案的批复

5. 承销协议书

6. 上海证券交易所上市承诺书

7. 历次股东大会决议及公告

本公司招股说明书及所附备查文件查阅地点为:

河南省郑州市凤凰路 7 号。

联系人:刘自强

联系电话:(0371)6323177-3004

郑州宇通客车股份有限公司

一九九七年四月十八日

郑州宇通客车股份有限公司股票上市公告书

一、要览

总股本:	7300 万股
可流通股本:	3500 万股
本次上市流通股本:	3500 万股
股票简称:	郑州客车
股票代码:	600066
上市地点:	上海证券交易所
上市时间:	1997 年 5 月 8 日
登记机构:	上海证券中央登记清算公司

二、绪言

本上市公告书是根据《中华人民共和国公司法》、《股票发行及交易管理暂行条例》、《公开发行股票公司信息披露实施细则》和《上海证券交易所市场业务试行规则》等国家法律、法规的规定编制的。本公司股票上市申请经上海证券交易所上证上字(1997)23 号文批准,于 1997 年 5 月 8 号(星期四)在上海证券交易所挂牌交易。本次上市流通的股票均为 1997 年 4 月 23 日至 1997 年 4 月 25 日向社会公众发行的 3500 万股 A 股,本公司内部职工股 765.96 万股的上市日期将按国家及上海证券交易所有关规定三年后上市。

本公司于 1997 年 4 月 18 日在《上海证券报》、《中国证券报》和《郑州晚报》上刊登了《招股说明书概要》,距今尚不足六个月,故与其重复内容在此不再重述,敬请投资者查阅本公司的《招股说明书概要》。

本公司董事会及各位董事确信本公告书不存在任何重大遗漏或者误导,并对其真实性、准确性、完整性负个别的和连带的责任。

三、公司概况

1. 概况

公司法定名称:郑州宇通客车股份有限公司

英文名称:Zhengzhou Yutong Coach Manufacturing Co. Ltd. ,CHINA

英文简称:ZYCM

公司法定代表人:路法尧

公司注册地址:河南省郑州市凤凰路七号

经营范围:客车及其配件、附件制造,机械加工;汽车及其配件、附件销售、五金交电,化工产品,百货,客货运输,客车产品设计与技术服务,摩托车;旅游,饮食服务。

公司成立日期:1993 年 2 月 28 日

公司营业执照注册号:豫工商企 17000140-1

公司所属行业:工业

公司咨询电话:(0371)323177-3004

联系人:刘自强

2. 公司历史沿革

公司位于河南省郑州市市区,是在原郑州客车厂的基础上经定向募集设立的股份有限公司,郑州客车厂始建于 1963 年,是交通部在河南省唯一的一家公路客车生产厂,也是我国从事客车生产较早的专业厂之一。1993 年根据河南省经济体制改革委员会豫体改字(1993)第 29 号文件批复,郑州客车厂与中国公路车辆机械公司、郑州旅行车厂共同发起以定向募集方式设立郑州宇通客车股份有限公司。

1993 年公司改制后,公司发挥了技术、资金和经营机制上的优势,企业规模和效益快速发展。目前,本公司客车产量已列全国同行业第二,仅次于扬州客车制造总厂,经济效益列第一,为将来公司的进一步发展打下了良好的基础。

四、股票发行及承销

1. 本次公开发行

发行数量:3500 万股

发行价格:9.75 元

发行方式:全额预交、比例配售、余款转存

配售比例:2.756%

配售户数:13572 户

持有 1,000 股以上的股东户数:3667

发行费用总额:1050 万元

每股发行费用:0.30 元

发行市盈率:15 倍

2. 股票承销

本次公开发行的 3,500 万股社会公众股已全部由社会公众认购,承销团成员无包销比例及数量。

3. 验资报告

郑会证验字(97)025 号

郑州宇通客车股份有限公司:

我们接受委托,对郑州宇通客车股份有限公司截止 1997 年 4 月 28 日止的实收股本的真实性和合法性进行了审验。在审验过程中,我们按照《独立审计实务公告第一号-验资》的要求,实施了必要的审验程序,郑州宇通客车股份有限公司的责任是提供真实、合法、完整的验证资料,保护资产安全,完整。我们的责任是按照《独立审计实务公告第 1 号—验资》要求,出具真实、合法的验资报告。

郑州宇通客车股份有限公司的申请注册资本为人民币柒仟叁佰万元整。

本次发行前,郑州宇通客车股份有限公司股本总额为人民币叁仟捌佰万元整,已经本所验证,于 1996 年 4 月 1 日出具验资报告郑会验字(96)012 号予以确认。本次验资是对社会公众股投入的股本进行验证。经中

国证监会证监发字[1997]135号和证监发字[1997]136号批准,向社会公开发行人民币普通股3500万股,每股面值1元,按每股9.75元溢价发行,委托黄河证券有限公司主承销。应募集股款为人民币叁亿肆仟壹佰贰拾伍万元整。实际募集股款为人民币叁亿肆仟壹佰贰拾五万元整,经我们审验,截止1997年4月28日,承销机构已将股款人民币叁亿肆仟壹佰贰拾伍万元整,存入郑州宇通客车股份有限公司银行帐户。其中股本人民币叁仟伍佰万元整,资本公积人民币叁亿零陆佰贰拾万元整(含本次发行尚未支付的预计发行费用人民币壹仟零伍拾万元整)。本次股票发行后,郑州宇通客车股份有限公司股本总额为人民币柒仟叁佰万元整。其中:发起人股人民币壹仟玖佰叁拾肆万元整,其他法人股人民币壹仟壹佰万零肆佰元整,内部职工股人民币柒佰陆拾伍万玖仟陆佰元整,社会公众股人民币叁仟伍佰万元整。

郑州会计师事务所　　中国注册会计师:龚淑敏

中国注册会计师:胡建新

中国·郑州互助路1号　　报告日期:一九九七年四月二十八日

五、董事、监事及高级管理人员持股情况

姓　名	职　务	持股数	持股比例(%)
路法尧	董事长	13364	0.018
王　克	副董事长	15964	0.021
孟宪欣	副董事长	0	0
杨玉祥	董事、总经理	21164	0.028
王家军	董事	22464	0.03
魏延岭	董事	13364	0.018
裴天义	董事	10764	0.014
宋士英	董事	13364	0.018
秦双桥	董事	0	0
穆成桥	监事会主席	13364	0.018
齐建钢	监事	10764	0.014
宋金喜	监事	10764	0.014
孙纪元	监事	31564	0.042
徐建生	监事	13364	0.018
鲁照贤	副总经理	10764	0.014
吴项林	副总经理	10764	0.014
鲍玲玲	副总经理	13364	0.018
陈宝庆	总质量师	10764	0.014
刘自强	董事会秘书	10764	0.014

六、关联企业及关联交易

本公司除发起人及郑州第一钢厂外,没有其他关联企业。

七、股本结构及大股东持股情况

(一)本次发起前后股本变动情况　　单位:万股

股份种类	发行前 股份数量	发行前 占总股本%	发行后 股份数量	发行后 占总股本%
发起人持股	1934	50.90	1934	26.49
其中:				
国家股	1482	39.00	1482	20.30
法人股	452	11.90	452	6.19
其他法人持股	1100.04	28.94	1100.04	15.07
社会公众持股			3500	47.95
内部职工持股	765.96	20.16	765.96	10.49
总股本	3800	100	7300	100

(二)前十名股东所持股数(股)及比例

股东名称	所持股数(股)	占总股本比例(%)
郑州市国有资产管理局	14820000	20.30
郑州第一钢厂	11000400	15.07
中国公路车辆机械总公司	4000000	5.48
郑州旅行车厂	520000	0.71
国泰财务顾问有限责任公司	99216	0.14
浙江国信企业(集团)公司	99216	0.14
浙江信鸿实业有限责任公司	99216	0.14
中信证券有限责任公司	99216	0.14
武进信托投资公司	99216	0.14
郑州汇科电脑有限公司	99216	0.14

八、公司财务会计资料

(一)审计报告

郑州宇通客车股份有限公司全体股东:

我们接受委托,对贵公司1994年12月31日、1995年12月31日、1996年12月31日的资产负债表和1994年度、1995年度、1996年度的利润及利润分配表,1996年度财务状况变动表进行了审计。上述会计报表由贵公司负责,我们的责任是对这些会计报表发表审计意见。我们的审计是依据中国注册会计师独立审计准则进行的。在审计过程中,我们结合贵公司的实际情况,实施了包括抽查会计纪录等我们认为必要的审计程序。

我们认为:上述会计报表符合《企业会计准则》和《股份制试点企业会计制度》及其补充规定,在所有重大方面恰当地反映了贵公司1994年12月31日、1995年12月31日、1996年12月31日的财务状况及1994年度、1995年度、1996年度的经营成果和1996年度的资金变动状况,会计处理的选用遵循了一贯性原则。

郑州会计师事务所　　中国注册会计师:龚淑敏

中国注册会计师:胡建新

(二)合并资产负债表、合并损益表、分别见表1、表2

表1:合并资产负债表　　单位:元

资　　产	1996年12月31日	1995年12月31日	1994年12月31日
流动资产货币现金	32,520,083	12,605,622	8,695,672
应收票据			
应收帐款净额	5,586,808	7,997,174	13,020,684
预付货款	2,604,507	1,139,651	2,236,498
其它应收款	4,134,646	4,137,840	2,848,337
待摊费用	2,451,664	3,212,525	4,160,077
存货	101,902,709	65,258,394	38,655,425
待处理流动资产净损失			
流动资产合计	149,200,417	94,351,207	69,616,693
长期投资合计	118,047	223,487	250,511
固定资产净值	54,541,567	46,131,480	9,808,901
在建工程	17,252,394	6,200,879	35,026,648
固定资产清理		6,447	2,246
待处理固定资产净损失			
固定资产合计	71,793,961	52,338,806	44,837,795
无形及递延资产合计	19,905,667	1,380,924	1,473,114
资产总计:	241,018,092	148,294,423	116,178,114
流动负债:			
短期借款	77,250,000	48,553,000	39,360,000
应付票据	30,50000	4,800,000	1,918,215
应付帐款	19,496,840	20,140,959	15,311,776
预收货款	1,614,261	6,560,182	4,882,750
应付福利费	577,138	90,167	147,741
未付股利		1,009,788	2,053,750
未交税金	6,358,902	1,568,544	580,693
其他未交款	192,670	38,743	29,099
其它应付款	14,408,189	12,127,032	7,816,995

预提费用		411,109	835,001
一年内到期的长期负债	10,069,387	7,700,000	4,700,000
流动负债合计:	160,467,385	102,999,523	77,630,636
长期负债			
长期借款	2,800,000	13,475,057	25,095,058
长期应付款	1,511,064	2,865,224	271,445
长期负债合计:	4,311,064	16,340,281	25,366,503
负债合计:	164,778,449	119,339,804	100,948,774
所有者权益			
股本	38,000,000	12,500,000	12,500,000
资本公积	13,995,752	915,752	
盈余公积	5,792,433	2,611,679	382,188
未分配利润	18,451,458	12,927,188	293,402
所有者权益合计:	76,239,643	28,954,619	13,175,590
负债及所有者权益合计:	241,018,092	148,294,423	116,178,114

表2:合并损益表　　单位:元

项　目	1996年度	1995年度	1994年度
一、主营业务收入	439,068,983	274,237,533	137,629,196
销售成本	369,063,910	225,141,238	121,860,020
销售费用	7,030,640	4,451,221	2,763,600
管理费用	23,754,785	16,103,087	5,569,596
财务费用	9,039,543	6,749,006	4,385,344
营业税金及附加	1,224,034	734,461	430,700
二、主营业务利润	28,956,072	21,058,521	2,619,936
加:其他业务利润	715,641	711,180	405,316
三、营业利润	29,671,712	21,769,701	3,025,252
加:投资收益	10,848	19,688	17,896
营业外收入	818,626	547,390	850,426
减:营业外支出	179,476	152,784	90,710
四、利润总额	30,321,710	22,183,995	3,802,864
减:所得税	9,116,686	7,320,718	1,254,945
五、税后利润	21,205,024	14,863,277	2,547,919

(三)财务报表附注

1. 重要会计政策

A. 会计制度:公司执行《企业会计准则》和《股份制试点企业会计制度》。

B. 会计年度:本公司以公历1月1日至12月31日为一个会计年度。

C. 记帐本位币:人民币

D. 记帐原则和计价基础:公司以权责发生制原则记帐,以实际成本为计价基础。

E. 坏帐准备:年末按应收帐款余额的0.3%计提坏帐准备金。

F. 存货计价方法:原材料日常按计划成本核算,月末通过成本差异调整为实际成本,产成品按实际成本计价,发出时按加权平均法计算,低值易耗品价值在300元以下的采用一次摊销法,价值在300元以上的采用"五五"摊销法。

G. 长期投资:

债券投资,企业认购的债券按实际支付的价款入帐。

H. 固定资产及其折旧:使用年限在一年以上,单位价值在人民币2000元以上的劳动资料作为固定资产,固定资产按历史成本计价,按直线法计提折旧,固定资产按原值3%预留残值。

固定资产折旧年限和折旧率分别列示如下:

类别	折旧年限	年折旧率
房屋及建筑物	30年	3.2%
机械设备	10年	9.7%
运输设备	6年	16.2%

I. 无形资产及其摊销:土地使用权按50年平均摊销。

J. 销售收入的确认:以产品已经发出,货款已经收到或者取得索取货款的凭据时,确认销售收入。

K. 税项:公司承担主要税项如下:

(1)增值税:增值税销项税率为17%,按扣除进项税后的余款缴纳。

(2)城建税:按应缴增值税的7%计征。

(3)所得税:所得税按33%的税率计征。经河南省人民政府豫政文[1997]23号文批准,省政府同意本公司股票发行后所得税实行"照章纳税,财政返还,实际税负15%"的政策。

L. 利润分配政策:根据1997年1月12日临时股东大会决议,1996年度暂不分配,公开发行股票后,由新老股东共享。

2. 重要会计指标解释

(1)应收帐款:5,603,618.67元

帐龄	金额(元)	比例(%)
一年以内(37户)	4,851,870.39	86.58
一年至三年(13户)	541,748.28	9.67
三年以上(3户)	210,000.00	3.75

应收帐款比上年同期减少2,417,619.33元,下浮30.14%。主要原因是随着市场需求量的变化,本公司产品以现款交易为主,应收帐款中无应收股权占5%以上股东的货款。

(2)预付货款:2,604,507.39元

帐　龄	金额(元)	比例(%)
一年以内(26户)	2,598,917.39	99.79
一年至三年(1户)	5,590.00	0.21

预付货款比上年增加1,464,856.83元,增长128.54%,系生产规模扩大,预付材料款增加。预付货款中无预付股权占5%以上股东的款项。

(3)其他应收款:4,134,646.20元

帐　龄	金额(元)	比例(%)
一年以内(49户)	3,826,453.10	92.55
一年至三年(11户)	90,422.00	2.19
三年以上(4户)	217,771.10	5.26

其他应收款中无应收股权占5%以上股东的款项。

(4)存货:　101,902,709.14元

存货类别:	金额(元)
原材料	49,835,145.54
在产品	25,599,160.07
产成品	15,713,664.90
分期收款发出商品	10,168,769.69
低值易耗品	585,968.94

存货比上年同期增加36,644,314.79元,增长56%,主要原因是本公司扩大生产规模,原材料储备量增长113.17%、分期收款发出商品增长180.13%,在产品增长8.3%所致。

(5)在建工程:17,252,394.00元

其中利息资本化支出450,925.80元

工程名称	工程进度	实际支用数	原预算数	批准文号	资金来源
400台中高档客车底盘生产线	16.34%	16,317,374.00	99,850,000.00	省经贸委(95)865,866号	自　筹
新建污水处理站	59%	438,000.00	740,000.00		自筹
计算机网络	15%	250,000.00	1,717,950.00		自筹
自动点焊设备站	38%	147,020.00	390,000.00		自筹
办公楼加层	67%	100,000.00	150,000.00		自筹

(6)无形资产:19,905,667.07元

种　类	原　值	已摊金额	期末余额	剩余摊销年限
土地使用权	1,463,877.00	112,230.57	1,351,646.43	46年

土地使用权　18,838,980.00　284,959.36　18,554,020.64　49年

土地使用权原值1,463,877.00元,系93年企业改制时,国家以国有土地使用权折价入股,自93年3月开始摊销。

土地使用权18,838,980.00元,系郑州第一钢厂以土地使用权折价入股款及入股后的土地开发费,自96年4月开始摊销。原郑州第一钢厂入股前已摊销5个月,本公司按其存续期49年零7个月进行平均摊销。

(7)应付福利费:577,137.56元

系职工福利费节余。

(8)未分配利润:18,451,458.17元

根据1997年1月12日临时股东大会决议,1996年度利润暂不分配,公开发行股票后由新老股东共享。

3.主要会计指标	1996年	1995年	1994年
资产负债率(%)	68.37	80.47	88.66
净资产收益率(%)	27.81	51.33	19.30
每股权益(元)	2.01	2.32	1.05
每股收益(元)	0.56	1.19	0.20
流动比率	0.93	0.92	0.90
速动比率	0.29	0.28	0.40
应收帐款周转率(次)	64.45	26.02	5.8
存货周转率(次)	4.4	4.3	3.5
股东权益比率(%)	31.63	19.53	11.34

九、重要事项

1.股利分配政策:

根据1997年1月12日临时股东大会决议,1996年度利润暂不分配公开发行股票后由新老股东共享。

2.盈利预测:

A.预测基准:

本公司一九九七年度盈利预测是以经中国注册会计师验证的本公司前三年的经营业绩为基础,考虑公司现时的生产能力,根据九七年产品销售意向合同、生产经营计划及所确定的各项假设而编制的,对公司主要产品的销量、价格和成本作出了必要的分析和判断。所采用的会计政策和计算方法,遵循了我国法律、法规和财务会计制度的规定,且与公司以前年度采用的会计政策一致。

B.假设条件:

(1)本公司所遵循的有关法律、法规、政策仍如现时状况无重大改变。

(2)本公司主要经营所在地及业务涉及地区的社会政治、经济情况无重大变化。

(3)本公司未来之贷款、税率将在正常范围内变化。

(4)本公司生产经营不受材料短缺或成本严重变动的不利影响。

(5)国内销售市场与现时比较将无重大改变。

(6)本公司资金运用计划可顺利实施,按计划形成生产能力并盈利。

(7)无其他人力不可抗因素造成的重大影响。

盈利预测表　　单位:万元

项目	一九九七年预测数	备注
(一)主营业务收入	50750	
减:制造成本	41310	
销售费用	880	
管理费用	2660	
财务费用	1000	
税金及附加	140	
(二)主营业务利润	4760	
加:其他业务利润	70	
(三)营业利润	4830	
加:投资收益		
营业外收入	40	
减:营业外支出	20	
(四)利润总额	4850	
减:所得税(33%所得税率)	1600.50	
所得税(15%所得税率)	909	
(五)净利润		
(所得税率33%)	3249.50	
(所得税率15%)	4122.50	

说明:根据河南省人民政府豫政文[1997]23号文批准,对公司实行"照章纳税,财政返还,实际税负15%"的优惠政策。

一九九七年本公司预测销售收入增加6843万元,利润总额增加1818万元,主要因素分析如下:

(一)主营业务收入

1.投产销售6101HK高档客车90辆,平均售价52.5万元,增加收入4725万元;

2.6921、6700、6980、6730系列客车上档次改进,适当提价,可增加销售收入2118万元。

(1)改进6921、6700系列客车内装饰,按原销量600辆计算,可增加销售收入918万元;

(2)改进6980系列客车,增设空调,按原销量80辆计算,可增加销售收入720万元。

(3)改进6730系列客车,增设空调,按原销量60辆计算,可增加销售收入480万元。

上述两项共增加主营业务收入6843万元。

(二)营业成本

1.投产销售6101HK高档客车90辆,平均每辆材料费用预计42万元,材料成本合计3780万元;

2.增加生产和销售空调客车140辆,平均每辆车空调按8万元计算,增加材料费用预计1120万元;

3.按照产品产量的增加,使制造费用、直接人工费用增加约34万元;

4.依据九七年本公司原材料及配套产品订货会价格合同,各种配套产品平均降价2%,全年可降低材料采购成本530万元。其中:减少汽车底盘采购成本80万元;减少冷轧薄板和冷轧镀锌薄板采购成本150万元,减少配套产品价格成本300万元。

上述四项共增加营业成本4404万元。

(三)销售费用

1.增多产品销售网点,扩大售后服务,增加费用支出60万元;

2.为扩大产品宣传增加广告费用支出60万元;

3.为增加产品销售工作需增加销售人员及差旅费等支出57万元。

上述三项共增加销售费用177万元。

(四)管理费用

1.为不断开发新产品,促进产品升级换代,预计增加各项科研开发费用支出245万元;

2.随着公司经营业务的不断扩大,计划增加办公费支出和差旅费支出40万元;

上述两项共增加管理费用285万元。

(五)财务费用

预计增加96万元,主要是增加生产用流动资金贷款而支出的贷款利息。

(六)税金及附加

预计增加18万元。

十、董事会上市承诺

本公司董事会将严格遵守《中华人民共和国公司法》、《股票发行与交易管理暂行条例》、《上海证券交易所市场业务试行规则》和有关法律、法规的规定,并自股票上市之日起作出如下承诺:

1. 按照法律、法规的规定程序和要求披露重大的信息，并接受证券主管机关上海证券交易所的监督管理。

2. 及时、真实、准确地公布中期报告和年度报告，并备置于规定场所供投资者查询翻阅。

3. 本公司董事、监事及高级管理人员如发生人事变动或持本公司股票发生变化时，在报告证券主管机关和上海证券交易所的同时向投资者公布。

4. 在任何公共传播媒介中出现的消息可能对本公司股票的市场价格产生误导性影响时，本公司知悉后将及时对该消息予以公开澄清。

5. 本公司董事、监事及高级管理人员将认真听取社会公众的意见和批评，不利用已获得的内幕消息和其他不正当手段直接或间接从事股票买卖活动。

6. 本公司没有无记录负债。

十一、备查文件

1. 郑州会计师事务所郑会证审字[1997]001号《关于郑州宇通客车股份有限公司的审计报告》、财务报表及附注。

2. 国家国有资产管理局(国资评[1997]91号)《关于郑州宇通客车股份有限公司股票发行与上市项目资产评估结果的确认报告》

3. 河南省土地局关于土地评估结果的确认文件

4. 河南省土地局关于土地使用权处置方案的批复

5. 承销协议书

6. 上海证券交易所上市承诺书

7. 历次股东大会决议及公告

8. 招股说明书

郑州宇通客车股份有限公司

一九九七年五月五日

郑州宇通客车股份有限公司一九九七年度中期报告

一、财务报告(未经审计)

(一)财务报告

1. 简化的资产负债表　　　　单位：人民币元

项　　目	1997年6月30日	1996年12月31日
流动资产	433849252.99	149200417.27
长期投资	-	118046.67
固定资产净值	55497864.74	54541567.34
在建工程	104320570.31	17252394.00
无形资产及递延资产	19701055.39	19905667.07
资产总计	613368243.43	241018092.35
流动负债	177355574.47	160467385.31
长期负债	3961850.65	4311063.71
负债合计	181317425.12	164778449.02
股东权益	432050818.31	76239643.33
其中：		
股本	73000000.00	38000000.00
资本公积	316453297.04	13995752.20
盈余公积	5792432.96	5792432.96
未分配利润	36805088.31	18451458.17
负债及股东权益合计	613368243.43	241018092.35

2. 简化的损益表　　　　单位：人民币元

项　　目	1997年1-6月	1996年1 6月
主营业务收入	157092838.58	166691692.92
主营业务利润	17950783.56	15006219.71
其他业务利润	330779.56	501179.69
投资收益	3409986.62	86893.80
营业外收支净额	-99043.73	-7746.10
利润总额	21592506.04	15676547.10
所得税	3238875.90	5189219.28
净利润	18353630.14	10487327.82

(二)财务报表附注

1. 本期财务报表所采用的会计政策及会计方法和上年一致。

2. 流动资产较年初增加284648835.72元，主要是公司1997年4月下旬向社会公开发行股票3500万股，募集资金33075万元，其中已投入公司“九五”技改工程9850万元，购买96国债6600万元，货币资金存量增加17384万元。

3. 短期投资本期增加6600万元，系本期购买国债6600万元。

4. 应收帐款期末余额5478362.13元，无持股5%以上股东欠款。

帐龄分析：

帐　龄	金额(元)	户数	占总金额%
一年以内	4858525.85	32	88.69
一至三年	309836.28	3	5.65
三年以上	310000.00	4	5.66
合　计	5478362.13	39	100

5. 在建工程较年初增加87068176.31元，主要是公司“九五”技改工程投入。

6. 股本较年初增加3500万元，系1997年4月下旬公开发行股票新增社会公众股所致。

7. 资本公积金较年初增加302457544.84元，主要是1997年4月下旬公开发行股票溢价收入所增加的资本公积金。

8. 未分配利润较年初增加18353630.14元，系本期实现净利润。

9. 投资收益较上年同期增加3823092.82元，系本期股票投资收益3405540.62元，债券投资收益4446元。

10. 所得税较上年同期减少1950343.38元，系上年所得税按33%税率计算，本期根据豫政文[1997]23号文件，公司所得税按实际税负15%计算。

11. 净利润较上年同期增加7866302.32元，其中因所得税税负变动影响3886651.09元。

12. 关联方面：本公司不存在关联交易。

(三)主要财务指标

1. 净资产收益率　　4.25%

2. 每股净资产　　5.92元

3. 每股收益　　0.2514元

二、经营情况回顾与展望

(一)上半年经营情况回顾

上半年是大客车生产行业的淡季，加之1—6月份公路客运跨省线路停办，以及火车提速等因素，对公司经营有较大冲击，公司积极调整对策，采取了一系列有效措施，保证了各项指标稳中有升。上半年，生产客车1604辆，比去年同期增加17.7%；主营业务收入15709.3万元，比去年同期略有降低；实现利润总额2159.25万元，比去年同期增加37.74%，主要措施如下：

1. 通过走访用户，广泛征求意见，对现有产品进行了98项改进，使产品质量得到了显著提高。

2. 果断调整产品结构，对跨省线路使用的产品实现以销定产，加大了短途使用产品的产量，促进了产品销售。

3. 狠抓管理，降低了材料消耗和费用支出，可比产品成本比去年同期下降了2%以上。

4. 调整了生产组织，成立了中高档客车生产车间。从六月份起，利用

“九五”技改项目已竣工的仓库,开始进行中高档客车的批量试生产。

(二)“九五”技改工程进展情况

募集资金及时到位,加快了年产4000辆中高档客车生产线和年产4000台专用客车底盘生产线技改工程进度。截止报告期末,土建项目已全面开工,其中仓库已竣工并投入使用,主体厂房已完成工程进度的70%以上;标准设备已开始订货,非标准设备部分签订了设计和制造合同。

(三)下半年主要工作安排

1.生产经营工作安排

股票公开发行和上市后,公司提出了“从零开始,二次创业”的口号,实行末日管理,促使各项工作达到更高的标准,确保公司1997年度各项经济技术指标的完成。为此,将采取以下措施:

——继续加强经营管理,实现管理标准化,使工作质量和产品质量得到进一步提高,保证安全生产和文明生产。

——继续做好降低材料消耗和控制费用支出工作,努力提高经济效益。

——不断调整产品结构,进一步提高产品质量,以适销对路的产品迎接下半年销售旺季的到来。

——抓好中高档客车的批量试生产和市场推进工作,尽快形成公司新的利润增长点。

2.技改项目进度安排

建筑安装工程:厂房类11月底前全部竣工;公用设施类年底前全部竣工。

设备及安装:11月份起陆续进厂并进行安装调试。

产品:进一步完善中高档客车的设计和工艺工作;抓紧抓好专用客车底盘及车身的技术引进工作。

三、重大事件说明

1.公司3500万普通股股票于1997年4月23日至4月29日向社会公开发行获得成功。公司注册资本由发行前3800万元变更为7300万元。公司股票(郑州客车)于1997年5月8日在上海证券交易所挂牌交易,从而使公司成为国内大客车生产行业的首家上市公司,标志着公司发展迈上了一个新台阶。

2.公司股票发行后,扣除发行费用实际募集资金约为33077万元。募集资金使用情况如下:

(1)用于年产4000辆中高档客国生产线和年产4000台专用客车底盘生产线技术改造项目固定资产投资9850万元;

(2)用于中高档客车小批量试生产流动资金投资3200万元;

(3)购入债券6600万元;

(4)其余为银行存款,系技改工程尚未投入的专项资金。

3.按照国务院证券委、中国人民银行和国家经贸委5月21日联合发布的《严禁国有企业和上市公司炒作股票的决定》的要求,公司经自查,没有从事违反规定的事项。本期末,公司无上市流通股票,公司今后如果从事股票投资,将严格遵循国家有关规定。

4.本报告期间,公司无重大诉讼、仲裁事项。

四、发行在外股票的变动和股权结构变化

(一)股本变动情况

经中国证券监督管理委员会批准,公司于1997年4月23日至4月29日向社会公开发行普通股(A股)3500万股股票,获得圆满成功。

经上海证券交易所批准,公司3500万普通股(A股)于1997年5月8日在上海证券交易所正式挂牌交易。

(二)股权结构变化情况　　　　单位:万股

1.未流通股份

	1996年12月31日	报告期增减	1997年6月30日
(1)发起人股份	1934		1934
	1996年12月31日	报告期增减	1997年6月30日
其中:国家持有股份	1482		1482
境内法人持有股份	452		452
境外法人持有股份			
(2)募集法人股份	1100.04		1100.04
(3)内部职工股份	765.96		765.96
(4)优先股或其他			
未流通股份合计	3800		3800
2.已流通股份			
(1)境内上市的人民币普通股		3500	3500
(2)境内上市的外资股			
(3)境外上市的外资股			
已流通股份合计		3500	3500
3.股份总额	3800	3500	7300

说明:已流通股份中,本公司董监事和高级管理人员购进668股,已按规定由上海证券交易所即时锁定。

(三)主要股东持股情况(1997年6月30日数)　　　　单位:万股

	持股数(万股)	占股本比例(%)
1.郑州市国有资产管理局	1482.0000	20.30
2.郑州第一钢厂	1100.0400	15.07
3.中国公路车辆机械总公司	400.0000	5.48
4.祥瑞实业	136.0000	1.86
5.郑州旅行车厂	52.1000	0.71
6.化工财务	46.3689	0.64
7.陶志强	30.0027	0.41
8.浙江国信	20.6700	0.24
9.王小江	20.0000	0.27
10.立人公司	16.1872	0.22

五、股东大会简介

1997年1月12日,在本公司科技楼会议室召开了临时股东大会。临时股东大会由董事长路法尧主持,出席会议的股东和授权股东55人,所持股份3632.8万股,占股份总额的95.60%,符合法定数额,会议所做决定有效。与会股东对董事会提交的各项议案进行了认真的讨论,一致通过了以下事项:

1.审议通过了公司董事会申请公开发行普通股(A股)股票的提议;

2.审议通过了公司董事会提出的“1996年度暂不分红,公开发行股票后由新老股东共同享有96年度累积收益”的提议;

3.审议通过了公司董事会关于公司章程的修改说明和公司章程修正案。

六、备查文件

1.载有公司董事长、总经理亲笔签名的中期报告原本。

2.报告期内股票发行和挂牌交易时的《招股说明书》和《上市公告书》。

查阅地点:河南省郑州市凤凰路七号公司证券处

联系电话:(0371)6339748

联 系 人:于莉

郑州宇通客车股份有限公司

一九九七年八月十四日

漯河银鸽制浆造纸股份有限公司

漯河银鸽制浆造纸股份有限公司概况

让银鸽飞上蓝天

漯河银鸽制浆造纸股份有限公司是以原漯河市第一造纸厂为主要发起人设立的股份有限公司。

漯河银鸽作为中国草浆造纸第一股，于1997年4月30日在上海证券交易所挂牌上市，从而使公司进入了一个新的发展阶段。

漯河银鸽属于麦草制浆造纸企业，位于河南省漯河市，靠近原材料基地，交通便利、水资源丰富，为企业的发展提供了得天独厚的条件。公司现在主要生产双胶纸、单胶纸、书写纸、招贴纸、静电复印纸、扑克牌面纸、彩色纸、有光纸、书皮纸等各种机制文化系列用纸。是集制浆、造纸、污水处理、热电联供为一体的大型造纸企业。

自1994年起，公司三年迈了三大步。1994年、1995年、1996年，实现利润分别为3322万元、4523万元、6144万元。截止到1997年6月30日，漯河银鸽今年上半年实现利润4329.7万元，比去年同期增长约40%。

公司实行全员劳动合同制，建立了优胜劣汰的竞争机制和按劳分配的激励机制，并实现了多种形式的经营承包责任制，使任务分片包干，落实到人，充分调动了职工的工作积极性；公司重视教育，在企业内全面开展职业培训，受训人数达到85%；同时公司大力推广计算机管理，开发项目包括劳动工资和劳动人事管理，量本利分析，成本管理和日成本、日利润核算等，为厂内经济信息的分析与公司领导的正确决策提供了可靠依据。此外，银鸽公司十分注重技术改造，先后投巨资建成一套亚洲最大的日产麦草浆100吨的麦草浆制浆系统和一条年产8000吨的轻量涂布纸生产线，发挥了巨大的经济效益。

十年间，共投资1.6亿元，完成23个技术改造项目，固定资产达到1.8亿元，增加了17倍，开发四个新产品，两次荣获省科技进步三等奖，"银鸽"牌70克书写纸和60克单胶纸被评为河南省、轻工业部优质产品，畅销全国25个省、市，并批量出口。

造纸业向来是污染大户，自淮河流域治污战役打响之后，漯河银鸽投入了大量的人力、物力、财力，下最大的决心治理污染，公司提出"治污第一、生产第二，一切为治污让路"的工作指导方针，先后投资1400多万元兴建了治理造纸白水的同向流斜板沉淀池，中段废水回收利用系统，逆流洗涤系统，日处理100吨漂白麦草浆黑液的碱回收系统，使COD、BOD、SS等主要排放指标均比治理前下降了80%左右，污水处理技术和能力在全国麦草浆造纸企业中处于先进水平。今年7月初，公司与新加坡废水处理工程有限公司合作，建立的日处理废水25000吨的中段废水处理场，设备安装全部到位，全面进入试运行阶段。7月22日，国务委员宋健率国家有关部、委组成的淮河流域第三次环保执法检查团到公司视察，对该工程给予很高评价。该项目在下半年验收投入正常运行后，银鸽将成为国内草浆造纸行业第一家达到国家污水排放标准 的企业。

漯河银鸽十分重视企业的持续发展问题。其投资2亿多元人民币，设计能力年产5万吨的白卡纸项目，已进入紧张的筹建阶段。建设用地和设备选型工作已基本完成。该产品主要是用于香烟、医药、食品等行业的高级包装材料。市场前景非常广阔。该项目每年可增加5亿元的销售收入，实现利润约1.2亿元。

漯 河银鸽进一步解放思想、拓展经营思路，提出不换思想就换人。面向社会公开招聘各类高级管理人员，引进了一批熟悉资本运作，善于资产经营的专业人才。尽快使企业从传统的生产经营模式转到以产业为基点，搞好资本运作的资产经营的发展轨道上来。加快企业兼并、资产重组的步伐。改善公司资产结构、盘活存量资产，迅速扩大企业的资产规模，使企业朝着集约化、多元化的方向发展。

银鸽把信念写上蓝天，制浆还大地绿色，造纸给人类文明。这已成为凝聚着全体"银鸽"人情操的企业理念。

漯河银鸽制浆造纸股份有限公司招股说明书概要

一、释义

在本招股说明书中除非另有说明，下列简称具有如下意义：

(1)发起人：指漯河市第一造纸厂、舞阳县冠军集团公司、舞阳县明宇盐化集团公司、舞阳云鹏集团公司、河南省漯河市彩色造纸有限公司五家企业

(2)公司、本公司或发行人：均指漯河银鸽制浆造纸股份有限公司，亦指本公司更名前的漯河制浆造纸股份有限公司

(3)社会公众股：指本公司本次发行的每股面值为人民币1.00元的普通股票

(4)内部职工股：指1993年定向募集时本公司内部职工认购的股份

(5)主承销商：指河南省证券公司

(6)推荐人：指海通证券有限公司、河南省证券公司、中信证券有限责任公司

(7)元：指人民币元

(8)证监会：指中国证券监督管理委员会

二、绪言

本招股说明书概要是依据《中华人民共和国公司法》、《股票发行与交易管理暂行条例》、《公开发行股票公司信息披露的内容与格式准则》第一号《招股说明书的内容与格式》及其他有关法律、法规的规定编制而成的，旨在向投资者提供有关本公司的基本情况和本次发行的资料，公司董事会全体成员已批准了本招股说明书概要，并确信其与招股说明书正文一致且不存在任何重大遗漏或误导，并愿对其真实性、准确性、完整性负个别及连带责任。

三、新股发行的有关当事人

1. 发行人：漯河银鸽制浆造纸股份有限公司

法定代表人：韩国忠

地址：河南省漯河市人民东路95号

联系人：张　歌

电话：(0395)2624495　　传真：(0395)2626462

2. 主承销商：河南省证券公司

法定代表人：胡　燕

地址：郑州市纬五路16号

联系人：刘增学　王建红

电话：(0371)5990338　　传真：(0371)5990358

3. 副主承销商：海通证券有限公司

法定代表人：李惠珍

地址：上海市唐山路218号

联系人：朱汉忠　王向明

电话：(021)6584241l　65843376

传真:(021)65847698
4. 分销商:中信证券有限责任公司
法定代表人:常振明
地址:北京市朝阳区新源南路6号
联系人:裘 凌 俞 皓
电话:(021)64156091 传真:(021)64742979
分销商:中国人民建设银行信托投资公司
地址:北京市海淀区复兴路11号
联系人:吴文献
电话:(0371)3946011 传真:(0371)3943802
分销商:中国工商银行信托投资公司
地址:北京市海淀区三里河路一号
联系人:焦鸿雁
电话:(0371)3941882 传真:(0371)3944411
5. 上市推荐人:海通证券有限公司
河南省证券公司
中信证券有限责任公司
6. 发行人律师:中银律师事务所
法定代表人:朱玉栓
地址:北京南礼士路21号
电话:(010)68573796 传真:(010)68573559
经办律师:朱玉栓 唐金龙
7. 主承销商律师:河南中正律师事务所
法定代表人:马培长
地址:河南省郑州市经四路八号律师楼
电话:(0371)5953372 传真:(0371)5953537
经办律师:罗新建 赵虎林
8. 审计机构:亚太会计师事务所
法定代表人:祝田山
地址:河南省郑州市经七路14号
电话:(0371)3947289 传真:(0371)3946023
经办注册会计师:祝田山 谢玉敏
9. 资产评估机构:亚太资产评估事务所
法定代表人:赵 锐
地址:河南省郑州市纬四路13号
电话:(0371)5907728 传真:(0371)3946023
经办评估人员:卢广林 万克新
10. 资产评估确认机构:国家国有资产管理局
法定代表人:张佑才
地址:北京市海淀区万泉河路66号
电话:(010)62567744 传真:(010)62541817
11. 收款银行:中国工商银行漯河分行
地址:漯河市黄河路中段695号
电话:(0395)3132394
收款银行:交通银行郑州分行
地址:郑州市西大街171号
电话:(0371)5958315
12. 股票登记机构:上海证券中央登记结算公司
地址:上海市闵行路67号
电话:(021)63068888
股票登记机构:河南证券登记公司
地址:郑州市丰产路19号
电话:(0371)5728102

四、发行情况

1. 股票种类:人民币普通股;
2. 每股面值:1.00元;
3. 发行数量:本次发行数量为4000万股,全部向社会公众公开发行;
4. 发行方式:全额预缴款、比例配售、余款转存;
5. 承销方式:余额包销;
6. 发行日期:1997年4月16日至1997年4月23日;
7. 承销期起止日期:1997年4月16日至1997年4月27日;
8. 发行地区:河南省漯河市、郑州市;
9. 发行对象:符合中华人民共和国法律、法规规定的可以购买本公司股票的投资者;
10. 发行价格及其确定办法:
(1)本次股票每股发行价为4.62元;
(2)计算方法:
a. 考虑到缩股因素,在计算1994年、1995年、1996年每股税后利润时,总股本均按12000万股计算;
b. 本公司1994年、1995年、1996年税后利润总额分别为2824万元、3845万元、5223万元;
c. 发行市盈率为14倍,则
每股发行价=(1994年、1995年、1996年税后利润之和)/3
÷12000×发行市盈率
=4.62(元)
11. 发行总市值:18480万元;
12. 发行前每股净资产:1.74元;
13. 发行后每股净资产:2.42元(扣除发行费用);
14. 拟上市地:上海证券交易所

五、风险因素及对策

投资者在评价本发行人此次发售的股票时,除本招股说明书提供的其他资料外,应特别认真地考虑下述各项风险因素:

1. 经营风险

(1)本公司的主要生产原料是麦草,占原材料成本的16%,如果遇到特大自然灾害,麦草价格会有所波动,从而可能会对本公司的生产成本造成一定影响。

(2)本公司的主要辅助材料是烧碱、液氯等化工原料,占原材料成本的40%左右。如果其供求关系和价格发生不利变动,将直接关系到本公司的生产并导致原料成本发生变动。

(3)造纸行业生产过程中耗水量比较大,每吨纸耗水量约200吨左右,因此,水资源充足与否及水质优劣对造纸企业的生产经营关系重大。

(4)本公司的产品主要销往气候比较湿润的南方地区,主要客户分布在江苏、浙江、安徽、江西、两湖等省份,相对而言比较集中,本公司对其有一定的依赖性。

2. 行业风险

(1)制浆造纸工业生产过程中产生的高浓度有机废水如果未经处理直接排放,会对水环境造成污染。近年来国家相继出台了一系列的法律、法规和政策,要求限期对污染严重的造纸厂进行有效治理。特别是1995年8月8日国务院颁布了《淮河流域水污染防治暂行条例》,下令关闭了淮河流域5000吨以下的小型造纸企业,并对5000吨以上的造纸企业提出了限期治理、达标排放的要求。1996年本公司的环保费用支出为3251万元,1997年、1998年公司还将分别投入3023万元、400万元用于环保工程建设。随着我国对环境保护的日趋重视,对环境保护要求也越来越高。这是本公司今后进一步发展的制约因素。

(2)目前全国造纸企业有6000多家,同行业之间在产品价格、产品质量、市场销售、生产规模上存在着日趋激烈的竞争,尤其是邻近一些省份麦草制浆造纸企业近几年发展迅猛,挤占了本公司的部分产品销售市场。

3. 市场风险

从长期来看,随着我国国民经济和社会文化教育事业的不断发展,市场对新闻纸、印刷纸、书写纸,包装纸的需求量将越来越大,产品趋于高档化、多样化。本公司的麦草制浆规模居于全国同类工业企业的首位,产品主要销往浙江、江苏、江西、安徽、湖北、湖南等省份,本公司的产品在全国草浆造纸行业中的市场占有率约为9.96‰。但在一定时期内,国内经济发展也可能会有波动,因而其市场容量也将存在反复。

4. 项目投资风险

本公司此次募集的资金主要用于增加一些新的产品品种及其配套工程的建设，和污染治理工程的进一步挖潜。这些新的投资项目考虑采用国内外先进的工艺技术，充分利用现有的设备和基础设施，生产出目前市场上紧俏的铜版纸、涂布白卡纸、电脑纸等高中档产品，本公司已组织专家对这些项目的可行性进行了充分论证。但工程实施及最终利润的实现仍然存在项目工期延误、预算超支及项目达产时间推迟的风险。

5. 政策风险

本公司的政策性风险主要来源于国家的产业政策和环保政策。目前国家重点支持大中型造纸企业进行技术改造，鼓励其发展规模经济，本公司作为全国规模较大的草浆造纸企业之一，属于国家积极扶持培养的对象。但是如果将来国家对造纸企业的有关政策进行了调整，将对本公司的正常生产经营和发展带来较大影响。另外本公司获河南省政府批准，上市后按15%的实际负担水平缴纳所得税，一旦将来这项优惠政策发生不利变化，也将在很大程度上影响本公司的税后利润水平。

6. 中国加入世界贸易组织风险

加入世界贸易组织将把中国企业推向国际市场，同时国外企业也会乘进口关税降低、进口许可放宽的机会进入中国市场。本公司所处的造纸行业，国外同类产品的质量和档次均优于国内产品，进口纸与纸浆的大幅度增长，将使国内造纸企业受到较大冲击，存在着市场被挤占的风险。

7. 股市风险

股票市场瞬息万变，受到国内外政治形势、经济形势、投资者心理状况和市场自身因素的影响，加之目前我国股市尚处于成长阶段，市场投机行为过度、投资者心理不稳定、不可预测事件的发生，都可能使本公司股票价格与实际营运业绩相背离，从而有可能直接或者间接地对投资者造成损失。

针对以上风险，本公司已采取或将采取以下对策：

1. 经营风险对策

(1)针对麦草供应可能出现的问题，本公司主要采取了以下几项措施：一般存贮有3-4个月的麦草需要量，以备不时之需；注意严把收购质量关，力求收购高品质的麦草，杜绝掺杂使假现象的发生；虽然麦草价格波动的幅度很小，但是本公司仍然注意对其价格走势进行研究，科学合理地进行收购，努力降低生产成本。

(2)本公司注意加强同化工原料供应厂家的业务联系，实行定点供应，另外还通过对化工原料市场的研究，保持合理的库存量，努力降低物耗，来减少化工原料价格波动的风险。

(3)本公司为消除水资源对生产经营可能带来的不利影响，设置有地面水和地下水两套供水系统，两者成本差异很小。在地面水水质浑浊或持续干旱的情况下，全面启用地下供水系统。本公司共有32眼100米以上深水井，其供水量不仅能够满足目前需要，还能满足今后新上项目用水的需要。本公司将随着生产规模的扩大，加大对供水系统的投资。

(4)本公司目前主要采取了"主动出击，开拓市场"的策略，一方面不断加强同主要客户的业务联系，另一方面注重市场分析和信息研究，掌握需求动向，积极发展新的客户。

2. 行业风险对策

(1)本公司为保证生产经营的持续发展，始终把治污工作放在首位、专门设置了环保机构。自1993年以来先后投资14000多万元兴建了处理造纸白水的同向流斜板沉淀池、中段废水回收利用系统、逆流洗涤系统、日处理100吨漂白麦草浆黑液的碱回收系统，治污工作初见成效，COD、BOD、SS等主要排放指标均比治理前下降了80%左右，污水处理技术和能力在全国麦草浆造纸企业中处于先进的水平。本公司在建有五套废水处理系统，预计于1997年6月底以前全部建成投入运行，届时，本公司可望实现《淮河流域水污染防治暂行条例》规定的1997年底全流域工业污染源达标排放的目标。本公司的碱回收和中段废水处理项目均为中国轻工总会的示范工程。本公司今后还将进一步提高企业内在素质，增强环保意识，加大治污力度，把规模发展、污染治理、经济效益的提高作为一个整体工作常抓不懈。

(2)本公司将充分利用地理位置优越、造纸原料丰富、能源充足、交通便利的优势，进一步加强自身发展，同时，紧紧抓住本次股票发行与上市的有利契机，增强企业内在素质，不断提高规模效益，增强竞争能力。

3. 市场风险对策

本公司将继续保持已有的市场份额，保持现有产品在同档次产品中质量、价格方面的 优势，同时加强生产科研和对现有设备的技术改造，引进国外先进的技术和设备，使产品向着上档次、多元化的方向发展，并且采取灵活多样的营销策略，搞好售后服务，加强同主要客户的业务联系，积极开拓新的消费市场。

4. 项目投资风险对策

本公司在全国麦草制浆造纸行业中，生产规模、污染治理及技术装备居于同类工业企业的首位，因此本公司在设备引进、工程建设及设备维护等方面有着丰富的经验，组织专家针对新项目的建设、项目建成后设备运行的稳定性、能耗、环保以及新产品的市场销路等问题进行了充分的可行性论证，并力争在项目的具体实施过程中，保质保量地完成预计目标。

5. 政策风险对策

现阶段，本公司将充分利用国家、省、市给予的大力支持和各项优惠政策，加强内部管理，努力提高经济效益，一旦国家政策发生了变动，本公司将积极采取有效措施保持自身持续、稳步发展。

6. 中国加入世界贸易组织风险对策

加入世界贸易组织虽然放宽了进口许可，但国际市场同类产品生产成本及价格均高于国内产品。本公司将充分利用价格优势，积极进行技术改造、引进先进的技术设备，不断提高产品质量，降低生产成本，以质优价廉的策略站稳市场，增强竞争力。同时以此为契机，积极组织一些拳头产品出口，占领国际市场。

7. 股市风险对策

虽然股市具有不可预见的风险，但本公司将本着对股东负责的原则，严格执行国家有关法律、法规的规定，规范信息披露，以良好的业绩和规范的管理树立本公司在市场上的形象。

六、募集资金的运用

(一)本次发行预计可以募集资金17810.4万元，所募资金将被用于以下九个项目的建设，这些项目均已获河南省计划委员会批准：

1. 项目基本情况表：

序号 项目名称	投资额(万元) 总投资	固定资产投资	流动资金	新增销售收入(万元)	新增税后利润(万元)	投资回收期(年)	审批文号
1)年产4万吨白卡原纸生产线项目	2978	2778	200	24000	1281	3.6	豫计工业(1997)109号
2)年产4万吨涂布白卡纸生产线项目	2969	2749	220	32000	1976	1.5	豫计工业(1997)83号
3)年产2万吨铜版原纸生产线项目	2753	2403	350	14000	1281	3.3	豫计工业(1997)165号
4)年产2万吨高档铜版纸项目	2933	2673	260	19600	1361	2.16	豫计工业(1996)1142号
5)一万吨轻量涂布纸生产线项目	2856	2806	50	8000	1038	2.75	豫计工业(1996)1264号
6)年产8000吨静电复印纸生产线项目	2831	2531	300	8000	868	4.3	豫计工业(1997)144号
7)年产5000吨电子计算机用纸生产线项目	2989	2809	180	5500	580	5.9	豫计工业(1997)139号
8)自备热电站扩建1×12MW供热机组项目	3840	3760	80	6224	1811	2.8	豫计能源(1996)1107号
9)白泥综合利用项目	2293	1993	300	1087	707	3.2	豫计工业(1996)1389号

以上九个项目共需资金 26442 万元,资金缺口将通过银行贷款、公司自筹等方式解决。中国工商银行漯河分行于 1997 年 3 月 20 日向本公司出具了《关于对漯河银鸽制浆造纸股份有限公司"九五"新上项目贷款支持的意见》,表示将根据本公司项目进度逐步给予贷款支持。

2. 募集资金使用时间表:

(单位:万元)

项目名称	总投资	1997 年度投资额	1998 年投资额	1999 年及以后年度投资额
1)年产 4 万吨白卡原纸生产线项目	2978	2200	778	
2)年产 4 万吨涂布白卡纸生产线项目	2969	1000	1500	469
3)年产 2 万吨铜版原纸生产线项目	2753	2100	653	
4)年产 2 万吨高档铜版纸项目	2933	1000	1500	433
5)一万吨轻量涂布纸生产线项目	2856	2300	556	
6)年产 8000 吨静电复印纸生产线项目	2831	2300	531	
7)年产 5000 吨电子计算机用纸生产线项目	2989	2400	589	
8)自备热电站扩建 1×12MW 供热机组项目	3840	3760	80	
9)白泥综合利用项目	2293	2000	293	
10)合计	26442	19060	6480	902

(二)前次定向募集资金运用情况

1993 年本公司定向募集共筹资 1600 万元,按照《招股说明书》所述的用途全部用于年产 8000 吨轻量涂布纸生产线项目,该项目总投资 3000 万元,缺口资金由银行贷款解决。该项目已于 1994 年底建成投产,取得了较好的经济效益。

七、股利分配政策

1. 根据公司章程所载,除非股东大会通过决议另有规定,公司每年分配股利一次,分配股利可以采用现金和股票两种形式。税后利润按如下顺序进行分配:

A. 弥补亏损;

B. 提取法定公积金 10%;

C. 提取公益金 5-10%;

D. 提取任意公积金;

E. 分配股利。

2. 公司股利分配本着同股同利的原则,按各股东所持有的份额进行分配。本公司分配股利时,按有关法律和法规的规定,代扣个人股东股利收入的应纳税金。

3. 公司以前年度股利分配情况

公司自成立以来,进行过两次股利分配。1994 年度税后利润和 1993 年度结转利润一并向全体股东按每 10 股派送 2.5 股的形式分配股利;1995 年度税后利润向全体股东每股派发 0.15 元的红利。

4.1997 年元月 8 日,公司董事会作出决议,将 1996 年度税后利润向全体股东每股派发 0.15 元的红利,共分配利润 22,500,000 元,1996 年末的未分配利润在本次公开发行股票并上市后由全体新老股东共享。

公司预计本次股票公开发行后首次分配股利时间为 1998 年 6 月底以前。

八、发行人及发行人主要成员的情况

(一)发行人情况

1. 发行人名称:漯河银鸽制浆造纸股份有限公司

2. 发行人成立时间:1993 年 3 月 6 日

3. 发行人住所:河南省漯河市人民东路 95 号

4. 发行人简介:

(1)公司概况

本公司位于河南省漯河市。漯河市 1994 年被国家体改委确定为国家综合配套改革试点联系城市,1996 年转为国家综合配套改革试点城市,政策优惠,投资环境良好,加上交通便利,水资源丰富,造纸原料充足,为造纸工业的发展提供了得天独厚的条件。

本公司属于麦草浆制浆造纸企业,主要生产双胶纸、单胶纸、书写纸、招贴纸、静电复印纸、扑克牌面纸等各种机制文化系列用纸。本公司经过几年的积累和发展,生产规模不断扩大,经济效益显著提高。公司是河南省人民政府首批批准建立现代企业制度的试点企业,连续获得河南省优秀管理企业称号,首批进入"国家二级先进企业"行列。据中国轻工总会统计,在全国制浆造纸行业中,本公司在麦草制浆规模、污染治理及技术装备方面,居于同类工业企业的首位。本公司作为麦草制浆造纸的示范企业,在"九五"期间和 2010 年是国家重点支持和发展的企业。

随着我国国民经济和社会文化教育事业的发展,人们对文化用纸和包装用纸的需求量必将越来越大,治污能力强的大中型制浆造纸企业仍将是国家鼓励发展的对象。我公司作为造低行业中的骨干力量,发展前景十分广阔。

(2)公司沿革

本公司是经河南省体改委豫体改字(1993)30 号文批准,由漯河市第一造纸厂、舞阳县冠军集团公司、舞阳县明宇盐化集团公司、舞阳云鹏集团公司、河南省漯河市彩色造纸有限公司五家企业共同发起,以定向募集方式于 1993 年 3 月 6 日设立的股份有限公司。

1993 年 2 月 24 日河南省体改委以豫体改字(1993)30 号文批准五家发起人以定向募集方式设立股份公司,股本总额为 12000 万股,其中漯河市第一造纸厂以其经评估后的生产经营性净资产 6394.4 万元折为 6394.4 万股国家股,由漯河市国有资产管理局持有,非生产经营性资产由漯河市国有资产管理局委托本公司专项管理;舞阳县冠军集团公司、舞阳县明宇盐化集团公司、舞阳云鹏集团公司、河南省漯河市彩色造纸有限公司分别以其经评估后与造纸有关的生产经营性净资产 1078.8 万元、832.8 万元、680.4 万元、1413.6 万元共 4005.6 万元折为 4005.6 万股法人股,这四家发起人的非生产经营性资产不进入本公司;并向企业内部职工按每股 1.00 元的价格定向募集 1600 万股。1993 年 3 月 2 日,本公司顺利完成定向募股工作。经漯河市会计师事务所(93)漯师(验)字第 18 号验资,本公司股本金已按规定全部到位。本公司于 1993 年 3 月 4 日召开创立大会,并于 1993 年 3 月 6 日在漯河市工商行政管理局登记注册。

1995 年 3 月 18 日,公司经第三次股东大会决议通过,并经河南省体改委批准,用 1994 年度税后利润与 1993 年度结转利润一并向全体股东按每 10 股派送 2.5 股的形式分配股利,共利润 3000 万元,送股后,总股本增至 15000 万股。公司于 1995 年 4 月 6 日办理了工商变更登记手续。

1996 年 12 月 27 日,河南省体改委以豫股批字(1996)126 号文对公司进行了重新确认,本公司改在河南省工商行政管理局进行登记注册,并将名称变更为漯河银鸽制浆造纸股份有限公司。

1997 年 2 月 24 日,公司第五次股东大会通过决议,对公司股份按 1:0.8 的比例进行缩股。缩股后,公司总股本为 12000 万股。

(3)公司发起人介绍

本公司的主要发起人原漯河市第一造纸厂 1967 年筹建,1971 年建成投产,有 20 多年的生产经营历史,改制前资产总额已达 1.3 亿元,是集制浆、造纸、污水处理、热电联供为一体的国家大二型企业,是轻工部造纸行业的重点企业,河南省造纸行业的骨干厂。该厂以其全部生产经营性净资产折股投人本公司,本公司成立后,该厂的法人资格随之终止。

舞阳县冠军集团公司成立于 1992 年 8 月,是集卫生陶瓷、建筑工艺陶瓷、棉织、工程塑料为一体的实业性集团公司,注册资本 3500 万元。

舞阳县明宇盐化集团公司是集盐矿开发、制盐、制碱、发电、塑料制品为一体的产业集团,注册资本为 3110 万元。

舞阳云鹏集团公司成立于 1992 年 4 月,注册资本为 5000 万元,主要产品是印刷机械,是河南省政府重点扶持的 100 家大型乡镇企业(集团)之一。

河南省漯河市彩色造纸有限公司成立于 1993 年 1 月,注册资本为 2319 万元。

5. 组织结构及管理机构图

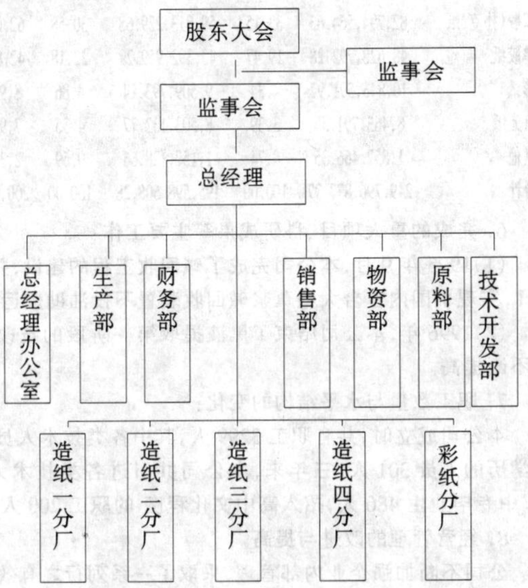

6. 职工与福利

截止 1996 年 12 月 31 日,公司拥有正式职工 4005 人,全体员工的学历、年龄、岗位结构分别如下:

(1)学历结构:中专 371 人,占 9.3%

大专 91 人,占 2.3%

本科以上 44 人,占 1.1%

(2)年龄结构:30 岁以下 1782 人,占 44.5%

31 岁－45 岁 1250 人,占 31.2%

46 岁－55 岁 789 人,占 19.7%

56 岁以上 184 人,占 4.6%

(3)岗位结构:生产人员 3108 人,占 77.6%

销售人员 90 人,占 2.2%

技术人员 490 人,占 12.2%

管理人员 290 人,占 7.2%

其他人员 27 人,占 0.8%

截止 1996 年 12 月 31 日,公司的离退休人员为 78 人,这部分人员均参加了社会养老保险和医疗保险。1996 年离退休人员费用支出为 544.023万元,1997 年、1998 年费用支出预计分别为 619.71 万元、829.974 万元。

本公司根据业务发展的需要,常年对员工进行不定期培训,职工工资、福利、安全卫生及劳动保护、社会保险等均按国家和地方政府有关规定执行。

7. 发行人经营范围:纸浆、纸张及其深加工产品;电

8. 产品品种和生产能力:

公司主要产品有双胶纸、单胶纸、书写纸、招贴纸、静电复印纸、扑克牌面纸、彩色纸、有光纸、书皮纸等各种机制文化系列用纸。公司现有年制浆能力 80000 吨,年生产机制纸能力 105000 吨,其中单胶纸、双胶纸的生产能力为 50000 吨,书写纸的生产能力为 20000 吨,扑克牌面纸的生产能力为 10000 吨,有光纸、彩色纸、招贴纸各约 5000 吨,书皮纸、静电复印纸各 2500 吨,年发电能力为 5000 万度。

9. 产品的销售和市场占有情况:

本公司产品销售的主要市场在浙江、江苏、江西、安徽、湖北、湖南等省份,与主要客户建立有长期的业务联系,销售状况一直比较稳定。本公司的产品是根据市场需求组织生产的,基本上保持产销平稳。本公司的产品在全国草浆造纸行业中的市场占有率约为 9.96‰。

10. 原材料、能源的供应与消耗:

本公司的生产原料主要是麦草,主要辅助材料是烧碱、液氯、滑石粉等化工原料。本公司所在地是我国小麦的主产区,麦草由当地农民上门供应,长期以来一直处于供过于求的局面;化工原料由省内、省外几家比较大的化工厂家定点供应,本公司与其保持有一、二十年的业务联系,供货及时,渠道稳定。

本公司生产所需的能源主要是水、电和煤。在水资源供应方面,本公司设置有地面水和地下水两套供水系统,除沙河水外,还有 32 眼 100 米以上深水井供生产使用;在电力供应方面,本公司现自备有 2×3MW 供热机组提供热、电,今后随着生产规模的进一步扩大,还将扩建自备热电站供热组;本公司生产所需的煤主要由附近的平顶山煤矿供应。

11. 无形资产:

本公司现有的无形资产是土地使用权。公司成立时,漯河市第一造纸厂以其生产经营用地 19.93 万平方米,经漯河市资产评估公司评估,并经漯河市国有资产管理局漯国资字[1993]08 号文批准作价入股,界定为国家股,由漯河市国有资产管理局持有。

12. 新产品、项目研究开发情况:

为了牢固占领市场,增强产品的竞争能力,本公司自成立以来,积极开展新产品、新项目的研究开发工作,先后开发了轻量涂布纸、静电复印纸、彩色书皮纸等新品种。经过不断调整工艺,筛选配方,目前这些产品已进入批量性生产阶段,取得了较好的经济效益。

13. 计划进行的投资项目:

本公司计划进行以下重点项目投资:

项目名称	投资额(万元)
1)年产 4 万吨白卡原纸项目	2978
2)年产 4 万吨涂布白卡纸项目	2969
3)年产 2 万吨铜版原纸生产线项目	2753
4)年产 2 万吨高档铜版纸项目	2933
5)一万吨轻量涂布纸生产线项目	2856
6)年产 8000 吨静电复印纸生产线项目	2831
7)年产 5000 吨电子计算机用纸生产线项目	2989
8)自备热电站扩建 1×12MW 供热机组项目	3840
9)白泥综合利用项目	2293

14. 优惠政策:

1997 年 1 月 18 日经河南省人民政府豫政文[1997]25 号文批复,本公司所得税实行“照章纳税、财政返还、实际税负 15%”的政策。

15. 关联交易:

舞阳县冠军集团公司、舞阳县明宇盐化集团公司、舞阳云鹏集团公司、河南省漯河市彩色造纸有限公司为本公司的关联企业。其中,河南省漯河市彩色造纸有限公司、舞阳县冠军集团公司与本公司无经济往来关系;舞阳云鹏集团公司和舞阳县明宇盐化集团公司与本公司存在经济往来,即舞阳云鹏集团公司下属包丝钉厂向本公司造纸四分厂供应包装用铁丝,本公司造纸三分厂向云鹏集团公司供应印刷用纸;舞阳县明宇盐化集团公司向本公司三分厂供应生产用电。上述企业与本公司的经济往来均按与其他第三者经济往来相同的市场价格确定。

(二) 董事、监事及高级管理人员情况

韩国忠,男,58 岁,大专学历,高级工程师。曾任漯河市第一造纸厂技术员、生产技术股股长、生产副厂长、厂长,现任本公司董事长,全国“五一劳动奖章”获得者、全国优秀经营管理者、全国轻工业优秀企业家、河南省优秀专家。

王也难,男,40 岁,本科学历,高级经济师。曾任河南省政协办公厅秘书处副处长、经济科技委员会办公室副主任、中共河南省遂平县县委副书记、河南省中原经济开发公司副总经理、中国农村发展信托投资公司房地产河南公司总经理,现任本公司副董事长兼董事会秘书。

颜秀英,女,40 岁,大专学历,会计师。曾任漯河市第一造纸厂副科长、副处长、副厂长,现任本公司党委书记,公司副董事长兼总经理。

丁友忠,男,49岁,大专学历,高级工程师。曾任漯河市第一彩色造纸厂厂长,现任本公司董事,兼任河南省漯河市彩色造纸有限公司董事长。

付荣根,男,46岁,大专学历,高级工程师。曾任舞阳县电机厂厂长、舞阳县工业局科长,现任本公司董事,兼任舞阳县冠军集团公司总经理。

李明宇,男,51岁,大专学历,高级工程师。曾任舞阳县综合厂厂长、纤维板厂厂长、县工业管理委员会主任,现任本公司董事,兼任舞阳县明宇盐化集团公司总经理。

朱云鹏,男,48岁,大专学历,高级经济师。曾任舞阳县县印刷机械厂厂长,现任本公司董事,兼任舞阳云鹏集团公司总经理。

程志伟,男,30岁,本科学历,工程师。曾任漯河市第一造纸厂团委书记、车间主任,现任本公司党委副书记,公司董事兼副总经理。

王长河,男,49岁,中专学历,经济师。曾任漯河市第一造纸厂销售科科长、行政处处长、副厂长,现任本公司董事。

张松枝,男,51岁,本科学历,高级工程师。曾任舞阳县农机修造厂副厂长、漯河市第一造纸厂设备科科长、技术科科长、副厂长,现任本公司销售部经理,公司董事。

王俊峰,男,48岁,高中,助理经济师。曾任漯河市第一造纸厂车间主任、分厂厂长、副厂长,现任本公司原料部经理,公司董事。

周文普,男,30岁,本科学历,工程师。曾任漯河市第一造纸厂设备科科长,现任本公司生产部经理,公司董事。

赵　磊,男,40岁,经济学博士。曾任厦门大学证券事务所所长,现任本公司董事,兼任中国社会经济决策咨询中心董事长。

张士进,男,30岁,本科学历,工程师。曾任漯河市第一造纸厂车间主任、分厂厂长、党支部书记,现任本公司工会主席,公司监事会主席。

高德银,男,55岁,大专学历,经济师。曾任漯河市第一造纸厂厂长办公室主任兼团委书记,现任本公司总经理办公室主任,公司监事。

张富军,男,38岁,高中,技师。曾任漯河市第一造纸厂车间主任,现任本公司车间主任,公司监事。

陈立民,男,49岁,中专学历,工程师。曾任太康县农机修造厂技术科长、生产科长、漯河市第一造纸厂生产技术科科长、副厂长,现任本公司副总经理。

九、经营业绩

1.生产经营概况:

本公司是河南省制浆造纸行业重点企业,多年来在注重内部管理和技术改造的基础上,努力搞活经营,广泛开拓市场,经济效益一直名列全省同行业前茅。

2.公司过去三年销售总额及利润总额

单位:人民币千元

项　目	1996年	1995年	1994年
销售总额	249,796.88	195,598.51	200,075.79
利润总额	61,442.83	45,234.23	33,224.04

以上数据经过亚太会计师事务所审计。

3.产品性能、质量方面的情况

本公司主要产品为双胶纸、单胶纸、书写纸、招贴纸、静电复印纸、扑克牌面纸、彩色纸、有光纸、书皮纸等各种机制文化系列用纸。其中扑克牌面纸荣获河南省1991年度优秀新产品称号,60克单胶纸荣获河南省第二届"兴豫杯"名优特新优秀奖。

4.主要固定资产投资情况

(1)1993年,投资2200万元新建一套亚洲最大的麦草浆制浆系统,日产麦草浆能力为100吨,1995年投产;

(2)1993年,投资3000万元,引进瑞典轻量涂布纸设备,建造一条年产8000吨的轻量涂布纸生产线;

(3)1994年,投资3900万元新建一套碱回收系统,日处理麦草浆黑液100吨,1995年底投产。

(4)1995年,投资3600万元,新建一套中段废水处理系统,日处理废水能力为25000吨,该项目预计可于1997年6月底以前投入正式运行。

5.业务收入构成:

下表是自1994年至1996年本公司各类主要产品销售金额:

单位:人民币元

项　目	1996年	比例%	1995年	比例%	1994年	比例%
书写纸	97,205,670.99	38.91	73,222,264.74	37.44	75,987,556.11	37.98
双胶(扑克)纸	82,794,564.63	33.15	59,813,229.68	30.58	62,023,493.61	31.00
单胶纸	48,628,792.28	19.47	43,392,959.29	22.18	42,856,915.12	21.42
彩纸	10,846,591.97	4.34	9,509,793.14	4.86	8,933,423.49	4.47
有光纸	8,463,791.55	3.39	8,503,132.77	4.35	7,931,126.78	3.96
其他	1,857,466.35	0.74	1,157,128.66	0.59	2,343,270.74	1.17
合计	249,796,877.77	100.00	195,598,508.28	100.00	200,075,785.85	100.00

6.完成的重大项目、科研成果等主要工作:

(1)1995年9月,本公司完成了碱回收工程的建设,并于1996年3月1日,实现了国内首台大型草浆碱回收装置不投油助燃运行的目标。

(2)1996年,本公司结束了黑液提取第一阶段的技改工作,黑液提取率不断提高。

7.职工数量与水平结构的变化:

本公司成立时,共有职工3299人,其中各类技术人员261人,中专以上学历的人员301人,三年来,本公司共引进各类技术人员26人,招入大、中专毕业生480人,招入高中文化程度 的职工200人。

8.经营管理的改进与提高

公司不断加强企业内部管理,采取了一系列行之有效的措施:

(1)改革劳动人事制度,实行全员劳动合同制,建立优胜劣汰的竞争机制;

(2)转换分配机制,建立按劳分配的激励机制;

(3)在生产经营方面,采取以市场为中心、以销定产的策略,搞好质量跟踪,加强售后服务;

(4)实行多种形式的经营承包责任制,使任务分片包干,落实到人,充分调动了职工的工作积极性。

9.环保工作情况

本公司是河南省"八五"期间污染限制治理单位,年废水排放量为1644万吨,主要污染物COD排放量为2.5万吨。河南省政府(1991)110号文要求本公司完成"配套碱回收、中段水处理、达标排放"的任务。近几年来,本公司已先后投入1.45亿元资金进行污染治理工程的建设,截止目前,本公司已建成与3.5万吨/年制浆能力相配套的碱回收工程,现正式运行;正在建设的中段水生化处理工程,预计1997年6月底可完工。以上两项工程的建成和正常运行,可使本公司废水达标排放。河南省环保局和漯河市环保局对本公司的污染治理情况给予了充分肯定。

十、股本

1.本次发行前注册资本:12000万元。

2.本次发行结束后,本公司注册资本将为16000万元。

3.本次股票发行结束后超过面值部分的溢价收入在扣除本次发行费用后为13810.4万元,将按有关规定作为本公司的资本公积金。

4.股本沿变情况:

a.1993年3月公司成立时,总股本为12000万元,其中,漯河市第一造纸厂以其经评估后的生产经营性净资产6394.4万元折股投入股份公司,形成国家股6394.4万股,由漯河市国有资产管理局持有,其余四家发起人以其经评估后与造纸有关的生产经营性净资产投入股份公司,形成4005.6万股法人股,并向内部职工按每股1.00元的价格募集1600万股内部职工股。股本结构如下:

股份类别	股数(万股)	占总股本比例(%)
发起人股	10400.00	86.67
其中:		
国家股	6394.40	53.29
法人股	4005.60	33.38

内部职工股	1600.00	13.33
总股本	12000.00	100.00

b.1995年3月,公司经第三次股东大会决议通过,并经河南省体改委批准,用1994年度税后利润与1993年度结转利润一并向全体股东按每10股派送2.5股的形式分配股利,共分配利润3000万元,送股后公司股本结构如下:

股份类别	股数(万股)	占总股本比例(%)
发起人股	13000	86.67
其中:		
国家股	7993	53.29
法人股	5007	33.38
内部职工股	2000	13.33
总股本	15000	100.00

c.1997年2月,公司第五次股东大会通过决议,对公司股份按1:0.8的比例进行缩股。股本结构如下:

股份类别	股数(万股)	占总股本比例(%)
其中:国家股	6394.40	53.29
法人股	4005.60	33.38
内部职工股	1600.00	13.33
总股本	12000.00	100.00

d.本次公司申请公开发行社会公众股4000万股,若发行成功后,公司股本结构将变为:

股份类别	股数(万股)	占总股本比例(%)
发起人股	10400.00	65
其中:		
国家股	6394.40	39.965
法人股	4005.60	25.035
社会公众股	4000.00	25
内部职工股	1600.00	10
总股本	16000.00	100

5.内部职工股情况:

本公司内部职工股严格限制在本企业内部职工范围之内,按照要求已全部在河南证券登记公司(豫证登字[1997]第5号)集中托管,河南省证券委以豫证券字[1997]4号文对股权证托管结果给予了确认。根据国家有关规定,本公司内部职工股自股票公开发行之日起期满三年方可上市。

6.发行前和发行后每股净资产。

	净资产总额(万元)	总股本(万股)	每股净资产(元)
发行前	20,839.17	12000	1.74
发行后	38,649.57	16000	2.42

7.前十名股东持股情况:

股东名称	持股数量(股)	占总股本比例(%)
1)漯河市国有资产管理局	63,944,000	53.29
2)河南省漯河市彩色造纸有限公司	14,136,000	11.78
3)舞阳县冠军集团公司	10,788,000	8.99
4)舞阳县明宇盐化集团公司	8,328,000	6.94
5)舞阳云鹏集团公司	6,804,000	5.67
6)刘海功	120,000	0.1
7)王廷怀	69,600	0.058
8)苑天保	64,000	0.053
9)张改莲	61,600	0.051
10)史亚丽	57,058	0.048

8.董事、监事、高级管理人员及重要职员持股情况:

姓名	职务	持股数量(股)	占总股本比例(%)
韩国忠	董事长	24000	0.0200
王也难	副董事长兼董事会秘书	0	0
颜秀英	副董事长兼总经理	13600	0.0113
丁友忠	董事	8000	0.0067
付荣根	董事	8000	0.0067
李明宇	董事	8000	0.0067
朱云鹏	董事	8000	0.0067
程志伟	董事兼副总经理	7200	0.0060
王长河	董事	24160	0.0201
张松枝	董事	24640	0.0205
王俊峰	董事	24400	0.0203
周文普	董事	6400	0.0053
赵磊	董事	0	0
张士进	监事会主席	14400	0.0120
高德银	监事	8080	0.0067
张富军	监事	9600	0.0080
陈立民	副总经理	24064	0.0200

以上公司董事、监事、高级管理人员共持有公司股份212,544股,占总股本的0.177%。

9.股票回购程序:

公司不得收购本公司的股票,但为减少资本而注销股份或者与持有本公司股票的其它公司合并时除外,所有收购均应依法进行。

十一、债项

据亚太会计师事务所审计报告(97)亚会审字第001号所示,截至1996年12月31日本公司负债总额243,461千元,其中流动负债215,721千元,长期负债27,740千元,其中主要债项构成如下:

单位:元

债项	金额 短期	金额 长期	年利率(%)	起止日期	担保	抵押	其他限制性条件
银行贷款	3,000,000.00		11.52	96.08.21-97.11.21	有		
	2,420,000.00		12.08	96.06.10-97.03.15	有		
	2,400,000.00		12.08	96.06.06-97.02.15	有		
	2,000,000.00		14.40	96.06.30-97.06.30	有		
	1,800,000.00		12.08	96.08.16-97.03.16	有		
	1,300,000.00		12.08	96.05.10-97.02.20	有		
	1,250,000.00	(财政贷款)		96.03.21-97.03.21			
	1,000,000.00		10.098	96.11.04-97.11.29	有		
	1,000,000.00		9.18	96.12.10-97.03.10	有		
	1,000,000.00		11.76	96.12.27-97.03.27	有		
	1,000,000.00		11.76	96.08.30-97.11.30	有		
	1,000,000.00		11.76	96.08.19-97.11.19	有		
	1,000,000.00		10.098	96.10.14-97.04.14	有		
	1,000,000.00		12.08	96.05.09-97.01.20	有		
	990,000.00		11.09	96.09.25-97.08.15	有		
	990,000.00		11.09	96.01.14-97.09.15	有		
	980,000.00		11.09	96.11.05-97.09.25	有		
	930,000.00		12.08	96.08.06-97.04.25	有		
	900,000.00		12.08	96.08.07-97.06.15	有		
	860,000.00		11.09	96.10.03-97.09.10	有		
	850,000.00		11.09	96.09.05-97.07.15	有		
	800,000.00		11.09	96.10.08-97.08.15	有		
	800,000.00		11.09	96.10.08-97.09.15	有		

	800,000.00		14.40	96.02.19-97.03.29	有
	800,000.00		10.098	96.11.25-96.12.25	有
	700,000.00		11.09	96.09.04-97.07.05	有
	670,000.00		12.08	96.08.05-97.04.15	有
	600,000.00		12.08	96.05.07-97.01.10	有
	500,000.00		11.09	96.10.21-97.10.21	有
	450,000.00		11.09	96.06.26-97.03.05	有
	100,000.00		(财政贷款)	96.12.17-97.05.17	
	15,670,000.00		14.472	92.01.03-97.04.10	有
	4,000,000.00		12.956	92.11.30-97.05.30	有
	4,000,000.00		12.956	92.10.25-97.01.25	有
	3,965,000.00		17.568	93.04.15-97.04.15	有
	3,830,000.00		14.472	95.03.27-97.03.27	有
	3,550,000.00		13.176	95.12.21-97.12.21	有
	3,000,000.00		13.176	95.09.13-97.09.13	有
	2,800,000.00		14.472	94.01.31-97.06.30	有
	2,700,000.00		14.472	95.12.17-96.12.27	有
	2,700,000.00		20.16	95.09.19-97.06.20	有
	2,200,000.00		10.69	95.11.13-97.11.13	有
	1,850,000.00		14.472	95.11.08-97.11.08	有
	1,500,000.00		14.472	94.10.18-97.11.06	有
	1,500,000.00		10.69	95.11.11-97.11.11	有
	1,000,000.00		14.472	93.09.18-97.03.18	有
	1,000,000.00		14.472	93.12.12-97.10.23	有
	1,000,000.00		13.176	93.03.18-97.03.31	有
	870,000.00		10.98	92.01.10-97.06.30	有
	800,000.00		14.472	95.12.23-97.12.23	有
	700,000.00		18	95.06.29-97.06.29	有
	640,000.00		17.568	93.12.31-97.08.30	有
	600,000.00		14.472	93.07.27-97.07.27	有
	510,000.00		15.372	94.08.26-97.08.30	有
	500,000.00		14.472	91.12.12-97.02.12	有
	500,000.00		13.176	93.07.04-97.07.04	有
	500,000.00		13.176	93.08.01-97.08.01	有
	500,000.00		13.176	92.05.21-97.11.02	有
	500,000.00		10.69	95.09.03-97.09.03	有
	500,000.00		21.6	95.01.11-97.01.11	有
	430,000.00		14.472	95.11.25-97.11.04	有
	250,000.00		11.09	95.12.31-97.12.31	有
	200,000.00		19.764	94.01.16-97.01.15	有
	195,000.00		7.2	95.11.01-97.10.10	有
	160,000.00		10.8	95.07.19-97.07.18	有
		4,097,949.72	13.176	96.01.20-98.09.20	有
		4,000,000.00	10.98	92.05.04-98.10.25	有
		3,000,000.00	13.176	94.12.01-99.10.25	有
		2,000,000.00	10.98	93.07.20-98.07.20	有
		2,000,000.00	4.032	87.10.31-98.10.15	有
		1,060,000.00	13.14	96.05.31-98.05.20	有
		210,000.00	10.98	93.11.22-98.05.20	有
		140,000.00	10.98	94.04.28-98.04.28	有
内部人员负债	2,207,204.29				无
或有负债	无				
合　计	100,717,204.29	16,507,949.72			

注:内部人员负债指公司未付福利费。

十二、主要会计资料

如果投资者欲对本公司的财务状况、经营成果及其会计政策进行更详细的了解,应当认真阅读在附录中所载的亚太会计师事务所(97)亚会审字第001号审计报告和本公司财务报表及注释。

(一)资产负债表主要数据

单位:元

项　目	96年12月31日	95年12月31日	94年12月31日
流动资产:			
货币资金	11,896,553	7,627,490	9,312,257
短期投资			
应收票据	3,564,500		
应收帐款	59,013,889	35,188,871	46,231,093
减:坏帐准备	295,069	175,944	231,155
应收帐款净额	58,718,820	35,012,927	45,999,938
预付帐款	14,148,008	11,254,016	9,747,141
其他应收款	12,429,784	6,888,263	6,475,636
待摊费用	1,527,075	2,051,206	4,928,479
存　货	74,874,589	52,971,472	31,686,305
流动资产合计	177,159,329	115,805,374	108,149,756
长期投资	265,802	570,467	1,052,303
固定资产:			
固定资产原价	268,761,848	249,366,241	188,436,932
减:累计折旧	69,628,285	55,642,847	42,424,199
固定资产净值	199,133,563	193,723,394	146,012,733
在建工程	56,871,250	28,551,173	28,498,676
固定资产合计	256,004,813	222,274,567	174,511,409
无形及递延资产:			
无形资产	18,423,000	18,823,500	19,224,000
递延资产			155,120
无形资产及递延资产合计	18,423,000	18,823,500	19,379,120
资产总计	451,852,944	357,473,908	303,092,588
流动负债:			
短期借款	33,890,000	24,230,000	32,160,000
应付票据	21,220,000		
应付帐款	33,158,202	22,851,125	26,008,266
预收帐款	2,698,636	1,015,069	1,827,869
其他应付款	13,366,114	25,795,973	11,460,769
应付工资	817,527	2,139,557	1,966,225
应付福利费	2,207,204	1,681,203	1,587,774
未付股利	34,489,500	11,989,500	30,000,000
未交税金	7,260,561	4,295,251	1,093,238
其他未交款	590,608	470,489	351,523
预提费用	1,402,855	1,398,435	2,704,791
一年内到期的长期负债	64,620,000	43,957,006	40,580,000
流动负债合计	215,721,207	139,823,608	149,740,455
长期负债:			
长期借款	16,507,950	38,985,000	20,535,927
长期应付款	11,232,078		100,000
长期负债合计	27,740,028	38,985,000	20,635,927
所有者权益:			
股本	150,000,000	150,000,000	120,000,000
其中:			
国家股	79,930,000	79,930,000	63,944,000
法人股	50,070,000	50,070,000	40,056,000
内部职工股	20,000,000	20,000,000	16,000,000
资本公积	567	567	567
盈余公积	20,007,171	12,173,210	6,405,846
其中:			
公益金	6,669,057	4,057,737	2,135,282
未分配利润	38,383,971	16,491,523	6,309,793

所有者权益合计	208,391,709	178,665,300	132,716,206
负债及权益合计	451,852,944	357,473,908	303,092,588

(二)利润及利润分配表主要数据

单位:元

项　目	96.1.1-12.31	95.1.1-12.31	94.1.1-12.31
一、主营业务收入	249,796,878	195,598,508	200,075,786
减:营业成本	163,882,336	127,746,152	143,665,871
减:销售费用	4,518,541	3,854,917	4,155,314
减:管理费用	13,910,625	10,904,708	9,496,302
减:财务费用	8,263,112	8,100,060	9,186,653
减:销售税金及附加	1,604,377	1,079,953	1,298,575
二、主营业务利润	57,617,887	43,912,718	32,273,071
加:其他业务利润	488,028	915,753	773,282
三、营业利润	58,105,915	44,828,471	33,046,353
加:投资收益	11,604	32,733	66,551
加:营业外收入	3,378,753	538,027	312,272
减:营业外支出	53,438	165,004	201,136
四、利润总额	61,442,834	45,234,227	33,224,040
减:所得税	9,216,425	6,785,134	4,983,606
五、净利润	52,226,409	38,449,093	28,240,434
加:年初未分配利润	16,491,523	6,309,794	12,305,425
六、可分配的利润	68,717,932	44,758,887	40,545,859
减:提取法定盈余公积金	5,222,641	3,844,909	2,824,044
提取法定公益金	2,611,320	1,922,455	1,412,022
七、可供股东分配的利润	60,883,971	38,991,523	36,309,793
减:已分配普通股股利	22,500,000	22,500,000	30,000,000
八、未分配利润	38,383,971	16,491,523	6,309,793

(三)财务状况变动表数据

单位:元

资金来源和运用	金　额	流动资金各项目的变动	金　额
一、流动资金来源		一、流动资产本年增加数	
1.本年净利润	52,226,409	1.货币资金	4,269,063
加:不减少流动资金的费用和损失		2.短期投资	
(1)固定资产折旧	15,402,023	3.应收票据	3,564,500
(2)无形、递延资产及其他资产摊销	400,500	4.应收帐款净额	23,705,893
(3)固定资产盘亏(减盘盈)	-2,713,348	5.预付帐款	2,893,992
(4)清理固定资产损失	-294,838	6.其他应收款	5,541,521
		7.存货	21,903,116
		8.待摊费用	-524,131
		9.待处理流动资产损失	
小　计	65,020,746	10.一年内到期长期投资	
2.其他来源:		11.其他流动资产	
(1)固定资产清理收入(减清理费用)	1,239,228		
(2)增加长期负债	11,232,078		
(3)收回长期投资	304,665		
(4)对外投资转出无形资产		流动资产增加净额	61,353,954
(5)无偿调出固定资产净损失			
(6)资本净增加额	7,833,961		
		二、流动负债本年增加数:	
小　计	20,609,932	1.短期借款	9,660,000
流动资金来源合计	85,630,678	2.应付票据	21,220,000
二、流动资金运用:		3.应付帐款	10,307,076
1.利润分配:		4.预收帐款	1,683,567
(1)提取法定公积金	5,222,641	5.其他应付款	-12,429,859
(2)提取法定公益金	2,611,320	6.应付工资	-1,322,030
(3)已分配股利	22,500,000	7.应付福利费	526,002
		8.未交税金	2,965,310
		9.未付股利	22,500,000
		10.其他未交款	120,119
		11.预提费用	4,420
小　计	30,333,961	12.一年内到期长期负债	20,662,994
		13.其他流动负债	
2.其他运用			
(1)固定资产和在建工程净增加额	47,715,684		
(2)增加无形资产、递延资产及其他资产			
(3)偿还长期负债	22,124,678		
(4)增加长期投资			
小　计	69,840,362		
流动资金运用合计	100,174,323	流动负债增加净额	75,897,599
流动资金增加净额	-14,543,645	流动资金增加净额	-14,543,645

(四)重要会计政策:

1.会计制度:《股份制试点企业会计制度》。

2.会计报表编制方法:本报告所附会计报表仅反映本公司自身的财务状况、经营业绩 及资金变动情况,无子公司和控股公司。会计报表的编制方法符合《股份制试点企业会计制度》的规定。

3.会计期间:公历年制,元月一日至十二月三十一日。

4.记帐原则和计价基础:记帐原则"权责发生制",计价基础"历史成本"。

5.记帐本位币:人民币(RMB)元。

6.存货计价:采用实际成本计价。材料采购、发出时为实际成本,销售成本结转,按"月末一次加权平均法"计算。

7.坏帐准备:年末按应收帐款余额的5‰提取,计入当期损益。

8.长期投资:债券投资的收益按照面值及债券利率计算当年应计利息并分别计入当年损益;股权投资和联营投资在投资额占被投资单位权益性资本20%以下的采用成本法核算,20%-50%的采用权益法核算,50%以上的采用合并报表反映。

9.低值易耗品摊销:一次摊销法。

10.固定资产及折旧:固定资产按其形成过程的实际成本计价。固定资产标准:使用期限超过一年的房屋、建筑物、机器、机械运输工具、及其它与生产经营有关的设备、器具、工具,或单位价值2000元以上,使用期限超过二年的,不属于生产经营主要设备的物品;固定资产折旧:采用直线法分类计算,按月提取。

固定资产类别	估计经济使用年限	残值率(%)	年折旧率(%)
房屋建筑物	20-50	3	1.94-4.85
通用设备	8-12	3	8.08-12.13
专用设备	8-15	3	6.47-12.13
运输工具	6-12	3	8.08-16.17

11.无形资产及摊销:无形资产系土地,根据《股份制试点企业会计制度》规定按使用期50年进行摊销,每年摊销400,500元。

12.递延资产及摊销:采用直线法,在受益期内不低于5年进行摊销。

13.营业收入:按权责发生制原则,于商品已经发出、商品的所有权已自卖方转移给买方,收到货款或取得收取货款的证据时,作为营业收入的实现。

14.税项:"增值税",适用17%的增值税税率,以当期销项税额抵扣当期进项税额后的余额作为应纳税额,因当期销项税额小于当期进项税额不足抵扣时,其不足部分结转下期继续抵扣。"城市维护建设税",按应交纳增值税的7%计征。"教育费附加"按应交纳增值税的3%计征。"所得税",根据河南省财政厅(1997)豫财工字第12号文件批复,实际税负为15%。

注:1997年3月12日,漯河市国家税务局出具的证明所示,本公司截止1996年12月31日经批准缓缴的增值税6571847.63元,已于1997年3月10日前全部补缴入库。

15. 利润分配:

分配顺序	分配比例(%)
弥补亏损	
提取法定盈余公积金	10
提取公益金	5
提取任意盈余公积金	
支付股利	

分配依据:根据《公司法》和本公司章程规定,利润分配按照每年年末实现的税后净利润和规定比例计算。其中:盈余公积金达到公司注册资本50%时,可不再提取。每年支付股利的分配方案由公司股东大会决定。

(五)主要财务指标

指标名称	1996年	1995年	1994年
流动比率(%)	82.12	82.82	72.22
速动比率(%)	47.42	44.94	51.06
资产负债率(%)	53.88	50.02	56.21
应收帐款周转率(%)	530.34	480.47	429.27
存货周转率(%)	256.37	301.79	460.19
净资产收益率(%)	25.06	21.52	21.28
每股净利(元)	0.35	0.26	0.24

注:1)以上指标是根据本招股说明书公布的财务报表计算的;

2)速动资产为流动资产减去存货。

十三、资产评估

亚太资产评估事务所对公司全部资产进行了价值评估,出具了资产评估报告[(97)亚资评字第1号],以下资料引自该报告。

评估范围:

本公司评估基准日所占有的全部生产经营性资产包括流动资产、长期投资、固定资产、无形资产、其他资产,并核实其负债,从而确定其权益,还包括租用土地使用权的价值,以作为确定土地租金的依据。

评估基准日:

评估基准日为1996年12月31日。

评估结果:

资产总计:49,325.7万元

负债总计:24,346.1万元

净资产:24,979.6万元各类资产负债和权益增减变化见下表:

资产评估结果汇总表

单位:元

评估项目	帐面净值	评估值	增加额	增加率%
流动资产	177,159,327.15	178,938,091.08	1,778,763.93	1.00
长期投资	265,802.25	287,912.00	22,109.75	8.32
固定资产	199,133,562.52	235,769,985.95	36,636,423.43	18.40
在建工程	56,871,249.86	52,179,302.00	-4,691,947.86	-8.25
无形资产	18,423,000.00	23,054,911.00	4,631,911.00	25.14
其他资产	0.00	3,027,450.00	3,027,450.00	——
资产总计	451,852,941.78	493,257,652.03	41,404,710.25	9.16
流动负债	215,721,206.33	215,721,206.33	——	——
长期负债	27,740,027.40	27,740,027.40	——	——
负债合计	243,461,233.73	243,461,233.73	——	——
股东权益	208,391,708.05	249,796,418.30	41,404,710.25	19.87

1. 评估增减值的主要原因:

(1)本公司成立至评估基准日,存量资产市场价格较为稳定。

(2)在建工程评估减值系有部分单项工程已完工,作为固定资产进行评估。

(3)房屋建筑物采用的是重置成本法,取价标准有所调增,另外此次评估的房屋建筑物重置成本中包含有一定的资金成本和工程前期费用,因而固定资产评估增值幅度较大。

(4)在对土地使用权进行评估时,土地取得费用较1993年有所增加,另外此次评估中增加了资金成本和有关税费,从而导致土地使用权价值的增加。

(5)其他各类资产的增减值情况及原因详见评估说明。

2. 评估方法及计价标准:

主要采用重置成本法及与之匹配的重置成本计价标准。

以上评估结果经国家国有资产管理局国资评(1997)92号文件确认。

十四、盈利预测

鉴于盈利预测所依据的种种假设的不确定性,投资者进行投资判断时不应过于依赖该项资料。

以下资料摘自亚太会计师事务所(97)亚会审字第002号盈利预测审核报告

1. 基准:

本盈利预测基准是根据公司以往年度和1996年度之经营业绩及1997年度经营预算而编制。预测遵循了我国现行法律、法规和财务会计制度的有关规定,其会计原则和计算方法与公司一贯采用的相一致。

2. 盈利预测假设:

(1)公司所遵循的我国法律、法规和制度及本公司所在地漯河市的社会、政治、经济环境无重大改变。

(2)公司的主要材料、燃料、电力供应及商品销售没有不可预见的重大变化扩大成本,没有重大变动而产生的不利影响。

(3)公司预测期内汇率、税率、信贷利率等在正常范围内变动。

(4)无其他人力不可预测和不可抗拒因素造成的重大不利影响。

3. 本公司未来盈利预测如下表:

1997年度盈利预测汇总表 单位:万元

项目	金额
一、主营业务收入	32,876
减:营业成本	23,167
销售费用	543
管理费用	1,400
财务费用	598
销售税金及附加	238
二、主营业务利润	6,930
加:其他业务利润	95
三、营业利润	7,025
加:营业外收入	56
减:营业外支出	50
四、利润总额	7,031
减:所得税(按33%税率缴纳)	2,320
减:所得税(按15%税率缴纳)	1,055
五、净利润	4,711
净利润	5,976

4.1997年度每股收益预测及市盈率:

项目	全面摊薄	加权平均
1)每股收益预测(元)	0.37	0.41(所得税率为15%)
市盈率(倍)	12.49	11.27
2)每股收益预测(元)	0.29	0.32(所得税率为33%)
市盈率(倍)	15.93	14.44

注:采用加权平均法计算时,预计股金到位时间为1997年4月30日。

5. 预测实现后每股净资产为2.79元。

6. 公司盈利预测增长原因:

(1)产销量增加,1996年销量50000吨,1997年预计64500吨,比1996年增加29%。

a. 5000吨以下小造纸厂关闭,社会需求量增加;

b. 治污工程相继投入运行,工厂可以满负荷生产,增加产量14500吨,其他条件不变,利润可增长29%。

c. 扩大销售网点,提高产品市场占有率。1997年已在全国各主要城市增设销售网点，开展厂价直销。

(2)小造纸厂关闭后，小厂与大厂争原材料现象已不存在，麦草及其他辅助材料如烧碱、液氯等都有不同程度下降。

(3)募集资金到位后，将优化资本结构，从而降低资金占用费，财务费用有所下降。

十五、公司发展规划

1.生产经营发展战略

本公司将充分利用地处中原、交通方便、原材料丰富等诸多优势，加强科技研究和技术改造，坚持以市场为导向，及时掌握市场信息，开发生产高、中档产品及其深加工制品。在巩固原有市场的同时，积极开拓新的消费市场。

2.发展目标与规模

本公司今后的发展目标是建立一个以各类文化用纸、生活用纸的生产、销售为主营业务的大型股份制企业。总体发展为通过新建、扩建、租赁设备、兼并等多种形式扩大生产经营规模，形成规模效益。调整产品结构，开发高、中档产品，搞好配套生产和综合利用。以纸业为主，跨行业发展，形成多种经营格局。到2000年，计划制浆能力达到12万吨/年，各种文化用纸生产能力达到16-20万吨/年，发电能力达到1.5亿度/年。

3.固定资产投资计划

本公司将加大投资力度，不断提高生产能力。除本次募集资金所投的九个项目外，预计到2000年，本公司还将进行如下重大项目建设：

(1)投资27180万元完成3.4万吨/年集中制浆及污染治理工程

(2)投资4909万元扩建废水治理综合利用示范工程

4.人员扩充计划

本公司随着生产规模的不断扩大，将适当补充人员，拟在2000年以前扩充500人，主要是大中专毕业生和专业技术人员，其比例要达到扩充人员总数的85%左右，不断改变公司员工的知识结构。同时加强对现有员工的培训，充分发挥现有人员的能力。

5.资金筹措计划

本公司计划通过多种渠道筹措资金以满足公司发展的需要，除本次发行社会公众股所筹集的资金外，还将通过银行贷款、每年提取的法定公积金及进一步增资扩股来解决。

十六、重要合同及重大诉讼事项

(一)重要合同

截止目前，本公司尚未履行完毕的重大合同有：

1.1995年6月28日，本公司与新加坡废水处理工程私人有限公司签订的《制浆造纸中段废水处理工程合同书》，合同约定新加坡废水处理工程私人有限公司负责向本公司提供中段废水处理工程全部图纸、数据及具有世界先进水平的全套工艺设备及相应的化验设备、电控设备等，合同价款2156万元人民币，由本公司自1996年至2000年分5次支付；

2.1996年5月20日，本公司(发包方)与河南省第六建筑工程公司(承包方)签订的《废水处理工程建筑安装施工合同》，合同约定承包方负责该工程的土建施工、设备安装、试车及运行，工期自1996年6月1日至1997年6月20日，工程总造价为1048万元；

3.1997年元月16日，本公司与舞阳县土地管理局签订的《国有土地使用权租赁合同》，合同约定本公司租用位于舞阳县城二环路、舞光路北及南关路西国有土地共3宗，共计273786.93平方米，租期50年，前三年由本公司按每平方米每年1.5元的标准交纳租金，3宗地年租金为410680.4元，三年后租金标准根据国家计算复利规定和物价指数变动情况予以调整；

4.1997年元月16日，本公司与郾城县土地管理局签订的《国有土地使用权租赁合同》，合同约定本公司租用位于郾城县裴城乡的国有土地1宗，计86040.5平方米，租期50年，前三年由本公司按每平方米每年1.5元的标准交纳租金，该宗地年租金129060.8元，三年后租金标准根据国家计算复利规定和物价指数变动情况予以调整。

(二)重大诉讼事项

截至目前，本公司没有尚未了结或可预见的诉讼、仲裁或被行政处罚的案件。

十七、其它重要事项

本公司认为对投资者做出投资判断有重大影响的事项在上述章节中已列明，在此不再重复。

附　录

1.亚太会计师事务所《审计报告》
2.亚太会计师事务所《1997年度溢利预测的审核报告》
3.亚太资产评估事务所《资产评估报告》
4.漯河资产评估公司《资产评估报告》
5.中银律师事务所法律意见书
6.中银律师事务所律师工作报告
7.河南中正律师事务所法律意见书
8.漯河市会计师事务所《验资报告》
9.关于本次发行的股东大会决议
10.公司章程
11.公司章程(修改草案)

备查文件

1.发行人成立的注册登记文件
2.主管部门和证券交易所批准发行上市的文件
3.承销协议
4.国有资产管理部门关于资产评估的确认报告
5.重要合同
6.证监会要求的其它文件

招股说明书及备查文件
查阅期间：1997年4月16日至1997年4月23日
查阅地点：本公司总经理办公室
电　　话：(0395)2624495

漯河银鸽制浆造纸股份有限公司
一九九七年四月十一日

漯河银鸽制浆造纸股份有限公司股票上市公告书

一、要览

总股本：16,000万股
可流通股本：4,000万股
本次上市可流通股本：4,000万股
股票简称：漯河银鸽
股票代码：600069
上市地点：上海证券交易所
上市时间：1997年4月30日
登记机构：上海证券中央登记结算公司
上市推荐人：海通证券有限公司
　　河南省证券公司
　　中信证券有限责任公司

二、绪言

漯河银鸽制浆造纸股份有限公司以下简称“本公司”，依据《中华人民共和国公司法》、《股票发行与交易管理暂行条例》、《公开发行股票信息披露实施细则(试行)》、《上海证券交易所业务规则》等国家有关法律、法规文件的规定，为本公司股票公开上市之目的向社会公众提供有关资料。

经中国证券监督管理委会证监发字[1997]117号和118号文批准，本公司已成功地向社会公众公开发行4,000万股每股面值1.00元的人民币普通股股票。每股发行价4.62元。本公司股票上市申请经上海证券交易所[上证发(1997)019号文]审核同意，将于1997年4月30日在上海证券交易所上市挂牌交易。

本公司已于1997年4月11日在《上海证券报》、《中国证券报》、《河南日报》刊登招股说明书概要，距今不足六个月，故与其重复的内容在此不再赘述，敬请社会公众查阅招股说明书。

本公司董事会及各位董事确信本公告书未遗漏任何重大事项，亦不存在任何误导和虚假成份，并愿就本公告书及相关资料的真实性、准确性、完整性负个别及连带责任。

三、公司概况

1. 发起人简介

漯河银鸽制浆造纸股份有限公司的主要发起人原漯河市第一造纸厂于1967年筹建，1971年建成投产，有20多年的生产经营历史，改制前资产总额已达1.3亿元，是集制浆、造纸、污水处理、热电联供为一体的国家大二型企业，是轻工部造纸行业的重点企业，河南省造纸行业的骨干厂。该厂以其全部生产经营性净资产折股投入本公司，本公司成立后，该厂的法人资格随之终止。

舞阳县冠军集团公司成立于1992年8月，是集卫生陶瓷、建筑工艺陶瓷、棉织、工程塑料为一体的实业性集团公司，注册资本3500万元。

舞阳县明宇盐化集团公司是集盐矿开发、制盐、制碱、发电、塑料制品为一体的产业集团，注册资本为3110万元。

舞阳云鹏集团公司成立于1992年4月，注册资本为5000万元，主要产品是印刷机械，是河南省政府重点扶持的100家大型乡镇企业(集团)之一。

河南省漯河市彩色造纸有限公司成立于1993年1月，注册资本为2319万元。

2. 发行人简介

法定名称：漯河银鸽制浆造纸股份有限公司

成立日期：1993年3月6日

注册资本：12,000万元

公司住所：河南省漯河市人民东路95号

法定代表人：韩国忠

经营范围：纸浆、纸张及其深加工产品；电。

公司业务：本公司属于麦草浆制浆造纸企业，现有年制浆能力80000吨，年生产机制纸能力105000吨，发电能力5000万度，是集制浆、造纸、产热、发电、碱回收及废水处理为一体的国家大型企业。

本公司主要产品有双面胶版纸、单面胶版纸、书写纸、招贴纸、静电复印纸、扑克牌面纸、彩色纸、有光纸、书皮纸等各种机制文化系列用低。其中60克单胶纸荣获河南省第二届“兴豫杯”名优特新优秀奖，扑克牌面纸获河南省1991年度优秀新产品称号。

截止1996年12月31日，公司拥有正式员工4005人，总资产为45185.29万元，净资产为20839.17万元。

3. 股份制改造及历次发行情况

1993年3月6日，经河南省体改委豫体改字(1993)30号文批准，由漯河市第一造纸厂、舞阳县冠军集团公司、舞阳县明宇盐化集团公司、舞阳云鹏集团公司、河南省漯河市彩色造纸有限公司五家企业共同发起，以定向募集方式设立了漯河制浆造纸股份有限公司。

1993年3月公司成立时，总股本为12000万元，其中，漯河市第一造纸厂以其经评估后的生产经营性净资产6394.4万元折股投入股份公司，形成国家股6394.4万股，由漯河市国有资产管理局持有，其余四家发起人以其经评估后与造纸有关的生产经营性净资产投入股份公司，形成4005.6万股法人股，并向内部职工按每股1.00元的价格募集1600万股内部职工股。股本结构如下：

股份类别	股数(万股)	占总股本比例(%)
发起人股	10400.00	86.67
其中：		
国家股	6394.40	53.29
法人股	4005.60	33.38
内部职工股	1600.00	13.33
总股本	12000.00	100.00

1995年3月，公司经第三次股东大会通过决议，并经河南省体改委批准，用1994年度税后利润与1993年度结转利润一并向全体股东按每10股派送2.5股的形式分配股利，共分配利润3000万元，送股后公司股本结构如下：

股份类别	股数(万股)	占总股本比例(%)
发起人股	13000	86.67
其中：		
国家股	7993	53.29
法人股	5007	33.38
内部职工股	2000	13.33
总股本	15000	100.00

1996年12月27日，河南省体改委以豫股批字(1996)126号文对公司进行了重新确认，本公司改在河南省工商行政管理局进行注册登记，并将名称变更为漯河银鸽制浆造纸股份有限公司。

1997年2月，公司第五次股东大会通过决议，对公司股份按1:0.8的比例进行缩股。股本结构如下：

股份类别	股数(万股)	占总股本比例(%)
发起人股	10400.00	86.67
其中：		
国家股	6394.40	53.29
法人股	4005.60	33.38
内部职工股	1600.00	13.33
总股本	12000.00	100.00

1997年4月16日，经中国证券监督管理委员会证监发字[1997]117号、118号文批准，公司以“全额预缴、比例配售、余款转存”的方式公开发行社会公众股4,000万股，每股面值1.00元，每股发行价4.62元。本次发行的4,000万股股款，在扣除发行费用后已进入公司帐户，并经河南省亚太会计师事务所“97亚会验字第6号”验证确认，本次发行后公司股本结构为：

股份类别	股数(万股)	占总股本比例(%)
发起人股	10400.00	65
其中：		
国家股	6394.40	39.965
法人股	4005.60	25.035
社会公众股	4000.00	25
内部职工股	1600.00	10
总股本	16000.00	100

四、股票发行及承销

1. 本次股票公开发行情况：

社会公众股发行数量：4,000万股

发行价：每股4.62元

募集资金总额：17,810.4万元

发行方式：全额预缴、比例配售、余款转存

配售比例：1.12022%

配售户数：4724户

发行费用总额：669.6万元

每股发行费用：0.1674元

发行市盈利：14倍。

2. 股票承销：

本次公开发行之4,000万股社会公众股已全部由社会公众认购，承销团成员无分销比例及数量。

3. 验资报告：

漯河银鸽制浆造纸股份有限公司：

我们接受委托，对贵公司截至一九九七年四月二十二日止的实收股本及相关的资产和负债的真实性和合法性进行了审验。在审验过程中，我们按照《独立审计实务公告书第1号——验资》的要求，实施了必要的审验程序。贵公司的责任是提供真实、合法，完整的验资资料，保护资产的安全、完整。我们的责任是按照《独立审计实务公告书第1号——验资》的要求，出具真实、合法的验资报告。

漯河银鸽制浆造纸股份有限公司的申请注册资本为160,000,000.00元。根据我们的审验，截至一九九七年四月二十二日止，贵公司已收到各股东投入的资本叁亿贰仟捌佰壹拾万肆仟伍佰陆拾陆元伍角伍分（$328,104,566.55），其中发起人投入的资本为130,000,566.55元，向职工个人募集的资本为20,000,000.00元，向社会募集的资本为178,104,000.00元。投入的资本中包括股本160,000,000.00元，资本公积168,104,566.55元。盈余公积20,007,171.23元（其中公益金6,669,057.08元），未分配利润38,383,970.27元。与上述投入资本相关的资产总额为629,956,941.78元，负债总额为243,461,233.73元。

亚太会计师事务所　　中国注册会计师：谢玉敏　谷家丽

一九九七年四月二十二日

五、公司董事、监事、高级管理人员及重要职员持股情况：

姓　名	职　务	持股数量（股）	占总股本比例（%）
韩国忠	董事长	24000	0.0150
王也难	副董事长兼董事会秘书	0	0
颜秀英	副董事长兼总经理	13600	0.0085
丁友忠	董事	8000	0.0050
付荣根	董事	8000	0.0050
李明宇	董事	8000	0.0050
朱云鹏	董事	8000	0.0050
程志伟	董事兼副总经理	7200	0.0045
王长河	董事	24160	0.0151
张松枝	董事	24640	0.0154
王俊峰	董事	24400	0.0153
周文普	董事	6400	0.0040
赵　磊	董事	0	0
张士进	监事会主席	14400	0.0090
高德银	监事	8080	0.0051
张富军	监事	9600	0.0060
陈立民	副总经理	24064	0.0150

以上公司董事、监事、高级管理人员共持有公司股份212,544股，占总股本的0.133%。

六、公司设立

本公司1997年1月28日股东大会作出决议，在本次股票发行后申请在上海证券交易所挂牌交易。

本次股票成功发行后，本公司股权变更登记工作已经结束，详细资料如下：

注册资金：16000万元

注册时间：1997年4月23日

注册地点：河南省漯河市人民东路95号

营业执照注册号码：17000151-6

七、关联企业及关联交易

舞阳县冠军集团公司与舞阳县明宇盐化集团公司、舞阳云鹏集团公司、河南省漯河市彩色造纸有限公司为本公司的关联企业，其中，河南省漯河市彩色造纸有限公司、舞阳县冠军集团公司与本公司无经济往来关系；舞阳云鹏集团公司和舞阳县明宇盐化集团公司与本公司存在经济往来，即舞阳云鹏集团公司下属包丝钉厂向本公司造纸四分厂供应包装用铁丝，本公司造纸三分厂向云鹏集团公司供应印刷用纸；舞阳县明宇盐化集团公司向本公司三分厂供应生产用电。上述企业与本公司的经济往来均按与其他第三者经济往来相同的市场价格确定。

总之，本公司在处理与关联企业的关系中，以本公司利益最大化和保护股东权益为基本点，不损害他人利益，规范运行。

八、股本结构及大股东持股情况

1. 本公司上市后的股本结构为：

股份类别	股本（万股）	占总股本的比例（%）
发起人股	10400.00	65
其中：		
国家股	6394.40	39.965
法人股	4005.60	25.035
社会公众股	4000.00	25
内部职工股	1600.00	10
总股本	16000.00	100

2. 前十名股东所持股数及比例

股　东　名　称	持股数（股）	占总股本比例（%）
1)漯河市国有资产管理局	63,944,000	39.96
2)河南省漯河市彩色造纸有限公司	14,136,000	8.84
3)舞阳县冠军集团公司	10,788,000	6.74
4)舞阳县明宇盐化集团公司	8,328,000	5.21
5)舞阳云鹏集团公司	6,804,000	4.25
6)刘海功	120,000	0.075
7)王廷怀	69,600	0.044
8)苑天保	64,000	0.040
9)张改莲	61,600	0.039
10)史亚丽	57,058	0.036

九、公司财务会计资料

（一）审计报告(97)亚会审字第001号

漯河银鸽制浆造纸股份有限公司全体股东：

我们接受委托，审计了贵公司1994年12月31日、1995年12月31日和1996年12月31日的资产负债表及1994年度、1995年度、1996年度利润及利润分配表和1996年度的财务状况变动表。这些会计报表由贵公司负责，我们的责任是对这些会计报表发表审计意见。我们的审计是依据《中国注册会计师独立审计准则》进行的。在审计过程中，我们结合贵公司的实际情况，实施了包括抽查会计记录等我们认为必要的审计程序。

我们认为，上述会计报表符合《企业会计准则》和《股份制试点企业会计制度》的有关规定，在所有重大方面公允地反映了贵公司1994年12月31日、1995年12月31日和1996年12月31日的资产负债表及1994年度、1995年度和1996年度的经营成果及1996年度资金变动情况，会计处理方法的选用遵循了一贯性原则。

亚太会计师事务所　　中国注册会计师：祝田山　谢玉敏

中国·郑州　　一九九七年一月二十一日

（二）资产负债表、利润表及利润分配表、财务状况变动表见附表

（三）重要会计政策：

1. 会计制度：《股份制试点企业会计制度》。

2. 会计报表编制方法：本报告所附会计报表仅反映本公司自身的财务状况、经营业绩及资金变动情况，无子公司和控股公司。会计报表的编制方法符合《股份制试点企业会计制度》的规定。

3. 会计期间：公历年制，元月一日至十二月三十一日。

4. 记帐原则和计价基础：记帐原则“权责发生制”，计价基础“历史成本”。

5. 记帐本位币：人民币(RMB)元。

6. 存货计价：采用实际成本计价。材料采购、发出时为实际成本，销售成本结转，按“月末一次加权平均法”计算。

7. 坏帐准备：年末按应收帐款余额的5‰提取，计入当期损益。

8. 长期投资：债券投资的收益按照面值及债券利率计算当年应计利息并分别计入当年损益；股权投资和联营投资在投资额占被投资单位权益性资本20%以下的采用成本法核算，20%-50%的采用权益法核算，50%以上的采用合并报表反映。

9. 低值易耗品摊销：一次摊销法。

10. 固定资产及折旧：固定资产按其形成过程的实际成本计价。固

定资产标准:使用期限超过一年的房屋、建筑物、机器、机械运输工具、及其它与生产经营有关的设备、器具、工具,或单位价值2000元以上,使用期限超过二年的,不属于生产经营主要设备的物品;固定资产折旧:采用直线法分类计算,按月提取。

固定资产类别	估计经济使用年限	残值率(%)	年折旧率(%)
房屋建筑物	20-50	3	1.94-4.85
通用设备	8-12	3	8.08-12.13
专用设备	8-15	3	6.47-12.13
运输工具	6-12	3	8.08-16.17

11.无形资产及摊销:无形资产系土地,根据《股份制试点企业会计制度》的规定按使用期50年进行摊销,每年摊销400,500元。

12.递延资产及摊销:采用直线法,在受益期内不低于5年进行摊销。

13.营业收入:按权责发生制原则,于商品已经发出、商品的所有权已自卖方转移给买方,收到货款或取得收取货款的证据时,作为营业收入的实现。

14.税项:"增值税",适用17%的增值税税率,以当期销项税额抵扣当期进项税额后的余额作为应纳税额,因当期销项税额小于当期进项税额不足抵扣时,其不足部分结转下期继续抵扣。"城市维护建设税",按应交纳增值税的7%计征。"教育费附加"按应交纳增值税的3%计征。"所得税",根据漯河市人民政府漯政文(1993)第8号文件批复,实际税负为15%。

15.利润分配:

分配顺序	分配比例(%)
弥补亏损	
提取法定盈余公积金	10
提取公益金	5
提取任意盈余公积金	
支付股利	

分配依据:根据《公司法》和本公司章程规定,利润分配按照每年年末实现的税后净利润和规定比例计算。其中:盈余公积金达到公司注册资本50%时,可不再提取。每年支付股利的分配方案由公司股东大会决定。

(四)主要财务指标

指标名称	1996年	1995年	1994年
流动比率(%)	82.12	82.82	72.22
速动比率(%)	47.42	44.94	51.06
资产负债率(%)	53.88	50.02	56.21
应收帐款周转率(%)	530.34	480.47	429.27
存货周转率(%)	256.37	301.79	460.19
净资产收益率(%)	25.06	21.52	21.28
每股净利(元)	0.348	0.256	0.235

注:1)以上指标是根据本招股说明书公布的财务报表计算的;

2)速动资产为流动资产减去存货。

(五)报表附注:

1)长期投资:截至1996年12月31日,长期投资余额265802.25元,比年初数下降53.41%,截至1995年12月31日,长期投资余额570467.25元,比年初数下降45.78%,一九九六年比一九九五年下降较大的原因为到期兑付国库券、特种债券、重点债券所致。

2)应付帐款:截至1996年12月31日,应付帐款余额33158201.55元,比年初数上升45.10%,截至1995年12月31日应付帐款余额22851125.49元,比年初数下降12.14%。

说明:一九九六年十二月三十一日应付帐款余额比年初上升较大的主要原因:原材料进货增加。

3)其他应付款:截至1996年12月31日,其他应付款余额13366114.17元,比年初数下降48.18%,截至1995年12月31日,其他应付款余额25795973.34元,比年初数上升125.08%。

一九九六年其他应付款比年初数下降较大的主要原因为一九九五年基建增加,代垫款较多,九六年陆续归还;一九九五年十二月三十一日其他应付款比年初数上升较大的主要原因:基建代垫借款增加。

4)资本公积:截止1996年12月31日,资本公积余额566.55元,与年初数相同。截止1995年12月31日资本公积余额566.55元,与年初数相同。

5)盈余公积:截至1996年12月31日盈余公积余额20007171.23元,比年初数上升64.35%;1995年12月31日盈余公积余额12173209.95元,比年初数上升90.03%,皆为每年按照税后利润的15%计提盈余公积所致。

6)未分配利润:截至1996年12月31日,未分配利润余额38383970.27元,比年初数上升132.75%,截至1995年12月31日,未分配利润余额16491523.01元,比年初数上升161.36%。

根据公司董事会1997年元月8日的决议,1996年度未分配利润在公司公开发行并上市后由全体新老股东共享。

十、董事会承诺

本公司董事会将严格遵守《中华人民共和国公司法》、《股票发行与交易管理暂行条例》、《公开发行股票公司信息披露实施细则(试行)》和《上海证券交易所业务规则》及国家与上海市有关法律、法规,并向证券主管机关、上交所、广大投资者作出如下承诺:

1、自觉接受证券管理部门的监督和管理,认真听取政府、股东、证券管理部门、证券经营部门和社会公众的意见、建议和批评。

2、准确和及时地公告本公司中期报告、年度报告及经营业绩资料和披露本公司重大经营活动信息。

3、本公司董事会、监事会及高级管理人员如发生人事变动或前述人员持有本公司股份数量发生变化时,及时通报证券管理机关,并及时通过证券主管部门指定的媒体通告社会公众。

4、本公司董事、监事及高级管理人员不利用内幕消息和不正当手段直接或间接从事任何目的股票投机交易。

5、董事会及各位董事保证不就任何未经公告机关审阅的可能影响股价变动的重大信息私自公告或发表意见。

6.本公司没有无记录负债。

十一、重要事项说明

1.企业所得税

依据河南省人民政府豫政文(1997)25号规定,本公司自1997年起执行实际税负为15%的税收政策。

2.股利分配政策

按本公司章程规定,公司股份同股同利,税后利润具体分配顺序和比例如下:

(1)弥补亏损

(2)提取法定盈余公积金10%

(3)提取法定公益金5%-10%

(4)提取任意盈余公积金

(5)支付普通股股利

当公司法定公积金累计额为公司注册资本的50%以上时,可不再提取,公司的利润分配严格执行国家财务会计制度及税收法律、法规的规定。公司股利最终分配比例由董事会根据公司当年业绩和未来的生产经营计划拟订并经股东大会通过后确认执行。

预计本次发行后首次派发股利时间为1998年6月底以前。1996年末的未分配利润在本公司公开发行股票并上市后由新老股东共享。

3.1997年度盈利预测汇总表

项目	全面摊薄	加权平均
1)每股收益预测(元)	0.37	0.41(15%所得税率)
2)每股收益预测(元)	0.29	0.32(33%所得税率)

4.截止本公告书公布之日,本公司无重大诉讼事项。

十二、备查文件

1.本公司注册登记文件

2.上海证券交易所的上市通知书

3.验资报告

4.审计报告

5.上市推荐书

6.招股说明书

十三、咨询机构

1. 本公司决定由王也难负责本公司股份事务管理及咨询。本公司有关备查文件存放于本公司办公地点，可供股东查询。

地址：河南省漯河市人民东路 95 号

电话：(0395)2624495　　传真：(0395)2626462

联系人：王也难　张　歌

2. 上市推荐人：

海通证券有限公司

地址：上海市唐山路 218 号

电话：(021)65842411　65843376　　传真：(021)65841935

联系人：朱汉忠　王向明

河南省证券公司

地址：郑州市纬五路 16 号

电话：(0371)5990338　　传真：(0371)5990358

联系人：刘增学　王建红

中信证券有限责任公司

地址：北京市朝阳区新源南路 6 号

电话：(021)64156091　　传真：(021)64742979

联系人：裘　凌　俞　皓

3. 会计师事务所：亚太会计师事务所

地址：河南省郑州市经七路 14 号

电话：(0371)3947289　　传真：(0371)3946023

联系人：谢玉敏　赵志军

4. 发行人律师：中银律师事务所

地址：北京南礼士路 21 号

电话：(010)68573796　　传真：(010)68573559

联系人：朱玉栓　唐金龙

漯河银鸽制浆造纸股份有限公司

一九九七年四月二十八日

附表一：　　资产负债表主要数据

单位：元

项　目	96 年 12 月 31 日	95 年 12 月 31 日	94 年 12 月 31 日
流动资产：			
货币资金	11,896,553	7,627,490	9,312,257
短期投资			
应收票据	3,564,500		
应收帐款	59,013,889	35,188,871	46,231,093
减：坏帐准备	295,069	175,944	231,155
应收帐款净额	58,718,820	35,012,927	45,999,938
预付帐款	14,148,008	11,254,016	9,747,141
其他应收款	12,429,784	6,888,263	6,475,636
待摊费用	1,527,075	2,051,206	4,928,479
存　货	74,874,589	52,971,472	31,686,305
流动资产合计	177,159,329	115,805,374	108,149,756
长期投资：	265,802	570,467	1,052,303
固定资产：			
固定资产原价	268,761,848	249,366,241	188,436,932
减：累计折旧	69,628,285	55,642,847	42,424,199
固定资产净值	199,133,563	193,723,394	146,012,733
在建工程	56,871,250	28,551,173	28,498,676
固定资产合计	256,004,813	222,274,567	174,511,409
无形及递延资产：			
无形资产	18,423,000	18,823,500	19,224,000
递延资产			155,120
无形资产及递延资产合计	18,423,000	18,823,500	19,379,120
资产总计	451,852,944	357,473,908	303,092,588
流动负债：			
短期借款	33,890,000	24,230,000	32,160,000
应付票据	21,220,000		
应付帐款	33,158,202	22,851,125	26,008,266
预收帐款	2,698,636	1,015,069	1,827,869
其他应付款	13,366,114	25,795,973	11,460,769
应付工资	817,527	2,139,557	1,966,225
应付福利费	2,207,204	1,681,203	1,587,774
未付股利	34,489,500	11,989,500	30,000,000
未交税金	7,260,561	4,295,251	1,093,238
其他未交款	590,608	470,489	351,523
预提费用	1,402,855	1,398,435	2,704,791
一年内到期的长期负债	64,620,000	43,957,006	40,580,000
流动负债合计	215,721,207	139,823,608	149,740,455
长期负债：			
长期借款	16,507,950	38,985,000	20,535,927
长期应付款	11,232,078		100,000
长期负债合计	27,740,028	38,985,000	20,635,927
所有者权益：			
股本	150,000,000	150,000,000	120,000,000
其中：			
国家股	79,930,000	79,930,000	63,944,000
法人股	50,070,000	50,070,000	40,056,000
内部职工股	20,000,000	20,000,000	16,000,000
资本公积	567	567	567
盈余公积	20,007,171	12,173,210	6,405,846
其中：			
公益金	6,669,057	4,057,737	2,135,282
未分配利润	38,383,971	16,491,523	6,309,793
所有者权益合计	208,391,709	178,665,300	132,716,206
负债及权益合计	451,852,944	357,473,908	303,092,588

附表二：　　利润及利润分配表主要数据

单位：元

项　目	96.1.1－12.31	95.1.1－12.31	94.1.1－12.31
一、主营业务收入	249,796,878	195,598,508	200,075,786
减：营业成本	163,882,336	127,746,152	143,665,871
减：销售费用	4,518,541	3,854,917	4,155,314
减：管理费用	13,910,625	10,904,708	9,496,302
减：财务费用	8,263,112	8,100,060	9,186,653
减：销售税金及附加	1,604,377	1,079,953	1,298,575
二、主营业务利润	57,617,887	43,912,718	32,273,071
加：其他业务利润	488,028	915,753	773,282
三、营业利润	58,105,915	44,828,471	33,046,353
加：投资收益	11,604	32,733	66,551
加：营业外收入	3,378,753	538,027	312,272
减：营业外支出	53,438	165,004	201,136
四、利润总额	61,442,834	45,234,227	33,224,040
减：所得税	9,216,425	6,785,134	4,983,606
五、净利润	52,226,409	38,449,093	28,240,434
加：年初未分配利润	16,491,523	6,309,794	12,305,425
六、可分配的利润	68,717,932	44,758,887	40,545,859
减：提取法定盈余公积金	5,222,641	3,844,909	2,824,044
提取法定公益金	2,611,320	1,922,455	1,412,022
七、可供股东分配的利润	60,883,971	38,991,523	36,309,793
减：已分配普通股股利	22,500,000	22,500,000	30,000,000
八、未分配利润	38,383,971	16,491,523	6,309,793

附表三:

财务状况变动表数据

单位:元

资金来源和运用	金 额	流动资金各项目的变动	金 额
一、流动资金来源:		一、流动资产本年增加数	
1.本年净利润	52,226,409	1.货币资金	4,269,063
加:不减少流动资金的费用和损失		2.短期投资	
(1)固定资产折旧	15,402,023	3.应收票据	3,564,500
(2)无形、递延资产及其他资产摊销	400,500	4.应收帐款净额	23,705,893
(3)固定资产盘亏(减盘盈)	-2,713,348	5.预付帐款	2,893,992
(4)清理固定资产损失	-294,838	6.其他应收款	5,541,521
		7.存货	21,903,116
		8.待摊费用	-524,131
		9.待处理流动资产损失	
小 计	65,020,746	10.一年内到期长期投资	
2.其他来源:		11.其他流动资产	
(1)固定资产清理收入(减清理费用)	1,239,228		
(2)增加长期负债	11,232,078		
(3)收回长期投资	304,665		
(4)对外投资转出无形资产		流动资产增加净额	61,353,954
(5)无偿调出固定资产净损失			
(6)资本净增加额	7,833,961		
		二、流动负债本年增加数:	
小 计	20,609,932	1.短期借款	9,660,000
流动资金来源合计	85,630,678	2.应付票据	21,220,000
二、流动资金运用:		3.应付帐款	10,307,076
1.利润分配:		4.预收帐款	1,683,567
(1)提取法定公积金	5,222,641	5.其他应付款	-12,429,859
(2)提取法定公益金	2,611,320	6.应付工资	-1,322,030
(3)已分配股利	22,500,000	7.应付福利费	526,002
		8.未交税金	2,965,310
		9.未付股利	22,500,000
		10.其他未交款	120,119
		11.预提费用	4,420
小 计	30,333,961	12.一年内到期的长期负债	20,662,994
		13.其他流动负债	
2.其他运用			
(1)固定资产和在建工程净增加额	47,715,684		
(2)增加无形资产、递延资产及其他资产			
(3)偿还长期负债	22,124,678		
(4)增加长期投资			
小 计	69,840,362		
流动资金运用合计	100,174,323	流动负债增加净额	75,897,599
流动资金增加净额	-14,543,645	流动资金增加净额	-14,543,645

漯河银鸽制浆造纸股份有限公司1997年度中期报告

一、财务报告(未经审计)

(一)财务报表

1.简化的资产负债表

单位:人民币元

项 目	1997年6月30日	1996年12月31日
流动资产	394,677,492.09	177,159,327.15
长期投资	259,006.91	265,802.25
固定资产净值	198,826,567.13	199,133,562.52
在建工程	69,577,551.85	56,871,249.86
无形资产及递延资产	18,222,750.00	18,423,000.00
其他长期资产	4,500.00	
资产总计	681,534,867.98	451,852,941.78
流动负债	208,088,320.98	215,721,206.33
长期负债	49,587,764.00	27,740,027.40
负债合计	257,676,084.98	243,461,233.73
股东权益	423,858,783.00	208,391,708.05
其中:股本	160,000,000.00	150,000,000.00

资本公积	168,665,058.55	566.55
盈余公积	20,007,171.23	20,007,171.23
未分配利润	75,186,553.22	38,383,970.27
负债及股东权益合计	681,534,867.98	451,852,941.78

2. 简化的损益表　　单位:人民币元

项　　目	97年1月至6月	96年1月至6月
主营业务收入	153,475,448.72	124,898,438.89
主营业务利润	34,603,832.05	28,808,943.40
其他业务利润	243,832.48	244,014.14
投资收益	5,596,276.27	5,801.75
营业外收支净额	2,853,215.61	1,662,657.49
利润总额	43,297,156.41	30,721,416.78
所得税	6,494,573.46	4,608,212.52
净利润	36,802,582.95	26,113,204.26

3. 主要财务指标

(1)净资产收益率8.68%

(2)每股净资产2.65元

(3)每股净收益0.23元

注:每股净资产,每股净收益,系按本年度4月18日发行4,000万流通股后,总股本16,000万股全面摊薄后计算。

剔除股票发行无效申购利息后各项财务指标(全面摊薄计算)

(1)净资产收益率8.20%

(2)每股净资产2.64元

(3)每股净收益0.22元

(二)财务报表附注:

1. 本期财务报告所采用的会计政策及会计方法和1996年度财务报告所采用的会计政策和会计方法一致。

2. 流动资产较年初增加217,518,164.94元,主要是:

A:公司于97年4月16日至4月18日发行公众股票4,000万股使货币资金增加190,136,040.64元。

B:应收票据较年初减少1,184,500.00元,系本公司承兑汇票到期所致。

C:应收帐款较年初增加35,496,331.16元,其原因主要是为了扩大市场占有率,在全国各主要城市增设销售网点,应收帐款基数相应增大。

3. 长期投资较年初减少6,795.34元,是本期兑换92年国库券所致。

4. 在建工程较年初增加12,706,301.99元,是本公司中段水处理工程及自备热电站扩建等项目投入资金所致。

5. 无形资产较年初减少200,250.00元,系上半年无形资产摊销所致,无形资产主要是土地使用权。

6. 流动负债较年初减少7,632,885.35元,主要是:

A:短期借款较年初减少5,407,700.00元,主要原因是归还银行借款所致。

B:应付帐款较年初增加12,959,220.32元,是由于本公司商业信誉良好,供求关系发生变化,另外部分原材料货到票未到,估价入帐增加所致。

C:未付利润较年初减少10,510,500.00元,是由于发放除国家股外96年股利所致。

D:其它未交款较年初减少333,299.25元,主要是97年上半年偿还96年所欠教育费附加和清缴本年教育费附加所致。

E:预提费用较年初增加1,436,065.82元,主要是预提6月份电费所致。

F:其他应付款较年初增加8,303,688.37元,主要是发行4,000万流通股所募集资金尚未摊销的冻结利息9,601,238.91元。

7. 长期负债较年初增加21,847,736.60元,主要是为了治理污染,借款展期和增加银行借款。

8. 股本较年初增加1,000万股,是公司股份按1:0.8的比例缩股后和公司又于97年4月发行公众股4,000万股所致。

9. 资本公积较年初增加168,664,492.00元,主要是缩减公司股本后使资本公积增加3,000万元,以及公司发行股票溢价收入138,104,000.00元记入资本公积所致。

10. 未分配利润较年初增加36,802,582.95元,是1997年1至6月实现的税后净利润。

11. 投资收益5,596,276.27元,为97年4月底到6月底参与国债回购投资收益,现资金已收回。

12. 营业外收支净额比上年同期增加1,190,558.12元,主要原因是本期转入发行股票无效申购资金冻结利息2,400,309.73元所致。

二、经营情况的回顾与展望

(一)上半年经营情况回顾

1. 以市场为导向,狠抓产品质量。牢固树立以客户为中心的思想,突破产品质量以部颁标准为尺度的框框,坚决做到客户的要求就是企业的生产标准。努力提高产品质量,在企业建立了新的质量保证体系,全面实施了下道工序对上道工序的质量认证制度,实行产品质量的层层把关。今年上半年,公司各类产品质量均有较大幅度提高,为企业的进一步发展奠定了基础。

2. 公司利用股票上市的契机,狠抓企业的转机建制,建立现代企业制度,严格按照上市公司的要求来规范企业的经营管理行为。在内部建立、健全了各项规章制度,及时调整了公司的营销方针和策略,充实销售队伍,努力开拓新市场,在各地又开设了十多家经营部。健全营销网络,市场覆盖面进一步扩大。

3. 强化企业管理,搞好内部挖潜。公司上半年在内部管理上下苦功夫,集中精力抓好企业的节能降耗工作,坚决杜绝生产、经营过程中的各种跑、冒、滴、漏现象。企业的各项消耗较去年同期有较大程度的下降。其中,财务费用和管理费用明显下降,取得了良好的经济效益。

4. 完成了新产品开发计划。静电复印纸、电脑信息记录纸、轻量涂布纸等相继投放市场,市场前景良好。

5. 公司热电站1x12Kw机组扩建项目已完成了前期准备工作。厂房等土建工程已经完工,等订购的设备到货,即可进行安装调试。中段废水处理工程,设备已全部安装调试完毕,开始放水试运行。年产5万吨白卡纸项目,已进入紧张的筹建阶段,建设用地和设备选型工作基本完成。

6. 上半年,公司主营业务收入15347.5万元,比去年同期增22.88%,完成年计划的46.68%。利润总额完成4330万元,比去年同期增长40.93%,完成年计划的61.58%。税后利润完成3680万元,比去年同期增长40.93%,完成年计划的61.58%。

(二)下半年经营计划

1. 继续加强生产经营管理,努力增加产量,进一步降低生产成本,积极开拓市场,提高产品的市场覆盖面,扩大企业的市场份额。

2. 搞好资产经营工作,充实扩张主营业务规模。以提高公司资产质量为宗旨,加快企业资产重组的步伐。盘活存量资产,改善公司资产结构,迅速扩大公司的资产规模,走集约化的发展道路。

3. 调整产品结构,提高企业的产品档次。尽快使轻量涂布纸、静电复印纸、电脑打印纸等高附加值产品达到批量生产,提高企业的经济效益。

4. 抓紧技术改造。对碱回收蒸发系统进行改造,新上一套新型提取设备,扩大生产、回收能力。搞好连蒸的调试、改造,争取尽快投入运行。

5. 加快热电站1x12Kw机组扩建工程进度。

6. 完成年产5万吨白卡纸项目的前期准备工作,力争在年内开工建设。

三、重大事件说明

1. 漯河银鸽制浆造纸股份有限公司股票于1997年4月30日在上海

证券交易所挂牌上市,从而使公司进入了一个新的阶段。

2.公司与新加坡废水处理工程有限公司合作,建立了日处理量为25000吨的中段废水处理工程,该工程由新加坡公司提供技术、设备,采用当今成熟的二级生化处理技术工艺。上半年,工程和安装已全部结束,进入试车阶段。七月二十二日,国务委员宋健率国家有关部、委组成的淮河流域第三环保执法检查团到公司视察,对该工程给予很高评价。该项目在下半年验收投入正常运行后,银鸽将成为国内草浆造纸行业第一家达到国家污水排放标准的企业。

3.募集资金使用情况:本公司所募集资金17810.4万元。自备热电站扩建1×12KW供热机组投入292万元;白卡纸、铜板纸等项目正在设计阶段,剩余资金已全部存入银行。

4.按照国务院证券委、中国人民银行、国家经贸委5月21日联合发布的《严禁国有企业和上市公司炒作股票的规定》的要求,公司经自查,没有从事任何违反规定的事项。

5.本报告期内无重大诉讼、仲裁事项。

四、发行在外股票的变动和股权结构变化

漯河银鸽制浆造纸股份有限公司股权结构　　单位:万股

(一)新股发行情况

公司于1997年4月16日至23日在郑州、漯河两地向社会公开发行A股4,000万股。

(二)股本变动情况

公司股份变动情况表　　单位:万股

	96年12月31日	本次变动增减(+/-) 缩股	A股发行	小计	97年6月30日
一、尚未流通股份					
1.发起人股份	13000	-2600		10400	10400
其中:国家股	7993	-1598.6		6394.4	6394.4
境内法人持有股份	5007	-1001.4		4005.6	4005.6
其他					
2.募集法人股					
3.内部职工股	2000	-400		1600	1600
4.优先股或其他股					
尚未流通股合计	15000	-3000		12000	12000
二、已流通股份					
1.境内上市的人民币普通股			+4000	4000	4000
2.境内上市的外资股					
3.境外上市的外资股					
已流通股份合计			4000	4000	4000
三、股份总额	15000	-3000	+4000	16000	16000

注:1997年2月,公司第五次股东大会通过决议,对公司1996年12月31日总股本15,000万股,按1:0.8的比例进行缩股。缩股后,股票上市前总股本为12,000万股。97年4月23日发行境内上市股票4,000万股人民币普通股后,总股本16,000万股。

(三)主要股东持股情况(1997年6月30日数)　　单位:万股

股东名称	持股数	占股本比例(%)
1)漯河市国有资产管理局	6,394.40	39.97
2)河南省漯河市彩色造纸股份公司	1,413.60	8.84
3)河南省舞阳县冠军集团	1,078.80	6.74
4)河南省舞阳盐化集团公司	832.80	5.21
5)河南省舞阳云鹏集团公司	680.40	4.25
6)蒋亚中	53.71	0.34
7)黄纪金	32.94	0.21
8)周泗友	25.10	0.16
9)陈明论	22.82	0.14
10)杜逊平	22.09	0.14

五、股东大会简介

(一)1997年元月6日,公司在漯河金港大酒店召开了临时股东大会。出席会议的股东及股东代表26人,代表股份12300万股,占公司总股本的82%,符合《公司法》和公司章程的有关规定。大会审议通过了如下决议:

1.同意将漯河制浆造纸股份有限公司更名为漯河银鸽制浆造纸股份有限公司。

2.同意公司更名后,原漯河制浆制纸股份有限公司一切权利和义务,均由更名后的漯河银鸽制浆造纸股份有限公司承担。

(二)1997年2月24日,公司在漯河金港大酒店召开了第五次股东大会。出席会议的股东及股东代表29人,代表股份12600万股,占公司总股本的84%,符合《公司法》和公司章程的有关规定。大会审议通过了如下决议:

1.同意按1:0.8同比便缩减公司股本及各股东持股数。

2.同意公开发行4000万股A股。

3.同意公开发行A股募集资金运作计划。

4.审议通过了董事会1996年度工作报告。

5.审议通过了监事会1996年度工作报告。

6.审议通过了公司1996年度财务决算和1997年度财务预算报告。

7.审议通过了公司1996年利润分配方案。同意将1996年度税后利润向全体股东派发0.15元的红利。共分配利润2250万。1996年末的未分配利润和97年发行A股前的利润由全体新老股东共享。

六、备查文件

公司在办公地点备置了完整、齐备的备查文件供查阅,备查文件包括:

1.载有公司董事长亲笔签名的中期报告原本。

2.报告期内发行新股时的《招股说明书》、《上市公告书》。

漯河银鸽制浆造纸股份有限公司

一九九七年八月十二日

凤凰光学股份有限公司

凤凰光学股份有限公司招股说明书概要

一、释义

在本招股说明书中，除上下文中另有说明外，下列名词之含义应由以下释义规范：

新股指由中国证监会证监发字(1997)第191号文和证监发字(1997)第192号文批准发售的本公司2,200万股每股面值为人民币1元的记名式普通股。

新股发行指本公司按照中国国内报章刊登之招股说明书而向中国境内投资者发售的，将在上海证券交易所上市的本公司2,200万股社会公众股之事宜。

公司职工股指本公司设立时发行人职工认购的本公司股份。

发起人指江西光学仪器总厂，或简称为"江光总厂"。

发行人指凤凰光学股份有限公司(筹)，或简称为"本公司"或"股份公司"。

筹委会指凤凰光学股份有限公司设立及股票发行之筹备委员会。

主承销商指中国东方信托投资公司(原"中国银行信托咨询公司")。

承销团指以中国东方信托投资公司为主承销商而组成的本次股票发行的承销团。

承销协议指筹委会与中国东方信托投资公司于1997年1月25日达成的新股承销协议。

证交所指上海证券交易所。

元指人民币元。

二、绪言

本招股说明书既要是根据《中华人民共和国公司法》、《股票发行与交易管理暂行条例》及国家现行的其他有关证券管理的法规、规章而编制，并经中国证监会证监发字(1997)第191号文和证监发字(1997)第192号文核准，旨在向社会公众人士提供本公司各方面的有关资料。本公司筹委会已批准本招股说明书概要，确信本概要所摘内容与招股说明书正文一致，且不存在任何重大误导、虚假及遗漏。筹委会愿就本概要的真实性、准确性，完整性负个别及连带责任。

三、发售新股的有关当事人

1. 发行人：
   名　　称：凤凰光学股份有限公司(筹)
   筹委会负责人：王朝松
   地　　址：江西省上饶市光学路1号
   电　　话：(0793)8260533　传　　真：(0793)8260566
   联 系 人：张吉新
2. 主承销商及上市推荐人：
   名　　称：中国东方信托投资公司
   法定代表人：唐棣华
   地　　址：北京市西直门高梁桥斜街中苑宾馆B座
   联系电话：(021)63723630
   传　　真：(021)63727056
   联 系 人：徐晨
3. 副主承销商及上市推荐人：
   名　　称：君安证券有限公司
   法定代表人：张国庆
   地　　址：深圳市罗湖区春风路5号
   联系电话：(021)62672001×各部
   传　　真：(021)62712514
   联 系 人：陈骅
4. 分销商：
   (1)名　　称：长城证券有限责任公司
   法定代表人：李仁杰
   地　　址：深圳市福田区八卦三路平安大厦四楼
   电　　话：(0755)2414856
   传　　真：(0755)2414862
   联 系 人：张则华
   (2)名　　称：中国科技国际信托投资公司
   法定代表人：张钢
   地　　址：北京朝阳区北辰东路8号
   电　　话：(010)64953021
   传　　真：(010)64953031
   联 系 人：吴涛、褚琳
5. 发行人律师事务所和经办律师：
   名　　称：江西省律师事务所
   法定代表人：肖敏
   地　　址：南昌市省政府大院宾招大厦
   电　　话：(0791)6224486
   传　　真：(0791)6272547
   经办律师：肖敏、方世杨、胡海若
6. 主承销商律师事务所和经办律师：
   名　　称：上海市万国律师事务所
   法定代表人：吕红兵
   地　　址：上海市南京西路1728号622室
   电　　话：(021)62488662
   传　　真：(021)62485297
   经办律师：吕红兵、刘维
7. 会计师事务所和经办注册会计师：
   名　　称：大华会计师事务所
   法定代表人：石人瑾
   地　　址：上海昆山路146号
   电　　话：(021)63070766
   传　　真：(021)63243522
   经办注册会计师：陆永炜、朱蕾蕾
8. 资产评估机构和经办评估人员：
   名　　称：江西会计师事务所
   法定代表人：詹铁军
   地　　址：江西省南昌市叠山路246号
   电　　话：(0791)6234624
   传　　真：(0791)6212303
   联 系 人：周益平
   经办评估师：周益平、黎开佑、熊伯毅
9. 土地评估机构和经办评估人员：

名　　称:江西省土地估价所

法定代表人:陈广远

地　　址:江西省南昌市洪都北大道020号

电　　话:(0791)8520324,8511410

经办估价师:匡英剑、黄国华

10. 财务顾问:

名　　称:南昌会计师事务所

法定代表人:董选增

地　　址:南昌市中山路470号

电　　话:(0791)6631104

传　　真:(0791)6631104

联 系 人:刘朝东

11. 资产评估确认机构:

名　　称:中国国家国有资产管理局

地　　址:北京市万泉河路66号

电　　话:(010)63463910

12. 土地评估确认机构:

名　　称:江西省土地管理局

地　　址:江西省南昌市洪都北大道020号

电　　话:(0791)8511681

13. 股票登记机构:

名　　称:上海证券中央登记结算公司

法定代表人:俞建麟

地　　址:上海市闵行路67号

电　　话:(021)63068888

14. 收款银行:

名　　称:中国工商银行上海市分行营业部

地　　址:上海市中山东一路24号

电　　话:(021)63211678

四、发行情况

1. 股票类型:本次发行的2,200万股股票全部为记名式人民币普通股。

2. 承销方式:由中国东方信托投资公司为主承销商组建承销团,以余额包销方式承销。

3. 发行日期:1997年5月12日。

4. 发行对象:持有中华人民共和国居民身份证的公民和境内法人(法律、法规禁止购买者除外)。

5. 发行地区:所有与上海证券交易所的交易系统联网的证券交易网点。

6. 预计上市日期:本次发行股票已取得上海证券交易所的上市承诺。

7. 上市交易所名称:上海证券交易所。

8. 发行方式:上网定价。

9. 每股发行价:每股5.60元。

每股发行价格依据本公司94、95、96年度每股税后利润、发行前每股净资产值的情况确定,计算公式为:发行价格=(94年实现每股税后利润+95年实现每股税后利润+96年实现每股税后利润)÷3×市盈率=(1,128.59/3,360+1,426.15/3,360+1,508.24/3,360)÷3×13.90=5.60(元/股)

10. 发行市盈率为13.90倍

11. 每股面值:1.00元人民币

12. 发行量:2,200万股(其中220万股将配售给公司职工)

13. 发行总市值:12,320万元

14. 承销机构及承销量:

承销机构	承销金额(万元)	承销比例
主承销商:中国东方信托投资公司	7,392.00	60%
副主承销商:君安证券有限公司	3,080.00	25%
分销商:长城证券有限责任公司	1,232.00	10%
中国科技国际信托投资公司	616.00	5%

五、风险因素与对策

投资者在评价本发行人此次发售的股票时,应特别认真地考虑下述各项风险因素。

(一)经营风险:

1. 原材料供应及价格风险:

本公司所用的原材料,主要为各类金属材料、化工原料、非金属材料等,约占生产成本的60—65%。这些原材料主要由国内的供应厂商长期定点提供,少部分非关键零部件由其他生产厂商提供长期协作,如部分金工件、注塑件等,另有较小比例的金属材料采用进口原料。本公司所需大宗原材料价格较为稳定、供应商较多,供应量充足。但由于本公司属于光学精密加工行业,有小部分原材料质量要求较高,规格较为特殊,目前国内仅有4—5家企业能够提供;外供零配件中由于钢片快门的生产主要采用来料加工的形式,故主要原材料均从日本进口,依赖性较大。虽目前供应较为稳定,但日后一旦出现国家政策变化、生产厂商定价变化或原材料供不应求,将导致原材料短缺和价格上涨,并可能对公司的生产产生一定的影响。

2. 对主要客户的依赖:

本公司产品中钢片快门的生产目前主要以由日本精工舍提供技术,进行来料加工为主,产品百分之百外销,为世界高、中档相机配套。如果世界市场发生较大波动,将对该类产品的产销带来一定的影响。

3. 能源限制:

本公司各种能源成本占生产成本的比例约为5%。本公司属于省内能源确保单位,电力等能源供应较为稳定。但是,近几年能源价格不断上涨,其上涨幅度超过了产品的调价,这种状况今后如得不到改善,会给公司的生产经营带来一定潜在风险。

4. 产品价格方面的限制:

本公司生产的各类产品均不受国家及有关部门对于产品价格方面的限制。

5. 产品外销的限制:

本公司出口的各类产品,主要根据本公司与江光总厂签订的《关联事务协议》中有关外贸代理的规定,由江光总厂代理向世界各地销售,销售额占本公司总销售额的30%左右,较为稳定,产品出口国家没有配额限制。但如果国家进出口政策尤其是出口税制的变化可能对本公司的产品销售带来一定的影响。

6. 产品结构单一的风险:

本公司主要业务为各类光学仪器,主要是照相机、各类光学镜头、望远镜、光学元件、钢片快门的开发、生产、销售,从原材料到产成品,从生产到销售形成了以光学行业为主的生产经营体系,虽产品规格较多,跨类较大,但结构仍较为单一,公司主营业务收入在公司总收入中占98%以上的比例,一旦主营业务生产和销售受到影响,会对公司总收入产生影响。

7. 技术水平的限制:

本公司与世界先进水平相比,在电子、塑料、检测等方面仍有一定的不足。如果本公司对此不加改善,将会影响本公司的竞争力。

8. 国内外开发替代产品带来的风险:

在照相机方面,APS相机和数码相机随着技术的进一步成熟,无疑会争夺一部分潜在的消费市场,同时国际上135相机自动化、智能化的潮流,最终会对手动式相机市场带来不利影响。如果不能顺应这一趋势,本公司今后的发展将会受到影响。

在望远镜方面,本公司生产的产品具有外观豪华,操纵性能好的特点,属于中档以上类型。但是,随着科学技术尤其是电子技术的进一步发展,这种格局将可能会有所改变。如果本公司对此不能预作准备,将可能面临产品档次下降所带来的不利影响。

9. 汇率风险

本公司产品的出口在总销售额中占30%左右的比例，产品主要销往美国、加拿大、西欧、东南亚等国家和地区。本公司年外销收入近4,000万元，主要以美元结算，年外汇收入400万美元。虽然以现有比例目前尚不存在风险，但如果由于各种因素导致汇率的波动，将可能对本公司的利润带来一定的波动。

(二)行业风险

目前，在国际市场上，光学行业的大部分领域均存在数家大型国际跨国公司，它们依靠雄厚的资金和技术实力，占领了本行业的高档产品市场，引导着技术前进的潮流。同时，一些相对发达国家的厂商，则通过降低生产成本，占领低档产品的市场。国际上光学行业的竞争，也直接影响到我国国内。近几年来，一方面国际大公司占领了国内高档产品的市场，另一方面，大量低档次产品以走私方式涌入，这给国内光学仪器生产厂以沉重打击。目前，我国民族光学仪器生产厂仅存包括本公司在内的两家。本公司近年来虽通过各项改革，发挥兼有技术领先和低成本的优势，占有中档产品的市场，得以生存和发展，但这种竞争态势，无疑对本公司的进一步发展带来影响。

(三)市场风险

1. 受商业周期影响的风险：本公司产品属消费品，其销售情况受到国内外经济周期的影响，当经济不景气时，产品的销售可能受到一定的影响。

2. 发行人所在行业市场容量的风险：本公司在国内同行业中居于领先地位，产品销往国内各地区和北美、南美、西欧和东南亚等国家和地区，平视和单反相机系列产品占有30%国内同类产品市场，望远镜系列产品占有60%左右的国内高档次产品市场。但是，本公司现有档次产品的市场容量有限，迅速扩大的可能性不大，因此，如果不能及时开发出更新换代产品，则本公司的进一步发展将受到一定的影响。

(四)政策风险

国家的宏观经济政策，主要包括金融货币政策、税收政策和外贸政策等的变化可能会在不同程度上影响本公司的经营。

和大多数上市公司一样，本公司目前享受实际所得税负为15%的优惠政策，这一优惠政策如果发生变化，将直接影响本公司的税后利润。

我国如果成功加入世界贸易组织，将会导致我国的关税政策发生较大变化，但是，由于近年来国内光学产品市场已经受到"水货"的严重冲击，进口相机产品的实际关税税负远低于名义关税水平，因此，我国加入世界贸易组织对本公司产品在国内外的销售不会产生较大影响。

(五)本次募股资金投向新项目的风险

本次募股资金投入新项目时，由于各种不确定和不可 预期因素的影响，可能会延缓项目的建设，从而对本公司的发展产生一定的影响。同时，生产过程、经济条件、投资环境、市场竞争、宏观经济政策的变化，将有可能影响新项目的投资效益。例如，新产品开发项目如果不能顺利完成，将会直接影响其它项目的投产及效益，而产品销售数量、经营成本和投资数量的变化也会对新项目的效益带来一定的影响。经过敏感性分析，可知上述因素中销售数量的变化对技改项目效益的影响最大。

(六)股市风险

我国的股票市场尚处于一个不断完善和发展的阶段。在此阶段中，股票市场瞬息万变，经济、政治、政策的变化，股市中的投机行为等都会导致股票价格的波动，同时，原材料供应，产品的需求和销售等外部经营环境的剧烈变化也可能对本公司的经营造成不良的影响，而导致股票价格的下跌。因此，对于股票价格的涨落，投资人应有一定的承受能力。投资者在作出投资决策前，应对此有充分的心理准备。

针对上述风险，本公司拟采取以下主要对策：

1. 充分发挥和强化本公司在光学领域内三十余年的经验和光学加工技术方面的优势，以之为核心，打好"光学牌"，通过技术引进和开发，形成多个应用产品，为本公司成为大型综合性光学仪器以及各种光学镜头生产基地创造条件。

2. 对于主要原材料在与国内现有供应商建立长期定点供应关系的基础上，在确保质量的条件下，扩大供应渠道。同时，通过提供技术援助的方式，协助国内其他厂商的生产，减少对进口原材料和零部件的依赖。对于钢片快门生产所需的零部件，将在消化吸收加工技术的同时，通过技改项目，提高零部件生产能力和技术水平，不断提高产品的国产化水平。本公司还将进一步加强公司内部管理，降低原材料消耗，积极推行新技术、新工艺，引进新设备，以此降低产品生产成本。

3. 本公司将通过技改项目，提高钢片快门生产所需零部件的生产能力，减少对零部件供应的依赖，将所生产的钢片快门应用于自己生产的相机上，降低对外销售的依赖。

4. 本公司将通过一方面加强管理，降低能源消耗，另一方面提高产品的技术附加值的方式，提高产品的销售利润，消化能源价格上涨成本上升给本公司带来的压力。

5. 本公司将努力提高出口产品的技术附加值，开发新产品，填补市场空缺，以降低国家出口税率的变化可能对本公司产品销售带来的影响。同时，本公司将申请获得自营进出口权，并在适当的时机，在境外设立销售公司，提高销售能力和市场反应能力。通过这些措施，本公司还将能够降低汇率变化带来的风险。

6. 本公司将在立足于主业，生产多品种，多规格的各类光学仪器的同时，开发、生产新的光学类产品，并以此为基础扩展至其他相关行业。本公司还将努力向科工贸一体化方向发展，形成以本公司为核心的集团公司。通过以上努力，本公司就能在不削弱主业的同时，降低主业比重，从而降低产品结构单一的风险。

7. 本公司将通过"九五"技改项目，提高本公司的技术水平，本公司还将通过引进人才，克服目前在电子、塑料和检测等方面的不足，增加在国内外市场的竞争力。

8. 本公司将通过提高电子、塑料方面的设计、开发、生产能力，对手动相机进行改造，引入自动曝光、自动卷片等技术，提高产品的技术附加值。本公司还将加强合作，开展对APS相机和数码相机的预研工作。本公司将在望远镜产品中大力开发变倍技术，引进自动稳相技术，降低国际新产品的推出给本公司带来的风险。

9. 本公司将不断开发新产品，提高产品档次和技术附加值。同时，通过工艺革新和装备的改造，挖掘内部潜力，降低产品的生产成本，以此来吸引跨国公司将部分产品转移到本公司生产，从而在激烈的市场竞争中拓展自己的生存和发展空间。

10. 本公司将大力加强产品的销售和售后服务，扩大销售渠道和销售队伍，提高销售人员的素质和工作热情，最大限度降低产品的市场风险。

11. 本公司将通过加强与政府有关管理部门的联系，以及对国家政策变化的分析和预测，以便公司各项决策能够顺应国家宏观经济政策的变化。

12. 本公司将加强新项目的工程建设管理，积极争取早日开工，以最好的质量和最快的速度完成新项目的建设。本公司将通过发挥自身的技术优势，并积极引进、消化、吸收国外先进技术，保障新产品开发的顺利完成。本公司还将通过加强新项目的投资预算管理、产品成本控制和产品的销售，以确保新项目的投资效益。

13. 提高本公司的素质是降低股市风险的有效途径。本公司一方面将妥善使用募集资金，用良好的业绩给广大股东带来高回报。另一方面将及时充分地向广大股东披露关于公司生产经营等方面的重大信息，使投资者尽可能地了解公司的经营状况，从而降低在股市投资中造成损失的可能性。

六、募集资金的运用

本公司本次发行的社会公众股为2,200万股，若本次发行成功，扣除发行费用,预计实际可募集资金约为 11,707.40 万元。

本次发行股票募集资金将主要用于:

(一)【年产 760 万片光学元件技术改造】项目

该项目的主要目的是为了进一步加强本公司的光学冷加工技术,其指导思想是进一步发挥现有设备功能,淘汰一批生产效率低、能耗大的旧设备,引进一批高效、先进、精密度高的机床设备与检测设备,使本公司光学平面的生产加工能力达到国内先进水平,并大幅度提高产量。

项目投产后,本公司各类光学镜片生产能力将由 1996 年的年产 320 万片增加到年产 760 万片。江西省经济贸易委员会、江西省机械工业厅以(96)赣机行字第 335 号《关于江西光学仪器总厂"形成年产 760 万片光学元件技术改造项目可行性研究报告"的批复》文件,批准了该项目的初步设计方案和项目总投资。

该技改项目总投资 4,350 万元,其中,新增固定资产投资 2,900 万元(含外汇 115 万美元),配套流动资金 1,450 万元。所需资金将全部由本公司自筹解决,其中外汇额度由本公司向有关方面申办或自行解决。预计年实现销售收入 4,900 万元,销售利润 1,368 万元,项目全部投资内部收益率 15.36%,投资回收期(静态)6.4 年(含两年建设期),具有良好的经济效益。

(二)【年产 47 万架照相机及 5 万只变焦镜头、20 万具望远镜技术改造】项目

该项目的指导思想是围绕上质量、上品种、上水平、上管理的原则,选用一批先进、高效、高精度的机床设备,并引进国外先进的检测设备,加快新产品的开发,缩小现有产品的产量,调整产品结构,走内涵发展的道路。

项目投产后,本公司将达到年产各类照相机 47 万架、各类变焦镜头 5 万只、各类望远镜 20 万具和平场消色差物镜 0.2 万套的生产量。

江西省经济贸易委员会、江西省机械工业厅(96)赣机行字第 334 号《关于江西光学仪器总厂"形成年产 47 万架照相机及 5 万只变焦镜头、20 万具望远镜技术改造项目可行性研究报告"的批复》文件,批准了该项目的初步设计方案和项目总投资。

该项目总投资 5,600 万元,其中,新增固定资产投资 2,800 万元(含外汇 42 万美元),配套流动资金 2,800 万元。所需资金将全部由本公司自筹解决,其中外汇额度由本公司向有关方面申办或自行解决。预计完成后年可实现销售收入 27,177 万元,销售利润 8,968.41 万元,项目全部投资内部收益率 27.26%,投资回收期(静态)5.67 年(含两年建设期),具有良好的经济效益。

(三)【年产 70 万只钢片快门技术改造】项目

该项目的指导思想是进一步加快消化吸收引进技术和合作生产技术,充分发挥进口设备功能,引进一批高效、先进、精度高的加工设备与检测设备,提高设计能力和质量管理能力,大幅度提高产量。

项目投产后,本公司将形成年产各系列快门 70 万只的生产能力。

江西省经济贸易委员会、江西省机械工业厅(96)赣机行字第 336 号《关于江西光学仪器总厂"形成年产 70 万只钢片快门技术改造项目可行性研究报告"的批复》文件,批准了该项目的初步设计方案和项目总投资。

该项目总投资 1,260 万元,其中,新增固定资产投资 840 万元(含外汇 90.91 万美元),配套流动资金 420 万元。所需资金将全部由本公司自筹解决,其中外汇额度由本公司向有关方面申办或自行解决。预计年实现销售收入 3,479.9 万元,销售利润 612.04 万元,项目全部投资内部收益率 25.98%,投资回收期(静态)5.6 年(含两年建设期),具有良好的经济效益。

(四)【新产品试制】项目

【新产品试制】项目是本公司根据国内外市场需求和公司的"九五"发展规划,在发挥公司的技术优势和光学生产经验,消化吸收引进技术和合作生产技术的基础上,拟定并已逐步开始实施的新产品试制项目。江西省经济贸易委员会、江西省机械工业厅以(96)赣机科字第 333 号《关于江西光学仪器总厂"全自动塑料相机"等四项产品申请列入一九九六年江西省新产品试制计划的批复》文件,批准了该新产品试制项目。该项目主要由以下四个子项目构成:试制全自动塑料相机项目、试制 f24-100、f28-105mm 变焦镜头项目、试制 7-15×35(8-20×40)连续变倍望远镜项目、试制生物显微镜平场消色差物镜项目,详细情况如下:

(1)试制全自动塑料相机项目

本试制项目是在原有产品的基础上,开发镜头快门塑料照相机系列产品,补充本公司塑料照相机系列产品,扩大凤凰产品的市场占有率,形成本公司新的经济增长点,并进一步积累塑料照相机的制造技术和经验,为下一步开发全自动塑料单镜头反光照相机打下基础。该系列产品的试制周期为 410 日,总投入为 280 万元。

(2)试制 f24-100、f28-105mm 变焦镜头项目

本试制项目是增强原有产品的技术功能,主要是增大其变焦比,缩短短焦方向的焦距,实现超广角设计,从而使之使用面更广。该系列产品的试制周期为 435 日,总投入为 240 万元。

(3)试制 7-15×35(8-20×40)连续变倍望远镜项目

本试制项目是增强原有产品的技术功能,主要是使本公司望远镜产品由定焦固定放大改为具有变倍功能。该系列产品的试制周期为 165 日,总投入为 17 万元。

(4)试制生物显微镜平场消色差物镜项目

本试制项目的目的,是通过开发平场消色差物镜,提高本公司光学冷加工的加工精度,使所生产的物镜具有校正物镜场曲的功能,扩大产品的应用范围。该系列产品的试制周期为 470 日,总投入为 180 万元。

本新产品开发项目如开发成功,将极大地提高本公司产品的竞争能力,提高产品的技术附加值,实现产品的更新换代,为实现本公司的发展规划提供可靠的保障。

上述项目总投资为 11,927 万元。如本公司本次股票发行成功,可向上述项目投入资金,具体安排如下(单位:万元)

项目名称	第一年投入量	第二年投入量	投资总额	预计竣工时间	利润预测
年产 760 万片光学元件项目	2,450	1,900	4,350	99 年 2 月	1,368
年产 47 万架相机、5 万只变焦镜头和 20 万具望远镜项目	4,060	1,540	5,600	98 年 6 月	8,968.41
年产 70 万片钢片快门项目	730	530	1,260	98 年 10 月	612.04
新产品研制	717		717	97—98 年	
合　　计	7,957	3,970	11,927		10,948.45

由于以上项目投资在实际工作中是分批投入的,故会有一定量资金备用,将用于补充流动资金,具体视情况而定。发行股票筹资不足部分的资金,由银行贷款解决。

七、股利分配政策

1. 本公司股利分配的一般政策

本公司上交所得税后的净利润在弥补以前年度亏损后,按下列顺序及比例分配:

提取法定公积金(提取比例为 10%);

提取法定公益金(提取比例为 5%—10%);

提取任意公积金;

分配普通股股利。

公司的法定公积金累计达到或超过公司注册资本的 50% 以上的,可不再提取。除法定公积金和法定公益金每项不超过 10% 外,每一年度的任意公积金和普通股股利的具体分配比例,由董事会视公司经营状况和发展需要提出分配方案,并报股东大会审定。

公司遵循股权平等、同股同利、利益共享、风险共担的原则。

2. 本公司在本次股票发行后第一个盈利年度派发一次股利,所发放股利以本次募股后会计年度内实际实现的可分配利润为依据,时间不迟于次年的 6 月 30 日。

3. 本次公开发行股票的投资者将参加自股票发行日起利润的分配,

不享有 1997 年 1 月 1 日至公司股票发行日期间的利润分配权。

4. 其他应说明的股利分配政策

公司股利每年支付一次，支付时间由股东大会决定。

公司股利分配形式：

(一)派发现金

(二)派送红股

公司按照法律、行政法规，代扣代缴个人股东股利收入的应纳个人所得税。

本公司股利分配政策须待公司正式成立后由股东大会审议通过。

八、发行人情况

1. 发行人名称：凤凰光学股份有限公司

2. 发行人的成立日期：

本公司的筹委会已于一九九七年一月二十五日成立，于一九九七年二月十八日获国家工商行政管理局的公司设立名称预先核准通知书。本公司将在本次募股结束后一个月内正式成立。

3. 发行人注册地址：江西省上饶市光学路 1 号

4. 发行人的历史情况简介：

凤凰光学股份有限公司的母体为江西光学仪器总厂。该厂是 1965 年 9 月经国家计委批准在赣东北山区动工兴建的精密机械和光学仪器大型综合光学仪器企业。1969 年基建完工后由上海照相机二厂、上海电影机械厂、南京光学仪器厂、南京测绘仪器厂和南京模具厂部分内迁组成。1970 年 9 月由一机部下放给江西省机械工业厅主管，1971 年全面投产。1980 年收回全部投资。1981 年 10 月经江西省人民政府批准列为重点建设项目，并进行搬迁重建，1987 年底全厂由原大茅山区搬建至上饶市区。至 1988 年底累计上缴利税 8,459 万元。

江光总厂建厂初期生产规模为总产值 1,540 万元，年产各种精密光学仪器 21,000 台(具)。随着国家经济体制改革的不断深入和市场经济的蓬勃发展，江光总厂及时转变观念，扎扎实实地转机换制，从加大科技开发和技术改造力度着手，不断扩大主导产品的规模与竞争力以适应市场。至 1996 年底，江光总厂主导产品销售收入已达 10,870 万元，生产照相机、望远镜、测绘仪器、显微镜等各种光学仪器共 35,046 万架(具)，生产光学镜片 360 万片，生产和经营均已取得了飞速的发展。目前，江光总厂占地面积达 35.8 万平方米，其中生产区占地 14 万平方米。全厂建筑面积达 23 万平方米，其中生产区建筑面积近 10 万平方米。江光总厂现共有职工 4,300 人(不含离退休人员)。全厂拥有近 2,000 多台主要生产设备和仪器，其中从发达国家引进的高精尖设备 40 多台。全厂固定资产原值 20,805.23 万元，净值 15,887.97 万元。目前，江光总厂已具有光学、机械、电子专业的综合研究、开发、生产能力，具有光学冷加工、金加工、热处理、表面处理和注塑压铸等工艺手段，工业水平达国内先进水平。1979 年以来，研制成功并获部、省鉴定的凤凰 301 电子自动曝光照相机、凤凰 205B 电测光照相机、205D 多次曝光照相机、DC303 单镜头反光系列相机、604 红外调焦自动塑料相机、35MM 环幕摄影机、1600X 生物显微镜、DS3 正像水准仪、DSZ3 自动安平工程水准仪、电子经纬仪等新产品共 50 多项，其中 11 项填补国内空白，29 项获国家科学大会奖、国家经委新产品金龙奖及部、省优秀新产品奖。其中，"六五"科技攻关项目光学冷加工最佳工艺参数的研究，应用环幕摄影机分别获国家科技进步二等奖。1996 年 9 月被江西省政府确认为区外高新企业。

江光总厂 1992 年经国家计委、国家贸委等六部委批准为大型二档企业，1994 年获江西省"有突出贡献企业"称号，1995 年获"中国机械工业优秀企业"称号。

本公司是 1997 年 1 月 7 日经江西省股份制改革联审小组办公室(赣股办)(1997)01 号文件批准，由江光总厂独家发起，以募集方式筹建凤凰光学股份有限公司。据此成立了本公司筹委会并负责本公司的筹备工作。江西省股份制改革联审小组于 1997 年 3 月 31 日以赣股(1997)02 号文批准本公司设立。

5. 发行人的组织结构和内部管理结构

本公司按照《公司法》的规定，将设立股东大会、董事会、监事会和灵活高效的生产经营管理机构。其组织结构如图所示：

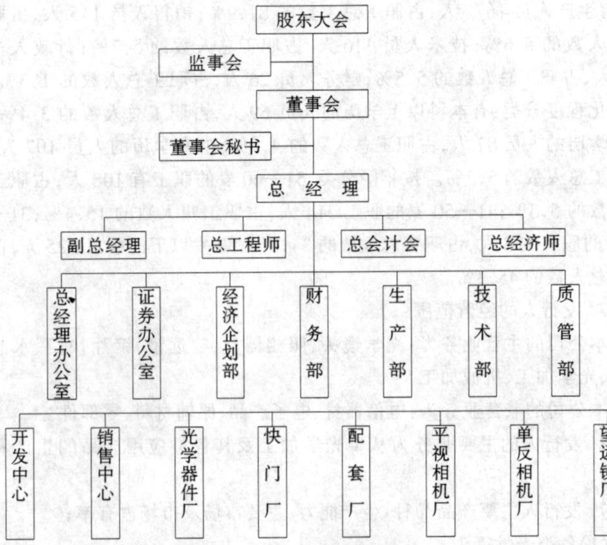

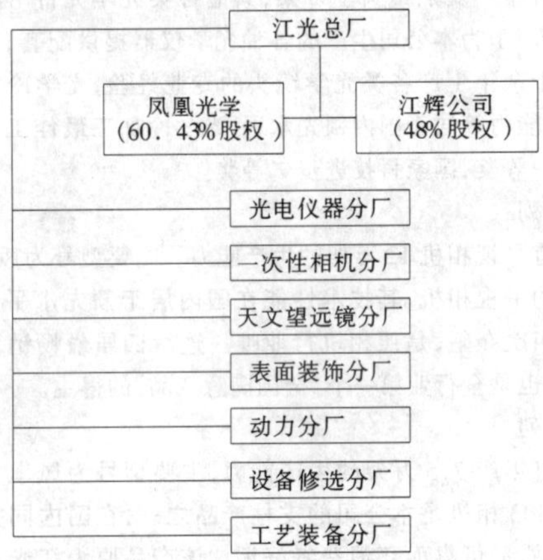

本公司成立后，江光总厂作为本公司的控股股东，占有本公司 60.43% 的股权。江光总厂将按照《公司法》的有关规定行使相应的权利义务，按照持股比例享受分红。本公司作为独立法人，依法自主经营，自负盈亏。根据经江西省国有资产管理局赣国资企字(1997)06 号文批准的资产重组方案，江光总厂原有固定资产中的非生产性、福利与服务性项目，如食堂、医院、学校、职工宿舍等均不进入 本公司，仍留在江光总厂。为此，本公司与江光总厂签定了《重组协议》及作为其附件的《关联事务协议》，依照协议的有关规定，江光总厂将向本公司提供上述各项服务，本公司将支付相应的费用。根据本公司与江光总厂签订的《土地使用权租赁合同》和《商标使用许可合同》，江光总厂将向本公司出租本公司所需的土地，并许可本公司使用"凤凰"商标，本公司将支付相应的土地租赁费用和商标使用费。

除此以外，发起人江光总厂原已合资开办中外合资江辉照相器材有限责任公司(以下简称"江辉公司")，并占有其中 48% 的股权(江光总厂产权投资情况见上图)。除江光总厂向木公司承诺将不会在中国境内外以任何形式从事与本公司经营业务有竞争或可能构成竞争的业务及活动外，江辉公司已向本公司承诺：本着不与本公司竞争的精神，对经营方针、经营范围逐步进行调整，不再扩大生产规模，产品内销比例逐步减少。对此，江光总厂亦承诺：将对江辉公司可能与本公司进行竞争的生产经营活动进行监督和约束,如有必要,江光总厂将转让其在江辉公司的股份。

6.发行人的人员情况:

截止1996年12月31日,本公司共有职工2040人。按专业构成分类:有生产人员1671人,占职工总人数的81.9%;销售人员115人,占职工总人数的5.6%;技术人员116人,占职工总人数的5.7%;行政人员112人,占职工总人数的5.5%;财务人员26人,占职工总人数的1.3%。按文化程度分类:有本科以上学历的人员69人,占职工总人数的3.4%;大专学历的人员87人,占职工总人数的4.3%;中专学历的人员107人,占职工总人数的5.2%。按年龄分类,51—60岁的职工有108人,占职工总人数的5.3%;41—50岁的职工314人,占职工叫人数的15.4%;31—40岁的职工693人,占职工总人数的34.0%;30岁以下的职工925人,占职工总人数的45.3%。

7.发行人的经营范围:

本公司的主营业务为:光学镜头、照相器材、望远镜、钢片快门、水晶饰品、光学加工、机械加工。

本公司的兼营业务为:电信器材、电子产品、原辅材料、零部件。

8.发行人的主要业务为从事光学加工及其各类应用产品的生产和销售。

9.发行人主要产品品种、生产能力、主要市场及市场占有率;

(1)各类光学镜头

本公司目前拥有年产变焦镜头1万架,其他各类光学元件84.52万套的生产能力,主要用于为本公司生产的各种光学仪器提供配套,部分外销。本公司具有三十余年生产各类光学镜头的专业经验,光学冷加工技术、光学设计和开发能力等居于国内领先水平,光学冷加工最佳工艺参数研究获部科技进步一等奖,国家科技进步二等奖。

(2)平视相机系列

本公司目前拥有平视相机12万架的生产能力。主要型号为凤凰205相机系列。本公司的平视相机,其技术性能在国内居于领先水平 ,在全国五次质量评比中四次夺魁,是照相机行业唯一连续四届最畅销国产商品“金桥奖”的获主,也是全行业第一个“全国满意产品”的得主。

(3)单反相机系列

本公司目前拥有年产7.5万架的生产能力,主要型号为凤凰DC303系列单反相机。DC303相机是本公司的支柱产品之一,在国内同类产品中一直以技术领先,质量可靠而获消费者好评。该产品原为江光总厂的传统出口产品,近年来年外销收入在3,000万元人民币以上。

(4)各类钢片快门

本公司目前拥有年产各类钢片快门30万只的生产能力。钢片快门是单反相机的心脏,本公司生产的钢片快门是从日本精工舍引进技术生产的,目前,国内仅另有一家企业生产钢片快门,年产量仅1万只左右。本公司生产的钢片快门,其产品质量和技术性能不仅在国内,而且在世界上居于领先水平,产品目前100%外销,为世界各类高档次相机配套。

(5)望远镜系列

本公司目前拥有年产5万具各类望远镜的生产能力,生产的望远镜不仅光学性能在国内属于先进水平,而且,其外观质量和使用性能均优于国内一般产品,在国内生产的望远镜中属于高档产品。

本公司各类产品的销售方式及销售额:在国内主要通过本公司设在当地的销售机构及全国400余家大中型商业企业和光学仪器专业商店销售,1996年产品内销销售额近7,000万元人民币,产品遍及全国各省市,在同档次产品中占有大部分市场份额。本公司产品的出口,主要以对外直销给100余家固定的光学仪器专业销售商,并通过它们向海外消费者分销的方式进行,有部分产品的销售通过有实力的进出口公司代理。产品主要销往美国、加拿大、南美、西欧、东南亚等国家和地区,1996年销售额近4,000万元。

10.本公司业务收入的主要构成:

根据大华会计师事务所华业字(97)第102号《审计报告》,本公司近三年主要产品的销售收入及各占总销售收入的比例如下表所示(单位:万元):

	1996年		1995年		1994年	
产品名称	销售额	所占比例	销售额	所占比例	销售额	所占比例
平视相机系列	1,539.37	14.16%	1,495.30	17.72%	1,507.74	21.19%
单反相机系列	5,471.28	50.34%	4,298.36	50.93%	3,531.70	49.63%
望远镜系列	1,656.19	15.24%	1,086.00	12.87%	784.20	11.02%
快门	1,262.63	11.61%	930.41	11.02%	776.57	10.92%
光学镜头	939.84	8.65%	629.77	7.46%	515.25	7.24%
总销售收入	10,869.31	100.00%	8,439.84	100.00%	7,115.46	100.00%

11.主要原材料的供应、自然资源的耗用情况

本公司生产所用的原材料,主要可分为各类金属材料、化工原料、非金属材料等。这些原材料主要由国内的供应厂商长期定点提供,少部分非关键零部件由其他生产厂商提供长期协作,如部分劳动密集型金工件、注塑件等,货源较为稳定。但原材料中有较小比例的金属材料由于国内生产的规格、品种不合要求,采用进口原料,如冷轧薄板等;外供零配件中由于钢片快门的生产主要采用来料加工的形式,故主要原材料均从日本进口。

12.新产品、新项目研究开发的有关情况

根据本公司制订的“九五”发展规划,目前实施的第一、二期新产品开发计划共19项,开发成功后可形成各类产品30余项。其中,正在进行并列入1996年江西省新产品研制计划的有四项,分别为试制全自动塑料相机项目、试制f24-100、f28-105mm变焦镜头项目、试制7-15×35(8-20×40)连续变倍望远镜项目、试制生物显微镜平场消色差物镜项目等,这些项目开发研制成功后,将使本公司的各类产品的技术性能有较大的提高。

13.关联交易

本公司设立后,依照与江光总厂签定的《重组协议》及作为《重组协议》附件的《关联事务协议》、《土地使用权租赁合同》和《商标使用许可合同》,由江光总厂有偿提供配品、配件,进行设备维修,提供能源供应、医疗服务、培训服务、治安服务以及汽运服务等。同时,本公司向江光总厂租赁本公司所占用的3.48万平方米土地50年的使用权,并以支付商标使用费的形式有偿使用“凤凰牌”注册商标。根据《江西省律师事务所为凤凰光学股份有限公司一九九七年度股票发行、上市出具法律意见书的工作报告》,江西省律师事务所认为上述协议与合同的内容和形式均符合中国法律、法规的规定,是合法有效的。

14.大股东的承诺

作为股份公司的控股股东,江光总厂已作出以下承诺:

发起人江光总厂原已合资开办中外合资江辉照相器材有限责任公司(以下简称“江辉公司”),并占有其中48%的股权。除江光总厂向本公司承诺将不会在中国境内外以任何形式从事与本公司经营业务有竞争或可能构成竞争的业务及活动外,江辉公司已向本公司承诺:本着不与本公司竞争的精神,对经营方针、经营范围逐步进行调整,不再扩大生产规模,产品内销比例逐步减少。对此,江光总厂亦承诺:将对江辉公司可能与本公司进行竞争的生产经营活动进行监督和约束,如有必要,江光总厂将转让其在江辉公司的股份。

15.筹委会成员简介

王朝松先生,现年51岁,清华大学研究生毕业,中共党员、高级经济师。王先生具有强烈的事业心和丰富的专业知识,思想开拓超前,实践经验丰富。长期从事大型光学仪器企业的生产经营、管理和领导工作。曾历任分厂副厂长、厂长,总厂厂长助理、副厂长、厂长等职。现任江光总厂厂长、江辉公司董事。王先生现有年收入为15,000元左右(含工资、津贴、奖金等)。

筹委会副主任:

谭党山先生,现年53岁,大学,中共党员、高级政工师。谭先生长期

在大型光学仪器企业从事管理和领导工作。曾历任党委办公室副主任、主任、总厂工会主席,党委副书记兼纪检书记、党委书记等职。工作经验丰富,事业心强。现任江光总厂党委书记。谭先生现有年收入为15,000元左右(含工资、津贴、奖金等)。

任　捷女士,现年52岁,大专,中共党员、高级工程师。任女士长期在大型光学仪器企业从事生产经营、管理和领导工作。曾历任分厂副厂长、厂长,总厂厂长助理兼生产处长、总厂副厂长等职,专业知识扎实、实践经验丰富、事业心强。曾获江西机械行业生产管理优秀组织者称号和江西"双新"优秀管理人员奖。现任江光总厂常务副厂长、江辉公司董事。任女士现有年收入为15,000元左右(含工资、津贴、奖金等)。

筹委会成员:

刘林春先生,现年48岁,高中,中共党员。历任科员、车间副主任、主任、分厂副厂长、分厂厂长、总厂副厂长、常务副厂长等职。刘先生工作经验丰富、事业心强。刘先生现有年收入为14,000元左右(含工资、津贴、奖金等)。

吕秉锋先生,现年57岁,中专,中共党员、高级工程师。机电部有突出贡献专家获得者。吕先生长期在大型光学仪器企业从事开发、生产、管理和领导工作,具有丰富的实践经验。历任工艺员、技术组长、分厂副厂长、厂长,总厂副厂长等职。现任江光总厂副厂长。吕先生现有年收入为14,000元左右(含工资、津贴、奖金等)。

王熙晏先生,现年38岁,大学工学学士,中共党员、高级工程师。机械部青年科技专家。历任技术组长、分厂副厂长、研究所副所长、新产品开发中心主任、总工程师。王先生专业知识丰富扎实、新产品开发成果显著,有丰富的实践经验。现任江光总厂总工程师。王先生现有年收入为13500元左右(含工资、津贴、奖金等)。

姚名福先生,现年35岁,大专,中共党员,审计师。历任科员、副处长、处长、副总会计师、总会计师等职。现任江光总厂总会计师。姚先生现有年收入为13,500元左右(含工资、津贴、奖金等)。

姚保颖先生,现年52岁,大专,高级会计师。历任副处长、处长、总会计师等职。现任江光总厂总经济师。姚先生现有年收入为14,000元左右(含工资、津贴、奖金等)。

魏远才先生,现年49岁,高中,中共党员、助理经济师。魏先生在大型光学仪器企业长期从事基层工作。历任车间副主任、党支部书记、分厂工会主席,多次被评为先进工作者、优秀党员。工作以身作则、办事认真,作风正派。魏先生现有年收入为11,500元左右(含工资、津贴、奖金等)。

张吉新先生,现年52岁,大专,中共党员,经济师。张先生历任车间支部书记、办公室副主任、副处长、处长、厂办主任等职。张先生工作勤奋、务实,事业心强。张先生现有年收入为12,500元左右(含工资、津贴、奖金等)。

江光总厂之上级主管部门江西省机械工业厅以及本公司筹委会成员均已作出承诺,在江光总厂和本公司的经理层中将不会双重任职现象。

九、经营业绩

1. 生产经营的一般情况

本公司是我国光学行业的重点企业,有三十余年的光学加工生产的历史,是目前国内仅存的两家定点综合光学加工企业之一,年产各类相机19.5万台,望远镜5万台,各类光学元件84.52万套。

2. 销售总额和利润总额的情况

根据大华会计师事务所华业字(97)第102号《审计报告》,本公司近三年的经营业绩如下(单位:万元):

项　目	1996年	1995年	1994年
主营业务收入	10,869.31	8,439.84	7,115.46
利润总额	1,508.24	1,426.15	1,128.59
净利润	1,508.24	1,426.15	1,128.59

注:根据江西省人民政府赣府字(1997)22号文《关于给予江西光学仪器总厂所得税优惠的批复》,确认江光总厂1994—1996年的所得税先按33%的税率征收,然后由省财政全部返还。

3. 完成的重大项目和科研成果

本公司十分重视科技研究开发的投入,依靠科技进步,加快科技成果向商品的转化,取得了一系列的重大科研成果,研制成功多项新产品,其中,5项产品填补了国内空白,多次获得国家科学大会奖、国家经委金龙奖及部、省优秀新产品奖。本公司的透镜制造技术属国内领先。这反映了本公司在光学冷加工方面处于国内领先地位,与世界先进水平基本接轨,在光学仪器的设计和开发、机械精密加工等方面,在国内居于领先水平。目前正在开发的课题共19项,其中,列入国家95年火炬计划的1项,列入国家新产品计划2项,其余10余项均列入了省新产品计划。

4. 产品性能和质量方面的情况

本公司所生产的各类产品,均按本公司产品质量标准生产,该标准系列高于国家标准。本公司有完善的质量管理制度和质量保证体系,从而保证了产品质量的稳定性,照相机在全国五次质量评比中四次夺魁,深受国内外客户的好评。目前,本公司正在部署落实ISO9002质量体系,并争取在年内通过ISO9002质量体系认证。

5. 筹资和投资方面的情况

本公司的筹资渠道主要是银行贷款,"八五"期间本公司筹集了5,280万元资金分三期进行了技术改造。本公司与中国银行保持了良好的合作关系,签定有银企合作协议。根据协议,中国银行将对本公司予以重点扶持。

十、股本

1. 拟注册资本:本次发行成功后,本公司注册资本为5,560万元。

2. 已获认购的股份:本公司由江光总厂独家发起,将该厂光学元件分厂、照相机分厂、望远镜分厂、钢片快门分厂等四家分厂的经营性资产投入股份公司。发起人已委托江西会计师事务所对发起人投入本公司的资产进行了评估,根据该所以赣会师评字[1997]第003号文出具的《资产评估报告》,评估结果如下:江光总厂投入本公司的资本为5,121.00万元,其中,股本3,360.00万元,资本公积1,761.00万元,折股比例为65.61%。与投入资本相关的资产总额为13,217.28万元,其中货币资金899.09万元,实物资产11,114.16万元,其他资产785.07万元,应收帐款418.96万元;流动负债4,992.80万元,长期负债3,103.48万元,江光总厂投入本公司的该项资产已由大华会计师事务所以华业字(97)第104号文出具了验资报告。

3. 由发起人认购的股份和此次募股溢价发行后,超过股本缴入的资本,都作为公司的资本公积金,所募集的资金按本说明书概要第六节所载明的用途使用。

4. 公司职工股:此次发行将严格遵照国家的有关规定,向本公司职工配售的股份占向社会公开发行股份的10%,共计220万股。职工股将在本次发行的公众股上市半年后上市,其发行范围将严格控制在本公司职工范围内。

5. 本公司独家发起人江光总厂认购的3,360万股,根据江西省国有资产管理局(1997)赣国资企字7号文《关于凤凰光学股份有限公司国有股权管理方案的批复》的规定,界定为国有法人股。

6. 本次发行成功后,公司股份结构如图所示:

股权结构	股本数量(万股)	占总股本比例
国有法人持股	3,360	60.43%
社会公众持股	2,200	39.57%
其中:公司职工持股	220	3.96%
总股本	5,560	100.00%

7. 发行前后每股净资产情况

本次股票发行前,本公司的净资产总额为5,121.00万元,发行前每股净资产:1.524元;发行后净资产总额:16,828.41万元,发行后每股净资产:3.027元(已扣除发行费用)。

8. 本公司筹委会成员在本次发行前未持有公司任何股份,也未持有公司关联企业的任何股份。

十一、债项

根据大华会计师事务所审计结果,截止1996年12月31日,本公司银行借款总额为6,663.48万元,其中,银行短期借款为3,460万元,长期借款为3,203.48万元,具体见下表:

单位:万元

	金额 短期	长期	月利率	债务期间	抵押或担保情况	其他限制条件
银	110.00		10.065‰	1996.6-1997.6	担保	无
	100.00		10.065‰	1996.5-1997.5	担保	无
行	1,500.00		10.065‰	1996.7-1997.7	担保	无
	1,500.00		10.065‰	1996.7-1997.7	担保	无
贷	150.00		9.24‰	1996.10-1997.10	担保	无
	100.00		9.24‰	1996.10-1997.10	担保	无
款		307.00	12.6‰	1995.4-2000.4	担保	无
		832.59	12.6‰	1995.4-2000.4	担保	无
		100.00	9.15‰	1996.12-1999.12	担保	无
		*224.61	3个月浮动	1995.4-1998.4	担保	无
		**100.00	10.065‰	1995.5-1997.5	担保	无

注:有*标记者为美元贷款,金额为2,246,139美元,折合人民币为18,638,910.65元;有**标记者为一年内到期的长期借款。

本公司无逾期未偿还的债务。

本公司尚无公司债,内部人员或关联人员贷款,也无或有负债。

十二、财务会计资料

(一)主要财务会计资料

经大华会计师事务所审计,本公司1994年至1996年的资产负债状况和相关的经营业绩如下:1.资产负债表(见附表一)

注释:(1)1996年末应收帐款余额比1995年末减少4,305,352元,减幅为50.68%,主要为加速销售款回笼所致。

(2)1996年末预付货款比1995年末增加2,061,573元,增幅为1,197.94%,主要为扩大采购量所致。

(3)1996年度固定资产原值增加43,745,271元,其中23,953,068元,系资产评估升值。

(4)1996年末应付帐款余额比1995年末减少5,223,122元,减幅为50.05%,主要为偿还客户货款所致。

(5)1996年末预收货款余额比1995年末余额增加5,149,354元,主要为1996年度开始对市场畅销产品实行预收款制度所致。

(6)1996年末长期借款余额比1995年末增加17,819,978元,增幅为134.85%,主要为"技改"贷款增加所致。

(7)本公司1994、1995、1996年股本分别为2,482、2,482和3,360万元,净资产分别为2,764.15、3,120.68和5,121.00万元。1996年股本和净资产有较大增加的原因是资产评估升值所致。

2.损益表(见附表二)

(二)其他有关情况

1.根据资产负债表、利润表及有关明细帐计算出本公司偿债能力、营运能力、盈利能力指标如下:

指标	1996年12月31日	1995年12月31日	1994年12月31日
流动比率	1.49	1.03	1.16
速动比率	1.40	0.96	1.04
资产负债率	61.26%	71.57%	67.38%
净资产收益率	29.45%	45.70%	40.83%
每股净利(元)	0.45	0.42	0.34
应收帐款周转率(次)	17.14	16.01	34.70
存货周转率(次)	1.58	1.44	1.60

2.对以上指标变动情况的说明:

(1)本公司最近三年资产流动性的变化:

本公司近三年资产流动性有所提高,主要反映在与1994年相比,1996年本公司的营运资金减少,流动比率有一定的提高。其主要原因是由于本公司采取了销售货款回笼和销售人员工资奖金分配挂钩的方法,加强了销售货款回笼的管理,减少了流动资金的占用。

(2)本公司最近三年利润水平的变化:

本公司近三年的税后利润一直以较快的速度增长,但是,1996年净资产收益率却下降较多,其主要原因是:

①由于新产品的不断开发和推向市场,使本公司销售收入保持较快增长,在消化了原材料、工资等物价上涨,成本增加等不利因素的条件下,仍保持了实现利润的逐年增长。

②本公司1996年净资产收益率下降较多的原因是因为重组过程中资产评估升值因素导致本公司净资产有大幅度增加所致,并不表示本公司的净资产盈利能力的下降。

十三、资产评估的主要情况

资料摘自江西会计师事务所赣会师评字[1997]003号的评估报告书,资产评估情况(评估基准日:1996年12月31日):

单位:人民币万元

项目	帐面原值	帐面净值	重置价值	评估值	增加额	增值率
一、资产总额	13,368.69	11,594.01	16,229.60	13,217.28	1,623.27	14.00%
1.流动资产	6,956.35	6,956.35	7,421.95	7,421.95	465.60	6.69%
2.固定资产	6,362.54	4,587.86	8,757.85	9,745.53	1,157.67	25.23%
二、负债总额	8,096.28	8,096.28	8,096.28	8,096.28	0	
1.流动负债		4,992.80		4,992.80	0	
2.长期负债		3,103.48		3,103.48	0	
三、股东权益		3,497.73		5,121.00	1,623.27	46.41%

评估增减值的主要原因是:(1)流动资产增值主要是由于原来存货成本反映过低和部分低值易耗品评估数量增加所致;(2)固定资产增值的原因在于机器设备重置价格的提高和保养情况较好所致。

十四、盈利预测

发行人提醒投资者:鉴于盈利预测所依据的种种假设的不确定性,投资者在进行投资判断时不应过于依赖以下预测资料。

1.根据大华会计师事务所华业字(97)第103号文《关于凤凰光学股份有限公司一九九七年度盈利预测审核报告》所载之预测说明及基准、假设,如无不可预测之情况出现。本公司1997年可实现净利润2,420.59万元(具体预测表见下页)。

2.本盈利预测主要基于以下的标准:

(1)1997年盈利预测基准:

经大华会计师事务所验证的公司一九九六年度经营业绩,根据一九九七年生产销售计划、成本费用计划编制的业绩测算以及公司采用的现行会计原则和政策。

(2)进行盈利预测的假设:

①本公司遵循的我国及地方现行法律、法规、政策和财政经济状况无重大变动。

②现行的信贷、利率、汇率及市场行情无重大改变。

③税负基准及税率无重大变化,各项费用将在正常范围内变化,公司生产计划、销售计划能如期实现。

公司的所得税,从1997年先按33%税率征收,然后由省财政返还18%,实际税负为15%。除此外,本盈利预测的各项假设条件与过去几年相比没有重大变化。

3.本盈利预测中未包括尚未投入使用的技改项目的收益。

4.预测实现后每股净资产为3.462元(按15%所得税税率)。

5.盈利预测与历史数据变化的分析:

(1)1997年预计销售收入比1996年增加2,475.09万元,增长22.77%,主要由于:①九七年开始批量生产电子钢片快门单反相机,增加销售收入495万元;②九七年将推出变倍望远镜等新产品,增加销售收入1,515万元;③增加光学镜头镜片生产、加工业务,增加销售收入464万元。

(2)销售价格变化因素:①205系列九七年比九六年销售价格增加11.7元/台,销售8.95万台,增加利润104.72万元。②单反相机系列(因增加出口业务)九七年比九六年下降24元/台,销售10.98万台,减少营业利润263.54万元;③望远镜系列九七年比九六年每台价格增加32.44元,销售9.08万台,增加营业利润294.56万元。

(3)成本下降因素:九七年产品采用新工艺及单反相机钢片快门进口代替等措施,销售成本率下降8.37%,增加营业利润1116.92万元。

(4)九七年销售费用增加103.81万元,主要原因如下:①参加国际照相机器材博览会增加费用20万元;②增加销售网点,增加宣传费23.8万元;③凤凰商标使用费60万元。

(5)管理费用九七年比九六年增加255.46万元,增长27.53%,增加原因:①上市后股份公司上缴给母体土地租赁费年租金及公共设施费100万元;②工资等统筹费用增加140万元。

(6)其它业务利润考虑到上市公司以主营与副营相结合和增收节支的原则,开展劳动服务收入及专用材料调剂的收入利润,目标设定100万元。

凤凰光学股份有限公司(筹)

一九九七年盈利预测表

单位:人民币万元

项　　目		1997年预测数	1996年实现数
一、主营业务收入		13,344.41	10,869.31
减:营业成本		8,780.89	8,062.31
销售费用		338.72	234.92
管理费用		927.81	672.35
财务费用		500.00	546.42
进货费用			
营业税金及附加		49.24	41.23
二、主营业务利润		2,747.75	1,312.08
加:其它业务利润		100.00	16.11
三、营业利润		2,847.75	1,328.20
加:投资收益			
补贴收入			173.68
营业外收入			8.54
减:营业外支出			1.72
加:以前年度损益调整			(0.46)
四、利润总额		2,847.75	1,508.24
减:所得税(33%)		939.76	
净利润		1,907.99	
减:所得税(15%)		427.16	
净利润		2,420.59	1,508.24
五、每股净利润	0.343	(33%所得税负)	0.449
每股净利润	0.435	(15%所得税负)	0.449

十五、公司发展规划

1. 生产经营发展战略

本公司将根据国内外光学行业的发展趋势和自身的实力,面对世界经济一体化的挑战,通过深化改革和引进技术,在世界经济一体化的潮流中抓住接轨性增长点、转移性增长点和经销性增长点等三个经济增长点,紧紧围绕光学做文章,发挥"凤凰"的品牌优势,把公司建设成一个具有先进技术,强大生产能力和丰富的销售渠道的综合性光学企业。本公司的生产经营发展战略主要包括以下几个方面:

(1)技术发展战略

本公司在今后的发展中,将通过利用闲置技术,挖掘闲置人才,调动公司技术人员的积极性,并有针对性地引进国外先进技术,实现产、学、研相结合等办法,使本公司的技术水平与国外先进水平的差距缩小5-10年,达到90年代末的水平。本公司的技术发展目标为:

①光学技术变焦化。通过引入变焦技术,提高现有产品的技术性能;

②电子技术计算机化。通过消化、吸收引进的CPU技术,提高本公司在电子方面的技术实力;

③产品功能自动化。以前两个技术突破为基础,实现各类产品功能的自动化,顺应市场发展的潮流;

④金属材料塑料化。通过改善本公司的塑料加工技术,用塑料取代现用的金属材料,减少产品的加工成本,降低重量,适应产品轻型化的趋势。

⑤产品品种档次系列化。用高档产品树立企业形象,用中低档产品创造企业的效益。本公司将在产品的开发过程中提高零部件的通用性,降低开发和生产成本,以多规格、系列化的产品扩大市场份额,提高效益。

⑥产品生产规模化。在开发新产品时注重市场空间的大小,保证产品的生产具有规模效应。

(2)产品创新战略

"九五"期间本公司计划并正在开发19个系列30余个品种的新产品,其主要目标是在产品的开发中实现变焦化、CPU化和系列化。其中,在照相机的开发方面,将开发出自动曝光的单反相机,并发展成为全自动单反相机;在配套镜头方面,将集中开发为单反相机配套的系列变焦镜头,除为本公司产品配套外,还将批量外销;在望远镜方面,除正在开发的变倍望远镜外,还将开发具有自动稳相功能的望远镜,使产品的技术功能达到国际先进水平。

(3)名牌发展战略

本公司将通过保持各类产品技术在国内的领先地位,以及有效的质量管理和售后服务,不断提高"凤凰"商标在国内外的知名度,扩大市场占有率和销售利润,为公司的进一步发展创造条件。目前,本公司正在抓紧落实ISO9002质量体系的部署落实工作,力争于今年年底前通过ISO9002质量体系的认证,为本公司以质量求生存的战略提供可靠的保证。

2. 公司发展目标与规模

本公司将通过"九五"技改,进一步提高本公司各类产品的生产能力,其中,多功能相机的生产能力增加75万架,变焦镜头增加到10万只,望远镜增加到60万架,各类光学元件增加到2,000万片,出口创汇增至2,000万美元,产品技术档次也将有较大提高。"九五"期间技术改造完成后,本公司的光学加工技术水平将达到世界先进水平,其他加工能力达到世界90年代初期水平。

3. 市场发展和销售计划

目前,本公司正在积极开发新产品,增强销售网络和销售能力,扩大产品的市场占有率。具体销售计划是:1997年,实现销售收入13,344.41万元;1998年,实现销售收入16,000万元;1999年,实现销售收入20,000万元;2000年,实现销售收入24,000万元。

4. 固定资产投资计划

如果本次股票发行成功,本公司将实施"九五"技改计划的第一期工程,分别投资建设三个技术改造项目,具体为:

(1)通过实施"年产760万片光学元件"技改项目,进一步加强本公司的光学冷加工能力,达到年产各类光学元件760万片的生产能力。本技改项目总投资为4,350万元,其中,固定资产投资2,900万元,预计,1999年初达产。

(2)通过实施"年产47万架照相机及5万只变焦镜头、20万具望远镜"技改项目,提高本公司各类光学仪器产品的开发、研制和生产的能力。

本技改项目总投资为5,600万元,其中,固定资产投资2,800万元,预计1998年6月达产。

(3)通过实施"年产70万只钢片快门"技改项目,加快本公司对先进的电子钢片快门技术的消化和吸收,提高生产能力。本技改项目总投资为1,260万元,其中,固定资产投资840万元,预计1998年下半年投产。

5.生产经营计划

本公司1997年计划实现销售收入13,344万元,实现利润总额2,847.75万元,净利润2,420.59万元(按15%所得税率计算)。

6.人员扩充计划

本公司将根据生产经营发展规划,在进一步精简人员的同时,通过大规模的经营管理人员和员工培训,提高整个员工队伍的素质。同时,有针对性地引进一些专门人才,调整人员专业结构,为公司的技术发展打下基础。

7.资金筹措和运用计划

本公司除本次发行股票募集资金外,还将继续保持与银行的良好关系,通过申请短期贷款、技改专项贷款和企业自筹等手段筹措资金,为企业的进一步发展作好资金准备。

十六、重要合同及重大诉讼事项

(一)重要合同情况:

本公司的重大合同中,主要可分为两部分:

1、原由江光总厂签定,根据《重组协议》,由发行人继续履行的、其标的在500万元以上的有:

(1)1996年7月24日,江光总厂与中国银行上饶地区分行编号为中信0055号借款合同,借款1,500万元,借款期限自1996年7月24日至1997年7月25日,利率为月息10.065‰;该合同现正常履行。

(2)1996年7月24日,江光总厂与中国银行上饶地区分行编号为中信0056号借款合同,借款1500万元,借款期限自1996年7月24日至1997年7月25日,利率为月息10.065‰;该合同现正常履行。

(3)1995年4月27日,江光总厂与中国银行上饶地区分行编号为中信(95)010-02号借款合同,借款832.59万元,借款期限自1995年4月27日至2000年4月27日,利率为月息10.065‰;该合同现正常履行。

(4)1995年4月27日,江光总厂与中国银行上饶地区分行编号为赣贷713102号借款合同,借款224.6139万美元,折合人民币18,638,910.65元,借款期限自1995年4月27日至1998年4月27日,利率为三个月浮动;该合同现正常履行。

上述合同原由江光总厂签订,待发行人注册登记后,将变更合同主体为发行人。合同主体的变更,已获得合同对方的同意,完成变更手续后,对合同履行不构成法律障碍。

2、发行人因设立股份公司及本次股票发行、上市而签订的合同。

发行人与江光总厂签订了《重组协议》及作为《重组协议》附件的《关联事务协议》、《土地使用权租赁合同》、《商标使用许可合同》。

《重组协议》就江光总厂与发行人之间的资产分割,债权债务的划分、相互的责任和保证、重组的生效、落实及不竞争等内容作了详细规定。

《关联事务协议》(以下简称"关联协议")就江光总厂与发行人之间的关联事务及交易作了具体规定,期限为30年,有效期追溯至1997年1月1日。

根据《关联协议》,发行人生产所需的部分铜材、铝材、黑色材料及化工原料等将由江光总厂负责按照国家标准提供。供货方式为由发行人发出订单,凭单在江光总厂仓库提取,在十日内验收,验收合格后付款。价格为江光总厂购进价的110%;

根据《关联协议》,发行人生产所需的部分零配件将由江光总厂负责按照国家标准生产供应。供货方式为由发行人发出订单,凭单在江光总厂仓库提取,在十日内验收,验收合格后付款。价格为以1996年江光总厂生产上述产品按其厂内价格进行结算的价格为基准,按产品成本加税收加合理利润的原则,每年第四季度由双方进行确定;

根据《关联协议》,江光总厂负责按发行人要求的标准供应发行人生产所需的水、电、气(蒸汽),发行人按规定支付费用。该费用按月支付,计算标准为江光总厂外购价格的110%;

根据《关联协议》,发行人的一些设备将由江光总厂负责维修,发行人按双方协商确定的费用标准支付使用费,费用标准为不高于其他第三方提供同等服务的条件,时间为设备维修验收合格后;

根据《关联协议》,江光总厂将代理发行人的外贸业务。协议规定,发行人将按每一次外贸代理所涉及总金额的3%支付代理费给江光总厂,江光总厂在外贸代理过程中所发生的费用均由其自行承担;

根据《关联协议》,江光总厂将向发行人及其职工提供职工住房、管道煤气、生活用水、用电、学校、医院、食堂、幼儿园、保安、环境绿化、清洁卫生等服务。协议规定,发行人及其职工享受以上服务时,应由职工承担的费用,由发行人职工按与江光总厂职工同等待遇计费,由发行人职工缴纳。应由发行人承担的费用,双方按比例分担。

《土地使用权租赁合同》规定:发行人将租赁使用江光总厂的部分土地使用权,租赁土地面积34,813.80平方米,发行人按规定支付土地租赁费74.01万元,由发行人于每年12月31日以前支付给江光总厂。上述土地的期限为50年,即自1997年2月27日起至2046年2月26日;

《商标使用许可合同》规定:江光总厂许可发行人在其产品上使用"凤凰"牌商标,发行人按规定支付使用费。该合同期限为30年,根据该合同,本公司以每年向江光总厂支付商标使用费的方式取得该商标的使用权。商标使用费每年223.42万元,其中,163.42万元作为江光总厂对该商标的广告投入,由本公司负责使用,其余的60万元,本公司应在每年的6月15日和12月15日前分别支付50%。

以上协议或合同尚待发行人注册登记后由双方正式签署。

(二)重大诉讼事项:

发行人目前无诉讼或仲裁案件发生或预计将要发生,亦未曾受到过有关部门的行政处罚。

十七、其他重要事项

本公司筹委会成员认为,除以上披露的事项外,没有其他对投资者作出投资判断有重大影响的其他事项。

文件查阅地点:

(1)凤凰光学股份有限公司筹委会办公室

中国江西省上饶市光学路1号

联系人:张吉新

联系电话:(0793)8260644

(2)中国东方信托投资公司上海证券部

中国上海市新昌路518号

联系人:徐晨

联系电话:(021)63723630

(3)中国东方信托投资公司南昌证券交易营业部

中国江西省南昌市广场东路125号

联系人:蒋爱军、潘文浩

联系电话:(0791)6271914

凤凰光学股份有限公司(筹)

一九九七年五月六日

资产负债表

编制单位:凤凰光学股份有限公司(筹)　　　　金额单位:元

资产	行次	1996年12月31日	1995年12月31日	1994年12月31日	负债及股东权益	行次	1996年12月31日	1995年12月31日	1994年12月31日
流动资产					流动负债				
货币资金	1	8990929	4902672	3819751	短期借款	41	34600000	38900000	29000000
短期投资	2				应付票据	42			
应收票据	3				应付帐款	43	5213606	10436728	5183875
应收帐款	4	4189635	8494987	2050312	预收货款	44	5279354	130000	563982
减:坏帐准备	5				应付福利费	45	805437	805039	165811
应收帐款净额	6	4189635	8494987	2050312	未付股利	46			
预付货款	7	2233666	172093	81141	未交税金	47	90389	−855841	−1108887
其他应收款	8	734383	766328	1980750	其他未交款	48	2288	957	
待摊费用	9	4384576	4805236	4622356	其他应付款	49	2936872	15925009	3982608
存货	10	53686286	48360046	31466743	预提费用	50			
减:存货变现损失准备	10−1				一年内到期的长期负债	51	1000000		
存货净额	10−2	53686286	48360046	31466743	其他流动负债	52			
待处理流动资产净损失	11								
一年内到期的长期债券投资	12				流动负债合计	55	49927946	65341892	37787389
其他流动资产	13				长期负债:				
流动资产合计	15	74219475	67501362	44021053	长期借款	56	31034811	13214833	19320137
长期投资:					应付债券	57			
长期投资	16				长期应付款	58			
合并价差(合并报表填列)	16−1				其他长期负债	60			
固定资产:									
固定资产原价	17	87578508	43833237	40261018	长期负债合计	65	31034811	13214833	19320137
减:累计折旧	18	30123175	9611239	7135829	递延税款:				
固定资产净值	19	57455333	34221998	33125189	递延税款贷项	66			
在建工程	20				负债合计	67	80962757	78556725	57107526
固定资产清理	21								
待处理固定资产净损失	22				少数股东权益(合并报表填列)	67−1			
固定资产合计	23	57455333	34221998	33125189					
无形资产及递延资产					股东权益				
无形资产	24				股本	68	33600000	24820000	24820000
递延资产	25	498044	8040211	7602768	资本公积	69	17610095		
无形及递延资产合计	30	498044	8040211	7602768	盈余公积	70		6386846	2821484
其他长期资产					其中:公益金	71		2554739	1128594
其他长期资产	31				未分配利润	72			
递延税项						72−1			
递延税项借项	32				股东权益合计	79	51210095	31206846	27641484
资产总计	40	132172852	109763571	84749010	负债及股东权益合计	80	132172852	109763571	84749010

利润及利润分配表

编制单位:凤凰光学股份有限公司(筹)　　　　金额单位:元

项目	行次	1996年度	1995年度	1994年度	项目	行次	1996年度	1995年度	1994年度
一、主营业务收入	1	108693147	84398390	71154577	四、利润总额(亏损以“-”号表示)	15	15082375	14261451	11285935
减:营业成本	2	80623105	57318816	50336725	减:所得税	16			
销售费用	3	2349181	2291345	1637673	减:少数股东损益(合并报表填列)(亏损以“-”号表示)	16−1			
管理费用	4	6723505	6081960	3660429	五、净利润(亏损以“-”号表示)	17	15082375	14261451	11285935
财务费用	5	5464203	4696604	4389332	加:年初未分配利润	18			116215
进货费用	6				盈余公积转入数	19			
营业税金及附加	7	412340	112944	181209		20	15082375	14261451	11402150
二、主营业务利润(亏损以“-”号表示)	8	13120813	13896721	10949209	减:提取法定公积金	21	1508238	1426145	1128594
加:其他业务利润(亏损以“-”号表示)	9	161138	329080	323763	提取法定公益金	22	1508238	1426145	1128594
三、营业利润(亏损以“-”号表示)	10	13281951	14225801	11272972	职工福利基金(合并报表填列,子公司为外商投资企业项目)	22−1			
加:投资收益(亏损以“-”号表示)	11				六、可分配的利润(亏损以“-”号表示)	22−2			
补贴收入	11−1	1736834			七、可供股东分配的利润(亏损以“-”号表示)	23	12065899	11409161	9144962
营业外收入	12	85450	89309	19634	减:已分配优先股股利	24			
减:营业外支出	13	17215	53659	200	提取任意公益金	25	754118	713072	564296
加:以前年度损益调整(调整以“-”号表示)	14	−4645		−6471	已分配普通股股利	26	11311781	10696089	8580666
					八、未分配利润(未弥补亏损以“-”号表示)	27			

凤凰光学股份有限公司股票上市公告书

一、要览

总股本:5560 万股
可流通股本:2200 万股
本次上市流通股本:1980 万股
股票简称:凤凰光学
股票代码:600071
上市地点:上海证券交易所
上市时间:1997 年 5 月 28 日
登记机构:上海证券中央登记结算公司
上市推荐人:君安证券有限公司
中国东方信托投资公司

二、绪言

本公告书依据《中华人民共和国公司法》、《股票发行与交易管理暂行条例》、《公开发行股票公司信息披露细则》和《上海证券交易所交易市场业务试行规则》以及国家与上海有关法律、法规编制,旨在向投资者提供本公司各方面的有关资料。本次股票发行经中国证券监督管理委员会证监发字〔1997〕第 191 号文、第 192 号文批准,股票上市申请经上海证券交易所上证上字〔1997〕第 036 号审核批准,将于 1997 年 5 月 28 日(星期三)在上海证券交易所挂牌交易。

本公司总股本为 5560 万股,可流通股本为 2200 万股。本次上市流通股 1980 万股,均为 1997 年 5 月 12 日发行的人民币普通股,公司职工股 220 万股预计将于本次发行股票上市半年以后上市。本公司于 1997 年 5 月 6 日分别在《中国证券报》、《上海证券报》上刊登招股说明书概要,距今不足 6 个月,故与其相重复的内容在此不再重述,敬请投资者查阅本公司的《招股说明书概要》。

本公司董事会成员已批准本上市公告书,确信其中不存在任何重大遗漏,亦不存在任何误导和虚假成分,并愿就本公告书及相关资料的真实性、准确性、完整性负个别及连带责任。

三、公司概况

(一)公司发起人简介

1. 法定名称:江西光学仪器总厂
2. 法定代表人:王朝松
3. 注册地址:江西省上饶市光学路
4. 注册资金:3799.08 万元
5. 成立日期:1965 年 9 月
6. 经营范围:照相机及器材制造、修理,光学仪器、仪表制造、修理,汽车货运、客运,汽车修理,经营本厂自产产品,进口本厂需元器件、样机、工装模具、原辅材料、设备仪表、零部件、文化用品生产、销售等。
7. 联系电话:(0793)8260533

(二)公司历史沿革

1. 公司名称:凤凰光学股份有限公司
2. 法定代表人:王朝松
3. 法定地址:江西省上饶市光学路
4. 邮政编码:334000
5. 经营范围:主营:光学镜头、照相器材、望远镜、钢片快门、水晶饰品、光学加工、机械加工;兼营:电信器材、电子产品、原辅材料、零部件。
6. 联系电话:(0793)8260533

联系人:张吉新

凤凰光学股份有限公司(以下简称"股份公司"、"本公司"、"公司")是经江西省股份制改革联审小组赣股〔1997〕02 号《江西省股份制改革联审小组关于同意设立凤凰光学股份有限公司的批复》及江西省人民政府赣股〔1997〕02 号《股份有限公司批准证书》批准,由江西光学仪器总厂(以下简称为"江光总厂")作为独家发起人,将其部分生产经营性净资产投资入股(光学元件分厂、照相机分厂、望远镜分厂、钢片快门分厂四个生产部门相应资产及相关债务投入股份公司),采用募集方式设立的股份有限公司。

根据江西会计师事务所评估和国家国有资产管理局国资评(1997)181 号文确认,截至到 1996 年 12 月 31 日进入股份公司的净资产为 51,210,095 元。根据江西省国有资产管理局(1997)赣国资企字 7 号文《关于凤凰光学股份有限公司国有股权管理方案的批复》,江光总厂将上述经营性资产全部投入新设立的股份公司,并按 65.61% 折为 3360 万股国有法人股,其余 17,610,095 元计入资本公积金。股份公司于 1997 年 5 月 22 日召开创立大会,并于 1997 年 5 月 23 日在江西省工商行政管理局办理工商登记。

四、股票发行及承销

(一)股票公开发行

1. 发行数量:社会公众股 2200 万股(含公司职工股 220 万股)
2. 发行价格:5.60 元/股
3. 募集资金总额:12,320 万元
4. 发行方式:上网定价
5. 配售比例:1.20679021%
6. 有效申购户数:246006 户
7. 持 1000 股以上的户数:19790 户
8. 发行费用总额:5,026,404 元
9. 每股发行费用:0.228 元
10. 发行市盈率:13.90 倍

(二)股票承销

本次向社会公开发行 2200 万股,全部被符合法律、法规规定的投资者所认购。承销团成员未包销余股,无分销比例及数量。

(三)验资报告

根据大华会计师事务所华业字(97)第 959 号验资报告,凤凰光学股份有限公司本次发行人民币普通股 2200 万股,每股面值 1.00 元,发行价 5.60 元,总计募集资金为人民币 123,200,000 元,扣除承销费用 3,696,000 元,净额为 119,504,000 元,已于 1997 年 5 月 20 日汇至股份公司验资帐户:浦东发展银行陆家嘴支行张扬路分理处 076392-4291995161 帐户。

五、董事、监事及高级管理人员持股情况

姓名	职务	持股数量(股)	占总股份比例(‰)
王朝松	董事长	5000	0.2273
谭党山	监事会主席	5000	0.2273
任　捷	副董事长、总经理	5000	0.2273
刘林春	董事、副总经理	5000	0.2273
吕秉锋	董事、副总经理	5000	0.2273
王熙晏	董事、总工程师	5000	0.2273
姚保颖	董事、总经济师	5000	0.2273
姚名福	董事、总会计师	5000	0.2273
魏远才	监事	5000	0.2273
刘吉义	监事	5000	0.2273
张吉新	董事会秘书	4000	0.1818
王　军	总经理助理	3000	0.1364
白春生	总经理助理	3000	0.1364
唐文明	总经理助理	1500	0.0682

本公司董事、监事及高级管理人员共持有本公司股票6.15万股，占公司股本总额0.28%，按照《中华人民共和国公司法》规定，其持有股份在任职期间不得转让。

六、公司设立

1. 本公司1997年5月22日召开的创立大会通过了公司社会公众股票在上海证券交易所上市的决议。

2. 公司注册资金:5560万元

3. 公司注册时间:1997年5月23日

4. 公司注册地点:江西省上饶市光学路

5. 营业执照注册号码:15831058－6

七、关联企业及关联交易

(一)关联企业

本公司的控股母公司为江光总厂，该厂是1965年9月国家为改变仪器仪表工业布局，经国家计委批准由原第一机械工业部在赣东北山区动工兴建的华东小三线精密机械和光学仪器大型综合光学仪器企业。发展至今，江光总厂已具有光学、机械、电子、塑料等专业的综合研究、开发、生产能力，具有光学冷加工、金加工、热处理、表面处理和注塑压铸等工艺手段，工业水平达国内先进水平。1979年以来，研制成功并通过部、省鉴定的凤凰301电子自动曝光照相机、凤凰205B电测光照相机、205D多次曝光照相机、DC303单镜头反光系列相机、604红外调焦自动塑料相机、35MM环幕摄影机、1600X生物显微镜、DS3正像水准仪、DSZ3自动安平工程水准仪、电子经纬仪等新产品共50多项，其中11项填补国内空白，29项获国家科学大会奖、国家经委新产品金龙奖及部、省优秀新产品奖。其中，“六五”科技攻关项目光学冷加工最佳工艺参数的研究，应用环幕摄影机分别获国家科技进步二等奖。1996年9月被江西省政府推荐为区外高新企业。

本公司成立后，江光总厂下设光电仪器分厂、一次性相机分厂、天文望远镜分厂、表面装饰分厂、动力分厂、设备修理分厂、工艺装备分厂，控股本公司(占60.43%股权)，参股中外合资江辉照相器材有限责任公司(以下简称“江辉公司”)(占48%股权)。

(二)关联交易

在筹建期间，本公司与江光总厂签订了《重组协议》及作为《重组协议》附件的《关联事务协议》、《土地使用权租赁合同》和《商标使用许可合同》，由江光总厂有偿提供配品、配件，进行设备维修，提供外贸代理、能源供应、医疗服务、培训服务、治安服务以及汽运服务等。同时，本公司向江光总厂租赁本公司所占用的3.48万平方米土地50年的使用权，并以支付商标使用费的形式有偿使用“凤凰牌”注册商标。

另外，除江光总厂向本公司承诺将不会在中国境内外以任何形式从事与本公司经营业务有竞争或可能构成竞争的业务及活动外，江辉公司已向本公司承诺：本着不与本公司竞争的精神，对经营方针、经营范围逐步进行调整，不再扩大生产规模，产品内销比例逐步减少。对此，江光总厂亦承诺：将对江辉公司可能与本公司进行竞争的生产经营活动进行监督和约束，如有必要，江光总厂将转让其在江辉公司的股份。

八、股本结构及大股东持股情况

1. 本公司上市前的股本结构

股权结构	股本数量(万股)	占总股本比例
尚未流通股份:国有法人持股	3,360	60.43%
可流通股份:社会公众持股	2,200	39.57%
其中:公司职工持股	220	3.96%
总股本	5,560	100.00%

2. 前十名股东所持股及比例

股东名称	股份(万股)	占总股本比例
江西光学仪器总厂	3360	60.43%
王朝松	0.5	0.0227%
谭党山	0.5	0.0227%
任　捷	0.5	0.0227%
刘林春	0.5	0.0227%
吕秉锋	0.5	0.0227%
王熙晏	0.5	0.0227%
姚名福	0.5	0.0227%
姚保颖	0.5	0.0227%
魏远才	0.5	0.0227%

九、公司财务会计资料

(一)审计报告

凤凰光学股份有限公司全体股东：

我们接受委托，审计了贵公司1994年12月31日、1995年12月31日、1996年12月31日的资产负债表和1994年度、1995年度、1996年度的利润及利润分配表以及1996年度的财务状况变动表。这些会计报表由贵公司负责，我们的责任是对这些会计报表发表审计意见。我们的审计是依据《中国注册会计师独立审计准则》进行的。在审计过程中，我们结合贵公司实际情况，实施了包括抽查会计记录等我们认为必要的审计程序。

我们认为，上述会计报表符合《企业会计准则》和《股份制试点企业会计制度》的规定；在所有重大方面公允地反映了贵公司1994年12月31日、1995年12月31日、1996年12月31日的财务状况以及1994年度、1995年度、1996年度的经营成果和1996年度资金变动情况，会计处理方法的选用遵循一贯性原则。

大华会计师事务所　　中国注册会计师:陆永炜

中国·上海　　中国注册会计师:朱蕾蕾

大华会计师事务所　　一九九七年四月一日

(二)资产负债表、利润及利润分配表、财务状况变动表见附表

(三)主要会计政策

1. 会计年度:公历1月1日至12月31日为一个会计年度。

2. 会计制度:股份制改组前执行财政部颁发的《企业会计准则》和《工业企业会计制度》，股份制改组后，将执行财政部、国家体改委联合颁发的《股份制试点企业会计制度》，股份制改组前的会计报表已按《股份制试点企业会计制度》要求进行了调整。

3. 外币折算方法:股份公司以人民币为记帐本位币，会计年度内涉及外币的经济业务，按发生当月月初中国人民银行公布的市场汇价(中间价)折合人民币入帐。月末将外币帐户余额按月末市场汇价(中间价)折合本位币进行调整，调整后的记帐本位币余额与原帐面余额之间的差额列入“财务费用－汇兑损益”。

4. 计价基础和记帐原则:以历史成本为计价基础，以权责发生制为记帐原则。

5. 坏帐标准及核算方法:

(1)坏帐标准:

＊因债务人破产或债务人单位撤销，依照《民事诉讼法》进行清偿后，确实无法追回的应收款项；

＊因债务人死亡，既无遗产可供清偿，又无义务承担人，确实无法追回的应收款项；

＊因债务到期未履行偿债义务超过三年，经查确实无法偿还的应收款项。

(2)核算方法:直接转销法。

6. 存货计价:

原材料、自制半成品按实际成本计价，领用、发出时按加权平均法计价；低值易耗品领用时分不同情况采用一次摊销法或分次摊销法。

7. 固定资产计价标准及折旧方法:

固定资产按实际成本计价,计价标准为单位价值2,000元以上,使用年限一年以上;折旧方法为直线法,残值率为4%,各类固定资产的折旧年限和年折旧率如下:

类别	折旧年限(年)	年折旧率(%)
房屋建筑物	30	3.20
机械设备	10	9.60

8.税项:

(1)增值税:按《增值税暂行条例》计征,即按销售收入的17%计算销项税,抵扣进项税后的余额交纳。

(2)城建税和教育费附加:分别按照应交增值税的7%和3%计征。

(3)印花税:按税务局核定的标准交纳。

(4)所得税:根据江西省人民政府赣府字(1997)22号《关于给予江西光学仪器总厂所得税优惠的批复》确认,江光总厂1994年至1996年的所得税,先按33%的税率征收,然后由省财政全额返还;根据江西省人民政府赣府字(1997)17号《关于给予凤凰光学股份有限公司所得税优惠的批复》,1997年度起公司按33%税率征收,然后由省财政返还18%,实际税负为15%。

9.利润分配:根据《公司法》规定,当年税后利润在弥补亏损、提取法定公积金、法定公益金后再进行分配,其分配比例如下:

法定公积金	10%
法定公益金	10%

提取法定公积金、法定公益金后,根据董事会决议提取任意盈余公积金和分配股利。

10.销售收入确认原则:

以开出发票、产品已经发出,收讫价款或取得索取货款的凭据作为销售收入的确认。

(四)主要会计报表附注:

1.应收帐款:

1996年12月31日余额为人民币4,189,635元,帐龄分析如下:

帐龄	金额(元)
一年以内	1,956,907
一~二年	2,232,728
合计	4,189,635

本帐户无持有公司5%以上股份的股东欠款。1996年12月31日余额比1995年12月31日减少4,305,352元,减幅为50.68%,主要为加速销售款回笼所致。

2.预付货款:

1996年12月31日余额为人民币2,233,666元,系预付购货款及零件外加工费,本帐户无持有公司5%以上股份的股东预付款。1996年12月31日余额比1995年12月31日增加2,061,573元,增幅为1,197.94%,主要为扩大采购量所致。

3.其他应收款:

1996年12月31日余额为人民币734,383元,其中营销人员备用金728,525元。

本帐户无持有公司5%以上股份的股东欠款。

4.应付帐款:

1996年12月31日余额为人民币5,213,606元,系应付采购材料款,帐龄均在一年以内。本帐户无持有公司5%以上股份的股东应付款。1996年12月31日余额比1995年12月31日减少5,223,122元,减幅为50.05%,主要为偿还客户货款所致。

5.预收货款:

1996年12月31日余额为人民币5,279,354元,主要为照相机预收货款,本帐户无持有公司5%以上股份的股东预收款。1996年12月31日余额比1995年12月31日余额增加5,149,354元,主要为1996年度开始对市场畅销产品实行预收款制度所致。

6.未交税金:

1996年12月31日余额为人民币90,389元,具体构成如下:

应交增值税	55,854元
应交城建税	34,422元
应交营业税	113元

7.其他应付款:

1996年12月31日余额为人民币2,936,872元,其中应付工资300,000元,其余系应付江光总厂剥离后产生的差额款项。

8.资本公积:

1996年12月31日的余额为人民币17,610,095元,历年变动情况如下:

日期	余额(元)	变动额(元)
1994年12月31日	——	——
1995年12月31日	——	
*1996年12月31日	17,610.095	17,610.095

*1996年12月31日余额比1995年12月31日余额增加17,610,095.32元,系江光总厂投入的国有净资产51,210,095元按65.61%的折股比例折为33,600,000股后的差额部分,根据有关规定计入资本公积。

(五)主要财务状况分析

指标	1996年	1995年	1994年
流动比率	1.49	1.03	1.16
速动比率	1.40	0.96	1.04
存货周转率(次)	1.58	1.44	1.60
应收帐款周转率(次)	17.14	16.01	34.70
资产负债率(%)	61.26	71.57	67.38
每股净利润(元/股)	0.45	0.42	0.34
每股净资产(元/股)	1.524	0.929	0.823
净资产收益率(%)	29.45	45.70	40.83

注:1.上述财务指标是根据大华会计师事务所审计报告计算得出。

2.每股净利润以总股本3360万股计算。

十、董事会上市承诺

根据《中华人民共和国公司法》、《股票发行与交易管理暂行条例》、《公开发行股票公司信息披露实施细则》和《上海证券交易所交易市场业务试行规则》和国家有关证券管理法规的要求,本公司董事会自股票上市之日起向证券主管机关、上海证券交易所、广大投资者作出如下承诺:

1.按照法律、法规的规定程序和要求披露本公司重大的信息,并接受证券主管机关、上海证券交易所的监督管理。

2.及时、真实、准确地公布中期报告和年度报告、并备置于规定场所供投资者公众查阅。

3.本公司董事、监事及高级管理人员如发生人事变动,或持有本公司股票发生变化时,在报告证券主管机关、证券交易所的同时向投资者公布。

4.在任何公共传播媒介中出现的消息可能对本公司股票的市场价格产生误导性影响时,本公司知悉后将及时对该消息予以公开澄清。

5.本公司董事、监事及高级管理人员将认真听取社会公众的意见和批评,不利用已获得的内幕消息和其他不正当手段直接或间接从事股票买卖活动。

6.本公司没有无记录负债。

十一、重要事项揭示

1.盈利预测(以下资料摘自大华会计师事务所华业字(97)第103号《盈利预测审核报告》)

1997年1月至1997年12月盈利预测情况如下:　　单位:万元

项目	1997 年预测数	1996 年实现数
一、主营业务收入	13,344.41	10,869.31
减:营业成本	8,780.89	8,062.31
销售费用	338.72	234.92
管理费用	927.81	672.35
财务费用	500.00	546.42
进货费用		
营业税金及附加	49.24	41.23
二、主营业务利润	2,747.75	1,312,08
加:其它业务利润	100.00	16.11
三、营业利润	2,847.75	1,328.20
加:投资收益		
补贴收入		173.68
营业外收入		8.54
减:营业外支出		1.72
加:以前年度损益调整		(0.46)
四、利润总额	2,847.75	1,508.24
减:所得税(33%)	939.76	
净利润	1,907.99	
减:所得税(15%)	427.16	
净利润	2,420.59	1,508.24
五、每股净利润　0.343	(33%所得税负)	0.449
每股净利润　0.435	(15%所得税负)	0.449

注:根据江西省人民政府赣府字(1997)17 号文《给予凤凰光学股份有限公司所得税优惠的批复》,股份公司的所得税,从 1997 年先按 33%税率征收,然后由省财政返还 18%,实际税负为 15%。

2. 股利分配

本公司在本次股票发行后第一个盈利年度派发一次股利,所发放股利以本次募股后会计年度内实际实现的可分配利润为依据,时间为不迟于当年的 6 月 30 日。新股东将参加自股票发行日起利润的分配,不享有 1997 年 1 月 1 日至公司股票发行日期间的利润分配权。

十二、咨询机构

1. 发行人:

名　　称:　凤凰光学股份有限公司
法定代表人:　王朝松
地　　址:　江西省上饶市光学路 1 号
电　　话:　(0793)8260533
传　　真:　(0793)8260566
联 系 人:　张吉新

2. 主承销商及上市推荐人:

名　　称:　中国东方信托投资公司
法定代表人:　唐棣华
地　　址:　北京市西直门高梁桥斜街中苑宾馆 B 座
联系电话:　(010)63723630
传　　真:　(010)63727056
联 系 人:　徐晨

3. 副主承销商及上市推荐人:

名　　称:　君安证券有限公司
法定代表人:　张国庆
地　　址:　深圳市罗湖区春风路 5 号
联系电话:(021)62672001×各部
传　　真:　(021)62712514
联 系 人:　陈骅

十三、备查文件

1. 中国证监会关于本公司公开发行股票的批准文件
2. 上海证券交易所上市通知书
3. 招股说明书
4. 审计报告
5. 审核报告
6. 验资报告
7. 本公司营业执照
8. 法律意见书
9. 本公司公司章程

凤凰光学股份有限公司
一九九七年五月二十六日

资　产　负　债　表

编制单位:凤凰光学股份有限公司(筹)　　　　金额单位:元

资　产	行次	1996 年 12 月 31 日	1995 年 12 月 31 日	1994 年 12 月 31 日	负债及股东权益	行次	1996 年 12 月 31 日	1995 年 12 月 31 日	1994 年 12 月 31 日
流动资产					流动负债				
货币资金	1	8990929	4902672	3819751	短期借款	41	34600000	38900000	29000000
短期投资	2				应付票据	42			
应收票据	3				应付帐款	43	5213606	10436728	183875
应收帐款	4	4189635	8494987	2050312	预收货款	44	5279354	130000	563982
减:坏帐准备	5				应付福利费	45	805437	805039	165811
应收帐款净额	6	4189635	8494987	2050312	未付股利	46			
预付货款	7	2233666	172093	81141	未交税金	47	90389	-855841	-1108887
其他应收款	8	734383	766328	1980750	其他未交款	48	2288	957	
待摊费用	9	4384576	4805236	4622356	其他应付款	49	2936872	15925009	3982608
存货	10	53686286	48360046	31466743	预提费用	50			
减:存货变理损失准备	10-1				一年内到期的长期负债	51	1000000		
存货净额	10-2	53686286	48360046	31466734	其他流动负债	52			
待处理流动资产净损失	11								
一年内到期的长期债投资	12				流动负债合计	55	49927946	65341892	37787389
其他流动资产	13				长期负债:				
流动资产合计	15	74219475	67501362	44021053	长期借款	56	3134811	13214833	19320137
长期投资:					应付债券				
长期投资	16				长期应付款	58			
合并价差(合并报表填列)	16-1				其他长期负债	60			
固定资产:									
固定资产原价	17	87578508	43833237	40261018	长期负债合计	65	31034811	13214833	19320137
减:累计折旧	18	30123175	9611239	递延税款:					
固定资产净值	19	57455333	34221998	递延税款贷项	66				
在建工程	20				负债合计	67	80962757	78556725	57107526
固定资产清理	21								

资　　产	行次	1996年12月31日	1995年12月31日	1994年12月31日
待处理固定资产净损失	22			
固定资产合计	23	57455333	34221998	33125189
无形资产及递延资产				
无形资产	24			
递延资产	25	498044	8040211	7602768
无形及递延资产合计	30	498044	8040211	7602768
其他长期资产				
其他长期资产	31			
递延税项				
递延税项借项	32			
资产总计	40	132172852	109763571	84749010

负债及股东权益	行次	1996年12月31日	1995年12月31日	1994年12月31日
少数股东权益(合并报表填列)	67-1			
股东权益				
股本	68	33600000	24820000	24820000
资本公积	69	17610095		
盈余公积	70		6386846	2821484
其中:公益金	71		2554739	1128594
未分配利润	72			
	72-1			
股东权益合计	79	51210095	31206846	27641484
负债及股东权益合计	80	132172852	109763571	84749010

利润及利润分配表

编制单位:凤凰光学股份有限公司(筹)

金额单位:元

项　　目	行次	1996年度	1995年度	1994年度
一、主营业务收入	1	108693147	84398390	71154577
减:营业成本	2	80623105	57318816	50336725
销售费用	3	2349181	2291345	1637673
管理费用	4	6723505	6081960	3660429
财务费用	5	5464203	4696604	4389332
进货费用	6			
营业税金及附加	7	412340	112944	181209
二、主营业务利润(亏损以"—"号表示)	8	13120813	13896721	10949209
加:其他业务利润(亏损以"—"号表示)	9	161138	329080	323763
三、营业利润(亏损以"—"号表示)	10	13281951	14225801	11272972
加:投资收益(亏损以"—"号表示)	11			
补贴收入	11-1	1736834		
营业外收入	12	854050	89309	19634
减:营业外支出	13	17215	53659	200
加:以前年度损益调整(调整以"—"号表示)	14	-4645		-6471
四、利润总额(亏损"—"号表示)	15	15082375	14261451	11285935

项　　目	行次	1996年度	1995年度	1994年度
减:所得税	16			
减:少数股东损益(合并报表填列)(亏损以"—"号表示)	16-1			
五、净利润(亏损以"—"号表示)	17	15082375	14261451	11285935
加:年初未分配利润	18			116215
盈余公积转入数	19			
	20	15082375	14261451	11402150
减:提取法定公积金	21	1508238	1426145	1128594
提取法定公益金	22	1508238	1426145	1128594
职工福利基金(合并报表填列、子公司为外商投资企业项目)	22-1			
六、可分配的利润(亏损以"—"号表示)	22-2			
七、可供股东分配的利润(亏损以"—"号表示)	23	12065899	11409161	9144962
减:已分配优先股股利	24			
提取任意公益金	25	754118	713072	564296
已分配普通股股利	26	11311781	10696089	8580666
八、未分配利润(未弥补亏损以"—"号表示)	27			

财务状况变动表

编制单位:凤凰光学股份有限公司(筹)

金额单位:元

流动资金来源和运用	行次	金额
一、流动资金来源		
1. 本年净利润(合并报表为合并净利润)	1	15,082,375
加:少数股东净利润(合并报表填列)	2	
加:不减少流动资金的费用和损失		
(1)固定资产折旧	3	8,135,596
(2)无形资产、递延资产及其他资产摊销(减其他负债转销)	4	7,542,167
(3)固定资产盘亏(减盘盈)	5	
(4)清理固定资产损失(减收益)	6	
(5)递延税款	7	
(6)其他不减流动资金的费用和损失	8	
小计	10	30,760,138
2. 其他来源		
(1)固定资产清理收入(减清理费用)	11	
(2)增加长期负债	12	17,819,978
(3)叫回长期投资	13	
(4)对外投资转出固定资产	14	
(5)对外投资转出无形资产	15	
(6)资本净增加额	16	20,003,249
(7)少数股东资本净增加额	16-1	
小计	17	37,823,227
流动资金来源合计	18	68,583,365
二、流动资金运用		
1. 利润分配		
(1)提取法定公积金	19	1,508,238
(2)提取法定公益金	20	1,508,238
(3)提取任意公积金(减盈余公积转入)	21	754,118
(4)已分配股利	22	11,311,781
(5)职工奖福基金(合并报表中外商投资子公司项目)	22-1	
小计	23	15,082,375
2. 少数股东利润分配(合并报表填列)	23-1	
3. 其他运用		
(1)固定资产和在建工程增加额	24	31,368,931
(2)增加无形资产、递延资产及其他资产	25	
(3)偿还长期负债	26	
(4)增加长期投资	27	
小计	28	31,368,931

流动资金各项目的变动	行次	金额
一、流动资金本年增加数		
1. 货币资金	31	4,088,257
2. 短期投资	32	
3. 应收票据	33	
4. 应收帐款净额	34	-4,305,352
5. 预付货款	35	2,061,573
6. 其他应收款	36	-31,945
7. 待摊费用	37	-420,660
8. 存货净额	38	5,326,240
9. 待处理流动资产净损失	39	
10. 一年内到期的长期债券投资	40	
12. 其他流动资产	41	
	42	
流动资产增加净额	45	6,718,113
二、流动负债本年增加数		
1. 短期借款	46	-4,300,000
2. 应付票据	47	
3. 应付帐款	48	-5,223,122
4. 预收货款	49	5,149,354
5. 应付福利费	50	398
6. 未付股利	51	
7. 未交税金	52	946,230
8. 其他未交款	53	1,331
9. 其他应付款	54	-12,988,137
10. 预提费用	55	
11. 一年内到期的长期负债	56	1,000,000
13. 其他流动负债	57	
流动负债增加净额	58	-15,413,946
流动资金增加净额	59	22,132,059

流动资金来源和运用	行次	金额
流动资金运用合计	29	46,451,306
外币报表折算差额(合并报表填列)	29－1	
流动资金增加净额	30	22,132,050

流动资金各项目的变动	行次	金额

凤凰光学股份有限公司一九九七年度中期报告

一、财务报告(未经审计)

1. 财务报表

(1)简化的资产负债表　　单位:元

项目	1997年6月30日	1996年12月31日
流动资产	199386340.49	74219475.26
固定资产净值	56444110.56	57455333.07
递延资产	447880.32	498043.92
资产总计	256278331.37	132172852.25
流动负债	52527016.25	49927946.28
长期负债	31034810.65	31034810.65
负债合计	83561826.90	80962756.93
股东权益	172716504.47	51210095.32
其中:股本	55600000.00	33600000.00
资本公积	113411647.88	17610095.32
未分配利润	3704856.59	
负债及股东权益合计:	256278331.37	132172852.25

(2)简化的损益表　　单位:元

项目	1997年1—6月	1996年1—6月
主营业务收入	43089217.63	41174184.30
主营业务利润	12501386.45	10903543.74
其他业务利润	61059.24	47246.00
营业外收支净额	1005879.46	14258.26
利润总额	9762940.48	4771677.91
所得税	653798.22	
净利润	9109142.26	4771677.91

2. 主要财务指标

每股收益(加权平均)0.23元

每股收益(全面摊薄)0.16元

净资产收益率(加权平均)9.9%

净资产收益率(全面摊薄)5.27%

每股净资产(全面摊薄)3.11元

注:公司发行利息收入1516021.58元,其中有效申购利息18295.20元,无效申购利息收入1497726.38元。本期转入1000000.00元,剔除这部分利息收入后,每股收益(全面摊薄)0.15元,净资产收益率(全面摊薄)4.81%。

3. 财务报表附注

(1)本期财务报告所采用的会计政策及会计方法与公司招股说明书所采用的会计政策及会计方法一致。企业所得税,97年1—5月本公司尚未正式成立的利润,按江西省人民政府赣府字(97)22号文规定,享受母公司江光总厂所得税先征后返,实际税率为0的优惠政策,并根据招股说明书规定1—5月利润为老股东所有。根据江西省人民政府赣府字(97)17号文的规定,本公司6月份正式成立后,先按33%征所得税,后返还18%,实际税负为15%。

(2)货币资金较年初增加105095896.75元主要是暂未投入使用的募集资金102796293.20元。

(3)短期投资比年初增加9986914.16元属于暂时闲置的募集资金购入国债。

(4)应收帐款期末余额8593418.30元,帐龄分析如下:

帐龄	金额
1—2年	2423678.20元
1年以下	6169740.10元

(5)其他应收款比年初增加2927444.20元,主要因为:

A、应收申购资金利息1516021.58元(已于7月收回);

B、预提6月30日前在上海浦发行定期存款利息451000.00元;

C、应收江光总厂5月前出口退税款252988.33元;

D、出口产品海关保证金72499.08元;

E、为加强资金管理,对销售业务人员经费采用借款结算的办法,致使个人借款增加544738.36元。

(6)应付帐款,比年初增加2652467.48元,系扩大生产增加采购所致。

(7)预收帐款比年初减少2412621.26元,系新产品产量增加供货及时满足客户要求,减少了挂帐。

(8)未交税金比年初增加1085260.87元,主要系6月提所得税653798.22元,6月份应交增值税544301.64元(已于7月交纳)。

(9)应付股利比年初增加5404285.67元,系1—5月按招股说明书应付给本公司正式成立前老股东的利润。

(10)股本比年初增加22000000.00元系5月募集A股22000000.00元所致。

(11)资本公积金比年初增加95801552.56元,系5月募集22000000A股溢价发行所致。

(12)未分配利润比年初增加3704856.59元,系6月份当月应由新老股东共享的税后利润。

(13)销售费用比上年同期减少321784.52元,主要系采用费用定额管理办法,压缩开支所致。

(14)管理费用比上年同期减少847021.43元,主要系精简总部工作人员,压缩费用开支所致。

(15)财务费用比去年同期减少2108168.45元,主要系去年5月以后国家二次降息和今年5月募股后存款利息所致。

(16)补贴收入比去年同期减少567204.46元,主要系今年国家出口退税政策由去年的先征后退改为免抵退办法所致。

(17)营业外收支净额比去年同期增加974137.72元上要系今年计人无效申购利息1000000.00元所致。

(18)所得税比去年同期增加653798.22元,系今年6月份当月按15%计提所得税,去年同期及今年1—5月享受0税负。

(19)关联企业及关联交易:

江西光学仪器总厂持有本公司60.43%的股份,是本公司的独家发起人,本公司与江西光学仪器总厂的交易均按公平、合理的协议执行。本期公司售给江西光学仪器总厂的光学元件收入2607460.64元,占总收入6.05%;本公司从江西光学仪器总厂购进材料、零配件7764117.32元,占总购进46.3%;本公司水、电、汽全由江西光学仪器总厂提供,总额为1227409.11元。

二、经营情况的回顾与展望

1. 上半年经营情况回顾

本公司在广大投资者的支持下,于1997年5月12日在上海证券交易所成功上网定价发行,股票公开发行,对公司来讲是发展史上的一个里程碑。由于公司处于创业初期,无论是从人员配备、财务管理、公司运作方面,还是公司外部环境的理顺方面,都面临着大量错综复杂的工作,而且募集的资金于五月下旬才正式到位,在上半年基本上未产生效益,尽管如此,公司上下面对外国资本在中国市场的激烈竞争,同心同德依靠全体员工自强不息的努力,实现了主营收入43089217.63元,比去年同期增加5%,为全年目标的32.3%;净利润9109142.26元,比去年同期增加91%,为全年目标的37.6%,为下半年实现全年经营目标打下了较好的基础。上半年除做了本公司上市工作外,还做了以下主要工作:

(1)按照国务院、中国证监会对上市公司规范化的要求,加强对公司的管理。抓好公司各级管理岗位责任制的建立以及推行严、细、实的工作作风,公司在上市前后对中层以上干部进行了多次的培训学习,提高对上市公司的认识,使其在公司的经营活动中处处体现对广大投资者负责的精神,并以国家对上市公司的要求来规范经营过程中的行为,公司以上市为契机,逐步彻底地完成改制工作。

(2)以财务管理为中心,降低成本费用提高效益为目的,加强公司的财务预算、稽核和经济分析会等管理工作,实行和二级单位及个人工资总额挂钩的考核制度,在公司全体员工中建立了自我约束的经营机制。

(3)市场是企业的生命,公司紧紧抓住"市场意识、质量意识、管理意识"的教育,使公司上下牢固树立"外攻市场,内抓现场,现场就是市场,市场就是战场"的思想。上半年已在全国各地设立了16个办事处,进一步建立完善约束和激励机制。开拓区域市场,加强售后服务,从内部现场,强制推行以市场认可为目标的产品质量控制体系,当质量标准与顾客需要发生矛盾时,以满足顾客要求为准,落实公司各岗位质量责任制,全面推行ISO9000标准的达标认证工作,扩大了国内外市场的销售份额。

(4)强化产品开发手段,引入市场先导机制,积极消化应用引进日本精工快门制造技术,每只快门降低成本100元,提高新产品质量可靠性,上半年已进入批量生产,电子钢片快门DC838系列单反机已有5000台全部进入美国市场,将成为97年较大的新的经济增长点。

(5)募集资金使用情况:

公司本次公开募集资金11778.3万元,在募集资金5月下旬才到位的情况下,已完成了技改的前期调研工作和新产品开发的前期准备工作。募集资金中有500万元用于归还短期借款,998.7万元短期投资于国债,其余全部存入银行,至今公司未发生募集资金用途改变的情况。

2. 下半年经营情况的展望

(1)进一步拓宽公司发展的视野和空间,计划将公司的销售、经营中心移到国际大都市上海以求更多的信息交流,下一步考虑把公司的新产品开发中心也移到上海或其他沿海城市。

(2)进一步强化内部管理,降低成本,全面推行经营管理责任制,以干部责任到位促管理到位,完善财务二级核算体系。

(3)争取年底通过ISO9000质量体系认证,为本公司以质量求生存的战略提供可靠保证。

(4)根据国内外光学行业的发展趋势和自身的实力,面对世界经济一体化的挑战,抓紧大光学战略的实施,依据招股说明书所列计划加快技改进度,力争在年底将光学元件厂原有能力按专业化组合进行生产,提高生产效率,降低生产成本,提高质量,并对目前的瓶颈工艺进行技改,大光学战略的第一步实施完毕,光学元件厂的生产能力将在原有基础上提高50%,并使利润有较大的提高。

(5)进一步加快新产品开发步伐,促进新产品的快速商品化,通过上半年的准备和下半年的努力,将推出PH80、PH180、PH280系列全自动塑料相机,DWB7-15×35、DWB8-20×40、DWB8-20×50系列变倍望远镜、DZ323自动曝光单反相机等多品种多系列产品,形成1998年的新经济增长点。

三、重大事件的说明

1. 根据国务院证监委、中国人民银行、国家经贸委5月21日联合发布的《严禁国有企业和上市公司炒作股票的规定》的要求,公司经自查,没有从事任何违反规定的事项。

2. 本公司中期无利润分配计划。

3. 本报告期内公司无重大诉讼、仲裁事项。

四、发行在外股票的变动和股权结构变化

1. 新股发行情况

公司于1997年5月12日获准向社会公众发行A股2200万股(含职工内部股220万股),发行成功后,于1997年5月23日办理了工商登记注册资本由年初的3360万元增至5560万元,1997年5月28日1980万股A股在上证所挂牌交易。

股权结构变动情况:

单位:股　每股面值1元

	期初数	本期增加(发行)	期末数
一、尚未流通股份			
1. 国有法人股	33600000		33600000
2. 公司职工股	0	2200000	2200000
二、已流通股份			
境内上市人民币普通股	0	19800000	19800000
三、股份总数	33600000	22000000	55600000

3. 主要股东持股情况(截至6月30日)

股东名称	持股数(股)	占总股本(%)
江西光学仪器总厂	33600000	60.43
宝安上海	510001	0.92
何　煜	156700	0.28
应　京	150100	0.27
成真发	148300	0.27
刘胜利	100000	0.18
悦誉实业	99301	0.18
颜意意	95100	0.17
振泰实业	94700	0.17
曹月霞	83250	0.15

五、股东大会简介

凤凰光学股份有限公司于一九九七年五月二十二日在江西省上饶市光学路1号凤凰光学股份有限公司第三会议室召开公司创立大会暨第一届股东大会。出席本次大会的股东及股东委托人共88人,共代表股份3376万股,占公司股份总额的60.70%,符合《中华人民共和国公司法》有关规定。本次大会进行了以下议程:

1. 通过关于公司筹建工作情况的决议。

2. 审议通过关于公司章程的决议。

3. 审议通过关于公司社会公众股在上海证券交易所上市的决议。

4. 选举王朝松、任捷、刘林春、王熙晏、姚保颖、姚名福、吕秉锋为公司董事并组成第一届董事会。

5. 谭党山、魏远才、刘吉义为公司第一届监事并组成第一届监事会。

六、备查文件

1. 载有董事长、总经理亲笔签名的中期报告原本。

2. 凤凰光学股份有限公司《招股说明书》、《上市公告书》。

3. 凤凰光学股份有限公司股东大会材料。

查阅地址:江西省上饶市光学路1号本公司总经理办公室

电　　话:0791-8260788

传　　真:0791-8260788

邮　　编:334000

凤凰光学股份有限公司

一九九七年八月十五日

江南重工股份有限公司

江南重工股份有限公司简介

一、公司概况

江南重工股份有限公司是由江南造船(集团)有限责任公司作为独家发起人,以其下属的钢结构机械工程事业部为主体进行股份制改造向社会公开发行股票募集设立的。其发起人江南造船(集团)公司是国内外知名的大型船厂,属国家特大型企业,前身为享有"中国第一厂"、"中国产业工人摇篮"等美誉的江南造船厂,始建于1865年。1995年被列为国务院建立现代企业制度百家试点企业之一。"江南重工"总股本为13201万股,国有法人股7201万股(占总股本的54.55%),社会公众股6000万股(占总股本的45.55%)。

97年5月28日,公司在上海市工商行政管理局注册成立,注册地址为浦东新区东方路1369号。6月3日,"江南重工"股票在上海证券交易所成功上市。

公司1994～1996年主要财务指标如下:

	1996年	1995年	1994年
流动比率	1.39	1.45	1.88
速动比率	0.32	0.87	0.33
资产负债率(%)	47.5	55.5	42.9
净资产收益率(%)	29.09	39.74	27.27
每股净利(元)(33%所得税)	0.45	0.39	0.24

二、公司业务状况

公司主导产品为大型钢结构工程、大型压力容器、各类港口机械。由于上述几类产品主要服务于交通运输、国家重点工程、市政建设以及各类化学工业等,是国民经济发展中具有很强带动能力的行业,因而有着广阔的市场前景。前几年公司成功的建造了葛洲坝船闸门、秦皇岛煤码头工程、上海大剧院钢屋架、上海八万人体育场屋顶、世界金融大厦钢结构工程等国家重点工程和上海市标志工程;同时公司生产的大型液化气船(LPG)液罐是具有当代国际先进水平的高新技术产品,世界上只有少数几个国家能建造,是目前国内唯一的生产厂家。公司充分发挥自身综合实力强的优势,近几年来获得了明显的发展,1996年销售额近2亿元,比1994年增长了46%,1997年度预计全年销售收入将达人民币32,347万元,比1996年度增加63.65%,显示了很好的成长性。公司在今后的发展中,还将利用自身的技术优势,依托江南造船(集团)公司,大力开发新产品,积极进入相关产品领域,进一步拓展经营空间,争取使企业获得更大规模与更高层次的突破,努力向世界一流重工企业集团靠拢。

三、公司主要领导简介

江南造船(集团)有限责任公司董事长兼总经理、江南重工股份有限公司董事长陈金海同志,现年53岁,中共党员、教授级高工,中国船舶工业总公司劳动模范,获第二届全国军转民金奖,获94～95年度上海市优秀企业家称号,96年被评为上海市全心全意依靠职工办企业的十佳厂长及上海市职工信赖的好厂长。

陈金海同志自1992年担任具"中国第一厂"美誉的江南造船厂厂长以来,坚决贯彻党的方针政策和船舶总公司的指示,使企业年造船吨位由20万吨升至40万吨,各项经济指标均创造了历史最好水平,成为船舶系统唯一的国家特大型企业并进入全国500强。近几年来,在国内外船舶市场的严峻形势下,他提出了"随行就市,适应市场"的经营方针,依靠技术创新,调整产品结构,大力开发高技术、高附加值船舶,以高、新、特、难的产品去争占市场,目前手持船舶订单近110万吨,合同价11亿美元,并且其中80%是高技术、高附加值船舶,在同行业中处于领先水平,并使企业到2000年的生产任务基本落实。

陈金海同志锐意改革,抓住江南厂列为全国建立现代企业制度百家试点企业的机遇,提出"外争市场、内抓管理",强调练好内功,发展江南。1996年6月百年老厂改制为江南造船(集团)有限责任公司,在此基础上他提出公司2000年实现年造船50万吨、年销售额50亿元、年利税5亿元的目标。在船舶系统中起了很大的促进作用,在试点中,他力求突破难点,积极探索资产重组,以百年老厂的大型钢结构、压力容器和港口机械为主导的优秀产品和部分优质资产进行部分股份制改造,使江南重工股份有限公司于97年6月3日成功上市,为江南集团加快发展、进行多元化经营、开辟新的融资渠道探索了一条有效途径。并提出江南重工是"源于造船、高于造船",把江南重工的发展目标瞄准世界一流的重工集团。

在船舶总公司的领导下,陈金海同志正在浦东外高桥筹建一个年造船能力达180万吨的我国最大的造船基地。建成后连同"老江南"造船总量将占全国的一半。

陈金海同志是百年老厂的一位好厂长,在市场经济中是一个优秀的企业家,在改革中是一位好带头人。他正以一个企业家的魄力和眼光为江南造船集团最终进入世界造船先进行列构筑宏图。

王伯安,51岁,高级工程师,中共党员。1970年毕业于上海交通大学冶金系。曾任江南造船厂轮机车间副主任、主任,厂副总工程师兼计算中心主任,厂长助理兼钢结构机械工程事业部部长,1997年5月28日,在江南重工股份有限公司第一届股东大会上被选举为公司董事,同日,被江南重工股份有限公司董事会聘任为公司总经理。曾获中国船舶工业总公司《计算机辅助大型企业现代化管理系统》现代化管理成果二等奖,《光盘网络档案系统》科技进步二等奖,并获国家科委颁发的国家科技成果完成者证书。

江南重工股份有限公司招股说明书概要

一、绪言

本招股说明书是根据《中华人民共和国公司法》、《股票发行与交易管理暂行条例》等国家现行的有关证券管理法规和发行人的实际情况而编写,经中国证券监督管理委员会证监发字[1997]208号文和证监发字[1997]209号文审核通过,旨在向公众人士提供有关本发行人的资料。本公司筹委会成员已批准本招股说明书,确信本招股说明书不存在任何重大遗漏或误导,并对其真实性、准确性、完整性负个别的和连带的责任。

本次发行的股票是根据本招股说明书所载明的资料申请发行的,除本发行人和主承销商外,没有委托或授权任何其他人提供未在本招股说明书中列载的信息和对本招股说明书作任何解释或者说明,本公司股票之买卖,应由投资者按规定自行负担相应的税款,发行人、承销商和上市推荐人对税款不承担责任。

二、释义

在本招股说明书中,除文义另有所指外,下列名词含义属以下释义范围:

江南集团公司　　　　指　江南造船(集团)有限责任公司

发行人或本公司、公司	指	江南重工股份有限公司
筹委会	指	江南重工股份有限公司筹备委员会
君安或主承销商	指	君安证券有限公司
上交所	指	上海证券交易所
证监会	指	中国证券监督管理委员会
承销协议	指	江南造船(集团)有限公司与君安证券公司于1997年4月9日达成的包销协议
元	指	人民币元

三、发售新股有关当事人

1. 发行人:江南重工股份有限公司(筹)
注册地:上海市浦东新区东方路1369号
筹委会主任:陈金海
联系人:施卫东
电话:021-63770101×4554、4254　　传真:021-63141103
2. 主承销商:君安证券有限公司
注册地:深圳市春风路5号
办公地址:上海市常德路466号
法定代表人:张国庆
联系人:周晓宇、杨洁茹
电话:021-62712014　　传真:021-62712514
3. 副主承销商:申银万国证券有限公司
注册地:上海市南京东路99号
法定代表人:阚治东
联系人:章昭
电话:021-64310513　　传真:021-64310778
4. 分销商
名称:福建兴业证券公司
注册地:福州市湖东路169号天骛大厦
法定代表人:兰荣
联系人:曹敏
电话:021-63553194
名称:大鹏证券有限公司
注册地:深圳市深南东路333号信兴广场地王商业中心
法定代表人:徐卫国
电话:021-62120592
联系人:韩隽、钱伟琛
名称:海南省证券公司
注册地:海南省海口市龙昆北路2号
法定代表人:文哲
电话:021-64681110×170
联系人:王坚捍
5. 上市推荐人:申银万国证券股份有限公司
君安证券有限公司
6. 发行人法律顾问:金杜律师事务所
注册地:北京市东城区朝阳门北大街八号富华大厦(第十七层)
法定代表人:王辉
电话:010-65541627/1628/1629/1630/1631
经办律师:王俊峰、白延春
7. 主承销商法律顾问:上海市万国律师事务所
注册地:上海市南京西路1728号百乐门大酒店622室、623室
法定代表人:吕红兵
电话:021-62488686转622、623
经办律师:吕红兵、刘维
8. 审计机构:大华会计师事务所
注册地:上海市昆山路146号
法定代表人:石人瑾
电话:021-63070766
经办注册会计师:陆永炜、朱蕾蕾
9. 资产评估机构:上海会计师事务所
注册地:上海市溧阳路255号中国华源大厦五楼
法定代表人:顾树桢
电话:65355518
经办评估人:徐惠勇、梁家瑞
10. 资产评估确认机构:国家国有资产管理局
注册地:北京海淀区万泉河路66号
法定代表人:张佑才
电话:010-82567744
11. 收款银行:上海浦东发展银行静安支行营业部
帐号:076457-04292329882
12. 股票登记机构:上海证券中央登记结算公司
注册地:上海市闵行路67号
法定代表人:王迪彬

四、发行情况

1. 承销方式:本次公开发行采取余额包销方式
2. 承销期:1997年5月16日—1997年5月22日
3. 发行地区:面向全国发行
4. 发行对象:在上海证券中央登记结算公司开立股票帐户的中华人民共和国境内公民、法人等(法律、法规禁止购买者除外)
5. 发行方式:上网定价
6. 股票种类、面值、数量:本次发行的股票全部为记名式人民币普通股(A股),每股面值人民币1元,共计6000万股,其中包括600万股公司职工股。
7. 发行价格及确定价格的方法:
发行价格:5.37元/股
发行价格确定方法:发行前三年平均每股税后利润×市盈率。则:
=[(1994年每股税后利润+1995年每股税后利润+1996年每股税后利润)/3]×15
=[(0.242+0.386+0.447)/3]×15
=5.37元/股
8. 发行总市值:32,220万元
9. 发行费用:预计发行费用820.8万元(包括承销费、上网发行手续费、审计费、资产评估费、律师费、审核费、公司差旅费等)。
10. 挂牌交易
本公司已得到上海证券交易所的承诺,本次发行的社会公众股(A股)在发行结束后,将尽快在上海证券交易所挂牌交易。本次发行配售的公司职工股,将遵照国家有关规定,待本次发行社会公众股上市六个月后上市交易。

五、风险因素与对策

投资者在评价本公司本次发售的股票时,除本《招股说明书》提供的其他资料外,应特别认真地考虑下述各项风险因素。

(一)经营风险

(1)原材料供应和价格的风险:

主要原材料为各种钢材,原材料成本占总制造成本65%(来料加工除外),目前国内市场供应价格较为稳定,本公司与国内各大钢厂有着长期的合作关系,货源充沛,小部分加工涉及特型钢材需从国外进口,但一般是由业主提供,因而面临限制较少。

(2)能源、交通限制的风险

本公司的能源主要为电和氧气、乙炔的耗用。目前工用、民用电需求

益增,存在着供求不平衡及成本上升的风险。

考虑到本公司产品特大、特重的特点,存在着运输方面的限制。

(3)生产风险

本公司产品具有高技术、高难度、体积大的特点,存在着工程意外风险以及生产能力方面的限制。

(4)价格限制的风险

目前本行业产品价格存在相当激烈的竞争,在招标竞价中,本公司面临来自进入本行业其他厂家为开拓市场、降低报价的压力;与国外同行相比,价格限制主要来自机械化、规模化较高的产品。

(5)技术水平限制风险

本公司产品的技术水准居国内同行前列,特别是压力容器方面,在国际市场占有一席之地,LPG船大型液罐制造技术属国内独创,但部分先进技术还需国外提供。

(二)行业风险

公司属交通基础设施类企业,是国家重点扶持的行业,行业前景广阔。其行业风险主要来自行业内部的竞争。公司的三大主导产品中:在大型钢结构产品方面,国内几家大型船厂具有相近的生产能力;在港口机械的生产方面,竞争主要来自专业港口机械生产厂家;在大型压力容器方面,虽然公司是目前国内唯一生产LPG液罐的厂家,但由于该项产品附加值高,必将吸引类似厂家寻找各种途径积极进入该市场。以上现存和潜在的市场竞争构成了公司所处行业的行业风险。

(三)市场风险

公司的市场风险主要在于市场容量限制的潜在风险,公司作为国家重点扶持的行业,所处行业市场需求水平与国民经济的发展紧密相关,故而在国民经济运行的不同周期,对该类产品的需求也将会产生较大的波动,特别是当国民经济发展到相当水平,对该类产品的需求可能会趋于稳定和饱和,将对产品市场的拓展产生一定的制约。

(四)政策性风险

近年来,国家对交通、能源、市政建设的投入每年有加大趋势,前景广阔,近期内公司发展不会受此影响。税制政策方面,出口退税率的变化将会影响本公司产品的经营和收益。

(五)股市风险

股票市场瞬息万变,股票价格有可能较大幅度地背离股票的实际价值,从而增加投资风险,对此投资者应认真考虑。

(六)项目投资风险

投资项目的投资回收期长短、投资利润率的变化,可能影响到项目收益。

针对上述风险本公司将采取以下对策:

(一)经营风险之对策

1. 从公司外部而言,将利用中国船舶工业总公司的行业总体优势以及与国内各大钢厂的长期合作关系,确保材料供应;对于依赖进口的特型钢材,尽量采取由业主供货方式来降低和避免风险;从公司内部而言,通过优化设计、提高钢材利用率、加强人员培训等从而达到降低生产成本、提高劳动生产率、消化价格风险的目的,保持企业优势。

2. 公司凭借所处行业的特殊地位,享有电力供应上的保证,此外还可通过避开用电高峰,改进工艺、推广节能等办法,降低成本;在运输方面,公司地处黄浦江畔,具备水运优势和吊装大型设备构件的能力与经验,并在此基础上深入研究,对整体吊装,滚装技术有一定的突破。

3. 对可能发生意外的工程予以保险,同时抓技术、抓管理,保证各生产环节顺利衔接;对于订单饱满所可能造成的生产能力不足的风险,采取以下措施:

(1)充分发挥自身的优势,借用外单位设施、人力参与协作;

(2)与国外公司联合设计,解决国内技术管理方面的限制;

(3)投资扩建工程场地,加强硬件设施。

4. 通过挖潜、截流、创优等对策来抓住市场、扬长避短,对具有价格优势的产品,加强售前和售后服务。从改进设计、工艺入手,提高质量,使之接近国际先进水平,以期消化价格限制带来的风险。

5. 公司将通过:(1)与专业设计院、国外公司合作,达到取长补短、提高工艺水平的目的;(2)注重预研开发设计,以增加技术储备,提高产品市场竞争力;(3)加强CAD计算机应用方面的投资力度,实现产品设计全面CAD化等措施提高技术水平。

(二)行业风险之对策

本公司坚持以技术为先导,不断提高产品性能、品质,在竞争中求发展,具体措施:

1. 大力加强产品开发,不断提高产品的技术含量,巩固和扩大压力容器的市场占用率,并朝外向型、高附加值方向发展;

2. 充分利用"江南"的名牌优势和总装经验,向总装、总包的经营格局发展;

3. 利用开发新产品的科研优势拓展新市场,实现高效益、高质量、高技术的经营机制。

(三)市场风险之对策

1. 突破地域局限,积极开拓国际市场。

2. 积极参与相关行业招标,突破行业保护,产品向生物工程、海洋工程、核工业、环保、医药、化工等领域全方位拓展。

3. 承接中小型船舶及其配件产品的生产,利用与国外的友好合作网络,开拓海外新市场。

(四)政策性风险之对策

本公司将密切注意国家宏观经济政策及有关政策、法规,增强决策层对经济形势和政策变化的预测和判断能力,提高管理层的应变能力,根据政策的调整,及时制定公司对策,以避免和减少因政策变动而对公司产生的不利影响。

(五)股市风险之对策

本公司将不断完善经营管理,用好募股资金,力争给广大股东较好回报。严格按《中华人民共和国公司法》和《股票发行与交易管理暂行条例》等法律、法规规范公司行为,及时、公正、公开地披露公司信息,提高本公司股票在二级市场上的抗风险能力。

(六)项目投资风险之对策

本公司将加强项目可行性研究,充分考虑各项不利因素对项目的影响,确保项目科学、可行。除此以外,将加强项目管理,及时解决存在的问题,努力降低风险。

六、募集资金的运用

此次发行的社会公众股为6000万股,发行价为5.37元/股。若本次股票发行成功,可募集资金约32,220万元,扣除发行费用后,预计可实际到位资金为31,399.2万元,将用于以下项目:

用途一:大型压力容器、港口机械系列工场的建造项目

该项目包括新建东区装焊工场、港口机械加工工场、液罐封头成形工场以及东区装焊工场和港口机械加工工场向北延伸60米项目。已经中国船舶工业总公司船总计[1994]2143号文(其中含2个项目)、[1997]170号文、[1997]172号文批准立项,项目总投资人民币11807万元,拟全部使用募集资金投入。项目预计将分别于1997年、1998年完成,全部项目完成后预计可新增年利润2544万元,投资回收期为3.5~8年。该项目的建成进一步扩大了公司对大型压力容器、港口机械的生产规模,增强液罐生产的垄断优势,形成重型港机装备总承包体系,以不断适应和满足接单任务与市场的潜在需求。

用途二:大型钢结构生产能力技术改造项目

该项目包括新建H型钢加工流水线、钢结构加工工场、钢结构部件装焊工场、新增150吨高吊等技术改造项目。已经中国船舶工业总公司船总计[1997]166号文、[1997]168号文、[1997]169号文、[1997]171号文批准立项。项目总投资11847万元,拟全部使用募集资金投入。项目预计将分别于1998、1999年完成,全部项目完成后预计可新增年利润3111

万元,投资回收期为2～12年。项目实施后,提高了公司的钢结构生产能力,使公司的工艺档次、产品质量得以进一步提高和完善。

用途三:罐式集装箱制造生产线项目

该项目已经中国船舶工业总公司船总计[1997]173号文批准立项。项目总投资人民币2995万元,拟全部使用募集资金投入。项目预计将于1998年完成,项目完成后预计可新增年利润885万元,投资回收期为3.5年。通过该项目的投资,公司将弥补国内又一技术空白,成为国内独家生产该类高技术产品的企业,形成新的利润增长点。

用途四:江南重工科技综合楼项目

该项目已经中国船舶工业总公司船总计[1997]167号文批准立项。项目总投资人民币1983万元,拟全部使用募集资金投入。项目预计将于1999年完工。通过该项目的实施,将实现产品设计CAD化,增强技术储备,使原有钢材利用率从86%提高到96%,从而接近或达到世界先进水平。确保公司以"高、大、精、尖"的产品稳固占领国内外市场。

用途五:为以上各项目配套流动资金1267.2万元。

用途六:偿还银行贷款1500万元人民币。

七、股利分配政策

本次发行成功后,根据国家有关法律和公司章程,本公司的盈余为当年盈利扣除按规定上交所得税后的净利润。本公司在有盈利年度的税后利润,按下列顺序及比例分配:

弥补上一年度亏损

提取法定盈余公积金10%

提取法定公益金5%～10%

提取任意盈余公积金

分配普通股股利

除法定公积金和公益金外,某一年度的具体分配比例,由董事会视公司经营状况和发展需要提出分配方案,报股东大会审定批准。根据本公司筹委会决议,首次派发股利时间不迟于1998年6月30日,新股东享有本公司自1997年1月1日至本次股票发行完成前的未分配利润。股利分配的具体政策将在发行之后由首届股东大会选举的董事会拟定,并提交股东大会通过后予以确认。

八、发行人情况

1. 发行人名称:江南重工股份有限公司

英文名称:JLANGNAN HEAVY INDUSTRY CO., LTD.

2. 发行人名称预先核准日期:1997年1月7日

3. 发行人注册地址:上海市浦东新区东方路1369号

4. 发行人历史沿革

本公司的独家发起人江南集团公司隶属中国船舶工业公司,是我国大型骨干企业,被列为全国500强之一。具有雄厚的实力,可以直接采用国际先进标准和工艺技术,按照国际上各主要船级社和各种有关造船、航运国际公约的规定和要求,设计、建造、修理和改装各类船舶;并能设计、制造和安装多种机电设备、非标设备、压力容器、港口机械、桥梁工程和大型钢结构件等等。江南集团公司历史悠久,业绩辉煌。前身为始建于1865年享有"中国第一厂""中国民族工业摇篮"等美誉的江南造船厂。曾制造了中国第一批机床、第一炉钢、第一架水上飞机、第一艘潜水艇、第一台万吨水压机、第一艘万吨轮、第一套全国最大的隧道掘进机、第一艘3千立方液化气船等。改革开放以来率选打入国际市场,先后为美国、加拿大、德国、意大利等十多个国家和地区建造了集装箱船、散货船、汽车运输船、液化气船、成品油轮、自卸船、化学品船等各类具有国际先进技术水平的出口船近200万吨,创汇居行业之首,有64种产品分获国家、部、市优质产品奖,江南集团公司获"国家质量管理奖"、"企业管理金马奖"等多项殊荣。

江南重工股份有限公司是由江南造船(集团)有限责任公司独家发起,以其下属的钢结构机械工程事业部经资产评估确认后的国有净资产折股形成发起人股并通过向社会公开募集股份方式设立的股份有限公司。

公司通过"八·五"期间的技术改造及经营开拓,已成为国内重要的钢结构机械工程基地。历年来,公司坚持以巩固发展大型钢结构件、港机、压力容器三大拳头产品为主导,在设计格局上走与专业设计院、国外公司联合的道路,引进先进技术,提高工艺水平,并注重预研开发及计算机软件的开发运用,从而增加技术储备,增强市场竞争力。针对本行业劳动密集型、技术密集型的特点,秉着"外争市场、内抓管理"的原则,公司全面推行ISO质量模式以及加强各级各类员工的培训,为实现"高技术、高附加值、高效益"的发展目标奠定了坚实的基础。近三年销售额连续高速增长,1996年销售额达19,767万元,预计1997年销售额可达32,347万元。

1996年11月,中国船舶工业总公司船总财[1996]2030号文同意江南集团公司改制的总体方案,同时下达国家计委、国务院证券委计经财[1995]2285号文6000万股国内社会公众股的发行额度;1997年,中国船舶工业总公司和国家体改委分别以船总生[1997]485号文和体改生字[1997]30号文件批准了江南重工股份有限公司募集设立的申请报告。

5. 发行人组织结构

股东大会是本公司是高权力机构。本公司的组织机构图如下:

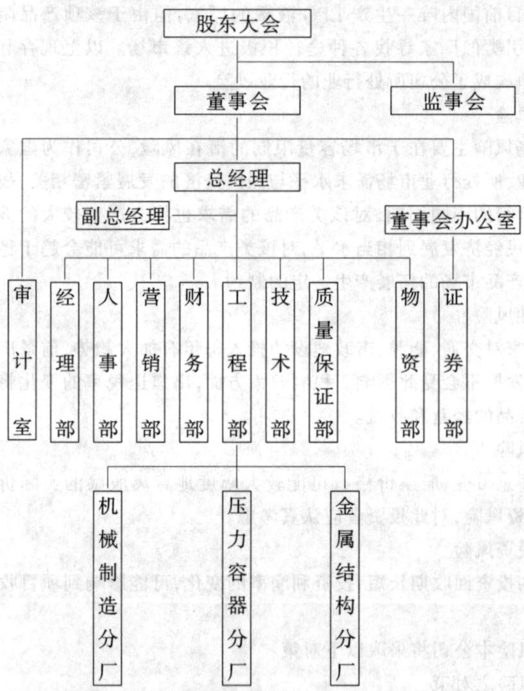

6. 公司职工及有关情况:

职工总人数1277人,其中生产人员949人,销售人员30人,技术管理人员298人,公司拥有大专以上学历的技术人员和管理人员153人。

职工福利保障情况:公司严格按照《劳动法》及国家和上海市有关规定给予职工福利、劳保、工伤保险、失业保险及养老保险等有关待遇,按期足额缴纳各类保险金;本公司成立之前尚无离退休人员,待本公司成立后将严格依据上海市养老保险的有关规定,按在职员工工资总额的一定比例提取职工养老保险金。

7. 发行人经营范围

建筑、桥梁等大型钢结构;石化、冶金、海洋工程、港口机械等大型成套装备;各类机电设备;压力容器;LPG液罐;中小型船舶的设计、制造、加工、安装、维修;技术服务与咨询;房地产开发经营;与业务范围有关的物资经营。

8. 发行人主要产品品种

本公司主要生产钢结构工程、机械工程、压力容器工程、工业性作业等。

9. 发行人业务收入的主要构成

主要产品	1994年主营业务收入	占1994年主营业务收入总额的%	1995年主营业务收入	占1995年主营业务收入总额的%	1996年主营业务收入	占1996年主营业务收入总额的%
钢结构工程	63,483,222	47%	54,922,252	37%	142,139,706	72%
机械加工	17,254,291	13%	39,643,880	27%	26,587,650	13%
压力容器工程	25,621,900	19%	3,251,812	2%	3,494,359	2%
工业性作业	28,669,424	21%	51,496,029	34%	25,443,399	13%

10. 主要原材料的供应、自然资源的耗用情况

本公司产品的主要原材料为钢材,原材料成本占总制造成本的65%(来料加工除外),一般钢材国内市场完全可以充足供应,至于一些国内尚不具备生产能力的大型钢材、特种钢材,可通过进口。生产中所耗用的辅料完全可以自行解决。

本公司对能源的耗用可从江南集团公司得到充裕的供给保证,在外汇平衡方面,本公司仅极少数原材料或附件因客户特殊需求涉及进口用汇,但总量不超过创汇的20%。

11. 关联交易

本公司是由江南造船(集团)有限责任公司独家发起的,本公司与江南集团及本公司与江南集团下属其它子公司之间的交易属于关联交易,为此本公司与江南集团签署了《重组协议》与《服务协议》。

在《重组协议》中对重组及与重组有关的事项作出安排,规定双方资产与债务的划分原则及土地使用权处理,从而明确了与江南集团公司之间的权利与义务。且江南集团公司承诺将不会在中国境内外任何地方和以任何形式(包括但不限于独资经营、合资经营和拥有在其他公司或企业的股票或权益)从事与公司的业务有竞争或能构成竞争的业务或活动。

依照《服务协议》,公司在募集设立后,存在的关联交易主要包括江南集团公司为公司提供产品供应、设备维修、教育、住房、医疗及其它公用服务。使双方公司能正常运作及公司职工能享受一些社会福利待遇,该协议项下的服务及产品提供均为有偿性的,其收费标准,有国家定价的按国家定价,国家无定价的按市场价,或根据提供服务或产品的成本价而收取。双方提供产品和服务的具体内容在服务协议附件中载明。

除上述外,公司不存在其他关联交易。

九、验资证明

截至1996年12月31日,江南造船(集团)有限责任公司投入到本公司的净资产为7,703.35万元,经过上海会计师事务所评估后为11,077.7万元,其评估结果已获得国家国有资产管理局国资评[1997]155号文的确认。大华会计师事务所以华业字[97]第336号文对本公司独家发起人江南造船(集团)有限责任公司投入本公司的资产出具了净资产验证报告。净资产投入的日期为1997年3月20日,金额为11,077.7万元,按国家规定65%折为7201万股,由江南集团公司持有,并行使股权,其余3,876.7万元计入本公司的资本公积金。

十、筹委会成员

主　任:陈金海　男　53岁　大学　研究员级高级工程师　江南造船(集团)　有限责任公司董事长、总经理。曾任求新造船厂厂长,1993年3月任江南造船厂厂长。

副主任:谢中全　男　50岁　大专　高级政工师　江南造船(集团)有限责任公司副董事长、党委书记。曾任江南造船厂党委副书记兼厂纪委书记,1991年11月任江南造船厂党委书记。

王德宝　男　53岁　大学　高级会计师　江南造船(集团)有限责任公司董事、副总经理。曾任江南造船厂团委书记、党委副书记(主持工作),1986年12月任江南造船厂总会计师。

陈连达　男　41岁　大专　高级政工师　江南造船(集团)有限责任公司党委副书记、监事会副秘书长、监事。曾任江南造船厂党委副书记兼干部处处长兼武装部部长兼纪律检查委员会书记。

委　员:龚　豪　男　59岁　大学　高级政工师　江南造船(集团)有限责任公司董事、工会主席。曾任江南造船厂厂长助理、副厂长,江南造船厂工会主席兼厂班组建设办公室主任。

王伯安　男　51岁　大学　高级工程师　江南造船(集团)有限责任公司钢结构机械工程事业部部长,江南造船厂厂长助理。曾任江南造船厂副总工程师兼计算中心主任,江南造船厂厂长助理。

张　强　男　57岁　大学　高级工程师　江南造船(集团)有限责任公司总经理助理。曾任江南造船厂企管处处长,江南造船厂副总经济师。

吴汇丰　男　53岁　大专　高级会计师　江南造船(集团)有限责任公司审计部部长兼资产管理部部长,江南造船厂副总会计师。曾任厂财会科科长、厂审计处长,江南造船厂副总会计师。

顾逊泉　男　38岁　大学　高级经济师　江南造船(集团)有限责任公司总经理助理、企划部副部长。曾任江南造船厂路线定额处处长兼路线定额处党支部书记,江南造船厂企划部副部长。

孙鉴政　男　43岁　大专　高级会计师　江南造船(集团)有限责任公司总经理助理。曾任江南造船厂财会处副处长、财务部部长。

林庆芳　男　59岁　大学　高级经济师　江南造船(集团)有限责任公司经济研究部部长。曾任江南造船厂厂办副主任、政策研究室副主任兼江南侨联主席,江南造船厂企管处处长。

任大德　男　41岁　大专　高级经济师　江南造船(集团)有限责任公司钢机部副部长。曾任江南造船厂厂办副主任、经营处副处长兼江南实业公司副经理兼经营计划党支部副书记、书记。

钱振宝　男　47岁　大学　高级工程师　江南造船(集团)有限责任公司钢机部职能党总支书记。曾任江南造船厂修安车间党总支副书记、设计二所副所长兼党支部书记。

周贵康　男　60岁　高中　工程师　江南造船(集团)有限责任公司钢机部职能工会主席。曾任江南造船厂设计二所综合科科长兼工会主席。

周忠国　男　48岁　大专　高级经济师　江南造船(集团)有限责任公司人事部部长。曾任江南造船厂人劳处处长兼人劳支部书记。

周晓敏　男　46岁　大专　政工师　江南造船(集团)有限责任公司经理部部长。曾任江南造船厂厂办主任兼厂办党支部书记。

顾洪清　男　45岁　大专　高级政工师　江南造船(集团)有限责任公司组织部部长兼统战部部长。曾任江南造船厂组织部部长兼干部处副处长。

毛美琳　女　51岁　大学　高级工程师　江南造船(集团)有限责任公司资产管理部副部长。曾任江南造船厂综合计划处副处长、经营计划党支部书记。

徐小多　女　47岁　大专　高级会计师　江南造船(集团)有限责任公司钢结构机械工程事业部财务部主任。曾任江南造船厂国有资产管理科科长。

施卫东　男　30岁　大学　助理会计师　江南造船(集团)有限责任公司财务部管理室副主任。曾任江南造船厂财务会计处综合科副科长。

沈梁　男　32岁　大学　高级经济师　江南造船(集团)有限责任公司投资发展部投资开发室主任。曾任江南造船厂经营计划处、江南实业公司业务员。

常旭东　男　27岁　大学　经济师　江南造船(集团)有限责任公司董事会秘书。曾任江南造船厂企管处企管员,经济研究部企管员。

公司筹委会承诺,江南集团公司的董事长、总经理不再兼任本公司的总经理。

十一、经营业绩

本公司是目前国内重要的钢结构机械工程基地,其前身是江南集团公司下属的钢结构机械工程事业部。该部自成立起,在充分利用江南集团公司先进的生产经营条件下,不断完善内部管理机制,同时注重技术进

步,积极开发新产品,根据市场需求调整产品结构,与意、德、日、美等国先进企业合作,吸收先进技术、高新工艺,使企业在设计能力、生产规模、新产品开发、制造、安装、调试等方面,在国内外都处于相对领先的地位。

本公司的主导产品为:大型钢结构工程、港口机械、压力容器。

本公司1994年、1995年及1996年经营业绩(单位:人民币元):

项目	1996年	1995年	1994年
主营业务收入	197,665,114	149,313,973	135,028,837
主营业务利润	33,093,966	28,490,167	25,975,480
营业利润	33,093,967	28,490,166	25,975,481
利润总额	48,093,967	41,490,166	25,975,481
净利润	32,222,958	27,798,411	17,403,572

十二、股本

1. 本公司拟注册资本为13,201万元。

2. 股本形成

经上海会计师事务所评估,国家国有资产管理局确认并批准,江南集团投入本公司的净资产为11,077.70万元,折为国有法人股7201万股。本次发行以每股5.37元向社会公众发行6000万股(其中向公司职工配售600万股),新股发行超过面值的部分计入公司资本公积金。

3. 本次A股发行完成后股本结构为:

股份	股数(万股)	占总股本比例(%)
国有法人持股	7201	54.55
社会公众股	6000	45.45
其中:公司职工股	600	4.54
总股本	13201	100

4. 本次发行前每股净资产为1.54元;发行后净资产为42,476.9万元;发行后每股净资产为3.22元。

5. 股票回购程序

根据国务院1993年4月22日颁布的《股票发行与交易管理暂行条例》第四十一条规定:未按国家有关规定进行申请和批准,股份有限公司不得购回本公司发行在外的股票。

十三、债项

根据大华会计师事务所出具的审计报告,截至1996年12月31日,本公司债项如下(单位:人民币元):

种类	金额	年利率	债务期限	抵押或相保	其他限制条件
短期贷款	15,000,000	10.08%	1996年12月20日-1997年7月20日	无	无

除上述债项外,本公司目前无公司债、内部人员借款和关联人员贷款及或有负债。也不存在对主要合同的承诺情况。

十四、财务会计资料

1. 主要财务会计资料(详见审计报告)

依据大华会计师事务所出具的华业字(97)第337号审计报告,本公司近三年的财务资料如下:

资产负债表

编制单位:江南重工股份有限公司(筹) (金额单位:元)

资　产	196年12月31日	1995年12月31日	1994年12月31日
流动资产:			
货币资产	4,250,754	43,845,862	786,791
短期投资			
应收票据			
应收帐款	27,459,162	27,707,776	15,117,987
减:坏帐准备			
应收帐款净额	27,459,162	27,707,776	15,117,987
预付货款			
其他应收款			
待摊费用		702,255	
存货	107,813,487	48,079,869	74,183,600
减:存货变现损失准备			
存货净额	107,813,487	48,079,869	74,183,600
待处理流动资产净损失			
一年内到期的长期债券投资			
其他流动资产			
流动资产合计	139,523,403	120,335,762	90,088,378
长期投资:			
长期投资			
合并差价(合并报表填列)(贷差以"-"表示)			
固定资产:			
固定资产原价	140,032,163	56,664,736	46,187,930
减:累计折旧	68,570,463	19,787,391	24,418,228
固定资产净值	71,461,700	36,877,345	21,769,702
在建工程			
固定资产清理			
待处理固定资产净损失			
固定资产合计	71,461,700	36,877,345	21,769,702
无形资产及递延资产:			
无形资产			
递延资产			
无形资产及递延资产合计			
其他长期资产:			
其他长期资产			
递延税项:			
递延税款借项			
资产总计	210,985,103	157,213,107	111,858,080

负债及股东权益	1996年12月31日	1995年12月31日	1994年12月31日
流动负债:			
短期借款	15,000,000		13,700,000
应付票据			
应付帐款			
预收货款	58,139,499	75,561,525	18,739,173
应付福利费	2,382,385	1,617,703	752,125
未付股利			
未交税金			
其他未交款			
其他应付款	24,686,214	9,001,637	14,837,997
预提费用		1,087,807	
一年内到期的长期负债			
其他流动负债			
流动负债合计	100,208,098	87,268,672	48,029,295
长期负债:			
长期借款			
应付债券			
长期应付款			
其他长期负债			
长期负债合计			
递延税款:			
递延税款贷项			
负债合计	100,208,098	87,268,672	48,029,295
少数股东权益(合并报表填列)			
股东权益			
股本	72,010,000	60,000,000	60,000,000
资本公积	38,767,005		
盈余公积		9,944,435	3,828,785
其中:公益金		4,520,198	1,740,357
未分配利润(未弥补亏损以"-"表示)			
外币报表折算差额(合并报表填列)			
股东权益合计	110,777,005	69,944,435	63,828,785

负债及股东权益总计	210,985,103	157,213,107	111,858,080

利润及利润分配表

编制单位:江南重工股份有限公司(筹)　　(金额单位:元)

项目	1996年度	1995年度	1994年度
一、主营业务收入	197,665,114	149,313,973	135,028,837
减:营业成本	157,548,829	118,180,694	102,731,392
销售费用			
管理费用	5,960,613	4,758,205	4,928,553
财务费用	928,368	-2,155,480	1,361,126
进货费用			
营业税金及附加	133,338	40,387	32,286
二、主营业务利润(亏损以"-"表示)	33,093,966	28,490,167	25,975,480
加:其他业务利润(亏损以"-"表示)			
三、营业利润(亏损以"-"表示)	33,093,966	28,490,167	25,975,480
加:投资收益(损失以"-"表示)			
补贴收入	15,000,000	13,000,000	
营业外收入			
减:营业外支出			
加:以前年度损益调整(调减以"-"表示)			
四、利润总额(亏损以"-"表示)	48,093,966	41,490,167	25,975,480
减:所得税	15,871,009	13,691,755	8,571,908
减少数股东损益(合并报表填列)(亏损以"-"表示)			
五、净利润(亏损以"-"表示)	32,222,957	27,798,412	17,403,572
加:年初未分配利润			
盈余公积转入数			
六、可分配的利润(亏损以"-"表示)	32,222,957	27,798,412	17,403,572
减:提取法定公积金	3,222,296	2,779,841	1,740,357
提取法定公益金:	3,222,296	2,779,841	1,740,357
职工福利基金(合并报表填列,子公司为外商投资企业项目)			
七、可供股东分配的未分配利润(亏损以"-"表示)	25,778,365	22,238,730	13,922,858
减:已分配优先股股利			
提取任意公积金	644,459	555,968	348,071
已分配普通股股利	25,133,906	21,682,762	13,574,787
八、未分配利润(未弥补亏损以"-"表示)			

2. 主要会计指标

	1996年	1995年	1994年
流动比率	1.39	1.45	1.88
速动比率	0.32	0.87	0.33
资产负债率(%)	47.5	55.5	42.9
应收帐款周转率(次)	7.17	6.97	8.93
存货周转率(次)	2.02	1.93	1.38
净资产收益率(%)	29.09	39.74	27.27
每股净利(元/股)	0.45	0.39	0.24

(股本按7201万股计算)

3. 主要会计政策

会计报表的模拟编制方法:

(1)1994年至1996年江南集团执行《工业企业会计制度》,现根据江南重工(筹)从江南集团剥离的原则,并模拟《股份制试点企业会计制度》进行调整。

(2)以评估确认的1996年12月31日净资产,以国资企发(1997)26号文《关于江南重工股份有限公司(筹)国有股权管理问题的批复》为依据进行调帐。

重要会计政策:

1)公司执行的会计制度:《股份制试点企业会计制度》。

2)会计期间:公历1月1日至12月31日。

3)计价基础和记帐原则:以历史成本为计价基础,以权责发生制为记帐原则。

4)外币折算方法:本公司以人民币为记帐本位币,会计年度内涉及外币的经济业务,按发生当月月初中国人民银行公布的市场汇价(中间价)折合人民币入帐。月末将外币帐户余额按月末市场汇价(中间价)折合本位币进行调整,调整后的记帐本位币余额与原帐面余额之间的差额列入财务费用-汇兑损益"。

5)坏帐准备核算方法:直接转销法。

6)存货计价方法:

原材料购入与入库按计划成本计价,领用、发出时调整为实际成本;低值易耗品于领用时按不同情况采用一次摊销法或分次摊销法。

7)固定资产计价标准及折旧方法:

A固定资产标准:使用年限一年以上,单位价值人民币2,000元以上的房屋建筑物、机器设备、运输设备以及其他与生产经营有关的设备、器具、工具等。

B固定资产按实际成本计价。

C固定资产折旧方法为直线法,残值率为4%,各类固定资产的折旧年限和年折旧率如下:

类别	折旧年限(年)	年折旧率(%)
房屋建筑物	20-40	2.40-4.80
机械设备	10-15	6.40-9.60
电气设备	5-10	9.60-19.20
运输设备	5-10	9.60-19.20
仪器仪表	8-12	8.00-12.00
管理用具	5-8	12.00-19.20

8)销售收入实现原则:

以开出发票、产品已经发出、收讫价款或取得索取货款的凭据作为销售收入的实现。

9)税项:

A增值税:内销产品按销售收入的17%计算销项税,并按抵扣进项税后的余额缴纳;外销产品免缴销项税,并退9%进项税。

B营业税:市政建设、建筑钢结构产品按销售收入缴纳3%营业税,或者由总承包单位在合同价格中扣缴。

C城建税和教育费附加:分别按照应交增值税、营业税的7%和3%缴纳。

D印花税:按税务局核定的标准缴纳。

E所得税:按利润总额的33%缴纳。

10)利润分配:根据《公司法》规定,当年税后利润在提取法定公积金、法定公益金后再进行分配,其分配比例如下:

法定公积金　10%

法定公益金　10%

提取法定公积金和法定公益金后,根据董事会决议提取任意盈余公积和分配股利。

十五、资产评估

1. 资产评估情况

依据上海会计师事务所对本公司所作的上会师报字[97]第0037号资产评估报告,以1996年12月31日为基准日期的评估结果如下:本公司的总资产为210,985,103元,总负债为100,208,098元,净资产为110,777,005元,资产评估情况如下:

(金额单位:元)

科目	帐面值	评估值	差异 增减额	差异 率%
流动资产	138,436,385.47	139,523,403.24	1,087,017.77	0.80
固定资产	38,805,200.04	71,46,700.00	32,656,499.96	82.90
资产合计	177,241,585.51	210,985,103.24	33,743,517.73	19.00
流动负债	100,208,098.43	100,208,098.43		

所有者权益	77,033,487.08	110,777,004.81	33,743,517.73	43.80
负债及所有者权益合计	177,241,585.51	210,985,103.24	33,743,517.73	19.00

2. 各类资产增减值的主要原因及资产评估的主要方法:

(1)流动资产评估增值0.8%,主要系存货增值,评估方法为将在产品折算为产成品的约当量后以销售价格减去相关费用和适当数量的税后利润确定。

(2)固定资产评估增值82.9%,系按重量成本法评估所致。

(3)本公司无长期负债。流动负债无增减变动。

十六、盈利预测

本公司对1997会计年度的盈利情况进行了预测并经大华会计师事务所华业字[97]338号审核报告验证如下:

一、盈利预测表的假设

1. 本公司遵循的我国及地方现行法律、法规、政策和财政经济状况无重大变动。

2. 现行的信贷、利率及市场行情无重大改变。

3. 税负基准及税率无重大变化,各项费用将在正常范围内变化,公司生产计划、销售计划能如期实现。

4. 无其他公司控制能力范围之外的不可预计因素造成重大不利影响。

二、1997年盈利预测表　　单位:人民币万元

项　目	1996年实绩数	1997年预测数
一、主营业务收入	19,766	32,347
减:营业成本	15,755	26,747
销售费用		
管理费用	596	832
财务费用	93	50
进货费用		
营业税金及附加	13	368
二、主营业务利润	3,309	4,350
加:其他业务利润		
三、营业利润	3,309	4,350
加:投资收益		500
补贴收入	1500	
营业外收入		
减:营业外支出		
加:以前年度损益调整		
四、利润总额	4809	4,850
减:所得税(33%)	1587	1,601
净利润	3222	3,249

盈利预测表增量因素说明:

1.1997年度预计销售收入人民币32,347万元,比1996年度增加63.65%,主要为上海延安东路高架4标段、长江三峡临时船闸叠梁门、上海世贸商城均在1997年度实现销售,工业性作业、机械加工等业务也将稳步增长,钢结构制作和压力容器制造订单增加。

2.1997年度管理费用比1996年度增加人民币236万元,系销售业务扩大相应增加管理人员工资、办公费用、审计咨询费用和其他费用。

3.1997年度财务费用比1996年度减少人民币43万元,根据1997年度贷款计划并考虑募集股款等因素后测定。

4.1997年度营业税金及附加为人民币368万元,比1996年度增加人民币355万元,系根据1997年市政建设、钢结构产品的销售收入测定,1996年度营业税金及附加大都由总承包单位在合同价格中扣缴。

5. 投资收益:

1997年度投资收益为人民币500万元,系长短期投资的收益。

三、1997年每股税后利润预测

(一)、按全面摊薄法计算

每股税后利润=3249万元/13201万股=0.25元/股

(二)、按加权平均法计算

每股税后利润=3249万元/10701万股=0.30元/股

注:1. 所得税税率按33%测算;

2. 原股本7201万股,预计1997年6月份发行6000万股。

十七、主要合同及重大拆讼事项

重大合同截至1997年3月为止。本公司涉及或正在履行的重大合同如下:

1. 公司和集团公司签订的《江南造船(集团)有限责任公司与江南重工股份有限公司重组协议》(简称《重组协议》)

1997年2月3日,集团公司与公司签订了《重组协议》。该协议对重组及与重组有关的事项作出安排。且集团公司承诺将不会在中国境内外任何地方和以任何形式(包括但不限于独资经营、合资经营和拥有在其他公司或企业的股票或权益)从事与公司的业务有竞争或能构成竞争的业务或活动。该协议加盖公司筹委会的公章,待公司成立后,由公司股东大会通过补盖公司公章。

2. 公司和集团公司签订的《江南造船(集团)有限责任公司与江南重工股份有限公司服务协议》(简称《服务协议》)

重组前,集团公司除了主要拥有生产设备和配套设施外,还拥有一些辅助的生产及服务单位,进行产品供应、设备维修、教育、住房、医疗及其它公用服务。重组后,为使公司及集团公司仍能获得一些必需的服务和产品,以使双方公司能正常运作及公司职工能享受一些社会福利待遇,1997年2月3日,集团公司和公司签订了服务协议。双方据协议载明的条款和条件来有偿提供服务及产品,该协议项下的关联事务及交易均为非排他性的,公司有权自行及/或委托其他第三方来提供有关之服务及产品。

3. 截止在《招股说明书》签署之日,本公司及本公司的筹委会成员无涉及任何重大诉讼事项。

十八、公司发展规划

1. 生产经营发展战略

依托江南集团公司,积极发挥综合优势,以高科技产品为支柱,开拓、发展国内外市场,为用户提供大型的钢结构、现代化的机械设备、各类压力容器和优良的售后服务,使企业的生产水平、管理水平、技术水平、产品结构、经济效益达到一个新高度,其宗旨是为国家、公司、股东增创收益,力争把公司建设成为综合性外向型企业,使之跻身于国际先进企业之列。

2. 生产发展目标和规模

本公司将进一步扩大生产规模,引进各种国外先进钢结构特种设备,进一步扩大技术优势,依靠科技进步,增强公司产品市场竞争力,使之达到国际一流水平。

3. 市场发展计划

针对本公司的三大主导产品:大型钢结构工程、压力容器、港口机械,分别制定了不同的市场发展计划:

首先,对于大型钢结构工程,根据市场预测分析,国家随着宏观经济形势的好转,市政工程建设的大规模展开,对交通、能源、市政建设的投入将会逐年加大,而这将给大型钢结构提供非常广阔的市场,本公司计划到2000年,钢结构的投钢量达10万吨。

其次,针对压力容器设备,公司有着悠久的生产历史和独到的经验,在该产品领域中一直处于优势领先地位,公司在石化装置、LPG船液罐、电力、核工业、生物工程等方面的压力容器生产上,将开发高技术、高附加值产品为重点,进一步增强市场竞争力和扩大市场占有量。本公司在压力容器方面,将努力提高设计能力,形成成套供应能力。

第三,对于重型港口机械装备,本公司是中国船舶工业总公司系统内为数不多的港机起重设备总承包企业之一,在竞争激烈的港机市场上具有较大的市场占有率。从国民经济总体形势分析,集装箱起重机和卸船机的发展将成为国家港口运输及码头装卸的重点,集装箱吞吐量将达850

万TEU,需新建40多个专用泊位,新增80多台岸边集装箱起重机。为本公司在这一领域的拓展提供了极大的市场空间;另外从国际市场来看,由于发达国家都将对环境污染有影响的行业转至第三世界国家,从而给装卸水泥和矿石的港口机械设备带来很大的市场,加上国际集装箱装卸设备需求的不断增加,都给本公司的产品提供了巨大的销售市场。

4. 生产经营管理计划

公司将在现有的管理体制基础上,充分利用本次上市的契机,全面推进公司综合配套改革,不断加强内部管理,完善现代化的人事、财务、生产、经营管理体系,实现生产可控、质量可控、成本可控,以适应本公司国际化、现代化、规范化发展的需要。

5. 固定资产投资计划

本公司所筹资金一方面将用于扩大生产经营规模,提高生产能力,在市场竞争中提供更加坚实的硬件保证;另一方面将用于引进国外先进技术,做到高速化、精确化、电脑化、系统化生产,使本公司成为具有国际水平的现代化企业。

6. 人员扩充培训计划

针对"高技术、高附加值、高效益"的发展目标,公司极为重视人力资源的开发和储备,一方面通过提供优越的条件吸引各类专业人员,扩充公司的技术实力;另一方面加强内部各级员工的培训,学习国内外一切先进的生产、管理、技术,力争2000年员工大专以上学历达20%以上。

十九、其他重要事项

根据国家土地管理局国土批[1997]25号关于江南集团公司股份制改造地价评估结果确认和土地使用权处置的批复及上海市房屋土地管理局沪房地资(1997)69号文关于对江南集团公司土地使用权处置方案的批复,同意将土地使用权租赁给本公司。

根据上述处置方案,本公司已于1997年3月7日与上海市房屋土地管理局草签了土地使用权租赁合同,上海市房屋土地管理局原则同意本公司以租赁国有土地使用权方式使用上海市高雄路2号的土地,待本公司被批准成立后30天内与上海市房屋土地管理局正式签订土地使用权租赁合同,正式签订合同后,本草签合同正式终止。

二十、招股说明书备查文件及查阅地点

(一)、备查文件

1. 发行人成立的注册登记文件

2. 主管部门和证券交易所批准发行上市的文件

3. 承销协议

4. 国有资产管理部门关于资产评估的确认报告

5. 发行人改组的其他有关文件

6. 重要合同

7. 证监会要求的其它文件

(二)查阅地点

1. 江南重工股份有限公司

查阅地址:上海市高雄路18号3楼证券部

电　　话:021—63770101×4554、4254

2. 君安证券有限公司

查阅地址:上海市常德路466号3楼投资银行部

电　　话:021—62712014

江南重工股份有限公司(筹)

一九九七年五月十二日

江南重工股份有限公司股票上市公告书

一、要览

总股本:13201万股

可流通股本:6000万股

本次可流通股本:5400万股

股票简称:江南重工

股票代码:600072

上市地点:上海证券交易所

上市时间:1997年6月3日

登记机构:上海证券中央登记清算公司

二、绪言

本公告书是根据《中华人民共和国公司法》、《股票发行与交易暂行条例》、《公开发行股票公司信息披露实施细则》和《上海证券交易所交易市场业务试行规则》等国家法律、法规的规定编制的。本公司经中国证券监督管理委员会证监发字[1997]208号、209号文审通过,已成功向社会公众公开发行每股面值为1.00元人民币普通股股票6000万股(含公司职工股600万股),且本公司股票上市申请经上海证券交易所上证(1997)037号文批准将于1997年6月3日在上海证券交易所挂牌交易。本次上市流通股为5400万股,向公司职工配售的600万股将按国家规定半年后上市。

本公司于1997年5月12日在《上海证券报》、《证券时报》、《中国证券报》上刊登了《招股说明书概要》,距今不足6个月,故与其相重复的内容在此不再赘述,敬请投资者查阅本公司的《招股说明书概要》。

本公司董事会及各位董事确信本公司未遗漏任何重大事项,亦不存在任何误导和虚假成份,并愿就本公告书及相关资料的准确性、完整性、真实性负连带及个别责任。

三、公司概况

1. 概况

公司法定名称:江南重工股份有限公司

英文名称:JIANGNAN HEAVY INDUSTRY CO., LTD.

公司注册资本:13201万元

公司法定代表人:陈金海

公司成立日期:1997年5月28日

公司经营范围:建筑、桥梁等大型钢结构;石化、冶金、海洋工程、港口机械等大型成套装备;各类机电设备;压力容器;LPG液罐;中小型船舶的设计、制造、加工、安装、维修;咨询服务;房地产开发经营;国内贸易(除专项规定)。

所属行业:工业

公司注册地址:上海浦东新区东方路1369号(邮编:200127)

公司营业执照注册号:150471200

联系电话:021-63770101×4554、4254

联系人:施卫东

2. 历史沿革:

江南重工股份有限公司是由江南造船(集团)有限责任公司(以下简称"江南集团公司")独家发起,以其下属的钢结构机械工程事业部经资产评估确认后的国有净资产折股形成发起人股并通过向社会公开募集股份方式设立的股份有限公司。

作为本公司独家发起人的江南集团公司隶属中国船舶工业总公司,是我国大型骨干企业,被列为全国500强之一。其前身为始建于1865年享有"中国第一厂""中国民族工业摇篮"等美誉的江南造船厂。1996年11月,中国船舶工业总公司船总财[1996]2030号文同意江南集团公司改制的总体方案,同时下达国家计委、国务院证券委计经财[1995]2285号文6000万股国内社会公众股的发行额度;1997年3月和4月,中国船舶工业总公司和国家体改委分别以船总生[1997]485号文和体改生字[1997]30号文件批准了江南重工股份有限公司募集设立的申请报告。

四、股票发行及承销

1. 本次公开发行

发行数量:6000万股(其中向公司职工配售600万股)

发行价格:5.37元/股

发行市盈率:15倍

发行方式:上网定价

发行日期:1997年5月16日

配售比例:0.38083218%

配售户数:540,596户

持有1000股以上的户数:54,103户

募集资金总额:322,300,000元　　实募资金总额:314,000,730元

发行费用:8,199,270元

每股发行费用:0.137元/股

2. 股票承销

本次公开发行的6000万股社会公众股已全部由社会公众认购,承销团成员无包销比例及数量。

3. 验资报告

根据大华会计师事务所华业字(97)968号文验资报告,江南重工股份有限公司本次发行人民币普通股6000万股,每股面值1.00元,发行价5.37元,在扣除股票承销费用5799600元和上网定价发行手续费1014930元后总募集资金为315385470元,已于1997年5月23日解入上海城市合作银行高雄支行316227-00046007670江南重工股份有限公司帐户,其余发行费用由公司直接支付。

五、董事、监事和高级管理人员持股情况

序号	姓名	职务	持股数	持股比例
1	陈金海	董事长	20000	0.033%
2	谢中全	副董事长	15000	0.025%
3	王德宝	副董事长	15000	0.025%
4	龚　豪	董事	10000	0.017%
5	王伯安	董事、总经理	12000	0.020%
6	孙鉴政	董事、副总经理	10000	0.017%
7	马仪才	董事	10000	0.017%
8	吴汇丰	董事	10000	0.017%
9	任大德	董事、副总经理	10000	0.017%
10	陈连达	监事会主席	10000	0.017%
11	唐耀根	监事	5000	0.0083%
12	贺恒岳	监事	5000	0.0083%
13	钱振宝	监事	5000	0.0083%
14	董振芳	监事	5000	0.0083%
15	顾心愉	副总经理	5000	0.0083%
16	丁仲全	副总经理	5000	0.0083%
17	沈　梁	副总经理	5000	0.0083%
18	林庆芳	董事会秘书	5000	0.0083%
19	施卫东	董事会秘书	5000	0.0083%

六、公司设立

1. 公司于1997年5月28日召开了创立大会暨首届股东大会,审议并通过了本公司本次向社会公众发行的股票在上海证券交易所上市的决议。

2. 公司注册资金:13201万元

3. 公司注册时间:1997年5月28日

4. 公司注册地址:上海市浦东新区东方路1369号(邮编:200127)

5. 公司营业执照注册号码:150471200

七、关联企业及关联交易

本次发行结束后,江南集团公司是公司的控股股东,除此之外,本公司没有其他具有20%以上股权关系的企业。

本公司是由江南造船(集团)有限责任公司独家发起的,本公司与江南集团公司及其下属其它子公司之间的交易属于关联交易,为此本公司与江南集团公司签署了《重组协议》与《服务协议》。

在《重组协议》中对重组及与重组有关的事项作出了安排,规定双方资产与债务的划分原则及土地使用权处理,从而明确了与江南集团公司之间的权利与义务。且江南集团公司承诺将不会在中国境内任何地方和以任何形式(包括但不限于独资经营、合资经营和拥有在其他公司或企业的股票或权益)从事与公司的业务有竞争或能构成竞争的业务或活动。

依照《服务协议》,公司在募集设立后,存在的关联交易主要包括江南集团公司为公司提供产品供应、设备维修、教育、住房、医疗及其它公用服务。为使双方公司能正常运作及公司职工能享受一些社会福利待遇,该协议项中的服务及产品提供均为有偿性的,其收费标准,有国家定价的按国家定价,国家无定价的按市场价,或根据提供服务或产品的成本价而收取。双方提供产品和服务的具体内容在服务协议附件中载明。

除上述外,公司不存在其他关联交易。

八、股本结构及大股东持股情况

1. 上市前的股本结构

股份	股数(万股)	占总股本比例(%)
国有法人持股	7201	54.55
社会公众股	6000	45.45
其中:公司职工股	600	4.54
总股本	13201	100

2. 前十名股东所持有股数及持有比例

序号	股东	持股数	持股比例
1	江南造船(集团)有限责任公司	72010000	54.55%
2	陈金海	20000	0.033%
3	谢中全	15000	0.025%
4	王德宝	15000	0.025%
5	王伯安	12000	0.020%
6	陈连达	10000	0.017%
7	龚　豪	10000	0.017%
8	孙鉴政	10000	0.017%
9	马仪才	10000	0.017%
10	吴汇丰	10000	0.017%

九、公司财务会计资料

(一)审计报告

以下资料全文摘自大华会计师事务所华业字(97)第337号审计报告:

华业字(97)第337号

江南重工股份有限公司筹委会:

我们接受委托,审计了贵公司1994年至1996年每年12月31日的资产负债表,1994年至1996年三个年度的利润及利润分配表以及1996年度财务状况变动表。这些会计报表由贵公司负责,我们的责任是对这些会计报表发表审计意见。我们的审计是依据中国注册会计师独立审计准则进行的。在审计过程中,我们结合贵公司的实际情况,实施了包括抽查会计记录等我们认为必要的审计程序。

我们认为,上述会计报表符合《企业会计准则》和《股份制试点企业会计制度》的规定;在所有重大方面公允地反映了贵公司1994年至1996年每年12月31日的财务状况以及各该年度的经营成果和1996年度资金变动情况,会计处理方法的选用遵循了一贯性原则。

大华会计师事务所　　中国注册会计师

陆永炜　朱蕾蕾

中国·上海·昆山路146号　　1997年3月20日

(二)资产负债表、损益表、财务情况变动表分别见附表1、附表2、附表3。

(三)会计报表附注

1. 会计报表的模拟编制方法:

(1)1994年至1996年江南集团执行《工业企业会计制度》,现根据江南重工(筹)从江南集团剥离的原则,并模拟《股份制试点企业会计制度》进行调整。

(2)以评估确认的1996年12月31日净资产,以国资企发(1997)26号文《关于江南重工股份有限公司(筹)国有股权管理问题的批复》为依据进行调帐。

2. 重要会计政策:

(1)公司执行的会计制度:《股份制试点企业会计制度》。

(2)会计期间:公历1月1日至12月31日。

(3)计价基础和记帐原则:以历史成本为计价基础,以权责发生制为记帐原则。

(4)外币折算方法:本公司以人民币为记帐本位币,会计年度内涉及外币的经济业务,按发生当月月初中国人民银行公布的市场汇价(中间价)折合人民币入帐。月末将外币帐户余额按月末市场汇价(中间价)折合本位币进行调整,调整后的记帐本位币余额与原帐面余额之间的差额列入"财务费用汇兑损益"。

(5)坏帐准备核算方法:直接转销法。

(6)存货计价方法:

原材料购入与入库按计划成本计价,领用、发出时调整为实际成本;低值易耗品于领用时按不同情况采用一次摊销法或分次摊销法。

(7)固定资产计价标准及折旧方法:

1)固定资产标准:使用年限一年以上,单位价值人民币2,000元以上的房屋建筑物、机器设备、运输设备以及其他与生产经营有关的设备、器具、工具等。

2)固定资产按实际成本计价。

3)固定资产折旧方法为直线法,残值率为4%,各类固定资产的折旧年限和年折旧率如下:

类　别	折旧年限(年)	年折旧率(%)
房屋建筑物	20-40	2.40-4.80
机械设备	10-15	6.40-9.60
电气设备	5-10	9.60-19.20
运输设备	5-10	9.60-19.20
仪器仪表	8-12	8.00-12.00
管理用具	5-8	12.00-19.20

(8)销售收入实现原则:

以开出发票、产品已经发出、收讫价款或取得索取货款的凭据作为销售收入的实现。

(9)税项:

1)增值税:内销产品按销售收入的17%计算销项税,并按抵扣进项税后的余额缴纳;外销产品免缴销项税,并退9%进项税。

2)营业税:市政建设、建筑钢结构产品按销售收入缴纳3%营业税,或者由总承包单位在合同价格中扣缴。

3)城建税和教育费附加:分别按照应交增值税、营业税的7%和3%缴纳。

4)印花税:按税务局核定的标准缴纳。

5)所得税:按利润总额的33%缴纳。

(10)利润分配:根据《公司法》规定,当年税后利润在提取法定公积金、法定公益金后再进行分配,其分配比例如下:

法定公积金	10%
法定公益金	10%

提取法定公积金和法定公益金后,根据董事会决议提取任意盈余公积和分配股利。

(11)会计报表注释:

注释1. 应收帐款:

1996年12月31日余额为人民币27,459,162元,按帐龄分析如下:

帐　龄	户数	金　额	占总额比例(%)
一年以内	13	17,176,093	62.55
一-二年	5	294,345	1.07
二-三年	3	9,728,604	35.43
三年以上	2	260,120	0.95
合　计	23	27,459,162	100.00

三年以上应收帐款共计两户,其中应收上海卡博特化工有限公司款项人民币109,199元已于1997年2月全额收回,其余应收深圳鸿南建筑机械工程公司的款项经多次催讨对方已承诺即将偿付。

本帐户无持有公司5%以上股份的股东欠款。

注释2. 短期借款:

1996年12月31日短期借款余额为人民币15,000,000元,由中国工商银行上海市分行卢湾支行借入,借款起讫期限为1996年12月20日至1997年7月20日止,借款利率为月息8.4‰,系信用贷款。

注释3. 预收货款:

1996年12月31日预收货款余额为人民币58,139,499元,本帐户无预收关联公司款项。

注释4. 其他应付款:

1996年12月31日余额为人民币24,686,214元,其中:应付工资5,214,000元;其余19,472,214元为应付江南集团的款项,系资产剥离产生的差额。

注释5. 资本公积:

	1996年12月31日	1995年12月31日	1994年12月31日
资本公积	38,767,005	—	—

1996年12月31日资本公积余额为人民币38,767,005元,系江南集团投入江南重工(筹)的国有净资产110,777,005元按65%的折股比例折为72,010,000股后的差额部分,根据有关规定计入资本公积。

注释6. 盈余公积:

	1996年12月31日	1995年12月31日	1994年12月31日
盈余公积		9,944,435	3,828,785
其中:			
法定公积金		4,520,198	1,740,357
法定公益金		4,520,198	1,740,357
任意公积金		904,039	348,071

1994年度、1995年度和1996年度按当年净利润的22%分别计提盈余公积为人民币3,828,785.92元、6,115,650.49元和7,089,050.67元。至1996年12月31日,三个年度累计计提的盈余公积为人民币17,033,487.08元,已作为净资产的组成部分,计入股本和资本公积。

注释7. 主营业务收入:

	1996年度	1995年度	1994年度
主营业务收入	197,665,114	149,313,973	135,028,837
其中:			
船舶配套加工	46,886,993	98,895,061	53,977,506
钢结构制作	130,417,958	30,198,487	49,988,845
机械加工	14,865,901	14,920,115	3,759,915
工业性作业	1,999,903	2,048,498	1,680,671
压力容器	3,494,359	3,251,812	25,621,900

注释8:主营业务成本:

	1996年度	1995年度	1994年度
主营业务成本	157,548,829	118,180,694	102,731,392
其中:			
船舶配套加工	36,622,032	77,243,983	42,160,221
钢结构制作	111,867,847	21,008,522	39,313,284
机械加工	4,953,324	15,453,881	3,791,215

工业性作业	1,581,047	1,228,719	1,058,898
压力容器	2,524,579	3,245,589	16,407,774

注释9:补贴收入:

1995年度、1996年度补贴收入分别为人民币13,000,000元和15,000,000元,系为推进现代企业制度试点工作,由中国船舶工业总公司下拨的补贴。

注释10:利润与利润分配:

1994年度、1995年度和1996年度税后利润分别按10%提取法定公积金、法定公益金和提取2%任意公积金后为股利。1994年度至1996年度提取的盈余公积累计金额为人民币17,033,486元,已作为净资产的组成部分计入股本和资本公积。

(11)主要会计指标

	1996年	1995年	1994年
流动比率	139%	145%	188%
速动比率	32%	87%	33%
资产负债率	47.5%	55.5%	42.9%
应收帐款周转率	7.17	6.97	8.93
存货周转率	2.02	1.93	1.38
净资产收益率	29.09%	39.74%	27.27%
每股净利	0.45	0.39	0.24

(股本按7201万股计算)

十、董事会上市承诺

公司董事会将严格遵守《股票发行与交易管理暂行条例》、《公开发行股票公司信息披露实施细则》、《上海证券交易所交易市场业务试行规则》和有关法律、法规的规定,并自股票上市之日起作出如下承诺:

1. 严格按照有关法律、法规的规定程序和要求披露本公司重大信息,自觉接受证券主管机关、上海证券交易所的监督管理,认真听取政府、股东、证券管理及经营部门和社会公众的意见、建议和批评。

2. 及时、准确、真实地公告本公司中期报告和年度报告,并备置于规定场所供投资者公众查阅。

3. 本公司董事、监事及高级管理人员如发生人事变动,或持有本公司股份数量发生变化时,在及时通报证券主管机关、上海证券交易所的同时向投资者公布。

4. 在任何公共传播媒介中出现的消息,可能对本公司股票的市场价格产生误导性影响时,本公司知悉后将及时对该消息予以公开澄清。

5. 本公司董事、监事及高级管理人员将认真听取社会公众的意见和批评,不利用已获得的内幕消息和其他不正当手段直接或间接从事股票买卖活动。

6. 本公司没有无记录负债。

十一、重要事项揭示

1. 经大华会计师事务所审核本公司1997年预测主营业务收入为32347万元;主营业务利润为4350万元;利润总额为4850万元;每股税后利润按全面摊薄法计算为0.25元,按加权平均法计算为0.30元。

2. 公司首次派发股利时间不迟于1998年6月30日,新股东可享有本公司自1997年1月1日至本次股票发行完成前的未分配利润。

3. 本公司上市后的所得税率为33%。

十二、咨询机构

1. 本公司:江南重工股份有限公司

注册地:上海市浦东新区东方路1369号

法定代表人:陈金海

联系人:施卫东

电话:021-63770101×4554、4254　传真:021-63141103

2. 上市推荐人:申银万国证券股份有限公司

注册地:上海市南京东路99号

法定代表人:阚治东

联系人:章昭

电话:021-64310513　传真:021--64310778

3. 上市推荐人:君安证券有限责任公司

注册地:深圳市春风路5号

办公地址:上海市常德路466号

法定代表人:张国庆

联系人:周晓宇、杨洁茹

电话:021-62712014　传真:021--62712514

十三、备查文件

1. 验资报告
2. 承销协议书
3. 招股说明书
4. 审计报告
5. 公司章程
6. 本公司营业执照
7. 本公司创立大会决议及公告
8. 本公司董事会、监事会决议

江南重工股份有限公司

1997年5月30日

利润及利润分配表

编制单位:江南重工股份有限公司(筹)　1996年度　(金额单位:元)

项　目	1996年度	1995年度	1994年度
一、主营业务收入	197,665,114	149,313,973	135,028,837
减:营业成本	157,548,829	118,180,694	102,731,392
销售费用			
管理费用	5,960,613	4,758,205	4,928,553
财务费用	928,368	-2,155,480	1,361,126
进货费用			
营业税金及附加	133,338	40,387	32,286
二、主营业务利润(亏损以"-"表示)	33,093,966	28,490,167	25,975,480
加:其他业务利润(亏损以"-"表示)			
三、营业利润(亏损以"-"表示)	33,093,966	28,490,167	25,975,480
加:投资收益(损失以"-"表示)			
补贴收入	15,000,000	13,000,000	
营业外收入			
减:营业外支出			

加:以前年度损益调整(调减以"-"表示)			
四、利润总额(亏损以"-"表示)	48,093,966	41,490,167	25,975,480
减:所得税	15,871,009	13,691,755	8,571,908
减少数股东损益(合并报表填列)(亏损以"-"表示)			
五、净利润(亏损以"-"表示)	32,222,957	27,798,412	17,403,572
加:年初未分配利润			
盈余公积转入数			
六、可分配的利润(亏损以"-"表示)	32,222,957	27,798,412	17,403,572
减:提取法定公积金	3,222,296	2,779,841	1,740,357
提取法定公益金	3,222,296	2,779,841	1,740,357
职工福利基金(合并报表填列,子公司为外商投资企业项目)			
七、可供股东分配的未分配利润(亏损以"-"表示)	25,778,365	22,238,730	13,922,858
减:已分配优先股股利			
提取任意公积金	644,459	555,968	348,071
已分配普通股股利	25,133,906	21,682,762	13,574,787
八、未分配利润(未弥补亏损以"-"表示)			

财务状况变动表

编制单位:江南重工股份有限公司(筹)　　1996年度　　(金额单位:元)

流动资金来源和运用	行次	金额	流动资金各项目的变动	行次	金额
一、流动资金来源			一、流动资产本年增加数		
1. 本年净利润(合并报表为合并净利润)	1	32,222,957.58	1. 货币资金	31	-39,595,107.51
加:少数股东净利润(合并报表填列)	2		2. 短期投资	32	
加:不减少流动资金的费用和损失:			3. 应收票据	33	
(1)固定资产折旧	3	8,159,917.89	4. 应收帐款净额	34	-248,613.95
(2)无形资产、递延资产及其他资产摊销(减其他负债转销)	4		5. 预付贷款	35	
(3)固定资产盘亏(减盘盈)	5		6. 其他应收款	36	
(4)清理固定资产损失(减收益)	6		7. 待摊费用	37	-702,255.38
(5)递延税款	7		8. 存货净额	38	59,733,617.90
(6)其他不减少流动资金的费用和损失	8		9. 等处理流动资产净损失	39	
小　计	10	40,382,875.47	10. 一年内到期的长期债券投资	40	
2. 其他来源			12. 其他流动资产	41	
(1)固定资产清理收入(减清理费用)	11			42	
(2)增加长期负债	12		流动资产增加净额	45	19,187,641.06
(3)收回长期投资	13		二、流动负债本年增加数		
(4)对外投资转出固定资产	14		1. 短期借款	46	15,000,000,000
(5)对外投资转出无形资产	15		2. 应付票据	47	
(6)资本净增加额	16	40,832,568.40	3. 应付帐款	48	
(7)少数股东资本净增加额	16-1		4. 预收贷款	49	-17,422,025.95
小　计	17	40,832,568.40	5. 应付福利费	50	764,682.14
流动资金来源合计	18	81,215,443.87	6. 未付股利	51	
二、流动资金运用			7. 未交税金	52	
1. 利润分配			8. 其他未交款	53	
(1)提取法定公积金	19	3,222,295.76	9. 其他应付款	54	15,684,578.67
(2)提取法定公益金	20	3,222,295.76	10. 预提费用	55	-1,087,807.01
(3)提取任意公积金(减盈余公积转入)	21	644,459.15	11. 一年内到期的长期负债	56	
(4)已分配股利	22	25,133,906.91	13. 其他流动负债	57	
(5)职工奖福基金(合并报表中外商投资子公司项目)	22-1				
小　计	23	32,222,957.58			
2. 少数股东利润分配(合并报表填列)	23-1				
3. 其他运用					
(1)固定资产和在建工程净增加额	24	42,744,273.08			
(2)增加无形资产、递延资产及其他资产	25				
(3)偿还长期负债	26				
(4)增加长期投资	27				
小　计	28	42,744,273.08			

流动资金运用合计	29	74,967,230.66			
外币 rbc 表折算差额(合并报表填列)	29－1		流动负债增加净额	58	12,939,427.85
流动资金增加净额	30	6,248,213.21	流动资金增加净额	59	6,248,213.21

资产负债表

编制单位:江南重工股份有限公司(筹)

(金额单位:元)

资　产	1996年12月31日	1995年12月31日	1994年12月31日	负债及股东权益	1996年12月31日	1995年12月31日	1994年12月31日
流动资产:				流动负债:			
货币资产	4,250,754	43,845,862	786,791	短期借款	15,000,000		13,700,000
短期投资				应付票据			
应收票据				应付帐款			
应收帐款	27,459,162	27,707,776	15,117,987	预收货款	58,139,499	75,561,525	18,739,173
减:坏帐准备				应付福利费	2,382,385	1,617,703	752,125
应收帐款净额	27,459,162	27,707,776	15,117,987	未付股利			
预付货款				未交税金			
其他应收款				其他未交款			
待摊费用		702,255		其他应付款	24,686,214	9,001,637	14,837,997
存　货	107,813,487	48,079,869	74,183,600	预提费用		1,087,807	
减:存货变现损失准备				一年内到期的长期负债			
存货净额	107,813,487	48,079,869	74,183,600	其他流动负债			
待处理流动资产净损失							
一年内到期的长期债券投资				流动负债合计	100,208,098	87,268,672	48,029,295
其他流动资产				长期负债:			
流动资产合计	139,523,403	120,335,762	90,088,378	长期借款			
长期投资:				应付债券			
长期投资				长期应付款			
合并差价(合并报表填列)(贷差以“－”表示)				其他长期负债			
固定资产:							
固定资产原价	140,032,163	56,664,736	46,187,930	长期负债合计			
减:累计折旧	68,570,463	19,787,391	24,418,228	递延税款:			
固定资产净值	71,461,700	36,877,345	21,769,702	递延税款贷项			
在建工程				负债合计	100,208,098	87,268,672	48,029,295
固定资产清理							
待处理固定资产净损失				少数股东权益(合并报表填列)			
固定资产合计	71,461,700	36,877,345	21,769,702				
无形资产及递延资产:				股东权益:			
无形资产				股本	72,010,000	60,000,000,	60,000,000
递延资产				资本公积	38,767,005		
无形资产及递延资产合计				盈余公积		9,944,435	3,828,785
其他长期资产:				其中:公益金		4,520,198	1,740,357
其他长期资产				未分配利润(未弥补亏损以“－”表示)			
递延税项:				外币报表折算差额(合并报表填列)			
递延税款借项				股东权益合计	110,777,005	69,944,435	63,828,785
资产总计	210,985,103	157,213,107	111,858,080	负债及股东权益总计	210,985,103	157,213,107,	111,858,080

江南重工股份有限公司一九九七年度中期报告

一、财务报告(未经审计)

1. 财务报表

(1)简化的资产负债表

资产负债表

单位:元

项　　目	1996年12月31日	1997年6月30日
流动资产	139,523,403.24	369,541,113.82
固定资产净值	71,461,700.00	70,797,379.50
在建工程		90,004,532.33
无形及递延资产		3,599,655.82
资产总计	210,985,103.24	533,942,681.47
流动负债	100,208,098.43	79,862,964.75
负债合计	100,208,098.43	79,862,964.75
股本	72,010,000.00	132,010,000.00
资本公积	38,767,004.81	292,815,581.51
未分配利润		29,254,135.21

股东权益合计	110,777,004.81	454,079,716.72
负债及股东权益合计	210,985,103.24	533,942,681.47

(2)简化的损益表

损益表

单位:元

项　目	1997 年 1～6 月
主营业务收入	204,168,392.99
主营业务利润	43,321,006.37
营业利润	43,321,006.37
投资收益	341,882.00
利润总额	43,662,888.37
所得税	14,408,753.16
净利润	29,254,135.21

2. 主要财务指标

	1997 年 1～6 月
(1)每股收益	0.2216 元
(2)净资产收益率	6.44%
(3)每股净资产	3.44 元

注:

(1)上述财务指标均以期末公司总股本 13201 万股为基数全面摊薄计算。

(2)公司所得税率暂按 33%执行。

(3)公司发行利息收入为 12,563,722.94 元,其中有效申购利息为 47,846.70 元计入资本公积,无效申购利息为 12,515,876.24 元。编制本期财务报表时未将无效申购利息收入 12,515,876.24 元计入本期收益,如计入,则:

a. 每股收益为 0.2851 元;

b. 净资产收益率为 8.14%。

3. 财务报表附注

(1)本期财务报告所采用的会计政策与会计方法和 1996 年度财务报告采用的会计政策与会计方法相互一致。

(2)本公司无合并会计报表事项。

(3)本公司今年 5 月份募股成功并在上交所挂牌流通,新注入公司资金 3.15 亿余元。使公司的总资产和净资产同时增长,有关的财务指标和会计科目也随之变化。

(4)流动资产增加 230,017,710.58 元,其中:

a. 货币资金增加 24,138,232.82 元,主要是部分募集资金尚未使用。

b. 短期投资增加 110,000,000.00 元,系作短期国债投资。

c. 应收帐款增加 74,581,920.89 元,主要是当年销售产品的客户欠款。

d. 预付货款增加 29,209,497.45 元,系预付购买材料及设备款。

e. 其他应收款增加 11,995,466.72 元. 其中备用金 1,623,314.30 元,其余 10,372,152.42 元,系增加垫资款所致。

(5)在建工程本期余额为 90,004,532.33 元,系按招股说明书对募集资金使用说明,投入大型压力容器、港口机械加工工场的建设工程项目成本。

(6)递延资产本期余额为 3,599,655.82 元,系公司开办费。

(7)短期借款期初余额 15,000,000.00 元,本期余额为零,系流动资金贷款已到期还贷。

(8)应付帐款本期余额为 2,325,739.65 元,系应付的购买材料款。

(9)未交税金本期末余额 9,793,837.45 元。其中应交所得税为 14,408,753.16 元;-4,614,915.71 元为未抵扣的增值税进项税。

(10)其他应付款本期余额为 12,515,876.24 元,为发行股票无效申购资金利息收入。

(11)预提费用本期余额为 4,935,897.45 元,系完工产品预提的未付款项。

(12)股本增加 60,000,000.00 元,系 1997 年 5 月向社会公开发行 A 股股票 60,000,000 股所致。

(13)资本公积增加 254,048,576.70 元,系 1997 年 5 月公开发行 A 股股票 60,000,000 股的溢价收入 262,200,000.00 减去发行费用 8,199,270.00 元转入资本公积,另外本次新股发行有效申购资金利息 47,846.70 元计入资本公积。

(14)未分配利润本期余额为 29,254,135.21 元,为本报告期净利润。

(15)投资收益为投资短期国债收益。

4. 关联企业及关联交易

(1)关联企业

江南造船(集团)有限责任公司持有本公司 54.55%的股份,是本公司的独家发起人,该公司为国有企业,注册资本为 30,786.70 万元,注册地为上海市高雄路 2 号,主营军工产品、船舶修造、非标设备、起重机械、经贸部批准的自营进出口业务、货运及装卸等。

(2)关联交易

a. 江南造船(集团)有限责任公司委托本公司船舶配套件加工,按市场价格结算,97 年上半年实现销售总额为 49,400,000.00 元。

b. 江南造船(集团)有限责任公司委托本公司 16,500m3LPG 船液罐的制造安装、按市场价格结算,97 年上半年实现销售额 65,000,000.00 元。

c. 江南造船(集团)有限责任公司委托本公司制造 30T、150T 高吊,按市场价格结算,97 年上半年实现销售额 32,000,000.00 元。

二、经营情况的回顾与展望

1. 上半年经营情况回顾

1997 年对"江南重工"而言是非常关键的一年。公司全体经营管理人员以推行现代企业制度和股份制改造为动力,以市场为导向,紧紧围绕"外争市场、内抓管理"的指导思想,在市场竞争激烈、外部存在诸多不利因素的严峻形势下,跟踪捕捉各类信息,参与大型工程项目的招投标,积极开拓产品市场。

(1)公司上半年主营业务收入为 204,168,392.99 元,完成了年计划的 63.15%,实现净利润 29,254,135.21 元,占 1997 年盈利预测的 90.04%。

(2)公司三大支柱产品上半年生产经营形势喜人。其中在压力容器方面,公司所承建的我国目前最大的 16500m3LPG 船(液化气)液罐,第一船套已完工销售,第二船套也已完成制造进入安装调试阶段,近期可完工销售,此外,公司又签订了二船套 2000m3LPG 船液罐的制造加工合同;在大型钢结构方面,公司承担的上海市重点工程——延安东路 2.4 标段高架立交桥,横跨苏州河的普济路人行桥等均已按合同要求完工;在港口机械方面,公司承担的上海市重大工程——罗泾港煤码头工程的二台链斗式卸船机已完工提交,为出口船配套的 10 台 30t 船用起重机也已交付船东验收。

(3)公司其他在制重大工程项目进展顺利。其中包括:为宝钢及宁波港建造的多台卸船机、卸粮机,为江南造船集团设计制造的 150t、60t 系列起重机;上海久事大厦、国际航运大厦钢结构工程,北京国际机场航站楼、深圳机场候机楼钢结构工程及长江三峡临时船闸叠梁门工程等。上述项目绝大部分均可在年内完工并实现销售。

2. 下半年经营情况展望

作为一家新组建的上市公司,江南重工将在下半年着力建立和规范符合现代企业制度要求的管理制度、经营机制、人才机制、分配机制、激励机制等,并且在生产经营上保持上半年良好的发展态势,超额完成《招股说明书》中所披露的全年经营及盈利指标。为此,公司在下半年要继续抓住市场开拓和技术开发这二个关键,大力开拓 LPG 液罐、成套设备和大型钢结构,扩大生产总量,形成规模经济。

(1)在保质保量完成北京、深圳两机场屋顶钢结构工程的制造与安装任务的同时,公司已承担了上海浦东国际机场候机楼钢结构样板楅的试制工作,并成功参与浦东国际机场的招投标工作;在公司承建的长江三峡临时船闸叠梁门进行现场安装的同时,公司同样在积极参与三峡钢结构工程招投标工作。上述两大工程对公司而言至关重要,成功与否将直接影响未来公司在大型钢结构工程领域的地位和份额,因而公司已将上述两项目列入下半年头等经营任务。

(2)加大投入、巩固大型液罐的市场优势地位。由于本公司的控股公司——江南造船(集团)有限责任公司与美国 CAMBRIDGE PARTNERS, L.L.C.所签订的建造5条22000m3LPG船的合同已于日前生效,故江南重工为其配套生产5船套 LPG 船液罐的任务已基本落实,具体合同正在洽谈之中。这意味着公司主营业务的主要产品——大型液罐的制造安装任务将安排至2000年,由于大型液罐的高技术性,将为公司在未来几年内带来较为稳定和可观的效益。

(3)抓住契机,走大楼钢结构总承包之路。公司将抓住国际航运大厦改由江南重工作为大楼钢结构工程总承包单位的契机,保质保量完成该大楼钢结构的总包,为以后承包其他大型钢结构工程创造条件。

(4)强化目标成本管理工作。随着市场经济的不断深入,企业面临的市场竞争压力也不断加大,要确保承接项目有盈利,必须抓好公司内部的目标成本管理工作,公司正从设计成本、采购成本、制造成本和费用控制方面入手,形成较完善的目标成本管理体系,使成本管理水平再上新台阶。

(5)继续争取税收优惠政策。公司现行的所得税率为33%,目前公司已向税务机关提出所得税减免申请,此事正在办理过程中,依据公司的实际情况,近期可望得到解决。

三、重大事项的说明

1.1997年5月16日,公司通过上海证券交易所主机系统采用"上网定价发行"的方式向社会公开定价发行人民币普通股(A股)5400万股,每股发行价5.37元。

2.1997年6月3日,公司5400万股社会公众股在上海证券交易所挂牌交易,另外600万股公司职工股按规定将在97年12月3日以后上市交易。

3.公司第一届董事会第一次会议于1997年5月28日召开,会议选举陈金海先生为董事长;谢中全、王德宝先生为副董事长;董事会聘任王伯安先生为公司总经理;根据总经理提名,聘任孙鉴政、任大德、顾心愉、丁仲全、沈梁先生为公司副总经理;董事会聘任林庆芳、施卫东先生为董事会秘书。

4.公司第一届监事会第一次会议于1997年5月28日召开,会议选举陈连达先生为公司监事会主席。

5.公司募集资金使用情况

公司于5月下旬发行股票募集资金31500万元,目前已用于

(1)按《招股说明书》所载明的投资项目,投入建设工程资金9000余万元,其中压力容器、港口机械加工工场等项目年内可建成投产。钢结构工场,装焊工场和北延工程等项目也按计划开工打桩。

(2)归还银行贷款1500万元,增加银行存款2400万元,因销售产品增加应收款7458万元,用于短期国债投资11000万元。

6.按照国务院证券委、中国人民银行、国家经贸委5月21日联合发布的《严禁国有企业和上市公司炒作股票的规定》的要求,公司经自查,没有从事任何违反规定的事项。

7.本报告期内公司无重大诉讼、仲裁事项。

四、发行在外股票的变动和股权结构变化

1.经中国证监会证监发(1997)208号文和证监发(1997)209号文批准,公司于1997年5月16日发行了60000000股社会公众股。

2.公司1997年5月16日发行新股前后及截止1997年6月30日股本情况如下:

单位:股

项目	发行前	发行后	1997.6.30
(一)、尚未流通股份			
1.国有法人股	72,010,000	72,010,000	72,010,000
2.公司职工股	0	6,000,000	6,000,000
尚未流通股合计	72,010,000	78,010,000	78,010,000
(二)、已流通股份			
境内上市的人民币普通股	0	54,000,000	54,000,000
已流通股份合计	0	54,000,000	54,000,000
(三)、股份总数	72,010,000	132,010,000	132,010,000

3.主要股东持股情况(截至6月30日)

股东名称	持股数(股)	占总股本比例%
江南造船(集团)有限责任公司	72,010,000	54.55
胡文奎	313,200	0.237
朱连初	259,990	0.200
孙兴华	255,000	0.193
高阳石化	245,000	0.185
太阳投资	240,000	0.181
应国兴	190,000	0.144
王　建	170,000	0.128
高特实业	130,000	0.098
陈志刚	123,800	0.094

五、股东大会简介

1997年5月28日上午,公司在上海市浦东新区东方路1369号4楼召开了"江南重工股份有限公司创立大会暨第一届股东大会"。出席本次大会的股东共73人,所持股份为7238.4万股,占总股本13201万股的54.83%,符合《公司法》和公司章程关于创立大会有效召开的有关规定。大会审议并通过了如下决议:

1.审议通过了公司筹委会关于公司筹办情况的报告

2.审议通过了批准公司设立的议案;

3.审议并通过了公司章程;

4.审议并通过了发起人用于抵做股款的财产作价的报告;

5.审议并通过了公司设立费用的报告;

6.审议并通过了公司与发起人间签订的重组协议及服务协议;

7.选举陈金海、谢中全、王德宝、龚豪、王伯安、孙鉴政、马仪才、吴汇丰、任大德为第一届董事会董事;

8.选举陈连达、唐耀根、贺恒岳、钱振宝、董振芳为第一届监事会监事(其中钱振宝、董振芳为公司职工监事);

9.审议通过了关于公司社会公众股票在上海证券交易所申请上市的议案。

六、备查文件

1.载有董事长陈金海、总经理王伯安亲笔签名的中期报告原本及完整的财务报表;

2.公司发行5400万股A股股票的《招股说明书》及公司股票在上海证券交易所上市的《上市公告书》;

3.公司首届股东大会材料;

查阅地址:上海市高雄路18号3楼304室

联系电话:(021)63770101×4554

传　　真:(021)63141103

江南重工股份有限公司董事会

一九九七年八月三十日

铁岭精工(集团)股份有限公司

铁岭精工(集团)股份有限公司简介

铁岭精工集团股份有限公司位于辽宁省铁岭市银州区汇工街98号,距京哈铁路铁岭站500米,哈大高速公路铁岭出口2000米,公路、铁路到达省会沈阳和桃仙机场仅需1小时,交通十分便利。公司现有在职员工1800多人,总股本8009.6万元,其中流通股2272万元。

公司主要生产经营干燥设备和自动化立体仓库及其配套产品,是世界上最大的干燥设备生产企业,在我国干燥设备行业中,率先通过了ISO9001质量体系认证,1995年全面引进韩国自动化立体仓库先进技术,成为我国物流设备行业排头兵企业和第一出口企业。

用户是上帝,股东是主人。目前,精工集团正积极发挥上市公司的优势,以赶超国际先进水平为目标,加快现代企业制度建设步伐,卓有成效地开展产品经营和资本经营,以求为用户提供更好的服务,为股东提供更好的回报。

地址:辽宁省铁岭市银州区汇工街98号
电话:(0410)4840311　　4840312
传真:(0410)4847979　　4832675
邮编:112002

铁岭精工(集团)股份有限公司招股说明书概要

一、释义

在本招股说明书中,除非另有所指,下列词语的含义是:

公司、本公司:指铁岭精工(集团)股份有限公司。
发行人:　指铁岭精工(集团)股份有限公司。
发起人:　指共同发起设立铁岭精工(集团)股份有限公司的签约人。
董事会:　指铁岭精工(集团)股份有限公司董事会。
公司职工:指铁岭精工(集团)股份有限公司的在册职工(含在册管理的公司离、退休职工)。
元:　指人民币元。
股票(A股):指本次发行的每股面值为1元的人民币普通股股票。
主承销商:指申银万国证券股份有限公司。
上市推荐人:指申银万国证券股份有限公司。
证监会:　指中国证券监督管理委员会。
证券交易所:指上海证券交易所。

二、绪言

本招股说明书是根据《中华人民共和国公司法》《股票发行与交易管理暂行条例》和《公开发行股票公司信息披露实施细则》及国家制定的有关股份制企业试点和股票发行的有关管理规定而编写并公布,并经中国证监会复审通过。发行人董事会成员已批准该招股说明书,确信其中不存在任何重大遗漏或者误导并对其真实性、准确性、完整性负个别的和连带和责任。

新发行的股票是根据本说明书所载明的资料申请发行的。除本发行人和主承销商外,没有委托或授权任何其他人提供未在本说明书中列载的信息和对本说明书作任何解释或者说明。

本招股说明书提醒投资者应自行负担买卖该发行人股票所应支付的税款,发行人、推荐人和承销商对此不承担责任。

本次发行业经中国证券监督管理委员会证监发字(1997)142号文和证监发字(1997)143号文批准。

三、发售新股的有关当事人

1. 发行人:　铁岭精工(集团)股份有限公司
法定代表人:迟庆余
注册地址:铁岭市银州区汇工街98号
电话:(0410)4840311　传真:(0410)4847979
联系人:陈　迈　王铁明

2. 主承销商:　申银万国证券股份有限公司
法定代表人:阚治东
注册地址:上海市南京东路99号
电话:(021)64312800　(024)2527550
传真:(021)64310815　(024)2529175
联系人:曹建荣　卢　苗　杜玉强

3. 分销商:　中国科技国际信托投资公司
法定代表人:张　钢
注册地址:北京市朝阳区北辰东路8号4033室
电话:(010)64953021　传真:(010)64924103
联系人:吴　涛　韦　建

4. 上市推荐人:　申银万国证券股份有限公司

5. 发行人律师事务所:北京市大成律师事务所
法定代表人:彭雪峰
注册地址:北京西城区复兴门内大街49号、民族文化宫8楼
电话:(010)66065791　传真:(010)66065793
经办律师:江　华　郭文氢
联系人:刘玉明　李传华

6. 会计师事务所:　辽宁会计师事务所
法定代表人:杨知克
注册地址:沈阳市和平区南京街103号
电话:(024)2837480　传真:(024)2829857
经办注册会计师:宫国超　张庆美

7. 资产评估事务所:辽宁第一资产评估事务所
法定代表人:张振谦
注册地址:沈阳市和平区南京街103号
电话:(024)2840259　传真:(024)2829857
经办评估师:张振谦　刘炳金

8. 土地评估机构:　铁岭市地价评估事务所
法定代表人:李大润
注册地址:铁岭市银州区工人街
电话:(0410)4847883　传真:(0410)4849032
经办估价师:李大润　张洪泉　王涛

9. 资产评估确认机构:国家国有资产管理局
法定代表人:张佑才
注册地址:北京海淀区万泉河路66号

10. 证券登记托管机构:上海证券中央登记结算公司

法定代表人:王迪彬
注册地址:上海市闵行路67号
电话:(021)63068888　传真:(021)63257454

11. 收款银行:　中国工商银行铁岭市银州支行
主要负责人:顾新民
注册地址:铁岭市银州区南马路
电话:(0410)4842726　(0410)4848259
传真:(0410)4843912
联系人:顾新民　李英敏

四、发行情况

1. 承销方式　余额包销
2. 承销期:　1997年5月5日至1997年5月15日
3. 发行方式:　全额预缴、比例配售、余款转存
4. 发行地区:　辽宁省铁岭市
5. 发行对象:　中华人民共和国境内投资者(国家法律、法规禁止购买者除外)。
6. 发行股票种类:人民币普通股;
(1)每股面值:1.00元;
(2)发行数量:10,220,000股;
7. 每股发行价格:5.18元,(市盈率为14倍)
发行价格确定方法:94　95、96年三年平均每股税后利润×市盈率
即:$\frac{0.35+0.35+0.40}{3}\times14=0.37\times14=5.18$元
8. 发行总市值:52,939,600元
9. 发行前每股净资产:1.24元
10. 发行后每股净资产:1.97元(已扣除发行费用)
11. 发行日期:1997年5月5日——1997年5月12日
12. 预计上市日期:1997年5月
13. 上市交易所:上海证券交易所

五、风险因素与对策

投资者在评价发行人此次发售的股票时,除本招股说明书提供的其它资料外,应特别认真地考虑下述各项风险因素:

1. 风险因素

(1). 经营风险

公司生产经营的干燥设备、自动化立体仓库等其它产品主要原材料为钢材,如果钢材价格上涨,将直接影响公司的经营效益。同时,干燥设备占主营业务收入的88%,存在着产品结构相对集中的风险。

(2). 行业风险

公司虽然是干燥设备生产行业的排头兵,在行业内部竞争中具有人才、技术、装备、管理等方面的优势,但国内同行业厂家先后相继推出部分性能、质量上乘的新产品争夺市场,使干燥设备生产行业竞争不断加剧。因此,本公司在行业竞争中存在着一定的风险。

(3). 市场风险

由于公司所生产的产品广泛应用于医药、化工、食品、农牧业等行业,这些行业需用量若减少将直接影响公司产品的销售额和销售价格。加之国际同行业产品涉足国内市场,也将对公司产品销售形成一定的影响。

(4). 政策风险

目前地方政府对本公司实行优惠税收政策,公司上市后按15%的税率征收所得税,如果今后这一优惠政策发生变化,将有可能影响公司的盈利水平。

(5). 股市风险

股票市场瞬息万变,经常受到国内外政治、经济形势,投资者心理状况和市场自身因素的影响。目前,我国股市尚处于成长阶段,市场存在过度投机行为,易造成股价较大幅度的波动。投资者在可能获利的情况下,同时也存在着一定的风险。

2. 风险之对策

针对上述风险因素,公司制订了相应的抗风险对策,以求最大限度降低投资者认购本公司股票所存在的风险因素。

经营风险之对策:

公司将以加强企业内部管理,提高生产效率,运用内部挖潜,降低成本、"比价采购"的策略来消化材料上涨所带来的经营风险。同时,公司将积极涉足其它领域,扩大企业的多元化经营格局,以降低企业产品相对集中带来的经营风险。

行业风险之对策:

公司将充分发挥现有优势,加速技术改造和职工队伍建设,依靠提高职工素质,加快企业技术进步,改善现有产品结构,并通过开发新技术、新产品来引导市场,提高企业竞争能力,降低行业内部竞争所带来的风险。

市场风险之对策:

近年来,医药、化工、食品、农牧业等行业在国民经济建设中处于发展时期,其发展必然对干燥设备的需求量增大。本公司将以提供性能优良、质量上乘的产品和优质的售后服务,与各行业用户保持良好的供求关系。同时,不断通过技术改造,积极开发新产品,保持和扩大公司产品在市场中的占有率。利用同国外用户的合作关系,大力发展出口业务,以提高企业抗市场风险的能力。

政策风险之对策

针对税率政策的变化,本公司将采取提高自身的经营管理水平,扩大企业经营规模,增强企业综合经济实力,以此消除税收政策变化所带来的影响。

股市风险之对策

虽然股市风险莫测,但公司本着对投资者高度负责的原则,将努力搞好生产经营,规范信息披露,以良好的经营业绩和规范的经营管理,使本公司的股票在二级市场上有较好的表现,使投资者得到较好的回报。同时,公司提醒投资者投资股票必须正视股市中的风险,涉市需谨慎。

六、募集资金的运用

1. 本次募股资金投向

公司本次向社会公众发行1,022万股社会公众股,预计可募集资金4,926.04万元(已扣除发行费用),将全部用于以下项目:

(1). 干燥及配套设备"九五"技改项目

该项目是国家"九五"第二期"双加"工程导向性项目。

本次技改内容为:引进钢板件起棱、咬口成型生产线和焊接生产线各一条;增加国产喷砂、喷漆、烘干生产线以及添置加工中心、激光切割等关键加工设备;新增厂房。项目完成后,公司在保持原有各类干燥及配套设备生产能力的同时,另可新增年产谷物烘干成套设备50台套的生产能力。同时,通过技术改造将有利于提高我国粮食清选、干燥、输送和仓储等成套设备的制造水平,更好地承接世界银行贷款中标项目。该项目总投资为2,000万元,预计1998年建成达产,可新增销售收入7,250万元,新增利润1,164万元(含创汇),以后每年销售收入及利润逐年递增。项目建成后一年半即可收回全部投资。该项目已获国家经济贸易委员会国经贸改(1996)555号文和机械工业部机械计(1996)125号文批准。

(2). 自动化立体仓库技改项目

自动化立体仓库是生产领域和仓储物流管理现代化的基础设施。本次技改内容为:A、建码垛机加工和装配厂房;B、利用原有机器设备,再添置卧式镗床、激光切割机及车削加工中心等关键设备,组建码垛机生产线;C、购置切割、焊接及表面处理设备并充分利用现有厂房组建货架生产线;D、购置检测、试验仪器,提高检测、试验水平;E、改造原变电所、电力增容700KW。该项目改造后,将形成年产仓储能力6万吨货物的自动化立体仓库生产能力,国产化率达80%。本项目总投资为5,936万元。预计项目1998年建成达产,可新增销售收入9,000万元,新增利润720万元(含创汇),以后每年销售收入及利润逐年递增,预计项目建成后四年即

可收回全部投资。该项目已获辽宁省经贸委辽经贸发(1995)476号文批准。

以上两个项目总计所需资金7,936万元,除本次拟募股资金将全部用于以上项目外,另项目所需资金缺口将通过银行贷款和企业自筹资金来解决。以上项目全部建成后,预计每年可为公司新增利润1,884万元。

公司本次募集资金后,将以干燥及配套设备"九五"技改项目投资为主。

(3)费用估算及用资计划时间表:

干燥及配套设备:九五"技术改造项目

单位:万元

项 目	需用资金	用资计划 97年	用资计划 98年	备注
固定资产投资	2,000	1,000	1,000	
其中:1.土建	380	380		
(1).一般土建	260			
(2).水、暖、电等	120			
2.设备购置及安装	1,119.5	283.5	836	需外汇
(1).设备购置	1,050.5			30万
(2).安装费	69			美元
3.其他费用	500.5	336.5	164	
(1).基本预备费	154			
(2).投资方向调节税	41			
(3).改造期贷款利息	233			
(4).其他	72.5			
合 计	2,000	1,000	1,000	

注:所需外汇将通过调剂,以人民币兑换美元来解决。

自动化立体仓库改造项目

单位:万元

项 目	资 金	用资计划 97年	用资计划 98年	备注
一、固定资产投资	2,936	2,936		
其中:1.土建	595.14	595.14		
(1).堆垛机车	238.33			
(2).货架车间	350.3			
(3).其他	6.51			
2.设备购置及安装	1,742.82	1,742.82		
(1).设备原价	1,616.88			
(2).运杂费	97.07			
(3).安装费	28.87			
3.其他费用	598.04	598.04		
(1).勘察设计费等六项	128.98			
(2).投资方向调节税	59.41			
(3).建设期利息	196.56			
(4).不可预见费	213.09			
二、流动资金	3,000	1,700	1,300	
合计	5,936	4.636	1,300	

七、股利分配政策

根据《公司法》以及公司章程,本公司的股利分配将本着同股同利的原则进行。

1.本公司的税后利润,按下列顺序及比例分配

(1)弥补以前年度亏损

(2)提取法定盈余公积金10%

(3)提取法定公益金5%-10%

(4)提取任意盈余公积金

(5)支付普通股股利

2.公司股利分配本着同股同利的原则,按各股东所持有的股份数额进行分配,股利分配采用现金或股票两种方式。本公司分配股利时,按有着法律和法规的规定代扣个人股东股利收入的应纳税金。

3.每个会计年度由董事会制定股利分配方案,并提交股东大会审议批准后实施。公司预计公开发行股票后首次派发股利时间为1997年第三季度,届时新、老股东共同享有历年滚存利润。

八、发行人及发行人主要成员的情况

1.发行人名称:铁岭精工(集团)股份有限公司

2.发行人成立日期:1993年12月28日

3.发行人住所:铁岭市银州区汇工街98号

4.发行人历史沿革:

公司的前身为沈阳农业药械厂,始建于1956年,隶属于辽宁省农机公司,以生产内燃机配件为主。1984年更名为铁岭精工机器厂后,调整以生产干燥设备为主。1993年3月经辽宁省体改委辽体改发(1993)155号文批准,由原铁岭精工机器厂作为主要发起人,联合辽宁信托投资公司、铁岭信托投资公司(现更名为铁岭市资金管理局)共同发起,以定向募集方式设立的股份制公司。公司定向募集股份3,984万元,其中:发起人股3,010万元,募集法人股178万元,内部职工股796万元。公司于1993年12月28日在铁岭市工商局登记注册(登记号为12285104)。公司注册资本为3,984万元。

公司自创立以来,着力转换企业经营机制,以现代企业制度来代替传统的企业制度,使企业的整体素质和综合经济实力得到较大的提高,并取得了较好的经济效益和社会效益,公司所生产的二十三个系列"精干"、"精干牌"干燥设备先后有七项技术荣获国家专利,两个系列产品被国家批准为重点推广的优秀节能产品、国家级新产品、替代进口产品,产品质量已达到九十年代初国际同类产品水平,并获ISO9001国际质量保证体系认证证书,产品行销全国29个省、市、自治区,该系列产品在国内市场占有率达50%以上,并远销韩国、日本、印尼和泰国等国家。

公司为国家大二型企业,曾荣获93年辽宁省"科技先导型企业"、省"工业企业现场管理红旗单位";95年辽宁省"创建技术开发主体典型企业";96年机械工业部"八·五节能材料先进集体"、辽宁省"八·五基本建设、技改先进单位"、省"文明单位",此外,企业还多次荣获辽宁省"重合同守信用"单位。同时,公司是全国最大的干燥设备生产基地,为我国干燥生产行业的排头兵,也是国内目前主要试制生产自动化立体仓库的厂商之一。93年被同行业二百余家科研、生产单位选举为中国干燥行业理事长和常设秘书长单位。截止1996年12月31日,公司总资产12,677.5万元,净资产4,923.4万元。公司占地面积47,563.5平方米,建筑面积44,663.15平方米。现有在职员工1,897人。公司拥有一家控股子公司。目前公司已发展成为我国机械行业中集科研、实验、设计、生产制造、工程成套、安装调试、技术咨询及服务为一体的科、工、贸相结合的高成长性公司。1996年公司被列为辽宁省首批现代企业制度试点单位。

5.公司组织机构图:(见附图)

6.公司经营范围

干燥设备、器件。输送提升设备、拖内配件、汽车部件。一、二类压力容器、粮食仓储设施、立体库制造、销售、咨询及配套工程安装。粮油加工。

7.公司实际从事的主要业务

公司主要从事生产、销售各类干燥设备、自动化立体仓库等业务。

8.发行人主要产品品种、生产能力及市场情况

公司现有以振动流化床干燥机,快速旋转干燥机、粮食干燥机为代表的23个品种系列、300余个规格型号的成套干燥设备,每年可为社会提供500台套以上的产品,深受用户信赖。自动化立体仓库产品为物流产业新装备,公司与韩国SMC公司合作,已出口五批自动化立体库堆垛机部件,创外汇50多万美元。目前,公司生产的成套干燥设备中,获部、省优产品6项,两个品种系列产品被国家批准为重点推广的优秀节能产品,替

代进口产品,国家级新产品。这些产品与国内常规设备比较具有技术先进、控制方便、自动化程度高,节能效果好的特点,并有部分产品被鉴定为,达到九十年代初国际同类产品水平,并获 ISO9001 国际质量保证体系认证证书。该系列产品国内市场占有率达 50%以上。

9.业务收入构成

公司业务收入主要由各类干燥设备、自动化立体仓库及其它产品构成。其它产品主要指粮食仓储设施、拖拉机及汽车配件等老产品构成。

10.主要原材料的供应情况

本公司产品所需原材料主要是钢板、簿板、中板、角钢、槽钢、圆钢。原材料供应充足,运输渠道畅通。

本公司产品所需配套件主要是振动电机、风机、散热器、减速机、热风炉等,供应厂家产品质量可靠,价格合理,能满足本公司的生产需要。

11.公司与控股的铁岭帅英谷物干燥设备有限公司之间无关联交易。

12.董事、监事、高级管理人员及重要职员

董事:

迟庆余,男,48 岁,大学文化,高级经济师。曾先后担任原铁岭精工机器厂车间主任、科长、副厂长、厂长。1991 年后曾任铁岭市经委第一副主任、铁岭市机械电子工业管理局局长。现任本公司董事长兼总经理。在任铁岭精工机器厂厂长期间,成功地对产品结构进行了重大调整,主持了企业"七五"、"八五"技术改造,1993 年组织改组设立了铁岭精工(集团)股份有限公司。曾获辽宁省优秀企业家、科技实业家和辽宁省劳动模范荣誉称号。

姚　远,男,61 岁,高中文化,历任铁岭财政局科长、副局长、局长、辽宁信托投资公司副经理,现任公司副董事长。多年从事财经工作,积累了丰富的会计工作经验和较高的财务理论水平。

王秀先,男,52 岁,大学文化,高级工程师,历任技术员、科长、总工程师、副厂长、厂长,现任公司总工程师、副总经理。曾参与研制开发了多项新产品,在负责全面质量管理工作中,为公司通过 ISO9001 国际质量体系认证验收合格作出较大贡献,为开拓国内外市场打下了良好的基础。

何政运,男,43 岁,大专文化,会计师,历任会计、财务科长、厂长助理,现任公司总会计师、副总经理。多年来从事财务管理工作,组织建立、健全了公司各项财务管理制度。先后数次被评为铁岭市财务先进工作者。

王亚光,男,54 岁,中专文化,经济师,历任技术员、车间主任、科长、副厂长、研究所所长,现任公司副总经理。一直从事企业管理工作,积极推行管理现代化,主持公司现代企业制度试点工作,并顺利通过了试点方案的论证,组织建立、健全了公司各项企业管理制度。

周德仁,男,46 岁,大学文化,经济师,历任车间主任、科长、厂长助理、副厂长,现任公司副总经理。多年从事生产管理工作,注重研究解决了生产从计划经济到市场经济的转轨,使企业产值逐年递增。

严英林,男,47 岁,大学文化,经济师,历任车间主任、纪委书记、工会主席、党委副书记、副厂长,现任公司副总经理。分管经营工作,组织制定了公司多项营销管理制度。

别永胜,男,47 岁,大专文化,经济师,历任计划统计员,劳资科调配员、副科长、科长、纪检委书记、工会主席、分厂厂长,现任公司副总经理。在主持工作期间,注重抓市场开发,注重产品质量,使公司经营业绩大幅度提高。

高晓峰,男,45 岁,大专文化,高级工程师,历任研究所设计员、主任、副总工程师、研究所副所长、所长,现任公司副总经理。曾主持设计 3 个系列 12 个规格干燥设备。荣获机械工业部劳动模范。

杨国胜,男 37 岁,研究生,经济师,历任教育科教师、厂办秘书、教育科科长、经营部部长、厂长助理、副厂长,现任公司副总经理。多年从事干燥设备市场开发及销售工作,培养大批销售管理人才。

满开仁,男,42 岁,中专文化,助理经济师,历任销售员、副科长、科长、厂长助理,现任公司副总经理。多年从事产品销售工作,带领销售人员开拓市场,出色完成公司各年销售任务。

曹云山,男,63 岁,高中文化,历任沈阳钢厂人事科副科长、辽宁冶金工业公司组织部副部长、办公室主任、法库镇党委书记,西丰钢厂厂长、铁岭地区机械冶金局副局长、铁岭市计委副主任。现已退休被聘为公司董事。

杨英年,男,63 岁,高中文化,中国注册会计师,曾任铁岭县财税局股长,铁岭市税务局科长、副局长。现已退休被聘为公司董事。

贺成喜,男,55 岁,高中文化,曾任铁岭市财政局科长、铁岭信托投资公司副总经理,现任铁岭市资金管理局局长。

刘一峰,男,51 岁,高中文化,历任辽宁省财政厅副处长,辽宁信托投资公司办公室主任、人事处处长,现任辽宁信托投资公司信贷部经理。

监事:

田振山,男,55 岁,大专文化,高级经济师,历任计量室主任、检查科总检、副科长、科长、副厂长,现任公司常委书记兼监事会主席。围绕企业生产经营,全面开展企业精神文明建设和两级管理班子建设,为企业经营体制的转换做出了突出贡献,自担任公司监事会主席以来,正确行使了对董事会的监督职权,保证了公司转制后的规范运行。

杨立山,男,44 岁,大专文化,助理讲师,历任职工学校教师、副校长,教育科副科长、科长,现任公司政工部部长兼工会副主席。

安甲申,男,55 岁,中专文化,工程师,历任车间工艺员、质量总检、质量检查科科长,现任铁岭帅英谷物干燥设备有限公司副总经理。、

王玉芬,女,43 岁,中专文化,政工师,历任车间统计员、核算员、支部书记、车间副主任,现任公司办公室副主任。

岳显成,男,48 岁,中专文化,经济师,历任车间调度、车间主任,现任公司计量检验处处长。

九、经营业绩

1.生产经营的一般情况

公司主要产品分为三大类:干燥设备、自动化立体仓库及其它产品。其每年的生产计划,是根据公司合同承揽情况,公司对国内外市场的需求预测情况及新产品开发的市场情况,由生产计划处牵头,其它各有关部门配合,经过综合平衡后编制而成,并根据市场变化情况进行调整,生产计划分为年度生产经营计划,季度生产经营计划,月份生产作业计划。在这些产品中:

(1)干燥设备是本公司的主导产品,属国内领先水平,公司每年可为国内外市场提供 500 台套以上的干燥设备。

(2)自动化立体库是本公司试制、开发的新产品,已为多家企业完成了系统设计工作。目前公司生产的自动化立体库已有部分主要部件出口韩国,公司首座立体库已在北京铁路局天津机务段正常运行,为公司的进一步打开国内外市场奠定了基础。

(3)其它产品主要指粮食仓储设施、拖拉机及汽车配件等老产品。

2.公司前三年销售总额、利税总额情况

单位:万元

项　目	1996 年	1995 年	1994 年
销售总额	7,142.6	6,016.3	6,013.0
营业利润	1,321.6	749.4	1,129.3
利润总额	2,099.1	1,938.0	1,931.1
税后利润	1,577.7	1,391.8	1,403.2

注:以上数据摘自辽宁会计师事务所(1997)辽会师证字第 40 号审计报告。

3.发行人的业务收入构成:

单位:万元

构成\年份	1996 年		1995 年		1994 年	
	业务收入	比例(%)	业务收入	比例(%)	业务收入	比例(%)

干燥设备	6,284.7	88.0	5,586.1	92.8	5,602.0	93.2
自动化立体仓库	419.8	5.9				
其它产品	438.1	6.1	430.2	7.2	411.0	6.8
合计	7,142.6	100	6,016.3	100	6,013.0	100

注:以上数据摘自辽宁会计师事务所(1997)辽会师证字第40号审计报告。

4.重大项目完成情况

(1)自1984年开始生产干燥设备以来,公司已开发出以GZQ振动流化床干燥机、粮食干燥机、旋转快速干燥机、管束式干燥机为代表23个品种系列、300余个规格型号的成套干燥设备,其中:部、省优产品6项、专利7项,两个品种系列产品被国家批准为重点推广的优秀节能产品和替代进口产品,国家级新产品,这些产品与国内常规设备比较,具有技术先进、控制方便、自动化程度高、节能效果好的特点,部分产品达到90年代初国际先进水平。

(2)由本公司与韩国合作设计的第一座自动化立体库已于1996年下半年在北京铁路局天津机务段投入使用。

5.产品情况

(1).产品性能与质量

公司十分重视产品质量,于1995年全国干燥行业第一家通过ISO9001质量保证体系的认证,公司产品质量稳定、性能可靠,具有自动化程度高,节能效果好,使用寿命长的特点。其中GZQ系列振动流化床干燥机、ZW系列真空振动流动干燥机产品于1987年被辽宁省机械厅评为一等奖。

(2).产品市场和服务

公司生产的干燥设备产品遍布全国29个省、市、自治区,并远销泰国、印尼和日本、主导产品国内市场占有率达50%以上,新开发的自动化立体仓库已占领国内市场,并有部分主要部件销往韩国,产品市场的前景广阔。

公司除拥有国内一流水平的中心实验室外,还分别在无锡、武汉、西安设有华东、华中、西北三个实验室,采用定点的方式,为广大用户服务。同时,公司销售处下属的用户服务科,根据公司建立的用户档案,随时对用户进行跟踪服务,与用户保持良好的供求关系。

6.企业管理方面

公司通过1995年在全公司内部开展的"三基五大"达标创先竞赛活动和1996年开展的企业管理达标活动,公司的企业管理水平又有了很大的提高。公司又制订出《现代企业制度试点实施方案》,且已通过辽宁省专家组的论证,处于实施落实阶段,公司多次获辽宁省先进企业称号,资信等级AAA级单位。

(1).在营销管理方面:积极开拓和占领市场,从领导做起,树立现代经营思想、改变传统的"推销"方式为"行销"经营,制订正确的营销战略和策略,把产品的市场占有率作为企业的生命线。

(2).在质量管理方面:严格执行《质量手册》和《程序文件》,实行质量否决,从设计、工艺、制造、检测、发运、安装、服务七个方面严把质量关,并制订了严格的奖惩制度。

(3).在财务管理方面:重点加强了成本核算,主要是学习邯钢经验,模拟市场核算,实行成本否决,抓住"两个降低"、"两个提高",即降低成本、降低费用,提高产销率、提高资金运营效率。

(4).在物资管理方面:实行"五统一"、即计划统一、采购统一、限价统一、保管统一、送料统一;严格检斤、计量,严格出入库手续。并把好"四关",即把好材料招标采购关、质量入库关、按定额、票据出库关和限额领料关。实行"三位一体"式管理,把提高材料利用率落实到了实处。

(5).在计划管理方面:牢固树立起在市场经济条件下,不是无计划,而是比计划经济条件下的企业计划更加严格、更加周密。加强对计划执行情况的检查和监督,建立市场变化的预警系统,及时灵敏反应市场变化,适时准确调整计划。

(6).在深化劳动工资制度改革方面:结合实际,制定了合理的分配制度,把分配的重心向一线倾斜,并做到干部能上能下,工人能进能出,工资随效益能升能降。充分调动了全体职工的积极性。

十、股本

1.公司注册股份:3,984万元。

2.本次发行前公司股本情况

铁岭精工(集团)股份有限公司(以下简称"公司")是于1993年3月30日经辽宁省经济体制改革委员会(以下简称"体改委")以辽体改字(1993)155号文批准,由原铁岭精工机器厂作为主要发起人,联合辽宁信托投资公司、铁岭信托投资公司(现更名为铁岭市资金管理局)共同发起,以定向募集方式设立的股份制企业。其中公司主要发起人原铁岭精工机器厂以全部经营性资产和土地使用权,经铁岭市国有资产评估中心评估,铁岭市国有资产管理局铁市资发(1993)9号文确认,评估后的净值为2,010万元,按1:1折股比例折为2,010万股,其他发起人辽宁信托投资公司、铁岭信托投资公司(同上)则以债权转股权形式按同比例认购900万股和100万股,发起人股共计3,010万股;其它法人以债权转股权形式按同比例认购募集法人股178万股;公司内部职工以现金形式按同比例认购内部职工股796万股。公司定向募集股份总额为3,984万股。公司自成立以来历年股利均以现金红利派发,没有派送红股,故股权结构没有变化。

3.公司定向募集股份是按1:1的比例平价发行,故无超面值缴入。

4.公司定向募集时的内部职工股和国家持股、法人持股的股权证已按国家经济体制改革委员会《定向募集股份有限公司内部职工持股管理规定》及辽宁省体改委的有关规定,委托辽宁省证券登记管理中心集中托管,托管工作已于1994年5月结束,并经辽宁省体改委辽体改发(1997)4号文确认。公司定向募集时内部职工股未有社会化现象。

5.本次股票发行后公司股本结构如下:

股份类别	股本数(万股)	占总股本比例(%)
总股本	5,006	100
发起人股	3,010	60.13
其中:国家持股	2,010	40.15
法人持股	1,000	19.98
募集法人股	178	3.56
内部职工股	398	7.95
社会公众股	1,420	28.36

注:公司本次获得1,420万股社会公众股发行额度,其中内部职工股398万股占用本次额度在发行后一并上市。

6.公司本次向社会公众公开发行1,022万元股票将采用溢价发行。溢价部分扣除发行费用后,将转入公司的资本公积金。

7.本次发行后净资产总额约为9,849.5万元。

8.本次发行前每股净资产为1.24元。

9.本次发行后每股净资产约为1.97元。

10.本次发行前按持股比例排列的前十名股东名单及情况介绍:

股东名称	持股股份(万股)	占总股份(%)
铁岭市国有资产管理局	2010	50.45
辽宁信托投资公司	900	22.59
铁岭市资金管理局	100	2.51
铁岭市种畜场第二建筑工程公司	35	0.88
铁岭县凡河镇二台子村委会	30	0.75
庄河市风机厂	20	0.50
北京西达设施农业技术开发公司	10	0.25
铁岭市种畜场建筑公司	10	0.25
铁岭市溶解乙炔厂	5	0.13
铁岭市热源设备厂	5	0.13

股东情况介绍:

铁岭市国有资产管理局,成立于1989年7月,是代表政府行使国家所有者权益的行政主管部门。负责国有资产登记、管理。注册地址:铁岭市银州区南环路16号,法定代表人:徐东梅。持有公司股份2,010万股,占公司股份总额的50.45%。

辽宁信托投资公司为公司发起人之一。持有公司股份900万股,占公司股份总额的22.59%。该公司成立于1987年11月,注册资本2.46亿元,为国有投资公司。该公司经营范围:信托和委托存款,贷款、投资、证券发行、房地产投资、融资租赁、代理资产保管、经济担保、咨询服务。截止1996年12月底,该公司总资产约24亿元,净资产1.9亿元。

股东之一:铁岭市资金管理局为公司发起人之一。现持有公司股份100万股,占公司股份总额的2.51%。该局前身为原铁岭信托投资公司,成立于1988年5月,注册资本为3,000万元,为国有投资公司;1994年3月更名为铁岭市资金管理局,主要职能为从事管理、咨询、租赁业务。该局现为事业单位,隶属于铁岭市财政局。

铁岭市种畜场第二建筑工程公司,始建于1991年3月,主营:土建、水暖、电气工程、施工安装。兼营:预制件加工。注册地址:铁岭市银州区岭东,法定代表人:龚正。公司注册资金98万元。

铁岭县凡河镇二台子村委会,位于铁岭市西部,法定代表人:尹实京。

庄河市风机厂,始建于1993年3月,注册地址:大连庄河市蓉花山镇。法定代表人:李青山。注册资金62.1万元。主营:锅炉风机,兼营:货物运输。

北京西达设施农业技术开发公司,始建于1993年3月,注册地址:北京市朝阳区农业展览馆南里11号。法定代表人:刘平。注册资金:64万元。主营:农业新技术开发,新产品制造、咨询服务、农业工程项目承包。兼营:农业机械及配件、种子、肥料、饲料、土产品、日用百货、电工器材。

铁岭市种畜场建筑公司,始建于1989年5月,注册地址:铁岭市银州区城南街。法定代表人:宫明远。注册资金:175万元。主营:工程建筑。兼营:建筑材料、预制构件。

铁岭市溶解乙炔厂,始建于1989年5月,注册地址:铁岭市银州区城南街。法定代表人:钱兴斌。注册资金:97万元。主营:乙炔气。兼营:乙炔气罐、配件。

铁岭市热源设备厂,始建于1992年10月,注册地址:铁岭市银州区龙山乡英城子村。法定代表人:袁德义。注册资金:70万元。主营:冷热交换设备制造。兼营:对外机械加工。

12. 董事、监事、高级管理人员持股情况

姓 名	职务	持有本公司股份(股)	持股比例(%)
迟庆余	董事长、总经理	8,000	0.020
姚 远	副董事长	1,000	0.003
王秀先	董事、总工程师、副总经理	6,400	0.016
何政运	董事、总会计师、副总经理	6,400	0.016
王亚光	董事、副总经理	6,400	0.016
周德仁	董事、副总经理	6,400	0.016
别永胜	董事、副总经理	6,400	0.016
高晓峰	董事、副总经理	6,400	0.016
杨国胜	董事、副总经理	6,400	0.016
满开仁	董事、副总经理	6,400	0.016
曹云山	董事	1,000	0.003
杨英年	董事	1,000	0.003
贺成喜	董事	1,000	0.003
刘一峰	董事	0	0
田振山	监事会主席、党委书记	8,000	0.020
杨立山	监事	1,000	0.003
安甲申	监事	1,000	0.003
王玉芬	监事	3,200	0.008
岳显成	监事	3,200	0.008

以上人员共持有股份79,600股,占本次发行前公司总股本的0.20%。并均无持有其他关联企业股份。

十一、主要会计资料

(一).辽宁会计师事务所(1997)辽会师证字第40号审计报告。

精岭精工(集团)股份有限公司全体股东:

我们接受委托,审计了贵公司1994年12月31日、1995年12月31日、1996年12月31日的资产负债表及合并的资产负债表和1994年度、1995年度、1996年度的利润及利润分配表和合并的利润及利润分配表以及1996年度的财务状况变动表和合并的财务状况变动表。这些会计报表由贵公司负责,我们的责任是对这些会计报表发表审计意见。我们的审计是依据《中国注册会计师独立审计准则》进行的。在审计过程中,我们结合贵公司的实际情况,实施了包括抽查会计记录等我们认为必要的审计程序。

我们认为,上述会计报表符合《企业会计准则》、《股份制试点企业会计制度》的有关规定,在所有重大方面公允地反映了贵公司1994年12月31日、1995年12月31日、1996年12月31日的财务状况及合并后的财务状况和1994年度、1995年度、1996年度的经营成果及合并后的经营成果以及1996年度的资金变动情况和合并后的资金变动情况,会计处理方法的选用遵循了一贯性原则。

辽宁会计师事务所　　中国注册会计师:张庆美

中国注册会计师:宫国超

一九九七年三月十四日

(二).发行人财务报表

1. 资产负债表(附表一)

2. 利润及利润分配表(附表二)

3. 财务状况变动表(附表三)

(三).主要会计政策:

1. 会计制度:公司执行《股份制试点企业会计制度》及《股份制试点企业财务管理若干问题的暂行规定》,控股子公司铁岭帅英谷物干燥设备有限公司为中外合资企业执行《外商投资企业会计制度》,合并报表时,已按有关规定进行了调整。

2. 会计期间:公历1月1日至12月31日。

3. 合并会计报表的编制:

(1)合并范围:对于拥有过半数(不含半数)权益性资本的被投资企业,以及其他被母公司所控制的被投资企业,母公司对其会计报表进行合并,本合并报表仅包括控股子公司－铁岭帅英谷物干燥设备有限公司,其注册资本为56万美元,母公司拥有75%的权益性资本,实际投资额为2,405,000.00元折合42万美元。

(2)合并报表编制原则:

对母公司长期投资与子公司所有者权益,以及相互之间的往来款项等予以抵销,其他相同项目的资产、负债、收入、成本、费用等逐项进行合并。

(3)根据《合并报表暂行规定》的要求,不需合并的没予合并。

4. 记帐方法:采用借贷记帐法。

5. 记帐原则及计价基础:采用权责发生制,以历史成本作为计价基础。

6. 记帐本位币:以人民币为记帐本位币,涉及外币的经济业务,采用发生时当日汇率,期末时按期末汇率调整外汇价差,所产生的汇兑损益列入财务费用。

7. 存货计价方法:公司的存货按实际成本计价。对产成品的收、发、领、退的成本采用加权平均法;材料的日常核算采用计划成本并按月结算材料成本差异;低值易耗品采用一次摊销法。

8. 坏帐准备:采用备抵法计提坏帐准备,按年末应收帐款余额的

30‰计提。

9. 固定资产及折旧：

(1)固定资产按照实际成本计，标准为使用基限一年以上单位价值2000元以上的房屋、建筑物，机器、设备、运输工具以及其他与生产经营有关的设备、器具、工具等；不属于生产经营的主要设备和物品，单位价值在2,000元以上的，并且使用期限超过两年的，也为固定资产。固定资产计提折旧，按固定资产原值的3%预留残值，采用分类折旧。

(2)固定资产按企业财务制度规定的折旧年限。

项目	使用年限	折旧率
房屋、建筑物	30～40年	3.23～2.43%
机器设备	10年	9.70%
运输工具	8年	12.12%

10. 长期投资的核算：

(1)债券投资：公司购入的在一年内不能变现或不准备变现的债券，购入时按实际支付的价款入帐。

(2)联营投资：公司向其他企业投出的期限在一年以上，投资额占被投资单位50%以上的(不含50%)，采用权益法核算并合并报表，投资额占被投资单位20%～50%的，采用权益法核算，投资额占被投资单位20%(含20%)以下的，采用成本法核算。

11. 无形资产：系土地使用权，按50年摊销。

12. 税项

增值税：粮食干燥机、清选机等农机销售执行13%税率，其他销售执行17%税率。

营业税：按税法规定3%或5%税率缴纳。

城建税和教育费附加：分别按实现流转税额的7%、3%计算缴纳。

费用性税金：包括房产税、土地使用税、车船使用税、印花税等，按有关规定计算并计入当期损益。

(5)所得税：

①根据铁岭市人民政府铁政发[1993]4号文件《关于调整铁岭市直属工业企业完善经营承包责任制方案的通知》及根据辽宁省人民政府辽政(1997)47号文件《关于铁岭精工(集团)股份有限公司执行投入产出总承包政策有关问题批复》公司1994、1995年度缴纳所得税实行先征收后返还的办法，其所得税实际税负分别为4.54%、5.02%。

②根据辽宁省人民政府辽政[1997]37号文件《关于铁岭精工(集团)股份有限公司1996年度企业所得税问题的批复》，1996年度企业所得税采取先征后返还办法，实际税负为零。

③根据辽宁省人民政府辽政[1997]32号文件《关于铁岭精工(集团)股份有限公司所得税税率的批复》，1997年股票上市后，按15%的税率计算征收企业所得税。

13. 利润分配：公司缴纳所得税后的利润，按下列顺序分配：

(1)弥补亏损；

(2)提取法定盈余公积金10%(当该项公积金达到注册资本的50%时，可不再提取)；

(3)提取法定公益金5～10%；

(4)经股东会议决议提取任意盈余公益金；

(5)支付普通股股利。

14. 收入的确认：在发出商品，提供劳务，同时收讫价款或者取得收讫价款的凭据时，确认营业收入的实现。

(四). 财务报表主要项目注释

(A)资产负债表

1. 货币资金　　7,383,344.71元，其中：

现金　　528,516.52元

银行存款　　6,854,828.19元

银行存款中母公司存款6户计6,443,311.38元

子公司存款2户计411,516,81元

2. 应收帐款24,626,837.53元，即应收购货单位货款。其帐龄及比重构成如下：

一年以内的201户，计16,059,383.17元，占65.21%；

一至二年的83户，计　4,603,887.90元，占18.70%；

二至三年的36户，计　3,963,566.46元，占16.09%；

无三年以上的应收帐款。

应收帐款96年余额比95年增加了13,190,673.14元，增长115.34%，主要是市场资金短缺，货款回收率下降造成的，公司正采取相应的措施，组织清欠队伍加快资金回收速度。没有5%的关联企业欠款。

3. 坏帐准备73,880.51元，系按年末应收帐款余额24,626,837.53元的3‰计提。

4. 其他应收款12,143,516.41元，系备用金(职工借款，主要是销售人员及工程安装人员借款。由于业务领域的扩大，备用金用量逐年增加；另外还有部分职工住院借款。)1,280,928.72元、技术协作借款3,666,720.00元、垫付沈阳干燥设备销售中心借款(为临时借款)4,715,978.28元、美国克莱斯特工业集团等所欠往来款。比去年7,223,676.98元，增加4,919,839.43元，增长了68.17%，主要是技术协作借款及垫付流动资金。

其中：

一年以内的188户，计7,645,266.75元，占62.96%

一至二年的92户，计1,094,821.34元，占9.02%；

二至三年的72户，计2,043,968.04元，占16.83%；

三年以上的74户，计1,359,460.28元，占11.19%；

没有5%的关联企业欠款。

5. 待摊费用3,479,495.40元，其中：

(1)1994年期初存货分离进项税已摊销(按五年期摊销)后的余额2,637,533.85元；

(2)报刊费等费用841,961.55元。

6. 存货19,976,988.80元，其中：

原材料　　6,412,053.12元，包装物　　11,232.47元

低值易耗品　342,324.86元，在产品5,097,611.35元

自制半成品　751,638.13元，产成品7,362,128.87元

存货比前两年减少的主要原因是压缩库存，以销定产。

7. 长期投资1,266,566.91元，其中：

(1)联营投资1,260,000.00元，系铁岭精达食品有限公司，投资时间1994年7月2日，投资金额1,260,000.00元，投资比例20%，合资经营期限为15天；

(2)债券投资，系电力债券6,566.91元。

8. 固定资产原价59,456,717.18元，累计折旧13,082,937.86元，净值46,737,779.32元，分类构成如下：

固定资产类别	期初价值	本期增加	本期减少	期末价值
一、固定资产类别原价	60,312,963.72	109,776.13	966,022.67	59,456,717.18
1. 房屋及建筑物	28,091,207.55		401,462.67	27,689,744.88
2. 运输工具	2,640,067.40	7,382.49		2,647,449.89
3. 机器设备	29,581,688.77	102,393.64	564,560.00	29,119,522.41
二、累计折旧	9,925,722.11	3,516,363.13	359,147.38	13,082,937.86
1. 房屋及建筑物	3,464,516.93	1,037.347.34	13,539.48	4,488,324.79
2. 运输工具	820,856.26	98,712.43		919,568.69
3. 机器设备	5,640,348.92	2,380,303.36	345,607.90	7,675,044.38

9. 在建工程7,893,391.43元，比上年7,252,126.75元，增加641,264.68元。

10. 无形资产3,586,664.00元，系土地使用权，原值为3,815,600.00元，1996年摊销228,936.00元(1994年、1995年、1996年每年应摊销76,312.00元)，已按3年进行摊销，摊销金额为228,936.00元，剩余摊销年限为47年，按土地使用证上注明的年限；土地使用权在50

年内分摊。

11. 递延资产118,790.29元,为铁岭帅英谷物干燥设备有限公司开办费摊销余额。原值647,945.29元,已摊销4年,摊销金额529,155.00元,剩余摊销1年。按财务制度规定,开办费在五年内分摊。

12. 短期借款34,050,000.00元,系向金融机构借入期限在一年以内的流动资金,明细如下:

借款单位	贷款金额(万元)	借款期限	月利率	借款条件	注
工行银州支行	1552	96.9.24~97.3.15	8.415‰	担保	(1)
工行银州支行	267	96.9.24~97.7.15	9.24‰	担保	(2)
工行银州支行	900	96.9.24~97.9.23	9.24‰	担保	(3)
工行银州支行	386	96.9.24~97.9.23	9.24‰	担保	(4)
铁岭市财政局	100	96.10.20~97.9.20	5‰	信用	(5)
铁岭县信用联社	200	96.9.20~97.9.20	14.4‰	担保	(6)

注:(1)~(4)、(6)为铁岭焦化厂、辽宁干燥设备经销总公司等单位担保借款;

(5)为铁岭市财政局信用借款。

13. 应付帐款780,516.74元,系应付:

珲春物资经销公司111,160.50元;

铁法矿物局晓南矿115,093.50元;

庄河市风机厂145,905.00元;

昌图岩绵制品厂等10户货款。

比前两年幅度下降的原因是及时偿付所欠货款。

14. 预收货款4,040,467.90元,系预收:

黑龙江省海伦市共荣粮库120,000.00元;

沈阳酒厂160,000.00元;

黑龙江省海伦北粮库120,000.00元;

黑山四家乡许屯村委会150,000.00元;

新疆和硕县粮食局170,000.00元;

辽中供销社贸易公司230,000.00元;

伊宁粮食局多种经营实业公司588,000.00元;

湖北云梦植物蛋白厂等273家货款。

15. 应付福利费596,503.31元,系按职工工资总额14%计提数与支出数相抵后的余额。

16. 未付股利20,024,000.00元,系按董事会决议原股本39,840,000股加上上市新股共50,060,000股,每股预分0.40元。

17. 未交税金(-)533,223.48元,其中:

所得税: 4,288.77元

增值税:(-)593,553.98元

城建税: 56,041.73元

比上年302,660.96元减少了835,884.44元,主要是摊销期初存货进项税。

18. 其他未交款570,493,43元,其中:

教育费附加 154,839.92元

能源交通建设基金201,456.87元

预算调节基金 214,196.64元

19. 其他应付款4,239,303.79元,系应付:

铁岭市保险公司职工社会统筹基金958,741.87元;

高新技术咨询公司咨询费83,160.00元;

铁岭市双剑汽车维修中心维修费10,399.21元;

瑞安汽车配件公司汽车件款10,000.00元;

职工教育经费124,181.42元;

应付工资2,534,630.98元等72户其他往来款。

20. 预提费用771,070.40元,系已进生产成本预提的

安装费468,646.81元

材料费302,423.59元

21. 长期借款10,610,000.00元,其中:

借款单位	贷款金额(元)	借款期限	月利率	条件	注
工行银州支行	8,000,000.00	96.12.24-99.12.23	9.15‰	担保	(1)
工行银州支行	2,610,000.00	96.12.26-98.12.24	9.15‰	担保	(2)

注:(1)担保单位:辽宁干燥设备经销总公司

(2)担保单位:铁岭焦化厂

长期借款增加6,580,000.00元,主要是用于1997年的设备改造。

22. 其他长期负债565,908.91元,系住房基金款,为本年新增加的项目。

23. 少数股东权益1,826,280.81元,系铁岭帅英谷物干燥设备有限公司所有者权益中应由少数股东享有的部分。

24. 盈余公积7,285,434.34元,其中:

法定公积金4,856,956.23元

法定公益金2,428,478.11元

历年变动情况如下:

项目\年份	1996年	1995年	1994年
年初余额	4,918,910.38	2,839,143.15	739,667.52
本期增加	2,366,523.96	2,079,767.23	2,099,475.63
期末余额	7,285,434.34	4,918,910.38	2,839,143.15

25. 未分配利润2,108,738.14元,形成如下:

项目\年份	1996年	1995年	1994年
年初余额	8,722,435.74	4,108,288.09	1,573,659.52
当期净利润	15,777,052.95	13,917,754.87	14,031,966.66
提取法定公积金	1,577,682.64	1,386,511.49	1,399.650.42
法定公益金	788,841.32	693,255.74	699,825.21
职工奖金福利	226.59	52,639.99	35,462.46
分配股利	20,024,000.00	7,171,200.00	9,362,400.00
期末余额	2,108,738.14	8,722,435.74	4,108,288.09

(1). 经公司董事会提议并经公司第三次股东大会通过1994年度向全体股东派发现金红利(含税)每股0.235元,支付股利9,362,400.00元(0.235元/股×39,840,000股),剩余未分配利润结转下年度。

(2). 经公司董事会提议并经公司第四次股东大会通过1995年度向全体股东派发现金红利(含税)每股0.18元,支付股利7,171,200.00元(0.18元/股×39,840,000股),剩余未分配利润结转下一年度。

(3). 经公司董事会提议(董事会预案)1996年度向全体股东(含新股东共计5,006万股)派发现金红利(含税)每股0.40元,预计支付股利20,024,000.00元(0.40元/股×50,060,000股),剩余未分配利润结转下一年度。

(B)利润表

26. 历年成本构成如下:

构成\年份	1996年	1995年	1994年
干燥设备	35,918,036.89	34,160,905.33	29,716,178.88
自动化立体仓库	2,714,069.76		
其它产品	3,210,426.29	2,896,715.90	2,632,277.13
合计	41,842,532.94	37,057,621.23	32,348,456.01

27. 销售费用4,489,632.42元,其中:

广告费:369,543.00元

代理费:95,358.47元

价格调节基金:56,733.98元

差旅费、工资、咨询费、会议费等:3,777,095.30元

其他:190,901.67元

28. 管理费用9,779,702.58元,其中:

管理人员工资及福利费3,248,271.92元

折旧: 1,253,684.60元 修理费:398,684.02元

其他资产摊销: 358,525.00元 差旅费:494,217.32元
物料消耗: 621,654.14元 取暖费:315,793.49元
保险费: 368,923.99元 租赁费:231,250.00元
其他: 2,488,698.10元

29.财务费用2,180,188.01元,其中:
利息净支出2,175,485.91元
手续费4,702.10元

30.营业税金及附加:476,906.26元,其中:
城建税333,834.41元
教育费附加143,071.85元

31.其他业务利润558,610.95元,系销售材料及安装费净收入。

32.投资收益4,404.00元,系国库券利息。

33.补贴收入7,805,246.52元,系返还所得税5,208,638.61元(辽政[1997]37号文件);返还1995年度增值税2,080,000.00元(铁政发[1993]4号文件);出口退税516,607.91元。

34.营业外收入35,804.51元,其中:
处理固定资产净收益9,009.60元,
罚款收入2,757.80元
其他24,037.11元

35.营业外支出70,315.08元,其中:
处理固定资产净损失59,388.08元,罚款6,927.00元,捐赠4,000.00元。

36.所得税5,210,877.38元,其中:母公司5,208,638.61元(应纳税所得额为15,783,753.36元,所得税先交后退,税负为零,按33%计提为5,208,638.61元,作为补贴收入);子公司所得税为2,238.77元(应纳税所得额为13,568.28元,所得税享受外商投资企业优惠政策"免二减三"。子公司从1994年开始盈利,1994年、1995年免税;1996年、1997年、1998年减半征收所得税,税率为16.5%;1996年计提所得税2,238.77元)。

37.少数股东损益2,775.73元,系控股子公司—铁岭帅英谷物干燥设备有限公司1996年度盈利应由少数股东享有的部分。

38.年初未分配利润8,722,435.74元,系95年末未分配利润转入数。

39.提取法定公积金1,577,682.64元,系1996年当年计提数。

40.提取法定公益金788,841.32元,系1996年当年计提数。

41.职工资金福利226.59元,系子公司计提数。

42.已分配普通股股利20,024,000.00元。系按董事会决议在原有39,840,000股基础上,加上本次上市增加的新股共为50,060,000股按0.40元/每股分配,计20,024,000.00元。

(C).有关事项说明

1.1996年主营业务利润增加的主要原因:干燥设备产品的销售收入的增加幅度较大(比上年增加18.72%);公司进一步加强了产品质量控制和成本控制,使产品销售成本占销售收入的比重由61.60%下降到58.58%。降低成本的主要措施如下:

(1)制订产品目标成本,降低设计成本。

(2)加强采购环节的成本控制,原材料采购实行限价、比价、定点采购,有良好的、充足的原材料供应基地,采购成本明显下降。

(3)强化生产环节的管理。提高原材料利用率,加强边角余料的回收及利用;实行成本否决制度,以班组为核算单位,严格控制成本与费用开支,把指标分解到车间、班组、人头上。树立全员、全过程的以成本为中心的市场观念,超罚节奖。

(4)强化质量管理。从材料入库到产品的出库都有严格的检查措施,减少残、次、废品,提高产品合格率。综上所述,公司的主营业务收入的增长幅度(18.72%)超过了营业成本的增长幅度(12.91%);而销售费用、管理费用、财务费用等期间费用相对稳定,故主营业务利润比上年有较大幅度上升。

2.无或有事项和期后事项。

(五).财务指标(合并)

指标名称	计算公式	1996年度	1995年度	1994年度
流动比率	$\frac{\text{流动资产}}{\text{流动负债}}\times 100\%$	104.64%	94.21%	91.96%
速动比率	$\frac{\text{流动资产}-\text{存货}}{\text{流动负债}}\times 100\%$	73.69%	50.18%	41.52%
资产负债率	$\frac{\text{负债总额}}{\text{资产总额}}\times 100\%$	59.72%	55.24%	60.16%
应收帐款周转率	$\frac{\text{主营业务收入}}{\text{应收帐款平均余额}}\times 100\%$	3.97次	10.33次	176.07次
存货周转率	$\frac{\text{主营业务成本}}{\text{存货平均余额}}\times 100\%$	1.73次	1.20次	0.91次
净资产收益率	$\frac{\text{净利润}}{\text{期末净资产总额}}\times 100\%$	32.04%	26.02%	29.99%
每股净利	$\frac{\text{净利润}}{\text{期末股本总额}}\times 100\%$	0.40元	0.35元	0.35元

(六).公司正在进行或计划进行的重大资本支出项目

公司计划进行的资本支出项目:(1).干燥及配套设备"九五"技术改造项目。(2).自动化立体仓库技术改造项目。对公司财务状况有影响,即长期资产增加(在建工程增加),货币资金减少,即流动资产减少。由于项目当年不能投产,所以当年利润增长幅度不大。

(七).发行人在最近三年中资产流动性的情况及变化的趋势。

近三年中公司资产流动性逐年增强,周转速度加快,由于应收款和其他应收款增加比存货的减少额大,体现公司流动资产增加,未付股利的增加额较预付货款、短期借款和其他应付款的减少额大,导致公司负债增大。历此,公司资产流动性逐年增强。

(八).发行人在最近三年中利润构成、盈利水平变化趋势及原因。

公司近三年中利润主要由主营业务利润及补贴收入等其它相关因素构成。由于主营业务收入、补贴收入增加,且期间费用相对稳定,因此公司近三年来盈利呈上升趋势。

(九).发行人最近三年股本及其他资产项目的变化情况。

公司94、95年度均以现金形式派发股利(96年度股利分配预计在97年第三季度分配)。因此,公司股本无变化。由于公司近年来流动资产、固定资产、无形资产及递延资产变化幅度不大,使资产总额呈上升趋势。

十二、资产评估的主要情况

本公司按照证监会有关规定,在本次股票发行前聘请具有证券从业资格的辽宁第一资产评估事务所,对公司以1996年10月31日为基准日进行资产评估。该评估已经国家国有资产管理局国资评(1997)42号文批准立项,评估结果业已取得该局国资评(1997)115号文确认。评估结果未进行帐务处理。以下资料摘自辽宁第一资产评估事务所(1997)辽一评第1号资产评估报告。

一.资产评估汇总表

评估基准日:1996年10月31日 单位:万元

资产项目	评估前	评估后	重置价值	评估值	增加值	增加率(%)
流动资产	----	6,226.00	6,226.00	5,755.24	-470.76	-7.56
长期投资	----	367.11	367.11	306.05	-61.06	-16.63
固定资产	5,656.93	4,670.94	7,327.70	5,082.26	411.32	14.16
无形资产	----	381.56	699.41	699.41	317.85	83.30
资产总计	----	11,645.61	----	11,842.96	197.35	1.69
负债总计	----	6,955.26	----	6,749.02	-206.24	2.97
净资产	----	4,690.35	----	5,093.94	403.59	8.60

二、主要评估方法与计价标准

1.评估方法:

按照评估目的与评估方法相匹配的原则,结合公司各类资产和负债的具体情况,分别采用以下方法进行评估:

①对房屋建筑物,机器设备,运输设备等固定资产和在建工程采用重

置成本法进行评估。

②对流动资产区分不同类别,分别采用不同方法进行评估。

③对长期投资根据投资额占被投资企业实收资本的比例采用相应的评估方法。

④对负债的评估是检验核实在评估目的实现后的实际债务人和负债额。

将各类资产评估值加总,扣除负债评估值,计算得出净资产评估值。

除按上述方法评估外,用收益现值法进行验算分析,但以重置成本法的评估结果为准。

2. 计价标准

采用重置成本标准和评估基准日有效的市场价格,以人民币计价。

三、各类资产增减值原因

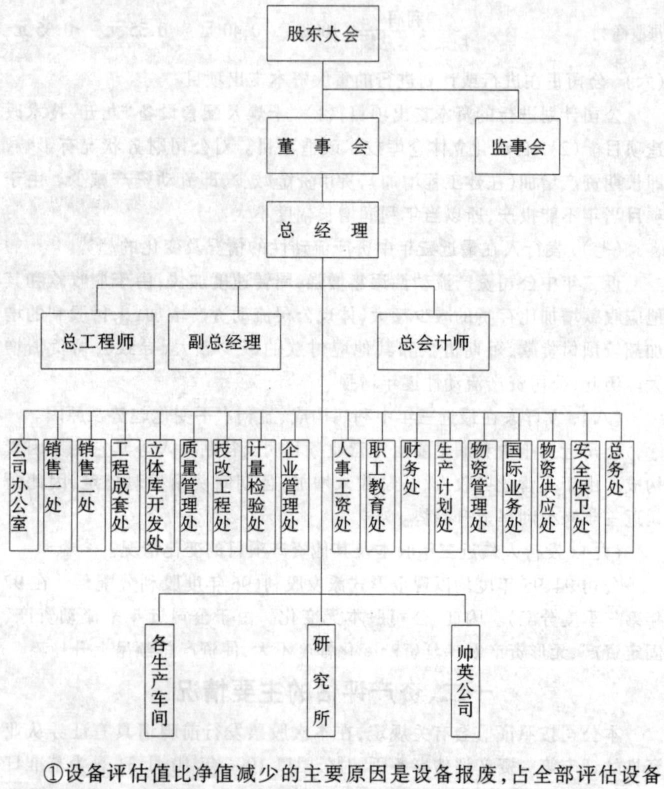

①设备评估值比净值减少的主要原因是设备报废,占全部评估设备净值减值额的24.44%,设备成新率较低也是评估值比净值减少的原因之一。

②在建工程设备已全部完工,按正常固定资产评估,且已使用并提取折旧,所以按重置成本法进行评估,重置价值比评估值减少。

③土地评估采用成本逼近法,计算公式:

土地使用权评估值=土地取得费+土地开发费+利息
+正常利润+土地增值收益

由于土地面积增大,所以土地使用权增值较大。

④房屋建筑物采用重置成本法进行评估,房屋均为五、六十年代修建的,因企业维护较好,现大部分房屋、建筑物日前均能正常使用,成新率高,所以较以前有所增值。

十三、盈利预测

根据公司盈利预测,并经辽宁会计师事务所(1997)辽会师证字第41号之盈利预测审核报告,在无不可预见因素发生的情况下,公司1997年盈利预测如下:

一、盈利预测表

单位:万元

项目	一九九六年 已审实际数	一九九七年 预测数	备注
一、主营业务收入	7,143	9,780	一、1996年度所
减:营业成本	4,184	6,020	得税按辽宁省人民政
销售费用	449	480	府辽政[1997]
管理费用	978	997	37号文件采用先征
财务费用	218	230	后返还、实际税负为
营业税金及附加	48	70	零。
二、主营业务利润	1,266	1,983	二、1997年度所
加:其他业务利润	55	120	得税按辽宁省人民政
三、营业利润	1321	2,103	府辽政[1997]
加:投资收益			32号文件股票上市
补贴收入	781		后，按15%计征企
营业外收入	4	4	业所得税。
减:营业外支出	7	7	三、1996年实际每股
加:以前年度损益调整			税后净利润按3,984
四、利润总额	2,099	2,100	万股计算;1997年每
减:所得税(1)	521	693	股税后净利润按5,006
(税率33%)			万股计算。
减:所得税(2)			
(税率15%)		315	
减:少数股东损益	0.3	1	
五、净利润	–	–	
(1)(税率33%)	1,557.7	1,406	
(2)(税率15%)		1,784	
六、每股税后利润	–		
(1)(税率33%)	0.40元	0.28元	
(2)(税率15%)		0.356元	

二、盈利预测基准和假设

1. 盈利预测基准

一九九七年盈利预测系遵循我国现行法律、法规、政策和股份制试点企业会计制度。采用的会计原则和计算方法,所依据的法律、法规、政策及会计准则与现行的核算方法基本一致。一九九七年预测是根据公司一九九六年度经营成果和一九九七年生产经营计划及市场信息,并以目前的核算方法为基础,采用合理的假设条件,本着实事求是、稳健的原则编制。

2. 假设条件:

(1). 公司所在地区的政治、经济、法律等社会环境无重大变化。

(2). 公司所遵循的有关法律、法规、政策状况无重大变化。

(3). 公司在预测期间有关税率、信贷利率无重大变化。

(4). 公司在预测期间产品经销价格和资源等无重大因素的影响。

(5). 无其他人力不可抗拒因素(如自然灾害等)及不可预测因素造成的重大不利影响。

三、盈利预测说明。

1997年盈利预测是根据1996年经营成果及市场信息、调研情况进行的。

1. 主营业务收入

1996年已实现主营业务收入7,143万元。其中:干燥设备6,285万元,自动化立体仓库420万元,粮食仓储设施、拖拉机及汽车配件等老产品438万元。

1997年预计主营业务收入9,780万元。其中:干燥设备7,980万元,自动化立体仓库1,300万元,粮食仓储设施、拖拉机及汽车配件等老产品500万元。比1996年增加2,637万元。

其中:

(1). 干燥设备比1996年增加1,695万元。公司立足优势项目产品,进一步拓宽市场,现已打开了东南亚市场,与新加坡、马来西亚等国家都有业务往来。干燥设备主要用于粮食、化工、医药等产品的干燥。目前我国种子工程总体规划目标对我公司粮食烘干机、种子机械的销售提供了很大的市场,据调研和资料的分析,我国年产种子约有150亿公斤,目前生产能力加工量仅为20亿公斤,约占全国每年需要量的16%。因此,种子加工机械缺口很大。根据上述情况分析,结合我公司现有生产能力,预测1997年在原基础上增加收入1,695万元。

(2).自动化立体仓库系公司新开发的项目,公司加大市场开发力度,比1996年增加880万元。主要是公司在原有生产能力的基础上新增成套自动化立体仓库产品和出口堆垛机产品,现已打开韩国市场。

(3).粮食仓储设施、拖拉机及汽车配件等老产品,原有市场较稳定,比1996年增加62万元。

2.营业成本

1996年营业成本4,184万元。其中:干燥设备3,592万元,自动化立体仓库271万元,粮食仓储设施、拖拉机及汽车配件等老产品321万元。

1997年预计营业成本6,020万元。其中:干燥设备4,770万元,自动化立体仓库800万元,粮食仓储设施、拖拉机及汽车配件等老产品450万元。

3.销售费用、管理费用、财务费用

三项费用1996年实际为449万元、978万元及218万元。由于业务的开展,各项费用比1996年略有增长。1997年三项费用预计分别为480万元、997万元及230万元;比1996年分别增长6.90%、1.94%及5.50%,公司已制订压缩各项费用的开支方案,以利节约增效。

4.营业税金及附加

随着企业经营项目的不断扩大,营业税金及附加将增至70万元左右。

5.其它业务利润1996年为55万元,1997年预计为120万元。随着业务的扩大,公司将加强干燥设备、自动化立体仓库等安装业务(附营业务)的拓展。

6.投资收益、营业外收入、营业外支出1997年无变化。

7.利润总额及税后利润

综合上述各项因素:

1997年利润总额预计为2,100万元,少数股东损益为1万元。按33%税率计算,所得税、税后利润、每股税后利润分别为693万元、1,460万元、0.28元;按15%税率计算,所得税、税后利润、每股税后利润分别为315万元、1,784万元、0.356元。

十四、公司发展规划

公司在巩固国内市场的同时,将努力开拓国际市场,扩大产品在国际市场上的占有率。开展多元化经营,增强产品的市场抗风险能力,提高公司的综合经济实力。同时,公司根据中央"两个根本转变"的战略战术方针,以机械工业部要求打好"三大战役"的部署和辽宁省"三大战略"的要求,制订了"科技兴企"的公司发展规划。

1.公司生产经营发展战略

公司的总体经营发展战略是:扩大优势,集约经营,争创名牌,优化结构,夺取市场,发展增收。坚持一业为主,立足优势,不断提高与开发齐上,使企业成为干燥行业和自动化立体仓库生产的排头兵,不断开拓国内和国际两个市场,权产公司名牌产品形象,提高产品附加值,增加公司的盈利能力,促进企业不断发展。

2.公司发展目标和规模

至2000年,公司力争年销售收入达到3.1亿元,实现利税6,200万元。年产各类干燥设备1,000台套以上,自行设计生产自动化立体库10座。企业综合经济技术实力保持在全国同行业领先地位。同时,公司将涉足能源、交通、金融、房地产等领域,扩大企业的多元化经营,降低企业的经营风险。

3.市场发展计划

公司的市场发展规划是根据不同产品而制定的。干燥设备在巩固东北、拓宽江南的同时,将继续大力开拓国际市场。"九五"期间国家将实施"种子工程",计划每年需366台套以上的种子干燥设备,公司将抓住这一有利时机,积极拓宽国内市场,把产品市场占有率作为企业的生命线。公司将组建跨地区的干燥设备集团公司,进一步拓展国外市场,在"东南亚"建1-2个控股、参股的跨国公司,经销我公司的干燥设备,瞄准发展中国家市场,并逐步采用佣金代理制,组建实验室,组建进出口公司,以扩大海外市场。自动化立体仓库将以国内市场发展为主,并逐渐向国际市场发展。

4.公司销售计划

公司将以不同产品划分销售区域并制定相应的销售计划,按"九五"发展纲要,公司各类干燥设备年销售量保持在1,000台套以上。在自动化立体仓库销售方面,公司将利用现已投入使用的样板库,进一步宣传我公司的先进技术,提高公司知名度,确保实现年销售收入保持在9,000万元以上。

5.公司生产经营计划

公司在"九五"期间,力争三年内将常规干燥设备全部开发出来,且有80%投入生产,并不断引进先进技术,使产品在设计、制造工艺水平方面有新的突破,力争赶超国际同行业水平,使产品成套化、大型化、机电一体化。自动化立体仓库将形成大型化、成套化的生产能力,力争三年内达到国际水平。

6.公司固定资产投资计划及设备更新计划:

公司在"九五"期间,将配合国家实施的"种子工程"计划,预计固定资产投资不少于3亿元,计划新添精密、高效率的专用设备,其中大、精、专设备投资占整个固定资产投资计划的47%,以提高企业在市场中的竞争能力。

7.人员扩充计划

公司将根据技改项目和现有的业务需要,相应增加技术人员和生产工人,并对相关人员进行技术培训和考核。

8.公司资金筹措和运用计划

公司今后两年计划用资将主要用于干燥及配套设备"九五"技术改造项目;自动化立体仓库改造项目。所需资金将主要通过向社会公开发行股票筹措,不足部分拟将通过银行贷款和自筹资金解决。同时,公司上市后每年可通过增资配股筹措一定的资金。

十五、重要合同及重大诉讼事项

1.截止本招股说明书公布之日起,公司尚未履行完结的重大合同有:

(1).1992年10月28日,铁岭精工机器厂[甲方]与美国克莱斯特实业产品公司[乙方]签订合资经营铁岭帅英谷物干燥设备有限公司[合营公司]合同。合同规定:合营公司注册资本56万美元,其中甲方以机械设备出资42万美元,占注册资本的75%;乙方以现金出资14万美元,占注册资本的25%。合营公司经营期限为15年。

(2).1994年7月2日,铁岭精工公司[丙方]与中国辽宁干燥设备经销总公司[甲方]、香港通达机械有限公司[乙方]签定中外合资铁岭精达食品有限公司[合资公司]合同。合同规定:合资公司注册资本为630万元人民币,其中甲方以现金出资347万元,占55%;乙方以现金出资157万元,占25%;丙方以现金出资126万元,占20%。合资公司经营期限为15年。

(3).1996年12月24日,铁岭精工公司与中国工商银行铁岭市分行签订借款合同。借款金额800万元人民币,借款月利率9.15%,借款时间自1996年12月24日至1999年12月23日。

(4).1996年4月28日,铁岭精工公司与中国人民解放军兰州军区后勤部山丹军马三场签订工矿产品购销合同,销售塔式菜籽烘干机 台,合同总金额为115万元人民币,合同期限为一年。

(5).1996年2月14日,铁岭精工公司与韩国SHIN-HEUNG机械有限公司签订销售合同,出口堆垛机18台套,合同总金额为156,974.2美元。

2. 本公司控股公司、公司之董事、监事、高级管理人员、持有公司5%以上股份的股东(铁岭市国资局、辽宁信托投资公司)均无重大诉讼事项。

十六、其他重要事项

1. 根据辽宁省人民政府辽政[1997]32号文件《关于铁岭精工(集团)股份有限公司所得税税率的批复》,1997年股票上市后,按15%的税率计算征收企业所得税。

2. 经公司董事会决定,原内部职工股796万股,其中398万股占用本次发行额度上市,其余398万股自本次新股发行之日起,期满三年后方可上市流通。

3. 历年股利发放情况

1994年每股发放现金红利0.235元

1995年每股发放现金红利0.18元

4. 经公司董事会决议,公司历年滚存利润待本次股票发行后,由新老股东共同享有。此方案须提交股东大会审议批准后实施。

5. 截止本招股书签署之日起,本公司及本公司董事、监事和高级管理人员并无涉及任何重大诉讼及仲裁,亦无任何尚未了结或面临重大威胁之诉讼。

十七、招股说明书及备查文件查阅地点

招股说明书及备查文件查阅地址:

自发行日起在下属地址查阅:铁岭精工(集团)股份有限公司财务处证券部(铁岭市银州区汇工街98号),联系电话:(0410)4840311;申银万国证券股份有限公司投资银行总部(上海市瑞金一路98号),联系电话(021)64312800;申银万国证券股份有限公司东北管理总部(沈阳市沈河区北京街19号),联系电话:(024)2527550。接待日期:每周一至五;接待时间:上午9:30-11:30,下午1:00-3:00。

铁岭精工(集团)股份有限公司

一九九七年四月二十八日

附表一

合并资产负债表

编制单位:铁岭精工(集团)股份有限公司

金额单位:元

资产	行次	附注标号	1996.12.31	1995.12.31	1994.12.31
流动资产:					
货币资金	1	1	7,383,344.71	9,136,053.27	5,681,865.76
短期投资	2				
应收票据	3				
应收帐款	4	2	24,626,837.53	11,436,164.39	244,015.55
减:坏帐准备	5	3	73,880.51	34,307.16	732.05
应收帐款净额	6		24,552,957.02	11,401,857.23	243,283.50
预付货款	7				
其他应收款	8	4	12,143,516.41	7,223,676.98	16,778,740.72
待摊费用	9	5	3,479,495.40	4,463,547.74	5,002,457.41
存货	10	6	19,976,988.80	28,274,042.40	33,657,392.22
减:存货变现损失准备	10-1				
存货净额	10-2		19,976,988.80	28,274,042.40	33,657,392.22
待处理流动资产净损失	11				
一年内到期的长期债券投资	12				
其他流动资产	13				
流动资产合计	15		67,536,302.34	60,499,177.62	61,363,739.61
长期投资:					
长期投资	16	7	1,266,566.91	1,340,662.91	1,418,519.91
合并价差(合并报表填列)(价差以"-"表示)	16-1				
固定资产:					
固定资产原价	17	8	59,456,717.18	60,312,963.72	53,532,071.47
减:累计折旧	18	8	13,082,937.86	9,925,722.11	6,321,231.26
固定资产净值	19		46,373,779.32	50,387,241.61	47,210,840.21
在建工程	20	9	7,893,391.43	7,252,126.75	6,190,846.97
固定资产清理	21				
待处理固定资产净损失	22				
固定资产合计	23		54,267,170.75	57,639,368.36	53,401,687.18
无形资产及递延资产:					
无形资产	24	10	3,586,664.00	3,815,600.00	3,815,600.00
递延资产	25	11	118,790.29	259,178.31	388,767.27
无形及递延资产合计	30		3,705,454.29	4,074,778.31	4,204,367.27
其他长期资产:					
其他长期资产	31				

负债及股东权益	行次	附注标号	1996.12.31	1995.12.31	1994.12.31
流动负债:					
短期借款	41	12	34,050,000.00	39,330,000.00	33,230,000,00
应付票据	42				
应付帐款	43	13	780,516.74	1,195,490.31	33,448,464.24
预收货款	44	14	4,040,467.90	6,042,600.59	5,025,986.59
应付福利费	45	15	596,503.31	628,326.14	618,331.53
未付股利	46	16	20,024,000.00	1,131,015.53	
未交税金	47	17	(-)533,223.48	302,660.96	338,980.21
其他未交款	48	18	570,493.43	521,815.45	473,791.92
其他应付款	49	19	4,239,303.79	13,067,935.46	22,925,033.09
预提费用	50	20	771,070.40	1,999,291.56	671,629.99
一年内到期的长期负债	51				
其他流动负债	52				
流动负债合计	55		64,539,132.09	64,219,136.00	66,732,217.57
长期负债:					
长期借款	56	21	10,610,000.00	4,030,000.00	5,690,000.00
应付债券	57				
长期应付款	58				
其他长期负债	60	22	565,908.91		
长期负债合计	65		11,175,908.91	4,030,000.00	5,690,000.00
递延税项:					
递延税款贷项	66				
负债合计	67		75,715,041.00	68,249,136.00	72,422,217.57
少数股东权益(合并报表填列)	67-1	23	1,826,280.81	1,823,505.08	1,178,665.16
股东权益:					
股本	68	24	39,840,000.00	39,840,000.00	39,840,000.00
资本公积	69				
盈余公积	70	25	7,285,434.34	4,918,910.38	2,839,143.15
其中:公益金	71		2,428,478.11	1,639,636.79	946,381.05
未分配利润(未弥补亏损以"-"号表示)	72	26	2,108,738.14	8,722,435.74	4,108,288.09

资　产	行次	附注标号	1996.12.31	1995.12.31	1994.12.31	负债及股东权益	行次	附注标号	1996.12.31	1995.12.31	1994.12.31
递延税项:						外币报表折算差额(合并报表填列)	72-1				
递延税款借项	32					股东权益合计	79		49,234,172.48	53,481,346.12	46,787,431.24
资产总计	40		126,775,494.29	123,553,987.20	120,388,313.97	负债及股东权益合计	80		126,775,494.29	123,553,987.20	120,388,313.97

资产负债表

编制单位:铁岭精工(集团)股份有限公司　　　　金额单位:元

资　产	行次	附注标号	1996.12.31	1995.12.31	1994.12.31	负债及股东权益	行次	附注标号	1996.12.31	1995.12.31	1994.12.31
流动资产:						流动负债:					
货币资金	1		6,971,368.48	7,671,710.40	2,481,657.52	短期借款	41		34,050,000.00	38,530,000.00	32,430,000.00
短期投资	2					应付票据	42				
应收票据	3					应付帐款	43		384,603.90	205,179,902.4	25,914.01
应收帐款	4		22,791,928.55	11,435,718.37	244,015.55	预收货款	44		1,565,700.27	6,042,600.59	2,105,812.46
减:坏帐准备	5		68,375.78	34,307.16	732.05	应付福利费	45		594,160.62	572,023.69	582,869.07
应收帐款净额	6		22,723,552.77	11,401,411.21	243,283.50	未付股利	46		20,024,000.00	1,131,015.53	
预付货款	7					未交税金	47		(-)587,229.36	182,773.48	392,420.32
其他应收款	8		8,183,355.62	2,857,786.94	17,205,061.70	其他未交款	48		570,493.43	521,815.45	473,791.92
待摊费用	9		3,453,012.55	4,463,547.74	4,709,881.82	其他应付款	49		4,979,754.83	12,979,867.28	22,694,975.75
存货	10		18,587,903.05	26,569,469.97	29,698,645.05	预提费用	50		430,585.31	1,308,106.53	510,936.16
减:存货变现损失准备	10-1					一年内到期的长期负债	51				
存货净额	10-2		18,587,903.05	26,569,469.97	29,698,645.05	其他流动负债	52				
待处理流动资产净损失	11										
一年内到期的长期债券投资	12					流动负债合计	55		62,012,069.00	61,473,382.45	61,616,719.69
其他流动资产	13					长期负债:					
流动资产合计	15		59,919,192.47	52,963,926.26	54,338,529.59	长期借款	56		10,610,000.00	4,030,000.00	5,690,000.00
长期投资:						应付债券	57				
长期投资	16		6,917,659.33	6,983,428.14	5,126,765.39	长期应付款	58				
合并价差(合并报表填列)(价差以"-"表示)	16-1					其他长期负债	60		565,908.91		
固定资产:											
固定资产原价	17		56,569,335.43	57,446,706.97	50,679,854.72	长期负债合计	65		11,175,908.91	4,030,000.00	5,690,000.00
减:累计折旧	18		12,464,092.27	9,477,059.55	6,057,445.74	递延税项:					
固定资产净值	19		44,105,243.16	47,969,647.42	44,622,408.98	道延税款贷项	66				
在建工程	20		7,893,391.43	7,252,126.75	6,190,846.97	负债合计	67		73,187,977.91	65,503,382.45	67,306,719.69
固定资产清理	21					少数股东权益(合并报表填列)	67-1				
待处理固定资产净损失	22										
固定资产合计	23		51,998,634.59	55,221,774.17	50,813,255.95						
无形资产及递延资产:						股东权益:					
无形资产	24		3,586,664.00	3,815,600.00	3,815,600.00	股本	68		39,840,000.00	39,840,000.00	39,840,000.00
递延资产	25					资本公积	69				
无形及递延资产合计	30		3,586,664.00	3,815,600.00	3,815,600.00	盈余公积	70		7,285,434.34	4,918,910.38	2,839,143.15
其他长期资产:						其中:公益金	71		2,428,478.11	1,639,636.79	946,381.05
其他长期资产	31					未分配利润(未弥补亏损以"-"号表示)	72		2,108,738.14	8,722,435.74	4,108,288.09
递延税项:						外币报表折算差额(合并报表填列)	72-1				
递延税款借项	32					股东权益合计	79		49,234,172.48	53,481,346.12	46,787,431.24
资产总计	40		122,422,150.39	118,984,728.57	114,094,150.93	负债及股东权益合计	80		122,422,150.39	118,984,728.57	114,094,150.93

附表二

合并利润及利润分配表

编表单位:铁岭精工(集团)股份有限公司　　　　金额单位:元

项　　目	行次	附注标号	一九九六年度	一九九五年度	一九九四年度	项　　目	行次	附注标号	一九九六年度	一九九五年度	一九九四年度
一、主营业务收入	1	27	71,425,917.37	60,163,062.85	60,130,440.37	四、利润总额(亏损以"-"号表示)	15		20,990,706.06	19,379,659.20	19,310,548.09
减:营业成本	2	28	41,842,532.94	37,057,621.23	32,348,456.01	减:所得税	16	38	5,210,877.38	4,817,064.41	4,838,461.39

项　　目	行次	附注标号	一九九六年度	一九九五年度	一九九四年度	项　　目	行次	附注标号	一九九六年度	一九九五年度	一九九四年度
销售费用	3	29	4,489,632.42	5,687,481.57	5,349,624.18	减:少数股东损益(合并报表填列)(亏损以"－"号表示)	16－1	39	2,775.73	644,839.92	440,120.04
管理费用	4	30	9,779,702.58	8,385,581.99	8,108,128.03	五、净利润(亏损以"－"号表示)	17		15,777,052.95	13,917,754.87	14,031,966.66
财务费用	5	31	2,180,188.01	2,083,389.02	2,571,405.67	加:年初未分配利润(未弥补亏损以"－"号表示)	18	40	8,722,435.74	4,108,288.09	1,573,659.52
进货费用	6					盈余公积转入数	19				
营业税金及附加	7	32	476,906.26	393,808.63	465,626.60	六、可分配的利润(亏损以"－"号表示)	20		24,499,488.69	18,026,042.96	15,605,626.18
二、主营业务利润(亏损以"－"号表示)	8		12,656,955.16	6,555,180.41	11,287,199.88	减:提取法定公积金	21	41	1,577,682.64	1,386,511.49	1,399.650.42
加:其它业务利润(亏损以"－"号表示)	9	33	558,610.95	938,823.06	6,010.41	提取法定公益金	22	42	788,841.32	693,255.74	699,825.21
三、营业利润(亏损以"－"号表示)	10		13,215,566.11	7,494,003.47	11,293,210.29	职工奖金福利(合并报表填列，子公司为外商投资企业项目)	22－1	43	226.59	52,639.99	35,462.46
加:投资收益(亏损以"－"号表示)	11	34	4,404.00	5,003.00	13,319.94	七、可供股东分配的利润(亏损以"－"号表示)	23		22,132,738.14	15,893,635.74	13,470,688.09
补贴收入	11－1	35	7,805,246.52	11,735,241.60	8,348,349.72	减:已分配优先股股利	24				
营业外收入	12	36	35,804.51	225,615.44	31,372.86	提取任意公积金	25				
减:营业外支出	13	37	70,315.08	80,204.31	375,704.72	已分配普通股股利	26	44	20,024,000.00	7,171,200.00	9,362,400.00
加:以前年度损益调整(调减以"－"号表示)	14					八、未分配利润(未弥补亏损以"－"号表示)	27		2,108,738.14	8,722,435.74	4,108,288.09

利润及利润分配表

编表单位:铁岭精工(集团)股份有限公司

金额单位:元

项　　目	行次	附注标号	一九九六年度	一九九五年度	一九九四年度	项　　目	行次	附注标号	一九九六年度	一九九五年度	一九九四年度
一、主营业务收入	1		68,193,154.30	48,143,140.89	53,139,761.58	四、利润总额(亏损以"－"号表示)	15		20,985,464.97	18,682,179.29	18,834,965.59
减:营业成本	2		39,787,433.65	29,651,095.22	28,327,198.76	减:所得税	16		5,208,638.61	4,817,064.41	4,838,461.39
销售费用	3		4,263,763.66	4,577,886.07	4,452,610.04	减:少数股东损益(合并报表填列)(亏损以"－"号表示)	16－1				
管理费用	4		8,792,024.95	7,652,032.51	7,602,328.60	五、净利润(亏损以"－"号表示)	17		15,776,826.36	13,865,114.88	13,996,504.20
财务费用	5		2,172,807.80	2,020,593.74	2,802,522.46	加:年初未分配利润(未弥补亏损以"－"号表示)	18		8,722,435.74	4,108,288.09	1,573,659.52
进货费用	6					盈余公积转入数	19				
营业税金及附加	7		476,906.26	393,808.63	465,626.60	六、可分配的利润(亏损以"－"号表示)	20		24,499,262.10	17,973,402.97	15,570,163.72
二、主营业务利润(亏损以"－"号表示)	8		12,700,217.98	3,847,724.72	9,489,475.12	减:提取法定公积金	21		1,577,682.64	1,386,511.49	1,399,650.42
加:其它业务利润(亏损以"－"号表示)	9		499,729.85	1,013,454.09	6,512.54	提取法定公益金	22		788,841.32	693,255.74	699,825.21
三、营业利润(亏损以"－"号表示)	10		13,199,947.83	4,861,178.81	9,495,987.66	职工奖金福利(合并报表填列,子公司为外商投资企业项目)	22－1				
加:投资收益(亏损以"－"号表示)	11		12,731.19	1,939,522.75	1,333,680.07	七、可供股东分配的利润(亏损以"－"号表示)	23		22,132,738.14	15,893,635.74	13,470,688.09
补贴收入	11－1		7,805,246.52	11,735,241.60	8,348,349.72	减:已分配优先股股利	24				
营业外收入	12		35,804.51	225,615.44	31,372.86	提取任意公积金	25				
减:营业外支出	13		68,265.08	79,379.31	374,424.72	已分配普通股股利	26		20,024,000.00	7,171,200.00	9,362,400.00
加:以前年度损益调整(调减以"－"号表示)	14					八、未分配利润(未弥补亏损以"－"号表示)	27		2,108,738.14	8,722,435.74	4,108,288.09

附表三

合并财务状况变动表

编制单位:铁岭精工(集团)股份有限公司

金额单位:元

流动资金来源和运用	行次	1996年度	流动资金各项目的变动	行次	1996年度
一、流动资金来源:			一、流动资产本年增加数:		
1.本年净利润(合并报表为合并净利润)	1	15,777,052.95	1.货币资金	31	(－)1,752,708.56
加:少数股东本期损益(合并报表填列)	2	2,775.73	2.短期投资	32	
加:不减少流动资金的费用和损失:			3.应收票据	33	
(1)固定资产折旧	3	3,516,363.13	4.应收帐款净额	34	13,151,099.79
(2)无形资产、递延资产及其他资产摊销(减其他负债转销)	4	358,525.00	5.预付货款	35	
(3)固定资产盘亏(减盘盈)	5		6.其他应收款	36	4,919,839.43
(4)清理固定资产损失(减收益)	6	59,388.08	7.待摊费用	37	(－)984,052.34
(5)递延税款	7		8.存货净额	38	(－)8,297,053.60
(6)其他不减少流动资金的费用和损失	8		9.待处理流动资产净损失	39	
小计	10	19,714,104.89	10.一年内到期的长期债券投资	40	
2.其他来源			12.其他流动资产	41	
(1)固定资产清理收入(减清理费用)	11			42	
(2)增加长期负债	12	7,145,908.91	流动资产增加净额	45	7,037,124.72
(3)回收长期投资	13	65,768.81	二、流动负债本年增加数:		
(4)对外投资转出固定资产	14		1.短期借款	46	(－)5,280,000.00
(5)对外投资转出无形资产	15		2.应付票据	47	
(6)资本净增加额	16	2,366,523.96	3.应付帐款	48	(－)414,973.57

流动资金来源和运用	行次	1996年度	流动资金各项目的变动	行次	1996年度
(7)少数股东资本增加额(合并报表填列)	16-1		4.预收货款	49	(-)2,002,132.69
小计	17	9,578,201.68	9.应付福利费	50	(-)31,822.83
流动资金来源合计	18	29,292,306.57	6.未付股利	51	18,892,984.47
二、流动资金运用			7.未交税金	52	(-)835,884.44
1.利润分配			8.其他未交款	53	48,667.98
(1)提取法定公积金	19	1,577,682.64	9.其他应付款	54	(-)8,828,631.67
(2)提取法定公益金	20	788,841.32	10.预提费用	55	(-)1,228,221.16
(3)提取任意公积金(减盈余公积转入)	21		11.一年内到期的长期负债	56	
(4)已分配股利	22	20,024,000.00	12.其他流动负债	57	
(5)职工奖福基金(合并报表中外商投资子公司项目)	22-1	226.59			
小计	23	22,390,750.55			
2.少数股东利润分配(合并报表填列)	23-1				
3.其他运用:					
(1)固定资产和在建工程净增加额	24	184,427.39			
(2)增加无形资产、递延资产和其他资产	25				
(3)偿还长期负债	26				
(4)增加长期投资	27				
小计	28	184,427.39			
流动资金运用合计	29	22,575,177.94			
外币会计报表折算差额(合并报表填列)	29-1		流动负债增加净额	58	
流动资金增加净额	30	6,717,128.63	流动资金增加净额	59	6,717,128.63

财务状况变动表

编制单位:铁岭精工(集团)股份有限公司　　　　金额单位:元

流动资金来源和运用	行次	1996年度	流动资金各项目的变动	行次	1996年度
一、流动资金来源:			一、流动资产本年增加数:		
1.本年净利润(合并报表为合并净利润)	1	15,776,826.36	1.货币资金	31	(-)700,341.92
加:少数股东本期损益(合并报表填列)	2		2.短期投资	32	
加:不减少流动资金的费用和损失:			3.应收票据	33	
(1)固定资产折旧	3	3,346,180.10	4.应收帐款净额	34	11,322,141.56
(2)无形资产、递延资产及其他资产摊销(减其他负债转销)	4	228,936.00	5.预付货款	35	
(3)固定资产盘亏(减盘盈)	5		6.其他应收款	36	5,325,568.68
(4)清理固定资产损失(减收益)	6	59,388.08	7.待摊费用	37	(-)1,010,535.19
(5)递延税款	7		8.存货净额	38	(-)7,981,566.92
(6)其他不减少流动资金的费用和损失	8		9.待处理流动资产净损失	39	
小计	10	19,411,330.54	10.一年内到期的长期债券投资	40	
2.其他来源			12.其他流动资产	41	
(1)固定资产清理收入(减清理费用)	11			42	
(2)增加长期负债	12	7,145,908.91	流动资产增加净额	45	6,955,266.21
(3)回收长期投资	13	65,768.81	二、流动负债本年增加数:		
(4)对外投资转出固定资产	14		1.短期借款	46	(-)4,480,000.00
(5)对外投资转出无形资产	15		2.应付票据	47	
(6)资本净增加额	16	2,366,523.96	3.应付帐款	48	179,424.00
(7)少数股东资本增加额(合并报表填列)	16-1		4.预收货款	49	(-)4,476,900.32
小计	17	9,578,201.68	5.应付福利费	50	22,136.93
流动资金来源合计	18	28,989,532.22	6.未付股利	51	18,892,984.47
二、流动资金运用			7.未交税金	52	(-)770,002.84
1.利润分配			8.其他未交款	53	48,677.98
(1)提取法定公积金	19	1,577,682.64	9.其他应付款	54	(-)8,000,112.45
(2)提取法定公益金	20	788.841.32	10.预提费用	55	(-)877,521.22
(3)提取任意公积金(减盈余公积转入)	21		11.一年内到期的长期负债	56	
(4)已分配股利	22	20,024,000.00	12.其他流动负债	57	
(5)职工奖福基金(合并报表中外商投资子公司项目)	22-1				
小计	23	22,390,523.96			
2.少数股东利润分配(合并报表填列)	23-1				

流动资金来源和运用	行次	1996年度	流动资金各项目的变动	行次	1996年度
3.其他运用:					
(1)固定资产和在建工程净增加额	24	182,428.60			
(2)增加无形资产、递延资产和其他资产	25				
(3)偿还长期负债	26				
(4)增加长期投资	27				
小计	28	182,428.60			
流动资金运用合计	29	22,572,952.56			
外币会计报表折算差额(合并报表填列)	29-1		流动负债增加净额	58	538,686.55
流动资金增加净额	30	6,416,579.66	流动资金增加净额	59	6,416,579.66

铁岭精工集团股份有限公司股票上市公告书

一、要览

总 股 本: 5,006万股
可流通股本: 1,818万股
本次上市流通股本: 1,420万股
证券编码: 600077
上市地: 上海证券交易所
上市日期: 1997年5月20日
登记机构: 上海证券中央登记结算公司
上市推荐人: 申银万国证券股份有限公司

二、绪言

本公司股票上市公告书依据《中华人民共和国公司法》、《股票发行与交易管理暂行条例》和《上海证券交易所市场业务试行规则》的规定编制，并已经本公司董事会批准。本公司董事会及其成员确信本公告书所载资料不存在任何重大遗漏或者误导，并对其真实性，准确性和完整性负个别及连带责任，上市公告书的内容由本公司董事会负责解释。

铁岭精工集团股份有限公司(以下简称"本公司")的股票发行经中国证券监督管理委员会证监发字(1997)142号和证监发字(1997)143号文批准，已向社会公开发行人民币普通股(A股)1,022万股，每股面值1.00元，发行价5.18元。股票上市申请经上海证券交易所上证上(1997)市第27号文审核同意，将于1997年5月20日(星期二)在上海证券交易所上市挂牌交易。本公司总股本为5,006万股，本次上市流通的股票1,420万股中除1,022万股为本次向社会公开发行的新股外，另含有占本次发行额度的内部职工股398万股，本公司另有内部职工股398万股，将于本次发行期满三年后上市。

本公司于1997年4月28日在《中国证券报》上刊登了招股说明书概要，距今不足六个月，故与其重复的内容在此不再重述。敬请投资者查阅本公司的《招股说明书概要》。

三、本公司概况

1.发行人主要发起人简介

法定名称: 铁岭精工机器厂
注册资金: 967万元
法定代表人:陈贞华
成立日期: 1991年8月28日
经营范围: 主营:干燥、蒸发、浓缩设备
兼营:拖拉机、内燃机
所属行业: 机械行业
注册地址: 银州区铁西街

发行人历史沿革

(1).股份制改制过程

本公司的前身为沈阳农业药械厂，始建于1956年，隶属于辽宁省农机公司，以生产内燃机配件为主。1991年更名为铁岭精工机器厂后，调整以生产干燥设备为主。

1993年3月经辽宁省体改委辽体改发(1993)155号文批准，由原铁岭精工机器厂作为主要发起人，联合辽宁信托投资公司、铁岭信托投资公司(现更名为铁岭市资金管理局)共同发起，以定向募集方式设立的股份制公司。1993年12月28日本公司在铁岭市工商局登记注册(登记号为12285104)。公司注册资本为3,984万元。

(2).历次股票发行情况

公司定向募集股份3,984万元，其中:主要发起人原铁岭精工机器厂以其全部经营性资产和土地使用权，经铁岭市国有资产评估中心评估，铁岭市国有资产管理局铁市资发(1993)9号文确认，评估后的净值为2,010万元，按1:1折股比例折为2,010万股，其他发起人辽宁信托投资公司、铁岭信托投资公司(现更名为铁岭市资金管理局)则以债权转股权形式按同比例认购900万股和100万股，发起人股共计3,010万股;其它法人以债权转股权形式按同比例认购募集法人股178万股;公司内部职工以现金形式按同比例认购内部职工股796万股。至本次新股发行前本公司历年股利均以现金红利派发，没有派送红股，故股权结构没有变化。

1997年5月5日~5月12日本公司向社会公众公开增发社会公众股1,022万股，每股面值1.00元，溢价发行5.18元。

四、股票发行及承销

1.股票公开发行情况

社会公众股发行数量: 1,022万股
发行价格: 5.18元
筹资总额: 5,293.96万元
发行方式: 全额预缴、比例配售、余款转存
配售比例: 0.03465
配售户数: 2,714户
持1000股以上的户数: 2,023户
发行费用总额: 367.92万元
每股发行费用: 0.36元
发行市盈率: 14倍

2.股票承销

本次公开发行社会公众股认购之零股由承销团包销，包销股数为2,626股。

股票承销情况:

承销机构名称	承销数量(万股)	承销比例(%)
申银万国证券股份有限公司	817.6	80
中国科技国际信托投资公司	204.4	20
合 计	1,022	100

3.验资报告(摘要)

铁岭精工集团股份有限公司:

我们接受委托，对贵公司股本的变更情况及相关资产、负债的真实性和合法性进行审验。我们根据《中国注册会计师独立审计实务公告第1

号——验资》的要求,结合贵公司具体情况,实施了我们认为必要的审验程序。贵公司的责任是提供真实、合法、完整的验资资料,保护资产的安全、完整。我们的责任是在对上述资料进行审验的基础上出具真实、合法的验资报告。

经我们审验:截至1997年5月11日止,本次发行主承销商——申银万国证券股份有限公司已将51,351,400.00元人民币缴入贵公司在中国工商银行铁岭市银州支行铁西分理处开立的21-2210056-57帐户,上述款项中10,220,000.00元为股本,39,040,400.00元为资本公积;其余2,091,000.00元为其他应付款(系尚未支付的本次发行费用),与此相关的资产总额为51,351,400.00元。

均为银行存款,至此,贵公司累计股本总额已达5,006万元。

辽宁会计师事务所　　　中国注册会计师:张庆美

中国注册会计师:宫国超

一九九七年五月十二日

五、董事、监事及高级管理人员持股情况

1. 截止1997年4月28日招股说明书披露之本公司董事、监事及高级管理人员持股没有变动。

2. 公司董事、监事及高级管理人员持股情况如下:

姓　名	职务	持股数量(股)	持股比例
迟庆余	董事长、总经理	8,000	0.016
姚　远	副董事长	1,000	0.002
王秀先	董事、总工程师、副总经理	6,400	0.013
何政运	董事、总会计师、副总经理	6,400	0.013
王亚光	董事、副总经理	6,400	0.013
周德仁	董事、副总经理	6,400	0.013
严英林	董事、副总经理	6,400	0.013
别永胜	董事、副总经理	6,400	0.013
高晓峰	董事、副总经理	6,400	0.013
杨国胜	董事、副总经理	6,400	0.013
满开仁	董事、副总经理	6,400	0.013
曹云山	董事	1,000	0.002
杨英年	董事	1,000	0.002
贺成喜	董事	1,000	0.002
刘一峰	董事	0	0
田振山	监事会主席、党委书记	8,000	0.016
杨立山	监事	1,000	0.002
安甲申	监事	1,000	0.002
王玉芬	监事	3,200	0.006
岳显成	监事	3,200	0.006

以上人员共持有本公司股分86,000股,占本公司总股本的0.17%,按照《中华人民共和国公司法》规定,上述人员持有的股份在任职期间不得转让。

六、公司设立

本公司于1996年5月20日第四次股东大会作出决议:授权董事会全权负责股票发行及上市的所有事项。

本公司董事会首届第十一次会议通过了公司股票公开发行后,上市地点为上海证券交易所,届时将申请在上海证券交易所挂牌交易。

公司股权变更登记工作已经结束,详细资料如下:

注册资金:5,006万元

注册时间:1997年5月12日

注册地点:铁岭市银州区汇工街98号

营业执照注册号码:12285104

七、关联企业及关联交易

1. 关联企业

铁岭帅英谷物干燥设备有限公司(以下简称"帅英公司")为本公司下属的一家控股公司。帅英公司于1993年1月由铁岭精工机器厂和美国克莱斯特公司合资组建的有限责任公司,注册资本56万美元,铁岭精工(集团)股份有限公司(原发起主体铁岭精工机器厂)占有75%的股份。帅英公司经营范围:生产并销售小型粮食干燥设备。

2. 关联交易

本公司与控股的帅英公司之间无关联交易

八、股本结构及大股东持股情况

1. 本公司上市前的股本结构

股权分类	股数(万股)	占总股本的比例(%)
总股本	5,006	100
尚未流通份	3,586	71.64
(1). 发起人股	3,010	60.13
其中:国家持股	2,010	40.15
法人持股	1,000	19.98
(2). 募集法人股	178	3.56
(3). 内部职工股	398	7.95
可流通股份	1,420	28.36
(1). 本次公开发行股份	1,022	22.41
(2). 内部职工股	398	7.95

2. 前十名股东所持股数及比例

股东名称	持股数(万股)	持股比例(%)
(1)铁岭市国有资产管理局	2010	40.15
(2)辽宁信托投资公司	900	17.97
(3)铁岭市资金管理局	100	1.99
(4)铁岭市种畜场第二建筑工程公司	35	0.69
(5)铁岭县凡河镇二台子村委会	30	0.59
(6)庄河市风机厂	20	0.39
(7)北京西达设施农业技术开发公司	10	0.19
(8)铁岭市种畜场建筑公司	10	0.19
(9)李丽华	9.96	0.19
(10)杭玉梅	9.76	0.19

九、公司财务会计资料

一、审计报告

辽宁会计师事务所(1997)辽会师证字第40号审计报告。

铁岭精工(集团)股份有限公司全体股东:

我们接受委托,审计了贵公司1994年12月31日、1995年12月31日、1996年12月31日的资产负债表和1994年度、1995年度、1996年度的利润及利润分配表和合并的利润及利润分配表以及1996年度的财务状况变动表和合并的财务状况变动表。这些会计报表由贵公司负责,我们的责任是对这些会计报表发表审计意见。我们的审计是依据《中国注册会计师独立审计准则》进行的。在审计过程中,我们结合贵公司的实际情况,实施了包括抽查会计记录等我们认为必要的审计程序。

我们认为,上述会计报表符合《企业会计准则》、《股份制试点企业会计制度》的有关规定,在所有重大方面公允地反映了贵公司1994年12月31日、1995年12月31日、1996年12月31日的财务状况及合并后的财务状况和1994年度、1995年度、1996年度的经营成果及合并后的经营成果以及1996年度的资金变动情况和合并后的资金变动情况,会计处理方法的选用遵循了一贯性原则。

辽宁会计师事务所　　　中国注册会计师:张庆美

中国注册会计师:宫国超

一九九七年三月十四日

二、发行人财务报表(见附表)

三、主要会计政策:

1. 会计制度:公司执行《股份制试点企业会计制度》及《股份制试点企业财务管理若干问题的暂行规定》,控股子公司铁岭帅英谷物干燥设备有限公司为中外合资企业执行《外商投资企业会计制度》,合并报表时,已按有关规定进行了调整。

2. 会计期间:公历1月1日至12月31日。

3. 合并会计报表的编制:

(1)合并范围:对于拥有过半数(不含半数)权益性资本的被投资企业,以及其他被母公司所控制的被投资企业,母公司对其会计报表进行合并。本合并报表仅包括控股子公司-铁岭帅英谷物干燥设备有限公司,其注册资本为56万美元,母公司拥有75%的权益性资本,实际投资额为2,405,000.00元折合42万美元。

(2)合并报表编制原则:

对母公司长期投资与子公司所有者权益,以及相互之间的往来款项等予以抵销,其他相同项目的资产、负债、收入、成本、费用等逐项进行合并。

(3)根据《合并报表暂行规定》的要求,不需合并的没予合并。

4. 记帐方法:采用借贷记帐法。

5. 记帐原则及计价基础:采用权责发生制,以历史成本作为计价基础。

6. 记帐本位币:以人民币为记帐本位币,涉及外币的经济业务,采用发生时当日汇率,期末时按期末汇率调整外汇价差,所产生的汇兑损益列入财务费用。

7. 存货计价方法:公司的存货按实际成本计价。对产成品的收、发、领、退的成本采用加权平均法;材料的日常核算采用计划成本并按月结算材料成本差异;低值易耗品采用一次摊销法。

8. 坏帐准备:采用备抵法计提坏帐准备。按年末应收帐款余额的3‰计提。

9. 固定资产及折旧:

(1)固定资产按照实际成本计价,标准为使用期限一年以上单位价值2000元以上的房屋、建筑物、机器、设备、运输工具以及其他与生产经营有关的设备、器具、工具等;不属于生产经营的主要设备和物品,单位价值在2,000元以上的,并且使用期限超过两年的,也为固定资产。固定资产计提折旧,按固定资产原值的3%预留残值,采用分类折旧。

(2)固定资产按企业财务制度规定的折旧年限。

项　目	使用年限	折旧率
房屋、建筑物	30~40年	3.23~2.43%
机器设备	10年	9.70%
运输工具	8年	12.12%

10. 长期投资的核算:

(1)债券投资:公司购入的在一年内不能变现或不准备变现的债券,购入时按实际支付的价款入帐。

(2)联营投资:公司向其他企业投出的期限在一年以上,投资额占被投资单位50%以上的(不含50%),采用权益法核算并合并报表。投资额占被投资单位20%~50%的,采用权益法核算,投资额占被投资单位20%(含20%)以下的,采用成本法核算。

11. 无形资产:系土地使用权,按50年摊销。

12. 税项

(1)增值税:粮食干燥机,清选机等农机销售执行13%税率,其他销售执行17%税率。

(2)营业税:按税法规定3%或5%税率缴纳。

(3)城建税和教育费附加:分别按实现流转税额的7%、3%计算缴纳。

(4)费用性税金:包括房产税、土地使用税、车船使用税、印花税等,按有关规定计算并计入当期损益。

(5)所得税:

①根据铁岭市人民政府铁政发[1993]4号文件《关于调整铁岭市直属工业企业完善经营承包责任制方案的通知》及根据辽宁省人民政府辽政(1997)47号文件《关于铁岭精工(集团)股份有限公司执行投入产出总承包政策有关问题的批复》公司1994、1995年度缴纳所得税实行先征收后返还的办法,其所得税实际税负分别为4.54%、5.02%。

②根据辽宁省人民政府辽政[1997]37号文件《关于铁岭精工(集团)股份有限公司1996年度企业所得税问题的批复》,1996年度企业所得税采取先征后返还办法,实际税负为零。

③根据辽宁省人民政府辽政[1997]32号文件《关于铁岭精工(集团)股份有限公司所得税税率的批复》,1997年股票上市后,按15%的税率计算征收企业所得税。

13. 利润分配:公司缴纳所得税后的利润,按下列顺序分配:

(1)弥补亏损;

(2)提取法定盈余公积金10%(当该项公积金达到注册资本的50%时,可不再提取);

(3)提取法定公益金5~10%;

(4)经股东会议决议提取任意盈余公益金;

(5)支付普通股股利。

14. 收入的确认:在发出商品,提供劳务,同时收讫价款或者取得收讫价款的凭据时,确认营业收入的实现。

四、财务报表附注

1. 应收帐款24,626,837.53元,即应收购货单位货款。其帐龄及比重构成如下:

老派一年以内的201户,计16,059,383.17元,占65.21%;

一至二年的83户,计4,603,887.90元,占18.70%;

二至三年的36户,计3,963,566.46元,占16.09%;

无三年以上的应收帐款。

应收帐款96年余额比95年增加了13,190,673.14元,增长115.34%,主要是市场资金短缺,货款回收率下降造成的,公司正采取相应的借施,组织清欠队伍加快资金回收速度。没有5%的关联企业欠款。

2. 其他应收款12,143,516.41元,系备用金(职工借款,主要是销售人员及工程安装人员借款。由于业务领域的扩大,备用金用量逐年增加;另外还有部分职工住院借款。)1,280,928.72元、技术协作借款3,666,720.00元、垫付沈阳干燥设备销售中心借款(为临时借款)4,715,978.28元、美国克莱斯特工业集团等所欠往来款。比去年7,223,676.98元,增加4,919,839.43元,增长了68.17%,主要是技术协作借款及垫付流动资金。

其中:

一年以内的188户,计7,645,266.75元,占62.96%

一至二年的92户,计1,094,821.34元,占9.02%;

二至三年的72户,计2,043,968.04元,占16.83%;

三年以上的74户,计1,359,460.28元,占11.19%;

没有5% 关联企业欠款。

3. 长期投资1,266,566.91元,其中:

(1)联营投资1,260,000.00元,系铁岭精达食品有限公司,投资时间1994年7月2日,投资金额1,260,000.00元,投资比例20%,合资经营期限为15年;

(2)债券投资,系电力债券6,566.91元。

4. 在建工程7,893,391.43元,比上年7,252,126.75元,增加641,264.68元。

5. 无形资产3,586,664.00元,系土地使用权,原值为3,815,600.00元,1996年摊销228,936.00元(1994年、1995年、1996年每年应摊销76,312.00元),已按3年进行摊销,摊销金额为228,936.00元,剩余摊销年限为47年,按土地使用证上注明的年限;土地使用权在50年内分摊。

6. 递延资产118,790.29元,为铁岭帅英谷物干燥设备有限公司开办费摊销余额。原值647,945.29元,已摊销4年,摊销金额529,155.00

元,剩余摊销1年。按财务制度规定,开办费在五年内分摊。

7.未付股利20,024,000.00元,系按董事会决议原股本39,840,000股加上上市新股共50,060,000股,每股预分0.40元。

8.未交税金 (-)533,223.48元,其中:

所得税: 4,288.77元

增值税:(-)593,553.98元

城建税: 56,041.73元

比上年302,660.96元减少了835,884.44元,主要是摊销期初存货进项税。

9.少数股东权益1,826,280.81元,系铁岭帅英谷物干燥设备有限公司所有者权益中应由少数股东享有的部分。

10.盈余公积7,285,434.34元,其中:

法定公积金 4,856,956.23元

法定公益金 2,428,478.11元

历年变动情况如下:

项目年份	1996年	1995年	1994年
年初余额	4,918,910.38	2,839,143.15	739,667.52
本期增加	2,366,523.96	2,079,767.23	2,099,475.63
期末余额	7,285,434.34	4,918,910.38	2,839,143.15

11.未分配利润2,108,738.14元,形成如下:

项目年份	1996年	1995年	1994年
年初余额	8,722,435.74	4,108,288.09	1,573,659.52
当期净利润	15,777,052.95	13,917,754.87	14,031,966.66
提取法定公积金	1,577,682.64	1,386,511.49	1,399,650.42
法定公益金	788,841.32	693,255.74	699,825.21
职工奖金福利	226.59	52,639.99	35,462.46
分配股利	20,024,000.00	7,171,200.00	9,362,400.00
期末余额	2,108,738.14	8,722,435.74	4,108,288.09

(1).经公司董事会提议并经公司第三次股东大会通过1994年度向全体股东派发现金红利(含税)每股0.235元,支付股利9,362,400.00元(0.235元/股×39,840,000股),剩余未分配利润结转下一年度。

(2).经公司董事会提议并经公司第四次股东大会通过1995年度向全体股东派发现金红利(含税)每股0.18元,支付股利7,171,200.00元(0.18元/股×39,840,000股),剩余未分配利润结转下一年度。

(3).经公司董事会提议(董事会预案)1996年度向全体股东(含新股东共计5,006万股)派发现金红利(含税)每股0.40元,预计支付股利20,024,000.00元(0.40元/股×50,060,000股),剩余未分配利润结转下一年度。

五、财务指标(合并)

指标名称	1996年度
流动比率	1.05
速动比率	0.74
应收帐款周转率	3.97次
存货周转率	1.73次
资产负债率	59.72%
净资产收益率	32.04%
每股税后利润	0.40元
每股净资产额	1.24元

注:以上指标按照截止于1996年12月31日的前三个会计年度的财务报表计算。另股本总额以发行前3,984万元计算。发行后每股净资产额为1.97元。

十、董事会上市之承诺

本公司董事会将严格遵守《中华人民共和国公司法》、《股票发行与交易管理暂行条例》、《公开发行股票公司信息披露实施细则》和《上海证券交易所交易规则》及有关法律、法规的规定,并自股票上市之日起作出如下承诺:

1.按照法律、法规的规定程序和要求披露重大的信息,并接受证券主管机关、上海证券交易所的监督管理。

2.及时、准确、真实地公布中期报告和年度报告,并备置于规定场所供投资者公众查阅。

3.本公司董事、监事及高级管理人员如发生人事变动或持本公司股票发生变化时在报告证券主管机关、证券交易所的同时向投资者公布。

4.在任何公共传播媒介中出现的消息可能对本公司股票的市场价格产生误导性影响时,本公司知悉后将及时对该消息予以公开澄清。

5.本公司董事、监事及高级管理人员将认真听取社会公众的意见和批评,不利用已获得的内幕消息和其他不正当手段直接或间接从事股票买卖活动。

6.本公司没有无记录负债。

十一、重要事项揭示

1.本次上市流通股本为本次新发行的1,022万股社会公众股及占用本次发行额度的内部职工股398万股,另公司原内部职工股398万股则按国家有关规定于新股发行满三年后上市。

2.根据辽宁省人民政府辽政(1997)32号文批复,公司上市后,按15%的税率计算征收企业所得税。

3.凡购买本次公司发行股票的投资者,届时将参与本公司1996年的利润分配,预计首次派发股利时间为1997年第三季度。

十二、备查文件

1.招股说明书

2.审计报告

3.验资报告

4.营业执照

5.公司章程(修正案)

6.法律意见书

十三、咨询机构

发行人:铁岭精工集团股份有限公司

法定代表人:迟庆余

法定地址:铁岭市银州区汇工街98号

电话:0410-4840311转证券部

传真:0410-4847979

联系人:陈 迈、王铁明、王 雷

主承销商及上市推荐人:申银万国证券股份有限公司

法定代表人:阚治东

法定地址:上海市南京东路99号

电话:(021)64312800

(024)2527550

传真:(021)64310778

(024)2529175

联系人:曹建荣、卢苗、杜玉强

铁岭精工集团股份有限公司

一九九七年五月十六日

利润及利润分配表

编表单位:铁岭精工(集团)股份有限公司

金额单位:元

项目	行次	附注标号	一九九六年度(合并)	一九九六年度(母公司)	项目	行次	附注标号	一九九六年度(合并)	一九九六年度(母公司)
一、主营业务收入	1	27	71,425,917.37	68,193,154.30	加:以前年度损益调整(调减以"-"号表示)	14			
减:营业成本	2	28	41,842,532.94	39,787,433.65	四、利润总额(亏损以"-"号表示)	15		20,990,706.06	20,985,464.97
销售费用	3	29	4,489,632.42	4,263,763.66	减:所得税	16	38	5,210,877.38	5,208,638.61
管理费用	4	30	9,779,702.58	8,792,024.95	减:少数股东损益(合并报表填列)(亏损以"-"号表示)	16-1	39	2,775.73	
财务费用	5	31	2,180,188.01	2,172,807.80	五、净利润(亏损以"-"号表示)	17		15,777,052.95	15,776,826.36
进货费用	6				加:年初未分配利润(未弥补亏损以"-"号表示)	18	40	8,722,435.74	8,722,435.74
营业税金及附加	7	32	476,906.26	476,906.26	盈余公积转入数	19			
二、主营业务利润(亏损以"-"号表示)	8		12,656,955.16	12,700,217.98	六、可分配的利润(亏损以"-"号表示)	20		24,499,488.69	24,499,262.10
加:其它业务利润(亏损以"-"号表示)	9	33	558,610.95	499,729.85	减:提取法定公积金	21	41	1,577,682.64	1,577,682.64
三、营业利润(亏损以"-"号表示)	10		13,215,566.11	13,199,947.83	提取法定公益金	22	42	788,841.32	788,841.32
加:投资收益(亏损以"-"号表示)	11	34	4,404.00	12,731.19	职工奖金福利(合并报表填列,子公司为外商投资企业项目)	22-1	43	226.59	
补贴收入	11-1	35	7,805,246.52	7,805,246.52	七、可供股东分配的利润(亏损以"-"号表示)	23		22,132,738.14	22,132,738.14
营业外收入	12	36	35,804.51	35,804.51	减:已分配优先股股利	24			
减:营业外支出	13	37	70,315.08	68,265.08	提取任意公积金	25			
					已分配普通股股利	26	44	20,024,000.00	20,024,000.00
					八、未分配利润(未弥补亏损以"-"号表示)	27		2,108,738.14	2,108,738.14

资产负债表

编制单位:铁岭精工(集团)股份有限公司

金额单位:元

资产	行次	附注标号	1996.12.31(合并)	1996.12.31(母公司)	负债及股东权益	行次	附注标号	1996.12.31(合并)	1996.12.31(母公司)
流动资产:					流动负债:				
货币资金	1	1	7,383,344.71	6,971,368.48	短期借款	41	12	34,050,000.00	34,050,000.00
短期投资	2				应付票据	42			
应收票据	3				应付帐款	43	13	780,516.74	384,603.90
应收帐款	4	2	24,626,837.53	22,791,928.55	预收货款	44	14	4,040,467.90	1,565,700.27
减:坏帐准备	5	3	73,880.51	68,375.78	应付福利费	45	15	596,503.31	594,160.62
应收帐款净额	6		24,552,957.02	22,723,552.77	未付股利	46	16	20,024,000.00	20,024,000.00
预付货款	7				未交税金	47	17	(-)533,223.48	(-)587,229.36
其他应收款	8	4	12,143,516.41	8,183,355.62	其他未交款	48	18	570,493.43	570,493.43
待摊费用	9	5	3,479,495.40	3,453,012.55	其他应付款	49	19	4,239,303.79	4,979,754.83
存货	10	6	19,976,988.80	18,587,903.05	预提费用	50	20	771,070.40	430,585.31
减:存货变现损失准备	10-1				一年内到期的长期负债	51			
存货净额	10-2		19,976,988.80	18,587,903.05	其他流动负债	52			
待处理流动资产净损失	11								
一年内到期的长期债券投资	12				流动负债合计	55		64,539,132.09	62,012,069.00
其他流动资产	13				长期负债:				
流动资产合计	15		67,536,302.34	59,919,192.47	长期借款	56	21	10,610,000.00	10,610,000.00
长期投资:					应付债券	57			
长期投资	16	7	1,266,566.91	6,917,659.33	长期应付款	58			
合并价差(合并报表填列)(价差以"-"号表示)	16-1				其他长期负债	60	22	565,908.91	565,908.91
固定资产:									
固定资产原价	17	8	59,456,717.18	56,569,335.43	长期负债合计	65		11,175,908.91	11,175,908.91
减:累计折旧	18	8	13,082,937.86	12,464,092.27	递延税项:				
固定资产净值	19		46,373,779.32	44,105,243.16	递延税款贷项	66			
在建工程	20	9	7,893,391.43	7,893,391.43	负债合计	67		75,715,041.00	73,187,977.91
固定资产清理	21								
待处理固定资产净损失	22				少数股东权益(合并报表填列)	67-1	23	1,826,280.81	
固定资产合计	23		54,267,170.75	51,998,634.59					
无形资产及递延资产:					股东权益:				
无形资产	24	10	3,586,664.00	3,586,664.00	股本	68	24	39,840,000.00	39,840,000.00
递延资产	25	11	118,790.29		资本公积	69			

资　　产	行次	附注标号	1996.12.31(合　并)	1996.12.31(母公司)	负债及股东权益	行次	附注标号	1996.12.31(合　并)	1996.12.31(母公司)
无形及递延资产合计	30		3,705,545.29	3,586,664.00	盈余公积	70	25	7,285,434.34	7,285,434.34
其他长期资产:					其中:公益金	71		2,428,478.11	2,428,478.11
其他长期资产	31				未分配利润(未弥补亏损以"-"号表示)	72	26	2,108,738.14	2,108,738.14
递延税项:					外币报表折算差额(合并报表填列)	72-1			
递延税款借项	32				股东权益合计	79		49,234,172.48	49,234,172.48
资产总计	40		126,775,494.29	122,422,150.39	负债及股东权益合计	80		126,775,494.29	122,422,150.39

财务状况变动表

编制单位:铁岭精工(集团)股份有限公司　　　　金额单位:元

流动资金来源和运用	行次	1996年度(合并)	1996年度(母公司)	流动资金各项目的变动	行次	1996年度(合并)	1996年度(母公司)
一、流动资金来源:				一、流动资产本年增加数:			
1.本年净利润(合并报表为合并净利润)	1	15,777,052.95	15,776,826.36	1.货币资金	31	(-)1,752,708.56	(-)700,341.92
加:少数股东本期损益(合并报表填列)	2	2,775.73		2.短期投资	32		
加:不减少流动资金的费用和损失:				3.应收票据	33		
(1)固定资产折旧	3	3,516,363.13	3,346,180.10	4.应收帐款净额	34	13,151,099.79	11,322,141.56
(2)无形资产、递延资产及其他资产摊销(减其他负债转销)	4	358,525.00	228,936.00	5.预付货款	35		
(3)固定资产盘亏(减盘盈)	5			6.其他应收款	36	4,919,839.43	5,325,568.68
(4)清理固定资产损失(减收益)	6	59,388.08	59,388.08	7.待摊费用	37	(-)984,052.34	(-)1,010,535.19
(5)递延税款	7			8.存货净额	38	(-)8,297,053.60	(-)7,981,566.92
(6)其他不减少流动资金的费用和损失	8			9.待处理流动资产净损失	39		
小计	10	19,714,104.89	19,411,330.54	10.一年内到期的长期债券投资	40		
2.其他来源				12.其他流动资产	41		
(1)固定资产清理收入(减清理费用)	11				42		
(2)增加长期负债	12	7,145,908.91	7,145,908.91	流动资产增加净额	45	7,037,124.72	6,955,266.21
(3)回收长期投资	13	65,768.81	65,768.81	二、流动负债本年增加数:			
(4)对外投资转出固定资产	14			1.短期借款	46	(-)5,280,000.00	4,480,000.00
(5)对外投资转出无形资产	15			2.应付票据	47		
(6)资本净增加额	16	2,366,523.96	2,366,523.96	3.应付帐款	48	(-)414,973.57	179,424.00
(7)少数股东资本增加额(合并报表填列)	16-1			4.预收货款	49	(-)2,002,132.69	(-)4,476,900.32
小计	17	9,578,201.68	9,578,201.68	5.应付福利费	50	(-)31,822.83	22,136.93
流动资金来源合计	18	29,292,306.57	28,989,532.22	6.未付股利	51	18,892,984.47	18,892,984.47
二、流动资金运用				7.未交税金	52	(-)835,884.44	(-)770,002.84
1.利润分配				8.其他未交款	53	48,677.98	48,677.98
(1)提取法定公积金	19	1,577,682.64	1,577,682.64	9.其他应付款	54	(-)8,828,631.67	(-)8,000,112.45
(2)提取法定公益金	20	788,841.32	788,841.32	10.预提费用	55	(-)1,228,221.16	(-)877,521.22
(3)提取任意公积金(减盈余公积转入)	21			11.一年内到期的长期负债	57		
(4)已分配股利	22	20,024,000.00	20,024,000.00	12.其他流动负债	57		
(5)职工奖福基金(合并报表中外商投资子公司项目)	22-1	226.59					
小计	23	22,390,750.55	22,390,523.96				
2.少数股东利润分配(合并报表填列)	23-1						
3.其他运用:							
(1)固定资产和在建工程净增加额	24	184,427.39	182,428.60				
(2)增加无形资产、递延资产和其他资产	25						
(3)偿还长期负债	26						
(4)增加长期投资	27						
小计	28	184,427.39	182,428.60				
流动资金运用合计	29	22,575,177.94	22,572,952.56				
外币会计报表折算差额(合并报表填报)	29-1			流动负债增加净额	58	319,996,09	538,686.55
流动资金增加净额	30	6,717,128.63	6,416,579.66	流动资金增加净额	59	6,717,128.63	6,416,579.66

铁岭精工集团股份有限公司1997年度中期报告

一、财务报告(已审计)

(一).审计意见(辽会师证审字[1997]第115号)

铁岭精工集团股份有限公司全体股东:

我们接受委托,审计了贵公司1997年6月30日的资产负债表及合并的资产负债表和1997年1~6月的损益表及合并的损益表。这些会计报表由贵公司负责,我们的责任是对这些会计报表发表审计意见。我们的审计是依据《中国注册会计师独立审计准则》进行的。在审计过程中,我们结合贵公司的实际情况,实施了包括抽查会计记录等我们认为必要的审计程序。

我们认为,上述会计报表符合《企业会计准则》、《股份制试点企业会计制度》的有关规定,在所有重大方面公允地反映了贵公司1997年6月30日的财务状况及合并后的财务状况和1997年1~6月的经营成果及合并后的经营成果,会计处理方法的选用遵循了一贯性原则。

辽宁会计师事务所　　中国注册会计师　张庆美

中国注册会计师　宫国超

中国　沈　阳　　一九九七年七月二十六日

(二).财务报表

1.简化的资产负债表

编制:铁岭精工集团股份有限公司　　1997年6月30日　　金额单位:人民币元

项　目	年初数(母公司)	年初数(合并)	期末数(母公司)	期末数(合并)
资产				
流动资产	59,919,192.37	67,536,302.34	132,549,333.85	140,090,222.36
长期投资	6,917,659.33	1,266,566.91	6,945,025.41	1,266,566.91
固定资产净值	44,105.243.16	46,373,779.32	42,549,001.74	44,708,023.13
在建工程	7,893,391.43	7,893,391.43	9,294,026.29	9,309,283.57
无形及递延资产	3,586,664.00	3,705,454.29	3,548,508.00	3,616,002.41
其它长期资产				
资产合计	122,422,150.39	126,755,494.29	194,885,895.29	198,990,098.38
负债及股东权益				
流动负债	62,012,069.00	64,539,123.09	81,516,298.96	83,785,099.22
长期负债	11,175,908.91	11,175,908.91	6,256,006.63	6,256,006.63
负债合计	73,187,977.91	75,715,041.00	87,772,305.59	90,041,105.85
少数股东权益		1,826,280.81		1,835,402.83
股本	39,840,000.00	39,840,000.00	50,060,000.00	50,060,000.00
资本公积			39,297,167.42	39,297,167.42
盈余公积	7,285,434.34	7,285,434.34	8,539,771.81	8,539,771.81
其中:公益金	2,428,478.11	2,428,478.11	2,846,590.60	2,846,590.60
未分配利润	2,108,738.14	2,108,738.14	9,216,650.47	9,216,650.47
股东权益合计	49,234,172.48	49,234,172.48	107,113,589.70	107,113,589.70
负债及股东权益合计	122,422,150.39	126,775,494.29	194,885,895.29	198,990,098.38

2.简化的损益表

项　目	上年同期实际数(未审计)		本期(1~6)实际数(已审计)	
	母公司	合并	母公司	合并
主营业务收入	27,681,908.49	28,697,274.99	40,675,247.65	41,806,886.72
主营业务利润	606,114.60	753,077.75	9,057,390.65	9,082,696.13
其它业务利润		11,747.29	632,903.22	651,631.39
投资收益	117,637.83		27,366.08	
营业外收支净额	-29,360.68	-31,220.68	5,672.90	5,392.90
利润总额	694,391.75	733,604.36	9,833,268.69	9,849,656.26
所得税			1,471,018.89	1,478,284.44
少数股东本期收益		39,212.61		9,122.02
净利润	694,391.75	694,391.75	8,362,249.80	8,362,249.80

3.主要财务指标

项　目	1997年1~6月
每股收益(摊薄、元)	0.167
净资产收益率(摊薄)	7.8%
每股净资产(元)	2.14

(四).财务报表附注

报表附注(科目附注未包括子公司)

1.本期财务报告所采用的会计政策和会计方法与1996年度财务报告所采用的会计政策和会计方法一致。

2.本报告期内主体未发生合并、分立等变化。

3.合并报表编制原则:

对于拥有过半数(不含50%)权益性资本的被投资企业,以及其他被母公司所控制的被投资企业,母公司对其会计报表进行合并。在编制合并报表时,对内部投资、内部往来等按合并报表原则进行抵销。本合并报表仅包括控股子公司——铁岭帅英谷物干燥设备有限公司。

4.货币资金44,089,509.09元,比年初增加37,118,140.61元,增加532.44%,系股票上市社会募集资金所致。

5.应收帐款37,046,172.96元,比年初增加了14,254,244.41元,增加了62.54%,系货款在途所致。

6.其他应收款32,502,608.52元,比年初增加24,319,252.90元,增加了297.18%,系预付项目投向资金所致。

7.应付帐款134,510.40元,比年初减少了250,093.50元,减少65.03%,系清偿应付款项所致。

8.预收帐款10,152,570.74元,比年初增加了8,586,870.47元,增加了548.44%,系预收谷物干燥设备订货款。

9.其他应付款6,687,001.13元,比年初增加了1,707,246.30元,增加了34.28%,系未付预提上市费用。

10.应交税金3,061,687.45元,比年初增加了3,648,916.81元,系应交所得税,增值税所致。

11.长期借款5,610,000.00元,比年初减少了5,000,000.00元,系还银行贷款所致。

12.股本50,060,000.00元,比年初增加了10,220,000.00元,系股票上市社会募集股本所致。

13.资本公积金39,297,167.42元,比年初增加了39,297,167.42元,系股票上市募集股本增加公积金39,040,400.00元和发行期间银行利息增加256,767.42元所致。

14.盈余公积8,539,771.81元,比年初增加了1,254,337.47元,增加了17.22%,系中期计提盈余公积所致。

15.未分配利润9,216,650.47元,比年初增加了7,107,912.33元,增加了337.2%,系上半年实现利润所致。

16.产品销售收入40,675,247.65元,比同期增加了12,993,339.16元,增加了46.94%,系出口产品增加和粮食干燥机销售收入增加所致。

17.产品销售税金及附加278,852.30元,比同期增加了122,096.15元,增加了77.89%,系销项税较大所致。

18.其他业务利润632,903.22元,比同期增加了632,903.22元,系租赁费收入所致。

19.财务费用1,745,597.56元,比同期减少了787,567.99元,减少了31.09%,系利率下调和募集资金暂存银行利息所致。

20.投资收益27,366.08元,比同期减少了90,271.75元,减少了76.74%,系控股公司权益法核算去年同期数未经审计调整。

21.补贴收入109,935.84元,比同期增加了109,935.84元,系出口货物退增值税所致。

22.营业外收入6,562.90元,比同期减少9,484.50元,减少了59.1%,系同期处理废旧钢材所致。

23. 营业外支出 890.00 元,比同期减少了 44,518.08 元,减少 98.04%,系无赞助款支出所致。

24. 所得税 1,471,018.89 元,比同期增加了 1,471,018.89 元,系同期审计前未提所致。

25. 无或有事项及期后事项。

26. 无关联方及关联方交易。

二、经营业绩的回顾和展望

1. 上半年经营情况的回顾

(1). 上半年公司围绕年初制定的经营目标及措施计划,加强企业基础管理,积极开拓市场,在激烈的市场竞争形势下,取得了可喜的经营业绩。主营业务收入完成 4180.7 万元,比去年同期增长 45.7%,净利润完成 836.2 万元,比去年同期增长 1104.9%,上面两项主要经济指标均为公司历史同期最好水平。

(2). 每股税后收益 0.167 元,完成了全年计划的 47%,比去年同期增长 882.4%。

(3). 国际市场开发取得重大进展,通过出口,与国际上一些主要用户建立了良好的合作关系,干燥设备和自动化立体仓库已完成合同 417 万元人民币,为今后进一步拓展国际市场奠定了基础。

(4). 开展了以提高全员素质为目的的员工达标培训工作。

(5). 实施了质量否决和成本否决,产品质量有较大幅度提高,产品成本得到控制。

2. 下半年展望

(1). 加速干燥及配套设备"九五"技术改造和自动化立体仓库技术改造,进一步提高劳动生产率和产品成套化水平。

(2). 加大自动化立体仓库市场开发力度,增大产品出口和加快产品在国内市场上的推广。

(3). 按照市场经济规律要求,加强基础管理,降低产品成本,进一步提高整体效益。全面完成年初计划的经营指标。

三、重大事件说明

1.1997 年 1 月 3 日公司召开首届董事会第十一次会议,根据股东大会授权,决定了股票名称,上市地点和内部职工股上市比例。

2.1997 年 4 月 15 日公司公开发行股票材料被中国证券监督管理委员会复审通过,批准向社会公开发行人民币普通股 1420 万元,其中 398 万股内部职工股占用发行额度一同上市。

3.1997 年 5 月 5 日~12 日公司 1022 万元人民币普通股在辽宁省铁岭市银州区采用"全额预缴、比例配售、余款转存"的方式发行,扣除发行费用共募集资金 4926 万元。

4.1997 年 5 月 20 日公司 1420 万股流通股在上海证券交易所挂牌上市。

5. 募集资金使用情况说明:

(1). 干燥及配套设备"九五"技术项目,本报告期内已完成投资 119 万元,主要是完善管道和粮食干燥机零部件加工生产条件,以适应粮食干燥机市场的需求。

(2). 自动化立体仓库技改项目。本报告期内已完成前期投资 596 万元,现正在组建堆垛机和货架生产线,今年年底将具备初步生产条件。

募集资金扣除发行费后为 4926 万元,上述两个项目已完成投资 715 万元,尚未使用的资金将按照项目的进度情况陆续投入。

6. 本公司按照国家证监会,中国人民银行,国家经贸委发布的《严禁国有企业和上市公司炒作股票的规定》进行了认真的自查,公司到目前为止,尚未开设上交所的股票帐户和深交所的股票帐户,从未买卖任何公司股票。如本公司今后从事股票投资,将严格遵循国家政策法规和本公司章程的规定。

7. 本报告期内,本公司无重大诉讼、仲裁事项。

8. 本公司 1997 年中期利润不分配。1996 年度利润分配预案:10 股送 4 股,同时转增 2 股。8 月 18 日股东大会表决通过后实施。

四、发行在外股票的变动和股权结构的变动

1. 股本结构情况

股份单位:万股　　面值:每股壹元

股份类别	年初数	占总股本比例%	期末数	占总股本比例%
(1). 未流通股份				
发起人股	3010	75.55	3010	60.13
其中:国家股	2010	50.45	2010	40.15
法人股	1000	25.10	1000	19.98
募集法人股	178	4.47	178	3.56
内部职工股	796	19.98	398	7.95
未流通股合计	3984	100	3586	71.63
(2). 流通股				
社会公众股	0	0	1420	28.37
(3). 股份总数	3984	100	5006	100

发行在外股票的变动和股权结构的变动原因是报告期内本公司公开发行了 1022 万股人民币普通股,内部职工股中有 398 万股随公开发行的 1022 万股人民币普通股一同上市。

2. 公司前 10 名股东持股情况(1997 年 6 月 30 日)

股东名称	持股数(股)	占总股本比例%
(1). 铁岭市国有资产管理局	20100000	40.15
(2). 辽宁信托投资公司	9000000	17.98
(3). 铁岭市资金管理局	1000000	1.98
(4). 上海立豪公司	369000	0.74
(5). 铁岭市种畜场第二建筑工程公司	350000	0.70
(6). 铁岭县凡河镇二台子村委会	300000	0.60
(7). 王晓萍	278800	0.56
(8). 深圳市中万德	235126	0.47
(9). 李成伟	228000	0.46
(10). 庄河风机厂	200000	0.40
洪元昆	200000	0.40

五、股东大会简介

本报告期内未召开股东大会

1997 年 7 月 8 日召开首届董事会第十二次会议,决定于 8 月 18 日召开公司第五次股东大会,主要审议如下议案:

(1).1997 年度董事会工作报告;

(2).1997 年度监事会工作报告;

(3). 公司章程修正案;

(4).1997 年公司投资方案

(5). 选举公司第二届董事会和由股东出任的第二届监事会成员;

(6). 1996 年度利润分配方案(每 10 股送 4 股)和利用资本公积金转增股本的方案(10 股转增 2 股)。

六、备查文件

1. 载有董事长亲笔签名的中期报告原本。
2. 辽宁会计师事务所审计的公司 1997 年上半年财务报告及财务报表原件。
3. 公司招股说明书。
4. 上市公告书。

查阅地址:辽宁省铁岭市银州区汇工街 98 号,本公司董事会办公室。

电　　话:(0410)4840311-276

传　　真:(0410)4847979

铁岭精工集团股份有限公司

一九九七年八月十五日

江苏鼎球实业股份有限公司

江苏鼎球实业股份有限公司简介

江苏鼎球实业股份有限公司位于中外闻名的陶都——宜兴市,为国家太湖旅游区组成部分;属苏、锡、常高科技经济开发地带。新建后的沪宁、宁杭高速公路及新长铁路连接上海、杭州、南京、无锡等地,交通更加便捷。

江苏鼎球实业股份有限公司为全国绢纺行业第一家上市公司;也是目前国内绢纺行业中生产手段最先进、综合实力最强集纺织、炼整、印染、制衣、科研于一体的独家全能生产企业。并从瑞士、意大利、日本、香港等国家和地区引进了成套的先进生产设备,技术含量在国内居领先地位。

现有资产总值4.6亿元。下属7个生产企业;一个宾馆商场和服装研究所;在国内其它大城市有七个分公司;在香港、美国已建立了分支营销机构,销售网络辐射全国及世界各发达地区。年产优质绢丝500吨,各种绢丝绸600万米,染色印花绸1000万米、中、高档服装80万件以上。

公司具有良好的企业信誉,获中国银行江苏分行首批"优等"信用级企业;江苏省百家"重合同守信用单位"。

鼎球实业了为顺应多元化、国际化的现代企业潮流,本着"立足丝绸,发展丝绸,超越丝绸"的经营理念,向深度、广度渗透延伸。近年来已涉足房地产,进出口贸易业务,并已进入金融资本经营的初级阶段,希翼透过更广泛的合作领域,创造更好的未来……

江苏鼎球实业股份有限公司招股说明书概要

一、绪言

本招股说明书是根据《中华人民共和国公司法》、《股票发行与交易管理暂行条例》、《公开发行股票信息披露的内容与格式准则》及其他配套文件编制,本公司董事会已通过本招股说明书概要,确信所摘内容与招股说明书正文一致且无重大误导、虚假及遗漏。

本次新发行的股票是根据本招股说明书所载明的资料申请发行的。除本发行人和主承销商外,没有委托或授权任何其他人提供未在本说明书中列载的信息和对本说明书作任何解释或说明。

投资人需自行承担买、卖本公司股票所应支付的税款,发行人、推荐人和承销商对此不承担任何责任。

二、释义

在本如股说明书内,除非另有说明,下列简称具有如下意义:

1. 公司、本公司、股份公司及发行人:指江苏鼎球实业股份有限公司;

2. 总公司:指宜兴市绢麻纺织印染实业总公司;

3. 主承销商、上市推荐人:指江苏省证券公司;

4. 发起人法人股:指公司定向募集设立时发起人所持有的法人股;

5. 社会法人股:指本公司以定向募集方式向发起人之外的其他社会法人发行的法人股;

6. 内部职工股:指本公司定向募集设立时发行并由在册职工持有的本公司普通股股票;

7. 新股:指本公司本次向社会公众发售的3500万股人民币普通股(A股);

8. 证监会:指中国证券监督管理委员会;

9. 承销协议:指公司与主承销商签订的关于本次股票发行的承销协议;

10. 董事会:指本公司董事会;

11. 元:批人民币元。

三、发售新股的有关当事人

1. 发行人

名　　称:江苏鼎球实业股份有限公司

法定代表人:丁玉湘

注册地址:宜兴市太华振兴路

咨询联系人:嵇康一、潘为平

电　　话:(0510)7381472　7381365

传　　真:(0510)7381652

2. 发行人财务顾问

名　　称:中国诚信证券评估有限公司

法定代表人:毛振华

地　　址:北京市东城区和平里东街民旺乙19号写字楼七层

电　　话:(010)64275969　64235522-2704、2730

传　　真:(010)64275625

联 系 人:费屹立

3. 主承销商

名　　称:江苏省证券公司

法定代表:鲍志强

地　　址:南京市管家桥87号华荣大厦14层

电　　话:(025)4523777-5004、4522274

传　　真:(025)4523777-5001

联 系 人:姜健、陶军、王光林、陈刚

4. 上市推荐人

名　　称:江苏省证券公司　君安证券有限公司

5. 副主承销商

名　　称:湖北证券公司

法定代表人:陈浩武

地　　址:武汉市武昌彭刘杨路232号

电　　话:027-8863562

6. 分销商

名　　称:君安证券有限公司

法定代表人:张国庆

地　　址:深圳市罗湖区春风路5号六一八层

电　　话:0755-2296666,2296999

名　　称:无锡市证券公司

法定代表人:孙庭楷

地　　址:无锡市中山路53号

电　　话:0510-2735155

名　　称:福建兴业证券公司

法定代表人:兰荣

地　　址:福州市湖东路169号天骜大厦

电　　话:0591－7542524,7543114

7．发行人律师事务所和经办律师

名　　称:广东明大律师事务所

负　责　人:郭锦凯

地　　址:广州市环市东路360号珠江大厦东10楼

经办律师:郭锦凯、毛献萍、林焕均

电　　话:(020)83332490　83848573

传　　真:(020)83847799

8．主承销商律师事务所

名　　称:江苏对外经济律师事务所

法定代表人:张国平

地　　址:江苏省南京市北京西路

电　　话:(025)6631336

9．会计师事务所和经办注册会计师

名　　称:无锡公证会计师事务所

法定代表人:马惠兰

地　　址:江苏省无锡市县前西街4号

电　　话:(0510)2713977　2734972

传　　真:(0510)2704831

经办注册会计师:金章罗、沈大龙

10．资产评估机构和经办评估人员

名　　称:北京中锋资产评估事务所

法定代表人:关锡钊

地　　址:北京市海淀区阜成路33号

电　　话:(010)68437104　68904915

传　　真:(010)68437084

经办评估人员:张孝勤、张梅、李香蓉

11．资产评估确认机构

名　　称:国家国有资产管理局

法定代表人:张佑才

地　　址:北京市海淀区万泉河路66号

电　　话:(010)2567744

传　　真:(010)2541889

12．收款银行

名　　称:江苏省人民银行营业部

地　　址:南京市中山东路2号

13．股票托管机构

名　　称:无锡市证券登记有限公司

地　　址:无锡市向阳路妙光苑3号

法定代表人:倪国华

电　　话:(0510)2738720

14．股票登记机构

名　　称:上海证券中央登记结算公司

地　　址:上海市黄浦路15号

法定代表人:王迪彬

电　　话:(021)63068888

四、发行情况

1．本次发行新股一般情况:公司本次共获得人民币普通股股票公开发行额度3500万元,每股面值为1元,共3500万股,全部面向社会公众公开发行。

2．发行日期:1997年5月28日。

3．发行方式:“上网定价”方式。

4．发行地点:与上海证券交易所联网的全国各证券营业网点。

5．发行对象:持有中华人民共和国身份证的自然人、法人(国家法律、法规禁止购买者除外)。

6．承销起止日期:1997年5月26日——1997年6月5日。

7．承销方式:本次新股发行采用由承销团余额包销方式承销。

8．预计上市日期及上市交易所:本公司股票预计于1997年6月16日,在上海证券交易所正式挂牌交易。

9．发行价格及确定方法:本次新股发行价格为每股5.80元。

发行价格＝发行前三年平均每股税后利润×市盈率

$5.80=(0.53+0.45+0.24)\div 3\times 14.50$

发行市盈率为14.50倍,发行后每股净资产为3.08元。

10．发行总市值:本次发行按发行价计算预计总市值20300万元。

11．承销机构:本次股票发行由江苏省证券公司担任主承销商,江苏省证券公司和君安证券有限公司担任上市推荐人,湖北证券公司担任副主承销商;君安证券有限公司、无锡市证券公司和福建兴业证券公司担任分销商。

五、风险因素与对策

投资者在评价本发行人此次发售的股票时,除本招股说明书提供的其它资料外,应特别认真地考虑下述各项风险因素。

(一)风险因素

1．经营风险

本公司是从事绢纺织品生产经营的一体化全能企业,在生产经营过程中可能存在以下风险因素:

(1)原材料供应风险

本公司产品原料主要是丝绸蚕茧加工废弃的下脚料,如死茧、削口茧、黄斑茧、长吐、汰头等,以及在精炼中需要的一些化工材料,如精炼剂、纯碱、泡花碱、染料等。原材料成本占总成本的80%,几乎全部由国内市场供应,蚕茧下脚料主要依赖于国内缫丝厂和蚕茧收购站的供应,蚕茧的供应依赖于千家万户蚕农,因此原料的供应是否稳定,将直接影响公司的生产和经营。

(2)产品价格风险

本公司产品价格主要根据外销市场的行情、产品的生产成本和其它同类产品的销售价格而制定,同时也在一定程度上接受政府有关部门的监管。因此,国际市场行情的变化,原材料成本、各项费用的变动以及其他同类产品的竞争都有可能导致本公司产品价格的波动。

(3)技术设备风险

本公司的产品生产主要采用国内绢纺行业较通行的传统工艺和技术设备,在一些关键工序引进了国外较先进的设备,整体技术装备水平在国内同行业中居领先地位,但与国外先进的绢纺企业相比,仍有较大的差距。因此,公司产品出口时,存在着因技术设备落后而产生的风险。

(4)汇率变动风险

随着国家进一步放宽外汇管制,人民币将逐渐走向可自由兑换,其汇率将由市场供求关系来决定。目前,本公司产品90%外销到港澳、东南亚、欧美等地,其中自营出口的比重占20%,这部分收益以美元结算,间接出口的部分也会因汇率波动而影响售价,因此汇率变动将直接影响本公司的收益水平。

(5)环保风险

公司在产品生产过程中,对周围环境会产生一定的污染。主要是限于公司现有的生产工艺和技术手段,在原料精炼、印染等工序会排放污水和废气,随着国家对环保要求的提高和公司生产经营规模的扩大,公司环保费用支出也在逐年增大,公司96年环保费用为98万元,97年、98年的环保支出预计以5%的比例递增。因此如不迅速提高现有生产技术手段和生产工艺,环保因素将直接制约公司的发展。

(6)产业结构相对集中风险

公司目前主要从事绢纺织品的生产经营,跨行业经营刚刚起步,存在着产业结构相对集中的风险。

2．行业风险

本公司的行业风险主要来自于行业内的竞争。

我国是丝绸大国,丝绸产量占世界总产量的70%左右,但我国绢纺行业技术设备陈旧、产品档次低、企业数量过多、行业内低水平重复建设、高价抢购原料和低价竟相出口等问题严重,造成出口量增加而单价下降,整体效益不高。短期内这种局面若无大的改观,对公司以后的生产经营将产生较大的影响。另外,原料精炼、印染等工序会排放一些污染物,因此国家环保部门对其也有一些限制性的要求。

3．市场风险

公司主要产品绢丝绸90%以上以直接或间接的方式出口到港澳、东南亚和欧美等地市场,而这些市场变化多端,竞争激烈,容易受经济周期的影响,因此公司对其海外市场的依赖性较大。另外,公司对欧美市场绢纺织品的出口还受到配额的限制。从这些方面说,公司产品的出口存在着较大的市场风险。

4．政策风险

本公司是以出口为主的外向型企业,随着我国出口规模的逐年增长,国家有可能减少鼓励出口的优惠政策,而且国家在蚕茧的养殖和流通、行业管理、环境保护等方面的政策也可能变化,这些都将对公司的生产经营产生较大的影响。另外,由于公司目前享受15%的所得税优惠政策,国家有关税收政策的变化也将直接影响本公司的经营业绩。

5．股市风险

我国股票市场还处于发展的初级阶段,管理法规不健全,运行机制不完善,因此股票市场还存在相当程度的风险。另外,国内外政治、经济形势的变化和国家金融政策的调整,发行人的经营业绩及其发展前景,投资者的心态变化等因素都会给股票投资者带来很大的风险。

6．项目投资风险

公司此次募集资金投资项目经过了认真细致的可行性论证,具有良好的经济效益,如能顺利投产,将会给投资者带来较丰厚的回报,但若遇到一些不可控因素的影响致使项目不能及时顺利地投产运营,投资者也有可能蒙受由此而造成的损失。另外,如果我国与其他有关国家发生国际贸易争端,也有可能影响公司收益。

(二)风险对策

为了最大限度地降低上述风险,维护投资者的利益,本公司已经或准备采取以下对策:

1．经营风险对策

(1)原材料供应的风险对策

公司对主要原材料和半成品的供应采取的策略是:拓宽供应渠道,重点培植货源基地,稳定原材料的供应。目前公司原材料主要由江苏、浙江、安徽、四川等地区的一些规模较大的缫丝厂、精炼厂供应,公司与这些企业都建立了良好的协作关系,同时公司还通过参股、收购兼并、签订长期供应合同等方式在江苏、四川等地建立了相当规模的原料供应基地,以保证公司正常的生产经营。

(2)产品价格风险对策

为避免产品价格风险,本公司主要采取以下三点对策:争取国家绢纺织品的出口配额,扩大公司自营出口的比重,同时减少一些中间流通环节,掌握出口产品价格的控制权;对公司绢纺工艺流程中的关键工序进行技术改造,引进国外先进的技术和工艺设备,减少原材料的损耗,降低生产成本;通过扶植和建立公司的原材料供应基地,加强对原料的控制,减少原料价格的波动对产品价格的影响。

(3)外汇风险对策

随着公司自营出口比重的加大,公司制定了一套规避外汇风险的对策措施:加强对外汇市场信息的搜集和研究分析,选择硬通货作为结算货币;签定外销合同时,加列货币保值条款;通过套期保值等手段减少外汇市场的波动对公司收益的影响等。

(4)环保风险对策

公司一直对环保工作予以高度重视,投入了大量人力和物力进行环保设施建设,同时多渠道积极筹措资金加大生产技术改造工作力度,取得了较好的效果。95年,公司成功申请了350万美元世界银行苏南环保项目贷款,同时在本次所有新建投资项目中都加列了环保设施的投资预算,项目建成后将大大降低公司的环保费用支出。

(5)产业结构相对集中的风险对策

本公司将根据国家产业发展的要求,逐步拓展公司经营范围,实施多元化经营战略,建立以“鼎球”品牌为核心的多品种、系列化的产品体系,以分散市场风险。

2．行业风险对策

针对国内绢纺行业存在的风险,本公司在今后的发展中将充分利用自身的规模优势和经营实力,加大投资力度,巩固并加强公司在行业中的地位和优势,提高抵御行业风险的能力。公司将充分利用本次股票发行机会,将募集到的资金用于技改和收购等项目,扩大公司的生产规模,提升产品的质量档次,提高公司的知名度。投资项目完成后,公司的坯绸产量将比现在增加一倍,出口量提高到全国坯绸出口量的20%以上,公司将稳固占据行业领先地位,行业风险大大降低。

3．市场风险对策

针对本公司出口产品主要依赖海外市场的风险,公司将逐渐加大内销的比重,同时开辟中南美市场,以分散市场风险。另外,公司还将加强在香港、东南亚、美国等地的营销力量,在西欧开设分公司,增强公司对外销产品的控制力度。

4．政策风险对策

针对国家鼓励出口的优惠政策有可能减少的风险,本公司将通过引进国内外先进的技术和设备,提高产品的附加价值,同时通过强化企业的内部管理,严格控制各项费用的开支,进一步降低产品的生产成本,消化吸收各种优惠政策的减少和税收政策的变化给公司生产经营带来的不利影响。

5．股市风险对策

本公司将严格按照《公司法》和《股票发行与交易管理暂行条例》等法规的要求及时、准确、完整地披露信息,减少投资者的信息风险,按照上市公司和现代企业的要求,规范运作和经营,以优良的经营业绩、良好的品牌形象和规范化的管理,出现在社会公众面前,从而给股东以稳定、丰厚的投资回报,实现公司价值的最大化。

6．项目投资风险对策

本公司将充分发挥股份制企业的优势,建立“产权明晰、权责明确、政企分开、管理科学”的现代企业制度,促进公司管理水平、竞争能力和企业素质的全面提高,增强公司抵御和应付各种突发事件的能力,最大限度的减少各种风险可能给公司带来的不利影响。

六、募集资金的运用

(一)定向募集资金运用情况

1994年6月,公司经江苏体改委苏体改生(1994)361号文批准定向募集股份994.71万股,除投资折股的固定资产,实收股本现金1713万元,主要投资项目包括:

1．投资513万元,更新公司目前老式的1515梭织机100台,以效率较高的剑杆织机替代。

2．补充股份公司流动资金1200万元。

此次所募集的资金已全部投资于定向募股通函所列项目,资金使用效益良好。

(二)本次增资扩股募集资金的运用计划

本次增资扩股预计可募集资金19355万元(已扣除发行费用),主要用于以下项目:

1．购置250台剑杆织机技改项目

本项目已经江苏省计划与经济委员会苏计经技发(1997)84号文批准,总投资2990万元,项目建设期半年,投资回收期2年。达产后,预计年产绢丝绸500万米,年增销售收入18000万元,利润1262万元。

2．中外合资“宜兴鼎顺绢丝原料精炼有限公司”投资项目本项目经宜兴市利用外资管理委员会宜外管资字(1997)第11号文批准,项目总投资1600万美元,其中股份公司投资1120万美元,折合人民币9296万元,占总投资比例的70%。项目建设期2年,投资回收期4.5年。项目达产后,预计年加工绢线原料4200吨,年增销售收入22579万元,年增利润3350万元。

3. 偿还世界银行苏南环保项目贷款

本项目经江苏省计划与经济委员会苏计经投(1995)456号文批准,项目总投资2975万元,其中向世界银行申请环保贷款300万美元(世界银行研究后追加贷款50万美元,实际贷款350万美元),自筹436万元。项目建成后,经过处理的污水、废气的排放完全达到国家规定的标准。厂区周围环境大大改善,同时企业年增产优质绢丝360吨,实现销售收入11513万元,利润1656万元。项目建设期为1年,投资回收期4.1年。

该项目业已竣工,取得了预期的投资效果。若股票发行成功,将用一部分募集资金偿还世界银行贷款,以降低公司的财务费用。

4. 年产40万件绢丝绸服装生产线技改项目

本项目已经江苏省计划与经济委员会苏计经技发(1997)101号文批准。项目总投资1860万元,项目建设期半年,项目投资回收期2.8年。项目达产后,预计年产绢丝服装40万件,年实现销售收入8000万元,利润806万元。

5. 收购兼并两家绢纺厂

定向收购兼并的两家绢纺厂,都是规模相对较小的单一纺丝厂,以生产苧麻纱和丝麻混纺纱为主,具备一定的管理水平,技术设备良好,目前为本公司配套生产供应绢丝原料。兼并后,不仅有利于进一步提高其技术装备和生产管理水平,而且也将提高公司的规模化水平。内部收益率44.2%,投资回收期2.6年。

该项目经公司董事会特别决议和股东大会决议通过,并与被兼并方主管部门签定了收购意向书,经会计师事务所的简略审计报告,两厂净资产合计约为1800万元,本公司拟出资1550万元用于本项目,再投入250万元用于技术改造和配套资金。项目完成后,可年产细丝500吨,细绵绸或其他交织绸300万米。年实现销售收入7410元,利润889万元。

本次所募资金用于上述项目后超出部分434万元,将用于补充公司配套流动资金。

(三)募集资金投资计划表(见附表五)

七、股利分配政策

(一)本公司实行同股同权的分配政策,由董事会在每个会计年度结束后提出分配预案,报股东大会批准后实施。股利分配每年一次,分配时间为每个会计年度结束后6个月内,采取现金、股票或者其他合法形式。

(二)依照公司章程规定,本公司在缴纳所得税和其他税费后的利润,按下列顺序分配;

(1)弥补亏损;

(2)提取利润的10%列入公司的法定公积金;

(3)提取利润的5—10%列入公司的法定公益金;

(4)提取任意公积金;

(5)按照股东持有的股份比例分配。

(三)在向个人股东分配股利时,按中华人民共和国有关个人所得税的法律和法规的规定代为扣缴税金。

(四)根据公司股东大会决议,1996年度股利暂不分配。认购公司本次新股的股东除参与1997年的股利分配外,不将参加公司1996年度滚存利润的分配,预计1998年上半年进行新股发行后的首次股利分配。

八、发行人及发行人主要成员的情况

(一)发行人名称:江苏鼎球实业份有限公司

(二)发行人成立日期:1994年6月28日

(三)发行人注册地址:宜兴市太华振兴路

(四)发行人所处地理环境:

本公司位于江苏省宜兴市西南部的太华镇,其境内风景秀丽,东临太湖、南接天目山,雨量充沛,物产丰富,素有"竹海、茶洲、洞府"的美誉,是国家级旅游胜地一太湖风景区的组成部分。从地理上看,位于苏、浙、皖三省交界地,宜广公路由此连接苏皖二省,京杭国道连接苏浙擦肩并行,兴建中的新长铁路亦将横贯其中,交通十分便捷。宜兴市素以陶瓷之都蜚声中外,是我国陶瓷、丝绸、服装、环保等产品生产出口的重要基地,地处国家苏锡常高科技产业开发带,经济、文教、科技发达,综合实力强,被江苏省科委列人科技"星火计划密集小区"。

(五)发行人历史情况简介:

本公司是在宜兴市绢麻纺织印染实业总公司部分改制的基础上,以宜兴市绢麻纺织印染实业总公司为主要发起人,联合江苏省丝绸进出口公司(现名江苏省丝绸进出口集团股份有限公司)、宜兴市太华服装厂共同发起,经江苏省经济体制改革委员会苏体改生(1994)361号文批准,通过定向募集方式设立的股份制企业。根据国家的关政策要求,1996年12月,本公司已经重新规范登记。

本公司是专业从事绢纺丝绸的纺织、炼整、染色、砂洗、印花、制衣和出口贸易等一体化生产经营的股份制劳服企业。从创立伊始,公司就贯彻"立足丝绸、发展丝绸、超越丝绸"的经营方针,本着以实业为基础、以贸易为龙头,以技改为手段的三位一体的发展战略,面对市场的挑战,充分利用企业自身优势,狠抓企业内部经营管理,建立灵活、奖惩分明的用人机制,加大科技投人力度,使公司获得突飞猛进的发展,成为全国绢纺行业中生产规模最大、生产手段最先进、品牌知名度最高、出口量最大、经济效益最好的企业,是绢纺行业中唯一一家集纺、织、炼、印、制衣、科研、贸易于一体的全能化生产企业。年绢丝绸出口800万米以上,占全国同类产品出口总量的近十分之一。这里值得一提的是,作为一家由劳动就业服务企业改制组建的股份有限公司,在创造良好经济效益的同时,为当地解决了1300多个城镇待业下岗人员的就业问题,产生了较好的社会效益,也为探索我国劳服企业发展之路,作出了有益的尝试。

(六)发起人情况简介

宜兴市绢麻纺织印染实业总公司(以下简称总公司)是经宜兴市计划经济委员会批准成立的集体所有制劳动就业服务企业,注册资本9700万元,其前身是创办于1986年的宜兴市绢麻纺织厂,在创建初期,其固定资产不足60万元、职工人数不足百人,经过上下共同努力,充分挖掘企业内部潜力和外部自然环境条件优势,到1994年,总公司已发展成为拥有6个分厂、3个境外企业、1家宾馆的大型工业企业。为使企业的发展更上一层楼,发挥市场经济条件下资本运营和股份制经营机制的优势,总公司决定进行股份制改造,从下属分厂中选取最具经营规模和效益优势的三个分厂(绢纺织厂、制绵纺丝厂、印染厂),将其经评估后的生产经营性净资产4827万元以1:1的折股比例投人江苏鼎球实业股份有限公司、作为主要发起人,总公司拥有本公司66.29%的股权。经过股份制改造后,总公司主要从事麻纺织品的生产、销售和宾馆旅游服务等业务。

江苏省丝绸进出口集团股份有限公司(原江苏省丝绸进出口公司),于1994年经江苏省体改委批准,以江苏省丝绸进出口公司为主体改制组建成集团股份制企业,注册资本12353万元,是全国最大的丝绸进出口企业之一,经济实力雄厚,销售网络遍及世界各地。在本公司设立时,作为发起人,以现汇形式出资1200万元按1:1的比例折股投人股份公司。

宜兴市太华服装厂,注册资本530万元,是太华镇最早创办的集体企业,具有良好的服装生产经营经验和产品开发能力。在本公司设立时,作为发起人,以经评估后的部分生产经营性净资产作价260万元,按1:1的比例折股投人股份公司。

(七)公司组织结构和内部管理结构框图(见附表一)

总公司产权投资图(见附表一)

(八)公司关联企业及社会法人股东

1. 企业名称:宜兴鼎美制衣有限公司

注册资本:60万美元

投资比例:50%

主要业务:生产销售各种服装及服饰系列产品,来料加工,代理出口业务

2.企业名称:兴化鼎球绢纺实业有限责任公司

注册资本:100万元

投资比例:80%

主要业务:绢纺、染色、砂洗、针织制衣制造

3.企业名称:上海鼎球国际贸易有限公司

注册资本:200万元

投资比例:90%

主要业务:市外经委批准的进出口经营业务,承办中外合资经营,合作生产业务,开展"三来一补"业务

4.企业名称:宜兴鼎银纺织印染有限公司

注册资本:120万美元

投资比例:20.8%

主要业务:纺织品染色、印花、加工、销售

说明:该公司为中外合作经营企业,合作双方通地签定合作经营合同确下各自的责任、权利以及利润分配方式。

5.社会法人股本

除发起人股东外,本公司社会法人股股东为中国四达国际经济技术合作公司和中国诚信证券评估有限公司。中国四达国际经济技术合作公司(简称"四达公司")是国家劳动部直属的国有大型企业,具有独立法人地位,主要从事国际劳务合作、外事、进出口等业务,四达公司拥有本公司股份712.67万股。中国诚信证券评估有限公司(简称"中诚信")是专营各种有价证券信用等级评估的股份制企业,主要从事发债企业的资信评估、证券商的信用等级评定,以及对股票发行与上市公司的可行性研究报告及有关材料进行验查和评估等业务,中诚信拥有本公司股份100万股。

(九)公司职工情况

至1996年12月31日,本公司在册员工总数2048人。其中:管理和业务人员108人,财务人员36人,技术人员314人,生产工人1563人,其他人员27人;上述人员中,具有大专以上学历的人员有129人,占职工总数的6.3%,具有中专和高中学历的有1434人,占职工总数的70.02%;其中:高级职称11人,中级职称108人,初级职称394人。

职工平均年龄30岁左右。

本公司实行全员劳动合同制,公司与每位员工均订有劳动合同,合同期限1年至10年不等。除了考虑员工的工龄和学历外,员工的收入一般包括基础工资、奖金及其他福利。本公司每年均调整员工收入,增幅视公司经济效益和员工个人工作表现而定。

公司目前无离退休职工,员工的医疗、养老等社会保险福利由公司按国家有关规定统一办理。

(十)公司的经营范围

经江苏省工商行政管理局核准,本公司的经营范围为:丝绢纺织业;茧丝副产品、绢纺半成品、纺织品、丝绸服装制造。砂洗、印花加工。金属材料、建筑材料、农副产品销售。染色、印花绸、丝绸服装出口、染化料及原辅材料、机械设备、零配件进口。技术咨询服务。

(十一)公司的主要业务

本公司是专业从事绢纺丝绸的纺织、炼整、染色、砂洗、印花、制衣和出口贸易第一体化生产经营的全能型企业。主要业务涉及绢纺丝绸生产与加工的全过程,从原料的初级加工到低温精炼,从半成品、成品的销售到代理出口贸易,构成公司整体业务的主框架。

(十二)公司主要产品及生产能力

公司生产棉球、绢丝、坯绸、炼白绸、染色及砂洗绸、印花绸、中高档服装等绢纺绸系列产品,其主要产品年生产能力如下表:

原料选炼	制棉	纺丝	织绸	炼绸	印花	染色砂洗	制衣
(吨)	(台套)	(锭)	(台)	流水线	(万米)	(万米)	(万件)
1500	12	1300	350	3	600	300	15

(十三)公司主要产品销售及市场情况

公司采取自营和代理出口的方式。产品销往港澳、东南亚、美国和西欧等国家和地区。近三年公司年平均销售额达4亿元,年平均坯绸出口量800万米,占全国绢丝绸出口总量的近十分之一,居同行业之首。

(十四)主要原材料及机器设备

本公司产品的原料为丝绸蚕茧加工废弃的下脚料,如死茧、削口茧、茧炼、黄斑、长吐、汰头等。原料的供应,集中于江苏、浙江、安徽、四川等地区规模较大的缫丝厂、精炼厂,本公司与这些企业都建立起了良好的协作,并签定了常年原料供应合同。同时,本公司还在江苏、四川等地建立了相当规模的原料供应基地,本公司附近有较大规模的横山水库,电力供应充足,水资源丰富,保证了公司生产上的需要。

本公司率先从意大利引进了坯绸全自动平幅精炼机,消除了我国丝绸炼整工艺中易产生黄白、灰伤、皱印的问题;同时本公司作为世界银行苏南环保贷款项目实施单位,利用世行贷款引进瑞士的自动平网印花机、自动并捻机,意大利的自动络筒机、粘结机、染色机、砂洗机和日本制衣关键设备等先进成套设备,大大提高了公司的工艺技术水平,成为同行业中的佼佼者。

(十五)专利权、商标权及土地使用权

1.本公司采取与总公司签订协议,有偿使用在国际、国内市场享有一定声誉的"绢丝绸(双红条边)"外形设计的专利权,专利使用有效期10年(从1994年8月17日起),根据协议定价,公司从1997年起每年向总公司缴纳4万元的专利使用费,直到有效期满截止。

2.本公司采用与总公司签定协议,在商标使用的有效期内(有效期为1992年1月30日至2002年1月29日),有偿使用"鼎球"商标使用权,根据协议定价,公司从1997年起每年向总公司缴纳10万元的商标使用费。

3.本公司占有生产用地总计65379.20平方米,所用土地使用权均是通过租赁方式取得,并与土地出租单位签定了严格的土地租赁协议,明确规定了使用期限和租赁费用以及双方的责任和权利,土地租赁期限为二十年,每平方米年租金17元,每年最后一日付清租金。

(十六)新产品、新项目的研究开发

本公司始终贯彻以开发新产品为先导,以创品牌为目标的科技发展战略,取得了骄人的成果。近年来共开发研制绢丝绸新品68只。最近新研制成功的高科技含量的新型"DSKMI"抗皱绢丝绸面料以及羊绒绢丝绸等六个品种,在96年全国科技成果展览会上获得国家星火计划优秀项目奖,得到国家领导人的好评,深受外商的欢迎。

(十七)现行筹资、投资情况

1995年,经江苏省计经委批准,本公司承担世界银行苏南环保贷款项目,获世行贷款350万美元,所需设备已全部购齐,项目已基本完成。

1996年,经无锡市计委锡计资(1996)第293号文批准,本公司和无锡市益多房屋建设开发公司合作,参与建设无锡鼎球大厦项目。该项目总投资2000万元。根据双方签订的协议规定,本公司应投入项目建设资金1000万元,占投资比例50%,实际已投入资金600万元,尚余400万元资金计划用企业积累的自有资金于97年下半年投入。项目完工后,双方按投资比例获益。

1994年,经上海市计委沪计投(1994)433号文批准,本公司与上海贵派公司、上海莱茵房地产开发公司等合作,参与联建上海莱茵广场项目。项目内容为建造写字楼59636平方米、住宅17000平方米、营业用房34575平方米、地下车库10000平方米,其中90000平方米作为内销商品房,该项目总投资20669万元,项目已于1995年5月启动,根据双方签订的协议规定,本公司应投入项目建设资金348.94万元,占总投资的1.7%,实际已投入资金348.94万元。

(十八)国家优惠政策和税项

本公司拥有国家批准的自营进出口权，是江苏省唯一一家享有坯绸配额代理出口权的企业，90%以上的产品外销，可享受出口退税及其他优惠政策。同时作为一家股份制劳动就业服务企业（经宜兴市计经委宜计经计(1994)228号文确认），根据《江苏省〈劳动就业服务企业管理规定〉实施细则》的规定，宜兴市人民政府以宜政发(1994)180号文批准，股份公司自成立之日起，享受3年内免征所得税的优惠政策。

1997年3月，经江苏省人民政府苏政复〔1997〕42号文批准，自1997年1月1日起公司享受先征后返的所得税政策，实际税率为15%。

（十九）关于关联交易的处理

公司与其关联企业的全部交易均按一般及公平商业条款进行。

本公司所涉关联企业主要为宜兴市绢麻纺织印染实业总公司，作为本公司的主要发起人，总公司经过股份制改造后，现有三家下属企业，一家海外企业。在经营上，总公司现在主要以麻纺制品的生产、销售和旅游服务等业务为主，与股份公司无产、供、销之间的依赖关系，总公司债务由其本身承担。

目前，公司与总公司的关联关系主要有：

1. 总公司以拥有的鼎球大厦等设施本公司签定了长期服务协议；

2. 股份公司以租赁方式从总公司取得现有厂房的土地使用权，并签定了土地租赁协议，租赁期限为二十年；

3. 总公司拥有“鼎球”商标，股份公司与总公司签署《鼎球商标使用协议》，股份公司在商标的使用期限内（有效期为1992年1月30日至2002年1月29日），有偿使用“鼎球”商标，根据协议定价，公司从1997年起每年向总公司缴纳10万元的商标使用费，直到有效期满截止。

4. 股份公司与总公司签订绢丝绸（双红条边）专利权实施许可协议，股份公司在专利的有效使用期限内，有偿使用该专利，该专利使用有效期为十年（从1994年8月17日起）。根据协议定价，公司从1997年起每年向总公司缴纳4万元的专利使用费，直到有效期满截止。

为保障股份公司的生产经营优势，总公司承诺不再投资发展与股份公司主要业务有交叉竞争关系的生产业务及相关企业。

另外，本公司与公司股东江苏省丝绸进口集团股份有限公司有着长期的产品供销关系，公司作为供方，江苏省丝绸进出口集团股份有限公司作为需方，每年年初都订立平等互利的年度供销合同，合同有关事项经律师审查，责、权、利清晰，交易正常，对公司无任何利益损害。

本公司与下属参股合作公司宜兴鼎银纺织印染实业有限公司订有固定资产租赁协议，公司作为出租方，向该公司收取租金。

（二十）发行人主要人员及其持股情况

董事长　　丁玉湘：男，51岁，大学学历，工程师。曾任宜兴市太华织布厂、绢麻纺织厂厂长，宜兴市绢麻纺织印染实业总公司总经理，曾多次荣获省、市新产品开发奖和优秀科技成果奖，是全国知名绢纺专家，具有丰富的专业技术知识和管理经验。现任本公司总经理和宜兴市绢麻纺织印染实业总公司总经理。持有本公司股份20800股。

副董事长　　李东林：男，40岁，英国工商管理硕士，美国库柏大学访问学者，高级工程师，华东理工大学兼职教授。曾任国家劳动部锅炉压力容器检测中心检验室主任，国家劳动部国际合作司副司长等职。现任中国四达国际经济技术合作公司总经理。持有本公司股份0股。

副董事长　　毛振华：男，33岁，大学学历，高级经济师，中国民营经济研究会副会长。曾先后在湖北省政府、海南省政府及国务院研究室从事经济分析工作，历任科长、处长等职务，1991年担任香港经济导报社国内分支机构负责人。现任中国诚信证券评估有限公司董事长兼总经理。持有本以司股份0股。

董事　　董青湘：男，39岁，大专学历，工程师。曾任宜兴市太华织布厂副厂长，绢麻纺织厂副厂长，宜兴市绢麻纺织印染实业总公司副总经理，拥有丰富的企业管理及外经贸管理经验。现任本公司常务副总经理。持有本公司股份11000股。

董事　　李海忠：男，50岁，大专学历，工程师，曾任宜兴市太华煤矿矿长，宜兴市绢丝针织厂厂长，宜兴市绢麻纺织印染实业总公司副总经理等职，具有丰富的绢纺企业生产管理经验。现任本公司副总经理。持有本公司股份11000股。

董事　　嵇燕风：男，56岁，大专学历，会计师、经济师。曾担任大中型企事业单位财务负责人、总会计师、总经济师、高级顾问等职务，有着丰富的财务管理、经济管理的工作经验。现任公司副总经理、总经济师，兼任董事会秘书。持有本公司股份11090股。

董事　　祝和平：男，46岁，大学学历，高级工程师。曾任劳动部锅炉压力容器检测研究中心副主任。现任中国四达国际经济技术合作公司副总经理。持有本公司股份0股。

董事　　周继芝：女，50岁，大专学历，高级会计师。历任国营大中型企业财务科长、部会计师、总经济师，有丰富的会计及财务管理工作经验。现任本公司总会计师。持有本公司股份0股。

董事　　沈祥元：男，41岁，大专学历，国际商务师，曾任江苏省丝绸总公司进出口部副经理、经理，进出口公司经理，江苏省进出口集团丝织品有限责任公司总经理，具有丰富的经济管理经验。持有本公司股份0股。

监事会主任　　许兴诚：男，33岁，大专学历。曾任宜兴市人民政府办公室秘书、秘书科科长、办公室主任助理等职务。现任宜兴市太华镇经济发展总公司董事长。持有本公司股份0股。

监事副主任　　汤科志：男，41岁，大专学历，会计师。曾任宜兴市电镀厂财务科科长，宜兴市太华经济发展总公司副总经理兼财务科长，本公司财务部经理。现任本公司审计部经理职务。持有本公司股份5000股。

监事　　张玉芳：女，35岁，大专学历，工程师。曾任宜兴市太华织布厂和绢麻纺织厂技术科科长，宜兴市绢麻纺织印染实业总公司生产计划部经理，新品开发办主任等职，无锡市“三八”红旗手，市级生产技术能手。现任本公司妇女主任。持有本公司股份5000股。

监事　　丁志英：女，30岁，大专学历，助理会计师。曾任宜兴市电镀厂、绢纺厂财务科长，本公司深圳办事处经理。现任本公司工会副主席。持有本公司股份5000股。

监事　　潘为平：男，33岁，大专学历，助理经济师。曾任宜兴市太华织布厂车间主任，宜兴市绢麻纺织印染实业总公司鼎球大厦经理，本公司办公室主任等职。现任本公司团总支书记。持有本公司股份5000股。

总工程师　　邵顺其：男，52岁，大学学历，高级工程师。曾任大中型纺织厂、总工程师等职，从事纺织工作几十年，具有丰富的纺织技术管理知识。持有本公司股份0股。

副总经理　　葛根盘：男，34岁，大专学历，助理工程师。曾任宜兴市绢麻纺织厂车间主任、厂长助理、副厂长，宜兴市绢麻纺织印染实业总公司副总经理。持有本公司股份6000股。

副总经理　　毛振亚：男，31岁，大专学历，助理经济师。曾任西双版纳博得投资有限公司总经理助理，湖北省经贸委票务中心主任。持有本公司股份0股。

根据律师出具的法律意见书，公司经营管理层董事不存在双重任职情况，鉴于宜兴市绢麻纺织印染实业总公司与本公司无同业竞争情况，公司董事长同时兼任宜兴市绢麻纺织印染实业总公司总经理。

九、经营业绩

（一）生产经营的一般情况：

自公司设立之日起，连续三年净资产收益率均超过20%，销售收入平均每年递增7.0%，利润总额平均每年递增26.40%，年坯绸出口量占全国出口总量的近十分之一，在国际绢丝绸市场上享有一定声誉。

（二）业务收入和利润情况：

公司近三年经营业绩（已经无锡公证会计师事务审计）

项目	1996年	1995年	1994年

销售收入(万元)	43928.39	42141.20	38089.14
利润总额(万元)	3906.24	3241.11	2451.47
实现净利(万元)	3906.24	3241.11	1751.70
每股收益(元)	0.54	0.45	0.24
净资产收益率(%)	28.20	32.59	21.09

公司近三年主营业务收入构成情况：　　单位：万元

	1996年	比例(%)	1995年	比例(%)	1994年	比例(%)
主营业务收入	43928.39	100	42141.10	100	38089.14	100
绢纺绸	40756.40	92.77	30593.95	72.60	38089.14	100
其中:自营出口	3112.55	7.11	1547.22	27.40	—	—
白厂丝	59.43	0.13	—	—	—	—

(三)公司历年获得荣誉状况

1994、1995、1996年连续三年被中国农业银行江苏省分行评定为"AAA"级信用企业;1995年被中国银行江苏省分行首批评为"优等"信用企业;1995年被国家农业部、国家对外经贸委合作部评为"全国出口创汇先进企业";1995、1996年被江苏省人民政府授予"重合同守信用明星企业"1996年被全国划分企业类型协调小组认定为"国家大型工业企业"。

十、股本

(一)公司现已注册股本7281.71万股;

本次发行后拟注册股本10781.71万股。

(二)已发行股份

1994年6月,本公司主要发起人宜兴市绢麻纺织印染实业总公司,从下属分厂中选取最具经营规模和效益优势的三个分厂(绢纺织厂、制绵纺丝厂、印染厂),进行股份制改造,以其经评估后的生产经营性资产4827万元按1:1的比例,折为发起人法人股4827万股。

江苏省丝绸进出口公司(现名江苏省丝绸进出口集团股份有限公司),以现汇形式出资1200万元按1:1的比例折为发起人法人股1200万股。

宜兴市太华服装厂,以其经评估后的部分生产经营性净资产作价260万元按1:1的比例折为发起人法人股260万股。

向社会法人定向募集481.71万股,向公司内部职工募集513万股,股权证发行价为每股人民币1元,每股面值为1元。

股本结构如下:

	股数(万股)	占总股本比例(%)
发起人股	6287	86.34
其中:国有法人股	1200	16.48
其他法人股	5087	69.86
募集法人股	481.71	6.62
内部职工股	513	7.04
总股本	7281.71	100

(三)本次发行前的股本结构:

根据《国务院关于原有有限责任公司和股份有限公司依照<中华人民共和国公司法>规范的通知》(国政【1995】17号)精神,鉴于本公司原定向募集时内部职工股比例不规范和原募集法人股股东自身经营等问题,1996年11月,在公平、自愿的基础上,部分内部职工股持有人以协议方式将所持股份转让给中国四达国际经济技术合作公司和中国诚信证券股份有限公司,转让数额分别为230.96万股和100万股;原募集法人股股东宜兴市锦茂绸厂亦将其所持股份481.71万股协议转让给四达公司。有关转让事宜及转让后的股权结构情况已于1996年11月6日经公司临时股东大会通过,并由江苏省体改委苏体改生(1997)51号文确认。至此公司本次发行前股本结构如下:

	股数(万股)	占总股本比例(%)
发起人股	6287	86.34
法人股	812.67	11.16
内部职工股	182.04	2.50
总股本	7281.71	100

上述股本中,经江苏省国有资产管理管理局苏国资企〔1997〕34号文界定,国有股结构如下:

	股数(万股)	占总股本比例(%)
国有法人股	1912.67	26.27
其他法人股	5187	71.23
内部职工股	182.04	2.50
总股本	7281.71	100

(四)182.04万内部职工股由本公司董事、监事及在册正式职工持有,并已委托无锡市证券登记有限公司按有关规定集中托管。并经江苏省证券期货监督管理办公室予以确认,内部职工股自本次新股发行期满三年后,方可上市流通。

(五)公司本次获得A股发行额度为3500万元,每股面值1元,共3500万股,全部向社会公众公开发行。本次公开发行后公司股本结构为:

	股数(万股)	占总股本比例(%)
发起人股	6287	58.31
法人股	812.67	7.54
内部职工股	182.04	1.69
社会公众股	3500	32.46
总股本	10781.71	100

(六)本次发行前后本公司净资产总额、每股净资产情况如下:

	净资产总额(元)	每股净资产(元)
发行前	138,505,963.77	1.90
发行后	332,055,963.77	3.08

(七)本次发行前持股前十名股东有(截止1996年12月31日):

序号	股东名称	持股数(股)	比例(%)
1	宜兴市绢麻纺织印染实业总公司	4827	66.28
2	江苏省丝绸进出口集团股份有限公司	1200	16.48
3	中国四达国际经济技术合作公司	712.67	9.79
4	宜兴市太华服装厂	260	3.57
5	中国诚信证券评估有限公司	100	1.37
6	宗海英	4.32	0.059
7	徐益琴	3	0.041
8	丁志刚	2.98	0.041
9	李荣成	2.79	0.038
10	耿和军	2.55	0.035

十一、主要会计资料

一、无锡公证会计师事务所审计报告(锡会股审(97)18号)

江苏鼎球实业股份有限公司全体股东:

我们接受委托,审计了贵公司一九九六、一九九五、一九九四各年十二月三十一日的资产负债表及上述三个年度的利润表及利润分配表,一九九六年度财务状况变动表。这些会计报表由贵公司负责,我们的责任是对这些会计报表发表审计意见。我们的审计是根据《中国注册会计师独立审计准则》进行的。在审计过程中,我们结合贵公司的实际情况,实施了包括抽查会计记录等我们认为必要的审计程序。

我们认为,上述会计报表符合《企业会计准则》和《股份制试点企业会计制度》及国家有关财务会计法规的规定,在所有重大方面公允地反映了贵公司一九九六、一九九五、一九九四各年十二月三十一日的财务状况及一九九六、一九九五、一九九四三个年度的经营成果，一九九六年度资金变动情况，会计处理方法的选用遵循了一贯性原则。

无锡公证会计师事务所　　　　中国注册会计师

中国·无锡　　　　　　　　金章罗　　沈大龙

一九九七年三月二十八日

(二)　公司资产负债表、利润表及利润分配表(见附表)。

(三)　重要会计政策

编制本财务报表所采用的主要会计政策如下：

1. 会计制度

本公司1994年7月1日前执行《工业企业会计制度》，7月1日以后执行《股份制点企业会计制度》。本次在编制94年度会计报表时，已按《股份制试点企业会计制度》进行了调整。

2. 会计期间

采用公历制，即从公历1月1日起至12月31日止为一个会计年度。

3. 记帐本位币

以人民币为记帐本位币。

4. 记帐原则和计价基础

以权责发生制为记帐原则，以历史成本为计价基础。

5. 外币核算：外币帐户1994年1月1日起按中国人民银行外汇管理局公布的当月1日人民币基准汇价折合人民币记帐，并于期末按基准汇价进行调整，调整的差额按照不同对象分别列入相应的科目。

6. 存货计价

(1)原材料及辅助材料按实际价格计价，按加权平均法结转发出材料成本；

(2)库存产成品以实际成本计价，按加权平均法结转营业成本；

(3)低值易耗品采用领用时一次摊销的方法。

7. 长期投资核算方法

债券投资按成本法核算。

股权投资金额占被投资单位注册资本20%以上的按权益法核算，20%以下的按成本法核算，50%以上合并会计报表。

截止一九九六年十二月三十一日，公司下设二个控股子公司：

控股子公司名称	注册地点	注册资本	持股比例	主要业务
兴化绢纺实业有限责任公司	江苏兴化	120万元人民币	80%	绢纺、制棉、染色等
上海鼎球国际贸易有限公司	上海浦东	200万元人民币	90%	自营出口、代理出口

上述两家子公司分别于九六年十月和九六年五月开始筹建，根据财政部财会二字(1996)2号函精神规定的三项指标均在10%以下，根据重要性原则不作合并会计报表处理。

其他投资按成本法核算。

8. 固定资产及其折旧：评估入帐的固定资产按重置成本法计价，其他均按实际成本计价，计价标准为2000元以上(包括2000元)，采用直线法计提折旧。

残值率：房屋及建筑物为5%，机械设备、运输设备及其他为3%，折旧年限及年折旧率分别为：

固定资产类别	折旧年限(年)	年折旧率(%)
房屋及建筑物	35	2.71
机械设备	14	6.93
运输设备机其他	8	12.13

9. 递延资产及其摊销：电话初装费按5年平均摊销；电力增容费按10年平均摊销。

10. 坏帐准备：按期末应收帐款余额的0.5%计提

11. 营业收入的确认：以商品已经发出，商品的所有权已自买方转移给卖方，收到货款或取得收取货款的证据时确认营业收入的实现。

12. 税项

(1)流转税　　实行增值税，1994年1月1日起为价外税，销项税和进项税税率均为17%，按销项税额扣减进项税额后的差额缴纳。

自营出口实行退税，1996年按自营出口离岸价的9%退税，1995年上半年按自营出口进项税退税，下半年按出口离岸价的14%退税。

(2)营业税　　按其他业务收入的5%计征。

(3)城建税及教育地方附加税

按应交营业税、增值税金额的5%计征城市维护建设税；

经宜兴市财政局核准，教育地方附加费实现定额上缴的办法，94－95年每年分别上缴136万元、107万元、90万元。

(4)各项基金：

a. 根据宜兴市税务局宜税二(1994)09号文规定，经宜兴市税务局核准，按营业收入的0.6‰－1‰计征粮物调基金。

b. 根据宜兴市委宜发(1994)36号文规定，从1993年起按每人每月10元的标准计提建农基金。

c. 根据宜兴市政府宜政发(1992)22号规定，按营业收入的8‰计提乡镇管理费。

(5)所得税　　本公司为劳动就业服务型企业，根据江苏省人民政府第32号令《江苏省劳动就业服务企业管理暂行规定实施细则》，经宜兴市人民政府宜政发(1994)180号文批复，同意本公司自1994年起享受劳动就业服务企业免征所得税三年的优惠政策。

13. 利润分配：根据公司董事会及股东大会决议，按净利润的10%、5%分别计提法定赢余公积金。94、95年度均按利润的35%计提任意盈余公积金。

(四)财务报表项目说明(单位：人民币元)

1. 应收帐款

(1)按帐龄分类	比重(%)	金额
1年以内	99.41	53,390,652.32
1～2年	0.57	303,981.42
2～3年	0.02	13,605.46
3年以上	—	—
	100.00	53,708,239.20

(2)持有5%以上股主要股东欠款情况：

江苏省丝绸进出口集团股份有限公司　　881,692.49

(3)关联企业往来：	性质	金额
鼎银纺织印染有限公司	设备租赁款	3,488,959.50

2. 长期投资　　16,885,747.58

(1)债券投资

种类	到期日	年利率	面值	应计利息
国库券	98.10	10.5%	56,000.00	17,320.00
电力企业债券	98.07	9%	10,000.00	2,850.00
			66,000.00	

(2)联营投资

公司名称	附注	持投比例(%)	投资金额(元)	投资期限
中外合资宜兴鼎美制衣有限公司	1	50	2,490,390.00(30万美元)	11年
兴化鼎球绢纺实业有限责任公司	3	80	960,000.00	20年
上海鼎球国际贸易有限公司	3	90	1,800,000.00	20年
中外合作宜兴鼎银纺织印染有限公司	2	20.83	2,080,000.00(20万美元)	11年
			7,330,390.00	

注：1. 宜兴鼎美制衣有限公司96年底累计利润4,775.21元，因此未按权益法核算。

2. 鼎银公司于96年1月开始试生产，按照合作协议规定，前五年只收取租赁费，因此未按权益法核算。

3. 其他公司均在筹建之中，未开展生产经营活动。

(3)其他投资

项目	附注	金额
无锡鼎球大厦	1	6,000,000.00
上海浦东开发区莱茵广场项目	2	3,489,357.58
		9,489,357.58

注:1. 无锡鼎球大厦项目为本公司与无锡市益多房屋建设开发公司共同投资联合建造商业公用房,预计98年末可竣工。

2. 上海浦东开发区莱茵广场系本公司与上海莱茵广场房地产开发公司、上海贵派实业公司三方联合参建的商品房。

长期投资比年初增加1680.75万元,主要原因如下:

增加对宜兴鼎美制衣有限公司的投资249.04万元;

增加对兴化鼎球绢织实业有限责任公司的投资96万元;

增加对上海鼎球国际贸易有限公司的投资108万元;

增加对宜兴鼎银纺织印染有限公司的投资208万元;

增加对上海浦东开发区莱茵广场和无锡鼎球大厦的投资948.94万元;

收回国库券本金及利息1.21万元。

3. 盈余公积

项目	1996.12.31	1995.12.31	1994.12.31
法定盈余公积金	8,899,033.58	4,992,795.79	1,751,690.49
公益金	4,449,516.79	2,496,397.90	875,845.25
任意盈余公积金	17,474,785.27	17,474,785.27	6,130,916.72
	30,823,335.64	24,963,978.96	8,758,452.46

盈余公积变动情况:

(1)经一届二次董事会及股东大会讨论通过,94年按净利润的10%计提法定盈余公积金、5%计提公益金、35%计提任意盈余公积金。

(2)经一届四次董事会及第三次股东大会讨论通过,95年按净利润计提法定盈余公积金、公益金和任意盈余公积金的比例不变。95年共提取法定盈余公积金3,241,105.30元,公益金1,620,552.65元,任意盈余公积金11,343,868.55元。

(3)根据1997年3月8日召开的公司第四次股东大会决议,96年度净利润按原定比例计提法定盈余公积金和公益金,不再计提任意盈余公积金。96年共提取法定盈余公积金3,906,237.79元,公益金1,953,118.89元。

4. 未分配利润

96.12.31	95.12.31	94.12.31
34,865,528.13	1,662,506.93	1,476,742.44

根据公司召开的第四次股东大会决议,1996年股利不再进行分配,留待新股发行成功后,新老股东利益共享。

5. 承诺事项

截至一九九六年十二月三十一日,本公司有下列重大承诺事项:

(1)已签订合同的承诺事项:无锡鼎球大厦工程投资400万元。

(2)已批准尚未签订合同的承诺事项:

a. 收购二家企业400万元(宜兴市东方绢麻纺织厂和宜兴市丝麻纺织厂);b. 投资于一家合资公司2000万元,持股比例为80%;c. 技术改造投资2200万元。

(五)近三年本公司的财务指标情况如下:

指标	1996.12.31	1995.12.31	1994.12.31
流动比率(%)	167.12	119.52	105.20
速动比率(%)	83.23	55.64	53.44
资产负债率(%)	45.12	57.33	61.14
应收帐款周转率(%)	822.20	837.36	—
存货周转率(%)	511.74	535.52	—
净资产收益率(%)	28.20	32.59	21.09
每股净利(元)	0.54	0.45	0.24

十二、资产评估

经中锋资产评估事务所中锋(97)发字第003评估报告,截止1996年12月31日,本公司总资产评估值为267,649,880.05元人民币,负债总计为113,855,537.32元,净资产153,794,342.73元。总资产较帐面资产资值增加15,288,378.96元,增值率为6%,评估汇总情况如附表六。

本次评估土地租赁费,评估值为1134329.12元。该评估结果已被国家国有资产管理局资评(1997)360号文确认。本次评估结果只供投资者参考,不进行财务调帐处理。

十三、债项

根据无锡公证会计师事务所锡会股审(97)18号审计报告,截止1996年12月31日,本公司的负债总额为113,855,537.32元,其中

(一)流动负债合计86,518,315.32元

其中:(1)短期借款18,820,000.00元

(2)预收帐款2,390,455.90元

(3)应付帐款21,985,117.07元

(4)一年内到期的长期负债15,690,038.00元

(二)长期负债合计27,337,220.00元

公司无对内部人员负债,对关联企业负债属正常经营往来。

十四、盈利预测

根据本公司生产经营计划及规划项目的完成情况,依据我国现行的有关法律法规及会计制度,并经无锡公证会计师事务所锡会专报字(97)02号验证审阅,本公司作了1997年度盈利预测。在此需要提醒投资者注意的是,鉴于盈利预测 所依据的假设条件的不确定性,在作出投资判断时,不应过于依赖预测资料。具体预测如下表:(单位:人民币万元)

项目	1996年度已审实绩	1997年度计划
一、主营业务收入	43,928.39	60,010.00
减:营业成本	38610.43	53,760.00
销售费用	318.81	385.00
管理费用	626.18	684.00
财务费用	665.93	18.00
营业税金及附加	109.90	135.00
二、主营业务利润	3,597.14	5,028.00
加:其他业务利润	356.33	131.00
三、营业利润	3,953.47	5,159.00
加:投资收益	0.37	51.00
营业外收入	12.43	
减:营业外支出	60.03	90.00
四、利润总额	3,906.24	5,120.00
减:所得税(15%)		760.35
所得税(33%)		1,672.77
*五、净利润	3,906.24	
按所得税15%计算		4,359.65
按的得税33%计算		3,447.23
六、每股盈利(元)	0.54	
按15%税率计算		0.40
按33%税率计算		0.32

注:以全面摊薄法计算,预计本公司1997年每股税后利润为0.404元,以加权平均法计算,预计本公司1997年税后利润为0.501元,按以上两种方法计算,预计发行市盈率分别为14.35和11.58。按公司前三年平均每

股税后利润计算,公司每股税后利润为0.40元,故本次发行预计市盈率为14.50倍。

*根据宜兴市人民府宜政发(1994)180号文和江苏省政府32号令批准,本公司自成立日起,享受免征三年所得税的优惠政策,同时根据江苏省人民政府苏政复〔1997〕42号文件批准,本公司自1997年1月1日起,享受先征后返的所得税优惠政策,实际税负为15%。

盈利预测的基准和假设:

(一)预测基准:

1.本公司一九九七年度的盈利预测是根据经中国注册会计师审计后的本公司1994～1996年度的实际经营业绩以及本公司在充分考虑现时各项基础、所有的能力和本公司未来年度的生产经营计划及投资项目可行性审定后而编制的,并建立在本公司所各项合理的基本假设之上。

2.预测所依据的会计政策及计算方法在各主要方面与本公司所采用的会计政策及计算方法相一致。

(二)预测假设:

1.本公司所遵循的我国有关法律、法规、政策及公司所处的地区性社会环境仍如现时状况而无重大变化;

2.公司经营所涉及的国家及地区目前的政治、经济、法律、法规、政策及社会环境仍如现时状况而无重大变化;

3.在盈利预测期内有关信贷利率、税率、汇率及市场行情仍如现时状况而无重大变化;

4.公司经营运作不受诸如原辅材料大幅度涨价、电力供应不正常等不利因素的影响;

5.公司制定的目标和措施能按预定的时间和进度如期实现,并取得预期效益;

6.扩产项目能按计划和进度如期实现并能达到预期效益;

7.对外投资的投资收益能如期实现;

8.无其他人力不可抗拒因素所造成的重大影响。

(三)预测97年利润总额为5120万元,比96年增长1213.76万元,增长31.07%,主要原因是1997年主营业务收入比1996年增长16081.61万元,增长36.61%,财务费用97年比96年下降648万元,主要是在保持96年贷款水平的基础上,考虑到A股发行募集资金到位与实际用款的时间差所产生的利息收入和委托银行放款的利息收入,因此财务费用大幅度下降。

十五、公司发展规划

公司坚持资本化经营思路,本着以绢纺实业为基础,以贸易为龙头,以技术改造为手段的三位一体的发展战略。

为此,公司从以下几个方面入手,制定了发展目标:

1.改变传统的资产经营思路,坚持资本化经营,将资本作为生产经营要素,进行有效配置,实现公司利益或股东利益的最大化。

2.充分发挥自身的科技优势和人才优势,不断进行技术改造,同时注重加强企业内部质量管理,力争早日通过ISO9000质量认证体系的认证,提高产品在国际市场上的竞争地位。

3.加强对绢纺市场的研究开发,及时调整产品结构,大力发展高附加值、深加工产品的生产,使鼎球产品系列化,充分发挥其品牌效益。

4.本次股票发行结束后,公司将涉足新兴的高新技术产业,在详尽的可行性分析的基础上,将一部分募集资金投入到市场前景好、科技含量高、产品生命力强的高新技术项目,实现公司产业的高科技化和多元化的目标。

5.着眼于世界市场,拓展海外生产基地和全球销售网络,实现资源配置的全球化和全球利润最大化,把公司建成具有较强综合实力和国际影响力的、科工贸一体化的跨国公司。

另外,公司还制定了详细的销售计划,具体计划如下:

1.建立稳固的原材料供应基地,实现产供销一体化。由于公司原料市场比较零散,没有形成规模化,原料供应不稳定,价格波动性较大,影响了公司的生产经营活动。为加强对原材料的控制,进一步拓展业务,公司将建立自己的原料生产基地,实现产供销一体化。

2.建立规范、完善、高效的销售渠道和售后服务网络。公司在规范现有销售网络的基础上,建立更为完备的市场销售体系和售后服务网络,提高网络的服务水准,为用户提供良好的售后服务,巩固和扩大自己的市场份额。

3.制定和完善营销策略。公司在市场调研的基础上,结合自身的生产经营优势,制定了以现有拳头产品为主导,以国内市场为依托,积极发展印染、服装制作等高附加值产业,运用灵活的价格策略和促销手段,通过多种销售渠道,进军国际市场的全球营销策略,逐步扩大公司的国际市场份额。

4.实施名牌战略,有意识地培育和发挥“鼎球”产品的名牌效应。在今后几年内,公司将着重通过社会传媒的大力宣传,以灵活的促销手段、良好的产品形象定位、优良的产品质量、完善的售后服务,培育和维护“鼎球”的名牌品质,有效地扩大“鼎球”品牌的知名度和美誉度,进一步赢得国内外用户的信任。

今后,公司将把生产经营重心逐渐转移到深加工产品的生产和销售上来,公司将投入更多的人力、物力、财力,开辟国内市场,满足国内消费者的需求。另外,公司计划在香港、东南亚和欧美等国家和地区建立销售基地和销售网络,进一步满足国外消费者对高档绢纺织品的需求,拓展国外市场。

公司将进一步进行后纺和后整理技术改造,从意大利引进新一代带有电清设备和空气捻接器的自动络筒机(4台套)用于单丝和股丝的清糙和络筒,减少丝绸疵点数量,提高绢丝质量。公司将从瑞士引进4台套H1012型并拈机和H2012型无气圈拈丝机,提高卷绕速度,增大并丝张力,使卷绕更加紧密,从而大大提高产品的产量和质量。另外,公司准备通过新办化纤印染厂和扩建制衣厂,进一步扩大公司生产规模,提高公司一体化水平。公司还计划以对外投资形式建立鼎球产品市场覆盖率,提高公司整体效益。公司计划通过不同的方式,在资本市场筹措2—3亿元资金,完成上述固定资产投资和设备更新计划。

公司计划通过委托培养和引进等多种方式,培养和吸引各类优秀人才,提高职工的素质,增强公司发展后劲。到本世纪末,公司大中专以上学历职工将占公司职工人数的20%,中高级职称人数比例将提高到20%,初级职称人数比例提高到35%。

十六、重要合同及重大诉讼事项

1.1994年6月31日,公司与宜兴市绢麻纺织印染实业总公司签定土地租赁协议,总公司将自己以出让方式取得的国有土地使用权租赁给公司,租赁期限为二十年,协议经宜兴市国有土地管理局登记批准。

2.1995年6月13日和1996年1月8日宜兴市财政局分别将世界银行苏南环保项目贷款230万美元和120万美元转贷给公司,偿还截止期为2003年3月20日,年利率8.6%。

3.1997年1月1日,公司与浙江湖州市含山绢纺织造厂订立《工矿产品购销合同》,合同中就有关原料供应事宜达成平等协议。

4.1997年1月5日,公司与香港顺风国际贸易公司签订97年度《工矿产品购销合同》,合同中就有关产品销售事宜达成平等协议。

公司还与宜兴市绢麻纺织印染实业总公司签定了专利和商标使用权许可协议。

公司无其他未披露重大诉讼事项。

十七、其他重要事项

根据国家有关政策要求,为规范股份公司运作,1996年11月6日,经公司临时股东大会决议通过,由中国四达国际经济技术合作公司以协议方式受让本公司定向募集设立时发行的社会法人股481.71万股和原定向募集内部职工股230.96万股,计法人股712.67万股,由中国诚信证券评估有限公司协议受让本公司的原定向募集内部职工股100万股,计法人股100万股。股份转让后股权结构已得到江苏省体改委苏体改生(1997)51号文件确件。

鉴于本发行人的发起人之一－江苏省丝绸进出口集团股份有限公司,持有公司发起人法人股1200万股,占公司总股本的16.48%;同时持有本次发行的主承销商江苏省证券公司9.9%的股份,成为江苏省证券公司的前5名股东。为此,双方已向中国证监会承诺,在本次股票发行承销过程中不发生任何不公正行为。

自本次股票发行之日起,招股说明书及备查文件置备于以下单位,供投资者查阅:

发行人:江苏鼎球实业股份有限公司

地址:江苏省宜兴市太华振兴路

电话:(0510)—7381472转证券部

邮编:214235

主承销商:江苏省证券公司

地址:江苏省南京市管家桥87号华荣大厦5层

电话:(025)—4522274;4523777—5004

邮编:210005

附表一: 宜兴市织麻纺织印染实业总公司产权投资结构图

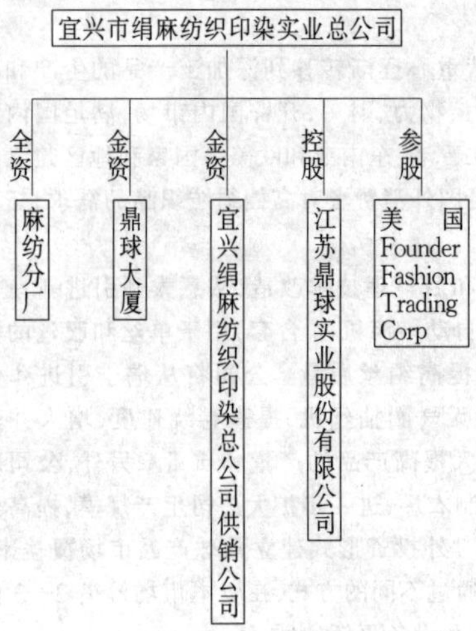

附表二: 股份公司组织结构和内部管理结构框图

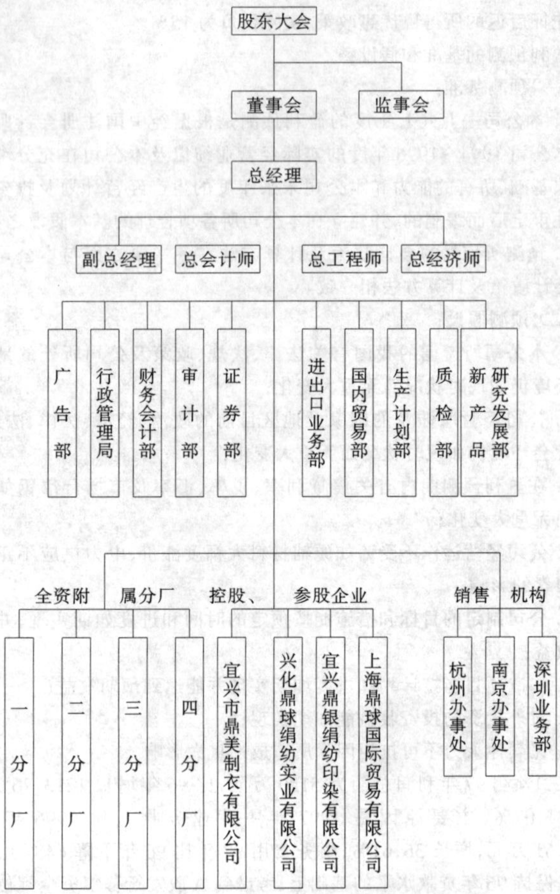

附表二: **资产负债表资产部分**

(单位:人民币元)

资产	注释	96.12.31	95.12.31	94.12.31
流动资产:				
货币资金		3,862,500.63	3,867,071.21	6,397,177.70
短期投资				
应收票据	3.1	1,000,000.00		
应收帐款	3.2	53,708,239.20	56,636,084.08	44,016,078.27
减:坏帐准备		251,096.40	283,180.42	220,080.39
应收帐款净额		53,457,142.80	56,352,903.66	43,795,997.88
预付帐款	3.3	11,200,490.99	3,104,447.43	5,120,460.15
其他应收款	3.4	2,182,692.36	4,411,589.30	6,851,298.74
待摊费用	3.5	305,549.85	472,819.07	407,417.08
存货	3.6	72,583,052.60	78,314,651.69	60,598,117.43
待处理流动资产损失				
其他流动资产				
流动资产合计		144,591,429.23	146,523,482.36	123,170,468.98
长期投资:				
长期投资	3.7	16,885,747.58	78,200.70	165,200.70

资产	注释	96.12.31	95.12.31	94.12.31
固定资产:				
固定资产原价	3.8	104,791,048.03	95,885,355.79	93,839,958.62
减:累计折旧		15,066,948.75	11,043,849.93	5,845,291.72
固定资产净值		89,724,099.28	84,841,505.86	87,994,666.90
固定资产清理			26,925.49	
在建工程			309,292.17	967,303.19
待处理固定资产净损失				
固定资产合计		89,724,099.28	85,177,723.52	88,961,970.09
无形资产及递延资产				
无形资产				
递延资产	3.9	1,160,225.00	1,286,275.00	1,442,325.00
无形资产及递延资产小计		1,160,225.00	1,286,275.00	1,442,325.00
其他资产:				
其他长期资产				
资产总计		252,361,501.09	233,065,681.58	213,739,964.77

附表三:

资产负债表负债部分

(单位:人民币元)

负债及股东权益	注释	96.12.31	95.12.31	94.12.31
流动负债:				
短期借款	3.10	18,820,000.00	23,665,000.00	32,364,926.91
应付票据	3.11	7,600,000.00	11,030,000.00	2,500,000.00
应付帐款	3.12	21,985,117.07	38,208,394.89	22,242,754.79
预收帐款	3.13	2,390,455.90	3,899,691.47	9,677,595.31
应付福利费	3.14	1,550,542.54	902,053.40	846,692.12
应付股利	3.15		16,019,762.00	7,281,710.00
未交税金	3.16	-3,619,189.09	-9,879,720.64	4,360,384.07
其他未交款	3.17	1,230,471.24	1,213,058.46	219,385.63
其他应付款	3.18	20,187,303.35	36,510,033.12	36,408,534.90
预提费用	3.19	683,576.31	776,628.03	1,183,294.72
一年内到期的长期负债	3.20	15,690,038.00	251,397.00	
其他流动负债				
流动负债合计		86,518,315.32	122,596,297.73	117,085,278.45
长期负债:				
长期借款	3.21	27,337,222.00	11,025,797.96	5,159,068.05
应付债券				
长期应付款				8,443,323.37
其他长期应付款				
其中:住房周转金				
待转销汇兑损益				
长期负债合计		27,337,222.00	11,025,797.96	13,602,391.42
负债合计		113,855,537.32	133,622,095.69	130,687,669.87
股东权益				
股本	3.22	72,817,100.00	72,817,100.00	72,817,100.00
资本公积				
盈余公积	3.23	30,823,335.64	24,963,978.96	8,758,452.46
其中:公益金		4,449,516.79	2,496,397.90	875,845.25
未分配利润	3.24	34,865,528.13	1,662,506.93	1,476,742.44
股东权益合计		138,505,963.77	99,443,585.89	83,052,294.90
负债及股东权益合计		252,361,501.09	233,065,681.58	213,739,964.77

附表四:

利润表及利润分配表

(单位:人民币元)

项目	注释	1996年度	1995年度	1994年度
一、主营业务收入	3.25	439,283,862.34	421,412,036.22	380,891,418.43
减:营业成本	3.26	386,104,320.45	371,958,635.10	337,601,635.58

项目	注释	1996年度	1995年度	1994年度
销售费用		3,188,084.70	1,729,845.60	1,861,448.03
管理费用		6,261,759.72	5,941,264.23	9,223,869.70
财务费用	3.27	6,659,323.57	7,747,989.15	6,045,827.22
营业税金及附加		1,098,981.78	1,315,351.07	1,396,658,90
二、主营业务利润		35,971,392.12	32,718,951.07	24,761,979.00
加:其他业务利润	3.28	3,563,280.73		
三、营业利润		39,534,672.85	32,718,951.07	24,761,979.00
加:投资收益	3.29	3,660.00		
营业外收入	3.30	124,261.17	1,320.50	3,567.07
减:营业外支出	3.31	600,216.14	309,218.58	250,815.50
加:以前年度损益调整				
四、利润总额		39,062,377.88	32,411,052.99	24,514,730.57
减:所得税		0.00	0.00	0.00
改制前的利润				6,997,825.67
五、净利润		39,062,377.88	32,411,052.99	7,516,904.90
加:期初未分配利润		1,662,506.93	1,476,742.44	
六、可供分配的利润		40,724,884.81	33,887,795.43	17,516,904.90
减:提取法定盈余公积		3,906,237.79	3,241,105.30	1,751,690.49
提取法定公益金		1,953,118.89	1,620,552.65	875,845.25
七、可供股东分配的利润		34,865,528.13	29,026,137.48	14,889,369.16
减:提取任意公积金			11,343,868.55	6,130,916.72
已分配普通股股利			16,019,762.00	7,281,710.00
八、未分配利润		34,865,528.13	1,662,506.93	1,476,742.44

改制前的利润计6,997,825.67元,其中:

1.94年1月至4月份净利润为3,622,452.28元 已在评估时转入净资产,作为实业总公司股本投入

2.94年5至6月份净利润为3,375,373.39元 转入实业总公司。

附表五: 单位:人民币万元

项目大类	项目内容	投资总额	本公司投入	97年投入	98年投入	形成生产能力	年新增销售收入	年新增利润	投资回收期(年)
一、技改配套工程项目	更新250台剑杆织机技改项目	2990	2990	2240	750	坯绸500万米	18000	1262	2
	世界银行苏南环保贷款项目	2975	2975	2975	增产优质绢丝360吨	11513	1656	4.1	
	年产40万件绢丝股装技改项目	1860	1860	1400	460	绢丝绸服装系列40万件	8000	806	2.8
二、中外合资"宜兴鼎顺绢丝原料精炼有限公司"	4200吨绢丝原料低温精炼项目	13280 (1600万美)	9296 (1120万美元)	3296 (300万美元)	6000 (820万美元)	年加工绢丝原料4200吨	22579	3350	4.5
三、产业发展项目	收购兼并二家绢纺厂	1800	1800	1800	年产细丝500吨	7410	889	2.6	
配套流动资金		434	434						
合计		19355	12145	7210					

附表六: 单位:人民币万元

资产项目	帐在原值	帐面净值	调整后净值	重置价值	评估值	增加值	增值率
流动资产	12,061.02	12,061.02	14,459.14	14,647.13	14,647.13	187.98	1%
长期投资	1,256.32	1,256.32	1,688.57	1,674.11	1,674.11	-14.47	-1%
在建工程	976.49	976.49	0.00		0.00	0.00	
建筑物	3,603.23	3,319.73	3,450.97	4,631.57	4,199.71	748.74	22%
机器设备	7,076.00	5,632.46	5,521.44	7,890.02	6,070.79	549.35	10%
固定资产清理	4.10	4.10	0.00		0.00	0.00	
其他资产	72.38	72.38	116.02	173.25	173.25	57.23	49%
资产总计	25,049.54	23,322.50	25,236.15	29,016.08	26,764.99	1,528.84	6%
流动负债	6,721.94	6,721.94	7,167.33		7,167.33	0.00	0%
长期负债	4,383.44	4,383.44	4,218.23		4,218.23	0.00	0%
负债总计	11,105.37	11,105.37	11,385.55		11,385,55	0.00	0%
净资产		12,217.13	13,850.60		15,379.43	1,528.84	11%

江苏鼎球实业股份有限公司股票上市公告书

一、要　览

总股本：	10781.71 万股
可流通股本：	3500 万股
本次上市流通股本：	3500 万股
股票简称：	鼎球实业
股票代码：	600078
上市地点：	上海证券交易所
上市时间：	1997 年 6 月 27 日
登记机构：	上海证券中央登记结算公司
上市推荐人：	江苏省证券公司　君安证券有限公司

二、绪言

本上市公告书是根据《中华人民共和国公司法》、《股票发行与交易管理暂行条例》、《公开发行股票公司信息披露的内容与格式(第七号)》、《上海证券交易所交易市场业务试行规则》的规定编制，旨在为本公司股票公开上市向社会公众提供有关资料。

江苏鼎球实业股份有限公司(以下简称"本公司)本次发行经中国证券监督管理委员会【证监发字〔1997 第 264 号〕】及【证监发字〔1997〕第 265 号】文批准，股票上市经上海证券交易所上证上字【1997】055 号文批准于 1997 年 6 月 27 日在上海证券交易所挂牌交易。本次上市流通的 3500 万股人民币普通股为本公司 1997 年 5 月 28 日通过上交所交易系统公开发行的新股，另外，根据国家有关规定，公司原定向募集发行的 182.04 万股内部职工股将于本次新股发行之日起期满三年后上市流通。

本公司于 1997 年 5 月 26 日分别在《中国证券报》和《上海证券报》上刊登了《江苏鼎球实业股份有限公司招股说明书概要》，距今不足 6 个月，故与其重复的内容在此不再重复，敬请投资者查阅本公司《招股说明书概要》。

本公司董事会已批准本上市公告书，确信其中不存在任何重大遗漏或者误导，并对其真实性、准确性、完整性负个别的及连带的责任。

三、发行公司概况

(一)本公司简介：

1. 名称：江苏鼎球实业股份有限公司
2. 注册资金：10781.71 万元
3. 法定代表人：丁玉湘
4. 成立日期：1994 年 6 月 28 日
5. 公司的经营范围：丝绢纺织业；茧丝副产品、绢纺半成品、纺织品、丝绸服装制造。砂洗、印花加工。金属材料、建筑材料、农副产品销售。染色、印花绸、丝绸服装出口、染化料及原辅材料、机械设备、零配件进口。技术咨询服务。
6. 所属行业：绢纺织业
7. 注册地址：宜兴市太华振兴路
8. 联系电话：(0510) - 7381472(0510) - 7381365

(二)公司历史沿革：

1. 公司改制过程

本公司系于 1994 年 6 月在宜兴市绢麻纺织印染实业总公司部分改制的基础上，以宜兴市绢麻纺织印染实业总公司为主要发起人，联合江苏省丝绸进出口公司(现名江苏省丝绸进出口集团股份有限公司)、宜兴市太华服装厂共同发起，经江苏省经济体制改革委员会苏体改生(1994)361 号文批准，通过定向募集方式设立的股份制劳服企业。总股本为 7281.71 万股，各发起人、社会法人、内部职工以资产和现金等形式投入股份公司，公司于 1994 年 6 月 28 日注册登记。

2. 已发行股份情况

1994 年 6 月，本公司主要发起人宜兴市绢麻纺织印染实业总公司，以其评估后的部分生产经营性净资产 4827 万元按 1:1 的比例折为发起人法人股 4827 万股；江苏省丝绸进出口公司，以现汇形式出资 1200 万元按 1:1 的比例折为发起人法人股 1200 万股；宜兴市太华服装厂，以其经评估后的部分生产经营性净资产作价 260 万元按 1:1 的比例折为发起人法人股 260 万股；向社会法人定向募集 481.71 万股，向公司内部职工募集 513 万股，股权证发行价为每股人民币 1 元，每股面值为 1 元。

1996 年 11 月，根据国家有关政策要求，为规范股份公司运作，经公司临时股东大会决议通过，由中国四达国际经济技术合作公司以协议方式受让本公司定向募集设立时发行的社会法人股 481.71 万股和原定向募集内部职工股 230.96 万股，计法人股 712.67 万股，由中国诚信证券评估有限公司协议受让本公司的原定向募集内部职工股 100 万股，计法人股 100 万股。股份转让后的股权结构已得到江苏省体改委苏体改生(1997) 51 号文件确认。

四、股票发行及承销

(一)本次公开发行

社会公众股发行数量：	3500 万股
发行价格：	5.80 元
募集资金总额：	20300 万元
发行方式：	上网定价
配售比例：	0.65456629%
有效申购户数：	450475
持 1000 股以上的户数：	34969
发行费用总额：	945 万元
每股发行费用：	0.27 元
发行市盈率：	14.50 元

(二)股票承销：本次公开发行的社会公众股已认购完毕，承销商包销股票的数量为 0 股。

(三)无锡公证会计师事务所验资报告【锡会股验(97)04 号】

江苏鼎球实业股份有限公司全体股东：

我们接受委托，对贵公司截止 1997 年 6 月 9 日止的注册资本、投入资本变更的真实性和合法性进行了审验。在审验过程中，我们按照《独立审计实务公告第 1 号 - 验资》的要求，实施了必要的审验程序。贵公司的责任是提供真实、合法、完整的验资资料，保护资产的安全、完整，我们的责任是按照《独立审计实务公告第 1 号 - 验资》的要求，出具真实、合法的验资报告。

贵公司原有股本总额为人民币 7281.71 万元，现经中国证券监督管理委员会以证监发字【1997】264 号、和【1997】265 号文批准向社会公开发行人民币普通股 3500 万股，每股面值 1 元，每股发行价为 5.80 元，共募集资金 20300 万元，扣除发行费用 945 万元后，可募集资金 19355 万元。经过我们的审验，截止验资日止，证券承销机构已缴来募股款人民币壹亿玖仟叁佰伍拾伍万元(RMB19355 万元)，其中股本为人民币 3500 万元，资本公积为人民币 15855 万元。与此相关的资产总额为人民币 19355 万元，均为银行存款。向社会公开发行股票后股本总额为 10781.71 万元，其中：发起人法人股 6287 万元，占 58.315%；募集法人股本 812.67 万元，占 7.54%；内部职工股 182.04 万地，占 1.69%；社会公众股 3500 万元；占 32.46%。

附件一：发行新股前后注册资本、投入资本对照表

附件二：验资事项说明

无锡公证会计师事务所　　　　中国注册计师

沈大龙　金章罗

中国·无锡　　　　一九九七年六月九日

五、发行人董事、监事及高级管理人员持股情况

姓名	职务	持股数量(股)	持股比例(%)
丁玉湘	董事长	20800	0.0193
李东林	副董事长	0	0
毛振华	副董事长	0	0
董青湘	董　事	11000	0.0102
李海忠	董　事	11000	0.0102
嵇燕风	董　事	11090	0.0103
祝和平	董　事	0	0
周继芝	董　事	0	0
沈祥元	董　事	0	0
许兴诚	监事会主任	0	0
汤科志	监事副主任	5000	0.0046
张玉芳	监　事	5000	0.0046
丁志英	监　事	5000	0.0046
潘为平	监　事	5000	0.0046
邵顺其	总工程师	0	0
葛根盘	副总经理	6000	0.0056
毛振亚	副总经理	0	0

六、公司设立

(一)公司第四次股东大会通过了公司申请向社会公开发行股票并在上海证券交易所上市的决议。

(二)公司注册资金：　10781.71万元

(三)公司注册时间：　1997年6月12日

(四)公司注册地点：　宜兴市太华振兴路

(五)营业执照注册号码　13479240-2：

七、关联企业及关联交易

(一)公司关联企业

1.发起人

宜兴市绢麻纺织印染实业总公司

江苏省丝绸进出口集团股份有限公司

宜兴市太华服装厂

2.法人股东

中国四达国际经济技术合作公司

3.控股、参股企业

宜兴鼎美制衣有限公司，注册资本60万美元，本公司投资比例为50%；兴化鼎球绢纺实业有限责任公司，注册资本100万元，本公司投资比例为80%；上海鼎球国球贸易有限公司，注册资本200万元，本公司投资比例为90%；宜兴鼎银纺织印染有限公司，注册资本120万美元，本公司投资比例为20.8%。

(二)关联交易

本公司与其关联企业的全部交易均按一般及公平商业条款进行。

本公司所涉关联企业主要为宜兴市绢麻纺织印染实业总公司，作为本公司的主要发起人，总公司经过股份制改造后，在经营上主要以麻纺制品的生产、销售和旅游服务等业务为主，与股份公司无产、供、销之间的依赖关系，总公司债务由其本身承担。

目前，公司与总公司的关联关系主要有：

1.总公司以其拥有的鼎球大厦等设施与股份公司签定了长期服务协议；

2.股份公司以租赁方式从总公司取得现有厂房的土地使用权，并签订了土地租赁协议；

3.总公司拥有"鼎球"商标，股份公司与总公司签署《鼎球商标使用协议》；

4.股份公司与总公司签订绢丝绸(双红条边)专利权实施许可协议。

为保障股份公司的生产经营优势，总公司承诺不再投资发展与股份公司主要业务有交叉竞争关系的生产业务及相关企业。

同时本公司与公司股东一江苏省丝绸进出口集团股份有限公司有着长期的产品供销关系，公司作为供方，江苏省丝绸进出口集团股份有限公司作为需方，每年年初都订立平等互利的年度供销合同，合同有关事项经律师审查，责、权、利清晰，交易正常，对公司无任何利益损害。

八、股本结构及大股东持股情况

1.本次股票发行上市前，公司股本结构如下：

种　类	股数(万股)	占总股本比例(%)
总股本	10781.71	100
尚未流通股份		
(1)发起人股	6287	58.31
其中：国有法人股	1200	11.13
其他法人股	5087	47.18
(2)法人股	812.67	7.54
(3)内部职工股	182.04	1.69
可流通股份		
(4)社会公众股	3500	32.46

(二)、公司前十名股东持股情况如下：

序号	股东名称	持股数(万股)	比例(%)
1	宜兴市绢麻纺织印染实业总公司	4827	39.76
2	江苏省丝绸进出口集团股份有限公司	1200	11.13
3	中国四达国际经济技术合作公司	712.67	6.61
4	宜兴市太华服装厂	260	2.41
5	中国诚信证券评估有限公司	100	0.93
6	宗海英	4.32	0.040
7	徐益琴	3	0.0278
8	丁志刚	2.98	0.0276
9	李荣成	2.79	0.0259
10	耿和军	2.55	0.0237

九、主要会计资料

一、无锡公证会计师事务所审计报告(锡会股审(97)18号)

江苏鼎球实业股份有限公司全体股东：

我们接受委托，审计了贵公司一九九六、一九九五、一九九四各年十二月三十一日的资产负债表及上述三个年度的利润表及利润分配表，一九九六年度财务状况变动表。这些会计报表由贵公司负责，我们的责任是对这些会计报表发表审计意见。我们的审计是根据《中国注册会计师独立审计准则》进行的。在审计过程中，我们结合贵公司的实际情况，实施了包括抽查会计记录等我们认为必要的审计程序。

我们认为，上述会计报表符合《企业会计准则》和《股份制试点企业会计制度》及国家有关财务会计法规的规定，在所有重大方面公允地反映了贵公司一九九六、一九九五、一九九四各年十二月三十一日的财务状况及一九九六、一九九五、一九九四三个年度的经营成果，一九九六年度资金变动情况，会计处理方法的选用遵循了一贯性原则。

无锡公证会计师事务所　　中国注册会计师

中国·无锡　　金章罗　沈大龙

一九九七年三月二十八日

(二)公司资产负债表、利润表及利润分配表、财务状况变动表(见附表)。

(三)重要会计政策

编制本财务报表所采用的主要会计政策如下：

1.会计制度

本公司1994年7月1日前执行《工业企业会计制度》，7月1日以后执行《股份制试点企业会计制度》。本次在编制4年度会计报表时，已按

《股份制试点企业会计制度》进行了调整。

2. 会计期间

采用公历制，即从公历1月1日起至12月31日止为一个会计年度。

3. 记帐本位币

以人民币为记帐本位币。

4. 记帐原则和计价基础

以权责发生制为记帐原则，以历史成本为计价基础。

5. 外币核算：外币帐户1994年1月1日起按中国人民银行外汇管理局公布的当月1日人民币基准汇价折合人民币记帐，并于期末按基准汇价进行调整，调整的差额按照不同对象分别列入相应的科目。

6. 存货计价

(1)原材料及辅助材料按实际价格计价，按加权平均法结转发出材料成本；

(2)库存产成品以实际成本计价，按加权平均法结转营业成本；

(3)低值易耗品采用领用时一次摊销的方法。

7. 长期投资核算方法

债券投资按成本法核算。

股权投资金额占被投资单位注册资本20%以上的按权益法核算，20%以下的按成本法核算，50%以上合并会计报表。

截止一九九六年十二月三十一日，公司下设二个控股子公司：

控股子公司名称	注册地点	注册资本	持股比例	主要业务
兴化绢纺实业有限责任公司	江苏兴化	120万元人民币	80%	绢纺、制棉、染色等
上海鼎球国际贸易有限公司	上海浦东	200万元人民币	90%	自营出口、代理出口

上述两家子公司分别于九六年十月和九六年五月开始筹建，根据财政部财会二字(1996)2号函精神规定的三项指标均在10%以下，根据重要性原则不作合并会计报表处理。

其他投资按成本法核算。

8. 固定资产及其折旧：

评估入帐的固定资产按重置成本法计价，其他均按实际成本计价，计价标准为2000元以上(包括2000元)，采用直线法计提折旧。

残值率：房屋及建筑物为5%，机械设备、运输设备及其他为3%，折旧年限及年折旧率分别为：

固定资产类别	折旧年限(年)	年折旧率(%)
房屋及建筑物	35	2.71
机械设备	14	6.93
运输设备机其他	8	12.13

9. 递延资产及其摊销：

电话初装费按5年平均摊销；电力增容费按10年平均摊销。

10. 坏帐准备：按期末应收帐款余额的0.5%计提。

11. 营业收入确认：

以商品已经发出，商品的所有权已自买方转移给卖方，收到货款或取得收取货款的证据时确认营业收入的实现。

12. 税项

(1)流转税

实行增值税，1994年1月1日起为价外税，销项税和进项税税率均为17%，按销项税额扣减进项税额后的差额缴纳。

自营出口实行退税，1996年按自营出口离岸价的9%退税，1995年上半年按自营出口进项税退税，下半年按出口离岸价的14%退税。

(2)营业税　按其他业务收入的5%计征。

(3)城建税及教育地方附加税

按应交营业税、增值税金额的5%计征城市维护建设税；

经宜兴市财政局核准，教育地方附加费实现定额上缴的办法，94－96年每年分别上缴136万元、107万元、90万元。

(4)各项基金：

a. 根据宜兴市税务局宜税二(1994)09号文规定，经宜兴市税务局核准，按营业收入的0.6‰—1‰计征粮物调基金；

b. 根据宜兴市委宜发(1994)36呈文规定，从1993年起按每人每月10元的标准计提建农基金；

c. 根据宜兴市政府宜政发(1992)22号规定，按营业收入的8‰计提乡镇管理费。

(5)所得税

本公司为劳动就业服务型企业，根据江苏省人民政府第32号令《江苏省劳动就业服务企业管理暂行规定实施细则》，经宜兴市人民政府宜政发(1994)180号文批复，同意本公司自1994年起享受劳动就业服务企业免征所得税三年的优惠政策。

13. 利润分配：

根据公司董事会及股东大会决议，按净利润的10%、5%分别计提法定赢余公积金。94、95年度均按利润的35%计提任意盈余公积金。

(四)财务报表项目说明(单位：人民币元)

1. 应收帐款

(1)按帐龄分类	比重(%)	金额
1年以内	99.41	53,390,652.32
1～2年	0.57	303,981.42
2～3年	0.02	13,605.46
3年以上	—	—
	100.00	53,708,239.20

(2)持有5%以上股份主要股东欠款情况：

江苏省丝绸进出口集团股份有限公司　881,692.49

(3)关联企业往来：	性质	金额
鼎银纺织印染有限公司	设备租赁款	3,488,959.50

2. 长期投资　16,885,747.58

(1)债券投资

种类	到期日	年利率	面值	应计利息
国库券	98.10	10.5%	56,000.00	17,320.00
电力企业债券	98.07	9%	10,000.00	2,850.00
			66,000.00	

(2)联营投资

公司名称	附注	持投比例(%)	投资金额(元)	投资期限
中外合资宜兴鼎美制衣有限公司	1	50	2,490,390.00(30万美元)	11年
兴化鼎球绢织实业有限责任公司	3	80	960,000.00	20年
上海鼎球国际贸易有限公司	3	90	1,800,000.00	20年
中外合作宜兴鼎银纺织印染有限公司	2	20.83	2,080,000.00(20万美元)	11年
			7,330,390.00	

注：1. 宜兴鼎美制衣有限公司96年底累计利润4,775.21元，因此未按权益法核算。

2. 鼎银公司于96年1月开始试生产，按照合作协议规定，前五年只收取租赁费，因此未按权益法核算。

3. 其他公司均在筹建之中，未开展生产经营活动。

(3)其他投资

项目	附注	金额
无锡鼎球大厦	1	6,000,000.00
上海浦东开发区莱茵广场项目	2	3,489,357.58
		9,489,357.58

注：1. 无锡鼎球大厦项目为本公司与无锡市益多房屋建设开发公司共同投资联合建造商业公寓用房，预计98年末可竣工。

2. 上海浦东开发区莱茵广场系本公司与上海莱茵广场房地产开发公司、上海贵派实业公司三方联合参建的商品房。

长期投资比年初增加1680.75万元，主要原因如下：

增加对宜兴鼎美制衣有限公司的投资249.04万元；

增加对兴化鼎球绢织实业有限公司的投资96万元；

增加对上海鼎球国际贸易有限公司的投资180万元;

增加对宜兴鼎银纺织印染有限公司的投资208万元;

增加对上海浦东开发区莱茵广场和无锡鼎球大厦的投资948.94万元;

收回国库券本金及利息1.21万元。

3.盈余公积

项目	1996.12.31	1995.12.31	1994.12.31
法定盈余公积金	8,899,033.58	4,992,795.79	1,751,690.49
公益金	4,449,516.79	2,496,397.90	875,845.25
任意盈余公积金	17,474,785.27	17,474,785.27	6,130,916.72
	30,823,335.64	24,963,978.96	8,758,452.46

盈余公积变动情况:

(1)经一届二次董事会及股东大会讨论通过,94年按净利润的10%计提法定盈余公积金、5%计提公益金、35%计提任意盈余公积金。

(2)经一届四次董事会及第三次股东大会讨论通过,95年按净利润计提法定盈余公积金、公益金和任意盈余公积金的比例不变。95年共提取法定盈余公积金3,241,105.30元,公益金1,620,552.65元,任意盈余公积金11,343,868.55元。

(3)根据1997年3月8日召开的公司第四次股东大会决议,96年度净利润按原定比例计提法定盈余公积金和公益金,不再计提任意盈余公积金。96年共提取法定盈余公积金3,906,237.79元,公益金1,953,118.89元。

4.未分配利润

96.12.31	95.12.31	94.12.31
34,865,528.13	1,662,506.93	1,476,742.44

根据公司召开的第四次股东大会决议,1996年股利不再进行分配,留待新股发行成功后,新老股东利益共享。

5.承诺事项

截至一九九六年十二月三十一日,本公司有下列重大承诺事项:

(1)已签订合同的承诺事项:无锡鼎球大厦工程投资400万元。

(2)已批准尚未签订合同的承诺事项;

a.收购二家企业400万元(宜兴市东方绢麻纺织厂和宜兴市丝麻纺织厂);

b.投资于一家合资公司2000万元,持股比例为80%;

c.技术改造投资2200万元。

(五)近三年本公司的财务指标情况如下:

指标	1996.12.3	1995.12.31	1994.12.31
流动比率(%)	167.12	119.52	105.20
速动比率(%)	83.23	55.64	53.44
股东权益比率(%)	54.88	42.67	38.86
应收帐款周转率(%)	822.20	837.36	—
净资产收益率(%)	28.20	32.59	21.09
每股净利(元)	0.54	0.45	0.24
每股净资产(元)	1.90	1.37	1.14

十、董事会上市承诺

本公司董事会将严格遵守《中华人民共和国公司法》、《股票发行与交易管理暂行条例》、《公开发行股票公司信息披露实施细则》、《上海证券交易所交易市场业务试行规则》和有关法律、法规的规定,并自股票上市之日起作出如下承诺。

1.按照法律、法规的规定程序和要求披露重大信息、并接受证券主管机关、上海证券交易所的监督管理。

2.及时、真实、准确的公布中期报告和年度报告、并备置于规定场所供投资者公众查阅。

3.本公司董事、监事及高级管理人员如发生人事变动或持本公司股票发生变化时,在报告证券主管机关、证券交易所的同时向投资者公布。

4.在任何公共传播媒介中出现的消息可能对本公司股票的市场价格产生误导性影响时,本公司知悉后将及时对该消息予以公开澄清。

5.本公司董事、监事及高级管理人员将认真听取社会公众的意见和批评,不利用已获得的内幕消息和其他不正当手段直接或间接从事股票买卖活动。

6.本公司没有无记录负债。

十一、重要事项揭示

1.公司第四次股东大会通过决议,1996年不进行股利分配。认购公司本次新股的股东除参与公司1997年的股利分配外,还将参加1996年度滚存利润的分配。

2.本公司至本公告发布之日起,无其他未披露的重大诉讼事项。

十二、咨询机构

发行人:江苏鼎球实业股份有限公司

地　址:江苏宜兴市太华振兴路

邮　编:214235

电　话:(0510)-7381472转证券部

联系人:嵇康一、潘为平

主承销商:江苏省证券公司

上市推荐人:江苏省证券公司

地　址:江苏南京市管家桥87号华荣大厦五楼

邮　编:210005

电　话:(025)-4523777-5003

联系人:姜键、陶军、王光林、陈刚

十三、备查文件目录

以下文件备查:

1.上海证券交易所上市通知书

2.招股说明书

3.审计报告

4.营业执照

5.公司章程

6.法律意见书

江苏鼎球实业股份有限公司

一九九七年六月二十四日

附表1:　　资产负债表负债部分　　(单位:人民币元)

资产	注释	1996.12.31	1995.12.31	1994.12.31
流动资产:				
货币资金		3,862,500.63	3,867,071.21	6,397,177.70
短期投资				
应收票据	3.1	1,000,000.00		
应收帐款	3.2	53,708,239.20	56,636,084.08	44,016,078.27
减:坏帐准备		251,096.40	283,180.42	220,080.39
应收帐款净额		53,457,142.80	56,352,903.66	43,795,997.88
预付帐款	3.3	11,200,490.99	3,104,447.43	5,120,460.15
其他应收款	3.4	2,182,692.36	4,411,589.30	6,851,298.74
待摊费用	3.5	305,549.85	472,819.07	407,417.08
存货	3.6	72,583,052.60	78,314,651.69	60,598,117.43
待处理流动资产损失				
其他流动资产				
流动资产合计		144,591,429.23	146,523,482.36	123,170,468.98
长期投资:				
长期投资	3.7	16,885,747.58	78,200.70	165,200.70
固定资产:				
固定资产原价	3.8	104,791,048.03	95,885,355.79	93,839,958.62

项目	注释	96.12.31	95.12.31	94.12.31
减:累计折旧		15,066,948.75	11,043,849.93	5,845,291.72
固定资产净值		89,724,099.28	84,841,505.86	87,994,666.90
固定资产清理			26,925.49	
在建工程			309,292.17	967,303.19
待处理固定资产净损失				
固定资产合计		89,724,099.28	85,177,723.52	88,961,970.09
无形资产及递延资产				
无形资产				
递延资产	3.9	1,160,225.00	1,286,275.00	1,442,325.00
无形资产及递延资产小计		1,160,225.00	1,286,275.00	1,442,325.00
其他资产:				
其他长期资产				
资产总计		252,361,501.09	233,065,681.58	213,739,964.77

资产负债表负债部分　　(单位:人民币元)

负债及股东权益	注释	96.12.31	95.12.31	94.12.31
流动负债:				
短期借款	3.10	18,820,000.00	23,665,000.00	32,364,926.91
应付票据	3.11	7,600,000.00	11,030,000.00	2,500,000.00
应付帐款	3.12	21,985,117.07	38,208,394.89	22,242,754.79
预收帐款	3.13	2,390,455.90	3,899,691.47	9,677,595.31
应付福利费	3.14	1,550,542.54	902,053.40	846,692.12
应付股利	3.15		16,019,762.00	7,281,710.00
未交税金	3.16	-3,619,189.09	-9,879,720.64	4,360,384.07
其他未交款	3.17	1,230,471.24	1,213,058.46	219,385.63
其他应付款	3.18	20,187,303.35	36,510,033.12	36,408,534.90
预提费用	3.19	683,576.31	776,628.03	1,183,294.72
一年内到期的长期负债	3.20	15,690,038.00	251,397.00	
其他流动负债				
流动负债合计		86,518,315.32	122,596,297.73	117,085,278.45
长期负债:				
长期借款	3.21	27,337,222.00	11,025,797.96	5,159,068.05
应付债券				
长期应付款				8,443,323.37
其他长期应付款				
其中:住房周转金				
待转销汇兑损益				
长期负债合计		27,337,222.00	11,025,797.96	13,602,391.42
负债合计		113,855,537.32	133,622,095.69	130,687,669.87
股东权益				
股　本	3.22	72,817,100.00	72,817,100.00	72,817,100.00
资本公积				
盈余公积	3.23	30,823,335.64	24,963,978.96	8,758,452.46
其中:公益金		4,449,516.79	2,496,397.90	875,845.25
未分配利润	3.24	34,865,528.13	1,662,506.93	1,476,742.44
股东权益合计		138,505,963.77	99,443,585.89	83,052,294.90
负债及股东权益合计		252,361,501.09	233,065,681.58	213,739,964.77

利润表及利润分配表　　(单位:人民币元)

项目	注释	1996年度	1995年度	1994年度
一、主营业务收入	3.25	439,283,862.34	421,412,036.22	380,891,418.43
减:营业成本	3.26	386,104,320.45	371,958,635.10	337,601,635.58
销售费用		3,188,084.70	1,729,845.60	1,861,448.03
管理费用		6,261,759.72	5,941,264.23	9,223,869.70
财务费用	3.27	6,659,323.57	7,747,989.15	6,045,827.22
营业税金及附加		1,098,981.78	1,315,351.07	1,396,658.90
二、主营业务利润		35,971,392.12	32,718,951.07	24,761,979.00
加:其他业务利润	3.28	3,563,280.73		
三、营业利润		39,534,672.85	32,718,951.07	24,761,979.00
加:投资收益	3.29	3,660.00		
营业外收入	3.30	124,261.17	1,320.50	3,567.07
减:营业外支出	3.31	600,216.14	309,218.58	250,815.50
加:以前年度损益调整				
四、利润总额		39,062,377.88	32,411,052.99	24,514,730.57
减:所得税		0.00	0.00	0.00
改制前的利润				6,997,825.67
五、净利润		39,062,377.88	32,411,052.99	7,516,904.90
加:期初未分配利润		1,662,506.93	1,476,742.44	
六、可供分配的利润		40,724,884.81	33,887,795.43	17,516,904.90
减:提取法定盈余公积		3,906,237.79	3,241,105.30	1,751,690.49
提取法定公益金		1,953,118.89	1,620,552.65	875,845.25
七、可供股东分配的利润		34,865,528.13	29,026,137.48	14,889,369.16
减:提取任意公积金			11,343,868.55	6,130,916.72
已分配普通股股利			16,109,762.00	7,281,710.00
八、未分配利润		34,865,528.13	1,662,506.93	1,476,742.44

改制前的利润计6,997,825.67元,其中:

1.94年1至4月份净利润为　3,622,452.25元　已在评估时转入净资产,作为实业总

2.94年5至6月份净利润为　3,375,373.39元　公司股本投入转入实业总公司

一九九六年度财务状况变动表　　(单位:人民币元)

流动资金来源和运用	金额	流动资金各项目的	金额
一、流动资金来源		一、流动资产本年增加额	
1.本年净利润	39,062,377.88	1.货币资金	(4,570.58)
加:不减少流动资金的费用和损失		2.应收票据	1,000,000.00
(1)固定资产折旧	5,826,406.00	3.应收帐款净额	(2,895,760.86)
(2)无形资产及递延资产摊销	163,544.75	4.预付帐款	(8,096,043.56)
(3)清理固定资产损失(减收益)	112,035.27	5.其他应收款	(2,228,896.94)
小　计	45,164,363.90	6.存货	5,731,599.09
2.其他来源		7.待摊费用	(167,269.22)
(1)固定资产清理收入	2,335,906.20		
(2)增加长期负债	16,562,821.04		
(3)收回长期投资	12,000.00	流动资产增加净额	(1,932,053.13)
(4)资本净增加额	5,859,356.68		
(5)对外投资转出固定资产	940,436.90		
小　计	25,710,520.82		
		二、流动负债本年增加额	
流动资金来源合计	70,874,884.72	1.短期借款	(4,845,000.00)
		2.应付票据	(3,430,000.00)
二、流动资金运用		3.应付帐款	(16,223,277.82)
1.利润分配		4.预收帐款	(1,509,235.57)
(1)提取法定盈余公积金	3,906,237.79	5.其他应付款	(16,322,729.77)
(2)提取法定公益金	1,953,118.89	6.应付福利费	648,489.14
小　计	5,859,356.68	7.未付股利	(16,019,762.00)
2.其他运用		8.未交税金	6,260,531.55
(1)固定资产和在建工程净增加额	13,761,160.13	9.其他未交款	17,412.78
(2)增加长期投资	16,819,546.88	10.预提费用	(93,051.72)
(3)归还长期投资	251,397.00	11.一年内到期的长期负债	15,438,641.00
(4)无形资产及递延资产增加	37,494.75		
小　计	30,869,598.76		
流动资金运用合计	36,728,955.44	流动负债增加净额	(36,077,982.41)
流动资金增加净额	34,145,929.28	流动资金增加净额	34,145,929.28

江苏鼎球实业股份有限公司一九九七年度中期报告

一、财务报告(未经审计)

(一)财务报表

1. 简化的资产负债表　　单位:元

	1997年6月30日	1996年12月31日
流动资产	317415800.27	144591429.23
长期投资	18203437.25	16885747.58
固定资产净值	86371926.10	89724099.28
在建工程	22607228.12	·
无形资产及递延资产	1309059.99	1160225.00
资产总计	445907451.73	252361501.99
流动负债	63138658.20	86518315.32
长期负债	33992222.00	27337222.00
负债总计	97130880.20	113855537.32
股东权益	348776571.53	138505963.77
其中:股本	107817100.00	72817100.00
资本公积	158550000.00	
盈余公积	30823335.64	30823335.64
未分配利润	51586135.89	34865528.13
负债及股东权益总计	445907451.73	252361501.09

2. 简化的损益表　　单位:元

	1997年1—6月	1996年1—6月
主营业务收入	185964988.19	168292879.00
主营业务利润	13819554.51	13090324.15
其它业务利润		
投资收益	9341.58	
营业外收支净额	5840758.64	-64657.94
利润总额	19669654.73	13025666.21
所得税	2949046.97	
净利润	16720607.76	13025666.21

(二)其它财务指标

	1997年1—6月	1996年1—6月
每股收益	0.16元	0.17元
净资产收益率	4.79%	9.4%
每股净资产	3.23元	1.90元

注:97年1—6月每股收益、每股净资产均按总股本10781.71万股摊薄计算。

96年1—6月每股收益、享受免征所得税政策每股净资产按总股本7281.71万股计算。

(三)财务报表注释

1. 本期财务报表所采用的会计政策及会计方法和一九九六年度财务报告采用的会计政策会计方法一致。

2. 本报告期财务主体未发生合并、分立等变化。

3. 货币资金167587802.77元较年初增163725302.14元,主要是5月28日上网发行股票的募集资金到位。

4. 应收票据减少1000000元是由于票据到期已收回。

5. 预付货款38223803.38元较年初增加27023312.39元,主要是由于绢纺原料受季节市场因素而预付原材料款项24616716.39元;

6. 存货52369434.23元较年初减少20213618.37元,主要是96年末考虑绢丝原材料的季节市场和价格因素,按97年生产计划需要适量多备足原料,年初采购量便相应减少,(待春蚕茧上市,价格降低)。

7. 在建工程期初是0,期末数为22607228.12元,是技术改造投资项目已进入实施阶段。

8. 应付票据较期初减少4708000元,主要是到期的已支付。

9. 应付帐款较年初减少9501490.99元,主要是产品销售货款回收后已支付。

10. 预收货款较年初减少1483454.35元,主要是产品已发出结清。

11. 未交税金2440636.28元较年初增加6059825.37元,主要是96年末采购原材料量较大,上年末留抵税额361.92万元,已转今年1—6月抵扣和本期增加计提所得税2949046.97元。

12. 其它应付款12375016.73元,较上年减少7812286.62元,主要是上年度应付未付工资(7—12月未发放数)在97年1月份已支付。

13. 股本107817100元较年初增加35000000元,是1997年5月28日上网发行新股。

14. 资本公积158550000元,主要是发行3500万元新股的益价款项。

15. 主营业务收入185964988.19元,较上年同期增长10.50%,主要是开拓国内市场增加销售额所致。

16. 营业外收入5909348.56元,较上年同期增加5903308.50元,主要是股票申购资金冻结利息收入和固定资产租赁费收入。

17. 所得税较上年同期增加2949046.97元,主要是96年享受0税率,97上半年按15%计征所致。

18. 未分配利润较年初增加16720607.76元,主要是97年1—6月实现利润。

(四)关联公司及关联交易

1. 关联公司

关联公司名称	注册地址	注册资本	与公司关系	主营业务
兴化绢纺实业有限责任公司	江苏兴化	120万元	本公司占80%权益	绢纺、制棉、染色等
上海鼎球国际贸易有限公司	上海浦东	200万元	本公司占90%权益	自营出口、代理出口等
宜兴鼎美制衣有限公司	宜兴	60万美元	本公司占50%权益	绢丝绸服装制造、加工
宜兴鼎银纺织印染有限公司	宜兴	120万美元	本公司占20%权益	纺织品印染加工
宜兴市绢麻纺织印染实业总公司	宜兴	9700万元	持本公司44.77%权益	丝纺织制造
江苏丝绸进出口集团股份有限公司	江苏南京	679.49万元	持本公司11.13%权益	丝绸进出口业务

2. 关联交易

		97年1—6月
1.	与母公司的关联交易 母公司鼎球大厦服务费	269835.74元
2.	与江苏丝绸进出口集团 股份有限公司商品销售	20042231.02元
3.	与宜兴鼎银纺织印染有限 公司出租固定资产收入	1192665.60元

(4)关联交易按市场定价原则。

二、经营情况的回顾与展望

1. 上半年经营情况的回顾

今年上半年公司根据董事会确定的"立足丝绸,发展丝绸,超越丝绸"的经营方针;本着以主业为基础,贸易为龙头,技改为手段的三位一体的发展战略,围绕从产品经营向资本经营转化中心的经营指导思想。面对市场的挑战,充分发挥我公司先进技术设备及一体化的生产经营规模优势,狠抓企业内部管理,积极开发新产品,拓展国内外二个市场,同时加大技改力度,建立灵活的用人机制,使公司在激烈的市场竞争中取得了较好的业绩,各方面经济指标在同行业中继续保持领先地位。1—6月份主营业务收入18596.5万元,比去年同期增长10.5%,实现利润总额1966.96万元,比去年同期增长51%。上半年经济增长幅度虽然不大,但这是在非常特殊的情况下取得的,充分显示出我公司的实力和发展后劲。

(1)拓展市场广度。在继续开始国际市场的同时注重开发国内市场,上半年是绢纺行业历史性的市场淡季,一般只能完成年销售计划的28%

左右,这是因为绢纺产品目前主要市场还是在国外,一季度外商习惯性过节度假,订单订货较少。由于我公司逐步开发了国内绢纺绸市场,补充了淡季的空白,销售额完成了年计划的31%,高于一般水平。

(2)加快技改项目进度。对公司的主体生产厂——绢麻纺织厂提前实施大规模技术改造,主厂房全部翻新调整布局,200台新式剑杆织机取代落后的梭织机,这个关键性技改项目已全部到位安装就绪,进入七月份即可投入正常生产,为下半年的旺季销售打下了非常有利的基础,上半年正是由于我公司的主体生产厂进行边技改边生产,势必对经济效益会有较大的影响。

(3)继续抓住新产品的开发。扬长避短,抢占市场,这是我公司取得长足发展的重要举措之一。上半年我公司利用先进技术设备等的独具优势,开发的原料纤维与其他新型纤维混纺、交并、交织的系列新产品。已得到国外客商的一致赞美,并已落实订单批量生产,为下半年拓展销售提供了新的增长点。

2. 下半年工作计划

下半年工作的总思路是:抓住股票发行上市成功的有利机遇及条件,进一步深化经济体制改革,大力开展从产品经营向资本经营推进。通过资本扩张迅速发展企业规模,提高竞争力度,同时瞄准行情,逐步向多行业渗透、延伸,形成以一业为主、多行业经营的格局,分化市场风险。

(1)实施同行业兼并,壮大规模优势,建立原料基地,控制原料市场。这是我公司谋求快速发展的根本战略。由于绢丝原料受桑蚕茧的限制,国内众多的中小织纺厂及二手贩子,往往趁机抢购,哄抬价格,造成市价混乱,影响正常经营。为此公司已决定在全国主要的养蚕地区:江苏的东台,浙江的杭嘉湖,四川的德阳及新疆的哈什等地,兼并二家中型绢纺厂和合资创办二家贸易公司,建立四个原料基地,控制原料收购市场,取得"先发制人"的主动权。该计划预计在秋茧上市前可完成。为今后稳步发展打好的基础。

(2)根据公司以一业为主,向多行业资本经营扩张的方针,本公司与美国资金持股(夏威夷)有限公司在上海合资创办"鼎威投资管理咨询有限公司",开展国际投资,引进国外资金等多种业务,该公司目前正在申报中。

(3)进一步拓展国内市场。本公司已决定将原来南京、上海、杭州三个办事处组建上升为三个贸易公司,同时在浙江宁波及北京再创办二个贸易公司,扩大国内贸易市场和营销力度,达到内外二个市场同步发展,确保经营业绩稳步增长。

(4)继续抓紧做好二个投资技改项目的实施,力争早完工、早投产、早出效益,成为新的经济增长点。

(5)强化内部管理,加大成本控制力度,健全和完善质量保证体系,大力培养和引进多层次的管理人才,扩充营销队伍,为企业的快速发展打下良好的基础。

(6)在年内做好滚存利润及公积金送转方案,以便提交下次股东大会审议通过实施。

总之本公司全体员工将继续努力,积极进取,最大限度发挥自身经营优势,不断创新,以争取更大的成绩来回报股东、回报社会。

三、重大事项说明

1.1997年5月28日本公司3500万社会公众新股上网发行获得圆满成功,每股面值1元,发行价为5.8元,扣除发行费用共募集资金19300万元,并于6月27日在上海证券交易所挂牌上市,为我公司今后的发展奠定了坚实基础。

2. 根据国务院证券委、中国人民银行、国家经贸委5月22日联合发布的《严禁国有企业和上市公司炒作股票的规定》,通过认真学习和自查,我公司未持有任何上市流通股票,没有任何违规操作行为。

3. 报告期内无重大诉讼、仲裁事项。

四、发行在外股票的变动情况和股权变化

(一)江苏鼎球实业股份有限公司3500万股A股股票已于1997年5月28日在上海证券交易所上网定价发行,并于1997年6月27日上市流通。

(二)股权结构情况: 单位;万股

股份类别	1996年12月31日	本期增减	1997年6月30日
1. 尚未流通股份			
(1)发起人法人股	6287.00		6287.00
(2)社会法人股	812.67		812.67
(3)内部职工股	182.04		182.04
尚未流通股份合计	7281.71		7281.72
2. 已流通股份			
A股	0.00	3500.00	3500.00
已流通股份合计	0.00	3500.00	3500.00
3. 股份总数	7281.71	3500.00	10781.71

(三)公司前10名最大股东持股情况(1997年6月27日)

	股东姓名	持股数量(万股)	持股比例(%)
1.	宜兴市绢麻纺织印染实业总公司	4827.00	44.77
2.	江苏省丝绸进出口集团股份有限公司	1200.00	11.13
3.	中国四达国际经济技术合作公司	712.67	6.61
4.	宜兴市太华服装厂	260.00	2.41
5.	中国诚信证券评估有限公司	100.00	0.93
6.	滕 健	37.75	0.35
7.	刘 洋	32.12	0.298
8.	陶 乙	25.00	0.232
9.	滕 健	20.00	0.185
10.	屠规健	19.00	0.176

五、股东大会简介

1997年3月8日,公司在本公司二楼会议室召开了第四次股东大会,出席人大会的股东代表45人,代表股东权数7281.71万股,占公司总股本的100%,符合《公司法》和章程的规定,本次会议合法有效,经与股东一致讨论,会议表决通过如下决议:

(一)审议通过1996年度的工作报告及1997年度工作意见。

(二)审议通过1996年度监事会工作报告。

(三)审议通过1996年度财务决算报告,同意一九九六年不进行分配股利,待新股发行成功后,新老股东利益共享。

(四)审议通过同意由定向募集公司转为社会公众募集公司,向社会公众发行新股3500万股,授权董事会全权办理A股发行及上市的全部工作。

(五)审议通过同意本次股票发行在上海证券交易所上网定价发行,同意在上海证券交易所挂牌上市。

六、备查文件

1. 载有公司董事长总经理亲笔签名的中期报告原稿。

2. 报告期内发行新股时的《招股说明书》、《上市公告书》。

3.1997年6月18日公司二届二次董事会会议记录及决议。

查阅地址:江苏省宜兴市太华振兴路公司办公楼证券部。

咨询电话:0510—7383888—210

江苏鼎球实业股份有限公司

一九九七年八月二十二日

新疆特变电工股份有限公司

新疆特变电工股份有限公司概况

一、企业简介

新疆特变电工股份有限公司是新疆机电行业首家实行股份制改造的企业，自治区机电行业首家上市公司。公司主要由中国国际信托投资公司、中国西电集团、昌吉电力局、自治区投资公司、自治区技改投资公司、昌吉市特种变压器厂、新疆电线电缆厂等十一家法人单位发起组建。目前，公司总资产达3.5亿元，净资产2.5亿元，公司占地面积26万平方米，厂房面积4万平方米，员工864人，中高级科技人员占30%。

"七五"和"八五"期间，公司线缆厂和变压器厂先后被列入新疆电缆生产和变压器生产重点技术改造项目，从意大利全套引进电线电缆生产线，从西德全套引进变压器生产线，全部采用现代化计算机检测系统和辅助设计系统，产品均按新国际及国际IEC标准生产，并可提供准确的试验数据。九七年，公司列入国家机械部"九五"重点技术改造企业和国家经委"九五"重点技术改造企业。技术改造完成后，公司可生产电压等级为220KV，最大单台容量为24万KVA及以下的三相油浸式电力变压器、35KV及以下的干式变压器，在同时完成电线电缆生产线的技术改造后，可配套生产纸包扁铜线及6—35KV交联聚乙烯电缆等市场需求量大、科技含量高的产品，从而不断优化产品结构，使高科技、高附加值的产品在总产值的比例达到50%以上。

三十余年来，公司成员已为自治区电力、能源、水力、石油化工、煤碳、冶金、工农业等行业和部门提供了大量的优质产品，为自治区经济的发展做出了巨大贡献。公司已被国家机械部定为生产110KV、220KV级大型变压器和电线电缆定点企业，电力部指定105家输变电产品供货企业，是自治区电线电缆质量监测中心。企业同英国贝斯公司合资组建新疆昌吉贝斯电子灭菌有限公司，生产高功能电子灭菌器，产品被国家科委列入"火炬计划"项目。目前企业已成为中国电工制造行业骨干，产品遍布全疆，并销往关内市场，远销马来西亚、哈萨克斯坦、巴基斯担、蒙古、菲律宾十几个国家和地区。企业荣获"机电部企业管理优秀单位"、"全国'五·一'劳动奖状先进集体"、"自治区高新技术企业"、"自治区星火科技示范企业"等荣誉称号。公司董事长兼总经理张新先生，先后荣获自治区优秀企业家、自治区劳动模范、自治区优秀科技工作者、全国优秀青年企业家和中国机械行业优秀企业家和全国"五一"劳动奖章等荣誉称号。

公司通过理顺产权关系，转换企业机制和提高资本运作水平，经济实力不断增强，经济效益稳步增强，1994、1995、1996年分别实现利润553万元、549万元、1881万元，预计1997年可实现利润3100万元。公司1996年经济效益名列新疆机电行业166家企业第2位，据变压器行业(1995)统计，公司生产的110KV级电力变压器经济效益综合指数居全国同行业厂家(155家)第1位，35KV级变压器的经济效益综合指数居全国同行业厂家第2位，劳动生产率居全国同行业第二位。

新疆是我国21世纪开发的重点，国家将把新疆发展成为石油、化工和粮棉基地，随着开发、建设新疆力度的进一步加大，给电力产品如变压器和电线电缆提供了极其广阔的市场，公司通过此次向社会公开发行3000万社会公众股，募集资金148,200,000元，来确保完成国家经贸委、机械工业部批准的变压器"九五"技术改造项目和经新疆维吾尔自治区经济贸易委员会批准的电线电缆生产线技改项目，本技改项目拟引进国外先进技术、工艺设备，完善110KV级变压器和电线电缆的生产、测试条件，提高产品质量，并具有220KV级变压器的生产能力，项目达产后，变压器年产量达到350万KVA，公司年总产值可达6亿元，实现利润6000万元，成为我国机电行业重点骨干企业，将积极推动我国输变电产品向世界水平看齐，为国产机电产品替代进口和出口创汇做出贡献，为新疆地方民族工业的发展和行业技术进步做出积极贡献，同时，公司也将以丰硕的成果回报那些给我们以信任和期望的广大股民。

公司董事长、总经理张新偕全体员工热诚欢迎国内外朋友参加指导、洽谈合作！并竭诚为国内外客户提供优质服务！

二、董事长、总经理介绍

张新：新疆特变电工股份有限公司董事长兼总经理。高级工程师，现年35岁，共产党员。1988年起担任昌吉市特种变压器厂厂长，1993年改制后任公司董事长兼总经理至今。曾获"九三年'第三届全国优秀青年企业家'称号"，九三年"自治区优秀经营管理者暨开发建设新疆"奖章，九四年"自治区新长征突击手"称号，"九六年度全国引进国外智力先进工作者"称号，"九六年第四届中国机械工业优秀企业家"，1997年5月1日又获"全国五一劳动奖章"。

公司地址：新疆昌吉市延安南路52号

联系电话：(0994)2347948

传　　真：(0994)2723615

新疆特变电工股份有限公司招股说明书概要

一、释义

在本招股说明书中，除非上下文另有所指，下列词语具有下述涵义：

本公司或公司或发行人：指新疆特变电工股份有限公司

元：指人民币元

主承销商：指中信证券有限责任公司

公司章程：指新疆特变电工股份有限公司的章程

A股或股票：指每股面值1.00元的记名式人民币普通股

社会公众股：指本次向社会公开发行的3,000万股股份

内部职工股：指本公司设立时向公司内部职工定向募集的300万股股份

自治区：指新疆维吾尔自治区

证监会：指中国证券监督管理委员会

证管办：指新疆维吾尔自治区证券监督管理办公室

二、绪言

本招股说明书是根据《中华人民共和国公司法》、《股票发行与交易管理暂行条例》、《公开发行股票公司信息披露实施细则》等国家有关法律、法规以及本公司的实际情况编写而成，旨在向投资者提供本公司的基本情况和有关详细资料。本公司董事会已批准本招股说明书，确信其中不存在任何重大遗漏或者误导并对其真实性、准确性、完整性负个别的和连带的责任。

本次发行的股票是根据本招股说明书所载明的资料申请发行的，除发行人和主承销商外，没有委托或授权任何其他人提供未在本招股说明书中列载的信息和对本招股说明书作任何解释或者说明。

投资人须自行负担买卖本公司股票所应支付的税款，发行人、推荐人

和承销商对此不承担任何责任。

本次发行经中国证券监督管理委员会证监发字[1997]286号文和证监发字[1997]287号文批准。

三、发售新股的有关当事人

发行人:新疆特变电工股份有限公司

法定代表人:张新

地址:新疆维吾尔自治区昌吉市延安南路52号

电话:0994—2347948

传真:0994—2347948

联系人:郭俊香、凌志光

主承销商:中信证券有限责任公司

法定代表人:常振明

地址:上海市淮海中路1720号7号楼

电话:021—64156091

传真:021—64156087

联系人:张榕、刘国玮

发行人律师:天阳律师事务所

地址:乌鲁木齐东风8号工会大厦8楼

电话:0991—2846807

传真:0991—2823766

经办律师:金山、甄振邦

主承销商律师:大成律师事务所

法定代表人:彭雪峰

地址:北京西城区复兴门内大街49号民族文化宫八楼

电话:010—66065791

传真:010—66065793

经办律师:江华、郭文氢

会计师事务所:新疆会计师事务所

法定代表人:陈军

地址:中国新疆乌鲁木齐明德路16号

电话:0991—2815074

传真:0991—2815074

经办注册会计师:陈军、王勤

资产评估机构:深圳维明资产评估事务所

法定代表人:刘鸿玲

地址:深圳市深南中路爱华大厦八层

电话:0755—3210036EXT105

传真:0755—3350329

经办评估人员:陈俊发、钱福仪、刘红

土地评估机构:新疆生产建设兵团土地事务所

法定代表人:王兴辉

地址:新疆乌鲁木齐市光明路15号

电话:0991—2890255

传真:0991—2890256

经办评估人员:廖军　徐华

资产评估确认机构:国家国有资产管理局

法定代表人:张佑才

地址:北京海淀区万泉河路66号

电话:010—62567744

传真:010—63464595

土地评估确认机构:新疆维吾尔自治区土地管理局

法定代表人:伊明·米满夏

地址:新疆乌鲁木齐市光明路26号

电话:0991—2810400

股票登记机构:上海证券中央登记结算公司

法定代表人:王迪彬

地址:上海市闵行路67号

电话:021—63566651

副主承销商:中国新技术创业投资公司

法定代表人:徐振国

地址:北京市建国门外大街22号赛特广场10层

电话:0755—2227336、2288167

传真:0755—2175947

联系人:胡治、郭斌

分销商:新疆宏源信托投资股份有限公司

法定代表人:张全志

地址:乌鲁木齐市文艺路2号宏源大厦

电话:0991—2303727

传真:0991—2303707

联系人:高云飞、李丽

分销商:新疆维吾尔自治区证券公司

法定代表人:张声华

地址:新疆乌鲁木齐市新华南路32号

电话:0991—2812552

传真:0991—2819880

联系人:张栋、徐美华

上市推荐人:中信证券有限责任公司

法定代表人:常振明

注册地址:北京市朝阳区新源南路6号京城大厦

电话:021—64156091

传真:021—64156087

联系人:张榕、刘国玮

上市推荐人:广发证券有限责任公司

法定代表人:陈元贤

地址:广州市农林下路83号广发金融大厦4楼

电话:010—68570058

传真:010—68570085

联系人:陈选良

四、发行情况

1、承销方式:本次公开发行采用余额包销方式

2、承销期起止日期:

3、发行方式:全额预缴、比例配售、余款转存

4、发行地区:新疆维吾尔自治区乌鲁木齐市

5、发行对象:符合法律、法规规定可以购买本股票的境内投资者

6、股票种类:本次发行的股票全部为"新疆特变电工股份有限公司"记名式人民币普通股

7、每股面值:人民币1.00元

8、发行数量:3000万股

9、发行价格及确定价格的方法:

发行价格:每股5.19元

确定价格的方法:以1994年、1995年、1996年三年已实现每股税后利润算术平均值为依据,确定发行价格计算公式:

发行价格=市盈率×(1994年、1995年、1996年三年已实现每股税后利润算术平均值)

1994年实现每股税后利润0.357元,1995年实现每股税后利润0.354元,1996年实现年每股税后利润0.364元,市盈率按14.5倍计。

计算如下:

发行价=(0.357+0.354+0.364)÷3×14.5=5.19(元)

10、发行总市值:15,570万元

五、风险因素与对策

投资者在评价本发行人此次发售的股票时,应特别认真地考虑下述各项风险因素:

1、经营风险

(1)原材料供应

本公司生产变压器、电线电缆所需原料主要有铜、铝材、矽钢片、钢材等。原材料供应主要通过国内市场购买及部分进口,原材料的成本占公司产品成本的60%以上,铜、铝价格的经常性波动,对本公司的产品成本有着直接的影响。

(2)对主要客户的依赖

本公司产品主要销售客户为新疆各地的电力部门、油田建设企业、化工企业及工农业开发企业等,部分出口到周边国家及东南亚等国。客户自身经营状况的变化及周边国家政治、经济的状况,将直接影响本公司产品的市场需求。

(3)运输风险

本公司的产品主要销往新疆各地、西亚各国及东南亚等国家,运输线路较长,运输主要靠铁路和公路、运输能力及成本的变化对本公司的经营有一定影响。

(4)技术的先进性

本公司产品属机电行业的产品,近年来更新换代速度较快,产品能否占领市场,打开销路,取决于产品的技术水平及产品质量,能否不断改进技术,跟上国际水平,将影响本公司的经营。

2、行业风险

目前我国生产变压器及电线电缆产品的同类企业较多,同行业内部竞争非常激烈,这使本公司在面向全国拓展市场的形势比较严峻。同时,本公司属机电行业,国家宏观经济政策将会直接影响机电行业的发展。

3、市场风险

本公司的产品为输变电配套产品,由于国家政策倾斜,目前电力发展迅速,产品的市场需求量迅速增加,但市场的竞争十分激烈,本公司的产品要在国内外进一步扩大市场的占有率,将面临激烈的市场竞争。

此外,本公司产品的需求有一定周期性和时间性,特别是油田建设和农田开发的周期性波动对本公司的业务有一定的影响。

4、政治性风险

国家对基本建设、石油建设、农业发展全面政策的变化将间接影响本公司的业务;另外国家对边境贸易政策的改变也会对本公司产品向周边国家的出口有所改变,由于公司部分原材料从俄罗斯进口,进口关税的调整也影响原材料的价格,从而影响公司产品的成本。

5、股市风险

本公司股票批准上市后,股票价格不仅取决于企业的经营状况,同时也受到利率、汇率、通货膨胀及国家有关政策等的影响。

针对上述风险,本公司拟采取如下对策:

1、原材料

为了保证原材料价格及数量的稳定,公司首先加强与国内原材料市场的协调,通过订立长期合作协议,以取得低价优质原材料,力求稳定价格,保证供应;同时,利用公司拥有的大贸经营权、边贸经营权,寻求新的原材料,采购质优价廉的原材料。

(2)行业风险

本公司的变压器及电缆产品虽然客户有一定的局限性,但市场相当广阔,公司将不断改进技术,提高质量、不断开发节材、节能的新产品,在满足原有的客户的基础上争取更多新的客户。

(3)交通运输

公司产品主要在新疆销售,公司可利用新疆的公路、铁路设施,保证运输;另外,公司还将加强与铁路部门的协调,使出口产品及运往内地及沿海地区的产品运输得到保证。

(4)技术的先进性

本公司已与中国西电集团及澳大利亚TMC公司签订了技术合作协议,在不断吸收、消化国内外先进技术的同时,加强了公司内部的科研力量,成立了新产品开发部,以保证公司产品的技术性能及质量始终位于国内外领先水平。

2、行业风险之对策

在今后相当一段时期,我国大力发展电力的政策不会改变,国内市场输变电产品的需求将会不断增加,为了增强公司的竞争力,在国内众多的同行业竞争中,占有一个稳定的市场,本公司一方面加强科研技术力量,提高产品的质量与档次,通过此次"九五"授权,使公司的产品无论在质量、规模还是技术上,都处于国内领先;同时,实施名牌战略,提高公司产品的知名度,从而在激烈的市场竞争中,稳步发展。在具体措施上,拟采取以下措施:

(1)积极开拓国际市场、加强与周边国家及东南亚市场的联系;

(2)在现有基础上,进一步开发国内市场;

(3)实施多元化发展、增加产品的种类、拓宽产品的范围,分散市场风险。

3、市场风险之对策

公司拟以本次募股为契机,完成变压器"九五"技改项目和电线电缆技改项目的投入,并加速建成,达产的进程,以扩大生产能力;同时公司拟通过进一步地挖潜,增加现有生产线的生产能力。

4、政策风险之对策

针对国内外一系列政策的变化,公司的经营将以市场需求为导向,把握市场经济的规律,随市场经济的变化,适时调整公司的经营方针及策略,抓住每一次机遇,迅速壮大公司实力,增强抵抗风险的能力。

5、股市风险之对策

股票市场价格波动属正常现象,本公司提醒投资者,必须正视股价波动及今后股市中可能涉及的风险。同时,本公司将致力于提高劳动生产率,增加产量,不断开发新产品,提高产品技术含量,争取以较高的回报给予股东。

六、募集资金的运用

(一)本次募集资金的运用

若本次股票发行成功,在扣除发行费用后,可募集资金14,820万元,本公司将根据公司发展规划,将所募集资金用于以下两个投资项目:

1、变压器"九·五"技术改造项目

变压器"九五"技术改造项目经国家经济贸易委员会国经贸字[1996]671号文件和机械工业部机械计[1997]174号文件批准,列入国家"九·五"重点技改项目和自治区"九·五"四大重点技改项目。本次技改,拟引进国外先进技术、工艺设备,完善110KV级变压器的生产、测试条件、提高产品质量,并具有220KV级变压器的维修能力,项目完成后将达到350万KVA的年生产能力,新增年生产量250万KVA,项目建设期三年。

本项目总投资14918万元,计划于1997年投入4872.2万元,于1998年投入10045.8万元,改造完成后,年新增产值2.2亿元,年新增利润5129万元,投资回收期预计为5.33年。

2、线缆生产线技术改造项目

线缆生产线技术改造项目经新疆维吾尔自治区经济贸易委员会新经贸委技函字[1996]250号文批准,公司计划通过引进先进设备,改造现有的线缆生产线使1KV全塑电力电缆截面积增大到400平方毫米,年增产量500Km;6—110KV交联聚乙烯电缆,年产250km;纸包扁铜线,年产1000吨;聚脂漆包线;年产500吨;玻璃丝包线,年产300吨。

本项目建设期仅为9个月,98年年初达产后,即能年增销售收入15000万元,年增利润2,340万元,投资回收期仅为2.08年,本项目总投资为4700万元,其中新增固定资产2900万元,配套流动资金1800万元,计划于1997年投入4005万元，于1998年投入695万元。

3、资金缺口的解决

本次发行后扣除发行费用，可募集资金为14,820万元，尚有4,798万元的缺口，公司拟通过银行贷款方式筹措其余资金。

(二)本次发行前募集资金运用的情况

本公司在1993年2月以定向募集方式设立，共募集资金1550万元，其中900万元是昌吉市特种变压器厂投入的经营性资产，650万元为其他发起人和内部职工以现金投入，公司利用这笔资金购买了乔格生产线，真空干燥罐等变压器的生产设备，1993年末公司完成销售收入1473.80万元，税后利润203.63万元。

公司在1996年1月向新疆电线电缆厂、昌吉市特种变压器厂、新疆维吾尔自治区投资公司、新疆维吾尔自治区技术改造投资公司、昌吉电力实业总公司等法人单位增发新股3618万股，每股股价人民币1.50元。

此次增资扩股，大部分是以新疆电线电缆厂的经营性资产投入，还有部分现金计2094万元，分别用于变压器生产线和新进入的线缆生产线的技术改造、技术引进、试验设备引进及工人技术培训。

该笔资金的使用符合公司增资扩股时所披露的用途且资金效益良好，1996年度公司主营业务收入12,684.85万元，1996年度实现净利润1,881.15万元。

七、股利分配政策

本公司自成立以来，从第一个盈利年度起，即开始派发股利。根据《公司章程》规定，公司股份同股同利，公司每年在年度决算后以现金或股票形式，按持股比例进行股利分配。公司向个人分配股利时，公司按《中华人民共和国所得税法》的规定代扣，代缴个人所得税。

根据《公司章程》规定，税后利润具体分配程序及分配比例如下：

1、弥补亏损；

2、提取10%法定公积金；

3、提取5%—10%法定公益金；

4、经股东大会决议，提取任意盈余公积金；

5、支付股利

当法定公积金累计额达到公司注册资本的50%以上时，可不再提取；

公司的利润分配严格执行国家财务会计制度及税收等有关法律、法规的规定，公司股利最终分配方案由董事会根据当年业绩和今后的生产经营计划拟定并经股东大会通过后执行。1993年度股利以现金形式按每100股发放8.61元向全体股东发放；1994年度股利以现金形式按每100股发放27.35元向全体股东发放；1995年度股利以现金形式按每100股发放26.56元向全体股东发放；1996年度股利以现金形式按每100股发放25元向增资扩股后新老股东同股同权发放。

经1996年度股东大会审议通过，本公司决定96年度利润分配后余额计1,189,976.69元和1997年1月1日起至本次股票发行及上市期间的利润由新老股东共享。

八、发行人及发行人主要成员的情况

1、发行人名称：

中文名称：新疆特变电工股份有限公司

2、发行人成立的日期：1993年2月26日

3、发行人的注册地址：昌吉市延安南路52号

4、发行人的历史情况简介：

本公司的主要发起人昌吉市特种变压器厂成立于1974年，是一家从事特种变压器、开关制造和修理的集体企业。

1993年2月16日，由昌吉市特种变压器厂以经评估后的部分经营性资产投入，联合新疆维吾尔自治区技术改造投资公司、新疆维吾尔自治区投资公司、昌吉电力实业总公司共同发起，经新疆维吾尔自治区股份制企业试点联合小组以“新体改(1993)095号文”批准，定向募集方式发行设立“新疆特种变压器制造股份有限公司”，公司注册于1993年2月26日，注册资本1550万元，公司总股本1550万股，其中发起法人股1250万股，内部职工股300万股。

1993年5月，公司被评为“全国五一劳动奖状先进集体”；1994年8月，公司被评为“星火科技示范企业”；1996年被评为高新技术企业；1993年、1996年，公司连续被评为“重合同、守信用”单位。1997年公司总经理张新先生被评为“全国五一劳动奖章”获得者。

1996年1月18日，经新疆维吾尔自治区证券管理委员会以“新证委[1996]002号”文批准并经新疆维吾尔自治区人民政府新政函[1997]76号文确认，本公司增发了3618万股法人股，每股发行价为1.5元，公司注册资本扩大为5168万元，此次增资扩股，吸收了一家国家定点机电产品生产厂家——新疆电线电缆厂的部分经营性资产，从而使公司具备了生产电线电缆产品的能力。本公司籍此调整了产品结构，使产品更趋多元化，增强抵御风险的能力，同时，也为本公司创造了进一步发展的空间。

1996年12月16日，公司变更营业执照，更名为“新疆特变电工股份有限公司”。

5、发行人的组织机构

(1)公司实行两级管理制度，组织机构设置见附图一：

(2)公司主要股东：

主要股东名称	注册资本	主营业务	持股数量	持股比例
1 昌吉市特种变压器厂	1180万元	电源变压器制造及修理、小四轮拖斗、马车铁杆、生铁炉子制造	1590万股	30.77%
2 新疆电线电缆厂	1219万元	生产、销售电线、电缆等	1000万股	19.35%
3 昌吉电力实业总公司	169万元	输变电线路架设及材料销售、变电设备安装、电气修试、输电变电配电设备设计销售	662万股	10.87%
4 新疆维吾尔自治区技术改造投资公司	6000万元	发行债券、股票；招商引资、融资、建立信用资金的方式筹集经营技改资金	529万股	10.24%
5 新疆维吾尔自治区投资公司	16676万元	区内固定资产投资的经营、评估、咨询及有关咨询服务	435万股	8.42%

(3)公司关联企业和其他下属企业：

企业名称	注册资本	参股金额	公司持股比例	主营业务
1 昌吉市电子灭菌设备有限责任公司	100万元	60万元	60%	生产、销售电子灭菌设备

6、人员情况

公司现有职工846人：

生产人员	510	60.28
销售人员	95	11.23
技术人员	83	9.81
财务人员	36	4.26
行政人员	122	14.42
合　计	846	100

职工平均年龄32岁，其中，大学本科以上文化程度17人，大专以上文化程度的126人，中专、高中、中技以上文化程度510人，高级职称15人，中级职称39人，初级职称163人。

职工参加社会养老统筹，公司为职工提供劳动保险和医疗福利。

7、发行人的业务经营范围与从事的主要业务

变压器、电线电缆、电子灭菌设备、矿用非标准设备、铜铁铝铸件制造、机电产品、五金化工建材、汽车配件、金属材料(除金、银)销售；来料来件加工，废生铁收购金属矿石商品中介服务等。

本公司主要业务为：变压器、电线电缆、电子灭菌设备、矿用非标准设

备等的制造与销售。

8、发行人主要产品品种、生产能力及市场销售情况

本公司的主要产品有四大类:第一类是变压器产品,又分电力变压器、干式变压器、自耦变压器、农用调容变压器、电炉变压器、电抗器、单相变压器、矿用变压器、油田用专用变压器、整流变压器十大系列500多个品种规格,年生产能力可达100万千伏安,产品的主要市场在自治区区内,1995年市场占有率65%,同时还销往自治区区外,包括甘肃、宁夏、青海及巴基斯坦、马来西亚、菲律宾、蒙古等周边国家和东南亚;1996年销售额5,638.45万元,销售方式:自销。

第二大类是电线电缆产品,分裸电线、橡皮线、电缆、钢芯铝绞线4个系列,年生产能力可达10000千米。产品主要销往新疆电力、油田及工矿企业;1996年销售额6,467.53万元,销售方式:自销。

第三大类是矿用非标准设备,包括矿山配件、深井管道、生铁炉等,主要市场在全疆各地;1996年销售额175万元,销售方式:自销。

9、主要原材料供应情况

本公司生产所需原材料,主要耗用情况和供应地见下表:

原材料种类	年耗用量(万吨)	供货地点
电磁线	0.07	上海、郑州、天津
绝缘纸板	0.01	泰州、辽阳
硅钢片	0.14	哈尔滨、武钢
变压器油	0.12	克拉玛依、独山子
钢材	0.02	乌鲁木齐
铜材	0.08	上海、太原
铝材	0.20	太原、乌鲁木齐

本公司与各原材料供应商关系良好,通过长期合作,建立了以信用和互惠为基础的长期供货关系,基本保持稳定的供需业务往来。

国家政策、法规的变化对公司生产所需原材料的价格会产生一定影响,如钢材、铜材、铝材,但公司坚持多方进货,保持稳定的供货价格。

10、发行人的无形资产情况

本公司的无形资产包括:历年购买的价值114.2万元的生产变压器专有技术和生产电子灭菌灯专有技术;1996年增资扩股时,西安电力机械制造公司投入的价值186万元的110千伏级变压器技术及10千伏、35千伏氧化锌避雷技术;土地开发费计16.8万元。

本公司目前正在办理公司自有商标的注册登记。

11、研究与开发

本公司非常重视新产品与新技术的研究与开发,近几年主要完成了以下工作:

1993年　开发了35KV级大型变压器,已通过自治区质检中心的检测;

1993年—1996年　开发了SN系列农用变压器,已通过自治区质检中心的检测;开发了MJ系列高功能电子灭菌器,列入国家“火炬”计划项目,获第二届中国青年科技博览会金奖、金狮奖;

1994年—1996年　开发了S10系列箔绕变压器,已通过自治区质检中心的检测;填补了自治区空白;

1994年—1995年　开发了8型110KV级大型电力变压器,SFZ8—3500/110KV变压器,通过了自治区级新产品鉴定,填补了自治区空白,获自治区科技进步三等奖;

1995年,开发了SC系列浇注干式变压器,已通过自治区质检中心的检测,该项目于1996年被列入国家“火炬计划”;

1996年　开发研制了出口马来西亚的SZ—20000低损耗、低噪音、电缆出线大型电力变压器,一次性通过了外商的验收;

1996年—1997年　开发了SFSZ9—31500/110KV大型低损耗、节能、节材电力变压器,是全国唯一通过国家质量监督检测统检的新产品,填补了区内外空白;

其他还开发研制了包括整流变压器、电炉变压器、矿用变压器、封闭变压器等特种变压器产品和电抗器产品。

12、公司与主要股东的关系

(1)与昌吉特种变压器厂的关系

昌吉特种变压器厂作为公司的主要发起人及主要股东,在公司成立后,为支持本公司的经营与发展,承诺不再生产与本公司相同的变压器;

(2)与新疆电线电缆厂的关系

新疆电线电缆厂作为公司的主要股东,在经营性资产投入本公司后,承诺不再生产与本公司相同的电线电缆产品;

新疆电线电缆厂的托儿所、医务室、浴室、食堂、住房等生活福利设施,通过协议方式,有偿提供给本公司职工使用。

13、董事、监事、高级管理人员及重要职员

张新先生:董事长兼总经理,汉族,党员,34岁,大专,高级工程师。曾任昌吉市开关厂技术科科长,昌吉市特种变压器厂技术科科长,技术副厂长、厂长。

来淮先生:副董事长,汉族,党员,49岁,大专,高级经济师。现任新疆维吾尔自治区技术改造投资公司总经理,曾任自治区经济贸易委员会技改处主任科员,副处长、处长。

雷霆先生:副董事长兼副总经理,汉族,党员,32岁,大专,经济师。曾任新疆电线电缆厂团委书记,销售公司经理,经营厂长;

叶军先生:董事兼副总经理,汉族,党员,32岁,大专,经济师。曾任昌吉市特种变压器厂技改办主任,厂长助理,公司总经理助理。

许伯通先生:董事,汉族,党员,45岁,大专,高级经济师。现任昌吉电业局局长,曾任乌鲁木齐市电业局党办主任,党委副书记。

李天佑先生:董事,汉族,党员,59岁,大学,高级工程师。现任新疆维吾尔自治区投资公司总经理,曾任自治区计划委员会投资处处长。

范文荣先生:董事,汉族,党员,54岁,高级经济师。大学,现任西安电力机械制造公司副总经理,曾任西安绝缘材料厂厂长,深圳中外合资太平洋绝缘材料公司董事长。

顾星亮先生:董事,汉族,48岁,大专,经济师。现任新疆电线电缆厂厂长。曾任新疆电线电缆厂企管办主任,销售科科长。

王瑾旗先生:董事,汉族,党员,49岁,大专,工程师。现任北京中信国安工贸集团业务部经理,曾任中信国安总公司开发部经理。

魏玉贵先生:监事会主席,汉族,党员,46岁,中专,政工师。曾任陆军第六师16团副团长,团长,新疆电线电缆厂党委书记。

张保和先生:监事,汉族,52岁,中专,现任公司工会主席,政工师。曾任36912部队边防营营长,吉木萨尔县武装部副部长、新疆电线电缆厂工会主席。

郭富财先生:监事,汉族,党员,29岁,大学,工程师,现任公司变压器分厂党支部书记,曾任公司团委书记,总经理助理。

蔡文华女士:监事,汉族,党员,54岁,会计师,现任昌吉电业局总会计师,曾任昌吉电业局财务科科长。

王秀芝女士:监事,汉族,党员,46岁,现任公司变压器分厂工会主席,曾任昌吉市特种变压器厂工会主席,公司生产部主任,公司工会主席。

邓放女士:监事,汉族,党员,39岁,中专,会计师,注册审计师。现任新疆技术改造投资公司财务部经理,曾任自治区化工厅财务处主任科员。

马新淑女士:监事,汉族,党员,44岁,大专,经济师。现任新疆维吾尔自治区投资公司财务资金部副主任,曾任乌鲁木齐市财政局科员。

秦亚辉女士:监事,汉族,党员,50岁,高级会计师。现任西安电力机械制造公司财务处处长,曾任西安电力机械制造公司财务处副处长;

翟钢先生:监事,汉族,33岁,大学,经济师,现任北京中信国安工贸集团办公室主任,法律事务部经理,曾在中信国安总公司法律事务部经理。

高崇斌先生:总工程师,汉族,党员,52岁,大学,高级工程师。曾任新疆电线电缆厂生产经营厂长、技术厂长。

尤智才先生:总会计师,汉族,42岁,大专,会计师。曾任新疆电线电

缆厂财务科长,财务副厂长。

张裕成先生:总经济师,汉族,党员,56岁,大专,会计师,中国注册会计师。曾任昌吉州会计师事务所主任,新疆第二届注册会计师协会理事。

肖永康先生:副总经理,汉族,29岁,党员、助理工程师,曾任销售公司经理,总经理助理。

九、经营业绩

1、生产经营的一般情况:

本公司自成立以来,通过理顺产权关系,转换企业机制和加强内部管理,经济实力不断增强,经济效益稳步增长,1995年经济效益名列全区机电行业166家企业第2位,110KV级电力变压器经济效益综合指数居全国同行业厂家(155家)第1位;35KV级变压器的经济效益综合指数居全国同行业厂家第2位;劳动生产率居全国同行业第二位。

本公司近年来一直致力于节能、节材变压器的研究与开发。开发、生产的S8型110KV大型变压器已通过自治区科委鉴定,该产品大大降低了制造成本和损耗,具有显著的经济效益和社会效益,填补了新疆生产31500KVA大型变压器的空白;开发生产的S10—1000/10,S9—200/6.0,SN8—50/10, SF7—10000KVA/35KV, SFS7—16000KVA/110KV、SFSZ9—31500/110KV等产品均通过法定机构的新产品鉴定,增强了企业竞争能力和市场占有率。

本公司成立以来,积极深化、完善内部管理;进行了劳动、人事和工资制度的改革,实行了全员劳动合同制和岗位技能工资;并划小核算单位,使公司的经营管理水平不断规范和提高。

2、1994年—1996年销售及利润情况

单位:千元

项目/年份	1996年	1995年	1994年
销售收入	126,848.49	40,403.77	30,973.93
主营业务利润	20,974.44	6,507.53	6,305.99
加:其他业务利润	931.48	3.92	-9.67
营业利润	21,905.92	6,511.45	6,296.32
利润总额	22,225.90	6,525.49	6,499.71
减:所得税:	3,333.89	978.82	974.96
净利润	18,811.50	5,489.55	5,532.48

3、发行人业务收入的主要构成:

公司1996年销售收入为126,848,492.24元,其中,变压器产品占44.46%,电线电缆产品占50.88%,非标准件产品占1.38%,灭菌产品占1.20%,修理修配占1.44%,其他0.54%。

十、股本

1、股本形成:

本公司于1993年2月26日,由昌吉市特种变压器厂、新疆维吾尔自治区技改投资公司、新疆维吾尔自治区投资公司、昌吉电力实业总公司共同发起,并募集部分内部职工股以定向募集方式设立,每股面值1元,按面值发行,注册资本1550万元,股权结构如下:

股权种类	股数(万股)	所占比例(%)
发起人法人持股	1250	80.65
内部职工股	300	19.35
股份总额	1550	100

本公司在1996年1月18日,吸收了新的法人股东,增资扩股3618万股,每股按每股净资产1.50元溢价发行。股权结构如下:

股权种类	股数(万股)	所占比例(%)
法人股	4868	94.19
内部职工股	300	5.80
股本总额	5168	100

2、本次发行

本次预计发行A股3000万股,发行后,股本总额将达到8168万股,根据有关规定,内部职工股在本次发行结束后三年内不得上市,本次A股发行完成后,本公司将形成如下股本结构:

股权种类	股数(万股)	所占比例(%)
法人股	4868	63.48
社会公众股	3000	32.60
内部职工股	300	3.91
股本总额	8168	100

3、内部职工股情况

本公司设立时发行的300万股内部职工股,在1993年底,根据国家经济体制改革委员会体改生[1993]115号《关于清理定向募集股份有限公司内部职工持股不规范做法的通知》的规定进行了清理,并按照要求,集中托管于新疆证券登记公司,并经自治区证券监督管理办公室新证监办[1997]009号文确认。

4、发行前后净资产情况:

以1996年12月31日财务数据与本次发行后进行比较,本公司净资产情况变动如下表:

	净资产总额(万元)	股份(万股)	每股净资产(元)
发行前	9,207.82	5168	1.78
发行后	24,027.82	8168	2.94

5、本次发行前,前十位股东名单及简要情况(按持股比例排列)

单位名称	持股数(万股)	所占比例(%)
昌吉市特种变压器厂	1590	30.77
新疆电线电缆厂	1000	19.35
昌吉电力实业总公司	662	12.81
新疆维吾尔自治区技改投资公司	529	10.24
新疆维吾尔自治区投资公司	435	8.42
北京中信国安工贸集团	250	4.84
西安电力机械制造公司	124	2.40
巴州电力多种经营总公司	100	1.93
独山子石化天利集团公司	100	1.93
新疆新技术开发交流站	40	0.77

6、董事、监事、高级管理人员及重要职员持有股份情况

张新:董事长兼总经理,持有公司股票10000股,占公司总股本0.19‰

叶军:董事,现任公司副总经理,变压器厂厂长。持有公司股票7000股,占公司总股本0.14‰;

李天佑:董事,现任新疆自治区投资公司总经理,持有公司股票12000股,占公司总股本0.23‰;

郭富财:监事,现任公司变压器厂党支部书记,持有公司股票5000股,占公司总股本0.10‰;

王秀芝:监事,现任公司变压器厂工会主席,职工代表,持有公司股票12000股,占公司总股本0.23‰;

马新淑:监事,现任新疆维吾尔自治区投资公司财务资金部副主任,持有公司股票8500股,占公司总股本0.16‰;

邓放:监事,现任新疆维吾尔自治区投资公司财务部经理。持有公司股票7000股,占公司总股本0.14‰;

其他董事、监事、高级管理人员及重要职员均不持有公司股份。

十一、主要财务会计资料

经新疆会计师事务所对发行人1996年12月31日以前三年会计期间报表的审计,主要财务会计资料如下:

1、财务报表(见附表A—C)

2、公司采用的主要会计政策

(1)会计制度

执行《企业会计准则》和《股份制试点企业会计制度》及《合并会计报

表暂行规定》。

(2)会计年度

采用历年制,自公历每年1月1日至12月31日为一个会计年度。

(3)记帐原则和计价基础

记帐原则采用权责发生制,计价基础采用实际成本法。

(4)记帐本位币

以人民币为记帐本位币。

(5)坏帐准备

采用"坏帐备抵法",按年末应收帐款余额之千分之三计提调整。

(6)存货计价方法

按实际成本核算。其收入、发出的日常核算、原材料、产成品均采用计划成本法,年末按实际成本进行调整;低值易耗品采用五五摊销法。

(7)长期投资核算方法

a.债券投资采用成本法核算。

b.股权投资和联营投资:拥有被投资企业20%以下股权的,采用成本法核算;拥有被投资企业20%至50%(含50%)股权的,采用权益法核算,拥有被投资企业50%以上股权的编制合并会计报表。

(8)固定资产及其折旧

固定资产系指使用年限一年以上,单位价值在2,000元以上的房屋及建筑物、机械设备、运输工具、电子设备及其他设备。

固定资产按取得时的实际成本计价,其折旧采用平均年限法计算,按分类折旧率计提折旧,预计残值率为5%,各类固定资产折旧年限和折旧率如下:

项目	折旧年限	年折旧率
房屋建筑物	30—40	3.17-2.38%
机器设备	16—20	5.94-4.75%
运输设备	6	15.83%

(9)无形资产及其摊销

按实际支出计价,按受益期间10年平均摊销。

(10)递延资产及其摊销

按实际支出计价,按受益期间10年平均摊销。

(11)收入实现的确认

在发出商品、提供劳务、同时收讫价款或取得索取价款的凭据时,确认营业收入的实现。

(12)税项说明:

a.增值税:产品销售收入按《中华人民共和国增值税暂行条例》执行,适用税率17%。

b.营业税:劳务收入按《中华人民共和国营业税暂行条例》执行,适用税率3%。

c.城市维护建设税,按应交增值税及营业税税额之7%计缴。

d.教育费附加:按应交增值税及营业税税额之3%计缴。

e.所得税:所得税的计缴执行《中华人民共和国企业所得税暂行条例》,适用税率33%,根据1994年8月昌吉市人民政府及昌吉市地方税务局对新特变行字[1994]008号文"关于要求优惠税率进行确认"的批复,及昌吉市人民政府昌市政发[1997]29号文件批复公司1993—1995年所得税按33%计征。其中18%由市财政予以返还,计入未分配利润。根据新疆维吾尔自治区人民政府新政函(1997)58号文件批复,公司1996年执行15%的所得税率,根据新疆维吾尔自治区人民政府新政函(1997)51号文件批复,公司上市后执行15%的所得税。

3、说明:

上述资产负债表和利润表已经新疆会计师事务所中国注册会计师审核验证,并出具审计报告。新疆会计师事务所认为,上述会计报表符合《企业会计准则》、《股份制试点企业会计制度》和《合并会计报表暂行规定》的有关规定,在所有重大方面公允地反映了贵公司1994年12月31日、1995年12月31日、1996年12月31日的财务状况和1994年度、1995年度、1996年度的经营成果,以及1996年度的资金变动情况,会计处理方法的选用遵循了一贯性原则。

4、报表主要项目注释:

注1:货币资金

现金	261.18
银行存款	9,487,923.37
其他货币资金	7,913.33
合计	9,496,097.88

1996年末比1995年末增长207%,由于年末借入流动资金贷款1,190万元,且尚未全部用完。

注2:应收帐款

年末共405户(笔),总额31,935,147.14元

(1)按帐龄分

1年以内232户(笔),金额28,126,584.93元,占总额的88.07%;

1年至2年66户(笔),金额1,743,002.45元,占总额的5.46%;

2年至3年45户(笔),金额1,665,661.89元,占总额的5.22%;

3年以上,62户(笔),金额399,897.87元,占总额的1.25%;

(2)1996年末比1995年末增长219%,系由于成倍扩大生产经营规模,新增电线、电缆产品所发生的正常应收款项。

(3)3年以上应收帐款62户,共399,897.87元,经函证无证据证明无法收回。

注4:长期投资

股权投资	投资金额	持有股数	占被投资企业股权比例	认购时间	年末余额	投资期限
泰州劲松股份有限公司	110,000.00	100,000.00	0.28%	94年8月	110,000.00	长期

注5:无形资产及其摊销

项目	来源	原值	已摊销额	年末余额	剩余摊销年限
生产变压器专有技术	购入	911,827.00	234,690.00	677,137.00	7.4年
土地开发费		168,238,00	60,286,00	107,952,00	6.4年
110KV系列专用技术	股东投入	1,000,000.00	66,794.00	933,206.00	9.3年
35KV氧化锆避雷技术	股东投入	860,000.00	57,335.00	802,665.00	9.3年
生产电子灭菌灯专有技术	购入	230,000.04	91,999.86	138,000.18	6年
合计		3,170,065.04	511,104.86	2,658,960.18	

(1)土地开发费,系公司在定向募集设立时,对通过划拨取得的土地的开发费用。

(2)1996年末比1995年末增长224%,系西安电力机械制造公司本年向公司参股投入专有技术1,860,000.00元和公司自行购置生产变压器专有技术271,514.94元形成。其中西安电力机械制造公司投入专有技术经新疆无形资产评估事务所评估,由昌吉市国有资产管理局昌吉市确字(1995)019号文确认,并经双方协商,按1,860,000.00元作价投入。

注6:未交税金

年末余额4,368,536.95,其中:

(1)应交增值税		(2)应交营业税		(3)所得税	
年初余额	612,413.34	年初余额	0.00	年初余额	88,177.59
加:本年销项税	22,149,510.26	加:本年提取	18,849.18		
减:本年进项税	17,522,396.34	减:本年已交	2,457.82	加:本年提取	3,333,885.68
本年已交税	3,513,006.64			减:本年已交	813,150.45
年末余额	1,726,520.62	年末余额	16,391.36	年末余额	2,608,912.82
(4)城建税	16,712.15				

注7:资本公积

项目	年初余额	本年增加	年末余额
股本溢价		18,090,000.00	18,090,000.00
控股公司免税	57,531.71	66,624.39	124,156.10
合计	57,531.71	18,156,624.39	18,214,156.10

1996年末比1995年末增长31560%,系由于本年公司增资扩股3618万股,是按每股1:1.5元折股比例形成的溢价款。

注8:盈余公积

项目	1996年12月31日累计	1996年度计提	1995年度计提	1994年度计提
法定公积金	3,445,095.19	1,881,149.61	548,955.23	553,247.91
法定公益金	1,645,590.53	940,574.81	274,477.62	276,623.95
任意公积金	2,983,352.76	1,881,149.61	548,955.23	553,247.91
合计	8,074,038.48	4,702,874.03	1,372,388.08	1,383,119.77

任意公积金提取比例是依据1994、1995年度股东大会决议和1996年度董事会预分方案税后利润的10%计提。

注9:营业外收入

项目	1996年度	1995年度	1994年度
违约罚款	242,643.64	40,000.00	4,650.00
无法支付的款项	120,903.33	0.00	0.00
盘盈固定资产	434,611.12	0.00	0.00
处理固定资产净收益	0.00	0.00	382,560.00
没收押金	345,439.00	9,667.50	17,736.99
其他	88,171.25	0.00	78,642.17
合计	1,231,768.34	49,667.50	483,589.16

注10:营业外支出

项目	1996年度	1995年度	1994年度
罚款	67,482.00	0.00	5,047.00
赈灾捐赠	193,384.52	6,800.00	65,000.00
处理固定资产净损失	38,141.82	27,304.94	0.00
其他	11,639.04	2,221,40	3,945.00
合计	310,647.38	36,326.34	73,992.00

5、承诺事项

截至1996年12月31日本公司已签协议的资本支出为200万元。投资于新疆天风发电股份有限公司,用于风力发电事业,除上述约定外,公司无其他对外承诺事项。

6、期后事项

(1)短期借款

工行昌吉市支行贷款500万元,约定还款期为1997年3月10日已如期归还。

(2)一年内到期的长期借款

工行昌吉市支行贷款239万元,约定还款期为1997年3月27日,已于1997年3月1日办理妥了展期手续,展期合同中约定还款期为1997年6月21日。

(3)公司1997年4月11日在工行昌吉州分行贷入500万元,约定还款期为1997年11月11日。

(4)土地处置

根据新疆维吾尔自治区土地管理局新土建字[1997]17号文件,对新疆生产建设兵团土地估价所兵土估字[1997]003号土地评估报告结果的确认,本公司的五宗土地价值为13,656,921.99元,已经新疆维吾尔自治区土地管理局新土建字[1997]45号批复,公司上市后土地出让金价格按评估结果的20%交纳,自公司股票正式发行上市起,第一年付40%,第二年付30%,第三年全部交清,上述处置方案待公司股票上市后再作相应帐务调整。

7、或有事项

(1)未决诉讼

1995年2月8日,本公司与昌吉市农机公司签订了房产权转让合同。本公司已付48万元(列入预付货款),因昌吉市农机公司未履行合同条款,为此于1996年6月6日,本公司向昌吉市人民法院提起诉讼,此案正在审理中。

(2)1995年3月,本公司与伊犁怡珠实业股份有限公司和伊犁州物资开发利用总公司签订加工承揽合同,合同约定价值27.8万元,本公司依约完成制作后,对方既不提货,亦不付款。为此,本公司向昌吉市人民法院提起诉讼。

(3)本公司无其他未决索赔,税务纠纷等或有事项。

8、财务指标分析

	1996年	1995年	1994年
1、流动比率	1.25	1.48	1.68
2、速动比率	0.75	0.82	1.32
3、资产负债率(%)	46.60%	66.16%	61.92%
4、应收帐款周转率(次)	6.05	3.30	3.19
5、存货周转率(次)	3.25	2.06	2.66
6、净资产收益率(%)	20.43	23.82	25.45
7、每股收益(元/股)	0.36	0.35	0.36
8、每股净资产(元/股)	1.78	1.49	1.40

提示:如果投资人欲对公司财务状况、经营成果及其会计政策进行更为详细的了解,应当认真阅读在招股说明书附录中所载的公司财务报表和注释。

十二、资产评估

1、资产评估情况

在本次公开发行股票前,本公司委托深圳维明资产评估事务所对本公司作为发行股票之目的的全部资产进行了评估,以1996年12月31日为基准日期的评估结果如下:

项目	帐面原值(人民币万元)	帐面净值(人民币万元)	调整后净值(人民币万元)	评估全价(人民币万元)	评估净值(人民币万元)	增(减)值(人民币万元)	增(减)率(%)
流动资产	9,427.69	9,427.69	9,427.69	9,694.27	9,694.27	266.58	2.83
长期投资	85.97	85.97	85.97	91.44	91.44	5.47	6.36
在建工程	191.96	191.96	191.96	191.96	191.96	0.00	0.00
建筑物	4,581.50	3,456.21	3,456.21	4,938.03	3,552.21	96.00	2.78
机器设备	6,535.77	3,675.33	3,675.33	6,529.16	3,464.47	(210.86)	(5.74)
土地使用权	0.00	0.00	0.00	1,366.50	1,366.50	1,366.50	100.00
无形资产	252.09	252.09	252.09	214.91	214.91	(37.18)	(14.75)
其他资产	161.90	161.90	161.90	164.05	164.05	2.15	1.33
资产总计	21,236.88	17,251.15	17,251.15	23,190.32	18,739.81	1,488.66	8.63
流动负债	-	7.633.45	7,633.45	-	7,633.45	0.00	0.00
长期负债	-	409.88	409.88	-	409.88	0.00	0.00
负债总计	-	8,043.33	8,043.33	-	8,043.33	0.00	0.00
净资产	-	9,207.82	9,207.82	-	10,696.48	1,488.66	16.17

2、各类资产增(减)值的主要原因及资产评估的主要方法

(1)流动资产评估增值266.58万元,增减率2.83%,根据不同情况分别采用重置成本法和现行市价法。

(2)建筑物评估增值90.00万元,增减率2.78%,系按重置成本法评估。

(3)机器设备评估增值-210.86,增减率-5.74%,系按重置成本法。

(4)土地使用权评估是按逼近成本法、市场比较法和基准地价修正法进行计算。

十三、公司发展规划

1.公司的生产经营发展战略:立足机电行业,实行多元化发展,抓住国家政策向西部倾斜的机遇,以科技进步为先导,积极开发、生产高科技含量的产品,增强企业的抗风险能力和发展后劲。

2、发展目标和规模:加快实施目前正在进行的变压器技术改造项目,力争使公司达到能生产电压等级为220KV,最大单台容量为24万KVA及以下的三相油浸式电力变压器,35KV及以下的干式变压器的水平,使产品上规模、上档次,同时力争尽快完成电线电缆生产线的技术改造,使公司可生产6—35KV交联聚乙烯电缆,纸包扁铜线等市场需求量大、科技含量高的产品,不断优化产品结构,使高科技、高附加值的产品在总产值中的比例达到50%以上。

3、市场发展规划和销售目标:在保持现有产品市场的情况下,进一步拓展新产品国内外市场,今后几年,我公司将不断开拓新的销售领域,实行国内市场与国外市场同时拓展的战略。在国内,继续巩固和发展销售网络,扩大区内销售比例,使本公司生产的产品成为国家名牌产品,在产品品质、品种、价格、售后服务等方面精益求精,在此基础上,积极开拓外销市场,参与国际市场竞争,进一步扩大和稳固东南亚市场,开拓东欧、中亚等市场,争取在本世纪内使外销产品的比例上升到25%左右。

4、生产经营计划:1997—1998年,变压器技术改造完成后,本公司年产变压器300万KVA,电线电缆生产线技术改造完成后,新增纸包扁铜线、漆包线、玻璃丝包线等市场需求量大的新产品,加上原有各类电线电缆产品生产能力的进一步提高,使线缆产品年产值达到3亿元,同时,本公司积极发展一些以主业为辅的第三产业,开展多元化经营,分散投资风险,从而达到最佳经济效益。

5、固定资产投资计划及设备更新:根据国家产业政策及变压器行业的发展规划,按照自治区"九·五"规划及发展自治区工业,电力要先行的部署,扩大110KV级S8、S10系列节能、节材产品的生产规模,开发生产220KV级大容量高中压变压器产品,新建220KV级大型变压器厂房、增添220KV级大型变压器生产设备、引进(或国内采购)幅照交联生产线生产35KV以下交联电缆;增加大型绞线及成缆设备;购置当前国内外先进的其他生产设备,加速以往旧设备的更新,以提高生产能力。

6、人员扩充计划:本公司大中专学历以上的员工和科技人员占60%以上,为了提高技术人员和职工的生产技术水平,采用"派出去请进来"的办法,使职工的技术水平和政治水平都有一个较大的提高,公司将在不断发展的过程中,积极培养、招聘、吸收各方面专家,必要时还将引入外国技术专家和管理专家,以提高公司的经营管理和决策水平,计划到2000年,我公司将吸收科技人才100人(其中高级以上职称的30人),管理人员20人,培训专业人员200人。

十四、重要合同及重大诉讼事项

(一)发行人的重要合同及合同之外的重大债权、债务关系

1、1996年5月13日,发行人与中国工商银行昌吉回族自治州中心支行(贷款人)签订借款合同。合同约定,由贷款人向发行人提供人民币借款1470万元,利率为月息9.24‰,借期为1996年5月13日至1997年5月3日,该借款由发行人以其所拥有的财产作抵押保证。目前,该合同正在履行之中。

2、1996年11月27日,发行人与交通银行乌鲁木齐分行(贷款人)签订借款合同,由贷款人向发行人提供人民币借款800万元,利率为月息9.24‰,借期为1996年11月27日至1997年8月27日,该借款由自治区技改投资公司为发行人提供担保。目前,该合同正在履行之中。

3、1997年4月11日,发行人与中国工商银行昌吉回族自治州中心支行(贷款人)签订借款合同,合同约定,由贷款人向发行人提供人民币借款500万元,利率为月息9.24‰,借期为1997年4月11日至1997年11月11日。该借款由发行人以其所拥有的财产作抵押保证。

(二)发行人有关诉讼、仲裁、行政处罚情况

1、发行人诉昌吉市农业机械供应公司(下称农机公司)合同纠纷案:根据昌吉市人民政府昌市政办(1994)41号文件,昌吉市人民政府将原以行政划拨方式划给农机公司使用的土地(12.5亩)划转给发行人使用,发行人与农机公司就此于1995年2月8日达成协议,协议约定由发行人以85万元总价受让农机公司原使用土地上附属建筑物(平房一幢)及补偿农机公司搬迁费用,农机公司于1995年6月30日前搬迁完毕交付发行人,协议签订后,发行人依约向农机公司先行支付48万元,但农机公司到期未履约,发行人遂向昌吉市人民法院提起诉讼,请求判定被告继续履行合同并承担违约责任。目前,此案正在审理之中,案件所涉及的土地、房产不包含在发行人资产范围内,也不在本次公开发行股票的资产评估范围中,此案件是否胜诉,对公司的生产经营及以后的发展没有实质性影响。

2、发行人诉伊犁怡珠实业股份有限公司(下称怡珠公司)和伊犁州物资开发利用总公司(下称物资公司)加工承揽合同纠纷案。1995年3月发行人与怡珠公司和物资公司签订加工承揽合同,合同约定,发行人根据怡珠公司和物资公司的要求加工制作三台特种变压器,价款27.8万元,发行人依约制作完成后,催促公司提货,两公司既不提货,又拒付货款。为此,发行人诉至昌吉市人民法院,要求判令两公司继续履行合同,提货并支付货款及承担违约责任。

3、发行人承诺:除上列诉讼案外,发行人无任何其他诉讼、仲裁、或行政处罚案。

招股说明书及备查文件查阅地点:新疆特变电工股份有限公司

中信证券有限责任公司

新疆特变电工股份有限公司

一九九七年五月三十日

合 并 资 产 负 债 表

编制单位:新疆特变电工股份有限公司　　　　单位:人民币元

资　产	附注	1996年12月31日	1995年12月31日	1994年12月31日	负债及股东权益	附注	1996年12月31日	1995年12月31日	1994年12月31日
流动资产					流动负债				
货币资金	1	9,496,097.88	3,093,069.95	4,722,277.60	短期借款	14	33,600,000.00	12,336,000.00	9,207,000.00
短期投资			804,000.00		应付票据		4,457,500.00		
应收帐款	2	31,935,147.14	10,025,288.70	14,413,531.83	应付帐款	15	14,060,114.05	8,660,622.44	5,120,690.55
减:坏帐准备		95,805.44	30,075.87	43,240.60	预收货款	16	1,138,429.91	47,708.40	596,598.70
应收帐款净额		31,839,341.70	9,995,212.83	14,370,291.23	应付福利费		314,417.13	270,121.92	101,393.86
预付货款	3	11,450,361.09	5,930,129.54	5,236,399.71	未付股利		112,889.32	3,049,896.97	900,811.80
其他应收款	4	4,388,491.79	3,123,687.02	3,038,629.25	未交税金	17	4,368,536.95	700,590.93	3,107,827.43
待摊费用	5	683,537.93	837,966.77	1,016,049.32	其他未交款		55,276.88	8,730.77	58,089.43
存　货	6	37,754,453.54	19,432,617.69	7,698,158.07	其他应付款	18	2,710,641.47	1,381,309.75	2,247,056.09
一年内到期的长期债券投资	7	800.00	1,500.00		预提费用	19	40,000.00	32,940.00	191,442.54
流动资产合计		95,613,083.93	43,218,183.80	36,081,805.18	一年内到期的长期负债	20	15,840,000.00	2,650,000.00	
长期投资					流动负债合计		76,697,805.71	29,137,921.18	21,530,910.40
长期投资	8	110,000.00	110,800.00	113,757.60	长期负债				
固定资产					长期借款	21	2,500,000.00	15,190,000.00	14,100,000.00
固定资产原价	9	111,393,567.60	24,378,885.87	21,613,679.14	长期应付款				50,000.00
减:累计折旧	10	39,939,586.92	2,472,205.52	1,216,698.74	其他长期负债	22	1,598,796.70	1,596,916.70	312,026.70
固定资产净值		71.453,980.68	21,906,680.35	20,396,980.40	长期负债合计		4,098,796.70	16,786,916.70	14,462,026.70
在建工程	11	1,919,561.41	3,353,167.22	694,011.99	负债合计		80,796,602.41	45,924,837.88	35,992,937.10
固定资产合计		73,373,542.09	25,259,847.57	21,090,992.39	少数股东权益		499,787.47	443,292.82	392,271.39
无形资产及递延资产					股东权益				
					股本	23	51,680,000.00	15,500,000.00	15,500,000.00
					资本公积	24	18,214,156.10	57,531.71	
					盈余公积	25	8,074,038.48	3,371,164.45	1,998,776.36
无形资产	12	2,658,960.18	820,150.10	837,670.02	其中:公益金		1,645,590.53	705,015.72	430,538.10
递延资产	13	1,618,974.95	6,000.00		未分配利润	26	14,109,976.69	4,118,154.61	4,240,240.34
无形资产及递延资产合计		4,277,935.13	826,150.10	837,670.02	股东权益合计		92,078,171.27	23,046,850.77	21,739,016.70
资产总计		173,374,561.15	69,414,981.47	58,124,225.19	负债及股东权益合计		173,374,561.15	69,414,981.47	58,124,225.19

合并利润及利润分配表

编制单位:新疆特变电工股份有限公司　　　　单位:人民币元

项　目	附注	1996年度	1995年度	1994年度
一、主营业务收入	27	126,848,492.24	40,403,774.77	30,973,933.26
减:营业成本	28	92,841,262.39	27,886,682.58	21,104,542.87
销售费用	29	2,707,439.85	1,623,480.10	740,515.88
管理费用	30	4,475,280.72	1,394,132.16	1,097,087.66
财务费用	31	5,455,899.56	2,899,639.20	1,502,265.03
营业税金及附加		394,173.01	92,309.95	223,528.52
二、主营业务利润		20,974,436.71	6,507,530.78	6,305,993.30
加:其他业务利润	32	931,479.51	3,918.73	-9,671.91
三、营业利润		21,905,916.22	6,511,449.51	6,296,321.39
加:投资收益	33	-601,132.67	696.76	
营业外收入	34	1,231,768.34	49,667.50	483,589.16
减:营业外支出	35	310,647.38	36,326.34	73,992.00
加:以前年度损益调整				-206,212.11
四、利润总额		22,225,904.51	6,525,487.43	6,499,706.44
减:所得税		3,333,885.68	978,823.11	974,955.97
少数股东本期收益		80,522.72	57,111.96	-7,728.61
五、净利润		18,811,496.11	5,489,552.36	5,532,479.08
加:年初未分配利润		4,118,154.61	4,240,240.34	90,881.03
六、可供分配的利润		22,929,650.72	9,729,792.70	5,623,360.11
减:提取法定公积金		1,881,149.61	548,955.23	553,247.91
提取法定公益金		940,574.81	274,477.62	276,623.95
七、可供股东分配的利润		20,107,926.30	8,906,359.85	4,793,488.25
减:提取任意公积金		1,881,149.61	548,955.24	553,247.91
已分配普通股股利		4,116,800.00	4,239,250.00	
八、未分配利润		14,109,976.69	4,118,154.61	4,240,240.34

合并财务状况变动表

编制单位:新疆特变电工股份有限公司　　单位:人民币元

流动资金来源和运用	1996 年度	流动资金各项目变动	1996 年度
一、流动资金来源:		一、流动资产本年增加数:	
1. 本年净利润	18,811,496.11	1. 货币资金	6,403,027.93
加:不减少流动		2. 应收帐款净额	21,844,128.87
资金的费用和损失		3. 预付货款	5,520,231.55
(1)少数股本本期损溢	80,522.72	4. 其他应收款	1,264,804.77
(2)固定资产折旧	2,556,435.17	5. 待摊费用	-154,428.84
(3)无形资产、递延资产摊销	245,589.92	6. 存货	18,321,835.85
(4)固定资产盘亏(减盘盈)	-434,611.12	7. 短期投资	-804,000.00
(5)清理固定资产损失	38,141.82	8. 一年内到期的长期债券投资	-700.00
小计	21,297,574.62	流动资产增加净额	52,394,900.13
2. 其他来源		二、流动负债本年增加数:	
(1)固定资产清理收入(减清理费用)	5,305.84	1. 短期借款	21,264,000.00
(2)收回长期投资	800.00	2. 应付工资	
(3)增加长期负债	2,501,880.00	3. 应付帐款	5,399,491.61
(4)资本净增加额	59,039,498.42	4. 预收货款	1,090,721.51
(5)少数股东资本增加净额	56,494.65	5. 应付福利费	44,295.21
小计	61,603,978.91	6. 未付股利	-2,937,007.65
流动资金来源合计	82,901,553.53	7. 未交税金	3,667,946.02
流动资金运用:		8. 其他未交款	46,546.11
1. 利润分配:		9. 其他应付款	1,329,331.72
(1)提取法定公积金	1,881,149.61	10. 预提费用	7,060.00
(2)提取法定公益金	940,574.81	11. 一年内到期的长期负债	13,190,000.00
(3)提取任意公积金	1,881,149.61	12. 应付票据	4,457,500.00
(4)已分配股利	4,116,800.00		
小计	8,819,674.03		
2. 少数股东利润分配	80,522.72		
3. 其他运用			
(1)固定资产和在建工程净增加额	50,278,966.23		
(2)增加无形资产、递延资产及其他资产	3,697,374.95		
(3)偿还长期负债	15,190,000.00		
(4)增加长期投资			
小计	69,166,341.18		
流动资金运用合计	78,066,537.93	流动负债增加净额	47,559,884.53
流动资金增加净额	4,835,015.60	流动资金增加净额	4,835,015.60

新疆特变电工股份有限公司股票上市公告书

一、要览

总股本:8168 万股

可流通股本:3300 万股

本次上市流通股本:3000 万股

股票简称:特变电工

股票代码:600089

上市地点:上海证券交易所

上市时间:1997 年 6 月 18 日

登记机构:上海证券中央登记结算公司

上市推荐人:中信证券有限责任公司　广发证券有限责任公司

二、绪言

本上市公告书是根据《中华人民共和国公司法》、《股票发行与交易管理暂行条例》、《公开发行股票公司信息披露实施细则》和《上海证券交易所交易市场业务试行规则》等国家法律、法规的规定编制的。

经上海证券交易所上证上(1997)第 049 号文批准,本公司股票于 1997 年 6 月 18 日(星期三)在上海证券交易所挂牌交易,本次上市流通的股票均为 1997 年 6 月 4 日至 1997 年 6 月 11 日向社会公众发行的 3000 万股 A 股,本公司内部职工股 300 万股的上市日期将按国家及上海证券交易所有关规定三年后上市。

本公司于 1997 年 5 月 30 日在《上海证券报》、《中国证券报》、《新疆日报》上刊登了《招股说明书概要》,距今不足六个月,故与其重复内容在此不再重述,敬请投资者查阅本公司的《招股说明书概要》。

本公司董事会及各位董事确信本公告书不存在任何重大遗漏或者误导,并对其真实性、准确性、完整性负个别的连带的责任。

三、发行公司概况

1、概况

法定名称:新疆特变电工股份有限公司

注册资金:8168 万元

法定代表人:张新

成立日期:1993 年 2 月 26 日

经营范围:变压器、电线电缆、电子灭菌设备、矿用非标准设备、铜铁铝铸件制造、机电产品、五金化建材、汽车配件、金属材料(除金、银)销售;来料来件加工、废生铁收购、金属矿石、商品中介服务等。

所属行业:机电

注册地址:新疆维吾尔自治区昌吉市延安南路 52 号

联系电话:0994—2347948

2、历史沿革

本公司的主要发起人昌吉市特种变压器厂成立于 1974 年,是一家从事特种变压器、开关制造和修理的集体企业。

1993 年 2 月 16 日,由昌吉市特种变压器厂以经评估后的部分经营性资产投入,联合新疆维吾尔自治区技术改造投资公司、新疆维吾尔自治区投资公司、昌吉电力实业总公司共同发起,经新疆维吾尔自治区股份制企业试点联审小组以“新体改(1993)095 号文”批准,定向募集方式发行设立“新疆特种变压器制造股份有限公司”。公司注册于 1993 年 2 月 26 日,注册资本 1550 万元。公司总股本 1550 万股,其中发起法人股 1250 万股,内部职工股 300 万股。

1996 年 1 月 18 日,经新疆维吾尔自治区证券管理委员会以新证委[1996]002 号文批准并经新疆维吾尔自治区人民政府新政函[1997]76 号文确认,本公司增发了 3618 万股法人股,每股发行价为 1.5 元,公司注册资本扩大为 5168 万元。1996 年 12 月 16 日,公司变更营业执照,更名为“新疆特变电工股份有限公司”。

四、股票发行地及承销

1、本次公开发行

发行数量:3000 万股

发行价格:5.19 元/股

募集资金总额:14,820 万元(已扣除发行费用)

发行方式:全额预缴、比例配售、余款转存

配售比例:2.508%

配售户数:7770 户

持有 1,000 股以上的户数:2221 户

发行费用总额:7,500,000 元

每股发行费用:0.25 元

发行市盈率:14.5 倍

2、股票承销

本次公开发行之 3,000 万股社会公众股已全部由社会公众认购,承销团成员无分销比例及数量。

3、验资报告

(1)验资报告(新会所验字[1997]077 号)

新疆特变电工股份有限公司全体股东:

我们接受委托,对新疆特变电工股份有限公司截至 1997 年 6 月 11 日止的实收股本及相关的资产和负债的真实性和合法性进行了审验。在审验过程中,我们按照《独立审核实务公告第 1 号—验资》的要求,实施了必要的审验程序。新疆特变电工股份有限公司的责任是提供真实、合法、完整的验资资料,保护资产的安全、完整,我们的责任是按照《独立审计实务公告第 1 号—验资》的要求,出具真实、合法的验资报告。

新疆特变电工股份有限公司申请的注册资本为人民币 8,168 万元,根据我们的审验,截至 1996 年 12 月 31 日,公司法人股 4,868 万元,内部职工股 300 万元,共计 5168 万元。本次验资时,截至 1997 年 6 月 11 日,新疆特变电工股份有限公司已上到其发行社会公众股所募集的资本壹亿伍仟伍佰柒拾万元整(RMB155,700,000.00 元)。投入的资本中包括股本 30,000,000.00 元,资本公积 125,700,000.00 元(发行费尚未审计)。与上述投入资本相关的资产总额为 329,074,561.15 元,负债总额为 80,796,602.41 元,少数股东权益为 499,787.47 元,所有者权益为 247,778,171.27 元。

新疆会计师事务所

中国注册会计师 陈军

中国注册会计师 王勤

地址:中国·新疆·乌鲁木齐 报告日期:1997 年 6 月 11 日

(2)募集资金的入帐时间:1997 年 6 月 11 日

(3)入帐金额:155,700,000 元

(4)入帐帐号:2015225838

(5)开户银行:交通银行乌鲁木齐分行

五、董事、监事及高级管理人员持股情况

1、截至 1997 年 6 月 16 日,招股书披露之本公司董事、监事及高级管理人员没有变动。

2、公司董事、监事和高级管理人员持股情况如下:

姓 名	职 务	持股数量(股)	持股比例(%)
张 新	董事长兼总经理	10000	0.19
来 淮	副董事长	0	0
雷 霆	副董事长兼副总经理	0	0
叶 军	董事、副总经理	7000	0.14
许伯通	董事	0	0
李天佑	董事	12000	0.23
范文荣	董事	0	0
顾星亮	董事	0	0
王瑾旗	董事	0	0
魏玉贵	监事会主席	0	0
张保和	监事	0	0
郭富财	监事	5000	0.10
蔡文华	监事	0	0
王秀芝	监事	12000	0.23
邓 放	监事	7000	0.14
马新淑	监事	8500	0.16
秦亚辉	监事	0	0
翟 钢	监事	0	0
高崇斌	总工程师	0	0
尤智才	总会计师	0	0
张裕成	总经济师	0	0
肖永康	副总经理	0	0

以上公司董事、监事及高级管理人员共持有本公司股票 61,500 股,占股本总额的 1.19‰,其持有的股份,按《中华人民共和国公司法》规定,在任期内不得转让。

六、公司设立

本公司 1997 年 4 月 13 日股东大会作出决议:公司股票公开发行后,申请在上海证券交易所挂牌交易。

公司股权变更登记工作已经结束,详细资料如下:

注册资金:8168 万元

注册时间:1997 年 6 月 12 日

注册地点:新疆昌吉市延安南路 52 号

营业执照注册号码:29920112-1-1

七、关联企业及关联交易

1、关联企业

本公司的发起人——昌吉市特种变压器厂、新疆维吾尔自治区技术改造投资公司、新疆维吾尔自治区投资公司、昌吉电力实业总公司和本公司控股的昌吉市电子灭菌设备有限责任公司是本公司的关联企业,各企业概况如下:

——昌吉市特种变压器厂

注册资本 1180 万元,主要从事电源变压器制造及修理、小四轮拖斗、

马车铁杆、生铁炉子制造业务。持本公司股票1590万股。

——新疆维吾尔自治区技术改造投资公司

注册资本6000万元,主要从事发行债券、股票;招商引资、融资、建立信用资金的方式筹集经营技改资金业务。持本公司股票529万股。

——新疆维吾尔自治区投资公司

注册资本16676万元,主要从事区内固定资产投资的经营、评估、咨询及有关咨询服务业务。持本公司股票435万股。

——昌吉电力实业总公司

注册资本169万元,主要从事输变电线路架设及材料销售、变电设备安装、电气修理、输电变电配电设备设计销售业务。持本公司股票662万股。

——昌吉市电子灭菌设备有限责任公司

注册资本100万元,主要从事生产、销售电子灭菌设备业务。本公司持股金额为60万元。

2、关联交易

本公司的大股东——新疆电线电缆厂的托儿所、医务室、浴室、食堂、住房等生活福利设施,通过协议方式,有偿提供给本公司职工使用。

上述交易均依法订立了经济合同,合同对当事人的权利、义务均作了明确的约定,本公司及股东的合法权益将不会因企业上述关联交易而受到损害。本公司今后在处理与关联企业的关系时,将坚持以公司利益最大化和保护股东权益为基本前提。

八、股本结构及大股东持股情况

1、本公司上市前股本结构为:

股权种类	股数(股)	占总股本的比例(%)
尚未流通股份:	51680000	63.27
发起人法人股(境内)	12500000	15.30
募集法人股(境内)	36180000	44.30
内部职工股	3000000	3.67
可流通股份:		
社会公众股	30000000	36.73
总股本	81680000	100.00

2、前十名股东持股数及比例(以持股比例排序)

单位名称	持股数(万股)	所占比例(%)
昌吉市特种变压器厂	1590	30.77
新疆电线电缆厂	1000	19.35
昌吉电力实业总公司	662	12.81
新疆维吾尔自治区技改投资公司	529	10.24
新疆维吾尔自治区投资公司	435	8.42
北京中信国安工贸集团	250	4.84
西安电力机械制造公司	124	2.40
巴州电力多种经营总公司	100	1.93
独山子石化天利集团公司	100	1.93
新疆新技术开发交流站	40	0.77

九、公司财务会计资料

(一)审计报告

新疆特变电工股份有限公司全体股东:

我们接受委托,审计了贵公司1994年12月31日、1995年12月31日、1996年12月31日的母公司及合并资产负债表,1994年度、1995年度、1996年度的母公司及合并利润表及利润分配表,1996年度的母公司及合并财务状况变动表。这些会计报表由贵公司董事会负责,我们的责任是对其发表审计意见。我们的审计是依据《中国注册会计师独立审计准则》进行的。在审计过程中,我们结合贵公司实际情况,实施了包括抽查会计记录等我们认为必要的审计程序。

我们认为,上述会计报表符合《企业会计准则》、《股份制试点企业会计制度》和《合并会计报表暂行规定》的有关规定,在所有重大方面公允地反映了贵公司1994年12月31日、1995年12月31日、1996年12月31日的财务状况和1994年度、1995年度、1996年度的经营成果,以及1996年度的资金变动情况,会计处理的方法遵循了一贯性原则。

新疆会计师事务所

中国注册会计师　陈　军　王　勤

中国·新疆·乌鲁木齐　1997年4月6日

(二)本公司已于1997年5月30日在《上海证券报》、《中国证券报》、《新疆日报》上刊登了招股说明书概要,其中已对本公司的财务资料作了详细的披露,并且审计时间至今没有变动,故在此仅刊登有关财务资料的简要概况。

(三)合并资产负债表、合并利润及利润分配表、合并财务状况变动表分别见表A、表B、表C(附后)

(四)公司采用的主要会计政策

1、会计制度

执行《企业会计准则》和《股份制试点企业会计制度》及《合并会计报表暂行规定》。

2、会计年度

采用历年制,自公历每年1月1日至12月31日为一个会计年度。

3、记帐原则和计价基础

记帐原则采用权责发生制,计价基础采用实际成本法。

4、记帐本位币

以人民币为记帐本位币。

5、坏帐准备

采用"坏帐备抵法",按年末应收帐款余额千分之三计提调整。

6、存货计价方法

按实际成本核算。其收入、发出的日常核算,原材料、产成品均采用计划成本法,年末按实际成本进行调整;低值易耗品采用五五摊销法。

7、长期投资核算方法

a、债券投资采用成本法核算

b、股权投资和联营投资:拥有被投资企业20%以下股权的,采用成本法核算;拥有被投资企业20%至50%(含50%)股权的,采用权益法核算,拥有被投资企业50%以上股权的编制合并会计报表。

8、固定资产及其折旧

固定资产系指使用年限一年以上,单位价值在2,000元以上的房屋及建筑物、机械设备、运输工具、电子设备及其他设备。

固定资产按取得时的实际成本计价,其折旧采用平均年限法计算,按分类折旧率计提折旧,预计残值率为5%,各类固定资产折旧年限和折旧率如下:

项　目	折旧年限	年折旧率
房屋建筑物	30—40	3.17－2.38%
机器设备	16—20	5.94－4.75%
运输设备	6	15.83%

9、无形资产及其摊销

按实际支出计价,按受益期间10年平均摊销。

10、递延资产及其摊销

按实际支出计价,按受益期间10年平均摊销。

11、收入实现的确认

在发出商品、提供劳务、同时收讫价款或取得索取价款的凭据时,确认营业收入的实现。

12、税项

a、增值税:产品销售收入按《中华人民共和国增值税暂行条例》执行,适用税率17%。

b、营业税:劳务收入按《中华人民共和国营业税暂行条例》执行,适用税率3%。

c、城市维护建设税,按应交增值税及营业税税额之7%计缴。

d、教育费附加,按应交增值税及营业税税额之3%计缴。

e、所得税:所得税的计缴执行《中华人民共和国企业所得税暂行条例》。根据1994年8月昌吉市人民政府及昌吉市地方税务局对新特变行字[1994]008号文"关于要求优惠税率进行确认"的批复,及昌吉市人民政府昌市政发[1997]29号文件批复公司1993—1995年所得税按33%计征,其中18%由市政府财政予以返还,计入未分配利润。根据新疆维吾尔自治区人民政府新政函(1997)51号文件批复,公司上市后执行15%的所得税。

13、利润分配

公司章程规定,公司净利润(税后利润)按以下顺序及规定分配:

a、弥补以前年度亏损;

b、提取法定盈余公积金:按净利润(税后利润)的10%提取;

c、提取公益金:按净利润(税后利润)的5%提取;

d、提取任意盈余公积金(按公司股东大会决议提取);

e、支付股利,(按公司股东大会决议执行)。

(五)财务指标分析

	1996年	1995年	1994年
1.流动比率	1.25	1.48	1.68
2.速动比率	0.75	0.82	1.32
3.股东权益比率(%)	53.40	33.84	38.08
4.应收帐款周转率(次)	6.05	3.30	3.19
5.净资产收益率(%)	20.43	23.82	25.45
6.每股收益(元/股)	0.36	0.35	0.36
7.每股净资产(元/股)	1.78	1.49	1.40

十、董事会上市承诺

本公司董事会将严格遵守《公司法》、《股票发行与交易管理暂行条例》、《公开发行股票公司信息披露实施细则》、《上海证券交易所交易规则》和有关法律、法规的规定,并自股票上市之日起作出如下承诺:

1、按照法律、法规的规定程序和要求披露重大的信息、并接受证券主管机关、上海证券交易所的监督管理。

2、及时、真实、准确地公布中期报告和年度报告、并备置于规定场所供投资者公众查阅。

3、本公司董事、监事及高级管理人员如发生人事变动或持本公司股票发生变化时,在报告证券主管机关、证券交易所的同时向投资者公布。

4、在任何公共传播媒介中出现的消息可能对本公司股票的市场价格产生误导性影响时,本公司知悉后将及时对该消息予以公开澄清。

5、本公司董事、监事及高级管理人员将认真听取社会公众的意见和批评,不利用已获得的内幕消息和其他不正当手段直接或间接从事股票买卖活动。

6、本公司没有无记录负债。

十一、备查文件

1、公司设立的注册登记文件

2、招股说明书

3、审计报告

4、验资报告

5、营业执照

6、公司章程

7、法律意见书

十二、咨询机构

发行人:新疆特变电工股份有限公司

法定代表人:张 新

地址:新疆维吾尔自治区昌吉市延安南路52号

电话:0994—2347948

联系人:郭俊香、凌志光

上市推荐人:中信证券有限责任公司

法定代表人:常振明

注册地址:北京市朝阳区新源南路6号京城大厦

联系地址:上海市淮海中路1720号7号楼

电话:021—64156091

传真:021—64156087

联系人:张榕 刘国玮

上市推荐人:广发证券有限责任公司

法定代表人:陈云贤

地址:广州市农林下路83号广发金融大厦4楼

电话:010—68570058

传真:010—68570085

联系人:陈选良

新疆特变电工股份有限公司

一九九七年六月十六日

表A:合并资产负债表

编制单位:新疆特变电工股份有限公司　　单位:人民币元

资 产	附注	1996年12月31日	1995年12月31日	1994年12月31日
流动资产				
货币资金	1	9,496,097.88	3,093,069.95	4,722,277.60
短期投资			804,000.00	
应收帐款	2	31,935,147.14	10,025,288.70	14,413,531.83
减:坏帐准备		95,805.44	30,075.87	43,240.60
应收帐款净额		31,839,341.70	9,995,212.83	14,370,291.23
预付货款	3	11,450,361.09	5,930,129.54	5,236,399.71
其他应收款	4	4,388,491.79	3,123,687.02	3,038,629.25
待摊费用	5	683,537.93	837,966.77	1,016,049.32
存 货	6	37,754,453.54	19,432,617.69	7,698,158.07
一年内到期的长期债券投资	7	800.00	1,500.00	
流动资产合计		95,613,083.93	43,218,183.80	36,081,805.18
长期投资				
长期投资	8	110,000.00	110,800.00	113,757.60
固定资产				
固定资产原价	9	111,393,567.60	24,378,885.87	21,613,679.14
减:累计折旧	10	39,939,586.92	2,472,205.52	1,216,698.74
固定资产净值		71.453,980.68	21,906,680.35	20,396,980.40
在建工程	11	1,919,561.41	3,353,167.22	694,011.99
固定资产合计		73,373,542.09	25,259,847.57	21,090,992.39
无形资产及递延资产				
无形资产	12	2,658,960.18	820,150.10	837,670.02
递延资产	13	1,618,974.95	6,000.00	
无形资产及递延资产合计		4,277,935.13	826,150.10	837,670.02
资产总计		173,374,561.15	69,414,981.47	58,124,225.19
负债及股东权益				
流动负债				
短期借款	14	33,600,000.00	12,336,000.00	9,207,000.00
应付票据		4,457,500.00		
应付帐款	15	14,060,114.05	8,660,622.44	5,120,690.55
预收货款	16	1,138,429.91	47,708.40	596,598.70
应付福利费		314,417.13	270,121.92	101,393.86
未付股利		112,889.32	3,049,896.97	900,811.80
未交税金	17	4,368,536.95	700,590.93	3,107,827.43
其他未交款		55,276.88	8,730.77	58,089.43

其他应付款	18	2,710,641.47	1,381,309.75	2,247,056.09
预提费用	19	40,000.00	32,940.00	191,442.54
一年内到期的长期负债	20	15,840,000.00	2,650,000.00	
流动负债合计		76,697,805.71	29,137,921.18	21,530,910.40
长期负债				
长期借款	21	2,500,000.00	15,190,000.00	14,100,000.00
长期应付款				50,000.00
其他长期负债	22	1,598,796.70	1,596,916.70	312,026.70
长期负债合计		4,098,796.70	16,786,916.70	14,462,026.70
负债合计		80,796,602.41	45,924,837.88	35,992,937.10
少数股东权益		499,787.47	443,292.82	392,271.39
股东权益				
股本	23	51,680,000.00	15,500,000.00	15,500,000.00
资本公积	24	18,214,156.10	57,531.71	
盈余公积	25	8,074,038.48	3,371,164.45	1,998,776.36
其中:公益金		1,645,590.53	705,015.72	430,538.10
未分配利润	26	14,109,976.69	4,118,154.61	4,240,240.34
股东权益合计		92,078,171.27	23,046,850.77	21,739,016.70
负债及股东权益合计		173,374,561.15	69,414,981.47	58,124,225.19

表 B:合并利润及利润分配表

编制单位:新疆特变电工股份有限公司　　　　单位:人民币元

项目	附注	1996 年度	1995 年度	1994 年度
一、主营业务收入	27	126,848,492.24	40,403,774.77	30,973,933.26
减:营业成本	28	92,841,262.39	27,886,682.58	21,104,542.87
销售费用	29	2,707,439.85	1,623,480.10	740,515.88
管理费用	30	4,475,280.72	1,394,132.16	1,097,087.66
财务费用	31	5,455,899.56	2,899,639.20	1,502,265.03
营业税金及附加		394,173.01	92,309.95	223,528.52
二、主营业务利润		20,974,436.71	6,507,530.78	6,305,993.30
加:其他业务利润	32	931,479.51	3,918.73	-9,671.91
三、营业利润		21,905,916.22	6,511,449.51	6,296,321.39
加:投资收益	33	-601,132.67	696.76	
营业外收入	34	1,231,768.34	49,667.50	483,589.16
减:营业外支出	35	310,647.38	36,326.34	73,992.00
加:以前年度损益调整				-206,212.11
四、利润总额		22,225,904.51	6,525,487.43	6,499,706.44
减:所得税		3,333,885.68	978,823.11	974,955.97
少数股东本期收益		80,522.72	57,111.96	-7,728.61
五、净利润		18,811,496.11	5,489,552.36	5,532,479.08
加:年初未分配利润		4,118,154.61	4,240,240.34	90,881.03
六、可供分配的利润		22,929,650.72	9,729,792.70	5,623,360.11
减:提取法定公积金		1,881,149.61	548,955.23	553,247.91
提取法定公益金		940,574,81	274,477.62	276,623.95
七、可供股东分配的利润		20,107,926.30	8,906,359.85	4,793,488.25
减:提取任意公积金		1,881,149.61	548,955.24	553,247.91
已分配普通股股利		4,116,800.00	4,239,250.00	
八、未分配利润		14,109,976.69	4,118,154.61	4,240,240.34

表 C:合并财务状况变动表

编制单位:新疆特变电工股份有限公司　　　　单位:人民币元

流动资金来源和运用	1996 年度
一、流动资金来源:	
1.本年净利润	18,811,496.11
加:不减少流动资金的费用和损失	
(1)少数股本本期损益	80,522.72
(2)固定资产折旧	2,556,435.17
(3)无形资产、递延资产摊销	245,589.92
(4)固定资产盘亏(减盘盈)	-434,611.12
(5)清理固定资产损失	38,141.82
小计	21,297,574.62
2.其他来源	
(1)固定资产清理收入(减清理费用)	5,305.84
(2)收回长期投资	800.00
(3)增加长期负债	2,510,880.00
(4)资本净增加额	59,039,498.42
(5)少数股东资本增加净额	56,494.65
小计	61,603,978.91
流动资金来源合计	82,901,553.53
流动资金运用:	
1.利润分配:	
(1)提取法定公积金	1,881,149.61
(2)提取法定公益金	940,574.81
(3)提取任意公积金	1,881,149.61
(4)已分配股利	4,116,800.00
小计	8,819,674.03
2.少数股东利润分配	80,522.72
3.其他运用	
(1)固定资产和在建工程净增加额	50,278,966.23
(2)增加无形资产、递延资产及其他资产	3,697,374.95
(3)偿还长期负债	15,190,000.00
(4)增加长期投资	
小计	69,166,341.18
流动资金运用合计	78,066,537.93
流动资金增加净额	4,835,015.60
流动资金各项目变动	1996 年度
一、流动资产本年增加数:	
1.货币资金	6,403,027.93
2.应收帐款净额	21,844,128.87
3.预付货款	5,520,231.55
4.其他应收款	1,264,804.77
5.待摊费用	-154,428.84
6.存货	18,321,835.85
7.短期投资	-804,000.00
8.一年内到期的长期债券投资	-700.00
流动资产增加净额	52,394,900.13
二、流动负债本年增加数:	
1.短期借款	21,264,000.00
2.应付工资	
3.应付帐款	5,399,491.61
4.预收货款	1,090,721.51
5.应付福利费	44,295.21
6.未付股利	-2,937,007.65
7.未交税金	3,677,946.02
8.其他未交款	46,546.11
9.其他应付款	1,329,331.72
10.预提费用	7,060.00
11.一年内到期的长期负债	13,190,000.00
12.应付票据	4,457,500.00
流动负债增加净额	47,559,884.53
流动资金增加净额	4,835,015.60

新疆特变电工股份有限公司一九九七年中期报告

一、财务报告(未经审计)

(一)财务报表

(1)简化的资产负债表

项目	1996年12月31日 母公司	合并	1997年6月30日 母公司	合并
流动资产	94,276,903.60	95,613,083.93	206,424,708.16	208,156,956.44
长期投资	859,681.22	110,000.00	1,710,000.00	1,110,000.00
固定资产净值	71,315,378.44	71,453,980.68	71,480,859.57	71,831,739.05
在建工程	1,919,561.41	1,919,561.41	11,286,824.55	11,286,824.55
无形及递延资产	4,139,934.95	4,277,935.13	5,689,729.13	5,805,717.66
其他长期资产				
资产总计	172,511,459.62	173,374,561.15	296,592,121.41	298,181,237.70
流动负债	76,334,491.65	76,697,805.71	45,532,301.33	46,565,424.04
长期负债	4,098,796.70	4,098,796.70	6,806,466.30	6,831,466.30
负债合计	80,433,288.35	80,796,602.41	52,338,767.30	53,396,890.34
少数股东权益		499,787.47		530,993.58
股本	51,680,000.00	51,680,000.00	81,680,000.00	81,680,000.00
资本公积	16,992,824.32	16,992,824.32	135,068,668.22	135,068,668.22
盈余公积	9,295,370.26	9.295,370.26	9,295,370.26	9,295,370.26
未分配利润	14,109,976.69	14,109,976.69	18,209,315.30	18,209,315.30
股东权益合计	92,078,171.27	92,078,171.27	244,253,353.78	244,253,353.78
负债及股东权益合计	172,511,459.62	173,374,561.15	296,592,121.41	298,181,237.70

(2)简化的损益表

	上年同期 母公司	合并	1997年1—6月 母公司	合并
主营业务收入	46,027,986.66	46,786,908.66	78,990,328.51	79,558,600.87
主营业务利润	13,223,135.01	13,513,481.81	19,291,421.86	19,457,069.07
其他业务利润	377,764.85	377,764.85	821,792.61	821,792.61
投资收益			428,338.76	440,846.28
营业外收支净额	554,688.08	519,593.41	2,578,460.91	2,579,027.72
利润总额	10,352,372.71	10,483,090.66	20,021,279.83	20,012,941.48
所得税	1,552,855.91	1,572,463.60	3,003,191.97	3,001,941.22
净利润	8,799,516.80	8,875,570.38	17,018,087.86	17,019,338.61

(二)其他财务指标	1997年上半年	1996年上半年
1.每股收益	0.21元	0.17元
每股收益(扣除利息)	0.20元	0.17元
2.净资产收益率	6.97%	10.22%
净资产收益率(扣除利息)	6.60%	10.22%
3.每股净资产	2.99元	1.68元

注(1)本期每股收益、每股净资产是以当期期末公司总股本8168万股摊薄计算的;去年同期每股收益、每股净资产是以去年同期股本5168万股计算的,扣除利息是指扣除股票申购资金冻结利息收入。

(2)如按加权平均法计算,公司1—5月股本为5168万股,6月股本为8168万股,公司上半年每股收益为0.30元。

(三)财务报表附注

(1)本期报告所采用的会计政策及会计方法,与上一年度一致。

(2)本报告期内,报告主体未发生合并、分立等变化。

(3)合并报表原则:对公司拥有50%以上权益的控股企业会计报表进行合并。在编制合并会计报表时,对内部投资往来等按合并报表原则进行抵销。本报告期仍对控股企业昌吉市电子灭菌设备有限责任公司会计报表进行合并。

(4)本公司关联企业

公司名称	地址	注册资本	本公司所有权益	主营业务
昌吉市电子灭菌设备有限公司	昌吉市	100万元	60%	生产销售电子灭菌产品

本公司与该关联企业本期内尚未发生关联交易事项。

(5)货币资金9,109.23万元,比年初增长7.59倍,是公司发行股票募集资金尚未全部投入技改项目的原因。

(6)应收帐款4,615.47万元,比年初增长44.53%,主要原因是今年销售大幅增长,比去年同期增长70.04%所致。

(7)预付帐款1,963.91万元,比年初增长71.53%,增长的主原原因是公司的国家变压器"九·五"重点技改项目和自治区"九·五"线缆生产线重点技改项目预付设备款项。

(8)长期投资111万元,比年初增长9.09倍,原因是公司上半年向新疆电力局所属的天风发电股份有限公司投资100万元。

(9)在建工程1,128.68万元,比年初增长6.88倍,主要是变压器"九·五"技改项目和线缆生产线技改项目,工程进度款项。

(10)无形资产518.04万元,比年初增长94.8%,系土地有偿使用权新增268.33万元所致。

(11)短期借款1470万元,比年初下降94.8%,原因是偿还了到期贷款。

(12)应付票据1567万元,比年初增长2.5倍,一方面是公司采用承兑汇票业务拓宽,另一方面是应付帐款下降34.29%。

(13)长期应付款新增270.83万元,主要是新增土地使用权268.33万元(此款按当地土管部门和公司协议三年付清)。

(14)股本8168万元,新增3000万元,系公司今年扩股发行社会公众股(A股)3000万股。

(15)资本公积13,506.87万元,比年初增长6.95倍,主要是公司今年发行社会公众股溢价金额11,820万元。

(16)营业外收入258.68万元,比去年同期增长3.03倍,主要内容是资产盘盈和固定资产变价收入及股票申购银行冻结利息104.38万元。

二、经营情况的回顾与展望

(1)上半年经营状况的回顾

1997年是公司具有重大意义的一年。随着国家开发、建设新疆力度的进一步加大,新疆经济进入快速发展阶段,经济要发展,电力须先行,电力工业的发展对变压器及电线电缆需求量日趋增大,公司抓住这一契机,通过狠抓产品质量、新产品开发及人才引进,全面推行ISO9000质量管理体系,积极开拓区内外和国际市场,产品继续在区内市场保持了较高的市场占有率;国内及国外市场进一步拓展,今年新开拓马来西亚和巴基斯坦电力部的市场,取得了较好的经济、社会效益。1997年6月18日,我公司3000万股社会公众股正式在上海证券交易所挂牌上市,这标志着公司的经营和管理迈上了一个新的台阶,公司上半年实现主营业务收入7955.86万元,利润总额2001.29万元,分别较上年同期增长70.04%和90.91%,在股本大幅扩张的情况下(1996年公司股本5168万股),仍取得了每股0.21元的收益。

公司通过发行股票,募集资金 1.482 亿元人民币,公司严格按照招股说明书的要求,已分别将募集资金逐步按计划投入到公司的技术改造项目中去,项目投达产后,将成为公司新的重要的利润增长点。

(2)下半年工作计划

根据公司产品的市场周期性,下半年为销售旺季,本公司将继续以经济效益为中心,加强内部管理,强化成本管理,严格控制费用开支;同时加大市场开发力度,在保持现有市场的基础上积极开拓国内及国际市场,通过提高产品技术水平,增加其附加值,以优质的产品,优质的服务去巩固老市场和占领新市场,力争在下半年实现主营业务收入、利润进一步增长,以良好的业绩回报股民;同时,加强技术改造项目的建设,确保工程顺利进行,并提前投入运行,为今后的长远发展打下坚实的基础。

三、重大事项说明

(1)根据国务院证券委、中国人民银行、国家经贸委 5 月 21 日联合发布的《严禁国有企业和上市公司炒作股票的规定》,公司认真进行了自查,公司未有炒作股票的现象,如本公司今后从事股票投资,将严格遵循国家有关政策法规和本公司章程的规定。

(2)1997 年 6 月 4 日—6 日,公司采用"全额预缴、比例配售、余款转存"的方式向社会公开发行股票(A 股)3000 万股,每股发行价 5.19 元人民币。

(3)1997 年 6 月 18 日,公司 3000 万股社会公众股在上海证券交易所挂牌交易。

(4)公司向社会公开发行股票募集资金 1,482 万元,主要用于公司的国家经贸委重点项目变压器"九·五"技术改造和新疆"九·五"重点技改项目线缆生产线技术改造。变压器技术改造项目于 1997 年 6 月 18 日正式开工建设,此项目争取 1998 年 6 月完工并投入生产,该项目比国家下达计划建设期争取提前二年完成,节省投资约 2000 万元,该项目投达产后,可新增产值 2.3 亿元,利润 4200 万元;线缆生产线技术改造工作已顺利全面实施,预计今年底可投入生产,该项目投达产后,可新增产值 1.1 亿元,利润 1300 万元。

(5)今年"五·一"国际劳动节,公司董事长兼总经理张新同志被授予"全国五·一劳动奖章获得者"荣誉称号,并出席全国表彰大会。

(6)今年六月,公司董事长兼总经理张新同志被国家外国专家局授予"全国引智先进工作者"光荣称号。

(7)公司开发、生产的节能、节材、9 型 110KV 电压等级 SFSZ9—31500KVA/110KV 大型变压器通过国家变压器检测中心检测,填补了国家空白,并且实现出口创汇。

(8)公司开发的阻燃聚氯乙烯电线产品试制成功,6 月 4 日通过新疆维吾尔自治区专家组鉴定,填补了新疆空白。

(9)本公司中期利润不分配。

(10)本报告期内公司无重大诉讼、仲裁事项。

四、发行在外股票的变动和股权结构变化

(1)发行在外股票的变动和股权结构变化

填报日期:1997 年 6 月 30 日　数量单位:股　每股面值:1 元

	期初数	本次变动增减(+,-)					期末数
		配股	送股	公积金转股	其他	小计	
一、尚未流通股份							
1.发起人股份	32160000						32160000
其中:							
国家拥有股份							
境内法人持有股份	32160000						32160000
外资法人持有股份							
其他							
2.募集法人股	16520000						16520000
3.内部职工股	300000						300000
4.优先股或其他							
尚未流通股份合计	51680000						51680000
二、已流通股份							
1.境内上市的人民币普通股					30000000	30000000	30000000
2.境内上市的外资股							
3.境外上市的外资股							
已流通股份合计					30000000	3000000	30000000
三、股份总数	51680000						81680000

(2)主要股东持股情况

股东名称	期末持股数(股)	占总股本(%)
昌吉市特种变压器厂	15900000	19.47
新疆电线电缆厂	10000000	12.24
昌吉电力实业总公司	6620000	8.10
新疆维吾尔自治区技改投资公司	5290000	6.48
新疆维吾尔自治区投资公司	4350000	5.33
北京中信国安工贸集团	2500000	3.06
西安电力机械制造公司	1240000	1.52
巴州电力局电力多种经营总公司	1000000	1.22
独山子石化总厂天利集团公司	1000000	1.22
新疆新技术开发交流站	400000	0.49

五、股东大会简介

公司于一九九七年四月十三日召开了一九九六年度股东大会,到会股东共 106 人,代表股份 4656 万股,占总股本的 90.09%,经大会审议批准,表决通过如下决议:

1.《公司一九九六年度董事会工作报告》
2.《公司一九九六年度监事会工作报告》
3.《一九九六年财务决算报告》
4.《一九九六年度利润分配方案》
5.《公司章程》修正案

六、备查文件

1.载有公司董事长、总经理张新先生亲笔签名的中期报告原本。
2.公司一九九六年度股东大会材料。
3.招股说明书。

查阅地址:新疆昌吉市北京北路 98 号
新疆特变电工股份有限公司证券部
电话:(0994)—2347948

新疆特变电工股份有限公司董事会

一九九七年八月十八日

包头黄河化工股份有限公司

包头黄河化工股份有限公司(筹)招股说明书概要

一、释　　义

在本招股说明书概要中,除文义另有所指,下列名词有如下意义:

股票	指	本公司本次向社会公开发行的每股面值人民币1元的人民币普通股记名股票
股　份	指	本公司每股面值人民币1元股份
发行人	指	包头黄河化工股份有限公司(筹)
公司或本公司	指	包头黄河化工股份有限公司(筹)
发起人或集团公司	指	包头化工集团总公司
证监会	指	中国证券监督管理委员会
证交所	指	上海证券交易所
主承销商	指	光大证券有限责任公司
承销协议	指	本公司与主承销商签订的关于本次股票发行的承销协议
推荐人	指	湖北证券公司
筹委会	指	本公司之筹备委员会
元	指	人民币元

二、绪　　言

1. 本招股说明书概要依据《中华人民共和国公司法》、《股票发行与交易管理暂行条例》、《公开发行股票公司信息披露的实施细则》等中国现行有关证券管理法律、法规和行政规章编写并公布,旨在向公众人士提供有关本公司的情况和股票发行认购手续等资料,本公司筹委会已通过招股说明书概要,筹委会全体成员就其所知而确信,本招股说明书概要与招股说明书一致,且不存在任何重大遗漏或者误导,并对其真实性、准确性、完整性负个别的及连带的责任。

本次发行的股票是根据本招股说明书所载明的资料申请发行的。除本发行人和主承销商外,没有委托或授权任何其他人提供未在本招股说明书中列载的信息和对本说明书作任何解释或者说明。

本公司股票之买卖,应由投资者按规定负担相应的税款,发行人、推荐人和承销商对税款不承担责任。

本次股票发行已委托以光大证券有限责任公司为主承销商的承销团包销,并签订了承销协议。

本次股票发行已于1997年6月4日获中国证监会证监发字[1997]313号文批准。

三、发售新股的有关当事人

1. 发行人

名　　称:包头黄河化工股份有限公司(筹)

地　　址:包头市火车站南两公里处

电　　话:(0472)5156611

传　　真:(0472)5156247

筹委会负责人:樊明

联 系 人:许汉章　贾信民

2. 财务顾问

(1)名称:光大证券有限责任公司

地　　址:北京复兴门外大街6号光大大厦18层

电　　话:(010)68561122　(028)6637609

传　　真:(010)68561008　(028)6269617

法定代表人:刘纪元

联 系 人:毕杰　钟小宁

(2)名　　称:内蒙古自治区证券咨询培训中心

地　　址:呼和浩特市新城西街86号

电　　话:(0471)6296141

法定代表人:郑振国

联 系 人:卢文兵　郭劲松

3. 承销商

(1)主承销商

名　　称:光大证券有限责任公司

(2)副主承销商

名　　称:内蒙古自治区证券公司

地　　址:呼和浩特市中山西路53号

电　　话:(0471)6935420

传　　真:(0471)6968693

法定代表人:王连庄

联 系 人:包赛英　陈国柱

(3)分销商

名　　称:天津证券有限责任公司

地　　址:天津市和平区赤峰道132号

电　　话:(022)27111176

传　　真:(022)27119892

法定代表人:葛子平

联 系 人:张彤

(4)分销商

名　　称:内蒙古信托投资公司

地　　址:呼和浩特市迎宾北路12号

电　　话:(0471)6939800

传　　真:(0471)6939802

法定代表人:吴宏智

联 系 人:杨长青　杜铁学

4. 上市推荐人

名　　称:湖北证券公司

地　　址:武汉市武昌彭刘杨路232号

电　　话:(027)8311774

传　　真:(027)8040056

法定代表人:陈浩武

联 系 人:陈彩萍

5. 发行人法律顾问和经办律师

名　　称:北京市星河律师事务所

地　　址:北京市北三环中路甲19号大森林酒店二层

电　　话:(010)62383709

传　　真:(010)62383708

经办律师:袁胜华　林岩

6. 会计师事务所和经办注册会计师

名　　称:大连中华会计师事务所

地　　址:大连市中山区长江路12号海港大厦26层

电　　话:(0411)2629631

传　　真:(0411)2806545
法定代表人:李国东
经办注册会计师:隋国军　张春梅

7. 土地评估机构

名　　称:中国地产咨询评估中心
地　　址:北京海淀区大柳树路21号
电　　话:(010)62176683
传　　真:(010)62176681
法定代表人:冯庆祥
估 价 人:范树印

8. 资产评估机构和评估经办人员

名　　称:内蒙古中华会计师事务所
地　　址:呼和浩特市迎宾北路12号
电　　话:(0471)6932383
传　　真:(0471)6932383
法定代表人:李实
经办评估人员:林梅

9. 资产评估确认机构

名　　称:国家国有资产管理局
局　　长:张佑才
地　　址:北京市海淀区万泉河路66号
电　　话:(010)62567744
传　　真:(010)62541817

10. 股票登记机构

名　　称:上海证券中央登记结算公司
法定代表人:王迪彬
地　　址:上海市闵行路67号
电　　话:(021)63292873

四、发行情况

1. 承销方式:余额包销。
2. 本次股票承销期:1997年6月13日至1997年6月25日。
3. 发行方式:通过上海证券交易所交易系统上网定价发行。
4. 发行地区:上海证券交易所会员所在地。
5. 发行对象:中国境内投资者(国家法律、法规禁止者除外)。
6. 本公司本次发行的股票均为面值1元之记名式人民币普通股,发行额度为3700万股,其中向公司职工股配售370万股,向社会公开发行3330万股。
7. 发行价格及确定方法:本次发行采用溢价发行,发行价为5.28元/股。发行价格根据本公司1994—1996年已实现之三年平均每股税后利润以及预定之发行市盈率计算得出。

经大连中华会计师事务所审计之本公司1994—1996年三年税后利润总额6304万元,本次公开发行前,经内蒙古自治区国有资产管理局内国资工字(1997)50号文确认,发起人净资产折股总数6420万股。

全面摊薄每股税后利润为:

6304万元/(3×6420万股)=0.33元/股

市盈率:根据同行业的情况,本着略低于上市公司平均市盈率的原则,结合1994—1996年三年平均税后利润,发行市盈率定为16倍。

发行价格为:0.33元/股×16=5.28元/股。

8. 本次发行总市值19536万元,扣除有关发行费用后,预计共募集资金约18597万元。
9. 本次股票发行已获得上海证券交易所上市承诺。

五、风险因素与对策

投资者在评价本发行人此次发售的股票时,除本招股说明书提供的其它资料外,应特别认真地考虑下述各项风险因素。

(一)风险因素

1. 经营风险

本公司作为以生产经营基础化工原料为主的大型化工企业,经营风险主要体现为:

①能源价格风险。本公司能源供应大部分来自于电力和煤炭资源,尤其对煤的需求量较大。包头附近虽有丰富的煤炭资源,电力供应也比较充足,但随着能源市场的变化,能源价格的变动将会对本公司的生产成本产生影响。

②原材料价格风险。本公司目前无矿产开采权,所需产品原材料石灰石、原盐、纯苯等都需要从陕西、河北等地及自治区内厂家购买。原材料占制造成本的比例约70%左右。近年来随着我国新一轮经济周期的启动,部分原材料价格的上涨,将会导致产品成本上升。

③管理风险。本公司此次筹资用于扩建聚氯乙烯树脂生产线、新建石灰氮与双氰胺生产线、离子膜烧碱及合成高纯盐酸工程项目、收购离子膜法烧碱生产线项目,将进一步扩大生产规模,提高市场占有率,但同时也面临一定的管理经验和技术力量不足的风险。

④运输风险。本公司部分产品远销到广东、福建、江苏等地,部分原材料也需要长途运输。交通运输一直是我国经济发展的瓶颈,一旦公司的运输需求超过本公司的运输能力,或铁路运输调配紧张,将会影响本公司的正常经营。

⑤融资能力约束的风险。本公司近年来因资源、技术及产品优势,发展迅速,在建及拟建项目资金需要量大,自有资金有限,流动资金主要依靠银行贷款,而自治区银行整体存贷规模偏小,公司直接融资渠道较少,公司的发展受到融资规模和融资渠道的限制。

⑥外汇风险。本公司的原材料及设备采购极少进口,但部分产品用于外销,其中控股子公司双环化工(集团)股份有限公司的电石产品50%以上出口国外,外汇市场的汇率波动将会影响本公司的利润。

2. 行业风险

①环保风险。本公司属化工行业,生产管道、高压装置多。在生产过程中将会排放二氧化硫、烟尘和粉尘,及其他一些液化、气化腐蚀性中间化学物质、废品等,在生产过程中一旦发生事故或管理不善,将会导致环境污染。此外,随着国家环保治理工作的加强和环保标准的不断提高,本公司治理环境污染的能力可能达不到国家的环保要求。

②行业竞争风险。本公司的烧碱、苯酚、聚氯乙烯树脂等产品在自治区内已占据较大市场,电石产品已远销到国际市场,是区内大型化工基地之一。但目前全国同类产品生产商众多,行业内部竞争激烈,存在由于行业内部竞争引起的产品价格下降和生产成本上升导致本公司利润下降的风险。

3. 市场风险

①市场份额和价格波动风险。本公司产品目前在区内的市场占有率较高,苯酚、烧碱、树脂均占50%以上,但在全国的市场占有率还有待提高。本公司面临的市场是开放的市场,原料和产品销售价格的波动都会直接影响本公司的盈利水平。特别是目前市场上同类化工产品较多,存在因产品价格竞争而引致的价格下降风险。

②海外市场风险。本公司的控股子公司包头双环化工(集团)股份有限公司是国内最大的电石出口企业,电石出口比例占产量的50%以上,电石市场主要在海外市场。国际政治经济形势的变化和主要市场国的经济政策和市场行情的变动,以及世界贸易组织贸易规则、进出口关税的变动,都会直接或间接影响电石产品的出口收益。

4. 政策风险

国家宏观经济政策及其变动,特别是产业政策、货币政策、价格政策、利率等,将对化工行业的生产经营和流通产生影响,继而直接影响本公司的经济效益。我国正处于经济体制改革的过程中,随着社会主义市场经济体制的建立及产业结构的改革,国家会颁布一些新的政策法规,不排除国家政策的改变给本公司带来不利影响的可能性。同时,我国正加快进入世界贸易组织的进程,国际流通领域的新变化将直接或间接影响本公司的收益。

税率风险:经内蒙古自治区人民政府内政函(1997)48号文《关于包头黄河化工股份有限公司上缴所得税问题的批复》批准,本公司自股票上市之日起,3年内企业所得税按15%征收。该政策为内蒙古自治区地方规定,不排除将来国家有关税收的法律、法规发生变化,从而影响本公司的优惠政策。

5. 股市投资风险

股票市场是一个高风险市场。股票价格的波动可能会对投资者造成损失,而股价的波动除受本公司盈利水平、财务状况的影响外,还要受到诸如国家宏观经济政策的调整、国家金融形势的变化、利率的升降、通货膨胀率的高低、投资者的心理预期等众多因素的影响。

本次募股资金到位后,将投入四个项目,客观上存在项目不能如期完成或不能如期产生预期效益的风险。

投资者在购买本公司股票前,应对股市风险有充分的了解。

6. 其它风险

本公司设立后,发起人包头化工集团总公司持有本公司63.44%的股份,处于绝对控股地位。本公司控股股东可能通过行政干预,行使投票权或任何其他方式对发行人经营决策、人事等方面进行控制,从而给中小股东带来一定的风险。

(二)风险因素之对策

本公司对上述风险已有充分认识,本公司成立后,拟采取以下风险对策:

1. 经营风险之对策

①能源价格风险对策。本公司将通过与能源供应商签订长期合同,稳定能源供应渠道,保证能源供给。同时,公司进一步挖潜革新,提高节能技术,降低能源消耗,减少制造成本,从而规避能源价格波动引起的风险。

②原材料价格风险对策。公司努力拓展原材料供应渠道,与更多供应商建立长期原材料供应关系,并努力使原料库存与产品生产保持合理的比例,保证不受或减少因原材料供给数量或价格变动引起的不利影响。

③管理风险对策。公司将努力建立科学有效的内部管理机制和约束机制,健全公司组织结构,提高管理人员的综合管理素质;注重风险防范意识的教育和管理经验的交流与学习;定期或不定期举行技术培训,强化技术人员的操作技能和新产品开发能力,不断提高员工管理水平和技术水平。

④运输风险对策。本公司具有良好的地理运输优势。公司周围公路环绕,公司有专门的汽车运输公司,负责本公司原材料的采购和产品的外运;公司北距京包、呼包铁路枢纽包头站仅两公里,公司内部设有三条铁路专用线与包头站接轨,铁路运输极为便捷;公司紧靠华北最大的集装箱中转站,实现了国际间"门到门,一票到底"的海铁联运。良好的运输条件大大降低了本公司的运输风险,本公司还将进一步协调与铁路运输部门的调度安排,扩大本公司的汽车运输能力,确保本公司的运输畅通无阻。

⑤融资风险对策。本次募集资金成功后,将增强公司的资金实力,提高公司的融资能力。公司将努力拓展新的融资渠道,在争取自治区银行贷款的基础上,进一步开展区外的银行融资和其它融资途径。同时公司将加强内部管理,盘活存量资产,加快资金周转速度,提高资金利用率,改善财务结构,减轻公司融资压力。

⑥汇率风险对策。公司根据国际国内市场的政策变化,适时调整电石产品的市场结构和出口比例。合理运用各种结算方式和保值手段,回避或降低汇率波动风险。

2. 行业风险之对策

①环保风险对策。基于化工行业的生产特点,本公司历来注重环境保护,合理解决环保问题,降低环境污染。近年本公司已采取了以下措施:

A. 机械除尘,公司有大小防尘设备(装置)共15台(套),能有效解除粉尘污染。

B. 改造生产工艺。(1)采用低磷低硫的原辅材料(如冶金焦改用兰炭);降低二氧化硫的排放量。(2)增加添加剂,努力降低磷硫含量,减少烟尘污染。

C. 加强废品回收,减少废料污染。目前公司的多数产品都能通过生产线的辅助系统消化,今后将重点加强废料的回收及环境保护的研究工作。

通过采取以上措施,环境污染物的排放将得到有效控制,以达到环保局下达的控制指标。

同时,本公司定期安排检测生产线路和运输罐车,严密防范生产事故和运输事故风险。

②行业竞争风险对策。面对日益加剧的行业内部竞争,公司将充分发挥自身优势,加强内部管理,进一步提高市场占有率,提高综合经济效益。施行名牌战略,力争在同行业中处于不败之地。

3. 市场风险之对策

①尽管公司因资源条件和技术特点,产品在质量和成本方面相对同类产品较有优势,但公司仍将进一步加强生产管理,增大销售力度,调整公司产品种类,规避单项产品风险,提高产品的综合竞争能力和风险抵御能力。同时,本公司将在稳固现有市场的基础上,进一步开发新疆、西藏等市场,提高市场占有率。

②海外市场风险对策。公司将进一步加强国际市场的调查和研究工作,根据国际市场的供求状况和主要市场国的政策变化,适时调整产品出口比例,积极拓展新的国外市场,扩大销售额,降低产品单位成本。

4. 政策风险之对策

本公司将加强对宏观形势的研究和政策的分析,继续提高高级管理人员素质和科学决策能力,适时调整经营决策与策略,增强公司的应变能力。

5. 股市投资风险对策

除本公司不能控制的宏观经济因素之外,本公司将从几个方面来减少本公司股票的投资风险。

①按照国家的有关证券法规的规定,及时、准确、完整地公布一切须予公布的信息,包括公司年度报告、中期报告、重大决策、重大事项公告等,避免因本公司信息披露的原因引起本公司股票价格异常波动的风险。

②强化公司内部管理和决策机制,不断提高公司的经济效益,扩大产品的市场份额,提高公司股票的收益率,为股东谋取良好的投资回报,减少因公司经营业绩异常变动引起的股价风险。

③妥善运用本次募股资金,切实保证新上项目如期投入使用。

6. 其它风险对策

本公司将从两方面来减少中小股东的风险:

①按照《公司法》和《公司章程》的规定,规范公司的组织结构。严格执行股东大会决议,实行董事会领导下的总经理负责制;实行监事会监察制度,强化监事会的监督功能和审计部的审计功能;建立健全各项管理规章制度,产行分级管理,各司其职,规范运作,妥善经营,切实保护股东的利益。

②理清与集团公司的关系,避免关联交易和同业竞争。

六、募集资金的运用

本公司本次公开发行股票成功后,预计募集资金18597万元(扣除发行费用)。本公司将严格按照国家有关投资规定和有关产业政策的要求,将募集资金用于以下项目:

(一)聚氯乙烯树脂生产线技改项目

本项目经内蒙古自治区经济贸易委员会技发(1997)26号文批准可行性研究报告。项目通过增加聚合釜、转化器、电石发生器等关键设备,对现有的生产设备进行技术改造,扩大聚氯乙烯树脂生产规模,由原来年产1万吨增加到3万吨。

本项目总投资 5800 万元。项目建成后,年增聚氯乙烯树脂 2 万吨,年新增销售收入 13,600 万元,新增利润 2843 万元。本项目投资收益率 41.67%,投资回收期 3.65 年(含建设期 1.25 年)。

(二)石灰氮与双氰胺生产线项目

本项目经内蒙古自治区经济贸易委员会技发(1997)29、28 号文批准可行性研究报告。项目为电石深加工项目,由石灰氮和双氰胺生产线两个子项目组成。其中石灰氮技术改造项目是在利用现有企业公用工程和辅助设施的基础上,增加部分厂房和设备,采用国内先进的生产工艺和技术,达到年产 2 万吨石灰氮的生产能力。双氰胺生产线属石灰氮项目的新建配套工程,是石灰氮的延伸加工,设计生产能力为 2000 吨/年。

本项目总投资 6965 万元。项目建成后,年产石灰氮 2 万吨,双氰胺 2000 吨,年增销售收入 8350 万元,年新增利润 2293 万元。预计项目投资收益率 27.69%,投资回收期 4.58 年(含建设期 1.5 年)。

(三)收购离子膜法烧碱生产线

本公司成立后,拟投资 4500 万元,收购集团公司所属全资企业包头氯碱化工厂 1 万吨/年离子膜法烧碱生产线

该生产线项目经化学工业部化技有发(1993)066 号批准立项,目前已基本建成并进入试投产阶段。生产线基本装置为:1 万吨/年高纯度烧碱生产能力的电槽、2 万吨/年生产能力的配套设施;为均衡氯平衡能力而设置的 1 万吨/年液氯、6300 吨/年高纯盐酸和 2.1 万吨/年合成盐酸装置。

离子膜法制碱是当今世界上最先进的制碱工艺,收购该生产线后能在充分发挥本公司现有装置潜在生产能力的基础上,采用具有国际先进水平的国产化离子膜电解装置,充实处于"瓶颈"的生产关键工艺——电解和制酸。该生产线能为本公司募股资金拟投项目"离子膜烧碱及合成高纯盐酸工程"提供厂房及配套设备,并与之构成完整的生产体系。

上述收购价格系按该生产线固定资产预估,具体实施价格及条件,将根据中介机构作出的资产评估价值和该生产线投资利润水平公平确定,并报有关主管部门审批确认。为确保收购成功,上述资产目前的所有者——本公司发起人包头化工集团总公司与本公司签订《收购协议》,并向本公司筹委会作出如下承诺:

待本次发行成功后,将立即配合本公司完成收购,若出现任何不可预计原因使上述收购无法如期实现,集团公司将承担与本次收购相关的损失和风险。

该生产线每年可生产高纯度烧碱 1 万吨,液氯 5500 吨,高纯盐酸 3600 吨,合成盐酸 6375 吨,正常年份销售收入为 5500 万元左右,利润总额 1500 万元左右。由于该项目已经建成并进入试投产阶段,收购后该生产线当年即能产生效益,4 年左右即能收回购并成本。

(四)1 万吨/年离子膜法烧碱及合成高纯盐酸工程项目

本项目经内蒙古自治区经济贸易委员会技发(1997)27 号文批准可行性研究报告。本项目是在前述收购的 1 万吨/年离子膜烧碱生产线的基础上扩建,项目总投资 1875 万元,建设期一年。项目建成后,年新增生产高纯度烧碱(离子膜烧碱)1 万吨、液氯 5000 吨、合成高纯盐酸 1.2 万吨。年新增销售收入 5460 万元,利润总额 1536 万元。项目投资收益率 69.63%,投资回收期 2.44 年(含建设期一年)。

上述项目共需资金 19,140 万元,本次发行总市值预计为 19536 万元,扣除发行费用后实际募集资金约为 18597 万元。本次募股资金将全部用于上述项目,不足的资金将通过银行贷款解决。

项目资金使用计划表

序号	项目名称	投资额(万元)	资金使用计划(万元)			效益产生时间	建设期(年)	投资回收期(年)	新增利润(万元)(毛利)
			97 年	98 年 1—6 月	98 年 7—月 12				
1	聚氯乙烯	5800	2700	2200	900	98.10	1.25	3.65	2843
2	石灰氮	3807	1600	1400	807	99.1	1.50	5.06	2293
	双氰胺	3158		1768	1390	99.1	1.00	4.58	
3	收购	4500	4500			97.7	0.00	4.00	1500
4	离子膜烧碱盐酸	1875	1000	875		98.7	1.00	2.44	1536
5	合计	19140	9800	6243	3097				8172**

注:为产销率为 100%情况下的利润额。

七、股利分配政策

本公司股票收益的分配将按照《公司法》的规定,本着同股同利的原则,按各股东持有股份数额进行分配。股利的派发采用现金和股票两种形式。

本公司在有盈利年度的税后利润,按下列顺序分配:

①弥补以前年度的亏损;

②提取利润的 10%列入公司法定公积金;

③提取利润的 5%至 10%列入公司法定公益金;

④提取任意公积金;

⑤支付普通股股利;

公司分配股利于年终决算后进行,一般每年派发一次年度股利,年度股利在每一会计年度结束后的六个月内分配。凡购买本次发行股票的投资者不参与 1996 年利润分配,但参与 1997 年全年股利分配。

本公司分派股利时,按有关法律和法规代扣、代缴股东股利收入的应纳税金。上述股利分配政策尚需本次普通股发行后公司创立大会选举的董事会予以确定。

八、发行人及发行人主要成员的情况

1. 发行人名称:

中文名称:包头黄河化工股份有限公司

英文名称:BAOTOU HUANGHE CHEMICAL INDURSTRY CO. LTD

2. 发行人名称预先核准日期:1997 年 3 月 6 日

3. 拟注册地址:包头市火车站南两公里处

4. 发行人历史情况简介:

本公司的发起人包头化工集团总公司,前身为包头市化学工业局。1994 年 6 月,经包头市经济体制改革委员会(1994)22 号文批准。包头市化学工业局将其下属的十九家企业,在资产重组的基础上,组建包头化工集团总公司。

经内蒙古自治区人民政府内政股批字(1997)18 号文批准。包头化工集团总公司作为独家发起人,将其所属的包头第一化工厂、包头第四化工厂的部分经营性资产和其持有的包头双环化工(集团)股份有限公司的 84.77%权益进行资产重组,以评估后确认的净资产 9868 万元按 1:0.65 的比例折股(折为 6420 万股)认购发起人股本,以募集方式设立本公司。

包头第一化工厂是内蒙古自治区的重点化工企业,成立于 1958 年,1994 年被国家六部委批准为国家大型二档企业。本次重组投入本公司的苯酚生产线生产规模为:工业合成苯酚 8000 吨/年及其它产品。苯酚各项经济指标在同行业中居领先地位,1990 年被评为化工部优质产品。

组进本公司的包头第四化工厂始建于 1970 年,1978 年正式投产,是内蒙古自治区生产烧碱、聚氯乙烯树脂的国有骨干企业。生产能力为:烧碱 1.5 万吨/年,聚氯乙烯树脂 1.1 万吨/年及其他副产品。其烧碱、聚氯乙烯树脂被评为自治区优质产品,销往全国 16 个省、市、自治区,深受用户欢迎。近年连续荣获"自治区质量效益型先进企业",并于 1995 年晋升为国家大型二档企业,1996 年晋升为自治区第一家石化一级企业,获得中国企业形象认定委员会授予的"企业最佳形象 AAA 级"称号,工商银行"AAA"特级信誉企业称号。

包头双环化工(集团)股份有限公司是经包头市经济体制改革委员会包体改生字(1994)60 号文批准,于 1994 年 10 月由包头第二化工厂改组设立的股份有限公司,后经内蒙古自治区人民政府(1996)25 号文确认。现由集团公司将其持有的包头双环化工(集团)股份有限公司 84.77%的权益全部投入本公司。该公司是自治区最大的电石生产企业,也是全国

最大的电石出口企业，其主要产品为电石、溶解乙炔，生产能力为：电石3.5万吨/年，平均发气量为324L/Kg；溶解乙炔生产量180万立方米/年。产品技术指标居全国同行业前列：1990年，电石荣获化工部优质产品称号；1994年经国家技术监督局、中国消费者协会、中国质量检验协会审核，入选中国名牌产品；1995年被国家技术监督局、国家外国专家局、技术科委、国家劳动部等部门联合评为国家级新产品；电石、溶解乙炔双获国家技术监督局颁布的国际标准产品标志证书和包头市技术监督局颁发的质量免检证书。电石产品主要出口国外，在日本、东南亚、独联体等国家和地区享有盛誉。

5. 发行人组织结构

本公司的组织管理机构依据《公司法》的规定设置，其结构图如下：

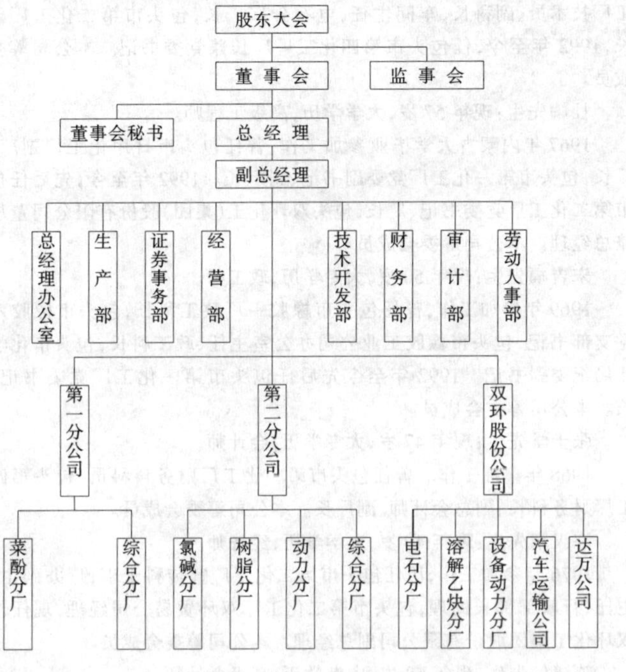

本公司设立后，集团公司的产权结构如下：

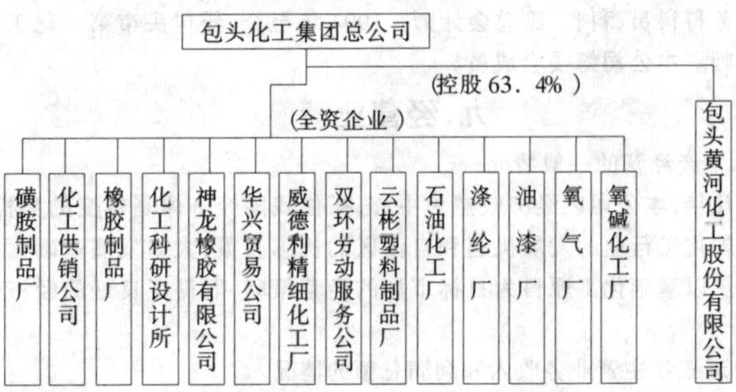

本公司设立后，发起人包头化工集团总公司作为本公司的独家发起人，持有本公司63.44%的股权，为本公司控股股东。集团公司是一家从事基础化工原料、橡胶、塑料制品等产品生产销售的综合性化工企业集团，注册资本23,000万元，现有资产规模61,287万元，负债总额28,908万元，所有者权益32,379万元。本公司成立后，在集团公司中占有重要地位，将成为集团公司最大的利润来源。

本公司成立后，持有双环化工(集团)股份有限公司84.77%的权益，成为其控股股东。双环公司注册资本2094万元，目前主要从事电石，溶解乙炔的生产和销售，是国内最大的电石出口企业，产品大量出口国外。双环公司是本公司重要的利润来源之一。

6. 发行人职工情况

(1)本公司职工总人数3956人

(2)职工的专业构成：生产人员2282人，销售人员184人，技术人员684人，财务人员104人，管理人员702人。

(3)本公司职工的教育程度为：大专及大专以上615人，占15.54%；中专及高中生1009人，占25.5%；高中以下2332人，占58.9%。

(4)职工的年龄情况：41岁以上1259人，占31.8%，31—40岁1468人，占37.1%，30岁以下人员1229人，占31.06%。

根据《中华人民共和国劳动法》和国家有关法规规定，公司实行全员劳动合同制。本公司职工享有公司提供的住房、医疗、福利、津贴等，享有养老、人身、工伤、待业等保险。

本公司无离退休职工。

7. 发行人的经营业务范围

本公司主营：烧碱、聚氯乙烯树脂、硫酸、盐酸、苯酚、氢氟酸、无水氟化氢、液氯、电石、溶解乙炔等化工产品的生产和销售。

兼营：化工产品的研制和开发、炉料产品的生产加工、化工包装、机械加工、汽车运输、房屋修建、装饰装潢。

8. 发行人的产品品种、生产能力、市场占有情况

发行人产品品种：烧碱、聚氯乙烯树脂、苯酚、盐酸、电石、溶解乙炔等。生产能力：公司目前年产苯酚8000吨，电石35000吨，烧碱1.5万吨，聚氯乙烯树脂1万吨，盐酸1万吨，液氯5000吨。本次募股资金建成的项目投产后，将新增产品离子膜烧碱、聚氯乙烯树脂、石灰氮、双氢胺、高纯盐酸、合成盐酸、液氯等产品，年新增生产能力分别为2万吨、2万吨、2万吨、2000吨、1.56万吨、6375吨、1.05万吨。

市场占有情况：公司现有产品主要销往内蒙古、广东、福建、江苏、浙江、湖北、山东等地区，产品产销率达98%以上，市场占有率较高。苯酚的国内市场占有率为5.6%，自治区内为63%。电石产品主要出口日本、印度、巴基斯坦、南非、印尼、澳大利亚等国，1996年出口量达1.7万吨，创汇648.5万美元。

9. 发行人销售额，销售方式

1994、1995、1996年3月年销售收入分别为19107万元，21568万元，23368万元。

销售方式：发行人通过与用户签订购销合同的形式销售公司的产品。

本公司成立后，将在保留原有销售方式的基础上，拓展新的销售方式：

①增设异地销售机构。公司计划在本公司产品市场前景看好的广东、福建、江苏等地增设销售办事处，密切原有用户，发展新用户。

②强化经营部的功能，发展出口业务。本公司本次募股资金项目离子膜法烧碱生产线和离子膜烧碱及合成高纯盐酸工程项目投产后，新增产品高纯度烧碱将主要用于出口。本公司将充分发挥经营部的职能，在稳固国内市场的基础上，利用原有的国外销售渠道，开发烧碱的国外市场。

③改进销售机制。实行总部协调、分区管理的销售模式，激活销售队伍，进一步提高市场占有率。

10. 发行人业务收入的主要构成

本公司主要产品中，树脂、电石和苯酚产品是业务收入主要来源，1996年，树脂产品销售收入为7036万元，电石产品销售收入为6658万元，苯酚产品销售收入为4701万元，分别占公司主营收入的30%、28.5%和20%。

11. 主要原材料供应及运输情况

本公司地处内蒙古自治区最大的工业城市包头市，具有发展化工工业的综合有利条件。丰富的能源和矿产资源能够使本公司在原料供应上得到可靠的保证。公司所需的主要原材料石灰石、尾沙、纯苯等主要由包头钢铁厂、首都钢铁厂、北京第二化工厂、呼和浩特化工厂以及内蒙古、陕西、山东、河南等地企业供应，公司成立后，将与厂家签订定货合同，保证原材料的稳定供应。包头市地处呼包电网的中部，电网装机容量为152.3

万千瓦,用电负荷仅为90万千瓦,电力供应有充分的保障。包头附近有丰富的煤炭资源,兰炭和精煤由距包头附近300公里的神木各矿供应。公司成立后将与厂家签订定货合同。

本公司位于包头市的南郊,具有良好的地理运输条件。公司周围公路环绕,四通八达,公司设有汽车运输公司,负责本公司的原材料材料采购运输和产品的外运。公司北距呼兰、京包两大铁路枢纽包头站仅两公里,公司内部设有三条铁路专用线与包头火车站接轨,铁路运输极为便利。公司紧靠华北地区的国际集装箱发运站,实现了国际间"门到门,一票到底"的海铁联运,极大地方便了公司产品的出口外运。

12.新产品、新项目的研究开发情况

公司具有较强的科研和新产品开发能力。公司现有工程技术人员654人。公司成立后,将设立专门的产品研制、开发机构-技术开发部,负责公司的产品研制、开发及老产品的技术改造、新技术的引进和储备工作。开发部配备有比较完善的实验设备、中试装置和检测仪器。

本公司控股的双环化工(集团)股份有限公司研制成功的高发气量低硫低磷改型电石项目,通过对原有电石生产工艺的改进,提高了电石的平均发气量,降低了生产能耗,1995年被评为国家级新产品。

近期,控股子公司双环公司研制的《一种可使电压渣泥沉降速度减慢的电石及其制备方法》已申报了国家专利,现正在批准阶段。目前,正在开展多项电石和溶解乙炔深加工生产技术的研制。

13.技术改造情况

近几年公司在积极研制新产品、开发新项目的同时,大力加强原有生产线的技术改造和设备更新。公司进行了聚氯乙烯树脂生产线综合技术改造、烧碱生产线综合技术改造。经过技术改造,目前已达到年产烧碱1.5万吨、聚氯乙烯树脂1万吨的生产能力。

14.本公司正在实施或计划实施的项目:

(1)聚氯乙烯树脂生产线项目。

(2)石灰氮与双氰胺生产线项目。

(3)收购离子膜烧碱生产线项目。

(4)离子膜烧碱及合成高纯盐酸工程项目

15.国家政策对本公司生产经营的影响本公司经内蒙古自治区人民政府内政函[1997]48号文批准,从本公司股票上市之日起,三年内按15%税负缴纳所得税。

本公司执行优惠税率期满后,除非国家或地方政府对本公司另有减免税政策和规定,否则本公司将按33%所得税率纳税。

16.关联交易:

本公司设立后,包头化工集团总公司将持有本公司63.44%的股权,成为本公司的最大股东。为避免本公司与集团公司的同业竞争和关联交易,集团公司已与本公司签订《收购协议》,并向本公司筹委会作出下述承诺:

①由于集团公司下属的包头市氯碱化工厂在产品方面与本公司存在同业竞争,准予本公司成立后,以4500万元的价格收购包头市氯碱化工厂的离子膜烧碱生产线;

②集团公司下属的其它企业与本公司不构成同业竞争,将来也不会从事对本公司产品的生产和销售形成竞争的业务和活动。

③集团公司与本公司之间产生关联交易或共同投资项目时,均遵照国家有关政策规定,本着平等互利的原则,按照市场价格签订经济合同执行;集团公司将不会利用其控股地位,损害、侵占本公司的财产和收益。

④本公司成立后,将拥有独立的财务核算体系、完整的生产、经营和管理体系和独立的生产经营环境。

集团公司还与本公司达成如下协议:

鉴于本公司与集团公司在医院、食堂等的使用方面存在关联交易,双方就此问题于1997年3月29日签订了《综合服务协议》。根据该协议,本公司将参照市场价格,有偿使用属于集团公司的这部分资产。

17.筹委会成员简介

樊明先生:现年53岁,大学学历,化工工程师。

1968年天津大学毕业参加工作,曾任山西平鲁县化肥厂、县工业局技术员、科长,包头市涤纶厂工程师,包头市氧气厂副厂长,包头市化学工业公司副经理,包头市化学工业局局长。1994年至今,任包头化工集团总公司董事长兼总经理。现为本公司筹委会主任。

李继安先生:现年55岁,大专学历,工程师。

1959年参加工作,曾任包头市矿山机械厂车间主任,包头市拖拉机厂副厂长、厂长,包头市化学工业局副书记。1993年至今,任包头市化学工业局党委书记。现为本公司筹委会副主任。

于生文先生:现年56岁,高中文化,高级经济师。

1958年参加工作,曾任包头市轻质材料厂工人、干部,包头市第二化工厂技术员、副科长、车间主任,电石分厂厂长,包头市第二化工厂副厂长,1992年至今,任包头市第四化工厂厂长兼党委书记。本公司筹委会成员。

杜耀先生:现年57岁,大学学历,高级工程师。

1967年内蒙古大学毕业参加工作,曾任包头市日用化工厂副厂长,厂长,包头市第一化工厂党委副书记、副厂长。1992年至今,先后任包头市第二化工厂党委书记、厂长,包头双环化工(集团)股份有限公司董事长兼总经理。本公司筹委会成员。

宋吉福先生:现年50岁,大专学历,政工师。

1969年参加工作,曾任包头市橡胶一厂政工科长,包头市橡胶六厂党支部书记,包头市橡胶工业公司办公室主任、政工科长,包头市化学工业局纪委副书记。1992年至今先后任包头市第一化工厂党委书记、厂长。本公司筹委会成员。

张士学先生:现年47岁,大专学历,会计师。

1968年参加工作。曾任包头市第一化工厂财务科科员、包头第四化工厂财务科长、副总会计师、副厂长。本公司筹委会成员。

许汉章先生:现年40岁,大学学历,经济师。

1976年参加工作,历任包头市第二化工厂宣传科干事,厂办副主任、主任、行政部部长助理,包头市第二化工厂双环贸易公司经理,现任包头双环化工集团股份有限公司副总经理。本公司筹委会成员。

陈鸿信先生:现年58岁,中专学历,高级会计师。

1954年参加工作,曾任包头市服务公司财务科科员、包头市第一化工厂财务科科员、科长、副总会计师。1994年至今,任包头市第一化工厂总会计师。本公司筹委会成员。

九、经营业绩

1.生产经营的一般情况

近几年,本公司以经济效益为中心,抓住我国经济体制转变的契机,利用我国化工行业的发展机遇和自治区的优惠政策,大力发展基础化工原料的。以基础化工原料为目标市场的经营策略,取得了良好的经济效益。

2.近三年主营业务收入和利润总额的情况

根据大连中华会计师事务所审计,本公司近三年的经营业绩情况如下:

主营业务收入和利润总额情况　(单位:人民币千元)

项　目	1996年	1995年	1994年
主营收入	233,682.28	215,682.85	190,174.20
营业利润	22,503.69	19,287.56	3,421.37
利润总额	31,682.54	21,824.93	16,480.99
税后利润	28,173.31	19,311.22	15,553.88

3.近三年完成的重大项目和科研成果

近几年,公司立足本厂实际,面向市场发展,本着研制一代,开发一代、贮备一代的发展战略,先后设计、完成了聚氯乙烯树脂综合技术改造项目、高发气量低硫低磷改型电石项目、烧碱综合技术改造等项目,为提高产品质量、降低生产成本、提高经济效益、增强企业后劲作出了贡献。

近期,控股子公司双环公司研制成功的《一种可使电压渣泥沉降速度减慢的电石及其制备方法》已申报了国家专利,现正在批准阶段。

4．市场占有情况

本公司现有的产品中,主要产品的各项经济技术指标在同行业中均处于领先地位。苯酚、电石曾被化工部评为优质产品,烧碱、聚氯乙烯树脂被评为自治区名牌产品。1994年,电石经国家技术监督局、中国消费者协会、中国质量检验协会审核入选中国名牌产品,1995年被国家技术监督局,国家外国专家局、国家科委、劳动部等部门联合评为国家级新产品。1996年,电石、溶解乙炔获得国家技术监督局颁发的国际标准产品标志证书、包头市技术监督局颁发的质量免检证书。

5．经营管理的改进与提高

本公司按照市场经济的要求,不断更新观念,加强经营管理,把市场法则与内部成本控制结合起来,将一切工作纳入降低生产成本、提高产品质量和增加经济效益的轨道上来。坚持质量标准、会计制度及国际贸易惯例,调动员工积极性,促进生产发展,今后将从以下几个方面进一步改善经营管理：

(1)狠抓内部挖潜,杜绝跑、冒、漏、滴,努力降低生产成本;

(2)做好市场调研和市场预测,强化销售队伍,采用多种销售策略,加强销售货款回笼,扩大市场份额。

(3)加强新产品开发与试制,提高产品的附加值,增加产品品种,规避市场风险;

(4)将生产经营与资产经营结合起来,保证公司净资产和利润连年递增,为全体股东谋取最大的利益。

6．员工业务水平的提高

本公司采取多种形式,对管理人员、工程技术人员和生产人员进行培训,努力造就一支既有专业知识,又有实践经验的员工队伍,从各方面使职工业务素质不断提高。公司从全国部分化工院校择优引进优秀毕业生,不断充实技术力量。

公司本着人才为本的理念,努力提高员工的业务水平和现代企业管理新经验,使员工素质与企业技术更新、管理升级保持同步。

十、股　　本

1．注册资本

本公司拟注册资本10,120万元。

2．股本形成

经内蒙古自治区人民政府内政股批字(1997)18号文批准,包头化工集团总公司作为唯一发起人,认购发起人股份并以募集方式设立本公司。经内蒙中华会计师事务所内中资评字(1997)03号评估,国家国有资产管理局国资评(1997)378号确认,发起人包头化工集团总公司投入其经营性净资产9868万元,按1:0.65的比例折成国有法人股6420万股投入本公司,由集团公司持有该股权。根据大连中华会计师事务所大中会验字(97)30号验资报告,发起人认购的股份全部到帐,溢价部分3448万元转入资本公积金。

3．本公司本次公开发行股票3700万股,每股面值1.00元,采用溢价发行的方式,每股发行价格为5.28元。溢价发行超过面值的部分扣除发行费用后即计入资本公积金。

4．公司职工股

本公司本次股票发行中,向公司职工配售股份370万股。本公司按照国家的有关规定,将认购范围严格控制在本公司职工范围内,并经由包头市劳动部门审核确认。根据中国证监会有关规定,本次由公司职工认购的370万股在本次公开发行的股票上市半年后方可申请上市流通。

5．本次发行为公司首次发行,发行成功后的股权结构为

股份类别	股分数量(万股)	占股份总额的比例(%)
发起人股份	6420	63.44
国有法人持股	6420	63.44
社会公众持股	3700	36.56
其中:公司职工持股	370	3.656
合计:	10120	100.00

6．净资产

根据大连中华会计师事务所大中会审字(97)221号审计报告,截止1996年12月31日,本公司净资产总额9868万元。按发起人股份6420万股计算,每股净资产1.54元;本次发行后,扣除发行费用,实际可运用资金18597万元。不考虑同期经营利润,发行后每股净资产2.81元。

7．公开发行前本公司的股东名单

股东名称	持股数量(万股)	占发行前股份总额的比例(%)
包头化工集团总公司	6420	100

8．本次公开发行前,本公司筹委会成员未持有本公司的股份。

十一、债　　项

1．根据大连中华会计师事务所大中会审(97)字第221号审计报告,截止到1996年12月31日,公司尚有项共计54,295,906元,主要债项如下：

债　项	到期日	年利率	金额(元)	抵押担保情况
短期贷款:				
工行包头昆区办事处	97.07.09	10.488%	1,380,000.00	担保
工行包头昆区办事处	97.07.23	10.488%	680,000.00	担保
工行包头昆区办事处	97.08.07	10.488%	100,000.00	担保
工行包头昆区办事处	97.08.13	10.488%	600,000.00	担保
工行包头昆区办事处	97.09.03	10.488%	1,100,000.00	担保
丁行包头昆区办事处	97.09.13	10.488%	1,2000,000.00	担保
工行包头昆区办事处	97.09.16	10.488%	300,000.00	担保
工行包头昆区办事处	97.09.24	10.488%	1,200,000.00	担保
工行包头昆区办事处	97.02.16	11.478%	2,000,000.00	抵押
工行包头昆区办事处	97.03.12	11.478%	700,000.00	抵押
工行包头昆区办事处	97.02.17	11.478%	1,700,000.00	抵押
工行包头昆区办事处	97.03.15	11.478%	2,000,000.00	抵押
工行包头昆区办事处	97.03.15	13.872%	2,200,000.00	抵押
工行包头昆区办事处	97.03.29	13.872%	2,200,000.00	抵押
工行包头昆区办事处	97.03.15	13.872%	1,731,000.00	抵押
工行包头昆区办事处	97.09.26	10.488%	930,000.00	抵押
工行包头昆区办事处	97.10.26	10.488%	1,800,000.00	抵押
工行包头分行	96.09.20	9.15%	550,000.00	抵押
交行包头支行	97.07.25	11.088%	1,000,000.00	抵押
交行包头支行	97.06.25	11.088%	300,000.00	抵押
交行包头支行	97.02.20	10.98%	500,000.00	抵押
交行包头支行	97.03.20	14.472%	500,000.00	抵押
交行包头支行	97.05.16	14.472%	500,000.00	抵押
交行包头支行	97.08.03	14.472%	650,000.00	抵押
包头市国有资产管理局	97.06.01	4.8%	106,872.32	抵押
中信兴业信托投资公司	97.06.11	18.6%	2,000,000.00	抵押
中信兴业信托投资公司	97.06.11	14.472%	1,000,000.00	抵押
工行包头青山区办事处	97.05.18	10.488%	2,000,000.00	抵押
工行包头青山区办事处	97.07.18	10.488%	4,000,000.00	抵押
工行包头青山区办事处	97.08.18	10.488%	3,000,000.00	抵押
工行包头青山区办事处	97.09.01	10.488%	3,000,000.00	抵押
工行包头青山区办事处	97.12.20	9.498%	1,500,000.00	抵押
工行包头青山区办事处	97.10.30	9.498%	1,490,000.00	抵押
工行包头青山区办事处	97.04.18	10.488%	228.632.84	抵押
长期负债:				
长期负债包头市财政局	97.12	9.6%	900,000.00	-
工行包头支行青山办	97.12	8.46%	3,004,400.00	-

内蒙古经委	97.09		500,000.00	-
包头市经济技术投资公司	97.11	9.6%	1,500,000.00	-
建行包头青山支行地产信贷部	97.12	10.08%	1,450,000.00	-
其他借款			2,005,000.00	抵押
公司债			0.00	
内部人员贷款			0.00	
合　计			54,295,906.16	

2. 除上述债项外,截止到1996年12月31日,本公司概无任何其他借款、债务、银行透支等债项。

3. 本公司无或有负债。

十二、主要固定资产

本公司主要固定资产为厂房、建筑物、机械设备、在建工程等,情况如下:

项目	帐面原值	帐面净值	重置全价	评估价值	增减额	增减率%
固定资产	6,246.68	3,742.61	9,018.31	5,733.53	1,990.92	53.20
机械设备	3,267.82	1,656.87	4,643.21	3,015.25	1,358.38	81.98
建筑物	2,423.25	1,608.07	3,767.73	2,214.27	606.20	37.70
车　辆	187.05	109.11	238.81	135.45	26.34	24.14
在建工程	368.56	368.56	368.56	368.56	0.00	-

十三、主要会计资料

(1)财务报表

根据大连中华会计师事务所对本公司1994年至1996年12月31日期间的财务会计资料的审计(详见附录:大连中华会计师事务所《包头黄河化工股份有限公司财务审计报告》),近三年主要财务会计资料摘录如下:

(2)主要会计政策

1. 会计制度:

依据《股份制试点企业会计制度》及其有关补充规定编制。

2. 会计年度:

本公司会计年度为公历年度,即公历每年一月一日起至十二月三十一日止。

3. 合并报表的编制方法:

对母公司拥有其半数以上权益性资本的被投资企业按权益法计算投资收益并编制合并会计报表,在编制合并报表时对内部投资、内部交易和资金往来等内部会计事项进行抵销,合并报表中的母公司与子公司所采用的会计制度一致。

4. 记帐原则和计价基础:

本公司记帐原则为权责发生制,各项资产在取得时按实际成本入帐。

5. 外币折算方法:

本公司以人民币为记帐本位币,会计年度内发生的非本位币经济业务均按当月一日中国人民银行公布的市场汇价的中间价(市场汇价)折合为人民币记帐,月份终了,货币性项目中的非本位币余额按当日市场汇价进行调整,由此产生的折合人民币差额,计入当期汇兑损益。

6. 坏帐准备:

年末按应收帐款余额的3‰计提坏帐准备,并计入当年度(期)损益类帐项。

7. 存货计价方法:

原材料入库按计划成本计价,领用与发出后月末分摊成本差异,产成品采用实际成本核算,发出采用加权平均法计价。低值易耗品采用一次摊销法核算。存货的盘点采用永续盘存制。

8. 长期投资核算方法:

(1)债券投资按实际成本核算,按权责发生制计算应计利息收入。

(2)股权投资和联营投资,股权比例在20%以下的按成本法核算,股权比例超过20%以上按权益法核算,并对股权比例50%以上(不含50%)的在年终编制合并会计报表。

9. 固定资产及其折旧:

本公司将使用年限在一年以上,单位价值在2000元以上的劳动资料作为固定资产。固定资产按历史成本或资产评估确认价值入帐,固定资产折旧采用直线法并按各类固定资产的原值和预计使用年限扣除残值(原值的3%)制定的折旧率。

10. 无形资产及其摊销:

本公司无形资产中土地使用权,按50年平均摊销。其他无形资产在受益期间或按10年平均摊销。

11. 收入实现的确认:

以产品已经发出或劳务已经提供,且收到价款或取得收取价款的凭据为标志确认营业收入的实现。

12. 税项:

(1)本公司及纳入合并范围的子公司适用的流转税及附加税税种税率如下:

税种	增值税	营业税	城建税	教育费附加
		按劳务收入的	按(应纳营业税额+应纳增值税额)的	(同城建税)
税率	17%	3%或5%	7%	3%

(2)母公司及子公司均是一般纳税人,按增值税的销项税扣除进项税后的余额缴纳增值税。

(3)母公司及合并范围的子公司所得税:1994年—1996年包头市财政局与本公司资产重组范围内的包头第一化工厂、包头第四化工厂、包头双环化工(集团)股份有限公司分别签订了经营承包合同书,确定在上述三个年度内每年缴纳的所得税分别为:

	1996年	1995年	1994年
包头第一化工厂	20万元	10万元	
包头第四化工厂	140万元	100万元	60万元
包头双环化工(集团)股份有限公司	35万元	25万元	15万元

经内蒙古自治区政府内政函字(1997)48号文批准,本公司自股票上市之日起,三年内所得税税率为15%。

13. 利润分配:

根据有关财务制度及法规,公司每年按净利润的10%提取法定公积金,按净利润的5%提取法定公益金。

(3)主要财务指标

财务指标	1996年	1995年
资产负债率(%)	68.98	82.63
流动比率	1.03	0.98
速动比率	0.79	0.73
存货周转率(次)	4.37	4.79
应收帐款周转率(次)	2.96	2.87
净资产收益率(%)	28.55	48.07
每股净资产(元)	1.54	
每股净利润(元)	0.44	

*1996年财务指标按评估后合并报表计算。

十四、资产评估的一般情况

本公司于本次公开发行股票前,委托内蒙古中华会计师事务所,对本公司发起人投入的各类资产进行评估,评估结果经国家国有资产管理局(1997)378号文予以确认。以下内容摘自内蒙古中华会计师事务所内中资评字(1997)第3号《资产评估报告》:(评估基准日为1996年12月31日)

单位:万元

项　目	帐面原值	帐面净值	重置全价	评估价值	增减额	增减率%

流动资产		13,284.43		13,621.21	336.78	2.54
长期投资		2,008.25		4,736.31	2,728.06	135.84
固定资产	6,246.68	3,742.61	9,018.31	5,733.53	1,990.92	53.20
机械设备	3,267.82	1,656.87	4,643.21	3,015.25	1,358.38	81.98
建筑物	2,423.25	1,608.07	3,767.73	2,214.27	606.20	37.70
车　辆	187.05	109.11	238.81	135.45	26.34	24.14
在建工程	368.56	368.56	368.56	368.56	0.00	—
资产总计		19,035.29		24,091.05	5,055.76	26.56
负债总计		14,222.97		14,222.97	0.00	—
净资产总计		4,812.32		9,868.08	5,055.76	105.06

十五、公司发展规划

1. 经营发展战略和目标

立足现有产品,积极调整产品结构,大力发展高技术含量的化工产品,形成多品种、多层次、系统化的产品格局,提高企业的市场抗风险能力和竞争能力,在继续保持现有地位的基础上,建设国内最大的电石生产基地,抓住国家经济发展战略西移和产品结构调整的历史机遇,依托自治区有关方针政策,扩大市场占有份额,使生产、经营能力达到合理的经济规模,成为国内重要的大型现代化工企业。

2. 市场发展规划

①围绕拳头产品,开发产品系列。本公司现有的苯酚、聚氯乙烯树脂和控股的双环公司的电石产品,在自治区内已形成品牌优势,在全国具有一定的知名度,电石在日本、东南亚等国已占据稳定的市场份额。"九五"期间,本公司将充分利用现有产品的质量优势,积极发展新的优质产品和品牌,形成一系列拳头产品。

②以现有产品为基础,加强产品的深加工,重点发展硫酸盐和苯酚系列产品。

③以"三废"为原料,大搞综合利用,回收电石废料,用作公路建筑材料和建筑装饰材料。

④配合自治区或周边地区的化工或其它相关行业的发展,开发市场前景好的配套产品。

3. 生产经营和销售计划

本公司计划到本世纪末,生产销售烧碱5万吨、苯酚1万吨、聚氯乙烯树脂3万吨、电石8万吨(其中出口5万吨)、水杨酸0.1万吨、硫酸钾0.1万吨、石灰氮2万吨、双氰胺0.2万吨。销售收入达到172,500万元,利税29,425万元,出口创汇1600万美元。

4. 投资计划

本公司本次募股资金运用项目投产后,将大大增强本公司的经济规模和经营实力,提高现有拳头产品的市场优势。"九五"期间,公司将依据届时形成的优势,投资于市场前景好的项目,大力发展电石、烧碱、苯酚等产品的深加工产品,提高产品的附加值,增强竞争能力。

5. 资金筹措和运用计划

公司将在现有融资渠道的基础上,通过合资、控股、参股、联营等多种方式,增强企业的融资能力,为企业的快速发展提供可靠的资金保障。适时涉足相关行业,实行一业为主、多元发展的经营策略,使资金运用得到最佳回报。

6. 人才计划

"人才为本"是公司的一贯理念。公司将进一步加强对现有技术人员的技术培训和职工的岗位培训,充分发挥员工的潜能,提高在职人员的技能和管理水平,使职工的整体素质和技术更新、管理升级保持同步。同时,公司将适时引进高素质、具有敬业精神的员工,以适应本公司不断发展的需要。

十六、重要合同及重大诉讼事项

截止本招股说明书刊登之日止本公司已订立的主要合同如下:

1. 借款合同

1996年10月7日,本公司与中国工商银行包头昆区办事处签订流动资金借款合同,合同标的额为1500万元,系担保贷款。

1996年6月8日,本公司与工商银行青山支行签订短期借款合同,标的额为2236万元,系抵押贷款。

1996年6月30日,本公司控股子公司包头双环化工(集团)股份有限公司与工商银行包头市昆区办事处签订短期借款合同,标的额为4000万元,系抵押贷款。

2. 购销合同

1996年10月31日,公司与兰州兰叶精细化工厂签订购销合同。标的额为5040000元,合同期限为1996年10月31日到1997年12月31日,到期合同将续签。

1997年1月16日,本公司与伊克昭盟化工设计院签订购销合同,标的额为5910000元,合同期限为1997年1月16日到1997年12月31日。

3. 其它重要合同

1997年3月29日,本公司与集团公司签订《重组协议》。

1997年3月1日,本公司与包头市规划土地管理局签订《土地租赁合同》。

1997年3月29日,本公司与集团公司签订《综合服务协议》。

1997年3月29日,本公司与光大证券有限责任公司签订《股票承销协议》。

1997年4月18日,本公司与集团公司签订《收购协议》。

本公司及各成员公司概无涉及任何重大诉讼或仲裁,据本公司筹委会全体成员所知,本公司亦无任何尚未了结或可能被控之重大诉讼或索赔要求。

十七、备查文件

1. 内蒙古自治区人民政府同意设立本公司的批准文件
2. 中国证监会的复审意见书
3. 辅导工作报告
4. 内蒙古自治区证监会关于辅导工作的验收报告
5. 招股说明书
6. 承销协议
7. 上市承诺书
8. 国家国有资产管理局关于本公司资产评估立项的批复
9. 国家国有资产管理局关于本公司资产评估结果的确认批复
10. 公司资产重组方案
11. 审计报告
12. 资产评估报告
13. 重要合同
14. 中国证监会要求的其他文件

查阅地点:包头市火车站南两公里本公司办公室

查阅期间:1997年6月10日至1997年6月25日

查阅电话:(0472)5156611

包头黄河化工股份有限公司(筹)

一九九七年六月十日

合并资产负债表

编制单位:包头黄河化工股份有限公司(筹)　　1996 年度　　单位:人民币元

项目	注释	1996.12.31	1995.12.31	1994.12.31	项目	注释	1996.12.31	1995.12.31	1994.12.31
资产	1				负债及所有者权益	41			
流动资产	2				流动负债:	42			
货币资金	3	8600450.55	7341810.12	9040139.85	短期借款	43	46851505.16	62046444.79	70537443.97
短期投资	4				应付票据	44	1237141.54	1100000.00	
应收票据	5				应付帐款	45	48220685.61	45068882.92	37700888.33
应收帐款	6	88620815.46	69392661.46	80887403.53	预收帐款	46	5732239.53	6985456.50	3523990.37
减:坏帐准备	7	31776.86	208177.98	242662.21	应付福利费	47	1528931.19	-506129.49	-624115.27
应收帐款净额	8	88589038.60	69184483.48	80644741.32	应付工资	48	154998.55	11186951.22	10147307.45
预付帐款	9	13037812.09	14456945.96	4880691.66	未付股利	49			
其他应收款	10	33820605.29	29153503.15	22978059.41	未付利润	50	50101027.95	27119756.23	12464634.92
待摊费用	11	2090727.46	3126193.45	3998940.41	未交税金	51	586391.66	966976.44	131804.79
存货	12	42583224.15	40338822.86	24561665.23	其他未交款	52	408121.38	321597.60	303327.21
待处理流动资产净损失	13				其他应付款	53	20254900.71	13298540.03	16093917.98
一年内到期的长期债券投资	14				预提费用	54	9616.95	198998.55	1706690.10
其他流动资产	15				一年内到期的长期负债	55	7354400.00		
流动资产合计	16	188721858.14	163601759.02	146104237.88	其他流动负债	56			
长期投资:	17				流动负债合计	57	182439960.23	167787474.79	151985889.85
长期投资	18	36004173.44	3260780.56	3372112.99	长期负债:	58			
其中:合并差价	19	32186277.85			长期借款	59	8178466.34	13222866.34	7928866.34
固定资产:	20				应付债券	60			
固定资产原价	21	129072036.45	77912086.24	70387966.33	长期应付款	61	3238750.00	2498750.00	2548750.00
减:累计折旧	22	51069048.56	29310571.13	21426643.85	其他长期负债	62	16009008.36	3084012.09	5066924.16
固定资产净值	23	78002987.89	48601515.11	48961322.48	长期负债合计	63	27426224.70	18805628.43	15544540.50
在建工程	24	4097338.73	4259628.78	1488153.92	待转销汇兑损益	64		52612.08	52612.08
固定资产清理	25				递延税项:	65			
待处理固定资产净损失	26				递延税贷款项	66			
固定资产合计	27	82100326.62	52861143.89	50449476.40	负债合计	67	209866184.93	186645715.30	167583042.43
无形资产及递延资产:	28				少数股东权益	68	9544971.40	4493504.14	4404407.60
无形资产	29	11255020.94	11458230.94	11709565.79	股东权益:	69			
递延资产	30	10590.82	127376.32	121623.12	股本	70	64200000.00	31920652.84	34804737.70
无形资产及递延资产合计	31	11265611.76	11585607.26	11831188.91	资本公积	71	34480813.63		733477.76
其他资产:	32				盈余公积	72		8249418.45	4231350.69
其他长期资产	33				其中:公益金	73		2593952.53	1014313.01
递延税项:	34				未分配利润	74			
递延税款借项	35				外币报表折算差额	75			
					股东权益合计	76	98680813.63	40170071.29	39769566.15
资产总计	40	318091969.96	231309290.73	211757016.18	负债与股东权益总计	77	318091969.96	231309290.73	211757016.18

合并利润表(1996 年度)

编制单位:包头黄河化工股份有限公司(筹)　　金额单位:人民币元

项　　目	注释	1996 年	1995 年	1994 年
一、主营业务收入	1	233682288.57	215682858.23	190174202.80
减:营业成本	2	181018987.15	155549684.81	143447879.14
销售费用	3	4809286.41	5316632.89	9465224.79
管理费用	4	19896885.38	31173423.56	26186848.96
财务费用	5	7469651.03	7344597.66	8442595.88
进货费用	6			
营业税金及附加	7	1392658.85	1128449.27	1030468.40
二、主营业务利润	8	19094819.75	15170070.04	1601185.63
加:其他业务利润	9	3408867.95	4126116.69	1820187.21
三、营业利润	10	22503687.70	19296186.73	3421372.84
加:投资收益	11	273109.81	125797.62	61961.00
补贴收入	12	2765365.97	3004350.08	10501440.91

项　　　目	注释	1996 年	1995 年	1994 年
营业外收入	13	7204175.40	332079.66	1348091.85
减:营业外支出	14	1053801.11	933487.94	890115.91
加:以前年度损益调整	15			2038238.75
四、利润总额	16	31692537.77	21824926.15	16480989.44
减:所得税	17	2040094.18	1409283.02	750000.00
少数股东损益	18	1479137.32	1104424.95	177110.04
五、净利润	19	28173306.27	19311218.18	15553879.40

合并财务状况变动表

编制单位:包头黄河化工股份有限公司(筹)　　1996 年度　　单位;人民币元

流动资金和来源和运用	行次	金额	流动资金各项目的变动	行次	金额
一、流动资金来源:			一、流动资产本年增加数:		
1. 本年净利润	1	28173306.27	1. 货币资金	41	1258640.43
加:不减少流动资金的费用和损失:			2. 短期投资	42	
(1)少数股东本期损益(根损以"-"号表示)	2	1479137.32	3. 应收票据	43	
(2)固定资产折旧	3	13951392.14	4. 应收帐款净额	44	19404555.12
(3)无形资产、递延资产及其他资产摊销(减其他负债转销)	4	319995.50	5. 预付货款	45	-1419133.87
			6. 其他应收款	46	4667102.14
(4)固定资产盘亏(减盘盈)	5		7. 待摊费用	47	-1035465.99
(5)清理固定资产损失(减收益)	6		8. 存货	48	2244401.29
(6)递延税款	7		9. 待处理流动资产净损失(减收益)	49	
(7)其他不减少流动资金的费用和损失	8		10. 一年内到期的长期债券投资	50	
			11. 其他流动资产	51	
小计	10	43923831.23			
2. 其他来源:					
(1)固定资产清理收入(减清理费用)	11				
(2)增加长期负债	12	8620596.27			
(3)收回长期投资	13				
(4)对外投资转出固定资产	14				
(5)对外投资转出无形资产	15				
(6)资本净增加额	16	56770019.54			
(7)少数股东资本净增加额	17	5051467.26			
(8)待转销汇兑损益	18	-52612.08			
小计	19	70389470.99			
			流动资产增加净额	60	25120099.12
流动资金来源合计	20	114313302.22	二、流动负债本年增加数:		
二、流动资金运用:			1. 短期借款	61	-15194939.63
1. 利润分配:			2. 应付票据	62	137141.54
(1)提取法定公积金	21	3033464.35	3. 应付帐款	63	3151802.69
(2)提取法定公益金	22	1516732.18	4. 预收货款	64	-1253216.97
(3)提取任意公积金	23		5. 应付福利费	65	2035060.68
(4)已分配股利	24	21882386.94	6. 未付股利	66	22981271.72
			7. 未交税金	67	-380584.78
小计	25	26432583.47	8. 其他未交款	68	86523.78
			9. 其他应付款	69	6956360.68
2. 少数股东利润分配	26	1479137.32	10. 预提费用	70	-189381.60
3. 其他运用:			11. 一年内到期的长期负债	71	7354400.00
(1)固定资产和在建工程净增加额	27	43190574.87	12. 其他流动负债	72	
(2)增加无形资产、递延资产及其他资产	28		13. 应付工资	73	-11031952.67
(3)偿还长期负债	29				
(4)增加长期投资	30	32743392.88			
小计	31	75933967.75			
流动资金运用合计	32	103845688.54			
外币会计报表折算差额	33		流动负债增加净额	79	14652485.44
流动资金增加净额	34	10467613.68	流动资金增加净额	80	10467613.68

包头黄河化工股份有限公司股票上市公告书

一、要　　览

总股本:	10,120 万股
可流通股份:	3,700 万股
本次上市流通股份:	3,330 万股
证券简称:	黄河化工
证券代码:	600091
上市地点:	上海证券交易所
上市日期:	1997 年 7 月 4 日
股票登记机构:	上海证券中央登记结算公司
上市推荐人:	湖北证券公司

二、绪　　言

本上市公告书是根据《中华人民共和国公司法》、《股票发行与交易管理暂行条例》、《公开发行股票公司信息披露实施细则(试行)》、《上海证券交易所市场业务试行规则》以及国家其他有关证券管理的规定编写,旨在向投资者提供本公司基本情况及有关资料。

经中国证券监督管理委员会证监发字[1997]313 号和证监发字[1997]314 号文件批准,股票上市申请经上海证券交易所[上证发(1997)062 号文]审核批准,本公司股票将于 1997 年 7 月 4 日在上海证券交易所挂牌交易。

本公司总股本为 10,120 万股,可流通股本 3,700 万股,本次上市流通股为 3,330 万股,均为 1997 年 6 月 13 日至 6 月 25 日向社会公开发行的人民币普通股,公司职工股 370 万股预计将于本次发行股票上市半年以后上市。本公司于 1997 年 6 月 10 日在《上海证券报》、6 月 11 日在《中国证券报》、《内蒙古日报》和《包头日报》上刊登了《招股说明书(概要)》,距今不足 6 个月,故与其相重复的内容在此不再赘述,敬请投资者查阅本公司的《招股说明书(概要)》。

本公司董事会及各位董事确信本公告书未遗漏任何重大事项,亦不存在任何误导,并愿就本公告书及相关资料的准确性、完整性、真实性负连带及个别责任。

三、公司概况

(一)公司发起人简介

1. 公司名称:包头化工集团总公司
2. 注册地址:东河区工业大厦
3. 法定代表人:樊明
4. 注册资金:2.3 亿元
5. 成立日期:1994 年 6 月 8 日
6. 经营范围:主营烧碱、PVC 树脂、盐酸、硫酸、苯酚、氢氟酸、电石、溶解乙炔、塑料制品。兼营工业凡士林、医药凡士林、润滑油、电解糊、化工包装、化工产品、机械加工、汽车运输、房屋修建、装潢。
7. 所属行业:工业(化学)
8. 联系电话:(0472)4141631

(二)发行人历史沿革

1. 公司名称:包头黄河化工股份有限公司
2. 英文名称:BAOTOU YELLOW RIVER CHEMISTRY CO., LTD
3. 注册地址:包头市火车站南两公里处
4. 法定代表人:杜耀
5. 经营范围:主营烧碱、聚氯乙烯树脂、硫酸、盐酸、苯酚、氢氟酸、无水氟化氢、液氯、电石、溶解乙炔等化工产品的生产和销售,兼营化工产品的研制和开发、炉料产品的生产加工、化工包装、机械加工、汽车运输、房屋修建、装饰装潢、百货、建筑材料、装饰材料、钢材、木材、电器机械及器材、普通机械、技术服务。
6. 所属行业:工业(化学)
7. 联系电话:(0472)5156611
8. 联系人:许汉章　贾信民

包头黄河化工股份有限公司(以下简称"股份公司")是经内蒙古自治区人民政府政股改批字(1997)18 号文批准,由包头化工集团总公司(以下简称"集团总公司")作为独家发起人,以其所属的包头市第一化工厂、包头市第四化工厂的部分经营性资产和其持有的包头双环化工(集团)股份有限公司的 84.77%权益进行资产重组,通过募集方式设立的股份有限公司。

经内蒙古中华会计师事务所评估和国家国有资产管理局国资评(1997)378 号文确认,截至 1996 年 12 月 31 日,集团总公司投入股份公司的净资产为 9,868 万元,按 1:0.65 的比例折成国有法人股 6,420 万股,由集团公司持有该股权,溢价部分 3,448 万元计入资本公积金。

股份公司 1997 年 6 月 13 日向社会公开发行了 3,330 万股(面值 1 元)人民币普通股,同时,向公司内部职工发售公司职工股 370 万股(面值 1 元),每股发行价 5.28 元。公司于 1997 年 6 月 25 日召开创立大会宣布公司设立,且于 1997 年 6 月 26 日办理了工商注册登记。设立后的股份公司总股本为 10,120 万股,集团总公司作为独家发起人,以 63.44%的比例控股。

四、股票发行及承销

1. 股票公开发行

社会公众股发行数量:3,700 万股

其中:公司职工股:370 万股

发行价格:5.28 元/股

募集资金总额:195,360,000 元

发行方式:上网定价发行

配售比例:1,37046907%

配售户数:282813

持有 1,000 股以上的户数:33,602 户

发行费用总额:9,384,000 元

每股发行费用:0.2536 元

发行市盈率:16 倍

2. 股票承销

本次发行为超额认购,故无余额由承销团包销。

3. 验资报告:

包头黄河化工股份有限公司(筹):

我们接受委托,对包头黄河化工股份有限公司(筹)截至 1997 年 6 月 25 日止的实收股本的真实性和合法性进行了审验。在审验过程中,我们按照《独立审计实务公告第 1 号—验资》的要求,实施了必要的审验程序。包头黄河化工股份有限公司(筹)的责任是提供真实、合法、完整的验资资料,保护资产的安全、完整。我们的责任是按照《独立审计实务公告第 1 号—验资》的要求,出具真实、合法的验资报告。

包头黄河化工股份有限公司(筹)的申请注册资本为 101200000.00 元。根据我们的审验,截至 1997 年 6 月 25 日止,包头黄河化工股份有限公司(筹)已收到各股东投入的资本贰亿捌仟肆佰陆拾伍万陆千捌佰壹拾叁元陆角叁分(人民币 284656813.63 元),其中发起人投入的资本为 98680813.63 元,向社会募集的资本为 185976000.00 元(其中已经扣除发行费用预算 9384000 元)。投入的资本中包括股本 101200000.00 元,资本公积 183456813.63 元。

发起人投入的资产尚未办理财产转移手续,但已获得投资者的保证以及被审验单位的确认。该审验单位尚未对投入的资本及其相关的资产、负债进行会计处理。

附件一:投入股本明细表

附件二:验资几项说明

大连中华会计师事务所　　中国注册会计师　　隋国军

地址:中国·大连　　中国注册会计师　　佟贵寿

1997 年 6 月 25 日

五、董事、监事和高级管理人员持股情况

序号	姓名	职务	持股数(股)	持股比例(%)
1	杜　耀	董事长	3500	0.0035
2	于生文	副董事长、总经理	3500	0.0035
3	姚卫华	副董事长、副总经理	0	0
4	潘　富	董事、副总经理	2000	0.0020
5	孟志远	董　事	2800	0.0029
6	王有远	董　事	2000	0.0020
7	贾信民	董　事	3000	0.0036
8	杨建国	董　事	3000	0.0030
9	沙木嘎	董　事	2000	0.0020
10	石玉柱	监事会主席	2000	0.0020
11	宋吉福	监　事	3000	0.0030
12	张鹤云	监　事	2000	0.0030
13	王希平	监　事	2000	0.0020
14	赵建国	监　事	1270	0.0013
15	郝拴珍	副总经理	2000	0.0020
16	许汉章	副总经理兼董事会秘书	3000	0.0030
17	张士学	副总经理	3000	0.0030
18	尚广增	副总经理	2000	0.0020

六、公司设立

1. 公司于 1997 年 6 月 25 日召开了创立大会暨第一届股东大会,审议并通过了本次向社会公开发行的 3,700 万股股票在上海证券交易所申请上市交易的决议,并责成董事会做好各项准备工作。

2. 公司注册资金:10,120 万元

3. 公司注册登记时间:1997 年 6 月 26 日

4. 公司注册地点:内蒙古呼河浩特市

5. 营业执照注册号码:11412481—0—1:1

七、关联企业和关联交易

(一)关联企业

1. 集团公司。本公司设立后,发起人包头化工集团总公司作为本公司的独家发起人,持有本公司 63.44% 的股权,为本公司控股股东。集团公司是一家从事基础化工原料、橡胶、塑料制品等产品生产销售的综合性化工企业集团,注册资本 23,000 万元,现有资产规模 61,287 万元,负债总额 28,908 万元。

2. 包头双环化工(集团)股份有限公司。本公司成立后,持有双环化工(集团)股份有限公司 84.77% 的权益,成为其控股股东。双环公司注册资本 2,094 万元,目前主要从事电石、溶解乙炔的生产和销售,是国内最大的电石出口企业,产品大量出口国外。双环公司是本公司重要的利润来源之一。

(二)关联交易

本公司设立后,包头化工集团总公司将持有本公司 63.44% 的股权,成为本公司的最大股东。为避免本公司与集团公司的同业竞争和关联交易,集体公司已与本公司签订《收购协议》,并向本公司筹委会作出下述承诺:

1. 由于集团公司下属的包头市氯碱化工厂在产品方面与本公司存在同业竞争,准予本公司成立后,以 4,500 万元的价格收购包头市氯碱化工厂的离子膜烧碱生产线;

2. 集团公司下属的其它企业与本公司不构成同业竞争,将来也不会从事对本公司产品的生产和销售形成竞争的业务和活动。

3. 集团公司与本公司之间产生关联交易或共同投资项目时,均遵照国家有关政策规定,本着平等互利的原则,按照市场价格签订经济合同执行;集团公司将不会利用其控股地位,损害、侵占本公司的财产和收益。

4. 本公司成立后,将拥有独立的财务核算体系、完整的生产、经营和管理体系和独立的生产经营环境。

集团公司还与本公司达成如下协议:

鉴于本公司与集团公司在医院、食堂等的使用方面存在关联交易,双方就此问题于 1997 年 3 月 29 日签订了《综合服务协议》。根据该协议,本公司将有偿使用属于集团公司的这部分资产。

八、股本结构及大股东持股情况

(一)上市前的股本结构

股份类别	数量(万股)	占总股本比例(%)
尚未流通股份	6,420	63.44
国有法人持股	6,420	63.44
可流通股份	3,700	36.56
社会公众持股	3,700	36.56
其中:公司职工持股	370	3.656
合计	10,120	100.00

(二)前十名股东所持股数及比例

股东名称	持有股数	持股比例(%)
1. 包头化工集团总公司	64200000	63.44
2. 樊明	4000	0.0039
3. 杜耀	3500	0.0035
4. 于生文	3500	0.0035
5. 贾信民	3000	0.0030
6. 杨建国	3000	0.0030
7. 宋吉福	3000	0.0030
8. 许汉章	3000	0.0030
9. 张士学	3000	0.0030
10. 孟志远	2800	0.0029

九、公司财务会计资料

(一)审计报告

包头黄河化工股份有限公司(筹):

我们接受委托,审计了贵公司编制的 1994 年 12 月 31 日、1995 年 12 月 31 日、1996 年 12 月 31 日母公司及合并的资产负债表,1994 年度、1995 年度、1996 年度母公司及合并的损益表,1996 年度母公司及合并的财务状况变动表。这些会计报表由贵公司负责,我们的责任是对这些会计报表发表审计意见。我们的审计是依据《中国注册会计师独立审计准则》进行的。在审计过程中,我们结合贵公司实际情况,实施了包括抽查会计记录等我们认为必要的审计程序。

我们认为,贵公司上述会计报表的编制符合《企业会计准则》和《股份制试点企业会计制度》的有关规定,在所有重大方面公允地反映了母公司及合并的 1994 年 12 月 31 日、1995 年 12 月 31 日、1996 年 12 月 31 日财务状况及 1994 年度、1995 年度、1996 年度的经营成果和 1996 年度的资金变动情况,会计处理方法的选用遵循了一贯性原则。

大连中华会计师事务所　　中国注册会计师　隋国军

地址:中国·大连　　中国注册会计师　张春梅

一九九七年四月二十八日

(二)资产负债表、利润表、财务状况变动表详见附表

(三)主要会计政策

1. 会计制度:

依据《股份制试点企业会计制度》及其有关补充规定编制。

2. 会计期间:

本公司会计年度为公历年度,自公历每年1月1日起至12月31日止。

3. 合并报表的编制方法:

对母公司拥有其半数以上权益性资本的被投资企业按权益法计算投资收益并编制合并会计报表,在编制合并报表时对内部投资、内部交易和资金往来等内部会计事项进行抵销,合并报表中的母公司与子公司所采用的会计制度一致。

4. 记帐原则和计价基础:

本公司计帐原则为权责发生制原则,各项资产在取得时按实际成本入帐。

5. 外币折算方法:

本公司以人民币为记帐本位币,会计年度内发生的非本位币经济业务均按当月一日中国人民银行公布的市场汇价的中间价(市场汇价)折合为人民币记帐,月份终了,货币性项目中的非本位币余额按当日市场汇价进行调整,由此产生的折合人民币差额,计入当期汇兑损益。

6. 坏帐准备:

年末按应收帐款余额的3%计提坏帐准备,并计入当年度(期)损益类帐项。

7. 存货计价方法:

原材料入库按计划成本计价,领用与发出后月末分摊成本差异;产成品采用实际成本核算,发出采用加权平均法计价;低值易耗品采用一次摊销法核算;存货的盘点采用永续盘存制。

8. 长期投资核算方法:

1)债券投资按实际成本核算,按权责发生制计算应计利息收入;

2)股权投资和联营投资,股权比例在20%以下的按成本法核算,股权比例在20%以上的按权益法核算,并对股权比例在50%以上(不含50%)的在年终编制合并会计报表。

9. 固定资产其折旧:

本公司将使用年限在一年以上,单位价值在2000元以上的劳动资料作为固定资产。固定资产按历史成本或资产评估确认价值入帐,固定资产折旧采用直线法并按各类固定资产的原值和预计使用年限扣除残值(原值的3%)制定的折旧率。分类折旧率如下:

类 别	使用年限	年折旧率(%)
房屋、建筑物	20-30年	4.85-3.23
通用设备	7-10年	13.86-9.70
专用设备	7-14年	13.86-6.93
运输设备	6-12年	16.17-8.08
其他设备	5-14年	19.40-6.93

10. 无形资产及其摊销:

本公司无形资产中土地使用权,按50年平均摊销。其他无形资产在受益期间或按10年平均摊销。

11. 收入实现的确认:

以产品已经发出或劳务已经提供,且收到价款中或取得收取价款的凭据为标志确认营业收入的实现。

12. 税项

1)本公司及纳入合并范围的子公司适用的流转税及附加税税种税率如下:

税种	增值税	营业税	城建税	教育费附加
		按劳务收入的	按(应纳营业税额+应纳增值税)的	(同城建税)
税率	17%	3%或5%	7%	3%

2)母公司及子公司均是一般纳税人,按增值税的销项税扣除进项税后的余额缴纳增值税。

3)母公司及合并范围内的子公司所得税:1994—1996年包头市财政局与本公司资产重组范围内的包头第一化工厂、包头第四化工厂、包头双环化工(集团)股份有限公司分别签订了经营承包合同书,确定在上述三个年度内每年缴纳的所得税分别为:

	1996年	1995年	1994年
包头市第一化工厂	20万元	10万元	-
包头市第四化工厂	140万元	100万元	60万元
包头双环化工(集团)股份有限公司	35万元	25万元	15万元

经内蒙古自治区人民政府内政函(1997)48号文批准包头黄河化工股份有限公司成立后,自股票上市之日起三年内按15%上缴所得税。

13. 利润分配:

根据有关财务制度及法规,公司每年按净利润的10%提取法定公积金,5%提取法定公益金。

14. 资产负债表主要项目注释

1)"应收帐款"、"其他应收款"中无5%以上股份股东的欠款。

2)长期投资包含有股权投资、债券投资、联营投资及合并价差等明细项目

15. 有关公司的其他财务会计资料(包括会计报表)详见已刊登的《招股说明书(概要)》。

(四)财务分析指标

财务指标	1996年
净资产率(%)	31.02
流动比率	1.03
速动比率	0.79
存货周转率(次)	4.37
应收帐款周转率(次)	2.96
净资产收益率(%)	28.55
每股净资产(元)	1.54
每股净收益(元)	0.44

注:1996年财务指标按评估后合并报表计算。

十、董事会上市承诺

本公司董事会将严格遵守《公司法》、《股票发行与交易管理暂行条例》、《公开发行股票公司信息披露实施细则》、《上海证券交易所交易规则》和有关法律、法规的规定,并自股票上市之日起作出如下承诺:

1. 按照法律、法规的规定程序和要求披露重大的信息,并接受证券主管机关、上海证券交易所的监督管理。

2. 及时、真实、准确地公布中期报告和年度报告,并备置于规定场所供投资者公众查阅。

3. 本公司董事、监事及高级管理人员如发生人事变动或持本公司股票发生变化时,在报告证券主管机关、证券交易所的同时向投资者公布。

4. 在任何公共传播媒介中出现的消息可能对本公司股票的市场价格产生误导性影响时,本公司知悉后将及时对该消息予以公开澄清。

5. 本公司董事、监事及高级管理人员将认真听取社会公众的意见和批评,不利用已获得的内幕消息和其他不正当手段直接或间接从事股票买卖活动。

6. 本公司没有无记录负债。

十一、重要事项揭示

1.1997年度盈利预测

经大连中华会计师事务所审核,1997年公司预测净利润3593.97万元(15%所得税税赋),按33%所得税赋预测净利润2832.90万元。

2. 股利分配

本公司分配股利于年终决算后进行,一般每年派发一次年度股利,年度股利在每一会计年度结束后的六个月内分配。凡购买本次发行股票的投资者不参与1996年利润分配,但参与1997年全年股利分配。

本公司分派股利时,按有关法律和法规代扣、代缴股东股利收入的应纳税金。

3. 本公司自本次股票发行至挂牌上市日无任何法律诉讼案件。

十二、咨询机构

1. 上市公司:包头黄河化工股份有限公司
地　　址:包头市火车站南两公里处
电　　话:(0472)5156611
传　　真:(0472)5156247
联 系 人:许汉章　贾信民
2. 上市推荐人:湖北证券公司
法定代表人:陈浩武
地　　址:武汉市武昌彭刘杨路232号
电　　话:(027)7807038
传　　真:(027)7807038
联 系 人:陈彩萍

十二、备查文件

1. 上海证券交易所上市通知
2. 验资报告
3. 招股说明书
4. 中国证监会关于本公司公开发行股票的批准文件
5. 上市推荐书

包头黄河化工股份有限公司
一九九七年六月二十六日

合并资产负债表

附表一:　　　　单位:人民币元

项　　目	1996年12月31日	1995年12月31日	1994年12月31日
流动资产			
货币资金	8,600,450.55	7,341,810.12	9,040,139.85
短期投资			
应收帐款	88,620,815.46	69,392,661.46	80,887,403.53
减:坏帐准备	31,776.86	208,177.98	242,662.21
应收帐款净额	88,589,038.60	69,184,483.48	80,644,741.32
预付货款	13,037,812.09	14,456,945.96	4,880,691.66
其他应收款	33,820,605.29	29,153,503.15	22,978,059.41
待摊费用	2,090,727.46	3,126,193.45	3,998,940.41
存货	42,583,224.15	40,338,822.86	24,561,665.23
流动资产合计	188,721,858.14	163,601,759.02	146,104,237.88
长期投资:			
长期投资	36,004,173.44	3,260,780.56	3,372,112.99
其中:合并差价	32,186,277.85		
固定资产			
固定资产原价	129,072,036.45	77,912,086.24	70,387,966.33
减:累计折旧	51,069,048.56	29,310,571.13	21,426,643.85
固定资产净值	78,002,987.89	48,601,515.11	48,961,322.48
在建工程	4,097,338.73	4,259,628.78	1,488,153.92
固定资产合计	82,100,326.62	52,861,143.89	50,449,476.40
无形资产及递延资产:			
无形资产	11,255,020.94	11,458,230.94	11,709,565.79
递延资产	10,590.82	127,376.32	121,623.12
无形资产及递延资产合计	11,265,611.76	11,585,607.26	11,831,188.91
资产总计	318,091,969.96	231,309,290.73	211,757,016.18
流动负债:			
短期借款	46,851,505.16	62,046,444.79	70,537,443.97
应付票据	1,237,141.54	1,100,000.00	
应付帐款	48,220,685.61	45,068,882.92	37,700,888.38
预收货款	5,732,239.53	6,985,456.50	3,523,990.37
应付福利费	1,528,931.19	-506,129.49	-624,115.27
应付工资	154,998.55	11,186,951.22	10,147,307.45
未付利润	50,101,027.95	27,119,756.23	12,464,634.92
未交税金	586,391.66	966,976.44	131,804.79
其他未交款	408,121.38	321,597.60	303,327.21
其他应付款	20,254,900.71	13,298,540.03	16,093,917.98
预提费用	9,616.95	198,998.55	1,706,690.10
一年内到期的长期负债	7,354,400.00		
流动负债合计	182,439,960.23	167,787,474.79	151,985,889.85
长期负债:			
长期借款	8,178,466.34	132,222,866.34	7,928,866.34

项　　目	1996年12月31日	1995年12月31日	1994年12月31日
长期应付款	3,238,750.00	2,498,750.00	2,548,750.00
其他长期负债	16,009,008.36	3,084,012.09	5,066,924.16
长期负债合计	27,426,224.70	18,805,628.43	15,544,540.50
负债合计	209,866,184.93	186,645,715.30	167,583,042.43
少数股东权益:	9,544,971.40	4,493,504.14	4,404,407.60
股本	64,200,000.00	31,920,652.84	34,804,737.70
资本公积	34,480,813.63		733,477.76
盈余公积		8,249,418.45	4,231,350.69
其中:公益金		2,593,952.53	1,014,313.01
股东权益合计	98,680,813.63	40,170,071.29	39,769,566.15
负债与股东权益总计	318,091,969.96	231,309,290.73	211,757,016.18

合并利润表

附表二:　　　　单位:人民币元

项目	1996年度	1995年度	1994年度
一、主营业务收入	233,682,288.57	215,682,858.23	190,174,202.80
减:营业成本	181,018,987.15	155,549,684.81	143,447,879.14
销售费用	4,809,286.41	5,316,632.89	9,465,224.79
管理费用	19,896,885.38	31,173,423.56	26,186,848.96
财务费用	7,469,651.03	7,344,597.66	8,442,595.88
营业税金及附加	1,392,658.85	1,128,449.27	1,030,468.40
二、主营业务利润	19,094,819.75	15,170,070.04	1,601,185.63
加:其他业务利润	3,408,867.95	4,126,116.69	1,820,187.21
三、营业利润	22,503,687.70	19,296,186.73	3,421,372.84
加:投资收益	273,109.81	125,797.62	61,961.00
补贴收入	2,765,365.97	3,004,350.08	10,501,440.91
营业外收入	7,204,175.40	332,079.66	1,348,091.85
减:营业外支出	1,053,801.11	933,487.94	890,115.91
加:以前年度损益调整			2,038,238.75
四、利润总额	31,692,537.77	21,824,926.15	16,480,989.44
减:所得税	2,040,094.18	1,409,283.02	750,000.00
少数股东损益	1,479,137.32	1,104,424.95	177,100.04
五、净利润	28,173,306.27	19,311,218.18	15,553,879.40

合并财务状况变动表

附表三:　　　　1996年度　　　　单位:人民币元

流动资金的来源和运用		金额
一、流动资金来源		
1.本年净利润		28,173,306.27
加:不减少流动资金的费用和损失		
(1)少数股东本期损益(亏损以"-"号表示)		1,479,137.32
(2)固定资产折旧		13,951,392.14
(3)无形资产、递延资产及其他资产摊销(减其他负债转销)		319,995.50
(4)固定资产盘亏(减盘盈)		
(5)清理固定资产损失(减收益)		
(6)递延税款		
(7)其他不减少流动资金的费用损失		
小　计		43,923,831.23
2.其他来源		
(1)固定资产清理收入(减清理费用)		
(2)增加长期负债		8,620,596.27
(3)收回长期投资		
(4)对外投资转出固定资产		
(5)对外投资转出无形资产		

流动资金的来源和运用	金额
(6)资本净增加额	56,770,019.54
(7)少数股东资本净增加额	5,051,467.26
(8)待转销汇兑损益	-52,612.08
小　计	70,389,470.99
流动资金来源合计	114,313,302.22
二、流动资金运用	
1. 利润分配	
(1)提取法定公积金	3,033,464.35
(2)提取法定公益金	1,516,732.18
(3)提取任意公积金	
(4)已分配股利	21,882,386.94
小　计	26,432,583.47
2. 少数股东利润分配	1,479,137.32
3. 其他运用	
(1)固定资产和在建工程净增加额	43,190,574.87
(2)增加无形资产、递延资产及其他资产	
(3)偿还长期负债	
(4)增加长期投资	32,743,392.88
小　计	75,933,967.75
流动资金运用合计	103,845,688.54
外币会计报表折算差额	
流动资金增加净额	10,467,613.68
流动资金各项目的变动	
一、流动资产本年增加数	
1. 货币资金	1,258,640.43
2. 短期投资	
3. 短期票据	
4. 应收帐款净额	19,404,555.12
5. 预付货款	-1,419,133.87
6. 其他应收款	4,667,102.14
7. 待摊费用	-1,035,465.99
8. 存货	2,244,401.29
9. 待处理流动资产净损失(减收益)	
10. 一年内到期的长期债券投资	
11. 其他流动资产	
流动资产增加净额	25,120,099.12
二、流动负债本年增加数	
1. 短期借款	-15,194,939.63
2. 应付票据	137,141.54
3. 应付帐款	3,151,802.69
4. 预收货款	-1,253,216.97
5. 应付福利费	2,035,060.68
6. 未付股利	22,981,271.72
7. 未交税金	-380,584.78
8. 其他未交款	86,523.78
9. 其他应付款	6,956,360.68
10. 预提费用	-189,381.60
11. 一年内到期的长期负债	7,354,400.00
12. 其他流动负债	
13. 应付工资	-11,031,952.67
流动负债增加净额	14,652,485.44
流动资金增加净额	10,467,613.68

包头黄河化工股份有限公司一九九七年度中期报告

一、财务报告(未经审计)

包头黄河化工股份有限公司(下称"公司")董事会向各位股东公告,公司截止1997年6月30日会计期间的财务报告如下:

(一)财务报表

1. 简化的资产负债表 1997年6月30日　　单位:人民币元

项目	年初数(母公司)	年初数(合并)	期末数(母公司)	期末数(合并)
流动资产	136212101.34	188721858.14	319990917.24	377639688.39
长期投资	47363087.56	36004173.44	48779198.66	36004173.44
固定资产净值	53649721.64	78002987.89	51610692.30	75157411.38
在建工程	3685631.87	4097338.73	4262383.33	4921566.70
无形及递延资产		11265611.76		11161537.76
资产总计	240910542.41	318091969.96	424643191.53	504614367.67
流动负债	131418045.59	182439960.23	114347477.92	166931518.03
长期负债	10811683.19	27426224.70	15038994.83	32626737.24
负债合计	142229728.78	209866184.93	129386472.75	199558255.27
少数股东权益		9544971.40		9799393.62
股本	64200000.00	64200000.00	101200000.00	101200000.00
资产公积	34480813.63	34480813.63	183456813.63	183456813.63
未分配利润			10599905.15	10599905.15
股东权益合计	98680813.63	98680813.63	295256718.78	295256718.78
负债及股东权益合计	240910542.41	318091969.96	424643191.53	504614367.67

2. 简化的合并损益表　1997年6月30日　单位:人民币元

项目	母公司1—6月份累计数	合并1—6月份累计数
主营业务收入	85064009.22	120873116.48
主营业务利润	8947936.63	10633213.85
其它业务利润	844613.59	1440302.34
投资收益	1416111.10	164220.00
营业外收支净额	4000000.00	4070908.17
利润总额	15123266.41	16200488.62
所得税	4523361.26	5346161.25
少数股东损益		254422.22
净利润	10599905.15	10599905.15

注:税率暂按33%所得税率测算

(二)1997年1—6月份主要财务指标

1. 每股收益(全面摊薄)

0.105元

2. 净资产收益率(全面摊薄)

3.59%

3. 每股净资产　2.92元

(三)1997年中期会计报表注释

1. 本期财务报告所采用的会计政策及会计方法与招股说明书中所采用的会计政策及方法一致。

2. 本报告期内会计主体未发生变化。

3. 合并报表原则:对本公司拥有50%以上权益的控股子公司报表进行合并,在编制合并报表时对内部投资、内部往来等按合并报表原则进行抵销。

4. 财务报表主要项目说明:

(1)货币资金较年初增加164973598.20元,主要原因是社会募集资金于1997年6月25日到位。

(2)应交税金比年初增加2422848.91元,系6月份提取尚未解缴数。

(3)预提费用比年初增加1596601.39元,系预提利息及修理费。

(4)股本期末101200000元,较期初增加3700000元,为募集的社会公众股。

(5)资本公积期末数183456813.63元,较期初数34480813.63元增加148976000元,系社会公众股本溢价发行收入。

(6)未分配利润较期初增加10599905.15元。系上半年实现的净利润。

(7)长期投资,系按国家有关规定买电力债券、国库券投资,以及在控股子公司双环公司投资、交通银行投资。电力债券投资:136.2万元;国库券投资:1404.5万元;交通银行投资120万元;国际集装箱公司投资90万元。其余为子公司双环公司投资。

(8)营业外净收支额:系96年包头地震对企业生产设施破坏较大,包头市政府给予企业维护生产设施的补贴费用。

(9)因去年公司未成立,故同去年同期数字不可比。

(四)关联企业及关联交易

关联企业名称	经济性质	与本公司关系
包头黄河化工股份有限公司	股份制	母公司
包头双环化工集团股份有限公司	股份制	控股子公司

法定代表人	注册资本	注册地
杜　耀	10120万元	内蒙古工商局
王有元	2094万元	内蒙古工商局

主营业务收入	主营业务利润	利润总额	税后利润
8506万元	1086万元	1512万元	1060万元
3577万元	650万元	249万元	167万元

本公司与关联企业之间无关联交易

二、生产经营情况的回顾与展望

(一)1997年上半年生产经营情况回顾

(1)企业改制情况

1997年上半年,公司成功地向社会公开发行3700万股人民币普通股(含370万公司职工),同时,包头黄河化工股份有限公司正式宣布设立。

(2)生产经营情况

今年上半年,公司围绕"学邯钢、抓管理、增效益"的工作目标,把提高企业经济效益当作头等大事来抓,认真抓好生产经营各个环节,进一步加强基础管理工作,实行成本否决,把经济责任制层层分解落实到班组、个人、抓产品质量和消耗,使公司上半年生产经营工作保持了平衡发展,主要产品:电石、聚氯乙烯、烧碱、乙炔、苯酚都超额完成了上半年生产和生产销售计划。

今年上半年公司共实现工业总产值10329万元,主营业务收入12084万元,实现利润总额1620万元,实现净利润1060万元,净利润比盈利预测的935万元增长13.36%。

(二)下半年工作展望

为了完成和超额完成1997年度的生产经营目标计划,公司下半年将重点抓好以下几项工作:

1. 公司将继续确立以市场为导向,以追逐最佳经济效益为目标的经营方针,积极拓展国际、国内两个市场,确保1997年各项指标的实现和经济效益的增长。

2. 贯彻以"质量为中心"的思想,通过加强质量管理和控制,继续保持名牌产品的质量,塑造产品良好的市场信誉。

3. 加速资金周转,提高资金营运效率,我们要在抓好产销衔接的同时,进一步提高营销队伍素质,增强资金意识,加速资金周转,把营销和财务工作做的更好。

4. 继续深人开展"学邯钢"活动、降成本、增效益。今年下半年要进一步落实经济承包责任制,严格考核,实行成本否决,狠抓成本管理工作,努力降低产品消耗，把各项经济责任制的完成情况同职工的收入紧紧挂起勾来，调动广大职工增产增收的积极性。

5. 抓好募集资金的使用工作，使其尽快发挥效益，力争用少的投入收购一些见效快、投入少、效益高的项目，用好募集资金，形成新的利润增长点，提高企业的经济效益。

三、重大事件说明

1.1997 年 6 月 4 日经中国证监会证监发字(1997)313 号和证监发(1997)314 号文件批准，包头黄河化工股份有限公司发行人民币 A 股 3700 万股。

2. 包头黄河化工股份有限公司筹委会于 1997 年 6 月 10 日在《上海证券报》,6 月 11 日在《中国证券报》、《内蒙古日报》、《包头日报》上刊登《招股说明书(概要)》、《发行公告》。

3.1997 年 6 月 13 日本公司在上海证券交易所采取上网发行方式，成功地向社会公开发行 3330 万股(内部职工股 370 万股)。

4.1997 年 6 月 25 日召开了包头黄河化工股份有限公司创立大会，宣布公司创立。且于 1997 年 6 月 26 日在内蒙古自治区工商行政管理局办理了工商注册登记。

5.1997 年 6 月 26 日在《中国证券报》、《上海证券报》、《内蒙古日报》、《包头日报》上刊登了《上市公告书》。

6.1997 年 7 月 4 日本公司股票在上海证券交易所上网发行，股票代码:600091，简称黄河化工。

7. 根据国家证监会、中国人民银行、国家经贸委 5 月 21 日关于《严禁国有企业和上市公司炒作股票》的规定，经自查，我公司没有参与证券投资。

8. 因本公司募股资金到位较晚，在报告期内尚未使用。

9. 本公司不进行中期分红或资本公积金转增股本事项。

10. 本公司在报告期内无重大诉讼仲裁事项。

四、发行在外股票的变动和股权结构变化

1. 本公司 1997 年 7 月 4 日在上海证券交易所挂牌交易，发行 A 股 3700 万股，其中向社会公众发行 3330 万股，内部职工股 370 万股满半年后申请上市交易。

2. 公司股份变动情况：数量单位：万股　　每股面值：1 元

股票类别	发行前	本次变动	发行后
(一)尚未流通股份			
(1)发起人股份	6420	0	6420
其中：国家拥有股份			
境内法人持有股	6420	0	6420
其它			
(2)内部职工股	0	0	370
尚未流通股份合计	6420	0	6790
(二)已流通股份			
(1)境内上市人民币 A 股	0	0	3330
(2)其它			
已流动股合计	0	0	3330
(三)股份总数	6420	0	10120

前十名股东及比例

股东名称	持股数量	所占比例%
1. 包头化工集团总公司	64200000	63.44
2. 辽信一部	832400	0.82
3. 陶萍	306750	0.30
4. 钮金根	210000	0.21
5. 余翔	150600	0.15
6. 叶奕尧	140000	0.14
7. 中航租赁	117100	0.12
8. 杨大源	100000	0.10
9. 常程源	100000	0.10
10. 李光辉	97000	0.10

五、股东大会简介

本公司于 1997 年 6 月 25 日，在包头市本公司办公楼一楼会议厅，召开了包头黄河化工股份有限公司创立大会暨第一次股东大会。到会股东代表 54 人，代表股数 67876800 股，占股本总额的 67.07%，会议审议通过了：

《包头黄河化工股份有限公司筹委会关于公司筹办情况的报告》、《包头黄河化工股份有限公司章程》、《包头黄河化工股份有限公司 A 股发行预算执行情况的报告》、《关于申请在上海证券交易所上市的协议》。

选举产生了第一届董事会、选举产生了第一届监事会、聘任了总经理、副总经理、董事会秘书。

六、备查文件

1. 载有董事长、总经理亲笔签名的中期报告原本；

2. 公司创立大会暨第一次股东大会资料；

3. 公司《招股说明书》、《上市公告书》；

4. 本公司中期报告文件在中国证监会和上海证券交易所均有备份

5. 查询电话(0472)5156611 转证券部。传真(0472)5156247

包头黄河化工股份有限公司

一九九七年八月十七日

云南云天化股份有限公司

云南云天化股份有限公司招股说明书概要

一、绪言

本招股说明书概要是根据《中华人民共和国公司法》、《股票发行与交易管理暂行条例》、《公开发行股票公司信息披露实施细则》和国家现行有关证券管理法规而编写,并经中国证券监督管理委员会核准,本公司筹委会成员已批准本招股说明书概要,确信其中所摘内容与招股说明书正文一致且不存在任何重大遗漏或者误导性提示,并对其真实性、准确性、完整性负个别的和连带的责任。

本次发行的股票是根据本说明书所载明的资料申请发行的,除本发行人和主承销商外,没有委托或授权任何其他人提供未在本说明书中列载的信息和对本说明书作任何解释或者说明。

本公司股票之买卖,应由投资者按规定负担相应的税款、发行人、推荐人和承销商对此不承担责任。

本次发行的股票已委托由光大证券有限责任公司为主承销商的承销团包销并已签定承销协议。

本次发行业经中国证券监督管理委员会证监发字〔1997〕334 号文和证监发字〔1997〕335 号文批准。

二、释义

在本招股说明书中除另有说明外,以下简称具有如下意义:

本公司:指云南云天化股份有限公司,亦即本次发行之发行人

云天化厂:指云南天然气化工厂

云天化集团:指云天化集团有限责任公司,亦即本公司之独家发起人

发起人:指云天化集团有限责任公司

筹委会:指本公司筹备委员会

筹委:指本公司筹备委员会委员

省政府:指云南省人民政府

证监会:指中国证券监督管理委员会

证管办:指云南省证券监督管理办公室

国家国资局:指国家国有资产管理局

省土地局:指云南省土地管理局

国家计委:指国家计划委员会

省经贸委:指云南省经济贸易委员会

承销团:指由光大证券有限责任公司牵头组织的承销团

主承销商:指光大证券有限责任公司

新股:指本次发行之 10,000 万股人民币普通股

元:指人民币元

三、发售新股的有关当事人

1、发行人:云南云天化股份有限公司(筹)

地址:云南省水富县

负责人:李新华

电话:0870-8664324

传真:0870-8636337

邮编:657800

联系人:王运祥、刘岗

2、主承销商:光大证券有限责任公司

地址:深圳市振兴路 6 号建艺大厦 19 楼

法定代表人:刘纪元

电话:0755-3228877　　3228766

传真:0755-3228950

邮编:518031

联系人:单鲁　　王黎祥　　刘瑞斌　　孔烨

副主承销商:云南证券有限责任公司

地址:云南省昆明市青年路 13 号

法定代表人:铁振国

电话:0871-314976　　3149230

传真:0871-3165456

联系人:杨敏　　李鲜

分销商:华厦证券有限公司

地址:北京市海淀区复兴路乙 63 号

法定代表人:黄玉峻

电话:021-63238851

传真:021-63239157

联系人:钱大卫

分销商:昆明国际信托投资公司

地址:云南省昆明市北京路 505 号

法定代表人:杨宏

电话:0871-3162521

传真:0871-3162521

联系人:徐莉　　高志丽

分销商:招银证券有限公司

地址:深圳市福田区华强北深纺大厦 C 座

法定代表人:李麦秋

电话:0755-3216000

传真:0755-3362985

联系人:赵生章　　张建怡

分销商:南方证券有限公司

地址:深圳市深南东路 56 号南方国际大酒店

法定代表人:王景师

电话:0755-2256768-1316

传真:0755-2256728-1315

联系人:李杰　　刘旋波

分销商:深圳国投证券有限公司

地址:深圳市红岭中路 7 号国际信托大厦

法定代表人:叶连捷

电话:0755-5596006

传真:0755-5564179

联系人:黄荔　　宋向前

分销商:海南港澳国际信托投资公司

地址:海南省海口市滨海新村 588 号

法定代表人:李耀祺

电话:0898-8513437

传真:0898-8513379

联系人:彭旭　　王雪梅

3、上市推荐人:华夏证券有限公司

地址:北京市海淀区复兴路乙 63 号

法定代表人:黄玉峻

电话:010-63238851

传真:010-63239157

邮编:200002

联系人:钱大卫

上市推荐人:光大证券有限责任公司

地址:深圳振兴路6号建艺大厦15楼

法定代表人:刘纪元

电话:0755-3228777　3228776

传真:0755-3228950

邮编:518031

联系人:王黎祥

4、发行人股份制咨询机构:云南省企业股份制咨询服务中心

地址:云南省昆明市五华山

法定代表人:张铁军

电话:0871-3138551

传真:0871—3138551

联系人:赵履顺

5、发行人律师事务所:信达律师事务所

地址:深圳市深南中路东风大厦21楼

法定代表人:徐育康

电话:0755-3243139

传真:0755-3243108

经办律师:郑伟鹤　罗中伟

主承销商律师事务所:海合律师事务所

地址:云南省昆明市翠湖宾馆102室

法定代表人:郭靖宇

电话:0871-5157870

传真:0871-5157870

经办律师:郭靖宇　伍志旭　李伟民

6、财务审计机构:云南会计师事务所

法定代表人:杨守任

地址:云南省昆明市吴井路161号

电话:0871-3140708

传真:0871-3184386

经办注册会计师:李文群　金德华

7、资产评估机构:昆明会计师事务所

法定代表人:黄俊

地址:云南省昆明市白塔路延长线中段西侧

电话:0871-3164913

传真:0871-3131939

经办评估人员:刘天佑　王著琴　周黎

8、资产评估确认机构:国家国有资产管理局

地址:北京市万泉河路66号

负责人:张佑才

电话:010-62567744

传真:010-62561817

9、股票登记机构:上海证券中央登记结算公司

地址:上海市闵行路67号

法定代表人:王迪彬

电话:021-63068888

传真:021-65359066

10、收款银行:中国工商银行云南省分行

地址:云南省昆明市五一路23号

负责人:李忠平

四、承销

1、承销方式:余额包销

2、发行起止日期:1997年6月18日至1997年6月27日

3、发行方式:全额预缴款、摇号抽签、余款即退

4、发行地区:云南省昆明市、水富县、曲靖市、大理市

5、发行对象:符合法律、法规规定之可以购买本次所发行股票的境内投资者。

6、发行股票的种类、面值、数量:本次发行的股票均为记名式人民币普通股,每股面值1.00元,发行数量100,000,000股,其中向社会公众公开发行90,000,000股,向公司职工配售10,000,000股。

7、发行价格及其确定价格的方法:发行价格:本次发行采用溢价发行,每股发行价格为6.21元。

该价格按以下方法确定:1994年度、1995年度和1996年度每股净利润的算术平均数0.38元乘以16.34倍的市盈率,即为本次股票发行价格。

发行价格的计算采用以下公式:

$$\text{发行价格}=\frac{\text{1994年度、1995年度、1996年度净利润之和}}{3\times\text{发行前股本}}\times\text{市盈率}$$

8、发行市盈率:以1994年、1995年和1996年度平均每股净利润0.38元计,为16.34倍。

9、本次发行预计实收金额:60,700万元。

10、发行费用:本次发行费用总额预计为1,400万元,包括承销商佣金852万元、注册会计师费58万元、资产评估费用55万元、律师费40万元、上市推荐费60万元、财务顾问费20万元、股份登记费28.4万元、上市费3.6万元、复审费3万元、差旅费80万元、培训咨询费50万元、通讯费50万元,办公用品费50万元、杂费50万元。

11、上市地点:上海证券交易所

五、风险因素与对策

投资者在评价本发行人此次发售的股票时,除本招股说明书提供的其它资料外,应特别认真地考虑下述各项风险因素。

风险因素

1、经营风险

(1)原材料供应:

本公司生产所用主要原材料为天然气,其成本约占合成氨成本构成的68%、尿素产品成本构成的57%,1994至1996年,本公司平均年耗气量约在4.1亿立方米左右。

本公司所用天然气来自国内主要陆上天然气田之一的四川气田,该气田储量丰富,1996年产气量为73亿立方米;四川气田以管道输送的方式供应用户,除本公司外,西南地区其他大化肥企业如泸天化、赤天化等所用天然气也来自该气田。近年来,由于管道使用时间较长,部分设备出现老化,影响了天然气的输送能力,四川气田对外输气量有所减少。

作为大化肥生产企业之一,本公司每年所用天然气由国家计委和中国石油天然气总公司统一计划调配,中油四川石油天然气销售公司负责供应,在供应量和价格上都有所保障,一直都较为稳定,尽管如此,由于计划落实的层次较多,同时四川气田的用户尤其是大化肥用户也较多,而本公司又正好处于天然气输送管网的末端,因此,如果四川气田天然气输送总量出现减少,则本公司天然气供应可能会受到相应的影响,从而对本公司生产装置的满负荷运转和产品产量造成一定影响。

同时,由于天然气开采成本较高,近年来,随着物价的上涨,天然气价格也有所上涨,原材料价格的上涨对本公司产品生产成本有所影响。

鉴于上述原因,本公司不排除在未来经营中,将会因天然气供应量不足和价格上涨而产生一定经营风险的可能。

(2)能源和交通

本公司耗用的主要能源为电力,约占生产总成本的3.62%。根据本公司与云天化集团签署的《经营服务协议》,本公司将以0.38元/千瓦时的价格向云天化集团购买生产所用电力。作为大化肥企业,云天化集团用电纳入四川省宜宾市电力局计划调配,由宜宾发电总厂下属的豆坝电厂供应,用电量得到有关政策的保障,因此本公司在电力供应量上有所保障,但由于电价有逐年上涨的可能性,因此,本公司不排除因电价上涨而导致生产经营成本提高的可能,本公司产品90%的依靠铁路运输,对铁路运输有一定的依赖性。

(3)产品销售和价格

我国在化肥销售上实行由国家计委统一下达收购计划,中国农业生产资料集团公司和各级农资公司专营的政策。本公司属承担国家化肥收

购计划的大化肥企业之一,1994 年至 1996 年尿素产量的 90%由国家计划收购,其余 10%由本公司自销;在产品价格上,属于国家计委下达部分由国家计委定价,本公司自销部分由云南省物价部门定价。在产品销售渠道和价格上的所受到的限制对本公司利润的增长有一定的影响。

(4)产品和业务结构单一

本公司主要业务是尿素的生产和销售,尿素产品的销售收入约占本公司销售收入的 94.8%,产品和业务结构较为单一。

虽然本公司已着手开发以天然气为原料的产品的深加工,但在本次募集资金投资开发的新产品尚未形成规模前,化肥市场的状况直接制约本公司的经营和业绩水平。

(5)技术先进性

本公司主要设备是 70 年代从美国和荷兰引进的,采用的是当时较为先进的技术,之后分别进行了三次系统性的以增产、降耗为目的的大规模技术改造,此外还不断对具体的单项工艺和设备进行相应的更新改造,使装置的各项技术指标得到了大幅度提高,达到了九十年代初国际先进水平,在国内大化肥行业中处于领先地位。但由于主要设备引进时间较早,与国际先进水平相比还有一定的差距。

(6)融资能力

本公司流动资金和技术改造资金主要来自本公司内部积累,小部分来自银行借款,在外部融资上本公司尚未充分发挥作为利税大户的优势。

2、行业风险

(1)产业政策

化肥是主要农业生产资料之一,本公司所属的化肥行业前景受国家关于农业和支农产业政策的影响。

(2)行业竞争

我国化肥行业竞争较为激烈。截至 1996 年,仅年设计生产能力大于 40 万吨尿素以上的大型氮肥企业就有 25 家,正在兴建的还有 8 家,此外还有大量的地方小型化肥生产企业。本公司所在西南地区集中了六家大型化肥企业,总的年设计生产能力已达到 296 万吨尿素。尽管我国化肥需求旺盛,同时本公司在产品质量、综合能耗和综合成本上仍居同行业前列,但激烈的行业竞争必然会对本公司生产经营产生一定的影响。

(3)环境保护

本公司由于以天然气作为主要生产原料,生产中的主要排放物为一氧化碳、二氧化碳、水蒸汽、废水以及少量废渣,其中二氧化碳和水蒸汽还因为要作为后续工序的原料而要加以回收,因此对环境的污染较小,1994 年至 1996 年本公司环保检测均已达到国家标准,公司在过去的生产经营中已累计投入约 2969 万元用于治理环境,其中 1996 年投入 25.4 万元用于环保支出,虽然本公司生产经营对环境污染较小,但是如出现意外也会对环境产生不利影响。

(4)对自然资源的依赖性。

本公司的生产经营对天然气的依赖性较强,天然气作为一种自然资源在用量上有一定的自然限度。

3、市场风险

我国是农业大国,同时也是人口大国,人多地少,耕地肥力偏低,农业的丰歉与化肥的施用是否充足有密切关系。近年来,随着我国农业的发展和对农业生产投入的增加,对化肥的需求量逐年上升,国内化肥市场仍有一定的潜力。1997 年度农业部提出国内化肥需要量为 3,151 万吨(折标 1.44 亿吨),比 1996 上升 3.6%,而 1997 年度全国化肥生产安排只有 2,530 万吨(折标 1.25 亿吨),这部分总量约 621 万吨(折标 0.19 亿吨)的供需缺口将通过增加进口和动用商业库存来解决。需求旺盛一方面将促使化肥市场的繁荣,另一方面也会刺激化肥进口数量的增加和国内化肥生产企业计划外生产的增加,从而改变市场环境,同时,库存化肥投放市场也将进一步加剧化肥市场的变化。

本公司尿素产品主要由各级农资公司按国家化肥收购计划收购,并按调配计划在全国范围内统一调配,主要调往四川、云南和陕西等地,近三年来本公司每年交付国家化肥收购计划的尿素产品约占计划总量的 6.8%。本公司尿素产品是国家优质金奖产品,与国内外同类产品相比都有较强的竞争力。据经销者反映,本公司产品在市场上深受农户欢迎,历年来供不应求,产品产销率一直保持在 100%,虽然本公司"金沙江"牌尿素在市场上的零售价格较国内同类产品略高,但很多农户仍指定购买。

尽管国内化肥市场仍具有一定的市场潜力,其供求状况对本公司生产经营较为有利,同时本公司产品在市场上也以优良的质量深受农户的欢迎,但本公司不排除因市场环境的变化而使本公司所面临的市场竞争加剧的可能性。

4、政策性风险

(1)产业政策的优惠和限制

化肥关系国计民生,国家对化肥生产从政策上给予种种保证和优惠。本公司在原材料供应上受国家计划保障,在价格上享有优惠;在税收上,本公司尿素产品的增值税率为 13%,低于其他行业。如果将来国家取消对化肥行业的政策优惠,可能会对本公司经营造成一定影响。

本公司尿素产品的销售和价格均受国家政策限制,对本公司利润增长有一定影响。

(2)化肥进口政策

由于我国国内化肥自给能力不足,一部分化肥需要进口,国家在化肥进口政策上的变化将会使本公司所面临的市场产生相应的变化,从而影响本公司的生产经营。

(3)所得税政策

根据云南省人民政府云政复〔1997〕24 号文,本公司上市后将享受 15%的所得税率优惠。在未来的生产经营中,如果有关部门改变本公司所享有的所得税率优惠,将会对本公司的净利润水平产生一定的影响。

5、其他风险

(1)新项目风险

本次募集资金所投资的新项目已超出化肥生产的范围,虽然仍属于化工行业的范畴,但本公司在新项目新产品的生产经营和市场运作等方面的经验与经营多年的化肥产品相比有所不足,因此,可能会对本公司未来经营带来一定风险。

本公司拟以本次募股资金投资开发的新项目均属化工产品。化工产品具有投资大、建设周期长的特点,本公司计划投资的项目所需总投资额为 5.52 亿元,其中首期将投入 3.92 亿元,平均建设周期为 2.45 年,平均投资回收期为 5.18 年,主要项目预计将在 1999 年和 2000 年度产生效益。在新项目产生效益前,本公司的利润增长和生产经营都有一定的压力。

本公司所开发的新项目均属以天然气为原料的产品的深加工,产品结构略显集中;同时,这些项目中的一部分如万吨季戊四醇、万吨浓甲醛、二氧五环等属于填补国内空白项目,在国内可供参考的经验较少,在工艺、技术和管理等方面都有一些需要摸索的地方,因此,在未来本公司新项目投产时,尤其是在投产初期,产品质量可能会有一段时期的不稳定期,从而会对本公司未来经营产生一定的影响。

从产品市场看,本公司所开发的新产品目前具有较大的市场潜力,尤其是浓甲醛、季戊四醇、聚甲醛工程塑料等产品国内需求量大而生产能力较小,但本公司新产品投放市场后是否能适应国内市场需求,与同类产品尤其是进口产品相比是否具有足够的市场竞争力尚不能充分肯定,因此将会对本公司未来的生产经营有一定的影响。

6、股市风险

中国证券市场尤其是股票市场尚处于发展阶段,各项有关证券市场的法规、制度尚不完备,广大投资者投资意识尚未成熟,上市公司股票的交易价格并不仅取决于公司的经营状况和业绩。股票市场虽然能给投资者带来获利机会,但仍存在一定的市场风险。

主要风险对策

1、经营风险对策

(1)原材料供应

化肥生产关系国计民生,向来由国家计划调控,供产销均纳入国家计划,九五期间国家将加大对农业和支农产业的投入,本公司作为承担国家统配化肥生产任务的大化肥生产企业,在原材料天然气的使用上预计仍将享受国家计划的保障。

供应本公司所用天然气的四川气田储量丰富,其管道输送能力的不足是影响本公司天然气供应量的主要原因之一。目前,四川石油管理局正投资改造原有输气设备,以增加输气能力,满足用户需要,其中在四川渡州兴建的一座天然气脱硫净化装置计划于1997年7月完工,届时将会大大改善本公司天然气供应的外部条件。

20余年来,本公司与四川供气部门建立了密切的合作关系,尽管天然气用户较多,本公司计划内天然气供应基本上有所保障,即使出现不足,本公司还可以以购买议价气的方式来补充满负荷运转所需的天然气。

针对天然气价格的上涨,公司还将通过不断地推进技术改造,降低原材料的消耗,以减少原材料上涨而造成的经营成本上升的不利影响。目前,本公司装置吨氨耗气指标为1047.89立方米/吨,居国内同行业先进水平。

(2)能源和交通

如无意外情况,本公司用电在供应量和价格上均有所保障。同时,由于用电占本公司生产成本的比例较低,因此即使电价上涨,对本公司生产经营影响也不大。本公司还将通过技改进一步降低耗电量,以减少因可能出现的电价上涨而对本公司生产经营造成的不利影响。

本公司与铁路运输部门有长期密切的合作关系,同时由于国家对化肥运输给予计划保障,因此,本公司在产品运输上有稳定的运力保障。

(3)产品销售和价格

本公司产品"金沙江"牌尿素系国家优质金奖产品,在市场上深受农户欢迎,历年来产销率一直保持100%,同时,本公司因不断推进技术改造,产品的质量和综合成本均居国内同行业前列,在未来经营中,本公司将继续发挥上述各方面优势,在产品销售和价格主要纳入国家计划的前提下,创造更好的经营业绩。

(4)产品和业务结构单一

在未来的经营中,本公司将以化肥为基础,拓展化工产品的多元化经营。本公司将通过本次发行,筹集资金开发季戊四醇、1.4－丁二醇等化工产品的生产,以改变传统的以单一化肥产品生产为主的格局,实现产品的多元化经营。

(5)技术先进性

本公司将密切注视国际化肥和化工行业的技术进步,以国际先进水平为目标,不断采用新技术、新工艺、新材料、新设备推进生产装置的技术改造,以进一步提高技术水平,确保装置的长周期安全连续运转。本次发行募集资金的一部分即用于提高现有装置的技术水平。

(6)融资能力

本公司在产品销售上采取"先款后货"的结算方式,因此,本公司资金回笼良好,自有资金充中,尽管如此,在未来的经营中,本公司仍将发挥良好的资信和利税大户的优势,积极探索以多种融资方式筹集更多的建设和发展资金。

2、行业风险对策

(1)产业政策

我国人多地少,耕地肥力较低,化肥的施用程度直接关系农业的丰歉,化肥生产符合国家产业政策。根据国家"九五"计划和2010年发展纲要,国家将加大对农业和支农产业的投入,本公司所属化肥行业前景广阔。

(2)行业竞争

本公司将以建立现代企业制度为契机,凭借本公司的技术优势和股份制企业的资金优势,提高生产技术,提高产品质量,以进一步提高本公司在国内化肥行业中的声誉和地位。

(3)环境保护

本公司将一如继往重视环境保护问题,在原有的基础上进一步加强对环境的治理;本次拟投资项目也都已充分考虑环保因素,本公司计划在1997年度和1998年度分别投入26万元用作环保支出。

(4)对自然资源的依赖

本公司所使用的天然气全部来自四川气田,该气田储量丰富,目前,正在计划进一步勘探储量,改善脱硫、输送设施,提高供气能力。在可以预见的将来,四川气田的天然气供应将会有所增长。

同时,本公司还将通过不断的技术改造,降低天然气消耗,以减轻对天然气资源的依赖。

3、市场风险对策

随着我国对农业投入的增加,化肥市场仍将保持旺盛的需求,具备一定的市场潜力。本公司仍将充分利用产品质量和技术上的优势,参与市场竞争,在巩固现有市场的基础上,继续扩展,进一步提高市场份额,提高本公司在同行业内的地位。

4．政策风险对策

(1)产业政策

本公司目前在享有国家政策优惠的同时,产品的销售和价格也受国家政策的限制,未来如果化肥产业政策一旦有所改变,本公司将凭借优良的产品质量和技术,充分利用布置多年的销售网络以谋求自身的发展。

针对目前本公司在产品销售和价格所受到的政策限制,本公司将继续通过技术改造降低成本,以获取更多效益。

(2)化肥进口政策

本公司预计近期国家仍将通过进口部分化肥来填补国内化肥市场缺口,化肥市场上国产化肥和进口化肥的竞争在所难免。本公司尿素产品严格执行GB2400－91国家标准生产、优级品率达95%以上,其余均为一级品,产品质量与国际标准相比并不逊色;而在销售价格上1996年进口到岸价约为1743元/吨,本公司尿素产品市场平均售价约为1500元/吨,较进口到岸价约低200元/吨。因此,与进口尿素相比,本公司产品有一定竞争力,尽管如此,本公司仍将继续增强市场意识,提高产品质量,以进一步增强市场竞争力。

(3)所得税政策

本公司将进一步提高生产工艺水平,改善经营管理,提高本公司的盈利能力,从而提高利润总水平,以利润总水平的增长来抵减所得税政策优惠可能的变化对净利润的影响。

5、其他风险对策

(1)新项目风险对策

本公司计划以募集资金投资的项目均经过严格的技术论证和市场分析,在技术上和经济上都是可行的。在未来的建设和生产过程中,本公司将立足市场,科学管理,不断学习同行业先进经验,以获得良好的回报。

针对化工产品投资大建设期长的特点,本公司一方面将根据不同项目的建设和投资周期及产生效益时间的不同安排项目投资的轻重缓急,使新项目尽快产生效益;另一方面,在新项目未产生效益前,本公司将充分利用部分闲置资金,积极开展稳健的资本运作,如投资于国债等,以获取一定的投资收益。

本公司在新项目的开发上本着专业性多元化的原则安排新产品的结构,虽然本公司计划投资开发的新产品略显集中,但有利于发挥装置的规模效应,在未来经营中,本公司将根据市场的变化调节新产品的生产,以实现效益的最大化。同时,本公司所开发的新产品在工艺和技术上都已作了详细的论证,产品的质量有较强的技术上的可行性,在未来的生产中,尤其是在产品投产的初期,本公司将努力提高生产技术,加强管理,优化操作,以尽快渡过产品质量的爬坡期,促进产品质量的稳定和提高,并在保证产品质量的基础上,充分利用本公司现有的商誉和销售网络,根据市场需要调节营销策略,以保证产品适销对路,增强与同类产品尤其是进口产品的市场竞争力。

6、股市风险的对策

本公司将通过不断改善经营管理,保持盈利稳定增长,为股东提供合理的回报。

同时,本公司将严格按照《公司法》等有关法规规范运作,严格信息披露工作,及时准确地公告中期、年度报告和重大经营活动信息,自觉接受证券管理部门及股东的监督,以保护公司及广大股东的利益。

六、募集资金的运用

本次发行新股如成功,在扣除发行费用后预计可募集资金60,700万元,所募集资金将投资于如下项目:

1、拟以本次募股资金中的4,700万元用于合成氨装置和尿素装置的自动控制系统技改工程。该项目已经省经贸委以云经贸技〔1997〕294号文批准可行性报告。本公司计划在3年内通过采用当今国内外先进技术分期对现有合成氨和尿素装置的运转仪表和生产控制系统进行约98项改造总投资预算4,700万元,随着工程的实施可通过减少事故停车提高装置运转率而减少成本支出,完成后每年可增加净利润488万元;投资回收期9.6年,投资利润率为10.38%;

2、拟以本次募股资金中的4,980万元用于年产30万吨合成氨装置技改工程,该项目已经省经贸委以云经贸技〔1997〕300号文批准可行性报告。本公司计划在3年内分期对现有合成氨装置的老化设备进行系统化的更新改造,总投资预算4,980万元。随着工程的实施可通过减少事故停车降低能耗、提高装置运转率而增加合成氨产量,工程完工后预计每年可增产合成氨约6,300吨,增加净利润655万元;投资回收期7.6年;投资利润率13.16%。

3、拟以本次募股资金中的4,920万元用于年产48万吨合成氨装置技改工程,该项目已经省经贸委以云经贸技〔1997〕297号文批准可行性报告。本公司计划在3年内对现有尿素装置的老化设备进行系统化的分期更新改造,总投资预算4,920万元。随着工程的实施可通过减少事故停车降低能耗提高装置运转率而增加尿素产量,工程完工后预计每年可增产合成氨约5,000吨,增加净利润656万元;投资回收期7.5年;投资利润率13.35%。

4、拟以本次募股资金中的4,895万元用于年产1万吨季戊四醇装置技改项目,该项目已经省经贸委以云经贸技〔1996〕767号文批准可行性报告。该装置建成后,既能缓解国内市场上季戊四醇的供求矛盾,又能缩短与国外先进技术的差距。该项目总投资预算4,895万元,建设周期为2年,完成后,可实现年新增销售收入13,110万元,利润总额717万元,其中净利润655万元;投资回收期7.47年;投资利润率为13.38%。

5、拟以本次募股资金中的4,752万元用于年产1.8万吨浓甲醛技改工程,该项目已经省经贸委以云经贸技〔1996〕771号文批准可行性报告。目前,我国尚无万吨级浓甲醛生产装置,市场需求量大。该项目总投资预算4,752万元,建设周期为2年,完成后,可实现年新增销售收入5,468万元,利润总额1,017万元,其中净利润864万元;投资回收期5.5年;投资利润率为18.18%。

6、拟以本次募股资金中的4,924万元用于年产六百吨二氧五环技改项目,该项目已经省经贸委以云经贸技〔1996〕770号文批准可行性报告。该产品目前在国内尚属空白,市场前景较好。该项目总投资预算4,924万元,建设周期为2年,完成后,可实现年新增销售收入2,102万元,利润总额1,015万元,其中净利润863万元;投资回收期5.71年;投资利润率为17.53%。

7、拟以本次募股资金中的4,974万元用于年产一万吨三聚甲醛技改项目,该项目已经省经贸委以云经贸技〔1996〕769号文批准可行性报告。该项目总投资预算4,974万元,建设周期为3年,完成后,可实现年新增销售收入9,114万元,利润总额1,717万元,其中净利润1,459万元;投资回收期3.41年;投资利润率为29.33%。

8、拟以本次募股资金中的4,993万元用于年产一万吨聚甲醛工程塑料技改项目,该项目已经省经贸委以云经贸技〔1996〕772号文批准可行性报告。聚甲醛是一种优良的工程塑料,市场领域较宽。该项目总投资预算4993万元,建设周期为3年,完成后,可实现年新增销售收入22,050万元,利润总额2,205万元,其中净利润1,874万元;投资回收期2.66年;投资利润率为37.53%。

9、拟以本次募股资金中的4,990万元用于1000立方米/H乙炔装置技改工程,该项目已经省经委以云经贸技〔1997〕211号文批准可行性报告。项目由乙炔装置和氢气精制装置组成。该项目总投资预算4,990万元,建设周期为2.5年,完成后,可实现年新增销售收入9,123万元,利润总额1,120万元,其中利润952万元;投资回收期5.24年;投资利润率为19.08%。

10、拟以本次募股资金中的4,916万元年产2万吨1,4-丁二醇技改工程,该项目已经省经贸委以云经贸技〔1997〕209号文批准可行性报告。项目采用国外先进技术,充分利用当地丰富的电石资源和云天化集团现有装置,开发甲醛下游产品。该项目总投资预算4,916万元,建设周期为2.5年,完成后,可实现年新增销售收入25,188万元,利润总额1,485万元,其中净利润1,262万元;投资回收期3.9年;投资利润率25.67%。

11、拟以本次募股资金中的4,961万元用于年产2万吨精制1,4-丁二醇技改工程,该项目已经省经贸委以云经贸技〔1997〕214号文批准可行性报告。该项目计划采用德国林德公司四塔或五塔精制技术,技改建成年产2万吨精制1,4-丁二醇生产装置。该项目总投资预算4,961万元,建设周期为2.5年,完成后,可实现年新增销售收入31,437万元,利润总额2,297万元,其中净利润1,952万元,投资回收期2,54年;投资利润率为39.35%。

12、拟以本次募股资金中的4,618万元用于年产70吨催化剂制备装置技改工程,该项目已经省经贸委以云经贸技〔1997〕216号文批准可行性报告。该项目可填补我国催化剂品种的空白。该项目总投资预算4,618万元,建设周期为2.5年,完成后可实现年新增销售收入1,546万元,利润总额889万元,其中净利润756万元;投资回收期6.11年;投资利润率为16.37%。

上述项目总投资58,623万元,拟以本次募股资金元分期投入,预计第一期计划投资39,279万元,在此期间闲置的资金一部分将用于补充生产中所需之流动资金,一部分用于投资购买国库券。

七、股利分配政策

本次发行成功后,本公司将在第一个盈利年度起派发股利。

根据本公司章程所载股利分配政策,每个会计年度将由董事会根据当年经营业绩和对未来的生产、经营计划制定股利预分配方案,并提交股东大会通过。如无特殊情况,股利每年分配一次,采用现金或股票两种形式。

本公司缴纳所得税后的利润,按下列顺序进行分配;

1、弥补亏损

2、提取10%列入法定公积金

3、提取5%-10%列入法定公益金

4、经股东大会决议可提取任意公积金

5、支付普通股股利

本公司首次股利派发时间预计在1998年第一季度。根据本发行人筹委会成员决议,本次发行后产生的新股东将不享有本次股票发行完成前的滚存利润。具体分配方案将由年度股东大会审议决定。

八、发行人情况

1、发行人名称:云南云天化股份有限公司(筹)

2、发行人筹建登记日期:1997年2月18日

3、发行人筹建登记地址:云南省水富县

4、发行人历史情况简介

本公司发起人云天化集团有限责任公司前身为云南天然气化工厂,该厂位于云南省水富县,是我国七十年代引进设备建设的大化肥生产企业之一,1974年兴建,1977年正式投产,1990年被评为国家大型一级企业。1997年3月,作为云南省建立现代企业制度试点企业之一,经云南省人民政府云政复〔1997〕17号文的批准,云南天然气化工厂整体改制为云天化集团有限责任公司,作为省政府授权的投资主体和营运主体,经营授权范围内的全部国有资产。

云天化集团现有总资产22.47亿元,净资产16.49亿元,通过引进国外先进设备和不断推进技术改造,云天化集团逐步建立了一套以化肥为主体的化工生产体系。20余年来,云天化集团累计回收资金25亿元,累计创利润16.45亿元,总资产规模及年销售额等综合指标居云南省工业系统第三位。

1997年5月,经云南省人民政府云政复〔1997〕36号文的批准,云天化集团作为发起人,以其下属的合成、尿素、成品车间及相关资产投入,以社会募集方式设立云南云天化股份有限公司。

本公司成立前云天化集团的组织结构(附图一)

5、公司组织和内部管理机构(附图二)

6、职工与福利:

本公司现有职工2,068人,具有大专以上学历的有852人,约占总人数的41.2%;具有高级职称的46人,中级职称的148人,初级职称517人。本公司员工平均年龄为34.6岁。

本公司执行国家有关规定给予职工住房、医疗、劳保、待业保险和养老保险待遇,本公司每年按职工工资总数的14%从成本、费用中提取福利费,用于职工福利。

7、经营范围:

主营:化肥、化工产品、化工原料

8、主要业务:本公司主要业务是生产、销售尿素及合成氨产品。

9、主要产品及生产能力

本公司主要产品是尿素和合成氨,其中合成氨主要作为尿素的原料而生产。

本公司合成氨生产装置自美国凯洛格公司引进,设计生产能力为30万吨/年,经技改后生产能力可达40万吨/年;本公司所生产合成氨大部分用作生产尿素、硝酸和硝铵的原料,含氮量超过99.9%,1994年至1996年,本公司合成氨平均产量为33万吨。

本公司尿素生产装置自荷兰凯洛格-大陆公司引进,设计生产能力为48吨/年,经技改后生产能力可达56吨/年。本公司所生产的“金沙江”牌尿素为白色粒状固体,含氮量为46.6%,是国家优质金奖产品,1994年至1996年,本公司尿素产品年均产量为52万吨。

10、原材料供应

天然气是本公司生产所用的主要原材料。

本公司天然气约占合成氨成本构成的68.58%,尿素成本构成的57%,1994年至1996年本公司天然气年均耗用量约为4.1亿立方米。本公司计划内尿素生产所需天然气由国家计委和中国石油天然气总公司统一安排调配,由中油四川石油天然气销售公司供应;计划外尿素生产所用天然气由本公司以购买议价气的方式取得。

11、业务收入构成

本公司1994年度、1995年度和1996年度主营业务收入构成如下:

(单位:万元)

项目	1995年度		1994年度		1994年度	
	金额	比例(%)	金额	比例(%)	金额	比例(%)
1、尿素	56,726.37	93.44	55,530.76	95.23	42,196.33	94.86
2、合成氨	3,763.21	6.20	2,602.53	4.46	2,138.53	4.81
3、蒸汽	203.99	0.34	164.16	0.28	136.32	0.31
4、脱盐水	17.42	0.02	13.47	0.03	9.59	0.02
合计	60,710.99	100.00	58,310.92	100.00	44,480.77	100.00

12、关联交易

本公司正式成立后,将与云天化集团正式签定《综合服务协议》、《经营服务协议》、《土地使用权租赁协议》和《注册商标使用许可协议》,明确双方在供产销等方面的关联交易,其中《土地使用权租赁协议》期限为30年,其余协议期限均为6年。上述协议将由创立大会上交由发起人股东云天化集团之外的股东表决通过后签署。

本公司所涉及的关联交易的主要内容如下:

(1)本公司向云天化集团销售合成氨,销售价格按公允市价计价,每月结算一次,云天化集团于每月10日前按上月实际发生数向本公司支付该项费用。

(2)云天化集团向本公司销售清水、电、仪表空气,销售价格按公允市价计价,每月结算一次,本公司于每月10日前按上月实际发生数向云天化集团支付该项费用。

(3)云天化集团向本公司出租铁路和站台,提供本公司汽车运输服务,并为本公司提供厂房、办公楼等建筑物的维修保养服务,上述服务按公允市价计价,每年结算一次,本公司于每个会计年度终结后15日内向云天化集团支付该项费用。

(4)本公司向云天化集团销售脱盐水和蒸汽,此项交易按本公司每年在生产脱盐水和蒸汽上实际支出的费用,根据双方用汽量和脱盐水用量予以分摊,云天化集团在此基础上再加付相当于其所分摊的上述费用的25%的费用予本公司。此项交易按年结算,云天化集团于每个会计年度终结后15日内向本公司支付该项费用。

(5)本公司向云天化集团转供天然气,转供价格按下列方法计算:天然气转供价格=井口价+输气费+净化费。此项交易每月结算一次,云天化集团于每月10日前按上月实际发生数向本公司支付该项费用。

(6)本公司向云天化集团租用土地,共计117,940平方米,在《土地使用权租赁协议》生效后前三年内,年租金3.68元/平方米,合计434,019元,本公司于每个会计年度终结后15日内向云天化集团支付租金。

(7)本公司允许云天化集团在硝铵、多孔硝铵、甲醇、甲醛、脲醛产品上使用“金沙江”牌商标,云天化集团按每年42万元的价格支付费用,第一次支付是在本公司取得营业执照后一个月内支付,以后每年在正常会计年度的最后一个月即12月31日前支付。

(8)云天化集团向本公司提供辅助生产服务,如仪表、机修、中化等。此项交易按提供上述服务所消耗的物品和人工成本加相当于此二项费用的25%的利润计费,此项交易每年结算一次,云天化集团于每个会计年度终结后15日内向本公司支付该项费用。

13、筹委会成员简介

李新华,男,现年44岁,大学文化,高级工程师。1985年至今,历任云南天然气化工厂副厂长、厂长、厂长兼党委书记。1995年获云南省“劳动模范”和“全国化工优秀企业家”称号。现任云天化集团有限责任公司董事长、总经理、党委副书记。本公司筹委会主任。

余明中,男,现年52岁,大学文化,高级工程师。1987年至今,历任云南天然气化工厂企业管理处处长、总经济师、副厂长,现任云天化集团有限责任公司副董事长、副总经理。本公司筹委会副主任。

孙振凤,女,现年52岁,大学文化,高级工程师。历任云南天然气化工厂生产技术处处长、工艺副总工程师、总工程师,现任云天化集团有限责任公司党委书记、副董事长。本公司筹委会副主任。

董华,男,现年36岁,大学文化,高级工程师。历任云南天然气化工厂机动处处长、副厂长。现任云天化集团有限公司董事、副总经理兼总工程师。

张嘉庆,男,现年39岁,大专文化,工程师。历任云南东方包装制品有限公司总经理,云南天然气化工厂副厂长,现任云天化集团有限责任公司董事,副总经理。

张国卿,男,现年48岁,中专文化,工程师。历任云南天然气化工厂调度处处长,厂长助理、副厂长。现任云天化集团有限责任公司董事、副总经理。

李福昌,男,现年55岁,大专文化,工程师。历任云南天然气化工厂劳动人事处处长,厂工会主席、副厂长、党委副书记。现任云天化集团有限责任公司董事、党委副书记、工会主席。

李光栋,男现年55岁,大学文化,高级工程师。历任云南天然气化工厂副总工程师、党委副书记兼纪委书记,副厂长兼纪委书记。现任云天化集团有限责任公司监事会副主席、纪委书记。

根据本公司筹委会决议,本公司成立后,经理层人员将不在云天化集团经理层中双重任职。

九、经营业绩

1、生产经营的一般情况

本公司主营业务是尿素和合成氨产品的生产和销售。

作为为承担国家化肥生产计划的大型化肥生产企业之一,本公司每年均承担国家尿素生产计划。1994年至1996年,本公司每年所承担国家计划下达的尿素产量分别为43万吨、47.5万吨和43万吨;1994年至1996年,本公司每年尿素实际产量分别为54.02万吨、51.21万吨和51.61万吨。

1994年至1996年,本公司分别实现净利润15,380万元、17,390万元和20,840万元。

2、本公司1994年度、1995年度、1996年度和1997年1至3月份经营业绩已经云南会计师事务所审计。以下为本公司利润表摘要。

(单位:元)

项目	1997年1-3月	1996年度	1995年度	1994年度

一、主营业务收入	172,014,704	607,109,985	583,109,149	444,807,704
二、主营业务利润	66,579,635	229,925,226	227,131,385	151,693,892
三、利润总额	66,594,635	229,888,768	227,056,935	184,685,139
四、净利润	45,990,254	208,043,968	173,902,907	153,805,784

以上数据摘录自云南会计师事务所〔97〕云会审字第85号审计报告

3、产品性能和质量

本公司尿素产品为白色颗粒状肥料,含氮量大于46%,属中性速效肥料,适用于各种土壤。本公司"金沙江"牌尿素历年来优级品率达95%以上,1981年,本公司产品荣获"云南省优质产品"称号,1983年荣获"化工部优质产品"称号,1985年被评为"国家优质金奖"产品。

本公司合成氨含氮量超过99.9%,达到国家优级品标准。

4、技术改造

本公司主要生产装置均于70年代引进国外设备建设,其中合成氨装置系引进美国凯洛格公司设备,年设计生产能力为30万吨合成氨;尿素装置系引进荷兰凯洛格-大陆公司设备,年设计生产能力为48万吨尿素。本公司分别在1988年、1994年和1995—1996年完成了三次大规模技术改造;此外,还不断对具体的单项工世和设备进行相应的更新改造。卓有成效的技术改造使本公司生产装置的各项技术指标得到了大幅度提高,达到了九十年代初国际先进水平,在国内大化肥行业中处于领先地位。

十、股本

1、拟注册股份

本公司之独家发起人云天化集团有限责任公司以其经评估确认后净资产47,372.41万元,按98.93%的折股比例折为普通股46,818.18万股,每股面值1元;本次发行社会公众股10,000万股,其中向公司职工配售1000万股,向社会公开发行9000万股如发售成功,本公司实收股本为56818.18万元,每股面值1元,则本公司实收股份56818.18万股,为本公司注册股份。

2、超面值缴入资本及用途

超过面值缴人的资本作为本公司资本公积金,将按本公司正式成立后股东大会通过之公司章程的规定,用于本公司经营发展或弥补可能发生的亏损。

3、发起人认购股份情况

云天化集团为本公司之独家发起人,以其经评估确认的部分经营性资产净值47,3372.41万元折合股份为46,818.18万股,股权性质为法人股,由云天化集团持有。

4、股权结构

本次发行为首次发行,若发售成功,则本公司股权结构如下:

	持股数量	持股比例
发起人股	46,818.18万股	占股本总额的82.4%
社会公众股	10,000万股	占股本总额的17.6%
其中:公司职工股	1,000万股	占股本总额的1.76%
总股本:	56,818.1万股	占总股本总额的100%

5、发行前后主要指标比较

发行前净资产总额:	47,372.41万元
发行前总股数:	46,818万股
发行前每股净资产:	1.01元
本次发行预计实收金额:	60,700.00万元
本次发行后净资产总额:	108,072.41万元
本次发行后总股数:	56,818万股
本次发行后每股净资产:	1.90元

6、主要股东

本次发行前持有发行人5%以上股权的股东:

股东名称	持股数量	持股比例
云天化集团有限责任公司	46.818万股	82.4%

十一、财务会计资料

本公司财务状况已经云南会计师事务所审计,以下内容摘录自〔97〕云会审字第85号审计报告。

资产负债表

编制单位:云南云天化股份有限公司(筹)　　单位:人民币元

资产	附注	1997年3月31日	1996年12月31日	1995年12月31日	1994年12月31日
流动资产:					
货币资金		13,296,912.83	10,806,205.02	48,875,631.20	5,368,334.45
短期投资					
票据					
应收帐款	A	33,434,161.30	13,388,425.18	2,270,046.90	9,004,995.73
减:坏帐准备			68,509.67	11,350.23	45,024.98
应收帐款净额		33,434,161.30	13,319,915.51	2,258,696.67	8,959,970.75
预付货款	B	38,714,633.99	24,318,121.69	27,894,973.35	16,772,057.97
其他应收款	C	11,009,421.45	7,624,171.50	7,562,423.14	7,509,800.00
待摊费用	D	3,183,630.62	3,236,777.23	4,664,418.20	5,370,309.31
存货	E	56,101,946.87	64,142,344.07	66,709,369.96	57,658,047.98
待处理流动资产净损失					
流动资产合计		155,740,707.06	123,447,535.02	157,965,512.52	101,638,520.46
长期投资:					
长期投资					
其中:合并价差(货差"-")					
固定资产:					
固定资产原价	F	649,912,268.00	650,261,768.00	457,992,034.31	456,772,350.97
减:累计折旧	F	298,613,182.00	285,740,238.00	426,894,237.70	368,667,917.27
固定资产净值	F	351,299,086.00	364,521,530.00	31,097,796.61	88,104,433.70
在建工程	G	30,231,380.00	28,634,990.00	5,087,347.58	3,528.50
固定资产清理					
固定资产合计		381,530,466.00	393,156,520.00	36,185,144.19	88,107,962.20
无形资产及递延资产:					
无形资产	H	37,000,000.00	37,000,000.00		
递延资产					
无形资产及递延资产合计		37,000,000.00	37,000,000.00		
其他长期资产:					
其他长期资产					
递延税项:					
递延税款借项					
资产总计		574,271,173.06	553,604,055.02	194,150,656.71	189,746,482.66

资产负债表(续)

负债及股东权益	附注	1997年3月31日	1996年12月31日	1995年12月31日	1994年12月31日
流动负债:					
短期借款	I	45,000,000.00	50,000,000.00	40,000,000.00	40,000,000.00
应付票据					
应付帐款	J	22,831,561.55	18,061,917.19	12,332,562.38	12,681,732.40
预收货款	J	3,353,024.61	9,223,060.39	5,298,566.56	6,825,494.56
其他应付款	K	1,118,139.47	1,056,804.66	237,221.00	10,247.20
应付福利费		4,416,415.56	4,195,553.36	3,844,448.34	3,373,656.86
未付股利					
未交税金	L	23,350,349.40	10,293,299.31	7,722,574.83	4,584,197.85
其他未交款	L	137,517.14	309,968.70	249,334.94	63,333.31
预提费用		340,093.88			
一年内到期的长期负债					
其他流动负债					
流动负债合计		100,547,101.61	93,140,603.61	69,684,708.05	67,538,662.18
长期负债:					

项目	附注	1997年1-3月	1996年度	1995年度	1994年度
长期借款					
应付债券					
长期应付款					
其它长期负债					
长期负债合计					
负债总计		100,547,101.61	93,140,603.61	69,684,708.05	67,538,662.18
股东权益:					
股本	M	468,181,800.00	460,463,451.41	124,465,948.66	122,207,820.48
资本公积		5,542,271.45			
盈余公积					
其中:公益金					
未分配利润					
股东权益合计		473,724,071.45	460,463,451.41	124,465,948.66	122,207,820.48
负债及股东权益总计		574,271,173.06	553,604,055.02	194,150,656.71	189,746,482.66

利润表

编制单位:云南云天化股份有限公司(筹)　　单位:人民币元

项目	附注	1997年1-3月	1996年度	1995年度	1994年度
一、主营业务收入	N	172,014,704.49	607,109,985.27	583,109,149.03	444,807,704.29
减:营业成本	O	95,504,269.39	347,659,597.62	335,233,355.94	273,885,380.01
销售费用	P	1,504,683.83	5,309,109.59	2,941,840.82	2,733,296.50
管理费用	Q	6,261,970.74	19,424,615.64	13,534,534.96	12,364,638.69
财务费用	R	1,030,405.99	2,257,712.26	1,612,659.39	2,215,499.96
进货费用					
营业税金及附加		1,133,739.85	2,533,724.30	2,655,372.46	1,914,996.64
二、主营业务利润		66,579,634.69	229,925,225.86	227,131,385.46	151,693,892.49
加:其他业务利润					
三、营业利润		66,579,643.69	229,925,225.86	227,131,385.46	151,693,892.49
加:投资收益					
补贴收入					33,000,000.00
营业外收入	T	15,000.00	15,252.33	25,600.00	1,246.50
减:营业外支出	U		51,710.00	100,050.00	10,000
加:以前年度损益调整					
四、利润总额		66,594,634.69	229,888,768.19	227,056,935.46	184,685,138.99
减:所得税	V	20,604,379.97	21,844,800.00	53,154,028.59	30,879,355.24
五、净利润		45,990,254.72	208,043,968.19	173,902,906.87	153,805,783.75

1、主要财务指标

财务指标:	1996年	1995年	1994年
1、流动比率	1.33	2.27	1.50
2、速动比率	0.64	1.31	0.65
3、资产负债率(%)	16.82	35.89	35.59
4、应收帐款周转率(次)	77.94	103.95	–
5、存货周转率(次)	5.31	5.39	–
6、净资产收益率(%)	45.08	139.45	125.56
7、每股净利(元)	0.44	0.37	0.33

注:每股净利计算取发行前发起人股本46,818.18万股为分母

2、主要会计政策

(1、)公司执行的会计制度

本公司执行《股份制试点企业会计制度》及其有关规定。

(2)会计期间

本公司会计年度为公历年度,即自1月1日起至12月31日止为一个会计年度

(3)记帐本位币,记帐原则和计价基础

本公司以人民币为记帐本位币,以权责发生制为记帐原则,以历史成本为计价基础,在本报告所涉会计期间内,本公司未涉及外币会计业务,故不存在外币金额折算事宜。

(4)存货计价

产成品按实际成本核算,发出时采用后进先出法核算发出产成品的成本;原材料采用计划成本进行日常核算,通过"材料成本差异"帐户核算各类存货的实际成本与计划成本的差异,领用和发出时,按当月成本差异率计算当月发出原材料应分摊的成本差异,将计划成本调整为实际成本;领用低值易耗品和包装物采用一次摊销法计入有关成本、费用项目。

(5)坏帐准备

本公司按应收帐款年末余额的5‰计提坏帐准备,计入当年损益。

(6)固定资产及折旧

a、固定资产的计价及标准

本公司固定资产按实际成本计价;使用期限在一年以上,单位价值在2,000元以上的列作固定资产。

b、折旧方法、年限、折旧率

本公司固定资产按规定实行分类折旧方法,有关资产分类及其折旧年限和年折旧率如下:

资产类别	折旧年限(年)	年折旧率(%)	净残值率(%)
一、房屋建筑物			
1、生产用房屋建筑物			
(1)一般生产用房	30	3.2	4
(2)受腐蚀生产用房	20	4.8	4
2、建、构筑物	20	4.8	4
二、机器设备			
1、通用设备			
(1)机械设备	14	6.86	4
(2)自动化控制设备	12	8.00	4
2、专用设备	14	6.86	4
3、电子设备	5	19.2	4
运输设备	10	9.6	4

(7)无形资产及其摊销

本公司无形资产系"金沙江"牌商标权,其价值采用直线法按10年的期限摊销。

(8)税项

主要税种	税率	说明
①增值税	13%	尿素产品销售执行13%的税率
	17%	其他货物销售执行17%的税率
②城市维护建设税	5%	以增值税额为计税基数
③教育费附加	3%	计算基数与城建税相同
④企业所得税		根据云南省财政厅[93]云财工字第50号文规定,94年度、95年度执行24%所得税税率
1994年度	24%	
1995年度	24%	
1996年度		96年度经云财工便字[97]第7号文批准定额上缴2,400万元(依率*33%)计征金额与上缴定额的差额由财政专项返还企业)

本公司股票获准上市后,根据云南省人民政府云政复[1997]24号文的批复,所得税超过15%税率部分,可享受"先征后返"的政策照顾,即所得税实际上缴负担率为15%。

在本报告所涉会计期间内,本公司不存在递延税项及其核算事宜。

(9)收入实现的确认

本公司的收入实现采用权责发生制原则予以确认,即以商品、产品已经发出,劳务已经提供,款项已经收到或取得收取款项的权利时确认为收入的实现。

(10)利润分配

本公司设立后,其税后利润将根据《公司法》和《公司章程》的规定,按照股东大会或董事会决议进行分配,其分配顺序如下:

a、弥补按规定需用税后利润弥补的以前年度亏损;

b、按规定提取10%的法定公积金;

c、按规定提取5-10%的法定公益金;

d、按股东大会决议提取任意公积金;

e、按股东大会决议支付普通股股利。

进行上述分配后的未分配利润,并入以后年度利润一并分配。

十二、资产评估

1、经昆明会计师事务所评估,并国家国有资产管理局以国资评〔1997〕402号文确认,截至1997年3月31日,本公司各类资产及负债的帐面值、评估值、评估增值及增值幅度如下:

(单位:元)

资产类别	帐面原值	帐面净值	评估值	增减值	增减幅度
(一)资产总额	872,398,832.89	568,728,901.61	619,271,173.06	50,542,271.45	8.89%
1、流动资产	155,573,536.25	155,573,536.25	155,740,707.06	167,170.81	0.11%
2、长期投资	-	-	-	-	-
3、固定资产	679,825,296.64	376,155,365.36	381,530,466.00	5,375,100.64	1.43%
4、无形资产	37,000,000.00	37,000,000.00	82,000,000.00	45,000,000.00	121.62%
(二)负债总额	-	100,547,101.61	100,547,101.61	-	-
1、流动负债	-	100,547,101.61	100,547,101;61	-	-
2、长期负债					
(三)净资产	-	468,181,800.00	518,724,071.45	50,542,271.45	10.80%

2、资产评估时所采用的主要评估方法和情况说明:

(1)固定资产主要采用重置成本法。

(2)流动资产中存货区分不同情况分别采用重置成本法和现行市价法。

(3)递延性资产(包括待摊费用和递延资产)区分其对于评估目的实现后的占有者来说,是否还存在且与其他评估对象没有重复的资产和权利的价值来确定,对尚存资产或权利的价值采用成本法评估。

(4)采用收益现值法对云天化集团拟投入股份公司的资产之价值进行评估验证。

(5)该次评估结果已作相应的帐务处理。

十三、债项

经云南会计师事务所审计,截止1997年3月31日,本发行人负债总额为10,054.71万元,均为流动负债;其中银行贷款4,500万元,至本招股说明书刊登之日止,本公司债务情况无重大变化。

以下为本公司债项的详细情况:

(单位:万元)

债项类别	金额 短期	长期	利率(%)	债务期间	抵押及担保的情况	其他限制条件
银行贷款:工行水富县支行	2,000	-	8.4	1996.12.31-1997.12.13	无	信用贷款
银行贷款:工行水富县支行	1,000	-	9.15	1996.07.29-1997.07.29	无	信用贷款
银行贷款:工行水富县支行	1,500	-	9.15	1996.08.19-1997.08.19	无	信用贷款
公司债						
对内部人员及关联企业的负债						
合计	4,500					

十四、盈利预测

本公司1997年度盈利预测已经云南会计师事务所审阅,以下内容摘录自云南会计师事务所〔97〕云会审字第86号盈利预测审核报告

1、盈利预测表

项目	1997年度预测数(单位:万元)
(1)主营业务收入	64,961.2
减:营业成本	37,396.4
销售费用	617.6
管理费用	2,475.5
财务费用	150.0
进货费用	
营业税金及附加	428.3
(2)主营业务利润	23,893.4
加:其他业务利润	42.0
(3)营业利润	23,935.4
加:投资收益	800.0
营业外收入	1.5
减:营业外支出	
加:以前年度损益调整	
(4)利润总额	24,736.9
减:所得税	3,710.5
(5)净利润Ⅰ	21,026.4
净利润Ⅱ	16,573.7

全面摊薄每股净利润Ⅰ(所得税率15%):0.37元/股　每股净利润Ⅱ(所得税率33%):0.29元/股

加权平均每股净利润Ⅰ(所得税率15%):0.41元/股　每股净利润Ⅱ(所得税率33%):0.32元/股

(预计资金到位时间为97年6月)

2、盈利预测的基准和假设

(1)盈利预测的基准

本盈利预测是根据业经中国注册会计师审计验证的本公司前三年零三个月(1994年-1997年3月)的经营业绩,在充分考虑现时基础、经营能力、未来发展计划以及下列各项假设的前提下,采取较稳健的原则编制。编制所依据的会计政策及采用的计算方法同国家现行法律、法规、会计准则及本公司一贯采用的会计政策相一致。

(2)假设

在盈利预测期内:

a、本公司所遵循的国家及地方现行法律、法规、财经政策无重大变化;

b、本公司各项经营业务所涉及的国家或地区目前的政治、经济、法律无重大变化;

c、本公司生产经营不受原材料严重短缺和成本重大变动之不利影响;

d、本公司经营业务所涉及的信贷利率、纳税准则以及外汇汇率将在正常范围内波动;

e、本公司拟发售新股按预期完成,计划经营项目及投资项目能按期实现或完成;

f、无其他人力不可抗拒的因素及不可预见因素造成重大不利影响。

十五、公司发展规划

本公司将充分发挥上市公司灵活的经营机制,建立规范的现代企业制度,以市场为导向以效益为中心,积极调整产业和产品结构,逐步实现从单一化肥产品到多种化工产品的转变从单纯生产经营向生产经营和资本经营相结合的转变,力争发展成为跨行业、跨地区,多元化、开放型的大型企业。

为此,本公司将采取以下措施,来保证发展战略的实现:

1、建立一套科学的规章制度,在公司内部形成不断提高劳动生产率,不断更新改造,不断追求科技进步的机制,依靠科技和制度,实现本公司内部各类资源的优化配置。

2、本公司将充分发挥现有合成氨、尿素装置的生产能力,增加产量、降低消耗;迅速吸收、引进世界先进技术进行更新改造,进一步提高装置的技术和管理水平,增强产品的竞争能力。

3、充分利用本公司的人才、管理、技术、资金等优势，积极开发生产一批高技术含量、高附加值的下游产品，抓好季戊四醇、甲酸钠、1,4－丁二醇等投资项目的建设。节省建设投资，加快建设进度，拓展新的销售市场，尽快实现高效益。

4、在沿海、中心城市，通过投资控股，参股，购并等资本经营策略，积极向化工和化工相关行业渗透发展，拓展经营范围和地域范围，以实现投资利润最大化。

预计到2005年，本公司将完成营业收入20亿元，实现税后利润4亿元，以高品质的产品，雄厚的实力开拓海外市场，实现多元化，跨国经营的目标。

十六、重要合同及重大诉讼事项

1、重要合同

经本公司律师审查，并经主承销商律师复核，将会对本公司未来经营活动，财务状况产生重要影响的主要合同如下：

(1)本公司与光大证券有限责任公司签署的《承销协议》；

(2)本公司与云天化集团签署的《分立协议》、《经营服务协议》、《综合服务协议》、《土地使用权租赁协议》和《注册商标使用许可协议》，上述涉及关联交易的协议将在本公司创立大会上交由发起人股东云天化集团之外的股东表决通过后正式签定。

(3)本公司将与中油四川石油天然气销售公司签署的《天然气供用合同》。

(4)本公司与中国农业生产资料集团公司《1997年中央收购国产定价化肥订货合同》，本公司与云南省农业生产资料公司签署的《工矿产品购销合同》2份及本公司与农业部农垦局签署的《1997年中央国产化肥订货协议》。

经本公司律师审查，并经承销商律师复核，上述合同均合法有效。

2、诉讼事项

本公司目前无任何涉及尚未了结或者可以合理预见的对本公司资产或业务的持有或经营有重大不利影响的诉讼事项。

备查文件

1、审计报告、财务报表及附注；

2、发行人成立的注册登记文件；

3、主管部门和证券交易所批准发行上市的文件；

4、承销协议；

5、国有资产管理部门关于资产评估的确认报告；

6、发行人改组的其它有关资料；

7、重要合同；

8、证监会要求的其它文件。

投资者可在发行期间于下列地点查询上述文件。

查阅地点：云南省水富县云南云天化股份有限公司筹委会办公室

云南云天化股份有限公司(筹)

一九九七年六月十五日

附图一

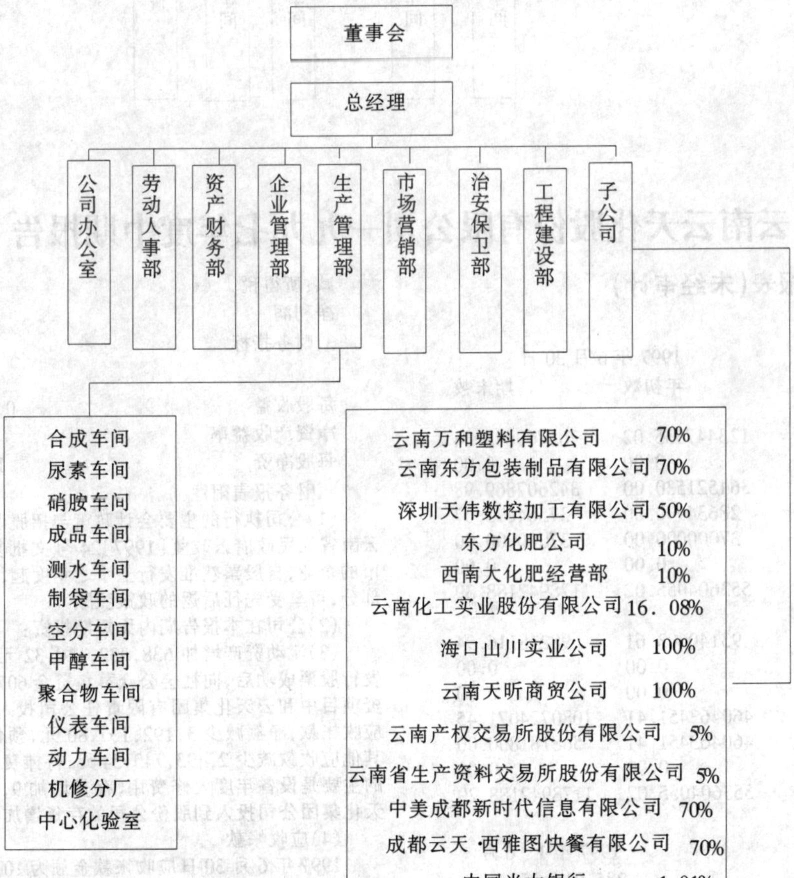

附图二：

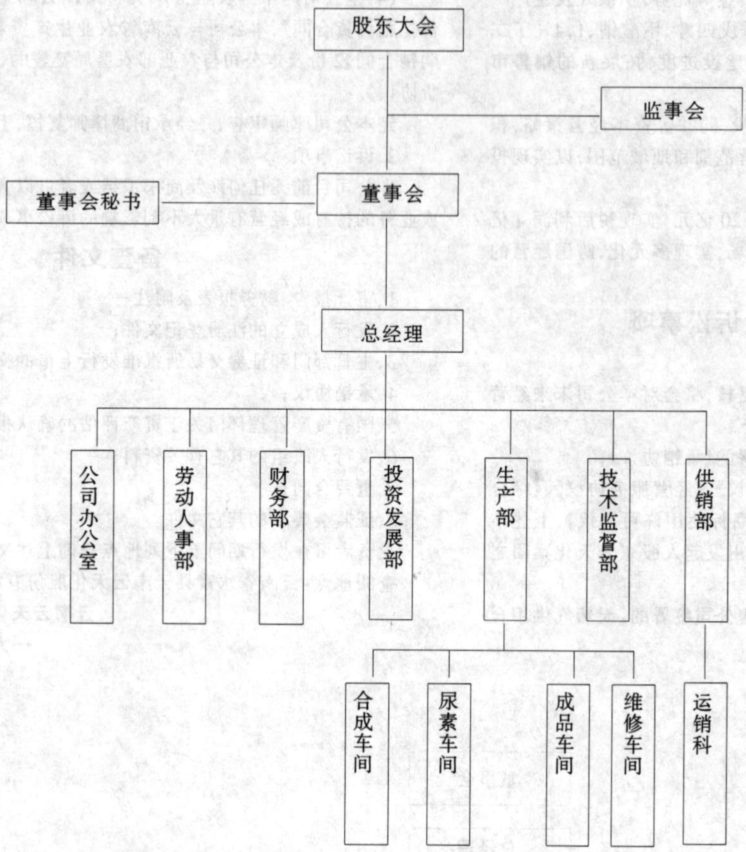

云南云天化股份有限公司一九九七年度中期报告

一、财务报表(未经审计)

(一)1、简化资产负债表

1997 年 6 月 30 日

	年初数	期末数
资产		
流动资产	123447535.02	761769645.34
长期投资	0.00	0.00
固定资产净值	364521530.00	342607869.98
在建工程	28634990.00	37564673.07
无形资产及递延资产	37000000.00	37000000.00
其他长期资产	0.00	0.00
资产总计	553604055.02	1178942188.39
负债及股东权益		
流动负债	93140603.61	98218116.94
长期负债	0.00	0.00
少数股东权益	0.00	0.00
股东权益	460463451.41	1080724071.45
其中:股本	460463451.41	568181800.00
未分配利润	0.00	0.00
负债及股东权益	553604055.02	1178942188.29

2、简化损益表

	1997 年 1－6 月
主营业务收入	285,914,359.59
主营业务利润	114,879,486.52
其他业务利润	0.00
投资收益	0.00
营业外收支净额	48,121.74
加:以前年度损益调整	0.00
利润总额	114,927,608.26
减:所得税	17,239,141.24
净利润	97,688,467.02

3、财务指标

	1997 年 1－6 月
每股收益	0.172 元/股
净资产收益率	9.04%
每股净资产	1.90 元/股

4、财务报表附注

(1)公司执行的主要会计政策与招股说明书一致,但所得税税率执行云南省人民政府云政复〔1997〕24 号文批复,即"凡我省申报股票发行上市的企业,自股票获准发行上市之年度起,其企业所得税超过 15%税率的部分,可享受先征后返的政策照顾"。

(2)公司在本报告期内无短期投资;

(3)流动资产增加 638,332,110.32 元,主要是公司本期向社会公开发行股票成功后,向社会公众募集资金 607,000,000.00 元尚未投入到投资项目中和云天化集团有限责任公司投入货币资金 12,223,351.14 元,应收帐款,净额减少 3,192,137.80 元,预付货款增加 8,026,752.53 元,其他应收款减少 2,493,743.54 元,待摊费用增加 7,072,975.21 元,增加的主要是设备年度大修费用,存货增加 9,684,912.78 元,主要原因是云天化集团公司投入到股份公司的存货增加。

(4)应收帐款

1997 年 6 月 30 日应收帐款金额为 10,127,777.71 元

帐龄	金额	占总额比例(%)
1 年以内	10,105,454.65	99.78
1－2 年	13,767.60	0.14
2－3 年	8,555.46	0.08
合计	10,127,777.71	100

(5)其他应收款

1997年6月30日其他应收款的余额为人民币5,130,427.96元

帐龄	金额	占总额比例(%)
1年以内	5,130,427.96	100
合计	5,130,427.96	100

(6)报告期内公司无长期投资

(7)股本:报告期内公司股本增加107,718,348.59元,主要是向社会公众募集股份后,增加社会公众股股本100,000,000.00元,相应地,国有法人股股本应增至468,181,800.00元,增加7,718,348.59元。

(8)资本公积

公司股票发行成功后,至1997年6月30日的资本公积为512,542,271.45元。

(9)盈余公积

本报告期内,公司无盈余公积金。

(二)关联交易情况

本公司关联交易企业只有云天化集团有限责任公司一家,交易的原则、方法和计价标准与招股说明书一致。

二、生产经营回顾与展望

(一)上半年生产经营回顾

1、主要指标完成情况:上半年,在天然气供应较去年同期减少106万立方米的情况下,公司共生产合成氨155,722吨。尿素257,707吨,与去年同期相比,合成氨增产3,419吨,增长2.24%,尿素增产24,707吨,增长10.60%。

1997年1-6月份主营业务收入为285,914,359.59元,主营业务利润114,879,486.52元,利润总额为114,927,608.26元。

2、采取的主要措施

(1)上半年,公司在天然气供应紧张的情况下,加强生产管理,严格工艺纪律,精心操作,保持了合成氨、尿素装置安全连续运转,并创造了国内大化肥厂合成氨装置连续运转第三次超过300天的优异成绩。

(2)精心组织年度设备大检修,比计划检修30天时间提前9.23天完成大修任务,大修后装置运转良好,为全年的生产稳定奠定了良好的基础。

(3)加强市场营销工作,依靠产品质量优势和公司的良好信誉,保证产品销路畅通,杜绝了产品的库存积压,在全国化肥市场疲软的情况下,产销率保持100%;

(4)加强成本管理,大力挖潜节约,使合成氨单位成本较去年同期降低2.04%,总成本降低256.79万元;尿素单位成本降低4.38%,总成本降低761.30万元。

二、下半年展望

今年是公司成立和上市的第一年,开好头,起好步,将对公司的发展奠定坚实的基础。为此,下半年我们要重点抓好以下几方面的工作。

1、强化内部管理

按照上市公司的要求,完善企业内部各项管理制度,重点抓好公司内部财务管理、资产管理、强化成本管理,增强效益意识,进一步挖潜节约,精简压缩人员,降低产品成本。

2、保持生产稳定

继续抓好装置的安全、稳定、长周期连续运行,提高装置的运转率,合成氨装置运转率达到98%,尿素装置运转率达到97%,完成合成氨产量181,500吨,尿素276,000吨的任务并力争有所超产,继续强化质量管理,保持"金沙江"牌尿素品牌优势,增强产品的市场竞争能力。

3、搞好市场营销

充分利用公司的良好信誉和品牌优势,根据市场情况调整经营策略,认真做好产品销售工作,实现销售尿素276,000吨、合成氨19800吨的销售任务,实现产品销售收入33,324万元。

4、提高经济效益

通过稳定生产,挖潜节约,增收节支,减人增效,积极探索稳健的资本运作形式,确保下半年实现利润13,500万元,按所得税税率15%计算,税后利润将达11,475万元,每股税后净利润达0.202元,净资产收益率17.5%,每股净资产2.10元。

5、抓好项目建设

公司通过发行A股股票向社会募集资金,按照招股说明书投向合成氨、尿素装置的技术改造和设备更新,开发季戊四醇、聚甲醛等有机化工产品,使公司成为大型化工生产企业,实现多元化经营。

(1)合成氨装置和尿素装置的自动控制系统技改工程,总投资4,700万元,97年计划完成投资1,200万元;

(2)季戊四醇、聚甲醛等项目,与外商的商务谈判已结束,并签订了商务合同,商务合同于97年5月28日生效,97年计划完成基础设计,预计完成投资8,300万元。

三、重大事件说明

1、根据中国油气田产销平衡与设备同步检修衔接会安排,公司于6月3日至6月24日进行年度设备大检修,停产20.77天。

2、根据招股说明书披露的信息,股票发行后的新股东不享有本次股票发行完成前的滚存利润,故97年1-6月的净利润已分配给独家发起人——云天化集团有限责任公司。

3、在本报告期内,公司无重大诉讼、仲裁事件。

4、公司未参与股票炒作、根据国务院证券委、中国人民银行、国家经贸委5月21日联合发布的《严禁国有企业和上市公司炒作股票的规定》的要求,本公司进行了认真自查,未有违反国家有关政策法规的行为。

四、发行在外股票的变动和股权结构的变化

1.公司本次股票发行完成后,总股本增至568,181,800股,其中属发起人云天化集团有限责任公司的为468,181,000股,属社会公众股股东的100,000,000股。

2.股本结构情况

	期末数	占总股本(%)
国有法人股	468,181,800股	82.40
社会公众股	100,000,000股	17.60
其中:内部职工股	10,000,000股	1.76
合计	568,181,800股	100

3、主要股东持股情况

云南云天化股份有限公司前十名股东名册

股东名称	持股数	占总股本比例(%)
1、云天化集团有限责任公司	468,181,000	82.40
2、黑龙江省财政证券公司	727,000	0.128
3、中煤信托投资有限责任公司	724,000	0.127
4、合肥丰乐种子有限公司	724,000	0.127
5、云南省国际信托投资公司	664,000	0.117
6、云南省国投大理代办点	664,000	0.117
7、云南省国投曲靖代办点	663,000	0.117
8、北京宏达投资咨询服务公司	592,000	0.104
9、湖南证券股份有限公司	566,000	0.100
10、鑫恒期货经纪有限公司	560,000	0.099

五、股东大会简介

公司于1997年6月30日在云南省水富县云天化集团公司会议厅召开了公司创立大会暨第一次股东大会,出席大会的股东46人,代表股份47469.18万股,占公司总股本的83.54%,符合《中华人民共和国公司法》及本公司章程的有关规定,大会作出以下决议:

一、审议并批准了《关于公司筹组工作报告》

二审议并批准了《关于设立公司费用情况的报告》

三、审议并批准了《公司章程》

四、选举产生了公司第一届董事会,李新华、孙振凤、余明中、董华、张国卿、李冬义、束栄桂当选为公司董事;

五、选举李光栋、张玉梅、姜自力为公司监事,与在此之前由职工推选产生的白贵德、胡斌共五人组成公司第一届监事会;

六、审议并批准了《关于公司股票在上海证券交易所上市的议案》;

七、审议并批准了《关于公司1997年下半年工作安排及未来发展设想的议案》;

八、审议并批准了《关于公司1997年下半年财务预算方案的议案》;

大会由水富县公证处公证员蒋世林、凌育智到会进行现场公证,二位公证员确认大会程序、表决方式及上述决议真实、合法、有效。

六、备查文件

在公司总经理办公室备以下文件供股东查阅:

(一)载有董事长、总经理亲笔签名的中期报告原本及其他会计资料;

(二)公司章程

地址:云南省水富县

联系电话:(0870)8664324

传真:(0870)8664319

邮编:657800

云南云天化股份有限公司

一九九七年八月十九日

莱芜钢铁股份有限公司

莱芜钢铁股份有限公司简介

一、公司概况

莱芜钢铁股份有限公司于1997年8月21日正式创立,8月28日公司A种股票在上海证券交易所挂牌上市。莱芜钢铁股份有限公司是由莱芜钢铁总厂作为独家发起人,以其生产生铁、钢锭、钢坯、钢材、锻件和焦化产品的烧结厂、炼铁厂、炼钢厂、轧钢厂、特钢厂、锻压厂、焦化厂等七个单位的优质资产投入公司,由发起人持有,采用募集方式设立的股份有限公司。公司总股本为52980万股,其中国有法人股44980万股,占总股本的84.9%;社会公众股8000万股(其中公司职工股800万股),占总股本的15.1%。公司员工14679人,截至1996年底,公司总资产为17.68亿元,净资产6.92亿元。

莱芜钢铁股份有限公司主要从事生铁、钢锭、钢坯、钢材、大锻件、水渣、炼焦化产品及炼钢副产品等的生产经营业务,公司的主营业务收入占总收入的90%以上。

主要产品有热轧圆钢(轴承钢、齿轮钢、炭结钢、合结钢)、螺纹钢、热轧带钢、冷轧带钢和圆钢管坯,还有铸造生铁、炼钢生铁、锻件等70多个品种、200多个规格。船用锚链钢、40Cr热轧圆钢、20MnSi钢筋混凝土结构用热轧钢筋等15种产品分别获得国优、部优、省优产品称号。船用锚链钢被评为冶金工业部优质产品和山东省名牌产品,并通过中国、美国、日本、英国、韩国五国船级社的认证。热轧带钢获山东省优秀新产品一等奖,并被推荐为"国家级重点新产品"。

公司产品销往全国25个省、市、自治区的1400余家企业,出口美国、日本、瑞士、泰国、韩国等国家和港台地区。1996年,公司产钢132.92万吨,生铁138.66万吨,钢材90.91万吨。

莱芜钢铁股份有限公司具有巨大的成长潜力和良好的发展前景。

地理优越,资源丰富。公司西倚泰山,东临沂河,铁路经辛泰路与胶济铁路和京沪铁路相连,主要公路与青岛、日照港相接,运输方便。公司住地莱芜市与之相邻新泰市、肥城市是山东重要的煤炭基地,煤、矿石资源十分丰富。位于山东电网的中心,电源容量较大,结线可靠。

社会信誉良好,对外交流扩大。坚持质量第一,用户至上的经营方针,一手抓产品质量,一手抓用户服务。公司发起人莱芜钢铁总厂连续七年获得山东省"重合同、守信用"企业称号。荣获"全国名优产品售后服务优秀企业"称号。

装备水平提高,竞争能力增强。利用外资改扩建以来,公司决策者始终坚持高起点、高标准的原则,走扩建与技改、配套相结合的路子,不搞低水平扩展,把提高技术准备水平和完善设备功能作为企业发展的根本举措。目前主体生产工艺装备水平处于全国冶金系统的先进水平,部分装备达到国际先进水平。已投入运行的中小型轧机及1998年竣工的中型万能轧机将成为公司新的利润增长点。到本世纪末,公司将形成两条完整、先进、合理的生产线:一是条高炉、铁水预处理、氧气顶吹转炉、炉外精炼、连铸和中小型材、H型钢、热带生产线;一条是电炉、炉外精炼、棒材生产线。生产规模将达到年产钢200万吨。普钢、特钢两条生产线优势互补,极大增强了抗市场风险的能力;先进的工艺技术装备,将进一步提高新产品的开发能力和产品的质量,增强市场竞争能力。

莱芜钢铁股份有限公司将充分发挥自身的优势,把握发展机遇,实施优势膨胀战略,把公司真正建设成为配套成龙、结构优化、装备水平高、竞争能力强的现代化钢铁联合企业,以其优良的业绩回报广大股东。

二、董事长兼总经理介绍

李景常先生出生于1940年1月,1964年大专毕业,高级工程师。历任莱芜钢铁总厂第二铁厂厂长兼党委副书记;莱芜钢铁总厂党委常委、副厂长;1987年任莱芜钢铁总厂党委书记;1991年至今,任莱芜钢铁总厂厂长、党委副书记。李景常先生是中共十三大代表,中共山东省五届省委委员,山东省优秀企业家,山东省劳动模范,山东省"富民兴鲁劳动奖章"获得者,全国"五一"劳动奖章获得者,第八届全国人民代表大会代表。

莱芜钢铁股份有限公司(筹)招股说明书概要

一、释　　义

在本招股说明书中,除非另加以说明,下列简称具有如下意义:

发行人:　指莱芜钢铁股份有限公司(筹)

公司:　指莱芜钢铁股份有限公司(筹)

发起人:　指莱芜钢铁总厂

筹委会:　指公司筹备委员会在公司成立之前行使董事会职责,董事会成立后筹委会自行解散。

A股:　指本公司每股面值为人民币1.00元的记名式普通股股份

本次发行:　指本次向社会公众发行的8000万股人民币普通股(A股)

主承销商:　指海通证券有限公司

上市推荐人:指湖北证券公司　海通证券有限公司　山东省国际信托投资公司

元:　指人民币元

公司章程:　指莱芜钢铁股份有限公司章程(草案)

亚行:　指亚洲开发银行

改扩建:　指由国务院国办通〔1989〕37号文批准的莱钢利用外资进行改造、扩建、配套发展工程。该工程总投资413394万元人民币,主要利用亚洲开发银行贷款和联合融资及国内配套资金,主要项目包括矿山、炼铁、炼钢、轧钢及部分辅助配套设施。

二、绪　　言

本招股说明书是根据《中华人民共和国公司法》、《股票发行与交易管理暂行条例》、《公开发行股票公司信息披露实施细则》等国家法律、法规、规则及发行人实际情况编写而成,旨在为投资者提供本公司的基本情况、各项法定资料及一般资料。本公司筹委会已确认本招股说明书,确信其中不存在任何重大遗漏或者误导,并对其真实性、准确性、完整性负个别的和连带的责任。

本次发行的股票是根据本招股说明书所载明的资料申请发行的。除本发行人和主承销商外,本公司没有委托或授权任何其他人提供未在本招股说明书中列载的信息和对本招股说明书作任何解释或者说明。

因买卖本公司股票而所需缴纳的税款由投资者自行负担，本公司、承销商和推荐人对此不承担任何责任。

本次发行的股票已委托海通证券有限公司为主承销商的承销团包销并已签订承销协议。

本次发行业经中国证券监督管理委员会证监发字〔1997〕400号、〔1997〕401号文批准。

三、与A股发行有关的当事人

发行人　莱芜钢铁股份有限公司(筹)
筹委会主任:李景常
地　　址:山东省莱芜市钢城区
电　　话:0634—6822223
传　　真:0634—6821094
联 系 人:薛克治　宋振训

主承销商　海通证券有限公司
公司负责人:王开国
地　　址:上海市唐山路218号
电　　话:021—65843376
传　　真:021—65934705
项目经办人:汪烽　应同山　张均宇

副主承销商　申银万国证券股份有限公司
公司负责人:朱　恒
地　　址:上海市南京东路99号
电　　话:021—64312800
传　　真:021—64310778
联 系 人:欧阳建勋　刘革峰

分销商　湖北证券公司
法定代表人:陈浩武
地　　址:武汉市武昌彭刘杨路232号
电　　话:(027)8311744
传　　真:(027)8040071
联 系 人:贾暾

山东省国际信托投资公司
法定代表人:宋国文
地　　址:济南市解放路166号
电　　话:0531—6956565
传　　真:0531—6942770
联 系 人:孙伟　庄文

蔚深证券有限责任公司
法定代表人:熊秉权
地　　址:深圳市福田区振华路飞亚达大厦8楼
电　　话:0755—3236140
传　　真:0755—32236188
联 系 人:刘宜

安徽省证券公司
法定代表人:宋明
地　　址:安徽省合肥市长江路357号证券大厦
电　　话:0551—2819543
传　　真:0551—2819524
联 系 人:杨奇

黑龙江省证券公司
法定代表人:卞玉祥
地　　址:黑龙江省哈尔滨市南岗区西大直街40号
电　　话:0451—3628839
传　　真:0451—3627918
联 系 人:陈海良　张继华

安徽省国际信托投资公司
法定代表人:卢继延
地　　址:安徽省合肥市寿春路111号
电　　话:0551—2645704
传　　真:0551—2654274
联 系 人:何昌顺

中国旅游国际信托投资有限公司
法定代表人:刁玉良
地　　址:北京站东街6号金安皇都大酒店四层
电　　话:010—68367056
传　　真:010—68367058
联 系 人:王超　汪刚义

陕西省证券公司
法定代表人:刘弟
地　　址:陕西省西安市友谊东路124号泛亚大厦
电　　话:029—7804269
传　　真:029—7804269
联 系 人:张国勇　梅勇

上海国际信托投资公司
法定代表人:鲍友德
地　　址:上海市九江路111号
电　　话:021—63237148
传　　真:021—63212805
联 系 人:刘益朋　王国卫

海南赛格国际信托投资公司
法定代表人:李建民
地　　址:海南省海口市滨海大道华信大厦
电　　话:0898—6786556
传　　真:0898—6787519
联 系 人:王启亮

海南省国际信托投资公司
法定代表人:彭振明
地　　址:海南省海口市滨海大道国信大厦
电　　话:0898—6777333
传　　真:0898—6793918
联 系 人:黄冲　王鸿武

南方证券有限公司
法定代表人:沈沛
地　　址:深圳市深南东路56号南方国际大酒店
电　　话:0755—2256728—1204
传　　真:0531—2967244
联 系 人:尉向东

海南省证券公司
法定代表人:文哲
地　　址:海南省海口市龙星北路二号
电　　话:0898—6779911　021—64686105
传　　真:021—54686106

长城证券有限责任公司
法定代表人:李仁杰
地　　址:深圳市福田区八卦三路平安大厦4楼
电　　话:0755—2414863
传　　真:0755—2414862
联 系 人:林红桥　符晓

上市推荐人　湖北证券公司
海通证券有限公司

山东省国际信托投资公司

发行人财务顾问

山东证券有限责任公司

法定代表人:宋国文

地　　址:济南千佛山路北首

电　　话:0531—2969482

传　　真:0531—2969497

联 系 人:韩吉春　孙明高　任崃

发行人法律顾问

北京国方律师事务所

地　　址:北京市海淀区知春路56号中航科技大厦东楼六层

电　　话:010—62614103

传　　真:010—62614104

经办律师:丛培国　张利国　熊道平

主承销商律师

山东明允律师事务所

地　　址:山东济南市经十路十一号

电　　话:0531—2965983

传　　真:0531—2961942

经办律师:高景言　于新

财务审计机构

山东烟台会计师事务所

法定代表人:刘天聚

地　　址:烟台芝罘区胜利路2号

电　　话:0535—6224420

传　　真:0535—6224381

经办注册会计师:孙祥祚　赵永兰

资产评估机构

山东会计师事务所

法定代表人:许中祐

地　　址:济南市大纬二路59号

电　　话:(0531)6907043

传　　真:(0531)6907042

经办评估人:马秀英　王效治

土地估价机构

山东省地产估价事务所

法定代表人:刘建功

地　　址:山东省济南市历下区东外环路中段

电　　话:0531—8947642

传　　真:

联 系 人:刘建功　张锐

资产评估确认机构

中华人民共和国国家国有资产管理局

法定代表人:张佑才

地　　址:北京市海滨区万泉河路66号

电　　话:010—2567744

传　　真:010—2561817

股票登记机构

上海证券中央登记结算公司

法定代表人:王迪彬

地　　址:上海市闵行路67号

电　　话:021—63566651

传　　真:021—63257454

四、承　　销

1、承销方式

本次公开发行的A股由承销团采用余额包销的方式承销。

2、承销的起止日期

1997年8月8日至1997年8月18日

3、发行方式

本公司本次股票将采用"上网定价"发行方式。

4、发行地区

与上海证券交易所系统联网的各证券营业网点。

5、发行对象

中华人民共和国境内的公民、法人和其他组织(国家法律、法规禁止购买者除外)。

6、发行股票的种类、面值和总量

本次发行总量为每股面值为1.00元记名式人民币普通股8000万股,其中向社会公众公开发行7200万股,向公司职工发行的800万股,将根据本公司提供并经劳动管理部门核准的职工人数和公司职工股配售方案配售。

7、发行价格及其确定价格的方法:

(1)本次向社会公众公开发行的股票采用溢价发行方式,每股发行价格为6.73元。

(2)每股发行价格＝

$$\frac{(94、95、96\text{年税后利润之和})}{3\times\text{发行前股本}}\times\text{市盈率}$$

$$=0.481\times\text{市盈率}$$

$$=6.73$$

市盈率:14倍

8、预计发行市值:53,840万元

预计本次发行实收金额不少于52,160万元(已扣除有关发行费用)。本次发行结束后,本公司即委托山东烟台会计师事务所验证实收资本。

9、本此股票发行已取得上海证券交易所上市承诺。

10、承销机构、承销比例

主承销商:	海通证券有限公司	16%
副主承销商:	申银万国证券股份有限公司	8%
分销商:	湖北证券公司	7%
	陕西证券公司	6.5%
	南方证券有限公司	6.5%
	黑龙江省证券公司	6%
	山东省国际信托投资公司	5%
	上海国际信托投资公司	5%
	长城证券有限责任公司	5%
	蔚深证券有限责任公司	5%
	安徽省证券公司	5%
	安徽省国际信托投资公司	5%
	中国旅游国际信托投资有限公司	5%
	海南赛格国际信托投资公司	5%
	海南省国际信托投资公司	5%
	海南省证券公司	5%

五、风险因素及对策

投资者在评价发行人此次发售的股票时,除本招股说明书提供的其他资料外,应特别认真地考虑下述各项风险因素。

1、经营风险

(1)原材料、能源的供应和价格的风险

本公司主要耗用的原材料有铁矿石、废钢铁、重油等,能源耗用主要有煤炭、电力等。其中每年要耗用铁矿石近300万吨,其中自产精粉40余万吨,不足部分市场采购。煤炭80万吨左右,全部靠市场采购,因此,本公司对煤炭的供货渠道依赖性相对较大，废钢铁30万吨左右，重油少量。

但近年来，煤炭、电力、重油的市场价格有上涨趋势，由于本公司每年需耗用大量的原料和能源，96年本公司原材料占制造成本的比例为72%左右，这对公司产品制造成本和生产组织带来一些影响。

(2)产业结构集中的风险

本公司目前的主营业务是钢铁冶炼和钢材的生产和销售，产业结构集中，可能带来一定风险。

2、行业风险

(1)目前，钢铁行业虽无替代产品，但受国家宏观经济政策和经济发展速度影响很大。在某些特定时期，国家适时加强对国民经济的宏观调控，或对钢铁业的相关产业加强控制，如加强对房地产和基建项目的控制等，都会对钢铁生产企业产生直接的冲击和影响。

(2)现在，国内钢材市场供需基本平衡，国内钢铁企业间竞争激烈，冶金行业钢铁企业共107家，本公司作为大型钢铁联合企业，1996年在边生产边建设的情况下，综合效益列于第15位。

3、市场风险

根据1996年本公司的销量和全国实际消费量，本公司在全国的市场占有率，总体为0.84%左右，其中，锚链钢的市场占有率为60%以上，热轧带钢为15.4%左右；市场覆盖面遍及东北、华北、华东、中南、东南、西南及香港、台湾，国外遍及美、日、韩及东南亚各国。现在，国内钢材市场供需基本平衡，国内钢铁企业间竞争激烈，每年我国还要大量进口钢材，加之近几年国内支付能力相对不足，对国内钢材市场有一定影响。

4、政策风险

(1)国家货币政策的变化

"九五"期间，国家继续实行"适度从紧"的货币政策，其中包括对出口退税等政策的调整，由于公司1996年有15%以上的产品用于出口，这将对公司有一定程度的制约；

由于公司成立之前，原发起人实行定额上缴所得税的办法，实际税负低于15%，公司成立之后，将执行上缴33%，返还18%的所得税政策，公司的实所得税负将比成立前有所增加。

(2)加入世界贸易组织的风险

我国加入世界贸易组织后，钢材的进口关税将进一步降低，国外企业将参与我国钢铁市场的竞争，这对国内钢材市场竞争格局将有一定影响。

5、投资风险

(1)本公司利用外资改扩建工程主要利用亚行外资贷款，有的设备已与国外签订订货合同，国内外配套资金如不能及时到位将使公司承担额外费用，并对工程进度造成一定影响；另外，由于改扩建工程项目多，部分设备需从国外进口，国家税务局、海关总署对与本公司进口设备免征进口关税和产品税，国内外进出口政策的变化会对设备购置产生一定影响；

(2)本公司未来的盈利增长及发展，很大程度上取决于能否有效地控制工程造价、保证工程质量和按时完成改扩建计划，本公司具有丰富的改扩建经验，但也可能在工程进度、施工成本方面产生不能预测的风险。

(3)改扩建工程周期相对较长，从而有可能影响对工程投产后市场预测的准确性。

6、股市风险

本公司股票将在上海证券交易所挂牌上市。由于股票市场的股票价格不仅取决于企业的经营状况，同时也受到利率、汇率、通货膨胀、政治局势、宏观经济形势变化、国家有关经济政策以及投资者心态变化等因素的影响。因此，投资收益与投资风险共存。本公司筹委会提醒投资者，正视股市风险，审慎地做出投资决策。

本公司对上述风险已采取或拟采取的对策：

1、针对经营风险

(1)原材料、能源的供应和价格的风险的对策

本公司将充分发挥近几年新上生产线自动化程度高，设备先进，设施完善，工艺布局合理的优势，以节能降耗为重点，充分利用煤气、余热等各种能源，降低各种燃料的实物量消耗，以此来减小由于原燃料涨价给公司带来的影响，达到降低产品成本的目的。具体措施有：

提高连铸比和热送率，降低生产过程中的能源消耗。通过建设矩形坯连铸；使转炉钢达到全连铸：充分发挥本公司中型车间所具备的现代国际上最先进的热送技术和新建制氧机的低能耗制氧技术，降低煤气、电力的实物量消耗；充分利用各种煤气，合理使用、减少放散、降低消耗，主要内容是建成转炉煤气回收工程；烧结机点火器改烧混合煤气；安装热值、压力自动调节装置；充分利用余热发电设备等。其他能源消耗主要通过技术进步、挖潜改造等办法降低。充分利用和完善喷煤富氧设施，加大炼铁高炉的喷煤量，增加富氧，增铁、节焦、降耗。

(2)产业结构集中的对策

本公司主要产品为建筑、机械加工和汽车制造用钢材，市场前景广阔，本公司作为一个拥有特殊钢和普通钢两条生产线的钢铁联合企业，产品品种规格齐全，不仅能生产圆钢、边角槽等型钢和带钢，而且能生产适应性较强的特殊钢，且特殊钢的生产在山东及苏北地区独此一家，其中的锚链钢，本公司已成为亚洲最大的锚链钢生产基地。本公司将使各种产品系列化，搞好钢材深加工，以更好满足各类用户需求。同时，公司将以提高经济效益为原则，适度涉足其他行业和产品，发展多元经营。

2、针对行业风险

钢铁产业作为我国的基础产业之一，其产品有不可替代性，直接面对建筑、房地产、汽车制造等行业。因本公司的产品品种规格齐全，调节余地较大，在同行业的竞争中处于较有利的地位。面对行业内部激烈的竞争及今后国际钢铁市场的竞争压力，本公司将按照速度、效益相统一的原则，抓住机遇，上规模、上档次、上水平。依靠科技进步，加强内部管理，优化资产结构、产品结构、生产技术结构及企业组织结构，加快从粗放型转变成集约型发展的步伐，提高企业的抗风险能力。

3、针对市场风险

本公司注重发展系列产品，待利用外资和A股筹资完成改扩建后，主要生产工艺和装备水平达到国内同行业先进水平，铁、钢材的比例趋于协调，能生产多种不同类型的钢材产品以适合客户的需要；本次募集资金主要投入的项目中型万能轧机工程投产之后，将改变国内中型H型钢严重依赖进口产品的格局；同时，本公司注重开发优质产品，提高产品质量，降低产品成本；着重市场研究，扩展销售渠道，讲究营销策略，积极开拓国内、国际两个市场，开展全方位服务。以上措施将极大地提高本公司产品的市场竞争能力。

4、针对政策风险

(1)货币政策变化的对策

现在中国已基本实现经济"软着陆"，宏观调控已基本达到目的，国家调低了存贷款利率，并且将住宅业确定为国民经济的支柱产业。这样，对本公司来说，在资金供应和市场销售等方面，就有了较好的政策环境；同时，本公司将注重对财政、税收、产业、金融、投资等国家政策信息的收集和研究；根据国家政策相应制定和调整企业经营策略，以提高企业的经济效益。

(2)加入世界贸易组织风险的对策

本公司产品1996年出口创汇5600万美元，在国际市场上有一定竞争力。本公司将进一步改进现有的设备和工艺，提高技术水平和产品质量，降低生产成本，有重点有步骤地开发国际市场，迎接国际竞争的挑战。

5、针对投资风险

(1)派财务处专人落实好资金来源，及时与国内外金融机构联络，加强资金管理，保证合同款按期支付。

(2)对工程建筑承包商实行招标，并对其费用的发生加强审查，对其建筑质量严格测评，使工程保质保期。

(3)广泛地开展市场调研和国内外商情的收集，增加市场预测的准确性。

6、针对股市风险

股票市场价格起落波动乃股市之正常现象，因此，为了规避股票上市后的风险，保障股东的权益，本公司将及时准确地公告中期、期末财务、经营业绩以及重大经济活动信息，自觉接受证券管理部门的监督，以保护本公司及广大股东的利益。

六、募集资金的运用

1、投资项目简介

莱钢是经国务院批准的全国冶金行业第一家利用外资改扩建企业，1989年1月，亚行评估团来华对莱钢项目评估后，国务院国办通〔1989〕37号文批准了莱钢利用外资扩建工程，国家计委〔1989〕807号文核准需资金142,100万元。1992年亚行同意为莱钢提供2.21亿美元的优惠贷款。1995年，由于受投资项目变化，美元汇率变动，通货膨胀等因素的影响，经冶建〔1995〕126号文重新批准该工程总概算413.394万元人民币，莱钢利用外资改扩建工程的主要内容包括矿山、炼铁、炼钢、轧钢及部分辅助配套设施。主要项目有：建设小张家洼铁矿和原料场，一百零五平方米烧结机一台，七百五十立方米高炉一座，二十五吨转炉一座，方坯连铸机两台，中型万能轧机项目，中小型轧机各一套及其他辅助配套设施。大部分工程项目已经相继建成投产，至1996年底已累计完成投资21亿元左右，中型万能轧机工程以及配套项目因国内配套资金不落实尚未建成。本次募集资金的投入，将使中型万能轧机工程和整个利用外资改扩建工程，按照我国政府和亚行的要求于1998年11月份建成投产，并发挥整体投资效益。

关于中型万能轧机工程

中型万能轧机工程的主体——中型轧钢车间的建设是莱钢历年来改扩建中投资最大的一个项目，该车间以中型H型钢为主要产品，在中型轧钢车间前面，同步建设一台为该车间提供坯料的连铸机及钢包精炼炉，与中型轧钢车间形成连铸——热送、热装——连轧短流程生产线。这在国内还是首家大规模以生产中型H型钢为主的连铸——连轧短流程生产线，中型轧机的轧线机械设备约53%由国外引进，其余47%为国外设计，国内转化图纸并制造，设计内容包括铸坯加热炉、轧制生产线、轧辊加工间、粗、精轧区主电室、电气室、水处理系统、35/6KV变电所及总图运输工程等，全套电气及液压设备由国外引进，生产线全部过程都由计算机控制和管理。

目前国内中型H型钢材的生产还属空白，中型H型钢全部依赖进口，公司的中型H型钢与同类进口产品相比具有明显的价格优势。

中型万能轧机工程建成后的生产能力为50万吨/年；

产品大纲

单位：万吨/年

序号	钢材品种	规格		产量
1	H型钢	HZ160—HZ360	HK100—HK200	35.0
2	工字钢	16—36号		2.5
3	槽　钢	20—36号		3.5
4	角　钢	12.5—20号	14/9—20/12.5号	4.0
5	矿用钢	矿工9—12	矿U18—29	5.0
合计				50.0

2、募集资金的运用：

本次募集资金项目总投资119.811万元(详见下表)，其中：所需外汇5010万美元，按1996年12月31日汇率8.2982折合成人民币41.574万元，由于外汇部分由亚行贷款解决，因此剩余78.237万元内资将主要通过此次募股解决。本次公开发行股票如获成功，所募集资金扣除发行费用共计52.160万元，与剩余内资概算相比尚有26.077万元缺口，但由于上述项目为分期投入，因此资金缺口本公司将通过自筹、利用前期投资收益等筹资办法解决。

项目工程概算如下：

单位：人民币万元

	概算价值	占概算投资%
建筑工程	17,642	14.72
设备及工具器具	67.390	56.25
安装工程	5.798	4.84
其他费用	28.981	24.19
合　计	119.811	100.00

3、募集资金投入计划进度安排

中型万能轧机工程项目已于1997年3月20日开工，该项目建设期两年，按计划将于1998年11月底建成，本次募集资金52,160万元将在两年内投入，其中：1997年投入49,698万元、1998年2,462万元。

中型万能轧机项目建成投产后第一年生产负荷达到设计能力85%，第二年达到100%。

单位：人民币万元

投资利润率(项目)	中型万能轧机工程投资金额	(含外汇)	资金的使用	募集资金	自筹(年)	建设周期时间	投产期(年)	投资回收期(年)
1996年	4.122	(3.726)	--	396	2	1998.11	5.2	26.37
1997年	91.272	(32.110)	49.698	9.464				
1998年	24.417	(5.738)	2.462	16.217				
合　计	119.811	(41.574)	52.160	26.077				

注：1996年的费用 为引进设备合同定金及项目设计费。

外汇以96年底的美元汇率8.2982折为人民币计算。

4、项目经济效益

中型万能轧机项目建成后产品的销售价格是按照财务评价的定价原则，同时考虑该产品市场价格行情，分品种价格详见下表：

销售收入计算表

单位：销售量—万吨；售价——元/吨；收入—万元

序号	钢材	销售量	销售价格	销售收入
1	H型钢	35.0	4,000.0	140,000
2	工字钢	2.5	3,200.0	8,000
3	槽　钢	3.5	3,150.0	11,025
4	角　钢	4.0	3,050.0	12,200
5	矿用钢	5.0	2,850.0	14,250
	合　计	50.0	3,709.5	185,475

经计算正常生产年销售收入在产销率为100%的情况下为185.475万元。

七、股利分配政策

1、股利分配的一般政策

本公司新股发行后的股利分配政策按本公司章程所载之股利分配政策进行。

本公司的税后利润为利润总额扣除按规定缴纳的所得税后的利润，根据本公司章程，公司的税后利润按照以下顺序分配：

A弥补亏损(如有此项亏损)；

B提取法定公积金；

C提取法定公益金；

D根据股东大会的决议提取任意公积金；

E支付普通股股利。

本公司派发股利时，本着同股同利的原则，按照各股东所持有的份额进行分配。股利分配采取现金或股票两种形式。

本公司向股东分配股利时，应按中国税法的规定、代扣股东股利收入应缴纳之税金。

关于弥补亏损的年限、数额、公积金和公益金计提比例以及股利率的确定，即某一年度的具体分配比例，均由本公司成立之后的董事会依据有关法规和公司章程的有关规定，并视公司经营状况和发展需要提出分配方案，经股东大会审定批准后实施。

2、公司股利分配将本着同股同利的原则进行，本公司自成立之日至1997年底的利润由本次发行后公司的新老股东按持股比例共同享有和分配。筹委会预计1997年度的股利在1998年6月30日或之前派发。本公司新股东参与1997年全年利润分配，不参加1996年利润分配。

3、由于本公司尚未成立，决策机构为本公司筹委会，故股利分配政策需等发行之后由首届股东大会予以确定。

八、验资证明

本公司发起人出资的验资证明：

本次公开发行前，公司委托山东烟台会计师事务所依据股份制改制的有关法规、制度及规定，对本公司的资本情况进行验证，经注册会计师赵永兰签字出具的《验资报告》证明结果如下：

截止1996年11月30日，莱芜钢铁股份有限公司筹委会收到莱钢总厂以1996年11月30日拟进入股份公司之资产及相应的负债，经山东会计师事务所评估，国家国有资产管理局国评〔1997〕399号文确认净资产691652046.93元，经山东省国有资产管理局鲁国资企字〔1997〕19号文批复，按65.03%的比例折股44980万股，每股面值1元，折股本44,980万元人民币，投入股份公司，此部分为发起人股，即国有法人股折股后余额241852046.93元，列公司资本公积。

九、发行人情况

1、发行人名称：莱芜钢铁股份有限公司(筹)

英文名称：LAIWU IRON & STEEL COMPANY LIMITED

2、发行人名称预核准日期：1997年1月8日

3、发行人住所：山东省莱芜市钢城区

4、发行人历史沿革：

本公司发起人是莱芜钢铁总厂，莱钢于1970年1月开始筹建。1975年初以前为大规模基本建设时期，1975年后，开始边生产边建设；1987年5月，为了适应莱钢建设发展的需要，莱芜钢铁厂更名为莱芜钢铁总厂；1989年7月，国务院国办通〔1989〕37号文批准莱钢利用外资进行改扩建；这是全国冶金首家利用外资改扩建的企业。主要项目包括炼铁、炼钢、轧钢及公用辅助配套设施，含23个单项工程，工程概算总投资41.34亿元，经过27年的建设发展，莱钢现已成为一个拥有转炉钢和电炉钢两个生产系统，包括矿山采选、烧结、焦化、炼铁、炼钢、连铸、轧材以及相应的动力、运输、机械、建筑安装等门类比较齐全的特大型钢铁联合企业。莱钢是中国大中型工业企业竞争实力百强企业，中国工业技术开发实力百强企业、"AAA"级信誉企业。1995年度按销售收入排序，在全国500家最大工业企业中名列第138位，莱钢是国家重点扶持的1000家企业之一，并已被批准进入前512户行列。全厂职工40,364人，各类专业技术人员7,130人，全厂占地1,320万平方米。截至1996年底，莱钢资产总额为64.61亿元，净资产20.54亿元，莱钢1996年生产钢138.46万吨、生铁138.66万吨、钢材90.91万吨，销售收入296,955.29万元，其中主营业务收入占90%以上；实现利税27,525.70万元，其中利润10,288万元；出口创汇46,417.26万元(人民币)。

莱芜钢铁股份有限公司(以下简称"本公司")是经山东省人民政府鲁政字〔1996〕282号文批准设立，并经山东省工商行政理局(鲁)名称预〔97〕第480号文预先核准名称，以莱芜钢铁总厂作为独家发起人，以其生产生铁、钢坯、钢材、焦化、锻件产品的焦化厂、第一铁厂、第二铁厂、炼钢厂、轧钢厂、特钢厂、锻压厂七个单位的净资产共计69,165.20万元投入股份公司，按65.03%的比例折成44,980万股国有法人股，以募集方式设立的股份有限公司。莱芜钢铁总厂将其他生产经营性资产如莱芜铁矿、韩旺铁矿、石灰石矿、黑旺铁矿、矿山建设公司、建筑安装工程公司等矿山建设单位的资产仍留在总厂，由总厂管理；将冶炼厂、超硬材料厂、运输部、动力部、自动化部、机械厂、交通汽车运输公司等辅助生产单位的资产及职工医院、生活服务公司、城建房产公司、附属企业公司、技工学校、职工教育、普通教育等后勤服务事业单位的资产剥离，莱钢总厂将按照《服务合同》向股份公司有偿提供服务。

改制前莱芜钢铁总厂的产权结构如下图所示：

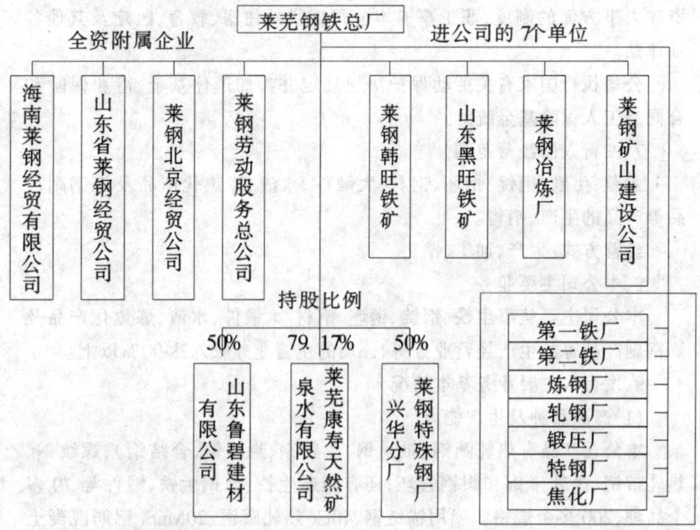

注：莱钢特殊钢厂兴华分厂生产的钢材与股份公司的产品品种规格不同，不存在同业竞争。其另50%的股权持有者为莱芜市兴华集团公司，主营纺织品生产及销售。

发起人莱钢总厂作为本公司的控股股东，于1997年3月31日，向公司作出书面不予竞争的承诺，发起人莱钢总厂向本公司承诺及保证发起人本身，并将促使其下属子公司、联营公司、合资公司和企业(以下统称"发起人各成员")不会直接或间接参与或进行与本公司的产品或业务竞争的任何活动；且如发起人或发起人各成员拟出售或转让发起人及各成员的任何资产、业务或权益，发起人将给予本公司优先购买的权利，而且购买条件将不逊于发起人向任何独立的第三人提供的条件。

发起人莱钢总厂并承诺：

a、莱钢总厂与莱芜钢铁股份有限公司(筹)所签署的《产品包销合同》、原材料《供应合同》，在公司第一次股东大会上大股东不参加表决的情况下，小股东半数以上通过方才生效；

b、在莱芜钢铁股份有限公司第一次配股时，会将留在莱钢总厂的原材料供应和产品销售环节的资产配进股份公司。

5、莱芜钢铁股份有限公司(筹)组织结构图(草案)：

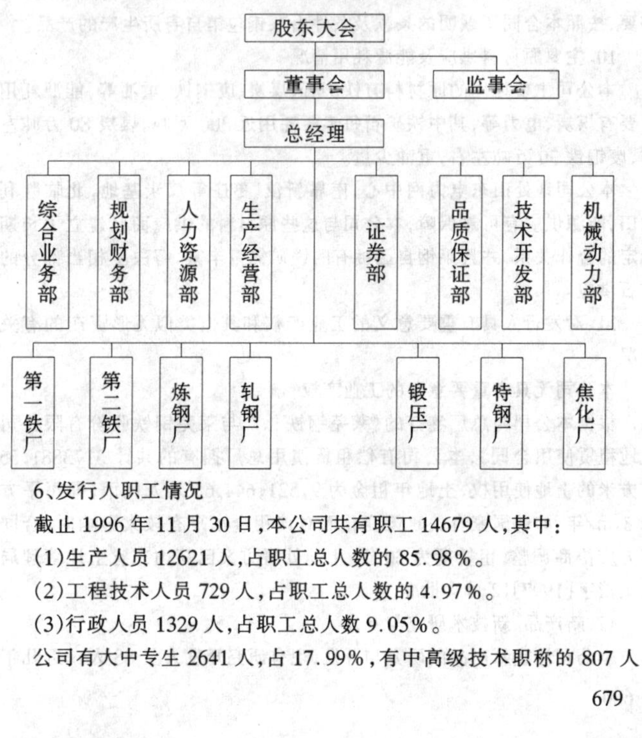

6、发行人职工情况

截止1996年11月30日，本公司共有职工14679人，其中：

(1)生产人员12621人，占职工总人数的85.98%。

(2)工程技术人员729人，占职工总人数的4.97%。

(3)行政人员1329人，占职工总人数9.05%。

公司有大中专生2641人，占17.99%，有中高级技术职称的807人，

占5.50%,公司无退休职工,职工平均年龄在32.7岁。

本公司根据国家有关规定,制定本公司职工聘用、职工福利、劳动工资和人事方面的制度,职工享有本公司提供的住房、教育、医疗及其他各项津贴。

公司执行国家有关劳动保护法规规定并参加退休基金、待业保险和合同制工人保险基金统筹。

7、发行人的经营范围

主营:生铁、钢锭、钢坯、钢材、大锻件、水渣、炼焦化产品及炼钢副产品等产品的生产、销售。

经营方式:生产、加工、销售。

8、本公司主要业务

本公司主要从事生铁、钢锭、钢坯、钢材、大锻件、水渣、炼焦化产品及炼钢副产品等的生产经营业务等,公司的主营业务收入达90%以上。

9、发行人主要业务基本情况

(1)产品品种及生产能力

本公司产品有热轧圆钢(轴承钢、齿轮钢、炭结钢、合结钢)、螺纹钢、热轧带钢、冷轧带钢和圆钢管坯,还有铸造生铁、炼钢生铁、锻件等70多个品种,200多个规格。船用锚链钢、40Cr热轧圆钢、20MnSi钢筋混凝土结构用热轧钢筋等,15种产品分别获得国优、部优或省优称号。船用锚链钢被评为冶金工业部优质产品和山东省名牌产品,并通过中国、美国、日本、英国和韩国五国船级社的认证。热轧带钢获山东省优秀新产品一等奖,并被推荐为"国家级重点新产品"。1996年,公司产钢132.92万吨,生铁138.66万吨,钢材90.91万吨。

(2)主要市场及其市场占有情况

本公司产品销往全国25个省、市、自治区,出口美国、日本、瑞士、泰国、韩国等国家和港台地区。莱钢总厂近三年来产销率均达99%以上。船用锚链钢的国内市场占有率已达到60%以上。

主要大类产品96年市场占有率如下图所示:

品　种	市场占有率%
钢材	0.86
钢坯	1.33
生铁	1.32

(3)销售方式

本公司成立后,莱钢同意根据双方签订的"产品包销合同"所载明的条款及条件包销本公司所生产的产品;本公司同意根据自身生产经营之需要,按照本合同所载明的条款及条件由莱钢包销自身所生产的产品。

10、主要原材料供应及能源耗用情况

本公司主要耗用的原材料有铁矿石、煤炭、废钢铁、重油等,能源耗用主要有煤炭,电力等,其中铁矿石每年要耗用近300万吨,煤炭80万吨左右,废钢铁30万吨左右,重油少量。

本公司地处山东电力网中心,南靠新汶、枣庄等煤炭基地,北临胜利油田,能源供应有可靠保障,本公司与这些原材料的供应商已建立了长期稳定的合作关系,并且莱钢自己拥有的铁矿储量丰富,解决了相当部分的矿石供应。

11、对发行人具有重要意义的工业产权和其他类似无形资产的有关情况

本公司无具有重要意义的工业产权;

根据本公司与总厂签订的《莱芜钢铁总厂与莱芜钢铁股份有限公司土地租赁使用合同》,本公司有偿租赁使用总厂拥有的共计3173881.55平方米的土地使用权,土地年租金为9,521,644.65元人民币,即每平方米3元/年,如遇国家有关政策变化而对该租金水平有较大影响时,合同双方应协商调整,租赁期为30年,土地处置方案已获山东省土地管理局鲁土偿字〔1997〕12号文批准。

12、新产品、新技术研究与开发

本公司注重新产品的研究与开发,现有研究开发人员88人。近几年来,本公司为了适应市场需求,拓宽产品市场和增强市场竞争力,主要围绕热轧带钢系列、大圆钢系列大力开发新产品,并填补了省内空白。本公司还根据市场需求开发了标准件钢、焊条钢、矿用钢、抽油杆钢、船用管坯钢等,合计40多个品种规格。

本公司拟设立技术开发部,并与全国多家大专院校、科研单位建立技术协作关系,聘请专家、教授作技术顾问,形成"产、学、研"相结合的技术开发体系。本公司将研究和开发的新技术,新项目有:

(1)炼焦及化工产品回收系统新技术

(2)炼铁及原料回收系统新技术

(3)转炉-轧钢系统新技术

(4)电炉-轧钢系统新技术

(5)生产过程应用人工智能新技术

(6)安全环保及资源综合利用新技术

(7)研究开发冶金工业前沿技术:直接还原炼铁技术;熔融还原炼铁技术;高炉长寿技术;富氧喷吹、氧煤喷枪、浓相输送技术;新型电炉及配套技术;无头轧制技术等。

13、投资项目

本公司准备进行的投资项目为中型万能轧机为主的改扩建工程,中型万能轧机工程是本公司改扩建中投资最大的,也是最后一个项目。该工程概算投资119.811万元,其建成投产后形成年产50万吨钢材的生产能力。其中包括:35万吨H型钢、2.5万吨工字钢、3.5万吨槽钢、4万吨角钢、5万吨 矿用支护钢。该项目完成之后,本公司的技术、工艺水平将有明显提高,整个利用外资改扩建工程将全面完成,并开始发挥整体投资效益。届时,本公司将充分发挥出扩建、改造和配套发展的整体综合优势。

14、政策因素影响:

(1)税负

1994年实行新税制以来,莱钢总厂实行对山东省财政厅定额上缴所得税办法。1994、1995、1996年分别上缴1000万元、1100万元、1000万元。股份公司上市后,根据山东省人民政府鲁政字〔1997〕134号《山东省人民政府关于莱芜钢铁股份有限公司所得税执行问题的批复》执行享受33%所得税税率征收,实际税负超过15%的部分由同级财政部门返还,列收列支,返还部分用于企业发展,全体股工共同享有。

15、有关重大事项

经山东省体改委"鲁体改生字〔1992〕145号"文批准,发起人曾于一九九二年十二月以部分资产投入,同时向其他法人单位和公司内部职工募集一部分股份而以定向募集方式设立了莱钢锻压股份有限公司和莱钢冷带制品股份有限公司。经一九九六年十一月二十六日两公司召开的股东大会决议通过对公司进行注销。该等决议以获得山东省体改委"鲁体改企字〔1997〕第39号"文的批复同意。一九九六年十一月三十日,莱芜市工商行政管理局核准了上述两司的注销登记手续。在该经注销的两股份公司之资产将作为发起人资产之一部分投入公司。在该两公司注销时,依据该两公司资产评估的结果,对发起人以外的各法人股股东、内部职工股股东依其所持股份在公司总股本中所占比例以现金形式分配净资产,现金由发起人向各股东支付后,该等两公司的资产、债权、债务已清理完毕,并合法地归发起人拥有。

16、有关关联交易

(1)鉴于股份公司系由莱钢总厂部分改组组建,故改组前股份公司与莱钢总厂及其下属单位之间交易均属与莱钢总厂内部交易,改组后此类交易将按照莱钢总厂与股份公司已签署的分立协议有关规定执行。

(2)股份公司(以下简称乙方)改组前,莱钢总厂(以下简称甲方)为特大型国有企业,主要从事生铁、钢锭、钢坯、钢材等及其他产品的生产销售业务,经重组分立分别划入乙方之原甲方的各生产、经营单位,经过在原甲方企业内部长期合作,已在产品销售等其他方面形成密切良好且基于双方获得良好经济效益均有必要之合作关系;而且甲方所保留的销售队

伍已在销售乙方生产的产品方面形成了全国性的有效的网络。为了保证乙方能顺利运行,甲乙双方签订产品包销合同,甲方保证在合同的有效期内按照合同的规定每年向乙方购买的产品至少达到乙方所有产品生产量的95%,甲方保证在定购乙方产品时,在售价和其他条件方面将不逊于甲方从任何独立第三方定购同类产品,并给予乙方优先于第三方的权利。合同规定乙方产品销给甲方的售价原则为该产品的市场价折扣不超过6%(含6%)执行。

(3)公司与总厂签订《莱芜钢铁总厂与莱芜钢铁股份有限公司服务合同》约定公司与总厂在委托加工及提供服务等方面应以合法的及不侵害其他股东及与双方所经营之业务无竞争为前提和原则。合同双方保证以不逊于向任何第三方提供同类服务的条件向对方提供服务,且在价格、服务质量等相同条件下,优先于任何第三方安排为对方提供的服务和对方提出的额外服务。

(4)根据公司与总厂签订《莱芜钢铁总厂与莱芜钢铁股份有限公司供应合同》,总厂向公司提供原材料和产品的单价不得高于国家定价,如果国家没有定价,则不得高于总厂向任何独立第三方供应该原材料和产品的当时市场价;若无市场价,则双方协商定价,但不得高于总厂向任何第三方供应该等原材料和产品的价格。

十、筹委会成员

1、李景常先生,筹委会主任,57岁,大专毕业。高级工程师,现任莱钢总厂厂长兼党委副书记,历任莱钢第二铁厂厂长兼党委副书记,莱钢总厂党委常委、副厂长、党委书记;山东省劳动模范、山东省优秀企业家、全国"五一"劳动奖章获得者、八届全国人大代表。

2、姜开文先生,筹委会副主任,52岁,大学毕业,高级政工师。现任莱钢总厂党委书记;历任莱钢第二铁厂副厂长、厂长,莱钢总厂党委副书记兼副厂长;山东省优秀企业思想政治工作者;山东省委委员、党的十四大代表。

3、王认清先生,59岁,大学毕业,高级工程师。现任莱钢总厂党委常委、副厂长兼总工程师;历任莱钢矿山公司副经理。

4、李名岷先生,51岁,大学毕业,高级经济师。现任莱钢总厂党委副书记;历任莱钢机械厂党委常委、副厂长、厂长、莱钢总厂副厂长。

5、刘培钧先生,55岁,大学毕业,高级工程师。现任莱钢总厂副厂长;历任莱钢总厂机动处副处长。

6、李庆先生,54岁,大学毕业,高级工程师。现任莱钢总厂副厂长;历任莱钢特钢厂副厂长、厂长。

7、宋兰祥先生,47岁,大专毕业,高级经济师。现任莱钢党委常委、副厂长;历任莱钢党委办公室副主任、莱钢第二铁厂党委书记、莱钢党委常委、宣传部部长、统战部部长。

8、赵茂祥先生,47岁,大专毕业,高级政工师。现任莱钢党委常委、工会主席;历任莱钢总厂党委宣传部讲师团团长、宣传部副部长,莱钢轧钢厂党委副书记兼纪委书记、党委书记兼副厂长,莱钢党委常委、组织部部长。

9、赵和德先生,59岁,高中毕业,高级政工师。现任莱钢总厂党委常委、纪委书记;历任莱钢总厂组织处副处长、党委办公室主任、机关党委书记、宣传部部长、统战部部长、组织部部长。

莱钢总厂承诺:莱芜钢铁股份有限公司成立后的经理层,将不出现双重任职。

筹委会全体成员承诺:本公司成立后,将不在本公司及发起人之间双重担任高级管理职务。

十一、经营业绩

1、经营管理的改进与提高

本公司不断加强企业内部管理,采取一系列行之有效的措施:

(1)改革劳动人事制度,贯彻竞争择优,多劳多得的原则;

(2)完善成本管理体系,加大推行"模拟市场核算、实行成本否决"的力度;

(3)把盘活用好资金作为生产经营头等大事来抓,保证生产经营正常运转;

(4)面向市场,坚持优质取胜,大力调整产品结构,努力增产增效。

2、以下为本公司截至1997年3月31日止经山东烟台会计师事务所注册会计师审验,调整后的经营业绩:

单位:人民币元

	1997年1-3月	1996年	1995年	1994年
销售收入	770,839,446.71	2,437,107,578.47	2,334,665,236.15	2,113,622,264.15
利润总额	74,131,405.68	262,399,419.13	225,983,236.64	194,807,849.51
税后利润	70,631,405.68	249,199,419.13	214,983,36.64	184,807,849.51

3、本公司业务收入的主要构成情况:

单位:人民币万元

	1996年		1995年		1994年	
项目	销售收入	占总收入%	销售收入	占总收入%	销售收入	占总收入%
生铁	18,007	7.39	2,913	1.25	68	0.03
钢锭	1,426	0.59			50	0.02
钢坯	25,631	10.52	47,308	20.26	40.759	19.28
钢材	194,446	79.79	177,183	75.89	164,332	77.75
锻件	858	0.34	2,454	1.05	2,810	1.34
焦化产品	3,343	1.37	3,608	1.55	3,342	1.58
合　计	243,711	100	233,467	100	211,362	100

4、完成的主要工作

莱钢1987年经国家批准利用外资进行改扩建,是全国冶金首家利用外资改扩建的企业。工程概算总投资41.34亿元,主要项目包括炼铁、炼钢、轧钢及公用辅助配套设施,含23个单项工程。该工程于1991年开工建设,进展顺利,几年来莱钢改扩建和技改并举,坚持高起点,上水平,优化结构,使全厂主工艺生产线技术装备水平达到了九十年代国内先进水平,部分达到了九十年代国际先进水平。除中型万能轧机工程预计1998年建成外,至1996年底,其他项目已基本建成。改扩建项目的建成投产,将使公司的技术装备水平明显提高,生产规格迅速扩大,铁、钢、材的比例关系日趋协调,市场竞争能力进一步增强。

5、产品市场状况

本公司产品销往全国25个省、市、自治区1400多家企业,出口美国、日本、瑞士、泰国、韩国等国家和港台地区。莱钢总厂近三年来产销率均达99%以上,主要产品市场占有率如下图所示:

品　种	市场占有率%
钢　材	0.86
钢　坯	1.33
生　铁	1.32

6、产品的性能与质量状况:

莱钢近几年来面向市场,坚持优质取胜,大力调整产品结构,努力增产增效。莱钢是在全国冶金系统中首批通过ISO9002-94标准质量体系认证的企业之一。1996年考核的30项质量指标完成23项,钢材合格率98.84%,比上年提高0.21个百分点。本公司充分发挥新上设备的优势,提高精炼产量和合金比,增加高附加值的产品品种。电炉试制ML35钢、汽车用钢、20CrNiMo和转炉试制ML35、45号钢通过了鉴定,在锚链钢获五国船级社认证的基础上,船用锚链及其附件产品又通过了中国、美国、日本、英国和韩国五国认可,取得国际通行证。

7、筹资与投资方面的情况

原总厂与亚行签订的2.21亿美元的长期借款合同已有13,300万美元的借款转入本公司,本公司将严格按照合同条款规定将此贷款用于利用外资改扩建工程。

8、生产经营设备、主要固定资产增加、改进的情况

本公司第一铁厂的1号高炉1996年已完成大修扩容改造,至此,四

座100M3高炉已全部改造为125M3的高炉。带钢加热炉大修改造于1996年9月份峻工投产。从德国引进的50吨超高功率电炉已于1996年4月投入试生产,这样,电炉钢生产能力已由过去的15万吨扩大到30万吨以上;设计能力年产40万吨的中小型轧钢工程已于1996年底建成,现正在进行热负荷试车。

9、执行国家环境保护法规政策的情况

本公司多年来严格执行国家规定,领导重视,花大力气先后投资3.5亿元用于环境保护,环境质量不断得到改善,基本实现了增产不增污。1996年,莱钢被山东省政府表彰为水污染防治先进单位,全厂"三废"排放指标均低于国家规定标准。1994年莱钢环保费用支出2177万元,1995年支出4542万元,1996年支出8897.2万元。

10、职工数量与业务水平方面的变化

本公司采取下列措施提高公司职工的科研能力和业务水平:

(1)对于近年参加工作的毕业生,见习一年后要在老同志指导下承担技术创新工作,在实践中积累经验,提高能力,增长才干。

对中青年骨干选拔智力水平较高,基础知识雄厚,肯专研、富有创新精神的重点培养;对技术业务拔尖的要作为学术带头人、技术创新和科学研究的组织者,让其承担重点课题并负相应的技术责任。

(2)与高等院校、科研单位建立长期稳定的合作关系,在联合完成技术创新任务、将科研成果转化为我厂的现实生产力的同时,提高我们研究人员的技术素质和科研能力。

(3)对我厂近年来引进的先进装备和技术进行消化、吸收、创新,以此来提高有关工程技术人员的科研能力和水平。

(4)在十分强调团结协作的同时,引入竞争和激励机制,培养科研道德,提高人才素养,选好学术带头人,发挥最佳群体结构的功能。

十二、股　本

1、本次发行成功后,公司注册资本拟为52,980万元。

2、莱芜钢铁股份有限公司(筹)(以下简称"本公司")是经山东省人民政府鲁政字〔1996〕282号文批准设立,并经山东省工商行政管理局(鲁)名称预核97第480号文核准名称,以莱芜钢铁总厂作为独家发起人,以其生产生铁、钢锭、钢坯、钢材、锻件、焦化等产品的第一铁厂、第二铁厂、炼钢厂、轧钢厂、特钢厂、锻压厂和焦化厂七个单位的生产经营性资产投入,采用募集方式设立的股份有限公司。

根据国家国有资产管理局1997年5月13日国资评〔1997〕399号通知确认,截至1996年11月30日止发起人莱芜钢铁总厂转入股份有限公司的资产总值为人民币176,845.83万元,负债为人民币107,680.63万元,净资产为人民币69,165.20万元,经山东省国有资产管理局鲁国资企字〔1997〕19号文批准,按65.03%的折股比例折为国有法人股44,980万股,计人民币44,980万元。由发起人认购,未完全折股部分24,185万元计人资本公积。

3、本次向境内社会公众公开发行每股面值为1.00元的记名式人民币普通股(A股)8000万股,其中公司职工股800万股。

4、超过面值缴入的资本及其用途:

本次股票发行后超过面值并扣除发行费用后缴入的资金约为44.160万元,将进入本公司的资本公积金。

5、本次A股发行完成后,本公司将形成如下股本结构:

	股数(万股)	占总股本的比例(%)
国有法人股	44,980	84.90
社会公众股	8,000	15.10
其中:公司职工股	800	1.51
总股本	52,980	100.00

注:公司职工股800万股本占本次社会公众股发行额度,根据国家的有关规定自本次新股上市之日起期满半年后上市。

6、本次发行前、后净资产总额、股本及每股净资产变动情况如下:

	净资产总额(万元)	股数(万股)	每股净资产(元)
发行前	69,165	44,980	1.54
发行后	121,325	52,980	2.29

7、股票回购程序:

本公司若须回购已发行的部分股票,将按《公司法》及《股票发行与交易管理暂行条例》有关规定,由公司董事会提议,经股东大会审议通过,并报主管部门批准后,按有关回购规定进行。

当出现下列情况时,公司可回购股票:

(1)为减少公司资本而注销股份;

(2)与持有本公司股票的其他公司合并;

(3)法律、行政法规许可的其他情况。

十三、债　项

短期借款

贷款银行	币种	金额(万元)	年利率%	贷款期限	贷款条件
中国工商银行山东省分行	人民币	5,000	12.084	96.06.25-97.06.24	山东省冶金工业总公司担保
中国工商银行总行	人民币	3,000	11.088	96.11.27-97.11.27	鲁中冶金矿山公司担保
中国农业银行莱芜市钢城区支行	人民币	500	11.088	96.09.26-97.04.02	莱芜钢铁总厂商业总公司担保
中国农业银行莱芜市钢城区支行	人民币	500	12.48	97.01.13-97.09.13	莱芜钢铁总厂商业总公司担保
中国农业银行莱芜市钢城区支行	人民币	500	12.096	96.10.03-97.05.03	莱芜钢铁总厂商业总公司担保
钢城区农村信用社联社	人民币	1000	15.372	96.07.06-97.07.06	信誉担保
莱芜市钢城城市信用社	人民币	650	16.56	96.09.14-97.09.14	信誉担保
莱芜市钢城城市信用社	人民币	1000	15.996	97.01.03-97.07.03	信誉担保
中国银行莱芜钢城区支行	人民币	500	11.088	97.03.17-97.12.17	莱钢商业总公司
合　计		12,650			

短期借款中,列示1996年9月26日和96年10月3日分别向中国农业银行莱芜市钢城区支行借款各500万元,1996年6月25日向中国工商银行山东省分行借款5000万元均到期,已办理展期合同。

长期借款

贷款单位	币种	金额(万元)	年利率%	期限	贷款条件
建行莱钢专业银行	人民币	500	10.98	1996.09.30-1998.12.30	担保
建行莱钢专业银行	人民币	1,500	10.98	1996.09.30-1998.12.30	担保
建行莱钢专业银行	人民币	500	15.12	1996.02.07-1999.04.06	担保
建行莱钢专业银行	人民币	900	15.12	1996.02.14-1999.04.13	担保
建行莱钢专业银行	人民币	1,500	11.7	1996.11.27-1999.12.20	担保
建行莱钢专业银行	人民币	300	11.664	1992.12.25-1998.12.25	担保
莱芜市钢城城市信用社	人民币	1,580	15.48	1996.09.16-1998.02.16	担保
中国工商银行钢城区支行	人民币	14,200	13.869	1996.03.21-1998.03.21	担保
建行莱钢专业银行	人民币	4,800	11.232	1992.04.20-1999.04.20	担保
亚洲开发银行	美　元	6,612	汇率风险总库制	1992.04.21-2016.04.21	担保

注:1992年4月21日公司与亚洲开发银行签定1.33亿美元项目贷款合同,前五年为提款期,后经双方同意,贷款终止日期延至1998年8月31日。截至1997年3月31日形成贷款本金6712万美元,按汇率1:8.2964计算折人民币为556,854,368.00元。

十四、主要固定资产

金额单位:元

资产项目	帐面原值	帐面净值	重置价值	评估值	增加值	增加率%
在建工程	35688	35688	36470	36470	782	2.19
建筑物	47640	34378	56692	41098	6720	19.55
机械设备	87930	48964	109229	60143	11179	22.83

设备主要是炼铁、炼钢、轧钢、焦化等冶金行业专用设备及为之配套的供水、供气、输配电等通用设备及各种运输车辆。委托评估的设备共4522台(套),其中专用设备1964台,通用设备1874台,超重设备192台,运输设备318台,检测设备91台,办公设备87台,输电线路25条,管道101条。

房屋建筑物共1023项,其中:房屋730栋、构筑物293件,总建筑面积451332.30平方米。

在建工程均为出包工程,付款方式是根据工程形象进度付款,对利用亚行贷款进行的改扩项目,外币贷款利息率为年息6.5%,评估人员按国内一年期基建贷款利率10.08%,调增了贷款利息,在建工程评估增值7,816,980元。

拟组建的股份有限公司有偿使用莱钢总厂土地,经评估总面积317万平方米,总地价36,175万元,年有偿使用费为2629万元。

十五、财务会计资料

经山东烟台会计师事务所审计报告烟会字〔1997〕第87号,对公司1994至1996三个会计年度及1997年1—3月的财务报表进行审计验证,其主要会计资料如下:(附后)

主要财务指标:

项目指标	1996年度	1995年度	1994年度
流动比率(%)	1.23	1.10	1.25
速动比率(%)	0.33	0.28	0.28
资产负债率(%)	62.31	69.57	68.02
应收帐款周转率(%)	29.66	34.30	
存货周转率(%)	6.90	6.76	
每股净利(元)	0.55	0.48	0.41
净资产收益率(%)	36.03	52.82	46.48

注:1994年至1996年每股净利均按折股后的股本44,980万股计算。

A、会计制度:

本公司重组前执行《工业企业会计制度》,设立后执行《股份制试点企业会计制度》及其有关补充规定。本报告所载的会计报表是依据《股份制试点企业会计制度》及其有关补充规定编制的。

B、会计期间:

公司采用公历制,即每年一月一日至十二月三十一日止。

C、记帐原则及计价基础:

采用权责发生制原则记帐,以实际成本为计价基础。

D、外币折算:

公司以人民币为记帐本位币,发生的外币业务采用月初市场汇价的中间价作为记帐汇率折合人民币记帐,每月终了按月末市场汇价的中间价进行调整,由此产生的差额,作为汇兑损益,列入当期损益。

E、坏帐处理

公司按应收帐款余额的5‰计提坏帐准备。

F、存货计价方法:

各类存货以实际成本计价,存货发出计价采用加权平均法,低值易耗品采取领用时一次摊销法,月末在产品按材料成本计价。

G、固定资产及其折旧:

企业拥有的使用年限一年以上,单位价值在2000元以上的劳动资料作为固定资产。对有些劳动资料单位价值虽然超过规定的标准,但更换频繁、容易损坏的不作为固定资产核算。固定资产按历史成本或资产评估确认价值入帐,采用直线法计提折旧,并预计3-5%的残值,固定资产折旧年限如下:

类　别	使用年限	残值率(%)
房屋建筑物	20-30年	5
通用设备	15年	5
专用设备	8-10年	3
运输工具	7年	3
其　他	5-8年	3

H、收入实现的确认:

营业收入以产品已经发出或劳务已经提供,并收到货款或取得索取价款的凭据时确认。

I、税项:

(A)企业所得税:

1994年实行新税制以来,莱钢总厂执行对山东省财政厅定额上交所得税的办法。股份公司上市后,根据山东省人民政府鲁政字〔1997〕134号《关于莱芜钢铁股份有限公司所得税执行问题的批复》执行享受按33%所得税税率征收,实际税负超过15%的部分由同级财政部门返还,列收列支。返还部分用于企业发展,全体股东共同享有。

(B)流转税及附加:

增值税:公司销售产品缴纳增值税,按销项税额(营业收入×17%)抵扣进项税额计算应交税金。其他服务等项收入按5%营业税率计算应交税金。

城市维护建设税:以应缴增值税、营业税的7%缴纳。

教育费附加:以应缴增值税、营业税的3%缴纳。

J、利润分配:

公司设立后税后利润按10%提取法定公积金,按5%—10%提取法定公益金。法定公积金累计额达到注册资本的50%不再提取。法定公积金不足弥补上一年度公司亏损的,在提取法定公积金、公益金之前,应先用当年利润弥补亏损。公司从税后利润中提取法定公积金和法定公益金后经股东代表大会决议,可提取任意公积金。公司税后利润在弥补亏损和提取法定公积金、法定公益金、任意公积金后所余利润,按照股东持有的股份比例分配。

十六、资产评估

1、根据山东会计师事务所评估,国家国有资产管理局国资评〔1997〕399号文确认,截至1996年11月30日,本公司各类资产及负债的评估前帐面值、重置值、评估增值幅度如下:

金额单位:万元

资产项目	帐面原值	帐面净值	重置价值	评估值	增加值	增加率%
流动资产	38826	38804	39049	39049	245	0.63
在建工程	35688	35688	36470	36470	782	2.19
建筑物	47640	34378	56692	41098	6720	19.55
机械设备	87930	48964	109229	60143	11179	22.83
其他资产		290		87	87	
资产总计	210084	157833	241730	176846	19013	12.05
流动负债		27006		27006		
长期负债		80675		80675		
负债总计		107681		107681		
净资产		50152		69165	19013	37.91

2、资产评估时采用的主要评估方法说明:

(1)建筑物、各类设备、在建工程及低值易耗品的评估采用重置成本法;

(2)负债采用帐面值为评估值。

3、资产评估增值的原因说明:

本次进入公司的原莱钢7个会计单位都始建于1970年1月,大部分设备原值较低且已提足折旧,在过去的生产经营中主要靠技术保养和加强维修,使设备保持了良好的运行状况,因此,设备的成新率较高,评估增值较大。

十七、盈利预测

1、盈利预测基准

本盈利预测是根据业经注册会计师审计论证的公司前三年(1994－1996年)的经营业绩,在充分考虑现时基础、经营能力、未来发展计划以及下列各项假设的前提下,采取较稳健的原则编制的。编制所依据的会计政策及采用的计算方法同国家现行法律、法规、会计准则及本公司一贯采用的会计政策相一致。

2、盈利预测假设

a、本公司所遵循的国家及地方现行法律、法规、财经政策无重大变化;

b、本公司所从事的行业和产品市场状况不发生重大变化;

c、本公司生产经营不受原材料严重短缺和成本重大变化之不利影响;

d、本公司经营业务涉及的信贷利率,纳税准则以及外汇汇率将在正常范围内波动;

e、本公司拟发售新股将预期完成,计划经营项目及投资项目能按期实现或完成;

f、无其它人力不可抗拒的因素及不可预见因素造成重大不利影响。

3、1997年度盈利预测表

编制单位:莱芜钢铁股份有限公司(筹)

单位:人民币千元

项　目	1－3月已审数	4－12月预测数	合　计
一、主营业务收入	770,839	2,189,158	2,959,997
减:营业成本	651,241	1,842,159	2,493,400
销售费用	4,312	12,486	16,798
管理费用	24,518	73,367	97,885
财务费用	13,064	42,368	55,432
营业税金及附加	3,559	10,129	13,688
二、主营业务利润	74,145	208,649	282,794
加:其他业务利润			
三、营业利润	74,145	208,649	282,794
加:投资收益			
营业外收入		12	12
减:营业外支出	14	596	610
四、利润总额	74,131	208,065	282,196
减:所得税33%	24,463	68,662	93,125
所得税15%	11,120	31,209	42,329
五、净利润			
按33%所得税计算	49,668	139,403	189,071
按15%所得税计算	63,011	176,856	239,867

注:公司执行33%所得税税率。股份公司上市后,根据山东省人民政府鲁政字〔1997〕134号《关于莱芜钢铁股份有限公司所得税执行问题的批复》按法定税率征收所得税,实际税负超过15%的部分,由同级财政部门返还,列收列支。1997年按法定税率征税后计算净利润189,071千元;按实际税负超过15%部分由同级财政部门返还,计算净利润239,867千元。

4、盈利预测编制说明

A:公司概况

"八五"期间,公司对原来主要生产设备进行了大面积的技术改造,先后建成并投入生产的2座750立方米高炉、2台105平方米烧结机、3♯转炉、脱硫工程、炉外精炼和1♯、2♯、3♯连铸机等生产设备,为公司的生产经营提供了良好的物质条件。公司根据市场需求,在稳定铁、钢、材三大主题系列产品的同时,先后研制开发标准件钢、焊条钢、矿用钢、抽油杆钢、船用管坯钢等40多个品种、规格的钢材产品,填补了省内同类产品的空白。其中,锚链钢、40Cr热轧圆钢、20MnSi钢筋混凝土结构用热轧钢筋等15种产品分别获得国优、部优、省优产品称号。锚链钢被评为"国家级重点新产品"和"山东省名牌产品",并通过中国、美国、日本、英国、韩国五国船级社的认证。热轧带钢获山东省优秀新产品一等奖,并被推荐为"国家级新产品"。公司产品销往全国25个省、市、自治区,出口美国、日本、瑞士、泰国、韩国等国家和港台地区,近三年来产销率一直稳定在99%以上。锚链钢的国内市场占有率达70%以上。1997年,公司根据市场的需要,在继续增加原有产品产量的同时,将重点研制开发转炉系统的20MnSiV、不锈钢、合结钢、弹簧扁钢、08F钢、齿轮钢、轴承钢、三级锚链钢、铆螺钢以及电炉系统的四级锚链钢等10余个品种规格的钢材产品,以满足国内外用户的需要。预计公司全年生产铁150万吨、钢155万吨、钢材95万吨,实现产品销售收入29.60亿元,利润总额可达2.82亿元。

B:本预测以股份公司有效的销售合同为依据,销售价格以有效合同的平均价格计算;营业成本、期间费用按1996年度实际发生额加减1997年各项变化因素测算;税项部分按国家有关税率计算。

(1)主营业务收入

产品名称	单位	销售量	单价(元)	营业收入(千元)
生铁	吨	190,000	1,149.32	218,370.8
钢坯	吨	109,200	1,882.19	205,535.1
钢材	吨	969,500		2,441,781.3
其中:碳结钢	吨	56,600	2,275.57	135,624.1
带钢	吨	360,000	2,307.69	830,768.4
低合金材	吨	247,400	2,333.54	577,317.8
优质钢	吨	302,500	2,968.83	898,071.1
锻件	吨	10,000	5,410.13	54,410.13
焦化产品	吨			40,208.5
合计				2,959,997.0

注:1997年预测主营业务收入2,959,977千元比1996年2,437,107千元增长21.46%。增长主要原因是:一是产品结构变化价格因素比96年增加收入35,520千元;二是销售量,其中钢材一项比1996年增加销量10万吨,共增加收入487,370千元。

(2)主营业务成本

产品名称	单位	数　量	单位成本(元)	总成本(千元)
生　铁	吨	190,000	1,106.32	210,200.8
钢　坯	吨	109,200	1,629.30	177,919.6
钢　材	吨	969,500		2,014,788.8
其中:碳结钢	吨	59,600	2,081.74	124,071.7
带　钢	吨	360,000	1,759.92	633,571.2
低合金材	吨	247,400	1,871.36	462,974.5
优质钢	吨	302,500	2,625.36	794,171.4
锻　件	吨	10,000	5,064.84	50,648.4
焦化产品	吨			39,842.4
合　计				2,493,400.0

注:1997年各种产品单位成本是依据1996年实际单位成本资料和生产计划,并考虑到生产所需原材料市场供应状况及公司1997年度产品品种、产量、结构变化、费用水平等因素而测算的,预测1997年主营业务成本为2,493,400千元。

(三)各项费用指标预测说明

项　目	单　位	1997年度	1996年度	变动比率
销售费用	千元	16,798	14,607	15%
管理费用	千元	97,885	81,772	19.7%
财务费用	千元	55,432	76,170	－27.2%

1、销售费用:1997年预测比1996年增长15%,主要是加强了市场的促销机构专项费用支出。

2、管理费用:1997年预测比1996年增长19.7%,主要是土地租赁费从1997年开始每年租金9.522千元。

3、财务费用:1997年预测比1996年降低27.2%,主要是由于股票上市后,所筹集资金分期投入改扩建项目建设外,可通过金融机构向外拆借资金,增加利息收入。

(四)营业税金及附加的预测说明

项目	单位	1997年	1996年	变动比率
销售收入	元	2,959,997,000	2,437,107,578.47	21.46%
营业税金及附加	元	13,688,000	11,057,795.31	23.79%

注:主要产品销售收入按17%计算增值税,城市维护建设税、教育费附加分别按应交增值税、营业税的7%、3%缴纳。

(五)营业外收支指标的预测说明

根据股份公司以往年度正常的营业外收支项目,1997年预测营业外收支净支出额为5,980千元。

(六)利润总额指标的预测说明

依据上述各项指标的预测结果计算,股份公司1997年度可实现利润总额为282,196千元,较1996年度增长7.5%。

(七)税后利润指标的预测说明

根据上述预测的利润总额指标,按照山东省人民政府鲁政字〔1997〕134号《关于莱芜钢铁股份有限公司所得税执行问题批复》同意该公司所得税按法定税率征收,实际税负超过15%的部分由同级财政返还,列收列支。1997年度按国家法定税率计算税后利润189,071千元,按实际税负超过15%的部分由同级财政部门返还,计算净利润239,867千元。

十八、本公司发展规划

本公司筹委会全体成员确信,随着我国社会主义市场经济的发展,经济"软着陆"已基本实现,中国经济会继续增长,对钢材,尤其是基础建设用钢将会进一步增加。

本公司将充分发挥股票公开发行并上市给企业带来的优势,突出发展主题,促进技术进步,珍惜和牢固把握发展机遇,实施优势膨胀战略,以生产力为标准,以经济效益为中心努力实现两个根本性转变,进一步推广应用现代化管理,提高企业的科学管理水平,以名优产品为龙头,以建立可靠的原料基地、以产品深加工和资源利用为纽带;到本世纪末,把本公司建设成为钢铁生产专业化,企业体制现代化,内外贸与投资并重,多产业多功能的企业集团。

1、生产经营发展战略

充分利用现有的有利条件,抓住国家重点扶持基础产业的发展机遇,把握世界高科技发展走势,实行技术引进和消化创新并重,大力推进科技成果的大型化、产业化和国际化,通过继续扩建、改造、配套发展,使本公司的主体生产线的工艺、主体设备、控制手段、工序消耗达到国内先进水平,部分接近世界先进水平。

2、发展目标和规模

"九五"末完成主要生产线的过程自动化,使冶炼、轧制等主体生产工艺装备水平达到全国冶金系统先进水平,部分达到国际冶金行业先进水平;到本世纪末,形成两条完整、先进、合理的生产线:一条是高炉、铁水预处理、氧气顶吹转炉、炉外精炼、连铸和中小型材、H型钢、热带生产线;一条是电炉、炉外精炼、钢材短流程生产线。实现工业总产值25亿元(按1990年不变价格计算),形成200万吨钢的综合生产能力,产品结构、工艺技术结构和装备结构逐步趋于合理,实现销售收入55亿元、利润3亿元,出口创汇12,000万美元,公司将真正成为配套成龙,结构优化,装备水平高,发展后劲大,竞争能力强的现代化钢铁联合企业。

3、生产经营计划

本公司通过扩建、改造和配套完善发展,对主体设备更新换代,引进、消化、推广、研制新技术、新工艺,提高自动控制水平。转炉炼钢系统工艺装备实现铁水脱硫预处理-氧气顶吹冶炼-炉外精炼-连铸-连轧;电炉炼系统实现超高功率电炉-炉外精炼新工艺。配套完善电炉钢生产系统和转炉钢生产系统,提高生产能力和产品质量。

为了适应市场变化和满足用户需求,本公司特别重视开发新产品,计划在"九五"期间开发试制优质带钢、弹簧扁钢、汽车用钢、自行车用钢、矿山用钢、非调质钢等新产品,其中:优质带钢、自行车用钢等已试制成功。形成碳结热轧钢、优质热轧圆钢、钢筋混凝土用钢筋、中小型异型钢(工、角、槽钢)、热轧窄带钢五大主导产品,并使品种规格系列化。

4、固定资产投资计划及设备更新计划

公司将新建80吨电炉,包括80吨超高功率电弧炉、精炼炉、连铸机与现有的50吨电炉形成50-60万吨特殊钢的生产能力、以及35万吨优质棒材和15万吨 不锈钢带及硅钢片的生产能力。公司还将改造扩建现125M3高炉系统为100万吨转炉钢生产系统,包括大修和增建焦炉,新建750M3高炉两座、50吨转炉两座、连铸机两台、连轧机组及相应的生产辅助设施,发展热轧板和轨梁钢材,再增加100万吨钢的综合生产能力。

5、人才培养及扩充计划

(1)培训高级技术人才,每年对参加"技师职务"评聘的高级工进行培训,到2000年助理技师将达到1400人,技师达到400人,高级技师达到40人。并每年培训操作技术骨干160人左右。

(2)在人才队伍管理方面,把立足点放在进一步提高现有人才队伍素质上,即最大限度地挖掘现有人才队伍的潜力。当然,我们还要重视人才的引进。要根据企业的实际需要不断调整人才队伍的结构,在年龄、专业、知识层次等方面保持一个合理的状态。这就需要有计划地引进一家数量的专业人才。主要渠道是从国家高等院校接收学历层次比较高、专业适合我们要求的毕业生。到2000年以前,按照本公司规划,每年接收毕业生和从其他渠道引进人才共250人左右,这样,本公司的人才队伍能通过不断地补充和调整,较好地实现新老交替、优化结构,促进整体素质的不断提高。

6、资金筹措和运用计划

公司将充分发挥股票上市给企业带来的优势和机遇,将从直接融资和间接融资两渠道开展多层次、多形式的资金筹措;如向银行申请贷款、发行企业债券、配股、申请发行境内上市外资股或申请海外上市、发行可转换债券等;筹措来的资金将用于固定资产投资、原有设备的更新和改造、新产品及新技术的开发和引进等,以此使公司的生产能力和生产规模都能上一个台阶,铁钢材的比例关系更趋于协调,发展后劲和竞争力进一步得到加强。

十九、重要合同及重大诉讼事项

截至本招股说明书刊登之日,公司已签订的重要合同有:

(Ⅰ)莱芜钢铁总厂中型型钢轧机合同

中型型钢轧机合同(合同号:95TPJZA/451015CN)为发起人(买方)利用亚洲开发银行提供的贷款于一九九五年十二月十一日与日本三井物产株工会社(卖方)签订。该合同的主要内容为:卖方向买方提供一整套、全新未使用过的中型型钢轧机并提供一年运行用、事故用和调试及开工用备品备件;卖方应派遣有经验和能力的、健康的技术人员到莱芜钢铁总厂进行合同工厂的安装、调试、冷试车、热试车、验收考核的技术指导服务;卖方负责买方技术、操作和维修人员的现场和非现场培训;卖方向买方提供用于合同工厂设计、安装、调试、正常生产和维修的技术资料。合同价格总计39,000,000美元。

(Ⅱ)亚洲开发银行与莱芜钢铁总厂扩建项目项目协议书

根据中华人民共和国与亚洲开发银行(亚行)签订的贷款协定,亚行已同意按贷款协定中所规定的条款和条件向借款人提供相当于壹亿叁仟叁佰万美元($133,000,000)的多种货币贷款,但是该笔贷款的资金只能由发起人使用。为此,亚行与发起人于1992年4月21日签定了《莱芜钢铁总厂扩建项目项目协议书》。

(Ⅲ)莱芜钢铁总厂连铸机合同

发起人(买方)于一九九三年七月二十四日与意大利达涅利公司(卖方)签订了连铸机合同(合同号93 TPJZA/453005 CL),此为发起人利用亚洲开发银行提供的贷款签订的另一份合同。该合同的主要内容为:卖方向买方提供一整套连铸机及二年运行用、应急用备品备件,并向买方派遣有经验和能力的、健康的技术人员到合同现场进行技术指导服务;卖方应向买方提供用于当地设计、安装、调试正常生产和维修的技术资料并负责对买方技术人员的技术培训。合同价格总计7,275,000美元。

(Ⅳ)莱芜钢铁总厂钢包精炼炉合同

发起人(买方)委托中国山东国际经济技术合作公司于一九九三年四月三日与日本三井物产株式会社(代表其合作方明治产业株式会社(卖方))签订钢包精炼炉合同。该合同主要内容为:卖方向买方出售钢包精炼炉的钢包加热装置用喷射泵,其中包括为使设备运行安全可靠和协作顺利而必备的材料和备件以及所有安装、试车、正常运转、设备维修和双方合作所必需的资料。合同总价为620,000,000日元。

重大诉讼事项:

截至招股说明书签署之日止,本公司不存在任何针对公司或公司有关的正在进行或者可能发生的诉讼、仲裁或行政处罚程序;根据筹委会通知,也不存在任何未了诉讼或将面临任何诉讼、索赔或行政处罚的威胁,公司筹委会成员到目前为止没有受到任何刑事起诉。

备查文件

下列文件于本次A股发行期间,可在本公司及海通的办公地点查阅:

1、审计报告、财务报告及附注

2、本公司名称预先核准通知书

3、中国证券监督管理委员会复审意见书

4、上海证券交易所批准发行上市文件

5、承销协议

6、国有资产管理局关于资产评估的确认报告

7、发行人改组的其他有关文件

8、重要合同

莱芜钢铁股份有限公司(筹)

1997年8月6日

资产负债表

单位:莱芜钢铁股份有限公司筹委会　　　　单位:人民币元

资　　产	附注	1997年3月31日	1996年12月31日	1995年12月31日	1994年12月31日
流动资产:					
货币资金	4	519,962.48	413,458.02	580,960.04	953,694.03
短期投资					
应收票据					
应收帐款	5	89,330,913.46	92,187,868.87	72,168,112.44	63,944,034.41
减:坏帐准备		446,654.57	460,939.34	360,840.56	319,720.17
应收帐款净额		88,884,258.89	91,726,929.53	71,807,271.88	63,624,314.24
预付货款	6	15,282,001.26	14,469,065.78	17,180,887.88	17,012,148.29
其他应收款	7	10,133,859.84	2,859,742.21	3,709,659.22	3,473,138.71
待摊费用	8	1,219,699.01			
存货	9	274,206,252.50	302,722,247.34	273,515,510.21	291,859,470.62
待处理流动资产损失					
一年内到期长期债券投资					
流动资产合计		390,246,033.98	412,191,442.88	366,794,289.23	376,922,765.89
长期投资:					
长期投资					
固定资产:					
固定资产原价	10	1,682,320,231.06	1,676,051,045.52	1,077,207,748.94	1,059,030,106.33
减:累计折旧		673,868,233.42	651,535,375.68	401,647,399.43	321,176,728.35
固定资产净值		1,008,451,997.64	1,024,515,669.84	675,560,349.51	737,853,377.98
在建工程	11	384,333,284.44	398,589,674.44	295,160,247.07	128,741,618.73
固定资产清理					
待处理固定资产净损失					
固定资产合计		1,392,785,282.08	1,423,105,344.28	970,720,596.58	866,594,996.71
无形及递延资产:					
无形资产					
递延资产					
无形及递延资产合计					
其他长期资产:					
其他长期资产					
递延税项:					
递延税款借项					
资产总计		1,783,031,316.06	1,835,296,787.16	1,337,514,885.81	1,243,517,762.60
负债及股东权益					
流动负债:					
短期借款	12	126,500,000.00	126,500,000.00	123,700,000.00	124,000,000.00
应付工资					
应付帐款	13	75,003,564.82	130,969,243.15	144,548,483.55	121,076,699.63
预收货款	14	9,975,367.68	11,879,277.87	8,810,784.42	10,723,513.01
应付福利费		15,549,927.29	14,754,530.70	10,493,705.33	5,068,451.77
应付股利					
应交税金	15	2,508,317.56	5,686,882.58	696,000.00	559,889.21
其他未交款					
其他应付款	16	47,187,723.78	44,324,178.10	45,327,638.56	40,603,516.69
预提费用					
一年内到期长期负债					
流动负债合计		276,724,901.13	334,114,112.40	333,576,701.86	302,032,070.31
长期负债:					
长期借款	17	814,654,368.00	809,530,627.83	596,929,391.28	543,882,168.02
应付债券					
长期应付款					
其他长期负债					
长期负债合计		814,654,368.00	809,530,627.83	596,929,391.28	543,882,168.02
递延税项:					
递延税款贷项					
负债合计		1,091,379,269.13	1,143,644,740.23	930,506,093.14	845,914,238.33
股东权益:					
股本		449,800,000.00	449,800,000.00	306,700,000.00	306,700,000.00

资　　产	附注	1997年3月31日	1996年12月31日	1995年12月31日	1994年12月31日
资本公积		241,852,046.93	241,852,046.93		
盈余公积					
其中:公益金					
未分配利润				100,308,792.67	90,903,524.27
股东权益合计		691,652,046.93	691,652,046.93	407,008,792.67	397,603,524.27
负债及股东权益总计		1,783,031,316.06	1,835,296,787.16	1,337,514,885.81	1,243,517,762.60

损　益　表

编制单位:莱芜钢铁股份有限公司筹委会　　　　单位:人民币元

项　　目	附注	1997年1－3月	1996年度	1995年	1994年
一、主营业务收入	18	770,839,446.71	2,437,107,578.47	2,334,665,236.15	2,113,622,264.15
一、减:营业成本	19	651,241,045.35	1,990,532,621.51	1,939,140,234.25	1,770,217,503.52
销售费用		4,312,410.76	14,607,223.21	12,499,185.31	11,050,064.72
管理费用	20	24,517,734.83	81,772,097.83	79,777,683.41	70,391,820.84
财务费用	21	13,064,826.63	76,170,195.87	67,644,428.32	55,891,697.73
营业税金及附加		3,558,887.96	11,057,795.31	9,117,325.32	10,766,236.51
二、主营业务利润		74,144,541.18	262,967,644.74	226,486,379.54	195,304,940.83
加:其他业务利润					
三、营业利润		74,144,541.18	262,967,644.74	226,486,379.54	195,304,940.83
加:投资收益					
营业外收入	22	474.50	6,658.37	10,748.81	8,259.62
减:营业外支出	23	13,610.00	574,883.98	513,891.71	505,350.94
加:以前年度损益调整					
四、利润总额		74,131,405.68	262,399,419.13	225,983,236.64	194,807,849.51
减:所得税		3,500,000.00	13,200,000.00	11,000,000.00	10,000,000.00
五、净利润	24	70,631,405.68	249,199,419.13	214,983,236.64	184,807,849.51

财务状况变动表

编制单位:莱芜钢铁股份有限公司筹委会　　1996年度　　单位:人民币元

流动资金来源和运用	金　额	流动资金各项目的变动	金　额
一、流动资金来源:		二、流动资产本年增加数:	
1.本年净利润	249,199,419.13	1.货币资金	167,302.02
加:不减少流动资金的费用和损失		2.短期投资	
(1)固定资产折旧	226,338,223.20	3.应收票据	
(2)无形资产、递延资产及其它资产		4.应收帐款净额	19,919,657.65
摊销(减其它负债转销)		5.预付货款	－2,711,822.10
(3)固定资产盘亏(减盘盈)		6.其他应收款	－849,917.01
(4)清理固定资产损失(减收益)	561,218.81	7.待摊费用	
(5)递延税款		8.存货	29,206,737.13
(6)其它不减少流动资金的费用和损失		9.待处理流动资产净损失	
小　计	476,098,861.14	10.一年内到期的长期债券投资	
2.其它来源:		11.其他流动资产	
(1)固定资产清理收入(减清理费用)	－561,218.81		
(2)增加长期负债			
(3)收回长期投资	212,601,236.55		
(4)对外投资转出固定资产			
(5)对外投资转出无形资产			
(6)资本净增加额	384,952,046.93	流动资产增加净额	45,397,153.65
(7)少数股东权益净增加额			
小　计	596,992,064.67	二、流动负债本年增加数:	
流动资金来源合计	1,073,090,925.81	1.短期借款	2,800,000.00
二、流动资金运用:		2.应付票据	
1.利润分配		3.应付帐款	－13,579,240.40
(1)提取盈余公积(用盈余公积补亏以"－"号表示)		4.预收货款	3,068,493.45
(2)应付利润		5.应付福利费	4,260,825.37
(3)提取法定公益金		6.未付股利	
(4)已分配股利	349,508,211.80	7.未交税金	4,990,792.58
		8.其他未交款	
小　计	349,508,211.80	9.其他应付款	－1,003,460.46
2.其它运用:		10.预提费用	
(1)固定资产和在建工程净增加额	678,722,970.90	11.一年内到期的长期负债	
(2)增加无形资产、递延资产及其他资产		12.其他流动负债	
(3)偿还长期负债			
(4)增加长期负债			
小　计	678,722,970.90		
流动资金运用合计	1,028,231,182.70	流动负债增加净额	537,410.54
流动资金增加净额	44,859,743.11	流动资金增加净额	44,859,743.11

莱芜钢铁股份有限公司股票上市公告书

一、要　览

总　股　本　　52,980万股

可流通股本　　8,000万股

本次上市流通股本　7,200万股

股票简称　　莱钢股份

证券编码　　600102

上　市　地　　上海证券交易所

上市时间	1997年8月28日
登记机构	上海证券中央登记结算公司
上市推荐人	湖北证券公司
	海通证券有限公司
	山东省国际信托投资公司

二、绪 言

本公司股票上市公告书依据《中华人民共和国公司法》、《股票发行与交易管理暂行条例》、《公开发行股票信息披露实施细则》、《上海证券交易所交易市场业务试行规则》的规定编制,并经本公司董事会批准。本公司董事会及各位董事确信,本公告书未遗漏任何重大事项,亦不存在任何误导和虚假成份,并愿意就本公告书及相关资料的准确性、完整性、真实性负个别的及连带的责任。

经中国证券监督管理委员会证监发字〔1997〕400号文和证监发字〔1997〕401 号文批准,本公司已成功地向社会公众公开发行人民币普通股(A股)8,000万股,每股面值1.00元,股票上市申请经上海证券交易所〔上证上字〔1997〕第077号文〕审核同意,本公司股票将于1997年8月28日在上海证券交易所上市挂牌交易。本公司总股本为52,980万股,可流通股本8,000万股,其中向公司职工配售的800万股公司职工股将按国家有关规定半年后上市。

三、公司概况

1、发起人简介

法定名称:莱芜钢铁总厂

注册地址:莱芜市钢城区

注册资金:90,603万元

法定代表人:李景常

成立日期:1970年1月

2、本公司历史沿革

本公司是经山东省人民政府鲁政字〔1996〕282号文批准,由莱芜钢铁总厂作为独家发起人,通过募集设立方式组建的股份有限公司。经国家国有资产管理局国资评〔1997〕399号文确认,并经山东省国有资产管理局鲁国资企字〔1997〕第19号文批复,莱芜钢铁总厂以其生产生铁、钢锭、钢坯、钢材、锻件和焦化产品的焦化厂、第一铁厂、第二铁厂、炼钢厂、轧钢厂、特钢厂和锻压厂七个单位的经营性净资产69,165.20万元,按65.03%的比例,折为国有法人股44,980万股投入股份公司,折股剩余部分24,185.20万元,列入股份资本公积金。经中国证券监督管理委员会证监发字〔1997〕400号文和证监发字〔1997〕401号文批准,本公司已向社会公众公开发行8,000万股人民币普通股股票(含公司职工股800万股),并于1997年8月22日在山东省工商行政管理局注册登记。

四、股票发行与承销

(一)本次公开发行

1、发行数量:8,000万股(其中向公司职工配售800万股)

2、发行价格:6.73元/股

3、募集资金总额:52,160万元(扣除发行费用后)

4、发行方式:上网定价

5、配售比例:0.57751373%

6、有效申购户数:540132

7、持1000股以上的户数:73752

8、发行费用总额:1,680万元

9、每股发行费用:0.21元

10、发行市盈率:14倍

本次公开发行的7,200万股社会公众股已全部由社会公众认购,公司职工股800万股已全部由公司职工认购,承销团成员无包销比例及数量。

(三)验资报告

烟会验字〔1997〕76号

莱芜钢铁股份有限公司筹委会:

我们接受委托,对莱芜钢铁股份有限公司(筹)截至1997年8月15日止的实收股本及相关的资产和负债的真实性和合法性进行了审验。在审验过程中,我们按照《独立审计实务公告第1号——验资》的要求,实施了必要的审验程序。莱芜钢铁股份有限公司(筹)的责任是提供真实、合法、完整的验资资料,保护资产的安全、完整,我们的责任是按照《独立审计实务公告第1号——验资》的要求,出具真实、合法的验资报告。

莱芜钢铁股份有限公司筹委会的申请注册资本为52,980万元。根据我们的审验,截至1997年8月15日止,莱芜钢铁股份有限公司筹委会已收到各股东投入的资本壹拾贰亿叁仟零伍万贰仟零肆拾陆元玖角叁分(1,230,052,046.93元)。其中:发起人投入的资本为691,652,046.93元,向社会募集的资本为53,840万元。投入的资本中包括股本52,980万元,资本公积700,252,046.93元,与上述投入资本相关的资产总额为2,419,125,060.55元,负债总额为1,189,073,013.62元。

山东烟台会计师事务所　　中国注册会计师:孙祥祚

中国注册会计师:赵永兰

一九九七年八月十六日

五、董事、监事及高级管理人员持股情况

姓 名	职 务	持股数(股)	持股比例%
李景常	董事长兼总经理	10000	0.0018875
姜开文	副董事长	10000	0.0018875
王认清	董事	7000	0.00132
李名岷	董事	1800	0.00034
刘培钧	董事	1200	0.00023
李 庆	董事兼财务主管	2514	0.00047
宋兰祥	董事	600	0.00011
刘新芝	董事	3200	0.0006
赵茂祥	董事	1000	0.00019
陈玲棠	副总经理	4000	0.00076
于昌忠	副总经理	1000	0.00019
齐儒柱	副总经理	3000	0.00057
赵和德	监事长	500	0.00009
崔宪池	监事	840	0.00016
宋振训	监事	600	0.00011
李学玲	监事	4880	0.00092
魏光显	监事	0	0
薛光治	董事会秘书	1290	0.00024

本公司董事、监事及高级管理人员共持有本公司股票5.3424万股,占本公司总股本的0.01004%,按照《中华人民共和国公司法》规定,其持持有的股份在任职期内不得转让。

六、公司设立

1、本公司1997年8月21日召开的创立大会暨首次股东大会作出决议:本公司向社会公众公开发行面值为1元的人民币普通股(A股)7,200万股,将于1997年8月29日在上海证券交易所上市。向公司职工配售的800万股公司职工股半年后上市。

2、公司注册资金:52,980万元

3、公司注册时间:1997年8月22日

4、公司注册地点:莱芜市钢城区

5、营业执照注册号码:26717943-3-1

七、关联企业及关联交易

(一)关联企业

本公司的关联企业仅为其发起人莱芜钢铁总厂。莱芜钢铁总厂始建于1970年1月,1989年7月,经国务院国办通〔1989〕37号文批准,莱钢

利用外资进行改扩建,这是冶金行业首家利用外资改扩建的企业。经过多年的技改和扩建,莱钢现已成为一个拥有转炉钢和电炉钢两个生产系统,包括矿山采选、烧结、焦化、炼铁、炼钢、连铸、轧材以及相应的动力、运输、机械、建筑安装等门类比较齐全的特大型钢铁联合企业。莱钢是中国大中型工业企业竞争实力百强企业,中国工业技术开发实力百强企业,"AAA"级信誉企业,是国家重点扶持的1,000家企业之一,并已批准进入前512户行列,1995年按销售收入排序,在全国最大的500家工业企业中莱钢名列第138位,莱芜钢铁总厂持有本公司44,980万股国有法人股,为本公司控股股东。

(二)关联交易

1、1997年3月31日,本公司与莱芜钢铁总厂签订了为期10年的《服务合同》,约定公司与总厂在委托加工及提供服务等方面应以合法的及不侵害其他股东及双方所经营业务无竞争为前提和原则。合同双方均保证以不逊于向任何第三方提供同类服务的条件向对方提供服务,且在价格、服务质量等相同条件下,优先于任何第三方安排为对方提供的服务和对方提供的额外服务。

2、1997年3月31日,本公司与莱芜钢铁总厂签订了为期30年的《土地租赁使用合同》,由本公司向总厂租用其在山东省莱芜市钢城区的四十宗,共计3,173,881.55平方米的土地使用权,并于每年末向总厂支付当年租金9,521,644.65元人民币。

3、1997年3月31日,本公司与莱芜钢铁总厂签订了为期10年的《供应合同》,规定总厂向公司提供原材料和产品单价不得高于国家定价,如果国家没有定价,则不得高于总厂向任何独立第三方供应该原材料和产品的当时市场价;若无市场价,则双方协商定价,但不得高于总厂向任何第三立供应该等原材料和产品的价格。

4、1997年3月31日,本公司与莱芜钢铁总厂签订了为期5年的《产品包销合同》。本公司改组前,莱芜钢铁总厂为特大型国有企业,主要从事生铁、钢锭、钢坯、钢材等产品的生产销售业务,经重组分立分别划入公司之原总厂的各生产、经营单位,经过在原总厂企业内部长期合作,已在产品销售等方面形成密切关系和良好的经济效益,并且总厂所保留的销售队伍已在销售本公司生产的产品方面形成了全国性的有效网络。为了保证本公司能顺利运用,甲乙双方签订产品包销合同。总厂保证在合同的有效期内按照合同的规定每年向本公司购买至少乙方产品生产量的95%,并保证在定购本公司产品时,在售价和其他条件方面不逊于总厂从任何独立第三方定购同类产品,给予本公司优先于第三方的权利。合同规定本公司产品销给总厂的售价原则为该产品市场价格折扣不超过6%(含6%)。

上述交易均依法订立了经济合同,合同对当事人的权利、义务均作了明确的约定,上述合同已经本公司首届股东大会除发起人以外的股东表决通过,本公司及股东的权益将不会因上述关联交易受到损害。

八、股本结构及大股东持股情况

1、上市前的股本结构

股本结构	数量(万股)	比例(%)
总股本	52,980	100
尚未流通股份		
发起人股份(国有法人股)	44,980	84.90
可流通股份		
本次公开发行股份	8,000	15.10
其中:公司职工股	800	1.51

2、前十名股东所持股数及比例

序号	股东名称	持股数(万股)	比例(%)
1	莱芜钢铁总厂	44,980	84.90
2	刘国权	2.7680	0.00522
3	范万东	2.0000	0.00378
4	王伯勋	1.8620	0.00351
5	王冠顺	1.4670	0.00277
6	尹逊明	1.4000	0.00264
7	高海燕	1.2600	0.00238
8	吴林雪	1.2138	0.00229
9	牛玉荣	1.2080	0.00228
10	马焕梅	1.2000	0.00227

九、公司财务会计资料

1、审计报告:

本公司已经山东烟台会计师事务所烟会审字〔1997〕87号审计,并出具无保留意见的审计报告。

2、资产负债表、损益表、财务状况变动表(见附表)

3、主要财务指标

项目指标	1997年1-3月份	1996年度
流动比率	1.41	1.23
速动比率	0.42	0.33
资产负债率(%)	61.21	62.31
应收帐款周转率	8.49	29.66
存货周转率	2.26	6.90
每股净利(元)	0.157	0.55
净资产收益率(%)	10.21	36.03

注:1996年和1997年1-3月份,每股净利均按折股后的股本44,980万股计算。

4、会计报表附注

(一)主要会计政策:

a. 本公司重组前执行《工业企业会计制度》,设立后执行《股份制试点企业会计制度》及其有关补充规定。本报告所载的会计报表是依据《股份制试点企业会计制度》及其有关补充规定编制的。

b. 收入实现的确认:

营业收入以产品已经发出或劳务已经提供,并收到货款或取得索取价款的凭据时确认。

c. 税项:

(1)企业所得税:

1994年实行新税制以来,莱钢总厂执行对山东省财政厅定额上交所得税的办法。股份公司上市后,根据山东省人民政府鲁政字〔1997〕134号《关于莱芜钢铁股份有限公司所得税执行问题的批复》,执行享受按33%所得税税率征收,实际税负超过15%的部分由同级财政部门返还,列收列支,返还部分用于企业发展,全体股东共同享有。

(2)流转税及附加:

增值税:公司销售产品缴纳增值税,按销项税额(营业收入×17%)抵扣进项税额计算应交税金。其他服务等项收入按5%营业税率计算应交税金。

城市维护建设税:以应缴增值税、营业税的7%缴纳。

教育费附加:以应缴增值税、营业税的3%缴纳。

d. 利润分配

公司设立税后利润按10%提取法定公积金,按5%—10%提取法定公益金。法定公积金累计额达到注册资本的50%不再提取。法定公积金不足弥补上一年度公司亏损的,在提取法定公积金、公益金之前,应先用当年利润弥补亏损。公司从税后利润中提取法定公积金和法定公益金后经股东代表大会决议,可提取任意公积金。公司税后利润在弥补亏损和提取法定公积金、法定公益金、任意公积金后所余利润,按照股东持有的股份比例分配。

(二)重要会计报表项目注释(单位:人民币元)

(1)应收帐款

A、截止1997年3月31日,应收帐款帐龄情况分析

帐　龄	金　额	占总额的比例
一年以内	71,586,129.92	80.14%
一年至二年	10,142,602.14	11.35%
二年至三年	7,602,181.40	8.51%
合　计	89,330,913.46	100%

B、截止 1997 年 3 月 31 日,应收帐款关联企业欠款

项　目	金　额
莱钢总厂	54,207,430.61
莱钢附属企业公司	530,000.00

(2)其它应收款

A、截止 1997 年 3 月 31 日,其它应收款帐龄情况分析

帐　龄	金　额	占总额的比例
一年以内	9,300,239.32	91.77%
一年至二年	786,959.63	7.77%
二年至三年	46,660.89	0.46%
合　计	10,133,859.84	100%

(3)盈余公积

期末余额为零。

(4)未分配利润

期末余额为零。

十、董事会上市承诺

本公司董事会将严格遵守《中华人民共和国公司法》、《股票发行与交易管理暂行条例》、《公开发行股票信息披露实施细则》和《上海证券交易交易所市场业务试行规则》和国家有关法律、法规的规定,并自股票上市之日起作出如下承诺:

1、按照法律、法规的规定程序和要求披露重大信息,并接受证券主管部门机关,上海证券交易所的监督管理。

2、及时、真实、准确地公开中期报告和年度报告,并备置于规定场所供投资者公众查阅。

3、本公司董事、监事及高级管理人员如发生人事变动或持本公司股票发生变化时,在报告证券主管机关、证券交易所的同时向投资者公布。

4、在任何公共传播媒介中出现的消息可能对本公司股票的市场价格产生误导性影响时,本公司知悉后将及时对该消息予以公开澄清。

5、本公司董事、监事及高级管理人员将认真听取社会公众的意见和批评,不利用已获得的内幕消息及其他不正当手段直接或间接从事股票买卖活动。

6、本公司没有无记录负债。

十一、重要事项揭示

(一)本公司本次发行的 8,000 万股社会公众股,其中 7,200 万股本次上市流通,800 万股公司职工股将在本次上市 6 个月后上市。

(二)截止上市公告书刊登之日,本公司未涉及任何重大诉讼或索赔要求。

(三)山东省人民政府鲁政字〔1997〕134 号文批准,本公司上市后所得税赋为 15%。

十二、备查文件

1、招股说明书

2、审计报告

3、验资报告

4、中国证监会关于本公司公开发行股票的批准文件

5、上海证券交易所上市通知书

6、创立大会决议

7、公司章程

8、营业执照

十三、上市咨询机构

1、发　行　人:莱芜钢铁股份有限公司

法定代表人:李景常

住　　　所:山东省莱芜市钢城区

电　　　话:(0634)6822223

传　　　真:(0634)6821094

联　系　人:薛克治　杨　峰

2、第一上市推荐人:湖北证券公司

法定代表人:陈浩武

住　　　所:武汉市武昌彭刘杨路 232 号

电　　　话:(027)7806778

传　　　真:(027)7807038

联　系　人:贾　瞰

第二上市推荐人:海通证券有限公司

公司负责人:王开国

住　　　所:上海市唐山路 218 号

电　　　话:(021)65843376

传　　　真:(021)65934705

联　系　人:汪烽、应同山、张均宇

第三上市推荐人:山东省国际信托投资公司

法定代表人:宋国文

住　　　所:济南市解放路 166 号

电　　　话:(0531)6956565

传　　　真:(0531)6942770

联　系　人:孙　伟

莱芜钢铁股份有限公司

一九九七年八月二十六日

附表

资产负债表

单位:人民币元

资　　产	附注	1997年3月31日	1996年12月31日	1995年12月31日	1994年12月31日
流动资产:					
货币资金	4	519,962.48	413,458.02	580,960.04	953,694.03
短期投资					
应收票据					
应收帐款	5	89,330,913.46	92,187,868.87	72,168,112.40	63,944,034.41
减:坏帐准备		446,654.57	460,939.34	360,840.56	319,720.17
应收帐款净额		88,884,258.89	91,726,929.53	71,807,271.88	63,624,314.24
预付货款	6	15,282,001.26	14,469,065.78	17,180,887.88	17,012,148.29
其他应收款	7	10,133,859.84	2,859,742.21	3,709,659.22	3,473,138.71
待摊费用	8	1,219,699.01			
存货	9	274,206,252.50	302,722,247.34	273,515,510.21	291,859,470.62
待处理流动资产损失					
一年内到期长期债券投资					
流动资产合计		390,246,033.98	412,191,442.88	366,794,289.23	376,922,765.89
长期投资:					
长期投资					
固定资产:					
固定资产原价	10	1,682,320,231.06	1,676,051,045.52	1,077,207,748.94	1,059,030,106.33
减:累计折旧		673,868,233.42	651,535,375.68	401,647,399.43	321,176,728.35
固定资产净值		1,008,451,997.64	1,024,515,669.84	675,560,349.51	737,853,377.98
在建工程	11	384,333,284.44	398,589,674.44	295,160,247.07	128,741,618.73
固定资产清理					
待处理固定资产净损失					
固定资产合计		1,392,785,282.08	1,423,105,344.28	970,720,596.58	866,594,996.71
无形及递延资产:					
无形资产					
递延资产					
无形及递延资产合计					
其他长期资产:					
其他长期资产递延税项:					
递延税款借项					
资产总计		1,783,031,316.06	1,835,296,787.16	1,337,514,885.81	1,243,517,762.60

资产负债表(续)

单位:人民币元

负债及股东权益	附注	1997年3月31日	1996年12月31日	1995年12月31日	1994年12月31日
流动负债:					
短期借款	12	126,500,000.00	126,500,000.00	123,700,000.00	124,000,000.00
应付工资					
应付帐款	13	75,003,564.82	130,969,243.15	144,548,483.55	121,076,699.63
预收货款	14	9,975,367.68	11,879,277.87	8,810,784.42	10,623,513.01
应付福利费		15,549,927.29	14,754,530.70	10,493,705.33	5,068,451.77
应付股利					
应交税金	15	2,508,317.56	5,686,882.58	696,090.00	559,889.21
其他未交款					
其他应付款	16	47,187,723.78	44,324,178.10	45,327,638.56	40,603,516.69
预提费用					
一年内到期长期负债					
流动负债合计		276,724,901.13	334,114,112.40	333,576,701.86	302,032,070.31
长期负债:					
长期借款	17	814,654,368.00	809,530,627.83	596,929,391.28	543,882,168.02
应付债券					
长期应付款					
其他长期负债					
长期负债合计		814,654,368.00	809,530,627.80	596,929,391.28	543,882,168.02
递延税项:					
递延税款贷项					
负债合计		1,091,379,269.13	1,143,644,740.23	930,506,093.14	845,914,238.33
股东权益:					
股本		449,800,000.00	449,800,000.00	306,700,000.00	306,700,000.00
资本公积		241,852,046.93	241,852,046.93		
盈余公积					
其中:公益金					
未分配利润				100,308,792.67	90,903,524.27
股东权益合计		691,652,046.93	691,652,046.93	407,008,792.67	397,603,524.27
负债及股东权益总计		1,783,031,316.06	1,835,296,787.16	1,337,514,885.81	1,243,517,762.60

损 益 表

单位:人民币元

项　　目	附注	1997年1-3月	1996年度	1995年度	1994年度
一、主营业务收入	18	770,839,446.71	2,437,107,578.47	2,334,665,236.15	2,113,622,264.15
减:营业成本	19	651,241,045.35	1,990,532,621.51	1,939,140,234.25	1,770,217,503.52
销售费用		4,312,410.76	14,607,223.21	12,499,185.31	11,050,064.72
管理费用	20	24,517,734.83	81,772,097.83	79,777,683.41	70,391,820.84
财务费用	21	13,064,826.63	76,170,195.87	67,644,428.32	55,891,697.73
营业税金及附加		3,558,887.96	11,057,795.31	9,117,325.32	10,766,236.51
二、主营业务利润		74,144,541.18	262,967,644.74	226,486,379.54	195,304,940.83
加:其他业务利润					
三、营业利润		74,144,541.18	262,967,644.74	226,486,379.54	195,304,740.83
加:投资收益					
营业外收入	22	474.50	6,658.37	10,748.81	8,259.62
减:营业外支出	23	13,610.00	574,883.98	513,891.71	505,350.94
加:以前年度调整					
四、利润总额		74,131,405.68	262,399,419.13	225,983,236.64	194,807,849.51
减:所得税		3,500,000.00	13,200,000.00	11,000,000.00	10,000,000.00
五、净利润	24	70,631,405.68	249,199,419.13	214,983,236.64	184,807,849.51

财务状况变动表

1996年度

单位:人民币元

流动资金来源和运用		流动资金各项目的变动	金　额
一、流动资金来源:		二、流动资产本年增加数:	
1.本年净利润	249,199,419.13	1.货币资金	-167,502.02
加:不减少流动资金的费用和损失		2.短期投资	
(1)固定资产折旧	226,338,223.20	3.应收票据	
(2)无形资产、递延资产及其它资产		4.应收帐款净额	19,919,657.65
摊销(减其它负债转销)		5.预付货款	-2,711,822.10
(3)固定资产盘亏(减盘盈)		6.其他应收款	-849,917.01
(4)清理固定资产损失(减收益)	561,218.81	7.待摊费用	
(5)递延税款		8.存货	29,206,737.13
(6)其它不减少流动资金的费用和损失		9.待处理流动资产净损失	
		10.一年内到期的长期债券投资	
小　　计	476,098,861.14	11.其他流动资产	
2.其它来源:			
(1)固定资产清理收入(减清理费用)	-561,218.81		
(2)增加长期负债	212,601,236.55		
(3)收回长期投资			
(4)对外投资转出固定资产			
(5)对外投资转出无形资产			
(6)资本净增加额	384,952,046.93	流动资产增加净额	45,397,153.65
(7)少数股东权益净增加额			
小　　计	596,992,064.67	二、流动负债本年增加数	2,800,000.00
流动资金来源合计	1,073,090,925.81	1.短期借款	
二、流动资金运用:		2.应付票据	
1.利润分配		3.应付帐款	-13,579,240.40
(1)提取盈余公积(用盈余公积补亏以"-"号表示)		4.预收货款	3,068,493.45
(2)应付利润		5.应付福利费	4,260,825.37
(3)提取法定公益金		6.未付股利	
(4)已分配股利	349,508,211.80	7.未交税金	4,990,792.58
		8.其他未交款	
小　　计	349,508,211.80	9.其他应付款	-1,003,460.46
2.其他运用:		10.预提费用	
(1)固定资产和在建工程净增加额	678,722,970.90	11.一年内到期的长期负债	
(2)增加无形资产、递延资产及其他资产		12.其他流动负债	
(3)偿还长期负债			
(4)增加长期投资			
小　　计	678,722,970.90		
流动资金运用合计	1,028,231,182.70	流动负债增加净额	537,410.54
流动资金增加净额	44,859,743.11	流动资金增加净额	44,859,743.11

上海国脉通信股份有限公司

1996 年年度报告摘要　（摘选）

一、公司简况

公司名称：上海国脉通信股份有限公司

法人代表：奚国华　　邮政编码：201204

公司地址：上海市浦东新区川北公路 2626 号

电话：021-62763321　　传真：021-62763321

二、主要财务数据与财务指标（合并）

指标项目	本年数	上年数	比上年增减（%）
1. 主营业务收入（万元）	67,750.21	57,803.67	17.21
2. 净利润（万元）	16,984.37	15,576.92	9.04
3. 总资产（万元）	104,994.98	90,615.76	15.87
4. 股东权益（万元）	75,383.62	61,655.30	22.27
5. 每股收益（元）	0.55	0.79	−30.38
6. 每股净资产（元）	2.46	3.14	−21.66
7. 净资产收益率（%）	22.53	25.26	−10.81
8. 股东权益比率（%）	71.80	68.04	5.53

附注：按加权平均法计算 1996 年度每股收益 0.71 元。

三、公司业务回顾

1. 一年来经营情况：

（1）公司全面完成年初提出的三大经营目标：新增 128FLEX 中文高速寻呼系统容量 10 万门，公司寻呼总容量达到 165 万门；完成寻呼特服网改造，形成自动寻呼大联网；新增无线寻呼用户 200,007 户，总数达到 903,342 户，继续保持全国无线寻呼业第一的地位；利润总额达到 20,868.43 万元人民币，比计划数 19,500 万元超出 7.02%，投资计划基本完成。

（2）利润来源构成：其中无线寻呼通信为 19,173.61 万元，占利润总额的 91.88%；集群通信为 426.27 万元，占利润总额的 2.04%；通信设备销售等为 1,268.85 万元，占利润总额的 6.08%。

2. 主营业务收入及净利润实际完成情况：

本年度主营业务收入为 67,750.21 万元，较上年增长 17.21%，其中寻呼通信收入为 38,573.35 万元，较上年增长 36.86%，主要原因是寻呼放号任务完成得好；集群通信收入为 1,358.21 万元，较上年增长 40.00%，原因为新增用户；销售等收入为 27,818.65 万元，较 95 年降低 3.08%，主要原因为寻呼机售价降低。

本年度净利润为 16,984.37 万元，较上年增长 9.04%。

3. 前次募集资金的使用情况

公司上一次配股是 93 年 10 月，共筹集资金 1.9 亿元；1994 年又以送红股形式增加了 8,724 万元股本金；根据公司 95 年度股东大会红利分配方案，1996 年 5 月以送红股形式增加了股本 5,888.7 万元股本金；96 年 10 月以送红股形式增加了股本 5,103.54 万元股本金；本年度未募集资金。

前次募集资金的实际使用情况与拟投资项目基本相符，其中"国脉大厦"建造项目已于 1996 年 6 月完成。

四、股本变化及股本结构情况

（一）股本结构：

1996 年度公司股份变动情况

填报日期 1996 年 12 月 31 日　　数量单位：股　　每股面值：1 元

	期初数	本次变动增减（+，−）配股	送股	公积金转股	小计	期末数	1997 年 3 月配股后股数
一、尚未流通股份							
1. 发起人股份	115,578,918		64,724,194		64,724,194	180,303,112	214,852,514
其中：							
境内法人持有股份	115,578,918		64,724,194		64,724,194	180,303,112	214,852,514
2. 募集法人股	57,761,082		32,346,206		32,346,206	90,107,288	94,694,615
3. 其它（转配）							12,673,908
尚未流通股份合计	173,340,000		97,070,400		97,070,400	270,410,400	322,221,037
二、已流通股份							
境内上市的人民币普通股	22,950,000		12,852,000		12,852,000	35,802,000	42,661,663
已流通股份合计	22,950,000		12,852,000		12,852,000	35,802,000	42,661,663
三、股份总数	196,290,000		109,922,400		109,922,400	306,212,400	364,882,700

（二）股本变动情况及原因：本公司于 1996 年 5 月 6 日以 10:3 的比例向全体股东送股 5,888.70 万股，于 1996 年 10 月 3 日以 10:2 的比例向全体股东送股 5,103.54 万股。至此，公司总股本由年初的 19,629 万股增长为 30,621.24 万股。1997 年 3 月又实施了 10:1.916 的配股方案，所以目前股份总数为 36,488.27 万股。

（三）前十名股东持股情况：

名　称	年末持股数（万股）	占总股本%
①上海市邮电管理局	18,030.31	58.88
②中国邮电工会上海市委员会	1378.93	4.49
③上海市电话局	842.66	2.75
④上海市邮政局邮购服务公司	818.31	2.67
⑤上海市长途电信综合开发公司	545.43	1.78
⑥上海申银万国证券公司	272.38	0.89
⑦上海财政证券公司	143.21	0.47
⑧上海鸿讯贸易有限公司	104.06	0.34
⑨上海浦东新区邮政局	102.45	0.33
⑩南汇县邮电经营部	83.06	0.27

年末股东户数：

发起人法人股东：　1 户

募集法人股东：　343 户

社会公众股东：　23,175 户

（五）公司董事、监事与高级管理人员持股情况：

姓名	职　务	年初持股数	年末持股数	变动原因
奚国华	董事长	2000 股	3120 股	送股增加
劳建华	副董事长	1800 股	4774 股	送股增加，市场购入
张　健	副董事长、总经理	1836 股	2864 股	送股增加
王金水	董事、副总经理	530 股	2927 股	送股增加，市场购入
王福生	董事、副总经理	0 股	1400 股	市场购入
顾乐如	董事	0 股	1400 股	市场购入
顾国忠	董事	1530 股	2387 股	送股增加
黄于正	董事	0 股	700 股	市场购入
张桂兴	董事	530 股	827 股	送股增加
金家凤	董事	1800 股	2808 股	送股增加
赵　乐	董事	0 股	700 股	市场购入
俞兴隆	董事	1800 股	2808 股	送股增加
樊留斌	董事	1800 股	5008 股	送股增加，市场购入
吴一帆	董事	0 股	700 股	市场购入
陈兴昌	董事	0 股	700 股	市场购入
张新康	监事长	0 股	1400 股	市场购入
汪学麟	监事	0 股	1400 股	市场购入
沈健春	监事	0 股	700 股	市场购入
季禔	副总经理	0 股	2100 股	市场购入
黄凤芳（女）	总会计师	0 股	700 股	市场购入
姚梅琪（女）	总工程师	448 股	698 股	送股增加
赵一雷	董事会秘书	0 股	700 股	市场购入

福建省青山纸业股份有限公司

福建省青山纸业股份有限公司招股说明书概要

一、绪言

本招股说明书概要是依据《中华人民共和国公司法》、《股票发行与交易管理暂行条例》和《公开发行股票公司信息披露实施细则》等有关法律、法规编制而成,公司董事会成员已批准本招股说明书概要,确信本概要所摘内容与招股说明书正文一致且不存在任何重大遗漏或误导,并愿对其真实性、准确性、完整性负个别和连带责任。

投资人应自行负担买卖本发行人股票的税款,发行人、上市推荐人和承销机构对该税款不承担责任。

本次发行已经中国证券监督管理委员会证监发字[1997]311号文和[1997]312号文批准。

二、释义

在本招股说明书概要中除非另有说明,下列简称具有如下意义:

1. 发起人:指福建省青州造纸厂、国家机电轻纺投资公司、福建华兴信托投资公司

2. 公司、本公司和发行人:均指福建省青山纸业股份有限公司

3. 青州造纸厂:指福建省青州造纸厂

4. 股票:指公司发行的每股面值1元的记名式人民币普通股股票

5. 元:指人民币元

6. 证监会:指中国证券监督管理委员会

7. 承销机构:指以福建华兴信托投资公司为主承销商的承销团

8. 省国资局:指福建省国有资产管理局

9. 省体改委:指福建省经济体制改革委员会

10. 本次发行:指公司本次向社会公开发行的8,000万股人民币普通股

三、发售新股的有关当事人

1. 发行人:福建省青山纸业股份有限公司
法定代表人:张小麟
地址:福州市马尾经济技术开发区君竹路
联系人:陈炳生、陈春华
电话:0591-7588745　0598-5655168
传真:0591-7589002　0598-5653336

2. 主承销商:福建华兴信托投资公司
法定代表人:梁永新
地址:福建省福州市华林路69号
联系人:林云、陈友中
电话:0591-7568947　0591-7538556 传真:0591-7558280

3. 副主承销商:长城证券有限责任公司
法定代表人:李仁杰
地址:深圳市八卦三路平安大厦东四楼
联系人:谭晓蓉、刘世国
电话:0755-2414856　0755-2415582
传真:0755-2415582

4. 分销商:福建省华福证券公司
法定代表人:王希超
地址:福州市台江区广达路141号
联系人:邹建亮、汪军
电话:0591-7841143
传真:0591-7841150

5. 分销商:江苏证券股份有限公司
法定代表人:鲍志强
地址:江苏省南京市水西门大街2号
联系人:张涛
电话:025-4523777-5103
传真:025-4527517

6. 分销商:厦门国际信托投资公司
法定代表人:游永华
地址:厦门市湖滨路振业大厦
联系人:李昕、刘珂滨
电话:010-68363256　010-68363257
传真:010-68321332

7. 分销商:四川省信托投资公司
法定代表人:梁昌飞
地址:成都市福兴街30号
联系人:吕苈、袁朝红
电话:028-6750758　028-6852646
传真:028-6623608

8. 分销商:中国东方信托投资公司
法定代表人:唐棣华
地址:北京市西城区西直门外高梁桥斜街18号
联系人:杨帆、刘天团
电话:0591-7544490
传真:0591-7544491

9. 上市推荐人:君安证券有限责任公司
法定代表人:张国庆
地址:深圳市罗湖区春风路5号
联系地址:上海市常德路446号
联系人:邵永刚
电话:021-62712014
传真:021-62712514

10. 发行人法律顾问:福州至理律师事务所
法定代表人:蒋方斌
地址:福州市湖东路中山大厦25层
经办律师:蒋方斌、沈毅民
电话:0591-7855641　0591-7855642
传真:0591-7855741

11. 主承销商法律顾问:福州闽天律师事务所
法定代表人:陈勇
地址:福建省福州市光禄坊105号
经办律师:刘世海、唐亚飞
电话:0591-7545535　0591-7545562
传真:0591-7545530

12. 会计师事务所:福建华兴会计师事务所
法定代表人:刘久芳
地址:福州市湖东路中山大厦B座7-9层

经办注册会计师:卢淑燕、林文福

电话:0591－7843101　　0591－7842334

传真:0591－7840354

13. 资产评估机构:福建省资产评估中心

法定代表人:何美瑜

地址:福州市湖东路中山大厦B座11层

经办评估人员:林是、许金炉、林雄

电话:0591－7840065　　0591－7827668

14. 资产评估确认机构:福建省国有资产管理局

15. 资金冻结银行:中国人民银行福建省分行

16. 收款银行:中国银行福州市分行

中国农业银行福州市分行

中国建设银行福州市分行

福州城市合作银行

17. 财务顾问:福建闽利经济发展有限公司

法定代表人:郑雯丽

地址:福州市台江区工业路128号东辉花园乐居亭7座3D

联系人:陆洁

电话:0591－3359136　　0591－3359872

18. 咨询机构:福建兴策股份有限公司

法定代表人:池金明

地址:福建省福州市华林路福建日报大厦七楼

联系人:杨筱林

电话:0591－7095722－8006

传真:0591－7095715

19股票登记机构:上海证券中央登记结算公司

四、发行情况

1. 股票种类:人民币普通股

2. 发行日期:1997年6月18日至1997年6月25日

3. 发行地区:福建省福州市

4. 发行对象:符合法律、法规规定的法人和自然人

5. 承销起止日:1997年6月18日至1997年6月20日

6. 预计上市日期:公司已得到上海证券交易所上市承诺,发行完毕后,将尽快在上交所上市

7. 上市交易所名称:上海证券交易所

8. 发行方式:全额预缴款、比例配售、余款转存

9. 每股发行价:5.10元

10. 每股面值:1.00元

11. 发行量:8,000万股

12. 发行总市值:40,800万元

五、风险因素与对策

投资者在评价发行人本次发售的股票时,除本招股说明书概要提供的其它资料外,应特别认真地考虑下述各项风险因素:

(一)经营风险

(1)原材料供应及价格风险

木材是纸袋纸的主要生产原料,木材价格的变动对纸袋纸生产成本具有相当影响。目前,本公司主要木材供应基地位于福建省三明市,根据三明市林委明林(1988)171号关于"二类资源调查"资料分析表明,三明市森林资源的生长量大于消耗量,资源消长已进入良性循环,全市森林总蓄积量达1.17亿立方米,覆盖率达65.5%,因此本公司原材料的供应有较强保障。

(2)能源及运输风险

本公司拥有热电厂,基本能满足生产中的能源供应,且热电厂可利用公司在生产过程中产生的废料配合燃煤、燃油发电,电力的单位成本较低,就能源供应而言,公司面临的风险极小。

占纸袋纸生产成本相当比重的木材,大部分由福建省内的各林业基地提供,货源和运输有充分的保障,但由于福建省地形地貌的特殊性,将增加运输成本,从而影响公司的盈利能力。

(3)生产工艺环节的风险

纸袋纸的生产工艺程序较复杂、操作要求较高,如不严格按规定流程操作,将影响本公司的产品质量和产量。

(4)产品结构风险

本公司的主要产品为纸袋纸,缺乏主业以外的其它业务收入,产品结构单一,因此本公司的经营受行业兴衰、市场变化的影响较大。

(5)生产技术、工艺方法和产品的替代性风险

本公司纸袋纸生产线经1984年引进美国Beloit国际公司的先进技术和设备(带有伸性装置)对原纸机进行全面技术改造后,技术装备和生产技术为国内一流水平;1986年又配套引进奥地利Voith公司废纸处理设备,经多年的探索、改进、消化、吸收,已取得良好的效益,目前本公司的纸袋纸生产技术与工艺方法代表了国内的最高水准,因此短期内不存在生产技术与工艺方法被淘汰的风险。

纸袋纸是水泥、农药、化肥的理想包装材料,其中应用于水泥包装最为常见,如水泥企业降低包装袋的质量要求,加大散装水泥的比重,采用复合编织袋作替代包装物,都会在一定程度上改变纸袋纸市场的供求状况,将对公司的生产经营产生不利影响。

(6)汇率风险

公司本次投资建设的项目均需从国外引进生产设备,需要一定数量的外汇,因此汇率的变动将在一定程度上影响本公司的生产成本。

(二)行业风险

(1)产业政策风险

国家对造纸行业的产业政策是"扶大限小",对大型造纸企业采取扶持态度,在原材料供应、新产品开发等方面予以支持,对小纸厂的发展则采取一些限制,以减少污染、节约木材及能源的消耗。林产品加工业是福建省五大支柱产业之一,本公司是国内造纸行业的支柱企业之一,福建省林产加工业的龙头企业,国家产业政策对公司是予以扶持的,因此本公司面临的产业政策风险较小。

(2)环保风险

本公司在生产过程中,会产生废水、废渣、废气和粉尘,处理不当会对周围环境形成一定污染,但通过加强对"三废"和粉尘的治理,可使企业对环境的污染降低到最低水平,符合国家在环境保护方面的要求。

(3)行业内部竞争风险

由于地方保护主义的影响,各地兴办的中小造纸企业不惜牺牲环境以较低的成本来占领市场,形成造纸行业的不平等竞争,加之外资在国内的合资合作,更加剧了国内造纸业的激烈竞争。

(三)市场风险

(1)海外市场影响风险

国际、国内市场联系的紧密性,决定了国际纸张市场行情对国内市场行情具有较大影响,也对本公司销售产生相当影响。

(2)相关行业制约风险

本公司的产品主要是供水泥生产企业使用,因此建材业以及宏观经济的起伏对公司的生产经营有一定的影响。

(四)政策风险

(1)相关行业产业政策变化风险

目前,国家对水泥包装行业使用低质替代品有明确的禁用政策,如果这些政策发生变化,将对本公司的经营产生不利影响。

(2)加入世贸组织及关税风险

我国加入世界贸易组织及国家对本公司生产的同类产品的进出口关税税率的调节,将影响本公司产品在国内外的竞争力。

(五)项目投资风险

造纸工业的大型建设项目,具有一次性投入资金量大、建设周期较长的特点,同时由于项目组成的紧密性、连续性及项目在规模效应方面的要求,整个项目难以分解为若干个子项目,以边投入边产出的方式进行建设,因此可能对公司的经营管理产生一定的影响。

(六)股市风险

由于股票市场固有风险的存在,股票的价格会随着上市公司的经营状况、发展前景、产品供求状况、投资者心理变化及国家金融政策、国内外政治经济形势等因素而波动,投资者在认购本公司股票时,应充分了解股票市场风险。

针对上述可能遇到的各种风险,本公司将采取如下对策:

(一)经营风险对策

(1)针对木材成本占总成本比重大、木材供应主要集中于福建省三明市的特点,本公司拟建立稳定可靠的原材料供应基地,保障原材料的供给,加强专业的原材料采购队伍,及时掌握市场信息,跟踪原材料市场价格变动,做好市场预测,通过省内外各渠道多方面采购木材,降低对单一地区的原材料依赖,有效降低采购成本;同时在公司内部充分挖掘潜力,严格控制成本,消化因原材料价格变动带来的不利影响。

(2)加强生产过程中能源消耗的管理,通过综合节能降耗和合理调配用电时间,进一步降低能源供应的风险;加强与交通部门的合作,充分利用铁路、公路、水路运输的成本差异,合理分配各种运输方式的运输量,降低运输成本上涨的风险。

(3)制订严密的生产责任管理制度,严格按照规定流程操作;继续加强岗位责任培训工作,提高员工操作技能和岗位责任心,确保产品的质量和数量。

(4)公司将逐步向关联行业发展,大力发展纸制品原料及纸制品的深加工,大力提高副产品的附加值,发掘新的利润增长点,同时分散产品结构,开发其它包装用纸,研制新产品。

(5)加快纸袋纸生产线的技改,从节能降耗、自动化控制入手,一方面通过对生产的各环节进行综合节能降耗技术改造,减少单位成品的物耗及能耗;另一方面通过对生产活动中所需的种种信息集成,将控制、优化、调度、管理、决策综合于一体,形成一个能适应各种生产环境和市场需求多变性的总体最优、高质量、高效率、高柔性的大型造纸企业计算机管理生产系统。从而提高生产工艺技术,达到国际先进水平,有效降低单位成品的成本,保持本公司一流产品的质量,使产品更具市场竞争力。

(6)多年来,公司在不断引进国外先进生产设备的过程中,充分考虑了汇率波动的影响,在规避外汇风险方面积累了丰富的经验,在今后引进设备时,公司将充分利用现代金融工具,以规避汇率波动带来的风险。

(二)行业风险对策

(1)对生产过程中产生的"三废"和粉尘进行综合处理,使污染降至最低,符合国家排放标准,确保环境质量;其中污水经过浆料稀释、碱回收、逆流洗涤等工序处理,绝大部分可进行封闭循环使用,目前公司拥有全国造纸行业最大的污水处理场,日处理污水能力达56,000吨;废气经收集后通过洗涤塔处理后,去除率约为95%;粉尘通过静电除尘、沉降,仅有少量排出;废渣同经污水处理后留下的污泥、生产过程的角料一同送入废料锅炉燃烧,基本不造成污染,且废料锅炉为热电站的组成部分,可有效地降低发电的单位成本。

(2)针对行业前景看好、但市场需求波动大的状况,本公司将加强销售力量,完善销售网络,准确及时地搜集市场信息,做好市场预测、售后服务工作,并把握有利时机及时开拓市场,提高市场占有率,以增强市场竞争能力和综合盈利能力。

(三)市场风险对策

(1)目前,纸产品价格因受国际市场价格影响而产生一定的波动,而世界制浆造纸企业正向大型化、最佳经济规模方向发展,本公司顺应这一趋势,走规模大型化、产品多样化的道路,将有效降低国际纸张市场行情对国内市场影响的风险。

(2)加强关键设备的维护和保养工作,统筹安排各产品的原料和能源供应、加强运筹管理的应用,使公司的生产体系以最优的、合谐的方式运作。

(四)政策风险对策

(1)本公司将充分利用国家目前实行禁代政策的有利时机,扩大低定量高强度产品的生产,以扩大市场。同时利用公开发行股票成为上市公司这一契机,壮大企业综合实力,提高防御风险的能力。

(2)转换企业经营机制,建立与市场经济相适应的企业运作机制。

(五)项目投资风险对策

(1)由于本色浆工程已进入后期建设,将于1998年初先行投产,能在较短的将来后取得投资收益,并对公司规模大型化、产品多样化带来积极的影响。此外,公司在投资决策时已充分考虑了项目投资风险,在利乐包装纸技改项目的设计中,引进国外成熟工艺、先进的管理模式及现成设备,以降低项目投资风险。

(六)股市风险对策

本公司董事会认为在影响股票价格波动的众多因素中,公司领导素质和管理水平是一个能动因素。为减少公司股票上市后的风险,公司将进一步提高公司领导层的素质,提高管理水平;加强市场的调研和分析,提高决策的科学性与预见性,提高决策水平;及时准确地公告中期、年度财务报告以及重大经营活动信息,自觉接受证券管理部门及股东的监督,以保护广大投资者的利益。

六、募集资金的运用

(一)本次发行股票实际可募集资金396,000,000元,所募集的资金将用于以下三个项目:

资金运用项目	立项批文及文号
(1)与福建省青州造纸厂合作建设"漂白浆生产系统"	印发《关于审批福建省青州造纸厂扩建工程漂白生产系统可行性研究报告的请示》的通知 国家计委计轻纺(1993)2174号
(2)继续与福建省青州造纸厂合作建设"本色浆工程"	印发《关于审批青州造纸厂扩建项目可行性研究(代设计任务书)的请示》的通知 国家计委计轻[1988]788号 《1993年基本建设计划及1994年框架计划》 国家计委计综合(1993)110号
(3)利乐包装纸技改项目	《关于青山纸业股份有限公司年产4万吨利乐包装纸技改项目建议书的批复》 闽经贸技(1996)772号

1. 本色浆项目和漂白浆生产系统项目

(1)项目简介

本色浆工程是我国造纸行业自建国以来一次性引进专业设备最完备、工艺技术最先进、自动化程度最高、生产规模最大的项目。由于该项目引进了九十年代国际先进水平的生产技术装备,在生产工艺方面,采用连续蒸煮制浆系统,在生产过程控制上,采用先进的集散控制系统,大大提高了产品质量及劳动生产率,并实现清洁工艺、碱、电、热基本自给。

漂白浆生产系统采用了目前世界上最先进的工艺技术、设备、控制技术及管理方法,与北欧北美同类的浆厂一样属于世界上现代化的制浆企业。在污染控制、产品质量、资源消耗等诸多方面达到世界先进水平。例如,在污染控制方面,结合了已扩建的本色浆系统,控制污染技术相当完善,排出的污水和废气的质量可达到国外现代化制浆厂相同水平,完全符合我国环保法规的要求;在产品质量方面,所生产的高白度的漂白硫酸盐针叶木浆,无论在白度和强度等方面完全可以与美国南方松漂白木浆相媲美,不仅在福建省内和国内有广阔的市场,也有能力参加东南亚地区纸浆市场的竞争。

本色浆是漂白浆生产的主要原料,本色浆和漂白浆项目在工艺流程上是互相衔接的,因此本色浆工程和漂白浆生产系统实际上应为同一项目。由于本色浆工程的建设周期较长,故于1991年先行开工建设,并被列入《国民经济和社会发展十年规划和第八个五年计划纲要》的国家重点建设项目和国家基本建设重点建设项目。依项目进度,本色浆工程建成投产后,漂白浆生产系统尚处于建设之中,故本色浆工程和漂白浆生产系统的效益单独核算,计算各自的效益,不致产生重复,但由于工艺流程的连续性,需以本色浆做为漂白浆的原料,故漂白浆生产系统的效益是在本色浆工程基础上产生的,实际上漂白浆生产系统的效益也可视同为再投资效益而不同由一般的投资效益,整个项目的效益不是由本色浆工程和漂白浆生产系统两部分简单累加,而是经过资金时间价值因素影响后的再投资效益。因此,建设漂白浆生产系统对提高整个项目的经济效益具有重大的影响。

基于项目的特殊性,本公司已与福建省青州造纸厂签订协议,拟成立福建省青州本色浆有限公司,双方按照出资比例行使表决权及分配利润,且福建省青州造纸厂已向本公司承诺:决不会利用其在本公司的相对控股地位损害其它股东在本色浆项目中所应当享有的合法权益。

本色浆—漂白浆项目投产后其产品质量可达到国际先进水平,可替代部分进口浆板,缓解国内市场对漂白浆进口的需求,并能为国家节约大量外汇,具有较好的社会效益和经济效益。同时,也可以为福建省提供相当数量高档次的漂白木浆,为福建省造纸工业再上新台阶发挥重要作用,对促进福建省"集中制浆,分散造纸"整治污染规划的实施,具有重要意义。

(2)总投资估算、募集资金的计划用途、投资项目的立项审批:

本色浆工程由福建省青州造纸厂与本公司合作建设,该项目经国家计划委员会以计轻(1988)788号文批准立项,以计综合(1993)110号文批准调整概算后,总投资额为115,593万元,其中福建省青州造纸厂投资87,851万元,占总投资的76%,本公司投资27,742万元,占总投资的24%。该项目已于1991年7月开工建设,目前主要车间(制浆、碱回收、浆板)均已建成,整个工程项目约完成92%,公司此次募股投入12,742万元,主要用于收尾工程的建设、设备试运转及试生产。

漂白浆生产系统经国家计委以计轻纺(1993)2174号文批准,总投资额为43,512万元,由本公司与福建省青州造纸厂通过共同投资、合作成立福建省青山漂白浆有限公司方式建设,拟成立的"福建省青山漂白浆有限公司"注册资本为人民币18,000万元,其中本公司出资11,700万元,占注册资本的65%,福建省青州造纸厂出资6,300万元,占注册资本35%,公司此次募股投入11,700万元。

总投资列项表: 单位:万元

指标	本色浆工程	漂白浆生产系统	合计
总投资额	115,593	43,512	159,105
固定资产投资	115,593	40,464	156,057
流动资金		3,048	3,048

募集资金使用计划表: 单位:万元

项目	1997年
本色浆工程	12,742
福建省青山漂白浆有限公司	11,700

(3)项目效益产生时间、回收期、资金缺口的解决

预计本色浆工程将于1998年初先行竣工投产,漂白浆生产系统将于1999年7月建成投产,本色浆—漂白浆项目投产后每年可新增销售收入6.4亿元,实现利税2.4亿元,整个项目回收期为9.57年。

漂白浆生产系统的缺口资金25,512万元,由本公司和福建省青州造纸厂按照出资比例负责筹措,本公司已获中国银行福建省分行的贷款承诺。

2.利乐包装纸技改项目

(1)项目简介

鉴于本色浆—漂白浆系统生产出来的产品属于纸制品的半成品,为提高公司经营效益,增加发展后劲,本公司瞄准市场,投资开发新纸种—具有良好市场前景的利乐包装纸。

利乐包装纸广泛应用于食品餐饮业,是一种市场需求旺、产品销售畅的大众化纸品。公司此次投资建设的利乐包装纸技改项目,一方面可以充分利用公司参与建设本色浆—漂白浆生产系统的原料供应优势,将原材料优势转化为效益优势,提高股东的投资回报率;另一方面,由于该项目引进国际先进水平的工艺与关键二手设备,既可使整个技改项目的建设周期缩短、节约投资,又可获得较先进的生产工艺和管理经验,达到投入少、回报高的目的。

因此,建设该项目,不仅在技术上是可行的,亦有较好的经济效益,还能提高公司的竞争和抗风险能力,符合公司发展规划。

(2)总投资估算、募集资金的计划用途:

总投资列项及募集资金运用计划表 单位:万元

项目/指标	总投资列项			募集资金投资计划	
	总投资额	固定资产投资	流动资金	1997年	1998年
利乐包装纸	18,900	17,900	1,000	6,000	9,158

(3)投资项目的立项审批、效益产生时间、回收期、资金缺口的解决

利乐包装纸项目经福建省经贸委以闽经贸技(1996)772号批准立项,预计该项目将于1998年底竣工投产,投产后年均利润3,848万元,投资利润率为20.36%,投资回收期为4.9年。本次募股资金投人后,项目尚有3,742万元资金缺口,拟通过企业自筹或1998年配股解决。

3.项目风险

由于公司本次投资建设的三个项目密切相关,工程进度不一,若主项目本色浆—漂白浆工程出现工期延误的现象,不仅将影响该项目的经济效益,同时也将对利乐包装纸项目的生产产生一定的影响;若主项目产品质量未能达到设计要求,而又无法及时改进,同样将对利乐包装纸项目产生不利影响。有鉴于此,本公司将制订周密而详尽的施工计划,加强科研攻关,作好各项目间的技术衔接,尽可能降低因项目复杂性、相关性带来的风险。

(二)前次募集资金的使用情况

发行人于1993年3月定向募集所得资金,按照其招股说明书所述的用途投资于以下二个项目:(1)与福建省青州造纸厂合作建设本色浆工程,投资15,000万元;(2)纸袋纸生产线技改项目,投资1871.4万元。

上述第(1)项因尚未竣工,因此资金使用效益尚未体现;第(2)项已竣工投产,根据福建华兴会计师事务所出具的闽华兴所(97)股审字第16号《审计报告》揭示,该项目资金使用效益良好。

七、股利分配政策

1.公司分配股利可采取发放现金或派发股份形式;公司当年税后利润按下列顺序及比例进行分配:

(1)弥补亏损;

(2)提取法定公积金10%;

(3)提取法定公益金5-10%;

(4)提取任意公积金;

(5)分配股利。

以上具体分配方案由董事会根据公司经营状况和发展需要制订,并经股东大会审议批准。

2.据福建华兴会计师事务所闽华兴所(97)股审字第16号《审计报告》所列示,公司1996年实现税后利润7374.3626万元。

根据1997年4月13日公司1996年度股东大会决议,1996年税后利润7374.3626万元,分别提取10%的法定盈余公积金、10%的法定公益金,加年初未分配利润1328.2780万元,共计7227.7681万元,结转97年一并分配,由新老股东共享。

3.预期本次发行后,第一个盈利年度的利润分配在该年度会计决算结束后的六个月内进行。

八、发行人及发行人主要成员情况

1.发行人名称:福建省青山纸业股份有限公司

2.发行人成立日期:1993年4月1日

3.发行人住所:福州市马尾经济技术开发区君竹路

4.发行人历史情况简介:

福建省青山纸业股份有限公司是经省体改委以闽体改(1993)037号文批准,由福建省青州造纸厂牵头,同时约请国家机电轻纺投资公司、福建华兴信托投资公司作为共同发起人,以定向募集方式设立的股份有限公司。

主要发起人福建省青州造纸厂筹建于1958年,1971年10月全面建成投产,隶属于福建省轻工业厅,是国家大型骨干企业,也是福建省重要支柱企业。经过多年发展青州造纸厂发展成国家大型一档制浆造纸企业。经济效益逐年提高,连续四年被列为国内500家销售额最大和250家经济效益最佳企业,并被评为国家二级企业、国家节能金牌、国家节能一级企业、国家计量一级先进单位、国家档案管理二级企业、轻工部质量管理奖企业、福建省设备管理优秀企业、全国造纸工业安全生产先进单位等,前后共获得省级以上荣誉称号80余项。

发起人国家机电轻纺投资公司是国家专业投资公司,成立于1988年7月,该公司按照国家赋予的职责,始终把国家重点建设和大中型项目的建设放在重要地位,同时以合资、参股、合作等方式进行投资经营,在建设具有中国特色的股份制新路上作出了积极有益的尝试。

1994年8月,遵照国务院有关文件精神,原国家专业投资公司参股、合作项目划归国家开发投资公司管理,各项目合同中规定的股东或合作者法人享有和承担的权利、义务,由国家开发投资公司承继。因此原国家机电轻纺投资公司持有的福建省青山纸业股份有限公司法人股2,922万股,由国家开发投资公司承继。

发起人福建华兴信托投资公司成立于1984年6月,1987年2月经中国人民银行总行批准成为地方金融机构,1988年5月,经国家外汇管理局批准成为人民币和外汇业务地方金融机构。该公司自成立以来,致力于开展投资合营、合资联营、委托投资和贷款业务,外汇业务、信托存贷款及证券等业务,为繁荣和促进经济发展起了积极作用。

上述股份承继、转让均已获得福建省人民政府闽政体股(1997)01号文确认。

5. 发行人组织结构

(1)发行人组织结构图:

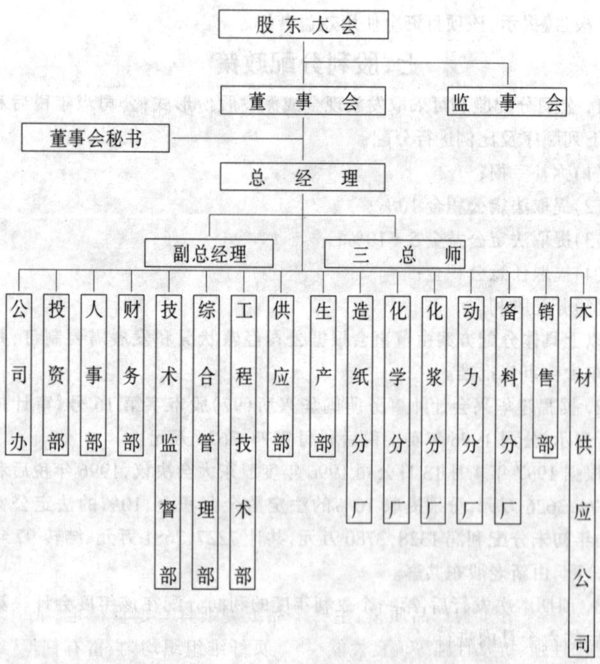

(2)福建省青州造纸厂与本公司的关系

经政府有关部门批准,本公司国有法人股8,000万股由福建省青州造纸厂持有,并代表国有法人股参加公司股东大会,行使股东的权力和义务。

公司与福建省青州造纸厂均为独立法人,各自独立经营、自负盈亏,在财务上分别独立核算,在生产经营上不存在同类产品的市场竞争,且双方为防止经营中不当关联交易,签订了《综合服务协议书》、《关于合作建设"本色浆工程"的协议书》、《关于合作经营福建省青山漂白浆有限公司的协议书》、《商标使用许可合同》。

(3)其它关联企业情况:

①福建水泥股份有限公司

福建水泥股份有限公司是上海证券交易所上市公司,本公司是福建水泥股份有限公司第二大股东,持有该公司普通股69.85万股,占总股本的3.06‰,本公司董事长张小麟先生为福建水泥股份有限公司董事。

②福建省永安林业(集团)股份有限公司

福建省永安林业(集团)股份有限公司是深圳证券交易所上市公司,本公司是福建省永安林业(集团)股份有限公司第三大股东,持有该公司普通股500万股,占总股本7.93%,本公司董事吴路全先生为福建省永安林业(集团)股份有限公司董事。

6. 业务经营范围

纸浆、纸和纸制品生产销售;工业生产资料,百货,日用杂货,建筑材料,农副产品的销售;轻工技术咨询,技术服务。(以上经营范围凡涉及国家专项专营规定的从其规定)

7. 主要业务:纸袋纸、塔尔油、松节油的生产、销售。

8. 产品品种、生产能力、市场占有率和销售情况

本公司生产的主要产品为"青山牌"70克/平方米低定量高强度纸袋纸、80克/平方米普通纸袋纸和90克/平方米伸性纸袋纸,其中80克/平方米普通纸袋纸荣获全国同行业最高质量奖——国家银质奖,90克/平方米伸性纸袋纸获部优产品称号,70克/平方米低定量高强度纸袋纸获省优产品称号,产品畅销江南13个省、市、自治区,是国家出口水泥指定包装用纸,曾出口伊朗、南朝鲜、东南亚各国,广泛用于水泥、化肥、农药和粮食的包装。

经过多年来的技术改造和不断引进国外先进设备,公司的纸袋纸年生产能力已达9.7万吨,近三年来的产量分别为93,378吨、96,850吨和97,028吨,销售额分别为33,256万元、46,370万元和45,752万元,国内市场占有率达到20%以上,省内市场占有率更高达80%以上。

9. 主要原材料的供应、自然资源的耗用情况

本公司生产的主要原料是松原木、板皮、木片等造纸材和活性碱、硫酸铝等相关化工原料,由国内相关生产企业直供、供需基本平衡。按现有的生产能力,年耗用造纸材约40万立方米,年需用碱、硫酸铝等化工原料11,300吨。

10. 关联交易

公司通过协议及合同的方式对关联交易事项作出了具体规定。

(1)综合服务协议书

该协议由本公司与福建省青州造纸厂签订,协议就双方相互提供生产、生活各个方面的服务作出约定,按照公平合理的原则收取费用。

(2)商标使用许可合同

该合同由本公司与福建省青州造纸厂签订,本公司获得"青山"牌注册商标的使用权。

(3)关于合作建设"本色浆工程"的协议书。

该协议由本公司与福建省青州造纸厂签订,协议书约定,双方共同投资,合作建设"本色浆工程",公司投资27,742万元,占投资总额的24%,福建省青州造纸厂投资87,851万元,占投资总额的76%;双方按照投资比例分享利润、承担风险及亏损。

(4)关于合作经营福建省青山漂白浆有限公司的协议书

该协议由本公司与福建省青州造纸厂签订,协议书约定,双方共同投资、合作成立福建省青山漂白浆有限公司,注册资本18,000万元,公司出资11,700万元,占注册资本的65%,福建省青州造纸厂出资6,300万元,占注册资本的35%;双方按照出资比例行使表决权及分配利润。

11. 董事、监事及高级管理人员简历及持股情况

董事长:张小麟先生,现年48岁,大专文化,工程师。曾任福建省造纸工业公司干部、副科长,福建省轻工业厅基建规划处副主任科员、副处长、处级调研员,福建省青州造纸厂副厂长,福建省青山纸业股份有限公司董事、副总经理,现任福建水泥股份有限公司董事、公司董事长兼总经理,持有本公司股票18,200股。

副董事长:王文通先生,现年58岁,中专文化,经济师、高级政工师。曾任福建省青州造纸厂供销科副科长,福建省青州造纸厂副厂长、党委书记,现任公司副董事长、党委书记,持有本公司股票18,600股。

董事:黄国英先生,现年43岁,大学文化。曾任中共福建省委组织部干事、主任科员,福建省监察厅主任科员、副处级监察员、政研室副主任,福建省轻工业厅人劳处副处长、处长,福建省造纸工业公司经理、党委书记,福建省轻纺工业总公司副总经理,现任公司董事,持有本公司股票13,000股。

董事:陈永泉先生,现年55岁,高中文化,政工师。曾任福建省青州造纸厂化学车间班长、党支部书记,福建省青州造纸厂党委副书记兼工会主席,现任公司董事、党委副书记兼工会主席,持有本公司股票15,500股。

董事:吴路全先生,现年57岁,大学文化,经济师。曾任福建省青州造纸厂工会干事、劳工科副科长、副厂长兼党委副书记、副厂长兼总经济师,现任福建省永安林业(集团)股份有限公司董事,公司董事、总经济师,持有本公司股票15,500股。

董事:顾志一先生,现年60岁,中专文化,高级会计师。曾任福建省青州造纸厂财务科副科长、科长、企管办主任、总会计师,现任公司董事、总会计师,持有本公司股票15,400股。

董事:张粮先生,现年36岁,大学文化,高级工程师。曾任轻工业部基建司工程师,国家机电轻纺投资公司轻工业务部副处长,现任国家开发投资公司国投机轻事业部处长、高级工程师、公司董事,持有本公司股票0股。

董事:周立成先生,现年35岁,大学文化,高级工程师。曾任纺织部计划司规划处工程师,中国纺织物资总公司工程师,国家机电轻纺投资公司纺织业务部化纤处工程师,现任国家开发投资公司国投机轻事业部业务二处副处长、高级工程师、公司董事,持有本公司股票0股。

董事:黄振光先生,现年31岁,大学文化,助理会计师。曾任福州聚春园大酒店筹建处办公室主任,现任福建华兴实业公司投资部经理、公司董事,持有本公司股票0股。

监事会召集人:岳伟玉先生,现年73岁。曾任中共太行山地委通讯员、区委组织委员、区委宣传委员,仙游县委组织部干事、区委书记、县委组织部副部长、部长、晋江地直机关党委组织部长、地直机关党委副书记、地委副秘书长、地委工交部副部长,惠安县委书记,仙游糖厂党委书记,福建省糖业公司经理,福建省轻工局生产组召集人、援外办负责人,福建维尼纶厂党委书记,福建省建筑工程局局长、党委书记,福建省轻工业厅厅长、党委书记,厦门航空有限公司董事长、党委书记,现任公司监事会召集人,持有本公司股票3,000股。

监事:赵文修先生,现年46岁,大专文化,政工师。曾任福建省青州造纸厂纪检委副书记,现任公司监事,持有本公司股票4,100股。

监事:孙毅女士,现年42岁,大学文化。曾任陆军第一七二医院护师,南京军区福州总医院护师,福建省轻工业工会副主任科员、主任科员、女工委员会副主任,福建省服装鞋帽公司副经理,现任公司监事,持有本公司股票0股。

监事:林元妥先生,现年56岁,大学文化,工程师、经济师。曾任吉林染料厂技术员,福建省青州造纸厂技术员、助理工程师、化学车间副主任、企管办主任兼全质办主任,现任公司监事,持有本公司股票4,800股。

监事:郑云光先生,现年40岁,大专文化,政工师,曾任福建省青州造纸厂团委副书记、机修车间党支部副书记、动力分厂党支部副书记、党委办公室副主任、主任,现任公司监事,持有本公司股票4,800股。

副总经理:闫英华先生,现年46岁,大学文化,工程师。曾任福建省青州造纸厂动力车间技术员、副主任、主任、福建省青州造纸厂副厂长,建宁县副县长,现任公司副总经理,持有本公司股票5,400股。

副总经理:梁诗坚先生,现年53岁,大专文化。曾任福建省青州造纸厂组织科干事、副科长、科长、福建省委企工委副处长,现任公司副总经理,持有本公司股票4,800股。

副总经理:刘天金先生,现年45岁,大专文化,助理政工师。曾任福建省青州造纸厂化学车间班长、值长、组织科干事、党委组织部副部长、党委组织部部长兼人劳处处长,现任公司副总经理,持有本公司股票5,000股。

副总经理:吴冰文先生,现年41岁,中专文化,助理工程师。曾任福建省青州造纸厂化浆车间技术员、副主任、主任,公司化浆分厂厂长、综改办主任、化学分厂厂长,现任公司副总经理,持有本公司股票4,800股。

总工程师:黄康全先生,现年57岁,大学文化,高级工程师。曾任福建省青州造纸厂技术员、副科长、副主任、主任、副总工程师,现任公司总工程师,持有本公司股票5,500股。

董事会秘书:陈炳生先生,现年30岁,大专文化,经济师。曾任福建省青州造纸厂企管处科员、副处长,福建省青山纸业股份有限公司投资部经理,现任公司董事会秘书,持有本公司股票4,100股。

九、经营业绩

1. 生产经营的一般情况

本公司成立以来,承继福建省青州造纸厂的生产经营主体,生产经营各个方面稳步发展,1994年至1996年共生产纸袋纸287,256吨,实现销售收入12.5亿元,在产品性能的提高,市场的巩固,生产经营设备的改进,经营管理水平的提高等诸多方面均取得了良好的业绩。

1994年,根据国家统计局中国行业企业信息中心统计,公司再次荣获"中国行业一百强"称号,按利税总额排名,公司进入同行业前十名,荣获"中国行业利税十强企业"称号;同年,轻工总会发布信息,公司按1994年利税总额排列位于中国轻工业200强企业第88位,按1994年销售额排列位于中国轻工业200强企业第72位。近两年来,公司加强经营管理,向规模大型化、产品多样化发展,于1997年1月14日经国家经济贸易委员会、国家计划委员会、财政部等六部委以国经贸企[1996]922号文联合确认为全国特大型企业。

2. 近三年销售及利润完成情况

本公司1994年至1996年累计完成销售收入125,379万元,实现利润总额22,153万元,净利润18,874万元,具体情况如下:

单位:元

	1996年	1995年	1994年
主营业务收入	457,521,712.72	463,701,521.86	332,563,467.40
主营业务利润	83,989,308.99	73,330,041.75	55,981,204.49
利润总额	86,700,428.20	75,725,194.03	59,105,932.05
净利润	73,743,626.47	64,508,419.87	50,486,265.14

3. 市场情况

纸袋纸主要用于水泥、化肥等工业和商业包装。国内市场年需求量约为50万吨,公司纸袋纸年生产能力接近10万吨,占国内市场需求量的20%,随着经济进一步发展,粮食、食品、日用百货等大量使用纸袋纸包装,市场潜力很大。

4. 产品性能和质量情况

本公司十分重视产品质量,主要产品纸袋纸具有定量稳定、纸地均匀、抗拉性强、抗水性强等优良性能,其纸页纤维组织均匀、富有韧性,纸面平整细腻、色泽均匀美观,印刷适印性好,是水泥、化肥等建筑材料和化工产品的优良包装材料。公司生产的80克/平方米普通纸袋纸获全国同行业最高质量奖—国家银奖;90/平方米伸性纸袋纸获部优产品称号;70克/平方米低定量高强度纸袋纸获省优称号。

8. 固定资产的增加改进情况

近三年来,公司购建了房屋26,467平方米,建筑物27座,运输设备9台,机械、电气及其它设备502台套。

十、股本

1. 股权结构的形成与变化

本公司是经福建省体改委以闽体改(1993)037号文批准,由福建省青州造纸厂牵头,同时约请国家机电轻纺投资公司、福建华兴信托投资公司作为共同发起人,以定向募集方式设立的股份有限公司。公司设立时的总股本20,944万股,股权结构如下:

股本		股数(万股)	占总股本(%)
发起人股	国有法人股	8,000	38.20
	法人股	3,571	17.05
募集法人股	法人股	203	0.97
内部职工股		9,170	43.78

1994年,遵照国务院有关文件精神,原国家专业投资公司参股、合作项目划归国家开发投资公司管理,各项目合同中规定的股东或合作者法人享有和承担的权利、义务,由国家开发投资公司承继。因此原国家机电轻纺投资公司持有的福建省青山纸业股份有限公司法人股2,922万股,由国家开发投资公司承继。

1996年12月,福建华兴信托投资公司将所持649万股全部转让给福建华兴实业公司。

上述股份承继、转让均已获得福建省人民政府闽政体股(1997)01号文确认。

2. 本次发行后股权结构:

股本	股数(万股)	占总股本(%)
国有法人股	8,000	27.64
法人股	3,774	13.04
社会公众股	8,000	27.64
内部职工股	9,170	31.68
合计	28,944	100.00

3. 内部职工股托管单位及确认部门

(1)托管单位:福建证券交易中心

(2)确认部门:福建省证券委员会

4. 本次发行前持有本公司股份最多的前十名股东名单及份额:

序号	股东单位名称	持股量(万股)	持股比例%
1	福建省青州造纸厂	8,000	38.20
2	国家开发投资公司	2,922	13.95
3	福建华兴实业公司	649	3.10
4	福建永安林业(集团)总公司	200	0.95
5	许峥嵘	28	0.134
6	江依花	20.90	0.10
7	林启明	20	0.095
	林善珍	20	0.095
	王赞宇	20	0.095
	王　群	20	0.095
	蔡信瑞	20	0.095
	黄　雯	20	0.095

十一、主要会计资料

1. 审计报告

闽华兴所(97)股审字第16号

福建省青山纸业股份有限公司全体股东:

我们接受委托,对贵公司一九九四年十二月三十一日、一九九五年十二月三十一日、一九九六年十二月三十一日资产负债表和一九九四年度、一九九五年度、一九九六年度利润及利润分配表、一九九六年度财务状况变动表进行审计。上述会计报表由贵公司负责,我们的责任是对这些会计报表发表审计意见。我们的审计是依据中国注册会计师独立审计准则进行的。在审计过程中,我们结合贵公司的具体情况,实施了包括抽查会计记录等必要的审计程序。

我们认为,上述会计报表符合《企业会计准则》、《股份制试点企业会计制度》的有关规定,在所有重大方面公允地反映了福建省青山纸业股份有限公司一九九四年十二月三十一日、一九九五年十二月三十一日、一九九六年十二月三十一日的财务状况及一九九四年度、一九九五年度、一九九六年度经营成果和一九九六年度的资金变动情况,有关会计处理方法的选用符合一贯性原则。

福建华兴会计师事务所　　中国注册会计师:卢淑燕、林文福

中国·福州　　一九九七年二月二十五日

2. 财务报表

(1)资产负债表

资产负债表

单位:福建省青山纸业股份有限公司　　单位:人民币元

资产	1996年12月31日	1995年12月31日	1994年12月31日
流动资产:			
货币资金	25,139,087.77	22,581,401.69	9,444,172.42
短期投资			
应收票据			
应收帐款	91,703,829.04	53,993,020.39	28,708,955.31
减:坏帐准备	458,519.14	269,965.10	143,544.78
应收帐款净额	91,245,309.90	53,723,055.29	28,565,410.53
预付货款	2,242,570.64	12,293,153.51	48,762,402.65
其他应收款	2,158,565.28	28,774,214.40	49,416,829.96
待摊费用	5,857,623.83	8,257,623.83	15,034,801.67
存货	204,623,352.16	138,242,125.20	40,357,573.72
待处理流动资产净损失			
一年内到期的长期债券投资	410,000.00	1,636,000.00	1,457,650.00
其他流动资产			
流动资产合计	331,676,509.58	265,507,573.92	193,038,840.95
长期投资:			
长期投资:	159,970,500.00	160,002,500.00	161,308,500.00
固定资产:			
固定资产原价	351,607,958.87	336,968,124.43	313,985,796.21
减:累计折旧	211,969,022.71	190,820,689.13	169,353,430.49
固定资产净值	139,638,936.16	146,147,435.30	144,632,365.72
在建工程	215,105,159.98	148,639,496.19	101,566,708.39
固定资产清理			
待处理固定资产净损失			
固定资产合计	354,744,096.14	294,786,931.49	246,199,074.11
无形资产及递延资产:			
无形资产	3,637,027.58	3,714,410.98	3,791,794.54
递延资产			
无形及递延资产合计	3,637,027.58	3,714,410.98	3,791,794.54
其他长期资产			
其他长期资产			
递延税项			
递延税款借贷			
资产总计	850,028,133.30	724,011,416.39	604,338,209.60
负债及股东权益			
流动负债:			
短期借款	145,350,000.00	69,300,000.00	50,800,000.00
应付帐款	80,416,321.74	96,113,097.48	54,269,887.13
应付工资	5,875,402.86	5,808,841.31	5,732,014.26
应付福利费	6,930,005.12	5,138,186.37	2,166,531.40
未付股利	3,129,971.05	11,254,173.55	34,816,981.55
未交税金	4,537,088.50	9,370,225.00	5,899,761.20
其他未交款	3,664,021.67	1,435,916.19	2,022,126.27
其他应付款	18,998,602.38	35,945,706.35	22,964,057.52
预提费用	897,823.37		
一年内到期的长期负债	30,442,500.00	13,160,000.00	10,890,000.00

流动负债合计	300,241,736.69	247,526,146.25	189,561,359.33
长期负债：			
长期借款	30,000,000.00	30,442,500.00	33,242,500.00
应付债券			
长期应付款			
其他长期负债			
长期负债合计	30,000,000.00	30,442,500.00	33,242,500.00
递延税项：			
递延税款贷款			
负债合计	330,241,736.69	277,968,646.25	222,803,859.33
股东权益：			
股本	209,440,000.00	209,440,000.00	209,440,000.00
资本公积	137,476,341.47	137,476,341.47	137,476,341.47
盈余公积	100,592,373.97	85,843,648.67	27,786,070.78
其中：公益金	22,669,613.52	15,295,250.87	8,844,408.88
未分配利润	72,277,681.17	13,282,780.00	6,831,938.02
股东权益合计	519,786,396.61	446,042,770.14	381,534,350.27
负债及所有者权益总计	850,028,133.30	724,011,416.39	604,338,209.60

(2)利润及利润分配表

利润及利润分配表

单位：福建省青山纸业股份有限公司　　单位：人民币元

项目	1996年度	1995年度	1994年度
一、主营业务收入	457,521,712.72	463,701,521.86	332,563,467.40
减：营业成本	332,956,273.60	367,036,311.71	254,264,805.27
销售费用	2,013,095.53	1,368,408.06	1,065,551.16
管理费用	14,184,811.73	12,657,982.23	13,097,540.08
财务费用	19,982,728.64	6,543,727.23	4,551,315.15
进货费用			
营业税金及附加	4,395,494.23	2,765,050.88	3,603,051.25
二、主营业务利润	83,989,308.99	73,330,041.75	55,981,204.49
加：其他业务利润	1,867,779.39	1,266,268.78	767,895.70
三、营业利润	85,857,088.38	74,596,310.53	56,749,100.19
加：投资收益	321,750.00	946,699.66	1,641,486.00
营业外收入	845,775.53	511,276.66	957,311.81
减：营业外支出	324,185.71	329,092.82	241,965.95
加：以前年度损益调整			
四、利润总额	86,700,428.20	75,725,194.03	59,105,932.05
减：所得税	12,956,801.73	11,216,774.16	8,619,666.91
五、净利润	73,743,626.47	64,508,419.87	50,486,265.14
加：年初未分配利润	13,282,780.00	6,831,938.02	9,422,258.92
盈余公积转入数			
六、可分配的利润	87,026,406.47	71,340,357.89	59,908,524.06
减：提取法定公积金	7,374,362.65	6,450,841.99	5,048,626.51
提取法定公益金	7,374,362.65	6,450,841.99	5,048,626.51
七、可供股东分配的利润	72,277,681.17	58,438,673.91	49,811,271.04
减：已分配优先股股利			
提取任意公积金		45,155,893.91	10,097,253.02
已分配普通股股利			32,882,080.00
八、未分配利润	72,277,681.17	13,282,780.00	6,831,938.02

(3)财务状况变动表

财务状况变动表

单位：福建省青山纸业股份有限公司　　单位：元

流动资金来源和运用	1996年度
一、流动资金来源	
1．本年净利润	73,743,626.47
加：不减少流动资金的费用和损失	
(1)少数股东本期损益(亏损以“-”表示)	
(2)固定资产折旧	22,497,732.63
(3)无形资产、递延资产及其他资产摊销	77,383.40
(4)固定资产盘亏(减盘盈)	
(5)清理固定资产损失(减收益)	200,800.38
(6)递延税款	
(7)其他不减流动资金的费用和损失	
小计	96,519,542.88
2．其他来源	
(1)固定资产清理收入(减清理费用)	416,358.57
(2)增加长期负债	410,000.00
(3)收回长期投资	30,000,000.00
(4)对外投资转出固定资产	
(5)对外投资转出无形资产	
(6)资本净增加额	14,748,725.30
(7)少数股东资本净增加额	
小计	45,575,083.87
流动资金来源合计	142,094,626.75
二、流动资金运用	
1．利润分配	
(1)提取法定公积金	7,374,362.65
(2)提取盈余公积	7,374,362.65
(3)提取任意公积金	
(4)已分配股利	
小计	14,748,725.30
2．少数股东利润分配	
3．其他运用	
(1)固定资产和在建工程净增加额	83,072,056.23
(2)增加无形资产、递延资产及其他资产	
(3)偿还长期负债	30,442,500.00
(4)增加长期投资	378,000.00
小计	113,892,556.23
流动资金运用合计	128,641,281.53
外币会计报表折算差额	
流动资金增加净额	13,453,345.22

流动资产各项目的变化	1996年度
一、流动资产本年增加数	
1．货币资金	2,557,686.08
2．短期投资	
3．应收票据	
4．应收帐款净额	37,522,254.61
5．预付货款	-10,050,582.87
6．其他应收款	-26,615,649.12
7．待摊费用	-2,400,000.00
8．存货	66,381,226.96
9．待处理流动资产净损失(减收益)	
10．一年内到期的长期债券投资	-1,226,000.00
11．其他流动资产	
流动资产增加净额	66,168,935.66
二、流动负债本年增加数	
1．短期借款	76,050,000.00
2．应付票据	
3．应付帐款	-15,696,775.74
4．预收货款	
5．应付福利费	1,791,818.75
6．未付股利	-8,124,202.50
7．未交税金	-4,833,136.50
8．其他未交款	2,228,105.48
9．其他应付款	-16,947,103.97
10．预提费用	897,823.37
11．应付工资	66,561.55
12．一年内到期长期负债	17,282,500.00
流动负债增加净额	52,715,590.44
流动资金增加净额	13,453,345.22

3．重要会计政策

(1)会计制度:《企业会计准则》、《股份制试点企业会计制度》。

(2)会计年度:公历一月一日至十二月三十一日

(3)记帐原则和计价基础:以人民币为记帐本位币。按照权责发生制原则,采用借贷复式记帐法记帐,以历史成本为计价基础。

(4)存货计价:

购入时:原材料按实际成本计价;辅助材料及备品备件按计划成本计价。

发出时:原材料、产成品按加权平均法计价;辅助材料及备品备件平时按计划成本计价,期末按实际成本结转差异;低值易耗品采用一次摊销法。

(5)长期投资:①债券投资按实际成本法核算,按权责发生制确认收益;②股权投资和联营投资:投资比例占25%以下的按成本法核算,占25%以上的采用权益法核算。其中50%以上的进行报表合并。

(6)固定资产计价及折旧:公司拥有的使用年限在一年以上,单位价值在规定的限额以上的劳动资料,作为固定资产进行核算,并按实际成本计价,采用平均年限法计提折旧,残值率3%,固定资产折旧年限及折旧率如下:

类别	折旧年限(年)	年折旧率(%)
房屋建筑物	25—38	3.88-2.55
机械设备	10—14	9.7-6.93
运输设备	12	8.08
其他设备	8—23	12.13-4.22

(7)无形资产摊销:公司无形资产为土地使用权,按受益期间50年均衡摊销。

(8)收入实现:产品已经发出(或所有权已转移);劳务已经提供,收讫价款或取得收款凭据时确认销售实现。

(9)税项:

主要税种	税率
所得税	根据福建省人民政府闽政(1997)文46号按15%缴纳。
增值税	按应纳增值税销售收入的17%计算销项税,抵扣进项税后的余额缴纳。

(10)坏帐准备采用备抵法,按应收帐款期末余额的5‰计提。

(11)利润分配:

按公司章程第十章第六十七条规定,公司缴纳所得税后的利润按下列顺序分配:

①弥补亏损;

②提取法定公积金10%;

③提取法定公益金5-10%;

④根据股东大会决议提取任意盈余公积金;

⑤分配股利。

4. 主要会计科目注释:

(1)应收帐款期末余额91,703,829.04元,按帐龄分析:

帐龄	金额	占比例
一年以内	85,511,671.75	93.25%
一至二年	5,755,925.36	6.27%
二至三年	436,231.93	0.48%
三年以上	/	/

本帐户余额中无持有5%以上股份的主要股东的应收帐款。

公司应收帐款一九九六年比一九九五年增加37,710,808.65元,变化较大的主要原因是:

①一九九六年国内纸张市场受进口纸张倾销及北纸南下的冲击,公司主要产品纸袋纸下半年由畅销转为平销,产品销售货款回笼较慢。

②受国内经济环境影响,公司部分客户资金紧张不能按计划支付货款,致使货款回笼周期延长。

(2)其他应收款期末余额2,158,565.28元,按帐龄分析如下:

帐龄	金额	占比例
一年以内	2,091,579.31	96.90%
一至二年	880.85	0.04%
二至三年	66,105.12	3.06%
三年以上	/	/

本帐户余额中无持有5%以上股份的主要股东的其他应收款。

(3)存货期末余额204,623,352.16元,其中:

产成品	21,423,236.69
原材料	148,509,109.76
辅助材料	21,193,895.44
在产品	7,567,589.69
备品备件	5,929,520.58

公司一九九六年存货比一九九五年增加66,381,226.96元。其主要原因是:

①造纸行业受原料(木材)供应季节限制,第四季度是木材集中采运的时节,为备来年开春雨季用材,年末公司必须相应加大木材储量,致使公司年末处于原材料储量高峰期。

②原材料价格上涨,相对增加储备资金占用。

③受国家对基建规模宏观调控的影响,纸袋纸市场由上半年销售供不应求至下半年起转为平销,造成年末产品库存有一定增加。

(5)应付帐款期末余额80,416,321.74元,均为正常的业务结算帐款,余款中无应付关联公司帐款。

(6)未分配利润期末余额72,277,681.17元。

	1996年	1995年	1994年
本期净利润	73,743,626.47	64,508,419.87	50,486,265.14
加:年初未分配利润	13,282,780.00	6,831,938.02	9,422,258.92
减:提取法定公积金	7,374,362.65	6,450,841.99	5,048,626.51
提取法定公益金	7,374,362.65	6,450,841.99	5,048,626.51
提取任意公积金		45,155,893.91	10,097,253.02
已分配普通股股利			32,882,080.00
期末未分配利润	72,277,681.17	13,282,780.00	6,831,938.02

十二、资产评估

以下资料引自福建省资产评估中心闽资(92)评字第69号《资产评估报告》

一、评估目的:福建省青州造纸厂纸袋纸分厂改组为规范化的股份有限公司。

二、评估基准日:一九九二年六月三十日。

三、评估对象:福建省青州造纸厂纸袋纸分厂的流动资产、长期投资、固定资产和在建工程、无形资产及其他资产、流动负债、长期负债和股东权益。

四、评估方法:在运用国家规定的合适方法评估单项资产、负债及股东权益现值的基础上,采用收益现值法综合评估、验证净资产现值,确定可供折股的股东权益(净资产)现值。

五、评估结果:

经评估,福建省青州造纸厂纸袋纸分厂可供折股的股东权益(净资产)现值为人民币123,202,341.47元。资产、负债及股东权益(净资产)评估结果汇总如下:

资产评估汇总表

单位:元

	评估前	评估后	评估增减值	增减率(%)	增减主要原因
流动资产	164,477,812.87	153,754,619.11	-10,723,193.76	-652	按历史成本评估减值
长期投资	3,450,500.00	4,412,885.00	962,385.00	27.89	按权益法评估,增值系长期投资应计收益
固定资产净值	69,105,094.70	119,191,602.74	50,086,508.04	72.48	按重置成本法评估,主要系房屋建筑物增值
在建工程	40,499,689.17	40,499,689.17	0.00	0.00	按历史成本法评估,无增减
土地使用权	0.00	3,869,178.10	3,869,178.10		按重置成本法评估,无帐面值,作评估增值
流动负债	154,300,509.49	154,269,586.51	-30,922.98	-0.02	按历史成本法评估,减值无系需付应付帐款

长期负债	44,256,046.14	44,256,046.14	0.00	0.00	按历史成本法评估，无增减
股东权益	78,976,541.11	123,202,341.47	44,225,800.36	56.00	按历史成本法评估增值

十三、盈利预测

鉴于盈利预测所依据的种种假设的不确定性，投资者进行投资判断时，不应过于依赖本项资料。

(一)基准：

公司1997年盈利预测，是根据经中国注册会计师验证的1994年度至1996年度的经营业绩，并根据公司目前生产经营能力和潜力，遵循我国现行的法律、法规和会计准则的有关规定，本着求实、稳健的原则编制，预测依据之会计原则与公司现行采用的会计原则相一致。

(二)基本假设：

1. 本公司遵循的我国有关法律、法规、政策、制度及经济状况无重大变化。

2. 本公司在预测期间有关税率、汇率及贷款利率无重大改变。

3. 本公司主要经营所在地及业务涉及地区的社会经济环境及国际纸张市场无重大变化。

4. A股发行能如期进行。

5. 公司的各项生产经营计划能按预定目标实现。

6. 公司经营决策不出现重大失误。

7. 未出现不可抗因素的重大不利影响。

(三)预测结果

在上述假设成立时，公司一九九七年盈利预测如下表所示：

单位：万元

项　目	1997年度预测数
一、主营业务收入	47,783
减：营业成本	34,800
销售费用	240
管理费用	1,500
财务费用	900
营业税金及附加	540
二、主营业务利润	9,803
加：其他业务利润	883
三、营业利润	10,686
加：投资收益	120
营业外收入	80
减：营业外支出	40
加：以前年度损益调整	0
四、利润总额	10,846
减：1. 所得税(15%)	1,609
2. 所得税(33%)	3,540
五、1. 净利润	9,237
2. 净利润	7,306

十四、公司发展规划

(一)公司生产经营发展战略

以质量求生存，以品种争市场，以效益谋发展，创“科学管理第一流、经济效益第一流、技术装备第一流”的现代化企业。到本世纪末，把公司建成全国最大、亚洲前十位的制浆造纸企业集团。

(二)公司发展目标和规模

到本世纪末，公司的发展目标是：机制纸和纸浆的总产量达到43万吨，计划分二步实现：第一步到1999年，利乐包装纸和漂白浆项目的投产，公司浆、纸产量达到30万吨；第二步到2000年，公司年产13万吨卡纸生产线投产，使公司浆、纸总产量达到43万吨的生产规模。

(三)公司生产经营计划

到本世纪末，纸和纸浆产量达到43万吨，其中：纸袋纸11万吨，漂白商品木浆15万吨、利乐纸4万吨、卡纸13万吨。

(四)公司固定资产投资计划及设备更新计划

“九·五”期间，公司将计划投资12,742万元与青州造纸厂合作，续建本色木浆工程(项目总投资为115,593万元，公司“八·五”期间已投入15,000万元)，该项目预计1998年将建成投产；同时与青州造纸厂合作建设后续的漂白木浆项目。该项目总投资43,512万元，资金来源一是本次募股投入的资金，二是青州造纸厂投入。

“九·五”期间，公司不断追求技术进步，保持技术装备的国内领先水平，将开发漂白木浆，利乐包装纸、卡纸和80g/平方米半伸性纸袋纸等新产品。

(五)公司人员扩充计划

“九·五”期间，公司将继续坚持“精干高效”的原则，向国际水平靠近，增产少增人，加强职工队伍的建设，提高职工的文化、技术、业务素质。

(六)公司资金筹措和运用计划

“九·五”期间，公司将利用以下途径融集资金：

(1)国内商业银行贷款

(2)增资扩股

(3)国外政府和商业信贷

(4)公司自筹

资金运用计划：

“九·五”期间筹集的资金将主要用于漂白浆项目，利乐包装纸项目和卡纸项目及补充流动资金不足。

十五、重要合同及重大诉讼事项

(一)重要合同

(1)发行人与福建省青州造纸厂于1996年11月20日签订《综合服务协议书》，协议书约定，福建省青州造纸厂向发行人提供医院、学校、幼儿园、职工食堂、职工宿舍及其他生活设施等后勤服务和大型机械、电气、土建等维修服务，发行人向福建省青州造纸厂提供污水处理、供电服务；上述各项服务应根据国家和地方有关规定，按照公平合理的原则收取费用。

(2)发行人与福建省青州造纸厂于1996年12月20日签订《商标使用许可合同》，合同约定，福建省青州造纸厂许可发行人使用“青山”牌注册商标，使用商品为“纸袋纸”，使用地域为国内外，使用费按每年20万元计算，许可期限暂定8年，自1997年1月1日至2005年1月1日止，许可期限届满时，发行人有权要求继续使用，但双方应重新商定使用费并签订补充协议。

(3)发行人与福建省青州造纸厂于1993年12月26日签订《关于合作建设“本色浆工程”的协议书》，协议书约定，双方共同投资、合作建设“本色浆工程”，发行人投资27,742万元，占投资总额的24%，福建省青州造纸厂投资87,851万元，占投资总额的76%；双方按照投资比例分享利润、承担风险及亏损；合作期限为50年。

(4)发行人与福建省青州造纸厂于1996年12月18日签订《关于合作经营福建省青山漂白浆有限公司的协议书》，协议书约定，双方共同投资、合作成立福建省青山漂白浆有限公司，注册资本18,000万元，发行人出资11,700万元，占注册资本的65%，福建省青州造纸厂出资6,300万元，占注册资本的35%；双方按照出资比例行使表决权及分配利润；合作公司的经营期限为50年。

(5)发行人与福建省第一建筑工程公司于1993年7月29日签订《建筑工程合同》，合同约定，福建省第一建筑工程公司以包工包料方式承包发行人热电站技改工程内的厂房及附属的建筑、水电安装，工程造价概算为1,000万元。该工程目前已完工，但尚未办理竣工决算。

(6)发行人与福建省工业设备安装公司于1993年10月1日签订《安装工程合同》，合同约定，福建省工业设备安装公司以包工包料方式承包发行人热电站技改工程内的热力系统、燃料供应系统、燃烧系统、除灰系统、水处理系统、供水系统、电气系统、热力控制系统的设备、钢结构管道、电器、仪表安装和调试等，工程造价概算为1,000万元。该工程目前已完工，但尚未办理竣工决算。

(7)发行人与中国人民武装警察部队后勤部宋村煤矿(简称"宋村煤矿")于1996年12月10日签订《煤炭购销合同》,合同约定,宋村煤矿向发行人供应混煤4.48万吨,每吨190/192元,1997年1-12月分期交货。

(8)发行人与中国银行福建省分行于1996年12月25日签订《借款合同》,合同约定,发行人向中国银行福建省分行借款人民币3,000万元,月息8.4‰,借款期限自1996年12月25日至1997年12月25日。

(9)发行人与中国工商银行沙县支行于1996年11月7日签订《人民币短期借款合同》,合同约定,发行人向中国工商银行沙县支行借款人民币1,800万元,月息8.4‰,借款期限自1996年11月7日至1997年11月7日,由福建省青耀纸业有限公司提供保证。

(10)发行人与中国建设银行沙县支行于1996年12月23日签订《人民币资金借款合同》,合同约定,发行人向中国建设银行沙县支行借款人民币1,000万元,月息9.24‰,借款期限自1996年12月23日至1997年12月22日,由福建省青耀纸业有限公司提供保证。

(11)发行人与中国工商银行沙县支行于1996年9月27日签订《固定资产借款合同》,合同约定,发行人向中国工商银行沙县支行借款人民币2,500万元,年息12.42%,借款期限自1996年9月27日至2001年12月10日,由福建省南平造纸厂提供保证。

(12)发行人与中国工商银行沙县支行于1994年9月27日签订《固定资产借款合同》,合同约定,发行人向中国工商银行沙县支行借款人民币1,330万元,年息10.98%,借款期限自1994年9月27日至1997年11月20日,由福建省南平造纸厂提供保证。

(13)发行人与中国工商银行沙县支行于1993年12月16日签订《固定资产借款合同》,合同约定,发行人向中国工商银行沙县支行借款人民币1,000万元,年息10.98%,借款期限自1993年12月16日至1997年10月20日,由福建省青耀纸业有限公司提供保证。

(二)重大诉讼事项

截止本招股说明书概要签署日,不存在任何对本公司财务状况、经营成果、声誉、业务活动、未来前景等可能产生较大影响的、尚未了结的或者可以预见的诉讼、仲裁或者被行政处罚的案件,本公司董事、监事、高级管理人员亦未涉及任何刑事诉讼。

十六、备查文件

1. 资产评估报告
2. 盈利预测报告及注册会计师审核报告
3. 验资报告
4. 营业执照
5. 关于本次发行股东大会公告及决议
6. 福建华兴会计师事务所闽华兴所(97)股审字第16号《审计报告》
7. 发行人成立的注册成立的文件
8. 主管部门和证券交易所批准发行上市的文件
9. 承销协议
10. 福建省国有资产管理局闽财国资(1992)155号《关于福建省青州造纸厂所属纸袋纸分厂资产评估结果确认的通知》
11. 重要合同

招股说明书及备查文件查阅期间及查阅地点

查阅地点:本公司投资部

联系电话:0591-7588745

福建省青山纸业股份有限公司

一九九七年六月十三日

福建省青山纸业股份有限公司股票上市公告书

一、要览

总股本:28944万股

可流通股本:8000万股

本次上市流通股本:8000万股

股票简称:青山纸业

股票代码:600103

上市地点:上海证券交易所

上市时间:1997年7月3日

登记公司:上海证券中央登记结算公司

二、绪言

本公司本次新股发行经中国证券监督管理委员会证监发字[1997]第311、312号文批准,股票上市申请经上海证券交易所上证上字[1997]第063号文同意,于1997年7月3日(星期四)在上海证券交易所挂牌交易,本公司总股本28944万股,本次上市流通的股份8000万股公司为1997年6月18~25日向社会公开发行的新股。

本公司于1997年6月13日在《上海证券报》、《证券时报》、《中国证券报》上刊登了《招股说明书概要》,距今不足六个月,故与其重复的内容在此不再重述,敬请投资者查阅本公司的《招股说明书概要》。

本公司董事会成员已批准本上市公告书,确信其中不存在任何重大遗漏或者误导,并对其真实性、准确性、完整性负个别的和连带的责任。

三、公司概况

(一)概况

1. 公司法定名称:福建省青山纸业股份有限公司

英文名称:FUJIAN QING SHANPER INDUSTRY CO.,LTD

2. 公司注册地址:福建省福州市马尾经济技术开发区君竹路

邮政编码:350013

3. 公司法定代表人:张小麟

4. 经营范围:纸浆、纸和纸制品生产销售;工业生产资料,百货、日用杂货,建筑材料、农副产品的销售、轻工技术咨询,技术服务。

5. 公司所属行业:工业类

6. 公司成立日期:1993年4月1日

7. 公司在册人数:2460人

8. 公司占地面积:431355.655平方米

9. 公司咨询电话:0591-7588745

10. 联系人:陈炳生、陈春华

股东接待和公司文件资料索阅地点:本公司投资部。

(二)公司历史沿革

1993年4月,福建省青山纸业股份有限公司是经省体改委以闽体改(1993)037号文批准,由福建省青州造纸厂牵头,同时约请国家机电轻纺投资公司、福建华兴信托投资公司作为共同发起人,以定向募集方式设立的股份有限公司。

主要发起人福建省青州造纸厂筹建于1958年,1971年10月全面建成投产,隶属于福建省轻工业厅,是国家大型骨干企业,也是福建省重要支柱企业。经过多年发展青州造纸厂发展成国家大型一档制浆造纸企业。经济效益逐年提高,连续四年被列为国内500家销售额最大和250家经济效益最佳企业,并被评为国家二级企业、国家节能金牌、国家节能一级企业、国家计量一级先进单位、国家档案管理二级企业、轻工部质量管理奖企业、福建省设备管理优秀企业、全国造纸工业安全生产先进单位等,前后共获得省级以上荣誉称号80余项。

四、股票发行与承销

(一)本次公开发行

发行数量:8000万股

发行价格:5.16元/股

发行市盈率:17倍

股票面值:每股1元

发行日期:1997年6月18日－25日

发行方式:全额预缴、比例配售、余款转存

发行地区:福建省福州市

配售户数:29688户

配售比例:13.717%

持1000股以上的户数:32458户

发行费用总额:12,000,000元

每股发行费用:0.15元

实募资金总额:396,000,000元

(二)股票承销

本次公开发行8000万股股票全部被符合法律、法规规定的投资者所认购。

(三)验资报告

验资报告　　闽华兴所(97)股验字第26号

福建省青山纸业股份有限公司:

本所接受贵公司委托,对贵公司截止一九九七年六月二十五日实收股本的真实性、合法性进行验证。在审验过程中,本所按照《独立审计实务公告第1号－验资》的要求,实施了必要的审验程序。贵公司的责任是提供真实、合法、完整的验资资料,保护资产的安全、完整,我们的责任是按照《独立审计实务公告第1号－验资》的要求,出具真实、合法的验资报告。

公司注册资本289,440,000元,本次向社会公开发行80000000股,按每股面值1元折股本金80000000元,按每股价格5.10元/股发行,计408,000,000元。本次验资金额为396,000,000元(已扣除承销商费用12,000,000元),公司委托承销商福建华兴信托投资公司将募集款396000000元(总额408000000元,扣除承销费12000000元)汇入公司的开户银行工商银行福建省分行营业部,帐号39302210063748。

股份类别	股本	每股面值	折股本金	资本公积	股权比例
国有法人股	80,000,000	1	80,000,000		27.64%
法人股	37,740,000	1	37,740,000		13.04%
社会公众股	80,000,000	1	80,000,000		27.64%
内部职工股	91,700,000	1	91,700,000		31.68%
资本公积				453,476,341.47	
合计:	289,440,000		289,440,000	453,476,341.47	100%

注:资本公积453,476,341.47元,其中本次发行的股本溢价328,000,000元扣除发行费用12,000,000元加以前年度资本公积137,476,341.47元。

附件:

1.银行出具的企业入资凭证

2.验资机构法人营业执照

福建华兴会计师事务所　　中国注册会计师:卢淑燕　林文福

五、董事、监事及高级管理人员持股情况

单位:股

姓名	职务	持股数	比例‰
张小麟	董事长兼总经理	18,200	0.087
王文通	副董事长兼党委书记	18,600	0.088
黄国英	董事	13,000	0.062
陈永泉	董事、党委书记兼工会主席	15,500	0.074
吴路全	董事兼总经济师	15,500	0.074
顾志一	董事兼总会计师	15,400	0.074
张粮	董事	0	0
周立成	董事	0	0
黄振光	董事	0	0
岳伟玉	监事会召集人	3,000	0.014
赵文修	监事	4,100	0.020
孙毅	监事	0	0
林元妥	监事	4,800	0.023
郑云光	监事	4,800	0.023
闫英华	副总经理	5,400	0.026
梁诗坚	副总经理	4,800	0.023
刘天金	副总经理	5,000	0.024
吴冰文	副总经理	4,800	0.023
黄康全	总工程师	5,500	0.026
陈炳生	董事会秘书	4,100	0.020
合计:		142,500	0.68

六、公司设立

1.本公司召开的股东大会通过了公司申请向社会公开发行股票并在上海证券交易所上市的决议。

2.公司注册资本金:28944万元

3.本次发行后重新注册登记时间:1997年6月27日

4.公司注册地址:福建省福州市马尾经济技术开发区君竹路

5.营业执照注册号码:15815749－7

七、关联企业及关联交易

本公司的大股东情况

名称	持有本公司股份(万股)	持股比例(%)	主要业务
福建省青州造纸厂	8000	38.20	纸浆、纸和纸制品生产销售
国家机电轻纺投资公司	2922	13.95	
福建华兴信托投资公司	649	3.10	
福建永安林业(集团)总公司	200	0.95	

八、股本结构及大股东持股情况

(一)本次上市前公司总股本为22944万元,其中:

种类	股数(万股)	比例(%)
1.尚未流通股		
(1)发起人股	11774	40.68
其中:		
国家股	8000	27.64
法人股	3774	13.04
(2)内部职工股	9170	31.68
2.可流通股份社会公众股	8000	27.64
合计:	28944	100.00

(二)本公司前十名股东所持股数及持股比例

序号	股东单位名称	持股量(万股)	持股比例%
1	福建省青州造纸厂	8,000	27.64
2	国家开发投资公司	2,922	10.10
3	福建华兴实业公司	649	2.24
4	福建永安林业(集团)总公司	200	0.69
5	安徽省国债服务中心	137.17	0.47
6	漳州新漳地产发展有限公司	132.904	0.46
7	江苏鑫苏投资	106.3067	0.37
8	上海宏业物业管理有限公司	56.5689	0.20
9	皖农信托	54.868	0.19
10	浙江财通物业租赁有限责任公司	39.7793	0.14

九、公司财务会计资料

1.审计报告　　闽华兴所(97)股审字第16号

福建省青山纸业股份有限公司全体股东:

我们接受委托,对贵公司一九九四年十二月三十一日、一九九五年十二月三十一日、一九九六年十二月三十一日资产负债表和一九九四年度、一九九五年度、一九九六年度利润及利润分配表、一九九六年度财务状况变动表进行审计。上述会计报表由贵公司负责,我们的责任是对这

些会计报表发表审计意见。我们的审计是依据中国注册会计师独立审计准则进行的。在审计过程中,我们结合贵公司的具体情况,实施了包括抽查会计记录等必要的审计程序。

我们认为,上述会计报表符合《企业会计准则》、《股份制试点企业会计制度》的有关规定,在所有重大方面公允地反映了福建省青山纸业股份有限公司一九九四年十二月三十一日、一九九五年十二月三十一日、一九九六年十二月三十一日的财务状况及一九九四年度、一九九五年度、一九九六年度经营成果和一九九六年度的资金变动情况,有关会计处理方法的选用符合一贯性原则。

福建华兴会计师事务所　　中国注册会计师:卢淑燕、林文福

中国·福州　　一九九七年二月二十五日

(二)报表附注:

1. 会计制度:《企业会计准则》、《股份制试点企业会计制度》。

2. 会计年度:公历一月一日至十二月三十一日。

3. 记帐原则和计价基础:以人民币为记帐本位币。按照权责发生制原则,采用借贷复式记帐法记帐,以历史成本为计价基础。

4. 存货计价:

购入时:原材料按实际成本计价;辅助材料及备品备件按计划成本计价。

发出时:原材料、产成品按加权平均法计价;辅助材料及备品备件平时按计划成本计价,期末按实际成本结转差异;低值易耗品采用一次摊销法。

5. 长期投资:①债券投资按实际成本法核算,按权责发生制确认收益;②股权投资和联营投资:投资比例占25%以下的按成本法核算,占25%以上的采用权益法核算。其中50%以上的进行报表合并。

6. 固定资产计价及折旧:公司拥有的使用年限在一年以上,单位价值在规定的限额以上的劳动资料,作为固定资产进行核算,并按实际成本计价,采用平均年限法计提折旧,残值率3%,固定资产折旧年限及折旧率如下:

类别	折旧年限(年)	年折旧率(%)
房屋建筑物	25－38	3.88－2.55
机械设备	10－14	9.7－6.93
运输设备	12	8.08
其他设备	8－23	12.13－4.22

7. 无形资产摊销:公司无形资产为土地使用权,按受益期间50年均衡摊销。

8. 收入实现:产品已经发出(或所有权已转移);劳务已经提供,收讫价款或取得收款凭据时确认销售实现。

9. 税项:

主要税种	税率
所得税	根据福建省人民政府闽政(1997)文46号按15%缴纳。
增值税	按应纳增值税销售收入的17%计算销项税,抵扣进项税后的余额缴纳。

10. 坏帐准备采用备抵法,按应收帐款期末余额的5‰计提。

11. 利润分配:

按公司章程第十章第六十七条规定,公司缴纳所得税后的利润按下列顺序分配:

①弥补亏损;

②提取法定公积金10%;

③提取法定公益金5－10%;

④根据股东大会决议提取任意盈余公积金;

⑤分配股利。

	1996年	1995年	1994年
本期净利润	73,743,626.47	64,508,419.87	50,486,265.14
加:年初未分配利润	13,282,780.00	6,831,938.02	9,422,258.92
减:提取法定公积金	7,374,362.65	6,450,841.99	5,048,626.51
提取法定公益金	7,374,362.65	6,450,841.99	5,048,626.51
提取任意公积金		45,155,893.91	10,097,253.02
已分配普通股股利			32,882,080.00
期末未分配利润	72,277,681.17	13,282,780.00	6,831,938.02

12. 主要财务指标如下:

	1996年	1995年	1994年
流动比率(%)	1.10	1.07	1.02
速动比率(%)	0.42	0.51	0.81
股东权益比率(%)	61	62	63
应收帐款周转率(次/年)	4.89	7.16	8.62
每股净资产(元)	2.48	2.13	1.82
每股净利润(元)	0.35	0.31	0.24
净资产收益率(%)	14	15	13

(三)资产负债表、利润及利润分配表、财务状况变动表

见附表

十、董事会上市承诺

本公司董事会将严格遵守《中华人民共和国公司法》、《股票发行与交易管理暂行条例》、《上海证券交易所交易市场业务试行规则》和有关法律法规的规定,并自股票上市之日起向全体股东做如下承诺:

1. 按照法律、法规的规定程序和要求披露重大的信息并接受证券主管机关、上海证券交易所的监督管理;

2. 及时、准确、真实地在证券主管部门指定的报刊公布中期报告、年终报告及经营业绩等资料,并置于规定场所供投资者查阅;

3. 本公司董事、监事及高级管理人员持股数量发生变化时,及时报告证券管理机关、上海证券交易所,并及时通过证券主管部门指定的报刊通告社会公众;

4. 在任何公共传播媒介中出现的消息可能对本以司股票的市场价格产生误导性影响时,本公司知悉后将对消息予以公开澄清;

5. 本公司董事、监事及高级管理人员将认真听取社会公众的建议和批评,决不利用已获得的内幕消息直接或间接从事股票买卖活动;

6. 本公司没有无记录负债。

十一、重要事项揭示

1. 公司与新老股东共享公司本次股票发行完成前95,96年度滚存利润的分配;预计首次股利分配时间在1998年6月30日前。

2. 根据福建省华兴会计师事务所闽华兴所(97)股验字第08号文,公司1997年盈利预测为净利润9237万元。

3. 截止本公司公告书公布之日,本公司无重大诉讼事项。

4. 按照证监会批文规定,本公司9170万股内部职工股,将在公司本次发行之股票上市后满三年方可上市流通。

十二、咨询机构

公司名称:福建省青山纸业股份有限公司

公司地址:福建省福州市马尾经济技术开发区君竹路

法定代表人:张小麟

电话:0591－7588745

联系人:陈炳生、陈春华

上市推荐人:君安证券有限责任公司

法定代表人:张国庆

注册地址:深圳市罗湖区春风路5号

联系地址:上海市常德路466号304室

电话:021－62712014

联系人:邵永刚　柴哲树

十三、备查文件

1. 上海证券交易所上市通知书

2. 招股说明书
3. 审计报告
4. 营业执照
5. 公司章程
6. 法律意见书

福建省青山纸业股份有限公司

一九九七年六月二十八日

利润及利润分配表

单位:福建省青山纸业股份有限公司　　　　单位:人民币元

项目	1996年度	1995年度	1994年度	项目	1996年度	1995年度	1994年度
一、主营业务收入	457,521,712.72	463,701,521.86	332,563,467.40	四、利润总额	86,700,428.20	75,725,194.03	59,105,932.05
减:营业成本	332,956,273.60	367,036,311.71	254,264,805.27	减:所得税	12,956,801.73	11,216,774.16	8,619,666.91
销售费用	2,013,095.53	1,368,408.06	1,065,551.16	五、净利润	73,743,626.47	64,508,419.87	50,486,265.14
管理费用	14,184,811.73	12,657,982.23	13,097,540.08	加:年初未分配利润	13,282,780.00	6,831,938.02	9,422,258.92
财务费用	19,982,728.64	6,543,727.23	4,551,315.15	盈余公积转入数			
进货费用				六、可分配的利润	87,026,406.47	71,340,357.89	59,908,524.06
营业税金及附加	4,395,494.23	2,765,050.88	3,603,051.25	减:提取法定公积金	7,374,362.65	6,450,841.99	5,048,626.51
二、主营业务利润	83,989,308.99	73,330,041.75	55,981,204.49	提取法定公益金	7,374,362.65	6,450,841.99	5,048,626.51
加:其他业务利润	1,867,779.39	1,266,268.78	767,895.70	七、可供股东分配的利润	72,277,681.17	58,438,673.91	49,811,271.04
三、营业利润	85,857,088.38	74,596,310.53	56,749,100.19	减:已分配优先股股利			
加:投资收益	321,750.00	946,699.66	1,641,486.00	提取任意公积金	45,155,893.91	10,097,253.02	
营业外收入	845,775.53	511,276.66	957,311.81	已分配普通股股利	32,882,080.00		
减:营业外支出	324,185.71	329,092.82	241,965.95	八、未分配利润	72,277,681.17	13,282,780.00	6,831,938.02
加:以前年度损益调整							

资产负债表

单位:福建省青山纸业股份有限公司　　　　单位:人民币元

资产	1996年12月31日	1995年12月31日	1994年12月31日	资产	1996年12月31日	1995年12月31日	1994年12月31日
流动资产:				资产总计	850,028,133.30	724,011,416.39	604,338,209.60
货币资金	25,139,087.77	22,581,401.69	9,444,172.42	负债及股东权益			
短期投资				流动负债:			
应收票据				短期借款	145,350,000.00	69,300,000.00	50,800,000.00
应收帐款	91,703,829.04	53,993,020.39	28,708,955.31	应付帐款	80,416,321.74	96,113,097.48	54,269,887.13
减:坏帐准备	458,519.14	269,965.10	143,544.78	应付工资	5,875,402.86	5,808,841.31	5,732,014.26
应收帐款净额	91,245,309.90	53,723,055.29	28,565,410.53	应付福利费	6,930,005.12	5,138,186.37	2,166,531.40
预付货款	2,242,570.64	12,293,153.51	48,762,402.65	未付股利	3,129,971.05	11,254,173.55	34,816,981.55
其他应收款	2,158,565.28	28,774,214.40	49,416,829.96	未交税金	4,537,088.50	9,370,225.00	5,899,761.20
待摊费用	5,857,623.83	8,257,623.83	15,034,801.67	其他未交款	3,664,021.67	1,435,916.19	2,022,126.27
存货	204,623,352.16	138,242,125.20	40,357,573.72	其他应付款	18,998,602.38	35,945,706.35	22,964,057.52
待处理流动资产净损失				预提费用	897,823.37		
一年内到期的长期债券投资	410,000.00	1,636,000.00	1,457,650.00	一年内到期的长期负债	30,442,500.00	13,160,000.00	10,890,000.00
其他流动资产				流动负债合计	300,241,736.69	247,526,146.25	189,561,359.33
流动资产合计	331,676,509.58	265,507,573.92	193,038,840.95	长期负债:			
长期投资:				长期借款	30,000,000.00	30,442,500.00	33,242,500.00
长期投资	159,970,500.00	160,002,500.00	161,308,500.00	应付债券			
固定资产:				长期应付款			
固定资产原价	351,607,958.87	336,968,124.43	313,985,796.21	其他长期负债			
减:累计折旧	211,969,022.71	190,820,689.13	169,353,430.49	长期负债合计	30,000,000.00	30,442,500.00	33,242,500.00
固定资产净值	139,638,936.16	146,147,435.30	144,632,365.72	递延税项:			
在建工程	215,105,159.98	148,639,496.19	101,566,708.39	递延税款贷款			
固定资产清理				负债合计	330,241,736.69	277,968,646.25	22,803,859.33
待处理固定资产净损失				股东权益:			
固定资产合计	354,744,096.14	294,786,931.49	246,199,074.11	股本	209,440,000.00	209,440,000.00	209,440,000.00
无形资产及递延资产:				资本公积	137,476,341.47	137,476,341.47	137,476,341.47
无形资产	3,637,027.58	3,714,410.98	3,791,794.54	盈余公积	100,592,373.97	85,843,648.67	27,786,070.78
递延资产				其中:公益金	2,669,613.52	15,295,250.87	8,844,408.88
无形及递延资产合计	3,637,027.58	3,714,410.98	3,791,794.54	未分配利润	72,277,681.17	13,282,780.00	6,831,938.02
其他长期资产				股东权益合计	519,786,396.61	446,042,770.14	381,534,350.27
其他长期资产				负债及所有者权益总计	850,028,133.30	724,011,416.39	604,338,209.60
递延税项							
递延税款借款							

财务状况变动表

单位:福建省青山纸业股份有限公司

单位:元

流动资金来源和运用	1996年度	流动资产各项目的变化	1996年度
一、流动资金来源		一、流动资产本年增加数	
1.本年净利润	73,743,626.47	1.货币资金	2,557,686.08
加:不减少流动资金的费用和损失		2.短期投资	
(1)少数股东本期损益(亏损以"-"表示)		3.应收票据	
(2)固定资产折旧	22,497,732.63	4.应收帐款净额	37,522,254.61
(3)无形资产、递延资产及其他资产摊销	77,383.40	5.预付货款	-10,050,582.87
(4)固定资产盘亏(减盘盈)		6.其他应收款	-26,615,649.12
(5)清理固定资产损失(减收益)	200,800.38	7.待摊费用	-2,400,000.00
(6)递延税款		8.存货	66,381,226.96
(7)其他不减流动资金的费用和损失		9.待处理流动资产净损失(减收益)	
小计	96,519,542.88	10.一年内到期的长期债券投资	-1,226,000.00
2.其他来源		11.其他流动资产	
(1)固定资产清理收入(减清理费用)	416,358.57		
(2)增加长期负债	410,000.00		
(3)收回长期投资	30,000,000.00		
(4)对外投资转出固定资产			
(5)对外投资转出无形资产		流动资产增加净额	66,168,935.66
(6)资本净增加额	14,748,725.30	二、流动负债本年增加数	
(7)少数股东资本净增加额		1.短期借款	76,050,000.00
小计	45,575,083.87	2.应付票据	
流动资金来源合计	142,094,626.75	3.应付帐款	-15,696,775.74
二、流动资金运用		4.预收货款	
1.利润分配		5.应付福利费	1,791,818.75
(1)提取法定公积金	7,374,362.65	6.未付股利	-8,124,202.50
(2)提取盈余公积金	7,374,362.65	7.未交税金	-4,833,136.50
(3)提取任意公积金		8.其他未交款	2,228,105.48
(4)已分配股利		9.其他应付款	-16,947,103.97
小计	14,748,725.30	10.预提费用	897,823.37
2.少数股东利润分配		11.应付工资	66,561.55
3.其他运用		12.一年内到期长期负债	17,282,500.00
(1)固定资产和在建工程净增加额	83,072,056.23		
(2)增加无形资产、递延资产及其他资产			
(3)偿还长期负债	30,442,500.00		
(4)增加长期投资	378,000.00		
小计	113,892,556.23		
流动资金运用合计	128,641,281.53		
外币会计报表折算差额		流动负债增加净额	52,715,590.44
流动资金增加净额	13,453,345.22	流动资金增加净额	13,453,345.22

福建省青山纸业股份有限公司一九九七年度中期报告

一、财务报告(未经审计)

(一)财务报表

1.简化的资产负债表　单位:元

资　产	1997年6月30日	1996年12月31日
流动资产	709241780.24	331266509.58
长期投资	161706350.00	160380500.00
固定资产净值	132033040.35	139638936.16
在建工程	224669308.47	215105159.98
无形资产及递延资产	3598335.88	3637027.58
其它长期资产		
资产总计	1231248814.94	850028133.30
流动负债	237090615.35	300241736.69
长期负债	30500000.00	30000000.00
股东权益	963658199.59	519786396.61
其中:股本	289440000.00	209440000.00
资本公积	453551534.55	137476341.47
盈余公积	100592373.97	100592373.97
未分配利润	120074291.07	72277681.17
负债及股东权益合计	1231248814.94	850028133.30

2.简化的损益表　单位:元

项　目	1997年1—6月	1996年1—6月
主营业务收入	232063253.21	229273707.18
主营业务利润	49169991.64	39854942.82
其它业务利润	4364346.52	92697.84

投资收益	1641850.00	
营业外收支净额	775085.25	83142.86
以前年度损益调整		
利润总额	55951273.41	40030783.52
所得税	8154663.51	6004617.53
净利润	47796609.90	34026165.99

(二)主要财务指标

1. 每股收益(全面摊薄) 0.1651元

2. 净资产收益率(全面摊薄) 4.96%

3. 每股净资产(全面摊薄) 3.33元

4. 股东权益比率 78.27%

注:因募股资金6月25日才到位,按加权平均,则每股收益为0.228元,净资产收益率为8.42%。

剔除股票发行无效申购利息473981.32元,每股收益0.1637元(全面摊薄计算)。

(三)财务报表附注

1. 本期财务报告所采用的会计政策及会计方法和上年度所采用的会计政策和会计方法一致。

2. 本公司无合并会计报表事项。

3. 货币资金期末数334685855.65元,较年初增加309546767.88元,主要为本次发行股票募集资金于6月末到位入帐,银行存款增加所致。

4. 短期投资期末数80000000.00元,是利用募股资金尚未马上投入招股说明书列示资金投向项目的时间差,认购短期国债。

5. 应收帐款净额较年初增加48207387.08元,主要是部分产品销售货款尚未回笼。

6. 预付货款较年初增加17777110.24元,主要是预付进口废纸款和技改设备款等所致。

7. 存货期末数126447634.03元,较年初减少78175718.13元,主要为原料——木材储量及产成品库存量比年初有较大幅度减少所致。

8. 应付帐款较年初减少59275394.94元,主要系上年末木材储量较大所欠的货款,今年以来已陆续承付。

9. 应交税金较年初增加8299282.73元,主要系应交未交的增值税。

10. 其他应交款

	公用事业费	教育附加费	基础设施费	合计
年初数	2463979.01	107579.20	1092463.46	3664021.67
期末数	2932404.80	376016.17	2129139.09	5437560.06

11. 股本期末数289440000.00元,较年初增加80000000.00元,为股票发行8000万股社会公众股所致。

12. 资本公积期末数453551534.55元,较年初增加316075193.08元,为股票发行溢价净额316000000.00元及股票发行有效申购资金利息收入75193.08元,记入资本公积所致。

13. 未分配利润期末数120074291.07元,较年初增加47796609.90元,系本期净利润。

14. 主营业务利润本期实现49169991.64元,较上年同期增长23.37%。主要原因一是由于加强生产过程成本控制和管理,做到节能降耗,加之主要原材料价格略有降低,使之本期产品成本较上年同期降低;二是银行利息调低,财务费用支出比上年同期有所减少;三是产品销量略有增加。

15. 其他业务利润4364346.52元,主要系除原有的废料变卖收入外,本期增加了让售自发电收入利润。

16. 投资收益1641850.00元,其中:对外参股投资收益1560850.00元,国债利息收入81000.00元。

17. 营业外收入净额775085.25元,较上年同期增加691942.39元,主要系因增加股票发行无效申购资金利息收入472981.32元。

18. 关联企业及关联交易

(1)关联企业

福建省青州造纸厂是本公司主要发起人,作为国有法人股东持有本公司股份:发行前为38.20%;发行后为27.64%。该厂属国有企业,注册资本18000万元,注册地为福建省沙县青州镇,主营为纸浆、纸、纸制品等。

(2)关联交易

根据公司与福建省青州造纸厂签订的《综合服务协议书》,由该厂为本公司提供大型机械、电气、土建等维修及后勤保障服务。本公司向该厂提供污水处理、供电服务,按协议规定,1997年1—6月份,本公司向青州造纸厂支付维修服务费1162688.43元。本公司向青州造纸厂收取污水处理、供电费用分别为1016703.62元、4744330.00元。

二、经营情况回顾与展望

(一)上半年经营情况回顾

今年上半年,公司在中国证监会和上海证券交易所等有关部门和单位的支持、帮助和指导下,完成了公司社会公众股的申报、发行上市等一系列工作,实现了公司上市目标。以此同时,面对今年公司主要产品纸袋纸由畅转平的销售形势,内抓管理,苦练内功,充分发挥公司产品的质量优势和名牌优势,强化营销,拓宽销售渠道,巩固提高市场占有率,学邯钢,推墙入海,挖掘内部潜力,降低各种消耗,公司上半年生产经营取得了较好的成绩,上半年实现主营业务收入23206万元,实现主营业务利润4916.99万元,比去年同期增长23.4%,实现净利润4779.66万元,比去年同期增长40.47%,完成年计划的51.74%。

今年上半年的主要工作如下:

1. 深化内部改革,强化内部管理,向管理和节约要效益。公司上半年加大了学邯钢、抓成本,全面执行目标责任成本管理的力度,在1996年各项消耗指标已经居全国同行业前列的基础上,再下浮5%制定了公司成本考核否决线,成本否决的实行,充分调动了各分厂、单位的积极性,上半年取得了较好成绩,加上今年主要原材料价格与去年同期相比有所降低,公司上半年主产品纸袋纸制造成本与去年同期相比有较大下降。

2. 拓宽销售渠道,以质取胜。以信誉赢得用户,以质量赢得市场,是公司一贯坚持的经营战略。公司上半年进一步加大了市场营销的力度,充实加强了销售力量,抓住产销率和货款回笼两项指标考核,以市场为导向,及时调整营销策略,有力的促进了产品的销售,实现了产销基本平衡。公司还开发了低定量伸性纸袋纸,以满足市场的要求,增强公司产品的竞争力。

3. 公司加大了技改项目的力度。上半年已完成蒸煮磨节系统的改造、蒸汽回收利用、白泥过滤机改造等项目、国家九五重点科技攻关项目——工业优化控制技改项目进度顺利、化浆分厂的设备已进入安装调试阶段,电站技改项目已投入试生产。

(二)下半年工作计划

下半年公司将在董事会的领导下,围绕着公司的发展规划和年度生产经营目标,着重做好以下几个方面工作:

1. 公司将以上市为契机,按照《公司法》和其它有关潜律、法规,规范、完善企业的各项制度,坚决树立为广大投资者负责和规范运作的观念,建立科学的投资决策机制,同时进一步深化内部改革,完善企业人事、劳动、分配制度,深入持久地开展学邯钢活动。

2. 进一步强化营销,扩大销售网络,推行销售总承包。做好创全国驰名商标和ISO9000质量体系认证工作,充分发挥公司"青山牌"产品的品牌优势和质量优势,稳定提高公司产品的市场占有率。

3. 积极稳妥地搞好项目的建设

(1)公司将在年内完成对扩建年产15万吨本色浆工程12727万元的全部投资,近期国际纸浆市场已开始复苏,资金的投入将用于该工程的扫尾工程建设,试运转及生产,使其尽快提高生产能力。该工程预计将于1998年初竣工投产。

(2)对漂白浆工程,公司将在充分论证的基础上,抓紧做好资金的评估等工作,争取早日开工建设。

(3)对于二手纸机的引进,公司将在兼顾本色浆和漂白浆两种原料兼容的前提下,抓紧做好项目的可行性研究和设备选型工作,争取早日开工、早日建成,将公司拥有的原料优势转为效益优势,提高产品附加值,尽快形成公司新的效益增长点。

4. 公司在下半年还将充分运用公司在资金、技术、管理上的优势,兼顾公司长、中、短效益。通过资产运作及收购兼并等形式,壮大公司整体实力,提高公司总体效益。

三、重大事件的说明

1. 本公司于1997年6月18日—20日在福州采用"全额预缴款、比例配售、余款转存"方式向社会公众公开发行A股8000万股,共募集奖金39600万元(已扣除发行费用)。7月3日,公司8000万股A股在沪上市。

2. 对照国务院证券委、国家经贸委、中国人民银行《严禁国有企业和上市公司炒作股票的规定》,我公司进行了认真自查,迄今为止,本公司未有股东帐户及持有上市公司流通股票,亦没有炒作股票。

3. 本公司在报告期内,无重大诉讼、仲裁事项。

4. 本公司中期利润不分配。

四、发行在外股票的变动和股本结构的变化

1. 发行在外股票的变动,公司于1997年6月18—20日发行了8000万股A股,股本由20944万股增至28944万股。

2. 股权变化及股本结构情况(见1997年中期公司股份变动情况表)。

1997年中期公司股份变动情况表

填报日期:1997年8月19日　数量单位:万股　每股面值:1元

	期初数	本次变动增值(+,-)					期末数
		配股	送股	公积金转股	其他	小计	
一、尚未流通股份							
1. 发起人股份	11571						11571
其中:国家拥有股份	8000						8000
境内法人持有股份	3571						3571
外资法人持有股份							
其他							
2. 募集法人股	203						203
3. 内部职工股	9170						9170
4. 优先股或其他							
尚未流通股份合计	20944						20944
二、已流通股份							8000
1. 境内上市的人民币普通股							
2. 境内上市的外资股							
3. 境外上市的外资股							
已流通股份合计							8000
三、股份总数	20944						28944

3. 主要股东持股情况(截止1997年6月27日)

股东名称	股数	占股本比例(%)
(1)福建省青州造纸厂	80000000	27.64
(2)国家开发投资公司	29220000	10.10
(3)福建华兴实业公司	6490000	2.24
(4)福建省永安林业(集团)股份有限公司	2000000	0.69
(5)安徽省国债服务中心	1371700	0.47
(6)漳州新漳房地产发展有限公司	1329040	0.46
(7)江苏鑫苏投资公司	1063067	0.37
(8)上海宏业物业管理有限责任公司	565689	0.20
(9)中国农业银行安徽省信托投资公司证券交易营业部	548680	0.19
(10)浙江财通物业租赁有限责任公司	397793	0.14

五、股东大会简介

福建省青山纸业股份有限公司第五次股东大会于1997年4月13日在青山公司会议室举行,出席本次大会的股东(含股东代表人)共计211人,所代表的股份数为16328.97万股,占公司总股份的77.96%,符合《公司法》的有关规定。

大会决议如下:

1. 通过公司董事长张小麟先生《关于公司96年度工作情况及97年度工作计划的报告》;

2. 通过《公司1996年度财务决算的报告》;

3. 通过《公司96年度股利分配方案》;

4. 通过《公司章程》修正案;

5. 通过《监事会工作报告》;

6. 通过《向社会公众公开发行股票并上市的议案》。

大会进行了公司第二届董事、监事选举,情况如下:

1. 经股东大会选举,公司第二届董事会由下列人员组成:

张小麟　王文通　黄田英　陈永泉　张　粮　周立成　吴路全　顾志一　黄振光

2. 经股东大会选举和职代会的推选,公司第二届监事会由下列人员组成:

岳伟玉　孙　毅　赵文修　林元妥　郑云光

六、备查文件

1. 载有董事长、总经理亲笔签名的中期报告原本。

2. 公司1996年度股东大会材料。

3.《福建省青山纸业股份朋限公司招股说明书》和《上市公告书》。

[查阅地点]福州市六一北路晋安花园三喜阁青山公司投资部

[咨询电话]0591-7588745

福建省青山纸业股份有限公司

一九九七年八月十九日

鞍山合成(集团)股份有限公司

鞍山合成(集团)股份有限公司1996年年度报告摘要

一、公司简况

1. 公司法定名称:鞍山合成(集团)股份有限公司

英文名称:ANSHAN CO-OPERATION(GROUP)CO.,LTD

英文简称:ACOC

2. 公司法定地址:中国辽宁省鞍山市铁西区柳西屯

英文名称:LIUXITUN TIEXI DISTRICT ANSHAN CITY LIAONING CHINA

3. 公司法定代表人:吴野松

4. 股票简称:鞍山合成

证券代码:600669

5. 公司咨询机构:股权事务部

联系电话:0412-8895168 传真电话:0412-8813178

邮政编码:114011

联系人:王月红女士

二、主要财务数据与财务指标

(金额:元)

指标项目	本年数	上年数	比上年增减%
1、主营业务收入	75,485,423.12	94,593,328.12	(-)20.20
2、净利润	3,702,916.20	3,044,382.36	(+)21.63
3、总资产	406,394,544.74	390,126,905.74	(+)4.16
4、股东权益	176,763,002.54	170,470,086.34	(+)3.69
5、每股收益	0.028	0.023	(+)21.73
6、每股净资产	1.34	1.29	(+)3.88
7、净资产收益率	2.10%	1.78%	(+)17.98
8、股东权益比率	43.50%	43.70%	(-)0.46

三、公司业务回顾

1、一年来经营情况

1996年全国化纤行业经济形势仍未走出低谷,面对化纤行业资金紧张、产成品降价诸多不利因素,公司带领全体员工正视困难,勇于挑战,基本完成了年初确定的各项方针目标。实现主营业务收入7,548.54万元,实现利润总额524万元,每股收益0.028元。主要做了以下几方面工作:

(1)以主营业发展为主,壮大主体产业规模。

1996年公司继续紧紧抓住技术改造这个牛鼻子不放,在顺利完成技术改造一期工程基础上,进一步发挥广大技术骨干队伍的聪明才智,克服重重困难,用最短时间,最快速度,于1996年7月份完成了FDY二期工程的土建施工、设备安装、调试及试生产。

公司一、二期涤纶长丝技术改造工程的完成,标志着公司由年产4000吨涤纶长丝一跃成为万吨级规模企业,为公司后序发展奠定了很重要的基础。两大主导产品涤纶长丝和涤纶仿真丝的市场覆盖率已占东北地区的40%,仿真丝产量列全国同行业第2名,被辽宁省确定为生产三大化纤基地之一,在全国同行业最大企业排行榜上的位置从第99位前移到第19位,进入了国家同行业骨干企业行列。

1996年公司实现主营业务收入7,548万元,比上年9,459万元,降低20%,实现利润总额524万元,比95年420万元,增长了24.7%。

(2)建立依法运作的管理体制和机制,推进企业规范化管理。

公司按照现代企业制度"产权清晰、权责明确、政企分开、管理科学"的要求,建立了以成本效益控制管理为核心的分厂、公司二级核算管理体制;以建立企业与员工利益共存为目的,实施了员工的内部持股制度;以培养造就一支文化高,技术过硬的职工队伍为目标,设立专门管理部门,根据企业的实际需要,开展了大规模的岗位技能、管理方法、文化专业和行为规范培训;以推行科学化管理为手段,强化了计算机在财务、人事、供应、销售、设备等方面的应用;以充分调动各部门各岗位不同层次人员的积极性,建立以分配为中心的奖惩机制、激励机制、自约机制等。

一年来,由于公司建立了依法运作的管理体制和机制,强烈地冲击了多年来形成的旧管理模式和管理办法,一种新的管理模式和管理理念正在形成,促使公司在困难的形势下,保持企业健康发展。

(3)把握市场机遇,加强营销队伍建设,以适应市场需求的变化。

1996年,公司外部环境是化纤行业市场变幻莫测。原料市场价格猛涨又回落,产品销售市场8月下旬至10月价格一度回升,但仅是"昙花一现"。内部环境是FDY二期工程的完成,生产规模的扩充。公司针对外部经济环境及内部客观环境变化的情况,从战略目标出发,把具有一定实践经验的大专以上学历的人员充实到销售队伍,提高销售队伍文化素质、专业素质;组织强有力的销售队伍和技术骨干队伍研究开发新品种、新市场,提高市场占有率;重新制定和完善承包奖惩方案,调动销售人员的积极性,并充分利用公司的资金优势及纺织市场原材料涨落空隙经营纺织原材料,使公司获得较大收益,弥补了主营业产品市场降价造成的损失。

2、本年度经营成果与预测差异的说明:

1996年公司主营业务收入7,548万元,比上年9,459万元,降低20%,按照年初预测指标有一定距离。主要原因(1)因调整产品品种和产成品的吨丝平均销售价格下调所致。(2)1996年公司虽生产规模扩充,但由于在建工程未有决算,因此二期工程试车期间销售收入5186万元未有计算。

3、前次募集资金使用情况说明:

1994年1月实施的1992年度增资配股方案,共筹集资金6,900万元。所筹集资金用于凯维腾纺织染项目1,300万元,后追加1,500万元资金因凯维腾纺织染有限公司注册资金减少变更,按原投资比例规定1,500万元资金返回;用于涤纶长丝加弹机和FDY四个位两个短平快的项目1,100万元,其余4,500万元全部用于6000吨超细纤维一、二期工程,截止1996年底对前次募集资金使用完毕。

4、新年度的业务发展规划:

1997年是公司发展至关重要的一年,公司将不断地和适时调整发展战略目标,在主营业务发展的基础上,不断向新的行业领域拓展,努力寻求新的经济增长点。主要采取以下措施:

第一,继续扩大企业生产规模,根据国外涤纶长丝工程发展趋势及市场需求,引进九十年代国际先进设备,扩建年产2750吨粗旦涤纶长丝生产线,使公司生产规模由1万吨增加到1.3万吨。

第二,加强营销队伍建设,实施以开拓市场转为培育市场,从而达到引导市场、占领市场的营销战略,以适应千变万化的市场需求。

第三,公司将积极探索一条新的发展途径,利用股份制优势,以优化资本结构为突破口,注入优质资产,置换股权等实现资本迅速扩张,保持公司持续性发展。

四、股本变化及股本结构情况

1、股本变化及股本结构情况

股本结构情况	1996年年末数	比例%	1995年年末数	比例%
(1)未流通股份				
国家持股	4759.1	35.97	4759.1	35.97
(2)已流通股份				
社会个人股	8470	64.03	8470	64.03
(3)股份合计	13229.1	100	13229.1	100

本年度股本结构与上年度比较没有变化。

截止1996年公司股东总数为26,297户,其中国家股股东1户,社会公众股股东26,296户。

2、主要股东持股情况(前十名股东)

序号	股东名称	持股数(股)	持股比率(%)
1	鞍山国有资产管理局	47591000	35.97
2	哈道国债	6295370	4.75
3	林尚蔚	1510190	1.14
4	闫贵海	959800	0.72
5	朱蓓蓓	799333	0.60
6	崔东誉	659767	0.49
7	许萍	659670	0.49
8	张志	659111	0.49
9	曲振春	659004	0.49
10	胡满	658893	0.49

3、公司董事、监事与高级管理人员持股情况:

姓名	职务	年初持股数	年末持股数
吴野松	董事长兼总经理	4400	4400
徐小夫	副董事长	4400	4400
陈　平	董事兼副总经理	4400	4400
尹庆海	董事兼副总经理	0	0
迟云岫	董事兼副总经理	4400	4400
张桂荣	董事	4400	4400
孟　华	董事	4400	4400
刘桂春	副总经理	0	0
金广一	副总经理	4400	4400
经绍谦	监事会主席	0	0
贺殿斌	监事	0	0
周　伟	监事	0	0

注:以上人员持股情况本年度内均无变化。

五、重要事项揭示

(一)、报告期内股东大会、董事会情况:

1、股东大会情况:

本公司于1996年8月23日下午2:30分在公司真丝四楼会议室召开1995年度股东大会,出席本次股东大会的股东89人,代表股权总数7857.8万股,占公司总股本的59.4%,符合《公司法》和公司章程的有关规定。会议由董事、副总经理迟云岫主持,会议批准和通过了1995年度公司董事会工作报告,总经理业务报告,1995年度财务决算和利润分配方案的报告,并选举公司新一届董事会成员,以及通过了关于修改公司章程议案报告。

2、董事会情况

1996年8月23日,公司召开股东大会,选举产生了第二届董事会和监事会,选举吴野松、徐小夫、陈平、尹庆海、迟云岫、孟华为第二届董事会董事,张桂荣通过职工代表大会选举以职工董事进人公司董事会任董事,并不再担任监事会副主席。选举经绍廉、贺殿斌、周伟为第二届监事会监事。

1996年8月23日第二届董事会召开了第一次董事会会议,选举吴野松为公司董事长,选举徐小夫为副董事长。

1996年8月23日第二届监事会召开了第一次监事会会议,选举经绍谦为公司监事会主席。

3、1995年度股东大会审议通过了《1995年度财务决算及利润分配的报告》,1995年度利润转1996年度一并分配。

(二)、本年度报告期内无重大诉讼、仲裁事项。

(三)、本报告期内公司于1996年8月30日在《上海证券报》上披露了《公司1996年度中期报告》。1996年8月27日在《上海证券报》上披露了股东大会公告及董事会、监事会会议公告。

六、子公司及关联企业

名称	注册资金(万元)	所在地	主营业务范围	拥有权益(%)
台安县第二造纸厂	1200	鞍山市	纸箱	20%
鞍山市金环有限公司	250	鞍山市	贸易	20%
鞍山市包装制品厂	1040	鞍山市	纸箱	40%
鞍山市民政线织厂	200	鞍山市	纸管	10%
鞍山市合成房地产开发公司	798	鞍山市	房地产	100%
凯维腾纺织染有限公司	10000	鞍山市	染整织造	30%
鞍山合成房屋开发公司	342	鞍山市	房地产	100%
鞍山丝织印染厂	1200	鞍山市	染整织造	10%

七、财务报告

(一)、审计报告

公司财务报告经辽宁会计师事务所张振谦、宫国超注册会计师审计并出具无保留意见的审计报告[(1997)辽会师审字第49号]。

(二)财务报表(附后)

1、资产负债表

2、利润及利润分配表

3、财务状况变动表

(三)、会计报表附注

1、主要会计政策

(1)、公司设立说明:本公司系经辽宁省人民政府辽体改发(1992)19号文件批准,在鞍山合成纤维厂基础上改组成立的股份有限公司。改组生效日期为1992年11月16日,企业法人营业执照号码为11890015号。

(2)、会计制度:本公司结合行业归口,参照《工业企业会计制度》的规定,执行《股份制试点企业会计制度》。

(3)、记帐本位币:以人民币为记帐本位币。涉及外币的经济业务,以外币的实际价值与人民币的比值为记帐汇率折算为人民币入帐,帐面汇率采用加权平均法计算帐面汇率与实际汇率所发生的差异计入当年损益或工程项目成本等。

(4)、坏帐准备:根据《工业企业财务制度》的规定,按照应收帐款年末余额的千分之五计提。

(5)、税项:①企业流转税,本公司自实行新税制以来,流转税为产品销售税金及附加,包括增值税、城建税、教育费附加,税率分别按主营业收入17%、应纳流转税额的7%、3%,税目为纺织品制造业。

②费用性税金:包括房产税、土地使用税、车船使用税、印花税等,按有关规定上缴,并计入当期损益。

③所得税:采用33%的税率。

(6)长期投资:①债券核算,按债券面值计价。

②股权投资和联营投资,投资额占被投资单位实收资本25%以下的采用成本法核算;25%至50%的采用权益法核算;50%(不含50%)以上的合并会计报表。

2、财务报表注释

(1)、应收帐款323户10,255,724.44元。其中:一年以内的鞍山丝织印染厂等173户,6,403,482.50元,占62.4%,二年以内丹东兰天纺织厂等36户,32,157.56元,占0.3%。三年以内的鞍山美达织物有限公司114户,3,820,084.38元,占37.3%。

(2)、其他应收款192户,68,693,055.78元,其中:一年以内的鞍山合成化纤公司2000吨细丝工程等54户,51,331,792.59元;占74.7%;二年以内鞍山合成物资公司等54户,11,215,347.38元,占16.4%;三年以内的凯维腾纺织染有限公司等32户,5,302,645.51元,占7.7%;个人及采购借款731,430.53元,占1.1%。

(3)、长期投资48,946,567.80元,比上年57,617,437.91元减少8,670,870.11元,其中:债券投资110,149.80元,比上年869,019.91元,减少758,870.11元,减少的原因到期已兑换。联营投资单位48,835,528.20元,比上年56,748,418.00元,减少7,912,889.80元。其中:台安造纸厂原投资240万元,已返还150万元,还剩90万元;鞍山信托投资公司投资600万元,到期终止退回。其他没变化。

(4)、在建工程127,699,238.54元,比上年67,837,331.31元,增加59,861,907.23元,增长了88.2%。主要是扩大细丝工程生产规模所致,在原细丝工程年生产能力2000吨规模基础上又扩大了年生产能力6000吨工程,此项工程于97年1月份全部投产使用。

(5)、短期借款86,395,880.00元,比上年83,413,000.00元增加2,982,880.00元,上升3.57%,增加原因补充流动资金。

贷款金融部门主要有以下单位:市工行道西办40,510,000.00元,市交通银行4,000,000.00元;市铁西城市信用社680,000.00元,市铁东城市信用社17,000.00元;市信托投资公司6,600,000.00元;市工行营业部16,605,880.00元;市建行房地产信贷部1,000,000.00元。

(6)、应付帐款40,298,809.77元,比上年6,775,867.45元减少27,477,057.68元。其中:鞍山合成腾鳌物资公司1,831,488.42元;鞍山合成物资调剂中心13,600,185.94元;广州纺织工业供销公司1,091,627.86元等。

(7)、未付股利本年增加数(-)103,345元,是国有资产局批准负担92年改制前退休人员工资数,待分配后由国家股利负担。

(8)、资本公积金35,051,838.56元,比上年32,461,838.56元增加2,590,000.00元,由国有资产局批准转入数。

(9)、盈余公积3,684,887.20元,比上年3,129,449.77元增加555,437.43元,系当前利润分配提取数。

(10)、主营业务收入75,485,423.12元,比上年94,593,328.12元减少19,100,000.00元,下降20%,主要是由于产品价格下调。

营业成本72,807,675.71元,比上年91,303,417.73元减少18,495,742.02元,其中:减少的主要原因是原料购入成本价格下降。

(11)、营业税金及附加,由于购入原料辅材料等进项税额大于销项税额,影响增值税的实现,同时也影响了营业税金及附加的实现。

(12)、其它业务利润17,483,793.56元。其中:回收费废原料袋销售利润1,708.27元;弃丝销售利润311,692.75元;收回固定资产租赁费2,169,918.56元,利用资金优势经营各种原材料,辅助材料利润15,000,473.98元。

(13)、投资收益408,904.09元,其中:收九五年市信托投资公司分红219,600.00元;兑换国库券利息收益329,304.09元;冲减建行信托投资公司利息票重票140,000.00元;其它本年没有收益。

(14)、补贴收入996,663.77元,其中:234,824.00元,是退九五年增值税地方优惠政策百分二十五差额未返部分;761,839.77元是九六年应上交所得税额股份制企业上交33%,退18%部分(由审计部门全额计算计入当年收益)。

(15)、营业外收入325,257.10元,均是保险公司车辆和财产担保赔款。

(16)、营业外支出1,122,615.56元,其中;处理财产损失869,909.11元;罚金支出83,577.46元;上级农业发展基金63,000.00元;各项赞助费支出87,100.00元;其它19,028.99元。

(17)、应纳税所得额4,232,443.19元。

利润总额:5,240,009.59元,调整后应纳税所得额详见下表:

序号	项目	金额
一、	利润	5,240,009.59
二、	调减数	1,091,143.86
1.	国库券利息收入	329,304.09
2.	财政应退所得税	761,839.77
三、	调增数	83,577.46
1.	各项税收滞纳金和罚金	83,577.46
合计	应计纳税所得额	4,232,443.19

(18)、所得税1,537,093.39元,按应纳所得税额4,232,443.19元的33%计提1,396,706.25元,工资超支提取140,387.14元,工资计税所得税。

(19)、未分配利润5,735,203.78元系1995年、1996年两年未分配数。

(20)、或有事项:鞍山地区短期借款基本上全部采用信誉较高、效益较好的企业进行互保,实行担保借款,97年互保单位主要是鞍山印染厂,互保金额均大于对方。

八、其他事项

1、1996年,公司实现净利润3,702,916.20元,公司董事会的分配预案:提取10%法定公积金370,291.62元,提取5%法定公益金185,145.81元,本年度可供股东分配的利润3,147,478.77元,加上上年可供股东分配的利润2,587,725.01元,可供股东分配利润合计5,735,203.78元,暂不分配。以上分配预案须经1996年度股东大会审议通过后实施。

2、本年度报告摘要刊登在1997年4月24日《上海证券报》和《中国证券报》。

鞍山合成(集团)股份有限公司董事会

一九九七年四月二十二日

资产负债表

编制单位:鞍山合成(集团)股份有限公司　　1996年12月31日　　金额单位:元

资产	行次	年初数	年末数	负债及股东权益	行次	年初数	年末数
流动资产:				流动负债			
货币资金	1	29,898,376.21	8,482,936.34	短期借款:	41	83,413,000.00	86,395,880.00
短期投资	2			应付票据	42		
应收票据	3			应付帐款	43	67,775,867.45	40,298,809.77
应收帐款	4	16,327,646.49	10,255,724.44	预收货款	44	5,836,085.09	9,421,638.52
减:坏帐准备	5	81,638.22	51,278.62	应付福利费	45	-849,686.77	-884,899.57
应收帐款净额	6	16,246,008.27	10,204,445.82	未付股利	46		-103,345.00
预付货款	7	57,479,090.94	27,959,429.76	未交税金	47	-1,877,906.71	-710,394.64
其他应收款	8	51,326,759.17	68,693,055.78	其他未交款	48	5,060,957.88	4,414,703.04
待摊费用	9	360,556,26	262,634.46	其他应付款	49	8,049,419.14	8,399,443.87
存货	10	23,976,733.65	18,948,819.33	预提费用	50		1,326,832.89

减存货变项损失准备	10-1			一年内到期的长期负债	51		
存货净额	10-2			其他流动负债	52		-347,400.00
待处理流动资产净损失	11						
一年内到期的长期债券投资	12			流动负债合计	55	167,407,736.08	148,211,268.88
其他流动资产	13			长期负债:			
流动资产合计	15	179,287,524.50	134,551,321.49	长期借款	56	45,249,083.32	75,420,273.32
长期投资:				应付债券	57	7,000,000.00	6,000,000.00
长期投资	16	57,617,437.91	48,946,567.80	长期应付款	58		
合并价差(合并报表填列)	16-1			其他长期负债	60		
固定资产:							
固定资产原价	17	88,264,115.25	104,914,900.10	长期负债合计	65	52,249,083.32	81,420,273.32
减:累计折旧	18	21,426,293.43	26,932,276.67	递延税项:			
固定资产净值	19	66,838,381.82	77,982,623.43	递延税款贷项	66		
在建工程	20	67,837,331.31	127,699,238.54	负债合计	67	219,656,819.40	229,631,542.20
固定资产清理	21						
待处理固定资产净损失	22			少数股东权益(合并报表填列)	67-1		
固定资产合计	23	134,675,713.13	205,681,861.97				
无形资产及递延资产:				股东权益:			
无形资产	24	7,989,045.60	7,903,258.92	股本	68	132,291,073.00	132,291,073.00
递延资产	25	10,557,181.60	9,311,534.56	资本公积	69	32,461,838.56	35,051,838.56
无形及递延资产合计	30	18,546,230.20	17,214,793.48	盈余公积	70	3,129,449.77	3,684,887.20
其他长期资产:				其中:公益金	71	1,043,149.92	1,228,295.13
其他长期资产	31			未分配利润	72	2,587,725.01	5,735,203.78
递延税项:				外币报表折算差额(合并报表填列)	72-1		
递延税款借项	32			股东权益合计	79	170,470,086.34	176,763,002.54
资产总计	40	390,126,905.74	406,394,544.74	负债及股东权益总计	80	390,126,905.74	406,394,544.74

利润及利润分配表

编制单位:鞍山合成(集团)股份有限公司　　1996年度　　单位:人民币元

项目	行次	上年数	本年数
一、主营业务收入	1	94,593,328.12	75,485,423.12
减:营业成本	2	91,303,417.73	72,807,675.71
销售费用	3	1,237,356.32	2,086,793.25
管理费用	4	8,338,027.40	9,300,992.06
财务费用	5	761,792.67	3,481,955.47
进货费用	6		
营业税金及附加	7	339,794.76	
二、主营业务利润(亏损以"-"号表示)	8	-7,387,060.76	-12,191,993.37
加:其他业务利润(亏损以"-"号表示)	9	5,252,497.51	17,483,793.56
三、营业利润(亏损以"-"号表示)	10	-2,134,563.25	5,291,800.19
加:投资收益(亏损以"-"号表示)	11	3,109,572.51	408,904.09
补贴收入	11-1	1,716,000.00	996,663.77
营业外收入	12	1,824,945.02	325,257.10
减:营业外支出	13	314,402.23	1,122,615.56
加:以前年度损益调整(亏损以"-"号表示)	14	-1,328.00	-660,000.00
四、利润总额(亏损以"-"号表示)	15	4,200,224.05	5,240,009.59
减:所得税	16	1,155,841.69	1,537,093.39
减:少数股东损益(合并报表填列)(亏损以"-"号表示)	16-1		
五、净利润(亏损以"-"号表示)	17	3,044,382.36	3,702,916.20
加:年初未分配利润(亏损以"-"号表示)	18		2,587,725.01
盈余公积转入数	19		
六、可分配的利润(亏损以"-"号表示)	20	3,044,382.36	6,290,641.21
减:提取法定公积金	21	304,438.23	370,291.62
提取法定公益金	22	152,219.12	185,145.81
职工资金福利(合并报表填列,子公司为外商投资企业项目)	22-1		
提取法定公益金	22-2		

七、可供股东分配的利润(亏损以"-"号表示)	23	2,587,725.01	5,735,203.78
减:已分配优先股股利	24		
提取任意公积金	25		
已分配普通股股利	26		
八、未分配利润(亏损以"-"号表示)	27	2,587,725.01	5,737,203.78

财务状况变动表

编制单位:鞍山合成(集团)股份有限公司　　　　1996 年度　　　　单位:人民币元

流动资金来源和运用	行次	金额	流动资金各项目的变动	行次	金额
一、流动资金来源			一、流动资产本年增加数		
1. 本年利润(合并报表为合并净利润)	1	3,702,916.20	1. 货币资金	31	-21,415,439.87
加:不减少流动资金的费用和损失:			2. 短期投资	32	
(1)固定资产折旧	2	5,945,663.07	3. 应收票据	33	
(2)无形资产、递延资产及其他资产摊销(减其他负债转销)	3	1,986,845.38	4. 应收帐款净额	34	-6,041,562.45
(3)固定资产盘亏(减盘盈)	4		5. 预付货款	35	-29,519,661.18
(4)清理固定资产损失(减收益)	5	869,909.11	6. 其他应收款	36	17,366,296.61
(5)递延税款	6		7. 待摊费用	37	-97,921.80
(6)其他不减少流动资金的费用和损失	7		8. 存货净额	38	-5,027,914.32
小计	10	12,505,333.76	9. 待处理流动资产损失(减收益)	39	
2. 其他来源:			10. 一年内到期的长期债券投资	40	
(1)固定资产清理收入(减清理费用)	11	35,621,190.00	11. 其他流动资产	41	
(2)增加长期负债	12	10,270,870.11	流动资产增加净额	45	-44,736,203.01
(3)收回长期投资	13		二、流动负债本年增加数		
(4)对外投资转出固定资产	14		1. 短期借款	46	2,982,880.00
(5)对外投资转出无形资产	15		2. 应付票据	47	
(6)资产净增加额	16	3,145,437.43	3. 应付帐款	48	-27,477,057.68
小计	17	49,037,497.54	4. 预收货款	49	3,585,553.43
流动资金来源合计	18	61,542,831.30	5. 应付福利费	50	-35,212.80
二、流动资金运用			6. 未付股利	51	-103,345.00
1. 利润分配:			7. 未交税金	52	1,167,512.07
(1)提取法定公积金	19	370,291.62	8. 其他未交款	53	-646,254.84
(2)提取法定公益金	20	185,145.81	9. 其他应付款	54	350,024.73
(3)提取任意公积金	21		10. 预提费用的长期负债	55	1,326,832.89
(4)已分配股利	22		11. 一年内到期的长期负债	56	
小计	23	555,437.43	12. 其他流动负债	57	-347,400.00
2. 其他运用:				58	
(1)固定资产和在建工程净增加额	24	77,614,113.18			
(2)增加无形资产、递延资产及其他资产	25	863,016.50			
(3)偿还长期负债	26	6,450,000.00			
(4)增加长期投资	27	1,600,000.00			
小计	28	86,527,129.68			
流动资金运用合计	29	87,082,567.11	流动负债增加净额	59	-19,196,467.20
流动资金增加净额	30	-25,539,735.81	流动资金增加净额	60	-25,539,735.81

鞍山合成(集团)股份有限公司一九九七年度中期报告

一、财务报告(未经审计)

(一)、财务报表

1. 简化的资产负债表

单位:元

项　目	1997 年 6 月 30 日	1996 年 12 月 31 日
流动资产	148,442,117.45	134,551,321.49
长期投资	32,209,778.00	48,946,567.80
固定资产净值	76,260,262.96	77,982,623.43
在建工程	141,548,994.98	127,699,238.54
无形资产及递延资产	16,091,325.22	17,214,793.48
其他长期资产		
资产总计	414,552,478.61	406,394,544.74
负债及股东权益		
流动负债	123,655,886.76	148,211,268.88
长期负债	113,010,823.32	81,420,273.32
负债合计	236,666,710.08	229,631,542.20
股东权益	177,885,768.53	176,763,002.54

其中股本	132,291,073.00	132,291,073.00
资本公积	35,051,838.56	35,051,838.56
盈余公积	3,684,887.20	3,684,887.20
未分配利润	6,857,969.77	5,735,203.78
负债及股东权益合计	414,552,478.61	406,394,544.74

2. 简化的损益表

单位:元

项 目	1996年1-6月	1997年1-6月
主营业务收入	36,029,457.84	76,760,585.74
主营业务利润	(-)7,680,407.41	(-)6,820,596.67
其他业务利润	7,773,134.47	4,859,590.68
投资收益	861,691.09	3,600,000.00
补贴收入	234,824.00	37,000.00
营业外收支净额	22,148.25	(-)223.87
利润总额	1,211,390.40	1,675,770.14
所得税	399,758.83	553,004.15
净利润	811,631.57	1,122,765.99

(二)、其他财务指标:

	1997年上半年	1996年上半年
1. 每股收益(元)	0.0085	0.006
2. 净资产收益率(%)	0.63	0.47
3. 每股净资产(元)	1.34	1.29

(三)、财务报表附注:

1.1997年度中期报告与1996年度中期报告所采用的会计政策和方法一致。

2. 财务报表与上一会计年度末对应项目的变化情况

(1)、货币资金19,425,215.06元,比年初8,482,936.34元增加10,942.278.72元。增加的原因是筹集的进口设备保证金没有付出,定于97年7月份支出。

(2)、待摊费用1,355,961.43元,比年初262,634.46元增加1,093,326.97元。主要是97年1月份对生产设备进行了全部大修,支出的大修理费用在97年度内摊销完毕。

(3)、长期投资32,209,778.00元,比年初48,946,567.80元减少16,736,789.80元。主要是撤回凯维腾纺织染有限公司部分投资所致。

(4)、短期借款61,927,080.00元,比年初86,395,880.00元减少24,471,800.00元。主要是借款到期已偿还。

(5)、长期借款107,010,823.32元,比年初75,420,273.32元增加31,590,550.00元。主要是增加了长期借款规模。

(6)、营业收入比上年同期增加40,731,127.90元。主要是公司6,000吨工程已正式投入使用,上半年新增产量2,979吨,使销售收入增加4,100万元。

(7)、其他业务利润4,859,590.68元,主要是经销公司销售原材料、辅助材料等获取的利润。

(8)、投资收益3,600,000.00元,主要是收取丝印厂、纸管厂等企业投资收益。

(9)、关联企业

名称	注册资金(万元)	注册地址	主营业务范围	公司拥有权益%
台安县第二造纸厂	1200	鞍山市	纸箱	20%
鞍山市金环有限公司	250	鞍山市	贸易	20%
鞍山市包装制品厂	1040	鞍山市	纸箱	40%
鞍山市民政绒织厂	200	鞍山市	纸管	10%
鞍山市合成房地产开发公司	798	鞍山市	房地产	100%
凯维腾纺织染有限公司	10000	鞍山市	染整织造	30%
鞍山合成房屋开发公司	324	鞍山市	房地产	100%
鞍山丝织印染厂	1200	鞍山市	染整织造	10%

本集团报告期内无关联交易。

二、经营情况回顾与展望

(一)、上半年经营情况回顾。

上半年公司实现主营业务收入7,676万元,比去年3,602.9万元,增加4,073.13万元,比上年同期增长113%;实现利润总额167.5万元,比去年121.1万元增加46.4万元,比上年同期增长38.3%;净利润112.2万元,比上年81.1万元增加31.1万元,比上年同期增长38.34%。公司能在市场竞争激烈的情况下稳步发展,主要作了以下几个方面:

(1)、1997年公司一、二期涤纶长丝技术改造工程的完成,使得公司由年产4000吨涤纶长丝猛增为年产10000吨。对此,公司实施扩大营销市场战略、实施品种快速转换战略、销售人员经营培训战略,做到了维护老客户,发展新客户,新增6000吨涤纶长丝,成功的销售到各地新老客户。

(2)、上半年公司根据生产经营情况,从强化内部管理入手,强化了分场二级核算的管理体制。针对企业原料成本占总成本70%这一特点,积极开展降低原料成本活动。通过降耗,使得公司原料消耗由过去吨丝消耗1041公斤降为1030公斤。

(二)、1997年下半年的工作重点和措施:

(1)、下半年公司的经营目标是:继续开发新品种,走出一条向品种规模要效益之路。新增FDY8个位3000吨设备引进已到厂,预计下半年安装、试车、生产,从而使公司在年内规模增加到13,000吨。涤纶长丝7000吨项目已破土动工,预计三年内集团主营生产能力达到20,000吨生产规模。

(2)、继续加快实现公司的资产重组,进一步优化资本结构。在收购、兼并等资产经营和运作上做文章。在激烈的市场竞争中发挥上市公司的优势,努力寻求新的利润增长点。

三、重大事件的说明

1、按照国务院证券委、中国人民银行、国家经贸委5月21日联合发布《严禁国有企业和上市公司炒作股票的规定》的要求,公司经自查没有从事任何违反规定事项。如本公司今后从事股票投资,将严格遵循国家有关政策法规和本公司章程的规定。

2、1997年6月4日公司召开董事会。根据《公司法》和公司章程规定,经鞍山市委推荐原公司董事、副总经理陈平先生为公司副董事长、总经理。吴野松先生为公司董事长、党委书记、法定代表人。

3、本公司1997年中期利润暂不分配。

4、1997年上半年公司无重大诉讼、仲裁事项。

5、1997年5月28日上午9:00时在公司四楼会议室召开1996年度股东大会。

四、发行在外股票的变动和股权结构的变化

1、股本结构:

在本报告期内,公司发行在外的股票及公司的股本结构未发生变化,公司现股本结构如下:

单位:万股

股本结构	1997年6月30日	比例%
未流通股		
国家持股	4759.1	35.97
已流通股		
社会个人股	8470	64.03
股份合计	13229.1	100

2、截止97年6月30日,前十名股东持股情况

数量单位:股

序号	股东名称	持股数	比例
1	鞍山国有资产管理局	47591000	35.97%

2	哈道国债	6288370	4.8%
3	哈里实业	2338411	1.8%
4	广信天证	771220	0.5%
5	许毓亭	658830	0.5%
6	张观友	650000	0.5%
7	胡洪俊	644149	0.5%
8	于秀英	643900	0.5%
9	邢淑敏	638640	0.5%
10	谭秀英	637000	0.5%

五、股东大会简介

1997年5月28日上午9:00时,在鞍山合成(集团)股份有限公司四楼会议室召开1996年度股东大会。参加会议的公司董事、监事等高级管理人员和股东共46名,共代表股份4,803.8万股,占公司总股本36.3%,符合《公司法》和《公司章程》的规定。

本次大会审议通过了如下决议:

(一)、审议通过《一九九六年度董事会工作报告》

(二)、审议通过《一九九六年度总经理业务报告》

(三)、审议通过《一九九六年财务决算及一九九七年财务预算报告》

(四)、审议通过《一九九六年利润分配预案报告》

公司一九九六年度实现税后利润3,702,916.20元。根据国家有关法规和本公司章程,提取10%法定公积金370,291.62元,提取5%法定公益金185,145.81元。本年度可供股东分配利润2,147,478.77元,加上上年可供股东分配利润2,587,725.01元,合计5,735,203.78元。考虑到公司发展和股东长远利益,大会决定暂不分配。

公司1996年度股东大会公告,公司分别刊登在1997年5月28日《上海证券报》和《中国证券报》。

六、备查文件

1. 载有董事长亲笔签名的中期报告原本;

2.1996年度股东大会文件;

3. 股东查阅文件地址:辽宁省鞍山市铁西区柳西街168号

机构:鞍山合成(集团)股份有限公司股权事务部

联系人:王月红

电话:0412—8895168　　传真:0412—8813178

鞍山合成(集团)股份有限公司

一九九七年八月二十日

上海石油化工股份有限公司

上海石油化工股份有限公司1996年年度报告摘要

一、公司简况

股票代码:600688

股票简称:上海石化

公司法定中文名称:上海石油化工股份有限公司

公司英文名称:Shanghai Petrochemical Company Limited

公司英文名称缩写:SPC

公司注册地址:上海市金山卫纬二路

公司办公地址:上海市金山卫纬二路

邮编:200540

公司法定代表:王基铭

公司咨询服务机构:董事会秘书室

电话:021-57943143

传真:021-57942267

公司秘书:蔡洪平

会计师事务所:中国　毕马威华振会计师事务所

国际　毕马域国际会计师行

律师事务所:中国　海问律师事务所

香港　富尔德律师事务所

美国　高特兄弟律师事务所

二、主要财务数据与财务指标

按中华人民共和国会计准则编制

指标项目	本年数	上年数	比上年增减(%)
1.主营业务收入(千元)	12,203,768	12,061,493	+1.18
2.净利润(千元)	1,144,817	2,126,796	-46.17
3.总资产(千元)	19,025,786	16,904,198	+12.55
4.股东权益(千元)	11,940,131	10,510,656	+13.60
5.每股收益(元)	0.162	0.325	-50.15
6.每股净资产(元)	1.69	1.60	+5.63
7.净资产收益率(%)	9.59	20.23	-52.60
8.股东权益比率(%)	62.76	62.18	+0.93

注:以上计算均按全面摊薄法进行。年末股本数:1995年为65.5亿股;1996年为70.5亿股。

三、公司业务经营回顾

一九九六年是上海石化面临严峻挑战的一年,本集团主要遇到了两大困难:

——石化市场向下调整　产品价格大幅下挫　在经历了九四年石化产品价格持续大幅上升后,自九五年年中开始,国际和中国石化市场进入了一个向下调整期。以合成纤维为代表的石化产品价格从不合理的高价位区域大幅回落。由于国际石化产品大量进入中国市场,加上国内下游企业受资金紧张、开工不足的影响,九六年国内石化产品供求失衡,产品价格从年初起急剧下跌。受此影响,本集团合成纤维、树脂及塑料、中间石化产品的价格与上年同期相比均有较大程度的下降。截至一九九六年十二月三十一日止,本集团合成纤维、树脂和塑料、中间石化产品的综合平均价格分别比去年同期下降23.5%、16.7%、4.7%。而石油产品价格受原油成本推动和国内需求上升及本集团石油产品品种档次结构改善、产量提高等综合影响,平均销售价格比去年同期上升16.0%。

——原油成本大幅度上涨　一九九六年度,受原油价格调整影响,本公司原油成本与上年相比有较大的提高。从一九九六年一月一日开始,本公司所获国家分配的大庆原油和胜利原油综合价格分别提高了9%和6%,达每吨人民币1,002元和893元(含增值税,不含运费)。同时,本公司自一九九六年一月一日起参加中国石化总公司的原油加权平均成本制度。因此,截至一九九六年十二月三十一日止,本公司原油成本开支为人民币48.37亿元,占总销售成本的47.7%;原油综合成本价格约为人民币997元/吨(不含增值税,含运费),与九五年相比每吨原油成本上升了人民币167元,涨幅约20.1%。

面对挑战,本公司实施了有效的经营战略,部分地减轻原油成本上涨、产品价格下跌的双重负面影响。

——生产保持高负荷运行,产量创出历史新高。一九九六年,本公司各主要生产装置继续保持安全稳定运行。尽管受到严峻的市场环境及原油成本上升的负面影响,但本公司通过加强管理,有效的成本控制,科学安排生产计划,充分挖掘生产潜力,促进了公司装置整体运行水平和效率的提高,公司生产运行达到历史最高水平,各大类产品产量在九五年的基础上全面增长。截至一九九六年十二月三十一日止,本公司全年共完成原油加工量485.3万吨,比去年同期增长2.69%;乙烯产量46.5万吨,同比去年增长13.89%,首次突破其44.5万吨的装置设计能力;丙烯产量25.5万吨,增长21.14%;塑料、合成纤维产量分别为34万吨、22.9万吨,增幅分别为15.53%及3.85%。中间化工产品和石油产品产量也比去年同期有较大幅度的增长。尤其是80万吨渣油装置全年实现高负荷运行发挥了效益潜能,使边际利润较高的汽油、柴油产量大幅提升,改善了本公司石油产品的结构,为公司增加利润作出了贡献。

同时,本公司对产品质量进行了严格控制,本公司各主要产品质量稳中有升。

——调整产品结构,增产高边际利润产品。一九九六年,中国政府相应提高了本公司部分受国家控制产品的销售价格,如重油、柴油、汽油、高压聚乙烯农膜料、农用薄膜等的销售价格,并对聚酯切片和腈纶等产品指导价格进行相应的调整。

本公司抓住这一契机,积极改善石油产品结构,提高产品档次,以市场为导向,主动增加市场需求好、边际利润相对较高的石油产品、中间化工产品,如汽油、柴油、航空煤油、液化气、聚乙烯、聚丙烯塑料、环氧乙烷等产品的生产比重。截至一九九六年十二月三十一日,本公司合成纤维、树脂与塑料、中间石化及石油产品在总销售额中的比重分别为:24.1%,31.8%,14.9%,24.2%;与九五年相比分别变化了-4.8%,-1.4%,+0.9%,+4.7%从而部分地抵消了原油成本上涨、产品价格下跌所带来的负面影响。

——开展有效营销,扩大市场份额。面对市场变化,本公司一方面通过积极调整产品结构,加大边际利润相对较高的石油产品、塑料和部分中间石化产品的生产,另一方面,通过调整营销策略,加大市场促销力度,开发潜在市场,改善销售服务,稳固公司产品的市场份额。通过努力,一九九六年,本集团四大类产品销售量均比去年同期有不同程度的增长,其中合成纤维、树脂及塑料、中间石化产品和石油产品的销售量分别比一九九五年同期增长了9.7%、15.5%、12.8%、7.8%,本公司产销率达101.55%。

资本开支计划进展顺利　拓展资本扩展新途径

一九九六年度,本公司各项资本开支项目进展顺利。30万吨乙烯改扩建及其配套项目,其工程进度和资金投入正按计划进行。其中关键项目30万吨乙烯装置已完成主体设备引进合同签订,目前已着手实施。整个项目可望于九八年完成。万吨乙烯低温储罐已完成设备安装,可望于一九九七年六月建成。与其同步建设的两台2000立方米丙烯球罐和两台5000立方米石脑油罐已建成投用。

本公司3万吨涤纶短纤多品种生产线目前进行设备安装,预计在九七年七月建成投产,1万吨丙纶短纤装置已于九六年上半年建成,并于九六年五月二十八日运行,生产出合格丙纶纤维产品;3000吨涤纶工业长丝也于九六年完成并投入运行;PTA装置与80万吨渣油装置也已于年内完成预定的第一步能力扩建计划;中美合资金菲石油化工有限公司年产10万吨聚乙烯项目目前已开始进入设备安装阶段,计划97年底建成,98年初投料试车。

此外,本公司正积极寻求资本扩展新途径。一九九六年八月,本公司与上海久事公司签约收购其所拥有的上海金阳腈纶厂,扩大了本公司腈纶产品的市场份额和销售收入。同时,本公司将继续探索与国际石化大公司的合资合作。一九九六年十月,本公司与英国石油公司签定合资建设有关65万吨乙烯相关项目意向书,建设该项目的预可行性研究工作正在顺利进行。同时,本公司扩大了与美国菲利普斯石油公司的合作。这些合作项目的建设将进一步扩大本公司在国内的领先地位。

九七年工作安排

一九九七年,尽管由于受石化行业周期影响,作为基础行业之一的石油化工短期内仍将面临较大考验。但是本公司认为目前国内石化产品市场正处于底部区域,进一步大幅下跌可能性不大,同时本公司相信随着中国经济"软着陆"成功和新一轮经济周期的逐步启动,从九七年开始,中国政府将加大搞好国有大中型企业的力度,推出一系列政策支持措施,这将刺激增加包括石化产品在内的需求。本公司预计未来两年石化产品市场将会逐步有所好转。石化工业作为支柱产业将继续受到政策支持,并得到稳定发展。

一九九七年本公司将安排二个阶段的检修。上半年将进行第一、第二期工程装置的检修,而将在今年底、明年初结合30万吨乙烯改造进行三期工程装置的检修。

同时,一九九七年本公司原油成本在一九九六年基础上又有进一步上升。

面对这些不利因素,一九九七年,本公司将重点开展以下几项工作,以尽可能减轻和消化检修停车及原油成本上升对盈利造成的负面影响:

(一)生产方面,将根据市场需求,继续调整优化原料结构和产品结构,提高生产负荷水平,增产边际利润较高的产品,特别是油品的产量。同时本公司已将检修计划作合理安排,全部的检修将分成二个阶段进行,以尽可能减少停车时间,力争全年产耗乙烯45万吨,各主要产品实物量接近一九九六年水平;

(二)营销方面,将在对本公司营销体制进行调整改革的同时,加强产品促销和新产品开发,改善销售服务,稳固与客户的关系,扩大公司产品的市场需求和销售量。同时争取多进口低价优质原油,增强公司产品竞争力。

(三)内部管理方面,推行利润考核机制,加强成本管理,压缩存货资金和大修及管理费用。同时深化进行公司内部管理体制和劳动人事体制改革,分流减员,挖潜增效;

(四)加快新的效益点培养,一方面以30万吨乙烯改扩建工程为重点,抓紧进度,确保质量,尽早投产;另一方面,将加大资产经营收购兼并力度,探索加快公司发展新途径。

(五)为进一步提高本公司的市场竞争力,增加经济效益,适应增加加工进口原油的需要,本公司计划在未来两年内建设舟山册子岛原油码头和油库、改造现有的常减压装置,并建设80万吨延迟焦化装置。

四、股本变化及股本结构情况

1、股本结构

	1996年末数(千股)	比例%	1995年末数(千股)	比例%
(一)尚未流通股份				
国家持股-A股	4,000,000	56.74	4,000,000	61.07
社会法人持股-A股	150,000	2.13	150,000	2.29
小计	4,150,000	58.87	4,150,000	63.36
(二)已流通股份				
境内上市的人民币普通股-A股	720,000	10.21	720,000	10.99
境外上市的外资股-H股	2,180,000	30.92	1,680,000	25.65
小计	2,900,000	41.13	2,400,000	36.64
(三)股份合计	7,050,000	100.00	6,500,000	100.00

2、股本变动情况及原因

报告期内,一九九六年八月,本公司与百富勤融资有限公司及Peregine Brokerage Inc签约,向国际投资者配售发行了5亿股新H股,反映在本公司九六年末股本结构上股本总额和境外上市外资股的数量增加。

一九九七年一月,本公司再次与百富勤融资有限公司签约配售1.5亿股予非美国的独立投资机构及专业投资者。

除上所述外,年内本公司及其附属公司概无送股,亦无购买、赎回本公司任何上市股份。

3、主要股东持股情况(前十名股东)

名次	股东名称	年末持股数(万股)	占总股本(%)
1	中国石油化工总公司	400,000	56.74
2	HKSCC NOMINEES LIMITED	65,062.2	9.22
3	HONGKONG & SHANGHAI BANKING CORPORATION(NOMINEES)LIMITED	4,685.22	0.66
4	许跃宁	2,000.00	0.28
5	上海康利工贸总公司金康工贸分公司	1,873.00	0.27
6	张祝秀	1,628.49	0.23
7	平安保险	1,604.19	0.23
8	陈庚如	1,528.04	0.22
9	张根妹	1,486.70	0.21
10	浙江经济建设投资公司	1,200.00	0.17

截至一九九六年十二月三十一日止,本公司总股本为人民币70.5亿股,拥有股东总数260,603户,其中A股股东256,895户,H股股东3,708户。

4、公司董事、监事与高级管理人员持股情况

于资产负债表日,本公司之董事、监事及高级管理人员本人于一九九六年十二月三十一日在本公司已发行股本中拥有的实际权益如下:

姓名	职务	年初持股数	年末持股数
王基铭	董事长	3600	3600
王名实	副董事长兼副总经理	3600	3600
吴亦新	副董事长兼总经理	3600	3600
瞿国华	董事兼副总经理	3600	3600
陈益平	董事兼副总经理	3600	3600
戎光道	董事兼副总经理	3600	3600
冯建平	董事兼副总经理	3600	3600
蒋宝兴	董事	3600	3600
王观泽	董事	3600	3600
辜昌基	董事	3600	3600
周耘农	董事	3600	3600
王锡荣	董事	3600	3600
王永寿	董事	3600	3600
沈光照	董事	3600	3600

顾传训	独立董事	–	–
王行愚	独立董事	–	–
汤云为	独立董事	–	–
何　斐	独立董事	–	–
尹永利	董事	–	–
许开程	监事会主席	3600	3600
金维城	监事	1000	1000
谢仁杰	监事	3600	3600

注:以上公司高级管理人员(除五位董事未持股外)所持股均为本公司上市可流通之A股股票,均为其个人权益,在报告期内均未有变动。

除上所述,各董事、监事和高级管理人士及彼等之联系人士于一九九六年度十二月三十一日概无在本公司已发行之股本中拥有任何实际权益。

5、最佳应用守则

一九九六年度内,本公司遵守了香港联合交易所制定的上市规则附录十四——《最佳应用守则》的规定要求。

五、重要事项

1、公司于一九九六年六月十八日在中华人民共和国上海市金山卫金山宾馆召开了一九九五年度股东大会。出席股东大会的股东或股东代理人代表股份共5,202,373,673股,占本公司股份总额79.43%。大会审议并批准了董事会提呈的截至一九九五年十二月三十一日止年度董事会工作报告、监事会工作报告、经审核的财务报告、九六年度利润分配方案;批准本公司分别续聘毕马威华振会计师事务所和毕马域会计师行为本公司截至一九九六年十二月三十一日止年度境内和境外核数师;选举王基铭、王名实、吴亦新、瞿国华、陆益平、戎光道、冯建平、蒋宝兴、王观泽、辜昌基、周耘农、王锡荣、王永寿、沈光照、顾传训、王行愚、汤云为、何斐、尹永利为第二届董事会成员;许开程、金维城、谢仁杰为第二届监事会成员;授权董事会发行最高不超过6.5亿股H股。

同日,本公司又在金山宾馆分别召开了境内A股和境外H股类别股东会。出席会议的股东和股东所代表之股份数达到法定要求,会上类别股东分别审议并批准了授权董事会发行最高不超过6.5亿股H股的议案。

2、一九九六年六月十八日,本公司第二届董事会、监事会分别举行会议,选举王基铭继任公司董事长,王名实,吴亦新为本公司副董事长;任命王基铭、王名实、吴亦新、瞿国华、陆益平、戎光道、冯建平、蒋宝兴为本公司执行董事;根据董事长提名,任命吴亦新为本公司总经理,王名实、瞿国华、陆益平、戎光道、冯建平为本公司副总经理;选举许开程继任本公司监事长。

3、根据一九九五年度股东大会和类别股东大会通过的新股发行授权决议,本公司于一九九六年八月二十二日与百富勤融资有限公司及Peregrine Brokerage Inc.签约配售发行了5亿股H股,筹集资金约为10亿港元,折合人民币约10.73亿元,已用于一九九六年本公司部分资本扩展项目人民币4.25亿元,其中三十万吨乙烯改造人民币2.48亿元,化工码头建设人民币445亿元,3万吨涤纶短纤人民币1.32亿元,其余人民币6.48亿元用于补充运营资金。此次全球发售予发行之新H股与现有已发行H股在各方面均享有同等权益。

一九九七年一月六日,本公司与百富勤融资有限公司再次签约,以配售方式在香港向国际(除美国外)的专业投资者配售1.5亿股H股,共筹集款项3.42亿港元。

4、一九九六年八月十六日,本公司与上海久事公司签订了"关于上海金阳腈纶厂产权转让协议",以现金人民币3,880万元的协议价格收购了上海金阳腈纶厂的全部权益,同时承担其所有的债务。

5、一九九六年八月二十七日,本公司董事会第二届第三次会议决定向全体股东派发一九九六年中期股利每股人民币0.04元。一九九七年四月十四日,本公司董事会二届第七次会议建议向全体股东派发末期股利每股人民币0.08元(含税),此项议案将提交一九九七年六月十八日召开的一九九六年度股东大会审议。连同已派发之中期股利,本公司一九九六年建议派发股利每股人民币0.12元。

6、一九九七年四月十四日,本公司董事会提出如下利润分配方案,将提交定于一九九七年六月十八日召开的一九九六年度股东大会审议。根据财政部有关规定和本公司章程规定,当按中国会计准则和按国际会计准则审计,如净利润有差异,分配时按较少者为准。因此,可供分配利润人民币1,008,180千元,提取法定公积金人民币114,482千元,公益金人民币114,482千元,连同年初未分配利润人民币130,020千元,可供股东分配利润为人民币909,236千元,已派发中期股利每股0.04元,共计人民币282,000千元,建议末期股利为人民币0.08元,计人民币576,000千元。因此,按中国会计准则之年末未分配利润为人民币187,873千元,而按国际会计准则之年末未分配利润为人民币51,236千元,转入下年度。

7、一九九七年四月十四日,本公司董事会二届七次会议根据总经理吴亦新的提名,决议任命张志良为本公司副总经理,即日起生效。

8、一九九七年四月十四日,本公司董事会二届七次会议决议,根据一九九五年度股东大会通过的特别决议第7(a)和类别股东大会通过的特别决议第1(a)条,本公司董事会现一致同意对本公司章程的第二十条、二十一条和二十四条进行以下的修订:

删除本公司章程的原第二十条、二十一条和二十四条该等条款,用以下条款代替:

"第二十条　经国务院授权的公司审批部门批准,公司可以发行的普通股总数为7,200,000,000股,向发起人发行4,000,000,000股,占公司可发行的普通股总数的55.56%。

第二十一条　公司成立后发行普通股,为2,330,000,000股的境外上市外资股,占公司可发行的普通股总数的32.36%,及向社会公众(包括公司员工)发行的870,000,000股的内资股,占公司12.08%。

第二十四条　公司的注册资本为人民币7,200,000,000元。"

9、本报告期内本公司无重大诉讼、仲裁事项。

10、中国会计准则与国际会计准则的差异说明。

除会计报表中某些项目上的分类不同及下述的会计帐目处理差异外,本集团根据国际会计准则和中华人民共和国会计准则编制的会计报表无重大差异。其主要差异如下:

(Ⅰ)按国际会计准则,当员工获得员工住房的产权后,相关的房屋使用权已无价值,并应立即清理并计入损益表中。按中华人民共和国会计准则,清理此等使用权的损失应按照财政部一九九五年三月三日财会字(1995)第14号文件之要求借记住房周转金科目,上述的递延税项影响已在国际会计准则会计报表中确认。

(Ⅱ)根据中华人民共和国会计准则,若将资产部分用作交换投资,则该资产公平价值超过帐面值的数额应贷记资本公积金。根据国际会计准则,由于这些增值部分未能肯定可以变现,故不宜确认为收益。

就中华人民共和国会计准则与国际会计准则之间的重大差异对股东应占溢利及股东权益影响的总结如下:

	截至十二月三十一日止年度	
	1996	1995
	RMB′000	RMB′000
按中华人民共和国会计准则编制的财务报告之合并净利润	1,144,817	2,126,796
调整:		
员工住房使用权清理	(160,749)	
递延税项的影响	24.112	
按国际会计准则编制的财务报告之股东应占溢利	1,008,180	2,126,796
按中华人民共和国会计准则编制的财务报告之		

股东权益	11,940,131	10,510,656
调整:		
员工住房使用权清理	(160,749)	
递延税影响	24.112	
评估差额	(44,887)	
按国际会计准则编制的财务报告之		
股东权益	11,758,607	10,510,656

六、子公司及关联企业

企业名称	注册资金(万元)	主营业务	本公司拥有权益(%)
1上海石化联营开发公司	人民币100	投资管理	100
2深圳金山聚酯有限公司	人民币600	石化产品贸易	100
3上海石化市场经营开发公司	人民币1000	石化产品贸易	100
4中国金山联合贸易公司	人民币2,500	石化产品及机器进出口贸易	70.0
5上海金化实业有限公司	人民币1,000	石化产品贸易	70.0
6上海金东石油化工实业公司	人民币6,000	石化产品贸易	52.5*
7上海金阳腈纶厂	人民币1,000	腈纶产品生产	100
8浙江金浙石化联合股份有限公司	人民币4,000	石化产品贸易	53.4
9金润石油化工有限公司	港元100	生产分销石油产品	55.0
10上海金山联合实业公司	美元134	塑料制品生产及塑料颜色加工	51.0
11上海金环石油萘开发公司	美元184	生产石油精萘等化工产品	65.0

本公司主要附属公司均属有限公司,除金润石油化工有限公司外,俱在中国境内成立和营运,而金润石油化工有限公司则在香港成立和营运。由于该等附属公司对本公司一九九六年度财务结果影响轻重有别,故在本公司一九九六年度综合会计帐项中,仅包含了前八家主要附属公司。

*按照实际资金到位所占权益。

七、财务报告

本公司按中华人民共和国会计准则编制的财务报表经毕马威华振会计师事务所罗铮、武卫注册会计师审计,并出具无保留意见的审计报告。同时,本公司按国际会计准则编制的财务报表经毕马域会计师行审计,并出具无保留意见的审计报告。

(一)按照中华人民共和国会计准则编制

1、资产负债表(表附后)

2、利润及利润分配表(表附后)

3、现金流量表(表附后)

4、财务报表附注

(1)主要会计政策

编制本报表时采用的主要会计政策是根据中华人民共和国《企业会计准则》、《股份制试点企业制度》、《关于股份制试点企业股票香港上市有关会计处理问题的补充规定》及有关规定所制订的,与一九九五年财务报告所采用的会计政策相同。

(2)应收帐款

于12月31日,应收帐款帐龄分析如下:

	集团		公司	
	1996	1995	1996	1995
	人民币千元	人民币千元	人民币千元	人民币千元
一年以内	595,245	394,850	438,709	341,208
一至两年	17,855	7,216	8,653	6,162
两至三年	2,771	1,037	2,771	1,037
三年以上	4,893	4,905	4,893	4,905
	620,764	408,008	455,026	353,312

(3)长期投资

	集团		公司	
	1996	1995	1996	1995
	人民币千元	人民币千元	人民币千元	人民币千元
在子公司的权益	–	–	202,359	99,561
在合资企业的权益	703,548	245,492	566,964	160,218
其他非上市投资	137,781	118,341	128,728	110,208
	841,329	363,833	898,051	369,987
减:永久性价值				
减少的准备	(500)	(500)	–	–
	840,829	363,333	898,051	369,987

(4)在建工程及其中利息资本化

	集团		公司	
	1996	1995	1996	1995
	人民币千元	人民币千元	人民币千元	人民币千元
1月1日余额	789.549	1,325,870	782,023	1,318,751
增加	1,017,302	873,294	1,009,782	872,887
其中:				
利息资本化金额	51,100	29,318	51,100	29,318
购入子公司	7,810	–	–	–
	1,814,661	2,199,164	1,791,805	2,191,638
转入固定资产	(596,680)	(1,409,615)	(594,184)	(1,409,615)
12月31日余额	1,217,981	789,549	1,197,621	782,023

在建工程是于1996年12月31日尚未投产使用的建筑物、厂房及机器设备的成本。

(5)资本公积金

资本公积金变动情况如下:

	集团及公司	
	1996	1995
	人民币千元	人民币千元
1月1日余额	1,652,050	1,652,212
发行股本溢价	614,794	–
减:包销及发行费用	(41,575)	–
资本储备	24,552	(162)
评估差额	44,887	–
	2,294,708	1,652,050

资本公积金于12月31日余额分析如下:

	集团及公司	
	1996	1995
	人民币千元	人民币千元
发行股本溢价	2,212,597	1,639,378
安保基金	4,180	4,180
资本储备	33,044	8,492
评估差额	44,887	
	2,294,708	1,652,050

安保基金是由中国石化提供用以改善生产安全的资金。

评估差额是对投资项目部分投入资产的评估确定原价与原帐面价值之差额。

(6)盈余公积金及公益金

盈余公积金及公益金变动情况如下:

	集团及公司	
	1996	1995
	人民币千元	人民币千元
1月1日余额	2,178,586	953,226
利润分配		

法定公积金	114,482	212,680
法定公益金	114,482	212,680
任意公积金	-	800,000
12月31日余额	2,407,550	2,178,586

利润分配是根据财政部有关规定和本公司章程的有关条款而作出的。

盈余公积金及公益金于12月31日余额分析如下：

	集团及公司	
	1996	1995
	人民币千元	人民币千元
法定公积金	563,518	449,036
法定公益金	521,436	241,818
一般盈余公积金	42,082	207,218
任意公积金	1,280,514	1,280,514
	2,407,550	2,178,586

(7)未分配利润

本年度合并净利润人民币1,144,817千元，提取法定公积金人民币114,482千元，公益金人民币114,482千元，分配股利人民币858,000千元后，加上上年未分配利润人民币130,020千元，本年度未分配利润为人民币187,873千元，转入下年度。

(8)投资收益

本年度投资收益人民币36,204千元，主要是在未合并之合资企业和其他非上市企业之长期投资收益。

(9)住房周转金

	集团及公司
	人民币千元
1996年1月1日	-
无形资产清理转入	160,749
1996年12月31日	160,749

(二)按照国际会计准则编制

1、综合损益表

单位：人民币千元

项目	一九九五年	一九九六年
营业额	11,835,443	11,901,116
未计特殊项目的税前利润	2,515,843	1,364,699
特殊项目	-	(160,749)
税前利润	2,515,843	1,203,950
税项	(383,669)	(186,567)
税后利润	2,132,174	1,017,383
少数股东权益	(5,378)	(9,203)
股东应占溢利	2,126,796	1,008,180
拨入储备		
法定公积金	(212,680)	(114,482)
法定公益金	(212,680)	(114,482)
任意公积金	(800,000)	-
股利	(851,500)	(858,000)
承前保留溢利	80,084	130,020
保留溢利结转	130,020	51,236
每股盈利	人民币0.325元	人民币0.150

2、帐项附注

(1)主要会计政策

本报表之会计帐项按照国际会计准则及香港公司条例之披露规定编制而成，与一九九五年财务报告所采用的会计政策相同。

(2)特殊项目

于一九九六年，根据中华人民共和国现行的住房制度及依照上海市住房制度改革办公室及上海市房屋土地管理局发出之文件中的实施细则，部分员工住房的产权由员工以低廉的价格购入。因此，董事会认为本公司以前年度购入的相关的房屋使用权已无价值。计入损益表的数额是指该等使用权所清理的帐面净值。

(3)税项

综合损益表上的税项包括：

一九九六年		一九九六年	一九九五年
港币千元		人民币千元	人民币千元
	本年中华人民共		
196,548	和国所得税准备	210,679	383,669
(22,405)	递延税款	(24,112)	---
174,053		186,567	383,669

中华人民共和国所得税是按有关的税务规定按利润的15%(一九九五年：15%)来计算。由于本集团并未有业务在中华人民共和国境外，故并不需为中华人民共和国境外的所得税作准备。

递延税项资产为员工住房使用权清理在会计处理方面的时差而产生的税务影响。财政部已确认本公司于一九九七年可继续沿用15%的税率，但本公司的适用税率有可能于一九九七年后上升。

集团没有未提准备的重大递延税项。

(4)股利

董事会于一九九七年四月十四日建议公司派发末期股利每股人民币0.08元，股利总额为人民币576,000千元。

于一九九七年一月，本公司以配售形式发行150,000,000股H股于独立机构及专业投资者，这批H股之股东有权获得截至一九九六年十二月三十一日止年度建议末期股利共人民币0.08元，并已包括在上述股利总额中。

(5)每股盈利

每股盈利是按股东应占溢利人民币1,008,180千元(1995年：人民币2,126,796千元)及本公司于年度内已发行股份的加权平均数6,730,327,869股(1995年：6,550,000,000股)计算。

(6)储备变动情况

截止一九九六年十二月三十一日，本集团储备余额从期初的人民币3,960,656千元增加至期末的人民币4,708,607千元。其中，资本公积金由期初的人民币1,639,378千元增加到年末的人民币2,212,597千元，主要是由于股本发行溢价扣除包销及发行费用后增加了人民币573,219千元；法定公积金由期初的人民币449,036千元增加至年末的人民币563,518千元，其增加是从一九九六年股东应占溢利中提取法定公积金人民币114,482千元；法定公益金由期初的人民币241,818千元增加至年末的人民币521,436千元，主要是从九六年度股东应占溢利中提取法定公益金人民币114,482千元及从一般盈余公积金中转入处理员工住房使用权人民币165,136千元；一般盈余公积金由期初的人民币207,218千元减少至期末人民币42,080千元，减少原因主要是，在一九九六年为处理员工住房使用权，从一般盈余公积金转入法定公益金人民币165,136千元；任意公积金期末为人民币1,280,514千元，因本年度未提取任意公积金，故与期初比没有变化。

(三)给北美投资者参考补充资料

就国际会计准则及美国公认会计准则之重大差别对股东应占溢利及股东权益影响总结如下：

一九九六年		一九九六年	一九九五年
美元千元		人民币千元	人民币千元
	按国际会计准则编制的财务		
121,494	报告之股东应占溢利	1,000,180	2,126,796
	大约按美国公认会计准则之调整：		
4,465	汇兑损益	37,054	37,054
2,615	固定资产的资本化	21,703	21,703
16,087	重估固定资产而产生的额外折旧	133,491	133,491

(3,475)	以上调整对税项之影响	(28,837)	(28,837)
141,186	大约按美国公认会计准则编制的财务报告之股东应占溢利	1171,591	2,290,207
US$0.021	大约按美国公认会计准则编制的财务报告之每股盈利	RMB0.174	0.350元
US$2,098	大约按美国公认会计准则编制的财务报告之美国预托证券每股盈利	RMB17.408	34.965元
1,417,007	按国际会计准则编制的财务报告之股东权益	11,758,607	10,510,656

大约按美国公认会计准则之调整：

一九九六年 美元千元		一九九六年 人民币千元	一九九五年 人民币千元
(31,555)	汇兑损益	(261,851)	(298,905)
(20,924)	固定资产的资本化	(173,628)	(195,331)
(152,360)	重估固定资产	(1,264,316)	(1,397,807)
30,726	以上调整对税项之影响	254,969	283,806
69,413	于资产负债表日期后宣布之股利	576,000	589,500
1,312,307	大约按美国公认会计准则编制的财务报告之股东权益	10,889,781	9,491,919

八、其他事项

1. 公司一九九六年年度报告的主要内容分别用中文在国内《中国证券报》和《上海证券报》上刊登，在香港用中文在《商报》及英文在《南华早报》上同时刊登。如中英文发生歧义，以中文为准。

2. 备查文件及查阅地址：

载有董事长亲笔签名的一九九六年年度报告原本及一九九六年度经审计师审核的财务报告存于本公司董事会秘书室。

地址：上海市金山卫纬二路。

上海石油化工股份有限公司

一九九七年四月十四日

资产负债表

编制单位：上海石油化工股份有限公司　　1996年12月31日　　单位：人民币千元

资产	年初数(母公司)	年末数(母公司)	年初数(合并)	年末数(合并)	资产	年初数(母公司)	年末数(母公司)	年初数(合并)	年末数(合并)
流动资产：					流动负债：				
货币资金	2,006,532	2,505,664	2,173,665	2,687,316	短期借款	1,917,500	2,711,239	1,948,500	2,838,509
应收票据	145,275	217,813	149,774	224,263	应付帐款	96,130	72,357	140,933	127,169
应收帐款	353,312	455,026	408,008	620,764	预收货款	67,856	76,093	99,598	98,129
减：坏帐准备	(21,327)	(21,705)	(21,597)	(22,047)	未付股利	589,500	576,000	589,500	576,000
应收帐款净额	331,985	433,321	386,411	598,717	其他应付款	693,289	680,056	780,801	753,576
预付货款	112,407	89,863	143,580	133,398	一年内到期的长期负债	980,601	754,723	980,601	806,438
其他应收款	758,862	1,223,598	705,395	944,580	流动负债合计	4,344,876	4,870,468	4,539,933	5,199,821
存货	2,277,121	2,193,192	2,295,569	2,314,240	长期负债				
流动资产合计	5,632,182	6,663,451	5,854,394	6,902,514	长期借款	1,805,307	1,483,194	1,805,307	1,947,345
长期投资	369,987	898,051	363,333	840,829	住房周转金	-	(160,749)		(160,749)
固定资产：					长期负债合计	1,805,307	1,322,445	1,805,307	1,786,596
固定资产原价	13,448,930	14,103,892	13,469,415	14,777,393	负债合计	6,150,183	6,192,913	6,345,240	6,986,417
减：累计折旧	(4,513,624)	(5,456,262)	(4,518,827)	(5,597,278)	少数股东权益	-	-	48,302	99,238
固定资产净值	8,935,306	8,647,630	8,950,588	9,180,115	股东权益：				
在建工程	782,023	1,197,621	789,549	1,217,981	股本	6,550,000	7,050,000	6,550,000	7,050,000
固定资产合计	9,717,329	9,845,251	9,740,137	10,398,096	资本公积金	1,652,050	2,294,708	1,652,050	2,294,708
无形及递延资产：					盈余公积金及公益金	2,178,586	2,407,550	2,178,586	2,407,550
无形资产	756,651	598,647	760,859	753,942	未分配利润	130,020	187,873	130,020	187,873
递延资产	184,690	127,644	185,475	130,405					
无形及递延资产合计	941,341	726,291	946,334	884,347	股东权益合计	10,510,656	11,940,131	10,510,656	11,940,131
资产总计	16,660,839	18,133,044	16,904,198	19,025,786	负债及股东权益总计	16,660,839	18,133,044	16,904,198	19,025,786

利润及利润分配表

编制单位：上海石油化工股份有限公司　　1996年度　　单位：人民币千元

项目	一九九五年(母公司)	一九九六年(母公司)	一九九五年(合并)	一九九六年(合并)	项目	一九九五年(母公司)	一九九六年(母公司)	一九九五年(合并)	一九九六年(合并)
一、主营业务收入	11,708,203	11,599,794	12,061,493	12,203,768	五、税后利润	2,126,796	1,144,817	2,132,174	1,154,020
减：营业成本	(7,617,849)	(8,561,437)	(7,943,629)	(9,027,833)	减：少数股东应占本年溢利			(5,378)	(9,203)
销售费用	(85,623)	(118,200)	(92,558)	(129,345)	六、净利润	2,126,796	1,144,817	2,126,796	1,144,817
管理费用	(1,051,064)	(1,082,924)	(1,072,788)	(1,118,189)	加：年初未分配利润	80,084	130,020	80,084	130,020
财务费用	(333,105)	(302,527)	(325,164)	(294,300)	七、可分配利润	2,206,880	1,274,837	2,206,880	1,274,837
营业税金及附加	(224,545)	(298,276)	(226,050)	(302,652)	减：提取法定公积金	(212,680)	(114,482)	(212,680)	(114,482)
二、主营业务利润	2,396,017	1,236,430	2,401,304	1,331,449	提取法定公益金	(212,680)	(114,482)	(212,680)	(114,482)
加：其他业务利润	219,385	58,468	234,327	65,562	八、可供股东分配利润	1,781,520	1,045,873	1,781,520	1,045,873
三、营业利润	2,615,402	1,294,898	2,635,631	1,397,011	减：提取任意公积金	(800,000)	-	(800,000)	-
加：投资收益	30,436	131,232	21,004	36,304	已分配股利	(851,500)	(858,000)	(851,500)	(858,000)

营业外收入	13,101	29,500	13,843	39,307	九、未分配利润	130,020	187,873	130,020	187,873
减;营业外支出	(152,644)	(107,626)	(154,635)	(107,923)					
四、利润总额	2,506,295	1,348,004	2,515,843	1,364,699					
减:所得税	(379,499)	(203,187)	(383,669)	(210,679)					

现金流量表

编制单位:上海石油化工股份有限公司　　1996 年度　　单位:人民币千元

项目	母公司	合并	项目	母公司	合并
营业活动现金流入量	2,149,188	2,313,039	投资活动现金净流出量	(1,453,228)	(1,401,710)
利息支出	(474,787)	(489,722)	融资活动前现金净流入量	54,985	229,469
所得税支出	(166,188)	(192,138)	融资活动		
营业活动现金净流入量	1,508,213	1,631,179	新增贷款	3,208,927	3,267,053
投资活动			贷款到期还款	(2,955,459)	(3,171,585)
利息和投资收益	146,571	177,463	已付股利	(871,500)	(871,500)
资本支出	(1,196,319)	(1,214,757)	已付少数股权股利	–	(1,965)
固定资产变卖收入	14,896	14,896	发行股本	1,073,219	1,073,219
购入投资	(426,829)	(389,287)	融资活动现金净流入量	455,187	295,222
购入子公司	–	(3,166)	增加/减少现金及现金等值	510,172	524,691
出售投资收入	–	4,688	期初现金及现金等值	1,293,238	1,460,371
定期存款增加	(764,598)	(764,598)	外币汇率变动影响	(2,587)	(2,587)
定期存款到期	773,051	773,051	期末现金及现金等值	1,800,823	1,982,475

上海石油化工股份有限公司1997年度中期报告

上海石油化工股份有限公司([本公司])董事欣然公布本公司及其附属公司([本集团])截至一九九七年六月三十日止六个月按照中华人民共和国会计准则及国际会计准则而编制的未经审计之中期业绩报告。

本公司按照中华人民共和国《公司法》及有关法规的规定,公布 一九九七年中期报告,公司董事愿就报告之内容进行解释,并对其真实性、准确性及完整性承担一切责任。

损益表

(按照中华人民共和国会计准则编制)(简化兼未经审计)

	截至六月三十日止六个月		
	一九九七年		一九九六年
	公司	集团	集团
	人民币千元	人民币千元	人民币千元
主要业务收入	5,607,249	5,890,687	6,074,924
主要业务利润	349,287	333,671	857,908
其它业务利润	59,577	65,222	98,667
投资收益	260	13,962	15,088
营业外收支净额	(42,451)	(43,916)	(39,894)
利润总额	366,673	368,939	931,769
应交所得税(注释4)	(48,745)	(49,487)	(136,620)
税后利润	317,928	319,452	795,149
少数股东应占利润	–	(1,524)	(1,598)
净利润	317,928	317,928	793,551

资产负债表

(按照中华人民共和国会计准则编制)(简化兼未经审计)

	于一九九七年六月三十日		于一九九七年一月一日	
	公司	集团	公司	集团
	人民币千元	人民币千元	人民币千元	人民币千元
资产				
流动资产	7,861,179	8,096,610	6,663,451	6,902,514
长期投资	901,688	881,975	898,051	840,829
固定资产净值	8,390,236	8,894,409	8,647,630	9,180,115
在建工程	1,571,131	1,594,976	1,197,621	1,217,981
无形资产	639,957	780,257	598,647	753,942
递延资产(注释2)	104,246	106,959	127,644	130,405
资产总计	19,468,437	20,355,186	18,133,044	19,025,786
负债及股东权益				
流动负债	5,215,462	5,595,508	4,870,468	5,199,821
长期负债	1,637,481	2,043,422	1,322,445	1,786,596
股东权益	12,615,494	12,615,494	11,940,131	11,940,131
其中:股本	7,200,000	7,200,000	7,050,000	7,050,000
资本公积金	2,502,143	2,502,143	2,294,708	2,294,708
盈余公积金	2,407,550	2,407,550	2,407,550	2,407,550
其中:法定公益金	521,436	521,436	521,436	521,436
未分配利润	505,801	505,801	187,873	187,873
少数股东权益	–	100,762	–	99,238
负债及股东权益总计	19,468,437	20,355,186	18,133,044	19,025,786

主要财务指标分析

	截至六月三十日止六个月	
	一九九七年	一九九六年
a. 每股收益率		
(净利润/总发行股本数)	人民币 0.044 元	人民币 0.0121 元
(净利润/加权总股本数)	人民币 0.044 元	人民币 0.0121 元
b. 净资产收益率		
(净利润/净资产)×100%	2.52%	7.19%
c. 每股净资产		
(股东权益/总发行股本数)	人民币 1.75 元	人民币 1.69 元

注:以上指标按一九九六年及一九九七年中期未经审计财务报表数据计算;本公司于期内已发行之加权总股本数为 7,189,226,519 股(一九九六年同期:6,550,000,000 股);总股本按截至一九九六年六月三十日及一九九七年六月三十日已发行在外的总股份

数分别为6,550,000,000股及7,200,000,000股计算。

财务报表注释

1.以上财务报表乃按中华人民共和国会计准则编制且未经会计师事务所审计,所采用之会计政策于一九九六年度财务报告一致。

2.递延资产是指发生于一九九四年的未抵扣之期初存货已征税款。人民币二千三百万元(一九九六年同期:人民币二千五百万元)已在截至一九九七年六月三十日的六个月期间抵扣。

3.资本公积金

本公司于一九九七年一月配售发行了1.5亿股每股面值人民币1.00元之H股。发行价格每股港币2.28元(相当于每股人民币2.44元),此次发行共增加股本金人民币1.5亿元,同时增加资本公积金人民币2,07435亿元。

4.本公司一九九七年继续执行15%的所得税率。

5.董事会决议不派发本年度中期股利。

6.报表数据变动分析(变动幅度超过30%)

在建工程增加31%主要是由于本集团三十万吨乙烯改造扩建工程已于一九九六年底开工,这项目目前仍在建设当中,从而使在建工程余额有较大的增加。

7.于一九九七年,本公司的住房制度改革并没有变化。本集团期初拥有员工住房使用权原值人民币42,082,000元在报告期内未有变化。

8.关连人士交易

(a)本集团在截至一九九七年六月三十日止的六个月期间所进行的大部分交易的交易对象及条款,均由最终控股公司中国石油化工总公司([中国石化])及有关政府机构所决定。

中国石化代表其集团于供应商洽谈及协定原油供应条款,然后酌情分配给其附属公司(包括本集团)。在本报告期内,中国石化按此基准分配予本集团的原油价值如下:

	截至六月三十日止六个月	
	一九九七年	一九九六年
	人民币千元	人民币千元
原油价值	1,928,459	2,137,858

(b)本报告期内本集团与中国石化集团其他公司进行的其他交易如下:

	截至六月三十日止六个月	
	一九九七年	一九九六年
	人民币千元	人民币千元
销售	108,228	98,662
采购	209,652	249,820
已付服务费	30,000	30,000
维修费	28,550	17,100
已收和应收利息	1,582	2,398
研究及开发费用	970	24,890

本公司董事会认为上述交易为一般的普通业务往来及基于普通的商业交易条件或根据有关交易的协议进行。以上均得到本公司非执行董事确认。

综合损益表

(按照国际会计准则编制)(简化兼未经审计)

	截至六月三十日止六个月		
	一九九七年	一九九七年	一九九六年
	港币千元	人民币千元	人民币千元
营业额	5,351,003	5,720,757	5,907,448
税前利润	345,093	368,939	931,769
税项(注释2)	46,289	49,487	136,620
税后利润	298,804	319,452	795,149
少数股东权益	1,425	1,524	1,598
股东应占溢利	297,379	317,928	793,551
中期股利	–	–	262,000
本期留存利润	297,379	317,928	531,551
承前保留溢利	47,924	51,236	130,020
期末留存利润	345,303	369,164	661,571
每股盈利*	港币0.04元	人民币0.044元	人民币0.121元

*每股盈利乃按期内股东应占溢利人民币317,928,000元(一九九六年同期:人民币793,551,000元),及本公司于期内已发行之加权总股本数7,189,226,519股(一九九六年同期:6,550,000,000股)。

帐项附注

1.以上财务报表乃按国际会计准则编制且未经会计师事务所审计,除披露格式外,按国际会计准则及中华人民共和国会计准则编制的综合损益表并无重大差异。所采用之会计政策于一九九六年度财务报告一致。

2.本公司一九九七年继续执行15%的所得税率。

3.于一九九七年,本公司的住房制度改革并没有变化。本集团期初拥有员工住房使用权原值人民币42,082,000元在报告期内未有变化。

4.董事会决议不派发本年度中期股利。

5.港币等值

人民币及港币之换算乃按中国人民银行于一九九七年六月二十九日办公时间结束时之平均买入价和卖出价港币1.00元兑人民币1.0691元的兑换价。这个兑换价是为读者阅读方便而设,并非代表本报告中的人民币项目可以用这个汇率兑换为港币。

6.按照国际会计准则和中华人民共和国会计准则的会计报表之差异

股东权益按照国际会计准则和中华人民共和国会计准则的差异是发生于一九九六年员工住房使用权清理及评估差额。在截至一九九七年六月三十日止六个月期间,本集团并无其他重大差异产生。

	于六月三十日		
	一九九七年	一九九七年	一九九六年
	港币千元	人民币千元	人民币千元
按国际会计准则编制的会计报表之股东权益	11,630,315	12,433,970	11,042,207
调整:			
员工住房使用权清理	150,359	160,749	–
递延税项的影响	(22,553)	(24,112)	–
评估差额	41,986	44,887	–
按中华人民共和国会计准则编制的会计报表之股东权益	11,800,107	12,615,494	11,042,207

给北美股东之补充资料

就国际会计准则于美国公认会计准则之重大差别对股东应占溢利及股东权益影响总结如下,下列按美国公认会计准则之调整乃由本公司管理人员编制,并未经独立审计。

	截至六月三十日止六个月		
	一九九七年	一九九七年	一九九六年
	美金千元	人民币千元	人民币千元
按国际会计准则编制的财务报告之股东应占溢利	38,348	317,928	793,551
大约按美国公认会计准则之调整:			
汇兑损益	2,235	18,527	18,527
固定资产资本化	1,309	10,852	10,852
重估固定资产而产生额外折旧	8,051	66,746	66,746

以上调整对税项之影响	(1,739)	(14,418)	(14,418)
大约按美国公认会计准则编制的财务报告之股东应占溢利	48,204	399,635	875,258
大约按美国公认会计准则编制的财务报告之每股盈利	美金0.007元	人民币0.056元	人民币0.134元
大约按美国公认会计准则编制的财务报告之美国预托证券每股盈利	美金0.67元	人民币5.56元	人民币13.36元

	于六月三十日		
	一九九七年	一九九七年	一九九六年
	美金千元	人民币千元	人民币千元
按国际会计准则编制的财务报告之股东权益	1,499,749	12,433,970	11,042,207
大约按美国公认会计准则之调整:			
汇兑损益	(29,349)	(243,324)	(280,378)
固定资产资本化	(19,634)	(162,776)	(184,479)
重估固定资产	(144,447)	(1,197,570)	(1,331,061)
以上调整对税项之影响	29,015	240,551	269,388
于资产负债表日期后宣布之股利	-	-	262,000
大约按美国公认会计准则编制的财务报告之股东权益	1,335,334	11,070,851	9,777,677

附注:美元等值

人民币及美元之换算乃按中国人民银行于一九九七年六月二十九日办公时间结束时之平均买入价及卖出价美金1.00元兑换人民币8,2907元。这个兑换价是为读者阅读方便而设,并非代表本报告中的人民币项目可以用这个汇率兑换为美元。

董事会报告书

致列位股东:

本人十分荣幸地向各位报告上海石油化工股份有限公司(「本公司」)及其附属公司(合称「本集团」)截至一九九七年六月三十日止六个月的经营业绩。截至一九九七年六月三十日止,营业收入为人民币57.21亿元(折合港币53.51亿元),较上年同期下降了3.16%;税前利润为人民币3.69亿元(折合港币3.45亿元),较上年同期下降了60.40%;除税及少数股东权益后利润为人民币3.18亿元(折合港币2.97亿元),较上年同期下降了59.94%。

一、业绩回顾

一九九七年上半年,受全球石化行业周期影响,中国石化市场持续调整,大部分石化产品价格在低位徘徊,本公司之原油成本继续上升。因此,对本公司之经营带来负面影响。

石化市场持续调整

一九九七年上半年,中国石化市场受全球石化行业周期影响,以及大量石化产品进入中国,仍处于底部区间。以合成纤维为代表的大部分石化产品价格持续在低位徘徊,但由于原油成本的推动以及中国政府年初调高了汽油和柴油等石油产品的售价,石油产品价格比去年同期有较大幅度的上升。综合以上因素的影响,本公司合成纤维、树脂与塑料、中间石化产品的综合平均价格分别比上年同期下降12.29%、6.65%、3.86%,而石油产品的综合平均价格则比上年同期增长了28.51%。

原油成本继续上升

一九九七年上半年,受国内调整原油价格和年初国际市场原油价格较高的影响,本公司今年上半年原油成本继续上升。从一九九六年十二月二十六日起,中国政府调高了国家分配的陆上原油价格,大庆原油和胜利原油的综合价格每吨同时提高了人民币79元,分别达到每吨人民币1,081元和人民币972元(含增值税、不含运输费)。同时,中国石化总公司调整了原油加权平均成本制度,上半年购买每吨陆上原油上交的补差从每吨人民币60元提高至每吨人民币137元,而购买进口或海洋原油获得的补贴则从每吨人民币80元提高至每吨人民币127元。

为抵销原油成本上升的负面影响,本公司抓住第二季度起国际原油价格大幅下跌的机会,调整所使用的原油组合,增加使用进口原油和海洋原油。今年上半年,本公司共使用进口原油和海洋原油共计42,79万吨,比上年同期大幅增加。因此,今年上半年,本公司原油成本开支为人民币27.51亿元(比上年同期增长12.19%),占总销售成本的54.12%,原油综合成本价格约为每吨人民币1,141元(不含增值税、含运作差价及运输费),比上年同期增加17.27%。

面对原油成本上升和石化产品价格低迷的不利局面,本公司依靠全体员工的共同努力,实施有效的经营策略,调整产品结构,强化成本控制,部分地抵消了成本上升和价格下降对盈利的影响。

生产持续稳定

一九九七年上半年,本公司各主要生产装置保持安全稳定运行。尽管本公司安排了第一阶段的大检修,对一、二期工程的生产装置进行检修,使生产装置的开工时间比上年同期有所减少,但本公司通过科学合理的安排生产计划,充分挖掘潜力,提高生产装置的负荷,使本公司今年上半年产品的产量与上年同期基本持平。截至一九九七年六月三十日止,本公司共加工原油240.98万吨,比上年同期微降4.36%,乙烯产量22.29万吨,比上年同期微降3.85%,主要产品的产量均达到本公司计划之要求。同时,本公司产品质量继续保持优质稳定。

产品结构调整已见成效

一九九七年,中国政府调高了汽油、柴油等石油产品的销售价格,本公司抓住这一契机,调整所使用的原油组合,多加工可生产较多汽油、柴油等石油产品的进口原油,继续进行产品结构的调整,使高边际利润之石油产品的销售量大幅增加。今年上半年,汽油、柴油和航空煤油的销售量比上年同期分别增加了2.3%、35.0%和39.1%。同时,本公司还控制市场价格较低之合成纤维的产量,合成纤维之销售量比上年同期下降了2.7%。这些措施部分抵消了成本上升和价格下降对本公司盈利的负面影响。截至一九九七年六月三十日,本公司合成纤维、树脂与塑料、中间石化产品和石油产品的销售收入占总销售收入的比重分别为20.70%、28.93%、15.36%和32.96%,与上年同期相比,分别变动了-3.46%、-2.52%、-0.96%和+6.43%,产品结构调整已见成效。

强化成本管理

面对成本上升和市场的双重压力,本公司全面加强内部管理,严格预算制度,控制成本开支,在原材料消耗、维修费用、管理费用等方面实施有效的管理措施,部分抑制了成本的上升。同时,本公司还加强营销努力,以市场为导向,组织生产销售市场需求强劲的产品。同时,还加强对客户的售后服务和技术支持,巩固本公司产品的市场份额。

资本扩展计划进展顺利

一九九七年上半年,本公司各项资本扩展计划进展顺利。本公司资本扩展之重点项目30万吨乙烯改造工程及其下游配套项目中美合资上海金菲石油化工有限公司10万吨聚乙烯、7万吨聚丙烯改造等正按计划进行中,可望于一九九八年初完成改造并投入生产。1万吨乙烯低温罐已于一九九七年七月初建成投入使用。3万吨涤纶短丝多品种生产线也于一九九七年六月建成,即将投入生产。

本公司的对外合资项目进展良好。于一九九六年十月与英国石油公司签定意向书后,本公司与英国石油公司就合资65万吨乙烯及相关项目进行的预可行性研究已基本完成。本公司与日本伊藤忠合资的上海金浦塑料包装材料有限公司1.4万吨双向拉伸聚丙烯薄膜已于一九九七年六月投入生产;与美国联合碳化有限公司合资的上海石化联碳合成胶乳有限公司也于一九九七年六月投入生产。

此外,本公司在一九九六年成功收购上海金阳腈纶厂后,又与浙江省投资公司和宁波市投资公司签订了一份收购浙江腈纶厂的意向书,以进一步扩大本公司腈纶产品的市场份额。

二、下半年展望

宏观经济与石化市场展望

一九九七年,中国宏观经济运行良好,国内生产总值增长预计达到10.5%,而通帐率可控制于8.2%以下。本公司相信,中国经济下半年的增长将更为强劲,将有助于中国企业的经营。

中国石化市场经历了长达一年多的调整、回落、大部分产品已处于价格底部区间。本公司预计,随着中国经济的进一步改善,对石化产品的需求将逐渐转为强劲,大部分石化产品价格可望逐步得到回升。同时,中国政府对非法进入中国的石化产品采取更为严厉的控制措施,也将有助于改善国内石化市场的状况。

下半年,本公司所使用的国家分配原油的价格将保持稳定,考虑到进口原油与国内陆上原油的价格基本相同,为提高汽油及柴油之产量,本公司下半年将继续调整所使用的原油组合,更多加工进口原油。为控制进口原油之成本,本公司已购买了部分下半年所需之进口原油的远期合约,因此,预计下半年之原油总成本将较上半年为低,有助于提高下半年经营效益。

企业发展展望

本公司将以三种途径扩大企业规模:资本扩展计划、合资项目、兼并与收购。

在本公司的资本扩展计划方面,本公司正抓紧进行30万吨乙烯的改造工程及其下游配套项目,并预期于一九九八年初投入生产;本公司还计划进行乙二醇等装置的技术改造;建设100万吨延迟焦化装置以提高汽油与柴油的产能。同时,本公司正计划对两套常减压装置进行改造,使其原油加工能力达到1,000万吨;在30万吨乙烯装置于一九九八年初改造达到产能40万吨的基础上,将继续进行新的改造,使其产能达到65万吨,此项计划预计于2000年完成。因此,至2000年,本公司之原油加工能力将达1,000万吨,乙烯产能将达80万吨。

在合资项目方面,本公司与英国石油公司之65万吨乙烯合资项目预可行性研究已基本完成。

下半年经营管理工作

本公司将重点开展以下方面的工作:

(一)生产方面:以市场为导向,继续调整产品结构,保持生产装置的安全高负荷运行,使乙烯产量达到45万吨。同时,做好第二阶段的大检修。

(二)营销方面:加强营销力量,建立新的销售人员激励与约束制度,为客户提供更好的售后服务和技术支援,采用灵活的营销策略,巩固扩大本公司产品的市场份额。

(三)管理方面:将加强科学管理,严格执行预算管理制度,控制各项成本和费用开支。

(四)研究开发方面:根据市场需求,开发新技术、新产品,提高本公司产品的技术含量与竞争力。

三、股本结构变动和红利分配

1. 股本变动情况

截至于一九九七年六月三十日止六个月内,本公司的股本变动情况如下:

	于一九九七年六月三十日 股数(千股)	比例(%)	于一九九七年一月一日 股数(千股)	比例(%)	变动增加 股数(千股)
(一)尚未流通股份					
国家持股					
(A股)	4,000,000	55.56	4,000,000	56.74	–
社会法人持股					
(A股)	150,000	2.08	150,000	2.13	–
小计	4,150,000	57.64	4,150,000	58.87	–
(二)流通股份					
境内上市的人民币普通股					
(A股)	720,000	10.00	720,000	10.21	–
境外上市的外资股					
(H股)	2,330,000	32.36	2,180,000	30.92	150,000
小计	3,050,000	42.36	2,900,000	41.13	150,000
(三)股份合计	7,200,000	100.00	7,050,000	100.00	

2. 主要股东持股情况

于一九九七年六月三十日,持有本公司股本的前十名股东如下:

股东名称	股数(股)	占总股本(%)
中国石油化工总公司	4,000,000,000	55.56
HKSCC Nominees Limited	1,773,961,402	24.64
Hongkong & Shanghai Banking Corporation (Nominees) Limited	464,158,000	6.45
平安实业	20,940,000	0.29
上海康利工贸总公司金康工贸分公司	16,730,000	0.23
平安证券	13,357,003	0.19
浙江省经济建设投资公司	12,000,000	0.17
杨国强	8,423,044	0.12
上海市纺织原料公司	5,500,000	0.08
平安信托	3,144,900	0.04

3. 公司董事、监事、高级管理人员及其所占股份或债券之权益

各董事、监事及高级管理人员于一九九七年六月三十日在本公司已发行股本中拥有之实际股数如下:

姓名	职务	持有A股数量
王基铭	董事长	3,600
王名实	副董事长兼副总经理	3,600
吴亦新	副董事长兼总经理	3,600
瞿国华	董事兼副总经理	3,600
陆益平	董事兼副总经理	3,600
戎光道	董事兼副总经理	3,600
冯建平	董事兼副总经理	3,600
张志良	董事兼副总经理	3,600
蒋宝兴	董事	3,600
王观泽	董事	3,600
王永寿	董事	3,600
徐潮经	董事	
顾傅训	独立董事	–
王行愚	独立董事	–
汤云为	独立董事	–
何　斐	独立董事	–
许开程	监事会主席	3,600
金维城	监事	1,000
谢仁杰	监事	3,600

以上为各董事、监事之个人权益。除上述外,各董事、监事、高级管理人员于一九九七年六月三十日概无在本公司已发行股本中拥有任何实际权益。

4. 购买、出售和赎回股份

报告期内,本公司及其附属公司概无购买、出售或赎回本公司股份。

5. 最佳应用守则

截至一九九七年六月三十日止六个月内,本公司遵守了香港联合交易所有限公司制定的上市规则附录十四《最佳应用守则》的规定要求。

6. 红利分配

一九九六年末期股利

经公司董事会提议并经本公司一九九六年年度股东大会表决通过,本公司已于一九九七年七月向公司全体股东派发了一九九六年末期股利每股人民币0.08元(含税)。

四、重大事项

1. 根据一九九五年年度股东大会和A股及H股类别股东大会通过的新股发行授权决议,本公司于一九九七年一月六日与百富勤融资有限公司签约配售发行了1.5亿股每股面值人民币1.00元之H股,发行价格每股港币2.28元。此次发售所筹资金净额约为港币3.35亿元,并已投入正在进行中的30万吨乙烯扩建项目开支。

该等股份已于一九九七年一月十四日在香港联合交易所有限公司挂牌上市。

2. 修改章程

一九九七年四月十四日,本公司董事会第二届第七次会议作出决议,根据一九九五年股东周年大会通过的特别决议第7(a)和类别股东大会通过的特别决议第1(a)条,对本公司章程的第二十条、第二十一条和第二十四条进行以下的修订:

「删除本公司章程的原第二十条、第二十一和第二十四条,该等条款用以下条款代替:

第二十条　经国务院授权的公司审批部门批准,公司可以发行的普通股总数为7,200,000,000股,成立时,向发起人发行4,000,000,000股,占公司可发行的普通股总数的55.65%。

第二十一条　公司成立后发行普通股,为2,330,000,000股境外上市外资股,占公司可发行的普通股总数的32,36%,及向社会公众(包括公司员工)发行的870,000,000股内资股,占公司可发行的普通股总数的12.08%。

公司经前款所述增资发行股份后的股本结构为:普通股7,200,000,000,其中发起人持有4,000,000,000股,境内上市内资股股东(包括公司员工)持有870,000,000股,境外上市外资股股东持有2,330,000,000股。

第二十四条　公司的注册资本为人民币7,200,000,000元。」

3. 本公司于一九九七年六月十八日在中华人民共和国上海市金山卫金山宾馆召开了一九九六年年度股东大会,出席股东大会的股东或经授权股东代理人代表股份约共58.27亿股,占本公司股份总额约80.93%,符合本公司章程和《中华人民共和国公司法》有关规定的法定股数。大会审议了董事会提呈的议案,并以普通决议批准下列事项:

一、批准本公司截至一九九六年十二月三十一日止年度董事会工作报告;

二、批准本公司截至一九九六年十二月三十一日止年度监事会工作报告;

三、批准本公司截至一九九六年十二月三十一日止年度经审核财务报告;

四、批准本公司截至一九九六年十二月三十一日止年度利润分配方案;

五、批准本公司分别续聘毕马威华振会计师事务所和毕马域会计师行为本公司截至一九九七年十二月三十一日止年度境内和国际核数师,并授权董事会决定其酬金;

以特别决议批准下列事项:

六、(a)授权本公司董事会对本公司章程的第二十条、第二十一条和第二十四条进行其认为适当的修改,以便增加本公司的股本并反映出下述(b)款打算进行的本公司股份配发和发行完成以后本公司新的股本结构。

(b)在上述(a)款特别决议案获得通过的前提下及,以(d)款为前提,一般及无条件地批准本公司董事在有关期间内行使本公司一切权力单独或同时配发和发行内资股或境外上市外资股股份或可转换为该等股份的证券或期权或认股权证或类似权利,以供认购本公司任何内资股或境外上市外资股股份,以及发出或订立或授予将会或可能需要配发和发行内资股或境外上市外资股股份之要约或协议或选择权;

(c)(b)款给予之批准应授权本公司董事在有关期间内发出或订立或授予将会或可能需要在有关期间内或有关期间结束后配发和发行内资股或境外上市外资股股份之要约或协议或选择权;

(d)根据(b)款和(c)款给予之批准,或另行根据(Ⅰ)供股;(Ⅱ)按可转换为本公司内资股或境外上市外资股股份之任何证券的条款行使转换权;(Ⅲ)按本公司发行的任何认股权证的条款行使认购权;或(Ⅳ)按公司之章程规定以任何股息票或类似安排配发内资股或境外上市外资股股份代替全部或部分公司股息,由本公司董事配发或同意配发的内资股或境外上市外资股股份的数量各自不得超过本公司该类现有已发行股本的百分之二十;和

(e)就本第六号决议案而言:

「有关期间」指由本第六号决议案通过之日至下列三者之最早日期止期间;

(Ⅰ)本第六号决议案通过后,本公司下次股东周年大会散会;或

(Ⅱ)本第六号决议案通过后的12个月届满之日;或

(Ⅲ)本公司股东于股东大会上通过特别决议案,撤销或更改本第六号决议案发出之授权。

「供股」乃指本公司发售股份,供在某一固定记录日期在本公司股东名册上登记之股东或有权获得发售之本公司其它股票持有人在本公司董事确定的某一期限内认购(惟须受本公司董事就碎股权利或考虑任何有关司法管理区的法律或任何已获承认之监管机构或任何股票交易所的要求规定的任何限制或义务后认为必要或权宜的豁免或其它安排所规限)。

七(a)董事辜昌基、周耘农、王锡荣、沈光照先生已担任政府部门的工作,根据《公司法》规定,同意辜昌基、周耘农、王锡荣、沈光照先生辞去本公司董事职务;同意董事尹永利因工作变动,不再担任本公司董事职务。

(b)增选张志良、徐溯经先生为本公司第二届董事会成员。

4. 本公司对照国务院证券委、中国人民银行、国家经贸委联合发布的《严禁国有企业和上市公司炒作股票的规定》进行了自查,没有从事任何股票的买卖炒作。

5. 报告期内,本公司未召开临时股东会。

6. 报告期内,本公司未有重大诉讼仲裁事项。

承董事会命

王基铭

董事长

上海,一九九七年八月二十五日

备查文件及查阅地址

备查文件:

载有董事长亲笔签名的中期报告原本与中期财务报表及经修订的公司章程。

查阅地址:

上海市金山卫本公司董事会秘书室。

电话:(8621)57943143

传真:(8621)57940050

网址:http://www.spc.com.cn

电子邮件信箱:spc@spc.com.cn

济南轻骑摩托车股份有限公司

济南轻骑摩托车股份有限公司1996年年度报告摘要

一、公司简况

1. 公司法定中文名称:济南轻骑摩托车股份有限公司

公司英文名称:JINAN QINGQI MOTORCYCLE CO. LTD

公司英文缩写:JNQQ

2. 公司注册地址:山东省济南市历下区和平路34号

邮政编码:250014

3. 公司法定代表人:张家岭先生

4. 公司咨询服务机构:济南轻骑摩托车股份有限公司证券部

公司负责信息披露事务人员:张珉先生

电话:0531-6938054

传真:0531-6938014

二、主要财务数据与财务指标

指标项目	今年数	上年数	比上年增长(%)
1. 主营业务收入(元)	3256024307.24	2767803796.80	17.64
2. 净利润(元)	264929008.64	120377895.09	120.08
3. 总资产(元)	1962923312.09	1039250163.59	88.88
4. 股东权益(元)	1318388984.06	680156354.94	93.84
5. 每股收益	0.54	0.48	12.50
6. 净资产收益率	20.09%	17.70%	13.50
7. 每股净资产	2.67	2.74	-2.55
8. 股东权益比率	67.16%	65.45%	2.61

三、公司业务回顾

1. 一年来生产经营情况

1996年是国家"九五"计划第一年,公司紧紧抓住国民经济实现"软着陆"和省政府负责人两次到公司现场办公的有利机遇,进一步深化改革,在全国摩托车行业大战愈演愈烈之际,采取有效措施大力落实"抓服务促销售,抓质量促技术,抓成本促效益,抓品种促技改,抓考核促管理,实现低费用低价格,高质量高效益"的工作方针,实施"三0工程"降低生产成本,实施配股加强技改增强生产潜能,在竞争中不断发展壮大,顺利完成了1996年临时股东大会提出的经营目标并取得历史最好成绩。实现主营业务收入32.56亿元;实现净利润2.65亿元。

(1)加快技改步伐,开发名优产品。1996年公司实施配股募集资金2.99亿元,加大了技改力度,一些工程项目相继建成投产,发动机厂迁建扩能等重点工程正式动工,公司储备了再次腾飞的强大后劲。1996年公司还大力开发新产品,大众50、飘逸木兰、大观木兰等新产品顺利投入批量生产并取得良好的经济效益。

(2)深化质量管理,完善质保体系。公司把ISO9001标准进一步推广到配套厂家,大力完善产品质检程序,质量再度提高。在全国第三届名牌消费品信誉调查活动中,轻骑牌系列摩托车荣登同行业榜首。

(3)实施"三0工程",资金效益明显。公司通过轰轰烈烈实施以降低成本为目的的"三0工程",将目标层层分解,层层落实,取得了显著的资金效益,为公司顺利完成1996年经营目标作出了巨大的贡献。

(4)、活跃销售局面,加大出口力度。公司正确把握市场脉博,积极制定调整政策,有力地促进了销售工作的开展。1996年公司出口继续保持旺盛态势,出口创汇达2000万美元,居同行业首位。

由于以上各项措施贯彻得力,公司1996年有效地降低了生产成本,生产能力也有了大幅度提高,综合实力显著增强,令人鼓舞的经营业绩使1996年成为公司发展史上最辉煌的一年。

2、主要经济指标对比分析

公司1996年共实现主营业务收入325602.43万元,净利润26492.9万元,分别比去年增长17.64%及120.08%,主要经济指标尤其是净利润增幅较大,其主要原因为1996年公司加大技改力度、开发名优新产品及大规模实施"三0工程"带来了明显的经济效益。

3、募集资金使用情况说明

1996年公司配股募集资金扣除配股费用后为29871万元,按配股说明书,计划投入15075万元用于引进卧式加工等设备,1996年实际投入12536万元;计划投入6908万元用于发动机厂迁建扩能工程,1996年实际投入6234万元,尚余11101万元,用于补充流动资金及今年继续投入以上项目。

四、股本变化及股本结构情况:

1. 股本变化及股本结构情况:

(1)、1996年公司股份变动情况表　　单位:万股

本次变动增减(+、-)

	期初数	送股	配股	公积金转股	小计	期末数
一、尚未流通股份						
1. 发起人股份						
国家拥有股份	15680	4704	0	6115.2	10819.2	26499.2
2. 境内法人持有股份	1484	445.2	0	578.76	1023.96	2507.96
3. 社会公众持有股份	0	0	5132.036	0	5132.036	5132.036
(转配股份)						
尚未流通股合计	17164	5149.2	5132.036	6693.96	16975.196	34139.196
二、已流通股份						
1. 境内上市的人民币						
普通股	7700	2310	2302.3	3003	7615.3	15315.3
已流通股份合计	7700	2310	2302.3	3003	7615.3	15315.3
三、股份总数	24864	7459.2	7434.336	9696.96	24590.496	49454.496

(2)、股本变动情况及原因:

根据95年度股东大会决议,公司于7月29日实施了每10股送3股的95年度利润分配方案;根据1996年临时股东大会决议,公司于9月16日同时实施了每10股配2.3股及用资本公积金每10股转增3股的方案,以上方案实施后,公司股本总额由原24864万股增加至49454.496万股。

(3)主要股东持股情况

股东名称	年末持股数(万股)	占股本总额比例(%)
1)济南市国有资产管理局	26499.2	53.58
2)青岛同泰橡胶厂	47.32	0.10
3)北京纸箱厂	35.49	0.07
4)广东中南铝合金厂	35.49	0.07
5)济阳机动车配件厂	35.49	0.07
6)龙口市第二塑料厂	23.66	0.05
7)济宁车辆厂	23.66	0.05
8)济阳联营纸箱厂	23.66	0.05

9)章丘轻骑配件厂	23.66	0.05
10)荣城摩托车配件厂	23.66	0.05

(4)股东数量

截止1996年12月31日,股东总数为112129户,其中国家股东1户,社会法人股东237户,社会公众股东111891户。

(5)公司董事、监事与经理人员持股情况

姓名	职务	年初持股数	年末持股数
张家岭	董事长、总经理	20118	40099
杨仁发	董事、副总经理	1628	3244
韩立彬	董事、副总经理	17332	34507
李树意	董事、副总经理	7728	15412
陶志新	董事、副总经理	1400	2844
彭　毅	董事	700	1183
张春生	董事	6706	13379
孟祥礼	监事会主席	11172	22224
吕荣德	监事	4900	9769
丘　达	监事	700	1200
李咏梅	监事	2100	3600
陈　建	监事	490	800

注:以上人员持股数发生变化是因为公司1996年实施了送股及用资本公积金转增股本方案。

五.重要事项

1,报告期内股东大会情况

公司1995年股东大会于1996年5月28日在公司本部召开,出席会议股东41名,代表股份16626.9059万股,占公司总股本24864万股的67%。经审议,大会通过了董事会工作报告、监事会工作报告、公司财务预决算及利润分配案、1996年配股方案、发行境内上市外资股(B股)方案、修改公司章程的报告,董事会关于李明和蔡晓云不再担任公司董事职务的决定。本次股东大会决议公告刊登于1996年5月29日《上海证券报》。

公司1996年临时股东大会于1996年8月31日在公司本部召开。出席会议股东37名,代表股份22345.4513万股,占公司总股本32323.2万股的69%。经审议,大会通过了董事会上半年工作总结和下半年工作计划的报告。公司上半年财务决算及下半年财务预算的报告、1996年中期用资本公积金转增股本方案,本次临时股东大会决议公告刊登于1996年9月4日《上海证券报》。

2、报告期内董事会情况

公司董事会于1996年4月19日召开第一届第四次会议,制定了公司1996年工作方针,决定1996年实施配股并发行境内上市外资股(B股),讨论并通过了95年度利润分配预案。本次董事会决议公告刊登于1996年4月24日《上海证券报》。

董事会于1996年7月27日召开第一届第五次会议,根据公司实际经营情况,决定将公司1996年税后利润由2亿元调整为2.4亿元,并讨论通过了1996年中期用资本公积金转增股本预案。本次董事会决议公告刊登于1996年7月31日《上海证券报》。

3、报告期内公司配股情况

根据公司95年度股东大会议,公司实施了按32323.2万股的股本和10:2.3的比例,社会公众股东还可按10:5.126的比例受让国家及法人股东转让配股权的配股方案,股权登记日为9月16日,除权基准日为9月17日。配股说明书刊登于1996年9月3日《上海证券报》。

4、公司董事变动情况

经公司董事会提议,95年度股东大会通过,原董事李明、蔡晓云不再担任公司董事职务。

5、公司会计师事务所变动情况

经公司董事会临时会议决定,公司1996年中期财务审计由安徽会计师事务所办理,1996年度财务审计仍为山东会计师事务所。

6、公司注册资本、公司章程变动情况

由于1996年送配股及用资本公积金转增股本,公司现在注册资本已由原24864万元变更注册为49454.496万元。鉴于原公司章程已不符合公司实际情况,95度股东大会通过了公司董事会关于修改公司章程的方案,明确规定公司注册地址为"济南市历下区和科路34号",并严格按照《公司法》对公司章程作了必要的规范和补充。

7.本报告期内公司无重大诉讼及仲裁事项。

8.公司95年度利润分配方案

根据公司1995年度股东大会议,公司95年度利润分配方案为:将可供股东分配的7895.18万元向全体股东按每10股送红股3股的方式分配,未分配利润435.98万元转下一年度分配,股权登记日为1996年7月29月,除权日为1996年7月30日。

六、子公司及关联企业

本公司目前尚无对外投资及合资、合作项目,无子公司及关联企业。

七、财务报告

(一)审计意见:公司财务报告经山东会计师事务所许中祜、乔安敏注册会计师审计,并出具无保留意见的审计报告〔(97)鲁会审字第0104号〕

(二)财务报表:(见附表)

(三)财务报表附注

1.主要会计政策:

1)无形资产及摊销:无形资产主要为土地使用权,按50年平均筹额摊销。

2)坏帐准备:因公司产品由中国轻骑摩托车集团总公司包销,直接风险小,故公司未提坏帐准备。

3)税项:

a:增值税:税率为17%。

b:城市维护建设税:按实交消费税与增值税之和的7%计交。

c:教育费附加:按实交消费税与增值税之和的3%计交。

d:消费税:按摩托车销售收入的10%计交。

e:所得税:根据1993年省人民政府鲁政函150号文规定所得税税率为15%。

4)利润分配:

公司税后净利润根据《公司法》及公司章程按下列顺序分配:

a:弥补亏损

b:提取法定盈余公积金(10%)

c:提取法定公益金(10%)

d:提取任意盈余公积金

e:向股东分配股利

上述利润分配需由董事会提出预案并反映在当年年度财务报告中,待报股东大会审定后执行。

2、主要报表项目数据说明

1)应收帐款:1996年12月31日余额为512,128,101.78元。

本帐户余额中无持有本公司5%以上股份的主要股东的应收帐款。其帐龄均为一年以内。

2)其他应收款:1996年12月31日余额为87,397,896.17元。

帐龄分析:	
1年以内	45,117,251.48
1年-2年	26,425,402.93
2年-3年	15,855,241.76

本帐户余额中无持有本公司5%以上股份的主要股东的应收款。

3)资本公积:

期初数375,579,142.00元,根据公司1996年临时股东大会决议,从资本公积金提取96,969,600元,转增股本,同时公司配股溢价净收入224,368,260.48元计人资本公积,公司资本公积期末余额为502,977,

802.48 元。

4)盈余公积:

期初数为 51,577,451.24 元,根据 1996 年利润分配预案按本年净利润 264,929,008.64 元提取 10% 的法定盈余公积金 26,492,900.86 元,提取 10% 的公益金 264,492,900.86 元,提取任意盈余公积金 42,388,641.38 元,共增加盈余公积金 95,374,443.10 元,期末余额为 146,951,894.34 元。

5)未分配利润:

期初数为 4,359,761.70 元,本年实现净利润 264,929,008.64 元,根据董事会 1996 年利润分配预案提取盈余公积金 95,374,443.10 元,期末余额为 173,914,327.24 元。

3、财务报表中变动幅度超过 30% 的数据分析

在建工程比年初增加 260,106,089.93 元,增加的工程目主要有:

a	压铸机	117,816,860.03
b	钢件涂装线	13,733,794.36
c	第五条流水线	1,620,000.00
d	发动机厂迁建工程	62,339,081.25
e	总装车间一次接跨工程	1,693,614.00
f	电网增容	2,140,000.00
g	生产综合楼	6,842,618.33

因无长期借款,本公司在建工程支出无利息支出。

4、有关事项说明:

因本公司无子公司,故无合并会计报表。

八、其他事项

公司董事会于 97 年 2 月 25 日召开会议决定,公司 1996 年度利润分配预案为:1996 年度实现净利润 26492.9 万元,提取法定盈余公积金和公益金各 10%,提取两金后额再提取任意公积金 20%,余额为 16955.46 万元,加上 1995 年未分配利润 435.97 万元,实际可供股东分配的利润为 17391.44 万元,向全体股东每 10 股送红股 3.5 股,计 17309.07 万元,尚余 82.37 万元,转入下一年度分配。会议还通过了用资本公积金转增股本的预案:从资本公积金 50297.78 万元中提取 7418.1744 万元向全体股东按 10:1.5 的比例转增股本,这样,向全体股东每 10 股送红股及转增股本共计 5 股。以上方案尚须股东大会表决通过。

济南轻骑摩托车股份有限公司

一九九七年二月二十五日

资 产 负 债 表

编制单位: 济南轻骑股份有限公司 1996 年 12 月 31 日 单位:人民币元

资 产	行次	年初数	期末数	负债及股东权益	行次	年初数	期末数
流动资产				流动负债:			
货币资金	1	7283180.96	118298104.88	短期借款	41		20000000.00
短期投资	2			应付票据	42	990000.00	3218000.00
应收票据	3	16299081.36	43614420.00	应付帐款	43	202430055.89	533084469.38
应收帐款	4	175264563.65	512128101.78	预收货款	44	203494.94	185669.23
减:坏帐准备	5			应付福利费	45	3368606.44	7884324.81
应收帐款净额	6	175264563.65	512128101.78	未付股利	46	74593440.00	1440.00
预付货款	7	26141853.97	33784481.64	未交税金	47		
其他应收款	8	176238372.70	87397896.17	其他未交款	48		
待摊费用	9	36890325.19	12278499.37	其他应付款	49	77508211.38	57981548.50
存货	10	317952859.36	535186260.52	预提费用	50	22178876.11	
减:存货变现损失准备	10-1			一年内到期的长期负债	51		
存货净额	10-2	317962859.36	535186260.52	其他流动负债	52		
待处理流动资产净损失	11		1331519.22				
一年内到期的长期债券投资	12			流动负债合计	55	359093808.65	644534328.03
其他流动资产	13			长期负债:			
流动资产合计	15	756070237.19	1344019283.58	长期借款	56		
长期投资:				应付债券	57		
长期投资	16			长期应付款	58		
合并价差(合并报表填列)	16-1			其他长期负债	60		
固定资产							
固定资产原价	17	302092452.42	409467189.26	长期负债合计	65		
减:累计折旧	18	54230501.84	85533939.96	递延税项			
固定资产净值	19	247861950.58	323933249.30	递延税款贷项	66		
在建工程	20	12272647.82	272378737.75	负债合计	67	359093808.65	644534328.03
固定资产清理	21		11824.38				
待处理固定资产净损失	22			少数股东权益	67-1		
固定资产合计	23	260134598.40	596323811.43				
无形资产及递延资产:				股东权益:			
无形资产	24	23045328.00	22580217.08	股本	68	248640000.00	494544960.00
递延资产	25			资本公积	69	375579142.00	502977802.48
无形及递延资产合计	30	23045328.00	22580217.08	盈余公积	70	51577451.24	146951894.34
其他长期资产:				其中:公益金	71	12037789.51	38530690.37
其他长期资产	31			未分配利润	72	4359761.70	173914327.24
递延税项:				外币报表折算差额	72-1		
递延税款借项	32			股东权益合计	79	680156354.94	1318388984.06
资产总计:	40	1039250163.59	1962923312.09	负债及股东权益总计	80	1039250163.59	1962923312.09

利　润　及　利　润　分　配　表

编制单位:济南骑股份有限公司　　1996 年度　　单位:人民币元

项　　目	行　次	上年实际数	本年实际数
一、主营业务收入	1	2767803796.80	3256024307.24
减:营业成本	2	2317942099.22	2714754673.56
销售费用	3		
管理费用	4	54146195.34	59916319.45
财务费用	5	－304368.37	－8195594.40
进货费用	6		
营业税金及附加	7	257894885.80	186139959.68
二、主营业务利润(亏损以"－"号表示)	8	138124984.81	303408948.95
加:其他业务利润(亏损以"－"号表示)	9	3239646.63	9351974.50
三、营业利润(亏损以"－"号表示)	10	141364631.44	312760923.45
加:投资收益(损失以"－"号表示)	11		
补贴收入	11－1		
营业外收入	12	346711.64	35281.87
减:营业外支出	13	90290.04	1115018.68
加:以前年度损益调整(调减以"－"号表示)	14		
四、利润总额(亏损以"－"号表示)	15	141621053.04	311681186.64
减:所得税	16	21243157.95	46752178.00
减:少数股东损益(合并报表填列)(亏损以"－"号表示)	16－1		
五、净利润(亏损以"－"号表示)	17	120377895.09	26492008.64
加:年初未分配利润(未弥补亏损以"－"号表示)	18	19099908.84	4359761.70
盈余公积转入数	19		
六、可分配的利润(亏损以"－"号表示)	20	122287803.93	269288770.3
减:提取法定公积金	21	12037789.51	26492900.86
提取法定公益金	22	12037789.51	26492900.86
职工奖金福利(合并报表填列,子公司为外商投资企业项目)	22－1		
七、可供股东分配的利润(亏损以"－"号表示)	23	98212224.91	216302968.62
减:已分配优先股股利	24		
提取任意分积金	25	19260463.21	42388641.38
已分配普通股股利	26	74592000.00	
八、未分配利润(未弥补亏损以"－"号表示)	27	4359761.70	173914327.24

财　务　状　况　变　动　表

编制单位:济南轻骑股份有限公司　　1996 年度　　单位:人民币元

流动资金来源和动用	行次	金额	流动资金各项目的变动	行次	金额
一、流动资金来源:			一、流动资产本年增加数:		
1.本年净利润(合并报表为合并净利润)	1	264929008.64	1.货币资金	31	111014923.92
加:少数股东本期损益(合并报表填列)	2		2.短期投资	32	
加:不减少流动资金的费用和损失:			3.应收票据	33	27315338.64
(1)固定资产折旧	3	19593585.90	4.应收帐款净额	34	336863538.13
(2)无形资产、递延资产及其他资产摊销(减其他负债转销)	4	480110.92	5.预付货款	35	7642627.67
			6.其他应收款	36	－88840476.53
(3)固定资产盘亏(减盘盈)	5	－15443.47	7.待摊费用	37	－24611825.82
(4)清理固定资产损失(减收益)	6	1106638.08	8.存货净额	38	217233401.16
(5)递延税款	7		9.待处理流动资产净损失	39	1331519.22
(6)其他不减少流动资金的费用和损失	8		10.一年内到期的长期债券投资	40	
小计	10	286093900.07	12.其他流动资产	41	
2.其他来源:				42	
(1)固定资产清理收入(减清理费用)	11		流动资产增加净额	45	587949046.39
(2)增加长期负债	12		二.流动负债本年增加数:		
(3)收回长期投资	13		1.短期借款	46	20000000.00
(4)对外投资转出固定资产	14		2.应付票据	47	2228000.00
(5)对外投资转出无形资产	15		3.应付帐款	48	330654413.49
(6)资本净增加额	16	468678063.58	4.预收货款	49	－17825.71
(7)少数股东资本净增加额(合并报表填列)	16－1		5.应付福利费	50	4515718.37
小计	17	468678063.58	6.未付股利	51	－74592000.00
流动资金来源合计	18	754771963.65	7.未交税金	52	
二,流动资金运用:			8.其他未交款	53	
1.利润分配:			9.其他应付款	54	－19526662.88
(1)提取法定公积金	19	26492900.86	10.预提费用	55	22178876.11
(2)提取法定公益金	20	26492900.86	11.一年内到期的长期负债	56	
(3)提取任意公积金(减盈余公基转入)	21	42388641.38	12.其他流动负债	57	
(4)已分配股利	22				
(5)职工奖福基金(合并报表中外商投资子公司项目)	22－1				
小计	23	95374443.10			
2.少数股东利润分配(合并报表填列)	23－1				
3.其他运用:					
(1)固定资产和在建式程净增加额	24	356873993.54			
(2)增加无形资产,递延资产及其他资产	25	15000.00			
(3)偿还长期负债	26				
(4)增加长期投资	27				
小计	28	356888993.54			
流动资金运用合计	29	452263436.64			
外币会计报表折算差额(合并报表填列)	29－1		流动负债增加净额	58	285440519.38
流动资金增加净额	30	302508527.01	流动资金增加净额	59	302508527.01

济南轻骑摩托车股份有限公司一九九七年度中期报告

一、财务报告(未经审计)

(一)财务报告(未经审计)

1.简化的资产负债表

1997年6月30日　　金额单位:人民币元

项　目	期初数	期末数
流动资产	1,344,019,283.58	1,784,543,862.36
长期投资		
固定资产净值	323,933,249.30	308,360,773.67
固定资产清理	11,824.38	5,144.38
在建工程	272,378,737.75	505,833,759.00
无形资产及递延资产	22,580,217.08	22,148,474.34
其他长期资产		
资产总计	1,962,923,312.09	2,620,892,013.75
流动负债	644,534,328.03	227,144,235.08
长期负债		
负债合计	644,534,328.03	227,144,235.08
少数股东权益		
股本	494,544,960.00	971,817,440.00
资本公积	502,977,802.48	1,075,525,596.48
盈余公积	146,951,894.34	146,951,894.34
其中:公益金	38,530,690.37	38,530,690.37
未分配利润	173,914,327.24	199,452,847.85
股东权益合计	1,318,388,984.06	2,393,747,778.67
负债及股东权益合计	1,962,923,312.09	2,620,892,013.75

2.简化的损益表

1997年6月30日　　金额单位:人民币元

项　目	上年同期数	1997年1-6月累计数
主营业务收入	1,470,582,773.71	1,344,237,284.10
主营业务利润	95,027,462.59	233,302,243.12
其他业务利润	2,920,658.67	654,502.34
投资收益		
营业外收支净额	-3,610,652.20	-275,267.09
利润总额	94,337,469.06	233,681,478.37
所得税	14,150,620.36	35,052,221.76
净利润	80,186,848.70	198,629,256.61

3.其它财务指标

	1997年1-6月	1996年1-6月
(1)每股收益	0.20元	0.32元
(2)净资产收益率	8.30%	10.55%
(3)每股净资产	2.46元	3.06元

说明:以上财务指标是按公司97年4月10日实施了10股送3.5股红股,10股转增1.5股的方案和97年5月29日至5月30日发行23000万股B股后的股本971,817,440元全面摊薄计算的,若按加权平均法计算,每股收益为0.30元。

(二)财务报表附注

1.本期财务报告所采用的会计政策及会计方法与上年度财务报告所采用的会计政策、会计方法相一致。

2.主要财务报表项目说明:

(1)短期投资:本报告期内无短期投资。

(2)应收帐款:　399,046,849.99

帐龄分析如下:

1年以内:　397,901,000.00

3年以上:　1,145,849.99

本帐户余额中无持有本公司5%以上股份的主要股东的应收款。

(3)其他应收款　105,875,560.47

帐龄分析如下:

1年以内:　83,613,350.79

1-2年:　14,571,083.52

2-3年:　4,528,722.53

3年以上:　3,162,403.63

本帐户余额中无持有本公司5%以上股份的主要股东的应收款。

(4)应付帐款:　113,429,816.12

帐龄分析如下:

1年以内:　108,538,984.76

1-2年:　88,941.10

3年以上:　4,801,890.26

(5)股本:971,817,440元,比年初增加477,272,480元,增加96.5%变动原因如下:

A:根据股东大会决议,97年4月份实施了96年度分红方案,每10股送3.5股,计173,090,736元,用资本公积转增股本,每10股送1.5股,计74,181, 744元,共增加股本247,272,480元.B:97年6月发行B股,增加股本230,000,000元。

(6)资本公积:1,075,525,596.48元,比年初增加572,547,794.00元,变动原因如下:

A:根据股东大会决议,实施96年度分配方案,用资本公积转增股本,每10股送1.5股,减少资本公积74,181,744元。

B:发行B股的股本溢价,扣除发行费用,增加资本公积646,729,538元。

(7)盈余公积:本报告期内未发生变动。

(8)未分配利润:199,452,847.85元,比年初增加25,538,520.61元,变动原因如下:

A:实施96年度分配方案,每10股送3.5股减少未分配利润173,090,736元

B:97年1-6月实现净利润198,629,256.61元。

3 财务报表中变动幅度超过30%的数据分析

(1)货币资金:695,571,374.94元,比年初增加577,273,270.06元,主要是发行B股所募集资金。

(2)在建工程:505,833,759元,比年初增加233,455,021.25元,增加85.7%,增加的主要工程项目有:

发动机厂迁建　22,660,918.75

发动机箱体加工设备.生产线等　207,312,500.00

因本公司无长期借款,在建工程支出无利息支出。

(3)利润总额:233,681,478.37元,比年同期增加139,344,009.31元,增加147.7%,利润增加的主要原因是A:加快国产化步伐,深入实施"三零工程",降低材料、配件的采购价格,使成本大幅度降低。B:产品品种结构调整。

4 关联方关系及其交易

(1)关联关系

企业名称	经济性质	法定代表人	注册地	注册资本	主营业务
中国轻骑摩托车集团公司	全民	张家岭	中国济南	78116万元	摩托车开发、销售

济南市国有资产管理局持有本公司40.90%的国家股,该局指派轻骑集团公司董事长行使国家股的权利。本公司大部分的交易均与轻骑集

团公司进行。根据每年与轻骑集团公司签订的包销合同(该合同规定不同型号摩托车的销售价格),本公司的摩托车一装配完毕即售给轻骑集团公司。

(2) 关联交易

A 重大的经营/管理合同

本公司与轻骑集团公司及轻骑集团公司与下属的销售公司签署包销合同,合同规定销售公司每年应采购本公司产量至少95%的产品,本公司与轻骑集团公司及下属的供应公司签署供应合同,本公司从轻骑集团公司和供应公司分别采购大部分所需的原材料和国内配件。本公司与轻骑集团公司下属的进出口公司订立进出口代理协议,进出口公司负责出口本公司的产品及进口本公司业务所需的原材料,配件及机器。

B 定价政策

依据包销合同,销售价格将不低于该产品公平市价的95%。有关产品的售价可根据市场变动相互约定调整。依据供应合同,供应公司以国家所订价格或不高于当时市价的价格供应本公司所需要的原材料及配件。

C 97年1-6月重大交易

产品销售总额	134,424万元
采购原材料	109,719万元
已收及应收利息	1,258万元

5 有关事项说明

因本公司无子公司,故无合并会计报表。

二、经营情况的回顾与展望

1.上半年经营情况的回顾

今年上半年,公司朝着既定目标继续大跨度发展。针对国内摩托车市场已成为买方市场、竞争日趋白热化等情况,公司认真分析形势,积极调整战略结构,把"产品开发、销售及服务、企业管理"确立为工作重点,并制定了"按国际标准生产,向世界名牌挑战"的工厂方针,以全面导入CI新形象为标志,在新的起点上开始了"二次创业"。上半年,由于产品结构调整得当,生产稳步增长,成本继续降低,公司实力得以进一步发展壮大,经营业绩又上新台阶:实现主营业务收入134,424万元,税后利润19,863万元。公司上半年采取的主要经营措施如下:

(1)加大技改投入,保持领先优势。96年公司通过大规模引技术、加大技改投入等措施来提高产品的技术含量,促进其更新换代,抢占市场制高点。特别是随着96年配股资金逐步投入,公司在技术、产品质量、生产能力等方面均有大的提高,保持了公司在行业中的领先地位。

(2)开发名优产品,调整产品结构,随着国民消费水平提高,大型摩托车市场需求相应增加。因此,公司在巩固小型摩托车生产优势的同时,加强了排量为100CC-125CC大型摩托车的生产开发力度,QW125-4、QM125C等新产品近期已进入试产阶段,QM100-7,QM50QW-C等产品投入批量生产生市场反应良好。

(3)深入实施"三零工程",降低生产成本.公司从96年开始大量制作替代若干进口配件的国产化配件,成效显著,至今年上半年,K系列等主要产品国产化已达90%以上,与此同时,公司还采取了和配套厂家协商进一步降低外协配件价格等一系列措施。随着这些措施的实施,使得"三零工程"得到深化,生产成本得以进一步降低。

(4)强化售后服务,开拓国内外市场。上半年,包销公司产品的轻骑集团公司成立技术服务总公司及全国同行业首家外贸专业公司,并新购置了30辆售后服务车投入使用,大力完善4级技术服务体系,大大强化了国内外市场的销售及服务工作。公司还通过设立专卖店、店中店,定期举办新产品展示会等方式,进一步促进了销售及服务工作的开展。

2.募集资金的使用情况:96年配股所募集资金29,871万元,计划投入15,075万元用于引进卧式加工设备等技改项目,目前设备已全部安装完毕并投入运行;原计划投入6,908万元用于发动机厂迁建扩能工程,截到97年6月底,该工程实际投入7,255万元,整个工程预计今年底完工;尚余7,541万元暂用于补充公司流动资金。公司发行B股募集股款10,572.56万美元于6月17日到位,已支出20,731万元用于预付引进设备款,剩余款项下半年将继续严格按招股说明书披露的投资计划分期投入。

3.下半年计划:

(1)利用所筹资金,大规模实施技改。公司将充分利用发行B股所筹资金,严格按照招股说明书所列技改项目,大规模引进新型摩托、发动机及配件的生产设备和技术投备,同时提高现有产品,发动机和配件的产量和技术水平,这必将进一步提高公司产品的市场竞争能力,为公司"二次创业"的宏伟蓝图打下坚实的基础。

(2)加快开发大型摩托车,尽快形成规模效益。在上半年试产的基础上大力推进大排量摩托车新产品批量生产投入市场的步伐,培植新的经济增长点。

(3)加强企业管理,继续实施"三零工程"。在推进国产化进程的同时,进一步增收节支,将各部门"三零工程"指标细化,制定奖惩制度,严格成本考核,提高经济效益。

(4)贯彻"质量振兴纲要",强化质量认证工作。成立质量振兴领导小组,贯彻落实国务院颁发的"质量振兴纲要"精神,严格按精细化管理,按精品化生产。另外,加强零部件及配套厂家的认证工作,淘汰不合格配件及厂家,把好质量关,争创世界名牌。

三.重大事件的说明

1.公司董事会97年第一次会议于1997年2月25日在济南召开,会议重点讨论了关于96年度利润分配的议案,97年技改投资计划及1997年增发B股的有关事项。

2.公司96年度股东大会1997年3月29日在济南召开,本次股东大会决议刊登于1997年3月30日《上海证券报》。

3.公司董事会(第二届)97年第二次会议于1997年4月24日在公司本部召开,一致选举张家岭为董事会董事长;聘任张家岭为总经理,根据总经理提名聘任杨仁发、韩立彬、李树意、陶志新、郭正冉、周仲威、刘笃暖为副总经理;任命张珉为董事会秘书。

4.公司监事会(第二届)97年第一次会议于1997年4月24日在公司本部召开,一致选举孟祥礼为公司第一届监事会主席。

5、经国务院证券委"证委发【1997】37号"文批准,1997年5月29日至1997年5月30日,公司以私募的形式发行境内上市外资股(B股)23000万股,获圆满成功。

1997年6月17日,经上海证券交易所"上证上字【1997】第046号"文批准,公司23000万股B股在上海证券交易所挂牌交易,股票名称:轻骑B股,股票代码:900946。

6、1997年6月15日,公司在济南召开新闻发布会,宣布正式导入包括公司新标志在内的CI新形象。

7、根据国务院证券委、中国人民银行、国家经贸委5月21日联合发布的《严禁国有企业和上市公司炒作股票的规定》,公司进行了严格的自查,未发现违反其规定的现象。

8、本报告期内公司无重大诉讼、仲裁事项。

四、发行在外股票的变动和股权结构的变化

1、发行在外股票的变动情况:

1997年4月10日,根据公司96年度股工大会决议,实施了每10股送3.5股的96年度利润分配方案和每10股转增1.5股的资本公积金转增股本方案;经国务院证券委证委发【1997】37号文批准,1997年5月29日至1997年5月30日,公司发行境内上市外资股(B股)23000万股,以上方案实施后,公司股本由49454.496万股增至97181.744万股.

2.股权结构变化情况:

单位:万股　　每股面值:1元人民币

	期初数	送股	公积金转股	发行B股	小计	期末数	比例(%)
一.尚未流通股份							

1发起人股份							
国家拥有股	26499.2	9274.72	3974.880		13249.6	39748.80	40.90
2境内法人	2507.96	877.786	376.194		1 25 3.98	3761.94	3.87
持有股份							
3社会公众	5132.036	1796.2126	769.8054		2566.018	7698.054	7.92
持有股份(转配股)							
尚未流通股合计	34139.196	11948.7186	5120.8794		17069.598	51208.794	52.69
二,已流通股份							
1境内上市的							
人民币普通股	15315.3	5360.355	2297.295		7657.65	22972.95	23.64
2境内上市外							
资股(B股)				23000	23000	23000	23.67
已流通股份合计	15315.3	5360.355	2297.295	23000	30657.65	45972.95	47.31
三.股份总额	49454.496	17309.0736	7418.1744	23000	47727.248	97181.744	100

3．主要股东持股情况：

	持股数(万股)	占总股本比例(%)
1. 济南市国有资产管理局(国家股)	39748.80	40.902
2. 山一国际(香港)有限公司	4270.40	4.394
3. NAITO SECURITIES CO, LTD	1430.90	1.472
4. 浙江省国际信托投资公司	417.70	0.430
5. NEW JAPAN SECUTIRIES INTL(HK)	377.60	0.389
6. DBS SECURITIES NOMINEES(HK)LTD	313.00	0.322
7. CSSC INTERNATI ONAL LTD	302.90	0.312
8. 海通	209.00	0.215
9. YIHK A/C YAMAICHI SEC. CO, TOKYO	200.70	0.207
10. 天证(香港)有限公司	200.00	0.206

五. 股东大会简介

公司96年度股东大会于1997年3月29日在公司本部召开，出席会议股东代表39人，代表股份33426.1165万股，占公司股本总额67.59%，符合法定要求。大会审议通过了总经理业务报告、关于一九九六年度利润分配及用资本公积金转增股本方案的报告、关于增发B股的报告、关于修改《公司章程》的报告，公司第二届董事会及监事会换届选举的报告等一系列决议。

大会确定的96年度利润分配方案为每10股送红股3.5股，资本公积金转增股本方案为每10股转增1.5股。大会根据发行B股等实际情况，对《公司章程》进行了相应修改。本次会议选举张家岭、杨仁发、韩立彬、李树意、李国山、王洪捷、马岩为公司董事并组成公司第二届董事会，选举孟祥礼、吕荣德与职工代表丘达、李咏梅、陈健为公司监事并组成公司第二届监事会。

六、备查文件

1、载有董事长、总经理亲笔签名的中期报告原本；

2、1996年度股东大会文件；

3、公司发行境内上市外资股(B股)招股说明书、上市公告书原件；

4、经修改后的公司章程。

公司咨询电话：(0531)6041141　6041146

济南轻骑摩托车股份有限公司

一九九七年八月五日

沙市活力28(集团)股份有限公司

沙市活力28(集团)股份有限公司1996年年度报告摘要

一、公司简况

股票代码:600703
股票简称:活力28
公司法定中文名称:沙市活力28(集团)股份有限公司
公司英文名称:SHASHI POWER28(GROUP) CO.LTD
公司英文名称缩写:SSP28
公司注册地址:中国湖北省荆州市
公司办公地址:中国湖北省荆州市沙市区临江路1号
邮编:434000
公司法定代表:雷世忠
公司咨询服务机构:证券管理部
电话:(0716)8214481
传真:(0716)8217359
联系人(董秘):李明悦
会计师事务所:湖北会计师事务所
律师事务所:北京君合律师事务所

二、主要财务数据与财务指标

单位:万元

指标项目	本年数	上年数	比上年增减(%)
1.主营业务收入	194158379.48	274317981.20	-29.22
2.净利润	30778694.63	28151394.39	9.33
3.总资产	554906745.60	467773548.01	18.63
4.股东权益	280926087.98	159069552.16	76.61
5.每股收益(元)	0.38	0.47	-19.15
6.每股净资产(元)	3.51	2.65	32.45
7.净资产收益率(%)	10.96	17.70	-38.08
8.股东权益比率(%)	50.63	34.01	48.87

注:本公司股本年初数为5997.75万股,年末为7997.75万股。1996年度每股收益加权平均数为:0.43元。

根据中国证券监督管理委员会证监上字(1997)1号规定上述1996年度财务数据和财务指标扣除新股申购冻结资金利息后分别为:

1.净利润	27433140.15元
2.股东权益	280861071.79元
3.每股收益	0.34元
4.每股净资产	3.51元
5.净资产收益率(%)	9.8
6.股东权益比率(%)	50.6

三、公司业务经营回顾

1.一年来经营情况

1996年是实施"九五"计划的开局年,也是本公司艰难困苦,同时又孕育着新的发展希望的一年。公司既抓住了公开发行股票及合资两大发展机遇,又经历了更加严竣的市场竞争挑战的考验。公司深化内部改革,强化企业管理,加大落实工作力度,取得了较好的经营业绩。

1996年公司实际实现主营业务收入19415.8万元,利润总额3431.2万元,净利润3077.9万元,分别比上年增长-29.20%、12.6%、9.3%。公司利用股票上市和中德合资后实力的增强,围绕建立现代企业制度及以优异的经营业绩回报广大股东的目标,扎实有效地采取了以下措施:

1)构造营销新体制,推出新品牌的工作初见成效。

2)调整生产布局,优化资源配置。

3)狠抓技术改造,储备发展后劲。

4)精简机构,改革劳动用工制度。

2.关于经营成果与预测差异的说明:

公司《招股说明书概要》披露1996年盈利预测为主营业务收入43203万元,利润总额5270万元,净利润4479.50万元,1996年公司实现的主营收入、利润总额、净利润分别完成预期值的44.9%、65.1%、68.7%。影响实际经营成果较预测有较大差异的主要原因有:

1)公司1996年盈利预测是依据公司94年、95年经营业绩和当时洗涤用品行业状况等因素作出的。而96年国内洗涤用品市场受先期进入中国市场的美国宝洁、英国联合利华、德国汉高、日本花王四大洗涤用品业巨头的冲击发生了很大的变化。再者,公司由于上半年以其下属的主要生产厂之一——日用化工厂现有厂房、机器设备、土地等作价投入与德国Benckiser公司合资,交接时间较长,涉及生产、营销人员较多,导致日用化工厂磨合期略长,再加之湖南、湖北、江西等主销区6-9月发生特大洪涝灾害,较大地影响了公司产品的销售。

2)合资后,公司新品牌"波尔"系列洗衣粉进入市场经历较长的被认识、被认同两过程,加之国内洗涤用品市场不公平竞争加剧,亦增大了公司营销的难度。

3.募集资金使用情况说明:

公司96年公开发行股票募集资金扣除发行费用后为14520万元,按招股说明书,计划投入4528万元用于三氧化硫磺化技术改造,96年实际投入1500万元,首期工程已经竣工;计划投入7120.44万元用于年产5万吨高比重、超浓缩洗衣粉工程,96年实际投入5000万元,该工程已竣工使用;计划投入2871.56万元用于建设两条自动化洗衣粉包装生产线,96年实际投入2800万元,该工程已竣工。

四、股本变化及股本结构情况

1.股本结构

(单位:股 每股面值:1元)

	96年末数	占总股本比例(%)	95年末数	占总股本比例(%)
(1)尚未流通股份				
其中:				
国家股	38690000	48.38	38690000	64.51
法人股	5080000	6.35	5080000	8.27
内部职工股	16207500	20.26	16207500	27.02
(2)已流通股份				
其中:境内上市普通股	20000000	25.01		
(3)股份合计	79977500	100.00	59977500	100.00

本报告期末的股东总户数20298户,其中国家股东1户,法人股东16户,内部职工股东7578户,社会公众股东12703户。

2.主要股东持股情况(前十名股东)

股东名称	年初持股数	占总股本

	(万股)	(%)
(1)荆州市国有资产管理局	38690000	48.38
(2)中国农村发展信托投资公司	1200000	1.50
(3)中国建设银行信托投资公司	1000000	1.25
(4)中国工商银行湖北信托投资公司荆州办事处	1000000	1.25
(5)深财证券	600000	0.75
(6)湖北京山轻工机械厂	520000	0.65
(7)武汉证券公司	480000	0.60
(8)游健强	396000	0.495
(9)周志雄	390000	0.488
(10)王笑枫	388000	0.485

3. 公司董事、监事与高级管理人员持股情况

姓名	职务	年初持股数	年末持股数	变动原因
雷世忠	董事长、总经理	0股	10000股	市场购买
姚　林	董事、副总经理	5000股	5000股	
杨卫东	董事、副总经理	5000股	5000股	
付大程	董事、副总经理	6500股	6500股	
艾炳成	董事、副总经理	5000股	5000股	
郑维平	董事	0股	0股	
赵友明	董事	0股	0股	
李永宽	董事	0股	0股	
李晓贵	董事、总会计师	4000股	4000股	
姜仁华	董事、总经济师	5000股	5000股	
李善文	董事、总工程师	4000股	4000股	
丁成荣	董事、证券部长	4000股	4000股	
鲁明焰	董事	5000股	5000股	
吴浙宜	董事	5000股	5000股	
毛国荣	监事会主席	4000股	4000股	
周继才	监事	2000股	2000股	
胡文珍	监事	4000股	4000股	
李汉庭	监事	4000股	4000股	
董传久	监事	4000股	4000股	
黄凤清	监事	5000股	5000股	
王正富	监事	4000股	4000股	
任忠华	监事	28500股	28500股	

五、重要事项

1. 公司1995年度股东大会于1996年2月2日上午在公司工人俱乐部举行,参加人数184人,代表股份53379000股,占总股本59977500股的89%。会议审议通过了1995年度董事会工作报告、总经理经营报告、1995年度财务决算和1996年度财务预算报告;审议通过了94,95年度利润分配方案:

以现金分配94年红利,每股分配人民币0.35元(含税),95年度红利暂不分配,转入1996年一并分配。新老股东均享有95年度红利;增选雷世忠先生和李善文先生为公司董事。

2、公司1996年临时股东大会于1996年12月30日在公司工人俱乐部召开,出席会议的股东共122人,代表的股份数为57824000股,占公司总股本79977500股的72.3%。会议审议通过公司董事会9月17日关于选举雷世忠先生为公司董事长的议案;审议通过用资本公积金转增股本向全体股东按10:3的比例转增股本的议案。

3. 公司第五次董事会于1996年1月29日下午在公司总部1号楼二楼会议室召开,聘任雷世忠先生为公司总经理。

4. 公司第六次董事会于1996年2月5日下午在公司总部1号楼二楼会议室召开,通过增选雷世忠、李善文为公司董事;雷世忠先生为公司副董事长的议案;通过公司94,95年度股利分配预案:以现金分配94午度红利,每股分配人民币0.35元(含税);95年度红利暂不分配,转入1996年度一并分配,新老股东共同享有。

5. 公司第七次董事会于1996年9月17日在公司总部1号楼二楼会议室召开,通过同意滕继新先生辞去公司董事长职务,选举雷世忠先生为公司董事长的议案。

6. 公司第八次董事会于1996年10月15日在公司总部1号楼二楼会议室召开,通过用资本公积金转增股本实施向全体股东10股转增3股的预案,通过97年6月前分配95年滚存利润与96年利润的预案。

7. 公司第九次董事会于1996年11月27日在公司总部1号楼二楼会议室召开,决定于1996年12月30日下午在公司工人俱乐部召开1996年临时股东大会。

8. 公司经批准于1996年5月14日向社会公众公开发行2000万股A股股票,每股面值人民币1元,发行价每股为7.58元,发行总市值15160元。

9. 公司经批准于1996年6月8日与德国Benckiser公司合资成立湖北活力美洁时洗涤用品有限公司,该合资事项已于1996年8月30日《上海证券报》披露。

10. 本报告期内无重大法律诉讼、仲裁事项。

六、子公司及关联企业

企业名称	注册资金	主营业务	本公司拥有权益
1 沙市活力28集团经销总公司	RMB 800000.00	销售本公司产品	100
2 沙市活力28集团佳兴房地产公司	RMB9500000.00	商品房开发	100
3 沙市活力28集团益发公司	RMB 800000.00	百货批零、歌舞厅	100
4 湖北美洁协和日用化工有限公司	RMB10000000.00	生产、销售香皂	75
5 沙市索普蕾日用化学品有限公司	RMB1300000.00	生产、销售洗涤品	75
6 沙市达发饮品有限公司	USD 1497000.00	生产销售超级纯水	70
7 活力28集团恩施日化有限公司	RMB 500000.00	生产、销售洗衣粉	51
8 沙市宏发旅游有限责任公司	RMB 432000.00	水上游艇旅游服务	60

七、财务报告

(一)审计意见:

公司1996年度财务报告经湖北会计师事务所注册会计师许长顺、石秀娟审计,并出具了无保留意见的审计报告〔(97)鄂会师股审字第068号〕。

(二)财务报表(附后):

(三)财务报表附注:

1. 主要会计政策:

本公司年度财务报告所采用的会计政策与1995年度财务报告所采用的会计政策相一致。

(1)会计制度

本公司执行《股份制试点企业会计制度》。

(2)无形资产及其摊销:无形资产主要为土地使用权,使用年限50年,采用直线法平均摊销。

(3)坏帐准备:本公司采用备抵坏帐法,按应付帐款余额3‰计提坏帐准备。

(4)税项

税种	税率	备注
A. 增值税	17%	
B. 营业税	3%	
C. 消费税	5%和17%	
D. 城市维护建设税	7%	实缴增值税、营业税、消费税之和为基数
E. 教育费附加	3%	实缴增值税、营业税、消费税之和为基数
F. 所得税	15%	据鄂政办函(1996)38号文按33%征收,返回18%,实际征收15%。1997年3月4日已报省财政厅批准并进行了会计处理。

(5)合并范围:纳入本公司合并会计报表的附属公司(拥有50%以上股权的子公司)

公司名称	注册地	注册资本	拥有股权	纳入年份	主要业务范围
沙市活力28集团恩施日化有限公司	恩施市	RMB500000.00	51%	1995年	生产和销售洗衣粉、洗发精
湖北美洁协和日用化工	荆州市	RMB10000000.00	75%	1993年	生产和销售香皂

有限公司					
沙市索普蕾日用化学品有限公司	荆州市	RMB1300000.00	76.77%	1992年	生产和销售衣领洗涤剂、衣袖干洗剂、头发用品家庭卫生杀虫剂
沙市达发饮品有限公司	荆州市	USD1497000.00	70%	1995年	生产和销售超级纯水及其深加工产品
沙市宏发旅游有限责任公司	荆州市	RMB720000.00	60%	1995年	水上游艇旅游服务,车、船、机票预售

2.主要报表项目数据说明:

1).短期投资:1996年12月31日余额为20000000.00元,主要系股票投资。

2).应收帐款:96年12月31日余额为62,273,963.97元。

帐龄分析:

(1)一年以内的	19,892,732.61
(2)一年至二年的	24,999,315.62
(3)二年至三年的	4,714,076.80
(4)三年以上的	12,667,838.94
合　　计	62,273,963.97

3).其他应收款:96年12月31日余额为48,332,684.77元

帐龄分析:

(1)一年以内的	97.66%	46,198,545.45
(2)一年至二年的	0.49%	238,519.12
(3)二年至三年的	0.38%	184,284.34
(4)三年以上的	1.47%	1,711,335.86
合　　计	100.00%	48,332,684.77

4).长期投资　　149917298.26元

A债券投资

债券种类	到期日	面值	年利率	投资金额
国库券	1992.5.24	130000.00	6%	130000.00
国库券	1991.9.23	250000.00	6%	250000.00
国库券	1991.5.21	2000.00	6%	2000.00
国库券	1993.5.24	4000.00	6%	4000.00
国库券	1993.4.29	2000.00	6%	2000.00
电力建设债券	2002.12.10	150000.00	--	150000.00
电力建设债券	2003.01.03	150000.00	--	150000.00
重点建设债券	1997.7.30	100000.00	--	100000.00
重点建设债券	1998.1.22	280000.00	--	280000.00
小计				1068000.00

B联营投资　　147131177.26

C其他投资

武汉证券公司沙市营业部　　1576989.20

D应计利息

国库券截至1996年12月31日应计利息141131.80元。

E长期投资中比上年增加14700万元,是投资增加了两个合资企业:

(1)活力美洁时洗涤用品有限公司95565000.00元

(2)活力美洁时清洁纸品有限公司51536417.05元

5).应付帐款:96年12月31日余额为26137948.70元

其中金额较大户

单位名称	用　途	金　额
(1)吉林联合石化公司	购非离子	5,792,254.70
(2)上海原料开发公司	购烷基苯	2,019,932.87
(3)襄樊化工厂	购五钠	2,292,043.33
(4)远安化工厂	购五钠	1,867,241.50
(5)襄樊化轻公司	购元明粉	1,542,564.97
合　　计		13,514,037.37

6).资本公积:96年12月31日余额为171,113,823.75元

	年初数	本年增加	本年减少	年末数
(1)股份制改制资本溢价	9,001,726.56		--	9,001,726.56
(2)股票溢价	10,643,750.00	116,600,000.00	--	127,243,750.00
(3)资产评估增值	34,803,331.00		--	34,803,331.00
(4)发行股票利息收入		65,016.19	--	65,016.19
合　　计	54,448,807.56	116,665,016.19	--	171,113,823.75

发行股票利息收入65,016.19元系根据财政部财工字〔1996〕434号文件《关于股份制企业所收购存款利息收入财务处理的通知》增加资本公积。

7).盈余公积:96年12月31日余额为28,658,313.93元

	年初数	本年增加	本年减少	年末数
(1)计提法定盈余公积金	8,150,139.29	3,077,869.46	--	11,228,008.75
(2)计提任意公积金	4,075,069.64	1,538,934.73	--	5,614,004.37
(3)计提法定公益金	8,150,139.29	1,538,934.73	--	9,689,074.02
(4)1993年所得税超承包数转入	2,127,226.79		--	2,127,226.79
合　　计	22,502,575.01	6,155,738.92	--	28,658,313.93

8).未分配利润:96年12月31日余额为1,176,450.30元

	1996年	1995年
净利润	30,778,694.63	28,151,394.39
加:年初未分配利润	22,140,669.59	1,027,123.80
可分配的利润	52,919,364.22	29,178,518.19
减:提取法定盈余公积金	3,077,869.46	2,815,139.44
提取公益金	1,538,934.73	2,815,139.44
可供股东分配的利润	48,302,560.03	23,548,239.31
减:任意盈余公积金	1,538,934.73	1,407,569.72
已分配普通股股利	45,587,175.00	
未分配利润	1,176,450.30	22,140,669.59

注:根据董事会决议,96年提取法定盈余公积金按10%比例,提取法定公益金按5%比例,提取任意公积金5%比例。

9).投资收益:股权及债券投资收益7531040.00元

10).承诺事项、期后事项、或有事项和其他事项

本公司截至报告日期,没有需要披露的承诺事项、期后事项、或有事项和其他事项。

八、其他事项

1.经公司第十次董事会研究决定,公司1995年度、1996年度利润分配、分红派息预案为:1995年度公司未分配利润22140669.59元。1996年未分配利润为24622955.71元。95年度、96年度可供股东分配的利润共计46763625.30元,拟向全体股东按公司目前总股本10397.075万股每10股派送4.38元(含税)现金红利。(96年年末股本总额每10股派送5.7元(含税)现金红利),其余未分配利润结转入下一年度。

2.1997年2月25日,公司监事黄凤清先生不幸于意外交通事故中身亡。

沙市活力28(集团)股份有限公司董事会

一九九七年三月十七日

资 产 负 债 表

编制单位:沙市活力 28(集团)股份有限公司　　1996 年 12 月 31 日　　单位:元

资产	行次	年初数(母公司)	年初数(合并)	年末数(母公司)	年末数(合并)
流动资产					
流动资金	1	2533271.50	2825276.69	63150090.62	63697786.94
短期投资	2			20000000.00	20000000.00
应收票据	3			9440200.88	9440200.88
应收帐款	4	76463600.70	80926216.35	62036696.25	62273963.97
减:坏帐准备	5	277622.04	348111.31	186110.09	335464.56
应收帐款净额	6	76185978.66	80578105.04	61850586.16	61938499.41
预付货款	7	4407010.14	5166266.36	15867690.43	16192900.43
其他应收款	8	74195305.90	54117757.55	68885888.61	48332684.77
待摊费用	9	6205503.55	7169297.54	5516430.22	6228528.90
存货	10	80048613.76	88068335.95	46793346.14	54002722.42
减:存货变现损失准备	10-1				
存货净额	10-2				
待处理流动资产净损失	11				
一年内到期的长期债券投资	12				
其他流动资产	13				
流动资产合计	15	243575683.51	237925039.13	291504233.06	279833323.75
长期投资:					
长期投资	16	20009892.74	2951688.18	165552301.13	149917298.26
合并价差(贷差以“-”号表示)	16-1				
固定资产:					
固定资产原价	17	209398068.59	252931440.07	93740854.21	134322218.70
减:累计折旧	18	64320837.32	67211456.63	28045478.14	32178209.39
固定资产净值	19	145077231.27	185719983.44	65695376.07	102144009.31
在建工程	20	15605935.50	15605935.50	6162672.29	6162672.29
固定资产清理	21				
待处理固定资产净损失	22				
固定资产合计	23	160683166.77	201325918.94	71858048.36	108306681.60
无形资产及递延资产:					
无形资产	24	22742345.88	23012012.69	14685235.08	14927235.29
递延资产	25	534330.30	2534716.00	427464.24	1922206.70
无形及递延资产合计	30	23276676.18	25546728.69	15112699.32	16849441.99
其他长期资产:					
其他长期资产	31	24173.07	24173.07		
递延税项:					
递延税款借项	32				
资产总计	40	447569592.27	467773548.01	544027281.87	554906745.60

负债及所有者权益	行次	年初数(母公司)	年初数(合并)	年末数(母公司)	年末数(合并)
流动负债:					
短期借款	41	163640076.59	163761107.49	119563076.59	-119563076.59
应付票据	42				
应付帐款	43	38802407.60	41167189.39	24191927.48	26137948.70
预收货款	44	6858.92	6858.92		435981.66
应付福利费	45	417208.14	459886.81	92316.23	133228.21
未付股利	46	8152625.00	8152625.00	45587175.00	45587175.00
未交税金	47	9216322.01	9004620.91	6840676.15	6594292.45
其他未交款	48	5129722.94	5130091.40	5129722.94	5130091.40
其他应付款	49	101380.91	11014348.40	3776345.75	5734381.71
预提费用	50	2639384.95	2645047.64	1266062.18	1557608.13
一年内到期的长期负债	51				
其他流动负债	52				
流动负债合计	55	228628357.06	241864105.57	206447302.32	210873783.85
长期负债:					
长期借款	56	59871683.05	59871683.05	54561683.05	54561683.05
应付债券	57				
长期应付款	58				
其他长期负债	60			2092208.52	2092208.52
长期负债合计	65	59871683.05	59871683.05	56653891.57	56653891.57
递延税款贷项	66				
负债合计	67	288500040.11	301735788.62	263101193.89	267527675.42
少数股东权益(合并报表填列)	67-1		6968207.23		6452982.20
股东权益:					
股本	68	59977500.00	59977500.00	79977500.00	79977500.00
资本公积	69		171113823.75	171113823.75	
盈余公积	70		28658313.93		28658313.93
其中:公益金	71	8150139.29	8150139.29		
未分配利润(未弥补亏损以“-”号表示)	72	22140669.59	22140669.59	1176450.30	1176450.30
外币报表折算差额(合并报表填列)	72-1				
股东权益合计	79	159069552.16	159069552.16	280926087.98	280926087.98
负债及股东权益总计	80	447569592.27	467773548.01		544027281.87

利 润 及 利 润 分 配 表

编制单位:沙市活力 28(集团)股份有限公司　　1996 年度　　单位:元

项目	行次	上年数(母公司)	上年数(合并)	本年数(母公司)	本年数(合并)
一、主营业务收入	1	264348347.83	274317981.20	175515458.14	194158379.48
减:营业成本	2	183026864.32	191739527.27	113290645.02	128088924.70
销售费用	3	25363753.84	26526964.04	13788942.58	15516845.73
管理费用	4	8822420.71	10679864.27	6228689.55	9912524.03
财务费用	5	17812131.01	18870035.63	16693137.25	16769160.53
进货费用	6				
营业税金及附加	7	1625406.88	1649021.23	1411651.53	1420919.38
二、主营业务利润(亏损以“-”号表示)	8	27697771.07	24852568.76	24102392.21	22450005.11
加:其他业务利润(亏损以“-”号表示)	9	1432283.54	1468766.67	382283.34	792297.18
三、营业利润(亏损以“-”号表示)	10	29130054.61	26321335.43	24484675.55	23242302.29
加:投资收益(损失以“-”号表示)	11	-2359527.80	-607403.96	6381788.48	7804118.16
补贴收入	11-1				
营业外收入	12	4902085.54	50	59226.19	4083353.87
减:营业外支出	13	387984.21	491872.60	122187.45	990359.68
加:以前年度损益调整(调减以“-”号表示)	14		195747.82		87964.60
四、利润总额(亏损以“-”号表示)	15	31284628.14	30477032.88	34827630.45	34311533.41
减:所得税	16	3133233.75	3133233.75	4048935.82	4048935.82
减:少数股东损益(合并报表填列)	16-1		-807595.26		-516097.04
五、净利润(亏损以“-”号表示)		28151394.39	28151394.39	30778694.63	30778694.63
加:年初未分配利润(未弥补亏损以“-”号表示)	18	1027123.80	1027123.80	22140669.59	22140669.59
盈余公积转入数	19				
六、可分配的利润(亏损以“-”号表示)	20	29178518.19	29178518.19	52919364.22	52919364.22
减:提取法定公积金	21	2815139.44	2815139.44	3077869.46	3077869.46
提取法定公益金	22	2815139.44	2815139.44	1538934.73	1538934.73
七、可供股东分配的利润(亏损以“-”号表示)	23	23548239.31	23548239.31	48302560.03	48302560.03
减:已分配优先股股利	24				
提取任意公积金	25	1407569.72	1407569.72	1538934.73	1538934.73
已分配普通股股利	26	45587175.00	45587175.00		
八、未分配利润(未弥补亏损以“-”号表示)	27	22140669.59	22140669.59	1176450.30	1176450.30

合并财务状况变动表

编制单位:沙市活力28(集团)股份有限公司　　1996年度　　单位:元

流动资金来源及运用	行次	金额
一、流动资金来源:		
1.本年净利润(合并报表为合并净利润)	1	30778694.63
加:少数股东本期损益(合并报表填列)	2	-516097.03
加:不减少流动资金的费用和损失:		
(1)固定资产折旧	3	6642715.10
(2)无形资产递延资产及其他资产摊销(减其他负债转销)	4	1252060.70
(3)固定资产盘亏(减盘盈)	5	
(4)清理固定资产损失(减收益)	6	85066.00
(5)递延税款	7	
(6)其他不减少流动资金的费用和损失	8	
小计	10	38242439.40
2.其他来源:		
(1)固定资产清理收入(减清理费用)	11	14800.00
(2)增加长期负债	12	2092208.52
(3)收回长期投资	13	135806.97
(4)对外投资转出固定资产	14	72505797.60
(5)对外投资转出无形资产	15	7445226.00
(6)资本净增加额	16	142820755.11
(7)少数股东资本净增加额(合并报表填列)	16-1	
小计	17	225014594.20
流动资产来源合计	18	263257033.60
二、流动资金运用:		
1.利润分配		
(1)提取法定公积金	20	3077869.46
(2)提取法定公益金	21	1538934.73
(3)提取任意公积金	22	1538934.73
(4)已分配股利	23	45587175.00
小计	26	51742913.92
2.其他运用		
(1)固定资产和在建工程净增加额	27	-13771730.64
(2)增加无形资产、递延资产及其他资产	28	-24173.07
(3)偿还长期负债	29	5310000.00
(4)增加长期投资	30	147101417.05
小计	31	138615513.34
流动资产运用合计	41	190358427.26
流动资金增加净额	42	72898606.34

流动资金各项目的变动	行次	金额
一、流动资产本年增加数:		
1.货币资金	31	60872510.25
2.短期投资	32	20000000.00
3.应收票据	33	9440200.88
4.应收帐款净额	34	-18639605.63
5.预付货款	35	-5785072.78
6.其他应收款	36	11026634.07
7.待摊费用	37	-940768.64
8.存货	38	-34065613.53
9.待处理流动资产净损失	39	
10.一年内到期的长期债券投资	40	
12.其他流动资产	41	
	42	
流动资产增加净额	45	41908284.62
二、流动负债本年增加数:		
1.短期借款	46	-44198030.90
2.应付票据	47	
3.应付帐款	48	-15029240.69
4.预收货款	49	429122.74
5.应付福利费	50	-326658.60
6.未付股利	56	37434550.00
7.未交税金	57	-2410328.46
8.其他未交款	58	-522329.61
9.其他应付款	60	-5279966.69
10.预提费用	61	-1087439.51
11.一年内到期的长期负债	62	
12.其他长期负债	65	
流动负债增加净额	79	-30990321.72
流动资金增加净额	80	72898606.34

沙市活力28(集团)股份有限公司1997年度中期报告

一、财务报告(已审计)

(一)审计意见

活力28(集团)股份有限公司全体股东:

我们接受委托,审计了活力28(集团)股份有限公司(以下简称贵公司)1997年6月30日的资产负债表及1997年1月至6月的利润及利润分配表。这些会计报表由贵公司负责,我们的责任是对这些会计报表发表审计意见。我们的审计是依据中国注册会计师独立审计准则进行的。在审计过程中,我们结合贵公司实际情况,实施了包括抽查会计记录等我们认为必要的审计程序。

我们认为,上述会计报表符合《企业会计准则》和《股份制企业会计制度》的有关规定,在所有重大方面公允地反映了贵公司1997年6月30日的财务状况及1997年元月至6月的经营成果,会计处理方法的选用遵循了一贯性原则。

湖北会计师事务所　　中国注册会计师:潘国英

中国　武汉

武昌水果湖横路7#　　中国注册会计师:石秀娟

电话:(027)7840961　　一九九七年八月五日

(二)财务报表

1、简化资产负债表

单位:人民币元

项目	合并数 1996.12.31	合并数 1997.06.30	母公司 1996.12.31	母公司 1997.06.30
流动资产合计	279,833,323.75	420,387,896.13	219,504,233.06	277,659,517.04
长期投资	149,917,298.26	2,786,121.00	165,552,301.13	108,020,584.73
固定资产净值	102,144,009.31	165,214,328.97	65,695,376.07	65,722,034.16
在建工程	6,162,672.29	60,376,478.52	6,162,672.29	7,176,314.48
无形及递延资产	16,849,441.99	44,705,547.83	15,112,699.32	14,906,295.09
资产总计	554,906,745.60	693,470,372.45	544,027,281.87	473,484,745.47
流动负债	210,873,783.85	246,663,878.46	206,447,302.32	174,816,124.02
长期负债	56,653,891.57	2,424,871.77	56,653,891.57	2,424,871.77
负债合计	267,527,675.42	249,088,750.23	263,101,193.89	177,240,995.79
少数股东权益	6,452,982.20	148,137,872.54		
股本	79,977,500.00	103,970,750.00	79,977,500.00	103,970,750.00
资本公积	171,113,823.75	147,120,573.75	171,113,823.75	147,120,573.75
盈余公积	28,658,313.93	28,658,313.93	28,658,313.93	28,658,313.93
未分配利润	1,176,450.30	16,494,112.00	1,176,450.30	16,494,112.00
股东权益合计	280,926,087.98	296,243,749.68	280,926,087.98	296,243,749.68
负债及股东权益合计	554,906,745.60	693,470,372.45	544,027,281.87	473,484,745.47

2、简化损益表

单位:人民币元

项目	合并数		母公司	
	1996年1-6月分	1997年1-6月份	1996年1-6月份	19971年1-6月份
主营业务收入	106,833,200.19	162,662,083.66	98,461,605.22	83,835,686.31
主营业务利润	7,427,909.46	17,976,858.87	8,237,670.28	15,259,101.25
其他业务利润	516,388.21	808,489.87	124,165.19	786,173.66
投资收益			(193,351.46)	482,240.32
营业外收支净额	-38,173.30	-1,837,988.48	-43,663.94	-42,957.34
以前年度损益调整	96,665.36			
利润总额	8,002,789.73	16,947,360.26	8,124,820.07	16,484,557.89
所得税	1,219,761.43	1,166,896.10	1,219,761.43	1,661,896.19
少数股东损益	(122,030.34)	462,802.37		
净利润	6,905,058.64	15,317,661.70	6,905,058.64	15,317,661.70

3、主要财务指标

	1997年1-6月	1996年1-6月
(1)每股收益(全面摊薄)	0.15元	0.086元
(2)净资产收益率(全面摊薄)	5.18%	2.46%
(3)每股净资产	2.85	3.51

(三)财务报表附注

1、本公司财务报告所采用的会计政策与1996年度财务报告所采用的会计政策相一致。

2、本公司对拥有50%(不含50%)以上股权的长期投资采用权益法核算并合并会计报表;本公司对活力美洁时洗涤用品有限公司的投资9556.50万元占公司长期投资总额的89%,为了更全面合理地反映公司的财务状况,对子公司拥有40%股权的活力美洁时洗涤用品公司采用权益法核算并合并其会计报表;对拥有25%以下股权的长期投资采用成本法核算。

3、纳入本公司合并会计报表的附属公司:

公司名称	注册地	注册资本	拥有股权	纳入年份	主要业务范围
(1)沙市达发饮品有限公司	荆州市	USD1,497,000.00	70%	1995年	生产和销售超级纯水及其深加工产品
(2)沙市宏发旅游有限责任公司	荆州市	RMB720,000.00	60%	1995年	水上游艇旅游服务、车、船、机票预售
(3)活力美洁时洗涤用品有限公司	荆州市	RMB238,912,500.00	40%	1997年	生产和销售合成洗涤用品系列等

根据96年5月临时董事会决议97年6月前将本公司拥有的沙市活力28集团恩施日化有限公司、湖北美洁协和日用化工有限公司、沙市索普蕾日用化学品有限公司的股权转让给活力28集团公司,故此三家企业纳入公司本次合并会计报表。

4、货币资金　　63,939,555.52元

(1)现　金	492,813.75
(2)银行存款	63,446,741.77
合　计	63,939,555.52

5、应收帐款　　139,593,511.45元

	比例	
(1)一年以内的	42%	58,629,274.81
(2)一年至二年的	35%	48,857,729.01
(3)二年至三年的	8%	11,167,480.92
(4)三年以上的	15%	20,939,026.71
合　计	100%	139,593,511.45

6、其他应收款　　66,317,277.85元

年限	比例	金额
(1)一年以内的	94%	62,388,241.18
(2)一年至二年的	3%	1,989,518.34
(3)二年至三年的	2%	1,326,345.56
(4)三年以上的	1%	663,172.78
合计	100.00%	66,317,277.85

7、存货　　109,401,677.84元

(1) 原材料	42,085,417.48
(2) 包装物	7,752,576.91
(3) 发出商品	11,075,109.86
(4) 辅助材料	44,300.44
(5) 备件	55,375.55
(6) 在产品	8,860,087.89
(7) 库存商品	37,555,697.54
(8) 低值易耗品	1,107,510.96
(9) 委托加工材料	865,601.21
合　计	109,401,677.84

8、长期投资　　2,786,121.00元

A.债券投资

债券种类	到期日	面值	年利率	投资金额
国库券	1992.5.24	130,000.00	6%	130,000.00
国库券	1991.9.23	250,000.00	6%	250,000.00
国库券	1991.5.21	2,000.00	6%	2,000.00
国库券	1993.5.24	4,000.00	6%	4,000.00
国库券	1992.4.29	13,000.00	6%	13,000.00
电力建设债券	2002.12.10	150,000.00	--	150,000.00
电力建设债券	2003.01.03	150,000.00	--	150,000.00
重点建设债券	1997.7.30	100,000.00	--	100,000.00
重点建设债券	1998.1.22	280,000.00	--	280,000.00
小　计				1,079,000.00

B.应计利息(债券投资截止1996年12月31日)　　141,131.80

C.股权投资

	股权比例	投资成本	按权益法调整金额
武汉证券公司沙市营业部			1,576,989.20
合　计			2,786,121.00

9、固定资产及其折旧

资产类别	1996.12.31	本年增加	本年减少	1997.06.30
原　值	134,322,218.70	70,974,528.32		205,296,747.02
房屋及建筑物	44,326,332.17	3,232,794.58		70,551,712.49
机器设备	76,563,664.66	42,391,947.37		118,955,612.03
运输设备	13,432,221.87	2,357,200.63		15,789,422.50
累计折旧	32,178,209.39	7,904,208.66		40,082,418.05
房屋及建筑物	10,618,809.10	3,410,037.22		14,028,846.32
机器设备	18,341,579.35	3,403,585.64		21,745,164.99
运输设备	3,217,820.94	1,090,585.80		4,308,406.74
净　值	102,144,009.31	63,070,319.66		165,214,328.97

10.在建工程　　60,376,478.52元

工程名称	工程进度	预算数	实际支出数	资金来源	批准文
(1)甘油改造工程	96.00%	1,500,000.00	1,440,509.59	自筹	荆经技改[1995]第467号
(2)卫生纸巾工程	51.81%	6,500,000.00	3,367,494.66	自筹	荆经技改[1996]第382号
(3)波尔餐洗线工程	29.45%	4,600,000.00	1,354,668.04	自筹	荆经技改[1996]第821号
(4)制瓶机工程	89.06%	9,000,000.00	8,015,780.50	自筹	荆经技改[1996]第925号
(5)磺化工程	87.44%	15,000,000.00	13,116,092.60	自筹	荆经技改[1997]第063号
(6)普粉工程	74.28%	22,000,000.00	16,340,178.62	自筹	荆经技改[1997]第126号
(7)浓粉工程	83.96%	18,000,000.00	15,111,936.70	自筹	荆经技改[1997]第246号
(8)电仪工程	81.49%	2,000,000.00	1,629,817.81	自筹	荆经技改[1997]第386号
合　计			60,376,478.52		

11、短期借款　　134,057,804.32元

贷款单位名称	金　额	借款条件	月利率
(1)中国工商银行荆州分行	93,291,000.00	信用	12.96‰

(2)中国投资银行荆州分行	10,906,574.32	信用	15.00‰
(3)德意志银行广州办事处	29,860,230.00	信用	12.96‰
合　计	134,057,804.32		

12、应付帐款　56,512,984.12元

其中:金额较大户:

单位名称	用途	金额
(1)吉联石化公司	购元明粉	2,772,358.70
(2)宜昌磷化集团	购五钠	2,770,177.72
(3)襄樊化工厂	购五钠	1,928,974.50
(4)远安化工厂	购五钠	1,852,435.19
(5)襄樊化轻公司	购元明粉	1,784,093.73
(6)上海原料开发公司	购非离子	1,119,932.87
(7)南京金铜石油化工	购非离子	1,004,699.71
(8)襄樊化轻公司	购纯碱	1,000,583.15
(9)上海华东物管处	购烷基苯	797,609.38
(10)保康黄铃厂	购五钠	628,850.24
合计		15,659,715.19

13、长期借款　911,683.05元

	借款条件	金额	起止日期	年利率
中国工商银行荆州支行	信用	911,683.05	1994.09.21－1997.08.20	7.92%

14、少数股东权益　148,137,872.54元

公司名称	少数股东比例	
(1)沙市达发饮品有限公司	30%	3,702,302.01
(2)沙市宏发旅游有限责任公司	40%	525,866.40
(3)活力美洁时洗涤用品有限公司	60%	143,909,704.13
合　计		148,137,872.54

15、资本公积　147,120,573.75元

	年初数	本期增加	本期减少	期末数
(1)股份制改制资本溢价	9,001,726.56		——	9,001,726.56
(2)股票溢价	127,243,750.00		23,993,250.00	103,250,500.00
(3)资产评估增值	34,803,331.00		——	34,803,331.00
(4)发行股票利息收入	65,016.19		——	65,016.19
合　计	171,113,823.75		——	147,120,573.75

资本公积本期减少金额23,993,250.00元是经省证券委鄂证办〔1997〕10号文件批准于1996年12月30日,公司临时股东大会审议通过,用现有资本公积金171,113,823.75按现有股份总额79,977,500.00股向全体股东按10:3比例转增股份,转增股份合计数为23,993,250.00股,转增股本后资本公积金剩余147,120,573.75元。

16、未分配利润	年初数	本期增加	期末数
	1,176,450.30	15,317,661.70	16,494,112.00

17、主营业务收入　162,662,083.66元

系列类别名称	
(1)洗衣粉	144,129,708.50
(2)肥(香)皂	9,109,274.34
(3)纯水	8,232,707.68
(4)其他	1,190,393.14
合　计	162,662,083.66

公司业务收入确认标志为产品已经提供或劳务已经发生,货款已经收取或取得收取货款的凭据时确认营业收入的实现。

营业收入比去年同期增加5583万元,其原因是增加了合资企业——活力美洁时洗涤用品有限公司所致。

18、财务费用　5,280,862.28元

(1)利息净支出	5,140,821.53
(2)金融机构手续费	18,682.18
(3)汇兑损失	121,358.57
合　计	5,280,862.28

财务费用比去年同期减少,系母公司贷款比去年同期减少11844万元所致。

二、经营情况的回顾与展望

1、上半年的经营情况的回顾

97年是本公司公开发行股票并上市的第二年,公司借股票上市的契机有了较大的发展。上半年,公司完成主营业务收入16266.2万元,净利润1531.7万元,分别比去年同期增长52.3%和121.8%。97年1－6月公司扎实有效地抓了以下几个方面的工作:

(1)注重市场调查,努力寻找、钻研新的经济增长点,在不断发展主业——合成洗涤剂生产、营销的基础上,加强多元经营。

(2)完善公司内部承包制,进一步落实工效挂钩。

(3)加强公司财务管理和内部审计工作,规范财务核算工作,确保公司资产的安全运行。

(4)加强公司下属工厂的成本管理,降低产品成本,定期进行经济活动分析,努力提高公司资金投资的回报率。

(5)总经理挂帅的科研专班下苦功夫开展新产品的开发,上半年开发出如下新产品:

液体洗涤类:杀菌餐具洗洁精、消毒餐具洗洁精

肥皂类:　复合皂、功能皂

饮品类:　330ml、1000ml规格的纯水,"桦树汁"天然保健饮品

以上新产品均已投放市场,公司将跟踪调查各类消费者的使用情况。

2、下半年的计划:

(1)公司下半年加大生产力度,确保公司顺利完成1997年度生产计划:合成洗涤剂4万吨,肥(香)皂1万吨,活力超级纯水1.4万吨。

(2)招聘大量市场营销的大学生充实公司的营销队伍,进一步加大国内各销售区的销售力度,在充分挖掘原有营销网络潜力的基础上不断增加新的销售网点,增大广告投入,力争完成或超额完成公司销售计划。

(3)积极稳妥地开展资产经营,挖掘公司资产运行的潜力。

(4)进一步加强内部管理,力争在不影响正常运行的情况下降低管理费用20－30%。

三、重大事件的说明

1、公司于1997年2月28日实施资本公积金向全体股东按10:3的比例转增股本的方案。

2、公司第十次董事会于1997年3月15日在公司总部1号楼2楼会议室召开,通过公司1995、1996年度利润分配、分红派息的预案:向全体股东按公司3月初总股本10397.075万股每10股派送4.38(含税)现金红利。

3、公司第十一次董事会于1997年3月27日在公司总部召开,通过公司1997年配股方案和决定1997年5月8日召开1996年度股东大会。

配股方案:拟以1996年末公司总股本7997.75万股为基数向全体按10:3比例配售新股,每股配股价为4—6元。

4、本公司与湖北会计师事务所根据中国证监会证监(1996)12号文的有关精神,于1997年6月21日在《上海证券报》刊登《关于沙市活力28(集团)股份有限公司96年度经营成果与溢利预测差异的说明》,列举导致公司96年度实现净利润与溢利预测出现31.3%的差异的直接原因,产向广大投资者致歉。

5、公司曾于1996年5月5日与活力28集团公司签订协议,1997年6月前将公司下属合资湖北美洁协和日用化工有限公司(注册资本1000万元人民币,公司拥有75%的权益)、沙市索普蕾日用化学品有限公司(注册资本130万元人民币,公司拥有75%的权益)、活力28集团恩施日化有限公司(注册资本50万元,公司拥有51%的权益)转让给活力28集团公司,1997年6月实施此协议。

6、关于募股资金的使用说明:

本公司1996年5月公开发行股票募集资金的使用情况,已经在公司96年度报告予以披露,公司三氧化硫技术改造项目已于报告期内完成,现已投产见效。年产5万吨高比重、超浓缩洗衣粉工程已于96年底竣工,报告期内已投产,由于市场原因,销售量不大,故生产量尚未能达到计划。两条自动化洗衣粉包装生产线亦已于96年底竣工,97年1月已开始与洗衣粉生产线配套生产。目前,包装生产线运转正常,可从根本上改善公司洗衣粉外包装状况。

7、根据国务院证券委、中国人民银行、国家经贸委97年5月21日联合发布的《严禁国有企业和上市公司炒作股票的规定》,公司认真地进行了自查,自查情况如下:本公司领导层于今年4月初感觉股市风险很大,责成公司证券部陆续卖出所持有各种流通股票(包括公司1996年度报告中披露的短期投资中的股票),至5月10日,已全部卖出所持有的各种流通股票。目前,本公司拥有4个上市流通股票帐户的股票余额为零。此外,本公司及子公司并无其他持有已上市流通股票的帐户。本公司今后如果再从事股票投资,将严格遵循国家证券法规和公司章程的规定。

8、本公司报告期内无关联交易。

9、本公司在报告期内无重大诉讼、仲裁事项。

四、发行在外股票的变动和股权结构的变化

(一)公司于报告期内实施资本公积金按10:3比例转增股本,国家股、法人股、社会公众股和内部职工股同比例增长。

(二)股权结构:

单位:万股

	1996年12月31日	本次变动增减(+.-)公积金转增	1997年6月30日
1、尚未流通股份			
①发起人股份	3869	1160.7	5029.7
其中:			
国家拥有股份	3869	1160.7	5029.7
②募集法人股	508	152.4	660.4
③内部职工股	1620.75	486.225	2106.975
尚未流通股份合计	5997.75	1799.325	7797.075
2、已流通股份			
①境内上市的人民币普通股	2000	600	2600
已流通股份合计	2000	600	2600
3、股份总额	7997.75	2399.325	10397.075

(三)主要股东持股情况(截止1997年6月27日)

	持股数(万股)	占总股本(%)
1、荆州市国有资产管理局	5029.7	48.38
2、中国农村发展信托投资公司	156	1.50
3、中国信达信托投资公司	130	1.25
4、中国工商银行荆州市分行荆州办事处	130	1.25
5、湖北京山轻工机构股份有限公司	67.8	0.65
6、武汉证券公司	62.4	0.60
7、广东华田	61.8	0.59
8、刘树和	44.7	0.43
9、尹显贵	44.03	0.42
10、黄秋云	43.49	0.418

五、股东大会简介

沙市活力28(集团)股份有限公司1996年度股东大会,于1997年5月8日在湖北省荆州市公司工人俱乐部召开,出席会议的股东110名,代表持股数7912万股,占公司股本总额的76.1%,符合《中华人民共和国公司法》及公司章程的规定。大会通过如下决议:

(一)大会审议并通过了董事长兼总经理雷世忠先生所作的公司1996年度董事会工作报告、监事会主席毛国荣先生所作的1996年度监事会工作报告以及总会计师李晓贵先生所作的1996年度财务决算报告。

(二)审议通过了关于1995年度、1996年度利润分配、分红派息的决议:

1995年度公司未分配利润22140669.59元。1996年度公司实现净利润30778694.63元,提取10%法定公积金3077869.46元,提取5%公益金1538934.73元,提取5%任意盈余公积金1538934.73元后,未分配利润为24622955.71万元。95年度、96年度可供股东分配利润共计46763625.30元,决定按公司目前总股本10397.075万股,每10股派送4.38元(含税)现金红利,尚余1176450.30元可分配利润结转下一年度。

(三)将公司章程第七条原"本公司的注册资本为7997.75万元人民币"修改为"本公司的注册资本为10397.075万元人民币"。

将公司章程第十四条原"本公司股本总额为7997.75万股,全部为记名式普通股,每股面值为人民币壹元。股本结构为:总股本7997.75万股,国家股3869万股,占总股本48.38%;法人股508万股,占总股本6.35%;内部职工股1620.75万股,占总股本20.26%;社会公众股2000万股,占总股本25.01%。"修改为"本公司股本总额为10397.075万股,每股面值壹元的普通股,其中国家股5029.7万股,占总股本的48.38%,法人股660.4万股,占总股本的6.35%;内部职工股2106.975万股,占总股本的20.26%;社会公众股2600万股,占总股本的25.01%。"

(四)审议通过公司1997年增资配股的方案。

1、以1996年末总股本7997.75万股为基数按10:3向公司全体股东配股(按现有股本10397.075万股,配股比例为10:2.3),配股总额2399.325万股,配股方案已经征得湖北国有资产管理局同意,国家股东——荆州国有资产管理局以现金方式认购400万股,有偿转让760.7万股配股权,配股权转让费为每股0.10元,法人股东出资认购36.6万股,并有偿转让115.8万股配股权,配股权转让费为每股0.10元。社会公众股东和内部职工股东在按10:2.3比例配股的基础上,还可以自愿按10:1.8的比例受让国家股、法人股的配股权。

2、配股价格:每股4-6元

3、配股决议有效期:1997年12月31日

4、配股资金用途:

(1)年产15万吨洗涤用品配料技术改造;

(2)液体洗涤剂生产线技术改造;

(3)PET制瓶生产线、塑料包装生产线技术改造;

(4)WDH系列高效节能低污染燃烧器及配套设备投资项目。

5、社会公众股股东和内部职工股东受让国家股、法人股配股而增加的股份,在国家就国有股与法人股的流通问题作出新的规定之前暂不上市流通。

本方案报请政府有关部门审议同意后,授权公司董事会在适当时间实施,并相应修改公司章程的部分条款。

(五)大会审议通过了关于改选部分董事的决议,决定选举徐慎华先生为公司董事,简历如下:

徐慎华先生　男　54岁,大专文化程度,党员,1962-1970年在部队服役,曾任中国工商银行荆州地区分行信贷科副科长,中国工商银行荆州地区分行信托投资公司经理,现任中国工商银行荆州市分行荆沙办事处总经理。

六、备查文件

1、载有公司董事长亲笔签名的中期报告原本。

2、股东大会(1996年年会)文件。

查阅地址:湖北省荆州市沙市区临江路1号

邮政编码:434000

电话:0716-8202081

传真:0716-8202259

沙市活力28(集团)股份有限公司

一九九七年八月十八日

彩虹显示器件股份有限公司

彩虹显示器件股份有限公司1996年年度报告摘要

一、公司简况

1、公司法定中文名称：彩虹显示器件股份有限公司

公司英文名称：IRICO DISPLAY DEVICES CO.LTD

英文名称缩写：IDD

2、公司注册地址：西安高新技术开发区西区

邮政编码：710075

3、公司法定代表：王李广

4、公司咨询服务机构：证券部

联系电话：(029)8214860

传　　真：(029)8214864

联系人：(董秘)：鱼光英

5、会计师事务所：陕西岳华会计师事务所

律师事务所：海问律师事务所

6、股票简称：彩虹股份

证券代码：600707

二、主要财务数据与财务指标

单位：元

指标项目	1996年	比上年增长(%)	1995年	1994年
1.主营业务收入	1127240420.45	41.97	794005816.42	448474821.16
2.净利润	110417232.69	24.57	88637901.39	83297989.53
3.总资产	1103036915.99	35.39	814684580.15	931603608.58
4.股东权益	565790853.95	1.32	558440694.70	469802793.31
5.每股收益	0.307	4.07	0.295	0.278
6.每股净资产	1.57	-15.59	1.86	1.57
7.净资产收益率(%)	19.52	23	15.87	17.73
8.股东权益比率(%)	51.29	-25.18	68.55	50.43

注：按照加权平均法计算1996年每股收益为0.34元。

三、公司主要业务回顾

1.一年来经营情况

1996年是公司发展史上重要的一年，面对激烈的市场竞争，公司上下齐心协力，共同拼搏，先后克服了市场疲软，产品降价等一系列困难，不仅全面完成了年度任务，而且保持了高速增长的良好态势。

1996年度，公司共生产各类彩色显像管91万只，销售100.5万只。实现主营业务收入112724万元、利润总额12999万元，净利润11042万元，分别比去年增长了41.97%、24.54%、24.57%，分别比盈利预测数增长10.51%，9.05%、8.98%。

1996年公司主要采取了以下几个方面的措施，从而保证了公司的高速发展。

1)适时调整产品结构，按市场需求及时切换为畅销的大屏幕彩管，通过技术改造，使月产量超过了设计能力的57%。

2)强化企业管理，深挖内部潜力，一方面通过抓质量，使主工程良品率大大提高，从而节约了大量的人力、物力；另一方面，努力降低材料的采购成本，使单只彩管成本降低了10%以上。

3.加大促销力度，加速货款的回笼，一方面采取灵活的营销策略，紧紧抓住市场不放，使主导产品全年的产销率始终保持在100%以上；实现了零库存；另一方面，加速货款的回笼工作，从而保证了公司资金的正常运营。

4)公司在保持现有产品旺销的情况下，通过专题研究开发并储备了一些高技术产品，如64cmFS700线PC/TVmonitor用彩管，已有小批量出口国外。该产品前景看好，效益可观。另外，公司参股经营的陕西省信托投资公司业已改组就绪。这些都为公司今后多元化、国际化发展奠定了基础。

四、股本变化及股本结构情况

1、股本变化及股本结构情况

(1)截止1996年末，公司股本结构如下：

(单位：万股　每股面值1元)

	期初数	本次变动增减(+、-) 送股	其他	小计	期末数
一、尚未流通股份					
1.发起人股份	15000	+3000	+180	+3180	18180
2.境内法人持有股份	5792	+1158.4	-180	+978.4	6770.4
尚未流通股份合计	20792	+4158.4	0	+4158.4	24950.4
二、已流通股份					
1.境内上市的					
人民币普通股	9208	+1841.6	+1841.6		11049.6
已流通股份合计	9208	+1841.6	+1841.6		11049.6
三、股份总数	30000	+6000	+6000		36000

(2)股本变化原因：

1996年6月16日公司召开了第四次股东大会，审议通过了1995年度每10股送2股的利润分配方案，并于1996年7月2日实施送股，公司股本总额由1995年末的30000万股增加至36000万股。

经西安市未央区法院判决，陕西省农工贸(集团)总公司所持公司的650万法人股，依法划拨给西安市北大街城市信用社500万股，西安市未央区张家堡信用社150万股；又经双方协商，西安市北大街城市信用社将其所持股份转让给西安诚信实业公司，西安市未央区张家堡信用社将其所持股份转让给中国工商银行陕西省信托投资公司。

(3)主要股东持股情况(前十名股东)

股东名称	年末持股数(万股)	占总股本(%)
1)彩虹集团公司彩虹彩色显像管总厂	7920	22
2)中国工商银行陕西省信托投资公司	6660	18.5
3)中国建设银行陕西省信托投资公司	3600	10
4)中国银行陕西省信托投资公司	2400	6.67

5)西安无线电一厂	636	1.76
6)深圳莱英达集团股份有限公司	600	1.67
7)西安诚信实业公司	600	1.67
8)深圳蛇口社会保险公司	360	1.00
9)陕西省华通物资公司	240	0.67
10)乌鲁木齐幸福城市信用社	240	0.67

(4)股东户数:

截至1996年末,公司股东总数为66199户,其中发起人法人股东3户,社会法人股东28户,社会公众股东66168户。

2、公司董、监事及高级管理人员持股情况:

姓 名	职 务	年初持股数	年末持股数
王李广	董事长	30000	36000
张筱梅	副董事长	0	0
杨军华	副董事长	0	0
陶凌云	董事	0	0
黄自强	董事	0	0
李卫生	董事	0	0
侯瑞金	董事、总经理	30000	36000
翟卫平	监事会主席	0	0
郭 婷	监事	0	0
吴令顺	监事	30000	36000
张国强	副总经理、会计师	30000	36000
张君华	副总经理	0	0
鱼光英	董事会秘书	0	0

以上董、监事及高级管理人员持股变化原因均为本公司本年度送股所增加。

五、重要事项

1、本报告期内股东大会、董事会情况说明:

1996年1月19日公司以通讯方式召开临时股东大会,审议通过了《关于批准恢复公司股本议案》的决议(股东大会决议刊登于1996年1月20日《中国证券报》)。

1996年5月10日公司召开董事会议,审议通过了董事会工作报告、1995年度财务决算及1996年度财务预算报告、1995年度利润分配预案、关于接受张文义先生辞去董事长、董事职务的请求、选举王李广先生为公司董事长,通过公司第四次股东大会召开时间及议程(董事会决议刊登于1996年5月13日《中国证券报》)。

1996年6月16日公司召开第四次股东大会,审议通过了董事会工作报告、监事会工作报告、1995年度财务决算及1996年度财务预算报告、利润分配方案、同意对张文义先生辞去董事会职务予以确认、选举产生了公司第二届董事会、监事会(股东大会决议刊登于1996年6月18日《中国证券报》)。

1996年6月16日公司召开第二届第一次董事会,选举王李广先生为公司董事长(董事会决议刊登于1996年6月18日《中国证券报》)。

1996年6月19日公司召开第二届第一次临时董事会,决定对公司64cm彩管生产线进行兼容改造;投资3000万元人民币参股金融机构(董事会决议刊登于1996年6月21日《中国证券报》)。

1996年12月27日公司召开第二届第二次临时董事会,决定在西安高新技术开发区征地18亩,进行开发建设;投资2000万元人民币控股西安新纪元国际俱乐部有限公司(董事会决议刊登于1996年12月19日《中国证券报》)。

2、经中国证监会证监发审字〔1996〕25号复审意见书和上海证券交易所上证上(96)字第024号上市通知书审核批准。公司9208万A股股票于1996年5月20日在上海证券交易所挂牌交易(《上市公告书》刊登于1996年5月17日《中国证券报》、《上海证券报》、《证券时报》)。

3、公司董、监事变动情况说明:

公司第四次股东大会选举产生了第二届董事会、监事会。第二届董事会由以下七名董事组成:王李广先生、张筱梅先生、杨军华先生、陶凌云先生、黄自强先生、李卫生先生、侯瑞金先生;选举产生了第二届监事会,由以下三名监事组成:翟卫平先生、郭婷女士、吴令顺先生。

4、本报告期内,公司实施了1995年度利润分配方案,即向全体股东每10股送2股,股权登记日为7月2日,除权及红股上市日为7月3日。

5、公司本年度利润分配后,公司注册资本由30000万元变更为36000万元。

6、本报告期内无重大诉讼、仲裁事项。

六、子公司及关联企业

企业名称	注册资金(万元)	主营业务	本公司所占权益
西安彩虹久千技术开发有限责任公司	27.2	管理及技术咨询技术开发	56.25%

七、财务报告

(一)审计意见:

公司财务报告经陕西岳华会计师事务所注册会计师刘席儒、王伟雄审计,并出具无保留的审计报告。

(二)财务报表:(见附表)

(三)财务报表附注:

1、主要会计政策:

(1)会计政策:母公司执行《股份制试点企业会计制度》。纳入合并范围的子公司西安彩虹久千技术开发有限责任公司执行《旅游、饮食、服务企业会计制度》。在编制合并会计报表时按《股份制试点企业会计制度》进行了调整。

(2)合并会计报表的编制:依照财政部颁发的《合并会计报表暂行规定》进行编制。

(3)外币业务:外币业务以年初的外币汇率(中间价)折合为人民币记帐,年末按照结帐日(中间价)进行调整,发生的汇兑损益计入当年财务费用。

(4)存货:原材料采用"先进先出法"核算;低值易耗品采用"一次摊销法"核算;产品成本采用"加权平均成本法"核算。

(5)税项:

主营业务为生产、销售电子产品(彩色显像管),经主管税务机关核定为增值税一般纳税人,销售税税率为17%,按销项税额扣除进项税额后的差额进行缴纳;

其他业务收入按收入5%的税率缴纳营业税;城市维护建设税按应纳税额的7%缴纳;

教育费附加按应纳税额的3%缴纳;

母公司根据财政部、国家税务总局财税字(1994)001号文件,"关于企业所得税若干优惠政策的通知"和国发〔1991〕12号"国务院关于批准国家高新技术产业开发区和有关政策规定的通知",企业所得税按15%的税率缴纳。

子公司——久千公司企业所得税按33%的税率缴纳。

(6)坏帐损失:采用直接摊销法核算。

(7)长、短期投资:短期投资按照成本法核算。长期投资对持有20%以下的股权投资采用成本法核算,对持有20%以上的股权投资采用权益法核算,并对其中持有50%以上的股权投资编制合并会计报表。

(8)递延资产:从1994年8月1日投产后按照5年进行摊销。

(9)无形资产:引进日本国64CMFS彩色显像管生产技术转让费,按照双方协议10年期限进行摊销;土地使用权按照50年采用直线法摊销。

(10)利润分配:按公司章程规定法定盈余公积金按照税后利润10%提取,公益金按照税后利润5—10%提取。

(11)合并报表:

并表子公司:西安彩虹久千技术开发有限责任公司

企业性质:控股公司

注册资金:27.2万元

母公司持股比例:56.25%

投资金额:15.3万元

2、应收票据472647119.84元。其中:

四川长虹电器股份有限公司:271577219.84元;

康佳集团股份有限公司: 54000000.00元;

南京熊猫电子股份有限公司:40346800.00元;

青岛海信电器公司: 10025000.00元;

其他16户计 96698100.00元。

上述票据均为承兑期在六个月内银行承兑票据,形成原因为采用收到银行承兑票据销售提货的结算方式。

3、应收帐款40441003.34元

应收熊猫电子股份有限公司销货款 9500000.00元;

应收北京牡丹电子集团公司销货款 14174720.03元;

应收上海广电股份有限公司销货款 16321283.31元;

其他10户计 445000.00元;

上述应收帐款帐龄在一年以内40359003.34元,占99.80%,帐龄在一年以上两年以下二户82000.00元,占0.2%。(系子公司应收客户的咨询费)。

4、预付帐款385362.44元

预付中国电子进出口彩虹公司进出口保证金385362.44元,比上年减少99.5%,系上年期末预付进口材料款77516758.66元,本年末无预付进口材料款。

5、其他应收款169628.92元

应收税务局发票押金13000元;

备用金156628.92元;

上述其他应收帐款帐龄在一年以内156628.95元;帐龄在一年以上两年以下二户(税务局发票押金)13000元,比上年减少了79.34%系备用金减少。

6、

存货	76159784.80元
原材料	20917767.73元
产成品	33518698.55元
在制品	3300567.16元
修理用备品备件	16936751.36元
在途材料	1486000.00元

比上年减少了60.87%,主要原因系本年加速资金周转产成品占用资金量减少形成。

7、长期投资34900000.00元系股权投资

被投资公司名称:陕西省信托投资有限责任公司

股数:2736万股

占被投资公司股权的比例:12.27%

投资金额:349000000.00元。

8、在建工程18771140.20元

工程名称	工程进度	实际支出数	原预算数	资金来源
54CM生产线改造	23%	1332534.29元	6160000.00	自筹
设备加工及安装费	90%	6161441.20元		自筹
未完工厂房办公楼	95%	3972133.39元		自筹
射灯工程	90%	27853.48元		自筹
64CM排气炉改造	30%	5114677.84元	17126000.00	自筹
进口700线设备款	70%	2162500.00元		自筹

上述项目全部由自有资金解决,比上年减少了34.61%,因上年部分在建工程已于本年完成。

9. 预提费用

预提日方技术转让费提成费6666504.03元

预提1996年12月102848只彩管代销费822784.00元

预提1996年12月防洪保安基金118392.39元

子公司预提房租62000.00元

合计7669680.42元

比上年增加了1.69倍,系本年64CMFS彩管销量增加,根据协议应付日方技术转让提成费增加形成。

10、资本公积金期末余额154932926.50元,本期增加4932926.56元,其中:4900000.00元系陕西省信托投资公司评估增值部分调整增加资本公积;32926.56元系子公司1995年企业所得税退税增加资本公积58536.11元,母公司相应调整资本公积32926.56元。

11、盈余公积

	期初余额	本期增加	期末余额
盈余公积	32479268.82	16573926.84	49053195.66
其中:			
法定公积金	21650651.77	11047394.24	32698046.01
法定公益金	10828617.05	5526532.60	16355149.65

12、未分配利润:未分配利润期初余额15961425.88元,本期实现净利润110417232.69元,提取盈余公积16573926.84元,96年度利润分配方案为每10股派发现金红利3.00元(含税),应付股利108000000元,期末未分配利润为:1804731.73元。

13、投资收益:股票投资收益815463.70元。

14、有关事项说明:母公司以企业机器设备、房屋及建筑物进行最高限额抵押取得借款。

15、期后事项:至审计日止,本公司未有法律诉讼、税务纠纷等期后事项。

八、其他事项

公司于1997年3月20日召开第二届第二次董事会决定,公司1996年度利润分配预案为:1996年公司实现净利润110417232.69元,提取10%的法定公积金和5%的法定公益金,加上上年末分配利润15961425.88元,本年度可供股东分配的利润109804731.73元。董事会决定1996年度利润分配预案为:向全体股东每10股派3.00元(含税),分配普通股股利108000000.00元,未分配利润1804731.73元,结转1997年度分配。以上利润分配预案尚须股东大会表决通过并报有关部门审核。

彩虹显示器股份有限公司董事会

董事长:王李广 总经理:侯琦美

一九九七年三月二十日

资产负债表

编制单位:彩虹显示器件股份有限公司　　1996 年 12 月 31 日　　单位:元

项　目	期末数(合并)	期末数(母公司)	期初数(合并)	期初数(母公司)	项　目	期末数(合并)	期末数(母公司)	期初数(合并)	期初数(母公司)
流动资产:					流动负债:				
货币资金	32111461.38	32040778.61	46252138.86	46245714.46	短期借款	275300000.00	275300000.00	200000000.00	200000000.00
短期投资			3400000.00	3400000.00	应付票据				
应收票据	472647119.84	472647119.84			应付帐款	50063547.56	50063547.56	2415089.80	2415089.80
应收帐款	40441003.34	39996003.34	1194871.66	844871.66	预收货款	29503240.00	29503240.00		
减:坏帐准备					应付福利款	2499338.38	2475804.59	1431200.59	1423055.28
应收帐款净额	40441003.34	39996003.34	1194871.66	844871.66	未付股利	108420000.00	108420000.00	1269520.00	1269520.00
预付货款	385362.44	385362.44	77516758.66	77516758.66	未交税金	33841696.61	33768555.35	22039680.26	21955044.15
其他应收款	169628.92	134410.92	821186.12	754603.62	其他未交款	1430.00			
待摊费用	626250.00	626250.00	740922.20	740922.20	其他应付款	16007236.27	15990795.97	13153863.52	12994911.95
存货	76159784.80	76159784.80	194624341.28	194624341.28	预提费用	7669680.42	7607680.42	2847045.76	2847045.76
待处理财产净损失					待扣税金				
一年内到期债券投资	2000000.00	2000000.00			流动负债合计	523306149.24	523129623.89	243156399.93	24290466.94
其他流动资产					长期负债:				
流动资产合计	624540610.72	623989709.95	324550218.78	324127211.88	长期借款	13700000.00	13700000.00		
长期投资:					应付债券				
长期投资	34900000.00	35208459.32		218823.06	长期应付款			12881289.81	12881289.81
合并价差					其他长期负债				
固定资产:					长期负债合计	13700000.00	13700000.00	12881289.81	12881289.81
固定资产原价	473215623.36	472990117.36	460189967.40	459964461.40	递延税项				
减:累计折旧	78770246.88	78718737.58	35008095.70	35000334.56	递延税款贷项				
固定资产净值	394445376.48	394271379.78	425181871.70	424964126.84	负债合计	537006149.24	536829623.89	256037689.74	255785956.75
在建工程	18771140.20	18771140.20	28704450.16	28704450.16					
固定资产清理									
待处理固定资产净损失					少数股东权益	239912.80		170195.71	
固定资产合计	413216516.68	413042519.98	453886321.86	453668577.00					
无形及递延资产					股东权益:				
无形资产	21524530.73	21524530.73	23929518.65	23929518.65	股本	360000000.00	360000000.00	360000000.00	360000000.00
递延资产	8855257.86	8855257.86	12282520.86	12282520.86	资本公积	154932926.56	154932926.56	150000000.00	150000000.00
无形及递延资产合计	30379788.59	30379788.59	36212039.51	36212039.51	盈余公积	49053195.66	49028689.11	32479268.82	32466104.21
其他长期资产:					其中:公益金	16355149.65	16342896.37	10828617.05	10822034.74
其他长期资产					未分配利润	1804731.73	1829238.28	15961425.88	15974590.49
递延税项:					外币报表折算差额				
递延税款借项					股东权益合计	565790853.95	565790853.95	558440694.70	558440694.70
资产总计	1103036915.99	1102620477.84	814648580.15	814226651.45	负债及股东权益总计	1103036915.99	1102620477.84	814648580.15	814226651.45

利润及利润分配表

编制单位:彩虹显示器件股份有限公司　　1996 年度　　单位:元

项　目	期末数(合并)	期末数(母公司)	期初数(合并)	期初数(母公司)
一、主营业务收入	1127240420.45	1126525420.45	794005816.42	793405816.42
减:营业成本	927123457.81	926596909.62	664094442.91	663699023.37
销售费用	8315560.14	8315560.14	5328320.00	5328320.37
管理费用	33512310.04	33512310.04	17626504.76	17626504.76
财务费用	36898879.26	36900225.95	20656958.24	20660032.66
营业税金及附加	6774055.16	6734730.16	2356050.59	2323050.59
二、主营业务利润	114616158.04	114465684.54	83943539.05	83768885.04
加:其他业务利润	4559757.00	14559757.00	20433560.05	20433560.05
三、营业利润	129175915.04	129025441.54	104377099.97	104202445.09
加:投资收益	815463.70	872173.40		65823.06
营业外收入				
减:营业外支出	4995.73	4995.73		
加:以前年度损益调整				
四、利润总额	129986383.01	129892619.21	104377099.97	104268268.15

项　　目	期末数(合并)	期末数(母公司)	期初数(合并)	期初数(母公司)
减:所得税	29525042.78	19475386.52	15688002.87	15630366.76
少数股东权益	44107.54		51195.71	
五、净　利　润	120417232.69	110417232.69	88637901.39	88637901.39
加:年初未分配利润	25961425.88	15974590.49	632374.31	632374.31
盈余公积转入数				
六、可分配利润	126378658.57	126391823.18	89270275.70	89270275.70
减:提取法定盈余公积	11047394.24	11041723.27	8870372.44	8863790.14
提取法定公益金	5526532.60	5520861.63	4438477.38	4431895.07
七、可供股东分配的利润	109804731.73	109829238.28	75961425.88	75974590.49
减:已分配优先股股利				
提取任意公积				
已分配普通股股利	108000000.00	108000000.00	60000000.00	60000000.00
八、未分配利润	1804731.73	1829238.28	15961425.88	15974590.49

财务状况变动表

编制单位:彩虹显示器件股份有限公司　　1996 年度　　单位:元

项　　目	合　并	母公司	流动资金各项目的变动	合　并	母公司
一、流动资金来源			一、流动资产本年增加数:		
1.本年净利润	110417232.69	110417232.69	1、货币资金	-14140677.48	-14204935.85
加:少数股东本期损益	44107.54		2、短期投资	-3400000.00	-3400000.00
加:不减少流动的费用和损失			3、应收票据	472647119.84	472647119.84
(1)固定资产折旧	43762151.18	43718403.02	4、应收帐款		
(2)无形资产、递延资产及其他资产摊销(减其他负债转销)	5832250.92	5832250.92	减:坏帐准备		
(3)固定资产盘亏(减盘盈)			5、应收帐款净额	39246131.68	39151131.68
(4)清理固定资产损失(减收益)	4995.73	4995.73	6、预付货款	-77131396.22	-77131396.22
(5)递延税款			7、其他应收款	-651557.20	-620192.70
(6)其他不减少流动资金的费用和损失			8、待摊费用	-114672.20	-114672.20
小　计	160060738.06	159972882.36	9、存货	-118464556.48	-118464556.48
2.其他来源			减:存货变现损失准备		
(1)固定资产清理收入(减清理费用)			10、存货净额		
(2)增加长期负债	13700000.00	13700000.00	11、待处理流动资产净损失		
(3)收回长期投资			12、一年内到期的长期债券投资	2000000.00	2000000.00
(4)对外投资转出固定资产			13、其他流动资产		
(5)对外投资转出无形资产					
(6)资本增加净额	21506853.40	21495511.46			
(7)少数股东资本净增加额(合并报表填列)	34431.05				
小　计	35241284.45	35195511.46	流动资产增加净额	299990391.94	299862498.07
流动资金来源合计	195302022.51	195168393.82	二、流动负债本年增加数:		
二、流动资金运用			1、短期借款	75300000.00	75300000.00
1.利润分配			2、应付票据		
(1)提取法定公积金	11047594.24	11041723.27	3、应付帐款	47648457.76	47648457.76
(2)提取法定公益金	5526532.60	5520861.63	4、预收货款	29503240.00	29503240.00
(3)提取任意公积金			5、应付福利款	1068137.79	1052749.31
(4)已分配股利	108000000.00	108000000.00	6、未付股利	107150480.00	107150480.00
小　计	124573926.84	124562584.90	7、未交税金	11802016.35	11813511.20
2.少数股东利润分配	8821.50		8、其他未交款	1430.00	
3.其他运用			9、其他应付款	2853352.75	2995884.02
(1)固定资产和在建工程净增加额	3097341.73	3097341.73	10、预提费用	4822634.66	4760634.66
(2)增加无形资产、递延资产及其他资产			11、一年内到期的长期负债		
(3)偿还长期负债	12881289.81	12881289.81	12、其他流动负债		
(4)增加长期投资	34900000.00	34989636.26			
小　计	50878631.54	50968267.80			
流动资金运用合计	175461379.88	175530852.70	流动负债增加净额	280149749.31	280224956.95
流动资金增加净额	19840642.63	19637541.12	流动资金增加净额	19840642.63	19637541.12

彩虹显示器件股份有限公司一九九七年度中期报告

一、财务报告(已经审计)

审计意见,本公司财务报表经陕西岳华会计师事务所赵晋德、刘席儒注册会计师审计,并出具无保留意见的审计报告(陕岳会内审字[1997]第068号)。

(一)财务报表

1、简化的资产负债表: 1997年6月30日 单位:元

资 产	期初数	期末数
流动资产	623989709.95	728924660.70
长期投资	35208459.32	52058459.32
固定资产净值	394271379.78	374024566.41
在建工程	18771140.20	31843042.32
无形资产及递延资产	30379788.59	27463663.13
其他长期投资	——	——
资产总计	1102620477.84	1214314391.88
流动负债	523129623.89	553157402.73
长期负债	13700000.00	13700000.00
负债合计	536829623.89	566857402.73
股东权益:	565790853.95	647456989.15
(1)股本	360000000.00	360000000.00
(2)资本公积	154932926.56	150032926.56
(3)盈余公积	49028689.11	49028689.11
(4)未分配利润	1829238.28	88395373.48
负债及股东权益合计	1102620477.84	1214314391.88

2、简化的损益表 单位:元

项 目	97年1—6月	96年1—6月
主营业务收入	683816398.91	459528527.00
主营业务利润	77665223.96	56467789.87
其他业务利润	23103921.03	11368478.54
投资收益	967823.07	225342.37
营业外收支	——	——
利润总额	101736968.06	68061610.78
所得税	15170832.86	10209241.61
净利润	86566135.20	57852369.17

3、其他财务指标

	97年上半年	96年上半年
(1)每股收益:	0.24元	0.16元
(2)净资产收益率:	13.37%	9.39%
(3)每股净资产:	1.80元	1.71元

(二)财务报表附注

1、本报告期财务报告所采用的会计政策与方法没有变化。

2、根据财政部关于编制合并报表的有关补充规定,对收入、资产、利润达不到母公司的10%时,可以不进行合并。本公司对彩虹久千公司、西安新纪元国际俱乐部此次未进行合并。

3、货币资金期初3204万元,期末32982万元,增加的主要原因是销货承兑汇票陆续到期和本年利润增加。

4、应收帐款期初3999.6万元,期末9949.3万元,增加的主要原因是当月销货款尚未收回。帐龄均在一年以内,无持股在5%以上的股东及关联公司欠款。

5、应收票据期初47265万元,期末23389.5万元,减少的主要原因是:①承兑汇票陆续到期;②采用部分现汇销售提货的结算方式。

6、预付货款期初38.5万元,期末758.6万元,主要是预付进口材料保证金。

7、其他应收款期初13.4万元,期末194万元,增加的主要原因是应收彩虹久千公司咨询费。帐龄在一年以内192.9万元,帐龄在一年以上二年以下(税务局发票押金)1.1万元。无持股在5%以上的股东及关联公司欠款。

8、存货期初7616万元,期末5002万元,减少的主要原因是产品销量增大。

9、待摊费用期初62.6万元,期末117万元,主要系6月份投保97年度财产保险费。

10、长期投资:

被投资公司名称	股数	占被投资公司比例	投资金额
陕西省信托投资有限责任公司	2736	12.27%	30000000元
彩虹久千技术开发有限责任公司		56.25%	308459.32元
西安新纪元国际俱乐部		46.7%	20000000.00元
工商时报陕西站			1750000元

11、在建工程期初1877万元,期末3184万元,增加的主要原因是公司在西安高新技术开发区征用土地款1276.7万元。

12、预提费用期初760万元,期末4705万元,增加的主要原因是:①由于彩管产销量的增大,预提日方技术提成转让费等费用相应增加;②预提"彩虹"商标使用费。

13、资本公积期末余额15003万元,根据中国证监会上市部复审意见,对投资于陕西省工行信托投资公司评估增值的490万元,不应进行帐务调整,故对96年报表进行调整,并在97年5月31日《中国证券报》第9版予以更正。

14、未分配利润期初余额182.9万元,本期实现净利润8656.6万元,期末可供分配的利润8839.5万元。

15、主营业务收入上年同期45952.9万元,本期68381.6万元,主要原因是生产规模扩大,产品结构调整,销售量增大。

16、销售费用上年同期336.5万元,本期1417.7万元,主要原因是由于销售数量增加,运费提高所致。

17、管理费用上年同期1214.5万元,本期4966.9万元,主要原因是产量增大引起的技术转让提成费和预提商标使用费增加。

18、投资收益本期96.8万元,上年同期22.5万元,系国债投资收益59.81万元及股票投资收益36.97万元。

19、关联方关系及交易披露:

(1)关联关系:

企业名称	与本公司关系	经济性质	法人代表	注册资本	所持本公司股份
彩虹集团公司	第一大股东	国有独资公司	张文义	10亿元	23.77%

(2)关联交易

A:本公司与彩虹集团公司及其下属的销售公司、物资公司签定代购、代销协议,并按照协议的向彩虹集团支付代购、代销费;本公司从彩虹集团公司采购部分内配材料及动力能源。

B:产品销售价格由本公司自行决定;

C:1997年1—6月份本公司支付彩虹集团公司材料代购费362万元,代销费518万元,支付彩虹集团公司材料及动能费14114万元;

D:本公司预提2846万元作为"彩虹"商标使用费,有关协议正在商谈之中,待协议签定后支付。

20、至审计日止,本公司未有法律诉讼、税务纠纷等引起的或有负债。

二、经营情况的回顾与展望

(一)上半年经营情况的回顾:

1997年上半年,公司全体员工进一步发扬"敬人敬业,追求卓越"的

企业精神,坚持“突出主业,多元发展”的主导思想,各项工作取得了良好的成绩。1997 年 1—6 月份,公司共实现主营业务收入 68381.4 万元,净利润 8656.6 万元,分别比去年同期增长 48.62%、49.63%。公司上半年主要做了以下几个方面的工作:

1、以市场为导向,以质量求生存,开足马力,精心组织生产,产量、质量分别创出历史最高水平,为公司全年任务的顺利完成打下了坚实的基础;

2、实行责任制,管理技术出效益:技术人员以课题作为中心,以规范技术管理为目的,以自主管理为手段,以不断提高产品品位为标准,确定了 97 年的管理目标;

3、强化质量、成本管理,加强技术改造力度和国产化进程,降低了生产成本;

4、全面贯彻执行九七年安全、消防、环保工作的方针目标和措施,确保安全工作全面达标;

5、狠抓投资项目的落实,寻求新的利润增长点。由公司控股经营的西安新纪元国际俱乐部有限责任公司经过上半年的努力,基建工程已完工,机构已正常运作,现已试营业;由公司所征 18 亩地,业已完成了清理平整和封闭工作,开发的前期准备工作已经就绪。

(二)下半年工作展望:

1、通过挖潜改造,扩大生产规模,增强公司的市场竞争能力,力争使目前的 64cmFS 彩管生产线能力提高到年产 120 万只;

2、进一步强化质量、成本管理,加速国产化进程,努力降低生产成本,实现公司利润的最大化;

3、以市场为导向,加大技术投入和科研力度,加速新品开发,积极推进 74cmFS 以上大屏幕彩管生产线建设的前期准备工作;通过专题研究开发并储备高新技术产品,64cmFS700 线彩管争取早日批量生产并尽快走向市场;

4、充分利用上市公司的各种优势,认真做好增资配股和境外发行工作;加强对国际资本市场的研究分析,抓住有利时机,适时进入市场,保证境外股票的发行成功;

5、继续加强对资本市场的研究,优化产业结构,在以一业为主的前提下,积极向领域探索,寻求新的利润增长点。

三、重大事件说明

1、按照国务院证券委、中国人民银行、国家经贸委 5 月 21 日联合发布的《严禁国有企业和上市公司炒作股票的规定》要求,公司对证券投资情况进行了自查,对原持有的股票投资在规定的期限内进行了清理,现公司未持有任何上市公司股票。公司在以往的股票投资活动中,没有违反国家有关政策法规的行为。

2、根据西安市中级人民法院裁定,西安无线电一厂依法破产,其所持本公司 636 万股份依法划归彩虹集团公司持有。彩虹集团公司持有本公司的股份由 22%增加到 23.77%。

3、公司于 1997 年 6 月 26 日召开股东大会,审议通过了 1996 年度利润分配方案:每 10 股派发现金红利 3 元(含税)。股权登记日 8 月 7 日,除息日 8 月 8 日。

4、公司于 1997 年 6 月 26 日召开二届四次董事会,选举谢军为公司副董事长。

5、本报告期内无重大诉讼、仲裁事项。

四、发行在外股票的变动和股权结构的变化

(一)本报告期内,公司没有股票发行及其他募集资金或转增股本的行为,因此公司发行在外的股本结构无变化。

(二)股本结构:

截止 1997 年 6 月 30 日,公司股本结构如下(单位:万股　每股面值 1 元)

	期初数	本次变动增减(+,-) 配股	送股	公积金转股	其他	小计	期末数
一、尚未流通股份							
1、发起人股份	18180	--	--	--	+636		18816
2、境内法人持有股份	6770.4	--	--	--	-636		6134.4
尚未流通股份合计	24950.4	--	--	--	--		24950.4
二、已流通股份							
境内上市的人民币普通股	11049.6	--	--	--	--		11049.6
三、股份总数	36000						36000

(三)主要股东持股情况:

股东名称	持股数(万股)	占总股本比例
(1)彩虹集团公司	8556	23.77%
(2)中国工商银行陕西省信托投资公司	6660	18.5%
(3)中国建设银行陕西省信托投资公司	3600	10%
(4)中国银行陕西省信托投资公司	2400	6.67%
(5)浙江兰溪兰申新科电脑开发公司	720	2%
(6)西安诚信实业开发公司	600	1.67%
(7)深圳蛇口社会保险公司	360	1%
(8)陕西省华通物资公司	240	0.67%
(9)乌鲁木齐幸福城市信用社	240	0.67%
(10)中化国际石油有限公司	240	0.67%

五、股东大会简介

公司第五次股东大会于一九九七年六月二十六日在陕西西安高新技术开发区西区新纪元宾馆召开。出席会议的股东及股东代表共 23 人,代表股份 23316.7 万股,占公司总股本的 64.77%,符合《公司法》及公司章程的有关规定。大会审议了有关报告、议案,经表决形成决议如下:

一、批准董事会工作报告;

二、批准监事会工作报告;

三、批准公司一九九六年度财务决算报告和一九九七年度财务预算报告;

四、批准公司一九九六年度利润分配方案;

1996 年度公司共实现净利润 110417232.69 元,提取 10%的法定公积金和 5%的法定公益金,加上上年未分配利润 15974590.49 元,本年度可供股东分配的利润 109829238.28 元。1996 年度利润分配方案为:向全体股东每 10 股派发现金 3.00 元(含税),共计分配股利 108000000 元,尚余未分配利润 1829238.28 元结转下年度分配。

五、大会接受张筱梅、陶凌云辞去董事职务的请求并补选谢军女士、焦树堂先生为董事。

六、备查文件

1、载有董事长、总经理亲笔签名的中期报告原本;

2、审计报告原件;

3、第五次股东大会文件;

4、查阅地址:彩虹显示器件股份有限公司证券部

咨询电话:(029)8214860　　8214865

彩虹显示器件股份有限公司

一九九七年八月十二日

云南云维股份有限公司

云南云维股份有限公司1996年年度报告摘要

一、公司简况

1、公司法定中文名称：云南云维股份有限公司

公司英文名称：YANNAN YUNWEI COMPANY LIMITED

公司英文名称缩写：YNYW

2、公司注册地址：云南省曲靖市花山镇

邮政编码：655038

3、公司法定代表：董事长王建坤

4、公司咨询服务机构：公司证券部

联系电话：0874—3068588

传真：0874—3068590

联系人：董学周

5、股票简称：云维股份

6、证券号码：600725

二、主要财务数据与财务指标

指标项目	1996年度	1995年度	比上年增减(%)
1.主营业务收入(万元)	17519	26482	-33.85
2.净利润(万元)	7423	3811	94.78
3.总资产(万元)	56864	19183	196.43
4.净资产(万元)	33203	10477	216.91
5.每股收益(元)	0.675	0.526	28.33
6.每股净资产(元)	3.02	1.445	109.00
7.净资产收益率(%)	22.36	36.375	-38.53
8.股东权益比率(%)	58.39	54.62	6.90

注：本公司年初股本为7250万股，年末股本为11000万股，每股收益按加权平均法计算为0.81元。一九九五年所得税率为33%。

三、公司主要业务回顾

1．一年来经营现状

一九九六年是"九五"规划的第一年，也是公司发展史上具有战略意义的一年，公司股票成功地在上海发行和上市，实现了公司由生产经营向资本经营的重大转变。公司按《公司法》规范运作，加大了改革力度，强化经营管理。面对市场疲软，价格下滑的不利局面，公司积极拓展销售渠道，全方位挖掘内部潜力，取得了较好的经济效益和社会效益，各项经济指标名列全国维纶行业前茅，树立了良好的企业形象。

本公司一九九六年实现主营业务收入17519万元，实现利润总额8737万元，实现净利润7423万元，分别比上年增长-33.85%、53.60%、94.78%；分别比计划增长-35.07%、32.78%、32.72%。

本公司全年共生产聚乙烯醇15607吨，比上年下降0.5%，产品产销率为87.11%，产品合格率为100%。

造成公司主营业务下降的原因是：我公司主产品聚乙烯醇的主要市场为纺织和建材行业，而这两个行业受宏观经济调控的影响，还没有摆脱困境，致使对我公司主产品聚乙烯醇的消费呈价跌量减的态势。

2．前次募集资金的使用情况说明

本年度，公司通过发行股票募集资金17625万元，根据招股说明书公告的用途，以上募集资金用于以下四个项目：

(1)扩建年产1万吨聚乙烯醇生产线1条，投资4970万元。

(2)扩建年产3.6万吨电石生产线1条，投资4500万元。

(3)扩建年产2.5万吨醋酸乙烯生产线，投资4973万元。

(4)新建年产1万吨醋酸乙烯乳液生产线1条，投资4720万元。

由于受宏观经济调控的影响本公司主要产品聚乙烯醇的两大消费市场建筑业及纺织业均不景气，且全国其他维尼纶厂相继扩产，造成聚乙烯醇市场供应过量的不利局面，这种局面在两至三年之内不会有根本性转变。为此根据以上情况，公司放弃对第一至三个项目的投入，另加紧工作，寻求新的经济增长点。有关的项目调整，待经股东大会审议通过后实施。

原定新建年产1万吨醋酸乙烯乳液生产线，由于该产品系列产品较多，公司谋求开发具有高附加值的产品，为此正在进行大量的市场调研和技术论证，整个工作尚处于前期准备阶段。

四、股本变化及股本结构情况

1．股本结构

截止到一九九六年十二月三十一日，公司总股本11000万股，其股权结构如下：

数量单位：股　每股面值：元

项目	期初数	本次变动增(+)减(-) 送股、配股、公积金转增、其他	期末数
(一)尚未流通股份			
1.发起人股	72500000		72500000
其中：国有法人持有股份	72500000		72500000
2.内部职工股	3750000		3750000
尚未流通股份合计	76250000		76250000
(二)已流通部分			
1.境内上市的人民币普通股	33750000		33750000
已流通股份合计	33750000		33750000
(三)股份合计	110000000		110000000

2．股本变动情况

一九九六年六月十日至十九日，经中国证监会证监发审字(1996)79号文批准，公司采用专项存单的方式向社会公开发行3750万股人民币普通股，每股面值1元，发行价格为人民币每股4.70元，募集资金17625万元，发行后总股本为11000万元。

3．主要股东持股情况

股东名称	持股情况(股)	持股比例%
云南维尼纶厂	72500000	65.9
海南中泰	1721107	1.56
邓秀应	775325	0.70
高守秀	733799	0.67
倪红妹	669860	0.61
邓向应	540887	0.49
潘亚体	529820	0.48
杨南生	527480	0.48
刘民清	527000	0.48
任俊龙	497956	0.45

云南维尼纶厂代表国家持有云南云维股份有限公司股份并控股。

4．年末股东户数10528户，其中国有法人股东壹户，社会公众股东10527户。

5.公司董事、监事、经理人员持股情况(单位：股)

姓名	职务	年初持股数	年末持股数
王建坤	董事长，总经理	3000	3000
李剑秋	副董事长，常务副总经理	3000	3000
尹嘉润	董事、副总经理	3000	3000
黄秉宪	董事、副总经理	2000	2000

胡华生	董事、副总经理	2100	2100
张洪秀	董事	2000	2000
段云宝	董事	2000	2000
董学周	董事、总经理财务助理	2100	2100
张自舒	监事会主席	2000	2000
王钦刚	监事	2000	2000
张文灿	监事	2000	2000
于 毅	副总经理	0	0

五、重要事项

1、股东大会

公司创立大会暨第一届股东大会于1996年6月25日,在云南省曲靖市花山镇云维俱乐部召开,出席本次会议的股东代表475人,代表公司股份73,551,300股,占公司股份总额的66.86%,超过公司股份总数的二分之一,符合公司法规定,本次会议审议并采用记名方式通过以下决议。

(一)会议审议通过了公司筹备组长王建坤先生所作的关于公司筹建工作的报告。

(二)会议审议通过了公司章程。

(三)会议选举了王建坤、李剑秋、尹嘉润、黄秉宪、张洪秀、段云宝、胡华生、董学周为董事,组成第一届董事会。

(四)会议选举了张自舒,王钦刚先生为监事,张文灿先生被公司职工推荐为监事,以上三个组成公司第一届监事会。

(五)会议审议通过了公司筹备组设立公司费用的报告。

(六)会议审议通过了发起人用于抵作股款的财产作价报告。

(七)会议审议通过了公司股票在上海证券交易所上市的决议。

本次股东大会投票表决通过的上述决议均经曲靖地区公证处公证员熊绍荣、李寿英公证;并在中国证监会指定的报刊上予以公告。

2、董事会

本年度内公司董事会共召开三次会议,监事会成员列席每次会议。董事们认真履行职责,对重大事项认真讨论、研究、做出决策,在第一次董事会上,聘任了公司总经理,并根据总经理提名聘任了副总经理和总经理财务助理。在第二次董事会上,董事们认真审查了本公司九六年度中期报告,并同意上报。在第三次董事会上,审查批准了总经理王建坤先生提出的收购富源炭素制品厂破产财产的预案。上述会议通过的决议均根据有关信息披露的原则在指定报刊上予以公告。

3、本公司于九六年十一月十二日以403万元收购富源县炭素制品厂破产财产,并准备在此基础上设立由本公司控股的云维富源炭素有限责任公司。

4、报告期内无重大诉讼、仲裁事项

六、子公司及关联企业

云维富源炭素有限责任公司,主要从事焦炭冶炼,电极糊生产,该公司系本公司的主要原料生产基地。由本公司以403万收购原富源炭素制品厂的破产财产及富源县政府投入的土地作价,共同发起组建设立,有关的设立工作正在筹建之中。

七、财务报告

1、审计报告

公司财务报告经云南会计师事务所张彤、王解妹会计师审计并出具无保留意见的审计报告[(97)云会审字第88号]。

2、财务报告

(1)资产负债表(附后)

(2)利润及利润分配表附后(附后)

(3)财务状况变动表(附后)

会计报表附注

(一)公司一般情况

云南云维股份有限公司是1995年12月26日经云南省人民政府云政复1995(105)号文批准,按募集方式设立的股份有限公司,公司注册资本11,000万元,经营范围为:主营生产销售化工、建材产品,兼营其它化工产品、矿产品、房地产、机械设备、机电产品等。主要产品有聚乙稀醇、醋酸乙烯、电石等。

(二)主要会计政策

1、会计制度

本公司执行《股份制试点企业会计制度》及有关补充规定

2、会计年度

采用公历制,即每年自1月1日至12月31日止

3、记帐原则和计价基础

按权责发生制原则进行会计核算,以历史成本为计价基础。

4、记帐本位币

以人民币为记帐本位币。

5、坏帐准备

采用备抵法,按年末应收帐款余额的5‰提取坏帐准备,并计入当期损益。

6、存货及存货计价方法

存货主要包括原材料、辅助材料、产成品、自制半成品等。原材料、辅助材料等按计划价格进行日常核算,期末调整材料成本差异,产成品、自制半成品采用实际成本核算,发出时按加权平均法进行计价。

7、长期投资核算方法

长期投资按成本法核算

8、固定资产及其折旧

固定资产以使用年限在一年以上,单位价值在2000元以上为标准确定,按实际成本计价。折旧采用平均年限法计算,并根据各类固定资产的原价,使用年限确定分类折旧率(期末未留残值),其明细情况如下:

类别	年折旧率	折旧年限(年)
(1)机器设备类		
1)机械设备	7.20%	14
2)动力设备	6.00%	17
3)传导设备	4.20%	24
4)仪表设备	8.40%	12
(2)房屋建筑物类		
1)一般生产用房	3.00%	33
2)受腐蚀生产用房	4.80%	21
3)其他建筑物	4.80%	21

9、递延资产及其摊销

递延资产按10年或受益期平均摊销。

10、营业收入的确认

营业收入以产品已经发出或劳务已提供,且已收讫货款或取得索取货款权利的凭据为标志,确认营业收入的实现。

11、税项

(1)增值税:按销售收入的17%计算销项税;抵扣进项税后的余额缴纳。

(2)城市维护建设税和教育费附加:分别按应交增值税额的5%和3%计算缴纳。

(3)所得税:经云南省人民政府同意,实行33%的所得税率,返还18%,返还部分作为税后利润。

(三)会计报表主要项目注释(金额单位:人民币元)

1、货币资金

项 目	1996.12.31余额
现金	129317.44
银行存款	142636816.05
其它货币资金	3423585.44
合计	146189718.93

货币资金较上年增长520.12%,其主要原因为年末增加流动资金贷款。

2、短期投资:1996年12月31日余额20000000.00元为委托代购有价证券款。

3、应收票据 100000.00

该项目较上年增加100000元,其原因是本年采用汇票结算方式收到

一份商业承兑汇票,该商业承兑汇票,已于97年2月兑现。

4、应收帐款

项目	1996.12.31余额	占总额的%
一年以内	56434407.09	93.81
一至二年	1975158.50	3.28
一至三年	297827.86	0.50
三年以上	1448012.95	2.41
合计	60155406.10	100.00

应收帐款较年初增长134.55%,其原因系客户拖欠货款严重,不能及时收回货款。

5、预付货款

项目	1996.12.31余额	占总额的比例
一年以内	6258442.01	38.64%
一至二年	8499760.54	52.48%
二至三年	239027.23	1.48%
三年以上	1199059.43	7.4%
合计	16196289.21	

预付货款余额中无关联企业的款项。

6、其他应收款

其中:

帐龄	金额	占总额的比例
一年以内	154657502.37	94.99%
一至二年	8151256.56	5.01%
合计	162808758.93	

其他应收款增长2070.78%,主要系委托理财款尚未收回。

注:该理财款及收益已分别于97年1月、2月、3月收回。

7、待摊费用

项目	1996.12.31余额
期初进项税	1963041.59
保险费	187351.63
合计	2150393.22

待摊费用较上年下降了33.42%,主要原因为转销了一部分经批准抵扣的期初进项税。

8、存货

项目	1996.12.31余额
原材料	5008817.91
备品备件	2721604.59
辅料	3577354.97
产成品	15111363.37
燃料	5036611.74
低值易耗品	5061098.45
包装物	1114694.28
在产品	19863109.53
自制半成品	551741.17
材料成本差异	-575415.00
在途材料	498984.88
合计	57968965.89

存货较上年增长105.67%,主要原因系:

1)由于全国聚乙烯醇市场不景气,销路不好,导致产品库存增长。

2)未加工完成的在产品较上年增长66%。

9、长期投资1996年12月31日余额4030000.00元,系1996年11月12日公司参与竞价购买的富源炭素制品厂破产资产,因目前正在办理有关登记等一系列手续,故暂按成本法核算。

10、在建工程

工程项目名称	原预算数	实际支用数	批准文号	资金来源
厂大门工程	450000.00	537422.60	(96)云维股份其建字第1号	自筹
其他零星工程		112726.87		自筹
合计		650149.00		

在建工程较上年增长48.39%,其原因为96年度新增厂大门工程。

11、递延资产

项目	原值	已摊销金额	本年摊销	期末余额	剩余摊销年限
通讯工程	1698721.56	799031.14	120214.86	779493.56	2.5年
716煤矿	1100000.00		106909.03	993090.97	9年
合计	2798721.56	799031.14	227123.89	1772584.53	

递延资产上年增长了34.21%,主要原因为本年通讯工程增加

12、未交税金

项目	1997.12.31余额
增值税	5710810.46
城建税	337721.24
营业税	4696.71
所得税	-4878552.13
合计	1174676.28

13、其他应交款1996年12月31日余额202632.74元,系应交教育费附加,其他应交款较上年增长389.60%,系96年度教育费附加全额计征,暂减半交纳。

14、预提费用1996年12月31日余额2862476.71元,主要为预提的96.12.21-96.12.31的贷款利息。

15、资本公积1996年12月31日余额169802168.51元,均为资本溢价,资本公积较上年增加137531634.71元,其原因为本年度公司发行A股股票溢价收入为144375000.00元,扣除发行费6843365.29元,净增加资本公积137,531,634.71元。

注:公司在本年度暂未收到冻结申购新股资金利息收入。

16、盈余公积1996年12月31日余额为40826115.65元,其中:

本年度计提法定公积金	7422930.12
本年度计提法定公益金	7422930.12
本年度计提任意公积金	25980255.41

17、未分配利润

项目	金额
本年净利润	74229301.18
加:年初未分配利润	
减:提取法定公积金	7422930.12
提取法定公益金	7422930.12
提取任意公积金	25980255.41
分配普通股利润	22000000.00
期末未分配利润	11403185.53

18、主营业务收入　175185309.27

项目	1996年度	比重%
聚乙烯醇	168396019.91	96.12
醋酸乙烯	4770079.23	2.72
甲醛	1772867.76	1.01
石灰	101979.82	0.06
其他产品	144362.55	0.09
合计	175185309.27	100

主营业务收入比上年下降33.85%,主要原因是产品销售数量减少和销售价格降低。

19、管理费用22708945.08元比上年下降66.77%,主要原因为工资费用下降。

20、财务费用

项目	1996 年度
利息净支出	4987829.26
金融机构手续费	3864.00
合计	4991693.26

财务费用较上年增长了 40.12%,主要原因是短期借款比上年增加。

21、营业税金及附加 884291.35 元,比上年下降 56.84%,主要是由于本年主营业务收入减少。

22、其他业务利润 1358175.95 元,比上年增长 64.80%,主要原因是本年度处理了一批已报废的废旧物资。

23、投资收益

项目	金额
委托理财收入	33927378.49
股票投资收益	3451026.11
合计	37378404.60

注:委托理财收入系按权责发生制的原则进行核算。

24、营业外收入

项目	1996 年度
罚款收入	48301.61
其他收入	135658.75
合计	183960.36

营业外收入比上年下降了 39.44%,主要原因为本年无处理固定资产净收益,教育费附加返还款。

25、营业外支出

项目	1996 年度
处理固定资产净损失	73364.21
非常损失	37500.00
赔偿违约金	3441.60
其他支出	360.00
合计	114665.81

营业外支出比上年下降了 98.11%,主要原因为非常损失和非季节性停工损失比上年降低。

八、其它事项

一九九七年四月十八日,公司董事会审议通过了一九九六年度利润分配预案,公司一九九六年度实现净利润 74229301.18 元,提取 10% 法定公积金 7422930.12 元,提取 10% 法定公益金 7422930.12 元,按 35% 提取任意公积金 25980255.41 元,一九九六年股利分配向全体股东以 11000 万股为基数,按每 10 股送 2 元(含税)的方式分配,共计送红利 2200 万元。尚余未分配利润 11403185.53 元,转入下年分配。

云南云维股份有限公司董事会

一九九七年四月十八日

资 产 负 债 表

编制单位:云南云维股份有限公司　　1996 年 12 月 31 日　　单位:人民币元

资产	附注	年末数	年初数	负债及股东权益	附注	年末数	年初数
流动资产:				流动负债:			
货币资金		146189718.93	9023390.20	短期借款		160000000.00	25900000.00
短期投资		20000000.00		应付票据			
应收票据		100000.00		应付帐款		17529197.46	20132412.82
应收帐款		60155406.40	25647392.03	预收货款		2799107.62	5784861.40
减:坏帐准备		300777.03	128236.96	其他应付款		26993010.96	19016690.17
应收帐款净额		59854629.37	25519155.07	应付福利费		3043080.64	2381422.39
预付货款		16196289.21	13646481.13	未付股利		22000000.00	
其他应收款		162808758.93	7500000.00	未交税金		1174676.28	1470119.48
待摊费用		2150393.22	3229737.00	其他未交款		202632.74	41387.72
存货		57968965.89	28185311.98	预提费用		2862182.41	
待处理流动资产净损失				一年内到期的长期负债			2200000.90
一年内到期的长期债券投资				其他流动负债			
其他流动资产							
流动资产合计		465268755.55	87104075.38	流动负债合计		236604182.41	76926893.98
长期投资:				长期负债:			
长期投资		4030000.00		长期借款			10134278.02
固定资产:				应付债券			
固定资产原价		243011547.85	233425946.91	长期应付款			
减:累计折旧		146097385.30	130475193.11	其他长期负债			
固定资产净值		96914162.55	102968753.60				
在建工程		650149.47	438124.62				
固定资产净值				长期负债合计			10134278.02
待处理固定资产净				税项:			
固定资产合计		97564312.02	103406878.42	递延税款贷项			
无形资产及递延资产:				负债合计		236604182.41	87061172.00
无形资产				股东权益			
递延资产		1772584.53	1320752.00	股本		110000000.00	72500000.00
无形资产及递延资产合计		1772584.53	1320752.00	资本公积		169802168.51	32270533.80
其他长期资产				盈余公积		40826115.65	
其他长期资产:				其中:公益金		7422930.12	
递延税项:				任意公积金		25980255.41	
递延税款借项				未分配利润		11403185.53	
				股东权益合计		332031469.69	104770533.80
资产合计		568635652.10	191831705.80	负债及股东权益总计		568635652.10	191831705.80

利润及利润分配表

编制单位:云南云维股份有限公司　　1996 年度　　单位:人民币元

项目	附注	本年累计数	上年累计数
项目	附 注	本年累计数	上年累计数
一、主营业务收入	3(24)	175185309.27	264819828.39
减:营业成本		95599183.63	121236733.77
销售费用		2436369.13	3372259.65
管理费用	3(25)	22708945.08	70468389.23
财务费用	3(26)	4991693.20	3562542.52
进货费用			
营业税金及附加	3(27)	884293.35	2048807.78
二、主营业务利润		48564826.82	64041096.44
加:其他业务利润	3(28)	1358175.95	824149.36
三、营业利润		49923002.77	64885244.80
加:投资收益	3(29)	37378404.60	
营业外收入	3(30)	183960.36	303778.84
减:营业外支出	3(31)	114665.81	6059818.17
加:以前年度损益调整		884.60	−2228624.98
四、利润总额		87371586.52	56880580.49
减:所得税		13142285.34	18770591.56
五、净利润		74229301.18	38109988.93
加:年初未分配利润			
盈余公积转入数			
六、可分配的利润		74229301.18	38109988.93
减:提取法定公积金		7422930.12	
提取法定公益金		7422930.12	
七、可供股东分配的利润		59383440.94	38109988.93
减:已分配优先股股利			
提取任意公积金		25980255.41	
已分配普通股股利		22000000.00	38109988.93
八、未分配利润		11403185.53	

财务状况变动表

编制单位:云南云维股份有限公司　　1996 年度　　单位:人民币元

流动资金来源和运用	行次	金额	流动资金各项目的变动	行次	金额
一、流动资金来源			一、流动资产本年增加额		
1.本年净利润	01	74229301.18	1.货币资金	31	137166328.73
加:不减少流动资金的费用和损失	02		2.短期投资	32	20000000.00
(1)固定资产折旧	03	15793337.98	3.应收票据	33	100000.00
(2)无形资产、递延资产及其他资产	04	227123.89	4.应收帐款净额	34	34335474.30
摊销(减其他负债转销)			5.预付货款	35	2549808.08
(3)固定资产盘亏(减盘盈)	05		6.其他应收款	36	155308758.93
(4)清理固定资产损失(减收益)	06		7.待摊费用	37	−1097343.78
(5)递延税款	07		8.存货	38	29783653.91
(6)其他不减少流动资金的费用和损失	08		9.待处理流动资产净损失(减收益)	39	
小计	09	90249763.05	10.一年内到期的长期债券投资	40	
2.其它来源			11.其他流动资产	41	
(1)固定资产清理收入(减清理费用)	10	99364.21			
(2)增加长期负债	11				
(3)收回长期投资	12				
(4)对外投资转出固定资产	13				
(5)对外投资转出无形资产	14	215857750.36			
(6)资本净增加额	15	215957114.57			
小计	16	306206877.62			
流动资金来源合计	17		流动资产增加净额	45	378164680.17
二、流动资金运用			二、流动负债本年增加额:		
1.利润分配:			1.短期借款	46	134100000.00
(1)提取法定公积金	19	7422930.12	2.应付票据	47	
(2)提取法定公益金	20	7422930.12	3.应付帐款	48	−2603215.36
(3)提取任意公积金	21	25980255.41	4.预收货款	49	−2985753.78
(4)已分配利润	22	22000000.00	5.应付福利费	50	661658.25
小计	23	62826115.65	6.未付股利	51	22000000.00
2.其他运用			7.未交税金	52	−295443.20
(1)固定资产和在建工程净增加额		10050135.79	8.其他未交款	53	161245.02
(2)增加无形资产、递延资产及其他资产		678956.42	9.其他应付款	54	7976320.79
(3)偿还长期负债		10134278.02	10.预提费用	55	2862476.71
(4)增加长期投资		4030000.00	11.一年内到期的长期负债	56	−2200000.00
小计		24893370.23	12.其他流动负债	57	
流动资金运用合计		87719485.88	流动负债增加净额	58	159677288.43
流动资金增加净额		218487391.74	流动资金增加净额	58	218487391.74

云南云维股份有限公司1997年度中期报告

一、财务报告(未经审计)

(一)财务报告

1. 资产负债表

简化的资产负债表

单位:元

项目	1997年6月30日	1996年12月31日
流动资产	315186704.54	465268755.55
长期投资	4030000.00	4030000.00
固定资产净值	90153520.70	96914162.55
在建工程	1986752.55	651049.47
递延资产	1702692.38	1772584.54
资产总计	413207138.54	568635652.10
流动负债	64629905.47	236604182.41
长期负债		
负债合计	64629905.47	236604182.41
股东权益	348429764.70	332031469.69
其中:股本	110000000.00	110000000.00
资本公积	169802168.51	169802168.51
盈余公积	40826115.65	40826115.65
未分配利润	27801480.54	11403185.53
负债及股东权益总计	413059670.17	568635652.10

2. 损益表

简化的损益表

单位:元

项目	1997年1-6月	1996年1-6月
主营业务收入	65427072.18	74075386.45
主营业务利润	10552294.43	16445962.33
其他业务利润	264015.65	463615.61
投资收益	8438293.87	41700000.00
营业外收支净额	37507.82	-343429.76
利润总额	19292111.77	58266148.18
减:所得税	2893816.76	8739922.23
净利润	16398295.01	49526225.95

3. 财务指标

	97年1—6月	96年1—6月
每股收益(元)	0.149	0.45
每股净资产(元)	3.17	3.01
净资产收益率(%)	4.71	14.98

(二)财务报表附注

(1)本报告期根据董事会批准固定资产按5%预留残值,其他所采用的会计政策和会计方法与1996年年度相一致。

(2)本公司所得税按33%全额征收,财政返还18%,实际税负为15%。

(3)本报告期内会计主体未发生合并,分离变化。

(4)应收票据增加10万元,是因本公司年内收到3份以承兑汇票方式支付的贷款,其中2份及期初转入数均于报告期内承兑,尚余1份20万元承兑汇票未承兑,到期日为1997年8月5日。

(5)短期投资2000万元,属委托代购有价证券款,已于1997年8月7日收回。

(6)预付货款减少5667619.77元,主要是因加强对预付款管理,对货已到预付款加紧入库,使预付款大幅度下降。

(7)其他应收款减少144140401.54元,主要为委托理财款已按期收回。

(8)待摊费用净增加1997476.95元,主要为1996年年终奖发放在1997年初及财产保险费一次性发生,逐月摊销。

(9)长期投资4030000.00元,系公司收购富源县碳素制品厂破产财产,拟准备与富源县政府合作组建为有限责任公司,有关工作正在商谈之中,现暂按成本法核算,未予进行合并报表。

(10)短期借款减少1.5亿元,是因贷款已于报告期内进行归还。

(11)应付福利费增加1206591.57元,为上半年提取后未使用所致。

(12)未交税金增加3582699.75元,为计提上半年所得税及部分增值税。

(13)在建工程增加1336603.08元,主要为本报告期内增加水溶性纤维及凝结水疏水回收系统等改造项目。

(14)投资收益8438293.87元,均为一级市场新股认购收入。

(15)关联企业及关联交易:

A、关联企业:云南维尼纶厂是本公司的法人股东,持有本公司股份65.9%,该厂系国有企业,注册资金为13947万元,主营化工、建材。

B、关联交易:公司与云南维尼纶厂本着公平、合理的原则,对相互提供的产品、劳务订立供应价格协议进行结算,协议价以上年实际发生价为基础,结合报告期内可预见变化因素进行确定,一年调整一次。

本公司向云南维尼纶厂提供:水 1996283立方米 698699.05元

电 6137284千瓦时 2116719.23元

云南维尼纶厂向本公司提供:矿石 25491.8吨 662786.80元

二、经营情况的回顾与展望

(一)上半年经营情况的回顾

1997年上半年,公司在规范生产经营活动和关联交易的基础上,充分调动广大职工的积极性,面对产品市场疲软,销价下滑的不利局面,公司积极拓展销售渠道,全方位挖掘内部潜力,主要产品聚乙烯醇与去年同期相比销价下滑24.39%,销售增长18.37%,完成主营业务收入6543万元,主营业务利润1055万元,净利润1640万元,与去年同期相比,主营业务收入下降了11.68%,主营业务利润下降了35.87%,净利润下降了66.89%。

上半年,公司董事会和经理层集中精力主要做了以下几个方面的工作:

1、强化市场销售工作,进入一九九七年以来,全国聚乙烯醇竞争日趋激烈。聚乙烯醇的两大消费市场,建筑业及纺织业均未摆脱困境,尚未走出经济效益下滑,亏损加重的不利局面,加之,九四、九五两年,全国大部分维尼纶厂家相继扩产,造成聚乙烯醇市场供大于求,产品销售受阻,价格下滑,针对以上情况,公司坚持"让利不让市场"的方针,积极拓展销售渠道,销售聚乙烯醇6522.8325吨,比去年同期增长18.37%。

2、完善成本核算,加强成本管理:上半年,公司进行了广泛、深入的"学邯钢、降成本"宣传活动,以各生产分厂和管理部门制订了责任成本和费用定额,形成较为完善的成本和费用控制系统。

3、加强技术改造,深挖内部潜力,引进美国阿姆斯壮公司技术,对有机分厂、热电分厂的凝结水疏水、回收利用系统进行改造,对原纺丝生产线进行改造,用于生产水溶性维纶短纤维,此项目已进入试车阶段。

(二)下半年经营计划:

1、继续加强生产经营管理,把"学邯钢、降成本、增效益"的各项措施,落到实处,加强营销队伍的建设,营销人员的培训,积极拓展国内外市场,提高经济效益。

2、继续寻求新的投资项目,通过投资、参股、收购等形式,进一步扩大公司的利润来源,提高公司资产的整体收益水平。

3、继续对上半年已完成的技术改造项目进行调整、监控,强化销售管理,以期达到调整产品结构,增加经济效益之目的。

三、重大事件说明

1、根据国务院证券委、中国人民银行、国家经贸委5月21日联合颁布的《严禁国有企业和上市公司炒作股票的规定》,公司进行了认真的自查。今年1—4月,公司利用部分闲置资金参与了一级市场新股认购,但未在二级市场上买卖上市公司流通股票,上述参与一级市场的资金及收益已于六月底全部收回,本公司如今后从事证券投资,将严格遵守国家政策法规的规定。

2、募集资金的使用情况

(1)一九九六年底,公司通过发行新股募集资金17625万元,根据招股说明书公告的用途,以上募集资金主要用于以下四个项目:

A、扩建年产壹万吨聚乙烯醇生产线,投资4970万元;

B、扩建年产3.6万吨电厂生产线,投资4500万元;

C、扩建年产2.5万吨醋酸乙烯生产线,投资4973万元;

D、新建年产壹万吨醋酸乙烯乳液生产线,投资4720万元。

一九九二年至一九九五年我国聚乙烯醇产量年均增长速度为4.7%,而国内市场需求量的年均增长速度为5.5%,一九九五年全国聚乙烯醇生产量为22.6万吨左右,需求量为23.08万吨,加上行业内每年出口1.5万吨,实际每年总需求与总供给相差2万吨左右,整个市场呈现供不应求,价格上扬的状况,产品售价从每吨九仟多元上涨到九五年的每吨二万三仟元,整个行业的聚乙烯醇厂家经济效益较为理想,在此前提下,公司决定对以上四个项目进行投资。但随着时间推移至今,聚乙烯醇市场发生了变化,由供不应求,逐步转变为供大于求,究其原因,主要是:

1. 由于纺织行业越来越不景气,使得纤维用聚乙烯醇和非纤维用纺织浆料所需聚乙烯醇的用量每年减少1万吨左右。

2. 受国家宏观经济调控政策的影响,基建投资规模压缩,建筑市场所需的外用涂料和粘合剂用聚乙烯醇的量每年减少1万吨左右。

3. 受中美贸易摩擦的影响,聚乙烯醇的出口受阻,每年约有2—3万吨的产量由出口返销到国内市场。

4. 同行业中兄弟厂的扩产部分均已投产,聚乙烯醇产量在原有基础上增加了2万吨左右。

由于以上原因,致使整个聚乙烯醇市场自九六年开始出现了价跌量减的情况,聚乙烯醇每吨售价从九五年的每吨二万三仟元跌至现在的一万元左右,全国聚乙烯醇生产厂家的经济效益大幅度滑坡,这种局面在短期内不会有根本性的转变。为此,公司董事会于一九九七年四月十八日召开第一届董事会第四次会议决定放弃对第一至第三个项目的投入,另加紧工作,寻求新的投资项目。原定年产1.0万吨醋酸乙烯醇乳液生产线,由于该产品系列产品较多,为谋求开发具有高附加值的产品,授权公司再作更深层次的市场调研和技术论证。待有关论证结果落实后,再付诸实施。董事会以上决定,已经于一九九七年五月二十八日召开的云南云维股份有限公司九六年度股东大会审议通过。

(2)根据一九九七年四月十八日召开的第一届董事会第四次会议决定,并经一九九七年五月二十八日召开的九六年度股东大会审议通过,投资324万元改造原已报废的纺丝生产线一条生产水溶性维纶短纤维。年产量为1200吨;投资100万元利用美国阿姆斯壮公司技术对有机分厂、热电分厂的凝结水疏水、回收利用系统进行改造,以上两个改造项目已改造完毕,进入调整试生产阶段。

(3)一九九六年十一十一日经公司董事会会议决定以403万元收购富源县碳素制品厂破产财产,并对该厂进行改组、调整,目前该厂生产经营已转入正常。

本次发行新股募集资金,除投入以上项目外,短期投资委托代购有价证券2000万元(已于九七年八月七日收回),偿还部分银行贷款,其余均为银行存款。

3. 本公司1997年中期利润暂不分配。

4. 本公司董事长兼总经理王建坤先生因病医治无效,于一九九七年七月十一日病逝于昆明(已于九七年七月十五日在上海证券报予以公告),暂由副董事长兼常务副总经理李剑秋先生主持公司日常工作。

5. 本报告期内无重大诉讼、仲裁事项。

四、发行在外股票的变动和股权结构变化情况

1. 截止到一九九七年六月三十日,本公司没有进行过送配及转增股本,期末公司总股本为11000万股。

2. 截止到一九九七年六月三十日,公司股权结构情况:

项目	期初数	本次变动增(+)减(-)	期末数
(一)尚未流通股份			
(1)发起人股份	7250		7250
其中:境内法人持有股份	7250		7250
(2)内部职工股	375	-375	0
尚未流通股份合计	7625	-375	7250
(二)已流通股份			
(1)境内上市的人民币普通股	3375	+375	3750
已流通股份合计	3375	+375	3750
(三)股份合计	11000		11000

注:本次变动增减375万股,系内部职工股转为境内上市的人民币普通股。

3. 主要股东持股情况

股东名称	持股情况(股)	持股比例%
云南维尼纶厂	72500000	65.9
李连胜	389100	0.354
刑春美	296300	0.269
周玉华	140000	0.127
温晓园	120000	0.109
朱曹宝	110100	0.1
张小林	100000	0.091
蓝海森	90700	0.082
包丰	89300	0.081
王胜良	80000	0.073

五、股东大会情况

本公司一九九六年度股东大会于一九九七年五月二十八日下午二时在云维招待所会议室召开,出席本次会议的股东及其委托人共10人,代表持股份额72523200股,占公司总股本的65.93%,符合《中华人民共和国公司法》及本公司章程有关规定,会议审议通过了如下决议:

1. 审议通过了董事会1996年度工作报告;

2. 审议通过了监事会1996年度工作报告;

3. 审议通过了1996年度财务决算;

4. 审议通过了1996年度利润分配预案。

公司1996年度实现净利润74229301.18元,按10%提取法定公积金7422930.12元,按10%提取法定公益金7422930.12元,按35%提取任意公积金25980255.41元。1996年度股利分配向全体股东以11000万股为基础,按10股派2元(含税)的方式分配,共计送红利2200万元,其余未分配利润11403185.53元转入下年分配。

5. 审议通过了1997年技改和对外投资的预案。本公司与深圳新中泰投资咨询公司、北京天龙股份有限公司、深圳广土实业有限公司共同发起设立深圳市广土投资发展有限责任公司,注册资本为3000万元。其中本公司投资900万元人民币,占新公司30%的股份。该公司成立后,其经营范围为开发资源、股权投资、兴办工业实体、开发房地产、国内外贸等。

6. 审议通过了《关于对本公司董事、监事及高级管理人员实行定额补贴的预案》。

大会决议经云南省曲靖地区公证处公证员李寿英、张建华公证。

六、备查文件

1、载有公司副董事长兼常务副总经理李剑秋先生亲笔签名的中期报告原本。

2、公司一九九六年度股东大会决议。

3、查阅地址:云南省曲靖市花山镇本公司证券部。

云南云维股份有限公司

一九九七年八月二十五日

湖南海利化工股份有限公司

湖南海利化工股份有限公司1996年年度报告摘要

一、公司简况

1. 公司法定中文名称:湖南海利化工股份有限公司

公司英文名称:Hunan Haili Chemical

公司英文名称缩写:HLC

2. 公司注册地址:湖南省长沙市胜利路198号(芙蓉中路)

邮编:410007

3. 公司法定代表:范涤尘

4. 公司咨询服务机构:证券部

联系人(董秘):肖光普

电话:(0731)5552484

传真:(0731)5540475

二、主要财务数据与财务指标

指标项目	本年数	上年数	比上年增减(%)
1. 主营业务收入(万元)	17818.22	13124.83	+35.76
2. 净利润(万元)	2483.98	1409.83	+76.19
3. 总资产(万元)	21076.43	13064.12	+61.33
4. 股东权益(万元)	14201.27	5835.26	+143.37
5. 每股收益(元)	0.37	0.35	+5.71
6. 每股净资产(元)	2.14	1.46	+46.58
7. 净资产收益率(%)	17.49	24.16	-27.61
8. 股东权益比率(%)	67.38	44.67	+50.84

注:1. 按加权法计算1996年每股收益为0.53元。

2. 扣除新股冻结资金利息,公司一九九六年度主要财务数据和财务指标为净利润1680万元,股东权益13397.30万元,每股收益0.25元,每股净资产2.02元,净资产收益率12.54%,股东权益比率63.56%

三、公司业务回顾

(一)一年来经营情况

1996年是公司上市后的第一年,也是公司实施"九·五"发展战略计划的第一年,利用公司股票上市带来的新的发展机遇,从规范运作入手,完善企业管理制度,转换内部机制,不断发挥科技优势和产品优势,提高了市场的竞争能力,同时加强资产运作的力度,保持了稳步发展的势头,全年生产农药原药1170.9吨,产品合格率100%,生产农药制剂和其它精细化工产品1801吨,全年出口创汇163.4万美元。

尽管1996年湖南特大洪涝灾害对农业有较大影响,同期用药水平下降,加之为扩产增加设备能力,大修改造时间较长,但公司通过加强管理、拓展销售网络、降低成本等措施,全年实现主营收入17818.22万元,比上年增长35.76%,净利润2483.98万元,完成年初预期数的125.20%。

(二)主要经济指标分析

公司1996年主营业务收入17818.22万元,比1995年主营业务收入13124.83万元增加35.76%。主要是1996年上市后进行了技术改造,装置能力显著提高,产量增加,同时更好地面向市场加强了销售网络,使主营业务收入增加。

1996年公司实现净利润2483.98万元,与公司1995年净利润1409.83万元比较增长76.19%。增长的主要原因是:1996年主营业务增加,主营业务利润为1587.70万元,比1995年主营利润1411.23万元增长12.51%,另外冻结申购股票资金利息和投资收益等使收入增加。

(三)募集资金的使用情况

按照公司招股说明书所载经立项的投资项目,募集资金主要用于建设年产1000吨呋喃酚生产装置;扩建年产500吨残杀威原药生产装置及建设高效新农药制剂生产装置。

1. 高效新农药制剂装置建设,包括三条生产线,已完成投资960万元。10000吨/年克百威颗粒剂及配套装置于1996年10月30日建成;1000吨/年乳剂生产线和500吨/年可湿性粉剂生产线亦于1996年12月相继建成试车。

2. 500吨/年残杀威扩建工程于1996年12月15日完成施工设计和配套公用设施建设,已投入资金520万元。

以上两项投资中已有4345.2万元转入固定资产。

3. 1000吨/年呋喃粉生产装置建设:已完成中试装置建设,正抓紧试验,进展顺利。中试装置、电力扩容及仪器设备购置等已投入资金641.6万元。

四、股本变化及股本结构情况

1. 股本变化及股本结构

(1)股本结构情况

填报日期:1996年12月31日　数量单位:股　每股面值:1元

	发行前期初数	发行上市后	本次变动增减(+、-) 公积金转股	期末数
一、尚未流通股份				
1. 发起人股份	30,341,000	30,341,000	9,102,300	39,443.300
其中:				
国家拥有股份				
境内法有持有股份	30,341,000	30,341,000	9,102,300	39,443.300
外资法人持有股份				
其他				
2. 募集法人股	7,659,000	7,659,000	2,297,700	9,956,700
3. 内部职工股	2,000,000			
4. 优先股或其他				
尚未流通股份合计	40,000,000	38,000,000	11,400,000	49,400,000
二、已流通股份				
1. 境内上市的人民币普通股		13,000,000	3,900,000	16,900,000
2. 境内上市的外资股				
3. 境外上市的外资股				
4. 其他				
已流通股份合计		13,000,000	3,900,000	16,900,000
三、股份总数	40,000,000	51,000,000	15,300,000	66,300,000

(2)股本变动情况及原因

本公司于1996年7月2日发行,股本总数由年初40,000,000股,增加至51,000,000股,1996年12月22日临时股东大会通过用资本公积金以10:3比例转增股本,12月27日除权并为流通股份交易日,总股本由51,000,000增加至66,300,000股。

(3)主要股东持股情况(前十名股东)

单位:股

股东名称	年末付股数	占总股本%
1. 湖南化工研究院	36,583,300	55.18

2. 湘化工会	1,890,200	2.85
3. 湖南省化学化工学会科技服务部	1,601,600	2.42
4. 长沙科旺化工仪表成套设备公司	1,587.817	2.39
5. 中信大榭开发公司	1,300,000	1.96
6. 北京信泰珂科技发展中心	1,300,000	1.96
7. 惠州大亚湾庆祥实业有限公司	1,300,000	1.96
8. 平安保险	1,028,300	1.55
9. 湖南省电力高新技术开发公司	650,000	0.98
10. 湖南省国际经贸发展公司	650,000	0.98

(4)股东数量

根据上海证券中央登记结算公司提供的数据,截止 1996 年 12 月 31 日止,本公司股东总数为 9728 户,其中法人股东 56 户,社会公众股股东 9672 户。

2. 公司董事、监事及高级管理人员持股及年度内股份变动情况

单位:股

姓名及职务	1996年初持股	资本公积金转增	1996年末持股
范涤尘先生(董事长兼总经理)	4000	1200	5200
黄国强先生(副董事长)	4000	1200	5200
龚建长先生(董事 副总经理兼总经济师)	3000	900	3900
王晓光先生(董事 副总经理)	3000	900	3900
石 峰先生(董事 副总经理)	3000	900	3900
黄庆辉先生(董事)	0	0	0
汤洪良先生(董事)	0	0	0
朱 炜先生(董事)	0	0	0
刘 伟先生(董事)	1000	300	1300
何响英女士(董事 人事部经理)	3000	900	3900
徐爱国先生(董事)	1000	300	1300
张福山先生(董事)	3000	900	3900
王维新先生(董事)	1000	300	1300
朱明德先生(监事会主席)	3000	900	3900
刘盛庚先生(监事会副主席)	3000	900	3900
杨名佐先生(监事)	3000	900	3900
刘湘柱先生(监事)	1000	300	1300
陈贡荪先生(监事)	3000	900	3900
韦林声先生(总工程师)	3000	900	3900
杨巧七女士(总会计师)	3000	900	3900
肖光普先生(董事会秘书)	3000	900	3900

五、重要事项

1. 报告期内的股东大会、董事会情况说明

1996 年 3 月 19 日,公司在长沙市本部召开了第一届四次董事会议,审议通过了公司一九九五年度工作报告,审议制订了财务决算报告及一九九五年度分红派息方案、制定了公司积极进行发行上市工作的计划与安排,并作出相应的决议。

1996 年 3 月 20 日,公司在长沙市公司本部召开了第一届四次股东大会,审议通过了公司一九九五年度工作报告,财务决算报告,一九九五年度分红派息方案及公司积极进行发行上市工作的计划与安排。

1996 年 6 月 28 日,公司在长沙市公司本部召开了第一届五次董事会,审议通过并签署了公司发行上市的《招股说明书》。

1996 年 11 月 21 日,公司在长沙市大华宾馆召开了第一届六次董事会,会议审议制订了用公司资本公积金 66,001,529.29 元中的 15,300,000 元按总股本 51,000.000 股向全体股东以 10:3 的比例转增股本,转增股本后,公司股本总数变更为 66,300,000 股的方案,同时,审议制订了转增股本后相应修改公司章程中的有关条款的方案,并作出了相应的决议。

1996 年 12 月 22 日,公司在长沙市大华宾馆召开了 1996 年度临时股东大会,会议审议并通过了用公司资本公积金 66,001,529.29 元中的 15,300,000 元按总股本 51,000,000 股向全体股东以 10:3 的比例转增股本,转增股本后,公司总股本变更为 66,300,000 股,注册资本由 51,00,000 元人民币变更为 66,300,000 元人民币,同时审议通过了转增股本后相应修改公司章程中的有关条款。

2.1996 年 7 月 12 日,公司以"上网定价"的方式,向社会公开发行人民币普通股股票 1100 万股,每股面值 1 元,发行价人民币 6.10 元/股,扣除发行费用后,实际募集资金 59851689.52 元,其中 1100 万元进入股本帐户,公司注册资本由 4000 万元变更为 5100 万元,公司招股说明书(概要)及新股发行公告刊登于 1996 年 7 月 10 日的《上海证券报》及《中国证券报》。

1996 年 8 月 2 日,公司新发行的 1100 万股社会公众股及 200 万股占额度的内部职工股同时在上海证券交易所上市交易,股票简称"湖南海利",证券代码"600731",公司上市公告书刊登于 1996 年 7 月 31 日的《上海证券报》及《中国证券报》。

3.1996 年 7 月 23 日公司因发行上市变更注册登记,注册资本由 4000 万元变更为 5100 万元,1996 年 12 月 30 日公司因资本公积金转增股本变更注册登记,注册资本由 5100 万元变更为 6630 万元。

4.1996 年 9 月 6 日经湖南省体改委湘体改字[1996]27 号文批准,公司为"湖南海利高新技术产业集团"紧密层。

5.1996 年 9 月 5 日董事会在《上海证券报》刊登澄清公告,说明上市公告书所载每股收益 0.39 元,净资产收益率 23.18%系按全年盈利预测摊薄计算的年均数据,1996 年上半年 1-6 月的经审计的实际每股收益为 0.197 元,净资产收益率为 11.905%,并致歉意。

6. 本报告期内公司无重大诉讼、仲裁事项。

六、子公司及关联企业

企业名称	注册资金(万元)	主要经营范围	本公司拥有权益(%)
长沙永高化工实业总公司	100	精细化工产品、化肥、农药等	100
长沙科兴化工试剂厂	32.5	化学试剂生产、销售等	100
湖南科湘化工新技术开发公司	200	化工技术及贸易	100
长沙科达化工公司	50	化工产品、五金交电、百货等	100

七、财务报告

(一)审计意见:公司财务报告经湖南省会计师事务所杨迪航、王卫华注册会计师审计,并出具无保留意见的审计报告"湘会师[1997]内审字第 042 号"。

(二)财务报表(附后)

(三)财务报表附注:

附注 1:公司采用的主要会计政策

1. 合并会计报表的编制基础

(1)公司除本部外,下设试验工场、精细化工试验工场、海利广州贸易公司,均实行内部独立核算,就地缴纳流转税,期末向公司本部报送内部会计报表,公司本部在抵销内部购销、内部往来及拨付所属资金的基础上汇总会计报表。

(2)公司拥有以下四家全资子公司

企业名称	注册地	注册资本(万元)	公司投入资本(万元)	主要经营范围
长沙永高化工实业总公司	长沙市	100	100	精细化工产品、化肥、农药等
湖南科湘化工新技术开发公司	长沙市	200	200	化工技术及贸易
长沙科达化工公司	长沙市	50	50	化工产品、五金交电、百货等
长沙科兴化工试剂厂	长沙市	32.5	32.5	化学试剂生产、销售

公司对上述全资子公司均以权益法进行核算,并在抵减长期投资与所有者权益、内部往来和内部购销业务的基础上编制合并会计报表。

2. 会计制度

公司执行《股份制试点企业会计制度》。

3. 会计年度

公司采用公历年制,即每年公历1月1日起至12月31日止。

4.记帐原则和计价基础

公司采用权责发发制和历史成本计价的原则。

5.记帐本位币

公司以人民币作为记帐本位币

6.坏帐损失的核算

公司采用直接转销法核算坏帐损失

7.存货按实际成本计价,领用与发出存货采用加权平均法。低值易耗品采用分次摊销法核算。

8.长期投资的核算

(1)股权投资和联营投资

占被投资企业注册资本比例20%以下的按成本法核算;占被投资企业注册资本比例20%以上(含20%)的按权益法核算;占被投资企业注册资本比例50%以上的在按权益法核算的基础上编制合并会计报表。

(2)债券投资的收益按权责发生制的原则确认。

9.无形资产及递延资产摊销

(1)本报告所列无形资产系经评估入帐的非专利技术价值,自发生当年起分10年摊销。

(2)递延资产

A.开办费:自发生当年起分5年摊销。

B.固定资产大修理支出按固定资产的受益期限进行摊销。

10.税项

(1)流转税

A.按照国家有关税法规定,公司本部及其所属分公司、全资子公司分别在当地缴纳流转税,其税率如下:

增值税:农药系列产品按销售收入的13%计缴。

化工产品按销售收入的17%计缴。

营业税:按服务性业务收入的5%计缴

城建税:按应交增值税、营业税额的7%计缴

教育费附加:海利广州贸易分公司按应交增值税、营业税的7%计缴,公司所属其余机构均按应交增值税、营业税的4%计缴。

B.根据财政部、国家税务局财税字[1996]18号文的规定,本公司生产销售克百威系列农药产品,自1996年4月1日至1997年12月31日免征增值税。

(2)所得税

根据财政部、国家税务总局财税字[94]001号"关于企业所得税若干优惠政策的通告"的有关规定,公司系新办高新技术企业,按15%计缴所得税;并自投产年度起免征所得税两年(1994年4月至1996年4月)。但其全资子公司除科湘公司按15%外均按国家规定的所得税率计缴所得税。

11.利润分配

根据公司章程,分别按税后利润的10%和5—10%提取法定公积金和法定公益金,剩余部分根据股东大会的决议进行分配

附注2:合并会计报表注释(货币单位:人民币元)

1.货币资金 21874408.82

其中:现金 30051.62

银行存款 21844357.20

货币资金本年余额比上年增加13204809.16元,主要系1996年下半年本公司发行社会公众股票募集资金所致。

2.短期投资 610261.50

(1)股票投资

名称	持股数量	帐面价值	期末市价
攀钢板材	17000	124950.00	173400.00

(2)债券投资

债券种类	到期日	帐面价值	年利率
96年国债	96.12.31	485311.50	9.5%

3.应收帐款 69133068.68

帐龄	金额	占总额比例
一年以内	53705867.21	77.68%
一至两年	11235758.82	16.25%
二至三年	4173458.49	6.04%
三年以上	17984.16	0.03%
合计	69133068.68	100%

应收帐款本年余额比上年增加49279546.24元,主要系1996年下半年本公司产品销售处于旺季,货款未及时结算所致。

4.其他应收款 22864217.45

帐龄	金额	占总额比例
一年以内	3014553.65	13.18%
一至两年	4338086.18	18.97%
二至三年	15496677.62	67.77%
三年以上	14900.00	0.08%
合计	22864217.45	100%

持本公司5%以上股份股东的欠款:

名称	持股比例	欠款金额
湖南化工研究院	55.18%	3510840.00

5.存货 23257550.27

其中:原材料及主要材料	8679856.52
辅助材料	1100694.37
燃料	8618.04
低值易耗品	527101.89
在产品	3523295.42
产成品	6372895.01
包装物	171616.61
库存商品	2873472.41

6.在建工程 16862036.60

工程名称	批准文号	原预算数	资金来源	工程进度	实际支用数
500吨残杀威扩建工程	化工部化计发[1995]920号	15220000	自筹	30%	3386604.63
1000吨呋喃酚生产装置	湘计工[1995]595号	29800000	自筹	20%	6416081.48
高效新农药制剂装置	长沙市计委长计工[1995]508号	10700000	自筹	95%	7059350.49
合计		55720000			16862036.60

其中利息资本化金额1987593.56元。

在建工程本年余额比上年增加5395002.54元,主要系本公司试验工场、精细化工试验工场扩建工程投资较大所致。

7.无形资产 3680688.00元

项目	原值	来源	已摊金额	期末余额	剩余摊销年限
非专利技术	4793248	自行研制	1112560	3680688	8年

8.递延资产 1054726.50

项目	原值	已摊金额	期末余额	剩余摊销年限
开办费	593690.86	312589.50	281101.36	3年
固定资产大修理支出	1086983.24	313358.10	773625.14	2年
合计	1680674.10	625947.60	1054726.50	

递延资产本年余额比上年增加658932.64元,主要系本公司试验工场1996年度化工设备大修所发生费用。

9.其他应付款 15542830.58

其他应付款本年余额比上年增加12240763.69元,主要是增加了上市申购资金利息8933064.39元。

10.资本公积 44190836.44

期初余额	本期增加	本期减少	期末余额
11670529.72	54380318.50	21860011.78	44190836.44

说明:本期增加数由以下几项组成:

(1)股票发行溢价增加 54224835.00 元。

(2)有效申购资金利息增加 49318.50 元。

(3)接受捐赠 6165.00 元。

(4)环保贷款豁免 100000 元。

本期减少数由以下几项组成:

(1)资本公积转增股本 15300000 元

(2)上市费用冲减 6560011.78 元

资本公积本年余额比上年增加了 3252036.72 元,主要是增加了股票发行溢价收入 54224835.00 元。

11. 盈余公积　　8755382.31

项目	年初数	本期增加	本期减少	期末数
法定盈余公积	2055003.87	2483980.76		4538984.63
法定公益金	1732416.92	2483980.76		4216397.68
合计	3787420.79	4967961.52		8755382.31

盈余公积本年余额比上年增加 496761.52 元,全部是 1996 年度提取的盈余公积。

12. 未分配利润　　22766463.96

期初余额	本期增加	本期减少	期末余额
2894617.86	24839807.62	496761.52	22766463.96

本年增加 24839807.62 元,系 1996 年度实现净利润转入,本年减少 4967961.52 元,系 1996 年度提取盈余公积数。

未分配利润本年余额比上年增加 19871846.10 元,主要是本公司 1996 年度实现的利润尚未分配股利所致。

13. 投资收益　　3317024.41

其中:联营投资收益　　203509.63

证券投资收益　　3113514.78

投资收益本年发生额比上年增加 3067024.41 元,主要是增加了证券投资收益 3113514.78 元。

14. 营业外收入

其中:(1)转销无效申购资金利息收入　　8933064.39

(2)罚没收入　　1433.90

(3)废旧物资变价收入　　151629.49

本公司 1996 年度发行新股 1100 万元,获无效申购资金利息收入 17866128.78 元,根据湖南省财政厅工交处的批复,按两年平均摊销,1996 年度转销 8933064.39 元。

八、其它事项

1997 年 4 月 8 日公司第一届七次董事会制订的 1996 年度利润分配和资本公积金转增股本预案:

1. 利润分配预案:

1996 年度公司实现净利润 24,839,807.62 元,提取 10% 法定公积金 2,483,980.76 元,提取 10% 法定公益金 2,483,980.76 元,加上上年未分配利润 2,894,617.86 元,可供股东分配利润合计为 22,766,463.96 元,决定以送红股形式向全体股东分配股利,每 10 股送 3 股,共计送出 19,890,000 元,余 2,876,463.96 元结转下一年度分配。

2. 资本公积金转增股本预案:

决定从公司资本公积金 44,190,836.44 元中提取 13,260.000 元,向全体股东以 10:2 的比例转增股本。

上述预案尚须股东大会表决通过并报省证监会批准后执行,具体实施时间、办法另行公告。

湖南海利化工股份有限公司董事会

一九九七年四月九日

资产负债表

编制单位:湖南海利化工股份有限公司　　单位:元

资产	附注	(合并)	(合并)	(母公司)	(母公司)	负债及股东权益	附注	(合并)	(合并)	(母公司)	(母公司)
		1996.12.31	1995.12.31	1996.12.31	1995.12.31			1996.12.31	1995.12.31	1996.12.31	1995.12.31
流动资产:						流动负债:					
货币资金	1	21874408.82	8669599.66	20361849.13	5404337.94	短期借款	13	33700000.00	30640000.00	29200000.00	24940000.00
短期投资	2	610261.50		610261.50		应付票据					
应收票据						应付帐款	14	8112511.75	14293309.12	46922287.06	31969698.87
应收帐款	3	69133068.68	19853522.44	53390605.10	8525600.95	预收货款			677065.22		
减:坏帐准备						应付福利费		-189308.60	343328.39	-620173.33	-104087.70
应收帐款净额		69133068.68	19853522.44	53390605.10	8525600.95	未付股利			8400000.00		8400000.00
预付货款	4	129512.86	6051786.25	126087.76	4657207.92	未交税金	15	-514427.34	128510.22	-994823.40	43972.28
其他应收款	5	22864217.45	17715544.47	66655639.43	30848571.92	其他未交款			4320.00		4320.00
待摊费用	6	744788.35	1135914.13	584851.98	958350.16	其他应付款	16	15542830.58	3302066.89	12978397.45	1236312.66
存货	7	23257550.27	19882496.22	19399016.38	16760666.60	预提费用					
待处理流动资产净损失	8	-29.30				一年内到期的长期负债	17	7000000.00		5000000.00	
一年内到期的长期债券投资						其他流动负债					
其他流动资产						流动负债合计		63651606.39	57788599.84	92485687.78	66490216.11
流动资产合计		138613778.63	73308863.17	161128311.28	67154735.49	长期负债					
长期投资:						长期借款	18	5000000.00	14500000.00		
长期投资				4497018.72	3396476.91	应付债券					
固定资产:						长期应付款	19	100000.00		100000.00	
固定资产原价	9	63644434.09	50944938.75	59491336.70	46876537.55	其他长期负债					
减:累计折旧		13091374.72	9635477.63	12115747.31	9001739.63						
固定资产净值		50553059.37	41309461.12	47375589.39	37874797.92	长期负债合计		5100000.00	14500000.00	100000.00	
固定资产清理						递延税项					
在建工程	10	16862036.60	11467034.06	16862036.60	11467034.06	递延税款贷项					

待处理固定资产净损失						负债合计		68751606.39	72288599.84	92585687.78	66490216.11
固定资产合计		67415095.97	52776495.18	64237625.99	49341831.98	股东权益:					
无形资产及递延资产:						股本	20	66300000.00	40000000.00	66300000.00	40000000.00
无形资产	11	3680688.00	4160016.00	3680688.00	4160016.00						
递延资产	12	1054726.50	395793.86	1054726.50	395793.86	资本公积	21	44190836.44	11670529.72	44190836.44	11276599.48
无形资产及递延资产合计		4735414.50	4555809.86	4735414.50	4555809.86	盈余公积	22	8755382.31	3787420.79	8755382.31	3787420.79
其他长期资产:						其中:公益金		4216397.68	1732416.92	4216397.68	1732416.92
其他长期资产						未分配利润	23	22766463.96	2894617.86	22766463.96	2894617.86
递延税项:											
递延税款借项						股东权益合计		142012682.71	58352568.37	142012682.71	57958638.13
资产合计		210764289.10	130641168.21	234598370.49	124448854.24	负债及股东权益合计		210764289.10	130641168.21	234598370.49	124448854.24

利润及利润分配表

编制单位:湖南海利化工股份有限公司

单位:元

项目	附注	(合并)1996.1.1－12.31	(合并)1995.1.1－12.31	(母公司)1996.1.1－12.31	(母公司)1995.1.1－12.31
一、主营业务收入	24	178182185.38	131248274.19	119128288.91	109789041.47
减:营业成本	25	148509142.10	102372626.35	93212860.21	83073433.65
销售费用		3346999.96	2804776.27	2479130.06	2107398.99
管理费用		8381959.83	7862149.20	7370730.56	6754183.95
财务费用	26	1910239.94	3891796.80	1256218.71	2876210.73
进货费用					
营业税金及附加		156827.80	204644.56	129431.26	200638.63
二、主营业务利润		15877015.75	14112281.01	14679918.11	14777175.52
加:其他业务利润	27	23233.40	6678.24	－372.00	
三、营业利润		15900249.15	14118959.25	14679546.11	14777175.52
加:投资收益	28	3317024.41	250000.00	3931988.16	－428523.09
营业外收入	29	9086127.78	162915.42	9086127.78	142979.42
减:营业外支出	30	198541.44	412309.17	187052.05	392995.22
加:以前年度损益调整					
四、利润总额		28104859.90	14119565.50	27510610.00	14098636.63
减:所得税		3265052.28	21265.73	2670802.38	336.86
五、净利润		24839807.62	14098299.77	24839807.62	14098299.77
加:年初未分配利润		2894617.86	15978.05	2894617.86	15978.05
盈余公积转入数					
六、可分配的利润		2773425.48	14114277.82	27734425.48	14114277.82
减:提取法定公积金		2483980.76	1409829.98	2483980.76	1409829.98
提取法定公益金		2483980.76	1409829.98	2483980.76	1409829.98
七、可供股东分配的利润		22766463.96	11294617.86	22766463.96	11294617.86
减:已分配优先股股利					
提取任意公积金					
已分配普通股利			8400000.00		8400000.00
八、未分配利润		22766463.96	2894617.86	22766463.96	2894617.86

财务状况变动表

编制单位:湖南海利化工股份有限公司

单位:元

流动资金来源和运用	(合并)1996年	(合并)1995年	(母公司)1996年	(母公司)1995年	流动资金各项目的变动	(合并)1996年	(合并)1995	(母公司)1996年	(母公司)1995年
一、流动资金来源					一、流动资产本年增加数:				
1. 本年净利润	24839807.62	14098299.77	24839807.62	14098299.77	1. 货币资金	13204809.16	－600838.66	14957511.19	－1729355.96
加:不减少流动资金的费用和损失					2. 短期投资	610261.50		610261.50	
(1)固定资产折旧	3455897.09	2614871.85	3114007.68	2507169.84	3. 应收票据				
(2)无形资产、递延资产及其他资产摊销(减其他负债转销)	912350.10	528568.00	912350.10	528568.00	4. 应收帐款净额	49279546.24	2390180.00	44865004.15	－4994738.55
(3)固定资产盘亏(减盘盈)					5. 预付货款	－5922273.39	5426331.85	－4531120.16	3956543.52
(4)清理固定资产损失(减清理费用)					6. 其他应收款	5148672.98	3356722.99	35807067.51	14102322.84

(5)递延税款				
(6)其他不减少流动资金的费用和损失				
小计	29208054.81	11241739.62	28866165.40	17134037.61
2. 其他来源				
(1)固定资产清理收入(减清理费用)				
(2)增加长期负债			100000.00	
(3)收回长期投资				
(4)对外投资转出固定资产				
(5)对外投资转出无形资产				
(6)资本净增加额	63788268.24	14490189.68	64182198.48	14490189.68
小计	63788268.24	14490189.68	64282198.48	14490189.68
流动资金来源合计	92996323.05	31731929.30	93148363.88	31624227.29
二、流动资金运用:				
1. 利润分配				
(1)提取盈余公积	2483980.76	1409829.98	2483980.76	1409829.98
(2)提取法定公益金	2483980.76	1409829.98	2483980.76	1409829.98
(3)提取任意公积金				
(4)已分配股利		8400000.00		8400000.00
小计	4967961.52	11219659.96	4967961.52	11219659.96
2. 其他运用				
(1)固定资产和在建工程净增加额	18094497.88	20473175.39	18009801.69	26151458.63
(2)增加无形资产、递延资产及其他资产	1091954.74	337853.06	1091954.74	776879.10
(3)偿还长期负债	9400000.00	2167241.93		1000000.00
(4)增加长期投资			1100541.81	-518229.82
小计	28586452.62	22978270.38	20202298.24	27410107.91
流动资金运用合计	33554414.14	34197930.34	25170259.76	38629767.87
流动资金增加净额	59441908.91	-2466001.04	67978104.12	-7005540.58

7. 待摊费用	-391125.78	-37458.52	-373498.18	-15910.63
8. 存货	3375054.05	4426445.63	2638349.78	4255716.84
9. 待处理流动资产净损失(减收益)	-29.30	19936.00		
10. 一年内到期的长期债券投资				
11. 其他流动资产				
流动资产增加净额	65304915.46	14981319.29	93973575.79	15574578.06
二、流动负债本年增加数				
1. 短期借款	3060000.00	3240000.00	4260000.00	16640000.00
2. 应付票据				
3. 应付帐款	-6180797.37	1242021.12	14952588.19	4858902.49
4. 预收货款	-677065.22	-432162.80		-1051040.54
5. 应付福利费	-532636.99	-399224.32	-516085.63	-400917.28
6. 未付股利	-8400000.00	2932000.00	-8400000.00	2932000.00
7. 未交税金	-642937.56	-438421.55	-1038795.68	-550693.69
8. 其他未交款	-4320.00	-4517.87	-4320.00	-4517.87
9. 其他应付款	12240763.69	378063.02	11742084.79	156385.53
10. 预提费用		-249237.27		
411. 一年内到期的长期负债	7000000.00		5000000.00	
12. 其他流动负债				
流动负债增加净额	5863006.55	17447320.33	2599571.67	22580118.64
流动资金增加净额	59441908.91	-2466001.04	67978104.12	-7005540.58

湖南海利化工股份有限公司一九九七年度中期报告

一、财务报告(未经审计)

1. 简化的资产负债表(合并)　　金额单位:元

项目	年初数		期末数	
	母公司	合并	母公司	合并
流动资产	161128311.28	138613778.63	172609282.30	164400861.99
长期投资	4497018.72		12057538.39	40000.00
固定资产净值	47375589.39	50553059.37	50830885.55	62106737.91
在建工程	16862036.60	16862036.60	16632618.82	16632618.82
无形资产及递延资产	4735414.50	4735414.50	3938224.36	4056402.04
其他长期资产				
资产总计	234598370.49	210764289.10	211068549.42	247236620.76
流动负债	92485687.78	63651606.39	50632443.06	77300514.40
长期负债	100000.00	5100000.00	5000000.00	10000000.00
负债合计	92585687.78	68751606.39	55632443.06	87300514.40
少数股东权益				4500000.00
股东权益	142012682.71	142012682.71	155436106.36	155436106.36
其中:股本	66300000.00	66300000.00	66300000.00	66300000.00
资本公积	44190836.44	44190836.44	44190836.44	44190836.44
盈余公积	8755382.31	8755382.31	8755382.31	8755382.31
未分配利润	22766463.96	36189887.61	36189887.61	36189887.61
负债及股东权益合计	234598370.49	210764289.10	211068549.42	247236620.76

2. 简化的损益表(合并)　　金额单位:元

项日	上年同期数		1997年1-6月累计数	
	母公司	合并	母公司	合并
主营业务收入	65567737.56	77719533.22	78469633.85	119791953.66
主营业务利润	8138796.39	7941203.97	7388056.37	11231416.05
其他业务利润		19225.40	-43.53	76640.92
投资收益	98655.10	417383.50	6106955.54	27718.06
营业外收支净额	79536.70	73282.46	5931833.49	6004724.64
利润总额	8316988.19	8451095.33	16060222.43	17340499.67
所得税	417208.27	551315.41	2018551.56	3298828.80
少数股东损益			618247.22	618247.22
净利润	7899779.92	7899889.92	13423423.65	13423423.65

3. 其他财务指标

	上年同期	1997年1-6月
(1)每股收益(元)	0.197	0.202
(2)净资产收益率(%)	11.905	8.64
(3)每股净资产(元)	1.66	2.34

注:财务指标的股本数以期末数为计算基础。

4. 财务报表附注:

(1)本报告期与1996年度报告相比,会计政策与方法没有变化。

(2)本报告期会计报表的合并范围是公司所属的全资子公司和控股子公司海利贵溪化工农药有限公司(简称:海利贵溪公司),该公司成立于1997年2月25日,注册地江西贵溪城北,注册资本1000万元,本公司控股55%,按权益法进行核算,并在抵减长期投资与股东权益,内部往来,内部购销业务的基础上编制合并会计报表。

(3)财务报表中变动幅度超过30%的数据分析说明:

1)短期投资比期初数减少601,261.50元是公司将持有的“攀钢板材”和96年国债全部卖出。

2)长期投资增加40,000元是中联建设机械产业公司持股转让给本公司的湖南省石油股份有限公司法人股20,000股,每股面值1元,转让价每股2元。

3)应收票据比期初增加300,000元系海利贵溪公司销售产品收取的银行承兑汇票。

4)存货比年初增加8,526,249.22元,主要是扩大了生产和增加新产品所备原材料。

5)短期借款比期初增加11,600,000元,其中并表海利贵溪公司短期借款830万元,公司本部新增流动资金借款330万元。

6)未交税金比年初数增加626,929.29元主要是本期增加所得税。

7)应付票据比期初数增加5,000,000元系银行为本公司购原材料出具的银行承兑汇票。

8)应付帐款比期初数增加3913614.57元,全部系应付购货款。

9)予提费用比期初增加265,241.17元是海利贵溪公司本年度予提水电和修理费。

10)长期借款比期初增加5,000,000元是本期内增加技改专项贷款。

11)主营业务收入比去年同期增加42,072,420.44元,包括了海利贵溪公司本期主营业收入12,051,209.36元,其余主营业务收入增加是公司本期增加产品销售量。

12).营业外收支净额比去年同期增加5,931,442.21元,主要是转销无效申购资金利息收入6,033,064.39元。

13).投资收益比去年同期减少389,665.44元系减少长沙永高化工实业总公司联营投资收益417,383.50元,本期投资收益27,718.06元为证券投资收益。

14)少数股东损益618,247.22元系江西贵溪农药厂投入海利贵溪公司的45%股份应分配的利润。

15)未分配利润比期初增加13,423,423.65元是本期净利润数。

16)公司本报告期内股本、资本公积和盈余公积均无变化。

17)公司关联企业及关联交易:

湖南化工研究院持有本公司股票36,583,300股,占总股本的55.18%,公司今年1-6月份由化工院代理出口产品销售业务共计507.6万元。

二、经营情况的回顾与展望

1.上半年经营情况回顾:

上半年公司在新一届董事会的领导下,认真抓规范运作,加强管理,抢占市场,增收节支,实现了稳步发展,实现主营业务收入11979.2万元,利润总额1734.05万元,主营业利润1123.14万元,税后净利润1342.34万元,主营业收入较去年同期增加54.13%,主营业利润较去年同期增加41.43%,生产经营获得稳步发展,销售产值与利润呈现同步增长。

(1)主营业务是根本。突出主业,狠抓管理是公司管理层的指导思想。无论技术改造还是发展新产品新技术重点围绕主业发展进行,做到了目的明确,投入准确,收效高。上半年农药原药产量达到1166吨,比去年同期增加22.88%。同时,把增收节支降耗作为管理工作的重点,实现了主营业产值与利润同步增长。

(2)用好募股资金,招股书所列投资项目正抓紧实施。其中农药剂型项目已于去年底完成,因而今年上半年制剂总量达到2556.9吨,比去年同期增加近50%,其他两个项目也在由总经理出任组长的建设领导小组指导下抓紧实施。同时,在公司的供销公司设置新产品推广部,把新产品推广与产品销售紧密结合,提高公司产销率和资金的回收率。

(3)认真开展资本经营。在组建由公司控股55%的海利贵溪化工农药有限公司后,从组织上、技术上、管理上、资金上向其注入新的要素与活力,因而该公司上半年实现利润200余万元,呈现了较好的发展势头。

2.下半年工作展望

下半年公司在积极而稳健经营的基础上,继续保持主业务的持续增长,坚持以市场为导向,以效益为中心,以产业为依据,实现规模经营和资本经营并重,抓规范运作,抓新产品开发,抓资产重组,抓外向型技术经济,抓两个文明建设工作。

(1)公司下半年将确保主营业的持续增长,对于已建成的农药剂型项目,要以新产品好安威和克百威制剂为主加快推广销售,今年要初见成效,残杀威500吨扩建项目要认真抓紧抓好,年内建成试车;呋喃酚中试三季度完成,一定要创国内领先水平。

(2)抓新产品开发,充分发挥"国家氨基甲酸酯类农药工业性试验基地""国家南方农药创制中心湖南基地"的作用,继续发挥氨基甲酸酯类农药新技术新产品的优势的同时,抓精细化工新技术新品的开发,重点开发4-甲苯基苯甲酮等光气化产品及2,6-二甲基苯胺等中间体。

(3)抓外向型技术经济,积极组织产品出口,围绕经济效益这个中心加强工作,年内完成产品出口创汇250-300万美元。

三、重大事件说明

1.本报告期内公司召开了二次董事会议:1997年4月8日,公司第一届七次董事会在长沙市天心宾馆召开。通过以下决议:①董事会工作报告。②公司1996年财务决算方案。③公司1996年度利润分配和资本公积金转增股本方案。④修改公司章程方案。⑤公司对江西贵溪农药厂进行资产重组控股经营的实施方案。⑥决定召开公司第二届一次股东大会,并进行董事、监事换届选举。

1997年5月10日公司在长沙市大华宾馆召开了第二届一次董事会,通过以下决议:①选举范涤尘先生为董事长,黄国强先生为副董事长。②董事会聘任龚建长先生为公司总经理兼总经济师。③董事会聘任肖光普先生为董事会秘书。④根据总经理提名,董事会聘任王晓光先生、石峰先生为副总经理,韦林声先生为总工程师,杨巧七女士为总会计师。

2.公司第二届一次监事会于1997年5月10日在长沙市大化宾馆举行。大会一致选举刘盛庚先生为公司监事会主席。

3.根据国务院证券委、中国人民银行、国家经贸委联合发布的《严禁国有企业和上市公司炒作股票的规定》,公司对照规定进行了认真检查和清理,未有违反国家政策法规的行为。本公司今后如果从事股票投资,将严格遵循国家有关政策法规和本公司章程的规定。

4.募集资金的使用情况。公司将募集的资金按招股说明书所载项目逐项投入,其中(1)高效新农药制剂装置项目,包括三条生产线,已建成投产。完成投资1070万元。(2)生产500吨残杀威扩建工程相继完成了施工设计和配套公用工程、三废治理装置建设、主体工程土建已破土动工,10月底完成,11月份进入设备安装定位,年底建成试车,现已投入资金1100万元。(3)年产1000吨呋喃酚生产装置建设,正抓紧中试,取得突破性进展。中试装置、电力扩容、仪器设备购置等已投入资金740.6万元,三季度完成中试后即准备建年产1000吨生产装置。

5.经第二届一次股东大会决议通过,并授权董事会实施,由公司与江西贵溪农药厂投资组建海利贵溪化工农药有限公司,注册资金1000万元,公司控股55%,组建后该公司运行良好,已实现产值2072万元,利润200余万元。

6.本公司中期利润不分配。

7.本公司报告期内无重大诉讼、仲裁事项。

四、发行在外股票的变动和股权结构的变动

1.股权结构情况:1997年6月30日(数量单位:万股　每股面值:1元)

股份类别	期初数	本次变动增减	期末数	占总股本比例%
一、尚未流通股				
1.发起人股	3944.33	—	3944.33	59.49
其中:				
国有法人股	3658.33	—	3658.33	55.18
境内法人持有股份	286.0	—	286.0	4.31
2.募集法人股	995.67	—	995.67	15.02
尚未流通股合计	4940.0	—	4940.0	74.51
二、已流通股份				
境内上市的人民币普通股	1690.0	—	1690.0	25.49

已流通股合计	1690.0	—	1690.0	25.49
三、股份总数	6630.0	—	6630.0	100

2. 主要股东持股情况:(1997上6月27日前十名股东)

股东名称	持股数量(万股)	占总股本比例(%)
湖南化工研究院	3658.33	55.18
湘化工会	189.02	2.85
湖南省化学化工学会科技服务部	160.16	2.42
长沙科旺化工仪表成套设备公司	139.17	2.10
中信大榭开发公司	130.0	1.96
北京信泰珂科技发展中心	130.0	1.96
惠州大亚湾庆祥实业有限公司	130.0	1.96
平安保险	102.83	1.55
湖南省电力高新技术开发公司	65.0	0.98
湖南省国际经贸发展公司	65.0	0.98

五、股东大会简介

湖南海利化工股份有限公司1996年度股东大会于1997年5月10日在长沙市大华宾馆举行。出席本次会议的股东34人,代表股份4612.998万股,占公司总股本的69.58%,符合《公司法》和公司章程规定的比例,经大会审议,表决通过了如下决议:

(一)审议批准了公司1996年度董事会工作报告

(二)审议批准了公司1996年度监事会工作报告

(三)审议批准了公司1996年度财务决算方案

(四)审议批准了公司1996年度分配方案及资本公积金转增股本方案

1. 利润分配方案:1996年公司实现净利润24,839,807.62元,提取10%法定公积金2,483,980.76元,提取10%法定公益金2,483,980.76元,加上上年未分配利润2,894,617.86元,可供股东分配利润合计为22,766,463.96元,决定以送红股的形式向全体股东分配股利,每10股送红股3股,共送出19,890,000.00元,余2,876,463.96元结转下一年度分配。

2. 资本公积金转增股本方案:1996年末公司资本公积金总额为44,190,836.44元,决定从资本公积金中提取13,260,000元,向全体股东以10:2的比例转增股本。

(五)审议批准了修改公司章程方案,授权董事会具体实施。

(六)审议批准了公司与江西贵溪农药厂投资组建海利贵溪化工农药有限公司的方案,授权董事会具体实施,其他资产重组工作,亦授权董事会实施操作。

(七)选举了公司第二届董事会及第二届监事会成员

董事会成员:范涤尘、黄国强、龚建长、王晓光、石 峰、朱明德、张福山、何响英、刘伟、王维新、徐爱国、汤洪良、朱 炜

监事会成员:刘盛庚、陈贡荪、郭谷音、罗贞礼、陈元荪

六、备查文件

1. 载有公司董事长范涤尘先生亲笔签名的中期报告原本。

2. 公司1996年度股东大会材料

查阅地址:湖南省长沙市胜利路198号,本公司证券部。

邮编:410007　　电话:(0731)5552484

湖南海利化工股份有限公司

山西焦化股份有限公司

山西焦化股份有限公司简介

一、公司概况

山西焦化股份有限公司是山西省人民政府以晋政函[1995]134号文批准由山西焦化集团有限公司〖曾名山西焦化工业(集团)公司〗独家发起募集设立的上市公司。

山西焦化股份有限公司位于我国煤炭储存量和生产量最大的山西省中南部。交通通讯便捷,水电资源充足、煤炭资源丰富,有着发展煤化工工业得天独厚的条件。本公司现有年产60万吨焦炭、8000吨粗苯加工、30000吨焦油加工、8600吨硫酸铵等四套主要生产装置,生产冶金焦、焦化苯、焦化二甲苯、硫酸铵、工业萘、精萘、蒽油、沥青、硫磺、粗苯、溶剂油等20余种产品。

山西焦化股份有限公司始终奉行"质量第一"的宗旨,对原料进厂、加工、制成、包装、仓储、成品销售等环节都实行严格的分析化验和质量监控,并执行"质量三法",加强工艺控制,严格质量考核,主要产品畅销国内22个省市400多家用户,并出口到德国、美国、法国、意大利、日本、巴西、韩国等10多个国家和地区,深受客户青睐。而且,公司创造并推行了"全方位管理一体化考核法",使公司的生产经营及各项工作均走上全省和全国先进企业行列,成为化学工业部和山西省人民政府确立的学习样板。

山西焦化股份有限公司发行股票募集的资金将全部用于年产90万吨焦炉易地改造工程,该项目已经国务院批准同意建设。建成炭化室高6米的大容积JN60-89型焦炉2×50孔以及相配套的煤气净化等生产辅助设施。公司的焦炉易地改造项目建成投产后,将为公司带来巨大的经济效益,给投资者更为满意的回报。

二、经营范围

主营:焦炭及相关化工产品的生产及销售。

兼营:本公司生产所需原辅材料,机械设备,技术进口,自产产品和技术出口,承办对外投资、合资、合作及来料加工和补偿贸易业务,制造其他化学、化工产品。

山西焦化股份有限公司

一九九七年八月十二日

山西焦化股份有限公司1996年年度报告摘要

一、公司简介

公司名称:山西焦化股份有限公司

英文名称:ShanXi Coking Co.,Ltd

公司总部地址:山西省洪洞县广胜寺镇

邮政编码:031606

公司法定代表人:薛佩珍先生

公司咨询机构:董事会秘书处

联系电话:0357-6625471,6624744

传　　真:0357-6624742

公司信息披露负责人:董事会秘书　邢良智先生

电　　话:0357-6625220

传　　真:0357-6624742

股票简称:山西焦化

股票代码:600740

二、会计数据和业务数据摘要

单位:元

指标项目	本年数(1-12月份)	本年数(8月2日-12月31日)
1.主营业务收入	272,985,921	108,411,745
2.净利润	32,692,333	13,762,256
3.总资产	449,777,315	449,777,315
4.股东权益	235,728,465	235,728,465
5.每股收益	0.21	0.088
6.每股净资产	1.51	1.51
7.净资产收益率(%)	13.87	--
8.股东权益比率(%)	52.41	52.41
扣除利息收入2,529,834元后		
净利润	30,997,344	12,067,267
每股收益	0.20	0.077
净资产收益率(%)	13.15	--

注:1.以上数据按股份制试点企业会计准则编制。

2.公司于1996年8月2日成立,全面摊薄计算每股收益为0.088元。1至12月全面摊薄每股收益实际为0.21元。

三、公司业务回顾

1.公司主营业务业绩概述

1996年是山西焦化股份有限公司创立的第一年。在这一年里,公司成功地发行了"山西焦化"股票,及时完成了资本公积金转增股本的工作。公司是山西省人民政府确定的"山西省出口焦炭定点生产企业"。

公司主要从事焦炭及相关化工产品的生产和销售。1996年8至12月,主要产品销售及收入分别为:焦炭24.74万吨,收入9248.03万元;硫酸铵3118.95吨,收入215万元;焦油3216.41吨,收入217.48万元;沥青6315吨,收入431.42万元;焦化苯1985.15吨,收入327.62万元;二甲苯124.50吨,收入28.76万元。

2.对实际经营结果与盈利预测重大差异的说明

公司1996年预测主营业务利润为48921336元,8至12月实际完成18164907元,为年预测数的37.13%;预测净利润为31916776元,8至12月实际完成13762256元,为年预测数的43.12%;全面摊薄每股税后利润预测数为0.41元,8至12月实际数为0.088元。

造成上述数据差异的主要原因是:

(1)公司招股说明书中主营业务利润、净利润的预测是以1996年1至12月为基础测算的,报告中主营业务利润、净利润是公司8月2日成立至12月31日实际数。

(2)根据山西省国有资产管理局晋国资企函字(1995)第100号"关于山西焦化股份有限公司国有股权管理的批复"的文件规定,"股份公司改组基准日至股份公司成立期间所形成的利润,归集团公司所有",因此1996年利润为公司成立后8月2日至12月31日的实际实现数。

(3)每股税后利润0.41元,是以总股本7800万股在全年利润基础上摊薄计算的。而每股税后利润0.088元,则是以转增股本后,按15600万股总股本摊薄计算的。

3. 对前次募集资金运用情况的说明

1996年7月,公司发行2500万股A股,发行价6.00元/股,募集资金1.5亿元,扣除发行费用后,实际募集资金1.4242亿元。

本公司拟投资建设的90万吨焦炉易地改造项目国务院已经批准,截止1996年年底,已支付该项目的前期费用3678656元。

4. 股本变化及持股情况

(1)股本变化情况

1996年12月9日公司实施了10:10比例转增股本方案,其股本变化情况如下:

股份类别	变动前	占总股本%	变动后	占总股本%
尚未流通股份:				
国有法人股	53000000	67.95	106000000	67.95
已流通股份:				
社会公从股	25000000	32.05	50000000	32.05
股本总额:	78000000	100.00	156000000	100.00

(2)主要股东持股情况

截止1996年12月31日,本公司前10名股东持股情况如下:

序号	单位(姓名)	持股数	比例(%)
1	山西焦化集团有限公司	106000000	67.95
2	张青	695800	0.45
3	太阳投资	420000	0.27
4	刘雁华	300000	0.20
5	杨英权	298000	0.20
6	熊菊容	200000	0.13
7	铜陵城信	200000	0.13
8	吴高生	185900	0.12
9	沈栋国	150000	0.10
10	陈林	150000	0.10

(3)1996年末股东总数为47097户

(4)董事、监事及高级管理人员持股情况

姓名	职务	年初持股数(股)	年末持股数(股)
薛佩珍	董事长兼总经理	68	136
李学桂	副董事长	68	136
张天祯	副董事长兼常务副总经理	54	108
江新国	董事兼副总经理	54	108
赵双泉	董事兼副总经理	54	108
张晋	董事兼总会计师	54	108
潘得国	董事兼副总经理	54	108
杨天顺	董事	54	108
马恩泽	董事	0	0
梁自立	监事会主席	54	108
刘安旺	监事	54	108
郭保林	监事	13	26
董志康	监事	0	0
贺兰根	监事	0	0
王生有	监事	13	26
王登科	监事	13	26
张虎娃	副总经理	54	108
李北喜	副总经理	54	108
余长舜	总工程师	54	108
陈君萍	总经理助理	54	108
孔晓宝	总经理助理	54	108
邢良智	董事会秘书	13	26

四、股东大会简介

1996年度,公司先后召开了两次股东大会。

(一)创立大会暨第一次股东大会

创立大会暨第一次股东大会于1996年7月25日上午在山西焦化集团有限公司宾馆举行,出席本次会议的股东及其代表共179名,代表股份53006656股,占公司总股本的67.96%。大会审议并表决通过了以下决议:

1. 关于公司筹办工作报告的决议
2. 关于公司章程的决议
3. 关于公司设立费用报告的决议
4. 关于第一届董事会组成人员的决议
5. 关于第一届监事会组成人员的决议
6. 关于公司1996年工作计划报告的决议
7. 关于申请山西焦化股票在上海证券交易所挂牌上市的决议
8. 关于组织学习《公司法》和《股票发行与交易管理暂行条例》的决议
9. 关于组织学习《山西焦化股份有限公司章程》的决议

(二)第二次股东大会(临时)

第二次股东大会《临时》于1996年11月28日上午在山西焦化集团有限公司宾馆召开,出席本次会议的股东及其代表共159名,代表股份53004225股,占公司总股本的67.954%,大会审议并表决通过了以下决议:

1. 关于1996年中期转增股本方案的决议
2. 关于公司章程修改意见的决议
3. 关于授权董事会全权处理资本公积金转增股本有关事宜的决议
4. 关于公司"九五"发展规划的决议

五、重大事件披露

1.1996年6月25日,公司在《中国证券报》、《上海证券报》和《山西日报》上刊登了招股说明书,向社会公开发行普通股2500万股,发行价6.00元/股,发行方式为"全额预缴款、比例配售、余款即退",发行时间7月1日至13日。

2.1996年8月6日,公司在《中国证券报》和《上海证券报》上刊登上市公告书,8月8日2500万流通股在上海证券交易所挂牌交易。

3. 公司90万吨焦炉易地改造项目可行性研究报告已经国务院批准,国有经贸委以国经贸改(1996)631号"印发《关于审批山西焦化工业总公司焦炉易地改造项目可行性研究报告的请示》的通知"下发了文件,化工部建设协调司、山西省计划委员会1997年元月20日以晋计设字(1997)18号文作出《关于山西焦化集团有限公司焦炉易地改造一期工程初步设计的批复》。目前,主体工程开工前的准备工作正在进行。

4. 山西焦化股份有限公司发起人山西焦化工业(集团)公司(曾名山西焦化工业总公司)于1996年2月15日名称变更登记为山西焦化集团有限公司(国有独资公司)。公司发起人股份5300万股及由此增加的股份由更名后的山西焦化集团有限公司持有。

5.1996年8月16日,一届二次董事会会议作出了"关于同意接受山西焦化集团有限公司将90万吨焦炉易地改造项目前期工作费用移交给本公司的决议"。

6.1996年8月16日,一届二次董事会会议通过"关于购买2008万元国债的决议"。

7.1996年8月16日,一届二次董事会会议通过"关于聘请山西第二律师事务所律师阎怀庆、原建民、寇峰为公司法律顾问的决议"。

8.1996年8月16日,一届二次董事会会议通过"关于聘请山西会计师事务所为公司财务顾问的决议"。

9.1996年10月25日,一届四次董事会会议通过"关于授权董事会秘书处进行短期证券投资业务的决议"。

10.1996年10月25日,一届四次董事会会议通过"关于1996年度提取法定公积金、法定公益金,任意公积金比例的决议"。

11.1996年11月28日,第二次股东大会(临时)审议通过"1996年中期转增股本方案"。转增股本后,总股本由7800万股增加为15600万股,其中国有法人股由5300万股增加为10600万股,占总股本67.95%;社会流通股由2500万股增加为5000万股,占总股本的32.05%。

12.本报告期内,公司无重大诉讼、仲裁事项。

六、财务报告

(一)审计意见

公司1996年度财务报告经山西会计师事务所中国注册会计师王瑞刚、武世民审计,并出具了无保留意见的审计报告(1997)晋师股审字第5号。

(三)会计报表注释

1.主要会计政策

(1)会计制度

本公司执行《股份制试点企业会计制度》。

(2)坏帐准备

于决算日,按应收帐款帐户余额的5‰计提坏帐准备列入管理费用。其他债权按实际确认的坏帐计入管理费用。

(3)税项

a、所得税:税率33%

b、流转税

税目	税种	税率%
焦炭	增值税	17
硫铵	增值税	13
其他焦化产品	增值税	17
材料	增值税	17
	教育费附加	3
	城市维护建设税	7

c、其他税项

土地使用税=土地使用面积×0.3元/平方米

房产税=计税总额×1.2%

印花税=按经济合同计税总值×0.3%

印花税=按记载资本金帐薄的资本金计税总额×0.5‰

印花税=按一般帐薄每本5元

2.会计报表项目附注

(1)短期投资

人民币元

投资项目	期末余额
债券投资	20,082,000
股票投资	1,500,000
	21,582,000

(2)应收帐款

人民币元

帐龄	户数	期末余额
一年以内	90	198,495,284

应收帐款期末余额比上年同期的70,290,038元增加128,205,246元,其主要原因是冶金焦企业资金周转困难,本公司的货款回收不好,形成大量赊销造成的。

(3)其他应收款

人民币元

项目	性质	期末余额
代垫费用	代垫未结算的水、电、汽费	131,718
备用金	车间及部门周转金	292,164
		423,882

(4)其他应付款

人民币元

项目	性质	期末余额
山焦集团有限责任公司	往来欠款余额	10,722,700
山西省冶金物资总公司	欠交能源基地建设基金等	6,660,586
其他单位52户		4,209,316
		21,592,602

其他应付款期末余额比上年同期的7,036,489元增加14,556,113元,主要原因是由于销货款赊销较多,拖欠了山焦集团公司往来欠款和出省焦炭应上交的能源基地建设基金。上述山西焦化集团有限公司持有本公司67.95%的股份。

(5)资本公积

人民币元

期初余额	本期增加	本期减少	期末余额
26,511,934	117,454,275	78,000,000	65,966,209

资本公积本期增加117,454,275元,系至1996年7月13日溢价发行2,500万股社会公众股,收入150,000,000元,扣除预计的发行费用7,580,000元和转入股本2,500,000元后,列入资本公积117,420,000元,以及列入资本公积申购成功的冻结资金利息34,275元,合计资本公积增加117,454,275元,本期减少数78,000,000元,系根据本公司股东大会决议,以资本公积10:10转增股本后减少的资本公积。

(6)盈余公积

人民币元

项目	期初余额	本期增加	本期减少	期末余额
盈余公积	--	2,477,206	--	2,477,206
其中:公益金	--	1,100,981	--	1,100,981
任意盈余公积	--	1,376,226	--	1,376,226
	--	3,853,432		3,853,432

本期增加数3,853,432元,系根据公司章程规定1996年当年按税后利润的10%计提法定盈余公积金,按照本公司1996年第四次董事会会议,第一项决议,按照税后利润的8%提取法定公益金,第二项决议按照税后利润的10%提取任意盈余公积金。

(7)未分配利润

人民币元

期初余额	本年增加	本年减少	期末余额
--	28,838,901	18,930,077	9,908,824

本公司1996年度实现净利润32,692,333元,其中:1月1日至8月1日实现18,930,077元,8月2日至12月31日实现13,762,256元,按设立后实现的净利润,计提法定盈余公积10%,法定公益金8%,任意盈余公积金10%后,全年未分配利润应为28,838,901元。根据山西省国有资产局国资企函字(1995)第100号文"关于山西焦化股份有限公司国有股权管理的批复"规定"股份公司改组基准日至股份公司成立期间所形成的利润,归集团公司所有"。本公司成立日为1996年8月2日,在此之前本年形成的净利润18,930,077元,已全额上交集团公司。

(8)营业外收入

项目	人民币元
股票申购冻结资金无效申购部分利息收入	2,529,834

(9)重要事项说明

本公司董事会1996年9月6日"关于担保山西焦化集团有限公司贷款"的决议,对山西焦化集团有限公司于1996年9月12日向中国银行太原支行营业部贷款3,000万元人民币,贷款期1996年9月12日-1997年6月13日,年利率9.21%提供担保。

山西焦化股份有限公司

一九九七年四月十五日

资产负债表

编制单位：山西焦化股份有限公司　　1996 年 12 月 31 日　　单位：人民币元

项目	附注	年初数	年末数	项目	附注	年初数	年末数
流动资产：				流动负债；			
货币资金	1	1,721,202	120,659,786	短期借款		39,210,000	76,090,000
短期投资	2	－－	21,582,000	应付票据		－－	30,094,080
应收票据	3	－－	32,014,080	应付帐款	9	40,319,593	79,713,268
应收帐款		70,290,038	198,495,284	应付福利费		－－	278,371
减：坏帐准备		351,450	992,476	未付股利	－－	－－	
应收帐款净额		69,938,588	197,502,808	未交税金		5,983,881	
其他应收款	4	1,125,071	423,882	其他未交款		296,648	
存货	5	24,268,590	10,672,819	其他应付款	10	7,036,489	21,592,602
待摊费用	6	1,776,188	1,864,284	预提费用	－－	－－	
流动资产合计		98,829,639	384,719,659	流动负债合计		214,048,850	
				负债合计		214,048,850	
固定资产：				股东权益：			
固定资产原值	7	170,762,463	170,872,043	股本	11	53,000,000	156,000,000
减：累计折旧	7	97,752,511	110,514,727	资本公积	12	26,511,934	65,966,209
固定资产净值		73,009,952	60,357,316	盈余公积	13	－－	3,853,432
固定资产清理		－－		其中：公益金		－－	1,100,981
在建工程	8	－－	4,700,340	未分配利润	14	－－	9,908,824
固定资产合计		73,009,952	65,057,656	股东权益合计		79,511,934	235,728,465
资产合计		171,839,591	449,777,315	负债及股东权益合计		171,839,591	449,777,315

利润表

编制单位：山西焦化股份有限公司　　1996 年度　　单位：人民币元

项　　目	注释	本年数	其中：1－7 月份	8－12 月份	上年数
一、主营业务收入	15	272,985,921	164,574,176	108,411,745	255,700,050
减：营业成本	16	169,533,320	104,956,003	64,577,317	160,981,930
销售费用		3,809,683	1,961,433	1,848,250	2,821,331
管理费用		44,799,204	24,359,834	20,439,370	38,325,968
财务费用	17	5,555,474	2,814,351	2,741,123	4,653,063
营业税金及附加		2,087,850	1,447,072	640,778	2,008,383
二、主营业务利润		47,200,390	29,035,483	18,164,907	46,909,375
加：其他业务利润	18	(44,298)	23,436	(67,734)	－－
三、营业利润		47,156,092	29,058,919	18,097,173	46,909,375
加：投资收益		－－	－－	－－	－－
营业外收入	19	2,529,834	－－	2,529,834	－－
减：营业外支出	20	891,400	805,074	86,326	1,605,744
四、利润总额		48,794,526	28,253,845	20,540,681	45,303,631
减：所得税		16,102,193	9,323,768	6,778,425	14,950,198
五、净利润		32,692,333	18,930,077	13,762,256	30,353,433

合并财务状况变动表

编制单位：山西焦化股份有限公司　　1996 年度　　单位：人民币元

流动资金来源和运用	金　　额	流动资金各项目的变动	金　　额
一、流动资金来源：		一、流动资产本年增加数	
1．本年净利润	32,692,333	1．货币资金	118,938,584
加：不减少流动资金的费用和损失：		2．短期投资	21,582,000
固定资产折旧	12,762,216	3．应收票据	32,014,080
无形资产、递延资产摊销		4．应收帐款净额	127,564,220
固定资产盘亏(减盘盈)		5．预付帐款	－－
清理固定资产损失(减收益)		6．其他应收款	(701,189)
递延税款		7．待摊费用	88,096
其他不减少流动资金的费用和损失		8．存货	(13,595,771)
小计	45,454,549	9．待处理流动净损失(减收益)	
二、其他来源		10．一年内到期的长期债券投资	
固定资产清理收入(减清理费用)		11．其他流动资产	
增加长期负债			
收回长期投资			
对外投资转出固定资产			
对外投资转出无形资产			

流动资金来源和运用	金　额	流动资金各项目的变动	金　额
资本净增加额	146,307,707		
小计	146,307,707		
流动资金来源合计	191,762,256	流动资产增加净额	285,890,020
二、流动资金运用:		二、流动负债本年增加数:	
1.利润分配:		1.短期借款	36,880,000
①提取盈余公积	3,853,432	2.应付票据	30,094,080
②已分配股利	18,930,077	3.应付帐款	39,393,675
		4.预收帐款	
小计	22,783,509	5.应付福利费	278,371
		6.未付股利	
2.其他运用		7.未交税金	4,990,360
①固定资产和在建工程净增加额	4,809,920	8.其他未交数	(4,471,406)
②增加无形资产、递延资产和其他资产		9.其他应付款	14,556,113
③偿还长期负债		10.预提费用	
④增加长期投资		11.一年内到期的长期负债	
小计	4,809,920	12.其他流动负债	
流动资金运用合计	27,593,429	流动负债增加净额	121,721,193
流动资金增加净额	164,168,827	流动资金增加净额	164,168,827

山西焦化股份有限公司一九九七年度中期报告

一、财务报告

(一)审计报告(摘要)

(1997)晋师股审字第10号

山西焦化股份有限公司各位股东:

我们接受委托,审计了贵公司截止1997年6月30日的资产负债表,1997年1-6月的利润表。我们认为,上述会计报表符合《企业会计准则》和《股份制试点企业会计制度》的规定,在所有重大方面公允地反映了贵公司截止1997年6月30日的财务状况及1997年1-6月份的经营成果,会计处理方法的选用遵循了一贯性原则。

山西会计师事务所　中国注册会计师　赵秀琴

中国·太原　中国注册会计师　宋晓伟

一九九七年七月二十二日

(二)简化的资产负债表

单位:人民币元

项　目	期初数	期末数
流动资产	384,719,659	407,362,758
固定资产净值	60,357,316	55,317,183
在建工程	4,700,340	10,619,691
资产合计	449,777,315	473,299,632
负债及股东权益		
流动负债	214,048,850	222,193,175
股东权益	235,728,465	251,106,457
股　本	156,000,000	156,000,000
资本公积	65,966,209	65,966,209
盈余公积	3,853,432	3,853,432
未分配利润	9,908,824	25,286,816
负债及股东权益合计	449,777,315	473,299,632

(三)简化的损益表

单位:人民币元

项　目	本期数
主营业务收入	129,384,921
主营业务利润	23,796,452
其他业务利润	(237,077)
投资收益	105,409
营业外收支净额	712,556
利润总额	22,952,228
所得税	7,574,236
净利润	15,377,992

(四)会计报表注释

1.公司一般情况

山西焦化股份有限公司(简称本公司)是经山西省人民政府批准,由山西焦化集团有限公司独家发起募集设立的上市公司,于1996年8月2日在山西省工商行政管理局登记注册,注册资本15,600万元。并于1996年8月8日在上海证券交易所挂牌交易。本公司生产经营的主产品为冶金焦,副产品有:硫酸铵、焦油、沥青、蒽油、工业萘、焦化苯、焦化甲苯、焦化二甲苯、溶剂油等。

2、主要会计政策

与1996年度采用的会计政策完全一致。

3.会计报表项目附注

(1)在建工程

工程名称	工程进度	实际支用数	原预算数	资金来源
焦炉易地改造		9,838,251	(设计费)	募集资金
动力软化水站改造	70%	781,440	800,000	自筹
		10,619,691		

(2)未分配利润

人民币元

项目	期末余额
未分配利润	25,286,816

系上年结余数和本期净利润之和。

(3)投资收益

人民币元

项目	期末余额
投资收益	105,409

系公司于1997年4月7日收回的全部股票投资产生的收益。

4.关联公司及关联交易

(1)关联公司基本情况

人民币元

企业名称	性　质	注册地址	主营业务	注册资本(万元)	法定代表人	所持股份
山西焦化集团有限公司	国有独资	洪洞县广兰寺镇	焦炭、尿素、合成氨生产	18729	薛佩珍	占股份公司67.95%的股份
山西虹铄焦化企业有限公司	合　资	洪洞县广兰寺镇	生产无水焦粉	471.50	薛佩珍	集团公司占其69.57%股份

(2)关联交易

①采购方面

关联单位	采购额	占总采购额的%
山西焦化集团有限公司	6,510,387	6.68%

②销售方面

关联单位	销售额(元)	占总销售额%
山西焦化集团有限公司(出口销售)	23,564,363	18.21
山西虹铄焦化企业有限公司	928,103	0.17
	24,492,466	18.38

③支付租赁

a. 租用山西焦化集团有限公司"飞虹"牌商标,半年租赁费1万元;

b. 租用山西焦化集团有限公司生产用地,半年租赁费40万元。

④支付费用

集团公司提供医疗、饮食、托儿所、幼儿园、学校、职工住房等,半年支付费用1,228,037元。

(3)定价政策

采购、销售以市场价定价,其余以协议价定价。

5. 贵公司无任何重大承诺或担保

(五)1-6月会计数据和业务数据摘要

1. 净资产收益率(半年):6.12%;

2. 每股净资产:1.61元;

3. 每股税后利润:0.099元。

二、经营情况的回顾与展望

(一)上半年经营情况回顾

今年以来,公司紧紧围绕生产经营工作,坚持解放思想,转变观念,规范公司运作;学习邯钢,严控成本,降耗挖潜增效;开拓市场,催收货款,增加出口创汇;夯实基础,突出重点,提高管理水平的工作方针,上下精诚团结,克服了重重困难,取得了较好的成绩。

1. 以质量为中心,确保生产稳定运行。一是集中精力抓源头,保证了生产系统的稳定运行。二是严格工艺指标,使焦炭质量稳步提高,受到了用户的好评。

2. 以效益为目标,确保货款回收。一是积极开拓市场,扩大产品市场占有率。公司抽出专人进行市场开发工作,开展市场调研,开发新用户,拓宽产品销路,产品销售率达99.92%。二是加强产品销售计划管理,提高货款回收率。

3. 上半年,公司主营业务收入为12938.49万元,完成年计划的40.83%;利润总额为2295.22万元,完成年计划的46.90%;税后利润为1537.80万元,完成年计划的46.90%。

4. 募集资金的运用情况

公司于1996年7月发行"山西焦化"股票2500万股,募集资金15000万元,扣除发行费用,实际募资14242万元,其运用情况如下:

(1)焦炉易地改造工程前期费用支出984万元;

(2)经董事会决议,投资国债2008万元。

5. 90万吨焦炉易地改造工程进展情况

(1)在申请有关批件方面,1月20日,取得了省计委、化工部对该项目的扩初设计批文。至此,国家宏观控制的批件全部拿到。

(2)在征地方面,5月30日拿到了省土地局关于焦炉易地改造项目划拨用地的批件;6月17日与省、地、县土地局共同完成了现场测量、清点附着物等工作,作出了地价初评报告,现正逐级报批;6月25日取得了建设用地规划许可证。

(3)在项目设计方面,5月份分别对鞍山焦耐院和省化工设计院就施工图设计进行了书面正式委托,6月5日完成了铁路施工图设计的正式委托。

(4)在现场方面。2月至4月完成了地震断裂带、文物探测现场工作,并作出了评价报告;部分铁路桥涵、公路桥涵已开始施工,详勘工作已于6月25日与化工部一堪院、二堪院签订正式合同。

(二)下半年经营工作重点和措施

1. 继续提高焦炭质量,控制各项消耗、降低生产成本,用高质量的产品占领市场;

2. 进行工艺调整,加大生产负荷,实现安全清洁生产,争取完成全年生产计划;

3. 加强货款回收,落实运输计划,加快资金周转,提高公司经济效益;

4. 加快90万吨焦炉易地改造项目的建设,抓紧进行各项准备工作,争取年底主体工程开工。

三、重大事件的说明

1. 国务院证券委、中国人民银行、国家经贸委5月21日联合发布的《严禁国有企业和上市公司炒作股票的规定》后,经自查,公司没有从事任何违反规定的事项。本公司今后如果从事股票投资业务,将严格遵守国家法律、法规及有关政策之规定。

2. 本报告期内公司无重大诉讼、仲裁事项。

四、股票变动及股权结构情况

1. 本报告期内公司未进行送股、配股及国家股股权转让,发行在外股票无变动。

2. 股本结构

截止1997年6月30日,本公司股权结构如下:

股份单位:股　　面值:1元

股份类别	期初数	期末数
尚未流通股份:		
国有法人股	16,000,000	106,000,000
已流通股份:		
社会公众股	50,000,000	50,000,000
股份总数:	156,000,000	156,000,000

3. 公司前10名股东持股情况

截止1997年6月30日本公司前10名股东持股情况如下:

股东名称	持股数	占总股本比例(%)
山西焦化集团有限公司	106,000,000	67.95
飞龙工程	370,000	0.24
张继忠	154,744	0.099
周赛玲	100,000	0.064
李勇	100,000	0.064
吴邦进	100,000	0.064
金钢天证	100,000	0.064
五一机器	90,000	0.058
德恒公司	80,000	0.051
宋惠平	74,815	0.048

五、股东大会简介

本公司第三次股东大会暨1996年度股东年会于1997年5月21日在公司本部召开。出席会议股东有75人,代表股份106,004,396股,占公司总股本的67.9515%。本次股东大会符合《公司法》和《公司章程》之规定,会议合法、有效。大会审议通过了如下决议:

1.1996年度董事会工作报告;

2.1996年度监事会工作报告;

3.1996年度财务决算报告;

4.1996年度利润分配方案。

大会决定1996年度利润暂缓分配。

六、备查文件

1. 载有董事长签名的中期报告原本;

2. 公司1996年度报告及报告摘要;

3. 公司1996年度股东年会文件;

4. 公司1997年上半年财务报表及审计报告。

山西焦化股份有限公司董事会

一九九七年八月八日

长春一汽四环汽车股份有限公司

长春一汽四环汽车股份有限公司 1996 年年度报告

一、公司简况

1、公司法定中文名称:长春一汽四环汽车股份有限公司

英文名称:CHANG-CHUN FAW SIHUAN AUTOMOBILE CO,LTD

英文缩写:FAWSH

2、公司注册地址:长春市锦程大街 69 号

办公地址:长春市锦程大街 69 号

邮政编码:130011

3、公司法定代表人:冷延昆

4、公司咨询服务机构:公司证券部

联系人:李文东

电话:(0431)5908705

传真:(0431)5909675

5、股票简称:一汽四环

6、股票代码:600742

二、主要财务数据与财务指标

指标项目	本年数	上年数	比上年增减%
1、主营业务收入(万元)	38191.40	15900.70	140.18
2、净利润(万元)	5060.67	2117.18	139.02
3、总资产(万元)	36976.75	17373.76	112.83
4、股东权益(万元)	21747.94	7254.07	199.8
5、每股收益(元)	0.465	0.47	-1.07
6、每股净资产(元)	2.00	1.61	24.22
7、净资产收益率(%)	23.26	31.64	-26.48
8、股东权益比率(%)	58.81	41.75	40.86

附:财务审计报告、资产负债表、损益表、财务状况变动表和报表附注说明。

附注:扣除发行冻结资金利息因素,净利润为 4658.43 万元,每股收益 0.428 元,净资产收益率为 21.42%。

三、公司业务经营回顾

1、一年来经营情况

一九九六年是公司深化改革,开拓突破,声誉大振的一年,我公司全体员工认真贯彻董事会决议,团结协作、努力拼搏,在变幻莫测的激烈市场竞争中抓住了机遇,争取了时间,赢得了市场配置的应有份额,实现了经济效益大跨越。公司产值、利润均创历史最好水平,年末公司总资产 36976.75 万元,净资产 21747.94 万元,全年共实现营业收入 38191.40 万元,净利润 5060.67 万元。

2、本年度主营业务收入、净利润实际完成情况分析

本年度主营业务收入为 38191.40 万元,比上年增长了 141.18%,净利润为 5060.67 万元,比上年增长 139.02%,主营业收入中主要是扩大汽车生产规模和销售量增加。

对照公司人民币普通股发行上市时的盈利预测,从公司角度分析,本年度公司主营业务收入为 34000 万元,实际为 38191.40 元,完成计划的 112.32%,净利润预测为 3509 万元,实际完成净利润为 5060.67 万元,完成计划的 144.21%,增长的主要因素是前期投资已产生较好的回报,扩大了生产规模,提高了汽车产量,加快了新产品开发,先后研制出五吨平头加强型加长车,加长型牵引车,平头牵引车,五吨挤压式垃圾车,城市运钞车,厢式车等六种车型,实现了研制一代,生产一代,储备一代。公司投资兴建的现代化的车箱底板总成和车箱总成生产线,轮胎装配线当年投入,当年生产,创造了可观的效益,实现了投资——扩大再生产——收益的良性循环。公司强化了内部管理,根据所属七个企业的不同特点,实施了七种形式的经济承包责任制,极大地调动了全体员工的积极性,促进了效益的增长,公司还顺利地通过了国家 ISO9000 质量体系认证。公司在发展建设过程中与一汽同步列入国家重点支柱产业。公司已具备科研、设计、制造、维修等综合功能,具有完备的质量保证体系和检测手段,初步实现了生产、销售、服务三位一体的经营格局,具有较强的发展后劲和角逐市场的能力。

四、对公司募集资金的说明

一九九六年本公司公开发行人民币普通股股票 1550 万股,扣除发行上市费用后其共募集资金 10605.70 万元,募集资金安排运用情况如下:

(1)投资 3650 万元用于五平柴车箱底板焊装线,顶板线,油漆线工程,工程进度顺利,现已投入生产,资金投入项目进度与计划基本相符。

(2)公司将 6955.7 万元的剩余资金,结转为九七年的续建项目,其中:a 新建变型车整车装配线 90 万元;b 新建九平柴车箱底板边板基地 50 万元;c 用于技术改造,更新设备,改善作业环境,增加大型的冲压设备,车箱顶板线和车架铆装线等项投资 4800 万元;d 用于中外合资的金杯史密斯轿车副车架的投资 1200 万元;e 按吉林省长春市政府的要求改建农贸市场 1500 万元。

五、股本变化及股本结构情况

1、股本结构如下:

填报日期:一九九六年十二月三十一日

数量单位:股

每股面值:1 元

本次变动增减(+,-)

(一)尚未流通股份					
1、发起人股份					
其中:	期初数	送股	公积金转股	小计	期末数
国有法人股	20610000	6183000	10305000	16488000	37098000
社会法人股	10350000	3105000	5175000	8280000	18630000
2、募集法人股	5040000	1512000	2520000	4032000	9072000
3、内部职工股	9000000	2700000	4500000	7200000	16200000
4、尚未流通股份合计	45000000	13500000	22500000	36000000	81000000
(二)已流通股份					
1、境内上市人民币普通股(本年增加)	15500000	4650000	7750000	12400000	27900000
2、流通股份合计	15500000	4650000	7750000	12400000	27900000
(三)股份总数	60500000	18150000	30250000	48400000	108900000

注:本表期初数为发行后的股本数,公司新股于一九九六年八月二十六日上市。

2、股本变动情况及原因

上表中公司年末股本比年初股本增加数量,是因为年度内实施了按每 10 股送 3 股的九五年度利润分配方案,即用资本公积金 10:5 转增股本方案。

3、主要股东持股情况

名次	股东名称	年初持股数(万股)	占总股本(%)
1	一汽集团公司	37098000	34.07%
2	一汽四环企业总公司	17010000	15.62%
3	国家开发投资公司	2700000	2.48%
4	海通证券	2380519	2.19%
5	中国汽车工业总公司 长春汽车研究所中实改装车厂	1620000	1.49%
6	一汽四环热电安装工程公司	1080000	0.99%
7	一汤四环企业总公司经贸部	991339	0.91%
8	一汽四环钢圈厂	810000	0.74%
9	王玉伟	370000	0.34%
10	一汽四环化油器滤清器厂	360000	0.33%

4、年末股东数量

根据上海证券中央登记结算公司提供的数据,截止九六年十二月三十一日本公司股东总数为30096名。

5、公司董事、监事和高级管理人员的持股情况。

姓名	职务	年初持股数	年末持股数	变动原因
冷延昆	董事长	6500	11700	96年度实
周颖	副董事长	6500	11700	施了按每
马兴洲	董事	0	0	10股送3
陈永田	董事	6500	11700	股的95年
宋学智	董事	3900	7020	度利润分
杨振煌	董事	3900	7020	配方案及
宋有财	董事	3900	7020	用资本公
张旭东	董事	2600	4680	积金按10
吴凯	董事	0	0	比5转增
徐荣彰	监事长	2600	4680	股本方案
于清波	监事	2600	4680	
周志国	监事	1300	23400	

六、重要事项

1、一九九六年八月十二日公司在上海证券交易所通过上网定价方式,公开发行1550万人民币普通股,公司已于一九九六年八月八日在《上海证券报》、《中国证券报》、《长春日报》上刊登了招股说明书概要。

2、一九九六年八月二十六日公司1550万人民币普通股在上海证券交易所上市,公司已于一九九六年八月二十三日在《上海证券报》、《中国证券报》、《长春日报》刊登了上市公告书。

3、一九九六年十月十日,经公司第二届第二次董事会审议通过公司九五年度的利润分配预案,为每10股送3股红股,同时通过每10股转5股的资本公积金,转增股本预案,并提请公司临时股东大会审议。

4、一九九六年十一月十五日,经公司临时股东大会审议:通过了按每10股向全体员工送3股红股的一九九五年股利分配方案和以资本公积金向全体股东按10:5转增股本的方案,上述第4项公司已于十月十一日在《上海证券报》与《中国证券报》上予以公告。

5、本报告期内公司无重大诉讼,仲裁事项。

七、财务报告

1、审计意见

公司财务报告经长春会计师事务所注册会计师赵擎鏖、陈思滨审计,并出具了无保留意见的审计报告。

八、其他事项

本公司于一九九七年三月十一日在一汽集团公司外宾楼会议室召开了二届三次董事会会议,9名董事(缺席1名),出席了会议,会议审议通过了利润分配预案:一九九六年,公司完成销售收入38191.40万元,实现净利润5060.67万元,提取10%法定公积金5060669.75元,提取10%公益金5060669.75元,加上上年度未分配利润228354.35元,可供股东分配利润共计40713712.37元。决议实施分红方式是以总股本108900000股为基数,按每10股派2.50元(含税),共分红利27225000元,余下部分13488712.37元结转下年。该方案须经股东大会审议通过后实施。

一九九六年度会计决算报告

各位董事:

一九九六年度会计决算已经长会师审字(1997)第1号审验。现提交董事会通过。

主要财务数据与财务指标

指标项目	本年数	上年数	比上年增减%
1、主营业务收入(万元)	38191.40	15900.70	140.18%
2、净利润(万元)	5060.67	2117.18	139.02
3、总资产(万元)	36976.75	17373.76	112.83
4、股东权益(万元)	21747.94	7254.07	199.8
5、每股收益(元)	0.465	0.47	1.07
6、每股净资产(元)	2.00	1.61	24.22
7、净资产收益率%	23.26	31.64	26.48
8、股东权益比率%	58.81	41.75	40.86

附:财务审计报告、资产负债表、损益表、财务状况变动表和报表附注说明。

会计报表附注

一、公司基本情况

长春一汽四环汽车股份有限公司系经长春市经济体制改革委员会长体改(1993)123号文批准,由中国第一汽车集团、第一汽车制造厂劳动服务公司、中国汽车工业总公司长春汽车研究所中实改装车厂三家共同发起成立的股份有限公司。

公司在长春市工商行政管理局注册登记,具有法人资格,企业法人营业执照注册号:24384667-6。主要经营范围:汽车改装(除轿车、轻型车),制造汽车零部件,汽车修理,汽车配件、汽车、小轿车经销。

二、公司的主要会计政策

1、公司执行的会计制度:

公司执行《股份制试点企业会计制度》、《股分制试点企业财务管理若干问题的暂行规定》。

2、会计期间:自每年公历1月1日起至12月31日止。

3、记帐本位币:公司以人民币为记帐本位币。

4、记帐原则和计价基础:公司会计核算以权责发生制为原则,除资产评估增值外,均按历史成本计价。

5、存货计价方法:库存商品按实际成本核算,采用移动加权平均法结转成本。低值易耗品按实际成本核算,领用时采用"五五摊销法"摊销,原材料按实际成本核算。

6、长期投资核算方法:

长期投资占被投资企业权益性资本20%以下的按成本法核算,占被投资企业权益性资本20%以上的按权益法核算,其中占被投资企业权益性资本50%以上的编制合并会计报表。

7、固定资产及其折旧:

固定资产标准单位价值为人民币2000元以上(含2000元),按实际成本计算,其折旧采用平均年限法,不计残值,实行分类折旧。分类折旧率如下:

固定资产类别	预计使用年限(年)	年折旧率
房屋及建筑物	30	3.33%
机械设备	10	10%
运输设备	6	16.67%
办公设备	5	20%

8、无形资产及递延资产:

无形资产及递延资产按相应年限平均摊销。

9、收入的实现:在发出商品、提供劳务,同时收讫价款或取得索取价款的凭据时,确认营业收入的实现。

10、坏帐准备:按应收帐款年末余额的5‰计提坏帐准备,计入当期损益。

11、税项:

①增值税:产品销售收入、加工、修理修配劳务收入均缴纳增值税,进项税税率为17%,销项税税率为17%,按销项税扣除进项税后的余额缴纳。

②营业税:按应税收入的5%计算缴纳。

③城市建设维护税:按应纳增值税和营业税额的7%计算缴纳。

④教育费附加:按应纳增值税和营业税的3%计算缴纳。

⑤所得税:按33%的税率计算缴纳。

12、利润分配:由公司董事会制定分配方案,股东大会审议批准的税后利润分配比例为:

项目	比例
提取法定盈余公积金	10%
提取公益金	10%
可供股东分配利润	80%

三、会计报表主要项目注释

1、短期投资

短期投资期末余额4800.00元,均系股票投资,较年初下降98.4%,系年内收回部分投资所致。按1996年12月31日市价计算为7480.00元。

2、应收帐款

应收帐款期末余额78107564.47元,较年初增长74.9%,主要系对中国第一汽车集团公司各单位的应收销售款增加所致。帐龄如下:

帐龄	金额(元)	占应收帐款总额的比例
1年以内	58799092.21	75.3%
1-2年	15093027.61	19.3%
2-3年	726756.40	0.9%
3年以上	3488688.25	4.5%
合计	78107564.47	100%

主要帐户列示如下:

①中国第一汽车集团公司车箱厂 50027571.24元

②一汽四环企业总公司经贸部 7748067.16元

③一汽集团贸易公司 6385593.90元

④一汽集团公司总装配厂 2989520.82元

⑤一汽四环企业总公司 2752304.11元

⑥莱州市解放汽车贸易公司 1092000.00元

⑦山东汽车改装厂 859900.00元

⑧一汽集团公司车身厂 839979.25元

3、其他应收款

其他应收款期末余额43941528.13元,较年初增长187.8%,主要系应收上海海通证券有限公司新股申购冻结资金利息增加所致。帐龄如下:

帐龄	金额	占其他应收款总额的比例
1年以内	39054015.69	88.9%
1-2年	1715792.08	3.9%
2-3年	2481087.34	5.6%
3年以上	690633.02	1.6%
合计	43941528.13	100%

主要帐户列示如下:

①上海海通证券有限公司冻解资金利息款 20174352.80元

②一汽集团公司代垫工程材料款 10733841.30元

③一汽集团公司代垫土地证款 2633706.50元

④长春市二建工程公司工程款 930892.04元

⑤长春市八达技术研究所借款 802510.00元

⑥长春汽研化工品公司材料款 631689.00元

⑦一汽集团生产处附属厂材料款 402920.00元

⑧榆树市杂粮收购站材料款 200000.00元

⑨长春市中外汽修厂材料款 80000.00元

4、长期投资

长期投资期末余260000.00元,列示如下:

被投资单位名称	投入资本(元)	占被投资单位注册资本比例	被投资单位注册资本
中韩秦皇岛一汽四环改装车有限公司	260000.00	6.5%	400万元

5、在建工程

在建工程期末余额19944572.11元,比上年同期减少56%,系已完工程转出所致。其中:

工程名称	实际支用数	预算数	批准文号	资金来源	工程进度	其中:利息资本化金额
车箱装配厂厂房	7745403.52	8000000.00	(94)一汽规字654号	贷款及自筹	100%	533240.00
橡胶制品厂厂房	6195113.01	6300000.00	(93)一汽综规改字17号	贷款及自筹	100%	584872.67
护栏厂厂房	2059559.87	2100000.00	长计资(1992)1489号 长计资(1994)222号	贷款及自筹	100%	
长青路二区市场	3297736.00	4800000.00	(95)一汽计财字217号	贷款及自筹	60%	
变型车检测线	472688.60			贷款及自筹	50%	
改装车铆接线	174071.11			贷款及自筹	40%	
合计	19944572.11					1118112.67

6、未付股利

未付股利期末余额27622600.00元,其中:

应付国有法人股股利 9672100.00元

应付社会法人股股利 6925500.00元

应付内部职工股股利 4050000.00元

应付社会公众股股利 6975000.00元

7、递延负债:

递延负债期末余额16089780.56元,均系待结转新股申购无效部分的冻结资金利息收入。

8、股本

股本期末余108900000.00元,较年初增长142%,其原因:

①经中国证券监督管理委员会证监发字(1996)135号文批准,向社会公开发行人民币普通股1550万股,每股面值1元,发行价8.18元,增加股本15500000.00元。

②根据1996年11月15日临时股东大会批准的10股送8股的分配预案,其中用未分配利润10送3,用公积金转增股本10转5,增加股本48400000.00元。具体列示如下:

股本类别	年初数	占总股本的比重	本年增加数	年末数	占总股本比重
尚未流通股份					
国有法人股	20610000.00	45.8%	16488000.00	37098000.00	34.1%
社会法人股	15390000.00	34.2%	12312000.00	27702000.00	25.4%
内部职工股	9000000.00	20%	7200000.00	16200000.00	14.9%
合计	45000000.00		36000000.00	81000000.00	74.4%
已流通股份					
社会公众股			27900000.00	27900000.00	25.6%
股本总数	45000000.00	100%	63900000.00	108900000.00	100%

9、资本公积:

资本公积期末余额77557513.59元,较年初增长4330.6%,其原因:

①向社会公众发行股票溢价净收入增加资本公积106057034.20元。

②根据临时股东大会决议,用公积金转增股本(10转5),减少资本公积30250000.00元。列示如下:

项目	年初数	本期增加	本期减少	期末数
接受损赠	1750000.00			1750000.00
资本溢价	479.39	106057034.20	30250000.00	75807513.59
合计	1750479.39	106057034.20	30250000.00	77557513.59

10、盈余公积

盈余公积期末余额17533174.09元,列示如下:

项目	年初数	本年提取数	期末数
盈余公积	7411834.59	10121339.59	17533174.09
其中:公益金	3569018.89	5060669.75	8629688.64

11、未分配利润

本年净利润提取法定盈余公积金和公益金后为40485358.02元,加年初未分配利润18378354.35元,可供股东分配的利润58863712.37元。根据1996年11月15日股东大会决议,未分配利润每10股送3股转增股本18150000.00元,根据1997年3月11日董事会确定的1996年利润分配预分方案,每股按0.25元(含税)分配股利27225000.00元,期末未分配利润13488712.37元。

12、主营业务收入381914009.49元,较1995年增长140.2%,主要系扩大生产规模后销售量增加所致。

13、投资收益

投资收益863053.27元,均系股票投资收益。

14、营业外收入

年份

项目	1996年	1995年
固定资产盘盈		143527.08
处理固定资产净收益	58751.92	8640.00
无法支付的应付款项	9216.73	20000.00
新股申购冻结资金利息	4022445.14	
其他	30960.00	41321.60
合计	4121373.79	213488.68

注:营业外收入较1995年增长1830.5%,主要系结转新股申购冻结资金利息增加所致。

15、当年新股申购冻结资金存款利息收入20174352.80元,根据财政部财工字(1996)434号文规定,申购成功的投资者其资金在冻解期所产生的存款利息收入62127.10元,计入资本公积;申购无效的投资者其资金在冻结期所产生的存款利息收入20112225.70元,按5年的期限平均转销,导致当年利润总额增加4022445.14元,扣除所得税后,本年净利润增加2695038.24元。

四、资产负债表日后事项

长春一汽四环汽车股份有限公司于1997年3月11日召开董事会,确定1996年利润分配预分方案:每股送红利0.25元(含税)。

五、或有负债

截止一九九六年十二月三十一日公司无法律诉讼及对外担保等事项可能造成的损失。

六、结算日后之会计报表

公司无就有关一九九六年十二月三十一日后的会计期间编制任何经审核的会计报表。

长春一汽四环汽车股份有限公司董事会

一九九七年三月十四日

资产负债表(1996年12月31日)

编制单位:长春一汽四环汽车股份有限公司　　　　金额单位:人民币元

资产	行号	年初数	年末数	负债及股东权益	行号	年初数	年末数
流动资产:				流动负债:			
货币资金	1	9077600.35	80420856.61	短期借款	41	2350000.00	1100000.00
短期投资	2	300000.00	4800.00	应付票据	42		
应收票据	3			应付帐款	43	9886149.97	29449944.76
应收帐款	4	44670443.74	78107564.47	预收货款	44	3238569.11	2237065.90
减:坏帐准备	5	223352.21	390537.82	应付福利费	45	3844064.77	6181837.98
应收帐款净额	6	44447091.53	77717026.65	未付股利	46	5446600.00	27622600.00
预付货款	7	2819814.77	8751719.66	未交税金	47	12791506.65	39500533.75
其他应收款	8	15268900.12	43941528.13	其他未交款	48	153027.49	318137.54
待摊费用	9	1793465.64	1275316.80	其他应付款	49	34518929.02	29788170.83
存货	10	18286075.27	50769164.57	预提费用	50		
减:存货变现损失准备	10-1			一年内到期长期负债	51	13108440.00	
存货净额	10-2	18286075.27	50769164.57				
待处理流动资产净损失	11			其他流动负债	52		
一年内到期长期债券投资	12			流动负债合计	55	85337287.01	136198290.76
其他流动资产	13			长期负债:			
流动资产合计	15	91992947.68	262880412.42	长期借款	56		
长期投资:				应付债券	57		
长期投资	16		260000.00	长期应付款	58	15859597.00	
合并价差(贷差以"-"表示)	16-1			其他长期负债	60		
固定资产:				长期负债合计	65	15859597.00	
固定资产原价	17	48425196.80	102560856.35	递延负债			16089780.56
减:累计折旧	18	11993517.96	16273951.51	递延税项			
固定资产净值	19	36431678.84	86286904.84	递延税款贷项	66		
在建工程	20	45312925.82	19944572.11	负债合计	67	101196884.01	152288071.32
固定资产清理	21						

资产	行号	年初数	年末数	负债及股东权益	行号	年初数	年末数
待处理固定资产净损失	22			少数股东权益	67-1		
固定资产合计	23	81744604.66	106231476.95				
无形及递延资产:				股东权益:			
无形资产	24		395582.00	股本	68	45000000.00	108900000.00
递延资产	25			资本公积	69	1750479.39	77557513.59
无形资产及递延资产合计	30		395582.00	盈余公积	70	7411834.59	17533174.09
其他长期资产:				其中:公益金	71	3569018.89	8629688.64
其他长期资产:	31			未分配利润	72	18378354.35	13488712.37
递延税项:				外币报表折算差额	72-1		
递延税款借项	32			股东权益合计	79	72540668.33	217479400.05
资产合计	40	173737552.34	369767471.37	负债及股东权益合计	80	173737552.34	369767471.37

利润及利润分配表(1996年1-12月)

编制单位:长春一汽四环汽车股份有限公司　　　　金额单位:人民币元

项目	行号	上年实际数	本年实际数
一、主营业务收入	1	159006987.46	381914009.49
减:营业成本	2	113383282.61	296629297.92
销售费用	3	105343.75	76887.19
管理费用	4	13380906.42	10497819.01
财务费用	5	-145812.43	-536865.91
进货费用	6		
营业税金及附加	7	1059431.34	2349815.87
二、主营业务利润(亏损以"-"号表示)	8	31223835.77	72897055.41
加:其他业务利润(亏损以"-"号表示)	9	966939.29	698151.70
三、营业利润(亏损以"-"号表示)	10	32190775.06	73595207.11
加:投资收益	11		863053.27
补贴收入	11-1		
营业外收入	12	213488.68	4121373.79
减:营业外支出	13	721026.37	2726343.35
加:以前年度损益调整(高减以"-"号表示)	14		
四、利润总额(亏损以"-"号表示)	15	31683237.37	75853290.82
减:所得税	16	10511407.73	25246593.30
减:少数股东损益(亏损以"-"号表示)	16-1		
五、净利润(亏损以"-"号表示)	17	21171829.64	50606697.52
加:年初未分配与利润(未弥补亏损以"-"号表示)	18	11340890.63	18378354.35
盈余公积转入数	19		
六、可分配的利润	20	32512720.27	68985051.87
减:提取法定公积金	21	2117182.96	5060669.75
提取法定公益金	22	2117182.96	5060669.75
职工奖金福利	22-1		
七、可供股东分配的利润(亏损以"-"号表示)	23	28278354.35	58863712.37
减:已分配优无股股利	24		
提取任意公积金	25		
已分配与普通股股利	26	9900000.00	45375000.00
八、未分配利润(未弥补亏损以"-"号表示)	27	18378354.35	13488712.37

财务状况变动表(1996年度)

编制单位:长春一汽四环汽车股份有限公司　　　　金额单位:人民币元

流动资金来源和运用	行次	金额	流动资金各项目的变动	行次	金额
一、流动资金来源			一、流动资产本年增加数:		
1.本年净利润:	1	50606697.52	1、货币资金	31	71343256.26
加:不减少流动资金的费用和损失	2		2、短期投资	32	-295200.00
(1)固定资产折旧	3	4411103.16	3、应收票据	33	
(2)无形资产、递延资产及其他资产摊销(减其他负债转销)	4	24418.00	4、应收帐款净额	34	33269935.12

流动资金来源和运用	行次	金额	流动资金各项目的变动	行次	金额
(3)固定资产盘亏(减盘盈)	5		5、预付货款	35	5931904.89
(4)清理固定资产损失(减收益)	6	-50714.57	6、其他应收款	36	28672628.01
(5)递延税款	7		7、待摊费用	37	-518148.84
(6)其他不减少流动资金的费用和损失	8		8、存货净额	38	32483089.30
小计	9	54991504.11	9、待处理流动资产损失(减收益)	39	
2、其他来源:			10、一年内到期的长期债券投资	39-1	
(1)固定资产清理收入(减清理费用)	10	108000.00	11、其他流动资产	40	
(2)增加长期负债	11	16089780.56		41	
(3)收回长期投资	12			42	
(4)对外投资转出固定资产	13			43	
(5)对外投资转出无形资产	14			44	
(6)资产净增加额	15	149828373.70	流动资产增加净额	45	170887464.74
小计	16	166026154.26	二、流动负债本年增加(减少)数:		
流动资金来源合计	18	221017658.37	1、短期借款	46	-1250000.00
二、流动资金运用			2、应付票据	47	
1、利润分配			3、应付帐款	48	19563794.79
(1)提取法定公积金	19	5060669.75	4、预收货款	49	-1001503.21
(2)提取法定公益金	20	5060669.75	5、应付福利费	50	2337773.21
(3)提取任意公益金	21		6、未付股利	51	22176000.00
(4)已分配股利	22	45375000.00	7、未交税金	52	26709027.10
小计	23	55496339.50	8、其他未交款	53	165110605
2、其他运用:			9、其他应付款	54	-4730758.19
(1)固定资产和在建工程净增加额	24	28955260.88	10、预提费用	55	
(2)增加无形资产、递延资产及其他资产	25	420000.00	11、一年内到期的长期负债	56	-13108440.00
(3)偿还长期负债	26	15859597.00	12、其他流动负债	57	
(4)增加长期投资	27	260000.00			
小计	28	45494857.88			
流动资金运用合计	29	100991197.38	流动负债增加净额	58	50861003.75
流动资金增加净额	30	120026460.99	流动资金增加净额	59	120026460.99

长春一汽四环汽车股份有限公司一九九七年度中期报告

一、财务报告(已经审计)

本公司财务报告经长春会计师事务所审计,并出具无保留意见的审计报告[长会审字(1997)70号]

1.财务报表

(1)简化的资产负债表　单位(元)

项目	1997年6月30日	1996年12月31日
流动资产	277,736,452.59	362,880,412.42
长期投资	17,140,000.00	260,000,00
固定资产净值	91,052,660.06	86,286,904.84
在建工程	36,632,492.44	19,944,572.11
无形资产	374,582.00	395,582.00
资产总计	422,936,187.09	369,767,471.37
流动负债	155,263,283.87	136,198,290.76
递延负债	15,089,780.56	16,089,780.56
负债合计	170,353,064.43	152,288,071.32
股东权益	252,583,122.66	217,179,400.05
其中:股本	108,900,000.00	108,900,000.00
资本公积	77,607,589.59	77,557,513.59
盈余公积	17,533,174.09	17,533,174.09
未分配利润	48,542,358.98	13,488,712.37
负债及股东权益合计	422,936,187.09	369,767,471.37

(2)简化的损益表

项目	1997年1-6月	1996年1-6月
主营业务收入	269,737,451.41	141,727,731.71
主营业务利润	49,267,024.08	33,997,880.61
其他业务利润	1,036,652.38	567,365.32
投资收益	2,544,951.08	130,801.85
营业外收支净额	-529,752.00	-497,217.55
利润总额	52,318,875.54	34,198,830.23
所得税	17,265,228.93	11,484,463.57
净利润	35,053,646.61	22,714,366.66

(3)其他财务指标

项目	1997年1-6月	1996年1-6月
1.每股收益	0.322	0.50
2.净资产收益率	13.88	23.84
3.每股净资产	2.32	2.13

我公司上年同期总股本为4,500万股,上年八月份上市,上市之后在总股本6,050万股的基础上,实施了10送8方案,使总股本达到10,890万股。本期每股净收益和净资产系按总股本10,890万股摊薄计算。

2.财务报表附注

(1)本期财务报告所采用的会计政策、会计方法与上年度一致。

(2)长期投资期末数17,140,000元,比年初增长16,880,000元,其中向长春证券公司投资5,000,000元,向长春塔奥金环汽车制品有限公司(原中外合资的金环史密斯轿车副车架厂)投资11,880,000元。

(3)在建工程期末余额36,632,492.44元,比年初增长83.7%,主要增加项目A一汽四环大厦工程17,964,871元;B变型车检测线682,688元;C护栏厂厂房3,041,545元;D橡胶制品厂厂房6,481,313元。

(4)应付帐款期末余额45,102,574元,比年初增长53.2%,主要是A辽宁省本溪钢铁公司金属制品厂材料款447,976元;B长春扶桑车箱厂材料款210,000元;C一汽集团公司44,445,674元。

(5)应收帐款

应收帐款期末余额30,017,827.70元,较年初下降61.57%,主要系收回对中国第一汽车集团公司各单位的应收销售款增加所致。

(6)预付货款

预付货款期末余额29,646,009.55元,较年初增长238.74%,主要系预付材料款增加所致。

(7)存货

存货期末余额71,389,069.88,较年初增长40.61%,系企业生产经营规模扩大,原材料、在产品增加所致。

(8)公司上半年其它业务利润1,036,652元,主要是公司所属两个市场营业利润。

(9)资本公积

资本公积期末余额77,607,589.59元,较年初增加50,076.00元,系1997年上半年接受中国第一汽车集团销售公司服务科捐赠二吨系列载货汽车一台计50,076.00元。

(10)97年5月22日前股票投资收益为2,544,951.08元,投资收益较去年同期增长,主要系股票投资收益增加所致,股票出售收入为5,102,916.98元,成本为2,557,965.90元。

3. 关联企业及关联交易

(1)关联企业

企业名称	法定代表人	注册地址	主营业务	持股比例
长春塔奥金环汽车制品有限公司	杜革尔德 堪布尔	长春市	研究、开发生产斩车结构部件	10%
长春证券有限责任公司	石雪	长春市	证券经营	10%
秦皇岛一汽四环改装车有限公司	陈永田	秦皇岛市	汽车改装 汽车零部件制造	26.5%

(2)关联方的注册资本及其变化

企业名称	年初数	本年增加数	期末数
长春塔奥金环汽车制品有限公司		1,428.99万美元	1,428.99万美元
长春证券有限责任公司		5,000万元人民币	5,000万元人民币
秦皇岛一汽四环改装车有限公司	48.19万美元		48.19万美元

(3)本公司与以上关联企业无关联交易。

二、经营情况回顾与展望

1. 上半年经营回顾

九七年上半年,公司紧紧围绕董事会制定的"发挥机制优势,搞好资本运营,强化管理,落实责任,加大销售力度,推行精益生产,狠抓质量贯标,稳步提高经济效益"方针,坚持突出主业,多元发展的主导思想,由于措施得当,使公司生产经营、企业管理、工厂发展的计划实施均收到较好效果,截止6月30日,共完成销售收入26.974万元,净利润3,505万元,比去年同期增长90%、54%,一九九六年在深、沪两市公司总资产利润率排名第16位,今年总资产利润率预计将高于上年。

——抓主业,保证增产增收。公司几年来一直坚持以经济效益为中心,在普遍抓好七个企业的前提下,重点抓了车箱装配厂、改装车厂两个利税大户,收到了明显成效。上半年车箱装配厂共生产车箱底板总成14,575辆份,改装车厂生产各类改装车1,550台,分别比去年同期增长103%和255%。

——抓建设,增加企业后劲。为保持公司持续稳定发展,大力拓宽经营渠道,抓住市政府提出的"办好菜篮子工程"的契机,从实际出发搞好"两个市场"建设,此两项目工程按董事会"招、投标、施工"的要求,进展顺利,为增强企业后劲奠定了坚实的基础。

——抓技改,加大了科技含量。上半年公司下大力抓了工厂的技术革新与改造,本着"增加技术含量和提高产品附加值",重点改造了铆接线,边板线、检测线,取得了好的效果。

——抓质量,提高竞争能力。公司以实施质量贯标为重点,把质量管理向前推进了一步,全体员工的质量意识、参与管理的自觉性、质量管理水平等都有较大提高,并提高了产品的质量,促进了销售。

——抓财务,降低产品成本。公司建立以来,一直坚持向管理要效益,今年重点突出了以财务管理为主线,大力降低产品成本,通过财务管理的规范化、电算化,不仅提高了财务管理水平,也带动了其他各项管理上水平,实现了"降低成本消耗,增加了效益"。

2、下半年工作展望

下半年,公司将在董事会的领导下,贯彻董事会制定的"发挥机制优势,搞好资本运营,强化管理落实责任,加大销售力度,推行精益生产,狠抓质量贯标,稳步提高经济效益,进一步理顺内部管理体制"方针,按国际化公司的要求规范化运作。向管理要效益,节支降耗,确保完成董事会下达的全年经营计划,下半年主要抓以下工作:

(1)继续深化改革,围绕增效做文章。对公司来说,改革的目的是最大限度提高企业经济效益,公司拟重点在财务、用工、分配等方面搞好改革,力争有新的突破,真正通过改革促进公司效益的增长。

(2)加大销售力度,积极开拓新市场。在目前汽车行业竞争日趋激烈、汽车产量供过于求的情况下,公司要下大气力,搞好销售,从产品、人员、服务等全面加大销售力度,全力开拓新市场,确保产品在市场竞争中的应用份额。

(3)搞好资本运营,快速扩张增后劲。作为股份制企业,资产、资本运营十分重要,公司将抓住一切有利时机,积极寻求新的利润增长点,适时采用投资、联营、并购等方式,进行资本扩张,保证资产、资本在运营中高速增值。

(4)强化质量意识,保证产品盛不衰。质量是企业的生命,贯穿管理的全过程,公司仍然以ISO9000贯标为重点,千方百计提高员工的质量意识,保证以第一的质量造名牌汽车,使公司每一个产品都畅销不衰。

(5)提高队伍素质,以人为本创绩优。市场竞争说到底是人才的竞争,有一支过硬的员工队伍,企业才能兴旺发达,公司将对全体员工分层次,有针对性地搞好培训并积极引进各类人才,用人的智慧和创造保证公司的绩优形象。

三、重大事件的说明

1. 根据国务院证券委、中国人民银行、国家经贸委5月21日联合发布的《严禁国有企业和上市公司炒作股票的规定》的要求,公司经过认真自查,没有从事任何违反规定的事项,目前,我公司未持有已上市流通的股票,未有以公司名义以外开立的股票帐户。

2. 本报告期内,公司无重大诉讼、仲裁事项。

3. 募集资金使用情况说明

募集资金到位后,公司按招股说明书中和股东大会决议投入发展资金,各工程项目进展顺利,其中车箱底板总成生产线、改装车技术改造项目已经竣工,其它工程项目正在施工中,已完成投资7,515万元,新增效益近1,300万元。

四、发行在外股票的变动和股权结构的变化

1. 股权结构情况

在本报告期内,公司发行在外的股票及公司的股权结构未发生变化现有股权结构如下:

数量单位:股　　　　每股面值:1元

截止日期:1997 年 6 月 30 日,本次变动增减(+、-)

	期初数	送股	配股	小计	期末数
(一)尚未流通股份					
(1)发起人股份					
其中:国有法人股	37,098,00				37,098,000
社会法人股	18,630,000				18,630,000
(2)募集法人股	9,072,000				9,072,000
(3)内部职工股	16,200,000				16,200,000
尚未流通股份合计	81,000,000				81,000,000
(二)已流通股份					
(1)境内上市的人民币普通股	27,900,000				27,900,000
(2)其它					
已流通股份合计	27,900,000				27,900,000
(三)、股份总数	108,900,000				108,900,000

2. 主要股本持股情况(截止 1997 年 6 月 30 日)

序号	股东名称	持股数(股)	持股比例%
1	一汽集团公司	37,098,000	34.07
2	一汽四环企业总公司	17,010,000	15.62
3	国家开发投资公司	2,700,000	2.48
4	中国汽车工业总公司长春汽车研究所中实改装车厂	1,620,000	1.49
5	一汽四环热电安装工程公司	1,080,000	0.99
6	一汽四环钢圈厂	810,000	0.74
7	古井集团	678,860	0.62
8	刘溥	540,000	0.49
9	任雯	520,000	0.48
10	一汽四环化油器滤清器厂	360,000	0.33

五、股东大会简介

长春一汽四环汽车股份有限公司九六年度股东大会于一九九七年四月二十五日上午 8:30 时在一汽四环大楼(长春市锦程大街 69 号)六楼会议室召开,出席会议股东 75 人,代表股份 8100 万股,占公司总股本的 73.38%,符合《公司法》与公司章程规定,经大会审议,表决通过如下决议:

1. 审议通过 1996 年度董事会工作报告。
2. 审义通过 1996 年度监事会工作报告。
3. 审议通过 1996 年度财务决算及 1997 年度财务预算报告。
4. 审议通过 1996 年度利润分配及分红预案的报告。

公司 1996 年度全年实现利润总额 75,853,290 元,可供股东分配利润 58,863,711 元,向全体股东每 10 股派发 2.50 元(含税)红利,计派发 27,225,000 元,其余未分配利润 13,488.37 元,结转下一年度分配。

5. 审议通过发展工作报告。

六、备查文件

1. 载有董事长亲笔签名的中期报告原本。
2. 公司 1996 年度股东大会资料。
3. 公司 1997 年上半年财务报表原件。

以上备查文件置于公司证券部。

本公司保证上述文件齐备、完整,随时可供股东查阅。

查阅地址:长春市锦程大街 69 号 301 室

长春一汽四环汽车股份有限公司

一九九七年八月二十三日

上海浦东不锈薄板股份有限公司

上海浦东不锈薄板股份有限公司1996年年度报告摘要

一、公司简况

1. 公司全称：上海浦东不锈薄板股份有限公司

英文名称：SHANGHAI PUDONG STAINLESS SHEET CO.，LTD.

英文缩写：SPSS

2. 公司注册地址及办公地址：上海市浦东新区上南路300号

邮政编码：200126

3. 公司法定代表人：田定宇

4. 公司咨询机构：证券办公室

电话：(021)58839651

传真：(021)58748581

5. 公司董事会秘书：阚兆森

6. 股票简称：浦东不锈

7. 股票代码：600748

二、主要财务数据与财务指标

指标项目	本年数	96年7月—12月
1.主营业务收入(元)	833,651,909.80	435,795,998.63
2.净利润(元)	96,031,381.18	43,212,079.34
3.总资产(元)	661,240,477.45	661,240,477.45
4.股东权益(元)	608,992,322.99	608,992,322.99
5.每股收益(元)	0.40	0.18
6.每股净资产(元)	2.54	2.54
7.净资产收益率(%)	15.77	7.10
8.股东权益比率(%)	92.10	92.10

注：1、公司于96年9月19日正式成立，在上市公告中，发起人表示，公司全体股东可享受公司下半年度的利润分配，下半年度净利润为43,212,079.34元。

2、申购无效的投资者资金在冻结期所产生的存款利息收入增加本年度净利润计4,560,437.05元，剔除该因素后，本年度净利润是91,470,944.13元，股东权益是604,431,885.94元，每股收益是0.381元，每股净资产是2.52元，净资产收益率是15.02%，股东权益比率是91.41%。

三、公司业务回顾

1. 一年来经营情况

公司成立于1996年9月19日，实际运行以1996年第四季度为主的三个多月。公司主营是生产含镍不锈钢薄板、冷轧铬不锈薄板、热轧普碳板和油桶板等20个大类产品。公司克服电、煤和焦价格上涨、进口钢板冲击市场等不利因素，在公司内部深入挖潜，全面开展双增双节活动，学邯钢推行生产工序分级核算制，控制非生产性费用，达到降本增益目标；抓好各项基础管理，其中在安全、质量、设备、现场管理等方面推行溯源机制，各项基础管理制度和考核条例保证了各工序按程序条例规范操作，促进了生产的正常进行和产品质量的稳定和提高，公司实物质量在国家和上海市等冶金部门的抽检中多次受到好评，并连续三年达到了无用户异议的优异成效，为塑造浦东不锈良好的社会形象奠定了基础；发挥冷轧、热轧两条生产线生产能力的优势互补，从全局考虑调整了生产布局和人员配备，不仅较好地完成了年度的生产经营目标和各项经济技术指标，使之更利于对市场上适销产品、高附加值产品的生产以及新产品的试制和生产，为公司提高效益开拓了广阔的前景；加快技术改造，提高产品质量档次，进一步走人市场、了解市场、开拓市场，提高对市场的占有率和营销水平。96年公司钢材产量计划20.5万吨，实际完成20.56万吨；主营业收入83365.19万元；主营业利润10803.66万元，比上年增长32.05%；利润总额11306.58万元，比上年增长38.17%；应交所得税1703.44万元，比上年增长38.77%；净利润9603.14万元，比上年增长38.06%；每股盈利0.40元(按15%税率计算)，是预测利润计划的111.11%，实际经营成果与盈利预测无重大差异。

公司在九七年度，仍将严管理，重质量，降成本。同时针对市场新思路、新环境、新特点，大力调整品种结构，生产适销对路的高附加值产品。积极开拓营销新局面，提高销售率和资金回笼，提高服务质量。全面推进资本运作和资产经营，促进公司效益不断提高。

2. 前次募集资金的使用情况说明

本公司经中国证监会发字[1996]139号文批准，于一九九六年九月五日向社会公开发行面值1元，每股发行价5.40元的社会公众股股票6000万股，扣除发行费用后共募集资金35665万元。至本报告年末止，公司未有实施配售新股和发行其他股票增资，根据招股说明书的投资计划，前次募集资金使用情况说明如下：

为加快技术改造，提高公司产品的质量和档次，增加产品品种、规格、积极发展高档次高附加值产品，抢占市场份额，提高企业适应市场的能力，开拓产品加工业务，增强企业综合实力，公司通过本次发行股票募集资金按原招股说明书披露的五个投资项目：

①新增不锈铬钢剪切线一条；

②煤气车间扩容改造；

③新建不锈钢剪切加工中心；

④增建不锈钢中厚板配套酸洗工程；

⑤增设不锈钢改造设备。

上述五项工程项目投资费用按原招股说明书披露计划将从一九九七年开始发生，故工程项目投资费用在九六年尚未发生，公司铺底流动资金14475万元已在使用之中。

五个在建项目的实施情况：“增建不锈钢中厚板配套酸洗工程”已完成初步设计，第一批设备清单已列出，部分设备订货在洽谈中，场地平整已在进行；“增设不锈钢改造设备”、“新增不锈铬钢剪切线一条”、“新建不锈钢剪切加工中心”三个工程项目按计划正进入初步设计阶段或前期工程项目准备实施阶段；“煤气车间扩容改造”项目根据市场变化及生产经营的需要，拟准备将该项目改为能降低能源消耗从而达到降低公司坯料成本的“坯料一火成材改造”工程，该项目工程转项待一届三次董事会审议后予以股东大会确定。

四、股本变化及股本结构情况

(一) 股本变化及股本结构情况

公司股本结构如下：(填报日期：1996年12月31日)

单位：股　　每股面值1元

股份类别	年初数		年末数	
	股份数(万股)	比例(%)	股份数(万股)	比例(%)
1. 尚未流通股份				
(1)国家股	4020.6	22.34	4020.6	16.75
(2)国有法人股	13979.4	77.66	13979.4	58.25
(3)内部职工股	0	0	600	2.50

尚未流通股份合计	18000	100	18600	77.50
2. 已流通股份				
社会公众股(不包括内部职工股)	0	0	5400	22.50
3. 股份总数	18000	100	24000	100

(二)股本变动情况说明

根据中国证监会发字[1996]139号文批准，于一九九六年九月五日向社会公开发行了人民币普通股6000万股，使总股本由18000万股增加为24000万股。

(三)主要股东持股情况

截至1996年12月31日止，本公司位列前10名股东的持股情况：

股东姓名	持股数(股)	持股比例(%)
1. 上海市冶金控股集团有限公司	139794000	58.250
2. 上海市国有资产管理办公室	40206000	16.750
3. 中行租赁	1606380	0.670
4. 毛震宇	750000	0.310
5. 王德新	500000	0.210
6. 陕建上证	460000	0.190
7. 陈中安	335000	0.140
8. 李敏	315000	0.130
9. 王晓娟	300000	0.125
10. 深圳华强北路宝华大厦21楼蓝天财务	264490	0.110

(四)公司董事、监事及高级管理人员持股情况：

职务	姓名	年末持股数
董事长	田定宇	1000
副董事长	张玉明	1000
董事兼总经理	陈觉新	1000
董事兼党委书记	徐永海	1000
董事	邵家望	1000
董事	刘志辉	1000
董事	封正富	1000
董事	张成荣	1000
董事兼工会主席	左　森	1000
监事长	沈　珩	1000
监事	李　勰	1000
监事	周瑞昌	1000
监事	丁亚飞	1000
监事	严新民	500
副总经理	戴荣光	1000
副总经理	姜祖德	1000
副总经理	郭达康	1000
副总经理	张庆登	1000
董事会秘书	阚兆森	500

五、重要事项

1. 公司第一次股东大会于1996年9月18日上午在上海浦东新亚汤臣大酒店召开，出席会议的股东及授权代表201人，代表股份180854950股，占公司总股本的75.356%。会议主要内容为：审议通过了公司章程(草案)；审议通过了公司股票申请上市的决议；选举通过了公司第一届董事会组成人员；选举通过了第一届监事会组成人员。

2. 公司招股说明书刊登 于1996年9月2日的《上海证券报》和《中国证券报》上。9月5日，公司采用上网定价方式通过上海证券交易所交易系统向社会公开发行6000万股人民币普通股，每股面值1元，发行价5.40元。扣除发行费后，实际募集资金加申购有效的投资者资金在冻结期所产生的存款利息收入共为313,728,739.76元，其中60,000,000元计入股本，253,728,739.76元计入资本公积金。

3. 公司上市公告书刊登于1996年9月21日的《上海证券报》和《中国证券报》上，公司5400万股社会公众股于1996年9月25日在上海证券交易所挂牌交易。股票简称"浦东不锈"，证券代码"600748"，公司内部职工股600万股将于1997年3月25日后方可申请上市交易。

4. 本报告年度内公司共召开二次董事会。主要内容如下：选举田定宇先生为董事长，张玉明先生为副董事长，聘任陈觉新先生为公司总经理，戴荣光先生、姜祖德先生、郭达康先生、张庆登先生为公司副总经理，聘任阚兆森先生为公司董事会秘书。

5. 公司于一九九六年十一月一日首次聘请上海市第一律师事务所冯北平律师为公司常年法律顾问。

6. 本报告期内，公司无重大诉讼、仲裁事项。

六、子公司及关联企业

本公司在报告期内无子公司和关联企业。

七、财务报告

(一)审计意见

公司财务报告经上海会计师事务所注册会计师刘小虎、钱志昂审计，并出具了无保留意见的审计报告。

(二)财务报表(见附表)

(三)财务报表附注

1. 主要会计政策

1)存货计价采用计划价格核算，计划价格与实际价格的差异按差异率综合调整为实际价格。

2)固定资产及其折旧

按《股份制试点企业会计制度》规定，使用年限在一年以上，同时单位价值在2000元以上的劳动资料，作为固定资产进行核算，固定资产使用年限按财政部规定。执行残值的原值的4%。固定资产折旧方法采用直线法平均计提，所计提折旧额已按财政部规定计入成本或费用。

3)无形资产及其摊销

无形资产按评估确认价入帐，无形资产摊销按规定的有效期限用分期平均摊销法计算，所应摊销额全部计人费用。

4)递延资产及其摊销

递延资产是指摊销期限在一年以上的费用。递延资产摊销按受益期限分期平均摊销。

5)税项

本公司所得税率15%。

6)利润分配

a. 提取法定公积金10%计4,321,207.93元；

b. 提取法定公益金10%计4,321,207.93元；

c. 提取任意盈余公积金5%计2,160,603.97元；

d. 可供分红金额为32,409,059.51元；

e. 每10股送1股，留存利润8409059.51元结转下一年度分配。

2. 短期投资

	年末数(人民币元)	年初数(人民币元)
债券投资	50,412,602.00	0
股票投资	/	0
基金	/	0
合计	50,412,602.00	0

3. 应收帐款

应收帐款帐龄分析	年末数(人民币元)
一年以内	165,105,276.15
合　计	165,105,276.15

以上一年以内中，应收发起人浦钢集团公司98,871,179.77元。

4. 其他应收款

其他应收款帐龄分析	年末数(人民币元)

一年以内　86,508,462.37

合　　计　86,508,462.37

以上一年以内中,应收发起人浦钢集团公司85,701,215.92元。

5.其他长期负债

公司在发行股票过程中,收到投资者申购期间内冻结资金所产生的存款利息收入共43,178,368.46元,其中申购有效的投资者其资金在冻结期所产生的利息收入256,608元作为资本公积,申购无效的投资者其资金在冻结期所产生的利息收入42,921,760.46元,按财工字〔1996〕434号文平均转销的有关规定,按二年平均转销,九六年计入企业营业外收入5,365,220.06元,其余37,556,540.40元留在其他长期负债。

6.资本公积金(人民币元)

1996年1月1日余额　72,051,503.89

1996年12月31日余额　325,780,243.65

增加数　253,728,739.76

以上增加数由下列项目记入资本公积金引起的。

(1)社会公众股溢价部分:264,000,000元。

(2)申购有效的投资者其资金在冻结期所产生的利息收入:256,608元。

(3)应扣除发行费:

a.申银万国收取发行费6,674,400元。

b.其他发行费3,853,468.24元。

7.盈余公积金(人民币元)

	法定公积金	法定公益金	任意盈余公积金
96年1月1日余额	0	0	0
96年12月31日余额	4,321,207.93	4,321,207.93	2,160,603.97
增加	4,321,207.93	4,321,207.93	2,160,603.97

8.未分配利润(人民币元):32,409,059.51

公司96年度税后利润　96,031,381.18

其中:1-6月　52,819,301.84　已上交浦钢公司

7-12月　43,212,079.34　归股份公司属有

扣除已提取的盈余公积余额为32,409,059.51。

9.投资收益

债　券　964,397.00元

股　票　23,119.25元

基　金　350,953.00元

合　计　1,338,469.25元

10.本股票发行中,投资者申购时其资金在冻结期所产生存款利息收入共43,178,368.46元,其中有效申购者利息收入256,608元计入资本公积金,其余42,921,706.46元作为其他长期负债,其中转入96年营业外收入是5,365,220.06元,增加净利润4,560,437.05元,增加每股收益0.019元,剔除该因素,每股收益是0.381元。

八、其他事项揭示

经一届三次董事会决定公司1996年度分配预案为:按一九九六年下半年度净利润43,212,079.34元,提取10%的法定公积金4,321,207.93元,提取10%法定公益金4,321,207.93元,提取任意盈余公积金5%计2,160,603.97元,可供分红金额为32,409,059.51元,向全体股东每10股送1股,留存利润8409059.51元,结转下一年度分配。(详见公司一届三次董事会决议公告)。

上海浦东不锈薄板股份有限公司

一九九七年三月六日

资　产　负　债　表(1996年12月31日)

编制单位:上海浦东不锈薄板股份有限公司　　　　单位:人民币元

资　　产	行次	年初数	期末数
流动资产:			
货币资金	1		126195586.35
短期投资	2		50412602.00
应收票据	3		
应收帐款	4	47971130.25	165602082.40
减:坏帐准备	5		496806.25
应收帐款净额	6	47971130.25	165105276.15
预付货款	7		20000.00
其他应收款	8	1803913.89	86508462.37
待摊费用	9		1758977.68
存货	10	97956301.23	64494098.52
减:存货变现损失准备	10-1		
存货净额	10-2	97956301.23	64494098.52
待处理流动资产净损失	11		
一年内到期的长期债券投资	12		
其他流动资产	13		
流动资产合计	15	147731345.37	494495003.07
长期投资:			
长期投资	16		
合并价差(合并报表填列)(贷差以“-”号表示)	16-1		
固定资产:			

资　　产	行次	年初数	期末数
固定资产原价	17	338352551.06	337708611.88
减：累计折旧	18	211848563.09	243496503.74
固定资产净值	19	126503987.97	94212108.14
在建工程	20		
固定资产清理	21		
待处理固定资产净损失	22		
固定资产合计	23	126503987.97	94212108.14
无形资产及递延资产：			
无形资产	24	74068293.00	72340032.90
递延资产	25		193333.34
无形资产及递延资产合计	30	74068293.00	72533366.24
其他长期资产：			
其他长期资产	31		
递延税项：			
递延税款借项	32		
资产总计	40	348303626.34	661240477.45
负债及股东权益			
流动负债：			
短期借款	41		
应付票据	42		
应付帐款	43	113131687.80	2458159.01
预收货款	44		431000.00
应付福利费	45		838036.71
未付股利	46		
未交税金	47	−17892388.92	7809127.11
其他未交款	48		1009377.12
其他应付款	49	1012823.57	2145914.11
预提费用	50		
一年内到期的长期负债	51		
其他流动负债	52		
流动负债合计	55	96252122.45	14691614.06
长期负债：			
长期借款	56		
应付债券	57		
长期应付款	58		
其他长期负债	60		37556540.40
长期负债合计	65		37556540.40
递延税项：			
递延税款贷项	66		
负债合计	67	96252122.45	52248154.46
少数股东权益（合并报表填列）	67−1		
股东权益：			
股本	68	180000000.00	240000000.00
资本公积	69	72051503.89	325780243.65
盈余公积	70		10803019.83
其中：公益金	71		4321207.93
未分配利润（未弥补亏损以"−"号表示）	72		32409059.51
外币报表折算差额（合并报表填列）	72−1		
股东权益合计	79	252051503.89	608992322.99
负债及股东权益总计	80	348303626.34	661240477.45

财务状况变动表(1996年12月31日)

编制单位:上海浦东不锈薄板股份有限公司　　　　单位:人民币元

流动资金来源和运用	行次	金额	流动资金各项目的变动	行次	金额
一、流动资金来源			一、流动资产本年增加数:		
1.本年净利润(合并报表为合并净利润)	1	96031381.18	1.货币资金	31	126195586.35
加:少数股东本期损益(合并报表填列)	2		2.短期投资	32	50412602.00
加:不减少流动资金的费用和损失			3.应收票据	33	
(1)固定资产折旧	3	29516391.17	4.应收帐款净额	34	117134145.90
(2)无形资产、递延资产及其他资产摊销(减其他负债转销)	4	1734926.76	5.预付货款	35	20000.00
(3)固定资产盘亏(减盘盈)	5		6.其他应收款	36	84704548.48
(4)清理固定资产损失(减:收益)	6	13347222.71	7.待摊费用	37	1758977.68
(5)递延税款	7		8.存货净额	38	－33462202.71
(6)其他不减少流动资金的费用和损失	8		9.待处理流动资产净损失	39	
小　计	10	140629921.82	10.一年内到期的长期债券投资	40	
2.其他来源:			12.其他流动资产	41	
(1)固定资产清理收入(减清理费用)	11				
(2)增加长期负债	12	37556540.40		42	
(3)收回长期投资	13		流动资产增加净额	45	346763657.70
(4)对外投资转出固定资产	14		二、流动负债本年增加数:		
(5)对外投资转出无形资产	15		1.短期借款	46	
(6)资本净增加额	16	324531759.59	2.应付票据	47	
(7)少数股东资本净增加额(合并报表填列)	16－1		3.应付帐款	48	－110673528.79
小　计	17	362088299.99	4.预收货款	49	431000.00
流动资金来源合计	18	502718221.81	5.应付福利费	50	838036.71
二、流动资金运用:			6.未付股利	51	
1.利润分配			7.未交税金	52	25701516.03
(1)提取法定公积金	19	4321207.93	8.其他未交款	53	1009377.12
(2)提取法定公益金	20	4321207.93	9.其他应付款	54	1133090.54
(3)提取任意公积金(减盈余公积转入)	21	2160603.97	10.预提费用	55	
(4)已分配股利	22	52819301.84	11.一年内到期的长期负债	56	
(5)职工奖福基金(合并报表中外商投资子公司项目)	22－1		12.其他流动负债	57	
小计	23	63622321.67			
2.少数股东利润分配(合并报表填列)	23－1				
3.其他运用					
(1)固定资产和在建工程净增加额	24	10571734.05			
(2)增加无形资产、递延资产及其他资产	25	200000.00			
(3)偿还长期负债	26				
(4)增加长期投资	27				
小　计	28	10771734.05			
流动资金运用合计	29	74394055.72			
外币会计报表折算差额(合并报表填列)	29－1		流动负债增加净额	58	－81560508.39
流动资金增加净额	30	428324166.09	流动资金增加净额	59	428324166.09

利润及利润分配表(1996年12月31日)

编制单位:上海浦东不锈薄板股份有限公司　　　　单位:人民币元

项　目	行次	1－6月份	7－12月份	1－12月份
一、主营业务收入	1	397855911.17	435795998.63	833651909.80
减:营业成本	2	303374941.98	361809627.29	665184569.27
销售费用	3	7266320.39	12703977.70	19970298.09
管理费用	4	22947378.11	16846954.86	39794332.97
财务费用	5		－1509710.39	－1509710.39
进货费用	6			
营业税金及附加	7	1003441.50	1172375.33	2175816.83
二、主营业务利润(亏损以"－"号表示)	8	63263829.19	44772773.84	108036603.03
加:其他业务利润(亏损以"－"号表示)	9		9914139.94	914139.94
三、营业利润(亏损以"－"号表示)	10	63263829.19	45686913.78	108950742.97

项　　目	行次	1-6月份	7-12月份	1-12月份
加:投资收益(损失以"-"号表示)	11		1338469.25	1338469.25
补贴收入	11-1			
营业外收入	12		5365220.06	5365220.06
减:营业外支出	13	1123474.08	1465191.00	2588665.08
加:以前年度损益调整(调减以"-"号表示)	14			
四、利润总额(亏损以"-"号表示)	15	62140355.11	50925412.09	113065767.20
减:所得税	16	9321053.27	7713332.75	17034386.02
减:少数股东损益(合并报表填列)(亏损以"-"号表示)	16-1			
五、净利润(亏损以"-"号表示)	17	52819301.84	43212079.34	96031381.18
加:年初未分配利润(未弥补亏损以"-"号表示)	18			
盈余公积转入数	19			
六、可分配的利润(亏损以"-"号表示)	20	52819301.84	43212079.34	96031381.18
减:提取法定公积金	21			4321207.93
提取法定公益金	22			4321207.93
职工奖福基金(合并报表填列,子公司为外商投资企业项目)	22-1			
	22-2			
七、可供股东分配的利润(亏损以"-"号表示)	23	52819301.84	43212079.34	87388965.32
减:已分配优先股股利	24			
提取任意公积金	25			2160603.97
已分配普通股股利	26	52819301.84		52819301.84
八、未分配利润(未弥补亏损以"-"号表示)	27	0.00	43212079.34	32409059.51

上海浦东不锈薄板股份有限公司1997年度中期报告

一、财务报告(已审计)

本财务报告已经上海会计师事务所注册会计师钱志昂、刘小虎审计,并出具无保留意见的审计报告。〔上会师报字(97)第0577号〕

1. 简化的资产负债表

金额单位:元

项目	年初数	期末数
流动资产	494495003.07	553266339.72
长期投资	0.00	0.00
固定资产净值	94212108.14	96421955.03
在建工程	0.00	14427295.71
无形资产及递延资产	72533366.24	71772683.36
其它长期资产	0.00	0.00
资产总计	661240477.45	721460978.11
流动负债	14691614.06	29291319.92
长期负债	37556540.40	30045232.30
少数股东权益	0.00	0.00
股本	240000000.00	264000000.00
资本公积	325780243.65	325780243.65
盈余公积	10803019.83	10803019.83
未分配利润	32409059.51	61541162.41
股东权益合计	608992322.99	662124425.89

2. 简化的利润表

金额单位:元

项　　目	1997年1-6月
主营业务收入	381423041.74
主营业务利润	50016154.78
其他业务利润	103892.43
投资收益	4823267.95
营业外收支净额	4258237.49
利润总额	62420684.68
所得税	9288581.78
净利润	53132102.90

3. 其他财务指标

	1997年1-6月
每股收益(摊薄)(元)	0.20
净资产收益率(%)(摊薄)	8.02
每股净资产(元)	2.51

注:(1)由于本公司是在1996年9月成立的股份制企业,成立前系非独立核算单位,故上年同期利润是模拟数,不作比较。

(2)申购无效的投资者资金在冻结期所产生的存款利息收入增加本期营业外收入4,292,176.07元,增加以前年度损益调整3,219,132.03元,共计7,511,308.10元,即增加本期净利润6,384,611.89元,剔除该因素后,本期净利润为46,747,491.01元,每股收益为0.18元,净资产收益率7.13%,每股净资产为2.48元。

4. 财务报告附注

(1)本报告期财务报告所采用会计政策和会计方法与1996年度财务报告所采用的会计政策和会计方法,除"其他长期负债"有变化外,其他保持一致。其他长期负债系公司1996年股票发行过程中发行利息收入转销后余额部份,利息收入原按二年平均转销,现根据上海市财政局一分局指示,按五年平均转销。

(2)本报告期内主体未发生合并、分立等变化。

(3)本公司关联企业及关联方交易

①关联企业

单位名称　企业性质　法人　注册地　主营业务范围　注册资本　持本公

		代表				司股份
上海浦东钢铁(集团)有限公司	有限责任公司 国有独资	张兰亭	上海	金属材料生产加工科技开发等	RMB 140980万元	58.25%
上海SMG气体产品有限公司	中外合资经营	欧凯乐	上海	生产销售和储运气、液、固态气体产品等	USD 2870万元	0
上海浦钢大型铸件有限公司	有限责任公司 国有独资	周志光	上海	铸钢件,钢锭的制造销售等	RMB 2200万元	0
上海三钢运输装卸公司	股份合作制	田定宇	上海	陆上运输,码头装卸,储存,代办运输等	RMB 4000万元	0
上海三钢铸造公司	国有企业	陈和昌	上海	铸件,木模,铸造设备等四技服务	RMB 1001万元	0
上海三钢工程建设公司	国有企业	朱松源	上海	建筑施工,土方工程,装潢等	RMB 1579万元	0
上海三钢新事业开发总公司	国有企业	梁兆贤	上海	中餐,粮油制品,其它食品,副食品等	RMB 1007.5万元	0
上海三钢冶金发展总公司	集体企业	梁兆贤	上海	金属制品、合金冶炼加工等	RMB 2800万元	0

②关联方交易

a.本公司主营产品由上海浦东钢铁(集团)有限公司包销,价格按市场价。

b.浦钢公司供给本公司原料价格按照平等互利,以浦钢公司生产成本价为基准,且不高于市场价格的原则,予以确定。

c.本年度1－6月共购入浦钢公司原料等31,858.50万元,售给浦钢公司产品36,391.23万元。

(4)承诺事项

截止1997年6月30日,本公司为上海浦东钢铁(集团)有限公司的银行流动资金借款提供担保,金额为人民币33,140万元。

(5)投资收益	4823267.95元
①债券投资收益	2447662.00元
②股票投资收益	2375605.95元
(6)应收帐款	118758527.64元

帐龄均为一年以内,其中应收发起人股东浦钢公司货款为112939391.06元。

5.资产负债表期末与年初相比,利润表本期与上年同期相比项目变化达到30%以上的说明:

(1)货币资金58,739,238.28元,比年初减少53.45%,系增加短期投资及投入在建工程项目。

(2)短期投资70,017,502.00元,比年初增加38.89%,系增加国债投资。

(3)应收票据增加125,200,000.00元,系由发起人股东浦钢公司开出未到期商业承兑汇票。

(4)预付货款增加68,105,979.60元,系增加预付供货方款项。

(5)其他应收款25,077,362.16元,比年初减少71.01%,系上年代垫款转清。

(6)待摊费用309,699.91元,比年初减少82.39%,系逐月摊入成本费用。

(7)存货87,554,836.38元,比年初增加35.76%,系增加库存商品。

(8)在建工程比年初增加14,427,295.71元,系新增工程项目。

(9)固定资产清理比年初增加68,042.00元,系新增尚待清理的固定资产。

(10)应付福利费2,248,438.07元,比年初增加168.30%,系96年计提3个月而97年计提6个月。

(11)未交税金16,201,248.09元,比年初增加107.47%,系应交未交税金的增加。

(12)其他未交款4,359,758.26元,比年初增加331。93%,系各项未交款的增加。

(13)其他应付款79,348.00,比年初减少96.30%,系公司债务逐步结清之故。

(14)由于本公司是在1996年9月成立的股份制企业,成立前系非独立核算单位,故上年同期利润是模拟金额,不作比较说明。

二、经营情况的回顾与展望

1.上半年经营情况回顾

上半年,公司积极贯彻"坚持生产经营和资产经营并举,不断开拓浦东不锈发展前景"的工作思路,围绕"发展自己,开拓经营,回报社会和股民"的宗旨,在全体员工的勤奋努力下,全体股东的热情支持下,较好的完成了上半年生产任务和各项经营指标。我们着重做了以下几方面的工作。

①今年上半年生产经营势头良好,至6月30日止(4月份公司按计划停产中修半个月)公司共实现主营收入381,423,041.74元,利润总额62,420,684.68元,净利润53,132,102.90元,分别占年度计划的48.28%、61.20%、61.28%。

②以经济效益为中心,贯彻"以销定产"的经营方针,确立了"营销是一线,营销是龙头"的观念,在原有的销售网络上又新开辟了广东阳江、江苏扬州、常熟、浙江杭州等销售网点,初步形成了直供、经销、现货三结合的营销新格局。

③发挥优势互补能力,生产了包括55#钢、T8A和65Mn等主要钢种的棉花、木工和石头锯切用的锯片钢板等其它适销热销产品。

④再学邯钢,做好降本增益工作。公司在上半年再学邯钢、深入开展降本增益工作中,继续扩大了负公差轧制,在热轧碳结板和冷轧碳结板等品种上推行了负公差轧制理重交库,使公司年度负公差轧制利益量得到了保证,同时效益也得到了一定的增长。

⑤公司上半年始终把安全、质量二个目标紧抓不放,从而确保了生产的有序发展,公司还就设备管理、现场管理、文明建设等方面做了大量的工作,为公司上半年的各项经营指标完成奠定了良好的基础。

⑥积极开展市场调研,公司先后走访了南方及江浙一带的不锈钢、合金钢和工具钢的用量及销售情况,听取了新老用户的意见和建议。为公司的生产起到了较好的作用。

⑦申请ISO9002质量体系论证,全员行动修订质量手册和操作规程,制订贯标程序文件、管理文件。

⑧深化改革,促进基础管理上一个新台阶,进一步激发了员工的积极性、创造性和主人翁精神,提高了公司员工的整体良好素质。

2.下半年经营计划

在下半年公司的经营活动中,继续围绕一个宗旨:发展自己,开拓经营,回报社会和股民。为实现预期目标,公司将以完成主营业务目标为核心,以提高效益为重点,做好以下几项工作:

①在上半年的基础上,继续强化内部经营管理、市场调研工作。

②加大营销力度,加快营销步伐,抓住市场机遇,力争满产满销,完成和超额完成全年生产经营任务。

③继续以产品质量为中心,强化产品质量的工序过程管理,为客户提

供满意的产品。通过抓好员工教育,下半年力争通过 ISO9002 的质量体系国家认证。

④加强资金管理,降低公司的管理费用及财务费用。

三、重大事件说明

1. 招股募集资金投资项目情况

招股说明书共载明投资项目五项,其中:

《不锈钢中厚板酸洗工程》项目已完成了工程选址、工艺技术论证和施工设计,目前工程已进入施工阶段,工程预算 4825 万元,截止 6 月 30 日,已投入资金 556.66 万元,预计今年 9 月份完成土建施工并进入设备安装。

《坯料——火成材改造》项目,目前该项目已接近设计结束和大部分设备制作订货阶段。项目预算工程款为 3900 万元,截止 6 月 30 日已投入资金 826.07 万元,预计该项目今年底可望竣工。

《增设不锈钢改造设备项目》目前已按计划完成了主要设备改造的技术设计和外围配套设备的选项。由于改造项目的"心脏"AOD 不锈钢精炼炉是不锈钢炼钢中最具先进的高科技设备。目前美国拥有这一设备的专有技术,因此公司正与美国专利拥有公司就引进专有技术设备进行谈判。该项目推进的进度将与谈判进程协调,公司争取尽快结束谈判,以求尽快进行设备引进和配套安装。

《新增不锈络钢剪切线》项目、《新建不锈钢剪切加工中心》项目,该二项目均已完成了前期设计工作和辅助剪切设备选项工作。由于二项目均属剪切工艺线,辅助设备和能源介质可共用。因此二新增建项目厂房选址拟定为同一地点,以形成剪切基地中的二条生产线。由此可节省投资费用,提高厂房和设备利润率及投资收益。另外,据市场调研,目前许多使用中厚板的金属结构厂、机械厂、船厂和容器厂等用户希望从市场购得所需定尺状钢板,以摆脱自身切割工序,提高钢材利用率。为迅速抢占这一市场,公司拟增大剪切规模,在原有设计的基础上,增大项目剪切主机设计吨位,以适应包括厚、中、薄钢板系列剪切能力,提高投资效益。另外日本日商岩井公司也积极要求参与合作,对此双方就项目可行性研究正在进行之中。

上次招股共募集资金 3.15 亿元,目前收入项目共发生资金约为 1383 万元,公司流动资金为 17241 万元,剩余 12876 万元。其中 7000 万元进入短期投资,其余 5874 万元体现银行存款。

2. 对照 5.21 政府有关部门所发《严禁国有企业和上市公司炒作股票》的有关通知进行自查,自查结果,公司只在上交所开设一个以公司法定名称开户的 A 股帐户,公司没有买卖本公司股票,也没有在二级市场违规炒作股票。

3. 本公司经第二次股东大会批准,已于 1997 年 4 月 15 日向全股东实施了按 10:1 的比例送股,经送股后总股本由 24000 万股增扩为 26400 万股。

4. 本报告期内,公司无任何诉讼和仲裁事项。

四、发行在外股票变动和股权结构变化

1.1997 年中期公司股份变动情况表

	期初数	本次变动增减(+、-)					期末数
		配股	送股	公积金转股	其他	小计	
一、尚未流通股份							
1. 发起人股份	180000000		18000000			18000000	198000000
其中							
国家拥有股份	40206000		4020600			4020600	44226600
境内法人持有股份	139794000		13979400			13979400	153773400
外资法人持有股份							
其他							
2. 募集法人股							
3. 内部职工股	6000000		600000			600000	0
4. 优先股或其他							
尚未流通股份合计	186000000		18600000			18600000	198000000
二、已流通股份	54000000		5400000			5400000	66000000
1. 境内上市的人民币普通股	54000000		5400000			5400000	66000000
2. 境内上市的外资股							
3. 境外上市的外资股							
已流通股份合计	54000000		5400000			5400000	66000000
三、股份总股	240000000		24000000			24000000	264000000

2. 主要股东持股数情况(前十名股东)

股东名称	持股数量(万股)	占总股本比例(%)
上海浦东钢铁(集团)有限公司	15377.3400	58.250
上海冶金控股(集团)公司	4422.6600	16.750
哈里实业	121.7250	0.461
伍先荫	40.0000	0.152
沈北证二	40.0000	0.152
刘红	31.4952	0.119
刘文	30.2080	0.114
胡英来	23.7000	0.090
崔陌葶	23.0000	0.087
沈北资金	20.0000	0.076

五、股东大会简介

公司第二次股东大会于 1997 年 4 月 9 日在上海浦东大酒店举行,出席会议的股东代表 150 名,代表股份 180788565 股,占总股东的 75.392%,经大会审议表决,通过了如下决议:

1.《董事会的工作报告》;

2.《监事会报告》;

3.《修改公司章程报告》;

对公司章程中的第二章第 7 条、第三章第 11 条、第四章第 17 条进行了修改,对《公司章程》第四章第 14 条股本结构变化进行了说明;

4.《96 年度财务决算报告》;

5.《96 年下半年度利润分配、分红方案》;

1996 年下半年公司可供分配利润 43212079.34 元,提取 10%法定公积金计 4321207.93 元,提取 10%法定公益金计 4321207.93 元,提取 5%任意盈余公积金计 2160603.97 元,实际可供分红金额为 32409059.51 元。公司 1996 年下半年度按 10:1 比例送股,未分配利润 8409059.51 元,转入下一年度分配;

6.《投资项目转项议案》。

六、备查文件

1. 载有公司董事长田定宇先生亲笔签名的《公司九七年度中期报告》原本。

2. 上海会计师事务所出具的上会师报字(97)第 0577 号《上海浦东不锈薄板股份有限公司审计报告》。

3. 一九九六年度股东大会文件。

4. 查阅地址:上海浦东新区上南路 300 号公司证券办公室。

上海浦东不锈薄板股份有限公司

一九九七年八月二十一日

甘肃三星石化(集团)股份有限公司

甘肃三星石化(集团)股份有限公司股票上市公告书

一、绪言

甘肃三星石化(集团)股份有限公司(以下简称“本公司”)的股票发行经中国证券监督管理委员会证监发字[1996]264号和证监发字[1996]265号文件批准;股票上市申请经上海证券交易所[上证上(1996)字第092号文]审核同意,将于1996年11月4日(星期一)在上海证券交易所上市挂牌交易。本公司总股本为5,007.61万股,本次上市流通的股票1,253.5万股中1,043.5万股为1996年10月23日向社会公开发行的新股,210万股为本公司内部职工股占用本次发行额度上市。尚余内部职工股313.43万股,预计于1999年11月后上市。

二、公司概况

1. 公司名称:甘肃三星石化(集团)股份有限公司

英文名称:GANSU TRISTAR PETROCHEMICAL (GROUP)CO. LTD.

英文缩写:TPC

2. 本公司注册地址:兰州市高新技术产业开发区科技街66号

本公司通信地址:兰州市西固区玉门街10号　邮编:730060

3. 法定代表人:陈守杰先生

4. 公司董事、监事和高级管理人员持股情况:

姓名	职务	持股数量(股)
陈守杰	董事长	2400
周国勋	副董事长	1800
方纪才	副董事长	6200
许国华	董事	1800
周天骥	董事	1200
韩大可	董事、总经理	4200
韩永杰	董事、副总经理	5000
胡汉章	董事	600
李申平	董事	600
赵崇智	董事	0
刘百炼	董事	8000
聂端阳	董事	1200
梁鸿文	董事	5000
戴年喜	监事会主席	2400
蒋宜芳	监事会副主席	5800
谈全政	监事会副主席	3000
杨前战	监事	3200
吴畅运	监事	4800
高忠民	监事	10000
王广珠	监事	1800
白庭国	监事	1200
陈建平	监事	2600

本公司董事、监事和高级管理人员共持有本公司股票7.28万股,占本公司总股本的0.145%,其持有股份按照《中华人民共和国公司法》规定在任职期间不得转让。

5、本公司所属行业:石油化工行业

6、本公司经甘肃省经济体制改革委员会体改委发[1993]53号文批准设立,注册于甘肃省兰州市高新技术产业开发区。

7、本公司在册职工人数为158人,其中专业技术人员48人,专业技术人员中具有高、中级职称的30人。

8、本公司占地面积:5986平方米

9、本公司及腔股公司:(单位:元)

名称	注册资本	股权比例	本公司实际投资额
成都星光科技开发有限公司	2000000.00	54%	800000.00
兰州辰光电子有限公司	700000.00	50%	350000.00
三星石化厂	30000000.00	90%	27000000.00
兰州时代信息公司	500000.00	100%	150000.00
兰州西固奥都商行	500000.00	100%	500000.00

10、本公司咨询电话:(0931)7557333　(0931)7556011—33055

传真:(0931)7551922　联系人:梁鸿文　关小掬　冯旭光

本公司文件资料查阅地点:公司证券部

三、股本结构及主要股东持股情况

1、股本的形成

本公司是经甘肃省经济体制改革委员会[体改委发(1993)53号]文批准,由中国石化兰州炼油化工总厂、兰州炼油化工总厂三星公司、兰州银炼城市信用部三家共同发起,以定向募集方式设立的股份有限公司。

在三家发起人中,兰州炼油化工总厂三星公司以其截至1993年2月28日经评估确认的全部净资产2290.68万元投入,折成国有法人股2290.68万股;中国石化兰州炼油化工总厂以现金投入750万元,折为国有法人股750万股。由于兰州炼油化工总厂三星公司进行整体改组,法人地位已取消,故以上股份由中国石化兰州炼油化工总厂持有。另外,兰州银炼城市信用部投入100万元,折为100万股。

本公司定向募集法人股300万股,内部职工股523.43万股,每股按1.00元面值发行。

经中国证券监督管理委员会证监发字[1996]264号和证监发字[1996]265号文批准,本公司于1996年10月23日在上海证券交易所以上网定价发行方式成功地向社会公众发行了每股面值为1.00元的人民币普通股1043.5万股,每股发行价为6.18元。此次发行的主承销商为国泰证券有限公司。

本次发行有效申购户数为318858户,有效申购股数为2406999000股,超额认购倍数为230.67倍,中签率为0.433527%,发行总市值为6448.83万元。所募集资金全部到位,并已获得验资报告[甘二会验字(1996)第65号]验证确认。

2、股本结构

单位:万股

	发行前	发行上市后
国有法人持股	3310.68	3310.68
法人持股	130.00	130.00
内部职工持股(尚未流通部分)	523.43	313.43
社会公众股		1253.50
其中:内部职工持股(可流通部分)		210.00
总股本	3964.11	5007.61

3、前十名股东持股情况

股东名称	持股数量(股)	比例(%)
①中国石化兰州炼油化工总厂	30406800	60.72

②兰州炼油化工经销公司	1700000	3.39
③兰州银炼城市信用部	1000000	2.00
④中石化国际事业兰炼公司	1000000	2.00
⑤兰州工商行科技信用社	300000	0.60

说明:本公司前十名股东中有5名为社会个人股东,其持股数均未达到规定披露的份额。

4、股东人数

本公司股东户数为321165户,其中持有本公司股票1000股 以上(包括1000股)的股东为320280户。

四、公司财务状况

(一)、验资报告

甘肃三星石化(集团)股份有限公司:

我所接受委托,对甘肃三星石化(集团)股份有限公司截至1996年10月29日止公开募集的社会公众股股本及资本公积的真实性和合法性进行了审验。在审验过程中,我们按照《独立审计实务公告第1号—验资》的要求,实施了必要的审验程序。甘肃三星石化(集团)股份有限公司的责任是提供真实、合法、完整的验资资料,保护资产的安全、完整,我们的责任是按照《独立审计实务公告第1号—验资》的要求,出具真实、合法的验资报告。

本次公开发行拟筹集的股本为10435000元,资本公积为48953300元。根据我们的审验,截至1996年10月29日,甘肃三星石化(集团)股份有限公司已向社会募集资本59388300元,其中:股本为10435000元,资本公积为48953300元,上述投入资本相关的资产总额为59388300元,全部为货币资金。

甘肃第二会计师事务所

注册会计师:蔺培曼　袁斌

一九九六年十月二十九日

(二)、财务报告

1、审计报告[甘二会审字(1996)第033号]

甘肃三星石化(集团)股份有限公司全体股东:

我所接受委托,审计了贵公司1993年12月31日、1994年12月31日、1995年12月31日及1996年4月30日公司与合并资产负债表和1993、1994、1995三个会计年度及1996年1—4月公司与合并利润及利润分配表以及1995年度公司与合并财务状况变动表。这些会计报表由贵公司负责,我们的责任是对这些会计报表发表审计意见。我们的审计是依据《中国注册会计师独立审计准则》进行的。在审计过程中,我们结合了贵公司的实际情况,实施了包括抽查会计记录等我们认为必要的审计程序。

我们认为,本报告所附财务报表符合《企业会计准则》、《股份制试点企业会计制度》的有关规定,在所有重大方面公允地反映了贵公司上述各期期末的财务状况及各期间的经营成果和资金变动情况,会计处理方法的选用遵循了一贯性原则。

甘肃第二会计师事务所

注册会计师:蔺培曼　袁斌

一九九六年五月二十五日

2、财务报表(见附表)

3、财务报表附注

A.主要会计政策

(1)会计制度:本报告书是按照《股份制试点企业会计制度》及其补充规定的要求编制的。对于原公司及附属公司沿袭原作为兰州炼油化工总厂下属公司执行《工业企业会计制度》的部分进行了必要和适当的调整和重分类。

(2)会计年度:公司会计年度采用公历年度,即每年1月1日起至12月31日止为一个会计年度。

(3)合并会计报表及编制基础:对所属全资子公司及对外投资占被投资单位50%以上股权或拥有实际控股权者,按财政部《合并会计报表暂行规定》的要求编制合并会计报表。现合并的子公司有:

子公司名称	注册资本	股权比例	母公司实际投资额
成都星光科技开发有限公司	2000000.00	54%	800000.00
兰州辰光电子有限公司	700000.00	50%	350000.00
兰州时代信息公司	500000.00	100%	150000.00
兰州西固奥都商行	500000.00	100%	500000.00

(4)记帐原则与计价基础:会计核算采用权责发行制原则,采用借贷复式记帐法记帐,会计计价以实际发生的历史成本为基础。

(5)外币折算办法:会计核算以人民币为记帐本位币。发生涉及外币的经济业务按业务发生时市场汇价折合人民币记帐,期末货币性项目中外币余额按期末市场汇价折合人民币金额进行调整,由此产生的各外币项目的人民币余额与原帐面人民币余额的差额作为汇兑损益,记入"财务费用"等科目。

(6)存货:原材料领用时,按计划成本计价,月末分摊材料差异,按实际成本结转材料成本。在产品、产成品按实际成本核算,采用加权平均法计价;低值易耗品领用时采用"一次摊销法"核算。

(7)长期投资核算方法:占被投资单位50%以上股权或对其拥有实际控股权者按权益法核算,并编制合并会计报表;占被投资单位20%以上至50%股权者按权益法核算;占被投资单位20%以下股权者按成本法核算。

(8)固定资产及其折旧:

固定资产划分标准以使用年限一年以上,单位价值2000.00元以上为标准;折旧采用直线法计提。固定资产分类与折旧率如下:

类别	年折旧率
房屋建筑物	2.44%
机器设备	9.40%
运输设备	7.46%

(9)无形资产:系公司成立由原兰炼三星公司投入的土地使用权,按投入时的评估价值入帐,按50年摊销。

(10)销售:销售收入以商品、产品已经发出,劳务已经提供,货款已经收到或者取得了收取货款的凭据作为实现标志。

(11)坏帐准备:应收帐款回收情况好,故1996年以前未计提坏帐准备,如发生的坏帐损失,据实计入当期费用。1996年开始按应收帐款余额的5‰计提坏帐准备。

(12)税项:

流转税:1993年度及1994年1—3月销售按销售收入的25%—35%分不同产品品种计征产品税,并按交纳税额计征10%附加税。1994年4月1日起改征增值税。被认定为增值税一般纳税人,销项税额为销售额乘以税率17%,进项税额为纳税人购货物或接受应税劳务支付的或负担的增值税额,税率为17%。同时,按应纳税额7%计征城建税,3%计征教育费附加。

所得税:公司及合并的子公司均系兰州高新技术产业开发区企业,按高新技术开发区政策,一九九三年享受免征企业所得税的优惠,一九九四年后减按应纳税所得额的15%计征。

(13)公司税后利润提取10%的法定盈余公积金,提取5%的公益金,剩余部分为可供股东分配的利润,按股东大会通过的分配方案进行分配。

B.项目附注

(1)应收帐款

九六年四月三十日应收帐款合并余额47911334.32元,其中:

	金额	比例(%)
半年以内:	44265873.52元	92.44
半年至一年	3645460.80元	7.56
合计:	47911334.32元	100.00

主要是公司的应收帐款,余额47789778.87元。

应收帐款中没有股份占5%以上的股东的应收帐款。

(2)预付帐款

九六年四月三十日预付帐款合并余额436009.87元,主要是下属子公司的预付货款。

(3)其他应收款

九六年四月三十日其他应收款合并余额9293158.74元。其中:

	金额	比例(%)
一年以内:	7380082.22元	79.43
一年至两年:	1913076.49元	20.57
合计:	9293158.71元	100.00

其中主要帐户:

兰州辰光房地产有限公司 4723486.40元　暂借款　代垫货款

兰州冶金销售公司　350000.00元　暂借款

其他应收帐款中没有股份占5%以上的股东的其他应收帐款。

(4)长期投资

九六年四月三十日长期投资合并余额900000.00元,系公司对兰州辰光房地产公司的长期投资。

投资单位	投资期限	所占比例	金额
兰州辰光房地产公司	10年	7.492%	900000.00元

(5)在建工程

九六年四月三十日在建工程集团合并余额47438047.16元,全部是公司在建工程余额。九五年十二月三十一日资产评估增值279991.77元。

工程名称	预算数	进度	实际支用数	资金来源	批准文号
三星石化厂	37331939.00	90%	47158055.39	自筹	兰高新管办技(1994)59号

(6)应付帐款

九六年四月三十日应付帐款合并余额30686421.75元,其中主要帐户:

兰炼总厂(货款)　29066866.20元

兰炼石化院(货款)　858472.82元

主要是公司的应付帐款,余额为30132883,80元。

(7)资本公积:1993年以前的税金15121389.77元返还给企业及1765201.95元的九五年十二月三十一日资产评估增值额。

(8)盈余公积、公益金

	1993.12.31数	1994年增加数	1994.12.31数	1995年增加数	1995.12.31数
盈余公积金	1107813.36	1172552.08	2280365.44	1242632.80	3522998.24
公益金	179950.26	586276.04	766226.30	621316.40	1387542.70
合计	1287763.62	1758828.12	3046591.74	1863949.20	4910540.94

增加原因是利润分配。

(9)关联交易

1995年公司的原材料95%从控股公司—中国石化兰州炼油化工总厂按出厂价购入,存在一定的关联交易。

(三)、财务指标分析

财务指标	1996年1—4月	1995年
流动比率	0.99	0.97
速动比率	0.91	0.84
应收帐款周转率	0.60	2.40
股东权益比率	47.88%	47.90%
净资产收益率	5.27%	19.39%
每股税后利润	0.090	0.313
每股净资产	1.71	1.62

注:①以上指标按照甘肃第二会计师事务所审计报告中截至于1996年4月30日的前一个会计年度及1996年1—4月的财务报表计算;

②本公司于1996年10月23日新股发行完毕后,每股净资产为2.54元。

五、董事会上市之承诺

本公司董事会承诺将严格遵守《公司法》、《股票发行与交易管理暂行条例》、《公开发行股票公司信息披露实施细则(试行)》、《上海证券交易所交易市场业务试行规则》和有关法律、法规的规定,并自股票上市之日起作出如下承诺:

1、按照法律、法规的规定程序和要求披露重大的信息,并接受证券主管机关、上海证券交易所的监督管理。

2、及时、真实、准确地公布中期报告和年度报告,并备置于规定场所供投资者公众查阅。

3、本公司董事、监事及高级管理人员如发生人事变动或持本公司股票发生变化时,在报告证券主管机关、证券交易所的同时向投资者公布。

4、在任何公共传播媒介中出现的消息可能对本公司股票的市场价格产生误导性影响时,本公司知悉后将及时对该消息予以公开澄清。

5、本公司董事、监事及高级管理人员将认真听取社会公众的意见和批评,不利用已获得的内幕消息和其他不正当手段直接或间接从事股票买卖活动。

6、本公司没有无记录负债。

7、董事会及各位董事保证不就任何未经主管机关审阅的可能影响股份变动之重大信息私自发表公告或发表意见。

六、重要事项提示

1、本次股票发行的额度为1253.5万股,其中向社会公众公开发行1043.5万股,本公司内部职工股210万股占用本次发行额度一并上市,剩余的313.43万股内部职工股按国家有关规定从本次发行新股上市之日起满三年后,方可上市流通。

2、本公司执行《股份制试点企业会计制度》。

3、融商律师事务所出具的法律意见书表明,本公司及本公司的董事、监事和高级管理人员没有涉及或可能涉及任何重大诉讼、仲裁及行政处罚。

4、本公司注册于兰州市高新技术产业开发区,根据兰州市高新技术产业开发区兰国税高新发字第(1996)38号文的规定,公司享受减按15%的税率缴纳企业所得税的优惠政策。

5、本公司利润分配政策:

本公司实行同股同利的分配政策,按股东持有股份的比例进行分配。本公司的股利分配在每个会计年度结束后的六个月内由本公司董事会提出方案,经股东大会批准后,按股份比例分配。股利分配采取现金股利或股票股利的形式,每年派发一次年度股利。

本公司在向个人股东分配股利时,由本公司按中华人民共和国个人所得税的法律法规代扣,代缴个人所得税。

根据本公司章程规定,本公司每一会计年度的净利润按下列顺序分配:

(1)按国家规定弥补上一年度的亏损;

(2)提取税后利润的10%为法定公积金;

(3)提取税后利润的5—10%为法定公益金;

(4)经股东大会决议提取任意公积金;

(5)支付普通股股利。

6、本次发行完成后,根据甘肃第二会计师事务所的验资报告,本公司已在甘肃省工商行政管理局重新进行了登记注册,注册资本为50076100元人民币,注册号为22434450—7—1/2。

7、按照招股说明书(概要)揭示的内容,本次发行中购买本公司股票的股东,将参与本公司1996年的利润分配。

8、根据甘肃第二会计师事务所出具的盈利预测审核报告[甘会审字(1996)第043号],本公司1996年度的盈利预测为利润总额2440万元,税后利润2074万元,每股税后利润0.414元。

七、中介机构

主承销商及上市推荐人:
名称: 国泰证券有限公司
法定代表人:金建栋
注册地址: 上海市浦东新区乳山路61号
办公地址: 北京市海淀区白石桥路3号友谊宾馆乡园
电话: 010－68498543、68498888－1371
传真: 010－68483942
联系人: 李晓春、程浩、李铁梅
律师事务所:
名称: 融商律师事务所
主任: 杜宝成
地址: 北京安定门甘水桥甲1号太阳宫宾馆
电话: 010－64262884
传真: 010－64262889
经办律师: 杜宝成　刘庆平
会计师事务所:
名称: 甘肃第二会计师事务所
法定代表人:蔺培曼
地址: 甘肃省兰州市东岗西路340号
电话: 0931－8826425、8821914－278
传真: 0931－8413711
经办注册会计师:蔺培曼、袁斌
资产评估机构:
名称: 中发国际资产评估公司
法定代表人:倪所冠
地址: 北京海淀区万泉河路66号西楼
电话: 010－62548503　62567744－331
传真: 010－62548503
经办评估人员:李如健、陈涛
名称: 甘肃第三会计师事务所
法定代表人:从有余
地址: 甘肃省兰州市东岗西路340号
电话: 0931－8826415或8821914－263
传真: 0931－8413711
经办评估人员:从有余、王东海
土地评估机构:
名称: 中国地产咨询评估中心
法定代表人:冯庆详
地址: 北京市海淀区大柳树路21号
电话: 010－62176683
名称: 甘肃省土地估价事务所
法定代表人:田水民
地址: 甘肃省兰州市安乐村108号
电话: 0931－8820353
资产评估确认机构:
名称: 国家国有资产管理局
法定代表人:张佑才
地址: 北京海淀区万泉河路66号
电话: 010－62567744
传真: 010－62561817
股票登记机构:
名称: 上海证券中央登记结算公司
法定代表人:俞建麟
地址: 中国上海市闵行路67号
电话: 021－63068888
传真: 021－63257454

八、备查文件

1、甘肃省经济体制改革委员会批准设立本公司的批文;
2、中国石油化工总公司批准本公司发行A股额度的批文;
3、甘肃省人民政府批准本公司发行A股额度的批文;
4、中国证券监督管理委员会核准本公司发行A股的复审批文;
5、甘肃第二会计师事务所出具的关于本公司的审计报告;
6、中发国际资产评估公司和甘肃第三会计师事务所出具的关于本公司的资产评估报告;
7、融商律师事务所出具的关于本公司本次股票发行上市的法律意见书和律师工作报告;
8、国家国有资产管理局国资评[1996]511号资产评估结果确认书;
9、甘肃第二会计师事务所关于本公司本次发行后的验资报告;
10、上海证券交易所上市承诺书;
11、本公司《公司章程》;
12、本公司历次股东大会决议;
13、中国证券监督管理委员会要求的其他文件。

甘肃三星石化(集团)股份有限公司
一九九六年十月三十一日

合并资产负债表

编制单位:甘肃三星石化(集团)股份有限公司　　单位:人民币千元

资　产	行次	1996.4.30	1995.12.31	负债及股东权益	行次	1996.4.30	1995.12.31
流动资产:				流动负债:			
货币资金	1	9751.59	12484.21	短期借款	41	5000.00	5000.00
短期投资	2			应付票据	42		
应收票据	3			应付帐款	43	30686.42	27532.66
应收帐款	4	47911.33	36111.12	预收帐款	44	4902.56	6607.14
减:备抵坏帐	5	171.72		应付工资	45	457.93	490.04
应收帐款净额	6	47739.61	36111.12	应付福利费	46	392.55	382.65
预付帐款	7	436.01	2653.87	未付股利	47	8906.32	10103.10
其他应收款	8	9293.16	9398.94	应交款金	48	3393.81	3526.24
待摊费用	9	100.04	97.44	其他未交款	49	618.92	690.64
存货	10	5232.63	6622.36	其他应付款	50	18911·82	15006.13
流动资产合计	11	72557.95	67367.95	流动负债合计	51	73332.33	69338.60
				长期负债合计		–	–

资　产	行次	1996.4.30	1995.12.31	负债及股东权益	行次	1996.4.30	1995.12.31
长期投资	12	900.00	900.00				
固定资产:	13			负债合计	52	73332.33	69338.60
固定资产原价	14	21968.87	19381.86				
减:累计折旧	15	4328.91	3890.88	少数股东权益	53	328.49	389.39
固定资产净值	16	17639.96	15490.98	股东权益:			
在建工程	17	47438.05	47405.40	股本	54	39641.10	39641.10
无形及其他资产:	18			资本公积	55	16886.59	16886.59
其中:无形资产	19	2173.33	2185.31	盈余公积	56	4910.54	4910.54
递延资产	20	611.21	474.31	未分配利润	57	6221.44	2657.73
无形及其他资产合计	21	2784.54	2659.62	股东权益合计	58	67659.67	64095.96
资产总计	22	141320.50	133823.95	负债及权益总计	59	141320.50	133823.95

合并利润及利润分配表

编制单位:甘肃三星石化(集团)股份有限公司　　　　单位:人民币元

	行次	1996年1—4月	1995年度
主营业务收入	1	25227108.50	79516201.66
减:营业成本	2	18718530.43	56687522.94
销售费用	3	310747.13	3403302.05
管理费用	4	1820719.30	3969271.80
财务费用	5	110563.95	407800.95
营业税金及附加	6	138598.83	364116.49
主营业务利润	7	4127948.86	14684187.43
加:其他单位利润	8	9224.55	80886.79
营业利润	9	4137173.41	14765074.22
加:投资收益			
营业外收入			
以前年度损益调整	10	-1060.58	
减:营业外支出	11		24758.02
利润总额	12	4136112.83	14740316.20
减:所得税(15%)	13	633299.32	2195346.66
少数股东权益	14	-60900.12	118641.62
净利润	15	3563713.63	12426327.92
加:年初未分配利润	16	2657725.07	2005621.35
可分配利润	17	6221438.70	14431949.27
减:提取法定盈余公积金	18		1242632.80
提取公益金	19		621316.40
可供股东分配利润	20		12568000.07
减:提取任意公积金	21		
已分配普通股股利	22		9910275.00
未分配利润	23		2657725.07

甘肃三星石化(集团)股份有限公司一九九六年度报告摘要

一、公司简况

1、公司名称:甘肃三星石化(集团)股份有限公司

英文名称:GANSU TRISTAR PETROCHEMICAL (GROUP) CO., LTD.

英文缩写:　TPC

2、公司地址

本公司注册地址:兰州市高新技术产业开发区科技街66号

本公司通信地址:兰州市西固区玉门街10号

邮　　编:730060

3、公司法定代表人:陈守杰

4、公司咨询服务机构:本公司证券部

电　　话:(0931)7557333　　7933055

本公司董事会秘书:梁鸿文

传　　真:(0931)7551922

二、主要财务数据与财务指标

指标项目	1996年	1995年	比上年增减(%)
1、主营业务收入(元)	115470111.08	76288008.95	51.36
2、净利润(元)	21329131.15	12426327.92	71.64
3、总资产(元)	167726448.28	125156121.03	34.01
4、股东权益(元)	144743217.20	64095957.73	125.82
5、每股收益(元)	0.426	0.313	36.10
6、每股净资产(元)	2.890	1.617	78.73
7、净资产收益率(%)	14.74	19.39	-23.98
8、股东权益比率(%)	86.30	51.21	68.52

注:减去新股申购冻结资金利息的有关财务指标:

指标项目	1996年
1、净利润(元)	18885354.83
2、每股收益(元)	0.377
3、净资产收益率(%)	13.05

三、公司业务回顾

1996年度,在甘肃省委、省政府和中国石化总公司的正确领导和各位股东的支持下,公司董事会和公司经营班子带领全体员工,遵照公司第三次股东年会决议,按照法定程序和要求,向有关主管部门和机构办理了申请手续,已获得了中国证券监督管理委员会证监发字(1996)264号和证监发字(1996)265号文件批准,并获得了其它所有必要的批准、许可和同意。已于1996年11月4日在上海证券交易所上市挂牌交易。按照公司上市公告书承诺,精心组织生产,努力开拓市场,强化内部管理超额完成了全年的各项经营计划指标,使公司的经济实力和经营规模得到了较大幅度增长。

1、经营业绩及财务概要:

本公司1996年度实现销售收入11547万元,实现利润总额2509万元,实现净利润总额2133万元,分别比去年增长了51.36%、71.64%和71.64%。

截止1996年12月31日,公司资产总额达到16773万元,净资产达到14474万元,分别比去年同期增长了34.01%和125.82%。1996年11月4日新增上市流通股1043.50万元,截止1996年12月31日股本总额为5007.61万元。

2、投资项目进展情况

(1)、年产15万吨重交通道路沥青生产装置建设1996年完成形象进度约1000万元,设备予制及部分基础设施正在施工,该项目按计划竣工,确保重交沥青的扩产如期实现。1996年公司经销重交沥青80000余吨,约占国内该产品总经销量的30%左右,目前全国有8个省级公路局成为公司的主要用户。1996年10月公司在云南昆明市召开了重交沥青推广研讨会即1997年订货会,到会30余个单位,共签订意向订货合同30余万吨,订货数量远远大于实际生产量。预计1997年度再投资约900万元,可达到设计能力,以扩大利润来源。

(2)、从国外引进的技术,年产1000吨的法莱迈克斯工业燃气试生产装置已基本建成,现进入试车阶段。该产品以炼油厂生产的高纯度烷烃为原料,具有高效、节能、安全、经济的特点,在兰州及西北五省地区有广泛的市场。目前已与外商签署了同意本公司在西北五省的总经销协议,该项目达产后,将成为公司新的利润来源。预计1997年度再投资约400万元,以扩大生产规模,转入正常生产运营。

(3)、公司股份制改造后新建的"三星石化厂"1996年实现了全线试生产,完成了八项技措,生产出六个牌号共八种石化产品,质量良好。目前正在大力开拓市场,1997年总产量约8000吨,同时再投资200~300万元,搞若干技措项目进一步改进工艺,降低生产成本,开发新产品,多创效益。

(4)蓖麻油精炼及深加工项目,正在进一步加紧调研和进行可行性论证。由于筹建原料基地的工作难度较大,仍需精心组织努力工作。

3、新产品开发推广情况:

公司与兰炼石化研究院合作开发的高速线材轧机专用油膜轴承油,在首钢第三线材厂已试用二年,在其他多家冶金企业试用也普遍反映良好。1996年9月由冶金部科技司、中石化总公司发展部在北京联合组织了对该油品的工业试验成果鉴定,到会专家代表对油品的性能予以好评并确定进一步广泛推广使用。

公司与北京石化研究院等部门合作研制生产出了石油磺酸钠、石油磺酸钡添加剂,可进一步改善国内润滑油生产所需这两种添加剂供不应求的状况。

公司与上海石化院合作开发的新型粘度添加剂,为生产高档内燃机油增添了优质添加剂,1996年已完成了小型试验。

4、业务拓展及内部管理情况:

1996年公司在强化管理、稳步发展的思想指导下,积极稳妥地巩固现有成果,努力开发新产品,积极主动地争取新的效益增长点。同时还进一步强化内部计划调度,经济核算,财务监督等方面的工作,加强了对子公司及联营单位的考核和管理,公司全体员工团结一致、齐心协力努力工作,较好地完成了全年的奋斗目标。

四、股本变化及股本结构情况

1、股本变化及股本结构情况

(1)股本结构情况

数量单位:股　　面值:每股1元

股份类别	年初数	本年增减	年末数
一、尚未流通股份			
1.发起人股份			
其　中:			
国有法人股	30406800	/	30406800
境内法人股	1000000	/	1000000
2、募集法人股	3000000	/	3000000
3、内部职工股	5234300	−2093720	3140580
尚未流通股份合计:	39641100	−2093720	37547380
二、已流通股份			
1、A股	/	12528720	12528720
已流通股份合计:	/	12528720	12528720
三、股份总数:			50076100

(2)股本变动情况及原因:

本公司在1996年度获得1253.5万股A股股票额度,并于1996年10月23日向社会公众公开发行了1043.5万股A股股票,从而使本公司的总股本由原有的3964.11万股增加为5007.61万股。其中有内部职工股209.372万股也随同一起上市,尚有314.058万股内部职工股未上市,按照国家有关规定要在本次上市三年后再上市交易。

(3)、96年12月31日持有本公司股票前10名股东分别为:

单位、姓名	持股数	占总股本比例(%)
中石化兰州炼油化工总厂	30406800	60.72%
兰州炼油化工经销公司	1700000	3.39%
中石化国际事业兰炼公司	1000000	2%
兰州银炼城市信用部	1000000	2%
兰州工行科技信用社	300000	0.6%
梅玲	258980	0.52%
柯望春	200000	0.4%
张仁德	199000	0.4%
李会芳	173900	0.35%
郭方玲	149942	0.3%

(4)、股东数量:9504户

2、公司董事、监事与高级管理人员持股情况:

姓名	职务	年初持股数	年末持股数
陈守杰	董事长	2400	2400
周国勋	副董事长	1800	1800
方纪才	副董事长	6200	6200
许国华	董事	1800	1800
周天骥	董事	1200	1200
韩大可	董事、总经理	4200	4200
韩永杰	董事、副总经理	5000	5000
胡汉章	董事	600	600
李申平	董事	600	600
赵崇智	董事	0	0
刘百炼	董事	8000	8000

聂瑞阳	董事	1200	1200
梁鸿文	董事	5000	5000
戴年喜	监事会主席	2400	2400
蒋宜芳	监事会副主席	5800	5800
谈全政	监事会副主席	3000	3000
杨前战	监事	3200	3200
吴畅运	监事	4800	4800
高忠民	监事	10000	10000
王广珠	监事	1800	1800
白庭国	监事	1200	1200
陈建平	监事	2600	2600

五、重要事项

(一)报告期内的股东大会、董事会情况说明

1、股东大会情况

本公司于1996年2月6日在中石化兰州炼油化工总厂综合楼会议室召开了1995年度股东年会,出席会议的股东及股东代表共计39名,代表股份3894.11万股,占公司股本总额的98.23%。会议以投票表决的方式通过了以下决议:

A、审议通过了董事会1995年度的工作报告及1996年的工作计划;

B、审议通过了1995年度利润分配及分红派息方案;

C、审议通过了公司增资扩股、转为社会募集股份有限分司。授权董事会按照法定程序和要求,向有关主管部门和机构办理申请手续,并获得所有必要的批准、许可和同意;

D、审议通过了公司章程修改草案;

E、审议通过了补选许国华、韩永杰、梁鸿文叁同志为公司董事会董事,补选谈全政同志为公司监事会监事。

2、董事会情况

(1)本公司第一届董事会第八次会议于1996年2月5日在兰州市西固区兰苑宾馆会议室召开。会议审议通过了1995年度总经理工作报告、1995年度利润完成情况报告及分红派息预案,审议通过了公司机构设置、在职的部门负责人编制、有关原料及产品等定价的问题;审议通过了提交第三次公司股东年会关于"公司股票申请上市的有关问题"的提案和公司董事、监事增补选候选人的提案;会议还就召开1995年度股东年会的有关事项作出了决议和安排。

(2)本公司第一届董事会、监事会第九次联席会议于1996年7月2日在兰州市西固区兰苑宾馆会议室召开。会议检查了前段有关公司股票上市材料准备及审批工作进展情况;审议通过了"三星石化"股票在上交所上网定价发行的决议;会议经选举一致同意高忠民、陈建平二同志为公司监事会监事的提案。

(3)本公司股票于1996年11月4日在上海证交所正式挂牌上市交易。

(4)本公司第一届第十次董事会于1997年3月21日在兰州市西固区兰苑宾馆会议室召开,会议审议通过了总经理1996年经营情况工作汇报及1997年度工作安排的报告;审议通过了公司1996年度财务决算和1997年度财务预算预案;审议通过了关于1996年度的分红派息预案、1997年度的资本公积金转增股本和不失时宜地进行增资扩股资产重组的议案;会议还就召开公司1996年度股东年会和董事会、监事会换届选举的有关事项作出了决议和安排。

(二)在本报告期内,公司的注册地址、会计师事务所、法律顾问均未发生过变动。

(三)重大诉讼、仲裁事项报告

本报告期内本公司无重大诉讼、仲裁事项。

六、子公司及关联公司

1、全资及控股的附属公司

公司名称	注册资本(万元)	持股比例(%)	主要业务
时代信息公司	30	100	信息咨询
西固奥都商行	50	100	商品贸易
成都星光石化科技开发有限责任公司	148	54	石化产品

2、关联公司

公司名称	注册资本(万元)	持股比例(%)	主要业务
兰州辰光电子有限公司	70	50	电子产品

七、财务报告

1、审计意见:公司财务报告经甘肃第二会计师事务所袁斌、段德仁注册会计师审计并出具无保留意见的审计报告(甘二会审字(1997)第007号)。

2、财务报表(附后)

财务报表附注

附注1:公司设立说明

甘肃三星石化(集团)股份有限公司(以下简称公司)是一九九三年四月一日经甘肃省经济体制改革委员会以体改委发(1993)第53号文批准,由原兰州炼油化工总厂三星公司进行改组,并由兰州炼油化工总厂、兰州炼油化工总厂三星公司、兰州银炼城市信用部等三家发起人共同发起设立的。

设立甘肃三星石化(集团)股份有限公司各发起人情况如下:

名称	注册资本	注册号	主要经营业务
兰州炼油化工厂	350,000,000,00	22433658-2	汽、煤、柴、润滑油,催化剂、添加剂及石化产品加工、销售
兰州炼油化工总厂三星公司	6,000,000,00	29658148-0	石油精细化工、机械仪表、新型材料的研制开发、生产、销售
兰州银炼城市信用部	1,680,000,00	22450118-9	存款、贷款、结算、个人储蓄存款以及代收代付,经济咨询

附注2:主要会计政策

1、会计制度:本报告书是按照《股份制试点企业会计制度》及其补充规定的要求编制的,对于原公司及附属公司沿袭原作为兰州炼油化工总厂下属公司执行《工业企业会计制度》的部分进行了必要和适当的调整和重分类。

2、会计报表及编制基础:根据财政部会计司财会二字(1996)2号《关于合并会计报表合并范围的复函》,在年度会计报表的审计中,对子公司资产、收入与利润三项指标分别合计均不超过10%的可以不合并,故本次审计对子公司未予合并。

3、税项:

(1)流转税:1993年度及1994年1—3月销售按销售收入的5%计征产品税,并按交纳税额计征10%附加税。1994年4月1日起改征增值税。被认定为增值税一般纳税人,销项税额为销售额乘以税率17%,进项税额为纳税人购货物或接受应税劳务支付的或负担的增值税额,税率为17%,同时,按应纳税额7%计征城建税,3%计征教育费附加。

(2)所得税:公司系兰州高新技术产业开发区企业,按高新技术开发区政策,一九九三年享受免征企业所得税的优惠,一九九四年后减按应纳税所得额的15%计征。

4、新股申购冻结资金利息:根据财工字[1996]434号文,将申购成功的投资者其资金在冻结期所产生的存款利息收入计入资本公积,将申购无效的投资者其资金在冻结期所产生的利息收入计入营业外收入。

附注3:应收帐款

九六年十二月三十一日应收帐款余额53,576,857.09元,期末应收帐款余额较大的主要原因是年末各公路建设单位储备重胶沥青,其中:

金额　　比例(%)

半年以内:	13,410,373.78元	25.03
半年至一年:	30,180,802.67元	56.33
一年至三年:	9,985,680.64元	18.64
合　计	53,576,857.09元	100.00

应收帐款中没有股份占5%以上的股东的应收帐款。

附注4:其他应收款

九六年十二月三十一日其他应收款余额5,178,476.83元。其中:

	金额	比例(%)
一年以内:	4,195,750.34元	81.02
一年至两年:	982,726.49元	18.98
合　计	5,178,476.83元	100.00

其他应收款中没有股份占5%以上的股东的其他应收款。

附注5:长期投资

九六年十二月三十一日长期投资余额2,456,055.03元,系公司对外的长期投资。其中:

投资单位	金额	所占比例(%)
兰州辰光房地产公司	900,000.00元	7.492
成都星光石化科技开发有限责任公司	799,917.72元	54
兰州时代信息公司	151,720.11元	100
兰州西固奥都商行	218,418.76元	100
兰州辰光电子有限公司	385,998.44元	50
合计	2,456,055.03元	

附注6:资本公积

九六年十二月三十一日资本公积65,769,720.04元,其中:

项目	期初数	增加数	期末数
资本折算差额	15,121,389.77		15,121,389.77
资产评估增值	1,765,201.95		1,765,201.95
九六年社会发行股票溢价		48,872,487.76	48,872,487.76
新股申请冻结资金利息		10,640.56	10,640.56
合计	16,886,591.72	48,883,128.32	65,769,720.04

附注7:盈余公积

九六年十二月三十一日盈余公积8,109,910.62元,其中:

项目	期初数	增加数	期末数
法定盈余公积	2,775,085.39	2,132,913.12	4,907,998.51
任意盈余公积	747,912.85		747,912.85
公益金	1,387,542.70	1,066,456.56	2,453,999.26
合计	4,910,540.94	3,199,369.68	8,109,910.62

附注8:未分配利润

九六年十二月三十一日未分配利润20,787,486.54元,系历年未分利润滚存的结果,其中:

九五年度未分配利润	2,657,725.07
九六年度未分配利润	18,129,761.47
合　计	20,787,486.54

附注9:投资收益

九六年度投资收益56,055.03元系按照权益法核算的对外长期投资的收益。

附注10:营业外收入

九六年度营业外收入2,443,776.32元系计入的申购无效的投资者其资金在冻结期所产生的存款利息收入。

附注11:期后事项、或有负债

公司无期后事项、或有负债等项目。

甘肃三星石化(集团)股份有限公司
董　事　会
一九九七年三月二十一日

利润及利润分配表

编制单位:甘肃三星石化(集团)股份有限公司　　1996年度　　单位:人民币元

项目	附注	1995年	1996年
一、主营业务收入		76,288,008.95	115,470,111.08
减:营业成本		54,301,953.51	82,793,237.54
销售费用		3,380,898.79	1,842,710.52
管理费用		3,043,945.08	5,548,308.93
财务费用		692,939.93	2,245,743.61
营业税金及附加		307,771.32	446,846.36
二、主营业务利润		14,551,500.32	22,593,264.12
加:其他业务利润			
三、营业利润		14,551,500.32	22,593,264.12
加:投资收益		88,413.02	56,055.03
以前年度损益调整			
营业外收入			2,443,776.32
减:营业外支出		20,704.02	
四、利润总额		14,619,209.32	25,093,095.47
减:所得税		2,192,881.40	3,763,964.32
五、净利润		12,426,327.92	21,329,131.15
加:年初未分配利润		2,005,621.35	2,657,725.07
六、可分配利润		14,431,949.27	23,986,856.22
减:应交特种基金			
提取法定盈余公积金		1,242,632.80	2,132,913.12
提取公益金		621,316.40	1,066,456.56
七、可供股东分配的利润		12,568,000.07	20,787,486.54
减:已分配优先股股利			
提取任意公积金			

项目	附注	1995年	1996年
已分配普通股股利		9,910,275.00	
八、未分配利润		2,657,725.07	

财务状况变动表

编制单位:甘肃三星石化(集团)股份有限公司　　1996年度　　单位:人民币元

项目	行次	金额	项目	行次	金额
一、流动资金来源			一、流动资产本年增加数:		
1.本年利润	1	21,329,131.15	1.货币资金	28	20,659,273.84
加:不减少流动资金的费用和损失			2.短期投资	29	
(1)固定资产折旧	2	1,769,399.88	3.应收票据	30	
(2)无形资产、递延资产摊销	3	319,462.00	4.应收帐款净额	31	17,437,557.75
(3)固定资产盘亏(减盘盈)	4		5.预付帐款	32	-2,069,747.85
(4)清理固定资产损失(减收益)	5		6.其他应收款	33	1,398,243.56
			7.存货净额	34	3,224,978.15
小计	6	23,417,993.03	8.待转其他业务支出	35	
			9.待摊费用	36	
2.其他来源:			10.待处理流动资产净损失	37	
(1)固定资产清理收入(减清理费用)	7		11.一年内到期的长期债券		
(2)增加长期负责	8		投资	38	
(3)收回长期投资	9	247,349.57	12.其他流动资产	39	
(4)对外投资转出固定资产	10				
(5)对外投资转出无形资产	11				
(6)资本净增加额	12	62,517,498.00	流动资产增加净额	40	40,650,305.45
小计	13	62,764,847.57			
流动资金来源合计	14	86,182,840.60			
二、流动资金运用			二、流动负债本年增加数:		
1.利润分配			1.短期借款	41	-5,000,000.00
(1)提取任意盈余公积	15		2.应付票据	42	
(2)提取法定盈余公积	16	2,132,913.12	3.应付帐款	43	-20,635,108.41
(3)提取公益金	17	1,066,456.56	4.预收帐款	44	-6,186,130.19
(4)已分配股利	18		5.其他应付款	45	2,620,485.68
(5)未分配利润	19		6.应付工资	46	
小计	20	3,199,369.68	7.应付福利费	47	27,466.18
			8.未交税金	48	1,077,765.83
2.其他运用			9.未付利润	49	-9,899,537.40
(1)固定资产和在建工程净增加额	21	3,064,949.19	10.其他未交款	50	-81,873.91
(2)增加无形资产、递延资产	22	1,191,284.06	11.预提费用	51	
(3)偿还长期负债	23		12.其他流动负债	52	
(4)增加长期投资	24		13.一年内到期的长期负债	53	
小计	25	4,256,233.25			
流动资金运用合计	26	7,455,602.93	流动负债增加净额	54	-38,076,932.22
流动资金运用增加净额	27	78,727,237.67	流动资金增加净额	55	78,727,237.67

资产负债表

编制单位:甘肃三星石化(集团)股份有限公司　　1996年12月31日　　单位:人民币元

项目	年初数	期末数
流动资产		
货币资金	10,801,989.01	31,461,262.85
短期投资		
应收票据		
应收帐款	35,978,568.77	53,576,857.09
减:备抵坏帐		160,730.57
应收帐款净额	35,978,568.77	53,416,126.52
预付帐款	1,892,400.01	-177,347.84
其他应收款	3,780,233.27	5,178,476.83

项目	年初数	期末数
待摊费用		
存货	5,322,069.00	8,547,047.15
待处理流动资产净损失		
流动资产合计	57,775,260.06	98,425,565.51
长期投资:		
长期投资	2,703,404.60	2,456,055.03
固定资产		
固定资产原价	18,222,512.11	68,664,236.32
减:累计折旧	3,498,144.19	5,267,544.07
固定资产净值	14,724,367.92	63,396,692.25
在建工程	47,405,401.00	28,625.98
待处理固定资产净损失		
固定资产合计	62,129,768.92	63,425,318.23
无形及其他资产		
无形资产	2,185,306.84	1,865,844.84
递延资产	362,380.61	1,553,664.67
无形及其他资产合计	2,547,687.45	3,419,509.51
资产总计	125,156,121.03	167,726,448.28
流动负债		
短期借款	5,000,000.00	
应付票据		
应付帐款	20,635,108.41	
预收帐款	6,186,130.19	
应付工资	315,119.08	315,119.08
应付福利费	289,076.78	316,542.96
未付股利	9,918,382.20	18,844.80
应交税金	3,490,934.71	4,568700.54
其他未交款	690,641.75	608,767.84
其他应付款	14,534,770.18	17,155,255.86
预提费用		
其他流动负债		
一年内到期的长期负债		
流动负债合计	61,060,163.30	22,983,231.08
长期负债		
长期借款		
应付债券		
长期应付款		
其他长期负债		
长期负债合计		
股东权益:		
股本	39,641,100.00	50,076,100.00
资本公积	16,886,591.72	65,769,720.04
盈余公积	4,910,540.94	8,109,910.62
其中:公益金	1,387,542.70	2,453,999.26
未分配利润	2,657,725.07	20,787,486.54
股东权益合计	64,095,957.73	144,743,217.20
负债及股东权益合计	125,156,121.03	167,726,448.28

甘肃三星石化(集团)股份有限公司一九九七年度中期报告

一、财务报告(已经审计)

本公司一九九七年度中期财务报告已经甘肃第二会计师事务报注册会计师蔺培曼、段德仁审计,并出具无保留意见的审计报告(甘二会审字[1997]第075号)

(一)财务报表

1. 简化的资产负债表　　单位:人民币元

项目	年初数	期末数
流动资产	98,425,565.51	103,636,025.31
长期投资	2,456,055.03	1,556,055.03
固定资产净值	63,396,692.25	61,608,419.89

在建工程	28,625.98	19,336,438.93
无形资产及递延资产	3,419,509.51	3,872,322.82
资产总计	167,726,448.28	190,009,261.98
流动负债	22,983,231.08	34,014,681.58
长期负债		
负债合计	22,983,231.08	34,014,681.58
少数股东权益		
股本	50,076,100.00	90,136,980.00
资本公积	65,769,720.04	30,716,450.04
盈余公积	8,109,910.62	8,109,910.62
其中:公益金	2,453,999.26	2,453,999.26
未分配利润	20,787,486.54	27,031,239.74
股东权益合计	144,743,217.20	155,994,580.40
负债及股东权益合计	167,726,448.28	190,009,261.98

2.简化的损益表　　　　单位:人民币元

项目	上年同期数	1997年1—6月数
主营业务收入	50,022,250.59	83,451,617.57
主营业务利润	6,083,527.08	12,734,778.83
其他业务利润		
投资收益		
营业外收支净额		512,707.29
利润总额	6,083,527.08	13,247,486.12
所得税	912,529.06	1,996,122.92
净利润	5,170,998.02	11,251,363.20

3.其他财务指标

项目	1996年1—6月	1997年1—6月
每股收益(元)	0.130元	0.125元
每股净资产(元)	1.703元	1.731元
净资产收益率(%)	7.658%	7.213%

注:本期指标是以公司1997年5月实施按10:1送红股和按10:7转增股后的总股本90,136,980.00元为基数计算的;上年同期数据是以公司未发行新股上市前的总股本39,641,100.00元为基数计算的。

(二)财务报表附注(单位:人民币)

1.本报告期内会计政策和方法与上一年度相一致。

2.根据财政部会计司财会二字(1996)2号《合并会计报表合并范围的复函》,在年度会计报表的审计中,对子公司资产、收入与利润三项指标分别合计均不超过10%的可以不合并。故本次审计对子公司未予合并。

3.本报告期内各税项税率与1996年度税率相同。

4.财务报表中变动幅度超过30%的数据说明:

(1).应收帐款比年初减少3361万元,系本年加大清欠力度回收款所致。

一九九七年六月三十日余额为19,966,796.53元。其中:

项目	金额	比例(%)
一年以内	15,031,126.18	75.28
1—2年	4,323,433.05	21.65
2—3年	197,305.30	0.99
三年以上	414,932.00	2.08

应收帐款中没有股份占5%以上的股东的应收帐款。

(2).其他应收款比年初增加1234万元,系关联单位业务往来款增加所致。

一九九七年六月三十日余额为17,514,511.101元,其中:帐龄分析

项目	金额	比例(%)
一年以内	14,073,691.93	80.84
2—3年	1,324,724.96	7.60
三年以上	2,116,094.12	12.00

其他应收款中有股份占5%以上的股东的其他应收款:兰州炼油化工总厂1,100,000.00业务往来款。

(3).存货比年初增加1528万元,系本年生产规模扩大,生产和成品占用资金增大所致。

(4).长期投资比年初减少90万元,系本年收回投资辰光房地产开发公司资金。

(5).流动负债比年初增加1100万元,主要为应付工程款。

5.盈余公积

一九九七年六月三十日盈余公积为8,109,910.62元,其中:

项目	期初数	期末数
法定盈余公积	4,907,998.51	4,907,998.51
任意盈余公积	747,912.85	747,912.85
公益金	2,453,999.26	2,453,999.26

6.未分配利润

一九九七年六月三十日共有未分配利润27,031,239.74元,其中:

一九九六年度分配后剩余利润　15,779,876.54元

一九九七年度1—6月净利润　11,251,363.20元

7.关联方关系

名称	性质	法定代表人	注册地	注册资本	持有股份	主要经营业务
中国石化兰州炼油化工总厂	全民	陈守杰	兰州	95955万元	60.72%	汽、煤、柴、润滑油、催化剂、添加剂及石化产品

8.关联交易

名称	交易类型	交易金额	未结算金额	定价政策
中国石化兰州炼油化工总厂	购买	3500万元		市场价
中国石化兰州炼油化工总厂	销售	850万元	493万元	市场价

9.或有事项和承诺事项

公司无重大或有事项和承诺事项。

10.期后事项

公司无重大期后事项。

二、经营情况的回顾与展望

(一)上半年经营情况的回顾

1.1997年上半年,公司以大力开发生产新产品和拓展销售市场为主线,加强生产经营管理、质量管理、成本管理,开展双增双节活动,取得了较好成绩。重交沥青产销54047吨,完成年度计划的60%;T－604粘度添加剂产销546吨,完成年度计划的68%;生产SD、兰－3油等新特润滑油品2042吨,完成年度计划的51%;还另外经销其他特润滑油3360吨。本期内,实现科、工、贸主营业务总收入83,451,617.57元,完成年度计划的59.61%;比上年度同期增长66.83%,实现利润总额3,247,486.12元,完成年度计划的44.16%,比上年度同期增长117.76%;实现净利润11,251,363.20元,比上年度同期增长117.59%,实现年度计划的44.12%。

2.经过几个月的紧张施工建设法莱迈克斯(FLAMEX)工业燃气生产装置已于6月份正式投产,外方已授给公司甘、宁、青三省独家总经销权,目前正在积极进行开拓市场。

在主要产品产销完成情况良好的同时,公司还积极组织力量不断开发新产品,产品推广工作也都取得了一定进展。化妆级白油和工业用白油质量已达到国家标准,已向客户批量供应;利用浅度磺化工艺生产精制透平油料,调合高级抗磨液压油的工业试验已获成功,产品通过了北京石科院的台架评定,质量良好;属国内首创的试制稀释型T－701添加剂,目前正在进行全面质量评审;用来生产感温蜡、保鲜蜡等附加值较高的高溶点石蜡也正在紧张的试生产中。

(二)下半年计划

1.下半年公司除要继续大力开发以生产新产品和拓展销售市场外,还要继续加强生产经营管理、质量管理、成本管理、开展双增双节等工作,以实现各项年度计划的完成。

2.公司全体同仁,要以"高、严、细、实"的敬业精神,按照国家《质量管理和质量保证》系列,即GB/T19001-ISO9001进行质量保证认证,使公司的生产经营、质量管理等全面工作实现规范化、程序化、标准化,从而提高公司全员的工作效率和工作质量,使企业的整体素质达到一个新的水平。

三、重大事件说明

1.根据国务院证券委、中国人民银行、国家经贸委5月21日联合颁布的《严禁国有企业和上市公司炒作股票的规定》,本公司进行了认真的自查。迄今为止,公司没有利用银行贷款或发行股票募集资金买卖股票,也没有其他违规行为。

2.公司1996年向社会公开发行A股股票所募集资金扣除发行费用后为59388300元,使用情况基本符合《招股说明书》所披露的内容。截止1997年6月30日投入重交沥青装置17030000元;投入法莱迈克斯工业燃气装置2306438.93元,下半年仍按计划继续投入。蓖麻油精炼及深加工项目因原料及产品市场情况已发生变化,投资计划尚未进行,目前仍在进一步加紧调研和进行可行性论证。除以上两项投资外,其余所筹款项暂作公司流动资金使用。

3.本期内主营业务收入虽完成年度计划的59.61%,但实现利润总额只完成年度计划的44.16%。这一方面是因为原料油涨价,另一方面是具有高附加值的法莱迈克斯工业燃气装置在6月份才建成开始生产,故而未能使本期内的利润总额实现过半。

4.本报告期内,公司无重大诉讼、仲裁事项。

四、发行在外股票的变动和股权的变化

一、1997年5月,公司实施1996年度利润分配方案,按10:1的比例送红股,按10:7的比例转增股后,股本由年初的5007.61万元增至9013.698万元。

二、截止1997年6月30日,公司股权结构如下:

单位:股　　每股面值:人民币1元

	期初数	本次变动增减(+,-)	期末数
(一)尚未流通股份			
(1)发起人股份	31406800	+25125440	56532240
其中:			
国有法人股	30406800	+24325440	54732204
法人股	1000000	+800000	1800000
(2)募集法人股	3000000	+2400000	5400000
(3)内部职工股	3140580	+2512464	5653044
尚未流通股合计:	37547380	+30037904	67585284
(二)已流通股份			
A股	12528720	+10022976	22551696
已流通股合计:	12528720	+10022976	22551696
(三)股份总数:	50076100	+40060880	90136980

三、前十名股东持股情况

股东名称	期末持股数	占总股本比例(%)
中石化兰州炼油化工总厂	54,732,240	60.72
兰州炼油化工经销公司	3,060,000	3.39
中石化国际事业兰炼公司	1,800,000	2.00
兰州银炼城市信用部	1,800,000	2.00
兰州工行科技信用社	540,000	0.60
申银证券	485,688	0.54
国服贸易	481,974	0.54
申银证券	234,900	0.26
李航章	201,172	0.22
戴孝弟	151,287	0.17

五、股东大会

1997年4月27日公司在兰州市西固区玉门街10号兰炼会议厅召开了第四次股东大会,出席会议的股东和股东代表288人,代表股份34550560股,占公司1996年末总股本50076100股的68.99%,大会审议通过了如下报告和事项:

1.1996年度《公司董事会工作报告》

2.1996年度《公司监事会工作报告》

3.《公司1996年度财务决算报告和1997年度预算报告》

4.1996年度《公司利润分配方案》

5.修改公司章程:

主要是对公司送红股和转增股本后拟变更注册资本条款对公司章程进行修改。

6.选举产生第二届董事会。

7.选举产生第二届监事会。

六、备查文件

1.载有董事长、总经理亲笔签字的中期报告原本;

2.1997年度中期审计报告原本;

3.其它备查文件。

甘肃三星石化(集团)股份有限公司

一九九七年八月十五日

新华金属制品股份有限公司

新华金属制品股份有限公司概况

公司简介

新华金属制品股份有限公司(英文名称:XINHUA METAL PRODUCTS CO.,LTD)是在原新华金属制品有限公司整体改组的基础上,由江西新余钢铁有限责任公司、(香港)巍华金属制品有限公司、江西省国际信托投资公司、江西冶金股份有限公司、江西省冶金供销公司五家为发起人,以募集方式于1996年12月19日创立的上市公司。公司现有总股本59,970,588股,其中国有法人股33,727,941股、外资法人股11,242,647股、社会公众股1,500万股。

新华公司前身为中外合资新华金属制品有公司,成立于1986年11月,是由新余钢铁总厂、江西省国际信托投资公司、香港巍华矿业有公司三家共同出资设立的我国冶金系统第一家中外合资 先进技术型企业。

新华公司从意大利和法国引进国际上最先进的低松弛高强度预应力钢绞线生产技术和全套设备,成为中国高效预应力钢材的先驱生产者。公司的主要产品为高强度低松弛预应力钢绞线,该产品是国家重点发展新型高效钢材,主要应用于公路桥梁、铁路桥梁、高速公路、城市立交、岩土锚固、水电站、核电站和大型高层建筑。该产品的面世,填补了国内空白并替代进口。公司的产品不仅畅销于全国,还大量出口到十多个国家和地区,破国际预应力混凝土协会接纳为中国大陆的第一个成员。

新华公司一直保持着良好的成长性,经济效益稳中有升。各项指标在全中同行业中遥遥领先,并跨入了全国最大500家三资企业的行列。公司采用MTS和业务流程重组技术,以其一流的水平于1995年获得国内同行业中第一份ISO9000质量体系注册证书。

新华公司连续多年荣获中国外商投资"双优企业"、江西省"外商投资先进企业"、中国银行"最佳信用客户"、中国海关"信誉良好企业"、江西省国家税务局"依法纳税先进企业"等荣誉称号,产品荣获江西省优质产品"金奖"。新华公司作为同行业中第一家上市企业,新华股票于1996年12月25日在上海证券交易所挂牌交易。

新华公司通过引进国际上最先进的技术和设备,开发的高质量电力传输用铝包钢系列产品,正好适应国空电力建设信息建设的需要,将成为企业新的、长期稳定的效益增涨点。

为适应市场经济的发展和竞争,我们瞄准国际先进水平,实行"技术领先,产品先进,信誉为本,稳健发展"的发展战略,结合企业现状及本行业的发展趋势,研究开发金属材料的高效能、高防腐性、高信息传递性、复合应用等高新技术产品,使公司以一流的管理、一流的信誉、一流的技术、一流的产品创造良好的业绩,成为本行业国内外一流的企业。

主要领导简介

董事长　施嘉良

男,51岁,浙江宁波人,1997年7月毕业于北京钢铁学院工业电气自动化专业,高级工程师。1970年参加工作,1984年2月加入共产党。先后担任新余钢铁厂动力分厂副厂长,新余钢铁有限责任公司副董事长兼总经理。

1993年获国务院授予有突出贡献专家称号,享有国务院政府特殊津贴待遇;1994年,荣获江西省劳动模范称号。

副董事长兼总经理　王维邦

先后担任香港宝佳金属有公司的执行董事,香港巍华金属制品有限公司董事长,新华金属制品有限公司董事兼副总经理、副董事长兼总经理。现任全国外商投资企业协会常务理事,江西省外商投资企业协会副会长,江西省政协委员,新华金属制品股份有限公司副董事长兼总经理。

多年来,在王维邦先生的直接领导和管理下,新华公司取得了令人瞩目的成就,产品行销数十个国家和地区,经济效益、社会效益显著,先后被评为"先进技术型企业"、"全国外商投资双优企业"等。鉴于王维邦先生为江西的经济发展及对中国预应力材料的生产与推广等方面做出的贡献,91年被国务院外国专家局授予"国家友谊奖",94年被江西省新余市政府授予"荣誉市民"和"优秀企业家"称号。

王维邦先生在从事经济活动的同时,还不忘担负起一定的社会责任。几年来,他个人先后捐赠八十余万元,用于支持江西省的文教卫生事业,引起社会各界很大的反响。

一九九七年八月

新华金属制品股份有限公司股票上市公告书

本公告书根据《公开发行股票公司信息披露实施细则(试行)》编制,凡本公告书未涉及的有关内容请投资者详细查阅1996年12月4日在《中国证券报》、《上海证券报》和《江西日报》刊出的《新华金属制品股份有限公司招股说明书概要》。

一、绪言

本公司股票发行经中国证券监督管理委员会证监发字〔1996〕364号文和证监发字〔1996〕365号文批准,股票上市申请经上海证券交易所上证上〔1996〕字第113号文审核通过,将于1996年12月25日在上海证券交易所挂牌交易。本公司总股本59970588股,本次上市流通股票1350万股均为1996年12月9日向社会公开发行的新股,尚余公司职工股150万股于1997年6月后上市。

二、公司概况

1、公司法定名称:新华金属制品股份有限公司

公司英文名称:XINHUA METAL INDUSTRY CO. LTD.

2、公司注册地址:中国江西省新余市铁焦路

邮政编码:336501

3、公司法定代表人:施嘉良

4、公司董事、监事及高级管理人员简介:

董事长:施嘉良先生,50岁,大学,先后但任新余钢铁厂动力分厂副厂长,新余钢铁厂副厂长,江西新余钢铁总厂副厂长。现任新余钢铁有限责任公司副董事长兼总经理。1995年,荣获江西省劳动模范称号,并享受国务院特殊津贴待遇。持有本公司股票4000股。

副董事长:江云龙先生,61岁,大学,高级工程师。先后担任江西省经贸厅外资处处长,江西省国际信托投资公司副总经理。现任江西省国际信托投资公司总经理。持有本公司股票3000股。

副董事长:王维邦先生,53岁,大学,先后担任香港宝佳金属制品有限公司的执行董事,香港巍华金属制品有限公司董事长,新华金属制品有限公司总经理。现任新华金属制品有限公司总经理,江西省政协委员,全国外商投资企业协会常务理事,曾荣获国务院外国专家局颁发的"国家友谊奖"。持有本公司股票0股。

董事:姚红江先生,36岁,大学,高级工程师。曾任新华金属制品有限公司董事、常务副总经理兼总工程师。现任新华金属制品股份有限公司常务副总经理兼董事会秘书。持有本公司股票2000股。

董事:张小乔先生,49岁,大学,高级经济师。现任江西省国际信托投资公司投资部经理。持有本公司股票2000股。

董事:黄学海先生,53岁,大学,现任新余钢铁有限责任公司副总经理。持有本公司股票2000股。

董事:吴方诚先生,54岁,中专。现任新余钢铁有限责任公司进出口公司经理。持有本公司股票2000股。

董事:陈静先生,48岁,大学。现任香港宝佳金属制品有限公司执行董事。持有本公司股票0股。

董事:王鹏安先生,52岁,大学,高级工程师。现任新余钢铁有限责任公司投资处处长。持有本公司股票2000股。

监事会主席:姚明华先生,53岁,大专,高级工程师。现任新余钢铁有限责任公司董事、副总经理。持有本公司股票2000股。

监事:胡显勇先生,40岁,大专,会计师。现任新余钢铁有限责任公司财务处处长。持有本公司股票1000股。

监事:汤星昭先生,53岁,大学,高级工程师。现任江西新钢进出口有限责任公司副经理。持有本公司股票1000股。

监事:王文琛女士,53岁,中专,中国注册会计师。现任江西省国际信托投资公司财务处副处长。持有本公司股票1000股。

监事:陈峰先生,34岁,大学,工程师。现任新华金属制品股份有限公司工程开发部副经理。持有本公司股票1000股。

副总经理:董昌华先生,40岁,大专,工程师。现任新华金属制品股份有限公司副总经理。持有本公司股票1000股。

以上董事、监事、高级管理人员共将有本公司股票24000股,占总股本的0.04%,他们持有的股份按《公司法》规定在任职期间不得转让。

5、所属行业:工业类

6、公司成立日期:1996年12月19日

7、营业执照编号:15830844-3

8、在册职工人数:公司现有员工185人,其中具有大专以上40人,占总人数的22%;管理人员18人,经营人员10人,技术人员11人;具有中高级职称的14人;具有初级职称的23人。

9、公司占地面积:21781平方米。

10、与公司存在关联关系的企业为新余钢铁有限责任公司,该公司持有股份公司42.99%的股份,为股份公司之第一大股东。

11、公司咨询项目:

电话:0790-6223288

传真:0790-6221388

股东接待日:每周四下午1:00至4:30

公司文件资料查阅地点:公司证券部

三、股本结构及主要股东持股情况

1、股本形成过程

1996年8月,经江西省股份制改革联审小组办公室赣股办〔96〕07号文的批准,新华金属制品有限公司在其整体资产改组的基础上,以新余钢铁有限责任公司等五家中外企业为发起人,以募集方式设立新华金属制品股份有限公司。发起人以经资产评估确认后的净资产值,按1:1的比例折成发起人股44,970,588股,其中,新余钢铁有限责任公司持有26,382,647股,香港魏华金属制品有限公司持有11,242,647股,江西省国际信托投资公司持有6,745,588股,江西省冶金经营开发公司持有299,853股,江西省冶金供销公司持有299,853股。

2、本次股票发行

经中国证监会证监发字〔1996〕364号文和证监发字〔1996〕365号文批准,本公司于1996年12月9日在上海证券交易所采用上网定价的发行方式成功地向社会公众发行了每股面值1元的人民币普通股1350万股,并同时向公司职工配售150万股,发行价格均为每股6.89元,此次发行的主承销商为中国经济开发信托投资公司。

本次上网定价发行有效申购户数为560591户,有效申购金额为32,207,580,600元,超过认购倍数346倍,中签率为0.28879847%。

本次发行1,500万股之社会公众股股款,在扣除发行费用后,已全部划入公司指定帐户,并经江西省会计师事务所赣会师股验字〔1996〕第012号验资报告验证确认。

3、股本结构

本次股票发行前,公司总股本为44,970,588股,全部为发起人股。

本次股票发行上市后,公司股本结构为:

总股本	59,970,588股	占总股本100%
发起人股	44,970,588股	占总股本的74.99%
其中:法人股	33,727,941股	占总股本的56.24%
外资股	11,242,647股	占总股本的18.75%
社会公众股	15,000,000股	占总股本的25.01%
其中:公司职工股	1,500,000股	占总股本的2.5%

4、主要股东持股情况

股东名称	持股情况(股)	占总股本比例(%)
(1)新余钢铁有限责任公司	26382647	43.99
(2)(香港)魏华金属制品有限公司	11242647	18.75
(3)江西省国际信托投资公司	6745588	11.25
(4)江西省冶金经营开发公司	299853	0.5
(5)江西省冶金供销公司	299853	0.5

说明:公司前十名股东中有五名为社会个人,其所持股数未达到规定披露的份额。

5、公司股东帐户数13692户。其中持有本公司股票1000股以上股东13692户。

四、公司财务状况

(一)验资报告摘要

我们接受委托,对新华金属制品股份有限公司(筹)截至一九九六年十二月十七日止的实收股本的真实性和合法性进行了审验,在审验过程中,我们按照《中国注册会计师独立审计实务公告第1号—验资》的要求,实施了必要的审验程序。贵公司的责任是提供真实、合法、完整的验资资料。保护资产的安全、完整,我们的责任 是按照《中国注册会计师独立审计实务公告第1号——验资》的要求,出具真实、合法的验资报告。

贵公司申请的注册资本为人民币59,970,588元。本次发行前,贵公司股本总额为人民币44,970,588元,业经我所验证。本次经中国证券监督管理委员会批准,向社会公开发行人民币普通股15,000,000股,每股面值人民币1元,按6.89元溢价发行,委托中国经济开发信托投资公司为主承销商,应募集的股款为人 民币103,350,000元,扣除发行费用人民币4,350,000元后,实际应募集的股款人为民币99,000,000元。经过我们审验,截至一九九六年十二月十七日,新华金属制品股份有限公司(筹)的银行帐户已存入股款人民币99,000,000元,其中:股本15,000,000元,资本公积84,000,000元。本次股票发行后,新华金属制品股份有限公司(筹)的股本总额为人民币59,970,588元,其中:法人股33,727,941元,外资股11,242,647元,社会公众股15,000,000元(含公司职工股1,500,000元)。

中国注册会计师:丁莉　张新万

江西会计师事务所

一九九六年十二月十八日

(二)财务报告

1、审计报告摘要

我们接受委托,审计了贵公司1993年12月31日、1994年12月31日、1995年12月31日、1996年6月30日资产负债表,1993年度、1994年度、1995年度、1996年1-6月利润表、利润分配表以及财务状况变动表。这些会计报表由贵公司负责,我们的责任是对这些会计报表发表审计意见。

我们的审计是依据《中国注册会计师独立审计准则》进行的,在审计过程中,我们结合贵公司实际情况,实施了包括抽查会计记录等我们认为必要的审计程序。

我们认为,上述会计报表符合《企业会计准则》和《股份制试点企业会计制度》及其补充规定的有关规定,在所有重大方面公允地反映了贵公司1993年12月31日、1994年12月31日、1995年12月31日、1996年6月30日的财务状况及1993年度、1994年度、1995年度、1994年1-6月的经营成果和资金变动情况,会计处理方法的选用遵循了一贯性原则。

中国注册会计师:丁莉　张新万

江西会计师事务所

一九九六年九月六日

2、财务报表

(一)资产负债表　　　　单位:人民币元

项　目	1996.6.30	1995.12.31
流动资产		
货币资金	12,399,645	7,253,488
应收帐款	44,988,933	33,570,400
减:坏帐准备	100,710	100,710
应收帐款净额	44,888,223	33,469,690
预付货款	10,446,511	8,012,875
其他应收款	2,047,013	1,566,168
待摊费用	891,742	1,317,963
存　货	32,813,940	29,992,911
一年内到期的长期投资	204,672	
流动资产合计	103,631,746	81,613,095
长期投资		193,504
固定资产		
固定资产原价	53,727,321	56,222,806
减:累计折旧	17,044,106	11,776,530
固定资产净值	36,683,215	44,446,276
在建工程	4,303,173	38,368
固定资产合计	40,986,388	44,484,644
资产总计	144,618,134	126,691,243
负债及股东权益		
流动负债		
短期借款	56,944,000	31,960,000
应付票据		3,600,000
应付帐款	1,706,635	5,131,001
预收货款	2,158,968	1,778,673
应付福利费	1,426,896	2,572,345
未付股利	28,151,857	4,449,958
未交税金	1,606,121	(1,495,379)
其他应付款	5,269,901	4,809,727
预提费用	2,383,168	2,327,260
流动负债合计	99,647,546	55,133,585
负债合计	99,647,546	55,133,585
股东权益		
股　　本	44,970,588	48,980,700
资本公积		
盈余公积		1,783,877
未分配利润		20,393,081
股东权益合计	44,970,588	71,157,658
负债及股东权益合计	144,618,134	126,291,243

(二)利润表　　　　单位:人民币元

项目	1996年1-6月	1995年度
一、主营业务收入	49,695,650	125,954,914
减:营业成本	31,107,463	89,546,828
销售费用	2,012,315	3,438,446
管理费用	1,940,236	5,209,228
财务费用	1,900,534	3,692,076
二、主营业务利润	12,735,102	24,068,336
加:其他业务利润	(1,028,938)	(1,113,674)
三、营业利润	11,706,164	22,954,662
加:投资收益	11,168	16,652
营业外收入	4,107,324	6,504,666
减:营业外支出	20,478	156,801
四、利润总额	15,804,178	29,319,279
减:所得税	2,605,847	4,834,917
五、净利润	13,198,331	24,484,362

3、财务报表附注

A、公司采用的主要会计政策:

(1)会计制度

公司执行《股份制试点企业会计制度》及其补充规定。

(2)会计年度

采用公历年度,即每年从1月1日起至12月31日止。

(3)记帐本位币

记帐本位币为人民币。

(4)货币换算

各种外币帐户计价按业务发生当月一日的外汇牌价折合人民币记帐,各种外币帐户余额,按月末外汇牌价进行调整,汇兑损益进入当期损益。

(5)计帐原则和计价基础

公司以权责发生制为记帐原则,采用历史成本为计价基础。

(6)存货

原料的购入与入库按实际成本核算,领用与发出按加权平均法计价,辅料按计划成本核算,月末实际成本与计划成本之差异分别摊入材料成本。生产成本核算采用分类法,产成品按实际成本计价,月末按加权平均法结转营业成本。低值易耗品的摊销采用领用时一次摊销法。

(7)坏帐准备

坏帐准备的核算采用备抵法,按应收帐款年末余额的3‰计提坏帐准备。

(8)固定资产及折旧

固定资产采用历史成本法计价,固定资产标准为"使用年限在一年以上,单位价值在2,000元以上的房屋及建筑物、机器设备、电子设备、运输工具等。

固定资产折旧采用直线法,按固定资产估计使用年限和估计残值分类确定其折旧率如下:

分　类	折旧年限	估计残值率	年折旧率
房屋及建筑物	20	3%—10%	4.85%—4.5%
机器设备	12	10%	7.5%
电子设备	12	10%	7.5%
运输工具	5	10%	18%
其他设备	5	10%	18%

(9)长期投资的核算方法——债券投资收益的确认方法

以当期持有的债券面值×债券票面规定的利率计算当期的利息收入,计入当期的投资收益。

(10)销售收入的实现原则

以开出发票、产品已经发出,并收讫货款或取得索取货款的凭据作为销售收入的实现。

(11)税项

所得税为16.5%;增值税为17%;车船使用税按车辆不同类型交纳定额税;房产税按房产原值×(1-0.3)×1.2%计缴;印花税按各类合同金额的0.05‰—0.5‰计缴。

注:原公司属先进技术型外商投资企业,从1990年起,按《中华人民共和国外商投资企业和外国企业所得税法》规定,享受所得税二免六减半优惠,地方所得税享受五免五减半优惠。

(12)利润分配

根据公司章程规定,按年度净利润提取法定公益金5%、法定盈余公积金10%,其余可供分配的利润根据股东大会决议进行分配。

B、会计报表项目注释

(1)应收帐款

帐龄	户数	金　额	占总额比例(%)
1年以内	95	35,031,883	77.87
1—2年	31	6,886,317	15.30
2—3年	6	3,070,733	6.83

(2)其他应收款

帐龄	户数	金 额	占总额比例(%)
1年以内	41	1,587,934	77.57
1—2年	31	393,839	19.24
2—3年	6	65,240	3.19

(3)盈余公积

	1996年1-6月
期初余额	1,783,877
按评估确认值折股	(1,783,877)
期末余额	— —

(三)财务指标分析

指标名称	1996.6.30	1995.12.31
流动比率=流动资产/流动负债	1.04	1.48
速动比率=(流动资产-存货-待摊费用-预付费用)/流动负债	0.60	0.77
应收帐款周转率=主营业务收入/平均应收帐款余额	1.27	4.36
资产负债率(%)=流动负债总额/资产总额	68.9	43.7
股东权益比率(%)=股东权益总额/资产总额	31.1	56.3
净资产收益率(%)=税后利润总额/股东权益总额	29.3	34.4
每股净资产额(元)=股东权益总额/股本	1.00	1.45
每股税后利润(元)=税后利润总额/股本	0.29	0.50

五、董事会上市承诺

本公司董事会承诺将严格遵守《公司法》、《股票发行与交易管理暂行条例》、《公开发行股票公司信息披露实施细则》、《上海证券交易所市场业务试行规则》和有关法律、法规的规定,并自股票上市之日起作出如下承诺:

1、按照法律、法规的规定程序和要求披露重大的信息,并接受证券主管机关、上海证券交易所的监督管理。

2、及时、真实、准确地公布中期报告和年度报告,并备置于规定场所供投资者公众查阅。

3、本公司董事、监事及高级管理人员如发生人事变动或持本公司股票发行变化时,在报告证券主管机关、证券交易所的同时向投资者公布。

4、在任何公共传播媒介中出现的消息可能对本公司股票的市场价格产生误导性影响时,本公司知悉后将及时对该消息予以公开澄清。

5、本公司董事、监事及高级管理人员将认真听取社会公众的意见和批评,不利用已获得的内幕消息和其他不正当手段直接或间接从事股票买卖活动。

6、本公司没有无记录负债。

六、重要事项提示

1、本公司此次公开发行额度为1500万股,其中以上网定价方式向社会公众发行1350万股,向公司职工配股150万股。本次上市的是以上网定价方式向社会公众发行的1350万股,另150万股公司职工股的上市,按国家有关规定,从本次上市之日起期满半年后上市流通。

2、北京市大成律师事务所出具的法律意见书表明,公司不存在任何针对公司或与公司有关尚未了结或可能发生诉讼、仲裁或行事处罚程序,也不存在任何诉讼、仲裁或行政处罚程序的威胁。

3、根据江西省人民政府办公厅赣府厅字〔1996〕184号文的精神,本公司的所得税以先征后返的方式,享受实际税赋为15%。

4、本公司的股利政策:

根据本公司的章程规定,本公司税后利润将按以下顺序分配:

(1)弥补亏损;

(2)提取10%的法定公积金;

(3)提取5%—10%的法定公益金;

(4)经股东大会决议,提取任意公积金;

(5)按股东持股比例分配利润。

5、盈利预测:江西会计师事务所审核的盈利预测报告表明,1996年度预测利润总额为3008万元,税后利润为2557万元,每股税后利润为0.42元。

6、公司目前占用的土地21871平方米,系与新余钢铁有限责任公司签署了土地租赁协议。经江西省土地管理局同意,年土地租赁金为5元/平方米,租赁期限为十五年。

公司与新余钢铁有限责任公司还签有转供电协议书。新余钢铁有限责任公司为公司提供转供电服务,并向公司出租用电权。年租金为16万元。租赁期为公司的经营期限。

7、公司于1996年12月19日在本公司会议室召开了创立大会,会议审议通过了公司筹建报告,公司章程,关于设立股份公司的议案和关于公司股票上市的议案,会议选举产生了公司第一届董事会、监事会成员。

七、中介机构

1、上市推荐人:中国银行信托咨询公司

法定代表人:唐棣华

地址:北京市海淀区高梁桥斜街中宛宾馆B座

电话:021—63723028

联系人:李学

上市推荐人:中国经济开发信托投资公司

法定代表人:韩国春

地址:北京车公庄大街21号新大都饭店二号楼

电话:021—65332786

联系人:颜奕斌

2、律师事务所:北京市大成律师事务所

法定代表人:彭雪峰

地址:北京市西城区长安街民族文化宫八楼

电话:010—66065791　66065792

经办律师:江华　彭雪峰　郭文氢

3、财务顾问:中华会计师事务所

法定代表人:陆兵

地址:北京市阜外大街1号四川大厦东楼八层

电话:010—68364741　68364754

联系人:王敬工　张鸣溪

4、会计师事务所:江西会计师事务所

法定代表人:詹铁军

地址:南昌市叠山路246号

电话:0791—6213737

经办注册会计师:丁莉　张新万

5、资产评估机构:南昌会计师事务所

法定代表人:李增生

地址:南昌市民德路411号

电话:0791—6788364　6784774

经办评估人员:李增生　熊靖　袁斯冲　秦鼎坤

6、股票登记机构:上海证券中央登记结算公司

法定代表人:王迪彬

地址:中国上海市黄浦路15号

电话:021—63060678

股票登记机构:江西省证券登记有限公司

法定代表人:张占照

地址:江西省南昌市沿江中路378号

电话:0791—6777135

八、备查文件

1、上海证券交易所上市通知书;

2、招股说明书;

3、江西会计师事务所的审计报告;

4、江西会计师事务所的盈利预测报告;

5、江西会计师事务所的验资报告;

6、南昌市会计师事务所的资产评估报告;

7、北京市大成律师事务所的法律意见书;

8、本公司的营业执照;

9、公司章程;

10、中国证监会批准本公司发行股票的批复;

11、其它备查文件。

新华金属制品股份有限公司

一九九六年十二月二十一日

新华金属制品股份有限公司1996年年度报告摘要

一、公司简况

1.公司法定中文名称:新华金属制品股份有限公司
公司英文名称:XINHUA METAL PRODUCTS CO.,LTD.
公司英文名称缩写:XMPC
2.公司注册地址:江西省新余市铁焦路
邮政编码:336501
3.公司法定代表人:施嘉良
4.公司咨询服务机构:证券部
电话:0790—6223288
传真:0790—6221388
联系人:刘林茂
5.会计师事务所:江西会计师事务所
律师事务所:江西省律师事务所
6.股票代码:600782
股票简称:新华股份

二、主要财务数据与财务指标

指标项目	本年数	上年数	比上年增减(%)
1.主营业务收入(万元)	12,955.73	12,595.49	2.86
2.净利润(万元)	2,275.67	2,448.44	-7.06
3.总资产(万元)	18,771.77	12,629.12	48.64
4.股东权益(万元)	14,439.92	7,115.77	102.93
5.每股收益(元)	0.38	0.41	-7.32
6.每股净资产(元)	2.408	1.186	103.04
7.净资产收益率(%)	15.76	34.41	-54.20
8.股东权益比率(%)	76.92	56.34	36.53

注:(1)上年数的每股收益、每股净资产均按本年度上市后的总股本计算;

(2)上年数的股东权益含未分配利润2,039.30万元;

(3)因公司实际收到股票申购资金冻结存款利息(5,314,250.80元)的时间是97年初,故本年度利润总额未包含新股申购冻结资金利息。对新股申购冻结资金利息,本公司将按照国家有关规定在97作财务会计处理。

三、公司主要业务回顾

1.一年来经营情况

本年度,在公司全体股东的支持下,通过全体员工团结协作、奋力拼搏,全年完成生产总量21,582吨,其中主导产品钢绞线比上年增产1.89%,创历史最好水平,依然保持国内外同类设备生产水平第一。全年实现主营业务收入12,955.73万元(其中出口创汇176万美元),比上年增加2.86%;实现净利润2,275.67万元。公司圆满地完成了经营目标任务。

①在对钢绞线市场进行深入分析研究的基础上,加强市场的开拓和营销工作,实现全年销售量23,501吨,比上年增加2.91%,创历史新高,产销率为108.89%,比上年提高了5.36个百分点,继续稳定保持市场占有率在30%左右。

②全面强化质量管理,狠抓ISO9002质量保证体系的实施,顺利地通过96年ISO9002复审,保证了企业营运规范化、标准化,持续稳定地保证了产品质量的世界水平。

③不失时机全面展开新项目铝包钢丝钢绞线建设,建设和筹资同步进行,达到大大缩短建设期的效果,预期于1997年7-8月份投产。争取尽快给公司带来新的效益增长。

④完成了公司整体重组股份制,股票成功发行上市。

本公司前身成立于1986年11月15日,是中国冶金系统第一家中外合资先进技术型企业,以1996年6月30日为基准日,对全部资产负债及股东权益进行资产评估,按评估后的资产净值以1:1折成发起人股44,970,588股,于1996年12月19日召开创立大会,公司总股本为59,970,588元人民币;1996年12月25日1,350万公众股在上证所上市,150万内部职工股将于1997年6月25日后上市。

2.本次募集资金使用情况

1996年12月9日发行1,500万股A股,扣除发行费用,公司实际募集资金9,760万元,截止1996年底已投新建铝包钢丝钢绞线项目资金为3,583万元,并于银行留存2,700万元保证项目进展使用,其余暂参与公司生产营运所需的流动资金周转。

3.盈利预测完成情况

本年实现利润总额27,249,083.69元,减所得税4,492,413.36元(应纳税所得额27,226,747,69元,税率16.5%)后,净利润为22,756,670.33元。如按本公司向公众公布的盈利预测——按所得税率15%计算,净利润应为23,165,071.54元,比96年度预测数(25,578.444元)少2,413,372.46元,即低9.44%。

按实际税率16.50%计,本年每股收益0.38元,如按预测的15%所得税率计算,每股收益为0.3863元,比预测数(0.42元)少0.0337元。

本年度主营业务利润22,372,736.09元,比本公司向公众公布的96年度预测数24,690,102元少2,317,365.91元,即低9.38%。

利润比预测数少的主要原因是公司生产所需原材料涨价,导致制造成本增加较多。另受国家宏观经济调节影响,钢材价格普通下跌,公司为保证市场份额主动让利所致。

四、股本变化及股本结构情况

(一)股本变化及股本结构情况

1)截止96年末公司股本结构如下(公司上市日期96年12月25日):(见附表一)

2)股本变动情况及原因:

发行后本年度股本没有变动。

3)主要前十名股东持股情况

股东名称	年末持股数(万股)	占总股本(%)
(1)新余钢铁有限责任公司	2,638.2647	43.99
(2)香港巍华金属制品有限公司	1,124.2647	18.75
(3)江西省国际信托投资公司	674.5588	11.25
(4)国泰天证	60.0000	1.00
(5)江西省冶金经营开发公司	29.9853	0.50
(6)江西省冶金供销公司	29.9853	0.50
(7)徐哲	23.9800	0.40
(8)邓向民	14.0000	0.23
(9)严革连	12.3400	0.21
(10)邹文财	12.3000	0.21

4.截止1996年12月31日,公司股东总数为7,985户,其中境外法人股东1户,境内法人股东26户,社会公众股东7,958户。

(二)公司董事、监事与高级管理人员持股情况

姓名	职务	年初持股(股)	年末持股(股)	变动原因
施嘉良	董事长	4000	4000	无
江云龙	副董事长	3000	3000	无
王维邦	副董事长、总经理	0	0	无
姚红江	董事、常务副总经理	2000	2000	无
黄学海	董事	2000	2000	无
吴方诚	董事	2000	2000	无
王鹏安	董事	2000	2000	无
张小乔	董事	2000	2000	无
陈　静	董事	0	0	无
姚明华	监事会主席	2000	2000	无
汤星昭	监事	1000	1000	无
胡显勇	监事	1000	1000	无
王文琛	监事	1000	1000	无
陈　峰	监事	1000	1000	无
董昌华	副总经理	1000	1000	无

合 计	24000	24000

五、重要事项

(一)于1996年12月19日在本公司召开了新华金属制品股份有限公司创立大会,登记到会股东代表股权44,970,588股,占公司股本总数的74.988%,符合《公司法》及公司章程有关规定。

1. 创立大会通过了新华金属制品股份有限公司章程。

2. 选举出新华金属制品股份有限公司第一届董事会和监事会。

(二)召开第一届第一次董事会和监事会,选举产生董事长、副董事长和监事会主席,并聘任了总经理、常务副总经理、副总经理、总工程师、总会计师和董事会秘书。

(三)股票发行上市情况

经江西省股份制改革联审小组赣股(1996)09号文批复,同意以社会募集方式设立新华金属制品股份有限公司。省政府以赣府字(1996)114号文授权省计委、省证管办以赣计财字(1996)55号文,向本公司下达1500万元的人民币普通股股票发行额度。经中国证券监督管理委员会证监发字(1996)364号文和证监发字(1996)365号文批准,公司1500万股A股股票于1996年12月9日利用上海证券交易所交易网络顺利发行,发行后,本公司总股本为59,970,588股。股票上市申请经上海证券交易所上证上(1996)字第113号文审核通过,于1996年12月25日在上海证券交易所挂牌上市交易。本次上市流通股票1,350万股均为1996年12月9日向社会公开发行的新股,尚有公司职工股150万股于1997年6月25日后上市。

(四)公司发起人之一江西省冶金经营开发公司由于重组合并为江西冶金股份有限公司。其持有本公司299853股因此而变更持股人为江西冶金股份有限公司,有关手续正在办理之中。

(五)本报告期内公司无重大诉讼,仲裁事项。

六、子公司及关联企业

本公司无拥有权益5%以上的子公司及关联企业。

七、财务报告

(一)审计意见

本公司财务报告经江西会计师事务所丁莉、张新万注册会计师审计,已出具无保留意见的审计报告[赣会师股审字(1997)第001号]。

(二)财务报表

1. 资产负债表(附件一);

2. 利润及利润分配表(附件二);

3. 财务状况变动表(附件三)。

(三)财务报表附注

1. 重要会计政策

(1)货币换算

每种外币帐户计价按业务发生当月一日的外汇牌价折合人民币记帐,各种外币帐户余额,按月末外汇牌价进行调整,汇兑损益进入当月损益。

(2)记帐原则及计价基础

公司以权责发生制为记帐原则,采用历史成本为计价基础。

(3)存货计价

原料的购入与入库按实际成本核算,领用与发出按加权平均法计价。

辅料按计划成本核算,月末实际成本与计划成本之差异分别摊入材料成本。

生产成本核算采用分类法,产成品按实际成本计价,月末按加权平均法结转营业成本。

低值易耗品的摊销采用领用时一次摊销法。

(4)坏帐准备

坏帐准备的核算采用备抵法,按应收帐款年末余额的3‰计提坏帐准备。

(5)长期投资的核算方法——债券投资收益的确认方法以当期持有的债券面值乘债券面值规定的利率计算当期的利息收入,计持人当期的投资收益。

(6)销售收入的实现原则以开出发票、产品已经发出,并收讫货款或取得索取货款的凭据作为销售收入的实现。

(7)税项

税种	税率
增值税	17.0%
所得税	16.5%
车船使用牌照税	按车辆不同类型交纳定额税
房产税	按房产原值乘(1-0.3)乘1.2%计缴
印花税	按各类合同金额的万分之0.5-千分之0.5计缴

注:原公司属先进技术型外商投资企业,从1990年起,享受所得税二免六减半优惠,地方所得税享受五免五减半优惠。公司系1996年12月19日成立,根据江西省人民政府办公厅赣府厅字(1996)184号文批准,同意对公司的所得税先按33%的税率征收,然后省财政返还18%,实际税率为15%。因公司于1996年12月份成立,故1996年仍然按16.5%的税率执行。

(8)利润分配

根据公司上市时的承诺,1996年度下半年利润归全体股东享有。董事会决议,公司分配预案为:按96年度下半年净利润提取法定公益金5%,法定盈余公积金10%,其余可供分配的利润根据股东大会决议进行分配。

2. 财务报表主要项目注释

(1)应收帐款 44,742,335.35

按帐龄列示如下:

帐 龄	户数	金 额	占总金额比例(%)
一年以内	83	34,335,472.26	76.74
1-2年	28	5,047,095.37	11.28
2-3年	18	5,359,767.72	11.98

说明:a. 无持有公司5%以上股份的主要股东单位的欠款;

b. 较上年增长33.28%,主要原因是赊销业务的增加。

(2)其他应收款 2,966,241.84

按帐龄列示如下:

帐 龄	户数	金 额	占总金额比例(%)
一年以内	15	2,882,786.59	97.19
1-2年	4	33,315.25	1.12
2-3年	2	42,000.00	1.42
三年以上	6	8,140.00	0.27

说明:a. 帐龄三年以上的为押金等暂付款;

b. 较上年增长89.39%,主要原因是公司发行股票主承销商尚有部分余款未结清。

(3)长期投资 240,840.00

A. 债券投资:

债券种类	到期日	面值	年利率
94年3年期国库券	1997.6.25	160,000.00	13.96%

B. 股权投资:

公司向东方预应力股份有限公司的(股权)投资25,000.00元,用于新技术研究。

C. 应计利息:

94年3年期国库券至1996年12月31日止应计利息为:55,840.00元。

(4)在建工程 35,830,347.94

工程名称	工程进度	实际支用数	原预算数	批准文号	资金来源
铝包钢丝钢绞线生产线	69.91%	35,830,347.94	51,250,000	赣计外经字(1995)149号	企业自筹

注:借款利息 430,525.73

(5)应付票据 1,050,000.00

系公司向马钢购买盘元预付款于1996年12月11日签发的银行承兑汇票,到期日1997年1月15日。

说明:较上年减少70.83%,原因是采购原料开具的银行承兑汇票减少。

(6)其他应付款 3,038,531.09

按主要单位列示如下:

主要单位	金 额	业务内容
(香港)魏华公司王维邦	514,085.72	暂存款
新余钢铁有限责任公司	965,055.41	公司向股东借款

(香港)巍华金属制品公司	265,947.72	公司向股东借款
江西省国际信托投资公司	158,800.63	公司向股东借款
上海证券报社	522,250.00	股票发行广告费
中国证券报社	424,000.00	股票发行广告费

说明:a.由于公司股票发行前生产经营的需要,在银行借贷受限的情况下,根据董事会决议,同意向股东筹借流动资金余款;

b.较上年减少41.88%,原因是公司暂收,暂存款减少。

(7)预提费用　1,034,671.85

其中:

场地使用费	109,350.00
蒸汽费	578,299.00
电费	338,605.07
其他	8,417.78

说明:较上年减少55.54%,原因是借款减少,预提的利息减少;未结算的费用减少。

(8)资本公积　82,966,255.06

系公司向社会公开发行人民币普通股溢价88,350,000.00元抵减股票发行上市费5,383,744.94元后的余额。

(9)盈余公积　1,433,750.85

	1996年度	1995年度
期初余额	1,783,876.57	8,118,792.36
本年计提	1,433,750.85	2,448,436.18
转增股本		8,783,351.97
按评估确认值折股	1,783,876.57	
期末余额	1,433,750.85	1,783,876.57

(10)未分配利润　28,558.73

年初数	本年增加	本年减少	年末数
20,393,080.55	22,756,670.33	43,121,192.15	28,558.73

(11)投资收益　22,336.00

债券投资收益(1994年3年期国库券应计利息)22,336.00

八、其他事项

(一)关联交易

1.本公司租用新余钢铁有限责任公司土地使用权,土地面积21,871平方米,年租赁费109,350元。

2.本公司生产用水、蒸汽、煤气均由新余钢铁有限责任公司供给,按月按市价开具税务发票结算。

(二)本年度上半年及下半年净利润分配情况

根据本公司前身——新华金属制品有限公司董事会1996年7月26日第96015号决议"1996年6月30日之前新华公司的盈利、资本公积、储备基金、发展基金等归原股东享有,新股东不享有。……于96年内将95年和96年上半年的应付股利按原股东投资比例分配完毕。……"所以,本年6月30日前的净利润13,198,331.37元以及96年度前的应付股利20,393,080.55元已在96年12月31日前分配给了原股东。本年末尚有(96年下半年实现的)净利润9,558,338.96元可供分配。

根据本公司的章程和中国证券监督管理委员会对1996年上市公司年度报告编制工作的要求,对可供分配的利润9,558,338.96元提出分配预案如下:

(1)提取10%的法定公积金955,833.90元;

(2)提取5%的法定公益金477,916.95元;

(3)分配普通股股利:每股派息0.135元,合计分利8,096,029.38元;

(4)尚余28,558.73元结转下年度分配。

本分配预案须经本公司股东大会审议通过。

新华金属制品股份有限公司

1997年3月19日

利润及利润分配表

填制单位:新华金属制品股份有限公司　　会股02表

1996年　　金额单位:元

项目	行次	本年实际	上年实际
一、主营业务收入	1	129,557,295.36	125,954,914.36
减:营业成本	2	93,499,292.28	89,546,828.09
销售费用	3	5,290,750.56	3,438,445.91
管理费用	4	4,257,398.52	5,209,227.81
财务费用	5	4,137,117.91	3,692,076.14
进货费用	6		
营业税金及附加	7		
二、主营业务利润	8	22,372,736.09	24,068,336.41
加:其他业务利润	9	-2,444,770.01	-1,113,674.00
三、营业利润	10	19,927,966.08	22,954,662.41
加:投资收益	11	22,336.00	16,752.00
营业外收入	12	7,187,324.15	6,504,665.63
减:营业外支出	13	24,779.08	156,801.26
加:以前年度损益调整	14	136,236.54	
四、利润总额	15	27,249,083.69	29,319,278.78
减:所得税	16	4,492,413.36	4,834,916.92
五、净利润	17	22,756,670.33	24,484,361.86
加:年初未分配利润	18	20,393,080.55	35,583,299.13
盈余公积转入	19		
六、可供分配的利润	20	43,149,750.88	60,067,660.99
减:提取法定公积金	21	955,833.90	2,448,436.18
提取法定公益金	22	477,916.95	1,224,218.09
七、可供股东分配的利润	23	41,716,000.03	56,395,006.72
减:已分配优先股股利	24		
提取任意公积金	25		
已分配普通股股利	26	41,687,441.30	36,001,926.17
八、未分配利润	27	28,558.73	20,393,080.55

资 产 负 债 表

编制单位:新华金属制品股份有限公司　　　　　　　　　　　　　　　　　　　　会股 01 表

1996 年 12 月 31 日　　　　　　　　　　　　　　　　　　　　金额单位:元

资　　产	行次	年初数	期末数
流动资产:			
货币资金	1	7,253,487.92	27,435,993.83
短期投资	2		
应收票据	3		1,406,302.40
应收帐款	4	33,570,399.68	44,742,335.35
减:坏帐准备	5	100,710.12	134,227.01
应收帐款净额	6	33,469,689.56	44,608,108.34
预付货款	7	8,012,875.40	8,813,762.98
其他应收款	8	1,566,168.20	2,966,241.84
待摊费用	9	1,317,962.60	1,198,105.16
存货	10	29,992,911.33	29,320,381.11
待处理流动资产净损失	11		
一年内到期的长期债券投资	12		215,840.00
其他流动资产	13		
流动资产合计	15	81,613,095.01	115,964,735.66
长期投资:			
长期投资	16	193,504.00	25,000.00
固定资产:			
固定资产原值	18	56,222,806.83	54,795,475.98
减:累计折旧	19	11,776,530.28	19,117,876.17
固定资产净值	20	44,446,276.55	35,677,599.81
在建工程	21	38,367.61	35,830,347.94
固定资产清理	22		
待处理固定资产净损失	23		
固定资产合计	25	44,484,644.16	71,507,947.75
无形资产及递延资产:			
无形资产	26		220,000.00
递延资产	30		
无形资产及递延资产合计	35		22,000.00
其他长期资产:			
其他长期资产	36		
递延税款:			
递延税款借项	37		
资产合计	40	126,291,243.17	187,717,683.41
负债及股东权益			
流动负债:			
短期借款	41	31,960,000.00	23,240,000.00
应付票据	42	3,600,000.00	1,050,000.00
应付帐款	43	5,131,000.70	205,425.57
预收货款	44	1,778,673.84	2,180,479.35
应付福利费	45	2,153,718.20	239,155.54
未付股利	46	4,449,957.68	8,096,029.38
未交税金	47	-1,495,378.93	4,234,237.57
其他未交款	48		
其他应付款	49	5,228,354.32	3,038,531.09
预提费用	50	2,327,260.24	1,034,671.85
一年内到期的长期负债	51		
其他流动负债	52		
流动负债合计	55	55,133,586.05	43,318,530.35
长期负债:			
长期借款	56		
应付债券	57		
长期应付款	58		
其他长期负债	60		

资　　产	行次	年初数	期末数
长期负债合计	61		
递延税款:			
递延税款贷项	62		
负债合计	65	55,133,586.05	43,318,530.35
股东权益:			
股本	66	48,980,700.00	59,970,588.42
资本公积	67		82,966,255.06
盈余公积	68	1,783,876.57	1,433,750.85
其中:公益金	69		477,916.95
未分配利润	70	20,393,080.55	28,558.73
股东权益合计	75	71,157,657.12	144,399,153.06
负债及股东权益合计	80	126,291,243.17	187,717,683.41

补充资料:

1. 已贴现的商业承兑汇票　　　　元;

2. 已包括在固定资产原价内的融资租入固定资产原价　　　　元。

财务状况变动表

编制单位:新华金属制品股份有限公司

会股03表

1996年度

金额单位:元

流动资金来源和运用	行次	金额	流动资金各项目的变动	行次	金额
一、流动资金来源			一、流动资产本年增加数:		
1. 本年净利润	1	22,756,670.33	1. 货币资金	41	20,182,505.91
加:不减少流动资金的费用损失		4,260,172.52	2. 短期投资	42	
(1)固定资产折旧	2	4,239,894.16	3. 应收票据	43	1,406,302.40
(2)无形资产、递延资产及其他资产摊销(减其他负债转销)	3		4. 应收帐款净额	44	11,138,418.78
(3)固定资产盘亏(减盘盈)	4		5. 预付货款	45	800,887.58
(4)清理固定资产损失(减:收益)	5	20,278.36	6. 其他应收款	46	1,400,073.64
(5)递延税款	6		7. 待摊费用	47	-119,857.44
(6)其他不减少流动资金的费用和损失	7		8. 存货	48	-672,530.22
小　计	12	27,016,842.85	9. 待处理流动资产净损失(减收益)	49	
2. 其他来源:			10. 一年内到期的长期债券投资	50	215,840.00
(1)固定资产清理收入(减清理费用)	13		11. 其他流动资产	51	
(2)增加长期负债	14				
(3)收回长期投资	15	193,504.00			
(4)对外投资转出固定资产	16				
(5)对外投资转出无形资产	17				
(6)资本净增加额	18	99,871,044.72			
小　计	22	100,064,548.72			
流动资金来源合计	23	127,081,391.57	流动资产增加净额	60	34,351,640.65
二、流动资金运用:			二、流动负债本年增加数:		
1. 利润分配			1. 短期借款	61	-8,720,000.00
(1)提取盈余公积(用盈余公积补亏以"-"号表示)	24	1,433,750.85	2. 应付票据	62	-2,550,000.00
A. 提取法定公积金	25	955,833.90	3. 应付帐款	63	-4,925,575.13
B. 提取法定公益金	26	477,916.95	4. 预收货款	64	401,805.51
	27		5. 应付福利费	65	-1,914,562.66
(2)已分配利润	28	41,687,441.30	6. 未付股利	66	3,646,071.70
小计	32	43,121,192.15	7. 未交税金	67	5,729,616.50
2. 其他运用			8. 其他未交款	68	
(1)固定资产和在建工程净增加额	33	37,548,503.07	9. 其他应付款	69	-2,189,823.23
(2)增加无形资产、递延资产及其他资产	34	220,000.00	10. 预提费用	70	-1,292,588.39
(3)偿还长期负债	35		11. 一年内到期的长期负债	71	
(4)增加长期投资	36	25,000.00	12. 其他流动负债	72	
小　计	38	37,793,503.07			
流动资金运用合计	39	80,914,695.22	流动负债增加净额	79	-11,815,055370
流动资金增加净额	40	46,166,696.35	流动资金增加净额	80	46,166,696.35

新华金属制品股份有限公司1997年度中期报告

一、财务报告

(一)审计意见

公司财务报告已经江西会计师事务所注册会计师丁莉、詹铁军审计,并出具无保留意见的审计报告[赣会师股审字(1997)第016号]。

(二)财务报表

1. 简化的资产负债表(1997年6月30日)

金额单位:人民币元

项目	年初数	期末数
(1)流动资产	115964735.66	134370614.07
(2)长期投资	25000.00	25000.00
(3)固定资产净值	35677599.81	33684879.63
(4)在建工程	35830347.94	52427656.89
(5)无形资产及递延资产	220000.00	4429104.26
(6)其他长期资产	——	——
(7)资产总计	187717683.41	224937254.85
(8)流动负债	43318530.35	55708476.54
(9)长期负债	——	10000000.00
(10)少数股东权益	——	——
(11)股东权益	144399153.06	159228778.31
其中:股本	59970588.42	59970588.42
资本公积	82966255.06	82616122.51
盈余公积	1433750.85	1433750.85
未分配利润	28558.73	15208316.53
(12)负债及股东权益合计	187717683.41	224937254.85

2. 简化的利润表

金额单位:人民币元

项目	1997年1-6月	上年同期数
(1)主营业务收入	66632175.40	49695650.11
(2)主营业务利润	12715087.10	12735102.66
(3)其他业务利润	-479284.80	-1028938.40
(4)投资收益	11168.00	11168.00
(5)营业外收支净额	5791510.27	4086845.79
(6)以前年度损益调整	-181834.28	0.00
(7)利润总额	17856646.29	15804178.05
(8)所得税	2676888.49	2605846.68
(9)净利润	15179757.80	13198331.37

注:本公司在报告期内无子公司或控股公司。

3. 其他财务指标:

项目	1997年1-6月	上年同期数
(1)每股收益(元)	0.253	0.22
(2)净资产收益率(%)	9.53	22.00
(3)每股净资产(元)	2.66	1.00

注:1)计算每股收益的股本基数本年数和上年同期数均按公司股票上市后的总股本59970588股计算;

2)公司今年1月收入上年12月发行股票冻结申购资金的利息5314250.80元,其中有效申购资金的利息15347.48元,已计入资本公积;无效申购资金的利息5298903.32元,已于今年上半年列作营业外收入。如剔除发行股票申购资金利息所增加的净利润,则每股收益为0.178元;净资产收益率为6.70%;每股净资产为2.58元。

(三)财务报表附注:

1. 本报告采用的会计政策和方法与1996年度财务报告中采用的会计政策和方法一致。

2. 在建工程比年初数增加16597308.95元,是今年上半年新增的铝包钢丝、钢绞线项目工程投资。

3. 无形资产及递延资产比上年增加4209104.26元,系公司购买的土地使用权。

4. 长期负债比上年增加10000000.00元,是公司为钢绞线生产线更新改造而准备的资金。

5. 资本公积期末数比期初数减少350132.55元是因为:

(1)报告期内支付去年末结算的股票上市发行费用365480.03元;

(2)去年发行股票冻结申购资金的利息(有效申购部分)增加资本公积15347.48元。

6. 今年上半年净资产收益率比上年同期低12.47个百分点,是因为今年上半年的净资产比上年同期增加了2.54倍,即净增114258190.31元。

7. 关联方关系及其交易:

(1)存在控制关系的关联方

企业名称	注册地址	主营业务	与本公司关系	经济性质或类型	法定代表人
新余钢铁有限责任公司	新余市冶金路	工业加工	控股	国有独资	张春明

(2)存在控制关系的关联方所持股份及其变化

企业名称	年初数(%)	本年增加(%)	本年减少(%)	年末数(%)
新余钢铁有限责任公司	43.99	0	0	43.99

(3)关联方交易说明

在报告期内本公司与关联方新余钢铁有限责任公司及其全资子公司存在以下关联交易:

A. 购买或销售商品:本公司依据合同或协议向关联方按市价购买自来水、煤气、蒸气及其他少量原材料,其价格与非关联方的交易价格相一致,无任何价格折扣或折让优惠,双方凭税务发票结算,彼此不挂未结算金额;

B. 购买或销售除商品以外的其他资产:本公司原租用的关联方21871平方米土地使用权,现经国家有关部门批准,已有偿转让给本公司,使用年限为50年。在本报告期内转让土地使用权的费用已全部结清,有关法律手续已全部办理完毕;

C. 提供或接受劳务:本公司依据协议,有偿使用关联方的铁路专用线运输货物,其价格与非关联方的交易价格相一致,双方凭税务发票结算,彼此不挂未结算金额;

D. 本公司人民币借款全部由关联方向银行提供信用担保。

二、经营情况的回顾与展望

(一)上半年经营情况回顾

1. 上半年生产合格产品总量12214.315吨,完成年计划的53.11%,其中:主导产品(钢绞线)完成年计划的56.78%,超去年同期水平;

2. 上半年销售产品总量11680.452吨,完成年计划销售量的50.78%,年销率为95.63%,均超过去年同期水平;

3. 由于加强了对国际市场的开拓,今年上半年产品出口创汇117.67

万美元,是上年同期的 3.3 倍;

4. 公司 96 年 9 月开始动工兴建的铝包钢丝及钢绞线项目工程,截止 97 年 6 月 30 日,累计完成投资 5242.77 万元,主厂房和主要设备安装进展顺利,生产线正处于调试(试运转)阶段。

面对上半年激烈的市场竞争,公司始终坚持做好以主营业务为根本的宗旨,抓质量、抓管理、抓产销。订购了充足的成本较低的原料,为下半年经营创造了有利条件。同时,做到了时间过半、计划完成过半,保持主营业务持续稳定,盈利稳中有升(较上年同期增长 12.99%),取得了较好的经营业绩。

(二)下半年展望

1. 下半年公司仍以"抓质量、抓管理、挖潜力,促销售"作为重点来抓,进一步加强 ISO9002 质量管理体系的有效运作,提高成材率,节能降耗,降低成本,开拓国内外市场,力争更好的效益。

2. 确保铝包钢丝及钢绞线项目顺利建成正式投产。

公司确信有把握超额完成本年度产销盈利计划,公司效益比上年度有所增长。

三、重大事件的说明

1. 本报告期内,本公司无重大诉讼、仲裁事项发生。

2. 江西省国家税务局继续授予本公司《依法纳税先进企业》荣誉称号。

3. 中国银行继续授予本公司《最佳信用客户》荣誉称号。

4. 经江西省科学技术委员会考核、评价,认定本公司为区外高新技术企业。

5. 本公司改制前为中外合资企业,现经江西省人民政府利用外资办公室(赣外资办发[1997]004 号文)批准,仍保持中外合资企业性质,保留中外合资企业待遇。

6. 本公司在 1996 年底发行的公司职工股票 150 万股,根据中国证监会的批准文和上海证券交易所的安排,已于今年 6 月 25 日起在上海证券交易所上市流通。

7. 公司第二次股东大会通过的 1996 年度分红派息方案已于今年 6 月 23 日付诸实施(已作公告)。

8. 公司 96 年 9 月开始动工兴建的铝包钢丝及铝包钢绞线项目工程,截止 97 年 6 月 30 日累计完成投资 5242.77 万元。尚有 2406.19 万元将随工程进展逐步投入,对尚未投入的工程款,暂作公司营运资金使用,参与流动资金周转。

9. 公司遵照国务院证券委、中国人民银行、国家经贸委《严禁国有企业和上市公司炒作股票的规定》进行了自查,本公司没有炒作股票,也没有炒作股票的打算。

10. 本公司法人股股东江西冶金股份有限公司因更名为"江西金世纪冶金股份有限公司",其所持有的新华金属制品股份有限公司 299853 股的股份同时变更为江西金世纪冶金股份有限公司持有,有关变更手续本公司将依据有关法律办理。

四、发行在外股票的变动和股权结构的变化

(一)股权结构情况

数量单位:股　　每股面值:1 元

股票类别	96.12.31	比例(%)	97.6.30	比例(%)
1. 尚未流通股份				
(1)发起人股份				
其中:国家拥有股份				
境内法人持有股份	33727941	56.24	33727941	56.24
外资法人持有股份	11242647	18.75	11242647	18.75
(2)公司职工股	1500000	2.50		
2. 已流通股份				
境内上市的人民币普通股	13500000	22.51	1500000	25.01
3. 股本总数	59970588	100.00	59970588	100.00

(二)公司前十名股东持股情况(截止 1997 年 6 月 30 日)

名次	股东名称	持股数(股)	占总股本(%)
1	新余钢铁有限责任公司	26382647	43.99
2	香港巍华金属制品有限公司	11242647	18.75
3	江西省国际信托投资公司	6745588	11.25
4	江西冶金股份有限公司	299853	0.50
5	江西省冶金供销公司	299853	0.50
6	贺小文	298100	0.50
7	王全华	292292	0.49
8	韩大庆	291600	0.49
9	傅　强	281020	0.47
10	许　鹏	275500	0.46

五、股东大会简介

(一)公司于 1997 年 4 月 23 日在本公司会议室召开了 1996 年度股东大会。出席会议的股东代表 18 人,代表股份 4547.327 万股,占公司总股本的 75.81%,符合《公司法》与公司章程的规定。公司董事、监事及高级管理人员出席了会议。经大会审议通过了如下决议:

1. 董事会报告;
2. 监事会报告;
3. 总经理业务工作报告;
4. 公司 1996 年度财务决算报告和 1997 年度财务预算方案;
5. 公司 1996 年利润分配及分红派息方案。

分红派息方案为:向全体股东每 10 股派现金红利 1.35 元(含税)。

(二)本报告期内未召开临时股东大会。

六、备查文件

1. 载有公司董事长、总经理亲笔签名的中期报告。
2. 新华金属制品股份有限公司 1996 年度报告及摘要。
3. 新华金属制品股份有限公司 1996 年度分红派息公告。
4. 1996 年度股东大会公告。
5. 江西会计师事务所审计报告及财务资料。
6. 第一届第三次董事会会议公告。

新华金属制品股份有限公司

一九九七年八月十三日

西安达尔曼实业股份有限公司

西安达尔曼实业股份有限公司股票上市公告书

一、绪言

本公司股票发行经中国证券监督管理委员会[证监发字(1996)385号文]和[证监发字(1996)386号文]批准,股票上市申请经上海证券交易所[上证上(1996)字第117号文]审核同意,于1996年12月30日在上海证券交易所挂牌交易,本公司总股本7600万股,本次上市流通的股票2100万股,原内部职工股137.5万股在本次发行后三年上市。

二、公司概况

1.公司名称:西安达尔曼实业股份有限公司(以下简称公司)

英文名称:DIAMOND CO. LTD XIAN

2.公司注册地址:西安市建工路

邮政编码:710043

3.公司法定代表人:许宗林

4.公司董事,监事及高级管理人员持股情况

姓名	职务	持股数(股)
许宗林	董事长、总经理	11000
马世俊	副董事长	0
范文珍	副董事长	0
高芳	董事、常务副总经理	11000
李西明	董事长、总经理	33000
戴克文	董事	0
杨西安	董事	0
盖若梅	董事	0
王曙光	董事	0
孙武军	监事会主席	0
郑秉琦	监事会副主席	0
王珂	监事	0
王颂	监事	5500
曾瑞	监事	0
宋炜	监事	0
张熙文	监事	5500

公司董事、监事及高级管理人员持有公司股票6.6万股,占公司总股数0.0868%,其持有的股份按《中华人民共和国公司法》的规定在任职期内不得转让。

5.公司所属行业:工业

6.公司成立日期:1993年10月20日

7.公司职工情况:

公司现有员工346人,其中:具有中级以上职称人员71人,占20.5%。

8.控股子公司

名称	注册资本	股权比例(%)
西安丰汇珠宝有限公司	150万美元	50.33
西安海尔森宝石材料有限公司	100万美元	51

9.公司咨询服务;

电话:029-3237280

联系人:李西明　　王全胜

公司文件资料查阅地点:公司证券部

股东接待日:每周五下午2:00—5:00

三、股本结构及主要股东持股情况

1.股本形成过程

西安达尔曼实业股份有限公司是1993年7月经西安市体改委体改字(1993)95号文批准,由西安翠宝首饰集团公司、西安新城农工商总公司和西安石油机械厂共同发起,采用定向募集方式设立的股份有限公司。公司创立时的注册资本为5000万元,其中西安翠宝首饰集团公司以实物资产及土地使用权折股2000万股,西安新城农工商总公司和西安石油机械厂按每股2元价格分别认购500万股和50万股;社会法人、公司内部职工以每股2元的价格分别认购了2325万股和125万股。

股本结构如下:

发起法人股	2550万股	占总股本的51%
社会法人股	2325万股	占总股本的46.5%
内部职工股	125万股	占总股本的2.5%

1995年公司对全体股东按10:1比例送红股,送股后股本为5500万股,股本结构如下:

发起法人股	2850万股	占总股本的51%
社会法人股	2557.5万股	占总股本的46.5%
内部职工股	37.5万股	占总股本的2.5%

经中国证券监督管理委员会证监发字[1996]385号文和证监发字386号文批准,公司于1996年12月17日至12月25日,在西安市通过"全额存款、按比例配售、余款转存"的方式向社会公开发行A股2100万股,每股面值1元,每股发行价7.30元。此次公开发行股票的主承销商为南方证券有限公司,本次发行的有效申购帐户为5892486800个,有效申购股数为796282000股,配售比例为2.637‰。公司发行的2100万股社会公众股股款在扣除发行费用后已全部进入公司帐户,并经陕西会计师事务所陕师内(1996)160号文验证。

有关本次社会公众股发行的简况如下:

(1)发行价格:7.30元

(2)1996年每股税后利润:0.68元

(3)发行市盈率:15.86倍

(4)发行后每股净资产:4.12元

(5)募集资金:本次发行共募集资金15330万元,扣除发行费用630万元,实际募集资金14700万元。

2.股本结构

类型	本次发行前 股份数额(万股)	比例(%)	本次发行后 股份数额(万股)	比例(%)
总股本	5500	100	7600	100
发起法人股	2805	51	2805	36.91
社会法人股	2557.5	46.5	2557.5	33.65
内部职工股	137.5	2.5	137.5	1.81
社会公众股	--	--	2100	27.63

3.主要股东(前十名)持股情况

股东名称	持股数(万股)	比例(%)
(1)西安翠宝首饰集团公司	2200	28.95
(2)西安新城农工商总公司	550	7.24
(3)西安市新城区生产资金管理所	550	7.24

(4)新疆祥和实业有限公司	550	7.24
(5)海南秦信实业投资公司	550	7.24
(6)西安铁路局宏达科工贸实业公司	375.1	4.94
(7)南方证券有限公司	308	4.05
(8)陕西省电力投资公司	66	0.87
(9)西安市工商银行开发区支行	55	0.72
(10)西安石油机械厂	50	0.66

4.股东户数:本次新股发行后公司股东人数为4300户,其中持有本公司股票1000股以上的股东人数1779户。

四、主要财务资料

(一)验资报告[陕西会计师事务所陕师内(1996)160号]

西安达尔曼实业股份有限公司:

委托,对贵公司截止1996年12月24日止的1996年向社会公开发行人民币普通股(A股)股本审计实务公告第1号-验资》的要求,实施了必要审验程序。贵公司的责任是提供真实、合法、完整的验资资料,保护资产的安全、完整,我们的责任是按照《独立审计实务公告第1号-验资》的要求,出具真实、合法的验资报告。

根据我们的审验,截止1996年12月24日止,贵公司共收到向社会公开发行人民币普通股的投入资金147,000,000元,其中股本21,000,000元,资本公积126,000,000元。向社会公开发行前后股本结构对照如下:

	向社会公开发行前			向社会公开发行后		
	股数(万股)	股金(万元)	比例(%)	股数(万股)	股金(万元)	比例(%)
法人股	5362.50	5362.50	97.50	5362.50	5362.50	70.56
内部职工股	137.50	137.50	2.50	137.50	137.50	1.81
社会公众股	/	/	/	2100	2100	27.63
合计	5500	5500	100	7600	7600	100

陕西会计师事务所　　中国注册会计师　　杜小燕

陕西西北四府街48号　　中国注册会计师　　蒋纯昌

一九九六年十二月二十四日

(二)财务报告

1.审计报告(陕西会计师事务所陕师内(1996)第116号)

西安达尔曼实业股份有限公司全体股东:

我们接受委托,审计了贵公司1993年12月31日、1994年12月31日、1995年12月31日、1996年9月30日的合并及母公司资产负债及1993、1994、1995、1996年1—9月份合并及母公司利润表和1995年度财务状况变动表。这些会计报表由贵公司负责,我们的责任是对这些会计报表发表审计意见。我们的审计是依据《中国注册会计师独立审计准则》进行的。在审计过程中,我们结合贵公司实际情况,实施了包括抽查会计记录等我们认为必要的审计程序。

我们认为,上述合并及母公司会计报表符合《企业会计准则》和《股份制试点企业会计制度》的有关规定,在所有重大方面公允地反映了贵公司1993年12月31日、1994年12月31日、1995年12月31日、1996年9月30日的财务状况及1993年度、1994年度、1995年度、1996年1—9月份经营成果和1995年度资金变动情况,会计处理方法的选用遵循了一贯性原则。

陕西会计师事务所　　中国注册会计师　　杜小燕

陕西西北四府街48号　　中国注册会计师　　蒋纯昌

一九九六年十一月十八日

2.财务报表(见附表一、二)

3.重要会计政策

(1)会计制度:

公司自成立之日起执行《股份制试点企业会计制度》,控股子公司执行《中华人民共和国外商投资企业会计制度》及其补充规定

(2)会计年度:自公历每年一月一日起至十二月三十一日止

(3)记帐本位币:人民币

(4)记帐原则及记帐方法:按权责发生制核算,采用复式借贷记帐法。

(5)税项:

(A)增值税:内销产品销售收入,增值税税率为17%,出口产品销售收入按照国家有关税收法规规定,增值税税率为零。

(B)营业税:加工费收入按5%税率计缴营业税

(C)城市建设维护税和教育费附加,公司按交纳增值税、营业税额的7%和3%计缴,控股子公司不计缴。

(D)所得税:

A.公司一九九三年实现的利润总额按33%税率计缴所得税。一九九四年及一九九五年西安市地方税务局根据西安市税务局市税发[1993]033号文"关于高新开发区企业减征所得税的通知"规定,同意公司按15%税率计缴所得税。1996年西安市科学技术委员会市科发[1996]105号文件,核准公司为西安高新区内高新技术企业。按财政部、国家税务总局财税字(94)001号"关于企业所得税若干优惠政策的通知"精神,按15%的税率计缴所得税。

B.公司所属子公司经西安市国家税务局涉外分局核准按国税发[1992]218号文享受所得税24%的优惠税率及外商投资企业"免二减三"的所得税减免政策:

西安丰汇珠宝有限公司一九九四年属第三个获利年度,一九九四年至一九九六年减半征收企业所得税,即所得税率为12%;

西安海尔森宝石材料有限公司一九九四年为第一个获利年度,一九九四年至一九九五年免征企业所得税,一九九六年减半征收企业所得税,即一九九六年所得税率为12%。

(E)费用性税金:包括消费税、房产税、车船使用税、印花税等,按照有关规定上缴,计入当期费用。

(6)坏帐准备:

根据《股份制试点企业财务管理若干问题的暂行规定》按年末应收帐款余额的5‰计提坏帐准备。

(7)存货:

存货以实际成本计价,发出存货成本的计价方法为加权平均法。低值易耗品采用一次摊销法核算。

(8)长期投资:

对被投资企业的长期投资采用下列会计处理方法:

拥有被投资企业股权20%以下时,采用成本法核算;拥有被投资企业股权20%至50%时,采有权益法核算;拥有被投资企业股权50%以上时,采用权益法核算并编制合并会计报表。

(9)固定资产及其折旧:

固定资产按历史成本计价,以直线法按分类折旧率计提折旧。

项目	折旧年限	残值率(%)	年折旧率(%)
(A)房屋及建筑物	20-40年	5-10年	2.375-4.5
(B)机器设备	10	5-10	9-9.5
(C)电子设备	5	5-10	18-19
(D)运输工具	5-10	5-10	9.5-18
(E)其它设备	5	5	19

(10)无形资产、递延资产

无形资产系土地使用权,在其使用权期限50年内按直线法进行摊销。递延资产中开办费按5年摊销;用电权按5年摊销。

(11)待摊费用

主要为待摊一九九四年初存货分离的进项税,截止一九九六年九月三十日尚未抵扣。

(12)产品销售收入的确认:

产品销售收入以商品发出或劳力提供取得货款或取得收款权界定。

(13)利润分配政策:

公司的税后利润根据公司章程按下列比例分配:

(A)提取10%法定盈余公积金;

(B)提取法定5%法定公益金;

(C)提取任意盈余公积金(董事会提出分配方案,经股东大会批准后分配)

(D)支付股利(董事会提出分配方案,经股东大会批准后分配)

(14)货币换算:

公司记帐本位币为人民币。对发生的非本位币的经济业务采用当月1日中国人民银行公布的外汇市场价中间价折合为本位币入帐,年末外币帐户余额按12月31日外汇市场中间价进行调整,其差额作为"财务费用-汇兑损益"计入当期损益。

4.财务报表附注:

1.应收帐款　26,927,038.88

一九九六年九月三十日余额按帐龄分类列示

帐龄	金额	占余额%
6个月以内	14,555,541.47	54.06
6-12个月	5,407,211.74	20.08
12-24个月	5,434,561.39	20.18
24-36个月	293,050.00	1.09
36个月以上	1,236,674.28	4,59
合计	26,927,038.88	100

2.其它应收款　4,860,993.59

按帐龄分类列示如下:

帐龄	金额	占余额%
6个月以内	997,703.95	20.52
6-12个月	53,651.25	1,10
12-24个月	1,918,375.99	39.46
24-36个月	1,361,294.47	28.00
36个月以上	529,967.93	10.88
合计	4,860,993.59	100.00

3.长期投资　75,000.00

系购入中国改革实业股份有限公司法人股5万股计75,000.00元,占公司总股本的0.06%。

4.资本公积	96年9月30日	95年12月31日
股票溢价收入	40,167,382.20	40,167,382.20
96年6月30日		
资产评估增值	16,518,658.81	
合计	56,686,041.01	40,167,382.20

5.盈余公积

	96年9月30日	95年12月31日
1.法定盈余公积金	4,931,486.29	4,931,486.29
2.法定公益金	1,389,158.55	1,389,158.55
合计	6,302,644.84	6,302,644.84

公司法定盈余公积金和公益金,一九九三年度至一九九五年度根据章程及各年度董事会决议分别按税后利润的10%及5%提取。

控股子公司储备基金和企业发展基金,一九九四年至一九九五年根据董事会决议,分别按子公司税后利润的10%提取,合并报表并入法定盈余公积金。

6.未分配利润

	96年9月30日	95年12月31日
未分配利润	48,672,378.99	14,462,526.11

7.财务承诺

截至一九九六年九月三十日止,公司除了短期借款在以财产抵押和担保外,没有对外单位提供借款担保和财产抵押。

8.关联交易

关联方名称:西安翠宝首饰集团公司

所持股份比例:40%

A.1993年,公司与西安翠宝首饰集团公司正式签定了转让西安丰荡珠宝有限公司及西安海尔森宝石材料有限公司中方股权的协议,1994年2月经西安市外经贸委批准转让;

B.1992-1996年,公司与西安翠宝首饰集团公司签订了《租赁协议》,公司租用西安翠宝首饰集团公司的厂房、仓库及办公用房等,并缴纳水、电及其他杂费;

C.1994年公司从西安翠宝首饰集团公司以原购进入价购进了部分原材料;

D.公司三年来有部分产品成品销售给了西安翠宝金店(西安翠宝首饰集团公司下属子公司)。

(三)财务指标分析

	1996年1-9月	1995年
(1)流动比率	2.11	2.04
(2)速动比率	1.70	1.59
(3)应收帐款周转率	2.22	1.32
(4)股东权益比率(%)	69.59	60.62
(5)净资产收益率(%)	20.52	14.47
(6)每股收益(元)	0.62	0.31
(7)每股净资产(元)	3.03	2.11

注:(1)以上指标按审计后的公司合并报表计算

(2)每股净资产为本次新股发行前数,发行后每股净资产为4.12元。

五、董事会上市之承诺

公司董事会承诺将严格遵守《公司法》、《股票发行与交易管理暂行条例》、《公开发行股票公司信息披露实施细则(试行)》、《上海证券交易所交易规则》和有关法律、法规的规定,并自股票上市之日起作出如下承诺:

1.按照法律、法规的规定程序和要求披露重大的信息,并接受证券主管机关、上海证券交易所的监督管理。

2.及时、真实、准确地公布中期报告和年度报告,并备置于公司总经理办公室供投资者公众查阅。

3.公司董事、监事及高级管理人员如发生人事变动或持本公司股票发生变化时,在报告证券主管机关、证券交易所的同时向投资者公布。

4.在任何公共传播媒介中出现的消息可能对本公司股票的市场价格产生误导性影响时,本公司知悉后将及时对该消息予以公开澄清。

5.本公司董事、监事及高级管理人员将认真听取社会公众的意见和批评,不利用已获得的内幕消息和其他不正当手段直接或间接从事股票买卖活动。

6.公司没有无记录负债。

7.董事会及各位董事保证不就任何未经主管机关审阅的可能影响股份变动之重大信息私自发表公告或发表意见。

六、重要事项揭示

1.公司向社会公开发行2100万股,原内部职工股137.5万股在本次发行后三年上市。

2.公司税后利润分配顺序:

(1)提取法定公积金　10%

(2)提取法定公益金　5%-10%

(3)提取任意公积金

(4)支付普通股股利

3.公司历年股利发放情况

(1)1994年每10股派现金1.40元;并用资本公积金按10:1比例向每个股东送红股。

(2)95年经股东大会决议利润暂不分配。

4.本次购买新股的股东将与老股东共同享有95年的滚存利润及96年的分红。

5.根据1996年西安市科学技术委员会市科发(1996年)105号文件,

核准公司为西安高新区内高新技术企业。按15%的税率计缴所得税。

6.经陕西岳华会计师事务所陕师内(1996)第117号审核,公司1996年预计实现利润总额5140.6万元,每股收益0.68元,1997年6146.1万元,每股收益0.81元。

7.截止上市公告书公布之日,公司无重大诉讼或仲裁事件发生,也无重大违法行为。

七、中介机构

1.上市推荐人:申银万国证券股份有限公司
法定代表人:阚治东
地址:上海市南京东路99号
电话:(021)64677560
联系人:张欣
上市推荐人:南方证券有限公司
法定代表人:王景师
地址:深圳市深南大道1号南方国际大酒店12层
电话:(010)67642146
联系人:丁良玉、李文、刘立新

2.会计师事务所,陕西会计师事务所
法定代表人:蒋纯昌
地址:西安市北四府街48号
电话(029)7611692
联系人:杜小燕　　潘敏

3.资产评估机构:西安正衡资产评估公司
法定代表人:段芝山
地址:西安市北关正街18号
电话:(029)6260843　　6236661
联系人:雷华锋　　刘念盈

4.资产评估确认机构:国家国有资产管理局
法定代表人:张佑才
地址:北京市海淀区万泉路68号
电话:(010)62567744

5.发行人律师:北京国方律师事务所
法定代表人:丛培国
地址:北京海淀区知春路中航科技大厦东楼6层
电话:(010)62614101
联系人:丛培国　　冯方

6.主承销商律师:观韬律师事务所
法定代表人:韩德晶
地址:北京市海淀区车道沟一号滨河大厦12层
电话:(010)68410568
联系人:崔利国　　杨光

7.发行人财务顾问:中国诚信证券评估有限公司

8.股份登记机构:上海证券中央登记结算公司
法定代表人:王迪彬
地址:上海市闵行路67号
电话:(021)63068888

八、备查文件

1.上海证券交易所上市通知书
2.中国证监会核准本公司发行A股的批复
3.招股说明书
4.审计报告
5.验资报告
6.资产评估报告
7.公司章程
8.法律意见书
9.公司营业执照
10.承销协议
11.其他有关文件

一九九六年十二月二十六日

附表一

西安达尔曼实业股份有限公司
合并资产负债表

资产	1996年9月30日	1995年12月31日
流动资产:		
货币资金	66,542,736.81	28,171,563.46
短期投资		
应收帐款	26,927,038.88	45,406,356.63
减坏帐准备	227,031.78	227,031.78
应收帐款净值	26,700,007.10	45,179,324.85
预付货款	1,160,415.00	10,766,242.00
其它应收款	4,860,993.59	29,917,188.49
待摊费用	2,851,848.04	2,892,839.01
存货	20,048,123.25	15,879,828.16
待处理流动资产净损失	4,542.41	
一年内到期的长期债券		
其它流动资产		
流动资产合计	122,168,666.20	132,806,985.97
长期投资:		
长期投资	75,000.00	75,000.00
合并价差		
固定资产:		
固定资产原价	39,090,314.91	16,482,853.89
减:累计折旧	5,134,282.59	3,869,305.68
固定资产净值	33,956,032.32	12,613,548.23
在建工程	64,394,552.79	33,023,341.16
固定资产清理		
待处理固定资产损失		
固定资产合计	98,350,585.11	45,636,889.39
无形资产及递延资产		
无形资产	18,529,395.51	12,251,470.00
递延资产	390,514.84	498,248.28
无形资产递延资产合计	18,919,910.35	12,749,718.28
其他长期资产:		
其他长期资产		
资产合计	239,514,161.66	191,268,593.64

西安达尔曼实业股份有限公司
合并资产负债表(续)

负债及所有者权益	1996年9月30日	1995年12月31日
流动负债:		
短期借款	29,686,320.00	16,686,320.00
应付票据		
应付帐款	746,144.75	13,588,601.79
预收货款	2,425,189.68	
应付福利费	3,108,398.51	3,168,751.01
未付股利	3,454,575.84	8,600,481.34
未交税金	8,608,621.21	4,696,198.01
其他未付款	249,871.64	76,322.01
其他应付款	9,448,925.69	18,147,175.26
预提费用	97,830.80	
一年内到期负债		

其它流动负债		
流动负债合计	57,825,878.12	64,963,849.42
长期负债:		
长期借款		
应付债券		
长期应付款		
其它长期负债		
待转销汇兑损益	1,405,286.49	1,873,715.32
长期负债合计	1,405,286.49	1,873,715.32
负债合计	59,231,164.61	66,837,564.74
少数股东权益	13,603,932.21	8,480,475.75
股东权益:		
股本	55,000,000.00	55,000,000.00
资本公积	56,686,041.01	40,167,382.20
盈余公积	6,320,644.84	6,320,644.84
其中:公益金	1,389,158.55	1,389,158.55
未分配利润	48,672,378.99	14,462,526.11
股东权益合计	166,679,064.84	115,950,553.64
负债及股东权益总计	239,514,161.66	191,268,539.64

合并利润表

项目\部门	1996年1－9月	1995年度
一、主营业务收入	80,204,869.72	49,662,405.82
减:营业成本	43,955,203.45	24,769,871.62
销售费用	712,825.47	175,521.50
管理费用	3,640,074.28	3,791,564.22
财务费用	1,782,545.33	－31,824.49
进货费用		
营业税金及附加	1,602,469.47	622,836.64
二、主营业务利润	28,511,751.72	20,614,436.33
加:其它业务利润	13,439,139.87	
三、营业利润	41,950,891.59	20,614,436.33
加:投资收益		
营业加外收入	13,374.10	7,025.21
减:营业外支出	505,942.56	500.00
加:以前年度损益调整		
四、利润总额	41,458,318.13	20,620,961.54
减:所得税	6,186,458.78	2,948,930.30
减:少数股东损益	1,062,006.47	893,721.11
五、净利润	34,209,852.88	16,778,310.13

附表二

西安达尔曼实业股份有限公司

西安达尔曼实业股份有限公司1996年年度报告摘要

一、公司简况

1.公司法定中文名称:西安达尔曼实业股份有限公司

公司英文名称:XIAN DIAMOND CO.,LTD.

2.公司注册地址:西安市建工路

公司办公地址:西安市韩森寨爱民路19号

邮编:710043

3.公司法定代表:许宗林

4.公司咨询服务机构:董事会办公室

电话:(029)3237280

传真:(029)3237503

联系人(董秘):李西明

5.会计师事务所:陕西会计师事务所

6.股票代码:600788

股票简称:达尔曼

二、主要财务数据与财务指标

指标项目	本年数	上年数	比上年增减(%)
1.主营业务收入(万元)	11063.38	4957.02	123.19
2.净利润(万元)	6201.87	1602.94	286.91
3.总资产(万元)	43006.79	20534.34	109.44
4.股东权益(万元)	34752.26	11513.55	201.84
5.每股收益(元)	0.816	0.30	172.00
6.每股净资产(元)	4.57	2.09	118.66
7.净资产收益率(%)	17.85	14.57	22.51
8.股东权益比率(%)	80.80	56.07	44.11

三、公司业务经营回顾

1.公司一年来的经营情况

公司成立以来始终将珠宝首饰加工作为主营业务不断予以巩固,首先,公司加强内部挖潜,理顺内部经营管理状况,调动职工积极性。一方面,狠抓公司各项管理制度的完善和落实,借鉴先进的管理经验,深挖细究原有管理方法的缺陷和不足,先后完善了以目标量化管理为核心的责、权、利相结合的管理制度和以优选组合为基点的责任包干生产制度,同时按照ISO9002(GB/T19002)的标准健全质量体系,对生产技术和车间管理进行深层次挖掘和规范化处理。与去年相比,产品合格率提高了15%;另一方面,通过党政工团的共同努力,发挥宣传和管理优势,在广大职工中牢固树立爱厂如家的思想,并通过宣传公司的业绩及发展前景,增强职工的信心,通过提高待遇调动广大职工的生产积极性,从而大大增强了企业凝聚力。第三,公司加强生产技术攻关,通过改善员工素质达到技术水平的普遍提高。公司现有员工346人,其中中专学历34人,占员工总数的9.8%,大专以上学历85人,占员工总数的24.6%,而且,公司通过请进来、送出去,对现有员工进行再培训,使业务骨干的能力再上新台阶,极大地促进了公司业务的发展。其次,公司加强对外联系,开拓市场。公司投资4000多万元,在西安高新技术产业开发区兴建达尔曼广场,高30层建筑面积8万平方米的广场主体工程已竣工,内部装修正在紧张进行当中,其配套19层大楼已建至地面10层,附属钻石加工中心也已进入桩基阶段,预计1997年9月底达尔曼广场整体交付使用后,不但解决了公司办公及生产用房,而且拟设在大厦5－11层可供400多名国际珠宝商设柜交易的国际珠宝交易中心,在给公司带来巨大收益的同时,也必能极大地加强公司对外联系,同公司分布于国内、国外的销售网点优势互补,对于扩大公司销售规模意义深远,公司引进的意大利三彩色镀陶瓷生产线和中空饰品生产线,开发出了先进的工艺饰品及研制成功高档玫瑰花型仿生首饰盒并投放市场,反馈良好,在各个销售网点呈现供不应求的态势。

在坚持首饰加工为中心的基础上,公司致力向高科技,多元化集团方向发展,1996年仅西安达尔曼实业股份有限公司翠宝花园渡假村就实现营业收入602.29万元,实现利润411.16万元,公司其他高科技项目也正在或即将产出效益。这些项目的建成和投产将为公司主营珠宝首饰加工业务提供可靠的支持和帮助,使公司形成以珠宝首饰加工为主体的多元化生产经营格局,抗风险能力进一步增强。

1996年,公司实现主营业务收入11063.38万元,利润总额7402.11万元,净利润6201.87万元,分别比上年增长123.19%,277.51%,286.91%;公司招股说明书中披露的1996年盈利预测为:主营业务收入13300.1万元,利润总额6179.9万元,税后利润为5140.6万元,分别完成预测值的83.18%,119.78%,120.64%。

2.公司上次募集资金的使用情况

公司1993年经西安市体改委批准,除主要发起人西安翠宝首饰集团公司以评估后部分实物资产及一宗土地使用权作价入股外,其他股东全部以现金入股,共募集资金6000万元,主要用于以下项目:

(1)投资近4000万元兴建达尔曼广场主体总部大楼,高30层,预计1997年正式起用后,不但可以解决公司日常办公用房,还将给公司带来巨大收益。

(2)投资900万元,收购了原西安翠宝首饰集团公司持有的两个中外合资企业西安丰汇珠宝有限公司和西安海尔森宝石材料有限公司的全部中方股权。该项目仅1994年就为公司收回投资收益1111万元。

3.1996年12月,经中国证监会证监发字(1996)385、386号文批准,公司向社会公开发行2100万社会公众股股票,扣除发行费用后募集资金14700万元,所募集的资金将用于以下项目:

(1)扩建珠宝首饰加工生产线

在达尔曼广场附属加工生产楼中,投资4564万元扩建珠宝首饰制品生产线,投资约759万元扩建包装生产线,投资1671万元扩建贵重宝石生产线,这些项目已分别获得西安高新技术产业开发区市管会字(1996)234、235、236号文批准。

(2)建立西安国际珠宝交易中心

拟设立在西安达尔曼广场主体总部大厦5-11层,面积5000平方米,可供400多国际珠宝商设柜交易,该项目总投资3162万元,投资回收期2年,该项目已获西安高新技术产业开发区市管会字(1996)237号文批准。

(3)新建生产1000吨常温快干原子灰,年产1000吨快干原子灰专用树脂生产线,拟投资3700万元,该项目已获西安高新技术产业开发区市管会字(1996)204号文批准。

四、股本变化及股本结构情况

1.股本变化及股本结构情况:

截止1996年12月31日,公司股本结构如下:(单位万股)

尚未流通部分	期初数	期末数	增减(+、-)
发起人股份	2805	2805	
募集法人股	2557.5	2557.5	
内部职工股	137.5	137.5	
尚未流通股合计	5500	5500	
已流通股份			
境内上市的人民币普通股		2100	+2100
已流通股份合计		2100	+2100
股份总数	5500	7600	+2100

本年度股本变化原因是1996年12月10日获准增发新股2100万股,并于1996年12月30日上市流通。本年度无送股、配股等事项。

2.主要股东持股情况(前十名股东)

股东名称	年初持股数(万股)	占总股本(%)
(1)西安翠宝首饰集团公司	2200	28.95
(2)西安市新城农工商总公司	550	7.24
(3)西安市生产资金管理所	550	7.24
(4)新疆祥合实业有限公司	550	7.24
(5)海南秦信实业投资公司	550	7.24
(6)西安铁路局宏达科工贸实业公司	375.1	4.94
(7)南方证券有限公司	308	4.05
(8)陕西电力投资公司	66	0.87
(9)西安市工商银行开发区支行劳司	55	0.72
(10)西安石油机械厂	55	0.72

3.公司董事、监事与高级管理人员持股情况

姓名	职务	年初持股数	年末持股数	变动原因
许宗林	董事长兼总经理	11000股	11000股	无
马世俊	副董长	0股	0股	无
范文珍	副董长	0股	0股	无
高 芳	董事兼副总经理	11000股	11000股	无
李西明	董事兼副总经理	33000股	33000股	无
戴克文	董事	0股	0股	无
杨西安	董事	0股	0股	无
盖若梅	董事	0股	0股	无
王曙光	董事	0股	0股	无
孙武军	监事会主席	0股	0股	无
郑秉琦	监事会主席	0股	0股	无
王 珂	监事	0股	0股	无
王 颂	监事	5500股	5500股	无
曾 瑞	监事	0股	0股	无
宋 炜	监事	0股	0股	无
张熙文	监事	5500股	5500股	无

五、重要事项

1.报告期内董事会、股东大会情况:

1996年4月16日,公司召开了一届六次董事会,审议通过工作报告及公司发展规划;

1996年8月3日,公司召开了一届七次董事会,审议通过公司年度报告、财务报告,利润分配方案及公司股票发行上市工作计划等事项;

1996年9月6日,公司召开了第三次股东大会,通过了关于增补董事会秘书的决议,关于批准资产评估报告的决议,关于修改公司章程的决议,关于1995年度决算及公司利润分配方案的决议,关于批准公司向社会公开发行股票及股票上市的决议。

2.报告期内投资事项:

1996年5月18日,公司投资2000万元兴建的分公司西安达尔曼实业股份有限公司翠宝花园渡假村开业;

1996年6月,西安达尔曼大厦主体竣工,进入内装修阶段;

1996年8月,公司从意大利引进新型宝石加工生产线,解决了技术难题。

3.报告期内董事、监事变动情况

1996年9月6日,经公司第三次股东大会审议,免去原董事丁健、胡秦生、李钺的职务,选举范文珍、王曙光、盖若梅为董事;免去王兆华、孙火星、袁庆监事职务,选举王珂、宋炜、曾瑞为公司监事。

4.1996年12月17日-19日,公司以"金额预缴、比例配售、余额转存"方式向社会公众公开发行2100万人民币普通股(见《中国证券报》1996年12月13日所披露的本公司招股说明书及发行公告)。

5.1996年利润分配预案:

一九九六年度公司营业收入11063.38万元,利润总额7402.11万元,本公司税后利润6201.86万元,提取法定公积金681.87万元,提取法定公益金309.30万元后,当年度可供股东分配利润5194.87万元,加上年结转1422.92万元,股东实际可供分配利润6617.79万元。董事会决议按每10股派送5股红股(按每股面值壹元计算),尚余可分配利润2817.79万元结转入下一年度;另外再每10股用资本公积金转增5股(每股壹元)。

6.本报告期间内公司无重大诉讼、仲裁事项。

六、子公司及关联企业

企业名称	注册资本	主营业务	本公司拥有权益(%)
1.西安丰汇珠宝有限公司	150万美元	境外黄金来料加工	50.33
2.西安海尔森宝石材料有限公司	100万美元	生产加工宝玉石	51

七、财务报告

1. 审计报告：

陕西会计师事务所注册会计师蒋纯昌、杜小燕对本公司1996年度财务报告出具了无保留意见的审计报告(陕会审(1997)第078号)。

2. 财务报告(附后)

3. 重要会计政策：

(1)会计制度

公司自成立之日起执行股份制试点企业会计制度，控股子公司执行中华人民共和国外商投资企业会计制度及其补充规定。

(2)合并会计报表的表达基准：

公司合并报表是根据公司及公司控股子公司的会计报表，按照合并会计报表暂行规定和股份制试点企业会计制度的要求作必要的调整及重分类后编制的，所有重大的母公司与子公司以及子公司之间的内部交易及余额已经在合并时予以抵冲。

(3)坏帐准备：

根据《股份制试点企业财务管理若干问题的暂行规定》按年末应收帐款余额的5‰的计提坏帐准备。

(4)存货：

存货以实际成本计价，发出存货成本的计价方法采用权平均法。低值易耗品采用一次摊销法核算。

(5)长期投资：

对被投资企业的长期投资采用下列会计处理方法：

拥有被投资企业股权20%以下时，采用成本法核算；拥有被投资企业股权20%至50%时，采用权益法核算；拥有被投资企业股权50%以上时，采用权益法核算并编制合并会计报表。

(6)无形资产、递延资产：

无形资产系土地使用权，在其使用权期限50年内按直线法进行摊销，递延资产中开办费按5年摊销；用电权按5年摊销。

(7)待摊费用：

主要为待摊一九九四年初存货分离的进项税。

(8)产品销售收入的确认：

产品销售收入以商品发出或劳务提供取得货款或取得收款权界。

(9)税项：

a. 增值税：内销产品销售收入，增值税税率为17%，出口产品销售收入按照国家有关税收法规规定，增值税税率为零。

b. 营业税：加工费收入按5%税率计缴营业税。

c. 城市建设维护税和教育费附加，公司按交纳增值税、营业额的7%和3%计缴，控股子公司不计缴。

d. 所得税：

1996年西安市科学技术委员会市科发[1996]105号文件，核准公司为西安高新区内高新技术企业。按财政部、国家税务总局财税字(94)001号"关于企业所得税若干优惠政策的通知"精神，按15%的税率计缴所得税。

(10)利润分配政策：

公司的税后利润根据公司章程按下列比例分配：

a. 提取10%法定盈余公积金；

b. 提取法定5%法定公益金；

c. 提取任意盈余公积金(计提比例由董事会决定)

d. 支付股利(董事会得出分配方案，经股东大会批准后分配)

(11)货币换算：

公司记帐本位币为人民币，对发生的非本位币的经济业务采用当月1日中国人民银行公布的外汇市场价中间价折合为本位币入帐，年末外币帐余额按12月31日外汇市场中间价进行调整，其差额作为"财务费用－汇兑损益"计入当期损益。

4. 财务报表附注：

(1)应收帐款　　15,787,942.73

一九九六年十二月三十一日余额按帐龄分类列示

帐龄	金额	占余额%
6个月以内	8,612,452.23	54.6
6—12个月	2,169,898.51	13.7
12—24个月	3,510,146.78	22.1
24—36个月	293,050.00	1.9
36个月以上	1,202,395.11	7.6
合计	15,787,942.73	100

期末余额15,787,942.73元，较年初下降70.6%，系收回应收销货款。

(2)其它应收款　　11,217,335.23

按帐龄分类列示如下：

帐龄	金额	占余额%
6个月以内	3,674,176.18	32.75
6—12个月	4,664,256.72	41.58
12—24个月	487,155.65	4.34
24—36个月	827,027.32	7.38
36个月以上	1,564,719.36	13.95
合计	11,217,335.23	100.00

期末余额11,217,335.23元，较年初下降58.68%，系收回各项欠款。

(3)待摊费用　　2,832,979.84

项　目	金额
1.94年初计提存货进项税	2.748,063.46
2 汽车养路费	84,916.38
合计	2,832,979.84

(4)存货　　21,832,850.59

其中：

A. 原材料	11,756,806.96
B. 在制品	1,575,271.82
C. 产成品	5,634,096.02
D. 自制半成品	2,299,177.49

存货期末余额较年初下降34.11%，主要是销售增长，存货周转率加快。

(5)固定资产：

原值	累计折旧	净值
39,108,632.33	5,953,284.37	33,155,347.96

固定资产期末数较年初数增长132.92%，系所属分公司度假村工程完工交付使用。

(6)在建工程　　71,402,361.98

主要工程项目	批准文号	资金来源	实际投人	预算投资	预计完工期
达尔曼大厦	高新建规字95－013	1993年募股资金	65,879,876.48	80,000.000.00	1994、4
渡假村附属工程	/	自筹	5,522,485.50	/	/

在建工程期末余额较年初增长116.22%，系达尔曼大厦工程本期投入建设资金1579.55万元；1996年6月30日资产评估增值1612.84万元；分公司度假村附属工程投入建设资金552.25万元。无利息资本化金额。

(7)无形资产　　18,435,813.02

种类	位置	来源	面积	原值	摊销数	净值	剩余摊销年限
土地使用权	建工路	人股	26.3亩	12,487,500.00	204,537.00	12,282,963.00	48
土地使用权	西安市长安县郭杜镇	购入	111.876亩	6,215,000.00	62,149.98	6,152,850.02	49

合计	138.176亩	18,702,500.00	266,686.98	18,435,813.02

期末余额较年初增长50.48%，主要是分公司度假村土地使用权621.50万元。

(8)递延资产　　　　358,943.02

名称	项目	原值	摊销数	净值	剩余摊销年限
度假村	开办费	34,737.75	4,052.72	30,685.03	4年零5个月
达尔曼	开办费	329,698.82	145,440.83	184,257.99	3年
	用电权	240,000.00	96,000.00	144,000.00	3年
	合计	604,436.57	254,493.55	358,943.02	

(9)待转销汇兑损益　　　　1,249,143.53

一九九四年元月一日外汇体制改革后，企业有关外币帐户的年初余额按照中国人民银行一九九四年一月一日公布的市场汇价中间价进行了调整，新折合的记帐本位币余额与原记帐本位币帐面余额之间的差额列作"待转销汇兑损益"，分五年平均摊销。

原值	已摊销数	净值	剩余摊销年限
3,122,858.86	1,873,715.33	1,249,143.53	2

(10)资本公积　　　　189,694,000.34

	期初数	本年增加	本年减少	期末余额
股票溢价收入	40,167,382.20	126,000,000.00	/	166,167,382.20
96年6月30日资产评估增值	/	16,518,658.81	/	16,518,658.81
股票发行费用节余	/	2,027,634.67	/	2,027,634.67
申购资金冻结期间利息收入	/	4,980,324.66	/	4,980,324.66

(11)盈余公积　　　　15,650,708.92

	上年结存	本年增加	本年减少	期末余额
1.法定盈余公积金	4,392,575.16	6,818,764.53	/	11,211,339.69
2.法定公益金	1,346,344.54	3,093,024.69	/	4,439,369.23
合计	5,728,919.70	9,911,789.22	/	15,650,708.92

公司法定盈余公积金和公益金，根据章程及董事会决议分别按税后利润的10%及5%提取。

控股子公司储备基金和企业发展基金，根据董事会决议，分别按子公司税后利润的10%提取，合并报表时并入法定盈余公积金。

(12)未分配利润　　　　66,177,937.04

	上年结转	本年增加	本年减少	期末余额
未分配利润	14,229,232.56	51,948,704.48	/	66,177,937.04

(13)以前年度损益调整　　　　2,001,826.75

主要是丰汇珠宝有限公司收到1994年增值税、消费税的退税收入等。

(14)财务承诺

截至一九九六年十二月三十一日止，公司除了短期借款存在以财产抵押和担保外，没有对外单位提供借款担保和财产抵押。

(15)关联交易

关联方名称：西安翠宝首饰集团公司

所持股份比例：28.947%

A.公司与西安翠宝首饰集团公司签定了《租赁协议》，公司租用西安翠宝首饰集团公司的厂房、仓库及办公用房等，并缴纳水、电及其它杂费。

B.公司本年度有556万元的产品销售给了西安翠宝金店(西安翠宝首饰集团公司下属子公司)。

八、其他事项

1.公司首次注册时间为1993年10月29日，注册资本5000万元，注册地址西安市建工路

2.报告期内，因公司向社会公众发行2100万元人民币普通股股票，于1996年12月26日变更注册，注册资本7600万元，注册地址西安市建工路

3.备查文件：

(1)董事长亲笔签名的年度报告原本；

(2)审计报告原本；

(3)证监会要求的其它文件。

西安达尔曼实业股份有限公司董事会

一九九七年三月十七日

资产负债表

编制单位：西安达尔曼实业股份有限公司　　　　1996年12月31日　　　　单位：人民币元

资产	行次	母公司(年初数)	母公司(年末数)	合并(年初数)	合并(年末数)	负债及所有者权益	行次	母公司(年初数)	母公司(年末数)	合并(年初数)	合并(年末数)
流动资产：	1					流动负债	35				
货币资金	2	18,925,847.12	232,997,446.25	20,171,631.84	251,581,494.59	短期借款	36	2020,000.00	5,750,000.00	16,726,320.00	27,388,560.00
短期投资	3					应付票据	37				
应收票据	4					应付帐款	38	2,002,166.00	3,843,094.21	33.603,816.22	2,451,344.32
应收帐款	5	12,939,174.00	8,404,639.37	53,691,959.33	15,787,942.73	预收货款	39		56,281.00		2430,189.68
减：坏帐准备	6		42,023.20	64,695.87	78,939.71	应付福利费	40	17,891.72	-125,788.24	3,106,308.22	3,119,281.97
应收帐款净值	7	12,939,174.00	8,362,616.17	53,627,263.46	15,709,003.02	未付股利	41	4,579,356.00	1,617,256.00	5.106,304.40	3,471,453.43
预付货款	8		845,173.46	10,766,242.00	3,387,765,46	未交税金	42	3,752,550.67	6,847,544.33	4,017,794.33	7,992,817.36
其它应收款	9	28,579,368.85	9,469,400.06	27,150,325.16	11,217,335.23	其他未交款	43	76,322.01	251,234.79	76,322.01	234,474.09
待摊费用	10	2,748,063,46	2,748,063,46	2,892,839.01	2,832,979.84	其他应付款	44	5,950,853.76	27,649,591.65	19,443,165.07	21,287,858.36
存货	11	5,898,467.15	11,347,760.01	32,310.161.14	21,823,850.59	预提费用	45		111,137.55		111,137.55
待处理流动资产净损失	12		88,007.42		88,007.42	一年内到期的长期负债	46				
						其它流动负债	47				
一年内到期的长期债券	13					流动负债合计	48	18,399,140.16	46,000,351.29	82,080,030.25	68,487,116.76
其它流动资产	14					长期负债：	49				
流动资产合计	15	69,090,920.58	265,858.466.83	146,918,462.61	306,640,466.15	长期借款	50				
长期投资：	16					应付债券	51				
长期投资	17	16,041,021.23	22,159,991.54	75,000.00	75,000.00	长期应付款	52				
合并价差	18					其他长期负债	53				
固定资产：	19						54				
固定资产原价	20	3,249,110.00	16,286,683.00	16,790,904.50	39,108,632.33	长期负债合计	55	0.00	0.00	0.00	0.00

资产	行次	母公司(年初数)	母公司(年末数)	合并(年初数)	合并(年末数)	负债及所有者权益	行次	母公司(年初数)	母公司(年末数)	合并(年初数)	合并(年末数)
减:累计折旧	21	605,317.92	979,261.80	4,214,172.58	5,953,284.37	负债合计	56	18,399,140.16	46,000,351.29	82,080,030.25	68487,116.76
固定资产净值	22	2,643,792.08	15,307,421.20	12,576,731.92		待转销汇兑损益	57				1,249,143.53
						少数股东权益:	58			8,127,839.26	12,809,025.54
在建工程	23	33,023,341.16	71,402,361.98	33,023,341.16	71,402,361.98	股东权益	59				
固定资产清理	24					股本	60	55,000,000.00	76,000,000.00	55,000,000.00	76,000,000.00
待处理固定资产损失	25					资本公积	61	40,167,382.20	189,694,000.34	40,167,382.20	189,694,000.34
固定资产合计	26	35,667,133.24	86,709,783.18	45,600,073.08	104,557,709.94	盈余公积	62	4,039,033.62	13,318,107.70	5,738,919.70	15,650,708.92
无形资产及递延资产	27					其中:公益金	63	1,346,344.54	4,439,369.23	1,346,344.54	4,439,369.23
无形资产	28	12,251,470.00	18,435,813.02	12,251,470.00	18,435,813.02	未分配利润	64	15,929,118.62	68,510,538.26	14,229,232.56	66,177,937.04
递延资产	29	484,129.55	358,943.02	498,398.28	358,943.02	股东权益合计	65	115,135,534.44	347,522,646.30	115,135,534.46	347,522,646.30
无形资产递延资产合计	30	12,735,599.55	18,794,756.04	12,749,868.28	18,794,756.04						
其他长期资产	31										
其他长期资产	32										
	33										
资产总计	34	133,534,674.60	393,522,997.59	205,343,403.97	430,067,932.13	负债及股东权益总计	66	133,534,674.60	393,522,997.59	205,343,403.97	430,067,932.13

利润表

编制单位:西安达尔曼实业股份有限公司　　一九九六年度　　单位:人民币元

项目\部门	行次	母公司(上年数)	母公司(本年数)	合并(上年数)	合并(本年数)
一、主营业务收入	1	36,640,220.00	98,038,506.47	49,570,238.95	110,633,830.04
减:营业成本	2	17,062,514.87	51,791,986.31	24,455,891.18	59,743,530.28
销售费用	3	34,896.68	1,057,195.74	175,521.50	1,194,718.23
管理费用	4	1,486,005.06	1,450139.14	3,504,540.87	4,791,095.17
财务费用	5	-49,987.44	-3,220,002.90	652,301.81	-355,807.26
进货费用	6				
营业税金及附加	7	622,836.64	2,173,433.87	667,452.52	2,419,774.47
二、主营业务利润	8	17,483,954.19	44,785,754.31	20,114,531.07	42,840,519.15
加:其它业务利润	9		25,952,033.75		29,696,117.81
三、营业利润	17	17,483,954.19	70,737,788.06	20,114,531.07	72,536,636.96
加:投资收益	11	1,722,888.59	2,057,520.31	-472,981.97	
营业外收入	12	1,380.27	4,914.40	7,025.21	10,722.78
减:营业外支出	13		233,.20	41,007.30	528,080.78
加:以前年度损益调整	14		-316,336.04		2,001,826.75
四、利润总额	15	19,208,223.05	72,483,653,53	19,607,567.01	74,021,105.71
减:所得税	16	2,820,397.27	10,623,159.83	2,908,052.62	11,054,556.53
减:少数股东损益				670,085.11	947,876.69
五、净利润	17	16,387,825.78	61,860,493.70	16,029,429.28	62,018,672.49

利润分配表

编制单位:西安达尔曼实业股份有限公司　　一九九六年度　　单位:人民币元

项目	行次	母公司(上年数)	母公司(本年数)	合并(上年数)	合并(本年数)
一、净利润	1	16,387,825.78	61,860,493.70	16,029,429.28	62,018,672.49
加:年初未分配利润	2	1,999,466.71	15,929,118.62	904,107.64	14,229,232.56
盈余公积转入数	3				
	4				
二、可供分配利润	5	18,387,292.49	77,789,612.32	16,933,536.92	76,247,905.05
减:提取法定公积金	6	1,638,782.58	6,186,049.37	1,906,034.44	6,818,764.53
提取法定公益金	7	819391.29	3,093,024.69	807,910.47	3,093,024.69
职工奖励福利基金	8			125,427.96	158,178.79
三、可供股东分配的利润	9	15,929,118.62	68,510,538.26	14,094,164.05	66,177,937.04
	10				
提取任意公积金	11				
已分配普通股股利	12			-135,068.51	
	13				

项目	行次	母公司(上年数)	母公司(本年数)	合并(上年数)	合并(本年数)
四、未分配利润	15	15,929,118.62	68,510,538.26	14,229,232.56	66,177,937.04

财务状况变动表

编制单位:西安达尔曼实业股份有限公司　　　　一九九六年度　　　　单位:人民币元

流动资金来源和动用	行次	母公司	合并	流动资金各项目的变动	行次	母公司	合并
一、流动资金来源	1			一、流动资产本年增加数	1		
1.本年净利润	2	61860493.70	62018672.49	1.货币资金	2	214071599.13	231409862.75
加:不减少流动资金的费用和损失	3			2.短期投资	3		
(1)少数股东本期损益(亏损以"-"号表示)	4		947876.69	3.应收票据	4		
(2)固定资产折旧	5	622927.78	2069313.18	4.应收帐款净额	5	-4576577.83	-37918260.44
(3)无形资产,递延资产及其他资产摊销	6	368974.99	368974.99	5.预付货款	6	845173.46	-7378446.54
(4)固定资产盘亏(减盘盈)	7			6.其他应收款	7	-19109968.79	-15932989.93
(5)清理固定资产损失(减收益)	8			7.持摊费用	8		-59859.17
(6)递延税项	9			8.存货	9	5449292.86	-10486310.55
(7)其它不减少流动资金的费用和损失	10			9.待处理流动资产净损失	10	88007.42	88007.42
小计	11	62229468.69	65404837.35	10.一年内到期的长期投资	11		
	12			11.其他流动资产	12		
其它来源:	13				13		
(1)固定资产清理收放(减清理费用)	14				14		
(2)增加长期负债	15				15		
(3)收回长期投资	16				16		
(4)对外投资转出固定资产	17				17		
(5)对外投资转出无形资产	18				18		
(6)资本净增加额	19	179805692.22	180438407.36		19		
(7)少数股东资本净增加额	20		4681186.28		20		
小计	21	179805692.22	185119593.64		21		
	22				22		
流动资金来源合计	23	242035160.91	245843244.71	流动资产增加净额	23	196767546.25	159722003.54
	24				24		
	25			二、流动负债本年增加数	25		
二、流动资金运用	26				26		
1.利润分配:	27			1.短期借款	27	3730000.00	10662240.00
(1)提取法定公积金	28	6186049.37	6818764.53	2.应付票据	28		
(2)提取法定公益金	29	3093024.24	3093024.24	3.应付帐款	29	1840928.21	-31152471.90
(3)提取任意公积金	30			4.预收货款	30	56281.00	2430189.68
(4)已分配股利	31			5.应付福利费	31	-143679.96	12973.75
小计	32	9279073.61	9911788.77	6.未付股利	32	-2962100.00	-1634850.97
	33			7.未交税金	33	3094993.66	3975023.03
2.少数股东利润分配	34			8.其他未交款	34	174912.78	158152.08
3.其它动用:	35			9.其他应付款	35	21698737.89	1844693.29
(1)固定资产和在建工程净增加额	36	51042650.39	56188407.43	10.预提费用	36	111137.55	111137.55
(2)增加无形资产,递延资产及其他资产	37	6428131.48	6428131.48	11.一年内到期的长期负债	37		
(3)偿还长期负债	38			12.其他流动负债	38		
(4)增加长期投资	39	6118970.31			39		
小计	40	63589752.18	62616538.91		40		
	41				41		
流动资金运用合计	42	72868825.79	75258327.68	流动负债增加净额	42	27601211.13	-13592913.49
	43				43		
外币会计报表折算差额	44				44		
	45				45		
流动资金增加净额	46	169166335.12	173314917.03	流动资金增加净额	46	169166335.12	173314917.03

西安达尔曼实业股份有限公司一九九七年度中期报告

一、财务报告(未经审计)

单位:元

1、财务报表

简化的资产负债表

项目	期末数(合并)	期初数(合并)	期末数(母公司)	期初数(子公司)
流动资产	295865180.70	306640466.15	264935966.80	265858466.83

长期投资	75000.00	75000.00	22017050.73	22159991.54
固定资产净值	32463630.72	33155347.96	15063616.82	15307421.20
在建工程	127215699.28	71402361.98	127215699.28	71402361.98
无形及递延资产合计	18543813.66	18794756.04	18543813.66	18794756.04
其他长期资产				
资产总计	474163324.39	430067932.13	447776147.29	393522997.59
流动负债	73626870.94	68487116.76	61614375.23	46000351.29
长期负债				
待转销汇总损益	936857.65	1249143.53		
少数股东权益	13443859.26	12809025.54		
股东权益	386161736.54	347522646.30	386161772.06	347522646.30
股本	152000000.00	76000000.00	152000000.00	76000000.00
资本公积	151094000.34	189694000.34	151094000.34	189694000.34
盈余公积	15650708.92	15650708.92	13318107.70	13318107.70
未分配利益	67411027.28	66177937.04	69749664.02	68510538.26
负债及所有者权益	474163324.39	430067932.13	447776147.29	393522997.59

简化的损益表

单位:元

项目	97年1—6月(合并)	96年1—6月(合并)	97年1—6月(母公司)	96年1—6月(母公司)
主营业务收入	70269071.28	43707053.54	69483437.69	43742184.68
主营业务利润	35616929.08	18780820.46	37757603.14	21368257.84
其他业务利润	10387291.55		8451406.08	
投资收益			－142940.81	－224368.91
营业外收支净额	97608.95	－500896.69	97608.95	672.40
利润总额	46101829.58	18279923.77	46163677.36	19125249.33
所得税	6944956.50	2868787.40	6924551.60	2868787.40
少数股东损益	－76220.16	－845325.56		
净利润	39233090.24	16256461.93	39239125.76	16256461.93
加:期初未分配利润	66177937.04	14462526.11	68510538.26	16615695.31
可供分配利润	674110270.28	30718988.04	69749664.02	32872157.24

注:可供分配利润等于净利润加期初未分配利润减已分配股东3800万元利润后得出。

2.其它财务指标

	97年1—6月	96年1—6月
每股收益(元)	0.258	0.296
净资产收益率(%)	10.16	12.29
每股净资产(元)	2.54	2.40

注:财务指标1997年1—6月按股本扩大后的15200万股全面摊薄计算,1996年1—6月按当时股本5500万股全面摊薄计算。

3.财务报表注释

(1)本中期报告所采用的会计政策与以前年度所采用的会计政策相一致,报表合并范围未发生变化。

(2)应收帐款:期末余额23944312.00元,较年初增长32.66%,主要系销售规模扩大,允许部分信誉较好的客户延期付款,致使应收帐款相应增加。应收帐款无持股5%以上的股东欠款。

(3)预付帐款:期末余额8651625.76元,较年初增长155%,主要系预付原材料款和征地款。

(4)存货:期末余额31968536.03元,较年初增长46%,主要系本年度生产规模和销售较上年扩大而使存货各项均有增加。

(5)在建工程:期末余额127215699.28元,较年初增长78%,主要系报告期内按募集资金用途投向各个在建项目,致使期末余额增加。

(6)应付帐款:期末余额5984107.98元,较年初增长144%,主要系应付原材料供应单位贷款。

(7)股本:期末余额152000000股,较年初增长100%,系今年4月执行96年度每10股送5股红股并转增5股的股利分配政策所致。

(8)主营业务收入等增长原因:

今年1—6月,公司完成主营业务收入70269071.28元,比上年同期的43707053.54元增长60.77%。主要原因有:今年以来国内外珠宝饰品市场需求较旺,公司加强生产、销售、设计管理方面的工作,扩大了销售,销售的扩大使销售成本及各项费用(除财务费用)相应增加,使今年的主营业务利润比去年同期有了较大幅度的增长。

(9)其他业务利润:本期新增10387291.55元,系公司发挥设备和技术优势,进行来料加工业务,所获利润。

(10)待处理流动资产净损失:期末余额－1377986.98元,较年初变动1465994.40元,系子公司丰汇珠宝有限公司流动资产盘盈。

(11)关联交易:

关联方:西安翠宝首饰集团公司,占本公司股份28.94%。

①公司与之签定了长期服务协议,租赁西安翠宝首饰集团公司的厂房,公司每年向其支付租赁费用;

②公司报告期内向西安翠宝首饰集团公司的子公司翠宝金店销售了110万元货物。销售价格执行公司市场批发价。

二、经营情况的回顾和展望

1.上半年经营情况的回顾

1997年上半年,公司紧紧围绕巩固珠宝首饰生产主导地位的经营方针,通过产品结构的进一步优化调整,合理架构内外销市场,使主营业务取得了长足发展,同时,进一步优选高新技术项目,向国家政策扶持产业倾斜,着重进行了以下几项主要工作:

(1)完善生产工艺,进 步加大新产品开发力度。公司在继续强化以目标量化管理为核心的责、权、利相组合的管理制度和以优化组合为基点的责任包干生产制度的基础上,进一步完善生产工艺,加大产品花色品种的开发力度,一方面努力挖掘原有设备的生产潜力,提高原有产品的生产质量,一方面大力开发新产品,根据市场需求增加产品花色品种,不断改善产品结构;同时积极挺进包括有重大环保价值及现代绿色农业项目在内的国家政策扶持产业,确保公司经营方针落到实处。

(2)导入CI战略,充实公司实力。公司转型为上市公司后,更加注重形象建设,已着手导入CI战略,对全体员工进行了有关培训,使公司上下统一认识,向现代化、规范化管理不断迈进,将以公司总部大楼落成启用为契机,以崭新的面貌展示于广大公众面前。同时公司继续强化企业文化建设,陆续招聘了一批高素质的中高级管理及科研人员,充实管理班子,在公司内部形成良性竞争氛围,公司实力持续提高。

(3)继续健全销售网络,合理架构内外销市场。通过生产、管理、经营各方面的共同努力,公司立足于国内经济发展现状,在不断拓展健全销售网络的前提下,合理调整内外销比例,灵活架构内外销市场,努力发展对外贸易、采用积极灵活的销售手段扩大销售规模,使公司产品的市场占有率在原有基础上提高近两个百分点。

(4)九六年招股说明书所披露的募集资金投资项目的建设。

原计划投入6994万元从意大利引进的三条珠宝首饰生产线,已和有关外商草签了引进协议,待大厦落成后,直接投入批量生产;原计划投资3162万元在大厦5－11层设立的国际珠宝交易中心,现正在进行紧张的内外装修工程,经公司努力,已与220多家客户签订了摊位租赁意向书;原计划投资3700万元兴建的常温快干原子灰和原子灰专用树脂生产厂,现已完成技术论证及市场调研,并已进行了部分试验性批量生产。

通过努力,上半年公司实现主营业务收入7026.91万元,比去年同期增长60.77%,完成年计划的41.33%;实现利润总额4610.18万元,比去年同期增长152%,完成年计划的61%;实现税后利润3923.31万元,比去年同期增长141%,完成年计划的61.25%。

2.下半年计划

(1)完善内部机制,实施名牌战略。公司将以ISO9002质量管理体系的深入实施和CI战略的导入为契机,加快改革人事、劳动、分配制度,提供适宜于各类优秀人才长期工作的良好环境和机制,进一步深抓内部挖潜,从生产成本、产品质量、销售渠道等方面共同努力,维护主营业务不断增长,并初步建立品牌保护体系,运用CI理念塑造产品品牌形象,将CI设计和ISO9002质量认证紧密结合,以完美的质量保证品牌战略的实施,促进整体效益实现新的飞跃。

(2)加强科技进步,提高综合实力。公司将继续加大科技开发投入,引进先进科研设备,开发高品质产品,保持公司主导产品市场优势。抓住国家经济发展重点西移的历史性机遇,加快提高高新技术产品生产比重,向国家扶持产业项目倾斜,切实提高公司综合实力。

(3)加快项目建设,力争以更好的效益回报广大股东。

公司将全面加快现有项目建设速度,保证达尔曼大厦的内外装修工作如期完成,大厦5-11层国际珠宝交易中心规划建设工作将如期交付使用,相信随着摊位租赁工作的逐步落实,公司将会形成全新利润增长点;新引进意大利设备的调试及员工培训工作的完成及投入使用,会使公司产品竞争力产生质的提高;同时还将加速原子灰生产厂的建设工作,力争及早产出效益。

在主营业务不断增长的基础上,以上新项目的建成投产必将给广大股东带来更新、更大的收益。

三、重大事件说明

1.1997年4月13日,公司召开了1996年度股东大会,审议通过了关于九六年度利润分配及公积金转增股本等六项议案。

2.1997年4月18日,经公司1996年度股东大会审议通过,公司着手筹建西安达尔曼保龄球设备制造公司,成立达尔曼新型墙体材料公司,筹建现代化农业生产基地,现各项目均取得一定进展。为加快新项目建设速度,所需资金公司拟通过配股或其他方法予以解决。

3.对照《严禁国有企业和上市公司炒作股票的规定》,公司严格进行了自查,截止1997年6月30日,本公司及子公司均未在境内外任何证券经营机构开设买卖流通股股票的帐户。若公司今后从事股票长期投资,将严格遵守国家有关政策的规定。

4.本报告期内,公司无重大诉讼、仲裁事件。

5.本公司本年度中期不进行利润分配。

四、发行在外股票变动和股权结构的变化

1.股本变化的情况

本公司1996年度利润分配及资本公积金转增股本方案经公司1996年度股东大会审议通过,并经西安市证监会市证监字(1997)013号文批准,同意公司按每10股派发5股红股的方案向全体股东派发1996年度红利,并用资本公积金按每10股转增5股的方案向全体股东转增股本。送股后,公司股本由7600万股至15200万股。

2.股权结构情况

单位:万股

	期初数	本期变动增加			期末数
	配股	送股	公积金转股	其他	小计
一、尚未流通股份					
1.发起人股份	2805	1402.5	1402.5	2805	5610
其中:国家拥有股份					
境内法人股份	2805	1402.5	1402.5	2805	5610
外资法人股份					
其他:					
2.募集法人股	2557.5	1278.75	1278.75	2557.5	5115
3.内部职工股	137.5	68.75	68.75	137.5	275
4.优先股或其他					
尚未流通股份合计	5500	2750	2750	5500	11000
二、已流通股份					
1.境内上市的人民币普通股	2100	1050	1050	2100	4200
2.境内上市外资股					
3.境外上市外资股					
已流通股份合计	2100	1050	1050	2100	4200
三.股份总额	7600	3800	3800	7600	15200

3.公司前十名股东

股东名称	期初数	本期增加数	期末数	占总股本份额
西安翠宝首饰集团公司	2200万股	2200万股	4400万股	28.94%
西安市新城农工商总公司	550万股	550万股	1100万股	7.24%
西安市新城区生产资金管理所	550万股	550万股	1100万股	7.24%
新疆祥合实业有限公司	550万股	550万股	1100万股	7.24%
海南泰信实业投资公司	550万股	550万股	1100万股	7.24%
西安铁路局宏达科工贸实业公司	375.1万股	375.1万股	750.2万股	4.94%
南方证券有限公司	308万股	308万股	616万股	4.05%
陕西电力投资公司	66万股	66万股	132万股	0.87%
西安市工商银行开发区支行劳司	55万股	55万股	110万股	0.72%
西安石油机械厂	55万股	55万股	110万股	0.72%

五、股东大会简介

1.西安达尔曼实业股份有限公司1996年度股东大会于1997年4月18日在西安翠宝花园度假村综合楼召开,出席会议股东32名,代表持股额63821467股,占公司股本总额的83.98%,经西安市公证处公证,大会通过如下有效决议:

(1)审议通过董事长兼总经理许宗林先生所作的公司1996年度业务报告,副董事长范文珍先生所作的董事会工作报告以及监事曾瑞先生所作的监事会工作报告。

(2)审议通过关于1996年度财务决算、利润分配及资本公积金转增股本方案的决议。1996年度公司完成税后利润6201.86万元,提取法定公积金681.87万元提取法定公益金309.30万元,当年可供股东分配利润5194.87万元,加上年结转1422.92万元,股东实际可分配利润为6617.79万元,决定按每10股派发5股红股的方案向全体股东分配1996年度股利,尚余2817.79万元可分配利润转下一年度。同时,截止1996年12月31日,公司共拥有资本公积18969.40万元,决定从中提取3800万元转增股本,即向全体股东每10股转增5股。

(3)审议通过依据《中华人民共和国公司法》修改的《西安达尔曼实业股份有限公司章程》。

(4)增选王忠民先生、樊光鼎先生为公司董事。

(5)补选刘玉堂先生、李鼎新先生为公司监事。

(6)审议通过关于达尔曼保龄球设备制造公司、达尔曼新型墙体材料公司、达尔曼现代农业生产基地成立预案,授权董事会全权处理有关事宜。

2.本报告期内未召开临时股东大会。

六、备查文件

1.载有董事长亲笔签名的中期报告原本。

2.1996年度股东大会决议。

西安达尔曼实业股份有限公司

一九九七年八月九日

山东鲁抗医药股份有限公司

山东鲁抗医药股份有限公司招股说明书概要

一、释义

本招股说明书概要中,除非文中另有所指,下列简称具有以下所规定的含义:

公司(本公司)　指山东鲁抗医药股份有限公司
发行人　指山东鲁抗医药股份有限公司
集团公司　指山东鲁抗医药企业集团公司
本次发行　指本次向社会公众新发行8000万股社会公众股
A股　指每股面值为1.00元之记名式人民币普通股
元　指人民币元
主承销商　指国泰证券有限公司

二、绪言

本招股说明书概要是根据《中华人民共和国公司法》、《股票发行与交易管理暂行条例》、《公开发行股票公司信息披露实施细则(试行)》、《公开发行股票公司信息披露的内容与格式条例(试行)》及国家、省、市人民政府现行有关有价证券管理规定,经董事会批准为本次股票发行向社会公众提供本公司有关情况而编制的。

本公司董事会愿就本招股说明书概要所载明的资料在刊发当日的真实性、准确性,完整性承担个别的和连带的责任,并深信就其所知而言并无隐瞒和遗漏任何重大事实,致令本招股说明书有任何误导或虚假成份。

发行的股票是根据本说明书概要所载资料申请发行的,除发行人和主承销商外,没有委托或授权任何其他人提供未在本说明书概要中列载的信息和对本说明书概要作解释或者任何说明。

投资者须自行负担买卖本发行人股票所应支付的税款,发行人、推荐人及承销商对上述税款不承担责任。

为了方便投资者,公司在本次发行股票期间特设咨询电话:(0537)2278572。

三、发售新股的有关当事人

发行人:山东鲁抗医药股份有限公司
地址:山东省济定市太白楼西路173号
法定代表人:章建辉
电话:(0537)2278572
传真:(0537)2218814
联系人:刘余廷、孙滨江
主承销商及上市推荐人:国泰证券有限公司
法定地址:上海市浦东新区乳山路61号
法定代表人:金建栋
办公地址:北京市海淀区白石桥路3号友谊宾馆乡园
电话:010—68498545
传真:010—68483942
联系人:冯立亮、杨广立、莫斌
国泰证券山东分公司
地址:济南市经三路117号
电话:0531—7923496
传真:0531—7923541
联系人:渠洪喜、窦海燕
副主承销商及上市推荐人:大鹏证券有限责任公司
地址:深圳市深南东路信兴大厦地王商业中心商业大楼8层
法定代表人:徐卫国
电话:(0755)2463388—8607
传真:(0755)2462021
联系人:宛楠、田佳峰
发地人财务顾问:中国诚信证券评估有限公司
地址:北京市东城区和平里东街民旺乙19号写字楼
法定代表人:毛振华
电话:(010)64275969
传真:(010)64275625
联系人:李伟
发行人法律顾问:信达律师事务所
地址:深圳市人民南路国贸大厦43楼
电话:(0755)2221587
传真:(0755)2250442
经办律师:刘凤良、霍庭、张炯、王瑞军
主承销商法律顾问:竞天律师事务所
地址:北京朝阳区新恒基大厦323室
电话:(010)64671982
传真:(010)64673772
经办律师:李裕国、李清荣
会计师事务所:山东烟台会计师事务所
地址:山东烟台芝罘区胜利路2号
注册会计师:赵永兰、战淑苹
电话:(0535)6224420
传真:(0535)6224381
负责人:赵永兰、战淑苹
资产评估机构:山东会计师事务所
地址:　济南市大纬二路59号
经办评估人员:许中诂、王效治
电话:　(0531)6907043
传真:　(0531)6907042
联系人:　王效治
资产评估确认机构:国家国有资产管理局
地址:　北京市海淀区万泉河路166号
局长:　张佑才
电话:　010—2567744
传真:　2561817
土地评估机构:山东省地产估价事务所
地址:　山东省济南市二环东路中段
经办评估人员:　刘建功、张锐
电话:　(0531)8957449
联系人:　张锐
股票登记机构:上海证券中央登记结算公司
地址:　上海市黄埔路15号
电话:　(021)63068888
分销商:山东省国际信托投资公司

地址：　济南解放路166号
电话：　(0531)6956565—2891
传真：　(0531)6942770
联系人：　庄文

分销商：中国科技国际信托投资公司

地址：　北京市朝阳区亚运村北京国际会议中心四层
电话：　(010)64953021
传真：　(010)64924103
联系人：　胡涛

分销商：济宁信托投资公司

地址：　济宁红星中路信托大厦27号
电话：　(0537)2262888—6103
传真：　(0537)2210243
联系人：　赵锦敏

分销商：湖北证券公司

地址：　湖北省武汉市武昌区彭刘杨路232号
电话：　(010)62172288-3808
传真：　(010)621722883808
联系人：　徐海啸

分销商：中国新技术创业投资公司

地址：　北京建外大街赛特广场1022
电话：　(010)65227550-920
传真：　(010)65227550-920
联系人：　高伟、赵峰

分销商潍坊证券公司：

地址：　山东省潍坊市四平路17号
电话：　(0536)8332928
传真：　(0536)8361056
联系人：　马成全、吴大森

四、风险因素及对策

投资者在评价本发行人此次发售的股票时，除本招股说明书提供的其他资料外，应特别认真地考虑下述各项风险因素。

1．经营风险

(1)本公司产品的主要原材料为玉米等大宗粮食加工产品，由于公司地处鲁西南渔米之乡，因此，生产所需的各种原材料均能就地解决。但近年来上述原材料价格有不同程度的上涨，对公司的生产产生一定的压力。

(2)本公司生产需要消耗大量电力，由于公司靠近兖州煤炭基地和坑口发电厂，因此能源供应有较为充足的保证。但是，由于公司所在地工业发展迅速，短暂的电力紧张不可避免，生产有时会受到影响。

(3)药品中国家定(调)价限制所及产品比例较大，目前抗生素药品的价格虽几经上调，但定价仍属偏低，随着经济体制改革的深化和市场经济竞争机制的进一步完善，国家对药品的定价可能会有所松动，但就目前而言本公司面临一定的产品价格管制风险。

(4)目前公司抗生素出口产品的销售额占公司销售总额的20%左右，因此公司面临一定的汇率风险。

(5)本公司正处在成长期，投资项目多，技术改造任务大，尤其是千吨青霉素工程的建设需要大量资金分期分批及时融入，因此公司面临一定的融资风险。

2．行业风险

全国目前抗生素生产厂家除本公司外，主要有华北制药厂、哈尔滨制药厂、江西东风药厂、四川制药厂、河南中州制药厂和岳阳市制药厂等，本公司处于第三位。作为全国三大抗生素生产基地之一，公司在抗生素产量上在国内占举足轻重的地位，但面临的竞争压力仍然较大。

3．政策风险

公司上市后根据山东省人民政府鲁政字[1996]259号文《关于山东鲁抗医药公司所得税问题的批复》执行所得税按33%税率征收返还18%的优惠政策，该政策为山东省地方规定，不排除将来国家有关税收的法律、法规发生变化，从而影响本公司享受的优惠政策。

4．环保风险

公司主要产品是抗生素，生产过程中会排放废水、废渣，目前公司能达到国家规定的排放标准，但不排除今后随着国家环境治理工作的加强，国家提高排放标准，公司在短期内可能达不到提高的排放标准。

5．股市风险

股市是高风险的市场，影响股价的因素很多，主要有：国家宏观经济走势、行业因素、企业因素、投资者偏好、技术因素等等，尤其是中国股市还很年轻，市场理性较淡，因此投资者必须充分认识股市风险巨大。

针对上述风险，本公司拟采取如下有效对策：

1．经营风险对策

(1)针对主要原材料价格的上涨，本公司对策有：第一，在本地已建成原材料供应的卫星厂家，保证原材料供应；第二，通过技术进步，改进生产工艺，提高技术水平，加强成本管理，降低原材料消耗；第三，提高产品的技术含量，大力开发青霉素深加工高附加值产品；第四，通过优质优价的策略消化部分原材料涨价因素。

(2)针对电力供应问题，本公司将加强节能管理，降低单位产品能耗。同时，公司下设热电车间，安装有发电机组，在停电的情况下，可暂时维持公司生产运营。

(3)针对一定的价格管制，本公司对策有：第一，坚持优质优价的原则，以质量争取价格，以质量求发展；第二，通过募集资金，增加投入，扩大生产规模，降低成本；第三，通过深加工，增大产品附加值。

(4)汇率风险是进出口必然面临的风险，本公司已经总结了一整套处理汇率风险的对策，主要包括：加强对汇率变动的分析预测，针对汇率变动趋势，调整结算货币中硬币、软币比重，调整结算期限的配比，同时加强和银行的合作。

(5)融资风险方面，本公司已被列入国务院1000家重点支持的国有企业之一，在融资方面享受多项优惠政策，公司已与济宁市建行、济宁市工行签订银企联手协议，千吨青霉素工程建设也受到各级领导的广泛关注，国家计委安排了日本政府4000万美元贷款计划。同时，本公司作为济宁市的利税大户，将一如既往地同各商业银行之间保持密切合作关系。如本次募股成功，将在很大程度上缓解公司资金供求矛盾，满足公司千吨青霉素项目的需要。

2．行业风险对策

面对行业内部竞争，本公司将(1)生产上狠抓产品质量，利用在技术水平、生产规模上的优势使自身立于不败之地。(2)国内市场销售方面，通过商业二级站搞代理销售，建立遍布全国的长期稳定的销售代理网络。同时，公司还在河南、江苏、安徽、天津、西安、珠海、深圳、武汉、海口、广州、福州、成都、沈阳等22个省市建立了办事处，专门负责本公司产品的销售。(3)国际市场方面，公司已获得进出口自营权，有五种产品出口欧、美、东南亚国家，出口产品的销售额占公司销售总额的20%左右，在固守国内市场的同时，公司已抢占国际市场。

3．政策风险对策

本公司属技术密集型医药行业，是国家医药管理局重点扶持发展的企业。本公司“鲁抗牌”系列产品全部获得省优以上荣誉称号，其中，青霉素钠及粉针获1990年国家金质奖，硫酸链霉素获部优称号，注射用盐酸大观霉素获1995年国家新产品奖，麦白霉素质量被评为全国第一，乙酰螺旋霉素比国内同类产品有效成分含量高出30%。本公司千吨青霉素工程项目是国务院批准的九六国家重点建设项目，国家医药管理局和山东省政府都予以了大力支持。因此，本公司是国家政策鼓励发展的企业。

4．环保风险的对策

公司在公司“九五”发展规划中，已高度重视废水、废渣的治理，

1997—2000 年计划安排 5000 万元的环境治理费用，以提高公司环境保护水平。

5. 股市风险的对策

提高上市公司素质是降低股市风险的有效途径，本公司将妥善使用募集资金，保证投资项目在一定风险程度下的高回报，同时注重维护股东权益，用公司良好的业绩给广大股东带来丰厚的回报。

五、募集资金的使用

(一)本次募集资金的使用

公司本次向社会公开募股 8000 万股，按 6.30 元/股的价格发行，若发售成功，届时可募集资金 48800 万元(已扣除发行费用)，募集资金将全部投入千吨青霉素项目。

青霉素作为当前国内外临床的首选抗生素药物，因其独特的功效而久盛不衰，尤其是以青霉素为原料的半合成青霉素和头孢菌素的市场需求逐年上升，产量不断增加。我国青霉素工业近年来虽有所发展，但是在规模、技术、成本及经济效益方面与国际先进水平相比还存在着较大的差距，尤其缺乏以青霉素为原料的深加工、高附加值产品。因此调整我国青霉素工业的产品结构，提高生产技术水平和品种档次以满足日益增长的市场需求已迫在眉睫，千吨青霉素工程正是在此市场背景下产生的。

该项目 1994 年获国家计划委员会计原材[1994]1803 号文批准，1995 年 12 月，经国务院审查，国家计委以计投资[1995]2201 号文批准该项目为基本建设新开工计划，并列入国家 1996 年重点建设项目。

项目具体内容为：年产青霉素工业钾盐 1000 吨、6—APA300 吨、7—ADCA70 吨、氨苄青霉素 300 吨，羟氨苄青霉素 185 吨、头孢氨苄 40 吨、头孢拉定 60 吨、片剂 6 亿片、粉针 2 亿支、胶囊 2 亿粒。

该项目批准的概算总投资为 111770 万元人民币，项目达产后，年增销售收入 68191 万元，年增利税 24954 万元，将大幅度提高青霉素深加工高附加值产品在公司产品结构中的比重，使公司成为全国最大的抗生素生产基地之一，使我国青霉素生产达到国际先进水平。

项目已于 1995 年 12 月开工建设，目前已完成氨苄青霉素工程项目中的氨苄钠、氨苄三水酸、6—APA、溶媒回收、立体仓库及水、电、汽等配套公用工程的建设，已达到氨苄青霉素钠 110 吨、羟氨苄青霉素 90 吨的生产能力。制剂工程已完成土建主体工程的建设，制剂设备已订货，预计 1997 年 6 月可发挥效益。

截止 1996 年 10 月 31 日，该项目已完成投资 24800 万元(其中 11000 万元已转为固定资产，)剩余工程计划使用本次募集资金 48800 万元，尚有缺口资金 38170 万元，缺口资金将通过如下途径解决：

1. 国家计委安排利用日本输出银行中长期贷款 4000 万美元。

2. 银行贷款 5000 万元(中国建设银行已下达贷款计划)。

(二)定向募股所筹资金的运用情况

公司 1993 年经山东省经济体制改革委员会(1992)142 号文批准，以每股 1 元的价格募集内部职工股 4161.38 万股，募集资金 4161.38 万元，募集资金已按招股说明书中披露的用途使用。

六、股利分配政策

本次股票公开发行后，从第一个盈利年度起，本公司即派发股利。根据公司章程规定，公司股份同股同利，公司将在每年年度决算后以现金或股票形式，按股东持股比例进行一次股利分配。公司向个人分配股利时，由公司按(中华人民共和国个人所得税法)规定代扣、代缴个人所得税。

按本公司章程规定，税后利润具体分配顺序和比例如下：

(一)弥补亏损

(二)提取法定盈余公积金 10%

(三)提取法定公益金 5% - 10%

(四)提取任意盈余公积金

(五)支付普通股股利

当公司法定公积金累计额为公司注册资本的 50%以上时，可不再提取。

公司的利润分配严格执行国家财务会计制度及税收法律、法规的规定。公司股利最终分配比例由董事会根据公司当年业绩和今后的生产经营计划拟订并经股东大会通过后确认执行。

经公司第八次股东大会决议，1996 年股利待本次股票发行结束后，由新老股东共同分配。

七、验资证明

1996 年 12 月 6 日，山东烟台会计师事务所受公司委托依据国家有关股份制企业的法律、法规，遵循《独立审计实务公告第 1 号—验资》，实施了必要的审计程序，确认截止 1996 年 10 月 31 日公司已收到其发起股东投入的资本 242,132,028 元，其中：实收股本 218,650,000 元，资本公积 22,754,833.12 元。公司成立后，从每年利润分配中提取盈余公积金 65,786,481.52 元(其中公益金 11,272,500.00 元)，未分配利润 76,005,277.96 元。与上述资本相关的资产总额为 800,581,637.65 元，负债总额为 417,385,045.05 元。

八、承销

1. 承销方式：本次公开发行的 8000 万社会公众股采用余额包销的承销方式。

2. 发行时间：1997 年 1 月 23 日。

3. 发行对象：境内法人和自然人(法律规定不准购买者除外)

4. 股票种类：本次发行的股票均为记名式人民币普通股，面值 1.00 元，其计 8000 万股。

5. 本次新股发行价格综合考虑公司盈利情况、二级市场影响等因素来确定，发行价为 6.30 元/股，其计算公式为：每股平均税后盈利×市盈率。

1994 年、1995 年、1996 年三年平均每股税后盈利为 0.42 元。

依上述平均每股税后盈利计算的市盈率为 15 倍。

截止 1996 年 10 月 31 日，公司每股净资产为 1.75 元。

6. 本次新股发行总市值为 50,400 万元，在扣除发行费用 1600 万元后，预计实收金额为 48,800 万元。

7. 承销机构：

主承销商	国泰证券有限公司
副主承销商	大鹏证券有限责任公司
分销商	山东省国际信托投资公司
分销商	济宁信托投资公司
分销商	湖北证券公司
分销商	潍坊证券公司
分销商	中国新技术创业投资公司
分销商	中国科技国际信托投资公司

九、发行人情况

1. 公司名称：山东鲁抗医药股份有限公司

英文名称：SHANDONG LUKANG PHARMACEUTICAL CO.,LTD.

2. 成立日期：1993 年 2 月 15 日

3. 注册地址：山东省济宁市太白楼西路 173 号

4. 历史沿革

本公司建业已达三十年，其前身可追溯至 1966 年成立的山东新华制药厂第三分厂，1970 年该厂更名为山东济宁新华制药厂，1980 年更名为济宁抗生素厂。

1992 年 11 月，经山东省经济体制改革委员会鲁体改生字[1992]142 号文批准，由济宁抗生素厂作为发起人募集设立山东鲁抗医药(集团)股份有限公司，1993 年 2 月 15 日，公司正式在济宁市工商行政管理局登记注册。

1994 年 3 月 30 日，山东鲁抗医药(集团)股份有限公司更名为山东鲁抗医药股份有限公司。同年，山东鲁抗医药企业集团公司成立。

1996年1月,经山东省经济体制改革委员会鲁体改函字[1996]第16号文批准,公司吸收合并公司控股的中外合资企业山东鲁健药业有限公司。

公司30年的发展历史,其特点是起步低,创业艰辛,发展迅猛。

从1966年到1983年,公司由创建初期的单一生产土霉素的三线小厂起步,经过近18年的艰苦创业,生产水平得到突飞猛进的发展,产品品种由投产时的单一品种发展到七个品种,产量从最初的年产45吨发展到198吨,厂区占地由30615平方米扩展到207777平方米,职工人数达到1900人,固定资产达到3900多万元,为建成我国三大抗生素生产基地之一奠定了基础。

1984年到1989年上半年,是公司发展的好时期。公司利用当地良好的市场形势,在国内搞补偿贸易,通过自身积累和多渠道融资,取得大量资金。公司领导立足长远,不盖办公楼,不盖职工宿舍,把资金全部用于生产,实现了"七五"改造,使公司迅速崛起,成为全国医药重点企业第八位。

1989年下半年至1990年,宏观经济紧缩,医药市场疲软,三角债增加,资金短缺,在艰难的形势下,公司领导瞄准市场需要,打破各种思想禁锢,毅然停止已经生产了二十几年的土霉素和刚生产的盐酸林可霉素,转产高附加值的产品乙酰螺旋霉素、麦白霉素、大观霉素等,使公司1991年保持了效益增长的势头。

1992年,公司抓住全国又一个改革发展的高潮,率先进行劳动人事分配三项制度改革、股份制改造、社企分离改革、住房制度改革和医疗制度改革,并加快实施了公司"八五"计划,1993、1994、1995年连续3年完成了麦白霉素扩产、200吨氨苄青霉素、500吨青霉素扩产等三项省重点技改项目,使公司又上了一个新台阶,形成了年产抗生素原料药850吨、兽用抗生素1000吨、粉针5亿支、片剂8亿片的生产能力,成为国家大型一类企业、我国三大抗生素类药品生产基地之一、国家千家试点企业之一,综合经济效益在全国医药行业名列第七位,通过了ISO9001国家级质量认证并连续六年荣获"山东省经济效益排头兵企业"称号。公司董事长章建辉先生也荣获全国"五一"劳动奖章并被评为山东省及全国医药行业优秀企业家、山东省劳动模范、山东省医药行业拔尖人才、全国优秀经营管理者,当选山东省八届人大代表。

5. 公司组织机构

公司组织机构图如下:

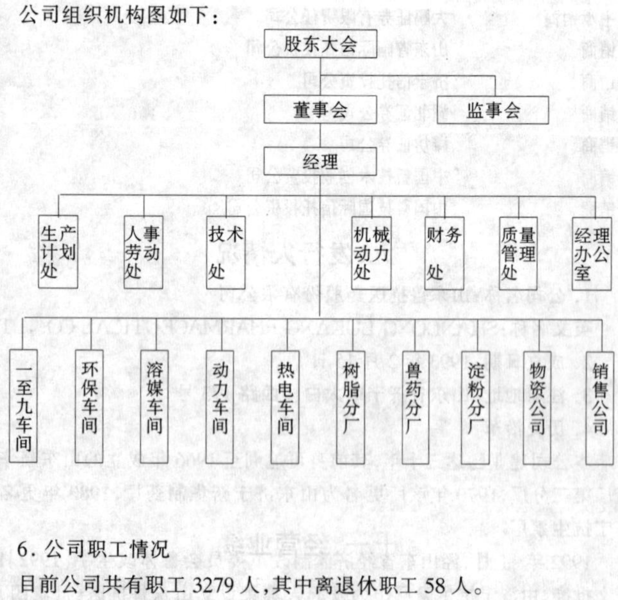

6. 公司职工情况

目前公司共有职工3279人,其中离退休职工58人。

职工参加济宁市统一的养老保险和待业保险,公司按上年工资总额交纳23%的养老保险金和1%待业保险金,职工按工资总数3%交纳养老金。

职工办理退休手续后,社会劳动保险机构按政策规定计发待遇,统一支付退休金。

7. 本公司的主要业务

本公司目前主要生产抗生素原料药、半合成抗生素原料药及制剂等:

(1)抗生素原料药

公司青霉素G钠(钾)盐生产能力达1300吨,居全国第三位,1995年产量占国内总产量的15.95%,产品药"国家质量金奖"、"山东省医药管理局科技进步一等奖"、"1993年受欢迎的山东医药产品"、"山东名牌产品"等荣誉称号。抗生素原料药生产能力达850吨,其中硫酸链霉素生产能力达355吨、1995年产量占国内总产量的20.33%,产品获部优称号;麦白霉素生产能力达60吨、1995年产量占国内总产量的22.94%,产品质量被评为全国第一;乙酰螺旋霉素生产能力达35吨,1995年产量占国内总产量的3.94%,该产品比国内同类产品有效成分含量高出30%。

(2)半合成抗生素原料药

具有年产氨苄青霉素钠110吨、羟氨苄青霉素90吨、头孢5号12吨的生产能力。

(3)制剂

具有年产粉针5亿支、片剂8亿片的生产能力,其中青霉素钠盐粉针获"国家质量金奖"、"山东省优质产品"、"部优产品"、"全国消费者满意产品"、"山东名牌产品称号"等荣誉称号。

(4)其他

具有年产曾用抗生素1000吨、树脂400吨、淀粉7000吨、葡萄糖7000吨的生产能力。

随着本公司千吨青霉素项目的投产,青霉素深加工、高附加值产品(6-APA、7-ADCA、氨苄青霉素、羟氨苄青霉素、头孢氨苄、头孢拉定等)在公司产品结构中的比重将大幅度提高(详见五,募集资金使用),公司将成为中国最大的抗生素生产基地。

8. 产品市场占有情况

公司拥有雄厚的销售实力,在郑州、南京、阜阳、北京、上海、天津、西安、武汉、海口、福州、广州、贵阳、成都、常州、合肥、长沙等20多个地区设立了销售办事处推销本公司产品,以此为根据地向全国辐射。

公司与全国各地医药站、国内制剂厂建立了良好的供求关系,与全国42家大型医药经销站和13家制剂厂签订了长期供货协议,使60%的产品有了长期稳定的销售市场。

1995年公司主要产品产量及占国内总产量的比例如下表:

单位:吨

	青霉素工业盐		青霉素G钠		硫酸链霉素		麦白霉素		乙酰螺旋霉素		粉针(万支)		片剂(万片)	
年度	产量	比例(%)	产量	比例(%)	产量	比例(%)	产量	比例(%)	产量	比例(%)	产量	比例(%)	产量	比例(%)
1995	159	3.08	474	15.95	221	20.33	62	22.94	28	3.94	44527	5.93	182489	0.65

公司有6个产品远销欧、美、亚、非四大州的15个国家和地区,1995年公司出口创汇1091万美元,成为山东省和全国医药行业的创汇大户,1995年公司主要产品出口量占全国该产品出口量的比例如下:

产品名称	公司出口量(吨)	全国出口量(吨)	比例(%)
青霉素工业盐	150.92	1086.48	13.89
青霉素G钠	32.24	164.59	19.58
硫酸链霉素	138.52	599.37	23.11

9. 质量管理

公司产品技术标准,按不同产品分别执行中国药典(95版)、美国药典23版、英国药典93版、卫生部89版、95版、93版,农业部标准92版、日本抗生素物质医药基准90年版和山东省药品标准。公司所执行的技术标准,已经国家技术监督局备案。

公司先后投资1000多万元建起了现代化的药品检测大楼和动物药理实验室,购置了紫外分光光度仪、红外分光光度仪、高压液相色谱仪、摄影显微镜等先进进口仪器设备,将100多名大中专毕业生充实到药检岗位,大大提高了质量监测水平。公司在全公司各主要生产岗位设置了上千个质量监测点，严格执行质量否决制度。

良好的质量管理保证了产品质量，自1984年以来，公司产品优级品率逐年跃居到90%，质量稳定提高率、市场产品国家监督性抽查全格率连续9年保持“双百”记录，硫酸链霉素、大观霉素、乙酰螺旋霉素、青霉素钠及粉针通过ISO－9001质量认证。目前，公司“鲁抗牌”系列产品全部获得省优以上荣誉称号，其中，青霉素钠及粉针获1990年国家金质奖、全国用户满意产品，硫酸链霉素获部优称号，注射用盐酸大观霉素获1995年国家新产品奖，麦白霉素质量被评为全国第一，乙酰螺旋霉素比国内同类产品有效成分含量高出30%。

10．新产品、新技术的研究开发情况

以科技为先导，科技兴业，是公司的信条。在吸引科研人员方面，公司制订了一系列优惠政策，近年来，每年都有100多名大学毕业生到公司工作，目前公司拥有各类科技人员700多人。同时，公司还与上海医药工业研究院、北京医药生物技术研究所、山东大学、浙江大学等建立了良好的科研协助关系。在资金投入上，公司每年用于新产品开发的资金高达1500万元，公司研究所拥有具备国内一流实验设施的科研大楼及中试车间，具有消化、吸收、开发、创新能力，形成了从市场调研、开发设计到试制生产等环节的新产品一条龙开发体系。1984年以来，公司仅通过省级中试鉴定的新产品开发项目就达20项，其中1项为国内首创，1项获国家级科技进步三等奖，5项获山东省科技进步一等奖，10项推上大生产。以下是公司近年来开发的新产品：

●原料药：盐酸大观霉素、氨苄西林钠、头孢唑啉钠、羟氨苄青霉素、虫草头孢菌粉、盐霉素、泰乐霉素、沙培林。

●中间体：6－APA、7－ADCA、氨苄三水酸

●制剂品种：注射用盐酸大观霉素针，头孢氨苄胶囊，虫草精胶囊，羟氨苄颗粒剂、阿莫西林颗粒剂、沙培林注射剂。

在大力开发新产品的同时，公司把技术改造放在优先发展的地位，“八五”以来，公司用于技改的投入达1.5亿元。公司引进国外先进技术和设备，抗生素生产全部实现了微机自控，先后有10项技术经济指标创国内同品种生产厂家第一。

鉴于公司在科研方面的优良业绩，董事长章建辉先生荣获山东省医药管理局科技进步伯乐奖。

十、董事、监事及高级管理人员

1．公司董事会成员

董事长：章建辉先生，现年51岁，本科学历，高级经济师，执业药师。1968年浙江大学毕业，分配到华北制药厂青霉素提炼车间工作。自1974年起调往济宁抗生素厂工作，历任技术员、车间主任、厂长、具有丰富的企业管理经验，获山东省及全国医药行业优秀企业家、山东省劳动模范、山东省医药行业拔尖人才、全国优秀经营管理者等称号，当选为山东省八届人大代表，并荣获全国“五一”劳动奖章。现任山东鲁抗医药股份有限公司董事长、党委书记。

董事：程军先生，现年39岁，经济师。曾于1993年9月至1994年12月在山东省党委党校学习经济管理专业。历任济宁抗生素厂制剂车间工段长、青霉素车间主任、厂长助理兼计划处处长、副厂长。现任集团公司常务副总经理。

董事：林永彬先生，现年33岁，本科学历，沈阳药学院毕业，工程师。历任济宁抗生素厂链霉素车间工艺员，车间副主任、集团公司生产技术部经理。现任山东鲁抗医药股份有限公司经理。

董事：田大文先生，现年53岁，本科学历，山东大学毕业，高级工程师。历任济宁抗生素厂研究室技术员、土霉素车间副主任、副厂长。现任集团公司副总经理兼经营部经理。

董事：王遂英女士，现年53岁，本科学历，山东大学毕业，高级工程师。历任济宁抗生素厂一车间副主任、生产技术处副处长、厂长助理、副厂长。现任集团公司副总经理兼技术开发部经理。

董事：刘金廷先生，现年56岁，高级经济师。历任济宁抗生素厂计划科科长、副总经济师兼综合计划处处长、总经济师。现任集团公司总经济师。

董事：童云从先生，现年47岁，会计师。历任济宁市审计局副科长、济宁抗生素厂副总会计师。现任集团公司总会计师兼财务公司经理。

董事：任同申先生，现年50岁，政工师。1993年9月至1994年12月在山东省委党校学习经济管理专业。历任济宁抗生素厂行政科科长、党支部书记、山东鲁抗医药股份有限公司生活服务公司经理。现任山东鲁抗三叶开发公司经理。

董事：蒋庆忠先生，现年40岁，本科学历，山东医学院毕业，高级工程师。历任济宁抗生素厂设计师、青霉素分装车间副主任、主任。现任山东鲁抗医药股份有限公司销售公司经理。

董事：徐志贤先生，现年39岁，大学文化，持有香港中文大学商业管理硕士学位及英国伦敦大学法律学士学位，是加拿大注册会计师协会会员。在中国市场之财务及管理方面具有十多年经验，曾在多家国际性银行出任行管理职位。1991年加盟中国置业管理有限公司前，任万国宝通国际有限公司副总裁，主管中国项目贷款。现任中国置业管理有限公司董事总经理。

董事：邹毅铭先生，现年36岁，大学文化，毕业于澳洲国立大学，取得经济学士学位，为中国置业管理公司副董事总经理，为澳洲会计师公会会员，并为证券条例监管之注册交易商及注册投资顾问。

2．公司监事会成员

监事会主席：宋成业先生，现年55岁，高级政工师。历任济宁抗生素厂武装部部长、纪委书记、党委副书记。现任集团公司党委副书记。

监事会副主席：王海燕先生，现年46岁，山东大学毕业，高级政工师。历任济宁抗生素厂技术员、宣传科副科长、党委副书记。现任集团公司纪委书记、工会主席兼监察保安部部长。

监事：戴惠萍女士，现年48岁，会计师。现任集团公司监察保安部审计科科长、纪委委员。

监事：胡建先生，现年41岁。历任济宁抗生素厂动力车间工段长、安全员、工会主席。现任山东鲁抗医药股份有限公司动力车间安仪工段工段长。

监事：曹继生先生，现年33岁。历任济宁抗生素厂九车间新钾盐工段班长、济宁市人大代表。现任山东鲁抗医药股份有限公司十车间新钾盐工段副工段长。

3．公司高级管理人员：

副经理：陈冠胜先生，现年29岁，本科学历，浙江大学毕业，工程师。历任济宁抗生素厂计量处技术科科长、集团公司生产技术部副经理，曾被评为山东省医药管理局专业技术拔尖人才。现任山东鲁抗医药股份有限公司副经理。

副经理：任宪坤先生，现年39岁，本科学历，山东医学院毕业，高级工程师。历任济宁抗生素厂质监科技术员、质监中心主任。现任山东鲁抗医药股份有限公司副经理。

副经理：李建先生，现年40岁，山东大学毕业，高级工程师。历任山东省科学院计算中心副科长、山东中创实业发展总公司副总经理。现任山东鲁抗医药股份有限公司副经理。

财务负责人：刘敏女士，现年42岁，会计师。历任济宁抗生素厂财务处主管会计、基建处主管会计、集团公司财务部副经理。现任山东鲁抗医药股份有限公司财务处处长。

十一、经营业绩

以下为公司1993年至1996年10月31日经审计的经营业绩概要：

单位：元

项目/年份	1996年1—10月	1995年	1994年	1993年
主营业务收入	458,709,219.09	487,368,772.68	434,544,284.71	396,541,033.15
利润总额	77,623,301.68	83,613,991.24	72,016,804.03	40,142,856.62

税后利润	65,979,806.43	65,964,457.83	61,214,283.43	32,291,452.42

公司自成立以来,生产经营稳步发展,公司不断壮大,1994年度主营业务收入比1993年增加9.58%,税后利润比1993年增加89.56%;1995年度主营业务收入比1994年增加12.16%,税后利润比1994年增加7.76%,这主要是因为:

(1)公司抓住产品市场价格上调的有利时机,不断扩大生产规模。1993年麦白霉素竣工投产,1994年上半年,大观霉素、头孢C锌盐、溶媒车间投产,1995年,两项省技改重点项目(500吨青霉素、200吨氨苄青霉素)竣工投产产生效益,链霉素扩产、粉针扩产项目建成投入使用,上述项目的完工,为公司的发展提供了新的经济增长点。

(2)公司强调通过技术进步,降低消耗,增加产值。1994年,链霉素生产利用微机优化生产工艺,发酵单位稳步提高,月平均达23000u/ml,总收率、全耗居全国领先水平;盐霉素发酵单位稳步上升,达23000u/ml,新上的"微孔精密过滤"、"新干燥塔"项目,大大的提高了提炼收率;全年通过技术进步,降低原材料消耗1100万元,依靠提高生产技术经济指标,多创产值2800万元。1995年,公司链霉素发酵单位、染菌率、生产指数、综合指数、总收率、全耗主耗、麦白霉素发酵单位、发酵指数、生产指数、综合指数、全耗、一次合格率、青霉素钠盐总收率、青霉素工业盐总收率、一次合格率,居全国同品种生产第一;全年通过技术进步,降低原材料消耗1358万元,依靠提高生产技术经济指标,多创产值1980万元。

(3)公司加强成本管理,公司各单位实行独立核算,各部门之间关系模拟市场运作,内部银行严格控制、监督费用支出,费用实行节奖罚超,良好的成本控制大大地降低了成本。1994年公司万元产值综合能耗为1.27吨标准煤,比1993年下降12.41%,全年节约原煤2954.3吨,节水332.1万吨,节电1556.6万千瓦时,节约价值达698.5万元;1995年公司万元产值综合能耗为1.23吨标准煤,比1994年下降3.15%,全年节约原煤2692吨,节水166.8万吨,公司被评为"山东省节能标兵企业"、"山东省节约用电先进单位"。

1996年随着青霉素500吨扩建项目投入全日生产以及盐霉素产品在市场上畅销,1996年1—10月公司已实现税后利润65,979,806.43万元。

十二、股本

1.股本形成

1992年11月,经山东省经济体制改革委员会鲁体改生字[1992]142号文批准,济宁抗生素厂作为发起人募集设立山东鲁抗医药(集团)股份有限公司,公司设立时总股本为14941.83万股,其中经山东济宁会计师事务所评估并经济宁市国有资产管理局确认的济宁抗生素厂的生产经营性净资产10780.45万元折成国家股10780.45万股,同时按1元/股的价格定向募集内部职工股4161.38万股。

1996年1月,经山东省经济体制改革委员会鲁体改函字[1996]第16号文批准,公司吸收合并公司控股的中外合资企业山东鲁健药业有限公司,将外方所投资金折为法人(外资)股5787.17万股,并经济宁市国土局济国土字[1995]62号文和济宁市国有资产管理局济国资字[1996]80号文批准,将公司占用的土地254.2亩计价折为国家股1136万股。

1996年7月,山东省人民政府鲁政股字[1996]14号文和山东省经济体制改革委员会鲁体改函字[1996]第49号文确认本公司总股本为21865万股,其中国家股11916.45万股,占54.5%,法人(外资)股5787.17万股,占26.47%,内部职工股4161.38万股,占19.03%。

本次发行前,公司全部股份已托管于山东证券登记有限责任公司。

2.主要股东

本次发行前,公司前十名股东及持股5%以上的股东名单如下:

序号	股东名称	持股数(股)	占总股本比例(%)
1	山东鲁抗医药企业集团公司	119,164,500	54.50
2	香港中国置业(控股)有限公司	57,871,700	26.47
3	樊东生	500,000	0.23
4	赖水成	360,300	0.16
5	孙建业	300,100	0.14
6	张金英	106,100	0.05
7	王　建	102,400	0.05
8	王燎原	100,000	0.05
9	陈桂庆	100,000	0.05
10	李庆思	100,000	0.05
11	侯云生	100,000	0.05
12	刘志亮	100,000	0.05
13	刘秋生	100,000	0.05
14	孙宝华	100,000	0.05

3.公司董事、监事、高级管理人员持股情况

姓名	职务	持股数
章建辉	董事长	10000股
程　军	副董事长	10000股
林永彬	董事、经理	5000股
田大文	董事	10000股
王遂英	董事	5200股
刘金廷	董事	10000股
童云从	董事	2000股
任同申	董事	1000股
蒋庆忠	董事	5000股
徐志贤	董事	0股
邹毅铭	董事	0股
宋成业	监事会主席	10000股
王海燕	监事会副主席	10000股
戴惠萍	监事	5000股
胡　建	监事	5000股
曹继生	监事	4000股
任宪坤	副经理	5400股
陈冠胜	副经理	2500股
李　建	副经理	0股
刘　敏	财务处处长	2000股

4.本次发行前后的股权结构

本次发行前公司股本结构如下:

项目	股数(万股)	占总股比例(%)
总股本	21865.00	100.00
国家股	11916.45	54.50
法人(外资)股	5787.17	26.47
内部职工股	4161.38	19.03

若本次发行成功并上市后,则公司股本结构为:

项目	股数(万股)	占总股本比例(%)
总股本	29865.00	100.00
国家股	11916.45	39.90
法人(外资)股	5787.17	19.38
内部职工股	4161.38	13.93
社会公众股	8000.00	26.79

5.本次发行前后净资产变动情况

项目	净资产总额(元)	总股本(股)	每股净资产(元/股)
发行前	383,196,592.60	218,650,000	1.75
发行后	871,196,592.60	298,650,000	2.92

6.股票回购程序

公司不得收购本公司的股票,但是为了减少公司资本而注销股份或者与持有本公司股票的其他公司合并时除外。公司收购本公司的股票后,必须在十日内注销该部份股份,依法律、法规的规定办理变更登记并公告。

十三、资产评估

本次公开发行前,公司委托山东会计师事务所对公司各类资产进行了评估,评估情况如下:

评估基准日:1996 年 10 月 31 日

单位:元

项目	帐面原值	调整后净值	评估值	增减额	增减率(%)
流动资产	381,586,790.085	381,586,790.08	386,520,456.67	4,933,666.59	1.29
长期投资	3,551,052	3,551,052	3,608,282	57,230	1.61
在建工程	147,554,240.78	147,554,240.78	147,554,240.78	0	0
建筑物	97,519,715.26	69,074,478.22	80,344,813.78	11,270,335.56	16.32
机器设备	251,531,241.72	187,455,076.57	200,752,016.39	13,296,939.82	7.09
土地使用权	11,360,000	11,360,000	21,065,266	9,705,266	85.43
无形资产	-	-	-	-	-
其他资产	-	-	-	-	-
资产合计	893,103,039.84	800,581,637.65	839,845,075.62	39,263,437.97	4.9
流动负债	282,665,379.91	282,665,379.91	282,665,379.91	0	0
长期负债	136,280,981.30	136,280,981.30	136,280,981.30	0	0
负债合计	418,946,361.21	418,946,361.21	418,946,361.21	0	0
净资产	-	381,635,276.44	420,898,714.41	39,263,437.97	10.29

十四、财务会计资料

经山东烟台会计师事务所对公司 1996 年 10 月 31 日以前三年会计报表审计,主要财务会计资料如下:

1. 资产负债表主要数据

单位:人民币元

	1996.10.31	1995.12.31	1994.12.31	1993.12.31
流动资产	381,586,790.08	284,809,415.08	170,971,433.56	174,086,476.97
长期投资	3,551,052.00	4,408,849.52	3,904,607.00	3,904,607.00
固定资产	404,083,795.57	341,012,618.61	275,360,155.43	227,085,342.27
无形资产及递延资产	11,360,000.00	-	-	-
资产总计	800,581,637.65	630,230,533.21	450,236,195.99	405,076,426.24
流动负债	282,004,063.75	234,343,460.66	165,860,590.91	144,869,621.60
长期负债	135,380,981.30	82,926,172.45	98,230,523.23	105,392,346.22
负债合计	417,385,045.05	317,269,633.11	264,091,114.14	250,261,967.82
少数股东权益	-	90,735,020.42	-	-
股本	218,650,000.00	149,418,300.00	149,418,300.00	149,418,300.00
资本公积	22,754,833.12			-
盈余公积	65,786,481.52	54,928,111.08	17,086,574.54	4,843,717.86
未分配利润	76,005,277.96	17,879,468.60	6,677,182.58	552,440.56
股东权益合计	383,196,592.60	222,225,879.68	186,145,081.85	154,814,458.42
负债及股东权益总计	800,581,637.65	630,230,533.21	450,236,195.99	405,076,426.24

2. 损益表

单位:人民币元

项目	1996年01-10月	1995年度	1994年度	1993年度
一、主营业务收入	458,709,219.09	487,368,772.68	434,544,284.71	396,541,033.15
减:营业成本	327,857,302.61	344,758,089.99	318,466,111.73	275,957,142.40
销售费用	12,986,135.76	8,849,771.62	8,756,377.36	7,697,423.72
管理费用	28,357,218.91	36,878,161.88	25,104,607.02	28,821,202.36
财务费用	13,980,162.90	14,914,906.80	9,430,789.47	9,047,266.85
营业税金及附加	1,166,062.55	377,815.64	2,494,255.37	35,856,529.39
二、主营业务利润	74,362,336.36	81,590,026.75	70,292,143.76	39,161,468.24
加:其他业务利润	2,449,198.03	2,179,230.92	2,139,701.46	1,223,468.24
三、营业利润	76,811,534.39	83,769,257.67	72,431,845.22	40,384,936.67
加:投资收益	492,955.75	153,715.48	-	-
营业外收入	413,063.19	441,040.75	40,125.89	233,692.40
减:营业外支出	94,251.65	750,022.66	455,167.08	475,772.45
四、利润总额	77,623,301.68	83,613,991.24	72,016,804.03	40,142,856.62
减:所得税	11,643,495.25	8,035,538.63	10,802,520.60	7,851,404.20
减:少数股东收益	-	9,613,994.78	-	-
五、净利润	65,979,806.43	65,964,457.83	61,214,283.43	32,291,452.42

3. 说明

上述资产负债表和损益表已经山东烟台会计师事务所中国注册会计师审核验证,并出具审计报告。

4. 主要会计政策:

A、会计制度:

本报告所载的会计报表是依据《股份制试点企业会计制度》及其有关补充规定编制的,纳入合并会计报表中的子公司会计报表是依据《中华人民共和国外商投资企业会计制度》编制的。

B、会计期间:

公司采用公历制,即每年 1 月 1 日至 12 月 31 日止。

C、合并报表的编制方法:

合并会计报表是根据母公司及下述控股子公司的个别会计报表为基础,经充分抵销内部投资,内部交易和内部债权债务等内部会计事项后合并编制的。

全并报表中的母公司与子公司所采用的会计制度,无重大差异,合并报表中包括山东鲁健药业有限公司。

山东鲁健药业有限公司于 1995 年 4 月 6 日成立,注册资本为 2998 万美元,本公司投入 2038.64 万美元,合营期限 20 年,主要生产抗生素原料药。

根据山东省经济体制改革委员会鲁体改函字[1996]第 16 号《关于同意山东鲁抗医药股份有限公司土地入股和吸收合并山东鲁健药业有限公司的函》,同意山东鲁健药业有限公司以吸收合并方式并入本公司,山东鲁健药业有限公司解散。合并山东鲁健药业有限公司的期间为 1995 年 4 月 6 日至 1995 年 12 月 31 日。

D、记帐原则及计价基础:

采用权责发生制原则记帐,以实际成本为计价基础。

E、货币换算:

公司以人民币为记帐本位币,发生的外币业务采用月初市场汇价的中间价作为记帐汇率折合人民币记帐,每月终了按月末市场汇价的中间价进行调整,由引产生的差额,作为汇兑损益,列入当期损益。

F、坏帐处理:

公司按应收帐款余额的 5‰计提坏帐准备。

G、存货核算:

(1)原材料采用计划成本核算,月末计算结转材料成本差异;

(2)其他存货按取得时发生的实际成本记帐,发出存货采用加权平均法结转成本;

(3)低值易耗品采用领取时一次摊销法核算。

H、长期投资核算:

债券投资按取得时的实际成本核算,并依据约定的利率与投资额按期计算投资收益。股权投资和联营投资占被投资企业股权比例 20%以下的按成本法核算;股权比例在 20%至 50%的按权益法核算;股权比例在 50%以上的按权益法核算并合并报表。

1. 固定资产及其折旧:

固定资产按使用年限在一年以上,单位价值在 2000 元以上的房屋建筑物、机器设备和运输工具等标准确定,固定资产按历史成本或资产评估确认价值入帐,采用直线法计提折旧,并预计 4%的残值,固定资产折旧年限如下:

类别	使用年限	残值率
房屋建筑物	20—30 年	4%

通用设备	7—10 年	4%
专用设备	7—10 年	4%
运输工具	5—10 年	4%

J、无形资产及其摊销：

土地使用权按 50 年使用期平均摊销。

K、收入实现的确认：

营业收入以产品已经发出或劳务已经提供，并收到货款或取得索取价款的凭据时确认。

L、税项：

(A)企业所得税：

公司执行 33%所得税税率。根据济宁市人民政府济政字[1994]11号《关于山东鲁抗医药股份有限公司所得税问题的批复》，股份公司1994—1996 年所得税按法定税率征收，由同级财政部门返还 18%，返还部分用于企业发展。公司上市后根据山东省人民政府鲁政字[1996]259号《关于山东鲁抗医药公司所得税问题的批复》执行按法定税率征收返还18%的优惠政策。

(B)流转税及附加：

增值税：公司销售产品缴纳增值税，按销项税额(营业收入×17%)抵扣进项税额计算应交税金。其他服务等项收入按 5%营业税率计算应交税金。

城市维护建设税：以实缴增值税、营业税的 7%缴纳。

教育费附加：以实缴增值税、营业税的 3%缴纳。

M、利润分配：

公司税后利润按 10%提取法定公积金，按 5%提取法定公益金。法定公积金累计额为注册资本的 50%以上可不再提取。法定公积金不足弥补上一年度公司亏损的，在提取法定公积金、公益金之前，应先用当年利润弥补亏损，公司从税后利润中提取法定公积金和法定公益金后经股东大会决议，可提取任意公积金。公司税后利润在弥补亏损和提取法定公积金法定公益金、任意公积金后所余利润，按照股东持有的股份比例分配。

5. 主要财务指标

项目	1995 年	1994 年	1993 年
流动比率	1.22	1.03	1.20
速动比率	0.41	0.46	0.75
应收帐款周转率(次)	18.36	10.71	——
存货周转率(次)	2.43	3.98	——
股东权益比率(%)	35.26	41.34	38.22
每股收益(元/股)	0.44	0.41	0.22
净资产收益率(%)	29.68	32.89	20.86
每股净资产(元/股)	1.49	1.25	1.04
资产负债率(%)	50.34	58.66	61.78

十五、盈利预测

(一)盈利预测基准：

公司根据经过审计的 1993 年度至 1996 年 1—10 月的会计报表，结合公司目前生产经营及规划项目情况，依据会计原则及现行法律、法规和制度，对公司 1996 年、1997 年会计年度盈利进行了预测。编制盈利预测所依据的会计政策在所有重大方面与本公司所采取的会计政策一致，并符合我国法律、法规及有关制度的规定。

(二)盈利预测假设：

1. 我国的有关法律、法规、政策无重大变化；

2. 本公司所处的政治、经济、法律等社会环境无重大变化；

3. 1997 年度的利率、税率、汇率及市场行情无重大变化；

4. 本公司计划投资项目如期实施无重大变化；

5. 无不可抗力因素及不可预测因素造成重大不利影响；

6. 本公司资金运用计划可顺利实施，按计划形成生产经营能力并盈利。

(三)盈利预测

单位：千元

项目	1996 年盈利预测			1997 年
	1-10 月已审数	11-12 月预测数	合计数	盈利预测
一、主营业务收入	458,709	88,867	547,576	760,111
减：营业成本	327,857	58,174	386,031	584,777
销售费用	12,986	3,414	16,400	19,126
管理费用	28,357	6,360	34,717	36,606
财务费用	13,980	2,720	16,700	-3,185
营业税金及附加	1,166	565	1,731	2,423
二、主营业务利润	74,363	17,634	91,997	120,364
加：其他业务利润	2,449	7,547	9,996	938
三、营业利润	76,812	25,181	101,993	121,302
加：投资收益	493	6	499	10
营业外收入	413	103	516	266
减：营业外支出	94	19	113	184
四、利润总额	77,624	25,271	102,895	121,394
减：所得税(15%)	11,644	3,790	15,434	18,209
五、净利润				
按税后返还 18%计算	65,980	21,481	87,461	103,185
按 33%所得税率计算	52,008	16,932	68,940	81,334

盈利预测中的税率说明：

根据济宁市人民政府济政字[1994]11 号《关于山东鲁抗医药股份有限公司所得税问题的批复》，公司 1994—1996 年所得税按 33%征收，由同级财政部门返还 18%，返还部分用于企业发展。公司上市后根据山东省人民政府鲁政字[1996]259 号文《关于山东鲁抗医药公司所得税问题的批复》执行按 33%税率征收返还 18%的优惠政策，所得税返还部分在利润分配时进入盈余公积，用于企业发展。

本次发行结束后，每股净资产为 2.92 元。

1996 年全面摊薄每股盈利为 0.40 元(按总股本 21865 万股计算)，1997 年全面摊薄每股盈利为 0.35 元(按总股本 29865 万股计算)。

上述盈利预测经山东烟台会计师事务所予以审阅确认。

十六、重大合同及重大诉讼事项

1. 重要合同

(1)发行人与淄博医药采购供应站、西安化工医药供销公司药品采购供应站、山东聊城药材采购供应站、潍坊医药集团股份有限公司、济南军区卫生部、山东省滨州医药站、山东省医药公司、河南省商丘地区医药站、山东泰安采购供应站、河南省商丘市医药公司、西安市医药经销公司、陕西省医药化玻公司、陕西省康华医药公司等建立长期经销协议关系。按照《经销代理协议书》的约定，该等经销单位保证自己及下属单位代理经销发行人的全部产品。

(2)发行人与山东鲁抗医药企业集团公司签订的《关于委托加工和提供服务协议》。

(3)发行人与山东鲁抗医药企业集团公司签订的《商标使用许可合同》。

2. 重大诉讼

截止本招股说明书签署之日，发行人、发行人附属公司以及发行人的董事、监事和高级管理人员并无涉及任何重大诉讼及仲裁，而且据发行人董事所知亦无任何尚未了结或面临重大威胁之诉讼。

十七、公司发展规划

(一)、总体目标

根据市场需求和国家医药工业产业政策，以发行股票并上市为契机，建立现代企业制度，坚持以抗生素为主，开展全方位经营，建立以β-内酰胺类为主体，人用抗生素，半合成抗生素、生物技术药物、兽用和农用抗生素为四大支柱的,具有国际先进水平的大型跨国高新技术企业。到2000年,力争实现工业产值20亿元,销售收入18亿元,利润3亿元,出口创汇5000万美元。

(二)、经济指标分解

从1997年到2000年,努力达到如下发展速度:实现工业总产值(1990年价)20亿元,年均递增27.2%;产品销售收入18亿元,年均递增26.3%;利税总额4亿元,年均递增34.8%;利润总额3亿元,年均递增38%;出口创汇5000万美元,年均递增38%;企业总资产17亿元,年均递增20.6%;固定资产达8亿元,年均递增20.6%。

(三)、产品发展规划

1. 扩产青霉素G钠、钾,使其能力在2000年达到2800吨。

2. 扩产改造半合成青霉素系列产品6—APA、氨苄青霉素、羟氨苄青霉素,使其生产能力分别达到400吨、300吨和200吨。

3. 依靠科技进步,提高抗生素原料药的发酵水平和提炼收率。提高盐酸大观霉素、氧氟沙星、塞马洛尔、头孢C锌盐、液糖、药用树脂的生产能力,逐步淘汰一些前途不大的产品,重点研制和开发6-APA、7-ADCA、7ACA系列产品和生物技术药物及新型制剂。

4. 加快发展兽用、农用抗生素、泰乐霉素和伊维菌素。

5. 利用济宁地区中药材的优势,联合开发生物发酵中药品和自然中药材的复合制剂。

6. 扩大制剂产量,到2000年,粉针、片制剂胶囊的产量将分别达到10亿支、20亿片和4亿粒。

(四)、市场开发规划

1. 充实调整营销人员。大量吸收医学院毕业生作为营销人员,并使营销人员达到总人数的10%。

2. 收购6—8个医药销售公司,完善深圳、珠海两个办理处,适时在香港、东南亚、欧洲、北美洲及非洲设立经营办事机构。

3. 选择一些东南亚国家建立合资企业。

4. 力争产品出口额年均递增38%,2000年达到5000万美元。

5. 长期定点经销户由现在的42家发展到100家。

(五)、员工发展规划

1.2000年,公司员工将达7000人;

2. 大中专毕业生占全部员工的50%,大专以上占25%,有自己硕士生、博士生和专家。

3管理人员全部达到大专以上文化程度。

(六)、企业文化建设规划

1. 按CIS建立企业形象,按照"团结、奋斗、求实、创新"的企业精神建设企业文化。

2. 在公司效益不断提高的前提下,提高员工工资水平,并丰富员工的业余文化生活。

3. 产品质量是企业生命的思想深入人心。

4. 美化绿化厂区环境,建立花园式工厂。

(七)、筹资规划

资金方面,除内部积累外,通过利用外资,开展补偿贸易,发行债券,开辟海外证券市场,申请银行贷款等多种方式广开筹资渠道。

(八)、企业管理和质量规划

1. 争取1997年全部产品达到ISO9001标准(目前已有7种达到该标准),1998年主要产品达到GMP要求,2000年全 部产品达到要求。

2. 出口产品通过DMF认正,有2—3种产品通过FDA评审。

山东鲁抗医药股份有限公司

1997年1月20日

山东鲁抗医药股份有限公司股票上市公告书

一、绪言

经中国证券监督管理委员会证监发字[1997]26号文和证监发字[1997]27号文批准,本公司已成功地向社会公众发行每股面值1元之人民币普通股票8000万股。经上海证券交易所上证上[1997]年007号文批准,本公司股票将于1997年2月26日在上海证券交易所挂牌交易。本公司总股本为29865万股,其中可流通股份为8000万股,公司原内部职工股4161.38万股自本次新股发行之日起,期满三年方可上市流通。

二、公司概况

1. 公司名称:山东鲁抗医药股份有限公司

英文名称:SHANDONG LUKANG PHARMACEUTICAL CO., LTD.

2. 所属行业:医药行业

3. 成立日期:1993年2月15日

4. 注册地址:山东省济宁市太白楼西路173号

注册资本:29865万元

注册号:16309965-8-1

5. 公司职工情况

目前公司共有职工3279人。

6. 公司经营范围

化学原料药及制剂、医药生产用化工原料、辅料及中间体、兽用药、医药包装品的制造、加工、销售;医药化工设备制作、安装;医药工程设计;技术开发、咨询、服务。

7. 公司董事、监事及高级管理人员简介

董事长:章建辉先生,现年51岁,本科学历,高级经济师,执业药师。1968年浙江大学毕业,分配到华北制药厂青霉素提炼车间工作。自1974年起调往济宁抗生素厂工作,历任技术员、车间主任、厂长,具有丰富的企业管理经验,获山东省及全国医药行业优秀企业家、山东省劳动模范、山东省医药行业拔尖人才、全国优秀经营管理者等称号,当选为山东省八届人大代表,并荣获全国"五一"劳动奖章。现任山东鲁抗医药股份有限公司董事长、党委书记。持有本公司股票10000股。

董事:程军先生,现年39岁,经济师。曾于1993年9月至1994年12月在山东省党委党校学习经济管理专业。历任济宁抗生素厂制剂车间工段长、青霉素车间主任、厂长助理兼计划处处长、副厂长。现任集团公司常务副总经理。持有本公司股票10000股。

董事:林永彬先生,现年33岁,本科学历,沈阳药学院毕业,工程师。历任济宁抗生素厂链霉素车间工艺员、车间副主任,集团公司生产技术部经理。现任山东鲁抗医药股份有限公司经理。持有本公司股票5000股。

董事:田大文先生,现年53岁,本科学历,山东大学毕业,高级工程师。历任济宁抗生素厂研究室技术员、土霉素车间副主任、副厂长。现任集团公司副总经理兼经营部经理。持有本公司股票10000股。

董事:王遂英女士,现年53岁,本科学历,山东大学毕业,高级工程师。历任济宁抗生素厂一车间副主任、生产技术处副处长、厂长助理、副厂长。现任集团公司副总经理兼技术开发部经理。持有本公司股票5200股。

董事:刘金廷先生,现年56岁,高级经济师。历任济宁抗生素厂计划科科长、副总经济师兼综合计划处处长、总经济师。现任集团公司总经济师。持有本公司股票10000股。

董事:童云从先生,现年47岁,会计师。历任济宁市审计局副科长、济宁抗生素厂副总会计师。现任集团公司总会计师兼财务公司经理。持有本公司股票2000股。

董事:任同申先生,现年50岁,政工师。1993年9月至1994年12月在山东省委党校学习经济管理专业。历任济宁抗生素厂行政科科长、党支部书记、山东鲁抗医药股份有限公司生活服务公司经理。现任山东鲁抗三叶开发公司经理。持有本公司股票1000股。

董事:蒋庆忠先生,现年40岁,本科学历,山东医学院毕业,高级工程师。历任济宁抗生素厂设计师、青霉素分装车间副主任、主任。现任山东鲁抗医药股份有限公司销售公司经理。持有本公司股票5000股。

董事:徐志贤先生,现年39岁,大学文化,持有香港中文大学商业管理硕士学位及英国伦敦大学法律学士学位,是加拿大注册会计师协会会员。在中国市场之财务及管理方面具有十多年经验,曾在多家国际性银行出任管理职位。1991年加盟中国置业管理有限公司前,任万国宝通国际有限公司副总裁,主管中国项目贷款。现任中国置业管理有限公司董事总经理。持有本公司股票0股。

董事:邹毅铭先生,现年36岁,大学文化,毕业于澳洲国立大学,取得经济学士学位,为中国置业管理公司副董事总经理,为澳洲会计师公会会员,并为证券条例监管之注册交易商及注册投资顾问。持有本公司股票0股。

监事会主席:宋成业先生,现年55岁,高级政工师。历任济宁抗生素厂武装部部长、纪委书记、党委副书记。现任集团公司党委副书记。持有本公司股票10000股。

监事会副主席:王海燕先生,现年46岁,山东大学毕业,高级政工师。历任济宁抗生素厂技术员、宣传科副科长、党委副书记。现任集团公司纪委书记、工会主席兼监察保安部部长。持有本公司股票10000股。

监事:戴惠萍女士,现年48岁,会计师。现任集团公司监察保安部审计科科长、纪委委员。持有本公司股票5000股。

监事:胡建先生,现年41岁。历任济宁抗生素厂动力车间工段长、安全员、工会主席。现任山东鲁抗医药股份有限公司动力车间安仪工段工段长。持有本公司股票5000股。

监事:曹继生先生,现年33岁。历任济宁抗生素厂九车间新钾盐工段班长、济宁市人大代表。现任山东鲁抗医药股份有限公司十车间新钾盐工段副工段长。持有本公司股票4000股。

副经理:陈冠胜先生,现年29岁,本科学历,浙江大学毕业,工程师。历任济宁抗生素厂计量处技术科科长、集团公司生产技术部副经理,曾被评为山东省医药管理局专业技术拔尖人才。现任山东鲁抗医药股份有限公司副经理。持有本公司股票2500股。

副经理:任宪坤先生,现年39岁,本科学历,山东医学院毕业,高级工程师。历任济宁抗生素厂质监科技术员、质监中心主任。现任山东鲁抗医药股份有限公司副经理。持有本公司股票5400股。

副经理:李建先生,现年40岁,山东大学毕业,高级工程师。历任山东省科学院计算中心副科长、山东中创实业发展总公司副总经理。现任山东鲁抗医药股份有限公司副经理。持有本公司股票0股。

财务负责人:刘敏女士,现年42岁,会计师。历任济宁抗生素厂财务处主管会计、基建处主管会计、集团公司财务部副经理。现任山东鲁抗医药股份有限公司财务处处长。持有本公司股票2000股。

以上董事、监事、高级管理人员共持有本公司股票102,100股,占公司总股本的0.034%,按《中华人民共和国公司法》规定在任期间不能转让。

8.与本公司存在关联关系的企业是山东鲁抗医药企业集团公司,该公司持有本公司39.90%的股份。

9.咨询服务项目:

电话:(0537)2278572

传真:(0537)2218814

股东接待日:每周四下午1:00至4:30

公司文件资料查阅地点:公司证券部

三、股本结构及股东持股情况

1.股本形成过程

1992年11月,经山东省经济体制改革委员会鲁体改生字[1992]142号文批准,济宁抗生素厂作为发起人募集设立山东鲁抗医药(集团)股份有限公司,公司设立时总股本为14941.83万股,其中经山东济宁会计师事务所评估并经济宁市国有资产管理局确认的济宁抗生素厂的生产经营性净资产10780.45万元折成国家股10780.45万股,同时按1元/股的价格定向募集内部职工股4161.38万股。

1996年1月,经山东省经济体制改革委员会鲁体改函字[1996]第16号文批准,公司吸收合并公司控股的中外合资企业山东鲁健药业有限公司,将外方所投资金折为法人(外资)股5787.17万股,并经济宁市国土局济国土字[1995]62号文和济宁市国有资产管理局济国资字[1996]80号文批准,将公司占用的土地254.2亩计价折为国家股1136万股。

1996年7月,山东省人民政府鲁政股字[1996]14号文和山东省经济体制改革委员会鲁体改函字[1996]第49号文确认本公司总股本为21865万股,其中国家股11916.45万股,占54.5%,法人(外资)股5787.17万股,占26.47%,内部职工股4161.38万股,占19.03%。

1997年,经中国证券监督管理委员会证监发字[1997]26号文和证监发字[1997]27号文批准,本公司成功地向社会公众发行每股面值1元之人民币普通股票8000万股,发行价6.30元/股,发行市盈率15倍,冻结资金31,045,644,000元,中签率1.623416%。本次发行所募资金已经山东烟台会计师事务所验证。

2.发行前后股本结构

本次发行前,公司股本结构如下:

项目	股数(万股)	占总股本比例(%)
总股本	21865.00	100.00
国家股	11916.45	54.50
法人(外资)股	5787.17	26.47
内部职工股	4161.38	19.03

本次发行后,公司股本结构如下

项目	股数(万股)	占总股本比例(%)
总股本	29865.00	100.00
国家股	11916.45	39.90
法人(外资)股	5787.17	19.38
内部职工股	4161.38	13.93
社会公众股	8000.00	26.79

3.主要股东(前十名股东持股情况)

序号	股东名称	持股数(股)	占总股本比例(%)
1	山东鲁抗医药企业集团公司	119,164,500	39.90
2	香港中国置业(控股)有限公司	57,871,700	19.38
3	樊东生	500,000	0.17
4	赖水成	360,300	0.12
5	孙建业	300,000	0.10
6	张金英	106,100	0.04
7	王建	102,400	0.03
8	王燎原	100,000	0.03
9	陈桂庆	100,000	0.03
10	李庆思	100,000	0.03

4.公司共有股东89939户,持股1000股以上的股东85921户。

四、主要财务资料

(一)验资报告摘要

山东鲁抗医药股份有限公司全体股东:

我们接受委托,对山东鲁抗医药股份有限公司截止1997年2月5日止的注册资本、投入资本变更情况的真实性和合法性进行了审验。在审验过程中,我们按《中国注册会计师独立审计实务公告第1号—验资》的要求,实施了必要的审验程序。山东鲁抗医药股份有限公司的责任是提供真实、合法、完整的验资资料,保护资产的安全、完整,我们的责任是按照《中国注册会计师独立审计实务公告第一号—验资》的要求,出具真实、合法的验资报告。

山东鲁抗医药股份有限公司变更前的注册资本为21865万元,变更后的注册资本为29865万元。根据我们的实验,截至1997年2月5日止,山东鲁抗医药股份有限公司增加投入资本504,000,000元,变更后的投入资本903,082,722.72元,其中:实收资本298,650,000元,资本公积444,134,499.12元,盈余公积35,767,828.63元,未分配利润77,252,703.80元。与上述变更后投入资本总额相关的资产总额1,343,962,641.36元,负债总额438,157,609.81元。

山东烟台会计师事务所　　中国注册会计师　赵永兰　　战淑萍

地址:中国·烟台　　1997年2月5日

(二)财务报告

1. 审计意见

公司财务报告已经山东烟台会计师事务所中国注册会计师审计,并出具了无保留意见的审计报告。

2. 财务报表(见附表)

3. 报表附注

(1)重要会计政策

A. 会计制度:

本报告所载的会计报表是依据《股份制试点企业会计制度》及有关补充规定编制的,纳入合并会计报表中的子公司会计报表是依据《中华人民共和国外商投资企业会计制度》编制的。

B. 会计期间:

公司采用公历制,即每年1月1日至12月31日止。

C. 合并报表的编制方法:

合并会计报表是根据母公司及下述控股子公司的个别会计报表为基础,经充分抵消内部投资,内部交易和内部债权债务等内部会计事项后合并编制的。

合并报表中的母公司与子公司所采用的会计制度,无重大差异,合并报表中包括山东鲁健药业有限公司。

山东鲁健药业有限公司于1995年4月6日成立,注册资本为2998万美元。本公司投入2038.64万美元,合营期限20年,主要生产抗生素原料药。

根据山东省经济体制改革委员会鲁体改函字[1996]第16号《关于同意山东鲁抗医药股份有限公司土地入股和吸收合并山东鲁健药业有限公司的函》,同意山东鲁健药业有限公司以吸收合并方式并入本公司,山东鲁健药业有限公司解散。合并山东鲁健药业有限公司的期间为1995年4月6日至1995年12月31日。

D. 记帐原则及计价基础:

采用权责发生制原则记帐,以实际成本为计价基础。

E. 货币换算:

公司以人民币为记帐本位币,发生的外币业务采用月初市场汇价的中间价作为记帐汇率折合人民币记帐,每月终了按月末市场汇价的中间价进行调整,由此产生的差额,作为汇兑损益,列入当期损益。

F. 坏帐处理:

公司按应收帐款余额的5‰计提坏帐准备。

G. 存货核算:

(1)原材料采用计划成本核算,月末计算结转材料成本差异;

(2)其他存货按取得时发生的实际成本记帐,发出存货采用加权平均法结转成本;

(3)低值易耗品采用领取时一次摊销法核算。

H. 长期投资核算:

债券投资按取得时的实际成本核算,并依据约定的利率与投资额按期计算投资收益。股权投资和联营投资占被投资企业股权比例20%以下的按成本法核算;股权比例在20%至50%的按权益法核算;股权比例在50%以上的按权益法核算并合并报表。

I. 固定资产及其折旧

固定资产按使用年限在一年以上,单位价值在2000元以上的房屋建筑物、机器设备和运输工具等标准确定,固定资产按历史成本或资产评估确认价值入帐,采用直线法计提折旧,并预计4%的残值,固定资产折旧年限如下:

类别	使用年限	残值率
房屋建筑物	20—30年	4%
通用设备	7—10年	4%
专用设备	7—10年	4%
运输工具	5—10年	4%

J. 无形资产及其摊销:

土地使用权按50年使用期平均摊销。

K. 收入实现的确认:

营业收入以产品已经发出或劳务已经提供,并收到货款或取得索取价款的凭据时确认。

L. 税项:

(A)企业所得税:

公司执行33%所得税税率。根据济宁市人民政府济政字[1994]11号《关于山东鲁抗医药股份有限公司所得税问题的批复》,股份公司1994—1996年所得税按法定税率征收,由同级财政部门返还18%,返还部分用于企业发展。公司上市后根据山东省人民政府鲁政字[1996]259号文《关于山东鲁抗医药公司所得税问题的批复》执行按法定税率征收返还18%的优惠政策。

(B)流转税及附加:

增值税:公司销售产品缴纳增值税,按销项税额(营业收入×17%)抵扣进项税额计算应交税金。其他服务等项收入按5%营业税率计算应交税金。

城市维护建设税:以实缴增值税、营业税的7%缴纳。

教育费附加:以实缴增值税、营业税的3%缴纳。

M. 利润分配:

公司税后利润按10%提取法定公积金,按5%提取法定公益金。法定公积金累计额为注册资本的50%以上可不再提取。法定公积金不足弥补上一年度公司亏损的,在提取法定公积金、公益金之前,应先用当年利润弥补亏损。公司从税后利润中提取法定公积金和法定公益金后经股东大会决议,可提取任意公积金。公司税后利润在弥补亏损和提取法定公积金、法定公益金、任意公积金后所余利润,按照股东持有的股份比例分配。

(2)报表主要项目注释说明

A. 应收帐款

a. 截止1996年12月31日应收帐款帐龄情况分析:

帐龄	金额	占总额的比例(%)
一年以内	97,731,944.08	93.56
一年至二年	2,624,864.20	2.51
二年至三年	2,182,394.13	2.09
三年以上	1,918,064.72	1.84
合计	104,457,267.13	100.00

b. 公司应收帐款均为应收的销货款,不存在5%以上股东及关联企业欠款。三年以上应收帐款债务人均存在并继续经营,且与本公司始终保持正常的业务往来,应收帐款均能收回。

B. 其他应收款

a. 截止1996年12月31日其他应收帐款帐龄情况分析:

帐龄	金额	占总额的比例(%)
一年以内	17,358,610.29	85.72
一年至二年	701,670.04	3.46

二年至三年	1,375,832.23	6.79
三年以上	814,391.69	4.03
合计	20,250,504.25	100.00

b. 截止1996年12月31日,其他应收款明细如下:

备用金	745,281.40
出口退税	9,450,031.55
济宁市中区保险公司办事处(保险费)	861,744.00
鲁抗集团进出口公司(代垫费用)	3,310,983.69
其他	5,882,463.61
合计	20,250,504.25

C. 长期投资

a. 债券投资

债券种类	到期日	面值(元)	年利率	投资总额(元)
山东省电力局				
中央电力建设债券	2007年6月	2,500,000.00	0	2,500,000.00
国库券(93)	1998年5月	102,000.00	11%	102,000.00
国库券(87)	1992年7月	40,000.00	6%	40,000.00
重点企业债券		105,000.00	0	105,000.00
特种国债	1995年10月	125,000.00	15%	125,000.00
特种国债	1994年7月	125,000.00	15%	125,000.00
特种国债	1996年8月	52,000.00	9%	52,000.00
小计		3,049,000.00		3,049,000.00

山东省电力局中央电力债券年利率为0,期限20年,于后5年每年偿还本金的20%。

重点企业债券年利率为0,期限15年,只还本不付息。

b. 股权投资

被投资公司名称	股数(万股)	占被投资公司股权比例	投资总额(元)
中联广深医药股份有限公司	24.4	0.24%	244,000.00
小计			244,000.00

C. 应计利息

国库券	148,722.00
特种国债	109,330.00
小计	258,052.00
合计	3,551,052.00

D. 在建工程

工程名称	工程进度	批准文号	实际使用额(元)	原预算额(万元)	资金来源
头孢菌素C-系列技术改造"双加"工程	10.52%	国药综经字【1996】第32号	21,012,676.88	19,974.44	贷款自筹
千吨青霉素工业钾盐半合成系列产品项目	13.83%	国药联宗经字[1995]360号	154,527,135.51	111,770.00	贷款自筹
合计			175,539,812.39		

在建工程资金来源为金融系统贷款。

E. 资本公积

期初数	0
本期增加	23,482,028.00
本期减少	727,194.88
期末数	22,754,833.12

截止1996年12月31日,公司资本公积余额22,754,833.12元,形成过程如下:

a. 公司根据山东省体改委鲁体改函字[1996]第16号,吸收合并鲁健公司外方香港中国置业(控股)有限公司投入的959.36万美元,折股5,787.17万股后溢价23,482,028元,记入资本公积。

b. 1995年5月鲁健公司设立时外方投入资本959.36万美元,到位时市场外汇牌价与合同约定汇率不同,计算的资本折算差额727,194.88元,减少资本公积。吸收合并鲁健公司时,并入股份公司。

F. 盈余公积

	1996年	1995年
净利润	85,717,145.58	66,445,157.57
提取法定公积金	8,571,714.56	8,639,419.67
转入盈余公积	18,151,866.12	9,642,646.36
提取法定公益金	4,285,857.28	3,298,222.89
任意公积金		3,298,222.89
合计	31,009,437.96	24,878,511.81

1995年提取法定盈余公积金8,639,419.67元,公益金3,298,222.89元,任意公积金3,298,222.89元,所得税返还转入盈余公积9,642,646.36元。

1996年提取法定盈余公积金8,571,714.56元,公益金4,285,857.28元,所得税返还转入盈余公积18,151,866.12元。

截止1996年12月31日盈余公积余额为85,814,301.74元。

G. 未分配利润

	1996年	1995年
期初数	19,922,442.49	6,677,180.58
本期增加	54,707,707.62	11,202,288.02
本期减少		
期末数	74,630,150.11	17,879,468.60

H. 投资收益

债券投资收益	279,752.59
非控股公司投资收益	223,203.16
合计	502,955.75

I. 期后事项

应付票据中,银行承兑汇票1至2月份到期三笔共计3,500,000元,分别在到期日承付。

4. 财务指标

项目	1996年	1995年
1. 流动比率	1.41	1.22
2. 速动比率	0.59	0.41
3. 应收帐款周转率(次)	9.48	18.36
4. 股东权益比率(%)	51.00	35.26
5. 每股收益(元/股)	0.39	0.44
6. 净资产收益率(%)	21.33	29.68
7. 每股净资产(元/股)	1.84	1.49

注:以上指标是根据经审计的1996年度会计报表计算,每股净资产为本次新股发行前的数据,本次新股发行后的每股净资产为2.92元。

五、董事会承诺

本公司董事会将严格遵守《中华人民共和国公司法》、《股票发行与交易管理暂行条例》、《上海证券交易所交易市场业务试行规则》和有关法律、法规的规定,并自股票上市之日起向全体股东作如下承诺:

1. 按照法律、法规的规定程序和要求披露公司重大经营活动的信息,并接受证券主管机关、上海证券交易所的监督管理。

2. 及时、真实、准确地公布本公司中期报告、年度报告,并备置于规定场所供投资公众查阅。

3. 本公司董事、监事及高级管理人员如发生人事变动或持本公司股票发生变化时,在报告证券主管机关、证券交易所的同时向投资者公布。

4. 在任何公共传播媒介中出现的消息可能对本公司股票的市场价格产生误导性影响时,本公司知悉后将及时对该消息予以公开澄清。

5. 本公司董事、监事及高级管理人员将认真听取社会公众的意见和批评、不利用已获得的内幕消息和其他不当手段直接或间接从事股票交易。

6. 董事会及各位董事保证不就任何未经主管机关审阅的可能影响股份变动的重大信息私自公告或发表意见。

7. 本公司没有无记录负债。

六、重要事项说明

1. 根据济宁市人民政府济政字[1994]11号《关于山东鲁抗医药股份有限公司所得税问题的批复》,公司1994—1996年所得税按33%征收,由同级财政部门返还18%,返还部分用于企业发展。公司上市后根据山东省人民政府鲁政字[1996]259号文《关于山东鲁抗医药公司所得税问题的批复》执行按33%税率征收返还18%的优惠政策,所得税返还部分在利润分配时进入盈余公积,用于企业发展。

2. 公司原内部职工股4161.38万股自本次新股发行之日起,期满三年后方可上市流通。

3. 按《中华人民共和国公司法》和本公司章程规定,税后利润具体分配顺序和比例如下:

(1)弥补亏损

(2)提取法定盈余公积金10%

(3)提取法定公益金5%-10%

(4)提取任意盈余公积金

(5)支付普通股股利

4. 历年股利发放情况:

1993年每股发放现金红利0.18元

1994年每股发放现金红利0.20元。

1995年每股发放现金红利0.20元。

5. 经公司第八次股东大会决议,1996年股利待本次股票发行结束后,由新老股东共同分配。

6. 截止本公告书刊登之日,本公司及本公司董事、监事和高级管理人员并无涉及任何重大诉讼及仲裁,亦无任何尚未了结或面临重大威胁之诉讼。

7. 本上市公告书披露的会计报表截止日为1996年12月31日,公司不再另行披露年度报告摘要。

8. 公司1996年实现的净利润分别提取10%的法定公积金、5%的法定公益金后可供股东分配的利润74,630,150.11元待董事会提出具体分配议案并提交股东大会讨论通过后实施。

9. 公司上市前全部资产及相应负债经山东会计师事务所评估,出具(96)鲁会评字第10号评估报告,评估结果业经国家国有资产管理局国资评[1996]1088号文确认,评估后净资产增值39,263,437.97元,经公司董事会决议,对此次评估增值不作相应的帐务调整。

10. 公司上市前所得税根据济宁市人民政府济政[1994]11号《关于山东鲁抗医药股份有限公司所得税批复》同意公司所得税按法定税率征收,由同级财政部门返还18%,返还部分用于企业发展。公司已将1994年、1995年返还的所得税转入盈余公积。

11. 根据山东省经济体制改革委员会鲁体改函字[1996]第16号《关于同意山东鲁抗医药股份有限公司土地入股和吸收合并鲁健药业有限公司的函》,同意公司以吸收合并方式将鲁健药业有限公司并入山东鲁抗医药股份有限公司,其外商投资956.36万美元(折合人民币81,358,728元),折股5,787.17万股作为法人(外资)股,并同意将公司占用的土地254.2亩,计价1,136万元折1,136万股,增加国家股股份,对上述会计事项业经济宁市国有资产管理局济国资字[1996]80号文批复,公司已作相应帐务处理。

12. 山东鲁抗医药股份有限公司与鲁抗医药集团公司签订的《关于委托加工和提供服务协议》约定发行人与集团公司在委托加工及提供服务等方面遵照公平、公正的市场原则进行业务往来,以确保山东鲁抗医药股份有限公司的股东权益不受侵犯。

七、中介机构

1. 主承销商及上市推荐人:国泰证券有限公司

法定地址:上海市浦东新区乳山路61号

法定代表人:金建栋

办公地址:北京市海淀区白石桥路3号友谊宾馆乡园

电话:010-68498545

传真:010-68483942

联系人:冯立亮、杨广立、莫斌

国泰证券山东分公司

地址:济南市经三路117号

电话:0531-7923496

传真:0531-7923541

联系人:渠洪喜、窦海燕

2. 副主承销商及上市推荐人:大鹏证券有限责任公司

地址:深圳市深南东路信兴大厦地王商业中心商业大楼8层

法定代表人:徐卫国

电话(0755)2463388-8607

传真:(0755)2462021

联系人:宛楠、田佳峰

3. 发行人财务顾问:中国诚信证券评估有限公司

地址:北京市东城区和平里东街民旺乙19号写字楼

法定代表人:毛振华

电话:(010)64275969

传真:(010)64275625

联系人:李伟

4. 发行人法律顾问:信达律师事务所

地址: 深圳市人民南路国贸大厦43楼

电话:(0755)2221587

传真:(0755)2250442

经办律师:刘凤良、霍庭、张炯、王瑞军

5. 会计师事务所:山东烟台会计师事务所

地址:山东烟台芝罘区胜利路2号

经办注册会计师:赵永兰、战淑苹

电话:(0535)6224420

传真:(0535)6224381

联系人:赵永兰　战淑平

6. 股票登记机构:

上海证券中央登记结算公司

地址:上海市黄埔路15号

电话:(021)63068888

八、备查文件

(1)本公司的注册登记文件

(2)政府主管部门批准股票发行、上市文件

(3)招股说明书

(4)上海证券交易所上市通知书

(5)验资报告

(6)审计报告

(7)上市推荐书

(8)公司章程

(9)法律意见书

(10)公司历次股东大会决议

(11)证监会要求的其他有关文件

山东鲁抗医药股份有限公司

1997年2月22日

财务状况变动表

山东鲁抗医药股份有限公司

1996 年度

单位:人民币元

流动资金来源和运用	金额	流动资金各项目的变动	金额
一、流动资金来源:		二、流动资产本年增加数	
1. 本年净利润	85,717,145.58	1. 货币资金	-17,004,590.06
加:不减少流动资金的费用和损失		2. 短期投资	
(1)固定资产折旧	27,465969.27	3. 应收票据	
(2)无形资产、递延资产及其它资产	37,866.67	4 收帐款净额	82,480,391.88
摊销(减其它负债转销)		5. 预付货款	8,663,164,53
(3)固定资产盘亏(减盘盈)		6. 其他应收款	-20,117,009.84
(4)清理固定资产损失(减收益)	979,009.12	7. 待摊费用	-844,795.50
(5)递延税款		8. 存货	14,648,269.95
(6)其它不减少流动资金的费用和损失		9. 待处理流动资产净损失(减收益)	
		10. 一年内到期的长期债券投资	
小计	114,199,990.64	11. 其他流动资产	
2. 其它来源:			
(1)固定资产清理收入(减清理费用)			
(2)增加长期负债	52,745,158.85		
(3)收回长期投资	857,447.52		
(4)对外投资转出固定资产			
(5)对外投资转出无形资产			
(6)资本净增加额	124,915,697.67		
(7)少数股东权益净增加额	-90,735,020.42		
小计	87,783,283.62	流动资产增加净额	67,825,430.96
流动资金来源合计	201,983,274.26		
二、流动资金运用:		二、流动负债本年增加数:	
1. 利润分配		1. 短期借款	-51,570,000.00
(1)提取盈余公积(用盈余公积补亏以"-"号表示)	26,723,580.68	2. 应付票据	6,500,000.00
		3. 应付帐款	33,073,445.05
(2)应付利润		4. 预收货款	31,505,175.58
(3)提取法定公益金	4,285,857.28	5. 应付福利费	-4,398,270.44
(4)已分配股利		6. 未付股利	-29,883,660.00
		7. 未交税金	32,398,039.90
小计	31,009,437.96	8. 其他未交款	523,581.47
2. 其他运用:		9. 其他应付款	556,387.00
(1)固定资产和在建工程净增加额	107,969,118.79	10. 预提费用	-3,423,985.11
(2)增加无形资产、递延资产及其他	11,360,000.00	11. 一年内到期的长期负债	900,000.00
资产		12. 其他流动负债	
(3)偿还长期负债			
(4)增加长期投资			
小计	119,329,118.79		
流动资金运用合计	150,338,556.75	流动负债增加净额	16,180,713.45
流动资金增加净额	51,644,717.51	流动资金增加净额	51,644,717.51

利润及利润分配表

山东鲁抗医药股份有限公司

单位:人民币元

项目	附注	1996 年度	1995 年度	1994 年度	1993 年度
一、主营业务收入	28	597,518,983.60	487,368,772.68	434,544,284.71	396,541,033.15
减:营业成本	29	440,401,406.77	344,758,089.99	318,466,111.73	275,957,142.40
销售费用		15,977,725.78	8,849,771.62	8,756,377.36	7,697,423.72
管理费用		33,322,965.82	36,878,161.88	25,104,607.02	28,821,202.36
财务费用	30	18,843,708.53	14,914,906.80	9,430,789.47	9,047,266.85
营业税金及附加		1,745,271.57	377,815.64	2,494,255.37	35,856,529.39
二、主营业务利润		87,227,905.13	81,590,026.75	70,292,143.76	39,161,468.43
加:其他业务利润	31	4,199,905.81	2,179,230.92	2,139,701.46	1,223,468.24
三、营业利润		91,427,810.94	83,769,257.67	72,431,845.22	40,384,936.67
加:投资收益	32	502,955.75	153,715.48		

项目	附注	1996 年度	1995 年度	1994 年度	1993 年度
营业外收入	33	10,139,802.40	441,040.75	40,125.89	233,692,40
减:营业外支出	34	1,226,868.41	750,022.66	455,167.08	475,772.45
加:以前年度损益调整					
四、利润总额		100,843,700.68	83,613,991.24	72,016,804.03	40,142,856.62
减:所得税	35	15,126,555.10	8,035,538.63	10,802,520.60	7,851,404.20
减:少数股东收益			9,613,994.78		
五、净利润		85,717,145.58	65,964,457.83	61,214,283.43	32,291,452.43
加:年初未分配利润		19,922,442.49	6,677,182.58	552,440.56	
盈余公积转入数					
六、可分配的利润		105,639,588.07	72,641,640.41	61,766,723.99	32,291,452.42
减:提取决定盈余公积金		8,571,714.56	8,639,419.67	6,121,428.34	3,229,145.24
提取法定公益金		4,285,857.28	3,298,222.89	3,060,714.17	1,614,572.62
转入盈余公积		18,151,866.12	9,642,646.36	12.963,,024.73	
七、可供分配的利润		74,630,150.11	51,061,351.49	39,621,556.75	27,447,734.56
减:已分配优先股股利					
提取任意公积金			3,298,222.89	3,060,714.17	
已分配普通股股利			29,883,660.00	29,883,660.00	26,895,294.00
八、未分配利润		74,630,150.11	17,879,468.60	6,677,182.58	552,440.56

资产负债表

山东鲁抗医药股份有限公司

单位:人民币元

资产	附注	1996年12月31日	1995年12月31日	1994年12月31日	1993年12月31日	负债及股东权益	附注	1996年12月31日	1995年12月31日	1994年12月31日	1993年12月31日
流动资产						流动负债:					
货币资金	3	2,625,405.26	19,629,995.32	10,876,655.38	28,315,371.08	短期借款	12	69,400,000.00	120,970,000.00	80,950,000.00	61,140,000.00
短期投资						应付票据	13	8,500,000.00	2,000,000.00		
应收票据						应付帐款	14	73,471,045.28	40,397,600.23	20,216,814.94	21,474,983.23
应收帐款	4	104,457,267.13	21,562,400.91	31,513,064.65	49,603,789.02	预收货款	15	35,511,513.60	4,006,338.02	3,137,298.22	588,100.85
减:坏帐准备		522,286.34	107,812.00	157,565.32	248,018.95	应付福利费		1,014,445.85	5,412,716.29	2,022,371.66	-1,586,663.70
应收帐款净额		103,934,980.79	21,454,588.91	31,355,499.33	49,355.770.07	未付股利	16		29,883,660.00	29,883,660.00	26,895,294.00
预付货款	5	17,146,660.58	8,483,496.05	5,922,733.02		未交税金	17	29,300,709.98	-3,097,329.92	2,633,988.04	8,684,566.30
其他应收款	6	20,250,504.25	40,367,514.09	20,998,780.71	29,560,716.42	其他未交款	18	2,194,650.75	1,671,069.28	1,411,294.19	860,418.80
待摊费用		5,030,984.07	5,875,779.57	7,315,313.07	724,910.20	其他应付款	19	24,182,565.93	23,626,178.98	15,154,027.57	28,110,976.63
存货	7	203,646,311.09	188,998,041.14	94,502,452.05	65,461,699.72	预提费用	20	6,049,242.67	9,473,227.78	10,451,136.29	3,701,945.49
待处理流动资产损失					668,009.48	一年内到期的长期负债	21	900,000.00			
一年内到期的长期债券投资						其他流动负债					
流动资产合计		352,634,846.04	284,809,415.08	170,971,433.56	174,086,476.97	流动负债合计		250,524,174.11	234,343,460.66	165,860,590.91	144,869,621.60
长期投资						长期负债					
长期投资	8	3,551,052.00	4,408,499.52	3,904,607.00	3,904,607.00	长期借款	22	132,240,000.00	82,926,172.45	98,230,523.23	105,392,346.22
其中:合并价差			494,492.52			应付债券					
固定资产:						长期应付款	23	3,431,331.30			
固定资产原价	9	349,483,788.55	285,269,557.52	208,338,895.55	203,290,299.32	其他长期负债					
减:累计折旧		104,486,841.93	77,020,872.66	44,637,086.84	50,530,285.64	长期负债合计		135,671,331.30	82,926,172.45	98,230,523.23	105,392,346.32
固定资产净值		244,996,946.62	208,248,684.86	163,701,808.71	152,760,013.69	递延税项:					
在建工程	10	175,539,812.39	131,784,924.63	110,679,337.60	73,422,726.37	递延税款贷项					
固定资产清理			979,009.12	979,009.12	902,602.21	负债合计		386,195,505.41	317,269,633.11	264,901,114.14	250,261,967.82
待处理固定资产净损失						少数股东权益			90,735,020.42		
固定资产合计		420,536,759.01	341,012,618.61	275,360,155.43	227,085,342.27	股东权益:					
无形资产及递延资产						股本	24	218,650,000.00	149,418,300.00	149,418,300.00	149,418,300.00
无形资产	11	11,322,133.33				资本公积	25	22,754,833.12			
递延资产						盈余公积	26	85,814,301.74	54,928,111.08	30,049,599.27	4,843,717.86
无形资产及递延资产合计		11,322,133.33				其中:公益金		12,136,119.66	7,973,509.68	4,675,286.79	1,614,572.62
其他长期资产:						任意公积		6,358,937.06	6,358,937.06	3,060,714.17	
其他长期资产						未分配利润	27	74,630,150.11	17,879,468.60	6,677,182.58	552,440.56
递延税项:						股东权益合计		401.849,284.97	222,225,879.68	186,145,081.85	154,814,458.42
递延税款借项						负债及股东权益总计		788,044,790.38	630,230,533.21	450,236,195.99	405,076,426.24
资产总计		788,044,790.38	630,230,533.21	450,236,195.99	405,076,426.24						

山东鲁抗医药股份有限公司一九九七年度中期报告

一、财务报告(未经审计)

1.财务报表

(1)简化的资产负债表　单位:元

项目	96年12月31日	97年6月30日
流动资产	352634846.04	513768924.20
长期投资	3551052.00	3442620.00
固定资产	420536759.01	739669793.14
无形及递延资产	11322133.33	14372450.84
资产总计	788044790.38	1271253788.18
负债及股东权益		
流动负债	250524174.11	238232700.91
长期负债	134571331.30	154431331.30
负债合计	386195505.41	392664032.21
股东权益:		
股本	218650000.00	298650000.00
资本公积	22754833.12	444216659.12
盈余公积	85814301.74	85814301.74
其中:公益金	12136119.66	12136119.66
未分配利润	74630105.11	49908795.11
股东权益合计	401849284.97	878589755.97
负债及股东权益合计	788044790.38	1271253788.18

(2)简化的损益表　单位:元

项目	1997年1-6月
主营业务收入	340114900.11
主营业务利润	32892053.74
其他业务利润	1200936.49
投资收益	-108432.00
营业外收支净额	7202082.95
利润总额	41186641.18
所得税	6177996.18
净利润	35008645.00

(3)财务指标

截止1997年6月30日的主要财务指标为:

a.净资产收益率　3.98%

b.每股净资产　2.94元

c.每股净收益　0.117元

每股净资产、每股净收益系按总股本298650000股计算。公司发行利息收入5122531.26元,其中无效申购利息5039371.26元本期转入营业外收入,剔除后,公司的主要财务指标为:

a.净资产收益率　3.50%

b.每股净资产　2.93元

c.每股净收益　0.103元

2.财务报表附注

(1)本期财务报告所采用的会计政策与会计方法和1996年度所采用的会计政策与会计方法相互一致。

(2)关联企业交易:

关联企业名称:山东鲁抗医药企业集团公司

法定代表人:章建辉

与本公司的关系:系本公司的控股公司

关联交易:

A.截止1997年6月30日支付集团公司委托加工费3781080元。

B.截止1997年6月30日支付集团公司医疗保健、员工就餐等服务费2980805.75元。

C.截止1997年6月30日收取鲁抗集团公司热电动力服务费1991746.54元。

(3)货币资金52857985.70元,比年初2625405.26元增加50232580.44元。其原因系发行股票募集资金结余。

(4)应收帐款

截止1997年6月30日应收帐款帐龄情况分析:

帐龄	金额(元)	占总金额的比例(%)
一年以内	165529854.48	95.29
一年至二年	5554484.21	3.20
二年至三年	961766.35	0.55
三年以上	1660299.92	0.96
合计	173706404.96	100.00

截止1997年6月30日应收帐款余额173706404.96元,比年初104457267.13元增加69249137.83元,其原因主要是扩大销售网点销售售增长。系在销售发货、回收货款循环过程中的暂欠。公司应收帐款均系应收的销货额,不存在5%以上股东及关联企业欠款。三年以上应收帐款债务人均存在并继续经营,且与本公司始终保持正常的业务往来。

(5)其他应收款

截止1997年6月30日其他应收款帐龄情况分析

帐龄	金额(元)	占总额的比例(%)
一年以内	62974617.49	89.23
一年至二年	5082049.34	7.20
二年至三年	2517634.54	3.57
合计	70574301.37	100.00

截止1997年6月30日其他应收款余额70574301.37元,比年初20250504.25元增加50323797.12元。其主要原因:

A.待收产品出口退税9285384.38元。

(6)无形资产及递延资产

A.无形资产

种类	原值(元)	已摊金额	期末余额	剩余摊销年限
土地使用权	11360000	151466.66	11208533.34	49.33年

B.递延资产

种类	原值(元)	已摊金额	期末余额	剩余摊销年限
青霉素菌种	3163917.50		3163917.50	3

待正式投产后,三年内摊销。

(7)在建工程

在建工程较年初增加:328392654.76元,其中

A.千吨青霉素系列工程支出309632654.76元,完成计划的41.53%;

B.头孢C"双加"工程支出12126779.18元,完成计划的16.62%;

C.其他工程支出6633220.82元。

(8)资本公积

截止1997年6月30日增加金额421461826.00元,其中:

a.转入发行股票溢价收入424000000.00。

b.发行股票有效申购利息收入83160.00元。

c.捐赠设备收入16766.00元。

d.支付上市发行前期费用2638100.00元。

(9)投资收益

截止1997年1-6月份,投资收益负108432.00元,其原因是:调整1996年国库券利息重复计算部分。

(10)营业外收入

截止 1997 年 1－6 月份，营业外收入增加 7695828.34 元，其主要原因是：公司发行收入中无效申购利息 5039371.26 元本期转入营业外收入。

二、上半年经营情况回顾与展望

(一)、上半年经营情况回顾

上半年，公司面对全国药品市场价格竞争激烈，减利因素增大的严竣形势，依靠技术进步挖掘内部潜力，调整产品结构，加快重点技改项目的实施。以灵活的价格政策促进产品销售，让利不让市场，不断扩大产品的市场占有率。上半年，化学原料药完成 475.069 吨、为年计划的 60.9%、比去年同期提高 29.8%；针剂产量完成 2.798 亿支，为年计划的 48.2%，比去年同期提高 11.8%；片剂产量完成 5.345 亿片，为年计划的 74.2%，比去年同期提高 14.5%；完成工业总产值 35400 万元，为年计划的 49.5%，比去年同期提高 17.5%；完成销售收入 34011 万元，为年计划的 45.35%，比去年同期提高 15.12%；实现利润 4119 万元，为年计划的 34.325%，比去年同期提高 13.45%。公司在全国重点医药企业中工业总产值、销售收入、实现利润分别居第 11、7、4。公司上半年重点做了以下工作：

1. 积极转变思想观念、加快公司适应市场变化的步伐。公司围绕着市场和效益，在品种的安排和生产上，成功地实现了"总量突破"与"个别调整"的结合，使生产成本有了大幅下降。公司产品质量稳定提高率保持了 100%，国家各级监督机关监督性抽查合格率保持了 100%。

2. 公司加快对引进新技术的消化和吸收，使工艺不断优化，成本不断降低。公司 88 个重点考核的技经指标中，计划完成率为 92.5%。63 项指标创历史最好水平，占可比指标的 78.25%，从最新的全国同品种交流情况看，4 个原料药品种共有 22 项指标居全国首位。上半年可比产品成本降低率为 12.18%，可比成本降低额为 4730 万元。

3. 开辟销售新途径，扩大市场占有率。公司在全国招聘地区销售代表形成了销售代理网，新产品的销售取得了很大成效，产销率达到了 100%，上半年出口总额达 550 万美元。

(二)下半年工作重点和措施：

1. 进一步转变思想观念，加大深化改革的力度。本着"精干、高效"的原则，提高管理人员的素质和工作效率。

2. 大力开拓新产品市场，积极探索新产品的营销方式，加快开拓农用、兽用抗生素市场，半合抗等新品的摊销力度，力争全年创汇 1500 万美元。

3. 加大货款回笼力度，做好清欠工作，力争将流动资金的占用降到最低限额。

4. 抓好新工艺等六大技术革新项目的消化、吸收工作，力争使青霉素、螺旋霉素、7—ACA 的成本有较大幅度的降低。切实做好节能降耗工作，确保全年万元产值综合能耗降低 5%。

5. 加快重点工程建设，努力培植新的经济增长点。正在建设的两大重点工程的六个子项工程，加快施工进度，制剂大楼年底以前国产线部分要实现投产，动力系统两台 20 吨锅炉年底前完成土建部分，明年初具备安装条件；7—ACA 争取明年上半年建成投产；头孢 C 锌盐的发酵和提炼部分的主体厂房要争取年底以前完成土建主体工程。

三、重大事件的说明

1. 一九九七年一月二十三日，经中国证监会证监发字(1997)26.27 号文批准同意，公司利用上交所交易系统，采用上网定价方式公开发行 A 股 8000 万股，发行价格 6.30 元/股，共募集资金 4.88 亿元，全部投入国家"九五"重点工程"千吨"青霉素系列项目，招股说明书于九七年一月二十日刊登于《中国证券报》、《上海证券报》。

2. 公司 8000 万 A 股发行后，于一九九七年二月二十四日按规定在山东省工商局办理了注册资本变更手续，将公司原注册资本 21865 万元，变更为 29865 万元。

3. 一九九七年二月二十六日，经上交所上证上(97)字第 007 号文批准同意，公司 8000 万 A 股在上交所挂牌上市。原内部职工股 4161.38 万股自本次新股发行之日起，期满三年后方可上市流通。上市公告书于九七年二月二十二日刊登于《中国证券报》、《上海证券报》。

4. 一九九七年四月二十八日公司九六年度股东大会在公司驻地召开，圆满地完成了大会规定的会议议程(会议内容见股东大会简介)。

5. 经公司九六年度股东大会批准同意，聘请烟台会计师事务所为公司财务审计单位。

6. 上半年，公司生产经营因减利因素增大，产品销价降低减少利润 7254 万元，通过内部技术挖潜增效，降低产品成本，共弥补降价损失近 4730 万元，上半年实际损失利润 2524 万元。

7. 公司新产品"鲁抗牌"盐霉素在同行业众多产品中脱颖而出，上半年荣获 97 年全国饲料添加剂展销订货会暨第五届全国饲料添加剂学术交流会优质产品奖，被中国动物保健品协会评为推荐产品。

8. 公司上半年顺利通过中国质量管理协会 ISO9001 质量认证体系监督性审核，产品质量稳定提高率保持了 100%，国家各级监督性机关监督性抽查合格率保持在 100% 的水平。

9. 公司开工的国家重点工程"千吨"青霉素项目建设速度正常。其中：(1)半合成青霉素系列工程根据设计规模，对 6APA、氨苄三水酸两个品种进行填平补齐，于 3 月底全部完成改造并达到设计能力。(2)制剂系列工程进展顺利，主体工程制剂大楼已经完成，设备、电器、仪表的订货陆续到货。安装工作也正在交叉进行。预计 97 年底可试车调试，98 年初可投入大生产，制剂系列工程投资概算为 1.6 亿元。投产后，年产粉针 4 亿支、片剂 6 亿片、胶囊 4 亿粒，将为公司年增加销售收入 5.1 亿元。

10. 公司重点技改项目"双加工程"，制剂部分设备已开始实施安装。头孢菌素原料药车间已开工建设，配套公用系列工程建设工作已全面展开。

11. 公司重点技改项目，青霉素工艺改造工程开工建设，该项目计划投资 1700 万元，主要引进美国先进设备 POD 机，用于提高青霉素产品质量，降低生产成本。预计 9 月底将试车投产，年新增利润 700 多万元。

12. 公司投资 667 万元对原青霉素生产发酵设备进行更新改造，提高青霉素发酵水平。加大青霉素产量，增加销售收入近 800 万元。

13. 公司募集资金使用情况

发行 A 股募集资金 4.88 亿元：

其中，a. 投入千吨青霉素系列项目 309632654.76 元；

b. 暂时参与生产周转资金 1.3 亿元；

c. 结余货币资金 48367345.24 元。

14. 按照国务院证券委、中国人民银行、国家经贸行 5 月 21 日联合发布的《严禁国有企业和上市公司炒作股票的规定》的要求，公司经自查，没有从事任何违反规定的事项。公司今后如果从事股票投资，将严格遵守国家有关政策、法规和本公司章程规定。

15. 本报告期内公司无重大诉讼、仲裁事项，无对外提供担保。

四、发行在外股票的变动和股权结构的变化

(1)股权结构情况

1997 年 6 月 30 日　数量单位：　万股　每股面值:1 元

	期初数	本次变动增减(+、-)					期末数
		配股	送股	公积金转股	发行A股	小计	
一、尚未流通股份							
1. 发起人股份							
其中：							
国家拥有股份	11916.45						11916.45
境内法人持有股份							
外资法人持有股份	5787.17						5787.17
其他							

2. 募集法人股				
3. 内部职工股	4161.38			4161.38
4. 绩优股或其他				
尚未流通股份合计	21865.00			21865.00
二、已流通股份				
1. 境内上市的人民币普通股		8000	8000	8000.00
2. 境内上市的外资股				
3. 境外上市的外资股				
已流通股份合计		8000	8000	8000.00
三、股份总数	21865.00	8000	8000	29865.00

(2)主要股东持股情况

1997 年 6 月 30 日

股东名称	持股数	占总股本(%)
(1)山东鲁抗医药集团公司(国家股)	119164500	39.90
(2)香港中国置业(控股)有限公司(外资股)	57871700	19.38
(3)中京泰	970300	0.32
(4)厦门华正	800000	0.27
(5)谷爱俊	709992	0.24
(6)李淑贞	606000	0.20
(7)河北农行	523037	0.18
(8)樊东生	500000	0.17
(9)山东国信	430000	0.14
(10)悦誉实业	381703	0.13

五、股东大会简介

1. 公司九六年度股东大会于 1997 年 4 月 28 日在山东省济宁市太白楼西路 173 号鲁抗公司召开，参加会议的股东代表 58 人，代表股份 18490.65 万股，占总股本的 61.9%。大会由公司董事长章建辉先生主持，根据《公司法》的有关规定，经大会审议批准，表决通过了决议如下：

一、审议通过了《公司董事会 1996 年度工作总结和 1997 年度工作报告》。1996 年，公司各项经济指标均创历史同期最好水平。全年完成营业收入 59751.90 万元，比上年增长 22.6%；实现税后利润 8571.71 万元，比上年增长 29%；每股净资产 1.84 元，比上年增长 23.5%。1997 年，公司计划完成营业收入 76011.00 万元，税后利润 10310.67 万元。

二、审议通过了《公司 1996 年度监事会工作报告》。

三、审议通过了《公司 1996 年度财务决算及 1997 年度财务预算报告》。

四、审议通过了公司 1996 年度利润分配方案。公司 1996 年度实现税后利润 85717145.58 元，分别提取 10% 的公积金 8571714.56 元和法定公益金 4285857.28 元，提取 18151866.12 元的任意公积金，分红基金为 54707707.62 元，加上 1995 年度未分配利润 19922442.49 元，1996 年度可供股东分配利润 74630150.11 元，按每 10 股派发现金红利 2 元(含税)的比例分配。结余分红基金 14900150.11 元，留待下年度分配。

五、审议通过了 1997 年公司申请发行公司债券的议案。

六、审议通过了 1998 年公司申请发行 B 股股票的议案。

七、审议通过了公司聘请烟台会计师事务所为公司审计单位的议案。

八、审议通过了《公司章程修正案》。

2. 本次会议议事程序和大会决议均经济宁市第二公证处公证。根据上市公司有关信息披露和股东会会议资料审核备案的有关规定，会后，公司已将完整的一九九六年度股东会会议资料及决议文本按规定要求，上报中国证监会、省证管办、市证管办、国家医药局、上交所备案，并将大会会议公告和分红派息公告于一九九七年四月二十九日刊登于《中国证券报》和《上海证券报》向社会进行了信息披露。

六、备查文件

1. 载有公司董事长亲笔签名的中期报告原件。

载有公司董事长签名的 1996 年度报告。

2. 公司 1997 年度中期财务报告原件。

3. 1996 年度股东大会文件。

4. 公司招股说明书。

5. 公司股票上市公告书。

6. 公司修改后的章程。

查阅地址：山东省济宁市太白楼西路 173 号　本公司证券部

联系电话：(0537)2278572；2213961 转 3574

传　　真：(0537)2278572

山东鲁抗医药股份有限公司

一九九七年八月十八日

云南马龙化建股份有限公司

云南马龙化建股份有限公司简介

一、企业概况

云南马龙化建股份有限公司位于云贵高原东北部，是以生产磷化工、建材产品为主的国家大二型企业。公司资产总额达2.2亿元，下设年产1.4万吨黄磷、1.2万吨磷酸(其中工业磷酸、食品磷酸、低砷磷酸各占1/3)的磷化工分厂；年产10万吨水泥的水泥分厂。拥有职工1300人。1996年公司实现利税1900万元，被列为云南省30强化工企业第10位。公司生产的“龙九牌”黄磷磷酸质量好，黄磷纯度高达99.99%；砷含量低于80PPm，以其可靠的质量远销日本、澳大利亚、波兰、荷兰、捷克、瑞士、英国、法国、意大利、德国、哥伦比亚、南非、印度、马来西亚、香港等国家和地区。“龙王桥牌”425#、525#复合硅酸盐(R型)早强水泥，填补了云南省生产空白，长年畅销昆明、曲靖市场。

二、公司主要领导简价

朱金贵同志生于1946年7月，男，汉族，云南省罗平县人，中专文化，高级工程师。1969年7月毕业于云南省农业机械化学校；1969年9月至1980年1月在马龙县拖拉机修配厂工作，任技术员，1980年2月至1990年6月在马龙县机械厂工作，先后任技术员、副厂长、厂长、工程师；1990年6月至1994年9月任成龙县水泥厂、黄磷厂厂长，其间于1993年3月任马龙县人大常委会委员；1994年9月成立马龙化建(集团)总公司后，任公司总经理；1996年3月当选为马龙县政协副主席；1997年1月原马龙化建(集团)总公司改制为云南马龙化建股份有限公司后，任公司董事长兼总经理。1995年5月被省政府授予云南省劳动模范称号，同年9月获省优秀企业家称号。

云南马龙化建股份有限公司股票上市公告书

一、绪言

本公司股票发行经中国证券监督管理委员会[证监发字(1996)401号文和402号文]批准，股票上市申请经上海证券交易所[上证上字(1997)004号文]审核同意，于1997年1月23日(星期四)在上海证券交易所挂牌交易，本公司总股本5100万股，本次上市流通的股票1350万股均为1997年1月8日向社会公开发行的新股，尚余公司职工股150万股预计于1997年7月后上市。

二、公司概况

1. 公司法定名称：云南马龙化建股份有限公司

英文名称：YUNNAN MALONG CHEMICALS & CONSTRUCTION CO., LTD.

英文缩写：MLCC

2. 公司注册地址：云南省曲靖地区马龙县

邮政编码：655102

3. 公司法定代表人：朱金贵

4. 公司董事、监事和高级管理人员持股情况：

姓名	职务	持股数(股)
朱金贵	董事长	2000
吕家亮	副董事长	1500
范家学	董事	1500
高加才	董事	1500
赵家友	董事	2000
傅正平	董事	1000
杨林清	董事	1000
龙巨明	监事	1000
李兴文	监事	1000
孙瑞	监事	1200

公司董事、监事和高级管理人员共持有本公司股票13700股，占总股本的0.027%。按照《中华人民共和国公司法》规定，其持有股份在任职期间内不得转让。

5. 公司所属行业：化工建材；主营：黄磷、磷酸等磷化工产品，水泥等建材产品的生产销售；兼营：其它化工产品、采矿、综合服务、投资等。

6. 公司成立日期：1997年1月20日

公司营业执照注册号：29198868

7. 公司在册职工人数：1080人

8. 公司占地面积：132945平方米

9. 公司咨询电话：0874—8010172

三、股本结构及主要股东持股情况

1. 股本形成过程：

本公司经云南省人民政府云政复[1996]137号文批准成立，云南马龙化建(集团)总公司作为独家发起人，以截止1996年9月30日评估后的净资产5384.89万元折成3600万股国家股，溢价1784.89万元进入资本公积金，发起人资本已经昆明会计师事务所昆会师证字(96)第830号验资报告确认。

经云南省计划委员会和云南省证券委员会云计财金(96)916号文批准，本公司获1995年A股发行指标1500万元(面值)，经中国证券监督管理委员会[证监发字(1996)401号文和402号文]批准，本公司于1997年1月8日——9日以每股4.80元的价格采用“全额预缴，比例配售，余款即退”的方式向社会公众公开发行1350万股社会公众股，本次发行申购总量为197140.3万股，配售比例为0.68479%，公司职工股150万股以相同价格同时发行。

扣除发行费用，本公司共募集资金6840万元，已全部到位，并经昆明会计师事务所昆会师证字(97)第10号验资报告确认。

本公司创立大会已于1997年1月18日顺利召开，注册登记已完成，注册资本5100万元。

2. 股本结构为：

股份类别	发行前股数	比例%	发行后股数	比例%
国家股	3600万	100%	3600万	70.6%
社会公众股			1500万	29.4%
其中：				
公司职工股			150万	2.94%
总股本	3600万	100%	5100万	100%

3. 主要股东持股情况

股东名称	持股数(股)	比例%
云南省马龙县国有资产管理局	36000000	70.6

昆明国投	64606	0.126
民惠咨询	34924	0.068
华科自动	34924	0.068
诺邦科技	34924	0.068
华堂地产	34924	0.068
达源投资	24487	0.048
港澳上证	24446	0.048
广州赛杰	17462	0.034
五华新化	17462	0.034

4. 股东户数

本公司股东共10122户,1000股以上的股东共4440户。

四、公司财务状况

(一)验资报告A　　昆会师证字(96)第830号

云南马龙化建股份有限公司筹委会:

我们接受委托,对云南马龙化建股份有限公司截至1996年9月30日的实收股本及相关的资产和负债的真实性和合法性进行了审验。

贵公司申请的注册资本为51,000,000.00元,根据我们的审验,截至1996年9月30日,贵公司已收到发起人投入的资本共计53,848,939.87元,其中股本为36,000,000.00元,资本公积为17,848,939.87元,相关的资产总额为120,213,066.31元,负债总额为66,364,126.44元。

昆明会计师事务所

魏勇　　陈龙

一九九六年十一月十九日

验资报告B　　昆会师证字(97)第10号

云南马龙化建股份有限公司:

我们接受委托,对云南马龙化建股份有限公司截止至1997年1月17日的实收股本及相关的资产和负债的真实性和合法性进行了审验。在审验过程中,我们按照《独立审计实务公告第1号——验资》的要求,实施了必要的审验程序。

贵公司申请的注册资本为5100万元。根据我们的审验,截止至1997年1月17日,贵公司已收到社会公众股股款总额6840万元(发行费用360万元已扣除),其中股本1500万元,资本公积5340万元。全部为货币资金投入。

截止至1997年1月17日,贵公司已收到各股东投入的资本122,248,939.87元,其中发起人投入的资本为53,848,939.87元,向社会募集资本为68,400,000.00元;投入的资本中包括股本51,000,000.00元,资本公积71,248,939.87元。与上述投入资本相关的资产总额为188,613,066.31元,负债总额为66,364,126.44元。

昆明会计师事务所

魏勇　　陈龙

一九九七年一月十七日

(二)财务报告

1)审计报告　　昆会师证字(96)第804号

云南马龙化建股份有限公司筹委会

我们接受委托,审计了云南马龙化建股份有限公司1993年12月31日、1994年12月31日、1995年12月31日、1996年9月30日的资产负债表和1993年度、1994年度、1995年度、1996年1至9月的利润表及1995年度财务状况变动表。在审计过程中,我们实施了包括抽查会计记录等我们认为必要的审计程序。

我们认为,上述会计报表符合《企业会计准则》和《股份制试点企业会计制度》的有关规定,在所有重大方面公允地反映了云南马龙化建股份有限公司1993年12月31日、1994年12月31日、1995年12月31日、1996年9月30日的财务状况,1993年度、1994年度、1995年度、1996年1至9月的经营成果和1995年度资金变动情况,会计处理方法的选用遵循了一贯性原则。

昆明会计师事务所

黄俊　王著琴　魏勇

一九九六年十一月十八日

2)报表附注

1. 存货的计价方法:原材料、辅助材料按实际成本核算。低值易耗品采用分期摊销法摊销。产成品及成品的成本包括直接材料、直接工资及应分摊的制造费用。存货的领用和发出采用加权平均法进行计价。

2. 债券投资核算方法:以实际取得的成本列示,投资收益按应计收益额确认。企业所购债券,按年计提投资收益。

3. 固定资产按使用期限一年以下,单位价值在2000元人民币以上房屋建筑物、机器设备和运输工具等标准确定。固定资产按历史成本计价,折旧采用直线法。

4. 公司的无形资产主要为土地使用权,按50年分期摊销。

5. 公司的递延资产主要为筹办期间的职工培训费,从开始生产当月按5年分期摊销。

6. 税项

(1)流转税:1994年1月1日起,增值税税率为17%,应纳增值税额为销项税额减去进项税额。营业税税率为3%,按运输收入计缴。

(2)城建税及教育费附加:93年度按应纳流转税额的5%和2%缴纳。1994年1月1日起,按应纳增值税额、营业税税额的5%和3%缴纳。

(3)所得税:1993年、1994年、1995年执行所得税包干政策。根据云南省人民政府云政复(1996)145号文,1996年实际负担所得税率为15%。

7. 营业收入以产品已发出、劳务已提供,且已收到货款或取得索取货款权利的凭证为标志,确认营业收入的实现。

8. 年末不计提坏帐准备,发生坏帐损失直接计入管理费用。

9. 利润分配:公司改制前,按马龙县财政局批准分配,改制后,公司的利润在缴纳所得税后按以下顺序分配:①弥补亏损:②提前法定公积金10%;③提取法定公益金5%—10%;④提取任意公积金;⑤分配普通股股利。

10. 应收帐款	21,608,810.14	(元)
其中:一年以内	20,188,854.86	占93.40%
一至三年	1,375,211.49	占6.40%
三年以上	44,743.79	占0.20%
11. 其他应收款	5,399,867.33	(元)
其中:一年以内	3,651,124.79	占67.60%
一至二年	470,173.52	占8.70%
二至三年	256,935.73	占4.80%
三年以上	1,021,633.29	占18.90%
12. 长期投资	52,399.44	(元)
国库券	3,319.44	
电力债券	46,080.00	
建设债券	3,000.00	

13. 股本和资本公积:根据云南会计师事务所的评估报告及国有资产管理局国资评[1996]896号确认书,截止至1996年9月30日,进入股份有限公司净资产为53,848,939.87元,按66.85%折股比率,折为股本——国家股36,000,000.00元,其余进入资本公积,资本公积为17,848,939.87元。

3)财务报表(见附表1附表2)

4)财务指标分析

指标名称	1996年9月30日	1995年12月31日
1. 流动比率:	1.16	1.22
2. 速动比率:	0.84	1.05
3. 应收帐款周转率(次):	4.05	5.69
4. 股东权益比率(%):	44.8	37.5
5. 每股收益(元)	0.23(96年1—9月)	0.53(95年度)

6. 净资产利润率(%):	15.2(96年1—9月)	27.7(95年度)
7. 每股净资产(元)	1.50	1.90

注:以上指标根据公司经审计的截止96年9月底财务报表计算,每股净资产额为发行前数,发行后每股净资产为2.40元。

五、董事会上市承诺

本公司董事会将严格遵守《公司法》、《股票发行与交易管理暂行条例》、《上海证券交易所交易市场业务试行规则》和有关法律、法规的规定,并自股票上市之日起向全体股东作出如下承诺:

1. 按照法律、法规 的规定程序和要求披露重大的信息,并接受证券主管机关、上海证券交易所的监督管理。

2. 及时、真实、准确地公布中期报告、年度报告,并备置于规定场所供投资者公众查阅。

3. 本公司董事、监事及高级管理人员持本公司股票发生变化时,在报告证券主管机关、上海证券交易所的同时向投资者公布。

4. 在任何公开传播媒介中出现的消息可能对本公司股票的市场价格产生误导性影响时,本公司知悉后将及时对该消息予以公开澄清。

5. 本公司董事、监事及高级管理人员将认真听取社会公众的建议和批评,自觉抵制不正之风,不利用已获得的内幕消息直接或间接从事股票买卖活动。

6. 本公司没有无记录负债。

六、重要事项揭示

1. 本公司现采用股份制企业会计制度。

2. 本公司1996年实际负担所得税率为15%。

3. 发起人正在履行的主要合同内容合法有效,各方权利义务关系清楚,转由本公司继续履行不存在法律障碍。

4. 本公司目前未涉及重大诉讼、仲裁或行政处罚,本公司董事会成员也未涉及重大诉讼、仲裁或行政处罚。

5. 本公司创立大会暨首届股东大会于1997年1月18日在本公司小礼堂顺利召开,共533人出席,代表股数37,661,664股,占总股本73.85%。本次会议通过了公司筹建工作报告、公司章程及关于公司股票申请在上海证券交易所上市的决议,会议选举朱金贵、吕家亮、范家学、高加才、赵家友、傅正平、杨林清为本公司首届董事会成员,选举龙巨明、李兴文为监事,与职工监事孙瑞共同组成本公司首届监事会。

在随后召开的董事会议及监事会议上,朱金贵被选为董事长,吕家亮被选为副董事长,朱金贵被聘为总经理,杨林清被聘为董事会秘书;龙巨明被推选为监事会召集人。

6. 本公司税后利润分配顺序为:弥补亏损;提取法定公积金10%;提取法定公益金5%——10%;提取任意公积金;分配普通股股利。新老股东共享本公司1996年9月30日后的利润。

7. 本公司国家股由云南省马龙县国有资产管理局持有。

8. 本公司1996年利润总额预计为1427.85万元,按所得税率15%计,则税后利润为1213.67万元,每股收益0.34元,按所得税率33%计,则税后利润为956.66万元,每股收益0.27元。

本公司1997年利润总额预计为2475.16万元,按所得税率15%计,则税后利润为2103.89万元,每股收益0.41元,按所得税率33%计,则税后利润为1658.36万元,每股收益0.33元。

七、中介机构

1. 主承销商及上市推荐人:君安证券有限公司

地址:深圳春风路5号

法定代表人:张国庆

电话:0755——2175560

联系人:何劲松　陈益斌

2. 副主承销商:中国工商银行云南省信托投资股份公司

地址:云南省昆明市书林街55号

电话:0871——3185821

联系人:董蓉　　胡宏健

3. 会计师事务所:昆明会计师事务所

地址:云南省昆明市白塔路延长线中段西侧

联系人:魏勇

电话:0871——3133917

4. 资产评估机构:云南会计师事务所

地址:云南省昆明市吴井路161号

联系人:杨斯迈

电话:0871—3140132

5. 发行人律师:云南海合律师事务所

地址:云南省昆明市翠湖宾馆一层

电话:0871——5157870

联系人:郭靖宇　伍志旭

6. 股票托管登记机构:上海证券中央登记结算公司

地址:上海市闵行路67号

电话:021——63566657

八、备查文件

1. 云南省人民政府批准设立公司的文件;
2. 中国证监会批准公司发行股票的文件;
3. 上海证券交易所同意公司股票上市的文件;
4. 承销协议;
5. 招股说明书;
6. 公司章程;
7. 验资报告;
8. 其它有关文件。

云南马龙化建股份有限公司

一九九七年一月二十一日

附表一: **利润表**

编制单位:云南马龙化建股份有限公司　　金额单位:人民币元

项　目	1996.1.1—1996.9.30	1995.1.1—1995.12.31	1994.1.1—1994.12.31	1993.1.1—1993.12.31
一、主营业务收入	62,519,016.85	59,920,612.32	55,704,806.80	48,770,992.80
减:营业成本	42,015,676.49	42,096,076.75	38,836,352.25	27,221,522.67
销售费用	3,324,442.09	1,774,690.67	1,266,156.37	2,714,506.24
管理费用	3,951,906.23	4,711,155.40	5,110,362.58	3,808,519.94
财务费用	3,100,609.35	2,450,765.15	1,674,105.97	1,118,451.72
营业税金及附加	289,868.56	409,529.97	444,863.74	5,886,131.91
二、主营业务利润	9,836,514.13	8,478,394.38	8,372,965.89	8,021,860.32
加:其他业务利润	383,547.12	910,600.67	476,030.93	507,502.04
三、营业利润	10,220,061.25	9,388,995.05	8,848,996.82	8,529,362.36

加:投资收益		14,060.00	10,570.00	1,044.44
加:营业外收入	184,444.60	292,973.00	629,280.72	625,238.72
减:营业外支出	347,117.74	178,169.91	335,101.96	687,445.93
加:以前年度损益调整	—444,716.48			
四、利润总额	9,62,671.63	9,517,745.58	9,153,745.58	8,468,149.59
减:所得税	1,441,900.75	326,040.00	533,000.00	49,000.00
五、净利润	8,170,770.88	9,191,818.14	8,620,745.58	8,419,199.59

附表二:

资产负债表

编制单位:云南马龙化建股份有限公司

金额单位:人民币元

资产	1996年9月30日	1995年12月31日	1994年12月31日	1993年12月31日	负债及所有权益	1996年9月30日	1995 12月31日	1994年12月31日	1993年12月31日
流动资产:					流动负债:				
货币资金	8,763,407.16	8,881,181.20	5,054,172.85	8,534,998.18	短期借款	14,000,000.00	14,190,000.00	8,720,000.00	5,901,500.00
短期投资					应付票据				
应收票据					应付帐款	2,252,155.89	930,501.25	953,823.04	2,021,203.48
应收帐款	21,608,810.14	9,294,503.36	11,774,805.83	3,821,618.00	预收帐款	441,038.95			
减:坏帐准备					应付工资	3,965,478.13	4,235,539.13	4,657,862.13	3,301,735.36
应收帐款净额	21,608,810.14	9,294,503.36	11,774,805.83	3,821,618.00	应付福利费	950,479.58	700,452.82	366,205.49	144,752.57
预付货款	98,022.63				未付股利				
其他应收款	5,399,867.33	11,035,474.31	7,643,918.43	9,272,460.63	未交税金	3,279,793.04	—6,756.04	510,020.61	647,911.71
待摊费用	491,551.46	677,762.73	993,252.71	62,204.85	其他未交款	41,863.31	4,095.62	26,168.43	12,306.91
存货	13,593,475.43	4,020,315.03	3,737,988.70	5,249,687.90	其他应付款	13,761,117.54	6,687,593.27	1,798,859.29	2,212,338.34
待处理流动资产净损失		29,098.89	29,098.89		预提费用	42,200.00	1,097,973.07	2,797,590.49	1,932,138.28
一年内到期的长期债券投资	134,628.56				一年内到期的长期负债	4,310,000.00			
其他流动资产					流动负债合计	43,044,126.44	27,839,399.12	19,830,529.48	16,173,886.65
流动资产合计	50,089,762.71	33,938,335.52	29,233,237.41	26,940,969.56	长期负债:				
长期投资:					长期借款	23,320,000.00	27,470,500.00	24,220,500.00	26,050,500.00
长期投资	52,399.44	180,674.44	166,614.44	56,044.44	应付债券				
固定资产:					长期应付款				
固定资产原值	76,700,028.07	67,786,528.89	43,186,978.59	30,696,254.22	其他长期负债				
减:累计折旧	19,647,492.60	15,551,726.74	10,082,952.93	5,319,501.03	长期负债合计	23,320,000.00	27,470,500.00	24,220,500.00	26,050,500.00
固定资产净值	57,052,535.47	52,234,802.15	33,104,025.66	25,376,753.19	递延税项:				
在建工程	1,259,613.82	1,208,875.18	1,437,323.25	16,361.16	递延税款贷项				
固定资产清理					负债合计	66,364,126.44	55,309,899.12	44,051,029.48	42,224,386.65
待处理固定资产净损失					股东权益:				
固定资产合计	58,312,149.29	53,443,677.33	34,541,348.91	25,393,114.35	股本	36,000,000.00	17,482,314.06	7,473,058.22	7,473,058.22
无形资产及递延资产:					资本公积	17,848,939.87	3,595,723.05	1,237,120.87	
无形资产	11,676,500.00	892,784.40			盈余公积		12,149,740.33	9,678,877.52	3,939,331.60
递延资产	82,254.87	82,254.87	112,436.87		其中:公益金		1,214,974.03	967,887.25	393,933.16
无形资产及递延资产合计	11,758,754.87	975,039.27	112,436.87		未分配利润			1,613,551.54	—1,246,648.12
其他长期资产:					股东权益合计	53,848,939.87	33,227,827.44	20,002,608.15	10,165,741.70
资产合计	120,213,066.31	88,537,726.56	64,053,637.63	52,390,128.35	负债及股东权益合计	120,213,066.31	88,537,726.56	64,053,637.63	52,390,128.35

云南马龙化建股份有限公司1996年年度报告(摘要)

一、公司简况

1. 公司法定中文名称:云南马龙化建股份有限公司

公司英文名称:YUNNAN MALONG CHEMICALS & CONSTRUCTION CO.,LTD

公司英文名称缩写:MLCC

2. 公司注册地址:云南省曲靖地区马龙县

公司办公地址:云南省曲靖地区马龙县王家庄镇

邮编:655102

3. 公司法定代表人:朱金贵

4. 公司信息披露负责人:董事会秘书杨林清先生。

电话:(0874)8010050

传真:(0874)8010036

5. 会计师事务所:昆明会计师事务所

6. 股票代码:600792

股票简称:云南马龙

二、主要财务数据与财务指标

指标项目	本年数	上年数	比上年增减(%)
1. 主营业务收入(万元)	9,234.34	5,992.06	54.11
2. 净利润(万元)	1,220.72	919.18	32.81

3. 总资产(万元)	13,941.39	8,853.77	57.46
4. 股东权益(万元)	5,788.53	3,322.78	74.21
5. 每股权益(万元)	0.34	0.26	30.77
6. 每股净资产(元)	1.61	0.92	75
7. 净资产收益率(%)	21.09	27.66	-23.75
8. 股东权益比率(%)	41.52	37.53	10.64

注:以上指标根据96年度财务报表数据计算,公司九六年末总股本为3600万股。九七年一月发行A股后总股本为5100万股。

三、公司业务回顾

1. 一年来经营情况

1996年是实施"九五"计划的开局年,本公司抓住市场机遇,深化内部改革,强化企业管理,按照年初制订的生产经营营销计划,加大生产硬性指标,节能降耗指标落实力度,取得了较好经营业绩。

1996年,公司累计生产黄磷8623吨,较九五年增加2895吨;水泥76500吨,较九五年减少7600吨(减少原因为水泥二车间技改工程影响产量)。

1996年公司实现主营业务收入9234.34万元,利润总额1436.34万元,净利润1220.72万元,分别比上年增长54.11、49.81、32.81。公司狠抓生产经营管理,努力拓展产品市场,扎实有效地采取了以下措施:

(1)构造营销新体制,黄磷、磷酸走出国门,销往世界,水泥销售保马龙、占曲靖、挤昆明的销售战略实施成效显著。

(2)狠抓技术改造,提高产品产量。

(3)狠抓生产经营管理,保证产品质量、产量提高。

(4)抓住市场机遇,黄磷扩大再生产经营效益显著。

(5)节能降耗措施得力,成效明显。

(6)制定了客观、科学的内部经济责任制,有效地调动了员工生产工作积极性。

九六年度,在原料、电价较九五年明显上升的不利因素影响下,公司全体员工齐心协力,努力开拓,解放思想,积极拼搏,使生产经营、经济效益较九五年跃上了一个新的台阶,予广大股东创造了较好的业绩回报。

2. 九六年度,在狠抓生产经营的同时,公司从长远发展考虑,积极申请公开发行A股,并在上海证券交易所上市。至一九九七年一月,A股发行及上市工作全部完成,共募集资金6840万元,这使公司规模和影响力迅速扩大,为进一步发展奠定了基础。

3. 九六年度盈利预测完成情况说明:一九九六年度,根据财务决算报表数据计算,公司主营业务收入完成盈利预测数的99.23%;利润总额完成盈利预测数的100.59%;净利润完成盈利预测数的100.59%。主要业绩指标实际完成情况与盈利预测基本一致。

四、股本变化及股本结构情况

1. 股本形成过程:

本公司经云南省人民政府云政复[1996]137号文批准成立,云南马龙化建(集团)总公司作为独家发起人,以截止1996年9月30日评估后的净资产5384.89万元,折成3600万股国家股。

经云南省计划委员会和云南省证券委员会云计财金(96)916号文批准,本公司获1995年度A股发行指标1500万元(面值),1997年1月8日~9日,公司按证监会批准发行方式向社会公众公开发行1350万股社会公众股,公司职工股150万股。每股发行价4.80万元,发行后公司总股本5100万股。

2. 股本结构:

股份类别	发行前股数	比例%	发行后股数	比例%
国家股	3600万	100%	3600万	70.6%
社会公众股			1500万	29.4%
其中:				
公司职工股			150万	2.94%
总股本	3600	100%	5100万	100%

五、重要事项

1.1996年8月16日,云南马龙化建(集团)总公司办公会议通过决议:

(1)云南马龙化建(集团)总公司作为独家发起人以募集设立方式设立云南马龙化建股份有限公司。

(2)同意向云南省人民政府申请1995年度股票发行计划指标1500万元的额度。

(3)同意云南马龙化建股份有限公司向社会公众公开发行1500万股(含公司职工股150万股)社会公众股,并在发行成功后向上海证券交易所申请上市挂牌交易。

2.1996年12月18日,中国证券监督管理委员会[证监发字(1996)401号文和402号文]批准,云南马龙化建股份有限公司,以"全额预缴,比例配售,余款即退"方式发行1350万股公众股,另外同时发行150万股公司职工股。

3.1997年1月8日~9日,公司1350万股社会公众股在云南昆明市、曲靖市成功发行,150万股公司职工股同时发行。

4.1997年1月18日,云南马龙化建股份有限公司创立大会暨首届股东大会在马龙化建股份有限公司小礼堂举行。本次会议通过了公司筹建工作报告、公司章程及关于公司股票申请在上海证券交易所上市决议,会议选举朱金贵、吕家亮、范家学、高家才、赵家友、傅正平、杨林清为本公司首届董事会成员,选举龙巨明、李星文为监事,与职工监事孙瑞共同组成本公司首届监事会。

5.1997年1月18日,云南马龙化建股份有限公司召开首届董事会、监事会,朱金贵被选为董事长,吕家亮被选举为副董事长,朱金贵被聘为总经理,杨林清被聘为董事会秘书;龙巨明被推选为监事会召集人。

6.1997年1月23日,经上海证券交易所批准,云南马龙化建股份有限公司1350万股社会公众股在上海证券交易所上市流通。

7. 本公司1996年所得税负担率为15%。

8. 本公司未涉及重大诉讼,仲裁或行政处罚,本公司董事会成员也未涉及重大诉讼、仲裁或行政处罚。

9. 本公司1996年利润总额实际实现1436.34万元,按所得税率15%计算税后利润为1220.72万元,每股收益0.34元,与盈利预测基本吻合。

10. 经国家企业划型领导小组正式批准本公司为国家大二型企业。

六、财务报告

(一)审计意见:

本公司一九九六年财务报告经昆明会计师事务所注册会计师黄俊、王著琴、魏勇审计,并出具无保留意见的审计报告,昆会师证字(1997)第337号。

(二)财务报表(见附表):

(三)财务报表附注:

1. 基本情况:

1996年9月10日,经云南省证券委员会和云南省经济体制改革委员会云证办(1996)42号文批准,同意马龙化建(集团)总公司作为云南省95年度额度内公开发行股票的预选企业。96年11月15日经云南省人民政府云政复(1996)137号文批复,同意成立云南马龙化建股份有限公司;同意公司股本总额为5100万元,作为注册资本(其中,国家股3600万股,社会公众股1500万股)。根据云南会计师事务所(96)云会评字第86号资产评估报告、国家国有资产管理局国资评(1996)896号确认批复及云南省国资局(96)云国资企字第59号国有股权设置方案的批复,本公司对评估后拟投入的净资产及相关资产、负债进行调整。调整后,截止至96年9月30日,资产总额为120,213,066.31元,负债为66,364,126.44元,净资产为53,848,939.87元,按66.85%折股比率,折为3600万股国家股,其余进入资本公积,资本公积为17,848,939.87元。

1996年12月18日,国家证监委以证监发字(1996)401号、402号文批准发行股票及发行方式。股票发行成功后,截止至1997年1月17日,股款全部转入本公司帐户,经昆明会计师事务所昆会师证(97)第10号验资报告验证,本公司收到股款7,200万元。扣除发行费用360万元,实募资金6,840万元,已全部到位。

2. 主要会计政策

(1)存货的计价方法

原材料、辅助材料按实际成本核算。低值易耗品采用分期摊销法摊销,产成品及半成品的成本包括直接材料、直接工资及应分摊的制造费用。存货的领用和发出采用加权平均法进行计价。

(2)长期投资核算方法

债券投资:以实际取得的成本列示,其投资收益按应计收益额确认。企业购得的债券,按年计提投资收益。

(3)无形资产及其摊销

公司的无形资产主要为土地使用权,按50年分期摊销。

(4)递延资产及其摊销

公司的递延资产主要为筹办期间的职工培训费,从开始生产当月按5年分期摊销,

(5)税项

A. 流转税

增值税税率为17%,应纳增值税额为销项税额减去进项税额。

营业税税率为3%,按运输收入计缴。

B. 城建税及教育费附加

按应纳增值税额、营业税额的5%和3%缴纳。

C. 所得税

所得税实际负担税率为15%。

(6)坏帐准备

年末按应收帐款余额的5‰计提坏帐准备。

以前年度未采用计提坏帐准备的会计政策,本年度,公司本着稳健的原则,年末按应收帐款余额的5‰计提坏帐准备。本项政策的变更,公司本年度利润减少142,431.94元。

(7)利润分配

公司的利润在缴纳所得税后按以下顺序分配:(1)弥补亏损;(2)提取法定公积金10%;(3)提取法定公益金5%～10%;(4)提取任意公积金;(5)分配普通股股利。

3. 财务报表有关项目的说明

(1)货币资金

现金　44,748.13

银行存款　18,240,965.25

注:货币资金较上年增加9,951,532.18元,主要原因是销售货款回笼增加及短期借款增加。

(2)应收帐款

A. 帐龄分析	帐龄	金额(元)	比例%
	一年以下	27,034,851.75	94.9%
	一至三年	1,268,279.85	4.45%
	三年以上	183,256.50	0.65%
	合　计	28,486,388.10	

B. 核算内容

应收帐款28,486,388.10元。系应收未收的销售货款项。

本项目较上年增加19,191,884.74元,系黄磷的几个主要客户出口退税困难,资金紧张,货款难以及时承付。

应收帐款中无股权占5%以上股东的货款。

(3)其他应收款

A. 帐龄分析	帐龄	金额(元)	比例%
	一年以下	8,565,329.21	83.7%
	一至三年	678,504.47	6.63%
	三年以上	989,396.65	9.67%
	合　计	10,233,230.33	

B. 核算内容

其他应收款10,233,230.33元,系除应收帐款以外的各种应收、暂付款项。其他应收款中无股权占5%以上股东的款项。

(4)长期投资

债券种类	到期日	面值(元)	年利率%	投资金额(元)
国库券	92.05.13	1,000.00	10	1,500.00
国库券		1,000.00	10	1,844.44
电力债券		48,000.00		46,080.00
建设债券		3,000.00		3,000.00
合计		53,000.00		52,424.44

(5)固定资产及累计折旧

A. 固定资产

固定资产类别	期初价值	本年增加	本年减少	期末价值
房屋建筑物	30,467,280.06	1,886,304.16	141,260.22	32,212,324.00
机器设备	34,279,819.08	8,163,327.24	1,469,306.78	40,973,839.54
运输设备	3,039,429.75	2,124,065.78	171,469.28	4,992,026.25
合计	67,786,528.89	12,173,697.18	1,782,036.28	78,178,189.79

B. 累计折旧

固定资产类别	期初价值	本年增加	本年减少	期末价值
房屋建筑物	6,840,971.26	2,566,085.11	3,099,362.64	6,307,693.73
机器设备	7,720,562.96	6,266,685.90		13,987,248.86
运输设备	990,192.52	650,231.83	120,813.43	1,519,610.92
合计	15,551,726.74	9,483,002.84	3,220,176.07	21,814,553.51

注:本项目按1996年9月30日评估值入帐。

(6)在建工程

工程名称	工程进度	实际支用数	原预算数	批准文号	资金来源
办公室加层工程	100%	602,884.22	700,000.00		自筹
油库改造	80%	200,600.00	200,000.00		自筹
化建围墙	100%	100,000.00	100,000.00		自筹
综合楼	10%	100,000.00	980,000.00		自筹
水泥技改项目	100%	677,074.52	811,805.00		自筹
合计		1,680,558.74	2,791,805.00		

注:以上在建工程均为公司内部配套项目,按规定无须上报核批,资金自筹,无利息资本化金额。

(7)递延资产

递延资产82,254.87元,为筹办期间的职工培训费,该项目尚未投产,从开始生产当月按5年摊销。

(8)资本公积

资本公积为17,848,939.87元,系折股后资本溢价。

(9)盈余公积

盈余公积余额为807,280.72元

其中:法定盈余公积403,640.36元

法定公益金403,640.36元

注:该项目变动原因系1996年9月30日云南马龙化建(集团)总公司将原净资产折股,致使以前年度提取的盈余公积为0。本年度公司董事会决定提取10%的法定盈余公积金、10%的法定公益金。1996年10至12月的净利润为4,036,403.56元,以此作为计提依据。

(10)未分配利润

未分配利润为3,229,122.84元。系1996年10至12月的净利润提取盈余公积,法定公益金后的余额,此余额根据公司董事会决议留待以后

年度分配。

(11)投资收益

投资收益为3,515.00元,为公司购买的债券1996年10月至12月应计投资收益。

4.期后事项、或有负债

(1)公司无关联交易、或有负债

(2)期后事项

A.一年内到期的债券投资

1997年4月7日到期的面值为10万元的国债(1996年12月31日投资金额为138,118.56元),已于1997年4月10日兑付。

B.长、短期借款

马龙县工商银行96年12月25日到期的300万元,已于97年1月28日归还;马龙县建行96年12月21日到期的100万元,已于97年3月7日归还;马龙县建行96年12月12日到期的200万元,已于97年3月28日归还;马龙县农行96年12月27日到期的100万元,已于97年1月15日归还;97年3月1日到期的100万元,已于97年3月1日归还。

C.其他事项

经证监会批准,1997年1月17日公司成功地向社会公开发行人民币普通股1500万股,募集资金6,840万元。冻结申购资金利息收入为1,062,603.46元,其中:冻结申购有效资金利息收入为7,277元,冻结申购无效资金利息收入为1,055,326.46元。

七、其它事项

1.公司董事会一九九七年度四月二十二日召开第一届第五次董事会,会议通过如下决议:

(1)审议通过《1996年度总经理工作报告,97年度工作计划》。

(2)审议通过《1996年度财务决算报告》。

(3)审议通过《1996年度利润分配预案》。

(4)审议通过1996年度股东大会召开时间及议程。

96年利润分配预案:我公司为新改制上市公司,按1997年1月21日上市公告书,新老股民共享1996年9月30日后的利润,按照审计报告,96年10~12月实现净利润4,036,403.56元。按照公司章程规定提取10%法定公积金403,640.36元,提了10%法定公益金403,640.36元,未分配利润3,229,122.84元,留待以后年度分配。

以上预案须经股东大会通过,有关召开股东大会事项另见公告。

云南马龙化建股份有限公司

一九九七年四月二十三日

资产负债表

编制单位:云南马龙化建股份有限公司　　1996年12月31日　　单位:元

资产	附注	1996年12月31日	1995年12月31日	负债及所有者权益	附注	1996年12月31日	1995年12月31日
流动资产:				流动负债:			
货币资金	3-1	18285713.38	8881181.20	短期借款	3-11	23900000.00	14190000.00
短斯投资				应付票据			
应收票据				应付帐款	3-12	2369800.32	930501.25
应收帐款	3-2	28486388.10	9294503.36	预收帐款	3-13	108238.95	
减:坏帐准备		142431.94		应付福利费		1069067.56	700452.82
应收帐款净额		28343956.16	9294503.36	未付股款			
预付货款		286000.00		未交税金	3-14	3883533.11	-6756.04
其他应收款	3-3	10233230.33	11035474.31	其他未交款		90925.77	4095.62
待摊费用		458780.68	677762.73	其他应付款	3-15	18791489.55	6687593.27
存货	3-4	11871085.88	4020315.03	预提费用		20000.00	1097973.07
待处理流动资产净损失			29098.89	一年内到期的长期负债	3-16	12380000.00	
一年内到期的长期债券投资	3-5	138118.56		其他流动负债	3-17	3965478.13	4235539.13
其他流动资产				流动负债合计		66578533.39	27839399.12
流动资产合计		69616884.99	33938335.52	长期负债:			
长期投资:				长期借款	3-18	800000.00	27470500.00
长期投资	3-6	52424.44	180674.44	应付债券			
固定资产:	3-7			长期应付款			
固定资产原值		78178189.79	67786528.89	其他长期负债	3-19	6950000.00	
减:累计折旧		21814553.51	15551726.74	长期负债合计		14950000.00	27470500.00
固定资产净值		56363636.28	52234802.15	递延税项:			
在建工程	3-8	1680558.74	1208875.18	递延税款贷项			
固定资产清理				负债合计		81528533.39	55309899.12
待处理固定资产净损失				股东权益:			
固定资产合计		58044195.02	53443677.33	股本	3-20	36000000.00	17482314.06
无形资产及递延资产:				资本公积	3-21	17484939.87	3595773.05
无形资产	3—9	11618117.50	892784.40	盈余公积	3—22	807280.72	12149740.33
递延资产	3—10	82254.87	82254.87	其中:公益金		403640.36	1214974.03
无形资产及递延资产合计		11700372.37	975039.27	未分配利润	3—23	3229122.84	
其他长期资产:				股东权益合计		57885343.43	33227827.44
资产合计		139413876.82	88537726.56	负债及股东权益合计		139413876.82	88537726.56

利润及利润分配表

编制单位:云南马龙化建股份有限公司　　1996 年 12 月 31 日　　单位:元

项目	附注	1996 年度	1996 年度
一、主营业务收入	3—24	92343373.09	59920612.32
减:营业成本		61938804.44	42096076.75
销售费用		6031684.91	1774690.67
管理费用		5616708.85	4711155.40
财务费用	3—25	4078767.41	2450765.15
营业税金及附加		461950.23	409529.97
二、主营业务利润		14215457.25	8478394.38
加:其他业务利润	3—26	403383.35	910600.67
三、营业利润		14618840.60	9388995.05
加:投资收益	3—27	3515.00	14060.00
营业外收入	3—28	594074.66	292973.00
减:营业外支出	3—29	410332.09	178169.91
加:以前年度损益调整	3—30	-444716.48	
四、利润总额		14361381.69	9517858.14
减:所得税		2154207.25	326040.00
五、净利润		12207174.44	9191818.14
加:年初未分配利润			
盈余公积转入数			
六、可分配利润		12207174.44	9191818.14
减:提取法定公积金		403640.36	2470862.81
提取法定公益金		403640.36	
七、可供股东分配的利润		11399893.72	6720955.33
减:提取任意公积金			
已分配普通股股利	3—31	8170770.88	6720955.33
八、未分配利润		3229122.84	0

财务状况变动表

编表单位:云南马龙化建股份有限公司　　1996 年 12 月 31 日　　单位:元

流动资金来源和运用	行次	1996.1.1-1996.12.31	1995.1.1-1995.12.31	流动资金各项目的变动	行次	1996.1.1-1996.12.31	1995.1.1-1995.12.31
一、流动资金来源:				一、流动资产本年增加数:			
1. 本年利润	1	12207174.44	9191818.14	1. 货币资金	29	9404532.18	3827008.35
加:不减少流动资金的费用和损失	2			2. 短期投资	30		
(1)固定资产折旧	3	6262826.77	5468773.81	3. 应收票据	31		
(2)无形资产、递延资产及其他资产摊销	4	58382.50	30182.00	4. 应收帐款净额	32	19049452.80	-2480302.47
(减其他负债转销)	5			5. 预付货款	33	286000.00	
(3)固定资产盘亏(减盘盈)	6			6. 其他应收款	34	-802243.98	3391555.88
(4)清理固定资产损失(减收益)	7			7. 待摊费用	35	-218982.05	-315489.98
(5)递延税款	8			8. 存货	36	7850770.85	282326.33
(6)其他不减少流动资金的费用和损失	9	18528383.71	14690773.95	9. 待处理流动资产损失	37	-29098.89	
小计	10	18528383.71	14690773.95	10. 一年内到期的长期债券投资	38	138118.56	
2. 其他来源:				11. 其他流动资产	39		
(1)固定资产清理收入(减清理费用)	11						
(2)增加长期负债	12		3250000.00				
(3)收回长期投资	13	128250.00					
(4)资本净增加额	14	21428393.15	1161667.75				
小计	15	21556643.15	14861667.75	流动资产增加净额	40	35678549.47	4705098.11
流动资金来源合计	16	40085026.86	29552441.70	二、流动负债本年增加数			
二、流动资金运用				1. 短期借款	41	9710000.00	5470000.00
1. 利润分配:				2. 应付票据	42		
(1)提取法定公积金	17	403640.36	3624185.58	3. 应付帐款	43	1439299.07	-23332.79
(2)提取法定公益金	18	403640.36	3954081.02	4. 预收帐款	44	108238.95	
(3)提取任意公积金	19			5. 应付福利费	45	36814.74	334247.33
(4)已分配股利	20	8170770.88					
小计	21	8978051.60	7578266.60	6. 未付股利	46		-516776.65

2. 其他运用:				7. 未税金	47	3890289.15	-22072.81
(1)固定资产和在建工程净增加额	22	10863344.46	24371102.23	8. 其他未交款	48	86830.15	4888733.98
(2)增加无形资产、递延资产及其他资产	23	10783715.60	892784.40	9. 其他应付款	49	12103896.28	-1699617.42
(3)偿还长期负债	24	12520500.00		10. 预提费用	50	-1077973.07	
(4)增加长期投资	25		14060.00	11. 一年内到期的长期负债	51	12380000.00	-422323.00
小计	26	34167560.06	25277946.63	12. 其他流动负债	52	-270061.00	
流动资金运用合计	27	43145611.66	32856213.23	流动负债增加净额	53	38739134.27	8008869.64
流动资金增加净额	28	-3060584.80	-3303771.53	流动资金增加净额	54	-3060584.80	-3303771.53

云南马龙化建股份有限公司一九九七年度中期报告

一、财务报告(未经审计)

1. **简化的资产负债表**　1997年6月30日　金额单位:元

项目	年初数	期末数
流动资产	69616884.99	139840637.77
长期投资	52424.44	252424.44
固定资产净值	56363636.28	53310313.31
在建工程	1680558.74	3345007.56
无形资产及递延资产	11700372.37	11583607.37
其它长期资产		
资产总计	139413876.82	208331990.45
流动负债	66578533.39	69694488.90
长期负债	14950000	10540000
负债合计	81528533.39	80234488.90
股本	36000000	51000000
资本公积	17848939.87	71248939.87
盈余公积	807280.72	585646.72
其中:公益金	403640.36	182006.36
未分配利润	3229122.84	5262914.96
股东权益合计	57885343.43	128097501.55
负债及股东权益合计	139413816.82	208331990.45

2. **简化的损益表**　金额单位:元

项目	197年1-6月
主营业务收入	39726883.35
主营业务利润	1035190.73
其它业务利润	-57196.17
投资收益	11993.31
营业外收支净额	1043804.25
利润总额	2033792.12
所得税	305068.82
净利润	1728723.30

3. 其它财务指标:

	1997年1—6月
(1)每股收益	0.034元
(2)净资产收益率	1.35%
(3)每股净资产	2.51元

注:以上指标按总股本5100万元,全面摊薄计算。

4. 财务报表附注:

(1)本期财务报告所采用的会计政策及会计方法和1996年度财务报告所采用的会计政策和会计方法一致。

(2)流动资产较年初增加70223752.78元,主要原因为货币资金较年初增加24305872.57元;应收帐款增加13619771.24元;存货增加7127796.93元;预付帐款增加1129268.70元;其它应收款增加:23463554.60元及待摊费用增加:715607.26元(大修费)。一年内到期的长期债券投资减少138118.56元。

(3)长期投资较年初增加200000元,是以司购买三年期国债投资增加。

(4)在建工程较年初增加1664448.82元,主要是公司投资进行食品磷酸技改的部分投资增加。

(5)流动负债较年初增加3115955.51元,主要是短期借款增加及应付帐款增加所致。

(6)长期负债较年初减少4410000元,主要是公司本期归还省地财政借款1750000元,马龙县建行借款2000000元,工行借款660000元。

(7)股本较年初增加15000000元,是我公司1997年1月发行新股社会公众股15000000元增加所致。

(8)资本公积较年初增加53400000元,是我公司1997年1月份新股溢价发行转增所致。

(9)盈余公积较年初减少221634元,主要是建盖生活小区配套设施集体福利支出而减少。

(10)年初1500万股公众股募集资金冻结利息1062600元到位,按照财政部文件规定,摊入营业外收入,营业外收入增加而增加利润1062600元。

(11)投资收益为国债长期投资收益。

(12)未分配利润较年初增加1728732.30元,是本年新增净利润数。

(13)其它财务指标中,两期总股本为5100万股。

(14)本公司没有关联交易。

二、经营情况的回顾与展望

1. 上半年经营情况回顾:

九七年上半年,面临国际国内黄磷市场销售价格下跌,电价上涨的客观原因使公司生产经营受到一定程度影响的情况下,公司号召全体职工正确面对暂时困难,狠抓企业内部一产经营管理,从公司内部想办法,挖潜力,主要做了以下工作:

(1)1997年1月27日,公司召开第一届董事会第二次会议,会议决定了精减机构,裁减人员,减支增利的精简方案。优化劳动组合,提高劳动效率,降低成本费用。

(2)调整中层干部结构,任用了一批有较高文化理论水平和技术业务素质水平较好的年轻干部充实到生产经营管理的第一线,加强内部生产经营领导、管理。

(3)进行了自营外贸进出口权的申报工作,公司自营外贸进出口经营权已经外经贸部一九九七年六月二十日批准。

(4)针对市场需求变化,恢复了工业磷酸生产。

(5)投资200余万元,进行了食品磷酸技改工作。

(6)加强节能降耗工作,落实了公司各管理部门、生产车间的节能降耗目标责任制。

(7)公司上半年累计生产黄磷4271.6吨,较上年同期增长33.57%;水泥40700吨,较上年同期增长11.51%,磷酸562.73吨;较上年同期增长100%,累计实现主营业务收入3972.69万元,较上年同期增长:15.76%。

2. 下半年经营计划:

下半年,公司将围绕完成主营业务为核心,以加强生产经营管理、节能降耗、新产品开发为重点,做好以下几方面的工作:

(1)按照年初董事会确定的生产经营目标任务,努力强化生产经营、安全文明生产管理,确保项任务的完成。特别是食品磷酸的生产,使之成为下半年新的利润增长点。

(2)投资500万元,技改"六五"磷酸项目。利用黄磷生产的泥磷、磷矿粉生产"六五"磷酸,继而开发饲料磷酸轻钙,继而开发饲料磷酸轻钙。合理利用"三废"产品,提高企业经济效益。

(3)尽快成立公司自营外贸进出口机构,尽快启动该项业务,发挥其在今年下半年及今后经营业绩提高中的巨大作用。

(4)按董事会议决议,尽快做了4000吨/年黄磷生产装置的收购投产工作。

(5)根据本公司历年产品产量,主营业务收入及利润60%以上在下半年完成的特点下半年在认真抓好产品产量、质量的基础上,重点抓好节能降耗工作。

(6)本公司董事会将按照大胆、稳重、积极、开拓进取的方针,用好、用活募股资金,以有利于公司未来发展为原则,积极开展公司各项工作。

三、重大事件说明

1. 因世界第一产磷大国前苏联的哈萨克斯坦黄磷生产能力的逐步恢复,国际黄磷供给增加,使本公司黄磷销售价格受到影响,使主营业务利润下降。

2. 国家继96年以来,第三次调增电价,使本公司黄磷生产成本上升,降低了主营业务利润。

3. 经公司第一届董事会第六次会议决议,拟投资2300万元收购云南省五金矿产化工进出口(集团)公司在我公司内兴建的4000吨/年黄磷生产装置。

4. 公司积极申请的外贸自营进出口经营权已经中华人民共和国对外贸易经济合作部"[1997]外贸政审函字第1489号"文批准。

5. 公司投资200万元技改5000吨/年食品磷酸项目于1997年6月份投产。

6. 经云南省人民政府"云政复[1997]24号"文件《云南省人民政府关于我省股票上市公司所得税税率问题处理意见的批复》,我公司97年度所得税实际负担率为15%。

7. 募股资金使用情况说明:我公司1997年1月发行1500万股社会公众股,每股发行价4.80元,实募资金6840万元,在新股发行招股说明书中拟投资的三个项目,饲料磷酸轻钙项目将在1997年下半年完成前期投资。其余二个项目也将投资实施。募股资金在未投人使用前,主要用作流动资金周转使用。

8. 按照国务院证券委、中国人民银行、国家经贸委5月21日联合发布的《严禁国有企业和上市公司炒作股票的规定》的要求,经自查,本公司没有炒作股票行为。

四、发行在外股票的变动和股权结构的变化

1. 股本结构:

在本报告期内,公司发行在外的股票及公司的股本结构未发生变化,公司现有股本结构如下:

数量单位:股　　每股面值:1元

	期初数	本次变动增减	期末数
一、尚未流通股份			
(1)发起人股份			
其中:			
国家股	36000000		36000000
境内法人持股			
外资法人持股			
其他			
(2)募集法人股			
(3)内部职工股		1500000	1500000
(4)优先股或其它			
尚未流通股份合计	36000000	150000	37500000
二、已流通股份			
(1)境内上市的人民币普通股		13500000	13500000
(2)境内上市的外资股			
(3)境外上市的外资股			
已流通股份合计		13500000	13500000
三、股份总数	36000000		51000000

注:本期股份变动因公司获准发行15000000股(含内部职工股15000000股)股票。

2. 主要股东持股情况(1997年6月30日)

股东名称	持股数	持股比例
1. 国家股	36000000	70.6%
2. 财政证券	1011328	1.98%
3. 左振军	181000	0.35%
4. 申银证券	98686	0.19%
5. 陆丽萍	59900	0.12%
6. 高玉成	52000	0.10%
7. 新疆证券	49490	0.09%
8. 徐汇区	44900	0.08%
9. 江潮	40000	0.07%
10. 郑志刚	39500	0.07%

五、股东大会简介

1.1997年1月18日,云南马龙化建股份有限公司创立大会暨首届股东大会在马龙化建股份有限公司小礼堂举行。本次会议通过了公司筹建工作报告、公司章程及关于公司股票申请在上海证券交易所上市决议,会议选举朱金贵、吕家亮、范家学、高家才、赵家友、傅正平、杨林清为本公司首届董事会成员,选举龙巨明、李星文为监事,与职工监事孙瑞共同组成本公司首届监事会。

2. 公司第二次股东大会于1997年5月28日在公司小礼堂召开,出席会议的股东代表600人,代表股份375000000股,占总股本的73.53%,符合《中华人民共和国公司法》与公司章程规定的比例,经大会审议表决。通过如下决议:

(1)审议通过1996年度总经理工作报告及1997年度工作计划;

(2)审议通过1996年度财务决算报告;

(3)审议通过1996年度利润分配方案。

经昆明会计师事务所"昆会师证字(1997)337号"审计报告审定,我公司一九九六年累计实现利润总额14361381.69元,净利润12207174.44元。1996年1-9月实现净利润总额14361381.69元,净利润12207174.44元。1996年1-9月实现净利润8170770.88元,已折股进入股本及资本公积金:10-12月实现净利润4036403.56元,按照公司章程规定提取10%法定公积金403640.36元;提取10%法定公益金403640.36元,未分配利润为3229122.84元,留待以后年度分配。

六、备查文件

1. 载有董事长亲笔签名的《云南马龙化建股份有限公司一九九七年度中期报告》原本;

2. 本公司1997年1月份新股发行《云南马龙化建股份有限公司(筹)招股说明书》、《云南马龙化建股份有限公司股票上市公告书》;

3. 股东大会材料;

4. 其它资料。

云南马龙化建股份有限公司

一九九七年八月二十六日

山西杏花村汾酒厂股份有限公司

山西杏花村汾酒厂股份有限公司一九九六年度报告摘要

一、公司简况

1. 公司名称：山西杏花村汾酒厂股份有限公司

2. 英文名称：SHAN XI XING HUA CUN FEN WINE FACTORY CO.,LTD

英文缩写：FEN WINE

3. 公司地址：山西省汾阳市杏花村

4. 公司咨询服务机构：董事会秘书处

联系人：郭志宏　田元宏

电话：(0358)7229381　7220255

传真：(0358)7220810　7220392

二、主要财务数据与财务指标

指标名称	本年数	上年数	增减(%)
1.主营业务收入	441190898.82	327994553.58	34.51
2.净利润	50965598.31	46684906.84	9.17
3.总资产	1137120778.06	1151704118.74	-1.27
4.股东权益	761907548.36	688436173.59	10.67
5.每股收益(摊薄)	0.1177	0.1130	4.16
6.每股净资产	1.76	1.67	5.39
7.净资产收益率(摊薄)	6.69%	6.78%	-1.33
8.股东权益比率	67.00%	59.78%	12.08

三、公司业务回顾

1. 经营情况回顾

1996年公司按照"强化竞争意识，推进名牌战略，抓好营销管理，提高经济效益"的经营方针，把工作重点放在推进两个根本转变上，在拓展销售和调整产品结构上下大功夫。一年来，公司按照"依托老字号，立足传统工艺，运用现代科学手段，争创驰名商标，推进公司整体工作，特别是营销工作上一个新台阶"的总体思路，突出三个定位：产品定位、价格定位、宣传定位，经济增长质量和效益明显提高。1996年，公司工业总产值完成45593万元，较上年增长11.83%；成装总量15419千升，较上年增长10.58%；销售总量14873千升，较上年增长22.03%。

2. 主营业务收入、净利润完成情况分析

1996年企业经营指标比去年同期有较大的提高，客观原因是汾酒名牌效应、市场拉动，主观作用是公司两年多的努力已取得明显成效。1996年度，公司主营业务收入完成44119.09万元，完成年计划的110.30%，较上年同期增长34.51%；利润完成5996.49万元，完成年计划的110.30%，较上年同期增长34.51%；利润完成5996.49万元，完成年计划的117.58%，较上年同期增长9.21%；净利润完成5096.56万元，完成年计划的117.57%，较上年同期增长9.17%。

3. 募集资金使用情况

公司一九九六年完成九五年度增资配股方案，共募集资金6678.7万元，原计划弥补北京杏花村汾酒大厦工程投资不足，但因开发商未做好建设领域内居民搬迁安置工作致工程被迫停工，故募集资金未全部投入，只投入2200万元存于基建帐户，加已投入的公司创立时募集资金2100万元，共计投入4300万元。目前，工程进度只完成地下全部工程。公司将在九六年度股东大会上专题研究北京汾酒大厦工程事宜。

四、股本变化及股本结构情况

1. 股本结构

见附表1

2. 股本变动情况

1996年3月25日至4月5日，公司实施1995年度增资配股方案，向全体股东以10:3的比例配股，社会公众股股东还按10:7的比例受让国有法人股东配股权，共计配售股份19712838股(其中：国有法人股转配4712838股)。1996年7月23日，公司实施1995年度利润分配方案，以配股后的总股本计，向国有法人股东和社会公众股东每十股派送一股红股，向社会法人股东每十股派发一元现金红利。共计送股36811295股(其中：转配部分送股471284股)。截止1996年底，公司总股本为432924133股。

2. 主要股东持股情况

股东名称	年末持股数(万股)	占总股本%
1)汾酒(集团)公司	32824	75.82
2)罗长英	400.726	0.93
3)曹来虎	200	0.47
4)太原糖酒副食采供站	200	0.46
5)王志英	157	0.36
6)义泉涌业股份有限公司	150	0.35
7)刘德超	138.85	0.32
8)马文丰	138	0.32
9)山西省糖酒副食公司	114	0.26
10)太原副食贸易中心	100	0.23

注：汾酒(集团)公司32824万股系代表国家持有股份。

4. 年末股东户数

截止1996年底，公司股东户数为40098户。其中：国有法人股东1户，社会法人股东256户，社会公众股东39841户。

5. 公司董事、监事和经理人员持股情况

姓名	职务	年初持股数	年末持股数	变化原因
高玉文	董事长	0	0	
郭双威	副董事长兼总经理	5000	5500	送股增加
常贵明	董事	5000	7150	送、配股增加
张德胜	董事	6000	8580	送、配股增加
文景明	董事	5000	5500	送股增加
张佩	董事	5000	7150	送、配股增加
张东昕	董事	5000	7150	送、配股增加
王继光	董事兼总会计师	5500	7865	送、配股增加
程树乔	董事兼副总经理	5500	6050	送股增加
李振富	董事	0	0	
杨长元	监事会主席	5000	7150	送、配股增加
安智海	监事会副主席	2000	2200	送股增加
王正喜	监事	5500	7865	送、配股增加
马改香	监事	1000	1430	送、配股增加
贺天云	监事	0	0	

五、重要事项揭示

1.报告期内股东大会、董事会情况

(1)一九九五年度股东大会

公司于1996年6月18日在公司酒都会堂召开了1995年度股东大会。出席会议股东176人,代表股权数31740.669万股,占公司总股本的80.13%,符合《公司法》和公司章程的规定。经本次大会审议表决,通过如下决议:

A:审议通过了1995年度董事会工作报告;

B:审议通过了1995年度监事会工作报告;

C:审议通过了1995年度财务计划执行情况和1996年财务指标安排报告;

D:审议通过了1995年度利润分配方案;

E:增选高玉文同志为公司董事,经董事会选举,高玉文同志当选为公司董事长;

F:审议通过了授权董事会修改公司章程的报告。

(2)董事会会议

年内公司召开了四次董事会会议,同意常贵明同志提出辞去董事长职务的请求;选举高玉文同志为公司董事长;根据股东大会意见修改了95年度利润分配方案;根据股东大会的授权,对公司章程有关股本变动数据,董事会成员人数设置了条款进行了相应的修改。

上述股东大会、董事会会议通过的决议均在中国证监会指定的信息披露报刊上进行了公告。

2.报告期内增资配股说明

经山西省证券管理办公室晋证办〔1995〕16号文及中国证券监督管理委员会证监发审字〔1996〕5号文批准,公司于1996年3月25日至4月5日向全体股按10:3的比例配售股份,社会公众股东还可依自己意愿按10:7的比例受让国有法人股转配部分。截止4月5日,共计配售19712838股,每股配股价3.5元。此次配股募集资金计划全部用于补充北京杏花村汾酒大厦建设项目。

3.公司法定代表、董事变动情况

公司95年度股东大会增选高玉文同志为公司董事,经董事会选举,高玉文同志当选为董事长。

4.公司注册资本的变更

1996年公司实施了95年度增资配股方案及95年度利润分配方案,共计增加股份5652.4133万股。注册资本经山西省工商行政管理局批准,由37640万元相应变更为43292.4133万元。

5.本报告期内公司无重大诉讼、仲裁事项。

6.公司在报告期内分红派息情况

经九五年度股东大会审议通过,1996年7月23日公司实施95年度利润分配方案:向国有法人股东、社会公众股东按10:1派送红股;向社会法人股东按10:1派送1元现金红利(含税)。社会公众股东所送红股的可流通部分已于1996年7月25日上市流通。

六、子公司及关联企业

本公司尚无子公司及关联企业

七、财务报告

1.审计意见:

公司财务报告经中信永道会计师事务所注册会计师张克、郎争审计,并出具无保留意见的审计报告书。

2.财务报表:

资产负债表见附表二。

损益表及利润分配表见附表三。

财务状况变动表见附表四。

3.财务报表附注

(1)主要会计政策

①会计制度:公司根据《企业会计准则》和《股份制试点企业会计制度》的规定进行会计核算并编制财务报表。

②会计期间:公历每年一月一日起至十二月三十一日止。

③核算原则:采用权责发生制原则,除为股份制改组进行的资产评估调整外,一贯遵循历史成本原则。

④存货计价方法:存货中的主要材料、在产品、产成品以实际成本按加权平均法进行核算;部分原材料、自制半成品、包装物采用计划成本进行核算,按月结转材料成本差异;低值易耗品采用一次摊销法。

⑤坏帐准备:按年末应收帐款余额的千分之三计提。

⑥长期投资核算方法:对投资额占被投资企业资本25%以下的长期投资采用成本法进行核算。

⑦固定资产及其折旧:固定资产折旧采用直线平均法平均计算,预计残值率3%。

⑧无形资产、递延资产及其摊销:采用直线法平均法计算。

⑨税项:

A:企业所得税

企业所得税率为15%。

B:流转税及教育费附加

税目	计税依据	税率
增值税	营业收入	17%
消费税	营业收入	25%、10%
城市维护建设税	增值税及消费税	5%
教育费附加	增值税及消费税	3%

⑩利润分配:

企业所得税后利润按以下顺序分配

A:弥补亏损;

B:提取法定公积金(10%);

C:提取法定公益金(5%—10%);

D:提取任意公积金;

E:支付普通股股利。

(2)报表项目附注

①应收帐款:年末余额14128.92万元。其中:一年以内5209.00万元;一年至二年6926.80万元;二年至三年1768.00万元;三年以上267.60万元。

注:本项目中无持股5%以上股东的欠款。

②其它应收款:年末余额2962.30万元。其中:一年以内2610.40万元;一年至二年89.10万元;二年至三年120.20万元;三年以上142.60万元。

注:本项目中无持股5%以上股东的欠款。

③长期投资:年末余额257.20万元。

投资性质	被投资公司名称	股数	持股比例	金额
股权投资	上海万国证券公司	506070	1%以下	100.00万元
	深圳杏花村酒家		10%	55.00万元
债券投资	电力债券			11.20万元
	基建债券			91.00万元

④投资收益:国库券收益6.20万元;深圳杏花村酒家分红款12.62万元。

⑤资本公积金:年末余额为29425.40万元,较年初增加4608.50万元,系实施九五年度配股方案所致。其中:股本溢价增加4707.40万元。

清产核资核减 98.90 万元。

⑥盈余公积金:年末余额为 3430.60 万元,较年初增加 764.50 万元,系提取九六年度法定盈余公积金 509.60 万元(10%);提取九六年度法定公益金 254.90 万元(5%)。

⑦未分配利润:年末余额为 42.30 万元。根据股份公司第一届董事会第二十次会议决议,96 年度利润分配预案为:向全体股东按每十股派发壹元现金红利(含税),共计分配红利 4329.24 万元,结余分红基金 42.30 万元结转下年度分配。

(3)报表数据变动(30%)情况说明

①应收帐款:较年初减少 5346.82 万元,系收回外欠货款。

②其它应收款:较年初增加 1986.18 万元,主要是拨给北京汾酒大厦工程款 2200 万元,由于受居民户拆迁等原因影响,未能投入工程,故由在建工程转入。其它减少 213.82 万元,系清理债权收回款所致。

③固定资产:较年初增加 25947.83 万元,系万吨技改工程按完工项目造价 25611.60 万元,转入固定资产所致。

④在建工程:较年初减少 23037.85 万元,系万吨技改工程转入固定资产 25611.60 万元,转入其它应收款 2200.00 万元,其它减少 668.45 万元;万吨技改工程增加 2828.99 万元,拨给北京汾酒大厦工程款 2200.00 万元,其它增加 413.46 万元。

⑤短期借款:较年初减少 3320.00 万元,系归还银行借款。

⑥应付帐款:较年初减少 4209.93 万元,系支付欠客户货款。

⑦未付股利:较年初增加 2278.58 万元,系根据财政部财会字〔1996〕7 号文《关于上市公司利润分配会计处理的规定》按 96 年度利润分配预案,转入应付股利 4329.24 万元;支付国有法人股东股利 1770.66 万元;支付 95 年法人股股东红利 280.00 万元。

⑧其它应付款:较年初减少 1174.68 万元。

⑨一年内到期的长期负债:较年初减少 3385.00 万元,系归还万吨技改工程贷款。

⑩其它流动负债(应付工资):较年初增加 1398.90 万元。九六年提取效益工资增加 934.13 万元;本年及以前年度工资结余增加 464.77 万元。

(4)报表项目说明

资产负债表及财务状况变动表中"其它流动负债"项指应付工资余额及增减变化数。

八、其它事项

1. 公司于一九九七年二月十六日召开第十九次董事会会议,会议确定九六年度暂按 10% 比例提取法定公积金,5% 比例提取公益金,具体的分配方案待会计师事务所审计完结后据实确定;确定了公司一九九七年度经营计划。

2. 公司于一九九七年四月二十一日召开了第二十次董事会会议,会议研究确定了一九九六年度利润分配预案,提取 10% 法定公积金,提取 5% 法定公益金,决定向全体股东按每 10 股派发 1 元现金红利(含税)分红。

山西杏花村汾酒厂股份有限公司

董　事　会

一九九七年四月二十一日

附表三　　损益表及利润分配表(母公司)

九六年度

项　目	序号	上年数	本年数
一、主营业务收入	1	327994553.58	441190898.82
减:营业成本	2	137310578.84	186906663.53
销售费用	3	26311200.51	37493852.16
管理费用	4	24108354.64	40241225.90
财务费用	5	10538996.23	11728224.62
进货费用	6		
营业税金及附加	7	73249968.54	102836724.23
二、主营业务利润(亏损以"-"号表示)	8	56475454.82	61984208.38
加:其他业务利润(亏损以"-"号表示)	9	78414.12	62061.76
三、营业利润(亏损以"-"号表示)	10	56553868.94	62046270.14
加:投资收益(损失以"-"号表示)	11	181734.59	188205.42
补贴收入	11-1		
营业外收入	12	168469.67	251924.33
减:营业外支出	13	1996841.85	2349459.67
加:以前年度损益调整(调减以"-"号表示)	14	-171991.77	
四、利润总额(亏损以"-"号表示)	15	54907231.35	59964948.45
减:所得税	16	8222324.51	8999350.14
减:少数股东损益(合并报表填列)(亏损以"-"号表示)	16-1		
五、净利润(亏损以"-"号表示)	17	46684906.84	50965598.31
加:年初未分配利润(未弥补亏损以"-"号表示)	18	323846.63	394722.45
盈余公积转入数	19		
六、可分配的利润(亏损以"-"号表示)	20	47008753.47	51360320.76
减:提取法定公积金	21	4668490.68	5096559.83
提取法定公益金	22	2334245.34	2548279.92
职工奖金福利(合并报表填列,子公司为外商投资企业项目)	22-1		
	22-2		
七、可供股东分配的利润(亏损以"-"号表示)	23	40006017.45	43715481.01
减:已分配优先股股利	24		
提取任意公积金	25		
已分配普通股股利	26	39611295.00	43292413.30
八、未分配利润(未弥补亏损以"-"号表示)	27	394722.45	423067.71

附表一　　1996 年度公司股份变动情况

数量单位:元　每股值:1 元

	期初数	本次变动增减(+,-)					期末数
		配股	送股	公积金转股	其它	小计	
一、尚未流通股份							
1、发起人股份	29840000.00		29840000.00			29840000.00	328240000.00
其中:							
国家拥有股份							
境内法人持有股份	28000000.00						28000000.00
外资法人持有股份							
其它							
2、募集法人股							

	期初数	本次变动增减(+,-)					期末数
		配股	送股	公积金转股	其它	小计	
3、内部职工股							
4、优先股及其它		4712838.00	471284.00			5184122.00	5184122.00
尚未流通股份合计	326400000.00	4712838.00	30311284.00			35024122.00	361424122.00
二、已流通股份							
1、境内上市的外资股	50000000.00	15000000.00	6500011.00			21500011.00	71500011.00
2、境内上市的外资股							
3、境外上市的外资股							
4、其它							
已流通股份合计	50000000.00	15000000.00	6500011.00			21500011.00	71500011.00
三、股份总数	376400000.00	19712838.00	36811295.00			56524133.00	432924133.00

注:优先股及其它指实施九五年度配股方案、九五年度利润分配方案社会公众股东受让国有法人股转配及送股数。

附表二　　资产负债表(母公司)　　九六年度

项　目	序号	年初数	期末数
流动资产:			
货币资金	1	2122181.22	22441812.29
短期投资	2		
应收票据	3		
应收帐款	4	195182482.32	141714314.83
减:坏帐准备	5	585547.44	425142.94
应收帐款净额	6	194596934.88	141289171.89
预付货款	7	12067190.76	4335455.15
其他应收款	8	9761649.93	29623450.95
待摊费用	9	24410700.54	18667006.26
存货	10	313598388.77	326825106.91
减:存货变现损失准备	10-1		
存货净额	10-2	313598388.77	326825106.91
待处理流动资产净损失	11		
一年内到期的长期债券投资	12		
其他流动资产	13		
流动资产合计	15	556557047.10	543182003.45
长期投资:			
长期投资	16	3059849.64	2571692.28
合并价差(合并报表填列)(贷差以"-"号表示)	16-1		
固定资产:			
固定资产原价	17	323727457.82	583205768.74
减:累计折旧	18	102839546.78	130920232.84
固定资产净值	19	220887911.04	452285535.90
在建工程	20	319069706.48	88691193.29
固定资产清理	21		
待处理固定资产净损失	22		
固定资产合计	23	539957617.52	540976729.19
无形资产及递延资产:			
无形资产	24	50571261.77	49639893.77
递延资产	25	1558342.71	750459.37
无形及递延资产合计	30	5129604.48	50390353.14
其他长期资产:			
其他长期资产	31		
递延税项:			
递延税款借项	32		
资产总计	40	1151704118.74	1137120778.06

项　目	序号	年初数	期末数
流动负债:			
短期借款	41	113200000.00	80000000.00
应付票据	42		
应付帐款	43	60825636.18	18726282.05
预收货款	44	762153.31	1006878.85
应付福利费	45	5108527.41	6725474.39
未付股利	46	40469479.88	63255289.96
未交税金	47	48158337.32	56878486.56
其他未交款	48	109932055.81	97438832.91
其他应付款	49	35984752.90	24237963.40
预提费用	50		
一年内到期的长期负债	51	35850000.00	
其他流动负债	52	8954991.34	22944021.58
流动负债合计	55	459245934.15	371213229.70
长期负债:			
长期借款	56	4000000.00	4000000.00
应付债券	57		
长期应付款	58		
其他长期负债	60	22011.00	
长期负债合计	65	4022011.00	4000000.00
递延税项:			
递延税款贷项	66		
负债合计	67	463267945.15	375213229.70
少数股东权益(合并报表填列)	67-1		
股东权益:			
股本	68	413211295.00	432924133.00
资本公积	69	248169218.92	294254570.68
盈余公积	70	26660937.22	34305776.97
其中:公益金	71	12163345.94	14711625.86
未分配利润(未弥补亏损以"-"号表示)	72	394722.45	423067.71
外币报表折算差额(合并报表填列)	72-1		
股东权益合计	79	688436173.59	761907548.36
负债及股东权益总计	80	1151704118.74	1137120778.06

附表四　　财务状况变动表(母公司)　　九六年度

项　目	序号	金额
一、流动资金来源:		
1. 本年净利润(合并报表为合并净利润)	1	50965598.31
加:少数股东本期损益(合并报表填列)	2	
加:不减少流动资金的费用和损失:		
(1)固定资产折旧	3	31633066.32
(2)无形资产、递延资产及其他资产摊销	4	1152648.12
(3)固定资产盘亏(减盘盈)	5	
(4)清理固定资产损失(减收益)	6	－227944.33
(5)递延税款	7	
(6)其他不减少流动资金的费用和损失	8	－22011.00
小计	10	83501357.42
2. 其他来源:		
(1)固定资产清理收入(减清理费用)	11	262701.48
(2)增加长期负债	12	2898539.97
(3)收回长期投资	13	488157.36
(4)对外投资转出固定资产	14	
(5)对外投资转出无形资产	15	
(6)资本净增加额	16	73443029.51
(7)少数股东资本净增加额(合并报表填列)	16－1	
小计	17	77092428.32
流动资金来源合计	18	160593785.74
二、流动资金运用		
1. 利润分配		
(1)提取法定公积金	19	5096559.83
(2)提取法定公益金	20	2548279.92
(3)提取任意公积金	21	
(4)已分配股利	22	43292413.30
小计	23	50937253.05
3. 其它运用		
(1)固定资产和在建工程净增加额	24	32686935.14
(2)增加无形资产、递延资产及其它资产	25	－586603.22
(3)偿还长期负债	26	2898539.97
(4)增加长期投资	27	
小计	28	34998871.89
流动资金运用合计	29	85936124.94
外币会计报表折算差额	29－1	
流动奖金增加净额	30	74657660.80

项　目	序号	金额
一、流动资产本年增加数:		
1. 货币资金	31	20319630.07
2. 短期投资	32	
3. 应收票据	33	
4. 应收帐款净额	34	－53307762.99
5. 预付货款	35	－7731735.61
6. 其他应收款	36	19861801.02
7. 待摊费用	37	－5743694.28
8. 存货净额	38	13226718.14
9. 待处理流动资产净损失	39	
10. 一年内到期的长期债券投资	40	
11. 其他流动资产	41	
	42	
流动资产增加净额	45	－13375043.65
二、流动负债本年增加数		
1. 短期借款	46	－33200000.00
2. 应付票据	47	
3. 应付帐款	48	－42099354.13
4. 预收货款	49	244725.54
5. 应付福利费	50	1616946.98
6. 未付股利	51	22785810.08
7. 未交税金	52	8720149.24
8. 其它未交款	53	－12493222.90
9. 其它应付款	54	－11746789.50
10. 预提费用	55	
11. 一年内到期的长期负债	56	－35850000.00
12. 其它流动负债	57	13989030.24
2. 少数股东利润分配	23－1	
流动负债增加净额	58	－88032704.45
流动资金增加净额	59	74657660.80

山西杏花村汾酒厂股份有限公司一九九七年度中期报告

一、财务报告(未经审计)

1、简化的资产负债表　　　　金额单位:元

1997 年 6 月 30 日

项　目	期初数	期末数
流动资产	543182003.45	590803371.09
长期投资	2571692.28	2571692.28
固定资产净值	452285535.90	436526781.66
在建工程	88691193.29	88909565.57
无形资产及递延资产	50390353.14	49716261.90
其它长期资产		
资产总计	1137120778.06	1168527672.50
流动负债	371213229.70	377819190.53
长期负债	4000000.00	4000000.00
负债合计	375213229.70	381819190.53
少数股东权益		
股东权益	761907548.36	786708481.97
其中:股本	432924133.00	432924133.00
资本公积	294254570.68	294254570.68
盈余公积	34305776.97	34305776.97
未分配利润	423067.71	25224001.32
负债及股东权益合计	1137120778.06	1168527672.50

1、简化的损益表　　　　金额单位:元

1997 年 1—6 月

项　目	本年累计数	上年同期数
主营业务收入	230022149.78	232217039.37
主营业务利润	29004828.69	49059479.47
其它业务利润	223214.11	33054.59
投资收益		
营业外收支净额	50473.85	554685.42
利润总额	29177568.95	48365856.87
所得税	4376635.34	7265633.44
净利润	24800933.61	41100223.43

3、财务指标

	1996 年 1—6 月	上年同期
每股收益	0.0573 元	0.10 元
净资产收益率	3.15%	5.42%
每股净资产	1.82 元	1.91 元

注:(1)财务指标各项系按全面摊薄法计算;

(2)上年同期每股收益和每股净资产以配股后总股本 39611.2838 万股为基数计算;

(3)本年 1—6 月每股收益和每股净资产以期末总股本 43292.4133 万股为基数计算。

4、财务报表附注

(1)本报告期与 96 年度相比,会计政策、报告主体未发生变化;

(2)流动资产较年初增加4752.14万元,主要是应收票据增加2074.96万元,应收帐款及其它项目增加2677.18万元。

(3)应收帐款帐龄分析

一年以内	7163.50万元
一年至二年以内	6929.80万元
二年至三年	1768.00万元
三年以上	267.60万元

(4)流动负债较年初增加660.60万元,主要是短期借款增加1100万元,应付帐款减少820.76万元,预提费用增加332.74万元,其它项目增加48.62万元;

(5)未分配利润较年初增加2480.09万元,是1—6月实现未分配利润。

(6)管理费用:1—6月份支出1401.70万元,较上年同期869.90万元多支出531.80万元,增幅为61.12%,主要原因是:

A、工资、福利费等增支110万元;

B、万吨技改工程移交增加固定资产,折旧费增支137万元;

C、因固定资产增加,财产保险费增支72万元;

D、1—6月份预提房产税100万元,土地使用税12万元;E、劳动保险费用增加28万元,系退休工人增加,工资标准提高;

F、其它费用增支72.80万元。

(7)销售费用、管理费用增幅说明

销售费用:1—6月份支出2610.20万元,较上年同期1657.30万元多支出952.90万元,增幅达57.50%。

其主要原因:实行有奖销售,支出奖励款951万元,较同期多支出775.30万元,差旅费用及承包费支出190.99万元,较上年同期多支出128.30万元,其它项目较上年同期多支出49.30万元。

(8)关联企业及关联交易

关联企业名称	关系	占本公司权益
山西杏花村汾酒(集团)公司	本公司控股股东	75.82%
山西杏花村汾酒厂进出口公司	汾酒集团子公司	0.23%
义泉涌酒业股份有限公司	汾酒集团子公司	0.35%

A、销售

1—6月份向山西杏花村汾酒厂进出口公司销售产品1742.39万元,占主营业务收入的7.57%,定价原则:市场价。

B、采购

1—6月份向义泉涌酒业股份有限公司参照同类产品市场价订购纸箱等包装物计112.47万元,占采购额1.44%。

C、股份公司投资项目——万吨汾酒技改工程由汾酒(集团)公司下属工程建设公司组织实施,截止97年6月30日累计支出31748.20万元,其中25811.62万元已转固定资产。

二、经营情况的回顾与展望

1、上半年经营情况回顾

进入九七年以来,公司面对白酒市场竞争激烈的严峻形势,继续贯彻"引深内部改革,推进两个转变,扩大市场占有,提高公司实力"的企业经营方针,努力巩固和开拓市场,加强企业内部管理,加大科技开发力度,使公司生产经营呈现稳步发展的态势。上半年,公司生产饮料酒7150吨,商品酒成装总量7773千升,完成主营业务收入23002万元,实现利润总额2917.8万元,税后利润2480.1万元,公司重点抓了以下几方面的工作:

(1)紧紧围绕市场,调整产品结构,形成以青花瓷汾、特制老白汾、特制竹叶青、玫瑰汾酒为代表的高中档产品和以玻汾、低度汾为占领市场,满足消费者需求的品牌产品的立体结构体系;

(2)改革营销组织,强化营销队伍建设,依靠产品质量和价格优势,调动经销商积极性,搞好促销组合,发展开辟了新的市场。

(3)继续加强货款回收工作,打击假冒伪劣产品,维护公司合法权益。

九七年上半年公司实现利润较上年同期降低39.66%,主要原因是:

(1)增提折旧、预提费用及调整产品品种结构等,致使营业成本较上年同期有所上升;

(2)为扩大产品市场占有,销售费用、宣传广告费用较上年同期大幅度增加;

(3)预提税金、财产保险费用增加、增提折旧等,致使管理费用支出较上年同期有所上升。

2、下半年计划

(1)继续抓好"市场、管理、科研"三个重点,尤以抓好产品销售,推动各项工作迈上新的台阶,保证全年各项经济指标全面完成。

(2)继续做好产品、价格、广告的定位,继续调整产品结构,提高产品附加值;

(3)以鲜明的国家驰名品牌形象、清香纯正的产品风格、保健配制酒等产品优势,以企业的科技进步、质量管理、包装改进等方面继续围绕实施名牌战略展开,赢得广大消费者的认可;

(4)加强成本费用控制,推行内部摸拟市场运行机制,普通开展"挖潜增效,堵塞漏洞"活动,减少资金占用,加快资金周转,不断降低生产成本;

(5)妥善处理好北京汾酒大厦工程停建的善后工作,积极探寻新的可盈利项目,谋取新的利润增长点。

三、重大事件的说明

1、根据国务院证券委、中国人民银行、国家经贸委5月21日联合发布的《严禁国有企业和上市公司炒作股票的规定》,公司进行了认真自查,未有违反国家有关法律、法规的情况。本公司今后如从事股票投资,将严格遵守国家政策法规和公司章程的有关规定;

2、我公司"杏花村"商标于1997年4月份被国家工商局认定为国家驰名商标;"杏花村"、"汾"、"竹叶青"等六个注册商标被山西省工商局认定为山西省著名商标;

3、本报告期内公司无重大诉讼、仲裁事项。

四、发行在外股票的变动和股权结构的变化

1、股权结构情况:

数量单位:万股　　每股面值:1元

	1996年12月31日(期初数)	1997年6月30日(期末数)
A、尚未流通股份		
国家持有股份	32824	32824
社会法人股	2800	2800
其它	518.4122	518.4122
尚未流通股份合计	36142.4122	36142.4122
B、已流通股份		
境内上市的人民币普通股	7150.0011	7150.0011
C、股份总数	43292.4133	43292.4133

注:其它项中系社会公众股东受让国有法人股转配及转配送股后的股份。

2、主要股东持股情况(1997年6月30日)

股东名称	持股数(万股)	占总股本%
(1)杏花村汾酒(集团)公司	32824	75.82
(2)山西太原糖酒副食采供站	200	0.46
(3)义泉涌酒业股份有限公司	150	0.35
(4)山西省糖酒副食公司	114	0.26
(5)铜陵城信	105.4726	0.24
(6)太原市副食品贸易中心	100	0.23
(7)山西省太原酒类饮料公司	100	0.23
(8)汾酒(集团)公司贸易公司	100	0.23

(9)太原汾酒大厦	100	0.23
(10)汾酒(集团)公司进出口公司	100	0.23

五、股东大会简介

1997年7月29日公司召开了九六年度股东大会，出席会议股东105人，代表股权数34405.8865万股，占公司总股本的79.47%。符合《公司法》和公司章程的规定，大会审议通过了如下决议：

1、审议通过了《1996年度董事会工作报告》；

2、审议通过了《1996年度总经理工作报告》；

3、审议通过了《1996年度监事会工作报告》；

4、审议通过了《1996年度财务计划执行情况和1997年财务指标安排报告》；

5、审议通过了《1996年度利润分配方案》，向全体股东每10股派发1元现金红利(含税)进行分红；

6、审议通过了《关于停建北京汾酒大厦工程的报告》；

7、审议通过了《公司"九五"发展计划和2010年远景目标的报告》；

8、选举高玉文、郭双威、张德胜、程树乔、王正喜、武兴俭、安智海、李志龙、席金龙、郭俊陆为公司第二届董事会董事，选举赵严虎、高占山、韩建书为公司第二届监事会监事。

以上具体内容参见1997年7月31日《上海证券报》，1997年8月1日《中国证券报》。

六、备查文件

1、载有董事长、总经理亲笔签名的中期报告原本；

2、1996年度股东大会文件。

查阅地址：山西省汾阳市杏花村本公司董事会秘书处

联系电话：0358－7229381　　7220255

山西杏花村汾酒厂股份有限公司董事会

一九九七年八月二十七日

神马实业股份有限公司

神马实业股份有限公司1996年年度报告摘要

一、公司简况

股票代码:600810
股票简称:神马实业
公司法定中文名称:神马实业股份有限公司
公司英文名称:SHEN MA INDUSTRY CO. LTD
公司英文名称缩写:SMIC
公司注册地址:河南省平顶山市建设中路63号
公司办公地址:河南省平顶山市建设中路63号
邮编:467000
公司法定代表:宋春迎
公司咨询服务机构:公司证券部
电话:0375-3921231
传真:0375-3921100
联系人(董秘):刘剑
会计师事务所:中华会计师事务所
律师事务所:北京海问律师事务所

二、主要财务数据与财务指标

指标项目	本年数	上年数	比上年增减(%)
1. 主营业务收入(元)	684300486	545470390	25.45
2. 净利润(元)	75254120	70043728	7.44
3. 总资产(元)	1142056212	910247735	25.47
4. 股东权益(元)	749780937	737074970	1.72
5. 每股收益(元)	0.285	0.265	7.55
6. 每股净资产(元)	2.84	2.79	1.79
7. 净资产收益率(%)	10.04	9.5	5.68
8. 股东权益比率(%)	65.65	80.98	-23.10

三、公司业务回顾

1. 一年来的生产经营情况

1996年,受国内橡胶轮胎生产尚未走出低谷、轮胎骨架材料——帘子布市场需求乏力的影响,公司经营形势严峻,加之公司项目建设正处于关键阶段。正常生产经营面临内外较大压力。针对这种情况,在公司二届董事会的领导下,在中国神马集团的大力支持和帮助下,公司全体员工坚持"立足主业,壮大规模,创建基地,跻身国际"的战略指导思想,依据"转机建制,争创一流"的年度经营方针,进一步深化企业内部改革,强化各项管理,加速项目建设,培育新的经济效益增长点,加大新产品的研制与开发,致力于优化产品结构,巩固国内市场,努力开拓国际市场,顺利完成了公司股东大会提出的生产经营目标。主要经济指标取得历史最好成绩,实现主营业务收入68430万元,实现净利润7525.4万元。

2. 主要经济指标分析

根据95年度股东大会通过的经营计划,96年度主营业务收入计划数为59959万元,实际完成68430万元,较95年增长25.25%,较96年计划数增长14.13%,实现利润总额:10250万元。完成计划的100.49%,较上年增长1.39%。净利润实际完成7525.4万元,较上年增长7.44%。

3. 募集资金的使用情况

公司93年底首次发行股票募集资金2.574亿元,资金使用情况如下:

(1)根据股东大会决议,投资7180万元对纺织生产线进行技术改造,至96年底共完成投资5097.75万元,增加生产能力9180吨。该项目原计划96年底完工,但因96年设备检修时间延长,致使该项目中的年产1500吨高粘切片工程未能如期完成。预计97年该项目完成后,年增产值21099万元,年利润3675万元。

(2)根据股东大会决议,投资350万美元与中国化纤公司、新纶(香港)有限公司合资经营平顶山神马地毯丝有限公司,该合资公司已于95年元月建成投产。但因配套设施不完善,国内市场需求不足,影响了该公司年度生产经营计划的完成。为尽快改变地毯丝公司目前现状,实现该项目收益预测目标,公司于96年3月与法国罗纳公司签订了新的合资合同。地毯丝公司注册资本由500万美元增至800万美元,由罗纳公司新增投资240万美元,本公司追加投资60万美元,其它两方投资额不变。追加投资后该公司的财务状况有所改善,设备配套设施得以较大改进。1997年该公司将积极开拓国内销售渠道,计划生产1350吨BCF地毯丝,销售收入3500万元,力争扭亏。

(3)年产2万吨锦纶66工业丝项目

该项目已按计划完成投资和建设任务,1997年3月底已开车成功,投入试生产,今年计划生产锦纶工业丝10000吨,销售收入33000万元。

四、股本变化及股本结构情况

(1)股本结构情况:

填报日期:1996年12月31日　　数量单位:万股　　每股面值:元

	期初数	配股	送股	公积金转股	其它	小计	期末数
		本次变动增(+)减(-)					
一、尚未流通股份							
1. 发起人股份							
国有法人股份	19800						19800
尚未流通股合计	19800						19800
二、已流通股份							
1. 境内上市的人民币							
普通股	6600						6600
已流通股合计	6600						6600
三、股份总数	26400						26400

(2)股本变动情况:

1996年度内股本结构无变化。

(3)主要股东持股情况(前十名股东)

名次	股东名称	持股数量(万股)	总股本(%)
1	中国神马集团有限责任公司	19800	75
2	君安深发	787.3	2.98
3	薛建平	130.7	0.495
4	刘志梅	128.4	0.486
5	夏五英	124.1	0.47
6	(股东资料不详)	111.5	0.422
7	张紫荐	104.9	0.397
8	张红	103.1	0.39
9	张俊华	88.9	0.337
10	张福高	88.4	0.335

(4)年末股东户数

截止 1996 年 12 月 31 日,股东总数为 19155 户,其中发起人股东 1 户,社会个人股 19154 户。

(5)公司董事、监事与高级管理人员持股情况

姓名	职务	年初持股数	年末持股数	变动原因
宋春迎	董事长兼总经理	0	0	未增减
李中富	董事	7680	7680	"
王志远	董事	0	0	新任
孟森阳	董事	7920	7920	未增减
张宁远	董事	0	0	"
赵启林	董事	2200	2200	"
庄国华	董事	7000	7000	"
季松青	董事	7680	7680	"
王明先	董事	3480	3480	"
高勇	董事	1000	1000	"
刘大发	董事	0	0	"
何彬	董事	0	0	"
陶勤海	董事	0	0	"
乔俊卿	监事会主席	6000	6000	"
聂广占	监事	0	0	"
王勇	监事	1800	1800	"
韩宏勋	监事	0	0	"
曹庆保	监事	0	0	"

五、重要事项

1. 报告期内股东大会情况:

公司于 1996 年 6 月 28 日在平顶山市召开第四次(95 年度)股东大会,出席股东大会的股东或授权代理人共 99 人,代表股份 19721480 股,占公司总股本的 74.7%,大会审议通过了如下决议:

(1)审议通过了董事会报告,总经理业务报告,财务报告和监事会报告;

(2)关于 95 年度利润分配方案的决议:

1995 年公司实现净利润为 70043728 元,提取法定公积金公益金各 10%。计:14008746 元,可分配利润 60919090 元,全体股东按每 10 股派发 2.00 元现金红利(含税),未分配余额 8116090 元,转入 96 年一并分配。

(3)关于增资发行 15000 万股 H 股的决议,并授权董事会制定具体方案,向有关主管部门申报和实施;

(4)关于 1996 年增资配股方案的决议,并授权董事会制定方案报有关部门批准后实施;

(5)关于公司董事人选变动的决议;

(6)关于变更募股资金投向的决议;

报告期内未召开临时股东大会。

2. 报告期间董事会情况:

董事会分别于 96 年 4 月 22 日、96 年 8 月 1 日召开董事会第四次,第六次会议,会议分别审议通过了公司 95 年年度报告、96 年度中期报告,95 年度利润分配方案,确定了公司分红派息的实施,以及 96 年度配股,增资发行 H 股等重大问题。

3.1996 年 8 月 12 日(除息基准日),根据 96 年 6 月 28 日召开的公司第四次股东大会决议,公司实施 95 年度分红派息,即向全体股东按每 10 股派发现金红利 2.00 元人民币(含税)。

4. 公司于 96 年 3 月 1 日与法国罗纳普郎克公司签署了新的合资经营平顶山地毯丝公司合资合同,合同规定由法国罗纳普郎克公司出资 240 万美元,本公司追加投资 60 万美元。合资公司注册资本由 500 万美元增至 800 万美元,本公同出资比例由原来的 70%调整为 51.25%。

5. 本公司原控股公司中国神马集团有限责任公司于 96 年 12 月 6 日,由河南省体改委、平顶山市人民政府批准,正式改制为国有独资有限责任公司,据此,本公司控股公司更名为:中国神马集团有限责任公司。

6. 本公司报告期内未发生重大诉讼、仲裁事项。

7. 本公司法律顾问,会计师事务所均无变更。

六、子公司及关联企业

企业名称	注册资金(万元)	主营业务	本公司拥有权益
1 平顶山神马地毯丝有限责任公司	800(美元)	锦纶地毯丝的生产、加工、销售	51.25%

七、财务报告

(一)审计意见:公司财务报表经中华会计师事务所廖良汉、马森林注册会计师审计并出具无保留意见审计报告(中华股审字(97)第 007 号)

(二)财务报表(见附表)

(三)财务报表附注:

一、一般情况

神马实业股份有限公司(以下简称神马公司),位于河南省平顶山市,是由中国神马集团有限责任公司独家发起,以其第一期工程兴建的生产线为主体,包括对平顶山神马地毯丝有限公司(以下简称地毯丝公司)的投资组建的。神马公司于 1996 年 6 月开始筹建,6 月 26 日在河南省工商行政管理局办理了筹建登记,注册号为(筹字)010 号,1993 年 12 月 16 日在河南省工商行政管理局正式注册登记,注册号为 16997248－9 号。

神马公司主要生产和销售神马牌锦纶 66 浸胶帘子布,其控股的地毯丝公司由神马公司与中国化纤公司、新纶(香港)有限公司及法国罗纳普郎克树脂中间体有限公司合资兴建,于 1992 年 9 月动工,1994 年 6 月正式投产,主要生产和销售锦纶 BCF 地毯丝。

二、主要会计政策

1. 合并报表的编制方法

合并会计报表是根据《合并报表暂行规定》和神马公司及其下属的地毯丝公司的个别会计报表,经充分抵销内部投资、内部交易和内部债权债务等内部会计事项后合并而编制的。

2. 坏帐准备

应收帐款坏帐损失采用直接转销法核算。

3. 存货

存货中的原材料,包装物、委托加工材料按实际成本核算产成品等发出计价采用加权平均法计算;低值易耗品采用一次摊销法计算。在产品主要包括原材料实际成本。

4. 对外投资

短期投资按实际成本计价。

长期投资按实际成本计价。联营投资占被投资企业股权比例的 20% 以下的,按成本法核算收益;股权比例在 20%至 50%的,按权益法核算收益;股权比例在 50%以上的(不含 50%),按权益法核算收益,并编制合并会计报表;少数股东权益单独列示于报表中。

5. 固定资产及其折旧

固定资产按照实际成本计价,其折旧根据固定资产原值,估计使用年限和预计净残值(为原值的 1%),采用直线法进行计算。各类固定资产年折旧率如下:

类别	使用年限	年折旧率
房屋及建筑物	30－35 年	2.83%－3.30%
机器设备	5－18 年	5.50%－19.8%
其他设备	14 年	7.07%

6. 无形资产及其摊销

无形资产为神马公司所占土地的土地使用使,按 10 年平均摊销。

7. 递延资产及其摊销

递延资产主要包括开办费和待转销汇兑损失等,待转销汇兑损失按 5 年平均摊销,其余按 10 年平均摊销。

8. 税项

神马公司应纳税的税种主要有增值税和企业所得税等。

增值税税率为 17%,所得税税率为 33%。

9.利润分配

根据税后利润的各 10%分别计提法定盈余公积金和法定公益金;税后利润扣除法定盈余公积金和法定公益金后根据股东大会决议进行分配。

三、应收帐款

1996 年 12 月 31 日应收帐款余额 287127834 元,明细列示如下:

其中:1 年以内	285714789
1 至 2 年	1413045

由于神马公司和中国神马集团有限责任公司产品、销售渠道和产品用户相同,为维护双方利益,强化销售,双方议定,神马公司的产品统一由中国神马集团有限责任公司经营部对外销售,货款也由中国神马集团有限责任公司统一对外结算。

四、其他应收款

1996 年 12 月 31 日其他应收款余额 6329336,明细列示如下

1 年以内	460498
1-2 年	260049
2-3 年	5000
3 年以上	5603789

根据神马公司和郑州新信房地产公司签定的还款合同,新信公司将其拥有的物业作价抵偿欠神马公司的债务,目前有关手续正在办理中。

五、长期投资

长期投资为神马公司对地毯丝公司的联营投资。根据原合资合同的规定,神马公司的投资为 3500000 美元(折合人民币 19332700 元),占地毯丝公司注册资本的 70%。1996 年 3 月 1 日,经地毯丝公司合资三方同意,河南省人民政府批准,法国罗纳普朗克树脂中间体有限公司成为地毯丝公司的第四投资人。地毯丝公司注册资本由 5000000 美元增至 8000000 美元,神马公司投资由 3500000 增至 4100000 美元(折合人民币 24332700 元),投资比例由 70%减至 51.25%。地毯丝公司合营期限为 20 年。

编制合并报表时,长期投资已和地毯丝公司有关科目相互抵销。

1996 年 12 月 31 日长期投资余额为合并价差。

六、在建工程

1996 年度 12 月 31 日在建工程余额明细列示如下:

工程名称	工程进度	实际支用数	原预算数	批准文号/合同号	资金来源
宿舍楼	63%	9157163	14442370	平计工字(95)045 号	自筹
网络系统		3525000	2110000	合同 953130/963036 号	自筹
三期扩建工程	37%	300109003	807920000	预经贸技(96)035 号	2 亿元贷款/自筹
地毯丝公司预付设备款		10527565			
其他		2390214			
合计		325708945			

1996 年 6 月,神马公司股东大会鉴于国家产业政策调整及根据公司“九五”规划,审议通过,将原投资项目改为兴建 2 万吨原丝技改项目即三期工程,中国神马集团有限责任公司也同意将该项目转让给神马实业公司。

截止 1996 年 12 月 31 日,三期工程中包括资本化利息计人民币 12510241 元。

七、资本公积

1996 年 12 月 31 日资本公积余额明细列示如下:

	金 额
期初余额	427,682,507
加:本期增加	3,451,847
减:本期减少	
期末余额	431,134,354

本期增加的资本公积为神马公司按投资比例应享有的地毯丝公司新增投资的溢价部分。

八、盈余公积

1996 年 12 月 31 日盈余公积余额明细列示如下:

	金 额
期初余额	37,276,373
加:本期增加	15,050,824
减:本期减少	
期末余额	52,327,197

九、未分配利润

1996 年 12 月 31 日未分配利润余额明细列示如下:

	金 额
期初余额	8,116,090
加:本期增加	75,254,120
减:本期减少	81,050,824
期末余额	2,319,386

根据神马公司 1997 年 3 月 30 日召开的二届七次董事会通过的 1996 年度利润分配方案,1996 年度实现的利润,在交纳所得税及提取法定盈余公积金和法定公益金后,每 10 股派发 2.5 元的现金股利。

上述利润分配预案已反映在当年的会计报表中并有待神马公司股东大会的批准。

十、投资收益

1996 年度投资收益明细列示如下:

	金 额
国库券利息收入	5,400,000
股票收益	214,042
合 计	5,614,042

十一、以前年度损益调整

以前年度损益调整主要为神马公司 1994、1995 年度未予抵扣的出口销售增值税。

八、其他事项

公司董事会于 1997 年 3 月 30 日召开会议决定,公司 96 年度利润分配预案为:1996 年度实现净利润 7525.4 万元,提取法定盈余公积金和公益金各 10%,计:1505.08 万元,加上 1995 年未分配利润 811.6 万元,实际可供股东分配的利润为 6831.94 万元,向全体股东每 10 股派发红利 2.5 元(含税),尚余 231.94 万元转入下年度分配。该预案尚须股东大会表决通过。

神马实业股份有限公司董事会

一九九七年三月三十日

合并资产负债表

编制单位:神马实业股份有限公司　　1996年12月31日　　单位:人民币元

资产	行次	年初数(母)	年初数(合)	年末数(母)	年末数(合)	负债股东权益	行次	年初数(母)	年初数(合)	年末数(母)	年末数(合)
流动资产:						流动负债:					
货币资金	1	64962623	65873267	100526190	104381449	短期借款	41	10000000	29211930		33442790
短期投资	2	31311376	31311376			应付票据	42				
应收票据	3					应付帐款	43		1778776		3535338
应收帐款	4	308915108	316731399	27790237	287127834	预收货款	44				
减:坏帐准备	5					应付福利费	45	3030218	3269896	2573466	2888821
应收帐款净额	6	308915108	316731399	277790237	287127834	未付股利	46	52800000	52800000	66000000	66000000
预付货款	7	96691	96691	130690	597412	未交税金	47	20231806	19614645	35753264	35544161
其他应收款	8	65390905	28328280	45408044	6329336	其他未交款	48	5084739	5084739	3742067	3742067
待摊费用	9	4151569	4151569	3427511	3427511	其他应付款	49	-1013326	2632783	199182077	199755078
存　货	10	62810195	81012193	57655767	75131681	预提费用	50	14371863	14371863	6094661	7726420
减:存货变现损失准备	10-1					一年内到期的长期负债	51		14976100	10000000	10000000
存货净额	10-2	62810195	81012193	57655767	75131681	其他流动负债	52				
待处理流动资产净损失	11										
一年内到期的长期债券投资	12					流动负债合计	55	104505300	143740732	323345535	362634675
其他流动资产	13					长期负债					
流动资产合计	15	537638467	527504775	484938439	476995223	长期借款	56	25400000	25400000	15400000	15400000
长期投资:						应付债券	57				
长期投资	16	9408178		9709453	821871	长期应付款	58				
合并价差(合并报表填列)(贷差以"-"号表示)	16-1					其他长期负债	60				
固定资产:											
固定资产原价	17	385912793	448005745	390939403	454744083	长期负债合计	65	25400000	25400000	15400000	15400000
减:累计折旧	18	80476225	86245189	116108648	125196760	递延税项:					
固定资产净值	19	305436568	361760556	274830755	329547323	递延税款贷项	66				
在建工程	20	9961057	9961057	315078825	325708945	负债合计	67	129905300	169140732	338745535	378034675
固定资产清理	21										
待处理固定资产净损失	22					少数股东权益(合并报表填列)	67-1		4032033		14240600
固定资产合计	23	315397625	371721613	589909580	655256268						
无形资产及递延资产:						股东权益:					
无形资产	24	4536000	4536000	3969000	3969000	股本	68	264000000	264000000	264000000	264000000
递延资产	25		6485347		5013850	资本公积	69	427682507	427682507	431134354	431134354
无形及递延资产合计	30	4536000	11021347	3969000	8982850	盈余公积	70	37276373	37276373	52327197	52327197
其他长期资产:						其中:公益金	71	18832978	18832978	26358391	26358391
其他长期资产	31					未分配利润(未弥补亏损以"-"号表示)	72	8116090	8116090	2319386	2319386
递延税项:						外币报表折算差额(合并报表填列)	72-1				
递延税款借项	32					股东权益合计	79	737074970	737074970	749780937	749780937
资产总计	40	866980270	910247735	1088526472	1142056212	负债及股东权益总计	80	866980270	910247735	1088526472	1142056212

合并利润及利润分配表

编制单位:神马实业股份有限公司　　1996年度　　单位:人民币元

项　　目	行次	母公司(上年实际数)	合并(上年实际数)	母公司(本年实际数)	合并(本年实际数)
一.主营业务收入	1	537477487	545470390	681100382	684300486
减:　营业成本	2	387448220	39657634	536884771	540621243
销售费用	3	5296929	5396500	3244932	3389765
管理费用	4	32709993	34162035	29723154	32864302
财务费用	5	120106	8829171	-1221758	7404599
进货费用	6				
营业税金及附加	7	4291516	4291516	4582565	4582565
二.主营业务利润(亏损以"-"号表示)	8	107610723	96214434	107886718	95438012
加:　其他业务利润(亏损以"-"号表示)	9	5089572	5089572	5382212	4973603
三.营业利润(亏损以"-"号表示)	10	112700295	101304006	113268930	100411615
加:　投资收益(损失以"-"号表示)	11	-8057640		-2536530	5614042
补贴收入	11-1				

项　　目	行次	母公司(上年实际数)	合并(上年实际数)	母公司(本年实际数)	合并(本年实际数)
营业外收入	12	7058	66670	278665	849008
减：营业外支出	13	106835	281073	137877	3154934
加：以前年度损益调整(调减以"－"号表示)	14			－1223074	－1223074
四．利润总额(亏损以"－"号表示)	15	104542878	101089603	109650114	102496657
减：所得税	16	34499150	34499150	34395994	34395994
减：少数股东损益(合并报表填列)(亏损以"－"号表示)	16－1		－3453275		－7153457
五．净利润(亏损以"－"号表示)	17	70043728	70043728	75254120	75254120
加：年初未分配利润(未弥补亏损以"－"号表示)	18	4881108	4881108	8116090	8116090
盈余公积转入数	19				
六．可分配的利润(亏损以"－"号表示)	20	74924836	74924836	83370210	83370210
减：提取法定公积金	21	7004373	7004373	7525412	7525412
提取法定公益金	22	7004373	7004373	7525412	7525412
职工奖金福利(合并报表填列,子公司为外商投资企业项目)	22－1				
	22－2				
七．可供股东分配的利润(亏损以"－"号表示)	23	60916090	60916090	68319386	68319386
减：已分配优先股股利	24				
提取任意公积金	25				
已分配普通股股利	26	52800000	52800000	66000000	66000000
八．未分配利润(未弥补亏损以"－"号表示)	27	8116090	8116090	2319386	2319386

合并财务状况变动表

编制单位:神马实业股份有限公司　　　　1996 年度　　　　单位:人民币元

流动资金来源和运用	行次	母公司(金额)	合并(金额)	流动资金各项目的变动	行次	母公司(金额)	合并(金额)
一．流动资金来原:				一．流动资产本年增加数:			
1．本年净利润(合并报表为合并净利润)	1	75254120	75254120	1．货币资金	31	35563567	38508182
加:少数股东本期损益(合并报表填列)	2		－7153457	2．短期投资	32	－31311376	－31311376
加:不减少流动资金的费用和损失:				3．应收票据	33		
(1)固定资产折旧	3	35681958	39383604	4．应收帐款净额	34	－31124871	－29603565
(2)无形资产、递延资产及其他资产摊销(减其他负债转销)	4	567000	2038497	5．预付货款	35	33999	500721
(3)固定资产盘亏(减盘盈)	5			6．其他应收款	36	－19982861	－21998944
(4)清理固定资产损失(减收益)	6	85786	－284590	7．待摊费用	37	－724058	－724058
(5)递延税款	7			8．存货净额	38	－5154428	－5880512
(6)其他不减少流动资金的费用和损失	8			9．待处理流动资产净损失	39		
小　计	10	111588864	109238174	10．一年内到期的长期债券投资	40		
2．其他来源:				12．其他流动资产	41		
(1)固定资产清理收入(减清理费用)	11	5600	2939915		42		
(2)增加长期负债	12	－10000000	－10000000	流动资产增加净额	45	－52700028	－50509552
(3)收回长期投资	13			二．流动负债本年增加数:			
(4)对外投资转出固定资产	14			1．短期借款	46	－10000000	4230860
(5)对外投资转出无形资产	15			2．应付票据	47		
(6)资本净增加额	16	18502671	18502672	3．应付帐款	48		1756562
(7)少数股东资本净增加额(合并报表填列)	16－1		17362024	4．预收货款	49		
小　计	17	8508271	28804611	5．应付福利费	50	－456752	－381075
流动资金来源合计	18	120097135	138042785	6．未付股利	51	13200000	13200000
二．流动资金运用:				7．未交税金	52	15521458	15929516
1．利润分配				8．其它未交款	53	－1342672	－1342672
(1)提取法定公积金	19	7525412	7525412	9．其它应付款	54	200195403	197122295
(2)提取法定公益金	20	7525412	7525413	10．预提费用	55	－8277202	－6645443
(3)提取任意公积金(减盈余公积金转入)	21			11．一年内到期的长期负债	56	10000000	－4976100
(4)已分配股利	22	66000000	66000000	12．其它流动负债	57		
小　计	23	81050824	81050825				
2．少数股东利润分配(合并报表填列)	23－1						
3．其它运用							
(1)固定资产和在建工程净增加额	24	310285299	325573584				

流动资金来源和运用	行次	母公司(金额)	合并(金额)	流动资金各项目的变动		母公司(金额)	合并(金额)
(2)增加无形资产、递延资产及其它资产	25						
(3)偿还长期负债	26						
(4)增加长期投资	27	301275	821871				
小 计	28	310586574	326395455				
流动资金运用合计	29	391637398	407446280	流动负债增加净额	58	218840235	218893943
流动资金增加净额	30	－271540263	－269403495	流动资金增加净额	59	－271540263	－269403495

神马实业股份有限公司一九九七年度中期报告

一、财务报告

(未经审计)

(一)财务报表

1. 简化的损益表(见附表一)

2. 简化的资产负债表(见附表二)

(二)主要财务指标

		97年上半年	96年上半年
1	每股收益(元)	0.34	0.163
2	净资产收益率(%)	10.78	5.49
3	每股净资产(元)	3.18	2.97

(三)财务报表附注:

1. 本公司所得税税率1996年为33%,根据平顶山市财政局1997年财字52号文批准,本公司自1997年1月1日起执行所得税“先征后返”的优惠政策,二期生产线自6月1日起执行所得税“先征后返”的优惠政策,即按33%税率计征,返还18%,返还部分进入税后利润由公司统一分配。

2. 本期财务报告不含神马地毯丝公司的财务报告。经神马地毯丝有限责任公司合资其他三方同意,并经本公司96年度股东大会批准表决,将本公司所持的神马地毯丝公司51.25%股权转让给中国神马集团持有。

3. 货币资金期初10438万元,期末1677万元,减少的主要原因:a:用于本公司二万吨锦纶66工业丝项目生产周转资金。b:用于原材料的储备。

4. 其他应收款期初633万元,期末10724万元。增加的主要原因:a:中国神马集团增加4974万元(主要是转让神马地毯丝股权的转让款)。b:二期生产线增加1033万元。c:平顶山市财政局1264万元。d.平顶山市供电局280万元。

5. 存货期初7513万元,期末15840万元。增加的主要原因:a:2万吨锦纶66工业丝项目试车生产在制品增加525万元。b:2万吨锦纶66工业丝项目试车生产自制半成品增加4730万元(自制半成品共计1815吨)。c:已购原材料增加3810万元。

6. 待摊费用期初343万元,期末461万元,增加的主要原因是保险费用的增加。

7. 其他应付款期初19976万元,期末2330万元,减少的主要原因是对中国神马集团债务的减少。

8. 短期借款期初3344万元,期末30000万元,增加的主要原因:a:2万吨锦纶66工业丝项目工程试生产增加的流动资金借款。b:存货增加的短期借款。

9. 应付帐款期初353万元,期末0.4万元,减少的主要原因是归还货款。

10. 未交税金期初3554万元,期末976万元,减少的主要原因是缴纳了以前年度未交税金。

11. 预提费用期初772万元,期末210万元,减少的主要原因是所发生的大修理费用。

12. 在建工程期初32570万元,期末48112万元,增加的主要原因是对2万吨锦纶66工业丝项目的投入。

13. 长期借款期初1540万元,期末2920万元,增加的主要原因是2万吨锦纶66工业丝项目的借款。

14. 主营业务收入本期55847万元,上年同期28446万元,增加的主要原因是根据平顶山市财政局1997年财字52号文批准:“中国神马集团公司二期生产线自1997年1月1日至此次配股完成之日止,委托神马实业公司经营,经营期间由神马实业统一管理、经营、承担二期生产线经营费用,并享有受托期间的全部收益。97年1月至5月执行33%所得税率,6月份起享受神马实业公司所得税优惠政策”。

15. 主营业务利润本期11279万元,上年同期5104万元,增加的主要原因:a:一期生产线增加1294万元。b:合并二期生产线4881万元。

16. 投资收益本期为零,上年同期561万元,减少的主要原因是今年上半年无证券投资。

17. 利润总额本期11631万元,上年同期5873万元,增加的主要原因:a:一期生产线增加438万元。b:神马地毯丝公司股权转让增利354万元。c:合并二期生产线4965万元。

18. 净利润本期9057万元,上年同期4299万元,增加的主要原因:a:一期生产线及神马地毯丝公司股权转让增利1367万元。b:合并二期生产线3391万元。

19. 关联公司及交易

(1)关联公司

企业名称	法定代表人	注册资本	注册地点	主营业务
中国神马集团有限责任公司	宋春迎	10730(万元)	平顶山市建设建设中路63号	帘子布、工业丝、尼龙66盐生产、加工和销售

(2)关联交易

a:本公司向中国神马集团(控股企业)购入原材料,本报告期有关购买费用列示如下:

1997年6月底止	1996年6月底止
37802万元	22176万元

备注:1997年上半年含二期生产线购入原材料

b:本公司将产品出售给中国神马集团(控股企业),本报告期内出售情况列示如下:

1997年6月底止	1996年6月底止
55847万元	28202万元

备注:1997年上半年含二期生产线的产品出售。

二、经营业绩分析与下半年展望

一、上半年经营情况回顾

上半年本公司遵循“转机建制,争创一流”的年度方针,在新一届董事会的领导下,在中国神马集团的大力扶持与帮助下,公司生产、经营和各项管理工作都取得了较好成绩,上半年完成销售收入57951万元,较去年同期的28466.03万元增长103.58%,生产浸胶帘子布16992吨,较去年同期的7984.74吨增长112.8%,主营业务收入55847.3万元,较去年同期的28445.93万元增长96%,实现净利润9057.84万元,较去年同期的4299.55万元增长111%,超额完成了公司各项预定的经营目标。公司上半年主要抓了以下几个方面的工作:

(1)"创一流"活动取得新进展。年初,公司进一步修订和完善了"创一流管理、一流质量、一流产品、一流业绩"的标准和措施,加大了实施和考核力量,使各项管理、工作质量与产品质量、技术革新等工作迈上一个新台阶。

(2)深化内部改革,进一步加大了人事、分配制度的改革力度,增强了公司活力。

(3)巩固国内市场,开拓国际市场。本公司是国内帘子布行业唯一一家通过ISO9002质量保证体系认证的单位,在此基础上,公司采用全员全过程的动态控制手段,不断强化质量保证体系,使公司产品畅销国内市场,并出口多个国家和地区。

(4)年产2万吨锦纶66工业丝项目按计划顺利投产,形成了新的效益增长点。

(5)优化资产结构,加速规模扩张。上半年,公司根据"突出主业、壮大规模、优化结构、提高效益"的指导思想,在中国神马集团的倾力支持下完成了资产重组,将本公司持有的51.25%神马地毯丝有限公司的股权转让给神马集团,由神马集团依靠其人才、技术实力对其改造,以减轻本公司在神马地毯丝公司中的亏损;同时,神马集团将其在建的年产2万吨捻织浸胶项目转让给本公司,与本公司已建成的年产2万吨锦纶66工业丝项目构成一条龙生产体系。上述资产重组的完成,使本公司主业更加鲜明、突出,行业龙头地位更加巩固,规模效益将进一步凸现。

上半年公司主营业务收入、利润总额、税后利润三项指标分别较去年同期增长96%、98%和111%,其主要原因是中国神马集团于1996年12月按现代企业制度的要求建立规范化的母子公司运营体系后,为避免集团内的同业竞争,降低成本费用,提高经营效率和效益,经本公司与神马集团协商并经平顶山市财政局1997年财字52号文批准,决定将用于抵配国有法人股配股的神马集团二期工程生产线自1997年元月1日至此次配股完成日以承担全部成本费用,享有全部收益的形式,委托给本公司经营和管理,二期工程生产线上半年实现净利润3391万元,全部并入本公司,占利润增长额的71%,这是利润增长的主要原因;其次,经法国罗纳公司、中国化纤公司和新纶(香港)有限公司三方同意,并经公司96年年度股东大会批准,从今年1月1日起,将本公司所持平顶山神马地毯丝有限责任公司51.25%的股权转由神马集团持有,此项资产剥离措施所产生的增利占本公司上半年利润增长额的6%。

(二).下半年工作安排

1.继续深化企业内部改革,推进"争创一流"活动,着力提高企业素质。

2.强化基础管理,严格质量管理,巩固ISO9002国际国内双认证的成果,实施"名牌"战略,创造名牌效益。

3.认真做好与二期工程生产线的合并工作,完善各项管理制度和措施,以规模经营实现规模效益。

4.切实抓好新项目的试产和建设工作。2万吨锦纶66工业丝项目于今年4月底一次开车成功,目前生产设备运行稳定,产品各项技术指标全部达标,下半年将进入正常生产期。为此,公司将采取有效措施,确保实现全年生产1万吨锦纶66工业丝及销售收入和利润的计划目标,为明年全面达产创造条件。同时对2万吨捻织浸胶项目,要抓好员工培训和投产准备工作,力争年底前一次开车成功,为实现"主导产品明确,产品开发能力强,规模效益明显,市场占有率高"的发展战略目标而努力。

三、重大事件说明

1.对照5月21日公布的《严禁国有企业和上市公司炒作股票的规定》,本公司对证券投资情况进行了自查,截止5月22日,本公司及子公司未持有已上市流通股票,在以往的股票投资活动中,未有违反国家有关政策法规的行为。

2.公司1996年度配股获中国证监会证监上字〔1997〕22号文复审批准,公司于1997年6月19日刊登《神马实业股份有限公司配股说明书》,并确定1997年7月4日为股权登记日,1997年7月7日为除权基准日。报告期内尚未实施配股。

3.根据公司1997年5月6日召开的公司第五次(1996年度)股东大会决议,公司于1997年7月2日(除息基准日)实施96年度分红派息,即向全体股东按每10股派发现金红利2.50元人民币(含税)。

4.公司募集资金使用情况:

(1)锦纶66工业丝技术改造项目

该项目是在原有生产能力的基础上,计划投资7810万元,对纺丝生产线进行技术改造,项目完成后可新增锦纶66工业丝生产能力1万吨含高粘切片1500吨/年,年产值21099万元,年利润3637万元,截止报告期末已完成投资5519.49万元,新增生产能力9180吨/年,由于该项目是在原生产线上进行的技术改造,因此受限因素较多,故该项目较原计划完成时间有所延长,同时由于该项目是分步实施的,在募集资金到位后分三年逐年投入,预计该项目明年上半年可实施完毕。

(2)年产2万吨锦纶66工业丝项目

该项目经公司二届三次董事会研究并经1996年6月28日的公司95年度股东大会表决通过,将原计划投资1.4亿元兴建的2800吨民用丝项目暂停实施,转投于2万吨锦纶66工业丝项目,该项目已于今年4月底一次投料开车成功,试产以来,已生产合格锦纶66工业丝1734吨,创产值3468万元,今年计划生产1万吨锦纶66工业丝。

5.本公司报告期内无重大诉讼、仲裁事项。

四、发行在外股票的变动和股权结构的变化

(一)报告期内本公司没有股票发行及其他募集资金或转增股本的行为,因此公司发行在外的股本结构无变化。

(二)公司股本结构

截止1997年6月30日止,本公司股本结构情况如下:

填报日期1997年6月30日　　单位:万股　每股面值1元

	期初数	本次变动增减(+,-)					期末数
		配股	送股	公积金转股	其他	小计	
一、尚未流通股份							
其中:							
国有法人股	19800						19800
尚未流通合计	19800						19800
二、已流通股份							
1.境内上市的人民币普通股	6600						6600
已流通股份合计	6600						6600
合　计	26400						26400

(三)主要股东持股情况:	报告期末数(万股)	比例%
(1).中国神马集团有限责任公司	19800	75
(2).华夏上证	73.75	0.279
(3).赵　力	52	0.197
(4).大地纸制	51.8	0.196
(5).周碧云	50.1	0.189
(6).陈继华	50	0.18
(7).王羽京	47	0.178
(8).大地娱乐	38.9	0.147
(9).吉林证券	35	0.13
(10).许　放	34.6	0.13

五、股东大会简价

公司第五次股东大会(1996年年会)于1997年5月6日在中国神马集团公司会议室召开,出席本次会议的股东106人,代表股数199150400股,占公司股份总额的75.44%,符合《公司法》及本公司章程的规定,本次会议审议通过了《公司董事会工作报告》《公司监事会工作报告》、《总经理业务报告》、《公司1996年财务决算及1997年财务预算的报告》。

表决通过了以下决议:

(1)表决通过了公司1996年利润分配议案;

公司1996年实现净利润75254120元,根据《公司法》和本公司章程的规定,各提取10%法定公积金和公益金计15050824元,尚余60203296元,加上年未分配利润8116090元,可供股东分配的利润合计68319386元,决定向全体股东按每10股派发人民币现金红利2.50元(含税),剩余2319386元转入下年度分配。

(2)表决批准公司章程修正案;

根据国家现行法规要求和公司实际,会议对原公司章程的部分条款进行了修改,修改内容主要涉及与国家现行法律、法规不一致或表述不清楚的内容,并对个别文字章节进行了修改、补充。

(3)表决批准《关于公司董事会换届的议案》

大会批准公司第三届董事会由9人组成,选举宋春迎、孟森阳、马源、王连山、管俊安、刘伶、刘剑、李俊峰、舒春玲为第三届董事会董事。

(4)表决批准《关于公司监事会换届的议案》

大会批准公司第三届监事会由5人组成,选举董太兴、齐兆义、李久灵、姜安玉、王平为第三届监事会监事。

(5)表决批准《关于购买中国神马集团有限责任公司2万吨捻织浸胶项目的议案》

(6)表决批准《关于转让本公司所持平顶山神马地毯丝有限责任公司股权的议案》

六、备查文件及查阅地址

1.备查文件:载有董事长、总经理亲笔签名的公司1997年度中期报告原本及完整的财务报表;

2.1996年度股东大会文件;

3.本公司中期报告文本在中国证监会上市部、上海证券交易所均有备份。

4.本公司查阅地点:神马实业股份有限公司证券部

咨询电话:0375—3921231

查询时间:周一至周五

神马实业股份有限公司

一九九七年七月十八日

附表一

简化的损益表

项　　目	1996年1-6月 母公司数	1996年1-6月 合并数	1997年1-6月 母公司数
一、主营业务收入	282024998	284459345	558473033
二、主营业务利润	56400582	51039967	112796238
三、其他业务利润	3568138	3571315	3586527
四、投资收益	2065424	5614035	
五、营业外收支净额	(48273)	(1015427)	(66230)
六、以前年度损益调整	(473225)	(473225)	
七、利润总额	61512646	58736665	116316535
八、所得税	18517174	18517174	25738100
九、少数股东收益		(2775981)	
十、净利润	42995472	42995472	90578435
加:期初未分配利润	8116090	8116090	2319386
十一、可供分配利润	51111562	51111562	92897821

附表二

简化的资产负债表

资　　产	96年12月31日 母公司数	96年12月31日 合并数	97年1-6月 母公司数
流动资产	484,938,439	476,995,223	531,480,039
长期投资	9,709,453	821,871	
固定资产净值	274,830,755	329,547,323	262,302,176
在建工程	315,078,825	325,708,945	481,123,216
无形及递延资产合计	3,969,000	8,982,850	3,638,250
资产合计	1,088,526,472	1,142,056,212	1,278,543,681
流动负债	323,345,535	362,634,675	408,984,309
长期负债	15,400,000	15,400,000	29,200,000
少数股权		14,240,600	
股本	264,000,000	264,000,000	264,000,000
资本公积	431,134,354	431,134,354	431,134,354
盈余公积	52,327,197	52,327,197	52,327,197
未分配利润	2,319,386	2,319,386	92,897,821
所有者权益合计	749,780,937	749,780,937	840,359,372
负债及所有者权益合计	1,088,526,472	1,142,056,212	1,278,543,681

通化东宝药业股份有限公司

通化东宝药业股份有限公司1996年年度报告摘要

一、公司简况

一、公司名称

中文名称:通化东宝药业股份有限公司

英文名称:TONGHUA DONGBAO MEDICENES CO.,LTD.

缩写:THDB

2、公司地址:通化县东宝新村

邮政编码:134123

3、公司法定代表:李一奎

4、公司咨询服务机构:证券部

联系人:王君业

董事会秘书:崔正龙

联系电话:5858009

传真:5858126

二、主要财务数据与财务指标

序号	指标项目	本年数	上年数	比上年增减
1	主营业务收入	223,761,397.96	212,195,221.15	11,566,176.81
2	净利润	81,531,179.61	68,077,305.97	13,453,873.64
3	总资产	495,918,858.28	327,477,930.03	168,440,928.25
4	股东权益	444,364,797.36	253,599,386.15	190,765,411.21
5	每股收益	0.7055	0.7364	-0.0309
6	每股净资产	3.84	2.74	1.1
7	净资产收益率(%)	18.35	26·84	-9.49
8	股东权益比率(%)	89.60	77.44	12.16

注:每股收益按95年总股本计算为0.8819,较95年递增0.1455。

三、公司业务回顾

1.公司1996年在经营环境和经营条件方面发生了很大变化,在经营过程中继续发扬"提高整体素质,要干就是一流"的企业精神,并将"产品是企业的生命,质量是产品的生命"灌输整个经营过程中,在提质增效、节支降成、规模经营等方面取得了显著成就,按照年初总体设计,公司1996年"镇脑宁"产品产量为12.5万件,销售量为12.1万件,"东宝肝泰片"产品产量为4.8万件,销售量为4.6万件,96年实现利润11802.8万元,完成计划的101.05%,主营业务利润11711.1万元,其中:"镇脑宁"实现利润7914.9万元,"东宝肝泰片"实现利润3299.6万元,其它产品实现利润496.6万元。

2.经营业绩

公司本年度主营业务收入为22376.1万元,比95年增加1156.6万元,增长幅度为5.45%,完成年度计划的101.70%,净利润实际完成8153.1万元,比95年增加1345.4万元;增长幅度16.5%。

3.前次募集资金的使用情况

1)用于基因生物工程投资6200万元。余额将于1997年下半年投完,主要用于购入专有技术及尾建工程。

2)用于威海东宝制药厂二期扩建工程投资1500万元,工程主体已完工。一期工程投资1600万元,1996年创利747万元,收益与预测基本相符。

3)用于"镇脑宁"改扩建投资主体工程940万元,工程主体已交付使用,配套工程正办理竣工决算。

4)粉针生产技术改造前期动迁及拆迁工作已结束,主体工程已开始动工,现已投资1200万元。

四、股本变化及股本结构编制说明

(一)股份变动情况

1996年度公司股份变动情况

填报日期1996年12月31日　　数量单位:股　　每股面值:1元

	期初数	本次变动增减(+,-) 配股	送股	公积金转股	其他	小计	期末数
一、尚未流通股份							
1.发起人股份	47520158	11880040				11880040	59400198
其中:							
国家拥有股份							
境内法人持有股份							
外资法人持有股份							
其他							
2.募集法人股							
3.内部职工股	10800000	2700000				2700000	
4.优先股或其他							
尚未流通股份合计	58320158	14580040				14580040	59400198
二、已流通股份							
1.境内上市的人民币普通股	34128000	8532000				8532000	56160000
2.境内上市的外资股							
3.境外上市的外资股							
4.其他							
已流通股份合计	34128000	8532000				8532000	56160000
三、股份总数	92448158	23112040				23112040	115560198

注:内部职工股于1996年4月26日上市流通,所以内部职工股及尚未流通股份合计期末数有变动。

(二)股本变动情况及原因的编制

1996年末股本总额较95年末股本总额增加23112040股,其中:发起人法人股增加11880040股;社会公众股(含内部职工股)增加11232000股,增资配股方案业经公司1995年11月13日临时股东大会审议通过,经吉林省经济体制改革委员会"吉改股批〔1995〕28号"文批准和中国证券监督管理委员会"证监发审字〔1995〕77号"文复审通过。

(三)主要股东持股情况　　单位:万股

	1995年末	1996年末
通化东宝实业集团公司	4532	5665
通化白雪山制药厂	143	178.75
通化石油工具厂	77	96.25
陈玉琴		77
张　咏		64
胡纯敏		49
刘桂英		46
李　莲		46
张广成		46
郑松竹		42

注:持有本公司股票5%以上,通化东宝实业集团公司报告年度持股

量发生变动主要是公司 10:2.5 比例配股增量。

(四)年末股东户数

年末股东户数为 2512 户。

(五)公司董事会、监事会和经理人员持股情况

姓名	职务	年初持股数	年末持股数
李一奎	董事长 总经理	46500	58125
吕海章	董 事	20000	25000
王凤兰	董 事	20000	25000
宗志祥	董 事	20000	25000
高泽生	董 事	10000	12500
崔正龙	董 事	10000	12500
李凤琴	董 事	5000	6250
兰心集	董 事	20000	25000
阚治东	董 事	0	0
王君业	董 事	0	0
孟庆伟	董 事	0	0
杨 青	监事会主席	20000	25000
王殿铎	监 事	5000	6250
王绿荫	监 事	0	0

五、主要事项

1. 本公司股东大会(1995 年度)于 1996 年 5 月 21 日在东宝宾馆会议室召开,经审议大会通过了公司《1996 年董事会工作报告》、《1996 年监事会工作报告》、《1995 年财务执行情况和 1996 年财务预算的报告》及《1995 年度利润分配方案》即按总股本 11556 万股,每 10 股派发现金红利 4 元(含税)。

2. 1995 年 12 月 25 日至 1996 年 1 月 8 日实施配股,按每 10 股配售 2.5 股,总股本由年初 9245 万股,增至 11556 万股,无转配股。

3. 公司新一届董事会、监事会成员及改选,第二届董事会成员见前述董事、监事持股情况。

4. 公司注册资本,由 1996 年初 9245 万元增加到 11556 万元,系配股所至,配售比例每 10 股配售 2.5 股,公司章程主要条款变动,股份和注册资本由 9245 万股改为 11556 万股,增第四章,赎回和购回股份及财务资助,股东大会决议(普通决议,特别决议)通过比例由股份总数 1/2 或 2/3,改为出席会议的股东所持表决权 1/2 或 2/3,其它各章节系根据公司法要求,结合公司实际情况进行部分增改。

5. 1996 年完成了片剂、胶囊剂技改项目工程,并做好了生产的接续工作,该项目的投产使用将会提高单产,降低单耗,提高经济效益。

6. 本报告期内公司无重大拆讼、仲裁事项

7. 业经第六次股东大会审议通过,公司于 1996 年 6 月实施红利分配方案,即以每 10 股派发现金红利 5 元(注:以 95 年年末股本计算)

六、子公司及关联企业

名称	注册资金	本公司拥有权益(%)	主营业务
威海东宝制药厂	5,000,000	100	中西成药

七、财务报告

(一)本公司 1996 年度报告业经吉林会计师事务所注册会计师宋敬革、孙洪武审计,并出具无保留意见审计报告〔吉会师股审字(1997)第 8 号〕。

(二)会计报表附后

(三)会计报表附注

附注 1:会计报表编报基准

公司会计报表系按《股份制试点企业会计制度》、财政部财会字(1995)11 号文《合并会计报表暂行规定》而编制的。对于公司拥有被投资单位 50%(不含 50%)以上权益的控股公司的会计报表予以合并。对纳入合并会计报表的控股公司之间的内部往来、内部投资及内部交易均已抵销,其余项目一一合并。全资子公司如下:

公司名称	业务性质	投资额	占被投资单位股份比例	注册地
通化东宝药业股份有限公司威海东宝制药厂	工业	5,000,000.00	100%	威海火炬高技术开发区

附注 2:重要会计政策

(1)会计制度

公司执行《股份制试点企业会计制度》。

(2)会计年度

公司会计年度自公历每年 1 月 1 日起至 12 月 31 日止。

(3)记帐本位币

公司以人民币为记帐本位币。

(4)坏帐准备

公司按年末应收帐款余额的 5‰计提坏帐准备,并调整当期损益。

(5)存货

公司存货采用实际成本计价,发出原材料及产成品的成本均按加权平均法计算结转。低值易耗品采用五五摊销法。

(6)长期投资

公司对外投资属权益性投资的占被投资单位权益比例 20%(含 20%)以下的按成本法核算,权益比例在 20%以上的按权益法核算。债券投资按历史成本计价并按票面面值及国家公布之利率确认收益。

(7)固定资产及折旧

公司固定资产标准为使用年限在一年以上,单位价值在人民币 1,500.00 元以上并按实际成本计价。按照行业财务制度的规定,采用平均年限法计提折旧,按原值的 3%预计残值。

(8)无形资产及其摊销

公司无形资产系土地使用权和非专利技术,按取得时发生的实际支出计价。其中:土地使用权按 50 年平均摊销,非专利技术按 5 年平均摊销。

(9)收入的确认

公司按产品已经发出、劳务已经提供,同时收讫价款或者取得收取价款的凭据时,确认收入的实现。

(10)税项及附加

A. 增值税:公司按销售收入的 17%计算销项锐款,扣除进项税额后的差额计缴。

B. 城建税和教育费附加:公司分别按应缴增值税额的 1%和 3%计缴。

C. 所得税:公司本部按 33%所得税税率计缴。全资子公司威海东宝制药厂注册所在地位于国务院批准的高新技术产业开发区内,并经山东省科学技术委员会以鲁科高字(1995)第 268 号文批准认定为高新技术企业,自 1995 年度开始投产经营,根据《关于企业所得税若干优惠政策的通知》的有关规定,公司 1996 年度免征企业所得税。

(11)利润分配

按公司章程规定,净利润分配执行以下比例:

提取法定公积金	10%
提取法定公益金	5%
可供股东分配利润	85%

附注 3:其他应收款较年初数增加 3466 万元,系外委工程尚未竣工,发票未到暂挂及与东宝集团往来款。

附注 4:存货较年初数增加 1192.5 万元,系 1996 年末增加产品及增购 97 年年初生产所需原材料所至。

附注 5:长期投资增加 656 万元,系对生物工程投资。附注 6:固定资产及在建工程增加 10,355 万元,系在建工程竣工转增固定资产及在建工

程新投入。

附注7:无形资产较上年增加415.5万元,系增加土地使用权及生产技术转让费。

附注8:所有者权益较上年增加19,076.6万元,主要是:股本增加2,311.2万元,系配股所至。

附注9:未分配利润7384.4万元是提取10%法定公积金及提取5%法定公益金后余额,董事会分配预案10股送5股,待股东大会审议通过后进行帐务处理。

资本公积增加8,612.2万元,系配股溢价转入。

未分配利润增加6,868.9万元,系96年度未分配利润。

八、其他事项

1996年董事会分配预案及召开1996年股东大会详见董事会公告及召开股东大会公告。

通化东宝药业股份有限公司董事会

一九九七年三月二十八日

资产负债表

编制单位:通化东宝药业股份有限公司　　1996年12月31日　　金额单位:元

资产	母公司年初数	合并年初数	母公司年末数	合并年末数	负债及股东权益	母公司年初数	合并年初数	母公司年末数	合并年末数
流动资产					流动负债				
货币资金	32,835,032.24	34,553,747.65	15,591,951.30	17,097,702.58	短期借款			7,350,000.00	7,350,000.00
短期投资					应付票据				
应收票据					应付帐款	12,589,621.08	13,602,677.98	16,690,401.99	20,724,382.06
应收帐款	135,127,090.06	138,490,090.06	157,891,002.67	169,487,060.53	预收货款	802,115.02	895,715.02	854,337.02	1,060,337.02
减:坏帐准备	675,635.45	692,450.45	789,455.01	847,435.30	应付福利费	683,992.67	700,571.32	1,532.985.50	1,581,621.01
应收帐款净额	134,451,454.61	137,797,639.61	157,101,547.66	168,639,625.23	未付股利	46,224,079.20	46,224,079.20		
预付货款	265,697.68	5,626,753.67	242,937.88	4,082,228.11	未交现金	4,903,648.02	4,536,492.38	3,834,535.15	3,819,497.49
其他应收款	75,104,151.77	54,342,316.82	118,416,966.92	89,000,425.57	其他未交款	894,546.24	894,546.24	56,851.73	56,851.73
待摊费用					其他应付款	6,928,407.11	7,004,461.74	5,058,650.21	5,461,371.61
存货	8,723,272.49	13,386,659.30	15,921,570.50	25,311,546.56	预提费用		20,000.000		
待处理流动资产净损失					一年内到期的长期负债				
一年内到期的长期债券投资					其他流动负债				
其他流动资产					流动负债合计:	73,026,409.34	73,878,543.88	35,377,761.60	40,054,060.92
流动资产合计	251,379,608.79	245,707,117.05	307,274,974.26	304,631,528.05	长期负债				
长期投资:					长期借款				
长期投资	5,471,482.41	472,900.00	19,449,428.91	7,032,000.00	应付债券			11,500,000.00	11,500,000.00
其中:合并价款(货差以"-"号表示)					长期应付款				
固定资产:					其他长期负债				
固定资产原价	56,851,725.60	60,065,856.62	132,522,923.75	147,151,894.76	长期负债合计			11,500,000.00	11,500,000.00
减:累计折旧	5,168,972.03	5,251,403.30	9,110,793.39	9,898,967.97	递延税项:				
固定资产净值	51,682,753.57	54,814,453.32	123,412,130.36	137,252,926.79	递延税款货项				
在建工程	12,455,879.62	20,847,388.56	34,607,176.22	37,211,538.23	负债合计	73,026,409.34	73,878,543.88	46,877,761.60	51,554,060.92
固定资产清理					少数股东权益				
待处理固定资产净损失					股东权益				
固定资产合计:	64,138,633.19	75,661,841.88	158,019,306.58	174,464,465.02	股本	92,448,158.40	92,448,158.40	115,560,198.00	115,560,198.00
无形资产及递延资产					资本公积	97,986,795.00	97,986,795.00	184,108,987.00	184,108,987.00
无形资产	5,636,071.10	5,636,071.10	6,498,849.21	9,790,865.21	盈余公积	57,509,130.94	57,509,130.94	69.738,807.89	70,851,634.87
递延资产					其中:公益金	8,403,739.97	8,403,739.97	12,271,705.04	12,642,647.37
无形资产及递延资产合计	5,636,071.10	5,636,071.10	6,498,849.21	9,790,865.21	未分配利润	5,655,301.81	5.655,301.81	74,956,804.47	73,843,977.49
其他长期资产					外币报表折算差额				
其他长期资产					股东权益合计:	253,599,386.15	253,599,386.15	444,364,797.36	444,364,797.36
递延税项									
递延税项借项									
资产总计	326,625,795.49	327,477,930.03	491,242,558.96	495,918,858.28	负债及股东权益合计	326,625,795.49	327,477,930.03	491,242,558.96	495,918,858.28

损益表及利润分配表

编制单位:通化东宝药业股份有限公司　　1996年度　　金额单位:元

项目	母公司上年数	合并上年数	母公司本期数	合并本期数
一、主营业务收入	207,793,641.08	212,195,221.15	205,370,999.58	223,761,397.96
减:营业成本	47,078,271.56	49,485,957.20	57,796,742.56	62,771,635.43
销售费用	31,704,651.72	31,777,294.40	25,023,768.44	25,375,852.93

项目	母公司上年数	合并上年数	母公司本期数	合并本期数
管理费用	27,091,203.36	29,062,261.86	19,815,600.49	21,005,786.46
财务费用	-294,902.42	-323,291.58	-3,490,921.52	-3,616,466.73
进货费用				
营业税金及附加	1,095,108.46	1,095,108.46	1,046,639.73	1,113,817.59
二、主营业务利润	101,119,308.40	101,097,890.81	105,179,169.88	117,110,772.28
加:其他业务利润	2,287,726.69	2,287,726.69	5,470,561.84	957,805.94
三、营业利润	103,407,035.09	103,385,617.50	110,649,731.72	118,068,578.22
加:投资收益	-203.39	1,214.20	7,444,846.50	26,000.00
营业外收入	39,971.67	59,971.67	90,436.79	90,436.79
减:营业外支出	1,838,185.79	1,838,185.79	156,766.04	156,766.04
加:以前年度损益调整				
四、利润总额	101,608,617.58	101,608,617.58	118,028,248.97	118,028,248.97
减:所得税	33,531,311.61	33,531,311.61	36,497,069.36	36,497,069.36
减:少数股东本期收益				
五、净利润	68,077,305.97	68,077,305.97	81,531,179.61	81,531,179.61
加:年初未分配利润	821,401.54	821,401.54	5,655,301.81	5,655,301.81
盈余公积转入数				
六、可分配的利润	68,898,707.51	68,898,707.51	87,186,481.42	87,186,481.42
减:提取法定公积金	6,807,730.60	6,807,730.60	8,153,117.96	8,895,002.61
提取法定公益金	3,403,865.30	3,403,865.30	4,076,558.99	4,447,501.32
七、可供股东分配的利润	58,687,111.61	58,687,111.61	74,956,804.47	73,843,977.49
减:已分配优先股股利				
提取任意公积金	6,807,730.60	6,807,730.60		
已分配普通股股利	46,224,079.20	46,224,079.20		
八、未分配利润	5,655,301.81	5,655,301.81	74,956,804.47	73,843,977.49

财务状况变动表

编制单位:通化东宝药业股份有限公司　　1996 年度　　金额单位:元

流动资金来源及运用	母公司	合并金额	流动资金各项目	母公司	合并金额
一、流动资金来源			一、流动资产本年增加数		
1. 本年净利润	81,531,179.61	81,531,179.61	1. 货币资金	-17,243,080.94	-16,956,045.07
加:不减少流动资金的费用和损失			2. 短期投资		
(1)少数股东本期损益			3. 应收票据		
(2)固定资产折旧	3,820,115.62	4,525,858.93	4. 应收帐款净额	22,650,093.05	30,841,985.62
(3)无形资产、递延资产及其他资产	659,061.89	726,245.89	5. 预付货款	-22,759.80	-1,544,525.56
(减其他负责转销)					
(4)固定资产盘亏(或盘盈)			6. 其化应收款	43,312,815.15	34,658,108.75
(5)清理固定资产损失(或收益)	86.134.83	86.134.83	7. 待摊费用		
(6)递延税款			8. 存货	7,198,298.01	11,924,887.26
(7)其他不减少流动资金的费用和损失			9. 待处理流动资产净损失(减收益)		
小计	86,096,491.95	86,869,419.26	10. 一年内到期的长期债券投资		
2. 其他来源			11. 其他流动资产		
(1)固定资产清理收入(或清理费用)					
(2)增加长期负债	11,500,000.00	11,500,000.00			
(3)收回长期投资					
(4)对外投资转出固定资产					
(5)对外投资转出无形资产					
(6)无偿调出固定资产净损失					
(7)资本净增加额	121,463,908.55	122,576,735.53			
(8)少数股东资本净增加额					
小计	132,963,908.55	134,076,735.53			
流动资金来源合计	219,060,400.50	220,946,154.79	流动资产增加净额	55,895,365.47	58,924,411.00
二、流动资金运用:			二、流动负债本年增加数:		
1. 利润分配			1. 短期借款	7,350,000.00	7,350,000.00
(1)提取法定公积金	8,153,117.96	8,895,002.61	2. 应付票据		

流动资金来源及运用	母公司	合并金额	流动资金各项目	母公司	合并金额
(2)提取法定公益金	4,076,558.99	4,447,501.32	3. 应付帐款	4,100,780.91	7,121,704.08
(3)提取任意公积金			4. 预收货款	52,222.00	164,622.00
(4)已分配股利			5. 应付福利费	848,992.83	881,049.69
小计	12,229,676.95	13,342,503.93	6. 未付股利	-46,224,079.20	-46,224,079.20
2. 少数股东利润分配			7. 未交税金	-1,069,112.87	-716,994.89
3. 其他运用			8. 其他未交款	-837,694.51	-837,694.51
(1)固定资产和在建工程净增加额	97,786,923.84	103,414,616.90	9. 其他应付款	-1,869,756.90	-1,543,090.13
(2)增加无形资产递延资产及其他资产	1,521,840.00	4,881,040.00	10. 预提费用		-20,000.00
(3)偿还长期负债			11. 一年内到期的长期负债		
(4)增加长期投资	13,977,946.50	6,559,100.00	12. 其他流动负债		
小计	113,286,710.34	114,854,756.90			
流动资金运用合计	125,516,387.29	128,197,260.83	流动负债增加净额	-37,648,647.74	-33,824,482.96
流动资金增加净额	93,544,013.21	92,748,893.96	流动资金增加净额	93,544,013.21	92,748,893.96

通化东宝药业股份有限公司一九九七年度中期报告

一、财务报告(未经审计)

1. 简化的资产负债表　　金额单位:元

年初数

	合并	母公司
(1)流动资产	304631528.05	330446016.10
(2)长期投资	7032000.00	12032000.00
(3)固定资产净值	137252926.79	123412130.36
(4)在建工程	37211538.23	17719318.72
(5)无形资产及递延资产	9790865.21	6498849.21
(6)其它长期资产		
(7)资产总计	495918858.28	490128314.39
(8)流动负债	40054060.92	35377761.60
(9)长期负债	11500000.00	11500000.00
(10)少数股东权益		
(11)股东权益	444364797.36	443250552.79
股本	115560198.00	115560198.00
资本公积	184108987.00	184108987.00
盈余公积	70851634.87	68625980.91
未分配利润	73843977.49	74955386.88
(12)负债及股东权益合计	495918858.28	490128314.39

期末数

	合并	母公司
(1)流动资产	355065051.38	362976904.21
(2)长期投资	7032000.00	12032000.00
(3)固定资产净值	138860863.41	123753640.83
(4)在建工程	26366830.21	23306523.51
(5)无形资产及递延资产	9828034.50	6536081.50
(6)其它长期资产		
(7)资产总计	537152779.50	528605087.05
(8)流动负债	44892316.24	41084535.83
(9)长期负债	11500000.00	11500000.00
(10)少数股东权益		
(11)股东权益	480760463.26	476020551.22
股本	173340297.00	173340297.00
资本公积	184108987.00	184108987.00
盈余公积	69738807.89	68625980.91
未分配利润	53572371.37	49945286.31
(12)负债及股东权益合计	537152779.50	528605087.05

2. 简化损益表　　金额单位:元

1997年1-6月

	合并	母公司
(1)主营业务收入	87679878.34	78600790.77
(2)主营业务利润	42139245.06	38512277.95
(3)其他业务利润	29558.64	29558.64
(4)投资收益		
(5)营业外收支净额	11220.09	11102.74
(6)利润总额	42180024.39	38552939.33
(7)所得税	5782940.90	5782940.90
(8)净利润	36397083.49	32769998.43

上年同期数

	合并	母公司
(1)主营业务收入	114688594.80	131915792.35
(2)主营业务利润	53671515.06	58131138.20
(3)其他业务利润	2212818.66	2221982.51
(4)投资收益		
(5)营业外收支净额	-5139.34	-5094.14
(6)利润总额	55879194.38	60348026.57
(7)所得税	17406916.21	19914850.17
(8)净利润	38472278.17	40433176.40

3. 财务指标分析(以97年6月末股本数为计算基础)

	1997年1—6月	上年同期数
(1)每股收益(按全面摊薄法计算)	0.21	0.3329
(2)净资产收益率	7.57%	
(3)每股净资产	2.77	3.45

4. 财务报表附注

(1)税收政策业经吉林省人民政府"吉政函〔1997〕71号"关于通化东宝药业股份有限公司所得税率有关问题的批复,即通化东宝药业股份有限公司从1997年1月1日起按33%税率计征所得税,由通化县财政返还18%,实交15%,返还部分作为企业税后利润。

(2)流动资产比年初增加5043.3万元。其中:应收帐款较上年增加2239.6万元,主要是受社会购买力影响,在途货款增加。其帐龄情况如下:

一年以内	138001817.30元	71.9%
一年至二年	19469378.89元	10.1%
二年至三年	14746910.58元	7.7%
三年以上	19664741.06元	10.2%

其他应收款增加2295.6万元,系外委工程投资暂挂往来。

(3)关联企业及关联交易

关联企业通化东宝集团所持本公司股票比例为49.02%,公司与关联企业存在委托工程建设业务往来。

二、经营情况的回顾与展望

1.上半年经营情况的回顾

上半年公司在巩固和发展经营规模,拓宽经营思路,加强企业管理,提高经济效益基础上,在生产、销售及经营管理方面提出了新的思路:①开展提质增效,节支降耗工作。②规范市场运作,树立市场整体观念,完善销售手段,建立新的销售渠道,加强销售终端工作。③促进药品生产质量管理规范,作为GMP标准认证基础工作和ISO14000环境体系认证工作。截止6月末主营业务收入为8768万元,比上年同期减少2701万元,利润实际完成4218万元,比上年同期减少1369.9万元。

2.下半年经营情况的展望

下半年公司将重点做好以下工作

(1)为确保全年计划超额完成,加强销售管理工作,督导货款回收工作,加速应收帐款周转率,提高资金营运能力,开辟销售渠道,提高市场占有率。

(2)作好药品生产质量管理规范和环境体系认证工作。争取98年通过GMP标准认证和ISO14000环境体系认证工作。

(3)抓好提质增效,节支降耗工作。

(4)作好高科技产品——人胰岛素生产准备工作,力争年底前投产。

(5)作好前次募集资金项目建设工作,前次募集资金用于片剂、胶囊剂车间技术改造项目和用于威海东宝制药厂二期扩建工程项目,按照配股说明书所述,工程97年底将全部完工交付使用;用粉针剂生产线技术改造项目已投资1200万元,工程在建,预计98年可交付使用,所募集资金基本上全部投人。

三、重大事件的说明

1.业经吉林省人民政府"吉政函〔1997〕71号"文批复,97年公司所得税税率执行15%。

2.关于炒作股票行为自查情况:

公司自上市以来,无论是信贷资金、募集资金、自有资金,未曾投资股票市场,没有股票自营买卖帐号,包括子公司。没有提供资金给其他机构或个人炒作股票,更没有以个人名义或其他单位开设股票帐户,也未曾委托机构或个人炒作股票。至今为止,本公司及子公司尚未在境内任何证券经营机构以任何开户方式开设买卖已上市流通股票的帐户,董事会保证公司将严格遵照国家政策和本公司章程的规定,依法经营。

3.报告期内公司无拆讼及仲裁事项

四、发行在外股票的变动和股权结构的变化

1.报告期内公司送股情况

业经1996年度第七次股东大会审议通过。公司96年度利润分配方案,公司根据第七次股东大会决议。以96年末总股本11556万股为基数向全体股东每10股送5股红股,截止97年6月末公司总股本为17334万股。

2.公司股份变动情况

数量单位:股　　每股面值:壹元

项目	96年末股本情况	97年6月末股本情况
一、尚未流通股份		
1.发起人股份	59400198	891000297
其中:国家拥有股份		
境内法人持有股份	59400198	891000297
外资法人持有股份		
其它		
2.募集法人股		
3.内部职工股		
4.优先股或其他		
尚未流通股份合计	59400198	891000297
二、已流通股份		
1.境内上市的人民币普通股	56160000	84240000
2.境内上市的外资股		
2.境外上市的外资股		
4.其他		
已流通股份合计	56160000	84240000
三、股份总数	115560198	173340297

3.主要股东持股情况　　单位:万股

	97年6月末持股数	占总股本的比例
(1)通化东宝实业集团公司	8497.5	49.02%
(2)通化白雪山制药厂	268.1	1.55%
(3)通化石油工具厂	144.3	0.83%
(4)汇成物业	45	0.26%
(5)颜意意	33	0.19%
(6)高桂芝	33	0.19%
(7)田赖货	31	0.18%
(8)颜玉生	30	0.17%
(9)赵钧	30	0.17%
(10)于宁军	29	0.167%

五、股东大会简介

1.通化东宝药业股份有限公司第七次股东大会于1997年4月29日在东宝宾馆会议室召开,出席会议股东40名,代表股份5958.9万股,代表股份对表决事项全部通过。

2.董事会提交股东大会讨论和作出表决的事项以及会议通过的决议如下:

(1)审议通过了《1996年度董事会工作报告》;

(2)审议通过了《1996年度监事会报告》;

(3)审议通过了1996年度财务执行情况和1997年度财务预算及1996年度利润分配方案的报告;

(4)审议通过了公司1997年配股方案,即以96年末股本为基数每10股配3股;

(5)审议通过了1996年募集资金改变用途即原投资生产"紫星口服液"产品改为生产"大东宝口服液"产品的报告,部分资金用于"精制冠心胶囊"生产;

(6)审议通过了《董事会、监事会成员年度报酬的报告》;

(7)审议通过了董事会成员宗志祥、高泽生因退休辞去董事会职务的辞呈报告。

六、备查文件

公司于办公地点备有以下文件:

(一)载有董事长、总经理亲笔签名的中期报告原本;

(二)报告期内《配股说明书》。

通化东宝药业股份有限公司

一九九七年八月十八日

青海三普药业股份有限公司

青海三普药业股份有限公司1996年年度报告摘要

一、公司简况

公司法定中文名称:青海三普药业股份有限公司

英文名称:QINHAI SUNSHINE&PEOPLE PHARMACEUTICAL INDUSTRY CO.,LTD.

英文缩写:S&P

公司注册及办公地址:中国青海省西宁市建国路108号

公司法定代表人:武英

公司咨询机构:董事会秘书处

联系人:李海军

电话:(0971)8144025　8144026

传真:(0971)8140799

二、主要财务数据与财务指标

单位:元

指标项目	本年数	上年数	比上年增减(%)
1.主营业务收入	100,048,925.63	93,960,302.65	6.48
2.净利润	25,878,106.77	33,499,489.68	-22.75
3.总资产	318,647,567.44	276,172,316.67	15.38
4.股东权益	228,079,567.17	201,996,540.40	12.91
5.每股收益	0.22	0.28	-21.43
6.每股净资产	1.90	1.68	13.13
7.净资产收益率(%)	11.35%	16.58%	-31.54
8.股东权益比率(%)	71.58%	73.14%	-2.13

三、公司主要业务回顾

1.经营业绩及财务概要

1996年在全体股东和社会各界的支持下,我公司努力开拓市场,寻求新的利润增长点,96年完成主营业务收入10,005万元,实现主营业务利润516万元,实现利润总额2,983万元,实现净利润2,588万元,主营业务收入比上年增长6.48%,主营业务利润及利润总额分别比上年同期下降13.58%与22.54%,其主要原因是公司适时改变了投资方向,调整了投资结构,使投资收益比上年同期减少699万元,减少21.83%。

截止96年12月31日公司总资产31,865万元,比上年同期增长15.38%,股东权益22,808万元,比上年同期增长12.91%。96年公司加大了以下工作的力度,并取得成绩。

(1)加大新产品开发与投入。96年公司投入大量人力,物力进行新产品开发与研究,做好了具有青藏高原特色并适用于平原的新药——三普红景天胶囊的上市准备工作,使三普红景天胶囊将在97年初隆重上市,经调查预测市场前景看好。

(2)充分利用青藏高原的地域优势和中藏药材资源,立足青海、开发西部,广泛吸收科技人才,96年三普专家委员会成立并做好了中藏药促进会成立的一切准备工作。

(3)完成了三普制药厂库房建造工程。

(4)以经济效益为中心,完善内部经营机制,以市场为导向,提高营销能力,建立了灵活的信息网络,在北京、上海、深圳、广州建立了营销分公司。

(5)根据国内保健品市场滑坡的现状,调整产品结构,加大了治疗药品的投入与开发,96年共生产中药片剂、蜜丸及酊水剂等三十多种产品。

项　目	项目计划	实际投入	调整	调整说明
(1)生产流动资金	3100	1340	-1760	投资青海金融业准备金
A.乙肝宁生产	1350	250	-1100	投资青海金融业准备金
B.虫草精生产	750	540	-210	投资青海金融业准备金
C.生产资料准备	1000	200	-800	其中调入其他产品350万元
D.其他产品		350	+350	
(2)广告及促销费用	1000	1150	+150	由其他项目转入150万元
A.广告费用	500	600	+100	
B.促销费用	500	550	+50	
a.西宁		14	+14	
b.广州	20	17	-3	
c.深圳	140	152	+12	
d.上海	200	227	+27	
e.北京	140	140	--	
(3)技改项目	400	1060	+660	由新产品开发项目转入450万元、其他项目转入210万元
A.锅炉	290	550	+260	
B.仓库	110	227	+117	
C.设备		283	+283	
(4)新产品开发	1000	550	-450	450万元投入技改项目
A.红景天胶囊	230	150	-80	80万元投入技改项目
B.乙肝健	200	50	-150	150万元投入技改项目
C.科研及咨询费	570	350	-220	220万元投入技改项目
(5)企业并购	3000	--	-3000	企业并购准备金,暂存
(6)证券投资	2000	--	-2000	金融机构
(7)成都项目	3000	--	-3000	投资青海金融业准备金
(8)其他	800	200	-600	投入广告促销150万元,技改项目
A.旅游	300	100	-200	210万元,金融业准备金240万元
B.传媒	200	65	-135	
C.汽车	300	35	-265	
合　计	14300	4300	-10000	

注:项目投资计划经过1995年度股东大会审议通过。

根据公司资金投入计划,96年实际投入生产流动资金1,340万元,广告及促销费用1,150万元,技改项目1,060万元,新产品开发550万元,其他项目200万元,合计4,300万元,比计划减少10,000万元,主要是:

(1)为增强医药商业的经营能力,公司于96年元月11日投资2820万元,成立子公司——青海省医药有限责任公司。子公司目前已拥有50%的青海医药市场,由于青海人口少、地域辽阔、医药商业竞争激烈,从现状看省内市场不可能有大的拓展。由于医药产品与人民生命健康息息相关,国家对医药生产和流通有着极其严格的控制和管理,这在一定程度上造成各省医药公司的相对垄断地位,使子公司在省外医药商业流通领域难以拓展。因此公司在近期内不会再对子公司有大的投入。

(2)95年以来,国内保健品市场滑坡,致使公司的主导产品虫草精的销售受阻,公司不得不调整产品结构,减少对虫草精生产线及流动资金的投入,加大对治疗药品的开发与生产。96年增加的设备主要是乙肝宁及红景天胶囊的生产设备。

(3)96年以来,公司针对产业结构相对集中、经营单一、风险大的特点,改变了投资方向,准备将部分资金投资青海金融业,此项目已获得中国人民银行、青海省政府的批准。为了提高主营业务的生产能力,公司决定进行企业并购,企业并购项目的考察需投入大量的人力、时间,96年此项目在考察之中未实施。

(4)根据公司招股说明书中募集资金运用计划"在投资资金闲置的时期内,资金以短期投资形式存在",企业并购及投资金融业准备金暂作为短期投资,短期投资96年末余额为10,000万元。

四、股本变化及股本结构情况

(一)股本结构情况

	96年末持股(万股)	占总股本(%)	95年末持股(万股)	占总股本(%)
1)、尚未流通股份:				
国家股	3600	30	3600	30
发起人法人股	5400	45	5400	45
2)、已流通股份	3000	25	3000	25
境内上市人民币普通股	3000	25	3000	25
3)、股份总数	12000	100	12000	100

(二)主要股东持股情况(前十名)

股 东 名 称	年末持股数(万股)	占总股本(%)
1)青海省创业集团有限公司	4740	39.50
2)青海省医药管理局(国家股)	3600	30.00
3)中国宝安集团股份有限公司	540	4.50
4)广州白云山制药股份有限公司	60	0.50
5)中国科学院西北高原生物研究所	60	0.50
6)4687曾翠英	38.26	0.32
7)4688喻 萍	20.99	0.17
8)4689王 军	20.00	0.17
9)4690郭新世	19.60	0.16
10)4691马达巍	18.00	0.15

(三)期末股东户数17627户,其中:国家股1户、企业法人股4户、社会公众股17622户。

注:根据青国资第(1996)163号文件,从1997年元月1日起国家股持股单位由青海省医药管理局转换为青海省投资控股公司。

(四)公司董事、监事、高级管理人员持股情况

姓名	职务	95年末持数量	96年末持股数量	变化情况
武 英	董事长	11,600	11,600	未变化
籍元放	副董事长	2,000	2,000	未变化
于 敏	副董事长	2,000	2,000	未变化
郭天明	董 事	2,000	2,000	未变化
罗 剑	董 事	2,000	2,000	未变化
苏东波	董 事	0	0	未变化
刘晓明	董 事	2,000	2,000	未变化
胡银邦	监事长	2,000	2,000	未变化
吴永婕	监 事	2,000	2,000	未变化
李汝平	监 事	0	0	未变化
樊成花	监 事	2,000	2,000	未变化
吴佩圣	监 事	0	0	未变化

注:监事会李汝平先生、吴佩圣先生未持股;根据公司95年度股东大会,同意胡维清辞去公司一切职务的申请及增补苏东波先生为公司董事。

五、重要事项

(一)一九九六年股东大会会议情况:

青海三普药业股份有限公司1995年度股东大会于1996年5月30日下午3:00整,在青海宾馆青海厅召开。出席会议的股东五人,代表股权数9000万股,占公司总股本的75%,符合《公司法》和《公司章程》的有关规定,大会审议通过如下决议:

1、审议通过《公司一九九五年度董事会工作报告》;

2、审议通过《公司一九九五年度监事会工作报告》;

3、审议通过《公司一九九六年度经营计划和投资计划》;

4、审议通过《公司一九九五年度与一九九四年度利润分配方案》;

5、审议通过《一九九五年财务决算及一九九六年财务预算的报告》;

6、审议批准了关于修改《公司章程》部分条款的议案;

7、审议通过补选,增选公司董事的议案。

本次股东大会投票表决的上述决议均经青海省公证处公证。

(二)1996年董事会召开情况

1、青海三普药业股份有限公司董事会于一九九六年四月二十七日召开一届十次会议,通过以下决议:

(1)一九九五年度报告摘要;

(2)一九九五年度与一九九四年利润合并分配预案;

(3)召开公司1995年度股东大会通知事宜;

(4)批准胡维清同志辞去财务总监的申请,并就辞去董事一职和增选董事议案提交股东大会审议表决。

2、青海三普药业股份有限公司董事会于一九九六年五月二十四日召开一届十一次会议,会议审议并通过如下决议:

(1)审议通过《1995年度董事会工作报告》;

(2)审议通过《1996年度经营计划及投资方向》;

(3)审议通过《1995年度财务决算及1996年财务预算》;

(4)审议通过关于修改《公司章程》部分条款的议案;

(5)审议通过调整组织结构的议案;

(6)审议通过增补、增选董事议案。

3、青海三普药业股份有限公司董事会于一九九六年八月二十八日召开一届十二次会议,会议审议并通过如下决议:

(1)审议通过《1996年度中期报告》;

(2)审议通过聘请简尚志先生为公司高级顾问的决定。

(三)其他事项

公司地址编号接西宁市公安局通知由西宁市建国路108号变更为西宁市建国路88号,邮政编码810007。

(四)根据公司95年度股东大会决议,同意胡维清先生辞去公司董事及一切职务,增补苏东波先生为公司董事。

(五)本期内无重大诉讼、仲裁事项。

六、子公司及关联企业

	注册资金(万元)	拥有权益%	主营业务
1、子公司			
(1)青海医药有限责任公司	3000	94	医药商业
(2)西宁市兴业城市信用社	300	60	银行业
2、关联企业			
(1)青海山川铁合金股份有限公司	7500	0.53	冶金业
(2)青海经济咨询有限公司	218	11.47	经济咨询

七、财务报告

(一)审计报告

公司财务报告经湖北会计师事务所许长顺、李连灯注册会计师审计,并出具无保留意见的审计报告。(审计报告文号:97鄂会师股审字第15号)

青海三普药业股份有限公司全体股东:

我所接受委托,审计了青海三普药业股份有限公司1996年12月31日的公司资产负债表和合并资产负债表,1996年度的公司利润及利润分配表和1996年度合并利润及利润分配表,1996年度公司财务状况变动表和合并财务状况变动表。这些会计报表由青海三普药业股份有限公司负责,我们的责任是对这些会计报表发表审计意见。我们的审计是依据中国注册会计师独立审计准则进行的。在审计过程中,我们结合青海三普药业股份有限公司实际情况实施了包括抽查会计记录等我们认为必要的审计程序。我们认为,上述会计报表符合《企业会计准则》和《股份制试点企业会计制度》的有关规定,在所有重大方面公允地反映了青海三普药业股份有限公司1996年12月31日的财务状况以及截止该日的1996年度的经营成果和资金变动情况,会计处理方法的选用遵循了一贯性原则。

湖北会计师事务所　　中国注册会计师:许长顺

湖北省武汉市武昌水果湖横路9号三楼

中国注册会计师:李连灯　　报告日期:1997年2月3日

财务报表附注

(一)主要会计政策

(1)会计制度:执行《中华人民共和国股份制(试点)企业会计制度》;

(2)会计期间:以公历年度(1月1日到12月31日)为一个会计年度期间;

(3)合并会计报表的编制方法:

本年度会计报表的合并范围是:投资比例占被投资企业实收资本

50%以上列入合并会计报表范围,公司合并会计报表执行财政部《合并会计报表暂行规定》,但对于会计制度存在重大差异,虽占被投资企业实收资本50%以上,单独附送会计报表,并按权益法核算。

合并会计报表时,加本公司对附属公司权益性资本投资,与附属公司所有者权益中本公司持有份额相抵消,抵消时发生的差额列作合并价差,在合并资产负债表中以"合并价差"项目在长期投资项目中单独反映,附属公司所有者权益各项中不属于本公司拥有的数额,应当作各少数股东权益,在合并资产负债表中股东权益项目之前,以总额单列一类反映。

以附属公司本期计提的盈余公积中相当于本公司对其投资收益部分提取数额,调整本期提取的盈余公积的数额。

本公司与附属公司及其相互间的债权与债务项目相互抵消。

本公司与附属公司及其相互间发生的交易中未实现利润予以抵消,内部销售收入予以抵消,内部收取费用相互抵消。

除上述调整和抵消外,相互的资产、负债、成本和费用逐项合并。

(4)记帐原则和记价基础

采用借贷记帐法,根据权责发生制为记帐原则组织核算,以实际成本为计价基础。

(5)存货计价:

<1>医药公司库存商品按实际成本计价,转销时,按加权平均法计算。

<2>母公司原材料、包装物等按计划成本计价,月末分别按原材料、包装物成本差异率调整为实际成本结转,产成品按实际成本计价,转销时按加权平均法进行计算。

<3>低值易耗品采用一次性摊销法。

(6)货币核算:

以人民币为记帐本位币,如发生外币收支均按当日兑换价折算。公司在报告期内未涉及外币业务。

(7)长期投资核算方法:

<1>股权投资和联营投资:

长期投资占被投资单位实收资本25%以下的按成本法核算;占被投资单位25%以上50%以下的按权益法核算;50%以上的合并报表,按照本公司会计报表合并范围的规定执行。

<2>债券投资:

A. 以付款时间作为债券投资的人帐时间;

B. 债券投资的人帐价值,无论溢价或折价购入的债券,均以实际支付价款入帐;

C. 长期债券在持有期间的应收利息按期预计列入投资收益,在购买时可能发生的溢价或折价,在债券持有期间采用直线法分期摊销。

(8)固定资产及折旧

本公司对于使用年限在一年以上的单位价值在2000元以上的生产资料,作为固定资产进行核算。按照固定资产来源情况以会计制度的规定确定固定资产原价登记入帐。

本公司固定资产折旧方法采用平均年限法,并按固定资产原价估计经济使用年限和估计残值率,分类别确定折旧如下:

资产类别	估计经济使用年限	残值率	年折旧率
房屋及建筑物	32-33年	3%	3%
机器设备	5-14年	3%	5.27-6.21%
运输设备	5-10年	3%	2.31-892%
其他设备	5年	3%	7.26%

(9)无形资产及其摊销:

<1>公司在报告期内土地使用权的帐面值,按土地使用年限50年采用直线法分年摊销。

<2>商标权按形成商标权成本价值,分10年采用直线法分年摊销。

(10)递延资产及其摊销:

<1>开办费:医药公司从生产经营开始5年内平均摊销,母公司从生产经营开始10年内平均摊销。

<2>本公司发生的数额较大,摊销期超过1年的费用,作为递延资产处理,按配比原则分期平均摊销。

(11)税项:

<1>增值税:医药公司和母公司均执行17%的税率。扣抵进项税后,分别按应缴纳的增值税额的3%和7%缴纳教育费附加和城建税。

<2>所得税:公司根据青海省青财企字第(1997)110号文按13%的优惠税率执行,具体操作为先按33%缴纳,再返回20%,按13%披露。

(12)利润分配:

1996年净利润25,878,106.77元,取法定盈余公积、公益金及任意公积金后,本公司董事会向股东大会建议96年度股利暂不分配。提取比例如下:

母公司		子公司	
<1>提取法定盈余公积金	10%	<1>提取法定盈余公积金	10%
<2>提取公益金	10%	<2>提取公益金	10%
<3>提取任意公积金	30%	<3>提取任意公积金	25%
<4>普通股股利	暂不分配	<4>已分配普通股股利	180万元
<5>未分配利润	1,772万元	<5>未分配利润	6万元

上述税后利润分配事项已纳入本公司财务报告。

(二)主要报表项目注释

1. 短期投资

项目	1996.12.31 金额
其他投资	100,000,000.00
合计	100,000,000.00

注:其他投资中企业并购准备金5,000万元,投资青海金融业准备金5,000万元。

2. 应收帐款

A. 帐龄结构

	比重	1996.12.31 金额
一年以内的	53.5%	22,903,580.89
一年至二年的	42.55%	18,216,106.10
二年至三年的	1.94%	828,569.24
三年以上的	2.01%	865,512.44
合计	100%	42,813,768.67

B. 坏帐准备

应收帐款期末余额为42,813,768.67元,坏帐准备计提比例为5‰,应计提数与实际计提数均为214,068.84元。

3. 其他应收款

A. 帐龄结构

	比重	1996.12.31 金额
一年以内的	72.62%	50,441,484.11
一年至二年的	27.32%	18,937,527.21
二年至三年的	0.02%	11,721.93
三年以上的	0.04%	33,262.74
合计	100%	69,459,995.99

B. 其他应收款中持有本公司5%以上股份的股东单位欠款:

单位名称	1996.12.31 金额
(1)青海创业集团有限公司	2,893,132.36
合计	2,893,132.36

4. 长期投资

A. 股权投资

投资公司名称	股数(万股)	占被投资公司股权比例	1996.12.31 金额
(1)青海山川铁合金股份有限公司	40	0.53%	400,000.00
(2)西宁市兴业城市信用社	180	60%	2,293,210.72
(3)青海省医药保健品有限责任公司	66.72	24%	667,200.00
(4)青海经济咨询有限公司	25	11.47%	250,000.00
小计			3,610,410.72

B. 债券投资

债券种类	到期日	面值	年利率	投资金额
1. 电力建设债券	2003.08.14	15,750.00	0	8,361.00
2. 国库券	1997.06.27	14,000.00	8%	15,546.0
3. 特种债券	1996.10.07	6,000.00	0	6,475.00
4. 省电力工业	1997.08.10	10,835.00	0	10,835.00

局债券

5. 国库券	1997.06.17	21,000.00	8%	29,184.38
小计		67,585.00		70,401.38
合计				3,680,812.10

注:(1)股权投资均为非流通股,无须标明市值。

(2)已到期的国库券由于国家采用分号分期兑付的方法,故存在上述已到期未付的国库券。

5. 资本公积

1995.12.31	本年增加	1996.12.31
金额	金额	金额
58,568,986.21	204,920.00	58,773,906.21

注:本年增加金额为接受捐赠资产。

6. 盈余公积

项目	1995.12.31 金额	本年增加 金额	1996.12.31 金额
(1)提取法定公积金	4,142,755.42	2,587,810.68	6,730,566.10
(2)提取法定公益金	4,142,755.42	2,587,810.68	6,730,566.10
(3)提取任意公积金	10,356,888.55	7,763,432.03	18,120,320.58
合计	18,642,399.39	12,939,053.39	31,581,452.78

7. 未分配利润

	1996年度 金额
年初数	4,785,154.80
加:本年净利润	25,878,106.77
减:本年利润分配	12,939,053.39
年末数	17,724,208.18

8. 投资收益

项目	1996.12.31 金额
(1)股权投资收益	1,003,731.29
(2)债券投资收益	13,849.00
(3)其他投资收益	24,000,000.00
合计	25,017,580.29

八、其他事项

1、公司新产品三普红景天胶囊、乙肝健、复方藏茵陈胶囊将在97年度上市。

2、公司拟定将投资青海金融业。

青海三普药业股份有限公司

一九九七年四月二十九日

资　产　负　债　表

编制单位:青海三普药业股份有限公司　　1996年12月31日　　金额单位:元

资产	行次	母公司年初数	合并年初数	母公司年末数	负债及股东权益	行次	母公司年初数	合并年初数	母公司年末数
流动资产					流动负债:				
货币资金	1	54037173.24	17834424.43	26227181.73	短期借款	41	30450000.00	28600000.00	52730000.00
短期投资	2	45030044.52	100000000.00	100000000.00	应付票据	42			
应收票据	3			48460.52	应付帐款	43	5435763.61	3268991.50	10145208.09
应收帐款	4	27092659.81	28204085.73	42813768.67	预收货款	44	121969.62	106593.25	106593.25
减:坏帐准备	5	135463.30	141020.43	214068.84	应付福利费	45	96925.20	593260.90	1082488.85
应收帐款净额	6	26957196.51	28063065.30	42599699.83	未付股利	46	19066400.00	16011104.53	16011104.53
预付货款	7	18241968.00	3048282.86	3048282.86	未交税金	47	11301112.48	11703509.45	11966584.20
其他应收款	8	12575876.25	61590241.75	69459995.99	其他未交款	48	269921.58	305988.81	317715.91
待摊费用	9	3164861.69	528189.67	2454630.84	其他应付款	49	4966619.53	6188071.57	6714515.11
存货	10	60393943.17	6534685.81	25207819.89	预提费用	50	591940.22	17280.00	476265.20
减:存货变现损失准备	10-1				一年内到期的长期负债	51			
存货净额	10-2				其他流动负债	52			
待处理流动资产净损失	11	-685890.08	925535.24	925535.24	流动负债合计	55	72300652.24	66794800.01	99550475.14
一年内到期的长期债券投资	12				长期负债				
其他流动资产	13				长期借款	56	300000.00		
流动资产合计	15	220332474.30	218524425.06	269971606.90	应付债券	57			
长期投资:					长期应付款	58	1575124.03	408318.08	1001377.06
长期投资	16	1581464.86	34559912.46	3680812.10	其他长期负债	60			
合并价差(合并报表填列)(贷差以-号表示)	16-1				长期负债合计	65	1875124.03	408318.08	1001377.06
					递延税项:				
固定资产:					递延税款贷项	66			
固定资产原价	17	18266956.51	14780230.20	28862554.70	负债合计	67	74175776.27	67203118.09	100551852.20
减:累计折旧	18	7665540.60	5998664.85	10056375.87	少数股东权益(合并报表填列)	67-1			
固定资产净值	19	10601415.91	8781565.35	18806178.83	股东权益:				
在建工程	20	14252510.85	8355255.29	10889196.91	股本	68	120000000.00	120000000.00	120000000.00
固定资产清理	21	124779.11	162706.51	162706.51	资本公积	69	58568986.21	58773906.21	58773906.21
待处理固定资产净损失	22	2039.74	2039.74	2039.74	盈余公积	70	18642399.39	31581452.78	31581452.78
固定资产合计	23	24982475.61	17301566.89	29860121.99	其中:公益金	71	4142755.42	6730566.10	6730566.10
无形资产及递延资产:					未分配利润(未弥补亏损以-号表示)	72	4785154.80	17724208.18	17724208.18
无形资产	24	3130863.57	3599031.65	5744812.67	外币报表折算差额(合并报表填列)	72-1			
递延资产	25	26144768.33	9297749.20	9390213.78	股东权益合计	79	201996540.40	228079567.17	228079567.17
无形及递延资产合计	30	29275631.90	12896780.85	15135026.45	负债及股东权益总计	80	276172316.67	283282685.26	318647567.44
其他长期资产:									
其他长期资产	31								
递延税项									
递延税款借项	32								
资产总计	40	276172316.67	283282685.26	318647567.44					

利 润 及 利 润 分 配 表

编制单位:青海三普药业股份有限公司　　1996 年度　　金额单位:元

项目	行次	母公司上年数	合并上年数	母公司本期数
一、主营业务收入	1	93960302.65	11248222.99	100048925.63
减:营业成本	2	70002926.35	4319014.28	79420351.09
销售费用	3	8762049.76	252553.58	5553940.04
管理费用	4	5819292.84	4207454.13	6757386.31
财务费用	5	2917433.49	552794.08	2725846.38
进货费用	6	142958.74		
营业税金及附加	7	348789.21	99379.01	434902.32
二、主营业务利润(亏损以"-"号表示)	8	5966852.26	1817027.91	5156499.49
加:其他业务利润(亏损以"-"号表示)	9	23402.67	1644.21	1644.21
三、营业利润(亏损以"-"号表示)	10	5990254.93	1818672.12	5158143.70
加:投资收益(损失以"-"号表示)	11	32003841.00	27688459.46	25017580.29
补贴收入	11-1			
营业外收入	12	224339.82	31085.55	74693.36
减:营业外支出	13	58782.50	334879.93	414571.69
加:以前年度损益调整(调减以"-"号表示)	14	345507.30	-9536.00	-9536.00
四、利润总额(亏损以"-"号表示)	15	38505160.55	29193801.20	29826309.66
减:所得税	16	5005670.87	3315694.43	3745134.82
减:少数股东损益(合并报表填列)(亏损以"-"号表示)	16-1			203068.07
五、净利润(亏损以"-"号表示)	17	33499489.68	25878106.77	25878106.77
加:年初未分配利润(未弥补亏损以"-"号表示)	18	4360435.48	4785154.80	4785154.80
盈余公积转入数	19			
六、可分配的利润(亏损以"-"号表示)	20	37859925.16	30663261.57	30663261.57
减:提取法定公积金	21	3349948.97	2587810.68	2587810.68
提取法定公益金	22	3349948.97	2587810.68	2587810.68
职工奖金福利(合并报表填列,子公司为外商投资企业项目)	22-1			
	22-2			
七、可供股东分配的利润(亏损以"-"号表示)	23	31160027.22	25487640.21	25487640.21
减:已分配优先股股利	24			
提取任意公积金	25	8374872.42	7763432.03	7763432.03
已分配普通股股利	26	18000000.00		
八、未分配利润(未弥补亏损以"-"号表示)	27	4785154.80	17724208.18	17724208.18

财 务 状 况 变 动 表

编制单位:青海三普药业股份有限公司　　1996 年度　　金额单位:元

流动资金来源和运用	行次	金额
一、流动资金来源:		
1. 本年净利润(合并报表为合并净利润)	1	25878106.77
加:少数股东本期损益(合并报表列)	2	203068.07
加:不减少流动资金的费用和损失		
(1)固定资产折旧	3	2605091.51
(2)无形资产、递延资产及其他资产摊销(减其他负债转销)	4	1470586.60
(3)固定资产盘亏(减盘盈)	5	
(4)清理固定资产损失(减收益)	6	
(5)递延税款	7	
(6)其他不减少流动资金的费用和损失	8	
小计	10	30156852.95
2. 其他来源:		
(1)固定资产清理收入(减清理费用)	11	
(2)增加长期负债	12	4293748.13
(3)收回长期投资	13	
(4)对外投资转出固定资产	14	
(5)对外投资转出无形资产	15	
(6)资本净增加额	16	13143973.39
(7)少数股东资本净增加额(合并报表填列)	16-1	
小计	17	19250801.52
流动资产来源合计	20	49407654.47
二、流动资金运用:		
1、利润分配		
(1)提取法定公积金	21	2587810.68
(2)提取法定公益金	22	2587810.68
(3)提取任意公积金	23	7763432.03
(4)已分配股利	24	
小计	25	12939053.39
2、少数股东利润分配	26	
3、其他运用:		
(1)固定资产和在建工程净增加额	27	2079291.38
(2)增加无形资产、递延资产及其他资产	28	
(3)偿还长期负债	29	
(4)增加长期投资	30	
小计	31	2079291.38
流动资金增加净额	40	34389309.70

流动资金各项目的变动	行次	金额
一、流动资产本年增加数:		
1. 货币资金	41	-27809991.51
2. 短期投资	42	54969955.48
3. 应收票据	43	48460.52
4. 应收帐款净额	44	15642503.32
5. 预付货款	45	-15193685.14
6. 其他应收款	46	56884119.74
7. 待摊费用	47	-710230.85
8. 存货净额	48	-35186123.28
9. 待处理流动资产净损失	49	994124.32
10. 一年内到期的长债券投资	50	
11. 其他流动资产	51	
流动资产增加净额	60	49639132.60
二. 流动负债本年增加数:		
1. 短期借款	61	22280000.00
2. 应付票据	62	
3. 应付帐款	63	4709444.48
4. 预收货款	64	-15376.37
5. 应付福利费	50	985563.65
6. 未付股利	66	-15055295.47
7. 未交税金	67	665471.72
8. 其他未交款	68	47794.33
9. 其他应付款	69	1747895.58
10. 预提费用	70	-115675.02
11. 一年内到期的长期负债	71	
12. 其他流动负债	72	
流动负债增加净额	79	15249822.90
流动资金增加净额	80	34389309.70

青海三普药业股份有限公司一九九七年度中期报告

一、财务报告(未经审计)

(一)财务报表

1. 简化的资产负债表(1997年6月30日)　　金额单位:元

资产	年初数 母公司	年初数 合并	期末数 母公司	期末数 合并
流动资产	218,524,425.06	269,971,606.90	179,753,381.93	232,408,750.24
长期投资	34,559,912.46	3,680,812.10	80,909,803.64	48,429,219.33
固定资产净值	8,781,565.35	-18,806,178.83	8,797,185.25	21,604,863.85
在建工程	8,355,255.29	10,889,196.91	8,795,247.90	8,942,802.32
固定资产清理	162,706.51	162,706.51	474,487.73	474,487.73
待处理固定资产净损失	2,039,74	2,039.74	2,039.74	2,039.74
无形资产及递延资产	12,896,780.85	15,135,026.45	17,149,052.15	19,387,297.75
资产合计	283,282,685.26	318,647,567.44	295,881,198.34	331,249,460.96
负债及股东权益:				
流动负债	54,794,800.01	87,550,475.14	54,073,170.85	86,700,730.04
长期负债	408,318.08	1,001,377.06	485,566.74	1,107,899.72
负债合计	55,203,118.09	88,551,852.20	54,558,737.59	87,808,629.76
少数股东权益		2,016,148.07		2,118,370.45
股东权益:	228,079,567.17	228,079,567.17	241,322,460.75	241,322,460.75
其中:股本	120,000,000.00	120,000,000.00	120,000,000.00	120,000,000.00
次本公积	58,773,906.21	58,773,906.21	58,773,906.21	58,773,906.21
盈余公积	31,581,452.78	31,581,452.78	31,581,452.78	31,581,452.78
未分配利润	17,724,208.18	17,724,208.18	30,967,101.76	30,967,101.76
负债及股东权益合计	283,282,685.26	318,647,567.44	295,881,198.34	331,249,460.96

2. 简化的利润及利润分配表

金额单位:元

项　目	上年同期 母公司	上年同期 合并	97年1-6月累计 母公司	97年1-6月累计 合并
主营业务收入	4,710,693.55	58,784,588.80	17,915,948.86	55,922,148.59
主营业务利润	2,180,735.55	3,741,701.75	8,989,519.53	10,932,804.54
其他业务利润			40.27	40.27
投资收益	13,537,381.17	12,359,204.93	6,125,891.18	4,524,407.23
营业外收支净额	-164,949.57	-203,096.83	-106,716.13	-91,718.02
利润总额	15,553,167.15	15,897,809.85	15,008,734.85	15,365,534.02
减:所得税	1,820,812.50	2,066,715.81	1,765,841.27	2,020,418.06
减:少数股东权益		98,739.39		102,222.38
净利润	13,732,354.65	13,732,354.65	13,242,893.58	13,242,893.58
加:年初未分配利润	4,785,154.80	4,785,154.80	17,724,208.18	17,724,208.18
可分配利润	18,517,509.45	18,517,509.45	30,967,101.76	30,967,101.76

(二)财务指标

项　目	97年1-6月	96年1-6月
(1)每股收益(元)	0.1104	0.1144
(2)净资产收益率(%)	5.49	6.23
(3)每股净资产(元)	2.01	1.84

注:每股收益按全面摊薄法计算

(三)财务报表附注:

1. 本期财务报告与1996年度财务报告相比,其会计政策与会计方法没有发生变化。

2. 本报告期内主体未发生合并、分立等变化。

3. 主要项目注释

(1)短期投资　　15,000,000元

①短期投资比年初减少85,000,000元,减少85%,主要是公司96年以来针对产业结构相对集中,经营单一,风险大的特点,收回短期投资,将45,000,000元资金投资青海庆泰信托投资有限公司(筹),此项目筹建获得中国人民银行、青海省政府批准,,并经公司96年度股东大会审议通过,资金于97年3月份投资到位。

②97年以来,公司为提高主营业务利润,加大了生产投入,将用于企业并购的部分资金收回投入生产,购买原材料,使主营业务生产好于去年,收入比上年同期增加,生产资金占用比年初加大。

③短期投资余额15,000,000元系企业兼并准备金,暂存海南省证券公司。

(2)应收帐款　　37,008,261.79元

帐龄结构	金额(元)	比重(%)
一年以内的	17,742,414.12	47.94
一至二年的	16,638,735.15	44.96
二至三年的	1,388,154.48	3.75
三年以上的	1,238,958.04	3.35
合　计	37,008,261.79	100

(3)预付货款　　15,818,689.59元

预付货款比年初增加12,770,376.73元,主要是公司扩大主营业务生产后,资金用于原料收购。

(4)其他应收款　　79,741,247.14元

A.

帐龄结购	金额(元)	比重(%)
一年以内的	55,156,646.63	69.17
一至二年的	7,502,218.64	9.41
二至三年的	17,020,341.53	21.34
三年以上的	62,040.34	0.08
合　计	79,741,247.14	100

B. 其他应收款中持有本公司5%以上股份的股东单位欠款

单位名称	金额(元)
青海创业集团有限公司	4,172,095.06
合　计	4,172,095.06

(5)长期投资　　48,429,219.33元

A. 股权投资

投资单位名称	股权(万股)	占被投资单位股权比例(%)	金　额(元)
①青海山川铁合金股份有限公司	40	0.53	400,000.00
②西宁市兴业城市信用社	180	60	2,041,617.95
③青海省医药保建品有限责任公司	66.72	24	667,200.00
④青海经济咨询有限公司	25	11.47	250,000.00
⑤青海庆泰信托投资有限公司(筹)	4500	26.95	45,000,000.00
小　计			48,358,817.95
B. 债券投资			70,401.38
小　计			70,401.38
合　计			48,429,219.33

注:股权投资均为非流通股,无须标明市值。

(6)未交税金

未交税金比年初增加3,726,561.49元,增长31.15%,主要是所得税增加所至。

(7)股　本

股本结构　年初数金额(元)　本期增减数　期末数金额(元)

①未流通股		
A. 国家股	36,000,000	36,000,000
B. 法人股	54,000,000	54,000,000
②流通股(A股)		
公众股	30,000,000	30,000,000
合 计	120,000,000	120,000,000

股本120,000,000元,全部为普通股,本报告期内没有增减变动。

(8)资本公积

年初数金额(元)	本期增减数金额	期末数金额(元)
58,773,906.21		58,773,906.21

(9)盈余公积

年数初金额(元)	本期增减数金额	期末数金额(元)
31,581,452.78		31,581,452.78

(10)未分配利润　　30,967,101.76

	金额(元)
年初数	17,724,208.18
加:本年净利润	13,242,893.58
年末数	30,967,101.76

(11)投资收益　　4,524,407.23

项 目	金 额(元)
①股权投资收益	-251,592.77
②其他投资收益	4,776,000.00

注:其他投资收益短期资金拆借利息收入。

(四)关联企业及关联交易

1. 关联公司

公司名称	注册地	注册资本	持股比例	关联性质	经济性质
青海创业集团有限公司	青海	3000万元	39.50%	公司控股公司	股份制
青海省投资控股公司	青海	100000万元	30.00%	公司第二大股东	国有
青海省医药有限责任公司	青海	3000万元	94.00%	公司控股子公司	股份制
西宁市兴业城市信用合作社	青海	300万元	60.00%	公司控股子公司	股份制
北京青创经贸总公司	北京	510万元		公司控股公司之子公司	股份制

2. 关联交易

(1)95年委托青海创业集团有限公司进行投资,投资到期于97年4月份收回余款为1,892,130.36元。

(2)97年2月与青海创业集团有限公司发生往来款2,940,000.00元,97年6月份发生往来款200,000.00元,按余款7.52%收取资金占用费236,156.32元。

(3)暂存金融机构企业兼并准备,委托青海创业集团有限公司从海南省证券公司收回8100万元,已汇入我公司帐号。

(4)1996年8月8日从西宁市兴业城市信用合作社借款2,000,000元,月利率为10.056‰,借款期限为一年。

二、经营情况的回顾与展望

(一)上半年经营情况回顾

公司上半年在调整投资结构,加大市场开发力度的同时,完成主营业务收入为5592.21万元,完成年计划的39.94%,比上年同期下降4.87%,实现净利润1324.29万元,完成年计划53.22%,比上年同期下降3.56%,其中主营业务利润比上年同期增长192.13%,投资收益比上年同期下降63.39%。

主营业务收入计划未完成的主要原因是:鉴于公司新开辟的营销网点,医药管理部门对药品销售需要出具齐全的各类审批手续,故而在办理审批手续过程中耗费了一定时间,致使市场销售未能达到预期目标。另外,净利润比上年同期下降的直接原因是公司调整产业及投资结构,收回短期投资资金入股青海金融业和加大主营投入后,短期投资收益减少所致。

上半年公司董事会和总经理经营班子按照股东大会决议,内抓管理,外拓市场,为完成年经营计划主要做了如下工作:

1. 加大营销工作力度,加速市场营销体系建设,针对市场营销基础薄弱,并进而影响主营业务上规模的突出问题,公司下大力气、充实调整营销队伍,改革修定了营销考核分配制度,同时在原有营销网络的基础上,在江苏、浙江、安徽、山东、四川及新疆等地新增营销分公司、营销网点,总数已达22个,使公司产品销售网络辐射到华北、华中、华南、西北、西南等大部分地区。

2. 积极实施新产品开发战略。公司以市场需求为导向,充分开发利用青藏高原丰富的中藏药天然资源,上半年完成引进"三普红景天胶囊"新产品试制工作,并已批量生产投入市场。

3. 完善成本核算,压缩费用开支,上半年部分中药材价格上涨,公司加强了产品成本定额管理工作,分解落实各项成本控制指标,严格压缩非生产性费用开支,同时通过改进部分生产工艺,使产品成品率有所提高,保证了公司经济效益。

4. 强化质量管理工作,上半年公司继续严抓产品质量管理工作,认真贯彻执行国家药品生产质量标准,产成品各项质量检验结果均较上年有所提高,各产品一次合格率均达到100%。其中公司主导产品"江河源"牌"三普乙肝健"、"三普红景天胶囊"、"雄鸡"牌"虫草精"在"97春季青海省消费者商品推荐活动"中获金奖;"三普乙肝健"、"利肺片"等产品亦获青海省名牌产品称号。

5. 狠抓内部管理,实施规范化运作。上半年公司按照现代企业制度标准,以市场为导向,以营销为中心,对公司组织机构,部门职责、决策程序、劳动用工等综合运作体系进行了力度较大的改革和完善,进一步理顺公司内部各级管理职责,强化了财务监督控制作用。

(二)下半年工作安排

1. 努力抓好三普制药厂技改收尾工程,公司专门设立技改项目工程领导小组,抓紧利用三季度高原施工黄金期,按计划完成三普制药厂技改收尾工程,尽快投入使用,以适应规模生产和产品结构调整的需要。

2. 积极协助做好项目报批工作,公司年初拟定投资的青海庆泰信托投资有限公司已完成前期筹建工作,现上报中国人民总行审核待批。此项目将成为公司新的利润增长点。

3. 继续重点抓好市场营销体系建设。公司全力以赴,加大营销方面的资金投入,力争在市场开拓方面有一个大的突破,尽快促使新增营销网点切入正常运作,确保各项计划指标的完成。

三、重大事项说明

(一)1997年3月28日公司在公司四楼会议室召开一届十三次董事会。会议审议通过了拟定投资"青海庆泰信托投资有限公司"4500万元议案,此议案已经1997年5月30日公司96年度股东大会审议批准。公告刊登于4月2日《上海证券报》。

(二)公司一届十四次董事会于1997年4月27日在青海西宁青海宾馆召开,会议审议通过了:

1.1996年度董事会工作报告

2.1996年度总经理业务报告

3.1996年度财务决算年报及1997年财务预算

4.1997年生产经营计划及投资计划

5. 部分董事辞职及增选董事提案

6.1996年度利润分配方案

(三)鉴于武英先生提出辞去公司总经理一职,1997年5月16日经公司各董事表决,聘任武琪先生为总经理,公告刊登于1997年5月17日《上海证券报》。

(四)按照国家证券委、中国人民银行、国家经贸委5月21日联合颁布的《严禁国有企业和上市公司炒作股票》规定,经自查,我公司在本报告期内没有参与股票买卖，今后如果从事股票投资，必将严格遵守国家有关政策规定。

（五）募集奖金使用情况说明：本公司公开发行股票募集奖金使用情况，已以《96年度报告》中予以披露，募集资金除按照招股说明书中计划项目投入三普制药厂技术改造、补充生产流动资金、市场销售网络建设和广告宣传、新产品研制开发外，因市场情况变化剩余未按招股说明书投入部分，本报告期内已入股青海泰信托投资有限公司（筹）4500万元，部分收回投入生产，短期投资余额1500万元，上述改变幕集资金使用均按有关法律程序审议通过。

（六）本报告内，公司无重大诉讼仲裁事项。

四、发行在外股票的变动和股权结构变化

（一）报告期内本公司没有股票发行及其它募集资金或转增股本的行为，因此发行在外股本结构无变化。

（二）公司股本结构

截止1997年6月30日，本公司股本结构情况如下：

	97年6月30日（万股）	占总股份（%）
1、尚未流通股份		
（1）国家股	3600	30
（2）发起人股	5400	45
2、已流通股份		
境内上市人民币普通股	3000	25
3、股份总数	12000	100

（三）前十名股东情况（截止1996年6月30日）

股东名称	持股数（万股）	占总股数（%）
1、青海创业集团有限公司	4740	39.50
2、青海省投资控股有限责任公司	3600	30.00
3、中国宝安集团股份有限公司	540	4.50
4、沈阳联业	123.54	1.03
5、广州白云山制药有限公司	60.00	0.50
6、中国科学院西北高原生物研究所	60.00	0.50
7、蔡英秀	13.81	0.12
8、刘建林	11.90	0.10
9、徐　激	9.70	0.08
10、白耀明	8.99	0.07

注：根据青国资第（1996）163号文件，从1997年元月1日起国家持股单位由青海省医药管理局转换为青海省投资控股有限责任公司。

五、股东大会简介

青海三普药业股份有限公司一九九六年度股东大会于一九九七年五月三十日下午3:00整在青海宾馆召开。出席会议的股东7名，代表股权8891.03万股，占总股本的74.09%，符合《公司法》和《公司章程》的有关规定，本次股东大会审议通过如下决议：

1、1996年度董事会工作报告

2、1996年度监事会工作报告

3、1996年度总经理业务报告

4、1996年度财务决算及1997年度财务预算报告

5、1996年度利润分配表

本年度利润分配方案：本公司1996年度税后利润为25,878,105.77元，提取10%的法定盈余公积金2,587,810.68元，提取10%的法定盈余公益金2,587,810.68元，提取30%的任意公积金7,763,432.03元，未分配利润17,724,208.18元。董事会建议本年未分配利润暂不分配。

6、九七年度生产经营及投资计划。

7、部分董事辞职及增补董事议案，同意苏东波辞去公司董事，选举武琪为公司董事。

六、备查文件

1、载有董事长亲笔签名的中期报告原本。

2、公司96年度股东大会决议。

3、其它有关文件。

青海三普药业股份有限公司董事会

一九九七年八月二十七日

中国嘉陵工业股份有限公司(集团)

中国嘉陵工业股份有限公司(集团)简介

一、企业概况

中国嘉陵工业股份有限公司(集团),是中国最大的摩托车生产企业。占地202万平方米,截止1996年底,公司拥有员工9750人,主要产品有"嘉陵"系列摩托车、助动车。

公司自1979年开发生产"嘉陵"摩托车,1987年改组为股份有限公司,1995年成为上市公司。以本公司为核心的中国嘉陵集团,是国家首批试点企业集团之一,拥有控股、参股企业10多家,协作企业300多家,是中国最大的摩托车集团。

公司已累计产销摩托车、助动车8种排量40多个车型600多万辆,占全国市场占有量的1/5以上;目前已形成年产200万辆摩托车的能力。1996年,摩托车产量113.3万辆,实现资产总额34亿元,主营业务收入36亿元,利税总额6.64亿元,利润总额2.75亿元,主要经济技术指标和综合实力居全国同行业领先地位。公司先后获得了中国摩托车之王、全国优秀企业、国家一级企业等称号;嘉陵摩托车是中国名牌产品,"嘉陵"是全国驰名商标,品牌价值27.3亿元,是中国摩托车第一品牌。

公司拥有国内第一、具有国际先进水平的摩托车发动机、化油器、冲压、焊接、涂装、压铸、热处理、总装等生产线和工模具制造中心及摩托车检测中心,产品开发设计和工装设计实现CAD/CAM/CAE三维造形设计,形成了工艺先进、技术装备手段完善的产品开发、生产体系。

公司具有强大的产品营销服务网络,建成了遍布全国的"经销、维修、配件、信息、广告五位一体"的营销体系,拥有300余家摩托车营销服务中心和2000余个分点。嘉陵摩托车出口40多个国家和地区。

公司地址:中国重庆双碑

电　　话:(023)65190114(总机查询台)

传　　真:(023)65310718　　65315845

邮　　编:630032

二、董事长介绍

郝振堃先生,北京市昌平县人,1937年6月28日生,1983年任国营嘉陵机器厂厂长,1987年任中国嘉陵工业股份有限公司(集团)总裁,1993年任公司董事长兼总裁,高级会计师,享受国家政府津贴的高级专家,第八届全国政协委员。

郝振堃先生长期在企业工作,精通企业经营管理,善决策,能正确把握形势,善于在复杂、激烈的市场竞争中驾驭企业走向成功。

郝振堃先生多年来致力于中国民族摩托车工业的发展。他巩固发展了嘉陵横向经济联合,并在此基础上于1987年组建了中国嘉陵集团。目前,中国嘉陵集团已发展成为集科研、开发、生产、经营、外贸、金融于一体的我国摩托车行业和兵器行业最大的企业集团。

郝振堃先生锐意改革,勇于创新,重视管理。1987年,在别人对股份制还很陌生的情况下,他在企业引入股份制经营模式,积极进行股份制试点,并于1995年10月使公司发展成为上市公司。

由于郝振堃先生的卓越贡献,他先后荣获了全国"五一"劳动奖章,首届中国军转民十佳企业家,第五届"全国优秀企业家"(金球奖)、中国经营管理大师等称号。公司先后获得国家一级企业、全国优秀企业(金马奖)、中国摩托车之王称号。"嘉陵"商标被国家工商局认定为"中国驰名商标",也是全国摩托车行业唯一的驰名商标。

中国嘉陵工业股份有限公司(集团)

一九九七年八月二十五日

中国嘉陵工业股份有限公司(集团)1996年年度报告摘要

一、公司简况

股票代码:600877

股票简称:中国嘉陵

公司法定中文名称:中国嘉陵工业股份有限公司(集团)

公司英文名称:CHINA JIALING INDUSTRIAL CO., LTD. (GROUP)

公司英文名称缩写:JIALING

公司注册地址:四川重庆双碑

公司办公地址:四川重庆双碑

邮编:630032

公司法定代表:郝振堃

公司咨询服务机构:公司证券处

电话:(023)65315118

传真:(023)65306478

联系人(董事会秘书):覃一知

会计师事务所:重庆会计师事务所

律师事务所:重庆天元律师事条所

二、主要财务数据与财务指标

指标项目	本年数	上年数	比上年增减(%)
1. 主营业务收入(万元)	359911	465289	-22.65
2. 净利润(万元)	20962	30876	-32.11
3. 总资产(万元)	339102	251086	35.05
4. 股东权益(万元)	110646	81611	35.58
5. 每股收益(元)	0.51	1.50	-66.07
6. 每股净资产(元)	2.68	3.96	-32.32
7. 净资产收益率(%)	18.95	37.83	-49.91
8. 股东权益比率(%)	32.63	32.50	0.40

三、公司业务回顾

1. 一年来经营情况

一九九六年,是我公司着眼长远,苦练内功,夯实基础的一年。公司在激烈的摩托车市场竞争中,以市场为导向,以提高经济效益为中心,强化市场营销,强化内部管理,提高产品质量,加快新产品开发,开展了卓有成效的工作,公司生产经营取得了较好的业绩。

一九九六年,公司完成各型摩托车113.3104万辆,占当年全国摩托车总产量的12.2%;实现主营业务收入359911万元,利润总额27462万元,净利润20962万元,主要经济技术指标及综合实力仍居全国摩托车行业的领先地位。

一九九六年,在全国摩托车市场竞争激烈的形势下,我公司为继续保

持在同行业中的领先优势,增强竞争实力,生产经营工作取得了明显进步:

(1)强化内部管理,降低经营成本成效显著,一九九六年,公司可比产品成本较上年下降6.8%;管理费用较上年下降4546万元,降低率达27.86%。

(2)加快新产品开发取得丰硕成果,一九九六年,公司开发生产了各型高梁车、低梁车、电启动车、太子车、踏板车共十多个新车型,增加了摩托车的新品种,增添了嘉陵摩托车品种家族的新成员,为公司产品结构的进一步优化调整奠定了基础。

(3)加速技术改造,提高了公司的生产技术水平和发展后劲,一九九六年七月,年产60万台90-150ml发动机的新生产线全面建成投产,该发动机生产线的装备及工艺水平具有日本本田公司九十年代同期先进水平,我公司由此在全国同行业中独家形成自制主机配套年产200万台套的能力。

(4)加强质量管理,巩固了嘉陵摩托车的名牌地位。公司在一九九六年取得了ISO9002国际质量标准认证,在质量管理上,严格按ISO9002国际质量标准的思想和要求进一步强化了全员的质量意识,规范了员工的质量行为,对自制件和外协配套件实施质量索赔制度,提高了嘉陵名车的质量,嘉陵摩托车被全国消费者跟踪调查组委会、中国社会经济调查所评为"96消费者心目中的理想品牌"。

(5)加强技术革新,技术改进效果明显,如对TA55踏板车进行30余项技术改进,使整车质量,性能达到同种车型先进水平,又如,为降低JH125系列摩托车噪声,对发动机进排气系统进行技术改进,使整车噪声降到80—81分贝,优于国家摩托车噪声控制标准(84分贝),达到国内同种车型先进水平。

(6)强化市场营销,巩固了嘉陵摩托车的市场优势,坚持以销定产原则,以市场和用户需求为导向,增加畅销车型的产量,增强对市场的适应性;及时调整营销策略;改革营销体制,加大广告宣传力度,充实营销队伍,强化售后服务,在巩固"五位一体"营销体系的基础上,实行了直销,代理、联营联销等多种营销方式,巩固和扩大了嘉陵摩托车市场。

2.对实际经营结果与盈利预测的说明

一九九五年公司年度报告中预测:按同口径比较,一九九六年公司盈利比上年增长10%,一九九六年,我公司通过努力,实现净利润20962万元,与一九九六年盈利预测相比,有一定差异,其主要原因是,在全国摩托车市场竞争异常激烈的形势下,为适应市场竞争的需要,从公司和股东长远利益出发,我公司采取了牺牲利润占市场的策略,对摩托车价格作了较大幅度的下调,仅主导车型降价幅度就达10%以上,由此减少净利润27000万元,但如果按同口径即同等销售价格计算,我公司经营结果达到甚至超过盈利预测。此外,由于公司采取了调整营销策略,优化产品结构,降低生产成本等一系列措施,效果明显,下半年的经济效益大幅回升,比上半年增长50%以上,预计一九九七年的效益在一九九六年的基础上将继续增长,将为广大投资者带来更丰厚的回报。

3.对前次募集资金的运用情况的说明

公司在本年度内未募集过资金,且1988年10月至1989年9月到位的5200万元股本金所投入的项目的建设已全部于1991年投产。

四、股本变化及股本结构情况

(一)股本变化及股本结构情况

股份类别	期初数	本次变动增减(±)				期末数
		配股	送股	公积金转股	小 计	
一、尚未流通股份	154030800		154030800		154030800	308061600
1.发起人股份	154030800		154030800		154030800	308061600
其中:						
国家股拥有股份	154030800		154030800		154030800	308061600
境内法人持有股份						
外资法人持有股份						
其他						
2.募集法人股						
3.内部职工股						
4.优先股或其他						
尚未流通股份合计	154030800		154030800		154030800	308061600
二、已流通股份	52000000		52000000		52000000	104000000
1.境内上市的人民币普通股	52000000		52000000		52000000	104000000
2.境内上市的外资股						
3.境外上市的外资股						
4.其他						
已流通股份合计	52000000		52000000		52000000	104000000
三、股份总数	206030800		206030800		206030800	412061600

(二)股本变动情况及原因

公司根据第五次股东大会决议,于1996年5月27日实施了1993、1994、1995年分红派息方案,即在原有股本206,030,800股的基础上,对全体股东实施每10股送10股红股的分配方案,股本则增加为412,061,600股。

(三)主要股东持股情况(前十名股东)

名次	股东名称	年末持股数(万股)	占总股本(%)
1	中国兵器工业总公司(国家股)	30806	74.76
2	申银公司	764	1.85
3	申银证券	260	0.63
4	刘桂英	202	0.49
5	张广成	202	0.49
6	顾林仙	196	0.48
7	张根妹	183	0.44
8	李国豪	180	0.44
9	许跃宁	156	0.38
10	赵亮	153	0.37

(四)年末股东情况

截至1996年12月31日,公司股东总数68,181户,其中国家股东1户(中国兵器工业总公司),社会公众股东68180户。

(五)公司董事、监事与高级管理人员持股情况

姓 名	职务	年初持股数	年末持股数	变动原因
郝振堃	董事长、总裁	10000股	20000股	送股
张祖渝	副董事长	10000股	20000股	送股
王兆泉	副董事长	0	0	
王可均	董事	0	0	
何世斌	董事、副总裁	10000股	20000股	送股
富景合	董事	10000股	20000股	送股
周明贵	董事	10000股	20000股	送股
夏渝桥	董事	10000股	20000股	送股
程兴明	董事	10000股	20000股	送股
欧世民	董事	10000股	20000股	送股
郑代伟	董事	10000股	20000股	送股
窦绪钊	董事	10000股	20000股	送股
冯荣祥	董事	10000股	20000股	送股
刘自立	董事	10000股	22000股	送股、市场购买
靖 波	董事	4000股	8000股	送股
蒲伟力	董事	4200股	8400股	送股
詹智恩	董事	4500股	9000股	送股
赵子木	监事会主度	10000股	20000股	送股
唐正柏	监事会副主席	10000股	20000股	送股
文 跃	监事	2000股	4000股	送股
田祥华	监事	4000股	8000股	送股
汤国民	监事	2000股	4000股	送股

五、重要事项

1.1996年4月1日,公司1995年年度报告在《上海证券报》、《中国证

券报》上披露。

2.1996年3月26日,公司董事会在嘉陵宾馆召开会议,审议并通过1995年利润分配方案,在提取法定公积金和法定公益金、任意盈余公积金后,按10送3.5股进行分配,并将该方案与1993、1994年利润分配方案合并实施,即按每10股送红股10股,派现金5.5元(含税),该事项于1996年4月1日在《上海证券报》、《中国证券报》上披露。

3.1996年5月6日,公司第五次股东大会在公司俱乐部召开,出席股东668人,代表股份155668250股,占股份总额的75.56%,大会通过了1995年财务决算报告、1995年董事会工作报告、监事会工作报告,批准了1995年利润分配方案,批准了修改1995年配股方案和修改公司《章程》方案,该事项已于1996年5月8日在《上海证券报》、《中国证券报》上披露。

4.1996年5月27日,公司分配方案实施、送股后公司股份总数由原206030800股变为412061600股,股份变动公告于1996年5月31日在《上海证券报》、《中国证券报》上披露。

5.在第五次股东大会授权的对外投资规模内,董事会决定向三水嘉陵摩托车有限公司进行二期投资,由于原各占11%的投资方三水市环宇集团公司和三水市对外经济开发总公司自愿调减为各占8%,所调减的6%的股份由本公司协议受让,共投资2177.1807万元人民币,,至此,本公司在三水嘉陵摩托车有限公司的股权由原来的50%增加至56%,以上资金投入主要用于新建摩托车发动机生产线,生产新型摩托车的发动机。

6.按公司第五次股东大会的授权,本公司有关配股工作正在积极办理之中。

7.1996年7月1日,"中国嘉陵"股票入选上证30指数。

8.1996年8月20日,公司1996年中期报告在《上海证券报》、《中国证券报》上披露。

9.1996年,公司注册资本由原206030800元变为412061600元。

10.1996年12月27日公司被重庆市科学技术委员会认定为"高新技术企业"。

11.1996年,公司再次名列"重庆工业企业五十强"榜首。

12.嘉陵牌摩托车在中国社会经济调查所,全国消费者跟踪调查组委会举办的"96消费者心目中的理想品牌"调查活动中,被推荐为"消费者心目中的理想品牌"。

11.公司在本报告年度内无重大诉讼、仲裁事项。

六、子公司及关联企业

	企业名称	注册资金(万元)		主营业务	本公司拥有权益(%)
1	海南嘉泰摩托车有限公司	USD	298	生产、销售摩托车	60
2	广东三水嘉陵摩托车有限公司	USD	1200	生产销售摩托车及相关产品的进出口业务	56
3	重庆恒达磁性材料有限公司		392	永磁铁氧体、磁疗器、汽车、点火线圈	51
4	上海嘉源车业有限公司		2000	生产、销售自行车、助力车,摩托车和零部件及其开发、技术转让等	51
5	嘉陵—本田发动机有限公司	USD	3570	生产、销售汽油发动机、摩托车及零部件	50
6	嘉陵美洲有限公司	USD	200	销售嘉陵摩托车及零部件	50
7	浦嘉利发动机有限公司	USD	510	生产、销售汽油机发动机、摩托车及零部件	35
8	浙江嘉陵立峰摩托车有限公司		1500	生产、销售摩托车及其零部件	30
9	广州伟高机电有限公司		1000	生产、销售摩托车放油开关,操纵开关及零部件	30
10	厦门嘉瑞塑胶有限公司	USD	210	摩托车塑料制品的生产、销售及其进出口业务	23
11	重庆金仑机械制造有限公司		5000	摩托车消声器、挡泥板、发动机坯件生产、销售	20
12	三国红光机械电子有限公司	USD	860	生产、销售发动机用化油器及相关产品	15

七、财务报告

(一)审计意见

公司财务报告经重庆会计师事务所石义杰,翁宇注册会计师审计,并出具"无保留意见的审计报告"。

(二)财务报表(见附表)

(三)合并财务报表附注

1.主要会计政策

(1)长期投资:公司对外投资占被投资单位股份在20%以下(含20%)的按成本法核算;股份在20%以上的按权益法核算。

(2)税项及附加费

a 增值税:按销售额的17%计征,自营出口部分为零税率,按销项税额抵扣进项税额的差额缴纳。

b 营业税:技术转让收入按5%计征;劳务输出收入按3%计征。

c 消费税:按摩托车销售额的10%计征。

d 城市维护建设税:按应交纳的流转环节税7%计征。

e 教育费附加:按应交纳的流转环节税的3%计征。

f 重点交通建设附加费:控股公司中的重庆恒达磁性材料有限公司按应交纳流转环节税的5%计征。

g 所得税:按应纳税所得额的33%计征。

(3)合并会计报表依据

本期合并报表依据财政部财会字(1995)11号文《合并会计报表暂行规定》及其相关文件适当编制。

(4)合并范围

母公司拥有其过半数以上权益性资本的子公司或母公司实际拥有控制权的子公司的会计报表纳入本期合并会计报表范围,对母公司一九九六年新投资组建的上海嘉源车业有限公司(母公司投资比例为51%),由于其主营业务收入,资产总额,净利润分别占母公司主营业务收入、资产总额、净利润的比例在10%以下,依据财政部财会字(96)2号文有关规定,未纳入本期合并范围,据此,纳入本期合并范围的子公司如下:

公司名称	性质	投资金额(元)	投资比例(%)
海南嘉泰摩托车有限公司	中外合资	55,371,345.47	60
广东三水嘉陵摩托车有限公司	中外合资	76,077,645.79	56
重庆恒达磁性材料有限公司	联营	5,126,140.96	51

2.财务报表项目注释

(1)应收票据:1996年12月31日余额为39,020,531.46元,系应收销货款,其中银行承兑汇票36,626,820.00元,商业承兑汇票2,393,711.46元。余额在50万元以上的单位15户,合计金额为35,090,000.00元。余额在50万元以下的单位16户,合计金额为3,930,531.46元。

(2)应收帐款:1996年12月31日余额为661,432,334.31元。均为应收销货款。

a 帐龄分析

帐龄	往来单位户数(户)	金额(元)	占总额的比例(%)
一年以内	431	623,183,794.42	94.22
一年以上两年以内	91	38,048,813.19	5.75
两年以上三年以内	11	149,251.38	0.02
三年以上	2	50,475.32	0.01
合计	535	661,432,334.31	100

b 无持有5%以上股份主要股东的欠款。

c 余额在100万元以上的单位103户,合计金额为481,586,066.64元;余额在100万元以下的单位432户,合计金额为179,846,267.67元。

(3)其他应收款:1996 年 12 月 31 日余额为 96,236,935.71 元,均系代垫暂付款项,比上年年末增长 31.57%,主要原因是代垫款项增加。

a 帐龄分析

帐龄	往来单位户数(户)	金额(元)	占总额的比例(%)
一年以内	192	76,308,727.84	79.29
一年以上两年以内	9	8,582,110.75	8.92
两年以上三年以内	2	212,500.00	0.22
三年以上	5	11,133,597.12	11.57
合计	208	96,236,935.71	100

b 余额在 50 万元以上的单位共计 15 户,合计金额为 55,027,559.90 元;余额 在 50 万元以下的 193 户,合计金额为 41,209,375.81 元。

(4)长期投资:1996 年 12 月 31 日余额为 235,929,298.27 元,其中:

a 按成本法核算的联营投资共计 65,533,695.76 元,列示如下:

被投资单位	投资比例(%)	投资金额(元)	性质
重庆康达涂料公司	5	1,651,549.76	股份制
中国工商银行重庆信托公司	5	1,000,000.00	股份制
中国华夏证券有限公司	5	10,000,000.00	股份制
中国交通银行重庆分行		3,507,600.00	股份制
重庆特殊钢(集团)公司		6,000,000.00	股份制
重庆依之密活塞工业股份有限公司	6	2,400,000.00	股份制
北方浦东经济技术开发总公司	8	20,000,000.00	股份制
成都三国红光机械电子公司	15	10,974,546.00	中外合资
重庆金仑机械制造有限公司	20	10,000,000.00	联营

b 按权益法核算的联营投资共计 170,395,702.51 元,列示如下:

被投资单位	投资比例(%)	投资金额(元)	性质
上海嘉源车业有限公司	51	12,331,687.97	联营
嘉陵—本田发动机有限公司	50	122,887,769.33	中外合资
嘉陵美洲公司	50	5,805,000.00	中外合资
重庆浦嘉利发动机有限公司	35	14,149,666,33	中外合资
浙江嘉陵立锋摩托车有限公司	30	5,019,215.19	联营
广州伟高机械电子有限公司	30	3,201,163.16	联营
厦门嘉瑞塑胶有限公司	23	7,001,200.53	中外合资

(5)在建工程:1996 年 12 月 31 日余额为 132,003,238.64 元,其中利息支出 21,607,751.00 元,比期初数减少 29.89%,主要原因是发动机生产线等工程支出转增固定资产。

(6)无形资产:1996 年 12 月 31 日余额为 25,605,606.33 元。比期初数增长 32.13%,主要原因是三水嘉陵摩托车有限公司,海南嘉泰摩托车有限公司工业产权及专有技术增加,其中:

类别	原始价值(元)	已摊金额(元)	期末余额(元)
母公司土地使用权	18,620,800.00	1,117,248.02	17,503,551.98
海南嘉泰摩托车有限公司土地使用权	1,643,184.35	190,000.00	1,453,184.35
海南嘉泰摩托车有限公司专有技术	1,662,960.00	0.00	1,662,960.00
三水嘉陵摩托车有限公司专有技术	4,985,910.00	0.00	4,985,910.00
合计	26,912,854.35	1,307,248.02	25,605,606.33

海南嘉泰摩托车有限公司和三水嘉陵摩托车有限公司的专有技术均系于一九九六年年末取得,本期尚未摊销。

(7)短期借款:1996 年 12 月 31 日余额为 901,650,100.00 元,比期初数增长 98.62%,主要原因是扩大生产规模,流动资金贷款增加。

(8)资本公积:1996 年 12 月 31 日余额为 77,560,017.71 元。本期增减情况如下:

项目	期初余额(元)	本期增加(元)	本期减少(元)	期末余额(元)
法定资产重估增值	71,657,544.42	507,600.00	0	72,165,144.42
外币折算价差	5,394,873.29	0	0	5,394,873.29
合计	77,052,417.71	507,600.00	0	77,560,017.71

(9)盈余公积:1996 年 12 月 31 日余额为 616,599,083.63 元,本期增减 情况如下:

项目	期初余额(元)	本期增加(元)	本期减少(元)	期末余额(元)
法定盈余公积金	133,998,964.80	21,855,114.30	0	155,854,079.10
任意盈余公积金	282,600,325.60	76,492,900.03	0	359,093,725.63
公益金	79,796,164.60	21,855,114.30	0	101,651,278.90
合计	496,395,955.00	120,203,128.63	0	616,599,083.63

(10)未分配利润:1996 年 12 月 31 日余额为 238,352.92 元。其中母公司年初未分配利润 36,420,751.16 元,一九九六年度实现净利润 218,551,142.97 元,提取法定盈余公积金 21,855,114.30 元,提取法定公益金 21,855,114.30 元,提取任意盈余公积金 76,492,900.03 元,分配股利 123,618,480.00 元,母公司年末未分配利润 11,150,285.50 元。

(11)应付帐款:1996 年 12 月 31 日余额为 467,843,263.10 元,均为应付购货款,比期初数增长 197.58%,主要原因是受市场因素的影响,购货款未能及时偿付。

(12)预收货款:1996 年 12 月 31 日余额为 188,352,041.15 元。均为预收销货款,比期初数增长 82.62%,主要原因是在销售环节较多地采用了预收货款结算方式。

(13)长期借款:1996 年 12 月 31 日余额为 143,723,100.00 元,均为技术改造专项贷款,比期初数增长 126.53%,主要原因是摩托车发动机生产线专项贷款增加。

(14)销售费用:1996 年度累计金额为 102,714,857.09 元。比 1995 年度增长 131.01%,主要原因是为开拓市场,调整了促销策略,广告宣传费和运输费等费用增加。

(15)财务费用:1996 年度累计金额为 87,921,149.42 元。比 1995 年度增长 53.01%,主要原因是流动资金借款增加,增大了利息支出。

(16)其他业务利润:1996 年度累计金额为 25,298,263.03 元。比 1995 年度增长 197.95%,主要原因是技术使用费收入和技术转让费收入增加。

(17)投资收益:1996 年度累计金额为 -9,354,209.88 元。比上年度减少 345.39%,主要原因是嘉陵—本田发动机有限公司亏损所致,其亏损原因主要是公司二期工程完成后,本年正处于生产线调试及试生产阶段,未能充分发挥生产能力。

(18)公司向中国银行重庆市分行、光大银行重庆市分行、建设银行重庆市分行国际业务部及中国进出口银行、中国工商银行总行营业部取得的短期借款(合计金额 RMB223,250,100.00 元)均由中国兵器工业总公司西南分公司提供担保。

八、其它事项

1. 公司首次注册登记日期:1987 年 11 月 14 日;
   地点:重庆双碑
2. 报告年度内变更注册日期:1996 年 9 月 12 日;
   地点:重庆市沙坪坝区双碑
3. 工商登记号码:渝直 20282257—0—1
4. 税务登记号码:510212520100288
5. 股票上市交易场所名称:上海证券交易所
6. 公司在上市交易场所的编码:600877
7. 会计师事务所名称:重庆会计师事务所
   办公地:重庆市渝中区人和街人和花园办公楼 12 楼
8. 法律顾问名称:重庆天元律师事务所
   办公地:重庆市渝中区青年路 32 号 6 楼

中国嘉陵工业股份有限公司(集团)董事会

一九九七年二月二十八日

资产负债表

编制单位:中国嘉陵工业股份有限公司(集团)　　1996 年 12 月 31 日　　金额单位:元

资产	行次	年初数(母公司)	年初数(合并)	年末数(母公司)	年末数(合并)	负债及所有者权益	行次	年初数(母公司)	年初数(合并)	年末数(母公司)	年末数(合并)
流动资产						流动负债:					
货币资金	1	131263742.58	181064830.87	201406765.48	221763834.21	短期借款	41	405307800.00	453965800.00	840350100.00	901650100.00
短期投资	2					应付票据	42	7000000.00	7000000.00	50700000.00	51912306.27
应收票据	3	44283100.00	44883100.00	30997531.46	39020531.46	应付帐款	43	162325043.50	157215829.18	462409221.05	467843263.10
应收帐款	4	711995191.44	707476878.53	653421953.84	661432334.31	预收货款	44	60470471.45	103137764.06	141429559.60	188352041.15
减:坏帐准备	5	2135985.57	2122425.78	1960265.86	1716673.68	应付福利费	45	5236609.16	8286782.89	7596778.99	11917245.26
应收帐款净额	6	709859205.87	705354452.75	651461687.98	659715660.63	未付股利	46	319347740.00	331891619.07	123618480.00	136362689.74
预付货款	7	10147044.53	12045530.18	8530526.79	14485065.68	未交税金	47	351980340.47	348901284.09	165950043.43	165720230.97
其他应收款	8	40731293.32	73144316.41	72274547.78	96236935.71	其他未交款	48	15557677.37	15585907.58	15780389.38	15800937.05
待摊费用	9	20287706.56	20594097.13	13665202.35	13995945.77	其他应付款	49	90971146.10	119849324.06	101702759.02	114459720.25
存货	10	463034368.74	584022217.35	921413800.56	1064863927.73	预提费用	50				
减:存货变现损失准备	10-1					一年内到期的长期负债	51				
存货净额	10-2					其他流动负债	52				
待处理流动资产净损失	11										
一年内到期的长期债券投资	12					流动负债合计	55	1418196851.05	1545834310.93	1909537331.47	2054018533.79
其他流动资产	13					长期负债:					
流动资产合计	15	1419606461.60	1621108544.69	1899750062.40	2110081901.19	长期借款	56	63446200.00	63446200.00	143723100.00	143723100.00
长期投资:						应付债券	57				
长期投资	16	327359640.97	222305064.21	372504530.49	235929398.27	长期应付款	58				
合并价差(合并报表填列)(贷差以“-”号表示)	16-1					其他长期负债	60	12799968.19	12799968.19	8533312.13	8533312.13
固定资产:											
固定资产原价	17	494415955.42	602636994.93	933287404.38	1075086236.58	长期负债合计	65	76246168.19	76246168.19	152256412.13	152256412.13
减:累计折旧	18	129640606.01	146819600.73	163455247.96	190050443.50	递延税项:					
固定资产净值	19	264775349.41	455817394.20	769832156.42	885035793.08	递延税款贷项	66				
在建工程	20	180725523.13	188269917.88	119574429.15	132003238.64	负债合计	67	1494443019.24	1622080479.12	2061793743.60	2206274945.92
固定资产清理	21					少数股东权益(合并报表填列)	67-1		72667880.09		78281226.05
待处理固定资产净损失	22										
固定资产合计	23	545500872.54	644087312.08	889406585.57	1017039031.72						
无形资产及递延资产:						股东权益:					
无形资产	24	17875968.00	19379152.35	17503551.98	25605606.33	股本	68	206030800.00	206030800.00	412061600.00	412061600.00
递延资产	25		3979288.72		2359288.72	资本公积	69	77052417.71	77052417.71	77560017.71	77560017.71
无形及递延资产合计	30	17875968.00	23358441.07	17503551.98	27964895.05	盈余公积	70	496395955.00	496395955.00	616599083.63	616599083.63
其他长期资产						其中:公益金	71	79796164.60	79796164.60	101651278.90	101651278.90
其他长期资产	31					未分配利润(未弥补亏损以“-”号表示)	72	36420751.16	36631830.13	11150285.50	238352.92
递延税项:						外币报表折算差额(合并报表填列)	72-1				
递延税款借项	32					股东权益合计	79	815899923.87	816111002.84	1117370986.84	1106459054.26
资产总计	40	2310342943.11	2510859362.05	3179164730.44	3391015226.23	负债及股东权益总计	80	2310342943.11	2510859362.05	3179164730.44	3391015226.23

财务状况变动表

编制单位:中国嘉陵工业股份有限公司(集团)　　1996 年度　　金额单位:元

流动资金来源和运用	行次	金额(母公司)	金额(合并)	流动资金各项目的变动	行次	金额(母公司)	金额(合并)
一、流动资金来源:				一、流动资产本年增加数:			
1. 本年净利润(合并报表为合并净利润)	1	218,551,142.97	209,621,300.30	1. 货币资金	31	70,143,022.90	40,699,003.34
加:少数股东本期损益(合并报表填列)	2		15,955,022.45	2. 短期投资	32		
加:不减少流动资金的费用和损失				3. 应收票据	33	-13,285,568.54	-5,862,568.54
(1)固定资产折旧	3	35,276,010.24	43,230,842.77	4. 应收帐款净额	34	-58,397,517.89	-45,638,792.12
(2)无形资产、递延资产及其他资产摊销(减其他负债转销)	4	-3,894,240.04	-2,224,240.04	5. 预付货款	35	-1,616,517.74	2,439,535.50
(3)固定资产盘亏(减盘盈)	5	-12,524.47	-12,524.47	6. 其他应收款	36	31,543,254.46	23,092,619.30

流动资金来源和运用	行次	金额(母公司)	金额(合并)	流动资金各项目的变动	行次	金额(母公司)	金额(合并)
(4)清理固定资产损失(减收益)	6	-504,459.74	-504,549.74	7.待摊费用	37	-6,622,504.21	-6,598,151.36
(5)递延税款	7			8.存货净额	38	458,379,431.82	480,841,740.38
(6)其他不减少流动资金的费用和损失	8			9.待处理流动资产净损失	39		
小计	10	249,415,838.96	266.065,851.27	10.一年内到期的长期债券投资	40		
2.其他来源:				12.其他流动资产	41		
(1)固定资产清理收入(减清理费用)	11				42		
(2)增加长期负债	12	94,500,000.00	94,500,000.00	流动资产增加净额	45	480,143,600.80	488,973,356.50
(3)收回长期投资	13	27,862,350.93		二、流动负债本年增加数:			
(4)对外投资转出固定资产	14			1.短期借款	46	435,042,300.00	447,684,300.00
(5)对外投资转出无形资产	15			2.应付票据	47	43,700,000.00	44,912,306.27
(6)资本净增加额	16	326,741,528.63	326,741,528.63	3.应付帐款	48	300,084,177.55	310,627,433.92
(7)少数股东资本净增加额(合并报表填列)	16-1		5,613,345.96	4.预收货款	49	80,959,088.15	85,214,277.09
小计	17	449,103,879.56	426,854,874.59	5.应付福利费	50	2,360,169.83	3,630,462.37
流动资金来源合计	18	698,519,718.52	692,920,725.86	6.未付股利	51	-195,729,260.00	-195,528,929,33
二、流动资金运用:				7.未交税金	52	-186,030,297.04	-183,181,053.12
1.利润分配:				8.其他未付款	53	222,712.01	215,029.47
(1)提取法定公积金	19	21,855,114,30	21,855,114.30	9.其他应付款	54	10,731,589.92	-5,389,603.81
(2)提取法定公益金	20	21,855,114.30	21,855,114.30	10.预提费用	55		
(3)提取法定公积金(减盈余公基转入)	21	76,492,900.03	76,492,900.03	11.一年内到期的长期负债	56		
(4)已分配股利	22	123,618,480.00	123,618,480.00	12.其他流动负债	57		
(5)职工奖福基金(合并报表中外商投资子公司)	22-1		2,193,168.88				
小计	23	243,821,608.63	246,014,777.51				
2.少数股东利润分配(合并报表填列)	23-1		15,955,022.45				
3.其他运用:							
(1)固定资产和在建工程净增加额	24	378,664,649.06	415,665,688.20				
(2)增加无形资产、递延资产及其他资产	25		6,648,870.00				
(3)偿还长期投资	26	14,223,100.00	14,223,100.00				
(4)增加长期投资	27	73,007,240.45	13,624,334.06				
小计	28	465,894,989.51	450,161,792.26				
流动资金运用合计	29	709,716,598.14	712,131,592.22				
外币会计报表折算差额(合并报表填列)	19-1			流动负债增加净额	58	491,340,480.42	508,184,222.86
流动资金增加净额	30	-11,196,879.62	-19,210,866.36	流动资金增加净额	59	-11,196,879,62	-19,210,866.36

利润及利润分配表

编制单位:中国嘉陵工业股份有限公司(集团)　　1996年度　　金额单位:元

项目	行次	上年实际数(母公司)	上年实际数(合并)	本年实际数(母公司)	本年实际数(合并)
一、主营业务收入	1	4,352,441,530.21	4,652,894,657.58	3,421,506,429.94	3,599,109,606.12
减:营业成本	2	3,337,589,802.64	3,543,330,127.58	2,756,365,732.47	2,806,711,562.65
销售费用	3	42,088,816.64	44,463,724.03	97,982,623.51	102,714,857.09
管理费用	4	147,193,623.41	163,155,658.45	100,992,571.00	117,698,782,98
财务费用	5	53,111,817.95	57,459,501,76	79,712,203.55	87,921,149.42
进货费用	6				
营业税金及附加	7	383,477,004.55	405,999,118.71	211,247,723.50	275,160,501.96
二、主营业务利润(亏损以"-"号表示)	8	388,980,465.02	438,486,527.05	175,205,575.91	208,902,752.02
加:其他业务利润(亏损以"-号表示)	9	-13,812,029.75	-12,780,364,70	25,102,328.70	25,298,263.03
三、营业利润(亏损以"-"号表示)	10	375,168,435,27	425,706,162.35	200,307,904.61	234,201,015.05
加:投资收益(损失以"-"号表示)	11	42,225,138,32	2,708,317.35	55,229,484.96	-9,354,209.88
补贴收入	11-1	25,832,236.98	45,028,347.88	1,328,624.73	46,275,666.94
营业外收入	12	1,373,487.10	1,419,618.33	1,352,994.41	1,429,858.01
减:营业外支出	13	5,969,467.94	6,067,855.62	221,642.29	318,836.17
加:以前年度损益调整(调减以"-"号表示)	14		-2,583.14		2,384,907.05
四、利润总额(亏损以"-"号表示)	15	438,629,929.73	468,792,007.15	257,997,366.42	274,618,401.00
减:所得税	16	130,813,581.17	131,309,962.73	39,446,223.45	49,042,078.25
减:少数股东损益(合并报表填列)(亏损以"-"号表示)	16-1		28,726,224.04		15,955,022.45

项目	行次	上年实际数(母公司)	上年实际数(合并)	本年实际数(母公司)	本年实际数(合并)
五、净利润(亏损以"-"号表示)	17	307,816,348.56	308,755,820.38	218,551,142.97	209,621,300.30
加:年初未分配利润(未弥补亏损以"-"号表示)	18	22,342,953.57	22,342,953.57	36,420,751.16	36,631,830.13
盈余公积转入数	19				
六、可分配的利润(亏损以"-"号表示)	20	330,159,302.13	331,098,773.95	254,971,894,13	246,253,130,43
减:提取法定公积金	21	30,781,634.86	30,781,634.86	21,855,114.30	21,855,114.30
提取法定公益金	22	30,781,634.86	30,781,634.86	21,855,144.30	21,855,114.30
职工奖金福利(合并报表填列,子公司为外商投资企业项目)	22-1		728,392.85		3,193,168.88
	22-2				
七、可供股东分配的利润(亏损以"-"号表示)	23	268,596,032.41	268,807,111.38	211,261,665.53	200,349,732.95
减:已分配优先股股利	24				
提取任意公积金	25	160,064,501.25	160,064,501.25	76,492,900.03	76,492,900.03
已分配普通股股利	26	72,110,780.00	72,110,780.00	123,618,480.00	123,618,480.00
八、未分配利润(未弥补亏损以"-"号表示)	27	36,420,751.16	36,631,830.13	11,150,285.50	238,352.92

中国嘉陵工业股份有限公司(集团)1997年度中期报告

一、财务报告(未经审计)

(一)简化的合并资产负债表(1997年6月30日　　金额单位:元)

资产	年初数(母公司)	年初数(合并)	期末数(母公司)	期末数(合并)
流动资产	1899750062.40	2110081901.19	1948775053.44	2174775891.09
长期投资	372504530.49	235929398.27	409248306.26	265278172.55
固定资产净值	769832156.42	885035793.08	774870034.03	896047089.61
在建工程	119574429.15	132003238.64	106246939.49	125609865.13
无形资产及递延资产	17503551.98	27964895.05	18817343.94	28696853.62
其他长期资产				
资产总计	3179164730.44	3391015226.23	3257957677.15	3490407872.00
流动负债	1909537331.47	2054018533.79	1910700753.92	2079455078.46
长期负债	152256412.13	152256412.13	145899984.10	145899984.10
负债合计	2061793743.60	2206274945.92	2056600738.02	2225355062.56
少数股东权益		78281226.05		73357686.51
股东权益	1117370986.84	1106459054.26	1201356939.14	1191695122.93
股本	412061600.00	412061600.00	412061600.00	412061600.00
资本公积	77560017.71	77560017.71	77560017.71	77560017.71
盈余公积	616599083.63	616599083.63	616599083.63	616599083.63
未分配利润	11150285.50	238352.92	95136237.80	85474421.59

(二)简化的合并损益表(1997年1-6月　　金额单位:元)

项目	上年同期数(母公司)	上年同期数(合并)	本期实际数(母公司)	本期实际数(合并)
主营业务收入	1843552920.59	1912463432.82	1421616844.16	1619125762.25
主营业务利润	116185134.71	130008793.51	41421748.509	102375250.38
其他业条利润	-2883539.20	-2811072.02	14868805.06	15728376.10
投资收益	7081272.56	-1034891.74	34094806.41	-18708491.40
营业外收支净额	-66490.62	-95890.60	-1012646.03	-1120421.21
利润总额	120310283.95	126043396.68	89372714.03	38256082.31
所得税	37369595.47	37459456.55	5386761.73	5538208.08
净利润	82940688.48	83063380.14	83985952.30	85236068.67

(三)其他财务指标

	97年上半年	96年上半年
每股收益率	0.21	0.20
净资产收益率	7.15%	7.52%
每股净资产	2.89	2.68

以上指标均以412,061,600.00股作为基数计算。

(四)合并会计报表附注。

1.除所得税率有所变动外,本期财务报告所采用的会计政策,会计方法与上年度一致。

2.根据重国税函(1997)121号文批复,企业所得税适用税率由原来的33%下调为15%。

3.合并范围

母公司拥有其过半数以上权益性资本的子公司或母公司实际拥有控制权的子公司的会计报表纳入本期合并会计报表范围。依据财政部财会字(96)2号文有关规定,对母公司一九九六年投资组建的上海嘉鑫车业有限公司(即原上海嘉源车业有限公司,母公司投资比例为93%)、重庆嘉陵工业足球俱乐部(母公司投资比例为70%),一九九七年新投资组建的山东诸城嘉陵恒兴车业有限公司(母公司投资比例为51%)和长江三峡综合市场(母公司投资比例为95.83%),由于以上四家公司的合计资产总额、合计主营业务收入、合计净利润分别占母公司资产总额、主营业务收入、净利润的比例均在10%以下,因此未纳入本期合并报表的范围,据此,纳入本期合并报表范围的子公司如下:

公司名称	性　质	投资金额	投资比例(%)
嘉陵洋浦经贸实业有限公司	联营	35,384,469.40	90
海南嘉泰摩托车有限公司	中外合资	39,043,259.64	60
广东三水嘉陵摩托车有限公司	中外合资	64,494,038.15	59
重庆恒达磁性材料有限公司	联　营	5,048,366.52	51

4.应收票据

1997年6月30日余额为65,685,560.00元,较年初的39,020,531.46元增加26,665,028.54元,增长幅度68.34%,主要原因是在销货环节中较多的采用了票据结算方式。

余额在50万元以上的单位53户,合计金额60,060,700.00元;

余额在50万元以下的单位31户,合计金额5,624,860.00元。

5.应收帐款

1997年6月30日余额为650,849,718.01元,较年初661,432,334.31元减少10,582,616.30元,减少幅度1.60%。

(1)帐龄分析

帐　龄	往来单位(户)	金额(元)	占总额的比例(%)
一年以内	368	604,304,097.69	92.85
一年以上两年以内	53	45,372,739.77	6.97
两年以上三年以内	43	1,103,222.22	0.17
三年以上	4	69,658.33	0.01
合　计	468	650,849,718.01	100

(2)无持有5%以上股份主要股东的欠款;

(3)余额在100万元以上的单位117户,合计金额为567,536,706.26元;

(4)余额在100万元以下的单位351户,合计金额为83,313,011.75元。

6.其他应收款

1997年6月30日余额为107,673,800.22元,较年初96,236,935.71元增加11,436,864.51元,增长幅度11.88%。

(1)帐龄分析

帐龄	往来单位(户)	金额(元)	占总额的比例(%)
一年以内	55	79,021,799.01	73.39
一年以上两年以内	5	19,184,204.39	17.82
两年以上三年以内	8	9,467,796.82	8.79
合计	68	107,673,800.22	100

(2)余额在50万元以上的单位35户,合计金额为102,007,700.23元。

(3)余额在50万元以下的单位33户,合计金额为5,666,099.99元。

7.长期投资1997年6月30日余额为265,278,172.55元。其中:

(1)按成本法核算的联营投资共计85,533,695.76元,列示如下:

被投资单位	投资金额(元)	投资比例(%)	性质
重庆康达涂料公司	1,651,549.76	5	股份制
中国工商银行重庆信托公司	1,000,000.00	5	股份制
中国华夏证券有限公司	10,000,000.00	5	股份制
中国交通银行重庆市分行	3,507,600.00	0.03	股份制
重庆特殊钢(集团)公司	6,000,000.00	2	股份制
重庆依之密活塞工业股份有限公司	2,400,000.00	6	股份制
北方浦东经济技术开发总公司	20,000,000.00	8	股份制
成都三国红光机械电子公司	10,974,546.00	15	中外合资
重庆金仑机械制造有限公司	10,000,000.00	20	联营
浙江嘉陵吉利摩托有限公司	20,000,000.00	20	联营

(2)按权益法核算的联营投资共计179,744,476.79元,列示如下:

被投资单位	投资金额(元)	投资比例(%)	性质
长江三峡综合市场	11,500,000.00	95.83	联营
上海嘉鑫车业有限公司	19,315,506.49	93	联营
重庆嘉陵工业足球俱乐部	1,803,122.44	70	股份制
山东嘉陵恒兴车业有限公司	10,200,000.00	51	联营
嘉陵摩托美洲有限公司	1,161,000.00	50	中外合资
嘉陵·本田发动机有限公司	108,225,886.10	50	中外合资
重庆浦嘉利发动机有限公司	13,089,953.29	35	中外合资
浙江嘉陵立锋摩托车有限公司	5,032,315.90	30	联营
广州伟高机械电子有限公司	3,102,267.98	30	联营
厦门嘉瑞塑胶有限公司	6,314,424.59	23	中外合资

8.递延资产

1997年6月30日余额为3,319,288.70元,较年初的2,369,288.72元增加959,999.98元,增长幅度40.69%,主要原因是本期母公司一次性支出的仓储租赁费2,000,000.00元,内容及摊销情况如下:

项目	原值	已摊金额(元)	期末余额(元)
开办费	1,420,152.43	994,031.00	426,121.43
其他递延支出	5,984,867.29	3,091,700.02	2,893,167.27
合计	7,405,019.72	4,085,731.02	3,319,288.70

9.预收货款

1997年6月30日余额为71,527,382.05元。较年初的188,352,041.15元减少116,824,659.10元,减少幅度62.02%。主要是因为在经营中,逐步对预收货款的客户提供了产品,致使预收货款减少。

(1)帐龄分析

帐龄	往来单位(户)	金额(元)	占总额的比例(%)
一年以内	90	71,526,154.25	100
三年以上	1	1,227.80	0
合计	91	71,527,382.05	100

(2)余额在100万元以上的单位7户,合计金额为60,793,352.67元。

(3)余额在100万元以下的单位84户,合计金额为10,734,029.38元。

10.其他应付款

1997年6月30日余额为364,157,387.80户。较年初114,459,720.25元增加249,697,667.55元,增长幅度218.15%。主要是因为配股资金275,220,512.10元尚未转增资本。扣除配股资金后该项目余额为88,936,875.70元。其构成分析如下:

(1)帐龄分析

帐龄	往来单位(户)	金额(元)	占总额的比例(%)
一年以内	117	63,190,027.34	71.05
一年以上两年以内	7	25,746,848.36	28.95
合计	124	88,936,875.70	100

(2)余额在50万元以上的单位13户,合计金额为37,762,800.18元。

(3)余额在50万元以下的单位111户,合计金额为51,174,075.52元。

11.资本公积

1997年6月30日余额为77,560,017.71元,在本报告期内无增减变化。

12.盈余公积

1997年6月30日余额为616,599,083.63元,在本报告期内无增减变化。

13.未分配利润

1997年6月30日余额为85,474,421.59元。其中:年初未分配利润238,352.92元,1997年1—6月实现净利润85,236,068.67元。

14.其他业务利润

1997年1—6月累计金额为15,728,376.10元。较上年同期的-2,811,072.02元增加18,539,448.12元,增长幅度659.52%,主要原因是集团内部返供件较上年同期亏损减少,以及技术转让、技术使用费收入增加所致。构成明细如下:单位:元

项目	金额
集团内部返供件	-124,618.54
技术转让费	8,200,000.00
技术使用费	6,080,443.74
运输劳务费	675,496.73
摩托车配件及原材料	897,054.17

15.投资收益

1997年1—6月累计金额为-18,708,491.40元。较上年同期的-1,034,891.74元减少17,673,599.66元,降低幅度1707.77%。主要原因是被投资企业—嘉陵本田发动机有限公司生产尚未形成规模,亏损有所增加。投资收益明细列示如下:

单位:元

重庆嘉陵工业足球俱乐部	-3,796,877.56
嘉陵本田发动机有限公司	-14,661,883.23
浦嘉利发动机有限公司	-1,059,713.04
浙江嘉陵立锋摩托车有限公司	265,875.67
厦门嘉瑞塑胶有限公司	-83,723.41
广州伟高机械电子有限公司	51,977.18
上海嘉鑫车业有限公司	339,818.52
重庆工行信托投资公司	236,034.47

16.营业外收入

1997年1—6月累计金额为352,392.62元,较上年同期的267,988.18元增加84,404.44元,增长幅度31.50%,主要原因是处理固定资产净收入增加。

	单位:元
处理固定资产净收入	236,535.53
无法支付的应付帐款	15,829.55
罚款收入	100,027.54

17. 营业外支出

1997年1—6月累计金额为1,472,813.83元,较上年同期的353,878.78元增加1,108,935.05元。增长幅度304.75%,主要原因是处理固定资产净损失增加。

	单位:元
捐赠支出	131,310.00
罚款支出	218,440.40
处理固定资产净损失	1,123,063.43

18. 所得税

1997年1—6月累计金额为5,538,208.08元。较上年同期37,459,456.55元减少31,921,248.47元。减少幅度85.22%。主要原因是公司所得税率由原来的33%下降为15%。

19. 或有事项

截止1997年8月8日止,未有涉及公司的重大未决诉讼、未决索赔或其他重大经济纠纷。

20. 期后事项

公司按中国证监会上证字(1997)11号文批复,于97年5月开始实施配股方案,截止1997年6月30日尚未结束,并于七月二日经重会所验字(97)第089号验资报告进行了验资确认。

除上述事项外,1997年6月30日至1997年8月8日期间,未发生其他对本期财务报告有重大影响的需予揭示的事项。

21. 子公司及关联企业

企业名称	注册地址	经营范围	注册资本万元	拥有股权
长江三峡综合市场	重庆市	提供生产资料及信息服务	1200	95.83%
上海嘉鑫车业有限公司	上海市	生产、销售摩托车	2000	93%
嘉陵洋浦经贸实业有限公司	海南洋浦	销售摩托车	1180	90%
重庆嘉陵工业足球俱乐部	重庆市	足球比赛的组织及经营	800	70%
海南嘉泰摩托车有限公司	海南万宁	生产、销售摩托车	USD298	60%
广东三水嘉陵摩托车有限公司	广东三水	生产、销售摩托车	USD1200	59%
重庆恒达磁性材料有限公司	重庆市	生产、销售摩托车及零部件	392	51%
山东嘉陵恒兴车业有限公司	山东诸城	生产、销售摩托车零部件	2000	51%
嘉陵-本田发动机有限公司	重庆市	生产、销售摩托车	USD3570	50%
嘉陵摩托美洲有限公司	美国迈阿密	生产、销售发动机及摩托车	USD40	50%
重庆浦嘉利发动机有限公司	重庆市	销售摩托车	USD510	35%
浙江嘉陵立锋摩托车有限公司	浙江温州	生产、销售发动机及摩托车	1500	30%
广州伟高机械电子有限公司	广东广州	生产、销售摩托车零部件	1000	30%
厦门嘉瑞塑胶有限公司	福建厦门	生产、销售摩托车零部分件	USD210	23%
重庆金仑机械制造有限公司	重庆市	生产、销售摩托车零部件	5000	20%

22. 关联交易(金额单位:元)

企业名称	销售货物(1.1-6.30)		购买货物(1.1-6.30)	
	1997年	1996年	1997年	1996年
上海嘉鑫车业有限公司	1098387.14	58157622.56		
嘉陵-本田发动机有限公司	3385200.50	8544617.55	19408661.23	21171386.58
重庆浦嘉利发动机有限公司	1258481.64	11548750.95	6602608.49	42887835.62
浙江嘉陵立锋摩托车有限公司	8080680.65	3492500.00	23850315.95	20280347.27
广州伟高机械电子有限公司			11088796.18	8302490.54
厦门嘉瑞塑胶有限公司			5076543.30	11639677.73
重庆金仑机械制造有限公司	1815766.92	333082.64	48654987.67	34262142.95

二、经营情况回顾与展望

(一)上半年经营情况回顾

在摩托车市场竞争日益激烈的形势下,公司上半年生产经营取得了较好成绩。1-6月生产摩托车46.66万辆,实现主营业务收入161912.58万元,净利润8523.61万元。

1. 加快新品开发,调整品种结构,上半年已有JH150T、JH100、JH100-A、JL100等4个全新产品批量生产投放市场,市场反映良好,同时开发鉴定了JL125T、JL90T、JL90T、JL50-2等4个全新踏板摩托车和1个发动机新产品,公司产品品种结构调整迈出了坚实的步伐。

2. 强化市场营销,努力开拓市场。及时调整营销策略,年初对嘉陵系列摩托车的销售价格作了较大幅度下调,主导产品平均降价达10%以上;调整营销体制和营销网络,实行股份制,联营联销、代理、直销等多种方式并举的营销售模式。强化区域市场中心辐射和区域市场调整,上半年建立了股份制营销中心4家,联营中心19家;充实营销队伍,上半年招聘、调派91名骨干从事市场营销工作;加强市场开拓和服务工作,成立了两支常年流动促销和服务队伍,举办了嘉陵摩托车"南北服务万里行"活动,开展宣传、咨询、销售及维修服务工作,深受用户欢迎。

3. 加强内部管理,降低了产品成本,严格费用管理,上半年公司管理费用较上年同期减少979.92万元,财务费用减少314.98万元;加强成本控制,对外协配套件实行了公开招标,狠抓了产品降耗和国产化工作,上半年可比产品制造成本较上年同期下降6%。

4. 加强对外联合,壮大嘉陵实力。上半年先后组建了"浙江嘉陵吉利摩托车有限公司"、"山东诸城嘉陵恒兴车业有限公司"等联营公司,进一步强化了嘉陵对华东、华北市场的辐射作用。

5. 实施名牌战略,创立驰名商标。今年4月,"嘉陵"商标被国家工商行政管理局认定为"全国驰名商标",从而成为中国摩托车行业、中国兵器工业和重庆市唯一的一个驰名商标,成为摩托车工业第一品牌。

(二)募集资金的运用情况

本公司于1997年5月份开始实施配股方案,配股资金7月份全部到位,并经重庆会计师事务所出具了验资报告,本次配股共募集资金275220512.10元(已扣除承销费用2921067.90元),资金投向为配股说明书载明的摩托车发动机右曲轴箱盖、摩托车发动机凸轮轴生产线、摩托车发动机变速鼓生产线等九个技术改造项目和补充公司流动资金,没有改变资金的用途。目前所有项目均已投产。

(三)下半年展望

公司将继续以深化改革为主线,以调整品种结构为手段,以强化产品销售为龙头,以加快新品开发为基础,以提高产品质量为保证,以进一步降低成本为前提,适应市场形势的需要,提高市场占有率、提高经济运行质量和嘉陵的综合实力,促进嘉陵持续发展,以较好的业绩回报广大股东。

三、重大事项的说明

(一)1997年2月28日,公司《1996年年度报告摘要》在《上海证券报》、《中国证券报》上刊载。

(二)1997年4月20日,公司召开第六次股东大会,审议通过了公司1996年度董事会工作报告、监事会工作报告、财务决算报告、投资预案,选举产生了第四届董事会成员,第四届监事会成员,并审议通过了公司股东大会工作细则、公司股东大会会议记录制度。公司第六次股东大会决议公告于1997年4月22日在《中国证券报》、《上海证券报》上披露。

(三)公司第四届一次董事会于1997年4月20日召开,对第四届董事会成员的分工进行了研究和讨论并作出决议,并于1997年4月22日在《中国证券报》、《上海证券》上刊载。

(四)1997年5月28日、6月26日,公司分别召开第四届二次、三次董事会,对投资6395.65万元建立山东嘉陵恒兴车业有限公司、增持广东三水嘉陵摩托车有限公司股份、变更嘉陵摩托美洲有限公司注册资本等有关投资事项作出决义，具体事项，已分别于1997年5月30日和6月27日在《中国证券报》、《上海证券报》上刊载。

(五)经中国证监会证监上字[1997]11号文批准，公司1996年度配股方案于1997年5月开始实施。公司《配股说明书》于5月5日在《中国证券报》、《上海证券报》上刊载。重庆会计师事务所于1997年7月2日对本次配股出具了验资报告。公司《股份变动报告》于7月3日在上海证券报上刊载。

(六)根据重国税函(1997)121号文批复，从1997年1月1日起，我公司企业所得税率由原来的33%减为15%，该事项于1997年7月23日在《中国证券报》、《上海证券报》上披露。

(七)按照国务院证券委、中国人民银行、国家经贸委5月21日联合发布的《严禁国有企业和上市公司炒作股票的规定》之精神，公司开展了严格自查，未发现违反规定的现象。

(八)公司在本报告期内无重大诉讼、仲裁事项。

四、发行在外股票的变动和股权结构的变化

(一)股本变动情况

在本报告期内、公司的股本没有发生变动。

(二)股权结构(数量单位:股　每股面值:1元)

股份类别	期初数	本次变动增减(+、-)					期末数
		配股	送股	公积金转股	其他	小计	
1. 尚未流通股份	308061600						308061600
(1). 发起人股份	308061600						308061600
其中:							
国家拥有股份	308061600						308061600
境内法人持有股份							
外资法人持有股份							
其他							
(2). 募集法人股							
(3). 内部职工股							
(4). 优先股或其他							
尚未流通股份合计	308061600						308061600
2. 已流通股份	104000000						104000000
(1). 境内上市的人民币普通股	104000000						104000000
(2). 境外上市的外资股							
已流通股份合计	104000000						104000000
3. 股份总数	412061600						412061600

(三)公司前十名股东持股情况(截止6月份最后一个交易日6月27日)

持股单位	期末数	占总股本的比例
中国兵器工业总公司	308061600	74.76%
平安证券	6198076	1.50%
高安源	1940000	0.47%
王向阳	999017	0.24%
李　军	400000	0.10%
黄思良	300000	0.07%
蔡　莹	250000	0.06%
何志伟	250000	0.06%
何国宾	247880	0.06%
王琦雯	233150	0.06%

五、股东大会简介

中国嘉陵工业股份有限公司(集团)于1996年4月20日下午2点在本公司俱乐部召开了第六次股东大会，出席大会的股东419人，代表股份310,119.327股，占总股本的75.26%，符合有关法规及公司章程的规定，经大会审议，作出如下决议:

(一)审议通过了公司1996年度董事会工作报告；

(二)审议通过了公司1996年度监事会工作报告；

(三)审议通过了公司1996年度财务决算报告；

(四)审议通过了公司1996年度投资预案；

(五)审议通过了公司1996年度利润分配和分红派息方案，内容如下:

1996年实现净利润218,551,142.97元，在提取10%的法定公积金、10%的法定公益金和35%的任意盈余公积金后，以现有总股本412,061,600股本为基准，对全体股东每10股派发现金红利3.00元(含税)，共计分配红利123,618,480.00元，尚余11,150,285.50元，留待下年度一并分配。

(六)选举郝振堃、王兆泉、宋思忠、郑代伟(女)、何世斌、欧世民、何燕卿、赵德恩、窦绪钊、程兴明、赵海强、冯荣祥、靖波、唐正柏、田发奎、戴家亮、蒲伟力17人为公司第四届董事会成员；

(七)选举赵子木、杨远霞(女)、文跃为公司第四届监事会成员(公司职工代表大会选举产生的第四届监事会成员为:樊晓文、廖湘益)；

(八)审议通过了公司股东大会工作细则；

(九)审议通过了公司股东大会会议记录制度。

六、备查文件

(一)载有董事长兼总裁郝振堃先生亲笔签名的中期报告原本；

(二)公司本次《配股说明书》；

(三)第六次股东大会文件。

中国嘉陵工业股份有限公司(集团)董事会

一九九七年八月十四日

宁波杉杉股份有限公司

宁波杉杉股份有限公司一九九六年年度报告摘要

一、公司简况

公司法定中文名称:宁波杉杉股份有限公司

1.公司英文名称:NINGBO FIRS LIMITED LIABILITY COMPANY

公司英文名称缩写:FIRSLLC.

2.公司注册地址:宁波市百丈路158号

邮政编码:315040

3.公司法定代表:董事长·郑永刚

4.公司咨询服务机构:股票证券办公室

联系人:金理平

联系电话:0574-7716019,7711333转33159

传真:0574-7716363

5.会计师事务所:大华会计师事务所

律师事务所:上海浦东涉外律师事务所

6.股票简称:杉杉股份

证券代码:600884

二、主要财务数据和财务指标

指标项目	本年数	上年数	比上年增减(%)
1主营业务收入(万元)	55578.37	28033.91	98.25
2净利润(万元)	5731.93	4118.59	39.17
3总资产(万元)	62575.66	39484.39	58.48
4股东权益(万元)	28636.52	9312.54	207.50
5每股收益(元)	0.67	1.09	-0.39
6每股净资产(元)	3.36	2.47	36.03
7净资产收益率(%)	20.02	44.23	-54.74
8股东权益比率(%)	45.76	23.59	93.98

扣除新股申购冻结资金利息432,662.14元的各项财务数据和财务指标:

指标项目	1996年12月31日
1净利润(元)	56,951,557
2总资产(元)	625,319,428
3股东权益(元)	285,992,922
4每股收益(元/股)	0.669
5每股净资产(元/股)	3.360
6净资产收益率(%)	19.910
7股东权益比率(%)	45.740

注:1)以上数据均按审计后会计报表摘录编制。

2)因公开发行股票的需要,公司以1995年6月30日为基准日进行资产评估,评估结果的资产增值数未做帐面调整。

3)95年12月31日,公司尚未实现公开发行1300万元股票增资,故每股收益1.09元系按照原有股本3770万股计算得出的。

4)95年实现净利润数按审计报告已调整数后反映。

三、公司业务经营回顾

(一)一年来经营情况回顾

1996年,杉杉股份有限公司在国内西服总体供需失衡,供大于求,市场竞争十分剧烈的情况下,依托品牌优势,外拓市场,内抓管理,顺利完成了年中调增后的各项经济指标,全年共实现主营业务收入55578.37万元,完成调增计划的185.26%,比上年增长98.25%;实现利润6713.45万元,完成调增计划6000万元的111.89%,比上年增长33.99%;税后利润5731.93万元,完成调增后计划5100万元的112.39%,比上年增长39.17%;年末总资产625,756,641元,净资产286,365,236元。

公司秉承以往的成功经验,坚持以品牌取胜这个主向,努力经营,取得了多方面的成功。96年1月,杉杉西服被中国消费者协会评为96至97年度中国消费者协会推荐商品;同月,由中国企业管理协会等几个权威机构主办的95年全国市场竞争力龙虎榜上,杉杉西服在"心目中的理想品牌"、"实际购买品牌"、"96购物首选品牌"再次囊括三项排行第一;六月,杉杉西服在《光明日报》主办的96中国城市市场品牌竞争力调查评比中,稳获"市场竞争力"、"市场占有率"和"市场影响力"三项排名第一;十一月,"杉杉"品牌荣获"96消费者心目中理想品牌"称号,主要情况:

1、1996年公司完成了"一、二车间更新部分设备"和"5万套精制西服"两项技改工程,新增的生产能力和产品技术升档,形成了本公司新的经济增长点,产、销、利持续上升,全年共生产中高档西服35.16万套,销售36.58万套,产量和销售量分别比上年增长7.2%和19.7%,按行业资料估算,市场占有率保持上年8.3%的份额,96年全员劳动生产率13万元/每人,比全国重点城市服装行业平均数(以下称行业平均数)高出6.88倍,产品销售率104%,比行业增长13.45%,销售利润率10.93%,人均创利润7.89万元,比行业平均数增长59.45倍。根据中国服装行业总公司汇总资料反映,本公司上述经济指标实绩居同业前三位。

2、公司放眼国际,在96年3月,聘请了三位日本西服技术专家,专门负责技术管理和指导一条生产流水线。通过半年的努力,完成了2180套销往日本西服的样版的制作,并已在日本试销杉杉西服895套,纯日本工艺生产初见成效,为中国杉杉品牌打入发达国家力拔头筹。按照意大利西服工艺进行改造的"精制西服技术改造项目"竣工后的新生产线,完成了西裤新样版的制作,并已按新工艺进行生产,初步完成标准西服单平驳男西服的改版和试制,着手进行西服背叉、摆叉的设计,精制西服的品质更受到消费者欢迎。

3、1996年7月,公司获得了ISO9002国际标准质量体系认证证书。通过质量体系创建工作,公司内实行以质量技术保证为主,以生产经营保证、成本管理保证、企业管理保证、后勤服务保证为一体的五项保证措施,使质量贯穿到企业的各个方面,形成全员参加,全方位、全过程的管理格局,确保杉杉西服的质量信誉,创造好的经济效益。

4、96年年度内在西北、中原、华东、东北地区增设了四个市场公司,并在各大城市开设专卖店80家,专卖厅321个,营业面积达2.7万平方米。不断扩大杉杉西服的销售网络,市场覆盖面增大,中高档西服的销售量居于行业第一,继续保持龙头地位。

5、参股投资34号省道鄞县段"四自"公路改建项目2000万元,占该项目总投资的24%,该项目竣工运营以来,车流量剧增,收益丰厚,本公司在报告期内已收取投资回报676.79万元,其中376.79万元列投资收益,其余300万元冲减"其他应收款"帐户。

(二)实际经营结果与预测的重大差异的说明

1996年1月26日本公司在"上市公告书"中披露1996年盈利预测数和96年12月31日止的经营结果:

项 目	预测数	调增数	年末实绩数	比调增计划增减
主营业务收入(万元)	22500	30000	55578	+85.26%
利润总额(万元)	5600	6000	6713	+11.88%
净利润(万元)	4760	5100	5732	+12.39%
每股税后利润(元)	0.94	—	0.67	-28.72%

1、主营业务收入增加的原因:1).上市公告书中披露的96年盈利预测主营业务收入的计算依据只以母公司的西服销售为对象,没有测算进各个市场公司的自营购销业务。本年度并入了各市场公司自营业务收入23341.85万元,母公司完成32236.52万元,可比口径比预测增加43.27%;2).“盈利预测”是95年8月8日制订的,当时对95年经营业绩尚无完整的参考依据,对母公司所定22500万元指标偏于保守,留的余地宽了些。3).96年两项技改完工,新增生产能力,使西服产量比预测增加4.61万套,销售增加6.03万套,同时技术改造提高了一条流水线的产品档次,高档西服的技术附加值增加了主营业务收入。

2、净利润的增长幅度比主营业务收入的增幅要小,其原因是96年公司选用高档的面辅料,增加进口,加上水、电费提价等,单位生产成本上升。而各市场自营业务所得的商业微利,不足以补充其经营广告费用开支的增长。

3、每股税后利润变化的原因:报告期内公司实施95年度利润分配及96年中期利润分配,按10:2和10:4的比例先后送红股两次,总股本由原5070万元增加到8517.6万元,增幅68%,按增加后的总股本摊薄计算,每股税后利润比预测下降。

(三)前次募集资金的运用情况说明

(单位:万元)

投资项目	总概算	实际使用数	完工期	投资效果
(一)原定项目:				
1.引进设备提高产品质量档次技术改造	1012.00	1028.00	96年4月	当年投产,新增利润273万元
2.年产10万套西服大增板流水线(含土地)	3450.00	0	本项目易地建设,97年初开始动工;	
3.高档休闲系列时装	3350.00	0	本项目改用收购项目替代;	
王家弄村工业基地批租土地	2298.69	2616.78	服从市规划改变该土地(10.66平米)的用途,改工业用地为商业用地;	预期增值
王家弄村前期开发费用		174.26		
4.投资34号省道公路改建	2000.00	2000.00	96年2月	当年分得收益676.79万元;
(二)股东会批准的调整项目:				
控股受让时装和衬衫两生产的中资股份	6300.00	预付6000.00	97年一季度	预测新增年利润2000万元左右

本公司在96年1月8日向社会公开发行1300万A股股票,发行市值14,144万元,扣除承销、上网费等,实收股金136,335,440元。《招股说明书》安排的五项投资项目,本报告期内已完工三项,因服从市政建设规划需要,易地待建一项,正在实施以控股同类产品生产企业替代新建能力一项。完工项目及土地使用公开募股资金5819.04万元,支付控购两企业的转让金预付款6000万元,合计已使用募股资金11819.04万元,三个完工项目之中的“精制西服技改”使用的是公司积累资金。

(四)新年度的业务发展规划

公司主业按国际化接轨思路,进一步巩固和发展国内西服第一名牌地位,使“杉杉”品牌向“高品位、精加工、大经营”目标发展。

1997年计划目标:

1、增加投资规模,经营好两家控股企业,使之成为公司新的经济增长点,努力抑制成本增加趋势,确保产、销、利持续高增长。1997年主导产品销售收入5.2亿元,比上年增长60%,各市场公司合并业务收入4.8亿元;利润总额8500万元,比上年增长26.6%,净利润7300万元,比上年增长27%。

2、易地到鄞县中心区“杉杉工业基地”内新建(使用公开募股资金)“10万套西服大平板流水线”项目和“新增5万套大平板流水线(扩充)”、新建“物流中心”三个项目同时施工,97年完成土建工程,98年上半年安装设备,设立一家服饰经营有限公司,投入经营资本3000万元,通过向外企业下定单生产经营方式,实行技术、品牌扩展战略,成为公司后续经济效益增长的源泉。

3、申请配股增资,筹措新项目投资资金,扩张公司资本,增强公司实力。

4、主导产品西服、时装、衬衫以发展品牌、提高档次,增加技术附加值为方向,除已到位的日本专家外,拟再聘请意大利专家来管理一条生产线,将高档产品打进欧洲市场。

5、深化内部改革,优化组织结构,实行生产经营与资本经营职能分开,机构分设,将公司总部建成决策中心、经营中心和财务中心,西服生产单独注册,实行独立核算,对西服、时装、衬衫三大服装生产单位实行子公司运作管理。

四、股本变化及股本结构情况

(一)股本结构及变动情况(单位:股　　每股面值1元)

1.截至1996年12月31日,公司股本结构如下:

	期初数	本次变动增减(+,-) 送股(+)	期末数
一)尚未流通股份			
1)发起人股份	30740000	20903200	51643200
其中:			
境内法人持有股份	30740000	20903200	51643200
2)募集法人股	1305000	887400	2192400
3)内部职工股	5655000	3845400	9500400
尚未流通股份合计	37700000	25636000	63336000
二)已流通股份			
境内上市的人民币普通股	13000000	8840000	21840000
已流通股份合计	13000000	8840000	21840000
三)股份总数	50700000	34476000	85176000

2、股本变动原因说明:

1)表中期初数系根据公司《上市公告书》中数据填列。

2)公司股本变动系因1996年度内两次送股,总股本由50,700,000股增加至85,176,000股,两次送红股共增加股份数34,476,000股,其中已流通股份增加8,840,000股。(详情见“重要事项”中“股票发行与上市”节)

3、主要股东持股情况(前十名股东)

名次	股东名称	持股数(万股)	持股比例(%)
①	宁波甬港服装总厂	4433.52	52.05
②	中国服装研究设计中心(集团)	316.68	3.72
③	上海第一百货商店股份有限公司	316.68	3.72
④	鄞县财政信用开发公司	119.364	1.40
⑤	杨淳	99.0827	1.16
⑥	宁波甬城房地产总公司	73.08	0.86
⑦	鄞县新潮金银饰品店	48.72	0.57
⑧	黄涛	48.371	0.57
⑨	陈涣	39.5744	0.46
⑩	孙仁兴	39.428	0.46

截止1996年12月31日,股东总数为14410户,其中:发起人法人5户,社会法人4户,社会公众股13638户,职工股763户。

(二)公司董事、监事及高级管理人员持股情况(单位:股)

姓名	职务	年初持股数	年末持股数	变动原因
郑永刚	董事长兼总经理	20250	34020	送股

郑学明	副董事长兼副总经理	16200	27216	送股
陈光华	副总经理兼财务部经理	13500	22680	送股
李启耀	副总经理	13500	22680	送股
毛定宝	董事	0	0	
郎积燔	董事	0	0	
魏淑清	董事	0	0	
张桥梁	监事主席	13500	22680	送股
钱祖岚	监事	5400	9072	送股
俞红军	监事	0	0	
严鸣菊	监事	13500	22680	送股
洪韵敏	监事	6750	11340	送股
汪建明	(本年度)董事会秘书	1000	1680	送股

胡锦明先生,原任公司副总工艺师兼技术部长,因另有任用,96年8月已不再担任副总工艺师职务,年初年末均未持有本公司股票。

五、重要事项

(一)报告期内董事会议及股东大会情况

本年度内公司董事会共组织召开了两次股东大会(其中一次临时股东大会)和五次董事会议。

1、股东大会情况:

1)公司于1996年2月3日下午在宁波东港大酒店召开了公司第四次股东大会,实到股东253人,代表股份34778950股,占总股份的68.6%,符合法定要求,公司全体董事、监事出席,大会经审议,投票表决通过了《第一届董事会工作报告》、《第一届监事会工作报告》、《1995年度决算报告、95年度利润分配方案和1996年度预算方案》;表决通过《公司章程(修正)》;选举第二届董事会和第二届监事会。该次股东大会决议披露于1996年2月6日的《上海证券报》和《中国证券报》上。

2)公司于96年8月26日下午在宁波甬港饭店召开"96年临时股东大会",实到股东41人,代表股份39887155股,按法定要求大会召开有效,公司董事、监事出席,经审议,投票表决,通过《96年度中期利润分配方案》,批准《控股两中外合资企业中方全部股份的方案》;批准《新设四家市场子公司的方案》及对董事会的授权,批准西服生产体成立独立法人,定名"杉杉西服公司"。公司总部同时迁址,此次股东大会决议公告登载于96年8月27日的《上海证券报》和《中国证券报》上。

2、董事会会议情况:

1)96年1月25日,召开了第一届董事会第七次会议,根据95年1月23日公司第三次股东大会的决议和授权,公司1300万股社会公众股定于96年1月30日在上海证券交易所上市交易,拟定95年度利润分配预案;协商提出二届董事会董事候选人名单。此次董事会议公告登载于96年1月26日的《上海证券报》和《中国证券报》上。

2)96年2月3日下午召开第二届董事会第一次会议,经新当选董事协商,一致推选郑永刚先生连任董事长并聘任为总经理,推选郑学明为副董事长,并经董事长提名郑学明兼任公司常务副总经理,聘任李启耀、陈光华、林月梅为副总经理,陈光华兼任财务负责人,聘汪建明为董事会秘书,决议公告登载于96年2月6日的《上海证券报》和《中国证券报》上。

3)96年7月8日召开了第二届董事会第二次会议,分析了"杉杉股份"在二级市场表现及本公司的综合条件,提出争取在一年内加入上证30指数样本股的目标;调增96年西服产销计划和利润指标;拟订96年中期利润对公众股每10股送4股红股,法人股每10股派4元现金红利的分配预案;决定受让两家中外合资服装公司中方全部股份的方案,作为原定"高档休闲时装技改"项目的替代项目实施,并调整投资额,增加到6300万元;决定8月8日召开临时股东大会,此次会议公告登载于96年7月9日的《上海证券报》和《中国证券报》上。

4)96年7月22日公司举行在甬董事临时紧急会议,根据中国证监会对公司董事会所定的中期股利分配预案违背《公司法》"同股同权,同股同利"原则指出的意见,作出修正,决定向全体股东统一每10股送红股4股,并将临时股东大会召开日期推迟到8月26日,此次决议公告登载于96年7月25日的《上海证券报》和《中国证券报》上。

5)96年8月25日,二届董事会召开第三次会议,听取了董事长作的公司上半年度工作报告;补行通过了公司《96年度中期报告》,对提交8月26日召开的临时股东大会的议案作了审议。

(二)股票发行上市和分红派息情况:

经中国证券监督管理委员会复审批准,公司于1996年1月8日通过上海证券交易所交易系统上网定价发行A股1300万股,每股发行价10.88元,募集资金136,335,400元(扣除有关发行费用后),总股本增至5070万股,1月30日1300万股社会公众股在上海证券交易所挂牌交易。

96年2月3日,公司第四次股东大会通过95年利润分配方案,向全体股东每10股送红股2股并派发现金红利3元(含税),股权登记日为96年3月29日,4月1日为除权日及红股交易日,总股本增到6084万股,其中流通股份增加到1560万股。

96年8月26日,公司临时股东大会通过96年中期利润分配方案,向全体股东每10股送红股4股,9月6日为股权登记日,9月9日为红股交易日,公司总股本增加到8517.6万股,其中已流通股份增加到2184万股。

(三)公司章程修改情况

96年2月3日第四次股东大会通过按《公司法》规范及上市股本进行全面修订的公司《章程》,并就《95年度利润分红方案》红股增资,授权董事会修改《章程》中相应的总股本金额为6084万元。

96年8月26日"临时股东大会"决定96年度中期利润分配送股增资,授权董事会修改公司《章程》中相关的股本条款,总股本更改为8517.6万元。

(四)公司董事、监事变更情况

1、96年2月3日第四次股东大会换届改选公司董事会,选举产生郑永刚、郑学明、陈光华、李启耀、毛定宝、郎积燔、魏淑清等七名董事组成第二届董事会,经新的二届董事会第一次会议推选,郑永刚先生连任公司董事长兼聘任总经理,郑学明新任副董事长。

2、第四次股东大会同时选举产生张桥梁、钱祖岚、俞红军为公司第二届监事会监事,由公司职代会推选严鸣菊、洪韵敏为第二届监事会监事,经二届监事会第一次全体会议一致推选张桥梁先生为监事会主席。

(五)报告期内本公司无重大诉讼,仲裁事项发生。

(六)其他重要事件简介

1、公司聘请的审计机构为大华会计师事务所,本年度内未变更。

2、公司聘请的法律顾问为上海浦东涉外律师事务所,律师毛伯根、刘大力、林棱在年度内均未变更。

3、本公司选定用于信息披露的报刊为《上海证券报》和《中国证券报》。

4、重要经济合同:

1)公司与中国太平洋保险公司于1996年7月3日签订财产保险合同,总保险金额为78,126,901元,保险费为156,253.80元,保险责任期限为96年7月27日零时起到1997年7月26日24时止。

2)公司与中国人民保险公司于1996年7月24日签订财产保险合同,总保险金额94,565,034.92元,保险费为189,130.07元,保险责任期限为96年7月27日零时起到97年7月26时24时止。

3)公司与中国人民建设银行鄞县支行于1995年12月20日签订长期借款合同,借款2520万元,2000年12月17日归还,月利率为12.6‰,按季结息,合同有效期内,如遇利率调整,按人民银行规定办理。

4)公司与中国建设银行宁波市分行营业部于1996年12月19日签订2100万元长期借款合同,归还期限和金额分别为1998年6月21日、1999年6月21日、2000年6月21日,三期各700万元,贷款月利率为9.75‰,按季结算,合同有效期内,如遇利率调整,按人民银行规定办理。

5)公司与中国银行鄞县支行于95年12月签订了贷款100万美元、

折合人民币 829.82 万元的长期借款合同，归还期 98 年 6 月，月利率为 7‰。另外，公司与中国银行鄞县支行在 94 年 10 月签订 50 万美元、折合人民币 414.91 万元的贷款合同，报告期末已到期，作为转期处理，月利率 7‰。

6)公司与中国建设银行宁波市分行营业部于 96 年 12 月 20 日签订了流动资金贷款 330 万元合同，97 年 6 月 21 日归还，月利率 9.24‰，按季付息；96 年 12 月 27 日，又签订了流动资金贷款 4000 万元，97 年 7 月 25 日到期归还，月利率 9.24‰，按季结算。

7)公司与上海浦东发展银行宁波分行于 96 年 11 月 20 日签订的两份短期贷款合同，共 600 万元，97 年 5 月 18 日、97 年 5 月 25 日各归还 300 万元，贷款月利率 9.24%。

8)根据宁波市和鄞县两级总体建设规划要求，公司原定在王家弄村的工业新建项目易地实施，公司于 96 年 4 月与鄞县土地管理局签订了鄞县《国有土地使用权出让合同》，合同规定，鄞县土地管理局根据法律规定，将位于鄞县中心区钟公庙黄泥桥村面积为 136869.06 平方米的国有土地使用权出让给本公司，土地用作新建杉杉服装工业基地（杉杉工业城）建设，工业用地使用年限为 50 年。土地使用权出让金为每平方米人民币 242.75 元，总金额为 3323.02 万元。已领取《国有土地使用证》，号码为鄞国有(96)字第 09—020 号。

5、后续事项：

1)公司第一大股东宁波甬港服装总厂经批准已更名组建为宁波杉杉集团有限公司，并以其核心企业组成杉杉集团，为了理顺其投资资产关系，根据《公司法》有关规定，该股东正式向公司申请，要求将其所持本公司法人股 4433.52 万股全部划给宁波杉杉集团有限公司。97 年 1 月 3 日第二届董事会第四次会议同意其过户要求，并报经宁波市证券和期货监督管理办公室同意，还待股东大会表决批准。

2)公司监事俞红军先生因其个人原因，已不再担任鄞县财政信用开发公司总经理职务，公司监事会第三次会议根据《公司法》有关条款规定精神，认为其已不宜再担任监事，决定免去其公司监事职务，提请下次股东大会批准，并补选一名监事。

3)公司在《招股说明书》中披露“年产 10 万套高档西服大流水线”项目，原计划在宁波市百丈东路东首王家弄村新建，并已征用和受让土地 10.66 万平方米。现因宁波市扩大城市区划，王家弄村成为市中心通向近郊的主要马路百丈路延伸段贯穿之地，马路两侧不得建设工厂。为此，公司原定的工业新建项目要改址到新划定的座落在宁波市区南侧的钟公司庙鄞县中心区“杉杉服装工业基地”规划范围内，并扩大规模，项目建设期推迟一年。原王家弄村批租的土地按市城建规划要求，将改变为商业用地，另待安排，此事待下次股东大会批准。

4)96 年 8 月 26 日公司临时股东大会批准公司控股受让中外合资杉杉时装公司和衬衫公司中方全部股份的方案，列为原公开募股资金投向计划内的“高档休闲服系列时装技改”项目的替代项目，调增资金使用额至 6300 万元。本次收购行为涉及关联交易，公司将在下次股东大会上采用“关联方回避法”重新表决，以充分体现其他股东的利益。

据大华会计师事务所，华业字(97)第 068 号审计报告验证，时装公司 1996 年主营业务收入 10152.61 万元，利税总额 2088.71 万元，截止 96 年 12 月 31 日止，帐面总资产为人民币 11,169.7 万元，负债总额为 5863.97 万元，所有者权益总额为 5305.73 万元，经上海中华社科会计师事务所评估沪中社会字(97)第 219 号评估报告，评估后资产总值为 11282.84 万元，负债总额为 5863.97 万元，净资产总值为 5418.86 万元。根据双方协议规定，按被控购企业 96 年末经审计验证的帐面净资产作为计价标准，公司受让其 75%的中方全部股份，合计转让金人民币 39,792,964 元。

据大华会计师事务所华业字(97)第 048 号审计报告，衬衫公司 1996 年主营业务收入 5188.78 万元，利润总额 953.12 万元，截止 96 年 12 月 31 日止，帐面总资产为 7727.14 万元，负债总额为 3763.14 万元，所有者权益总额为 3964.00 万元，经上海中华社科会计师事务所评估沪中社会字(97)第 220 号评估报告，评估后资产总值为 7768.49 万元，负债总额为 3763.14 万元，净资产总值为 4005.35 万元。根据双方协议规定，按 96 年末被控购企业经审计验证的帐面净资产作计价标准，公司受让其 55%的中方全部股份，合计转让金人民币 21,802,000 元。

收购成本低于两企业评估后的资产净值，此项控股投资增值 154.48 万元，收购增值率 1.71%。（注：上述两家公司固定资产进口机器设备系免税，按国家有关规定，进口关税、增值税评增率 37%未作评增）

5)96 年临时股东大会批准将位于中兴路 783 号的公司西服生产体改为全资子公司，定名“杉杉西服公司”，已办理工商登记核准手续，注册资本人民币 5000 万元，从 97 年 1 月 1 日起同公司分帐，按母子公司体制运作。本公司总部已迁址至宁波市百丈路 158 号 6—8 层。

六、子公司及关联企业

本公司全资附属公司都是各地的市场销售公司，负责所属地区内的市场开发、产品批发、零售及售后服务，兼自营业务。

公司名称	注册地	注册资本（万元）	拥有权益 %	主要业务
杉杉南京公司	南京市江宁经济技术开发区	128	100	服装、服饰纺织、日用百化销售
杉杉苏州公司	苏州新区碧波花园 23 幢 304 室	300	100	同上
杉杉杭州公司	杭州市机场路 9—1 号	80	100	同上
杉杉合肥公司	合肥青年路 59 号	88	100	同上
杉杉长沙公司	长沙劳动东路 157 号	58	100	同上
杉杉武汉公司	武汉解放大道 257 号	58	100	同上
杉杉青岛公司	青岛北区聊城路 104 号	128	100	同上
杉杉济南公司	济南市区经十路 242 号	185	100	同上
杉杉北京公司	北京亚运村汇园国际公寓(J 座 1111 室)	58	100	同上
杉杉上海联合商行	上海山西南路 185 号	100	100	同上
杉杉通达公司	宁波江东百丈东路 98 号	180	90	同上
杉杉南昌公司	南昌市梧桐巷 8 号	58	100	同上
杉杉中原公司	郑州货栈北街 28 号	82	100	同上
杉杉沈阳公司	沈阳沤河区沈阳路 200 号	58	100	同上
杉杉西安公司	西安高新二路 4 号	68	100	同上
宁波万里建设开发公司	宁波江东南路	总投资:8333	24	公路建设、车辆收费、道路广告
金杉皮具公司 *	上海青浦大赢	167	20	皮具加工、制作、销售

* 金杉皮具公司为子公司杉杉上海联合商行的投资参股单位

七、财务报告

(一)审计意见：

公司财务报告经大华会计师事务所中国注册会计师朱育序和马崇霞审计，并出具无保留审计报告〔(华业字(97)第 273 号)〕。

(二)财务报表(见附表)

(三)财务报表附注编制说明

一)公司采用的主要会计政策

1、公司执行的会计制度：执行《股份制试点企业会计制度》

2、会计年度为每年公历 1 月 1 日到 12 月 31 日

3、合并报表的编制方法：

(1)方法：根据沪财会(1995)112 号文件规定合并

(2)合并范围：母公司及 1995 年前设立的十一家子公司，具体是：

公司名称	注册地	投资金额(人民币元)	占注册资本%
杉杉南京公司	南京市江宁经济技术开发区	1,280,000.00	100
杉杉苏州公司	苏州新区碧波花园 23 幢 304 室	3,000,000.00	100

杉杉杭州公司	杭州市机场路9—1号	800,000.00	100
杉杉合肥公司	合肥青年路59号	880,000.00	100
杉杉长沙公司	长沙劳动东路157号	580,000.00	100
杉杉武汉公司	武汉解放大道257号	580,000.00	100
杉杉青岛公司	青岛北区聊城路104号	1,280,000.00	100
杉杉济南公司	济南市区经十路242号	1,850,000.00	100
杉杉北京公司	北京亚运村汇园国际公寓J座1111室	580,000.00	100
杉杉通达公司*	宁波江东百丈东路98号	1,800,000.00	90
杉杉上海联合商行	上海山西南路185号	1,000,000.00	100

通达公司的注册资本原为人民币50万元,由宁波杉杉股份有限公司全额投资,本年内增加到人民币200万元,其中宁波杉杉股份有限公司投资180万元,占90%;宁波杉杉时装有限公司投资20万元,占10%。

(3)合并范围报告期内无变动。

4、存货计价方法:各类存货的购入与入库按实际成本计价。领用和发出按加权平均法计价。低值易耗品在领用时一次摊销。

5、长期投资核算方法:

(1)债券投资、股票投资按成本法核算。

(2)对其他单位投资:凡投资金额占投资单位注册资本25%以上的按权益法记帐;25%以下的按成本法记帐。

6、固定资产计价及其折旧方法

(1)固定资产标准为单位价值在2000元以上,使用期限超过一年的经营性资产以及单位价值在2000元以上使用期限超过二年的非经营性资产。

(2)固定资产按实际成本计价。

(3)固定资产折旧采用直线法计算,并按各类固定资产的原值和估计的使用年限扣除残值(原值的3%)制定其折旧率,各类折旧率如下:

资产类别	使用年限	年折旧率
房屋建筑物	30—35年	3.23—2.77%
机器设备	8年	12.12%
电子设备	8年	12.12%
运输工具	6年	16.66%
其他设备	8年	12.12%

7、税项:公司应交的流转税及附加税:

税种:	增值税	城建税	教育费附加
税率:	17%	7%	3—3.5%

企业所得税母公司适用15%税率。子公司适用15%—33%税率,或按销售收入带征税。

8、利润分配

根据公司章程,年度的税后利润股东大会批准分配比例是:按规定提取法定盈余公积金10%,法定公益金5%后由董事会制定分配方案进行股利分配。

9、收入实现条件:以货物已发出、劳务已经提供、已经收到价款或以取得价款凭证为收入实现的条件。

10、坏帐处理及准备:坏帐处理方法为备抵法。坏帐准备按年末应收帐款余额的5%计提。

11、无形资产除土地使用权按50年摊销外,其余按10年摊销。

12、递延资产按受益期摊销。无法确定受益期限的,按不少于10年的期限摊销。

(二)报表项目附注

1.短期投资1996年12月31日余额为人民币11,200,000.00元。其中:

(1)股票投资共200,000.00元,其中:

股票名称	股数	金额(元)	按1996年12月31日市价计算金额(元)
宁波华联	2,600	10,468.02	24,180.00
广州珠江	5,000	9,355.40	47,750.00
小计	7,600	19,823.42	71,930.00
股票资金卡		180,176.58	
合计		200,000.00	

(2)对其它单位投资共11,000,000.00元,其中:

A:投资鄞县财政信用开发公司经营部10,000,000.00元,投资期限6个月。

B:投资浙江省鄞县黄泰五交化经营部1,000,000.00元,投资期限1年。

2、应收帐款1996年12月31日余额为人民币66,114,848.19元。

帐龄分析

	金额(元)	占总额比例(%)
1年以内	60,188,846.55	91.1
1—2年	5,645,439.88	8.5
2—3年以上	189,342.82	0.3
3年以上	91,218.94	0.1
合计	66,114,848.19	100

(2)无持有5%以上股份的主要股东的欠款情况。

3、其他应收款1996年12月31日余额为人民币172,051,533.18元。

(1)帐龄分析

	金额(元)	占总额比例(%)
1年以下	167,647,139.96	97.45
1—2年	2,826,017.39	1.64
2—3年	988,988.36	0.57
3年以上	589,387.47	0.34
合计	172,051,533.18	100

(2)无持有5%以上股份主要股东的欠款情况。

(3)金额较大的前五位债务人是:

单位名称	主要内容	金额(元)
宁波杉杉集团	收购杉杉时装两公司预付款	78,789,770.52
大榭杉杉工贸公司	代垫其应负担的广告费和装修费	15,534,764.53
宁波万里建设开发公司	公路投资款	15,000,000.00
宁波服饰开发公司	暂付杉杉服饰经营有限公司(暂名)筹建款	5,127,206.64
杉杉衬衫公司	代垫其应负担的广告费和装修费	3,935,784.44

4、长期投资1996年12月31日余额为人民币10,871,384.69元

(1)股票投资

股票名称	股数(万股)	投资金额(元)
上海时装股份有限公司	33	1,650,000.00
浙江中汇集团	6.5	90,000.00
南京中央商场	10	280,000.00
长沙中山商场	10	229,000.00
襄樊鼓楼商场	30	315,000.00
哈尔滨一百	10	180,000.00
石家庄人民商场	30	330,000.00
杭州华立公司	10	143,000.00
苏州人民商场	10	150,000.00

西安唐城百货大楼	8.5	85,000.00
上海中百一店	0.998	50,000.00
合计		3,502,000.00

(2)对其他单位投资

被投资单位名称	投资占其注册资本比例	投资金额(元)
宁波杉杉城市信用社	15	1,782,000.00
金杉皮具公司	20	334,000.00
杉杉上海服饰公司	10	80,000.00
宁波万里建设开发公司	24	2,000,000.00
南昌杉杉公司	100	653,998.36
中原杉杉公司	100	905,018.96
沈阳杉杉公司	100	581,777.76
西安杉杉公司	100	1,032,589.61
合计		7,369,384.69
总计		10,871,384.69

*1996年新设立的西安、沈阳、南昌、郑州(中原)四家子公司按照资产标准,销售收入和利润标准计算得出的比率均在10%以下,根据财政部财会二字(96)2号文件精神未予合并。

5、在建工程1996年12月31日余额为人民币95,511,154.05元。

项目	金额(元)	利息资本化	进度	资金来源
五家弄村、梅墟工程用地	31,019.680		18%	自筹及借款
钟公庙杉杉服装工业城土地	32,918,800		10%	自筹及借款
小计	63,938,480	4,915,323.40		
南京等7家子公司经营用房	10,693,428.80		65—80%	自筹
镇安小区营业用房购置款	3,000,000		20%	自筹
王家弄马路	1,200,000		80%	自筹
宁波华侨商场	5,720,080		90%	自筹
太古城职工宿舍	5,540,516.55		96%	自筹
其他	503,325.30		90%	自筹
合计	95,511,154.05			

6、资本公积期末余额为人民币134,540,382.02元,其中:

来源	期初余额(元)	本期增加额(元)	期末余额(元)
股票溢价(减手续费)		123,335,440.00	123,335,440.00
所得税减免转入	465,832.88	10,739,109.14	11,204,942.02
合计	465,832.88	134,074,549.14	134,540,382.02

说明:1)期初数比1995年末数增加发465,832.88元,系转入公司95年末未分配利润中系减免所得税465,832.88元。

2)本期从"应交税金"转入减免所得税10,739,109.14元。

以上两项按鄞县人民政府鄞县(1996)7号文件规定将所得税减免款转入资本公积。

3)公司1月18日股票发行后溢价收入入库资金(已减手续费等支出)123,335,440.00元转入资本公积。

7、盈余公积1996年12月31日余额为人民币50,699,642.92元,明细如下:

	法定盈余公积	法定盈余公益金	任意盈余公积	合计
1995.12.31报表数	27,685,258.71	5,314,425.94		32,999,684.65
*调整年初数			8,805,900.68	8,805,900.68
本期利润提取	5,929,371.74	2,964,685.85		8,894,057.59
合计	33,614,630.45	8,279,111.79	8,805,900.68	50,699,642.92

*根据1996年2月公司第四次股东大会通过的1995年度利润分配方案补提调整。

8、未分配利润1996年12月31日余额为人民币15,949,210.56元,其中:

单位:人民币元

1996年12月31日报表数	22,425,682.16
调整期初数	9,271,733.56
其中(1)*转入资本公积	465,832.88
(2)**转入盈余公积	8.805.900.68
加:1996年度合并净利润	57,319,319.55
减:提取法定盈余公积金	5,929,371.74
提取法定公益金	2,964,685.85
分配1996年股利	45,630,000.00
其中(1)1996年中期送股	24,336,000.00
(2)***1996年度预分方案	21,294,000.00
1996年12月31日未分配利润余额	15,949,210.56

*公司95年末未分配利润中有465,832.88元系减免所得税,按鄞县政(1996)7号文转入资本公积,调整年初数。

**根据公司第四次股东大会通过的利润分配方案补提任意盈余公积金8,805,900.68元,调整年初数。

***根据公司1997年3月10日召开董事会决议通过的对1996年度利润预分配方案,进行分配。

9、1996年度投资收益人民币7,012,494.86元,其中:股票投资收益59,848.00元系法人股红利,债券投资收益36,000.00元,系国库券应计利息,非控股公司分配的利润6,423,900.00元,按权益法计入非并表的全资子公司当期的利润502,746.86元。

说明:非控股公司分配的利润中:

1)1996年5月收到宁波杉杉城市信用社返回利润191,400.00元。

2)投资宁波鄞县万里建设开发公司的"四白公路"项目日收到分配利润3,767,950.00元。

3)投资鄞县财政信用开发公司收到分配利润2,464,550.00元。

三)增幅较大的原因说明

a:本公司年初通过发行股票筹资后,对外投资增加,其中短期经营项目投资增加1100万元并相应增加了投资收益;长期投资增加530万元,包括投资宁波万里建设发展公司200万元。*新设子公司投资及收益(未并表)317万元,购买法人股13万元。

*万里建设发展公司34号省道公路投资款其余部分列"其他应收款"。

b:公司筹资后投入"宁波杉杉新区服装生产基地"项目建设6400万元。且各子公司营业用房激增,故在建工程增幅高达425.82%。

c:公司生产销售大幅度增长,各新老子公司自营业务及兼营业务也有很大拓展,但母子公司内部销售有所下降,致使合并后主营收入增幅高达98.25%,其他业务利润增幅为106.13%。由于上述主要原因,公司的营业成本、应收款项及费用支出、未交税金、其他未交款、营业税金及附加增幅较大。

d:应付福利费增加原因是由于计提数大于支出数。累计数逐年增长。

e:由于公司新设子公司的部分资金调回用于购买营业用房,而这些新公司未纳入并表单位之内,故长期应付款增幅达442.50%。

f:公司年初股票发行筹资后,股本增加1300万元,95年度应付股利转增股本1014万元,96年中期送股2433.6万元,股本增幅达125.93%。

g:资本公积增幅高达28781.68%,主要原因是股票发行溢价收入为1.23亿元,退税收入也有增加。

h:由于捐赠性支出有所增加,故营业外支出增加71.43%。

i:公司规模扩大,生产量上升,了公司增加。故货币资金存量有较大增加,同样原因,借款比上年同期也有增加,财务费用增加。

j:其他应收应付款增幅较大。主要原因是增加了预付受让中外合资宁波杉杉时装有限公司和衬杉公司两家企业的中资股份款预付额6000万元,使其他应收款上升较大,另外,代垫和暂收暂付款项也有较大幅度增加。

k:累计折旧增幅较大的原因是新增固定资产 1000 万元,提取折旧的基数增加加上一年来折旧的自然增长,故增幅较大。

l:递延资产增加,主要是各公司办公用房装修费支出增加。

m:待处理财产损失增加 3682.38 元,上年数 4117.62 元,相对增加 89.43%。

n:少数股东权益新增 21.3 万元,系原全资子公司迪达公司本身改为有限责任公司,由其他单位参股造成。

o:其他流动资金增加,系委托贷款增加。

p:上年度发生广告费、展览费等本年内已按期摊销。故待摊费用下降幅度较大。

q:一年内到期的长期债券投资减少,系因国库券到期兑现。

r:预收货款减幅较大,原因是本年发货及时,销售环节运转较快。

s:预提费用年末数较上年末减少 5.7 万元。

八、其他事项

公司第二届董事会于 1997 年 3 月 10 日举行了第五次会议,会议决定事项另见董事会公告。

宁波杉杉股份有限公司

一九九七年三月十二日

资 产 负 债 表(1996 年 12 月 31 日)

编制单位:宁波杉杉股份有限公司

金额单位:元

项目	行次	母公司年初数	合并年初数	母公司年末数	合并年末数	项目	行次	母公司年初数	合并年初数	母公司年末数	合并年末数
资产						负债及股东权益					
流动资产:						流动负债					
货币资金	1	37944074.08	46526877.94	64149752.94	73454435.17	短期借款	41	16300000.00	16300000.00	53300000.00	58800000.00
短期投资	2	128612.02	128612.02	11200000.00	11200000.00	应付票据	42	13000000.00	13000000.00		14440000.00
应收票据	3	3620000.00	10170000.00	6600000.00	12650000.00	应付帐款	43	46923075.97	83357744.96	10299576.49	83972251.11
应收帐款	4	19809033.14	20776133.88	36418578.43	66114848.19	预收货款	44	83229744.05	98402127.47	8592957.05	41895923.67
减:坏帐准备	5	99045.17	103880.68	182092.89	330574.03	应付福利费	45	2248350.85	2554512.84	3772638.36	4408525.11
应收帐款净额	6	19709987.97	20672253.20	36236485.54	65784274.16	未付股利	46	26299000.00	26299000.00	23328600.00	23328600.00
预付货款	7	93862.37	1611495.24	489094.87	3671687.66	未交税金	47	11912495.18	11468924.77	32591127.37	32677955.17
其他应收款	8	80935820.20	83406463.04	156652721.79	172051533.18	其他未交款	48	324652.49	357127.93	1459101.69	1550172.36
待摊费用	9	5312526.31	7036321.86	201473.92	1488307.09	其他应付款	49	9886583.52	11013006.73	8120373.48	17286740.00
存货	10	111116484.20	137158155.23	40401121.21	106113494.57	预提费用	50		57829.09		
减:存货变现损失准备	10-1		162204.30		284186.52	一年内到期的长期负债	51	4990440.00	4990440.00	4149100.00	4149100.00
存货净额	10-2	111116484.20	136995950.93	40401121.21	105829308.05						
待处理流动资产净损失	11		4117.62		7800.00	其他流动负债	52				
一年内到期债券投资	12	100000.00	101000.00			流动负债合计:	55	215114342.06	267800713.79	145613474.44	282509267.42
其他流动资产	13			5000000.00	5000000.00	长期负债:					
流动资产合计:	14	258961367.15	306653091.85	320930650.27	451137345.31	长期借款	56	33517400.00	33517400.00	54498200.00	54498200.00
长期投资:						应付债券	57				
长期投资	16	21666910.86	5568000.00	29103802.60	10871384.69	长期应付款	58	7490000.00	400000.00	10960000.00	2170000.00
合并价差(合并报表填列)						其他长期负债	60	406.00	406.00		
(货差以"-"号表示)	16-1					长期负债合计:	65	41007806.00	33917806.00	65458200.00	56668200.00
固定资产:						递延税项					
固定资产原价	17	62122561.15	69991923.48	67999650.70	79254417.85	递延税款贷项	66				
减:累计折旧	18	7836294.48	8453559.90	12406603.94	14027131.88	负债合计:	67	256122148.06	301718519.79	211071674.44	339177467.42
固定资产净值	19	54286266.67	61538363.58	55593046.76	65227285.97						
在建工程	20	18164260.00	18164260.00	95511154.05	95511154.05						
固定资产清理	21					少数股东权益	67-1				213937.72
待处理固定资产净损失	22										
固定资产合计:	23	72450526.67	79702623.58	151104200.81	160738440.02	股东权益:					
无形及递延资产:						股本	68	37700000.00	37700000.00	85176000.00	85176000.00
无形资产	24	2357902.38	2357902.38	2094056.39	2094056.39	资本公积	69	465832.88	465832.88	134540382.02	134540382.02
递延资产	25	35394.13	562268.79	16927.62	915414.23	盈余公积	70	41063355.74	41805585.33	49599474.88	50699642.92
无形及递延资产合计:	30	2393296.51	2920171.17	2110984.01	3009470.62	其中:公益金	71	5113485.08	5314425.94	7958858.12	8279111.79
其他长期资产:						未分配利润	72	20120764.51	13153948.60	22862106.35	15949210.56
其他长期资产	31					外币报表折算差额	72—1				
递延税项:						股东权益合计:	79	99349953.13	93125366.81	292177963.25	286365235.50
递延税款借项	32										
资产总计:	40	355472101.19	394843886.60	503249637.69	625756640.64	负债及股东权益总计:	79	355472101.19	394843886.60	503249637.69	625756640.64

利润及利润分配表(1996年度)

编制单位:宁波杉杉股份有限公司　　　　金额单位:人民币元

项　　目	行次	母公司年初数	合并年初数	母公司年末数	合并年末数
一.主营业务收入	1	219158875.50	280339104.82	322365204.28	555783705.84
减:营业成本	2	37944074.08	153499712.32	210396285.53	408442362.83
销售费用	3	36597163.91	45173957.58	21981866.27	35411722.35
管理费用	4	21527245.83	29644036.28	27219674.70	44617441.92
财务费用	5	791855.89	523984.25	2570562.73	2779174.02
进货费用	6				
营业税金及附加	7	979284.73	1181443.30	3564621.97	3787122.25
二.主营业务利润	8	51469037.59	50315971.09	56632193.08	60745882.47
加:其他业务利润	9	167767.14	513500.60	918205.52	1058523.63
三.营业利润	10	51636804.73	50829471.69	57550398.60	61804406.10
加:投资收益	11	3699971.91	373293.23	9317451.45	7012494.86
营业外收入	12	64109.67	160764.26	456667.80	466666.27
减:营业外支出	13	1193199.11	1253580.51	1916873.71	2149020.84
加:以前年度损益调整	14		-4820.11		
四.利润总额	15	54207687.20	50105128.56	65407644.14	67134546.39
减:所得税	16	7650717.73	8919210.11	8500183.16	9811926.95
少数股东损益(合并报表填列)	16-1				3299.89
五.净利润	17	46556969.47	41185918.45	56907460.98	57319319.55
加:年初未分配利润	18	14773116.08	13619781.48	20120764.51	13153948.60
六.可分配的利润	20	61330085.55	54805699.93	77028225.49	70473268.15
减:提取法定公积金	21	4702280.24	4997233.77	5690746.10	5929371.74
法定公益金	22	2351140.12	2498616.88	2845373.04	2964685.85
七.可供股东分配利润	23	54276665.19	47309849.28	68492106.35	61579210.56
减:已分配优先股股利	24				
提取任意公积金	25	8805900.68	8805900.68		
已分配普通股股利	26	25350000.00	25350000.00	45630000.00	45630000.00
八.未分配利润	27	20120764.51	13153948.60	22862106.35	15949210.56

财务状况变动表(1996年度)

编制单位:宁波杉杉股份有限公司　　　　金额单位:人民币元

流动资金来源和应用	行次	合并金额数	母公司金额数	流动资金各项目的变动	行次	合并金额数	母公司金额数
一.流动资金来源				一.流动资产本年增加数:	30		
1.本年净利润(合并报表为合并净利润)	1	57319319.55	56907460.98	1.货币资金	31	26927557.23	26205678.86
加:少数股东本期损益(合并报表填列)	2	3299.89		2.短期投资	32	11071387.98	11071387.98
加:不减少流动资金的费用和损失				3.应收票据	33	2480000.00	2980000.00
(1)固定资产折旧	3	6310964.70	5305006.92	4.应收帐款			
(2)无形资产,递延资产及其他的 资产摊销(减其他负债转销)	4	670700.55	282312.50	减:坏帐准备			
				5.应收帐款净额	34	45112020.96	16526497.57
(3)固定资产盘亏(减盘盈)	5	15441.93		6.预付货款	35	2060192.42	395232.50
(4)清理固定资产损失(减收益)	6	785288.26	785288.26	7.其他应收款	36	88645070.14	75716901.59
(5)递延税款	7			8.待摊费用	37	-5548014.77	-5111052.39
(6)其他不减少流动资金的费用和损失	8	14654.02		9.存货		-31166642.88	-70715362.99
小 计	10	65119668.90	63280068.66	减:存货变现损失准备			
2.其他来源				10.存货净额	38		
(1)固定资产清理收入(减清理费用)	11	83700.00	83700.00	11.待处理流动资产净损失	39	3682.38	
(2)增加长期负债	12	57250800.00	58950800.00	12.一年内到期的长期债券投资	40	-101000.00	-100000.00
(3)收回长期投资	13		2002542.00	13.其他流动资产	41	5000000.00	5000000.00
(4)对外投资转出固定资产	14						
(5)对外投资转出无形资产	15						
(6)资本净增加额	16	190444606.73	190086668.28				
(7)少数股东资本净增加额(合并报表填列)	16-1	211132.81					
小 计	17	247990239.54	251123710.28	流动资产增加净额		144484253.46	61969283.12
流动资金来源合计:	18	313109908.44	314403778.94	二、流动负债本年增加数:	45		
				1.短期借款		42500000.00	37000000.00
1.利润分配				2.应付票据	46	1440000.00	-13000000.00
(1)提取法定公积金	19	5929371.74	5690746.10	3.应付帐款	47	614506.15	-36623499.48
(2)提取法定公益金	20	2964685.85	2845373.04	4.预收货款	48	-56506203.80	-74636787.00
(3)提取任意公积金	21			5.应付福利费	49	1854012.27	1524287.51
(4)已分配股利	22	45630000.00	45630000.00	6.未付股利		-2970400.00	-2970400.00
小 计	23	54524057.59	54166199.14	7.未交税金	50	21209030.40	20678632.19
2.少数股东利润分配(合并报表填列)	23-1	494.98		8,其他未交款	51	1193044.43	1134449.20
3.其他运用				9.其他应付款	52	6273733.27	-1766210.04
(1)固定资产和在建工程净增加额	24	88245865.35	84827669.32	10.预提费用	53	-57829.09	
(2)增加无形资产递延资产及其他资产	25	760000.00		11.一年内到期的长期负债	54	-841340.00	-841340.00
(3)偿还长期负债	26	34500406.00	34500406.00	12.其他流动负债	55		
(4)增加长期投资	27	5303384.69	9439433.74		56		
(5)合并价差							
小 计	28	128809656.04	128767509.06		57		
流动资金运用合计	29	183334208.61	182933628.20	流动负债增加净额		14708553.63	-69500867.62
流动资金增加净额	29	129775699.83	131470150.74	流动资金增加净额	58	129775699.83	131470150.74

宁波杉杉股份有限公司1997年中期报告

一、财务报表(未经审计)

(一)、财务报表

1、简化的损益表(见附表一)

2、简化的资产负债表(见附表二)

附一:

简化的资产负债表

1997年6月30日　　　　金额单位:元

	年初数		期末数	
	母公司	合并	母公司	合并
资产:				
流动资产	320,930,650.27	451,137,345.31	108,829,830.72	474,147,169.55
长期投资	29,103,802.60	10,871,384.69	170,927,445.27	13,781,333.17
固定资产净值	55,593,046.76	65,227,285.97	35,223,686.74	126,540,187.95
在建工程	95,511,154.05	95,511,154.05	138,776,121.53	144,328,034.05
无形资产	2,094,056.39	2,094.056.39	1,385,670.00	1,962,143,39
递延资产	16,927.62	915,414.23	-	3,987,155.92
资产总计	503,249,637.69	625,756,640.64	455,142,754.26	764,746,024.03
负债及股东权益:				
流动负债	145,613,474.44	282,509,267.42	89,885,288.63	359,718,077.69
长期负债	65,458,200.00	56,668,200.00	38,832,000.00	45,515,400.00
负债合计	211,071,674.44	339,177,467.42	128,717,288.63	405,233,477.69
少数股东权益	-	213,937.72		33,087,080.71
股东权益				
其中:股本	85,176,000.00	85,176,000.00	85,176,000.00	85,176,000.00
资本公积	134,540,382.02	134,540,382.02	135,890,382.02	135,890,382.02
盈余公积	49,599,474.88	50,699,642.92	49,599,474.88	50,699,642.92
其中:公益金	7,958,858.12	8,279,111.79	7,958,858.12	8,279,111.79
未分配利润	22,862,106.35	15,949,210.56	55,759,608.73	54,659,440.69
股东权益合计	292,177,963.25	286,365,235.50	326,425,465.63	326,425,465.63
负债及股东权益总计	503,249,637.69	625,756,640.64	455,142,754.26	764,746,024.03

附二:

简化的损益表

金额单位:元

	上年同期数		1997年1-6月	
	母公司	合并	母公司	合并
主营业务收入	165,065,412.55	284,372,198.39	23,508,861.15	341,279,052.68
主营业务利润	20,984,648.87	28,089,468.59	-742,969.52	61,394,067.78
其他业务利润	-15,255.05	-23,456.56	-	1,485,078.49
投资收益	6,162,472.73	4,114,429.07	33,615,471.90	2,457,033.14
营业外收支净额	-838,158.22	-903,123.48	25,000.00	-638,317.72
加以前年度损益调整	-	8,075.87	-	-
利润总额	26,293,708.33	31,285,393.49	32,897,502.38	64,697,861.69
所得税	3,112,625.34	4,143,441.70	-	15,380,394.41
少数股东权益				10,607,237.15
净利润	23,181,082.99	27,141,951.79	32,897,502.38	38,710,230.13

(二)、主要财务指标

	97年上半年	96年上半年
每股收益(元)	0.454	0.446
净资产收益率(%)	11.86	9.78
每股净资产(元)	3.83	4.56

(三)、财务报表附注

1、本报告期内公司控股的中外合资宁波杉杉时装有限公司和宁波杉杉衬衫有限公司 采用的会计政策执行《外商投资企业会计制度》,母公司及其它子公司均执行《 股份制试点企业会计制度》。

2、本报告期财务报告主体发生分立,母公司划出西服生产性资产4,500万元,注册设 立宁波杉杉西服公司,下拨经营性资本90万元,在大榭开发区注册分设国立贸易 公司。合并报表单位除原来的十一家全资销售子公司外,增加杉杉西服公司、杉 杉服装服饰公司、大榭国立贸易公司三家全资子公司和杉杉时装有限公司、杉杉 衬衫有限公司两家控股子公司。合并办法根据沪财会(1995)112号文件规定,有四 家省外销售公司按资产标准、销售收入和利润标准计算得出的比率在10%以下,根据财政部会字(96)2号文件精神,按权益法处理,未予合并。

3、母公司所得税率为15%,公司控股的中外合资企业执行外商投资企业所得税政策,其它各子公司的所得税率按照当地规定。

4、关联企业:

企业名称	经济性质	法定代表人	注册地址	注册资金	关联关系	主要业务	所持股份或权益
杉杉集团有限公司	有限责任	郑永刚	宁波市江东百丈路158号	5400万	控制本公司	内外贸易,服装,运输,印务	
宁波杉杉广告有限公司	有限责任	胡海平	宁波市江东百丈路158号	220万	受同一母公司控制	广告	
宁波杉杉童装有限公司	有限责任	郑学明	镇海城东环城西路1号	380万	受同一母公司控制	童装	
宁波杉杉印务公司	有限责任	胡海平	宁波市环城北路西段518弄18号	300万	受同一母公司控制	印刷、包装箱制造	
宁波杉杉实业有限公司	有限责任	郑学明	宁波市江东百丈路158号	500万	受同一母公司控制	针纺织品	
南昌杉杉公司	有限责任	崔益军	南昌东湖叠山路228号	58万	受本公司控制	服装、服饰	100%
沈阳杉杉公司	有限责任	安刚	沈阳市沤河区沈阳路200号	58万	受本公司控制	服装、服饰	100%
西安杉杉公司	有限责任	干志华	西安市高新二路4号	68万	受本公司控制	服装、服饰	100%
中原杉杉公司	有限责任	王庆丰	郑州市货栈北街28号	82万	受本公司控制	服装、服饰	100%

5、关联交易

(1)1997年1月1日本公司受让杉杉集团有限公司所持宁波杉杉时装有限公司75% 的股权和宁波杉杉衬衫有限公司55%的股权,按该两公司1996年12月31日的 帐面净资产比例作价,受让金额分别为39,792,964元和21,802,000元。上述 两公司1996年度会计报表业经大华会计师事务所审计并出具审计报告,上海 中华社科会计师事务所以1996年12月31日为基准日,对该两公司进行资产评 估,并出具评估报告书。到6月30日止,"其他应收款"项下杉杉集团公司尚 有101万元余额,系代付电费及职工养老金。

(2)1997年1-6月份各市场子公司向宁波杉杉实业有限公司购入针纺织品1,940,008.91元,到6月底止尚有应付帐款309,272.95元。

(3)1997年1-6月份各市场公司向宁波杉杉童装有限公司购入童装1,124,466.53元,到6月底止尚有应付帐款为1,426,296.27元。

(4)宁波杉杉广告有限公司1-6月份向本公司提供广告服务,到6月底止其他应付款 余额为1,117,039.14元。

(5)宁波杉杉印务有限公司1-6月份向本公司提供包装物,货款688,832.38元,到6月底止尚有应付帐款212,309.20元。

(6)以上关联交易以公平的市场价格为基础计价。

6、短期投资

期末余额3,620万元,期初1,120万元,增加原因短期周转资金通过鄞县财政信 用开发公司对外短期投资。

7、应收帐款净额

期末余额9,801.22万元,期初6,578.43万元,增加原因报告期增加了杉杉时装 公司和杉杉衬衫公司两户合并单位,经营规模扩大,销售未回笼货款增加。帐龄分析:

1年以内	9,156.83万元	占93.09%
1-2年	5,171.14万元	占5.26%

无持有5%以上股份的股东欠款。

8、其它应收款

(1)期末余额7,933.72万元,期初17,205.15万元,减少原因冲回受让杉杉时装、杉杉衬衫两公司杉杉集团75%和55%股份的预付款;以及收回子公司各项垫付款项。期末最大款项的户名:

宁波万里建设开发公司	"四自"公路投资建设款	1350万元
北京天宫西服公司	委托购料款	685.25万元
宁波华纺发展公司	委托购料款	300万元
中农信宁波代理处	合并单位时装公司的委放贷款	320万元
南京金良装饰工程公司	市场公司预付装修款	203.7万元

帐龄分析:

1年以内	7,311.32万元	占92.15%
1-2年	553.08万元	占6.97%

(2) 持有5%以上股份主要股东的欠款情况:

股东名称	主要内容	金 额
宁波杉杉集团有限公司	代付电费及养老金	101.18万元

9、长期投资

期末余额1,378.13万元,期初余额1,087.14万元,增加内容:

(1) 投资纺织品有限公司200万元;

(2) 增加南昌、中原、西安、沈阳四个市场子公司投资58.68万元;

(3) 并入宁波市城市合作银行的原杉杉城市信用社投资款资产升值增加投资29.33万元;

(4) 法人股红股2.98万元。

10、在建工程

期末余额14,432.8万元,期初9,551.11万元,增加原因是鄞县中心区杉杉工业 城15万套西服和物流中心两个新建项目土建工程财务支付数555万元及订购进 口设备款2,489.2万元,外地市场公司购营业用房款1,357.24万元,王家弄村 土地改工业用地为商住用地支付造路城建配套费1,020万元。

11、固定资产净值

期末余额12,654万元,期初6,522.73万元,增加原因是合并时装公司、衬衫公 司的固定资产、95年订购职工宿舍楼二幢交付、上海市场公司购置营业用房、西服公司翻建仓库等。

12、存货

期末13,668.7万元,期初10,611万元,增加原因:

报告期内新增合并时装、衬衫两公司的存货;增设各地专卖店、专卖厅增加铺 底商品。

13、投资收益

期末余额245.7万元,期初411.44万元,减少原因是鄞县万里建设开发公司(34号省道鄞县段四自公路投资项目)因负担宁波飞机场通道路段扩建部分工程款,本报告期减少股利分配额。

14、所得税

报告期合并所得税1,538万元,税负率比上半年增幅较大,其原因:

(1)、公司规模扩大,增加了五户合并报表单位,按税法规定,内部销售未实现 利润合并抵扣数不能扣减所得税543万元;

(2)、报告期在大榭开发区设立的杉杉服装服饰有限公司和国立贸易有限公司的 优惠税收政策实行先计提后转帐返还的办法,报告期内计提额为212.69万元。

15、资本公积

期末余额13,589万元,期初13,454万元,增加原因是南京子公司收到当地财政 返还税款63万元、宁波大榭开发区按优惠政策返还子公司国立贸易公司的增值 税款72万元。

16、盈余公积

期末余额5,069.96万元,报告期内无变化。

17、未分配利润

期末余额5,465.94万元,期初1,594.92万元,增加原因报告期内合并净利润转入。

二、经营情况回顾与展望

1、上半年经营情况的回顾

上半年公司遵循"规范、提高、发展"六字方针和高品位、精加工、大经营 的主业战略,努力升华杉杉品牌潜质,在激烈的市场竞争环境下,继续取得了可 喜的经营成果,经济规模有了较大的发展。

上半年,公司在市场拓展方面加大力度,各市场销售公司在各自的区域内选 址增设专卖店21家。在大商场内增设专卖厅80个,扩大了杉杉服装的市场覆盖面。1997年3月国内贸易部商业信息中心在百家大型商场抽样调查结果,杉杉西服在 消费市场畅销商品排行榜上以29.5%的市场占有率居第一位,列"中国城市居民家庭主要消费品最具有竞争力民族品牌"。品牌优势和市场拓展举措使公司产销持续稳定增长,今年1-6月累计完成主营业务收入3.41亿元,同比增长20%;净利润3,871万元,同比增长42.63%;完成年度计划的52.86%;每股净利润0.454元,做到股本扩大40%,每股净利润不摊薄的良性发展势头。

上半年,公司顺利完成了产业扩张和内部体制改革两大项目。控购杉杉时装公司、杉杉衬衫公司以及分设杉杉西服公司后,公司规模扩大,母公司经营、管理中心功能和子公司的资产保值增值职能得到有效发挥。西服公司上半年销售量同比增长5.7%,时装公司上半年净利润为公司控股前1996全年实绩的70.85%,衬衫公司上半年净利润为公司控股前1996全年实绩的61.14%。该两公司的创利能力成为公司新的经济效益增长点。母公司同西服生产体分开以后,为了有效行使经营中心的职权,上半年在大榭开发区注册设立了公司的全资子公司"国立贸易有限公司",投入注册资本90万元,实行并表核算。其主要任务是连接生产子公司与销售子公司之间的产销纽带,把各生产企业的产品发售到各地市场分公司,并回笼货款,减轻各生产子公司花在销售上的精力及资金压力,同时替生产子公司采购供应面辅料。

上半年,抓紧实施鄞县中心区的杉杉工业城一期建设项目,在配股资金尚未 到位的情况下,商请建设银行短期放贷,提前财务投入。截止六月底,"五万套 西服生产线"、"物流中心"两个项目的基础工程已经结束,厂房开始建造,进 口设备已经签约订购。上次募股资金使用项目内的"十万套西服生产线"与"五 万套西服生产线"一并实施建造。配股资金使用项目筹建"杉杉服装服饰有限公司"已提前注册设立进行试运营。

2、下半年计划

下半年,公司必保完成年度利润计划的后半部分。圆满完成97年配股增资工作,加快投资项目的实施进度,杉杉工业城一期在建项目的厂房、中心仓库争取年底结顶,为明年上半年安装设备争取时间;杉杉服装服饰有限公司通过试运营期,明年步入正常营业,为公司新的盈利增长提供保证。

三、重大事件说明

(一)、重大事项

1、公司1997年度配股获中国证监会上字〔1997〕28号文复审批准,于1997年7月4日在《上海证券报》、《中国证券报》刊登《宁波杉杉股份有限公司配股说明书》,并确定1997年7月18日为股权登记日,1997年7月21日为除权基准日。报告期内尚未实施配股。

2、根据1997年4月15日召开的公司第五次股东大会(即1996年度股东年会)决议，于1997年6月2日(除息基准日)实施96年度分红派息,向全体股东按每10股派 发现金红利2.5元(含税)。

3、公司参股投资的原"杉杉城市信用社",因改制并入宁波市城市合作银行，原投资178.2万元,占该社总股本15%，现经净资产评估后分配,本公司投资 额升值至207.53万元,转入城市合作银行的投资,占该行总股本23,824.43万 元的0.87%。

4、根据中共鄞县县委办公室县委办(1996)102号文件精神,杉杉工业城已移址鄞县中心区钟公庙黄泥桥村建造,原征用王家弄村土地计10.66万平方米由工业用地改为住宅、商业用地,于97年6月28日领到国有土地使用权证。同时,应支付百丈东路延伸段"以地带路"配套造路费2,000万元。本报告期内已支付1,020万元。预计百丈路延伸段一期工程将于年底完工。

5、对照5月21日公布的国务院关于《严禁国有企业和上市公司炒作股票的规定》,本公司对证券投资情况进行了自查,至1996年8月13日止,本公司及子公司未 持有已上市流通股票,只持有在公司股票上市以前投资留下的"宁波华联" 转配股2600股,帐面投资金额10,468.02元,"广州珠江"转配股5000股,帐面 投资金额9,355.40元。在以前的股票投资活动中,未发生违反国家有关政策 法规的行为。

6、募股资金使用情况

本公司1996年1月公开发行股票募集资金使用情况,已在《96年年度报告 》及第五次股东大会决议公告中予以披露。其中招股说明书中确定的"10万 套高档西服大平板流水线"项目经股东大会批准移址鄞县中心区杉杉工业城 内建设。至6月30日止,厂房桩基工程已完成,并已完成20%的土建工程量,该项目与97年配股资金投资的"5万套高档西服生产线"一并施工,按项目进 度计划顺利进行。

7、本公司报告期内无重大诉讼仲裁事项。

(二)、后续事项

1、公司第六次董事会议通过公司投资90万元注册分设大榭开发区国立贸易有限 公司的实施追认案。大榭国立贸易有限公司是公司的下属子公司,主营公司 产品的购销及面、辅料采购供应,由公司经营中心、财务结算中心直接管理 ,实行会计并表。

2、第六次董事会议讨论建议修改公司章程。

(1)、公司完成本年度配股增资后,对有关股本的章程条款进行修正;

(2)、依照中华人民共和国《公司法》,公司章程关于董事会表决时,"董事 长在争议双方票数相等时,有两票表决权"的第四十二条条款,予以取消。

本章程修改建议案待提交下次股东大会审议通过,作正式修改。

四、发行在外股票的变动和股本结构变化

(一)、报告期内本公司没有股票发行及其它募集资金或转增股本的行为,因此发行在外的股本结构无变化。

(二)、公司股本结构

截止1997年6月30日,本公司股本结构情况如下:

	期初数(万股) 96.12.31	比例(%)	期末数(万股) 97.6.30	比例(%)
一、尚未流通股份:				
1、发起人股份				
其中:境内法人持有股份	5164.32	60.63	5164.32	60.63
2、募集法人股	219.24	2.57	219.24	2.57
3、内部职工股	950.04	11.15	950.04	11.15
尚未流通股份合计	6333.60	74.35	6333.60	74.35
二、已流通股份				
1、境内上市的人民币普通股	2184.00	25.65	2184.00	25.65
已流通股份合计	2184.00	25.65	2184.00	25.65
三、股份总数	8517.60	100	8517.60	100

(三)、主要股东持股情况(万股):

股东名称	持股数(万股)	比例(%)
1、宁波杉杉集团有限公司	4433.52	52.05
2、中国服装研究设计中心(集团)	316.68	3.72
3、上海第一百货商店股份有限公司	316.68	3.72
4、海通证券	147.50	1.73
5、鄞县财政信用开发公司	119.364	1.4
6、宁波甬城房地产总公司	73.08	0.86
7、海通公司	52.5	0.61
8、鄞县新潮金银饰品店	48.72	0.57
9、申银证券	30.816	0.36
10、华厦上证	27.045	0.31

五、股东大会简介

公司第五次股东大会(96年度年会)于1997年4月15日下午在宁波甬港饭店会 议厅召开。出席本次会议的股东56名,代表股份55174142股,占公司股份总 额的64.78%,符合《公司法》的规定。本次会议通过了如下决议:

(一)、审议通过《董事会、总经理1996年度工作报告》

(二)、审议通过《监事会1996年度工作报告》

(三)、审议通过《一九九六年度财务决算、一九九七年度预算报告》

(四)、审议通过《一九九六年度公司净利润、股利分配方案》

(五)、审议通过1997年度增资配股方案:

(六)、依照市政建设规划,原杉杉工业基地在东郊乡王家弄村已批租征用的10.66万平方米工业用地申请改为商业用地;"10万套高档西服大平板 流水线"新建工程易址到南郊鄞县中心区钟公庙镇实施。调整三项募 股资金使用。

(七)、审议通过"杉杉工业城"一期规划及97年投资项目

杉杉工业基地(杉杉工业城)易址到钟公庙镇建设,一期规划新征土地120亩,迁入西服、衬衫两厂,加上扩充项目,形成50万套西服、120万件衬衫的年生产规模,并配套物流、管理两个中心,总投资二 亿五千万元,分期进行。

(八)、决定开设"杉杉服装服饰经营有限公司",直接投资2,700万元。

(九)、同意公司第一大股东宁波甬港服装总厂因改组更名要求将其所持公司法 人股4433.52万股全部过户给宁波杉杉集团有限公司的请求,并报宁波市证管 办审查同意。

(十)、确认公司根据上次临时股东大会的决议,协议收购宁波杉杉时装有限公 司75%股权所支付的股权转让金39,792,964元;协议收购宁波杉杉衬衫 有限公司55%股权所支付的股权转让金21,802,000元。

自一九九七年一月一日起,本公司拥有上述两公司的比例股份权益,并实现控股。以上第(九)、(十)两项决议案,当事股东执行回避表决制度,经到会其它股东表决结果,赞成票分别为97.14%和100%。

(十一)、董事、监事更迭选举。

六、备查文件及查阅地址

1、备查文件:载有董事长总经理亲笔签名的公司1997年度中期报告原本及完整 的财务报告;

2、1996年度股东大会(即第五次股东大会)决议公告;

3、本公司中期报告文本在中国证监会、上海证券交易所均有备份;

4、本公司查阅地址:宁波市百丈路158号公司股证办公室。

咨询电话:0574-7716019

宁波杉杉股份有限公司

一九九七年七月二十八日

浙江古越龙山绍兴酒股份有限公司

浙江古越龙山绍兴酒股份有限公司股票上市公告书

一、要览

1. 股票简称	古越龙山
2. 总股本	10000 万股
3. 可流通股本	3500 万股
4. 本次上市流通股本	3150 万股
5. 股票代码	600059
6. 上市地点	上海证券交易所
7. 上市时间	1997 年 5 月 16 日
8. 登记机构	上海证券中央登记结算公司
9. 上市推荐人	中信证券有限责任公司

二、绪言

本上市公告书根据《中华人民共和国公司法》、《股票发行与交易管理暂行条例》、《公开发行股票公司信息披露的内容与格式(第七号)》、《上海证券交易所交易市场业务试行规则》等法律、法规的规定编写。本次股票发行经中国证券监督管理委员会证监发字(1997)第 139 号及证监发字(1997)第 140 号文批准,股票上市申请经上海证券交易所上证上字(1997)第 25 号《上市通知书》审核批准,将于 1997 年 5 月 16 日(星期五)在上海证券交易所挂牌交易。

本公司总股本为 10000 万股,可流通股本为 3500 万股。本次上市流通股 3150 万股,均为 1997 年 4 月 25 日发行的人民币普通股,公司职工股 350 万股预计将于本次发行股票上市半年以后上市。本公司于 1997 年 4 月 17 日的《中国证券报》和《上海证券刊》刊登了招股书概要,距今不足 6 个月,相同的内容不再重复。

发行人董事会和董事会成员已批准该上市公告书,确信其中不存在任何重大遗漏或者误导,并对其真实性、准确性和完整性负个别及连带责任。上市公告书中的内容由本公司董事会负责解释。

三、发行公司概况

1. 公司发起人简介

法定名称:中国绍兴黄酒集团公司

法册地址:浙江省绍兴市北海桥

法定代表人:余龙生

注册资金:13341 万元

成立日期:1994 年 8 月

经营范围:主营绍兴黄酒、白酒、玻璃器皿,兼营粮食、饮料、罐头、食品、副食品、百货、五金交电、建筑材料。

所属行业:工业(酿酒业)

联系电话:0575—5157501 转

2. 发行公司历史沿革

公司名称:浙江古越龙山绍兴酒股份有限公司

英文名称:ZHEJIANG GUYUELONGSHAN SHAOXING WINE COMPANY LIMITED

英文简称:ZGSW

公司法定代表人:余龙生

公司法定地址:浙江省绍兴市北海桥

经营范围:主营绍兴黄酒,兼营白酒、粮食、饮料、罐头、食品、副食品。

所属行业:工业(酿酒业)

联系电话:0575—5157501 转

联系人:沈镝

浙江古越龙山绍兴酒股份有限公司(以下简称"股份公司"、"本公司"或"公司")是经浙江省人民政府证券委员会浙证委(1997)23 号文批准设立,由中国绍兴黄酒集团公司作为唯一发起人,以其所属的第一酿酒厂、第二酿酒厂、花雕厂和沈永和酒厂的经营性资产为主体投入,采取社会募集方式设立的股份有限公司。

根据浙江资产评估公司评估和国家国有资产管理局国资评(1997)173 号文确认,截止到 1996 年 12 月 31 日进入股份公司的净资产为 98,239,023.12 元。根据浙江省国有资产管理局浙国资企(1997)12 号文《关于浙江古越龙山绍兴酒股份有限公司国有股权管理有关问题的批复》,集团公司将上述经营性资产全部投入新设立的股份公司,并按 66.17% 的折股比例,折为股本计 6500 万股,其余 33,239,023.12 元列作资本公积金,股权性质为国有法人股,由集团公司持有。股份公司 1997 年 4 月 25 日向社会公开发行 3500 万股社会公众股,每股面值 1.00 元,每股发行价为 8.84 元。股份公司于 1997 年 5 月 8 日召开创立大会宣布公司设立,且于 1997 年 5 月 8 日在浙江省工商管理局办理了工商注册登记。设立后的股份公司总股本为 1 亿元,集团公司作为独家发起人,以 65% 的比例控股。

四、股票发行及承销

1. 股票公开发行

发行数量:3500 万股(其中公司职工股 350 万股)

发行价格:8.84 元/股

募集资金总额:30940 万元

发行方式:上网定价发行

配售比例:5.1579613‰

配售户数:473199

持 1000 股以上户数(含 1000 股):33,139 户

发行费用:945 万元

每股发行费用:0.27 元

发行市盈率:13.6 倍

2. 股票承销

本次发行为超额认购,故无余额由承销团包销。

3. 验资报告

(1)验资报告(浙会验【1997】第 67 号)

浙江古越龙山绍兴酒股份有限公司筹委会:

我们接受委托,对浙江古越龙山绍兴酒股份有限公司(筹)截至 1997 年 5 月 7 日止的实收股本及相关的资产和负债的真实性和合法性进行了审验。在审验过程中,我们按照《独立审计实务公告第 1 号——验资》的要求,实施了必要的审验程序。浙江古越龙山绍兴酒股份有限公司(筹)的责任是提供真实、合法、完整的验资资料,保护资产的安全、完整,我们的责任是按照《独立审计实务公告第 1 号——验资》的要求,出具真实、合法的验资报告。

浙江古越龙山绍兴酒股份有限公司(筹)申请的注册资本为 10,000 万元。根据我们的审验,浙江古越龙山绍兴酒股份有限公司本次公开发行前的股本总额为 6,500 万元,本次公开发行人民币普通股(A 股)3,500 万元(其中向公司职工配售 350 万股),每股本值一元,截至 1997 年 5 月 7

日止,实际募集资金30,475.9万元,其中股本3,500万元,资本公积26,975.9万元。连同公开发行股票前的股本,累计股本总额壹亿元整(10,000万元)、资本公积贰亿陆仟玖佰柒拾伍万玖仟元整(26,975.9万元)。

浙江会计师事务所　　中国注册会计师　　郑启华

中国·杭州　　中国注册会计师　　韦健亚

报告日期:1997年5月7日

(2)募集资金的入帐时间:1997年5月7日

(3)入帐金额:30,475.9万元(已扣除承销费用)

(4)入帐帐号:1010520012818

(5)开户银行:中国工商银行绍兴市分行

五、董事、监事及高级管理人员持股情况

余龙生先生:45岁,高级工程师,现任股份公司董事长、总经理。曾任本公司筹委会主任,中国绍兴黄酒集团公司董事长、总经理,绍兴市咸亨食品厂党委书记兼厂长、绍兴瓷厂党委书记兼厂长,被授予"浙江省优秀企业家"的称号,具有丰富的企业管理经验。持股12000股,持股比例为0.12‰。

黄志顺先生:45岁,高级政工师,现任股份公司董事、副总经理。曾任本公司筹委会委员,中国绍兴黄酒集团公司党委副书记、副总经理,海军舟山基地保卫处副处长、处长,浙江海尔曼斯集团公司党委副书记、工会主席、厂长助理。持股7500股,持股比例为0.075‰。

俞阿狗先生:39岁,经济师,现任股份公司董事、副总经理。曾任本公司筹委会委员,中国绍兴黄酒集团公司副总经理,绍兴沈永和酒厂厂长助理、副厂长、绍兴市酿酒总公司副总经理。持股7500股,持股比例为0.075‰。

刘苕生先生:50岁,经济师,现任股份公司董事、副总经理。曾任本公司筹委会委员,中国绍兴黄酒集团公司副总经理,新昌轴承厂车间主任、绍兴市糖业烟酒公司科长、副经理,绍兴深永和酒厂副厂长、绍兴市酿酒总公司副总经理。持股7500股,持股比例为0.075‰。

董勇久先生:36岁,高级工程师,现任股份公司董事、副总经理。曾任绍兴市酿酒总公司生技科科长,动力科科长,中国绍兴黄酒集团公司玻璃瓶厂副厂长、工程部部长。持股5200股。持股比例为0.052‰。

沈　镝先生:36岁,经济师,现任股份公司董事、董事会秘书。曾任本公司筹委会委员,中国绍兴黄酒集团公司总经理助理,绍兴市轻工业公司企管科科长,绍兴市酿酒总公司玻璃瓶厂副厂长、厂长,中国绍兴黄酒集团公司综合部部长、绍兴市咸亨食品厂党委书记。持股7500股,持股比例为0.075‰。

傅炳荣先生:45岁,会计师,现任股份公司董事、总会计师。曾任本公司筹委会委员,中国绍兴黄酒集团公司总经理助理兼财务部部长,绍兴咸亨食品厂财务科科长、副厂长。持股7500股,持股比例为0.075‰。

何　锋先生:42岁,政工师,现任股份公司董事。曾任本公司筹委会委员,中国绍兴黄酒集团公司工会主席,绍兴市酿酒总公司工会主席。持股7500股,持股比例为0.075‰。

傅保卫先生:41岁,经济师,现任股份公司董事。曾任本公司筹委会委员,中国绍兴黄酒集团公司沈永和酒厂厂长,绍兴沈永和酒厂副厂长、工会主席。持股5200股,持股比例为0.052‰。

孙永根先生:46岁,政工师,现任股份公司监事会主席。曾任绍兴市红光绸厂党委副书记,绍兴弹力丝厂党委副书记,绍兴针织印染总厂党委书记,绍兴市酿酒总公司党委副书记,中国绍兴黄酒集团公司纪委书记、玻璃瓶厂厂长兼书记。持股7500股,持股比例为0.075‰。

陈培民先生:42岁,现任股份公司监事。曾任本公司筹委会委员,中国绍兴黄酒集团公司销售部部长,绍兴市酿酒总公司副科长、销售部经理。持股5200股,持股比例为0.052‰。

钱梦瑜先生:46岁,政工师,现任股份公司监事。曾任上海警备区电台台长、司令部参谋,绍兴市酿酒总公司宣教科长、组织科长,绍兴市沈永和酒厂党支部书记,中国绍兴黄酒集团公司党委副书记,第三酿酒厂党支部书记。持股5200股,持股比例为0.052‰。

六、公司创立

1.本公司于1997年5月8日召开了第一届股东大会,审议并通过了本次向社会公开发行的3500万股A股股票在上海证券交易所申请上市交易的决议,并责成公司董事会做好各项准备工作。

2.公司注册资金:10000万元

3.公司注册登记时间:1997年5月8日

4.公司注册地址:浙江省绍兴市北海桥

5.营业执照注册号码:14294330-3

七、关联企业及关联交易

1.关联企业

本公司是由中国绍兴黄酒集团公司独家发起设立的。集团公司曾是我国规模最大的黄酒生产出口企业,为国家大型一档企业,并拥有自营进出口权,在技术、质量、效益等诸方面都处于国内黄酒行业前茅,1994年进入全国轻工业利税200强,公司主导产品"古越龙山"、"沈永和"牌绍兴黄酒以其低度、营养、保健三大功能深受国内外消费者的喜受,多次荣获国际,国家金奖,畅销全国各地和日本、香港、东南亚、欧美等三十多个国家和地区。作为本公司的控股母公司,集团公司持有本公司6500万股,占总股本的65%。

2.关联交易

本公司在筹建期间,与集团公司签订了一系列的协议,如《生产协作协议》、《生活服务协议》、《商标使用许可协议》等,以保证双方在相关的经济业务上按照公平、公正的市场原则进行。由于本公司成立后已完全控制集团公司及下属公司的黄酒生产,同时集团公司及其下属全资和控股企业,亦已作出不竞争的承诺,保证不再生产同类产品,故本公司与集团公司在黄酒生产上不存在同业竞争的情况。

八、股本结构及大股东持股情况

1.本公司本次上市前股权结构

股本类别	股数(万股)	占总股本的比例(%)
尚未流通股份	6500	65
其中:国有法人股	6500	65
可流通股份	3500	35
其中:社会公众股	3150	31.5
公司职工股	350	3.5
总股本	10000	100

2.本公司前十名股东所持股数及比例

股东名称	投股数(万股)	比例(%)
中国绍兴黄酒集团公司	6500	65
余龙生	1.2	0.012
黄志顺	0.75	0.0075
俞阿狗	0.75	0.0075
沈　镝	0.75	0.0075
傅炳荣	0.75	0.0075
孙永根	0.75	0.0075
何　锋	0.75	0.0075
刘苕生	0.75	0.0075
董勇久	0.52	0.0052

九、公司财务会计资料

(一)审计报告

1.浙江会计师事务所浙会审(1997)第126号审计报告

浙江古越龙山绍兴酒股份有限公司筹委会:

我们接受委托,审计了贵公司(筹)1994年12月31日、1995年12月31日、1996年12月31日的资产负债表和1994年度、1995年度、1996年度的利润表及1996年度财务状况变动表。这些会计报表由贵公司负责,我们的责任是对这些会计报表发表审计意见。我们的审计是依据中国注

册会计师独立审计准则进行的。在审计过程中,我们结合贵公司实际情况,实施了包括抽查会计记录等我们认为必要的审计程序。

我们认为,上述会计报表符合《企业会计准则》和《股份制试点企业会计制度》的有关规定,在所有重大方面公允地反映了贵公司(筹)1994年12月31日、1995年12月31日、1996年12月31日的财务状况和1994年度、1995年度、1996年度经营成果及1996年度资金变动情况,会计处理方法的选用遵循了一贯性原则。

浙江会计师事务所　　中国注册会计师　　郑启华

中国·杭州　　中国注册会计师　　韦健亚

报告日期:1997年1月31日

(二)公司采用的主要会计政策

1. 会计制度:执行《股份制试点企业会计制度》。

2. 会计期间:会计年度自公历1月1日起至12月31日止。

3. 记帐方法:借贷复式记帐法。

4. 记帐原则和计价基础:所附会计报表,按权责发生制采用实际成本计价的原则进行编制。

5. 坏帐准备:按期末应收帐款余额的5‰计提坏帐准备,并计入当期损益。

6. 存货:实行永续盘存制和实际成本核算,发出存货采用加权平均法计价。

低值易耗品采用领用时一次摊销法。

7. 长期投资

(1)债券投资按实际成本核算。每期结帐时,计算应计利息收入。

(2)股权投资和联营投资,股权比例在20%(含)以下的,按成本法核算;股权比例在20%以上的,按权益法核算,其中超过50%的,并合并报表。

8. 固定资产及其折旧

固定资产标准为:使用年限在1年以上的房屋、建筑物、机器、机械、运输工具以及其他与生产经营有关的设备器具、工具等;不属于生产经营主要设备的物品,单位价值在2,000元以上,并且使用期限超过两年的。

固定资产按实际成本计价,其折旧除运输设备采用工作量法外,其他采用分类平均年限法计算,并根据固定资产类别的原值、估计经济使用年限和预计残值(3%)确定其折旧率如下:

固定资产类别	使用年限(年)	年折旧率(%)
房屋及建筑物	15-45	6.47-2.16
通用设备	5-20	19.4-4.85
专用设备	5-10	19.4-9.7
运输工具	工作量法	

9. 无形资产及其摊销:无形资产按受益年限平均摊销。

10. 递延资产及其摊销:递延资产按受益年限平均摊销。

11. 营业收入实现的确认:营业收入实现的确认以发出商品、提供劳务,同时收到货款或取得收取货款的证据为依据。

12. 税项

(1)增值税:税率为17%

(2)消费税:黄酒按240元/吨计缴;白酒按销售收入的10%计缴;

(3)城市维护建设税:按应交增值税、营业税、消费税的7%计缴;

(4)教育费附加:按应交增值税、营业税、消费税的3.5%计缴;

(5)所得税:根据绍兴市财税局绍市税政(1994)414号文批复同意并经浙江省地税局确认,1994至1996年度所得税按15%的税率计缴。根据浙江省人民政府浙政发(1997)28号文批准,公司上市后,所得税按15%的税率缴纳。

13. 利润分配:1996年、1995年、1994年实现的净利润各按10%提取法定公积金和法定公益金。

(三)财务报表有关项目注释

1. 应收帐款　　57,065,803.56

(1)帐龄分析

1年以内	56,658,394.11	占99.29%
1-2年	352,328.97	占0.62%
2-3年	55,080.48	占0.09%
小　计	57,065,803.56	

(2)无持股5%以上股东欠款。

(3)1996年末较年初增长93.08%,主要是销售量增加,相应应收帐款增加。

2. 其他应收款　　3,514,918.77

(1)帐龄分析

1年以内	3,504,258.77	占99.70%
1-2年	5,310.00	占0.15%
2-3年	5,350.00	占0.15%
小　计	3,514,918.77	

(2)无持股5%以上股东欠款。

(3)主要款项内容:

存出保证金[注]	1,981,580.00
备用金	264,877.00
代垫运杂费	480,058.27
其他	788,403.50

[注]存出保证金包括工行绍兴支行承兑保证金170万元,水、电、邮电通信、医院等各部门保证金281,580元。

3. 应付帐款　　73,511,396.87

(1)无关联企业帐款

(2)1996年末较年初增长45.71%,主要是生产经营扩大所致。

4. 未交税金　　7,930,397.72

其中:企业所得税	3,282,626.54
增值税	2,845,547.04
消费税	1,797,915.58
城建税	4,308.56
小　计	7,930,397.72

5. 其他应付款　　16,726,604.40

其中主要项目:

(1)历年应付工资结余[注1]　　11,164,574.79

(2)应付未付银行贷款利息[注2]　　1,642,237.9

[注1]本公司实行工效挂钩后计提的增长工资金额较大,年末数为历年结余的工资基金。

[注2]为1996年末预提的应付银行和财政借款利息,大部分于借款到期时支付。

6. 资本公积　　33,239,023.12

1996年12月31日资本公积为33,239,023.12元,产生原因为发起人股票溢价。

(四)主要财务指标

根据浙江会计师事务所出具的审计报告,本公司1994年、1995年、1996年主要财务指标如下:

	1996年	1995年	1994年
流动比率	1.30	1.29	1.20
速动比率	0.48	0.42	0.55
应收帐款周转率	7.02	7.63	6.80
净资产收益率	47.82%	40.06%	69.33%
股东权益比率	33.1%	32.05%	34.81%
每股净资产	1.51	1.17	1.08
每股收益(按报表股本6500万股计算)	0.72元/股	0.47元/股	0.75元/股

十、董事会上市承诺

本公司董事会将严格遵守《公司法》、《股票发行与交易管理暂行条例》、《公开发行股票公司信息披露实施细则》、《上海证券交易所交易市场业务试行规则》和有关法律、法规的规定,并自股票上市之日起作出如下

承诺:

1.按照法律、法规的规定程序和要求披露重大的信息、并按受证券主管机关、上海证券交易所的监督管理。

2.及时、真实、准确地公布中期报告和年度报告、并备置于规定场所供投资者公众查阅。

3.本公司董事、监事及高级管理人员如发生人事变动或持本公司股票发生变化时,在报告证券主管机关、上海证券交易所的同时向投资者公布。

4.在任何公共传播媒介中出现的消息可能对本公司股票的市场价格产生误导性影响时,本公司知悉后将及时对该消息予以公开澄清。

5.本公司董事、监事及高级管理人员将认真听取社会公众的意见和批评、不利用已获得的内幕消息和其他不正当手段直接或间接从事股票买卖活动。

6.本公司没有无记录负债。

十一、重要事项揭示

1.盈利预测(以下资料摘自浙江会计师事务所浙会(1997)第127号《盈利预测审核报告》)。

1997年1月至1997年12月盈利预测清况如下:

项 目	1997年预测数(元)
主营业务收入	349,410,000.00
主营业务利润	61,821,391.55
利润总额	61,021,391.55
税后利润	
(按15%所得税率计算)	51,858,182.82
(按33%所得税率计算)	40,884,332.34
每股盈利	
(按15%所得税率计算)	0.52
(按33%所得税率计算)	0.41

注:1997年公司所得税根据浙江省人民政府浙政发(1997)28号文规定以15%计算。

2.股利分配

本公司的股利分配采取同股同利的原则进行,并按公司章程规定执行。本公司股利分配将于每个会计年度结束后的六个月内完成。公司预计本次发行后首次分配将在1998年6月底前完成,新股东不享有公司自1997年1月1日起至本次股票发行完成前的滚层利润。

十二、备查文件目录

1.发行人成立的注册登记文件

2.主管部门和证券交易所批准发行上市的文件

3.公司章程

4.审计报告

5.资产评估报告

6.验资报告

7.招股说明书

8.发行人改组的其他有关文件

浙江古越龙山绍兴酒股份有限公司

一九九七年五月十二日

资产负债表

单位:人民币元

资产	附注号	1996年12月31日	1995年12月31日	1994年12月31日	负债及股东权益	附注号	1996年12月31日	1995年12月31日	1994年12月31日
流动资产:					流动负债:				
货币资金	1		10,522,865.30	809,678.14	短期借款	11	51,000,000.00	42,770,000.00	20,000,000.00
短期投资		13,124,978.57			应付票据	12	8,500,000.00	6,000,000.00	4,000,000.00
应收票据					应付帐款	13	73,511,396.87	50,451,494.88	42,864,951.95
应收帐款	2	57,065,803.56	29,556,118.77	33,148,327.03	预收货款	14	499,753.77	3,005,042.43	12,195,662.99
减:坏帐准备	3	285,329.02	147,780.60	165,741.63	应付福利费	15	5,401,070.27	4,062,480.95	2,025,087.18
应收帐款净额		56,780,474.54	29,408,338.17	32,982,585.40	未付股利				
预付货款	4	5,560,365.24	12,132,298.59	14,286,208.89	未交税金	16	7,930,397.72	10,965,614.16	7,672,331.20
其它应收款		3,514,918.77	3,384,952.59	1,729,240.89	其他未交款	17	2,154.28		165,352.63
待摊费用	5	140,000.00	426,700.66	211,150.09	其他应付款	18	16,726,604.40	14,628,979.39	8,604,478.75
存 货	6	133,210,617.31	113,951,154.18	70,951,503.15	预提费用				
待处理流动资产净损失	7				一年内到期的长期负债				
一年内到期的长期债券投资					其他流动负债				
其他流动资产					流动负债合计		163,571,377.31	131,883,611.81	97,527,864.70
流动资产合计		212,331,354.43	169,826,309.49	120,970,366.56	长期负债:				
长期投资:					长期借款	19	35,000,000.00	30,735,000.00	26,000,000.00
长期投资					应付债券				
其中:合并价差					长期应付款				
固定资产:					其他长期负债			(1,240,584.83)	(406,468.10)
固定资产原价	8	109,789,120.00	84,287,464.67	83,369,501.38					
减:累计折旧	9	28,428,074.00	16,610,106.54	11,666,655.65	长期负债合计		35,000,000.00	29,494,415.17	25,593,531.90
固定资产净值		81,361,046.00	67,677,358.13	71,702,845.73					
固定资产清理					递延税项:				
在建工程				474,654.56	递延税款贷项				
待处理固定资产净损失					负债合计		198,571,377.31	161,378,026.98	193,121,396.60
固定资产合计		81,361,046.00	67,677,358.13	72,177,500.29					
无形资产及递延资产:					少数股东权益				
无形资产					股东权益:				
递延资产	10	3,118,000.00			股 本	20	65,000,000.00	50,151,767.12	50,151,767.12
					资本公积	21	33,239,023.12		
无形及递延资产合计		3,118,000.00			盈余公积	22		25,973,873.52	19,874,703.25
其他长期资产:					其中:公益金			7,904,954.19	3,554,929.37

资产	附注号	1996年12月31日	1995年12月31日	1994年12月31日	负债及股东权益	附注号	1996年12月31日	1995年12月31日	1994年12月31日
其他长期资产					未分配利润				
递延税项:					外币报表折算差额				
递延税款借项					股东权益合计		98,239,023.12	76,125,640.64	70,026,470.25
资产总计		296,810,400.43	237,503,667.62	193,147,866.85	负债及股东权益总计		296,810,400.43	237,503,667.62	193,147,866.85

损益表

单位:人民币元

项目	附注号	1996年度	1995年度	1994年度	项目	附注号	1996年度	1995年度	1994年度
一、主营业务收入	1	304,093,013.54	239,349,064.85	225,377,943.03	三、营业利润		55,674,289.48	36,665,518.16	56,929,164.62
减:营业成本	2	192,582,648.37	152,429,670.71	128,452,811.42	加:投资收益				
销售费用	3	18,555,490.38	9,234,632.57	5,678,371.63	营业外收入	8	302,342.10	671,805.42	99,647.42
管理费用	4	21,481,839.72	25,962,544.80	21,625,375.53	减:营业外支出	9	707,590.87	1,459,850.68	421,882.75
财务费用	5	4,734,447.30	4,542,037.20	2,194,603.70	加:以前年度损益调整	10			515,058.91
进货费用					四、利润总额		55,269,040.71	35,877,472.90	57,121,988.20
营业税金及附加	6	11,943,135.43	10,534,889.74	10,522,516.13	减:所得税	11	8,290,356.11	5,381,620.93	8,568,298.23
二、主营业务利润		54,795,452.34	36,645,289.83	56,904,264.62	减:少数股东损益				
加:其他业务利润	7	878,837.14	20,228.33	24,900.00	五、净利润		46,978,684.60	30,495,851.97	48,553,689.97

财务状况变动表

1996年度

单位:人民币元

流动资金来源和运用	金额	流动资金各项目的变动	金额
一、流动资金来源:		一、流动资产本年增加数	
1.本年净利润	46,978,684.60	1.货币资金	2,602,113.27
加:不减少流动资金的费用和损失		2.短期投资	
(1)固定资产折旧	7,786,018.15	3.应收票据	
(2)无形资产、递延资产及其他资产摊销(减:其他负债转销)		4.应收帐款净额	27,372,136.37
(3)固定资产盘亏(减盘盈)		5.预付货款	(6,571,933.35)
(4)处理固定资产损失(减收益)	(20,918.54)	6.其他应收款	129,966.18
(5)递延税款		7.待摊费用	(286,700.66)
(6)其他不影响流动资金的费用和损失		8.存　货	19,259,463.13
小　计	54,743,784.21	9.待处理流动资产净损失(减收益)	
2.其他来源		10.一年内到期的长期债券投资	
(1)固定资产清理收入(减清理费用)	1,600.00	11.其他流动资产	
(2)增加长期负债	5,505,584.83		
(3)收回长期投资			
(4)对外投资转出固定资产			
(5)对外投资转出无形资产			
(6)资本净增加额	22,113,382.48	流动资产增加净额	42,505,044.94
小　计	27,620,567.31		
流动资金来源合计	82,364,351.52	二、流动负债本年增加数	
二、流动资金运用:		1.短期借款	8,230,000.00
1.利润分配:		2.应付票据	2,500,000.00
(1)提取法定公积金	4,697,868.46	3.应付帐款	23,059,901.99
(2)提取法定公益金	4,697,868.46	4.预收货款	(2,505,288.66)
(3)提取任意公积金		5.应付福利费	1,338,589.32
(4)已分配股利	37,582,947.68	6.未付股利	
		7.未交税金	(3,035,216.44)
		8.其他未交款	2,154.28
小　计	46,978,684.60	9.其他应付款	2,097,625.01
2.其他运用		10.预提费用	(0.00)
(1)固定资产和在建工程净增加额	21,450,387.48	11.一年内到期的长期负债	
(2)增加无形资产、递延资产及其他资产	3,118,000.00	12.其他流动负债	
(3)偿还长期负债			
(4)增加长期投资			
小　计	24,568,387.48		
流动资金运用合计	71,547,072.08	流动负债增加净额	31,687,765.50
流动资金增加净额	10,817,279.44	流动资金增加净额	10,817,279.44

青岛海信电器股份有限公司

青岛海信电器股份有限公司股票上市公告书

一、绪言

本上市公告书根据《中华人民共和国公司法》、《股票发行与交易管理暂行条例》、《公开发行股票公司信息披露的内容与格式(第七号)》、《上海证券交易所市场业务试行规则》的规定编制。本次股票发行经中国证券监督管理委员会[证监发字](1997)第76号及[证监发字][1997]第77号文批准,股票上市申请经上海证券交易所上证上字[1997]第17号文审核批准,将于1997年4月22日(星期二)在上海证券交易所挂牌交易。

本次上市流通股6300万股,均为1997年3月24日至1997年3月29日发行的人民币普通股,公司职工股700万股预计将于1997年10月22日以后上市。发行人董事会已批准该上市公告书、确信其中不存在任何重大遗漏或者误导,并对其真实性、准确性和完整性负个别及连带责任。上市公告书中的内容由本公司董事会负责解释。招股说明书上已披露的内容,本上市公告书不再重复披露。

二、发行公司概况

(一)发行人　发行公司简介:

1、公司法定名称:青岛海信电器股份有限公司

2、注册资金:27000万元

3、公司法定代表人:周厚健

4、成立日期:1997年4月17日

5、经营范围:电视机制造;广播电视设备及电子计算机制造;通讯产品制造;信息技术产品制造;家用、商用及其它电器电子产品制造。

6、公司注册地址:青岛市江西路11号

联系电话:0532-3861992

(二)公司历史沿革

本公司的发起人是青岛海信集团公司,主要开发生产视频、音频、通讯、空调、仪器仪表、元器件等电器电子产品。从1969年创立至1996年,先后使用"青岛无线电二厂"、"青岛电视机厂"、"青岛海信电器公司"等名称。1996年12月6日,根据建立现代企业制度和发展企业集团的客观要求,更名为"青岛海信集团公司"。

1996年底,集团公司的工业总产值达到360114万元,销售收入增加到251368万元,利润总额为14731万元,总资产达到280166万元,已发展成为目前跨行业、跨地区、集科技、工业、商贸为一体,实行资产经营一体化的集团公司。自1992年以来,集团公司的工业总产值以年平均30.3%的速度迅速增长,销售收入年平均增长速度为25%,利润的年平均增长速度为37.2%,发展速度居电视行业首位,已连续八年名列中国500家经济规模最大、经济效益最佳企业排行榜,连续八年跻身中国电子百强企业。1996年,集团公司被国务院选定为"重点扶持的300家大中企业中首批44家之一"。1995年海信技术中心经国家经贸委、海关总署、国家税务总局共同认定为"企业技术中心",具有国内领先水平的开发设计能力,是山东省最大的CAD工作站。根据国内市场对"家庭影院"的需求而开发的大屏幕系列彩电,被电子工业部鉴定的"技术水平处于国内领先地位,并达到了国际同类产品先进水平"。1995年被国务院发展研究中心确定为"中华之最"—全国最先进大屏幕彩电生产企业。1996年投放市场的七画面大屏幕电视和数字影碟/彩电一体机,技术先进,功能完善,系国内首创。

本公司比青岛市体改委青体改发[1996]129号文批准,由集团公司将其下属的电视事业部,在进行了非经营性资产剥离后,以电视二厂、电视三厂、配套件厂、注塑厂、基板厂等生产部门及相关技术部门的资产折资入股,采取社会募集方式设立。

本公司主要从事电视机制造;广播电视设备及电子计算机制造;通讯产品制造;信息技术产品制造;家用、商用及其它电器电子产品制造与销售。拥有四条具有先进水平的彩色电视机生产线,年单班生产能力130万台,是我国电视机行业第一家同时通过由欧共体权威认证机构"德国莱茵技术监护顾问股份有限公司(TüV)"和中国电子质量认证中心ISO9001(94版)质量保证体系认证的企业,是我国目前最先进的大屏幕彩电生产企业。

本公司销售收入的绝大部分来自电视机,海信牌电视机主要内销市场为山东省、东北及西北地区,并已逐步辐射到华北、华中及华南地区,1996年产品销售率为98.86%。另外,随着本公司生产经营活动的进一步发展,产品已逐步出口到亚洲、非洲及美洲等10余个国家。

随着我国经济的持续发展以及居民收入的不断提高,预计消费者对电子产品的需求将不断增长。目前,本公司正欲实施多项投资扩展计划,以便使本公司在满足这种市场需求方面继续处于有利地位。

三、股票发行及承销

(一)股票公开发行

1、社会公众股发行数量:6300万股;

2、公司职工股发行数量:700万股;

3、股票发行价格:每股6.28元人民币;

4、募集资金总额:43960万元;

5、本次股票发行方式:本次股票发行采用"全额预缴款、比例配售、余款即退"的方式向社会公开发行6300万股新股。

6、配售比例:1.691%;

7、有效申购户数:22780户

8、持有社会公众股1000股以上(含1000股)的股东:2528户

9、发行费用总额:1400万元;

10、每股发行费用:0.20元;

11、发行市盈率:14.95倍。

(二)股票承销

社会公众认购股票后,由承销商包销股票数量:零股。

(三)验资报告

1、验资报告　　(97)青所验字第5-010号

青岛海信电器股份有限公司筹备委员会:

我们接受委托,对贵公司(筹)截至1997年4月1日止的实收股本及相关的资产和负债的真实性和合法性进行了审验。在审验过程中,我们按照《独立审计实务公告第1号-验资》的要求,实施了必要的审验程序。贵公司(筹)的责任是提供真实、合法、完整的验资资料,保护资产的安全、完整,我们的责任是按照《独立审计实务公告第1号-验资》的要求,出具真实、合法的验资报告。

青岛海信电器股份有限公司(筹)申请的注册资本为270,000,000.00元,根据我们的审验,截至1997年4月1日止,青岛海信电器股份有限公司(筹)已收到其发起股东投人的资本为人民币柒亿零玖拾伍万零贰佰零肆元伍角贰分(¥700,950,204.52)。其中股本为270,000,000.00元,资本公积为430,950,204.52元。与上述投入资本相关的资产总额是1,133,859,099.52元,其中货币资金499,959,533.13元,实物资产495,

057,023.76元,无形资产13,440,000.00元。

中国注册会计师:牟敦潭 许志扬

山东青岛会计师事务所

1997年4月1日

2、募集资金的入帐时间:97.4.1

3、入帐金额:43960万元

4、入帐帐号:20104000141

5、开户银行:工行青岛分行营业部

四、公司董事、监事和高级管理人员持股情况

1、董事、监事和高级管理人员简介:

周厚健先生,本公司董事长,39岁,本科毕业,高级工程师。曾任青岛海信集团公司总经理兼党委书记及青岛海信集团公司总裁。现任青岛市电子仪表工业总公司总经理。

于淑珉女士,本公司董事,45岁,大专毕业,高级经济师。曾任青岛电冰箱总厂党委副书记、青岛海尔集团公司党委副书记,现任青岛市电子仪表工业总公司党委副书记,青岛海信集团公司党委副书记,副总裁。

王希安先生,本公司董事,51岁,本科毕业,高级工程师。曾任青岛电视机厂厂长办公室主任、质量部长、厂长助理、副厂长。青岛海信电器公司副总经理等职。现任青岛市电子仪表工业总公司副总经理,青岛海信集团公司副总裁。

刘国栋先生,本公司董事,44岁,大专毕业,高级经济师。曾任青岛电视机厂办公室主任、劳人处处长、厂长助理、副厂长、青岛海信集团公司副总经理、现任青岛海信集团公司副总裁,青岛海信空调有限公司总经理、党委书记。

马明太先生,本公司董事,51岁,本科毕业,高级工程师。曾任山东沂源柴油机厂总工、青岛玫厂长助理、副厂长、青岛海信集团公司纪委书记、党委副书记。现任青岛海信集团公司党委副书记。

王培松先生,本公司董事兼总经理,35岁,大专毕业,高级经济师,曾任青岛电视机厂生产处处长、生产部副部长、厂长助理、副厂长,青岛海信电器公司副总经理。青岛海信集团公司副总裁。

夏晓东先生,本公司董事,52岁,本科毕业,高级工程师。市经专业技术拨尖人才,曾任青岛电视机厂厂长助理、副总工程师、研究所所长、副厂长,青岛海信电器公司副总经理。现任青岛海信集团公司副总裁,技术中心主任。

蒋守俭先生,本公司董事,43岁,大专毕业,高级经济师,曾任青岛电视机厂车间主任、厂长助理、副厂长。青岛海信电器公司副总经理。现任青岛海信集团公司副总裁。

常振明先生,本公司董事,40岁,工商管理硕士,高级经济师,曾任中信实业银行副行长,现任中信公司常务董事兼副总经理、中信证券公司董事长。

刘永琴女士,本公司监事会主席,53岁,中专毕业,高级会计师,曾任青岛电视机厂财务处副处长、处长,青岛海信电器公司副总会计师。现任青岛海信集团公司副总会计师、综合计划财务部部长。

许宝山先生,本公司监事,56岁,高级政工师,曾任青岛市电子仪表工业局宣传处长,党办主任,青岛市电子仪表工业总公司纪委书记,青岛海信电器公司纪委书记。现任青岛市电子仪表工业总公司纪委书记、青岛海信集团公司纪委书记。

宗月宁女士,本公司职工监事,32岁,本科毕业,工程师,曾任青岛海信电器公司设备处工程师,电视一厂副厂长、厂长。现任青岛海信电器公司TV事业部技术处处长。

2、持股情况:

姓名	职务	持股数	持股比例
周厚健	董事长	5000股	0.00185%
于淑珉	董事	5000股	0.00185%
王希安	董事	4800股	0.00178%
王培松	董事	5000股	0.00185%
夏晓东	董事	5000股	0.00185%
蒋守俭	董事	5000股	0.00185%
马明太	董事	5000股	0.00185%
刘国栋	董事	5000股	0.00185%
刘永琴	监事	5000股	0.00185%
许宝山	监事	5000股	0.00185%
宗月宁	监事	5000股	0.00185%
盛强	董事会秘书	3500股	0.00130%
袁清林	财务负责人	3500股	0.00130%

公司董事、监事及高级管理人员共持有公司股份61800股,占总股份的0.02%,其持有股份按《公司法》规定在任职期间不得转让。

五、公司设立

1、公司创立大会同意公司股票在上海证券交易所交易的决议;

经1997年4月8日召开的本公司第一届股东大会审验,同意本公司7000万A股在上海证券交易所挂牌上市的议案。

2、公司注册资金:27000万元

3、公司注册时间:1997年4月17日

4、公司注册地点:青岛市市南区江西路11号

5、工农业执照注册号码:鲁青26462882-X

六、关联企业及关联交易

1、关联企业

本公司的控股母公司为青岛海信集团公司,详细可参见本上市公告书的主要发起公司简介;

2、关联交易

本公司与控股母公司——海信集团的关联交易按独立法人之间的公平交易原则进行。

七、股本结构及大股东持股情况

1、上市前的股本结构:

总股本27000万元(100%)

尚未流通股份:

发起人股份:

境内法人持有股份:20000万元(74.1%)

可流通股份:

境内上市的人民币普通股:

本次公开发行股份:7000万元(25.9%)

其中:公司职工股:700万元(2.59%)

2、前十名股东持股情况及比例

名称	数量(万股)	持股比例(%)
青海海信	20000	74.1
中信证券	21,983	0.08
申银证券	21.983	0.08
青岛国托	21.983	0.08
天津信托	21.983	0.08
无锡证券	21.983	0.08
江西国投	21.983	0.08
广发证券	21.983	0.08
湖南信托	21.983	0.08
万国长宁	21.983	0.08

八、公司财务会计资料

(一)审计报告(摘要)

(97)青所审字第5-008号

青岛海信电器股份有限公司筹委会:

本所接受委托,对贵公司(筹)一九九四年十二月三十一日、一九九五年十二月三十一日和一九九六年十二月三十一日的资产负债表和到各该日截止的年度利润表和一九九六年度财务状况变动表进行了审计。这些会计报表由贵公司(筹)负责,我们的责任是对这些会计报表发表审计意见。我们的审计是依据《中国注册会计师独立审计准则》进行的。在审计过程中,我们结合贵公司(筹)实际情况,实施了包括抽查会计记录等我们认为必要的审计程序。

我们认为,以上会计报表符合《企业会计准则》和《股份制试点企业会计制度》的规定,在所有重大方面公允地反映了贵公司(筹)一九九四年十二月三十一日、一九九五年十二月三十一日和一九九六年十二月三十一日的财务状况和到各该日截止的各年度的经营成果和一九九六年度资金变动情况。会计处理方法的选用遵循了一贯性原则。

中国注册会计师:张琴芳　许志扬

山东青岛会计师事务所

一九九七年一月十八日

(二)财务报表

1、青岛海信电器股份有限公司(筹)资产负债表(资产方)

单位:人民币元

资产		1996.12.31	1995.12.31	1994.12.31
流动资产:				
货币资金		60,359,553.13	37,798,536.92	30,956,689.93
短期投资				
应收票据		37,494,800.00	28,266,897.39	25,433,600.00
应收帐款		41,583,913.01	9,219,928.78	30,748,244.91
减:坏帐准备		207,919.57	63,702.56	166,966.09
应收帐款净额		41,375,993.44	9,156,226.22	30,581,278.82
预付帐款		21,071,875.00	42,508,435.69	21,607,604.21
其他应收款		6,980,157.00	319,839.87	27,537.33
存货		254,774,954.48	210,162,511.44	177,488,921.22
待摊费用				
待处理流动资产净损失				
一年内到期长期债券投资				
其他流动资产				
流动资产合计		422,057,333.05	328,212,447.53	286,095,631.51
长期投资:				
长期投资				
其中:合并价差				
固定资产:				
固定资产原价		324,956,127.00	233,100,042.60	180,784,667.76
减:累计折旧		122,938,879.55	65,115,733.84	34,233,359.30
固定资产净值		202,017,247.45	167,984,308.76	146,551,308.46
在建工程	11	38,264,821.83	4,724,170.42	3,246,246.83
固定资产清理				
待处理固定资产净损失				
固定资产合计		240,282,069.28	172,708,479.18	149,797,555.29
无形资产及递延资产				
无形资产	12	13,440,000.00		
递延资产	13	18,295,307.66	2,399,509.78	
无形资产及递延资产合计		31,735,307.66	2,399,509.78	
其他长期资产:				
递延税项:				
递延税款借项				
资产总计		694,074,709.99	503,320,436.49	435,893,186.80

2、青岛海信电器股份有限公司(筹)资产负债表(负债权益方)

单位:人民币元

负债及股东权益	附注	1996.12.31	1995.12.31	1994.12.31
流动负债:				
短期借款		126,460,000.00	149,160,000.00	102,160,000.00
应付票据		29,660,000.00	450,000.00	26,5000,000.00
应付帐款		209,915,964.89	217,716,414.70	169,070,202.31
预收帐款		20,585,977.92	13,963,668.93	13,975,837.49
应付福利费		1,633,062.64	454,230.84	3,251,765.80
未付股利		40,653,312.69		
未交税金		1,331,552.75	−37,088,756.68	22,476,776.67
其他未交款		323,430.78	−265,485.78	2,264.29
其他应付款		2,185,912.00	8,996,822.68	6,575,442.16
预提费用		11,609,825.79		
一年内到期的长期负债				
其他流动负债				
流动负债合计		432,749,213.67	353,386,894.69	355,622,114.51
长期负债:				
长期借款				
应付债券				
长期应付款				
其他长期负债				
长期负债合计				
递延税项:				
递延税款贷项				
负债合计		432,749,213.67	353,386,894.69	355,622,114.51
少数股东权益				
股东权益:				
股本		200,000,000.00	108,380,258.96	69,054,421.38
资本公积		51,162,168.14		
盈余公积		10,163,328.18	27,527,797.11	11,990,591.81
其中:公益金		5,081,664.09	11,765,466.59	3,996,863.94
未分配利润		14,025,485.73	−773,940.90	
股东权益合计		261,325,496.32	149,933,541.80	80,271,072.29
负债及股东权益总计		694,074,710	503,320,436	435,893,187

3、青岛海信电器股份有限公司(筹)利润表　单位:人民币元

项目	1996年度	1995年度	1994年度
主营业务收入	1,248,977,862.17	1,229,444,022.47	1,161,314,807.91
减:主营业务成本	1,502,087,419.66	1,033,005,901.78	959,451,550.55
销售费用	47,010,292.23	46,659,645.33	43,427,089.71
管理费用	38,652,514.87	40,114,964.16	35,831,342.77
财务费用	24,314,166.45	19,400,701.24	13,197,028.73
进货费用			
营业税金及附加	2,833,699.53	1,943,914.06	
主营业务利润	84,079,769.43	90,262,809.96	107,463,882.09
加:其他业务利润	12,167,076.22	10,302,251.61	5,289,010.96
营业利润	96,246,845.65	100,565,061.57	112,752,893.05
加:投资收益			
营业外收入	3,349,805.21	4,972,898.98	4,642,093.22
减:营业外支出	675,339.81	959,857.91	615,291.92
以前年度损益调整			
利润总额	98,921,311.05	104,578,102.64	116,779,694.35
减:所得税	6,244,032.65	26,892,076.09	36,842,415.61
少数股东损益			
净利润	92,677,278.40	77,686,026.55	79,937,278.74

(三)财务报表附注(摘要)

1、主要会计政策

(1)会计制度

原执行《工业企业会计制度》,为配合本次股票发行,已按照《股份制

试点企业会计制度》进行调整。

(2)会计期间

按公历年度,每年1月1日至12月31日

(3)记帐本位币

人民币

(4)记帐原则

执行权责发生制原则

(5)记帐方法

采用借贷复式记帐法

(6)计价基础

历史成本原则

(7)存货

存货包括原材料、产成品、在产品等。原材料按计划价核算,按上月成本差异率结转当月材料成本差异,并按实际成本计算当月(期)材料耗用。产成品发出采用移动平均法按实际成本计算。

(8)固定资产及累计折旧

固定资产按实际成本计价,以使用年限在一年以上,单位价值2000元以上为标准。固定资产折旧采用直线法平均计算,残值率3%,并按固定资产类别确定其使用年限。

固定资产类别	使用年限	年折旧率
房屋建筑物	40年	2.425%
通用设备	14年	6.929%
专用设备	8年	12.125%
通用仪表	10年	9.700%
专用仪表	10年	9.700%

(9)无形资产

无形资产是指专利权,按十年摊销。

(10)递延资产

递延资产主要包括工装模具,按实际使用时间分24个月摊销。

(11)坏帐准备

坏帐准备按应收帐款年末余额的0.5%计提。

(12)销售实现的标志

销售收入实现以商品已经发出、劳务已经提供及货款已收到或取得收取货款的凭据时为标志。

(13)税项

增值税:按应税销售额的17%计算销项税额减去可抵扣的进项税额缴纳。

城市维护建设税:按缴纳增值税税额的7%缴纳。

教育费附加:按缴纳增值税税额的3%缴纳。

投资方向调节税:按在建工程项目实际支出的5%或10%缴纳。

所得税:按应纳税所得额的33%缴纳,从1997年起按应纳税所得额的15%缴纳。

(14)利润分配

按税后利润的10%提取法定公积金,按税后利润的5%-10%提取法定公益金后向股东分配。

2、应收帐款

年限	金额	占总的应收帐款比例
1年以内的	41,583,913.01	100.00%

应收帐款明细

客户名称	金额
青岛城阳家电物资公司	25,819,507.88
海信电器公司西安经营公司	12,273,512.19
海信商场	2,794,488.97
邹平商业大厦	463,379.79
文登供销五交化公司	102,470.69
其他	130,553.49
合计	41,583,913.01

(1)应收帐款中无股东欠款。

(2)1996年末应收帐款比1995年末增加大,是因为青岛城阳家物资公司和青岛海信电器西安经营公司两家客户的部分货款尚未收回等原因造成的。

3、其他应收款

年限	金额	占总的其他应收款比例
1年以内的	6,878,513.42	98.54%
1-2年的	78,704.08	1.13%
2-3年的	4,700.00	0.07%
3年以上的	18,239.50	0.26%
合计	6,980,157.00	100.00%
其中:应收出口退税款	3,726,210.93	
海信电器集团公司	2,782,191.96	

1996年12月为公司股东青岛海信电器集团公司垫付2,782,191.96元的土地出证金,使1996年末其他应收款比1995年末增加较大。

4、存货

原材料	141,457,104.74
产成品	95,808,241.43
在产品	13,876,338.31
其他	3,633,270.00
合计	254,774,954.48

5、短期借款

贷款单位	借款日	到款日	年利率	币种金额	借款条件
中国工商银行青岛市分行	1996.9.27	1997.3.21	10.08%	人民币	126,460,000.00元

6、未交税金

增值税	-5,833,804.10
城市维护建设税	-1,101,555.59
所得税	4,670,495.01
投资方向调节税	3,596,417.43
合计	1,331,552.75

7、盈余公积

1996年	1995年	1994年
10,163,328.18	27,527,797.11	11,990,591.81

94年盈余公积是由94年提取的法定公积金7,993,727.87元,提取的法定公益金3,996,863.94元组成。95年盈余公积比94年增加15,537,205.30元,原因是95年计提法定公积金7,768,602.65元和法定公益金7,768,602.65元。96年盈余公积比95年减少了17,364,468.93元,原因是96年评估后将96年10月份以前计提的盈余公积27,527,797.11元转入股本和资本公积。按1996年11、12月份净利润计提法定公积金5,081,664.09元、计提法定公益金5,081,664.09元。

8、未分配利润

期初数	本期增加数	本期减少数	期末数
14,025,485.73	92,616,429.86	106,641,915.59	

9、主营业务收入

	1996年	1995年	1994年
电视机销售收入	1,248,977,862.17	1,229,444,022.47	1,161,314,807.91

10、其它事项

(1)关联交易按独立企业之间的公平交易原则进行。

(2)无或有负债和重大期后事项。

若投资者需对本公司财务情况作进一步了解,可参阅审计报告。

(四)主要财务指标分析(1996年12月31日)

指标名称　　　　　　96年1-12月

1、流动比率:0.98

2、速动比率:0.39

3、应收帐款周转率:49.17次

4、存货周转率:4.53次

5、股东权益比率:37.65%

6、净资产收益率:35.46%

7、每股税后利润:0.46元

注:(1)上述指标是根据山东青岛会计师事务所审计报告计算而得。

(2)每股税后利润以总股本20000万股计算。

九、董事会上市之承诺

本公司董事会将严格遵守《中华人民共和国公司法》、《股票发行与交易管理暂行条例》、《公开发行股票公司信息业披露实施细则》、《上海证券交易所市场业务试行规则》和有关法律、法规的规定,并自股票上市之日起向全体股东做如下承诺:

1、按照法律、法规的规定程序和要求披露重大的信息,并接受证券主管机关、上海证券交易所的监督管理。

2、及时、准确、真实地在证券主管部门指定的报刊公布中期报告,年度报告及经营业绩等资料,并备置于规定场所供投资者查阅。

3、本公司董事、监事及高级管理人员如发生人事变动或持股数量发生变化时,及时报告证券管理机关、上海证券交易所,并及时通过证券主管部门指定的报刊通告社会公众。

4、在任何公共传播媒介中出现的消息可能对本公司股票的市场价格产生误导性影响时,本公司知悉后将对该消息予以公开澄清。

5、本公司董事、监事及高级管理人员将认真听取社会公众的意见和批评,并决不利用已获得的内幕消息和其他不正当手段,直接或间接从事股票买卖活动。

6、本公司没有无记录负债。

十、备查文件

(1)发行人成立的注册登记文件

(2)主管部门和证券交易所批准发行上市的文件

(3)承销协议

(4)国有资产管理部门关于资产评估的确认报告

(5)发行人改组的其他有关文件

(6)重要合同

(7)证监会要求的其他文件

(8)招股说明书

青岛海信电器股份有限公司

一九九七年四月十八日

北京双鹤药业股份有限公司

北京双鹤药业股份有限公司股票上市公告书

一、要览

总股本：14700万股
可流通股本：4700万股
本次上市流通股本：4230万股
股票简称：双鹤药业
股票代码：600062
上市地点：上海证券交易所
上市时间：1997年5月22日
登记机构：上海证券中央登记结算公司
上市推荐人：南方证券有限公司
北京证券有限公司

二、绪言

本公司依据《中华人民共和国公司法》《股票发行与交易管理暂行条例》、《公开发行股票公司信息披露实施细则试行》和《上海证券交易所市场业务试行规则》等有关法律、法规、文件的规定，为本公司股票公开上市之目的向社会公众提供有关资料。

北京双鹤药业股份有限公司(以下简称“本公司”)的股票发行经中国证券监督管理委员会证监发字[1997]170号和证监发字[1997]171号文批准，已向社会公开发行人民币普通股4230万股，每股面值1.00元，每股发行价6.69元；另向职工配售股份470万股，每股面值1.00元，配售价格为每股6.69元。本次上市流通股本为4230万股，根据国家有关规定，公司职工股自此次上市流通股上市之日起半年后上市。本公司股票上市申请经上海证券交易所上证上(97)字第029号文批准审核同意，将于1997年5月22日(星期四)在上海证券交易所挂牌交易。

本公司于1997年4月28日分别在《中国证券报》和《上海证券报》刊登了《招股说明书概要》，距今不足6个月，故与其重复内容在此不再重复，敬请投资者查阅本公司的《招股说明书概要》。

本公司董事会全体成员已批准本上市公告，确信其中不存在重大遗漏和误导，并对其真实性、准确性和完整性负个别的和连带的责任。

三、公司概况

1. 基本情况

(1)公司法定名称：北京双鹤药业股份有限公司
公司英文名称：BEIJING DOUBLE－CRANE PHARMACEUTICAL CO.,LTD
公司法定代表人：乔俊峰
成立日期：1997年5月16日
经营范围：
加工、制造原料药、注射剂(水针、粉针、输液)、片剂、胶囊剂、颗粒剂、较胶囊；销售公司自产产品，机械电器设备；技术开发、技术转让、技术服务(未经专项审批项目除外)。
所属行业：工业
注册地址：北京市朝阳区光华路9号
联系电话：(010)65015567
(2)本公司主要发起人简介
法定名称：北京制药厂
注册资金：5803.1万元
法定代表人：乔俊峰
注册地址：北京市朝阳区光华路九号
联系电话：(010)65060077－2220、2221

2. 公司历史沿革：

(1)股份制改造过程

北京制药厂是本公司本次募集设立的主要发起人，本次发行结束后将持有本公司60.88%的股份。

北京制药厂1939年诞生于太行山革命根据地，由八路军野战卫生材料厂创建，新中国成立以后，北药经过自力更生，奋发图强，已发展成为我国大型综合性制药骨干企业，被列为北京市100户现代企业制度试点单位。

经北京市体改委京体改发字[1997]4号文和北京市人民政府京政办函[1997]58号文批准，以北京制药厂作为主要发起人并联合北京永好科技发展有限责任公司、北京市医药总公司、北京市国有资产经营公司、北京科梦嘉生物技术有限责任公司、南方证券有限公司等5家单位，以募集方式设立本公司。

(2)公司本次股票发行为初次发行。

四、股票发行与承销

1. 股票公开发行
社会公众股发行数量：4700万股
公司职工股：470万股
发行价格：6.69元
实际募集资金总额：305,030,000元
发行方式：上网定价
配售比例：1,0938944%
有效申购户数：298117户
持1,000股以上的户数：42268户
发行费用总额：9,400,000元
每股发行费用：0.20元
发行市盈率：14倍

2. 股票承销：本次公开发行的社会公众股已认购完毕，承销商包销股票的数量为零股。

3. 验资报告
募集资金的入帐时间：1997年5月13日
入帐金额：30503万元
入帐帐号：060099－41
开户银行：中国工商银行北京市朝阳支行关东店分理处

4. 所筹资金未能及时入帐的金额及原因：无

五、董事、监事及高级管理人员持股情况

姓名	职务	持股数量(股)	持股比例(%)
乔俊峰：	董事长	10000	0.0068
孙洪泽：	副董事长	6000	0.0041
张　宇：	董事、总经理	5000	0.0034
陈彩柱：	董事	3600	0.0024
程秀温：	董事	4800	0.0033
周桂清：	董事	3600	0.0024

金忠毅:	董事	6000	0.0041
任树祥:	董事	3600	0.0024
杜维珍:	董事	3600	0.0024
唐兴才:	董事、财务总监	3600	0.0024
郭　限:	董事	10000	0.0068
李金相:	董事	3600	0.0024
盖若梅:	董事	0	0
赵　宏:	监事会召集人	3600	0.0024
乔长虹:	监事	3600	0.0024
朱晓平:	监事	10000	0.0068
阳秀云:	监事	5000	0.0034
郑泽平:	监事	6000	0.0041
倪　军:	董事会秘书	3600	0.0024

六、公司设立

本公司5月15日创立大会暨股东大会通过同意公司股票在上海证券交易所交易的决议。

公司注册资金:　14700万元

公司注册时间:　1997年5月16日

公司注册地点:　北京市朝阳区光华路九号

营业执照注册号码:　11510319

七、关联企业及关联交易

本次发行结束后,北京制药厂是本公司的控股股东,除此之外,本公司没有其他具有20%以上股权关系的企业。

北京制药厂作为本公司的控股股东,依照公司章程行使股东权利,并承担相应的责任与义务。公司已与北京制药厂签定了《综合服务协议》、《土地租赁协议》、《商标使用许可协议》、《专利使用许可协议》,业务、资产、人员已进行了分离,具备独立的财务核算体系及经营管理体系。

北京制药厂与北京双鹤药业股份有限公司相互承诺,在股份公司正式取得工商注册后,双方不生产对方正在生产或将要生产的相同产品。

八、股本结构及大股东持股情况

上市前的股本结构

项目	股数(万股)	所占比例
总股本	14700	100%
国有法人股	8950	60.88%
其他法人股	1050	7.14%
社会公众股	4700	31.97%
其中:公司职工股	470	3.19%

前十名股东所持股数及比例

股东名称	持有股数(万股)	占总股本比例(%)
北京制药厂	8950	60.88
北京永好科技发展有限责任公司	500	3.40
北京市医药总公司	300	2.04
北京市国有资产经营公司	120	0.82
北京科梦嘉生物技术开发有限责任公司	70	0.48
南方证券有限公司	60	0.41
乔俊峰	1	0.0068
郭　限	1	0.0068
朱晓平	1	0.0068
孙洪泽	0.6	0.0041

九、公司财务会计资料

(一)审计报告

京都会审字(1997)第0240号

北京双鹤药业股份有限公司筹委会:

我们接受委托审计了北京双鹤药业股份有限公司(筹)一九九四年十二月三十一日、一九九五年十二月三十一日、一九九六年十二月三十一日的资产负债表及一九九四、一九九五、一九九六年度利润表和一九九六年度财务状况变动表。这些会计报表由贵公司负责,我们的责任是对这些会计报表发表审计意见。我们的审计是根据《中国注册会计师独立审计准则》进行的。在审计过程中,我们结合贵公司实际情况,实施了包括抽查会计记录等我们认为必要的审计程序。

我们认为,上述会计报表的编制符合《企业会计准则》及《股份制试点企业会计制度》的有关规定,在所有重大方面公允地反映了贵公司一九九四年十二月三十一日、一九九五年十二月三十一日、一九九六年十二月三十一日的财务状况及一九九四年、一九九五年、一九九六年度的经营成果和一九九六年度资金变动情况,会计处理方法的选用遵循了一贯性原则。

京都会计师事务所　　　中国注册会计师:童登书

中国注册会计师:魏刚

中国·北京　　　一九九七年四月十六日

(二)资产负债表、损益表、财务情况表分别见附表1、附表2、附表3。

(三)会计报表附注

1. 公司设立情况

本公司于一九九七年二月四日经北京市经济体制改革委员会京体改发(1997)4号批复批准,由北京制药厂、北京永好科技发展有限责任公司、北京市医药总公司、北京市国有资产经营公司、北京科梦嘉生物技术开发有限责任公司及南方证券有限公司发起,以募集设立方式设立。北京市工商行政管理局于一九九七年一月二十一日预核准本公司名称为"北京双鹤药业股份有限公司"。

北京制药厂作为主要发起人,以截至1996年12月31日止原料药分厂、片剂分厂、注射剂分厂、制剂所和质检处的机器设备、运输车辆及相关的房屋建筑物等固定资产和流动资产及有关债务投入北京双鹤药业股份有限公司,经中发国际资产评估公司评估的净资产为105,814,126.79元,折股8800万股,另投入货币资金180万元,折股150万股;其他发起人以现金方式出资1260万元,折股1050万股。北京市证券监督管理委员会以京证监发(1996)27号批复批准本公司股票公开发行计划指标为4700万股。一俟发行成功,则本公司实收股本为14700万元,注册资本为14700万元。

中发国际资产评估公司的资产评估报告已经北京市国有资产管理局京国资估字(1997)77号函和国家国有资产管理局国资评(1997)174号批复确认。本公司1996年12月31日资产负债表和本附注有关财务数据业已根据评估结果调整。

2. 会计报表编制基础与方法

北京双鹤药业股份有限公司(筹)会计报表由纳入股份公司的北京制药厂原料药分厂、片剂分厂、注射剂分厂、制剂所及质检处会计报表合并生成。在合并汇总会计报表时,各分厂之间重大交易和往来余额均予抵消。

本会计报表的编制系假设本公司现时的组织结构于1994－－1996年度业已存在。

3. 关联公司交易及往来

(1)主要关联公司名称及关联关系

关联公司名称	与本公司关系
北京制药厂	本公司之控股公司
北京光华医药贸易公司	北京制药厂之全资子公司
北京亚康医药经营公司	北京制药厂之全资子公司
北京制药厂供销经营公司	北京制药厂之全资子公司
北京双鹤医药开发公司	北京制药厂之全资子公司
北京双鹤医药保健品公司	北京制药厂之全资子公司
北京制药厂国际贸易部	北京制药厂之业务部门
北京华靳制药有限公司	北京制药厂之合资公司

北京费森尤斯有限公司　　　北京制药厂之合资公司

(2)关联公司往来明细

关联公司名称	往来性质		往来金额
北京光华医药贸易公司	销售药品	应收帐款	-- 140,486.57 (附注5·2)
北京亚康医药经营公司	销售药品	应收帐款	-- 4,888,743.07 (附注5·2)
北京制药厂供销经营公司	供应原材料	应付帐款	-- 3,134,619.49 (附注5·10)
北京双鹤医药开发公司	销售药品	应收帐款	-- 1,296,300.00 (附注5·2)
北京制药厂国际贸易部	供应原材料	应付帐款	-- 2,249,267.95 (附注5·10)
北京华新制药有限公司	垫付费用	其他应收款	-- 333,846.54 (附注5·4)
北京费森尤斯有限公司	垫付费用	其他应收款	-- 101,835.62 (附注5·4)

4. 主要会计政策

(1)会计制度

本公司1994-1996年度会计报表及本附注所载财务数据根据《股份制试点企业会计制度》编制。

(2)会计年度

本公司会计年度自公历1月1日起至12月31日止。

(3)记帐原则和记价基础

本公司采用权责发生制原则,以实际成本为计价基础。

(4)坏帐准备

本公司不计提坏帐准备,发生坏帐时按坏帐损失的实际发生额列入当期损益。

(5)存货

本公司存货以实际成本计价。原材料和产成品的发出、领用、采用加权平均法结转成本。低值易耗品采用一次摊销法。

(6)固定资产及累计折旧

本公司固定资产为使用年限在一年以上且单位价值在2000元以上的房屋建筑物、机器设备、运输工具及其他与生产经营有关的设备、工具等。固定资产以实际成本计价,并按直线法计提折旧,各类固定资产的折旧年限及年折旧率如下:

固定资产类别	折旧率
房屋建筑物	3.23%-4.85%
通用设备	6.93%-12.13%
专用设备	9.70%-13.86%
运输设备	12.13%

(7)税项

A. 主要税种及税率

①增值税

增值税税率为17%,以抵扣进项税额后记缴。

②城市维护建设税

按应交缴值税的7%记缴。

③房产税

按帐面房产原值70%的金额为记税依据,年税率为1.2%。

④所得税

1994、1995年按实际缴纳所得税214,583.07元、169,090.46元计算;

1996年度所得税返还,按零税率计算所得税。

B. 片剂分厂、注射剂分厂等在股份公司组建以前的各项税金汇总于北京制药厂一并缴纳。

C. 优惠税率及批文

①根据北京制药厂与北京市二委五局一行签署的"实行税利分离、税后还贷改革试点协议书"及北京市财政局工业企业财务管理处确认函,北京制药厂1994、1995年度税前还贷后实际缴纳所得税分别为214,583.07元,169,090.46元;

②根据北京市财政局京财工(1996)1288号通知,北京制药厂1996年实际缴纳的得税后100%返还。

③北京市财政局京财工(1997)162函同意本公司组建、上市后依法缴纳所得税后超过15%税负部分由市财政局实行"先征后返"。

(8)收入实现的确认

本公司以产品已经发出、并收到货款或取得收取价款的凭据时,确人销售收入的实现。

(9)利润分配

本公司净利润提取10%法定盈余公积金和5%-10%的公益金后,可供分配利润已分配予北京制药厂,截止一九九六年十二月三十一日未分配利润依据评估报告及确认批复作为北京制药厂净资产折股入资。

(10)由于现行会计制度没有关于用水、用电权等无形资产的调帐规定,北京制药厂原评估的无形资产无法投入本公司,已用相当金额的货币资金投入。

5. 会计报表主要项目注释

(1)货币资金

项目	1996.12.31
现　金	48,139.98
银行存款	9,118,869.92
	9,167,009.90

(2)应收帐款

A. 帐龄分析及百分比

帐　龄	1996.12.31	比例
一年以内	4,588,527.05	69.9%
一至二年	1,975,612.59	30.1%
	6,564,139.64	100%

B. 应收帐款的性质和内容

债务单位	1996.12.31		性质
北京双鹤医药开发公司	1,296,300.00	(附注3.B)	未收销货款
北京光华医药贸易公司	140,486.57	(附注3.B)	未收销货款
北京亚康医药经营公司	4,888,743.07	(附注3.B)	未收销货款
其他(8户)	238,610.00		未收销货款
	6,564,139.64		

(3)预付帐款

收款单位	1996.12.31
博来客	50,000.00
天津武清飞达公司	100,000.00
广东外贸进出口	15,390.00
天津制药机械厂	19,400.00
其他(8户)	15,159.50
	199,949.50

说明:上述预付款均为一年以内。

(4)其他应收款

A. 帐龄分析及百分比

帐龄	1996.12.31	比例
一年以内	8,193,880.58	98.64%
一至二年	65,360.91	0.79%
二至三年	47,625.03	0.57%
	8,306,866.52	100%

B. 性质和内容

债务单位	1996.12.31		性质
北京制药厂	7,446,000.00		
北京华新制药有限公司	333,846.54	(附注3.B)	垫付能源费用
北京费森尤斯有限公司	101,835.62	(附注3.B)	垫付能源费用
北京市医药总公司	51,496.50		未返还副食补贴
劳服公司	291,784.69		垫付费用
备用金	6,000.00		
其他(11户)	75,903.17		
	8,306,866.52		

说明:应收北京制药厂7,446,000.00元系北京制药厂根据现行会计制度有关规定无法将其评估的无形资产投入本公司,而拟改用货币资金投入。

(5)存货

项目	1996.12.31
产成品	26,738,340.95
在制品	7,211,415.40
高值易耗品	2,568,800.00
	36,518,556.35

说明:高值易耗品系生产用搪瓷罐,根据有关规定不列入固定资产核算,其价值已经中发国际资产评估公司评估。

(6)待摊费用

项目	原值	累计摊销	1996.12.31	剩余摊销期
试验用材料	1,631.54	0.00	1,631.54	二个月
取暖费	50,740.00	33,826.00	16,914.00	二个月
班车费	70,000.00	17,500.00	52,500.00	三个月
			71,045.54	

(7)固定资产及累计折旧

A. 固定资产

类别	1996.1.1	本年增加	本年减少	评估增加	1996.12.31
房屋建筑物	27,792,961.52	3,464,906.94	---	10,349,531.54	41,607,400.00
机器设备	46,457,694.90	5,996,640.61	13,072,971.02	49,123,335.51	88,504,700.00
运输设备	875,510.24	174,074.00	---	-19,784.24	1,029,800.00
	75,126,166.66	9,635,621.55	13,072,971.02	59,453,082.81	131,141,900.00

说明:本年减少机器设备系北京制药厂根据改制方案不投入本公司的不需用、待报废等机器设备。

B. 累计折旧

类别	1996.1.1	本年增加	本年减少	评估增加	1996.12.31
房屋建筑物	734,247.45	1,204,568.08	--	2,729,484.47	4,668,300.00
机器设备	21,017,719.91	2,323,210.76	10,344,303.71	19,796,673.04	32,793,300.00
运输设备	126,187.76	112,494.90	--	-34,782.66	203,900.00
	21,878,155.12	3,640,273.74	10,344,303.71	22,491,374.85	37,665,500.00

(8)短期借款

贷款银行	金额	年利率	借款期限	借款条件
工行北京朝阳支行	200万	10.98%	94\08\24-95\02\24	北京医药总公司物资公司担保
工行北京朝阳支行	1800万	10.98%	94\09\24-95\03\24	北京医药总公司物资公司担保
工行北京朝阳支行	1050万	10.98%	94\09\24-95\03\24	北京医药总公司物资公司担保
工行北京朝阳支行	100万	10.98%	94\10\07-95\04\07	北京医药总公司物资公司担保
	3150万			

说明:根据本公司资产重组方案及贷款银行确认函,该等借款将在本公司成立后重新签订借款合同。至新借款合同签订日之前欠付利息及逾期罚息由北京制药厂负担。

(9)应付帐款

债权单位	1996.12.31	
北京制药厂供销经营公司	3,134,610.49	(附注3.B)
北京制药厂国际贸易部	2,249,267.95	(附注3.B)
北京双鹤医药开发公司	506,378.75	
北京制药厂一分厂	134,286.88	
北京亚康医药经营公司	828,538.72	
北京双鹤医药保健品公司	834,854.86	
泰兴制盖厂	150,056.70	
青岛玻璃厂	49,000.00	
其他(21户)	267,397.32	
	8,154,391.67	

(10)预收帐款

付款单位	1996.12.31
	24,000.00
国强餐馆	21,984.00
煤气用具厂	341,880.34
国贸公司	102,000.00
北京双鹤医药开发公司	2,153,250.00
国家计生委	2,643,114.34

(11)其他应付款

债权单位	1996.12.31
	1,633,000.00
金燕综合加工厂	55,181.93
北京双鹤医药保健品公司	250,000.00
北京制药厂设备分厂	13,339.64
工会经费	160,000.00
北京制药厂结算中心	47,317.18
其他	2,158,838.75

(12)未交税金

税种	1996.12.31
	-194,479.77
增值税	2,254.47
营业税	-192,225.30

(13)长期借款

贷款银行	金额	年利率	借款期限	借款条件
工行北京宣武办事处	200万	8.46%	92\03\05-94\12\05	信用
工行北京宣武办事处	200万	10.98%	92\08\24-95\08\24	信用
	400万			

说明:根据本公司资产重组方案及贷款银行确认函,该等借款将在本公司成立后重新签订借款合同,至新借款合同签订日之前欠付利息及逾期罚息由北京制药厂负担。

(14)股本

	1996.12.31	1995.12.31	1994.12.31
法人股	88,000,000.00	86,780,808.42	86,780,808.42

说明:1996年12月31日经评估、确认的净资产为105,814,126.79元,根据北京市国有资产管理局京国资工(1997)100号批复折股8,800.00万股,由北京制药厂持有。

(15)资本公积

	1996.12.31	1995.12.31	1994.12.31
资本折算差异	17,814,126.79	--	--

说明:1996年12月31日经评估、确认的净资产为105,814,126.79元,根据北京市国有资产管理局京国资工(1997)100号批复折股8,800.00万股,折股后差额计入股份公司的资本公积金。

(16)盈余公积

	1996.12.31	1995.12.31	1994.12.31
年度净利润	50,662,675.39	43,988,136.80	31,461,720.19
10%法定盈余公积	5,066,267.54	4,398,812.68	3,146,172.02
5%公益金	2,533,133.77	2,199,406.84	1,573,086.01
提取盈余公积合计	7,599,401.31	6,598,220.52	4,719,258.03
加:期初盈余公积	13,495,424.10	6,897,203.58	2,177,945.55
减:转增折股净资产	21,094,825.41	--	--
期末盈余公积	--	13,495,424.10	6,897,203.58

说明:1996年转增折股净资产系北京制药厂将累计盈余公积折股投入股份公司。

(17)未分配利润

	1996.12.31	1995.12.31	1994.12.31
年度净利润	50,662,675.39	43,988,136.80	31,461,720.19
减:提取盈余公积	7,599,401.31	6,598,220.52	4,719,258.03
加:年初未分配利润	2,846,469.52	1,231,177.89	341,691.48
减:已分配利润	45,909,743.60	35,774,624.65	25,852,975.75
未分配利润	--	2,846,469.52	1,231,177.89

说明:1996年已分配利润包括截止1995年12月31日累计未分配利润2,846,469.52元转增折股净资产。

(18)主营业务收入

	1996年度	1995年度	1994年度
增效联磺	83,893,437.28	82,756,426.57	70,554,927.21
奥复星	47,566,559.28	37,160,879.94	19,493,988.06
新速效感冒	3,678,448.72	1,426,609.36	1,166,063.05
复方降压0号	7,657,058.37	2,630,854.95	2,252,765.53
其他	65,649,446.01	44,135,833.44	63,255,844.59
	208,444,949.66	168,110,604.26	156,723,633.44

(19)营业成本

	1996年度	1995年度	1994年度
增效联磺	61,948,601.71	55,766,936.28	48,922,114.89
奥复星	24,862,403.57	17,478,634.36	10,488,563.60
新速效感冒	2,179,433.00	625,463.02	563,622.00
复方降压0号	1,928,046.80	310,381.75	287,965.80
其他	40,189,331.21	29,186,276.32	46,739,929.27
	131,107,816.29	103,367,691.73	107,002,195.56

(20)财务费用

	1996年度	1995年度	1994年度
利息净支出	2,959,841.37	3,843,893.53	3,941,563.39

6.关联交易

本公司组建以前,片剂分厂、注射剂分厂生产的药品,由北京光华医药贸易公司和北京亚康医药经营公司销售,生产药品所需原料的供应以北京制药厂供销经营公司、北京制药厂国际贸易部为主。本公司组建以后,交履行以下协议:

(1)本公司与北京制药厂签订《综合服务协议》,北京制药厂保证本公司的正常生产经营和员工生活服务。本公司有偿使用北京制药厂有关住房、医疗、食堂、办公设施、安全与保卫、员工培训、能源动力、三废处理、房屋租赁、销售、储运等设施或服务。

(2)本公司与北京制药厂签订《商标使用许可协议》,北京制药厂同意本公司使用注册证书为135720、165855、513706、629831之商标,本公司向北京制药厂交纳本公司年销售收入1%的商标使用费。

(3)本公司与北京制药厂签订《专利使用许可协议》,北京制药厂同意本公司使用12项外观设计和1项实用新型专利,本公司按使用该等专利所生产的产品的年销售收入的0.1%交纳专利使用费。

(4)本公司与北京制药厂签订《土地租赁协议》,本公司有偿使用5520平方米土地,年租金为20万元,租赁期限为50年。

7.期后事项

由于现行会计制度没有关于用水、用电权等无形资产的调帐规定,北京制药厂原评估的无形资产无法投入本公司,已用相当金额的货币资金投入,即北京制药厂欠付本公司7,446,000.00元(其他应收款)已于1997年4月14日汇入本公司片剂分厂帐户内。

(四)96年主要财务指标

1.流动比率: 1.37
2.速动比率: 0.55
3.应收帐款周转率: 19.68
4.股东权益比率: 0.69
5.每股收益: 0.58元
6.净资产收益率: 0.48
7.每股净资产: 1.20元

十、董事会上市承诺

本公司董事会将严格遵守《公司法》、《股票发行与交易管理暂行条例》、《公开发行股票信息披露实施细则》、《上海证券交易所市场业务试行规则》和有关法律、法规的规定,并自股票上市之日起作出如下承诺:

1.按照有关法律、法规的规定程序和要求披露重大的信息、并接受证券主管机关,上海证券交易所的监督管理。

2.及时、真实、准确地公布中期报告和年度报告,并备置于规定的公众场所供投资者公众查阅。

3.本公司董事、监事及高级管理人员如发生人事变动或持本公司股票发生变化时,在报告证券主管机关、上海证券交易所的同时向投资者公布。

4.在任何公共传播媒介中出现的消息可能对本公司股票的市场价格产生误导性影响时,本公司知悉后将及时对该消息予以公开澄清。

5.本公司董事、监事及高级管理人员将认真听取社会公众的意见和批评,不利用已获得的内幕消息和其它不正当手段间接从事股票买卖活动。

6.本公司没有无记录负债。

十一、重要事项揭示

1.股利分配政策:

本公司的税后利润在提取公积金和公益金后用于股利分配。

本次发行的社会公众股股东参与1997年全年利润分配。

2.盈利预测:

根据本公司编制并经京都会计师事务所报审阅的盈利预测,本公司1997年税后利润预测为5227.5万元。

按发行新股后全面摊薄计,1997年每股税后盈利为0.36元。预计发行成功后,每股净资产为2.89元。

3.本公司于1997年5月15日召开了创立大会暨第一次股东大会,并召开了公司第一届第一次董事会、监事会;通过了决议(见1997年5月20日《中国证券报》、《上海证券报》)。

十二、备查文件目录

1.招股说明书
2.审计报告、财务报表及附注
3.资产评估报告
4.土地评估报告
5.盈利预测报告及注册会计师的意见
6.验资报告
7.本公司章程
8.本公司董事会、监事会决议
9.本公司营业执照

北京双鹤药业股份有限公司

一九九七年五月二十日

附表一:

资产负债表

单位:人民币元

项　目	1996.12.31	1995.12.31	1994.12.31
货币资金	9,167,009.90	14,276,606.16	1,084,418.81
应收帐款	6,564,139.64	14,611,911.85	23,282,678.53
预付帐款	199,949.50	3,411,851.83	3,038,292.79
其他应收款	8,306,866.52	3,187,991.05	2,901,896.82
存货	36,518,556.35	43,500,265.47	44,189,751.30
待摊费用	71,045.54	3,560.93	1,840,892.39
流动资产合计	60,827,567.45	78,992,187.29	76,337,930.64
固定资产原价	131,141,900.00	75,126,166.66	73,957,554.30
减:累计折旧	37,665,500.00	21,878,155.12	18,961,295.45
固定资产净值	93,476,400.00	53,248,011.54	54,996,258.85
在建工程		50,022.92	
固定资产合计	93,476,400.00	53,298,034.46	54,996,258.85
无形资产			
无形资产及递延资产合计			
资产总计	154,303,967.45	132,290,221.75	131,334,189.49
短期借款	31,500,000.00	400,000.00	
应付帐款	8,154,391.67	11,502,068.16	18,040,752.01
预收帐款	2,643,114.34	3,546,702.30	2,743,630.50
其他应付款	2,158,838.75	13,752,332.83	15,660,391.87
应付福利费	225,721.20	-81,671.33	-13,187.08
未交税金	-192,225.30	48,087.75	-6,587.70
流动负债合计	44,489,840.66	29,167,519.71	36,424,999.60
长期借款	4,000,000.00		
长期负债合计	4,000,000.00		
负债合计	48,489,840.66	29,167,519.71	36,424,999.60
股本	88,000,000.00	86,780,808.42	86,780,808.42
资本公积	17,814,126.79		
盈余公积		13,495,424.10	6,897,203.58
其中:公益金		4,498,474.70	2,299,067.86
未分配利润		2,846,469.52	1,231,177.89
股东权益合计	105,814,126.79	103,122,702.04	94,909,189.89
负债及股东权益合计	154,303,967.45	132,290,221.75	131,334,189.49

附表二:

利　润　表

单位:人民币

项　目	1996 年	1995 年	1994 年
一、主营业务收入	208,444,949.66	168,110,604.26	156,723,633.44
减:营业成本	131,107,816.29	103,367,691.73	107,002,195.56
销售费用	11,369,724.53	9,019,632.35	8,714,014.47
管理费用	11,269,243.95	6,444,944.38	4,762,953.94
财务费用	2,959,841.37	3,843,893.53	3,941,563.39
营业税金及附加	1,075,508.13	1,280,091.55	626,602.82
二、主营业务利润	50,662,815.39	44,154,350.72	31,676,303.26
加:其他业务利润		288.18	
三、营业利润	50,662,815.39	44,154,638.90	31,676,303.26
加:营业外收入		6,720.76	
减:营业外支出	140.00	4,132.40	
四、利润总额	50,662,675.39	44,157,227.26	31,676,303.26
减:所得税	0.00	169,090.46	214,583.07
五、净利润	50,662,675.39	43,988,136.80	31,461,720.19

附表三：　财务状况变动表

编制单位：北京双鹤药业股份有限公司（筹）　　单位：人民币元

流动资金来源和运用	1996.01－1996.12	流动资金各项目的变动	1996.01－1996.12
一、流动资金来源		一、流动资产本年增加数	
1．本年净利润	50,662,675.39	1．货币资金	－5,109,596.26
加：不影响流动资金的费用和损失		2．短期投资	－－
(1)固定资产折旧	3,525,458.68	3．应收票据	－－
(2)无形资产、递延资产。及其他资产摊销(或其他负债转销)	－－	4．应收帐款净额	－8047,772.21
(3)固定资产盘亏(减盘亏)	－－	5．预付帐款	－3,211,902.33
(4)清理固定资产损失(减收益)	－－	6．其他应收款	5,118,875.47
(5)递延税项	－－	7．存货	－6,981,709.12
(6)其他不减少流动资金的费用和损失	－－	8．待摊费用	67,484.61
小计	54,188,134.07	9．一年内到期的长期债券投资	－－
2．其他来源		10．待处理流动资产净损失	－－
(1)固定资产清理收入(减清理费用)	－－	11．其他流动资产	－－
(2)增加长期负债	4,000,000.00		
(3)收回长期投资	－－		
(4)对外投资转出固定资产	－－		
(5)对外投资转出无形资产	－－		
(6)资本净增加额	5,537,894.27	流动资产增加净额	－18,164,619.84
小计	9,537,894.27		
流动资金来源合计	63,726,028.34	二、流动负债本年增加数	
二、流动资金运用		1．短期借款	31,100,000.00
1．利润分配		2．应付帐款	－3,347,676.49
(1)提取法定公积金	5,066,267.54	3．预收帐款	903,587.96
(2)提取法定公益金	2,533,133.77	4．其他应付款	－11,593,494.08
(3)提取任意公积金	－－	5．应付福利费	307,392.53
(4)已分配股利	45,909,743.60	6．未交税金	－240,313.05
小计	53,509,144.91	7．未付股利	－－
2．其他运用		8．其他未交款	－－
(1)固定资产和在建工程净增加额	43,703,824.22	9．预提费用	－－
(2)增加无形资产递延资产及其他资产	－－	10 一年内到期的长期负债	
(3)偿还长期负债	－－	11．其他长期负债	
(4)增加长期投资	－－		
小计	43,703,824.22		
流动资金运用合计	97,212,969.13	流动负债增加净额	－15,322,320.95
流动资金增加净额	－33,486,940.79	流动资金增加净额	－13,486,940.79

大庆联谊石化股份有限公司

大庆联谊石化股份有限公司股票上市公告书

一、要览

总股本：16,000万股
可流通股本：5,000万股
本次上市流通股本：4,500万股
股票简称：大庆联谊
股票代码：600065
上市地点：上海证券交易所
上市时间：1997年5月23日
登记机构：上海证券中央登记结算公司

二、绪言

本上市公告书是根据《中华人民共和国公司法》、《股票发行与交易管理暂行条例》、《公开发行股票公司信息披露实施细则(试行)》和《上海证券交易所市场业务试行规则》等国家法律、法规的规定编制的。本公司股票上市申请经上海证券交易所上证上字(1997)第30号文批准，于1997年5月23日(星期五)在上海证券交易所挂牌交易，本次上市流通的股票均为1997年4月30日向社会公众发行的4,500万股A股，本公司职工持股500万股的上市日期将按国家及上海证券交易所有关规定执行。

本公司于1997年4月26日在《中国证券报》和《证券时报》上刊登了《招股说明书概要》，距今不足六个月，故与其重复内容在此不再重述，敬请投资者查阅本公司的《招股说明书概要》。

本公司董事会及各位董事确信本公告书不存在任何重大遗漏或者误导，并对其真实性、准确性、完整性负个别的和连带的责任。

三、发行公司概况

1. 概况

公司法定名称：大庆联谊石化股份有限公司

英文名称：DAQING LIANYI PETRO－CHEMICAL CO. LTD.

公司法定代表人：张大生

公司注册地址：黑龙江省大庆市林源南街5号

经营范围：石油炼制、石油开采、石化产品及国内商业(国家限制、禁止商品除外)

公司成立日期：1993年12月20日

公司营业执照注册号：12824683－5

公司所属行业：工业

公司咨询电话：(0459)6717943

联系人：孙承绪　薛玉贵

2. 公司历史沿革

公司是于1993年10月8日经黑龙江省经济体制改革委员会黑体改复[1993]495号文批准，由大庆市联谊石油化工总厂将其所属的助剂厂和污油净化厂经评估的生产经营性净资产折价入股，并联合大庆市油脂化工厂、大庆市大同区林源建材公司三家单位共同发起，以定向募集方式设立的股份制企业。1993年12月20日公司正式成立，注册资本11,000万元。以上股份均按1∶1.3的比例认购，其中发起人法人股10,300万股，社会法人股700万股。

四、股票发行及承销

1. 本次公开发行

发行数量：5,000万股(其中向公司职工配售500万股)

发行价格：9.87元/股

募集资金总额：49,350万元

发行方式：上网定价

配售比例：0.87538607%

配售户数：268,411户

持有1,000股以上的户数：269,335户

发行费用总额：1,250万元

每股发行费用：0.25元

发行市盈率：13.9倍

2. 股票承销

本次向社会公开发行的4,500万股社会公众股已全部由社会公众认购。承销团成员无包销比例及数量。

3. 验资报告(摘自哈尔滨会计师事务所哈会师股二验字(1997)0031号)

大庆联谊石化股份有限公司全体股东：

我们接受委托，对大庆联谊石化股份有限公司截至1997年5月14日止的实收股本及相关的资产和负债的真实性和合法性进行了审验。在审验过程中，我们按照《独立审计实务公告第1号——验资》的要求，实施了必要的审验程序。贵公司的责任是提供真实、合法、完整的验资资料，我们的责任是按照《独立审计实务公告第1号——验资》的要求，出具真实、合法的验资报告。

大庆联谊石化股份有限公司变更前注册资本为110,000,000元，变更后的注册资本为160,000,000元。根据我们的审验，截止1997年5月14日止，大庆联谊石化股份有限公司已收到向社会公开及公司职工募集资金480,000,000元(每股发行价9.87元，共计5,000万股，其中向社会公开募集4,500万股，向内部职工配售500万股，共募集资金493,500,000元，扣除发行费用12,350,000元，扣除中介机构费用1,150,000元，由于本次发行申购资金利息尚未到帐，及尚有部分与本次发行有关的费用未结算，故资本公积还将发生变化，待确定后予以披露)，变更后大庆联谊石化股份有限公司所有者权益总额为746,400,705.68元，其中股本160,000,000.00元，资本公积463,000,000.00元，盈余公积70,321,741.79元(其中公益金11,720,290.30元)，未分配利润53,078,963.89元。与上述变更后投入资本总额相关的资产总额为984,028,428.73元，负债总额为237,627,723.05元。

哈尔滨会计师事务所　　中国注册会计师　李岩青　李丛艳

中国·哈尔滨　　1997年5月15日

五、董事、监事及高级管理人员持股情况

姓　名	职　务	持股数量(股)	持股比例(‰)
张大生	董事长	3000	0.01875
孙承绪	副总经理	2000	0.0125
徐永海	副总经理	2000	0.0125
张　学	董事	0	0
李秀军	董事	2000	0.0125
王加富	董事	1000	0.00625
王振富	董事	1000	0.00625
王景龙	董事	0	0
张树堂	董事	1000	0.00625

薛玉贵	监事会主席	1000	0.00625
韩　燕	监事	1000	0.00625
孟庆发	监事	1000	0.00625
李长春	总会计师	1000	0.00625
冷明月	总工程师	1000	0.00625

本公司董事、监事和高级管理人员共持有本公司股票1.7万股，占公司总股本的0.10625‰，其持有股份按照《中华人民共和国公司法》规定在任职期间不得转让。

六、公司设立

1. 公司1997年3月26日临时股东大会作出决议：本公司向社会公众发行的5,000万股每股面值1元的普通股在上海证券交易所上市。

2. 公司注册资金16,000万元。

3. 本次发行后变更注册登记时间：1997年5月15日

4. 公司注册地点：黑龙江省大庆市大同区林源南街5号

5. 营业执照注册号码：12824683－5

七、关联企业及关联交易

（一）本公司的大股东情况

名　称	持有股份(万股)	持股比例(%)
大庆市联谊石油化工总厂	8,066	50.41%
大庆市油脂化工厂	1,834	11.46%

（二）本公司控投子公司情况

名　称	注册资金(万元)	所占比例
齐齐哈尔联谊油田开发有限公司	3,000	70%

主　要　业　务

石油开采、石油炼制及石化产品的生产、加工及运销

八、股本结构及大股东持股情况

（一）本次上市后股本结构

股份名称	股数(万股)	占总股本比例(%)
总股本	16,000	100.00
其中：		
1. 尚未流通部分：		
(1)发起人法人股	10,300	64.38
其中：其他法人股	10,300	64.38
(2)法人股	700	4.37
(3)公司职工持股	500	3.125
2. 可流通股份	4,500	28.125

（二）前十名称东所持股数及比例

股东名称	持有股数(万股)	占总股本比例(%)
大庆市联谊石油化工总厂	8,066	50.41
大庆市油脂化工厂	1,834	11.46
大庆市大同区林源建材公司	400	2.50
大庆高新技术产业开发区白油厂	350	2.19
大庆市联谊石油化工厂劳服公司	200	1.25
大庆市联谊石化宾馆	150	0.94
程朝旭	19.6	0.12
邹　辉	17.4	0.11
程显学	17.4	0.11
王占功	17.4	0.11

九、公司财务会计资料

（一）审计报告

大庆联谊石化股份有限公司全体股东：

我们接受委托，审计了贵公司1994年12月31日、1995年12月31日、1996年12月31日的资产负债表、1996年12月31日的合并资产负债表及1994年度、1995年度、1996年度的利润及利润分配表和1996年度的财务状况变动表、1996年度合并的财务状况变动表。这些会计报表由贵公司负责，我们的责任是对这些会计报表发表审计意见。我们的审计是依据中国注册会计师独立审计准则进行的。在审计过程中，我们结合贵公司的实际情况，实施了包括抽查会计记录等我们认为必要的审计程序。

我们认为，上述会计报表符合《企业会计准则》和《股份制试点企业会计制度》的有关规定，在所有重大方面公允地反映了贵公司1994年12月31日、1995年12月31日、1996年12月31日的财务状况及1994年度、1995年度、1996年度的经营成果和1996年度的资金变动情况，会计处理方法的选用遵循了一贯性原则。

哈尔滨会计师事务所　　　中国注册会计师　李岩青　李丛艳

中国·哈尔滨　　　1997年3月12日

（二）资产负债表、损益表、财务状况变动表分别见表1、表2、表3：

表1、资产负债表主要数据(合并)

单位：人民币元

资产	1996年12月31日(合　并)	1996年12月31日(母公司)	1995年12月31日	1994年12月31日
流动资产：				
货币资金	5,724,729	5,464,154	2,523,018	1,046,760
应收帐款	163,794,834	163,794,834	168,515,306	94,119,942
减：坏帐准备	491,384	491,384	505,546	282,360
应收帐款净额	163,303,450	163,303,450	168,009,760	93,837,582
预付帐款	14,360,208	13,274,352	26,087,336	28,614,977
其他应收款	11,464,420	10,392,306	6,193,414	8,736,391
待摊费用	542,975	542,975	511,901	307,985
存货	117,449,508	116,730,434	115,726,587	129,185,973
待处理流动资产净损失				2,434,086
流动资产合计	312,845,289	309,707,670	319,052,015	264,163,753
长期投资：				
长期投资		21,000,000		
固定资产：				
固定资产原价	238,485,581	238,485,581	146,519,661	113,294,252
减：累计折旧	17,720,211	17,720,211	9,695,589	3,892,982
固定资产净值	220,765,370	220,765,370	136,824,072	109,401,270
固定资产清理				256,264
在建工程	28,440,728	1,018,284	373,160	733,465
固定资产合计	249,206,099	221,783,654	137,197,232	110,390,998
无形资产及递延资产：				
无形资产	2,534,667	2,534,667	2,650,667	2,366,667
递延资产	523,078			
无形及递延资产合计	3,057,745	2,534,667	2,650,667	2,366,667
资产总计	565,109,132	555,025,991	458,899,914	376,921,418
负　债				
流动负债：				
应付帐款	57,758,991	57,758,991	60,523,302	48,094.972
预收货款	4,004,200	4,004,200	3,623,238	325,595
应付福利费	1,299,936	1,299,936	877,611	70,796
未付股利	145,762,980	145,762,980	96,262,980	34,969,283
未交税金	49,487,059	49,487,059	20,674,599	6,972,840
其他未交款	2,629,621	2,629,621	3,419,982	498,854
其他应付款	63,122,339	62,039,198	88,471,693	127,514,731
预提费用	401,180	401,180	800,946	487,512
流动负债合计	324,466,306	323,383,165	274,644,351	218,934,583
负债合计	324,466,306	323,383,165	274,644,351	218,934,583
少数股东权益	9,000,000			
股东权益：				
股本	110,000,000	110,000,000	110,000,000	110,000,000
资本公积	33,000,000	33,000,000	33,000,000	33,000,000

盈余公积	70,321,742	70,321,742	41,255,563	14,986,836
其中:公益金	11,720,290	11,720,290	6,875,927	2,497,806
未分配利润	18,321,084	18,321,084		
股东权益合计	231,642,826	231,642,826	184,255,563	157,986,836
负债及股东权益合计	565,109,132	555,025,991	458,899,914	376,921,418

表2、损益表主要数据

单位:人民币元

项目	1996年	1995年	1994年
一、主营业务收入	587,324,414	558,591,397	349,839,015
减:营业成本	454,408,429	440,533,881	281,865,823
销售费用	1,251,895	894,551	858,157
管理费用	14,736,285	12,760,878	9,907,639
财务费用	-77,254	-23,885	-20,726
营业税金及附加	20,146,502	16,399,925	7,891,503
二、主营业务利润	96,858,558	88,026,047	49,336,620
加:其他业务利润	138,414		570,618
三、营业利润	96,996,972	88,026,047	49,097,238
加:营业外收入	370,697	356	220,334
减:营业外支出	480,407	463.979	171,453
四、利润总额	96,887,263	87,562,424	49,956,119
五、净利润	96,887,263	87,562,424	49,956,119
六、可分配利润	96,887,263	87,562,424	49,956,119
减:提取法定公积金	9,688,726	8,756,242	4,995,612
提取法定公益金	4,844,363	4,378,121	2,497,806
七、可供股东分配利润	82,354,174	74,428,060	42,462,701
减:提取任意公积金	14,533,089	13,134,364	7,493,418
已分配普通股股利	49,500,000	61,293,697	34,969,283
八、未分配利润	18,321,084	0	0

表3　合并财务状况变动表(附后)

(三)主要会计政策

1. 公司执行的会计制度:

本公司执行《股份制试点企业会计制度》。

2. 会计期间:

本公司会计年度采用公历年度,即自公历1月1日至12月31日。

3. 合并会计报表的编制方法:

①合并会计报表的编制政策:对于拥有超过50%(不含50%)以上权益性资本的被投资公司,根据财政部财会字[1995]11号文《合并会计报表暂行规定》编制合并会计报表。

②合并会计报表的编制方法:以我公司及我公司投资的企业——齐齐哈尔联谊油田开发有限公司的会计报表为基础,抵销投入的股本、内部往来后编制而成。齐齐哈尔联谊油田开发有限公司1996年7月成立,注册资本3000万元,其中我公司投资2,100万元,占注册资本的70%,齐齐哈尔油田开发建设总公司投资900万元,占注册资本的30%。由于该子公司尚在建设期间,没有形成损益,故我们所指的合并会计报表是1996年12月31日"合并资产负债表"和1996年度"合并财务状况变动表"。

4. 记帐原则和计价基础:

本公司以权责发生制为记帐原则,以历史成本为计价基础。

5. 坏帐准备:

本公司按期末应收帐款余额的3‰计提坏帐准备。

6. 存货的计价方法:

本公司存货包括原材料、产成品、低值易耗品。存货均采用实际价格核算,原材料和产成品的发生采用全月一次加权平均法,低值易耗品于领用时一次摊销。

7. 长期投资核算方法:

联营投资的核算—本公司的长期投资占被投资企业股权比例20%以下时,采用成本法核算;投资额占被投资企业股权比例在20%-50%之间的采用权益法核算;投资额占被投资企业股权比例为50%(不含50%)以上时,采用权益法核算,并编制合并会计报表。

8. 固定资产及其折旧:

固定资产按实际成本计价。

固定资产的标准是指使用期限在一年以上的房屋建筑物、机器设备、器具、工具等资产,以及不属于生产经营主要设备的物品,单位价值在2,000元以上并且使用年限超过两年的资产。固定资产采用直线法计提折旧。根据固定资产的类别,原始价值,估计经济使用年限,预计残值(残值率为4%)确定其折旧率如下:

资产类别	折旧年限	年折旧率
房屋及建筑物	35	2.74%
通用设备	12--20	4.8%--8%
专用设备	12--15	6.4%--8%
运输工具	9	10.67%
其　他	6--20	4.8%--16%

9. 无形资产及其摊销:

本公司无形资产中的用电权及电增容按25年摊销。

10. 递延资产及其摊销:

递延资产系合并会计报表的子公司——齐齐哈尔联谊油田开发有限公司的开办费,待建成投产后按5年期限摊销。

11. 税项:

本公司应纳税项和适用税率如下:

(1)企业所得税

本公司企业所得税根据黑龙江省人民政府黑政发[1994]88号文及黑政函[1997]17号文的规定免征所得税三年,即1994年、1995年、1996年三年免征所得税。根据黑龙江省财政厅黑财函[1997]14号文件规定自上市之日起按应纳税所得额的33%税率征收企业所得税,后返还应纳税所得额的18%。

(2)增值税

本公司的增值税税率除液化气为13%外,其他产品均为17%,按上述税率计算销项税额抵扣符合规定的进项税额后计缴增值税。

(3)消费税

本公司的汽油和柴油两种产品缴纳消费税,每销售1吨汽油缴纳277.6元的消费税,每销售1吨柴油缴纳117.6元的消费税。

(4)城市维护建设税

本公司按增值税和消费税应纳税额的7%计缴城市维护建设税。

(5)教育费附加

本公司按增值税和消费税应纳税额的4%计缴教育费附加。

12. 产品销售收入的确认

销售收入以产品已经发出,货款已经收到或者取得收取货款的凭据时,作为销售收入的实现标志。

13. 利润分配

本公司每一会计年度的税后利润按照以下顺序分配:

(1)弥补亏损;

(2)提取10%法定盈余公积金;

(3)提取5%-10%法定公益金;

(4)经股东大会决议提取任意盈余公积金;

(5)支付普通股股利。

本公司分配股利实行同股同利的原则,年度股利每年分配一次。

14. 会计报表附注

(1)应收帐款

应收帐款1996年12月31日余额为163,794,834.38元,具体帐龄分析如下:

帐龄	金　额	比例(%)

一年以内	151,802,450.05	92.68%
一至二年	11,626,747.42	7.1%
二至三年	365,636.91	0.22%
合　计	163,794,834.38	100%

坏帐准备按期末应收帐款余额的3‰计提。

截止1996年12月31日,我公司应收帐款中无持有本公司5%以上股份的主要股东单位的往来款。

(2)其他应收款

其他应收款1996年12月31日余额为11,464,419.79元,具体帐龄分析如下:

帐龄	金　额	比例(%)
一年以内	10,387,495.51	90.61%
一至二年	1,076,924.28	9.39%
二至三年		
合　计	11,464,419.79	100%

其他应收款1996年12月31日明细如下:

单位	性质与内容	金额
1)大庆市电业局	预付电费	1,724,857.26
2)公司内个人欠款	个人暂借款及预借采购款	1,388,246.44
3)大庆萨区劳动服务站	预付设备款	650,084.60
4)大庆市林源加油站	垫付加油机等设备款	503,484.36
5)大庆市乡企局	暂借款	453,097.54
6)大庆市新星实业公司	材料款	418,816.00
7)食堂	暂借流动资金	388,265.24
8)大庆林源炼油厂	暂付设备检修款	363,064.69
9)大庆市乡企局建材工业公司	暂付维修款	329,584.08
10)大庆市基建工程维修大队	暂付工程款	320,595.75
11)大庆市乡企局运输大队	预付运费	270,446.51
12)大庆市乡企局器材站	暂付器材款	246,713.63
13)大庆市农行兴隆泉营业所	购营业用房款	180,000.00
14)晋州第二石油公司	委托代购设备款	172,906.15
15)大庆晨光化工厂	代购高压阀门款	154,501.28
16)大庆乡企局供销公司	预付钢材款	120,000.00
17)大庆市庆达加油站	往来款	114,527.80
18)大庆市长城化工厂	暂借款	100,000.00
19)大庆众友有限公司	暂借款	100,000.00
20)其他		3,465,228.46
合计		11,464,419.79

其他应收款1996年12月31日余额比上年末增加5,271,006.23元,增长85.11%,系1996年支付给大庆市电业局电费款1,724,857.16,1996年合并会计报表的子公司——齐齐哈尔联谊油田开发有限公司本年发生1,072,114.11元,以及本年发生的预付工程款、材料款、采购人员借款等增长所致。

(3)在建工程

工程名称	实际支出数	工程进度	原预算数	批准文号	资金来源
储油罐(两个)	1,018,284.21	15%	9,000,000.00		自筹
富拉尔基油田	37,422,444.13	10%	340,000,000.00	采证总字第0290号	自筹及公开发行股票募集资金
合　计	28,440,728.34		349,000,000.00		

富拉尔基油田是1995年12月经国家计委、地矿部批准并发给采证(总)字第0290号开采许可证,自1996年7月起陆续投入资金,截止1996年12月31日的余额27,422,444.13元的在建工程投入系油田开采的基础设施建设的投入。

在建工程1996年12月31日比上年末增加28,067,568.58元,增长7522%,系合并会计报表子公司－－齐齐哈尔联谊油田开发有限公司对油田开采基础设施投入27,422,444.13元及本公司所建的两个储油罐增加投入所致。

(4)未付股利

未付股利1996年12月31日余额为145,762,980.04元,系1994年、1995年、1996年的应付股利尚未支付。

依据大庆联谊石化股份有限公司1995年4月26日第二次股东大会决议、1996年5月7日第三次股东大会决议及1997年3月21日第八次董事会分配预案,1994、1995、1996年度分配的股利分别为34,969,283.21元、61,293,696.83元和49,500,000.00元,均按股东持股比例进行分配(人民币分以下均四舍五入),具体向股东分配股利的明细如下:

序号	股东名称	持股数量(万股)	持股比例(%)	1994年分配股利	1995年分配股利	1996年分配股利
1	大庆市联谊石油化工总厂	8066	73.33	25,642,021.67	44,944,996.23	36,297,000.00
2	大庆市油脂化工厂	1834	16.67	5,830,333.22	10,219,330.90	8,253,000.00
3	大庆市大同区林源建材公司	400	3.64	1,271,610.29	2,228,861.70	1,800,000.00
4	大庆高新技术产业开发区白油厂	350	3.18	1,112,659.01	1,950,253.98	1,575,000.00
5	大庆市联谊石油化工厂劳服公司	200	1.82	635,805.15	1,114,430.85	900,000.00
6	大庆市联谊石化宾馆	150	1.36	476,853.87	835,823.17	675,000.00
	合计	11000	100	34,969,283.21	61,293,696.83	49,500,000.00

1994、1995年度分配的股利系根据第二次、第三次股东大会通过的《大庆联谊石化股份有限公司一九九四年度利润分配方案》的决议及《大庆联谊石化股份有限公司一九九五年度利润分配方案》的决议精神,为支持股份公司的发展,所分配的股利暂不支付,无偿的由股份公司使用。1996年分配的股利系根据董事会的分配预案进行的,尚未经过股东大会审议通过,故暂不支付。

(5)少数股东权益

少数股东权益1996年12月31日的余额为9,000,000.00元,系合并会计报表子公司——齐齐哈尔联谊油田开发有限公司的另一投资方——齐齐哈尔油田开发建设总公司的投资。

(6)股本

股本1996年12月31日的期末余额为110,000,000.00元,本公司自成立以来股本未发生变动。本公司成立时以定向募集方式发行股票11,000万股,每股面值人民币一元,按每股人民币1.30元溢价发行。其中:

大庆市联谊石油化工总厂以所属的助剂厂和污油净化厂的净资产认购8,066万股,大庆市油脂化工厂以现金认购1,834万股,大庆市大同区林源建材公司以现金认购400万股,以上三家发起人股份为10,300万股,占总股本的93.64%,其他三家法人认购700万股,占总股本的6.36%。本公司募集股本所形成的股票溢价33,000,000.00元列入本公司资本公积金。

(7)资本公积

资本公积	1996.12.31	1995.12.31	1994.12.31
资本溢价收入	33,000,000.00	33,000,000.00	33,000,000.00

(8)盈余公积

	1996.12.31	1995.12.31	1994.12.31
期初数	41,255,562.87	14,986,835.66	0
本年提取			
一法定盈余公积金	9,688,726.30	8,756,242.40	4,995,611.86
一公益金	4,844,363.16	4,378,121.19	2,497,805.95
一任意盈余公积金	14,533,089.46	13,134,363.62	7,493,417.85
年末余额	70,321,741.79	41,255,562.87	14,986,835.66

1994年、1995年、1996年均按当年净利润的10%提取法定盈余公积金,按净利润的5%提取法定公益金,按净利润的15%提取任意盈余公积金。

(9)未分配利润

	1996.12.31	1995.12.31	1994.12.31
净利润	96,887,263.01	87,562,424.04	49,956,118.87
加:年初未分配利润			
可分配利润	96,887,263.01	87,562,424.04	49,956,118.87
减:提取法定公积金(10%)	9,688,726.30	8,756,242.40	4,995,611.86
提取法定公益金(5%)	4,844,363.16	4,378,121.19	2,497,805.95
可供股东分配的利润	82,354,173.55	74,428,060.45	42,462,701.06
减:提取任意公积金(15%)	14,533,089.46	13,134,363.62	7,493,417.85
已分配普通股股利	49,500,000.00	61,293,696.83	34,969,283.21
其末余额	18,321,084.09	0	0

本公司1996年12月31日的未分配利润数额为18,321,084.09元,系1996年的净利润根据董事会分配预案提取法定盈余公积金、法定公益金、任意盈余公积金及分配普通股股利后的余额,我公司公开发行股票以后的新股东将享有这部分未分配利润的分配权利。

(四)主要财务指标

	1996年度	1995年度	1994年度
流动比率	96.42%	116.69%	120.66%
速动比率	60.22%	74.03%	61.65%
应收帐款周转率	3.53次	4.25次	3.72次
存货周转率	3.90次	3.60次	2.18次
股东权益比率	40.99%	40.15%	41.92%
净资产收益率	41.83%	47.52%	31.62%
每股净利	0.88元/股	0.796元/股	0.454元/股
每股净资产	2.11元/股	1.68元/股	1.44元/股

十、董事会上市承诺

本公司董事会将严格遵守《中华人民共和国公司法》、《股票发行与交易管理暂行条例》、《上海证券交易所市场业务试行规则》和有关法律、法规的规定,并自股票上市之日起作出如下承诺:

1.按照法律、法规的规定程序和要求披露重大的信息,并接受证券主管机关、上海证券交易所的监督管理。

2.及时、真实、准确地公布中期报告和年度报告,并备置于规定场所供投资者查询阅读。

3.本公司董事、监事及高级管理人员如发生人事变动或持本公司股票发生变化时,在报告证券主管机关和上海证券交易所的同时向投资者公布。

4.在任何公共传播媒介中出现的消息可能对本公司股票的市场价格产生误导性影响时,本公司知悉后将及时对该消息予以公开澄清。

5.本公司董事、监事及高级管理人员将认真听取社会公众的意见和批评,不利用已获得的内幕消息和其他不正当手段直接或间接从事股票买卖活动。

6.本公司没有无记录负债。

十一、重要事项揭示

1.本公司1997年临时股东大会决议,1996年利润分配后尚余的18,321,084元,由老股东和本次社会公众股东共同享有。

2.经哈尔滨会计师事务所股份二审字(1997)第027号《盈利预测审核报告》审核,本公司1997年预计可实现利润8,909.3万元(按所得税率15%计算),按发行上市后公司总股本16,000万股全面摊薄,每股税后利润为0.56元。

3.根据公司章程规定,本公司的税后利润按下列顺序分配:

(1)按国家规定弥补以前年度的亏损;

(2)提取税后利润的10%为法定盈余公积金;

(3)提取税后利润的5%-10%为公益金;

(4)经股东大会决议提取任意盈余公积金或留存待分配利润;

(5)支付普通股股利。

本公司每年派发一次年度股利,年度股利在每一会计年度结束后的六个月内分配。经股东大会决议,本公司可决定分配中期股利。

十二、备查文件

1.公司成立的注册登记文件

2.招股说明书

3.审计报告

4.验资报告

5.营业执照

6.公司章程

7.法律意见书

十三、咨询机构

发行人:大庆联谊石化股份有限公司

法定代表人:张大生

地址:黑龙江省大庆市大同区林源南街5号

电话:(0459)6717943

传真:(0459)6717943

联系人:孙承绪　薛玉贵

上市推荐人:申银万国证券股份有限公司

法定代表人:阚治东

地址:上海市南京东路99号

电话:(021)64312809

传真:(021)64310778

联系人:郭伟　孔海燕

大庆联谊石化股份有限公司

1997年5月20日

财务状况变动表

编制单位:大庆联谊石化股份有限公司　　1996年度　　金额单位:人民币元

流动资金来源及运用	行次	合并	母公司	流动资产各项目的变动	行次	合并	母公司
一、流动资金来源:				一、流动资产本年增加数			
1.本年净利润	1	96,887,263.01	96,887,263.01	1.货币资金	33	3,201,710.43	2,941,135.59
加:不减少流动资产的费用和损失	2			2.短期投资	34		
(1)固定资产折旧	3	8,175,182.81	8,175,182.81	3.应收票据	35		
(2)无形资产、递延资产及其他资产摊销	4	116,000.00	116,000.00	4.应收帐款净额	36	-4,706,309.79	-4,706,309.79
(减其他负债转销)	5			5.预付货款	37	-11,727,128.77	-12,812,984.81
(3)固定资产盘亏(减盘盈)	6	-361,877.00	-361,877.00	6.其它应收款	38	5,271,006.23	4,198,892.12
(4)清理固定资产损失(减收益)	7			7.待摊费用	39	31,073.94	31,073.94
(5)递延税款	8			8.存货	40	1,722,921.39	1,003,847.43
(6)其他不减少流动资金的费用和损失	9			9.待处理流动资产损失	41		

流动资金来源及运用	行次	合并	母公司	流动资产各项目的变动	行次	合并	母公司
小计	10	104,816,568.82	104,816,568.82	10. 一年内到期的长期债券投资	42		
2. 其他来源				11. 其他流动资产	43		
(1)固定资产清理收入(减清理费用)	11	1,303,784.48	1,303,784.48				
(2)增加长期负债	12						
(3)收回长期投资	13						
(4)对外投资转出固定资产	14						
(5)对外投资转出无形资产	15						
(6)资产净增加额	16	29,066,178.92	29,066,178.92				
(7)少数股东资本净增加额(合并报表填列)	17	9,000,000.00					
小计	18	39,369,963.40	30,369,963.40	流动资产增加净额	44	-6,206,726.57	-9,344,345.52
流动资金来源合计	19	144,186,532.22	135,186,532.22	二、流动负债本年增加额			
二、流动资金运用				1. 短期借款	45		
1. 利润分配				2. 应付票据	46		
(1)提取法定公积金	20	9,688,726.30	9,688,726.30	3. 应付帐款	47	-2,764,311.16	-2,764,311.16
(2)提取法定公益金	21	4,844,363.16	4,844,363.16	4. 预收货款	48	390,961.24	390,961.24
(3)提取任意公积金	22	14,533,089.46	14,533,089.46	5. 应付福利费	49	422,325.04	422,325.04
(4)已分配股利	23	49,500,000.00	49,500,000.00	6. 未付股利	50	49,500,000.00	49,500,000.00
小计	24	78,566,178.92	78,566,178.92	7. 未交税金	51	28,812,460.31	28,812,460.31
2. 少数股东利润分配	25			8. 其它未交款	52	-790,360.49	-790,360.49
3. 其他运用				9. 其他应付款	53	-25,349,354.29	-26,432,495.19
(1)固定资产和在建工程净增加额	26	121,125,956.78	93,703,512.65	10. 预提费用	54	-399,765.92	-399,765.92
(2)增加无形资产、递延资产及其他资产	27	523,077.82		11. 一年内到期的长期负债	55		
(3)偿还长期负债	28			12. 其它流动负债	56		
(4)增加长期投资	29		21,000,000.00				
小计	30	121,649,034.60	114,703,512.65				
流动资金运用合计	31	200,215,213.52	193,269,691.57	流动负债增加净额	57	49,821,954.73	48,738,813.83
流动资金增加净额	32	-56,028,681.30	-58,083,159.35	流动资金增加净额	58	-56,028,681.30	-58,083,159.35

福州自动化仪表股份有限公司

福州自动化仪表股份有限公司股票上市公告书

一、绪言

本公司股票上市申请经中国证券监督管理委员会证监发字(1997)163号文复审批准和上海证券交易所上证上字(1997)第023号文审核同意,将于1997年5月8日在上海证券交易所挂牌交易。

本公司股票上市公告书依据《公司法》、《股票发行交易管理暂行条例》和《上海证券交易所交易市场业务试行规则》的规定编制。

本公司股票上市公告书旨在说明公司股票上市的目的,并向社会公众披露公司基本情况及有关资料。本公司董事会及其成员已确认所载内容,确信不存在任何重大遗漏或者误导和虚假陈述,并愿就上市公告书所载资料的真实性、准确性和全面性负个别及连带责任。上市公告书的内容由本公司董事会负责解释。

二、公司概况

1. 公司法定名称:福州自动化仪表股份有限公司

英文名称:FuZhou Automation Instruments Co., Ltd

2. 公司注册地址:福建省福州市福马路81号

英文地址:81 Fuma Road Fuzhou Fujian China

邮政编码:350011

3. 公司法定代表人:陈道彤

4. 公司董事、监事和高级管理人员简况:

董事长兼总经理:陈道彤先生,52岁,大学毕业,高级工程师。曾任福州电线厂总工程师、厂长,福州大通机电股份有限公司董事长、总经理兼党委书记。持有本公司股票2700股。

副董事长兼副总经理:裴道晓先生,36岁,大专毕业,工程师,现兼任本公司水表厂厂长。持有本公司股票0股。

副董事长兼副总经理:陈少先先生,42岁,大学毕业,高级工程师。曾任福州大通机电股份有限公司副董事长、副总经理。持有本公司股票2500股。

董事:许标弟先生,50岁,大专毕业,经济师。曾任福州大通机电股份有限公司副总经理。现任本公司副总经理,持有本公司股票2700股。

董事:郑启荣先生,48岁,大专毕业,高级工程师。曾任福州电线厂副厂长,福州大通机电股份有限公司总工程师。现任本公司总工程师。持有本公司股票2700股。

董事:李裕章先生,52岁,大学毕业,高级经济师。曾任福州电线厂厂长助理,福州大通机电股份有限公司总经济师。现任本公司总经济师。持有本公司股票2700股。

董事:郑衡先生,48岁,大专毕业,高级会计师。曾任福州电线厂厂长助理,福州大通机电股份有限公司总会计师。现任本公司总会计师。持有本公司股票2700股。

董事:吴志庭先生,42岁,大学毕业,工程师。曾任福州大通机电股份有限公司总经理助理、外经部主任。现任本公司总经理助理兼福州开发区联通电工有限公司经理。持有本公司股票2500股。

董事:吴林生先生,56岁,大专毕业,经济师。曾任福州电线厂漆包车间主任,福州大通机电股份有限公司漆包分厂厂长、副总经济师。现任本公司电线厂经营部经理。持有本公司股票2300股。

董事:陈振南先生,56岁,中专毕业。曾任福建省建行信托投资公司投资部副经理。现任福建省建行直属支行办公室主任。持有本公司股票0股。

董事:陈声铮先生,58岁,高中毕业,经济师。曾任闽侯县人民银行营业厅副主任,闽侯县工商银行副行长、行长。现任福州市工商银行主任科员。持有本公司股票0股。

董事:李玲女士,31岁,大专毕业,会计师。曾任福建华兴投资公司福州分公司投资部负责人,福州市信托投资公司信贷科副科长,现任科长。持有本公司股票0股。

董事:陈卓惠女士,50岁,高中毕业,经济师。现任中保集团人寿保险公司福州分公司计财科科长。持有本公司股票0股。

监事会主席:薛寿祖先生,57岁,中学毕业。曾任福州电线厂副厂长,福州大通机电股份有限公司工会主席、监事会主席、党委副书记。现任本公司工会主席、党委副书记。持有本公司股票2700股。

监事会副主席:林宝珠女士,49岁,中学毕业。曾任福州大通机电股份有限公司监事、政工部主任兼党办主任。现任本公司党办主任。持有本公司股票2300股。

监事:林东先生,28岁,中专毕业,助理会计师。现任本公司财务部会计员。持有本公司股票0股。

监事:林景栋先生,39岁,大专毕业,经济师。现任建行福州市分行八一七分理处经理。持有本公司股票0股。

监事:黄绳炀先生,58岁,大专毕业。现任福州第一化工厂副厂长。持有本公司股票0股。

5. 公司其它情况:

(1)所属行业:工业类

(2)成立日期:1990年8月15日(领取第一份营业执照)

营业执照编号:15438139-5

(3)公司职工情况:

截止1996年12月31日,公司在册职工人数1330人,其中:管理人员472人;大学本科62人,大专程度120人,中专程度109人,高中程度483人;高级技术职称16人,中级技术职称70人,初级技术职称193人。

本公司全体员工享受国家规定的福利、劳保待遇,公司统一为职工办理社会劳动保险、职工养老保险和待业保险。

(4)公司面积:占地面积49454平方米,建筑面积39337.44平方米。

(5)公司下设厂与关联企业:

①下设厂:

A. 电线厂:主要生产经营特种漆包线、高低压架空线、无氧铜杆、绕包线、罐关焊接线,为电机、电器、家电、输配变电行业提供配套材料。

B. 水表厂:主要生产经营冷水表、热水表和自动化仪表。

②主要控、参股公司:

A. 福州开发区双星电工有限公司

注册资本:100万元,本公司权益占85%

法定代表人:陈道彤

注册地址:福州市开发区建新小区A座502

经营范围:生产电磁线、电线电缆、有色金属材料、输变设备、机电产品、机械器材。

B. 福州开发区联通电工有限公司

注册资本:100万元,本公司权益占75%

法定代表人:陈道彤

注册地址:福州市开发区上岐新村3号

经营范围:生产电线电缆、铜、铝制品;批发、零售机电产品、金属材料、化工产品、建设材料、仪器仪表、五金交电、化工原料及相关咨询服务。

C. 福州开发区亚通机电有限公司

注册资本:100万元,本公司权益占50%

法定代表人:陈道彤

注册地址:福州市开发区上岐新村3号

经营范围:电气机械及器材产品的开发、转让;机电设备,电线电缆,无氧铜杆,裸铜线及有色金属材料的生产和销售。

D. 福州新榕房地产开发有限公司

注册资本:4631万元,本公司权益占4.55%

法定代表人:林 越

注册地址:福州市五四路中段国际大厦23层B座

经营范围:房地产综合开发、出售、出租商品房

6. 股票发行情况

(1)股票种类:普通股

(2)股票面值:100元/股,后经股东大会决议拆细为1元/股。

(3)股票发行时间及价格:

1988年2月至5月,本公司向社会公开募集股份3.8万股,每股面值100元,按面值发行,共募集股本380万元;1993年2月,经股东大会决议将公司股票拆细为每股面值人民币1元。

1993年3月,本公司向全体股东送红股108.71万股。

1993年3月,本公司与福州变压器厂合并,原福州变压器厂以其净资产按1:1的比例折成国家股2574.67万股。

1993年12月,本公司向股东送股1531.7万股;配股624.46万股,配股价每股3.00元。

1994年5月,福州变压器厂从本公司分立出去,同时,本公司吸收合并了原福州大通机电股份有限公司。由此形成总股本5185.53万元,其中国家股1226.28万元,法人股693.66万元,社会公众股1357.53万元,内部职工股1908.06万元。

(4)发行对象:境内法人和自然人

(5)首期股票承销机构:中国工商银行福州市信托投资公司

法定代表人:王贻浩

注册地址:福州市古田路108号

联系电话:(0591)3321521

(6)股东人数:截止1996年10月31日公司股东人数12239户,其中持有1000股以上者7536户。

(7)股票上市证券代码:600067

(8)股票简称:福州自仪

(9)股票上市地点:上海证券交易所

(10)股票上市日期:1997年5月8日

7. 公司为股东提供咨询服务情况:

咨询电话:(0591)3660701

传 真:(0591)3660592

股东接待日期:每周五下午2:005-5:00(法定假日除外)。

公司文件资料索阅地点:福建省福州市福马路81号公司证券部

邮 编:350011

联 系 人:林镇南

8. 上市推荐机构:

中国南方证券有限公司

法定代表人:王景师

注册地址:深圳市深南东路1号南方国际大酒店12层

联系电话:(010)67617375, 67617390

联 系 人:郭晓彬 宋世明

福建省华福证券公司

法定代表人:王希超

注册地址:福州市广达路141号恒宇大厦二层

联系电话:(0591)3318539

联 系 人:王 比 邹建亮

中国工商银行信托投资公司

法定代表人:周子馨

注册地址:北京市海淀区二里沟西宛饭店3号楼

联系电话:(010)68313388-5345

联 系 人:谢 军 谭向东

9. 财务顾问:福建省企业顾问有限公司

法定代表人:刘义云

注册地址:福州市湖东路中山大厦29字楼

联系电话:(0591)7855068

联 系 人:侯浩峰

10. 资产评估机构:福州资产评估事务所

法定代表人:黄秀泉

注 册 地 址:福州市古田路双福楼东四楼

联 系 电 话:(0591)3311148

经办评估人员:唐幼华 蔡振中

11. 资产评估确认机构:福建省国有资产管理局

地 址:福州市华林路137号华兴大厦九楼

负责人:林永经

电 话:(0591)7844351

12. 会计师事务所:福州会计师事务所

法定代表人:杨人群

注册地址:福州市古田路双福楼东五楼

联系电话:(0591)3311816

经办注册会计师:陈炳坚 郑淑琳

13. 律师事务所:福州合立律师事务所

法定代表人:侯立

经办律师:侯立 徐军

地 址:福州东大路82号八方大厦四层

联系电话:(0591)7501012

14. 股票托管机构:上海证券中央登记结算公司

法定代表人:王迪彬

注册地址:上海市闵行路67号

联系电话:(021)63356665

15. 经营方式:制造,批发,零售,服务。

16. 公司经营范围:

主营:自动化仪表及系统制造、维修,电线、电缆、机电设备生产及销售。

兼营:水暖管件、有色金属材料的加工和销售。

17. 公司主营产品情况:

产品品种	生产能力	主要市场	市场占有率
1. 漆包线	7000吨/年	各地家电、机电行业	家电行业占20%左右
2. 架空线	5000吨/年	省内电力输变电行业	省内市场占30%左右
3. 水表	100万台/年	主要出口	占全国出口量的30%

18、公司业务收入构成情况(1996年度)

项目	金额(万元)	比重(%)
1. 漆包线	17093.27	65.27
2. 架空线	3419.14	13.06
3. 水 表	4405.61	16.82
4. 其 他	1268.97	4.85
5. 合 计	26186.99	100

三、公司组织状况

1. 公司沿革

公司前身福州水表厂是于1978年成立的集体所有制企业，持有福州市工商行政管理局核发的榕工商字1591号《营业执照》，由福州市机械工业局归口管理。1986年11月经福州市经济体制改革委员会榕改委[1986]005号《关于福州水表厂进行股份制试点的批复》由福州水表厂进行改制，并经中国人民银行福州分行批准向社会公开募集，设立了本公司。1993年3月，公司吸收合并福州变压器厂。1994年4月15日，国家体改委以体改生[1994]48号《关于同意福州自动化仪表股份有限公司进行规范化股份制企业试点的批复》，同意本公司进行规范化的股份制企业试点。1994年5月，经福州市人民政府批准，本公司进行重组，将变压器厂从本公司分立，同时吸收合并福州大通机电股份有限公司。

2. 公司组织机构及职能：

公司组织结构如下图：

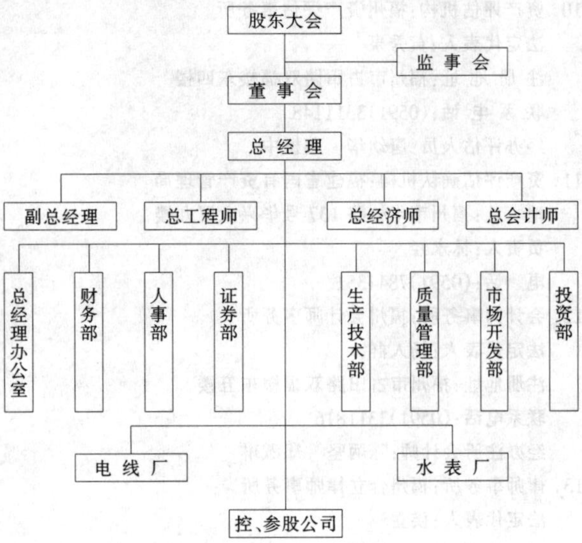

职能如下：

本公司设立股东大会、董事会和监事会，总经理对董事会负责。

本公司设七部一室，分别是总经理办公室、财务部、人事部、证券部、生产技术部、质量管理部、市场开发部和投资部。上述机构的职能如下：

总经理办公室：负责本公司的文秘、印章、接待及对外联络。

财务部：负责本公司财务管理、资金筹集和投资管理。

人事部：负责本公司的劳动人事管理，包括干部管理与考评、工资总额控制管理。

证券部：负责公司股份制规范管理、股东大会组织、信息披露、股东分红派息管理、股东咨询、董事会文秘管理、股票二级市场监控和有关证券业务对外联络等。

生产技术部：负责本公司年度生产计划的制定，对下属企业生产进行管理与考核和技术工艺管理。

质量管理部：负责本公司的质量管理和标准化管理，全面推行ISO9000质量标准，对下属企业产品质量进行指导、监督和控制。

市场开发部：负责本公司经营销售计划制订、产品国内外市场开发、组织原材料供应。

投资部：负责本公司的发展规划、技术改造、对外投资。

3. 公司历次股东大会简况

(1)1989年1月26日，公司召开了1989年度股东大会。大会审议了1988年年度工作报告、1988年度财务决算，通过了1988年度利润分配方案及1989年生产经营计划大纲。

(2)1993年2月6日，公司召开了1993年度股东大会。大会作出股份拆细和股票集中保管、吸收合并福州变压器厂、增资扩股及1992年度利润分配送红股的决议。

(3)1993年4月8日，公司召开了1993年度第1次临时股东大会。大会作出修改公司章程的决议，选举产生了新的董事会成员和监事会成员。

(4)1993年11月28日，公司召开1993年度第2次临时股东大会。大会作出了资本公积金转增股本和增资配股的决议。

(5)1994年5月15日，公司召开1994年度股东大会。大会作出了同意福州变压器厂从本公司分立，然后再吸收合并福州大通机电股份有限公司的决议及1993年度利润分配的决议。

(6)1994年7月28日，公司召开1994年度第1次临时股东大会。大会作出修改公司章程、选举新的董事会成员、监事会成员及申请公司股票异地上市的决议。

(7)1995年5月18日，公司召开了1995年度股东大会。大会审议了1994年度工作报告、监事会工作报告和1994年财务决算报告，并作出1994年度利润分配的决议。

(8)1996年4月25日，公司召开了1996年度股东大会。大会作出修改公司章程决议、1995年度利润分配决议、申请异地上市和股票托管的决议。

四、股本结构及主要股东持股情况

1. 股本形成过程

福州市体改委于1986年11月16日以榕改委(1986)005号文《关于福州水表厂进行股份制试点的批复》，同意以原福州水表厂(集体所有制企业)为主体，吸收社会群众和部分小集体企业入股成立福州自动化仪表股份有限公司。

1988年2月，中国人民银行福州分行以(88)榕银金字第062号文批准，同意本公司发行股票280万元，每股面值100元，共2.8万股。其中企业历年工资奖金结余及利润留成形成的基金为204.12万元折成股份204.12万元，手工业联社投入的联社基金为30.88万元折成股份30.88万元，均以资产形式折成股份；同时为吸收新募资金扩大再生产，向集体企业募集股份25万元，向社会个人募集股份20万元。

1988年5月，中国人民银行福州分行又以(88)榕银金字第154号文批准，同意本公司增发股票100万元，每股面值100元，共1万股，其中向集体企业募股50万元，向社会个人募股50万元。至此，本公司根据人民银行的批准，分两期募集股份，共发行股票3.8万股，每股面值100元。1989年5月，经福州市会计师事务所核实验证，本公司截止1989年5月10日发行股票所募380万元股本金全部到位。

公司股票发行后，在外部环境的影响下，公司股票在社会上几经转让，1993年2月为规范公司股份管理，公司按照投票的实际持有情况进行了重新确认和登记；1993年2月，经股东大会决议，本公司将公司股票拆细为每股面值人民币1元；以经会计师验证后净资产中的盈余公积金以1:0.286向全体股东派送每股面值1元的红股108.71万股。至此，公司股本结构为：总股本488.71万元，全部为社会公众股。

1993年3月，经福州市经济委员会、福州市经济体制改革委员会榕经企[1993]466号《关于福州自动化仪表股份有限公司与福州变压器厂合并的批复》的批准，原属国有企业的福州变压器厂以其净资产按1:1折成国家股2574.67万股并入本公司。与福州变压器厂合并后，公司总股本为3063.38万元，其中：国家股2574.67万元，占总股本的84.05%；社会公众股488.71万元，占总股本的15.95%。

1993年12月，经福建省经济体制改革委员会闽体改[1993]152号《关于同意福州自动化仪表股份有限公司增资扩股的批复》批准，本公司将资产重新评估后的增值部分提取资本公积金后的余额1531.7万元以1:0.5的比例向国家股股东和公众股股东分别送股1287.34万股和244.36万股，转增入公司股本；向原社会公众股东配售624.46万股。至此，公司总股本为5219.54万元，其中：国家股3862.01万元，占总股本的73.99%，社会公众股1357.53万元，占总股本的26.01%。

1994年5月，福州市人民政府以榕政综(1994)256号文批准公司重组，经福建省经济体制改革委员会闽体改[1994]113号《关于福州自动化仪表股份有限公司重组的批复》同意并确认，将福州变压器厂从本公司分立出去，同时吸收合并福州大通机电股份有限公司。在分立过程中，相应减少变压器厂所对应的股份3862.01万股(全部为国家股)，分立后的福州自动化仪表股份有限公司总股本为1357.53万元；原福州大通机电股份有限公司总股本3828万元，其中国家股1226.28万元，法人股693.66万元，内部职工股1908.06万元，对其吸收合并后，公司总股本增至5185.53万元。

2. 公司股本结构：

股本类型	股本数量(万元)	占总股本的%
总股份	5185.53	100
国家股	1226.28	23.65
法人股	693.66	13.38
社会公众股	1357.53	26.17
内部职工股	1908.06	36.80

3. 公司前十名股东持股情况

股东名称	持股数(万股)	占总股份%
1. 福州市国有资产管理局	1226.28	23.65%
2. 福建省工行信托投资公司福州办事处	132	2.55%
3. 福州市信托投资公司	112	2.16%
4. 福建省建行信托投资公司福州办事处	100	1.93%
5. 福建省建设银行信托投资公司	98	1.89%
6. 福州市福保贸易公司	66	1.27%
7. 福州市税务财务咨询公司	60	1.16%
8. 福州第一化工厂	46	0.89%
9. 福州锅炉厂	13	0.25%
10. 上海冰箱压缩机股份有限公司	13	0.25%

五、公司经营业绩

1. 经营概述

本公司系福州市最早进行股份制试点的企业。公司自成立以来，企业经营范围和经营规模不断扩大，经济效益不断提高。发展至今，公司已成为福建省和机械部重点骨干企业。

(1)电线厂：主要生产经营特种漆包线、高低压架空线、无氧铜杆、绕包线、罐头焊接线，为电机、电器、家电、输配变电行业提供配套材料。企业先后从德国、奥地利、美国、芬兰、瑞士、台湾等国家和地区引进先进的拉丝、漆包、无氧铜杆、绕包、修模及检测设备，在国内建立了第一条特种漆包线生产线，并逐步发展扩大，形成规模经济。至"八五"末期已形成年产漆包线7000吨，绕包线1500吨，架空线5000吨，无氧铜杆10000吨的生产能力，特种漆包线产销量占全国市场的20%以上。

随着市场经济的发展，市场竞争日趋激烈，在开发新产品的基础上，进行了较大范围的产品结构调整，逐步减少和淘汰老产品，重点发展用于彩电、空调、冰箱、音响、仪表等家用电器自粘漆包线、耐氟漆包线、自润滑漆包线、醇溶性漆包线、尼龙漆包线以及超微细漆包线，目前企业已形成品种齐全的特种漆包线系列。产品曾先后获得国家优质金奖1种，优质银奖1种，部优产品5种，有两种获美国UL认证。

国内主要客户为陕西彩虹集团、江苏春兰集团、上海冰箱压缩机股份有限公司、上海电视配件厂、深圳赛格日立公司和沈阳华润空调压缩机厂等国内大型集团公司及中外合资经营企业等。

(2)水表厂：先后从德国、瑞士引进水表制造技术和先进注塑设备字轮印刷机，采用ISO4064国际标准制造15MM 亻亻 20MM磁传感式和旋翼湿式共20个系列75个规格冷水水表和热水水表，形成年产100万台的生产能力，产品获机械部及福建省优质产品荣誉证书和福建省标准计量局产品质量稳定书。企业是我国水表行业第一家具有自营出口权的企业。产品销往美国、法国和菲律宾等东南亚国家和地区。1995年出口水表达65万台，创汇450万美元，居国内同行业之首。

2. 经营业绩概要

以下数据摘自福州会计师事务所审计报告(97)榕会师股字第010号。

单位：万元

项目	1996年	1995年	1994年	1993年
主营业务收入	26186.99	28300.96	18712.32	18870.71
主营业务利润	1690.41	1650.68	1230.25	1176.50
利润总额	1952.14	1889.42	1692.23	1219.23
净利润	1434.84	1406.13	1286.10	926.61

六、公司财务状况

1. 验资报告(摘要)　　(94)榕师股字第039号

福州自动化仪表股份有限公司：

我们接受委托，根据国家现行有关法律、法规和《注册会计师验资规则(试行)》以及《股份制试点企业会计制度》的规定，对贵公司1994年6月30日注册资本金和其他所有者权益进行了验证。

经我所验证后确认：贵公司总股本5185.53万股，其中国家股1226.28万股，法人股693.66万股，社会公众股1357.53万股，内部职工股1908.06万股，所有者权益(净资产)为114761808.69元，截止1994年6月30日股本金及股东权益全部到位。

特此报告。

福州会计师事务所

中国注册会计师：郑赳、陈炳坚

一九九四年七月三日

2. 资产评估报告(摘要)　　(94)榕资评字第043号

福州自动化仪表股份有限公司：

我所接受贵公司委托，对贵公司的资产和负债及投资者权益进行全面的评估。

根据国务院颁布的《国有资产评估管理办法》以及我国现行有关的法律、法规和制度，遵循"公正、客观、实事求是"和"真实、科学、可行"的原则，按照国家规定的资产评估操作程序、标准和方法，对贵公司提供的会计凭证、帐表以及有关资产评估的法律文件等资料进行了查核验证，并在所属企业资产评估基础上加以汇总评定。现将评估情况和结果报告如下：

一、评估基准日：1994年4月30日

二、评估结果：

(一)通过评估，公司评估基准日的资产总值为255959520.05元，比评估前帐务调整后资产帐面值250334952.04元，增值5624568.01元。其中：

1. 固定资产124451145.23元(含在建工程3481574.09元)。

2. 流动资产及长期投资128359243.31元，其中存货63963377.58元。

3. 无形及递延资产3149131.51元，其中：

(1)无形资产——土地使用权价值2907954元、专有技术124277.69元

(2)递延资产116899.82元

(二)通过评估，公司评估基准日的负债总值141197711.36元，比评估前帐务调整后负债帐面值135551643.35元，评估增加5646068.01元，其中：

1. 短期负债81937962.81元

2. 长期负债59259748.55元

(三)评估基准日公司净资产为114761808.69元

1. 实收资本51855300元；

2. 资本公积金60480317.48元；

3. 盈余公积金1350601.52元；

4. 未分配利润1075589.69元；

福州资产评估事务所

经办评估人员:唐幼华(会计师)、蔡振中(工程师)

一九九四年五月二十日

3.资产评估确认文件(摘要)

(一)　　(94)榕财国资字第294号

关于福州自动化仪表股份有限公司与福州大通机电股份有限公司合并资产评估价值确认的批复。

福州自动化仪表股份有限公司、福州大通机电股份有限公司:

福州自动化仪表股份有限公司(简称自仪公司)榕仪司(1994)14号《关于重组后要求重新确认国有股权的报告》和福州大通机电股份有限公司(简称大通公司)榕大通(1994)第12号《关于与福州自动化仪表股份有限公司合并要求确认国有股权的报告》悉。根据国务院颁发的《国有资产评估管理办法》和国家国有资产管理局订立的《国有资产评估管理办法实施细则》,对自仪公司与大通公司依据我市机械工业产业结构调整和企业发展的需要施行合并,资产委托福州资产评估事务所评估,经审核该所为大通公司出具的(94)榕资评字第041号,为自仪公司出具的(94)榕资评字第042号,为合并后的自仪公司出具的(94)榕资评字第043号《资产评估报告书》中数据及有关资料,现就有关事项批复如下:

一、资产评估基准日:1994年4月30日

二、资产评估价值的确认:

鉴于自仪公司与大通公司合并前每股净资产分别为2.24元和2.21元,两者基本相近,同意大通公司以股权直接相加方式合并进入自仪公司,两公司合并后经重估资产总额为255959520.05元,其中:流动资产为124214110.19元,长期投资为4563899.14元,固定资产为124032379.21元,无形及递延资产为3149131.51元;负债总额为141197711.36元,其中:流动负债为81937962.81元,长期负债为59259748.55元;权益总额为114761808.69元,其中:实收资本为51855300元(国家股12262800元,法人股6936600元,社会公众股13575300元,内部职工股19080600元),资本公积金为60480317.48元,盈余公积金为1350601.52元,未分配利润为1075589.69元。

福州市财政局

一九九四年六月三日

(二)　　闽国资(1994)288号

关于福州自动化仪表股份有限公司重组资产评估结果确认的通知

福州市财政局:

你局(94)榕财国资字329号《关于要求确认福州自动化仪表股份有限公司资产评估价值的报告》悉,经审查验证福州资产评估事务所(94)榕资评字第043号《资产评估报告书》,认为其评估符合国家有关规定,现对福州自动化仪表股份有限公司分离福州变压器厂,吸收福州大通机电股份有限公司,资产重组截止1994年4月30日评估现值确认如下:

资产总额255959520.05元,其中:流动资产124214110.19元,长期投资4563899.14元,固定资产124032379.21元,无形及递延资产3149131.51元;负债总额141197711.36元,其中:流动负债81937962.81元,长期负债59259748.55元;所有者权益114761808.69元

福建省国有资产管理局

一九九四年六月十三日

4.审计报告(摘要)　　(97)榕会师股字第016号

福州自动化仪表股份有限公司全体股东:

我们接受委托,审计了贵公司1994年12月31日、1995年12月31日、1996年12月31日的公司及合并资产负债表,1994年度、1995年度、1996年度的公司及合并利润及利润分配表,以及1996年度的公司及合并财务状况变动表。这些会计报表由贵公司负责,我们的责任是对这些会计报表发表审计意见。我们的审计是依据《中国注册会计师独立审计准则》进行的。在审计过程中,我们结合贵公司实际情况,实施了包括抽查会计记录等我们认为必要的审计程序。

我们认为,上述会计报表符合《企业会计准则》和《股份制试点会计制度》的有关规定,在所有重大方面公允地反映了贵公司1994年12月31日、1995年12月31日、1996年12月31日的公司及合并的财务状况以及1994年度、1995年度和1996年度的经营成果和1996年度的资金变动情况,会计处理方法的选用遵循了一贯性原则。

福州会计师事务所　　中国注册会计师:陈炳坚、郑淑琳

中国·福州　　一九九七年三月九日

财务会计报表(合并)附注:

一、公司概况(略)

二、主要会计政策:

1.会计制度:公司现执行《企业会计准则》、《股份制试点企业会计制度》。母公司及合并会计报表的编制是按照《股份制试点企业会计制度》及有关补充规定,同时结合各合并报表单位的行业特点调整编报的。

2.会计年度:公历1月1日起至12月31日止为一个会计年度。

3.记帐的原则和计价基准:记帐原则按权责发生制,计价基础按实际成本。

4.外币折算方法:记帐本位币为人民币,对发生外币业务外币折算,按当月一日国家公布的外汇牌价折合人民币记帐,月末外币余额,按国家公布的外汇牌价调整帐面汇率,汇兑损益列入本月损益。

5.合并报表的编报:合并报表的编制依照财政部财会(1995)11号文《关于合并会计报表暂行规定》的有关规定,对投资比例占被投资单位的50%以上或实际控股者采用合并会计报表。1996年纳入合并报表范围:

并表子公司	联营期限	注册资本	持股比例	实际出资金额
福州开发区双星电工有限公司	1996.5.-2001.5.	1000000	85%	170万元
福州开发区联通电工有限公司	1995.2.-2004.2.	1000000	75%	420万元
福州开发区亚通电工有限公司	1996.5.-2006.5.	1000000	50%	50万元

1995年合并报表子公司为福建开发区联通电工有限公司。1994年无投资比例占被投资单位50%以上的子公司,故无合并报表。

6.存货计价方法:采用永续盘存法,对购进入库的材料物资按实际成本价入帐,领用发出材料物资采用加权平均法计价核算实际成本。低值易耗品领用按一次推销法。

7.长期投资核算方法:债券投资按实际成本核算;股权投资和联营投资,占被投资单位股权20%以下的按实际成本法核算;股权占20%-50%之间的采用权益法核算,股权占50%以上的或实际控股者按权益法核算并进行报表合并。

8.固定资产及折旧:固定资产标准依照《企业会计准则》的规定,按实际成本核算,固定资产折旧,按固定资产原值扣减残值3‰,采用分类折旧以直线法计提折旧。

类别	年限	折旧率(%)
房屋建筑物	30-40	3.33-2.50
机器设备	10-15	10.00-6.67
运输设备	6-16	16.67-6.25
其他	5-8	20.00-12.5

9.无形资产的摊销,土地使用权按五十年平均摊销,专有技术按受益年限摊销。

10.递延资产摊销:按项目规定以受益年限平均摊销。

11.收入实现的确认:公司在商品已经发出,收到有关款项或取得收取款项的凭据时,确认收入的实现。

12.税项:

(1)增值税17%

(2)营业税5%

(3)城市建设维护税:按应纳增值税、营业税额的7%

(4)教育附加费:按应纳增值税、营业税额的3%

(5)所得税依照规定税率33%缴库,并由财政部门返还9%,实际按24%计征

(6)基础设施附加费按应纳增值税、营业税的5%

(7)社会事业发展费按营业收入的千分之二

(8)防洪费按营业收入的千分之一

13. 利润分配:利润分配依照公司章程规定按税后利润提取法定盈余公积金10%,法定盈余公益金5%,其余每年按股东大会审定的分配方案提取任意盈余公积金并做分红派息。

14. 坏帐准备:公司按年末应收帐款余额的千分之三计提,联营控股公司按实际发生数列支。

三、合并会计报表1996年12月31日重要项目附注:

1. 货币资金19157208.02元,其中:

①现金3523.88元;

②银行存款19153684.14元;

2. 应收票据12547448.57元,全部是承兑汇票,其中:

单位	出票日期	承兑日期	金额
深圳赛格日立公司	96/09	97/03	350000
浙江乘县压缩机泵电机厂	96/09	97/02	100000
成都华明电装品总厂	96/09	97/03	400000
广东顺德电机厂	96/11	97/01	841500
福州福发股份有限公司	96/11	97/05	229600
广东彩色管厂	96/12	97/04	590000
春兰集团公司	97/12	97/06	3346574.44
西安广信公司	96/12	97/05	3342870.27
彩虹电子集团公司	96/12	97/06	1446903.86
深圳赛格公司	96/12	97/03	1900000

应收票据增加的主要原因是收回各销货单位用远期银行承兑汇票支付货款挂帐增加。

3. 应收帐款53963909.97元,其中:

一年内的帐款51863164.59元,占总额96.11%

一~二年的帐款2004865.69元,占总额3.72%

二~三年的帐款95879.69元,占总额0.17%

应收帐款中无股份占5%以上的股东欠款。

4. 预付帐款19157830.50元,其中:

一年内的帐款18042917.60元,占总额94.18%

一~二年的帐款1032405.35元,占总额5.39%

二~三年帐款82507.55元,占总额0.43%

5. 其他应收款11295896.29元,其中:

一年内的帐款11133482.32元,占总额98.56%

一~二年的帐款154752.50元,占总额1.37%

二~三年的帐款7661.47元,占总额0.07%

其他应收款96年12月31日的余额,主要反映本公司与有关单位发生的非生产性的资金往来款。其中与福州机械仪表经营部往来款100万元,与福州自动化仪表经营部往来款5451671.40元,系本公司提供给对方的垫底资金,两个单位与本公司股权投资无关联;与福州裸线厂往来款1393920.89元。代垫职工人身意外及财产保险金350700元,代垫职工解困住宅建设款2949604元,预交用电保证金150000元。

6. 待摊费用2969935.15元,其中:

(1)期初存货进项税余额2385375.14元,尚需分三年抵扣;

(2)水电费99060.81元;

(3)财产保险费134019.96元;

(4)其他各项费用351479.24元。

7. 存货87084702.24元,其中:

(1)原材料34160477.24元;

(2)产成品30881980.13元;

(3)半成品2006073.65元;

(4)委托加工材料691291.95元;

(5)低值易耗品3941389.70元;

(6)在产品12760171.11元;

(7)在途材料2643318.46元;

8. 长期投资8761955.04元,其中:

(1)股权投资及联营投资	投资金额(元)	投资期限	投资比例
福州新榕房地产开发有限公司	2107500	1992.11-2007.11	4.55%;
上海冰箱压缩机股份有限公司	960000	1992.5开始	0.12%;
厦门海洋(集团)股份有限公司	900000	1993.3开始	0.23%;
福州华榕超市有限公司	300000	1995.10-2000.10	1%;
福州长汀仪表塑料件厂	226094.14	1993-1998	15%;
西安水表厂	170635	1995-1998	8%;
迈密特公司	803000	1995-2000	12%;

(2)债券投资	金额(元)	到期日	年利息率
电力债券	110000	1998.12	无息;
特种国债	333400	1998.11	9%
92国库券	1800000	1997.07	12%

长期投资增加49.39%,主要原因是债券投资、新榕公司投资及其他投资增加。

9. 固定资产及累计折旧:

原 值

类 别	期初数	本年增加数	本年减少数	期末数
房屋建筑物	17000069.10	2151709.97	40000.00	19111779.07
机器设备	109880321.18	2464106.48	2408226.21	109936201.45
运输设备	614017.00	942757.00		15567740.00
合 计	127494407.28	5558573.45	2448226.21	130604754.52

累计折旧

类 别	期初数	本年增加数	本年减少数	期末余额
房屋建筑物	2068634.37	345998.22		2414632.59
机器设备	15958836.78	6661719.74	489994.10	22130562.42
运输设备	61725.45	57212.66		218938.11
合 计	18189196.60	7064930.62	489994.10	24764133.12

10. 在建工程8435259.60元,其中:

(1)福兴征地费1350000元;资金来源自筹。

(2)建新征地费985000元;资金来源自筹。

(3)6/7改成涂装置2187960.03元;资金来源自筹。

(4)水表生产线技改工程1035228.57元,资金来源自筹。

(5)水表改良项目148075.61元;资金来源自筹。

(6)工程物资25142.95元;资金来源自筹。

(7)漆包线设备更新改造项目2703852.44元,原预算数960万元,批准文号闽机基(1996)64号,资金来源为技改贷款,工程进度28.17%。

11. 无形资产2774656.09元,其中:

项目	原值	已摊销金额	期末余额	剩余摊销年度
土地使用权	2967300	237384	2729916	46年
工业专有技术	104393.10	59653.01	44740.09	16月

12. 递延资产558326.30元,其中:

项目	原值	已摊销金额	期末余额	剩余摊销年度
水表厂车间改良	311565.60	128025.37	183540.23	3年
福州联营所改良	374786.07		374786.07	10年

递延资产增加137.49%,主要原因是增加福州渡鸡口联营所改良工程费用。

13. 短期借款87250000元,其中:

	借款日期	还款日期	月利率‰	金额(元)	借款条件
(1)福州工商银行第二营业部	96.3.	97.3.	11.5575	19150000	担保贷款
(2)福州工商银行第二营业部	96.11.	97.11.	12.06	8050000	担保贷款

(3)福州工商银行第二营业部	96.4	97.2	12.06	20000000	担保贷款
(4)福州工商银行第二营业部	96.12.	97.12.	12.06	3500000	担保贷款
(5)福州市城市信用社联社	96.9	97.8	9.24	3000000	担保贷款
(6)福州市城市信用社联社	96.7	97.2	9.15	3000000	担保贷款
(7)福州市城市信用社联社	96.12	97.11	9.15	3000000	担保贷款
(8)福州市城市信用社联社	96.6	97.1	10.065	1000000	担保贷款
(9)福州信托投资公司	96.11	97.11	9.24	2000000	担保贷款
(10)福州工商银行第二营业部	96.12	97.6	9.24	1500000	担保贷款
(11)福州工商银行第二营业部	96.3	97.2	11.34	5850000	抵押贷款
(12)福州工商银行第二营业部	96.8	97.3	9.24	3000000	担保贷款
(13)市工行古楼办事处	96.12	97.12	9.24	9700000	担保贷款
(14)市工行古楼办事处	96.9	97.4	9.24	500000	担保贷款
(15)福州交通银行	96.9	97.9	9.24	1200000	担保贷款
(16)福州交通银行	96.12	97.12	10.65	2800000	担保贷款

14. 应付帐款 19088429.49 元,是应付未付的材料采购款,均无与本公司有关联公司的款项。

15. 预收帐款 4352700.88 元,是预收货款,均无与本公司有关联公司的款项。

16. 未付税金 1415488.74 元,其中:

(1)未交增值税 1200784.92 元

(2)未交城建税 95394.51 元

(3)未交所得税 98747.69 元

(4)未交营业税 14049.17 元

(5)印花税 6512.15 元

未交税金减少 44.85%,主要是所得税减少。

17. 其他未交款 428210.24 元,其中:

(1)教育费附加 48920.45 元;

(2)建设基础设施费 66479.96 元;

(3)社会发展基金 101370.63 元;

(4)防洪费 211439.20 元。

其他未交款增加 35.71%,主要原因是教育费附加、基础设施建设费、社会事业发展费、防洪费增加。

18. 其他应付款 8312584.02 元,其中:

单位名称	金额	欠款内容
公司工会	1276778.99	房改暂收款
土地局	1321189.36	应付土地使用费
市保险公司	414615.67	保险费
福州营运公司	2900000	财政暂借技改基金
福州电器配套公司	2400000	暂收款

其他应付款增加 53.46%,主要原因是暂收款造成。

19. 预提费用 196850.57 元,其中:

(1)预提贷款利息 146850.57 元;

(2)成品库租金 50000 元。

预提费用增加 76.57%,主要原因是预提贷款利息。

20. 一年内到期的长期负债 5700000 元,其中:

借款单位	借款日期	还款日期	月利率‰	金额(元)	借款条件
(1)福州工商银行技改部	95.11.	97.4.	12.75	1100000.00	担保贷款
(2)福州工商银行技改部	95.11.	97.12.	12.75	1900000.00	担保贷款
(3)福州工商银行技改部	92.4.	97.4.	7.65	2700000.00	担保贷款

21. 长期借款 55906881.45 元,其中:

借款单位	借款日期	还款日期	月利率‰	金额(元)	借款条件
(1)福州工商银行技改部	96.5	99.5	13.14	6700000.00	担保贷款
(2)福建省中行	89.12	2008.9.	3.75	43206881.45	担保贷款
(3)福州工商银行技改部	96.10.	98.10.	9.35	5800000.00	担保贷款
(4)市国有资产营运公司	96.10.	98.10.	4.20	200000.00	担保贷款

22. 长期应付款 469721.14 元主要是职工住房周转金结余额。

23. 少数股东权益 2821162.73 元,其中:

单位名称	总额	股本及资本公积	盈余公积	未分利润
双星股东:				
福州变压器厂物资供销公司	326499.56	300000		26499.59
联通股东:				
福建省电器工业福州配套公司	1773087.7	1533325	27442.38	212320.32
亚通公司:				
福州马尾区上岐企业公司	721575.44	500000		221575.44
合　计	2821162.73	2333325	27442.38	460395.35

24. 股本:

实收资本期末余额 51855300 元,明细如下:

国有股	12262800 元
法人股	6936600 元
社会公众股	13575300 元
内部职工股	19080600 元

1993 年末股本总额 52195400 元,1994 年依照省体改委(1994)113 号文批准将福州变压器厂股本 38620100 元分立出去,吸收合并大通公司增加股本 38280000 元,故 1994 年末股本总额 51855300 元,其中:国家股股本 12262800 元,法人股股本 6936600 元,个人股 3265900 元(社会公众股股本 13575300 元,内部职工股股本 19080600 元),以后各期股本均无增减变动,1996 年末股本总额 51855300 元。

25. 资本公积:

资本公积年末余额 60980317.48 元,历年变动情况如下:

1996 年末	1995 年末	1994 年末
60980317.48	60480317.48	60480317.48

资本公积变动原因:

(1)1993 年末余额 38403606.69 元,94 年 4 月变压器厂分立出去减少 21780186.15 元,大通公司并入增加 43856896.94 元,调整后 1994 年末余额为 60480317.48 元。

(2)1996 年有职工住房周转金购建住房 50 万元,调整增资本公积 50 万元,故 1996 年末余额为 60980317.48 元。

26. 盈余公积:

盈余公积期末余额 7541202.51 元,历年变动如下:

项目	1996 年末	1995 年末	1994 年末
法定公积金	5274032.32	3839190.05	2433062.99
法定公益金	2267170.19	1549748.85	846685.32
小计	7541202.51	5388938.90	3279748.31

盈余公积历年变动原因:

(1)1994 年度按税后利润提取 10%法定公积金 1286097.86 元,提取 5%法定公益金 643048.93 元;变压器厂分立出去减少 410259.92 元,大通公司并入增加 1272727.76 元;

(2)1995 年度按税后利润总额提取 10%公积金 1406127.06 元,提取 5%公益金 703063.53 元。

(3)1996 年度按税后利润净额提取 10%法定公积金 1434842.27 元,提取 5%公益金 717421.34 元。

盈余公积金增加 39.94%,主要原因是本年提取两金转入。

27. 主营业务收入 261869908.97 元,其中:

(1)漆包线销售收入 170932701.83 元,销售成本 129580143.66 元

(2)裸铝绞线销售收入 2501988.04 元,销售成本 2259579.45 元

(3)钢芯铝绞线销售收入 31689410.07 元,销售成本 26074323.84 元。

(4)水表销售收入 44056096.37 元,销售成本 34429563.82 元

(5)纸包线销售收入 8511899.52 元,销售成本 7826873.83 元

(6)玻璃丝包线销售收入 2505010.40 元,销售成本 2600691.23 元

(7)裸铜线销售收入1467682.93元,销售成本1314334.87元

(8)焊罐线销售收入205119.81元,销售成本218450.56元

合计销售收入261869908.97元,销售成本204303961.26元。

28. 销售费用4764585.54元,其中主要是支付广告费215285.41元,包装费1144323.94元,运输费1277401.33元,工资福利927061.97元,差旅费542370.08元,其他658142.81元。

29. 管理费用19778018.98元,其中:

(1)公司经费15275003.54元;

(2)技术开发费620677.92元;

(3)折旧费1817993.89元;

(4)坏帐损失24079.44元;

(5)各种税金380245.43元;

(6)业务招待费962448.40元;

(7)其他697570.36元。

30. 财务费用14050878.92元,其中:利息净支出13556833.08元,汇兑损失400248.98元,手续费支出93796.86元。

31. 其他业务利润1233534.84元,主要是原材料让售净收入977512.85元,租金收入176650.90元,劳务收入79371.09元。

32. 投资收益1110692.33元,其中股权投资收益4860.34元,债券投资收益905000元,联营投资收益200831.99元。

33. 营业外收入23861.65元(主要是生产下角料铜泥、铜屑等收入)。

34. 营业外支出200750.25元,滞纳金及罚金26708.07元,清理固定资产损失174042.18元。

35. 以前年度损益调整450000元。福州市财政局根据财政部、国家税务总局(94)财税字第088号文件,返还公司已交纳的1993年年度部分新产品增值税450000元,为调整以前年度损益。

36. 所得税历年提取情况如下:

项目	1996年	1995年	1994年
所得税	4685134.87	4534600.19	4061361.68

历年应纳所得税额均按24%税率计提。

37. 未分配利润期末余额19004927.96元,1994年至1996年情况如下:

1996年	1995年	1994年
19004927.96	6808768.89	3153536.85

公司历年均根据股东大会决议所规定的利润分配方案进行分配。

(1)1994年按税后利润提取法定公积金10%,法定公益金5%,提取两金后的利润分配股东股利7778295元,余额3153536.85元转入未分配利润。

(2)1995年按税后利润提取法定公积金10%,法定公益金5%,提取两金后的利润分配股东股利8296848元,余额3655232.04元转入未分配利润。

(3)1996年按税后利润提取法定公积金10%,法定公益金5%,提取两金后,年末未分配利润为19004927.96元,含权情况:属本公司全体股东共享权益。

四、重要事项说明:

1. 向市工商银行第二营业部抵押贷款585万元,系用位于福州市鼓楼区福马路81号土地面积9891平方米的土地使用权(持有福州市人民政府颁发的榕国用(1984)字第004913号《国有土地使用权证》)进行抵押贷款的。

2. 从一九九七年元月一日起至本审计报告签署之日止,公司未发生重大投资项目、重大贷款合同以及为其他单位提供贷款担保。

3. 公司无关联交易。

4. 截止本报告签署之日止,公司无其他财务承诺及存在或有事项。

资产负债表(附后)

利润及利润分配表(附后)

财务状况变动表(附后)

七、财务指标分析

		1996年	1995年	1994年
(1)流动比率	流动资产/流动负债	1.54	1.42	1.30
(2)速动比率	速动资产/流动负债	0.87	0.96	0.79
(3)应收帐款周转率	主营业务收入/应收帐款平均余额	5.14	6.91	5.77
(4)存货周转率	主营业务收入/存货平均余额	3.61	4.70	2.77
(5)股东权益比率	股东权益总额/资产总额×100%	41.93%	39.24%	38.31%
(6)每股收益(元)	净利润/股本总额	0.28	0.27	0.25
(7)每股净资产(元)	股东权益/股本总额	2.69	2.40	2.29
(8)净资产收益率	净利润/净资产×100%	10.29%	11.29%	10.83%

注:上述指标均采用福州会计师事务所审计过的本公司1994年至1996年12月末的财务报表数据。

八、上市之承诺

本着对全体股东和社会各界负责的态度,本公司董事会作出如下承诺:

1. 严格遵守政府及有关部门、上海证券交易所的各项法律、法规、条例和规定,自觉接受证券管理部门的监督和管理。

2. 及时、真实、准确地通过正常传播媒介向社会公告本公司的中期及年度财务报告,接受社会公众及股东的监督。

3. 真实、准确地向社会公众及股东披露公司的重大经营活动以及各种变动情况,并承诺在本公司董事、监事及高级管理人员持本公司股票发生变化时,在报告证券主管机关、上海证券交易所的同时向投资者公布,以求监督。

4. 在任何公共传播媒介中出现的消息可能对本公司股票的市场价格产生误导性影响时,本公司在知悉后将及时对该消息予以公开澄清。

5. 董事会及各位董事保证不就任何未经主管机关审阅的可能影响股价变动之重大信息私自向他人泄密或发表意见,也不利用内幕信息买卖公司股票。

6. 公司董事会、监事会及高级管理人员将认真听取公众的建议和批评,自觉抵制不正之风。

九、重要事项揭示

1. 根据现行公司章程第七十五条规定,公司税后利润的分配顺序如下:

(1)弥补亏损;

(2)提取10%法定公积金,公司法定公积金累计额超过公司注册资本的50%以上的,可不再提取;

(3)提取5%-10%的法定公益金;

(4)提取任意公积金;

(5)支付股利。

利润分配方案由董事会制定,提交股东大会审议通过。

2. 所得税率:

依据福建省人民政府闽政(1992)29号《福建省规范化股份制改革若干规定(试行)》的规定,公司所得税率依照规定税率33%缴库,并由财政部门返还9%,实际按24%计征。

本公司正积极向财税部门申请执行15%的所得税率。

3. 公司历年分红情况:

(1)1988年-1991年的股利按同期城乡居民一年期定期储蓄利率上浮20%发放股利;

(2)1992年以每10股送2.86红股;

(3)1993年以每10股派发1.60元现金红利;

(4)1994年以每10股派发1.50元现金红利;

(5)1995年以每10股派发1.60元现金红利;

4. 关于公司内部职工股:

本公司社会公众股1357.53万股本次经中国证监会复审批准上市流通,国家股1226.28万股和法人股693.66万股在国家有关规定公布实施前暂不上市交易。同时鉴于本公司内部职工股系公司于1994年6月与原福州大通机电股份有限公司合并时由大通公司并入的,故本公司内部职工股1908.06万股在国家关于公司并购的有关规定颁布之前暂不流通。

5.本公司无重大诉讼案件和非诉讼案件,也无行政处罚案件,公司近三年以来无任何重大违法行为。

6.本公司上市前,全部股份已托管完毕。

7.本公司历次募集资金运用简况:

(一)1988年募集资金的应用情况

公司创建初期,先后两次募集资金380万元,主要投资项目:

(1)建立了生产微机多回路调节器的自动化仪表生产线,投资100万元,年产100台。

(2)建立水表机芯生产线,以年产100万台规模为基础,一次配套,分步实施、填平补齐、逐步到位,先后投资200万元。

(3)购置检测和试验设备,建立水表和自动化仪表的试验中心和开发试验研究中心,为新产品开发,产品更新换代提供科学的物质技术条件。

以上三个项目的实施为公司取得水表和自动化仪表成为部定点企业创造了条件。

(二)1992年募集资金的运用情况

本公司电线厂(即原福州大通机电股份有限公司)在1992年改制为定向募集公司时募集资金近6000万元,主要用于机械部和福建省机械厅批准的特种漆包线生产基地建设,为我国彩管、空调、冰箱生产提供国产化配套材料的技术改造项目,先后从奥地利、联邦德国以及芬兰、美国引进无氧铜杆生产设备、拉丝设备、漆包设备、薄膜绕包设备以及检测试验设备,建立了从原材料到产品生产完整的生产线。从1993年投产后企业有了较大的发展,效益大幅度提高,产值从1991年1亿元到1995年突破2亿元。成为机械部的重点骨干企业。

(三)1993年配股资金的运用情况

1993年增资扩股,募集配股资金1873.38万元。投入扩大本公司电线厂特种漆包线生产能力的扩大技改项目。从1994年下半年开始投入,重点购置拉丝设备、填平补齐、革新改造漆包机、扩大原漆包机的生产能力和生产范围,使用于彩管的自粘线生产能力由200吨扩大到500吨,用于冰箱和空调的耐氟漆包线生产能力由1000吨扩大到1500吨,1995年投用后新增产值4000万元,新增利润600多万元,确保了公司1995年的效益。

8.公司规范化运作过程中的重大改组情况

(1)本公司经中国人民银行福州分行批准,于1988年开始发行股票380万元后,为使公司股份制运作逐步规范,向上市公司的有关要求靠拢,壮大公司实力,促进规模经营和优势互补,1993年2月6日,经公司股东大会决议,决定与福州变压器厂进行合并。福州变压器厂为国有企业,主要生产系列变压器产品。合并方式为:以1992年12月31日为合并基准日,双方的净资产各按1:1折为股份后合并形成合并后公司的股份。根据福州市经委、福州市体改委以榕经企[1993]466号文《关于福州自动化仪表股份有限公司与福州变压器厂合并的批复》同意,双方委托福州市会计师事务所对合并基准日双方的资产进行了验证,福州变压器厂的净资产2574.67万元经福州市财政局以(93)榕财国资字第269号文《关于福州变压器厂净资产折股并入福州自动化仪表股份有限公司批复》确认后折成国家股2574.67万股并入本公司,与本公司原有股本以1:0.286送股后形成的488.71万股合并形成总股本3063.38万元。合并后的股权结构由福州市体改委以榕改委[1993]50号文《关于确认福州自动化仪表股份有限公司与福州变压器厂合并后的股权结构的批复》予以确认。

(2)1994年4月,根据福州市经济发展和工业结构调整的需要,福州市政府以榕政综[1994]256号《关于同意福州自动化仪表股份有限公司重组的批复》同意,将本公司全资所属变压器厂分立出去,为保证本公司分立后继续符合股份制规范化的有关条件,同时决定吸收合并福州大通机电股份有限公司。大通公司是福建省体改委1992年10月以闽体改(1992)095号文《关于同意设立福州大通机电股份有限公司的批复》同意,由原福州电线厂改制,以生产特种绝缘漆包线等机电产品为主业的定向募集股份有限公司,总股本3828万股,其中国家股1226.28万股,法人股693.66万股,内部职工股1908.06万股。

1994年5月15日,本公司召开股东大会,通过了关于同意变压器厂分立及与大通公司合并的决议;大通公司于5月18日召开股东大会,通过了关于与自仪公司合并的决议。会后双方签订了合并协议书,共同委托福州资产评估事务所对双方资产进行评估,出具了《资产评估报告》,经福州市财政局分别以(94)榕财国资字第290号《关于福州自动化仪表股份有限公司与福州变压器厂分立资产价值确认的批复》、(94)榕财国资字第294号《关于福州自动化仪表股份有限公司与福州大通机电股份有限公司合并资产评估价值确认的批复》,对分立出去的变压器厂的资产和分立合并后自仪公司的资产进行了确认。经福建省体改委以闽体改[1994]113号《关于福州自动化仪表股份有限公司重组的批复》,同意本公司进行分立和合并。在分立过程中,相应减少变压器厂所对应的股份3862.01万股(全部为国家股),分立后的福州自动化仪表股份有限公司总股本为1357.53万元;对原大通公司吸收合并后,公司总股本增至5185.53万元。福州市会计师事务所以(94)榕师股字第039号验资报告,对本公司分立合并后的资本进行了验证。

经福州合立律师事务所对上述过程审查后认为,公司与福州变压器厂的合并、分立及与大通公司的合并过程虽未严格按照法定程序进行(未就合并分立事项发布分告),但公司采取了补救措施,历次合并分立均向所有债权人发函通知,经审查,其回函债权人的债权数额占公司债权总额的90%以上,未发现债权人对公司的分立、合并提出异议。经调查,公司在近几年的运营中,也未发现因公司分立合并而产生债权债务的纠纷。公司的分立合并及股权结构的变化过程,均经过政府主管部门的批准和确认,是有效的。

9.公司的重要合同及重大诉讼事项

(1)公司的重要合同及其合同之外的重大债权、债务关系

公司的重大债权债务关系主要体现在未履行完毕的重大经济合同中。

(一)借款合同:

截止1996年12月31日,公司与银行之间形成的借款余额累计14865.69万元,其中长期借款余额6160.69万元,短期借款余额8725万元。

经福州合立律师事务所律师审查了每份借款金额超过500万元以上的重大借款合同如下:

(1)1989年11月,公司与中国银行福州分行签订一份《借款合同》,借款金额奥地利先令6832.30万元;借款期限:1989年11月至2008年9月止。现已还款2511.61万元,尚余4320.69万元。

(2)1996年3月21日,公司与工商银行福州市分行第二营业部签订一份借款合同,借款金额人民币1915万元,借款期限:1996年3月21日至1997年3月15日止。

(3)1996年3月,公司与福州工商银行第二经营部签订一份借款合同,借款金额人民币585万元;借款期限:1996年3月至1997年2月。公司以榕国用(1984)字第004913号《国有土地使用权证》向银行设立了抵押。

(4)1996年4月30日,公司与工商银行福州市分行第二营业部签订了一份借款合同,借款金额2000万元,借款期限:1996年4月30日至1997年2月25日。

(5)1996年5月31日,公司与工商银行福州分行签订一份借款合同,借款金额:人民币670万元;借款期限:1996年5月31日至1999年5月

31日。

(6)1996年11月5日,公司与工商银行福州市分行签订一份《借款合同》,借款金额:人民币805万元;借款期限:1996年11月5日至1999年10月25日。

(7)1996年12月31日,公司与工商银行福州市鼓楼分行签订一份借款合同,借款金额557万元,期限:1996年12月31日至1997年1月23日止。

(8)1996年12月26日,公司与工商银行福州市分行签订一份借款合同,借款金额630万元,期限1996年12月26日至2001年12月10日止。

经福州合立律师事务所律师审查后认为:公司与银行间形成的上述借贷关系依法成立,现履约情况正常。

(二)购销合同:

经福州合立律师事务所律师审查了每份合同金额500万元以上的重大《购销合同》如下:

(1)1996年5月15日,公司与福州开发区亚通机电有限公司签订一份《购销合同》,合同编号(96)H字023号,合同总金额624.82万元。

(2)1996年5月20日,公司与福州开发区亚通机电有限公司签订了一份《购销合同》,合同编号:(96)H字025号,合同总金额1123.5万元。

(3)1996年6月6日,公司与福州亚通机电有限公司签订一份《购销合同》,合同编号:(96)A字48号,合同总金额540.5万元。

(4)1996年6月8日,公司与福州亚通机电有限公司签订一份《购销合同》,合同编号:(96)Z字083号,合同总金额1296万元。

(5)1996年6月18日,公司与福州开发区亚通机电有限公司签订了一份《合销合同》,合同编号:(96)Z字088号,合同总金额671.9万元。

福州亚通机电有限公司为我公司参股50%的企业,以上合同属于与关联企业的关联交易,截止1996年12月31日,以上合同已履行完毕。

(三)房屋租赁合同

(1)1996年5月1日,水表厂与福州市房地产管理局签订了二份《房屋租赁合同》,租赁使用面积分别为:1497.35平方米和1110.46平方米,月租金分别为:人民币5542.26元和2008.83元,租赁期限均为二年(自1996年5月1日至1998年4月30日止)。

经福州合立律师事务所律师审查,上述签订的合同主体、形式、内容均是合法,有效的,现履行情况正常。

(2)与公司有关的诉讼、仲裁、行政处罚等情况

本公司不存在任何导致本公司股票不能上市的、尚未了结的诉讼、仲裁、行政处罚的案件。经福州合立律师事务所律师审查后,未发现本公司存在因其过去和现在的经营行为的重大过错或违法行为而导致重大诉讼、仲裁或被行政处罚的情况。

十、投资风险与对策及发展规划

(一)投资风险与对策

投资者在决定是否投资本公司股票时,除本上市公告书提供的各项其他资料外,应特别认真地考虑下述各类风险因素。

1. 经营风险:

本公司电线厂主要原材料为铜和铝,年用量8000吨以上。近年来铜铝市场价格波动幅度较大,给公司的生产经营及成本控制带来较大的难度,若在进料用料上调控不当,将直接影响公司的经济效益。

本公司水表年产量的60%出口到东南亚、中东、拉美等二十多个国家和地区。海外市场对本公司水表的生产经营起着重大作用。全球贸易保护主义的抬头,诸多关税和非关税贸易壁垒将对公司的出口量产生影响。

汇率的波动将对公司产品出口,原料进口和技术设备引进以及外汇贷款产生影响。

由于现阶段我国企业微观经营尚未全面改善,特别是国有工业企业间货款相互拖欠较为严重,对我公司的资金周转和扩大再生产产生不利影响。

2. 行业风险:

本公司生产的电磁线、高低压架空线、水表等产品面临着同行业的激烈竞争,全国同行厂家已达数千家之多,海外也已有多家公司在我国独资或合资建厂,激烈的市场竞争势必给公司的经营发展带来严峻的挑战。

本公司主导产品用户主要分布在家电、机电、输配变电和工民用建筑等行业。这些行业受国家宏观调控政策的影响较大。特别是在紧缩时期,本公司的产品市场需求就会下降,从而影响公司的生产经营和经济效益。

3. 政策风险:

根据经济形势的发展,政府有可能对本公司目前享有的诸如进出口政策、信贷政策、税收政策等做出调整,从而影响公司的经营发展。

4. 股市风险:

除了以上因素外,投资者还需考虑来自股市的各种风险,国家宏观经济形势的变化、经济政策的调整、股市投资者心理因素的变化及其他不可预测的事件都有可能对本公司股票价格产生影响,对此投资者应有充分的了解。

针对以上风险,本公司已经采取或将采取一系列行之有效的措施和对策:

1. 经营风险的对策:

积极、正确运用期货市场的取套期保值交易手段回避铜、铝等主要原材料价格波动的风险。

针对本公司的产品结构特点,与全国的主要大用户建立长期稳定的供销合作关系,根据用户的生产经营和未来发展不断调整本公司的生产和技改项目,同时不断吸引新客户,开发新产品,开拓新市场。

严格按照有关法规和行业规章签定经济合同,充分运用法律手段保护公司权益。在与用户执行合同的过程中,建立相互理解,相互支持,共同发展的合作关系,加速货款回收,提高资金的营运效益。

本公司将在继续开拓国外市场的同时,大力拓展国内市场,做到两条腿走路,最大程度的减少国际市场和汇率波动对公司可能造成的影响。

2. 行业风险的对策:

本公司较早地树立了行业竞争意识,把提高产品质量,降低成本,开发新、优、特产品作为公司经营发展的基本策略。公司不断引进和采用国内外先进技术设备,开发名优产品,增强竞争优势。公司已全面采用了ISO9000国际质量管理标准,努力扩大美国UL认证的产品范围,力争使本公司在激烈的市场竞争中立于不败之地。

3. 政策风险的对策:

本公司将加强对国家经济形势的追踪和研究,提高对国家政策变化的敏感性和适应性,提早地采取对应措施。同时,加强本公司内部的经营管理,确立"向管理要效益"的指导思想和发展主业为主,推行多种经营的发展战略,不断增强公司的应变能力。

4. 股市风险的对策:

公司将不断提高经营管理水平,提高产品质量,提高公司的盈利能力,以良好的业绩回报股东。同时,不断规范公司的股份制运作,严格按照有关法规真实、准确地披露公司各种报告和重要信息,充分保障股东权利。

(二)发展规划:

本公司"九五"期间的发展方针是:紧紧抓住我国"九五"新一轮经济大发展的机遇,大力发展主业,坚持"上规模、上水平、创名牌、上效益"的经营战略,不断开发新、特、优产品,大力拓展国内外产品市场。以主业壮大为后盾,以积极参与资本市场为手段,努力建立多元化、多层次的产业结构,使公司的发展在九五期间得到量的提高、质的飞跃。

1. 公司到2000年的发展目标:工业总产值(不变价)达到5.5亿元,比1995年增长130%,实现利润总额4000万元以上,比1995年增长110%。

2. 主业发展规划:

在九五期间计划投资1亿元,继续采用先进设备和技术,推动技术进

步,发展高技术、高附加值的高档产品。在2000年,使特种漆包线产量由1995年的3000吨,提高到8000吨;使电磁线的产量由1995年的7000吨,提高到10000吨以上;水表产量由1995年的100万台:提高到150万台,水表出口创汇由1995年的450万美元增长到1000万美元。使公司的生产经营形成规模经济。

3. 产品质量发展规划:

为确保实现公司九五发展规划,公司以提高产品质量、降低成本为基本战略。在九五期间,全面推行和采用ISO9000国际质量管理标准,努力通过该质量体系认证;并再争取有5种以上的产品通过美国UL认证。

4. 本公司已被列入福州市建立现代企业制度和优化资本结构试点单位。力争在五年期间,使公司股本在经济效益稳步提高的基础上,由目前的5185.53万股扩张到1亿股以上,资产负债率降低到50%以下。通过投资参股、资产重组、企业兼并等形式,优化资本结构,建立多元化、多层次的产业结构,不断提高公司资本的运营效益,以良好的业绩回报股东。

十一、公司一九九七年度盈利预测

盈利预测审核报告

(97)榕会师股字第017号

福州自动化仪表股份有限公司全体股东:

我们接受委托,对贵公司编制的1997年度盈利预测进行了审核。合理编制并充分披露盈利预测是贵公司的责任。我们的责任是按照《独立审计实务公告第4号——盈利预测审核》的要求出具盈利预测审核报告,并保证其真实性、合法性。在审核过程中我们结合贵公司的实际情况,实施了我们认为必要的审核程序。

我们认为,贵公司编制的1997年度盈利预测依据的基本假设已充分披露,没有发现有证据表明这些基本假设是不合理的;盈利预测所选用的会计政策与实际采用的相关会计政策一致;1997年盈利预测是按确定的编制基础编制的。

福州会计师事务所

中国注册会计师:陈炳坚、郑淑琳

一九九七年三月十一日

一、预测的基准:

公司的盈利预测是根据业经中国注册会计师审计的本公司前三年之经营业绩及今后的发展趋势和政府给予的优惠政策,通过对各项基础、能力和潜力的分析研究,遵循我国现行的法律、法规和制度,按公认的会计准则和方法,本着求实稳健原则而编制。其所依据的会计原则在所有重要方面与本公司通常所采用的会计原则相一致。

二、预测假设:

1. 公司所遵循的我国有关政策、法律、法规、制度及政治经济状况并无重大改变;

2. 公司主要经营所在地及业务涉及地区的社会经济环境无重大变化;

3. 盈利预测期内有关贷款利率、税率、汇率在正常范围内变动;

4. 公司计划投资项目能如期实现而无重大变化;

5. 无出现不可抗力因素的重大不利影响。

一、一九九七年度盈利预测表　　单位:万元

项　　目	1996年实现数	1997年度预测
一、主营业务收入	26187	29000
减:营业成本	20430	23175
销售费用	476	435
管理费用	1978	1950
财务费用	1405	1500
营业税金及附加	207	230
二、主营业务利润	1691	1710
加:其他业务利润	123	80
三、营业利润	1814	1790
加:投资收益	111	321
营业外收入	2	30
减:营业外支出	20	6
加:以前年度损益调整	45	
四、利润总额	1952	2135
减:所得税(按33%计算)	644.16	704.55
(按24%计算)	468.48	512.40
少数股东权益	49	50
五、净利润(按33%计算)	1258.84	1380.45
净利润(按税后返还9%计算)	1434.52	1572.60

三、预测分析

1. 主营业务分析

96年已完成销售收入26187万元,97年将进一步拓展自粘漆包线、自润滑漆包线的批量生产。该二种产品主要为引进国外的家电生产线配套。97年拟增加漆包线产量600吨,预计增加销售收入2800万元,比上年增加11%。

2. 营业成本

本公司生产所需的主要原材料电解铜,绝缘漆96年价格没有大的浮动,其中铜价还略有下降,因此97年预测中营业成本仍按96年口径测算。

3. 管理费用、销售费用、财务费用

这三项费用开支中销售费用、管理费用预测基本上控制在上年实际水平。公司将进一步通过学习邯钢经验加强费用开支监管来达到指标控制的目标。财务费用开支预计比上年增加95万元,主要是增加产量600万吨适当增加流动资金贷款而增加。

4. 营业税金及附加

以96年综合税率与收入约千分之7.9计算,97年应交税金及附加预计230万元。

5. 投资收益

本公司97年控股的联通电工公司、双星电工公司生产的钢芯铝绞线,纸包线市场销售形势很好。投资收益可以增加150万元,其他联营投资可以有60万元收入,因此投资收益可以完成321万元。

6. 本公司1993年至1996年所得税率按福建省人民政府闽政(1992)29号文批准按24%计算。

7. 利润总额

97年公司进一步调整产品结构,扩大自粘漆包线、自润滑漆包线和耐氟漆包线等特种漆包线的生产和销售。由于这部分产品大部分为替代进口产品,为家电行业引进国外生产线生产的空调、冰箱压缩机、彩电的偏转线圈等进行配套,因此这些特种漆包线比一般漆包线的利润率要高,所以预测当年利润总额比上年增加183万元,因此1997年利润总额能达2135万元。

十二、备查文件

1. 国家体改委体改生(1994)48号《关于同意福州自动化仪表股份有限公司进行规范化股份制企业试点的批复》

2. 福州市体改委榕改委(1986)005号《关于福州水表厂进行股份制试点的批复》

3. 福州市经济委员会、福州市体改委榕经企(1993)466号《关于福州自动化仪表股份有限公司与福州变压器厂合并的批复》

4. 福建省体改委闽体改(1994)026号《关于请求确认福州自动化仪表股份有限公司为社会募集股份有限公司的报告》

5. 福建省体改委闽体改委(1994)113号《关于福州自动化仪表股份有限公司重组的批复》

6. 福州自动化仪表股份有限公司营业执照

7. 中国人民银行福州分行(88)榕银金字第062号《关于对福州自动化仪表股份有限公司发行股票的批复》

8. 中国人民银行福州分行(88)榕银金字第154号《关于福州自动化仪表股份有限公司增发100万元股票的批复》

9. 福建省体改委闽体改(1993)152号《关于同意福州自动化仪表股份有限公司增资扩股的批复》

10. 福州自动化仪表股份有限公司1996年股东大会《关于公司申请异地上市的决议》

11. 福州自动化仪表股份有限公司公司章程

12. 福州会计师事务所(97)榕会师股字第016号《审计报告》

13. 福州资产评估事务所(94)榕资评字第043号《资产评估报告书》

14. 福州市财政局(94)榕财国资字第294号《关于福州自动化仪表股份有限公司与福州大通机电股份有限公司合并资产评估价值确认的批复》

15. 福建省国有资产管理局闽国资(1994)288号《关于福州自动化仪表股份有限公司重组资产评估结果确认的通知》

16. 福州会计师事务所(94)榕师股字第039号《验资报告》

17. 法律意见书

福州自动化仪表股份有限公司

一九九七年五月六日

合并资产负债表

编制单位:福州自动化仪表股份有限公司　　　　单位:人民币元

资产	注号	1996年12月31日	1995年12月31日	1994年12月31日	负债及股东权益	注号	1996年12月31日	1995年12月31日	1994年12月31日
流动资产					流动负债:				
货币资金	1	19157208.02	23506298.40	15340521.17	短期借款	13	87250000.00	92240000.00	79890000.00
短期投资			1800000.00	1800000.00	应付票据				
应收票据	2	12547448.57			应付帐款	14	19088429.49	15015027.56	24542262.22
应收帐款	3	53963909.97	48265654.52	33917043.93	预收货款	15	4352700.88	3603539.81	8868168.81
减:坏帐准备		113010.47	139872.05	107466.46	应付工资		6016563.71	6130811.82	5841428.60
应收款项净额		53850899.50	48125782.47	33809577.47	应付福利费		1094397.78	846811.17	377943.09
预付货款	4	19157830.50	15769279.77	22361283.95	未付股利			8296848.00	7778295.00
其他应收款	5	11295896.29	39643259.20	35300110.78	未交税金	16	1415488.74	2566626.20	4388598.59
待摊费用	6	2969935.15	3720697.14	7265454.49	其他未交款	17	428210.24	315536.89	1113235.96
存货	7	87084702.24	58099903.59	62260157.83	其他应付款	18	8312584.02	5416599.25	4079718.83
待处理流动资产净损失			16695.68	204391.05	预提费用	19	196850.57	111487.58	655189.28
一年内到期的长期债券投资					一年内到期的长期负债	20	5700000.00		
其他流动资产					其他流动负债				
流动资产合计		206063920.27	190681916.25	178341496.74	流动负债合计		133855225.43	134543288.28	137534840.38
长期投资:					长期负债				
长期投资	8	8761955.04	5865232.03	5320019.14	长期借款	21	55906881.45	56612282.37	53746408.83
固定资产:					应付债券				
固定资产原价	9	130604754.52	127494407.28	99340126.78	长期应付款	22	469721.14		
减:累计折旧		24764133.12	18189196.60	12816972.96	其他长期负债				
固定资产净值		105840621.40	109305210.68	86523153.82	长期负债合计		56376602.59	56612282.37	53746408.83
固定资产清理					递延税项:				
在建工程	10	8435259.60	8435914.77	36618927.04	递延税款贷项				
待处理固定资产净损失					负债合计		190231828.02	191155570.65	191281249.21
固定资产合计		114275881.00	117741125.45	123142080.86	少数股东权益合计	23	2821162.73	1698296.65	
无形资产及递延资产:					股东权益:				
无形资产	11	2774656.09	2863828.69	2953001.29	股本	24	51855300.00	51855300.00	51855300.00
递延资产	12	558326.30	235090.15	293553.82	资本公积	25	60980317.48	60480317.48	60480317.48
无形资产及递延资产合计		3332982.39	3098918.84	3246555.11	盈余公积	26	7541202.51	5388938.90	3279748.31
其他长期资产:					其中:公益金		2267170.19	1549748.85	846685.32
其他长期资产:					未分配利润		19004927.96	6808768.89	3153536.85
递延税项:					股东权益合计		139381747.95	124533325.27	118768902.64
递延税款借款									
资产总计		332434738.70	317387192.57	310050151.85	负债及股东权益合计		332434738.70	317387192.57	310050151.85

注:1995年合并报表子公司为福建开发区联通电工有限公司。1994年无投资比例占投资单位50%以上的子公司,故无合并报表。

财务状况变动表

编制单位:福州自动化仪表股份有限公司　　　　1996年度　　　　单位:人民币元

流动资金来源和运用	行次	金额	流动资金各项目的变动	行次	金额
一、流动资金来源			一、流动资金本年增加数		
1. 本年净利润	1		1. 货币资金	31	−4349090.38

流动资金来源和运用	行次	金额	流动资金各项目的变动	行次	金额
加:不减少流动资金的费用和损失:	2	14348422.68			
(1)少数股东本期损益	3		2.短期投资	32	−1800000.00
(2)固定资产折旧	4	6574936.52	3.应收票据	33	12547448.57
(3)无形资产递延资产及其它资产摊销(减其它负债转销)	5	137709.38	4.应收帐款净额	34	5725117.03
(4)固定资产盘亏(减盘盈)	6		5.预付货款	35	3388550.73
(5)清理固定资产损失(减收益)	7	165608.86	6.其他应收款	36	−28347362.91
(6)其他不减少流动资金的费用和损失	8		7.待摊费用	37	−750761.99
小计	9	21226677.44	8.存货	38	28984798.65
2.其他来源:			9.待处理流动资产净损失	39	−16695.68
(1)固定资产清理收入(减清理费用)	10		10.一年内到期的长期债券投资	40	
(2)增加长期负债	11	7929113.34	11.其他流动资产	41	
(3)收回长期投资	12	99500.00			
(4)对外投资转出固定资产	13		流动资产增加净额	43	15382004.02
(5)对外投资转出无形资产	14		二、流动负债本年增加数:		
(6)资本净增加额	15	2652263.61	1.短期借款	44	−4990000.00
(7)少数股东权益净增加额	16	1122866.08			
小计		11803743.03	2.应付票据		
流动资金来源合计	17	33030420.47	3.应付帐款	46	4073401.93
二、流动资金运用:			4.预收货款	47	749161.07
1.利润分配:			5.应付福利费	48	247586.61
(1)提取法定公积金	18	1434842.27	6.未付股利	49	−8296848.00
(2)提取法定公益金	19	717421.34	7.未交税金	50	−151137.46
(3)提取任意公积金	20		8.其他未交款	51	112673.35
(4)已分配股利	21		9.其他应付款	52	2895984.77
(5)职工奖福基金(合并报表中外商投资子公司项目)	22		10.应付工资	53	−114248.11
小计	23	2152263.61	11.预提费用	54	85362.99
2.少数股东利润分配(合并报表填列)					
3.其他运用:			12.一年内到期的长期负债	55	5700000.00
(1)固定资产和在建工程净增加额	24	3275300.93	13.其他流动负债	56	
(2)增加无形资产递延资产及其他资产	25	371772.93			
(3)偿还长期负债	26	8164793.12			
(4)增加长期投资	27	2996223.01			
小计	28	14808089.99			
流动资金运用合计	29	16960353.60	流动负债增加净额	57	−688062.85
流动资金增加净额	30	16070066.87	流动资金增加净额	58	16070066.87

合并利润及利润分配表

编制单位:福州自动化仪表股份有限公司　　　　金额单位:人民币元

项目	号	1996 年	1995 年	1994 年	项目	号	1996 年	1995 年	1994 年
一、主营业务收入	27	261869908.97	283009639.15	187123176.05	四、利润总额		19521395.28	18894167.47	16922340.32
减:营业成本		204303961.26	230192597.63	150173008.66	减:所得税		4685134.87	4534600.19	4061367.68
销售费用	28	4764585.54	3247700.64	2596334.63	减:少数股东权益		487837.73	298296.65	
管理费用	29	19778018.98	17080213.65	13304970.20	五、净利润		14348422.68	14061270.63	12860978.64
财务费用	30	14050878.92	14468835.88	7286641.45	加:年初未分配利润		6808768.89	3153536.85	
进货费用					六、可分配的利润		21157191.57	17214807.48	12860978.64
营业税金及附加		2068407.56	1513458.12	1459686.25	减:提取法定公积金		1434842.27	1406127.06	1286097.86
二、主营业务利润		16904056.71	16506833.23	12302534.86	提取法定公益金		717421.34	703063.53	643048.93
加:其他业务利润	31	1233534.84	462977.25	848841.65	七、可供股东分配的利润		19004927.96	15105616.89	10931831.85
三、营业利润		18137591.55	16969810.48	13151376.51	减:已分配优先股股利				
加:投资收益	32	1110692.33	284267.14	1424614.40	提取任意公积金				
营业外收入	33	23861.65	1746894.43	2426012.98	已分配普通股股利			8296848.00	7778295.00
减:营业外支出	33	200750.25	106804.58	79663.57	八、未分配利润		19004927.96	6808768.89	3153536.85
加:以前年度损益调整	34	450000.00							

注:1995 年合并报表子公司为福建开发区联通电工有限公司,1994 年无投资比例占被投资单位 50%以上的子公司,故无合并报表。

浙江富润股份有限公司

浙江富润股份有限公司股票上市公告书

一、要览

总股本:5,600 万股

可流通股本:2,000 万股

社会公众股:2,000 万股

其中:公司职工股:200 万股

本次上市流通股本:1,800 万股

股票简称:浙江富润

股票代码:600070

上市地点:上海证券交易所

上市时间:1997 年 6 月 4 日

登记机构:上海证券中央登记结算公司

二、绪言

本上市公告书是根据《中华人民共和国公司法》、《股票发行与交易管理暂行条例》、《公开发行股票公司信息披露实施细则(试行)》和《上海证券交易所交易市场业务试行规则》等国家法律、法规的规定编制的。本公司股票上市申请经上海证券交易所上证上字(1997)38 号文批准,于 1997 年 6 月 4 日(星期三)在上海证券交易所挂牌交易,本次上市流通的股票为 1997 年 5 月 14 日向社会公众发行的 1,800 万股 A 股,公司职工持股 200 万股的上市日期将按国家及上海证券交易所有关规定半年后上市。

本公司于 1997 年 5 月 10 日在《证券时报》和《浙江日报》上刊登了《招股说明书概要》,距今不足六个月,故与其重复内容在此不再重述,敬请投资者查阅本公司的《招股说明书概要》。

本公司董事会及各位董事确信本公告书不存在任何重大遗漏或者误导,并对其真实性、准确性、完整性负个别的和连带的责任。

三、公司概况

(一)概况

公司法定名称:浙江富润股份有限公司

公司法定代表人:赵林中

公司成立日期:1994 年 5 月 19 日

公司注册地址:浙江省诸暨市安平路 42 号

邮编:311800

经营范围:

主营:针纺织品、绢纺、精纺呢绒、服装、印染、纺织原料

兼营:化工、建筑材料、机电设备、机械设备安装维修

公司营业执照注册号:14628698-8

公司咨询电话:(0575)7222043

联系人:黄启星　陈黎伟

(二)公司历史沿革

浙江富润股份有限公司是经浙江省股份制试点企业工作协调小组“浙股(1994)8 号文件”批准,由富润集团公司(原浙江针织厂)、浙江省诸暨毛纺织厂、诸暨电力实业总公司、浙江省杭嘉湖技术开发公司、诸暨市银达经济贸易公司、诸暨市电视发展公司共同发起设立的股份制企业。公司定向募集股份 3,600 万股,每股面值 1 元,计 3,600 万元人民币。并于 1994 年 5 月 19 日在诸暨市工商行政管理局依法登记注册(注册号 14628698-8)。

公司的前身为浙江针织厂,浙江针织厂始创于 1982 年 10 月,当时法定名称为国营诸暨针织厂,1993 年 8 月经浙江省工商行政管理局批准更名为浙江针织厂,1995 年 5 月经浙江省计划经济委员会和浙江省经济体制改革委员(浙计经企〔1995〕418 号)批准,改组为富润集团公司,为国有大型纺织企业。公司实行股份制改造后,在转换企业经营机制和实施改组、改造和加强内部管理等方面取得了较大的成效,被列为浙江省百家现代企业制度试点企业之一,1996 年还被省政府列为浙江省“五个一批”重点骨干企业之一和认定为区外高新技术企业,并被省评为“转制好、效益好”的双好企业。

本公司和富润集团公司同属纺织行业,但富润集团公司侧重棉麻纺织和化纤纺织,本公司主营纺织品、精纺呢绒、绢纺织品和丝绸服装,富润集团也已承诺,为了稳定本公司的生产经营,不生产和销售浙江富润股份有限公司所生产和销售的产品。

四、股票发行及承销

(一)本次公开发行

发行数量:2,000 万股(其中向公司职工配售 200 万股)

发行价格:3.77 元/股

发行方式:上网定价

配售比例:0.29571611%

配售户数:537618 户

持有 1,000 股以上的户数:538151 户

发行费用总额:5,000,000 元

每股发行费用:0.25 元

发行市盈率:13.5 倍

(二)股票承销

本次公开发行的 1,800 万股社会公众股及 200 万股公司职工股已全部由社会公众及公司职工认购,承销团成员无包销比例及数量。

(三)验资报告

浙会验(1997)第 87 号

浙江富润股份有限公司:

我们接受委托,对浙江富润股份有限公司截至 1997 年 5 月 23 日止的实收资本及相关的资产和负债真实性和合法性进行了审验。在审验过程中,我们按照《独立审计实务公告第 1 号-验资》的要求,实施了必要的审验程序,浙江富润股份有限公司的责任是提供真实、合法、完整的验资资料,保护资产的安全、完整,我们的责任是按照《独立审计实务公告第 1 号-验资》的要求,出具真实、合法的验资报告。

浙江富润股份有限公司申请的注册资本为 56,000,000.00 元。根据我们的审验,本次社会公众股(A 股)发行前,浙江富润股份有限公司的股本总额为 36,000,000.00 元,资本公积为 6,422.00 元,业经诸暨会计师事务所验证,并于 1994 年 5 月 17 日出具诸会所验(94)字第 16 号验资报告,本次向社会公开发行人民币普通股(A 股)20,000,000 股(其中向公司职工配售 2,000,000 股),每股面值 1 元,发行价每股 3.77 元,应募集资金 75,400,000.00 元,由申银万国证券股份有限公司主承销。发行结束后,浙江富润股份有限公司实际收到募集资金额 73,446,346.80 元(已扣除承销费等发行费用 1,953,653.20 元),已分别于 1997 年 5 月 13 日、14 日、15 日和 21 日如数存入工商银行诸暨市支行浙江富润股份有限公司帐户(帐号 79059128),其中股本 20,000,000.00 元,资本公积 53,446,346.80 元,连同公开发行股票前的股本,累计股本总额伍仟陆佰

万元整(56,000,000.00元),资本公积伍仟叁佰肆拾伍万贰仟柒佰陆拾捌元捌角整(53,452,768.80元)。

附件(一)投入股本明细表

附件(二)验资事项说明

浙江会计师事务所	中国注册会计师　王国海
中国　杭州	中国注册会计师　肖幼航

报告日期:1997年5月23日

五、董事、监事及高级管理人员持股情况

姓　名	职　务	持股数量(股)	持股比例(‰)
赵林中先生	董事长兼总经理	3600	0.064
黄启星先生	副董事长	3000	0.054
王　炜先生	副董事长	0	0
蔡新浪先生	副董事长	0	0
傅国柱先生	董事兼副总经理	3000	0.054
应叶华女士	董事兼副总经理	3000	0.054
何四新先生	董事兼副总经理	3000	0.054
俞可龙先生	董事	3000	0.054
周增辉先生	董事	0	0
郭玉凤女士	监事会主席	3000	0.054
张浒平先生	监事会副主席	3000	0.054
邱水录先生	监事会副主席	0	0
张非凡先生	监事	1000	0.018
石松宁先生	监事	0	0
郭晓映先生	监事	2000	0.036
赵　育女士	监事	2000	0.036
周早春女士	财务部经理	600	0.011
陈黎伟先生	董事会秘书	800	0.014
楼黎君女士	总经理助理	1000	0.018

本公司董事、监事和高级管理人员共持有本公司股票3.2万股,占公司总股本的0.57‰,其持有股份按照《中华人民共和国公司法》规定在任职期间不得转让。

六、公司设立

(一)公司1997年2月3日第四次股东大会作出决议:本公司向社会公众发行的2000万股每股面值1元的普通股在上海证券交易所上市。

(二)本次股票成功发行后,本公司变更注册登记工作已结束,详细资料如下:

公司注册资金:5,600万元

注册时间:1997年5月26日

注册地点:浙江省诸暨市安平路42号公司

法定代表人:赵林中

营业执照注册号码:14628698－8

七、关联企业及关联交易

(1)本公司与富润集团公司购销业务,均签订经济合同。1995年、1996年本公司与富润集团公司分别签订总额为32,518,756.66元和40,250,000.00元商品购销协议,交易价格均按当时市场价格确定。本公司为合同销售方,富润集团公司为购入方。

(2)1995年本公司根据费用统一开支、共同负担的原则,与富润集团公司、中外合资富润针织有限公司签订管理费用分摊协议,规定上述三单位直属(独立核算)管理费用中的工资、物料消耗、办公费、差旅费、交际应酬费、职工培训费、其他七项费用按统计年报的产值计算分摊。经结算,1995年、1996年本公司各转出管理费用950,674.58元和1,747,656.88元,报经诸暨市财政局审查确认。公司和富润集团公司已经承诺,自1997年1月1日起,对所发生的以上管理费用,严格实行独立核算,分别列帐。

(3)1995年本公司与富润集团公司、中外合资富润针织有限公司、中美合资富鼎纺织有限公司签订利息支出分摊协议,规定上述四单位贷款利息按各自实际资金占用额,和以银行利率按实计算分摊。经结算,1995年本公司转出财务费用－利息支出586,394.42元,报经诸暨市财政局审查确认。公司和富润集团公司已经承诺,自1997年1月1日起,对银行贷款杜绝相互借用行为。

(4)公司承接诸暨热电厂(筹)(现为浙江诸暨热电发展有限公司)与浙江针织厂(现为富润集团公司)于1994年1月11日签订的《出资入股协议》。公司又于1996年与浙江诸暨热电发展有限公司签订上述协议之补充协议。协议规定:公司投资额为1000万元,在热电公司投产前(1996年12月31日前),按年息18%向公司支付利息。

浙江诸暨热电发展有限公司已于1996年中期开始组织试发电,1997年已正式并网发电。

(5)公司于1994年5月27日与浙江针织厂(现富润集团公司)签订了《土地租赁协议》,租用富润集团公司土地31,785.4平方米,年租金127141.6元,租期十年,前三年免收租金,第四、五年减半收取,期满后仍可继续租用。诸暨市土地管理局对此作了确认。

(6)公司与富润集团公司于1996年12月12日签订了商标使用许可合同,获取使用"富润"和"捧月"商标。此合同目前正在办理存查和备案手续。本公司向富润集团公司支付商标许可使用费壹拾伍万元。

(7)公司与富润集团公司遵照公平、公正的市场原则签订了《后勤服务保障协议》和《生产经营服务保障协议》。在经济、高效的前提下,公司计划逐步建立自己生产后勤保障系统,以减少富润集团公司关联交易的范围和数量。

《后勤服务保障协议》规定:本公司有偿使用富润集团公司的生活后勤设施,包括食堂、医务室和卫生设施等,每年支付使用费贰万元。《生产经营服务保障协议》规定:本公司有偿使用富润集团的生产辅助系统,包括变电站、自备供水站和污水处理站等,公司不负责维护和修理。电和水仅按电表、水表实际数额及物价局核定价格支付相应费用。污水处理实行包干,每年支付处理费叁万元。

八、股本结构及大股东持股情况

(一)本次A股发行完成后,本公司的股本结构如下表:

股份名称	股数(万股)	占总股本比例(%)
尚未流通股份	3,600	64.29
发起人法人持股	2,564.9	45.80
社会法人持股	1,035.1	18.49
可流通股份	2,000	35.71
本次公开发行股份	2,000	35.71
其中:公司职工股	200	3.57
总股本	5,600	100.00

(二)前十名股东所持股数及比例

股东名称	持有股数(万股)	占总股本比例(%)
1. 富润集团公司	2,357.4	42.10
2. 诸暨电力实业总公司	200	3.57
3. 诸暨鹰龙制衣有限公司	200	3.57
4. 诸暨毛纺织工业总公司	200	3.57
5. 诸暨市地毯工业总公司	179.8	3.21
6. 浙江省诸暨市黄金公司	100	1.79
7. 诸暨绢纺研究所	79.3	1.41
8. 诸暨银达经济贸易公司	77.5	1.38
9. 诸暨市生产物资总公司	50	0.89
10. 绍兴市信托投资公司	30	0.54

九、公司财务会计资料

(一)审计报告

浙会审字(1997)第242号

浙江富润股份有限公司全体股东：

我们接受委托，审计了贵公司1994年12月31日、1995年12月31日、1996年12月31日的资产负债表和1994年度、1995年度、1996年度的利润及利润分配表以及1996年度的财务状况变动表。这些会计报表由贵公司负责，我们的责任是对这些会计报表发表审计意见。我们的审计是依据中国注册会计师独立审计准则进行的。在审计过程中，我们结合贵公司的实际情况，实施了包括抽查会计记录等我们认为必要的审计程序。

我们认为，上述会计报表符合《企业会计准则》、《股份制试点企业会计制度》的有关规定，在所有重大方面公允地反映了贵公司1994年12月31日、1995年12月31日、1996年12月31日的财务状况和1994年度、1995年度、1996年度的经营成果以及1996年度的资金变动情况，会计处理方法的选用遵循了一贯性原则。

浙江会计师事务所　中国注册会计师　王国海

中国　杭州　中国注册会计师　肖幼航

1997年2月18日

(二)资产负债表、损益表、财务状况变动表分别见表1、表2、表3(附后)。

(三)会计报表的模拟编制方法

公司于1994年6月开始生产经营，本会计报表反映的前三年经营业绩有关1994年1-5月各项数据，系按本公司依法改建的主体企业浙江针织厂本体1994年1-5月的实际经营业绩模拟编制，以增强前后期财务信息和会计数据的可比性。

(四)公司采用的主要会计政策

1.公司执行的会计制度

公司执行《股份制试点企业会计制度》及其补充规定

2.会计期间

会计年度自公历1月1日起至12月31日止，本报告所载财务信息期间为1994年1月1日至1996年12月31日。

3.记帐方法

借贷复式记帐法

4.记帐原则和计价基础

采用权责发生制原则记帐，以实际成本为计价基础。

5.外币折算方法

公司以人民币为记帐本位币，对于发生的非记帐本位币经济业务，按业务发生当月一日的人民银行公布的市场汇价折合人民币记帐，月份终了，各外币帐户的外币余额按期末市场汇价(中间价)进行调整，发生的差额，计入财务费用。

6.存货计价方法

实行永续盘存制和实际成本核算，发出材料和发出产成品均采用加权平均法计价。低值易耗品的摊销方法采用一次摊销法。

7.长期投资核算方法　股权投资，投资额占被投资企业股权比例20%(含)以下的，按成本法核算；股权比例20%以上的，按权益法核算，其中股权比例50%(不含)以上的合并会计报表。

8.固定资产及其折旧

固定资产的标准为：使用年限在一年以上的房屋建筑物、机器、机械、运输工具和其他与生产经营有关的设备、器具、工具等；以及不属于生产经营主要设备，但单位价值在2000元以上，且使用年限超过两年的物品。固定资产按实际成本计价，固定资产折旧采用直线法平均计算，根据固定资产类别，估计经济使用年限和预计残值(原价的3%)确定折旧率如下：

固定资产类别	使用年限(年)	年折旧率(%)
房屋及建筑物	10　35	2.77-9.70
通用设备	10	9.70
专用设备	14	6.93
运输工具	6	16.17

9.税项

(1)增值税

按17%的税率计缴。

(2)城市维护建设税

按应交增值税的7%计缴。

(3)教育费附加　按应交增值税的3.5%计缴。

(4)所得税

根据诸暨市地方税务局诸地税政(1994)78号通知，核定1994年、1995年和1996年所得税税额分别为180,000.00元、194,400.00元和247,500.00元，并经浙江省财政厅、浙江省地方税务局审查确认。

10.利润分配

公司第二次和第三次股东大会通过，1994年、1995年利润分配方案：按净利润计提10%法定公积金和5%法定公益金。其余可供股东分配的利润1994年按每股0.148元，1995年按每股0.16元分配普通股股利。公司第四次股东大会通过1996年利润分配方案：按净利润计提10%法定公积金和5%法定公益金，可供股东分配的利润暂不分配，结转1997年与当年净利润合并，俟股票公发成功后，新老股东共同参与分配。

(五)资产负债表部分项目注释

1.应收帐款　32,434,388.25

(1)帐龄分析	金　额	比　例
1年以内	26,135,663.81	80.58%
1-2年	1,156,948.02	3.57%
2-3年	5,141,776.42	15.85%
小计	32,434,388.25	100.00%

(2)无持本公司5%以上股份的主要股东单位欠款

2.长期投资　10,000,000.00

被投资单位名称	实际持股比例	投资期限	期末金额	其中本年权益增减
浙江诸暨热电发展有限公司	15.18%	19年	10,000,000.00	

浙江诸暨热电发展有限公司于1996年中期开始组织试发电，1997年已正式并网发电。

3.固定资产　23,581,468.15

固定资产类别	年初原值	本年增加数	本年减少数	年末原值
房屋建筑物	13,887,105.20	1,014,314.44	—	14,901,419.64
通用设备	1,247,996.99	45,369.60	—	1,293,366.59
专用设备	5,579,659.37	734,586.40	—	6,314,245.77
运输工具	781,614.15	421,520.00	130,698.00	1,072,436.15
小　计	21,496,375.71	2,215,790.44	130,698.00	23,581,468.15

4.累计折旧2,567,567.34

固定资产类别	年初数	本年增加数	本年减少数	年末数
房屋建筑物	616,292.77	403,252.75	—	1,019,545.52
通用设备	182,145.15	134,577.40	—	316,722.55
专用设备	594,964.95	384,639.11	—	979.604.06
运输工具	188,537.55	158,772.50	95,614.84	251,695.21
小　计	1,581,940.42	1,081,241.76	95,614.84	2,567,567.34

5.短期借款　11,540,000.00

贷款单位：	金额	期限	月利率	借款条件
工行诸暨支行	6,170,000.00	1996.9.27-1997.4.15	8.415‰	房产抵押借款(房产证为：诸字第032267号)
工行诸暨支行	5,370,000.00	1996.6.14-1997.6.5	10.065‰	房产抵押借款(房产证为：诸字第032268号)
小　计	11,540,000.00	—	—	—

6.应付帐款　3,789,578.77

无与公司有关联公司的款项

7. 预收货款　　239,815.32

无与公司有关联公司的款项

8. 未付股利　　1,037,751.40

系个别股东单位尚未领取的以前年度已分配股利。

9. 未交税金　　3,380,413.78

应交增值税	2,845,712.17
应交城建税	200,301.61
应交所得税	134,400.00
小　计	3,180,413.78

10. 股本　　36,000,000.00

股东类别	1996年12月31日	1995年12月31日	1996年12月31日
发起人法人股	25,649,000.00	25,649,000.00	25,649,000.00
募集法人股	10,351,000.00	10,351,000.00	10,351,000.00
小　计	36,000,000.00	36,000,000.00	36,000,000.00

11. 资本公积金　　6,422.00

项　目			
发起人股本折算差额	6,422.00	6,422.00	6,422.00
小　计	6,422.00	6,422.00	6,422.00

系公司主发起人浙江针织厂、发起人浙江省诸暨毛纺织厂净资产折股尾数，业经诸暨市财政税务局国有资产管理办公室诸财国(1994)21号、(1994)51号文确认

12. 未分配利润　14,400,257.24

	1996年12月31日	1995年12月31日	1994年12月31日
上年余额	531,883.87	2,972,403.73	
本年增加	16,515,733.38	3,905,270.76	9,765,180.86
1. 本年净利润	16,515,733,38	3,905,270.76	9,765,180.86
本年减少	2,477,360.01	6,345,790.62	6,792,777.13
1. 提取法定公积金	1,651,573.34	390,527.08	976,518.09
2. 提取法定公益金	825,786.67	195,263.54	488,259.04
3. 分配普通股股利		5,760,000.00	5,328,000.00
年末余额	14,570,257,24 *	531,883.87	2,972,403.73

*公司第四次股东大会通过了1996年实现净利润分配方案，按净利润计提10%法定公积金和5%法定公益金，其余可供股东分配利润暂不分配，结转1997年与当年净利润合并，俟股票公发成功后新老股东共同参与分配。

(六)主要财务指标

指　标	1996年	1995年	1994年
(1)流动比率(%)	210.34	101.97	115.52
(2)速动比率(%)	168.42	82.15	87.75
(3)股东权益比例(%)	70.53	48.10	48.19
(4)应收帐款周转率(%)	303.11	403.85	——
(5)净资产收益率(%)	29.97	10.12	24.14
(6)每股收益(元/股)	0.46	0.11	0.27
(7)每股净资产(元)	1.53	1.07	1.12

十、董事会上市承诺

本公司董事会将严格遵守《中华人民共和国公司法》、《股票发行与交易管理暂行条例》、《上海证券交易所交易市场业务试行规则》和有关法律、法规的规定，并自股票上市之日起作出如下承诺：

(一)按照法律、法规的规定程序和要求披露重大的信息，并接受证券主管机关，上海证券交易所的监督管理。

(二)及时、真实、准确地公布中期报告和年度报告，并备置于规定场所供投资者查询，阅读。

(三)本公司董事、监事及高级管理人员如发生人事变动或持本公司股票发生变化时，在报告证券主管机关和上海证券交易所的同时，向投资者公布。

(四)在任何公共传播媒介中出现的消息可能对本公司股票的市场价格产生误导性影响时，本公司知悉后将及时对该消息予以公开澄清。

(五)本公司董事、监事及高级管理人员将认真听取社会公众的意见和批评，不利用已获得的内幕消息和其他不正当手段直接或间接从事股票买卖活动。

(六)本公司没有无记录负债。

十一、重要事项揭示

(一)根据本公司章程规定，本公司的税后利润按下列顺序分配：

1. 按国家规定弥补以前年度的亏损；
2. 提取税后利润的10%为法定盈余公积金；
3. 提取税后利润的5%—10%为法定公益金；
4. 提取任意盈余公积金；
5. 支付普通股股利。

本次公开发行股票后，预计首次股利分配的时间在1997年7月底以前，具体形式待本次募股成功后，首次派发股利前召开的股东大会予以确认。根据公司第四次股东大会特别决议，1996年可分配利润暂不分配，结转1997年度，由认购公司本次发行的社会公众股股票的股东共同享有，并按同股同利原则分配。

(二)根据国家有关规定，本公司200万股职工股将于本次上市半年后，经批准方可上市。

(三)根据公司章程及公司第二、第三次股东大会决议，公司1994年发放现金股利0.148元/股，1995年发放现金股利0.16元/股。

(四)经浙江会计师事务所浙会审(1997)第315号《盈利预测审核报告》审核，本公司1997年预计可实现利润1022.4万元(按当年所得税全额返还计算)，按发行上市后公司总股本5600万股全面摊薄，每股税后利润0.18元。

(五)截止本公告书公布之日，本公司无重大诉讼事项。

十二、备查文件

(一)公司成立的注册登记文件

(二)上海证券交易所上市通知书

(三)招股说明书

(四)审计报告

(五)验资报告

(六)营业执照

(七)公司章程

(八)法律意见书

十三、咨询机构

发行人：浙江富润股份有限公司
法定代表人：赵林中
地址：浙江省诸暨市安平路42号
电话：(0575)7222043　　传真：(0575)7222018
联系人：黄启星、陈黎伟

上市推荐人：申银万国证券股份有限公司
法定代表人：阚治东
地址：上海市南京东路99号
电话：(021)64312800　　传真：(021)64310778
联系人：郑益甫、孔海燕

上市推荐人：浙江省国际信托投资公司
法定代表人：王钟麓
地址：浙江省杭州市体育场路333号国际大厦二楼
电话：(0571)5106280　传真：(0571)5106383
联系人：叶新江

浙江富润股份有限公司

1997年5月31日

资产负债表

(1994～1996年度)

单位:元

资产	1996年12月31日	1995年12月31日	1994年12月31日	负债与股东权益	1996年12月31日	1995年12月31日	1994年12月31日
流动资产				流动负债:			
货币资金	40,327.06	204,411.81	2,822,369.37	短期借款	11,540,000.00	4,970,000.00	11,940,000.00
短期投资	25,000.00	——	——	应付票据	——	——	——
应收票据	——	——	——	应付帐款	3,789,578.77	4,228,195.68	10,774,865.88
应收帐款	32,434,388.25	11,562,504.91	22,344,747.10	预收贷款	239,815.32	79,439.86	110,016.32
减:坏帐准备	97,303.16	34,687.51	67,034.24	应付福利费	(19,878.85)	28,771.82	324,331.10
应收帐款净额	32,337,085.09	11,527,817.40	22,277,712.86	未付股利	1,073,751.40	6,360,815.80	5,328,000.00
预付货款	51,881,93	196,809.00	602,563.75	未交税金	3,180,413.78	2,517,287.54	1,038,399.51
其他应收款	6,377,543.03	22,230,587.20	12,443,949.26	其他未交款	184,615.80	124,148.17	48,544.44
待摊费用	——	26,536.51	8,193.01	其他应付款	3,005,863.32	22,809,937.90	13,432,113.19
存货	7,590,062.52	8,248,833.61	12,077,026.85	预提费用	62,860.00	495,847.76	486,006.66
待处理流动资产净损失	——	——	——	一年内到期的长期负债	——	——	——
一年内到期的长期债券投资	——	——	——	其他流动负债	——	——	——
其他流动资产	——	——	——	流动负债合计	23,057,019.54	41,614,444.53	43,482,277.10
流动资产合计	46,421,899.62	42,434,995.53	50,231,815.10	长期负债:			
长期投资:				长期借款	——	——	——
长期投资	10,000,000.00	10,000,000.00	5,000,000.00	应付债券	——	——	——
固定资产:				长期应付款	——	——	——
固定资产原值	23,581,468.15	21,496,375.71	21,264,285.92	其他长期负债	(28,412.35)	22,400.55	——
减:累计折旧	2,567,567.34	1,581,940.42	569,656.80	长期负债合计	(28,412.35)	22,400.55	——
固定资产净值	21,013,900.81	19,914,435.29	20,694,629.12	递延税项:			
在建工程	——	5,815.95	——	递延税款贷项	——	——	——
固定资产清理	——	——	——	负债合计	23,028,607.19	41,636,845.08	43,482,277.10
待处理固定资产净损失	——	——	——	股东权益			
固定资产合计	21,013,900.01	19,920,251.24	20,694,629.12	股本	36,000,000.00	36,000,000.00	36,000,000.00
无形资产及递延资产				资本公积	6,422.00	6,422.00	6,422.00
无形资产	——	7,022,000.00	7,022,000.00	盈余公积	4,527,927.76	2,050,567.75	1,464,777.13
递延资产	697,413.76	848,471.93	977,435.74	其中:公益金	1,509,309.25	683,522.58	488,259.04
无形及递延资产合计	697,413.76	7,870,471.93	7,999,435.74	未分配利润	14,570,257.24	531,883.87	2,972,403.73
其他长期资产:				股东权益合计	55,104,607.00	38,588,873.62	40,443,602.86
其他长期资产	——	——	——	负债及股东权益总计	78,133,214.19	80,225,718.70	83,925,879.96
递延税项:							
递延税款借项	——	——	——				
资产总计	78,133,214.19	80,225,718.70	83,925,879.96				

损益表

(1994～1996年度)

单位:元

项目	1996年12月31日	1995年12月31日	1994年12月31日	项目	1996年12月31日	1995年12月31日	1994年12月31日
一、主营业务收入	66,676,061.06	68,468,074.31	78,427,553.95	四、利润总额	16,763,233.38	4,099,670.76	9,945,180.86
减:营业成本	61,945,222.96	62,096,321.22	64,682,155.76	减:所得税	247,500.00	194,400.00	180,000.00
销售费用	1,105,200.17	1,128,064.77	1,736,466.54	五、净利润	16,515,733.38	3,905,270.76	9,765,180.86
管理费用	2,196,609.08	3,235,288.45	2,607,739.56	加:年初未分配利润	531,883.87	2,972,403.73	——
财务费用	(723,960.25)	(1,066,807.70)	102,756.35	盈余公积转入数	——	——	——
进货费用	——	——	——	六、可供分配的利润	17,047,617.25	6,877,674.49	9,765,180.86
营业税金及附加	261,690.28	264,067.84	69,195.95	减:提取法定公积金	1,651,573.34	390,527.08	976,518.09
二、主营业务利润	1,891,298.82	2,811,139.73	9,229,259.79	提取法定公益金	825,786.67	195,263.54	488,259.04
加:其他业务利润	14,066,733.73	100,972.14	208,734.92	七、可供股东分配的利润	14,570,257.24	6,291,883.87	8,300,403.73
三、营业利润	15,958,032.55	2,912,111.87	9,437,974.71	减:已分配优先股股利	——	——	——
加:投资收益	——	——	——	提取任意公积金	——	——	——
补贴收入	720,592.62	295,739.06	——	已分配普通股股利	——	5,760,000.00	5,328,000.00
营业外收入	130,878.38	951,239.63	715,266.91	八、未分配利润	14,570,257.24	531,883.87	2,972,403.73
减:营业外支出	46,270.17	59,419.80	208,060.76				
加:以前年度损益调整	——	——	——				

财务状况变动表

(1996年度)

单位:元

一、流动资金来源		一、流动资金本年增加数	
1.本年净利润	16,515,733.38	1.货币资金	(164,084.76)
加:不减少流动资金的费用和损失	——	2.短期投资	25,000.00
(1)少数股东本期损益	——	3.应收票据	——
(2)固定资产折旧	1,106,381.76	4.应收帐款净额	20,809,267.69
(3)无形资产、递延资产及其他资产摊销	151,058.17	5.预付帐款	(144,927.07)
(4)固定资产盘亏	——	6.其他应收款	(15,853,044.17)
(5)处理固定资产损失	(34,146.34)	7.待摊费用	(26,536.51)
(6)递延税款	——	8.存货	(658,771.09)
(7)其他不影响流动资金的费用和损失	5,815.95	9.待处理流动资产净损失	——
小计	17,744,842.92	10.一年内到期的长期债券投资	——
2.其他来源		11.其他流动资产	——
(1)固定资产清理收入	32,401.50		
(2)增加其他负债	——		
(3)收回长期投资	——		
(4)对外投资转出固定资产	——		
(5)转出无形资产	7,022,000.00		
(6)转出递延资产	——		
(7)资本净增加额	2,477,360.01		
(8)少数股东资本净增加额	——		
小计	9,531,761.51		
流动资金来源合计	27,276,604.43	流动资产增加净额	3,986,904.09
二、流动资金运用		二、流动负债本年增加数	
1.利润分配		1.短期借款	1,200,000.00
(1)提取法定公积金	1,651,573.34	2.应付票据	——
(2)提取法定公益金	825,786.67	3.应付帐款	(438,616.91)
(3)提取任意公积金	——	4.预收货款	160,375.46
(4)已分配股利	——	5.应付福利费	(48,650.67)
小计	2,477,360.01	6.未付利润	(5,287,064.40)
2.少数股东利润分配	——	7.未交税金	663,126.24
3.其他运用		8.其他未交款	60,467.63
(1)固定资产和在建工程净增加额	2,204,102.44	9.其他应付款	(19,804,074.58)
(2)增加无形资产、递延资产及其他资产	——	10.预提费用	(432,987.76)
(3)减少长期负债	50,812.90	11.一年内到期的长期负债	5,370,000.00
(4)增加长期投资	——	12.其他流动负债	——
小计	2,254,915.34		
4.流动资金运用合计	4,732,275.35	流动负债增加净额	(18,557,424.99)
流动资金增加净额	22,544,329.08	流动资金增加净额	22,544,329.08

上海梅林股份有限公司

上海梅林股份有限公司股票上市公告书

一、要览

总股本:27,000 万股

可流通股本:10,000 万股

本次可流通股本:9,000 万股

股票简称:上海梅林

股票代码:600073

上市地点:上海证券交易所

上市日期:1997 年 7 月 4 日

登记机构:上海证券中央登记清算公司

二、绪言

本公司股票上市公告书依据《中华人民共和国公司法》、《股票发行与交易管理暂行条例》、《公开发行股票公司信息披露实施细则》及《上海证券交易所交易市场业务试行规则》等国家法律法规的规定编制的。本公司经中国证券监督管理委员会证监发字〔1997〕320 号文及证监发字〔1997〕321 号文审核通过,已成功向社会公众公开发行每股面值 1.00 元的人民币普通股票 10,000 万股(其中含:公司职工股 1,000 万股),且本公司股票上市申请业经上海证券交易所上证(1997)061 号文批准,将于 1997 年 7 月 4 日在上海证券交易所挂牌交易。本次上市流通股为 9,000 万股,向本公司职工配售的公司职工股 1,000 万股,按国家规定将于半年后上市。

本公司《招股说明书概要》刊登于 1997 年 6 月 11 日的《上海证券报》、《中国证券报》上,距本公告书公布时间不足六个月,故依照规定对已公布过的内容在此不再重复,敬请投资者查阅本公司《招股说明书概要》。

本公司董事会及其成员确信本公司未遗漏任何重大事项,亦不存在任何误导和虚假成分,并愿就本公司公告书及相关资料的真实性、准确性和完整性负连带及个别责任。

三、公司概况

1、概况

公司法定名称:上海梅林股份有限公司

英文名称:SHAGNHAI MALING CO. LTD

公司注册资本:27,000 万元

公司法定代表人:吕永杰

公司成立日期:1997 年 6 月 27 日

公司注册地址:上海市浦东金桥出口加工区奥黛莉路 555 号

邮编政码:201206

公司所属行业:工业

公司经营范围:主营:梅林牌罐头食品、食用明胶、食品制罐、印铁和涂料,自营进出口业务

兼营:食品"四技"业务,食品机械及零件

公司营业执照注册号:150476000

公司职工人数:职工 2,707 人

公司联系电话:021-58349160、62826042

联系人:周海鸣、柴庆衢

2、历史沿革

上海梅林股份有限公司是由上海梅林(集团)有限公司(以下简称:"发起人"或"集团公司")独家发起,以其下属的体现现代食品工业特点、保持传统名牌优势、具良好发展前景的部分企业经营性资产(上海梅林罐头食品厂经营性资产;上海明胶厂经营性资产;上海食品工业印铁厂经营性资产以及发起人在上海皇冠包装有限公司、上海食品开发实业公司、上海梅林食品有限公司的投资权益等),经资产评估确认后的国有净资产折股形成发起人股并通过向社会公开募集股份方式设立的股份有限公司。

作为本公司独家发起人的上海梅林(集团)有限公司隶属于上海轻工控股(集团)公司,是我国大型综合食品加工骨干企业,中央和国家经贸委重点支持的 300 家企业之一,上海市首批现代企业制度试点单位,1995 年"中国工业企业综合评价最优 500 家中排名第 12 位(轻工系统第一名)",1996 年"中国大型工业企业集团第 74 位"。1997 年 2 月 28 日,上海市经济委员会沪经企(1997)103 号文同意梅林集团进行股份制改制、部分重组;1997 年 4 月 10 日,上海市证券管理办公室沪证司(97)18 号文根据中国证监会核定下达国内社会公众股股票发行额度 10,000 万股;1997 年 5 月 12 日,上海市人民政府沪府〔1997〕31 号文批准上海梅林股份有限公司募集设立的申请报告。

四、股票发行及承销

1、本次公开发行

发行数量:10,000 万股(其中向公司职工配售 1,000 万股)

发行价格:4.00 元/股

发行市盈率:18 倍

发行方式:上网定价

发行日期:1997 年 6 月 16 日

配售比例:1.59685795%

配售户数:72,360 户

持有 1,000 股以上的户数:72,358 户

募集资金总额:400,000,000 元

实际募集资金总额:386,00,000 元

发行费用:1,400 万元

每股发行费用:0.14 元

2、股票承销

本次公开发行的 100,000,000 股社会公众股已全部由社会公众认购,承销团成员无包销比例及数量。

3、验资报告

关于上海梅林股份有限公司(筹)验资报告

华业字(97)第 1038 号

上海梅林股份有限公司筹委会:

我们接受委托,对上海梅林股份有限公司(筹)向社会公开发行股票的实收资本及相关的资产、负债的真实性和合法性进行审验。我们按照《中国注册会计师独立审计实务公告第一号——验资》的要求,结合贵公司(筹)的具体情况,实施了我们认为必要的审验程序。贵公司(筹)的责任是提供真实、合法和完整的验资资料,保护资产的安全、完整,我们的责任是在对上述资料进行审验的基础上出具真实、合法的验资报告。

贵公司(筹)申请的注册资金为人民币 27,000 万元,其中:发起人投入股本 17,000 万元,前经大华会计师事所验证,并出具华业字(97)第 735 号验资报告。现贵公司(筹)报经中国证券监督管理委员会"证监发字〔1997〕320、321 号"文批准,同意向社会公开募集公众股 10,000 万股(含公司职工股 1,000 万股)。本次采用"上网定价"方式发行公众股 9,000 万股,同时发行内部职工股 1,000 万股,每股面值人民币 1 元,溢价发行,每股发行价为人民币 4.00 元,委托海通证券有限公司承销,应募集股款为人民币 40,000 万元,扣除发行费用 1,400 万元后,实际应缴股款为人民币 38,600 万元。经过我们审验,截止 1997 年 6 月 25 日,承销机构已

缴入股款为人民币叁亿捌佰万元(人民币386,000,000.00元),其中股本10,000万元,资本公积28,600万元,与投人股款相关的资产总额为22,693.50万元,均为银行存款。

大华会计师事务所

中国注册会计师　陆永炜　朱鸣里

中国上海昆山路146号

一九九七年六月二十五日

五、董事、监事和高级管理人员持股情况

(一)公司董事、监事个人简历介绍:

吕永杰先生,董事长兼总经理,41岁,大学学历,高级政工师,从事企业管理和思想政治工作16年,历任上海英雄金笔厂党委书记,正广和总公司党委书记、总经理,1995年被评为上海杰出青年、全国优秀青年企业家、上海市劳动模范,1996年被评为全国上海市优秀党务工作者、第七届“中国十大杰出青年”,现任正广和(集团)有限公司党委书记、董事长、上海轻工控股(集团)公司总裁助理。

赵志芳女士,副董事长,53岁,大专学历,高级经济师,从事企业管理工作32年,历任上海梅林罐头食品厂厂长兼党委书记、上海梅林食品有限公司总经理,上海市第八届政协委员、上海市第九第十届人大代表,1988年荣获全国“三八”红旗手、全国优秀女企业家称号,现任上海梅林(集团)有限公司党委书记、董事长。

唐仁承先生,副董事长,46岁,经济学硕士,高级经济师,从事企业管理工作23年,历任上海市轻工业局办公室副主任、规划室副主任、上海梅林食品(集团)公司总经理等职,三次荣获上海市轻工业局优秀共产党员称号,1995年被评为全国食品工业优秀企业家,现任上海梅林(集团)有限公司董事总经理。

吴晓红女士,董事,35岁,大专学历,政工师,从事企业管理工作9年,历任上海益民食品一厂团委书记,上海梅林食品(集团)公司团委书记、工会副主任,现任上海梅林(售)有限公司党委委员、董事、工会主席,1991年被评为轻工业局优秀团干部。

陈国强先生,董事,47岁,大学学历,高级经济师,从事企业管理工作16年,历任上海自行车三厂副厂长、党委书记、上海自行车(集团)公司党委副书记(主持工作)、副总经理,现任晨隆(集团)有限公司副董事长(法人代表)、总经理、党委书记。1989年获国家轻工业部、上海市优秀思想政治工作者称号,1995年获上海市轻工业局“全心全意依靠职工办企业优秀经营者”称号并评为上海市劳动模范。

包衢来先生,董事,49岁,大专学历,高级经济师,从事企业管理工作29年,历任上海照明灯具公司经理、上海市二轻局合作指导处处长、上海冰箱压缩机厂副厂长、上海日立电器有限公司党委书记、董事长等职,1996年获全国轻工业系统先进个人、上海市工业系统优秀思想政治工作者等称号,现任上海冰箱压缩机股份有限公司党委书记、总经理、副董事长。

马立行先生,董事,43岁,研究生学历,高级经济师,从事企业管理工作21年,历任上海光辉器材厂副厂长、上海合成洗涤剂厂厂长等职,现任上海白猫(集团)有限公司副董事长、总经理、上海白猫有限公司董事长、总经理。

余莉萍女士,监事长,35岁,大专学历,会计师,从事企业财务管理工作14年,历任上海搪瓷保温瓶工业公司财务科物价员,上海轻工业局财务处主任科员,正广和总公司总会计师等职,现任上海轻工控股(集团)公司财务处副处长。1995年评为上海市先进会计工作者。

骆霞庆女士,监事,45岁,大专学历,政工师,从事企业政治工作22年,历任上海梅林罐头食品厂宣传科长、党办主任、上海梅林食品有限公司党办主任、总经办党务副主任等职,现任上海梅林(集团)有限公司党委办公室主任、纪委书记。

顾缨女士,监事,30岁,中专学历,从事企业管理工作6年,曾任上海咖啡厂团总支委员,现任上海梅林(集团)有限公司团委副书记、上海梅林(集团)有限公司监事。

(二)公司董事、监事持股情况:

姓名	职务	持股数(股)	占总股本比例(%)
吕永杰	董事长、总经理	17,000	0.00629
赵志芳	副董事长	15,000	0.00556
唐仁承	副董事长	15,000	0.00556
吴晓红	董　事	15,000	0.00556
陈国强	董　事	0	0
包衢来	董　事	0	0
马立行	董　事	0	0
余莉萍	监事长	0	0
骆霞庆	监　事	15,000	0.00556
顾　缨	监　事	4,000	0.00148

公司董事、监事(共十人)共持有公司股份81,000股,占公司总股本的0.03%。公司董事、监事及公司高级管理人员,按照《中华人民共和国公司法》第一百四十七条及公司章程规定:在任职期间不得出售个人所持有的本公司股票。

六、公司设立

1、公司于1997年6月26日召开了公司创立大会暨首届股东大会,审议并通过了本公司本次向社会公众公开发行的股票在上海证券交易所上市的议案。

2、公司注册资金:27,000万元

3、公司注册时间:1997年6月27日

4、公司注册地址:上海市浦东金桥出口加工区奥黛莉路555号

邮政编码:201206

七、关联企业及关联交易

本次发行结束后,发起人上海梅林(集团)有限公司是本公司的控股股东,持有本公司62.96%的股份,除此之外,本公司没有其他对己对彼具有20%以上股权关系的企业。

本公司由上海梅林(集团)有限公司独家发起,本公司与集团公司及其下属其它子公司之间的交易属于交联交易,为此本公司与集团公司按《重组方案》签署了《服务协议》。

在《重组方案》中对重组及与重组有关的事项作出了安排,规定了双方资产与债务的划分原则及土地使用权处理,从而明确了与公司之间的权利与义务。且集团公司承诺将不会在中国境内外以任何形式(包括但不限于独资经营、合资经营和拥有在其他公司或企业的股票或权益)从事与公司的业务有竞争或能构成竞争的业务或活动。

依照《服务协议》,本公司在募集设立后,存在的关联交易主要包括集团公司为公司平价代购批量原料和设备维修等服务,为使双方公司能正常运作,协议项中的服务及产品提供均为有偿性的,其收费标准,有国家定价的按国家定价,国家无定价的按市场价结算,或根据提供服务或产品的成本价而收取。双方提供产品和服务的具体内容在服务协议附件中载明。为示《服务协议》之公平、公正性,业经公司首届股东大会(控股股东回避投票)中小股东审议通过。

除上述外,公司不存在其他关联交易。

八、股本结构及大股东持股情况

1、本公司上市前股本结构:

股　份	股　数(万股)	占总股本比例(%)
国有法人股	17,000	62.96
社会公众股	10,000	37.04
其中:公司职工股	(1,000)	(3.71)
总股本	27,000	100.00

2、前十名股东所持有股数及持有比例:

序号	股东	持股数	持股比例(%)
1	上海梅林(集团)有限公司	170,000,000	62.96
2	吕永杰	17,000	0.00629
3	赵志芳	15,000	0.00556

4	唐仁承	15,000	0.00556
5	吴晓红	15,000	0.00556
6	骆霞庆	15,000	0.00556
7	石林根	15,000	0.00556
8	周海鸣	15,000	0.00556
9	杨伟良	15,000	0.00556
10	章浩华	15,000	0.00556

九、公司财务会计资料

(一)审计报告

大华会计师事务所华业字(97)第737号审计报告

上海梅林股份有限公司公司筹委会:

我们接受委托,审计了贵公司1994年至1996年每年12月31日的资产负债表和合并资产负债表,1994年至1996年三年度的利润表和合并利润表以及1996年度财务状况变动表和合并财务状况变动表。这些会计报表内容由贵公司负责,我们的责任是对这些会计报表发表审计意见。我们的审计是依据中国注册会计师独立审计准则进行的,在审计过程中,我们结合贵公司的实际情况,实施了包括抽查会计记录等我们认为必要的审计程序。

我们认为,上述会计报表符合《企业会计准则》和《股份制试点企业会计制度》的规定;在所有重大方面公允地反映了贵公司1994年至1996年每年12月31日的财务状况以及各该年度的经营成果和1996年度资金变动情况,会计处理方法的选用遵循了一贯性原则。

大华会计师事务所

中国注册会计师　陆永炜　朱鸣里

中国上海昆山路146号

一九九七年四月七日

(二)资产负债表、损益表、财务情况变动表见附表。

(三)会计报表附注

上海梅林股份有限公司(筹)会计报表附注

一九九四年度——一九九六年度

重要会计政策

1、公司执行的会计制度:股份制试点企业会计制度。

2、会计期间:公历1月1日至12月31日。

3、合并报表编制方法:

(1)编制方法:根据财政部财会字(1995)11号《关于印发(合并会计报表暂行规定)的通知》的规定,以公司本部和纳入合并范围的子公司的会计报表以及其他有关资料为依据,合并各项目数额编制而成。合并时,公司的重大内部交易和资金往来均相互抵消。

(2)合并范围:

母公司拥有其过半数以上(不包括半数)权益性资本的被投资企业,以及母公司虽然没有拥有被投资企业的半数以上权益性资本,但能被母公司控制的子公司。

(3)合并单位如下:

被投资公司名称	业务性质	投资期限	母公司持股比例	实际投资额
上海梅林食品有限公司	生产销售罐头食品	12年	60%	26132,102.38
上*海皇冠包装有限公司	生产经营包装容器	50年	24%	15943,110.43

备注*:母公司虽拥有上海皇冠包装有限公司24%的股权,但根据章程和协议的规定,母公司有权控制该企业的财务和经营政策,故列为合并单位。

1994年上海皇冠包装有限公司尚属筹建期间,故不纳入合并范围。1995年度、1996年度均纳入合并范围。

(4)母公司与子公司采用的会计政策和会计处理方法一致。纳入合并范围的子公司均为中外合资企业,原采用中外合资企业会计制度,已按股份制企业会计制度调整。

4、记帐原则:权责发生制;计价基础:历史成本。

5、外币折算方法:

公司以人民币为记帐本位币,会计年度内涉及外币的经济业务,按发生当月月初外汇市场汇价折合人民币入帐,月末将外币帐户余额按期末外汇市场汇价折合本位币进行调整,调整后的记帐本位币余额与原帐面余额之间的差额列入财务费用—汇兑损益或其他有关资产项目。

6、存货计价方法:

各类存货的购入与入库按实际成本计价,领用与发出按先进先出法计价;低值易耗品按一次摊销法摊销。

7、长期投资核算方法:

(1)债券投资的入帐价值及收益确认:按实际支付的价款记帐,利息收入按权责发生制原则处理。

(2)联营投资:对持股在20%(含20%)以下的被投资企业按成本法核算,对持股在20%以上的被投资企业按权益法核算,对持股在50%以上的及虽在50%以下但系控股的被投资企业其投资均按权益法核算,并在年终编制合并会计报表。

8、固定资产及其折旧:

(1)固定资产标准为:使用期限在一年以上,单位价值在2000元以上的房屋及建筑物、机器设备、运输设备以及其他与生产经营有关的设备、器具、工具等。

(2)固定资产计价:按实际成本计价。

(3)固定资产折旧采用直线法平均计算,并按各类固定资产的原值和估计的使用年限扣除残值(原值的4%)制定其折旧率。固定资产各类折旧率如下:

资产类别	使用年限	年折旧率
房屋建筑物	30-50年	3.2-1.92%
机器设备	10-30年	9.6-3.2%
运输设备	10-20年	9.6-4.8%
其他设备	5-10年	19.2-9.6%

9、递延资产摊销:

(1)开办费从1995年起按5年摊销;

(2)公用事业设施费从1995年起按10年摊销。

10、税项:

本公司适用的流转税及附加的税种与税率

税种	所得税	增值税	营业税	城建税
税率	33%	17%	5%	7%
计税基数:	应纳税所得额-当期进项税	当期销项税额	营业额	应纳营业税额增值税额

应交款:	教育附加	堤防费	义优金
附加率:	3%	1%	0.2%
计算基数:	应纳营业税额增值税额	应纳营业税额增值税额	应纳营业税额增值税额

备注1:合并范围内的子公司均为中外合资企业,其城建税免交,故合并前后营业税金及附加相等。

备注2:企业所得税适用33%税率。1994年度、1995年度、1996年度所得税当年全额征收,当年全额返还。

(上海市财政局沪财企〔1997〕74号《关于上海梅林(集团)有限公司企业所得税返还事宜的批复》)

备注3:①上海梅林食品有限公司系中外合资企业,所得税执行两免三减半。1994年为第一个获利年度,1994-1995年免税,1996年减半征收,所得税税率为12%;

②上海皇冠包装有限公司系中外合资企业,所得税执行两免三减半,1995年为第一个获利年度,所以1995-1996年为免税年;

③上海食品开发实业公司1994-1996年执行税率与母公司相同(沪财企〔1997〕号文和沪梅集财字〔1996〕第017号文)。

11、利润分配

根据公司法规定,按当年度的税后利润10%,5%分别提取法定盈余公积金和公益金。

12、收入实现条件:

商品已发出或劳务已提供,同时收讫价款或者取得索取价款的凭据时确认收入。

13、坏帐处理方法:

坏帐处理方法为:对帐龄在三年以上,公司获得其债务人无法偿还的确凿证据,经股份公司董事会批准,采用直接转销法予以转销。

报表项目附注:

1、应收票据 1996 年 12 月 31 日余额为人民币 11,145,177.50 元,系尚未到期的银行承兑汇票。

备注 *:应收票据 1996 年度期末余额比 1995 年度期末余额增加 123%,主要是业务量的扩大而增加的应收款。

2、应收帐款 1996 年 12 月 31 日余额为人民币 130,171,715.07 元。按帐龄分析:

帐龄	户数	金额	占总额比例
二-三年	58	1,725,936.00	1.33%
一-二年	53	4,363,899.15	3.35%
一年以下	417	124,081,879.92	95.32%

本帐户余额中无持本公司 5% 以上股份的主要股东的欠款。

备注 *:应收帐款 1995 年期末余额比 1994 年期末余增加了 177%,主要是由于 95 年度新纳入合并范围的上海皇冠包装有限公司的应收帐款。

3、预付货款 1996 年 12 月 31 日余为人民币 675,831.17 元,帐龄均在一年以内。

备注 *:预付货款 1995 年期末余额比 1994 年期末余额增加了 233%,主要由于 95 年度新纳入合并范围的上海皇冠包装有限公司的预付货款。

4、其他应收款 1996 年 12 月 31 日余额为人民币 38,372,628.38 元,按帐龄分析:

帐龄	户数	金额	占总额比例
二-三年	24	3,627,474.96	9.45%
一-二年	21	6,154,298.70	16.04%
一年以下	144	28,590,854.72	74.51%

持本公司 5% 以上股份的股东欠款为:上海梅林(集团)有限公司 21,691,013.06 元。(根据上海梅林(集团)有限公司承诺,此款将在 1998 年度之前予以归还)

大额款项的债务人与业务内容分类:

债务人	业务内容	金额
上海梅林(集团)有限公司	暂借款	21,691,013.06
备用金及押金	/	4,315,575.84

5、待摊费用 1996 年 12 月 31 日余额为人民币 6,032,102.35 元,系 1994 年增值税改革后按规定待摊的 1994 年期初存货进项税额。

6、存货 1996 年 12 月 31 日余额为人民币 139,727,978.81 元,其中:

类别	金额
原材料	66,494,698.58
在产品	173,188.27
产成品	67,648,855.63
委托加工材料	5,411,236.33
合计	139,727,978.81

备注 *:(1)1995 年期末余额比 1994 年期末余额增加 156%,是由于上海皇冠包装有限公司新纳入了合并范围。

(2)1996 年期末余额比 1995 年期末余额减少 38%,是由于 1996 年度销售量扩大,减少了库存产成品。

7、长期投资 1996 年 12 月 31 日余额为人民币 38,408,264.90 元,合并价差 1996 年 12 月 31 日余额为人民币 9,791,355 元。其中:

(1)债券投资人民币 448,264.90 元,其明细内容为:

债务种类	到期日	投资金额
国库券	/	306,414.90
电力建设债券	2002 年	105,000.00
住宅建设债券	/	750.00
国家重点建设债券	/	36,100.00

(2)联营投资人民币 37,960,000 元,其中:

被投资企业名称	投资期限	公司转股比例	实际投资额	投资收益	长期投资增值	小计
上海市食品开发实业公司	20 年	33.87315%	22,991,295.74	13,647,404.55	1,321,299.71	37,960,000.00

(3)合并价差及形成原因:

合并价差 1996 年期末余额为人民币 9,791,355.00 元,系母公司对控股子公司长期投资的评估增值,而子公司在持续经营下资产以历史成本计价无需调帐所产生的合并价差。

(4)应付利息:债券投资中截到报告日已计国库券利息收入 171,414.90 元。

(5)长期投资 1995 年期末余额比 1994 年期末余额减少 34%,是由于 1995 年度上海皇冠包装有限公司纳入合并范围,长期投资抵销后所致。1996 年期末余额比 1995 年期末余额增加 87%,是由于上海市食品开发实业公司利润的增加。

8、固定资产及累计折旧 1996 年 12 月 31 日余额分别为人民币 319,828,292.23 元和 80,685,135.78 元,其明细内容如下:

(1)固定资产原值	期初价值	本年增加	本年减少	期末价值
房屋建筑物	40,086,407.15	31,528,417.58		71,614,824.73
机器设备	225,387,359.13	9,006,621.08	120,863.54	234,273,116.67
运输设备	8,577,687.21	431,759.04	278,180.00	8,731,266.25
其他设备	4,818,852.66	390,231.92		5,209,084.58
合　计	278,870,306.15	41,357,029.62	399,043.54	319,828,292.23
(2)固定资产累计折旧				
房屋建筑物	4,872,545.61	8,833,775.27		13,706,320.88
机器设备	34,216,374.04	26,502,166.97	39,036,18	60,679,504.83
运输设备	3,331,935.39	1,503,109.76	244,291.77	4,590,753.38
其他设备	933,479.60	775,077.09		1,708,556.69
合　计	43,354,334.64	37,614,129.09	283,327.95	80,685,135.78
(3)净值	235,515,971.51	3,742,900.53	115,715.59	239,143,156.45

9、在建工程 1996 年 12 月 31 日余额为人民币 58,979,053.56 元,其中:

工程项目名称	原预算数	实际支用数	工程进度	资金来源	其中:利息资本化数
环保废水处理系统	$67,000.00	551,517.00	100%	自筹	/
314 印刷盖制造设备	$158,000.00	1,262,090.51	100%	自筹	/
涂料机系统	$2,000,000.00	5,471,202.73	40%	银行贷款	98,602.00
在建合成车间全拉盖车间		45,763,802.00	100%	银行贷款及自筹	3,632,780.00
待安装设备		5,930,441.32	100%	银行贷款及自筹	87,822.00

备注 1:在建工程 1996 年期末余额比 1995 年期末余额增加 89% 是由于 96 年新增涂料机系统及新建车间等。

备注 2:上述完工程度 100% 的在建工程于 1998 年 11 月完工,均未办理竣工验收手续故未转入固定资产。

10、递延资产 1996 年 12 月 31 日余额为人民币 13,750,277.03 元,其中:

项目	原值	已摊金额	期末余额	剩余摊销年限	备注
*开办费	20,473,336.55	8,189,335.14	12,284,001.41	3	按 5 年平均摊销
其他递延支出	1,853,212.86	386,937.24	1,466,275.62		
其中:					
公用事业设施费	1,748,114.55	349,622.91	1,398,491.64	8	均按
绿化费	84,098.31	35,739.33	48,358.98	3	十年
液化气开户费	21,000.00	1,575.00	19,425.00	9	分摊

小计	13,750,277.03

＊开办费系子公司上海皇冠包装有限公司的开办费。

11、短期借款 1996 年 12 月 31 日余额为人民币 193,439,018.00 元。

12、应付帐款 1996 年 12 月 31 日余额为人民币 76,904,996.27 元，其中没有应付给与本公司有关联公司的款项。

备注＊:应付帐款 1996 年期末余额比 1995 年期末余额减少 49%，是由于及时清偿了债务。

13、预收帐款 1996 年 12 月 31 日余额为人民币 220,254.89 元，其中没有预收与本公司有关联公司的款项。

备注＊:预收帐款 1996 年期末余额比 1995 年期末余额减少 82%，是由于及时清偿了债务。

14、应付福利费 1996 年 12 月 31 日余额为人民币 308,975.28 元。

15、未交税金 1996 年 12 月 31 日余额为人民币 −17,085,904.94 元，其中:

项目	金额
＊应交增值税	−17,300,847.81
＊应交所得税	−85,099.71
应交关税	224,360.20
应交营业税	15,852.40
房产税	55,285.11
城建税	4,544.87
合　计	−17,085,904.94

备注＊:应交增值税系公司 1994−1996 年出口产品的进项税款尚未退款额。

＊系公司以前年度所得税应退未退款。

16、其他未交款 1996 年 12 月 31 日余额为人民币 10,836.31 元，其中:

项目	金额
教育费附加	9,992.27
堤防维护费	649.26
义务兵优待金	194.78

备注＊:其他未交款 1996 年期末余额比 1995 年期末余额减少 44%，是由于本年应计提的其他未交款少于上一年度。

17、其他应付款 1996 年 12 月 31 日余额为人民币 18,420,290.15 元，其中没有应付给与本公司有关联公司的款项。

主要债权人	款项内容	款项金额
职工	工资	1,226,525.17
上海市国际货运公司	运输费	1,220,378.53
养老金、教育费		1,920,722.66

备注＊:其他应付款 1996 年期末余额比 1995 年期末余额减少 42%，由于上海食品工业印铁厂在 1994 年、1995 年收到房屋拆迁补偿收入，在 1996 年转入其他业务收入。

18、预提费用 1996 年 12 月 31 日余额为人民币 9,094,828.68 元，其中:

内容	年初余额	本年计提	本年转销	年末余额
罐头包装费	390,000.00	13,394,551.76	13,217,551.76	567,000.00
房产税		120,000.00		120,000.00
技术服务费		2,757,321.58	114,855.75	2,642,465.83
水电煤气费	9,680,819.72	7,075,893.95	12,188,484.67	4,568,229.00
贷款利息	1,338,715.69	16,661,278.81	16,802,860.65	1,197,133.85
合计	11,409,535.41	40,009,046.10	42,323,752.83	9,094,828.68

备注＊:预提费用 1995 年期末余额较 1994 年期末余额增加 1172%，是由于 95 年度增加了新纳入合并范围的上海皇冠包装有限公司的预提费用。

19、一年内到期的长期负债 1996 年 12 月 31 日余额为人民币 41,663,214.86 元。

备注＊:一年内到的长期负债 1996 年期末余额较 1995 年期末增加 49%，是由于部分长期借款于 1997 年到期。

20、长期借款 1996 年 12 月 31 日余额为人民币 55,108,892.00 元。

备注:＊长期借款 1996 年期末余额比 1995 年期末余额减少 44%，是由于部分借款在 1997 年到期，已转入一年内到期的长期负债。

21、其他长期负债 1996 年 12 月 31 日余额为人民币 11,037,058.38 元，系子公司上海皇冠包装有限公司筹建期间汇兑损益。

22、股本 1996 年 12 月 31 日期末余额为人民币 170,000,000.00 元，均为发起人股。资本公积 1996 年 12 月 31 日期末余额为人民币 58,951,077.03 元，系评估后净资产折股余额。

备注＊:上述资产业经上海中华社科会计师事务所以沪中社会字(97)第 221 号进行评估，并经国家国有资产管理局以国资评(1997)277 号文批准确认。上海市国有资产管理办公室以沪国资预〔1997〕93 号"关于上海梅林股份有限公司国有股权管理有关问题的批复"同意。对评估后的净资产 228,951。077.03 元以 1.33:1 的折股比例折股，其中人民币 170,000,000.00 元记入股本，人民币 58,951,077.03 元记入资本公积。

23、盈余公积

1996 年 12 月 31 日根据评估结果已将盈余公积全部转入股本及资本公积，故 1997 年 12 月 31 日无余额。

24、主营业务收入和主营业务成本

主营项目收入	1996 年度	1995 年度	1994 年度
铝质二片易拉罐	276,698,951.01	215,763,518.83	
梅林食品	258,165,972.19	223,095,701.98	194,638,787.86
印　铁	9,549,138.91	18,213,463.54	21,354,973.63
明　胶	5,165,437.65	8,007,168.79	12,673,314.75
小　计	549,579,499.76	465,079,853.14	228,667,076.24
主营项目成本	1996 年度	1995 年度	1994 年度
铝质二片易拉罐	219,106,581.59	161,981,577.39	
梅林食品	232,950,335.60	209,183,546.54	179,373,774.56
印　铁	5,456,451.87	8,364,598.39	14,430,032.03
明　胶	2,666,950.62	5,403,169.07	11,172,268.18
小　计	460,180,319.68	384,932,891.39	204,976,074.77

备注＊ 主营业务收入，主营业务成本 1995 年度比 1994 年度增加分别 103%、88%是由于增加了 95 年度新纳入合并范围的上海皇冠包装有限公司的收入、成本。

25、财务费用

项目	1996 年度	1995 年度	1994 年度
利息收入	1,049,800.94	3,882,750.19	543,833.87
减:利息支出	33,503,595.23	26,597,041.36	11,038,556.56
利息净支出	32,453,794.29	22,714,291.17	10,494,722.69
汇兑净损失	109,432.59	−2,232,577.05	−16,932,396.46
其　他	623,720.76	502,150.97	334,387.74
小　计	33,186,947.64	20,983,865.09	−6,103,286.03

备注＊:财务费用 1995 年度比 1994 年度增加 344%，是由于上海梅林食品有限公司 1994 年度将待转销的汇兑收益一次冲销财务费用。1996 年比 1995 年度增加 58%，是由于 1996 年度上海皇冠包装有限公司的银行贷款利息支出的增加。

26、其他业务利润

项目	1996 年度	1995 年度	1994 年度
房屋拆迁补偿利润	33,787,802.85	5,393,750.00	/
原材料销售利润	1,632,327.17	10,392,549.39	−450,836.62
小计	35,420,130.02	15,786,299.39	−450,836.62

备注＊ 其他业务利润 1996 年度比 1995 年度增加 124%，是由于房屋拆迁补偿收入的增加。

27、投资收益

收益类别	1996 年度	1995 年度	1994 年度	被投资单位
债券投资收益	222,540.00	190,200.00	123,470.00	
非控股公司分配来利润	47,452,819.87	8,994,316.71	5,633,364.51	上海市食品开发实业公司
小计	47,675,359.87	9,184,516.71	5,756,834.51	

非控股公司分配来利润的法律依据为:非控股公司的可供分配利润及母公司应占有的投资份额。

28、营业外收入 1994－1996 年度发生额及增减变动如下：

项目	1996 年度	1995 年度	1994 年度
赔偿金罚金收入	516.21	9,846.11	3,465.85
停薪留职清理	19,050.00	15,000.00	
固定资产清理收益	350,065.31	90,872.26	218,896.89
固定资产盘盈	15,000.00		
小计	384,631.52	115,718.37	222,362.74

29、营业外支出 1994－1996 年度发生额及增减变动如下：

项目	1996 年度	1995 年度	1994 年度
三年以上无法收回的应收款	3,237.55		
固定资产清理损失	8,038.17	294,240.09	
损赔支出		3,000.00	82,042.00
罚款支出		22,924.40	89,184.54
小计	11,275.72	320,164.49	171,226.54

四、承诺事项：公司根据上海中华社科会计师事务所评估并经国家国有资产管理局确认土地使用年租费和商标使用年租费，上海梅林股份有限公司(筹)在未来经营期内承诺如数付给上海梅林(集团)有限公司。

五、或有事项：无

六、关联交易：公司与所属子公司销售往来其价格已按正常对外销售价格核定，上海食品工业印铁厂销售给上海梅林食品有限公司的销售额如下(单位：元)

1996 年	1995 年	1994 年
2,907,755.18	2,617,632.74	4,722,196.29

七、期后事项：无

八、其他需披露的重要事项：无

(四)一九九六年主要会计指标(总股本 17,000 计)

流动比率	1.05
速动比率	0.62
股东权益比率	0.44
应收帐款周转率(次)	4.07
存货周转率(次)	2.53
净资产收益率(%)	34.55
每股收益(元/股)	0.465
每股净资产额(元/股)	1.35

十、董事会上市承诺

本公司董事会将严格遵守《中华人民共和国公司法》、《公开发行股票公司信息披露实施细则(试行)》、《股票发行与交易管理暂行条例》、上海证券交易所交易市场业务试行规则》和有关法律、法规的规定，并自股票上市之日起向全体股东作出如下承诺：

(1)严格按照法律、法规的规定程序和要求披露本公司重大信息，自觉接受证券主管机关、上海证券交易所的监督管理，认真听取政府、股东、证券管理及经营部门和社会公众的意见、建议和批评。

(2)及时、准确、真实地公布本公司中期报告、年度报告，并备置于规定场所供投资者公众查阅。

(3)本公司董事、监事及高级管理人员如发生人事变动，或前述人持有本公司股份数量发生变化时，在及时通报证券主管机关、上海证券交易所的同时向投资者公布。

(4)在任何公共传播媒介中出现的消息可能对本公司股票的市场价格产生误导性的影响时，本公司知悉后将及时对该消息予以公开澄清。

(5)本公司董事、监事及高级管理人员将认真听取社会公众的建议和批评，自觉抵制不正之风，不利用已获得的内幕消息和不正当手段直接或间接从事股票买卖活动。

(6)本公司董事会及各位董事保证不就任何未经主管机关审阅的可能影响股份变动的重大信息私自公告或发表意见。

(7)本公司没有无记录负债

十一、重要事项揭示

1. 经大华会计师事务所华业字(97)第 736 号《盈利预测审核报告》，本公司 1997 年预测主营业务收入为 9,500 万元；主营业务利润为 290 万元；利润总额为 5,442 万元；每股税后利润按所得税率 33%或 15%计算分别为 0.17 元/股、0.19 元/股。

2. 公司首次派发股利时间不迟于是 1998 年 6 月 30 日，全体股东可享有本公司 1997 年 1 月 1 日到本次发行完成前的未分配利润。

3. 本公司上市后执行所得税率 33%，申请减免 18%。

4. 截止本公告刊登之日，本公司及本公司的董事、监事和高级管理人员均无涉及任何重大诉讼及仲裁，且据本公司董事所知，亦无任何尚未了结或面临重大威胁之诉讼。

十二、咨询机构

(1)本公司

办公地址：上海市四平路 103 号二楼

咨询电话：021－65220403＊227

传真：021－65224645

邮政编码：200081

联系人：周海鸣、柴庆衢

(2)上市推荐人：

海通证券有限公司

注册地址：上海市北海宁路 30 号

办公地址：上海市唐山路 218 号

邮政编码：200080

电话：(021)65842413 65844815

传真：(021)65841935

联系人：姜锋、顾峥、陈旭华

十三、备查文件

(1)本公司注册登记文件

(2)政府主管部门批准股票发行、上市的文件

(3)招股说明书

(4)验资报告

(6)审计报告

(7)上市推荐书

(8)公司章程

(9)证监会要求的其他有关文件

上海梅林股份有限公司

一九九七年六月二十八日

资 产 负 债 表(合并)

编制单位:上海梅林股份有限公司 单位:元

资产	行次	附注号	1996年12月31日	1995年12月31日	1994年12月31日
流动资产					
货币资金	1		13,317,752.56	7,524,217.20	11,299,144.26
应收票据	3	1	11,145,177.50	5,000,000.00	50,000.00
应收帐款	4	2	130,171,715.07	139,768,464.56	50,367,394.91
预付货款	7	3	675,831.17	665,345.54	200,000.00
其他应收款	8	4	38,372,628.38	37,990,453.22	39,565,469.61
待摊费用	9	5	6,032,102.35	6,639,724.26	6,811,874.94
存货	10	6	139,727,978.81	223,949,995.65	87,594,025.71
一年内到期的长期债券投资	12			110,000.00	195,000.00
流动资产合计	15		339,443,185.84	421,648,200.43	196,082,909.43
长期投资:					
长期投资	16	7	38,408,264.90	20,467,577.15	30,780,622.61
合并价差(货差以"-"号表示)	16-1	7	9,791,355.00	73,384.01	
固定资产:					
固定资产原值	17	8	319,828,292.23	278,870,306.15	87,400,853.51
减:累计折旧	18	8	80,685,135.78	43,354,334.64	23,414,616.66
固定资产净值	19	8	239,,143,156.45	235,515,971.51	63,986,236.85
在建工程	20	9	58,979,053.56	31,176,439.09	26,004,019.49
固定资产清理	21			1,780,762.75	391,540.05
固定资产合计	23		298,122,210.01	268,473,173.35	90,381,796.39
递延资产	25	10	13,750,277.03	18,780,615.99	656,664.30
资产总计	40		699,515,292.78	729,442,950.93	317,901,992.73
负债及所有者权益	行次	附注号	1996年12月31日	1995年12月31日	1994年12月31日
流动负债:					
短期借款	41	11	193,439,018.00	185,284,935.00	98,932,364.00
应付帐款	43	12	76,904,996.27	151,361,363.14	19,179,653.50
预收货款	44	13	220,254.89	1,211,522.82	5,918,595.28
应付福利费	45	14	308,975.28	395,048.48	656.74
未交税金	47	15	-17,085,904.94	-6,273,321.85	671,666.13
其他未交款	48	16	10,836,31	19,516.44	23,818.51
其他应付款	49	17	18,420,290.15	31,514,716.82	66,254,705.74
预提费用	50	18	9,094,828.68	11,409,535.41	896,863,71
一年内到期的长期负债	51	19	41,663,214.86	27,952,200.00	1,871,816.54
流动负债合计	55		322,976,509.50	402,875,516.26	193,750,140.15
长期负债:					
长期借款	56	20	55,108,892.00	98,157,201.91	25,611,863.13
其他长期负债	60	21	11,037,058.38	11,037,058.38	
长期负债合计	65		66,145,950.38	109,194,260.29	26,744,863.13
负债合计	67		389,122,459.88	512,069,776.55	220,495,003.28
少数股东权益(合并报表填列)	67-1		81,441,755.87	80,600,966.39	18,657,401.25
股东权益:					
股本	68	22	170,000,000.00	70,000,000.00	70,000,000.00
资本公积	69	22	58,951,077.03	37,905,101.63	229,245.00
盈余公积	70	23		4,482,907.92	1,514,846.68
其中:公益金	71			1,747,936.32	1,003,933.70
未分配利润(未弥补亏损以"-"号表示)	72			24,384,198.44	7,005,496.52
股东权益合计	79		228,951,077.03	136,772,207.99	78,749,588.20
负债及股东权益总计	80		699,515,292.78	729,442,950.93	317,901,992.73

利 润 表

编制单位:上海梅林股份有限公司 金额单位:元

项目	行次	附注编号	九六年度(合并)	九五年度(合并)	九四年度(合并)
一、主营业务收入	1	24	549,579,499.76	465,079,853.14	228,667,076.24
减:营业成本	2	24	460,180,319.68	384,932,891.39	204,976,074.77
销售费用	3		15,516,975.28	11,360,497.83	5,254,760.92
管理费用	4		44,098,378.17	41,240,827.75	12,215,164.03
财务费用	5	25	33,186,947.64	20,983,865.09	-6,103,286.03
营业税金及附加	7		55,539.24	142,954.70	227,434.78
二、主营业务利润	8		-3,458,660.25	6,418,816.38	12,096,927.77
加:其他业务利润	9	26	35,420,130.02	15,786,299.39	-450,836.62
三、营业利润	10		31,961,469.77	22,205,115.77	11,646,091.15
加:投资收益	11	27	47,675,359.87	9,184,516.71	5,756,834.51
补贴收入	-1		6,464.00	1,343,893.27	
营业外收入	12	28	384,631.52	115,718.37	222,362.74

项目	行次	附注编号	九六年度(合并)	九五年度(合并)	九四年度(合并)
减:营业外支出	13	29	11,275.72	320,164.49	171,226.54
四、利润总额	15		80,016,649.44	32,529,079.63	17,454,061.86
减:所得税	16		63,702.94		
减:少数股东权益	-1		840,789.48	11,689,431.47	4,263,212.98
五、净利润	17		79,112,157.02	20,839,648.16	13,190,848.88

财 务 状 况 变 动 表

编制单位:上海梅林股份有限公司

单位:元

流动资金来源和运用	行次	金额
一、流动资金来源:		合并
1. 本年净利润(合并报表为合并净利润)	1	79,112,157.02
加:少数股东本期损益(合并报表填列)	2	840,789.48
(1)固定资产折旧	3	13,338,508.45
(2)无形资产、递延资产及其他资产摊销(减其他负债转销)	4	5,030,338.96
(3)固定资产盘亏(减盘盈)	5	-15000
(4)清理固定资产损失(减收益)	6	-342,027.14
小计	10	97,964,766.77
2. 其他来源		
(1)固定资产清理收入(减清理费用)	11	457,742.73
(3)收回长期投资	13	429,000.00
(6)资本净增加额	16	116,563,067.48
(7)少数股东资本净增加额(合并报表填列)	16-1	
小计	17	117,449,810.21
流动资金来源合计	18	215,414,576.98
二、流动资金运用		
1. 利润分配		
(1)提取法定公积金	19	7,908,929.86
(2)提取法定公益金	20	3,954,464.93
(3)提取任意公积金(减盈余公积转入)	21	91,610,102.33
(5)职工奖福基金(合并报表中外商投资子公司项目)	22-1	22,858.34
小计	23	103,496,355.46
3. 其他运用		
(1)固定资产和在建工程净增加额	24	43,088,260.70
(3)偿还长期负债	26	43,048,309.91
(4)增加长期投资	27	28,087,658.74
小计	28	114,224,229.35
流动资金运用合计	29	217,720,584.81
流动资金增加净额	30	-2,306,007.83
流动资金各项目的变动	行次	金额
一、流动资产本年增加数:		合并
1. 货币资金	31	5,793,535.36
3. 应收票据	33	6,145,177.50
4. 应收帐款净额	34	-9,596,749.49
5. 预付货款	35	10,485.63
6. 其他应收款	36	382,175.16
7. 待摊费用	37	-607,621.91
8. 存货净额	38	-84,222,016.84
10. 一年内到期的长期债券投资	40	-110,000.00
流动资产增加净额	45	-82,205,014.59
二、流动负债本年增加数:		
1. 短期借款	46	8,154,083.00
3. 应付帐款	48	-74,456,366.87
4. 预收货款	49	-991,267.93
5. 应付福利费	50	-86,073.20
7. 未交税金	52	-10,812,583.09
8. 其他未交款	53	-8,680.13
9. 其他应付款	54	-13,094,426.67
10. 预提费用	55	-2,314,706.73
11. 一年内到期的长期负债	56	13,711,014.86
流动负债增加净额	58	-79,899,006.76
流动资金增加净额	59	-2,306,007.83

南京中达制膜股份有限公司

南京中达制膜股份有限公司股票上市公告书

一、要览

总股本：9,000万股

可流通股本 3,000万股

社会公众股：3,000万股

其中：公司职工股：300万股

本次上市流通股本：2,700万股

股票简称：南京中达

股票代码：600074

上市地点：上海证券交易所

上市时间：1997年6月23日

登记机构：上海证券中央登记结算公司

二、绪言

本上市公告书根据《中华人民共和国公司法》、《股票发行与交易管理暂行条例》、《公开发行股票公司信息披露实施细则(试行)》和《上海证券交易所交易市场业务试行规则》等国家法律、法规的规定编制的。本公司股票上市申请经上海证券交易所上证上字(1997)53号文批准，于1997年6月23日(星期一)在上海证券交易所挂牌交易，本次上市流通的股票为1997年6月23日向社会公众发行的2,700万股A股，公司职工持股300万股的上市日期将按国家及上海证券交易所有关规定半年后上市。

本公司于1997年6月2日和1997年6月3日在《中国证券报》和《上海证券报》上刊登了《招股说明书概要》，距今不足六个月，故与其重复内容在此不再重述，敬请投资者查阅本公司的《招股说明书概要》。

本公司董事会及各位董事确信本公告书不存在任何重大遗漏或者误导，并对其真实性、准确性、完整性负个别的和连带的责任。

三、公司概况

(一)概况

公司法定名称：南京中达制膜股份有限公司

英文名称：NAN JING ZHONGDA ZHI MO CO.,LTD.

公司法定代表人：赵凤来

公司成立日期：1997年6月18日

公司注册地址：南京经济技术开发区(新港高新技术工业园)

邮编：210028

经营范围：

生产销售双向拉伸聚酯薄膜(BOPET)、双向拉伸聚丙烯薄膜(BOPP)、聚乙烯薄膜(PE)、聚丙烯薄膜(PP)、聚酯切片(PET)、彩色印刷、复合制品；塑料、化工等材料的批发、零售。

公司营业执照注册号：25001788-4

公司咨询电话：(025)5314823

联系人：秦超　王莉萍

(二)公司历史沿革

南京中达制膜股份有限公司(筹)是经中国包装总公司包企[1997]41号文和南京市人民政府宁政复[1997]27号文批准，由南京塑料包装材料总厂、中国包装总公司内江包装材料总厂、申达集团公司、南京双惠新技术开发公司、北海中包工贸有限公司、江阴市黎明幕墙有限公司六家单位联合发起并以幕集方式设立的股份有限公司。南京塑料包装材料总厂以其所属的聚酯薄膜一分厂经评估的3065万元净资产；中国包装总公司内江包装材料总厂以其全资子公司万事达塑胶制品公司经评估的3065万元净资产；申达集团公司以其所属聚丙烯车间和新乙烯车间经评估的3065万元净资产折价人股。折股比例为65%，各持有本公司股份1992.25万股。南京双惠新技术开发公司、北海中包工贸在限公司、江阴市黎明幕墙有限公司各以现金119231元按65%的折股比例投资入股，各持有本公司股份7.75万股。

1997年1月18日发起人作出设立南京中达制膜股份有限公司并公开发行股票的决议。1997年1月20日，中国包装总公司包企[1997]41号《关于同意设立南京中达制膜股份有限公司的批复》批准上述六家发起人以社会募集方式设立股份有限公司。1997年1月21日公司筹备组在南京市工商行政管理局依法办理了公司名称预先核准通知书。公司至1996年12月31日止总资产为24,869.79万元，净资产为9230.77万元；占地63697.03平方米。公司现有员工904人(本公司没有离退休人员)，其中：管理人员90人，技术人员301人，工人468人，其他人员45人。

经中华财务会计咨询公司评估，并经国家国有资产管理局国资评[1997]359号文确认，投入本公司的资产总额24,869.79万元，负债总额为15639.02万元，净资产9,230.77万元；按1.538:1的比例折成发起人法人股6000万股，占股本总额66.67%，由南京塑料包装材料总厂、中国包装总公司内江包装材料总厂、申达集团公司、南京双惠新技术开发公司、北海中包工贸有限公司、江阴市黎明幕墙有限公司持有。本次发行以每股6.63元的价格向社会公众发行3000万股，占股本总额的33.33%，其中向本公司职工配售300万股，占股本总额的3.33%。本次发行后，本公司总股本为9,000万股。

四、股票发行及承销

(一)本次公开发行

发行数量：3,000万股(其中向公司职工配售300万股)

发行价格：6.63元/股

发行方式：上网定价

配售比例：0.49439086%

配售户数：564003户

持有1,000股以上的户数：27886户

发行费用总额：930万元

每股发行费用：0.31元

发行市盈率：15倍

(二)股票承销

本次公开发行的2,700万股社会公众股及300万股公司职工股已全部由社会公众及公司职工认购，承销团成员无包销比例及数量。

(三)验资报告

中华股验字(97)第017号

南京中达制膜股份有限公司(筹)：

我们接受委托，对南京中达制膜股份有限公司(筹)投入的资本及相关的资产、负债的真实性、合法性进行了审验。在审验过程中，我们按照《独立审计实务公告第1号-验资》的要求，实施了我们认为必要的审验程序。南京中达制膜股份有限公司(筹)的责任是：提供真实、合法、完整的验资资料，保护资产的完整安全。我们的责任是：按照《独立审计实务公告第1号-验资》的要求，出具真实、合法的验资报告。

我们认为，截至1997年6月15日止，南京中达制膜股份有限公司

(筹)已收到各股东投人的资本281,907,693元(贰亿捌仟壹佰玖拾万零柒仟陆佰玖拾叁元),其中发起人投入的资本为92,307,693元,向社会募集的资本为189,600,000元。投入的资本中包括股本90,000,000元,资本公积191,907,693元,与上述投入资本相关的资本总额为438,297,935元;其中货币资金195,382,960元,实务资产242,914,975元。

附件(一)投入资本明细表

附件(二)验资事项说明

中华会计师事务所

中国　南京　中国注册会计师　廖良汉

中国注册会计师　杨力强

报告日期:1997年6月16日

五、董事、监事及高级管理人员持股情况

姓名	职务	持股数量(股)	持股比例(‰)
赵凤来先生	董事长	4000	0.044
宗振铨先生	副董事长	1000	0.011
黄明德先生	副董事长	5000	0.044
张国平先生	董事、总经理	3000	0.033
李华飞先生	董事	0	0
姚　全先生	董事	0	0
张国伟先生	董事	0	0
张天能先生	监事	1000	0.011
徐　勇先生	监事	3000	0.033
石纪闵先生	监事	0	0
史佩俊先生	副总经理	0	0
符朝贵先生	总工程师	3000	0.033
唐元军女士	财务总监	5000	0.044
张汉荣先生	总经济师	0	0

本公司董事、监事和高级管理人员共持有本公司股票2.5万股,占公司总股本的0.278‰,其持有股份按照《中华人民共和国公司法》规定在任职期间不得转让。

六、公司设立

(一)公司1997年6月17日在南京市召开创立大会,宣告公司成立,并通过了公司发行的社会公众股股票在上海证券交易所上市的决议及其他有关决议。

(二)本次股票成功发行后,本公司变更注册登记工作已结束,详细资料如下:

公司注册资金:9,000万元

注册时间:1997年6月18日

注册地点:南京经济技术开发区(新港高新技术工业园)

公司法定代表人:赵凤来

营业执照注册号码:25001788-4

七、关联企业及关联交易

重组后发起人和股份有限公司之间将会有一些关联交易,这些交易主要是指由各发起人向本公司提供水、电、汽等有偿服务和其他社会综合服务,股份公司向发起人租赁土地。对于这些关联交易,各有关当事人之间已签订了《综合服务协议》和《国有土地使用租赁合同》,对各类服务、服务的项目、收费标准及相应承诺等内容作了详细规定。股份公司向发起人租赁土地总面积63697.03平方米,租赁期限10年,年租金273.7万元。发起人向公司提供水、电、汽等有偿服务和其他社会综合服务,价格以市场价定价,同等条件优于第三者。

八、股本结构及大股东持股情况

(一)本次A股发行完成后,本公司的股本结构如下表:

股份名称	股数(万股)	占总股本比例(%)
尚未流通股份	6,000.00	66.67
国有法人股	3,984.50	44.27
可流通股份	3,000.00	33.33
本次公开发行股份	3,000.00	33.33
其中:公司职工股	300.00	3.33
总股本	9,000.00	100.00

(二)前十名股东所持股数及比例

股东名称	持有股数(万股)	占总股本比例(%)
1.南京塑料包装总公司	1992.25	22.14
2.中国包装总公司内江包装材料总厂	1992.25	22.14
3.申达集团公司	1992.25	22.14
4.南京超惠新技术开发总公司	7.75	0.086
5.北海中包工贸有限公司	7.75	0.086
6.江阴市黎明幕墙有限公司	7.75	0.086
7.孙炜	0.50	0.0055
8.华光怀	0.50	0.0055
9.周乃光	0.50	0.0055
10.黄明德	0.50	0.0055

九、公司财务会计资料

(一)审记报告

中华股审字(97)第017-1号

南京中达制膜股份有限公司(筹备组):

我们接受委托,对贵公司1994年12月31日、1995年12月31日、1996年12月31日的资产负债表及1994、1995、1996年度的利润表、利润分配表和1996年度的财务状况变动表进行了审计。这些会计报表由贵公司负责,我们的责任是对这些会计报表发表审计意见。我们的审计是依据《中国注册会计师独立审计准则》进行的。在审计过程中,我们实施了包括抽查会计记录等我们认为必要的审计程序。

我们认为,上述会计报表符合《企业会计准则》、《股份制试点企业会计制度》及其补充规定,在所有重大方面公允地反映了贵公司1994年12月31日、1995年12月31日、1996年12月31日的财务状况和1994年度、1995年度、1996年度的经营成果以及1996年度的资金变动情况,会计处理方法的选用遵循了一贯性原则。

中华会计师事务所　中国注册会计师　廖良汉

中国　北京　中国注册会计师　杨力强

1997年3月25日

(二)资产负债表、损益表、财务状况变动表分别见表1、表2、表3。

表1资产负债表(1994-1996年度)　单位:元

资　产	1996年12月31日	1995年12月31日	1994年12月31日
流动资产:			
货币资金	5,425,267	7,784,443	5,394,438
应收帐款	24,934,891	21,103,178	19,876,710
减:坏帐准备	74,803	63,309	59,630
应收帐款净额	24,860,088	21,039,869	19,817,080
预付货款	3,286,341	10,321,274	6,957,678
其他应收款	3,694,733	3,125,807	1,387,092
待摊费用	735,200	1,041,699	1,248,012
存货	25,623,062	43,317,324	28,143,190
一年内到期的长期债券投资	-	-	-
流动资产合计	63,624,691	86,630,416	62,947,490
长期投资:			
长期投资			
固定资产			
固定资产原值	264,976,721	106,795,910	98,267,022

减:累计折旧	80,261,170	16,690,459	10,515,509
固定资产净值	184,715,551	90,105,451	87,751,513
在建工程	–	–	5,132,599
固定资产清理	–	–	–
固定资产合计	184,715,551	90,105,451	92,884,112
无形及递延资产	–	–	–
无形资产			
递延资产	–	–	–
无形及递延资产合计	–	–	–
资产总计	248,340,242	176,735,867	155,831,602
负债与股东权益	1996年12月31日	1995年12月31日	1994年12月31日
流动负债:			
短期借款	39,180,000	43,300,000	24,257,000
应付帐款	15,078,885	3,469,952	4,986,772
预收货款	1,890,550	1,563,647	1,942,876
应付福利费	441,635	240,877	151,667
未付股利	4,664,421	–	–
未交税金	3,524,625	3,508,572	1,654,565
其他未交款	545,682	419,179	179,148
其他应付款	65,195,180	18,701,545	8,848,740
预提费用	–	325,856	612,935
一年内到期的长期负债	16,881,190	7,020,198	10,837,000
流动负债合计	147,402,168	78,549,826	53,461,703
长期负债:			
长期借款	8,988,074	29,445,272	29,103,162
其他长期负债	–	–	–
长期负债合计	8,988,074	29,445,272	29,103,162
负债合计	156,390,242	170,995,098	82,564,865
股东权益:			
股本	59,767,500	59,767,500	59,767,500
资本公积	32,182,500	643,321	11,424,810
盈余公积	–	8,329,948	2,074,427
未分配利润	–	–	–
股东权益合计	91,950,000	68,740,769	73,266,737
负债及股东权益总计	248,340,242	176,735,867	155,831,602

表2、损益表(1994-1996年度)　　单位:元

项目	1996年12月31日	1995年12月31日	1994年12月31日
一、主营业务收入	191,681,079	236,918,991	154,102,298
减:营业成本	140,591,020	165,070,092	123,112,021
销售费用	2,498,809	2,673,076	2,030,153
管理费用	9,234,388	8,719,845	8,003,196
财务费用	7,396,213	6,322,395	5,896,614
营业税金及附加	1,742,794	2,430,452	1,652,387
二、主营业务利润	30,217,855	51,703,131	13,407,927
加:其他业务利润	1,764,400	5,252,512	6,056,447
三、营业利润	31,982,255	56,955,643	19,464,374
加:投资收益	–	–	–
营业外收入	364,031	78,668	8,507
补贴收入	113,982	1,000,000	480,000
减:营业外支出	123,030	128,641	22,714
四、利润总额	32,337,238	57,905,670	19,930,167
减:所得税	8,612,235	16,202,197	6,100,656
五、净利润	23,725,003	41,703,473	13,829,511
加:年初未分配利润	–	–	–
六、可供分配的利润	23,725,003	41,703,473	13,829,511
减:提取法定公积金	2,372,500	4,170,347	1,382,951
提取法定公益金	1,186,250	2,085,174	691,476
七、可供股东分配的利润	20,166,253	35,447,952	11,755,084
减:已分配普通股利	20,166,253	35,447,952	11,755,084
八、未分配利润	–	–	–

表3、财务状况变动表(1996年度)　　单位:元

一、流动资金来源		一、流动资金本年增加数	
1. 本年净利润	23,725,003	1. 货币资金	(2,359,177)
(1)固定资产折旧	6,441,818	2. 应收帐款净额	3,820,219
(2)无形资产递延资产及其他资产摊销	–	3. 预付货款	(7,034,933)
(3)清理固定资产损失(减收益)	(93,891)	4. 其他应收款	568,926
小计	30,072,730	5. 待摊费用	(306,499)
2. 其他来源		6. 存货	(17,694,262)
(1)固定资产清理收入			
(减清理费用)	261,500	7. 一年内到期的长期债券投资	–
(2)收回长期投资	–	流动资产增加净额	(23,005,726)
(3)资本净增加额	23,209,230	小计	23,470,730
流动资金来源合计	53,543,660	二、流动负债本年增加数	
二、流动资金运用		1. 短期借款	(4,120,000)
1. 利润分配		2. 应付帐款	11,608,934
(1)提取法定公积金	2,375,500	3. 预收货款	326,903
(2)提取法定公益金	1,186,250	4. 应付福利费	200,758
(3)已分配股利	20,166,252	5. 未付股利	4,664,421
小计	23,725,002	6. 未交税金	16,053
2. 其他运用		7. 其他未交款	126,503
(1)固定资产和在建工程净增加额	101,219,528	8. 其他应付款	46,493,634
(2)偿还长期负债	20,457,198	9. 预提费用	(325,856)
小计	121,676,726	10. 一年内到期的长期负债	9,860,992
流动资金运用合计	145,401,728	流动负债增加净额	68,852,342
流动资金增加净额	(91,858,068)	流动资金增加净额	(91,858,068)

(三)会计报表的模拟编制方法

通过对原南京塑料包装材料总厂、中国包装总公司内江包装材料总厂下属万事达塑胶制品公司、申达集团公司的部分改组,本公司已被视为一家持续经营的股份有限公司,因此在编制从1994年1月1日起的会计报表时,假设本公司现时的生产经营结构已经存在。

本会计报表系对上述被改组部分1994年12月31日、1995年12月31日及1996年12月31日的会计报表进行调整和分割转换,根据《企业会计准则》和《股份制试点企业股份制会计制度》及有关补充规定的要求而重新编制的。

(四)公司采用的主要会计政策

1. 会计制度

公司自成立之日起会计核算执行《企业会计准则》和《股份制试点企业会计制度》及其有关补充规定。

2. 会计年度

本公司会计年度自公历1月1日起至12月31日止,本报告所载财务信息期间为1994年1月1日至1996年12月31日。

3. 记帐原则和计价基础

本公司以权责发生制为记帐原则,采用历史成本为计价基础。但1996年12月31日资产负债表已按评估确认值调整。

4. 记帐本位币

本公司会计核算以人民币为记帐本位币。

5. 存货

本公司的存货主要包括:原材料、产成品、低值易耗品等。存货按照实际成本进行日常核算;存货发出计价采用移动加权平均法;生产成本核算采用品种法,期末无在产品;低值易耗品采用一次摊销法。

6. 固定资产及其折旧

本公司对使用年限在一年以上的房屋、建筑物、机器、设备、器具、工

具等;及单位价值在2000元以上,并且使用年限超过两年不属于经营主要设备的物品作为固定资产核算。本公司固定资产按实际成本计价,其折旧根据固定资产原值、扣除5%残值及预计使用年限,采用直线法分类计提。各类固定资产的年折旧率列示如下:

固定资产类别	使用年限(年)	年折旧率(%)
房屋及建筑物	10-40	9.5-2.38
专用设备	14	6.97
通用设备	8-14	11.88-6.79
运输工具	12	7.92

7.税项

(1)所得税

原南京塑料包装材料总厂、中国包装材料总公司内江包装材料总厂下属的万事达公司企业所得税按33%计缴;根据江苏省财政厅和江苏省税务局苏财工(94)55号和苏税(94)023号文《转发财政部、国家税务总局〈关于企业所得税若干优惠政策的通知〉的通知》以及江阴市地方税务局(94)澄地税二(高)字第03号、(95)澄地税二(高)字第05号文申达集团公司企业所得税1994和1995年按15%计缴;根据江苏省财政厅和江苏省地方税务局苏财预(96)110号文《关于对区外高新技术企业所得税实行"先征后还"办法的通知》及江阴市地方税务局(96)澄地税二(高)字第01号文《关于返还企业所得税的批复》,该公司96年实行先征33%后返还18%的政策,即实际执行15%的所得税税率。

本公司成立之日起,所得税按33%计缴。

(2)流转税及附加

本公司流转税及附加包括增值税、营业税、城市维护建设税及教育费附加。本公司被认定为增值税一般纳税人,增值税税率为17%;城市建设税按增值税和营业税合计税额的7%计缴;教育费附加按增值税和营业税合计税额的3%计缴。

(3)其他税项

其他税项包括房产税、车船使用税、印花税等,依据税务有关规定计缴。

(五)资产负债表部分项目注释

1.应收帐款

截止1996年12月31日,本公司应收帐款余额按帐龄列示如下:

帐龄分析	金额	比例
1年以内	15,146,675	60.7%
1-2年	1,772,984	7.1%
2-3年	6,872,565	27.6%
3年以上	1,142,667	4.6%
小计	24,934,891	100.00%

其中并无与持本公司5%以上股份的股东往来款项;3年以上的款项均可以收回。

2.固定资产原值

固定资产类别	年初原值	本年增加数	本年减少数	年末原值
房屋建筑物	21,254,533	17,036,711	51,721	38,239,523
通用设备	1,059,232	194,927	49,374	1,204,785
专用设备	79,904,915	139,738,620	30,722	219,612,813
运输设备	4,577,230	1,689,994	347,624	5,919,600
小计	106,795,910	158,660,252	479,441	264,976,721

3.累计折旧

固定资产类别	年初数	本年增加数	本年减少数	年末数
房屋建筑物	1,522,410	4,167,090	7,888	5,681,612
通用设备	378,265	160,837	26,648	512,454
专用设备	13,874,230	57,990,582	7,305	71,857,507
运输设备	915,554	1,382,200	88,157	2,209,597
小计	16,690,459	63,700,709	129,998	80,261,170

4.短期借款

贷款单位	金额	期限	月利率	借款条件
工行内江市中区支行	2,700,000	96.8.16-97.8.15	10.065‰	中国包装总公司内江包装材料总厂担保
工行内江市中区支行	1,000,000	96.8.26-97.8.15	9.24‰	中国包装总公司内江包装材料总厂担保
工行内江市中区支行	1,000,000	96.11.27-97.6.15	9.24‰	中国包装总公司内江包装材料总厂担保
建行南京中央门支行	5,000,000	96.9.28-97.3.27	8.415‰	南京工艺织厂担保
建行南京中央门支行	5,000,000	96.10.31-97.4.30	8.415‰	南京纸箱总厂担保
建行南京中央门支行	5,000,000	96.12.31-97.6.30	8.415‰	南京纸箱总厂担保
建行南京中央门支行	5,000,000	96.9.28-97.9.27	9.24‰	南京纸箱总厂担保
中行南京支行	8,500,000	96.4.16-97.4.15	12.06‰	房产抵押
农行江阴市申港办事处	1,480,000	96.10.9-97.3.31	11.758‰	江阴市第三针织厂担保
小计	34,680,000			

5.应付帐款

单位名称	金额
天津石化	5,032,011
汕头金量(集团)物资公司	2,930,314
汕头运东(集团)深圳分公司	1,882,910
中国包装进出口公司湖北分公司	739,965
其他	4,493,685
小计	15,078,885

应付帐款较1995年增加335%是由于1996年形成的几笔金额较大的购货业务款项未付造成的。

6.预收货款

单位名称	金额
山东潍坊新立科塑胶有限公司	122,000
四川绵阳东方绝材厂	64,105
浙江嵊县上沙地建材厂	259,204
江阴兴达化纤有限公司	120,118
南京方江电器有限公司	63,506
新疆玻璃制品有限公司	67,548
其他	1,194,069
小计	1,895,550

7.未付股利

截止1997年12月31日,本公司未付股利余额4,664,412元,为股份公司尚欠发起人的利润。

8.未交税金

税项	金额
增值税	3,189,682
营业税	370
城建维护建设税	250,755
房产税	83,818
小计	3,524,625

9.股本

股东类别	股本数(万股)	占总股本比例%
法人股	6000.00	66.67
其中:国有法人股	3984,50	44.27
社会公众股	3000.00	33.33
其中:公司职工股	300.00	3.33
总股本	9000.00	100.00

10.资本公积

日期	资本公积	变动原因
1994年12月31日余额	11,424,810	
加:1995年度增加	0	
减:1995年度减少	10,781,489	净资产变化所致
1996年12月31日余额	643,321	
加:1996年度增加	31,539,179	评估增值及盈余公积转增
减:1996年度减少	0	
1996年12月31日余额	32,182,500	

截止1996年12月31日,本公司股本为59,767,500元,资本公积金为32,182,500元,反映的是三家主要发起人投入本公司的经评估确认的净资产。

(六)主要财务指标

指标	1996年	1995年	1994年
(1)流动比率	0.43	1.10	1.18
(2)速动比率	0.26	0.55	0.65
(3)股东权益比例(%)	37.03	38.89	47.02
(4)应收帐款周转率	8.33	11.60	一一
(5)净资产收益率(%)	25.80	60.70	18.90
(6)每股收益(元/股)	0.397	0.698	0.231
(7)每股净资产(元)	1.54	1.15	1.23

十、董事会上市承诺

本公司董事会将严格遵守《中华人民共和国公司法》、《股票发行与交易管理暂行条例》、《上海证券交易所交易市场业务试行规则》和有关法律、法规的规定,并自股票上市之日起作出如下承诺:

(一)按照法律、法规的规定程序和要求披露重大的信息,并接受证券主管机关,上海证券交易所的监督管理。

(二)及时、真实、准确地公布中期报告和年度报告,并备置于规定场所供投资者查询,阅读。

(三)本公司董事、监事及高级管理人员如发生人事变动或持本公司股票发生变化时,在报告证券主管机关和上海证券交易所的同时,向投资者公布。

(四)在任何公共传播媒介中出现的消息可能对本公司股票的市场价格产生误导性影响时,本公司知悉后将及时对该消息予以公开澄清。

(五)本公司董事、监事及高级管理人员将认真听取社会公众的意见和批评,不利用已获得的内幕消息和其他不正当手段直接或间接从事股票买卖活动。

(六)本公司没有无记录负债

十一、重要事项揭示

(一)根据本公司章程规定,本公司的税后利润按下列顺序分配:

1.按国家规定弥补以前年度的亏损;

2.提取税后利润的10%为法定盈余公积金;

3.提取税后利润的5%~10%为法定公益金;

4.经股东大会决议提取任意盈余公积金;

5.支付普通股股利。

公司原则上盈利年度按年派发股利,公司董事会根据当年的经营业绩和未来的生产计划提出股利分配方案,经股东大会批准后实施。经股东大会特别决议,也可在其他时间进行另外的股利分配。上述股利分配政策尚待本公司第一次股东大会审议确认。新股东将参加自1997年6月1日至1997年12月31日的利润分配,不参加自1997年1月1日至本公司成立日的利润分配。预计公司首次股利分配在1998年6月底以前。

股利分配采取现金或股票形式。公司向个人分配股利时,按《中华人民共和国个人所得税法》和国家税务总局发布的《征收个人所得税若干问题的规定》,由本公司代扣代缴个人所得税

(二)根据国家有关规定,本公司300万股职工股将于本次上市半年后,经批准方可上市。

(三)发行后每股净资产3.20元。

(四)截止本公告书公布之日,本公司无重大诉讼事项。

十二、备查文件

(一)公司成立的注册登记文件

(二)上海证券交易所上市通知书

(三)招股说明书

(四)审计报告

(五)验资报告

(六)营业执照

(七)公司章程

(八)法律意见书

十三、咨询机构

发行人:南京中大制膜股份有限公司

法定代表人:赵凤来

地直:南京经济技术开发区(新港高新技术工业园)

电话:(025)5312142

传真:(025)5314823

联系人:秦超、王莉萍

上市推荐人:申银万国证券股份有限公司

地址:上海市南京东路99号

电话:(021)64312800

传真:(021)64310778

联系人:蒋曙云、郑小华、徐晓

上市推荐人:华夏证券有限责任公司

法定代表人:黄玉峻

地址:北京市海淀区复兴路乙63号综合楼

电话:(010)68278285

传真:(010)68286849

联系人:金旭

南京中达制膜股份有限公司

一九九七年六月十九日

新疆天业股份有限公司

新疆天业股份有限公司股票上市公告书

一、要览

总股本：6,300万股

可流通股本 2,700万股

社会公众股 2,700万股

其中：公司职工股 270万股

本次上市流通股本：2,430万股

股票简称：新疆天业

股票代码：600075

上市地点：上海证券交易所

上市时间：1997年6月17日

登记机构：上海证券中央登记结算公司

二、绪言

本上市公告书是根据《中华人民共和国公司法》、《股票发行与交易管理暂行条例》、《公开发行股票公司信息披露实施细则（试行）》和《上海证券交易所交易市场业务试行规则》等国家法律、法规的规定编制的。本公司股票上市申请经上海证券交易所上证上字（1997）48号文批准，于1997年6月17日（星期二）在上海证券交易所挂牌交易，本次上市流通的股票为1997年5月23日向社会公众发行的2,430万股A股，公司职工持股270万股的上市日期将按国家及上海证券交易所有关规定半年后上市。

本公司于1997年5月21日在《上海证券报》和《新疆日报》上刊登了《招股说明书概要》，距今不足6个月，故与其重复内容在此不再重述，敬请投资者查阅本公司的《招股说明书概要》。

本公司董事会及各位董事确信本公告书不存在任何重大遗漏或者误导，并对其真实性、准确性、完整性负个别的和连带的责任。

三、公司概况

（一）概况

公司法定名称：新疆天业股份有限公司

公司法定代表人：郭庆人

公司成立日期：1997年6月9日

公司注册地址：新疆石河子市北一路西

经营范围：塑料制品、化工产品生产和销售

公司营业执照注册号：22860144—3—1/2

公司咨询电话：(0993)2516164

董事会秘书：沈明

（二）公司历史沿革

新疆天业股份有限公司是经新疆生产建设兵团新兵函[1996]28号文和兵体改发[1996]20号文批准筹建，由新疆生产建设兵团农八师直属的国营企业新疆石河子天业塑化总厂（以下简称"塑化总厂"）独家发起，并将其下属的新疆石河子塑料制品总厂（以下简称"塑料厂"）和新疆石河子化工厂（以下简称"化工厂"）部分改组，以募集方式设立的股份有限公司。

1997年5月19日经中国证券监督管理委员会证监发字[1997]255号文批准，同意新疆天业股份有限公司（筹）向社会公开发行人民币普通股2700万元（含公司职工股270万股），每股面值一元，以溢价每股6.53元发行。

1997年6月6日，新疆天业股份有限公司在新疆石河子市召开创立大会暨第一次股东大会，关于1997年6月9日在新疆维吾尔自治区工商行政管理局登记注册。

四、股票发行及承销

（一）本次公开发行

发行数量：2,700万股（其中向公司职工配售270万股）

发行价格：6.53元/股

发行方式：上网定价

配售比例：2.43131048％

配售户数：125577户

持有1,000股以上的户数：126838户

发行费用总额：7,350,000元

每股发行费用：0.27元

发行市盈率：14.5倍

（二）股票承销

本次公开发行的2,430万股社会公众股及270万股公司职工股已全部由社会公众及公司职工认购，承销团成员无包销比例及数量。

（三）验资报告：

深诚证字[1997]第037号

新疆天业股份有限公司筹委会：

我们接受委托，对贵公司（筹）截至1997年5月30日止的实收股本及相关的资产和负债的真实性和合法性进行了审验，在审验过程中，我们按照《独立审计实务公告第1号—验资》的要求，实施了必要的审验程序。贵公司的责任是提供真实、合法、完整的验资资料，保护资产的安全、完整，我们的责任是按照《独立审计实务公告第1号—验资》的要求，出具真实、合法的验资报告。

贵公司（筹）申请的注册资本为人民币63,000,000.00元。贵公司（筹）发起股东新疆石河子天业塑化总厂投入的资本计53,136,843.86人民币元，其中股本36,000,000.00人民币元，资本公积17,136,843.86人民币元，业经我所以深诚证验字[1997]第014号验资报告验证在案。

1997年5月19日，中国证券监督管理委员会以证监发字[1997]第255号文批准贵公司（筹）向社会公开发行人民币普通股27,000,000股（含公司职工股2,700,000股），每股面值1元，以溢价每股6.53元发行。

经我们审验，截至1997年5月30日止，贵公司（筹）已实际收到社会公众（含公司职工）缴付的出资额计176,310,000.00人民币元，扣除发行费用计4,396,041.50人民币元后，尚余款项中27,000,000.00人民币元作为社会公众股股东缴付的股本金，144,913,958.50人民币元转列作贵公司（筹）的资本公积。

至此，贵公司（筹）总股本63,000,000股计63,000,000.00人民币已募集足额。

附件（一）《投入股本明细表》

附件（二）《验资事项说明》

深圳中诚会计师事务所　　中国注册会计师　易永健

中国　深圳　　中国注册会计师　孔丽娟

1997年6月1日

五、董事、监事及高级管理人员持股情况

姓名　职务　持股数量（股）　持股比例（‰）

郭庆人先生	董事长	5000	0.079
王　灿先生	副董事长	4000	0.063
高进明先生	副董事长	4000	0.063
余天池先生	董事兼总经理	3500	0.056
魏茂庆先生	董事兼副总经理	4000	0.063
张新力先生	董事兼副总经理	4000	0.063
师祥参先生	董事兼总会计师	4000	0.063
杨金麒先生	监事会主席	5000	0.079
祁永柏先生	监事	3500	0.056
张汉夫先生	监事	2000	0.032
沈　明先生	董事会秘书	3000	0.048

本公司董事、监事和高级管理人员共持有本公司股票4.2万股,占公司总股本的0.67‰,其持有股份按照《中华人民共和国公司法》规定在任职期间不得转让。

六、公司设立

(一)公司1997年6月6日在新疆石河子市召开创立大会,宣告公司成立,并通过了公司发行的社会公众股股票在上海证券交易所上市的决议及其他有关决议。详见1997年6月7日《上海证券报》。

(二)本次股票成功发行后,本公司注册登记工作已结束,详细资料如下:

公司注册资金:6,300万元

注册时间:1997年6月9日

注册地点:新疆石河子市北一路西

公司法定代表人:郭庆人

营业执照注册号码:22860144—3—1/2

七、关联企业及关联交易

根据本公司1995年6月与新疆石河子中发化工有限责任公司(以下简称"中发公司")签订的《协议书》,由于该公司利用本公司的部分生产设施,本公司向其征取管理费100万元,其中1995年度为40万元,1996年度为60万元。自1997年初中发公司正式投产后,已不再发生此类费用。

本公司与新疆石河子天业塑化总厂下属的石河子市精细化工厂签订了《后勤服务保障协议》,本公司有偿使用该厂经营和管理的非经营性资产。

本公司与新疆石河子中发化工有限责任公司签订了《生产经营保障协议》。根据该协议,本公司按市场价优先向其提供氯化氢产品,中发公司同样按市场价向本公司优先提供聚氯乙烯树脂。

八、股本结构及大股东持股情况

(一)本次A股发行完成后,本公司的股本结构如下表:

股份名称	股本数(万股)	占总股本比例(%)
尚未流通股份	3,600	57.14
国有法人持股	3,600	57.14
可流通股份	2,700	42.86
本次公开发行股份	2,700	42.86
其中:公司职工股	270	4.29
总股本	6,300	100.00

(二)前十名股东所持股数及比例

股东名称	持有数股	占总股本比例(%)
1.新疆石河子天业塑化总厂	3,600万股	57.14
2.郭庆人	5,000股	0.0079
3.杨金麒	5,000股	0.0079
4.王永泉	4,500股	0.0071
5.倪美兰	4,200股	0.0067
6.王　灿	4,000股	0.0063
7.高进明	4,000股	0.0063
8.张新力	4,000股	0.0063
9.师祥参	4,000股	0.0063
10.朱嘉冀	4,000股	0.0063

九、公司财务会计资料

(一)审计报告

深诚证字[1997]第010号

新疆天业股份有限公司筹委会:

我们接受委托,审计了贵公司1994年12月31日、1995年12月31日、1996年12月31日的资产负债表与1994年度、1995年度、1996年度的利润表和1995年度、1996年度的财务状况变动表。这些会计报表由贵公司负责,我们的责任是对这些会计报表发表审计意见。我们的审计是依据中国注册会计师独立审计准则进行的,在审计过程中,我们结合贵公司的实际情况,实施了包括抽查会计记录等我们认为必要的审计程序。

我们认为,上述会计报表符合中华人民共和国《企业会计准则》和《股份制试点企业会计制度》的有关规定,在所有重大方面公允地反映了贵公司1994年12月31日、1995年12月31日及1996年12月31日的财务状况与1994年度、1995年度及1996年度的经营成果和1995年度、1996年度的资金变动情况,会计处理方法的选用遵循了一贯性原则。

深圳中诚会计师事务所　　　中国注册会计师　孔丽娟

中国注册会计师　易永健

1997年4月16日

(二)资产负债表、损益表、财务状况变动表分别见表1、表2、表3。

(三)资产剥离情况

根据本公司筹委会于1996年12月26日制定的《重组方案》,本公司将塑化总厂的全资附属企业——原新疆石河子塑料制品总厂(以下简称"塑料厂")和原新疆石河子化工厂(以下简称"化工厂")的某些与生产经营无直接关系的职工宿舍、相关生活设施以及某些在建项目的资产负债及相关经营业绩进行了剥离,而将塑料厂与化工厂的全部经营性资产(扣除相关负债后)纳入此次重组范围。

(四)评估结果的报表调整

按照发行股票并上市交易的有关规定,本公司以1996年12月31日为基准日,已委托资产评估机构对纳入此次重组范围的资产进行了评估,其评估结果业经国家国有资产管理局确认,在编制本会计报表时,为反映发起人净资产的折股情况,已将上述评估结果进行了调整,反映在有关的资产负债项目中。

(五)重要会计政策

1.会计制度

本公司重组前执行中华人民共和国《企业会计准则》和《工业企业会计制度》。基于编报的目的和用途,编制本会计报表时已按《股份制试点企业会计制度》的有关规定进行了调整。

2.会计报表的表达基准

本会计报表之表达系假设本公司依重组方案确立的现时结构,自1994年1月1日起至1996年12月31日止会计期间(以下简称"有关期间"业已存在且无转变)。

3.会计年度

本公司会计年度自公历每年1月1日起至12月31日止。

4.记帐原则和计价基础

本公司以权责发生制为记帐原则,采用历史成本为计价基础。

5.记帐本位币及外币折算

本公司以人民币为记帐本位币,在有关期间内未发生外币经济业务。

6.存货计价方法

存货以实际成本计价,发出存货的成本按加权平均法计算确定,低值易耗品于领用时一次性摊销。

7.长期投资核算方法

本公司对股权投资和联营投资采用下列会计处理方法:

投资额占被投资公司资本总额的20%以下时,以成本法核算;投资额占被投资公司资本总额20%至50%时,以权益法核算,投资额占被投资公司资本总额50%以上时,采用权益法核算并对其会计报表予以合并。

8. 固定资产及其累计折旧

(1)固定资产标准:指使用期限超过一年的房屋建筑物、机械设备、运输工具及其它与经营有关的工器具等。

(2)固定资产计价:固定资产按实际成本计价,惟1994年6月30日的固定资产及其累计折旧系以清产核资为目的,经资产重估并经新疆生产建设兵团清产核资办公室兵清办发[1995]1号文、石河子农八师清产核资办公室石清字[1995]01号文以及财政部清产核资办公室确认的重估后固定资产原价及累计折旧调整入帐。

(3)固定资产折旧方法:固定资产折旧采用直线法平均计算,并根据固定资产类别的原值、预计经济使用年限和预计残值(原值的5%)确定其折旧率,各类折旧率如下:

固定资产类别	预计使用年限(年)	年折旧率(%)
一般房屋建筑物	40	2.375
专用房屋建筑物	15	6.333
机器设备	14	6.786
运输设备	6	15.833
其他设备	10	9.500

9. 税项

(1)流转税

税目	计税依据	税率(%)
增值税	农膜产品销售收入	13
增值税	其它产品销售收入	17
城市维护建设税	应交增值税	7

本公司被认定为增值税一般纳税人,应纳增值税额为销项税额减去进项税额。

根据《中华人民共和国增值税暂行条件》的规定,本公司销售农膜产品应纳增值税率为13%;其他产品适用增值税率为17%。

根据财政部、国家税务总局财税字[1994]004号文的规定,本公司于1994年5月1日起至1995年12月31日止期间销售的农膜产品免征增值税。

根据财政部、国家税务总局财税字[1996]18号文的规定,本公司于1996年1月1日起至1997年12月31日止期间销售的农膜产品继续免征增值税。

根据国务院办公厅国办函[1994]100号文的规定,本公司不计缴教育费附加。

(2)所得税

根据财政部、国家税务总局财税字[1994]068号文及新疆生产建设兵团兵财(企)字[1995]13号文的规定、新疆生产建设兵团作为统一纳税人,其下属企业不单独缴纳所得税,因此,本公司于1995年12月31日之前不单独计缴所得税,只上缴利润。

根据国家税务总局国税函[1996]366号文的规定,1996年度仍暂以新疆生产建设兵团为统一纳税人,因此,本公司仍不单独计缴所得税,只上缴利润。

(3)个人所得税

职工个人所得税由本公司代为扣缴。

10. 利润分配

本公司于1995年12月31日之前实现的净利润按承包基数(1994年度为1,346,245.79元,1995年度为1,516,459.75元)上缴后,其余全部转入盈余公积;1996年度实现的净利润,在按承包基数2,226,000元上缴后,分别按10%计提法定盈余公积和法定公益金,其余额上交给塑化总厂。

本公司经股份制改组并发行股票设立后,净利润将按《中华人民共和国公司法》和本公司章程的规定进行分配。

(六)资产负债表部分项目注释

1. 应收帐款　　1996.12.31

(1)帐龄分析	金额	比例
1年以内	45,853,146.57	98.62%
1—2年	179,062.91	0.38%
2—3年	323,592.14	0.70%
3年以上	139,055.25	0.30%
小计	46,494,856.87	100.00%

(2)持有本公司5%以上股份的股东没有本项欠款。

2. 长期投资

被投资单位名称	投资期限	权益比例	投资金额	年末按权益法调整所有者权益增(减)额
中发公司	1995.07.24	45.95%	8,500,000.00	—

该公司于1996年末尚处在试生产阶段,未产生收益。

3. 固定资产及其累计折旧

固定资产类别	1996.1.1	本年增加	本年减少	1996.12.31
房屋及建筑物	8,867,254.91	11,522,103.15	133,107.79	20,256,250.27
机器设备	25,864,985.81	12,723,652.06	3,298,698.87	35,289,939.00
运输工具	2,761,875.56	271,039.44	60,500.00	2,972,415.00
小计	37,494,116.28	24,516,794.65	3,492,306.66	58,518,604.27
累计折旧				
房屋及建筑物	1,695,644.01	6,913,180.28	103,155.56	8,505,668.73
机器设备	8,516,812.91	5,667,341.46	1,978,280.22	12,205,874.15
运输工具	1,029,003.08	542,932.67	672,832.55	899,103.20
小计	11,241,460.00	13,123,454.41	2,754,268.33	21,610,646.08
固定资产净值	26,252,656.28			36,907,958.19

4. 短期借款　　199.12.31

贷款单位	金额	期限	年利率	代款条件
中国农业银行石河子市支行	2,000,000.00	1996.6.21-1997.1.20	12.078%	担保
中国农业银行石河子市支行	800,000.00	1996.10.10-1997.8.9	11.088%	担保
中国农业银行石河子市支行	2,100,000.00	1995.12.26-1997.1.30	14.472%	担保
中国农行石河子支行信用卡部	2,500,000.00	1996.12.23-1997.1.23	11,088%	抵押
中国银行石河子市支行	1,000,000.00	1996.12.02-1997.7.02	11,088%	担保
中国银行石河子市支行	1,000,000.00	1996.12.10-1997.6.25	11,088%	担保
中国建设银行石河子市支行	1,000,000.00	1996.11.21-1997.6.20	11,088%	担保
小计	10,400,000.00	—	—	—

本公司截至1996年12月31日止,无逾期贷款。

5. 应付帐款

截至1996年12月31日止,应付帐款余额计27,571,505.41元,系应付采购原材料款,其中应付中发公司原料款542,232.50元。

6. 预收货款

截至1996年12月31日止,预收货款余额计8,943,027.63元,较1995年12月31日余额增长了28.74%,主要是由于本公司地膜销售量有较大增长。

截至1996年12月31日止,本公司尚无预收关联公司的款项。

7. 应付利润

公司名称	1996.12.31
农八师财务处	2,272,287.27
塑化总厂	14,706,939.60
小计	16,979,226.87

8. 税项	1996.12.31
增值税	4,960,451.32

城市维护建设税	83.16
小计	4,960,534.48

9. 长期借款　1996.12.31

贷款单位	金额	期限	年利率	代款条件
中国农业银行石河子市支行代理发行	10,500,000.00	96.7.31-99.7.30	13.14%	担保
中国农业银行石河子兵团支行	3,000,000.00	96.11.26-98.1.31	11.088%	担保
中国工商银行石河子市支行	2,000,000.00	96.10.18-98.1.31	11.088%	担保
中国工商银行石河子市支行	1,000,000.00	96.12.09-98.1.31	11.088%	担保
农业银行石河子支行国际业务部	2,300,000.00	96.12.24-98.1.31	11.088%	信用
小计	18,800,000.00	—	—	—

10. 股本

股东类别	股本数(万股)	占总股本比例(%)
国有法人股	3,600	57.14
社会公众股	2,700	42.86
其中:公司职工股	270	4.29
总股本	6,300	100.00

11. 资本公积

1996年12月31日资本公积余额计17,136,843.86元,系本公司发起人资产净值折股后的溢缴金额。

1995年12月31日资本公积余额计2,846,229.98元,系塑料厂和化工厂1994年6月30日资产重估增值,已作为折股净资产的一部分一起折股。

(六)主要财务指标

指标	1996年	1995年	1994年
(1)流动比率(%)	112.62	108.50	103.72
(2)速动比率(%)	84.34	76.51	73.13
(3)股东权益比例(%)	33.44	34.09	26.49
(4)应收帐款周转率(%)	398.38	600.39	—
(5)净资产收益率(%)	38.79	40.23	54.66
(6)每股收益(元/股)	0.57	—	—
(7)每股净资产(元)	1.48	3.13	1.96

十、董事会上市承诺

本公司董事会将严格遵守《中华人民共和国公司法》、《股票发行与交易管理暂行条例》、《上海证券交易所交易市场业务试行规则》和有关法律、法规的规定,并自股票上市之日起作出如下承诺:

(一)按照法律、法规的规定程序和要求披露重大的信息,并接受证券主管机关,上海证券交易所的监督管理。

(二)及时、真实、准确地公布中期报告和年度报告,并备置于规定场所供投资者查询,阅读。

(三)本公司董事、监事及高级管理人员如发生人事变动或持本公司股票发生变化时,在报告证券主管机关和上海证券交易所的同时,向投资者公布。

(四)在任何公共传播媒介中出现的消息可能对本公司股票的市场价格产生误导性影响时,本公司知悉后将及时对该消息予以公开澄清。

(五)本公司董事、监事及高级管理人员将认真听取社会公众的意见和批评,不利用已获得的内幕消息和其他不正当手段直接或间接从事股票买卖活动。

(六)本公司没有无记录负债。

十一、重要事项揭示

(一)公司在缴纳所得税后的利润,按下列顺序及比例分配:

1. 弥补亏损;
2. 提取法定盈余公积金10%;
3. 提取法定公益金5—10%;
4. 提取任意盈余公积金;
5. 支付普通股红利。

预计本次股票发行后的第一次股利分配时间在1998年6月底以前。以上股利分配政策已经公司创立大会暨第一次股东大会予以确认,并根据公司筹委会第二次会议决议,公司1997年实现的利润由公司新老股东共同享有,并按同股同权、同股同利的原则分配。

(二)根据国家有关规定,本公司270万股职工股将于本次上市半年后,经批准方可上市。

(三)截止本公告书公布之日,本公司无重大诉讼事项。

十二、备查文件

(一)公司成立的注册登记文件
(二)上海证券交易所上市通知书
(三)招股说明书
(四)审计报告
(五)验资报告
(六)营业执照
(七)公司章程
(八)法律意见书

十三、咨询机构

1. 发行人:新疆天业股份有限公司
　法定代表人:郭庆人
　地址:新疆石河子市北一路西
　电话:(0993)2516164
　传真:(0993)2515574
　联系人:沈明
2. 上市推荐人:申银万国证券股份有限公司
　法定代表人:阚治东
　地址:上海市南京东路99号
　电话:(021)64312800
　传真:(021)64310778
　联系人:杨晓兵　金碧霞
3. 上市推人:浙江证券有限责任公司
　法定代表人:李　训
　地址:浙江省杭州市延安路400号
　电话:(0571)7062121
　联系人:潘波宁　赖建武

新疆天业股份有限公司
1997年6月14日

损益表(1994—1996年度)

单位:元

项目	1996年12月31日	1995年12月31日	1994年12月31日
一、主营业务收入	142,101,949	104,632,418	65,315,008
减:营业成本	113,444,831	80,608,952	48,268,156
销售费用	850,953	501,848	258,969
管理费用	9,348,184	7,009,871	5,272,707
财务费用	3,393,166	2,619,687	1,603,598

项目	1996年12月31日	1995年12月31日	1994年12月31日
营业税金及附加	32,920	12,231	42,286
二、主营业务利润	15,031,894	13,789,828	9,869,293
加:其他业务利润	1,357,655	2,472,456	428,662
三、营业利润	16,389,549	16,262,284	10,297,955
加:投资收益	1,350	1,800	46,800
营业外收入	5,459,431	9,393	157,058
减:营业外支出	1,240,656	284,715	332,517
加:以前年度损益调整	—	—	1,892,198
四、利润总额	20,609,675	15,988,762	12,061,494
减:所得税	—	—	—
五、净利润	20,609,675	15,988,762	12,061,494

资产负债表(1994—1996年度)

单位:元

资产	1996年12月31日	1995年12月31日	1994年12月31日	资产	1996年12月31日	1995年12月31日	1994年12月31日
流动资产:				负债与股东权益			
货币资金	3,442,950	4,952,788	19,003,826	流动负债:			
应收帐款	46,494,857	24,844,756	10,010,232	短期借款	10,400,000	32,050,000	18,980,000
减:坏帐准备	—	124,224	50,051	应付票据	3,601,000	—	—
应收帐款净额	46,494,857	24,720,532	9,960,181	应付帐款	27,571,505	26,877,330	20,976,365
预付货款	16,261,273	18,515,040	6,381,144	预收货款	8,943,028	6,946,494	3,799,733
其他应收款	5,744,026	9,559,373	5,456,043	应付工资	413,602	747,439	1,534,200
待摊费用	1,410,514	2,068,346	2,777,354	应付福利费	1,019,118	848,823	794,423
存货	24,601,116	25,006,003	18,234,979	未付利润	16,979,227	1,737,930	659,308
流动资产合计	97,954,736	84,822,082	61,813,526	未交税金	4,960,534	3,276,858	1,409,880
长期投资:				其他未交款	—	160,640	1,260,640
长期投资	8,500,000	4,127,650	625,850	其他应付款	13,089,247	3,762,474	7,779,966
固定资产:				预提费用	—	—	—
固定资产原值	58,518,604	37,494,116	27,887,050	一年内到期的长期负债	—	1,770,000	2,400,000
减:累计折旧	21,610,646	11,241,460	7,745,532	流动负债合计	86,977,261	78,177,988	59,594,515
固定资产净值	36,907,958	26,252,656	20,141,518	长期负债:			
在建工程	6,274,189	1,029,944	720,568	长期借款	18,800,000	—	770,000
固定资产合计	43,182,147	27,282,600	20,862,086	长期应付款	11,070	(1,349,746)	873,174
无形资产及递延资产				长期负债合计	18,811,070	(1,349,746)	1,643,174
无形资产	5,730,501	—	—	负债合计	105,788,331	76,828,242	61,237,689
递延资产	3,557,790	340,960	4,223	股东权益			
无形及递延资产合计	9,288,291	340,960	4,223	股本	36,000,000	12,703,302	11,258,383
资产总计	158,925,174	116,573,292	83,305,685	资本公积	17,136,844	2,846,230	—
				盈余公积	—	24,195,518	10,809,612
				其中:公益金	—	2,518,755	1,071,525
				未分配利润	—	—	—
				股东权益合计	53,136,844	39,745,051	22,067,995
				负债及股东权益总计	158,925,174	116,573,292	83,305,685

财务状况变动表

(1994、1996年度)

单位:元

	1996年度	1995年度		1996年度	1995年度
一、流动资金来源			一、流动资产本年增加数		
1. 本年净利润	20,609,675	15,988,762	1. 货币资金	(1,509,838)	(14,051,038)
加:不减少流动资金的费用和损失			2. 应收帐款净额	21,774,325	14,760,351
(1)固定资产折旧	11,400,567	20,010,198	3. 预付货款	(2,253,767)	12,133,896
(2)无形资产及递延资产摊销(减其他负债转销)	68,192	4,223	4. 其他应收款	(3,815,347)	4,103,330
(3)固定资产盘亏(减盘盈)	(4,357,704)	—	5. 待摊费用	(657,832)	(709,008)
(4)清理固定资产损失(减收益)	63,336	60,474	6. 存货	(404,887)	6,771,025
小计	27,784,065	18,063,657	流动资产增加(减少)净额	13,132,654	23,008,556
2. 其他来源			二、流动负债本年增加数		

	1996 年度	1995 年度
(1)固定资产清理收入(减清理费用)	—	—
(2)增加长期负债	20,160,816	—
(3)收回长期投资	—	—
(4)对外投资转出固定资产	—	—
(5)对外投资转出无形资产	—	—
(6)资本净增加额	13,391,793	17,677,055
小计	33,552,609	17,677,055
流动资金来源合计	61,336,674	35,740,712
二、流动资金运用		
1. 利润分配		
(1)提取法定公积金	1,838,367	1,447,230
(2)提取法定公益金	1,838,367	1,447,230
(3)提取任意公积金	—	11,577,842
(4)已分配利润	16,932,940	1,516,460
小计	20,609,675	15,988,762
2. 其他运用		
(1)固定资产和在建工程净增加额	23,005,746	8,491,186
(2)增加无形资产及递延资产	9,015,523	340,960
(3)偿还长期负债	—	2,992,920
(4)增加长期投资	4,372,350	3,501,800
小计	36,393,619	15,326,867
流动资金运用合计	57,003,293	31,315,629
流动资金增加净额	4,333,381	4,425,083

	1996 年度	1995 年度
1. 短期借款	(21,650,000)	13,070,000
2. 应付票据	3,601,000	—
3. 应付帐款	374,175	5,900,965
4. 预收货款	1,996,534	3,146,761
5. 应付工资	(333,837)	(786,762)
6. 应付福利费	170,295	54,400
7. 未付利润	15,241,297	1,078,622
8. 未交税金	1,683,676	1,866,978
9. 其他未交款	(160,640)	(1,100,000)
10. 其他应付款	9,326,772	(4,017,492)
11. 预提费用	320,000	—
12. 一年内到期的长期负债	(1,770,000)	(630,000)
流动负债增加净额	8,799,273	18,583,473
流动资金增加(减少)净额	4,333,381	4,425,083

金花企业(集团)股份有限公司

金花企业(集团)股份有限公司股票上市公告书

一、要览

总股本:8000 万股

可流通股本:3000 万股

本次上市流动股本:2700 万股

股票简称:金花股份

股票代码:600080

上市地点:上海证券交易所

登记机构:上海证券中央登记结算公司

上市推荐人:国泰证券有限公司

申银万国证券股份有限公司

二、绪言

本公司根据《中华人民共和国公司法》、《股票发行与交易管理暂行条例》和《公开发行股票公司信息披露实施细则》和《上海证券交易所市场业务试行规则》等有关法律、法规、文件的规定,为本公司股票公开上市之目的向社会公众提供有关资料。

金花企业(集团)股份有限公司(以下简称"本公司")的股票公开发行已经中国证券监督管理委员会证监发字(1997)178 号文和证监发字(1997)179 号文批准,已向社会公开发行人民币普通股 3000 万股,每股面值 1.00 元,每股发行价 6.16 元,本次上市流通股本为 2700 万股,根据国家有关规定,公司职工股自此次上市流通股上市之日起半年后上市。本公司股票上市申请经上海证券交易所上证上(97)字第 044 号文批准审核同意,将于 1997 年 6 月 12 日(星期四)在上海证券交易所挂牌交易。

本公司于 1997 年 5 月 9 日分别在《上海证券报》和《中国证券报》刊登了《招股说明书概要》,距今不足 6 个月,故与其重复内容在此不再重复,敬请投资者查阅本公司的《招股说明书概要》。

本公司董事会全体成员已批准本上市公告书确信其中不存在重大遗漏和误导,并对其真实性、准确性和完整性负个别的和连带的责任。

三、公司概况

1. 基本情况

法定名称:金花企业(集团)股份有限公司

英文名称:GINWA ENTERPRISE GROUP INC

法定代表人:吴一坚

成立日期:1996 年 2 月 14 日

经营范围:公司主营医药保健品、旅游开发、影视娱乐、贸易、电子产品开发、日用百货,

注册地址:陕西省西安市高新技术产业开发区高新 3 路

联系电话:(029)8404118

2. 历史沿革

金花企业股份有限公司是 1996 年 2 月经陕西省人民政府办公厅《关于同意设立金花企业股份有限公司的批复》(陕政办函〖1996〗23 号)和陕西省经济体制改革委员会《转发〈关于同意设立金花企业股份有限公司的批复〉的通知》批准,将西安金都生物制药有限责任公司改组后,以发起方式设立的股份有限公司。金花企业股份有限公司发起人由陕西金花实业发展有限责任公司、西安唐都医药生物工程研究所以及中华巾帼实业开发总公司、陕西建银实业总公司、陕西金润物业发展公司五家企业组成,公司注册资本 5,000 万元,计总股本 5,000 万股。

1996 年 10 月公司更名为金花企业(集团)股份有限公司。

四、股票发行与承销

1. 股票公开发行

发行数量:社会公众股 3000 万股,其中公司职工股 300 万股

发行价格:6.16 元

发行市盈率:14 倍

发行方式:全额预缴款、比例配售、余款转存

募集资金总额:17,880 万

配售比例:0.00840

配售户数:8,171 户

持 1,000 股以上的户数:5,552

发行费用总额:600 万

每股发行费用:0.20 元

2. 股票承销

本次 A 股发行,超额认购 119 倍,社会公众认购股票后,由承销团包销零股数为 10411 股。

3. 验资报告(陕岳会内验字(1997)017 号)

金花企业(集团)股份有限公司:

我所接受委托,对贵公司截至 1997 年 5 月 23 日止的股本及资本公积的真实性和合法性进行了审验。在审验过程中,我们按照《独立审计实务公告第 1 号 - - 验资》的要求,实施了必要的审验程序,贵公司的责任是提供真实、合法、完整的验资资料,保护资产的安全、完整,我们的责任是按照《独立审计实务公告第 1 号 - - 验资》的要求,出具真实、合法的验资报告。

贵公司变更前的股本和资本公积分别为 50,000,000.00 元和 3,256.00 元。根据我们的审验,截至 1997 年 5 月 23 日止,贵公司的股本和资本公积分别增加 30,000,000.00 元和 148,800,000.00 元,变更后的股本总额为 80,000,000.00 元,资本公积总额为 148,803,000.00 元。此次验证仅对贵公司股本和资本公积进行验证,未涉及对其它有关财务事项的验证。

陕西岳华会计师事务所　　中国注册会计师:张昕

中国.西安　　中国注册会计师:刘席儒

一九九七年五月二十三日

五、董事、监事、高级管理人员持股情况

姓名	职务	持股数量(股)	持股比例(%)
吴一坚	董事长、总裁	4000	0.005
徐　凯	董事、副总裁	5000	0.00625
任　颖	董事、总裁助理	5000	0.00625
树吉发	董事	0	0
吴　军	董事	5000	0.00625
王方晨	董事	5000	0.00625
李郝港	董事	5000	0.00625
张秦生	监事、总裁助理	3000	0.00375
王镇威	监事	0	0
杨崇华	监事	4000	0.005
李国伟	监事	0	0
张乃新	监事	2000	0.0025

六、公司设立

1. 本公司 1996 年 10 月 18 日召开的临时股东大会审议通过了公司

增资扩股公开发行股票并申请上市的决议,并授权董事会决定申请上市的有关事宜。

2. 公司注册资本:8000 万元

3. 本次发行后公司重新注册登记时间:1997 年 6 月 8 日

4. 公司注册地点:陕西省西安市高新技术产业开发区高新 3 路

5. 营业执照注册号码:29419640－7

七、关联企业及关联交易

关联单位陕西金花实业发展有限责任公司为本公司各项代垫款 19,618,203.02 元。其中,代垫机器设备款 3,109,132.91 元;代垫各项费用 1,509,070.11 元;代垫工程预付款 15,000,000.00 元,陕西金花实业发展有限责任公司作为对本公司的扶持,对代垫款项不收取资金占用费。

八、股本结构及大股东持股情况

1. 上次上市前的股本结构

项目	股数(万股)	所占比例(%)
总股本	8000	100
一、尚未流通股份		
发起人股	5000	62.50
二、可流通股份		
社会公众股	3000	37.50
其中:公司职工股	300	3.75

2. 前十名股东所持股数及比例

股东名称	持股数量(万股)	占总股本比例(%)
陕西金花实业发展有限责任公司	3,900	48.75
中华市帼实业开发总公司	500	6.25
陕西建银实业总公司	250	3.13
西安唐都生物工程研究所	200	2.50
陕西金润物业发展公司	150	1.87

注:本公司另有 223 家股东持股数并列第六、均为 33,600 股所占比例均为 0.42%。

九、公司财务会计资料

(一)审计报告

陕西岳华会计师事务所陕岳会内审字(1997)年第 025 号审计报告。

金花企业(集团)股份有限公司全体股东:

我们接受委托,审计了贵公司 1994 年 12 月 31 日、1995 年 12 月 31 日,1996 年 12 月 31 日资产负债表、合并资产负债表及 1994 年度、1995 年度、1996 年度的利润及利润分配表、合并利润及利润分配表以及 1996 年度财务状况变动表及合并财务状况变动表。这些会计报表由贵公司负责,我们的责任是对这些会计报表发表审计意见,我们的审计是依据《中国注册会计师独立审计准则》进行的,在审计过程中,我们结合贵公司实际情况,实施了包括抽查会计记录等我们认为必要的审计程序。

我们认为,上述会计报表符合《企业会计准则》、《股份制试点企业会计制度》的有关规定,在所有重大方面公允地反映了贵公司 1994 年 12 月 31 日、1995 年 12 月 31 日、1996 年 12 月 31 日的财务状况及 1994 年度、1995 年度、1996 年度的经营成果和 1996 年度的资金变动情况,会计处理方法的选用遵循了一贯性原则。

陕西岳华会计师事务所　　中国注册会计师　张　昕

中国·西安　　中国注册会计师　王伟雄

一九九七年三月十五日

(二)本公司主要会计数据

(三)主要会计政策

1. 会计制度

本公司执行《股份制试点企业会计制度》。

西安金都生物制药有限责任公司执行《工业企业会计制度》,本次已按《股份制试点企业会计制度》进行了调整。

2. 会计年度

会计年度为公元 1 月 1 日至 12 月 31 日。

3. 会计核算原则和计价基础

会计核算采用权责发生制,以实际成本为计价基础。

4. 记帐本位币。

记账本位币为人民币。

5. 记帐方法

采用"借贷记帐法"。

6. 存货计价方法

存货采用实际成本计价

(1)原材料、库存商品发出采用"加权平均法"核算;

(2)低值易耗品采用"一次摊销法"核算;

(3)产成品发出采用"加权平均法"核算;

(4)产品成本采用"品种法"核算。

7. 固定资产及折旧

固定资产标准为使用年限在一年以上,单位价值在 2000 元以上。

固定资产按实际成本计价。

折旧计提采用"直线分类折旧法"(通用设备折旧年限为 10 年,运输设备 8 年,办公设备 5 年,房屋及建筑物 40 年),预计净残值率 5%。

8. 坏帐损失

坏帐损失采用"直接转销法"核算,坏帐按以下原则进行确认;

(1)因债务人单位撤销,依照民事诉讼法进行清偿后,确定无法追还的款项;

(2)因债务人死亡,既无遗产可供清偿,又无义务承担人,确实无法收回的款项;

(3)因债务人逾期未履行偿债义务超过三年,确实不能收回的款项。

9. 长、短期投资

短期投资按照成本法核算。

长期投资对持有 20%以下的股权投资采用成本法核算,对持有 20%以上的股权投资采用权益法核算,并对股权在 50%以上的编制合并会计报表。

10. 递延资产

开办费按照 5 年进行摊销。

长期待摊费按照受益期进行摊销。

11. 无形资产

专利技术及商标使用权按照 10 年进行摊销。

12. 税项

本公司生物制药产品按 6%的征收率缴纳增值税(1997 年经主管税务机关核定按 17%的税率缴纳);开发建设市政旅游工程钟鼓楼地下式广场按租金收入的 5%缴纳营业税;影视制片按收入的 5%交纳营业税;电子产品按 17%的税率缴纳增值税。

城市维护建设税按增值税与营业税应纳税额的 7%缴纳,教育费附加按增值税与营业税应纳税额的 3%缴纳。

根据西安高新技术产业开发区管理委员会市管会字(1994)298 号文和陕西省地方税务局直属征收分局纳税证明、西安金都生物制药有限责任公司享受西安高新技术产业开发区高新技术企业的优惠政策,即所得税按 15%计征,1994 年、1995 年免征所得税,1996 年改组后,公司仍享受上述税收优惠政策,企业所得税减按 15%的税率征收。

13. 利润分配

公司章程规定,依法缴纳所得税后的利润,按下列顺序进行分配:

(1)弥补以前年度亏损;

(2)提取 10%列入法定盈余公积金;

(3)提取 5%—10%列入法定公益金;

(4)提取任意公积金;

(5)分配股利。

(四)主要会计项目注释

下述附注除有特别说明外,均指1996年12月31日合并资产负债表和1996年度合并利润及利润分配表金额。

1.短期投资18,000,000.00元

系本公司一九九六年度存入非银行金融机构的委托存款18,000,000.00元,存款期限在一年以内,年利率为22.22%。

2.应收帐款15,805,120.08元,系应收的销货款。

(1)帐龄分析

	金额	比例
一年以内23户	15,161,851.69	95.93%
一年至二年2户	7,902.56	0.05%
二年至三年3户	635,365.83	4.02%
三年以上		无

(2)无持有5%以上的股东的欠款。

1996年与1995年相比增长幅度较大,增长原因系改组后公司业务范围扩大,销售收入增加而形成。

3.其他应收款3,456,472.13元

①帐龄分析

	金额	比例
一年以内35户	2,246,015.59	占64.98%
一年至二年2户	1,053,187.06	占30.47%
二年至三年10户	157,269.48	占4.55%
三年以上		无

②无持有5%以上的股东欠款。

4.长期投资5,000,000.00元

本公司于1996年10月31日投入中国光大银行5,000,000.00元,购入了占中国光大银行0.099%的股权278万股。

5.盈余公积3,464,233.67元

项目	1996年	1995年	1994年	提取比例
法定盈余公积	1,732,116.83	991,119.37	507,608.73	10%
公益金	866,058.42	495,559.69	235,804.37	5%
任意盈余公积金	866,058.42	495,559.69	235,804.37	5%
合计	3,464,233.67	1,982,238.75	1,015,217.47	

本公司于1996年2月改组时,已将截止1995年12月31日的盈余公积2,997,456.22元,作为陕西金花实业发展有限责任公司和西安唐都医药生物工程研究所出资的一部分,折为金花企业(集团)股份有限公司的股本。

6.资本公积3,256.00元

陕西资产评估公司对西安金都生物制药有限公司1995年12月31日资产进行了整体评估,净资产评估值16,003,256.00元,其中16,000,000.00元净资产折股作为发起人对金花企业(集团)股份有限公司的出资,其余3,256.00元按公司改组协议转入股份公司的资本公积。

7.未分配利润13,856,934.67元

1996年12月31日	1995年12月31日	1994年12月31日
13,856,934.67	2,015,448.77	1,105,217.47

本公司于1996年2月改组时,已将截止1995年12月31日的未分配利润2,105,448.77元折股作为陕西金花实业发展有限责任公司和西安唐都医药生物工程研究所对金花企业(集团)股份有限公司的出资转入股本。经董事会决议,1996年本公司暂不向股东分配利润,待公司上市后由新老股东共享。

8.主营业务收入32,659,940.31元

项目	1996年	1995年	1994年
生物制药产品	19,889,587.24	14,887,652.92	8,317,228.44
租金收入	8,635,680.00		
电子器材	34,673.07		
影视制片	4,100,000.00		
合计	32,659,940.31	14,887,652.92	8,317,228.44

1996年比1995年增长了119%,系公司改组后扩大经营范围提高生产能力形成销售的增加。

9.投资收益4,000,000.00元

1996年	1995年	1994年
4,000,000.00	1,248,000.00	550,000.00

系本公司投入非银行金融机构的委托存款收益,1996年收益率22.22%。

(五)主要财务指标

指标名称	96年12月31日	95年12月31日	94年12月31日
流动比率	1.15	0.86	0.78
速动比率	1.09	0.77	0.68
资产负债率%	58.22	62.09	48.90
应收帐款周转率(次)	3.99	26.50	14.87
存货周转率(次)	2.96	1.90	1.8
净资产收益率%	25.73	65.62	42.19
每股净利(元)	0.37(加权平均) 0.35(摊薄)	0.62	0.32

注:以上指标系根据陕西岳华会计师事务所陕岳会内审字(1997)第025号审计报告中的会计数据计算,其中94年、95年股本按1600万股模拟计算。

十、董事会上市承诺

本公司董事会将严格遵守《中华人民共和国公司法》、《股票发行与交易管理暂行条例》、《公开发行股票信息披露实施细则》、《上海证券交易所市场业务试行规则》和国家有关法律、法规的规定,并自股票上市之日向全体股东作出如下承诺:

1.按照法律、法规的规定程序和要求披露重大的信息,并接受证券主管部门、上海证券交易所的监督管理,

2.及时、准确、真实地在证券主管部门指定的报刊公布中期报告、年度报告及经营业绩等资料,并备置于规定场所以供投资者查询。

3.本公司董事、监事和高级管理人员如发生人员变动或持股数量发生变化时,及时报告证券管理部门、上海证券交易所,并及时通过证券主管部门指定的报刊通告社会公众。

4.在任何传播媒介中出现的消息可能对本公司的市场价格产生误导性影响时,本公司知悉后将对该消息予以公开澄清。

5.本公司董事、监事和高级管理人员将认真听取社会公众意见和批评,决不利用已获知的内幕消息和其他不正当手段,直接或间接从事股票买卖活动。

6.本公司没有无记录负债。

十一、重要事项说明

1.本公司本次发行的3000万股社会公众股中向公司职工配售的300万股,将根据国家有关规定在本次流通股上市之日起半年后上市。本次上市流通的股份为2700万股。

2.截止本上市公告书刊登之日,本公司未涉及任何重大诉讼和仲裁,亦无任何尚未了结或可能面临的重大索赔要求。

3.本公司股票上市后在依法缴纳所得税的情况下,超过15%税负上缴的所得税部分,由陕西省财政厅实行"先征后返",返还资金并入企业税后利润统一进行分配。

4本次发行购买本公司股票的股东,参与本公司1996年的利润分配。

5.本次股票发行结束后,每股净资产为3.08元。

十二、咨询机构

地址:陕西省西安市高新技术产业开发区高新3路

电话:(029)8404118

传真:(029)8404528

联系人:秦川

主承销商 申银万国证券股份有限公司

法定代表人:阚治东

地址:上海市南京东路99号

电话:(021)63295888　64312800

传真:(021)64310778　64671715

联系人:葛华明　张欣

上市推荐人　国泰证券有限公司

法定代表人:金建栋

注册地址:上海市浦东新区乳山路61号

办公地址:北京市海淀区白石桥路3号友谊宾馆乡园

电话:(010)68498530　68483943

传真:(010)68483942

联系人:张金柱

申银万国证券股份有限公司

十三、备查文件

1. 审计报告、财务报表及附注;
2. 发行人成立的注册登记文件;
3. 主管部门和证券交易所批准发行上市的文件;
4. 承销协议;
5. 关于资产评估的确认报告;
6. 重要合同。

金花企业(集团)股份有限公司

一九九七年六月十日

金花企业(集团)股份有限公司合并资产负债表

单位:人民币元

项目	1996年度	1995年度	1994年度	资产	1996年12月31日	1995年12月31日	1994年12月31日
一、主营业务收入	32,659,940.31	14,887,652.92	8,317,228.44	流动资产:			
减:营业成本	7,248,236.78	3,321,245.16	2,018,370.56	货币资金	5,511,269.80	3,208,457.40	1,516,784.87
销售收入	3,885,600.00	1,686,729.56	988,283.28	短期投资	18,000,000.00	5,200,000.00	2,200,000.00
管理费用	3,362,799.87	838,906.04	574,819.03	应收票据			
财务费用	934,514.16	288,252.54	159,763.36	应收帐款	15,805,120.08	564,636.00	559,154.00
营业税金及附加	663,653.94	89,325.92	49,904.87	减:坏帐准备			
二、主营业务利润	16,565,135.56	8,663,193.70	4,526,087.34	应收帐款净额	15,805,120.08	564,636.00	559,154.00
加:其他业务利润				预付帐款	8,746,739.50	863,000.00	863,000.00
三、营业利润	16,565,135.56	8,663,193.70	4,526,087.34	应收补贴款			
加:投资收益	4,000,000.00	1,248,000.00	550,000.00	其他应收款	3,456,472.13	9,047,541.00	2,702,249.00
营业外收入	50.00			存货	2,509,971.87	2,381,196.14	1,116,337.39
减:营业外支出				待摊费用		74,230.00	
四、利润总额	20,565,185.56	9,911,193.70	5,076,087.34	待处理流动财产损失			
减:所得税	3,212,686.51			一年内到期的长期债券投资			
加:少数股东损益	31,330.71			其他流动资产			
五、净利润	17,321,168.34	9,911,193.70	5,076,087.34				
加:年初未分配利润		1,015,217.47		流动产合计	54,029,573.38	21,339,060.54	8,957,525.26
盈余公积转入数				长期投资:			
六、可分配利润	17,321,168.34	10,926,411.17	5,076,087.34	长期投资	5,000,000.00		
减:提取法定公积金	1,732,116.83	991,119.37	507,608.73	固定资产:			
提取法定公益金	866,058.42	495,559.69	235,804.37	固定资产原价	11,165,502.06	5,554,085.89	2,580,211.81
				减:累计折旧	1,614,789.66	494,329.18	197,537.17
				固定资产净值	9,550,712.40	5,059,756.71	2,382,674.64
七、可供股东分配的利润	14,722,993.09	9,439,732.11	4,314,674.24	固定资产清理			
				在建工程	87,975,605.70	7,647,195.71	6,000,000.00
				待处理固定资产净损失			
				固定资产合计	97,526,318.10	12,706,952.42	8,382,674.64
				无形资产及递延资产			
				无形资产	1,115,500.00	932,000.00	1,048,500.00
				递延资产	4,973,953.08	4,856,334.00	5,154,334.00
				无形资产及递延资产合计	6,089,453.08	5,788,334.00	6,202,834.00
				其他长期资产:			
减:已分配优先股股利				其他长期资产			
提取任意公积金	866,058.42	495,559.69	253,804.37	递延税项:			
已分配普通股股利		6,838,723.65	3,045,652.40	递延税款借项			
八、未分配利润	13,856,934.67	2,105,448.77	1,015,217.47	资产总计	162,645,334.56	39,834,346.96	23,543,033.90

金花企业(集团)股份有限公司合并财务状况变动表

单位:人民币元

流动资金来源和运用	1996年度	流动资金各项目的变动	1996年度
一、流动资产来源		一、流动资金本年增加数	
1. 本年净利润	17,321,168.34	1. 货币资金	2,302,812.40
加:少数股东本期损益(合并报表填列)	31,330.71	2. 短期投资	12,800,000.00
加:不减少流动资金的费用和损失		3. 应收票据	

(1)固定资产折旧	717,761.85	4.应收帐款净额	15,240,484.08
(2)无形资产、递延资产及其他资产摊销(减其他负债转销)	504,537.84	5.预付帐款	7,883,739.50
(3)固定资产盘亏(减盘亏)		6.其他应收款	−5,591,068.87
(4)清理固定资产损失		7.待摊费用	−74,230.00
(5)递延税款		8.存货净额	128,775.73
(6)其他不减少流动资金的费用和损失		9.待处理流动资产净损失	
小计	18,547,798.74	10.一年内到期的长期债券投资	
2.其他来源		11.其他流动资产	
(1)固定资产清理收入(减清理费用)		流动资产增加净额	32,690,512.84
(2)增加长期负债	47,590,000.00	二、流动负债本年增加数	
(3)回收长期负债		1.短期借款	18,350,000.00
(4)对外投资转出固定资产		2.应付票据	2,000,000.00
(5)对外投资转出无形资产		3.应付帐款	7,013,703.92
(6)资本净增加额	38,364,584.68	4.预收帐款	238,183.20
(7)少数股东资本增加额(合并报表填列)	605,693.73	5.应付福利费	271,818.08
小计	86,560,278.41	6.未付股利	−5,132,876.05
流动资金来源合计	105,135,077.15	7.未交税金	4,603,527.70
二、流动资金运用		8.其他未交款	85,596.82
1.利润分配		9.其他应付款	−5,468,920.38
(1)提取法定公积金	1,732,116.83	10.预提费用	407,114.25
(2)提取法定公益金	866,058.42	11.一年内到期的长期负债	
(3)提取法定任意公积金	866,058.42	12.其他流动负债	
(4)已分配股利		流动负债增加净额	22,368,147.54
(5)职工奖福基金		流动资金增加净额	10,322,365.30
小计	3,464,253.67		
2.少数股东利润分配(合并报表列)	5,693.73		
3.其他运用			
(1)固定资产和在建工程净增加额	85,537,127.53		
(2)增加无形资产、和其他资产	805,656.92		
(3)偿还长期负债			
(4)增加长期投资	5,000,000.00		
小计	91,342,784.45		
流动资金运用合计	94,812,711.85		
流动资金增加净额	10,322,365.30		

金花企业(集团)股份有限公司利润及利润分配表

单位:人民币元

负债及股东权益	1996年12月31日	1995年12月31日	1994年12月31日	负债及股东权益	1996年12月31日	1995年12月31日	1994年12月31日
流动负债:				长期借款			
短期借款	26,350,000.00	8,000,000.00	3,000,000.00	应付债券			
应付票据	2,000,000.00			长期应付款	47,590,000.00		
应付帐款	8,712,703.92	1,699,000.00	2,592,800.00	其中:住房周转金			
预收帐款	1,448,710.09	1,210,526.89	710,526.89	专项拨款			
其他应付款	1,671,802,31	7,140,722.69	1,464,279.20	长期负债合计	47,590,000.00		
应付工资				其他负债:			
应付福利费	378,419.02	106,600.94	21,934.70	其他递延贷项			
未交税金	5,994,211.84	1,390,684.14	446,193.13	负债合计	94,689,589.51	24,731,441.97	11,512,598.96
未付股利		5,132,876.05	3,045,652.40	少数股东权益	631,330.71		
其他未交款	136,628.08	51,031.26	14,132.64	股东股益:			
预提费用	407,114.25		217,080.00	股本	50,000,000.00	10,000,000.00	10,000,000.00
一年内到期的长期负债				资本公积	3,256.00		
其他流动负债				盈余公积	3,464,233.67	2,997,456.22	1,015,217.47
流动负债合计	47,099,589.51	24,731,441.97	11,512,598.96	其中:公益金	866,058.67	749,364.06	253,804.37
长期负债:				未分配利润	13,856,934.67	2,105,448.77	1,015,217.47
				股东权益合计	67,324,424.34	15,102,904.99	12,030,434.94
				负债及股东权益合计	162,645,344.56	39,834,346.96	23,543,033.90

东风汽车电子仪表股份有限公司

东风汽车电子仪表股份有限公司股票上市公告书

一、公司要览

1. 股票简称	东风电仪
2. 股本总额	5000万股
3. 可流通股本	1250万股
4. 本次上市流通股本	1125万股
5. 股票代码	600081
6. 上市地点	上海证券交易所
7. 上市时间	1997年7月3日
8. 登记机构	上海证券中央登记结算公司
9. 上市推荐人	君安证券有限公司

二、绪言

本上市公告书根据《中华人民共和国公司法》、《股票发行与交易管理暂行条例》、《公开发行股票公司信息披露的内容与格式(第七号)》、《上海证券交易所交易市场业务试行规则》等法律、法规的规定编写。本次股票发行经中国证券监督管理委员会证监发字(1997)第326号及证监发字(1997)第327号文批准,股票上市申请经上海证券交易所上证字(1997)第66号《上市公告书》审核批准,将于1997年7月3日(星期四)在上海证券交易所挂牌交易。

本公司总股本为5000万股,可流通股本1250万股。本次上市流通股为1125万股,均为1997年6月13日发行的人民币普通股,公司职工股125万股预计将于本次上市的股票上市半年以后上市。本公司于1997年6月11日在《中国证券报》和《上海证券报》刊登了招股说明书概要,距今不足6个月,相同内容不再重复。

本公司董事会和董事会成员已批准本上市公告书,确信其中不存在任何重大遗漏或误导,并对其真实性、准确性和完整性负个别的和连带的责任。本上市公告书的内容由董事会负责解释。

三、发行公司概况

1. 公司发起人简介

法定名称:东风汽车公司

注册资金:23.4亿元

法定代表人:马跃

经营范围:汽车及汽车零部件、金属机械、铸锻件、启动电机、粉末冶金、工具和模具的开发、设计、制造、销售。

所属行业:工业(汽车工业)

注册地址:湖北省十堰市张湾区车城路1号

联系电话:0719—8223402

2. 本公司历史沿革

公司名称:东风汽车电子仪表股份有限公司

英文名称:DONG FENG MOTOR ELECTRONIC INSTRUMENT CO.,LTD

英文缩写:DFMEI

注册资金:5000万元

法定代表人:魏家骏

经营范围:汽车、摩托车及其他领域机器的仪表、传感器、控制索、电子产品及其他部件。

所属行业:工业(汽车工业)

注册地址:上海市浦东新区新川路293号

邮编:2013319

电话:021-58133030　　传真:021-58132255

联系人:王宁

东风汽车电子仪表股份有限公司(本公司)是经国家经济体制改革委员会体改生〖1997〗63号文批准设立,由东风汽车公司作为独家发起人,对其下属的仪表公司进行整体改制,将仪表公司从事汽车仪表、传感器等产品生产的经营性资产连同相应的负债以及仪表公司对东风莫尔斯公司50%的权益和对金元公司55%权益全部投入本公司,采取社会募集方式设立的股份有限公司。

经中机审计事务所评估并经国家国有资产管理局国资评〖1997〗327号文确认,截止到1996年12月31日,东风汽车公司投入本公司的净资产为57,688,769.05元。经国家国资局国企发〖1997〗54号文批准,将东风汽车公司投入本公司的净资产按1:0.65的比例折为股本3.750万元,其余20,188,769.05元列作资本公积金,股权性质为国有法人股,由东风汽车公司持有。本公司于1997年6月13日向社会公开发行1250万股社会公众股,每股面值1.00元,每股发行价格为7.55元。本公司于1997年6月26日召开了公司创立大会,并于1997年6月28日在上海市工商管理局办理了工商注册登记。本公司的总股本为5000万元,其中东风汽车公司持有3750万股,占公司总股本的75%。

四、股票发行及承销

1. 股票公开发行

社会公众股发行数量:1250万股

其中:公司职工股:125万股

股票发行价格:7.55元

实际募集资金总额:9099.1万元

发行方式:上网定价

配售比例:1.7106467%

配售户数:149158户

持1000股以上的户数:11352

发行费用总额:338.4万元

每股发行费用:0.27元

发行市盈率:16.5倍

2. 股票承销

本次发行的股票为社会公众所超额认购,故无余额由承销团包销。

3. 验资报告

(1)验资报告

验资报告

普信会师(97)验字第2—171号

东风汽车电子仪表股份有限公司筹委会:

我所接受委托,对东风汽车电子仪表股份有限公司(筹)截至1997年6月24日止的实收股本的真实性和合法性进行了审验。在审验过程中,我们按照《独立审计公告第1号-验资》的要求,实施了必要的审验程序。东风汽车电子仪表股份有限公司(筹)的责任是提供真实、合法、完整的验资资料,保护资产的安全、完整,我们的责任是按照《独立审计实务公告第1号——验资》的要求,出具真实、合法的验资报告。

东风汽车电子仪表股份有限公司(筹)申请的注册资本为50,000,

000.00元,根据我们的审验,截至1997年6月24日止,东风汽车电子仪表股份有限公司(筹)收到各股东投入的股本为50,000,000元。其中:发起人投入的股本为37,500,000.00元,占股本总额的75%;社会公众股股东投入股本为12,500,000.00元,占股本总额的25%(含内部职工股1,250,000.00元,占总股本的2.5%)。

上海普信会计师事务所　中国注册会计师　李济生

中国注册会计师　叶慧余

一九九七年六月二十四日

(2)募集资金入帐时间:1997年6月20日

(3)入帐金额:92,662,093.00元(已扣除发行承销费用)

(4)入帐帐号:076431-4291080170

(5)开户银行:浦发银行普陀支行

五、董事、监事及高级管理人员持股情况

1.持股情况

姓名	职务	持股数量(股)	持股比例(‰)
魏家骏先生	董事长	2200	0.044
尹英绍先生	副董事长	2200	0.044
卢群力先生	董事	2000	0.040
石康祥先生	董事	2000	0.040
刘同建先生	董事	2000	0.040
林华丰先生	董事	2000	0.040
丁启祥先生	董事	1000	0.020
李亦工先生	董事	2000	0.040
乔　阳先生	董事	0	0
张弘彬先生	监事长	2000	0.040
陈铸根先生	监事	2000	0.040
徐从清先生	监事	700	0.014

2.新增人员简历

本公司首届董事会成员均为本公司筹委会成员,其简历见1997年6月11日中国证券报和上海证券报,首届监事会成员简历如下:

张弘彬女士,47岁,大学文化,高级工程师。曾任东风汽车公司技术中心底盘部部长助理,现任上海东风马瑞利汽车零部件有限公司党支部书记兼工会主席、人事部部长。

陈铸根先生,46岁,中专文化,助理经济师。曾任劳资科干事、安技科安环员、值班主任、车间值班主任,现任东风汽车电子仪表股份有限公司纪委干事。

徐从清先生,48岁,大专文化,经济师。曾任黑龙江宝泉岭管理局宾馆经理、办公室副主任、行政办副主任、湖北武当山干休所所长、东风汽车公司仪表公司实业公司经理。现任东风汽车电子仪表股份有限公司工会主席、职工代表。

六、公司设立

1.本公司于1997年6月26日召开了公司创立大会暨第一届股东大会,审议并通过了本次向社会公开发行的1250万股社会公众股股票在上海证券交易所申请上市交易的决议,并责成公司董事会负责办理该项工作。

2.公司注册资金:5000万元。

3.公司注册时间:1997年6月28日。

4.公司注册地点:上海市浦东新区新川路293号。

5.营业执照注册号码:15047600

七、关联企业及关联交易

1.关联企业

东风汽车公司是本公司的独家发起人,持有本公司3750万股股票,占本公司总股本的75%。

2.关联交易

(1)针对本公司与东风汽车公司之间在原材料、零部件、产成品供应等生产协作方面存在关联交易,本公司与东风汽车公司签订了《原材料、零配件、产成品供应协议》,以保证在公平合理的基础上与东风汽车公司开展业务协作。

(2)针对东风汽车公司及其关联公司在人员培训、医疗福利、职工子女教育等方面向本公司及本公司家属提供的服务,本公司与之签订了《服务协议》,协议规定本公司每年应向东风汽车公司支付75.81万元人民币,以取得上述服务。

(3)本公司占用的土地面积为35071.2平方米,该土地使用权属东风汽车公司,经中国地产咨询评估中心评估,国家土地管理局国土批〖1997〗43号文批复,该土地50年期土地使用权的价值为778.58万元,经中机审计事务所评估和国家国有资产管理局国资评〖1997〗327号文确认,该宗土地年租金为86.16万元。本公司与东风汽车公司就租用土地签订了《土地租赁合同》,每年土地使用费为86.16万元,租赁期限为50年。

八、股本结构及大股东持股情况

(一)上市前的股本结构

项目	数量(万股)	比例(%)
总股本	5000	100
国有法人股	3750	75
社会公众股	1250	25
其中:公司职工股	125	2.5

(二)前十名股东持股数及持股比例

股东名称	持股数量(股)	持股比例
1.东风汽车公司	37,500,000	75%
2.宁辉	4,600	0.092‰
3.李玉清	4,600	0.092‰
4.朱光煜	4,600	0.092‰
5.刘飚	4,100	0.082‰
6.王旭萍	4,100	0.082‰
7.陈根生	3,600	0.072‰
8.佘德军	3,600	0.072‰
9.崔维俊	3,600	0.072‰
10.田文	3,600	0.072‰

九、财务会计资料

(一)湖北大信会计师事务所出具的审计报告

审计报告

鄂信业字(1997)第129号

东风汽车电子仪表股份有限公司筹委会:

我们接受委托,审计了东风汽车电子仪表股份公司(筹)(以下简称"公司")1994年12月31日、1995年12月31日、1996年12月31日的资产负债表及合并资产负债表,1994年、1995年、1996年的利润表及合并利润表,1996年财务状况变动表及合并财务状况变动表。这些报表由贵公司负责,我们的责任是对这些会计报表发表审计意见。我们的审计是依据《中国注册会计师独立审计准则》进行的。在审计过程中,我们结合贵公司实际情况,实施了包括抽查会计记录等我们认为必要的审计程序。

我们认为,上述会计报表符合《企业会计准则》和《股份制试点企业会计制度》的有关规定,在所有重大方面公允地反映了贵公司1994年12月31日、1995年12月31日、1996年12月31日的财务状况及1994年度、1995年度、1996年度的经营成果和1996年资金变动情况,会计处理方法的选用遵循了一贯性原则。

湖北大信会计师事务所　中国注册会计师　邵九林

中国·武汉　中国注册会计师　张丹凤

一九九七年四月二十二日

(二)经湖北大信会计师事务所审计的本公司财务报表

1.资产负债表

资产负债表(合并)

单位:人民币元

资产	1996年12月31日	1995年12月31日	1994年12月31日
流动资产:			
货币资金	5,268,091.89	17,729,427.63	95,827.79
短期投资			
应收票据	470,692.60	1,000,000.00	
应收帐款	29,880,962.97	43,338,668.21	27,830,398.01
减:坏帐准备	149,404.81	216,693.34	139,151.99
应收帐款净额	29,731,558.16	43,121,974.87	27,691,246.02
预付货款	9,251,118.11	607,310.32	368,690.00
其他应收款	5,676,735.67	4,710,720.05	2,690,311.98
待摊费用			
存货	23,958,626.48	18,053,404.13	18,604,823.81
待处理流动资产净损失			
一年内到期的长期债券投资			
其他流动资产			
流动资产合计	74,356,822.91	85,222,837.00	49,450,899.60
长期投资:			
长期投资	6,912,821.17	281,765.44	
其中合并价差(贷差"-"号表示)		2,250,446.55	
固定资产:			
固定资产原价	58,455,706.50	37,244,108.64	32,810,554.63
减:累计折旧	16,784,799.99	13,086,078.15	9,969,453.20
固定资产净值	41,670,906.51	24,158,030.49	22,841,101.43
在建工程	25,332,687.15	785,523.28	2,445,067.84
固定资产清理	64,440.98	138,239.12	11,295.47
待处理固定资产净损失			
固定资产合计	67,068,034.64	25,081,792.89	25,297,464.74
无形资产及递延资产:			
无形资产	9,428,328.00		
递延资产	4,470,356.61	165,507.29	
无形资产及递延资产合计	13,898,684.61	165,507.29	
递延税项			
递延税款借项			
资产总计	162,236,363.33	110,751,902.62	74,748,364.34

资产负债表续表(合并)

单位:人民币元

负债及所有者权益	1996年12月31日	1995年12月31日	1994年12月31日
流动负债:			
短期借款	8,000,000.00	11,000,000.00	
应付票据	620,000.00	910,000.00	
应付帐款	27,153,188.97	27,457,384.67	23,016,000.18
预收货款			
应付福利费	1,699,557.29	1,578,637.34	1,093,194.53
未付股利			
未交税金	5,226,774.49	3,475,331.48	-2,059,522.86
其他未交款	382,440.86	145,256.45	
其他应付款	25,466,838.62	24,487,521.14	23,097,587.21
预提费用			
一年内到期的长期负债			
其他流动负债			
流动负债合计	68,548,800.23	69,054,131.08	45,147,259.06
长期负债:			
长期借款	17,400,000.00		
应付债券			
长期应付款			
其他长期负债			
长期负债合计	17,400,000.00		
递延税项			
递延税款贷项			
负债合计	85,948,800.23	69,054,131.08	45,147,259.06
少数股东权益	18,598,794.05	8,313,900.00	
股东权益			
股本	37,500,000.00	26,166,202.73	26,166,202.73
资本公积	20,188,769.05		
盈余公积		6,170,255.50	3,169,889.02
其中:公益金		2,742,335.77	1,408,839.56
未分配利润		1,047,413.31	265,013.53
外币投资折算差额			
股东权益合计	57,688,769.05	33,383,871.54	29,601,101.28
负债与股东权益合计	162,236,363.33	110,751,902.62	74,748,364.34

2. 利润表

利润表(合并)

单位:人民币元

项 目	1996年度	1995年度	1994年度
一、主营业务收入	125,987,017.96	113,829,385.89	131,083,694.78
减:销售退回折扣折让			
主营业务收入净额	125,987,017.96	113,829,385.89	131,083,694.78
减:营业成本	88,760,107.89	78,729,117.48	94,723,738.82
销售费用	656,493.57	506,613.38	428,421.09
管理费用	8,959,270.09	8,046,777.86	8,158,296.55
财务费用	1,384,101.52	1,167,576.01	920,119.93
进货费用			
营业税金及附加	1,278,255.01	609,126.90	479,878.81
二、主营业务利润	24,948,789.88	24,770,174.26	26,373,239.58
加:其他业务利润	602,955.90	241,600.00	-90,841.96
三、营业利润	25,551,745.78	25,011,774.26	26,282,397.62
加:投资收益	2,023.80	6,765.44	
营业外收入	5,115.00	29,903.20	18,968.31
减:营业外支出	22,074.45	173,114.42	17,045.71
加:以前年度损益调整			
四、利润总额	25,536,810.13	24,875,328.48	26,284,320.22
减:所得税	8,502,662.31	8,206,625.80	8,673,825.67
少数股东损益	285,402.51		
五、净利润	17,301,550.33	16,668,702.68	17,610,494.55

3. 财务状况变动表

财务状况变动表(合并)

企业名称:东风汽车电子仪表股份有限公司(筹)　　1996年度

单位:人民币元

劳动资金来源和运用	行次	金额	流动资金各项目的变动	行次	金额
一、流动资金来源			一、流动资产本年增加数		
1. 本年净利润	1	17,301,550.33	1. 货币资金	41	-12,461,335.74
加;不减少流动资金的费用和损失			2. 短期投资	42	
(1)不减少股东本期损益(以"-"号)	2	-285,402.51	3. 短期票据	43	-529,307.40
(2)固定资产折旧	3	3,698,721.84			
(3)无形资产递延资产及其他摊销	4		4. 应收帐款净额	44	-13,390,416.71
(4)固定资产盘亏(减盘盈)	5		5. 预付帐款	45	8,643,807.79
(5)清理固定资产损失(减收益)	6		6. 其他应收款	46	966,015.62
(6)递延税款	7		7. 待摊费用	47	
(7)其他不减少流动资金的费用损失	8		8. 存货	48	5,905,222.35
小　计	10	20,714,869.66	9. 待处理流动资产净损失	49	
2. 其他来源			10. 一年内到期的长期债券投资		
(1)固定资产清理收入(减清理费用)	11	73,798.14	11. 其他流动资产	51	
(2)增加长期负债	12	17,400,000.00			
(3)收回长期投资	13				
(4)对外投资转出固定资产	14				
(5)对外投资转出无形资产	15				
(6)资本净增加额	16	20,087,841.11			
(7)少数股东资本净增加额	17	10,570,296.56			
小　计	19	48,131,935.81			
流动资金来源合计	20	68,846,805.47	流动资产增加净额	60	-10,866,014.09
二、流动资金运用			二、流动负债本年增加数		
1. 利润分配			1. 短期借款	61	-3,000,000.00
(1)提取法定公积金	21	1,730,155.03	2. 应付票款	62	-290,000.00
(2)提取法定公益金	22	1,384,124.03	3. 应付帐款	63	-304,195.70
(3)提取任意公积金	23		4. 预收帐款	64	
(4)已分配股利(应付利润)	24	9,970,214.87	5. 应付福利费	65	120,919.95

			6. 未付股利	66	
小　计	25	13,084,493.93	7. 未交税金	67	1,751,443.01
2. 少数股东利润分配	26		8. 其他未交款	68	237,184.41
3. 其他运用			9. 其他应付款	69	979,317.48
(1)固定资产和在建工程净增加额	27	45,758,761.73	10. 预提费用	70	
(2)增加无形资产			11. 一年内到期的		
递延资产及其他资产	28	13,733,177.32	长期负债	71	
(3)偿还长期负债	29		12. 其他流动负债	73	
(4)增加长期投资	30	6,631,055.73	13. 未付股利	74	
小　计	31	66,122,994.78			
流动资金运用合计	32	79,207,488.71			
外币会计报表折算差额	33		流动负债增加净额	79	-505,330.85
流动资金增加净额	40	-10,360,683.24	流动资金增加净额	80	-10,360,683.24

(三)主要会计政策

1. 执行的会计制度:公司执行《股份制试点企业会计制度》。

2. 会计期间:从1月1日起至12月31日止为一个会计年度。

3. 记帐本位币:公司以人民币为记帐本位币。

4. 记帐原则、记帐方法和计价基础:公司按权责发生制的原则,采用借贷复式记帐方法,以实际成本为计价基础。

5. 存货的核算方法:

(1)公司存货主要包括:原材料、低值易耗品、产成品、在产品。

(2)原材料、产成品(购进入库)均采取计划成本计价,月末按照发出各种原材料、产成品的计划成本计算应负担的成本差异调整为实际成本。

(3)低值易耗品取得采用实际成本计价,领用采用一次摊销法核算。

6. 长期投资的核算

(1)债券投资按照实际支付的款项记帐,年终计算应计利息,确认当年的投资收益。

(2)其他投资(或联营投资):公司对被投资单位投资的股权在20%以下采用成本法核算;股权比例在20%以上采用权益法核算;在50%以上或对被投资单位拥有实际经营管理控制权的,采用权益法核算并合并会计报表。

7. 固定资产及折旧

(1)固定资产是指使用年限在一年以上,单位价值在2,000元以上的房屋、建筑物、机器设备、运输工具和其他设备。

(2)固定资产原价按购建时的实际成本计价。评估确认后的固定资产按重置完全价值计价。

(3)固定资产折旧采用直线法

固定资产类别	估计经济使用年限(年)	预计残值率(%)	年折旧率(%)
房屋及建筑物	37	3	2.62
通用设备	10	3	9.70
专用设备	8	3	12.12
运输设备	6	3	16.16
其　他	10	3	9.70

8. 无形资产及其摊销

(1)土地使用权价值,按30年的法定年限采用直线法平均摊销;

(2)汽车仪表及传感技术按10年采用直线法平均摊销。

9. 递延资产及其摊销:公司递延资产在不短于5年期限内平均摊销。

10. 坏帐准备:公司按应收帐款年末余额的5‰提取坏帐准备金。

11. 收入实现的确认:按权责发生制原则,以产品(商品)发出、劳务已提供,价款已收讫或已取得索取价款凭证时,确认收入的实现。

12. 税项:

(1)增值税:按产品(商品)销售收入的17%计提销项税,抵扣进项税后为实际缴纳税额。

(2)城市维护建设税:按应纳增值税额的7%计提并缴纳;

(3)教育费附加:按应纳增值税额的3%计提并缴纳;

(4)所得税:A、本公司住所在上海浦东新区,根据上海市浦财企(1994)第22号文规定,本公司所得税税率减按15%执行。B、本公司的子公司上海东风莫尔斯公司的所得税根据沪外资委办字(95)(第1083号)文《关于康桥工业区外围线以北地区享受浦东新区政策的通知》享受"二免三减"的优惠政策,该公司现正处于免税期。

13. 利润分配:本公司税后利润按以下顺序和比例进行分配:

(1)弥补亏损;

(2)提取法定公积金10%;

(3)提取法定公益金5%—10%;

(4)提取的任意公积金,提取比例由股东大会决定。

(5)分配股利。

(四)会计报表注释

1. 应收票据余额　470,692.60元

户　名	票据种类	承兑日期	承兑银行	金额(元)
湖北天水集团公司	银行承兑	1997,7,30	中行随州市支行	98,200.00
辽宁东风朝阳柴油机公司	银行承兑	1997,3,16	工行辽宁朝阳市支行	96,250.00
广东顺昌生资公司	银行承兑	1997,3,9	建行顺昌县支行	91,632.60
成都中汽公司西南销售公司	银行承兑	1997,5,8	中行成都市石桥铺分行	68,110.00
邯郸东风汽配公司	银行承兑	1996,12,17	农行邯郸县分行	66,500.00
长沙梅花车身厂	银行承兑	1997,1,20	农行长沙市分行	50,000.00

2. 应收帐款余额　29,880,962.97元,其中:

1年以内帐龄计314户	20,593,852.91元	占总额69%
1-2年内帐龄249户	4,039,263.97元	占总额13.5%
2-3年帐龄204户	5,247,846.09元	占总额17.5%

3. 预付货款余额　9,251,118.11元

户　名	金　额(元)	款项性质
东风汽车进出口公司	8,966,768.00	设备款
上海紫燕模具成型公司	68,400.00	模具款
上海第一铜棒厂	46,000.00	材料款
上海模具公司	45,900.00	模具款
北京密云机床厂	73,000.00	设备款
其他6户	51,050.00	

4. 其他应收款余额　5,676,735.67元

1年内帐龄26户	5,554,876.39元	占总额97.8%
1-2年帐龄5户	121,859.28元	占总额2.2%

户　名	金　额(元)	款项性质
采购部	3,039,969.10	材料款
襄樊仪表装备部	567,576.28	设备维修周转金
旅差费借支	857,405.29	备用金
其他21户	1,211,785.00	

5. 存货余额　23,958,626.48元,其中:

原材料	12,421,677.59元
低值易耗品	519,716.96元
在产品	431,739.47元
产成品	10,585,492.46元

6. 长期投资　6,912,821.17元

被投资单位名称	占被投资单位注册资本比例	投资金额(元)
东风襄樊金属元件有限责任公司	55%	4,662,374.62
上海东风莫尔斯控制索有限公司	资产评估增值	2,250,446.55

7. 短期借款余额　8,000,000.00元

贷款单位	借还款日期(年、月、日)	金额(元)	月利率(‰)	借款条件
工行襄樊市营业部	1996,12,26-1997,6,26	8,000,000.00	9.24	担保

8. 应付票据余额　620,000.00元

收款单位	票据种类	承付日期	金额	承兑银行
北京振华磁钢厂	银行承兑	97,1,10	50,000.00	市工行营业部
常州双进电子元件厂	银行承兑	97,4,24	500,000.00	市建行樊东支行
襄北农场纸箱厂	银行承兑	97,2,11	70,000.00	市工行营业部

9. 应付帐款余额　27,153,188.97元

户 名	金 额(元)	款项性质
浙江慈溪塑料总厂	707,736.09	货款
浙江慈溪古德汽配厂	622,443.00	材料款
浙江奉化汽车仪表厂	538,288.64	材料款
浙江萧山磁钢厂	446,535.34	材料款
江苏武进何留无线配件厂	549,354.50	货款
江苏常州双进电子元件厂	1,474,875.88	材料款
合肥神光电子实业公司	344,093.40	外配件
河南博爱汽零厂	372,524.03	外配件
北京中国机械进出口公司	2,500,000.00	设备款
西安仪表厂	495,723.36	外配件
十堰市二汽外经办	1,781,338.70	设备款
武汉神龙科技公司	1,000,629.80	货款
沙市南塑冲压件厂	1,192,413.89	材料款
孝感五建公司	1,377,477.47	材料款
襄北纸箱厂	903,280.49	材料款
暂估原材料款入帐	2,614,749.21	材料款
其他 197 户	10,231,725.17	

注:应付帐款中无关联企业款项。

10. 其他应付款余额　　25,466,838.62 元

户 名	金 额(元)	款项性质
东风设计院上海分院	660,000.00	设计费
应付工资	3,462,708.25	工资
工会经费	197,074.20	工会经费
应付教育经费	453,536.75	教育经费
襄樊台湾振玉保质金	481,840.79	保质金
应付襄樊金属加工厂劳务费	552,789.27	劳务费
东风汽车公司	13,130,445.32	应付利润款
美国埃莫实业公司	1,443,216.14	外资人员垫付的差旅费
其他 125 户	5,085,227.90	

注:关联企业款项:东风汽车公司 13,130,445.32 元,系应付利润款

11. 股本及资本公积

根据国家国有资产管理局国资评(1997)327 号资产评估的结果确认通知及国资局国资企发[1997]54 号文关于国有股权管理问题的批复按东风汽车电子仪表股份有限公司(筹)净资产 57,688,769.05 元折股,计 3,750 万股,每股面值 1 元,股本金额 37,500,000.00 元为国有法人股,由东风汽车公司持有,并行使国家股权的管理。股本溢价部分 20,188,769.50 元,列入资本公积。

12. 或有负债

本公司于 1996 年 12 月为子公司上海东风莫尔斯控制索有限公司向中国银行上海市南汇支行贷款提供本金不超过 1160 万元人民币和 60 万美元的流动资金贷款担保。此担保为连带责任保证,保证有效期 12 年。

(五)主要财务指标

项目指标	1996 年	1995 年	1994 年
1. 流动比率	1.08	1.23	1.10
2. 速动比率	0.74	0.97	0.68
3. 资产负债率(%)	52.98	62.35	60.40
4. 应收帐款周转率	3.44	3.20	——
5. 存货周转率	4.23	4.30	——
6. 净资产收益率(%)	30.00	49.93	59.49
7. 每股净收益(元)	0.46	0.44	0.47

以上每股收益均按 1996 年底的股本 3750 万股计算。

十、董事会上市之承诺

本公司董事会承诺将严格遵守《中华人民共和国公司法》、《股票发行与交易暂行条例》、《公开发行股票公司信息披露实施细则》、《上海证券交易所规则》和有关法律、法规的规定,并从股票上市之日起向全体股东作出如下承诺:

1. 按照法律法规规定的程序和要求披露重大信息,并接受证券主管机关、上海证券交易所的监督管理;

2. 及时、真实、准确地公布中期报告和年度报告,并备置于规定场所供投资公众查阅;

3. 本公司董事、监事及高级管理人员发生从事变动或持有本公司股票发生变化时,在报告证券主管机关、证券交易所的同时向公众投资者公告;

4. 对任何公共传播媒介中出现的消息可能对本公司股票的市场价格产生误导性影响时,本公司在获悉后将及时对该消息予以澄清;

5. 本公司董事、监事及高级管理人员将认真听取社会公众的意见和批评,自觉抵制不正之风,不利用获得的内幕消息和其他不正当手段直接或间接地从事本公司股票的买卖活动;

6. 本公司没有无记录负债。

十一、重要事项揭示

1. 本公司本次向公司职工配售的 125 万股公司职工股,将根据国家有关规定于本次股票上市半年后上市流通。

2. 本公司首次派发股利的时间不迟于 1998 年 6 月 30 日,新股东可参与本公司 1997 年全年的利润分配。

3. 本公司上市后的所得税率为 15%。

4. 截止本上市公告书刊登之日,本公司未涉及任何重大诉讼和仲裁。

5. 盈利预测:经湖北大信会计师事务所审验,本公司 1997 年预测主营业务收入为 13390 万元,利润总额 2733 万元,按 15%所得税率计算净利润 2536.5 万元,每股收益 0.51 元;按 33%所得税率计算净利润 2017 万元,每股收益 0.40 元。

十二、咨询机构

1. 本公司:东风汽车电子仪表股份有限公司

公司地址:上海市浦东新区新川路 293 号

法定代表人:魏家骏

联系人:王宁

电话:021—58133030

传真:021—58132255

2. 上市推荐人:君安证券有限公司

公司地址:深圳市春风路 5 号

法定代表人:张国庆

联系人:朱仙奋、杜伯钧

电话:0755—2175560

传真:0755—2296188

十三、备查文件目录

1. 招股说明书
2. 审计报告
3. 验资报告
4. 资产评估报告
5. 公司章程
6. 法律意见书
7. 公司营业执照
8. 本公司创立大会会议纪要及决议
9. 本公司第一届董事会决议及监事会决议

东风汽车电子仪表股份有限公司

一九九七年六月二十九日

成都红光实业股份有限公司

成都红光实业股份有限公司招股说明书概要

一、绪言

本说明书是根据《中华人民共和国公司法》、《股票发行与交易管理暂行条例》、《公开发行股票公司信息披露实施准则》及有关法律、法规的规定而编制。公司全体董事会成员已批准本说明书,确信其中不存在任何重大事实的遗漏或者对投资者的误导成份,并对本说明书的真实性、准确性、完整性负个别和连带的责任

新发行的股票是根据本说明书所载明的资料申请发行的,除本发行人和主承销商外,没有委托或授权任何其他人提供未在本说明书中列载的信息和对本说明书作任何解释或者说明。

投资人须自行负担买卖本发行人股票所应支付的税款,发行人、上市推荐人及承销商对上述税款不承担责任。

二、释义

公司(或本公司):指成都红光实业股份有限公司

发行人:指成都红光实业股份有限公司

本次发行:指本次向社会公众发行7000万股社会公众股

主承销商:指中兴信托投资有限责任公司

上市推荐人:指国泰证券有限公司和成都证券公司

股(或A股):指每股面值1.00元的记名式人民币普通股

元:指人民币元

我国:指中华人民共和国

彩管:指彩色显像管

彩色玻壳(彩玻):指彩色显像管玻壳

黑白玻壳:指黑白显像管玻壳

三、发售新股的有关当事人

发行人:成都红光实业股份有限公司
法定代表人:何行毅
地址:成都市建设南支路4号
电话:(028)4106485　传真:(028)4337569
联系人:冉慧敏、谢伟敏、陈里

主承销商:中兴信托投资有限责任公司
地址:北京市宣武区广安门外南滨河路7号
法定代表人:梁治萍
电话:(010)63476917　传真:(010)63474260
联系人:吴书骏、吴子维、傅文成

上市推荐人、副主承销商;国泰证券有限公司
地址:上海市浦东新区乳山路61号
法定代表人:金建栋
电话:(0755)3217255 传真:(0755)3217255
联系人:郭强、张宇进
电话:(028)6615848 传真(028)6615805
联系人:唐纯、赵波

分销商:北京国际信托投资公司
法定代表人:高学增
地址:北京市朝阳区团结湖北路6号
电话:(010)62549697　传真:(010)62549190
联系人:樊大志

分销商:招银证券有限公司
地址:深圳市振华路3号深纺大厦C座1楼
法定代表人:李麦秋
电话:(0755)3216000-239　传真:(0755)3321052
联系人:余元华

分销商:四川省国际投信托投资公司
法定代表人:陈远义
地址:成都市少城路6号文物总店大楼三层
电话:(028)6695975　传真:(028)6692007
联系人:陈海峰

分销商:北京京华信托投资公司
地址:北京市朝阳区建国门外大街甲1号
法定代表人:陈宜
电话:(010)65079219　传真:(010)65079216
联系人:冷玉文

分销商:海南港澳国际信托投资有限公司
法定代表人:李耀祺
地址:海口市滨海新村588号
电话:(0898)6791915　传真:(0898)6774502
联系人:王雪梅

分销商:天津证券有限责任公司
地址:天津市和平区赤峰道132号
法定代表人:葛子平
电话:(022)27111176　传真(022)27119890
联系人:张彤、王晓琦

上市推荐人:成都证券公司
地址:成都市顺成街南延线大业大厦十六层
法定代表人:晏姚
电话:(028)6620939　传真:(028)6620939
联系人:张铭、陈磊

发行人财务顾问:中兴发企业托管有限公司
地址:北京西城区黄寺大街23号大业商务俱乐部B座3层
法定代表人:李峻
电话:(010)62371936　传真:(010)62371944
联系人:杜胜利、李杰、赵岗

发行人法律顾问:四川省经济律师事务所
地址:成都市上翔街24号
法定代表人:刘安颖
电话:(028)6755270　传真:(028)6755270
经办律师:寇孟良、刘安颖

主承销商法律顾问:北京市国方律师事务所
法定代表人:丛培国
地址:北京市海淀区知春路56号中航科技大厦东楼六层
电话:(010)62614101　传真:(010)62614104
经办律师:丛培国、冯方

会计师事务所:成都市蜀都会计师事务所
法定代表人:陈良方
地址:成都市蜀都大道少城路8号艺苑大楼5楼

电话:(028)6631597　传真:(028)6648135

经罗注册会计师:汪应钦、张秀花

资产评估机构:成都资产评估事务所

法定代表人:屈信濂

地址:成都市西玉龙街小福建营巷5号二楼

电话:(028)6642789　传真:(028)6642789

经办评估人员:程学义、周玉蓉

资产评估确认机构:成都市国有资产管理局

局长:马蓉生

地址:成都市金家坝

电话:(028)6641606　传真(028)6641592

股票登记机构:上海证券中央登记结算公司

地址:上海市闵行路67号

电话:(021)63566651　传真:(021)63257454

四、本次发行情况

1. 股票类型:记名式人民币普通股(A股)

2. 发行日期:1997年5月23日

3. 发行地区:面向全国发行

4. 发行对象:中华人民共和国境内的自然人及法人(法律、法规禁止的购买者除外)

5. 承销期的起止日期:1997年5月23日至1997年6月2日

6. 挂牌交易:本次股票发行结束后,本公司将尽快申请在上海证券交易所上市交易。

7. 上市地点:上海证券交易所

8. 发行方式:上网定价

9. 发行价格及其确定方法:

本次新股发行价格定为6.05元/股,发行价格测算依据为:

本公司1994年、1995年、1996年税后利润分别为60,759,065元、78,599,942元、54,284,335元,按缩股后的股本计算,该三年每股税后利润分别为0.380元、0.491元、0.339元,根据本公司最近三年的经营业绩、发行前每股净资产、净资产收益率、发展前景、当前证券市场的状况以及同类产品的市盈率等因素市盈率确定为15倍。

发行价格＝三年平均每股税后利润×市盈率

$$=(0.380+0.491+0.339)\times 3\times 15$$

$$=6.05(元)$$

10. 每股面值:　　　　1.00元

11. 本次公开发行数量:70,000,000股

12 发行总市值:　　423,500,000元

五、风险因素与对策

提示:投资者在评价本发行人此次发售的股票时,除本招股说明书提供的其他资料外,应特别认真地考虑下述各项风险因素。

1. 经营风险

(1)原材料方面,公司生产所用原材料中的矿石粉、化工材料为国内供货,金属带料主要依靠进口。主要原材料成本占制造成本的50%左右。由于近年来原材料价格受市场供求的影响波动较大,公司在原材料方面主要面临价格上涨的风险。(2)对主要客户的依赖,公司产品对主要客户电视机整机厂和显像管生产厂依赖性较大。故该类客户的产品规格、产量以及对公司产品需求的变化将较大程度地影响本公司的销售。(3)产品价格方面,公司产品的销售价格受到一定程度的限制,该限制来源于:电视机销售价格的下调,迫使彩色玻壳、显像管的售价也随之相应的下调:54厘米(21英寸)以下的电视机市场需求相对减少,对54厘米(21英寸)以下显像管和玻壳的产品价格亦有较大影响。(4)产品结构方面,黑白显像管(含黑白玻壳)市场面临萎缩,而该类产品销售收入占公司总销售额的1/3左右,比例较大,彩色玻壳产品品种规格集中在54厘米(21英寸)及以下,缺少大屏幕品种,自身产品的配套能力相对较弱;新产品的研制和储备相对不足。

2. 行业风险

(1)公司属于电子信息产业中的电真空器件行业,改革开放以来,虽大量从国外引进先进技术装备进行技术改造,但在今后相当一个时期仍将处于消化、吸收的状态,与发达国家同行相比,新产品开发的技术难度大,产品市场应变能力较弱。(2)该行业对相关的整机行业依赖较大。由于本行业产品结构调整滞后整机行业的变化,且消费热点的变化,使整机行业产品品种调整频繁,从而导致本行业产品供应上易于失衡。(3)产品在生产过程中会产生少量含氟,含铬、含油废水、铅烟,对自然环境会产生一定的影响。

3. 市场风险

(1)因电视机整机的销售一般春夏为淡季,秋冬为旺季,故公司产品的销售受此商业周期影响。(2)据统计数据显示,由于公司三种主要产品国内的生产能力大于市场容量且公司产品在市场上不处于垄断地位,故公司面临较大的市场竞争压力。

4. 政策性风险

以下政策的变化,将对公司的经营、经济效益产生影响:(1)公司目前享受所得税收18%返还、实际税负15%的优惠政策,由于成都市人民政府对公司享受税收优惠的截止时间没有明确界定,一旦该优惠政策取消,将会对公司净利润产生明显影响。(2)1996年4月我国政府大幅度降低了关税,并取消了部分商品的进口限制,今后我国若加入世界贸易组织,关税将继续呈下调的趋势,公司将面临国外产品的竞争。

5. 其他风险

(1)本次公司股票发行所募集资金将投入扩建彩色显像管生产线项目。该项目有以下投资风险:在本项目投产之前,国内彩管市场供应量可能有大的增加。(2)股市是高风险的市场,影响股价的因素除企业自身情况外,主要有:国家宏观经济的走势、行业因素,企业因素,投资者的偏好等。由于中国股市还很年轻,市场理性较淡,因此投资者必须充分认识股市风险巨大,在入市前和入市后对股价的波动和股市风险应有充分的了解和心理准备。

公司对上述风险采取的对策

1. 对于经营风险

1.1 对于原材料的风险

(1). 改进生产工艺,提高产品的合格率,降低原材料的消耗;(2)通过提高产品技术含量及产品质量,以优质优价的策略消化部分原材料涨价因素。(3)提高管理水平,加强成本管理,确定最优的原材料采购批次,保持最佳的原材料持有量。

1.2 对主要客户的依赖

(1)继续发挥公司在产品质量和售后服务方面的优势,保持公司多年形成的良好商业信誉,与主要客户建立长期稳定的合作关系;(2)积极开拓国外市场。

1.3 对于产品价格方面

(1)通过挖潜、减员增效,减少能源和原材料的耗用,降低成本;(2)改进生产工艺,提高工序合格率和产品的质量,优质优价。

1.4 对于产品结构方面

(1)尽快建设彩色显像管生产线项目,以增强产品自行配套能力、增加产品品种、改善产品结构;(2)开发试制主要用于计算机的37厘米(14英寸)彩色显示管玻壳,以适应信息产业迅猛发展的需要;(3)自2000年开始,启动以生产大屏幕为主的彩色玻壳二期工程改造,增强与将上马的彩管生产线的配套能力;

2. 对于行业风险

(1)在对国外技术消化吸收的同时,提高新产品开发的能力。(2)继续发挥公司产品特有的优势,跟踪市场热点及整机行业产品品种调整的变化,及时调整产品结构。(3)公司建成相应的废弃物处理系统,使污染

源得到了彻底的治理,达到国家规定排污标准。

3. 对于市场风险

公司将进行更深层次的国际,国内两个市场开拓,针对市场及时调整销售策略,建立稳定的销售网络,多渠道搜集市场和本行业的信息,全面掌握用户的生产、销售及资金状况。采取灵活的促销方式,加强售后服务,提高市场占有率。同时,不断开发适应市场需求的新的产品和品种,通过跨行业经营培养新的利润增长点,增强本公司的抗风险能力。

4. 对于政策风险

公司将降低成本,深挖潜力,努力提高自身的创利能力,降低对优惠政策的依赖程度,增强产品的竞争力。

5. 对于其他风险

(1)加强成本核算的科学管理,最大限度地节约项目投资,尽一切可能缩短建设周期,早日达产。(2)公司地处四川,在本地区内即可为大型电视机厂配套生产。且彩管新线产品大纲制定合理,因而新产品有较强的市场竞争优势和生命力,应变能力强。(3)提高本公司素质是降低股市风险的有效途径。公司将妥善使用募集资金,尽可能保证投资项目的收益,维护股东权益,用良好的业绩给广大股东带来长期、稳定的回报。同时,公司将严格按照《公司法》、《股票发行与交易管理暂行条例》及有关法律、法规规范运作,及时披露有关信息,增加运作的公开性和透明度。

六、募集资金的运用

公司本次向社会公开募股7,000万股,按6.05元/股的价格发行。若发售成功,届时可募集资金41,020万元(已扣除发行费用)。募集资金将用于扩建彩色显像管生产线项目。该项目1989年经国家计划委员会计工二[1989]999号文批准立项,1995年12月该项目可行性研究报告获国家计划委员会计机轻[1995]2183号文批准。并被例为"九五"期间国家、四川省及成都市重点项目,1996年9月公司接到国家计划委员会机电轻纺司通知,经国务院总理办工会议讨论同意对公司扩建彩色显像管生产线项目免征进口设备和考核验收用材料的关税及环节税。环境保护方案已获得国家环境保护局1993年国环评证甲字0924号文批准。

项目预算总投资233,911万元人民币(含外汇16,627万美元,折合人民币141,330万元,汇率按1:8.5计,下同),其中:建设投资197,225万元(含外汇15,900万美元),建设期贷款利息9,491万元(含外汇727万美元)。建设期二年,设计生产能力为年产54厘米(21英寸)HS彩管110万只、64厘米(25英寸)HS—2彩管23万只,74厘米(29英寸)S—HS彩管45万只,并具备生产71厘米(28英寸)16:9宽屏幕彩管的能力。

该项目的建设是国家充分考虑到西南地区有全国最大的彩电生产企业,其产品可就地供应本地区彩电装配厂,有利于调整彩管布点不平衡,改变西南地区无彩管生产厂的状况,同时也可以改变本公司生产的彩管玻壳运到华北、华东地区加工成彩管再运回西南地区装配彩电的不合理状况。这样可以减少运费、降低成本、减轻交通运输的压力,体现全国工业布局和资源市场的优化配置。今后,公司生产的彩管成本将低于国内同业同类产品生产成本的平均水平。

该项目已完成了建设用地的三通一平,项目工程的设计、建设等工作正在进行之中。到目前为止累计投资16,092万元,完工程度6.7%。

募集资金的运用及时间安排见下表,募集到位的资金闲置部分将暂时用于补充公司流动资金。

单位:万元

项　时 目　间	1997年 3季度	 4季度	 小计	1998年 1季度	 2季度	 小计	合计
建筑工程	4,000	9,423	13,423	1,675	2,195	3,870	17,293
设备购置	7,500	4,950	12,450	700		700	13,150
其它工程费	1,000	5,000	6,000	1,000	1,000	2,000	8,000
调节税	2,577		2,577				2,577
投资额	15,077	19,373	34,450	3,375	3,195	6,570	41,020

据预测,项目1999年达产后年平均实现销售收入22.9亿元,税后利润2.8亿元,静态投资回收期4年7个月(不包含建设期)。

除本次募集的资金全部用于该项目外,其余资金来源分别由以下渠道提供:

外汇部分:由中国银行提供日本输出入银行资金协力贷款15,900万美元,中国银行四川省分行贷款727万美元,以上两项折合人民币141,330万元。目前,中日双方技术及成套设备引进合同已于1997年4月2日在北京签订,公司与中国银行的转贷事项正在办理中。

人民币部分:国内银行贷款43,000万元,企业自筹7,561万元。

公司已取得上述各银行为扩建彩色显像管生产线项目提供国内配套人民币资金的承函。

公司1993年定向募集时共筹集资金200,954,515元,分别投入以下项目:

1. 用于完善和发展彩玻生产线。

(1)投入资金8,895万元,购买了生产线急需的原材料,进口备品备件,建立了必要的储备;

(2)投入资金2,200万元完成了天然气专用管道的铺设。

通过这些资金投入,彩玻生产线在产品的产量、质量上得到提高,在品种上得到开发、创新,目前已可生产六种适销对路的产品,1994年、1995年为公司增加销售收入累计82,164万元。

2. 支付5,000万元用于偿还到期债务。

3. 用于新产品开发和一般营运资金4,000万元。

定向募集资金的使用与定向募集招股说明书中披露的用途相符。

七、股利分配政策

1. 股利分配的一般政策

本公司本着同股同利的原则,各普通股股东享有同等权益。除股东大会有特别决议外,公司股利每年派发一次,每一年度的具体分配方案由董事会提出,报股东大会批准。公司红利按股东所持股份比例进行分配,年终决算及分配方案经股东大会通过和必要报批后一个月内开始兑付。

公司税后利润分配顺序

(1)若法定公积金不足以弥补上一年度的亏损,则先弥补亏损;

(2)提取10%的法定公积金;

(3)提取5%的法定公益金;

(4)提取任意公积金;

(5)支付普通股股利。

2. 公司在本次股票发行后第一个盈利年度派发一次股利,预计派发股利的时间为1998年6月30日前。

3. 经1997年4月7日股东大会决议,1996年度暂不实施分红,未分配利润结存至1997年度,待公司股票向社会公开发行后,由全体股东共同享有。

八、发行人情况

1. 公司名称:成都红光实业股份有限公司

英文名称:CHENGDU HONGGUANG INDUSTRIAL CO.LTD

2. 成立日期:1993年5月8日

3. 注册地:成都市建设南支路4号

4. 历史演变:

本公司的前身是国营红光电子管厂,始建于1958年,是在成都市工商行政管理局登记注册的全民所有制工业企业,该厂是我国"一五"期间156项重点工程项目之一,是我国最早建成的大型综合性电子束器件基地,也是我国第一只彩色显像管的诞生地。

经成都市体制改革委员会(1992)162号文批准,1993年5月,由原国营红光电子管厂以其全部生产经营性净资产投入,联合四川省信托投资公司、中国银行四川省分行、交通银行成都分行作为发起人以定向募集方式设立本公司。公司是经成都市科学技术委员会认定的高新技术企业(成科工字[1994]019号文),技术中心被国家经济贸易委员会、国家税务总局、海关总署认定为享受优惠政策的企业(集团)技术中心(国经贸技[1995]374号文)。1995年12月公司被四川省人民政府、国家经济体制改革委员会(川府函[1995]516号文)列为全国现代企业制度试点企业。

5. 改制情况

公司以定向募集方式设立,其发起人原国营红光电子管厂以其经评估后的全部生产经营性净资产199,045,485.03元折成国家股199,045,485股入股,四川省信托投资公司、中国银行四川省分行、交通银行成都分行各自均以现金200元认购200万股,共计600万股,属法人股。原国营红光电子管厂剥离的非生产经营性资产由红光第三产业开发总公司进行管理,军品资产由红光新技术开发公司管理。公司定向募集法人股30,628,015股,募集内部职工股164,326,500股,上述股份每股认购价格1元,每股面值1元,均为普通股。

6. 组织和管理结构

公司组织和管理机构图如下:(附图)

7. 公司经营范围

主营:电子元器件和电子整机、广播通信设备、工业气体、电光源、电子工业专用设备及材料、系统工程承包、科技咨询服务、进出口贸易。

兼营:国家政策允许上市的商品销售、旅游开发、交通营运、餐饮娱乐服务、咨询、租赁、修理。

8. 公司主要业务

目前,本公司主要业务为彩色显像管玻壳、黑白显像管、黑白显像管玻壳、黑白显像管电子枪及其他电子束管的生产、制造、加工、研制、开发。

9. 产品品种、生产能力、主要市场及国内市场占有率、产品销售情况

(1)公司主要产品及其生产能力

产品名称	彩色玻壳	黑白显像管	黑白玻壳	电子枪	其他电子束管
生产能力	315(万套)	180(万只)	300(万只)	200(万只)	10(万只)

(2)主要市场及国内市场占有情况

目前,公司主要产品的市场在国内。近三年主要产品的国内市场占有率如下:

产品名称	1996年	1995年	1994年
彩色玻壳	11.6%	13.8%	13.3%
黑白显像管	4.8%	15.3%	14.6%
黑白玻壳	4.0%	17.0%	17.0%

注:黑白产品市场占有率的下降,主要原因是由于黑白玻壳生产线池炉大修,停产八个月。

(3)销售情况

公司近三年主营业务收入的构成情况如下: 单位:元

年份	1996年		1995年		1994年	
项目	金额	比例%	金额	比例%	金额	比例%
彩管玻壳	248,898,422.66	58.6	437,454,184.02	45.7	378,198,840.12	45.1
黑白玻壳	5,077,883.46	1.2	84,967,870.58	8.9	80,989,958.18	9.7
黑白显像管	72,131,274.89	17.0	330,067,991.51	34.5	339,398,162.65	40.5
其他产品	98,809,311.58	23.2	104,273,462.94	10.9	39,125,539.82	4.7
合计	424,916,892.59	100	956,763,509.05	100	837,712,500.77	100

10. 主要原材料的供应

本公司产品的原材料有13个类别6,200种,年消耗原材料4万多吨,主要为矿石粉、化工材料、金属带料。原材料中矿石粉、化工材料为国内供货,金额带料的95%依靠进口。矿石粉主要有石英砂、钾长石、石灰石、白云石等,这些原料资源储量丰富,年消耗量2.5万吨左右;化工材料主要有碳酸钾、纯碱、碳酸锶、一氧化铅,碳酸钡等。目前市场供应充足,生产厂家较多。公司与原材料供应厂有长期的供应合作关系。

11. 关联交易

公司与成都红光实业(集团)有限公司下属全资子公司—成都红光第三产业总公司(三产公司)于一九九六年十月四日签订了期限为五年、由三产公司向公司提供包括医疗、餐饮、房产管理、职工子女入托、入学等服务的《综合服务协议书》。公司与下属子公司、集团公司之间的交易属正常商业往来,遵循市场定价的原则。公司产品所用"红光"牌商标所有权归公司,公司与集团公司下属公司签署了允许有偿使用该商标的协议。

12. 董事、监事和高级管理人员

以下公司董事和监事于1996年股东大会选举产生,任期三年。在成都红光实业(集团)有限公司兼职的董事、监事已于1997年5月10日签字承诺,自签字之日起6个月内辞去在成都红光实业(集团)有限公司所兼任的职务。

何行毅,男,56岁,大学本科,高级工程师,公司董事长。现兼任成都红光实业(集团)有限公司董事长,成都红光电子进出口公司法定代表人。

焉占翠,女,51岁,大学本科,高级工程师,公司副董事长、总经理。现兼任成都红光实业(集团)有限公司副董事长、总经理

刘正齐,男,56岁,大学本科,高级工程师,公司董事、常务副总经理。现兼任成都红光(集团)有限公司董事、常务副总经理。

王静淞,男,57岁,大学本科,教授级高级工程师,公司董事、副总经理。

周伟,男,52岁,大学本科,高级工程师,公司董事、副总经理。现兼任成都红光实业(集团)有限公司副总经理。

冉慧敏,女,40岁,经济学博士生,工程师,公司董事、副总经理、董事会秘书。现兼任成都红光实业(集团)有限公司副总经理、董事。

谢伟敏,男,40岁,大专文化,经济师,中国注册会计师,公司董事、总经理助理兼企业管理部部长。现兼任成都红光实业(集团)有限公司总经理助理兼企业管理部部长。

崔晓东,男,34岁,大学本科,工程师,公司董事、总经理助理兼产品制造部部长。现兼任成都红光实业(集团)有限公司总经理助理、生产技术部部长。

雷代华,女,45岁,大专文化,高级政工师,公司董事。现兼任成都红光实业(集团)有限公司董事。

陈正心,男,56岁,大学本科,教授级高级工程师,公司董事、副总工程师。

唐利,男,48岁,中专文化,经济师,公司董事。现任交通银行成都分行信托处副处长。

黄寅丽,女,48岁,经济师,公司董事。现任四川红旗包装实业总公司、工贸合营成都市红旗纸箱厂厂长。

徐小羽,男,46岁,大学本科,高级经济师,公司董事。现任北京市硫璃厂文化发展公司董事长。

郑安卡,男,44岁,大专文化,高级经济师,公司董事。现任四川省信托投资公司副总经理。

唐蜀平,男,43岁,中专文化,高级经济师,公司董事。现任中国银行四川省分行外汇信贷处副处长。

李福春,男,42岁,大专文化,高级政工师,公司监事会主席。现兼任成都红光实业(集团)有限公司监事。

曾劲虹,女,39岁,中专文化,工程师、中国注册会计师,公司监事、纪监审计部部长。现兼任成都红光实业(集团)有限公司监事。

龚泽仁,男,53岁,大专文化,高级政工师,公司董事、组织人事部部长。

吉晓泉,男,52岁,大学本科,公司董事。

王志坚,男,52岁,工程师,公司董事、产品制造部副部长。

袁剑刚,男,46岁,大专文化,高级工程师,公司董事、机电装备公司党总支书记、副总经理。

钟文敏,女,32岁,大专文化,助理会计师,公司监事,显像管玻壳厂财务室主任。

郭鸣皋,男,56岁,大学文化,高级政工师,公司监事。

董长明,男,49岁,大专文化,工程师,公司监事,电子枪厂工会副主席。

(附图)

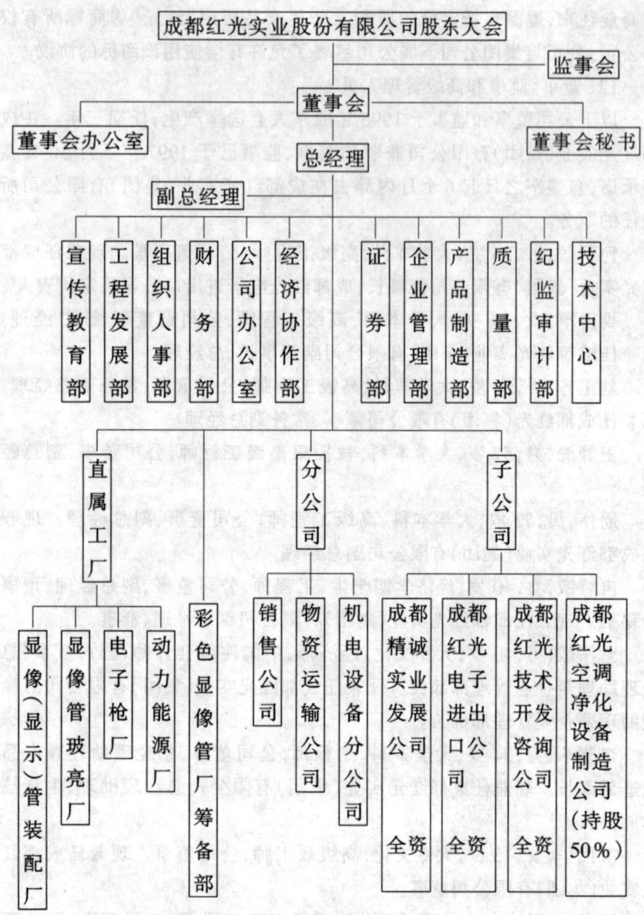

九、股本

1. 公司目前注册股本为16,000万元,本次发行成功后注册股本将为23,000万元。

2. 本公司是经成都市体制改革委员会成体改[1992]162号文批准以定向募集方式设立的股份有限公司。其中,发起人国营红光电子管厂以全部生产经营性净资产199,045,485元折价入股199,045,485股,由成都市国有资产管理局持有;发起人四川省信托投资公司、中国银行四川省分行、交通银行成都分行各自均以现金200万元认购200万股,共计600万股,属法人股;向社会定向募集股份194,954,515股。上述股份每股面值1元,均为普通股,按面值认购。公司设立日期为1993年5月8日。

经成都市体制改革委员会[1993]46号文确认,公司设立之初股权结构如下:

股份类别	股份数(股)	占总股本的比例(%)
1. 发起人股	205,045,485	51.26
(1)国家持股	199,045,485	49.76
(2)法人持股	6,000,000	1.50
2. 募集法人股	114,954,515	28.74
3. 内部职工股	80,000,000	20.00
合计	400,000,000	100.00

3. 由于社团法人股个人化,经成都市体制改革委员会成体改[1993]52号文确认,1993年6月,公司股权结构变化如下:

股份类别	股份数(股)	占总股本的比例(%)
1. 发起人股份	205,045,485	51.26
(1)国家持股	199,045,485	49.76
(2)法人持股	6,000,000	1.50
2. 募集法人股	30,628,015	7.66
3. 内部职工股	164,326,500	41.08
合计	400,000,000	100.00

4.1997年4月本公司股份按1:0.4的比例缩股后股权结构如下:

股份类别	股份数(股)	占总股本的比例(%)
1. 发起人股	82,018,194	51.26
(1)国家持股	79,618,194	49.76
(2)法人持股	2,400,000	1.50
2. 募集法人股	12,251,206	7.66
3. 内部职工股	65,730,60	41.08
合计	160,000,000	100.00

5. 若本次发行成功并上市后,则公司股权结构将如下表所示:

股份类别	股份数(股)	占总股本的比例(%)
尚未流通股份:		
1. 国家股	79,618,194	34.62
2. 法人股	2,400,000	1.04
3. 募集法人股	12,251,206	5.33
4. 内部职工股	65,730,600	28.58
可流通股份:		
1. 社会公众股	70,000,000	30.43
合计	230,000,000	100.00

6. 公司社团法人股个人化的情况已得到成都市政府的确认(成府函[1997]44号文),定向募集发行的全部股份已按国家法律、法规的有关规定及政府有关部门的要求全部集中托管于成都证券公司,成都市体制改革委员会以成体改[1997]32号文和成体改[1997]33号文确认了公司的股份托管情况,并以成体改[1997]34号文对内部职工的清理情况进行了批复。

本次社会公众股发行完毕,依照国家有关法律、法规的规定,内部职工股自公司本次发行股份上市之日起三年之内不得上市流通,三年后按国家有关规定处理。

7. 本次发行前后净资产变动情况

项目	净资产总额(元)	总股份(股)	每股净资产(元/股)
发行前	512,210,789.09	160,000,000	3.20
发行后	922,410,789.09	230,000,000	4.01

十、经营业绩

经成都市蜀都会计师事务所审计的公司近三年销售收入和利润总额情况如下:

单位:元

项目/年份	1996年	1995年	1994年
主营业务收入	424,916,892.59	956,763,509.05	837,712,500.77
主营业务利润	58,380,948.74	113,928,941.09	91,177,993.48
营业利润	59,629,428.42	114,429,988.56	91,656,317.51
投资收益	3,670,832.66	1,169,957.27	1,759,433.06
利润总额	63,314,955.20	116,854,812.55	90,417,029.99
净利润	54,284,335.11	78,599,942.34	60,759,065.31

十一、主要债项

截至1996年12月31日,公司500万元以上的主要借款及发行的债券如下:

1. 银行借款

借款银行	借款日	还款日	年利率%	金额(万元)	借款条件
工行成都市分行沙河支行	96.4.17	97.4.5	12.06	950	土地、生产用房抵押
工行成都市分行沙河支行	96.3.29	97.3.15	12.06	638	土地、生产用房抵押
工行成都市分行沙河支行	96.4.11	97.3.30	12.06	500	土地、生产用房抵押
工行成都市分行沙河支行	96.3.5	97.2.25	12.06	500	土地、生产用房抵押

工行成都市分行沙河支行	96.11.4	97.9.15	9.24	500	土地、生产用房抵押
工行成都市分行沙河支行	96.10.10	97.8.15	9.24	500	土地、生产用房抵押
工行成都市分行沙河支行	96.9.11	97.8.11	9.24	500	土地、生产用房抵押
工行成都市分行沙河支行	96.5.24	97.3.27	10.065	500	土地、生产用房抵押
工行成都市分行沙河支行	96.7.25	97.5.24	10.065	500	土地、生产用房抵押
工行成都市分行沙河支行	96.7.25	97.4.20	10.065	500	土地、生产用房抵押
工行成都市分行沙河支行	96.7.22	97.6.10	10.065	500	土地、生产用房抵押
工行成都市分行沙河支行	96.7.23	97.6.15	10.065	500	土地、生产用房抵押
工行成都市分行沙河支行	96.7.25	97.6.26	10.065	500	土地、生产用房抵押
工行成都市分行沙河支行	96.7.25	97.7.23	10.065	500	土地、生产用房抵押
工行成都市分行沙河支行	96.6.26	95.5.15	10.065	588	土地、生产用房抵押
工行成都市分行沙河支行	96.8.21	97.4.20	10.065	500	土地、生产用房抵押
工行成都市分行沙河支行	96.8.21	97.5.20	10.065	500	土地、生产用房抵押
工行成都市分行沙河支行	96.8.21	97.8.20	10.065	500	土地、生产用房抵押
工行成都市分行沙河支行	96.8.21	97.7.20	10.065	1,000	土地、生产用房抵押
工行成都市分行沙河支行	92.12	97.12	10.98	1,000	土地抵押
工行成都市分行沙河支行	93.12.14	98.6.30	10.98	1,000	担保
交通银行成都市分行	96.9.20	97.8.18	9.24	500	担保
交通银行成都市分行	96.4.30	97.3.29	12.06	500	担保
交通银行成都市分行	96.5.24	97.4.23	10.065	500	担保
交通银行成都市分行	96.6.6	97.5.5	10.065	500	担保
交通银行成都市分行	96.6.27	97.5.26	10.065	800	担保
交通银行成都市分行	96.6.12	97.5.11	10.065	500	担保
交通银行成都市分行	96.6.12	97.5.11	10.065	500	担保
交通银行成都市分行	96.8.6	97.7.6	10.065	900	担保
交通银行成都市分行	96.8.13	97.7.12	10.065	500	担保
交通银行成都市分行	96.9.24	97.8.19	9.24	500	担保
交通银行成都市分行	96.11.21	97.9.20	9.24	500	担保
建行成都市分行二支行东郊办	96.7.8	97.1.7	8.91	500	信誉
建行成都市分行二支行东郊办	96.12.20	98,11.19	11.7	1,000	担保
建行成都市分行二支行东郊办	96.12.20	99.11.19	11.7	500	担保
建行成都市分行二支行东郊办	96.12.20	2000.11.19	11.7	500	担保
建行四川省营业部	96.12.31	97.6.30	8.4	1,000	担保
四川省信托投资公司	96.4.19	97.3.19	12.06	1,000	担保
四川省信托投资公司	96.5.29	97.4.28	10.065	1,800	担保
中国银行四川省分行★	89.5	98.5	3.7	34,897	担保

注:★中国银行四川省分行贷款由日本国黑字还流贷款3,973,115,719.00日元折合人民币285,174,310.78元和美元现汇贷款7,676,853.65美元折合人民币63,799,259.97元组成。公司于97年4月征得四川省分行同意该两项贷款本金丁2000年12月31日前还清。

2. 财政借款

	借款日	还款日	年利率%	金额(万元)	借款条件
市财政局安排资金	96.11.25	99.11.25	9.6	739.5	融资协议
市财政局安排资金	96.11.20	98.11.20	9.6	500	融资协议
市财政局安排资金	96.12.3	98.12.3	9.6	1,000	融资协议
市财政局安排资金	96.11.30	98.5.31	9.6	2,300	融资协议
市财政局安排资金	96.11.25	98.11.25	9.6	700	融资协议

3. 应付债券

债券名称	发行日期	付款日期	年利率%	面额(元)	应付利息(元)	批准文号
企业债券	96.2	99.2	15	15,000,000.00	1,937,500.00	成计财金(95)48号
企业债券	96.2	99.2	15	13,000,000.00	1,706,250.00	成计财金(95)48号
企业内部集资券	93.3	98.3	12	40,000,000.00	3,640,000.00	成计财金(93)3号
企业内部集资券	93.4	98.4	12	43,018,000.00	3,243,206.00	成计财金(93)7号
企业短期融资券	96.7	97.4	11.4	10,000,000.00	570,000.00	成人行非银(96)44号

十二、财务会计资料

成都市蜀都会计师事务所对公司1994年、1995年、1996年的财务会计资料进行了审计,并于1997年3月31日以成蜀审[97]字第1-026号,对这三年的会计报表和财务资料出具了无保留意见的审计报告。经审计的会计报表及主要项目附注如下:

资产负债表

编制单位:成都红光实业股份有限公司　　单位:元

项目/时间	1996年12月31日(合并表)	1996年12月31日(母公司)	1995年12月31日(母公司)	1994年12月31日(母公司)
流动资产:				
货币资金	31,692,157.95	12,925,576.63	16,962,299.26	54,454,127.91
短期投资	0.00	0.00	0.00	0.00
应收票据	21,467,467.98	18,598,467.98	30,116,651.12	0.00
应收帐款	138,642,054.36	104,584,145.19	147,561,336.92	32,043,848.42
减:坏帐准备	693,210.22	522,920.72	737,806.68	160,219.24
应收帐款净额	137,948,835.14	104,061,224.47	146,823,530.24	31,883,629.78
预付帐款	67,587,348.35	119,515,205.19	128,933,988.32	133,345,108.31
其他应收款	21,546,394.40	18,975,780.89	35,077,316.03	69,912,450.94
待摊费用	8,494,032.42	8,353,404.25	9,807,819.85	12,402,680.21
存货	358,345,947.71	348,193,031.13	170,936,928.08	243,597,214.86
一年内到期的长期债券投资	1,034,604.60	1,034,604.60	559,440.00	2,213,440.00
流动资产合计	648,116,788.55	631,657,295.14	539,217,972.90	547,808,651.41
长期投资:				
长期投资	20,456,805.74	30,838,584.39	26,608,475.75	26,978,752.60
固定资产:				
固定资产原值	1,238,790,213.66	1,236,882,453.46	1,119,292,599.14	1,123,720,240.47
减;累计折旧	426,839,082.61	426,463,032.29	339,141,354.56	250,668,247.19
固定资产净值	811,951,131.05	810,419,421.17	780,151,244.58	873,051,993.28
在建工程	180,033,158.50	173,582,978.77	157,674,990.47	128,836,609.96
固定资产合计	991,984,289.55	984,002,399.94	937,826,235.05	1,001,888,603.24
无形资产及递延资产				
无形资产	16,350,129.60	16,350,129.60	16,705,567.20	17,061004.80
递延资产	5,340,235.18	5,142,368.39	3,549,017.00	0.00
无形递延资产合计	21,690,364.78	21,492,497.99	20,254,584.20	17,061,004.80
资产总计	1,682,248,248.62	1,667,990,777.46	1,523,907,267.90	1,593,737,021.05
流动负债:				
短期借款	363,208,000.00	354,408,000.00	291,678,942.79	258,575,809.41
应付票据	9,417,665.26	8,697,665.26	0.00	0.00
应付帐款	58,079,667.23	59,024,573.26	4,929,308.63	9,014,925.20
预收帐款	2,263,724.62	1,091,742.53	0.00	0.00
应付福利款	23,355,306.70	23,323.696.64	18,131,512.43	11,395,398.05
未付股利	7,928,177.40	7,928,177.40	52,965,795.60	52,221,597.80
未交税金	53,090,282.15	54,162,461.24	44,354,287.38	37,379,268.82
其他未交款	7,675,950.30	7,674,140.84	3,495,737.04	1,111,679.47
其他应付款	48,736,136.22	43,186,981.55	48,959,878.28	41,102,201.92
预提费用	0.00	0.00	0.00	551,348.14
一年内到期的长期负债	20,643,099.80	20,643,099.80	33,798,187.21	92,474,510.59
流动负债合计	594,398,009.68	580,140,538.52	498,313,649.36	503,826,739.40
长期负债:				
长期借款	443,668,570.75	443,668,570.75	477,466,757.96	574,694,255.79
应付债券	121,544,956.00	121,544,956.00	83,018,000.00	83,018,000.00
长期应付款				
其他长期负债	10,425,923.10	10,425,923.10	7,254,748.05	4,930,174.57
其他负债合计	575,639,449.85	575,639,449.85	567,739,506.01	662,642,430.36
负债合计	1,170,037,459.53	1,155,779,988.37	1,066,053,155.37	1,166,469,169.76
股东权益:				
股本	400,000,000.00	400,000,000.00	400,000,000.00	400,000,000.00

资本公积	45,485.03	45,485.03	45,485.03	45,485.03
盈余公积	66,207,884.65	65,962,128.99	57,808,627.50	26,491,564.90
其中:公益金	12,716,426.84	12,706,140.28	9,988,306.45	6,058,992.94
未分配利润	45,957,419.41	46,203,175.07		730,792.36
股东权益合计	512,210,789.09	512,210,789.09	457,854,112.53	427,267,842.29
负债及股东权益总计	1,682,248,248.62	1,667,990,777.46	1,523,907,267.90	1,593,737,012.05

利润及利润分配表

编制单位:成都红光实业股份有限公司　　单位:元

项目/时间	1996年度(合并)	1996年度(母公司)	1995年度(母公司)	1994年度(母公司)
一、主营业务收入	424,916,892.59	330,722,610.82	866,357,960.93	812,223,150.52
减:营业成本	275,773,698.73	188,734,355.42	589,524,744.66	524,931,630.70
销售费用	16,888,663.93	10,857,167.11	15,547,254.51	21,789,275.91
管理费用	34,890,487.68	32,046,711.00	53,789,638.08	89,530,464.78
财务费用	36,790,436.71	38,732,211.46	81,003,681.10	73,741,272.36
营业税金及附加	2,192,656.80	1,968,522.94	12,796,584.31	11,278,446.38
二、主营业务利润	58,380,948.74	58,383,643.29	113,696,058.27	90,952,060.39
加:其他业务利润	1,248,479.68	1,204,509.35	463,494.74	457,448.06
三、营业利润	59,629,428.42	59,588,152.64	114,159,553.01	91,409,508.45
加:投资收益	3,670,832.66	3,365,976.43	1,344,462.61	1,616,766.61
营业外收入	478,538.32	478,538.32	1,278,940.15	53.510.12
减:营业外支出	463,844.20	386,980.37	777,480.39	2,776,016.54
加:以前年度损益调整	0.00	0.00	793,273.96	9,155.06
四、利润总额	63,314,955.20	63,330,687.02	116,789,749.34	90,312,923.70
减:所得税	9,030,620.09	8,974,010.46	38,212,479.10	29,612,527.74
五、净利润	54,284,335.11	54,356,676.56	78,786,270.24	60,700,395.96
加:年初未分配利润	-161,024.31	0.00	730,792.36	170,475.60
六、可供分配的利润	54,123,310.80	54,356,676.56	79,317,062.60	60,870,871.56
减:提供法定公积金	5,443,927.59	5,435,667.66	7,858,627.02	6,070,039.60
提取法定公益金	2,721,963.80	2,717,833.83	3,929,313.51	3,035,019.80
七、可供股东分配的利润	45,957,419.41	46,203,175.07	67,529,122.07	51,765,812.16
减:提取任意公积金	0.00	0.00	19,529,122.07	3,035,019.80
已分配普通股股利	0.00	0.00	48,000,000.00	48,000,000.00
八、未分配利润	45,957,419.41	46,203,175.07	0.00	730,792.36

1996年度财务状况变动表

编制单位:成都红光实业股份有限公司　　单位:元

流动资金来源和运用	母公司	合并
一、流动资金来源		
1. 本年净利润	54,356,676.56	54,284,335.11
加:不减少流动资金的费用和损失		
(1)固定资产折旧	87,321,677.73	87,512,228.44
(2)无形资产、递延资产及其他资产摊销(减其他负债转销)	355,437.60	418,228.15
(3)固定资产盘亏(减盘盈)		
(4)清理固定资产损失　(减收益)	21,237.50	21,237.50
(5)递延税款		
(6)其他不减少流动资金的费用和损失		
小计	142,055,029.39	142,236,579.20
2. 其他来源		
(1)固定资产清理收入(减清理费用)	-21,237.50	-21,237.50
(2)增加长期负债	107,209,925.05	107,209,925.05
(3)收回长期投资	372,615.20	372,615.20
(4)对外投资转出固定资产		
(5)对投资外转出无形资产		
(6)资本净增加额	8,153,501.49	8,165,891.39
小计	115,714,804.24	115,727,194.14
流动资金来源合计	257,769,833.63	257,963,773.34
二、流动资金运用		
1. 利润分配:		
(1)提取法定公积金	5,435,667.66	5,443 927.59
(2)提取法定公益金	2,717,833.83	2,721,963.80
(3)提取任意公积金		
(4)已分配股利		
小计	8,153,501.49	8,165,891.39
2. 其他运用:		
(1)固定资产和在建工程净增加额	133,497,842.62	136,766,160.58
(2)增加无形资产递延资产及其他资产	1,593,351.39	1,824,241.83
(3)偿还长期负债	99,309,981.21	99,309,981.21
(4)增加长期投资	4,602,723.84	4,609,080.07
小计	239,003,899.06	242,509,463.69
流动资金运用合计	247,157,400.55	250,675,355.08
流动资金增加净额	10,612,433.08	7 288,418.26

流动资金各项目的变动	母公司	合并
一、流动资产本年增加数		
1. 货币资金	-4,036,722.63	-3,522,288.48
2. 短期投资		
3. 应收票据	-11,518,183.14	-8,649,183.14
4. 应收帐款净额	-42,762,305.77	-56,007,001.24
5. 预付帐款	-9,418,783.13	-80,223,862.45
6. 其他应收款	-16,101,535.14	-14,724,873.71
7. 待摊费用	-1,454,415.60	-1,657,261.89
8. 存货	177,256,103.05	168,107,722.71
9. 待处理流动资产净损失(减收益)		
10. 一年内到期的长期债券投资		
11. 其他流动资产	475,164.60	475,164.60
流动资产增加净额	92,439,322.24	3,768,416.40
二、流动负债本年增加数:		
1. 短期借款	62,729,057.21	63,029,057.21
2. 应付票据	8,697,665.26	9,417,665.26
3. 应付帐款	54,095,264.63	-13,611,699.61
4. 预收帐款	1,091,742.53	-22,463,103.27
5. 应付福利费	5,192,184.21	5,148,290.33
6. 未付股利	-45,037,618.20	-45,037,618.20
7. 未交税金	9,808,173.86	14,116,747.97
8. 其他未交款	4,178,403.80	4,066,008.61
9. 其他应付款	-5,772,896.73	-5,030,262.75
10. 预提费用		
11. 一年内到期的长期负债	-13,155,087.41	-13,155,087.41
12. 其他流动负债		
流动负债增加额	81,826,889.16	-3,520,001.86
流动资金增加净额	10,612,433.08	7,288,418.26

会计报表及主要项目附注

(一)重要会计政策

1. 会计年度:

采用公历年度,以每年1月1日起至12月31日止为一个会计年度。

2. 报表编制方法

报表编制范围包括成都红光实业股份有限公司及其下属全资子公司。对公司与所属全资子公司之间及各子公司之间的往来款项及长期投资、实收资本、收入、成本均进行相互抵销。

3. 会计计价基础

所附会计报表,按权责发生制采用实际成本计划的原则进行编制。

4. 坏帐准备:按年末应收帐款余额的5%计提坏帐准备。

5. 存货:

①主要包括:原材料、在产品、产成品等。

②存货按实际成本计价,原材料按计划成本核算,按月结转材料成本差异,调整为实际成本,发出存货的实际成本采用加权平均法计价。

③低值易耗品在领用时,一次摊销。

6. 长期投资

①不准备在一年内变现的投资,包括债券投资,股票投资的联营投资;

②购入的债券,按实际成本计价,按期计算利息收入,计入当期收益;

③股权投资:联营投资按所投资金额占被投资单位总资本在20%以下的,采用成本法核算,占总资本在20%-50%的采用权益法核算,占总资本在50%以上的采用权益法核算,并编制合并会计报表。

7. 固定资产及折旧:

(1)固定资产的标准及计价:以使用年限在一年以上,单位价值在2,000元以上做为固定资产,按实际成本计价。

(2)采用直线法分类计提折旧,残值率5%

类别	折旧年限	折旧率
房屋及建筑物	30-35年	3.17%-2.71%
机器设备	6-20年	15.83%-4.75%
仪器仪表	9年	10.56%
运输工具	11年	8.64%

8. 无形资产

按资产评估确认数计价,从一九九三年起按五十年平均摊销。

9. 税项及税率

增值税按产品销售收入的17%计算销项税,扣除进项税额后缴纳;营业税按营业收入的5%、10%或15%计缴;城市建设维护税:按应纳税额的7%计缴;企业所得税:1994年、1995年税率为33%,1996年根据成都市人民政府优惠政策,由成都市财政返还18%,实际税率15%。

(二)1996年12月31日主要合并会计报表附注:(单位:人民币元)

1. 货币资金:31,692,157.95

现金	190,959.08
银行存款	31,501,198.87

2. 其他应收款:21,546,394.40

一年以内	561户	20,119,284.51	93.38%
一年至二年	4户	159,753.11	0.74%
二年至三年	15户	1,161,003.82	5.39%
三年以上	9户	106,352.96	0.49%
小计	589户	21,546,394.40	100.00%

3. 存货:358,345,947.71

原材料	129,578,359.94
在产品	39,437,743.03
产成品	157,311,358.32
低值易耗品	18,344,936.80
在途物资	6,856,069.96
委托加工物资	209,561.29
自制半成品	6,607,918.37

存货比年初增长103.70%,主要是原材料和产成品增加。

4. 未付股利:7,928,177.40

期初余额	52,965,797.60
95年分配转入	48,000,000.00
本年支付股利	93,037,620.20
年未余额	7,928,177.40

5. 应付债券:121,544,956.00

债券名称	发行日期	付款日期	年利率%	面额	应计利息	批准文号
企业债券	96.2	99.2	15	15,000,000.00	1,937,500.00	成计财金(95)48号
企业债券	96,2	99.2	15	13,000,000.00	1,706,250.00	成计财金(95)48号
企业内部集资券	93.3	98,3	12	40,000,000.00	3,640,000.00	成计财金(93)3号
企业内部集资券	93.4	98.4	12	43,018,000.00	3,243,206.00	成计财金(93)7号
合计				111,018,000.00	10,526,956.00	

6. 投资收益,明细项目列示如下:

项目	1996年度	1995年度	1994年度
股票投资收益	3,126,599.18	931,843.47	624,200.00
债券投资收益	192,384.80	305,024.80	619,665.00
按权益法核算的收益	315,848.68	-66,911.00	515,568.06
合计	3,670,832.66	1,169,957.27	1,759,433.06

(三)主要财务指标:

项目	1996年	1995年	1994年
流动比率(%)	109.04	107.77	109.14
速动比率(%)	48.75	75.95	65.34
资产负债率(%)	69.55	71.79	74.49
应收帐款周转率(%)	256.05	576.75	794.90
存货周转率(%)	100.53	301.07	217.02
净资产收益率(%)	10.60	17.16	14.22
每股净利(元)	0.14	0.20	0.15

(四)扩建彩色显像管生产线对财务状况和经营成果的影响:

建设该生产线将大大增加公司的资本性支出,国内配套人民币资金、境外贷款的到位,会加大公司的资产负债比率。1999年建成投产后,公司资产总额将达到380,000万元,资产规模将随经济效益的产生而逐年增加,销售收入较1996年新增229,200万元,总成本增加182,000万元,税后利润增加28,500万元。

十三、资产评估

1992年11月30日成都市财务资产评估服务所(现名:成都资产评估事务所)对国营红光电子管厂的评估结果如下:

评估基准日:1992年8月31日　　单位:元

项目	评估前帐面价值	评估后净值	增(减)值幅度
(一)资产总计	1,218,842,853.62	1,291,432,985.29	5.96%
1. 流动资产	430,694,508.97	419,982,792.58	-2.49%
2. 固定资产净值	124,628,499.94	181,543,258.00	45.67%
3. 长期投资	15,370.00	0.00	-100%
4. 土地使用权	0.00	26,402,460.00	100%
5. 其他资产	663,504,474.71	663,504,474.71	0%
(二)负债总计	1,014,582,810.69	1,014,582,810.69	0%
1. 流动负债	474,958,158.45	474,958,158.45	0%
2. 长期负债	539,624,652.24	539,624,652.24	0%
(三)净资产总计	204,260,042.93	276,850,174.60	35.54%

发起人国营红光电子管厂将其经评估后的生产经营性资产199,045,485.03元(含土地使用权17,771,880.00元)作价折为国家股投人公司。以上资产评估结果已经成都市国有资产管理局成国资工字[1992]122号文的确认,并作了相应的帐务调整。

十四、盈利预测

提示:鉴于盈利预测所依据的种种假设的不确定性,进行投资判断时不应过于依赖该项资料。

1997年度盈利预测表

编制单位:成都红光实业股份有限公司　　单位:万元

项目	1997年1至3月完成	1997年4至12月预计	1997年度预计
一、主营业务收入	9,958	49,368	59,326

项目			
减:营业成本	6,522	32,662	39,184
销售费用	391	1,359	1,750
管理费用	684	3,326	4,010
财务费用	1,302	5,848	7,150
营业税金及附加	43	187	230
二、主营业务利润	1,016	5,986	7,002
加:其他业务利润	5	175	180
三、营业利润	1,021	6,161	7,182
加:投资收益		950	950
营业外收入	24	16	40
减:营业外支出	5	35	40
加:以前年度损益调整			
四、利润总额	1,040	7,092	8,132
减:所得税(按计15%计算)	156	921	1,077
(按33%计算)	343	2,027	2,370
五、净利润(所得税税率15%)	884	6,171	7,055
(所得税税率33%)	697	5,065	5,762

根据成都市人民政府函[1996]136号文的规定,公司享受于1996年1月1日起按33%的税率计征企业所得税后,市财政列支返还18%,实际税负15%的优惠政策。按此税负计算,预计公司1997年度全年净利润7055万元,每股税后利润(全面摊薄)0.3063元/股,每股税后利润(加权平均)0.3513元/股(预计股金到位时间为1997年5月31日)。

本次发行前每股净资产为3.20元,发行后每股净资产预计为4.01元。

盈利预测的假设

1. 公司遵循的国家现行法律、法规和制度及公司所在地的社会政治和经济政策均无重大变化。

2. 公司各项基础经营业务所涉及地区的有关政策、法律、法规及其他环境无重大变动

3. 盈利预测期内的信贷利率税率、汇率及市场行情在正常范围内变化。

4. 无其他人力不可抗拒及不可预见的因素造成重大不利影响。

5. 公司本次新股发行所募集的资金在公司计划上市期限内如期实现,无重大变化。

十五、公司发展规则

本公司的发展战略是:以在电子显示器件研制和生产方面雄厚的技术实力为后盾,重点投资于扩建彩色显像管扩建项目,在扩大形成以彩管和彩色玻壳综合配套优势为主导产品的同时,适时向显示器整机及其他门类拓展,实现产品结构的不断优化;开发生产计算机用显示管玻壳等产品。以实现适度规模经济效益为目标依托,用可靠的以产品质量、优质的服务和合理的价格和成本的优势去开拓国内、国际两个市场;

本公司计划到2000年彩管产量达250万只,彩色玻壳产量达500万只,黑白显象管(含黑白玻壳)产量达300万只,实现销售收入34亿元,税后利润3.4亿元的目标,出口额达到44,000万美元,总资产达到46亿元。

固定资产投资计划:扩建彩色显像(显示)管生产线扩建项目,预计1998年底竣工,届时将为公司带来23亿元的年销售收入和2.8亿元的年利润,经挖潜改造,在2000年该线将形成250万只/年的生产能力。

彩色玻壳生产线二期工程项目,将于2000年初起开动,建设期一二年,预计固定资产为250,000万元。到2002年,公司将形成600万套各类彩色显像管玻壳生产能力,实现年收入将创造15亿元年产值和年利润2亿元的目标年利润。

十六、重要合同及重大诉讼事项

1. 重大合同

(1)引进彩色显像管玻壳外汇贷款合同

为履行公司于1988年同境外供货商签订的彩色显像管玻壳生产线供货合同(已执行完毕),公司于1988年12月31日同中国银行成都分行(贷款人)签订了借款合同(BOCCD88095),其后又签订了补充协议,根据该借款合同及补充协议,贷款人向公司转贷总额为42亿日元的日本输出入银行的"黑字还流贷款",同时向公司提供1,600万美元的现汇贷款。截至1996年12月31日,贷款余额折合人民币计约34,897万元,根据中国银行四川省分行川中行汇信[1997]26号文的批复,该贷款于2000年12月31日前分期还清。

(2)彩色显像管生产线技术及成套设备合同(彩管合同)

公司、中国电子进出口总公司、中技国际招标公司作为一方(买方),于1997年4月2日同日本株式会社日立制作所、伊藤忠商事株式会社、西日本贸易株式会社(卖方)签订了彩管合同,为公司引进彩色显像管生产线技术及成套设备。彩管合同将在买卖双方各自获得本国政府有关批准后生效。

彩管合同将使用日本政府向发展中国家提供的"资金协力贷款"进行对外支付。该贷款属于不附带条件的日本政府对外援助贷款,还款期15年(含5年宽限期)。

2. 重大诉讼

截止目前,本公司没有涉人尚未了结或可能发生的重大诉讼、仲裁及行政处罚案件,亦无正在执行的重大判决。

十七、其它重要事项

1. 同比例缩股问题

根据公司1997年4月7日召开的1996年度股东大会决议及董事会决议,公司原有股份按照1:0.4的比例进行同比例缩股,该缩股方案已获得成都市政府成府函[1997]46号文、成都市体制改革委员会成体改函[1997]29号文和成都市国有资产管理局成国资工[1997]45号文的批准。公司于1997年4月22日在成都市工商行政管理局进行了注册资本变更登记。此次变更后至本次发行前,公司注册资本为16,000万元人民币,计16,000万股每股面值人民币1元普通股。

2. 发起人股东所持股份的转让

公司发起人交通银行成都分行于1997年4月,将其所全部持有的公司股份(缩股后的80万股)转让予成都银杏餐饮有限公司。

公司发起人中国银行四川省分行于1997年4月,将其所全部持有的公司股份(缩股后的80万股)转让予四川全兴酒厂。

3. 债券发行

(1)根据成都市计划委员会(成都计委)"成计财金[93]3号"文,公司在1993年3月向本公司职工发行了4,000万元期限为五年的内部集资券,该集资券于1998年3月到期;根据成都计委"成计财金[93]7号"文,公司在1993年4月向公司内部职工发行了4,301.8万元期限为5年的内部集资券,该集资券于1998年4月到期。

(2)根据中国人民银行成都市分行"成人行非银[1996]44号"文,公司于1996年7月发行了1,000万元期限为9个月的企业短期融资债券,该债券于1997年4月19日到期。公司已于1997年4月14日将本息1085.5万元划人汇通银行证券部,用于该期债券的兑付。

(3)根据成都计委"成计财金[1996]48号"文,公司于1996年2月向社会发行了2,800万元期限为3年的企业债券。该债券将于1999年2月到期。

公司上述公司债券的发行,已获得公司股东大会及董事会决议通过。

备查文件

下列文件在本次发行承销期内,可在发行人和承销商办公地点查询。

1. 审计报告、财务报表及附注:

2. 发行人成立的注册登记文件:

公司章程

验资报告

体改委的定向募集公司批复文件

体改委的股本结构确认文件

发起人协议书

公司创立的股东大会决议

营业执照复印件

3．主管部门和证券交易所批准发行上市的文件：

中国证券监督委员会批准公司股票发行与上市的文件

上海证券交易所同意公司股票发行与上市的文件

4．承销协议；

5．成都市国有资产管理局关于资产评估的确认报告；

6．重要合同；

7．证监会要求的其他有关文件

8．环保局出具的公司产品生产符合环境保护标准的证明

9．国税局和地税局出具的完税证明

10．有关缩股的法律文件：

成都市证管办关于同意成都红光实业股份有限公司采用同比例缩股的方法调整股本的批复

成都市证管办关于同意成都红光实业股份有限公司股权设置重新确认的批复

11．审计报告、财务报表及附注

2．发行人成立的注册登记文件：

公司章程

验资报告

成都市体制改革委员会关于公司设立的批复文件

成都市体制改革委员会关于股本结构的确认文件

发起人协议书

公司创立的股东大会决议

营业执照复印件

3．主管部门和交易所批准发行上市的文件：

中国证券监督委员会批准公司股票发行与上市的文件

上海证券交易所同意公司股票发行与上市的文件

4．承销协议

5．成都市国有资产管理局关于资产评估结果的确认文件

6．重要合同

成都彩色显像管生产线技术及成套设备合同

中国银行转贷日本黑字还流贷款合同

综合服务协议

7．环保局出具的公司产品生产符合环境保护标准的证明

8．完税证明

9．有关缩股的批准文件：

成都市体制改革委员会关于同意成都红光实业股份有限公司采用同比例缩股的方法调整股本的批复

成都市国有资产管理局关于成都红光实业股份有限公司国家股股权调整的批复。

股东大会决议

10．股份转让协议

中国银行四川省分行与全兴酒厂关于股份转让的协议

交通银行成都分行与成都银杏餐饮有限公司关于股份转让的协议

11．中国银行四川省分行关于对成都红光实业股份有限公司《关于彩色显像管玻壳生产线中行"黑字还流"贷款及配套现汇贷款本金偿还计划的报告》的批复

12．房屋产权证、车辆行驶证、土地证

13．债券的批准文件

14．发行人律师法律意见书及律师工作报告

15．历年股东大会决议

16．成都市人民政府关于成都红光实业股份有限公司社团法人股个人化有关情况的函

17．成都红光实业股份有限公司关于"社团法人股个人化"情况的报告

成都红光实业股份有限公司

一九九七年五月二十一日

成都红光实业股份有限公司股票上市公告书

一、要览

总股本：	23,000 万股
可流通股本：	7,000 万股
本次上市流通股本：	7,000 万股
股票简称：	红光实业
股票代码：	600083
上市地点：	上海证券交易所
上市时间：	1997 年 6 月 6 日
登记机构：	上海证券中央登记结算公司
上市推荐人：	国泰证券有限公司
	成都证券公司

二、绪言

本上市公告书是根据《中华人民共和国公司法》、《股票发行与交易管理暂行条例》、《公开发行股票公司信息披露实施细则(试行)》和《上海证券交易所市场业务试行规则》等国家法律、法规和上海证券交易所的规定编制的。本公司股票上市申请经上海证券交易所上证上字(1997)041 号文批准，于 1997 年 6 月 6 日(星期五)在上海证券交易所挂牌交易。本次上市流通的股票为 1997 年 5 月 23 日向社会公众发行的 7,000 万股 A 股，公司内部职工持股 6,573.06 万股依照国家有关法律、法规的规定，自公司本次公开发行股份上市之日起三年之内不得上市流通，三年后按国家有关规定处理。

本公司于 1997 年 5 月 21 日在《上海证券报》、《中国证券报》上刊登了《招股说明书概要》，距今不足六个月，故与其重复的内容在此不再重述，投资者需详细了解本公司的情况，请查阅本公司的《招股说明书概要》。

本公司董事会及各位董事确信本公告书不存在任何重大遗漏或者误导，并对其真实性、准确性、完整性负个别的和连带的责任。

三、公司概况

(一)概况

公司法定名称：成都红光实业股份公司

英文名称：CHENGDU HONGGUANG INDUSTRIAL CO.LTD

公司法定代表人：何行毅

公司成立日期：1993 年 5 月 8 日

公司注册地址：成都市建设南支路 4 号

邮编：610051

经营范围：

主营：电子元器件和电子整机、广播通信设备、工业气体、电光源、电子工业专用设备及材料、系统工程承包、科技咨询服务、进出口贸易。

兼营：国家政策允许上市的商品销售、旅游开发、交通营运、餐饮娱乐服务、咨询、租赁、修理。

公司营业执照注册号：20198927－3

公司咨询电话：(028)4106485

联系人:冉慧敏、谢伟敏、陈里

(二)公司沿革

1.股份制改制过程

本公司的前身是国营红光电子管厂,始建于1958年,是在成都市工商行政管理局登记注册的全民所有制工业企业。该厂是我国"一五"期间156项重点工程项目之一,是我国最早建成的大型综合性电子束器件基地,也是我国第一只彩色显像管的诞生地。

经成都市体制改革委员会(1992)162号文批准,1993年5月,由原国营红光电子管厂以其全部生产经营性净资产投入,联合四川省信托投资公司、中国银行四川省分行、交通银行成都分行作为发起人以定向募集方式设立本公司。公司是经成都市科学技术委员会认定的高新技术企业(成科工字[1994]019号文),技术中心被国家经济贸易委员会、国家税务总局、海关总署认定为享受优惠政策的企业(集团)技术中心(国经贸技[1995]374号文)。1995年12月公司被四川省人民政府、国家经济体制改革委员会(川府函[1995]517号文)列为全国现代企业制度试点企业。

2.历次股票发行情况

本公司是经成都市体制改革委员会(1992)162号文批准以定向募集方式设立的股份有限公司。1993年5月,由发起人原国营红光电子管厂以其经评估后的全部生产经营性净资产199,045,485.03元折成国家股199,045,485股入股,由成都市国有资产管理局持有;发起人四川省信托投资公司、中国银行四川省分行、交通银行成都分行各自均以现金200万元认购200万股,共计600万股,属法人股。原国营红光电子管剥离的非生产经营性资产由红光第三产业开发总分司进行管理,军品资产由红光新技术开发公司管理。公司定向募集法人股30,628,015股,募集内部职工股164,326,500股,上述股份每股认购价格1元,每股面值1元,均为普通股。

根据公司1997年4月7日召开的1996年度股东大会决及董事会决议,公司原有股份按照1:0.4的比例进行同比例缩股,该方案已获得成都市政府成府函[1997]46号文、成都市体制改革委员会成体改函[1997]29号文和成都市国有资产管理局成国资工[1997]45号文批准,公司于1997年4月22日在成都市工商行政管理局进行了注册资本变更登记。此次变更后至本次发行前,公司注册资本为16,000万元人民币,计16,000万股,每股面值人民币1元的普通股,其中发起人持股8,201.8194万股。募集法人股1,225.1206万股,内部职工股6,573.06万股。

本次经中国证监会证监发字[1997]246号文和[1997]247号文批准,本公司于1997年5月23日以每股6.05元的价格向社会公众发行7,000万股社会公众股,占发行后总股本的30.43%,本次发行后,本公司总股本为2,3000万股。

四、股票发行及承销

(一)本次公开发行

发行数量:	7,000万股
发行价格:	6.05元/股
发行方式:	上网定价
中签率:	2.76657644%
股东户数:	111,972户
持有1000股以上的户数	58,674户
募集资金总额:	423,500,000元
发行费用总额:	13,300,000元
每股发行费用:	0.19元
发行市盈率:	15倍

(二)股票承销

本次公开发行的7,000万股社会公众股已全部由社会公众认购,承销团成员无包销比例及数量。

(三)验资报告(摘要)(成蜀验(97)字第1-047号)

成都红光实业股份有限公司全体股东:

我们接受委托,对成都红光实业股份有限公司(以下简称公司)截至一九九七年五月三十日止的实收股本的变更情况进行了审验。在审验过程中,我们按照《独立审计实务公告第1号-验资》的要求,实施了必要的审验程序。公司的责任是提供真实、合法、完整的验资资料,保护资产的安全、完整,我们的责任是按照《独立审计实务公告第1号-验资》的要求,出具真实、合法的验资报告。

经我们审验,公司根据国家证监发字(1997)246号和证监发字(1996)247号文批准,发行社会公众普通股7000万股,每股面值人民币1元,发行价6.05元/股。截至1997年5月30日,公司实收7000万元股票的发行收入42,350万元,其中增加社会公众股股本7000万元,溢价收入35,350万元,扣除发行费用1328.7万元,增加资本公积金34,021.3万元。上述发行收入已于1997年5月30日汇入公司的银行帐户。变更后的公司总股本为人民币23,000万元,股本构成为:国家股股本7961.8194万元,占34.62%;法人股股本1465.1206万元,占6.37%;社会公众股股本7000万元,占30.43%;内部职工股股本6573.06万元,占28.58%资本公积金34021.3万元。

成都市蜀都会计师事务所

中国注册会计师:汪应饮、张秀花

一九九七年五月三十一日

五、董事、监事及高级管理人员持股情况

姓名	职务	持股数量(股)	持股比例(%)
何行毅	董事长	4,800	0.00209
焉占翠	副董事长、总经理	1,200	0.00052
刘正齐	董事、常务副总经理	2,400	0.00104
王静淞	董事、副总经理	1,200	0.00052
周伟	董事、副总经理	1,600	0.00070
冉慧敏	董事、副总经理、董事会秘书	1,200	0.00052
谢伟敏	董事、总经理助理	1,200	0.00052
崔晓东	董事、总经理助理	1,200	0.00052
雷代华	董事	400	0.00017
陈正心	董事	800	0.00035
龚泽仁	董事	400	0.00017
吉晓泉	董事	1,200	0.00052
王志坚	董事	1,200	0.00052
袁剑刚	董事	2,000	0.00087
唐利	董事	0	0
徐小羽	董事	40,000	0.01739
唐蜀平	董事	1,200	0.00052
郑安卡	董事	3,200	0.00139
黄寅丽	董事	0	0
李福春	监事会主席	4,000	0.00174
曾劲虹	监事	1,200	0.00052
钟文敏	监事	0	0
郭鸣皋	监事	1,200	0.00052
董长明	监事	400	0.00017

本公司董事、监事和高级管理人员共持有本公司股票7.2万股,占公司总股本的0.03130%,其持有股份按照《中华人民共和国公司法》规定在任职期间不得转让。

六、公司设立

(一)本公司经成都市体制改革委员会(1992)162号文批准以定向募集方式设立,于1993年4月8日在成都市召开了公司创立大会暨首届股大会。

(二)本公司于1997年4月7日在成都市召开了公司一九九六年度股东大会,审计通过了《公司增资扩股及异地上市的特别决议》及其他有关决议。

(三)本次经中国证监会证监发字[1997]246号文和[1997]247号文批准,本公司于1997年5月23日以每股6.05元的价格通过上海证券交易所交易系统以上网定价方式向社会公众发行了7,000万股社会公众股。本次成功发行后,公司注册登记变更工作已结束,详细资料如下:

公司注资金:23,000万元

变更注册时间:1997年6月2日

注册地点:成都市建设南支路4号

公司法定代表人:何行毅

营业执照注册号码:20198927-3

七、关联企业及关联交易

本公司与成都红光实业(集团)有限公司下属全资子公司—成都红光第三产业总公司(三产公司)于1996年10月4日签订了期限为五年、由三产公司向本公司提供包括医疗、餐饮、房产管理、职工子女入托、入学等服务的《综合服务协议书》,公司与下属子公司、集团公司之间的交易属正常商业往来,遵循市场定价的原则。公司产品所用"红光"牌商标所有权归本公司,公司与集团下属公司签署了允许有偿使用该商标的协议。

八、股本结构及大股东持股情况

(一)本次A股发行完成后,本公司的股本结构如下表:

股份名称	股数(万股)	占总股本比例(%)
尚未流通股份	16,000	69.57
1.发起人股份		
其中:国家持股	7,961.8194	34.62
法人持股	240	1.04
2.募集法人股	1,225.1206	5.33
3.内部职工股	6,573.06	28.58
可流通股份	7,000	30.43
本次公开发行股份	7,000	30.43
总股本	23,000	100

(二)前十名股东所持股数及比例

股东名称	持有股数(股)	占总股本比例(%)
1.成都市国有资产管理局	79,618,194	34.62
2.四川全兴酒厂	1,120,000	0.49
3.成都银杏餐饮有限公司	800,000	0.35
4.四川省信托投资公司	800,000	0.35
5.海通证券有限公司大连分公司	800,000	0.35
6.四川省达川地区通达实业公司	520,000	0.23
7.工商银行四川信托投资公司宜宾办事处	480,000	0.21
8.省工信泸州办事处	300,000	0.13
9.南充地区宏发实业公司	268,000	0.12
10.攀技花市富攀房地产开发公司	240,000	0.10

九、公司财务会计资料

(一)审计报告(摘要)(成蜀审(97)字第1-026号)

成都红光实业股份有限公司全体股东:

我们接受委托,审计了贵公司1994年12月31日、1995年12月31日、1996年12月31日的资产负债表和合并资产负债表;1994年度、1995年度、1996年度的利润及利润分配表和合并利润及利润分配表;1996年度的财务状况变动表和合并财务状况变动表(以下简称会计报表),这些会计报表由贵公司负责,我们的责任是对这些会计报表发表审计意见。我们的审计是依据《中国注册会计师独立审计准则》进行的。在审计过程中,我们结合贵公司实际情况,实施了包括抽查会计记录等我们认为必要的审计程序。

我们认为,上述会计报表符合《企业会计准则》和《股份制试点企业会计制度》的有关规定,在所有重大方面公允地反映了贵公司1994年12月31日、1995年12月31日、1996年12月31日的财务状况和1994年度、1995年度、1996年度的经营成果以及1996年度资金变动情况。会计处理方法的选用遵循了一贯性原则。

成都市蜀都会计师事务所

中国注册会计师:汪应饮、张秀花

一九九七年三月三十日

(二)资产负债表、利润及利润分配表、财务状况变动表分别见表1、表2、表3。

表1 资产负债表

编制单位:成都红光实业股份有限公司　　单位:元

项目/时间	1996年12月31日(合并表)	1996年12月31日(母公司)	1995年12月31日(母公司)	1994年12月31日(母公司)
流动资产:				
货币资金	31,692,157.95	12,925,576.63	16,926,299.26	54,454,127.91
短期投资	0.00	0.00	0.00	0.00
应收票据	21,467,467.98	18,598,567.98	30,116,651.12	0.00
应收帐款	138,462,045.36	104,584,145.19	147,561,336.92	32,043,848.42
减:坏帐准备	693,210.22	522,920.72	737,806.68	160,219.24
应收帐款净额	137,948,835.14	104,061,224.47	146,823,530.24	31,883,629.18
预付帐款	67,587,348.35	119,515,205.19	128,933,988.32	133,345,108.31
其他应收款	21,546,394.40	18,975,780.89	35,077,316.03	69,912,450.94
待摊费用	8,494,032.42	8,353,404.25	9,807,819.85	12,402,680.21
存货	358,345,947.71	348,193,031.13	170,936,928.08	243,597,214.86
一年内到期的长期债券投资	1,034,604.60	1,034,604.60	559,440.00	2,213,440.00
流动资产合计	648,116,788.55	631,657,295.14	593,217,972.90	547,808,651.41
长期投资				
长期投资	20,456,805.74	30,838,584.39	26,608,475.75	26,978,752.60
固定资产				
固定资产原值	1,238,790,213.66	1,236,882,453.46	1,119,292,599.14	1,123,720,240.47
减:累计折旧	426,839,082.61	426,463,032.29	339,141,354.56	250,668,247.19
固定资产净值	811,951,131.05	810,419,421.17	780,151,244.58	873,051,993.28
在建工程	180,033,158.50	173,582,978.77	157,674,990.47	128,836,609.96
固定资产合计	991,984,289.55	984,002,399.94	937,826,235.05	1,001,888,603.20
无形资产及递延资产:				
无形资产	16,350,129.60	16,350,129.60	16,705,567.20	17,061,004.08
递延资产	5,340,235.18	5,142,368.39	3,549,017.00	0.00
无形及递延资产合计	21,690,364.78	21,492,497.99	20,254,584.20	17,061,004.80
资产总计	1,682,248,248.62	1,667,990,777.46	1,523,907,267.90	1,593,737,012.05
流动负债				
短期借款	363,208,000.00	354,408,000.00	291,678,942.79	258,575,809.41
应付票据	9,417,665.26	8,697,665.26	0.00	0.00
应付帐款	58,079,667.23	59,024,573.26	4,929,308.63	9,014,925.20
预收帐款	2,263,724.62	1,091,724.53	0.00	0.00
应付福利款	23,355,306.70	23,323,696.64	18,131,512.43	11,395,398.05
未付股利	7,928,177.40	7,928,177.40	52,965,795.60	52,211,597.80
未交税金	53,090,282.15	54,162,461.24	44,354,287.38	37,379,268.82
其他未交款	7,675,950.30	7,674,140.84	3,495,737.04	1,111,679.47
其他应付款	48,736,136.22	43,186,981.55	48,959,878.28	41,102,201.92
预提费用	0.00	0.00	0.00	551,348.14
一年内到期的长期负债	20,643,099.80	20,643,099.80	33,798,187.21	92,474,510.59
流动负债合计	594,398,009.68	580,140,538.52	498,313,649.36	503,826,739.40
长期负债				
长期借款	443,668,570.75	443,668,570.75	477,466,757.96	574,694,255.79
应付债券	121,544,956.00	121,544,956.00	83,018,000.00	83,018,000.00
长期应付款				

其他长期负债	10,425,923.10	10,425,923.10	7,254,748.05	4,930,174.57
长期负债合计	575,639,449.85	575,639,449.85	567,739,506.01	662,642,430.36
负债合计	1,170,037,459.53	1,155,779,988.37	1,066,053,155.37	1,166,469,169.76
股东权益:				
股本	400,000,000.00	400,000,000.00	400,000,000.00	400,000,000.00
资本公积	45,485.03	45,485.03	45,485.03	45,485.03
盈利公积	66,207,884.65	65,962,128.99	57,808,627.50	26,491,564.90
其中:公益金	12,716,426.84	12,706,140.28	9,988,306.45	6,058,992.94
未分配利润	45,957,419.41	46,203,175.07		730,792.36
股东权益合计	512,210,789.09	512,210,789.09	457,854,112.53	427,267,842.29
负债及股东权益总计	1,683,248,248.62	1,667,990,777.46	1,523,907,267.90	1,593,737,012.05

表2、利润及利润分配表

编制单位:成都红光实业股份有限公司　　　单位:元

项目/时间	1996年度(合并)	1996年度(母公司)	1995年度(母公司)	1994年度(母公司)
一、主营业务收入	424,916,892.59	330,722,610.82	866,357,960.93	812,223,150.52
减:营业成本	275,773,698.73	188,734,355.42	589,524,744.66	524,931,630.70
销售费用	16,888,663.93	10,857,167.11	15,547,254.51	21,789,275.91
管理费用	34,890,487.68	32,046,711.00	53,789,638.08	89,530,464.78
财务费用	36,790,436.71	38,732,211.46	81,003,681.10	73,741,272.36
营业税金及附加	2,192,656.80	1,968,522.54	12,796,584.31	11,278,446.38
二、主营业务利润	58,380,948.74	58,383,643.29	113,696,058.27	90,952,060.39
加:其他业务利润	1,248,479.68	1,204,509.35	463,494.74	457,448.06
三、营业利润	59,629,428.42	59,588,152.64	114,159,553.01	91,409,508.45
加:投资收益	3,670,832.66	3,650,976.43	1,344,462.61	1,616,766.61
营业外收入	478,538.32	478,538.32	1,278,940.15	53,510.12
减:营业外支出	463,844.20	386,980.37	777,480.39	2,776,016.54
加:以前年度损益调整	0.00	0.00	793,273.96	9,155.06
四、利润总额	63,314,955.20	63,330,687.02	116,789,749.34	90,312,923.70
减:所得税	9,030,620.09	8,974,010.46	38,212,479.10	29,612,527.74
五、净利润	54,284,335.11	54,356,676.56	78,586,270.24	60,700,395.96
加:年初未分配利润	-161,024.31	0.00	730,792.36	170,475.60
六、可供分配的利润	54,123,310.80	54,356,676.56	79,317,062.60	60,870,871.56
减:提取法定公积金	5,443,927.59	5,435,667.66	7,858,627.02	6,070,039.60
提取法定公益金	2,721,963.80	2,717,833.83	3,929,313.51	3,035,019.80
七、可供股东分配的利润	45,957,419.41	46,203,175.07	67,529,122.07	51,765,812.16
减:提取任意公积金	0.00	0.00	19,529,122.07	3,035,019.80
已分配普通股股利	0.00	0.00	48,000,000.00	48,000,000.00
八、未分配利润	45,957,419.41	46,203,175.07	0.00	730,729.36

表3、1996年度财务状况变动表

编制单位:成都红光实业股份有限公司　　　单位:元

资金来源和应用	母公司	合并
一、流动资金来源		
1.本年净利润	54,356,676.56	54,284,335.11
加:不减少流动资金的费用和损失		
(1)固定资产折旧	87,321,677.72	87,512,778.44
(2)无形资产、递延资产及其他资产摊销(减其他负债转销)	355,437.60	418,228.15
(3)固定资产盘亏(减盘盈)		
(4)清理固定资产损失(减收益)	21,237.50	21,237.50
(5)递延税项		
(6)其他不减少流动资金的费用和损失		
小计	142,055,029.39	142,236,579.20
2.其他来源		
(1)固定资产清理收入(减清理费用)	-21,237.50	-21,237.50
(2)增加长期负债	107,209,925.05	107,209,925.05
(3)收回长期投资	327,615.20	327,615.20
(4)对外投资转出固定资产		
(5)对投资外转出无形资产		
(6)资本净增加额	8,153,501.49	8,165,891.39
小计	115,714,804.24	115,727,194.14
流动资金来源合计	257,769,833.63	275,963,773.34
二、流动资金运用:		
1.利润分配		
(1)提取法定公积金	5,435,667.66	5,443,927.59
(2)提取法定公益金	2,717,833.83	2,721,963.80
(3)提取任意公积金		
(4)已分配股利		
小计	8,153,501.49	8,165,891.39
2.其他应用:		
(1)固定资产和在建工程净增加额	133,497,842.62	136,766,160.58
(2)增加无形资产递延资产及其他资产	1,593,351.39	1,824,241.83
(3)偿还长期负债	99,309,981.21	99,309,981.21
(4)增加长期投资	4,602,723.84	4,609,080.07
小计	239,003,899.06	242,509,463.69
流动资金运用合计	247,157,400.55	250,675,355.08
流动资金增加净额	10,612,433.08	7,288,418.26
流动资金各项目的变动	母公司	合并
一、流动资产本年增加数:		
1.货币资金	-4,036,722.63	-3,552,288.48
2.短期投资		
3.应收票据	-11,518,183.14	-8,649,183.14
4.应收帐款净额	-42,762,305.77	-56,007,001.24
5.预付帐款	-9,418,789.13	-80,223,862.45
6.其他应收款	-16,101,535.14	-14,724,873.71
7.待摊费用	-1,454,415.60	-1,657,261.89
8.存货	177,256,103.05	168,107,722.71
9.待处理流动资产净损失(减收益)		
10.一年内到期的长期债券投资		
11.其他流动资产	475,164.60	475,164.60
流动资产增加净额	92,439,322.24	3,768,416.40
二、流动负债本年增加数:		
1.短期借款	62,729,057.21	63,029,057.21
2.应付票据	8,697,665.26	9,417,665.26
3.应付帐款	54,095,264.63	-13,611,699.61
4.预收帐款	1,091,742.53	-22,463,103.27
5.应付福利费	5,192,184.21	5,148,290.33
6.未付股利	-45,037,618.20	-45,037,618.20
7.未交税金	9,808,173.86	14,116,747.97
8.其他未交款	4,178,403.80	4,066,008.61
9.其他应付款	-5,772,896.73	-5,030,262.75
10.预提费用		
11.一年内到期的长期负债	-13,155,087.41	-13,155,087.41
12.其他流动负债		
流动负债增净额	81,826,889.16	-3,520,001.86
流动资金增加净额	10,612,433.08	7,288,418.26

公司负责人:何行毅　财务负责人:冉慧敏　制表:蒲中军

(三)主要会计数据

主要会计指标	1996年	1995年	1994年
流动比率(%)	109.04	107.77	109.14
速动比率(%)	48.75	75.95	65.34
股东权益比率(%)	30.45	28.21	25.51
应收帐款周转率(%)	259.05	576.75	794.90
净资产收益率(%)	10.60	17.16	14.22
每股收益(元)	0.14	0.20	0.15

注:每股收益系按缩股前的总股本40,000万股计算,按缩股后的总股本16,000万股计算,1994年、1995年、1996年每股收益分别为0.380元、0.491元、0.339元。

(四)重要会计政策

1. 会计政策

执行《股份制试点企业会计制度》。

2. 会计年度

采用公历年度,以每年1月1日起至12月31日止为一个会计年度。

3. 报表编制方法

报表编制范围包括成都红光实业股份有限公司及其下属全资子公司,对公司与所属全资子公司之间及各子公司之间的往来款项及长期投资、实收资本、收入、成本均进行相互抵销。

4. 会计计价基础

所附会计报表,按权责发生制采用实际成本计价的原则进行编制。

5. 坏帐准备

按年未应收帐款余额的5%计提坏帐准备

6. 存货

(1)主要包括:原材料、在产品、产成品等。

(2)存货按实际成本计价,原材料按计划成本核算,按月结转材料成本差异,调整为实际成本,发行存货的实际成本采用加权平均法计价。

(3)低值易耗品在领用时,一次摊销。

7. 长期投资

(1)不准备在一年内变现的投资,包括债券投资、股票投资和联营投资;

(2)购入的债券,按实际成本计价,按期计算利息收入,计入当期收益;

(3)股权投资:联营投资按所投资金额占被投资单位总资本在20%以下的,采用成本法核算,占总资本在20%-50%的采用权益法核算,占总资本在50%以上的采用权益法核算,并编制合并会计报表。

8. 固定资产及折旧

(1)固定资产的标准及计价:以使用年限在一年以上,单位价值在2,000元以上做为固定资产,按实际成本计价。

(2)采用直线法分类计提折旧,残值率5%

类别	折旧年限	折旧率
房屋及建筑物	30-35年	3.17%-2.71%
机器设备	6-20年	15.83%-4.75%
仪器仪表	9年	10.56%
运输工具	11年	8.64%

9. 无形资产

按资产评估确认数计价,从一九九三年起按五十年平均摊销。

10. 税项及税率

增值税按产品销售收入的17%计算销项税,扣除进项税额后缴纳;营业税按营业收入的5%、10%或15%计缴;城市建设维护税:按应纳税额的17%计缴;企业所得税:1994年、1995年税率为33%,1996年根据成都市人民政府优惠政策,由成都市财政返还18%,实际税率为15%。

(五)1996年12月31日主要合并会计报表附注:(单位:人民币元)

1. 其他应收款 21,546,394.40

一年以内	561户	20,119,284.51	93.38%
一年至二年	4户	159,753.11	0.74%
二年至三年	15户	1,161,003.82	5.39%
三年以上	9户	106,352.96	0.49%
小计	589户	21,546,394.40	100.00%

2. 未付股利 7,928,177.40

期初余额	52,965,797.60
95年分配转入	48,000,000.00
本年支付股利	93,037,620.20
年末余额	7,928,177.40

3. 应付债券 121,544,956.00

债券名称	发行日期	付款日期	年利率%	面额	应计利息	批准文号
企业债券	96.2	99.2	15	15,000,000.00	1,937,500.00	成计财金(95)48号
企业债券	96.2	99.2	15	13,000,000.00	1,706,250.00	成计财金(95)48号
企业内部集资券	93.3	98.3	12	40,000,000.00	3,640,000.00	成计财金(93)3号
企业内部集资券	93.4	98.4	12	43,018,000.00	3,243,206.00	成计财金(93)7号
合计				111,018,000.00	10,526,956.00	

4. 投资收益,明细项目列示如下:

项目	1996年度	1995年度	1994年度
股票投资收益	3,126,599.18	931,843.47	624,200.00
债券投资收益	192,384.80	305,024.80	619,665.00
按权益法核算的收益	3,670,832.66	1,169,957.27	1,759,433.06

5. 资本公积 45,485.03

项目	1996.12.31	1995.12.31	1994.12.31
资产折股尾数	0.03	0.03	0.03
红光电子加工厂损赠	45,485.00	45,485.00	45,485.00

6. 盈余公积 66,207,884.65

项目	法定盈余公积金	公益金	任意公积金	合计
1993年12月31日余额	8,450,435.41	3,023,973.14	3,091,973.14	14,566,381.69
其中:由专用基金转入	2,402,489.15			2,402,489.15
免税转入			68,000.00	68,000.00
1993年计提	6,047,946.26	3,023,973.14	3,023,973.14	12,095,892.54
加:1994年计提	6,073,746.10(1)	3,036,873.05(1)	3,035,019.80(2)	12,145,638.95
1994年12月31日余额	14,524,181.51	6,060,846.19	6,126,992.94	26,712,020.64
加:1995的计提	7,867,233.70(3)	3,933,616.85(5)	19,529,122.07(4)	31,329,972.62
1995年12月31日余额	22,391,415.21	9,994,463.04	25,656,115.01	58,041,993.26
加:1996年计提	5,443,927.59(5)	2,721,963.80(5)		8,165,891.31
1996年12月31日余额	27,835,342.80	12,716,426.84	25,656,115.01	66,207,884.65

(1)根据母公司公别按净利润60,700,395.96元的10%计提法定公积金6,070,039.60元,5%计提法定公益金3,035,019.80元与子公司分别按净利润37,064.95元的10%计提法定公积金3,706.50,5%计提法定公益金1,853.25元之和。

(2)根据股东大会决议,按1994年实现净利润的5%计提任意公积金。

(3)根据母公司分别按净利润78,856,686.58元的10%计提法定公积金7,585,627.02元,5%计提法定公益金3,929,313.51元,与子公司分别按净利润86,066.81元的10%计提法定公积金8,606.68元,5%计提法定公益金4,303.34之和。

(4)根据1996年7月23日股东大会决议,按1995年实现净利润的25%计提任意公积金。经审计,1995年的净利润在提取10%的法定公积金,5%的公益金,并按每股0.12元分配股利后,全数转入任意公积金。

(5)根据母公司分别按净利润54,356,676.56元的10%计提法定公积金5,435,667.66元,5%计提法定公益金2,717,833.83元,与子公司分别按净利润82,599.34元的10%计提法定公积金8,259.93元,5%计提法定公益金4,129.97元之和。

7. 未分配利润

项目	1996.12.31	1995.12.31	1994.12.31
年初未分配利润	-161,024.31	569,005.97	-44,420.39
加:净利润转入	54,284,335.11	78,599,942.34	60,759,065.31
减:提取法定公积金	5,443,927.59	7,867,233.70	6,073,746.10
提取法定公益金	2,721,963.80	3,933,616.85	3,036,873.05
提取任意公积金		19,529,122.07	3,035,019.80
分配普通股股利		48,000,000.00	48,000,000.00
年末未分配利润	45,957,419.41	-161,024.31	569,005.97

(六)或有事项

截止1996年12月31日,本公司为成都化工厂、成都温度表厂、成都天工实业有限公司担保借款4笔,合计人民币金额720万元。

(七)扩建彩色显像管生产线对财务状况和经营成果的影响;

建设该生产线将大大增加公司的资本性支出,国内配套人民币资金、境处贷款的到位,会加大公司的资产负债比率。1999年建成投产后,公司资本总额将达到380,000万元,资产规模将随经济效益的产生而逐渐增加,销售收入较1996年新增229,200万元,总成本增加182,000万元,税后利润增加28,500万元。

十、董事会上市承诺

本公司董事会将严格遵守《中华人民共和国公司法》、《股票发行与交易管理暂行条例》、《公开发行股票公司信息披露实施细则(试行)》、《上海证券交易所市场业务试行规则》和有关法律、法规的规定,并自股票上市之日起作出如下承诺:

(一)按照法律、法规的规定程序和要求披露重大的信息,并接受证券主管机关,上海证券交易所的监督管理。

(二)及时、真实、准确地公布中期报告和年度报告,并备置于规定场所供投资者查询、阅读。

(三)本公司董事、监事及高级管理人员如发生人事变动或持本公司股票发生变化时,在报告证券主管机关和上海证券交易所的同时,向投资者公布。

(四)在任何公共传播媒介中出现的消息可能对本公司股票的市场价格产生误导性影响时,本公司知悉后将及时对该消息予以公开澄清。

(五)本公司董事、监事及高级管理人员将认真听取社会公众的意见和批评,不利用已获得的内幕消息和其他不正当手段直接或间接从事股票买卖活动。

(六)本公司没有无记录负债。

十一、重要事项揭示

(一)股利分配政策

公司的税后利润分配顺序:

(1)若法定公积金不足以弥补上一年度的亏损,则先弥补亏损。

(2)提取10%的法定公积金;

(3)提取5%的法定公益金;

(4)提取任意公积金;

(5)支付普通股股利。

(二)经1997年4月7日股东大会决议,1996年度暂不实施分红,未分配利润结存至1997年度,由新老股东共同享有。

(三)本次发行前每股净资产为3.20元,发行后每股资产为4.01元。

(四)盈利预测说明

1. 根据成都市人民政府成府函[1996]136号文的规定,公司享受于1996年1月1日起按33%的税率计征企业所得税后,由市财政列支返还18%、实际税负15%的优惠政策。按此税负计算,预计公司1997年度全年净利润7055万元,每股税后利润(全面摊薄)0.3063元/股,每股税后利润(加权平均)0.3513元/股(预计股金到位时间为1997年5月31日)。

2. 盈利预测假设

(1)公司遵循的国家现行法律、法规和制度及公司所在地的社会政治和经济政策无重大变化。

(2)公司各项基础经营业务所涉及的地区的有关政策、法律、法规及其他环境无重大变动。

(3)盈利预测期内的信贷利率、税率、汇率及市场行情在正常范围内变化。

(4)无其他人力不可抗拒及不可预见的因素造成的重大不利影响。

(5)公司本次新股发行所募集的资金在公司计划上市期限内如期实现,无重大变化。

十二、备查文件

(一)公司本次发行后的注册资本变更登记文件

(二)上海证券交易所上市通知书

(三)招股说明书

(四)审计报告

(五)验资报告

(六)营业执照

(七)公司章程

(八)法律意见书

十三、咨询机构

发行人:成都红光实业股份有限公司

法定代表人:何行毅

地址:成都市建设南支路4号

电话:(028)4106485

传真:(028)4337569

联系人:冉慧敏、谢伟敏、陈里

上市推荐人:国泰证券有限公司

法定代表人:金建栋

地址:上海市浦东新区乳山路61号

电话:(028)6615848

传真:(028)6615808

联系人:唐纯、赵波

上市推荐人:成都证券公司

法定代表人:晏姚

地址:成都市顺成街南延线大业大厦十六层

电话:(028)6620939

传真:(028)6620939

联系人:张铭、张磊

成都红光实业股份有限公司

一九九七年六月三日

成都红光实业股份有限公司一九九七年度中期报告

一、财务报告(未经审计)

1. 财务报表

(1)简化的资产负债表 单位:元

项目	年初数	期末数
流动资产	631657295.14	1073948609.71
长期投资	30838584.39	30838584.39
固定资产净值	810419421.17	768958744.86
在建工程	173582978.77	251664396.20

无形资产	16350129.60	16350129.60
递延资产	5142368.39	5142368.39
资产总计	1667990777.46	2146902883.15
负债及股东权益		
流动负债	580140538.52	628247904.34
长期负债	575639449.85	579415826.55
负债合计	1155779988.37	1207663730.89
股东权益合计	512210789.09	939239102.26
其中:股本	400000000.00	230000000.00
资本公积	45485.03	580328362.53
盈余公积	65962128.99	65962128.99
未分配利润	46203175.07	62948610.74
负债及股东权益合计	1667990777.46	2146902833.15

(2)简化的损益表　　单位:元

项目	1997年1－6月	1996年1－6月
主营业务收入	162079837.88	193231426.96
主营业务利润	15175642.20	35395393.04
其他业务利润	253753.95	1045619.90
投资收益	1371837.50	18000.00
营业外收支净额	2657189.93	249174.11
利润总额	19458423.58	36708187.05
应交所得税	2712987.91	5506228.06
净利润	16745435.67	31201958.99

(3)其他财务指标

项目	1997年上半年	1996年上半年
每股收益	0.073元	0.136元
净资产收益率	1.78%	5.81%
每股净资产	4.084元	2.34元

公司股票上网定价发行共获得资金利息收入2526602.69元,其中:有效资金利息69877.50元计入资本公积;无效资金利息2456725.19元,全部计入营业外收入,扣除无效资金利息后财务指标为:

指标名称	1997年上半年
每股收益	0.064元
净资产收益率	1.56%

注:财务指标的股本数以1997年6月末股本数为计算基础。

2.财务报表附注

(1)本期财务报告与1996年相比较,会计政策及会计方法没有发生变化;

(2)货币资金　341451778.23元

其中:现金　127542.81元

银行存款　341324235.42元

银行存款比年初增加332189983.87元,主要是由于1997年5月23日公司上网定价发行股票所募集资金尚有大部分未使用。

(3)应收票据6740000元,较年初减少11858467.98元,减幅63.76%,是由于公司银行承兑汇票背书转让及银行承兑汇票到期承兑。

(4)应收帐款140731398.09元,无持有公司5%以上股份的股东欠款。

帐龄	余额	比例
一年以内	119634069.18元	85%
一年至二年	9790963.32元	7%
二年至三年	1344423.85元	1%
三年以上	9961941.74元	7%
合计	140731398.09元	100%

(5)其他应收款26409856.11元,无持有本公司5%以上股份的股东欠款。

帐龄	余额	比例
一年以内	24982746.22元	94.60%
一年至二年	159753.11元	0.60%
二年至三年	1161003.82元	4.40%
三年以上	106352.96元	0.40%
合计	26409856.11元	100%

其他应收款比年初增加7434075.22元,增长39.17%,主要是由于公司委托红光实业(集团)有限公司建设管理一些福利设施,提供职工医疗保健卫生、房屋维修、退休职工管理未结帐等。

(6)长期投资　30838584.39元

其中:股权投资　18049500元

联营投资　11682284.39元

债券投资　1106800元

(7)在建工程251664396.20元,比去年同期增加78081417.43元,增长44.98%,主要是由于公司从1997年开始投入资金新建彩色显像管生产线项目。

(8)未付股利2352917.40元,较年初减少5575260.00元,减幅70.32%,主要是由于公司股票上市前内部职工股股票托管过程,支付前三年度未付股利5575260.00元。

(9)股本230000000.00元,较年初减少170000000.00元,减少42.50%,是由于1997年4月7日经本公司股东大会通过并经成都市政府,成府函(1997)46号文批准,公司股份按1:0.4的比例缩股。缩股后股本总额160000000.00元,减少股本240000000.00元。公司股票上市成功后,新增社会公众股70000000.00元,故股本总额为230000000.00元。

(10)资本公积580328362.53元,比年初增加580282877.50元,主要由于公司股份按1:0.4的比例缩股后,缩减股本转入资本公积,公司股票上市时新上网定价发行溢价部分扣除发行费用后转入资本公积,另外本次新股发行有效资金利息69877.40元计入资本公积。

(11)未分配利润62948610.74元,96年滚存利润46203175.07元,97年1－6月实现净利润16745435.67元。

(12)投资收益1371837.50元,系股权投资收益,四川省信托投资公司及交行成都市分行分回96年度红利。

(13)利润总额19458423.58元,净利润16745435.67元,分别比去年同期下降46.99%,46.33%主要是由于公司产品市场竞争激烈,为扩大市场占有率,以质取胜,以价取胜,故主要产品价格向下调整,减少了产品销售收入和利润。

(14)关联企业交易:

公司与关联企业之间的交易本着以市场价格为基础,实行公平竞争的原则,以维护各方的权益。

公司与红光实业(集团)有限公司的交易情况

截止到1997年6月公司暂付红光实业(集团)有限公司12250162.29元,属公司委托红光实业(集团)公司建设管理福利设施,医疗保健卫生、房屋修缮等尚未结算部分。

二、经营情况的回顾与展望

(一)上半年经营情况回顾

(1)由于国内电视机及元器件价格不断下调,黑白显像管市场进一步萎缩,公司生产经营面临困难。上半年公司完成销售收入16207.98万元,实现净利润1674.54万元。

(2)公司继续加大建立现代企业制度试点工作力度,不断深化企业改革,加强企业内部管理,稳定了公司的生产经营形势。

(3)完善成本核算,加强成本考核,提高资金的营运效率。上半年,公司在去年进行成本管理的基础上,进一步强化核算,定量考核,确立了成本、质量、安全否决指标体系和责任制,形成了较完善的成本控制体系。

(4)黑白显像管玻壳生产线于1996年3月8日停产大修后,于去年12月恢复运行,今年3月生产线运行状况已超过了原设计生产能力。因黑白显像管玻壳线停产而停产的黑白显像管装配生产线、电子枪生产线,也相继恢复了生产并迅速达到了停产前的生产能力。

(5)站稳国内市场、拓展国际市场。公司除了继续保持在质量、技术和售后服务上较高水平,公司加大了新产品开发,先后开发14"NF、21"FS、21"NF粗管颈等三个彩色显像管玻壳品种,稳定了市场,同时,主要产品出口也有所增加。

(6)彩色显像管项目工程建设进展顺利。今年3月开始,公司彩色显像管工程已全面开工,其中,土建工程,主体厂房施工、人员培训、动力施工准备,国内配套设备定购等工作,正按事先已确定的工程建设计划的进度实施。目前,主体厂房下部基础部分工程已基本完工,主体厂房上部结构部分进入全面施工阶段。

(二)下半年经营计划

1. 以股票上市为契机,保证企业改革,规范公司运行,继续完善建立现代企业制度试点工作。

2. 进一步深化劳动用工、人事制度和分配制度改革;不断完善公司财务管理体系,强化投资管理和成本核算,提高资金合作效率,改善资金运营状况。

3. 加强基础管理,狠抓产品质量,加大市场开放力度。深入开展成本管理活动,实施目标成本控制和费用考核,坚决贯彻成本、质量安全否决指标体系和经济责任制;加强生产过程的质量控制,强化质量考核,不断满足用户的要求;加强市场监测和预测工作,加大新品开发的力度,进一步扩充国内市场产品份额,积极拓展国际市场。

4. 抓好彩管工作建设,精心策划,合理安排,保证彩管工程项目以最快的进度、最优的工程质量,在最短的时间建成并生产出用户满意的彩色显像管。

(1)完成5万平方米主厂房的施工建设任务和地面、内部装修工作,基本具备安装条件;

(2)从国内外订购的动力设备部分到货并进行安装;

(3)基本完成国外和国内工艺设备订货、制造任务,并部分运达现场;

(4)按期完成国外技术培训工作,并对国内技术培训工作作好准备,建立一支高素质的技术和管理骨干队伍。

5. 受国内市场的影响,公司主导产品市场价格将有进一步下调的趋势,预计对公司的经效益将产生一定影响。

三、重大事件说明

1. 公司股票(红光实业)于1997年6月6日在上海证券交易所挂牌上市,从而标志着公司迈入了一个新的发展阶段;

2. 公司募集资金使用情况

公司本次发行社会公众股共募集资金41020万元(已扣除发行费),公司募集资金严格按照招股说明书载明事项(见1997年5月21日《中国证券报》)使用,已开始逐步投入彩色显像管工程项目建设。

(1)关于彩色显像管工程建设土建。按彩色显像管工程建设计划,生产线主体厂房下基础部分已完成施工,目前,主厂房上部结构正进入紧张的施工建设阶段,预付工程款5043.14万元。

(2)关于彩色显像管生产线设备定购,扩建彩色显像管生产线国内配套设备的技术、工艺、设计及定购已基本完成,实际预付设备款1933万元。

(3)关于彩管生产线人员培训。为在彩管生产线建立一支高素质的职工队伍,公司对生产线的技术、管理骨干进行技术与管理培训,已支付培训费用332万元。

(4)其它相关费用支出500万元。

(5)暂未投入使用的资金去向。本次发行社会公众股募集资金总计为41020万元,已按招股说明书投向用去7808.14万元,尚未投入使用的资金有33211.86万元,暂作银行存款。剩余资金公司将严格按照招股说明书载明的投资方向使用。

3. 今年6月28日成都市人民政府在公司召开了促进彩管工程建设的现场办公会,会议原则同意将公司彩管项目的投资方向调节税、自筹基建保证金和规划管理费第十一项税费给予全部或部分免交,用于支持公司发展。

4. 按照国务院证券委、中国人民银行、国家经贸委5月21日联合发布的《严禁国有企业和上市公司炒作股票的规定》的要求,公司经自查,没有从事任何违反规定的事项,如本公司今后从事股票投资,将严格遵循国家有关政策法规和本公司章程的规定。

5. 本报告期内,公司无重大诉讼,仲裁事项。

四、发行在外股票的变动和股权结构变化

1. 经中国证监会[证监发(1997)246号]文和[证监发1997)247号]文批准,公司于1997年5月23日发行了70000000股社会公众股

2. 公司1997年5月23日发行新股前后股本情况如下:

单位:股

项目	发行前	发行后
一、尚未流通股份		
1. 国家股	79618194	79618194
2. 法人股	14651206	14651206
3. 公司职工股	65730600	65730600
尚未流通股合计	160000000	160000000
二、境内上市人民币普通股	0	70000000
已流通股份合计	0	70000000
三、股份总额	160000000	230000000

3. 主要股东持股情况(截至6月30日)

股东名称	持股数(股)	占总股本(%)
成都市国有资产管理局	79618194	34.62
四川全兴酒厂	1120000	0.49
成都银杏餐饮公司	800000	0.35
四川省信托投资公司	800000	0.35
海通证券有限公司大连分公司	800000	0.35
四川省达川地区通达实业公司	520000	0.23
工商银行四川信托投资公司宜宾办事处	480000	0.21
省工信泸州办事处	300000	0.13
南充地区宏发实业公司	268000	0.12
攀枝花市富攀房地产开发公司	240000	0.10

五、股东大会简介

1997年4月7日上午9:00时,公司在红光楼会议厅召开了"成都红光实业股份有限公司一九九六年度股东大会",出席本次大会的股东共301人,代表股份113860800股,占公司总股份的71.6%。符合《公司法》和本公司章程的有关规定,会议合法有效,大会审议通过了以下决议:

1. 审议通过了公司董事会1996年度工作报告;
2. 审议通过了公司监事会1996年度工作报告;
3. 审议通过了公司1996年度财务决算报告和1997年度财务预算报告;
4. 审议通过了公司1996年度利润分配方案;
5. 审议通过了修改公司章程的议案;
6. 审议通过了公司增资扩股及异地上市方案;
7. 审议通过了公司公开发行股票募集资金运用方案;
8. 审议通过了公司股本调减方案;

六、备查文件

1. 载有公司董事长何行毅先生亲笔签名的中期报告原本。
2. 公司1996年度股东大会材料。
3. 公司本次新股发行招股说明书、上市公告书。
4. 查阅地址:成都市建设南支路4号,本公司董事会办公室

电话:028-4106485

传真:028-4337569

成都红光实业股份有限公司董事会

一九九七年八月二十日

北京同仁堂股份有限公司

北京同仁堂股份有限公司股票上市公告书

一、要览

总股本:20,000万股

可流通股本:5,000万股

本次上市流通股本:4,500万股

股票简称:同仁堂

股票代码:600085

上市地点:上海证券交易所

上市时间:1997年6月25日

登记机构:上海证券中央登记结算公司

上市推荐人:华夏证券有限公司

二、绪言

本上市公告书是根据《中华人民共和国公司法》、《股票发行与交易管理暂行条例》、《公开发行股票公司信息披露实施细则》和《上海证券交易所交易市场业务试行规则》等国家法律、法规的规定编制,旨在向投资者提供基本情况及有关资料。

经中国证券监督委员会【证监发字(1997)270号文】和【证监发字(1997)271号文】批准,本公司已成功地向社会公众公开发行每股面值为1.00元人民币普通股5000万股(其中含公司职工股500万股)。股票上市申请经上海证券交易所【上证上字(97)第054号文】批准,本公司将于1997年6月25日在上海证券交易所挂牌交易,本公司总股本为20,000万股,可流通股本为5,000万股,其中向公司职工配售的500万股公司职工股将按照国家有关规定半年后上市。

本公司招股说明书概要刊登于1997年5月27日的《上海证券报》、《中国证券报》,距本公告公布的时间不足六个月,相同内容不再重复。

本公司董事会成员已批准该上市公告书,确信其中不存在任何重大遗漏或者误导,并对其真实性、准确性和完整性负个别的及连带的责任。

三、发行公司概况

(一)发行公司主要发起人简介

1. 公司法定名称:中国北京同仁堂集团公司

2. 公司注册资金:12,120.3万元

3. 公司法定代表人:殷顺海

4. 公司成立日期:1992年8月17日

5. 公司经营范围

主营:制造、销售中成药、中药饮片、中药材、营养保健品、卫生保健品、化妆品;提供有关的技术咨询、技术服务;药用动植物的饲养、种植。

兼营:对外合作生产、来料加工、来样加工等业务。

6. 公司所属行业:医药

7. 公司注册地址及联系电话:北京市崇文区东兴隆街52号(联系电话010-67020018)

(二)公司基本情况

1. 公司法定名称:北京同仁堂股份有限公司

公司英文名称:BEIJING TONGRENTANG CO.,LTD.

2. 公司法定代表人:殷顺海

3. 公司成立日期:1997年6月18日

4. 公司注册地址:北京市崇文区东兴隆街52号

5. 邮政编码:100062

6. 联系电话:010-67020018

7. 联系人:李连英

(三)公司历史沿革

北京同仁堂股份有限公司(以下简称股份公司或公司)系以中国北京同仁堂集团公司(以下简称集团公司)为独家发起人,以集团公司中的北京同仁堂制药厂、北京同仁堂制药二厂、北京同仁堂药酒厂、北京同仁堂中药提炼厂、进出口分公司和外埠经营部共六个单位的生产经营性资产投入本公司,以募集方式设立的股份有限公司。

1992年,为了充分发挥同仁堂及其产品的综合优势,走规模经营的道路,经北京市人民政府批准,以同仁堂产品为龙头,以北京中药为主体组建的中国北京同仁堂集团公司正式成立,并且成为集"产供销、科工贸、资产经营为一体"的北京市计划单列的现代化大型企业集团。1997年4月24日北京市人民政府京政函(1997)25号《关于同意设立北京同仁堂股份有限公司的批复》批准以募集方式设立北京同仁堂股份有限公司。

四、股票发行及承销

(一)股票公开发行

1. 社会公众股发行数量:5,000万股

2. 公司职工股:500万股

3. 股票发行价格:7.08元/股

4. 募集资金总额:342,485,600元

5. 发行方式:上网定价

6. 配售比例:0.79661753%

7. 配售户数:466,314户

8. 持1000股以上的户数:40,158户

9. 发行费用总额:11,514,400元

10. 每股发行费用:0.23元

11. 发行市盈率:15倍

(二)股票承销

本次公开发行的4500万股社会公众股已全部由社会公众认购,公司职工股500万股已全部由公司职工认购,承销团成员包销数量为零。

(三)验资报告

京都会验字(1997)第078号

北京同仁堂股份有限公司全体股东:

我们接受委托,对北京同仁堂股份有限公司(筹)截止1997年6月12日止的实收资本及相关的资产和负债的真实性和合法性进行了审验。在审验过程中,我们按照《独立审计实务公告第1号-验资》的要求,实施了必要的审验程序。北京同仁堂股份有限责任公司(筹)的责任是提供真实、合法完整的验资资料,保护资产的安全、完整。我们的责任是按照《独立审计实务公告第1号-验资》的要求,出具真实、合法的验资报告。

北京同仁堂股份有限公司(筹)申请的注册资本为20000万元,根据我们的审验,北京同仁堂股份有限公司(筹)本次公开发行前的股本总额为15000万元,业经本所就都会验字(1997)第059号验资报告验证,本次公开发行A股股票5000万元,截至1997年6月12日止,北京同仁堂股份有限公司(筹)已收到公开募集的股本5000万元,资本公积29248.56万元(已扣除预计发行费用1151.44万元),与上述募集资金相关的资产为货币资金,已全部存入中国工商银行北京市崇文支行崇外分理处北京同仁堂股份有限公司临时存款帐户。

京都会计师事务所　　　　　　　中国注册会计师　张森

中国注册会计师　何炬

中国　北京

一九九七年六月十三日

附件一:开业工商登记明细表

附件二:投入股本明细表

附件三:验资事项说明

五、董事、监事及高级管理人员持股情况

序号	姓名	职务	持股数	持股比例
1	殷顺海	董事长	10,000	0.005%
2	田大方	副董事长	10,000	0.005%
3	王兆奇	董事、总经理	8,000	0.004%
4	赵爱民	董事	8,000	0.004%
5	邵　刚	董事、副总经理	8,000	0.004%
6	梅　群	董事、副总经理	8,000	0.004%
7	陆建国	董事	8,000	0.004%
8	金霭英	董事、总工程师	8,000	0.004%
9	郭世忠	董事、总中药师	8,000	0.004%
10	王　泉	监事长	8,000	0.004%
11	宫　勤	监事	3,000	0.0015%
12	白　薇	监事	2,000	0.001%
13	李连英	董事会秘书	8,000	0.004%

公司董事、监事及高级管理人员持股总数 97,000 股,比例 0.0485%,董事、监事及高级管理人员遵照有关规定在任职期间内不得卖出。

六、公司设立

1. 本公司 1997 年 6 月 12 日召开的创立大会暨首届股东大会作出决议:本公司向社会公众公开发行的面值为 1 人民币元的 4500 万股将于 1997 年 6 月 25 日在上海证券交易所挂牌上市,向公司职工配售的公司职工股半年后上市。

2. 公司注册资金:200,000,000 元

3. 公司注册时间:1997 年 6 月 18 日

4. 公司注册地址:北京市崇文区东兴隆街 52 号

5. 营业执照号码:11510624

七、关联企业及关联交易

(一)关联企业:

1. 中国北京同仁堂集团公司

集团公司持有本公司 75% 的股份,为本公司之控股股东,详细情况可参见本上市公告书的发起人简介。

2. 北京同仁堂丰台制药厂

该厂为本公司所属之北京同仁堂制药厂(作为甲方)于 1989 年 10 月(当时北京同仁堂制药厂为一独立法人)与北京丰台区芦沟桥农工商联合总公司(作为乙方)合资建立的一家联营企业。该厂注册资金 665 万元,总投资额为 899.3 万元,其中甲方出资 60%(实物资产 274.3 万元,无形资产 265.3 万元),乙方出资 40%。根据集团公司本次改组方案,甲方投入该厂的无形资产所形成的权益由集团公司拥有,实物资产形成的权益由本公司拥有。因此,本公司拥有北京同仁堂丰台制药厂 30.5% 的权益。该厂的全部生产加工业务均来自甲方的委托,委托加工费根据完成工作量由甲方支付。

(二)关联交易

1. 本公司现时和将来有一部分原材料由集团公司提供,亦通过集团公司销售部分产品。本公司与集团公司的业务往来将按市场原则进行。

2. 集团公司承诺,在本公司成立后,集团公司将不从事与本公司相竞争的业务。

八、股本结构及大股东持股情况

1. 上市前的股本结构

单位:万股

股本	股数(万股)	所占比例(%)
一、尚未流通股		
国有法人股	15,000	75%
二、可流通股		
社会公众股	5,000	25%
其中:公司职工股	500	2.5%
合　计	20,000	100%

2. 前十名股东所持股数

序号	股　东	持股数	持股比例
1	中国北京同仁堂集团公司	150,000,000	75.000%
2	魏玉伟	42,400	0.0212%
3	殷顺海	10,000	0.005%
4	田大方	10,000	0.005%
5	王兆奇	8,000	0.004%
6	赵爱民	8,000	0.004%
7	邵　刚	8,000	0.004%
8	梅　群	8,000	0.004%
9	陆建国	8,000	0.004%
10	王　泉	8,000	0.004%

九、公司财务会计资料

(一)审计报告

以下资料摘自京都会计师事务所京都会审字(1997)第 0418 号审计报告:

京都会审字(1997)第 0418 号

北京同仁堂股份有限公司筹委会:

我们接受委托,审计了北京同仁堂股份有限公司(筹)一九九四年十二月三十一日、一九九五年十二月三十一日、一九九六年十二月三十一日的资产负债表及一九九四、一九九五、一九九六年利润表和一九九六年度财务状况变动表。这些会计报表由贵公司负责,我们的责任是对这些会计报表发表审计意见。我们的审计是依据《中国注册会计师独立审计准则》进行的。在审计过程中,我们结合贵公司实际情况,实施了包括抽查会计记录等我们认为必要的审计程序。

我们认为,上述会计报表的编制符合《企业会计准则》及《股份制试点企业会计制度》的有关规定,在所有重大方面公允地反映了贵公司一九九四年十二月三十一日、一九九五年十二月三十一日、一九九六年十二月三十一日的财务状况及一九九四、一九九五、一九九六年度经营成果和一九九六年度资金变动情况,会计处理方法的选用遵循了一贯性原则。

京都会计师事务所　　　　中国注册会计师　张　森

中国注册会计师　何　炬

一九九七年四月十六日

(二)主要财务资料

1. 发行人资产负债表:(附后)

2. 发行人利润表:(附后)

3. 发行人财务状况变动表:(附后)

(三)主要会计政策

1. 会计报表编制基础与方法

北京同仁堂股份有限公司(筹)会计报表由纳入股份公司的集团公司下属北京同仁堂制药厂、北京同仁堂制药二厂、北京同仁堂中药提炼厂、北京同仁堂药酒厂、北京同仁堂进出口分公司的会计报表以及外埠经营部的会计报表合并生成。在合并汇总会计报表时,各厂之间重大交易和往来余额均予抵消。

本会计报表的编制系假设本公司现时的组成结构于1994—1996年度业已存在。

2. 会计制度

本公司1994—1996年度会计报表及附注所载财务数据根据《股份制试点企业会计制度》编制。

3. 会计年度

本公司会计年度采用公历年度,自公历1月1日至12月31日

4. 记帐原则和计价基础

本公司采用借贷记帐法,按权责发生制原则核算,以实际成本为计价基础。

5. 外币折算

以人民币为记帐本位币,外币业务发生时,采用当日的中国人民银行公布的市场汇价的中间价(以下称中间价),将有关外币金额折合为记帐本位币金额。年末外币余额以12月31日国家公布的中间价调整,计算汇兑损益,记入财务费用。

6. 坏帐准备

本公司不计提坏帐准备,发生坏帐时按坏帐损失的实际发生额直接列入当期损益。

7. 存货计价方法

本公司原材料(包括主要材料、辅助材料、外购半成品)采用计划成本核算;低值易耗品在领用时采用五五摊销法;产成品按实际成本计价,发出时采用加权平均法计算。

8. 长期投资核算方法

公司的长期债券投资一律采用成本法核算。

公司向其他单位投出的资金,按投出时支付或确定的金额记帐。股权投资占被投资企业20%(含20%)以下时,采用成本法核算;股权投资占被投资企业20%以上50%以下,有实际控制权的采用权益法核算。股权投资占被投资企业50%以上时,采用权益法核算,并合并会计报表。

9. 固定资产及其折旧

本公司固定资产为使用期限超过一年且单位价值在2000元以上的房屋建筑物、机器设备、运输工具及其他与生产经营有关的设备、工具等。固定资产以实际成本计价,并按直线法计提折旧,各类固定资产的折旧年限及年折旧率如下:

固定资产类别	折旧年限	年折旧率
房屋建筑物	30—35年	3.23%—2.77%
专用设备	7年	13.86%
运输设备	6年	16.17%
其他设备	5—8年	19.4%—12.13%

10. 税项

(1)增值税

中药材、中成药增值税税率分别为13%和17%,以抵扣进项税额后计缴。出口商品增值税税率为零。

(2)消费税

消费税税率为10%,以抵扣原料酒的消费税税额后计缴。

(3)城市维护建设税

位于通县地区的药酒厂按应交增值税和消费税税额的5%计缴,除此之外其他厂按应交增值税、消费税税额的7%计缴。

(4)房产税

以帐面房产原值70%的金额为计税依据,年税率为1.2%。

(5)所得税

1994—1995年度同仁堂集团公司所得税以应纳税所得额的33%计算纳税。

1996年度同仁堂集团公司按所得税税率33%先征收,后全部返还。

11. 收入实现的确认

本公司于产品已经发出、并收到货款或取得收取价款的凭据时,确认销售收入的实现。

12. 利润分配

本公司按净利润提取10%的法定盈余公积金和5%的公益金后,各年度可供分配利润分配予同仁堂集团公司,截止一九九六年十二月三十一日未分配利润依据评估报告及确认批复扣除无形资产作为同仁堂集团公司净资产的一部分折股入资。

(四)报表主要项目说明

1. 应收帐款

A. 帐龄分析及百分比

帐龄	1996.12.31	比例
一年以内	22167832.71	33.4%
1-2年	35413063.77	53.2%
2-3年	8691183.79	13.1%
3年以上	197722.21	0.3%
	66469802.51	100%

B. 5%以上股份的股东欠款

股东单位:	1996.12.31	性质
同仁堂集团公司	19047573.64	应收货款

2. 其他应收款

A. 帐龄分析及百分比

帐龄	1996.12.31	比例
一年以内	4631255.67	39.1%
1-2年	3929345.36	33.2%
2-3年	2411183.69	20.3%
3年以上	882643.16	7.4%
	11854427.88	100%

B. 大额款项的性质和内容

债务单位	1996.12.31	性质
大兴京花印刷厂	300000.00	预付款
同仁堂集团公司	1532870.51	代垫费用
同仁堂广告公司	1100000.00	预付款
上海伟海包装机械厂	350000.00	预付设备款
同发乐商贸公司	300000.00	暂付款
同发机械公司	300000.00	暂付款
香港京泰有限公司*	2517810.00	预付购房款
南苑红星农场	370000.00	预付款
外商投资服务中心	762679.15	代垫费用
同仁堂粤东有限公司	1200000.00	代垫费用
其他(110户)	3121068.22	
	11854427.88	

*京泰公司代进出口公司在香港购房,进出口公司预付的购房款

C. 5%以上股份的股东欠款

股东单位	1996.12.31	性质
同仁堂集团公司	1532870.51	代垫费用

3. 存货

项目	1996.12.31
原材料	72198383.53
库存商品	181470025.61
产成品	106120070.29
包装物	545603.92
低值易耗品	795061.35
	361129144.70

4. 一年内到期的长期投资

债券种类	到期日	面值	年利率	投资金额

86国库券	1991.6.30	50000	前5年6% 后5年8%	5000
87国库券	1992.7.31	280000	前5年6% 后5年8%	280000
88国库券	1993.6.30	30000	前3年6% 后5年8%	30000
87重点建设债券	1990.6.30	100000	前3年6% 后5年8%	100000
89特种国债券	1994.11.30	70000	15%	70000
		530000		530000

注:国家延长了兑付期限,目前无法确定兑现日。

5. 长期投资　　1996.12.31

联营投资　　2743000

被投资公司名称	投资期限	占投资单位注册资本比例	投资金额
北京同仁堂制药厂丰台分厂	15年	30.5%	2743000

6. 固定资产及累计折旧

A. 固定资产原价

类别	1996.1.1	本年增加	本年减少	评估增值	96.12.31
房屋及建筑物*	55583385.64	17323647.57	1771245.72	52217312.51	123353100.00
机器设备	68323995.76	46445663.16	1010690.52	6109231.60	119868200.00
运输工具	6442100.09	388801.62	351345.41	1216943.79	7696500.00
	130349481.49	64158112.35	3133281.65	59543487.81	250917800.00

B. 累计折旧

类别	1996.1.1	本年增加	本年减少	评估增值	96.12.31
房屋及建筑物	20894970.68	2326593.47	1138876.66	13051712.51	35134400.00
机器设备	40520765.72	7605843.27	826829.85	81320.86	47381100.00
运输工具	2938871.28	865212.75	342138.47	-488045.56	2973900.00
	64354607.68	10797649.49	2307844.98	12644987.81	85489400.00

*药酒厂区食堂、库房、口服液制剂楼、颗粒生产楼作为抵押,借入长期借款1540万元

7. 在建工程

工程名称	工程进度	实际支用数	原预算数	批准文号	资金来源
污水工程	已完工95%左右	217311.00	250000.00	94京同字第106号	自筹
软胶囊生产线	已完工80%左右	126692.42	150000.00	96京同二技字第3号	自筹
计算机软件		10800.00	无		自筹
中试基地一配电室工程	已完工2%左右	408683.67	27850000.00	国中医药计(1994)64号	贷款1400万元 自筹1385万元
三车间技术改造	主体完工	1904396.45	3400000.00	96京同设字第8号	自筹
自动软水泵		16000.00	无		自筹
生产办公楼	主体完工	2233597.73	4300000.00	(92)京同基字第23号	自筹
		4917481.27			

8. 短期借款

贷款银行	金额	年利率	借款期限	借款条件
中国工商银行北京市通县支行	80万	12.08%	96.07.15-97.01.14	信用
中国工商银行北京市通县支行	430万	11.09%	96.11.14-97.05.14	信用
中国工商银行北京市通县支行	568万	11.09%	96.12.05-97.06.04	信用
中国工商银行北京市通县支行	170万	12.10%	96.12.08-97.02.08	信用
中国工商银行北京市通县支行	30万	11.09%	96.11.12-97.02.12	信用
中国工商银行北京市通县支行	1313万	11.09%	96.10.31-97.10.31	信用
中国工商银行北京市丰台支行	50万	11.09%	96.09.04-97.03.02	信用
中国工商银行北京市丰台支行	180万	11.09%	96.09.18-97.03.18	信用
中国工商银行北京市丰台支行	200万	12.08%	96.08.13-97.02.13	信用
中国工商银行北京市丰台支行	180万	11.09%	96.11.25-97.05.25	信用
中国工商银行北京市丰台支行	520万	11.09%	96.10.30-97.04.30	信用
中国工商银行北京市丰台支行	630万	11.09%	96.12.11-97.06.09	信用
中国工商银行北京市丰台支行	100万	11.09%	96.11.29-97.05.29	信用
中国工商银行北京市丰台支行	200万	11.09%	96.12.11-97.03.09	信用
中国工商银行北京市丰台支行	30万	11.09%	96.11.24-97.03.24	信用
中国工商银行北京市丰台支行	400万	11.09%	96.08.29-97.02.28	信用
中国工商银行北京市丰台支行	200万	12.08%	96.07.11-97.01.11	信用
中国工商银行北京市丰台支行	300万	12.08%	96.07.11-97.01.17	信用
中国工商银行北京市崇文支行	50万	11.09%	96.10.28-97.01.28	信用
中国工商银行北京市崇文支行	250万	11.09%	96.12.06-97.03.06	信用
中国工商银行北京市崇文支行	100万	11.09%	96.12.23-97.03.23	信用
中国工商银行北京市崇文支行	50万	11.09%	96.11.15-97.02.15	信用
中国工商银行北京市崇文支行	1000万	11.09%	96.12.23-97.03.23	信用
中国工商银行北京市崇文支行	1500万	11.09%	96.12.06-97.12.06	信用
中国工商银行北京市崇文支行	1147万	11.09%	96.12.13-97.03.13	信用
中国工商银行北京市崇文支行	100万	11.09%	96.11.08-97.02.08	信用
中国工商银行北京市崇文支行	2000万	10.98%	96.08.16-97.02.16	信用
中国工商银行北京市崇文支行	1000万	10.98%	96.07.31-97.02.02	信用
中国工商银行北京市崇文支行	2500万	10.98%	96.07.10-97.01.10	信用
中国工商银行北京市崇文支行	3000万	10.08%	96.12.06-97.06.06	信用
中国工商银行北京市崇文支行	500万	10.08%	96.12.26-97.06.26	信用
中国工商银行北京市崇文支行	450万	10.08%	96.10.18-97.04.18	信用
中国工商银行北京市新街口支行	1000万	12.20%	96.12.06-97.06.06	信用
中国工商银行北京市新街口支行	130万	13.29%	96.08.13-97.02.13	信用
中国工商银行北京市新街口支行	50万	12.20%	96.10.07-97.04.07	信用
中国工商银行北京市新街口支行	597万	12.20%	96.11.25-97.05.26	信用
中国工商银行北京市新街口支行	160万	13.29%	96.06.17-97.01.15	信用
中国工商银行北京市分行	500万	10.08%	96.12.11-97.07.11	信用
中国建设银行北京市通县支行	30万	11.09%	96.10.04-97.09.03	信用
中国建设银行北京市通县支行	150万	11.09%	96.09.03-97.08.03	信用
中国建设银行北京市朝阳支行	195万	11.09%	96.11.29-97.10.28	信用
中国交通银行北京分行	200万	11.09%	96.06.28-97.03.28	信用
中国交通银行北京分行	100万	11.09%	96.11.26-97.08.26	信用
中国交通银行北京分行	200万	11.09%	96.11.19-97.10.19	信用
	22540万			

9. 应付帐款

关联企业的内容及金额

关联企业名称	1996.12.31
同仁堂集团公司	19474930.83

10. 其他应付款

A. 主要债权人及款项性质

债权人名称	性质	金额
同仁堂集团公司	应上交集团公司利润	41352358.61
应付工资	应付职工工资	3634781.73
北京市财政局资金管理分局	贷款贴息	1630000.00
北京市经济管理委员会	贷款贴息	1400000.00
北京同仁堂时珍药业公司	加工费	3064462.68
中国药材公司	应付利润	2900000.00
基建科	应付工程款(1650工程)	1003108.52
其他(共128户)		15813430.40
		70798141.94

B. 其中:关联公司的数额

关联企业名称	1996.12.31
同仁堂集团公司	41352358.61

11. 一年内到期的长期负债

贷款单位	年利率	币种	金额	期限	借款条件
工商银行通县支行	10.98%	人民币	1400000	1994.06.23-1997.06.23	抵押

北京市财政局	10.05%	人民币	200000	1995.11.11－1997.11.11	信用
工商银行崇文支行	13.50%	人民币	8000000	1995.10.28－1997.06.28	信用
北京市财政局资金管理分局	9.15%	人民币	1000000	1994.11.14－1997.11.14	信用
北京市财政局资金管理分局	7.2%	人民币	648100	1995.11.29－1997.11.29	信用
			11248100		

12. 长期借款

贷款单位	年利率	币种	金额	期限	借款条件
国家发展银行	13.5%	人民币	200万	1995.06.01－2002.06.01	信用
国家发展银行	5.94%	人民币	130万	1994.02.05－2001.05.04	信用
建设银行朝阳支行	11.7%	人民币	700万	1995.03.25－1998.03.24	抵押
建设银行朝阳支行	10.98%	人民币	150万	1993.03.15－1999.03.15	信用
建设银行朝阳支行	10.98%	人民币	120万	1992.04.17－1998.04.17	信用
建设银行朝阳支行	11.7%	人民币	600万	1996.11.26－1998.12.25	信用
建设银行朝阳支行	10.98%	人民币	40万	1990.12.12－1998.12.12	信用
建设银行朝阳支行	10.98%	人民币	110万	1991.12.17－1999.12.17	信用
建设银行朝阳支行	10.98%	人民币	700万	1994.12.26－1999.12.26	抵押
			2750万		

13. 股本

	1996.12.31	1995.12.31	1994.12.31
同仁堂集团公司	150000000	145590388.42	145590388.42

说明：根据北京市国有资产管理局京国资工（1997）171号批复以1996年12月31日净资产229979457.53元，折股15000万股，由同仁堂集团公司持有，净资产折股比例为1:1.533。1994、1995年股本为本公司净资产的一部分。

14. 资本公积

	1996.12.31	1995.12.31	1994.12.31
资本折算差额	79979457.53	0	0

说明：根据北京市国有资产管理局京国资工（1997）171号批复以1996年12月31日净资产229979457.53元，折股15000万股，折股后差额计入股份公司的资本公积金。

15. 盈余公积

	1996年	1995年	1994年
年度净利润	89441659.38	59355539.49	63725610.39
10%法定盈余公积	8944165.94	5935553.95	6372561.04
5%公益金	4472082.97	2967776.97	3186280.52
提取盈余公积合计	13416248.91	8903330.92	9558841.56
加：期初盈余公积	23401776.83	14498445.91	4939604.35
减：转增折股净资产	36818025.74	0	0
期末盈余公积	0	23401776.83	14498445.91

16. 未分配利润

	1996.12.31	1995.12.31	1994.12.31
年度净利润	89441659.38	59355539.49	63725610.39
减：提取盈余公积	13416248.91	8903330.92	9558841.56
加：年初未分配利润	29449612.64	16988675.09	7990602.89
减：已分配利润	105475023.11	37991271.02	45168696.63
未分配利润	0	29449612.64	16988675.09

17. 关联公司交易往来

A. 主要关联公司名称及关联关系

关联公司名称	与本公司联系
同仁堂集团公司	本公司之控股股东
同仁堂广告公司	同仁堂集团公司之子公司
同仁堂珠海有限公司	同仁堂集团公司之子公司
同仁堂海南有限公司	同仁堂集团公司之联营公司
同仁堂粤东有限公司	同仁堂集团公司之联营公司

B. 关联公司往来明细

关联公司名称	往来性质	往来金额
同仁堂集团公司	货款	应收帐款——19047573.64
	代垫费用	其他应收款－－1532870.51
	辅料价款、成药货款等	应付帐款－－19474930.83
	应上交集团公司利润	其他应付款－41352358.61
同仁堂广告公司	预付款	其他应收款－－1100000.00
同仁堂珠海有限公司	货款	应收帐款－－7562501.13
同仁堂海南有限公司	货款	应收帐款－－1022217.30
同仁堂粤东有限公司	代垫费用	其他应收款－－1200000.00

C. 本公司组建以后，将履行以下协议：

1. 本公司与同仁堂集团公司签订《同仁堂商标使用许可合同》，同仁堂集团公司同意本公司使用"同仁堂"之注册商标，商标注册号：171188，本公司向同仁堂集团公司每年交纳商标使用费264万元。

2. 本公司与同仁堂集团公司签订《土地租赁协议》，本公司有偿使用119364.45平方米土地，年租金643.97万元，租赁期限为30年。

3. 本公司与同仁堂集团公司签订《承诺函》，同仁堂集团公司保证本公司在同等条件下，保障优先有偿使用药品仓库和运输工具。

18. 或有负债

本公司截止一九九六年十二月三十一日，无对外担保等或有负债事项。

19. 期后事项

本公司截至一九九七年四月十六日止，到期的短期借款其中80万元已归还，其余已重新办理新的借款手续，并续签了新的借款协议。

（五）近三年的主要财务指标

财务指标	1996年	1995年	1994年
1. 流动比率	1.24	1.25	1.29
2. 速动比率	0.31	0.42	0.51
3. 应收帐款周转率	6.17	4.17	3.50
4. 存货周转率	0.85	0.87	0.84
5. 净资产比率	0.35	0.31	0.28
6. 净资产收益率	0.39	0.30	0.36
7. 每股税后利润	0.596	0.396	0.425

注：1. 本财务指标数据根据京都会计师事务所出具的京都会审字（1997）第0418号审计报告计算；

2. "每股税后利润"指标中股本均按15000万股计算。

十、董事会上市之承诺

本公司董事会承诺将严格遵守《中华人民共和国公司法》、《股票发行与交易管理暂行条例》、《公开发行股票公司信息披露实施细则》、《上海证券交易所规则》和有关法律、法规的规定，并自股票上市之日起向全体股东作出如下承诺：

1. 按照法律、法规的规定程序和要求披露重大信息，并接受证券主管机关、上海证券交易所的监督管理。

2. 及时、真实、准确地公布中期报告和年度报告。并备置于规定场所供投资公众查阅。

3. 本公司董事、监事及高级管理人员发生人事变动或持本公司股票发生变化时，在报告证券主管机关、证券交易所的同时向投资者公布。

4. 在任何公共传播媒介中出现的消息可能对本公司股票的市场价格产生误导性影响时，本公司获悉后将及时对该消息予以公开澄清。

5. 本公司董事、监事及高级管理人员将认真听取社会公众的意见和批评，自觉抵制不正之风，不利用已获得的内幕消息和其他不当手段直接或间接从事股票买卖活动。

6. 本公司没有无记录负债。

十一、重要事项揭示

本公司股票发行结束后至本上市公告书公布之日止，未发生需要披露之重要事项。

十二、咨询机构

1. 本公司:北京同仁堂股份有限公司
   注册地:北京市崇文区东兴隆街52号
   法定代表人:殷顺海
   联系人:李连英
   电话:010-67022978
   传真:010-67012376
2. 上市推荐人:华夏证券有限公司
   注册地:北京市海淀区复兴路乙63号
   法定代表人:黄玉峻
   联系人:汪民生、金 旭、柳亦兵
   电话:010-68278285
   传真:010-68286149

十三、备查文件目录

1. 招股说明书
2. 审计报告
3. 验资报告
4. 资产评估报告
5. 公司章程
6. 法律意见书
7. 公司营业执照
8. 本公司创立大会会议纪要及决议
9. 其他有关文件

附:主要会计资料

资产负债表

编制单位:北京同仁堂股份有限公司　　单位:元

项目	1996.12.31	1995.12.31	1994.12.31
流动资产:			
货币资金	30,979,749.48	7,908,419.51	20,379,982.12
应收帐款	66,469,802.51	107,681,669.75	132,188,167.36
减:坏帐准备	–	–	–
应收帐款净额	66,469,802.51	107,681,669.75	132,188,167.36
预付货款	541.00	90,009.17	–
其他应收款	11,854,427.88	24,810,140.62	16,087,999.12
待摊费用	8,839,508.07	36,668,424.49	38,609,438.11
存货	361,129,144.70	354,906,652.09	323,066,758.60
一年内到期的长期债券投资	530,000.00	2,350,530.00	2,523,000.00
其他流动资产			
流动资产合计	479,803,173.64	534,415,835.63	532,855,345.31
长期投资:			
长期投资	3,243,000.00	6,183,677.16	6,233,197.16
固定资产:			
固定资产原价	250,917,800.00	130,349,481.49	109,787,521.02
减:累计折旧	85,489,400.00	64,354,607.68	56,656,845.39
固定资产净值	165,428,400.00	65,994,873.81	53,130,675.63
在建工程	4,917,481.27	34,885,634.72	43,135,602.94
固定资产合计	170,345,881.27	100,880,508.53	96,266,278.57
资产总计	653,392,054.91	641,480,021.32	635,354,821.04

资产负债表

编制单位:北京同仁堂股份有限公司　　单位:元

项 目	1996.12.31	1995.12.31	1994.12.31
流动负债:			
短期借款	225,400,000.00	212,080,000.00	196,900,000.00
应付帐款	81,635,139.73	135,415,106.79	152,217,644.47
预收货款	288,257.55	550,637.45	6,498,508.32
应付福利费	1,717,713.22	2,178,068.47	1,458,813.06
未交税金	-6,296,554.21	-6,508,122.66	7,531,375.85
其他未交款	1,133,061.45	1,180,610.89	1,377,749.47
其他应付款	70,798,141.94	31,697,224.03	31,447,035.28
预提费用	–	–	15,017.12
一年内到期的长期负债	11,248,100.00	50,080,000.00	13,240,000.00
流动负债合计	385,923,859.68	426,673,524.97	410,686,143.57
长期负债:			
长期借款	27,500,000.00	9,218,100.00	42,810,000.00
其他长期负债	9,988,737.70	7,146,618.46	4,781,168.05
长期负债合计	37,488,737.70	16,364,718.46	47,591,168.05
负债合计	423,412,597.38	443,038,243.43	458,277.311.62
股东权益:			
股本	180,000,000.00	155,590,388.42	155,590,388.42
资本公积	49,979,457.53	–	
盈余公积	–	23,401,776.83	14,498,445.91
其中:公益金		7,800,592.28	4,832,815.30
未分配利润		19,449,612.64	6,988,675.09
股东权益合计	229,979,457.53	198,441,777.89	177,077,509.42
负债及股东权益总计	653,392,054.91	641,480,021.32	635,354,821.04

利润表

编制单位:北京同仁堂股份有限公司　　单位:元

项目	1996	1995	1994
一、主营业务收入	537,439,950.56	500,997,498.72	462,885,874.95
减:营业成本	303,876,787.61	295,094,504.18	272,801,523.06
销售费用	24,445,029.10	20,040,432.25	14,478,634.52
管理费用	85,468,134.46	63,993,868.60	58,686,593.82
财务费用	31,403,782.89	29,675,539.82	24,363,413.28
营业税金及附加	3,999,987.16	5,231,817.41	6,520,040.78
二、主营业务利润	88,246,229.34	87,021,336.46	86,035,669.49
加:其他业务利润	377.60	8,678.68	58,677.02
三、营业利润	88,246,606.94	87,030,015.14	86,094,346.51
加:投资收益	688,610.98	541,450.00	152,352.00
营业外收入	952,862.08	414,858.53	489,188.20
减:营业外支出	446,420.62	2,517,121.85	1,872,459.10
四、利润总额(亏损以"-"号表示)	89,441,659.38	85,469,201.82	84,863,427.61
减:所得税	–	26,113,662.33	21,137,817.22
五、净利润	89,441,659.38	59,355,539.49	63,725,610.39

财务状况变动表

编制单位:北京同仁堂股份有限公司　　1996年度　　单位:元

流动资金来源和运用	行次	金 额
一、流动资金来源:		
1. 本年净利润	1	89,441,659.38
加:不减少流动资金的费用和损失	2	
(1)固定资产折旧	3	10,711,491.69
(2)无形资产递延资产及其他资产摊销(或其他负债转销)	4	–
(3)固定资产盘亏(减盘盈)	5	
(4)清理固定资产损失(减收益)	6	57,239.17
(5)递延税款	7	–
(6)其他不减少流动资产的费用和损失	8	–
小 计	9	100,210,390.24
2. 其他来源:		

(1)固定资产清理收入(减清理费用)	10	768,197.50
(2)增加长期负债	11	51,246,025.30
(3)收回长期投资	12	2,410,677.16
(4)对外投资转出固定资产	13	-
(5)对外投资转出无形资产	14	-
(6)资本净增加额	15	50,987,292.28
小　计	16	105,412,192.24
流动资产来源合计	17	205,622,582.48
二、流动资产运用:		
1. 利润分配:		
(2)提取法定公积金	18	8,944,165.94
(3)提取法定公益金	19	4,472,082.97
(4)已分配股利	20	95,475,023.11
小　计	21	108,891,272.02
2. 其他运用:		
(1)固定资产和在建工程净增加额	22	81,002,301.10
(2)增加无形资产递延资产及其他资产	23	-
(3)偿还长期投资	24	30,122,006.06
(4)增加长期投资	25	-530,000.00
小　计	26	110,594,307.16
流动资金运用合计	28	219,485,579.18
流动资金增加净额	29	-13,862,996.70

财务状况变动表

编制单位:北京同仁堂股份有限公司　　1996 年度　　单位:元

流动资金各项目的变动	行次	金　额
一、流动资产本年增加数:		
1. 货币资金	30	23,071,329.97
2. 短期投资	31	-
3. 应收票据	32	-
4. 应收帐款净额	33	-41,211,867.24
5. 预付帐款	34	-89,468.17
6. 其他应收款	35	-12,955,712.74
7. 待摊费用	36	-27,828,916.42
8. 存货	37	6,222,492.61
9. 待处理流动资产净损失(减收益)	38	
10. 一年内到期的长期债券投资	39	-1,820,520.00
11. 其他流动资产	40	-
流动资产增加净额	45	-54,612,661.99
二、流动负债本年增加数:		
1. 短期借款	46	13,320,000.00
2. 应付票据	47	
3. 应付帐款	48	-53,779,967.06
4. 预收货款	49	-262,379.90
5. 应付福利费	50	-460,355.25
6. 未付股利	51	-
7. 未交税金	52	211,568.45
8. 其他未交款	53	-47,549.44
9. 其他应付款	54	39,100,917.91
10. 预提费用	55	-
11. 一年内到期的长期负债	56	-38,831,900.00
12. 其他流动负债	57	-
流动负债增加净额	60	-40,749,665.29
流动资金增加净额	61	-13,862,996.70

北京同仁堂股份有限公司

一九九七年六月二十三日

湖 北 多 佳 股 份 有 限 公 司

湖北多佳股份有限公司股票上市公告书

一、要览

总股本:11595.99 万股

可流通股本:3000 万股

本次上市流通股本:3000 万股

股票简称:多佳股份

证券编码:600086

上市地点:上海证券交易所

上市时间:1997 年 6 月 6 日

登记机构:上海证券中央登记结算公司

二、绪言

本公告书依据《中华人民共和国公司法》、《股票发行与交易管理暂行条例》、《公开发行股票公司信息披露细则》和《上海证券交易所交易规则》及国家有关证券管理法规的规定编制,旨在向投资者提供本公司基本情况及有关资料。

经中国证券监督管理委员会证监发字〈1997〉249 号文及证监发字〈1997〉250 号文批准,本公司已成功地向社会公众公开发行每股面值为 1.00 元人民币普通股股票 3000 万股。经上海证券交易所上证上(1997)042 号文审核批准,本公司 3000 万股可流通股将于 1997 年 6 月 6 日在上海证券交易所挂牌交易。

本公司已于 1997 年 5 月 20 日在《上海证券报》和《中国证券报》上刊登了招股说明书概要,距今不足 6 个月,故与其重复的内容在此不再重述,敬请投资者查阅本公司的招股说明书概要。

本公司董事会成员已批准该上市公告书,确信其中不存在任何重大遗漏或者误导,并对其真实性、准确性和完整性负个别及连带责任。

三、公司概况

1、发起人简介

法定名称:湖北多佳股份有限公司

英文名称:HUBEI DUOJIA CO. LTD

注册资本:人民币 11595.99 万元

成立日期:1993 年 7 月 13 日

法定代表人:杨立康

经营范围:纺织品、服装制造与销售;五金交电、百货、建筑材料、钢材批发与零售;公路货物运输

注册地址:湖北省鄂州市

联系电话:(0711)3853001

2、历史沿革

本公司于 1995 年 4 月 2 日经湖北省体改委鄂改〈1993〉39 号文批准,以鄂州市服装总厂为主要发起人,联合鄂州市纺织工贸总公司,中国银行湖北信托投资公司鄂州办事处,采用定向募集方式设立的股份有限公司,鄂州市服装总厂以其部份经营性净资产 2160 万元,折为 2160 万股,其它发起人及内部职工按 1:1 的比例以现金 1000 万元认购 1000 万股。公司总股本为 3160 万股,1993 年 7 月在湖北鄂州市工商行政管理局注册登记。

1994 年 5 月,经湖北省体委鄂改〈1994〉41 号文批准,进行法人股转让,并确认发起人为:鄂州市服装总厂、鄂州市民康企业有限公司、鄂州市华容被服厂、鄂州市新世界集团公司、鄂州市建设投资公司、湖北省服装进出口公司共 6 家法人单位。1996 年 6 月湖北省体改委以鄂体改〈1996〉467 号文对本公司根据国务院〈1995〉17 号文精神依《公司法》进行规范的工作给予了肯定。

1995 年 3 月公司股东大会通过决议,并经湖北省体改委鄂改〈1995〉35 号文批准,公司于 1995 年 6 月以 1994 年末的总股本 3160 万为基数,对全体股东按 10:3 的比例实施配股,配股价为每股 3 元,配股后总股本为 4108 万股,同年 10 月公司临时股东大会通过决议,并经湖北省体改委鄂改〈1995〉95 号文批准,公司以 1995 年 9 月 30 日的总股本为基数,按 10:3.5 的比例用资本公积金对全体股东转增股本、转增后总股本为 5545.8 万股。

1996 年 3 月公司股东大会通过决议,并经湖北省体改〈1996〉286 号文批准,公司按 10:4.5 的比例向原股东送红股,并按 10:1 的比例用资本公积金转增股本,经过本次扩股后,总股本为 8595.99 万股。

四、股票发行及承销

1、本次股票公开发行

发行数量:社会公众股 3000 万股

发行价格:6.04 元/股

募集资金总额:18120 万元

发行方式:上网定价发行

配售比例:1.707%

配售户数:22517

持 1000 股以上的户数:23899 户

发行费用总额:648 万元

每股发行费用:0.216 元

发行市盈率:14.98 倍

2、股票承销

本次公开发行的 3000 万股社会公众股已全部由社会公众认购,承销团成员无包销比例及数量。

3、验资报告((96)鄂会师股验字第 257 号)

根据湖北会计师事务所二位中国注册会计师许长顺和周彪所出具的验资报告,湖北多佳股份有限公司的注册资本为人民币 11595.99 万元。根据我们的审验,公司本次股票发行前,湖北多佳股份有限公司的注册资本为 8595.99 万元,截止 1997 年 5 月 30 日为止,湖北多佳股份有限公司应收到向社会公众股东募集的资金 181,200,000.00 元,扣除发行费用实际向社会公众股东募集的资金为 174,720,000.00 元,其中增加股本 30,000,000.00 元,增加资本公积 144,720,000.00 元。本次股票发行后,湖北多佳股份有限公司的股本总额为 11,595.99 万元,其中发起人股本 7,779.915 万元,占总股本的 67.09%;内部职工股本为 816.075 万元,占总股本的 7.04%;社会公众股本为 3,000.00 万股,占总股本的 25.87%。

五、董事、监事及高级管理人员持股情况

姓名	职务	持股数(股)	持股比例(‰)
杨立康	董事长兼总经理	54405	0.47
杨腊保	董事兼副总经理	8705	0.075
杨大胜	董事	13600	0.12
熊春荣	董事	13601	0.12
江长仙	董事	11996	0.10

刘福民	董事兼财务总监	16322	0.14
倪新华	董事	0	0
高作畅	董事	0	0
汪志勤	董事	0	0
方文州	监事会主席	21980	0.19
陈燕龙	监事	2720	0.023
卢光坤	监事	0	0
王先进	监事	0	0
陈广明	监事	0	0
钟志华	常务副总经理	0	0
陈茉莲	副总经理	0	0

公司董事、监事及高级管理人员共持有公司股份 143330 股，占总股本的 1.24%，其持有股份按《中华人民共和国公司法》有关规定，在任职期不得转让。

六、公司设立

1、本公司于 1997 年 3 月 16 日召开的股东大会作出决议：本公司向社会公众发行的面值为 1 元的 3000 万股人民币普通股在上海证券交易所上市。

2、公司注册资金:11595.99 万元

3、公司注册时间:1993 年 7 月 13 日

4、公司注册地点:鄂州市鄂城区武昌大道 298 号

5、营业执照注册号码:27175229—8

七、关联企业及关联交易

1、关联企业

(1)本公司的主要股东

股东名称	持股比例(%)	主要业务
鄂州市服装总厂	48.11	房地产开发
鄂州市新世界集团公司	9.47	商业、百货
鄂州市建设投资公司	4.32	投资建设
鄂州市民康企业有限公司	3.28	建材、电子
鄂州市华容被服厂	1.73	军工服装

(2)本公司的投资企业

名称	投资比例(%)	主要业务
鄂州市恩康服饰有限公司	75	服装生产
湖北美阳服装有限公司	75	服装生产
多佳产品经营公司	100	服装生产

2、关联交易

本公司与下述企业存在如下关联交易：

(1)本公司租用鄂州市服装总厂的两块宗地使用权，土地面积分别为 1.78 亩和 23.56 亩，年租金合计为 12 万元，租赁期限为 1994 年元月 1 日到 2004 年元月 1 日。

(2)本公司租赁鄂州市新世界集团公司的一块宗地使用权，土地面积 1.79 亩，年租金 2 万元，租赁期限为 1995 年 9 月 1 日至 2005 年 9 月 1 日。

(3)本公司租赁鄂州市华容被服厂一块宗地使用权，土地面积 2 亩，年租金 1 万元，租赁期限为 1995 年 9 月 1 日至 2005 年 9 月 1 日。

(4)本公司与鄂州市服装总厂签有服务合同，本公司每年向服装总厂支付 17.14 万元，作为鄂州市服装总厂向本公司提供的补偿。

八、股本结构及大股东持股情况

1、本次上市前的股本结构

股本类别	股本数量(万股)	持股比例(%)
总股本	11595.99	100
尚未流通股份		
(1)发起人股	7779.915	67.09
(2)内部职工股	816.075	7.04
尚未流通股份合计	8595.99	74.13
可流通股份		
(1)本次公开发行股份	3000	25.87
可流通股份合计	3000	25.87

2、前十名股东所持股数及比例

股东名称	持股数量(股)	持股比例(%)
(1)鄂州市服装总厂	55786887	48.11
(2)鄂州市新世界集团公司	10989810	9.48
(3)鄂州市建设投资公司	5010700	4.32
(4)鄂州市民康企业有限公司	3802910	3.28
(5)鄂州市华容被服厂	2007545	1.73
(6)湖北省服装进出口公司	201298	0.17
(7)杨立康	54405	0.047
(8)徐娥英	50325	0.043
(9)余巧春	45700	0.039
(10)李晋红	45700	0.039

九、公司财务会计资料

1、审计报告(97)鄂会师股审字第 98 号

湖北多佳股份有限公司全体股东：

我们接受委托，审计了湖北多佳股份有限公司 1996 年 12 月 31 日、1995 年 12 月 31 日、1994 年 12 月 31 日的公司资产负债表和合并资产负债表，1996 年度、1995 年度、1994 年度的公司利润及利润分配表和合并利润及利润分配表，1996 年度公司财务状况变动表和合并财务状况变动表。这些会计报表是由湖北多佳股份有限公司负责，我们的责任是对这些会计报表发表审计意见。我们的审计是依据中国注册会计师独立审计准则进行的。在审计过程中，我们结合湖北多佳股份有限公司实际情况，实施了包括抽查会计记录等我们认为必要的审计程序。

我们认为，上述会计报表符合《企业会计准则》和《股份制试点企业会计制度》的有关规定，在所有重大方面公允地反映了湖北多佳股份有限公司 1996 年 12 月 31 日、1995 年 12 月 31 日、1994 年 12 月 31 日的财务状况及 1996 年度、1995 年度、1994 年度经营成果和 1996 年度资金变动情况，会计处理方法的选用遵循了一贯性原则。

湖北会计师事务所

中国注册会计师　　许长顺　　周彪

报告日期:1997 年 3 月 9 日

2、财务报表(见附表)

3、财务报表附注

ⅰ、公司采用的主要会计政策

(1)税项

税　种	税　率	备　注
A、增值税	17%	
B、所得税	33%	本公司和内联公司适用税率，经营期十年以上的生产性外商投资企业享受二免三减所得税优惠政策。
C、营业税	5%	税目为服务业(租赁业)
D、城市维护建设税	7%	以增值税和营业税为计税基数、鄂州市外商投资企业享受免征优惠政策。
E、教育费附加	3%	以增值税和营业税为计税基数，鄂州市外商投资企业享受免征优惠政策。

1997 年 3 月湖北省人民政府鄂政函〈1997〉35 号批复，同意湖北多佳股份有限公司股票上市后，企业所得税按 33% 征收，由市级财政返还 18%。

(2)利润分配

	1996 年度	1995 年度	1994 年度
提取法定公积金	3,675,124.94	1,860,380.44	1,410,584.55
提取法定公益金	1,837,562.47	930,190.22	705,292.28
提取任意公积金			
分配普通股股利	24,956,100.00		

1994 年度、1995 年度、1996 年度提取法定公积金比例均为 10%，提取法定公益金比例均为 5%。1995 年度股利分配是经股东大会同意，用 1993 年、1994 年、1995 年滚存利润按 10:4.5 的比例向原股东送红股进行的。1996 年未分配利润，经股东大会批准待公司股票发行后新老股东共享。

ⅱ、纳入合并会计报表的投资公司

公司名称	注册地	注册资本	拥有股权	中方实际投资	主要生产范围
(1)湖北多佳股份有限公司产品经营公司	鄂州市	290 万元	100%		生产销售服装针纺织品、鞋帽
(2)鄂州恩康服饰有限公司	鄂州市	USD80 万元	75%	USD60 万元	生产、销售夹克 T 恤衬衫
(3)湖北美阳服装有限公司	鄂州市	USD80 万元	75%	USD60 万元	生产、销售夹克衫服装

ⅲ、合并会计报表项目附注摘录(除注明货币单位外、其他货币单位一律为人民币)

1、应收帐款

		比例	1996.12.31
A.	(1)一年以内的	28.54%	4,066,382.45
	(2)一年至二年的	70.95%	10,108,488.71
	(3)二年至三年的		
	(4)三年以上的	0.51%	72,903.29
	合计	100%	14,247,774.45

B、没有持有本公司 5%以上股份的股东的应收帐款。

C、应收帐款增长的主要原因是销售额大幅度增加形成的。

2、资本公积

项目	1994.12.31	1995 年增加数	1995 年减少数
(1)股票溢价		18,960,000.00	14,378,000.00
(2)接收捐赠		1,037,976.45	
合　计		19,997,976.45	14,378,000.00

项　目	1995.12.31	1996 年减少数	1996.12.31
(1)股票溢价	4,582,000.00	4,582,000.00	
(2)接收捐赠	1,037,976.45	963,800.00	74,176.45
合　计	5,619,976.45	5,545,800.00	74,176.45

3、盈余公积

项目	1994.01.01	1994 年增加数	1994.12.31	1995 年增加数
(1)法定公积金	520,131.01	1,410,584.55	1,930,715.56	1,860,380.44
(2)法定公益金	260,065.51	705,292.28	965,357.79	930,190.22
(3)任意公积金	—	—	—	—
合　计	780,196.52	2,115,876.83	2,896,073.35	2,790,570.66

项　目	1995.12.31	1996 年增加数	1996.12.31
(1)法定公积金	3,791,096.00	3,675,124.94	7,466,220.94
(2)法定公益金	1,895,548.01	1,837,562.47	3,733,110.48
(3)任意公积金	—	—	—
合　计	5,686,644.01	5,512,687.41	11,199,331.42

4、未分配利润

项目	1994 年度	1995 年度	1996 年度
(1)期初数	313,113.62	12,303,082.32	28,116,316.02
(2)加:本年净利润	14,105,845.53	18,603,804.36	36,751,249.35
(3)减:本年分配数	2,115,876.83	2,790,570.66	30,468,787.41
(4)期末数	12,303,082.32	28,116,316.02	34,398,777.96

5、主营业务收入

	1996 年度	1995 年度	1994 年度
(1)自营出口	147,057,953.09	67,597,495.08	43,120,974.83
(2)委托代理出口	8,138,491.89	17,077,004.37	21,083,478.62
(3)国内销售收入	7,502,680.92	5,187,052.92	3,529,642.80
合　计	162,699,125.90	89,861,552.37	67,734,096.25

Ⅳ、母公司会计报表重要事项说明

1、长期投资 1996 年 12 月 31 日余额为 16,849,565.40 元

(1)湖北美阳服装有限公司	7,853,093.05
(2)鄂州恩康服饰有限公司	5,936,970.31
(3)湖北多佳股份有限公司产品经营公司	3,059,502.04
合　计	16,849,565.40

2、其他业务利润 1996 年度累计数为 6,943,311.93 元

(1)将 3425 万元资产租赁给子公司使用的租金收入	1,079,712.00
(2)将 2000 万元资产租赁给其他公司使用的租金收入	5,863,599.93
合　计	6,943,311.93

母公司将资产租给子公司使用是履行合资企业有偿提供所需的生产厂房、办公用房及基础设施。将资产租给子公司使用而未投入子公司，是在中方不能单方面增加对合资公司的投资的情况下，而采取的一种经营形式。

3、投资收益 1996 年度累计数为 33,584,274.35 元，全部为投资给子公司取得收益。子公司的收益是由子公司营运的全部资产共同作用实现的、子公司营运的全部资产包括子公司的自有资产和从母公司业合同中规定的其应承提的义务。合资合同中规定中方有义务向合资以租赁方式取得的资产。

Ⅴ、主要财务指标

名称	1996 年	1995 年	1994 年
流动比率	1.95	1.75	1.59
速动比率	1.62	1.17	1.25
应收帐款周转率	27.76%	34.75%	45.59%
存货周转率	502.76%	312.11%	648.46%
每股盈利(元)	0.4275	0.3355	0.4464
净资产收益率	27.92%	19.61	30.14%
股东权益比率	69.80%	62.92%	51.84%

十、董事会上市承诺

本公司董事会将严格遵守《公司法》、《股票发行与交易管理暂行条例》、《公开发行股票公司信息披露实施细则》、《上海证券交易所交易规则》和有关法律、法规的规定，并自股票上市之日起作出如下承诺：

1、按照法律、法规的规定程序和要求披露重大信息，并接受证券主管机关和上海证券交易所的监督管理。

2、及时、真实、准确地公布中期报告和年度报告，并备置于规定场所供投资者查阅。

3、本公司董事、监事及高级管理人员如发生人事变动或持有本公司股票发生变化时，在报告证券主管机关、证券交易所的同时向投资者公布。

(4)在任何公共传播媒介中出现的消息可能对本公司股票的市场价格产生误导性影响时，本公司知悉后将及时对该消息予以公开澄清。

5、本公司董事、监事及高级管理人员将认真听取社会公众的意见和批评、不利用已获得的内幕消息和其他不正当手段直接或间接从事股票买卖活动。

6、本公司没有无记录负债。

十一、重要事项提示

1、截止上市公告书刊登之日，本公司未涉及任何重大诉讼事项和仲裁、也无任何未了结或可能面临的重大诉讼或索赔要求。

2、本公司1997年3月股东大会决议，1996年度税后利润由新老股东共享。

3、本公司上市后企业所得税按33%征收，由鄂州市财政返还18%，公司实际税率为15%。

4、盈利预测

根据湖北会计师事务所出具的《盈利预测审核报告》〈(97)鄂会师股审字第99号〉，本公司1997年盈利预测为：

净利润	33%税负	15%税负
	4531.56万元	4958.16万元
每股盈利(摊薄)	0.39万元	0.43元

5、本次股票发行结束后，每股净资产为2.64元。

十二、备查文件

1、上海证券交易所上市通知书

2、招股说明书

3、验资报告

4、其它备查文件

十三、咨询机构

1、发行人：湖北多佳股份有限公司

地址：湖北省鄂州市凤凰北路71号

电话：0711—3853001　传真：0711—3862087

联系人：陈瑞锋　谢光

邮政编码：436000

2、主承销商：湖北证券公司

地址：武汉市武昌彭刘杨路232号

电话：027—7807038　传真：027—8040056

联系人：傅道臣　吴丰安　贾暾　罗先进

3、上市推荐人：

(1)中信证券有限责任公司

地址：北京市朝阳区新源南路6号京城大厦

电话：010—64665894　0755—2284149

传真：010—64661490　0755—2284144

联系人：贾文杰　江山

(2)湖北证券公司

湖北多佳股份有限公司

一九九七年六月二日

附表

合并资产负债表

编制单位：湖北多佳股份有限公司　　单位：元

项目	行次	1996.12.31	1995.12.31	1994.12.31	项目	行次	1996.12.31	1995.12.31	1994.12.31
流动资产：					流动负债：				
货币资金	1	34,084,965.44	22,180,461.87	10,180,121.77	短期借款	41	7,360,000.00	17,097,064.97	4,951,510.00
短期投资	2	2,00.00		50,000.00	应付票据	42	5,792,322.75		
应收票据	3				应付帐款	43	14,496,830.44	17,295,483.99	10,665,181.87
应收帐款	4	14,247,774.45	5,245,205.32	11,165,650.32	预收货款	44	206,852.39	7,650.00	15,940.00
减：坏帐准备	5				应付福利费	45	3,101,436.82	1,525,596.01	513,419.82
应收帐款净额	6	14,247,774.45	5,245,205.32	11,165,650.32	未付股利	46			
预付货款	7	6,770,610.22			未交税金	47	3,794,180.91	1,168,998.22	388,783.28
其他应收款	8	20,501,761.93	29,216,512.05	24,978,785.72	其他未交款	48	4,637.55		1,565.64
待摊费用	9	633,715.76	1,641,726.80	912,627.75	其他应付款	49	11,041,922.98	12,487,977.18	20,881,224.34
存货	10	15,640,532.79	28,395,625.34	12,722,407.11	预提费用	50	-396,554.68	69,406.33	346,653.72
减：存货变现损失准备	10—1				一年内到期的长期负债	51	829,820.00		
存货净额	10—2	15,640,532.79	28,395,625.34	12,722,407.11	其他流动负债	52			
待处理流动资产净损失	11				流动负债合计	55	47,024,558.52	49,652,176.70	37,764,278.58
一年内到期的长期债券投资	12				长期负债：				
其他流动资产	13				长期借款	56	5,328,000.00	2,750,000.00	3,392,000.00
流动资产合计	15	91,881,360.59	86,679,531.38	60,009,592.67	应付债券	57			
长期投资					长期应付款	58			
长期投资	16				其他长期负债	60			
合并价差(合并报表列)					长期负债合计	65	5,328,000.00	2,750,000.00	3,302,000.00
(货差以"—"号表示)	16—1				递延税项：				
固定资产：					递延税款贷项	66			
固定资产原值	17	103,050,918.26	66,376,718.93	30,854,863.14	负债合计	67	52,352,558.52	52,402,176.70	41,156,278.58
减：累计折旧	18	8,497,196.52	5,794,191.51	2,258,812.15	少数股东权益(合并报表填列)	67—1	4,596,687.77	3,504,133.44	2,323,764.98
固定资产净值	19	94,553,721.74	60,582,527.42	28,596,050.99	股东权益：				
在建工程	20	787,635.63	2,335,487.61	594,923.77	股本	68	85,959,900.00	55,458,00.00	31,600,000.00
固定资产清理	21				资本公积	69	74,176.45	5,619,976.45	
待处理固定资产净损失	22				盈余公积	70	11,199,331.42	5,686,644.01	2,896,073.35
固定资产合计	23	95,341,357.37	62,918,015.03	29,190,974.76	其中：公益金	71	3,733,110.48	1,895,548.01	965,357.79
无形资产及递延资产					未分配利润(未弥补亏损以" "号表示)	72	34,398,777.96	28,116,316.02	12,303,082.32
无形资产	24				外币报表折算差额(合并报表填列)	72—1			
递延资产	25	1,358,714.16	1,189,700.21	1,078,631.80	股东权益合计	79	131,632,185.83	94,880,936.48	46,799,155.67
无形及递延资产合计	30	1,358,714.16	1,189,700.21	1,078,631.80	负债及股东权益总计	80	188,581,432.12	150,787,246.67	90,279,199.23

项目	行次	1996.12.31	1995.12.31	1994.12.31	项目	行次	1996.12.31	1995.12.31	1994.12.31
其他长期资产:									
其他长期资产	31								
递延税项:									
递延税款借项	32								
资产总计	40	188,581,432.12	150,787,246.62	90,279,199.23					

母公司资产负债表

编制单位:湖北多佳股份有限公司　　　　单位:元

资产	行次	1996.12.31	1995.12.31	1994.12.31
流动资产				
货币资金	1	18,278,561.89	6,610,864.08	4,140,666.58
短期投资	2			
应收票据	3			
应收帐款	4			
减:坏帐准备	5			
应收帐款净额	6			
预付货款	7			
其他应收款	8	23,462,975.71	39,731,683.03	23,240,762.52
待摊费用	9			
存货	10			
待处理流动资产净损失	11			
一年内到期的长期债券投资	12			
其他流动资产	13			
流动资产合计	15	41,741,537.60	46,342,547.11	27,381,429.10
长期投资:				
长期投资	16	16,849,565.40	12,583,536.43	8,982,064.43
固定资产:				
固定资产原价	17	82,571,378.35	46,127,080.30	13,065,000.00
减:累计折旧	18	2,396,267.48	862,835.04	587,925.00
固定资产净值	19	80,175,110.87	45,264,245.26	12,477,075.00
在建工程	20		2,000,001.00	
固定资产清理	21			
待处理固定资产净损失	22			
固定资产合计	23	80,175,110.87	47,264,246.26	12,477,075.00
无形及递延资产:				
无形资产	24			
递延资产	25			
无形及递延资产合计	30			
其他长期资产:				
其他长期资产	31			
递延税项:				
递延税款借项	32			
资产总计	40	138,766,213.87	106,190,329.80	48,840,568.53

母公司资产负债表(续)

编制单位:湖北多佳股份有限公司　　　　单位:元

负债及股东权益	行次	1996.12.31	199512.31	1994.12.31
流动负债:				
短期借款	41		6,207,324.97	
应付票据	42			
应付帐款	43			
预收货款	44			
应付福利费	45	44,403.73	22,044.85	

负债及股东权益	行次	1996.12.31	199512.31	1994.12.31
未付股利	46			
未交税金	47	1,479,766.32	—276,587.07	—37,980.18
其他未交款	48	4,637.55		1,565.64
其他应付款	49	5,605,220.44	5,355,800.87	2,077,827.40
预提费用	50		809.70	
一年内到期的长期负债	51			
其他流动负债	52			
流动负债合计	55	7,134,028.04	11,309,393.32	2,041,412.86
长期负债:				
长期借款	56			
应付债券	57			
长期应付款	58			
其他长期负债	60			
长期负债合计	65			
递延税项:				
递延税款贷项	66			
负债合计	67	7,134,028.04	11,309,393.32	2,041,412.86
股东权益:				
股本	68	85,959,900.00	55,450,000.00	31,600,000.00
资本公积	69	74,176.45	5,619,976.45	
盈余公积	70	11,199,331.42	5,686,644.01	2,896,073.35
其中:公益金	71	3,733,110.48	1,895,548.01	965,357.79
未分配利润	72	34,398,777.96	28,116,316.02	12,303,082.32
股东权益合计	79	131,632,185.83	94,880,936.48	46,799,155.67
负债及股东权益总计	80	138,766,213.87	106,190,329.80	48,840,568.53

合并利润及利润分配表

编制单位:湖北多佳股份有限公司　　　　单位:元

项目	行次	1996 年度	1995 年度	1994 年度
一、主营业务收入	1	162,699,125.90	89,861,552.37	67,734,096.25
减:营业成本	2	110,697,637.28	64,166,625.73	52,703,329.52
销售费用	3	3,150,877.37	969,672.84	435,098.05
管理费用	4	5,553,624.51	3,339,160.75	3,423,461.17
财务费用	5	3,014,510.14	265,752.50	—2,468,029.89
进货费用	6			
营业税金及附加	7			
二、主营业务利润(亏损以"—"号表示)	8	40,282,476.60	21,120,340.55	13,640,237.40
加:其他业务利润(亏损以"—"号表示)	9	5,559,969.30	1,984,952.62	988,839.97
三、营业利润(亏损以"—"号表示)	10	45,842,445.90	23,105,293.17	14,629,077.37
加:投资收益(损失以"—"号表示)	11			
补贴收入	11—1			
营业收入	12	91,810.97	20,219.02	41,600.40
减:营业外支出	13	70,711.03	306,439.93	62,443.07
加:以前年度损益调整(调整以"—"号表示)	14			
四、利润总额(亏损以"—"号表示)	15	45,863,545.84	22,810,072.26	14,600,234.70
减:所得税	16	8,019,742.16	3,613,899.44	37,853.00
减:少数股东损益(合并报表填列)(亏损以"—"号表示)	16—1	1,092,554.33	601,368.46	464,536.17
五、净利润(亏损以"—"号表示)	17	36,751,249.35	18,603,804.36	14,105,445.53
加:年初未分配利润(未弥补亏损以"—"号表示)	18	28,116,316.02	12,303,082.32	313,113.62
盈余公积转入数	19			

项目	行次	1996 年度	1995 年度	1994 年度
六、可分配利润(亏损以"—"号表示)	20	64,867,565.37	30,906,886.68	14,418,959.15
减:提取法定公积金	21	3,675,124.94	1,860,380.44	1,410,584.55
提取法定公益金	22	1,837,562.47	930,190.22	705,292.28
	22—1			
	22—2			
七、可供股东分配利润(亏损以"—"号表示)	23	59,354,877.96	28,116,316.02	12,303,082.32
减:已分配优先股股利	24			
提取任意公积金	25			
已分配普通股股利	26	24,956,100.00		
八、未分配利润(未弥补亏损以"—"号表示)	27	34,398,777.96	28,116,316.02	12,303,082.32

母公司利润及利润分配表

编制单位:湖北多佳股份有限公司

单位:元

项目	行次	1996 年度	1995 年度	1994 年度
一、主营业务收入	1			
减:营业成本	2			
销售费用	3			
管理费用	4	2,261,819.5	1,272,650.36	1,045,832.08
财务费用	5	—45,376.22	—63,393.66	—192,317.11
进货费用	6			
营业税金及附加	7			
二、主营业务利润	8	—2,216,443.28	—1,209,256.70	—853,514.97
加:其他业务利润	9	6,943,311.93	1,269,007.20	861,062.28
三、营业利润	10	4,726,868.65	59,750.50	7,547.31
加:投资收益	11	33,584,247.35	18,563,771.53	14,100,788.83
营业外收入	12			
减:营业外支出	13			
加:以前年度损益调整	14			
四、利润总额	15	38,311,116.00	18,623,522.03	14,108,336.14
减:所得税	16	1,559,866.65	19,717.67	2,490.61
五、净利润	17	36,751,249.35	18,603,804.36	14,105,845.53
加:年初未分配利润	18	28,116,316.02	12,303,082.32	313,113.62
盈余公积转入数	19			
六、可分配的利润	20	64,867,565.37	30,906,886.68	14,418,959.15
减:提取法定公积金	21	3,675,124.94	1,860,380.44	1,410,584.55
提取法定公益金	22	1,837,562.47	930,190.22	705,292.28
七、可供股东分配的利润	23	59,354,877.96	28,116,316.02	12,303,082.32
减:已分配优先股股利	24			
提取任意公积金	25			
已分配普通股股利	26	24,956,100.00		
八、未分配利润	30	34,398,777.96	28,116,316.02	12,303,082.32

合并财务状况变动表

编制单位:湖北多佳股份有限公司

1996 年度

单位:元

流动资金来源和运用	行次	金额	流动资金各项目的变动	行次	金额
一、流动资金来源:			一、流动资产本年增加数:		
1、本年净利润	1	36,751,249.35	1、货币资金	33	11,904,503.57
加:不减少流动资金的费用和损失	2		2、短期投资	34	2,000.00
(1)少数股东损益	3	1,092,554.33	3、应收票据	35	
(2)固定资产折旧	4	3,124,729.64	4、应收帐款净额	36	9,002,569.13
(3)无形资产、递延资产及其他资产摊销	5	225,786.01	5、预付货款	37	6,770,610.22
(减其他负债转销)			6、其他应收款	38	-8,714,750.12
(4)固定资产盘亏(减盘盈)	6		7、待摊费用	39	-1,008,011.04

流动资金来源和运用	行次	金　额	流动资金各项目的变动	行次	金　额
(5)清理固定资产损失(减收益)	7		8、存货	40	-12,755,092.55
(6)递延税款	8		9、待处理流动资产净损失(减收益)	41	
(7)其他不减少流动资金的费用和损失	9		10、一年内到期的长期债券投资	42	
小计	10	41,194,319.36	11、其他流动资产	43	
2、其他来源:			流动资产增加净额	45	5,201,829.21
(1)固定资产清理收入(减清理费用)	11		二、流动负债本年增加数:		
(2)增加长期负债	12	5,328,000.00	1、短期借款	46	-9,737,064.97
(3)收回长期投资	13		2、应付票据	47	5,792,322.75
(4)对外投资转出固定资产	14		3、应付帐款	48	-2,798,653.55
(5)对外投资转出无形资产	15		4、预收货款	49	199,202.39
(6)资本净增加额	16	30,468,787.41	5、应付福利费	50	1,575,840.81
(7)少数股东资本末净增加数	17	1,092,554.33	6、未付股利	51	
小　计	18	36,889,341.74	7、未交税金	52	2,625,182.69
流动资金来源合计	19	78,083,661.10	8、其他未交款	53	4,637.55
二、流动资金运用:			9、其他应付款	54	-1,446,054.20
1、利润分配:			10、预提费用	55	327,148.35
(1)提取法定公积金	20	3,675,124.94	11、一年内到期的长期负债	56	829,820.00
(2)提取法定公益金	21	1,837,562.47	12、其他流动负债	57	
(3)提取任意公积金	22		流动负债增加净额	58	-2,627,618.18
(4)已分配利润	23	24,956,100.00	流动资金增加净额	59	7,829,447.39
小　计	24	30,468,787.41			
2、少数股东利润分配	25	1,092,554.33			
3、其他运用:					
(1)固定资产和在建工程增加额	26	35,548,071.98			
(2)增加无形资产、递延资产及其他资产	27	394,799.99			
(3)偿还长期负债	28	2,750,000.00			
(4)增加长期投资	29				
小　计	30	38,692,871.97			
流动资金运用合计	31	78,254,213.71			
流动资金增加净额	32	7,829,447.39			

新疆啤酒花股份有限公司

新疆啤酒花股份有限公司一九九七年度中期报告

一、财务报告(未经审计)

(一)财务报表(未经审计)

1. 简化的合并资产负债表

一九九七年六月三十日　　金额单位:元

	年初数(母公司)	年初数(合并)	期末数(母公司)	期末数(合并)
流动资产	79744401.91	84957227.95	198269990.06	203779420.42
长期投资	10861141.60	3900000.00	10846208.23	3900000.00
固定资产净值	897526.39	4476522.36	1231448.90	4714331.19
在建工程	55191623.54	55191623.54	75200905.62	75200905.62
无形资产及递延资产	—	1351823.77	28102.95	1135163.13
资产总计	146738966.39	149877197.62	285576655.76	288729820.36
流动负债	36120647.69	38449210.52	71339438.11	73869189.77
长期负债	30000000.00	30000000.00	15000000.00	15000000.00
少数股东权益	—	809668.40	—	623412.94
股　本	50000000.00	50000000.00	80000000.00	80000000.00
资本公积	13006845.00	13006845.00	98681356.51	98681356.51
盈余公积	10631417.73	10631417.73	10631417.73	10631417.73
未分配利润	6980055.97	6980055.97	9924443.41	9924443.41
所有者权益合计	80618318.70	80618318.70	199237217.65	199860630.59
负债及股东权益合计	146738966.39	149877197.62	285576655.76	288729820.36

2. 简化的合并损益表(1997年1-6月)　　金额单位:元

	上半年实际数(母公司)	上半年实际数(合并)	上年同期数(母公司)	上年同期数(合并)
主营业务收入	18658321.34	18658321.34	17984410.75	17984410.75
主营业务利润	1694781.48	1678111.05	901367.23	901367.23
其它业务利润	2333573.94	2333573.94	—	—
投资收益	—	-14933.37	—	—
营业外收支净额	-10662.00	-10662.00	-20015.18	-20015.18
利润总额	3463985.22	3462248.16	881352.05	-881352.05
所得税	519597.78	519597.78	290846.18	290846.18
净利润	2944387.44	2944387.44	590505.87	590505.87

(二)主要财务指标

	97年上半年
每股收益(元/股)	0.037
净资产收益率(%)	1.47
每股净资产(元)	2.498

注:财务指标的股本数以期末数8000万元为计算基础。

(三)财务报表附注

1. 本期财务报告所采用的会计政策和会计方法及合并报表范围与上年度一致。

2. 货币资金期末比期初增加8599万元,主要是由于公司1997年5月23日收到募集社会公众股的12150万元。

3. 应收帐款期末数4549.8万元,其中帐龄1年以内的占78.48%,1-2年的占22.28%,2-3年的占3.21%,3年以上的占0.03%。无持本公司5%以上股份的主要股东单位欠款。

4. 预付帐款比年初增加3203万元,系预付各团场8500吨酒花定金。

5. 其它应收款比期初增加了638万元,系暂垫拟组建的绿金酒花制品公司筹建期的开办费用。

6. 存货612万元比期初减少830万元系上半年销售存货。

7. 在建工程比期初增加了2001万元,系啤酒花大厦及酒花深加工项目投资用款。

8. 短期借款比期初增加了1850万元,系为农副产品结算新增流动资金贷款。

9. 未交税金比期初减少了233万元,系交纳上年税金所致。

10. 其他应付款比期初增加了382万元,系应付各项运费。

11. 一年内到期的长期负债1500万元,系1998年5月1日到期的固定资产贷款。

12. 股本期末数比期初增加了3000万元,系股票发行3000万社会公众股所致。

13. 资本公积金比年初增加了8568万元,系97年5月向社会公开募集资金3000万股,每股价格为4.05元,溢价款9150万元及扣除上市发行费用582万元。(发行费用未经注册会计师审计)。

14. 未分配利润比期初增加了294万元,为本报告期形成额。

15. 主营业务收入占全年盈利预测的12.44%,是由于公司所经营的啤酒花及啤酒大麦均系农副产品,每年9月才进入采收期,故销售均在第四季度形成,上半年只销售去年余货。

16. 担保事项:公司为新疆石油公司办理贷款担保,担保金额800万元,贷款担保期限为1997年5月22日至1997年11月21日。

17. 期后事项:公司在新疆乌鲁木齐市工商银行天山区办事处的300万元短期借款已于1997年8月15日归还。

18. 关联企业及关联交易:

关联企业:　　单位:人民币万元

关联企业名称	注册日期	业务性质	注册资本	法定地址	所占股权
新疆轻工业供销总公司	1984.7.16	物资流通	5043	乌鲁木齐	占股份公司21.875%的股份
新疆京伦实业有限责任公司	1993.9.3	餐饮服务	300	乌鲁木齐	公司占其50%的股份

关联交易:

A:京伦实业有限公司欠款880990.06元,系股份公司为其垫付的装修款。

B:新疆轻工业供销总公司欠款934258.51元,系股份公司垫付的集体福利设施款。

二、经营情况的回顾与展望

(一)上半年经营情况的回顾

公司上半年,积极申请发行社会公众股股票,使企业股本由5000万股扩张到8000万股,发展进入了一个崭新的阶段。

作为新的上市公司,机遇和挑战并存,审时度势,公司提出"调整、稳定、发展"的经营战略,调整内部管理机制,稳定公司主营业务,扩大业务领域。公司依托新疆资源优势和独特的地理位置,使九七年度公司主营业务啤酒花的前期准备工作顺利完成,并在此期间,积极拓展销售渠道,为公司顺利完成全年任务奠定了基础。公司上半年实现主营业务收入18658321.34元,与上年同期相比增加了3.7%,实现净利润2944387.44元,与上年同期相比增长了339%。公司上半年做了以下工作:

1. 公司董事会根据公司具体情况对公司的内部管理、资金运用计划、项目设立、经营方案进行了严格审核,并制定了明确的战略方针政策,使企业的行为更加规范化、法律化、条理化。

2. 公司上市后按国家《公司法》及有关规定规范企业行为。狠抓企业内部管理,对公司机构的设置进行了全面的调整,初步形成了一个现代企业的机构模式,人员实现了各尽其能、人尽其才。

3. 九七年是公司主营业务啤酒花、啤酒大麦经营关键的一年。今年全国的啤酒行业较不景气,加之啤酒酿造工艺及公众消费品味和档次的提高,生产厂家对酒花及大麦品质的要求也越来越高。鉴于当前形势,公司采取加大酒花前期资金投入和前期管理的措施,为提高酒花品质,做好准备工作。公司九七年分别于三月二十四日、五月二十三日召开了新疆、甘肃农场订货会,共计签订合同8500吨,稳定了啤酒花的货源。

4. 酒花浸膏项目的一期工程颗粒生产线已安装调试完毕,可在九七年八月底投入正式生产。

5. 啤酒花大厦已全部峻工,内部装修工作正在进行。公司特聘请香港思源国际物业管理公司对大厦的物业管理进行整体策划,并制定了详细的酒花大厦物业管理方案,引进了全新的物业管理软件。该方案已交董事会讨论,并得到了董事会的肯定。

(二)下半年计划

下半年公司将遵循以啤酒原料业为基础,拓展新的业务领域,强化内部管理,维护企业形象,以求稳健经营,创造发展的总体目标。随着公司的股票上市,经营环境和条件得到明显的改善。下半年工作重点主要在以下几个方面。

1. 健全全国市场销售网络

依靠原有的销售渠道,增加全国各省、市的销售网络。公司下半年拟在东北、北京、上海等地增设公司分部,将以往的直线销售方式改变为区域性服务销售。加强售后服务,提高市场竞争力,确保全年销售的完成。

2. 抓紧酒花浸膏项目的建设

截止六月三十日项目一期工程酒花颗料生产线的安装已顺利完成,主体工程浸膏生产线正处于安装调试阶段,预计八月底完工,可进行试生产。

3. 企业存亡的命脉是管理、管理的规范化、科学化正是促进企业发展的动力。公司将实施目标管理,一是质量管理,二是人才管理,三是效益管理。

4. 在紧抓主营业务的同时,公司也在寻求新项目的开发并抽调专人对有发展前景的项目进行可行性研究。

5. 公司的主营业务啤酒花、啤酒大麦属农副产品,其特点是受气候、水土的影响较大,高投入、低产出、机械化程度低,使企业所承担的风险加大,故前期预防工作非常重要的,公司将随时与各地气象等有关部门保持联系,给各基地提供及时、准确的信息,使公司经营风险降到最低程度。

三、重大事件说明

1. 公司经新疆维吾尔自治区证管办审报,中国证监会批准,公司3000万社会公众股于5月12日至19日在乌鲁木齐市发行,6月16日,在上海证券交易所正式挂牌交易。

2. 公司于1997年6月4日将公司名称更改为新疆啤酒花股份有限公司。

3. 公司募集资金使用情况:

公司所募资金严格按照招股说明书中载明(见1997年5月8日《中国证券报》、《上海证券报》的投资项目进行使用,用于"对新疆绿金啤酒花制品有限公司的筹建即啤酒花深加工项目酒花浸膏工程的基本建设和设备安装","筹建啤酒花及大麦基地"。

4.1997年5月27日,公司召开第二届四次董事会,会议做出如下决议,1996年未分配利润与1997年一并分配,新老股东共享。此决议已在1997年7月10日股东大会(公告刊登在1997年7月11日《中国证券报》、《上海证券报》)上审议通过。并报自治区证管办批准,于1997年8月4日执行。

5. 按照国务院证券委,中国人民银行,国家经贸委5月21日联合发布的《严禁国有企业和上市公司炒作股票的规定》的要求,公司认真进行了自查,没有任何违规的事项。

6. 重大诉讼事项:

本公司诉唐山豪门集团公司购销欠款2121212.19元纠纷案,现经乌鲁木齐市中级人民法院判决,将唐山豪门集团公司在唐山豪门-亨博制麦有限公司的200万股权判决给本公司,作为对以上欠款的抵偿,并已全部执行完毕。

四、发行在外股票的变动和股权结构的变化

1. 经中国证监会证监发字(1997)180号文和证监发(1997)181号文批准,公司于1997年5月12日发行了3000万股A股,并于6月16日在上海证券交易所挂牌上市。

2. 公司1997年5月发行新股前后及截止1997年6月30日,股权结构变动情况如下:(单位:万股)

项　目	发行前	比例(%)	发行后	比例(%)
(一)尚未流通股份:	(1996年12月31日)		(1997年6月30日)	
(1)发起人股份	2880	57.60	2880	36.00
(2)募集法人股	1850	37.00	1850	23.125
(3)内部职工股	270	5.40	270	3.375
尚未流通股份合计	5000	100.00	5000	62.5
(二)已流通股份				
境内上市人民币普通股:	0	0.00	3000	37.50
已流通股份合计:	0	0.00	3000	37.50
(三)股份总数合计:	5000	100.00	8000	100.00

3. 前十名股东持股情况

股东名称	持股数(万股)	占总股本(%)
(1)新疆轻工业供销总公司	1750.00	21.875
(2)和硕县清水河农场供销公司	790.00	9.875
(3)新疆中城实业公司	500.00	6.25
(4)新疆新保房地产开发公司	400.00	5.00
(5)新疆啤酒厂	340.00	4.25
(6)新疆兵团保险公司	200.00	2.50
(7)新疆恒宇发展有限公司	182.80	2.285
(8)新疆芳草湖农工商总公司	151.80	1.898
(9)青海省轻纺物资公司	50.00	0.625
(10)江郡林	38.0764	0.476

五、股东大会简介

公司1997年7月10日在新疆乌鲁木齐市新疆人民会堂召开股东大会。到会股东22人,代表股份4317.69万股,占总股本的54%,符合《公司法》及公司《章程》规定的比例,经大会审议批准,表决通过了如下决议:

1. 审议通过了《97年上半年董事会工作报告》;

2. 审议通过《公司股票发行及上市公司报告》;

3. 审议通过《公司96年度利润与97年度利润一并分配的议案》;
此决议于一九九七年八月四日开始执行;

4. 审议通过了修改《公司章程》部分条款的议案;

5. 通过了关于修改公司名称的议案;

六、备查文件

载有董事长、总经理亲笔签名的中期报告原本及其它有关文件。

文件查阅地址:新疆乌鲁木齐市解放北路15号文化路5巷10号新疆啤酒花股份有限公司。

联系电话:(0991)2833517

董事长签名:赵富　　总经理签名:姚荣江

新疆啤酒花股份有限公司

一九九七年八月二十五日

陕西精密合金股份有限公司

陕西精密合金股份有限公司股票上市公告书

一、要览

总股本:13195 万股

可流通股本:4000 万股

本次上市流通股本:4000 万股

股票简称:精密股份

股票代码:600092

上市地点:上海证券交易所

登记机构:上海证券中央登记结算公司

上市推荐人:广发证券有限责任公司

国泰证券有限公司

二、绪言

本公司根据《中华人民共和国公司法》、《股票发行与交易管理暂行条例》和《公开发行股票公司信息披露实施细则》和《上海证券交易所市场业务试行规则》等有关法律、法规、文件的规定,为本公司股票公开上市之目的向社会公众提供有关资料。

陕西精密合金股份有限公司(以下简称"本公司")的股票公开发行已经中国证券监督管理委员会证监发字(1997)260 号文和证监发字(1997)261 号文批准,已向社会公开发行人民币普通股 4000 万股,每股面值 1.00 元,每股发行价 3.00 元。本次上市流通股本为 4000 万股,根据国家有关规定,内部职工股从本次股票发行之日起,期满三年方可上市流通。本公司股票上市申请经上海证券交易所上证上(97)字第 059 号文批准审核同意,将于 1997 年 6 月 26 日(星期四)在上海证券交易所挂牌交易。

本公司于 1997 年 6 月 6 日分别在《上海证券报》和《中国证券报》刊登了《招股说明书概要》,距今不足 6 个月,故与其重复内容在此不在重复,敬请投资者查阅本公司的《招股说明书概要》。

本公司董事会全体成员已批准本上市公告书确信其中不存在重大遗漏和误导,并对其真实性、准确性和完整性负个别的和连带的责任。

三、公司概况

1. 基本情况

名　　称:陕西精密合金股份有限公司

英文名称:SHANXI PRECISION ALLOY CO., LTD.

成立日期:1992 年 12 月 28 日

注册地址:西安市高新技术产业开发区高新一路 19 号

注册资金:13195 万元

经营范围:金属材料及元器件的生产、加工、销售;国内贸易(国家法律、法规禁止生产和经营的除外)

所属行业:冶金行业

法定代表人:罗忠琳

2. 历史沿革

1992 年 7 月 23 日陕西省体改委陕改发[1992]46 号文批准,由陕西精密合金厂作为唯一发起人,将陕西精密合金厂整体改组,采用定向募集方式,成立股份公司。1992 年 12 月 28 日本公司在陕西省工商行政管理局注册登记。本公司的经营业务范围为:生产、加工、国内贸易(国家法律、法规禁止生产和经营的除外)。

1994 年公司进行资产重组,将国家股中从事钢管等军工产品生产及辅助的经营性资产 7311 万元形成的 7311 万股从公司中分立出来,同时恢复陕西精密合金厂的国有法人地位,由恢复后的合金厂经营管理上述资产。重组后本公司续存,国家股由 11486 万股调减为 4175 万股,总股本相应由 16506 万股调减为 9195 万股,陕西省体改委[1994]112 号文、[1994]116 号文和陕西省国资局[1994]009 号文对本公司调整后的股本予以批准确认。1994 年 12 月 20 日公司在陕西省工商行政管理局办理了重组后的企业法人营业执照。重组后本公司的经营业务范围为:金属材料及元器件的生产、加工、销售;国内贸易(国家法律、法规禁止生产和经营的除外)。

四、股票发行与承销

1. 股票公开发行

发行数量:4000 万股

发行价格:3.00 元

发行市盈率:15 倍

发行方式:全额预缴款、比例配售、余款转存

募集资金总额:11,280 万元

配售比例:2.274%

配售户数:3991

持 1,000 股以上的户数:2172

发行费用总额:720 万元

每股发行费用:0.18 元

2. 股票承销

本次 A 股发行,超额认购 43 倍,社会公众认购股票后,由承销团包销股票数量:零股。

3. 验资报告(陕岳会内验字(1997)023 号)

陕西精密合金股份有限公司:

我们接受委托,对陕西精密合金股份有限公司截至 1997 年 6 月 19 日止的股本及资本公积的真实性和合法性进行了审验。在审验过程中,我们按照《中国独立审计实务公告第 1 号－－验资》的要求,实施了必要的审验程序。陕西精密合金股份有限公司的责任是提供真实、合法、完整的验资资料,保护资产的安全、完整,我们的责任是按照《中国独立审计实务公告第 1 号－－验资》的要求,出具真实、合法的验资报告。

陕西精密合金股份有限公司原注册资本为 9,195 万元,资本公积为 2510 万元。根据我们的审验,截至 1997 年 6 月 19 日止,陕西精密合金股份有限公司增加股本 4,000 万元,增加资本公积 7,280 万元,变更后的股本总额为 13,195 万元,资本公积总额为 9,790 万元。

陕西岳华会计师事务所　　中国注册会计师:古小荣

中国·西安　　中国注册会计师:刘席儒

一九九七年六月十九日

五、董事、监事、高级管理人员持股情况

姓名	职务	持股数量(股)	持股比例(‰)
罗忠琳	董事长兼总经理	14,000	0.106
刘占文	副董事长	2,000	0.015
王前俊	董事	4,000	0.030
冯文才	董事	2,000	0.015
敖宏元	董事	1,000	0.008
王振升	董事	3,000	0.023

陈立勋	董事	2,000	0.015
郎殿玉	董事	7,000	0.053
邓元明	董事	0	0
白水泉	监事会主席	2,000	0.015
王诚谦	监事	3,000	0.023
马书莲	监事	1,000	0.008
赵心明	监事	0	0
阮雍洲	监事	500	0.004
史福利	副总经理	1,000	0.008

本公司董事、监事共持股42,500股,占总股本的0.03%,根据《公司法》规定,所持股份在任职期间不能交易。

六、公司设立

1.本公司1996年5月25日召开的股东大会审议通过了公司增资扩股公开发行股票及上市的决议,并授权董事会决定申请上市的有关事宜。

2.公司注册资本:13195万元

3.本次发行后公司重新注册登记时间:1997年6月19日

4.公司注册地点:西安市高新技术开发区高新一路19号

5.营业执照注册号码:22053579-5

七、关联企业及关联交易

本公司的关联企业环亚实业有限公司是由本公司与台湾宜兰县林信标共同投资、经陕西省人民政府外经贸委合资字(1992)110号文批准设立的中外合资企业。合资企业合同和章程亦经陕西省对外经济贸易委员会陕经贸资字(1992)503号批准。该公司现时持有《企业法人营业执照》,注册号为企合陕总副字第000273号;注册资金400万美元;经营范围为:房地产开发、建设;销售自建房屋;生产小五金建材、销售自产产品,本公司持有其75%的股权。

本公司与关联企业的关系均通过有关的协议、章程或其它法定文件而确定,这种关系合法有效。不存在由于本公司与关联企业的关系而影响本公司重大合同条款及其履行的可能性。

八、股本结构及大股东持股情况

1.本次上市前的股本结构

股份类别	股数(万股)	占总股本比例(%)
一、尚未流通股		
国家股	4,175	31.64
法人股	2,858	21.66
内部职工股(本次发行三年后上市)	2,162	16.38
二、可流通股		
社会公众股	4,000	30.32
三、总股本	13,195	100.00

2.前十名股东所持股数及比例

序号	股东名称	持股数量(万股)	比例(%)
1	陕西省国有资产管理局	4,175	31.64
2	新疆乌鲁木齐市将军制锁厂	500	3.79
3	五环集团股份有限公司	300	2.27
4	中国木材总公司	170	1.29
5	深业集团(深圳)物业管理公司	150	1.14
6	海口浙琼信托投资公司	150	1.14
7	陕西省岐山兴中工业公司	100	0.76
8	深圳市市政工程公司	100	0.76
9	中宇南通物资开发有限公司	100	0.76
10	河北中兴科技开发总公司	100	0.76

九、公司财务会计资料

(一)审计报告(陕岳会内审字【1997】005号)

陕西精密合金股份有限公司全体股东:

我们接受委托,审计了贵公司1994年12月31日、1995年12月31日、1996年12月31日的资产负债表、合并资产负债表及1994年度、1995年度、1996年度的利润及利润分配表、合并利润及利润分配表和1996年度的财务状况变动表、合并财务状况变动表。这些会计报表由贵公司负责,我们的责任是对这些会计报表发表审计意见,我们的审计是依据中国注册会计师独立审计准则进行的。在审计过程中,我们结合贵公司的实际情况,实施了包括抽查会计记录等我们认为必要的审计程序。

我们认为,上述会计报表符合《企业会计准则》和《股份制试点企业会计制度》的有关规定,在所有重大方面公允地反映了贵公司1994年12月31日、1995年12月31日、1996年12月31日的财务状况及1994年度、1995年度、1996年度的经营成果和1996年度的资金变动情况,会计处理方法的选用遵循了一贯性原则。

陕西岳华会计师事务所　中国注册会计师　古小荣

一九九七年元月二十五日

中国·西安　中国注册会计师　刘席儒

(二)本公司财务报表

合并资产负债表

单位:人民币元

资　产	1996年12月31日	1995年12月31日	1994年12月31日
流动资产:			
货币资金	13,216,440	5,509,020	15,348,743
应收帐款	45,820,902	38,288,099	28,452,586
减:坏帐准备			
应收帐款净额	45,820,902	38,288,099	28,452,586
预付帐款	28,300,000		19,074,000
其它应收款	12,783,366	26,809,158	28,286,359
存货	41,622,018	39,944,649	35,737,629
流动资产合计	141,742,727	110,550,926	126,899,317
长期投资:			
长期投资	4,612,000	4,612,000	5,412,000
固定资产:			
固定资产原价	82,117,881	80,854,137	80,886,220
减:累计折旧	27,928,397	23,378,959	19,477,742
固定资产净值	54,189,483	57,475,179	61,408,478
在建工程	76,346,156	69,744,401	20,391,864
固定资产合计	130,535,639	127,219,579	81,800,343
无形及递延资产:			
无形资产	2,430,566	2,483,405	2,536,243
递延资产	300,396	375,494	375,494
资产总计	279,621,328	245,241,405	217,023,397

合并资产负债表(续)

单位:人民币元

负债及股东权益	1996年12月31日	1995年12月31日	1994年12月31日
流动负债:			
短期借款	9,040,000	9,205,000	7,040,000
应付帐款	16,539,148	280,000	
预收货款		10,728,251	89,769
应付福利费	75,760	49,625	(238,884)
未付股利	7,247,900	8,570,900	11,953,500
未交税金	10,439,429	5,944,055	4,476,507
其他未交款	498,273	107,550	83,905
其他应付款	1,241,855	2,073,007	2,060,833
流动负债合计	45,082,366	36,958,388	25,465,630
长期负债:			
长期借款	57,853,566	57,708,539	57,710,451

住房周转金	236,999	113,454	
长期负债合计	58,090,565	57,821,993	57,710,451
负债合计	103,172,931	94,780,381	71,222,581
少数股东权益	11,310,622	8,393,807	8,600,000
股东权益			
股　本	91,950,000	91,950,000	91,950,000
资本公积	(25,104,279)	251,104,279	25,104,279
盈余公积	9,947,686	5,612,058	3,089,073
其中:公益金	3,069,989	1,916,461	1,075,466
未分配利润	38,135,811	19,400,881	5,103,966
股东权益合计	165,137,775	142,067,217	125,247,317
负债及股东权益合计	279,621,328	245,241,405	217,023,397

合并利润表及利润分配表

单位:人民币元

项目	1996年度	1995年度	1994年度
一、主营业务收入:	130,759,696	82,635,036	78,392,606
减:营业成本	88,580,266	59,647,262	56,972,602
销售费用	1,396,705	614,657	414,305
管理费用	2,773,044	1,709,134	1,636,648
财务费用	958,124	471,608	487,512
营业税金及附加	3,364,923	655,277	702,633
二、主营业务利润	33,686,633	19,537,098	18,178,906
加:其他业务利润	69,590	16,981	
三、营业利润	33,756,223	19,554,079	18,178,906
加:投资收益	16,282	48,000	35,000
营业外收入	120,455	72,006	
减:营业外支出	41,053		
加:以前年度损益调整		8,531	(52,838)
四、利润总额	33,851,908	19,682,616	18,161,068
减:所得税	7,864,536	3,068,908	2,718,910
少数股东损益	2,916,815	(206,193)	
五、净利润	23,070,558	16,819,900	15,442,158
加:年初未分配利润	19,400,881	5,103,966	3,931,632
六、可供分配利润	42,471,439	21,923,866	19,373,789
减:提取法定公积金	3,182,100	1,681,990	1,544,216
提取公益金	1,153,528	840,995	772,108
七、可供股东分配利润	38,135,811	19,400,881	17,057,466
减:已分配普通股股利			11,953,500
八、未分配利润	38,135,811	19,400,881	5,103,966

财务状况变动表

1996年度　　单位:人民币元

流动资金来源和运用	金额
一、流动资金来源:	
1. 本年净利润	23,070,558
加:不减少流动资金的费用和损失	
(1)固定资产折旧	4,562,113
(2)无形资产　递延资产及其他资产摊销(减其他负债转销)	52,838
(3)固定资产盘亏(减盘盈)	
小　计	27,685,509
2. 其他来源	
(1)增加长期负债	268,572
(2)资本净增加额	3,460,584
小　计	3,729,155
流动资金来源合计	31,414,665
二、流动资金运用:	
1. 利润分配	
(1)提取法定公积金	2,307,056
(2)提取公益金	1,153,528
(3)已分配利润	
2. 其他运用:	
(1)固定资产和在建工程净增加额	6,558,250
(2)增加无形资产递延资产及其他资产	
(3)增加长期投资	8,750,444
(4)偿还长期负债	
流动资金运用合计	18,769,277
流动资金净增加额	12,645,387

财务状况变动表(续)

1996年度　　单位:人民币元

流动资金各项目的变动	金　额
一、流动资金本年增加数:	
1. 货币资金	6,512,246
2. 短期投资	
3. 应收帐款净额	4,327,494
4. 预付帐款	28,300,000
5. 其他应收款	610,249
6. 存　货	(13,663,576)
7. 其他流动资产	
流动资产增加净额	26,086,412
二、流动负债本年增加数:	
1. 短期借款	
2. 应付帐款	
3. 预收帐款	(8,246,918)
4. 应付福利费	(8,634)
5. 未付股利	(1,323,000)
6. 未交税金	(2,863,664)
7. 其他未交款	390,723
8. 一年内到期的长期负债	
9. 其他应付款	25,492,518
流动负债增加净额	13,441,025
流动资金增加净额	12,645,387

(三)主要会计政策

1. 合并会计报表的编制方法:对母公司拥有其过半数以上权益性资本的被投资企业按权益法核算投资收益,并按财政部《合并会计报表暂行规定》编制合并会计报表。

纳入合并范围的子公司(单位:人民币万元):

子公司名称	注册资本	投资金额	投资比例	业务内容
环亚实业有限公司	3,440	2,580	75%	房地产

2. 税项:

(1)增值税:母公司经税务机关核定为增值税一般纳税人,增值税销项税率为17%,并按销项税额扣除进项税额后的余额缴纳。

(2)营业税:子公司按营业收入的5%缴纳。

(3)城市维护建设税及教育费附加:母公司分别按应缴增值税额的7%和3%缴纳;子公司系外商投资企业享受免缴城市维护建设税及教育费附加的优惠政策。

(4)所得税:母公司根据陕西省政府"关于陕西精密合金股份有限公司企业所得税问题的通知"从股份制改制后企业所得税实行按33%税率征税后返还18%的政策,子公司按33%的税率缴纳所得税。

(5)其他税项按国家有关规定计提缴纳。

(四)主要会计项目注释

下列各项注释除有特别说明之外,均指一九九六年十二月三十一日合并的资产负债表余额,一九九六年度的利润表金额。

1. 应收帐款

合并后余额为45,820,902.45元。

(1)帐龄分析

帐龄	户数	金额	所占比例(%)
1年以内	89	34,810,511.66	75.97
1-2年	9	8,115,524.00	17.71
2-3年	14	2,305,996.45	5.03
3年以上	8	588,870.34	1.29
合计	120	45,820,902.45	100

(2)无持股在5%以上的股东欠款。

2. 其他应收款:

合并后余额为12,783,366.38元,帐龄均在一年以内。合并报表时内部抵销25,522,969.28元。

单位名称	子公司	母公司	备注
西安三新功能材料器件公司	9,323,377.55		(垫付材料款)
海南港澳信托		655,498.13	(应收购房款)
备用金	750,632.30	1,155,498.13	
陕钢所控温器厂		898,360.27	(暂付加工费)
合计	10,074,009.85	2,709,356.53	

3. 长期投资

合并后余额为4,612,000.00元。其中:母公司长期投资为34,243,865.94,对其投资的环亚实业有限公司33,931,865.94元,在合并会计报表时予以抵销;子公司长期投资为4,300,000.00元。

投资单位名称	投资时间	投资金额	股权比例	持股数
秦浦房地产开发公司	1993.5	2,000,000.00	8%	-
秦皇岛房地产开发公司	1993.7	2,300,000.00	5%	-
陕西国际信托投资股份有限公司	1992.9	110,000.00	0.2%	60,000股
成都旭光股份有限公司	1994.2	202,000.00	1%	200,000股
合计		4,612,000.00		

4. 资本公积

母公司于一九九二年股份制改组时,对其所属资产进行了整体评估,评估结果经陕西省国有资产管理局陕国评估(1992)033号文进行了确认,其中经营性资产为113,352,680.35元,大修理基金3,331,709.35元,扣除职工福利基金超支1,318,028.87元及经省财政厅批准由生产发展基金转入工资基金500,000.00元后的国有资产净值共计114,866,360.83元,按照1:1进行折股,国家股为11486万股,其余计入资本公积。一九九三年一月一日经省体改委批准公司由定向募集转为社会募集公司时进行了资产重组,即将冷扎钢带生产线的净资产41,754,278.63元按1:1折股作为国家股4175万股,其余4,278.63元计入资本公积。

其它法人股和个人股按1:15溢价发行,共募集股本5020万元,溢价收入2510万元。

5. 盈余公积

1996年	1995年	1994年
9,947,685.58	5,612,057.55	3,089,072.50

6. 未分配利润

1996年	1995年	1994年
38,135,810.75	19,400,880.82	17,057,465.56

经董事会决定,1996年暂不向股东分配利润,待公司上市后滚存利润由新老股东共享。

7. 主营业务收入:合并后主营业务收入为130,759,695.86元,其中母公司为83,630,441.64元,子公司为47,129,254.22元。比上年增加58%,主要原因为:

(1)母公司一九九六年度产品市场销售较为稳定,同时又开发的5J21、5J18、5J19等品种投产后销量增加形成;

(2)子公司一九九六年度商品房陆续建成出售,比一九九五年度收入增加较大形成。

项目	1996年度	1995年度	1994年度
精密钢带	40,081,948.54	37,228,304.11	36,364,471.21
不锈钢带	14,666,617.14	15,726,439.56	19,570,701.55
电阻钢带	10,941,581.42	9,943,273.44	7,299,346.29
新品钢带	5,333,649.33	4,628,762.15	425,067.72
不锈轧材	12,451,586.96	14,980,910.45	14,639,482.31
加工收入	155,058.25	127,346.16	93,536.81
售房收入	47,129,254.22		
合计	130,759,695.86	82,635,035.87	78,392,605.89

8. 投资收益

合并后投资收益为16,282.39元,其中:

(1)母公司1996年度取得子公司投资收益8,750,443.64元,在合并报表时予以抵销。收到成都旭光股份有限公司股利16,000元,收到陕西国际信托投资股份有限公司派发现金股利282.39元;

(2)子公司投资于秦浦房地产开发公司和秦皇岛新秦房地产公司的项目投资,由于一九九六年均未竣工,暂未取得投资收益。

(五)主要财务指标

序号	指标名称	1996年	1995年	1994年
1	流动比率	3.14	2.99	9.39
2	速动比率	2.22	1.91	6.75
3	存货周转率(次/年)	2.17	1.58	1.64
4	应收帐款周转率(次/年)	3.11	2.48	2.755
5	股东权益比率(%)	59	58	63
6	每股收益(元)	0.2509	0.1829	0.1679
7	净资产收益率(%)	14	12	11
8	每股净资产	1.7959	1.5450	1.4921

十、董事会上市承诺

本公司董事会将严格遵守《中华人民共和国公司法》、《股票发行与交易管理暂行条例》、《公开发行股票信息披露实施细则》、《上海证券交易所市场业务试行规则》和国家有关法律、法规的规定,并自股票上市之日向全体股东作出如下承诺:

1. 按照法律、法规的规定程序和要求披露重大的信息,并接受证券主管部门、上海证券交易所的监督管理。

2. 及时、准确、真实地在证券主管部门指定的报刊公布中期报告、年度报告及经营业绩等资料,并备置于规定场所以供投资者查询。

3. 本公司董事、监事和高级管理人员如发生人员变动或持股数量发生变化时,及时报告证券管理部门、上海证券交易所,并及时通过证券主管部门指定的报刊通告社会公众。

4. 在任何传播媒介中出现的消息可能对本公司的市场价格产生误导性影响时,本公司知悉后将对该消息予以公开澄清。

5. 本公司董事、监事和高级管理人员将认真听取社会公众意见和批评,决不利用已获知的内幕消息和其他不正当手段,直接或间接从事股票买卖活动。

6. 本公司没有无记录负债。

十一、重要事项说明

1. 本公司内部职工股2162万股依国家有关规定,从本次股票发行之日起,期满三年方可上市流通,本次上市流通的股份为4000万股。

2. 截止本上市公告书刊登之日,本公司未涉及任何重大诉讼和仲裁,亦无任何尚未了结或可能面临的重大索赔要求。

3. 本公司根据陕西省政府"关于陕西精密合金股份有限公司企业所得税问题的通知"从股份制改制后企业所得税实行按33%税率征税后返

还18%的政策,返还部分计入公司税后利润统一进行分配。子公司按33%的税率缴纳所得税。

4. 本次发行购买本公司股票的股东,参与本公司1996年的利润分配。

5. 本次股票发行后,每股净资产为2.11元。

十二、咨询机构

发行人:

名称:陕西精密合金股份有限公司

法定代表人:罗忠琳

注册地址:西安高新技术产业开发区高新一路19号

电话:029-4261194转2295、2223

传真:029-4261605

联系人:葛熙富

邮政编码:710077

主承销商及上市推荐人:

名称:国泰证券有限公司

法定代表人:金建栋

注册地址:上海市浦东新区乳山路61号

办公地址:北京市海淀区白石桥路3号友谊宾馆乡园

电话:010-68483938 68498530

传真:010-68483942

联系人:王革文、张金柱

国泰陕西分公司地址:西安市朱雀大街付2号

电话:029-7614803

传真:029-7614802

联系人:董争发

上市推荐人:

名称:广发证券有限责任公司

法定代表人:陈云贤

注册地址:广州市先烈南路23号华泰宾馆

电话:020-87789888-81610,81609

传真:020-87667652

联系人:唐展鹏

十三、备查文件

1. 审计报告、财务报表及附注
2. 发行人成立的注册登记文件
3. 主管部门批准发行上市的文件
4. 承销协议
5. 陕西省国有资产管理局关于资产评估的确认文件
6. 有关公司资产重组的文件及管理部门批文
7. 重要合同

陕西精密合金股份有限公司

一九九七年六月二十三日

上 海 华 源 股 份 有 限 公 司

上海华源股份有限公司一九九七年度中期报告

一、财务报告

(一)财务报表(未经审计)

(1)简化的资产负债表

单位:元

项目	年初数 (母公司)	年初数 (合并)	期末数 (母公司)	期末数 (合并)
流动资产	456,245,539.30	473,026,138.44	564,507,719.52	579.737,441.16
长期投资	104,397,740.83	49,788,158.00	123,624,944.13	65,710,592.02
合并价差	0.00	1,086,845.66	0.00	1,086,845.66
固定资产净值	182,194,713.87	231,539,472.33	245,130,768.06	306,410,038.31
在建工程	23,126,057.39	23,235,986.91	49,567,458.02	50,315,583.16
递延资产	3,194,223.15	7,405,121.92	3,968,109.70	7,672,370.33
资产总计	769,158,274.54	786,081,723.26	986,798,999.43	1,010,932,870.64
负债及股东权益				
流动负债	313,686,016.42	320,623,225.59	205,001,129.84	216,537,095.75
长期负债	55,017,592.28	55,017,592.28	62,199,541.74	62,199,541.74
负债合计	368,703,608.70	375,640,817.87	267,200,671.58	278,736,637.49
少数股东权益	0.00	9,986,239.55	0.00	12,597,905.30
股东权益				
其中股本	198,530,000.00	198,530,000.00	238,530,000.00	238,530,000.00
资本公积	180,488,394.17	180,488,394.17	411,173,940.30	411,173,940.30
盈余公积	12,684,576.51	13,404,495.81	12,684,576.51	13,404,495.81
其中:公益金	4,228,192.71	4,468,165.21	0.00	4,468,165.21
未分配利润	8,751,695.16	8,031,775.86	57,209,811.04	56,489,891.74
股东权益合计	400,454,665.84	400,454,665.84	719,598,327.85	719.598,327.85
负债及股东权益总计	769,158,274.54	786,081,723.26	986,798,999.43	1,010,932,870.64

(2)简化的损益表

项目	上年同期数 (母公司)	上年同期数 (合并)	19971-6月 (母公司)	1997年1-6月 (合并)
主营业务收入	202,126,266.63	202,126,266.63	226,295,670.73	246,752,187.26
主营业务利润	32,218,632.99	32,218,632.99	36,313,348.79	41,627,642.32
其他业务利润	217,036.89	217,036.89	352,227.25	372,451.93
投资收益	0.00	0.00	11,998,416.30	8,779,193.17
补贴收入	0.00	0.00	7,158,393.68	7,625,263.59
营业外收支净额	267,785.20	267,785.20	-205,876.46	-204,891.07
利润总额	32,703,455.08	32,703,455.08	55,616,509.56	58,199,659.94
所得税	2,043,140.81	2,043,140.81	7,158,393.68	7,158,393.68
少数股东净利润	0.00	0.00	0.00	2,583,150.38
净利润	30,660,314.27	30,660,314.27	48,458,115.88	48,458,115.88

(二)主要财务指标

	1997年上半年
按全面摊薄方法	
每股收益(元)	0.203
净资产收益率(%)	6.73
每股净资产(元)	3.017
按加权平均方法	
每股收益(元)	0.244

注:因1996年上半年我司尚未改制,主要财务指标不作同期对比。

(三)财务报表附注

1、本中期报告与1996年年度报告所采用的会计政策和方法一致,合并报表中的企业与去年相同,所有公司内部的重大交易及余额均互相抵销。

2、关联方及关联交易

a、关联方:

中国华源集团有限公司,有限责任公司,法定代表人周玉成,注册地址上海市浦东新区,注册资本壹亿柒仟万元,主要经营范围:服装服饰、针纺织品、纺织原料、房地产开发经营及进出口对外经济合作业务。中国华源集团有限公司持有本公司发起人股1618万股,占总股本6.78%;终极持股4551.32万股,占总股本19.08%。

b、关联交易:

96年延续下来的关联交易,已在97年上半年内全部清算完毕,本中期报告期末数据无关联企业交易。

3、应收帐款:期初数2755.78万元,本期数4963.63万元,增加原因系生产、贸易规模扩大所致。一年以内的应收帐款占总额的95.32%。

4、短期投资期初数9800万元,期末数484万元减少9316万元,主要是对关联企业投资收回,本期期末数中股票投资帐面价值365,660.00元,期末市值397,740.00元。

5、长期投资期初数4978万元,期末数6571万元,增加1593万元。

其构成:

投资上海凯马投资顾问有限公司	190万元	股权比例	19%
投资常州雷迪斯工程塑料有限公司余款	1328万元	股权比例	51%
投资华源国际货运代理有限公司	75万元	股权比例	15%

6、在建工程期初数2323万元,期末数5031万元,增加2708万元,其原因是下属分公司二期工程投入所致。

7、固定资产净值期初数23,154万元,期末数30,641万元,增加7487万元,主要是下属常州分公司二期工程完工。

8、投资收益:本期878万元。

其构成:股票投资收益　583.63万元

短期合作返利　294.37万元

9、所得税:上年同期204万元,本期数715万元,增加511万元,主要原因是97度实现利润增加及个别企业所得税率调整所致。

10、补贴收入762万元,系本公司及下属子公司根据当地政府部门的规定或批复记入。

11、股本期初数19853万元,期末数23853万元,增加4000万元系发行A股4000万股所致。

12、资本公积期初数18,048.83万元,期末数41,117.39万元,增加23068.56万元。

增加原因:(1)A股溢价发行,增加公积金　23060万元

(2)常州华昌染工接受捐赠　8.56万元

13、未分配利润期末数为5648.98万元,系年初未分配利润803.17万元及今年净利润4845.81万元并入所致。

14、本次发行A股的利息收入尚未入帐。

二、经营情况的回顾与展望

(一)上半年经营情况回顾

上半年,公司紧紧抓住宏观经济环境好转的发展机遇,以争取A股上市为契机,大力推进经济增长方式转变和经营机制转换,发挥"一条龙大化纤工程"的组合效应,生产经营保持了稳定发展的良好势头。主营业务收入完成2.47亿元,比上年同期增长22%;实现净利润4846万元,比上年同期增长58%。回顾上半年,公司主要抓了以下工作:

1、积极申发A股,扩大公司股本。经上海市证管办申报、中国证监会批准,公司4000万股人民币普通股于6月24日上网发行,7月3日成功上市。至此,华源股份已在短短一年时间内发展成为利用国际国内两种资本,同时拥有A、B股的上市公司,公司总股本由19853万股增加到23853万股。

2、狠抓B股募集资金投向项目建设进度,新引进的4000吨涤纶长丝生产线、650吨涤锦复合丝生产线、400万米高档长丝织造生产线上半年已相继投入生产,成为今年公司新的利润增长点。

3、实施资产经营与产品经营并重的发展战略,上半年公司在资本运作上顺利完成对扬州布厂的控股购并,进一步丰满了"一条龙大化纤工程"的形象,实现了涤锦复合丝生产的上下游对接和内部增值。

4、大力强化经营管理,提高企业经济效益。各生产企业认真落实公司工效挂钩经济责任制,夯实各项管理基础,加大新产品开发力度,开拓市场有了新突破。

(二)下半年经营计划

1、以实现利润最大化为目标,加速完善大化纤一条龙的功能开发,充分实现一条龙内部各环节的叠加增值。

2、把技改和品种开发、结构调整结合起来,新引进的设备要努力开发生产出高科技含量、高附加值的产品,形成独特的产品优势和市场优势。

3、切实加快雷迪斯工程塑料项目的建设进度,形成新的经济增长点。

4、加大科技投入和科技开发,通过一条龙联合开发,借脑攻关,抢占在化纤领域的制高点。

5、强化大贸易、大流通、大市场观念,实施进出口联动战略。

6、以实施低成本扩张为重点手段,不断吸纳优良资产,壮大"一条龙大化纤工程"的经济规模。

三、重大事件说明

1、1997年3月22日,公司一届二次董事会在本公司十六楼会议室召开,会议审议并原则同意董事会工作报告、总经理业务报告、九六年度财务决算报告、利润分配预案、年度报告摘要及其他七项预案。

2、1997年4月25日,公司1996年度股东大会召开(详见股东大会简介)。

3、公司1996年度分红派息工作已于1997年6月实施,向全体股东每10股派发现金红利1.05元人民币(含税),B股红利以美元支付。

4、公司1997年增发的4000万股人民币普通股,其中3600万股社会公众股7月3日已在上海证券交易所挂牌上市,另有400万股内部职工股将于半年后上市交易。

5、对照《严禁国有企业和上市公司炒作股票的规定》进行自查,本公司未有从事任何违反规定的事项。

本公司期末持有股票共67000股,其中:

代码	0769	盛道包装	2000股	成本价	6.43元	期末市值	15.27元
代码	600091	黄河化工	60000股	成本价	5.28元	期末市值	5.28元
代码	0738	南方摩托	5000股	成本价	7.20元	期末市值	10.08

6、B股募集资金实际投向,已在96年年报中披露,本期未有新的安排。

7、本报告期内公司无重大诉讼、仲裁事件。

四、发行在外股票的变动和股权结构变化

(一)公司1997年度获准增发4000万股人民币普通股,6月28日已完成验资和变更工商注册登记手续。

(二)股权结构

单位:万股

	1996年12月31日	本次变动增加(增发A股)	1997 6月30日
1.尚未流通股份			
(1)发起人股份	8353		8353
(2)内部职工股		400	400
尚未流通股份合计	8353	400	8753
2.已流通股份			
(1)境内上市的人民币普通股(社会公众股)		3600	3600
(2)境内上市的外资股	11500		11500
已流通股份合计	11500	3600	15100
3.股份总额	19853	4000	23853

4.主要股东持股情况

股东名称	1997年6月30日持股数(万股)	占总股本(%)
1.常州华源化学纤维有限公司	4437	18.60
2.中国华源集团有限公司	1618	6.78
3.上海中国纺织国际科技产业城发展公司	1219	5.11
4.Euro-Aisa Pacific Gold Pte Ltd	750	3.14
5.Euro-Aisa Orient Capital Pte Ltd	750	3.14
6.锡山长苑丝织厂	564	2.36
7.江苏秋艳(集团)公司	515	2.16
8.Kua Phek Long	435.22	1.82
9.HKSBCB A/C STATE STREET BANK AND TRUST S/A THE CHINA FUND	398.5	1.67
10.CITIBANK N.A S/B JARDINE FLEMING CHINA REGION FUND	395	1.66

五、股东大会简介

上海华源股份有限公司1996年度股东大会于一九九七年四月二十五日在本公司会议室举行,出席股东36名,代表股份10476.62万股,占公司股份总额的52.77%,符合公司章程和有关法规的规定,本次大会有效。经大会审议并投票表决,通过了以下议案:

一、董事会工作报告

二、监事会工作报告

三、总经理业务报告

四、1996年度财务决算报告

五、1996年度利润分配方案和1997年度财务预算报告

1996年度利润分配方案为:1996年度8至12月公司实现净利润42281921.67元,分别按10%提取法定公积金、法定公益金、任意公积金各计4228192.17元,本年度可供股东分配利润为29597345.16元,决定向全体股东每10股派发现金红利1.05元人民币(含税),共分配普通股股利20845650.00元,未分配利润8031775.86元结转下一年度。B股红利以美元支付,美元与人民币的汇率按股东大会决议派发股利日期的下个营业日,中国人民银行公布之美元兑人民币中间价折算。

六、授权董事会行使长期投资限额(3000万元人民币以下,含3000万元)审批权的议案

七、授权董事会全权处理收购上海中纺城国际贸易有限公司部分股权的议案

八、授权董事会全权处理收购华源集团上海国际货运代理有限公司部分股权的议案

九、授权董事会全权处理收购扬州布厂部分股权的议案

十、授权董事会全权处理本公司与南通棉织四厂合资组建有限责任公司的议案

十一、授权董事会组建上海华源物业投资有限公司的议案

十二、关于公司1997年度申请发行、上市人民币普通股A股的议案

十三、修改公司章程的报告

将原公司章程第三十条董事会行使职权中的第(三)条"决定公司经营计划和投资方案",修改为"决定公司经营计划和股东大会授权限额内的投资计划及超限额的投资方案"。

六、备查文件

公司备有齐备、完整的文件在办公供地点查阅:

1、载有公司董事长周玉成先生亲笔签名的《上海华源股份有限公司一九九七年度中期报告》原本。

2、报告期内发行4000万股境内上市人民币普通股的《招股说明书》和《上市公告书》。

3、1996年度股东大会文件。

上海华源股份有限公司董事会

一九九七年八月十二日

(注:"《证券投资基金管理暂行办法》实施准则"见第4414页)

林 海 股 份 有 限 公 司

林海股份有限公司公司简介

一、公司概况

公司名称:林海股份有限公司
证券简称:林海股份
证券类别:上海A股
证券代码:600099
董事长:陆海民
总经理:潘国庆
发行价格:6.09元
注册资本(万元):10600
注册地址:江苏省泰州市泰九路14号
行业:工业
电话:0523—6551888
传真:0523—6551403
公司成立日期:1997.06.28
股票上市时间:1997.07.04
上市推荐:南方证券有限公司
主承销商:江苏省证券公司
板块分类:工业

林海股份有限公司正式成立于1997年6月28日。其历史沿革为:本公司的前身为泰州林业机械厂,创立于1956年。1961年鉴于国家实现林业机械化的需要,由林业部对原企业进行了投资扩建,并经国家计委批准确定为林业部直属全民所有制企业,同时更名为林业部泰州林业机械厂。1970年林业部将泰州林机厂下放地方,归江苏省农林厅和泰州市工业局领导。1979年,泰州林机厂重新划归林业部,1993年,企业更名为中国林业机械总公司泰州林业机械厂,1996年又更名为泰州林业机械厂,现为中国福马林业机械集团有限公司(以下简称福马公司)之全资企业。根据国家有关法律的规定,独家发起人福马公司在对福马所属泰州林机厂进行分立改组的基础上,以泰州林机厂大部分经营性资产在扣除相应负债后的净资产按65%的比例折为发起人股,股权由福马公司持有。同时公开募集股份设立林海股份有限公司。泰州林机厂的其余部分经营性资产及非经营性资产和对控股企业的股权由江苏林海动力机械集团公司承继,林海集团公司负责对其管理和运营。股份公司成立后,泰州林机厂法人地位取消。

公司于97年6月17日上网定价发行社会公众股3600万股,另有400万股配售给公司职工,发行价每股6.09元,发行市盈率16倍。发行后股本结构为:

股本结构情况(1997年6月30日)

项目	股数(万股)	所占比例(%)
总股本	10600	100
发起人股	6600	62.3
其中:国家股	368.4	3.5
国有法人股	6231.6	58.8
社会公众股	4000	37.7
其中:公司职工股	400	3.77

发行后总股本10600万股,每股净资产3.18元。公司3600万股A股97年7月4日在上海证券交易所上市交易。

公司经营范围:

营林机械、喷灌机械、木材采运设备、内燃机、摩托车、助力车、消防机械、微型汽车的制造及销售。

97年上半年,在全国摩托车市场竞争十分激烈的情况下,公司坚持以质量为本,开发国内最新潮的精品车型,以摩托车发动机、林业机械产品并举,努力开拓国内外两个市场,取得了较好的经济效益。上半年公司完成销售收入25410万元,利润总额2653万元,净利润2255万元,分别完成全年盈利预测数的52.07%、50.68%和50.67%。

通过努力,公司应可完成和超额完成招股说明书中97年度的各项目标和盈利预测,以丰厚的利润回报股民。

公司97年上半年主要财务指标

	1997年上半年
每股收益(全面摊薄)	0.213元
净资产收益率(全面摊薄)	6.28%
每股净资产	3.39元

注:每股收益是按公司1997年6月30日的总股本10600万股计算。

公司的宗旨是:

遵纪守法创办实业,按国家产业政策,大力开发多品种、多系列的摩托车发动机以及高水平营林机械,促进企业上规模、上水平,为振兴机械汽车工业和发展林业作出贡献。

二、董事长、总经理简历

陆海民先生,49岁,毕业于南京工学院,高级工程师。陆先生1973年进入泰州林机厂,历任泰州林机厂车间支部副书记、设计科副科长、经销科科长。1984年起任泰州林机厂厂长。1997年6月当选为林海股份有限公司董事长。陆先生在营林机械、消防机械,尤其是摩托车和摩托车发动机的生产制造方面具有雄厚的专业技术基础和丰富的企业经营管理经验,曾被评为扬州市和全国劳动模范,林业部及国家级有突出贡献的中青年科学、技术、管理专家,江苏省优秀企业家。

潘国庆先生,39岁,毕业于上海交通大学,教授级高级工程师。潘先生1982年进入泰州林机厂,长期从事营林机械的技术开发和技术管理工作,历任泰州林机厂总工程师办公室主任、研究所所长、副总工程师等职。1997年6月董事会聘任潘先生担任林海股份有限公司总经理。潘先生在营林机械和小型汽油机的技术开发和企业的技术管理方面具有丰富的经验,被林业部授予1994年度有突出贡献的中青年科学、技术、管理专家。

林海股份有限公司(筹)招股说明书概要

一、绪言

本招股说明书概要依据《中华人民共和国公司法》、《股票发行与交易管理暂行条例》、《公开发行股票公司信息披露实施细则》及其他有关法规编写,发行人筹委会成员已批准本招股说明书概要,确信所摘内容与招股说明书一致,其中不存在重大遗漏或者误导,并对其真实性、准确性、完整性负个别的和连带的责任。

新发行的股票是根据本说明书概要所载明的资料申请发行的,除本发行人和主承销商外,没有委托或授权任何其他人提供未在本说明书概要中列载的信息和对本说明书概要作任何解释或说明。

投资人须自行负担买卖本公司股票所支付的税款,发行人、推荐人和承销商对此不负担责任。

本公司此次股票发行已经获得中国证券监督管理委员会批准,并已得到上海证券交易所同意在本次发行完毕稍后时间安排其上市的承诺。

二、释义

本招股说明书概要中出现的以下词汇,除非上下文专门规定,均具下列特定含义:

发起人: 指 中国福马林业机械集团有限公司(简称福马公司)

发行人: 指 林海股份有限公司(筹)(简称股份公司)

林机总公司: 指 中国林业机械总公司,为福马公司之前身

本公司: 指 林海股份有限公司(筹),即本次股票发行人或指由泰州林业机械厂经营,经发起人重组后转予股份公司的生产经营实体

泰州林机厂: 指 泰州林业机械厂

林海机械公司:指 江苏林海动力机械公司

主承销商: 指 本公司本次股票发行之主承销机构,即江苏省证券公司

元: 指 人民币元

三、发售新股的有关当事人

1.发行人:

林海股份有限公司(筹)

地址:江苏省泰州市泰九路14号

筹委会主任:李洙一

电话:0523-6551888 传真:0523-6551403

联系人:张建华

2.主承销商:

江苏省证券公司

地址:江苏省南京市管家桥87号华荣大厦14层

法定代表人:鲍志强

经办人员:胡旭 贺文慧 徐彦武

电话:025-4523777 传真:025—4527517

3.上市推荐人:

南方证券有限公司

地址:深圳市深南东路1号

电话:010—67617387 传真:010—67617384

联系人:李源光

江苏省证券公司

地址:江苏省南京市华荣大厦14层

4.发行人法律顾问:

江苏对外经济律师事务所

地址:江苏省南京市北京西路26号

电话:025—6631336 传真:025—3329335

经办律师:张国平 居建平

5.副主承销商:

南方证券有限公司

6.分销商:深圳国投证券有限公司

地址:深圳市罗湖区红岭中路7号

联系人:李晓涛 电话:0755—5894167

7.分销商:江苏省国际信托投资公司

地址:江苏省南京市上海路5号

联系人:范存标 电话:025—6528982

8.分销商:福建华兴信托投资公司

地址:福州市华林路华林坊16号

联系人:吴智俊 电话:0591—7538556

9.财务审计机构:

江苏会计师事务所

地址:南京市三元巷7号江苏建筑大厦8楼

经办注册会计师:狄云龙 郭澳

电话:025—4408201 传真:025—4401946

10.资产评估机构:

中华财务会计咨询公司

地址:北京市阜城门外大街1号四川大厦东楼9层

经办评估人员:吴小川

电话:010—68364755 传真:010—68364751

11.资产评估确认机构:

国家国有资产管理局

地址:北京市海淀区万泉河路66号

负责人:张佑才

电话:010—83828119

12.土地评估机构:

中国地产咨询评估中心

地址:北京市海淀区大柳树路21号

经办评估人员:程进 朱兰新

电话:021—63761027

13.股票登记机构:

上海证券中央登记结算公司

地址:上海市闵行路67号

电话:021—63068888

四、发行情况

1.承销方式:由主承销商组建承销团以余额包销方式承销。

2.发行日期:1997年6月17日。

3.发行方式:上网定价。

4.发行地点:与上海证券交易所交易系统联网的国内各证券营业机构。

5.发行股票种类与数量:本次将发行记名式人民币普通股4000万股,每股面值1元,其中,公司职工股400万股。

6.发行对象:非国家有关法律、法规禁止从事股票买卖的中华人民共和国境内法人和自然人。

7.发行价格:6.09元/股

新股发行价是在本公司每股净资产的基础上,综合考虑本公司过去三年的效益及成长性、投资项目资金需求及近期股票市场供求关系等因素确定的。

经江苏会计师事务所注册会计师审核确认,本公司1994年,1995年1996年的税后利润分别为1516万元,1902万元,4125万元。发行股票前三年每股平均税后利润按下列公式计算:

每股税后利润=(94年税后利润+95年税后利润+96年税后利润)/(3×募股前股本总额)

则每股税后利润为0.381元,发行市盈率为16倍。

8.预计实收金额:本次发行可募集资金24360万元,扣除有关发行费用后,预计实收金额为23593万元。

9.发行费用

本次发行费用预计总额767.18万元,其中承销费535.92万元,审计费用46万元,资产评估费用30万元,土地评估费用20万元,律师费20万元,上网手续费85.26万元,抽签摇号工作费10万元,其他费用20万元。预计每股发行费用约为0.19元。

五、风险因素与对策

投资者在评价本发行人此次发售的股票时,除本招股说明书概要提

供的其他资料外,应特别认真地考虑下述各项风险因素。

(一)风险

1. 经营风险

(1)本公司产品的制造成本中原、辅材料占有83.8%的比例,原、辅材料价格波动,直接影响本公司的盈利水平。

(2)本公司产品的关键部件由本公司自己生产,其他大量的零部件则依靠外协和外购来解决。这种做法适应了专业化分工的需要,提高了生产效率,但亦增加了一定的不可控因素。

(3)本公司的拳头产品摩托车发动机大客户(12家)占本公司销售量的81.40%,其购买行为对公司经营影响较大,如果其中的一家或几家转而使用其他公司的产品,而又未发展新的客户,这将会影响本公司的经营业绩。

(4)尽管本公司产品的技术水平目前处于行业领先地位,但由于市场竞争激烈,若公司不能继续保持技术上的领先地位,将对今后的发展有较大的影响。

2. 行业风险

(1)在消费水平较高的大中城市,由于道路交通状况不佳,交通管理部门对摩托车的上牌采取了一些限制性措施,从而影响到摩托车市场的进一步扩大。

(2)目前来看,较高档的小轿车大量进入普通家庭尚不现实,摩托车及其发动机的市场前景仍十分广阔,但低成本轿车对摩托车进一步替代的可能性是存在的。

3. 市场风险

(1)作为全国最大的摩托车发动机定点生产厂,摩托车发动机的生产和经营为本公司的优势所在。本公司生产的摩托车发动机市场占有率近30%,具有质量高、价格低的特点,在国内普通型中档摩托车发动机市场上需求旺盛,可以替代进口,但是,目前国内其他摩托车发动机厂家也发展较快,在质量、规模等方面与本公司的差距有日益缩小的趋势。本公司能否保持已有的摩托车发动机市场优势,在激烈的竞争中居于不败之地,有一定的市场风险。

(2)目前我国摩托车市场竞争十分激烈,某些型号摩托车在国内一些经济发达地区已趋于饱和。本公司虽然具有自制主机配套的摩托车生产工艺优势,但由于从事摩托车整车生产起步较晚,拥有的市场份额较低。能否提高本公司的摩托车市场占有率并在竞争激烈的摩托车市场上迅速取得优势地位,具有一定的不确定性。

(3)本公司产品摩托车发动机主要销往经济较发达的华东地区,市场潜力较大,同时本公司与华东地区较大摩托车厂家由于长期合作已构成相互依赖关系,该地区摩托车市场状况的变化会影响到本公司产品的销售。能否开拓新的市场空间对本公司产品销售带来一定的不确定性。

4. 政策性风险

汽车工业(含摩托车)是国家的支柱产业,摩托车发动机及摩托车的生产受到国家产业政策的优先扶持。但是如果国家的投资政策、环保政策等发生变化,会对本公司生产经营构成影响,本公司96、97年享受退税政策,实际税率为15%。本公司计划继续申请税收优惠,但在未获准之前,本公司的税率有一定的不确定性。

另外,中国加入世界贸易组织将会导致国内摩托车市场的逐步开放,这也会影响摩托车行业的竞争格局。

5. 其他风险

本次募集资金所用于的技改项目,效益可观。由于项目目前尚未全面实施,并计划到2000年才能全面建成达产,在此期间内如果项目建设条件及市场环境发生变化,会影响公司此次投资的按期完成及对投资者的回报水平。

(二)风险对策

针以上述可能遇到的各种风险,本公司将综合采取如下对策:

1. 经营风险之对策

(1)本公司不仅将进一步加强成本管理,还将充分利用和产品批量扩大而导致的单位产品成本下降的优势,力争从企业内部消化各种潜在的涨价因素。

(2)继续保持并密切同所有客户,尤其是大客户的良好关系,同时花大力气提高售后服务水平。

(3)在稳固摩托车发动机产销的基础上,进一步加大对摩托车整车生产的投入,提高企业生产一体化水平和摩托车发动机自用比例。

2. 行业风险之对策

(1)投入精强的技术力量,研制高科技含量的新型摩托车发动机投放市场,提高本公司产品的市场竞争力。

(2)对于摩托车消费受到限制的大中城市,本公司将推出受消费者欢迎的产品品种,如助力车及座式豪华型轻便摩托车,保证城市的销售量;另外,本公司将积极开拓比较发达的农村地区的市场。

3. 市场风险之对策

(1)本次募集资金的项目投资,能较大地提高本公司的产品,特别是摩托车发动机的技术含量和质量,扩大生产经营规模,使本公司继续保持摩托车发动机行业第一的优势。本公司还将充分利用本公司摩托车发动机的技术优势和自制主机配套的工艺优势,力争跻身全国摩托车10强。使企业的行业地位稳固上升,在激烈的市场竞争中立于不败之地。

(2)一方面,本公司将加强市场调研和技术改造,优化企业的产品结构,开发适销对路的产品,通过募股资金的投入,增强企业适应市场和引导市场的能力;另一方面,本公司将扩大销售队伍,健全销售体系,加强售后服务,在稳固华东、华中、华北及东北地区市场基础上,进一步拓展全国市场。

4. 政策性风险之对策

充分利用股份制改造的有利时机,扩大企业的生产规模,通过技术改造,优化产品结构,提高产品质量和产品的市场占有率,从而增强本公司自身的抵御风险能力。同时,加强信息收集和对国家重大方针、政策的研究工作,以规避风险。

本公司生产的产品在价格上有国外产品无法比拟的优势,如本公司的1E52FM发动机质量已达到日本雅马哈公司的水平,但价格仅为日本产品的35%左右。除价格外,本公司还将从质量和服务方面展开同进口产品的竞争。

六、募集资金的运用

本次股票发行扣除发行费用后预计可募集资金23593万元,募集资金将主要用于本公司下述国家重点技术改造项目上。

(1)[摩托车发动机技术改造]项目

本次改造拟新建18000平方米的综合车间,安排两种发动机的机械加工、装配和试验,形成年产157FM和153FM四冲程风冷发动机40万台(其中新增25万台)能力;新建4000平方米的仓库,连同原有仓库作为综合仓库;新增先进理化、计量和试验设备,关键设备进口,建成强有力的计量和新产品开发手段与系统;同时完善计算机网络系统,开展CAD/CAM工作。

该项目预计建设总投资18522万元,可行性研究报告已经国家经贸委经贸改[1995]589号文批准,初步设计经林业部林计批字[1996]21号文批复,目前已完成建设投资4190万元,本次募股资金首先用于解决本项目其余投资14332万元。

本项目1998年开始产生效益,2000年达产。达产后,产销率100%时,每年可实现销售收入129000万元,年平均利润总额为5302万元,固定资产投资回收期6年(含建设期2年),投资利润率17.91%,财务内部收益率为15.65%。

(2)[内燃机与摩托车技术引进与改造]项目

该项目主要引进国外先进的摩托车设计与制造技术,进口部分关键设备,通过消化吸收,使摩托车和汽油机产品达到国际九十年代先进水平。本技改项目建成投产后将达到LH50、LH90摩托车与1E35FZ助力车发动机各5万台的年生产能力。目前,该项目已完成投资1120万元,基本完成LH90摩托车技改工程。本次募股资金到位后,将投资1841万元用于LH50摩托车及1E35FZ助力车发动机技改工程。

该项目已经林业部林计批字[1994]109号文批准。

该项目LH50摩托车及1E35FZ助力车发动机技改工程计划1998年9月完工,当年达产50%,2000年后达产100%。达产后产销率100%时,每年可实现销售收入31000万元,净利润1404万元。固定资产投资回收期3年(含建设期15个月),投资利润率25.33%,财务内部收益率21.18%。

(3)[150ML四冲程强制风冷发动机及技术发展中心技术改造]项目

本公司将投资4982万元进行150ML四冲程强制风冷发动机及技术发展中心的技术改造。本次技术改造主要包括进口部分关键设备和工艺装备(刀、夹具等);建立纲领为10万台的关键件箱体加工柔性线等。该技改项目投资计划已获林业部林计批字[1996]125号文批准。

本项目待本次募集资金到位后安排投资,预计1999年开始产生效益,2000年达产率100%,实现10万台157FM2发动机的年产量。达产后产销率100%时,每年可实现销售收入5.3亿元,净利润2770.8万元。本项目固定资产投资回收期5年(含建设期2年),投资利率28.92%,财务内部收益率28.17%。

上述投资项目从1998年起逐步投产后,股份公司效益将有显著提高。

三个投资项目总体效益预测表(单位:万元)

净利润	项目1	项目2	项目3	合计
1998年	1701.8	550.0	--	2251.8
1999年	3333.8	818.5	1327.6	5479.9
2000年	5302.2	1404.0	2770.8	9477.0

注:上表中项目1、2、3分别为[摩托车发动机技术改造项目]、[内燃机与摩托车技术引进与改造项目]、[150ML四冲程强制风冷发动机及技术发展中心技术改造项目]。

七、股利分配政策

1.发行人将按照同股同利的原则,依据公司章程规定的程序制定股利分配政策;发行人将在股票发行后第一个盈利年度派发一次股利。

2.本公司税后利润将按下列顺序依次分配:

(1)弥补以前年度亏损

(2)提取法定盈余公积金(税后利润的10%)

(3)提取法定公益金(税后利润的5%—10%)

(4)根据股东大会决议提取任意盈余公积金

(5)根据股东大会决议分配股利

本次股票发行结束后,每一次股利分配时间预计为1998年5月,认购本次股票的股东与本公司发起人同等享有97年股利分配权。以上股利分配政策尚需本次新股发行之后,由首届股东大会选举出的董事会予以确认。

八、发行人情况

1.发行人名称:林海股份有限公司(筹)

发行人的英文名称:LINHAI COMPANY LIMITED

2.本公司已获得国家工商行政管理局公司设立名称预先核准通知书

3.本公司住所:江苏省泰州市泰九路14号

4.发行人历史沿革

本公司的前身为泰州通用机械厂,成立于1956年。1961年鉴于国家实现林业机械化的需要,原企业由林业部进行了投资扩建,并经国家计委批准确定为林业部直属全民所有制企业,同时更名为林业部泰州林业机械厂。1970年,林业部将泰州林机厂下放地方,归江苏省农林厅和泰州市工业局领导。1979年,泰州林机厂重新划归林业部。1993年,企业更名为中国林业机械总公司泰州林业机构厂,1996年又更名为泰州林业机械厂,现为中国福马林业机械集团有限公司(原中国林业机械总公司,以下简称福马公司)之全资企业。

5.福马公司情况

福马公司原名中国林业机械总公司,是经国务院批准,于1979年由原林业部机械局所属企业改组成立的全国性专业公司。1994年,林机总公司被国务院确定为全国首批建立现代企业制度百家试点企业之一,并经国家有关部门批准改建为国有独资公司。该公司于1996年被列入国家重点支持的1000户企业,并变更为现名。

6.公司改制

根据国家有关法律的规定,独家发起人福马公司在对福马公司所属泰州林机厂进行分立改组的基础上,以泰州林机厂大部分经营性资产在扣除相应负债后的净资产作为发起人投资,同时公开募集股份设立林海股份有限公司。泰州林机厂的其余部分经营性资产及非经营性资产和对控股企业的股权由另成立的江苏林海动力机械公司(以下简称林海机械公司)承继,林海机械公司负责对其管理和运营。股份公司成立后,泰州林机厂法人地位取消。福马公司投入股份公司的泰州林机厂上述净资产按65%的比例折为发起法人股,股权由福马公司持有。

分离的非经营性资产包括:浴室、幼儿园、医务所、大小食堂、大会堂、俱乐部、职工宿舍、招待所、培训中心和服务部等。随非经营性资产分离人员80名。分离的对控、参股企业股权包括对江苏林海雅马哈摩托有限公司、江苏奔腾动力机械有限公司、江苏林庆动力机械有限公司三家控股企业的股权。

泰州林机厂的以上改制重组方案已经林业部批准。

7.林海机械公司情况

根据重组方案,林海机械公司实体包括被分离的泰州林机厂非经营性资产和部分经营性资产,占地面积9.9万平方米,职工人数为430人左右。

拟成立的林海机械公司为福马公司下属的与股份公司并列的子公司,林海机械公司管理机构的设置及经营管理与林海股份公司完全独立。

划归林海机械公司的原泰州林机厂非经营性资产在股份制改组之后,拟成立服务公司归口管理招待所、浴室及大、小食堂,实行独立核算,自负盈亏。其向股份公司提供的后勤服务及辅助生产设施将采取有偿形式进行。服务公司还将逐步向服务社会的方向发展。

本公司组织机构如下:

林海股分有限公司(筹)组织结构图

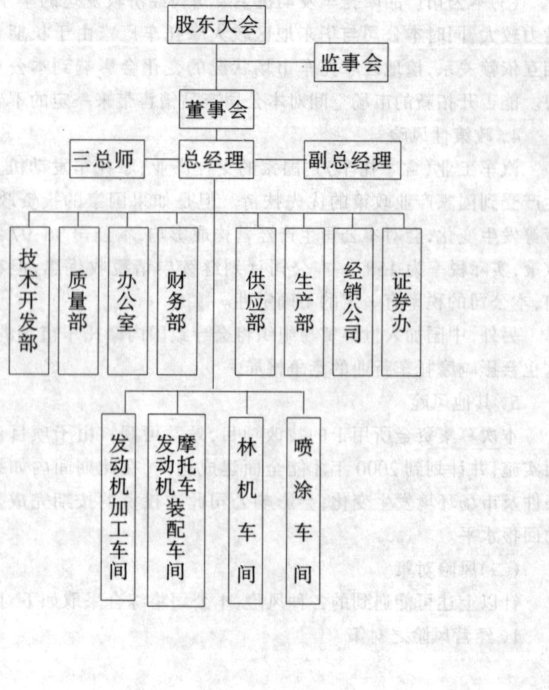

8．发行人的组织结构及内部管理机构

9．公司职工情况

经林业部人事教育司核准，本公司安排员工1458名，退休职工不进入股份公司。员工按专业构成划分如下：管理人员111名，技术人员242名，财务人员25名，生产工人998名，销售及服务人员82名。上述人员中，具有大专或大专以上学历的有235人，占职工总数的16.1%，具有中专及高中学历的732人，占职工总数的50.2%；其中高级职称36人，中级职称78人，初级职称138人。职工平均年龄约37岁。

本公司用工实行全员劳动合同制。本公司还按泰州市退休基金社会统筹的有关规定，实行养老基金统筹。此外，本公司还按国家和地方的有关规定，为员工提供待业保险、劳动保护等。

10．本公司的经营业务范围

本公司经营范围包括：

(1)摩长车发动机的生产和销售；

(2)摩托车的生产和销售；

(3)小型汽油机的生产和销售；

(4)林业机械及其他普通机械的生产和销售。

11．主要业务及产品介绍

本公司的主要业务为摩托车发动机、摩托车、小型汽油机和营林机械及其他普通机械的生产和销售。本公司是我国小型动力的主要生产基地，先后开发了100多种产品。主要产品有153FM、157FM系列四冲程摩托车发动机；50ml、125ml、150ml排量的二冲程、四冲程摩托车；1E40FA、175F等通用小型汽油机，以及其它专用汽油机、林业机械和消防泵等。主要产品的技术水平居国内领先地位，部分产品技术属国际先进水平，产品不仅在国内市场有较高知名度，亦远销国外。

本公司开发的1E52FM汽油机填补了国内空白，其中最大功率、最大扭矩、怠速排放CO和HC含量等指标均达到国际领先水平，目前国内市场占有率为70%左右，并有大批量出口。该产品曾荣获林业部科技进步二等奖，全国摩托车行业骏马奖二等奖，江苏省首批质量免检产品。本公司的另两项产品1E50FM、1E52FM－2汽油机填补国内两项空白。其中，1E50FM汽油机被列为国家级新产品，获林业部科技进步二等奖。

12．工业产权

本公司使用的商标为“林海”，该商标已在1980年在国家工商行政管理局注册登记，证书编号为140140号。企业重组以后，“林海”商标归林海机械公司所有，本公司已同林海机械公司签订合同，以付费的方式获得该商标的使用许可。

13．研究开发的情况

本公司96年开发并通过行业鉴定了14种摩托车，其中LH125T、LH150T试投放市场后，已成为市场消费热点。本公司1997年研究开发的重点产品为250ML水冷四冲程发动机配套的250ml豪华型摩托车。该摩托车的发动机功率高，扭矩大，耗油省，排放低，力争在年底鉴定投产。

今后三年内，本公司计划开发的发动机有二冲程、四冲程、风冷、强制风冷、50ml－250ml排量10－15个系列化品种；摩托车有座式车、骑式车、越野车，排量50ml－250ml共20－25个系列化品种。同时，在林业机械和园林机械方面，将开发轻型割灌机、微型油锯等国内外需要的品种。

14．本公司正在实施及计划中的项目有：

(1)摩托车发动机技术改造项目；

(2)内燃机与摩托车技术引进与改造项目；

(3)150ml四冲程强制风冷发动机及技术发展中心技术改造项目。

15．关联交易

与本公司构成关联关系的企业包括福马公司及林海机械公司。

福马公司为本公司的独家发起人。本公司成立后，福马公司持有本公司62.3%的股份，处于绝对控股地位。福马公司注册资本3亿元，注册地为北京市东城区和平里，主营林机设备、营林机械、木材采集机械等。本公司向福马公司以市场价格销售少量汽油机及油锯，并在合理的利率范围内有部分借款资金往来，除此之外两公司无其它关联交易。另外，福马公司及下属其他子公司目前与本公司不构成同业竞争，而且福马公司也已作出今后不投资与本公司业务构成同业竞争企业的承诺。

林海股份公司与林海机械公司作为福马公司下属的两个独立、并列的产权主体，存在下列经济关系：

(1)生产协作关系

林海股份公司及林海机械公司通过摩托车发动机及摩托车的生产，构成一定的生产协作关系。生产工艺上，林海机械公司将为林海股份公司生产部分零部件，两公司间存在零部件加工协作关系。对应上述关系，两公司已草签《生产经营协作合同》，约定双方零配件供应及工艺协作等，均以市场公平价格进行。

(2)竞争关系

林海股份公司及林海机械公司均生产摩托车发动机，但两公司生产产品有明确分工。林海机械公司生产的主要产品与股份公司的产品在性能、规格、型号、销售对象及用途 上有限大差别，不构成同业竞争。林海机械公司已作出《不竞争承诺》，承诺不生产与股份公司现有的产品型号相同的产品及相竞争的类似产品。

(3)商标关系

林海牌商标为泰州林机厂在有关部门登记注册的著名商标。分立重组后，林海牌商标将归林海机械公司所有，林海股份公司的产品将采用向林海机械公司付费的方式取得继续使用该商标的许可。两公司已草签《商标使用许可合同书》，林海机械公司许可林海股份公司在股份公司以付费方式使用“林海牌”商标。

(4)服务关系

原泰州林机厂的后勤及服务设施均进入林海机械公司。林海机械公司已与林海股份公司草签《公共设施有偿使用合同》。股份公司对上述服务及后勤设施的使用将分别采取按使用量付费或按约定标准付费的方式使用。

林海股份公司与林海机械公司均为具有独立生产经营场所、设备、资金的独立法人实体，在重组时两公司已草签《资产和负债分离协议》，两公司无共用资产。

上述草签协议及合同详见本招股说明书概要第十六部分《重要合同及重大诉讼事项》及备查文件。待股份公司成立后，两公司还将正式签署上述合同及协议。

16．土地使用权情况

林海股份公司的占地面积为2.48万平方米，采用作价入股的方式处置这部分土地。经中国地产咨询评估中心评估，截至1996年12月31日，该土地使用权价值为566.95万元，经国家土地管理局国土批［1997］46号文批准，该土地使用权以65%比例折为国家股，股权委托福马公司持有。

17．其它情况

本公司1994年与林业部实行承包，按利润总额30%定比上缴；1995年度所得税按33%税率计缴，1996年起本公司享受林业部税收部分返还的优惠政策，实际所得税率为15%。改制后本公司继续享受该项优惠政策。

九、筹委会成员简介

李洙一先生，筹委会主任，58岁，大学文化，高级经济师。李先生自1963年以来，一直从事林业机械方面的技术工作和经济管理工作。历任林业部林业机械总公司工程师、林业机械总公司计划处副处长、财务处处长，自1993年起任林机总公司（现为中国福马林业机械集团有限公司）总经济师。李先生在中国林业机械行业具有30多年的工作经历，经验丰富，熟悉企业的经营管理，尤其精通企业的财务管理。

陆海民先生，筹委会副主任，49岁，大学文化，高级工程师。陆先生1973年进入泰州林机厂，历任泰州林机厂车间支部副书记、设计科副科长、经销科科长,1984年起任泰州林机厂厂长。陆先生在营林机械、消防机械,尤其是摩托车和摩托车发动机的生产制造方面具有雄厚的专业技术基础和丰富的企业经营管理经验,曾被评为扬州市和全国劳动模范,林业部及国家级有突出贡献的中青年科学、技术、管理专家,江苏省优秀企业家。

陆惠生先生,筹委会副主任,59岁,大学文化,高级工程师。陆先生1963年进入泰州林机厂,长期从事工艺工作、企业技术管理和政工工作,历任泰州林机厂厂办、工程师办副主任、技术科副科长、副总工程师。1984年起任泰州林机厂党委书记、副厂长。陆先生在热加工工艺、模具设计、企业技术管理、职工思想政治工作等方面具有深厚的理论素养和丰富的实践经验,两次被评为全国林业系统企业思想政治工作优秀工作者,1989年荣获江苏省优秀党务工作者称号,1993年起享受国务院批准的政策特殊津贴。

耿美娟女士,筹委会副主任,50岁,中专文化,高级会计师。耿女士1976年进入泰州林机厂,历任财务科副科长、科长。1995年起任泰州林机厂总会计师。耿女士在企业生产经营及财务管理等方面具有丰富的经验,曾被评为全国林业系统优秀财务工作者,曾荣获林业部财务工作先进工作者称号。

盛大德先生,筹委会委员,60岁,大学文化,教授级高级工程师。盛先生1962年进入泰州林机厂,1980年起任泰州林机厂副厂长兼总工程师。盛先生在内燃机与摩托车设计与生产制造方面具有扎实的技术功力和丰富的技术管理经验,是行业内知名专家,曾被评为江苏省劳动模范,国家级有突出贡献的科技专家,荣获全国优秀科技工作者称号和五一劳动奖章。

刘保建先生,筹委会委员,60岁,中专文化,高级工程师,1958年进入泰州林机厂,历任车间主任、生产计划科长、副厂长,1991年起任总经济师,负责企业材料供应工作和企业管理。刘先生具有丰富的企业管理经验,曾被评为江苏省劳动模范。

刘勇先生,筹委会委员,44岁,大专文化,经济师。刘先生自1970年进入泰州林机厂以来,历任厂团委书记、车间支部书记、组织科长、厂办主任、厂长助理,1991年起任泰州林机厂副厂长。刘先生具有丰富的企业生产经营管理经验。

张志澄先生,筹委会委员,52岁,大学文化,高级工程师。张先生1972年进入泰州林机厂,长期从事企业生产经营管理工作,历任泰州林机厂车间调度,厂办秘书。1984年起任泰州林机厂副厂长。张先生具有丰富的生产、经营管理经验。

彭心田先生,筹委会委员,38岁,大学文化,工程师。彭先生1982年进入林机总公司,历任技术员、助理工程师、工程师,1993年起任林机总公司企业管理处副处长。彭先生现主管中国福马林业机械集团有限公司(原林机总公司)现代企业制度试点工作,在企业管理和改革方面具有丰富的经验。

吴瑞宏先生,筹委会委员,53岁,高中文化,经济师。吴先生1958年进入泰州林机厂,长期从事街道计划管理工作,历任泰州林机厂生产总调度、服务公司经理、计划生产科科长,自1993年起任泰州林机厂计划管理部副部长。吴先生具有丰富的企业计划和生产经营管理经验。

张建华先生,筹委会委员,42岁,高中文化,会计师。张先生1977年进入泰州林机厂,长期从事财务及财务管理工作,现任筹委会办公室主任。张先生在财务管理方面具有丰富的经验。

本公司筹委会作出承诺,拟设立的股份公司经理及以上高级管理人员将不在福马公司及其下属其他子公司进行双重任职。福马公司也作出了经理及以上高级管理人员不在股份公司进行双重任职的承诺。

十、经营业绩

1.生产经营的一般情况

"八五"以来,本公司发展迅速。"八五"期间,本公司通过引进日本雅马哈公司先进的发动机技术,并投入大量技术改造资金形成了摩托车发动机规模生产能力和较完备的质量保证体系。成为全国八大摩托车发动机定点生产企业之一,并于1996年1月被国务院发展研究中心评定为"全国最大的摩托车发动机定点生产厂"。本公司的产品先后获六项国家银质奖、六项部优、七项省优,在同行业中处于领先地位。自1991年到1995年,本公司的销售收入和利润增长率在全国摩托车发动机定点生产企业中名列第一。1995年以来,本公司在摩托车发动机技术优势的基础上,还加大了对摩托车整车的投入,摩托车销量逐年递增,经济效益显著。1995年本公司还被评定为江苏省高新技术企业。

2.主营业务收入及利润情况

经江苏会计师事务所审计,本公司最近三年经营业绩如下:

单位:万元

项目/年份	1996年度	1995年度	1994年度
主营业务收入	44688	31266	28081
主营业务利润	4808	2575	1960
利润总额	4857	2863	2172
税后利润	4125	1902	1516

3.完成的主要工作

①1986年完成1E52FM汽油机开发工作,填补国内空白;

②1993年完成1E50FM汽油机开发工作,填补国内空白;

③1994年完成摩托车汽油机用低排放化油器研制工作;

④1995年完成1E52FM-2汽油机开发工作,填补国内空白,完成6种摩托车开发;

⑤1996年完成162FMD、157FM2(A)、153FM、1E40FM等4种摩托车发动机和8种摩托车的开发工作,其中3项为填补国内空白。

4.产品市场

本公司摩托车发动机的市场占有率约为20%—30%,具有国内领先技术水平的1E52FM汽油机的市场占有率达70%。本公司的座式摩托车有10种品种,数量居全国前列,产品不仅畅销国内,还远销到德国、马来西亚、越南、泰国等国家。产品销售呈现良好的增长势头。

5.产品性能和质量

本公司开发的1E52FM汽油机填补了国内空白,其中最大功率、最大扭矩、怠速排放CO和HC含量等指标达到国际先进水平。该产品曾荣获林业部科技进步二等奖,全国摩托车行业骏马奖二等奖,江苏省首批质量免检产品。本公司的另两项产品1E50FM、1E52M-2汽油机,填补了国内两项空白。其中,1E50FM汽油机被列为国家级新产品,获林业部科技进步二等奖。

十一、股本

1.如果此次募股成功,本公司股本总额为10600万元。

2.本公司独家发起人福马公司投入净资产10148万元,折股6600万股,每股面值1元,超过面值部分进入本公司资本公积金;本公司此次发售4000万股社会公众股(其中,公司职工为400万股),发行价为6.09元/股,可募集资金24360万元,超过面值溢价部分在扣除发行费用后计入资本公积金。

3.如本次发行成功,则本公司股本结构如下:

股份类别	股份数(万股)	占总股本比列(%)
发起人股	6600	62.3
其中:国家股	368.4	3.5
国有法人股	6231.6	58.8
社会公众股	4000	37.7
其中:公司职工股	400	3.77
总计	10600	100

4.上市交易情况

本次向社会公开发行的3600万股社会公众股待募股结束后,将尽快安排在上海证券交易所挂牌上市。根据有关规定,本次同时发行的400万股公司职工股自本次3600万股社会公众股上市之日起,半年后上市交易。

5. 如本次发行成功，则本公司股票发行前后净资产及每股资产情况如下：

	本次发行前	本次发行后
净资产总额(万元)	10148	33741
每股净资产(元/股)	1.54	3.18

6. 股票回购程序

根据《中华人民共和国公司法》、和《股票发行与交易管理暂行条例》的有关规定，本公司不得购回本公司发行在外的股票。

十二、主要会计资料

投资人欲对发行人的财务状况、经营成果及其会计政策进行更详细的了解，除阅读本节外，还应当认真阅读在附录中所载的发行人财务报表注释。

资产负债表

单位：千元

资产项目	96.12.31	95.12.31	94.12.31
流动资产			
货币资金	52530	47723	22933
短期投资	0	0	0
应收票据	72038	56333	0
应收帐款	62652	90398	134479
减：坏帐准备		452	672
应收帐款净额	62652	89946	133806
预付帐款	2135	0	0
其它应收款	18862	12405	9610
待摊费用	1358	1858	2186
存货	41367	7577	1386
流动资产合计	250942	215843	169922
长期投资	0	175	255
固定资产			
固定资产原值	71996	25667	23312
减：累计折旧	18978	10584	6683
固定资产净值	53018	15083	16628
在建工程	0	5507	1047
固定资产合计	53018	20590	17676
无形资产	5669		
递延资产			
资产总计	309630	236608	187852
负债及所有者权益项目	96.12.31	95.12.31	94.12.31
流动负债：			
短期借款	47300	34110	25690
应付票据	450	360	0
应付帐款	111268	83822	71201
预收货款			
应付股利			
应付工资			
应付福利费	0	677	875
未交税金	18099	25067	12289
其它未交款	0	302	763
其它应付款	17259	23664	34015
预提费用	140	70	276
流动负债合计	194516	168072	145108
长期负债：			
长期借款	12700	22475	5375
长期应付款			
其他长期负债	938	283	305
长期负债合计	13638	22757	5679
负债合计	208154	190829	150787
所有者权益			
股本	66000	19989	19989
资本公积	35475	0	0
盈余公积		2989	2989
未分配利润		22780	14087
股东权益合计	101485	45779	37065
负债及所有者权益合计	309630	236608	187852

利润表

单位：千元

项目	1996年度	1995年度	1994年度
一、主营业务收入	446279	312255	380802
减：营业成本	371074	257643	234498
销售费和	6849	3562	3284
管理费用	15387	21777	20104
财务费用	4426	2559	2297
进货费用			
营业税金及附加	460	968	1023
二、主营业务利润	48083	25747	19595
加：其他业务利润	995	3134	2352
三、营业利润	49078	28880	21948
加：投资收益		－16	
营业外收入	157	67	70
减：营业外支出	668	299	293
加：以前年度调整			
四、利润总额	48567	28633	21724
减：所得税	7313	9613	6565
五、净利润	41254	19020	15160

1996年度财务状况变动表

单位：千元

流动资金来源和运用	金额	流动资金各项目的变动	金额
一、流动资金来源：	41254	一、流动资产本年增加数：	
1. 本年净利润		1. 货币资金：	4806
加：少数股东本期损益		2. 短期投资	
加：不减少流动资金的		3. 应收票据	15705
费用和损失		4. 应收帐款净额	－27294
(1)固定资产折旧	2194	5. 预付货款	2135
(2)无形资产、递延资产摊销		6. 其它应收款	6457
(3)固定资产盘亏		7. 待摊费用	－500
(4)清理固定资产损失	－153	8. 存货	33790
(5)递延税款		9. 待处理流动资产净损失	
(6)其他不减少流动资金的		10. 一年内到期的长期债券	
费用和损失		11. 其他流动资产	
小计	43295		
2. 其它来源		流动资产增加净额	35100
(1)固定资产清理收入	200		
(2)增加长期负债	656		
(3)收回长期负债	175		
(4)资本净增加额	28518		
(5)少数股东资本净增加额			
小计	29548		
流动资金来源合计	72844		
二、流动资金运用：		二、流动负债本年增加数：	
1. 利润分配		(1)短期借款	13190

(1)提取法定公积金		(2)应付票据	90
(2)提取法定公益金		(3)预收帐款	27446
(3)任意公积金		(4)应付福利费	-667
(4)已分配股利		(5)应付股利	
(5)分配原股东享受的利润	14075	(6)应交税金	-6968
小计	14075	(7)其它未交款	-302
		(8)其他应付款	-6405
2.其他运用		(9)预提费用	70
(1)固定资产和在建工程		(10)一年内到期长期负债	
净增加额	34669		
(2)增加无形资产、递延资产		流动负债增加净额	26444
及其他资产	5669		
(3)偿还长期负债	9775		
(4)增加长期投资			
小计	50113		
流动资金运用合计	64188		
流动资金增加净额	8655	流动资金增加净额	8655

以上所列会计报表均摘自江苏会计师事务所所作的审计报告

本公司近三年资产流动性及变化趋势见下表:

	96年	95年	94年
流动比率	1.29	1.28	1.17
速动比率	1.07	1.24	1.16
资产负债率(%)	67.2	80.6	80.3
应收帐款周转率(次)	5.83	2.77	2.08
存货周转率(次)	15.2	57.4	78.2
净资产收益率(%)	40.6	41.5	40.9
每股税后利润(元/股)	0.62	0.29	0.23

十三、资产评估的主要情况

根据中华财务会计咨询公司评估报告,截至1996年12月31日,本公司资产评估结果如下:

单位:千元

项目	帐面原值	帐面净值	评估值	增减值	增减率%
一、资产总额	292326	283052	309628	26578	9.39
其中:1.流动资产	249833	249833	250943	1110	0.44
2.长期投资	0	0	0	0	0
3.设备	28347	24023	30787	6764	28.16
4.房屋建筑物	8758	4631	20210	15579	336.41
5.运输车辆	2784	1961	2021	60	3.08
6.土地使用权	1795	1795	5669	3874	215.82
7.递延资产	810	810	0	-810	-100
二、负债总额		208155	208155		
其中:流动负债		194517	194517		
长期负债		13638	13638		
三、净资产		74897	101485	26578	35.49

该评估结果已获国家国有资产管理局确认,江苏会计师事务所已根据上述评估结果调整股份公司财务报表。

十四、盈利预测

根据本公司目前生产经营及规划项目情况,并依据我国法律法规及会计处理原则,本公司对1997年会计年度盈利作出如下预测。

1.盈利预测基准和假设:

基准:

本公司盈利预测是以业经审计的1996年度经营业绩为基础,根据1997年度生产经营计划,各项业务收支计划及其他有关资料,依据下列基本假设,经过分析研究而编制的。在编制过程中所采用的各项会计政策与本公司实际采用的会计政策一致。

假设:

(1)本公司遵循的我国现有法律、法规、政策和所在地经济环境无重大变化;

(2)本公司遵循的税收制度和有关税收优惠政策无重大变化;

(3)本公司经济业务所涉及的国家和地区目前的政治、法律、经济、政策无重大变化;

(4)现行外汇汇率、银行信贷利率在正常的范围内变动;

(5)本公司生产、经营计划能如期实现;

(6)本公司拟发行新股的股本金将如期募足,且主要投资项目能在预定的时间内实施并取得预计收益;

(7)无其它不可预见因素和人力不可抗拒因素造成的重大不利影响。

2.1997年盈利预测

本公司盈利预测情况如下(单位:千元):

项目	1997年预测数
一、主营业务收入	487973
减:营业成本	405218
营业费用	11000
管理费用	16000
财务费用	3500
营业税金及附加	1000
二、主营业务收入	51255
加:其他业务利润	1500
三、营业利润	52755
加:投资收益	
营业外收入	200
减:营业外支出	600
加:补贴收入	
四、利润总额	52355
减:所得税(税率15%)	7853
所得税(税率33%)	17277
少数股东权益	
五、净利润(税率15%)	44502
净利润(税率33%)	35078

3.以上盈利预测业已经江苏会计师事务所审阅见证。

4.本次发行完成后,预计1997年每股税后利润(摊薄)为0.42元(税率15%),0.33元(税率33%)。

5.根据林业部财务司林财便字[1997]4号文,本公司所得税税率按15%预测,同时披露按33%税率计算的相应数额。

十五、公司发展规划

1.生产经营发展战略

本公司将继续坚持"求精求新上水平,满意用户增效益"的质量方针;实施名牌战略,创造名牌产品;"高起点、高标准、高水平、高质量",开发上档次、上规模的新产品;努力开拓国内、国外两个市场;致力于引进国外先进技术和管理经验,不断加强和提高公司管理、经营水平,努力实现公司较高的经济效益,以达到理想的收益率。

2.本公司发展目标与规划

到2000年,本公司争取达到:

(1)摩托车发动机80万台,其中,排量50ml两冲程发动机20万台,四冲程发动机30万台;排量125ml-150ml四冲程发动机20万台;排量170ml-250ml四冲程发动机10万台。

(2)摩托车30万辆,其中50ml排量座式摩托车及助力车10万辆,125ml及以上排量座式及骑式摩托车20万辆。

(3)林业机械8万台。其中:油锯2万台;割灌机2万台;喷灌机及其它机械4万台。

(4)每年不断开发高、精、尖的新产品,不断以新的品种取代老的产品并填补国内空白，每年的新产品产值率不低于30%，使本公司成为我国名符其实的摩托车发动机基地，并在雄厚的摩托车发动机技术基础上，提高摩托车整车技术水平。

(5)2000年合计实现销售收入30亿元，利税2.2亿元，利润1.2亿元。

3．市场发展与销售计划

根据国民生活水平和摩托车千人保有率测算，我国摩托车市场的潜力仍很巨大，因而对摩托车发动机的需求会有很大增长。本公司将根据不同规格型号摩托车的需要，生产两冲程、四冲程中小排量发动机，两冲程、四冲程强制风冷发动机，并发展大排量四冲程发动机。同时，在大力加强摩托车发动机技术力量的基础上，进一步加大对摩托车整车的投入，发展助力车、城市用50ml排量小型座式摩托车及大排量骑式摩托车。

林业机械中油锯、割灌机、喷灌机等产品，继续保持国内市场占有率，发展一机多用并开拓市政工程、公路保护和园林绿化等方面应用市场。使林业机械总销售量达到5万台以上。

综合以上两方面，本公司1997年－2000年期间，年销售收入目标分别为8亿、14亿、22亿、30亿元。

到2000年，本公司的出口创汇将超过1000万美元，为实现这一目标，本公司将继续巩固东南亚市场，扩大中东市场，开拓西欧、南美市场。加强海外合作，逐步在海外增设融销售、维修、配件供应、信息反馈于一体的销售服务中心，以形成稳定的海外市场。同时在有条件的地方寻求建立本公司的海外事业部。

4．生产经营计划

根据生产发展和销售计划，本公司的生产经营计划为：

项目名称	单位	1997年	1998年	1999年	2000年
摩托车发动机	万台	20	40	60	80
摩托车	万辆	10	15	20	30
林业机械	万台	4	5	6	8
销售收入	万元	80000	140000	220000	300000
净利润	万元	4500	6900	8840	12000

5．固定资产投资计划

本公司募集的资金，将用于本公司的技术改造项目，使之满足本公司扩大生产规模、提高开发能力的需要。同时提高关键件加工工艺水平并完善对发动机各项性能的综合测试手段。此外，还将重点对发动机环保，节能等方面进行技术改造，将公司发展成全国一流的发动机研究、生产中心，力争达到或接近世界先进水平。

6．人员扩充计划

本公司将根据公司事业发展计划和提高效能之原则，适度增加人员，并使专业技术人员的比例达到30－40%。

十六、重要合同及重大诉讼事项

本公司目前没有涉及或可能涉及任何重大诉讼，仲裁及行政处罚。

本公司与林海机械公司签署了以下合同及协议：

(1)《生产经营协作合同》。该合同约定双方原材料、辅助材料、零配件供应及工艺协作等，均以市场公平价格进行。

(2)《商标使用许可合同书》。该合同约定林海股份公司生产的下列产品可使用林海牌商标。自股份公司成立之日起10年内，股份公司按257万元/年的固定标准向林海机械公司支付商标使用费；

(3)《公共设施有偿使用合同》。该合同约定林海机械公司同意林海股份公司有偿使用其供配电及水、气设施，并按实际用量及约定的标准收费率收取使用费；其它后勤服务设施如食堂、浴室、幼儿园的使用将采取每年按一定的标准由股份公司统一支付的方式进行，计算公式如下：

收费额＝(固定资产金额×年折旧率5%＋实际对外支出费用＋人员工资、奖金、福利费)×105%

(4)《资产和负债分离协议》。该协议对两公司的土地、房产、机器设备、债权债务进行了明确分割。该分离协议已经福马公司鉴证。

十七、备查文件

1．林海股份有限公司(筹)94、95、96年度财务报表和江苏会计师事务所出具的审计报告。

2．中华财务会计咨询公司关于林海股份有限公司(筹)的资产评估报告

3．林海股份有限公司(筹)97年盈利预测报告及江苏会计师事务所对盈利预测报告审阅报告

4．江苏会计师事务所出具的林海股份有限公司(筹)验资报告

5．江苏对外经济律师事务所关于林海股份有限公司(筹)股票发行与上市的法律意见书

6．林业部关于泰州林机厂股份改制重组方案的批复

7．林海股份有限公司(筹)章程草案

8．重要合同

招股说明书及备查文件查阅期间：97.6.13－－97.7.13

招股说明书及备查文件查阅地点：

(1)泰州市泰九路14号林海股份有限公司证券办

(2)南京市华荣大厦5层江苏省证券公司投资银行总部

林海股份有限公司(筹)

一九九七年六月十二日

林海股份有限公司股票上市公告书

一、要览

总股本：10600万股

可流通股本：4000万股

本次上市流通股本：3600万股

证券编码：600099

上市地：上海证券交易所

上市时间：1997年7月4日

登记机构：上海证券中央登记结算公司

上市推荐人：南方证券有限公司

江苏省证券公司

二、绪言

本公司依据《中华人民共和国公司法》、《股票发行与交易管理暂行条例》、《公开发行股票公司信息披露实施细则》和《上海证券交易所交易市场业务试行规则》等有关法律、法规、文件的规定，为本公司股票公开上市之目的向社会公众提供有关资料。

林海股份有限公司(以下简称“本公司”)的股票发行经中国证券监督管理委员会证监发字[1997]329号和证监发字[1997]330号文批准，已向社会公开发行人民币普通股3600万股，每股面值1.00元，每股发行价6.09元；另向职工配售股份400万股，每股面值1.00元，配售价格为每股6.09元。本次上市流通股本为3600万股，根据国家有关规定，公司职工股自此次上市流通股上市之日起半年后上市。本公司股票上市申请经上海证券交易所上证上(1997)字第064号文审核同意，将于1997年7月4日(星期五)在上海证券交易所挂牌交易。

本公司于1997年6月13日分别在《中国证券报》和《上海证券报》刊登了《招股说明书概要》，距今不足6个月，故与其重复内容在此不再重复，敬请投资者查阅本公司的《招股说明书概要》。

本公司董事会全体成员已批准本上市公告，确信其中不存在重大遗漏和误导，并对其真实性、准确性和完整性负个别的和连带的责任。

三、公司概况

1．基本情况

公司法定名称:林海股份有限公司

公司法定代表人:陆海民

成立日期:1997年6月28日

经营范围:

(1)摩托车发动机的生产和销售;

(2)摩托车的生产和销售;

(3)小型汽油机的生产和销售;

(4)林业机械及其他普通机械的生产和销售。

所属行业:工业

注册地址:江苏省泰州市泰九路14号

联系电话:(0523)6551888

邮政编码:225300

2.公司历史沿革:

(1)股份制改造过程

中国福马林业机械有限公司(以下简称"福马公司")是本公司本次募集设立的独家发起人,本次发行结束后将持有本公司62.3%的股份。

本公司的前身为泰州通用机械厂,成立于1956年。1961年鉴于国家实现林业机械化的需要,原企业由林业部进行了投资扩建,并经国家计委批准确定为林业部直属全民所有制企业,同时更名为林业部泰州林业机械厂。1970年,林业部将泰州林机厂下放地方,归江苏省农林厅和泰州市工业局领导。1979年,泰州林机厂重新划归林业部。1993年,企业更名为中国林业机械总公司泰州林业机械厂,1996年又更名为泰州林业机械厂,现为中国福马林业机械集团有限公司(原中国林业机械总公司,以下简称福马公司)之全资企业。

根据国家有关法律的规定,独家发起人福马公司在对福马公司所属泰州林机厂进行分立改组的基础上,以泰州林机厂大部分经营性资产在扣除相应负债后的净资产作为发起人投资,同时公开募集股份设立林海股份有限公司。泰州林机厂的其余部分经营性资产及非经营性资产和对控股企业的股权由另成立的江苏林海动力机械公司(以下简称林海机械公司)承继,林海机械公司负责对其管理和运营,股份公司成立后,泰州林机厂法人地位取消。福马公司投入股份公司的泰州林机厂上述净资产按65%的比例折为发起法人股,股权由福马公司持有。

分离的非经营性资产包括:浴室、幼儿园、医务所、大小食堂、大会堂、俱乐部、职工宿舍、招待所、培训中心和服务部等。随非经营性资产分离人员80名。分离的对控、参股企业股权包括对江苏林海雅马哈摩托有限公司、江苏奔腾动力机械有限公司、江苏林庆动力机械有限公司三家控股企业的股权。

泰州林机厂的以上改制重组方案已经林业部批准。

1997年6月经国家体制改革委员会体改生[1997]56号文批复,福马公司采用独家发起、募集设立方式设立本公司。

(2)公司本次股票发行为初次发行。

四、股票发行与承销

1.股票公开发行

社会公众股发行数量:4000万股

公司职工股:400万股

发行价格:6.09元

实际募集资金总额:235928200元

发行方式:上网定价

配售方式:1.81944348%

有效申购户数:165752户

持1000股以上的户数:37459户

发行费用总额:7671800元

每股发行费用:0.19元

发行市盈率:16倍

2.股票承销:本次公开发行的社会公众股已认购完毕,承销商包销股票的数量为零股

3.验资报告

募集资金的入帐时间:1997年6月25日

入帐金额:338948868.54元

4.所筹资金未能及时入帐的金额及原因:元

五、董事、监事及高级管理人员持股情况

姓名	职务	持股数量(股)	持股比例(%)
陆海民	董事长	5000	0.0047
陆惠生	副董事长	5000	0.0047
耿美娟	董事	4000	0.0038
盛大德	董事	4000	0.0038
刘勇	董事兼董事会秘书	4000	0.0038
彭心田	董事	3000	0.0028
马启升	董事	2000	0.0019
高洪熙	监事会主席	4000	0.0038
张建华	监事	3000	0.0028
韩罗宪	监事	3000	0.0028
潘国庆	总经理	2600	0.0025
范如升	财务负责人	2600	0.0025

六、公司设立

公司创立大会或者股东大会同意公司股票在证券交易所交易的决议

公司注册资金:10600万元

公司注册时间:1997年6月28日

公注册地点:江苏省泰州市泰九路14号

七、关联企业及关联交易

与本公司构成关联关系的企业包括福马公司及林海机械公司。

福马公司为本公司的独家发起人。本公司成立后,福马公司持有本公司62.3%的股份,处于绝对控股地位。福马公司注册资本3亿元,注册地为北京市东城区和平里,主营林机设备、营林机城、木材采集机械等。本公司向福马公司以市场价格销售少量汽油机及油锯,并在合理的利率范围内有部分借款资金往来,除此之外两公司无其它关联交易。另外,福马公司及下属其他子公司目前与本公司不构成同业竞争,而且福马公司也已作出今后不投资与本公司业务构成同业竞争企业的承诺。

林海股份公司与林海机械公司作为福马公司下属的两个独立、并列的产权主体,存在下列经济关系:

(1)生产协作关系

林海股份公司及林海机械公司通过摩托车发动机及摩托车的生产,构成一定的生产协作关系。生产工艺上,林海机械公司将为林海股份公司生产部分零部件,两公司间存在零部件加工协作关系。对应上述关系,两公司已草签《生产经营协作合同》,约定双方零配件供应及工艺协作等,均以市场公平价格进行。

(2)竞争关系

林海股份公司及林海机械公司均生产摩托车发动机。但两公司生产产品有明确分工。林海机械公司生产的主要产品与股份公司的产品在性能、规格、型号、销售对象及用途上有很大差别,不构成同业竞争。林海机械公司已作出《不竞争承诺》,承诺不生产与股份公司现有的产品型号相同的产品及相竞争的类似产品。

(3)商标关系

林海牌商标为泰州林机厂在有在部门登记注册的著名商标。分立重组后,林海牌商标将归林海机械公司所有,林海股份公司的产品将采用向林海机械公司付费的方式取得继续使用该商标的许可。两公司已草签《商标使用许可合同书》,林海机械公司许可林海股份公司在股份公司以付费方式使用"林海牌"商标。

(4)服务关系

原泰州林机厂的后勤及服务设施均进入林海机械公司。林海机械公司已与林海股份公司草签《公共设施有偿使用合同》。股份公司对上述服务及后勤设施的使用将分别采取按使用量付费或按约定标准付费的方式使用。

林海股份公司与林海机械公司均为具有独立生产经营场所、设备、资金的独立法人实体,在重组时两公司已草签《资产和负债分离协议》,两公司无共用资产。

上述草签协议及合同详见本招股说明书概要第十六部分《重要合同及重大诉讼事项》及备查文件。持股份公司成立后,两公司还将正式签署上述合同协议。

八、股份结构及大股东持股情况

(一)上市前的股本结构

项目	股数(万股)	所占比例
总股本	10600	100%
发起人股	6600	62.3%
其中:国家股	368.4	3.5%
国有法人股	6231.6	58.8%
社会公众股	4000	37.7%
其中:公司职工股	400	3.77%

(二)前十名股东所持股数及比例

股东名称	持有股数(万股)	占总股本比例
中国福马林业机械有限公司	6600	62.5%
梁文	0.625	0.0059%
韩芳	0.610	0.0058%
张露	0.610	0.0058%
张建军	0.550	0.0052%
杨恒喜	0.535	0.0051%
陈宝林	0.525	0.0050%
陈顺宝	0.525	0.0050%
陈海民	0.500	0.0047%
孙惠生	0.500	0.0047%

九、公司财务会计资料

投资人欲对发行人的财务状况、经营成果及其会计政策进行更详细的了解,除阅读本节外,还应当认真阅读在附录中所载的发行人财务报表注释。

审计报告[苏会二审字(97)第92号]:

林海股份有限公司筹备委员会:

我们接受委托,审计了贵公司(筹)1994年12月31日、1995年12月31日、1996年12月31日的资产负债表和1994年度、1995年度、1996年度利润及利润分配表及1996年度的财务状况变动表。这些会计报表由贵公司负责,我们的责任是对这些会计报表发表审计意见。我们的审计是依据中国注册会计师独立审计准则进行的。在审计过程中,我们结合贵公司实际情况,实施了包括抽查会计记录等我们认为必要的审计程序。

我们认为,上述会计报表符合《企业会计准则》和《股份制试点企业会计制度》的有关规定,在所有重大方面公允地反应了贵公司1994年12月31日、1995年12月31日、1996年12月31日的财务状况和1994年度、1995年度、1996年度经营成果及1996年度资金变动情况,会计处理方法的选用遵循了一贯性原则。

江苏会计师事务所　中国注册会计师:狄云龙

中国注册会计师:郭澳

1997年3月8日

资产负债表

单位:千元

资产项目	96.12.31	95.12.31	94.12.31
流动资产			
货币资金	52530	47723	22933
短期投资	0	0	0
应收票据	72038	56333	0
应收帐款	62652	90398	134479
减:坏帐准备		452	672
应收帐款净额	62652	89946	133806
预付帐款	2135	0	0
其它应收款	18862	12405	9610
待摊费用	1358	1858	2186
存货	41367	7577	1386
流动资产合计	250942	215843	169922
长期投资	0	175	255
固定资产			
固定资产原值	71996	25667	23312
减:累计折旧	18978	10584	6683
固定资产净值	53018	15083	16628
在建工程	0	5507	1047
固定资产合计	53018	20590	17676
无形资产	5669		
递延资产			
资产总计	309630	236608	187852

负债及所有者权益项目

资产项目	96.12.31	95.12.31	94.12.31
流动负债:			
短期借款	47300	34110	25690
应付票据	450	360	0
应付帐款	111268	83822	71201
预收货款			
应付福利费	0	677	875
未交税金	18099	25067	12289
其它未交款	0	302	763
其它应付款	17259	23664	34015
预提费用	140	70	276
流动负债合计	194516	168072	145108
长期负债:			
长期借款	12700	22475	5375
长期应付款			
其它长期负债	938	283	305
长期负债合计	13638	22757	5679
所有者权益			
股本	66000	19989	19989
资本公积	35475	0	0
盈余公积		2989	2989
未分配利润		22780	14087
股东权益合计	101475	45779	37065
负债及所有者权益合计	309630	236608	187852

利润表　　单位:千元

	1996年度	1995年度	1994年度
一、主营业务收入	446279	312255	280802
减:营业成本	371074	257643	234498
销售费用	6849	3562	3284
管理费用	15387	21777	20104
财务费用	4426	2559	2297
进货费用			
营业税金及附加	460	968	1023
二、主营业务利润	48083	25747	19595
加:其他业务利润	995	3134	2352
三、营业利润	49078	28880	21948
加:投资收益		-16	
营业外收入	157	67	70
减:营业外支出	668	299	293

加:补贴收入			
四、利润总额	48567	28633	21724
减:所得税	7313	9613	6565
五、净利润	41254	19020	15160

1996年度财务状况变动表　　单位:千元

流动资金来源和运用	金额	流动资金各项目的变动	金额
一、流动资金来源:		一、流动资产本年增加数:	
1.本年净利润	41254	1.货币资金	4806
加:少数股东本期损益		2.短期投资	
加:不减少流动资金的费用和损失		3.应收票据	15705
(1)固定资产折旧	2194	4.应收帐款净额	-27294
(2)无形资产、递延资产摊销		5.预付货款	2135
(3)固定资产盘亏		6.其它应收款	6457
(4)清理固定资产损失	-153	7.待摊费用	-500
(5)递处税款		8.存货	33790
(6)其他不减少流动资金的费用和损失		9.待处理流动资产净损失	
小计	43295	10.一年内到期的长期债券	
2.其他来源		11.其他流动资产	
(1)固定资产清理收入	200	流动资产增加净额	35100
(2)增加长期负债	656		
(3)收回长期负债	175		
(4)资本净增加额	28518		
(5)少数股东资本净增加额			
小计	29548		
流动资金来源合计	72844		
二、流动资金运用:		二、流动负债本年增加数:	
1.利润分配		(1)短期借款	13190
(1)提取法定公积金		(2)应付票据	90
(2)提取法定公益金		(3)预收帐款	27446
(3)任意公积金		(4)应付福利费	-667
(4)已分配股利		(5)应付股利	
(5)分配原股东享受的利润	14075	(6)应交税金	-6968
小计	14075	(7)其它未交款	-302
2.其他运用		(8)其他应付款	-6405
(1)固定资产和在建工程净增加额	34669	(9)预提费用	70
(2)增加无形资产、递延资产及其他资产	5669	(10)一年内到期长期负债	
(3)偿还长期负债	9775	流动负债增加净额	26444
(4)增加长期投资			
小计	50113		
流动资金运用合计	64188		
流动资金增加净额	8655	流动资金增加净额	8655

以上所列会计报表均摘自江苏会计师事务所所作的审计报告

(一)主要会计政策

1.会计制度:执行《股份制试点企业会计制度》。

2.会计期间:以公历1月1日至12月31日为一个会计年度。

3.记帐原则和计价基础:以权责发生制为记帐原则,以历史成本为计价基础。

4.记帐本位币:以人民币为记帐本位币。

5.外币折算方法:对所发生的非本位币的经济业务,均采用业务发生当日的市场汇价折合记帐本位币入帐,期末外币帐户余额依据中国人民银行公布的基准汇价进行调整,差额列入当期损益。

6.坏帐准备:采用备抵法,按应收帐款期末余额的5‰计提坏帐准备。

7.存货计价方法:

(1)原材料按成本计价,按月结转材料实际成本与计划成本的差异,将发出的计划成本调整为实际成本;

(2)产成品按实际成本计价,发出时按加权平均法核算;

(3)低值易耗品采用一次摊销法核算;

8.长期投资核算方法

(1)债券投资:按实际支付的款项记帐。实际支付的款项中包括应计利息的,将这部分利息单独记帐。债券存续期内的应计利息,以及出售时收回的本息与债券帐面成本及尚未收回应计利息的差额,计入当期损益。

(2)股权投资和联营投资:投资额占被投资单位权益性资本20%以下的,采用成本法核算;投资额占被投资单位权益性资本20%以上的采用权益法核算,并对50%以上的以合并会计报表方式反映。

9.固定资产及折旧:固定资产按实际成本计价,使用年限在一年以上,单位价值在人民币2000元以上的列作固定资产。固定资产折旧采用直线法计算,并按固定资产预计使用年限和预计净残值率3%确定其分类折旧率如下:

固定资产类别	折旧年限	年折旧率(%)
房屋及建筑物	20-40	4.85-2.425
机械设备	7-14	13.86-6.93
运输设备	9	10.78

10.无形资产及其摊销:无形资产按实际成本计价,其摊销采用直线法,能确定受益期的按受益期平均摊销;不能确定受益期的按十年摊销。

11.递延资产及其摊销:递延资产按实际成本计价,并按其受益期限确定摊销年限,采用直线法计算。

12.营业收入实现的确认:产品已经发出、产品所有权已经转移,收到货款或取得收取货款的证据时,确认营业收入的实现。

13.利润分配:本公司税后利润将按下列顺序依次分配:

(1)弥补以前年度亏损

(2)提取法定盈余公积金(税后利润的10%)

(3)提取法定公益金(税后利润的5%-10%)

(4)根据股东大会决议提取任意盈余公积金

(5)根据股东大会决议分配股利

14.税项

(1)流转税:适用增值税,销项税税率为17%

(2)所得税:1994年度实行承包上交利润,按利润总额的30%定比上交;1995年度所得税率按33%计缴;1996年度根据林业部财务司林财便字(1997)4号文,所得税按15%税率计缴;地方税及附加:按流转税额的7%计缴城市维护建设税,按流转税额的4%计缴教育费附加。

(二)会计报表主要项目附注

1.货币资金:截止1996年12月31日货币资金余额52529750.57元,其明细项目列示如下:

(单位:人民币元)

项目	金额
现金	556.82
银行存款	52529193.75
合计	52529750.57

2.应收帐款:截止1996年12月31日应收帐款余额62652133.10元,其主要情况列示如下:

(单位:人民币元)

(1)帐龄分析

帐龄	金额	比例
1年以内	57048936.81	91.06%
1-2年	5304234.35	8.46%
2-3年	230324.28	0.37%
3年以上	68637.66 注	0.11%
合计	62652133.10	100.00%

(注):帐龄虽在三年以上,但均能收回。

(2)本帐户余额中无持有公司5%以上股份股东的欠款

3.其他应收款:截止1996年12月31日其他应收款余额18862218.38元,其主要情况列示如下:

(单位:人民币元)

(1)帐龄分析

帐龄	金额	比例
1年以内	16853156.16	89.35%
1-2年	1451082.22	7.69%
2-3年	557980.00	2.69%
3年以上		
合计	18862218.38	100.00%

(2)主要款项内容:

项目	金额
江苏林海雅马哈摩托车有限公司等暂借款项	10500000.00
代垫中国福马林业机械集团有限公司工程款	4084345.65(注)
其他	4277872.73

(注)公司募集资金到位后,拟作为资金的投向。中国福马林业机械集团有限公司为公司的发起股东。

4.待摊费用:截止1996年12月31日待摊费用余额1358106.90元,为1994年期初存货待抵扣进项税额。

5.存货:截止1996年12月31日存货余额41367273.65元,其明细项目列示如下:(单位:人民币元)

项目	金额
材料采购	338217.29
原材料	6381584.71
低值易耗品	1635631.85
委托加工材料	48709.25
在制品	5580175.37
产成品	27382955.18
合计	41367273.65

6.固定资产:截止1996年12月31日固定资产原值71996300.22元,累计折旧18978182.24元,固定资产净值为53018117.98元,固定资产原值及累计折旧1996年度增减变动情况列示如下:

(1)固定资产原值1996年度增减变动情况:

(单位:人民币元)

项目	年初数	本期增加	本期减少	期末余额
房屋、建筑物	6632977.55	25650158.51	1020295.70	31262840.36
机械设备	16281489.08	24197502.57	2589731.79	37889259.86
运输设备	2752305.23	272814.30	180919.53	2844200.00
合计	25666771.86	50120475.38	3790947.02	71996300.22

(2)累计折旧1996年度增减变动情况:

项目	年初数	本期增加	本期减少	期末余额
房屋、建筑物	4812095.38	7216184.81	975684.92	11052595.27
机器设备	5063436.28	4465434.47	2426473.78	7102396.97
运输设备	708564.51	287634.61	173009.12	823190.00
合计	10584096.17	11969253.89注	3575167.82	18978182.24

7.无形资产:截止1996年12月31日无形资产余额5669467.50元,均系本次重组时评估入帐的土地使用权,土地使用权年限50年,从1997年开始分50年推销。

8.短期借款:截止1996年12月31日短期借款余额47300000.00元,其明细项目列示如下:

(单位:人民币元)

货款单位	借款金额	借款期	月利率	借款条件
泰州市工行	4300000.00	96.12.31-97.01.02	8.415‰	信用
泰州市国税局	2000000.00	96.05.08-97.05.07	15‰	信用
泰州市建行	5000000.00	96.12.30-97.12.29	8.4‰	信用
泰州市工行	9000000.00	96.05.21-97.05.20	8.4‰	信用
泰州市工行	8000000.00	96.09.28-97.03.28	8.415‰	信用
泰州市工行	5000000.00	96.09.24-97.02.24	8.415‰	信用
泰州市工行	5000000.00	96.09.24-97.03.15	8.415‰	信用
泰州市工行	9000000.00	96.09.24-97.03.15	8.415‰	信用
合计	47300000.00			

9.应付帐款:截止1996年12月31日应付帐款余额111268311.86元,其主要明细单位列示如下:

单位名称	金额(人民币元)
武进市金城齿轮公司	4028995.50
武进市南方滚针轴承厂	610498.48
武进市南宅太湖机械厂	540000.00
四川绵阳无线电器材厂	505088.00
贵州久达机械厂	6660288.18
姜堰市机械厂	509679.52
姜堰市模具模架厂	5127730.14
姜堰市农机配件二厂	335244.90
姜堰市有色合金总厂	5290017.95
山东烟台瑞得铝业公司	226480.00
福建福鼎鼎星电器公司	1235975.00
泰州市磁电机厂	2337493.38
泰州林海奔腾动力公司	34334622.34(注)
海安县车辆配件厂	224003.48
海安县轴承厂	707505.00
南通市有色铸造厂	176894.03
南通市源利动力机械厂	1171080.26
六安安达机械厂	974139.50
无锡后宅动力配件厂	353979.10
江苏晓金集团	710000.00
江阴压铸厂	1282107.53
无锡扬名活塞环厂	157428.05
靖江煤气阀门厂	1764537.60
兴化橡胶厂	306648.13
扬州油泵油嘴厂	255190.00
河南新乡摩托车电器厂	935266.10
奉化溪口动力机械厂	943292.00
奉化中皇油泵公司	590100.00
宁波缸套厂	367180.30
浙江丽水白云汽缸厂	200783.20
浙江台州齿轮厂	3982638.24
温岭振华模具厂	488236.00
浙江新月动力机械公司	206416.00
浙江余姚林机摩托部件厂	678259.23
常州飞达摩托车厂	274476.00
武汉中南机电公司	795017.93
运城摩托车销售公司	736000.00
淄博物资贸易总公司	284459.69
福建南平林业物资站	314248.35
西安市金盾公司	272540.00
泰州四维实业有限公司	598489.93
如皋市农机公司	207737.50
商丘三星有限公司	449545.50
嘉兴机动喷雾机厂	438536.35
嘉兴农机公司	247212.00

浙江省机电设备公司	302000.00
浙江摩托车总厂	513322.95
其他	27616928.52
合计	111268311,86

注:关联公司往来。

10. 未交税金:截止1996年12月31日未交税金余额18099198.72元,其明细项目列示如下:

项目	金额(单位:人民币元)
增值税	8902755.62
城建税	497128.88
所得税	8699314.22
合计	18099198.72(注)

注:每年年末的税金均于次年汇算清缴。

11. 其他应付款:截止1996年12月31日其他应付款余额17258976.95元,其中:应付工资10649722.19元,为历年工效挂钩工资的滚存结余:应付关联公司中国福马林业机械集团有限公司款项2454920.89元,系往来款。

12. 长期借款:截止1996年12月31日长期借款余额12700000.00元,其明细项目列示如下:

贷款单位	金额	借款期限	月利率	借款条件(单位:人民币元)
中国福马林业机械集团有限公司	6000000.00	95.12.28－98.12.28	10.33‰	信用
泰州市建行	200000.00		2.40‰	拨改贷
泰州市农行	6500000.00	95.12.20－98.12.19	11.25‰	信用
合计	12700000.00			

长期借款的利息按季支付。

13. 股本:截止1996年度12月31日股本总额为66000000.00元,均系发起股东以净资产所折的股本。

14. 资本公积:截止1996年12月31日资本公积余额35475408.54元,系发起股东净资产折股后的差额。

15. 主营业务收入:1996年度主营业务收入446279357.36元,其明细项目分年列示如下:

项目	1996年度	1995年度	1994年度	(单位:人民币元)
汽油机	132141624.57	126824577.01	239316752.81	
喷灌机	4187576.21	6229977.43	84409.57	
机动泵	8442863.13	8382778.43	6109358.82	
油锯	8793428.45	10610253.96	7830612.56	
灭火机	1537993.13	654745.17	422292.80	
摩托车	198883088.32	48605610.77	7421070.72	
配件	92292783.55	110947323.25	19617238.39	
合计	446279357.36	312255266.22	280801735.67	

16. 营业成本:1996年度营业成本为371074293.76元,其明细项目分年列示如下:

项目	1996年度	1995年度	1994年度	(单位:人民币元)
汽油机	109971003.74	104682584.02	199707297.26	
喷灌机	2530420.73	4009089.84	48441.73	
机动泵	6188184.03	5602679.43	5397883.11	
油锯	5069810.10	6971852.81	4933787.78	
灭火机	794019.66	522903.32	245056.39	
摩托车	165726310.61	42857721.80	6313663.11	
配件	8079544.89	92995761.54	17851686.93	
合计	371074293.76	257642592.76	234497816.31	

17. 财务费用:1996年度财务费用4426446.21元,其明细项目分年列示如下:

项目	1996年度	1995年度	1994年度	(单位:人民币元)	
利息净支出	4426676.27	2559272.92	2296813.17		
汇兑损益	－460.58		603.50	手续费 230.52	9.70
合计	4426446.21	2559272.92	2297426.37		

18. 其他业务利润:1996年度其他业务利润995181.68元,其内容均为材料销售利润。

19. 营业外收入:1996年度营业外收入157293.74元,其明细项目分年列示如下:

项目	1996年度	1995年度	1994年度(单位:人民币元)
应付帐款呆帐转入	4698.23	19676.88	
处理固定资产净收益	152595.51	67100.00	50000.00
合计	157293.74	67100.00	69676.88

20. 营业外支出:1996年度营业外支出668434.00元,其明细项目分年列示如下:

项目	1996年度	1995年度	1994年度(单位:人民币元)
捐赠支出	220000.00注1		
副食品基金	448434.00注2	298954.24	281605.55
罚款支出			11345.68
合计	668434.00	298954.24	292951.23

注1:其中支付泰州市财政局解困资金20万元:捐赠姜堰市大冯乡救灾款2万元。

注2:按销售收入的0.1%上交当地财政(泰政发[1994]194号)。

主要财务数据:

	96.12.31
(1)流动比率	1.29
(2)速动比率	1.08
(3)股东权益比率	32.77%
(4)净资产收益率	40.65%
(5)每股净利润(元)	0.625
(6)每股净资产(元)	1.54

十、董事会上市承诺

本公司董事会将严格遵守《公司法》、《股票发行与交易管理暂行条例》、《公开发行股票信息披露实施细则》、《上海证券交易所》和有关法律、法规的规定,并自股票上市之日起出如下承诺:

1. 按照有关法律、法规的规定程序和要求披露重大的信息、并接受证券主管机关、上海证券交易所的监督管理。

2. 及时、真实、准确地公布中期报告和年度报告、并备置于规定场所供投资者公众查阅。

3. 本公司董事、监事及高级管理人员如发生人事变动或持本公司股票发生变化时,在报告证券主管机关、上海证券交易所的同时向投资者公布。

4. 在任何公共传播媒介中出现的消息可能对本公司股票的市场价格产生误导性影响时,本公司知悉后将及时对该消息予以公开澄清。

5. 本公司董事、监事及高级管理人员将认真听取社会公众的意见和批评,不利用已获得的内幕消息和其它不正当手段间接从事股票买卖活动。

6. 本公司没有无记录负债。

十一、重要事项揭示

1. 股利分配政策:

本公司的税后利润在提取公积金和公益金后用于股利分配。

本次发行的社会公众股股东参与1997年全年利润分配。

2. 盈利预测:

根据本公司编制并经江苏会计师事务所审阅的盈利预测,本公司1997年税后利润预测为4450.2万元(15%税率)、3507.8万元(33%税率)。

按发行新股后全面摊薄计,1997年每股税后盈利为0.42元(15%税率)、0.33元(33%税率)。

根据林业部财务司林财便字[1997]4号文,本公司所得税税率按15%预测,同时披露按33%税率计算的相应数据。

预计发行成功后,每股净资产为3.18元。

3. 本公司于1997年6月27日召开了创立大会暨第一次股东大会,并召开了公司第一届第一次董事会、监事会;通过了决议(见1997年6月28日《中国证券报》、《上海证券报》)。

4. 本公司至本公告发布之日,无重大诉讼事件。

十二、备查文件目录

1. 招股说明书
2. 审计报告、财务报表及附注
3. 资产评估报告
4. 土地评估报告
5. 盈利预测报告及注册会计师的意见
6. 验资报告
7. 本公司章程
8. 本公司董事会、监事会决议

林海股份有限公司

1997年6月27日

林海股份有限公司一九九七年度中期报告

一、财务报告(未经审计)

(一)财务报表

1. 简化的资产负债表　　单位:元

项目	1996年12月31日	1997年12月31日
流动资产	250,942,484.84	405,409,977.21
固定资产净值	53,018,117.98	50,666,093.43
在建工程		65,529,315.01
无形资产及递延资产	5,669,467.50	5,612,772.82
资产总计	309,630,070.32	527,218,158.47
流动负债	194,516,487.53	154,147,221.50
长期负债	13,638,174.25	13,955,395.99
股东权益	101,475,408.54	359,115,540.98
其中:股本	66,000,000.00	106,000,000.00
资本公积	35,475,408.54	230,562,868.54
未分配利润		22,552,672.44
负债及股东权益合计	309,630,070.32	527,218,158.47

2. 简化的损益表　　单位:元

项目	1997年1-6月
主营业务收入	254,100,601.65
主营业务利润	34,040,081.47
其他业务利润	631,221.09
营业外收支净额	87,330.00〖注〗
利润总额	26,532,555.81
所得税	3,979,883.37
净利润	22,552,672.44

注:按交易所季度结息的规定,公司尚未收到上交所返回的申购资金冻结利息,本期财务报告未考虑此部分利息收入。

(二)主要财务指标

	1997年上半年
每股收益(全面摊薄)	0.213元
净资产收益率(全面摊薄)	6.28%
每股净资产	3.39元

注:每股收益是按公司1997年6月30日的总股本10600万股计算。

(三)财务报表注释

1. 本期财务报告所采用的会计政策及会计方法与公司招股说明书中所采用的会计政策及会计方法一致。企业所得税按照财政部【财农字[1997]86号】文执行,实际税率为15%。

2. 本公司在今年6月中旬募股成功并在上交所挂牌流通,新注入公司资金2.3亿余元,使公司的总资产和净资产同时增长,有关财务指标和会计科目也随之变化,相关的主要科目有:

(1)货币资金增加1.63亿元,主要是暂未投入使用的募股资金。

(2)应收票据2963万元,比期初减少4237万元,系银行承兑汇票到期入帐及承兑汇票转让给外协厂家抵货款。

(3)应收帐款的主要情况列示如下:

①帐龄分析

帐龄	金额	比例
1年以内	72561093.66	96.07%
1—2年	2809693.64	3.72%
2—3年	158611.75	0.21%
合计	75529399.05	100%

②前五名主要客户及金额(元)

江苏林海雅马哈摩托有限公司	20177987.21
泰兴外贸进出口公司	13200000.00
浙江中义摩托车有限公司	2435411.49
山东沂南播种机厂	1924851.77
天津港田发动机有限公司	1882950.00

(4)应付帐款前五名主要单位及金额(元)

江苏林海奔腾动机机械有限公司	26385911.71
哈尔宾中昌五金交电公司	7234887.54
贵州都匀久达机械厂	6844810.68
浙江温岭美可达摩托有限公司	6886232.12
浙江台州齿轮厂	4210657.74

(5)预付帐款853万元,比期初增加639万元,是公司为了提高新产品生产能力,使得外协厂家能及时供货而增加的预付购材料款。

(6)在建工程较96年年末数增加6553万元,主要是按招股说明书披露的资金投向,用募股资金预付〖摩托车发动机技术改造〗项目、〖内燃机与摩托车技术引进与改造〗项目、及〖150ML四冲程强制风冷发动机及技术发展中心技术改造〗项目的土建工程款3867万元,购置上述三项目需进口的摩托车发动机加工、测试设备;项目征用土地款及其他配套设施费用共计2686万元。

(7)待摊费用205.67元,比期初减少135.79万元,系经税务局批准解冻新老制度交接时形成的期初存货进项税额。

(8)短期借款2700万元,比期初减少2030万元,系公司归还到期银行借款。

(9)股本为10600万元,比期初增加4000万元,系1997年6月公开募股所致。

(10)资本公积为230,652,868.54元,比期初增加197,087,460.00元,系公开发行股票溢价扣除发行费用后转入所致。

(11)未分配利润期末数为22,552,672.44元,系公司1—6月实现净利润转入数。

3. 关联方及其交易:

福马公司为本公司的独家发起人,福马公司注册资本3亿元,注册地为北京市东城区和平里,主营林机设备、营林机械、木材采集机械等,法定代表人:戈成。本报告期内福马公司与林海股份公司无交易金额。

江苏林海动力机械集团公司(即上市公告书中披露的林海机械公司)与本公司同为福马公司的子公司。法定代表人:陆海民,注册资本5420万元,注册地为江苏泰州市,经营范围包括摩托车发动机、摩托车、小型汽油机及配件的制造销售、技术服务、技术咨询等。林海集团公司向公司按协议收取97年上半年商标使用费128.5万元。

4. 今年1至6月份,公司主营业务收入25410万元,完成97年盈利预测数52.1%。利润总额2653.26万元,完成97年盈利预测数的50.70%。公司在市场竞争异常激烈的情况下,仍能保持较高的增长势头,主要原因有:

(1)大力开发新产品,加大技改力度,努力提高产品质量,增强了企业和产品的知名度。

(2)公司开展目标成本管理,降低了产品的成本。

(3)公司积极开拓国内外产品市场,增加出口业务,出口产品有较高的利润率。

二、经营情况的回顾与展望

1. 上半年经营情况的回顾

在全国摩托车市场竞争十分激烈的情况下,公司坚持以质量为本,开发国内最新潮的精品车型,以摩托车发动机、林业机械产品并举,努力开拓国内、外两个市场,取得了较好的经济效益。上半年公司完成销售收入25410万元,利润总额2653万元,净利润2255万元,分别完成全年盈利预测数的52.07%、50.68%和50.67%。回顾上半年经营情况,主要有如下几个方面:

(1)积极贯彻ISO9000族标准,严格按标准要求建立和健全文件化质量体系。质量体系的有效运行,为生产优质产品,创"林海"名牌,增强自身的竞争能力奠定了可靠的基础和提供了可靠的保证,使公司在日趋激烈的市场竞争中站稳了脚跟。

(2)瞄准市场,大力开发新产品。公司在保持摩托车发动机优势的同时,大力开发新型豪华摩托车产品。上半年试制并鉴定摩托车新车型8个。达到了国际90年代期中水平的LH150T四冲程林海摩托车小批量上市后,得到广大用户的青睐。至此,公司已有10种系列摩托车发动机和30种系列摩托车投产,为公司下半年增加市场份额提供了可靠保证。

(3)加大技改力度,谋求新的效益增长点。按募集资金运用计划新建的第一、第二综合车间土建工程已竣工,辅助设施和生产设备部分安装到位。下半年即将投产,逐渐产生效益,成为公司新的效益增长点。

(4)扩大销售队伍,注重销售策略,强化售后服务。上半年公司采取了一系列之有效的促销手段,巩固老市场,开拓新市场,不断扩大市场占有率。外贸出口有重大突破,比上年同期增长7.86倍。

(5)以股票发行、上市为契机,努力转变经营机制,致力于按现代企业制度规范运作。公司成立后,理顺了企业的法人治理结构,强化内部管理力度,切实落实有效的内部管理制度。

(6)以人为本,注重人才的培养、开发和使用。举办微机技术培训班和青年后备干部培训班,不断提高企业干部、职工的素质。

2. 下半年经营计划

公司将围绕发展规划和年度计划目标,着重做好下列几项工作:

(1)利用股票发行所筹集的资金,严格按照招股说明书所列技改项目抓紧实施。尽快落实第一、第二综合车间设备安装就位,及配电、蒸气、压缩空气等辅助设备的实施,积极引进新型发动机、摩托车的生产设备和技术,以促进技改项目尽快建成投产。今年年末至明年年初形成年产发动机60万台和年产摩托车30万辆的生产能力。采用边技改,边投产的做法,部分子项先行运行投产,迅速产生经济效益。

(2)继续贯彻公司"求精、求新、上水平"的质量方针,提高"林海"名牌知名度,开展质量月、优质服务周活动,加强质量保证体系,强化销售和售后服务工作,注重营销策略,尤其是抓住上半年发动机产品出口大幅度增长的有利形势,公司主要负责人将带队到国外,继续落实已定意向的出口合同,着力开发国际市场;同时开拓国内市场,有计划地推出新产品,以提高市场占有率。通过开展质量月和优质服务周活动,做到"一切为了用户满意"。

(3)狠抓生产技术准备工作,加速新型发动机和LH150T林海牌摩托车等新产品的生产,迅速形成新品批量生产能力,形成新产品精品名牌效应。挑选优秀技术骨干,组成精干班子,加快系列水冷、风冷发动机的研制工作进度,特别是250ml新型发动机和豪华摩托车的设计与研制工作进度,为增强公司竞争能力和新的利润增长点打好基础。

(4)加强企业内部管理,进一步强化目标成本核算,努力降低管理费用、财务费用,降低物质消耗,增产节约,开源节流,以高质量、低价格、优质服务争夺市场,进一步增强市场价格竞争优势,提高公司经济效益,以资产保值增值回报国家,以优异业绩回报广大股东。

通过上述工作,公司将完成和争取超额完成招股说明书中97年度的各项目标和盈利预测。

三、重大事件说明

1. 公司按照国务院证券委、中国人民银行、国家经贸委5月21日联合发布的《严禁国有企业和上市公司炒作股票的规定》的要求,经自查,本公司未有股东帐户及未持有上市流通股票,亦从没有炒作过股票,始终集中精力和财力发展主业。

2. 公司募集资金使用情况

公司募集资金严格按照招股说明书载明的《摩托车发动机技术改造》项目、《内燃机与摩托车技术引进与改造》项目和《150ml四冲程强制风冷发动机及技术发展中心技术改造》项目的投入使用。本次股票发行扣除发行费用后共募集资金23593万元,现已投入三个项目资金计6553万元。目前技术改造项目进展情况如下:

(1)第一综合车间部

①第一综合车间土建工程已基本完成,照明及电气、消防、动力管道、暖通等辅助工程亦已完成,目前进入设备和生产线制造扫尾、安装阶段。

②3条装配线预计10月份可安装结束进行试生产。

(2)第二综合车间部分

①第二综合车间土建已基本竣工,辅助设施正在建设之中;从日本进口的箱体生产线已在该车间安装调试,即将投入生产。约90台从美国、日本进口的加工中心现已安装并部分投产。

②完成了二台美国进口的三坐标测量仪的安装调试,并已投入使用;从台湾进口的缸头生产线设备已安装,有待调试验收。

(3)塑料件油漆生产线已完工,正在进行试生产。

3. 本公司中期利润暂不分配。各股东均享受97年度全部利润。

4. 本公司报告期内无重大诉讼、仲裁事项,亦无对外提供担保。

四、发行在外股票的变动和股权结构变化

1. A股发行及上市情况

在本报告期内,泰州林业机械厂经林业部推荐,中国证券监督管理委员会审核同意,由中国福马林业机械集团有限公司作为独家发起人,以泰州林业机械厂大部分经营性资产在扣除相应负债后的净资产作为发起人投资,同时公开募集股份设立林海股份有限公司,并于6月17日向社会公开发行人民币普通股4000万股。6月28日林海股份有限公司正式成立,7月4日3600万社会公众股在上海证券交易所上市。

2. 股本结构情况(1997年6月30日)

项目	股数(万股)	所占比例
总股本	10600	100%
发起人股	6600	62.3%
其中:国家股	368.4	3.5%

国有法人股	6231.6	58.8%
社会公众股	4000	37.7%
其中:公司职工股	400	3.77%

3. 主要股东持股情况(1997 年 6 月 30 日)

股东名称	持有股数(万股)	占总股本比例
中国福马林业机械集团有限公司	6600	62.3%
梁文	0.625	0.0059%
韩芳	0.610	0.0058%
张露	0.610	0.0058%
张建军	0.550	0.0052%
杨恒喜	0.535	0.0051%
陈宝林	0.525	0.0050%
陈顺宝	0.525	0.0050%
陆海民	0.500	0.0047%
陆惠生	0.500	0.0047%

五、股东大会简介

本公司创立大会暨首届股东大会于 1997 年 6 月 27 日在江苏省泰州市泰九路 14 号林海集团公司培训中心召开。出席会议的股东或经股东授权的代理人共 41 人,代表股份 6618.005 万股,占公司股份总额的 62.343%,符合《中华人民共和国公司法》和本公司章程的有关规定。大会审议通过了如下决议:

1. 通过了《林海股份有限公司筹建工作报告》;

2. 通过了《林海股份有限公司章程》;

3. 选举陆海民先生、陆惠生先生、盛大德先生、刘勇先生、耿美娟女士、马启升先生、彭心田先生共七位为公司董事,并组成公司首届董事会;

4. 选举高洪熙先生、韩罗宪先生为公司监事,并与公司职工代表大会选举产生的监事张建华先生共同组成公司首届监事会;

5. 通过了《林海股份有限公司创立费用报告》;

6. 通过了《关于林海股票在上海证券交易所上市的议案》。

股东大会期间召开了首届董事会第一次会议,选举陆海民先生为董事长,陆惠生先生为副董事长,聘任潘国庆先生为总经理,委任刘勇先生兼任董事会秘书。

六、备查文件

1. 载有公司董事长、总经理亲笔签名的中期报告原本;

2. 报告期内发行新股时的《招股说明书》;

3. 报告期内发行新股时的《上市公告书》;

4. 公司创立大会暨首届股东大会文件。

查阅地址:江苏省泰州市泰九路 14 号　本公司证券办

联系电话:(0523)6551888

传　　真:(0523)6551403

林海股份有限公司

一九九七年八月十二日

江苏永鼎股份有限公司

江苏永鼎股份有限公司股票上市公告书

一、要　览

总股本:13500 万股

可流通股本:3500 万

本次上市流通股本:3500 万股

证券代码:600105

股票简称:永鼎光缆

上市地点:上海证券交易所

上市时间:1997 年 9 月 29 日

登记机构:上海证券中央登记结算公司

上市推荐人:国泰证券有限公司　　南方证券有限公司

二、绪　言

本上市公告书依据《中华人民共和国公司法》、《股票发行与交易管理暂行条例》、《公开发行股票公司信息披露实施细则》、《上海证券交易所市场业务规则》和国家其他有关证券管理的法规、规定编制。旨在向投资者提供江苏永鼎股份有限公司(以下简称公司或本公司)基本情况及有关资料。

经中国证券监督管理委员会证监发字(1997)435 号和证监发字(1997)436 号文批准,本公司已成功向社会公众公开发行每股面值为 1.00 元人民币普通股股票 3500 万股。

股票上市申请经上海证券交易所上证发(1997)第 84 号《上市通知书》审核批准。本公司股票将于 1997 年 9 月 29 日在上海证券交易所挂牌交易。

本公司总股本 13500 万股,其中可流通股份 3500 万股,本次上市流通 3500 万股。内部职工股 250 万股,将按国家有关规定,于新股上市三年后,再申请上市流通。

本公司于 1997 年 9 月 11 日在《上海证券报》、《中国证券报》刊登了《招股说明书》,距今不足六个月,故与其重复的内容在此不再重述,敬请投资者查阅公司的《招股说明书概要》。

公司董事会成员已批准本上市公告书,确信其中不存在任何重大遗漏或者误导,并对其真实性、准确性、完整性负个别的和连带的责任。

三、公司概况

1. 概况

法定名称:江苏永鼎股份有限公司

英文名称:JiangSu YongDing Company Limited

注册资金:13500 万元

法定代表人:顾云奎

成立日期:1994 年 6 月 30 日

注册地址:中国江苏省吴江市芦墟镇汾湖经济技术开发区

联系电话:0512-3254395、3255483

2. 公司历史沿革

江苏永鼎股份有限公司(以下简称“公司/本公司”)是经江苏省体改委苏体改生[1994]153 号文批准,由永鼎集团公司联合上海市内电话发展总公司、上海贝尔电话设备制造有限公司作为发起人,采取定向募集方式设立的股份有限公司。其中永鼎集团公司全资子公司—苏州通信电缆总厂以其经评估确认的经营性净资产 3969.45 万元人民币按 1:1.17 折为法人股 3400 万股(非经营性资产经剥离仍归集团公司经营管理),其余发起人上海市内电话发展总公司、上海贝尔电话设备制造有限公司分别以人民币现金 117 万元按 1:1.17 折为法人股 100 万股,合计 3600 万股作为发起人股,另向社会法人和内部职工按每股 1.60 元溢价分别定向募集 1275 万股法人股和 125 万股内部职工股。经大华会计师事务所验证,上述股本金已全部到位。1994 年 6 月 30 日,公司在江苏省工商行政管理局注册登记成立。注册资本 5,000 万元,股本总额 5000 万股,其中发起人持股 3600 万股,占股本总额的 72%,其他法人持股 1275 万股,占股本总额 25.5%,内部职工持股 125 万股,占股本总额 2.5%。为进一步扩大公司经营规模,加强企业发展后劲,1996 年 6 月经公司董事会决议,股东大会批准,公司将股东享有的 1994 年 7 月至 1995 年度未分配利润及资本公积金按 10:10 的比例向全体股东送股 5000 万股,增加股本 5000 万元,公司股本总额增至 10000 万元,经吴江审计事务所验证,江苏省工商行政管理局批准,公司于 1996 年 12 月进行了工商变更登记,注册资本增加到 10000 万元。

1997 年 9 月 3 日经中国证券监督管理委员会证监发字(1997)435 号和证监发字(1997)436 号文批准,本公司于 1997 年 9 月 15 日采用“上网定价”的发行方式向社会公众公开发行每股面值为 1.00 元人民币普通股股票 3500 万股。本公司已于 1997 年 9 月 24 日在江苏省工商行政管理局变更股本登记,注册资本 13500 万元。

四、股票发行及承销

1. 股票公开发行

社会公众股发行数量:3500 万股

股票发行价格:7.10 元/股

募集资金总额(扣除发行费用):239960250 元

发行方式:上网定价

配售比例:0.23458%

配售户数:32567 户

持 1000 股以上的户数:32567 户(不含公司职工股户数)

发行费用总额:853.975 万元。

每股发行费用:0.23 元

发行市盈率:12.46 倍

2. 股票承销

本次公开发行的 3500 万股社会公众股已全部由社会公众认购,承销团成员无余额包销。

3. 验资报告(华业字(97)第 1237 号)

募集资金的入帐时间:1997 年 9 月 22 日

入帐金额:239,960,250 元

入帐帐号:0874014315

开户行:中国农业银行吴江市支行

五、公司董事、监事及高级管理人员持股情况

董事姓名	职　务	持股数	持股比例(%)
顾云奎	公司董事长兼总经理	50000	0.037
刘博	副董事长	0	0
张健	副董事长	0	0
王学礼	董事	0	0
何廷昌	董事	0	0
李大来	董事	0	0

杜厚健	董事	0	0
陈卫军	董事	0	0
李喜来	董事	0	0
徐节官	董事	0	0
范彦滨	董事	0	0
喻安道	董事	0	0
卢欣建	董事	0	0
梁建平	董事	0	0
纽维浩	董事	0	0
徐洪强	董事	0	0
邱顶荣	董事	0	0
钱自牧	董事	0	0
监事姓名			
梅明华	总经办主任	1000	0.00074
张全珍	副总工程师	1000	0.00074
王富英		0	0
高级管理人员			
朱其珍	计财部总经理	0	0
彭美娥	公司副总经理	0	0
张洪森	总工程师、研究所所长	1000	0.00074

本公司董事、监事及高级管理人员共持有公司股票53,000股，占总股本的0.039%，按照《中华人民共和国公司法》的规定，其持有的股份在任职期间不得转让。

六、公司设立

1. 公司于1997年5月11日在江苏省吴江市芦墟镇公司本部召开第四次股东大会、与会全体股东一致通过公司向社会公众公开发行并在上海证券交易所上市的决议，并授权公司董事会负责公司股票公开发行及上市的全部事宜。

2. 本次股票发行成功后，本公司重新注册登记工作已结束，详细资料如下：

公司注册资金：13500万元

公司注册变更登记日期：1997年9月24日

公司注册地点：中国江苏省吴江市芦墟镇汾湖经济技术开发区

营业执照注册号码：13477898－5

七、关联企业及关联交易

1. 关联企业

本公司的控股公司永鼎集团公司组建于1993年2月，拥有1家全资、10家控股子企业和1家参股企业。持有本公司股份6800万股，占发行后公司总股本的50.4%。

公司另外二个发起人分别是上海贝尔电话设备制造有限公司和上海市内电话发展总公司。分别持有公司法人股200万股，分别占发行后公司总股本的1.48%。

2. 关联交易

本公司与集团公司在原材料供应，生活后勤服务，土地租赁方面存在关联交易关系。为规范公司行为，在本公司成立时就关联交易与永鼎集团公司依照等价有偿，平等互利的原则，采用经济合同的方式予以确认，其交易价格按不高于市场价格确定，以维护本公司及全体股东的利益，主要包括《综合服务协议》，约定集团公司将向公司提供水电供应，及职工宿舍、食堂等设施服务，公司将分别按商定的数额缴纳相应费用；《土地租赁协议》，约定公司向集团公司租赁位于吴江市芦墟镇芦北村的土地供公司生产经营之用；《原辅材料供应协议》；同时集团公司与公司签订了不竞争承诺函，集团公司承诺，保证不生产与公司相同的产品及构成竞争的产品。

八、股本结构及大股本持股情况

1. 本次发行股票上市前的股东结构

股份类别	股数(万股)	占总股本比例(%)
尚未流通股份		
发起人股份：		
法人持股	7200	53.33
募集法人股		
法人持股	2550	18.89
内部职工股	250	1.85
可流通股份		
社会公众股	3500	25.93
总股本	13500	100.00

2. 本次发行前前十名股东名单

股东名称	持股数(万股)	持股比例(%)
永鼎集团公司	6800	50.37
吴江苏缆电信公司	597.2	4.42
北京市市话通信发展总公司	400	2.96
北京畅捷通讯有限公司	400	2.96
天津市电话器材公司	273.5	2.03
上海市内电话发展总公司	200	1.48
上海贝尔电话设备制造有限公司	200	1.48
吴江市电力实业总公司	200	1.48
吴江市神龙房屋开发公司	200	1.48
上海矽钢片厂吴江联营公司	200	1.48

九、公司财务会计资料

大华会计师事务所审计报告华业字(97)第1064号内容：

江苏永鼎股份有限公司全体股东：

我们接受委托，审计了贵公司1994年至1996年每年12月31日及1997年6月30日的资产负债表，1994年7－12月、1995年、1996年及1997年1－6月利润及利润分配表以及1996年度财务状况变动表。这些会计报表由贵公司负责，我们的责任是对这些会计报表发表审计意见。我们的审计是依据中国注册会计师独立审计准则进行的。在审计过程中，我们结合贵公司的实际情况，实施了包括抽查会计记录等我们认为必要的审计程序。

我们认为，上述会计报表符合《企业会计准则》和《股份制试点企业会计制度》的规定，在所有重大方面公允地反映了贵公司1994年至1996年每年12月31日及1997年6月30日的财务状况以及各该年度和期间的经营成果和1996年度资金变动情况，会计处理方法的选用遵循了一贯性原则。

大华会计师事务所　　中国注册会计师　曹培青

金　炼

中国·上海·昆山路146号　　一九九七年七月八日

会计报表附注

一、公司概况

江苏永鼎股份有限公司为于1994年4月29日经江苏省经济体制改革委员会以苏体改生[1994]153号文《关于同意设立江苏永鼎股份有限公司的批复》批准设立的定向募集股份有限公司。1994年6月30日由江苏省工商行政管理局颁发企业法人营业执照，注册号13477898－5，法定代表人：顾云奎。公司注册资本为1亿元，经吴江市审计事务所以吴审所验[1996]字第282号验资报告验证。公司所属行业为通信业，经营范围为通信电缆，通信光缆及其它通信设备、铜丝的制造、销售。

二、重要会计政策

1. 报表编制方法：1994年7月－1997年6月的会计报表系根据股份公司的实际情况编制的。

2. 公司执行的会计制度：股份制试点企业会计制度。

3. 会计期间：公历1月1日至12月31日。

4. 记帐原则：权责发生制；计价基础：历史成本；

5. 外币折算方法：公司以人民币为记帐本位币，会计年度内涉及外币的经济业务,按发生当月月初外汇市场汇价折合人民币入帐,月末将外币帐户余额按月末外汇市场汇价折合本位币进行调整,调整后的记帐本位币余额与原帐面余额之间的差额列入"财务费用—汇兑损益"。

6. 存货计价方法:

各类存货的购入与入库按实际成本计价,领用与发出采用加权平均法计价,低值易耗品按一次摊销法摊销。

7. 长期投资核算方法:

股权投资:对持股比例在20%以下的企业按成本法核算。

8. 固定资产及其折旧

(1)固定资产标准为:单位价值在2,000元以上,使用期限超过一年的房屋建筑物,机器、运输、办公等设备,以及单位价值在2,000元以上,使用期限超过两年的非经营设备。

(2)按实际成本计价。

(3)固定资产折旧采用直线法平均计算,并按各类固定资产的原值和估计的使用年限扣除残值(原值的4%)制定其折旧率,各类折旧率如下:

资产类别	使用年限	年折旧率
房屋建筑物	30年	3.2%
机器设备	10年	9.6%
运输设备	5年	19.2%
办公设备	5年	19.2%
其他设备	5年	19.2%

9. 无形资产摊销:土地使用权从1994年7月起按50年摊销。

10. 递延资产摊销:开办费从1994年7月起按5年摊销;

修理费按受益期摊销。

11. 税项:

公司适用的流转税及附加的税种与税率

税种:	所得税	增值税	城建税
税率:	33%	17%	7%
应交款:	教育费附加	堤防费	义优金
附加率:	3%	1%	0.3%

企业所得税实际税负为15%,经江苏省人民政府以苏政复[1997]82号文批准。

12. 利润分配

根据公司法规定,按当年度的税后利润10%和5%分别提取法定盈余公积金和公益金后,按股东大会决议进行分配。

13. 收入实现条件:以货物已经发出并收到货款或取得收取货款的凭据为确认收入实现的依据。

14. 坏帐处理方法及坏帐准备提取比例:

坏帐处理方法为:备抵法,坏帐准备按年末应收帐款余额3‰计提。

三、报表项目附注

1. 应收帐款1997年6月30日余额为人民币68,762,680.96元,按帐龄分析:

帐龄	户数	金额	占总额比例
二~三年	1	343,414.10	0.50%
一~二年	5	4,510,103.70	6.56%
一年以下	44	63,909,163.16	92.94%

本帐户余额中无持本公司5%以上股份的主要股东的欠款。

2. 其他应收款1997年6月30日余额为人民币55,542,992.42元,按帐龄分析;

帐龄	户数	金额	占总额比例
二~三年	2	6,000.00	0.01%
一~二年	10	4,004,008.86	7.21%
一年以下	11	51,532,983.56	92.78%

持本公司5%以上股份的主要股东的欠款有:

永鼎集团公司48,765,104.88元。

大额款项的债务人与业务内容分类:

债务人	业务内容	金额
永鼎集团公司	暂支款	48,765,104.88
苏州盛鼎通信设备制造有限公司	代垫款	1,522,405.50

3. 存货1997年6月30日余额为人民币50,354,551.53元,其中:

类别	金额
原材料	20,735,039.01
委托加工材料	116,842.00
包装物	29,226,277.34
低值易耗品	276,393.18

4. 长期投资1997年6月30日余额为人民币428,772.80元,均为法人股,其明细内容如下:

被投资公司名称	持股数	投资比例	投资金额合计
上海国脉实业股份有限公司	4200股	5%以下	217,560.00
上海华联商厦股份有限公司	2276股	5%以下	211,212.80

5. 固定资产及累计折旧1997年6月30日余额分别为人民币100,123,811.79元和29,487,936.46元,其中明细内容如下:

固定资产分类	期初价值	本年增加	本年减少	期末价值
(1)固定资产原值				
房屋建筑物	27,271,163.89	248,224.05		27,519,387.94
机器设备	64,283,276.67	1,860,556.62	497,362.76	65,646,470.53
运输设备	847,120.00			847,120.00
办公设备	292,033.00	115,870.00		407,903.00
其他设备	5,702,930.32			5,702,930.32
合计	98,396,523.88	2,224,650.67	497,362.76	100,123,811.79
(2)累计折旧				
房屋建筑物	4,848,845.71	128,879.52		4,977,725.23
机器设备	16,901,412.16	3,209,551.23	210,963.01	19,900,000.38
运输设备	592,287.64	80,610.48		672,898.12
办公设备	132,382.96	31,192.94		163,575.90
其他设备	3,225,421.04	548,315.79		3,773,736.83
合计	25,700,349.51	3,998,549.96	210,963.01	29,487,936.46
(3)净值	72,696,174.37			70,635,875.33

6. 无形资产1997年6月30日余额为人民币2,851,482.48元,系土地使用权,原值3,033,492.00元,已摊金额182,009.52元;剩余摊销年限47年。

7. 递延资产1997年6月30日余额为人民币497,775.80元,其中:

项目	原值	已摊金额	期末余额	剩余摊销年限
开办费	396,153.00	237,691.80	158,461.20	2年
修理费	484,735.15	145,420.55	339,314.60	3.5年

8. 短期借款1997年6月30日余额为人民币10,600,000.00元,其中:

贷款单位	年利率	借款条件	金额	期限
中国农业银行吴江市支行芦墟办事处	10.098%	担保	1,000,000.00	97.4.25-97.8.25
中国农业银行吴江市支行芦墟办事处	10.098%	担保	2,000,000.00	97.4.7-97.8.25
中国农业银行吴江市支行芦墟办事处	11.088%	担保	600,000.00	97.6.27-97.12.25
中国农业银行吴江市支行芦墟办事处	10.098%	担保	5,000,000.00	97.4.25-97.10.20
中国农业银行吴江市支行芦墟办事处	10.098%	担保	1,000,000.00	97.4.30-97.10.25
中国银行吴江市支行芦墟办事处	10.098%	担保	1,000,000.00	97.1.25-97.7.25

9. 应付帐款1997年6月30日余额为人民币10,620,009.61元,其中应付给与公司有关联公司款项:

永鼎集团公司物资供应部　　10,320,089.64元

10.其他应付款1997年6月30日余额为人民币17,720,113.35元,其中没有应付给与本公司有关联的公司的款项。

主要债权人及款项内容:

主要债权人	款项内容	款项金额
龙鼎电源器材有限公司	暂借款	2,380,000.00
上海忠力实业有限公司	加工费	196,646.24
吴江市人大办公室工会	暂借款	200,000.00
浦东新区邮电局	暂借款	1,000,000.00

11.未交税金1997年6月30日余额为人民币6,456,186.91元,其中:

税种	增值税	城建税	所得税	小计
期末欠(溢)交款	2,114,614.77	546,497.14	3,765,075.00	6,456,186.91

12.长期借款1997年6月30日余额为人民币9,000,000.00元,详情如下:

贷款单位	起讫日期	年利率	本位币金额
中国农业银行吴江市支行芦墟办事处	96.12.24-98.4.10	13.14%	9,000,000.00

13.股本1994年度、1995年度、1996年度各年12月31日及1997年6月30日余额分别为人民币50,000,000.00元、50,000,000.00元、100,000,000.00和100,000,000.00元,详请如下:

	1994.12.31-1995.12.31	比例	1996年利润分配增加 送股	公积金转股	小计	1996.12.31-1997.6.30	比例
尚未流通部分							
1.发起法人持股	36,000,000.00	72%	29,706,387.11	6,293,612.89	36,000,000.00	72,000,000.00	72%
2.定向募集法人股	12,750,000.00	25.5%	10,521,012.10	2,228,987.90	12,750,000.00	25,500,000.00	25.5%
3.内部职工股	1,250,000.00	2.5%	1,031,471.78	218,528.22	1,250,000.00	2,500,000.00	2.5%
合计	50,000,000.00	100%	41,258,870.99	8,741,129.01	50,000,000.00	100,000,000.00	100%

●1996年6月15日公司第三次股东大会通过1994年7月至1995年度分配方案,即将1994年7月至1995年度未分配利润41,258,870.99元及资本公积8,741,129.01元,按10:10比例向全体股东送股,送股后,公司股本总额增至10000万股。公司营业执照相应变更,变更后注册资本为100,000,000.00元。

14.资本公积1994年度、1995年度、1996年度各年12月31日及1997年6月30日余额分别为人民币26,025,760.99元、26,025,760.99元、17,284,631.98元及17,284,631.98元,详情如下:

	1994年	1995年	1996年	1997年6月
期初余额	0	26,025,760.99	26,025,760.99	17,284,631.98
加:资本溢价	26,025,760.99			
减:转增股本			8,741,129.01	
期末余额	26,025,760.99	26,025,760.99	17,284,631.98	17,284,631.98

15.盈余公积1994年度、1995年度、1996年度各年12月31日及1997年6月30日余额分别为人民币3,052,023.46元、7,280,977.24元、14,556,904.15元和14,556,904.15元,详请如下:

	1994年	1995年	1996年	1997年6月
期初余额:	0	3,052,023.46	7,280,977.24	14,556,904.15
本年利润提取	3,052,023.46	4,228,953.78	7,275,926.91	0
其中①法定盈余公积	2,034,682.31	2,819,302.52	4,850,617.94	0
②公益金	1,017,341.15	1,409,651.26	2,425,308.97	0
期末余额	3,052,023.46	7,280,977.24	14,556,904.15	14,556,904.15
其中:①法定盈余公积	2,034,682.31	4,853,984.83	9,704,602.77	9,704,602.77
②公益金	1,017,341.15	2,426,992.41	4,852,301.38	4,852,301.38

16.未分配利润1994年、1995年、1996年各年12月31日及1997年6月30日余额分别为人民币17,294,799.60元、41,258,870.99元、41,230,252.53元和0元。

	1994年	1995年	1996年	1997年6月
年初未分配利润	0	17,294,799.60	41,258,870.99	41,230,252.53
加:本年净利润	20,346,823.06	28,193,025.17	48,506,179.44	28,985,425.01
可供分配利润	20,346,823.06	45,487,824.77	89,765,050.43	70,215,677.54
减:提取法定公积金	2,034,682.31	2,819,302.52	4,850,617.94	
提取法定公益金	1,017,341.15	1,409,651.26	2,425,308.97	
可供股东分配的利润	17,294,799.60	41,258,870.99	82,489,123.52	70,215,677.54
减:已分配普通股股利			41,258,870.99	70,215,677.54
年末未分配利润	17,294,799.60	41,258,870.99	41,230,252.53	0

17.主营业务收入1994年7月-12月、1995年度、1996年度、1997年度1-6月发生额分别为人民币123,241,703.78元、249,839,825.74元、296,552,023.89元和178,418,645.10元,详情如下:

主营项目	1997年1-6月	1996年	1995年	1994年7-12月
电缆线	120,794,039.35	296,552,023.89	249,839,825.74	123,241,703.78
光缆线	57,624,605.75	/	/	/

18.主营业务成本1994年7-12月、1995年度、1996年度、1997年度1-6月发生额分别为人民币88,962,912.88元、201,032,339.83元、218,448,739.39元和134,116,291.75元,详情如下:

主营项目	1997年1-6月	1996年	1995年	1994年7-12月
电缆线	91,879,721.61	218,448,739.39	201,032,339.83	88,962,912.88
光缆线	42,236,570.14	/	/	/

19.财务费用1994年7-12月、1995年度、1996年度、1997年1-6月发生额分别为人民币1,553,507.53元、2,435,519.11元、2,395,320.36元和1,213,346.49元,详情如下:

费用项目	1997年1-6月	1996年	1995年	1994年7-12月
利息净支出	1,213,346.49	2,395,320.36	2,435,519.11	1,553,507.53

20.其他业务利润1995年度发生额分别为人民币87,212.01元,为出售原材料收入;1994年度7-12月、1996年度、1997年1-6月均无发生额。

21.投资收益1994年7-12月、1995年度、1996年度发生额分别为人民币8,400.00元、54,300.00元和9,075.00元,均为法人股红利;1997年1-6月无发生额。

四、承诺事项:无

五、或有事项:无

六、关联事项:

(一)江苏永鼎股份有限公司与其关联方的有关情况如下:

1.存在控制关系的关系方

企业名称	注册地点	主营业务	与本企业关系	经济性质	法定代表人
永鼎集团公司	江苏、吴江、芦墟汾湖经济技术开发区	通信电缆、光缆、通信设备、铜丝、建筑材料、运动器材、钢制家具、水产品养殖等	母公司	集体	顾云奎

2.存在控制关系的关联方的注册资本及其变化:

企业名称	期初数	本期增加数	本期减少数	期末数
永鼎集团公司	6000万元			6000万元

3.存在控制关系的关联方所持股份或权益及其变化:

企业名称	期初数 金额	%	本期增加数 金额	%	本期减少数 金额	%	期末数 金额	%
永鼎集团公司	6800万元	68%	-	-	-	-	6800万元	68%

(二)存在交易的关联方

江苏永鼎股份有限公司与关联方交易情况:

1.不存在控制关系的关联方关系的性质

企业名称	与本企业的关系
永鼎集团公司物资供应部	同属集团兄弟公司
苏州盛鼎通信设备制造有限公司	同属集团兄弟公司

2.采购货物

1994年7月份江苏永鼎股份有限公司与江苏永鼎电缆集团公司(后变更为永鼎集团公司物资供应部)签订原辅材料供应协议,股份公司生产所需全部原辅材料由集团公司提供,股份公司按提供的原辅材料(除铜以外)总价值(交货价)的1%支付手续费,集团公司保证所供应的原辅材料的价格低于同期市场平均价格。

本公司1997年1-6月及1996年度向关联方采购货物有关资料如下:

企业名称	1997年1-6月		1996年	
	金额	占年度购货百分比	金额	占年度购货百分比
永鼎集团公司物资供应部	124,995,528.35	77.27%	232,978,839.85	100%
永鼎集团公司	36,758,650.82	22.73%		

3.关联方应收应付款项余额

项目	期(年)末余额		占全部应收应付款项余额的比率(%)	
	1997年6月30日	1996年	1997年6月30日	1996年
应付帐款				
永鼎集团公司物资供应部	10,320,089.64	85,222,966.43	97%	96%
其他应收款				
江苏永鼎电缆集团公司	48,765,104.88	133,486,155.10	87.8%	68.16%
苏州盛鼎通信设备制造有限公司	1,522,405.50	5,652.97	2.7%	<1%

4.其他需要披露的事项

1994年7月份江苏永鼎股份有限公司与江苏永鼎电缆集团公司签订土地使用权租赁合同,租用土地16317平方米,年租费为130,536.00元。

七、期后事项:无

八、主要财务指标

公司本次发行前的主要会计指标(以截至1997年6月30日为准)

指标	1997年1-6月	1996年	1995年	1994年7-12月
流动比率	1.57	1.83	1.94	1.57
速动比率	1.14	1.75	1.74	1.48
资产负债率	48.78%	43.90%	31.48%	37.69%
应收帐款周转率	2.59	14.26	11.68	4.06
存货周转率	2.66	20.49	17.41	21.33
净资产收益率	21.99%	28.03%	22.63%	21.12%
每股净利润	0.289元	0.485元	0.564元	0.407元

十、董事会上市承诺

本公司董事会将严格遵守《公司法》、《股票发行与交易暂行条例》、《公开发行股票公司信息披露实施细则》、《上海证券交易所市场业务试行规范》和国家有关法律、法规、并自股票上市之日起作出如下承诺:

1.按照法律、法规的规定程序和要求披露重大的信息,并接受证券主管机关、上海证券交易所的监督管理。

2.及时、真实、准确地公布中期报告和年度报告、并备置于规定场所供投资者公众查阅。

3.本公司董事、监事及高级管理人员如发生人事变动或持本公司股票发生变化时,在报告证券主管机关、证券交易所的同时向投资者公布。

4.在任何公共传播媒介中出现的消息可能对本公司股票的市场价格产生误导性影响时,本公司知悉后将及时对该消息予以公开澄清。

5.本公司董事、监事及高级管理人员将认真听取社会公众的意见和批评,不利用已获得的内幕消息和其他不正当手段直接或间接从事股票买卖活动。

6.本公司没有无记录负债。

十一、重要事项揭示

1.公司本次股票发行后的首次股利分配将在1998年第二个季度进行。

2.根据公司1997年5月11日第四次股东大会决议,公司本次股票发行前的滚存利润由老股东享有。

3.根据江苏省人民政府苏政复(1997)82号文,同意公司自1997年起,享受所得税18%返还的优惠政策。

4.截止本公告刊登之日,本公司以及本公司董事会成员、高级管理人员未涉及任何重大的诉讼事项。

5.根据本公司编制并经大华会计师事务所审核的本公司一九九七年度盈利预测,本公司1997年7-12月预计实现税后利润2656万元。

十二、备查文件

1.发行人成立的注册登记文件文件:

2.审计报告、财务报表及附注:

3.证券交易所批准上市的文件

4.验资报告

5.上市推荐报告

6.重要合同

7.证监会要求的其他文件。

十三、咨询机构

发行人:江苏永鼎股份有限公司

法定代表人:顾云奎

住所:江苏省吴江市芦墟镇汾湖经济技术开发区

电话:0512-3254395

传真:0512-3251866

联系人:朱其珍、彭美娥

上市推荐人:国泰证券有限公司

法定代表人:金建栋

住所:中国上海市浦东新区乳山路61号

办公地址:中国上海市延平路135号

电话:021-62587719

传真:021-62581911

联系人:王东　俞朴

上市推荐人:南方证券有限公司

法定代表人:王景师

住所:深圳市深南东路中国物贸大厦12层

电话:0755-2256728-1204,025-4403818-1107

传真:0755-2256936,025-6644284

联系人:张竞蓉、王镇

江苏永鼎股份有限公司

一九九七年九月二十五日

1. 资产负债表

单位:人民币元

资产	附注	1997年6月30日	1996年12月31日	1995年12月31日	1994年12月31日
流动资产					
货币资产		7,753,023.68	4,145,686.10	776,536.46	1,172,896.98
短期投资					
应收票据					
应收帐款	1	68,762,680.96	20,799,414.46	21,387,466.36	30,356,376.94
减:坏帐准备		206,288.03	62,398.24	64,162.40	91,069.13
应收帐款净额		68,556,392.93	20,737,016.22	21,323,303.96	30,265,307.81
预付货款		796,072.68	563,213.68	741,342.80	3,120,528.20
其他应收款	2	55,542,992.42	195,824,511.77	76,784,106.73	38,542,805.30
待摊费用					
存货	3	50,354,551.53	10,660,598.06	11,550,082.71	4,170,140.29
减:存货变现损失准备					
存货净额		50,354,551.53	10,660,598.06	11,550,082.71	4,170,140.29
待处理流动资产净损失					
一年内到期的长期债券投资					
其他流动资产					
流动资产合计		183,003,033.24	231,931,025.83	111,175,372.66	77,271,678.58
长期投资					
长期投资	4	428,772.80	428,772.80	428,772.80	428,772.80
合并价差					
固定资产					
固定资产原价	5(1)	100,123,811.79	98,396,523.88	85,462,989.46	85,104,843.05
减:累计折旧	5(2)	29,487,936.46	25,700,349.51	18,803,532.09	11,751,805.32
固定资产净值		70,635,875.33	72,696,174.37	66,659,457.37	73,353,037.73
在建工程				310,839.93	260,000.00
固定资产清理					
待处理固定资产净损失					
固定资产合计		70,635,875.33	72,696,174.37	66,970,297.30	73,613,037.73
无形及递延资产					
无形资产	6	2,851,482.48	2,881,817.40	2,942,487.24	3,003,157.08
递延资产	7	491,775.80	585,864.62	277,307.10	356,537.70
无形及递延资产合计		3,349,258.28	3,467,682.02	3,219,794.34	3,359,694.78
其他长期资产					
其他长期资产					
递延税项					
递延税款借项					
资产总计		257,416,939.65	308,523,655.02	181,794,237.1	154,673,183.89

负债及股东权益	附注	1997年6月30日	1996年12月31日	1995年12月31日	1994年12月31日
流动负债					
短期借款	8	10,600,000.00	10,800,000.00	9,200,000.00	8,874,480.00
应付票据					
应付帐款	9	10,620,009.61	88,430,133.33	17,772,171.62	12,937,978.71
预收货款				2,140,639.73	16,340,101.69
应付福利费		717,246.73	606,506.57	430,471.16	340,808.59
未付股利		70,215,677.54			
未交税金	11	6,456,186.91	4,794,023.82	3,151,492.34	149,186.41
其他未交款		246,169.38	148,467.02	148,467.02	30,992.05
其他应付款	10	17,720,113.35	21,672,735.62	15,385,386.01	10,627,052.39
预提费用					
一年内到期长期借款				9,000,000.00	
其他流动负债					
流动负债合计		116,575,403.52	126,451,866.36	57,228,627.88	49,300,599.84
长期负债					
长期借款	12	9,000,000.00	9,000,000.00		9,000,000.00
应付债券					
长期应付款					
其他长期负债					
长期负债合计		9,000,000.00	9,000,000.00		9,000,000.00
递延税项					
递延税款贷项					
负债合计		125,575,403.52	135,451,866.36	57,228,627.88	58,300,599.84
少数股东权益					
股东权益					
股本	13	100,000,000.00	100,000,000.00	50,000,000.00	50,000,000.00
资本公积	14	17,284,631.98	17,284,631.98	26,025,760.99	26,025,760.99
盈余公积	15	14,556,904.15	14,556,904.15	7,280,977.24	3,052,023.46
其中:公益金		4,852,301.38	4,852,301.38	2,426,992.41	1,017,341.15
未分配利润	16		41,230,252.53	41,258,870.99	17,294,799.60
外币报表折算差额					
股东权益合计		131,841,536.13	173,071,788.66	124,565,609.22	96,372,584.05
负债及股东权益总计		257,416,939.65	308,523,655.02	181,794,237.10	154,673,183.89

2. 公司利润及利润分配表主要数据

单位:人民币元

项目/年份	附注	1997年1-6月	1996年	1995年	1994年7-12月
一、主营业务收入	17	178,418,645.10	296,552,023.89	249,839,825.74	123,241,703.78
减:营业成本	18	134,116,291.75	218,448,739.39	201,032,339.83	88,962,912.88
销售费用		5,063,437.28	8,424,718.77	5,145,939.85	4,951,016.92
管理费用		3,925,069.57	9,999,012.12	7,926,076.44	3,705,078.66
财务费用	19	1,213,346.49	2,395,320.36	2,435,519.11	1,553,507.53
进货费用					
营业税金及附加			227,214.79	273,197.61	140,148.90
二、主营业务利润		34,100,500.01	57,057,018.46	33,026,752.90	23,929,038.89
加:其它业务利润	20			87,212.01	
三、营业利润		34,100,500.01	57,057,018.46	33,113,964.91	23,929,038.89
加:投资收益	21		9,075.00	54,300.00	8,400.00
补贴收入					
营业外收入					

减:营业外支出	22				
加:以前年度损益调整					
四、利润总额		34,100,500.01	57,066,093.46	33,168,264.91	23,937,438.89
减:所得税		5,115,075.00	8,559,914.02	4,975,239.74	3,590,615.83
少数股东损益					
五、净利润		28,985,425.01	48,506,179.44	28,193,025.17	20,346,823.06
加:年初未分配利润		41,230,252.53	41,258,870.99	17,294,799.60	
盈余公积金转入数					
六、可分配利润		70,215,677.54	89,765,050.43	45,487,824.77	20,346,823.06
减:提取法定公积金			4,850,617.94	2,819,302.52	2,034,682.31
提取法定公益金			2,425,308.97	1,409,651.26	1,017,341.15
职工奖福基金					
七、可供股东分配利润		70,215,677.54	82,489,123.52	41,258,870.99	17,294,799.60
减:已分配优先股股利					
提取任意公积金					
已分配普通股股利		70,215,677.54	41,258,870.99		
八、未分配利润			41,230,252.53	41,258,870.99	17,294,799.60

3. 财务状况变动表(1996年度)

金额单位:元

流动资金来源和运用	行次	金额	流动资金各项目的变动	行次	金额
一、流动资金来源			一、流动资产本年增加数		
1. 本年净利润	1	48506179.44	1. 货币资金	31	3369149.64
加:少数股东本期损益	2		2. 短期投资	32	
加:不减少流动资金的费用和损失	3		3. 应收票据	33	
(1)固定资产折旧	4	8910565.95	4. 应收帐款净额	34	−586287.74
(2)无形资产、递延资产及其他资产摊销	5	236847.47	5. 预付货款	35	−178129.12
(3)固定资产盘亏	6		6. 其他应收款	36	119040405.04
(4)清理固定资产损失	7		7. 待摊费用	37	
(5)递延税款	8		8. 存货净额	38	−889484.65
(6)其他不减少流动资金的费用和损失	9		9. 待处理流动资产净损失	39	
小计	10	57653592.86	10. 一年内到期的长期债券投资	40	
2. 其他来源			11. 其他流动资产	41	
(1)固定资产清理收入	11	6744613.91	流动资产增加净额	45	120755653.17
(2)增加长期负债	12	9000000.00	二、流动负债本年增加数		
(3)收回长期投资	13		1. 短期借款	46	1600000.00
(4)对外投资转出固定资产	14		2. 应付票据	47	
(5)对外投资转出无形资产	15		3. 应付帐款	48	70657961.71
(6)资本净增加额	16	48534797.90	4. 预收货款	49	−2140639.73
(7)少数股东资本净增加额	16−1		5. 应付福利费	50	176035.41
小计	17	64279411.81	6. 未付股利	51	
流动资金来源合计	18	121933004.67	7. 未交税金	52	1642531.48
二、流动资金运用			8. 其他未交款	53	
1. 利润分配			9. 其他应付款	54	6287349.61
(1)提取法定公积金	19	4850617.94	10. 预提费用	55	
(2)提取法定公益金	20	2425308.97	11. 一年内到期的长期负债	56	−9000000.00
(3)提取任意公积金	21		12. 其他流动负债	57	
(4)已分配股利	22	41258870.99	流动负债增加净额		69223238.48
(5)职工奖福基金	22−1		流动资金增加净额		51532414.69
小计	23	48534797.90			
2. 少数股东利润分配	23−1				
3. 其他运用					
(1)固定资产和在建工程净增加额	24	21381056.93			
(2)增加无形资产、递延资产及其他资产	25	484735.15			
(3)偿还长期负债	26				
(4)增加长期投资	27				
小计	28	21865792.08			
流动资金运用合计	29	70400589.98			
外币会计报表折算差额	29−1				
流动资金增加净额	30	51532414.69			

湖北美尔雅(集团)股份有限公司

湖北美尔雅(集团)股份有限公司概况

一、公司概况

湖北美尔雅(集团)股份有限公司(以下简称"本公司"),是1993年经湖北省体改委鄂改[1993]122号文批准,由黄石市美尔雅服装总厂(湖北美尔雅纺织服装实业(集团)公司前身)作为主要发起人,并联合其它社会法人共同作为发起人,通过向社会法人、内部职工定向募股设立的股份有限公司,其中发起人持股52,488,188股;社会法人持股73,511,812股;内部职工持股2,400万股;社会流通股5,000万股。1997年末注册资本20,000万元。

本公司的核心企业是中日合资美尔雅服饰有限公司、中日合资美岛服装有限公司,目前年产高档西服80万套,时装近300万件(套),其中西服产量的70%,时装产量的100%销往日本及东南亚市场。西服占中国出口日本西服总额的26%,占日本市场西服销售量的5%,是我国服装行业最大的出口创汇企业,1996年出口创汇近1.13亿美元。主导产品美尔雅西服以其典雅的东方版型,严格的管理,先进的技术设备所创造的高品质赢得了几乎所有客户的认同,于1991年在全国独家荣获西服最高奖——"欧洲质量金奖",在海外市场有较高的声誉。在国内市场上,本公司产品于1994年荣获"中国十大名牌服装"和"中国十大名牌西服"称号,连续四年荣获国优精品"金桥奖"和中国服装服饰博览会金奖,在国内市场上的占有率连续四年稳居全国同行业前四名,享有极高的声誉。

本公司的跳跃式滚动发展获得了各界的高度评价,先后荣获"全国优秀外商投资企业"、"全纺先进企业集团"等称号;是中国1000家大型国有企业中前500强之一,并连续四年名列"湖北省十佳三资企业"榜首。近几年,本公司的工业总产值、工业销售产值,主营业销售收入、出口交货值、利润总额等主要经济指标名列全国服装行业前十名,成为中国服装行业的排头兵,是创建华中服装走廊的支柱企业。

本公司目前正处在不断发展壮大中,一个以市场需求为导向,以营销和科技开发为双翼,以生产为纽带的商社型经营格局正初步推开,美尔雅人愿与广大国人一道,为我国服装工业的振兴,为创造并完善这个"美"而"雅"的世界尽自己最大的力量。

中国美尔雅,让世界更美好!

二、公司董事长简介

罗日炎同志,男,1941年9月1日出生,1976年转业地方工作,转业前为广州军区南海舰队榆林基地新闻干事,现任湖北黄石美尔雅纺织服装实业(集团)公司董事长、总经理兼党委书记。罗日炎同志转业后先在黄石市麻纺厂任党委秘书,1984年调任黄石市纺织局任局办主任,1986年临危受命出任濒临倒闭的美尔雅服饰有限公司董事长兼总经理。他上任后,对外大胆引进外资、技术及先进的管理经验,对内积极开拓,大刀阔斧地寻求发展,终于闯出了一条适合中国国情且有美尔雅特色的发展道路。在他的正确领导下,短短的十年时间,美尔雅年年迈大步,十年翻九番,产值由1985年的84万元跃升为1995年5.06亿元,固定资产由不足200万元发展到1995年的3.6亿元,1995年实现销售收入2.77亿元,利税6510万元,创汇8200万美元。今天,昔日的美尔雅已发展成为以其为核业,下辖纺织服装、综合实业、文化实业、科技实业四大块20多家分公司的跨行业、跨国界的大型集团化企业,其主导产品西服在日本西服市场占有5%的销售份额,在国内被评为"中国十大名牌服装"、"中国十大名牌西服"。由于他突出的经营业绩,他于1993年被评为"全国优秀经营管理者"并被授予"五一"劳动奖章,1992年、1995年先后被评为"湖北省模范军队转业干部"和"湖北省优秀复退转业军人"。

罗日炎同志之所以能取得如此突出的经营业绩,是与其大胆开拓,积极上进及其独特的经营之道分不开的。

在党的改革开放政策的指引下,坚持以经济效益为中心,大胆开放搞活,提高效率,真诚合作。他的这一开放的经营观念,使美尔雅成为内地合资企业成功的典范。如今美尔雅的合资企业已达12家之多。

他立足主业,全方位拓展,多元化经营,注重通过兼并、租赁、合营、购买产权等形式增强整体实力。他在经营战略上采取由内向外经营滚动,在经营方针上"一业为主,多业并举",从各个不同领域参与国际、国内市场的竞争。他注重全员素质的提高,并不拘一格选拔和任用人才。美尔雅集团副总及各分公司经理一级平均年龄不过35岁。

他重视精神文明建设,注重塑造企业良好形象。首先他注重树立企业内部良好形象,以增进企业凝聚力。他还注重实施名牌战略,扩张品牌影响力。不遗余力宣传美尔雅,竭尽全力维护美尔雅声誉,注重产品的科技含量和文化含量,十年努力,已使美尔雅发展成为中国服装界的一朵奇葩。

美尔雅(集团)股份有限公司

一九九七年十一月十五日

湖北美尔雅(集团)股份有限公司招股说明书概要

一、释义

在本招股说明书中,除上下文中另有说明外,下列名词之含义应由以下释义规范:

新股发行　　指　本公司按照中国国内报章刊登之招股说明书而向中国境内投资者发售将在上海证券交易所上市的本公司5,000万股社会公众股之事宜。

内部职工股　指　本公司设立时在册职工认购的本公司股份及由此而产生的送配股。

发行人　　指　湖北美尔雅(集团)股份有限公司,或简称为"本公司"或"股份公司"。

美尔雅集团公司　指　本公司的主要发起人,湖北美尔雅纺织服装实业(集团)公司,或简称为"集团公司"。

主承销商　　指　中国东方信托投资公司

承销团　　指　以中国东方信托投资公司为主承销商而组成的本次股票发行的承销团。

承销协议　　指　湖北美尔雅(集团)股份有限公司与中国东方信托投资公司达成的新股承销协议。

证交所　　指　上海证券交易所。

元　　指　人民币元。

二、绪　言

本招股说明书概要是根据《中华人民共和国公司法》、《股票发行与交易管理暂行条例》及国家现行的其他有关证券管理的法规、规章而编制,旨在向社会公众人士提供本公司各方面的有关资料。本公司董事会全体成员已批准本招股说明书概要,确信本概要所摘内容与招股说明书正文一致,且不存在任何重大误导、虚假及遗漏。董事会愿就本概要的真实性、准确性、完整性负个别及连带责任。

三、发售新股的有关当事人

1、发行人:
名　　称:湖北美尔雅(集团)股份有限公司
法定代表人:罗日炎
地　　址:湖北省黄石市消防路29号
电　　话:(0714)6210171
传　　真:(0714)6226538
联 系 人:陈政华
2、主承销商:
名　　称:中国东方信托投资公司
法定代表人:刘燕芬
地　　址:北京市西直门高梁桥斜街中苑宾馆B座
电　　话:(021)63278788
传　　真:(021)63727056
联 系 人:包晓林、徐晨、吕刚、蒋爱军、文创
3、副主承销商:
名　　称:招银证券公司
地　　址:深圳市振华路3号深纺工业大厦C座
电　　话:(0755)3216000-232
传　　真:(0755)3324734
联 系 人:李兴发、王琼
4、分销商:
(1)名　　称:湖北证券公司
地　　址:武汉市武昌彭刘杨路232号
电　　话:(027)7806778
传　　真:(027)7807038
联 系 人:陈彩萍、喻大学
(2)名　　称:中国经济开发信托投资公司
地　　址:北京市车公庄大街21号新大都2号楼
电　　话:(027)5789297
传　　真:(027)5750585
联 系 人:张世学、邓世彪
(3)名　　称:君安证券有限公司
地　　址:深圳市罗湖区春风路5号
电　　话:(021)62712514
传　　真:(021)62712514
联 系 人:蒋宝珠
(4)名　　称:中国科技国际信托投资有限责任公司
地　　址:北京朝阳区北辰东路8号
电　　话:(027)5770800
传　　真:(027)5743250
联 系 人:饶震宇、姜卫华
(5)名　　称:中信证券有限责任公司
地　　址:北京市朝阳区新源南路6号京城大厦
电　　话:(010)64665387
传　　真:(010)64661490
联 系 人:丁忠明
(6)名　　称:南方证券有限公司
地　　址:深圳市深南东路56号南方国际大酒店
电　　话:(027)8844731
传　　真:(027)8852186
联 系 人:谢继军、徐戈
(7)名　　称:中国对外贸易信托投资公司
地　　址:北京市西城区复兴门外大街22号中化大厦
电　　话:(010)68569026
传　　真:(010)68569006
联 系 人:王宗道
(8)名　　称:中国长城信托投资公司
地　　址:北京市海淀区复兴路甲23号城乡贸易中心二层
电　　话:(010)63531140
传　　真:(010)63531140
联 系 人:王晓岩
5、上市推荐人:
(1)名　　称:南方证券有限公司
(2)名　　称:中国东方信托投资公司
6、发行人律师事务所和经办律师:
名　　称:北京市星河律师事务所
地　　址:北京市北三环中路甲19号大森林酒店二层
电　　话:(010)62383709
传　　真:(010)62383708
经办律师:袁胜华、林岩、王海
7、主承销商律师事务所和经办律师:
名　　称:上海市万国律师事务所
地　　址:上海市南京西路1728号622室
电　　话:(021)62488662
传　　真:(021)62485297
经办律师:吕红兵、王骞、刘维
8、会计师事务所和经办注册会计师:
名　　称:湖北会计师事务所
地　　址:武汉市武昌水果湖横路7号
电　　话:(027)7840961
传　　真:(027)7843095
经办注册会计师:李贵斌、李连灯、刘家汉
9、资产评估机构和经办评估人员:
名　　称:湖北资产评估公司
地　　址:武汉市武昌北环路43号
电　　话:(027)7824816
传　　真:(027)7824816
经办评估师:林有济、邵章棋、廖明则、万乾坤
10、土地评估机构和经办评估人员:
名　　称:湖北省地产评估中心
地　　址:湖北省武汉市武昌梅苑小区
电　　话:(027)7817593
传　　真:(027)7812303
经办估价师:方国成、靳剑辉、陈捷
11、财务顾问:
名　　称:中华企业股份制咨询公司
地　　址:北京市西城区成方街33号奔德金融会所508室
电　　话:(010)66077556
传　　真:(010)66077548
联 系 人:孙效良、祝捷
12、资产评估确认机构:
名　　称:湖北省国有资产管理局
地　　址:武汉市武昌区洪山路
电　　话:(027)7844986-31611
13、土地评估确认机构:
名　　称:湖北省土地管理局
地　　址:湖北省武汉市武昌梅苑小区
电　　话:(027)7826333
14、股票登记机构:
名　　称:上海证券中央登记结算公司
地　　址:上海市闵行路67号
电　　话:(021)63068888
15、收款银行:
名　　称:中国工商银行上海市分行营业部
地　　址:上海市中山东一路24号
电　　话:(021)63211678

四、发行情况

1、股票类型:本次发行的5,000万股股票全部为记名式人民币普通股。

2、承销方式:由中国东方信托投资公司为主承销商组建承销团,以余额包销方式承销。

3、发行日期:1997年10月16日。
4、发行对象:持有中华人民共和国居民身份证的公民和境内法人(法律、法规禁止购买者除外)。
5、发行地区:是所有与上海证券交易所联网的各证券经营机构。
6、预计上市日期:本次发行股票已取得上海证券交易所的上市承诺。
7、上市交易所名称:上海证券交易所。
8、发行方式:上网定价。
9、每股发行价:每股8.10元。
10、发行市盈率为12.8倍。
11、每股面值:1.00元人民币。
12、发行量:5,000万股。
13、发行总市值:40,500万元

五、风险因素与对策

投资者在评价本发行人此次发售的股票时,应特别认真地考虑下述各项风险因素:

风险因素:

(一)经营风险

1、重要原材料供应及价格风险:

本公司产品成本中原材料成本约占生产成本的60%。就目前情况而言,本公司产品生产中原材料供应及价格风险不大。但是,随着本公司产品生产规模的进一步扩大,以及在服装出口中采用进料加工和直接出口方式的比例的加大,国际、国内市场面料、辅料价格的变化将会影响本公司产品的生产成本。

2、对主要客户的依赖:

本公司产品中西装的70%和时装的近100%销往日本市场,尽管本公司提供的产品占日本合作伙伴经销产品的比例逐年增加,目前已达60%左右,双方实际上已形成了相互依赖,共同发展的关系,但是在一定程度上公司外销业务依赖本公司的日本合作伙伴。

3、产品结构单一的风险:

本公司主营业务为服装生产和销售,主营业务收入在公司总收入中占90%以上的比例,产品结构相对集中于服装业,在一定程序上形成产业结构过度集中的风险,一旦主营业务生产和销售受到影响,会对公司总收入产生影响。

4、产品生产技术状况以及品种更新的风险:

本公司目前各类服装的生产技术水平在国内居于领先地位,产品在国内属高档产品,在国外属中档以上的产品,竞争力较强。但是,由于服装的生产技术发展较快,市场对服装的需求也日新月异,因此,本公司如果不能顺应市场的变化,不断更新生产技术,开发新的品种,将会影响到本公司今后的发展。

5、汇率风险:

本公司年外销收入在总销售额中占62%左右的比例,产品主要销往日本,以日元结算。因此,人民币对日元汇率的波动,将可能对本公司的利润带来一定的影响。

6、其他经营风险:

本公司生产经营中的能源消耗以电力为主,湖北省电力供应充足,因而不存在能源供应的风险。本公司产品在价格方面不受国家的限制,出口受到国家政策的鼓励。本次发行成功后本公司的资产负债率很低,因此,融资潜力较大。本公司的生产不受其他自然条件的限制。

(二)行业风险

本公司所处的服装行业,基本上不受国家产业政策的限制,对环境不会带来不利影响,也不会严重依赖其他行业和有限的自然资源。

从国际市场来看,随着发达国家将成衣的生产转移到包括我国在内的劳动力成本较低的发展中国家和地区,我国的服装出口得到了进一步的发展。目前本公司由于技术装备先进、生产能力大、产品质量优异而在我国服装出口加工业务方面居于领先地位,竞争优势十分明显;从国内市场来看,高档服装市场在不断扩大,本公司作为国内服装名牌生产企业,所处的优势地位和面临的机遇都是不言而喻的。但是,由于服装行业具有的投资少、见效快、行业壁垒低的特点,决定了该行业是一个竞争激烈的行业,如果本公司不能采取对策保持并提高目前所处的有利地位,将会影响本公司的发展和经济效益水平。

(三)市场风险

1、受商业周期影响的风险:由于本公司产品属消费品,因而其销售情况受到国内外经济周期的影响,当经济不景气时,产品的销售可能受到一定的影响。

2、市场分割的风险:由于欧美等国家对服装进口采取配额制度,影响了本公司对该市场的开发,对本公司的发展有一定影响。

3、对海外市场依赖的风险:本公司是我国西服和时装出口的最大生产基地,产品的70%以上出口,主要销住日本。因此,本公司存在对海外市场的依赖风险。

(四)政策风险

国家的宏观经济政策,主要包括金融货币政策、税收政策和外贸政策等的变化可能会在不同程度上影响本公司的经营。

和大多数上市公司一样,本公司目前享受实际所得税负为15%的优惠政策,这一优惠政策如果发生变化,将直接影响本公司的税后利润。

我国目前正努力争取加入世界贸易组织,如果成功,将会使国外服装更容易进入我国市场,挤占一定的市场份额。但是,一方面由于本公司产品质量、款式等方面已经达到国际先进水平,因而这一变化不会直接影响本公司在国内市场的份额,另一方面,加入世界贸易组织将使本公司在产品出口市场扩大和原材料进口便利两方面同时收益。因此,本公司相信,我国加入世界贸易组织对本公司将不会产生较大的不利影响。

(五)本次募股资金投向新项目的风险

本次募股资金投入新项目时,由于各种不确定和不可预期因素的影响,可能会延缓项目的建设,从而对本公司的发展产生一定的影响。同时,生产过程、经济条件、投资环境、市场竞争、宏观经济政策的变化,将有可能影响新项目的投资效益。

(六)股市风险

我国的股票市场尚处于一个不断完善和发展的阶段。在此阶段中,股票市场瞬息万变,经济、政治、政策的变化,股市中的投机行为等都会导致股票价格的波动。同时,原材料供应、产品的需求和销售等外部经营环境的剧烈变化也可能对本公司的经营造成不良的影响,而导致股票价格的下跌。因此,对于股票价格的涨落,投资人应有一定的承受能力,投资者在作出投资决策前。应对此有充分的心理准备。

风险对策:

针对上述风险,本公司拟采取或正在采取以下主要对策:

(一)经营风险的对策

1、重要原材料供应及价格风险的对策:

在出口产品的生产中,本公司将注意保持一定的来料加工比例,以降低原材料价格变化对本公司的影响。在继续保持和加强与国内各原材料生产厂商的长期伙伴关系的同时,拟引进国外先进技术和设备,投资建设化纤织染工程项目和高档精毛纺面料项目。以上项目投产后,所生产的面料将能完全满足本公司内销服装的需要,使公司实现织造、染整、成衣加工一条龙的生产格局,有利于保障重要原材料的供应,降低生产成本。

2、对主要客户依赖的风险的对策:

本公司将在进一步加强与日本合作伙伴的良好合作关系的同时,一方面通过在境外设立经销公司的方式,拓展自己的销售网络,积极开展对欧美和亚洲地区的营销,培养和形成新的客户群体;在另 方面,集中精力拓展产品的内销市场,在不减少产品外销的前提下,降低出口产品在总产品中的比重,以降低对主要客户的依赖度。

3、产品结构单一的风险的对策:

为降低产品结构单一的风险,本公司将在立足于主业的同时,通过上游产品的开发和生产,实现化纤、织造、染整、成衣加工一条龙,增加本公司的产业纵深。同时,本公司还将努力向科工贸一体化方向发展,开展资本经营,形成以本公司为核心的集团公司。通过以上努力,本公司就能在不削弱主业的同时,降低主业比重,从而降低产品结构单一的风险。

4、产品生产技术状况以及品种更新的风险的对策:

本公司将继续加大资金投入,不断改进生产技术,保持和提高本公司的领先地位。同时,通过与国外合作伙伴加强技术交流和人员培训,并有针对性地引进专门人才,提高本公司产品的设计开发能力,积极开发新的品种,以适应市场不断变化的需要。

5、汇率风险的对策:

本公司将依靠与银行多年来形成的良好合作关系,积极利用国际金融工具,规避汇率风险。

(二)行业风险的对策

本公司将进一步强化企业的形象策划工程,继续实施名牌战略,通过提高产品档次和科技含量,确保产品质量,树立良好的企业形象,使本公司产品由国内名牌成长为国际名牌,从而提高产品的市场竞争力,扩大本公司在国内外市场的份额,以减轻行业竞争的风险。

(三)市场风险的对策

1、受商业周期影响的风险的对策:

提高公司的自身素质,是抵御经济周期影响的最终保障。本公司将通过不断提高生产效率,降低生产和管理成本,提高经济效益水平和抵御市场波动的能力。

2、市场分割的风险的对策:

本公司在加强对欧美市场调研,做好进入该市场的准备的同时,将加强与国家有关管理部门的联系,争取取得出口配额,以拓宽本公司产品的出口市场。

3、对海外市场依赖的风险的对策:

本公司将努力开拓国内市场,强化销售攻势,扩大产品的内销比重。目前正在进行中的【扩建年产10万套高级西服生产线】项目,就是为了解决本公司内销产品生产能力不足的问题。相信该项目投产后,本公司的经济效益水平将有较大的提高。

(四)政策风险的对策:

本公司将通过加强与政府有关管理部门的联系,以及对国家政策变化的分析和预测,以便公司各项决策能够顺应国家宏观经济政策的变化。

(五)本次募股资金投向新项目的风险的对策:

本公司将加强新项目的工程建设管理,积极争取早日开工,以最好的质量和最快的速度完成新项目的建设。本公司将通过积极引进、消化、吸收国外先进技术,保障新产品开发的顺利完成。本公司还将通过加强新项目的投资预算管理、产品成本控制和产品的销售,以确保新项目的投资效益。

(六)股市风险的对策:

提高本公司的素质是降低股市风险的有效途径。本公司一方面将严格按照《公司法》和国家其他有关法律、法规的要求进行经营和管理,妥善使用募集资金,用良好的业绩给广大股东带来高回报。另一方面本公司将严格按照有关规定及时充分地向广大股东披露关于生产经营等方面的重大信息,使投资者尽可能地了解公司的经营状况,从而降低在股市投资中造成损失的可能性。在此,本公司提醒投资人对股价的波动及其原因应有充分了解,以避免和减少损失。

六、募集资金的运用

本公司发行的社会公众股为5,000万股。若本次发行成功,扣除发行费用,预计实际可募集资金约为39,063.25万元。

本次发行股票募集资金将主要用于以下项目:

(一)收购【年产2,800吨复合超细纺丝】项目

本项目所生产的复合超细纤维是一种新型的、高附加值的高技术化学纤维。这种纤维的开发对提高我国纺织产品的水平,增强我国纺织品在国际上的竞争能力,解决粮棉争地的矛盾,提高纺织企业的经济效益,并使本公司最终形成以名牌服装为龙头的服装—面料—纺织原料三位一体的生产格局,都具有积极意义。本项目拟建设2,800吨长丝/年。

根据湖北省计划委员会鄂计外经字〔96〕第0860号《关于湖北美尔雅纺织服装实业(集团)公司利用日本输银贷款建设年产2,800吨复合细纺丝项目可行性研究报告的批复》,该项目总投资18,213万元,其中:固定资产投资13,893万元,流动资金3,727万元,建设期利息593万元。

根据本公司与美尔雅集团公司签定的"资产收购协议书",该项目建设竣工后,本公司将予以整体收购。在双方根据协议的规定确定收购价格之前,收购价格暂按经审定的总投资额18,213万元计算,本公司向社会公开发行股票成功后,以所募集的资金向美尔雅集团公司支付收购价款,付款进度由双方根据工程进展情况另行协商。

该项目建成后预计年实现销售收入15,149万元,销售利润1,368万元,项目财务内部收益率15.02%,财务净现值2,335.5万元,投资回收期(静态)7.75年,高于同行业标准,具有良好的经济效益和清偿能力。

(二)收购【年产2,100万米化纤织染生产线(印染部分)技术改造】项目

该项目是高技术、高附加值的织造染整工程,项目建成后能解决本公司对面料的需求,并可以替代我国目前进口的部分面料,提高企业经济效益和社会效益。本改造完成后,将形成年印染化纤面料2,100万米的生产能力。

根据国家经济贸易委员会国经贸改〔1997〕511号《关于湖北美尔雅(集团)公司年产2,100万米化纤织染生产线(印染部分)技术改造项目可行性研究报告的批复》,该项目总投资15,213万元,其中:固定资产投资13,164万元,铺底流动资金2,049万元。

根据本公司与美尔雅集团公司所签定的"资产收购协议书",该项目建设竣工后,本公司将予以整体收购。在双方根据协议的规定确定收购价格之前,收购价格暂按经审定的15,213万元总投资额计算。本公司向社会公开发行股票成功后,以所募集的资金向美尔雅集团公司支付收购价款,付款进度由双方根据工程进展情况另行协商。

从经济角度来看,项目总投资为15,213万元,预计完成后可年实现销售收入40,337万元,销售利润5,293万元,项目全部投资内部收益率22.7%,投资回收期(静态)5.6年,高于同行业标准,具有良好的经济效益和清偿能力。

(三)收购年产【120万米高档精毛纺面料】项目

通过引进国内外技术先进、性能优良的设备、利用公司的现有厂房和公用设施,改建成为年产120万米精毛纺面料纺织染整工程。由此不仅可以满足公司生产高档西服的需要,而且可以为公司节约大量进口面料的外汇,进一步优化公司的产品结构,提高公司产品的综合配套能力。

根据湖北省计划委员会鄂计字〔1996〕第0946号文件《关于黄石美尔雅集团美仓毛纺织有限公司扩建年产120万米高档精毛纺面料可行性研究报告的批复》,本项目总投资1,751万美元(折合人民币14,620万元)。其中:固定资产投资1,341万美元,建设期利息47万美元,流动资金363万美元。

根据本公司与美仓毛纺织有限公司所签定的"资产收购协议书",该项目建设竣工后,本公司将予以整体收购。在双方根据协议的规定确定收购价格之前,收购价格暂按经审定的14,620万元总投资额计算。本公司向社会公开发行股票成功后,以所募集的资金向美尔雅集团公司支付收购价款,付款进度由双方根据工程进展情况另行协商。

项目总投资14,620万元,预计年实现销售收入13,096.8万元,实现利润4,314.15万元,项目全部投资内部收益率22.10%,财务净现值5,044.84万元,投资回收期(静态)5.34年,高于同行业标准,具有良好的经济效益和清偿能力。

(四)【扩建年产10万套高级西服生产线】项目

该项目是建设目前国内最先进的吊挂西服生产线,并为公司提供自动化的、大容量的立体仓库和高起点功能齐全的现代化服装实验基地。项目建成达产后,每年可为日方来料加工西服7万套,生产内销高级西服3万套,为实现本公司变国内名牌为世界名牌的整体战略打下坚实的基础。

本项目投资方案已列入国家"双加"项目计划,并由国家经贸委以国经贸改〔1995〕129号文确认列入九五专项计划。该项目总投资为6,748万元,其中固定资产投资5,448万元,流动资金1,300万元。所需资金中1,448万元由本公司自筹解决,其余资金由银行贷款解决。所需外汇由公司向有关方面申办或自行解决。项目建成后预计年实现销售和加工收入7,190万元,实现利润2,516.82万元。项目全部投资内部收益率47.01%,投资回收期(静态)3.26年,高于同行业标准,具有良好的经济效益和清偿能力。

上述项目总投资为49,494万元,如本公司本次股票发行成功,可向上述项目投入资金,具体安排如下(单位:万元):

项目名称	第一年投入量	第二年投入量	投资总额	预计竣工时间
收购【年产2800吨复合超细纺丝】项目	11,912	6,301	18,213	98.10
收购【年产2,100万米化纤织染生产线(印染部分)技术改造】项目	10,279	4,934	15,213	98.11
收购【年产120万米高档精毛纺面料】项目	8,383	6,237	14,620	99.5
扩建年产10万套高级西服生产线项目	827	621	1,448	98.10
合 计	31,401	18,093	49,494	—

本次发行筹资不足的部分由银行贷款解决,由于以上项目投资在实际工作中是分批投入的,故会有一定量资金备用,将用于补充流动资金,具体视情况而定。

七、股利分配政策

1、本公司股利分配的一般政策

本公司上交所得税后的净利润在弥补以前年度亏损后,按下列顺序及比例分配:

(1)提取法定公积金(提取比例为10%)；
(2)提取法定公益金(提取比例为5%—10%)；
(3)提取任意公积金；
(4)分配普通股股利。

公司的法定公积金累计达到或超过公司注册资本的50%以上的,可不再提取。除法定公积金和法定公益金每项不超过10%外,每一年度的任意公积金和普通股股利的具体分配比例,由董事会视公司经营状况和发展需要提出分配方案,并报股东大会审定。

公司遵循股权平等、同股同利、利益同享、风险共担的原则。

2、本公司将于本次股票发行后第一个盈利年度派发一次股利,时间为不迟于当年的6月30日,持有本公司本次发行股票的股东,与原股东一并享受本公司本次股票发行前的滚存利润。

3、其他应说明的股利分配政策

公司股利每年支付一次,支付时间由股东大会决定。

公司股利分配形式

(一)派出现金

(二)派送红股

公司按照法律、行政法规,代扣代缴个人股东股利收入的应纳个人所得税。

4、本公司历年分红派息情况:

(1)1995年,使用1994年未分配利润,向全体股东每10股送2股红股,余额结转下年;

(2)1996年,使用1995年未分配利润,向全体股东每10股送2.5股红股,余额结转下年;

(3)根据1997年4月28日股东大会决议,本公司1996年利润暂不分配,本次新股发行后,持有本公司本次发行股票的股东,与原股东一并享受本公司本次股票发行前的滚存利润。

八、发行人情况

1、发行人名称

中文名称:湖北美尔雅(集团)股份有限公司

英文名称:HUBEI MAILYARD CO.,LTD.

2、发行人的成立日期:1993年12月31日

3、发行人住所:湖北省黄石市消防路25号

4、发行人的历史情况简介:

湖北美尔雅(集团)股份有限公司是于1993年3月20日经湖北省体改委鄂改〔1993〕122号文批准,以黄石市美尔雅服装总厂为主要发起人,联合黄石市郊区农村信用合作联社、建行湖北省信托投资公司、中行湖北信托投资公司和黄石电力实业总公司,采用定向募集方式设立的股份有限公司。其中,湖北美尔雅服装总厂以其主体经营性净资产2,859.31万元,折为2,599.37万股,蒲纺总厂以其部分经营性净资产1,760万元出资,认购法人股1,600万股,其他发起人、湖北蒲圻纺织总厂和内部职工按1.1:1的比例以现金4,180.69万元认购3,800,63万元,公司总股本为8,000万股。

1996年12月,根据国家关于规范商业银行对外投资的有关规定,原发起人中中行信托投资公司、黄石市郊区农村信用合作联社、建行湖北省信托投资公司分别将其股权转让给武汉中银物业有限公司、黄石市南天经贸有限公司和湖北同兴置地发展有限公司。湖北省体改委以鄂改〔1996〕487号文对本公司根据国务院〔1995〕17号文件精神依《公司法》进行规范的工作进行了确认。

本公司现拥有三家子公司,其中,美尔雅服饰有限公司和湖北美岛服装有限公司为中外合资企业。

本公司的主要发起人黄石市美尔雅服装总厂成立于1991年,前身为黄石市第一床单厂,为全民所有制企业。1993年,经批准,黄石市美尔雅服装总厂更名为湖北美尔雅纺织服装实业(集团)公司,发展成为主要经营高档精毛纺织制品、服装、化工、医药、高科技开发等业务的大型企业集团。美尔雅集团公司除根据《公司法》派出董事参与本公司的经营管理外,未干涉本公司的经营活动和日常财务,本公司的产、供、销等生产经营均由本公司自主决策。本公司与美尔雅集团公司之间资产关系明确,人员和管理各自独立。

5、发行人的组织结构和内部管理结构

本公司按照《公司法》的规定,设立股东大会、董事会、监事会和灵活高效的生产经营管理机构,其组织结构如附图一所示。

6、主要股东及关联企业

本公司的主要股东有:

(1)湖北美尔雅纺织服装实业(集团)公司

美尔雅集团公司,系国家重点支持的1,000家企业,本公司的主要发起人和最大股东。本次发行前该公司持有本公司32.49%的股份。

(2)黄石电力实业有限公司

黄石电力实业有限公司的前身是黄石电力实业总公司,成立于1994年4月,注册资本为746万元人民币。该公司作为本公司的发起人,在本次发行前持有本公司2.5%的股份。

(3)湖北蒲圻纺织总厂

湖北蒲圻纺织总厂,是湖北省最大的纺织品联合企业,国家重点支持的1,000家企业,本公司主要股东之一。1993年湖北蒲圻纺织总厂以其部分经营性净资产1,760万元出资,认购本公司法人股1,600万股。本次发行前,湖北蒲圻纺织总厂持有本公司20%的股权。

本公司对外投资的主要企业有:

(1)美尔雅服饰有限公司

美尔雅服饰有限公司原由黄石市第一床单厂、湖北省国际信托投资公司和香港中协共同投资合资经营,合营投资总额为100万美元。其中,黄石市第一床单厂持有65%的股权。1988年3月,香港中协转让其股权给日本岐阜县关市三泰衣料株式会社。1993年,黄石市美尔雅服装总厂将其在该公司的权益投入本公司。该公司的经营范围是:生产中、高档西服、女装及其他服饰品。

(2)湖北美岛服装有限公司

湖北美岛服装有限公司是1991年由黄石市第一床单厂和日本小岛衣料株式会社合资成立,双方股本各占50%,现注册资本为386.78万美元。1993年,黄石市美尔雅服装总厂将其在该公司的权益投入本公司。该公司经营范围为:生产、销售夹克衫、各式男、女时装。

(3)湖北蒲圻美宁针纺公司

湖北蒲圻美宁针纺公司是本公司于1993年12月31日将湖北蒲圻纺织总厂投入本公司的经营性资产投入该公司成立的。该公司主要经营针织品及织绸品的生产和销售。

图一:湖北美尔雅(集团)股份有限公司组织结构图

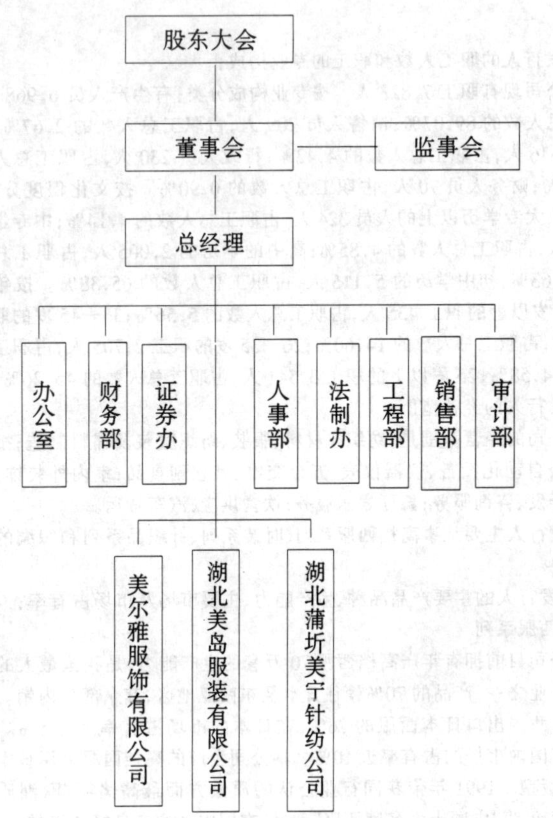

湖北美尔雅(集团)股份有限公司
主要股东及关联企业示意图

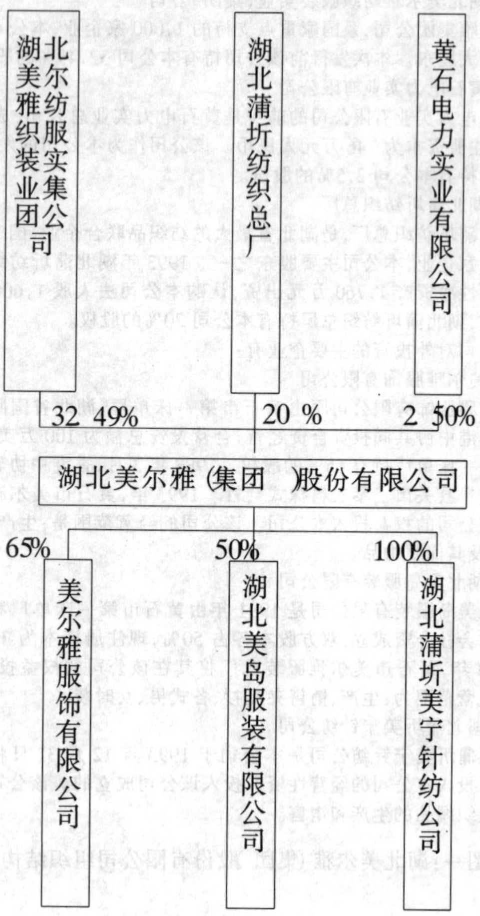

7、发行人的职工人数和职工的专业构成:

本公司现有职工7,823人。按专业构成分类:有生产人员6,968人,占职工总人数的89.07%;销售人员209人,占职工总人数的2.67%;技术人员346人,占职工总人数的4.42%;行政人员230人,占职工总人数的2.94%;财务人员70人,占职工总人数的0.90%。按文化程度分类:有大专及大专学历以上的人员324人,占职工总人数的4.14%;中专学历的379人,占职工总人数的4.85%;高中的学历的2,005人,占职工总人数的25.63%;初中学历的5,115人,占职工总人数的65.38%。按年龄分类:46岁以上的职工435人,占职工总人数的5.56%;36—45岁的职工1,142人,占职工总人数的14.60%;26—35岁的职工2,705人,占职工总人数的34.58%;25岁以下的职工3,541人,占职工总人数的45.26%。

8、发行人的经营范围:

本公司的经营范围是:纺织原材料、服装、纺织服装及辅料制造;批发零售办公自动化设备、仪器仪表、五金交电、其它副食品;室内外装饰;高新技术开发、咨询服务;舞厅娱乐服务;饮食供应;汽车货运。

9、发行人主要从事高档西服系列、时装系列、针织品系列和织绸的生产和销售。

10、发行人的主要产品品种、生产能力、主要市场及市场占有率:

(1)高档西服系列

本公司目前拥有年产高档西服70万套的生产能力,是我国最大的西服生产企业之一,产品的70%销往日本及东南亚地区,其余部分内销。外销产品占我国出口日本西服的26%,在日本的市场占有率为6.5%。内销产品在国内市场的占有率近10%。本公司生产的高档西服采用日本技术、东方版型。1991年荣获同行业公认的质量方面最高奖项"欧洲质量奖",1994年获"中国十大名牌西服"称号,在国内外均有良好的声誉。

(2)时装系列

本公司目前拥有年产各类女式时装290万套的生产能力,是我国最大的时装出口企业之一,产品近100%出口日本,在日本市场占有率约为5%。本公司被日本皇家女装协会确定为皇家服装定点生产厂家之一,1994年获"中国十大名牌服装"称号,在市场享有良好的声誉。

(3)针织品系列

本公司目前拥有经编布500万米,纬编布1,500吨的生产和印染以及服装60万件的生产能力,其中,纬编布的90%、针织服装的80%销往香港、美国、欧洲等国家和地区,其余产品主要内销。本公司生产的各类针织产品具有良好的质量,在市场具有一定的影响。

(4)织绸产品系列

本公司目前拥有年产1,000万米织绸及染色整理生产能力,包括各种里料、真丝绸、面料、工业用绸和装饰用绸,产品主要销往华中、中原等地区,产品在该部分市场的占有率约为7-8%。

本公司各类产品的销售方式及销售额:服装类产品在国内主要通过本公司和美尔雅集团公司设在遍及全国除西藏、台湾外各地区的300多家销售网点销售,出口则主要通过本公司在日本137家大中型商社中设立的美尔雅服装专柜对外直销,并得到日本30个县、市设立的美尔雅服装促销协会的支持。纺织类产品的外销主要是通过深圳及国内各省市进出口公司转销国外,内销则主要由本公司直接销售给有关企业。

11、主要原材料的供应、自然资源的耗用情况

本公司生产所用的原材料,主要有化学纤维、棉纱、面料(包括棉织类、化纤类、真丝类、毛类),里料及其它辅料(包括扣子、商标牌)等。这些原材料中,用于生产出口产品的原材料主要由日本进口,生产内销产品的则由山东、大连、无锡等地的供应厂商和美尔雅集团公司所属美仓公司长期提供,可保证本公司原料供应。

12、关联交易

根据本公司与美尔雅集团公司签定的《服务合同》,本公司与美尔雅集团公司之间相互提供服务,主要内容有:①本公司向美尔雅集团公司提供生产、办公用水和生产、食堂用汽,收费标准为水电按国家定价、蒸汽按实际成本。②美尔雅集团公司向本公司提供交通运输服务。收费标准为依据市场价格协商决定。③美尔雅集团公司向本公司提供职工宿舍、办公用房和职工食堂服务。收费标准为参照集团公司的职工标准收取管理费。

美尔雅集团公司还就土地租赁、商标使用、资产收购等事项与本公司签订了协议,详细情况见本概要第十五节。

根据股份公司所属的湖北蒲圻美宁针纺公司(以下简称"美宁公司")与蒲纺总厂签定的《服务合同》,蒲纺总厂将向美宁公司提供经营辅助服务和生活福利设施服务,包括但不限于水电汽供应和医疗、教育、保安、伙食等。服务费的标准为国家标准价格或市场价格,或按照实际成本定价。

13、大股东的承诺

作为股份公司的控股股东,美尔雅集团公司已作出以下承诺:不利用第一大股东的地位损害本公司及其他股东的利益;将在一年内停止从事与本公司有竞争的业务,对现有从事与本公司业务有竞争的子公司、参股公司将不再增加投资;今后将不在境内外以任何形式(其中包括独资经营、合资经营和拥有其他公司或企业的股票或权益)从事与本公司经营业务有竞争或可能构成竞争的业务活动;在与本公司发生不可避免的关联交易时,将依据公平交易的原则和市场规则,采取与本公司签订合同的方式进行。

14、董事、监事、高级管理人员简介

罗日炎先生,56岁,大学文化,高级经济师,历任黄石市床单一厂厂长兼党总支书记、美尔雅服饰有限公司董事长、总经理、美尔雅服装总厂厂长兼党委书记、本公司董事长兼总经理,美尔雅集团公司总裁兼党委书记。曾荣获全国优秀企业家、全国"五一"劳动奖章、全国优秀军转干部等称号。罗先生现任本公司董事长,兼职华中理工大学和武汉纺织工学院教授。

胡德渝先生,55岁,大学文化,高级经济师。历任黄石市财办秘书科副科长、中行黄石分行副行长、行长。现任本公司副董事长,中国银行黄

石市分行行长兼党组书记。

李炜杰先生,33岁,大学文化,经济师。历任建行湖北省分行国际业务部副经理、经理。现任本公司副董事长、中国建设银行湖北省分行直属支行副行长兼同兴置地发展有限公司副总经理。

刘莉女士,37岁,大专文化,会计师。历任美尔雅服饰有限公司财务部部长,美尔雅服装总厂总会计师、本公司副总经理兼总会计师,现任本公司总经理。

高斌先生,36岁,大专文化,政工师。历任美尔雅服饰有限公司公关部部长、总经理助理、美尔雅集团公司常务副总经理,现任本公司党委书记。

李俊先生,37岁,大学文化,经济师。历任农行黄石市分行石灰窑支行行长、黄石市分行副行长。现任中国农业银行黄石市分行行长。

李海炳先生,52岁,大学文化,高级工程师。历任黄石供电局用电管理副主任、黄石市三电办公室副主任。现任黄石电力实业有限公司董事长。

雷爱民先生,46岁,大专文化,高级经济师。历任蒲圻纺织总厂纺织厂纪委副书记、副厂长、蒲圻纺织总厂纺织二厂厂长、蒲圻纺织总厂纺织厂厂长。现任湖北蒲圻纺织总厂厂长。

裴文春先生,35岁,大专文化,工程师。历任美尔雅服饰有限公司外贸部长、总经理助理、副总经理、常务副总经理、总经理。现任本公司副总经理。

李萍女士,32岁,大专文化,服装设计师。历任美尔雅服饰有限公司科研所副所长、美岛服装有限公司常务副总经理、总经理。现任本公司副总经理。

辛启鹏先生,50岁,大专文化,经济师。历任武汉印刷厂党委副书记、副厂长。现任武汉长印股份有限公司副总经理兼党委副书记。

(2)监事:

李勤先生,53岁,高中文化,政工师。历任黄石市床单一厂党总支副书记、美尔雅服饰有限公司外贸部长、工会主席、美岛服装有限公司总经理、美尔雅集团公司党委副书记兼工会主席、美尔雅服饰有限公司党委书记。现任本公司监事会主席。

杨闻孙先生,35岁,大专文化。历任海军38504部队分队长、指导员、湖北美尔雅集团公司党办主任兼法制办主任。现任公司党委副书记。

王建华先生,39岁,大学文化,高级经济师。历任建行湖北郧阳地区分行副行长、行长兼党组书记。现任中国建设银行黄石市分行行长兼党组书记。

肖文昌先生,45岁,大学文化,会计师。历任大冶县审计局局长、黄石市财政局农财科科长。现任黄石市国资局局长。

贺卫先生,45岁,中专文化,经济师。历任农行黄石市分行科长、副行长。现任中国农业银行黄石市分行副行长。

(3)其他高级管理人员

宋良刚先生,35岁,大专文化,服装设计师。历任美尔雅服饰有限公司生产部部长、总经理助理、常务副总经理,美尔雅服装总厂副厂长、美日服装有限公司总经理,美尔雅集团公司副总经理。现任本公司副总经理。

王水生先生,53岁,高中文化,政工师。历任天凤精毛纺织有限公司总经理、美仓毛纺织有限公司总经理、美尔雅集团公司工会主席、纪委书记。现任本公司副总经理。

向斯青先生,45岁,大专文化,政工师。历任天凤精毛纺织有限公司党委副书记、工会主席、党委书记、美泰娱乐有限公司总经理、美尔雅服装总厂副厂长、美尔雅集团公司副总经理。现任本公司副总经理。

陈政华先生,29岁,大学文化,经济师。历任美尔雅服装总厂团委书记、美香服装有限公司总经理助理、本公司证券办主任。现任本公司董事会秘书。

九、经营业绩

1、生产经营的一般情况

本公司是拥有各类先进设备6,000余台(套),各类生产流水线76条的综合性纺织、服装生产企业,年产西服70万套、时装290万套、经编布500万米、纬编布1,500吨、织绸1,000万米的大型纺织服装生产企业。

2、每年销售总额和利润总额的情况

根据湖北会计师事务所〔97〕鄂会股审字第361号《审计报告》,本公司近年的经营业绩如下(单位:万元)

项　目	1997年1-6月	1996年	1995年	1994年
主营业务收入	27,482.68	55,642.02	26,213.73	20,338.10
利润总额	5,908.00	11,554.96	9,327.28	6,993.15
净利润	4,617.10	9,067.40	7,236.87	5,540.75

3、完成的重大项目和科研成果

本公司设立后通过多方筹资,完成了多项固定资产投资及改造项目,为本公司的发展打下了良好的基础,主要有:

(1)扩建年产60万套高级西服生产线。该项目总投资11,425.16万元,已于1995年底建成投产。项目建成后,年新增20万套高级西服的生产能力;

(2)扩建年产50万件套高级时装生产线。该项目总投资3,520万元,已于1996年建成投产。项目建成后,年新增50万件套高级时装的生产能力。

4、公司质量管理和产品质量情况

本公司所生产的各类产品,均按本公司产品质量标准生产,该标准系列高于国家标准,本公司建有班组、车间、厂级三级质量保证体系和质量管理制度,从而保证了产品质量的稳定性。本公司生产的西服1991年荣获被同行业公认为质量方面的最高奖项"欧洲质量奖",这是我国服装行业获得的唯一殊荣。由于实行了严格的质量管理,本公司产品历年出口中从未出现因质量问题导致的退货和索赔,在日本市场有良好的声誉。

5、筹资和投资方面的情况

本公司的筹资渠道主要是银行贷款和向社会直接融资。通过多方式筹集资金,本公司正在建设"团城山服装基地",并正在建设或本公司计划投资的多个项目作准备。

6、职工数量与业务水平方面的变化

本公司目前拥有员工7,823人。本公司历来重视员工的培训教育。每年派出100余名员工去日本公司进行为期一年的研修、派出中层干部去日本公司进行市场调研,并对口上岗。截止1996年底,本公司共已派出近1,000名员工出国学习,所有中层干部均经过了岗位培训。通过这些努力,已使本公司员工的生产、管理达到了国外先进水平。

十、股本

1、股本形成过程:

(1)1993年3月,经湖北省体改委鄂改〔1993〕122号文件批准,本公司主要发起人黄石市美尔雅服装总厂以主体经营性净资产出资,认购2,599.37万股;其他发起人黄石市郊区农村信用合作联社、建行湖北省信托投资公司、中行湖北信托投资公司和黄石电力实业总公司,以现金分别认购600万股、600万股、700万股和200万股,蒲纺总厂以其部分经营性资产出资,认购社会法人股1,600万股;其他社会法人以现金认购420.63万股;公司内部职工以现金认购1,280万股。公司总股本8,000万股。

(2)1995年5月,经湖北省体改委鄂改〔1995〕19号文件批准,本公司以1994年末的总股本8,000万股为基数,用1994年未分配利润按10:2的比例向全体股东送红股,同时,以10:3的比例实施配股,配股价为每股2.8元。经过这次增资扩股后,本公司的总股本为12,000万股。

(3)1996年5月,经湖北省体改委鄂改〔1996〕102号文件批准,本公司以1995年末的总股本12,000万股为基数,以1995年的利润按10:2.5的比例向全体股东送红股。经过这次增资扩股后,本公司的总股本为15,000万股。

(4)1996年12月,根据国家的有关规定,本公司部分发起人进行了股权转让,并经湖北省体改委鄂改〔1996〕487号文件批复确认。转让后,本公司的发起人为美尔雅集团公司和黄石电力实业有限公司,它们分别持有4,873.82万股和375万股。

2、发行前后的股权结构:

股权结构	本次发行前	本次发行后

	股本数量	占总股本比例	股本数量	占总股本比例
尚未流通股份:				
国家股	4,873.82	32.49%	4,873.82	24.37%
社会法人持股	7,726.18	51.51%	7,726.18	38.63%
公司内部职工持股	2,400.00	16.00%	2,400.00	12.00%
可流通股份:				
社会公众持股			5,000.00	25.00%
总股本	15,000	100%	20,000	100%

3、内部职工股:

经湖北省体改委批准,本公司设立时向内部职工发行了内部职工股1,280万股,占总股本的16%。经过历年来的送、配股,本次发行前内部职工股2,400万股。本公司内部职工股目前全部在武汉证券登记中心托管,并经湖北省证券委鄂证办函〔1997〕34号文件确认。根据有关规定,本公司内部职工股,从新股发行之日起,期满三年方可上市流通。

十一、财务会计资料

(一)审计报告

Ⅰ、下文摘自湖北会计师事务所以〔97〕鄂会股审字第361号文出具的《审计报告》:我们接受委托,审计了湖北美尔雅(集团)股份有限公司1994年12月31日、1995年12月31日、1996年12月31日、1997年6月30日公司及合并的资产负债表,1994年度、1995年度、1996年度、1997年1-6有份公司及合并的利润及利润分配表和1996年度公司及合并的财务状况变动表。这些会计报表由湖北美尔雅(集团)股份有限公司负责,我们的责任是对这些会计报表发表审核意见。我们的审计是依据中国注册会计师独立审计准则进行的。在审计过程中,我们结合湖北美尔雅(集团)股份有限公司的实际情况,实施了包括抽查会计记录等我们认为必要的审计程序。

我们认为,上述会计报表符合《企业会计准则》和《股份制试点企业会计制度》有关规定,在所有重大方面公允地反映了湖北美尔雅(集团)股份有限公司1994年12月31日、1995年12月31日、1996年12月31日、1997年6月30日的财务状况及1994年度、1995年度、1996年度、1997年1-6月份的经营成果和1996年度资金变动情况,会计处理方法的选用遵循了一贯性原则。

Ⅱ、财务报表:见下表。

Ⅲ、会计报表附注

1、合并会计报表的范围及方法:

公司名称	注册资本(万元)	投资额(万元)	股权比例	业务性质
湖北美尔雅服饰有限公司	USD965	4,518	65%	生产销售西服及服饰产品
湖北美岛服装有限公司	USD386.78	1,320	50%	生产销售夹克衫各式男女时装
湖北蒲圻美宁针纺公司	RMB1600	1,600	100%	生产销售针织、丝织品、各种服装

2、主要会计政策

(1)公司执行的会计制度:公司执行《企业会计准则》和《股份制试点企业会计制度》。湖北美岛服装有限公司、湖北美尔雅服饰有限公司执行《中华人民共和国外商投资企业会计制度》,湖北蒲圻美宁针纺公司执行《工业企业会计制度》。在编制合并报表时,对子公司报表中相关项目按《股份制试点企业会计制度》进行了调整。

(2)会计期间:以公历1月1日至12月31日为一个会计年度。

(3)记帐原则和计价基础:公司采用借贷记帐法,按权责发生制原则进行会计核算,以历史成本为计价基础。

(4)记帐本位币:公司以人民币为记帐本位币。

(5)外币折算:发生涉及外币的经济业务,按业务发生时的市场汇价折合人民币记帐,决算日将货币性项目中外币帐户余额按决算日市场汇价折合为人民币进行调整,由此产生与原帐面余额的差额记入当期财务费用。

(6)存货核算:

①存货是指公司在生产经营过程中为销售或耗用而储存的各种有形资产。包括原材料、辅助材料、产成品、在产品、委托加工材料、低值易耗品等。

②公司存货实行永续盘存制。

③原材料采用计划成本法核算;原材料成本差异,按照上月成本差异率计算本期发出材料应负担的成本差异进行分配。产成品采用实际成本法核算,出库产成品按加权平均法计价;辅助材料、委托加工材料采用实际成本法核算,领用材料按加权平均法计价;在产品采用加权平均法核算,按约当产量法计算其成本;低值易耗品按实际成本计价领用时采用一次摊销法核算。

(7)坏帐准备:公司采用备抵法核算坏帐准备,按公司应收帐款期末余额的5‰计提。

(8)长期投资核算:

①债权投资:按成本法核算,应计利息按权责发生制记入当期损益。

②股权投资和联营投资:持股比例低于20%的按成本法核算;持股比例在20%以上(含20%)的按权益法核算;持股比例在50%以上(含50%)的按权益法核算并且合并会计报表。

(9)固定资产及其折旧:

①固定资产折旧采用直线法,按照固定资产原价估计经济使用年限和残值率,分类确定折旧率。

②各类固定资产折旧率如下:

固定资产类别	经济使用年限	残值率	年折旧率
房屋建筑物	20	10%	4.5%
机器设备	5	10%	18%
运输设备	5	10%	18%
其　他	5	10%	18%

(10)无形资产及其摊销:公司的无形资产按使用年限50年平均摊销。

(11)递延资产及其摊销:公司的递延资产按规定摊销。其中,待转销汇兑损失分五年摊销。

(12)税项:

所得税:外资子公司根据国函〔1993〕119号文的规定,享受12%的优惠税率。母公司和内资子公司按33%交纳所得税。根据湖北省政府鄂政函〔1997〕113号文规定股份公司股票上市后实际执行15%的税率。

(13)收入实现的确认:公司于商品产品已经发出、劳务已经提供,收讫贷款或取得收取货款的证据时,确认收入的实现。1994、1995年公司西服及时装收入核算内容为国内服装来料加工的加工费收入及成品销售收入、对外贸易来料加工费收入。1996年以后,公司改变了西服及时装系列收入核算的内容,将对外来料加工中的材料价值同时进入 成本和收入。

(14)利润分配:

本公司按下列顺序进行利润分配:

A. 弥补以前年度亏损;

B. 按规定比例提取法定公积金;

C. 按规定比例提取法定公益金;

D. 提取任意盈余公积金;

E. 分配普通股股利。

3、会计报表主要项目注释

(1)本年度以来日元汇率出现较大波动,为规避汇兑损失,各子公司均减少售汇量,采取了增加短期贷款和暂缓支付部分日常开支的其它应付款项的方法,增加积存外汇,从而使 货币资金余额比期初增加43,628,012.20元。

(2)长期投资减少10,868,472.69元,系子公司美尔雅服饰公司对上海整烫分厂、美红公司,美尔雅运输部三个单位的投资款。因该投资为与主业无关的项目,故将此投资以有偿、公正的原则转让给美尔雅集团公司。

(3)为弥补积存外汇而导致的流动资金的缺口,公司依靠自身良好的信誉,增加短期货款,致使本期短期借款增加18,591,000.00元。

(4)其它应付款增加8,677,200.16元,主要是由于为积存外汇,而对其它应付款项减少偿付所致。

(5)主营业务收入1996年比1995年增加294,282,910.84元,增幅

112.26%,营业成本1996年比1995年增加261,054,045.16元,增幅184.68%。主要原因是公司改变了收入的核算方法,即将原来来料加工中的材料价值同时进入了销售收入和成本,致使1996年收入与成本同时大幅度增加。

(二)其他有关情况

1、根据资产负债表、利润表及有关明细帐计算出本公司偿债能力、营运能力、盈利能力指标如下:

指标	1997年6月30日	1996年	1995年	1994年
流动比率	2.19	1.94	1.75	1.49
速动比率	1.34	1.18	0.95	0.88
资产负债率	43.02%	41.50%	43.68%	58.24%
净资产收益率	—	24.82%	26.06%	39.34%
每股净利(元)	—	0.6045	0.6031	0.6926
应收帐款周转率(次)	—	4.59	3.43	3.19
存货周转率(次)	—	3.99	2.35	2.27

十二、资产评估的主要情况

根据国家的有关规定,本公司自成立后先后进行了三次资产评估,情况如下:

1、资产评估公司对截止1993年1月31日止湖北美尔雅服装总厂投入本公司的资产进行了评估,以下数据摘自湖北资产评估公司以鄂评字〔1993〕第11号出具的《资产评估报告书》(单位:万元):

项　目	帐面原值	帐面净值	重置全价	评估值	增加额	增值率
一、资产总额	11,565.99	11,020.19	12,495.99	11,950.19	930.00	8.44%
1.流动资产	6,624.49	6,624.49	6,924.49	6,624.49	300.00	4.53%
2.长期投资	74.31	74.31	74.31	74.31	—	—
3.固定资产	4,806.69	4,260.88	5,436.69	4,890.88	630.00	14.79%
二、负债总额	7,446.67	7,446.67	—	7,446.67	—	—
1.流动负债	4,916.67	4,916.67	—	4,916.67	—	—
2.长期负债	2,530.00	2,530.00	—	2,530.00	—	—
三、净资产	3,573.52	3,573.52	—	4,503.52	930.00	—
其中:总厂				2,859.31		
外方				1,644.22		

2、湖北资产评估公司对截止1993年3月31日止湖北薄圻纺织总厂投入本公司的资产进行了评估,以下数据摘自湖北资产评估公司以鄂评字〔1993〕第14号出具的《资产评估报告书》(单位:万元):

项　目	帐面原值	帐面净值	重置全价	评估值	增加额	增值率
一、资产总额	5,442.02	3,752.03	7,549.85	5,210.32	1,458.29	30.99%
1.流动资产	2,894.49	2,894.49	2,894.49	2,894.49	—	—
2.长期投资	—	—	—	—	—	—
3.固定资产	2,547.53	857.54	4,655.36	2,315.83	1,458.29	170.06%
二、负债总额	—	3,450.32	—	3,450.32	—	—
1.流动负债	—	1,879.38	—	1,879.38	—	—
2.长期负债	—	1,570.94	—	1,570.94	—	—
三、净资产	—	301.71	—	1,760.00	1,458.29	—

3、湖北资产评估公司对截至1995年5月15日止湖北蒲圻纺织总厂投入本公司的资产进行了评估。根据湖北资产评估公司以鄂评字〔1996〕第18号出具的《资产评估报告书》,湖北蒲圻纺织总厂本次配股投入湖北美尔雅(集团)股份有限公司的土地面积为178,274.44平方米,总地价为1,344万元。

4、资产评估增值原因

(1)机械设备评估增值原因主要有以下两点:①部分机械设备购置使用时间较早,至评估基准日设备价格上升幅度较大,即设备的成本有较大幅度的上升,同时,鉴于纺织行业机械设备的特点,设备得到较好的维修、保养,能够正常运行。因此,导致了机械设备现值的增加。②由于机械设备中有较大部分属进口设备,外汇汇率的变动导致该部分设备的购置成本有大幅度上升,这也是机械设备评估升值的一个重要原因。

(2)房屋建筑物和在建工程评估升值的主要原因是由于物价上涨的因素,导致建筑用料、工、费价格有大幅度上升,因此,房屋建筑物和在建工程的重置成本也大幅度上升,导致评估升值。

(3)流动资产评估增值的主要原因是由于部分产成品的帐面结存成本与评估基准日的现行市价相差较大,因此在按现行市价标准核实该部分资产在评估基准日的资产价值时出现了增值。

十三、盈利预测

发行人提醒投资者:鉴于盈利预测所依据的种种假设的不确定性,投资者在进行投资判断时不应过于依赖以下预测资料。

1、本公司1997年度盈利预测已经湖北会计师事务所审核。根据湖北会计师事务所〔97〕鄂会股验字第360号文《盈利预测审核报告》所载之预测说明及基准、假设,如无不可预测之情况出现,本公司1997年可实现净利润9,023万元(具体预测表见附表)。

2、本盈利预测主要基于以下的标准:

(1)1997年盈利预测基准:

本公司盈利预测是根据公司1994年至1996年业经审计的经营业绩的发展趋势、各投资项目的可行性分析报告、市场环境分析、公司生产经营能力和潜力等各方面的情况,参照1997年度公司生产经营计划的相关数据,依照《企业会计准则》和《股份制试点企业会计制度》的要求编制的。

(2)进行盈利预测的基本假设:

①本公司所遵循的有关政策、法律、法规和制度无重大变动;

②本公司所在地的社会环境无重大变化;

③本公司生产经营所涉及的国家和地区的经济环境不发生重大变化;

④现行的银行信贷利率、税率、外汇汇率不发生重大变化;

⑤本公司的生产经营不会因生产资料的严重短缺或价格的重大变化而产生重大不利影响;

⑥本公司生产经营所涉及的市场状况及格局不发生重大变化;

⑦无其他人力无法抗拒因素及其他不可预见的重大因素的影响。

3、本盈利预测中未包括尚未投入使用的投资项目的收益。

4、根据湖北省人民政府鄂政函〔1997〕113号文的规定,本次股票发行上市后,本公司的所得税,先按33%的税率征收,然后由黄石市财政返还18%,实际税负为15%,除此外,本盈利预测的各项假设条件与过去几年相比没有重大变化。

5、预测实现后每股净资产为4.230元(按15%所得税税率)。

附表

一九九七年盈利预测表

单位:人民币万元

项　目	1997年1-6月实现数	1997年预测数
一、主营业务收入	27,483	60,400
减:营业成本	20,149	44,600
销售费用	431	1,850
管理费用	642	1,080
财务费用	317	1,800
营业税金及附加	2	40
二、主营业务利润	5,941	11,030
加:其它业务利润	-4	
三、营业利润	5,937	11,030
加:投资收益	5	80
营业外收入	32	280
减:营业外支出	66	250
四、利润总额	5,908	11,140
减:所得税(实际发生数)	1,058	--
所得税按15%计算	886	1,671
所得税按33%计算	1,950	3,676
减:少数股东权益		--
所得税按15%计算	236	446
所得税按33%计算	189	356
五、净利润		
所得税按15%计算	4,786	9,023
所得税按33%计算	3,769	7,108
六、每股净利润		
全面摊薄法		
所得税按15%计算		0.451
所得税按33%计算		0.355
加权平均法(募集资金9月到位)		

所得税按15%计算 0.576

所得税按33%计算 0.454

十四、公司发展规划

1、生产经营发展战略

本公司将以西服生产为龙头,逐步完善纺织服装生产一条龙体系。同时,继续坚持一业为主,多产业齐头并进的经营方针,在提高产品的科技含量上下工夫,上水平,上质量,上规模效益,使公司发展成为一个现代化的大型纺织服装跨国集团。本公司的生产经营发展战略主要包括以下几个方面:

(1)技术发展战略

本公司在今后的发展中,将通过有针对性地引进国外先进技术和设备,开发高科技的纺织和服装产品,使本公司技术能够保持现有的领先水平。

(2)产品创新战略

"九五"期间本公司计划并正在开发多个品种的新产品,其主要目标是通过高档纺织原料和面、里料的开发,使公司形成纺织原料——加工——织造—染整印花——服装生产一条龙的产品系列,实现产品的系列化和规模效益。

(3)名牌发展战略

本公司将通过保持各类产品技术在国内的领先地位,以及有效的质量管理和售后服务,强化宣传和促销攻势,不断提高"美尔雅"商标在国内外的知名度,扩大市场占有率和销售利润,为公司的进一步发展创造条件。

2、公司发展目标与规模

本公司将通过"九五"技改,进一步提高本公司各类产品的生产能力,形成年产西服100万套、时装300万件、高档精毛面料240万米、高档化纤织物2,100万米的生产规模。"九五"期间技术改造完成后,本公司的纺织服装加工技术水平将达到世界先进水平。

3、市场发展和销售计划

目前,本公司正在通过加大内销产品的生产,积极开发新产品,增强销售网络和销售能力,扩大产品的市场占有率。具体销售计划是:1997年,实现销售收入60,400万元;1998年,实现销售收入90,000万元;1999年,实现销售收入125,000万元;2000年,实现销售收入158,000万元。

4、固定资产投资计划

如果本次股票发行成功,本公司将实施"九五"技改计划的第一期工程,分别投资建设四个固定资产投资项目,具体情况见本概要的第六节。

5、生产经营计划

本公司1997年计划实现销售收入60,400万元,实现利润总额11,140万元,净利润9,023万元(按15%所得税率计算)。

6、人员扩充计划

本公司将根据生产经营发展规划,继续通过大规模的经营管理人员和员工培训,提高整个员工队伍的素质。同时,有针对性地引进一些专门人才,调整人员专业结构,为公司的技术发展打下基础。

7、资金筹措和运用计划

本公司除本次发行股票募集资金外,还将继续保持与银行的良好关系,通过申请短期贷款、技改专项贷款和企业自筹等手段筹措资金,为企业的进一步发展作好资金准备。

十五、重要合同及重大诉讼事项

(一)重要合同情况:

1、资产收购协议书

该协议由本公司与美尔雅集团公司签订,协议规定:本公司整体收购美尔雅集团年产2800吨复合超细纺丝项目,收购价格暂定18,213万元,最后的收购价格待项目建成验收后,由协议双方共同聘请评估机构对项目进行评估,并由国有资产管理局对评估值予以确认后,协议双方以评估值为基础,协商确定收购的价格。

2、资产收购协议书

该协议由本公司与美尔雅集团公司签订,协议规定:本公司整体收购美尔雅集团公司年产2,100万米化纤织染生产线(印染部分)技术改造项目,收购价格暂定15,213万元,最后的收购价格待项目建成验收后,由协议双方共同聘请评估机构对项目进行评估,并由国有资产管理局对评估值予以确认后协议双方以评估值为基础,协商确定收购的价格。

3、资产收购协议书

该协议由本公司与美仓毛纺织有限公司签订,协议规定:本公司整体收购美仓毛纺织公司扩建年产120万米高档精毛纺面料项目,收购价格暂定14,620万元,最后的收购价格待项目建成验收后,由协议双方共同聘请评估机构对项目进行评估,并由国有资产管理局对评估值予以确认后,协议双方以评估值为基础,协商确定收购的价格。

4、服务合同

(1)本公司与美尔雅集团签订有《服务合同》。该合同就美尔雅集团与本公司相互提供各类服务、服务的项目、收费标准等内容作了详细规定。

(2)湖北蒲圻美宁针纺公司与湖北蒲圻纺织总厂签订有《服务合同》,该合同就湖北蒲圻纺织总厂向湖北蒲圻美宁针纺公司提供各类服务、服务的项目、收费标准等内容作了详细规定。

5、土地使用权租赁合同

1996年10月3日,湖北美尔雅服饰有限公司与美尔雅集团公司签订《土地使用权租赁合同》,美尔雅服饰有限公司向美尔雅集团公司租用其6,275.05平方米土地的土地使用权,租期为10年,年租金为123,501元人民币。

6、土地使用权租赁合同

1996年10月3日,湖北美岛服装有限公司与美尔雅集团公司签订《土地使用权租赁合同》,湖北美岛服装有限公司向美尔雅集团公司租用其11,250.5平方米土地的土地使用权,租期为10年,年租金为225,010元人民币。

根据北京市星河律师事务所《北京市星河律师事务所关于湖北美尔雅(集团)股份有限公司一九九七年度股票发行与上市的法律意见书》:"本律师审阅了发行人向本所提供的发行人正在履行的生产经营性、非生产经营性的重大合同,未发现有关合同的履行存在法律障碍,其形式和内容未违反我国现行法律、法规的限制性规定。"

(二)重大诉讼事项:

根据北京市星河律师事务所《北京市星河律师事务所关于湖北美尔雅(集团)股份有限公司一九九七年度股票发行与上市的法律意见书》,本公司目前不存在任何尚未了结之诉讼、仲裁或行政处罚,亦不存在可能针对本公司的诉讼、仲裁或行政处罚的威胁。

十六、其他重要事项

本公司董事会及董事会成员认为,除以上披露的事项外,没有其他对投资者作出投资判断有重大影响的其他事项。

文件查阅地点:

(1)湖北美尔雅(集团)股份有限公司证券部

中国湖北省黄石市消防路23号

联系人:陈政华

联系电话:(0714)6226538

(2)中国东方信托投资公司上海证券部

中国上海市新昌路518号

联系人:徐晨、蒋爱军

联系电话:(021)63723630

(3)中国东方信托投资公司武汉证券交易营业部

中国湖北省武汉市汉口四唯路39号

联系人:文创

联系电话:(027)2726674

湖北美尔雅(集团)股份有限公司

一九九七年十月十四日

资　产　负　债　表

会股 01 表

编制单位:湖北美尔雅(集团)股份有限公司(母公司)　　　　货币单位:人民币元

资　　产	附注	1997.06.30	1996.12.31	1995.12.31	1994.12.31
流动资产:					
货币资金	1	8,864,198.31	5,767,217.15	2,566,233.81	7,703,750.40
短期投资		——	100,000.00	100,000.00	
应收票据					
应收帐款	2				——
减:坏帐准备	3				——
应收帐款净额		——	——	——	——
预付货款	4				
其它应收款	5	197,457,907.77	172,698,844.03	127,953,175.73	84,823,729.67
待摊费用	6				
存货	7				
待处理流动资产净损失					
一年内到期的长期债券投资					
其它流动资产					
流动资产合计		206,322,106.08	178,566,061.18	130,619,409.54	92,527,480.07
长期投资:					
长期投资	8	204,135,397.58	168,818,210.47	130,570,684.07	67,113,366.72
固定资产:					
固定资产原值	9	17,468,597.38	16,202,449.38	16,052,233.86	15,536,900.48
减:累计折旧		5,223,046.24	3,223,046.24	2,598,148.84	1,958,420.04
固定资产净值		12,245,551.14	12,979,403.14	13,454,085.02	13,578,480.44
在建工程	10	83,585,748.73	72,001,301.39	68,982,416.63	39,749,049.45
固定资产清理	11				
待处理固定资产净损失					
固定资产合计		95,831,299.87	84,980,704.53	82,436,501.65	53,327,529.89
无形资产及递延资产:					
无形资产	12	——	——	——	——
递延资产	13				——
递延资产及无形资产合计		——	——	——	——
其他长期资产:					
其他长期资产					
递延税项:					
递延税款借项					
资产总计		506,288,803.53	432,364,976.18	343,626,595.26	212,968,376.68

资　产　负　债　表

编制单位:湖北美尔雅(集团)股份有限公司(母公司)　　　　货币单位:人民币元

负债及股东权益	附注	1997.06.30	1996.12.31	1995.12.31	1994.12.31
流动负债:	27				
短期借款	28				
应付票据					
应付帐款					
预收货款	29				
应付福利费		133,529.37	156,000.00	139,000.00	
未付股利					
未交税金		1,001,727.56		-95,640.49	
其他未交款	30				
其他应付款		65,338.27	23,083,611.51	5,763,565.08	2,887,130.91
预提费用	31	7,985,942.14	7,546,016.14	6,687,705.73	3,691,577.00
一年内到期的长期负债	32				
其他流动负债	33				
流动负债合计		9,186,537.34	30,785,627.65	12,514,630.32	6,578,707.91
长期负债	34				
长期借款		86,311,920.00	36,360,000.00	53,510,000.00	65,550,000.00
应付债券					
其他长期负债					
长期负债合计		86,311,920.00	36,360,000.00	53,510,000.00	65,550,000.00
递延税项:					——
递延税款贷项					——
负债合计		95,498,457.34	67,145,627.65	66,024,630.32	72,128,707.91
少数股东权益		——	——	——	——
股东权益:					
股本		150,000,000.00	150,000,000.00	120,000,000.00	80,000,000.00
资本公积		51,200,000.00	51,200,000.00	51,200,000.00	8,000,000.00
盈余公积	27	71,565,296.95	58,805,417.60	34,272,550.19	14,795,107.26
其中:公益金		20,447,227.69	16,801,547.88	9,792,157.19	4,227,173.50
未分配利润	28	138,025,049.24	105,213,930.93	72,129,414.75	38,044,561.51
股东权益合计		410,790,346.19	365,219,348.53	277,601,964.94	140,839,668.77
负债及股东权益合计		506,288,803.53	432,364,976.18	343,626,595.26	212,968,376.68

财务状况变动表

1996 年度

会股 03 表

编制单位:湖北美尔雅(集团)股份有限公司(母公司)　　货币单位:人民币元

流动资金来源和运用	金 额		流动资金各项目的变动	行次	金 额
一、流动资金来源:			一、流动资产本年增加数:		
1、本年净利润	1	87,617,383.59	1、货币资金	31	3,200,983.34
加:不减少流动资金的费用和损失:	2	——	2、短期投资	32	
(1)固定资产折旧	3	624,897.40	3、应收票据	33	
(2)无形资产、递延资产及其他资产	4	——	4、应收帐款净额	34	
摊销(减其他负债转销)	5	——	5、预付帐款	35	
(3)固定资产盘亏(减盘盈)	6	——	6、其他应收款	36	44,745,668.30
(4)清理固定资产损失(减收益)	7	——	7、待摊费用	37	
(5)递延税款	8	——	8、存货	38	
(6)其他不减少流动资金的费用和损失	9		9、待处理流动资产净损失	39	
			10、一年内到期的长期债券投资	40	
小　计	10	88,242,280.99	11、其他流动资产	41	
2、其他来源:			流动资产增加净额	45	47,946,651.64
(1)固定资产清理收入(减清理费用)	11	——			
(2)增加长期负债	12				
(3)收回长期投资	13				
(4)对外投资转出固定资产	14				
(5)对外投资转出无形资产	15				
(6)资本净增加额	16	54,532,867.41			
小　计	17	54,532,867.41			
流动资金来源合计	18	142,775,148.40			
二、流动资金运用:			二、流动负债本年增加数:		
1、利润资金运用:	——		1、短期借款	46	
(1)提取法定公积金	19	8,761,738.36	2、应付票据	47	
(2)提取法定公益金	20	7,009,390.69	3、应付帐款	48	
(3)提取任意公积金	21	8,761,738.36	4、预收帐款	49	
(4)已分配股利	22	30,000,000.00	5、应付福利费	50	-3,000.00
小　计	23	54,532,867.41	6、未付股利	51	
2、其他运用:			7、未交税金	52	——
(1)固定资产和在建工程净增加额	24	3,169,100.28	8、其他未交款	53	95,640.49
(2)增加无形资产、递延资产及其他资产	25	——	9、其他应付款	54	17,320,046.43
(3)偿还长期负债	26	17,150,000.00	10、预提费用	55	858,310.41
(4)增加长期投资	27	38,247,526.40	11、一年内到期的长期负债	56	
小　计	28	58,566,626.68	12、其他流动负债	57	
流动资金运用合计	29	113,099,494.09	流动负债增加净额	58	18,270,997.33
流动资金增加净额	30	29,675,654.31	流动资金增加净额	59	29,675,654.31

合并利润及利润分配表

会股 02 表

编制单位:湖北美尔雅(集团)股份有限公司(母公司)　　货币单位:人民币元

项　目	附注	1997 年 6 月	1996 年度	1995 年度	1994 年度
一、主营业务收入	27	274,826,814.59	556,420,207.01	262,137,296.17	203,381,027.43
减:营业成本	28	201,489,498.27	402,406,543.24	141,352,498.08	115,303,627.15
销售费用		4,314,390.27	13,247,179.23	8,404,646.42	8,822,601.61
管理费用		6,424,467.27	8,014,401.33	7,349,045.88	9,775,081.04
财务费用	29	3,169,557.16	15,247,848.53	11,096,574.99	9,278,759.85
进货费用			——	——	
营业税金及附加		32,897.23	330,275.51	387,205.95	379,051.24
二、主营业务利润		59,396,004.39	117,173,959.17	93,547,324.85	59,841,906.54
加:其他业务利润	30	-26,335.90	196,865.62	647,782.76	-333,688.45
三、营业利润		59,369,668.49	117,370,824.79	94,195,107.61	59,508,218.09
加:投资收益	31	100,000.00	221,998.80	289,150.00	50,233.60
营业外收入	32	320,434.30	55,210.10	151,952.76	11,836,560.94
减:营业外支出	33	710,141.96	2,098,428.30	1,363,459.77	1,463,517.29
加:以前年度损益调整		——			
四、利润总额		59,079,960.83	115,549,605.39	93,272,750.60	69,931,495.34
减:所得税	34	10,575,312.99	19,654,696.87	15,970,114.11	10,771,573.20
少数股东损益		2,333,658.45	5,220,950.31	4,933,930.67	3,752,409.44
五、净利润		46,170,989.39	90,673,958.21	72,368,705.82	55,407,512.70
加:年初未分配利润		105,213,930.93	72,129,414.75	38,044,561.51	-285,083.09
盈余公积转入数					
职工奖金福利(子公司为外商投资企业项目)		599,991.73	3,056,574.62	2,806,409.65	2,302,760.84
六、可分配利润		150,784,928.59	159,746,798.34	107,606,857.68	52,839,668.77
减:提取法定公积金		4,557,099.77	8,761,738.36	6,956,229.62	5,283,966.88
提取公益金		3,645,679.81	7,009,390.69	5,564,983.69	4,227,173.50
七、可供股东分配利润		142,582,149.01	143,975,669.29	95,085,644.37	43,328,528.39
减:已分配优先股股利					
提取任意公积金		4,557,099.77	8,761,738.36	6,956,229.62	5,283,966.88
已分配普通股股利		——	30,000,000.00	16,000,000.00	
利润转投资				——	——
八、未分配利润		138,025,049.24	105,213,930.93	72,129,414.75	38,044,561.51

利润及利润分配表

会股01表

编制单位:湖北美尔雅(集团)股份有限公司(母公司)　　货币单位:人民币元

项　　目	附注	1997年1-6月	1996年度	1995年度	1994年度
一、主营业务收入	27				
减:营业成本	28				
销售费用					
管理费用		1,932,975.14	138,004.37	956,944.34	1,680,622.74
财务费用	29	-4,968,513.20	1,085,863.28	585,845.16	338,481.03
进货费用					
营业税金及附加					
二、主营业务利润		3,035,538.06	-1,223,867.65	-1,542,789.50	-2,019,103.77
加:其他业务利润	30				
三、营业利润		3,035,538.06	-1,223,867.65	-1,542,789.50	-2,019,103.77
加:投资收益	31	43,537,187.16	88,935,303.22	71,351,821.28	55,462,685.23
营业外收入	32		392,894.10		25,868.00
减:营业外支出	33		486,946.08	246,735.61	364,697.60
加:以前年度损益调整					
四、利润总额		46,572,725.22	87,617,383.59	69,562,296.17	53,104,751.86
减:所得税	34	1,001,727.56			
少数股东损益					
五、净利润		45,570,997.66	87,617,383.59	69,562,296.17	53,104,751.86
加:年初未分配利润		105,213,930.93	72,129,414.75	38,044,561.51	-265,083.09
盈余公积转入数					
减:职工奖金福利(子公司为外商投资企业项目)					
六、可分配利润		150,784,928.59	159,746,798.34	107,606,857.68	52,839,668.77
减:提取法定公积金		4,577,099.77	8,761,738.36	6,956,229.62	5,283,966.88
提取公益金		3,645,679.81	7,009,390.69	5,564,983.69	4,227,173.50
七、可供股东分配利润		142,562,149.01	143,975,669.29	95,085,644.37	43,328,528.39
减:已分配优先股股利					
提取任意公积金		4,577,099.77	8,761,738.36	6,956,229.62	5,283,966.88
已分配普通股股利			30,000,000.00	16,000,000.00	
利润转投资					
八、未分配利润		137,985,049.24	105,213,930.93	72,129,414.75	38,044,561.51

合并资产负债表

会股01表

编制单位:湖北美尔雅(集团)股份有限公司(母公司)　　货币单位:人民币元

资　　产	附注	1997.06.30	1996.12.31	1995.12.31	1994.12.31
流动资产:					
货币资金	1	75,249,805.24	31,621,793.04	33,949,021.35	26,585,038.52
短期投资			100,000.00	240,000.00	14,000.00
应收票据					
应收帐款	2	149,879,914.46	154,143,031.83	88,142,443.78	63,838,315.70
减:坏帐准备	3	749,399.57	770,653.16	440,712.21	319,093.87
应收帐款净额		149,130,514.89	153,372,378.67	87,701,731.57	63,519,221.83
预付货款	4	12,039,245.36	93,430.90	1,232,628.85	903,117.85
其他应收款	5	46,405,372.27	35,177,693.26	26,589,082.18	29,661,285.83
待摊费用	6	6,027,754.29	5,753,247.71	7,016,458.70	9,168,118.51
存货	7	183,109,165.24	146,948,985.15	132,250,605.46	89,614,154.31
待处理流动资产净损失					
一年内到期的长期债券投资					
其他流动资产					
流动资产合计		471,961,857.29	373,067,528.73	288,979,528.11	219,590,936.85
长期投资:					
长期投资	8	837,767.00	11,706,239.69	18,536,957.31	13,767,687.81
固定资产:					
固定资产原值	9	278,592,753.30	270,788,123.21	195,542,999.11	156,022,309.59
减:累计折旧		75,375,387.05	65,504,280.95	51,772,687.19	40,599,214.47
固定资产净值		203,217,366.25	205,283,842.26	143,770,311.92	115,423,095.42
在建工程	10	91,162,067.00	74,182,547.01	77,245,393.23	42,061,889.47
固定资产清理	11	——	347,407.73		
待处理固定资产净损失					
固定资产合计		294,379,433.25	279,813,797.00	221,015,705.15	157,484,984.89
无形资产及递延资产:					
无形资产	12	12,819,915.19	12,962,888.22	13,248,834.28	——
递延资产	13	636,000.00	1,021,867.20	1,539,929.63	2,417,023.59
递延资产及无形资产合计		13,455,915.19	13,984,755.42	14,788,763.91	2,417,023.59
其他长期资产:					
其他长期资产					
递延税项:					
递延税款借项					
资产总计		780,634,972.73	678,572,320.84	543,320,954.48	393,260,633.14

合 并 资 产 负 债 表

会股 01 表

编制单位:湖北美尔雅(集团)股份有限公司(母公司)　　货币单位:人民币元

负债及股东权益	附注	1997.06.30	1996.12.31	1995.12.31	1994.12.31
流动负债:					
短期借款	14	95,201,180.00	76,610,180.00	58,969,040.00	52,367,500.00
应付票据	15	1,000,000.00	1,000,000.00	1,000,000.00	6,693,515.07
应付帐款	16	59,631,409.52	64,991,553.66	51,794,595.83	34,527,463.95
预收货款					
应付福利费	17	4,237,265.24	6,984,794.55	7,882,716.30	7,530,600.18
未付股利	18	2,179,970.32	2,179,970.32	610,892.00	614,895.19
未交税金	19	17,245,306.17	13,816,805.24	17,510,683.70	7,755,471.61
其他未交款					
其他应付款	20	25,105,723.65	16,428,523.49	19,667,256.32	32,542,553.99
预提费用	21	10,975,284.24	9,422,396.10	7,967,105.42	5,444,620.84
一年内到期的长期负债					
其他流动负债					
流动负债合计		215,576,139.14	191,434,223.36	165,402,289.57	147,476,620.83
长期负债					
长期借款	22	120,274,640.00	90,258,560.00	72,010,000.00	81,550,000.00
应付债券					
其他长期负债					
长期负债合计		120,274,640.00	90,258,560.00	72,010,000.00	81,550,000.00
递延税项:					
递延税款贷项					
负债合计		335,850,779.14	281,692,783.36	237,412,289.57	229,026,620.83
少数股东权益		33,993,847.40	31,660,188.95	28,306,699.97	23,394,343.54
股东权益:					
股本	23	150,000,000.00	150,000,000.00	120,000,000.00	80,000,000.00
资本公积	24	51,200,000.00	51,200,000.00	51,200,000.00	8,000,000.00
盈余公积	25	71,565,296.95	58,805,417.60	34,272,550.19	14,795,107.26
其中:公益金		20,447,227.69	16,801,547.88	9,792,157.19	4,227,173.48
未分配利润	26	138,025,049.24	105,213,930.93	72,129,414.75	38,044,561.51
股东权益合计		410,790,346.19	365,219,348.53	277,601,964.94	140,839,668.77
负债及股东权益合计		780,634,972.73	678,572,320.84	543,320,954.48	393,260,633.14

合 并 财 务 状 况 变 动 表

1996 年度

会股 03 表

编制单位:湖北美尔雅(集团)股份有限公司(母公司)　　货币单位:人民币元

流动资金来源和运用	行次	金　额	流动资金各项目的变动	行次	金　额
一、流动资金来源:			一、流动资产本年增加数:		
1、本年净利润	1	90,673,958.21	1、货币资金	32	-2,327,228.11
加:(1)少数股东本期损益	2	5,220,950.31	2、短期投资	33	-140,000.00
(2)固定资产折旧	3	13,731,593.76	3、应收票据	34	
(3)无形资产、递延资产及其他资产	4	804,008.49	4、应收帐款净额	35	65,670,647.10
摊销(减其他负债转销)	5	——	5、预付帐款	36	-1,139,197.95
(4)固定资产盘亏(减盘盈)	6	237,328.17	6、其他应收款	37	8,588,611.08
(5)清理固定资产损失(减收益)	7	——	7、待摊费用	38	-1,263,210.99
(6)递延税款	8	——	8、存　货	39	14,698,379.69
(7)其他不减少流动资金的费用和损失	9		9、待处理流动资产净损失	40	
小　计	10	110,667,838.94	10、一年内到期的长期债券投资	41	
2、其他来源:			11、其他流动资产	42	
(1)固定资产清理收入(减清理费用)	11		流动资产增加净额	45	84,088,000.62
(2)增加长期负债	12	36,398,560.00			
(3)收回长期投资	13	6,830,717.62			
(4)对外投资转出固定资产	14				
(5)对外投资转出无形资产	15				
(6)资本净增加额	16	54,532,867.41			
小　计	17	97,762,145.03			
流动资金来源合计	18	208,429,983.97			
二、流动资金运用:					
1、利润资金运用:		——	二、流动负债本年增加数		
(1)提取法定公积金	19	8,761,738.36	1、短期借款	46	17,641,140.00
(2)提取法定公益金	20	7,009,390.69	2、应付票据	47	
(3)提取任意公积金	21	8,761,738.36	3、应付帐款	48	13,196,957.83
(4)已分配股利	22	30,000,000.00	4、预收帐款	49	
(5)职工奖金福利	23	3,056,574.62	5、应付福利费	50	-897,921.75
小　计	24	57,589,442.03	6、未付股利	51	1,569,078.32
2、其他运用:			7、未交税金	52	-3,693,878.46
(1)固定资产和在建工程净增加额	25	74,634,475.11	8、其他未交款	53	——
(2)增加无形资产、递延资产及其他资产	26	——	9、其他应付款	54	-3,238,732.83
(3)偿还长期负债	27	18,150,000.00	10、预提费用	55	1,455,290.68
(4)增加长期投资	28	——	11、一年内到期的长期负债	56	——
小　计	29	92,784,475.11	12、其他流动负债	57	
流动资金运用合计	30	150,373,917.14	流动负债增加净额	58	26,031,933.79
流动资金增加净额	31	58,056,066.83	流动资金增加净额	59	58,056,066.83

湖北美尔雅(集团)股份有限公司A股股票上市公告书

一、要览

总股本:20000万股

可流通股本:5000万股

本次上市流通股本:5000万股

股票简称:美尔雅

股票代码:600107

上市地点:上海证券交易所

上市时间:1997年11月6日

登记机构:上海证券中央登记结算公司

上市推荐人:南方证券有限公司

中国东方信托投资公司

二、绪言

本公告书依据《中华人民共和国公司法》、《股票发行与交易管理暂行条例》、《公开发行股票公司信息披露实施细则(试行)》、公开发行股票公司信息披露的内容与格式准则第七号《上市公告书的内容与格式(试行)》和《上海证券交易所交易市场业务规则(试行)》以及国家其它有关证券监管的法律、法规编制。本次股票发行经中国证券监督管理委员会证监发字〔1997〕第474号文、第475号文批准。经上海证券交易所上证上字〔1997〕第092号《上市通知书》审核批准,本公司此次发行的股票将于1997年11月6日(星期四)在上海证券交易所挂牌交易。

湖北美尔雅(集团)股份有限公司(以下简称"本公司")总股本为20000万股,可流通股本为5000万股。本次上市流通股5000万股,均为1997年10月16日发行的人民币普通股。本公司于1997年10月14日分别在《中国证券报》、《上海证券报》上刊登招股说明书概要,距今不足6个月,故与其相重复的内容在此不再重述,敬请投资者查阅本公司的《招股说明书概要》。

本公司董事会成员已批准本上市公告书,确信其中不存在任何重大遗漏,亦不存在任何误导和虚假成分,并原就本公告书及相关资料的真实性、准确性、完整性负个另及连带责任。

三、公司概况

(一)公司主要发起人简介

1、法定名称:湖北美尔雅纺织服装实业(集团)公司

2、法定代表人:罗日炎

3、注册地址:湖北省黄石市

4、注册资金:3774万元

5、经营范围:纺织品、服装及辅料制造加工,自产产品及相关技术的进出口业务

6、成立时间:1991年

7、联系电话:(0714)6360217

(二)公司历史沿革

湖北美尔雅(集团)股份有限公司是于1993年3月20日经湖北省体改委鄂改〔1993〕122号文批准,以黄石市美尔雅服装总厂为主要发起人,联合黄石市郊区农村信用合作联社、建行湖北省信托投资公司、中行湖北信托投资公司和黄石电力实业总公司,采用定向募集方式设立的股份有限公司。其中,黄石市美尔雅服装总厂以其主体经营性净资产2,859.31万元,折为2,599.37万股,湖北蒲圻纺织总厂以其部分经营性净资产1,760万元出资,认购法人股1,600万股,其他发起人、法人和内部职工按1.1:1的比例以现金4,180.69万元认购3,800.63万股,公司总股本为8,000万股。

1995年5月,经湖北省体改委鄂体改〔1995〕19号文件批准,本公司以1994年末的总股本8,000万股为基数,用1993、1994年滚存利润按10:2的比例向全体股东送红股,同时,以10:3的比例实施配股,配股价为每股2.8元。经过这次增资扩股后,本公司的总股本为12,000万股。

1996年5月,经湖北省体改委鄂改体〔1996〕102号文件批准,本公司以1995年末的总股本12,000万股为基数,以1995年的利润按10:2.5的比例向全体股东送红股。经过这次增资扩股后,本公司的总股本为15,000万股。

1996年12月,根据国家的有关规定,原发起人中行湖北信托投资公司、黄石市郊区农村信用合作联社、建行湖北省信托投资公司分别将其股权转让给武汉中银物业有限公司、黄石市南天经贸有限公司和湖北同兴置地发展有限公司。湖北省体改委以鄂改〔1996〕487号文对上述工作进行了确认。转让后,本公司的发起人为美尔雅集团公司和黄石电力实业有限公司,它们分别持有4,873.82万股和375万股。

本次股票发行后,本公司已于1997年10月27日在湖北省工商行政管理局办理股本变更登记,注册资本为20000万元。

四、股票发行及承销

(一)股票公开发行

1、发行数量:社会公众股5000万股

2、内部职工股:本公司原定向募集的2400万股内部职工股,自本次发行之日起满三年后方可上市流通

3、发行价格:8.10元/股

4、募集资金总额:40,5000万元

5、发行方式:上网定价

6、配售比例:0.46034713%

7、有效申购户数:450,118户

8、持1000股以上的户数:48,682户(不含内部职工股户数)

9、发行费用总额:14,354,500元

10、每股发行费用:0.287元

11、发行市盈率:12.80倍

(二)股票承销

本次向社会公开发行5000万股,全部被符合法律、法规规定的投资者所认购。承销团成员未包销余股,无分销比例及数量。

(三)验资报告

湖北美尔雅(集团)股份有限公司全体股东:

我们接受委托,对湖北美尔雅(集团)股份有限公司本次发行人民币普通股(A股)的实收股本的真实性和合法性进行了审验。在审验过程中,我们按照《独立审计实务公告第1号——-验资》的要求,实施了必要的审验程序。湖北美尔雅(集团)股份有限公司的责任是提供真实、合法、完整的验资资料,保护资产的安全、完整,我们的责任是按照《独立审计实务公告第1号——-验资》的要求,出具真实、合法的验资报告。

本次人民币普通股(A股)发行前,湖北美尔雅(集团)股份有限公司的总股本及注册资本为人民币150,000,000元,每股面值1元。其中:国家股48,738,188元,法人股77,261,812元,内部职工股24,000,000元。本次人民币普通股(A股)发行后,根据我们的审验,截至1997年10月24日止,湖北美尔雅(集团)股份有限公司已向社会公开发行人民币普通股5,000万股,扣除已发生的交易手续费和发行费用10,417,500元,净额为394,582,500元,已于1997年10月23日存入湖北美尔雅(集团)股份有限公司044094-05170688163帐户,其中50,000,000元记入"股本"帐户。其余额待发行费用清算完毕后,记入"资本公积"帐户。发行后,湖北美尔雅(集团)股份有限公司总股本为20,000万股,每股面值1元,股本总额为人民币200,000,000元,其中:国家股48,738,188元,社会法人股77,261,812元,内部职工股24,000,000元,社会公众股50,000,000元。

附件一:《投人股本明细表》

附件二:《验资事项说明》

湖北会计师事务所　　中国注册会计师:李贵斌

湖北·武昌水果湖　　中国注册会计师:李连灯

电话(027)7840961　　报告日期:1997年10月24日

附注:附件一、附件二可参见本公司备查文件。

1.集资金的入帐时间:1997年10月23日

2.入帐金额:394,582,500元

3.入帐帐号:044094-05170688163

4.开户银行:中国银行上海市黄浦支行

五、董事、监事及高级管理人员持股情况

姓名	职务	持股数量(股)	占总股本比例

罗日炎	董事长	9,375	0.046875‰
胡德渝	副董事长	0	–
李炜杰	副董事长	0	–
刘莉	总经理	7,500	0.0375‰
高斌	党委书记	7,500	0.0375‰
李俊	董事	0	–
李海炳	董事	0	–
雷爱民	董事	0	–
裴文春	董事、副总经理	7,500	0.0375‰
李萍	董事、副总经理	7,500	0.0375‰
辛启鹏	董事	0	–
李勤	监事会主席	7,500	0.0375‰
杨闻孙	监事、党委副书记	0	–
王建华	监事	0	–
肖文昌	监事	0	–
贺卫	监事	0	–
宋良刚	副总经理	7,500	0.0375‰
王水生	副总经理	7,500	0.0375‰
向斯青	副总经理	5,625	0.028125‰
陈政华	董事会秘书	1,875	0.009375‰

本公司董事、监事及高级管理人员共持有本公司股票69,375股,占公司股本总额0.0347%,按照《中华人民共和国公司法》规定,其持有股份在任职期间不得转让。

六、公司设立

1、本公司股东大会于1997年4月7日作出决议,向社会公开增资发行人民币普通股,并授权董事会全权办理本次增资发行和上市的有关事宜。

2、本次股票发行成功后,本公司重新注册登记工作已结束,详细资料如下:

公司注册资金:20000万元

公司变更登记日期:1997年10月27日

公司注册地点:湖北省黄石市消防路29号

营业执照注号码:27175441-0

七、关联企业及关联交易

(一)关联企业

本公司的主要发起人和最大股东湖北美尔雅纺织服装实业(集团)公司(以下简称"集团公司"),系国家重点支持的1,000家企业,持有本公司股份48,738,188股,占发行后公司总股本的24.37%。公司第二大股东湖北蒲圻纺织总厂(以下简称"蒲纺总厂"),是湖北省最大的纺织品联合企业,持有本公司股份3000万股,占发行后公司总股本的15%。本公司现控股三家子公司,分别为美尔雅服饰有限公司、湖北美岛服装有限公司、湖北蒲圻美宁针纺公司,本公司分别持有上述子公司65%、50%、100%的股权。

(二)关联交易

1、与集团公司的关联交易

(1)根据本公司与集团公司签定的《服务合同》,本公司与集团公司之间相互提供服务,主要内容有:

①本公司向集团公司提供生产、办公用水和生产、食堂用汽,水电按国家定价、蒸汽按实际成本进行收费。发生这一关联交易的原因是集团公司需增加的水电汽均依赖股份公司的设施提供;

②集团公司向本公司提供交通运输服务。收费标准为依据市场价格协商决定。发生这一关联交易的原因是为提高设备利用率,股份公司自己的运输车辆较少;

③集团公司向本公司提供职工宿舍、办公用房和职工食堂服务。收费标准为参照集团公司的职工标准收取管理费。发生这一关联的原因是历史原因造成的。

(2)根据本公司与集团公司签定的《商标使用许可合同》,集团公司许可本公司在其生产的商品上使用"美尔雅"商标。商标使用费为本公司使用该商标取得的销售收入的1%,这一收费标准是参照国内同业和集团公司原许可他人使用商标的使用费水平制定的。

(3)本公司所属的美尔雅服饰有限公司和湖北美岛服装有限公司所用场地,系向集团公司租用,面积分别为6,275平方米和11,250.5平方米,租用年限为10年,合计年租金为348,511元。

(4)根据本公司与集团公司签定的《资产收购协议书》,本公司将收购集团公司建设的【年产2,800吨复合超细纺丝】项目和【年产2,100万米化纤织染工程】项目。收购上述项目一方面是因为上述两项目符合股份公司向上游产业拓展的发展目标,另一方面也符合集团公司向本公司作出的不竞争的承诺。根据协议的规定,上述项目的收购价格暂按经审定的总投资额计算,本公司将根据项目的施工进度先行支付一定的款项。待项目建成后,双方再按资产评估值为基础,协商确定收购价格。

(5)除以上所述的关联交易外,本公司和集团公司之间还存在着正常的商业往来,包括集团公司向本公司销售服装面料和股份公司向集团公司销售产品。上述交易的定价以市场价格为准。

2、与蒲纺总厂的关联交易

根据本公司所属的湖北蒲圻美宁针纺公司(以下简称"美宁公司")与蒲纺总厂签定的《服务合同》,蒲纺总厂将向美宁公司提供经营辅助服务和生活福利设施服务,包括但不限于水电汽供应和医疗、教育、保安、伙食等。服务费的标准为国家标准价格或市场价格,或按照实际成本定价。

根据北京市星河律师事务所《关于湖北美尔雅(集团)股份有限公司1997年度股票发行与上市的法律意见书》,律师认为,上述关联交易公正、合法,本公司及其股东的合法权益将不会因上述关联交易而受到任何损害。为减少关联交易,本公司已在公司章程中规定,公司的关联交易需经公司股东大会的批准,且交易关联方在股东大会表决有关关联交易的事宜时应回避。

八、股本结构及大股东持股情况

1、本公司上市前的股本结构

股权结构	股本数量(万股)	占总股本比例
尚未流通股份:国家股	4,873.82	24.37%
社会法人持股	7,726.18	38.63%
内部职工持股	2,400.00	12.00%
可流通股份:社会公众持股	5,000	25.00%
总股本	20,000	100.00%

2、前十名股东所持股及比例

单位名称(姓名)	持股数量(股)	占总股本的比例
1、湖北美尔雅纺织服装实业(集团)公司	48,738,188	24.369%
2、湖北蒲圻纺织总厂	30,000,000	15.00%
3、武汉中银物业有限公司	13,125,000	6.5625%
4、黄石市南天经贸有限公司	11,250,000	5.625%
5、湖北同兴置地发展有限公司	11,250,000	5.625%
6、黄石电力实业有限公司	3,750,000	1.875%
7、武汉长印(集团)股份有限公司	2,812,500	1.40625%
8、湖北纺织实业发展公司	2,500,000	1.25%
9、中南商业股份有限公司	937,500	0.46875%
10、汉阳商业股份有限公司	937,500	0.46875%

九、公司财务会计资料

(一)审计报告

湖北美尔雅(集团)股份有限公司全体股东:

我们接受委托,审计了湖北美尔雅(集团)股份有限公司1994年12月31日、1995年12月31日、1996年12月31日、1997年6月30日公司及合并的资产负债表,1994年度、1995年度、1996年度、1997年1-6月份公司及合并的利润及利润分配表和1996年度公司及合并的财务状况变动表。这些会计报表由湖北美尔雅(集团)股份有限公司负责,我们的责任是对这些会计报表发表审核意见。我们的审计是依据中国注册会计师独立审计准则进行的。在审计过程中,我们结合湖北美尔雅(集团)股份有限公司的实际情况,实施了包括抽查会计记录等我们认为必要的审计程序。

我们认为,上述会计报表符合《企业会计准则》和《股份制试点企业会计制度》有关规定,在所有重大方面公允地反映了湖北美尔雅(集团)股份有限公司1994年12月31日、1995年12月31日、1996年12月31日、1997年6月30日的财务状况及1994年度、1995年度、1996年度、1997年1-6月份的经营成果和1996年度资金变动情况,会计处理方法的选用遵循了一贯性原则。

湖北会计师事务所　　　　　　中国注册会计师:李贵斌
湖北省武汉市武昌区
水果湖横路7号3楼　　　　　　中国注册会计师:李连灯
电话:(027)7840961

1997年7月20日

(二)资产负债表、利润及利润分配表、财务状况变动表见附表

(三)主要会计报表项目附注:

1. 应收帐款97.6.30日期末余额149,879,914.46元

(1)帐龄分析:

帐　龄	户数	金　额	比　例
一年以内	344户	118,656,034.32	79.17%
一年至二年	157户	19,719,493.62	13.16%
二年至三年	42户	6,780,839.13	4.52%
三年以上	16户	4,723,547.39	3.15%
合计	559户	149,879,914.46	100%

(2)其中,对持有本公司5%以上股权的股东——集团公司及下属销售分公司的应收帐款余额为92,026,160.19元,系因集团公司新增销售网点所致。

(3)除集团公司外,日本三泰衣料株式会社期末余额的欠款金额较大,为13,275,206.48元。

2. 预付货款97.6.30日期末余额12,039,245.36元

本款项为预付给日本三泰株式会社的面料款。

3. 其他应收款:1997.6.30日期末余额46,405,372.27元

(1)帐龄分析:

帐龄	金　额	比　例	户数
一年以内	25,268,410.52	54.45%	128户
一年至二年	19,028,933.28	41.01%	50户
二年至三年	1,823,911.15	3.93%	15户
三年以上	284,117.32	0.61%	5户
合计	46,405,372.27	100%	198户

(2)期末余额中金额较大的前5户:

单　位	金　额	性　质	备注
美尔雅实业集团	21,975,327.25	往来款	*
美仓公司	6,018,475.28	代垫水电、衣料等	
美泰公司	640,186.16	代垫水电费	
黄石市财政局	500,000.00	保证金	
美尔雅煤气站	150,000.00	押金	

(3)说明:

"*"为持有本公司5%以上股份的股东集团公司的欠款,系根据本公司与集团公司双方的意向,暂付给集团公司有关收购"年产2800吨复合超细纺丝"及"年产2100万米化纤织染工程"两项目的预付款2000万元及其它零星垫付款。集团公司对上述两项目已发生了部分立项、市场调查等相应的前期费用,作为收购过程的一步骤,本年度股份公司先后预付给集团公司2,000万元。

4. 长期投资:1997.6.30日期末余额837,767.00元

(1)联营投资　　　　1997.6.30

公司名称	注册资本	出资比例	投资金额	业务性质
深圳科永电子实业公司	100万元	15%	150,000.00	销售电脑及零配件
深圳隆岛有限公司	200万元	21%	427,767.00	销售针纺织品服装
蒲纺助剂厂	15万元	40%	60,000.00	生产化工助剂、台班印花
蒲纺综合服务有限公司	100万元	10%	100,000.00	销售针纺品、服装、五金交电
小　计			737,767.00	

(2)债券投资

三年期国库券(95.7.12～98.7.12)利率14.5%　　100,000.00

(3)长期投资减少10,868,472.69元,系子公司美尔雅服饰公司对上海整烫分厂、美红公司、美尔雅运输部三个单位的投资款。因该投资为与主业无关的项目,故将此投资以有偿、公正的原则转让给美尔雅集团公司。

5. 应付帐款:1997.6.30日期末余额59,631,409.52元

其中持有本公司5%以上股份的股东集团公司的欠款余额为10,318,405.24元。

6. 其他应付款:1997.6.30日期末余额为25,105,723.65元

(1)其中:期末余额较大的前5户

户　名	金　额	性　质
中国纺织贸易公司	5,000,000.00	往来款
黄石石灰窑区政府	3,377,860.35	往来款
研修生押金	2,873,018.97	押　金
职工住房预缴款	2,025,000.00	预收款
职工安置费	1,216,000.00	安置款

(2)说明:

①其它应付款增加8,677,200.16元,主要是由于为积存外汇而对其它应付款项减少偿付所致。

②欠中国纺织贸易公司款项5,000,000.00元,系临时拆借流动资金,经审查,已于审计报告日前偿还:欠黄石石灰窑区政府3,377,860.35元,系子公司兼并黄石市石灰窑区所管辖的黄石毛毯厂过程中的应付款项。

③本公司无关联企业的其它应付款。

7. 未付股利1997.6.30日期余额为2,179,970.32元

本款项为日本三泰衣料株式会社的未付股利。

8. 资本公积:1997.6.30日期末余额为51,200,000.00元

项目	1997.6.30	1996.12.31	1995.12.31	1994.12.31
年初数	51,200,000	51,200,000	8,000,000	8,000,000
本期增加			43,200,000	
期末数	51,200,000	51,200,000	51,200,000	8,000,000

1993年公司设立时,按每股1.10元募集股本8000万股,溢价800万元进入资本公积;1995年5月公司增资扩股时,以每股2.80元的价格配售股本2400万股,配股溢价4320万元进入资本公积。至审计截止日,公司的资本公积为51,200,000.00元。

9. 盈余公积:97.6.30日期末余额为71,565,296.95元

项　目	1997.6.30	1996.12.31	1995.12.31	1994.12.31
期初数	58,805,417.60	34,272,550.19	14,795,107.26	
其中:公益金	16,801,547.88	9,792,157.19	4,227,173.50	
本期增加	12,759,879.35	24,532,867.41	19,477,442.93	14,795,107.26
其中:公益金	3,645,679.81	7,009,390.69	5,564,983.69	4,227,173.50
本期减少				
其中:公益金				
期末数	71,565,296.95	58,805,417.60	34,272,550.19	14,795,107.26
其中:公益金	20,447,227.69	16,801,547.88	9,792,157.19	4,227,173.50

10. 未分配利润:1997.6.30日期末余额为138,025,049.24元

项　目	1997.6.30	1996.12.31	1995年	1994年
(1)期初数	105,213,930.93	72,129,414.75	38,044,561.51	-265,083.09
(2)本期实现净利润	46,170,989.39	90,673,958.21	72,368,705.82	55,407,512.70
(3)减:本期分配				
外资子公司职工奖金福利	599,991.73	3,056,574.62	2,806,409.65	2,302,760.84
提取法定公积金	4,557,099.77	8,761,738.36	6,956,229.62	5,283,966.88
提取法定公益金	3,645,679.81	7,009,390.69	5,564,983.69	4,227,173.50
提取任意公积金	4,557,099.77	8,761,738.36	956,229.62	5,283,966.88
已分配普通股股利		30,000,000.00	16,000,000.00	
(4)期末未分配利润	138,025,049.24	105,213,930.93	72,129,414.75	38,044,561.51

本公司成立于1993年12月份,当年除发生开办费用外,没有产生投资收益,当年亏损265,083.09元。

11.投资收益:

项目	97.1-6月	96年度	95年度	94年度
债券投资收益		81,576.00	110,700.00	32,233.60
联营投资收益	100,000.00	140,422.80	178,450.00	18,000.00
合计	100,000.00	221,998.80	289,150.00	50,233.60
联营公司明细如下:				
深圳科永电子实业公司		19,500.00	15,000.00	
深圳隆岛有限公司	70,000.00	91,200.00	127,100.00	
蒲纺助剂厂	20,000.00	21,000.00	28,100.00	18,000.00
蒲纺综合服务有限公司	10,000.00	8,722.80	8,250.00	

12.关联交易　　单位:万元

	1997年1-6月	1996年
(1)集团公司及下属销售网点内销	4547.52	9931.55
(2)应付集团公司使用费	288	556
(3)服务费用		
①服务费用	87.24	146.46
②福利	82.35	148.97
③水、电、汽	91.28	188.29

13.期后事项

本公司未发生影响报告期和报告期后财务状况和经营成果的重大期后事项。

14.承诺事项及或有事项

本公司无任何重大经济担保、重大财务承诺及其他或有事项。

(四)主要财务状况分析

指标	1997年6月	1996年	1995年	1994年
流动比率	2.19	1.94	1.75	1.49
速动比率	1.34	1.18	0.95	0.88
资产负债率	43.02%	41.50%	43.68%	58.24%
净资产收益率	11.24%	24.82%	26.06%	39.34%
每股净利(元)	0.3078	0.6045	0.6031	0.6926
应收帐款周转率(次)	1.81	4.59	3.43	3.19
存货周转率(次)	1.67	3.99	2.35	2.27

注:1.上述财务指标是根据湖北会计师事务所审计报告计算得出。

2.1994年、1995年、1996年股本总额分别为8,000万元、12,000万元、15,000万元,1997年1-6月每股净利按总股本15,000万元计算。

十、董事会上市承诺

根据《中华人民共和国公司法》、《股票发行与交易管理暂行条例》、《公开发行股票公司信息披露实施细则(试行)》和《上海证券交易所交易市场业务试行规则(试行)》和国家有关证券管理法规的要求,本公司董事会自股票上市之日起向证券主管机关、上海证券交易所、广大投资者作出如下承诺:

1、按照法律、法规的规定程序和要求披露本公司重大的信息,并接受证券主管机关、上海证券交易所的监督管理。

2、及时、真实、准确地公布中期报告和年度报告、并备置于规定场所供投资者公众查阅。

3、本公司董事、监事及高级管理人员如发生人事变动,或持有本公司股票发生变化时,在报告证券主管机关、证券交易所的同时向投资者公布。

4、在任何公共传播媒介中出现的消息可能对本公司股票的市场价格产生误导性影响时,本公司知悉后将及时对该消息予以公开澄清。

5、本公司董事、监事及高级管理人员将认真听取社会公众的意见和批评,不利用已获得的内幕消息和其他不正当手段直接或间接从事股票买卖活动。

6、本公司没有无记录负债。

十一、重要事项揭示

1、盈利预测(以下资料摘自湖北会计师事务所〔97〕鄂会股验字第360号《盈利预测审核报告》)

1997年7月至1997年12月盈利预测情况如下:

单位:人民币万元

项目	1997年1-6月实现数	1997年预测数
一、主营业务收入	27,483	60,400
减:营业成本	20,149	44,600
销售费用	431	1,850
管理费用	642	1,080
财务费用	317	1,800
营业税金及附加	2	40
二、主营业务利润	5,941	11,030
加:其它业务利润	-4	
三、营业利润	5,937	11,030
加:投资收益	5	80
营业外收入	32	280
减:营业外支出	66	250
四、利润总额	5,908	11,140
减:所得税		
(实际发生数)	1,058	-
所得税按15%计算	886	1,671
所得税按33%计算	1,950	3,676
减:少数股东权益	-	
所得税按15%计算	236	446
所得税按33%计算	189	356
五、净利润	-	-
所得税按15%计算	4,786	9,023
所得税按33%计算	3,769	7,108
六、每股净利润		
全面摊薄法		
所得税按15%计算		0.451
所得税按33%计算		0.355
加权平均法(募集资金9月到位)		
所得税按15%计算		0.576
所得税按33%计算		0.454

2、股利分配

本公司将于本次股票发行后第一个盈利年度派发一次股利,时间为不迟于当年的6月30日,持有本公司本次发行股票的股东,与原股东一并享受本公司本次股票发行前的滚存利润。

3、本次发行前后每股净资产

本次发行前本公司每股净资产为2.739元,发行后每股净资产为4.007元(已扣除发行费用)。

十二、咨询机构

1、发行人:

名　　称:湖北美尔雅(集团)股份有限公司

法定代表人:罗日炎

地　　址:湖北省黄石市消防路29号

电　　话:(0714)6360207

传　　真:(0714)6226538

联 系 人:陈政华

2、主承销商及上市推荐人:

名　　称:中国东方信托投资公司

法定代表人:刘燕芬

地　　址:北京市西直门高梁桥斜街中苑宾馆B座

联系电话:(021)63274390

传　　真:(021)63727056

联 系 人:徐晨、蒋爱军

3、上市推荐人:

名　　称:南方证券有限公司
法定代表人:沈沛
地　　址:深圳市罗湖区深南东路中国物贸大厦12层
联 系 电 话:(027)8844731
传　　真:(027)8852186
联　系　人:谢继军、徐戈

十三、备查文件

1、中国证监会关于本公司公开发行股票并上市的批准文件
2、上海证券交易所上市通知书
3、招股说明书
4、审计报告
5、验资报告
6、本公司营业执照
7、法律意见书
8、公司章程
9、股东大会决议

湖北美尔雅(集团)股份有限公司
1997年11月4日

合并资产负债表

会股01表

编制单位:湖北美尔雅(集团)股份有限公司　　货币单位:人民币元

资　　产	1997.06.30	1996.12.31	负债及股东权益		
流动资产:			流动负债:		
货币资金	75,249,805.24	31,621,793.04	短期借款	95,201,180.00	76,610,180.00
短期投资		100,000.00	应付票据	1,000,000.00	1,000,000.00
应收票据			应付帐款	59,631,409.52	64,991,553.66
应收帐款	149,879,914.46	154,143,031.83	预收货款		
减:坏帐准备	749,399.57	770,653.16	应付福利费	4,237,265.24	6,984,794.55
应收帐款净额	149,130,514.89	153,372,378.67	未付股利	2,179,970.32	2,179,970.32
预付货款	12,039,245.36	93,430.90	未交税金	17,245,306.17	13,816,805.24
其他应收款	46,405,372.27	35,177,693.26	其他未交款		
待摊费用	6,027,754.29	5,753,247.71	其他应付款	25,105,723.65	16,428,523.49
存货	183,109,165.24	146,948,985.15	预提费用	10,975,284.24	9,422,396.10
待处理流动资产净损失			一年内到期的长期负债		
一年内到期的长期债券投资			其他流动负债		
其他流动资产			流动负债合计	215,576,139.14	191,434,223.36
流动资产合计	471,961,857.29	373,067,528.73	长期负债		
长期投资:			长期借款	120,274,640.00	90,258,560.00
长期投资	837,767.00	11,706,239.69	应付债券		
固定资产:			其他长期负债		
固定资产原值	278,592,753.30	270,788,123.21	长期负债合计	120,274,640.00	90,258,560.00
减:累计折旧	75,375,387.05	65,504,280.95	递延税项:		
固定资产净值	203,217,366.25	205,283,842.26	递延税项贷项		
在建工程	91,162,067.00	74,182,547.01	负债合计	335,850,779.14	281,692,783.36
固定资产清理	—	347,407.73	少数股东权益	33,993,847.40	31,660,188.95
待处理固定资产净损失			股东权益:		
固定资产合计	294,379,433.25	279,813,797.00	股本	150,000,000.00	150,000,000.00
无形资产及递延资产:			资本公积	51,200,000.00	51,200,000.00
无形资产	12,819,915.19	12,962,888.22	盈余公积	71,565,296.95	58,805,417.60
递延资产	636,000.00	1,021,867.20	其中:公益金	20,447,227.69	16,801,547.88
递延资产及无形资产合计	13,455,915.19	13,984,755.42	未分配利润	138,025,049.24	105,213,930.93
其他长期资产:					
其他长期资产					
递延税项:					
递延税款借项			股东权益合计	410,790,346.19	365,219,348.53
资产总计	780,634,972.73	678,572,320.84	负债及股东权益合计	780,634,972.73	678,572,320.84

合并利润及利润分配表

会股02表

编制单位:湖北美尔雅(集团)股份有限公司　　货币单位:人民币元

项　　目	1997年6月	1996年度
一、主营业务收入	274,826,814.59	556,420,207.01
减:营业成本	201,489,498.27	402,406,543.24
销售费用	4,314,390.27	13,247,179.23
管理费用	6,424,467.27	8,014,401.33
财务费用	3,169,557.16	15,247,848.53
进货费用	—	—
营业税金及附加	32,897.23	330,275.51
二、主营业务利润	59,396,004.39	117,173,959.17
加:其他业务利润	-26,335.90	196,865.62
三、营业利润	59,369,668.49	117,370,824.79
加:投资收益	100,000.00	221,998.80
营业外收入	320,434.30	55,210.10
减:营业外支出	710,141.96	2,098,428.30
加:以前年度损益调整	—	
四、利润总额	59,079,960.83	115,549,605.39

项　　目	1997年6月	1996年度
减:所得税	10,575,312.99	19,654,696.87
少数股东损益	2,333,658.45	5,220,950.31
五、净利润	46,170,989.39	90,673,958.21
加:年初未分配利润	105,213,930.93	72,129,414.75
盈余公积转入数		
职工奖金福利(子公司为外商投资企业项目)	599,991.73	3,056,574.62
六、可分配利润	150,784,928.59	159,746,798.34
减:提取法定公积金	4,557,099.77	8,761,738.36
提取公益金	3,645,679.81	7,009,390.69
七、可供股东分配利润	142,582,149.01	143,975,669.29
减:已分配优先股股利		
提取任意公积金	4,557,099.77	8,761,738.36
已分配普通股股利	—	30,000,000.00
利润转投资		
八、未分配利润	138,025,049.24	105,213,930.93

合并财务状况变动表

1996年度

肢股03表

编制单位:湖北美尔雅(集团)股份有限公司

货币单位:人民币元

流动资金来源和运用	行次	金额	流动资金各项目的变动	行次	金额
一、流动资金来源:			一、流动资产本年增加数:		
1、本年净利润	1	90,673,958.21	1、货币资金	32	12,327,228.31
加:(1)少数股东本期损益	2	5,220,950.31	2、短期投资	33	-140,000.00
(2)固定资产折旧	3	13,731,593.76	3、应收票据	34	
(3)无形资产、递延资产及其他资产	4	804,008.49	4、应收帐款净额	35	65,670,647.10
摊销(减其他负债转销)	5	—	5、预付帐款	36	-1,139,197.95
(4)固定资产盘亏(减盘盈)	6	237,328.17	6、其他应收款	37	8,588,611.08
(5)清理固定资产损失(减收益)	7		7、待摊费用	38	-1,263,210.99
(6)递延税款	8	—	8、存货	39	14,698,379.65
(7)其他不减少流动资金的费用和损失	9		9、待处理流动资产净损失	40	
小计	10	110,667,838.94	10、一年内到期的长期债券投资	41	
2、其他来源:			11、其他流动资产	42	
(1)固定资产清理收入(减清理费用)	11		流动资产增加净额	45	84,088,000.62
(2)增加长期负债	12	36,398,560.00			
(3)收回长期投资	13	6,830,717.62			
(4)对外投资转出固定资产	14				
(5)对外投资转出无形资产	15				
(6)资本净增加额	16	54,532,867.41			
小计	17	97,762,145.03			
流动资金来源合计	18	208,429,983.97			
二、流动资金运用:					
1、利润资金运用:		—	二、流动负债本年增加数		
(1)提取法定公积金	19	8,761,738.36	1、短期借款	46	17,641,140.00
(2)提取法定公益金	20	7,009,390.69	2、应付票据	47	
(3)提取任意公积金	21	8,761,738.36	3、应付帐款	48	13,196,957.83
(4)已分配股利	22	30,000,000.00	4、预收帐款	49	
(5)职工奖金福利	23	3,056,574.62	5、应付福利费	50	-897,921.75
小计	24	57,589,442.03	6、未付股利	51	1,569,078.32
2、其他运用:			7、未交税金	52	-3,693,878.46
(1)固定资产和在建工程增加额	25	74,634,475.11	8、其他未交款	53	—
(2)增加无形资产、递延净资产及其他资产	26	—	9、其他应付款	54	-3,238,732.83
(3)偿还长期负债	27	18,150,000.00	10、预提费用	55	1,455,290.68
(4)增加长期投资	28	—	11、一年内到期的长期负债	56	—
小计	29	92,784,475.11	12、其他流动负债	57	
流动资金运用合计	30	150,373,917.14	流动负债增加净额	58	26,031,933.79
流动资金增加净额	31	58,056,066.83	流动资金增加净额	59	58,056,066.83

甘肃亚盛实业(集团)股份有限公司

甘肃亚盛实业(集团)股份有限公司招股说明书概要

一、释义

在本招股说明书中,除非另有所指,下列简称具有下述含义:

集团公司:指甘肃省亚盛盐业化工企业集团公司。

公司、本公司或发行人:指甘肃亚盛实业(集团)股份有限公司。

董事会:指甘肃亚盛实业(集团)股份有限公司董事会。

股票:指甘肃亚盛实业(集团)股份有限公司本次公开发行的股票。

A股:指甘肃亚盛实业(集团)股份有限公司本次向社会公众发行的每股面值为1元的人民币普通股。

本次发行:指甘肃亚盛实业(集团)股份有限公司向社会公众发行的7,000万股人民币普通股。

元:指人民币元

主承销商:指甘肃证券有限责任公司。

上市推荐人:指君安证券有限责任公司
甘肃证券有限责任公司

二、绪言

本招股说明书是根据《中华人民共和国公司法》、《股票发行与交易管理暂行条例》、《公开发行股票公司信息披露实施细则》、《招股说明书的内容和格式》等法律、法规而编写的,旨在向投资者提供本公司有关各项详细资料。公司董事会成员已批准本招股说明书,确信其中不存在任何重大遗漏或者误导,并对其内容的真实性、准确性、完整性负个别的和连带的责任。

公司本次发行的股票是根据本招股说明书所载明的资料申请发行的,除发行人和主承销商外,没有委托或授权任何其他人提供未在本招股说明书中列载的信息和对本招股说明书作任何解释或者说明。投资者如对本招股说明书有任何疑问,可咨询本次股票发行的各有关当事人。

本招股说明书提醒投资人必须自行负担买卖公司股票所应支付的税款,发行人、承销商和上市推荐人对此不承担任何责任。

三、发售新股的有关当事人

1、发行人:甘肃亚盛实业(集团)股份有限公司
地　址:甘肃省金塔县解放路128号
法定代表人:周长生
电　　话:(0937)2611934
传　　真:(0937)2611945
联 系 人:王新华　王作忠　景斌德

2、主承销商:甘肃证券有限责任公司
地　址:兰州市东岗西路434号
法定代表人:谢铁牛
电　　话:(0931)8861500
传　　真:(0931)8861569
联 系 人:张爱华　王兴学　穆彬

3、副主承销商:君安证券有限公司
地　址:深圳市罗湖区春风路5号
法定代表人:张国庆
电　　话:(021)62672001
传　　真:(021)62712514
联 系 人:马骏

4、分　销　商:甘肃省投资信托公司
地　　址:兰州市秦安路小北街15号
法定代表人:王志杰
电　　话:(0931)8813904　8815556
传　　真:(0931)8410739
联 系 人:邱金辉　李福祥

分　销　商:北京证券有限公司
地　　址:北京市西城区德外东滨河路B11号
法定代表人:张克俭
电　　话:(010)62058007　62058010　62058026
传　　真:(010)62058007
联 系 人:杜　军　陈丹旭

分　销　商:中国煤炭信托投资公司
地　　址:北京市东城区安定门外大街168号
法定代表人:王忠民
电　　话:(010)64279933-6712
传　　真:(010)64204470
联 系 人:李玉石　叶晓

分　销　商:南方证券有限公司
地　　址:深圳市深南东路56号南方国际大酒店
法定代表人:王景师
电　　话:(0755)2172021
传　　真:(0755)2227082
联 系 人:鲍文革

分　销　商:新疆宏源信托投资公司
地　　址:新疆乌鲁木齐市文艺路2号宏源大厦8楼
法定代表人:张全志
电　　话:(0991)2302568--1304
传　　真:(0991)2303707
联 系 人:高云飞

分　销　商:宁夏伊斯兰国际信托投资公司
地　　址:宁夏银川市文化东街36号
法定代表人:杨汝臣
电　　话:(0951)6014938
传　　真:(0951)6041873
联 系 人:李伟　麻然秋

分　销　商:兰州市信托投资公司
地　　址:兰州市城关区五泉路24号
法定代表人:雷原
电　　话:(0931)8847059
传　　真:(0931)8847059
联 系 人:王一棠

5、上市推荐人:君安证券有限公司
甘肃证券有限责任公司

6、发行人法律顾问:中银律师事务所
地　　址:北京市南礼士路21号核工业部招待所648室
法定代表人:朱玉栓

经办律师:朱玉栓　郭峰　唐金龙
电　　话:(010)68573796
传　　真:(010)68573559
7、主承销商法律顾问:甘肃天合律师事务所
地　　址:甘肃省兰州市宁卧庄开发区科技街58号
法定代表人:赵荣春
经办律师:赵荣春　杨　军
电　　话:(0931)8889708
传　　真:(0931)8889731
8、会计师事务所:甘肃第二会计师事务所
地　　址:甘肃省兰州市庆阳路258号
法定代表人:蔺培曼
经办注册会计师:住新怀　段德仁
电　　话:(0931)8474481
传　　真:(0931)8413711
9、资产评估机构:甘肃第三会计师事务所
地　　址:甘肃省兰州市庆阳路258号
法定代表人:从有余
经办评估人员:王东海　李成涛
电　　话:(0931)8478239
传　　真:(0931)8413711
10、资产评估确认机构:国家国有资产管理局
地　　址:北京市海淀区万泉河路66号
电　　话:(010)62567744
11、土地估价机构:甘肃省土地估价事务所
地　　址:甘肃省兰州市滩尖子66号
法定代表人:田水民
经办评估人员:田水民　李文昌
电　　话:(0931)8422710
传　　真:(0931)8821483
12、土地估价确认机构:甘肃省土地管理局
地　　址:甘肃省兰州市滩尖子66号
电　　话:(0931)8821484
13、股票托管登记机构:上海证券中央登记结算公司
地　　址:上海市闵行路67号
法定代表人:俞建麟
电　　话:(020)3244489
14、收款银行:中国建设银行兰州市支行
地　　址:兰州市金昌路61号
授权代表:张勤和
电　　话:(0931)8825882
传　　真:(0931)8820412
联 系 人:石岗

四、发行情况

1、股票类型:A股
2、发行日期:1997年7月24日
3、发行地区:面向全国发行
4、发行对象:中华人民共和国境内投资者(法律、法规禁止购买的除外)
5、承销方式:余额包销
6、承销期:1997年7月24日至1997年8月2日
7、预计上市日期:1997年8月25日
8、上市地点:上海证券交易所
9、发行方式:全额预缴款、比例配售、余款即退
10、发行地点:甘肃省兰州市
11、每股面值:1.00元
12、每股发行价:6.06元

1994年、1995年、1996年每股税后利润分别为0.318元、0.413元、0.482元;确定发行市盈率为15倍。

每股发行价=(0.318+0.413+0.482)÷3×15=6.06元

13、发行数量:7,000万股(其中向公司职工配售700万股)
14、发行总市值:42,420万元

五、风险因素与对策

投资者在评价本发行人此次发售的股票时,除本招股说明书提供的其它资料外,应特别认真地考虑下述各项风险因素:

(一)风险因素

1、经营风险

(1)能源价格波动的风险

公司工业所用的原料之一为芒硝,能源为电和煤,能源消耗约占产品成本的30%,原料资源就地取材、得天独厚,但随着能源价格的上涨,会加大公司原料的开采成本和产品生产成本。

(2)对自然条件的依赖

公司农副业产品的生产对自然环境的依赖较大,风灾、寒流、旱灾等自然灾害会影响农作物的生产,病虫害的传播也会给农作物的生产带来致命影响。

(3)对家庭农场的依赖

公司农副产品的生产及加工,部分需要通过与家庭农场签订购销合同的方式实现,对家庭农场的依赖性较大,如果家庭农场不执行购销合同,会影响农产品的生产和销售。

(4)产业结构

公司生产的无机盐及其副产品,产品性质系原材料基础化工类,农副产品属初级产品,产品结构较为单一,对公司回避和平衡风险较为不利。

(5)项目风险

公司本次所募资金主要投向农业基本建设项目,农业基本建设项目受季节等自然条件的影响较大,这些项目能否如期完成以及完工后农作物种植结构决策的正确与否,不仅影响公司产业结构的调整,而且将直接影响公司的盈利水平。

2、行业风险

公司的盐业化工系列产品的市场前景广阔,但广阔的市场前景也使同类产品的生产厂家数量增多、产量扩大、技术含量提高。受市场容量的限制,公司将面临高新技术产品、质量、成本等方面的激烈竞争。本公司农副产品的生产和销售季节性强,价格波动幅度较大,农业收入不仅取决于农作物产量的增加,而且也受其他农场及农户同类作物种植面积及产量的影响。

3、市场风险

公司无机盐及其副产品市场,随着许多中小型企业的不断出现及发展,市场竞争日益激烈;农副产品由于其生产的周期性特点,农作物种植的品种结构需逐年调整,结构调整必须适应市场需求的变化,公司目前经营的主要农副产品尽管其市场需求在不断增大,但同类产品生产也在快速增长,市场供求不可避免地将会发生变化,这些变化对公司的生产经营带来一定的风险。

4、政策性风险

公司主营农副产品、无机盐及其副产品,系初级原材料产品,由于国家对初级原材料产品实行国家定价,将会影响公司产品的价格。公司目前受国家及地方产业政策的重点扶持,并享受税收优惠政策。国家相关税收政策的调整,将会直接影响本公司的经营和盈利能力。

5、股市风险

股票市场瞬息万变,政治环境、经济政策的变化,以及股市中的投机

行为等都会使股票的价格产生波动,同时因市场需求、原材料供应、外部经营环境的显著变化都可能对企业经营造成不利影响而导致股价下跌,从而直接或间接地对投资人造成损失,发行人提醒投资者对股市风险应有充分的了解,以避免和减少损失。

(二)风险之对策

针对上述各种风险,为减少风险因素对公司生产经营的影响,保护投资者的利益,本公司已经或准备采取如下对策:

1、经营风险的对策

①公司将强化内部管理,改进生产工艺,提高资源利用率,降低能源消耗,提高公司的经济效益。

②组织科研力量,培育优良品种,加强对种植技术的指导和监督,同时大力发展节水灌溉农业,兴建防护林带,以减少自然灾害对生产的影响,杜绝病虫害的流行和传播,确保种植业的稳产、高产。

③加强对家庭农场的购销合同管理,通过向家庭农场提供资金和技术,密切和家庭农场的联系,为家庭农场提供产前、产中、产后服务,以确保农副产品的生产和销售。

④公司拟募集到的资金所投入的项目,将成为公司的一个新的利润增长点,公司将首先加强新项目的投资管理,确保新建项目能如期高质量完成,同时,公司将继续加大新产品开发的力度,提高老产品的技术含量,以增加产品品种和规格来降低产品结构带来的风险。

2、行业风险的对策

公司在募集资金到位后,充分利用当地得天独厚的资源优势,将重点投入规模经营项目的建设和系列产品的开发上,通过开发建设和规模经营,使企业形成规模效应,提高产品的市场占有率。

3、市场风险的对策

公司将成立专门的市场调研机构,加强市场调研,捕捉市场信息,采用现代营销方法,提高产品的知名度和市场的占有率。

4、政策性风险的对策

公司力求提高自身的经营管理水平,通过产品的深度加工和系列开发,增加产品的附加值,加速资本积累,扩大经营规模,壮大综合实力,以降低政策因素带来的风险。

5、股市风险的对策

公司将采取行之有效的措施,加强经营管理,保持利润的稳定增长,降低投资风险,为股东创造稳定丰厚的收益,保持企业良好的形象。

六、募集资金的运用

若本次股票发行成功,共能募集资金42,420万元,扣除发行费用1,610万元后,预计实收金额40,810万元,主要投资于以下项目:

1.2万亩滴水灌溉工程项目

本项目采用以色列农业滴灌模式,选择在公司所属的金塔农业开发分公司和高台农业开发分公司建设两个万亩灌溉工程,预计项目将于1999年4月建成投产,项目建成后将成为我国规模最大的滴水灌溉工程。甘肃河西地区虽然有肥沃的土地资源,但农业生产受水资源匮乏的限制,使大片土地荒芜,亟待开发。滴水灌溉工程不仅可以节约水资源,从根本上改变传统农田漫灌方式,而且节约农用肥料,提高劳动生产率,降低农业投资成本。发展滴水灌溉农业,对甘肃省河西地区来说,无疑是一项"划时代"的农业创举。该项目的建成将为甘肃河西地区发展高产、高效、优质农业起示范作用。两个项目总投资9,000万元,其中固定资产5,800万元,流动资金投资为3,200万元,项目建设期为二年,预计年实现利润1,739万元。项目投入使用后投资回收期五年,项目已经甘肃省计划委员会甘计农〔1997〕242号文件批复立项。

2.1万亩良种基地建设工程项目

为积极推行科教兴农,良种先行的战略决策,解决多年来本地及垦区种子杂乱的局面,本公司拟建设万亩良种基地,其中,啤酒大麦种子田3,000亩;黑瓜籽种子田3,000亩;棉花种子田2,000亩;甘草种苗田2,000亩。项目总投资5,000万元,其中固定资产投资2,800万元,流动资产投资2,200万元,预计实现年利润672万元。项目投入使用后的投资回收期为七年。该项目已经甘肃省计划委员会甘计农〔1997〕244号文件批复立项。

3.5万亩荒地开发工程项目

为发展高效农业,提高水土资源利用效率,为社会多提供优质粮、油及农副产品,不断壮大企业经济实力,根据本公司地处国家西北商品粮基地的自身优势条件,选择在公司所属金塔农业开发分公司,高台农业开发分公司开垦荒地5万亩。两个项目总投资7,500万元,其中固定资产投资为5,500万元,流动资金投资2,000万元。预计年利润为1,143万元,项目完工后的投资回收期为六年半。项目已经甘肃省计划委员会甘计农〔1997〕245号文件批复立项。

4、农田节水灌溉项目

水资源不足是困扰甘肃省农业生产发展的最大问题之一,根据甘肃河西地区的自然条件和节水灌溉的技术特点,大田中宜发展低压管灌,本公司拥有大量的土地储备,由于水资源不足,影响着农业生产的持续发展。走节水灌溉之路,是农业发展的必然选择。公司在高台农业分公司和金塔开发分公司以低压管灌为主体的节水灌溉工程,项目的建设内容主要为低压管灌系统建设和老渠道开垦,包括打井及配套、建蓄水池、铺设输水管线、架设输电线路,开垦和平整原有渠道。两个项目总投资8,200万元,其中固定资产投资为5,700万元,流动资金投资为2,500万元,建设期为三年。项目建成后,年净增销售收入1,700万元,年净增利润1,110万元。项目投入使用后的投资回收期为七年。项目已经甘肃省计划委员会甘计农〔1997〕243号文件批复立项。

5.年产1千公斤盐藻天然胡萝卜素工程项目

盐藻是盐田生物的一个重要种类,是一种生长在高浓度卤水中的单细胞藻,在适宜的养殖条件下,其胡萝卜素含量可达10%。高台盐池的地理位置、气候条件、资源状况等均适宜盐藻的生长和繁殖,并能形成一定规模。由于盐藻胡萝卜素的开发在我国尚处于起始阶段,市场前景非常广阔。

该项目总投资3,384万元,其中固定资产投资为2,986万元,流动资金投资398万元。预计将于1997年12月建成投产,可年产晶体和悬浮液的胡萝卜素共1,000公斤,年实现利润957万元。项目建成后的投资回收期为四年。此项目建成后将是我国规模最大,在世界上排名第四的盐藻天然胡萝卜素工程项目。该项目已经甘肃省经济贸易委员会甘经技〔1996〕159号文件批复立项。

6.年产2千吨高密度白炭黑项目

本公司原材料基地地处甘肃省最大的内陆盐湖——高台盐池。已探明该区芒硝储量3000万吨,埋层0.5—0.7米。本公司已经取得此项矿藏15年的开采权。目前开采利用能力仅为每年80万吨,且只用于生产元明粉、硫化碱、工业用盐等产品,综合利用率不高。本公司根据现有经济实力和多年开发利用芒硝的经验,采用最新科技成果,以芒硝替代纯碱,以硫酸替代盐酸的生产工艺生产白炭黑产品。

该项目总投资3,800万元,其中固定资产投资3,000万元,流动资金投资为800万元。预计项目将于1998年4月建成投产,每年可实现利润约950万元,项目投产后的投资回收期为四年。项目建成后为全国规模最大,技术最先进的高密度白炭黑项目。该项目已经甘肃省计委甘计工〔1997〕247号文件批复立项。

7.年产2万吨硫酸钾工程项目

本项目选址于本公司工业原料基地高台县盐池乡。高台盐池目前再生芒硝已探明储量为3,000万吨,这一资源是本公司发展的强大基础。硫酸钾产品的主要原料为芒硝和氯化钾,发展硫酸钾产品,不仅提高了芒硝利用率,而且还填补了甘肃省内的空白。

该项目总投资3,980万元,其中固定资产投资为2,880万元,流动资金投资1,100万元。预计将于1998年4月建成投产,年实现利润1,146

万元。项目投产后投资回收期为四年。此项目建成后是全省最大的硫酸钾项目,此项目已经甘肃省计划委员会甘计工〔1997〕246 号文件批复立项。

8. 建立亚盛高科技开发生产基地

该项目名称为亚盛高科技开发生产基地,总建筑面积为 6000 平方米,建设地点:兰州市城关区。项目总投资 2,200 万元,其中固定资产投资为1,600万元,流动资金投资 600 万元。主要用于公司科技项目开发研究、人员培训、产品销售等。该项目已经甘肃省计划委员会甘计科〔1997〕249 号文件批复立项。

上述八个项目共需资金为 43,064 万元,全部投产达标后,预计年实现利润 7,717 万元。

募集资金使用计划时间表:　　金额单位:人民币万元

	项目名称	总投资	固定资产投资概算	固定资产投资资金使用时间 1997 年	1998 年	1999 年
1.	2 万亩滴水灌溉工程	9000	5800	2800	2000	1000
2.	1 万亩良种基地建设	5000	2800	800	2000	
3.	5 万亩荒地开发项目	7500	5500	1000	4500	
4.	农田节水灌溉项目	8200	5700	2700	3000	
5.	年产 1 千公斤盐藻天然胡萝卜素项目	3384	2986	2986		
6.	年产 2 千吨高密度白炭黑项目	3800	3000	1000	2000	
7.	年产 2 万吨硫酸钾工程项目	3980	2880	2000	880	
8.	购建亚盛高科技开发生产基地	2200	1600	1600		
	总　计	43064	30266	14886	14380	1000

七、股利分配政策

1、公司股利分配的一般政策

公司每年的税后利润,按下列顺序和比例分配:

①弥补以前年度亏损;

②提取 10%的法定盈余公积金;

③提取 5% - 10%的法定盈余公益金;

④提取任意盈余公积金;

⑤支付股利。

2、公司将在股票发行后的第一个盈利年度派发一次股利,预计发放时间为 1998 年 6 月底以前。

3、公司本次所发行的股票均为普通股,在股利分配方面的权益是平等的,即同股同权,同股同利,并承担同等义务。

4、公司成立以来,进行过两次股利分配,1995 年度股利分配为每股派发现金红利 0.12 元,1996 年度股利分配为每股派发现金红利 0.18 元。

5、根据公司 1997 年 4 月 8 日股东大会决议,公司本次股票发行前完成的滚存利润由本次发行后的新老股东共同享有。

6、公司向个人派发股利时,按《中华人民共和国个人所得税法》和国家税务总局发布的《征收个人所得税若干问题的规定》代扣代缴个人所得税。

7、股利分配方案由董事会根据公司的年度经营状况拟定,由股东大会审批。

8、股利支付采用现金或股票两种形式。

9、股利分配方案采用指定报刊公告的方法通知股东。

八、发行人情况

1、发行人名称:甘肃亚盛实业(集团)股份有限公司

英文名称:GANSU YASHENG INDUSTRIAL (GROUP)CO. LTD

2、发行人注册地址:甘肃省金塔县解放路 128 号

3、发行人成立日期:1995 年 12 月 6 日

4、注册号:22436568 - 2

5、发行人简介:

甘肃亚盛实业(集团)股份有限公司(原名甘肃亚盛化工(集团)股份有限公司)是 1995 年 9 月 19 日经甘肃人民政府以甘政函〔1995〕36 号文件批准,由甘肃省亚盛盐业化工企业集团公司所属的甘肃省亚盛农工商公司、甘肃金塔兴盛实业公司、甘肃金塔永胜农业发展公司等三家企业进行资产重组,并联合甘肃金塔恒盛农业发展公司、甘肃金盛化工有限公司、甘肃省国营高台农场、甘肃省国营生地湾双丰化工厂等四家企业共同发起设立的。公司于 1995 年 12 月 6 日经甘肃省工商行政管理局登记成立,注册资本 8,000 万元。公司设立时,上述发起人以经评估确认后的净资产投资入股,根据甘肃省国有资产管理局 1995 年 5 月 19 日第 19 号《资产评估结果确认批复》的确认,进入股份公司的生产经营性净资产 8,518.08 万元(含土地使用权价值 6,086.46 万元),按 1:1.06476 的折股比例折合 8,000 万股,作为公司的总股本,其中国有法人股 4,626 万股,发起法人股 3,374 万股,每股一元,折股剩余 518.08 万元,计入资本公积金。

6、发起人简介:

主要发起人甘肃省亚盛盐业化工企业集团公司,成立于 1992 年 8 月 20 日,系全民所有制大型企业,隶属于甘肃省农垦系统,是甘肃河西走廊地区最大的企业集团之一,拥有全资工厂 17 家,农场 4 家,另外通过承包、控股、中外合资等形式参与经营企业 32 家。甘肃省有关部门已将集团公司列入"扶优扶强"的"双百"企业和甘肃省"省级队"企业集团的预选企业,企业集团为发行人的最大控股股东,持有发行人股份 4,626 万股。

发起人甘肃金塔恒盛农业发展公司,系原甘肃省国营生地湾农场三队,一九九三年实行公司化建制,主要经营农副产品的生产和销售。持有发行人股份 1,706 万股。

发起人甘肃金盛化工有限公司,成立于 1992 年 11 月 3 日,属合资经营企业,主要经营低碳低铁硫化黄碱等的生产和销售,持有发行人股份 882 万股。

发起人甘肃省国营高台农场,主要经营黑瓜籽、啤酒大麦、棉花等农副产品的生产和销售。持有发行人股份 452 万股。

发起人甘肃省国营生地湾双丰化工厂,系原甘肃省国营生地湾双丰元明粉厂,1987 年建厂,1990 年投产,主要经营硫酸钠的生产和销售。持有发行人股份 334 万股。

7、发行人的组织结构与内部管理机构(见附图);

8、发行人职工情况:

截止 1997 年 3 月 31 日,本公司职工总数为 2951 名,按专业构成划分为:

类　别	人数	比例(%)
生产人员	2240	75.91
销售人员	65	2.20
技术人员	483	16.37
财务人员	32	1.08
行政人员	131	4.44
总计	2951	100.00

上述职工中,具有初级职称的 321 人,占职工总数的 10.9%;中级职称的 128 人,占 4.30%;高级职称的 34 人,占 1.2%。按所受教育程度分,大学本科以上学历的有 63 人,占职工总数的 2.1%;专科学历的有 420 人,占 14.2%;中专学历的有 463 人,占 15.7%;高中学历的有 197 人,占 6.7%;其它 1808 人,占 61.3%。

本公司按甘肃省"甘社筹〔1995〕第 010 号"文件规定,为职工提供养老保险,本公司现有离退休职工 262 人均享受国家、地方和公司规定的离退休待遇。

9、发行人的经营范围:

农副产品、无机盐及其副产品的生产、批发零售,百货、五金交电(不含进口摄、录像机)的批发零售,室内装饰。

10、发行人主要业务:

以农副产品和盐业化工系列产品为主。生产经销元明粉、低碳低铁黄色硫化碱、冷冻硝、风化硝、农副产品啤酒花、黑瓜籽、啤酒大麦、甘草等。同时还综合经营百货、五金交电的批发零售。

11、发行人主要产品生产能力及市场和销售情况:

本公司的主要产品分工业产品和农副业产品,工业产品主要有:

无水硫酸钠(Na_2SO_4),又称元明粉。1996年产量为60,000吨,产销率为82%,国内主要销往东北、华北等地,国外主要销往日本、加拿大、东南亚、南韩。

硫化钠(Na_2S),又称硫化碱,根据品位可分为硫化黄碱和硫化红碱。1996年产量为31,000吨,产销率为86%,硫化黄碱主要销往日本、泰国等地,硫化红碱主要销往东北、华北等地。

编织包装袋。年生产能力300万条,产销率为90%,主要销往国内,用于工农业产品的包装。

农副业产品主要有:

啤酒花、啤酒大麦、黑瓜籽、棉花、玉米等品种。

公司工业产品和农副业产品1996年全年销售额1.85亿元。

12、发行人业务收入构成:

本公司的主营业务收入为无机盐化工产品,农副产品的销售。

金额单位:人民币万元

系列类别	1997年1-3月		1996年度		1995年度		1994年度	
名称	业务收入	比例%	业务收入	比例%	业务收入	比例%	业务收入	比例%
大麦			1,203.50	8.22	1,453.98	11.87	1,492.50	16.30
小麦			1,024.20	6.99	787.29	6.42	633.21	6.92
啤酒花			943.91	6.45	948.91	7.74	970.49	10.60
百号			354.68	2.42	331.97	2.71	355.68	3.88
黑瓜籽			5,166.73	35.28	3,923.29	32.02	3,256.92	35.58
油葵			137.72	0.94	69.84	0.57	59.27	0.65
玉米			404.86	2.77	460.00	3.75	459.98	5.02
甘草					1,458.87	11.90		
红砖			23.92	0.16	117.05	0.96		
棉花			325.05	2.22	124.00	1.01		
水果					25.46	0.21		
元明粉	275.53	51.33	1,516.62	10.36	1,616.63	13.19	1,520.08	16.61
硫化碱	36.28	6.76	2,238.31	15.29				
风化硝	192.28	35.82	701.69	4.81	584.76	4.77		
编织袋	32.65	6.08	588.28	4.02	331.59	2.71	217.67	2.38
其它			10.88	0.07	20.75	0.17	188.18	2.06
合计	536.74	100.00	14,643.35	100.00	12,254.37	100.00	9,153.98	100.00

13、主要原材料的供应及自然资源和能源的耗用情况:

工业主要原材料芒硝和原盐取自甘肃高台盐池,矿藏资源十分丰富,公司拥有开采权的矿区面积东西长8.2公里,南北宽1.8公里,已探明再生芒硝储量为3,000万吨,开发前景广阔。

14、土地使用权:

本公司现占有土地面积9,255,809.77平方米,土地使用权在公司设立时由发起人折价入股。

15、关联企业及关联交易:

①甘肃省亚盛盐业化工企业集团公司,主营无机盐及其副产品的销售、农副产品的销售,持有本公司股份4,626万股,占发行前本公司股本总额的57.83%。

②甘肃金塔恒盛农业发展公司,主营粮食及制品、啤酒花、食品、畜产品、农副产品的批发零售,甘草种植加工,政策允许的中药材购销,持有本公司股份1,706万股,占发行前本公司股本总额的21.33%。

③甘肃金盛化工有限公司,系合资经营企业,主营硫化钠的生产和销售,持有本公司股份882万股,占发行前本公司股本总额的11.02%。

④甘肃省国营高台农场,主营粮食作物、经济作物的种植和销售;百货、五金交电、化工、机电、钢材、木材的批发零售,持有本公司股份452万股,占发行前本公司股本总额的5.65%。

⑤甘肃省国营生地湾双丰化工厂,主营元明粉的生产和销售,芒硝采选,持有本公司股份334万股,占发行前本公司股本总额的4.17%。

本公司与上述企业之间的业务往来均按一般市场经营规则进行,与其他业务往来企业同等对待。本公司与集团公司之间不可避免的关联交易,按正常商业条款遵照公平、公正的市场原则,与集团公司签订了《有偿服务协议》,包括部分产品代销、商标使用、电力供应、设施维修、职工培训及后勤服务等方面,以确保股东利益不受侵犯。本公司与集团公司签订了《避免同业竞争协议书》,集团公司承诺在持有本公司股份期间不从事与本公司构成竞争的业务。

16、董事、监事及公司高级管理人员情况

周长生先生:54岁,经济学硕士,高级经济师。历任甘肃省农垦总公司国营生地湾农场副场长、场长、党委副书记,甘肃省亚盛盐业化工企业集团公司党委书记、总经理,曾荣获甘肃省农垦系统劳动模范、甘肃省职工教育先进工作者,主持设计了"板式蒸发器"工艺,用于低碳低铁硫化碱的生产;在农垦系统先后工作三十四年,现任甘肃亚盛实业(集团)股份有限公司董事长。

向光武先生:47岁,大专文化,经济师。曾任甘肃省农垦总公司国营生地湾农场副场长,甘肃省亚盛农工商公司董事长、总经理,甘肃省亚盛盐业化工企业集团公司常务副总经理,现任甘肃亚盛实业(集团)股份有限公司董事、总经理。

曹孝忠先生:51岁,大专文化,会计师。曾任甘肃省国营生地湾农场法庭庭长,甘肃省国营高台农场场长,现任甘肃亚盛实业(集团)股份有限公司董事、副总经理。

王登福先生:41岁,大专文化,会计师。曾任甘肃省农工商公司副总经理。甘肃省金盛化工有限公司所属硫化碱厂厂长,甘肃省亚盛盐业化工企业集团公司副总经理,现任甘肃亚盛实业(集团)股份有限公司董事、副总经理。

卞玉镇先生:45岁,中专文化,经济师。曾任甘肃省国营生地湾农场劳人科科长,甘肃省金盛化工有限公司副总经理,甘肃省亚盛盐业化工企业集团公司副总经理,现任甘肃亚盛实业(集团)股份有限公司董事、副总经理。

郝碌荣先生:50岁,中专文化,会计师。曾任甘肃省亚盛农工商公司财务科科长、副总经理、总经理。现任甘肃亚盛实业(集团)股份有限公司董事。

曹林先生:37岁,大学文化,政工师。曾任甘肃省国营生地湾农场组织科科长,甘肃省生地湾双丰化工厂党委书记、厂长,甘肃省亚盛盐业化工企业集团公司党委书记助理,现任甘肃亚盛实业(集团)股份有限公司董事。

焦永强先生:32岁,中专文化,助理化工工程师。曾任甘肃省生地湾双丰化工厂生产科科长、厂长,甘肃省金盛化工有限公司硫化碱厂厂长,现任甘肃亚盛实业(集团)股份有限公司董事。

李兴祥先生:50岁,高中文化,农艺师。曾任甘肃省金塔恒盛农业发展公司董事长、总经理。现任甘肃亚盛实业(集团)股份有限公司董事。

许汉春先生:44岁,高中文化,农艺师。曾任甘肃省金塔兴盛实业公司董事长、总经理,现任甘肃亚盛实业(集团)股份有限公司董事。

李积玉先生:48岁,高中文化,农艺师。曾任甘肃省金塔永胜农业发展公司董事长、总经理,现任甘肃亚盛实业(集团)股份有限公司董事。

伊万福先生:51岁,高中文化,机械工程师。曾任甘肃省亚盛矿业公司总经理,现任甘肃亚盛实业(集团)股份有限公司董事。

杨占荣先生:40岁,高中文化,助理农艺师。曾任甘肃省国营高台农场场长,现任甘肃亚盛实业(集团)股份有限公司董事。

史立和先生:57岁,高中文化,政工师。曾任甘肃省金塔县人民检察院亚盛公司检察室主任,甘肃省亚盛盐业化工企业集团公司党委副书记、纪委书记,现任甘肃亚盛实业(集团)股份有限公司监事。

王作忠先生:34岁,大专文化,会计师。曾任甘肃省国营生地湾农场财务科科长、甘肃省亚盛盐业化工企业集团公司审计监控部部长、金融开发部部长,现任甘肃亚盛实业(集团)股份有限公司监事。

郭福荣先生:30岁,大专文化,会计师。曾任甘肃省亚盛盐业化工企业集团公司会计、甘肃省亚盛农工商公司财务科长,现任甘肃亚盛实业(集团)股份有限公司监事。

刘文学先生:32岁,大学文化,助理工程师,曾任甘肃省亚盛盐业化工企业集团公司计算机室主任,现任甘肃亚盛实业(集团)股份有限公司监事。

任涛先生:29岁,大学文化,助理会计师,曾任甘肃省亚盛盐业化工企业集团公司会计,现任甘肃亚盛实业(集团)股份有限公司监事。

九、经营业绩

1、生产经营情况

公司以盐业化工系列产品和农副产品的经营为主,生产经销元明粉、低碳低铁黄色硫化碱、水硝、风化硝、农副产品啤酒花、啤酒大麦、甘草等。同时还综合经营百货、五金交电的批发零售。其中,黄色硫化碱的生产规模为全国第一,元明粉的生产规模为全国第三,人工种植甘草的面积和产量均为全国第一,啤酒花、黑瓜籽、啤酒大麦等产品是国家有关部门认定的绿色产品,公司已成为上述农副产品的生产基地。

2、销售及利润情况

公司一九九四年至一九九六年度,一九九七年一月至三月的经营情况如下:

单位:元

项目	1997年1-3月	1996年	1995年	1994年
主营业务收入	5,367,440.09	146,433,517.32	122,543,674.47	91,539,828.68
营业利润	835,706.01	50,536,776.72	49,138,193.95	37,637,071.41
利润总额	1,023,102.07	57,571,242.86	49,268,636.52	37,985,438.65
净利润	685,478.39	38,572,732.72	33,009,986.47	25,450,243.90

3、主营业务收入主要构成

本公司的主营业务收入为无机盐化工产品,农副产品的销售。公司1996年主营业务收入14,643万元,其中工业产品销售收入5,082万元,占34.71%,农业产品销售收入9,561万元,占65.29%。

4、产品市场情况

本公司的主要产品分工业产品和农副业产品,工业产品主要有:

无水硫酸钠(元明粉)、硫化钠(硫化碱),国内主要销往东北、华北等地,国外主要销往日本、加拿大、东南亚、南韩等地。

农副产品主要有:

啤酒花、啤酒大麦、黑瓜籽、棉花、玉米等品种。

5、产品性能及质量方面的情况

公司生产的亚盛牌硫化碱和亚盛牌元明粉畅销海内外,为国内优质产品;啤酒花、黑瓜籽、啤酒大麦等产品是国家有关部门认定的绿色食品。

6、筹资的情况

公司筹资的渠道主要是银行贷款。

7、固定资产及技术改造情况

公司成立以来,加快了固定资产更新改造速度,使生产上规模,经营上档次,先后投资3千余万元,投资改造了硫化碱生产线,采用"板式蒸发器"工艺生产低碳低铁硫化碱,该生产工艺属国内首创;更新改造了矿业开采设施,保证了生产所用原材料的及时供给。截止1997年3月31日,固定资产原值为6,064万元,净值4,635万元。

8、职工数量与业务水平的变化情况

公司成立后,注重人才的引进和培养,建立了一支在数量和质量上以及在国内同类企业中均属一流的人才队伍。公司员工中,大学本科以上学历的有63人,专科学历的有420人,中专学历的有463人,高中学历的有197人。公司职工中各类生产技术人员有483人。

十、股本

1、拟注册股份

本次A股发行完成后,公司拟注册的股本为15,000万元。

2、已发行的股份

1995年9月19日,经甘肃省人民政府甘政函〔1995〕36号文批准,由甘肃省亚盛盐业化工企业集团公司所属的甘肃省亚盛农工商公司、甘肃金塔兴盛实业公司、甘肃金塔永胜农业发展公司等三家企业进行资产重组,以其经评估确认后的全部净资产4,925.478万元,按1:1.06476折股比例折合股本4,626万股,形成国有法人股,其股权由甘肃省亚盛盐业化工企业集团公司持有;其他四家发起人甘肃金塔恒盛农业发展公司、甘肃金盛化工有限公司、甘肃省国营高台农场、甘肃省国营生地湾双丰化工厂分别以其经评估确认后的部分净资产3,592.602万元,亦按上属折股比例折合股本3,374万股,形成法人股,其股权分别由各发起人持有,上述企业共计认购8,000万股,每股人民币1元,公司注册的总股本为8,000万元。股本结构如下(单位:万股):

类别	股数	比例(%)
发起人股:		
国有法人股	4,626	57.83
法人股	3,374	42.17
总股本	8,000	100.00

3、本次发行股份

本次向社会公众发行7,000万股A股(其中向本公司内部职工配售700万股),公司职工股按规定本次发行的股票上市半年后方可上市流通。

4、超过面值缴入的资本及其用途

本次股票发行采用溢价发行,超过面值缴入的资本33,810万元,进入公司资本公积金。

5、本次发行后公司股本结构

类别	股数	比例(%)
尚未流通股份:		
国有法人股	4,626	30.84
法人股	3,374	22.49
可流通股份:		
社会公众股	7,000	46.67
其中:公司职工股	700	4.67
总股本	15,000	100.00

6、本次股票发行前后净资产:

项目	股本总额(万股)	净资产总额(万元)	每股净资产(元)
本次发行前	8,000	13,137	1.64
本次发行后	15,000	53,947	3.60

7、本次股票发行前的股东持股情况:

股东名称	股数(万股)	比例(%)
甘肃省亚盛盐业化工企业集团公司	4,626	57.83
甘肃金塔恒盛农业发展公司	1,706	21.33
甘肃金盛化工有限公司	882	11.02
甘肃省国营高台农场	452	5.65
甘肃省国营生地湾双丰化工厂	334	4.17

8、董事、监事、高级管理人员及重要职员持股情况:

目前,本公司董事及高级管理人员均未持有本公司股票。

十一、财务会计资料

以下全文引用甘肃第二会计师事务所对公司1994年、1995年、1996年及1997年1－3月的财务报表进行审计的报告。

1、审计报告

甘肃亚盛实业(集团)股份有限公司全体股东：

我们接受委托，审计了贵公司1994年12月31日、1995年12月31日、1996年12月31日及1997年3月31日的资产负债表和1994、1995、1996三个会计年度及1997年1－3月的利润及利润分配表以及1996年度的财务状况变动表。这些会计报表由贵公司负责，我们的责任是对这些会计报表发表审计意见。我们的审计是依据《中国注册会计师独立审计准则》进行的。在审计过程中，我们结合贵公司的实际情况实施了包括抽查会计记录等我们认为必要的审计程序。

我们认为，上述会计报表符合《企业会计准则》、《股份制试点企业会计制度》的有关规定，在所有重大方面公允地反映了贵公司1994年12月31日、1995年12月31日、1996年12月31日、1997年3月31日的财务状况及上述各期间的经营成果和1996年度资金变动情况，会计处理方法的选用遵循了一贯性原则。

中国注册会计师：住新怀

中国注册会计师：段德仁

一九九七年四月二十八日

2、财务报表(见附表)

3、财务报表附注

附注1：公司设立说明

甘肃亚盛化工(集团)股份有限公司(以下简称公司)是一九九五年九月十九日经甘肃省人民政府以甘政函〔1995〕36号文批准，是由甘肃省亚盛盐业化工企业集团公司所属甘肃省亚盛农工商公司、甘肃金塔兴盛实业公司、甘肃金塔永胜农业发展公司等三家企业的全部资产进行整体改组后，联合甘肃省金塔恒盛农业发展公司、甘肃金盛化工有限公司、甘肃省国营高台农场和甘肃省国营生地湾双丰化工厂等四家单位作为发起人共同发起设立的。公司于一九九五年十二月六日经工商登记注册成立。注册号：22436568－2。法定代表人：周长生。公司总股本为捌仟万股，每股1元，其中国有法人股是由甘肃省亚盛农工商公司、甘肃金塔兴盛实业公司、甘肃金塔永胜农业发展公司等三家企业以其经评估确认后的全部净资产4925.478万元，按1:1.06476折股比例折合股本4626万股，由甘肃省亚盛盐业化工企业集团公司持有；法人股是由甘肃金塔恒盛农业发展公司、甘肃金盛化工有限公司、甘肃省国营高台农场和甘肃省国营生地湾双丰化工厂持有，分别以其经评估确认后净资产3592.602万元，按1:1.06476折股比例折合股本3374万股，上述企业共认购8000万股，每股人民币1元，折股后剩余净资产518.08万元作资本公积处理。经营范围：无机盐及其副产品的生产、批发零售，百货、农副产品、五金交电(不含进口摄、录像机)的批发零售，室内装饰。公司住所：甘肃省金塔县解放路128号。

设立甘肃亚盛实业(集团)股份有限公司各发起人情况如下：

名　称	注册资本	注册号	经营范围
甘肃省亚盛盐业化工企业集团公司	12,000万元	22517273－5	无机盐及农副产品的生产、销售；农副产品生产、加工、销售；五金交电、日用百货批发、零售。
甘肃金塔恒盛农业发展公司	2,680万元	22517275－1	粮食及制品、酒花、食油、畜产品、农副产品批发零售；甘草种植加工；政策允许的中药材的购销；系统内农药、化肥、农膜、农业机械、汽油、柴油、润滑油供应。
甘肃金盛化工有限公司	2,389万元	企合甘总副字第000178号	生产销售硫化钠。
甘肃省国营高台农场	785.8万元	22536202－9	粮食作物、作物种植、销售；百货、五金、交电、化工、机电产品、钢材、木材批发零售。
甘肃省国营生地湾双丰化工厂	685万元	22536233－6	元明粉制造、销售；芒硝采选。

附注2：编制会计报表的基准和方法

公司下设的永胜分公司、兴盛分公司、金塔农业开发分公司、高台农业开发分公司、农工商分公司、元明粉厂和硫化碱厂等七家分公司按行业特点分别执行《农业企业会计制度》和《工业企业会计制度》，在编制本报告时，已按《股份制试点企业会计制度》及其补充规定的要求进行了必要的调整和汇总。

在编制1994年会计报表时，假定公司自1994年1月1日起已经成立，目前的生产经营组织业已存在情况下，根据1995年股改时的资产评估报告和1995年和1996年会计报表而模拟编制的。

附注3：主要会计政策

1、会计制度：执行《股份制试点企业会计制度》。

2、会计年度：公司采用公历年度，即每年一月一日起至十二月三十一日止。

3、记帐原则与计价基础：公司按照权责发生制原则核算，采用借贷复式记帐法记帐，以历史成本为计价基础。

4、坏帐准备：公司不计提坏帐准备，发生坏帐损失时，直接计入管理费用。确认坏帐的标准是：

(1)因债务人破产，依照法律清偿后，确实无法收回的应收帐款；

(2)债务人死亡，既无遗产可供清偿，又无义务承担人，确实无法收回的应收帐款；

(3)债务人逾期三年未能履行义务，经主管财政机关审核认可，可以列作坏帐的应收帐款。

5、存货计价方法：按实际成本对存货进行日常核算，以"先进先出法"作为存货发出的计价方法；低值易耗品领用时采用一次摊销法核算。

6、固定资产及其折旧：

(1)固定资产的标准：

a、使用年限在一年以上的房屋、建筑物、机器、设备、器具、工具等资产；

b、不属于生产经营的主要设备，单位价值在2,000.00元以上，并且使用期限超过两年的物品；

(2)固定资产的计价：以原始成本计价；评估后固定资产以重置成本计价；

(3)折旧方法采用直线法，净残值率为5%。固定资产分类、折旧年限和折旧率如下：

类　别	折旧年限	年折旧率
生产用房	35	2.71%
其中：生产用房(腐蚀房)	25	3.80%
非生产用房	40	2.38%
构筑物	20	4.75%
机器设备	12	7.92%
运输设备	10	9.50%
其　他	8	11.88%

7、无形资产及其摊销：公司成立时由发起人投入的土地使用权和矿业开采权，按投入时的评估价值入帐，按其使用年限平均摊销。

8、递延资产及其摊销：系其他递延资产，按受益期平均摊销。

9、收入实现的确认：以商品已经发出，劳务已经提供，同时收讫价款或取得收取价款的凭据时，作为实现标志。

10、税项：

(1)增值税：税率为17%；

(2)农业税:按照《中华人民共和国农业税条例》的规定执行,每亩10公斤小麦;

(3)农业特产税:按照《国务院关于对农业特产收入征收农业税的规定》和《甘肃省关于农业特产收入征收农业税的实施办法》的规定执行,按经济作物收入的5－－12%计缴。

(4)资源税:按芒硝的销售量计算,每吨0.50元;

(5)水资源费:按芒硝的销售量计算,每吨0.275元;

(6)城市维护建设税:税率为5%;

(7)教育费附加:税率为3%;

(8)所得税:按应纳税所得额的33%计提;

11、利润分配:公司按净利润的10%提取法定盈余公积金、5%提取公益金,剩余部分为可供股东分配的利润,按股东大会通过的分配方案进行分配。

公司1995年度利润分配方案是:按净利润34%提取任意盈余公积,每股派发0.12元的现金红利。

公司1996年度利润分配方案是:按净利润35%提取任意盈余公积,每股派发0.18元的现金红利。

附注4:货币资金

一九九七年三月三十一日余额为1,021,332.35元,其中:

现金	423,641.40
银行存款	597,690.95
合计	1,021,332.35

附注5:应收帐款

一九九七年三月三十一日余额为77,409,952.43元,其中:

1年以内	70,304,713.70	90.80%
1-2年	5,057,344.72	6.50%
2-3年	1,902,770.64	2.50%
3年以上	145,123.37	0.20%
合　计	77,409,952.43	100.00%

应收帐款中无持有公司5%以上股份的股东的欠款。

附注6:预付帐款

一九九七年三月三十一日余额为36,934.40元,其中:

1年以内	36,934.40

附注7:其他应收款

一九九七年三月三十一日余额为44,695,534.11元,其中:

1、帐龄分析:

1年以内	26,782,117.66	59.90%
1-2年	14,435,143.88	32.30%
2-3年	3,107,135.70	7.00%
3年以上	371,136.87	0.80%
合　计	44,695,534.11	100.00%

2、数额较大的经济内容:

单　位	金　额	内容和性质
金塔县中东建筑工程队	468,000.00	住宅修建费
职工个人	2,786,324.55	差旅费
公司各部门、科室	4,675,434.37	备用金
应收家庭农场款	10,632,589.48	垫付水电费、农用物资、应交承包费等
国营生地湾农场农业公司	18,211,766.69	业务往来款 *

* 业务往来款是核算农业公司按照国家规定统销公司生产的粮食和统购公司生产需要的农用物资等的余额。

其他应收款中无持有公司5%以上股份的股东的欠款。

附注8:待摊费用

一九九七年三月三十一日余额为202,480.57元,其中:

期初存货进项税	202,480.57

附注9:存货

一九九七年三月三十一日余额为30,915,512.39元,其中:

原材料	5,673,423.51
农用材料	605,265.63
产成品	15,434,309.40
库存商品	38,684.11
在产品	9,163,829.74
合　计	30,915,512.39

附注10:固定资产及其累计折旧

一九九七年三月三十一日固定资产原值为60,639,213.05元,一九九七年三月三十一日累计折旧为14,293,521.07元,其中:

类别	期初数	本期增加	本期减少	期末数
固定资产:				
房屋建筑物	23,350,274.52	1,143,634.57		24,493,909.09
机器设备	28,060,241.30			28,060,241.30
运输设备	2,359,999.37			2,359,999.37
经济林	3,050,919.38			3,050,919.38
农业设施	2,674,143.91			2,674,143.91
合　计	59,495,578.48	1,143,634.57		60,639,213.05
累计折旧:				
房屋建筑物	5,341,998.59	160,262.18	5,502,260.77	
机器设备	7,290,493.43	481,629.80	7,772,123.23	
运输设备	585,973.23	31,010.22	616,983.45	
农业设施	400,145.04	2,008.58	401,153.62	
合　计	13,618,610.29	674,910.78	14,293,521.07	

附注11:在建工程

一九九七年三月三十一日余额为18,622,905.04元,其中:

工程名称	预算数	实际支出数	工程进度	资金来源	批准文号
硫化碱技改工程	15,000,000.00	14,449,849.96	96%	自筹	甘计资〔1992〕1072号
主支蜇沟	3,500,000.00	3,003,811.42	86%	自筹	
果　园	400,000.00	377,299.70	95%	自筹	
机　井	300,000.00	92,837.49	92%	自筹	
住宅楼工程	250,000.00	193,245.59	90%	自筹	
其他零星工程		305,860.88			
合　计		18,622,905.04			

在建工程1997年3月31日余额与1996年12月31日余额相比变动超过30%的主要原因是1997年硫化碱技改工程进入后期,结算价款大引起的。

附注12:无形资产

一九九七年三月三十一日余额为66,946,293.98元,其中:

类　别	原　值	已摊金额	期末余额	剩余摊销年限
土地使用权	62,974,177.53	1,259,483.55	61,714,693.98	49年
矿业开采权	5,707,200.00	475,600.00	5,231,600.00	11年
合　计	68,681,377.53	1,735,083.55	66,946,293.98	

附注13:短期借款

一九九七年三月三十一日余额为38,342,000.00元,其中

贷款单位	借款期限	月利率‰	金　额	借款条件
农业银行金塔县支行	97.02.08-97.12.08	10.98	21,731,000.00	抵押
农业银行金塔县支行	96.10.05-97.05.05	9.42	5,468,000.00	抵押
农业银行金塔县支行	97.01.10-97.07.10	9.42	5,143,000.00	抵押
农业银行金塔县支行	96.11.11-97.11.11	9.15	6,000,000.00	担保
合　计			38,342,000.00	

附注14:应付帐款

一九九七年三月三十一日余额为10,156,841.04元,其中金额较大的有:

材料估价入帐	569,325.30
甘肃省金塔县金庙沟煤矿	95,590.19
甘肃省金塔县乡镇企业管理局	661,886.02
甘肃省高台县盐化公司	723,955.40
甘肃省张掖市塑编厂	137,384.10
河北省无极皮革批发部	105,517.70
甘肃省武威市物资公司	142,296.00
甘肃省高台县盐池乡	818,304.13
甘肃省高台县电力局	1,165,663.34
新疆独山子建贸公司	155,250.00
甘肃省金塔盐化股份公司	1,650,259.80
甘肃省兰州四七一厂	102,985.81
甘肃省酒泉市物资公司	103,099.76
甘肃省嘉峪关市电力局	99,032.00
甘肃省高台县盐化公司	300,753.76
甘肃省金塔县供电局	242,091.22
甘肃省金塔县石油公司	346,704.60
甘肃省金塔县金庙沟煤矿	1,560,160.00

应付帐款中无有关联的公司的款项。

附注15:预收帐款

一九九七年三月三十一日余额为2,869,571.22元,其中金额较大的有:

甘肃省进出口贸易公司	904,874.20
甘肃中化进出口有限责任公司	1,757,778.87

预收帐款1997年3月31日余额与1996年12月31日余额相比变动超过30%的主要原因是1997年预收了上述两企业贷款引起的。

预收帐款中无有关联的公司的款项。

附注16:未交税金

一九九七年三月三十一日余额为13,029,532.69元,其中:

应交所得税	337,623.68
应交增值税	9,940,497.69
农业税	2,306,459.49
城建税	444,951.83
合计	13,029,532.69

未交税金1997年3月31日余额与1996年12月31日余额相比变动超过30%的主要原因是交纳了部分增值税和农业税等税金引起的。

附注17:其他未交款

一九九七年三月三十一日余额为796,912.19元,其中:

教育费附加	796,912.19

附注18:其他应付款

一九九七年三月三十一日余额为20,655,137.35元,其中金额较大的有:

单位	金额	内容和性质
公司职工	1,390,250.18	工资
甘肃省高台县土地管理局	107,200.00	征地费
甘肃省金塔县水利建设工程队	134,908.37	工程款
临时工、民工	4,585,558.20	元明粉运费
公司职工	133,452.03	风险金
公司职工	1,391,343.96	住房集资款
公司职工	190,085.37	养老金
应付家庭农场款	420,233.85	应付未付承包收入
甘肃省亚盛盐业化工企业集团公司	9,963,133.26	应交1994年度和1995年度利润

其他应付款1997年3月31日余额与1996年12月31日余额相比变动超过30%的主要原因是个人元明粉运费、住房集资款和职工工资结余等增加引起的。

附注19:一年内到期的长期负债

一九九七年三月三十一日余额为5,350,000.00元,其中:

借款银行	借款期限	借款金额	月利率‰	借款条件
农业银行金塔县支行	91.09.23--97.09.23	840,000.00	2.4	担保
农业银行金塔县支行	91.12.23--97.12.23	410,000.00	2.4	担保
农业银行金塔县支行	93.09.10--97.09.10	1,300,000.00	10.98	担保
农业银行金塔县支行	93.11.11--97.11.11	2,000,000.00	9.15	担保
农业银行金塔县支行	92.08.12--97.08.12	800,000.00	12.06	担保
合计		5,350,000.00		

附注20:长期借款

一九九七年三月三十一日余额为4,913,923.98元,其中:

借款银行	借款期限	借款金额	月利率‰	借款条件
农业银行金塔县支行	95.06.20--2000.06.20	560,000.00	11.34	抵押
农业银行金塔县支行	95.12.30---98.12.30	1,465,723.98	11.34	抵押
农业银行金塔县支行	95.04.02---98.04.02	400,000.00	9.24	担保
农业银行金塔县支行	96.04.16---98.04.16	238,200.00	12.06	担保
农业银行金塔县支行	95.01.04--2000.01.04	250,000.00	9.24	信用
农业银行金塔县支行	94.12.30---98.12.30	2,000,000.00	9.15	担保
合计		4,913,923.98		

附注21:专项应付款

一九九七年三月三十一日余额为39,476,354.95元,其中:

应付移民安置费	165,000.00
所得税(1994--1996年度)	39,311,354.95
合计	39,476,354.95

1994--1996年度的所得税40%留给企业用于长期周转,60%上交企业主管部门。

附注22:股本

一九九七年三月三十一日余额为80,000,000.00元,其中:

名称	1997.3.31	1996.12.31	1995.12.31	持有比例(%)
1.国有法人股	46,260,000.00	46,260,000.00	46,260,000.00	57.83
其中:				
甘肃省亚盛盐业化工企业集团公司	46,260,000.00	46,260,000.00	46,260,000.00	57.83
2.法人股	33,740,000.00	33,740,000.00	33,740,000.00	42.17
其中:				
甘肃金塔恒盛农业发展公司	17,060,000.00	17,060,000.00	17,060,000.00	21.33
甘肃金盛化工有限公司	8,820,000.00	8,820,000.00	8,820,000.00	11.02
甘肃省国营高台农场	4,520,000.00	4,520,000.00	4,520,000.00	5.65
甘肃省国营生地湾双丰化工厂	3,340,000.00	3,340,000.00	3,340,000.00	4.17
合计	80,000,000.00	80,000,000.00	80,000,000.00	100.00

附注23:资本公积

一九九七年三月三十一日余额为5,180,820.09元,系1995年股份制改组时的资产评估增值。

附注24:盈余公积

一九九七年三月三十一日余额为35,461,259.73元,其中:

项目	1997.3.31	1996.12.31	1995.12.31
法定公积金	7,158,271.92	7,158,271.92	3,300,998.65

公益金	3,579,135.96	3,579,135.96	1,650,499.32
任意公积金	24,723,851.85	24,723,851.85	11,223,395.40
合计	35,461,259.73	35,461,259.73	16,174,893.37

1995年度根据利润分配方案提取法定盈余公积金3,300,998.65元、公益金1,650,499.32元、任意公积金11,223,395.40元；

1996年度根据利润分配方案提取法定盈余公积金3,857,273.27元、公益金1,928,636.64元、任意公积金13,500,456.45元。

附注25:未分配利润

一九九七年三月三十一日余额为10,726,023.37元,系从1995年以来各年未分配利润的滚存结果,其中:

	期初数	增加数	期末数
1995年12月31日		5,154,178.62	5,154,178.62
1996年12月31日	5,154,178.62	4,886,366.36	10,040,544.98
1997年12月31日	10,040,544.98	685,478.39	10,726,023.37

附注26:营业收入

项目	1997年1-3月	1996年度	1995年度	1994年度
大麦		12,034,967.02	14,539,774.57	14,925,004.15
小麦		10,241,997.08	7,872,893.05	6,332,051.20
啤酒花		9,439,145.00	9,489,141.31	9,704,860.80
百号		3,546,807.81	3,319,656.65	3,556,797.36
黑瓜籽		51,667,290.61	39,232,897.80	32,569,172.68
油葵		1,377,236.00	698,400.00	592,680.00
玉米		4,048,559.40	4,600,000.00	4,600,000.00
甘草			14,588,677.46	
红砖		239,219.19	1,170,468.20	
棉花		3,250,503.80	1,240,000.00	
水果			254,594.80	
元明粉	2,755,284.65	15,166,195.89	16,166,251.43	15,200,792.81
硫化碱	362,812.59	22,383,051.16		
风化硝	1,922,797.50	7,046,932.44	5,847,560.54	
编织袋	326,545.95	5,882,801.35	3,315,900.00	2,176,706.35
其他		108,810.57	207,458.66	1,881,763.33
合计	5,367,440.69	146,433,517.32	122,543,674.47	91,539,828.68

营业收入1995年度与1994年度相比增幅超过30%的主要原因是由于种植甘草、棉花和生产红砖、风化硝增加收入所致。

附注27:营业成本

项目	1997年1-3月	1996年度	1995年度	1994年度
大麦		5,638,913.44	6,786,437.58	5,854,130.29
小麦		7,705,814.32	5,077,525.19	4,359,679.57
啤酒花		7,468,845.44	6,205,605.33	6,893,361.08
百号		2,511,719.68	1,943,427.43	2,133,004.48
黑瓜籽		22,135,443.16	15,252,705.84	9,577,596.61
油葵		765,625.74	572,132.85	
玉米		3,199,320.00	3,406,309.50	3,427,442.50
甘草			7,411,853.47	
红砖		202,901.88	968,545.61	
棉花		2,165,440.00	790,860.00	
水果			240,988.50	
元明粉	1,253,967.14	6,832,333.19	6,325,178.66	6,878,006.38
硫化碱	369,018.00	8,190,309.48		
风化硝	1,078,217.21	1,779,007.50	1,451,468.42	
编织袋	209,916.50	3,980,899.97	1,068,900.00	1,274,093.98
其他		50,097.38	227,408.70	760,732.49
合计	2,911,118.85	72,626,671.18	57,729,347.08	41,158,047.38

营业成本1995年度与1994年度相比增幅超过30%的主要原因是由于种植甘草、棉花和生产红砖、风化硝增加成本所致。

附注28:销售费用

项目	1997年1-3月	1996年度	1995年度	1994年度
包装费		714,408.74	670,563.99	588,913.39
运输费	44,847.00	2,597,743.04	2,493,638.17	1,964,458.95
装卸费		521,693.83	115,536.15	47,102.50
商品损耗		521,389.85	314,700.95	376,125.24
加工费		1,865,383.00	1,898,711.00	1,604,160.77
工资	30,924.97	447,267.55	432,385.39	79,178.87
福利费	4,329.90	62,617.46	88,533.95	11,085.04
差旅费	29,348.16	751,504.92	778,096.00	454,614.34
保险费	8,492.13	20,402.57	17,640.97	14,525.58
其他	6,540.94	874,327.71	737,094.34	779,944.17
合计	124,482.70	8,403,738.67	7,546,900.91	5,920,108.85

附注29:管理费用

项目	1997年1-3月	1996年度	1995年度	1994年度
工资	161,532.80	631,519.22	663,443.27	751,419.04
福利费	22,614.59	88,412.69	92,882.06	105,198.67
无形资产摊销		1,735,083.55		
折旧	53,596.42	214,385.68	209,534.04	198,772.10
工会经费	3,230.66	12,630.38	13,268.87	15,028.38
教育经费	2,423.00	9,472.79	9,951.65	11,271.29
低值易耗品摊销	2,324.00	17,296.00	16,387.00	18,392.00
递延资产摊销	27,336.05	101,344.20	102,253.20	100,248.20
坏帐损失	436,721.31	407,890.46	746,733.28	668,164.33
业务招待费	206,628.38	307,993.48	275,213.21	251,133.32
修理费	414,807.94	332,275.89	427,214.68	198,514.89
办公费	12,015.87	46,875.06	186,592.17	81,102.46
差旅费	140,523.64	221,570.91	490,280.01	172,131.67
保险费	58,064.89	202,259.55	204,642.76	198,858.83
其他	143,280.49	118,520.77	667,355.21	429,105.24
合计	1,685,100.04	4,447,530.63	4,105,751.41	3,199,340.42

附注30:财务费用

项目	1997年1-3月	1996年度	1995年度	1994年度
利息收入	106,542.70	176,975.85	275,514.72	122,171.62
利息支出	1,310.29	6,769,020.32	3,820,330.15	2,158,543.45
金融机构手续费	305.12	13,837.35	790.00	17,841.19
合计	-104,927.29	6,605,881.82	3,545,605.43	2,054,213.02

财务费用1996年度、1995年度与前期相比增幅超过30%的主要原因是银行借款增加,从而引起当期利息支出与上期相比增幅比较大。

附注31:营业税金及附加

项目	1997年1-3月	1996年度	1995年度	1994年度
农业特产税		6,023,936.44	4,629,874.13	3,530,860.57
农业税		114,663.56	191,785.72	84,286.00
城市维护建设税	2,615.33	317,827.37	461,609.87	135,481.76
教育费附加	1,569.20	190,696.42	276,965.92	81,289.06
合计	4,184.53	6,647,123.79	5,560,235.64	3,831,917.39

营业税金及附加1995年度与1994年度相比增幅超过30%的主要原因是由于种植甘草、棉花和生产红砖、风化硝增加收入,从而也引起税金及附加的增加。

附注32:其他业务利润

项目	1997年1-3月	1996年度	1995年度	1994年度
1.其他业务收入	132,106.96	3,068,596.91	7,469,219.17	5,474,512.79
其中:				
运输收入		27,462.96	1,753,965.81	633,968.27

材料销售收入	49,379.96	139,233.17	145,828.14	1,954,556.57
机械作业收入	82,727.00	2,901,900.78	5,569,425.22	2,885,987.95
2.减:其他业务支出	43,882.81	234,391.42	2,386,859.22	3,213,643.00
其中:				
运输成本		22,292.77	982,732.75	417,477.97
材料销售成本	40,745.27	101,074.62	116,662.51	1,563,645.26
其他业务税金	3,137.54	111,024.03	1,287,463.96	1,232,519.77
3.其他业务利润	88,224.15	2,834,205.49	5,082,359.95	2,260,869.79

其他业务利润1995年度与1994年度、1996年度相比增幅超过30%的主要原因是其他业务收入中的机械作业收入增加引起的。

附33:营业外收入

项　目	1997年1-3月	1996年度	1995年度	1994年度
盘盈收入		6,972,382.50		
无法支付款项	138,133.37	199,631.18	230,271.52	386,200.92
罚款收入		8,094.30	55,490.85	650.60
其　他	49,692.09	60,678.76	11,260.00	12,000.00
合　计	187,825.46	7,240,786.74	297,022.37	398,851.52

营业外收入1996年度与1995年度相比增幅超过30%的主要原因是盘盈销田3块,每块95亩,每亩单价24,464.50元,合计6,972,382.50元。

附注34:营业外支出

项　目	1997年1-3月	1996年度	1995年度	1994年度
盘亏损失			51,300.00	
非常损失		33,020.00		
罚款支出	362.10	170,600.00	112,979.80	48,484.28
其　他	67.30	2,700.00	2,300.00	2,000.00
合　计	429.40	206,320.60	166,579.80	50,484.28

营业外支出1995年度与1994年度相比增幅超过30%的主要原因是罚款支出增加。

附注35:关联交易、或有事项和承诺事项

与公司有关联的主要企业有甘肃省亚盛盐业化工企业集团公司、甘肃金塔恒盛农业发展公司、甘肃金盛化工有限公司、甘肃省高台国营农场和甘肃省国营生地湾双丰化工厂等,上述关联企业作为公司股东,与公司之间不可避免会发生业务往来,但这些业务往来不论大小,均按照通常的市场经营规则进行,与其他企业的业务往来同等对待。每年主要的关联交易情况如下:

单　　位	每年平均发生额(万元)	经济内容
甘肃省亚盛盐业化工企业集团公司	2,100	统销粮食等
甘肃省亚盛盐业化工企业集团公司	1,200	统购农用物资

公司无重大或有事项和承诺事项。

附注36:期后事项

公司无重大期后事项。

附注37:重要事项说明

农产品受季节因素影响,1997年1-3月收入尚未实现,生产成本亦未结转。

4、主要会计指标

项目/年度	1997年1-3月	1996年	1995年	1994年
流动比率	1.48	1.48	1.17	1.02
速动比率	1.14	1.13	0.82	0.91
资产负债率(%)	50.86	52.36	47.46	94.51
应收帐款周转率(%)	6.93	169.02	257.24	28.20
存货周转率(%)	9.42	208.15	216.80	743.48
净资产收益率(%)	-	29.52	30.95	- -
每股净资产(元)	1.64	1.63	1.33	- -
每股盈利(元)	- -	0.482	0.412	0.318

十二、资产评估

1、评估单位:甘肃第三会计师事务所。

2、评估基准日:1997年3月31日。

3、评估范围:甘肃亚盛化工(集团)股份有限公司的全部资产及相关负债。

4、评估目的:确定公司整体资产价值,为公司公开发行股票提供参考。

5、评估方法:采用单项资产评估,然后加总的方法。

(1)货币资金:以审核后的帐面价值为评估价值。

(2)应收及预付债权:通过函证、查询、逐项进行核实,并分析债权的可收回性,剔除已形成的坏帐,据此进行评估。

(3)存货:

A、原材料:采用重置成本法分类评估。

B、在产品:采用重置成本法。

C、产成品:采用现行市价法。

D、低值易耗品:采用现行市价法。

(4)房屋建筑物、机器设备、土地使用权采用重置成本法。

(5)整体资产:按照收益现值法评估出整体资产现值,验证单项资产评估值和确定的评估值,经验证,两种方法确定的整体资产评估值基本吻合。

6、资产评估结果:

经甘肃第三会计师事务所评估,本公司截止一九九七年三月三十一日资产总值为379,174,778.17元,同期负债总额为150,324,996.77元,净资产值为228,849,781.40元。

资产评估汇总表

单位:人民币元

项目	帐面净值	评估价值	增值额	增值率(%)
资产总额	281,830,497.67	379,174,778.17	97,334,280.50	34.54
其中:流动资产	154,457,668.04	164,618,106.57	10,180,438.53	6.58
固定资产	55,418,814.59	113,606,584.00	58,187,769.41	105.00
无形资产	68,681,377.53	96,736,699.00	28,055,321.47	40.85
负债总额	150,462,394.48	150,324,996.77	-137,397.71	0.09
其中:流动负债	134,437,248.50	134,299,850.79	137,397.71	0.10
长期负债	16,025,145.98	16,025,145.98	0.00	0.00
净资产	131,368,103.19	228,849,781.40	97,481,678.21	74.21

十三、盈利预测

本盈利预测是以甘肃第二会计师事务所审计的公司1994年至1996年及1997年1-3月的财务报表为基础,并根据本公司1997年度会计期间作出的盈利预测而编制的。预测所依据的会计原则在其重要方面与本公司所采用的会计政策一致。

1、盈利预测假设:

(1)本公司所遵循的中华人民共和国法律、法规、政策无重大变化;

(2)本公司所处的社会经济环境无重大变化;

(3)本公司主营销售业务市场不出现剧变;

(4)本公司遵循的税收制度和适用的税率无重大变化;

(5)本公司经营业务涉及的信贷利率以及外汇汇率将在正常范围内波动;

(6)发售A股的计划能如期完成;

(7)本公司计划投资项目能如期实现;

(8)无其他不可抗力的因素及不可预见因素造成重大不利影响；

2、公司1997年度的盈利预测表：

单位:人民币万元

项目	1997年1－3月实现数	1997年预测数
一、主营业务收入	536	19,881
减：营业成本	291	10,946
销售费用	12	1,780
管理费用	168	541
财务费用	－10	373
营业税金及附加		529
二、主营业务利润	75	5,712
加：其他业务利润	9	141
三、营业利润	84	5,853
加：投资收益		
营业外收入	18	38
减：营业外支出		21
四、利润总额	102	5,870
减：所得税(15%)	15	881
所得税(33%)	34	1,937
五、税后利润(15%)	87	4,990
税后利润(33%)	68	3,934
六、每股收益(15%)		0.33
每股收益(33%)		0.26

十四、公司发展规划

甘肃亚盛化工(集团)股份有限公司地处甘肃省河西走廊，随着国家开发战略的西移，河西走廊将成为甘肃省乃至我国本世纪末、下世纪初新的地区经济增长点，区域优势将越来越明显，这为本公司的发展提供了良好的机遇。本公司现拥有20万亩肥沃土地的开发使用权，拥有3,000万吨再生芒硝矿藏的开采权，为此，本公司已将高效农业和无机盐化工生产作为自己的支柱产业，既可通过得天独厚的自然条件，发展"两高一优"农业，又可通过国家政策的积极鼓励和扶持，发展无机盐化工产业。由于芒硝资源属再生性矿藏，取之不尽，用之不竭，开发潜力极大，产品市场前景广阔。公司自组建以来，已建成年产六万吨元明粉、三万吨黄碱的硫化片碱厂。同时，公司还通过进一步扩大原料基地，引进和培育优良的经济作物品种。这些都为公司今后的发展奠定了坚实的基础。今后的十四年，特别是"九五"期间，是我公司发展承前启后、继往开来的重要阶段，因此，我们将紧紧抓住机遇，加大投资力度，加快科研与开发，强化企业管理，力争把本公司建成西北第一流的无机盐化工生产基地和高效农业生产基地。为此，本公司特制定以下发展规划：

(一)生产经营发展战略

本公司将充分发挥现有的资源和自然优势，以市场为导向，积极发展高、精、细化工商品和高效农业产品，不断提高产品质量，实施名牌战略，严格强化企业管理，不断扩展产品市场，确保公司持续、稳定、健康的发展。

(二)科研与开发战略

牢固树立"人无我有、人有我优、人优我新、人新我特"的产品开发思路，努力做到"生产一代、研制一代、开发一代、储备一代"，利用现有的资源优势，开发有广阔市场前景、高技术含量、高附加值的化工产品和高效、优质农产品，从而确保公司的市场竞争能力，建成一流的无机盐化工生产基地和高效农业生产基地，"九五"期间，将计划开发以下项目：

(1)2万亩世界一流技术水平的滴水灌溉项目；

(2)1万亩良种基地工程项目；

(3)5万亩荒地开发工程项目；

(4)农田节水灌溉项目；

(5)1千公斤高技术含量的盐藻天然胡萝卜素工程项目；

(6)2千吨最新工艺生产的白炭黑工程项目；

(7)2万吨综合利用芒销资源的硫酸钾项目；

(8)亚盛高科技开发生产基地项目；

(三)发展目标和规模

积极发展无机盐化工系列产品和高效农产品，增强企业的生产能力和整体规模效益。

(1)通过公开发行股票，筹集资金，采用以色列农业滴灌模式，建成2万亩滴水灌溉工程，力争在一九九八年建成并发挥经济效益。

(2)通过公开发行股票，筹集资金，建设1万亩良种基地工程，其中啤酒大麦种子田3,000亩；黑瓜籽种子田3,000亩；棉花种子田2,000亩；甘草种苗田2,000亩。

(3)开垦荒地5万亩，扩大现有的农产品经营规模。

(4)通过公开发行股票，筹集资金，建设以低压管灌为主体的节水灌溉项目，实现节水灌溉15万亩。

(5)通过公开发行股票，筹集资金，完成1千公斤盐藻天然胡萝卜素工程项目，力争一九九七年年底建成投产。

(6)通过公开发行股票，筹集资金，兴建年产2千吨的高密度白炭黑生产线，力争一九九八年建成投产。

(7)通过公开发行股票，筹集资金，兴建年产2万吨硫酸钾厂，力争在一九九八年建成投产。

(8)通过公开发行股票，筹集资金，在兰州购建"亚盛高科技开发生产基地"进行科技项目的开发研究、人员培训和产品销售等，该项目于一九九八年完成。

(四)市场发展规划

坚持贯彻"巩固和扩大国内市场，积极建立和拓宽国际市场"的经营策略，加强销售队伍的建设，提高营销人员的业务水平，适应国际经济贸易的发展，在巩固和发展现有国内市场的基础上，进一步开拓国际市场。

(五)销售计划

通过"以销定产、以产适销、产销互保"的销售策略，加强市场动态的分析和预测，及时掌握市场变化信息和产品价格信息，确保企业产销两旺。

(六)人员培养及扩充计划

为了全面提高企业素质，适应企业的发展和国际经济贸易发展的需要，本公司将大力加强科技、管理人员的培养和全面性教育培训，切实提高职工队伍的整体素质。通过亚盛集团公司电大分校联合委托代培急需人才和引进各类专业人才，使企业在各个专业中拥有一批高技术、高水平的管理和技术人才。

(七)资金筹措和运用计划

"九五"期间，本公司将筹资约6亿元，主要通过股票发行筹集4亿元，其余通过配股、贷款等途径获得。主要用于2万亩滴水灌溉、1万亩良种基地、5万亩荒地开发、农田节水灌溉、1千公斤盐藻天然胡萝卜素、2千吨白炭黑、2万吨硫酸钾、亚盛高科技开发生产基地的建设。

为确保公司发展规划的顺利实施，并为全体股东带来良好的回报，本公司全体董事及工作人员将全力以赴，不遗余力肩负起全体股东赋于的重任，抓住我国经济发展的良好机遇，促进公司经济效益的不断提高。

十五、重要合同及重大诉讼事项

(一)重要合同

截止目前，本公司尚未履行完毕的重大合同有：

1、1996年12月28日，本公司(供方)与安徽省宿州市军嫂日化厂(需方)签订的《工矿产品购销合同》，约定供方1997年度向需方按月供应元明粉累计4,250吨，每吨660元，总金额280.5万元。

2、1997年2月26日，本公司(需方)与石嘴山铁联造煤厂(供方)签订的《工矿产品购销合同》，约定供方1997年2月26日至1997年12月31

日,向需方供应无烟煤2万吨,单价每吨165元,总金额330万元。

3、1996年12月6日,本公司(供方)与湖北七巧板油脂化学股份有限公司(需方)签订的《工矿产品购销合同》,约定供方自1996年12月至1997年12月按月向需方供应元明粉累计4,800吨,每吨660元,总金额316.8万元。

4、1997年3月18日,本公司(供方)与甘肃省国际经济贸易促进公司(需方)签订的《工矿产品购销合同》,约定供方于1997年5月6月两月共计向需方供应元明粉2,000吨,每吨650元,总计130万元。

5、1996年1月5日,本公司(供方)与河南省周口市化轻总公司(需方)签订的《工矿产品购销合同》,约定供方自1996年12月1日至1997年12月31日按月向需方供应元明粉累计共1,200吨,每吨750元;硫化碱累计600吨,每吨150元,总金额99万元。

6、1996年10月24日,本公司(借款方)与中国农业银行金塔县支行(贷款方)签订的《借款合同书》,借款金额460万元,月利率9.24‰,还款日期1997年7月24日。

7、1997年4月28日,本公司与甘肃省亚盛盐业化工企业集团公司签订《有偿服务协议书》,就双方存在的产品经销、房屋租赁、后勤服务等服务项目及其权利、义务做出规定。

8、1997年4月28日,本公司与甘肃省亚盛盐业化工企业集团公司签订《避免竞争协议书》,甘肃省亚盛盐业化工企业集团公司向本公司承诺其在持有本公司股份并为控股股东期间不从事与本公司构成竞争的业务。

9、1997年4月28日,本公司与甘肃省亚盛盐业化工企业集团公司签订《注册商标许可使用协议》,协议规定甘肃省亚盛盐业化工企业集团公司许可本公司使用其亚盛牌注册商标,本公司每年支付使用费10万元。

10、1995年4月30日,公司与以色列耐特非姆公司签订《农业综合技术开发项目协议》,双方约定由以色列耐特非姆公司向股份公司提供设备和技术,建设两个万亩滴灌工程,并就合资建设滴灌设备制造厂达成意向协议。

(二)重大诉讼事项

截止本招股说明书刊登之日止,本公司以及本公司董事会成员、高级管理人员未涉及任何重大的诉讼事项。

十六、其他重要事项

本公司认为,对投资者作出投资判断有重大影响的事项在上述章节中已列明,在此不再重复。

十七、附录

1、甘肃第二会计师事务所甘二会审字〔1997〕第066号文件《审计报告书》。

2、甘肃第二会计师事务所甘二会审字〔1997〕第067号文件《关于甘肃亚盛化工(集团)股份有限公司1997年度盈利预测的函》。

3、甘肃第二会计师事务所甘二会验字〔1995〕第028号文件《验资报告》。

4、甘肃第三会计师事务所甘三会评字〔1997〕第010号文件《甘肃亚盛化工(集团)股份有限公司资产评估报告》。

5、甘肃省土地估价事务所甘土估字(1997)028号文件《甘肃亚盛化工(集团)股份有限公司土地使用权价格评估报告》。

6、北京中银律师事务所中银股字〔1997〕第052号文件《关于为甘肃亚盛化工(集团)股份有限公司1997年度股票发行与上市的法律意见书》。

7、北京中银律师事务所中银股字〔1997〕第051号文件《关于甘肃亚盛化工(集团)股份有限公司1997年度股票公开发行、上市出具法律意见书的工作报告》。

8、公司章程(草案)。

9、甘肃亚盛化工(集团)股份有限公司营业执照。

10、关于本次发行的股东大会决议。

11、甘肃亚盛化工(集团)股份有限公司第二次股东大会关于股利及滚存利润分配的决议。

12、甘肃省财政厅甘财农发〔1997〕第047号《关于甘肃亚盛化工(集团)股份有限公司实行所得税优惠政策的批复》。

十八、备查文件

1、国家国有资产管理局国资评〔1997〕460号文件《对甘肃亚盛化工(集团)股份有限公司发行A种上市股票项目资产评估结果的确认批复》

2、股票承销协议

3、甘肃亚盛化工(集团)股份有限公司1994年-1996年度及1997年1-3月财务报告

4、甘肃省国有资产管理局甘国资发〔1995〕019号文件《关于对甘肃亚盛化工(集团)股份有限公司国有股权管理方案的批复》

5、甘肃省土地管理局甘土发字〔1997〕04号文件《关于甘肃亚盛化工(集团)股份有限公司土地资产评估结果确认及土地资产处理方案的通知》

6、甘肃省人民政府甘政函〔1997〕23号文件《甘肃省人民政府关于甘肃亚盛化工(集团)股份有限公司公开发行股票的批复》

7、上海证券交易所同意股票上市的承诺函

8、重要合同

9、甘肃省国有资产管理局甘国资评发〔1995〕19号《关于对甘肃亚盛化工(集团)股份有限公司资产评估结果的确认批复》

10、甘肃省资产评估公司甘资评〔1995〕第014-第020号《资产评估报告书》

注:招股说明书及备查文件在本次发行承销期内,可在发行人和主承销商办公地点查阅。

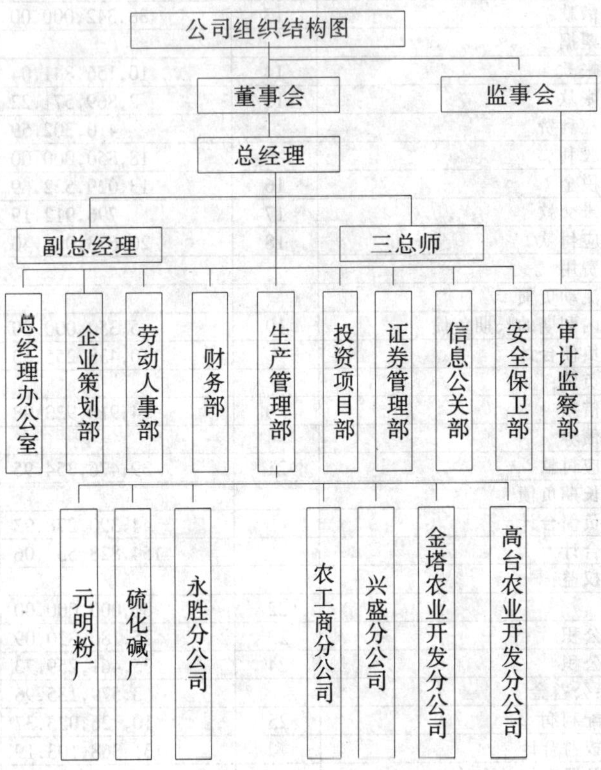

资 产 负 债 表

编制单位：甘肃亚盛化工(集团)股份有限公司

单位：人民币元

项　　目	附注	1997年3月31日	1996年12月31日	1995年12月31日	1994年12月31日
流动资产：					
货币资金	4	1,021,332.35	845,432.33	820,438.44	577,912.79
短期投资					
应收票据					
应收帐款	5	77,409,952.43	86,636,531.83	47,637,152.92	32,491,520.05
减：备抵坏帐					
应收帐款净额		77,409,952.43	86,636,531.83	47,637,152.92	32,491,520.05
预付帐款	6	36,934.40	36,934.40		
其他应收款	7	44,695,534.11	34,308,292.10	23,119,767.63	12,580,702.61
待摊费用	8	202,480.57	202,480.57	266,312.66	956,735.43
存货	9	30,915,512.39	34,891,229.61	26,627,506.76	5,535,877.17
待处理流动资产净损失					
流动资产合计		154,281,746.25	156,920,900.84	98,471,178.41	52,142,748.05
长期投资：					
长期投资					
固定资产：					
固定资产原价	10	60,639,213.05	59,495,578.48	51,041,585.32	14,713,532.33
减：累计折旧		14,293,521.07	13,618,610.29	10,946,590.38	3,018,797.05
固定资产净值		46,345,691.98	45,876,968.19	40,094,994.94	11,694,735.28
在建工程	11	18,622,905.04	13,872,567.03	4,100,740.32	5,754,446.84
待处理固定资产净损失					
固定资产合计		64,968,597.02	59,749,535.22	44,195,735.26	17,449,182.12
无形及其他资产					
无形资产	12	66,946,293.98	66,946,293.98	68,681,377.53	
递延资产			271,887.61	972,472.36	1,075,790.51
无形及其他资产合计		66,946,293.98	67,218,181.59	69,653,849.89	1,075,790.51
资产总计		286,196,637.25	283,888,617.65	212,320,763.56	70,667,720.68
流动负债：					
短期借款	13	38,342,000.00	37,001,000.00	31,658,000.00	14,595,000.00
应付票据					
应付帐款	14	10,156,841.04	8,412,240.62	5,610,706.31	4,812,949.13
预收帐款	15	2,869,571.22	345,662.86	322,577.96	
应付福利费		410,302.59	437,176.56	490,448.61	133,451.86
未付股利		18,850,000.00	24,000,000.00	9,600,000.00	
应交税金	16	13,029,532.69	19,134,947.99	6,938,864.02	3,410,557.97
其他未交款	17	796,912.19	785,368.75	184,857.23	10,603.92
其他应付款	18	20,633,095.40	13,487,475.09	20,723,832.13	27,096,228.90
预提费用			26,842.05	3,705,392.52	1,091,286.94
其他流动负债					
一年内到期的长期负债	19	5,350,000.00	5,350,000.00	6,000,000.00	
流动负债合计		110,438,255.13	108,980,713.92	85,234,678.78	51,150,078.72
长期负债：					
长期借款	20	4,913,923.98	4,913,923.98	263,347.89	3,100,000.00
应付债券					
专项应付款	21	39,476,354.95	39,311,354.95	20,312,844.81	12,535,194.75
其他长期负债					
长期负债合计		44,390,278.93	44,225,278.93	20,576,192.70	15,635,194.75
负债合计		154,828,534.06	153,205,992.85	105,810,871.48	66,785,273.47
股东权益：					
股本	22	80,000,000.00	80,000,000.00	80,000,000.00	3,882,447.21
资本公积	23	5,180,820.09	5,180,820.09	5,180,820.09	
盈余公积	24	35,461,259.73	35,461,259.73	16,174,893.37	
其中：公益金		3,579,135.96	3,579,135.96	1,648,261.73	
未分配利润	25	10,726,023.37	10,040,544.98	5,154,178.62	
股东权益合计		131,368,103.19	130,682,624.80	106,509,892.08	3,882,447.21
负债及股东权益合计		286,196,637.25	283,888,617.65	212,320,763.56	70,667,720.68

利润及利润分配表

编制单位:甘肃亚盛化工(集团)股份有限公司　　　　单位:人民币元

项　　目	附注	1997年1-3月	1996年	1995年	1994年
一、主营业务收入	26	5,367,440.69	146,433,517.32	122,543,674.47	91,539,828.66
减:营业成本	27	2,911,118.85	72,626,671.18	57,729,347.08	41,158,047.38
销售费用	28	124,482.70	8,403,738.67	7,546,900.91	5,920,108.85
管理费用	29	1,685,100.04	4,447,530.63	4,105,751.41	3,199,340.42
财务费用	30	-104,927.29	6,605,881.82	3,545,605.43	2,054,213.02
营业税金及附加	31	4,184.53	6,647,123.79	5,560,235.64	3,831,917.39
二、主营业务利润		747,481.86	47,702,571.23	44,055,834.00	35,376,201.62
加:其他业务利润	32	88,224.15	2,834,205.49	5,082,359.95	2,260,869.79
三、营业利润		835,706.01	50,536,776.72	49,138,193.95	37,637,071.41
加:投资收益					
营业外收入	33	187,825.46	7,240,786.74	297,022.37	398,851.52
以前年度损益调整					
减:营业外支出	34	429.40	206,320.60	166,579.80	50,484.28
四、利润总额		1,023,102.07	57,571,242.86	49,268,636.52	37,985,438.65
减:所得税		337,623.68	18,998,510.14	16,258,650.05	12,535,194.75
五、净利润		685,478.39	38,572,732.72	33,009,986.47	25,450,243.90
加:年初未分配利润		10,040,544.98	5,154,178.62		
六、可分配利润		10,726,023.37	43,726,911.34	33,009,986.47	25,450,243.90
减:应交特种基金					
提取法定盈余公积金			3,857,273.27	3,300,998.65	
提取公益金			1,928,636.64	1,650,499.32	
应付利润				2,080,914.48	25,450,243.89
七、可供股东分配的利润		10,726,023.37	37,941,001.43	25,977,574.02	
减:已分配优先股股利					
提取任意公积金			13,500,456.45	11,223,395.40	
已分配普通股股利			14,400,000.00	9,600,000.00	
八、未分配利润		10,726,023.37	10,040,544.98	5,154,178.62	

财务状况变动表

甘肃亚盛化工(集团)股份有限公司 1996 年度　　　　单位:人民币元

项　　目	行次	金　　额	项　　目	行次	金　　额
一、流动资金来源:			一、流动资产本年增加数:		
1、本年净利润	1	38,572,732.72	1、货币资金	28	24,993.89
加:不减少流动资金的费用和损失:			2、短期投资	29	
(1)固定资产折旧	2	3,089,573.08	3、应收票据	30	
(2)无形资产、递延资产摊销	3	2,435,668.30	4、应收帐款净额	31	38,999,378.91
(3)固定资产盘亏(减盘盈)	4	-6,972,382.50	5、预付帐款	32	36,934.40
(4)清理固定资产损失(减收益)	5		6、其他应收款	33	11,188,524.47
			7、存货	34	8,263,722.85
小计	6	37,125,591.60	8、待转其他业务支出	35	
			9、待摊费用	36	-63,832.09
2、其他来源:			10、待处理流动资产净损失	37	
(1)固定资产清理收入(减清理费用)	7		11、一年内到期的长期债券		
(2)增加长期负债	8	29,649,086.23	投资	38	
(3)收回长期投资	9		12、其他流动资产	39	
(4)对外投资转出固定资产	10				
(5)对外投资转出无形资产	11				
(6)资本净增加额	12	19,286,366.36	流动资产增加净额	40	58,449,722.43
(7)少数股东本期收益	13				
小计	14	48,935,452.59			
流动资金来源合计	15	86,061,044.19			
二、流动资金运用:			二、流动负债本年增加数:		
1、利润分配:			1、短期借款	41	5,343,000.00
(1)提取法定盈余公积	16	3,857,273.27	2、应付票据	42	
(2)提取公益金	17	1,928,636.64	3、应付帐款	43	2,801,534.31
(3)提取任意盈余公积	18	13,500,456.45	4、预收帐款	44	23,084.90
(4)已分配股利	19	14,400,000.00	5、其他应付款	45	-7,236,357.04
			6、应付工资	46	
小计	20	33,686,366.36	7、应付福利费	47	-53,272.05
			8、未交税金	48	12,196,083.97
2、其他运用:			9、未付股利	49	14,400,000.00
(1)固定资产和在建工程净增加额	21	11,670,990.54	10、其他未交款	50	600,511.52
(2)增加无形资产、递延资产	22		11、预提费用	51	-3,678,550.47
(3)偿还长期负债	23	6,000,000.00	12、其他流动负债	52	
(4)增加长期投资	24		13、一年内到期的长期负债	53	-650,000.00
小计	25	17,670,990.54			
流动资金运用合计	26	51,357,356.90	流动负债增加净额	54	23,746,035.14
流动资金增加净额	27	34,703,687.29	流动资金增加净额	55	34,703,687.29

甘肃亚盛实业(集团)股份有限公司股票上市公告书

一、要览

总股本:1,5000万股

可流通股本:7000万股

本次上市流通股本:6300万股

股票简称:亚盛集团

证券编码:600108

上市地点:上海证券交易所

上市时间:1997年8月18日

登记机构:上海证券中央登记结算公司

二、绪言

本上市公告书依据《中华人民共和国公司法》、《股票发行与交易管理暂行条例》、《公开发行股票公司信息披露实施细则》、《上海证券交易所市场业务规则》和国家其他有关证券管理的法规、规定编制,旨在向投资者提供甘肃亚盛实业(集团)股份有限公司(以下简称公司或本公司)基本情况及有关资料。

经中国证券监督管理委员会"证监发字(1997)384号"文和"证监发字(1997)385号"文批准,本公司已成功地向社会公众公开发行每股面值为1.00元人民币普通股股票7,000万股(含公司职工股700万股)。

股票上市申请经上海证券交易所上证发[1997]第076号《上市通知书》审核批准。本公司股票将于1997年8月18日在上海证券交易所挂牌交易。

本公司总股本15000万股。可流通股份7000万股。本次上市流通6300万股,公司职工股700万股,将于本次新股上市半年后经批准上市流通。

本公司于1997年7月20日在《中国证券报》、《上海证券报》刊登了《招股说明书概要》,距今不足六个月,故与其重复的内容在此不再重述,敬请投资者查阅公司的《招股说明书概要》。

公司董事会成员已批准本上市公告书,确信其中不存在任何重大遗漏或者误导,并对其真实性、准确性、完整性负个别的和连带的责任。

三、公司概况

1.概况

法定名称:甘肃亚盛实业(集团)股份有限公司

英文名称:GANSU YASHENG INDUSTRIAL(GROUP)CO,LTD

注册地址:甘肃省金塔县解放路128号

注册资本:15,000万元

法定代表人:周长生

成立日期:1995年12月6日

经营范围:农副产品、无机盐及其副产品的生产、批发零售、百货、五金交电(不含进口摄、录像机)的批发零售,室内装饰。

联系电话:(0937))2611934

2.公司历史沿革

甘肃亚盛实业(集团)股份有限公司(原名甘肃亚盛化工(集团)股份有限公司)是1995年9月19日经甘肃省人民政府甘政函(1995)36号文件批准,由甘肃省亚盛盐业化工企业集团公司所属的甘肃省亚盛农工商公司,甘肃金塔兴盛实业公司、甘肃金塔永胜农业发展公司等三家企业进行资产重组,并联合甘肃金塔恒盛农业发展公司、甘肃金盛化工有限公司、甘肃省国营高台农场、甘肃省国营生地湾双丰化工厂等四家企业共同发起设立的。公司于1995年12月6日经甘肃省工商行政管理局登记成立,注册资本8,000万元。

1997年7月15日经中国证券监督管理委员会"证监发字(1997)384号"文和"证监发字(1997年)385号"文批准,本公司于1997年7月24日至7月31日采用"全额预缴款、比例配售、余款即退"的方式向社会公众公开发行人民币普通股7,000万股(含公司职工股700万股),每股面值一元。本公司已于1997年8月11日在甘肃省工商行政管理局变更股本登记,注册资本15,000万元。

四、股票发行及承销

1.股票公开发行

社会公众股发行数量:7,000万股(其中向公司职工配售700万股)。

股票发行价格:6.06元/股

募集资金总额(扣除发行费用):40,810万元。

发行方式:全额预缴款、比例配售、余款即退。

配售比例:1.90004%

有效申购户数:15,928户

持1,000股以上的户数:3,580户(不含公司职工股户数)

发行费用总额:1,610万元

每股发行费用:0.23元

发行市盈率:15倍

2.股票承销

本次公开发行的7,000万股社会公众股已全部由社会公众认购,承销团成员无余额包销。

3.验资报告(甘二会验字(1997)第036号)

甘肃亚盛实业(集团)股份有限公司:

我们接受委托,对甘肃亚盛实业(集团)股份有限公司截至1997年8月5日止的向社会公众公开募集的人民币普通股股本和资本公积的真实性和合法性进行了审验。在审验过程中,我们按照《独立审计实务公告第1号—验资》的要求,实施了必要的审验程序。贵公司的责任是提供真实、合法、完整的验资资料,保护资产的安全、完整,我们的责任是按照《独立审计实务公告第1号——验资》的要求,出具真实、合法的验资报告。

甘肃亚盛实业(集团)股份有限公司本次公开发行的人民币普通股拟募集的股本为人民币70,000,000.00元,资本公积为人民币338,100,000.00元。根据我们的审验,截至1997年8月5日止,贵公司向社会公开募集资金408,100,000.00元,其中股本为70,000,000.00元,资本公积为338,100,000.00。与上述投入资本总额相关的资产总额为408,100,000.00元,全部为货币资金。

附件1.投入资本明细表

附件2.验资事项说明

甘肃第二会计师事务所　　中国注册会计师:住新怀

中国.兰州　　中国注册会计师:段德仁

附注:附件1和附件2请查阅备查文件。

甘肃证券有限责任公司已于1997年8月5日将扣除发行费用后的股款划入本公司的股款专户(开户行:建设银行兰州市直属支行,帐号:269000239)。

五、董事、监事及高级管理人员持股情况

姓名	职务	持股数量(股)	持股比例(%)
周长生	董事长	10,000	0.0067
向光武	董事兼总经理	0	0
曹孝忠	董事兼副总经理	3,100	0.0021
王登福	董事兼副总经理	2,100	0.0014
卞玉镇	董事兼副总经理	0	0
郝碌荣	董事	1,000	0.0007
曹林	董事	2,100	0.0014
焦永强	董事	1,000	0.0007

李兴祥 董事	1,000	0.0007
许汉春 董事	0	0
李积玉 董事	1,000	0.0007
伊万福 董事	1,500	0.0010
杨占荣 董事	5,100	0.0034
史立和 监事	1,000	0.0007
王作忠 监事	0	0
郭福荣 监事	3,700	0.0025
刘文学 监事	3,100	0.0021
任涛 监事	3,700	0.0025

本公司董事、监事及高级管理人员共持有公司股票 39,300 股，占总股本的 0.026%，按照《中华人民共和国公司法》的规定，其持有的股份在任职期间不得转让。

六、公司设立

1.公司 1997 年 4 月 8 日在酒泉市万客隆大厦三楼会议室召开临时股东大会，与会全体股东一致通过公司向社会公众公开发行并在上海证交所上市的决议，并授权公司董事会负责公司股票公开发行及上市的全部事宜。

2.本次股票发行成功后，本公司重新注册登记工作已结束，详细资料如下：

公司注册资本：1,5000 万元

公司注册变更登记日期：1997 年 8 月 11 日

公司注册地址：甘肃省金塔县解放路 128 号

法定代表人：周长生

营业执照注册号码：22136568－2

七、关联企业及关联交易

1.关联企业

甘肃省亚盛盐业化工企业集团公司，持有本公司股份 4,626 万股，占发行后本公司股本总额的 38.84%

甘肃金塔恒盛农业发展公司，持有本公司股份 1,706 万股，占发行后本公司股本总额的 11.37%。

甘肃金盛化工有限公司，系合资经营企业，持有本公司股份 882 万股，占发行后本公司股本总额的 5.88%。

甘肃省国营高台农场，持有本公司股份 452 万股，占发行后本公司股本总额的 3.01%。

甘肃省国营生地湾双丰化工厂，持有本公司股份 334 万股，占发行后本公司股本总额的 2.23%。

2.关联交易

公司与上述企业之间的业务往来均按一般市场经营规则进行，与其他业务往来企业同等对待。本公司与集团公司之间不可避免的关联交易，按正常商业条款遵照公平、公正的市场原则，与集团公司签订了《有偿服务协议》，包括部分产品代销、商标使用，电力供应、设施维修、职工培训及后勤服务等方面，以确保股东利益不受侵犯。本公司与集团公司签订了《避免同业竞争协议书》，集团公司承诺在持有本公司股份期间不从事与本公司构成竞争的业务。

八、股本结构及大股东持股情况

1.本次发行股票上市前的股本结构

股份类别	股数(万股)	占总股本比例(%)
尚未流通股份		
国有法人股	4,626	30.84
法人股	3.374	22.49
可流通股份		
社会公众股	7,000	46.67
其中：公司职工股	700	4.67
总股本	15,000	100

2.本公司前十名股东所持股数及比例

股东名称	持股数(股)	持股比例(%)
甘肃省亚盛盐业化工企业集团公司	46,260,000	30.84
甘肃金塔恒盛农业发展公司	17,060.000	11.37
甘肃金盛化工有限公司	8,820,000	5.88
甘肃省国营高台农场	4,520,000	3.01
甘肃省国营生地湾双丰化工厂	3,340,000	2.23
江苏证券有限公司	142,503	0.095
天津国际投资信托公司	142,503	0.095
哈尔滨市国际投资信托公司	142,503	0.095
宁波国际投资信托公司	142,503	0.095
中国煤炭信托投资公司	142,503	0.095

九、公司财务会计资料

1.审计报告[甘二会审字(1997)第 066 号]

甘肃亚盛实业(集团)股份有限公司全体股东：

我们接受委托，审计了贵公司 1994 年 12 月 31 日、1995 年 12 月 31 日、1996 年 12 月 31 日及 1997 年 3 月 31 日的资产负债表和 1994、1995、1996 年三个会计年度及 1997 年 1－3 月的利润及利润分配表以及 1996 年度 财务状况变动表。这些会计报表由贵公司负责，我们的责任是对这些会计报表发表审计意见。我们的审计是依据《中国注册会计师独立审计准则》进行的。在审计过程中，我们结合贵公司的实际情况，实施了包括抽查会计记录等我们认为必要的审计程序。

我们认为，上述会计报表符合《企业会计准则》、《股份制试点企业会计制度》的有关规定，在所有重大方面公允地反映了贵公司 1994 年 12 月 31 日、1995 年 12 月 31 日、1996 年 12 月 31 日、1997 年 3 月 31 日的财务状况及上述各期间的经营成果和 1996 年度资金变动情况，会计处理方法遵循了一贯性原则。

甘肃第二会计师事务所　　中国注会计师：住新怀

中国.兰州　　中国注册会计师：段德仁

一九九七年四月二十八日

2.财务报表

资　产　负　债　表

编制单位：甘肃亚盛实业(集团)股份有限公司　　单位：人民币元

项目	1997 年 3 月 31 日	1996 年 12 月 31 日	1995 年 12 月 31 日	1994 年 12 月 31 日
流动资产：				
货币资金	1.021.332.35	845,432.33	820,438.44	577.912.79
应收帐款	77,409,952.43	86,636,531.83	47,637,152.92	32,491,520.05
应收帐款净额	77,409,952.43	86,636,531.83	47,637,152.92	32,491,520.05
预付帐款	36,934.40	36,934.40		
其他应收款	44,695,534.11	34,308,292.10	23,119,767.63	12,580,702.61
待摊费用	202,480.57	202,480.57	266,312.66	956.735.43

项目	1997年3月31日	1996年12月31日	1995年12月31日	1994年12月31日
存货	30,915,512.39	34,891,229.61	26,627,506.76	5,535,877.17
待处理流动资产净损失				
流动资产合计	154,281,746.25	156,920,900.84	98,471,178.41	52,142,748.05
固定资产:				
固定资产原价	60,639,213.05	59,495,578.48	51,041,585.32	14,713,532.33
减:累计折旧	14,293,521.07	13,618,610.29	10,946,590.38	3,018,797.05
固定资产净值	46,345,691.98	45,876,968.19	40,094,994.94	11,694,735.28
在建工程	18,622,905.04	13,872,567.03	4,100,740.32	5,754,446.84
固定资产合计	64,968,597.02	59,749,535.22	44,195,735.26	17,449,182.12
无形及其他资产				
无形资产	66,946,293.98	66,946,293.98	68,681,377.53	
递延资产		271,887.61	972,472.36	1,075,790.51
无形及其他资产合计	66,946,293.98	67,218,181.59	69,653,849.89	1,075,790.51
资产总计	286,196,637.25	283,888,617.65	12,320,763.56	70,667,720.68
流动负债:				
短期借款	38,342,000.00	37,001,000.00	31,658,000.00	14,595,000.00
应付帐款	10,156,841.04	8,412,240.62	5,610,706.31	4,812,949.13
预收帐款	2,869,572.22	345,662.86	322,577.96	
应付福利费	410,302.59	437,176.56	490,448.61	133,451.86
未付股利	18,850,000.00	24,000,000.00	9,600,000.00	
应交税金	13,029,532.69	19,134,947.99	6,938,864.02	3,410,557.97
其他未交款	796,912.19	785,368.75	184,857.23	10,603.92
其他应付款	20,633,095.40	13,487,475.09	20,72,832.13	27,096,228.90
预提费用		26,842.05	3,705,392.52	1,091,286.94
一年内到期的长期负债	5,350,000.00	5,350,000.00	6,000,000.00	
流动负债合计	110,438,255.13	108,980,713.92	85,234,678.78	51,150,078.72
长期负债:				
长期借款	4,913,923.98	4,913,923.98	263,347.89	3,100,000.00
应付债券				
专项应付款	39,476,354.95	39,311,354.95	20,312,844.81	12,535,194.75
其他长期负债				
长期负债合计:	44,390,278.93	44,225,278.93	20,576,192.70	15,635.194.75
负债合计:	154,828,534.06	153,205,992.85	105,810,871.48	66,785,278.47
股东权益:				
股本	80,000,000.00	80,000,000.00	80,000,000.00	3,882,447.21
资本公积	5,180,820.09	5,180.820.09	5,180,820.09	
盈余公积	35,461,259.73	35,461,289.73	16,174,893.37	
其中:公益金	3,579,135.96	3,579,135.96	1,648,261.73	
未分配利润	10,726,023.37	10,040,544.98	5.154.178.62	
股东权益合计	131,368,103.19	130,682,624.80	106,509,892.80	3,882,447.21
负债及股东权益合计	286,196,637.25	283,888,617.65	212,320,763.56	70,667,720.68

利润及利润分配表

编制单位:甘肃亚盛实业(集团)股份有限公司

单位:人民币元

项目	1997年1-3月	1996年	1995年	1994年
一、主营业务收入	5,367,440.69	146,433,517.32	122,543,674.47	91,539,828.68
减:营业成本	2,911,118.85	72,626,671.18	57,729,347.08	41,158,047.38
销售费用	124,482.70	8,403,738.67	7,546,900.91	5,920,108.85
管理费用	1,685,100.04	4,447,530.63	4,105,751.41	3,199,340.42
财务费用	-104,927.29	6,605,881.82	3,545,605.43	2,054,213.02
营业税金及附加	4,184.53	6,647,123.79	5,560,235.64	3,831,917.39
二、主营业务利润	747,481.86	47,702,571.23	44,055,834.00	35,376,201.62
加:其他业务利润	88,224.15	2,834,205.49	5,082,359.95	2,260,869.79
三、营业利润	835,706.01	50,536,776.72	49,138,193.95	37,637,071.41
加:投资收益				

项目	1997年1-3月	1996年	1995年	1994年
营业外收入	187,825.46	7,240,786.74	297,022.37	398.851.52
以前年度损益调整				
减:营业外支出	429.40	206,320.60	166,579.80	50,484.28
四、利润总额	1,023,102.07	57,571,242.86	49,268,636.52	37,985,438.65
减:所得税	337,623.68	18,998,510.14	16,258,650.05	12,535,194.75
五、净利润	685,478.39	38,572,732.72	33,009,986.47	25,450,243.90
加:年初未分配利润	10,040,544.98	5,154,178.62		
六、可分配利润	10,726,023.37	43,726,911.34	33,009,986.47	25,450,243.90
减:应交特种基金				
提取法定盈余公积金		3,857,273.27	3,300,988.65	
提取公益金		1,928,636.64	1,650,499.32	
应付利润			2,080,914.48	25,450,243.89
七、可供股东分配的利润	10,726,023.37	37,941,001.43	25,977,574.02	
减:已分配优先股股利				
提取任意公积金		13,500,456.45	11,223,395.40	
已分配普通股股利		14,400,000.00	9,600,000600	
八、未分配利润	10,726,023.37	10,040,544.98	5,154,178.62	

财务状况变动表

编制单位:甘肃亚盛实业(集团)股份有限公司　　1996年度　　单位:人民币元

项目	金额	项目	金额
一、流动资金来源		一、流动资产本年增加数	
1.本年利润	38,572,732.72	1.货币资金	24,993.89
加:不减少流动资金的费用和损失:		2.短期投资	
(1)固定资产折旧	3,089,573.08	3.应收票据	
(2)无形资产、递延资产摊销	2,435,668.30	4.应收帐款净额	38,999,378.91
(3)固定资产盘亏(减盘盈)	-6,972,382.50	5.预付货款	36,934.40
(4)清理固定资产损失(减收益)		6.其他应收款	11,188,524.47
		7.存货	8,263,722.85
小计	37,125,591.60	8.待转其他业务支出	
		9.待摊费用	-63.832.09
2.其他来源:		10.待处理流动资产净损失	
(1)固定资产清理收入(减清理费用)		11.一年内到期的长期债券	
(2)增加长期负债	29,649,086.23	投资	
(3)收回长期投资		12.其他流动资产	
(4)对外投资转出固定资产			
(5)对外投资转出无形资产			
(6)资本净增加额	19,286,366.36	流动资产增加净额	58,449,722.43
(7)少数股东本期收益			
小计	48,935,452.59		
流动资金来源合计	86,061,044.19		
二、流动资金运用:		二、流动负债本年增加数:	
1.利润分配:		1.短期借款	5,343,000.00
(1)提取法定盈余公积金	3,857,273.27	2.应付票据	
(2)提取公益金	1,928,636.64	3.应付帐款	2,801,534.31
(3)提取任意盈余公积	13,500,456.45	4.预收帐款	23,084.90
(4)已分配股利	14,400,000.00	5.其他应付款	-7,236,357.04
		6.应付工资	
小计	33,686,366.36	7.应付福利费	-53,272.05
		8.未交税金	12,196,083.97
2.其他运用		9.未付股利	14,400,000.00
(1)固定资产和在建工程净增加额	11,670,990.54	10.其他未交款	600,511.52
(2)增加无形资产、递延资产		11.预提费用	-3,678,550.47
(3)偿还长期负债	6,000,000.00	12,其他流动负债	
(4)增加长期投资		13.一年内到期的长期负债	-650,000.00
小计	17,670,990.54	流动负债增加净额	23,746,035.14

项目	金额	项目	金额
流动资金运用合计	51,357,356.90		
流动资金增加净额	34,703,687.29	流动资金增加净额	34,703,687.29

3.财务报表附注

附注1:公司设立说明

甘肃亚盛实业(集团)股份有限公司(以下简称公司)是一九九五年九月十九日经甘肃省人民政府以甘函(1995)第36号文批准,由甘肃省亚盛盐业化工企业集团公司所属甘肃省亚盛农工商公司,甘肃省金塔兴盛化工公司、甘肃省金塔永胜农业发展公司等三家企业的全部资产进行整体改组后,联合甘肃金塔恒盛农业发展公司、甘肃金盛化工有限公司,甘肃省国营高台农场和甘肃省国营生地湾双丰化工厂等四家单位作为发起人共同发起的股份有限公司。公司于一九九五年十二月六日经工商登记注册成立,注册号:22436568-2。法定代表人:周长生。公司总股本为捌仟万股,每股1元,其中国有法人股是由甘肃省亚盛农工商公司、甘肃金塔兴盛化工公司、甘肃金塔永胜农业发展公司第三家企业以经评估确认后的全部净资产4925.478万元,按1:1.06476折股比例合股本4626万股,由甘肃省亚盛盐业化工企业集团公司持有;法人股是由甘肃金塔恒盛农业发展公司、甘肃省金盛化工有限公司、甘肃省国营高台农场和甘肃省国营生地湾双丰化工厂持有,分别以经评估确认后净资产3592.602万元,按1:1.06476折股比例折合股本3374万股,上述企业共认购8000万股,每股人民币1元,折股后剩余净资产518.08万元作资本公积处理。经营范围:无机盐及副产品的生产、批发零售、百货、农副产品、五金交电(不含进口摄、录像机)的批发零售,室内装饰,公司住所:甘肃省金塔县解放路128号。

设立甘肃亚盛实业(集团)股份有限公司各发起人情况如下:

名称	注册资本	注册号	经营范围
甘肃省亚盛盐业化工企业集团公司	12,000万元	22517273-5	无机盐及农副产品的生产、销售,农副产品的生产、加工、销售、五金交电、日用百货批发、零售。
甘肃省金塔恒盛农业发展公司	2,680万元	22517275-1	粮食及制品、啤酒花、食油、畜产品、农副产品批发零售;甘草种植加工;政策允许的中药材构销。系统内农药、化肥、农膜、农业机械、汽油、柴油、润滑油供应。
甘肃金盛化工有限公司	2,389万元	企合甘总副字第000178号	生产销售硫化钠
甘肃省国营高台农场	785,8万元	22536202-6	粮食作物、经济作物种植、销售、百货、五金交电、化工、机电产品、钢材、木材批发零售。
甘肃省国营生地湾双丰化工厂	685万元	22536233-6	元明粉的制造、销售;芒硝采选。

附注2:编制会计报表的基准和方法

公司下设的永胜分公司、兴盛公司、金塔农业开发分公司、高台农业开发分公司、农工商分公司、元明粉厂和硫化碱厂等七家分公司按行业特点分别执行《农业企业会计制度》和《工业企业会计制度》,在编制本报告时,已按《股份制试点企业会计制度》及其补充规定的要求进行了必要的调整和汇总。

在编制1994年会计报表时,假定公司自1994年1月1日起已经成立,目前的生产经营组织业已存在情况下,根据1995年股改时的资产评估报告以及1995年和1996年会计报表模拟编制。

附注3:公司主要会计政策

会计制度:执行《股份制试点企业会计制度》。

会计年度:公司采用公历年度,即每年一月一日起至十二月三十一日止。

记帐原则与计价基础:公司按照权责发生制原则核算,采用借贷复式记帐法记帐,以历史成本为计价基础。

坏帐准备:公司不计提坏帐准备,发生坏帐损失时,直接计人管理费用。确认坏帐的标准是:

(1)因债务人破产,依照法律清偿后,确实无法收回的应收帐款;

(2)债务人死亡,既无遗产可供清偿,又无义务承担人,确实无法收回的应收帐款;

(3)债务人逾期三年未能履行义务,经主管财政机关审核认可,可以列作坏帐的应收帐款。

存货计价方法:按实际成本对存货进行日常核算,以"先进先出法"作为存货发出的计价方法;低值易耗品领用时采用一次摊销法核算。

固定资产及其折旧:

(1)固定资产的标准;

a.使用年限在一年以上的房屋、建筑物、机器、设备、器具、工具等资产;

b.不属于生产经营的主要设备,单位价值在2,000.00元以上,并且使用期限超过两年的物品;

(2)固定资产的计价:以原始成本计价,评估后固定资产以重置成本计价;

(3)折旧方法采用直线法、净残值率为5%。固定资产分类,折旧年限和折旧率如下:

类别	折旧年限(年)	年折旧率(%)
生产用房	35	2.71
其中:生产用房(腐蚀房)	25	3.80
非生产用房	40	2.38
构筑物	20	4.75
机器设备	12	7.92
运输设备	10	9.50
其他	8	11.88

无形资产及其摊销:公司成立时由发起人投入的土地使用权和矿业开采权,按投入时的评估价值入帐,按其使用年限平均摊销。

递延资产及其摊销:系其他递延资产,按受益期平均摊销。

收入实现的确认:以商品已经发出,劳务已经提供,同时收讫价款或取得收取价款的凭据时,作为实现标志。

税项:

1)增值税:税率为17%;

(2)农业税:按照《中华人民共和国农业税条例》的规定执行,每亩10公斤小麦;

(3)农业特产税:按照《国务院关于对农业特产收入征收农业税的规定》和《甘肃省关于农业特产收入征收农业税的实施办法》的规定执行,按经济作物收入的5-12%计缴;

(4)资源税:按芒硝的销售量计算,每吨0.50元;

(5)水资源费:按芒硝的销售量计算,每吨0.275元;

(6)城市维护建设税:税率为5%;

(7)教育费附加:税率为3%;

(8)所得税:按应纳税所得额的33%计提。

利润分配:公司按净利润的10%提取法定盈余公积金、5%提取公益金,剩余部分为可供股东分配的利润,按股东大会通过的分配方案进行分配。

公司1995年度利润分配方案是:按净利润34%提取任意盈余公积,每股派发0.12元的现金红利。

公司1996年度利润分配方案是:按净利润35%提取任意盈余公积,每股派发0.18元的现金红利。

5.主要会计指标

项目/年度	1997年1-3月	1996年	1995年	1994年
流动比率	1.48	1.48	1.17	1.02
速动比率	1.14	1.13	0.82	0.91
资产负债率(%)	50.86	52.36	47.46	94.51
应收帐款周转率(%)	6.93	169.02	257.24	28.20
存货周转率(%)	9.42	208.15	216.80	743.48
净资产收益率(%)	–	29.52	30.95	–
每股净资产(元)	1.64	1.63	1.33	–
每股盈利(元)	–	0.482	0.412	0.318

十、董事会上市承诺

本董事会将严格遵守《公司法》、《股票发行与交易管理暂行条例》、《公开发行股票公司信息披露实施细则》、《上海证券交易所市场业务试行规范》和国家有关法律、法规的规定,并自股票上市之日起作出如下承诺:

1.按照法律、法规的规定程序和要求披露重大的信息,并接受证券主管机关、上海证券交易所的监督管理。

2.及时、真实、准确地公布中期报告和年度报告,并备置于规定场所供投资者公众查阅。

3.本公司董事、监事及高级管理人员如发生人事变动或持本公司股票发生变化时,在报告证券主管机关、证券交易所的同时向投资者公布。

4.在任何公共传播媒介中出现的消息可能对本公司股票的市场价格产生误导性影响时,本公司知悉后将及时对该消息予以公开澄清。

5.本公司董事、监事及高级管理人员将认真听取社会公众意见和批评,不利用已获得的内幕消息和其他不正当手段直接或间接从事股票买卖活动。

6.本公司没有无记录负债。

十一、重要事项提示

1.农产品受季节因素影响,1997年1-3月收入尚未实现,生产成本亦未结转。

2.公司将在股票发行后的第一个盈利年度派发一次股利,预计派发时间为1998年6月底以前。

根据公司1997年4月8日临时股东大会决议,公司本次股票发行前完成的滚存利润由本次发行后的新老股东共同享有。

3.根据甘肃省人民政府文件,同意本公司从1997年起,享受所得税18%返还的优惠政策。

4.截止本公告刊登之日,本公司以及本公司董事会成员、高级管理人员未涉及任何重大的诉讼事项。

十二、备查文件

1.主管机关批准本公司股份制改组及公开发行股票的文件

2.上海证券交易所上市通知书。

3.验资报告

4.股东大会会议纪要及决议

5.上市推荐报告

6.上市协议

7.招股说明书中所列其它备查文件

十三、咨询机构

1.发行人:甘肃亚盛实业(集团)股份有限公司

法定代表人:周长生

地址:甘肃省金塔县解放路128号

电话:(0937)2611934

传真:(0937)2611945

联系人:王新华　王作忠

2.上市推荐人:君安证券有限责任公司

法定代表人:张国庆

地址:深圳市罗湖区春风路5号

电话:(0755)2175560

传真:(0755)2296188

联系人:白　杰　马俊

上市推荐人:甘肃证券有限责任公司

法定代表人:谢铁牛

地址:兰州市东岗西路434号

电话:(0931)8861500

传真:(0931)8861569

联系人:张爱华　王兴学　穆彬

甘肃亚盛实业(集团)股份有限公司

一九九七年八月十三日

甘肃亚盛实业(集团)股份有限公司一九九七年度中期报告

一、财务报告(未经审计)

(一)财务报表

1.简化的资产负债表

单位:元

项目	1996年12月31日	1997年6月30日
流动资产	156920900.84	152200685.31
固定资产净值	45876968.19	43551249.0
在建工程	13872567.03	18729689.00
无形资产及递延资产合计	67218181.59	66296294.00
资产总计	283888617.65	280777917.31
流动负债	108980713.92	90601649.27
长期负债	44225278.93	33856355.00
负债合计	153205992.85	124458004.27
股东权益	130682624.80	156319913.04
股本	80000000.00	80000000.00
资本公积金	5180820.09	5180820.09
盈余公积金	35461259.73	393106852.96
其中:公益金	3579135.96	4861000.37
未分配利润	10040544.98	31832239.99
负债及股东权益合计	283888617.65	280777917.31

2.简化的损益表

项目	1996年1-6月	1997年1-6月
主营业务收入	79869319.57	90614125.92
营业利润	23020214.89	28459361.1
其它业务利润	1678326.13	1531076.81
营业外收支净额	28388.71	171077.67
利润总额	24726929.72	30161515.58
应交所得税	3709039.46	4524227.34
净利润	21017890.26	25637288.24

(二)主要财务指标

	1997年1-6月	上年同期数

	1997.6.30	1996.6.30
每股收益	0.32	0.26
净资产收益率	16.40%	16.08%
每股净资产	1.95	1.63

(三)财务报表附注

1. 本期会计报表与上年同期经甘肃第二会计师事务所审计的会计报表所依据的会计政策是一致的,会计报表编制方法是相同的。

2. 为使会计报表具有可比性,1996 年 1 月至 6 月的所得税率按 15% 计算。

3. 应收帐款

帐龄	金额(元)	比例(%)
1 年以内	65697798.78	91.00
1 至 2 年	4620504.53	6.40
2 至 3 年	1732689.20	2.40
3 年以上	144390.76	0.20
合计	72195383.27	100.00

应收帐款较年初减少 14441148.56 元,主要是公司加强了销货款项的催交工作所致。

4. 其他应收款

帐龄	金额(元)	比例(%)
1 年以内	22963393.77	60.10
1 至 2 年	12379599.97	32.40
2 至 3 年	2598187.65	6.80
3 年以上	267460.49	0.70
合计	38208641.88	100.00

其他应收款较年初增加 3900367.78 元,根据公司内部管理的需要,增加了有关业务部门的备用金所致。

5. 未分配利润较年初增加 21791685.01 元,系公司本期实现的利润提取"两金"后的未分配利润。

6. 营业收入较上年同期增加 10744806.35 元,公司增加了工业产品的销售量。

经营情况的回顾与展望

1. 上半年经营情况的回顾

1997 年 1-6 月份是本公司股票上市发行前的头半年,公司年初在本年度生产经营预测的基础上,对现有产品生产进行科技投入改造和扩大生产规模,同时抓住市场契机,开展多种经营业务,增强营销力量,拓展经营销售网络,努力促进公司经营创收能力,形成以主营业务为依托,多元化投资统购农副特产的经营格局,为公司下半年股票上市发行打下良好基础。今年上半年实现主营业务收入 9061.4 万元,实现利润总额 3016.2 万元,税后利润 2563.7 万元,分别比去年同期增长 13.45%,21.98%,21.98%。

2. 下半年经营情况展望

为继续保持公司稳健发展,给全体股东创造丰厚的投资回报,下半年公司将着重抓好以下几个方面的工作:

(1)集中精力抓好生产经营,确保完成全年任务。下半年,一定保证生产经营稳步增长,特别是通过收购和兼并企业,成为公司新的利润增长点。为保证投资项目按计划实施,公司加大投资前期工作的力度。

(2)加大生产设备的技术改造力度,扩大生产规模,保证产品质量,挖掘附产品原盐生产潜力,提高产品附加值,使其增收创利;

(3)抓住市场契机,跨区域增大收购农副土特产品数量,增加主营业务收入,增长后劲;

(4)在确保产品质量的前提下,拓展现有的销售网络,加强老客户信誉关系,争取新客户的互惠协作,提高市场占有率;

(5)扩展收购工作,加强联合协作,增强公司规模,争取进入甘肃省十强企业行列;

(6)加快人才培养、提高干部队伍素质,使亚盛实业(集团)股份有限公司人力资源的总体开发水平跟得上公司发展需要;

(7)继续重视技术和产品创新,更新产品品种,提高装备、技术、产品的档次,从而保持公司的持续、稳定、高速发展。

三、重大事件说明

1. 本报告期内,4 月 8 日召开临时股东大会,大会审议通过了股票发行前完成的滚存利润,由股票发行后的新老股东共同享有的决议。

2.4 月 8 日临时股东大会同意公司由发起设立公司转为社会募集公司,向社会公众增发 7000 万股 A 股。

3. 公司按照国务院证券委、中国人民银行、国家经贸委 5 月 21 日联合发布的《严禁国有企业和上市公司炒作股票的规定》进行了认真的自查,至今为止,没有违规行为,公司无炒作股票的行为。如公司今后需从事证券投资,将严格遵循国家有关政策法规的规定进行。

4.1997 年 7 月 15 日,经中国证监会证监发字(1997)384 号、385 号文批准公司采用"全额预缴款、比例配售、余款即退"的方式发行 7000 万元 A 股,发行价格为每股 6.06 元人民币,扣除发行费用后,实际到位资金 40810 万元。8 月 18 日,本公司 6300 万元 A 股在上海证券交易所上市,证券代码:600108。

四、股权结构的变化

1. 股权结构情况(单位:万股,每股面值:1.00 人民币)

股份类别	1997.6.30	1996.12.31	比率(%)
尚未流通股份	8000.00	8000.00	100.00
其中:国有法人股	4626.00	4626.00	57.83
法人股	3374.00	3374.00	42.17
可流通股份			
其中:公司职工股	0.00	0.00	0.00
总股本	8000.00	8000.00	100.00

2. 主要股东持股情况

股东名称	股数(万股)	比例(%)
甘肃省亚盛盐业化工企业集团公司	4626	57.83
甘肃金塔恒盛农业发展公司	1706	21.33
甘肃金盛化工有限公司	882	11.02
甘肃省国营高台农场	452	5.65
甘肃省国营生地湾双丰化工厂	334	4.17

五、股东大会简介

本公司 1997 年 4 月 8 日在酒泉市万客隆大厦三楼会议室召开临时股东大会,公司全体股东代表与会,代表公司股份 8000 万股,通过如下决议:

1. 向社会公众发行 7000 万股 A 股并上市的议案;
2. 公司章程修改方案;
3. 股票发行前完成的滚存利润,由股票发行后的新老股东共同享有;

六、备查文件

1. 载有公司董事长、总经理亲笔签名的中期报告原本。
2. 公司 1997 年上半年财务报告原本。
3. 公司 1997 年上半年股东大会资料。

甘肃亚盛实业(集团)股份有限公司

一九九七年八月二十六日

长春热缩材料股份有限公司

长春热缩材料股份有限公司股票上市公告书

一、要览

总股本:	8,896 万股
可流通股本:	3,000 万股
本次上市流通股本:	3,000 万股
股票代码:	600110
上市地:	上海证券交易所
上市时间:	1997 年 10 月 7 日
登记机构:	上海证券中央登记结算公司
上市推荐人:	中国科技国际信托投资有限责任公司

二、绪言

长春热缩材料股份有限公司(以下简称"本公司")依据《中华人民共和国公司法》、《股票发行与交易管理暂行条例》、《公开发行股票信息披露实施细则》和《上海证券交易所交易市场业务规则》等有关法律、法规、文件的规定编写本公告书,旨在向社会公众提供有关资料。

本公司本次股票发行及发行方案业经中国证券监督管理委员会(以下简称"中国证监会")证监发字(1997)438 号和证监发字(1997)439 号文批准,已向社会公开发行每股面值 1.00 元之人民币普通股 3,000 万股。根据国家有关规定,本公司原有定向募集内部职工股 116 万股自此次上市流通股上市之日起 3 年后上市。本公司股票上市申请经上海证券交易所上证上字(1997)085 号文批准,将于 1997 年 10 月 7 日(星期二)在上海证券交易所挂牌交易,股票简称"长春热缩",股票交易代码"600110"。

本公司《招股说明书概要》刊登于 1997 年 9 月 15 日的《中国证券报》和《上海证券报》,距今不足 6 个月,故与其重复的内容在此不再重述,敬请投资者查阅本公司的《招股说明书概要》。

本公司董事会全体成员已批准本上市公告书,确信其中不存在重大遗漏和误导,并对其真实性、准确性和完整性负个别的和连带的责任。

三、发行公司概况

1. 基本情况

法定名称:长春热缩材料股份有限公司

英文名称:CHANGCHUN HEAT - SHRINKABLE MATERIALS CO.,LTD

英文简称:CIAC

法定代表人:吕晓义

注册资金:8,896 万元

成立日期:1994 年 3 月 11 日

经营范围:热缩材料、高分子材料、电线电缆、电工器材、非标设备、辐照加工、机械配件加工、本企业产品安装、施工及技术服务。

所属行业:辐射加工产业及热缩材料工业

注册地址:吉林省长春市人民大街 159 号

邮政编码:130022

联系电话:0431-5694024

2. 历史沿革

(1)股份制改制过程

本公司的前身是中国科学院长春应化所热缩材料厂,成立于 1987 年,系全民所有制企业,注册资本 17.5 万元。该厂于八十年代中期即生产出我国第一代热缩材料制品,填补了我国热缩材料制品的空白,结束了中国热缩材料完全依靠进口的历史。1992 年国家计委批准在此建设高分子材料辐射加工工业性实验基地。1993 年 11 月 26 日经吉林省经济体制改革委员会(以下简称"吉林省体改委")吉改股募(1993)24 号文和 1993 年 12 月 7 日经吉林省体改委吉改股批(1993)76 号文批准,由长春应用化学研究所(以下简称"长春应化所")独家发起,采用定向募集设立方式,将长春应化所全资拥有的热缩材料厂经评估确认后的生产经营性净资产 3,280 万元投入,折成 3,280 万股作为发起人股,同时按每股面值一元以现金形式募集内部职工股 116 万股设立了本公司。1994 年 3 月 11 日长春市工商行政管理局向本公司核发了企业法人营业执照,公司注册资本 3,396 万元,股本总额 3,396 万股。

(2)增资扩股过程

1995 年 3 月 15 日,吉林省体改委以吉改股批(1995)48 号文同意长春热缩增资扩股,由长春高新投资 4,250 万元,按 1:1.7 比例折为 2500 万股募集法人股。扩股后,长春热缩股本总额由 3,396 万股增加到 5,896 万股。本公司于 1996 年 2 月 28 日进行了工商注册变更登记,注册资金增加到 5,896 万元,计 5,896 万股。

(3)本次发行情况

本次经中国证监会证监发字(1997)438 号文和(1997)439 号文批准,本公司于 1997 年 9 月 19 日以每股 7.52 元的价格向社会公众发行 3,000 万股社会公众股,占发行后公司总股本的 33.72%。本次发行后,本公司总股本为 8,896 万股。

四、股票发行与承销

1. 股票公开发行

社会公众股发行数量:3,000 万股

定向募集内部职工股:116 万股

股票发行价格:7.52 元

募集资金总额:21,722.04 万元

发行方式:上网定价

配售比例:0.50751726%

配售户数:30,000 户

持有 1000 股以上(含 1000 股)的户数:30,501 户

发行费用总额:837.96 万元

每股发行费用:0.28 元

发行市盈率:13.8 倍

2. 股票承销

本次公开发行的 3,000 万股社会公众股已全部由社会公众认购。本次公开发行为超额认购,故无余额由承销团成员认购。

3. 验资报告(摘要)(吉会师股验字(1997)第 15 号)

长春热缩材料股份有限公司全体股东:

我们接受委托,对长春热缩材料股份有限公司截至 1997 年 9 月 26 日止的注册资本、投入资本变更情况的真实性和完整性进行了审验。在审验过程中,我们按照《独立审计实务公告第 1 号—验资》的要求,实施了必要的审验程序。长春热缩材料股份有限公司的责任是提供真实、合法、完整的验资资料,保护资产的安全、完整,我们的责任是按照《独立审计实务公告第 1 号—验资》的要求,出具真实、合法的验资报告。

长春热缩材料股份有限公司申请的注册资本为人民币 8,896 万元。本次社会公众股发行前的注册资本和股本总额均为 5,896 万元,业经本

所吉会师股验字(1996)第6号验资报告验证。本次经中国证监会批准向社会公众发行人民币普通股3,000万股,每股面值1元,,发行价格7.52元/股。根据我们的审验,截至1997年9月26日止,长春热缩材料股份有限公司已收到本次社会公众股东投人的资本21,722.04万元,其中:股本3,000万元,资本公积18,722.04万元(已扣除预计发行费用837.96万元)。与上述投人资本相关的资产总额为21,722.04万元,均为货币资金投人。

附件(一)验资事项说明

吉林会计师事务所　　中国注册会计师:孙洪武　宋敬革

吉林　　长春　　1997年9月26日

募集资金的入帐时间:1997年9月26日

入帐金额(万元)	入帐帐号	开户银行
12,383.52	011-5001559	中国工商银行长春开发区支行
9,338.52	090-225053009	中国建设银行长春高科技支行

4. 所筹资金未能及时人帐的金额及原因:无

五、董事、监事及高级管理人员持股情况

1. 董事、监事及高级管理人员变动情况:无

2. 新增董事、监事及高级管理人员简介:无

3. 董事、监事及高级管理人员持股数额和比例

姓名	职务	持股数量(股)	持股比例(%)
吕晓义	董事长	5,000	0.00562
李滨耀	董事	0	0
钟晓光	董事、总经理	1,500	0.00168
朱贵发	董事	0	0
谭文志	董事	1,000	0.00112
刘成福	董事	0	0
李奉杰	董事	0	0
牟杰生	董事、副总经理	0	0
王化传	董事	0	0
张思远	监事	0	0
曲何	监事	2,000	0.00224
孙成德	监事	0	0
邢卫华	监事	2,500	0.00281
庄士民	副总经理	5,000	0.00562
苗润中	副总经理	5,000	0.00562
许大鹏	副总经理	5,000	0.00562
宛雄文	副总经理	2,000	0.00224
孙文霞	总经理助理、证券部部长、董事会秘书	1,000	0.00112
徐立三	财务部长、总会计师	2,000	0.00224
何平	总经理助理	2,000	0.00224
刘斌	总经理助理	20,000	0.0224

六、公司设立

1. 本公司经吉林省体改委吉改股募(1993)24号文和吉改股批(1993)76号文批准以定向募集方式设立,于1994年4月9日在长春召开了公司创立大会暨首届股东大会。

2. 本公司经1995年1月22日第二次股东大会决议通过和吉林省体改委吉改股批[1995]48号文批准进行了增资扩股,并于1996年2月28日完成了工商注册变更登记。

3. 1997年1月26日公司第四次股东大会审议通过了公司董事会提出的关于公司由定向募集公司转为社会募集公司的议案,并授权公司董事会全权办理有关上市事宜(包括但不限于制作申报材料、选择上市地点、签署招股说明书、办理工商变更登记等)。本公司1997年2月1日第二届董事会第一次会议决定公司本次3,000万社会公众股将在上海证券交易所上市。

4. 本次经中国证监会证监发字(1997)438号文和(1997)439号文批准,本公司于1997年9月19日以每股7.52元的价格通过上海证券交易所交易系统以上网定价方式向社会公众发行了3,000万股社会公众股。本次成功发行后,公司注册变更登记工作已结束,详细情况如下:

公司注册资金:8,896万元

公司注册时间:1997年9月26日

公司注册地点:吉林省长春市人民大街159号

营业执照注册号码:24497629-6

七、关联企业及关联交易

1. 关联企业

长春应化所是本公司的独家发起人,并自成立之日起至本次发行完毕后,均是本公司的第一大股东。长春应化所是国际知名的、中国科学院实力最为雄厚的综合性化学研究所之一,建国以来,围绕新型材料、能源和稀土资源利用等方面的任务,主要开展应用和应用基础研究,承担了一批又一批的国家攻关项目,积聚和培养了大批高级人才。中国科学院长春应用化学科技总公司(以下简称"科技总公司")是长春应化所的全资企业,是长春应化所从事高科技产品研究开发及中试生产的重要基地,主要从事彩色胶卷、相纸冲洗套药、稀士材料等产品的开发生产和销售,实行科、工、贸一体化经营。

1995年本公司向长春高新技术产业(集团)股份有限公司(以下简称"长春高新")增扩2,500万股法人股,自此长春高新成为本公司的第二大股东。长春高新是于1993年6月成立的定向募集股份有限公司,并已于1996年底在深圳证券交易所上市,当时总股本为6,864万股。该公司以高新技术产品的开发、生产、销售及服务为主导,以高新技术产业基础设施的开发、建设、房地产开发及物业管理与服务为基础。

2. 关联交易

本公司于1994年4月7日与长春应化所签订了服务协议书,由长春应化所为本公司的日常生产及生活有偿提供水、电、气、暖,双方将本着公平市场原则,以合理费用结算。该协议仍在执行当中。

1997年5月20日长春应化所向本公司作出承诺,作为本公司的发起人及控股股东,其保证在与本公司的经济往来中遵守平等、等价,有偿的原则,并保证其现在全资拥有及控股的企业将不从事与本公司有实质性同业竞争的生产经营活动,且其在向其它企业转让技术时将优先考虑本公司发展的需要。

1995年2月28日本公司与科技总公司签订协议,科技总公司将其利用银行专项贷款建设和购置的作价为2,400万元的"科鹰一号工程"和"科鹰二号工程"的内容中所列明的设施(包括土地、房产等)转卖给本公司。其中"科鹰一号工程"作价1,500万元,本公司承担自1995年1月1日起至此笔款项全部交付科技总公司日止的贷款利息及罚息:"科鹰二号工程"作价900万元,本公司承担自1995年3月1日起至此笔款项全部交付科技总公司日止的贷款利息及罚息。上述两项工程的内容中所列明的设施(包括房产、土地等)自1995年3月1日起全部由本公司接收,所有权归本公司;对科技总公司之下属稀土材料部、保温防腐公司所使用的"科鹰一号工程"中的实验室及车库,由科技总公司自一九九五年一月一日起向本公司支付租金。本公司已于1996年11月付清该合同的所有价款。科技总公司继续依该合同对其下属公司租赁使用"科鹰一号工程"中的实验室及车库的情况向本公司支付租金。

本公司与长春高新之间不存在任何关联交易。

八、股本结构及大股东持股情况

1. 股本结构

本次发行前股本结构:

股份种类	股数(万股)	占总股本比例(%)
国有法人股	3,280	55.63
法人股	2,500	42.40
内部职工股	116	1.97

股本总额	5,896	100

本次发行后股本结构:

股份种类	股数(万股)	占总股本比例(%)
国有法人股	3,280	36.87
法人股	2,500	28.10
社会公众股	3,000	33.72
内部职工股	116	1.31
股本总额	8,896	100

2. 前十名股东所持股数及比例

序号	股东名称	持股数(万股)	持股比例%
1	中国科学院长春应用化学研究所	3280	36.87
2	长春高新技术产业(集团)股份有限公司	2500	28.10
3	刘斌	2	0.02248
4	刘春华	1.65	0.01854
5	朱羽	1.6	0.01798
6	周云	1.4	0.01573
7	王卉芳	1.2	0.01348
8	王力	1.2	0.01348
9	丁洪斌	1.1	0.01236
10	王建利	1	0.01124

九、公司财务会计资料

1. 审计报告

本公司已经吉林会计师事务所吉会师股审字(1997)第19号审计,并出具无保留意见的审计报告。

长春热缩材料股份有限公司全体股东:

我们接受委托,审计了贵公司1994年12月31日、1995年12月31日、1996年12月31日、1997年3月31日资产负债表和1994年度、1995年度、1996年度、1997年1-3月份利润表、利润分配表及1996年度财务状况变动表。这些会计报表由贵公司负责,我们的责任是对这些会计报表发表审计意见。我们的审计是依据《中国注册会计师独立审计准则》进行的。在审计过程中,我们结合贵公司实际情况,实施了包括抽查会计记录等我们认为必要的审计程序。

我们认为,上述会计报表符合《企业会计准则》和《股份制试点企业会计制度》的有关规定,在所有重大方面公允地反映了贵公司1994年12月31日、1995年12月31日、1996年12月31日、1997年3月31日的财务状况及1994年度、1995年度、1996年度、1997年1-3月份的经营成果和1996年度资金变动情况,会计处理方法的选用遵循一贯性原则。

吉林会计师事务所　　　　中国注册会计师:宋敬革　孙洪武

吉林　长春　　　　1997年5月15日

2. 财务报表

资产负债表

编制单位:长春热缩材料股份有限公司　　　　单位:人民币元

资　产	附注	97年3月31日	96年12月31日	95年12月31日	94年12月31日
流动资产					
货币资金	4	3,682,499.04	4,212,646.66	18,222,105.37	4,308,278.52
短期投资					
应收票据					
应收帐款	5	61,265,470.94	60,078,279.95	29,687,945.54	11,298,224.23
减:坏帐准备					
应收帐款净额					
预付货款					
其他应收款	6	8,888,360.14	21,978,738.87	6,816,743.43	3,270,197.61
待摊费用				194,023.79	
存货	7	37,290,053.92	34,146,686.41	31,788,553.28	21,090,081.27
待处理流动资产净损失					
一年内到期的长期债券投资					
其他流动资产					
流动资产合计		111,126,384.04	120,610,375.68	86,515,347.62	39,966,781.63
长期投资					
长期投资	8	667,409.87	896,755.53	225,000.00	225,000.00
固定资产					
固定资产原价	9	61,129,582.19	61,106,346.84	46,325,386.91	24,992,197.64
减:累计折旧		11,790,173.42	11,044,340.36	8,615,148.53	6,898,429.62
固定资产净值		49,339,408.77	50,062,006.48	37,710,218.38	18,093,768.02
在建工程	10	18,069,501.50	17,110,531.51	12,199,122.13	1,278,814.30
固定资产清理					
待处理固定资产损失					
固定资产合计		67,408,910.27	67,172,537.99	49,909,360.51	19,372,582.32
无形资产及递延资产					
无形资产	11	12,565,166.57	12,728,643.80	13,382,552.81	10,194,162.50
递延资产					
无形资产及递延资产合计		12,565,166.57	12,728,643.80	13,382,552.81	10,194,162.50
其他长期资产					
其他长期资产					
递延税项					
递延税项借项					
资产总计		191,767,870.75	201,408,313.00	150,032,260.94	69,758,526.45
负债及股东权益	附注	97年3月31日	96年12月31日	95年12月31日	94年12月31日
流动负债					
短期借款	12	2,500,000.00	10,000,000.00	10,300,000.00	4,700,000.00
应付票据					
应付帐款	13	841,655.43	781,365.09	1,716,688.75	2,203,886.18
预收货款	14	4,024,031.79	2,678,819.09	2,030,093.41	2,835,825.72
应付福利费	15	2,056,882.72	1,885,220.41	1,480,375.55	1,093,428.69
未付股利				6,792,000.00	1,233,600.00
未交税金	16	7,837,575.59	7,311,957.59	4,546,495.25	2,276,119.21
其他未交款	17	263,273.70	225,508.44	112,642.50	39,803.38
其他应付款	18	3,276,377.38	5,928,135.10	34,490,741.18	2,973,730.60
预提费用					460,709.00
一年内到期的长期负债					
其他流动负债					
流动负债合计		20,799,796.61	28,811,005.72	61,469,036.64	17,817,102.78
长期负债					
长期借款	19	31,500,000.00	35,000,000.00	16,000,000.00	
应付债券					
长期应付款	20	4,000,000.00	4,000,000.00	4,000,000.00	2,000,000.00
其他长期负债					
长期负债合计		35,500,000.00	39,000,000.00	20,000,000.00	2,000,000.00
递延税项					
递延税款货项					
负债合计		56,299,796.61	67,811,005.72	81,469,036.64	19,817,102.78
股　本	21	58,960,000.00	58,960,000.00	33,960,000.00	33,960,000.00
资本公积	22	17,502,500.00	17,502,500.00	2,500.00	2,500.00
盈余公积	23	14,254,754.22	14,254,754.22	9,747,937.62	4,665,177.50
其中:公益金		6,921,345.95	6,921,345.95	4,667,937.65	2,126,557.59
未分配利润	24	44,750,819.92	42,880,053.06	24,852,786.68	11,313,746.17
股东权益合计		135,468,074.14	133,597,307.28	68,563,224.30	49,941,423.67
负债及股东权益合计		191,767,870.75	201,408,313.00	150,032,260.94	69,758,526.45

利润表

编制单位:长春热缩材料股份有限公司　　　　单位:人民币元

项目	附注	97年1-3月	96年度	95年度	94年度
一、主营业务收入	25	8,033,086.76	60,514,356.57	49,262,590.86	28,420,719.22
减:营业成本	26	2,916,137.55	24,233,169.08	17,701,663.33	9,159,510.83
销售费用		558,192.73	2,405,784.32	1,731,434.64	1,143,576.63
管理费用		1,510,429.22	4,864,084.38	3,301,295.02	2,891,864.42
财务费用	27	369,381.32	3,986,894.90	536,153.21	215,043.88
进货费用					
营业税金及附加	28	89,929.61	781,787.22	511,139.94	321,424.74
二、主营业务利润		2,589,016.33	24,242,636.67	25,480,904.72	14,689,298.72
加:其他业务利润	29	-94,570.49	1,532,081.60	1,871,858.76	3,250,383.94
三、营业利润		2,494,445.84	25,774,718.27	27,352,763.48	17,939,682.66
加:投资收益	30	-229,345.66	203,598.23		
补贴收入	31		363,990.87		
营业外收入	32		374,284.33	243,951.89	690,057.67
减:营业外支出	33	22,442.09	225,915.83	130,098.46	83,863.29
加:以前年度损益调整					
四、利润总额		2,242,658.09	26,490,675.87	27,466,616.91	18,545,877.04
减:所得税		371,891.23	3,956,592.89	2,052,816.28	1,376,613.62
五、净利润		1,870,766.86	22,534,082.98	25,413,800.63	17,169,263.42

利润分配表

编制单位:长春热缩材料股份有限公司　　单位:人民币元

项目	附注	97年1-3月	96年度	95年度	94年度
一、净利润		1,870,766.86	22,534,082.98	25,413,800.63	17,169,263.43
加:年初未分配利润		42,880,053.06	24,852,786.68	11,313,746.17	3,423,997.75
盈余公积转入数					
二、可分配的利润		44,750,819.92	47,386,869.66	36,727,546.80	20,593,261.17
减:提取法定公积金			2,253,408.30	2,541,380.06	1,716,926.34
提取法定公益金			2,253,408.30	2,541,380.06	1,716,926.34
三、可供股东分配的利润		44,750,819.92	42,880,053.06	31,644,786.68	17,159,408.49
减:已分配优先股股利					
提取任意公积金		412,062.32			
已分配普通股股利		6,792,000.00	5,433,600.00		
四、未分配利润		44,750,819.92	42,880,053.06	24,852,786.68	11,313,746.17

财务状况变动表

编制单位:长春热缩材料股份有限公司　1996年度

单位:人民币元

流动资金来源及运用	金额	流动资金各项目的变动	金额
一、流动资金来源		一、流动资产本年增加数	
1.本年净利润	22,534,082.98	1.货币资金	-14,009,458.71
加:不减少流动资金的费用和损失		2.短期投资	
(1)少数股东本期损益		3.应收票据	
(2)固定资产折旧	2,730,774.47	4.应收帐款净额	30,390,334.41
(3)无形资产、递延资产及其他资产摊销		5.预付货款	
(减其他负债转销)	653,909.01		
(4)固定资产盘亏(减盘盈)		6.其他应收款	15,161,995.44
(5)清理固定资产损失(减收益)	-332,280.34	7.待摊费用	194,023.79
(6)递延税款		8.存　货	2,358,133.13
(7)其他不减少流动资金的费用和损失		9.待处理流动资产净损失(减收益)	
小　计	25,586,486.12	10.一年内到期的长期债券投资	
2.其他来源		11.其他流动资产	
(1)固定资产清理收入(减清理费用)	702,997.00		
(2)增加长期负债	19,000,000.00		
(3)收回长期投资			
(4)对外投资转出固定资产			
(5)对外投资转出无形资产			
(6)无偿调出固定资产净损失			
(7)资本净增加额	47,006,816.60		
(8)少数股东资本净增加额			
小　计	66,709,813.60		
流动资金来源合计	92,296,299.72	流动资产增加净额	34,095,028.06
二、流动资金运用		二、流动负债本年增加数	
1.利润分配		1.短期借款	-300,000.00
(1)提取法定公积金	2,253,408.30	2.应付票据	
(2)提取法定公益金	2,253,408.30	3.应付帐款	-935,323.66
(3)提取任意公积金		4.预收货款	648,725.68
(4)已分配股利		5.应付福利费	404,844.86
小　计	4,506,816.60	6.未付股利	-6,792,000.00
2.少数股东利润分配		7.未交税金	2,765,462.34
3.其他运用		8.其他未交款	112,865.94
(1)固定资产和在建工程净增加额	20,364,668.61	9.其他应付款	-28,562,606.08
(2)增加无形资产递延资产及其他资产		10.预提费用	
(3)偿还长期负债		11.一年内到期的长期负债	
(4)增加长期投资	671,755.53	12.其他流动负债	
小　计	21,036,424.14		
流动资金运用合计	25,543,240.74	流动负债增加净额	-32,658,030.92
流动资金增加净额	66,753,058.98	流动资金增加净额	66,753,058.98

3.会计报表附注

附注1:公司设立说明

长春热缩材料股份有限公司是1993年12月经吉林省经济体制改革委员会吉改股批(1993)第76号文批准,由长春应化所独家发起,以定向募集方式设立的股份有限公司。

公司在长春市工商行政管理局长春高新开发区分局注册登记,具有法人资格,企业法人营业热照注册号为:12401243-3

附注2:会计报表编制方法

公司会计报表系按《股份制试点企业会计制度》而编制的。公司全资子公司长春热缩材料股份有限公司市场部(96年4月成立)。由于其资产总额、销售收入及净利润分别占公司资产总额、销售收入及净利润的比例皆在3%以下,根据财政部《关于合并会计报表合并范围请示的复函》(财会二字(1996)2号)的规定,公司本次未将其纳入合并范围。

附注3:重要会计政策

(1)会计制度

公司执行《股份制试点企业会计制度》。

(2)会计期间

公司会计期间自公历每年1月1日起至12月31日止。

(3)记帐原则及计价基础

公司采用权责发生制原则,并以实际成本为计价基础。

(4)记帐方法及记帐本位币

公司采用借贷复式记帐法。以人民币为记帐本位币。

(5)坏帐损失

公司坏帐损失采用直接转销法,即在坏帐发生时直接计入当期损益。

(6)存　货

公司存货按实际成本计价,发出存货的实际成本采用加权平均法计算结转。低值易耗品摊销金额较大的采用分期摊销法,金额较小的采用一次摊销法。

(7)长期投资

公司对外投资属权益性投资的,占被投资单位权益比例在20%(含20%)以下的按成本法核算,权益比例在20%以上的按权益法核算。

(8)固定资产及折旧

公司拥有的使用年限在一年以上,单位价值在人民币2,000元以上(含2,000元)的劳动资料,作为固定资产进行核算,并按实际成本计价。按照行业财务制度的规定,采用平均年限法分类计提折旧,预计净残值率为5%。

固定资产类别	使用年限	预计残值率	年折旧率
房屋及建筑物	40	5%	2.38%
机器设备	14	5%	6.79%
运输设备	8	5%	11.88%
工具仪表	12	5%	7.92%
办公用具	8	5%	11.88%

(9)无形资产及其摊销

公司无形资产按评估确认价值及协议约定价值计价。

1. 土地使用权:按照规定使用年限,以开始使用之日起分期摊销。

2. 非专利技术:IKV交联电缆附件生产技术、IKV油浸电缆附件生产技术、10KV交联电缆附件生产技术,35KV交联电缆附件生产技术,按照规定使用年限从开始使用之日起按15年分期摊销。

(10)收入的确认

公司按产品已经发出、劳务已经提供,同时收讫价款或者取得收取价款的凭据时,确认收入的实现。

(11)研究及开发费用

公司研究及开发费用于发生时直接列入当期损益。

(12)税项及附加

A. 增值税:

1. 公司按销售收入的17%计算销项税额,扣除进项税额后的差额计缴。

公司产品母排绝缘热缩管为1995年度国家级新产品,根据财政部、国家税务总局财税字(1995)87号《关于1995年度国家级新产品征收增值税问题的通知》有关规定,采取先征税后财政返还的办法。

2. 公司对外提供加工,辐照等应税劳务,按收入的17%计缴。

B. 营业税:

公司技术协作费收入按5%税率计缴。

C. 城建税:

公司按应缴增值税额,营业税额的7%计缴。

D. 教育费附加:

公司按应缴增值税额、营业税额的3%计缴。

E. 所得税:

公司位于国务院批准的国家级开发区长春高新技术产业开发区内,并经长春市科学技术委员会认定为高新技术企业。1994年度、1995年度根据长春市人民政府长府函(1994)12号文《关于长春热缩材料股份有限公司所得税率的批复》的规定,所得税按15%的规定全额上交后,由同级财政部门列支返还7.5%,即实际税负按7.5%计征。1996年度起执行15%所得税税率。

(13)利润分配

公司1994年度、1995年度、1996年度按公司章程规定、净利润分配执行以下比例:

提取法定公积金10%

提取法定公益金10%

可供股东分配利润80%

附注4:应收帐款

应收帐款期末余额61,265,470.94元。其帐龄情况如下:

帐　龄	金　额	比　例
一年以内	42,086,416.58元	68.70%
一年至二年	13,829,285.36元	22.57%
二年至三年	4,080,037.16元	6.77%
三年以上	1,269,731.84元	1.96%
合　计	61,265,470.94元	100%

*应收帐款期末余额中无持有本公司5%以上股份的主要股东单位的欠款。

应收帐款余额96年比95年增加3,039万元。其主要原因是:

(1)公司为扩大市场占用率,改变销售政策,将产品赊销给长期客户,实行信用交易,故应收帐款余额较大。

(2)公司客户遍布全国各地,大多数客户资金较紧张,不能如期支付货款,回款不畅。

(3)公司96年生产规模、销售渠道进一步扩大,主营业务收入较95年增长22.84%,相应增大应收帐款。

附注5:其他应收款

其他应收款期末余额8,888,360.14元。其帐龄构成如下:

帐　龄	期末余额	比　例
一年以内	6,948,721.04元	78.18%
一年至二年	1,912,489.10元	21.52%
二年至三年	27,150.00元	0.30%
合　计	8,888,360.14元	100%

*其中主要帐户大额款项如下:

关联单位	金　额	往来性质
中国科学院长春应用经学科技总公司	2,173,905.24	临时周转借款*
吉林省大禹国际房地产开发有限公司	3,265,920.00	应收利息
长春应化所	590,914.00	垫付工程款
销售人员有职工借备用金及差旅费	888,573.87	

*中国科学院长春应用化学科技总公司系公司发起人控股股东长春应化所所属公司,与公司无业务关系。系关联公司,临时周转借款系公司为其代垫付的银行贷款。

*其中:持有本公司5%以上股份的主要股东单位及其下属单位的欠款如下:

关联单位	关联关系	金额	往来性质
长春应化所	控股股东	590,914.57	垫付工程款
中国科学院长春应用化学科技总公司	控股股东全资企业	2,173,905.24	临时周转借款

公司1996年12月31日其他应收款较大,主要原因是96年初委托吉林省信托投资公司将16,000,000.00元资金借给吉林省大禹国际房地产开发有限公司,97年3月收回本金。

附注6:长期投资

长期投资期末余额667,409.87元。其构成如下:

股权投资

被投资单位名称	投资金额	占被投资单位股权比例	权益法调整	期末余额
长春热缩材料股份有限公司市场部	500,000.00	100%	-57,590.13	442,409.87
上海浦丰宾馆	225,000.00	6.68%		

*由于其资产总额、销售收入及净利润分别占公司资产总额、销售收入及净利润比例皆在3%以下,根据财政部《关于合并会计报表合并范围请示的复函》[财会二字(1996)2号]的规定,公司期末按权益核算,未将其会计报表合并。

附注7:应付帐款

应付帐款期末余额841,655.43元。其中主要帐户如下:

吉林省天马实业有限公司	206,731.20元
长春市二道区育丰彩印厂	67,874.87元

关联公司	关联关系	金额	性质
长春应化所研究室	控股股东	299,323.36元	材料款
长春应化所科鹰保温防腐公司	控股股东全资企业		

控股公司　　31,000.00元　　　材料款

附注8:其他应付款

其他应付款期末余额3,276,377.38元。其主要帐户如下:

应付工资	324,348.14元
职工教育经费	96,748.67元
工会经费	260,379.14元

*欠与公司有关联的主要股东单位的下属单位的款项如下:

关联单位	关联关系	金额	性质
长春赛普工程塑料有限责任公司	控股股东控股公司	2,500,000.00	暂借款

*公司1995年12月31日其他应付款余额较大,主要原因:

(1)1995年7月公司购买中国科学院长春应用化学科技总公司厂房、机器设备等价值2,400万元,按双方协议公司分期支付款项。1995年末尚有1,990万元未支付,96年11月15日公司全部支付。

(2)公司1995年3月经批准增扩法人股(长春高新技术产业(集团)股份有限公司)2,500万股。1995年12月部分入股资金850万元暂挂帐,96年1月全部到位,验资后转入股本及资本公积。

附注9:长期借款

长期借款期末余额31,500,000.00元。其中:

贷款单位	期限	金额	利率(年)	条件
中国工商银行长春开发区支行	1996.6.28-2000.8.15	8,000,000.00	13.70%	抵押
中国工商银行长春开发区支行	1996.10.30-2000.12.20	3,000,000.00	11.70%	抵押
中国工商银行长春开发区支行	1995.11.24-1999.1.15	7,400,000.00	15.12%	抵押
中国工商银行长春开发区支行	1995.11.23-1999.1.15	100,000.00	15.12%	抵押
中国工商银行长春开发区支行	1996.11.24-1998.9.15	8,000,000.00	15.12%	抵押
中国建设银行长春市高新技术产业开发区支行	1996.12.27-1999.12.26	5,000,000.00	10.98%	抵押

附注10:长期应付款

长期应付款期末余额4,000,000.00元。其中:

1.1994年国家计委以计综合(1993)110号文下拨公司三0工程配套建设购置设备专项拨款2,000,000.00元。

2.1995年国家经贸委、财政部以国经贸技(1995)629号文下拨公司热缩材料制品项目科技三项费用专项拨款2,000,000.00元。

附注11:股　本

股份结构	97年3月31日	96年12月31日	95年12月31日	94年12月31日
国有股	32,800,000.00	32,800,000.00	32,800,000.00	32,800,000.00
社会法人股	25,000,000.00	25,000,000.00		
内部职工股	1,160,000.00	1,160,000.00	1,160,000.00	1,160,000.00
合计	58,960,000.00	58,960,000.00	33,960,000.00	33,960,000.00

经公司1995年1月22日第二次股东大会决议,并经吉林省体改委吉改股批(1995)48号文批复,公司按每股1:1.7比例增扩社会法人股(长春高新技术产业(集团)股份有限公司)2,500万股。

附注12:资本公积

公司资本公积期末余额17,502,500.00元。其构成如下:

*股票溢价	17,500,000.00
接受捐赠财产	2,500.00

*系公司按法定程序,按每股1:1.7增扩社会法人股2,500万股,形成股票溢价款1,750万元转入。

附注13:盈余公积

公司盈余公积期末余额14,254,754.22元。其构成如下:

项目	97年3月31日	96年12月31日	95年12月31日	94年12月31日
法定公积金	6,921,345.95	6,921,345.95	4,667,937.65	2,126,557.59
法定公益金	6,921,345.95	6,921,345.95	4,667,937.65	2,126,557.59
任意公积金	412,062.32	412,062.32	412,062.32	412,062.32
期末余额	14,254,754.22	14,254,754.22	9,747,937.62	4,665,177.50

附注14:未分配利润

未分配利润期末余额44,750,819.92元。

	1997年1-3月份	1996年度	1995年度	1994年度
本期净利润	1,870,766.86	22,534,082.98	25,413,800.63	17,169,263.42
加:年初未分配利润	42,880,053.06	24,852,786.68	11,313,746.17	3,423,997.75
减:提取法定公积金		2,253,408.30	2,541,380.06	1,716,926.34
提取法定公益金		2,253,408.30	2,541,380.06	1,716,926.34
提取任意公积金				412,062.32
已分配普通股股利			6,792,000.00	5,433,600.00
期末未分配利润	44,750,819.92	42,880,053.06	24,852,786.68	11,313,746.17

附注15:投资收益

	1997年1-3月份	1996年度
股权投资收益:		
长春热缩材料股份有限公司市场部	-229,345.66	171,755.53
上海浦丰宾馆		31,842.70
合计	-229,345.66	203,598.23

附注16:补贴收入

公司1996年度补贴收入363,990.87元,系公司国家级新产品母排绝缘热缩管增值税退税收入。根据财政部、国家税务总局财税字(1995)87号文规定,对国家级新产品采取先征税后财政返还。财政部财会字(1995)6号文规定返还的增值税列入补帖收入。

附注17:关联关系

(一)存在控制关系的关联方:

企业名称	注册地址	主营业务	与本企业关系	经济性质或类型	法定代表人
长春热缩材料股份有限公司市场部	长春市人民大街159号	商业批发、零售	子公司		刘斌
中国科学院长春应用化学研究所	长春市人民大街159号		控股股东	国有	李滨耀

(二)存在控制关系的关联方注册资本及其变化

企业名称	1997年3月31日	1996年12月31日	1995年12月31日	1994年12月31日
长春热缩材料股份有限公司市场部	500,000.00	500,000.00		

(三)存在控制关系的关联方所持股份及其变化

企业名称	股份比例 1997年3月31日	1996年12月31日	1995年12月31日	1994年12月31日
中国科学院长春应用化学研究所	55.6%	55.6%	96.6%	96.6%

(四)不存在控制关系的关联方

企业名称	与本企业的关系
中国科学院长春应用化学科技总公司	控股股东全资附属企业
长春应化所科鹰防腐保温公司	控股股东全资附属企业的控股公司
长春赛普工程塑料有限责任公司	控股股东的控股公司

附注18:关联交易、

(一)本公司从关联企业购买的原材料均按市场价格结算,无高于或低于正常销售价格的情况。本公司无将产品售予关联企业的情况。

(二)采购货物

企业名称	金额 1997年1-3月	1996年	1995年	1994年
中国科学院长春应用化学研究所				789,877.00
长春应化所科鹰防腐保温公司				31,000.00

(三)关联方应收、应付款项余额

项　目	金　额			
	1997年3月31日	1996年12月31日	1995年12月31日	1994年12月31日
其他应收款:				
中国科学院长春应用化学研究所	509,914.57		800,000.00	
中国科学院长春应用化学科技总公司	2,173,905.24			700,000.00
应付帐款:				
中国科学院长春应用化学研究所	299,323.36	299,892.60	331,227.00	789,877.00
长春应化所科鹰保温公司	31,000.00	31,000.00	31,000.00	31,000.00
其他应付款:				
中国科学院长春应用化学研究所			1,000,000.00	500,000.00
中国科学院长春应用化学科技总公司			22,011,500.00	
长春赛普塑料有限责任公司	2,500,000.00	2,500,000.00		

(四)其他交易事项

1．根据本公司与中国科学院长春应用化学研究所签订的服务协议，由中国科学院长春应用化学研究所为本公司日常生活与生产有偿提供水、电、气、暖。1996 年本公司按协议计算并支付此项费用为 1,256,236.05 元，1995 年支付此项费用为 1,065,062.20 元，1997 年 1－3 月尚未计算支付此项费用。

2．根据本公司与中国科学院长春应用化学科技总公司签订的协议书，中国科学院长春应用化学科技总公司将其自建、购置的厂房附属车库 12,022,374.00 元、土地使用权(二)3,801,854.07 元，电子加速器和扩张机 8,175,771.93 元，总计价值 24,000,000.00 元的资产转卖给本公司。按双方协议本公司于 1995 年、1996 年分期付清上述款项。

附注 20：或有事项、期后事项

公司 1996 年 11 月为北方液晶工程研究开发中心，贷款 500 万元提供经济担保，截止本会计报表签发日(1997 年 5 月 15 日)该项借款尚未归还。除上述或有事项外，截至本会计报表签发日，公司并未发生影响本公司会计报表阅读和理解的重大的或有事项和期后事项。

4．主要财务指标

项　目	1997年(1-3月)	1996 年	1995 年	1994 年
营运资金(元)	90326587.43	91799369.96	25046310.98	22149678.85
流动比率％	534.27	418.63	140.75	224.32
速动比率％	354.99	300.11	89.03	105.95
资产负债率％	29.36	33.67	54.30	28.41
应收帐款周转率％	13.11	100.73	165.93	251.55
存货周转率％	7.82	70.96	55.69	43.43
资净产收益率％	1.38	16.87	37.07	34.38
每股净利(元)	0.032	0.382	0.748	0.506

十、董事会上市承诺

本公司董事会将严格遵守《中华人民共和国公司法》、《股票发行与交易管理暂行条例》、《公开发行股票公司信息披露实施细则》、《上海证券交易所交易市场业务规则》和国家有关法律、法规的规定，并自股票上市之日起作出如下承诺：

1．按照法律、法规的规定程序和要求披露重大的信息，并接受证券主管机关，上海证券交易所的监督管理；

2．及时、认真、准确地公布中期报告和年度报告，并备置于规定场所以供投资者公众查阅；

3．本公司董事、监事及高级管理人员如发生人事变动或持本公司股票发生变化时，在报告证券主管机关、证券交易所的同时向投资者公布；

4．在任何公共传播媒介中出现的消息可能对本公司股票的市场价格产生误导性影响时，本公司知悉后将及时对该消息予以公开澄清；

5．本公司董事、监事及高级管理人员将认真听取社会公众的意见和批评，不利用已获得的内幕消息和其他不正当手段直接或间接从事股票买卖活动。

十一、重大事项揭示

1．本公司原有定向募集内部职工股 116 万股将于上市之日起 3 年后方可上市流通。

2．经本公司第四次股东大会决议通过，公司 1996 年度股利暂不分配，滚存至与 1997 年的利润一同分配。预计本次发行后首次分配时间为 1998 年 6 月 30 日之前的六个月内，新老股东共同享有公司本次发行股票完毕前的滚存利润和 1997 年度税后利润的分配。

3．截止上市公告书刊登之日，本公司未涉及任何重大诉讼或索赔要求。

4．本公司 1997 年盈利预测

本公司根据目前生产经营及未来发展计划情况，并依据会计原则和制度，对本公司 1997 年度的盈利情况作如下预测：每股税后利润 0.30 元(按上市后总股本全面摊薄计算，15％所得税税率)。

十二、备查文件目录

1．招股说明书

2．审计报告、财务报表及附注

3．验资报告

4．资产评估报告

5．国有土地证

6．盈利预测报告及注册会计师的意见

7．中国证监会关于本公司公开发行股票的批准文件

8．上海证券交易所上市通知书

9．第四次股东大会决议

10．公司章程

11．营业执照

十三、上市咨询机构

1．发行人：长春热缩材料股份有限公司

法定代表人：吕晓义

住所：吉林省长春市人民大街 159 号

电话：0431－5689715

传真：0431－5694042

联系人：孙文霞　王卫华

2．上市推荐人：中国科技国际信托投资有限责任公司

法定代表人：张钢

住所：北京市朝阳区北辰东路 8 号北京国际会议中心四层

电话：010－64953021

传真：010－64933336

联系人：吴涛　韦建

长春热缩材料股份有限公司

一九九七年九月二十九日

内蒙古包钢稀土高科技股份有限公司

内蒙古包钢稀土高科技股份有限公司上市公告书

一、绪言

本公告书依据《中华人民共和国公司法》、《股票发行与交易管理暂行条例》、《公开发行股票公司信息披露实施细则》、《上海证券交易所市场业务试行规则》以及国家其他有关规定编制。旨在向投资者提供本公司的基本情况及有关资料。

经中国证券监督管理委员会[证监发字(1997)423号文]和[证监发字(1997)424号文]批准,本公司已成功地向社会公众公开发行了每股面值为1.00元的人民币普通股股票8000万股。股票上市申请经上海证券交易所[上证上字(1997)082号文]审核批准,本公司股票将于1997年9月24日在上海证券交易所挂牌交易。本公司总股本为26035万股,可流通股本为8000万股,其中向公司职工配售的800万股公司职工股将按国家规定于本次可流通股份上市之日起六个月后上市流通,本次可流通股份为7200万股。

本公司于1997年8月25日在《上海证券报》、《中国证券报》上刊登了《招股说明书(概要)》,距今不足六个月,故与其相重复的内容在此不再赘述,敬请投资者查阅本公司的《招股说明书(概要)》。

本公司董事会及各位董事确信本公告书未遗漏任何重大事项,亦不存在任何误导和虚假说明,并愿意就本公告书及相关资料的真实性、完整性、正确性负个别及连带责任。

二、发行公司概况

1.公司概况

公司法定名称:内蒙古包钢稀土高科技股份有限公司

英文名称:INNER MONGOLIA RARE - EARTH HI - TECH CO., LTD.

公司注册资本:26035万元

公司法定代表人:曾国安

公司成立日期:一九九七年九月十二日

公司经营范围:稀土精矿、稀土深加工产品、稀土新材料生产与销售,稀土高科技应用产品的开发、生产与销售、稀土产品出口。

所属行业:工业

公司注册地点:包头市稀土高新技术产业开发区

联系人:赵占斌、李金玲

联系电话:(0472)2184642

联系传真:(0472)2183410

2.发行公司历史沿革

本公司前身包头钢铁公司稀土三厂成立于1961年,主营稀土深加工产品、稀土新材料生产、销售、稀土高科技应用产品的开发、生产、销售、稀土产品出口。包钢稀土三厂是目前我国稀土工业规模最大的生产厂家之一,包钢选矿厂稀选车间初建于1980年,其产品一部分作为稀土三厂的主要原料,其余行销售国内外市场。该车间生产的品位30%、50%、60%稀土精矿被评为包头市、冶金部、内蒙古自治区和全国有色金属工业优质产品。本公司现有总资产229581.66万元,净资产15634.23万元(均以1997年3月31日为基准日的评估值,不含土地)。本公司1997年1—3月完成主营业务收入2986万元,税后利润872万元。

包头钢铁公司稀土三厂及稀选车间的资产经评估,并经国家国有资产管理局国资评(1997)397号文批复确认:净资产为15634.23万元。上述资产全部投入股份公司,并经内蒙古自治区国有资产管理局内国资工字(1997)61号文批准:按1.176:1比例折股计13294.41万股,由包头钢铁公司持有;嘉鑫有限公司以等值于人民币4116万元的美元现金投入股份公司折股,计3500万股(美元汇率以到帐前一天中国银行发布的外汇兑换牌价之买价与卖价的中间价进行计算);包钢综合企业(集团)公司以人民币现金1458.93万元投入股份公司折股,计1240.59万股。上述三家发起人所投资产已如期到帐,并经内蒙古会计师事务所验资在案。

1997年1月,内蒙古自治区人民政府内证股批字(1997)1号文批准:以包头钢铁公司所属稀土三厂及选矿厂稀选车间为基础,联合其他发起人,以公开募集方式改建设立公司。

三、股票发行及承销

1.本次公开发行

发行数量:8000万股(其中向公司职工配售800万股)

发行价格:4.43元/股

发行方式:上网定价发行

配售比例:0.65094296%

配售户数:447,915

持有1000股以上的户数:71432

发行费用总额:12,000,000,00元

每股发行费用:0.15元

发行市盈率:14.3倍

2.股票承销

本次公开发行的8000万股社会公众股已全部由社会公众认购,承销团成员无包销比例及数量。

3.验资报告

内会蒙字(1997)第292号

内蒙古包钢稀土高科技股份有限公司(筹):

我们接受委托,对内蒙古包钢稀土高科技股份有限公司(筹)截至1997年9月8日止的实收股本及相关的资产和负债的真实性和合法性进行了审验。我们按照《独立审计实务公告第1号——验资》的要求,实施了必要的审计程序。内蒙古包钢稀土高科技股份有限公司(筹)的责任是提供真实、合法、完整的验资资料,保护资产的安全、完整,我们的责任是按照《独立审计实务公告第1号——验资》的要求,出具真实、合法的验资报告。

内蒙古包钢稀土高科技股份有限公司(筹)的申请注册资本为人民币26035万元。根据我们的审验,截至1997年9月8日止,内蒙古包钢稀土高科技股份有限公司(筹)已收到各股东投入的资本人民币伍亿伍仟肆佰伍拾陆万贰仟柒佰零捌元伍角陆分(554,562,708.56),其中发起人投入的资本为212,091,592.56元,向社会募集的资本为342,412,640元。申购成功投资者的申购款冻结期间的存款利息收入为58,476元,投入的资本中包括股本260 ,350,000元,资本公积294,212,708.56元。与上述投入资本相关的资产总额为694,039,968.28元,负债总额为139,474,259.72元。

内蒙古会计师事务所　　　　中国注册会计师

中国　呼和浩特　　　　邢蒙　寇国清

一九九七年九月九日

四、董事、监事及高级管理人员持股情况

姓名	职务	持股数量(股)	持股比例(%)
曾国安	董事长	8,000	0.00307%
廖二鸣	副董事长	6,000	0.00230%
王子仁	副董事长	5,000	0.00192%
陈隆淮	董事总经理	5,000	0.00192%
张毅	董事副总经理	6,000	0.00230%
徐福贵	董事	5,000	0.00192%
颜维华	董事	5,000	0.00192%
白凤仁	董事	5,000	0.00192%
许万成	董事	5,000	0.00192%
孙鸣凤	监事会主席	5,000	0.00192%
杨兴山	监事会副主席	3,000	0.00115%
车淑先	监事	2,000	0.00077%
陈秀昆	监事	2,000	0.00077%
赵洪英	监事	2,000	0.00077%
赵润年	监事	2,000	0.00077%
胡志海	监事	2,000	0.00077%
邹连顺	副总经理	3,000	0.00115%
王晓铁	总工程师	3,000	0.00115%
赵占斌	董事会秘书	3,000	0.00115%
邢斌	财务总监	3,000	0.00115%
刘忠涛	总经理助理	3,000	0.00115%

以上股份累计83,000股,占总股份的0.03188%。

五、公司设立

本公司于1997年1月经内蒙古自治区人民政府[内政股批字(1997)1号文]批准,以包头钢铁公司所属稀土三厂及选矿厂稀选车间为基础,采取公开募集方式改制设立本公司。

本公司发起人全权委托内蒙古包钢稀土高科技股份有限公司筹委会负责公司设立及各项准备工作。

公司1997年9月12日召开的创立大会暨第一届股东大会,宣告公司成立并通过了公司发行的社会公众股股票在上海证券交易所上市的决议及其他有关决议。

本公司于1997年9月12日在内蒙古自治区工商行政管理局注册登记。

1.公司注册资本:26035万元

2.公司注册地点:内蒙古包头市稀土高新技术产业开发区

3.公司注册时间:一九九七年九月十二日

4.营业执照注册号码:11412524-X

六、关联企业及关联交易

1.关联企业

关联企业名称:包头钢铁公司

注册资金:贰拾壹亿捌仟叁佰柒拾万元

法定代表人:曾国安

经济性质:国有经济

主营业务:钢铁冶炼

与本企业关系:母公司,持有本公司51.06%的股份

2.关联交易

(1)包头钢铁公司代本公司购入主要原材料1095万元,占本公司主要原材料采购的80%;

(2)本公司生产的产品全部由包头钢铁公司代销;

(3)代购材料累计未结算金额6331万元;

(4)代购代销全部按市场价格结算。

七、股本结构及大股东持股情况

1.本次发行前后股本结构变化

(1)本次发行前股本结构为:

发起人	持股数量(万股)	持股比例
包头钢铁公司	13294.41	73.71%
嘉鑫有限公司	3500.00	19.41%
包钢综合企业(集团)公司	1240.59	6.88%
合计	18035.00	100.00%

(2)本次发行后股本结构变化为:

股东	持股数量(万股)	持股比例
发起人		
包头钢铁公司	13294.41	51.06%
嘉鑫有限公司	3500.00	13.44%
包钢综合企业(集团)公司	1240.59	4.77%
小计	18035.00	69.27%
2.社会公众股	8000.00	30.73%
其中:内部职工股	800.00	3.07%
合计	26035.00	100.00%

3.前10名股东所持股数及比例

序号	名称/姓名	持股数量(万股)	持股比例(%)
1	包头钢铁公司	13294.41	51.06%
2	嘉鑫有限公司	3500.00	13.44%
3	包钢综合企业(集团)公司	1240.59	4.77%
4	王志炳	6.00	0.023%
5	赵孟游	6.00	0.023%
6	单际霞	5.00	0.019%
7	严振东	5.00	0.019%
8	芦晓华	4.00	0.015%
9	何平娜	4.00	0.015%
10	梁仓	4.00	0.015%

以上股份累计18,069万元,占总股份的69.40%。

八、主要财务会计资料

经内蒙古会计师事务所的审计,主要会计资料如下:

(一)审计报告

内会事审字(1997)第228号

内蒙古包钢稀土高科技股份有限公司筹委会:

我们接受委托,审计了贵公司1994年12月31日、1995年12月31日、1996年12月31日、1997年3月31日的资产负债表及1994年度、1995年度、1996年度、1997年第一季度利润表和1996年度财务状况变动表。这些会计报表由贵公司负责,我们的责任是对这些会计报表发表审计意见。我们的审计是根据《中国注册会计师独立审计准则》进行的。在审计过程中,我们结合贵公司的实际情况,实施了包括抽查会计记录等我们认为必要的审计程序。

我们认为,贵公司的上述会计报表的编制符合《企业会计准则》、《股份制试点企业会计制度》的有关规定,在所有重大方面公允地反映了贵公司1994年度、1995年度、1996年度、1997年第一季度的经营成果和1996年度资金变动情况,会计处理方法的选用遵循了一贯性原则。

内蒙古会计师事务所　中国注册会计师

中国　呼和浩特　刑蒙　寇国清

一九九七年五月三十日

本公司于1997年8月25日在《中国证券报》、《上海证券报》上刊登了《招股说明书(概要)》,其中已对本公司的财务会计资料作了详尽披露,并且审计时间至今没有变动,故在此仅刊登有关财务会计资料的简要情况。

资产负债表主要数据(见附表一)

利润表主要数据(见附表二)

财务状况变动表主要数据(见附表三)

(二)财务指标分析

财务指标	1997年1季度	1996年	1995年	1994年
流动比率(%)	34.43	27.61	32.73	34.76
速动比率(%)	8.40	9.80	19.07	14.74
股东权益比率(%)	52.85	31.01	23.31	23.29
净资产收益率(%)	5.60	52.93	113.15	38.82
应收帐款周转率(次)	2.31	25.56	85.82	
存货周转率(次)	0.44	6.05	5.57	
营运资金(千元)	-91,458	-137,251	-107,678	-84,156
每股净收益(元/股)	0.03	0.17	0.23	0.06

注:每股净收益是按照当期税后利润除以发行后总股本26035万股计算。

以上指标均根据内蒙古会计师事务所内会事审字(1997)第228号审计报告的数据计算。

重要会计政策

1.会计制度

本公司执行《股份制试点企业会计制度》及有关补充规定。

2.会计期间及记帐本位币

本公司会计年度采用公历年度,自公历1月1日至12月31日。公司以人民币为记帐本位币。

3.记帐原则及计价基础

本公司按权责发生制原则记帐。以实际成本作为计价基础。

4.合并报表编制方法

无合并会计报表。

5.坏帐准备

本公司不提坏帐准备,应收帐款的坏帐损失,于发生时计入当期损益。

(1)因债务人破产或死亡,以其破产财产或遗产清偿后仍无法收回的。

(2)债务人逾期未履行其偿债义务超过三年仍不能收回的。

6.存货计价方法

存货的购入按实际成本计价,发出按全月一次加权平均法计价,存货的盘点采用永续盘存制,每年定期盘点一次。

7.外币折算方法

本公司发生外币业务时,与外币业务相关的帐户采用业务发生当时的市场汇价作为折算汇率,年末各货币性外币帐户的余额按期末汇率进行调整,按照期末市场汇价折合金额与帐面金额之间的差额作为汇兑损益,记入"财务费用"。

8.长期投资的核算方法

(1)债券投资

以实际取得成本入帐,其应计利息按照权责发生制计入当年损益。

(2)股权投资和联营投资

本公司向其他单位投出的资金,按投出时支付或确定的金额记帐。投资额占被投资企业资本总额20%(含20%)以下的,采用成本法核算;超过20%的,采用权益法核算,其中50%以上的或实质上对被投资企业有经营控制权的编制合并会计报表。

9.固定资产及其折旧

固定资产按实际成本计价。1997年3月31日资产负债表中的固定资产已按资产评估确认结果调整。

公司拥有的使用期限在一年以上的房屋、建筑物、机器、设备、器具、工具等资产作为固定资产。

固定资产采用直线法计提折旧。根据固定资产的类别、原始价值、使用年限、预计残值(残值率为3%)确定其折旧率如下:

资产名称	折旧年限(年)	年折旧率(%)
房屋建筑物	8-45	12.13-2.16
专用设备	5-30	19.40-3.23
通用设备	4-18	24.25-5.39

10.递延资产及其摊销

企业的递延资产包括开办费、长期待摊费用,开办费摊销按五年执行;长期待摊费用按预计的收益期平均摊销。

11.产品销售收入的确认

销售收入以产品已经发出、货款已经收到或者取得收取货款的凭据时,作为销售收入的实现标志。

12.税项

(1)企业所得税

1991-1995年按内蒙古自治区人民政府和包头钢铁稀土公司(现为包头钢铁公司)"八五"承包经营协议书和包钢财务处财字(1992)第30号文"关于定额上缴所得税的执行办法"规定,稀土产品免交所得税。1996年至今执行33%的所得税率。股份公司成立后,执行15%的所得税率,同时享受自投产之日起前五年所得税税款由开发区财政返还给企业,第六至第十年,由开发区财政按所征收的所得税税款的50%返还企业。

(2)增值税

增值税-销项税额按产品销售收入乘17%的税率计算,符合规定的进项税额从销项税额中抵扣;出口产品执行零税率;股份公司自成立之日起七年内享受由开发区财政先征收后返还企业25%增值税的优惠。

(3)城市维护建设税

本公司实际应缴流转税额的7%计缴城市维护建设税。

(4)教育费附加

本公司实际应缴流转税额的3%计缴教育费附加。

九、董事会承诺

根据《中华人民共和国公司法》、《股票发行与交易管理暂行条例》、《公开发行股票公司信息披露实施细则》、《上海证券交易所市场业务试行规则》以及国家其他有关法律、法规,本公司董事会向证券主管机关、上海证券交易所、广大投资者谨作出如下承诺:

1.准确、及时地公告本公司中期、年度财务及经营业绩报告资料。

2.董事会成员、监事会成员及高层管理人员如发生人事变动,或前述人员持有本公司股份数量发生变化时,及时通报证券管理机关,并适时通过新闻媒介通告社会公众。

3.及时、真实地披露本公司重大经营活动信息。

4.自觉接受证券主管机关的监督和管理,认真听取政府、股东、证券管理及经营部门和社会公众的意见、建议和批评。

5.不利用内幕消息和不正当手段从事股票投机交易。

6.本公司没有无记录负债。

7.董事会及各位董事保证不就任何未经交易所审阅的可能影响股价变动之重大信息私自公告或发表意见。

十、重要事项说明

1.本公司本次发行的8000万股社会公众股中向公司职工配售的800万股,将按照国家规定于本次可流通股份上市之日起六个月后上市流通,本次可流通股份为7200万股。

2.截止上市公告书刊登之日,本公司尚未涉及任何重大诉讼事项和仲裁,亦无任何尚未了结或可能面临的重大诉讼或索赔的要求。

3.根据发起人会议决定,自1997年4月1日起至公司股票发行的股款验资到位之日(1997年9月8日)止形成的利润归发起人所有,自公司股票发行的股款验资到位之此日起至1997年12月31日止形成的可分配利润由认购公司本次发行的社会公众股股票的股东和发起人共同享有。可分配利润按同股同权、同股同利的原则分配。1997年4月1日至1997年9月8日利润数额将于年末由注册会计师出具审计报告予以确定。

十一、备查文件

1. 本公司注册登记文件；
2. 上海证券交易所上市批准文件；
3. 验资报告；
4. 审计报告；
5. 上市推荐书；
6. 公司章程；
7. 承销协议；
8. 重要合同；
9. 中国证监会要求的其他文件。

内蒙古包钢稀土高科技股份有限公司

一九九七年九月二十日

资产负债表

附表一

单位：元

资产	1997年3月31日	1996年12月31日	1995年12月31日	1994年12月31日	负债	1997年3月31日	1996年12月31日	1995年12月31日	1994年12月31日
流动资产：					流动负债：				
货币资金	727,139.39	15,634.03	178,048.43	7,970.04	短期借款				
短期投资					应付票据				
应收票据					应付帐款	63,309,654.36	102,608,302.12	6,142,830.29	6,536,777.22
应收帐款	8,607,446.68	17,228,172.83	2,246,112.42	2,420,200.81	预收货款				
减：坏帐准备					应付福利费	-526,656.80	-487,831.62	-150,687.49	-116,649.24
应收帐款净额	8,607,446.68	17,228,172.83	2,246,112.42	2,420,200.81	未付股利				
预付货款					未交税金	565,320.57			
其他应收款	2,073,736.02	1,339,034.49	28,107,667.23	16,590,018.53	其他未交款				
待摊费用	302,354.48				其他应付款	75,334,161.33	34,710,725.49	152,591,925.00	119,921,214.00
存货	36,305,586.46	33,760,952.07	21,882,262.49	25,826,790.16	预提费用	791,803.06	2,763,990.96	1,508,175.36	2,660,031.68
待处理流动资产净损失					一年内到期的长期负债				
一年内到期的长期债券					其他流动负债				
其他流动资产					流动负债合计	139,474,282.52	189,595,186.95	160,092,243.16	129,001,429.72
流动资产合计	48,016,263.03	52,343,793.42	52,414,090.57	44,844,979.54	长期负债：				
长期投资：					长期借款			14,204,196.08	14,204,196.08
长期投资					应付债券				
固定资产：					长期应付款				
固定资产原值	300,274,223.42	92,429,947.37	91,407,644.64	73,589,554.55	其他长期负债				
减：累计折旧	68,616,942.80	33,051,337.79	24,957,293.59	17,467,697.97	长期负债合计			14,204,196.08	14,204,196.08
固定资产净值	231,657,280.62	59,378,609.58	66,450,351.05	56,121,856.58	负债合计	139,474,282.52	189,595,186.95	174,296,439.24	143,205,625.80
固定资产清理					股东权益：				
在建工程	7,543,787.77	163,095,122.76	108,221,625.36	85,325,877.18	股本	132,944,100.00	84,495,756.06	52,647,486.87	42,301,845.92
待处理固定资产净损失					资本公积	23,398,192.56			
固定资产合计	239,201,068.39	222,473,732.34	174,671,976.41	141,447,733.76	盈余公积		692,540.40	334,233.58	334,233.58
无形资产及递延资产：					其中：公益金		93,600.00	153,600.00	153,600.00
无形资产					未分配利润		34,042.35		835,193.42
递延资产	8,599,243.66		192,092.71	384,185.42	股东权益合计	156,342,292.56	85,222,338.81	52,981,750.45	43,471,272.92
无形资产及递延资产合计	8,599,243.66		192,092.71	384,185.42	负债及股东权益总计	295,816,575.08	274,817,525.76	227,278,159.69	186,676,898.72
其他长期资产：									
其他长期资产									
资产总计	295,816,575.08	274,817,525.70	227,278,159.69	186,676,898.72					

利润表

附表二

单位：元

项目	1997年第一季度	1996年度	1995年度	1994年度
一、主营业务收入	29,857,955.90	248,895,346.59	200,235,404.92	108,714,442.90
减：营业成本	15,384,874.03	168,448,056.96	132,852,030.44	86,269,095.95
销售费用	149,289.78	1,244,476.73	1,001,177.02	543,572.21
管理费用	932,846.45	8,891,879.54	3,443,321.78	2,262,703.57
财务费用	369,633.13	2,848,953.24	2,900,942.31	2,740,398.79
营业税金及附加				
二、主营业务利润	13,021,312.51	67,461,980.12	59,947,933.37	16,898,672.38
加：其他业务利润				
三、营业利润	13,021,312.51	67,461,980.12	59,947,933.37	16,898,672.38
加：投资收益				
营业外收入				

项目	1997年第一季度	1996年度	1995年度	1994年度
减:营业外支出		139,134.38		23,600.00
四、利润总额	13,021,312.51	67,322,845.74	59,947,933.37	16,875,072.38
减:应交所得税	4,297,033.13	22,216,539.09		
五、净利润	8,724,279.38	45,106,306.65	59,947,933.37	16,875,072.38

财务状况变动表

附表三　　单位:元

流动资金来源和运用	金额	流动资金各项目变动	金额
一、流动资金来源:		一、流动资产本年增加数:	
1.本年利润	45,106,306.66	1.货币资金	-162,414.40
加:不减少流动资金的费用和损失		2.短期投资	
(1)固定资产折旧	7,762,204.45	3.应收票据	
(2)无形资产、递延资产摊销		4.应收帐款净额	14,982,080.41
(3)固定资产盘亏(减盘盈)		5.预付货款	
(4)清理固定资产损失(减收益)	139,134.36	6.其他应收款	-26,768,632.74
(5)其他不减少流动资金的费用和损失		7.待摊费用	
小计	53,006,041.48	8.存货	11,878,680.58
2.其他来源:		9.待处理流动资产净损失	
(1)固定资产清理收入(减清理费用)	870,781.78	10.一年内到期的长期债券投资	
(2)增加长期负债		11.其他流动资产	
(3)收回长期投资			
(4)对外投资转出固定资产		流动资产增加净额	-70,297.15
(5)对外投资转出无形资产			
(6)资本净增加额(减少资本以"一"表示)	31,848,299.19		
小计	32,719,050.97		
流动资金来源合计	85,726,696.45		
二、流动资金运用		二、流动负债本年增加数	
1.利润分配:		1.短期借款	
(1)提取法定公积金		2.应付票据	
(2)提取法定公益金		3.应付帐款	96,465,472.83
(3)提取任意公积金		4.预收货款	
(4)已分配股利	45,072,264.30	5.应付福利费	-337,144.13
小计	45,072,264.30	6.未付股利	
2.其他运用:		7.未交税金	
(1)固定资产和在建工程净增加额	56,022,477.01	8.其他未交款	
(2)增加无形资产、递延资产及其他资产		9.其他应付款	-67,881,199.51
(3)偿还长期负债	14,204,196.08	10.预提费用	1,265,615.60
(4)增加长期投资		11.一年内到期的长期负债	
小计	70,226,673.09	12.其他流动负债	
流动资金运用合计	116,298,337.39	流动负债增加净额	29,502,943.79
流动资金增加净额	-29,573,240.94	流动资金增加净额	-29,573,240.94

浙江东日股份有限公司

浙江东方集团公司简介

一、公司简介

浙江东方集团公司系国务院批准的全国512家重点国有企业之一。曾荣获浙江省和全国建材行业优秀企业、全国首批转换经营机制好的典型国有企业和全国五一劳动奖状,是温州市年年创税利的大户。

公司党委书记兼总经理滕增寿,系全国劳动模范、全国优秀企业家、十大中国改革风云人物、全国10名全心全意依靠职工办企业的优秀领导干部。

公司前身叫温州玻璃钢建材厂,1983年是温州市一家亏损的国有小企业,处在资不抵债、濒临倒闭的困境。1984年春天,由滕增寿同志担任书记兼厂长,带领职工改革救厂,当年扭亏,年年兴旺发展。1988年评为国家二级企业,组成温州市第一家集团公司,此后兼并救活温州市8家老大难亏损国有、大集体企业,创办8家新企业。10多年来坚持狠抓精神文明、物质文明建设的结果,使东方集团公司年年上台阶,发展不腐败,成为全民大型企业中的重点和典型,江泽民、李鹏、乔石等党中央、国务院数十位领导人亲临视察,并予以表扬。

集团拥有成员企业210家,其中核心紧密层企业16家、半紧密层企业191家、松散层企业3家。紧密层企业分布省内外,成为跨地区、跨行业的企业集团。经营范围涉及建材、造船、灯具、化工、机械、房地产、建筑装璜业、商业、服务业等九个行业。集团主导工业产品有:玻璃钢管道、钢质船舶、卫生洁具、灯饰灯具、新型电器、新型材料、化工气体、建筑机械等八大系列产品。集团生产的大口径玻璃钢管道系列产品,是我国第一套引进的高新技术产品,在国内具有垄断地位;玻璃钢亚克力卫生洁具系列产品,在国内具有领先地位,达到国际先进水平;钢质船舶制造能力,为我省规模最大、造船能力最强;创办的东方灯具大市场成为温州灯具业的龙头,是全国最大的灯具产销基地,评为全国文明市场。

浙江东方集团公司1997年进入改革发展的第二个里程碑,由本集团独家发起,投入管道公司和灯具大市场两块资产,向社会筹募4000万A股,组成浙江东日股份有限公司。4000万A股于9月22日在上海证券所上网发行,每股定价5.75元。10月21日敲锣上市,当日开盘价10.29元,收盘价11.88。

从1984年到1996年,浙江东方集团公司从其前身温州玻璃钢建材厂只有21.7万元固定资产、44万元年产值、资不抵债负债40多万元,发展到4亿多元固定资产、10.86亿元产值、5700万元税利。历年来无产品积压,无三角债困扰。还替被兼并的企业还清4000多万元债务,安置3000多人就业,负担1800多名退离休人员的晚年生活,使广大职工吃好、穿好、住好,没有后顾之忧。1997年头9个月,已完成去年全年产值、税利。至年底,工业产值可达16亿元,利润超过8000万元。浙江东方集团公司以自己的实践证明:国有企业大有希望,党中央的路线、方针、政策英明、正确。

地　　址:浙江省温州市矮凳桥92号

联系电话:8318888　8336707

传　　真:8332287

二、董事长、总经理滕增寿介绍

1948—1950,温州二中读书

1950—1957,温州经业纸伞厂,任大组长、统计员、工会副主席

1958—1959,温州西山造纸厂,团委书记、团市委委员、党支部书记

1960—1961,温州金钟矿冶联合公司任党委委员、副营长、生产基建处副处长、代理教导员

1961　　　温州六一钢铁厂筹建处负责人

1961.11—1970,温州市委编委、精简办公室、劳动局科室负责人

1971—1973,温州日用陶瓷厂任生产组副组长、党支部书记

1974—至今,温州玻璃钢建材厂党委书记、厂长

浙江东方集团公司党委书记兼总经理

浙江东日股份有限公司董事长兼总经理

浙江东日股份有限公司(筹)招股说明书概要

一、释义

在本招股说明书中,除另有说明外,下列名词之含义应由以下释义规范:

发起人或集团		
公司或集团	指	浙江东方集团公司
发行人	指	浙江东日股份有限公司(筹)
筹委会	指	浙江东日股份有限公司筹备委员会
公司或本公司	指	浙江东日股份有限公司(筹)
股份公司	指	浙江东日股份有限公司(筹)
管道公司	指	浙江东方集团公司本次资产重组时投入股份公司的全资下属企业浙江东方集团管道公司
灯具市场或市场	指	浙江东方集团公司本次资产重组时投入股份公司的全资下属企业温州东方灯具大市场
中国证监会	指	中国证券监督管理委员会
承销协议	指	本公司与主承销商达成的包销协议
主承销商	指	华夏证券有限公司
承销团	指	以华夏证券有限公司为主承销商组成的本次股票发行的承销团
本次新股发行	指	本次向社会公众发行的4000万股A股
A股	指	每股面值为1.00元的记名式人民币普通股
元	指	人民币元

二、绪　　言

本招股说明书是根据《中华人民共和国公司法》、《股票发行与交易管理暂行条例》和国家现行有关证券管理法规而编写并公布,并经中国证监会证监发字[1997]第449号文和证监发字[1997]第450号文核准,旨在向社会公众提供有关本公司的资料。本公司筹委会成员已批准本招股说明书,确信其中不存在任何重大遗漏或者误导,并对其真实性、准确性、完整性负个别的和连带的责任。

本公司本次新发行的股票是根据本说明书所载明的资料申请发行的。除本发行人和主承销商外,没有委托或授权任何其他人提供未在本说明书中列载的信息和对本说明书作任何解释或者说明。

本公司股票之买卖,应由投资者按规定负担相应的税款,发行人、推

荐人和承销商对此不承担责任。

三、发售新股的有关当事人

1. 发行人:

名　　称:浙江东日股份有限公司(筹)

筹委会主任:滕增寿

地　　址:浙江省温州市矮凳桥 92 号

电　　话:(0577)8332195

传　　真:(0577)8332287

联 系 人:刘时正　郑念鸿

2. (1)主承销商:

名　　称:华夏证券有限公司

法定代表人:邵　淳

地　　址:北京市复兴路乙 63 号综合楼

电　　话:(021)63057865

传　　真:(021)63057736

联 系 人:马骥　周家祺

(2)副主承销商:

名　　称:蔚深证券有限责任公司

法定代表人:熊秉权

地　　址:深圳市振华路飞亚达大厦八楼

电　　话:(0755)3241579

联 系 人:楼剡

(3)分销商:

名　　称:温州国际信托投资公司

法定代表人:李洪

地　　址:温州市人民东路谢池商城 C、D 幢

电　　话:(0577)8257565

联 系 人:谢小磊

(4)分销商:

名　　称:平安证券有限责任公司

法定代表人:马明哲

地　　址:深圳市福田区八卦三路平安大厦

电　　话:(020)87667648

联 系 人:罗方

(5)分销商:

名　　称:航天信托投资有限责任公司

法定代表人:施祥新

地　　址:北京市西三环中路甲 18 号四维大厦二层

电　　话:(010)63967204

联 系 人:周建平

(6)分销商:

名　　称:金华市信托投资股份有限公司

法定代表人:葛政

地　　址:金华市西市街 32 号

电　　话:(021)64713795

联 系 人:李康

3. 上市推荐人:华夏证券有限公司

4. 发行人的律师事务所和经办律师:

名　　称:北京市国方律师事务所

法定代表人:丛培国

地　　址:北京市海淀区知春路 56 号中航科技大厦东楼六层

电　　话:(010)62614101

传　　真:(010)62614104

经办律师:丛培国、张利国

5. 承销团律师事务所:

名　　称:上海市万国律师事务所

法定代表人:吕红兵

地　　址:上海市南京西路 1728 号 622,623 室

电　　话:(021)62488662

传　　真:(021)62485297

经办律师:吕红兵、刘维

6. 会计师事务所和经办注册会计师:

名　　称:浙江会计师事务所

法定代表人:陈如洪

地　　址:杭州市体育场路 423 号

电　　话:(0571)5178259

传　　真:(0571)5178292

经办注册会计师:郑启华　王国海

7. 资产评估机构和经办评估人员:

名　　称:浙江资产评估公司

法定代表人:朱炳有

地　　址:杭州市体育场路 423 号

电　　话:(0571)5178268

传　　真:(0571)5055193

经办评估人员:朱永勤　戴炳坤

8. 土地评估机构:

名　　称:浙江省地产评估咨询中心

负 责 人:黄益中

地　　址:杭州市体育场路 545 号

电　　话:(0571)7051347

传　　真:(0571)7051314

经办评估人员:黄益中　金洪良

9. 资产评估确认机构:

名　　称:国家国有资产管理局

负 责 人:张佑才

地　　址:北京市海淀区万泉河路 66 号

电　　话:(010)62567744

10. 股票登记机构:

名　　称:上海证券中央登记结算公司

地　　址:上海市黄浦路 15 号

电　　话:(021)63068888

四、发行情况

1. 股票类型:本次发行的 4000 万股股票全部为人民币普通股

2. 发行日期:1997 年 9 月 22 日

3. 发行对象:中国境内合法的投资者和基金(法律、法规禁止购买者除外)

4. 发行地区:与上海证券交易所联网的各证券交易网点

5. 承销期:1997 年 9 月 22 日—1997 年 9 月 26 日

6. 预计上市日期:1997 年 10 月

7. 上市交易所名称:上海证券交易所

8. 发行方式:“上网定价”发行方式

9. 每股发行价格及其确定

本次股票发行价格为每股 5.75 元。该发行价格按市盈率和前三年平均每股盈利确定。股份公司前三年的每股盈利为:

1994 年每股盈利=3307.5 万元/7800 万股=0.424 元/股

1995 年每股盈利=3083.2 万元/7800 万股=0.395 元/股

1996 年每股盈利=3880.8 万元/7800 万股=0.498 元/股

三年平均每股盈利=(0.424+0.395+0.498)/3=0.439 元/股

按 13.1 倍市盈率计算,发行价格为每股 5.75 元。

10. 每股面值:1 元

11. 发行量:4000万股(本公司不配售公司职工股,全部向社会公众发行。)

12. 发行总市值:23,000万元

五、风险因素与对策

投资者在评价本公司此次发售的股票时,除本招股说明书所提供的其它资料外,应特别认真地考虑下述各项风险因素。

本公司从事的主要业务分为离心浇铸玻璃钢管道、管接头、管配件的制造和灯具市场的租赁经营。公司将针对两类业务所面临的不同风险因素在a、b两部分中分别予以阐述并提出相应对策。

1. 经营风险

a:(1)、玻璃钢管道主要采用的原材料为树脂、玻纤、石英砂、碳酸钙粉及部分助剂等,它们目前均已全部实现国产化,但由于原材料价格约占玻璃钢管道制造成本的65%左右,所以,原材料价格的波动将会直接影响本公司产品成本高低,对盈利能力产生影响。同时,生产玻璃钢管道的重要原料——树脂,在质量上要求较高,国内能够生产高质量树脂的厂家较少,可供选择的余地不大,构成了本公司对该原料供应厂家一定程度的依赖。并且树脂的市场价格亦存在波动,会影响到公司的经营效益。

(2)温州的交通条件尚未得到根本改善,本公司玻璃钢管道的运输目前主要采用公路运输,成本相对较高,一定程度上影响了产品价格。

(3)根据温州市进出口公司与瑞士霍巴斯工程公司签订的有关协议,本公司生产的离心浇铸玻璃钢管道不得进入瑞士等西欧部分国家市场,从而在一定程度上限制了产品的出口销售范围。

(4)目前本公司生产的玻璃钢管道产品规格较少,尚未最终形成系列,不能充分满足市场需求,一定程度上影响新型管材的推广应用。

(5)通过本次资产重组,公司今后主要利润将来源于玻璃钢管道,由于该产品投产时间较短,市场占有率较低,存在一定业务集中的风险。

b:(1)本公司对灯具市场的经营主要是通过店面出租获得收益,目前市场内主要以销售中低档灯具为主导,随着居民生活水平的提高,对高档灯具的需求越来越大,这种供求之间的结构性矛盾会影响到市场的进一步发展,可能对今后店面的继续出租产生不利。

(2)由于灯具市场位于温州闹市区,市场附近交通较为拥挤,影响了灯具运输,从而制约了一部分潜在的店家进入市场。

(3)温州本地生产、经营灯具的单位有2000多家,并呈上升趋势,但公司灯具市场现有店面的容量不能满足灯具厂家进入市场经营的需求,这制约了本公司进一步获得出租收益。

公司上市后,本次募集资金运用存在一定资金缺口;同时今后亦将面临较大的资金投入,从而存在一定融资风险。

2. 行业风险

a:目前国内离心浇铸玻璃钢管道的生产与使用刚刚开始,其市场占有率与主要竞争对手钢管、混凝土预力管等管材相比还很低。并且由于本管道所应用的领域如供排水工程等已早为钢管等管材占领,所以在进入市场,为市场认识的过程中与其它管材存在较为激烈的竞争。

b:作为全国闻名的专业市场,公司灯具市场直接依托于温州灯具产业的发展,是属于本地产业型的专业市场。温州市灯具生产总值与销售总额约占全国四分之一,但目前存在灯具产品缺乏高档化,质量不够稳定等问题,这直接或间接地影响了公司灯具市场的进一步发展。

3. 市场风险

a:(1)本公司离心浇铸玻璃钢管道属建材行业中的新产品,可应用在给排水、污水输送、天然气输送、海水输送等工程领域。这些领域目前广泛应用的是钢管和预应力混凝土管。作为它们的换代升级产品,离心浇铸玻璃钢管道投产与使用时间较短,属于新型管材,为市场普遍认识需要一个过程。

(2)钢管、预应力混凝土管的价格高低会对本公司玻璃钢管道的销售造成冲击。

b:我国正处在建立社会主义市场经济初期,经济波动较为明显。当经济发展处于低潮时,会对居民的灯具消费,尤其是中高档灯具消费产生影响,不利于本公司灯具市场的经营。

4. 政策性风险

a:本公司离心浇铸玻璃钢管道属于建材行业中的高新产品,并主要应用于事关国计民生的给排水等市政工程,受到国家宏观产业政策的扶植。但是存在于某些地方的地方性保护政策,对该产品的销售构成一定限制。

b:本公司上市前所得税实际税负率为6.6%,公司上市后所得税按33%计缴,由财政返回18%,实际所得税税负率为15%,这一政策变化将对灯具市场的租赁收入将产生一定影响。

5. 股市风险

目前,我国股票市场还处在发展初期,国家对证券市场的各项立法和管理措施尚未健全,市场投机气氛较浓,投资者心理还不成熟,在这种情况下,公司股票的价格可能较大幅度地偏离公司的效益状况,本公司特别提醒投资者注意投资本公司股票时的风险。

针对上述风险,本公司将采取以下措施:

1. 针对经营风险的措施为

a:(1)对除树脂以外的其它原料,本公司可从国内多家厂商中择优选择,尽量减少原料价格波动对离心浇铸玻璃钢管道生产成本的影响;对于树脂,随着国民经济的发展,我国可以生产高质量树脂产品的厂家将会逐渐增加,从而为本公司提供更大的选择余地。目前本公司将采取签订较长时期供货合同的方法,稳定供应价格,同时公司计划利用本次发行募集资金实施几项树脂技改工程,以实现树脂的自我配套,解决该原料的对外依赖。

(2)今年年底,金华——温州铁路将全线开通,公司将积极利用这一有利条件,并充分结合利用温州港口运输的优势,改变目前玻璃钢管道主要依靠公路运输,成本较高的状况,努力降低产品成本。

(3)由于中国国内一年仅对给排水管的需求即达到5000公里,市场巨大,即便公司本次离心浇铸玻璃钢管道有关技改项目投产,全年产量亦只有200公里,本公司将充分挖掘国内市场,外销方面的限制对本公司的销售在近期内不会产生影响。

(4)公司将运用本次募集资金,进行两项离心浇铸玻璃钢管技改工程,在提高产量的同时,增加产品规格,从DN600－DN1600mm,形成系列化、以更好适应工程设计全面配套,满足市场需要,提高产品竞争力。

(5)针对业务集中的风险,公司一方面将加强玻璃钢管道的生产与销售,另一方面亦将重视灯具市场的经营与发展,通过工商并举以分散业务集中的风险。

b:(1)本公司将以市场需求为导向,引导灯具市场内店家加强产品质量管理,不断开发新品种、新花色,以保证灯具市场的长期繁荣和公司出租收益。

(2)本公司将运用本次募集资金进行灯具市场扩建,此次扩建地点选址将充分考虑交通便利因素,扩建完成后营业面积可达9400平方米,这将大大缓解目前市场容量不足的问题,并彻底解决现在市场的运输不便。

公司在温州享有较高的声誉,与银行之间存在长期的合作关系,在取得银行贷款上较为便利。同时公司上市后将注重资本市场的融资功能,通过利用配股筹集所需要的资金。

2. 针对行业风险和市场风险的措施

a:(1)面对来自其它管材的竞争和为取得市场的认可,本公司将着重提高管道产量,增加产品品种,扩大市场占有率。并专门组织了高素质的营销队伍,安排到国外进行专业培训,提高营销专业水平;同时,公司举行学术讲座,请客户到公司实地考察,帮助客户解决施工中碰到的问题。此外,本公司还配置了工程部,专门为客户提供方便。

(2)本公司在注重产品以质取胜的同时,在产品定价上亦保持一定灵活性,以确保离心浇铸玻璃钢管道的竞争优势。

b:本公司认识到保持灯具市场租赁收益的稳定,前提是保证市场交易的持续繁荣,针对以上风险。

(1)对灯具经营单位进行产业引导,以适应市场变化。同时维护市场内新产品的开发者的权益,促进公平经营。

(2)坚持前店后厂,厂店一体,取消中间批发环节,保持市场内灯具销售价格的竞争优势。

(3)对市场实行规范化管理,形成信息电脑化,质量监督日常化,服务配套化的特色。

(4)不断提高灯具市场的知名度和影响力,吸引全国乃至世界的灯具生产、经营者进入市场。

此外,公司今后的主营业务将向离心浇铸玻璃钢管道生产转移,形成工商并举的格局,这也分散了灯具市场经营和市场的风险。

3. 针对股市风险的措施。

本公司将严格按照《公司法》、《股票发行与交易管理暂行条例》等法律法规披露有关重要信息,维护投资者的权益,并努力改善经营,提高盈利水平,给投资者以满意的回报。

六、募集资金的运用

公司通过本次4,000万股股票发行,预计可募集资金22,376万元(已扣除发行费用),将全部用于以下项目。

(一)大口径玻璃钢管道引进喂料成型主机技改项目

本项目已经浙江省计经委浙计经改(1997)649号文批准立项

1. 生产规模及产品规格

新增生产能力100公里,扩大三个产品规格,技改后形成年产200公里大口径玻璃钢管道(折DN1000)能力,产品规格为DN600、800、1000、1200、1400、1600。

2. 引进内容:

引进关键主机——喂料成型机壹套

3. 投资概算

项目固定资产投资2,990万元,其中含用汇300万美元,配套流动资金1,400万元,总投资4,390万元。

4. 经济效益

项目建设周期为一年。依据目前市场实际情况,年销售收入为22,500万元。每年利润总额3,077万元,本项目投资回收期为二年零三个月,含建设期一年。

(二)离心浇铸玻璃钢管道原料处理车间技改项目

本项目已经浙江省计经委浙计经改(1997)658号文批准立项

1. 技改规模

年原料处理量由现在19000吨提高到38000吨。

2. 引进内容

A30混合输送系统,包括A30树脂输送泵站、A30填料与树脂混合系统及SIEMENS电气控制系统等关键设备。

3. 投资概算

项目固定资产投资2960万元,其中用汇173万美元,配套流动资金1000万元,总投资3960万元。

4. 经济效益

项目建设期为十个月,投产当年可达到设计加工处理能力。由于实施引进成型主机技改项目,新增玻璃钢管道生产能力为100公里。本项目是为确保新增100公里提供的必备条件——原料处理。因此,本项目的经济效益已直接体现在新增生产能力的计算范围。

(三)购置HOBAS管道施工安装机械技术改造项目

本项目已经温州市经委温经技[1997]195号文批准立项

1. 技改规模

形成年管道工程量100KM,其中新增40KM。

2. 技改内容

购置挖掘机5台、推土机2台、卷扬机11台、汽车吊3辆、载重汽车4辆、工具车2辆、直径2M立式车床1台、卷板机1台、剪板机1台、剪板机1台、试压泵3台,检验测量控制设备及其他机具。

3. 投资概算

项目总投资为968万元。

4. 经济效益

项目实现后,管道安装技术装备条件将有较大的改善与加强,年承接安装工程量可由现在的60KM提到100KM,实现工程产值达6500万元,年创利润650万元。

(四)结构层浇铸用树脂生产线技改项目

本项目已经浙江省计经委浙计经改(1997)668号文批准立项

1. 生产规模及产品方案

该项目建设一条年产6000吨结构层树脂生产线,其产品方案为:

(1)结构层树脂5200吨/年

(2)管接头用树脂800吨/年

2. 工艺路线及主机设备

该项目采用大容积反应釜,DCS自控系统和液相进料、电子秤等先进技术,引进脂化釜等关键技术和设备。

3. 投资概算

该项目固定资产投资为2960万元,配套流动资金800万元,总投资3760万元。

4. 经济效益

项目建设期为一年。通过本项目实施,主要实现树脂供应自我配套,变外购与自制。由此降低成本而增加企业利润2134万元。本项目投资回收期为3年,含建设期一年。

(五)特种树脂生产线的技改项目

本项目已经浙江省计经委浙计经改(1997)664号文批准立项。

1. 生产规模及产品方案

项目形成年产5000吨HOBAS管道内衬层树脂生产能力。

2. 工艺路线及主机设备

该项目采用大容积反应釜,DCS自控系统和液相进料、电子秤等先进技术,引进脂化釜等关键技术和设备。

3. 投资概算

该项目固定资产投资为2980万元,配套流动资金600万元,总投资3580万元。

4. 经济效益

项目建设期为一年。本项目旨在为大口径玻璃钢生产,提供树脂的配套供应,本项目上马后,通过自行配套,自行加工生产,降低成本而相对增加利润达1491万元,本项目投资回收期为三年零二个月,含建设期一年。

(六)树脂生产公用工程和配套设施技改项目

本项目已经浙江省计经委浙计经改(1997)668号文批准立项。

1. 技改内容

(1)年产5000吨特种树脂和6000吨结构树脂生产线公用工程和配套设施,需新建专用变电所、锅炉房、维修车间、车库等生产性附属设施。

(2)土建面积为2000平方米。

2. 投资概算

本项目总投资为2900万元。

3. 经济效益

本项目建设期为1年,根据新增玻璃管道生产能力为100公里,以及两条树脂生产线的投入,本项目作为综合配套,是企业发展必备条件,因此,本项目的经济效益已直接体现在新增生产能力的计算范围。

(七)东方灯具市场营业用房扩建项目

本项目已经浙江省计经委浙计经投[1997]576号文批复同意。

1. 扩建项目内容及规模

本扩建工程,是在现有灯具大市场发展基础上,扩大市场规模,以适应灯具生产厂家的经营需要。

(1)建设规模:为适应灯具市场发展需要,通过扩建项目实施,形成营业面积9,400平方米。

(2)土建工程:根据市场扩建的安排,本工程建筑面积为9,400平方米。主要是灯具营业店面。

2.投资概算:本项目总投资人民币为3,000万元。

3.经济效益分析

(1)年经营收入及其税金

根据目前温州市场行情与东方灯具大市场实际情况计算,每年租赁收入为1,880万元。

(2)利润总额及分配:每年利润总额为1,444万元。

(3)投资回收能力:投资回收期为三年(含建设期八个月)。

4.计划进度

本工程计划97年8月开始动工;98年3月全部竣工验收并投入营运。

(八)东方灯具市场生产加工和仓储用房项目

本项目已经浙江省计经委浙计经投[1997]577号文批复同意。

1.项目建设内容及规模

(1)建设规模

为适应灯具市场发展需要,通过项目实施,形成生产加工和仓储面积达10.813平方米。

(2)土建工程

根据市场扩建的安排,本工程建筑面积为10,813平方米。其中:生产加工场面积3,813平方米,仓储面积为7,000平方米。

2.投资概算:本项目总投资人民币为2,980万元。

3.经济效益分析

(1)年服务收入及其税金

根据目前温州市场行情与东方灯具大市场实际情况计算,每年租赁收入总计1,298万元。

(2)利润总额及分配:每年利润总额为954万元。

(3)投资回收能力:投资回收期为二年零九个月(不含建设期)。

4.计划进度

本工程计划97年8月开始动工;98年7月全部竣工验收并投入营运。

(九)东方灯具市场综合配套用房项目

本项目已经浙江省计经委浙计经投[1997]575号文批复同意。

1.项目建设内容及规模

(1)建设规模

为适应灯具市场发展需要,通过项目实施,形成综合用房面积达5,900平方米。

(2)根据市场扩建的安排,本工程建筑面积5,900平方米,主要项目如下:

餐饮、旅馆营业面积3,700平方,展示和交易大厅面积1,600平方米,质检中心面积600平方米。

2.投资概算

本项目总投资人民币为2,950万元。

3.经济效益分析

(1)年服务收入及其税金

根据目前温州市场行情与东方灯具大市场实际情况计算,每年经营收入总计为2,748万元。

(2)利润总额及分配:每年利润总额885万元。

(3)投资回收能力:投资回收期为三年零三个月(不含建设期)。

4.计划进度

本工程计划97年8月开始动工:98年6月全部竣工验收并投放营运。

募集资金运用情况表

序号	投资项目	立项文件	固定资产投资	配套流动资金	建设周期
1	大口径玻璃钢管道引进喂料成型主机技改项目	浙计经改(1997)649号文	2990万元	1400万元	一年
2	离心浇铸玻璃钢管道原料处理车间技改项目	浙计经改(1997)658号文	2960万元	1000万元	十个月
3	购置HOBAS管道施工安装机械技术改造项目	温经技(1997)195号文	968万元	—	—
4	结构层浇铸用树脂生产线技改项目	浙计经改(1997)668号文	2960万元	800万元	一年
5	特种树脂生产线技改项目	浙计经改(1997)664号文	2980万元	600万元	一年
6	树脂生产公用工程和配套设施技改项目	浙计经改(1997)654号文	2900万元	—	一年
7	东方灯具市场营业用房扩建项目	浙计经投(1997)576号文	3000万元	—	八个月
8	东方灯具市场生产加工和仓储用房项目	浙计经投(1997)577号文	2980万元	—	一年
9	东方灯具市场综合配套用房项目	浙计经投(1997)575号文	2950万元	—	十个月

公司通过本次4,000万股股票发行,预计可募集资金22,376万元(已扣除发行费用)。上述项目固定资产投资24,688万元,配套流动资金3,800万元,共需要资金28,488万元,本次募集资金将首先全部用于上述项目固定资产投资,其资金缺口2,312万元公司计划通过申请银行贷款解决;鉴于流动资金投入将在有关项目投产后(预计为明年9—10月份),公司计划通过配股或申请银行贷款解决。

七、股利分配政策

1.本公司股利分配的一般政策

公司缴纳有关税收后的利润,按下列顺序分配:

弥补亏损;

提取法定公积金;

提取法定公益金;

根据股东大会的决议提取任意公积金;

支付普通股股利。

各部分的分配比例为:公司提取当年税后利润的百分之十作为法定公积金,并提取当年税后利润的百分之五至百分之十作为公司的法定公益金。法定公积金已达注册资本百分之五十时可不再提取。

任意公积金按照股东大会的决议从公司税后利润中另外提取。

本公司股票全部为普通股,同股同利,股利同时派付。

2.本公司在股票发行后将于98年6月30日前首次分派股利。所发放股利以本次募股后会计年度内实际实现的可分配利润为依据。

3.本公司自一九九七年三月三十一日折股后至本次新股发行日实现的净利润归股份公司发起人所有。

本公司股利分配政策须待本公司正式成立后由股东大会予以确定。

八、发行人情况

1.公司名称:浙江东日股份有限公司(筹)

英文名称:ZheJiang Dong Ri Co. Ltd

2.公司名称预先核准日期:1996年6月10日

3.公司住所:浙江省温州市矮凳桥92号

4.公司历史沿革

本公司是经浙证委[1997]55号文和浙政发[1997]132号文批准,由浙江东方集团公司作为独家发起人,以集团公司下属全资企业管道公司、东方灯具大市场为主体,进行股份制改组、拟采用募集方式设立的股份公司。主要从事离心浇铸玻璃钢管道系列产品的制造、销售和灯具市场的租赁经营。

浙江东方集团公司,是以温州玻璃钢建材厂为主体发展起来的跨行业、紧密型的国有独资大型企业,核心企业玻璃钢建材厂建立于1974年,是全国最早生产玻璃钢的四家企业之一。1989年2月经温州市人民政府温政发(89)44号文批准集团成立。1993年8月,经浙江省计经委浙经企(93)111号文批准被升格为省批企业集团。1995年3月,经浙江省人民政府浙政(95)4号文批准被列为浙江省首批现代企业制度试点企业,授权经营国有资产的国有独资公司。九五期间,列为省"五个一批"的重点骨干集团。被国务院批准列为512户重点国有企业。党委书记兼总经理滕增寿同志系全国优秀企业家、十大中国改革风云人物和全国劳动模范。

集团拥有东方管道公司、新型材料公司、东方船厂、气体公司、建筑机械厂等十家全资工厂和东方灯具大市场。集团经营范围涉及建材、造船、灯具、化工、机械、房地产、建筑装璜业、商业、服务业等九个行业。集团工业主导产品有:玻璃钢管道、卫生洁具、玻璃钢船艇、灯饰灯具、新型材料、化工气体、建筑机械、钢质船舶等八大系列产品。集团生产的大口径玻璃钢管道系列产品,是我国第一套引进的高新技术生产线生产的产品,填补了国内空白;玻璃钢亚克力卫生洁具系列产品,在国内具有领先地位;钢质船舶制造厂,为我省规模最大、能力最强的造船厂;东方灯具大市场不仅是温州灯具业的龙头,也是全国最大的灯具产销基地。

集团公司在"八五"期间,先后兼并救活八个濒临倒闭国营、集体企业,至1994年底,已全部承担并消化了被兼并企业的亏损4500万元。与此同时,集团公司自身也得到了快速发展,尤其是近三年中,生产规模与经济效益逐年成倍增长。集团公司在册职工3,500多人。拥有总资产4.5亿元,其中国有资本金1.6亿元。

集团经过十多年的开拓经营,形成了集生产流通、科研开发、综合服务为一体的多元化经营机制,92年被国家列为大型企业,并连年被评为"省AAA资金信用企业"、"重合同、守信用"、"省财务先进单位"。95年获得"浙江省科技进步优秀企业"、"浙江省优秀企业"、"全国建材行业优秀企业"、"全国五一劳动奖状"、"全国转换经营机制好的典型国有企业"等荣誉称号。

经浙证委[1997]55号文和浙政发[1997]132号文批准,同意由集团公司独家发起,并拟向社会公开募集人民币普通股设立本公司,集团将其全资下属企业管道公司和东方灯具大市场全部资产和负债投入本公司,净资产评估后为11,191.65万元,按照69.69%折股比例,折成国有法人股7,800万股。由于本次集团投入本公司资产中,非经营性资产占总资产的比例不到1%,为190万元,不再进行剥离。集团公司拥有的其它资产继续保留在集团公司。本公司于1997年6月获得浙江省工商行政管理局(浙省)名称预核准(96)第804号企业名称预先核准通知书。

5. 公司组织结构和内部管理机构

本公司按照《公司法》的规定将设立股东会、董事会、监事会、总经理等法人治理机构和生产经营管理机构,具体组织结构和管理机构结构如下:

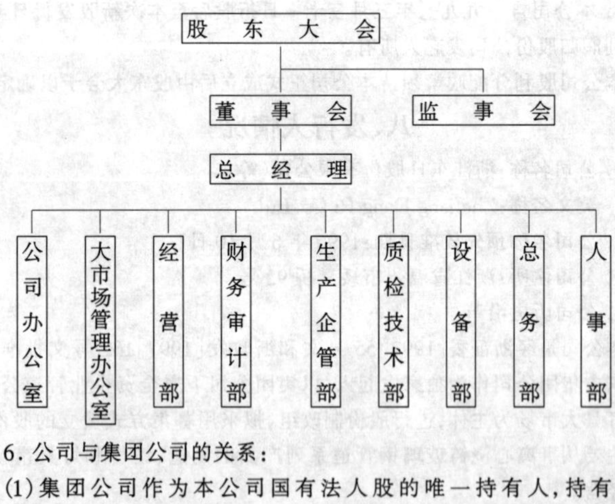

6. 公司与集团公司的关系:

(1)集团公司作为本公司国有法人股的唯一持有人,持有公司66.10%股权,是本公司控股公司。依据持股比例使行股东权力,承担股东义务。

(2)生产经营划分,根据本公司与集团公司签定的《分立协议》,本公司将主要从事离心浇铸玻璃钢管道、管接头、管配件制造和灯具市场的租赁经营,集团公司将继续从事卫生洁具、玻璃船艇、新型材料、化工汽体、建筑机械、钢质船舶等系列产品的生产经营,在本次生产经营划分后,本公司的生产经营将自成体系,水电供应、仓储运输等方面与集团不存在生产协作关系。

(3)本公司使用的二块土地,经浙江省土地管理局浙土复[1997]27号文批准,集团公司在以出让方式取得土地使用权后,将管道公司用地38,673.1平方米折价入股,形成国有法人股,灯具市场用地22,252.7平方米由本公司与集团公司于1997年5月15日签订土地租赁使用合同,租赁期为10年,年租金为475.74万元。

(4)本公司与集团公司关系(如下图)

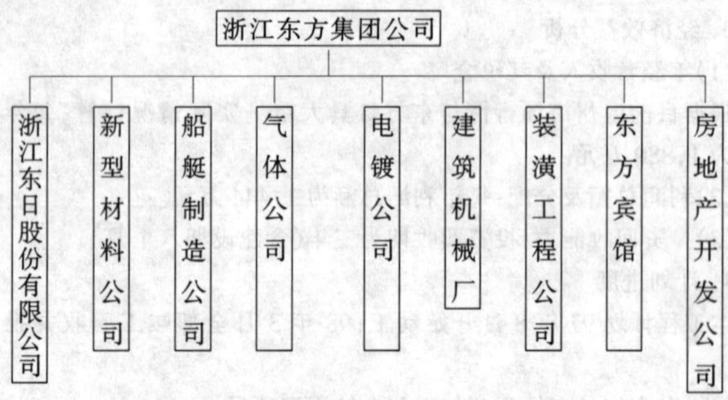

集团公司已将管道公司和东方灯具大市场全部投入本公司。

集团公司承诺将来不经营与本公司相竞争的业务。

(5)除集团公司外,本公司不存在其它关联企业。

7. 公司的员工情况

截止1997年3月31日,本公司在册员工总数为189人,员工的专业构成如下:

生产人员:131人,占69.3%

技术人员:21人,占11.1%

销售人员:13人,占6.9%

财务人员:6人,占3.2%

行政人员:18人,占9.5%

在上述员工中,

(1)学历情况:具备大专或大专以上学历的21上,占11.1%;高中、中专学历的68人,占35.9%;初中以上学历的100人,占52.9%;

(2)职称情况:具备初级职称的16人,占8.5%;中级职称的6人占3.2%,高级职称的11人,占5.8%;

(3)年龄情况:

30岁以下45人,占23.8%

31—40岁75人,占39.7%

41—50岁58人,占30.7%

51岁以上11人,占5.8%

本公司目前没有退休职工。

本公司劳动保险采取社会化管理与企业管理相结合的原则,参加了全市退休统筹,按照国家和地方有关规定执行。现有的劳动保护措施有:

①职工社会养老保险:按国家及温州市有关规定,本公司按工资总额的22%(其中个人承担4%)每月上缴至温州市有关部门。

②职工失业保险:本公司按工资总额的1.1%每月上缴至温州市有关部门。

③职工工伤保险:本公司按工资总额的1%每月上缴至温州市有关部门。

④职工住房公积金:本公司按工资总额的10%(其中个人承担5%)每月上缴至温州市有关部门。

以上各项保险措施及住房公积金等待本公司正式成立后将自行办理。

8. 公司的业务经营范围

主营:离心浇铸玻璃钢大口径管道、管接头、管配件生产和灯具市场的租赁经营

兼营:管道安装、灯具及其他配件制造

9. 公司实际从事的主要业务

本公司实际从事的主要业务是离心浇铸玻璃钢大口径管道、管接头、管配件生产和灯具市场的租赁经营。

本公司的离心浇铸玻璃钢大口径管道、管接头、管配件系由公司从瑞士引进的离心浇铸玻璃钢管道生产线所生产,该产品具有国际先进水平,作为现有钢管、混凝土预力管的替代产品,年生产能力为100公里。

灯具市场于1993年初建成开业,营业面积2.2万平方米,店铺600多家,是国内最大的灯具批发市场与产销基地,被国家工商局命名为“全国文明市场”并荣获浙江省“明星市场”和“规范化管理达标市场”称号。

10. 公司的主要产品品种及生产能力

(1)本公司主要产品为“HOBAS”牌离心浇铸玻璃钢管,目前生产管材分为压力管,非压力管两大类,生产能力为100公里/年,96年12月投产后实际生产了约25公里。

目前,本公司玻璃钢管道尚处于进入市场的初期,产品市场主要分布在浙江、江苏、河北、湖北等地。根据设计生产能力100公里/年计算,目前公司离心浇铸玻璃钢管道产品在国内管道市场的占有份额很小。有关信息表明,我国“九五”期间仅供排水的管材用量每年即将达到5,000公里,该产品存在着巨大的市场。自96年12月投产以来,公司已生产出来的玻璃钢管道销售状况良好,96年实现销售额1,404万元;97年一季度实现销售额1,121万元。

目前公司管道销售主要采用上门推销方式,同时也积极参加有关新产品订货会以扩大影响。

(2)灯具市场本身主要从事各种民用、工程、庭院船舶等灯具的批发与零售。该市场于1993年建成开业,营业面积2.2万平方米,店铺600多家。本公司负责对灯具市场进行开发、建设并出租有关店铺。目前本公司灯具市场是全国最大的灯具批发市场,灯具销售幅射全国二十多个省。1994年~1996年市场灯具成交额分别达到6.3亿元、10.5亿元和15.2亿元,约占全国的1/4。经营收入分别达到2,811万元,2,561万元和2,523万元。

11. 公司原材料的供应

(1)离心浇铸玻璃钢管道生产的主要原料有树脂、玻璃纤维、石英砂、碳酸钙及部份添加剂,目前上述原材料已全部实现国产化,供应渠道畅通、并且大部份均可从多家厂商中择优选择。但是本公司产品对树脂要求较高,目前国内可供选择的余地较小。

(2)本公司经营的灯具市场,由于在市场内经营的店家均为厂店一体,自产自销,所以不涉及原材料供应等问题。

12. 对公司有重要意义的无形资产和商标

(1)专利技术及专有技术

一九九三年一月,集团公司同温州市进出口公司签订“协议书”,委托温州市进出口公司作为本公司进口代理人,代理进口离心浇铸HOBAS大口径玻璃钢管道技术及设备。据此,一九九三年六月,温州市进出口公司(甲方)与瑞士霍巴斯工程公司(乙方)签订了设备进口及技术许可使用合同。该合同规定乙方向甲方供应一整套用离心浇铸成型方法制造玻璃钢管道、管接头和管配件的设备及其备件的同时,乙方向甲方提供有关合同产品设计、制造、销售以及包括专利、专有技术在内的所有技术和商业信息(包括乙方或乙方的其他许可证厂的机密信息和商业秘密),并及时提供上述机密信息和商业秘密的改进及改进方法,合同总价为6,664,195.00瑞士法郎,其中货款、运输费、工程费业已支付,提成费为450,000瑞士法郎,采用九年分期付款方式。本合同正在执行过程中。

(详见本招股说明书概要第十六章重要合同及重大诉讼事项)

(2)商标

根据上述设备进口及技术许可使用合同,瑞士霍巴斯工程公司与本公司一九九七年五月三十日签署了商标许可合同备案表,霍巴斯工程公司许可同意发行人按照上述合同使用HOBAS商标,并授权中国贸促会专利商标事务所办理相关商标使用许可合同备案事宜。鉴于发行人向瑞士霍巴斯工程公司支付合同规定期限内的商标许可使用费包含在上述合同中所约定之提成费中,因此并不需另行支付费用。

(3)土地使用权

本公司管道公司和灯具市场分别占地38,673.1平方米和22,252.7平方米,经浙江省土地管理局浙土复【1997】27号文批准集团公司在以出让方式取得土地使用权后,管道公司土地折价入股,形成国有法人股;灯具市场土地22,252.7平方米,由本公司与集团公司签订土地租赁使用合同,租赁使用,租赁期为10年。年租金为475.74万元。

13. 本公司新产品开发的有关情况

(1)排气和排泥三通:开发各种规格的GRP排气和排泥三通,其目的使HOBAS GRP管件系列化,满足具体工程需要。

(2)DN500—DN2000机械活接头:该接头的特点是安装方便,密封性好,主要用于管线分段施工时的管路闭和连接、管路维护、处长杂地形管道连接等。

(3)DN500—DN2000锁紧接头:该接头能够承受轴向拉力,内表面设计有剪力卡圈,使管道完全锁合在接头上。主要用于浮管施工的水下管路,并孔套管,另外,在管路支墩设计中采用DCL接头连接可以抵抗管道移动达到减少支墩的面积。

(4)DN500—DN2000顶管:为采用无沟槽施工技术的管道,它主要用于穿越铁路、公路、河流、建筑物及繁华市区等。

14. 税收政策

根据温州市财政局(1995)财工第23号文,(1996)财工第200号文,(1997)财工第82号文,并报经浙江省财政厅批准,浙江东方集团公司1994年实现利润全部用于弥补以前年度亏损,实际税率为零;1995年、1996年均按33%所得税率计缴,并返还80%,列入当年财务决算,实际税负率为6.6%。根据浙江省人民政府浙政发(1997)115号文批准,公司上市后所得税按33%税率计缴,由财政返回18%,实际所得税税负率为15%,1997年1—3月暂按15%的所得税率计缴。

15. 关联交易

本公司与集团公司的关联交易为租用集团公司面积22,252.7平方米的土地,租赁期限10年,为此项租赁,本公司自合同生效起,每年向发起人支付当年的租金475.74万元人民币。

16. 集团公司承诺将来不从事与本公司相竞争的业务。

九、公司候选董事、监事及高级管理人员

一、董事候选人

滕增寿先生,本公司筹委会会任,58岁,大专文化,中共党员,高级经济师,历任温州造纸厂团委书记、工会主席、生产基建处长、市总工会生产部部长、温州矿冶兵团任营长兼教导员、温州玻璃钢建材厂厂长兼党委书记,现任浙江东方集团公司党委书记兼总经理、中国农村人才研究会常务副会长、浙江省企业管理协会、企业家协会副会长、温州市企业家协会会长、温州市科技协会副主席、曾荣获温州市劳动模范六次,浙江省劳动模范、全国建材行业“六五”、“七五”、“八五”连续三届劳动模范,全国劳动模范、全国优秀企业家等荣誉称号。

刘时正先生,本公司筹委会副主任,52岁,大专文化,中共党员,高级经济师,历任温州玻璃钢建材厂财务科长、副厂长,现任浙江东方集团公司副总经理。

郑念鸿先生,本公司筹委会副主任,44岁,大专文化,中共党员,高级会计师,历任市陶建工业总公司财务处长,现任浙江东方集团公司副总经理。

程步进先生,本公司筹委会委员,58岁,大专方化,中共党员,高级政工师,历任温州冶炼厂工会主席、党委副书记、纪委书记、人武部长,现任浙江东方集团公司副总经理、纪委书记。

贾廉星先生,本公司筹委会委员,55岁,大学文化,中共党员,高级工程师,历任温州肥皂厂副厂长、厂长、温州钻石集团公司党委书记、总经理。现任浙江东方集团公司副总经理兼管道公司经理。

马大观先生,本公司筹委会委员,53岁,大学本科文化,中共党员,高级工程师,历任武汉仪表机床厂车间主任,武汉市仪表公司副处长,办公室主任,武汉市仪表集团公司总工程师、副总经理,现任浙江东方集团公

司副总经理。

柯永波先生,本公司筹委会委员,55岁,大学本科文化,中共党员,历任温州市党校教研室主任、工会副主席,现任浙江东方集团公司副总经理,工会主席。

王伯华先生,本公司筹委会委员,34岁,硕士研究生,工程师,历任集团公司副处长,现任浙江东方集团管道公司副经理兼总工程师。

张乘东先生,本公司筹委会委员,34岁,大专文化,中共党员,政工师,现任浙江东方集团公司政治处副主任。

二、监事会候选人

冯炳晖先生,59岁,初中文化,中共党员,历任温州市委党校副书记、高频瓷厂副书记、副厂长、陶瓷工业局党委副书记,现任浙江东方集团公司副总经理。

周前先生,37岁,大专文化,中共党员,助理工程师,历任温州市陶建总公司组织副科长、企管处处长,现任浙江东方集团公司副总经理。

杨志翔女士,52岁,大专文化,中共党员,助理工程师,现任浙江东方集团公司办公室主任。

季日华先生,46岁,高中文化,中共党员,助理工程师,1972年12月应征入伍,1986年退伍在温州玻璃钢建材厂工作,现为东方集团公司职工。

周斌先生,48岁,高中文化,1970年参加工作,现为浙江东方集团管理公司职工。

十、经营业绩

1. 生产经营的一般情况

本公司主要业务是离心浇铸玻璃钢大口径管道、管接头、管配件生产和灯具市场的租赁经营。

(1)离心浇铸玻璃钢管道系列产品于1996年12月投产,首期技改系列引进瑞士霍巴斯工程公司的生产线技术与主要设备。年生产能力为100公里。96年12月投产后当年实现销售收入1,404万元。97年第一季度实现销售收入1,121万元,该产品作为目前使用的钢管、混凝土预力管的替代产品,在国际上已为发达国家广泛使用,但在国内尚属起步阶段,在投产后不长的时间里,本公司即取得以下成果:

a. 实现了原材料国产化;

b. 解决了生产线供电质量的制约;

c. 生产能力达到设计标准并有所突破;

d. 产品质量优良;

e. 市场销售前景看好。

(2)灯具市场本身主要从事各种民用、工程、庭院、船舶等灯具的批发与零售。该市场于1993年建成开业,营业面积2.2万平方米,店铺600多家。本公司负责对灯具市场的开发、建设并经营店铺出租。目前本公司灯具市场是全国最大的灯具批发市场,灯具销售辐射全国二十多个省。1994年～1996年市场灯具成交额分别达到6.3亿元,10.5亿元和15.2亿元;公司经营收入分别达到2,811万元,2,561万元和2,523万元。被国家工商局命名为“全国文明市场”,并荣获浙江省“明星市场”和“规范化管理达标市场”称号。

2.1994年、1995年、1996年、1997年1—3月的销售总额和利润总额情况(单位:千元)

项　目	1997年1月-3月	1996年度	1995年度	1994年度
主营业务收入	16,348.7	39,269.8	25,606.1	28,105.5
主营业务利润	5,416.7	40,093.8	31,995.7	32,204.3
利润总额	5,607.8	41,550.0	33,010.6	33,075.4
净利润	4,766.6	38,807.7	30,831.9	33,075.4

注1:由于管道公司于1996年12月投产,所以1994年度、1995年度主营业务利润均来源于灯具市场。1996年度主营业务利润中灯具市场利润为35,846.1千元,管道公司利润为4,247.7千元。1997年1—3月主营业务利润中灯具市场利润为3,863.9千元,管道公司利润为1,552.8千元。

注2:灯具市场94—95年租金每年略有下降,主要原因系:灯具市场部分摊位改建,一些摊位改作他用,每年摊位数量和结构有所调整,相应减少租金收入所致。

注3:主营业务利润中包含灯具市场1994—1996年实现利润收入,分别为5,058.1千元,7,813.4千元,和12,164.2千元。

3. 业务收入构成(单位:千元)

年　份	玻璃钢管道	灯具市场租赁
1994年	——	28,105.5
1995年	——	25,606.1
1996年	14,036.3	25,233.5
1997年1—3月	11,212.4	5,136.3

由于在本次重组中集团公司投入两块资产之一的管道公司是在1996年12月建成投产,因此公司1994年、1995年、1996年的全部或大部分营业收入均来自于灯具市场的租赁收益。从今年开始,这一情况将发生变化。

4. 完成的主要工作

离心浇铸玻璃钢管道技改

1995年,本公司从瑞士霍巴斯工程公司引进离心浇铸玻璃钢管道生产线,该生产线填补了国内空白,具有九十年代国际先进水平,项目总投资1.14亿元,年生产能力100公里。该生产线主要包括填料树脂系统、料系统、管子成型系统、管接头成型系统、石英沙及碳酸钙风送系统、冷热水供应系统、压缩空气及蒸汽系统和树脂供应系统等。该生产线已于1996年12月投产。

5. 产品性能、质量及市场情况

(1)由于离心浇铸玻璃钢管道的独特的工艺配方设计,使其具有现行管材所无法比拟的优良性能:

① 玻璃钢管道内壁平整光滑,对于同等口径管道玻璃钢管道与预应力混凝土管、钢管、铸铁管相比可增加流量20～30%。

② 玻璃钢管道具有优良的耐酸碱性能,内外表面无需防腐处理可直接埋在酸碱、盐含量较高的土壤里,也不需要阴极保护处理。

③ 专利设计的管接头,施工简便密封性好。

④ 玻璃钢管道比重小,与钢管、混凝土管相比,可减少运输费用,且良好的水力学性能使管道运行故障率低,使用寿命可长达50年。

⑤ 玻璃钢管内表层采用坚韧的内衬树脂,具有防腐耐磨性能,且内表面不积垢,不附着寄生物的特点。

经浙江省有关部门抽查检测,本公司玻璃钢管道产品完全达到德国现行标准规定的优等品水平;同时,按我国生活饮用水标准严格检测,全部达标,获得浙江省卫生厅卫生批准证书。

本公司生产的玻璃钢管道目前主要销往浙江、江苏、河北、湖北等省。

(2)本公司灯具市场在灯具产品的门类,品种、款式、价格等方面均具有一定优势,是全国最大的灯具批发市场。先后荣获浙江省“明星市场”与“规范化管理达标市场”称号,被国家工商局命名为“全国文明市场”。灯具市场的灯具销售遍及全国二十多个省、区。

十一、股本

1. 拟注册股份:本公司成立后注册资本为11,800万元,本次发行向社会公众募集40,000,000股(公司本次发行股份全部向社会公众发行,不配售公司职工股),每股面值1元,发行价为5.75元/股。

2. 超过面值部分在扣除募股费用后列入资本公积金。所募集资金按本说明书第六章所载用途使用。

3. 本公司发起人浙江东方集团公司,以11,191.65万元净资产(其中包括本次评估升值的961万元)按69.69%比例折为7,800万股(此部分股权性质为国有法人股),超过面值部分列入资本公积金,该部分资产已经浙江会计师事务所浙江资产评估公司验证和评估,并经国家国有资产管理局国资评【1997】454号文确认。

4. 本公司本次发售每股面值1.00元之人民币普通股4,000万股,新股发行后,本公司注册股本将为11,800万元,其股本结构如下:

股权种类	股数(股)	所占比例(%)
国有法人股	78,000,000	66.10
社会公众股	40,000,000	33.90
股本总额	118,000,000	100.00

5. 净资产

本次发行后净资产总额33,576万元

本次发行前每股净资产1.43元/股

本次发行后每股净资产2.84元/股

以上数据均以1997年3月31日净资产和本次募股资金净额计算。

6. 本公司候选董事、监事、高级管理人员及重要职员一共14人,放弃配售公司职工股。

十二、主要会计资料

投资者如果欲对发行人的财务状况、经营成果及其会计政策进行更详细的了解,应当认真阅读在附录中所载的发行人财务报表和注释。

以下是浙江会计师事务所财务审计报告摘要:

一、资产负债表、利润表、财务状况变动表(见附表)

二、主要会计政策

1. 会计制度

股份制改组前,执行《工业企业会计制度》;改组后执行《股份制试点企业会计制度》及其补充规定。

2. 会计期间

会计年度自公历1月1日起至12月31日止。

3. 记帐方法

借贷复式记帐法。

4. 记帐原则和计价基础

采用权责发生制原则记帐,以实际成本为计价基础。

5. 记帐本位币和外币折算

本公司以人民币为记帐本位币。对于发生的外币经济业务,按业务发生当月一日的中国人民银行公布的市场汇价折合人民币记帐,月份终了,各外币帐户的外币余额按期末市场汇价(中间价)进行调整,发生的差额,与购建固定资产有关的予以资本化,无关的属于筹建期的计入开办费、属于生产经营期间的计入财务费用。

6. 坏帐准备

不计提坏帐准备,按坏帐损失的实际发生额列入当期损益,确认坏帐的标准为:

(1)因债务人破产或者死亡,以其破产财产或者遗产清偿后,仍然不能收回的应收帐款;

(2)因债务人逾期未履行偿债义务超过三年仍然不能收回的应收帐款;

7. 存货计价方法

实行永续盘存制和采用实际成本核算。发出材料和发出产成品均采用加权平均法计价;

低值易耗品的摊销方法采用一次摊销法。

8. 固定资产及其折旧

固定资产的标准为:使用年限在一年以上的房屋、建筑物、机器、机械、运输工具以及其他与生产经营有关的设备、器具、工具等;以及不属于生产经营主要设备,但单位价值在2,000元以上,且使用年限超过两年的物品。固定资产折旧采用直线法平均计算,并根据固定资产类别、估计经济使用年限和预计残值率(原值的5%)确定折旧率,各类固定资产的折旧年限和年折旧率如下:

固定资产类别	折旧年限(年)	年折旧率(%)
房屋及建筑物	25—40	2.375—3.800
通用设备	8—18	5.278—11.875
专用设备	8—20	4.750—11.875

9. 无形资产及其摊销

土地使用权:自取得使用权月份起按土地出让期限(50年)平均摊销。

10. 递延资产及其摊销

(1)开办费:自开始生产经营次月起分5年平均摊销。

(2)其他递延支出:电话初装费自受益月份起分10年平均摊销;供水增容费自1997年4月起分10年平均摊销。

11. 收入实现的确认

销售商品:以商品已经发出、商品的所有权已自公司转移给买方,收到货款或取得收取货款的凭据时,作为营业收入实现。

劳务收入:以劳务已经提供,同时收讫价款或取得收取价款的凭据时,作为营业收入实现。

12. 税项

(1)增值税:

浙江东方集团管道公司按17%的税率计缴增值税。

(2)营业税:

根据温州市税务局(1993)税政字第90号文批复,对温州东方灯具大市场租金收入在该市场建设期间(1993年4月~1996年12月)暂不征收营业税和房产税,业经浙江省地方税务局、浙江省温州市地方税务局审查确认。1997年租金收入按5%的税率计缴。

(3)城市维护建设税:

按应缴流转税额的7%计缴;

(4)教育费附加:

按应缴流转税额的3%计缴;

(5)所得税:

根据温州市财政局(1995)财工第23号文,(1996)财工第200号文,(1997)财工第82号文,并报经浙江省财政厅批准,浙江东方集团公司1994年实现利润全部用于弥补以前年度亏损,实际税率为零;1995年、1996年均按33%所得税率计缴,并返还80%,列入当年财务决算,实际税负率为6.6%,根据浙江省人民政府浙政发(1997)115号文批准,公司上市后所得税按33%税率计缴,由财政返回18%,实际所得税税负率为15%,1997年1~3月暂按15%的所得税率计缴。

13. 利润分配

改组前,公司按当年实现净利润提取10%法定公积金,5%法定公益金,10%任意公积金;

改组后,将按《公司法》和股东大会决议进行分配。

三、关联交易的说明

1.1997年4月1日,本公司与浙江东方集团公司签订土地使用权租赁协议,根据协议规定,本公司租用浙江东方集团公司拥有的温州东方灯具大市场22,252.70平方米土地使用权,每年支付租赁费4,757,400元。

2.1994年1月1日、1995年1月1日和1996年1月1日温州东方灯具大市场和浙江东方集团公司分别签订委托协议书,根据协议书规定,温州东方灯具大市场将结余的资金授权委托浙江东方集团公司代为管理运用,浙江东方集团公司根据约定利率支付利息。1994~1996年,温州东方灯具大市场累计实现利息收入25,035,852.54元。

四、财务指标

财务指标	1997年1—3月	1996年	1995年	1994年
流动比率	0.35	1.26	9.16	10.95
速动比率	0.31	1.08	9.16	10.95
资产负债率	0.42	0.45	0.48	0.41
应收帐款周转率	1.10	6.24	—	—
存货周转率	2.41	9.29	—	—
净资产收益率	4.26%	39.8%	35.1%	41.3%
每股净利	0.061	0.498	0.395	0.424

注:股本总额按 7800 万元计。

十三、资产评估的主要情况

一、经浙江资产评估公司评估,国家国资局确认,截止 1997 年 3 月 31 日,本公司各类资产及负债评估情况如下:

(单位:元)

资产类别	帐面原值	帐面净值	评估价值	评估增值额	增值率(%)
固定资产	152,171,577	145,728,894	153,995,434	8,266,540	5.67
流动资产	21,874,313	21,874,313	21,972,366	98,053	0.45
无形资产及递延资产	17,144,307	17,144,307	18,388,492	1,244,185	7,26
资产总计	191,190,197	184,747,514	194,356,293	9,608,779	5.20
负债合计		82,439,780	82,439,780		
其中:流动负债		21,539,780	21,539,780		
长期负债		60,900,000	60,900,000		
净资产		102,307,735	111,916,513	9,608,779	9.39

二、评估方法

(一)对东方集团拟投入股份公司的资产和相关负债的评估

采用重置成本法,以重置各项生产要素为假设前提,根据分项资产的具体情况选用适宜的方法分别评定估算企业各分项资产的价值并累加求和,再扣减相关负债核实值,得出净资产的评估值。同时,采用收益现值法分析、验证重置成本法评估结果。

本次评估的增值主要是由于公司固定资产及土地使用权价值经评估后升值。

本次评估的结果按有关规定进行了调帐,按收益现值法获得的评诂结果仅作参考。

(二)对股份公司租入的国有土地使用权的评估

结合待估宗地的具体情况,选用市场比较法进行评估,得到待估宗地的使用权价值,并确定租赁费标准。

十四、盈利预测

浙江会计师事务所对本公司 1997 年 4—12 月的盈利预测进行了审核。以下是审核报告及附件,鉴于盈利预测所依据的种种假设的不确定性,投资者进行投资判断时不应过于依赖该项资料。

浙江东日股份有限公司(筹):

我们接受委托,对贵公司 1997 年 4—12 月的盈利预测进行审核,该项盈利预测由贵公司负责编制,我们的责任是按照《独立审计实务公告第 4 号—盈利预测审核》的要求,发表审核意见。在审核过程中,我们结合贵公司实际情况,实施了我们认为必要的审核程序。

我们认为,贵公司所作的 1997 年 4—12 月盈利预测是根据业经本所验证的 1994 年度、1995 年度、1996 年度经营业绩以及 1997 年度的业绩预测适当编制的。公司所确定的各项基本假设已充分披露,没有发现不合理之处,所采用的会计政策与实际采用的相关会计政策一致。

本报告附件:

一、盈利预测表

二、预测说明

浙江会计师事务所

报告日期:1997 年 6 月 2 日

预测说明

一、预测基准

本公司盈利预测是以业经浙江会计师事务所验证的 1994 年~1996 年及 1997 年 1~3 月的经营业绩为基础,根据国家宏观政策,分析研究了公司面临的市场环境和未来发展前景,特别是灯具市场和管道公司已签定的租赁协议和 HOBAS 管道购销合同以及其他有关资料,经过综合研究确定的 1997 年公司经营计划及各项业务收支计划编制的,遵循了我国现行有关法律、法规和《股份制试点业会计制度》的规定。

二、基本假设

1. 本公司遵循的国家和地方现行法律、法规、政策和经济环境无重大改变。

2. 现行的信贷、利率、汇率以及市场行情无重大改变。

3. 赋税基准及税率无重大变化。

4. 本公司生产经营发展计划能如期实现,无较大变化。

5. 管道公司主要产品的市场预测销售价格、主要原辅材料的预测成本;灯具市场的预测租费无重大改变。

6. 本公司计划投资项目能如期完成投产,并无重大损失。

7. 无其他人力不可抗拒及不可预见因素造成的重大不良影响。

盈利预测表(见附表)

十五、公司发展规划

1. 公司的生产经营发展战略

以建设具有中国特色的社会主义理论为指导,继续发扬企业精神,坚持以效益为中心,实现工贸结合、工商并举,不断提高产品质量与档次,不断完善市场服务配套,建成国内最大的玻璃钢管道生产基地和专业市场。

2. 公司的发展目标和规模

玻璃钢管道迅速形成年产 300 公里的生产规模。

3. 公司的经营计划

a. 玻璃钢管道生产

在该产品市场的拓展上以江浙为销售重点,面向全国;以引水工程为主导,兼顾排污、排海工程;以球墨管、钢管为主要竞争对手,兼顾其他管材;在开拓市场的同时投入技改,未雨绸缪、迅速形成年产 300 公里的生产能力,取得规模效益,以更有利的地位参与竞争。在产品销售上,目前本公司产品已为浙江、江苏、湖北、河北等地的市政工程所应用,公司将着力提高产品质量,做好售后服务,巩固已拥有的市场,在此基础上全力争取江苏省的太仓、江阴等地和浙江、尤其是温州地区的有关工程项目。

公司下一步计划全力开辟福建、广东、湖北、四川市场,目前国外玻璃钢管道价格可以达到钢管价的 130%,为使竞争有利,公司确定供货价格不高于钢管的综合价,计划待市场成熟后再逐步调整。

在质量管理上,不断完善和提高质量保证体系,在九八年前完成 ISO9000 认证,确保产品质量,不断齐备各种规格,不同用途的管材和配件,最大限度满足用户需要。

b. 灯具市场

(1)实施工商结合,产销一体的战略。

灯具大市场始终坚持"以工育商、以商扶工、工商互补、工商并举"的方针,在"九五"期间,要以促进本地灯具产业为工作立足点。通过大市场灯具交易的窗口,辐射全国各地,形成广泛销售网络,扩大市场占有率。

(2)实施规范化、现代化的市场管理服务计划。

按照全国一流专业市场标准,对市场实施规范管理。充实市场管理人员,提高业务素质,加强市场文明经营,产品质量、新产品开发等方面的引导与管理。按照现代化服务设施标准,进一步改造、完善市场服务设施。

(3)实施扩大占有率,开拓国际市场的营销计划。

灯具市场经四年经营,在国内享有声誉,市场占有率逐年扩大。在"九五"期间:营销重点:一是扩大国内市场占有率,利用温州灯具在全国的销售网络,进一步加强与引导,使销售网络更加完善与坚实;二是开拓国际市场。随着灯具规模扩大和水平提高,温州灯具打人国际市场已是必然需要。

4. 人员扩充计划

本公司拥有近 40 名专业技术人员,为进一步适应"九五"期间的发展,本公司将进一步引进一定数量的高级专业技术人才,充实企业技术力量;同时将吸收更多的大中专毕业生,为公司储备更多的后备人才,加快公司技术进步的步伐。

十六、重要合同及重大诉讼事项

1. HOBAS 设备供应及专有技术、商标许可使用合同一九九三年一月二十九日，发起人同温州市进出口公司签订“协议书”，委托温州市进出口公司作为发起人进口代理人，代理进口离心浇铸HOBAS大口径玻璃钢管道设备及技术。据此，一九九三年六月二十二日，温州市进出口公司(甲方)与瑞士霍巴斯工程公司(乙方)签订了设备进口及技术许可使用合同。该合同的主要内容为:(i)乙方的供货及相关义务为:(A)向甲方供应一整套用于离心浇铸成型方法制造玻璃纤维增强聚脂树脂管道、纤维缠绕成型方法或离心浇铸成型方法制造管接头和玻璃纤维增强聚脂管配件的设备及其备件和易耗品;该等货物最后装运不迟于乙方收到甲方开立的有效信用证后12个月;交货条件为CFR上海。(B)乙方向甲方提供有关合同产品设计、制造、销售以及包括专利、专有技术在内的所有技术和商业信息(包括乙方或乙方的其他许可证厂的机密信息和商业秘密),并及时提供上述机密信息和商业秘密的改进及改进方法;乙方在本合同生效起120天内将合同附件所列的主要工程图纸和技术信息以CIP温州机场交货。(c)乙方依照双方在附件中的约定对甲方有关人员先后在欧洲乙方的工厂和中国甲方的工厂培训。(D)乙方将派遣合格的技术人员前往甲方合同工厂指导监督检验、安装、试车、性能实验和合同产品验收。(ii)乙方同意授予甲方下述权利:(A)在独占制造区域中合同产品的独占制造权,独占制造区域由浙江、江西、福建、广东、湖南、广西、云南、贵州和海南组成;(B)在非独占制造区域中合同产品的非独占制造权,非独占区域由上海、山东、江苏、河南、安徽、湖北、四川、西藏、青海、新疆组成;(C)在销售区域中合同产品的非独占销售权,销售区域是指除瑞士、奥地利、德国、比利时、卢森堡、法国、荷兰以外的世界上任何国家和地区;(D)在销售区域中非独占商标使用权,商标指HOBAS商标和标志。(iii)合同总价为6,664,195.00瑞士法郎。其中货款、运输费、工程费业已支付;提成费为450,000瑞士法郎,采用九年分期付款方式;上述款项分别由甲方以电汇、开立以乙方为受益人的不可撤消的即期结汇的信用证方式支付给乙方。本合同目前正在执行过程中。

根据上述合同,瑞士霍巴斯工程公司与发行人于一九九七年五月三十日签署了商标许可合同备案表,霍巴斯工程公司许可同意发行人按照上述合同使用HOBAS商标,并授权中国贸促会专利商标事务所办理相关商标使用许可合同备案事宜。鉴于发行人向瑞士霍巴斯工程公司支付合同规定期限内的商标许可使用费包含在上述合同中所约定之提成费中,因此并不需另行支付费用。

2.HOBAS管道购销合同

浙江东方集团管道公司(甲方)与浙江省肖山市华通管道物资有限公司(乙方)于一九九七年三月二十八日签订《HOBAS管道购销合同书》。该合同主要内容为:(1)合同标的及价格:甲方向乙方出售规格为DN1200/SN5000/PN6的HOBAS管,其数量为35km,单位为1926元/M(含管接头)以及规格为DN1000/SN5000/PN6的HOBAS管,其数量为5.2km,单价为1380元/M含管接头);合同总金额为7458.6万元。(2)质量要求和技术标准:按Q/ZDG01001—1996标准执行与验收,(3)交提货时间,地点和方式:1997年6月开始自行提货。(4)结算及期限:乙方分批带款提货,提货时仅付货款额的80%,其余20%在分段工程水压实验合格后分批支付。(5)如因产品质量问题造成的损失,由甲方负全部责任。本合同目前正在执行过程中。

3.中国工商银行固定资产借款合同

一九九二年十二月三十一日,浙江东方集团公司(乙方)与中国工商银行温州市分行(甲方)签订固定资产借款合同。该合同主要内容为:(1)乙方向甲方申请借款人民币34,000,000元,用于大口径管道项目。(2)甲方在国家信贷计划和本合同条款规定之内,根据乙方按工程进度报送的工程用款计划和用款借据,及时审查发放贷款以保证乙方工程进度的资金需要。如因甲方责任,未按时供应资金,要根据违约金额和天数给乙方计付违约金。乙方违反规定,擅自改变用款计划,挪用贷款和物资,甲方有权停止发放贷款。被挪用的贷款要加收50%的罚息并如数追回。(3)借款期限为五年,利率按项目借款合同期限确定为月息9.75‰,按季收取利息,贷款逾期未还的,除限期追回外,按规定从逾期之日起加收利息20%,并按逾期后的利率档次重新确定借款利率。(4)乙方保证按期偿还全部借款本息。(5)乙方按照银行抵押贷款办法规定,愿以自己拥有的财产或贷款新增的固定资产充当抵押。

根据发行人的资产投入方案,发起人拟将该笔贷款投入发行人,即该合同项下的贷款改由发行人使用;对于上述该合同项下之债务人的变更,发起人已书面通知债权人,债权人在约定的异议期内并未表示任何书面异议。

截止本招股书刊登之日,本公司未涉及任何重大诉讼事项。

十七、其他重要事项

本公司筹委会成员确认,除本招股说明书所披露的有关事项以外,不存在任何其它未披露的对投资者的投资判断具有重大影响的其它重大事项。

十八、招股说明书备查文件查阅地点

(1)浙江东日股份有限公司(筹)

地址:温州市矮凳桥92号

联系人:刘时正　郑念鸿

联系电话:(0577)8332195

传真:(0577)8332287

(2)华夏证券有限公司

地址:上海市陆家浜路711号光明大楼7层

联系人:马骥

联系电话:(021)63057865

传真:(021)63057736

文件查阅期间:本公司股票承销期内

浙江东日股份有限公司(筹)

一九九七年九月十七日

资产负债表

(单位:元)

资　产	1997年3月31日	1996年12月31日	1995年12月31日	1994年12月31日	负债及股东权益	1997年3月31日	1996年12月31日	1995年12月31日	1994年12月31日
流动资产:					流动负债:				
货币资金	1,851,553	160,991	457,074	408,240	短期借款	8,500,000			
短期投资					应付票据				
应收票据					应付帐款	1,577,274	743,369		
应收帐款	17,097,149	12,587,025			预收货款	5,475,000	8,006,550		
减:坏帐准备					应付福利费	103,407	88,630	45,494	29,910
应收帐款净额	17,097,149	12,587,025			未付股利				
预付货款	30,000				未交税金	3,338,833	673,080	2,237,764	1,858,253
其他应收款	92,315	37,256	38,353,730	39,900,353	其他未交款	51,424			
待摊费用	—	15,835	—	15,880	其他应付款	2,493,842	2,338,091	1,954,886	1,793,502

资 产	1997年3月31日	1996年12月31日	1995年12月31日	1994年12月31日	负债及股东权益	1997年3月31日	1996年12月31日	1995年12月31日	1994年12月31日
存 货	2,901,350	2,184,494			预提费用				
待处理流动资产净损失					一年内到期的长期负债	40,800,000			
一年内到期的长期债券投资					其他流动负债				
其他流动资产					流动负债合计	62,339,780	11,849,721	4,238,144	3,681,664
流动资产合计	21,972,366	14,985,602	38,810,804	40,325,973					
长期投资:					长期负债:				
长期投资					长期借款	20,100,000	67,556,101	76,012,219	51,598,539
其中:合并价差					应付债券				
固定资产:					长期应付款				
固定资产原价	170,727,566	147,087,448	40,711,078	35,582,129	其他长期负债				
减:累计折旧	16,861,914	4,379,379	2,777,098	1,907,513	长期负债合计	20,100,000	67,556,101	76,012,219	51,598,539
固定资产净值	153,865,651	142,708,069	37,933,980	33,674,616	递延税项				
在建工程	129,783	1,946,552	73,929,665	43,847,380	递延税款贷项				
固定资产清理					负债合计	82,439,780	79,405,822	80,250,363	55,280,203
待处理固定资产净损失					少数股东权益				
固定资产合计	153,995,434	144,654,622	111,863,645	77,521,996	股东权益:				
无形资产及递延资产:					股 本	78,000,000	70,000,000	70,000,000	70,000,000
无形资产	16,242,716	16,047,631	15,363,315	15,679,000	资本公积	33,916,513			
递延资产	2,145,776	2,259,090	2,051,805	1,884,461	盈余公积		27,541,121	17,839,206	10,131,225
无形及递延资产合计	18,388,492	17,306,720	17,415,120	17,563,460	其中:公益金		5,508,224	3,557,841	2,026,245
其他长期资产:					未分配利润				
其他长期资产					外币报表折算差额				
递延税项:					股东权益合计	111,916,513	97,541,121	87,839,206	80,131,226
递延税款借项									
资产总计	194,356,293	176,946,944	168,089,569	135,411,429	负债及股东权益总计	194,356,293	176,946,944	168,089,569	135,411,489

盈利预测表

1997 年度

编制单位:浙江东日股份有限公司(筹)　　　　单位:人民币元

项 目	行次	1997年1月~3月已审实际数	1997年4~12月预测数	1997年度全年预测数	1996年已审实际数	项 目	行次	1997年1月~3月已审实际数	1997年4~12月预测数	1997年度全年预测数	1996年已审实际数
一、主营业务收入	1	16,348,700.80	130,578,789.00	146,927,489.80	39,269,803.90	减营业外支出	14	200.00		200.00	
减:营业成本	2	6,115,145.53	83,564,530.27	89,679,675.80	10,141,532.03	加:以前年度损益调整	15				
销售费用	3	175,642.10	875,850.00	1,051,492.10	57,608.36	四、利润总额	16	5,607,780.14	41,449,255.80	47,057,035.94	41,549,959.34
管理费用	4	1,983,068.93	6,965,987.46	8,949,056.39	1,348,619.91	减:所得税	17				2,742,297.32
财务费用	5	2,267,263.74	(3,870,660.00)	(1,603,396.26)	(12,371,803.38)	按33%所得税率计算	18	1,850,567.45	13,678,254.41	15,528,821.86	
进货费用	6					按15%所得税率计算	19	841,167.02	6,217,388.37	7,058,555.39	
营业税金及附加	7	390,850.16	1,545,827.06	1,936,677.22		五、净利润	20				38,807,662.02
二、主营业务利润	8	5,416,730.34	41,497,254.21	46,913,984.55	40,093,846.98	按33%所得税率计算	21	3,757,212.69	27,771,001.39	31,528,214.08	
加:其他业务利润	9	191,249.80	(47,998.41)	143,251.39	1,456,112.36	按15%所得税率计算	22	4,766,613.12	35,231,867.43	39,998,480.55	
三、营业利润	10	5,607,980.14	41,449,255.80	47,057,235.94	41,549,959.34	六、每股盈利	23				0.50元
加:投资收益	11					按33%所得税率计算	24			0.27元	
补贴收入	12					按15%所得税率计算	25			0.34元	
营业外收入	13										

利润表

(单位:元)

项 目	1997年1—3月	1996年度	1995年度	1994年度	项 目	1997年1—3月	1996年度	1995年度	1994年度
一、主营业务收入	16,348,701	39,269,804	25,606,068	28,105,531	加:投资收益				
减:营业成本	6,116,146	10,141,532	867,289	811,468	补贴收入				
销售费用	175,642	57,606			营业外收入				42,711
管理费用	1,983,069	1,348,620	609,531	500,908	减:营业外支出	200			44,245
财务费用	2,267,264	(12,371,803)	(7,866,476)	(6,411,143)	加:以前年度损益调整				
进货费用					四、利润总额	5,607,780	41,549,959	33,010,621	33,075,396

项　目	1997年1—3月	1996年度	1995年度	1994年度
营业税金及附加	390,850			
二、主营业务利润	5,416,730	40,093,847	31,995,724	32,204,297
加:其他业务利润	191,250	1,456,112	1,014,897	872,532
三、营业利润	5,607,980	41,549,959	33,010,621	33,076,930
减:所得税	541,167	2,742,297	2,176,701	
少数股东损益				
五、净利润	4,766,613	38,807,662	30,831,920	33,076,396

财务状况变动表(1996)年度

单位:元

流动资金来源和运用	金额	流动资金各项目的变动	金额
一、流动资金来源:		一、流动资产本年增加数	
1. 本年净利润	38,807,662	1. 货币资金	(296,082)
加:不减少流动资金的费用和损失:		2. 短期投资	
(1)少数股东本期损益		3. 应收票据	
(亏损以"-"表示)		4. 应收帐款净额	12,587,025
(2)固定资产折旧	1,602,281	5. 预付货款	
(3)无形资产,递延资产及其他		6. 其他应收款	(38,316,474)
资产摊销(减:其他负债转销)	498,374	7. 待摊费用	15,835
(4)固定资产盘亏		8. 存货	2,184,494
(5)处理固定资产损失		9. 待处理流动资产净损失(减收益)	
(6)递延税款		10. 一年内到期的长期债券投资	
(7)其他不影响流动资金的费用和损失		11. 其他流动资产	
小　计	40,908,317		
2. 其他来源:			
(1)固定资产清理收入(减清理费用)			
(2)增加长期负债			
(3)收回长期投资			
(4)对外投资转出固定资产			
(5)对外投资转出无形资产			
(6)资本净增加	9,701,916		
(7)少数股东资本净额增加额			
小　计	9,701,916	流动资产增加净额	(23,825,202)
流动资金来源合计	50,610,232	二、流动负债本年增加数	
二、流动资金运用		1. 短期借款	
1. 利润分配		2. 应付票据	
(1)提取法定公积金:	3,880,766	3. 应付帐款	743,369
(2)提取法定公益金:	1,940,383	4. 预收货款	8,806,550
(3)提取任意公积金:	3,880,766	5. 应付福利费	43,136
(4)已分配股利:	29,105,747	6. 未付股利	
小计	38,807,662	7. 未交税金	(1,564,683)
2. 少数股东利润分配		8. 其他未交款	
3. 其他运用:		9. 其他应付款	382,204
(1)固定资产和在建工程净增加额	34,393,258	10. 预提费用	
(2)增和无形资产递延资产及其他资产	389,974	11. 一年内到期的长期负债	
(3)偿还长期负债	8,456,118	12. 其他流动负债	
(4)增加长期投资			
小　计	43,239,350		
流动资金运用合计	82,047,012		
外币会计报表折算差额		流动负债增加净额	7,611,577
流动资金净增加额	(31,436,779)	流动资金增加净额	(31,496,779)

浙江东日股份有限公司上市公告书

一、要览

总股本:　11800万股

可流通股本:　4000万股

本次上市流通股本:4000万股

股票简称:　浙江东日

证券代码:　600113

上市地点:	上海证券交易所
上市时间:	1997年10月21日
登记机构:	上海证券中央登记结算公司
上市推荐人:	华夏证券有限公司

二、绪言

本公告书依据《中华人民共和国公司法》、《股票发行与交易管理暂行条例》、《公开发行股票公司信息披露实施细则(试行)》、公开发行股票公司信息披露的内容与格式准则第七号《上市公告书的内容与格式(试行)》、《上海证券交易所市场业务规则》和国家其它有关证券监管的法规、规定编制。

经中国证券监督管理委员会证监发字(1997)449号文和证监发字(1997)450号文批准,本公司已成功地向社会公众公开发行每股面值为1.00元的人民币普通股(A股)股票4000万股。

经上海证券交易所上证上字(1997)第088号《上市通知书》审核批准,本公司股票将于1997年10月21日在上海证券交易所挂牌交易。

本公司总股本11800万股,可流通股本4000万股,由于本公司此次不配售公司职工股,可流通股份本次全部上市流通。

本公司于1997年9月17日在《中国证券报》、《上海证券报》刊登了《招股说明书概要》,距今不足6个月,故与其重复的内容在此不再赘述,敬请投资者查阅本公司的《招股说明书概要》。

本公司董事会及各位董事已批准本上市公告书,确信其中不存在任何重大遗漏或误导,并对其真实性、准确性、完整性负个别的和连带的责任。

三、公司概况

1. 发起人概况

法定名称:浙江东方集团公司

注册地址:温州市矮凳桥92号

注册资本:人民币121242000元

法定代表人:滕增寿

成立日期:1993年9月7日

联系电话:(0577)8332195

2. 公司历史沿革

本公司是经浙证委[1997]55号文和浙政发[1997]132号文批准,由浙江东方集团公司作为独家发起人,以集团公司下属的全资企业管道公司、东方灯具大市场为主体,进行股份制改组,采用募集方式设立的股份公司。主要从事离心浇铸玻璃钢管道系列产品的制造、销售和灯具市场的租赁经营。

集团公司将管道公司和东方灯具大市场全部资产和负债投入本公司,净资产评估后为11,191.65万元,按照69.69%折股比例,折成国有法人股7,800万股。由于本次集团投入本公司资产中,非经营性资产占总资产的比例不到1%,所以不再进行剥离。集团公司拥有的其它资产继续保留在集团公司。

经中国证券监督管理委员会证监发字(1997)449号文和证监发字(1997)450号文批准,本公司于1997年9月22日采用"上网定价"的方式向社会公众公开发行人民币普通股4000万股,每股面值1元。本公司已于1997年10月6日在浙江省工商行政管理局办理工商登记,注册资本11800万元。

四、股票发行及承销

1. 股票公开发行

社会公众股发行数量:	4000万股
股票发行价格:	5.75元/股
募集资金总额(扣除发行费用):	22376万元
发行方式:	上网定价
配售比例:	1.26680135%
效申购户数:	245545户。
持1000股以上的户数:	34314户
发行费用总额:	624万元
每股发行费用:	0.156元
发行市盈率:	13.1倍

2. 股票承销

本次公开发行的4000万股社会公众股已全部由社会公众认购,承销团成员无余额包销。

3. 验资报告(浙会验[1997]第135号)

浙江东日股份有限公司筹委会:

我们接受委托,对浙江东日股份有限公司(筹)截至1997年9月26日止的实收资本及相关的资产和负债的真实性和合法性进行了审验。在审验过程中,我们按照《独立审计实务公告第1号—验资》的要求,实施了必要的审验程序。浙江东日股份有限公司(筹)的责任是提供真实、合法、完整的验资资料,保护资产的安全、完整,我们的责任是按照《独立审计实务公告第1号—验资》的要求,出具真实、合法的验资报告。

浙江东日股份有限公司(筹)申请的注册资本为118,000,000.00元。根据我们的审验,本次社会公众股(A股)发行前,浙江东日股份有限公司(筹)的股本总额为78,000,000.00元,资本公积为33,916,513.04元,业经本所验证,并于1997年6月2日出具浙会验(1997)第95号验资报告。本次向社会公开发行人民币普通股(A股)40,000,000股,每股面值1元,发行价每股5.75元,应募集资金230,000,000.00元,由华夏证券有限公司主承销。发行结束后,浙江东日股份有限公司(筹)实际收到募集金额225,705,000.00元(已扣除承销费、上市推荐费、上网费等4,295,000.00元),已于1997年9月26日如数存入工商银行温州市分行营业部浙江东日股份有限公司(筹)帐户(帐号20200410048658),其中股本40,000,000.00元,资本公积185,705,000.00元。连同公开发行股票前的股本,累计股本总额壹亿壹仟捌佰万元整(118,000,000.00元),资本公积贰亿壹仟玖佰陆拾贰万壹仟伍佰壹拾叁元零肆分(219,621,513.04元)。

附件(一)投入股本明细表

附件(二)验资事项说明

浙江会计师事务所　中国注册会计师:郑启华

中国注册会计师:王国海

报告日期:1997年9月26日

附注:附件(一)和附件(二)请查阅备查文件

五、董事、监事及高级管理人员持股情况

本次4000万股发行额度中,不配售公司职工股,所以本公司董事、监事及高级管理人员均未持有本公司股份。

六、公司设立

1. 本公司1997年10月4日召开创立大会暨首届股东大会,审议并通过了公司股票在上海证券交易所上市的议案。

2. 公司注册资金:11800万元

3. 注册时间:1997年10月6日

4. 注册地点:温州市矮凳桥92号

5. 营业执照注册号码:14294534—1(1/1)

七、关联企业及关联交易

1. 关联企业

浙江东方集团公司作为本公司发起人,持有本公司股份7800万股,占发行后本公司股本总额的66.1%。

除集团公司外,本公司不存在其它关联企业。

2. 关联交易

(1)1997年4月1日,本公司与浙江东方集团公司签订土地使用权租赁协议,根据协议规定,本公司租用集团公司面积22,252.7平方米的土地,租赁期限10年。为此项租赁,本公司自合同生效起,每年向集团公司

支付当年的租金 475.74 万元人民币。

(2)1994 年 1 月 1 日、1995 年 1 月 1 日和 1996 年 1 月 1 日,温州东方灯具大市场和浙江东方集团公司分别签订委托协议书,根据协议书规定,温州东方灯具大市场将节余的资金授权委托浙江东方集团公司代为管理运用,浙江东方集团公司根据约定利率支付利息。1994—1996 年,温州东方灯具大市场累计实现利息收入 25,035,852.54 元。

(3)1997 年 4 月 3 日,本公司与浙江东方集团管道公司安装工程有限公司(浙江东方集团公司独家组建,注册资本 500 万元,主要经营玻璃钢等管道的安装)签订合同总额为 3156.5 万元的 HOBAS 管道购销合同,销售定价按市场价格确定,1997 年 1—4 月,本公司累计实现销售收入 3,670,728.21 元,加上销项税,1997 年 4 月 30 日列应收帐款 4,294,752 元,占应收帐款总额的 21.07%。

集团公司已承诺不参与与股份公司相竞争的业务。

八、股本结构及大股东持股情况

1. 上市前的股本结构

股份类别	股份(万股)	占总股本比例
国有法人股	7800	66.10%
其中:东方集团	7800	66.10%
社会公众股	4000	33.90%
总股本	11800	100%

2. 本公司前十名股东所持股数及比例

股东名称	股份(万股)	持股比例
(1)浙江东方集团公司	7800	66.10%

注:由于本公司本次 4000 万股发行额度中,未配售公司职工股,所以除本公司发起人外其他股东均为此次参加上网定价发行中签的社会公众股东,最高持股量不超过 3000 股。

九、公司财务会计资料

1. 审计报告(浙会审字[1997]第 492 号)

浙江东日股份有限公司筹委会:

我们接受委托,审计了贵公司 1994 年 12 月 31 日、1995 年 12 月 31 日、1996 年 12 月 31 日、1997 年 4 月 30 日的资产负债表和 1994 年度、1995 年度、1996 年度、1997 年 1—4 月的利润表以及 1996 年度的财务状况变动表。这些会计报表由贵公司负责,我们的责任是对这些会计报表发表审计意见。我们的审计是依据中国注册会计师独立审计准则进行的。在审计过程中,我们结合贵公司实际情况,实施了包括抽查会计记录等我们认为必要的审计程序。

我们认为,上述会计报表符合《企业会计准则》和《股份制试点企业会计制度》的有关规定,在所有重大方面公允地反映了贵公司 1994 年 12 月 31 日、1995 年 12 月 31 日、1996 年 12 月 31 日、1997 年 4 月 30 日的财务状况和 1994 年度、1995 年度、1996 年度、1997 年 1—4 月的经营成果以及 1996 年度的资金变动情况,会计处理方法的选用遵循了一贯性原则。

浙江会计师事务所　　中国注册会计师　郑启华

中国·杭州　　中国注册会计师　王国海

报告日期:1997 年 9 月 22 日

2. 财务报表

资产负债表

单位:人民币元

资产	1997年4月30日	1996年12月31日	1995年12月31日	1994年12月31日
流动资产:	—	—	—	—
货币资金	2,372,994.27	160,991.31	457,073.78	408,240.20
短期投资	—	—	—	—
应收票据	—	—	—	—
应收帐款	20,381,900.60	12,587,024.60		
减:坏帐准备	—	—	—	—
应收帐款净额	20,381,900.60	12,587,024.60	—	—
预付货款				
其他应收款	2,455,753.64	37,256.41	38,353,730.20	39,900,852.78
待摊费用	14,060.00	15,835.00	—	16,880.00
存货	3,152,998.04	2,184,494.27		
待处理流动资产净损失	—	—	—	—
一年内到期的长期债券投资	—	—	—	—
其他流动资产	—	—	—	—
流动资产合计	28,377,706.55	14,985,601.59	38,810,803.98	40,325,972.98
长期投资:	—	—	—	—
长期投资	—	—	—	—
其中:合并价差	—	—	—	—
固定资产:	—	—	—	—
固定资产原价	170,731,015.50	147,087,448.10	40,711,077.96	35,582,128.54
减:累计折旧	17,605,074.25	4,379,378.95	2,777,098.23	1,907,512.83
固定资产净值	153,125,941.25	142,708,069.15	37,933,979.73	33,674,615.71
在建工程	129,783.03	1,946,552.43	73,929,664.98	43,847,380.05
固定资产清理	—	—	—	—
待处理固定资产净损失	—	—	—	—
固定资产合计	153,255,724.28	144,654,621.58	111,863,644.71	77,521,995.76
无形资产及递延资产:	—	—	—	—
无形资产	16,214,170.20	15,047,630.55	15,363,315.15	15,678,999.75
递延资产	2,118,555.30	2,259,089.80	2,051,805.30	1,884,460.70
无形及递延资产合计	18,332,725.50	17,306,720.35	17,415,120.45	17,563,460.45
其他长期资产:	—	—	—	—
其他长期资产	—	—	—	—
递延税项:	—	—	—	—
递延税款借项	—	—	—	—
资产总计	199,966,156.33	176,946,943.52	168,089,569.14	135,411,429.19
负债及股东权益	1997年4月30日	1996年12月31日	1995年12月31日	1994年12月31日
流动负债:	—	—	—	—
短期借款	8,500,000.00	—	—	—
应付票据	—	—	—	—
应付帐款	1,961,013.54	743,369.45		
预收货款	4,866,666.70	8,006,550.00	—	—
应付福利费	116,327.85	88,630.42	45,494.31	29,909.55
未付股利	—	—	—	—
未交税金	5,668,196.86	673,080.46	2,237,763.54	1,858,252.68
其他未交款	68,945.12			
其他应付款	3,757,260.46	2,338,090.75	1,954,886.36	1,793,502.04
预提费用	—	—	—	—
一年内到期的长期负债	41,182,710.00	—	—	—
其他流动负债	—	—	—	—
流动负债合计	66,121,120.53	11,849,721.08	4,238,144.21	3,681,664.27
长期负债:				
长期借款	20,300,715.00	67,556,101.03	76,012,219.02	51,598,539.03
应付债券				
长期应付款	—	—	—	—
其他长期负债	—	—	—	—
长期负债合计	20,300,715.00	67,556,101.03	76,012,219.02	51,598,539.03
递延税项:	—	—	—	—
递延税款贷项	—	—	—	—
负债合计	86,421,835.53	79,405,822.11	80,250,363.23	55,280,203.30
少数股东权益	—	—	—	—
股东权益	—	—	—	—
股本	78,000,000.00	70,000,000.00	70,000,000.00	70,000,000.00
资本公积	33,916,513.04	—	—	—
盈余公积	—	27,541,121.41	17,839,205.91	10,131,225.89
其中:公益金	—	5,508,224.27	3,567,841.17	2,026,245.17

未分配利润	1,627,807.76	—	—	—
外币报表折算差额	—	—	—	—
股东权益合计	113,544,320.80	97,541,121.41	87,839,205.91	80,131,225.89
负债及股东权益总计	199,966,156.33	176,946,943.52	168,089,569.14	135,411,429.19

利润表

项目	1997年1—4月	1996年度	1995年度	1994年度
一、主营业务收入	21,747,374.01	39,269,803.90	25,606,068.04	28,105,531.19
减:营业成本	8,140,524.41	10,141,532.03	867,389.25	811,468.00
销售费用	302,632.95	57,608.36		
管理费用	2,585,636.68	1,348,619.91	609,531.04	500,908.48
财务费用	2,940,926.22	(12,371,803.38)	(7,866,476.32)	(5,411,142.59)
进货费用				
营业税金及附加	523,416.99			
二、主营业务利润	7,254,236.76	40,093,846.98	31,995,724.07	32,204,297.30
加:其他业务利润	269,561.33	1,456,112.36	1,014,897.00	872,632.46
三、营业利润	7,532,798.09	41,549,959.34	33,010,621.07	33,076,929.76
加:投资收益				
补贴收入				
营业外收入				42,711.12
减:营业外支出	950.00			44,245.00
加:以前年度损益调整				
四、利润总额	7,522,848.09	41,549,959.34	33,010,621.07	33,075,395.98
减:所得税	1,128,427.21	2,742,297.32	2,178,700.99	
少数股东损益				
五、净利润	6,394,420.88	38,807,662.02	30,831,920.08	33,075,395.88

财务状况变动表

1996年度

单位:人民币元

流动资金来源和运用	金额	流动资金各项目的变动	金额
一、流动资金来源:		一、流动资产本年增加数	
1. 本年净利润	38,807,662.02	1. 货币资金	(296,082.47)
加:不减少流动资金的		2. 短期投资	
费用和损失:		3. 应收票据	
(1)少数股东本期损益		4. 应收帐款净额	12,587,024.60
(亏损以"。"表示)		5. 预付货款	
(2)固定资产折旧	1,602,280.72	6. 其他应收款	(38,316,473.79)
(3)无形资产,递延资产		7. 待摊费用	15,835.00
及其他资产摊销		8. 存货	2,184,494.27
(减:其他负债转销)	498,374.15	9. 待处理流动资产净损失	
(4)固定资产盘亏		(减收益)	
(5)处理固定资产损失		10. 一年内到期的长期债券投资	
(6)递延税款			
(7)其他不影响流动资金		11. 其他流动资产	
的费用和损失			
小计	40,908,316.89		
2. 其他来源:			
(1)固定资产清理收入(减清理费用)			
(2)增加长期负债			
(3)收回长期负债			
(4)对外投资转出固定资产			
(5)对外投资转出无形资产			
(6)资本净增加额	9,701,915.50		
(7)少数股东资本额增加额		流动资产增加净额	(23,825,202.39)
小计	9,701,915.50	二、流动负债本年增加数	
流动资金来源合计	50,610,232.39	1. 短期借款	
一、流动资金运用		2. 应付票据	
1. 利润分配		3. 应付帐款	743,369.45
(1)提取法定公积金:	3,880,766.20	4. 预收货款	8,006,550.00
(2)提取法定公益金	1,940,383.10	5. 应付福利费	43,136.11
(3)提取任意公积金:	3,880,766.20	6. 未付股利	
(4)已分配股利:	29,105,746.52	7. 未交税金	(1,564,683.08)
小计	38,807,662.02	8. 其他未交款	
2. 少数股东利润分配		9. 其他应付款	383,204.39
3. 其他运用:		10. 预提费用	
(1)固定资产和在建		11. 一年内到期的长期负债	
工程净增加额	34,302,257.59	12. 其他流动负债	
(2)增加无形资产递延资产			
及其他资产	389,974.05		
(3)偿还长期负债	8,456,117.99		
(4)增加长期投资			
小计	43,239,349.63		
流动资金运用合计	82,047,011.65		
外币会计报表折算差额		流动负债增加净额	7,611,576.87
流动资金增加净额	(31,436,779.26)	流动资金增加净额	(31,436,779.26)

3. 会计报表主要项目注释

资产负债表项目　　1997年4月30日

a. 货币资金　　2,372,994.27

现金　　143,508.95

银行存款　　2,229,485.32

小计　　2,372,994.27

1997年4月30日货币资金余额比1996年12月31日余额增长13.74倍,主要原因系灯具市场1997年4月末收取二季度租金,银行存款增加所致。

b. 应收帐款　　20,381,900.60

(1)帐龄分析。帐龄均系一年以内。

(2)无本公司股东单位欠款。

1997年4月30日应收帐款余额比1996年12月31日余额增长61.93%,主要原因系管道公司部分销货合同正在履行之中,货款尚未回笼所致。

c. 其他应收款　　2,455,753.64

(1)帐龄分析帐龄均系一年以内。

(2)类别分析

备用金　　26,216.10

存出保证金　　20,073.05

应收代垫款　　2,409,464.49

小计　　2,455,753.64

(3)本公司股东单位欠款

浙江东方集团公司　　2,409,464.49

1997年4月30日其他应收款余额比1996年12月31日余额增长64.91倍,主要原因系应收代垫款增加所致。

d. 待摊费用　　14,060.00

系待摊养路费。

e. 存货　　3,152,998.04

原材料　　1,520,212.75

在产品　　498,424.29

产成品　　1,134,361.00

小计　　3,152,998.04

1997年4月30日存货余额比1996年12月31日余额增长44.34%,主要原因系产成品结存净增加880,990.07元所致。

f. 固定资产　　170,731,015.50

固定资产类别	年初数	本期增加数	其中:评估增加金额	期末数
房屋及建筑物	64,664,426.22	18,949,475.28	14,055,174.77	83,613,901.50
通用设备	19,074,228.10	1,663,005.90	1,649,955.90	20,737,234.00
专用设备	63,348,793.78	3,031,086.22	3,031,086.22	66,379,880.00
小计	147,087,448.10	23,643,567.40	18,736,216.89	170,731,015.50

g. 累计折旧　　17,605,074.25

固定资产类别	年初数	本期增加数	其中:评估增加金额	期末数
房屋及建筑物	3,783,016.34	5,343,435.93	4,718,399.39	9,126,452.27
通用设备	173,457.96	1,651,149.63	1,136,005.69	1,824,607.59
专用设备	422,904.65	6,231,109.74	4,564,826.38	
小计	4,379,378.95	13,225,695.30	10,419,231.46	17,605,074.25

1997 年 4 月 30 日累计折旧余额比 1996 年 12 月 31 日余额增长 3.02 倍,原因系评估调帐增加及计提 1997 年 1—4 月固定资产折旧增加所致。

h. 在建工程　　　　　　　129,783.03

系预付工程款。

1997 年 4 月 30 日在建工程余额比 1996 年 12 月 31 日余额降低 93.33%,主要原因系灯具市场第九幢营业房完工结转固定资产所致。

i. 无形资产　　　　　　　16,214,170.20

无形资产种类	来源	原始发生额	评估增值金额	已摊销金额	期末余额	剩余摊销年限
土地使用权	受让	15,784,227.95	1,274,006.87	844,064.62	16,214,170.20	47 年 4 个月
小计	—	15,784,227.95	1,274,006.87	844,064.62	16,214,170.20	—

j. 递延资产　　　　　　　2,118,555.30

项目	原始发生额	评估增值金额	已摊销金额	期末余额	剩余摊销年限
开办费(管道公司)	710,290.35		47,352.69	662,937.66	4 年 7 个月
其他递延支出					
-电话初装费	1,919,109.00	-149,821.73	432,669.93	1,336,617.64	6.67—9.58 年
—供水增容费		120,000.00	1,000.00	119,000.00	9 年 11 月
小计	2,629,399.35	-29,821.73	481,022.32	2,118,555.30	—

k. 短期借款　　　　　　　8,500,000.00

贷款单位	金额	起讫日期	月利率(%)	借款条件
工行温州市分行	1,000,000.00	97.1.8—97.7.10	9.15	抵押
工行温州市分行	1,300,000.00	97.1.20—97.7.19	9.15	抵押
工行温州市分行	1,600,000.00	97.1.21—97.7.20	9.15	抵押
工行温州市分行	1,600,000.00	97.3.5—97.9.5	9.15	抵押
工行温州市分行	3,000,000.00	97.3.5—97.9.5	9.15	抵押
小计	8,500,000.00	—	—	—

公司对外长、短期借款均实行资产抵押,抵押物包括建筑物等,借款利息按季结算。

1997 年 4 月 30 日短期借款余额 8,500,000.00 元,系本期增加的借款。

l. 应付帐款　　　　　　　1,961,013.54

无关联企业帐款。

1997 年 4 月 30 日应付帐款余额比 1996 年 12 月 31 日余额增长 1.64 倍,主要原因系管道公司赊购原材料增加所致。

m. 预收货款　　　　　　　4,866,666.70

无关联企业帐款。

1997 年 4 月 30 日预收货款余额比 1996 年 12 月 31 日余额降低 39.22%,原因系销售实现结转所致。

n. 未交税金　　　　　　　5,668,196.86

税种	年初未交数	本期应交数	本期已交数	期末未交数
增值税	-412,434.77	1,458,898.67		1,046,463.90
营业税		343,210.44		343,210.44
城市维护建设税		126,144.59		126,144.59
房产税		823,705.06		823,705.06
代扣代缴税金	1,085,515.23	3,693,120.10	2,578,389.67	2,200,245.66
小计	-412,434.77	7,573,506.07	2,578,389.67	5,668,196.86

1997 年 4 月 30 日未交税金余额比 1996 年 12 月 31 日余额增长 7.42 倍,主要原因系管道公司应交增值税增加 1,458,898.67 元,灯具市场营业税增加 343,210.44 元,房产税增加 823,705.06 元,所得税净增加 1,128,427.21 元,以及灯具市场代扣代缴税金本年净增加 449,408.73 元所致。

o. 其他未交款　　　　　　　68,945.12

项目	年初未交数	本期应交数	本期已交数	期末未交数
教育费附加		54,061.96		54,061.96
水利建设基金		14,883.16		14,883.16
小计		68,945.12		68,945.12

根据温州市税务局(1993)税政二字第 225 号文,管道公司水利建设资金按当期销售收入的 1%计缴。

1997 年 4 月 30 日其他未交款余额比 1996 年 12 月 31 日余额增加 68,945.12 元,其中教育费附加增加 54,061.96 元,水利建设基金增加 14,883.16 元。

p. 其他应付款　　　　　　　3,757,260.46

(1)内容分析

户名	款项内容	金额
灯具市场各租户	房屋装修保证金、电话押金等	2,208,750.00
灯具市场各租户	代收灯具款	759,000.00
其他散户		789,510.46
小计	——	3,757,260.46

(2)本公司关联公司款项

单位名称	款项内容	金额
浙江东方集团公司	代付款	316,105.97

q. 一年内到期的长期负债　　　　41,182,710.00

贷款单位	借款日	到期日	年利率(%)	币种	金额(元)	借款条件
工行温州市支行	94.12.22	97.12.22	10.98	人民币	1,513,725.00	抵押
工行温州市支行	94.3.11	97.12.30	10.98	人民币	100,915.00	抵押
工行温州市支行	94.8.20	97.12.30	10.98	人民币	3,229,280.00	抵押
工行温州市支行	95.9.21	97.9.19	12.024	人民币	2,020,040.00	抵押
工行温州市支行	92.12.31	97.12.30	11.25	人民币	34,318,750.00	抵押
小计	——	——	——	——	41,182,710.00	

r. 长期借款　　　　　　　20,300,715.00

贷款单位	借款日	到期日	年利率(%)	币种	金额(元)	借款条件
工行温州市支行	94.5.20	99.5.20	10.98	人民币	2,119,215.00	抵押
工行温州市支行	95.2.27	98.9.26	11.70	人民币	3,029,250.00	抵押
工行温州市支行	95.5.5	98.6.25	11.70	人民币	2,019,500.00	抵押
工行温州市支行	95.6.13	99.12.25	11.70	人民币	3,029,250.00	抵押
工行温州市支行	95.5.30	99.12.25	11.70	人民币	2,019,500.00	抵押
工行温州市支行	95.6.2	99.12.25	11.70	人民币	3,029,250.00	抵押
工行温州市支行	96.6.4	98.12.20	13.14	人民币	5,054,750.00	抵押
小计	——	——	——	——	20,300,715.00	——

s. 股本　　　　　　　78,000,000.00

	1997年4月30日	1996年12月31日	1995年12月31日	1994年12月31日
尚未流通股份:				
发起人股份	78,000,000.00※	70,000,000.00※	70,000,000.00※	70,000,000.00※
其中:				
境内法人持有股份	78,000,000.00	70,000,000.00	70,000,000.00	70,000,000.00

※1997 年 3 月 31 日前股本为 70,000,000.00 元,1997 年 4 月 30 日股本为 78,000,000.00 元,系根据浙江省国有资产管理局《关于浙江东日股份有限公司(筹)国有股权管理有关问题的批复》,将经评估确认的净资产 111,916,513.04 元的约 69.69%折为股本,计 78,000,000 股(每股面值 1 元),其余 33,916,513.04 元列作资本公积。

t. 资本公积　　　　　　　33,916,513.04

项目	1997年4月30日	1996年12月31日	1995年12月31日	1994年12月31日
资本溢价	33,916,513.04※	0.00	0.00	0.00
小计	33,916,513.04	0.00	0.00	0.00

※1997 年 4 月 30 日资本公积 33,916,513.04 元,产生原因同上。

u. 盈余公积　　　　　　　0.00

项目	1997年4月30日	1996年12月31日	1995年12月31日	1994年12月31日

法定公积金	0.00※※	11,016,448.57※	7,135,682.37※	4,052,490.36※
法定公益金	0.00※※	5,508,224.27※	3,567,841.17※	2,026,245.17※
任意公积金	0.00※※	11,016,448.57※	7,135,682.37※	4,052,490.36※
小计	0.00	27,541,121.41	17,839,205.91	10,131,225.89

※法定公积金、法定公益金和任意公积金分别按当年实现净利润的10%、5%和10%提取。

※※1997年4月30日的盈余公积经评估确认调帐后,转股本和资本公积,余额为零。

v. 未分配利润　　1,627,807.76

系1997年4月份净利润。

利润表项目

a. 主营业务收入	1997年1—4月	1996年度	1995年度	1994年度
灯具市场租金收入	6,864,208.20	25,233,460.66	25,606,068.04	28,105,531.19
管道销售收入	14,883,165.81	14,036,343.24		
小计	21,747,374.01	39,269,803.90	25,606,068.04	28,105,531.19

1996年度主营业务收入分别比1995年度、1994年度增长53.36%和39.72%,主要原因系管道公司1996年投产,管道销售收入14,036,343.24元并入所致。1997年1—4月主营业务收入与1996年度由于起讫时间不同不可比,如按同口径推算,则按1996年度增长66.53%。

b. 营业成本	1997年1—4月	1996年度	1995年度	1994度
	8,140,524.41	10,141,532.03	867,289.25	811,468.00

1996年度营业成本分别比1995年度、1994年度增长10.69倍和11.50倍,主要原因系管道公司1996年投产,管道营业成本9,145,748.63元并入所致。1997年1—4月营业成本与1996年度由于起讫时间不同不可比,如按同口径推算,则较1996年度增长1.41倍。

c. 销售费用	1997年1—4月	1996年度	1995年度	1994度
广告费		57,608.36		
包装费	8,380.50			
运输费	294,252.45			
小计	302,632.95	57,608.36		

1997年1—4月销售费用系当期增加的运输费和包装费,1996年度销售费用系当年增加的广告费。

d. 管理费用	1997年1—4月	1996年度	1995年度	1994度
工资	525,009.28	544,766.87	247,486.23	248,831.14
福利费	73,501.30	63,867.42	32,408.15	33,174.07
工会经费	18,664.12	17,654.46	4,629.72	4,739.16
折旧费	276,888.89	55,221.90	2,296.15	2,296.15
办公费	56,930.40	31,550.77	8,551.40	28,841.40
差旅费	121,580.01	83,023.91	1,481.50	4,260.00
技术开发费	39,533.00			
待业保险费	1,764.90			
劳动保险费	47,369.70	17,334.75	13,739.83	10,835.60
交际应酬费	140,962.70	103,127.95	4,473.00	25,446.95
咨询费	39,650.00	30,000.00		
房产税	823,705.06			
无形资产摊销	107,467.22	26,307.05		
递延资产摊销	95,558.57	182,689.51	180,796.50	6,823.50
其他	217,051.53	193,075.32	113,668.56	135,660.51
小计	2,585,636.68	1,348,619.91	609,531.04	500,908.48

1996年度管理费用分别比1995年度、1994年度增长1.21倍和1.69倍,主要原因系管道公司1996年投产,人员工资和生产业务开支等有较大增加所致。1997年1—4月管理费用与1996年度由于起讫时间不同不可比,如按同口径推算,则较1996年增长4.75倍。

e. 财务费用	1997年1—4月	1996年度	1995年度	1994度
利息净支出	2,940,926.22	−12,371,803.38	−7,866,476.32	−5,411,142.59
小计	2,940,926.22	−12,371,803.38	−7,866,476.32	−5,411,142.59

1996年度财务净支出分别比1995年度、1994年度下降57.27%和1.29倍,原因系灯具市场资金结余从1994年起逐年增加,该等资金委托浙江东方集团公司代为管理运用,并按约定利率收取利息,利息收入相应增加所致。1997年1—4月利息净支出与1996年简单相比增加15,312,729.60元,原因系灯具市场上述委托浙江东方集团公司代为管理运用的资金收回,相应减少利息收入,同时管道公司在建工程竣工结转,借款利息资本化停止,增加利息支出所致。

f. 营业税金及附加	1997年1—4月	1996年度	1995年度	1994度
营业税	343,210.44			
城市维护建设税	126,144.59			
教育费附加	54,061.96			
小计	523,416.99			

从1997年起停止免征营业税金及附加。

g. 其他业务利润	1997年1—4月	1996年度	1995年度	1994度
市场配套服务利润	313,608.30	1,463,205.95	1,014,897.00	872,632.46
材料销售利润	−67,963.44	−7093.59		
其他	23,916.47			
小计	269,516.33	1,456,112.36	1,014,897.00	872,632.46

1996年度其他业务利润分别比1995年度、1994年度增长43.47%和66.86%,主要原因系灯具市场配套服务收入有较大增长所致。1997年1—4月其他业务利润与1996年度由于起讫时间不同不可比,如按同口径推算,则较1996年下降44.46%。

h. 营业外收入	1997年1—4月	1996年度	1995年度	1994度
罚款净收入				42,711.12
小计				42,711.12

1994年度营业外收入系当年罚款净收入。

i. 营业外支出	1997年1—4月	1996年度	1995年度	1994度
捐赠支出				40,000.00
罚款支出				4,245.00
赔偿支出	950.00			
小计	950.00			44,245.00

j. 所得税	1997年1—4月	1996年度	1995年度	1994度
	1,128,427.21	2,742,297.32	2,178,700.99	0.00

根据温州市财政局(1995)财工第23号文,(1996)财工第200号文,(1997)财工第82号文,并报经浙江省财政厅批准,1996年、1995年均按33%所得税率计缴,并返回80%,列入当年财务决算,实际税负率为6.6%;1994年实现利润全部用于弥补以前年度亏损,实际税率为零;根据浙江省人民政府浙政发(1997)115号文批准,公司上市后所得税按33%税率计缴,由财政返回18%,实际所得税税负率为15%,1997年1—4月暂按15%的所得税税率计缴。

1997年1—4月、1994年度所得税与1996年度、1995年度相比差异较大,原因系经财政税务机关批准,1994年度所得税为零,1995年度、1996年度所得税按6.6%计缴,根据浙江省人民政府浙政发(1997)115号文批准,1997年1—4月所得税暂按15%税率计算。

4. 或有事项的说明

截止1997年9月22日,本公司没有对外担保事宜,无重大诉讼事项。

5. 期后事项的说明

(1).1997年经浙江省计划与经济委员会浙计经改(1997)649号、(1997)654号、(1997)658号、(1997)664号、(1997)668号及温州市温经技(1997)195号文批复,本公司将对浙江东方集团管道公司实施技改,工程包括大口径玻璃钢管道引进喂料成型主机技改、树脂生产线公用工程与配套设施技改、离心浇铸玻璃钢管道原料处理车间技改,特种树脂生产线技改、管道结构层浇铸用树脂生产线技改,购置HOBAS管道施工机械技术改造等六项,投资额分别为4,390万元、2,900万元、3,960万元、3,580万元、3,760万元、968万元,共计19,558万元。

(2).1997年7月经浙江省计划与经济委员会浙计经投(1997)575

号、(1997)576号和(1997)577号文批准,本公司将对温州东方灯具大市场实施综合配套用房建设、营业用房扩建和生产加工仓储用房建设工程,总投资分别为2,950万元、3,000万元和2,980万元,合计8,930万元。

6.其他重要事项的说明

(1).按照国家有关规定,浙江东方集团公司投入股份公司的浙江东方集团管道公司和温州东方灯具大市场的全部资产委托浙江资产评估公司进行了评估,评估基准日为1997年3月31日。评估前资产总额为184,747,514.16元,负债总额为82,439,779.63元,净资产为102,307,734.53元;评估后资产总额为194,356,292.67元,负债总额为82,439,779.63元,净资产为111,916,513.04元,评估后净资产比原帐面增加9,608,778.51元,业经国家国有资产管理局国资评(1997)454号文确认。按照浙江省国有资产管理局浙国资企(1997)34号文《关于浙江东日股份有限公司(筹)国有股权管理有关问题的批复》,将经评估确认的净资产111,916,513.04元如数投入浙江东日股份有限公司,按约69.69%的折股比例折为国有法人股7,800万股,未折股净资产33,916,513.04元,列入资本公积,均已按有关规定进行了帐务调整。

(2).根据浙江省人民政府浙政发(1997)115号文批准,公司股票上市后所得税按15%计缴。如按上述所得税税率计算,则1994——1996年历年净利润分别为:

年度	1996年度	1995年度	1994年度
净利润	35,317,465.44	28,059,027.91	28,114,086.50

7.主要财务指标

指标	1997年1—4月	1996年度	1995年度	1994年度
流动比率(倍)	0.43	1.26	9.16	10.95
速动比率	0.38	1.08	9.16	10.96
资产负债率	0.43	0.45	0.48	0.41
存货周转率	3.05	9.29	——	——
应收帐款周转率	1.32	6.24	——	——
净资产收益率	5.63%	39.8%	35.1%	41.3%
每股盈利(元)	0.082	0.498	0.395	0.424

注:股本总额按7800万元计。

十、董事会上市承诺

本董事会将严格遵守《中华人民共和国公司法》、《股票发行与交易管理暂行条例》、《公开发行股票公司信息披露实施细则》、《上海证券交易所交易市场业务规则》和国家有关法律、法规的规定,并自股票上市之日起作出如下承诺:

1.按照法律、法规的规定程序和要求披露重大的信息,并接受证券主管机关、上海证券交易所的监督管理。

2.及时、真实、准确地公布中期报告和年度报告,并备置于规定场所供投资者公众查阅。

3.本公司董事、监事及高级管理人员如发生人事变动或持本公司股票发生变化时,在报告证券主管机关、证券交易所的同时向投资者公布。

4.在任何公共传播媒介中出现的消息可能对本公司股票的市场价格产生误导性影响时,本公司知悉后将及时对该消息予以公开澄清。

5.本公司董事、监事及高级管理人员将认真听取社会公众的意见和批评,不利用已获得的内幕消息和其他不正当手段直接或间接从事股票买卖活动。

6.本公司没有无记录负债。

十一、重要事项提示

1.本公司自一九九七年三月三十一日折股后至本次新股发行日实现的净利润归股份公司发起人所有。本公司将于98年6月30日前首次分派股利。

2.本次4000万股发行额度中,本公司未配售公司职工股,全部向社会公众发行。

3.截止上市公告书刊登日,本公司未有未经披露的重大事项。

十二、备查文件

1.主管机关批准本公司股份制改组及公开发行股票的文件
2.上海证券交易所上市通知书
3.验资报告
4.审计报告
5.第一次股东大会暨创立大会会议纪要及决议
6.招股说明书
7.公司章程
8.营业执照

十三、上市咨询机构

1.发行人:浙江东日股份有限公司
法定代表人:滕增寿
地址:浙江省温州市矮凳桥92号
电话:(0577)8332195
传真:(0577)8332287
联系人:刘时正、郑念鸿

2.上市推荐人:华夏证券有限公司
法定代表人:邵淳
地址:北京市复兴路乙63号
电话:(021)63057865
传真:(021)63057736
联系人:马骥

浙江东日股份有限公司
一九九七年十月十七日

西宁特殊钢股份有限公司

西宁特殊钢股份有限公司A股股票上市公告书

一、要览

总股本:32000 万股
可流通股本:8000 万股
本次上市流通股本:7200 万股
证券编码:600117
股票简称:西宁特钢
上市地:上海证券交易所
上市时间:1997 年 10 月 15 日
登记机构:上海证券中央登记结算公司
上市推荐人:南方证券有限公司

二、绪言

西宁特殊钢股份有限公司(以下简称"公司")的股票发行经中国证券监督管理委员会证监发字[1997]441 号和证监发字[1997]442 号文件批准,已向社会公众公开发行人民币普通股 8000 万股,每股面值 1 元,每股发行价 5.80 元。本公司股票上市申请经上海证券交易所上证上[97]字第 086 号文件审核批准,将于 1997 年 10 月 15 日(星期三)在上海证券交易所挂牌交易。本次上市流通的股份为 7200 万股新股,另有 800 万股公司职工股将按有关规定在半年后安排上市。

本公司董事会已批准该上市公告书,确信其中不存在任何重大遗漏或者误导,并对其真实性、准确性、完整性负个别和连带的责任。

三、发行公司概况

1. 基本情况

法定名称:西宁特殊钢股份有限公司
英文名称:XINING SPECLAL STEEL CO,LTD.
注册资本:32000 万元
法定代表人:张昭云
营业执照注册号:22659394-5
成立日期:1997 年 10 月 8 日
经营范围:本公司主营特殊钢冶炼及压延,兼营机械设备制造、来料加工、副产品出售、科技咨询服务、技术协作等。
所属行业:冶金
注册地址:中国青海省西宁市柴达木西路 52 号
联系电话:0971-6134901
传真:0971-6135506
联系人:朱丹贵、张继林
邮编:810005

2. 历史沿革

本公司系西宁特殊钢集团有限责任公司联合其他六家法人单位共同发起的。公司的主发起人西宁特殊钢集团有限责任公司,系全国九大独立型特殊钢企业之一,年产 50 万吨优质钢、40 万吨优质钢材、2 万吨铁合金,是我国西北地区最大的特殊钢生产基地。截至 1996 年集团已累计生产钢 606 万吨,钢材 458 万吨。销售网点遍布全国二十多个省市。产品还出口到东南亚、台湾、泰国等地。自 1993 年以来,累计出口钢材 20470 吨,铁合金 9009 吨,创汇 1320 万美元。本公司的主要生产部门包括一炼钢车间、二炼钢车间、一轧钢车间、二轧钢车间、三轧钢车间、锻钢车间和热轧管车间,辅助生产部门包括有废钢供应部、物资供应部、设备备件供应部、销售部共十一个单位。上述部门包括了改制前西宁特殊钢集团有限责任公司最主要的生产、盈利部门和未来利润增长点。经青海省经济体制改革委员会青体改[1997]第 039 号文批准,由西宁特殊钢集团有限责任公司联合青海省创业集团有限公司、吉林铁合金厂、吉林炭素股份有限公司、冶金工业部包头钢铁设计院、兰州炭素有限公司、青海铝厂共同发起,以募集方式设立的股份有限公司,公司的总股本为 32000 万元,其中发起人股 24000 万股。西宁特殊钢集团有限责任公司以其主要生产经营性资产 347311372.30 元作为主要发起人出资投入本公司,按 1:0.668 的比例折为股份 23200 万股,青海创业集团等六家单位分别以货币资金投入本公司,均按 1:0.668 的比例折为股份 300、100、100、100、100、100 万股。公司另于 1997 年 9 月 23 日至 9 月 30 日向社会公众公开发行了 8000 万股。

四、发行情况与承销

1. 本次公开发行

社会公众股发行数量:8000 万股(含 800 万股公司职工股)

公司职工股:本次向公司职工配售 800 万股,公司职工股自社会公众股上市半年后即可上市流通。

发行价格:5.80 元
实际募集资金:448000000 元
发行方式:全额预缴、比例配售、余款即退
中签率:0.99%
中签户数:4695
持有 1000 股以上的户数:3699
发行费用总额:1600 万元
每股发行费用:0.20 元
发行市盈率:14.1 倍

2. 股票承销

本次股票发行获得超额认购,对配售过程中的 44532 股余股由承销商进行包销。

3. 验资报告

验资[1997]102 号

中国　　青海

西宁特殊钢股份有限公司(筹)

我们接受委托,对贵公司(筹)截至 1997 年 10 月 5 日止的实收股本进行审验。在审验过程中,我们按照《独立审计实务公告第一号——验资》的要求,实施了必要的审验程序。贵公司(筹)的责任是提供真实、合法、完整的验资资料,保护资产的安全、完整。我们的责任是按照《独立审计实务公告第一号——验资》的要求,出具真实、合法的验资报告。

根据我们的审验,截至 1997 年 10 月 5 日止,贵公司(筹)的实收股本为人民币 320000000.00 元。其中:国有法人股 232000000.00 股,持股比例 72.5%;法人股 8000000.00 元,持股比例 2.5%;社会公众股(含公司职工股 800 万股)80000000.00 元,持股比例 25%。

附件 1、投入股本明细表
附件 2、验资事项说明

深圳市会计师事务所　　　中国注册会计师　赖文建
　　　　　　　　　　　　中国注册会计师　卢旭蕾

中国　　深圳　　　　　　一九九七年十月五日

五、董事、监事及高级管理人员持股情况

姓　名	职务	持股数量(股)
张昭云	董事长	2000
徐连生	副董事长	2000
吴九骥	董事	2000
王锡才	董事	2000
袁桂林	董事	2000
杨战海	董事	2000
刘来君	董事	2000
陈显钢	董事、总经理	1700
张桂范	董事	1500
武　琪	董事	0
常镇有	董事	0
吴振环	董事	0
夏杰勋	董事	0
李得爱	董事	0
杨宗昌	董事	0
姚洪仲	董事会秘书	1500
宋付轩	监事会主席	2000
顾省身	监事	1500
陈　永	监事	1500
陈永会	监事	1500
郝　强	监事	1500
杨景文	副总经理	1500
黄德裕	副总经理	1500
梁德真	副总经理	1500
邢宝华	副总经理	1500
杨将夫	财务总监	1500
刘克林	总工程师	1500

六、公司设立

1. 本公司发起人会议于1997年5月16日发起人会议上作出决议，向社会公开发行8000万股人民币普通股A股并异地上市，并授权公司筹委会全权处理公司股票的发行上市的有关事宜。

2. 公司注册资本金:32000万元

3. 公司注册时间:1997年10月8日

4. 公司注册地点:中国青海省西宁市柴达木西路52号

5. 公司营业执照注册号:22659394－5

七、公司企业及关联交易

1. 公司的主发起人西宁特殊钢集团有限责任公司是本公司的控股关联企业，该公司以其主要生产经营性资产投入本公司，持有本公司股份23200万股，占本公司总股本的72.5%。

2. 关联交易

本公司与公司的控股关联公司之间的关联交易均按独立法人之间的公平交易原则进行。

八、股本结构及大股东持股情况

1. 上市前的股本结构

总股本:32000万股

尚未流通股本:24000万股

发起人股份:

其中:国有法人股:23200万股

法人股:800万股

可流通股本:

(1)境内上市人民币普通股:7200万股

(2)公司职工股:800万股

2. 前十名股东情况

股东名称	持股数量(万股)	持股比例(%)
西宁特殊钢集团有限责任公司	23200	72.5
青海省创业集团有限公司	300	0.9375
吉林铁合金厂	100	0.3125
吉林炭素股份有限公司	100	0.3125
冶金工业部包头钢铁设计院	100	0.3125
兰州炭素有限公司	100	0.3125
青海铝厂	100	0.3125
中国建设信托投资公司	15.84	0.0495
天津金海湾有限公司	15.84	0.0495
江苏国际信托投资公司	15.84	0.0495

九、财务会计资料

1. 审计报告

专审[1997]347号

中国　　青海

西宁特殊钢股份有限公司筹委会:

我们接受委托，审计了西宁特殊钢股份有限公司(筹)[以下简称贵公司(筹)]1994年12月31日、1995年12月31日、1996年12月31日及1997年4月30日的资产负债表和1994年度、1995年度、1996年度、1997年1至4月的利润表及1996年度的财务状况变动表。这些会计报表由贵公司(筹)负责，我们的责任是对这些会计报表发表审计意见。我们的审计是依据中国注册会计师独立审计准则进行的。在审计过程中，我们结合贵公司(筹)的实际情况，实施了包括抽查会计记录等我们认为必要的审计程序。

我们认为，上述会计报表符合中华人民共和国《企业会计准则》和《股份制试点企业会计制度》及其补充规定，在所有重大方面公允地反映了贵公司(筹)1994年12月31日、1995年12月31日、1996年12月31日及1997年4月30日的财务状况和1994年度、1995年度、1996年度及1997年1至4月的经营成果及1996年度的资金变动情况，会计处理方法的选用遵循了一贯性原则。

深圳市会计师事务所　　　中国注册会计师　赖文建

　　　　　　　　　　　　中国注册会计师　卢旭蕾

中国·深圳　　　　　　　一九九七年九月三十日

2. 资产负债表、利润表和财务状况变动表(见附表)

3. 公司财务报表附注

(1)会计制度

本公司执行中华人民共和国《企业会计准则》和《股份制试点企业会计制度》及其有关补充规定。

(2)会计期间

采用公历年度，即每年自公历1月1日至12月31日为一个会计期间。

(3)合并报表的编制方法

公司无附属公司，不编制合并报表。

(4)记帐原则和计价基础

按权责发生制进行会计核算，以历史成本法为计价基础。

(5)货币换算

以人民币为记帐本位币。涉及外币收支的经济业务，采用业务发生时中国人民银行公布的基准汇价将外币折合为人民币记帐。外币帐户的年末余额，按年末基准汇价折合为人民币，折合后的人民币余额与原帐面人民币余额的差额，作为汇兑损益，计入当期损益。

(6)坏帐准备

按应收帐款期末余额(扣除关联公司往来)的5‰计提坏帐准备。

(7)存货计价方法

存货实行永续盘存制。原材料按计划成本核算，月末调整材料成本

差异。产成品按实际成本核算,发出时产成品采用加权平均法计价。低值易耗品和包装物采用一次摊销法核算。

(8)长期投资核算

a. 债券投资按取得时发生的实际成本核算。

b. 股权投资和联营投资占被投资公司资本总额的20%以下的按成本法核算,占资本总额20%至50%的按权益法核算;占资本总额50%以上的按权益法核算并编制合并报表。

(9)固定资产及其折旧

评估入帐的固定资产按重置成本法计价,其他均按实际成本计价。固定资产折旧采用平均年限法,并按各类固定资产的原值、估计使用年限和预计残值(原值的5%)确定其分类折旧率如下:

固定资产类别	使用年限	年折旧率
房屋及建筑物	30	3.167%
通用设备	15	6.333%
专用设备	15	6.333%
运输设备	6	15.833%

(10)收入确认

以产品已经发出,劳务已经提供,同时收讫价款或取得收取价款的凭据时,确认收入的实现。

(11)税项

A. 主要税种和税率

税种	计税依据	税率
增值税	产品、劳务销售收入	17%
城市维护建设税	应纳增值税额	7%
企业所得税	应纳税所得额	33%
教育费附加	应纳增值税额	3%

B. 优惠税率及批文

根据青海省人民政府青政[1997]54号文批复,本公司上市后享受每年按应纳税所得额的20%返还的优惠政策,企业所得税实际税负为13%。

(12)利润分配

A. 基于本报表的目的,1996年12月31日以前,假设本公司净利润根据《中华人民共和国公司法》的规定提取法定公积金和公益金后,可供股东分配利润已分配予西钢集团。

B. 本公司经股份制改组设立并股票上市后,净利润根据《中华人民共和国公司法》和公司章程规定,按照以下顺序分配

项目	比例
a. 弥补以前年度亏损	——
b. 提取法定公积金	10%
c. 提取法定公益金	5%—10%
d. 提取任意公积金	按股东大会决议
e. 分配普通股股利	按股东大会决议

4. 会计报表主要项目附注

(1)应收帐款帐龄分析列示如下:

帐龄	金额	占该帐项余额比例
1年以内	263975488.47	59.36%
1—2年	48893139.43	10.99%
2—3年	121855491.46	27.40%
3年以上	9990858.04	2.25%
合 计	444714977.40	100%

上述应收帐款中,帐龄在3年以上的应收帐款成为坏帐的可能性不大,持有本公司5%以上股份的主要股东无本项欠款。

(2)存货

类别	1997.4.30	1996.12.31	1995.12.31	1994.12.31
原材料	223639905.70	208234639.44	176173607.23	69534973.74
在产品	70726409.00	110985719.01	89485835.00	136729643.33
自制半成品	56870296.18	16500121.83	11016724.35	19866876.95
产成品	66113112.41	52558878.36	49318715.64	53753550.91
合计	417349723.29	388279358.64	325994882.22	279885044.93

＊已包括1997年3月31日资产评估减值6470776.67元。1997年3月31日的存货业经深圳市会计师事务所抽盘。

(3)固定资产及其累计折旧

1997年1月1日固定资产原值中含1994年清产核资固定资产评估增值76853354.71元。青海省财政厅、青海省国有资产管理局青财工字第[1997]497号文,根据国务院办公厅国办发[1993]29号文《国务院办公厅扩大清产核资试点工作有关政策的通知》第一条,同意公司自1995年11月至1998年3月三年内对清产核资中重估增加的固定资产原值暂不提取折旧。

根据该文件规定,清产核资固定资产评估增值部分在1995年11—12月、1996年度、1997年1—4月期间内未提取折旧,该部分对损益影响如下:

项目	1997.1-4	1996	1995.11-12	合计
少计折旧费	987949.92	2963849.76	246987.48	4198787.16
增加税后利润	661926.45	1985779.34	165481.61	2813187.40

(4)短期借款

截至1997年4月30日止,本公司的短期借款余额为190000000.00元。截至1997年4月30日止,本公司无逾期未还贷款。

(5)应付帐款

截至1997年4月30日止,本公司的应付帐款余额为378493365.99元,均为购原材料款。

(6)股本

A. 本公司改组后拟设置总股份320000000股,按每股面值1.00元计,总股本为320000000.00元,其中国有法人股为240000000.00元,社会公众股为80000000.00元。

B. 实收股本明细列示如下:

	1997.4.30	1996.12.31	1995.12.31	1994.12.31
期初余额	271236064.88	224204187.92	186663135.31	186663135.31
本期增加＊	—	47031876.96	37541052.61	—
本期减少	—	—	—	—
转增资本公积	＊＊39236064.88	—	—	—
期末余额	＊＊232000000.00	271236064.88	224204187.92	186663135.31

＊系西钢集团增拨纳入是次重组范围的生产及辅助部门的资本金。

＊＊根据资产评估结果及国家国有资产管理局的确认书,截至1997年3月31日止,本公司主要发起人——西宁特殊钢集团有限责任公司纳入是次重组范围的净资产为347311372.30元,折232000000股,折股后实收股本为232000000.00元,差额部分39236064.88元转入资本公积。

(7)资本公积

	1997.4.30	1996.12.31	1995.12.31	1994.12.31
期初余额	4607406.86	4607406.86	—	—
本期增加:				
清产核资增值	—	—	4607406.86	—
净资产折股余额＊＊	110703965.44	—	—	—
本期减少:				
转增股本	—	—	—	—
期末余额	＊＊115311372.30	4607406.86	＊4607406.86	—

＊系西钢集团纳入是次重组范围的生产及辅助部门于1994年9月30日清产核资增值。

＊＊根据青海省国有资产管理局青国字第(1997)110号文批准的折股方案,净资产347311372.30元,按1:0.668比例折股,折为23200万

股,折股后剩余额计人本公司的资本公积金。

(8)盈余公积

1997 年 4 月 30 日盈余公积金余额 47409623.58 元,已作为折股净资产的一部分一起折股。

(9)财务承诺

截至 1997 年 4 月 30 日止,本公司无已批准或承诺的资本性支出。

(10)或有事项

截至 1997 年 4 月 30 日止,本公司未向任何单位或个人提供债务担保,亦无任何影响生产经营的重大诉讼事项。

5. 财务指标

项目	1996 年	1995 年	1994 年
流动比例	1.21	1.12	1.11
速动比例	0.69	0.68	0.71
股东权益比率	0.31	0.26	0.23
应收帐款周转率	2.60	2.85	3.73
净资产收益率	0.30	0.29	0.59
每股净利	0.40	0.32	0.51

十、董事会上市承诺

本公司董事会将严格遵守《中华人民共和国公司法》、《股票发行与交易管理条例》、《公开发行股票信息披露实施细则》、《上海证券交易所交易市场业务试行规则》和有关法律法规的规定,并自股票上市之日起作出如下承诺:

1. 按照法律、法规的规定程序和要求披露重大的信息,并接受证券主管机关、上海证券交易所的监督管理。

2. 及时、真实、准确的公布中期报告和年度报告,并备置于规定场所供投资公众查阅。

3. 本公司董事、监事及高级管理人员如发生人事变动或持有本公司股票发行变化时,及时报告证券主管机关、上海证券交易所,并通过证券主管机关指定的报纸向投资者公布。

4. 在任何公共传播媒介中出现的消息可能对本公司股票的市场价格产生误导性影响时,本公司知悉后将及时对该消息予以公开澄清。

5. 本公司董事、监事及高级管理人员将认真听取社会公众的意见和批评,不利用已获得的内幕消息和其他不正当手段直接或间接地从事股票买卖活动。

6. 本公司没有无记录负债。

十一、重要事项揭示

1. 本公司 800 万股公司职工股将自本次 7200 万社会公众股上市半年后上市流通。

2. 根据青海省人民政府青政[1994]54 号文和青政办函[1997]44 号文的规定,公司自 1997 年 1 月起所得税按 33%征收,由青海省财政按应纳税所得额的 20%返还,公司实际负担所得税税负为 13%。

3. 根据本公司编制并经深圳市会计师事务所审核的盈利预测,本公司 1997 年度税后利润为预测为 A:10726.98 万元(税率 13%);B:8261.01 万元(税率 33%)。相应地按发行后总股本全面摊薄计算,1997 年每股税后利润为 A:0.335 元(税率 13%);B:0.258 元(税率 33%)。

4. 发行后公司每股净资产约 2.49 元。

5.1997 年 3 月 31 日基准日后利润按照各股东注入股本的时间做如下分配:1997 年 4 至 6 月的利润由主要发起人西钢集团享有;1997 年 7 月至发行月份前的利润由 7 家发起人共同享有;自发行当月起的利润由包括社会公众股股东在内的全体股东享有。

十二、咨询机构

1. 西宁特殊钢股份有限公司

法定代表人:张昭云

地址:中国青海省西宁市柴达木西路 52 号

电话:0971-6134901

传真:0971-6135506

联系人:朱丹贵、张继林

2. 主承销商及上市推荐人:南方证券有限公司

法定代表人:沈沛

住所:中国广东省深圳市深南东路南方国际大酒店 12 层

电话:021-62788788

传真:021-62788777

联系人:王岚、俞露

十三、备查文件

1. 上海证券交易所上市通知书
2. 中国证监会关于本次发行的批准文件
3. 验资报告
4. 招股说明书
5. 审计报告
6. 公司章程

西宁特殊钢股份有限公司筹备委员会

一九九七年十月十三日

资产负债表

编制单位:西宁特殊钢股份有限公司(筹)　　单位:人民币元

资　产	附注	1997.4.30	1996.12.31	1995.12.31	1994.12.31
流动资产:					
货币资金	1	22538078.86	15784189.74	13111001.37	28917035.18
应收帐款	2	444714977.40	427521371.46	438338207.51	381839425.89
减:坏帐准备		2223574.89	2137606.86	2191691.04	1909197.13
应收帐款净额		442491402.51	425383764.60	436146516.47	379930228.76
预付货款	3	108881704.30	58680910.81	47158940.20	74746298.61
其他应收款	4	8546767.67	5165793.46	10215555.63	7959132.26
存货	5	417349723.29	388279358.64	325994882.22	279885044.93
流动资产合计		999807676.63	893294017.25	832626895.89	771437739.74
固定资产:					
固定资产原价	6	440412239.29	336598383.28	331334140.99	210215186.56
减:累计折旧		248240960.03	172441257.62	158984327.78	86064223.22
固定资产净值		192171279.26	164157125.66	172349813.21	124150963.34
在建工程	7	1753257.61	1912013.41	855848.39	6746947.74
固定资产合计		193924536.87	166069139.07	173205661.60	130897911.08
资产总计		1193732213.50	1059363156.32	1005832557.49	902335650.82

(所附注释系会计报表的组成部分)

资产负债表(续)

编制单位:西宁特殊钢股份有限公司(筹)　　单位:人民币元

负债及股东权益	附注	1997.4.30	1996.12.31	1995.12.31	1994.12.31
流动负债:					
短期借款	8	190000000.00	190000000.00	180000000.00	170000000.00
应付帐款	9	378493365.99	361563311.25	350725935.09	336918265.88
预收货款	10	187352705.47	155197616.95	175067539.96	125092095.27
应付福利费	11	4290241.90	4023270.00	3652102.30	2364088.74
未交税金	12	18167580.24	2328946.04	944999.32	23656610.14
其他未交款	13	4971430.81	4635465.92	3086688.30	1075144.19
其他应付款	14	63145516.79	18361450.84	30560120.04	35074155.80
流动负债合计		846420841.20	736110061.00	744037385.01	694180360.02
负债合计		846420841.20	736110061.00	744037385.01	694180360.02
股东权益:					
股本	15	232000000.00	271236064.88	224204187.92	186663135.31
资本公积	16	115311372.30	4607406.86	4607406.86	-
盈余公积	17	-	47409623.58	32983577.70	21492155.49

其中:公益金		-	15803207.86	10994525.90	7164051.83
未分配利润	18	-	-	-	-
股东权益合计		347311372.30	323253095.32	261795172.48	208155290.80
负债及股东权益总计		1193732213.50	1059363156.32	1005832557.49	902335650.82

(所附注释系会计报表的组成部分)

筹委会主任:朱丹贵　财务负责人:杨将夫　填报人:沈杰

利润表

编制单位:西宁特殊钢股份有限公司(筹)　　单位:人民币元

	附注	1997.1-4月	1996	1995	1994
一、主营业务收入	19	340376630.02	1125436551.85	1170417561.51	1425463347.83
减:营业成本	20	308968270.94	938053470.71	1006068354.33	1183773190.30
销售费用	21	2177611.59	4907833.40	4052297.99	3338890.69
管理费用	22	6908593.57	18523197.92	17202974.44	22379774.56
财务费用	23	7364633.80	18064836.38	25025859.75	19738935.64
营业税金及附加	24	1490735.99	5136619.84	6672893.59	14344168.20
二、主营业务利润		13466784.13	140750593.60	111395181.41	181888388.44
加:其他业务利润	25	372182.99	2306712.64	2862179.36	1168328.90
三、营业利润		13838967.12	143057306.24	114257360.77	183056717.34
加:营业外收入	26	7513629.00	821072.02	3477573.51	6658419.68
减:营业外支出	27	408049.01	335633.24	3392424.75	5403723.91
四、利润总额		20944547.11	143542745.02	114342509.53	184311413.11
减:所得税		6911700.55	47369105.86	37733028.14	60822766.33
五、净利润		14032846.56	96173639.16	76609481.39	123488646.78

(所附注释系会计报表的组成部分)

筹委会主任:朱丹贵　财务负责人:杨将夫　填报人:沈杰

财务状况变动表

编制单位:西宁特殊钢股份有限公司(筹)　　单位:人民币元

项　　目	1996
流动资金来源和运用	
一、流动资金来源	
1.本年净利润	96173639.16
加:不减少流动资金的费用和损失	
(1)固定资产折旧	13456929.84
(2)固定资产盘亏(减盘盈)	
(3)清理固定资产损失(减收益)	
小　　计	109630569.00
2.其他来源:	
资本净增加额	61457922.84
小　　计	61457922.84
流动资金来源合计	171088491.84
二、流动资金运用	
1.利润分配:	
(1)提取法定公积金	9617363.92
(2)提取法定公益金	4808681.96
(3)已分配股利	81747593.28
小　　计	96173639.16
2.其他运用	
(1)固定资产和在建工程净增加额	6320407.31
(2)增加无形资产、递延资产及其他资产	
小　　计	6320407.31
流动资金运用合计	102494046.47
流动资金增加净额	68594445.37

财务状况变动表(续)

编制单位:西宁特殊钢股份有限公司(筹)　　单位:人民币元

项　　目	1996
流动资金各项目的变动	
一、流动资产本年增加数	
1.货币资金	2673188.37
2.短期投资	-
3.应收帐款净额	-10762751.87
4.预付货款	11521970.61
5.其他应收款	-5049762.17
6.待摊费用	-
7.存　　货	62284476.42
流动资产增加净额	60667121.36
二、流动负债本年增加数:	
1.短期借款	10000000.00
2.应付票据	-
3.应付帐款	10837376.16
4.预收货款	-19869923.01
5.应付福利费	371167.70
6.未交税金	1383946.72
7.其他未交款	1548777.62
8.其他应付款	-12198669.20
9.预提费用	
流动负债增加净额	-7927324.01
流动资金增加净额	68594445.37

重庆啤酒股份有限公司

重庆啤酒股份有限公司股票上市公告书

一、要览

总股本：15,700万股
可流通股本：4,000万股
社会公众股：4,000万股
其中：公司职工股：400万股
本次上市流通股本：3,600万股
股票简称：重庆啤酒
股票代码：600132
上市地点：上海证券交易所
上市时间：1997年10月30日
上市推荐人：申银万国证券股份有限公司
登记机构：上海证券中央登记结算公司

二、绪言

本上市公告书是根据《中华人民共和国公司法》、《股票发行与交易管理暂行条例》、《公开发行股票公司信息披露实施细则(试行)》、《公开发行股票公司信息披露的内容与格式准则第七号 上市公告书的内容与格式(试行)》和《上海证券交易所交易市场业务规则》等国家法律、法规的规定编制的。经中国证券监督管理委员会证监发字(1997)463号和证监发字(1997)464号文批准，本公司已成功地向社会公众公开发行每股面值1.00元的人民币普通股(A股)股票4,000万股(其中向公司职工配售400万股)。本公司股票上市申请经上海证券交易所上证上字(1997)090号文批准，将于1997年10月30日在上海证券交易所挂牌交易。公司总股本15,700万股，其中可流通股本4,000万股，公司职工持股400万股将按有关国家规定半年后上市。

本公司于1997年10月8日在《上海证券报》、《中国证券报》和《证券时报》上刊登了《招股说明书概要》，距今不足六个月，故与其重复内容在此不再重述，敬请投资者查阅本公司的《招股说明书概要》。

本公司董事会及各位董事已批准本上市公告书，确信本公告书不存在任何重大遗漏或者误导，并对其真实性、准确性、完整性负个别的和连带的责任。

三、公司概况

(一)概况

公司法定名称：重庆啤酒股份有限公司
英文名称：CHONGQING BREWERY CO. LTD
公司法定代表人：华正兴
公司成立日期：1993年12月23日
公司注册地址：重庆市石桥铺石杨路16号
主营：啤酒生产
兼营：啤酒设备、包装物、原材料、非酒精饮料、汽车货运
公司营业执照注册号：
公司咨询电话：(023)68610956
联系人：苏甫玉

(二)公司历史沿革

本公司是1993年5月25日经重庆市经济体制改革委员会渝改委[1993]109号文批准，由重庆啤酒集团公司[现重庆啤酒(集团)有限责任公司]独家发起，以定向募集方式于1993年12月23日注册的股份公司。

公司前身为重庆啤酒厂，始建于1958年，隶属于重庆市轻工局。1991年经重庆市政府批准兼并重庆市第二啤酒厂，1992年12月14日重庆啤酒集团公司成立后，重庆啤酒厂成为重庆啤酒集团公司核心层企业。1993年5月25日，为了转换经营机制，同时募集资金扩大生产规模，更好地满足市场需求，经重庆市经济体制改革委员会渝改[1993]109号文批准，重庆啤酒集团公司将其核心企业重庆啤酒厂改组，并定向募集4,000万法人股，设立重庆啤酒股份有限公司。公司成立时，总股本7,231万股，其中国家股3,231万元，占总股本的44.68%；法人股4,000万元，占总股本的55.32%。1995年为了按《公司法》规范股本结构，经公司94年12月28日临时股东大会和公司第二次股东大会决议，并经重庆市国有资产管理部门同意，重庆市体改委渝改企[1995]15号文批准，公司进行重组和增资扩股，将资不抵债的原重庆第二啤酒厂从公司中分离，其债务由集团公司承担，从而公司股本相应调增3493万股，该股份由集团公司持有；另将原重庆啤酒厂的"重庆"牌注册商标专有权和土地使用权折为4,855万股；同时为了公司发展壮大，集团公司投入资金2421万元，折为2,421万股。经过调整后公司总股本为18,000万股，其中，国家股14,000万股，占总股本的77.78%；法人股4,000万元，占总股本的22.22%

1997年5月，公司股东大会决议，将原股份公司股本按1:0.65同比例缩股。该股本调整已经重庆市证券管理办公室重证管(1997)35号文批准，由重庆会计师事务所对缩股后股本出具验资报告，公司总股本变更为11,700万元。

经重庆市国有资产管理局渝国资办(1997)46号文批准原股份公司国家股9100万股委托由集团公司持有。

鉴于重庆啤酒(集团)有限责任公司在1995年按每股一元的价格增资扩股10,769万股，低于公司1994年12月31日每股的净资产1.06元，现集团公司已承诺：1995年增资扩股改按每股1.08元，在1997年8月31日前向公司补交应补增资款共861.52万元。

本次发行以每股5.54元的价格向社会公众发行4000万股，占股本总额的25.48%，其中向本公司职工配售400万股，占股本总额的2.55%。本次发行后，本公司总股本为15700万股。

四、股票发行及承销

(一)本次公开发行

发行数量：4000万股(其中向公司职工配售400万股)
发行价格：5.54元/股
发行方式：上网定价
配售比例：0.21523857%
配售户数：36000户
持有1,000股以上的户数：38051户
发行费用总额：858万元
每股发行费用：0.21元
发行市盈率：14.10倍

(二)股票承销

本次公开发行的3600万股社会公众股及400万股公司职工股已全部由社会公众及公司职工认购，承销团成员无余额包销。

(三)验资报告

重会所验字(97)字第116号

重庆啤酒股份有限公司：

我们接受委托,对重庆啤酒股份有限公司截止一九九七年十月二十日止的实收股本变更情况的真实性和合法性进行了审验。在审验过程中,我们按照《独立审计实务公告第1号—验资》的要求,实施了必要的审验程序。贵公司的责任是提供真实、合法、完整的验资资料,保护资产的安全、完整。我们的责任是按照《独立审计实务公告第1号—验资》的要求,出具真实、合法的验资报告。

重庆啤酒股份有限公司变更前的实收股本为117,000,000.00元。根据我们的审验,截至一九九七年十月二十日止,重庆啤酒股份有限公司的收到股东增加投入股本40,000,000.00元。变更后的实收股本总额为157,000,000.00元,其中:国家股91,000,000.00元,占实收股本总额的57.96%;法人股26,000,000.00元,占实收股本总额的16.56%;社会公众股(含内部职工股4,000,000.00元)40,000,000.00元,占实收股本总额的25.48%。

重庆会计师事务所　　　　中国注册会计师　石义杰

中国　重庆　　　　　　　中国注册会计师　刘志平

一九九七年十月二十二日

五、董事、监事及高级管理人员持股情况

姓　名	职　务	持股数量(股)	持股比例(‰)
华正兴先生	董事长	4000	0.025
喻文波先生	董事	4000	0.025
毛明志先生	董事	4700	0.030
陈一怒先生	董事	4000	0.025
陈世杰先生	董事	4000	0.025
邓丽达先生	董事	4100	0.026
邓如碧女士	董事	4000	0.025
袁琰先生	董事	4200	0.027
黄明贵先生	董事	4000	0.025
何金寿先生	监事会主席	4100	0.026
蒋须兴女士	监事	0	
朱玉梅女士	监事	4200	0.027
李家淑女士	监事	4000	0.025
张绍荣先生	监事	4000	0.025
陈太夫先生	副总经理	4000	0.025
沈金强先生	副总经理	3000	0.019

本公司董事、监事和高级管理人员共持有本公司股票60300股,占公司总股本的0.38‰,其持有股份按照《中华人民共和国公司法》规定在任职期间不再转让。

六、公司设立

(一)本公司于1997年5月15日第四次股东大会审议通过了公司向社会公众发行股票并上市的决议,并授权董事会全权办理本次社会公众股发行及上市的有关事宜。

(二)本次股票成功发行后,本公司注册登记工作已结束,详细资料如下:

公司注册资金:15.700万元

注册时间:1997年10月27日

注册地点:重庆市石桥铺石杨路16号

公司法定代表人:华正兴

营业执照注册号码:20282356—6

七、关联企业及关联交易

本公司使用集团公司的"山城"牌啤酒注册商标,根据与集团公司签定的《山城牌啤酒注册商标使用许可协议》,每年使用该商标的啤酒每吨按35元向集团公司支付商标使用费。

公司生产的啤酒按重庆市物价局核定的价格由集团公司控股子公司重庆山城啤酒联合销售公司包销。

集团公司承诺,俟条件成熟,在公司配股时,可将下属啤酒生产企业的股权和资产作价配股。

鉴于公司无非经营性资产,1993年12月23日公司与集团公司签订相互服务协议,规定集团公司为本公司提供有偿生活服务。

八、股本结构及大股东持股情况

(一)本次A股发行完成后,本公司的股本结构如下表:

总股本	15700万股,	占总股本的	100.00%
尚未流通股份	11700万股,	占总股本的	74.52%
国家股	9100万股,	占总股本的	57.96%
法人股	2600万股,	占总股本的	16.56%
可流通股份	4000万股,	占总股本的	25.48%
社会公众股	4000万股,	占总股本的	25.48%
其中:公司职工股	400万股,	占总股本的	2.55%

(二)前十名股东所持股数及比例

股东名称	持有股数(万股)	占总股本比例(%)
(1)重庆啤酒(集团)有限责任公司	9,100	57.96
(2)重庆华阳科技开发有限公司	331.5	2.11
(3)重庆康达机械制造有限责任公司	313	1.99
(4)重庆金星啤酒厂	288.25	1.84
(5)重庆市沙坪坝区渝宏副食经营部	35.75	0.23
(6)重庆市皮革工业科研所	32.5	0.21
(7)重庆煤碳工业公司	32.5	0.21
(8)重庆联谊城市信用社	29.25	0.19
(9)重庆九龙坡区第五建筑工程公司	26	0.17
(10)重庆市糖酒公司	26	0.17

注:重庆联谊城市信用社已承诺在1997年12月31日前转让其所持有的股份。

九、公司财务会计资料

(一)审计报告(重会所审字(97)第264号)

重庆啤酒股份有限公司全体股东:

我们接受委托,审计了贵公司1994年12月31日、1995年12月31日、1996年12月31日、1997年4月30日资产负债表和1994年度、1995年度、1996年度、1997年1-4月利润及利润分配表以及1996年度的财务状况变动表。这些会计报表由贵公司负责,我们的责任是对这些会计报表发表审计意见。我们的审计是依据中国注册会计师独立审计准则进行的,在审计过程中,我们结合贵公司实际情况,实施了包括抽查会计记录等我们认为必要的审计程序。

我们认为,上述会计报表符合《企业会计准则》和《股份制试点企业会计制度》的规定,在所有重要方面公允地反映了贵公司1994年12月31日、1995年12月31日、1996年12月31日、1997年4月30日的财务状况和1994年度、1995年度、1996年度、1997年1-4月的经营成果以及1996年度的资金变动情况,会计处理方法的选用遵循了一贯性原则。

重庆会计师事务所　　　　中国注册会计师:石义杰

中国·重庆　　　　　　　中国注册会计师:刘志平

一九九七年九月八日

(二)财务报表

1.资产负债表(单位:元)

资　产	1997年4月30日	1996年12月31日	1995年12月31日	1994年12月31日
流动资产:				
货币资金	3,442,305.21	4,611,386.29	4,558,976.40	7,475.425.91
短期投资				
应收票据				
应收帐款	66,888,545.59	29,900,279.00	2,114,613.01	12,243,183.87
减:坏帐准备	200,665,64	89,700.84	6,343.84	36,729.55
应收帐款净额	66,687,879.95	29,810,578.16	2,108,269.17	12,206,454.32
预付货款	23,711,860.69	13,964,732.88	28,861,374.11	1,207,126.01
其他应收款	51,912,865.10	59,192,022.76	41,890,797.81	35,742,026.36

待摊费用	6,055,921.46	6,779,016.54	9,038,688.67	10,469,884.03
存货	103,504,861.75	133,922,762.76	92,936,578.45	125,835,956.56
待处理流动资产净损失				
一年内到期的长期债券投资				
其它流动资产				
流动资产合计	255,315,694.16	248,280,499.39	179,394,684.61	192,936,873.19
长期投资:				
长期投资				
固定资产				
固定资产原值	221,330,157.11	221,330,157.11	127,691,477.11	295,356,798.11
减:累计折旧	53,886,681.37	48,533,687.68	40,200,611.44	39,745,474.82
固定资产净值	167,443,475.74	172,796,469.43	87,490,865.67	255,611,323.29
在建工程	15,188,978.67	12,209,343.42	59,709,183.94	12,773,515.48
固定资产清理				
待处理固定资产净损失				
固定资产合计	182,632,454.41	185,005,812.85	147,200,049.61	268,384,838.77
无形资产及递延资产				
无形资产	46,098,131.79	46,525,517.56	47,807,674.89	
递延资产无形资产和				
递延资产合计	46,098,131.79	46,525,517.56	47,807,674.89	
其他长期资产:				
其他长期资产				
递延税项:				
递延税款借项				
资产总计	484,046,280.36	479,811,829.80	374,402,409.11	461,321,711.96
负债及股东权益				
流动负债:				
短期借款	58,137,000.00	65,837,000.00	31,357,000.00	59,337,000.00
应付票据				
应付帐款	51,720,283.67	26,578,148.51	17,922,761.62	19,356,110.29
预收货款				
应付福利费	755,039,05	979,272.02	695,260.00	560,215.61
未付股利	18,000,000.00	18,000,000.00	32,400,000.00	13,738,900.00
未付税金	20,472,307.28	18,925,837.15	13,638,809.41	24,264,724.68
其他未交款	881,352.06	829,550.32	581,484.25	1,447,336.80
其他应付款	39,893,967.86	53,225,923.36	42,812,676.36	58,836,173.72
预提费用				
一年内到期的长期负债	7,301,627.01	8,301,627.01	10,377,539.06	42,063,010.00
其他流动负债				
流动负债合计	197,161,576.93	192,677,358.37	149,785,530.70	219,603,471.10
长期负债:				
长期借款	54,941,600.22	59,156,841.76	27,700,000.00	165,258,473.07
应付债券				
长期应付款				
其他长期负债				
长期负债合计	54,941,600.22	59,156,841.76	27,700,000.00	165,258,473.07
递延税项:				
递延税款贷项				
负债合计	252,103,177.15	251,834,200.13	177,485,530.70	384,861,944.17
股东权益				
股本	180,000,000.00	180,000,000.00	180,000,000.00	72,310,000.00
资本公积	9,775.57	9,775.57	9,775.57	1,592.16
盈余公积	26,826,941.45	26,826,941.45	14,561,753.62	3,577,415.12
其中:公益金	11,088,518.09	11,088,518.09	6,182,442.96	1,788,707.56
未分配利润	25,106,386.19	21,140,912.65	2,345,349.22	570,760.51
股东权益合计	231,943,103.21	227,977,629.67	196,916,878.41	76,459,767.79
负债及股东权益合计	484,046,280.36	479,811,829.80	374,402,409.11	461,321,711.96

2. 利润及利润分配表(单位:元)

项　目	97年1-4月	96年	95年	94年
一、主营业务收入	54,742,074.04	209,451,506.49	180,335,847.96	180,135,454.35
减:主营业务成本	32,766,493.52	109,240,056.82	89,765,404.81	95,775,262.43
销售费用	2,029,497.40	4,822,008.36	3,170,682.00	2,852,773.69
管理费用	5,459,334.89	12,684,293.00	12,277,688.42	17,559,383.63
财务费用	1,567,516.82	5,447,800.21	4,773,250.11	11,746,530.64
进货费用				
营业税金及附加	8,563,185.31	31,393,444.73	28,568,499.61	35,136,857.65
二、主营业务利润	4,356,046.10	45,863,903.37	41,780,323.01	17,064,646.31
加:其他业务利润	450,284.30	12,376,896.48	9,932,232.43	11,019,232.48
三、营业利润	4,806,330.40	58,440,799.85	51,712,575.44	28,083,878.79
加:投资收益				
营业外收入	22,462.00	88,564.90	450,326.80	72,485.76
减:营业外支出	160,000.00	754,184.99	587,301.64	828,936.62
加:以前年度损益调整				
四、利润总额	4,668,792.40	57,775,179.76	51,575,600.60	27,327,427.93
减:所得税	703,318.86	8,714,428.50	7,638,246.64	9,440,352.30
五、净利润	3,965,473.54	49,060,751.26	43,937,353.96	17,887,075.63
加:年初未分配利润	21,140,912.65	2,345,349.22	1,792,333.76	
盈余公积转入数				
六、可分配利润	25,106,386.19	51,406,100.48	45,729,687.72	17,887,075.63
减:提取法定公积金		4,906,075.13	4,393,735.40	1,788,707.56
提取法定公益金		4,906,075.13	4,393,735.40	1,788,707.56
七、可供股东分配的利润	25,106,386.19	41,593,950.22	36,942,216.92	14,309,660.51
减:已分配优先股股利				
提取任意公积金		2,453,037.57	2,196,867.70	
已分配普通股股利		18,000,000.00	32,400,000.00	13,738,900.00
八、未分配利润	25,106,386.19	21,140,912.65	2,345,349,22	570,760.51

3. 财务变动情况表(1996年度　单位:元)

流动资金来源和运用	行次	金　额	流动资产各项目的变动	行次	金额
一、流动资金来源			一、流动资产本年度增加数		
1. 本年净利润	1	49,060,751.26	1. 货币资金	41	52,409.89
加:不减少流动资金的费用和损失			2. 短期投资	42	
(1)固定资产折旧	2	8,933,948.58	3. 应收票据	43	
(2)无形资产递延资产及其他资产摊销			4. 应收帐款净额	44	27,702,308.99
	3	1,282,157.33			
(3)固定资产资产盘亏(减盘盈)	4		5. 预付货款	45	-14,896,641.23
(4)清理固定资产损失(减收益)	5	333,267.18	6. 其他应收款	46	17,301,224.95
(5)递延税款	6		7. 待摊费用	47	-2,259,672.13
(6)其他不减少流动资金的费用和损失	7		8. 存货	48	40,986,184.31
小计	10	59,610,124.35	9. 待处理流动资产净损失(减收益)	49	
2. 其他来源			10. 一年内到期的长期投资	50	
(1)固定资产清理收入(减清理费用)	11	441,760.48	11. 其他流动资产	51	
(2)增加长期负债	12	31,456,841.76			
(3)收回长期投资	13				
(4)对外投资转出固定资产	14				
(5)对外投资转出无形资产	15				
(6)资本净增加额	16	12,265,187.83			
小计	19	44,163,790.07			
流动资金来源合计	20	103,773,914.42	流动资产增加额	60	68,885,814.78
二、流动资金运用			二、流动负债本年增加数		
1. 利润分配			1. 短期借款	61	34,480,000.00
(1)提取法定盈余公积金	21	4,906,075.13	2. 应付票据	62	
(2)提取法定公益金	22	4,906,075.13	3. 应付帐款	63	8,655.386.89
(3)提取任意盈余公积	23	2,453,037.57	4. 预收货款	64	
(4)已分配股利	24	18,000,000.00	5. 应付福利费	65	284,012.02
小计	25	30,265,187.83	6. 未付股利	66	-14,400,000.00
2. 其他运用			7. 未交税金	67	5,287,027.74
(1)固定资产和在建工程净增额	26	47,514,739.48	8. 其他未交款	68	248,066.07
(2)增加无形资产递延资产及其他资产	27		9. 其他应付款	69	10,413,247.00
(3)偿还长期负债	28		10. 预提费用	70	
(4)增加长期投资	29		11. 一年内到期的长期负债	71	-2,075,912.05
小计	30	47,514,739.48	12. 其他流动负债	72	
流动资金运用合计	39	77,779,927.31	流动负债增加净额	79	42,891,827.67

流动资金增加净额	40	25,993,987.11	流动资金增加净额	80	25,993,987.11

(三)财务指标

指标名称	计算公式	97年1-4月	1996年	1995年	1994年
(1)流动比率	流动资产/流动负债	1.29	1.29	1.20	0.88
(2)速动比率	速动资产/流动负债	0.77	0.59	0.58	0.31
(3)应收帐款周转率	主营业务收入/应收帐款平均余额	1.13	13.08	25.12	18.49
(4)净资产比率	净资产总额/资产总额	47.92%	47.51%	52.59%	16.57%
(5)存货周转率	主营业务成本/存货平均余额	27.60%	96.31%	82.06%	99.76%
(6)每股税后利润	税后利润/股本	0.03	0.42	0.38	0.38
(7)每股净资产	净资产/股本	1.98	1.95	1.68	1.63
(8)净资产收益率	税后利润/净资产	1.71%	21.52%	22.31%	23.39%

注:(1)以上指标根据本招股说明书公布经审计的财务报表计算;股本按1:0.65缩股后的股本计算。

(2)速动资产为流动资产减去存货。

(3)应收帐款平均余额为应收帐款净额(期初+期末)/2

(四)会计报表项目注释

(本附注金额均以人民币元为单位,资产负债表各项目余额除另有注明者外,均为1997年4月30日余额。)

1.货币资金　3,442,305.21

其中:

现　金　12,452.99

银行存款　3,429,852.22

2.应收帐款　66,888,545.59

(1)帐龄分析

帐　龄	户数	金额	比例(%)
一年以内	12	66,879,635.59	99.99
一年以上二年以内	1	8,910.00	0.01
合　计	13	66,888,545.59	100.00

(2)关联企业往来

本公司应收重庆山城啤酒联合销售公司货款66,762,212.52元,该公司为持有本公司77.78%股份的重庆啤酒(集团)有限责任公司的控股子公司。

注:应收帐款期末数比期初数增加124%,系本期销售主要采用赊销所致:96年12月31日比95年末增加2,778.6万元,系赊销给重庆山城啤酒联合销售公司的产品增加1.06万吨,相应收入增加1891万元及代垫包装费,运杂费增加所致。

3.预付货款　23,711,860.69

(1)帐龄分析:

帐　龄	户数	金　额	比例(%)
一年以内	15	20,553,716.01	86.68
一年以上二年以内	1	2,000,000.00	8.43
二年以上三年以内	3	1,158,144.68	4.89
合　计	19	23,711,860.69	100.00

(2)主要款项:

单　位	金　额
甘肃金昌农垦供销公司	1,156,762.96
甘肃金昌农垦公司	2,000,000.00
甘肃金昌农垦麦芽厂	822,788.94
甘肃饮马农场	7,096,130.30
轻工物资西物办	2,580,852.03
三友塑胶有限公司	3,584,860.00
永川燕子精煤厂	835,489.80
重庆包装制品厂	4,000,000.00
其　他11户	1,634,976.66
合　计	23,711,860.69

(3)关联企业往来:

公司预付货款中无持有公司5%以上股份的股东欠款。

注:预付货款与期初数相比增加69.80%,主要系为销售旺季储备生产物资而预付材料款项增加所致。

4.其他应收款　51,912,865.10

(1)帐龄分析

帐　龄	户数	金　额	比例(%)
一年以内	153	49,805,117.63	95.94
一年以上二年以内	13	1,619,762.53	3.00
二年以上三年以内	10	295,397.67	0.56
三年以上	6	192,587.27	0.50
合　计	182	51,912,865.10	100.00

(2)主要款项:

单　位	金　额	性　质
重庆康达机械制造有限公司	18,784,318.74	*暂付发酵罐、保温和防腐用不锈钢材等款项
重庆花麒饮料有限公司	3,507,562.70	代垫材料、运费款
重庆东溪啤酒厂	2,662,048.59	代垫材料、运费款
重庆食品饮料厂	2,784,428.03	代垫材料、运费款
西南技术进出口公司	2,884,274.51	*暂付酵母扩配装置款
重庆第三建筑公司	600,000.00	*暂付厂房维修款
广东轻机厂	6,250,000.00	*暂付设备款
87116部队工程指挥部	1,709,837.00	*暂付污水治理维修款
合　计	39,182,469.57	

*款项未结清,对方未开发票而暂挂。

(3)关联企业往来

公司其他应收款中无持有公司5%以上股份的股东欠款。

5.待摊费用　6,055,921.46

项　目	原值	余额	剩余摊销期限
期初存货进项税	13,859,322.73	6,055,921.46	2.67年
合　计	13,859,322.73	6,055,921.46	

6.存货　103,504,861.75

项　目	金　额
在途材料	198,423.16
原材料	21,275,031.41
委托加工物资	40,401.10
包装物	75,006,111.78
材料成本差异	2,199,531.53
产成品	18,041.38
在产品	4,767,321.39
合计	103,504,861.75

存货96年12月31日与95年末相比增加44%,系96年末大量购进原料和包装物所致。

7.固定资产及累计折旧

(1)固定资产原值

固定资产类别	期初价值	本期增加	本期减少	期末价值
房屋及建筑物	39,878,400.00			39,878,400.00
通用设备	10,054,600.00			10,054,600.00
专用设备	161,842,296.11			161,842,296.11
运输工具	2,169,287.00			2,169,287.00
其　他	7,385,574.00			7,385,574.00
小　计	221,330,157.11			221,330,157.11

(2)累计折旧

固定资产类别	期初价值	本期增加	本期减少	期末价值
房屋及建筑物	12,919,381.14	475,256.64		13,394,637.78
通用设备	2,535,618.32	266,130.24		2,801,748.56

专用设备	29,929,126.17	4,300,964.60		34,230,090.77
运输工具	819,829.563	69,417.16		889,246.79
其　他	2,329,732.42	241,225.05		2,570,957.47
小　计	48,533,687.68	5,352,993.69		53,886,681.37

8. 在建工程　　15,188,978.67

工程名称	工程进度(%)	实际支出数	其中:资本化利息	原预算数	批准文号	资金来源
糖化改造工程	40	11,758,168.80	3,922,085.00	28,000,000.00	重经发(94)技89号	贷款2100万自筹700万
纸箱机	80	1,291,242.76	---	1,600,000.00	重啤股发(96)第018号	自筹
过滤室改造	33	1,927,667.59	---	6,000,000.00	重啤股发(96)第018号	自筹
振动筛	70	23,114.20	---	33,000.00	--------	自筹
鲜啤灌装设备	40	40,215.70	---	--------	----------	自筹
大米粉碎机	85	88,724.57	---	100,000.00	----------	自筹
电脑	95	59,845.0	---	--------	---------	自筹
合　计		15,188,978.67	3,922,085.00			

9. 无形资产　　46,098,131.79

项　目	来　源	原值	已摊金额	期末余额	剩余摊销期限
土地使用权	接受投资	25,227,200.0	967,042.66	24,260,157.34	48.09年
商标权*	接受投资	23,328,400.00	1,490,425.55	21,837,974.45	28.09年
合　计		48,555,600.00	2,457,468.21	46,098,131.79	

*该商标权系"重庆"牌啤酒商标所有权。

10. 短期借款　　58,137,000.00

贷款单位	贷款金额	币种	借款期间	年利率(%)	借款条件
中行市分行*	3,000,000.00	人民币	96.12—97.6	10.098	担保
工行石桥铺分理处**	1,000,000.00	人民币	97.4—97.10	19.20	信用
工行石桥铺分理处***	4,693,000.00	人民币	96.7-97.5	12.078	抵押
工行石桥铺分理处***	46,444,000.00	人民币	96.7-97.11	11.088	
重庆南岸科技投资公司	3,000,000.00	人民币	97.1-97.6	15.60	信用
合　计	58,137,000.00				

*担保单位为重庆水瓶厂

**此笔为委托贷款

***包括多笔借款,均未逾期

注:以上抵押借款均以公司的部分房屋和机器设备作为抵押物。

11. 应付帐款　　51,720,283.67

均系应付购货款项,主要款项:

单　位	金　额
重庆正宏商贸公司	5,538,133.33
菜园坝粮油分公司	1,000,000.00
成都麦芽厂	2,683,800.00
江北区粮油总公司	3,000,000.00
上桥粮食中转库贸易公司	4,403,833.70
市燃料公司运销分司	4,604,167.50
重庆边防贸易公司	11,700,000.00
深圳昊基实业公司	3,000,000.00
暂估入帐	15,097,358.83
其　他	692,990.31
合　计	51,720,283.67

注:公司应付帐款中无应付持有公司5%以上股份股东的款项。

应付帐款与期初数相比增加94.60%,主要系购原材料增加所致。

12. 未付股利　　18,000,000.00

项　目	金　额
国家股股利	14,000,000.00
法人股股利	4,000,000.00
合　计	18,000,000.00

13. 未交税金　　20,472,307.28

项　目	金　额
增值税	7,074,219.43
消费税	10,073,880.87
所得税	3,303,754.35
城市维护建设税	20,452.63
合　计	20,472,307.28

14. 其他未交款　　881,352.06

项　目	金　额
教育费附加	418,964.27
交通重点建设附加费	462,387.79
合　计	881,352.06

15. 其他应付款　　39,893,967.86

(1)主要款项

单　位	金　额	性　质
瓶箱押金	20,328,090.19	暂收押金
重庆啤酒集团公司	2,639,468.60	代收技术转让费
银鑫房地产开发公司	4,000,000.00	工程款
重庆长港房屋建筑开发公司	2,000,000.00	工程款
重庆磨床厂	2,500,000.00	设备款
生啤设备押金	1,017,636.72	暂收押金
工　资	6,431,282.44	
其他23户	977,489.91	
合　计	39,893,967.86	

(2)关联企业往来

公司应付重庆啤酒集团公司2,639,468.60元,该公司为持有本公司77.78%股份的控股公司。

16. 一年内到期的长期负债　　7,301,627.01

贷款单位	年利率(%)	币种	金额	到期日	借款条件
工行石桥铺分理处	13.50	人民币	500,000.00	97.8.20	信用
工行石桥铺分理处	10.98	人民币	1,000,000.00	97.9.18	信用
工行石桥铺分理处	10.98	人民币	1,000,000.00	97.12.30	信用
中行国际商业贷款*	浮动利率	美　元	4,801,627.01	97.12.20	抵押
合　计			7,301,627.01		

*为多笔借款,原币为USD578,823.12折合为人民币4,801,627.21元;均以公司部分房屋和机器设备作为抵押物;浮动利率参照结息日中国银行总行规定的6个月期现汇浮动利率执行,按季浮动。

17. 长期借款　　54,941,600.22

贷款单位	借款日	到期日	年利率(%)	币种	金额	借款条件
工行石桥铺分理处	95.12.22	2000.9.11	15.12	人民币	21,000,000.00	信用
工行石桥铺分理处	95.6.15	99.7.25	11.70	人民币	3,000,000.00	信用
工行房地产开发部*	97.2.25	98.8.19	10.08	人民币	2,000,000.00	信用
中行国际商业贷款**	95.3.30	99.6.20	浮动利率	美　元	28,941,600.22	信用
合　计					54,941,600.22	

*担保单位为重庆水瓶厂。

**为多笔借款,原币为USD3,490,361.36,折合人民币28,941,600.22元;浮动利率条件同注16。

18. 股本

(1)股本结构:

股本类别	97年4月30日	96年12月31日	95年12月31日	94年12月31日
国家股	140,000,000.00	140,000,000.00	140,000,000.00	32,310,000.00
法人股	40,000,000.00	40,000,000.00	40,000,000.00	40,000,000.00
合计	180,000,000.00	180,000,000.00	180,000,000.00	72,310,000.00

(2)股本形成

股份制改制时:

a. 国家股:由重庆啤酒集团公司将重庆啤酒厂(含重庆第二啤酒厂)的经营性净资产32,311,592.16元,折为3231万股投入;

b. 法人股:按1:1比例定向募集的法人股4000万股,全部为现金投入。

股本变动情况:

1995年3月22日经重庆市经济体制改革委员会渝改企(1995)15号

文批准,将公司国家股由3231万股调整到14,000万股,调增10769万股,其具体构成为:

a.1994年12月31日原重庆第二啤酒厂净资产为-36,154,156.66元,其中股份制改制时该厂投入-34,932,583.41元,该年度净利润为-1,221,573.25元,根据重庆市人民政府重府函(1994)203号文批准,将重庆第二啤酒厂从本公司分离后,本公司股本调增3493万股;

b.股份制改制时,重庆啤酒集团公司的土地使用权及"重庆"牌啤酒商标所有权未作价入股。根据重庆市国有资产管理局渝国资管(1995)18号文批复,同意重庆啤酒集团公司将经评估确认后价值2,522.72万元的土地使用权和价值为2,332.84万元的商标权投入公司,折为4,855万股;

c.重庆啤酒集团公司于1995年3月投入2421万元资金,折为2421万股。

根据重庆市国资局渝国资[1997]46号文,公司股权结构中的14000万股国家股由重庆市国资局委托重庆啤酒集团公司持有。

19.资本公积

项目	97年4月30日	96年12月31日	95年12月31日	94年12月31日
年初余额	9,775.57	9,775.57	1,592.16	1,592.16
加:资本溢价			8,183.41	
年末余额	9,775.57	9,775.57	9,775.57	1,592.16

注:公司资本公积全部为资本溢价,形成原因如下:

(1)股份制改制时,经营性净资产作价入股溢价1,592.16元;

(2)95年资产重组净资产折股溢价2,583.41元,无形资产作价入股溢价5,600.00元。

20.盈余公积

项目	1997年1-4月	1996年	1995年	1994年
年初余额	26,826,941.45	14,561,753.62	3,577,415.12	
加:提取法定公积金		4,906,075.13	4,393,735.40	1,788,707.56
提取公益金		4,906,075.13	4,393,735.40	1,788,707.56
提取任意公积金		2,453,037.57	2,196,867.70	
年末余额	26,826,941.45	26,826,941.45	14,561,753.62	3,577,415.12

21.未分配利润

项目	1997年1-4月	1996年	1995年	1994年
净利润	3,965,473.54	49,060,751.26	43,937,353.96	17,887,075.63
加:年初未分配利润	21,140,912.22	2,345,349.22	1,792,333.76*	
减:提取法定公积金		4,906,075.13	4,393,735.40	1,788,707.56
提取公益金		4,906,075.13	4,393,735.40	1,788,707.56
提取任意公积金		2,453,037.57	2,196,867.70	
已分配普通股股利		18,000,000.0	32,400,000.00	13,738,900.00
年末余额	25,106,386.19	21,140,912.65	2,345,349.33	570,760.51

*该年初未分配利润与上年年末余额不一致是因为:94年公司经营业绩中含原重庆第二啤酒厂的亏损1,221,573.25元,而95年公司分离时根据"资产重组协议"该亏损划归重庆啤酒集团公司,故年初未分配利润比上年末余额增加1,221,573.25元。

22.主营业务收入

项目	1997年1-4月	1996年	1995年	1994年
山城啤酒	17,054,746.18	105,547,582.61	76,323,289.61	63,890,689.43
重庆啤酒	35,415,416.68	91,878,302.92	96,094,534.85	42,515,910.27
重庆干啤酒	1,176,753.71	5,823,483.10	4,732,729.14	2,116,793.49
重庆生啤酒	639,975.21	3,989,896.40	3,075,408.20	3,209,575.23
麦克王啤酒	15,384.61	1,667,734.64		
格萝蒙啤酒				353,146.99
山城特制酒			109,886.16	133,676.31
原第二啤酒厂				67,915,662.63
其　他	440,807.65	544,506.82		
合　计	54,742,074.04	209,451,506.49	180,335,847.96	180,135,454.35

23.主营业务成本

项目	1997年1-4月	196年	1995年	1994年
山城啤酒	9,280,292.27	56,610,835.45	39,970,635.27	33,494,530.28
重庆啤酒	22,028,328.47	45,441,573.30	44,753,248.66	19,329,038.33
重庆生啤酒	403,681.06	3,071,003.10	2,683,783.00	922,265.06
重庆干啤酒	704,475.27	2,909,396.62	2,294,042.41	967,308.77
麦克王啤酒	1,451.03	845,113.52		
格萝蒙啤酒				211,780.98
山城特制酒			63,695.47	62,374.28
原第二啤酒厂				40,787,964.73
其　他	348,265.42	362,134.83		
合　计	32,766,493.52	109,240,056.82	89,765,404.81	95,775,262.43

24.销售费用

项目	1997年1-4月	1996年	1995年	1994年
包装物	705,600.92	1,872,508.19	1,793,661.98	1,244,952.95
广告费	904,739.20	1,537,718.23	1,044,840.25	389,485.09
运输费	87,323.40	533,011.97	332,179.77	70,926.45
原第二啤酒厂				1,147,409.20
其　他	331,833.88	878,769.97		
合　计	2,029,497.40	4,822,008.36	3,170,682.00	2,852,773.69

25.管理费用

项目	1997年1-4月	1996年	1995年	1994年
工资及福利费	1,729,497.40	4,139,691.98	4,355,007.83	4,210,107.84
劳动保险费	1,124,801.11	1,729,455.67	1,797,801.69	1,765,762.34
折旧费	514,345.12	1,067,198.86	1,023,781.06	1,041,704.70
无形资产摊销	422,746.44	1,282,157.33	747,925.11	
工会经费	59,926.41	167,343.19	139,726.04	149,165.88
职工教育经费	30,858.30	74,208.59	59,590.37	30,481.68
业务招待费	180,481.85	533,768.39	292,942.77	217,048.32
税金	17,638.40	412,161.41	380,879.40	372,074.07
咨询费	126,700.00	294,210.00	94,600.00	160,796.14
董事会费	37,372.00	153,713.85	252,601.05	18,179.40
差旅费	170,888.26	615,201.58	428,873.06	386,918.13
办公费	256,967.88	592,513.18	866,336.79	584,637.13
仓库经费	63,529.53	104,290.73	158,031.35	344,046.36
交通费	94,748.32	375,372.99	453,467.89	428,853.47
保险费	81,763.68	86,993.27	247,018.96	135,018.87
修理费	219,556.81	772,388.59	633,964.19	675,083.68
原第二啤酒厂				6,631,684.28
其　他	327,513.38	286,623.39	345,140.86	407,821.34
合　计	5,459,334.89	12,684,293.00	12,277,688.42	17,559,383.63

26.财务费用

项目	1997年1-4月	1996年	1995年	1994年
利息净支出	1,540,819.42	5,060,600.40	4,728,335.51	3,956,408.14
其中:利息收入	62,195.60	167,479.82	74,200.00	75,441.97
金融机构手续费支出	26,697.40	387,199.81	44,914.60	224,157.59
原第二啤酒厂				7,565,964.91
合　计	1,567,516.82	5,447,800.21	4,773,250.11	11,746,530.64

27.营业税金及附加

项目	1997年1-4月	1996年	1995年	1994年
消费税	6,958,225.78	25,724,898.98	23,402,383.37	18,360,929.05
城市维护建设税	911,630.44	3,245,569.00	2,956,909.84	739,014.11
教育费附加	302,629.91	1,390,958.12	1,267,247.10	322,925.56
交通重点建设附加	390,699.18	1,032,018.63	941,959.30	1,724,366.31
原第二啤酒厂				13,989,622.62
合　计	8,563,185.31	31,393,444.73	28,568,499.61	35,136,857.65

28.其他业务利润

项目	1997年1-4月	1996年	1995年	1994年
技术转让		5,956,971.44	7,428,223.51	7,469,274.88
出售包装物	-41,413.73	3,517,541.84		

出售酒糟、废酵母等	464,545.61	2,393,067.57	1,791,219.42	1,803,432.75
原第二啤酒厂				985,409.86
其他	27,152.42	709,315.63	712,809.50	761,114.99
合计	450,284.30	12,576,896.48	9,932,252.43	11,019,232.48

29. 营业外收入

项　目	1997年1－4月	1996年	1995年	1994年
礼金收入	21,250.00	80,977.90	47,226.18	
罚款收入	912.00	7,587.00	4,995.48	72,485.76
呆帐收入	300.00		363,792.64	
其　他			34,312.50	
合　计	22,462.00	88,564.90	450,326.80	72,485.76

30. 营业外支出

项　目	1997年1－4月	1996年	1995年	1994年
设备报废		333,267.18	518,572.90	744,314.26
捐赠支出	160,000.00	310,000.00	65,700.00	11,200.00
滞纳金支出		94,105.24		
事故赔偿		16,812.57		20,218.00
罚款支出			3,028.74	51,882.00
其　他				1,322.36
合　计	160,000.00	754,184.99	587,301.64	828,936.62

(五)关联交易

公司的产品销售主要通过重庆山城啤酒联合销售公司进行(均采取市场定价)。该公司为持有本公司77.78%股份的重庆啤酒集团有限公司的控股子公司。公司近年来销售给重庆山城啤酒联合销售公司产品的有关资料如下(单位万元):

交易内容	97年1－4月	96年度	95年度	94年度
产品销售	5342.28	20100	17460	17619
所占比例(%)	97.59	95.96	96.82	97.81

(六)承诺事项

本报告期内,公司无对生产经营活动有重大影响的合同和承诺事项。

(七)或有事项

1. 截至1997年4月30日,公司现有资产中,价值9,000万元的房地产、机械设备已作贷款抵押,抵押权人分别为:工行石桥铺分理处、中行市分行。

2. 本报告期内公司不存在重大未了结的诉讼、仲裁事项。

(八)期后事项

截至本报告日止,短期借款中已到期的33,597,000.00元已全部归还。

根据公司股东大会决议,并经重庆市证管办重证管(1997)35号文批准,公司已对现有股本18,000万元按1:0.65进行缩股,缩股后股本变更为11,700万元。

(九)其他重要事项

公司1995年3月根据重庆市人民政府重府函(1994)203号文及公司1995年度第二次股东大会决议,将原重庆第二啤酒厂1994年12月31日的资产、负债和所有者权益从公司中分离。公司1994年度的会计报表系公司分离前的会计报表。分离前新区(原重庆第二啤酒厂)1994年12月31日的资产总额为227,040,105.79元,负债总额为263,194,262.45元,所有者权益为－36,154,156.66元;该年度净利润为－1,221,573.25元,分离前老区(原重庆啤酒厂)1994年12月31日的资产总额为237,330,702.53元,负债总额为159,649,361.49元,所有者权益为77,681,341.04元;该年度净利润为19,108,648.88元。

十、董事会上市承诺

本公司董事会将严格遵守《中华人民共和国公司法》、《股票发行与交易管理暂行条例》、《公开发行股票公司信息披露实施细则(试行)》、《上海证券交易所交易市场业务规则》和有关法律、法规的规定,并自股票上市之日起作出如下承诺:

(一)按照法律、法规的规定程序和要求披露重大的信息,并接受证券主管机关、上海证券交易所的监督管理。

(二)及时、真实、准确地公布中期报告和年度报告,并备置于规定场所供投资者查询、阅读。

(三)本公司董事、监事及高级管理人员如发生人事变动或持本公司股票发生变化时,在报告证券主管机关和上海证券交易所的同时,向投资者公布。

(四)在任何公共传播媒介中出现的消息可能对本公司股票的市场价格产生误导性影响时,本公司知悉后将及时对该消息予以公开澄清。

(五)本公司董事、监事及高级管理人员将认真听取社会公众的意见和批评,不利用已获得的内幕消息和其他不正当手段直接或间接从事股票买卖活动。

(六)本公司没有无记录负债。

十一、重要事项揭示

(一)每个会计年度由董事会制定股利分配方案,并提交股东大会审议批准后实施。预计本次公开发行股票后首次股利分配时间为1998年7月以前,新老股东共同享有本次发行前滚存利润。

(二)经重庆会计师事务所重会所审字(97)第229号文审核,本公司1997年预计可实现利润5056万元,按发行上市后总股本15700万股全面摊薄,每股税后利润为0.32元。

(三)截止本公告书公布之日,本公司无重大诉讼事项。

十二、备查文件

(一)主管机关批准本公司公开发行股票的文件

(二)上海证券交易所上市通知书

(三)招股说明书

(四)审计报告

(五)验资报告

(六)营业执照

(七)公司章程

(八)法律意见书

十三、咨询机构

1. 发行人:重庆啤酒股份有限公司

法定代表人:华正兴

住所:重庆市九龙坡区石桥铺石杨路16号

电话:(023)68610956

传真:(023)68611557

联系人:苏甫玉

2. 上市推荐人:申银万国证券股份有限公司

公司负责人:朱恒

地址:上海市南京东路99号

电话:(021)64312800

传真:(021)64310778

联系人:陈昌文　宇尔斌　张波　夏其吉力

重庆啤酒股份有限公司

一九九七年十月二十八日

上海市第一食品商店股份有限公司

1996 年年度报告摘要　（摘选）

一、公司简况

公司名称：上海市第一食品商店股份有限公司

法人代表：叶明华　　邮政编码：200001

公司地址：上海市南京东路 720 号

电话：021—63529086　　传真：021—63517595

021—63222777×433

二、主要财务数据与财务指标

单位：元

指 标 项 目	本年数	上年数	比上年增减(%)
1.主营业务收入	393,661,131.16	394,220,775.02	-0.14
2.净利润	12,901,723.84	17,075,265.81	-24.44
3.总资产	323,684,688.21	293,738,244.11	+10.19
4.股东权益	158,229,051.59	145,022,963.75	+9.11
5.每股收益	0.18	0.27	-33.33
6.每股净资产	2.18	2.32	-6.03
7.净资产收益率(%)	8.15	11.77	-30.76
8.股东权益比率(%)	48.88	49	-0.24

注：上述财务数据及财务指标中，上年数未作调整，均取自 1995 年年度报告摘要。

三、公司主要业务回顾

1. 一年来公司经营情况

第一食品公司的 1996 年度是在市场竞争机制严峻考验下度过的。公司继续选择以大食品经营作为主业标志，以连锁经营为基本途径的经营发展思路，借助于公司在数十年中积累的良好商誉，坚持发展集约经营下的批发配送和自营零售业务两大支柱。面对激烈的市场竞争，公司采取低调处理扩展市场份额的策略，避开主要竞争对手同本公司打价格竞争战的正面冲突，以非价格竞争为生存发展的基本手段，同时公司紧紧抓住旺季供应这一扩大销售额的契机，并通过整体营销的策划实施，带动淡季销售。经过上述努力，公司较为有效地制止了销售额滑坡的局面。

2. 主要经济指标分析

公司 1996 年度主营业务收入 39,366.11 万元，与上年相比减少 0.14%；净利润 1,290.17 万元，与上年相比减少 24.44%。

1996 年度母公司商品销售收入 39,096.98 万元，商品结构以食品、副食品、食品添加剂、烟酒等为主，餐饮、百货、娱乐为辅。食品销售额 31,815.95 万元，占母公司商品销售收入的 81.38%。其中零售销售额 17,547.30 万元，批发配送销售额 13,218.70 万元，兴欣购物中心销售额 1,049.95 万元。分别比上年减少 2.25%、9.29%、2.71%；餐饮、百货、娱乐的商品销售收入与服务经营收入共计 3,928.94 万元，分别比上年减少 6.46%、10.91%、65.17%；超市公司的销售收入为 2,269.42 万元，比上年增加 741.84%，茶叶公司的销售收入为 298.12 万元(96 年收购，没有同比资料)；小额出口业务销售收入 784.55 万元，比上年减少 12%。公司投资比例占 51%以上的 10 家分店的销售收入达 2,266.94 万元。

造成经济效益下降的主要原因是：

1)、1996 年上海商业网点建设加速发展，市中心居民大量动迁，区域性商业中心迅速崛起，致使购买力大量分流。

2)、为参与市场竞争，公司以适当降低商品价格来促进销售，致使毛利率同比有所下降。

3)、公司在收购茶叶公司，扩大超市公司和兴欣购物中心经营规模的同时，在编人员同比增加，致使资金沉淀和费用支出增加。

4)、公司在连锁经营方面尚未形成相当的经营规模，分销能力有限，影响了主营业务收入的全面提高。

3. 募集资金使用情况说明

报告期内公司未曾募集过资金，93 年配股募集款所投入的项目建设亦无延续到报告期内。

四、股本变化及股本结构情况

1. 股本结构情况(单位：股，每股面值 1 元)

股份类别	95 年末数	96 年度变动增减(+/-) 配股	送股	公积金转赠股本	其他	小计	96 年末数
1)、尚未流通股份							
(1)发起人股份	28,056,672		+4,489,068			+4,489,068	32,545,740
其中：国家拥有股份	16,738,272		+2,678,124			+2,678,124	19,416,396
境内法人持有股份	11,318,400		+1,810,944			+1,810,944	13,129,344
(2)募集法人股	14,358,643		+2,297,383			+2,297,383	16,656,026
尚未流通股份合计	42,415,315		+6,786,451			+6,786,451	49,201,766
2)、已流通股份							
境内上市人民币普通股	20,183,040		+3,229,286			+3,229,286	23,412,326
已流通股份合计	20,183,040		+3,229,286			+3,229,286	23,412,326
3)、股份总数	62,598,355		+10,015,737			+10,015,737	72,614,092

2. 股本变动情况及原因

1996 年 6 月公司向全体股东以 10:1.6 的比例送红股，送股后公司股本总额由 62,598,335 股增至 72,614,092 股。

3. 主要股东持股情况(前十名)

股 东 名 称	年末持股数(股)	占总股本(%)
1)国家持股	19,416,396	26.74
2)上海市糖业烟酒(集团)公司	13,145,380	18.10
3)武商供销	3,577,973	4.93
4)上海市商业投资公司	1,824,077	2.51
5)上海国际信托投资公司	1,603,584	2.21
6)上海华联商厦股份有限公司	962,150	1.33
7)久事公司	641,434	0.88
8)上海烟草(集团)公司	521,165	0.72
9)上海豫园商城股份有限公司	461,030	0.63
10)上海大场肉类联合加工厂	416,932	0.57

前十名股东中持股 5%以上的国家持股和上海市糖业烟酒(集团)公司报告期内持股数因公司送股而相应增加。

4. 报告期末，公司股东总户数 20,033 户，其中国家持股 1 户，发起人法人股东 1 户，社会法人股东 127 户，社会公众股东 19,904 户。

青岛啤酒股份有限公司

青岛啤酒股份有限公司1996年年度报告摘要

一、公司简况

公司法定名称:青岛啤酒股份有限公司

英文名称:TSINGTAO BREWERY COMPANY LIMITED

公司注册地址:中华人民共和国青岛市登州路56号

办公地址:青岛市黄台路10号

邮政编码:266012

公司法定代表:李桂荣先生

公司秘书:张学举先生

公司咨询机构:董事会秘书室

联系人:袁璐

联系电话:(0532)2804124

传真:(0532)3838470

二、主要财务数据与财务指标

按中国会计准则及法规编制

(单位:人民币万元,每股数字除外)

	本年数	上年数	比上年增减
主营业务收入	151,586	147,207	2.97%
净利润	7,023	14,017	-49.9%
总资产	324,417	288,543	12.43%
股东权益	209,755	202,465	3.6%
每股收益(人民币元)	0.078	0.156	-50%
净资产收益率	3.35%	6.92%	-3.57百分点
每股净资产(人民币元)	2.33	2.25	3.56%
股东权益比率	64.66%	70.17%	-5.51百分点

三、公司业务回顾

一九九六年全国啤酒产量持续增长,据中国国家统计局公布的资料显示,全国啤酒总产量已达1,631万吨,比九五年增长5.5%,但啤酒市场仍呈现品牌及产量分散的局面。一九九六年本公司啤酒总产量为35万吨,位居全国第二。就其品牌价值及销售范围来看,本公司仍保持国内领先,并在九六年度全国同类产品市场竞争力调查评价中再执牛耳。

一九九六年是本公司经历重大调整及改革的一年。七月份新一届董事会到任后,对公司内外情况进行了全面了解和分析,根据市场形势发生的变化,董事会认为从公司长远发展考虑,必须加强市场营销工作,建立全国性销售网络。

董事会对公司的市场营销策略进行了调整,在原有的代理销售、合同销售两种方式的基础上,新增了直接销售,并以山东省内为重点,迅速铺设直销网络,以期建立稳固的、拥有较高份额的市场并降低运输费用;同时,为增强产品的竞争力,公司亦通过改进包装形式,降低成本,形成了适应不同消费层次的高、中、低档产品兼备的产品系列。年内公司已在省内外重点市场建立了二十三个销售分公司或办事处,逐步理顺了市场,为产量的扩大打下了良好基础。

公司对现有管理体系进行了调整,明确划分了公司与生产厂各自的管理职能,重点加强了科研开发、规划发展、财务管理等项工作的力度,以进一步适应市场经济及公司集团化、国际化发展策略的需求。

经过近一年多的市场推介及市场监测,公司新产品金质青岛啤酒广受消费者喜爱,销量正稳步上升,全年共销售二万余吨,比九五年增长近四倍,显示了良好的发展前景。

九六年公司利润下降的主要原因是:

1. 公司对以前遗留的不良资产(主要是应报废物资及前三年应收帐款)进行了帐目处理,减少利润人民币4,100万元。

2. 公司属下的啤酒四厂、扬州啤酒厂、西安有限责任公司因设备、技改、产品调整、市场等原因均未达产,合共亏损人民币5,100万元。

募集资金运用情况说明:

九六年共归还贷款760万美元,投入基本建设及技术改造项目人民币24,915万元,主要用于啤酒一厂、二厂的技术改造和对青岛啤酒西安有限责任公司的投资及青岛啤酒大厦的建设等项目。

目前啤酒一厂、二厂已分别形成了三十万吨和二十万吨的生产能力,青岛啤酒西安有限责任公司已形成十万吨的生产能力。

截止九六年十二月三十一日,本公司九六年中期报告中提及的短期委托贷款,已全部收回。

四、新年度业务发展规划

九七年公司将继续深化企业内部的改革,加强市场开拓和企业管理,完善并推行层层承包的经济责任制,使公司的经营业务稳健发展,实现产量和利润的同步增长。主要措施如下:

1. 以市场为导向,继续加强销售网络建设,针对不同区域、不同产品,直接销售、合同销售、代理销售并举,大力开拓以山东省为重点的国内市场。同时强化对销售队伍的培训,加大奖惩力度,并加强市场广告宣传及促销活动,确保市场销售份额稳定提高。

2. 在企业内部建立以财务管理、成本控制和质量管理为核心的管理及考核体系,层层分解利润及目标成本指标,责任落实到人,并严格考核,以期最大限度的降低成本,增加利润。

3. 对公司现有资产进行重组,优化资源配置,以资产收益最大化为原则,逐步将非主营业务和富余人员等从公司中分离出去,集中精良资产大力拓展主营业务。

4. 继续调整产品结构,提高金质啤酒、纯生啤酒等高附加值产品的销量,九七年金质啤酒销售预计达到四万吨,同时,新开发的金质罐装啤酒也将于六月份投放市场。

5. 采取有力措施,通过青岛啤酒西安有限公司开发、生产金汉斯啤酒等系列新产品;啤酒四厂更新、改造生产设备;扬州啤酒厂扩大销售区域等途径,力促上述企业扩大产销量,年内实现大幅度减亏。

固定资产更新改造及新建项目计划:

预计九七年总投资额为人民币2.2亿元,主要用于啤酒二厂更新一条易拉罐生产线和青岛啤酒检测与培训中心的建设及青岛啤酒四厂的技术改造。

深圳青岛啤酒有限公司建设项目:总投资额为5,272.79万美元,本公司占51%,九七年三月已动工兴建,九七年投资额为2,100万元人民币,本公司将投资1,100万元人民币,预计九八年底建成投产。

目前,本公司拥有充足的资金满足以上项目的需求。

五、股本变化及股本结构情况

1. 股本结构情况

截止1996年12月31日　　股份单位:万股,面值:每股人民币1元

股份类别	年初数	本年增减	年末数

一、尚未流通股份			
1.发起人股份(国家股)	39,982	0	39,982
2.社会法人持股	5,333	0	5,333
尚未流通股份合计	45,315	0	45,315
二、已流通股份			
1.境内上市人民币普通股(A股)	10,000	0	10,000
2.境外上市外资股(H股)	34,685	0	34,685
已流通股份合计	44,685	0	44,685
三、股份总数	90,000	0	90,000

本公司股本在报告期内无变化。

2.主要股东持股情况

截至96年12月31日止,本公司位列前十名的股东持股情况:

股东名称	持股种类	持股数量(股)	占总股本比例(%)	本报告期内股数增减(股)
青岛市国有资产管理局	A	399,820,000	44.42	0
香港中央结算(代理人)有限公司	H	321,592,550	35.73	-2,347,600
中国银行山东省分行	A	29,250,000	3.25	
中国建设银行青岛市分行	A	19,080,000	2.12	
中南银行(代理人)有限公司	H	6,474,000	0.72	
香港宝生银行	H	5,048,500	0.56	
青岛华青实业有限公司	A	5,000,000	0.56	
郑润枝	A	2,525,900	0.28	
青岛投资	A	2,300,000	0.26	
万美玉	A	1,573,000	0.17	

3.年末股东户数

截止96年12月31日,本公司之股东总数为52,416户,其中:国家股1户,法人股3户,社会公众股(A股)51,298户,H股1,114户。

4.公司董事、监事和高级管理人员持股情况

姓名	职务	年初持股数	年末持股数
李桂荣	董事长	0	0
彭作义	副董事长兼总经理	0	0
刘英弟	董事、副总经理	5,000	5,000
程衍俊	董事	5,000	5,000
王康平	非执行董事	0	0
孙玉国	非执行董事	0	0
张振铎	非执行董事	5,000	5,000
阮北耀	独立董事	0	0
于福忠	独立董事	0	0
周有伦	监事会主席	5,000	5,000
曹向东	监事	2,000	2,000
孙明波	监事	1,261	1,261
刘承强	副总经理	5,000	5,000
樊伟	总工程师	3,882	3,882
张学举	公司秘书	0	0

六、重要事项

1.报告期内召开的股东大会概况

本公司于一九九六年六月二十四日召开了一九九五年度股东年会,出席会议的股东和经授权股东代表,持有本公司股份775,251,518股,占公司总股本的86.13%,会议审议及批准了本公司董事会一九九五年年度工作报告、监事会一九九五年年度工作报告、一九九五年度经审核的财务报告及一九九五年度利润分配方案,续聘安达信·华强会计师事务所及香港安达信公司为本公司一九九六年度之境内及境外核数师,并授权董事会决定其酬金。年会选举产生了本公司第二届董事会成员和监事会成员。

本报告期内公司没有召开临时股东大会。

2.在1996年6月24日召开的本公司第二届董事会第一次会议上,李桂荣董事当选为公司董事长,彭作义董事当选为副董事长,董事会聘任彭作义先生为公司总经理,并授权总经理全面负责公司日常经营管理。

在同日举行的本公司第二届监事会第一次会议上,周有伦先生当选为监事会主席(连任)。

3.一九九七年一月十二日,本公司与香港鹏兆投资有限公司已重新签订合资经营深圳青岛啤酒有限公司项目的合同及章程,该项目注册资本仍为3,000万美金,本公司占51%;鹏兆投资占49%。根据一九九七年一月二十三日深圳市有关部门对深圳青岛啤酒有限公司发出的批准文件,合资合同已经批准生效。

4.本公司九五年度股利分配方案为:每股派发现金股利人民币0.08元,已于九六年实施。

5.本报告期内公司无重大诉讼、仲裁事项。

6.本公司1996年年度报告摘要,分别用中文和英文在《上海证券报》和香港《文汇报》、《南华早报》上刊登。

七、子公司及关联企业

截止一九九六年十二月三十一日,本公司的子公司和关联企业情况如下:

企业名称	注册资金	本公司持有权益	主营业务范围
青岛啤酒实业开发公司	132万元	100%	国内商业
青岛啤酒广发实业公司	100万元	100%	国内商业
青岛啤酒西安有限责任公司	15,000万元	55%	啤酒酿造及销售
青岛华乐工贸有限公司	345万元	21.7%	贸易投资

八、财务报告

(一)公司财务报告经安达信·华强会计师事务所,贾健、李燕玉注册会计师审计并出具无保留意见的审计报告。

(二)财务报表(按中华人民共和国会计准则编制)。

(三)财务报表附注:

1.会计政策:公司执行《股份制试点企业会计制度》和《中华人民共和国企业会计准则》及补充规定,本年主要会计政策和核算方法与上一会计年度相比除以下改变均无变化。

本年度一至八月,本公司为主要分销客户提供定点送货服务,销售收入中包括收取的运费。自九月份开始,这项服务取消,而销售价格也作相应的调整。销售交易于货品所有权转让于客户时确认。

2.会计报表编制方法及各项目的分类与前期一致。

3.合并报表的合并范围:公司按财政部颁布的《合并会计报表暂行规定》对拥有其过半数以上(不包括半数)权益性资本的被投资企业纳入合并会计报表的合并范围,深圳青岛啤酒有限公司于一九九六年十二月三十一日尚未开业,本公司并未向该附属公司注入任何投资资本,故没有纳入合并范围。

(四)主要项目数据

1.应收帐款

应收帐款的帐龄分析如下:

	合并		母公司	
	1996	1995	1996	1995
	人民币元	人民币元	人民币元	人民币元
一年以内	184,866,451	154,596,363	181,469,925	154,587,013
一至二年	21,881,707	24,025,544	21,881,707	24,025,544
二至三年	12,980,962	8,197,970	12,980,962	8,197,970
三年以上	10,889,009	4,542,292	10,889,009	4,542,292
合 计	230,618,129	191,362,169	227,221,603	191,352,819

2.其他应收款

其他应收款的帐龄分析如下:

	合并		母公司	
	1996	1995	1996	1995
	人民币元	人民币元	人民币元	人民币元
一年以内	59,702,646	87,840,877	51,625,980	86,095,065
一至二年	22,183,549	15,424,593	21,362,259	13,209,622
二至三年	3,190,926	10,758,483	2,931,159	10,758,483
三年以上	8,501,613	2,424,220	8,405,613	2,424,220
总计	93,578,734	116,448,173	84,325,011	112,487,390

3. 长期投资

A、合 并

	1996	1995
	人民币元	人民币元
长期投资包括:		
投资于联营公司	6,798,600	3,864,575
投资于非上市股份公司	2,507,364	15,427,212
国库券及其他证券	1,530,000	2,060,000
总计	10,835,964	21,351,787

B、母公司

	1996	1995
	人民币元	人民币元
长期投资包括:		
投资于附属公司		
所占股份之成本	84,820,000	2,320,000
分占附属公司损益	-15,149,642	-
应收附属公司帐款	24,813,254	17,915,010
政府退税	1,446,189	-
小计	95,929,801	20,235,010
投资于联营公司	6,798,600	3,864,575
投资于非上市股份公司	2,200,000	14,924,020
国库券及其他证券	1,530,000	2,060,000
总计	106,458,401	41,083,605

4. 资本公积金

	合并及母公司	
	1996	1995
	人民币元	人民币元
年初数	896,292,324	896,292,324
加:本年增加	1,230,000	-
年末数	897,522,324	896,292,324

5. 盈余公积金(人民币元)

	合并及母公司			
	1996			1995
	法定公积金	法定公益金	合计	合计
年初数	43,608,883	43,608,883	87,217,766	59,183,490
加:公益金转入	6,135,363	-	6,135,363	-
加:本年利润分配	7,023,010	7,023,010	14,046,020	28,034,276
加:其他	1,446,189	-	1,446,189	-
减:本年减少	-	-6,135,363	-6,135,363	-
年末数	58,213,445	44,496,530	102,709,975	87,217,766

6. 未分配利润

	合并及母公司	
	1996	1995
	人民币元	人民币元
年初数	141,138,601	101,001,502
加:本年增加	56,184,078	40,137,099
年末数	197,322,679	141,138,601

7. 投资收益(亏损)

	合并		母公司	
	1996	1995	1996	1995
	人民币元	人民币元	人民币元	人民币元
投资收益包括:				
债券投资收益	327,174	364,800	327,174	364,800
加:非上市股份公司				
的投资收益	1,486,186	599,074	112,397	108,074
加:分占附属公司				
亏损	-	-	-15,149,642	-
加:附属公司股利	-	-	-	2,381,710
加:其他	123,062	-	123,062	-
总计	1,936,422	963,874	-14,587,009	2,854,584

8. 或有负债:

截止一九九六年十二月三十一日,本公司对其他单位的银行借款作出了担保,总金额为15,000,000元。

(五)财务数据变动幅度超过30%的分析

1. 短期投资:96年1万元,95年20万元,减少95%,主要原因是本年收回到期国库券。

2. 应收票据:96年11141万元,95年1809万元,增加5倍,主要原因本年度公司对部分客户采用了银行承兑汇票结算方式所致。

3. 预付帐款:96年1728万元,95年722万元,增加139%,主要原因年末预付原料供应厂的购货款。

4. 长期投资:96年1083万元,95年2135万元,减少49%,主要原因收回部分投资所致。

5. 累计折旧:96年48353万元,95年30948万元,增加56%,主要原因本年计提折旧及合并青岛啤酒西安有限责任公司(以下简称"西安公司")所致。

6. 在建工程:96年48671万元,95年27798万元,增加75%,主要原因本年青啤大厦,一厂,二厂,改造及合并西安公司所致。

7. 短期借款:96年53341万元,95年28276万元,增加89%,主要原因规模扩大,所需流动资金增加,本年合并西安公司所致。

8. 应付票据:96年140万元,95年2000万元,减少93%,主要原因兑付到期的票据所致。

9. 预收帐款:96年3843万元,95年1327万元,增加190%,预收部分客户货款。

10. 应付福利费:96年322万元,95年220万元,减少246%,主要原因本年支出增加所致。

11. 应交税金:96年3147万元,95年6347万元,减少50%,主要原因本年支付税款增加所致。

12. 其他应付款:96年7750万元,95年2250万元,增加244%,主要原因为应付暂收款增加所致。

13. 预提费用:96年6837万元,95年3497万元,增加96%,主要原因本年贷款增加,预提利息增加,本年合并西安公司(预提利息)所致。

14. 一年内到期的长期负债:96年3846万元,95年2057万元,增加87%,主要原因次年到期的长期借款增加所致。

15. 长期借款:96年12722万元,95年8303万元,增加53%,主要原因合并西安公司所致。

16. 其他长期负债:96年6897万元,95年11142万元,减少38%,主要原因本年摊销汇率并轨产生的汇兑收益,及96年按财政部规定出售公有住房的损失所致。

17. 未分配利润:96年19732万元,95年14114万元,增加40%,主要原因是公司按中国和香港会计准则计算的利润存有一定的差异,而规定按两者孰低分配股利,故未分配利润增加。

18. 应付股利:96年未进行股利分配,95年7781万元。

(六)按中国,香港两地会计准则计算的税后利润差异

	1996 人民币千元	1995 人民币千元
按中国会计准则计算的税后利润	70,230	140,171
按香港普遍采用的会计原则作下列调整:		
因汇率并轨产生的递延汇兑损益在一九九六年摊销减当中税负后之净额	-30,946	-30,946
一九九四年一月一日以前实行双汇率制度需多提的固定资产折旧	-11,480	-4,782
H股年报中须提的应收帐款坏帐准备与A股年报撇销坏帐的差异	2,626	-7,606
H股年报中须多提的应付职工福利费	-3,957	-
出售职工住房产生的亏损	-3,134	-
政府津贴	2,678	-
其他	-335	950
按香港普遍采用的会计原则计算的税后盈利	25,682	97,787

青岛啤酒股份有限公司董事会

一九九七年四月二十日

资产负债表

编制单位:青岛啤酒股份有限公司　　1996年12月31日　　金额单位:人民币元

资产	行次	母公司年初数	母公司年末数	合并年初数	合并年末数	负债及股东权益	行次	母公司年初数	母公司年末数	合并年初数	合并年末数
流动资产						流动负债:					
货币资金		739170438	655539963	741738874	671405728	短期借款		282257379	528907400	282757379	533407400
短期投资		200050	10050	200050	10050	应付票据		20000000	1400000	20000000	1400000
应收票据		18090820	111407526	18090820	111407526	应付帐款		128778649	86434329	128778649	108040930
应收帐款		191352819	227221603	191362169	230618129	预收货款		12930828	38153830	13273413	38431415
减:坏帐准备		572911	677965	572911	677965	应付福利费		1637231	-3957324	2199316	-3219099
应收帐款净额		190779908	226543638	190789258	229940164	未付股利		77805090		77805090	
预付货款		7120024	15206530	7220024	17281858	未交税金		62046833	32252321	63472482	31471817
其他应收款		112487390	84325011	116448173	93578734	其他未交款					
待摊费用		25175217	18154244	25464351	19648949	其他应付款		19607409	27131423	22501415	77503369
存货		398950772	324024267	399263648	349094657	预提费用		34974067	48795293	34974067	68370736
减:存货变现损失准备						一年内到期的长期负债		20570000	29464997	20570000	38464997
存货净额		398950772	324024267	399263648	349094657	其他流动负债					
待处理流动资产净损失											
一年内到期的长期债券投资						流动负债合计		660607486	788582269	666331811	893871565
其他流动资产						长期负债:					
流动资产合计		1491974619	1435211229	1499215198	1492367666	长期借款		83027379	54815485	83027379	127215485
长期投资:						应付债券					
长期投资		41083605	106458401	21351787	10835964	长期应付款					
合并价差						其他长期负债		111418210	68972119	111418210	68972119
固定资产:											
固定资产原价		1177489426	1293780833	1197799494	1498398624	长期负债合计		194445589	123787604	194445589	196187604
减:累计折旧		307157052	417006151	309480426	483533631	递延税项					
固定资产净值		870332374	876774682	888319068	1014864993	递延税款贷项					
在建工程		277974933	400960973	277978533	486707165	负债合计		855053075	912369873	860777400	1090059169
固定资产清理		1442590	1344098	1442590	1344098						
待处理固定资产净损失						少数股东权益					56557586
固定资产合计		1149749897	1279079753	1167740191	1502916256						
无形资产及递延资产:						股东权益:					
无形资产		185100303	180978367	185100303	221267920	股本		900000000	900000000	900000000	900000000
递延资产		11793342	8197101	-12018612	16783927	资本公积		896292324	897522324	896292324	897522324
无形资产及递延资产合计		196893645	189175468	197118915	238051847	盈余公积		87217766	102709975	87217766	102709975
其他长期资产						其中:公益金		43608883	44496530	43608883	44496530
其他长期资产						未分配利润		141138601	197322679	141138601	197322679
递延税项						外币报表折算差额					
递延税款借项						股东权益合计		2024648691	2097554978	2024648691	2097554978
资产合计		2879701766	3009924851	2885426091	3244171733	负债及股东权益合计		2879701766	3009924851	2885426091	3244171733

利润及利润分配表

编制单位:青岛啤酒股份有限公司　　1996 年度　　金额单位:人民币元

项目	行次	本年数(合并)	上年数(合并)	本年数(母公司)	上年数(母公司)
一、主营业务收入		1515864585	1472068922	1457023384	1428999897
减:营业成本		1118151704	1115112068	1063105005	1078858251
销售费用		106165351	69886042	100721266	69705315
管理费用		141963121	82289954	131957816	77729503
财务费用		-23747313	-54406477	-33864261	-54406429
进货费用					
营业税金及附加		83951715	88347427	77803903	88149828
二、主营业务利润		89380007	170839908	117299655	168963429
加:其他业务利润		-8744742	1539665	-9646799	576342
三、营业利润		80635265	172379573	107652856	169539771
加:投资收益		1936422	963874	-14587009	2854584
补贴收入					
营业外收入		1673723	1597574	1377103	1369798
减:营业外支出		6225684	4232827	6203183	4229040
加:以前年度损益调整					
四、利润总额		78019726	170708194	88239767	169535113
减:所得税		18732042	30536819	18009669	29363738
减:少数股东损益		-10942414			
五、净利润		70230098	140171375	70230098	140171375
加:年初未分配利润		141138601	101001502	141138601	101001502
盈余公积转入数					
六、可供分配利润		211368699	241172877	211368699	241172877
减:提取法定公积金		7023010	14017138	7023010	14017138
提取法定公益金		7023010	14017138	7023010	14017138
七、可供股东分配的利润		197322679	213138601	197322679	213138601
减:已分配优先股股利					
提取任意公积金					
已分配普通股股利			72000000		72000000
八、未分配利润		197322679	141138601	197322679	141138601

财务状况变动表

编制单位:青岛啤酒股份有限公司　　1996 年度　　金额单位:人民币元

流动资金来源和运用	行次	母公司金额	合并金额	流动资金各项目的变动	行次	母公司金额	合并金额
一、流动资金来源				一、流动资产本年增加数			
1. 本年净利润		70230098	70230098	1. 货币资金		-83630475	-70333146
加:少数股东本期损益			-10942414	2. 短期投资		-190000	-190000
加:不减少流动资金的费用和损失				3. 应收票据		93316706	93316706
(1)固定资产折旧		114623757	127163668	4. 应收帐款净额		35763730	39150906
(2)无形资产、递延资产及其他资产摊销		-25558207	-22677199	5. 预付帐款		8086506	10061834
(3)固定资产盘亏				6. 其他应收款		-28162379	-22869439
(4)清理固定资产损失		2634801	2634801	7. 待摊费用		-7020973	-5815402
(5)递延税款				8. 存货净额		-74926505	-50168991
(6)其他不减少流动资金的费用和损失				9. 待处理流动资产净损失			
小计		161930449	166408954	10. 一年内到期债券投资			
2. 其他来源				12. 其他流动资产			
(1)固定资产清理收入		428237	1766124				
(2)增加长期负债			72400000	流动资产增加净值		-56763390	-6847532
(3)收回长期投资		19852493	13499848	二、流动负债本年增加数			
(4)对外投资转出固定资产				1. 短期借款		246650021	250650021
(5)对外投资转出无形资产				2. 应付票据		-18600000	-18600000
(6)资本净增加额		16722209	16722209	3. 应付帐款		-42344320	-20737719
(7)少数股东资本净增加额			67500000	4. 预收货款		25223002	25158002
小计		37002939	171888181	5. 应付福利费		-5594555	-5418415

流动资金来源和运用	行次	母公司金额	合并金额	流动资金各项目的变动	行次	母公司金额	合并金额
				6. 应交税金		-29794512	-32000665
流动资金来源合计		198933388	338297135	7. 应付股利		-77805090	-77805090
				8. 其他应付款		7524014	55001954
二、流动资金运用				9. 预提费用		13821226	33396669
1. 利润分配				10. 一年内到期的长期负债		8894997	17894997
(1)提取法定公积金		7023010	7023010				
(2)提取法定公益金		7023010	7023010				
(3)股利分配				流动负债增加净额		127974783	227539754
小计		14046020	14046020				
2. 其他运用							
(1)固定资产和在建工程净增加额		253054742	472778749				
(2)增加无形资产及递延资产净增加额		3131616	54663733				
(3)增加长期投资及应收附属公司帐款		85227289	2984025				
(4)偿还长期借款		28211894	28211894				
小计		369625541	558638401				
流动资金运用合计		383671561	572684421				
流动资金减少净额		-184738173	-234387286	流动资金减少净额		-184738173	-234387286

青岛啤酒股份有限公司一九九七年中期报告

财务报告(未经审计)

青岛啤酒股份有限公司("本公司")董事会欣然宣布本公司及其附属公司(合称为"本集团")截至一九九七年六月三十日止六个月之未经审计中期业绩。

(一)按香港标准会计准则编制

未经审计综合损益表

	截至一九九七年六月三十日止六个月 人民币千元	截至一九九六年六月三十日止六个月 人民币千元
营业额(注A)	804,715	833,441
税前溢利(注B)	62,720	64,110
税项(注C)	(10,351)	(11,601)
税后溢利	52,369	52,509
少数股东权益	4,241	3,268
股东应占溢利(注D)	56,610	55,777
每股盈利(注E)	人民币0.063元	人民币0.062元

帐目附注

A. 营业额为向客户供应货品在扣除适用之销售税金和折扣之发票净值。销售交易于货品所有权转让予客户时确认。

B. 由于联营公司的经营结果对本集团的盈利并无重大影响,在编制本集团的综合损益表时,没有把本集团应占联营公司的盈利计入本公司的综合损益表中。

C. 本公司应课中华人民共和国企业所得税按溢利之15%计算,而于中华人民共和国境内成立的附属公司则按15%-33%之税率缴纳企业所得税。

D. 本期股东应占溢利尚未提取法定盈余公积金和公益金的储备,按本公司章程规定,将由董事会提呈股东年会批准后提取。

E. 每股盈利是按期内之股东应占税后溢利人民币56,610,000元及已发行之总股数900,000,000股计算。

F. 根据中国财政部及国家税务总局之1995[42]号文件,在截至一九九七年六月三十日止之六个月期内,本集团获准用以期初进项增值税已付税金抵扣了约人民币3,600,000元销项增值税税负。

G. 从一九九七年一月一日至一九九七年六月三十日止之六个月期内,本公司并未与任何职工签署按"青岛市公有住房出售暂行办法"规定的职工房屋出售合同,故未对截至一九九七年六月三十日止的利润产生影响。

(二)按照中国会计准则及香港标准会计准则申报溢利之对帐:

	人民币千元
按中国会计准则的税后利润	61,683
加:已计提而未实际使用的技术开发费(注A)	22,140
减:因汇率并轨所产生的递延汇兑收益的摊销(已扣税)(注B)	(15,473)
受双汇率制度影响固定资产项目	
需多提折旧	(5,740)
需多提坏帐准备金	(6,000)
按香港普遍采用会计原则计算的税后利润	56,610

A. 根据中共青岛市委员会和青岛市政府所发布之青发(1996)40号文件,为享受若干文件赋予的税务优惠,从一九九七年度开始本公司预提销售收入的3%作为可扣税的技术开发费。该项技术开发费于每年年结后当年未使用部分经青岛市地方税局批准后,可结转下年使用于技术开发项目。截至一九九七年六月三十日止,该项技术开发费的未使用部份约为人民币22,140,000。

B. 因摊销汇率并轨所产生的递延汇兑损益而须缴付的相应所得税,于香港标准会计准则帐内列作递减资本公积。

(三)按中华人民共和国会计准则编制(单位:人民币元)

1. 简化的资产负债表(未经审计)

	母公司 年初数	母公司 期末数	合并 年初数	合并 期末数
资产				
流动资产	1,435,211,229	1,652,086,368	1,492,367,666	1,704,280,443
长期投资	106,458,401	88,745,511	10,835,964	21,835,964
固定资产净值	878,118,780	847,072,186	1,016,209,091	982,356,755
在建工程	400,960,973	488,033,046	486,707,165	584,090,801
无形资产及递延资产	189,175,468	185,688,592	238,051,847	233,224,696
其它长期资产				
资产总计	3,009,924,851	3,261,625,703	3,244,171,733	3,525,788,659
负债及股东权益				

流动负债	788,582,269	1,008,332,320	893,871,565	1,134,180,097
长期负债	123,787,604	93,810,542	196,187,604	179,808,645
少数股东权益			56,557,586	52,317,076
股东权益	2,097,554,978	2,159,482,841	2,097,554,978	2,159,482,841
股本	900,000,000	900,000,000	900,000,000	900,000,000
资本公积	897,522,324	897,767,062	897,522,324	897,767,062
盈余公积	102,709,975	102,709,975	102,709,975	102,709,975
未分配利润	197,322,679	259,005,804	197,322,679	259,005,804
负债及股东权益合计	3,009,924,851	3,261,625,703	3,244,171,733	3,525,788,659

2．简化的损益表(未经审计)

	母公司		合并	
	本期数	上年同期数	本期数	上年同期数
主营业务收入	760,342,306	848,583,416	853,798,321	884,818,495
主营业务利润	83,728,393	100,864,673	73,950,144	91,102,626
其他业务利润	-3,913,279	-4,574,670	-3,367,159	-2,561,030
投资收益	-4,892,449	-4,148,680	108,361	341,990
营业外收支净额	-157,665	-819,484	-166,856	-829,297
利润总额	74,765,000	91,321,839	70,524,490	88,054,289
所得税	13,081,879	14,331,376	13,081,879	14,331,376
少数股东本期收益			4,240,510	3,267,550
净利润	61,683,121	76,990,463	61,683,121	76,990,463

3．财务报表附注

A．本公司采用的会计政策与上年度采用的会计政策基本一致。

B．合并报表的合并范围：公司按财政部颁布的《合并会计报表暂行规定》，对拥有其过半数以上权益性资本的被投资企业纳入合并报表的合并范围。深圳青岛啤酒有限公司六月三十日尚未开业，资产总额占集团资产总值的1%，故没有纳入合并范围。

C．本期根据青岛市委、市政府的关于进一步支持我市工业企业发展有关政策的规定，自一九九七年一月一日，企业可按当年销售收入的3%预提技术开发费，本期计提2,214万元，使本期利润减少2,214万元。如调整成同口径本期母公司利润总额为9,691万元，比去年同期增长6.12%。

D．去年同期本公司销售收入中包括为客户送货收取的运费。运费总金额为3.182万元。本期销售收入中不再包含运费，因运费由客户承担。销售交易于货品所有权转让于客户时确认。

4．财务数据主要变动的分析

(1)长期投资九七年六月末比年初增加1,100万元，原因是注入深圳青岛啤酒有限公司的注册资金所致；

(2)未分配利润九七年六月末比年初增加6,168万元，原因是本期实现的净利润所致。

5．承诺事项、或有事项

(1)本公司于本期内已签约但财务报表内未拨出准备的资本承担及购货承担。

建筑工程	56,061,542
投资附属公司	115,959,000
购货承担	44,517,300

(2)或有事项

截至一九九七年六月三十日止，本公司对主要供应商的银行借款作出了担保，总金额为3,000万元人民币。

6．按中国、香港两地会计准则计算税后利润的差异

	人民币千元
按中国会计准则计算的税后利润	61,683
按香港普遍采用会计原则作下列调整：	
A．因汇率并轨产生的递延汇兑损益在一九九七年上半年摊销减当中税负后之净额	(15,473)
B．一九九四年一月一日以前实行双汇率制度受影响固定资产项目需多提的折旧	(5,740)
C.H股报告中需多提的坏帐准备	(6,000)
D．已计提未实际使用的技术开发费	22,140
按香港普遍采用的会计原则计算的税后利润	56,610

本公司于一九九三年的发行新股所募集得的净股金超过百分之九十已按就发行新股而刊发的招股章程所述之用途运用，余下的已存入银行作短期存款。

经营情况回顾与展望

1．上半年经营情况回顾

九七年上半年国民经济稳定发展，国内啤酒市场持续增长，全国啤酒总产量共完成943万吨，比去年同期增长13%。

上半年本公司在激烈的市场竞争中完成啤酒总产量为21万吨，比去年同期增长4%，出口创汇926万美元，比去年同期增长16%，继续为全国第三大啤酒生产商和最大的出口商。根据国内贸易部提供的资料，在全国百家大型商场的啤酒销售中，上半年青岛啤酒的销售份额为37.2%，比年初提高了12个百分点，在啤酒行业中遥遥领先。

本公司新的内部经营管理机制已发挥出显著成效，上半年通过完善企业内部经济承包责任制，推行目标成本控制等方式，使生产成本比去年同期降低11%，从而保证了公司毛利率的稳定提高。

致力于大众消费市场的开发成为本公司上半年营销策略的重点。根据山东市场在全国的地位及特点，本公司适时推出了低成本、低售价、简易包装的青岛啤酒，直接参与每年有150万吨以上容量的省内大众消费市场的竞争，以高品质、低价位取得了竞争优势，自五月份投放市场以来，销量节节上升。仅仅两个月使本公司在山东省内的总销量比去年同期增长10%。此举为本公司今后向大众市场不断延伸，并通过联合兼并其它啤酒厂扩大市场份额奠定了基础。

借香港回归祖国的有利时机，公司加强了在香港地区的宣传促销活动，使上半年在香港的销售量比去年同期提高40%。通过扩大促销，本公司对欧洲国家的出口亦增长10%以上。

本公司控股的青岛啤酒西安有限责任公司经过调整产品结构和营销思路，生产经营已步入良性循环。

为增强企业发展后劲，本公司已建立了目前国内啤酒行业唯一的国家级啤酒检测及技术开发中心。今年上半年计提了技术开发费达2,200多万元，为啤酒科研和新产品开发、新技术应用提供了资金保证。

2．下半年业务展望

下半年本公司将继续推行外抓市场、内抓管理的经营策略，以市场为导向，加强市场营销，充分发挥自己的优势，扩大销量、降低成本，不断提高公司的经济效益。

本公司将继续完善市场营销体系，加强市场管理和控制，在全国15个主要市场进行重点促销活动，加大广告宣传的力度，并依照市场需求，开发适合大众消费口味的新产品。同时强化销售队伍建设，充实和引进具有较强市场开拓能力的业务人员，提高市场营销水平。

本公司亦将借助国家扶持青岛啤酒发展的一系列优惠政策搞好资本运营的规划，逐步剥离公司的非主营业务等，分流富余人员，实现资源的优化配置。

董事会相信通过适当资产重组，本公司的负担将大为减轻，资产更趋精良，效率更加提高，在未来的发展中将更具活力和实力。

董事会同时认为，下半年市场竞争的态势仍十分严峻。但在国民经济稳定发展的形势下，本公司下半年的生产用原材料价格仍将保持稳定。

重大事件揭示

1．经青岛市人民政府批准，本公司控股股东青岛市国有资产管理局(“国资局”)以其所持本公司国有股股本金39,982万元作为注册资本，于一九九七年四月二十一日独资设立青岛啤酒集团有限公司(“集团公

司")。集团公司为国有独资公司,经营范围为国有资产运营及投资。集团公司将以划拨方式持有原由国资局持有的本公司股份,成为本公司的直接控股股东。董事会相信是项安排对本公司的资产重组将发挥积极作用。

2. 本公司九六年度股东年会审议批准一九九六年度股利分配方案为九六年不分红,未分配利润结转下一年度。

根据本公司章程第一百五十二条之规定,本公司将不会就截至一九九七年六月三十日止之六个月派发中期股利。

3. 本公司董事程衍俊先生辞去其担任的董事职务已于一九九七年六月十九日由本公司的董事会批准接纳,本公司已于同日在境内外公告。

4. 本报告期内公司无重大诉讼、仲裁事项。

5. 本报告期内,本公司并无购回及注销其任何上市股份,而本公司及其附属公司亦无购买或再出售本公司任何上市股份。

发行在外股票的变动和股权结构的变化

1. 股权结构情况

本公司股本在报告期内无变化。

截至一九九七年六月三十日止,本公司的股权结构为:

股份单位:万股,面值:每股1元

股份类别	年初数	报告期内增减	报告期末数
一、尚未流通股份			
1. 发起人股份			
国家股	39,982	0	39,982
2. 社会法人持股	5,333	0	5,333
尚未流通股份合计	45,315	0	45,315
二、已流通股份			
1. 境内上市人民币普通股(A股)	10,000	0	10,000
2. 境外上市外资股(H股)	34,685	0	34,685
已流通股份合计	44,685	0	44,685
三、股份总数	90,000	0	90,000

2. 位列前十名的股东持股情况(截至九七年六月三十日止)

持股人	持股种类	报告期末持股数	占总股本比例(%)	*本报告期内股数增减(股)
青岛市国有资产管理局	A	399,820,000	44.42	
香港中央结算(代理人)有限公司	H	324,072,549	36.00	+2,479,999
中国银行山东省分行	A	29,250,000	3.25	
中国建设银行青岛市分行	A	19,080,000	2.12	
中南银行(代理人)有限公司	H	6,474,000	0.72	
香港宝生银行	H	5,048,500	0.56	
青岛华青实业有限公司	A	5,000,000	0.56	
青岛投资	A	2,300,000	0.26	
孙光辉	A	2,280,000	0.25	
上海申银万国证券公司	A	2,047,700	0.23	

*本报告期内股数增减指持有本公司5%以上股份之股东的股数增减。

3. 董事和监事持股情况

董事	年初持股(股)	报告期末持股(股)	总数(股)
李桂荣	—	—	—
彭作义	—	—	—
刘英弟	5,000	5,000	5,000
王康平	—	—	—
孙玉国	—	—	—
张振铎	5,000	5,000	5,000
阮北耀	—	—	—
于福忠	—	—	—
监事			
周有伦	5,000	5,000	5,000
曹向东	2,000	2,000	2,000
孙明波	1,261	1,261	1,261

除上文所披露者外,本公司或其任何附属公司亦概无于截至一九九七年六月三十日止六个月内任何时间参与任何安排,以致本公司之董事或监事可借购入本公司或任何其他法人团体之股份或债券而获益。

4. 截至一九九七年六月三十日六个月内,本公司及其附属公司均无购买、出售或购回本公司之上市证券。

股东年会简介

1. 本公司于一九九七年六月二十四日上午在青岛市李沧区台柳路602号本公司青岛啤酒二厂会议厅召开了一九九六年度股东年会,出席会议的股东和经授权股东代理人共16名,代表股份519,486,759股,占本公司股份总额约57.72%,符合本公司章程的规定。

股东年会审议并批准了本公司董事会一九九六年度工作报告、监事会一九九六年度工作报告、一九九六年度经审核的财务报告及一九九六年度利润分配方案,续聘安达信·华强会计师事务所及香港安达信公司为本公司一九九七年度之境内及境外核数师,并授权董事会决定其酬金。股东年会以特别决议案批准了对本公司章程的修改。

2. 报告期内本公司没有召开临时股东大会。

截至一九九七年六月三十日止六个月内,本公司遵守了《香港联合交易所证券上市规则》附录十四规定的最佳应用守则。

备查文件及查阅地址

备查文件:董事长、总经理签名的本公司一九九七年中期报告原本

查阅地址:青岛市香港中路五四广场青啤大厦十七层

青岛啤酒股份有限公司董事会秘书室

咨询电话:86-532-5713831

董事长

李桂荣

中华人民共和国　青岛

一九九七年八月二十六日

上海延中实业股份有限公司

1996年年度报告摘要（摘选）

一、公司简况

公司名称：上海延中实业股份有限公司

法人代表：何彬　　邮政编码：200040

公司地址：上海市巨鹿路685号

电话：(021)62470247—3407　　传真：(021)62476255

二、主要财务数据与财务指标

指标项目	本年数	上年数	比上年增减(%)
1.主营业务收入(万元)	17572.90	11538.44	52.30
2.净利润(万元)	3354.22	3042.82	10.23
3.总资产(万元)	69555.32	58196.10	19.52
4.股东权益(万元)	28529.15	23445.79	21.68
5.每股收益(元)	0.32	0.35	-8.57
6.每股净资产(元)	2.75	2.71	1.48
7.净资产收益率(%)	11.76	12.98	-9.40
8.股东权益比率(%)	41.02	40.29	1.81

"上年数"中的所有指标数据已按96年合并报表的口径进行了调整。

三、公司主要业务回顾

1.一年来经营情况

一年来，公司经过产业结构的调整和提高，现已形成实业经营和资本经营两个板块。实业经营形成了工业、房产、商贸与文化四业并存的格局。工业仍是公司的主导产业，产品主要包括饮用水、办公用品与包装材料。房产业等其它产业也已形成一定的规模，具备了一定的实力。

资产经营方面，1996年公司成功控制了上海的另一家上市公司"爱使股份"，使公司的资本经营上了一个台阶。

工业项目中，公司的主要产品有办公机械、塑料、包装材料与饮用水等。其中，"实业"牌绘图机、晒图机、晒图纸、碎纸机、"碧纯"牌食用蒸馏水与"延中"牌饮用水与饮水机等产品拥有较大的社会知名度与市场占有率，"延中"牌饮用水被评为"96年消费者信得过产品""96上海市市场放心产品"。

房产业方面，公司开发的"宝安新苑"民居工程，一期2.3万平方米与二期1.3万平方米已全部竣工，实现销售70%。目前，"宝安新苑"民居工程的三期工程1.6万平方米正在按进度建设之中，并已实现预售35%。由于房型设计合理，施工质量过硬，价格定位适当，促销手段得力，物业管理优良，目前该公司已进入良性自我流动开发时期。

"延中"的传统产业商贸业，经过95年企业重组，对同类企业实行兼并归口、扩大规模以后，强化了商贸类企业的协同作战能力、扩大了企业的规模效应。改革后，96年公司的商贸业有了新的发展。

自从95年进军文化产业后，在这方面"延中"现已建立了"新延中文化传播有限公司"，与八佰伴下属香港欢乐天地集体合资创办了"欢乐天地儿童游乐有限公司"，并与市文联合作创办了"东方书院"。在成立后不久，这些公司(或单位)都已获得了一定的成果。其中，96年"新延中文化传播公司"拍摄的记录片《股市人生》，在上海东方电视台播出，获得了不小的反响。

2.主要经营指标比较分析

公司原计划96年完成税后利润3300万元，经计算并经有关部门审计完成税后利润3354万元，超额完成税后利润计划。

3.前次募集资金的使用情况说明

1993年10月27日，公司第三届四次董事会及第十二次股东大会(通信方式)通过了增资配股决议，并经上海证券管理办公室沪证办(1993)第186号文批准和上海证券交易所复核，向老股东按1:1的比例实施配股，配股总额为3000万股，实收配股资金10500万元，该部分资金于94年2月全部到位。

上次募集资金基本上是按计划进度进行投资的，实际投资金额控制在募集资金的预算范围之内。各投资项目的进展速度，除龙鑫包装企业有限公司因未与外方谈妥而没有进行追加投资外，其他项目均按计划进度进行，各项目实际收益比预测情况要好，原预测1994年税后利润2000万元，而实际上1994年完成税后利润2728万元。

募集资金的使用情况列表如下：

单位：万元

投资项目	计划投资	实际投资
延中办公用品实业公司	2800	2800
海鑫针织时装有限公司	150	184
程鑫塑料包装有限公司	150	157
参建普陀公房资产经营公司商品房	831	730
参建中国和平深圳公司工业城	2000	2000
巨成实业公司	2000	2000
追加龙鑫包装企业有限公司投资	210	——
合　计	8141	7841

注：本应追加龙鑫包装企业有限公司的投资，因与合作的外方没有谈妥，故没有进行投资。

四、股本变化及股本结构情况

1.公司股本结构

单位：万股

	其初数	本次增减变动		期末数
		送股	小计	
流通股份	8640	1728	1728	10368

注：本公司全部股份为境内上市人民币普通股。

2.股本变动情况及原因

根据第十四次股东大会决议，公司在96年5月按10:2的比例向全体股东送红股，股本从8640万股增至10368万股，并于1995年5月通过上海证券交易所交易系统完成送股。

主要股东持股情况(前十名股东)

名次	股东名称	年初持股数(万股)	占总股本(%)
1	宝安上海公司	19266292	18.56
2	汉星公司	698232	0.67
3	李信夫	536768	0.51
4	张春燕	442700	0.43
5	唐国庆	400000	0.38
6	王铁强	383360	0.37
7	王胜良	373243	0.36
8	李　军	360000	0.35
9	高治安	327000	0.32
10	陈　荣	280500	0.27

上海真空电子器件股份有限公司

1996年年度报告摘要（摘选）

一、公司简况

公司名称：上海真空电子器件股份有限公司
法人代表：顾培柱　　邮政编码：200040
公司地址：上海市浦东即墨路95号2号楼4层
电话：021—62560884　　传真：021—62551512

二、主要财务数据与财务指标

指标项目	本年数	上年数	比上年增减(%)
1.主营业务收入(万元)	270,347.48	268,820.74	0.57
2.净利润(万元)	1,751.25	11,833.41	-85.20
3.总资产(万元)	499,193.84	435,298.75	14.68
4.股东权益(万元)	108,319.24	102,916.85	5.25
5.每股收益(元)	0.033	0.245	-86.53
6.每股净资产(元)	2.04	2.13	-4.23
7.净资产收益率(%)	1.62	11.50	-85.91
8.股东权益比率(%)	23.58	25.68	-8.18

三、公司主要业务回顾

1．一年来经营情况

由于公司主导产品黑白显像管的销售受各种因素的影响形势急转直下，加之公司主要客户的期票不能兑现、黑白整机停产，使我公司销售收入大幅下降、库存增加、资金运营困难。公司产品单一与大用户单一所造成的经营风险在市场销售形势严峻恶化、市场竞争日趋激烈中显得尤为突出。96年度公司面对严峻的形势，一方面致力于内部机制的转换和产品结构的调整，另一方面积极开拓国内外两个市场。

96年度公司实施了与世界著名大公司合资、合作的投资发展计划，对母体的产品结构进行了资产优化和重组，采取了以产品为单位的有效资产剥离，以使老产品在市场竞争中求得生存和进一步发展。

96年度公司先后在四个省份进行了市场调研和产品展示，并建立销售网络，制订了黑白整机与显像管的销售策略，并努力开拓国际市场，出口创汇2493.43万美元，母公司黑白与彩色显像管共出口57.63万只，黑白电视机出口5.86万台，钨铈电极出口627.24公斤，汽车灯出口9.52万只。

1996年度，公司黑白显像管完成158.48万只，同比减少58.99%；汽车灯完成109.25万只，同比减少41.02%；钨钼丝完成29730.00万米，同比减少26.80%，黑白玻壳完成435.95万只，同比减少13.47%；黑白电子枪完成212.20万支，同比减少57.56%。

2．主要经济指标分析

1996年度公司的经济指标为：主营业务收入270,347.48万元，同比增长0.57%；税后利润完成1,751.25万元，同比减少85.20%。

四、股本变化及股本结构情况

1．股本变化及股本结构情况

(1) 股本结构情况　　单位(万股)

	期初数	比例%	送股	期末数	比例%
A.尚未流通股份					
国家拥有股份	21621.73	44.78	2162.17	23783.91	44.78
B.已流通股份					
境内上市的人民币					
普通股	12138.98	25.14	1213.90	13352.88	25.14
境内上市的外资股	14520.00	30.08	1452.00	15972.00	30.08
C.股份合计	48280.72	100	4828.07	53108.79	100

(2) 股本变化情况

1995年度分红方案为每10股送1股，除权日为1996年6月3日，经本次送股后，公司总股本由原来的48280.72万股增至53108.79万股。

(3) 主要股东持股情况

股东名称	1996年末持股数(万股)	占总股本(%)
1. 国家股	23783.91	44.78
2. 泰布尔顿中国世界基金	996.00	1.88
3. 上海国际信托投资公司	771.42	1.45
4. 泰布尔顿龙基金(境外)	684.54	1.29
5. 维克维京有限公司(境外)	680.00	1.28
6. 上海申银万国证券公司	518.01	0.98
7. 切罗尔有限公司(境外)	367.90	0.69
8. 安大略教师退休基金	269.72	0.51
9. 泰布尔顿公共新兴市场	266.83	0.50
10. 塔格斯新兴市场基金	258.83	0.49

(4) 年末股东户数：A股112852户，B股1936户。

2．董事、监事持股情况

	年初持股数	年末持股数	变动原因
顾培柱先生,董事长	2040	2244	送股
李慈祖先生,副董事长	0	1100	购入与送股
张锻先生,董事,总经理	528	1681	购入与送股
江兵先生,董事,副总经理	840	924	送股
吴冀南先生,董事,副总经理	0	1100	购入与送股
周家春先生,董事,副总经理	0	0	原不持股
钱佩勇先生,董事	0	0	原不持股
徐芝明先生,董事	0	0	原不持股
黄斌元先生,董事	0	0	原不持股
陆琦琛先生,董事	0	0	原不持股
王新奎先生,董事	0	0	原不持股
唐齐千先生,董事	0	0	原不持股
朱根林先生,董事	0	0	原不持股
承志祥先生,监事长	0	0	原不持股
周正春先生,副监事长	1200	1320	送股
王春山先生,监事	1500	2650	购入与送股
裘怿荣先生,监事	0	0	原不持股
张一平先生,监事	0	0	原不持股
陈国辉先生,监事	0	0	原不持股
王爱萍女士,监事	0	0	原不持股

上海二纺机股份有限公司

1996年年度报告摘要（摘选）

一、公司简况

公司名称：上海二纺机股份有限公司

法人代表：郑克钦　　　　邮政编码：200434

公司地址：上海场中路265号

电话：021—65318888－2673　传真：021—65421963

二、主要财务数据与财务指标

单位：万元

指标项目	本年数	上年数	比上年增减(%)
1.主营业务收入	47178.46	54108.30	－12.81
2.净利润	122.33	1808.90	－93.24
3.总资产	194988.96	196811.75	－0.93
4.股东权益	114071.07	110850.59	2.91
5.每股收益(元)	0.002	0.039	－94.87
6.每股净资产(元)	2.22	2.15	3.26
7.净资产收益率(%)	0.11	1.63	－93.25
8.股东权益比率(%)	58.50	56.32	3.87

三、公司主要业务回顾

1．一年来公司经营情况

1996年纺织行业出现了前所未有的困难，设备更新和技术改造的力度明显，公司作为以纺织机械为主导产品的生产企业，面临着极大的困难和异常激烈的市场竞争。在全体股东大力支持下，全体员工团结一致，克服困难，积极调整，完成了以下主要方面的工作：

实现细纱机销售1325台，比1995年减少919台，市场占有率为36.3%，与1995年基本持平；自动络筒机销售28台，比1995年增加16台；化纤纺丝机销售12台套，比1995年增加8台套。公司强化了销售和售后服务工作，制定和实施公司领导每年每人不少于20天走访重点地区、重点客户制度，抽调了中层干部和生产技术骨干充实营销队伍，售后服务反应加快，用户满意度提高；初步建立了财务预算和监控体系，强化了现金流量管理，公司上下广泛开展降本增效活动，成本控制取得初步成果，外协费用下降2972万元，管理费用下降1828万元；产品毛利率有了一定幅度的提高；继续加强ISO9001的贯彻工作，为确保压力容器产品立足国际市场，特别是进入欧洲市场，从TUV认证人手，严格组织实施，成为全国第一家按德国TUV技术监督协会制定AD规范HPO系列标准验收合格准予发放制造许可证的中国企业，已成功组织约180万马克加工件的返销，为实现“两个转移”发展战略，拓展国际市场奠定了坚实基础；继续花大力气了抓新品开发并确保新品开发的投入，开发的新型细纱机在1996年10月北京国际纺机展览会上受到用户广泛好评。在盘活存量资产方面也做了积极有益的探索。

2．主营业务收入和净利润情况

公司1996年实际完成主营业务收入47178万元，比1995年下降12.81%，完成净利润122万元，比1995年下降93.24%。

主营业务收入和净利润持续下滑的主要原因：纺织行业效益大幅度滑坡，纺机市场疲软，仅细纱机需求1996年就比1995年下降30%左右；前几年的技术改造使公司大大提高了整体生产加工能力和竞争能力，但受市场需求影响，公司先进的制造设备利用不足，效率较低。

四、股本变化及股本结构情况

1．股本变化及股本结构情况

截止1996年12月31日，公司股本结构如下：

数量单位：股　每股面值：1元

	期初数	期末数
(1)尚未流通股份		
国家股	238,493,008.60	238,493,008.60
尚未流通股份合计	238,493,008.60	238,493,008.60
(2)已流通股份		
A.境内上市的人民币普通股	64,710,800	64,710,800
B.境内上市的外资股	211,750,000	211,750,000
已流通股份合计	276,460,800	276,460,800
(3)股份总数	514,953,808.60	514,953,808.60

2．股本变动情况及原因

经公司第二届第六次股东大会决议，并报经上海市证券管理办公室核准，公司于一九九六年六月实施按10:1比例用资本公积转增股本，公司已调整年报期初数，因此，本年度公司股本未变化。

3．主要股东持股情况(前十名)

股东名称	年末持股数	占总股本(%)
1)国家股	238493008.60	46.31
2)HKSBCSB A/C CMB S/A TEMPLETON DRAGON FUND INC.	22016122	4.28
3)HKSBCSB A/C CHASE BANK IRELAND S/A GT PRC FUND	12846735	2.49
4)HKSBCSB A/C THE CHASE MANHATTAN BANK NA S/A TEMPLETON CHINA WORD FUND INC.	11745261	2.28
5)HKSBCSB A/C CHASE MANHATTAN BANK NAS/A TEMPLETON DEVEL MKTS TRUST	8770806	1.70
6)ABU DHABI, UNTTED ARAB EMIRATES	6776000	1.32
7)HKSBCSB A/C STB S/A IV－TOYO CHINA FUND	5425278	1.05
8)HKSBCSB A/C CHASE MANHATTAN BANK NAS ATEMPLETON	4702060	0.91
9)SCBHK A/C BROWN BROTHERS HARRIMAN AND COBOSTON S/A CMO EMERGING MARKETS FUND	3893989	0.76
10)SCBHK A/C ROBERT FLEMING AND CO.LTD.S/A THE FLEMING CHINESE INVESTMENT TRUST PL	3630000	0.70

4．股东数量：

截止1996年12月31日，股东数量如下：

股份类别	股东数量
国家股	1
社会流通股	60310
外资股	2101
合计	62412

上海轻工机械股份有限公司

1996年年度报告摘要（摘选）

一、公司简况

公司名称：上海轻工机械股份有限公司

法人代表：史丽雯

公司地址：上海市南京西路1576号

电话：021-62560000 转接　　021-62566022 直线

传真：086-021-62560492

二、主要财务数据与财务指标

指　　标	本年数	上年数	比上年增(%)
1.主营业务收入(万元)	31997.66	29166.67	9.71
2.税后利润(万元)	562.28	443.16	26.88
3.总资产(万元)	55368.34	55358.22	0.02
4.股东权益(万元)	28842.08	28652.70	0.66
5.每股收益(元)	0.032	0.025	28
6.每股净资产(元)	1.65	1.64	0.61
7.净资产收益率(%)	1.95	1.55	25.81
8.股东权益比率(%)	52.09	51.76	0.64

三、公司主要业务回顾

1996年公司在营销战略大讨论的基础上不断增强抗市场波动能力，努力提高经济运行质量。工贸联手，瞄准大集团、大行业，扩大公司产品的应用领域，以此拓展销售市场。增设销售网点，组织成套成线的生产销售，充分发挥行业优势。并通过推进技术进步、调整产品结构来促进销售。去年技术进步产品产值达到19630万元，创造了历史的新纪录。

公司一九九六年第五次股东大会确定96年公司主营业务收入为32000万元，出口创汇800万美元，实现利润620万元。实际完成主营业务收入31997.66万元，出口创汇807万美元，实现利润624.25万元。基本实现了股东大会确定的各项经济目标。

这些经济目标的实现主要是：(1)加大了技术改造的投入，消化了引进的国外先进技术，提高了一些主导产品的能级，壮大了一些优势企业，加大了市场的占有。

(2)在资产运作和资产经营中也初见成效。通过房屋租赁，对外投资的利润分成，增加了公司的经济效益，弥补了主业中有些行业出现的亏损。

公司目前要进一步大发展的最主要问题就是要加快行业结构调整，加速股份公司规范化的运作，多渠道的吸纳资金，加大产品开发力度。

四、股本变化及股本结构情况

股本结构及变动情况表

1. 股本结构情况(单位：股，每股面值：人民币1元)

	95年末数	96年末数
(1)尚未流通股(国家持有股)	155,160,000	155,160,000
(2)已流通股(境内上市人民币流通股)	20,000,000	20,000,000
(3)股份合计	175,160,000	175,160,000

2. 本报告期内股本无变动

3. 主要股东持股情况(前十名股东截止期为96年12月31日)

名次	股东姓名及名称	持股数	占总股本比例(%)
(1)	国家股	155,160,000	88.58
(2)	陈　菲	187600	0.11
(3)	万国宝鼎	179600	0.10
(4)	通讯发展	126100	0.07
(5)	青小渠	119900	0.07
(6)	周孝顺	116000	0.07
(7)	宋伟铭	100000	0.06
(8)	肖东升	80600	0.05
(9)	丹东证券	80000	0.05
(10)	付顺龙	76200	0.04

4. 年末股东户数　15028　其中

国有股　1户　社会流通股　15027户。

5. 公司董事、监事和高级管理人员持股情况

姓名	职　务	年初持股数	年末持股数
史丽雯	董事长	0	0
史仁良	董事总经理	0	0
叶红英	副董事长、党委书记	2000	2000
张焕勋	董事、党委副书记、工会主席、纪委书记	2000	2000
徐根祥	董事、副总经理	2000	2000
蔡国耀	董事、副总经理	1500	1500
赵　蝶	董事、副总会计师	1000	1000
金　灏	董事、董事会秘书	1000	1000
沈水根	董事、上海前卫机械厂厂长兼书记	2000	2000
余月金	董事、上海饮料机械厂厂长	2000	2000
马永江	董事、上海第一塑料机械厂党总支书记	2000	2000
朱宗礼	董事、上海天祥、健台制药机械有限公司总经理	2000	2000
邵贵林	董事、上海橡胶机械厂厂长	2000	2000
黄秉昌	董事、上海冷铸轧辊厂厂长	2000	2000

6. 子公司和关联企业

企业名称	公司投资(万元)	占总股本比例%	主营业务
上海塑料机械厂	1600	100	塑料机械
上海远东塑料厂	162	50	塑料制品
上海轻机供销有限责任公司	200	100	经销轻工机械产品
上海乳品中心	20	50	乳品机械
上海轻机综合服务部	10	50	机床及备品备件等
上海轻机益厦物业管理有限公司	45	90	物业管理
上海天祥·健台制药机械有限公司	$210	42	制药机械
上海阿仁科机械有限公司	$186.9	35.8	火柴及轻工机械
上海东申矿泉水公司	140	20	矿泉水等
镇江国泰新型装饰材料有限公司	140	37.7	新型装饰材料
上海徐径铸造厂	100	25	铸铁件

上海嘉丰股份有限公司

1996年年度报告摘要(摘选)

一、公司简况

公司名称：上海嘉丰股份有限公司

法人代表：程介禄　　邮政编码：201800

公司地址：上海市嘉定区西门

电话：021—59530673　　传真：021—59529418

二、主要财务数据与财务指标

指标项目	本年数	上年数	比上年增减(%)
1.主营业务收入(万元)	24978.84	35874.23	-30.37
2.净利润(万元)	-2304.83	385.33	-698.14
3.总资产(万元)	43903.26	50254.54	-12.64
4.股东权益(万元)	15074.45	16443.64	-8.33
5.每股收益(元)	-0.27	0.04	-775.00
6.每股净资产(元)	1.74	1.90	-8.42
7.净资产收益率(%)	-15.29	2.34	-753.42
8.股东权益比率(%)	34.34	32.72	4.95

三、公司主要业务回顾

1.一年来公司经营情况

1996年是公司成立以来最艰难的一年，纺织产业的总量供大于求，使公司的主业——纺织业进入了十分困难的境地，市场较长时期的低迷，原材料价格的上升，出口退税率的下降等原因，严重威胁着公司的生存和发展。在巨大的困难面前，公司董事会及时作出了浓缩纺织，盘活存量，扩大贸易，搞活其他的战略决策，并带领全体员工顽强拼搏，艰苦奋斗，年内压缩了三分之一的纺织总量，实施了纺织管理机制的重大改革，经上下共同努力至年底，纺织业已基本止亏。但由于公司的其他产业在本年度内无法弥补纺织的亏损，使公司至成立以来第一次出现了年度亏损。

2.主要指标分析

1996年实际经营结果与上年相比，主营业务收入24978万元，比上年下降30.37%；全年亏损2304.8万元，利润比上年下降698.14%。

主要原因：

1)纺织业原材料价格上升、产品销售价格低，市场疲软。

2)缩小纺织生产规模的过程中所付出的成本，如年内辞退合同制工人公司支付一次性补贴216万元等。

3)出口退税率下降4%，减利183万元。

4)房产公司本年利润减少377万元，主要原因：近三年开发的房产集中在95年度销售，本年度可销的房产明显减少，造成营业额下降6556万元，影响当年利润。

四、股本变化及股本结构情况

1.股本变化

本公司1996年末总股本为86734072股。

2.股本结构情况　　(单位:万股　　面值:一元)

股份类别	期初数	期末数	变化情况
1)尚未流通股			
国家股	6478.1992	6478.1992	无
2)已流通股份			
A股	2195.2080	2195.2080	无
3)股份总数	8673.4072	8673.4072	无

3.主要股东持股情况(前十名股东)

名次	股东名称	年初持股数(万股)	占总股本%(%)
1	国家持股	6478.1992	74.69
2	林小燕	20.0000	0.2
3	上海投资信托	18.7000	0.2
4	天泰精化	9.3500	0.1
5	文炳荣	6.4510	0.1
6	章　训	6.0000	0.1
7	吴当金	6.0000	0.1
8	黄超慧	6.0000	0.1
9	哈尔滨上证	5.1600	0.1
10	李详家	5.0000	0.1

4.公司董事、监事与高级管理人员持股情况

姓名	职务	年初持股数	年末持股数	变动原因
程介禄	董事长	0	0	
韩再良	副董事长	0	0	
孙再华	总经理、董事	0	0	
归其根	副总经理、董事	0	0	
徐根明	副总经理、董事	0	0	
喻建定	副总经理、董事	0	0	
何国芬	董事	0	0	
周亚强	董事	0	0	
吴大年	董事	0	0	
乐可辛	董事	0	0	
张关林	董事	0	0	
万国光	董事	0	0	
梅寿椿	董事	0	0	
周玉成	董事	0	0	
徐建军	董事	0	0	
赵博雅	董事	0	0	
李隆坤	董事	0	0	
曾慧慧	监事长	0	0	
周维明	监事	0	0	
秦建忠	监事	1100	1100	
孙玉芳	监事	0	0	
孙　伟	监事	0	0	
陈偕健	监事	0	0	

上海联合实业股份有限公司

1996年年度报告摘要 （摘选）

一、公司简况

公司名称：上海联合实业股份有限公司
法人代表：丁　力　　　　邮政编码：200030
公司地址：上海吴兴路278号10楼A、B室
电话：(021)64720251　　　传真：(021)64726496

二、主要财务数据与财务指标

单位：元

指标项目	本年数	上年数	比上年增减(%)
1.主营业务收入	258,931,717.99	319,951,637.40	-19.07
2.净利润	25,791,411.11	23,803,990.25	8.35
3.总资产	619,640,585.37	556,732,479.77	11.3
4.股东权益	219,652,672.66	207,061,000.31	6.08
5.每股收益(摊薄)	0.2458	0.2268	8.38
6.每股净资产	2.09	1.97	6.09
7.净资产收益率(%)	11.74	11.50	2.09
8.股东权益比率(%)	35.45	37.19	-4.68

注：(1)净利润按上年同口径计算即子公司税后利润提取的奖福基金包含在净利润中。

(2)由于境外子公司96年开始实行合并会计报表故年初数(上年数)进行调整。

三、公司主要业务回顾

1.一年来经营情况

1996年公司面对纺织行业整体滑坡的严峻形势，切实遵循股东大会作出的“跨越纺织”实行两翼作战的经营方针，在努力抓好各子公司开发新品种，拓展国内外市场，使主业获利的同时，积极进行短期投资，合作经营，扩大贸易和房地产投资，并利用控股92.55%子公司—上海联合毛纺织有限公司合营期满继续经营和因陆家嘴开发需要搬迁移地生产为契机，对“联毛”资产进行重组，完成了“老联毛”调整生产结构和成立“新联毛”的项目审批，选址和厂房设计前期工作。

公司在各级政府有关部门的支持下，依靠全体员工的共同努力，克服了各种困难，取得税后利润2579.14万元，比年初预测指标2200万元增长17.23%。主营业务收入完成25,893.17万元，比年初预测34,400万元下降24.8%。

2.主要指标分析

公司96年主营业务未完成计划的主要原因：1.纺织市场结构性疲软，使销售额较95年下降19.07%。2.公司控股92.55%子公司“联毛”公司因搬迁前期工作给生产带来影响，并使其销售额比上一年减少32.02%。

公司96年税后利润上半年只完成252.49万元，全年则超额完成利润目标，其主要原因是：1.各子公司努力开发新品种，扩大销售，切实做到内外销并举，使下半年销售额比上半年增加50%，主营业务利润比上年有所增加。2.公司本部开拓经营，进行短期投资和房地产投资，全年取得860.83万元税后利润，从而促使整个公司超额完成年度利润指标。

3.筹集资金使用情况

1995年公司增资配股共募集资金2858万元(扣除发行费)，于1995年9月12日全部到位，配股募集资金计划(1)以1700万元用于上海“联毛”公司搬迁前期准备工程。(2)投资85万美元设立沪港合资联合西服公司。(3)增资投入上海联合制衣有限公司44.5万美元。

募集资金实际使用情况：1.上海联合制衣公司扩建厂房项目已按计划投入，该项目已竣工投入使用。2.“联毛”搬迁成立“新联毛”项目已于96年12月份经外资委批准并已购进54亩建房工地，根据厂房设计基建资金约需4000万元。3.联合西服公司因市场不景气，予以取消，将该项目85万美元资金调整为增加对“新联毛”项目的投入，此调整投资项目拟提请96年度股东大会审议通过。

四、股本变化及股本结构情况

(一)股本结构情况(单位：股，每股面值：一元)

1.截止1996年12月31日，公司股本结构如下：

项目	期初数	期末数	比例(%)
一、尚未流通股份			
1.发起人持股	79,190,400	79,190,400	75.464
其中：			
境内法人持有股份	47,488,560	47,488,560	45.254
外资法人持有股份	31,701,840	31,701,840	30.21
2.社会公众持股	3,433,008	3,433,008	3.271
其中：			
受让转配	3,433,008	3,433,008	
尚未流通股份合计	82,623,408	82,623,408	78.735
二、已流通股份			
境内上市的人民币普通股	22,314,552	22,314,552	21.265
已流通股份合计	22,314,552	22,314,552	21,265
三、股份总数	104,937,960	104,937,960	100

2.一九九六年年内，公司股本没有发生变化。

3.公司主要股东持股情况(前十名股东)

名次	股东名称	年末持股数(股)	占总股本(%)
(1)	上海纺织工业经营开发公司	42,738,000	40.72
(2)	香港联沪毛纺织有限公司	31,701,840	30.21
(3)	上海爱建股份有限公司	4,750,560	4.53
(4)	纪如玲	457,470	0.44
(5)	白永河	438,272	0.42
(6)	周美兰	431,700	0.41
(7)	曹克如	413,047	0.39
(8)	常玉兰	346,400	0.33
(9)	董厚明	337,879	0.32
(10)	韩振瑞	336,800	0.32

4.股东数量：截止1996年末公司股东总数为16737户，其中法人股股东3户，社会公众股东16734户。

上海异型钢管股份有限公司

上海异型钢管股份有限公司一九九七年度中期报告

一、财务报告

(一)本期财务报告经上海会计师事务所注册会计师刘小虎、孟荣芳审计并出具无保留意见审计报告上会师报字(97)第0581号。

(二)财务报表:

1.简化资产负债表

单位:元

项目	1997年6月30日 母公司	1997年6月30日 合并	1996年12月31日 母公司	1996年12月31日 合并
流动资产	157,949,929.55	167,062,822.98	143,940,297.25	154,187,439.84
长期投资	55,575,167.21	31,215,939.49	64,266,600.98	32,311,460.45
固定资产净值	11,670,394.11	24,451,180.98	9,138,109.24	25,011,458.66
在建工程	47,361,315.56	48,472,842.84	43,960,906.45	47,802,580.94
无形资产及递延资产	2,935,143.79	3,446,304.35	76,048.35	3,034,147.27
资产总计	275,509,086.15	274,783,328.69	261,381,962.27	263,287,937.80
流动负债	98,616,197.43	92,419,595.19	88,352,268.90	83,404,016.98
长期负债	1,150,000.00	1,224,865.18	746,835.02	846,655.34
少数股东权益		5,394,695.21		6,710,744.71
股东权益	175,742,888.72	175,744,173.11	172,282,858.35	172,326,520.77
其中:股本	84,470,595.00	84,470,595.00	84,470,595.00	84,470,595.00
资本公积	55,353,601.71	55,353,601.71	55,353,601.71	55,353,601.71
盈余公积	18,941,804.40	18,967,494.75	18,941,804.40	18,967,494.75
未分配利润	16,976,887.61	16,952,481.65	13,516,857.24	13,534,829.31

2.简化的利润表:

单位:元

项目	1997年1—6月 母公司	1997年1—6月 合并	1996年1—6月 母公司	1996年1—6月 合并
主营业务收入	56,377,333.66	62,250,135.78	51,365,869.40	56,963,635.40
主营业务利润	698,353.03	460,403.66	-1,124,132.60	-385,852.67
其它业务利润	190,975.12	157,338.77	693,628.23	653,688.00
投资收益	2,431,718.24	3,035,133.63	3,110,697.76	2,939,333.33
营业外收支净额	270,232.56	287,328.67	-484,494.45	-443,748.23
利润总额	3,591,278.95	3,940,204.73	2,195,698.94	2,763,420.43
所得税	131,248.58	243,080.93		120,771.60
净利润	3,460,030.37	3,417,652.34	2,195,698.94	2,267,691.17

(三)其他财务指标

项目	1997年1—6月	1996年1—6月
每股收益	0.0405元	0.0268元
净资产收益率	1.94%	1.42%
每股净资产	2.08元	1.89元

说明:上述财务指标均按六月底股本数计算,第六次股东大会通过的10:1.5送红股实施日期为7月3日

(四)财务报表附注:

1.本期财务报告采用的会计方法(除浦东分厂联营解体,土地使用权摊销方法由10年改为40年外)与上年度一致;

2.合并报表范围:本期合并报表增加了中日合资晶鑫紧固件有限公司、异钢物资贸易有限公司、减少了浦东分厂,由此而产生的合并报表期初数的差异,均已进行了相应的调整。

(1)公司的合并会计报表是由母公司和下列子公司合并而成的。

并表单位名称	母公司所占股权比例
a.公司港口分厂	89.11%
b.异钢房地产发展公司	100%
c.异型钢管国际贸易公司	90%
d.天天快餐配膳中心	100%
e.异钢实业公司	100%
f.异钢成套办公设备有限公司	55%
g.永鑫衡仪器厂	100%
h.永鑫异型钢管技术发展部	100%
i.晶鑫紧固件有限公司	51%
j.异钢物资贸易有限公司	81%

(2)公司港口分厂是公司与龙华乡港口实业公司举办的联营企业。根据联营协议,公司全权负责该企业的经营管理和财务政策,并根据联营协议分配盈利,所以将该企业作子公司,纳入合并报表范围。

3.合并报表有关项目的注释:

(1)应收帐款期末余额为人民币54,840,499.80元

帐龄分析:

年限	金额	比例(%)
一年以内	38,875,246.90	70.89
一至二年	10,089,469.15	18.40
二至三年	2,080,289.17	3.79
三年以上	3,795,494.58	6.92
合计	54,840,499.80	100

持本公司5%以上股份的主要股东单位无欠款。

(2)其它应收款期末余额为人民币31,254,911.29元。

帐龄分析:

年限	金额	比例(%)
一年以内	20,240,464.46	64.76
一至二年	2,184,711.02	6.99
二至三年	6,516,448.28	20.85
三年以上	2,313,287.53	7.40
合计	31,254,911.29	100

(3)长期投资期末余额为人民币31,215,939.49元

a.股权投资

被投资公司名称	股份	投资额(元)
上海申银万国证券公司	1,518.212	3,000,000.00
上海钢管股份有限公司	110.000	440,000.00
沪昌特钢股份有限公司	55.000	140,000.00
小计		3,580,000.00

b.债券投资

债券名称	面值(元)
87年国库券	70,000.00
87年电力债券	10,000.00
89年重点建设债券	15,000.00
小计	95,000.00

c.联营投资

被投资公司名称	投资期限(年)	投资比例(%)	投资金额(元)
上海富鑫不锈钢制品有限公司	15	30.343	10,620,000.00
上海维蒙特异型钢管有限公司	50	30	14,510,646.06
永鑫波纹管有限公司	15	20.29	2,190,293.43
上海钢铁联合贸易公司	—	—	100,000.00
广州联合实业公司	—	—	100,000.00
上海电子开发公司	—	—	20,000.00
合　　计			27,540,939.49

(4)固定资产清理期末余额为人民币 134,238.05 元,期初数为 940,850.64 元,主要是浦东分厂固定资产清理完毕。

(5)递延资产期末余额为人民币 1,183,429.41 元,期初数为 731,947.31 元,主要是职工住房补贴需逐年分摊的部分。

(6)应付票据期末余额为人民币 23,160,000.00 元,期初数为 12,300,000.00 元,主要是宝山钢铁总厂原料采购款的增加。

(7)预收货款期末余额为人民币 7,298,673.86 元,其初数为 4,417,179.09 元,主要是客户的预收货款增加。

(8)其它未交款期末余额为人民币 105,812.13 元,期初数为 77,095.05 元,主要是教育附加费的增加。

(9)预提费用期末余额为人民币 2,453,633.34 元,期初数为 1,675,180.56 元,主要是浦 东分厂工程本年度尚未全面竣工验收,而预提的折旧费。

(10)其它长期负债期末余额为人民币 74,865.18 元,期初数为 -303,344.66 元,主要是住房周转金结转到递延资产中核算。

(11)资本公积金期末余额为人民币 55,353,601.71 元,本期无变动。

(12)盈余公积金期末余额为人民币 18,967,494.75 元,本期无变动。

(13)未分配利润期末余额为人民币 16,952,481.65 元,期初数为 13,534,829.31 元,本期净利润为 3,417,652.34 元。

(14)投资收益期末余额为人民币 3,035,133.63 元,其中非控股公司分配来的利润为 2,495,133.63 元。

(15)营业外支出本期为 5,702.99 元,去年同期为 566,619.32 元,主要是本期的离退休人员的工资、医药费转入管理费用核算。

4. 关联方关系及其交易:

(1)关联方关系

企业名称	注册地址	主营业务	与本企业关系	经济性质或类型	注册资本	股份及比例 金额	%
上海富鑫不锈钢制品有限公司	陈太路 60 号	生产销售不锈钢镜面板、彩色板	参股公司	中外合资	人民币 3500 万元	人民币 1062	30.343%
上海永鑫波纹管有限公司	陈太路 56 号	金属波纹管膨胀节	参股公司	中外合资	美元 243 万元	人民币 219.03	20.29%
上海维蒙特异型钢管有限公司	松江车墩镇工业小区	路灯杆、输变电管	参股公司	中外合资	美元 580 万元	人民币 1451.06	30%

(2)关联方交易

a. 采购货物

报告期内无采购业务。

b. 销售货物

企业名称	1997 年 1～6 月 金额	占 1～6 月份销售额%
上海维蒙特异型钢管有限公司	20,026.82	0.03%

c. 关联方应收款金额

项目	期末余额 1997.6.30	期末余额 1996.6.30	占金额应收余额的比重% 1997.6.30	占金额应收余额的比重% 1996.6.30
上海维蒙特异型钢管有限公司	455,197.17	3,477,270.41	1.46%	8.59%
上海富鑫不锈钢制品有限公司	134,245.07	8,332,135.01	0.43%	20.58%
上海永鑫波纹管有限公司	9,556,582.17	8,041,569.59	30.58%	19.86%

二、经营情况的回顾与展望

1. 上半年经营情况的回顾

今年上半年,公司员工按照"拓展、挖潜、创新、增效"的公司方针,积极工作,辛勤劳动,取得了较好的成绩,体现了公司综合实力的不断提高。上半年主营业务收入完成 6225 万元,比去年同期增长 9.28%,主营业务利润由去年的亏损转为盈利 46 万元,实现税后利润 341.8 万元,比去年同期增长 50.71%,实现了主营业务收入和实现利润同步增长的好势头。上半年公司的主要工作:

(一)以结构调整,促进经营质量的提高

在产品结构上,适应市场变化,按照市场需求组织生产,增加了适销对路和高附值的产品。公司发挥事业部制管理模式的优势,使电站锅炉用的特殊异型钢管的生产数量达到历史最高水平,销售量也已超过 1300 吨。公司还依靠整体实力,承接了上海市体育场八万人坐椅及玻璃幕墙支架等工程项目,形成一个新的经济增长点。

(二)以规范化运作,促进资产质量提高

公司在提高生产经营的同时,积极探索资产经营。在盘活存量的基础上,优化增量,狠抓几个合资企业的投资回报,积极探索和开辟融资渠道,不断增强企业自我发展的能力。

(三)以精神文明建设,促进队伍素质的提高

公司抓住评上市文明单位的契机,开展了评文明先进活动,抓班组达标工作,充分调动职工群众的潜在能力,以科技进步,质量稳定,管理效益推进公司的全面发展。

2. 下半年计划:

公司按照第六次股东大会的要求,进一步调整生产布局,尽快形成主营业务规模化,以生产经营推动资产经营,以资产经营促进生产经营,坚持两个文明一起抓,促进企业健康,稳步发展。为此下半年我们主要工作:

(一)以开拓市场为重点,抓好生产经营

坚持把市场作为公司一切生产经营活动的起点和归宿,把拓展市场看成是公司生存基础,下半年我们将围绕"了解市场、研究需求、服务用户"的宗旨,积极开拓市场,调整策略,面向大市场、大用户、大项目。改进工作作风,强化队伍建设,全面提高企业营销能力,努力做到服务用户,满足和创造用户的需求。

(二)以改革为动力,调整和完善管理体系

加大改革力度,充分调动公司员工的积极性,逐步形成适合公司特点的员工考核和岗位竞争机制。着力调整三产的结构,以求集约效应。按市场经济特点和企业发展总方针的要求,继续调整管理体制,使企业形成体制顺,机构少,人员精的管理格局。

(三)以基础管理为中心,促进效益的增长

以资金管理,现场管理,质量管理为中心,推进企业的基础管理工作。优化组合生产要素,努力降低成本;以推进 ISO-9001 贯标为契机,提高产品实物质量;搞好财务预算管理,增强资金运营效率,促进效益目标的全面实现。

(四)坚持依靠职工办企业,全面提高员工素质

全心全意依靠职工办好企业,充分发扬员工主人翁精神和艰苦创业的精神,积极推进对员工中长期和阶段性相结合的培训计划,培养适应市场竞争的各种人才,塑造企业良好形象,提高企业的整体素质。

三、重大事项说明

1. 公司在五月廿二日《严禁国有企业和上市公司炒作股票的规定》下达后进行认真自查,确认本公司从不参与二级市场炒作,没有从事任何违规的事项。

2. 本公司与浦东新区顾路镇工业总公司共同投资组建了《上海异型

钢管制品有限公司》。公司注册资金为人民币 800 万元,其中:本公司投资比例为 80%,主要经营范围:异型钢管的深加工产品,该公司一九九七年四月四日在浦东新区工商行政管理局注册登记。

3. 本报告期中公司无重大诉讼,纠裁事项。

四、发行在外股票的变动和股权结构变化:

1. 股本结构情况:

填报日期 97 年 6 月 30 日　　数量单位:万股　　每股面值:1 元

	期初数	配股	送股	公积金转股	其他	小计	期末数
	本次变动增减(+、-)						
一、尚未流通股份							
1. 发起人股份							
其中:							
国家拥有股份	3396.8715						3396.8715
境内法人持有股份							
外资法人持有股份							
2. 募集法人股							
3. 内部职工股							
4. 优先股或其他							
其他(社会公众持有转配股)	841.698						841.698
尚未流通股份合计	4238.5695						4238.5695
二、已流通股份							
1. 境内上市的人民币普通股	4208.49						4208.49
2. 境内上市的外资股							
3. 境外上市的外资股							
4. 其他							
已流通股份合计	4208.49						4208.49
三、股份总数	8447.0595						8447.0595

2. 主要股东情况:

股东名称	97 年 6 月底持股数(万股)	占总股本(%)
上海冶金控股(集团)公司	3396.8715	40.21
孙晓英	20	0.24
兰州科光	18	0.21
王　永	16.06	0.19
杨喜婉	15	0.18
川沙顾路工业总公司	12.7	0.15
蔡冬琴	12	0.14
俞浩兵	10.28	0.12
彭　晖	10.25	0.12
文武全	10	0.12

五、股东大会简介

上海异型钢管股份有限公司第六次股东大会(1996 年年会)于 1997 年 5 月 26 日在浦东新区工苑酒家召开,参加会议的股东人数为 97 名,共代表股份 3498.6141 万股,本次大会符合《公司法》和公司章程的有关规定,并圆满完成了各项预定的议程。

会议经过认真审议,表决通过了以下决议:

1. 审议并通过了 1996 年度公司董事会工作报告;

2. 审议并通过了 1996 年度监事会工作报告;

3. 审议并通过了 1996 年度公司财务决算报告;

4. 审议并通过了 1996 年度公司利润分配方案;

5. 审议并通过了修改公司章程的决议;

6. 审议并通过了董事会成员调整的决议。

《上海证券报》于 1997 年 5 月 26 日和 1997 年 6 月 26 日刊登了本公司一九九六度股东大会决议公告和实施九六年度分红送股的公告。

在公司第六次股东大会上,通过了"修改公司章程"的报告,对《公司章程》作了如下修改:

1. 章程增加了第五条和第六条,进一步强调了公司董事、监事和其它高级管理人员对公司负有诚信和勤勉义务以及在规定任期中不得转让其所持有的本公司股票的规定。

2. 章程第廿条增加了股东参加股东大会,依法享有发言权,质询权,表决权等各项的条款,进一步落实和保障了股东的权益。

3. 章程第廿一条改为董事会由七~|三名董事组成,并对董事会的运作规范作了更为具体的规定。

六、备查文件

1. 载有董事长余大顺亲笔签名的中期报告原本。

2. 修改后的公司章程。

3. 公司一九九六年度报告。

4. 查阅地址:上海龙华东路 839 号

上海异型钢管股份有限公司投资管理部

电话:021—63025811

上海异型钢管股份有限公司

一九九七年八月廿六日

一汽金杯汽车股份有限公司

1996 年年度报告摘要 (摘选)

一、公司简况

公司名称：一汽金杯汽车股份有限公司
法人代表：耿昭杰　　邮政编码:110015
公司地址:沈阳市铁西区兴工北街 67 号
电话：4800635　4800669－8618　传真:4801798

二、主要财务数据与财务指标

指 标 项 目	本年数	上年数	比上年增减(%)
1.主营业务收入(万元)	2,647,456,818	2,225,887,147	18.94
2.净利润(万元)	10,897,538	－254,104,629	－104.29
3.总资产(万元)	6,233,431,206	5,872,953,445	6.14
4.股东权益(万元)	1,541,838,034	1,534,452,201	0.48
5.每股收益(元)	0.0112	－0.2615	－104.29
6.每股净资产(元)	1.59	1.58	0.48
7.净资产收益率(%)	0.71	－16.56	－104.27
8.股东权益比率(%)	24.73	26.13	－5.33

三、公司业务经营回顾

1996 年,公司克服重重困难,在"两个转变"中,在市场经济发展的道路上向前迈进了一大步。其主要标志:生产全面启动,趋于正常;产量逐月上升,大幅增长;产品质量明显提高,得到用户重新确认;产品开发取得突破性进展,品种不断增加;全力拼抢市场,销售局面基本打开;改革逐步深化,结构调整力度加大,公司整体功能进一步增强。以"双节一降"为重点的经济整顿工作成效显著,各项管理工作明显加强,公司生产经营工作的被动局面已经扭转。公司正在以新的形象、新的面貌向前发展。经过一年的努力,生产各类汽车 20348 辆,比上年增长 52.5%,其中:轻型卡车 10,052 辆,轻型客车 10,296 辆,分别比上年增长 117.2%和 18.1%;完成销售收入:264,746 万元,比上年 增长 18.9%;利税总额:17,042 万元,比上年增加 28,742 万元。公司在全国汽车生产企业中,已从 1995 年排名第 21 位,上升到第 15 位;在轻型汽车生产企业中,已从 1995 年排名第 9 位上升到第 5 位;产量已由 95 年占全国轻型车产量的 2.4%,上升到 4.02%。

1996 年,公司发生的主要变化是:

年初,公司从筹措和解决生产急需资金入手,开始艰难的生产启动,使产量逐月增大。在极其困难的情况下,精心组织了新产品 CA1043、CA1049 二吨级系列,CA1020、CA1026 一吨级系列轻型卡车以及 CA1041 柴油车、CA1041 翻转驾驶室货车及烟草专用车和出口车的生产。公司生产全面起动并进入正常运行,为各项工作的开展创造了前提条件。

快速反应进行产品结构调整,新产品开发工作取得了实质性进展。为适应市场激烈竞争的需要,打破产品多年一贯制、水平低、质量存在问题的被动局面,公司从强化组织机构入手,进行了产品结构的调整。组建成立了统筹组织开发公司新产品的公司产品开发管理部,加强产品开发与市场需求的紧密联系,以市场为导向做到快速反应一紧再紧。全年共开发整车新产品 14 个车型 23 个品种,其中具备批量生产条件并已投入生产的有 5 个车型 8 个品种,已经定型正在产前准备的有 7 个车型 12 个品种,正在进行试验的有 2 个车型 3 个品种。另外,还有 4 个车型 9 个品种的新产品正在开发设计之中。批量投产的新产品 CA1043、CA1049、CA1026、CA1020 车投放市场后,用户反映良好。并已成为公司近期的主导产品。

提高产品质量,以"用户满意"为标准,以"赶超一汽小解放的质量水平"为目标的质量工作取得了十分显著的效果。公司在抓产品质量工作上的主要特点是:一是在管理体制上同一汽接轨,请一汽专家帮助指导工作,确定高质量工作目标。成立质量工作领导小组和专门的常设机构－质量工作组,作为公司质量工作的参谋部和指挥部。全公司上下真正把产品质量工作放在工作的首位。二是坚持例会调度和考核,建立形成了质量工作日例会、周例会、月例会管理制度,并设立批评席、表扬席。对质量工作严格执行奖惩措施。CA1043 系列在下半年平均首次故障里程为 4866 公里,平均间隔故障里程为 8000 公里。全年抽查产品零部件 264 种,合格率平均为 94.7%,抽查零部件 215 种,合格率平均为 92.09%。公司坚持整车投放市场前增加 100 公里的路试里程,坚持每月跟踪 30 个用户,全年质量问题立项整改完成率达 88.09%。公司所属企业全部依据 IS09000 系列标准建立和完善了质量保证体系。在金客公司已经通过认证的基础上,沈阳汽车制造厂、沈阳汽车座椅厂、沈阳金亚传动轴有限公司四个单位经国家认证中心评审,通过了 ISO9000 标准认证。

九六年,公司把销售做为龙头工作来抓。全力开拓市场,先后召开了两次大型研讨会,出台了"金杯小解放百日优惠展销活动",并且到全国 26 个省市开展"游展"活动,销售金杯汽车。完成了销售网点与"一汽网络"的对接,销售渠道进一步扩宽。在整车销售上,实行销售承包责任制,将全年销售指标落实到人。同时加强了产品的售后服务工作,对售后服务站进行了整顿和重新确认。设立维修服务专线电话,推行了为用户服务的"六项承诺"制度。通过采取上述措施,使整车销量达到 20,317 辆,比上年同期增长 46.6%,其中:销售轻型卡车 10,009 辆,轻型客车 10,308 辆,分别比上年增长 112%和 12.8%。在努力扩大国内市场的同时,公司生产的轻型卡车已远销中东、南非市场。

九六年年初开始,公司通过开展以"双节一降"为主要内容的经济整顿工作,使企业的各项基础管理工作普遍得到了进一步的加强。开始走向外抢市场、内抓管理、向管理要效益的路子。全年实现降费节支 5,100 万元,1043 整车单台成本下降了 8.8%。

四、股本变化及股本结构情况

(一)股本结构情况　　单位:万股

股 份 类 别	1996 年末数	所占比例(%)	1995 年末期	所占比例(%)
1、尚未流通股份				
国家股	7,376.03	7.59	7,376.03	7.59
发起人持股	12,242.72	12.60	12,242.72	12.60
社会法人持股	49,562.38	51.00	49,562.38	51.00
小　　计	69,181.13	71.19	69,181.13	71.19
2、已流通股份				
1.境内上市的				
人民币普通股	28,000.00	28.81	28,000.00	28.81
三、股份总数	97,181.13	100.00	97,181.13	100.00

注:报告期内公司股份没有发生变化。

(二).主要股东持股情况(前十名)

股 东 名 称	年末持股数(万股)	占总股本(%)
1)中国第一汽车集团公司	49,562.38	51.00
2)沈阳汽车工业股权投资有限公司	12,242.72	12.60
3)沈阳资产经营有限公司	7,376.03	7.59
4)海通证券	238.05	0.24
5)四环经贸	99.13	0.10
6)王立佳	37.00	0.04
7)杨兆芳	23.18	0.02
8)新疆证券	20.00	0.02
9)王家宜	19.80	0.02
10)北京交行	18.00	0.02

3.年末股东数量

截止 1996 年 12 月 31 日登记在册股东总数为 41,785 户。其中国家股 1 户,法人股 2 户,社会公众股 41,782 户。

中国纺织机械股份有限公司

1996年年度报告摘要　（摘选）

一、公司简况

公司名称：中国纺织机械股份有限公司

法人代表：肖卫国　　邮政编码：200090

公司地址：上海浦东新区龙东路818号

电话：021—65432970　　传真：021—65455130

二、主要财务数据与财务指标

单位：万元

指标项目	本年数	上年数	比上年增减(%)
1.主营业务收入	28779.43	31955.05	-9.94
2.净利润	271.53	38.58	603.81
3.总资产	145990.28	136724.43	6.78
4.股东权益	60035.13	59763.60	0.45
5.每股收益(元)	0.0084	0.0012	600.00
6.每股净资产(元)	1.85	1.84	0.54
7.净资产收益率(%)	0.45	0.06	650.00
8.股东权益比率(%)	41.12	43.71	-5.93

注：上年数已按96年同口径进行了调整。

三、公司主要业务回顾

1.公司1996年主要经济指标完成情况如下：

工业总产值：　32107.00万元，　比1995年下降13.47%

主营业务收入：28779.43万元，　比1995年下降9.34%

净利润：　271.53万元，　比1995年增长603.81%

2.1996年，中纺机面对历史上前所未有的困难，以主动出击的姿态，积极实施"上无梭、下有梭"的战略转移，狠抓产品、生产、人员"三大结构"调整，迈出了发展的关键一步，企业的经济开始呈现新的生机。

3.抓住重点主动出击，开拓无梭织机市场

1996年公司经受住了严峻的考验，取得了令人可喜的成绩。截止到12月底，共销售有梭织机3675台，无梭织机3388台，各类装置450套，销售收入22037.52万元，资金回笼30060万元，资金回笼比1995年提高15.41%，值得一提的是，96年无梭织机的销售额达到17266.18万元，占到全部销售额的78.35%，无梭织机销售第一次以绝对的优势超过了有梭织机销售。

4.加强企业内部管理，开源节流争创效益

1996年公司将企业的方针目标分解落实到各部门。为了确保年度方针目标的落实，降低各项费用和成本，开展了学习邯钢经验，进一步搞好目标成本管理的工作，并取得了一定的成效。

(1)继续推行财务预决算制度，按预定利润率进行目标成本分解。

(2)积极筹措资金，归还"可转换债"。公司于1993年12月在瑞士发行的3500万瑞士法朗的可转换债，到1996年底到期。由于我国B股价位较低，本公司想使"可转换债"转换成B股的计划未能实现，为了归还这笔外债，公司采取了积极的措施，包括融资、讨债等，终于顺利地归还了"可转换债"。

5.经受市场风浪考验，子公司运作趋向成熟

中纺机子公司通过这几年来"分权管理，分灶吃饭"的改革，在经过市场经济的风浪搏击和考验之后，已经开始成熟，在竞争激烈的市场中逐步站稳脚跟，取得了一席之地，这对稳定中纺机当前的形势，促进母子公司的经济发展起到了重要的作用。

四、股本变化及股本结构情况

(一)股本结构情况

	96年末数(股)	比例%	95年末数(股)	比例%
1)、尚未流通股份				
(1)国家持股	171,748,668	52.91	171,748,668	52.91
(2)社会法人持股	20,280,000	6.25	20,280,000	6.25
2)、已流通股份				
A股人民币普通股	23,400,00	7.21	23,400,000	7.21
B股境内上市外资股	109,200,00	33.63	109,200,00	33.63
3)、总股本	324,628,668	100	324,628,668	100

(二)股本变化情况：

报告期内，本公司股本未发生变化。

(三)主要股东持股情况(前十名)

股东名称	年末持股数(万股)	占总股本(%)
1)国家股	17174.8668	52.91
2)HKSBCSB S/A PICTET & CIE	877.6660	2.70
3)申银证券公司	773.8244	2.38
4)HKSBCSB A/C THE CHASE MANHATTAN BANK NA S/A TEMPLETON CHINA WORLD FUND INC	460.8200	1.42
5)上海中纺机职工技术开发经营服务公司	419.7488	1.29
6)HKSBCSB A/C CHASE BANK IRELAND S/A GT PRC FUND	339.4946	1.05
7)上海龙头股份有限公司	312	0.96
8)上海豫园旅游商城股份有限公司	312	0.96
9)上海双鹿电器股份有限公司	312	0.96
10)MERRILL LYNCH NOMINEES(HK) LTD	281.1088	0.87

(四)年末股东户数

A股股东户数为22115户，B股股东户数为1368户。

中国第一铅笔股份有限公司

中国第一铅笔股份有限公司一九九七年度中期报告

一、财务报告(未经审计)

(一)财务报表

1. 简化的资产负债表

1997 年 6 月 30 日　　单位金额:元

	母公司期初数	合并期初数	母公司期末数	合并期末数
流动资产	238,434,668.98	274,671,828.30	336,361,692.94	378,644,917.04
长期投资	173,646,647.43	45,455,060.10	183,638,755.50	47,456,060.10
合并价差	/	416,680.93	/	416,680.93
固定资产净值	12,394,458,03	104,368,027.58	12,537,684.71	102,071,817.01
在建工程	52,073,658.64	84,271,208.61	62,056,913.14	105,963,058.77
无形资产及递延资产合计	/	17,336,756.18	/	16,384,287.50
资产总计	476,549,433.08	526,519,561.70	594,595,046.29	650,936,821.35
流动负债	137,738,401.67	180,969,656.21	129,529,241.50	179,161,561.89
长期负债	21,212,000.00	21,212,000.00	21,725,600.00	21,725,600.00
负债合计	158,950,401.67	202,181,656.21	151,254,841.50	200,887,161.89
少数股东权益	/	10,768,975.39	/	10,733,296.47
股本	152,261,366.00	152,261,366.00	193,676,458.00	193,676,458.00
资本公积	88,643,679.91	88,643,679.91	145,720,277.94	145,720,277.94
盈余公积	53,293,716.97	65,952,370.07	53,293,716.97	65,952,370.07
未分配利润	23,400,268.53	6,711,514.12	50,649,751.88	33,967,256.98
股东权益合计	317,599,031.41	313,568,930.10	443,340,204.79	439,316,362.99

2. 简化的损益表

1997 年 1－6 月　　单位金额:元

	上年同期数(母公司)	上年同期数合并	97 年 1－6 月(母公司)	97 年 1－6 月合并
主营业务收入	92,847,002.41	115,757,687.37	87,371,083.02	120,021,018.78
主营业务利润	－6,242,481.10	24,025,811.23	－4,470,507.63	22,962,469.60
其他业务利润	3,956,175.47	3,977,735.28	－158,118.34	－62,193.29
投资收益	32,552,600.22	4,246,462.65	32,738,792.33	8,318,840.53
营业外收支净值	101,233.01	121,106.98	－148,739.00	－85,080.67
利润总额	30,367,527.60	32,371,116.14	27,961,427.36	31,134,036.17
所得税	/	1,370,920.56	175,983.93	2,766,790.84
净利润	30,367,527.60	30,384,761.23	27,785,443.43	27,679,554.70

3. 其他财务指标

	96 年上半年	97 年上半年
每股收益	0.1996	0.1429
净资产收益率	9.58%	6.30%
每股净资产	2.08	2.27

注:96 年指标按 15226.1366 万股总股本计算,97 年上半年按 19367.6458 万股总股本计算。

(二)财务报表附注:

(1)本期财务报告所采用会计政策及会计方法与上年度财务报告相一致。

(2)财务报表主体未发生变化。

(3)财务报告主要项目变动说明:

a. 短期投资期末数为 4326.4 万元,包括融资联业房产、山一基金及二级市场股票。

b. 应收帐款 9,624.6 万元比年初增加 2,328.6 万元,是销售款欠款增加所致。

c. 其他应收款 2,503.6 万元,比年初增加 1,024.4 万元,是代管企业业务往来增加所致。

d. 未付股利 2,079.1 万元比年初减少 2,866.6 万元,是应付国家股股利结清。

e. 股本变动增加 4,141.5 万股,是实施 97 年 10:2.72 配股所致。

f. 资本公积金 14,572.0 万元,较年初增加 5,707.6 万元,为配股溢价收入。

g. 投资收益较去年同期增加 407.2 万元,主要是增加了山一基金 132.1 万元,联业房产 96.6 万元,股票投资 175 万元,法人股 3.5 万元。

h. 其他业务收入减少 409.9 万元,是本年无参建收入结算。

(三)关联企业及交易

1. 关联公司

企业名称	注册资金(万元)	拥有权益(%)	主营业务
珠海汇海文教用品有限公司	140	40	铅笔生产与销售
北德铅笔制造有限公司	100 万马克	45	铅笔生产与销售
上海中华铅笔联销公司	100	50	笔类产品销售

2. 关联交易

(1)今年以来珠海汇海文教用品有限公司向本公司购入 1.8 万元白杆铅笔用于制造成品铅笔。

(2)北德铅笔制造公司目前正在筹建期,未正式投产。

(3)本公司向上海中华铅笔联销公司按出厂价销售其产品 6,167.8 万元。

(四)承诺事项

截止本期末,公司为下列公司提供银行贷款的担保业务。

公司名称	贷款银行	担保额(万元)	年利率(‰)	期限
上海永久股份有限公司	中行市东分行	300	9.24	六个月
上海永久股份有限公司	融资券(申银万国)	1000	6.3	六个月
上海联业房地产公司	建行浦分	1000	9.24	六个月

二、经营情况的回顾与展望

(一)上半年经营情况回顾

上半年,公司在全国铅笔市场购买力大幅度下降,销售严重受阻,整个行业绝大部分企业效益已经滑入底谷,甚至连续几年出现大面积亏损的情况下,坚持发挥名牌优势,开发新产品,开拓新市场,实现利润"双过半"目标,达到 3113 万元,保持了主营产品销售的增长势头,1－6 月份实现销售收入 12002 万元,同比增长 3.8%,特别是出口形势鼓舞人心,累计完成出口额 4647 万元,自营出口创汇 557 万美元,分别比去年同期增长 7.7%和 8.0%。

(二)下半年经营计划

下半年,销售形势依然十分严峻,市场疲软,假冒产品冲击以及企业间不公平的低价竞争,都将直接增加销售工作的难度,对此,为了保持来之不易的产品市场占有,公司将继续把销售放在突出的位置上,从四个方面促使销售工作上一个新的台阶。(1)制定灵活的价格策略,推动产品的销售;(2)充实销售队伍,增强产品的促销力度;(3)拟在重庆等地开设销售分公司,在销售网点建设上进行新的尝试;(4)紧密依靠工商等执法部门,取缔一批假冒产品销售窝点。同时,做好降本增效工作,做到目标明确,层层分解,定期检查,跟踪考核。确保经济效益始终处于全国同行的领先水平。

(三)募集资金的使用情况

1996年公司实施了10股配2.72股的配股方案,募集资金9849.16万元(扣除承销费用)于1997年5月上旬资金到位并验资结束,目前用于发展化妆品系列产品项目775万元,铅笔板软化处理项目766万元。

三、重大事件说明

1. 根据国务院证券委、中国人民银行、国家经贸委5月22日联合发布的《严禁国有企业和上市公司炒作股票的规定》,本公司认真学习并进行了自查,截止6月27日,持有的股票情况如下:

股票代码	股票简码	持股数量	成本价	6/27收盘价	备注
600628	新世界	1620	0.90	13.50	转配未上市
600649	原水股份	3000	14.02	14.60	上市流通股
600684	珠江实业	1500	10.27	13.95	转配未上市
600832	东方明珠	12180	14.87	17.66	转配未上市

2. 经上海市证管办沪证办(96)240号文批准和中国证监会证监上字(1997)39号文复审通过,公司于1997年5月12日实施完毕二届一次(临时)股东大会通过的1996年配股方案。按10:2.72比例向全体股东配售普通股4141.5092万股,共募集资金9849.16万元(扣除承销费用)。

3. 本报告期内无重大诉讼,仲裁事项。

四、发行在外股票的变动和股权结构的变化

1. 本报告期内,由于实施了10:2.72的增资配股,总股本由1996年末的15226.1366万股增加到19367.6458万股,现股本结构变动如下:

(一)尚未流通股份	1996年末数(万股)	比例(%)	1997年6月30日(万股)	比例(%)
(1)国家股	5039.195	33.1	6409.856	33.1
(2)法人股	1474.9416	9.7	1485.5378	7.7
(3)法人股转配			390.588	2.0
尚未流通股合计	6514.1366	42.8	8285.9818	42.8
(二)已流通股份				
(1)境内上市的人民币普通股	1452	9.5	1846.944	9.5
(2)境内上市的外资股	7260	47.7	9234.72	47.7
已流通股份合计	8712	57.2	11081.664	57.2
(三)股份合计	15226.1366	100	19367.6458	100

2. 前10名股东持股情况(截止1997年6月30日)

单位:股

股东名称	持股数	占总股本(%)
(1)国家股	64098560	33.10
(2)HKSBCSB A/C THE CHASE MANHATTAN BANK NA. S/A TEMPLETON CHINA WORLD FUND INC	14306036	7.39
(3)SCBHK A/C BANKERS TRUST CO., S/A EMK UNITRUST/TEMPLETON	8111442	4.19
(4)交通银行上海分行	7689792	3.97
(5)HKSBCSB A/C CAISSE CENTRALE DES BANQUES POPULAIRES PARIS	3602573	1.86
(6)HKSBCSB S/A COUTTS AND CO. S/A BETA GLOBAL EMERGING MARKETS INVESTMENT TRUST PL	2734800	1.41
(7)CHASE S/A SHELL PENSIONS TRUST LIMITED AS TRT OF THE SHELL CONTRIBUTORY PENSION	2675016	1.38
(8)成愉有限公司	2368835	1.22
(9)BARCLAYS BANK PLC S/A BARCLAY-TRUST INT RNATIONAL LTD.	2312286	1.19
(10)上海建业投资信托基金	2147171	1.11

五、股东大会简介

公司于1997年5月23日假座上海远洋宾馆召开了二届二次股东大会,出席会议股东215人,代表股份8957.8428万股,占公司总股本的46.25%,上海市闸北区公证处就大会的合法性、有效性进行了现场公证。

经大会审议,表决通过了如下决议:

(1)《董事会工作报告》

(2)《监事会工作报告》

(3)《1996年会计决算报告》

(4)《1996年利润分配方案》,即以19367.6458万股为基数,向全体股东按每10股派发现金红利1.60元(含税)。

(5)《中国第一铅笔股份有限公司变更为中国第一铅笔(集团)有限公司,并组建中铅集团和相应修改公司章程的报告》

六、备查文件

1. 载有公司董事长兼总经理胡书刚先生签署的中期报告原本。

2. 1997年上半年财务报告。

3. 查阅地址:上海市东汉阳路296号总经理办公室。

中国第一铅笔股份有限公司

一九九七年八月二十八日

上海永生股份有限公司

1996年年度报告摘要 （摘选）

一、公司简况

公司名称：上海永生股份有限公司

法人代表：赵松生　　　邮政编码：200071

公司地址：上海市浦东上川路2501号

电话：(021)63250240　　　传真：(021)63248014

二、主要财务数据与财务指标

指标项目	本年数	上年数	比上年增减(%)
主营业务收入(万元)	22652	21204	6.83
净利润(万元)	1389	2197	-36.78
总资产(万元)	51843	48914	5.99
股东权益(万元)	34464	31450	9.58
每股收益(元)	0.124	0.226	-45.13
每股净资产(元)	3.08	3.23	-4.64
净资产收益率(%)	4.03	6.99	-42.34
股东权益比率(%)	66.48	64.30	3.39

三、公司主要业务回顾

1. 基本情况

1996年是永生公司深化改革，在调整中求发展的一年。结合企业自身实际情况，进行了产业结构、产品结构、工艺流程、和场地的"四大"调整。加大产品调整幅度，确立了一个重点，三个系列的方向。积极推进内部改革，以"全面预算管理"为突破口继续深化内部管理，加大市场开拓力度，强化资金意识，实行资源配置，调整了机构，提高了工作效率。在精神文明方面我们继续贯彻"两手抓两手都要硬"的方针。开展"创文明窗口，做文明员工"的活动。制订了《上海永生股份有限公司96-97年精神文明建设纲要》，在全体员工的共同努力下克服重重困难，完成自来水笔2409万支实行主营业务收入2.26亿元，利润总额为1641.8万元。

2. 公司年度经营业绩

公司一九九六年度完成主营业务收入22652万元，比上年增长6.83%，实现利润1641万元，比上年下降33.96%，税后利润1389万元比上年下降36.78%，每股税后利润0.124元，比上年下降45.13%，今年利润下降主要原因是：

① 由于房产市场竞争激烈，物业楼管理收入减少400万元。

② 由于被投资企业效益滑坡，投资收益比上年减少340万元。

3. 经香港BDO关、黄、陈、方会计师事务所，按国际会计准则审计，本公司1996年度税后利润为229万元，与中国注册会计师核准的税后利润1389万元，差异调整如下：

经中国注册会计师审计核准税后净利润	1389万元
按国际会计准则调整	
外汇汇率调整折算	-776万元
应收帐款坏帐准备	-179万元
关联企业损失准备	-205万元
按国际会计准则报告税后净利润	229万元

4. 公司改制后募集资金情况

在报告年度内没有募集资金，此前募集的资金所投入的项目除浦东二期工程本年度内又投入1073万元，工程将在97年上半年竣工外，其它项目建设未延续到本年度。已竣工的项目曾在上年度年报中披露。

四、股本变化及股本结构情况

1. 股本变动情况

(1) 据一届七次股东大会决议，于96年7月8日实施用盈余利润每股送1.5股红股的分配方案，总股本计增加1458.745万股，达11183.713万股。

(2) 按沪轻控企(96)72号文件，上海国资办沪资基(96)89号文及国家国资局国资企发(96)107号文，上海轻工控股(集团)公司将拥有永生股份有限公司国家股的3131.45万股(送股后)定向受让于英雄股份有限公司。

2. 股本结构(单位万股，每股面值1元)

	期初数	本次变动增减(+，-) 配股	送股	公积金转股	其它	小计	期末数
一、尚未流通股份							
1. 发起股份	5284.968		+792.745		-3131.45		2946.263
其中：							
国家拥有股份	5284.968		+792.745		-3131.45		2946.263
境内法人持有股份							
外资法人持有股份							
其它							
2. 募集法人股	840		+126		+3131.45		4097.45
3. 内部职工股							
4. 优先股或其他							
尚未流通股份合计	6124.968		918.745				7043.713
二、已流通股份							
1. 境内上市的人民币普通股	600		90				690
2. 境内上市的外资股	3000		450				3450
3. 境外上市的外资股							
4. 其他							
已流通股份合计	3600		540				4140
三、股份总数	9724.968		1458.745				11183.713

3. 前十名股东持股情况

股东名称	持股数(万股)	比例%
1)英雄股份有限公司	3131.45	28
2)轻工控股(集团)公司(国家股)	2946.263	26.34
3)HKSBCSB A/C THE CHASE MANHATIAN BHNK NA. S/A TEMPLETON CHINA WORLD FUND INC.	441.071	3.94
4)SCBHK A/C BANKERS TRUST CO., S/A EMK UNITRUST/TEMPLETON	359.02	3.21
5)HKSBCSB A/C CHASE LONDON S/A GOVETT ORIENTAL INVESTMENT TRUST PLE	278.96	2.49
6)浙江省张石番 溪文教基金会	234.6	2.1
7)申银证券公司	121.81	1.09
8)HSBCLSLSB A/C NORMURA BANK S/A	89.355	0.80
9)刘学海(A)	81.57	0.73
10)郁玉生(B)	81.075	0.72

4. 年末股东户数

截至1996年12月31日本公司股东总人数为6995户，其中国家股股东1户，社会法人股股东63户，社会个人股A股股东6209户，B股股东722户。

上 海 胶 带 股 份 有 限 公 司

上海胶带股份有限公司一九九七年度中期报告

一、财务报告(未经审计)

1. 简化的资产负债表(1997 年 6 月 30 日)　　金额单位:元

	年初数(母公司)	年初数(合并)	期末数(母公司)	期末数(合并)
资产:				
流动资产	296674391.70	300086832.79	318431394.33	329222985.50
长期投资	100459589.20	92997031.26	99060188.64	91371076.37
固定资产净值	84270835.84	92227430.75	83630920.03	89652525.63
在建工程	29930752.17	30440768.28	34013018.30	34523034.41
无形资产及递延资产	27754244.83	30190576.06	27837714.99	27837714.99
其他长期资产				
资产总计	539487963.11	546687653.11	563182733.93	574476514.56
流动负债	324354934.87	328894075.84	302233455.82	311413460.31
长期负债	2170673.95	4108367.71	19441865.32	21379559.08
负债合计	326525608.82	333002443.55	321675321.14	332793019.39
少数股东权益		722855.27		176082.38
股东权益	212962354.29	212962354.29	241507412.79	241507412.79
其中:股本	91014528.00	91014528.00	91014528.00	91014528.00
资本公积	91643111.42	91643111.42	114600424.13	114600424.13
盈余公积	12933983.37	12933983.37	12933983.37	12933983.37
未分配利润	17370731.50	17370731.50	22958477.29	22958477.29
负债及股东权益合计	539487963.11	546687653.11	563182733.93	574476514.56

2. 简化的损益表(1997 年 6 月 30 日)　　金额单位:元

	上年同期数(母公司)	上年同期数(合并数)	1997 年 1 至 6 月(母公司)	1997 年 1 至 6 月(合并数)
主营业务收入	139681558.01	140964973.55	147934477.52	148590351.12
主营业务利润	1657579.89	5258146.24	2497079.41	2066007.97
其他业务利润	3204884.73	3204884.73	4559088.80	4559088.80
投资收益	1152462.00	1152462.00	323283.90	323283.90
营业外收支净额	1100424.61	-3210754.73	-211874.88	-68504.61
利润总额	7115351.23	6492267.50	7167577.23	6879876.06
减:所得税	1067302.68	1067302.68	1102381.44	1173998.94
净利润	6048048.55	5424964.82	6065195.79	5705877.12

3. 其他财务指标

指标项目	1997 年 1 至 6 月	1996 年 1 至 6 月
每股收益	0.063 元	0.060 元
净资产收益率	2.4%	2.7%
每股净资产	2.65	2.23 元

注:财务指标的股本数以期末数为计算基础的。

4. 财务报表附注

(1)今年所执行的会计制度与去年相比未发生变化。

(2)报告期内海帝矿泉水公司因已被上海繁泰物资实业有限公司租赁,故今年不属并表范围,另江西中南橡胶有限公司因 5 月 30 日挂牌投产,生产时间短,故今年上半年不并入报表。

(3)应收帐款 6 月底余额:16252.9 万元

帐龄分析	余额(万元)	比例(%)
一年以内	11312.9	69.61
一~二年	2594.2	15.96
二~三年	1109.3	6.83
三年以上	1236.5	7.60

(4)其他应收款 6 月底余额:7977.9 万元

帐龄分析	余额(万元)	比例(%)
一年以内	2518.9	31.57
一~二年	2451.5	30.73
二~三年	697.9	8.75
三年以上	2309.6	28.95

(5)应付帐款余额 3756.6 万元比期初 3649.2 万元略有上升。

(6)应付票据余额 3246.7 万元比期初 3479.7 万元有所下降。

(7)其他应付款余额 3065.5 万元比期初 3940.2 万元减少 874.7 万元。

主要是收购天华橡胶厂后的职工安置费多余部份 864.2 万元转入资本公积。

(8)一年内到期的长期负债 2736 万元本年度已办妥转期手续,又转入长期借款。

(9)投资收益去年同期与今年相比,变化较大的原因是去年投资申联劳伦茨胶带有限公司资产评估增值部分作为投资收益,按规定今年进入资本公积。

(10)营业外收支净额报告期数与上年同期差额较大的原因是今年把退休工资的支出科目由原营业外支出列支改为管理费用中列支。

(11)本报告期的资本公积增加了 2295.7 万元,主要是公司收购上海天华橡胶厂产生的职工安置费多余部分 864.2 万元,由其他应付款转入资本公积;其次原投资申联劳伦茨胶带有限公司的递延投资收益 1415.9 万元,系超出帐面部分,按规定从长期应付款转入资本公积。

5. 关联企业及其交易

(1)关联企业

企业名称	地址	主营业务	本公司拥有权益
联一工贸公司	上海西江湾路 233 号	留易	100%
信一化工实业有限公司	上海真南路 3625 号	销售化工原料、精细化工产品	100%
骆驼房产经营公司	上海西江湾路 233 叫	房地产开发经营及管理	100%
华丰鞋业公司	上海西江湾路 272 号	生产胶鞋及橡胶制品	100%
申大供销公司	上海海门路 630 号	销售化工原料及产品、橡胶制品	100%
广西凭祥分公司	广西凭祥	销售胶带	100%
上海福井胶带有限公司	嘉定区马陆镇棕坊桥南首	生产 PVC 绝缘胶带	60%
福田塑料制品有限公司	上海真南路 3525 号	生产塑料桶及制品	51%
上海福华胶带有限公司	上海奉贤县南桥镇	生产胶带	51%
申联劳伦茨股带有限公司	上海海门路 630 号	生产股带	49%
龙山橡胶厂	无锡市荣巷	生产胶带	40%
鳌山帆布厂	上海崇明鳌山乡	生产各类帆布	30%
太仓市申联防水卷材实业有限公司	太仓浮桥镇北路	防水卷材等系列卷材	65%

(2)关联交易:

1. 本公司向福华胶带制品有限公司购入产品,定价原则为出厂价,本报告期内有关购买交易为:504.3 万元。

2. 本公司向申大供销公司购入原材料,定价原则为市场价,本报告期内有关交易为:13.4万元。

3.本公司向福华胶带制品有限公司、申联劳伦茨胶带有限公司、申大供销公司、太仓市申联防水卷材实业有限公司提供的半制品,定价原则为公司自行定价,本报告期内有关交易为:738万元

4.或有事项

截止1997年6月30日尚未到期的银行贷款对外担保,共计人民币19300万元,美元320万元,其中:

(1)为上海轮胎橡胶(集团)股份有限公司担保11笔人民币18800万元;

(2)为上海轮胎橡胶(集团)股份有限公司担保2笔计美元320万元;

(3)为申大供销公司担保1笔计人民币500万元;

二、公司经营情况回顾与展望

(一)九七年是实施和实现"三个转移"战略目标的关键一年,公司围绕此目标做了以下几方面的工作:

1.年初,在兼并了南昌橡胶制品总厂后,迅速对该厂进行调整改造,使之全方位与公司接轨,实现了销地产战略,并划分了市场,为胶带股份沿长江流域,拓展南北两翼市场奠定了扎实的基础。

2.为实现"三个转移"的战略目标及产品结构调整,公司下属各生产厂继续由市区向郊区转移。其中福井胶带公司向马陆的迁移,不仅使橡胶制品基地基本形成,而且带动了存量资产的盘活,为公司增加了经济效益。

3.加强对子公司、三产的管理。上半年对部分子公司进行了调整并加强规划,通过内抓管理,外拓市场,确保三产效益有一定的提高。

4.成功地开发了横向钢丝绳增强防撕裂钢绳芯输送带、6505航空加压供氧面罩及一系列替代进口的输送带胶接材料等附加值较高的新产品,并得到有关部门的认可。

5.加强对原材料采购价格的审定工作,有效地降低了材料的采购成本,从而减少产品生产成本。

(二)下半年计划

1.建立健全公司技术经济委员会,使其对公司的发展战略、经营方针等重大问题为董事会的决策提供资询和建议,使董事会的决策更科学化。

2.完善公司技术中心,确保产品档次的提高,产品技术在市场上的领先地位。

3.加强对公司现有资产的管理工作,实现优化组合、盘活存量,使公司资产发挥更大的效益。

4.进一步完善马陆生产基地的调整工作,发挥其更大的功能,多出效益。

5.随着三个转移的基本实现,在进一步开拓市场的基础上,加强对市场的划块管理,实现销地产的经营目标。

三、重大事件的说明

1.1996年国内会计师事务所审计结果净利润为819.8万元,境外会计师事务所B股审计是在此基础上,按照国际会计准则进行调整,审计结果为-500.8万元,这样A、B股净利润差额1320.6万元,差异的主要原因是现行财会制度与国际会计准则在某些项目上会计处理不一致,造成差异的主要项目有:

(1)提取坏帐准备金有差异,B股审计按国际会计准则保守原则,有可能发生坏帐之项目计提一般及特别坏帐准备金,减少利润868万元。

(2)固定资产折旧有差异,按照国际会计准则对未办理竣工而实际已投入使用和已评估增值,但帐面未反映的应补提折旧减少利润218.6万元。

(3)投资合资企业从而使资产升值而产生的递延投资收益,A股认为可以摊销,B股审计认为不能作为摊销,减少利润187万元。

(4)出售上述给合资企业的固定资产的收益,B股审计已予冲减,减少利润122.2万元。

(5)按照国际会计准则,B股审计增加存货变现损失准备,减少利润80万元。

(6)在建工程中不能资本化之搬迁及运输费用,B股审计列入费用支出,减少利润91.3万元。

(7)其他调整项目减少利润54万元。

2.本公司一九九六年度审计报告由长江会计师事务所审计,为有保留意见报告。公司在一九九六年度财务报告摘要中,没有全文刊登审计报告中关于加拿大杰汉森有限公司应收帐款一事的保留意见,经发现已在《上海证券报》5月9日第12版作了说明,在此向广大投资者致歉。

3.公司董事会与南昌市化工局签订了《企业兼并协议书》,以整体兼并的方式兼并南昌橡胶制品总厂,此事已在1997年1月16日的《上海证券报》中予以披露。

4.根据国务院证券委、中国人民银行、国家经贸委5月21日联合公布的《严禁国有企业和上市公司炒作股票的规定》要求,公司经过自查没有违反有关规定的事项,并已将自查情况上报上海市证管办。

5.本报告期内公司无重大诉讼、仲裁事项。

四、发行在外股票的变动和股本结构的变化

1.在本报告期内,公司发行在外的股票及公司的股本结构未发生变化,截至1997年6月30日公司股本结构如下:

数量单位:股　　每股面值1元

	期初数	期末数
(1)尚未流通股份		
其中:		
国家股	44814528	44814528
法人股	6600000	6600000
(2)已流通股份		
境内上市普通股	6600000	6600000
境外上市外资股	33000000	33000000
股份合计	91014528	91014528

2.主要股东持股情况

股东名称	持股数(股)	占总股本(%)
(1)上海华谊(集团)公司	44814528	49.24
(2)HKSBCSB A/C THE CHASE MANHATTAN BANK NA.S/A TEMPLETON CHINA WORLD FUND INC	4170270	4.58
(3)HKSBCSB A/C CMS S/A TEMPLETON DRAGON FUND INC	1807963	1.99
(4)上海宝钢(集团)公司	1320000	1.45
(5)HKSBCSB A/C NORMURA BANK (LUXEMBOURG) S/A TEMPLETON ASLA FUND	754700	0.83
(6)申银万国证券股份有限公司	716446	0.79
(7)川沙顾路工贸公司	686400	0.75
(8)HKSBCSB A/C CHASE MANHATTAN BANK NA S/ TEMPLETON CANADA EMERGINC MKTS FUND	674600	0.74
(9)上海国际信托投资公司	627660	0.69
(10)HKSBCSB A/C CHASE MANHATTAN BANK NA S/A TEMPLETON DEVEL MKTS TRUST (3442)	600480	0.66

五、股东大会简介

本公司1996年度股东大会于1997年6月18日在公司本部大楼白

玉兰厅召开。出席会议的股东及股东代表共120人,代表股份62632055股,占公司总股本的68.82%,符合《公司法》、《公司章程》的规定,会议合法有效。

大会审议通过了如下决议:

1.《公司96年度董事会工作报告》。

2.《公司96年度监事会工作报告》。

3.《公司董事会人事变动提案》。

大会通过表决增补黄岱列先生为董事,并同意许善定先生辞去董事职务。

4.《公司96年度总经理业务报告》。

5.《公司96年度重大投资项目实施情况及97年度重大投资项目报告》。

6.《公司96年度财务决算和利润分配方案》。

六、备查文件

1. 载有公司董事长、总经理亲笔签名的中期报告原本。

2. 公司96年度股东大会文件。

3. 查阅地址:上海市海门路630号董事会办公室

邮政编码:200082

电　　话:021-65415210

传　　真:021-65123671

信息披露负责人:董事会秘书　柏鸿祥

上海胶带股份有限公司

一九九七年八月二十六日

上海丰华圆珠笔股份有限公司

上海丰华圆珠笔股份有限公司一九九七年度中期报告

一、财务报告(未经审计)

(一)财务报表

1. 简化的资产负债表　　1997年6月30日(金额单位:元)

资产	年初数(母公司)	年初数(合并)	期末数(母公司)	期末数(合并)
流动资产	258882252.20	276832829.01	277632749.74	288961069.37
长期投资	90688911.26	83163165.67	90688911.26	83163165.67
固定资产净值	96430161.62	97808077.93	94615020.63	95986418.93
在建工程	50147829.55	50196291.88	54028222.84	54076685.17
无形资产及递延资产	2300784.42	2300784.42	2802412.42	2802412.42
其他长期资产				
资产总计	498449939.05	510301148.91	519767316.89	524989751.56
负债及股东权益				
流动负债	223734923.51	236187158.00	162594861.23	167816238.82
长期负债	23340000.00	23340000.00	24140000.00	24140000.00
负债合计	247074923.51	259527158.00	186734861.23	191956238.82
股东权益	251375015.54	250773990.91	333032455.66	333033512.74
其中:股本	84426428.00	84426428.00	129356870.00	129356870.00
资本公积	111629169.94	111629169.94	158490850.73	158490850.73
盈余公积	34110327.68	34135484.98	34110327.68	34110327.68
未分配利润	21209089.92	20582907.99	11074407.25	11075464.33
负债及股东权益合计	498449939.05	510301148.91	519767316.89	524989751.56

2. 简化的损益表(金额单位:元)

	上年同期数(母公司)	上年同期数(合并)	1997年1—6月(母公司)	1997年1—6月(合并)
主营业务收入	94723904.17		48843624.85	51064596.28
主营业务利润	10009073.85		21442.87	55001.57
其他业务利润	835399.03		205376.82	205376.82
投资收益	5675252.00		5850000.00	5850000.00
营业外收支净额	7480.98		-5593.95	-38059.87
利润总额	16527205.86		6071225.74	6072318.52
所得税	1627793.08		36299.41	36335.11
净利润	14899412.78		6034926.33	6035983.41

(二)主要财务指标

指标项目	1996年1-6月(母公司)	1997年1-6月(母公司)	1997年1-6月(合并)
每股收益	0.1765	0.047	0.047
净资产收益率	6.22%	1.81%	1.81%
每股净资产	2.84	2.57	2.57

以上指标均以6月末的股本数为计算基础。

(三)财务报表附注

1. 本期财务报告所执行的会计政策,采用会计方法与上年度一致,合并报表范围与上年末相同。

2. 短期投资已全额收回。

3. 应收帐款 160169374.06 元

帐龄	金额(元)
1年以内	41321687.36
1-2年	108349651.74
2-3年	7569230.34
3年以上	2928804.62

无持公司5%以上股份的主要股东的欠款。

4. 其他应收款　51581758.16 元

帐龄	金额(元)
1年以内	46408505.83
1-2年	3864539.89
2-3年	1289986.29
3年以上	18726.15

持有5%以上股份的主要股东的欠款:

上海轻工控股(集团)公司:4000000.00 元

期末较年初增加 14204413.14 元,主要系往来单位增加所致。

5. 长期投资 83163165.67 元

其中:债券投资 76000.00 元

股票(法人股)投资 38084548.00 元

向其他单位投资 45002617.67 元

6. 存货 33216819.84 元,较年初减少 10283052.86 元,系压库所致。

7. 应付票据 4450000.00 元,比年初减少 2300000.00 元,为归还年初开出的商业承兑汇票。

8. 预收货款 550213.09 元,比年初减少 2291901.29 元,系减少预收款所致。

9. 应付福利费 -109514.11 元,较年初增加 156323.48 元,为今年使用福利费超支数。

10. 未付股利 914422.20 元,较年初下降 20700398.40 元,系支付国家股红利。

11. 未交税金 617119.07 元,较年初减少 759884.60 元,为支付欠交流转税及所得税。

12. 其他应付款 5651390.80 元,较年初减少 25515917.42 元,系去年12月下旬暂时收取而未经验资公告的转配股金额,已在今年1月转作股本。

13. 一年内到期的长期负债 26400000.00 元,较年初减少 12700000.00 元,为归还银行贷款。

14. 股本 129356870.00 元,较年初增加 44930442.00 元,系97年1月配股增加 23370964.00 元;96年度利润分配送股 16169609.00 元,资本公积金转增股本 5389869.00 元。

15. 资本公积 158490850.73 元,较年初增加 46861680.79 元,系配股溢价 53753217.20 元,扣除配股承销费 1501667.41 元,96年度利润分配转股本 5389869.00 元。

16. 未分配利润 11075464.33 元,其中:97年1—6月未分配的净利润 6035983.41 元,以前年度未分配利润 5039480.92 元。

17. 损益表中比去年同期下降30%以上的各项,均系限产压库所致。

18. 关联企业

企业名称	经济性质	法人代表	注册地	注册资金	主营业务	本公司拥有权益%
上海丰华公司物资分公司	股份制派生	杨　永	上海	6000000.00	笔类销售	100
上海丰华公司装配实业分公司	股份制派生	陆兴歧	上海	1747242.42	设备制造及修理	100
上海丰华公司书写工具厂	股份制派生	黄跃东	上海	3000000.00	笔类制造及加工	100
上海华强房地产责任有限公司	股份制派生	蔡蔡兴	上海	800000.00	房产开发及经营	100

上海华开物业公司	股份制派生	陈利权	上海	250000.00	房屋装潢物业管理	100
上海华丽绿地建设公司	股份制派生	王志秋	上海	100000.00	经化工程及咨询	100
上海丰益交家电公司	股份制派生	余国英	上海	200000.00	五金交电等经营	100
上海丰华联合销售公司	股份制派生	张继成	上海	500000.00	笔类销售	50
中外合资上海华腾包装装潢公司	中外合资	李梦苏	上海	625586.98	包装及印刷业务	50
江苏常熟书写化工厂	合资	姚雪英	江苏常熟	180000.00	油墨制造	46.45
上海建材集团丰华商城	合资	蔡瑞兴	上海	180000.00	建材交易	45
上海华东房地产有限公司	合资	温耀植	上海	25000000.00	房产开发经营	32.25
对外五家联营厂	联营			3751589.45	笔类制造及加工	

19. 关联企业交易：

企业名称	交易内容	交易金额
上海丰华公司物资公司	原材料	10544116.89
上海丰华公司装配实业公司	通用设备	314019.18
上海丰华书写工具厂	笔类及零件加工	2212356.83
丰华工商联合销售公司	笔类销售	38518796.41
华腾包装公司	包装材料	784006.75
对外五家联营厂	笔类加工	14520388.64

二、经营情况的回顾和展望

1. 上半年经营情况的回顾

今年上半年全国笔类产品市场更趋疲软，公司主营业务受到前所未有的严峻挑战，销售下降、效益滑坡。上半年主营业务收入完成5106.46万元、净利润完成603.6万元，与去年同期相比，分别下降46%和59.5%。面对市场存在的种种不利因素，公司根据市场的变化采取限产压加，加大促销力度等措施，努力盘活存量资产；同时改革劳动人事制度，减员降本、精简岗位冗员、实施人员分流，缓解企业困难。

2. 下半年计划

(1)抓住机遇、深化改革、调整产业结构，提高资产质量。根据二届一次股东大会通过的"关于上海丰华圆珠笔股份有限公司与冠生园(集团)有限公司进行资产置换的决议"，公司将加快资产置换的步伐，目前此项工作正在紧锣密鼓地进行，如获成功，将使公司调整产业结构，提高资产质量迈出决定性的步伐。

(2)抓好配股资金投资项目的建设工程。公司1996年配股资金用途经二届一次股东大会通过已作了调整，其中5960万元投资冷冻微波食品生产项目，该项目已开工，竣工投产后将成为公司一个新的经济增长点。

(3)精简机构、降本减员、限产压库、加强促销。公司将加快深化改革步伐，从市场的实际情况出发，以市场为导向，调整生产规模，精简机构、降本减员，提高效率和效益。同时公司将进一步采取有力措施，加强促销力度，坚决压缩库存，盘活存量资产。

三、重大事项的说明

(一)按照国务院证券委、中国人民银行、国家经贸委5月21日联合发布的《严禁国有企业和上市公司炒作股票的规定》，公司经自查，没有从事任何违反规定的事项。

(二)1996年11月，经中国证券监督管理委员会证监上字[1996]19号文批准，公司按10配3转配10的方案向全体股东增资配股，每股配股价3.30元，每股转让费0.20元。本次实配新股23370964股，扣除发行费后，共募集资金7562万元。1997年1月27日配股资金全部到位。

(三)募集资金使用情况说明

1997年5月30日，公司二届一次股东大会审议通过了"关于调整1996年配股资金用途的决议"，配股资金按调整后的项目使用，已投资建立油墨公司项目18万元；成立各省市销售分公司项目53万元；冷冻微波食品项目3060万元；大白兔儿童系列用品项目300万元，以上项目均未竣工，多余的配股资金暂作流动资金使用。

四、发行在外股票的变动和股权结构变化

(一)股本变动及股权结构情况

1. 报告期内公司实施1996年度增资配股方案，即每10股配3股，社会公众股东还可按10:10的比例受让国家股、法人股的配股权，股本总额由8442.6428万股增至10779.7392万股；增资配股后，公司又以增资配股后的股本总额为基数，以10:1.5的比例实施送股，同时以10:0.5的比例用资本公积金转增股本，股本总额增至12935.6870万股。

2. 公司股本结构(单位:股)

(一)尚未流通股份	期初数	配股	配股后股本	送股	公积金转股	期末数
1. 国家股	51118016	6263404	57381420	8607213	2869071	68857704
2. 社会法人股	20348412	259560	20607972	3091196	1030398	24729566
3. 国家股法人股转配		12960000	12960000	1944000	648000	15552000
尚未流通股份合计	71466428	19482964	90949392	13642409	4547469	109139270
(二)已流通股份						
A股	12960000	3888000	16848000	2527200	842400	20217600
已流通股份合计	12960000	3888000	16848000	2527200	842400	20217600
(三)股份总数	84426428	23370964	107797392	16169609	5389869	129356870

(二)主要股东持股情况(1997年6月30日)

股东名称	持股数	持股比例%
1. 上海轻工控股(集团)公司(国家股)	68857704	53.23
2. 上海龙头股份有限公司	3168000	2.45
3. 上海国际信托投资公司	2073600	1.60
4. 上海申银万国证券公司	1947600	1.51
5. 中国纺织机械股份有限公司	1267200	0.98
6. 上海东方明珠股份有限公司	1036800	0.80
7. 上海第一百货股份有限公司	950400	0.735
8. 上海豫园商城股份有限公司	792000	0.612
9. 上海商业网店股份有限公司	792000	0.612
10. 皖国际信托投资公司	777600	0.601

五、股东大会简介

上海丰华圆珠笔股份有限公司第二届第一次股东大会(1996年年会)于1997年5月30日下午在上海影城召开，出席会议的股东共158人，持有公司股份73840418股，占公司总股份107797392股的68.5%。大会审议通过了如下决议：

1. 董事会1996年度工作报告

2. 监事会1996年度工作报告

3.1996年度财务决算报告

4.1996年度利润分配方案及资本公积金转增股本的方案：

(1)利润分配方案：1996年母公司净利润25871801.41元，提取10%法定公积金2587180.14元，提取10%法定公益金2587180.14元，加上年度未分配利润511648.79元，可供股东分配的利润为21209089.92元，以公司现有总股本107797392股为基数每10股送1.5股，共计16169608.80元，余额5039481.12元结转下一年度。

(2)资本公积金转增股本方案：公司资本公积金1996年末为111629169.94元，提取5389869.60元，以公司现有总股本107797392股为基数每10股转增0.5股。

5. 董事会关于修改公司章程的方案

6. 选举公司第二届董事会成员

大会批准公司第二届董事会由10人组成，选举翁懋、蔡瑞兴、刘鲁生、张援朝、袁蔼英、马云虎、陈利权、周茂达、王晓梅、何国庆为第二届董事会董事。

7. 选举公司第二届监事会成员

大会批准公司第二届监事会由6人组成，选举杨诚荣、杨燕华、钟元秋、江国强、李铮荣、马玉玲为第二届监事会监事。

8. 董事会1997年工作计划

9. 关于上海丰华圆珠笔股份有限公司与冠生园(集团)有限公司进行资产置换的决议

大会授权董事会制订上海丰华圆珠笔股份有限公司与冠生园(集团)有限公司进行资产置换的方案,并报有关部门批准后实施,授权有效期为1997年5月30日至1997年12月31日。

10. 关于调整1996年配股资金用途的决议

1996年,公司共募集配股资金7562万元,为了调整公司的产品结构,有利于公司跨行业发展,决定调整1996年配股资金用途。

(1)调整项目

①撤销总投资2260万元的"扩大水性圆珠笔和其他笔类产品出口项目"。

②撤销投资500万元的"继续投资产品开发模具中心项目"。

③"建立油墨公司项目",原总投资980万元,调整为500万元。

④"一分公司三废迁建项目",原总投资2980万元,调整为500万元。

⑤"成立各省市销售分公司项目",原总投资800万元,调整为150万元。

(2)经调整后配股资金6412万元拟投资以下项目

①冷冻微波食品生产项目,投资总额5960万元。

②大白兔儿童系列用品项目,投资总额450万元。

六、备查文件

1. 载有董事长翁懋亲笔签名的一九九七年中期报告原件。

2. 公司1996年度股东大会材料。

3. 查阅地址:上海市浦东东方路3601号。

上海丰华圆珠笔股份有限公司

一九九七年八月三十一日

上海联华合纤股份有限公司

1996年年度报告摘要（摘选）

一、公司简况

公司名称：上海联华合纤股份有限公司

法人代表：李克让　　邮政编码：201800

公司地址：上海市嘉定区沪宜公路4290号

电话：021—59534839－116、59528713　传真：021—59528433

二、主要财务数据与财务指标

单位：万元

指　标　项　目	1996年度	1995年度	比上年增减(%)
1.主营业务收入	20750.58	24890.84	－16.63
2.净利润	89.97	2080.63	－95.68
3.总资产	45849.29	47395.06	－3.26
4.股东权益	27873.25	27783.28	＋0.32
5.每股收益(元)	0.005	0.12	－95.83
6.每股净资产(元)	1.67	1.70	－1.76
7.净资产收益率(%)	0.32	7.49	－95.73
8.股东权益比率(%)	60.79	58.62	3.70

三、公司主要业务回顾

1.一年来经营情况

1995年下半年以来，我国化纤行业受到市场变化的冲击、产品价格跌落、大多数企业利润剧减甚至亏损，公司遇到了前所未有的困难。这次冲击其特征是：产品市场疲软呆滞期持续时间长，直至1996年8月下旬才初显曙光；其二，原料、产品价格跌幅大，达到历史最低点，且严重不同步。96年与95年相比，由于销售价格下降，使利润减少3712.64万元，这也是造成上半年亏损637.87万元的主要原因。

下半年面对严峻的形势，公司在董事会领导下认真总结了经验，分析了上半年度产生亏损的原因，受取了相应的对策和措施，抓住市场反弹的机遇，消化了上半年亏损，原料、成品、潜亏等种种不利因素，终于做到扭亏略盈，实现利润102.63万元，走出了困境。

2.主要指标分析

公司1996年主营业务收入2.075亿元，与1995年2.4890亿元相比，增长－16.63%。

96年利润总额为102.63万元，与95年2399.71万元相比，为95看看4.25%，其原因主要是：

1)由于销售价格下降，销售量减少致使主营业务收入比去年实际数减少4140万元；

2)由于待转摊汇兑收益823.77万元已全部在95年摊完，96年无此笔收入，银行贷款利息支出有所增加，使财务费用上升了1353万元，1996年公司资产负债率33%。

3.境外审计结果及境内外审计差异之说明

本年度公司委托上海会计师事务所中国注册会计师按照中华人民共和国会计准则进行审计，同时聘请安达信会计师事务所为我公司按国际会计准则进行审计，现将按国际会计准则对中国法定帐目的税后利润但分配前的利润所作调整揭示如下：

单位：人民币千元

中国会计师审计鉴证税后利润	899.74
按国际会计准则进行调整	
1.调整少提折旧准备	(847.00)
2.调整时间性差异之投资收益认列	1873.00
3.以成本与可变现净值孰低重估存货余额	(2131.00)
4.其他	234.00
经国际会计准则调整后税后利润	28.74

四、股本变化及股本结构情况

1)股本结构情况

	96年末数	95年末数	比例%
一、尚未流通股份			
1.国家持股			
2.发起法人持股	66636360	66636360	39.86
3.外资法人持股	28558440	28558440	17.08
4.社会法人持股	27000000	27000000	16.15
小　计	122194800	122194800	73.09
二、已流通股份			
1.境内上市人民币普通股	9000000	9000000	5.38
2.境内上市的外资股	36000000	36000000	21.53
3.境外上市的外资股			
三、股份合计	167194800	167194800	

2)主要股东持股情况

股　东　名　称	持股数(股)	比例(%)
1)香港佳运集团	28,558,440	17.08
2)上海化纤(集团)有限公司	19,038,960	11.39
3)中信兴业信托投资公司	14,279,220	8.54
4)上海市上投实业公司	9,519,480	5.69
5)中国银行上海信托咨询公司	9,519,480	5.69
6)上海纺织工业经营开发公司	9,519,480	5.69
7)上海爱建股份有限公司	4,759,740	2.85
8)江苏常熟信虞纺织实业公司	3,960,000	2.36
9)BONY A/C GMML－GIL NOMINEES A/C GEPIT	3,900,000	2.33
10)VIHONG NOMINEES LTD	1,869,060	1.12

3)年末股东户数：

截止1996年12月31日，本公司股东总数为9,944户，其中A股股东9,060名，B股股东884名。

上海氯碱化工股份有限公司

1996年年度报告摘要（摘选）

一、公司简况

公司名称：上海氯碱化工股份有限公司

法人代表：徐荣一　　邮政编码：200241

公司地址：上海市龙吴路4747号

电话：021—64703609　　传真：021—64086550

二、主要财务数据与财务指标

单位：万元

指标项目	本年数	上年数	比上年增减（%）
1.主营业务收入	224289.27	236516.09	-5.17
2.净利润	23446.22	22955.94	2.14
3.总资产	485158.99	458404.22	5.84
4.股东权益	288127.36	270572.11	6.49
5.每股收益（元）	0.244	0.239	2.09
6.每股净资产（元）	2.99	2.81	6.41
7.净资产收益率（%）	8.14	8.48	-0.34百分点
8.股东权益比率（%）	59.39	59.02	0.37百分点

三、公司主要业务回顾

1.一年来经营情况：

本公司生产经营烧碱、聚氯乙烯、氯、氟等20多种基础化工原料。1996年，本公司所处的氯碱化工行业经营环境普遍欠佳。一方面原材料、动力涨价，另一方面产品跌价幅度大，国外产品进入国内市场来势较猛，致使本公司承受各种减利因素达3亿多元。

针对外部环境的不利因素，公司采取了多种对策：一是增加产量，使本公司拥有的全国最大的离子膜烧碱装置实现年产15万吨达标，本公司的聚氯乙烯树脂生产也净增1.9万吨，各套主要装置连续高负荷运转，产量产值达到历史最高点，烧碱生产29.7万吨，聚氯乙烯树脂生产19万吨，工业总产值达19.2亿元，劳动生产率达23万元/人．年。二是调整产品品种，增加了48%隔膜碱等品种，48%离子膜烧碱、聚氯乙烯树脂（一个牌号）获国家级新产品奖，享有免税政策。三是降低消耗，聚氯乙烯、氯乙烯装置的单耗有一定幅度的下降，本公司综合能耗也有所下降，可比产品成本实际下降1.8亿元，本公司被列为上海市综合利用先进企业。四是提高质量，本公司的主要产品由权威机构确认达到并采用了国外先进标准。本公司的申峰牌聚氯乙烯和电化牌离子膜烧碱均为上海市名牌产品。本公司取得了氯碱行业首张ISO9002质量认证证书，获得了上海市质量管理奖。五是控制费用，管理费用、销售费用、财务费用大幅度下降，全年下降1亿多元。六是增加收入，在其他营业利润和投资收益中增利6000多万元。七是开拓市场，全年产销率达99.9%，国内市场占有率保持前列，烧碱占5.6%，聚氯乙烯占13.9%，并基本做到国际国内市场一体化发展，有8只产品出口，出口创汇额为4188万美元，其中烧碱出口11万吨，漂粉精出口近3000吨，成为一只新的创汇产品。本公司被列为化工部对外开放、出口创汇先进企业。

1996年继续落实技术改造措施，被列入上海市工业重大项目的年产10万吨聚氯乙烯技改增产项目和年产10万吨离子膜烧碱技改增产项目开工建设。全年完成各类固定资产投资9976万元。合资的上海赫克力士化工有限公司纸化学品项目也已开工。

2.经营业绩分析

本公司的经营业绩，与上次股东大会确定的各项计划经济指标相比无重大差异，合并报表经境内注册会计师审计的税后利润为23446.22万元，经境外注册会计师审计的税后利润为23477.50万元。合并报表反映的所属子公司的经营优劣对本公司无重大影响。本公司主营业务利润，新系统占80%，老系统占20%，其中主要盈利产品是聚氯乙烯树脂，其次是液氯、盐酸及烧碱。主营业务收入低于计划数，主要原因是国内外烧碱和聚氯乙烯市场价格下跌所致。由于利润增长幅度有限，董事会决定全体员工不增加工资。

3.前次募集资金的使用情况说明

1996年，本公司没有募集资金，以前年度募集到的资金均按招股说明书和配股书的用途安排。经境外主承销商建议，部分募集资金用于偿还国家重点项目吴泾工程建设所借债务。在各类项目建设中严格控制投资规模。

本公司抓紧新项目的投产和市场开拓工作。公司利用募集资金已建成并投产了五个生产性项目，主要有：增建1200吨聚四氟乙烯项目；新建3万吨聚氯乙烯粒料项目；对吴泾工程进行完善化，增建二氯乙烷裂解炉，增建贮存二氯乙烷和烧碱的7台储罐；建设两个聚氯乙烯管材合资项目。本公司还投资于改制前签定的项目及近年来的其他项目。

本公司组建或正在组建的经营公司有：(1)为扩大经营范围，本公司以现有销供部存量资产组建了上海氯碱化工贸易有限公司，本公司控股90%，天原集团公司以现金投入，参股10%。(2)为拓展海空国际货运业务，经董事表决，本公司与美国邦联海空通运公司合资组建了上海天原国际货运有限公司，注册资金300万美元，中方控股51%，外方持股49%，现已由国家外经贸部批准。(3)本公司的氟产品生产是国内较大的一家，经董事表决，本公司决定利用氟产品生产的存量资产与美国杜邦公司合资建立上海杜邦氟产品有限公司，注册资本2500万美元，我方以现有设备、厂房、土地使用权作价投入，占总股份的40%，外方以设备和美元现汇投入，目前正在进行合同谈判之中。

四、股本变化及股本结构情况

1.截至1996年末公司股本结构如下：

数量单位：股　每股面值：1元

	期初数	期末数
一、尚未流通股		
国家拥有股份（A股）	505380700	505380700
募集法人股（A股）	98000000	98000000
尚未流通股份合计	603380700	603380700
二、已流通股份		
境内上市的人民币普通股（A股）	23002000	23002000
境内上市的外资股（B股）	336000000	336000000
已流通股份合计	359002000	359002000
三、股份总数	962382700	962382700

2.股本变动情况及原因

1996年度无配股、送股、公积金转股等情况发生。股本总额、股本结构、股票面值及流通股份无变化。ADR发行数136152份，占B股的0.4%。

3.主要股东持股情况

持本公司5%以上普通股的股东一名，1996年1月30日前为上海化工控股（集团）公司，后为上海天原（集团）有限公司。

前十名股东持股情况

持股者	年末持股数	占总股本%
1)上海天原(集团)有限公司	505380700	52.51
2)上海乐凯国际贸易有限公司	29491830	3.06
3)上海申银证券公司	20279370	2.11
4)CITIBANK N.A.H.K.A/C CITICORP TRUSTEE CO.LTD GARTMORE PACIFIC STRATEGY FUND	14370000	1.49
5)HKSBCSB A/C·CHASE MANHATTAN BANK NA S/A TEMPLETON DEVEL MKTS TRUST(3442)	12105300	1.26
6)HKSBCSB A/C CMB S/A TEMPLETON DRAGON FUND INC.	10050000	1.04
7)HKSBCSB A/C THE CHASE MANHATTAN BANK NA.S/A TEMPLETON CHINA WORLD FUND INC.	9459000	0.98
8)ABU DHABI.UNITED ARAB EMIRATES	9163500	0.95
9)上海国际信托投资公司	6178270	0.64
10)海南经济物资协作开发总公司	5000000	0.52

4.股东数量

1996年末的股东总数为20898户，其中国家持股1户，法人持股551户，社会公众持股16351户，B股持股3995户。

上海冰箱压缩机股份有限公司

1996 年年度报告摘要　（摘选）

一、公司简况

公司名称：上海冰箱压缩机股份有限公司

法人代表：朱蜀东　　　邮政编码：200090

公司地址：上海浦东金桥出口加工区 26 号地块

电话：021—65190000×226传真：021—65430941

二、主要财务数据与财务指标

指标项目	本年数	上年数	比上年增减(%)
1.主营业务收入(万元)	116,358	73,372	58.59
2.净利润(万元)	14,644	10,939	33.87
3.总资产(万元)	231,810	166,081	39.58
4.股东权益(万元)	92,364	57,598	60.36
5.每股收益(元)	0.45	0.495	-9.09
6.每股净资产(元)	2.84	2.61	8.81
7.净资产收益率(%)	15.85	19	-3.15
8.股东权益比率(%)	39.84	34.6	5.24

三、公司主要业务回顾

1. 一年来经营情况

1996 年公司在全体员工的努力和全体股东的支持下，面对家电市场竞争日益激烈的严峻形势，转变观念、团结开拓、积极进取，完成了股东大会确定的各项经济指标。

全年生产冰箱压缩机 85.36 万台，实现销售 82.37 万台，分别比上年增长 6.6%和 3.92%。

生产空调压缩机 113.09 万台，实现销售 103.28 万台，分别比上年增长 82.96%和 86.78%，完成主营业务收入为 116,358 万元，实现利润总额为 19,137 万元(含少数股权)，净利润为 14,644 万元，总资产达 231,810 万元。

(1) 以市场为导向，促进产品销售

1996 年家电市场出现了前所未有的竞争局面，直接影响到冰箱压缩机和空调压缩机的销售。

公司集中力量，强化了对用户的调查分析，调整营销策略，一方面及时采取对主要用户实行以供货量、资金回笼挂钩的浮动价格等促销手段。另一方面开发新品种，冰箱压缩机产品品种增加到 12 个，空调压缩机品种增加到 30 个，满足了更多的用户。由于确立了“重点上海、稳固华东、开拓广东、进军华北、辐射全国”的销售方针和以“服务、质量、价格”为特色的销售策略，全年销售出现了新的增长。冰箱压缩机的市场占有率达到 10%，空调压缩机的市场占有率达 33%。

(2) 抓项目建设进度，促项目投产效益

公司不但通过资金运筹、资本运作保证了技改项目投资的资金需要，而且还狠抓责任管理和科学管理，使年初确定的投资项目都如期或提前完成，并获得投资收益。

上海日立电器有限公司于 1996 年 4 月 28 日全面完成 140 万台空调压缩机项目建设，比原计划提前约 8 个月，成为我国最大的空调压缩机生产企业。

上海森林电器有限公司一期工程的土建已基本完成，设备已陆续到港并完成进场安装调试，比原计划提前 2 个月于 97 年 3 月 28 日进入试生产，97 年 5 月可投入大批量生产。

使用 HFC134a 工质冰箱压缩机开发项目，利用世界银行的赠款购买了软技术和设备。年内已小批量试制成功。

(3) 推行科学管理，促管理效益

提高经济效益，提高产品竞争力的一个重要方面是狠抓科学管理。在内部管理方面，1996 年重点抓了建立目标成本管理体系。公司深入考察生产经营各个环节，全面推行以“利润指标否决，销售、质量、产量、成本四项指标挂钩浮动”为特征的目标成本管理办法。使单台制造成本比年初预期指标降低 4.6%，从而消化了今年因销售减价而引起的减利因素约 1000 万元。

公司充分认识到质量是企业的生命，本着外拓市场、内强管理的思路，公司作出了按照 ISO9002 标准的要求建立并完善公司质量保证体系的决策，于 6 月 18 日开始全面贯标，11 月 30 日通过了上海质量体系审核中心的认证。在此之前上海日立电器有限公司也于 4 月份顺利通过了美国 UL 和中国 SAC ISO9002 联合认证。贯标认证工作的开展，保证了生产全过程中行为有规范、工作有标准、信息有反馈，确保了产品质量不断提高。1996 年冰箱下线率为 1.9‰，空调压缩机下线率为 0.288‰，优良的产品质量成为产品市场竞争不断取胜的强劲实力。

2. 主要经济指标比较分析

年初制定的 1996 年度经营目标为：冰箱压缩机生产销售 90 万台，空调压缩机生产销售 100 万台，主营业务收入 115,000 万元，利润总额比 1995 年增长 25%。1996 年实际完成主营业务收入 116,358 万元，完成计划的 101.18%，比 1995 年度同期增长 58.59%；实现利润总额(含少数股权)19.137 万元，比 1995 年同期增长 35.24%，实现税后利润 14,644 万元，比 1995 年增长 33.87%。

实现主营业务利润 17,897 万元，占利润总额 93.5%，其中冰箱压缩机完成 5404 万元，占主营业务利润 30.20%，空调压缩机完成 12458 万元，占主营业务利润 69.80%；每股收益为 0.45 元。各项经济指标均完成了股东大会确定的目标。

3. 募集资金的使用情况

1995 年底，经临时股东大会审议通过，上海市证管办的批准，1996 年初公司增配了 5000 万股境内上市外资股(B 股)募集得到 1831 万元美元资金。公司第五次股东大会批准的 1995 年度利润分配方案为每 10 股送 2 股及每 10 股派发现金股利 0.60 元(含税)，共计募集资金 5417 万元。上述资金一部分用于上海日立电器有限公司 140 万台空调压缩机项目二期工程。其余均投入上海森林电器有限公司低温用制冷压缩机项目一期工程。由于资金及时到位，1996 年 4 月上海日立电器有限公司全面完成 140 万台空调压缩机项目，比原计划提前了 8 个月。经初步决算总投资比计划节约了 3%左右。该项目取得了较好的社会和经济效益。上海森林电器有限公司低温用制冷压缩机项目一期工程实施过程中，公司按规定分次将资本金注入合资公司，确保了项目顺利实施，并提前于 1997 年 3 月 28 日投入试生产，计划 1997 年 5 月可大批量投产，届时将形成年产 100 万台使用 HFC134a 工质的低温用制冷压缩机生产能力。

四、股本变化及股本结构情况

股本变化及股本结构情况

(1) 截止 1996 年 12 月 31 日，股本结构如下：

数量单位：万股　　　每股面值：一元

		本次变动增减(+、-)			
	期初数	增配(+)	送股(+)	小　计	期末数
a. 尚未流通股份					
国家拥有股份	10388.638		2077.7276	2077.7276	12466.3656
境内法人持有股份	3900		780	780	4680
尚未流通股份合计	14288.638		2857.7276	2857.7276	17146.3656
b. 已流通股份					
境内上市的人民币普通股	1300		260	260	1560
境内个上市的外资股	6500	5000	2300	7300	13800
已流通股份合计	7800	5000	2560	7560	15360
c. 股份总数	22088.638	5000	5417.7276	10417.7276	32506.3656

(2) 股本变动原因：

1996 年 2 月，公司增配了 5000 万股 B 股，新增 B 股于 3 月 6 日在上海证券交易所上市交易，总股本从 22088.638 万股增加到 27088.638 万股；1996 年 6 月，公司第五次股东大会审议通过的 1995 年度利润分配方案为每 10 股送 2 股并派发现金股利 0.60 元(含税)．利润分配方案实施后，总股本从 27088.638 万股增加到 32506.3656 万股。

(3) 截至 1996 年末，公司股东总数为 17046 户。

(4) 主要股东持股情况(前十名)

名次	股东名称	年末持股数	占总股本(%)
1	上海轻工控股(集团)公司(国家股)	124,663,656	38.35
2	HKSBCSB S/A PICTET & CIE	8,873,320	2.73
3	中国工商银行上海信托投资公司	6,240,000	1.92
4	上海久事公司	5,460,000	1.68
5	HKSBCSB A/C CMB S/A TEMPLETON DRAGON FUND INC.	5,338,464	1.64
6	上海国际信托投资公司	5,148,000	1.58
7	CHASE S/A SHELL PENSIOS TRVST LINITED AS TRT OF THE SHELL CONTRIBUTORY PENSION	4,957,480	1.53
8	CITIBANK N. A S/B JARDINE FLEMING CHINA REGION FUND	3,900,000	1.20
9	SCBHK A/C ROBERT FLEMING AND CO. LTD. S/A THE FLEMING CHINFSE INVESTMENT TRVST PL	3,900,000	1.20
10	TOYO SECURITIES ASIA LTD.	2,950,962	0.91

上海金陵股份有限公司

1996年年度报告摘要（摘选）

一、公司简况

公司名称：上海金陵股份有限公司

法人代表：佘宝庆　　　邮政编码：200127

公司地址：上海浦东杨高南路475-483号

电话：(021)58815185　　　传真：(021)58753396

二、主要财务数据与财务指标

指标项目	本年数(元)	上年数(元)	比上年增减(%)
1.主营业务收入	267,249,965.36	227,103,566.04	17.7%
2.净利润	29,801,373.36	29,078,618.12	2.5%
3.总资产	560,489,458.84	498,765,798.45	12.4%
4.股东权益	256,530,703.91	226,927,374.41	13.0%
5.每股收益	0.255	0.323	-21.1%
6.每股净资产	2.193	2.522	-13.0%
7.净资产收益率	11.62%	12.81%	-9.3%
8.股东权益比率	45.77%	45.50%	0.6%

注：上年的股东权益及相关指标均按沪财会(1996)277号的要求进行了调整。

三、公司主要业务回顾

1.一九九六年是公司通过规范运作，达到持续发展的一年。期间，虽然市场环境偏紧，但公司的主营业务收入及利润指标均较上年继续增长，公司主营业务收入达到26725万元，比上年增长17.68%，净利润达到2980.14万元，比上年增长2.49%，均超过了公司的预测水平。

2.根据建设现代企业制度的要求，公司在抓好生产经营的同时，继续探索资产经营的新路。在各方面的支持和配合下，公司根据企业结构调整的需要，通过上海产权交易所的鉴证，先后收购了上海微型电机厂存量资产和上海美星无线电厂全部产权。作为公司新的产品门类而新组建的金辉、金丽等三个微电机公司，1996年已盈利506万元。以上购并运作，使公司主业的规模得到了扩展，产业、产品结构也随之发生了很大的变化，为公司的进一步发展奠定了基础。

3.公司根据发展的需要，明晰了产权主体，完善了股权结构。经资产界定和发起人法人股股权的转让，增加了国有发起人法人股的股权，使得公司的股权结构有了一个较为合适的比例。同时也解决了发起人原上海金陵无线电厂的股权主体缺位问题。通过上海市工商行政管理局的审核批准，上海仪电控股(集团)公司、上海汇龙仪表电子有限责任公司和上海金陵集体基金合作联社取代了原上海金陵无线电厂所拥有的全部股权。这种做法预示着公司解决改制时遗留的退休员工补贴和医药费用的补贴等问题，有了一个良好的开端。

4.外向型经济又有了新的进展。年内公司与荷兰飞利浦公司就工程代理事宜签订了合同。公司在公共安全防范系统和专业音响系统方面成为荷兰飞利浦公司的工程代理。

5.公司的重大投资SMT技改项目建成并投产。利用1995年底配股资金2958万元建成的该项目，年内已通过上级有关部门及专家的项目验收。1996年加工收入803万元，盈利158万元。

6.按时、稳定地完成了公司内部的组织结构调整。年内，公司根据企业发展的需要，调整了公司本部的业务部室及部分分公司，原总工程师办公室改为管理部，原组装分公司并入了电子设备公司，原电子视像分公司并入了电子部品分公司，适当扩大了分(子)公司的经营规模，增强了抗风险能力和经营拓展能力。

7.地处上海闹市中心福州路666号的金陵，海欣大厦已于1996年12月28日正式开工建设。该大厦是由本公司和上海海欣股份有限公司及上海黄浦投资发展总公司共同投资建造的，占地面积4337平方米，建筑面积4万平方米，主楼高99.8米，地上26层，地下二层为停车库，可供停车140辆，预计该大厦1998年年底竣工。

四、股本变化及股本结构情况

股本变化及股本结构情况

(1) 截至1996年末，公司股本结构如下：

数量单位：股　　　每股面值：1元

	期初数	送股	公积金转增	小计	期末数
(一)尚未流通股份					
1.发起人股份	45,490,900	9,916,285.50	3,730,984.50	13,647,270	59,138,170
2.募集法人股	15,316,697	4,595,009		4,595,009	19,911,706
3.社会公众受让转配	7,956,000	2,386,800		2,386,800	10,342,800
尚未流通股份合计	68,763,597	16,898,094.5	3,730,984.50	20,629,079	89,392,676
(二)已流通股份					
境内上市的人民币普通股	21,216,000	6,364,800		6,364,800	27,580,800
已流通股份合计	21,216,000	6,634,800		6,634,800	27,580,800
(三)股份总数	89,979,597	23,262,894.5	3,730,984.50	26,993,879	116,973,476

(2) 股本变动情况及原因

根据公司第五次股东大会决议(1996年6月)，公司于1996年7月按10:3比例向全体股东送红股2699.3879万股。至此，公司总股本从8997.9597万股增至11697.3476万股。

(3) 前10名主要股东持股情况

持股人	年末持股数(股)	比例(%)
上海仪电控股(集团)公司	29244432	25.00
上海金陵集体基金合作联社	15892361	13.59
上海汇龙仪表电子有限责任公司	8700000	7.43
上海由由实业总公司	3674060	3.14
上海龙头股份有限公司	3380000	2.89
上海双鹿电器股份有限公司	3380000	2.89
上海冰箱压缩机股份有限公司	2535000	2.17
上海华联股份有限公司	2298400	1.96
上海氯碱化工股份有限公司	1521000	1.30
川沙县严桥工业公司	1064590	0.91

(4) 截止到1996年末，公司股东总数为21693户，其中发起人法人股5户，社会法人股46户，社会公众股21642户。

上海嘉宝实业(集团)股份有限公司

1996 年年度报告摘要(摘选)

一、公司简况

公司名称:上海嘉宝实业(集团)股份有限公司

法人代表:叶祖成　　邮政编码:201818

公司地址:上海市嘉定区嘉戬公路 118 号

电话:59162279、59161888-3214　传真:59161452

二、主要财务数据与财务指标

指 标 项 目	1996 年	比上年增减%	1995 年	1994 年
1.主营业务收入(万元)	66742.44	35.87	49123.00	38521.13
2.净利润(万元)	5312.30	-12.75	6088.57	5175.80
3.总资产(万元)	136644.85	19.11	114720.23	97278.84
4.股东权益(万元)	52871.20	9.50	48286.34	36571.87
5.每股收益(元)	0.242	-27.11	0.332	0.34
6.每股净资产(元)	2.40	-8.75	2.63	2.38
7.净资产收益率(%)	10.05	-20.30	12.61	14.15
8.股东权益比率(%)	38.69	-8.08	42.09	37.59

注:去年合并报表未包括当年投资经营期较短的和尚在筹建中的企业,本年度已纳入合并范围,这些企业是:上海嘉丽宝电子有限公司和上海嘉汇精细化工厂,同时将总资产仅占 3.1‰,主营业务收入仅占 1‰和净资产仅占十万分之一的海口分公司报表未纳入合并报表,所以,调整本年度(合并)年初数:

流动资产	+19667861.87 元	流动负债	+3747018.38 元
长期投资	-20809023.10	少数股东权益	+6671985.95 元
固定资产	+8552224.39	股东权益合计	-647919.88 元
无形及递延资产	+2360021.29		
资产总计	+9771084.45 元	负债及股东权益总计	+9771084.45 元

三、公司主要业务回顾

1. 一年来经营情况

1996 年是本公司经过产业结构重大调整后进入发展时期的第一年,也是第二次创业中最艰难的一年。1996 年公司主要是扩规模,增效益,发展多行业立体型经济。其中:光明灯头分公司积极做好对兼并后宝鸡分公司的技术、管理工作。因此,灯头产量比 95 年增 2 亿只;利润 2050 万元,同比增 2.2%。为顺应国际电光源行业发展趋势,垫补国内空白,发展铝合金灯头,逐步淘汰铁制灯头,引进国际先进铝合金灯头生产线,此项设备已运抵厂区,97 年上半年安装试产,到 2000 年年产 10 亿只,可增利税三千万元。东锦食品公司的太太乐牌鸡精,今年产量达 3156 吨,较去年增 33.45%,销售收入 2.24 亿元,比去年增 12.2%,预计 97 年产量可达 5000 吨,嘉宝奇伊房地产经营公司今年开发了民用商品房 3.6 万平方米,为历年之最,其中已预售 2.1 万平方米。97 年将开发嘉定镇和南翔镇中心地段老街改造工作,营造 2.5 万平方米民用商品房,嘉丽宝电子公司筹建已告结束,今年四季度起生产电容器 600 万只,预计 97 年生产 3000 万只。

2. 关于经营成果与预测差异的说明

公司 1996 年实际完成主营业务收入 66742.44 万元,与预测相差 33257.56 万元。主要是公司持股 35%的通用电气嘉宝照明有限公司的主营业务收入 46838.3 万元,按规定未合并报表,1996 年实现利润总额 6341.17 万元,与预测相差 2158.83 万元。主要原因是嘉汇精细化工厂因原料涨价,产品价格相对下跌而亏损 461 万元,与年初预测盈利 300 万元相比差 761 万元;东锦食品公司所属常州东锦发酵公司因味精销售价格每吨下降 1482 元,减少收益 364 万元,又因制糖二次液化处理,空气系统等设备改造停产影响经济效益约 600 万元。

四、股本变化及股本结构情况

1. 股本变化及股本结构情况

(1)截至 1996 年末,公司股本结构如下:

数量单位:股　　每股面值:1 元

股 份 类 别	期初数	本次变动增减(+,-) 送股	期末数
尚未流通股份			
a. 发起人股	98595723	19719143	118314866
其中:			
境内法人持有股份	98595723	19719143	118314866
b. 募集法人股	36671556	7334312	44005868
c. 社会公众股受让法人股转配部分	13200000	2640000	15840000
尚未流通股份合计	148467279	29693455	178160734
已流通股份			
1. 境内上市的人民币普通股	34800000	6960000	41760000
已流通股份合计	34800000	6960000	41760000
股份总数	183267279	36653455	219920734

(2)股本变动原因:

1996 年 3 月 20 日经 1995 年度股东年会审议通过按 10:2 比例派送红股,并于 1996 年 3 月 27 日实施送股,公司的总股本由 1995 年末的 183267279 股增加到 219920734 股。

3. 主要股东持股情况(前十名股东)

股 东 名 称	年末持股数	占总股本%
1)南翔经济发展总公司	35066474	15.945
2)嘉定戬浜工业总公司	26101186	11.868
3)嘉定徐行经济实业总公司	16551200	7.526
4)嘉定嘉西工业总公司	15768984	7.170
5)嘉定华亭工农业总公司	12413511	5.645
6)嘉定曹王经济发展总公司	12413511	5.645
7)农行上海市信托投资公司	8951303	4.070
8)上海万国证券公司	3386880	1.540
9)上海嘉宝国际贸易公司	2762100	1.256
10)中国纺织机械股份有限公司	1440000	0.655

(4)截至到 1996 年末公司股东总数为 36580 户,其中法人股东 270 户,社会公众股东 36610 户。

2. 公司董事、监事及高级管理人员持股情况

姓 名	职 务	年初持股数	年末持股数	变动原因
叶祖成	董事长	7200	8640	送股
卢万兴	副董事长兼总裁	7200	8640	送股
傅一峰	副董事长	5700	6840	送股
张锦德	董事	4800	5760	送股
赵增福	董事	4800	5760	送股
许炳炎	董事	4800	5760	送股
吴锡森	董事	3600	4320	送股
潘永明	董事		2000	
谈明兴	董事		2000	
陶忠明	董事		2000	
乐永华	监事	3600	4320	送股
陈娟娣	监事	2400	2880	送股
赵士明	监事长		2000	
陈伯兴	董事兼副总裁	4800	5760	送股
徐惠兴	董事兼副总裁	4800	5760	送股
沈锦林	董事兼副总裁	4800	5760	送股
庞瑞华	董秘兼副总裁	3600	4320	送股
刘　峰	副总裁	4800	5760	送股
张雪和	副总裁	3600	4320	送股

上海轮胎橡胶(集团)股份有限公司

1996 年年度报告摘要(摘选)

一、公司简况

公司名称:上海轮胎橡胶(集团)股份有限公司

法人代表:蒋应时　　邮政编码:200127

公司地址:上海浦东新区浦东南路 2178 弄 2 号

电话:(021)63290433 * 31　传真:(021)63299609

二、主要财务数据与财务指标

(单位:元)

指标项目	本年数	上年数	比上年增减
1.主营业务收入	3,982,034,973.15	3,406,560,718.43	16.89%
2.净利润	140,017,774.39	7,916,568.28	1668.67%
3.总资产	5,718,210,054.55	5,195,436,321.64	10.06%
4.股东权益	2,165,489,336.06	2,131,037,061.54	1.62%
5.每股收益	0.17	0.01	1600%
6.每股净资产	2.68	2.64	1.52%
7.净资产收益率	6.47%	0.37%	1648.65%
8.股东权益比率	38%	41%	-7.32%

三、公司主要业务回顾

1.一年来生产经营情况

1996 年公司全体员工根据年初提出的方针目标,紧紧抓住提高经济效益这个中心不放松,抓住学邯钢这个主旋律不松手,积极实施增产增收、降耗节支、优化市场、开发新品和盘活存量等五大工程。全年工作目标明确,主题鲜明,节奏较快,工作有条不紊。

1996 年公司以沪宁高速公路开通为契机,召开了一系列信息发布会,向各地高速公路推广使用双钱、回力牌子午线轮胎,扩大了公司子午线轮胎的销售,抢占了高速公路运输中轮胎市场的制高点。公司与国内外汽车厂商广泛建立了配套关系与长期供货关系。

1996 年,公司的技术进步工作获得新成果。新品开发 33 项,其中轿车子午胎 9 项,轻卡子午胎 2 项,全钢丝载重子午胎 10 项,根据市场需求开发 6 项。在降低配方成本,原材料节约代用等方面也取得可喜成绩。

1996 年公司加大了资产运作力度,实施了收购破产后的海口轮胎厂的方案。扩大了公司的规模和市场覆盖率,使"产地销"变为"销地产",把名牌产品"蛋糕"做大。

1996 年回力牌、双钱牌汽车轮胎再次蝉联"上海名牌产品"荣誉称号,并双双获得"上海市用户满意产品"称号。

1996 年公司在竞争激烈的轮胎销售市场中,建立了适应市场快速反应机制,知难而上,主动出击,圆满完成全年销售任务。

2.主要经济指标分析

轮胎产量 680 万套,增长 15.84%;销售收入 398,203.50 万元,增长 16.89%;税后利润 14,001.78 万元,增长 1668.67%;出口创汇 7000 万美元,增长 16.67%。

3.募集资金的使用情况说明

公司在本报告期内没有新募集资金。

四、股本变化及股本结构情况

1.股本变化及股本结构情况

公司股本结构情况(单位:万股,每股面值:1 元人民币)

	1995 年末	1996 年末	比例
尚未流通股份	56,680.702	56,680.702	70.1%
其中:国家股	56,160.702	56,160.702	69.5%
法人股	520	520	0.6%
已流通股份	24,180	24,180	29.9%
其中:境内上市的人民币普通股	2,080	2,080	2.6%
境内上市的外资股	22,100	22,100	27.3%
股份合计	80,860.702	80,860.702	100%

注:报告期内股本没有变化。

2.主要股东持股情况

持股者	持股数(股)	持股比例(%)
1.上海华谊(集团)公司	561,607,020	69.5
2.CITIBANK N.A. HK. S/A PENDAL NOMINEES PTY LTD	10,533,386	1.30
3.HKSBCSB A/C CMB S/A TEMPLETON DRAGON FUND INC	9,614,000	1.19
4.ABU DHABI,UNITED ARAB EMIRATES	9,400,000	1.16
5.HKSBCSB A/C CAISSE CENTRALE DES BANQUTS POPULATRES PARIS	7,012,550	0.87
6.HKSBCSB A/C THE CHASE MANHATTAN BANK NA.S/A TEMPLETON CHINA WORLD FUND INC	6,730,990	0.83
7.HKSBCSB A/C SOCIETE GENERALE	5,900,000	0.73
8.SCBHK A/C BONY S/A MGT-IM CLIENTS COMMINGLED PENSTON FD(EMERGING MKT)6480	5,686,000	0.70
9.CITIBANK N.A S/B JARDINE FLEMING CHINA REGTON FUND	5,543,680	0.69
10.国际美洲集团	5,072,290	0.63

3.年末股东户数

至 1996 年末,公司股东总户数 19,280 户,其中国家股 1 户,法人股 106 户,境内公众股 17,405 户,B 股 1,768 户。

4.董事、监事、高级管理人员持股情况

姓名	职务	年初持股数	年末持股数	变动原因
蒋应时	董事长	0	0	
周宗岳	副董事长	390	390	
顾维良	董事、总经理	0	0	
宋壮飞	董事	390	390	
顾荣良	董事	0	0	
陈树滋	董事、副总经理	390	390	
钱志康	董事、副总经理	390	390	
周立才	董事、副总经理	390	390	
陆文伟	董事	390	390	
沈被章	董事	0	0	
胡志远	董事	0	0	
石　宏	董事	0	0	
崔志仁	监事会主席	0	0	
朱万毅	监事会副主席	390	390	
王荷娟(女)	监事	390	390	
刘珊曼(女)	监事、工会副主席	390	390	
孙昌明	监事	390	390	
时来荣	监事	0	0	
韩兆炳	监事	0	0	
蒋惇雄	总工程师	390	390	
许东铭	董事会秘书	0	0	

上海复华实业股份有限公司

1996年年度报告摘要（摘选）

一、公司简况

公司名称：上海复华实业股份有限公司

法人代表：陈苏阳　　邮政编码：200433

公司地址：上海浦东金张路1167号

电话：(021)65488839　　传真：(021)65491835

二、主要财务数据与财务指标

单位：万元

指标项目	1996年	1995年	比上年增长(%)
1.主营业务收入	20,207.11	15,109.74	33.74
2.净利润	3,056.55	2,708.44	12.85
3.总资产	47,261.15	38,136.13	23.93
4.股东权益	29,928.96	27,029.78	10.73
5.每股收益(元)	0.308	0.27	14.07
6.每股净资产(元)	3.01	2.72	10.66
7.净资产收益率(%)	10.21	10.02	1.9
8.股东权益比率(%)	63.33	70.88	-10.65

注：(1)本年数据为公司合并报表内容。

(2)此主要财务数据与财务指标中的上年数为1995年财务报表实际数。后附财务报表中的上年数，已按今年合并报表户数口径进行了调整。

三、公司主要业务回顾

1. 公司经营业绩的回顾

1996年度，复华公司根据宏观经济环境的特点，坚持"抓住机遇、巩固实体、学以致用、滚动发展"的工作方针，充分发挥自身的科技、人才和信息等方面的优势，在UPS(不间断电源)系列、免维护全密封蓄电池系列、AUTO-ID计算机识别系统、PCR生物试剂等科技主导产品的生产和经营方面取得了较好的经济效益；计算机软件开发和应用、电气自动化设备和松果体素等营养保健食品也已形成一定的生产和经营规模；全国第一家民营高新技术园区——复华高新技术园区获得上海市高新技术开发区"一区六园"的资质及国家级高新技术园区的同等优惠政策，首期1.2平方公里开发建设已形成一定规模，为引进外资及国外先进技术创造了良好的基础条件，投资收益显示了良好的开端。同时，公司针对国内外经济发展周期性波动变化的趋势，在对外贸易、信息咨询服务、广告制作和代理、金融投资等领域也取得了较好的社会效益和经济效益。公司着眼于面向二十一世纪长远战略发展的需要，努力开拓企业新的发展空间，积极寻找、培育能为企业持续发展提供后劲的新的经济增长点。在加强新产品研制开发和项目的技术储备方面，组建了二个重点实验室，选择了若干个具有市场前景的项目进行研究、开发，并取得了阶段性的成果；在资产经营和重组、企业兼并和收购方面进行了具有一定深度的准备和筹划，并进入实质性的启动阶段。

2. 前次募集资金运用情况

复华公司投资控股的中美合资企业"上海克房伯控制系统有限公司"项目已在1995年底建成和投产；公司主导品牌产品保护神牌(POWERSON) 300VA、5KVA UPS和大容量阀控式通讯用免维护全密封蓄电池两大系列产品开始进入规模化生产阶段。1996年公司投入3000多万元作为生产流动资金和部分设备添置费用。全年产值6800万元，利润达1100万元，项目开始进入良性循环运作阶段，公司新研制开发生产的UPS系列产品已经进入全国银行系统的"金卡"工程和全国邮电系统的"绿卡"工程；公司的大容量通讯用免维护全密封蓄电池系列产品已经进入全国无线电通讯网络，受到广大用户的欢迎，并产生较好的经济效益。

为了拓展市场，提高公司主导产品的市场占有率，公司投资2000万元，加强对在全国8个中心城市经营分公司的基础设施建设和6个新销售网的布点，初步在全国建立起比较完整的销售网络。

复华公司全额投资的复华高新技术园区，1996年公司在基础设施建设和市政配套方面投资近2500万元，经过一年的开发建设，现在5.26平方公里的复华高新技术园区第一期工程1.2平方公里内"七通一平"基础设施工程已基本完成，来自美国、瑞士、韩国、日本等国和港台地区的9家科技企业已进入园区，投资总额已达1.5亿美元，有的已经建成投产，有的正在开工建厂；另有7家有意向进入园区的外资企业正在进行实质性的洽谈，此外，为招商引资需要、强化园区服务功能的"标准厂房"和"园区服务中心"两个项目已经完成可行性研究工作和项目设计的前期工作。

3. 1997年业务发展计划

1997年是复华公司全面发展的关键之年，为此，公司确定了"抓住时机，全面启动，规范管理，提高效益"的全年的工作方针和主要工作内容。

(1) 中美合资"上海克房伯控制系统有限公司"要在1996年的生产经营规模基础上，UPS和免维护全密封蓄电池两大系列产品的产量、销售和利润分别增长50%。

(2) 调整促销战略，全面推行代理商、经销商和联销网制度；在继续完善以上海、成都、广州、北京和武汉的东西南北中为主轴的国内市场营销布局的基础上，选择山东、浙江、陕西、湖南和广西等省的中心城市组建新的销售分公司，以提高公司两大系列主导产品在国内市场的占有率，并争取有较大的份额出口。

(3) 公司多年研制开发的DNA耐热多聚酶生物制品、PCR生物试剂产品系列及近期研制、开发和生产的松果体素等营养保健食品系列要加快生产规模化、产品市场化、品牌名品化的进程，努力提高产品规模经济效益，使之成为企业新的利润增长点。

(4) 复华高新技术园区要继续完善基础设施和配套工程的建设，加强服务功能的开发，积极录求在国际上较有实力、影响的企业、财团和基金的投资与各种形式的合作，吸引更多的外商进入园区投资建厂。

(5) 继续积极实行"一业为主，多业并举"的经营战略，要在资本经营的领域里采取实质性的步骤，通过资产重组、兼并或收购的方式，缩短一些很有市场前景的科技成果产业化和规模化的进程，尽快形成企业新的经济增长点，以增强企业的综合经济实力和在国内外市场的竞争能力。

四、股本变化及股本结构情况

1. 股本结构：　　单位：万股；　　面值：每股1元

	股数	占总股本比例%
(1) 尚未流通股份		
① 国家股	669.154	6.74
② 发起法人股	3,866.5113	38.92
③ 社会公众股	809.9055	8.15
其中：受让转配	809.9055	8.15
小　计：	5,345.5708	53.81
(2) 已流通股份		
境内上市的		
人民币普通股	4,589.4642	46.19
小　计	4,589.4642	46.19
(4) 股份合计	9,935.035	100.00

注：本报告期内股本无变化

2. 主要股东持股情况(前10名股东)：

名称	年末持股数(万股)	占总股本%
复旦大学	3,866.5113	38.92
国有资产管理办公室	669.154	6.74
华夏证券	101.2445	1.02
张　红	40	0.040
牛　坚	38	0.038
龚志容	33	0.033
安徽省建证券	31.29	0.031
周　明	25	0.025
李淑芳	15.1	0.015
煤气二管	15	0.015

3. 股东户数：

截止1996年年末，公司股东总数为39156户，其中，国有法人股股东1户，发起人法人股股东1户，社会公众股39154户。

上海水仙电器股份有限公司

1996 年年度报告摘要（摘选）

一、公司简况

公司名称：上海水仙电器股份有限公司

法人代表：宋伟民　　邮政编码：200072

公司地址：上海市汶水路 19 号

电话：021—56651410　　传真：021—56651093

二、主要财务数据与财务指标

单位：万元

指 标 项 目	本年数	上年数	比上年增减(%)
1.主营业务收入	75683.9	92257.1	-17.96
2.净利润	755.4	2653.8	-71.54
3.总资产	120843.75	114622.51	5.43
4.股东权益	49732.23	48143.94	3.30
5.每股收益(元)	0.032	0.123	-73.98
6.每股净资产(元)	2.10	2.24	-6.25
7.净资产收益率(%)	1.52	5.51	-72.41
8.股东权益比率(%)	41.15	42.00	-2.02

三、公司主要业务回顾

1.一年来公司经营情况

1996 年，是公司实施"九五"规划的第一年，也是继续进行结构调整的一年。本经营年度，公司针对全国家电市场需求不旺，国内洗衣机行业竞争激烈的严峻形势，努力克服困难，积极拓展市场，加速技术开发和结构调整，公司生产经营取得了一定的进展，具体有：

(1)针对国内同行业激烈的市场竞争形势，公司及时调整营销策略，拓展销售网点，使公司产品销售仍保持在一定的水平，全年完成洗衣机销量 105.06 万台，占国内洗衣机市场份额 10.9%，其中双桶洗衣机销量 96.95 万台，占国内双桶洗衣机市场份额 13.8%，全年完成洗衣机出口量 4.11 万台，出口创汇 309.23 万美元。

(2)通过学习邯钢先进管理经验，全面推行目标成本管理，降低成本，公司的洗衣机生产成本有了一定幅度的下降，公司全年在弥补惠而浦水仙合资公司 1104 万元亏损的情况下，仍取得了一定的收益。1996 年度，公司累计完成销售收入 9.72 亿元，合并报表主营业务收入 7.57 亿元，实现净利润 755.4 万元。

(3)公司的产品开发工作年内取得了一定的进展，双桶洗衣机产品年内推出了 3.5 公斤、5 公斤系列二次开发产品，并推出了 60S、510S 两只新品；电热水器、深罩式脱排油烟机、三眼煤气灶等厨房洁具系列产品也相继投放市场。

(4)公司合资合作工作取得了新的进展：公司与美国惠而浦公司合资建立的惠而浦水仙合资公司于 3 月份正式开工投产，全年完成全自动洗衣机销量 4.85 万台，其中滚筒式洗衣机 0.5 万台；热水器合资公司——水仙能率公司积极开发新品、抢占市场，年内推出 9 升 96 小浴神和 10 升浴星燃气热水器新品，并分别被上海市外资委、市科委评为先进技术企业和高新技术企业，全年完成燃气热水器销量 16.95 万台；公司与金山洗涤器具厂合资建立了以生产洗衣机零部件为主的合资公司，并实现当年协议筹建、当年投产，成为公司总体发展新的生产配套基地。

2.前次募集资金的运用情况说明

1994 年 10 月，公司发行了 1 亿股境内上市外资股(B 股)，募集资金 2504 万美元。1995 年度，公司按计划首期投入惠而浦水仙合资公司 1000 余万美元，结余 1500 万美元；1996 年度，公司按计划追加对惠而浦水仙合资公司资本投资 922.5 万美元，结余 577.5 万美元将用于公司部分技改项目和补充流动资金需要。

四、股本变化及股本结构情况

(一)股本变化及股本结构情况

1.股本结构情况(单位:万股)

股 份 类 别	期初数	本期送股	期末数
1)、尚未流通股份			
(1)发起人股份	7293.36	729.336	8022.696
其中：境内法人持有股份	7293.36	929.336	8022.696
(2)募集法人股	2602.248	260.2248	2862.4728
尚未流通股份合计	9895.608	989.5608	10885.1688
2)、已流通股份			
(1)境内上市人民币普通股	1595.392	159.5392	1754.9312
(2)境内上市的外资股	10000	1000	11000
已流通股份合计	11595.392	1159.5392	12754.9312
3)、股份总数	21491	2149.1	23640.1

2.股本变动情况

根据公司 1995 年度利润分配方案，公司于 1996 年 6 月按 10:1 比例向全体股东送股，送股后公司股本总数由原来的 21491 万股增至 23640.1 万股。

3.主要股东持股情况(前十名)

股 东 名 称	年末持股数(万股)	占总股本(%)
1)上海纳赛斯投资发展中心	4848.096	20.51
2)上海新工联实业总公司	3174.6	13.43
3)HKSBCSB A/C CMB S/A TEMPLETON DRAGON FUND INC	957.132	4.05
4)ABU DHABI, UNITED ARAB EMIRATES	440	1.86
5)HKSBCSB A/C THE CHASE MANHATTAN BANK NA. S/A TEMPLETON CHINA WORLD FUNK INC	314.38	1.33
6)中国纺织机械股份有限公司	265.821	1.12
7)上海氯碱化工股份有限公司	264	1.12
8)上海国际信托投资公司	264	1.12
9)HSBCLSLSB A/C NORMURA BANK (LUXEMBOURG) S/A TEMPLETON ASIA FUND	259.941	1.10
10)SCBHK A/C BROWN BROTHERS HARRIMAN & CO SUB A/C THE GREATER CHINA FUNK INC	258	1.09

4.股东数量

本报告期末，公司股东总人数 20951 户，其中法人股东 68 户，社会个人股东 19232 户，B 股股东 1651 户。

上 海 申 达 股 份 有 限 公 司

1996 年年度报告摘要（摘选）

一、公司简况

公司名称：上海申达股份有限公司
法人代表：席时平　　邮政编码：200041
公司地址：上海市浦东歇浦路海防新村 74 号申佳宾馆
电话：(021)62153874　(021)62156215 转 205
传真：(021)62553400

二、主要财务数据与财务指标

指标项目	九六年实际	九五年业绩	比 95 年增减(%)
主营业务收入(万元)	121,240.48	155,479.49	-14.9
税后利润(万元)	501.10	1,466.83	-65.84
资产总计(万元)	100,182.93	101,881.35	-1.67
股东权益(万元)	32,403.71	31,809.37	1.86
每股收益(元)	0.027	0.08	-65.79
每股净资产(元)	1.77	1.74	1.72
净资产收益率(%)	1.55	4.61	-66.38
股东权益比率(%)	32.34	31.22	3.58

三、公司主要业务回顾

(一) 一年来经营情况

九六年是我司转制以来最艰难的一年，也是全体员工最努力的一年。出口退税率的大幅度下降，应退税资金的严重滞后以及原材料大幅提价的双重磨难，使公司遭受了沉重打击，上半年 1—5 月公司逐月亏损，亏损额达 682.39 万元。但公司员工毫不气馁，在董事会、总经理室的正确领导下，同心同德，努力拼搏，从 6 月份起，止亏增盈，逐月爬坡，至年末终于超额完成年初董事会制订的、股东大会通过的效益奋斗目标，实现利润 514.4 万元(母公司)，超预算目标 3%。

行业情况的比较：九六年是纺织行业最为困难的一年，全国纺织行业严重亏损，同行业比较，我司在行业中仍名列前茅，但与公司前几年相比，业绩令人汗颜，愧对股东。

九六年公司销售收入比去年减少 3.42 亿元的主要原因是：a. 由于市场疲软销路不畅，主动关台，减少销售收入 0.57 亿元；b. 由于退税率降低生意难做，使出口销售收入减少 1.84 亿元；c. 扩大来料加工，减少销售收入 0.4 亿元；d. 内销生意萎缩 0.6 亿元。

九六年公司净利润比去年减少 965.73 万元的主要原因是 a. 由于退税率大幅降低，增加出口销售成本 2,253 万元；b. 纺织制造业经营亏损 3,567.24 万元。虽然公司化大力气做了以下几项工作，但仍无法扭转人力难以抗拒的效益滑坡局面。

1. 集中精力抓主业，降本增利减亏损。

a. 结构调整，削减规模保精华。果断决策在前几年已压缩三万锭的基础上再压缩二万锭，保留了纺织精华，完成了纺织主业第一步结构调整。

b. 人员分流，利用政策进中心。九六年净减员达 1,048 人，并将 1,244 人编制进入纺织再就 业中心，获得政府的政策支持，降低了相当一部分人员工费成本。

c. 开发新品，拓展市场求生存。第六织布厂在棉纺织机上开发毛纺织品，使单位毛利大大提高；火炬工业用布厂的销售网络触向全国各地，使产销平衡。这二个厂在如此不利的纺织大环境中，九六年仍分别获得了 250 万元和 100 万元的利润。

d. 盘活资产，开发三产补主业。在纺织结构调整中，把一部分闲置房产出租，或自行开发三产，九六年实现的收入达 1,230 万元，比九五年增加了 600 万元，一定程度上弥补了主业亏损额。

2. 排除万难抓创汇，想方设法保效益。

a. 优化客户。对原有客户进行筛选，稳定了一批效益较好、信誉较强、规模较大的直接客户。

b. 多元经营。扩大了出口经营范围，增加了不少非纺织产品的出口，被动配额商品也由九五年的 6.28% 提高到九六年的 9.55%。

c. 以进养出。九六年加工贸易出口额比例提高到 18.08%，并进口了 4,300 多吨涤纶原料，避免了部分退税损失。

d. 内部挖潜。公司外贸应收帐款比九五年降低 1,400 万元；库存比九五年降低了 2,300 万元；收汇率达到 94%；三项费用比九五年降低 885.9 万元，降低 10.25%。

3. 盘活资产抓开发，房产经营奠基石。

九六年房产开发有了实质性的突破，地处武定南路的申达大厦已在建造之中；外高桥通用标准厂房，已通过了质监站验收，九七年将作为保税仓库投入使用；江宁路澳门路口的 24 层大厦已进入外装修阶段，售楼工作正在进行之中。

4. 投资项目抓整顿，回笼资金避风险。

九六年是公司对投资项目调整力度最大的一年，收回了对茂盛公司、恒通公司的房产投资，关停了上海申达投资发展公司等几家被投资单位，回笼了二千余万元的资金。对有效益或有发展前途的投资单位采取扶植政策。

(二) 九六年实际经营结果与年初股东大会上通过的九六年财务预算方案没有产生重大差异。

(三) 对前次募集资金的运用情况的说明。

公司在报告年度内没有募集过资金，以前年度募集的资金均在以前年度投入完毕，报告期内没有新投入原延续项目。今年新转入长期投资的项目主要是用盈余公积金的资金。

四、股本变化及股本结构情况

1. 股本变化及股本结构情况

股本结构情况：

填报日期：96 年 12 月 31 日　　单位：万股

	期初数	本期变动数	期末数
(一)尚未流通股份：			
(1)发起人股份			
其中：境内发起人股(国家股)	12,186.00	0	12,186.00
(2)募集境内社会法人股	3,817.536	0	3,817.536
尚未流通股份合计	16,003.536	0	16,003.536
(二)已流通股份：			
境内上市的人民币普通股	2,304.00	0	2,304.00
已流通股份合计	2,304.00	0	2,304.00
(三)股份总计	18,307.536	0	18,307.536

2. 主要股东持股情况

股东名称	年末数量(万股)	比例%
(1) 上海申达(集团)有限公司(国家股)	12,186	66.56
(2) 中国华诚财务公司	307.2	1.68
(3) 恒通集团股份有限公司	288	1.57
(4) 上海市投资信托公司	288	1.57
(5) 上海龙头股份有限公司	240	1.31
(6) 上海纺织原料公司	192	1.05
(7) 中国纺织品进出口总公司	192	1.05
(8) 上海第一百货股份有限公司	189.12	1.03
(9) 中国银行上海投资咨询公司	153.60	0.84
(10) 上海万国证券公司	128.64	0.70

3. 股东数量：

96 年 12 月 31 日的股东总数是 20.662 户，其中法人股东是 167 户，个人股东是 20.495 户。

上海电器股份有限公司

1996年年度报告摘要（摘选）

一、公司简况

公司名称：上海电器股份有限公司

法人代表：唐子平　　邮政编码：200437

公司地址：上海市浦东新区安建路100号

电话：021—65169421　　传真：021—65441087

二、主要财务数据与财务指标

单位：万元

指标项目	1996年	1995	比上年增减(%)
1.主营业务收入	172,520.29	146,182.22	+18.02
2.净利润	845.37	2,386.63	-64.58
3.总资产	244,975.54	229,558.75	+6.72
4.股东权益	89,673.65	79,787.25	+12.39
5.每股收益(元)	0.02	0.05	-60
6.每股净资产(元)	1.73	1.54	+12.34
7.净资产收益率(%)	0.94	2.99	-68.56
8.股东权益比率(%)	36.61	34.76	+5.32

三、公司主要业务回顾

1．一年来公司经营情况

一九九六年，在公司董事会的领导下，在社会各界和广大股东的关心支持下，我们按照股东大会提出的目标，以"外拓市场、内抓管理、竞争制胜、重在增效"的方针，统一思想认识，明确目标任务，抓住工作重点，落实实施措施，取得了销售和出口创汇同比增长两位数的好成绩。

以市场为龙头，市场拓展取得新进展

公司以转变观念为前提，追踪和满足市场需求为中心，紧紧抓住市场营销的战略、机制、渠道等重要环节，96年继续创建南宁、郑州两个销售分公司，至96年底，省区分公司累计总数已达12个，销售额为21271万元，同比增长18.70%，使公司整体优势得到发挥，同时，还积极开展了"争市场、抢任务"的促销活动，96年组织各类订货会8次。

以"亿元工程"为核心，规模经济取得新进展

96年有人民、上变、成套、西门子开关4家工厂，分别跨上了亿元规模的台阶，合计销售11.92亿，占全公司销售的59%。

从行业来看，能源、物资流通、机械3个行业市场继续保持亿元规模；从地区划分有3个除上海、江苏继续保持外，增加了北京市场。

96年大型变压器、配电变压器、ME断路器、MNS开关板、8BK20开关板5只产品的销售额为6.89亿元，占全公司销售额的29.2%。

以改革为动力，调整结构取得新进展

按照"调整结构、盘活存量、合理投资、扩张增量"的原则，从提高资产经营的效率和效益出发，加大控股、参股力度，96年公司以品牌、技术投资为主，组建了国内控股企业三个；参股企业二个。

以发展后劲为基础，合资创汇取得新进展

公司目前已组建了14家合资企业，其中总投资额在1000万美元以上的大合资项目有9家，累计总投资2.21亿美元，协议利用外资总量为1.205亿美元。96年合资工作主要围绕维护公司的投资权益，严格按合资企业的可行性报告和合同、章程的目标运行，稳步实现可行性报告中的各项经济指标。96年公司还推行了"中方董事预备会议制度"、"重大事项报告制度"，有力地维护了公司权益。

96年公司勇于参加国际市场竞争，大量参加了国际招标项目，使公司96年的出口创汇达到历史最高水平为2040万美元，同比增长20%。

以"练内功"为抓手，内部管理取得新进展

公司坚持贯彻GB/T9000(ISO9000)标准，全面提高行业的质量管理水平，加快生产质量管理与国际接轨，96年收获很大。公司所属企业获得第三方认证证书的企业由一个增加到5个，除人民电器厂继续保证外，还增加了变压器厂、电器成套厂、上海西门子开关有限公司、上海ABB变压器有限公司4家。

2．主要指标分析

1)主营业务收入172,520.29万元，较上年增长18.02%。

2)净利润845.37万元，低于上年，其主要原因是由于公司连年新增合资企业，部分获利产品投入合资企业后，新品开发一时难以见效，年内利润总额大幅度下降。

3．募集资金使用情况说明

本报告年度内未募集过资金。

四、股本变化及股本结构情况

1.股本结构情况　　单位：万股

	96年末数	比例%	95年末数	比例%
A.尚未流通股份				
其中：国家股	43380.72	83.75	43380.72	83.75
社会法人持股	3315.82	6.4	3315.82	6.4
小　计	46696.54	90.15	46696.54	90.15
B.已流通股份				
社会公众持股(A股)	5100	9.85	5100	9.85
C.股份合计	51796.54	100	51796.54	100

2.主要股东持股情况　　单位：万股

主要股东	持股数量	持股比例%
1)国家持股	43380.72	83.75
2)上海申银万国股份有限公司	293.28	0.566
3)上海国际信托投资公司	204	0.394
4)中国工商银行上海信托投资公司	162.24	0.313
5)北京通利达广告有限公司	110.4	0.213
6)上海电器(集团)公司综合经营部	96.492	0.186
7)上海人民电器厂职工技术协会	92.08	0.178
8)珠海申光电子股份有限公司上海经营部	81.6	0.158
9)深圳圳沪上海机电产品公司	72.236	0.14
10)交通银行上海分行	61.2	0.118

3．股东数量

96年末，公司股东总人数39801户，其中：国家股股东1户、社会法人股股东291户、社会个人股股东39509户。

上海棱光实业股份有限公司

1996 年年度报告摘要 （摘选）

一、公司简况

公司名称：上海棱光实业股份有限公司

法人代表：张少杰　　邮政编码：200241

公司地址：上海市太原路 321 弄 2 号

电话：(021)64345664　　传真：(021)64345664

二、主要财务数据与财务指标

单位：元

指标项目	一九九六年	一九九五年	一九九四年
主营业务收入	99,538,976.60	67,829,014.38	27,785,929.87
净利润	16,146,212.13	14,181,112.56	12,585,507.63
总资产	460,804,952.38	387,500,388.73	199,901,651.90
股东权益	132,780,543.94	108,725,365.81	102,453,219.25
每股收益	0.266	0.27	0.24
每股净资产	2.19	2.06	1.94
净资产收益率	12.16%	13.04%	12.28%
股东权益比率	28.81%	28.06%	51.25%

三、公司业务回顾

1. 公司一年来的经营情况

一九九六年，我国国民经济形势开始好转，市场需求有所复苏。在此形势下，公司抓紧推进产业结构的调整，着力加强具有较好的市场需求的业务，各项业务的进展令人满意。至下半年，公司的业务结构调整取得了较为明显的进展，本公司的原有产业主要是半导体材料业务与新收购的电表业务均有上佳表现。

多晶硅产品在九六年出口取得了良好的业绩，全年产量达到 35.38 吨，实现销售 28.74 吨，其中出口 25 吨，创汇 163 万美元，实现利润 224 万元，创近年来最好水平。

三氯氢硅是本公司在九五年发展的新业务，九六年亦继续保持了良好的发展势头。九六年公司进行了适量的投资，扩大了三氯氢硅的生产规模，产量达到 1483 吨，九六年利润为 242 万元，保持了良好的发展势头。

石英玻璃产品在九六年仍处亏损状态。公司已与一欧洲专业生产石英玻璃的公司签订合资意向书，但由于种种原因，年内未能完成合资项目的立项工作。

由于上海市政府对出租车的发展采取倾斜政策，本公司的出租车业务未能有进一步发展。但在日益激烈的市场竞争条件下，本公司出租车部门全面加强了对业务的管理，该项业务仍然保持了较好的利润水准。

公司于九五年收购了珠海恒通电能仪表公司后，电表业务已成为本公司的主营业务之一。在九六年，电表业务取得了良好进展。珠海电表公司在继续巩固其已经占有的市场份额的同时，继续抓紧新产品开发，在下半年完成了全电子式多功能表的开发与定型，并已于年内送若干电力管理部门挂网测试。该项产品作为电网系统的"端口表"，主要用于各电站输出电力的计量，为电子式电能表系列中的尖端产品。此项产品的研制成功，标志着珠海电表公司的研发能力已达到国内最先进水平。

根据公司发展电表业务、并逐步完成结构调整的总体规划，珠海电表在九六年向上海转移了其普通单相表的生产能力。由珠海电表公司负责组建并派员管理的年产十五万台单相表的高效流水线，于年中建成并于八月投入生产。上海恒通电气公司当年完成了四万台普通单相表的生产，产销平衡率、销售收入回笼率均达到本公司各项业务的最好水平，实现了当年投产、当年盈利的目标。

由于公司在九五年收购了恒通集团的电表业务，资产负债比率比过去有大幅度上升，九六年财务费用亦大幅度增加。为改变这一不利局面，公司董事会经一年努力，于九六年底获得了国家证券监督管理委员会关于本公司配股方案的批准，以每股三元的价格配售 1581.79 万股普通股，配股工作已于九七年三月完成。通过此次配股，公司的财务状况得到了明显改善，资产负债比率已恢复正常水平。

公司 1996 年全年完成主营业务收入 9953.90 万元，比 1995 年增长 46.7%，其中多晶硅完成 1686.58 万元，三氯氢硅 731.16 万元，珠海电表 6503.91 万元，上海电气 453.6 万元，出租汽车 561.83 万元；1996 年公司全年实现净利润 1614.62 万元，完成年度计划的 111.35%，比上年增长 13.85%，其中多晶硅 224.65 万元，三氯氢硅 242.17 万元，珠海电表 2388.6 万元，上海电气 48.03 万元，出租汽车 157.22 万元。

2. 募集资金使用情况说明

1996 年 12 月 20 日中国证券监督管理委员会批准了公司 96 年增资配股方案，配股缴款工作于 97 年元月 20 日起开始实施，97 年 3 月完成全部配股工作。

四、股本结构及股本变动情况

1. 股本结构及变化情况表

数量单位：股　　每股面值：1 元

	期初数	本次变动增减(+、-) 送股	期末数
一、尚未流通部分			
国家持股	10606440	+1590966	12197406
社会法人股	24960000	+3744000	28704000
尚未流通股份合计	35566440	+5334966	40901406
二、已流通股份			
境内上市的人民币普通股	17160000	2574000	19734000
三、股份合计	52726440	7908966	60635406

2. 股本变动原因

本年度内公司实施了 95 年度利润分配方案，具体为每 10 股送 1.5 股红股，共送红股 7908966 股，因此期末总股本为 60635406 股。

3. 主要股东持股情况(前 10 名股东)

名次	股东名称	年末持股数(万股)	占总股本(%)
1	恒通集团股份有限公司	2152.80	35.50
2	上海建材(集团)总公司	1219.7406	20.11
3	珠海市众友职工互助会	140.280	2.31
4	煤气二管处	67.7232	1.12
5	上海龙头股份有限公司	62.1	1.02
6	中国纺织机械股份有限公司	55.2	0.91
7	万国证券公司	48.3	0.80
8	上海氯碱股份有限公司	41.4	0.68
9	上海嘉宝股份有限公司	35.88	0.59
10	杨　俊	33.08	0.55

注：本公司股东中恒通集团股份有限公司及上海建材(集团)总公司其持股比例分别为 35.50% 和 20.11%，本报告期内其持股数量分别增加 280.8 万股和 159.0966 万股是由于本公司实施 10 送 1.5 红股的利润分配方案所致。

4. 年末股东人数

截至 1996 年 12 月 31 日，公司股东总人数 12234，其中：

国家股	1 人
法人股	50 人
社会公众股	12183 人

上海龙头(十七棉)股份有限公司

1996年年度报告摘要(摘选)

一、公司简况

公司名称:上海龙头(十七棉)股份有限公司

法人代表:姚志康　　　　邮政编码:200090

公司地址:中国上海杨树浦路2866号

电话:(021)65431010—2003 传真:(021)65430108

二、主要财务数据与财务指标

项目	1996年	1995年	增减(%)
1.主营业务收入(万元)	39028.83	55757.95	-30.00
2.净利润(万元)	23.47	730.69	-96.79
3.总资产(万元)	53612.22	54556.16	-1.73
4.股东权益(万元)	37446.76	37430.39	+0.04
5.每股收益(元)	0.001	0.032	-96.88
6.每股净资产(元)	1.66	1.66	-
7.净资产收益率(%)	0.06	1.95	-96.92
8.股东权益比率(%)	69.85	68.61	+1.21

三、公司主要业务回顾

1.一年来经营情况

一九九六年,公司经历了市场的迅猛冲击和严峻考验,进行了产业结构调整和企业的重新定位。在全国棉纺织行业普遍不景气、企业普遍亏损的情况下,公司纺织主业通过调整品种结构、降低生产成本、提高产品质量、加强基础管理、拓展营销渠道等一系列强有力措施,从下半年起,逐步使生产形势有了好转,做到了当月、当季扭亏为盈。其它产业和投资项目,也积极开拓经营、扩展业务,完成了保收创利的任务。从而确保全公司在纺织主业亏损的情况下,仍实现了盈亏持平、略有盈利的预定目标。全年利润为23万元,摘掉了中期报告的亏损"帽子"。

2.主要经济指标比较分析

一九九六年公司实现主营业务收入39029.83万元,比上年下降30%,净利润23.47万元,比上年下降96.79%。虽然完成了年初的计划目标,但比上年有大幅度下降。主要原因有:棉纺织品在国内市场上供大于求的现象没有得到根本改观,成本上扬,售价下降,导致纺织主业越做越亏。生产规模进行了调整,生产能力压缩了1/3以上,故主营业务收入也出现了较大调整。

3.对所募集资金运用情况的说明

公司于一九九二年经批准向社会公开发行股票,共计募集资金1.71亿元;一九九三年经批准进行配股,又募集资金2780万元,合计1.988亿元。主要用于以下三个方面:

(1)发展纺织主业约8000万元

5000万元用于技术改造,包括引进38台片梭织机,4台自动络筒机。添置部分国产精梳设备,溴化锂节能设备和其他填平补齐项目。约3000万元用于补充流动资金,保证了纺织主业生产经营活动的正常开展。

(2)发展多种经营约6000万元。

其中第一批项目约投资2000万元,其中向中国华源集团有限公司投资1000万元,4年中投资回报率(红利、红股)达88%。

第二批投资的一些项目,如浦东鑫磊砼制品有限公司、浙江富阳前龙造纸厂等,未达到预期的效益回报要求。扩大了房产经营,已建成4万平方米多层商品房。

(3)购买法人股约6000万元。

因政策原因,未能上市,每年返回红利、红股约300万元(股)。

四、股本变化及股本结构情况

1.股本变化及股本结构情况

截至1996年12月31日

(1)股本结构情况:　　　　单位:万股

	1996年末数	比例(%)	1995年末数	比例(%)
非流通股	19825.524	88.01	19825.524	88.01
其中:国家股	15536.784	68.97	15536.784	68.97
法人股	4288.74	19.04	4288.74	19.04
流通股份	2700	11.99	2700	11.99
(境内上市流通股份)				
总计	22525.524	100	22525.524	100

注:本公司全部股份为境内人民币普通股。

(2)股本变动情况及原因

一九九六年公司股本未发生变动,仍为22525.524万元。

(3)主要股东情况(前10名股东)(1996年12月31日)单位:万股

名称	股份	比例(%)
国家	15536.784	68.97
上海国际投资信托公司	1515.6	6.73
申北证券公司	360	1.16
上海丰华股份有限公司	240	1.07
上海金陵股份有限公司	240	1.07
上海申达股份有限公司	240	1.07
上海中纺机股份有限公司	240	1.07
上海豫园商城股份有限公司	216	0.96
上海双鹿电器股份有限公司	180	0.80
孙宝君	96.7793	0.43

(4)股东数量(1996年12月31日)　单位:户

国家股	1
法人股	64
流通股	22998
总计	23063

(5)子公司及关联企业

企业名称	注册资本	主要业务	本公司拥有权益
龙头房地产经营开发公司	1500万元	房地产开发经营	100%
龙头实业总公司	210万元	商业零售、批发	100%
龙头国际贸易公司	432.92万元	国内外贸易	100%
鑫磊砼制品有限公司	1700万元	砼制品	55%
大龙贸易公司	700万元	商业、餐饮	50%
南汇棉纺厂	510万元	纺纱	50%
大新纺织厂	678万元	纺织	45%

上海双鹿电器股份有限公司

上海双鹿电器股份有限公司一九九七年度中期报告

一、财务报告

（一）简化报表（未经审计）

1、资产负债表　　单位：元

项目	年初数(母)	期末数(母)	年初数(合并)	期末数(合并)
流动资产	429437743.72	393449636.85	575671031.82	536459970.15
长期投资	284973944.24	275943568.38	204251854.82	204170854.28
固定资产净值	187146061.74	182871980.14	216492735.15	211510104.07
在建工程	7687245.83	8218264.42	8776966.08	9320528.67
无形资产及递延资产	36463683.33	35800845.47	45182789.47	44519951.61
资产合计	945708678.86	896194079.26	1050375377.34	1005891192.78
流动负债	610172028.35	616684009.59	714838726.83	726347036.31
长期负债	2524450.92	2313687.62	2524450.92	2347774.42
负债合计	612696479.27	618997697.21	717363177.75	728694810.73
股本	152050800.00	152050800.00	152050800.00	152050800.00
资本公积	213515558.91	213515558.91	213515558.91	213515558.91
盈余公积	32806033.43	32806033.43	33911762.35	33911762.35
未分配利润	-65360192.75	-121176010.29	-66465921.67	-122281739.21
股东权益合计	333012199.59	277196382.05	333012199.59	277196382.05
负债及股东权益合计	945708678.86	896194079.26	1050375377.34	1005891192.78

2、损益表：

项目	上年同期数(母)	97.1-6(母)	96.1-6(合并)	97.1-6(合并)
主营业务收入	212768254.73	41432719.63	235516437.91	51808892.53
主营业务利润	-14944449.71	-47033737.10	-13150196.74	-55963132.64
其它业务利润	-28412.51	-219464.93	200055.25	-67465.45
投资收益	3362017.88	-8619184.33	2066807.36	417025.77
营业外收支净额	582499.30	56568.82	-792668.31	-247731.18
利润总额	-12193343.64	-55815817.54	-11619347.74	-55815817.54
所得税	0	0	306831.15	0
净利润	-12193343.64	-55815817.54	-11926178.89	-55815817.54

（二）主要财务指标：

项目	97上半年	96上半年
每股收益	-0.37元	-0.08元
净资产收益率	-20.14%	-3.61%
每股净资产	1.82元	2.58元

（三）财务报表附注：

1、本报告财务报告所采用的会计政策和会计方法与最近一期年度报告相同。

2、在96年中期报告中投资收益中属清理双鹿电器冷柜厂收益为1392万元，后年底财政部发布有关规定，这部份收益应计入资本公积，故96年度报告中公司对此部份收益调至资本公积。故本次报告对上年有关数字也进行了调整。

3、主营业务收入减少18370.80万元，主营是冰箱产销量剧减所致。

4、主营业务利润大幅亏损5600万元，主要是冰箱产销量下降以致大幅亏损。

5、投资收益为417025.71元，主要系法人股投资收益所致。

6、关联企业：

企业名称	经济性质	地址	注册资金	所持股份权益(%)
新时代投资经营公司	股份制	天山路651号	2000万	100
永乐广告装潢公司	股份制	天山路651号	50万	100
广中修配店	集体		4.2万	公司承包
鹿信国际贸易公司	股份制	外高桥加丰路28号新康商贸楼201室	S 60万	75
黄岩空调器总厂	联营	浙江黄岩	3500万	40
日立双鹿冷柜有限公司	合资	宝山大场	S 1460万	44
双鹿中野冷机有限公司	合资	浦东金桥	S 1677万	44
双鹿电器股份有限公司货运公司	投资	哈密路450弄20号	200万	100
双鹿电器股份有限公司出租公司	投资	哈密路450弄20号	500	100

6、关联交易：

（1）本公司97年、96年向关联方采购货物及接受服务情况：（单位：元）

企业名称	97年1-6月	96年1-6月
1、日立双鹿冷柜有限公司	1956648.00	0
2、黄岩空调器总厂	870780.00	6747485.50
3、双鹿电器股份有限公司货运公司	54510.80	1016823.00
4、永乐广告装潢公司	114132.80	352716.40
5、广中修配店	78000.00	78000.00
6、鹿信国际贸易公司	132000.00	221555.37

（2）本公司与关联方往来款项情况：

项　目	单　位	97.6.30	96.12.31
应付帐款	日立双鹿冷柜有限公司	1743379.40	775201.20
	黄岩空调器总厂	2788900.47	1702640.36
	双鹿电器股份有限公司货运公司	393321.93	715010.63
	鹿信国际贸易公司	3538110.47	3416110.47
	永乐广告装潢公司	512420.00	544900.00
其它应付款	新时代投资经营公司	12030017.73	12130017.73
	双鹿电器股份有限公司出租公司	2200000.00	2000000.00

二、经营情况的回顾与展望

1、上半年经营情况的回顾

一九九七年上半年，公司的经济发展继续受到各种制约，举步维艰，经营状况仍不尽人意，但公司奋力拼搏，主要工作如下：

（1）公司进入企业内部全面整顿阶段，着手于重建企业管理框架。

（2）公司开始清理投资项目，根据经济效益关、停、并、转，重新组合，以求长远发展。

(3)全面清理资产,为第二轮的经济起飞作资产结构调整的准备。

(4)大力降低各项成本,推进再就业工程,努力争取走出减人增效的新路子。

(5)公司在应收帐款回收艰难、生产流动资金短缺、市场销售扣率浮动率较高、企业内部机制正处在转换之中的极为复杂的环境下,努力启动生产,积极地进行定单生产。

2、下半年工作计划

(1)继续改革不合理的管理机制,完善重建适应市场经济的经营机制,加大力度推进再就业工程,尽最大努力降低各项成本。

(2)清理公司改制以来的各项投资项目,盘活资产,剥离不良资产,以推动生产重上规模。

(3)继续加大应收款处理力度,有计划有措施有指标地压缩应收款。

(4)改进销售策略和销售方法,在重视市场占有量的前提下,以销定产,以产促销。

综观一九九七年,公司仍处于一个调整时期,公司竭尽全力坚决地从根本上制止经济效益更大的滑坡,公司也正在竭尽全力争取早日走出低谷,争取通过各项重组使公司的经济效益得到回升。

三、重大事项揭示

1、公司于一九九七年二月二十八日召开了临时股东大会(通讯方式),对原公司董事严镇博先生、姚康镛先生因工作变动,不再担任公司董事,并选举施亚龙先生为公司董事的议案进行了表决。这次会议共计收到表决票代表股权数为10395.5280万股占总股本的68.4%,全部同意施亚龙先生为公司董事。根据《公司法》有关规定,大会通过了上述议案。

2、公司董事会于一九九七年三月三日召开了二届七次全体会议,会议一致通过了选举施亚龙先生为公司董事长的议案。

3、公司一九九六年年度报告摘要中上海会计师事务所出具的保留意见已全文刊登在四月三十日上海证券报第21版《上海双鹿电器股份有限公司一九九六年年度报告摘要》中。双鹿房产公司的诉讼案件预计年内结束,最终结果将反映在公司一九九七年年度报告摘要中。

4、按照国务院证券委、中国人民银行和国家经贸委1997年5月21日联合发布的《严禁国有企业和上市公司炒作股票的规定》的要求,公司经自查,没有从事任何违反规定的事项。

5、本报告期内双鹿公司涉及的重大诉讼案件如下:

(1)常州得实新技术开发公司诉双鹿公司欠款,标的170万元,目前尚剩余60万元未履行;

(2)上海耀华恒生塑料制品厂诉双鹿公司欠款,标的350万元,目前尚余300万元未履行。

四、发行在外股票的变动和股权结构的变化

1、股本结构　　数量:万股　　每股面值一元

项　　目	1996年末	1997年6月30日
(一)尚未流通过股份	13885.08	13885.08
其中:发起人持有股份	8301.6208	8301.6208
社会法人持有股份	5583.4592	5583.4592
(二)已流通股份	1320.00	1320.00
其中:境内上市的人民币普通股	1320.00	1320.00
(三)股份总额	15205.08	15205.08

2、主要股东持股情况

持　股　人	持股数	占股份比例
上海双联联社(发起人股)	6763.2268	44.48%
上海新工联实业总公司(发起人股)	1538.394	10.12%
上海国际投资信托公司	348.48	2.29%
中国纺织机械股份有限公司	290.40	1.91%
上海金绫电器股份有限公司	290.40	1.91%
上海上菱电器股份有限公司	219.12	1.44%
上海龙头实业股份有限公司	217.80	1.43%
上海良华实业股份有限公司	147.10	0.97%
上海氯碱化工股份有限公司	145.20	0.95%
上海联农实业股份有限公司	116.11	0.76%

3、分配方案

公司第六次(一九九六年度)股东大会于1997年6月27日召开,鉴于公司一九九六年度经营出现亏损,故股东大会通过了一九九六年度不进行分配的方案。

五、股东大会简介

上海双鹿电器股份有限公司于1997年6月27日在公司本部多功能厅召开了第六次(一九九六年度)股东大会。出席会议的股东90名,代表股份9419.0723万股,占总股份的62.06%。符合《公司法》和《公司章程》规定的比例。大会审议通过了如下决议:

①审议通过了公司董事会1996年度工作报告;

②审议通过了公司监事会1996年度工作报告;

③审议通过了公司1996年度财务决算和1997年度财务预算报告;

④审议通过了公司1996年度利润分配方案;

公司1996年度主营业务收入31329.24万元,利润总额亏损7767.6万元,合并报表净利润亏损7845.6万元,上年度结转未分配利润1309.2万元,冲抵后还亏损6536.4万元。鉴于公司1996年度经营出现亏损,故一九九六年度不进行利润分配。

⑤审议通过了公司1996年度经营回顾和1997年度方针目标;

⑥公司董事会向大会通报了关于公司一九九六年度报告摘要中上海会计师事务所出具保留意见的说明,保留意见已全文刊登在四月三十日上海证券报第21版《上海双鹿电器股份有限公司一九九六年度报告摘要》中。

六、备查文件

①公司第六次(一九九六年度)股东大会文件;

②公司一九九六年度文本式年度报告正本;

③载有公司董事长、总经理亲笔签名的本报告及财务报告。

查阅地址:上海市天山路651号公司总经办

上海双鹿电器股份有限公司董事会

一九九七年八月二十九日

上海海鸟电子股份有限公司

1996年年度报告摘要（摘选）

一、公司简况

公司名称：上海海鸟电子股份有限公司

法人代表：中原福盛　　邮政编码：200042

公司地址：上海市延安中路424弄35号

电话：(021)62188866　　传真：(021)62725056

二、主要财务数据与财务指标

指标项目	本年数	上年数	比上年增减(%)
1.主营业务收入(万元)	15469.00	14899.20	3.82
2.净利润(万元)	1133.81	1250.00	-9.30
3.总资产(万元)	20564.18	20632.11	-0.33
4.股东权益(万元)	15708.20	14078.47	11.58
5.每股收益(元)	0.21	0.25	-16.00
6.每股净资产(元)	2.85	2.81	1.42
7.净资产收益率(%)	7.22	8.88	-18.69
8.股东权益比率(%)	76.39	68.24	11.94

注：上述财务数据及财务指标中，上年数未作调整，均取自一九九年年报。

三、公司主要业务回顾

(一) 公司经营情况回顾

一九九六年度在国家宏观调控经济调整"软着陆"的大背景下，电子音响行业继续不景气，公司全体员工上下团结一致，克服困难，积极开拓内外销市场。公司在抓销售抓市场的同时，向管理要效益，学邯钢，降成本，努力消化由于市场激烈竞争、产品两次大幅度降价造成效益下降的影响，紧紧抓住激光音响产品的经营，下半年新开发的VCD2.0版，技术上处于领先地位，在国内外市场上都打开销路，为一九九七年的发展拓宽了空间。

一九九六年完成主营业务收入15469万元，比一九九五年14899万元增长3.82%，其中出口销售额1842万美元，比一九九五年增长7.70%，利润总额1285万元，比一九九五年1417万元下降9.32%，税后利润1134万元，比一九九五年1250万元下降9.28%。公司利润下降的主要原因是公司主要产品VCD二度销售价格下降，降幅达30%，其中大部分由企业通过抓内部管理和降低材料成本消化吸收，但仍有一部分影响利润。

(二) 募集资金使用情况说明

公司前次配股募集资金已按预定计划投入，其中主要投资项目—海鸟大厦至报告期内已完成桩基工程，投入总额10756万元。合资公司"上海南部塑料制品有限公司"二期工程在十月份开工，新增投资200万美元，该项目发展前景良好。

四、股本变化及股本结构情况

(一) 股本结构情况

数量单位：股；每股面值：1元

	期初数	本次变动增减（送股）	期末数
1.尚未流通股本			
(1)发起人股份(中方)	14,417,298	1,441,730	15,859,028
(2)发起人股份(外方)	12,785,150	1,278,515	14,063,665
尚未流通股份合计	27,202,448	2,720,245	29,922,693
2.已流通股份			
(1)境内上市的人民币普通股	22,848,000	2,284,800	25,132,800
已流通股份合计	22,848,000	2,284,800	25,132,800
3.股份总数	50,050,448	5,005,045	55,055,493

(二) 股本变动情况

一九九六年五月二十三日公司股东大会审议通过了《公司一九九五年度利润分配方案报告》，并经上海市证券管理办公室沪证办(1996)160号文批准实施，以10:1比例向全体股东派送红股，共送5,005,045股，股本总额增至55,055,493股。

(三) 主要股东持股情况(前十名股东)

名次	股东名称	年初持股数(股)	占总股本(%)
1	上海华成无线电厂	15859028	28.81
2	香港新科创力有限公司	11969077	21.74
3	香港美泰国际有限公司	2094588	3.80
4	朱春华	255600	0.46
5	杨百林	200000	0.36
6	梁晓芸	110700	0.20
7	出绍为	110000	0.20
8	李勇	89100	0.16
9	伍先荫	81673	0.15
10	潘迎久	80000	0.15

(四) 年末股东户数，截止一九九六年十二月三十一日本公司股东总数为25214户。

(五) 公司董事、监事与高级管理人员持股情况

姓名	职务	年初持股数	年末持股数	变动原因
中原福盛	董事长	0	0	
张大坤	副董事长	0	0	
若木改造	副董事长	0	0	
徐乐勤	董事、总经理	4700	10070	购入、送股
马云海	董事	0	0	
宋英杰	董事、副总经理	2000	2200	送股
陆荣人	董事、副总经理	1500	1650	送股
周佐荣	副总经理	0	0	
陈翔虎	监事长	1000	1100	送股
谢晓芳	监事	800	880	送股
丁惠莺	监事	1100	1210	送股

(六) 子公司及关联企业

企业名称	注册资金(万元)	主营业务	本公司拥有权益
1上海海鸟房地产开发有限公司	500	房地产开发	90
2上海南部塑料制品有限公司	3403.72	模塑制品	10
3上海海鸟工贸公司	30	交电建材	100
4上海浦东海成实业发展公司	100	五交化汽配	60

上海三爱富新材料股份有限公司

1996 年年度报告摘要 （摘选）

一、公司简况

公司名称：上海三爱富新材料股份有限公司

法人代表：张国勋　　　　邮政编码：200031

公司地址：上海市浦东新区蔡路

电话：(021)64310558　　　传真：(021)64310700

二、主要财务数据与财务指标

项　目	本年数	上年数	比上年增减(%)
主营业务收入(万元)	23,225.35	19,192.28	21.01
净利润(万元)	617.99	523.90	17.96
总资产(万元)	28,953.84	24,536.93	18.00
股东权益(万元)	15,050.24	14,804.25	1.66
每股收益(元)	0.08	0.07	14.29
每股净资产(元)	2.02	1.99	1.51
净资产收益率(%)	4.11	3.54	16.10
股东权益比率(%)	51.98	60.33	-13.84

三、公司主要业务回顾

1. 一年来经营情况

在同行业发展和激烈竞争背景下，公司以"技术进步、强化管理、拓展市场、多元经营"的发展方针，紧紧抓住提高经济效益这个主题，在公司全体员工的积极努力下，通过学邯钢，开展双增双节，挖潜改造，规范运作，加强和完善基础工作，使 96 年的生产有了较大发展。主要产品 F11、F113、氟橡胶、聚全氟乙丙烯树脂、分散聚四氟乙烯树脂等产量依次同比增长 27.39%、6.26%、71.87%、19.40%、19.32%，其他产品也均有不同程度提高，创造了新的生产记录，产销率达到 97.3%，主要产品聚全乙丙烯树脂、氟橡胶等占国内市场的 60% 以上，F11、F113、F141b、PTFE 等产品都列入全国销售额前三位。同时依靠公司的技术优势，调整产品结构，加强市场营销及资产经营的力度，使公司的业务收入超额完成计划指标。

2. 主要财务指标分析

1996 年度主营业务收入完成 23225.35 万元，较 95 年增长 21.01%。净利润完成 617.99 万元，较 95 年增长 17.96%。

四、股本变化及股本结构情况

1. 股本变化及股本结构情况

① 截至 1996 年末，股本结构如下：

	期初数	期末数
(一)尚未流通股份		
其中：发起人法人股	3600	3600
法人股	960	960
合计	4560	4560
(二)已流通股份		
境内上市人民币普通股	2880	2880
(三)股份总计	7440	7440

② 主要股东持股情况(前十名股东)

名　称	年末持股数	占总股本(%)
上海有机氟所	36000000	48.39
蔡路纺织	1152000	1.55
顾路公司	672000	0.90
投资信托	576000	0.77
李　莉	572024	0.77
陈明吉	483142	0.65
十二棉纺	353600	0.47
申银证券	288000	0.39
海口联城	285000	0.38
石义全	285000	0.38

③ 年末股东户数：公司股东总数为 32877 户，其中发起人法人股 1 户，法人股股东 152 户，社会公众股 32724 户。

2. 公司董事、监事、高级管理人员持股情况：

姓名	职　务	年初持股数	年末持股数
张国勋	董事长	—	—
周克经	董事兼总经理	3840	3840
滕名广	董事	3840	3840
吴玉明	董事	3840	3840
沈新璋	董事	3840	3840
姚锡福	董事	—	—
张亚曼	监事长	—	—
黄玉贵	副监事长	3840	3840
项志衡	监事	2840	2840
沈省伟	监事	—	—
陈利华	监事	—	—
江建安	副总经理	3840	3840
张建平	副总经理	—	—

3. 子公司及关联企业

企业名称	地　址	主营业务	本公司占有股份
3F 常熟氟化工公司	江苏常熟福山	氟致冷剂及其它化工产品	80%
三爱富顾路工厂	浦东顾路乡东海工业小区	氟材料及其它化工产品	82.10%
三爱富蔡路工厂	浦东蔡路乡	有机氟化工产品	100%
广角创业公司	龙吴路 4411 号	化工原料、建材、日用百货	100%
三爱富实业发展公司	外高桥保税区 D3-006	贸易、仓储、加工	75%
励精实业有限责任公司	龙吴路 4411 号	化工贸易、四技服务、房屋租赁	66.67%

* 鹏程经营部：业务调整，注销注册。

上海望春花(集团)股份有限公司

1996年年度报告摘要　(摘选)

一、公司简况

公司名称:上海望春花(集团)股份有限公司

法人代表:李培佩　　邮政编码:200335

公司地址:上海市北翟路1168号

电话:(021)62398803＊5315或5308

传真:(021)62399024

二、主要财务数据与财务指标

指标项目	本年数	上年数	比上年增加(%)
1.主营业务收入(万元)	25,493.88	14,659.42	73.91
2.净利润(万元)	2,561.30	2,115.72	21.06
3.总资产(万元)	43,122.36	39,602.51	8.89
4.股东权益(万元)	25,019.81	20,830.43	20.11
5.每股收益(元)	0.2622	0.2599	0.88
6.每股净资产(元)	2.5613	2.5589	0.09
7.净资产收益率(%)	10.24	10.16	0.79
8.股东权益比率(%)	58.02	52.6	10.31

三、公司主要业务回顾

1.一年来公司经营情况

九六年是公司实行《2000年公司发展战略纲要》的第二年,在这一年中,公司坚持"三改一加强"方针,致力于深化企业改革,调整优化企业结构,加速建立现代企业制度,公司坚持科技兴厂,不断加大科技投入力度,提高产品科技含量,公司内部试行利润承包经营责任制,落实各部门资产营运责任,负责资产的保值增值的责任。

同时,公司在生产上坚持以销定产,坚持质量第一的方针;销售上以市场信息为导向,客户至上,从而创造了好的效益。通过全体员工的努力,公司染色、印花平绒产品通过了ISO-9002质量体系认证和获得了产品方圆标志合格证书,平绒印染产品被推荐为'96上海市名牌产品。

在过去的一年中,公司董事会坚决贯彻二业并举、三足鼎立的发展方针,不断开发适应市场的新产品,创造公司新的经济增长点。

2.主要经济指标分析

公司主营业务收入完成25493.88万元,比九五年增长73.91%;净利润完成2561.3万元,比九五年增长21.06%;出口创汇1600.8万美元,全面完成了公司九六年度预定的各项经济目标。

九六年内,公司主业产品根据国内外市场需求的变化和利用望春花平绒品牌信誉,依靠公司自营出口的优势,快速调整经营策略,积极组织适销对路的平绒产品向国内外市场扩张,进一步提高了国内外市场占有率。公司积极拓展以房地产为主的第三产业,九六年也获得了较好的经济效益。同时,公司内部积极开展双增双节活动,从而使公司九六年效益比九五年有了较大幅度的提高。

3.募集资金使用情况说明

公司九六年度中未募集资金,九五年度公司按10:2的比例实施了配股,配股到位资金经九五年度股东大会同意,投资昆山分公司838万元,投资印染厂水厂及成品仓库项目1155万元,追加望春花宾馆投资2800万元,投资陶瓷公司148万元。为公司达到二产、三产并举发展的目标奠定了基础。

四、股本变化及股本结构情况

1.股本结构情况

数量单位:股　面值:1元

	期初数	本次变动增减(送股)	期末数
(一)尚未流通股本			
(1)发起人股份	33,356,738.07	6,671.347.61	40,028,085.68
(2)募集法人股	24,047,370.00	4,809,474.00	28,856,844.00
(3)社会个人股受让发起人转让股	6,000,000.00	1,200,000.00	7,200,000.00
尚未流通股份合计	63,404,108.07	12,680,821.61	76,084,929.68
(二)已流通股份			
境内上市的人民币			
普通股	18,000,000.00	3,600,000.00	21,600,00.00
已流通股份合计	18,000,000.00	3,600,000.00	21,600,000.00
(三)股份总数	81,404,108.07	16,280,821.61	97,684,929.68

2.股本变动情况及原因

1996年6月6日,公司股东大会审议通过了《公司1995年度利润分配方案报告》,并经上海市证券管理办公室沪证办(1996)124号文批准实施,以10:2比例向全体股东派送红股,共送16,280,821.61股,股本总额增至97,684,929.68股。

3.主要股东持股情况(前十名股东)

名称	股东名称	年末持股数(万股)	占总股本(%)
1	上海鑫达实业总公司	4002.81	40.98
2	农行上海信托投资公司	474.91	4.86
3	上海金铧实业有限公司	359.74	3.68
4	长宁区长银五金经营部	219.46	2.25
5	上海电视一厂	180.00	1.84
6	上海爱建股份有限公司	86.40	0.88
7	江阴青阳绒布厂	50.40	0.52
8	上海华盛实业公司	45.00	0.46
9	农行浙江省信托投资公司杭州分公司	43.20	0.44
10	上海浪潮电脑经营部	43.20	0.44

4.报告期末股东数量

截止1996年12月31日,本公司股东总数为22455户,其中发起人股1户,社会法人股157户,社会个人股22297户。

5.公司董事、监事与高级管理人员持股情况　单位:股

姓名	职务	年初持股数	年末持股数	变动原因
李培佩	董事长、总经理	6,400.00	7,740.00	送股、增购
姚寿峰	董事、副总经理	4,800.00	5,840.00	送股、增购
李伯令	董事、副总经理	4,800.00	9,160.00	送股、增购
王建明	董事、副总经理	4,800.00	5,840.00	送股、增购
王忠明	董事、副总经理	4,800.00	5,840.00	送股、增购
金文灿	董事、工会主席	4,800.00	5,840.00	送股、增购
赵祖邦	董事	4,800.00	5,760.00	送股
汤仲泉	董事	4,800.00	5,840.00	送股、增购
庄纪平	董事	0	0	原不持股
钱志荣	监事长	0	0	原不持股
郭海明	监事	800.00	960.00	送股
沈凤娟	监事	800.00	960.00	送股

上海国嘉实业股份有限公司

1996年年度报告摘要 （摘选）

一、公司简况

公司名称：上海国嘉实业股份有限公司

法人代表：李顺生　　　邮政编码：201800

公司地址：上海嘉定环城路 2280 号

电话：(021)64371888 转接各部　　传真：(021)64331666

二、主要财务数据与财务指标

指标项目	本年数	上年数	比上年增减(%)
1.主营业务收入(万元)	27737365.83	12901772.53	114
2.净利润(万元)	847189.18	3003784.96	-72
3.总资产(万元)	345555008.54	361964557.28	-4.5
4.股东权益(万元)	159164873.68	156077392.56	2
5.每股收益(元)	0.01	0.04	-75
6.每股净资产(元)	2.02	2.18	-7.4
7.净资产收益率(%)	0.53	1.90	-72
8.股东权益比率(%)	43.1	42.1	7.2

三、公司主要业务回顾

1. 公司业务回顾

一九九六年是公司面临巨大压力的一年，是在困境中求生存的一年，根据董事会一个加强、三个盘活的经营方针，公司总经理率领全体员工脚踏实地、辛勤工作，在克服公司运作的巨大压力的同时，不断自我加压，坚决贯彻完全依靠自身力量进行自我盘活为主的指导思想，并进一步提出一个加强、五个盘活的工作目标，同时为公司新一轮的发展进行了深入细致的前期准备。

公司九六年度实现销售收入 2773.7 万元，实现利润 104 万元，合并报表净利润 84.7 万元，每股收益 1.07 分，净资产收益率 0.53%，公司注册资本因送股原因，从 7157 万元扩至 7873 万元。公司九六年在上海市被首批认定为符合现代企业制度的公司之一。

公司在九六年十月份与澳大利亚昆洲经济代表团进行了广泛的交流，并与 QIDC 银行及 TechQuad 高技术园区就双方合作的可行性进行了深入探讨。国嘉信息公司开发高技术网络软件并大力开展平台出租，参与金税工程，这为加强高科技投入奠定了坚实的基础。

经九六年一年的艰苦努力，通过灵活而艰难的谈判，最终使国嘉大厦项目在 97 年初引资成功，与新加坡著名公司签订了合作合同，从而初步盘活了公司在地产上最大的资产存量。东海花园全面完工且手续完备，已使大规模推销成为可能。公司还为锡钢融资做了许多工作，并为盘活其资产进行了广泛的联络。国嘉光电不断对自身有形资产和无形资产进行盘活，并积极对外联络，以实现彻底盘活。同时公司还与国外银行、中介、高技术公司就联合开发公司在浦东金桥的地块进行了深入的探讨，努力开创"加强"与"盘活"一箭双雕的大好局面。

2. 主要经济指标分析

除光电公司实现销售收入 1588 万元，实现利润 86.2 万元外，其它利润来源为：嘉儷时装、金钟发展、法人股投资收益、国光化纤、锡兴钢铁等投资收益 275 万元，补贴收入 139 万元，国嘉信息虽微有盈余，为支持其进一步发展，1996 年度暂不分配。公司总计实现净利润 84.7 万元。公司收益较去年下降 72%，主要是因为公司最大的对外投资项目锡兴钢铁仅实现 56.1 万元利润，仅为去年的 10.2%。同时尽管公司大力盘活在其它行业的资产存量，但受宏观经济影响未能使之立即产生经济效益，这也是公司收益进一步下降的因素之一。公司主营业务由去年的 1290 万元，增长到今年的 2773 万元，较去年增长 114%，主要是光电公司在实现自我盘整的同时，大力开展相关业务，销售有所回升。

四、股本变化及股本结构情况

股本结构情况(每股面值一元)

(1) 股本结构

	96年末数	比例(%)	95年末数	比例(%)
尚未流通股份				
其中：境内发起人持股	2958.934	37.58	2689.94	37.58
境外发起人持股	2252.437	28.61	2047.67	28.61
社会法人股	1331.00	16.905	1210.00	16.905
已流通股份				
境内上市人民币普通股	1331.00	16.905	1210.00	16.905
股份合计	7873.371	100	7157.61	100

(2) 股本变动情况及原因

1996 年 5 月 20 日公司九五年度股东大会通过 95 年分配方案每 10 股送 1 股，5 月 31 日为除权交易日。

(3) 股东数量

公司 1996 年末的股东总数为 13720 户。其中发起人 3 户；法人股东 93 户，社会公众股东 13624 户。

(4) 主要股东持股情况(前十名股东)

名次	股东名称	年末持股数(万股)	占总股本(%)
1	中信兴业信托投资公司	2846.32	36.15
2	香港大成发展公司	2252.43	28.61
3	西安喜来登大酒店	133.10	1.69
4	深圳三龙实业公司	133.10	1.69
5	嘉定农工商总公司	112.62	1.43
6	彭奇伟	32.09	0.41
7	新锦江大酒店公司	26.62	0.34
8	上海国脉通讯公司	26.62	0.34
9	上海东湖集团公司	26.62	0.34
10	上海振宏经营公司	26.62	0.34

(5) 子公司及关联企业

企业名称	注册资金(万元)	主营业务	本公司拥有权益%
1 上海国嘉光电有限公司	2000	光电子相关产品	100
2 上海国嘉房地产有限公司	3000	房产、地产	100
3 上海国嘉发展公司	1000	股权投资及贸易	100
4 上海国嘉大厦有限公司	$1800	大厦建造与管理	100
5 美国 SUNNING 公司	$300	光电子产品	25
6 上海国嘉信息有限公司	$32	家庭电脑信息	43.75
7 上海福安药业有限公司	200	保健药品	37.50
8 上海嘉儷时装有限公司	250	女式时装	30
9 国光化纤设备有限公司	114	化纤设备配件	25
10 无锡锡兴钢铁有限公司	17097	各种钢材	21.64
11 上海金钟发展有限公司	1800	房产、地产	17.36

上 海 爱 使 股 份 有 限 公 司

1996年年度报告摘要（摘选）

一、公司简况

公司名称：上海爱使股份有限公司

法人代表：秦国梁　　　　邮政编码：200002

公司地址：上海市江西中路323号

电话：021—63296220×8003　　　　传真：021—63616803

二、主要财务数据与财务指标

单位：万元

指标项目	本年数	上年数	比上年增减(%)
1.主营业务收入	5146.79	5034.23	2.24
2.净利润	1779.95	1398.95	27.23
3.总资产	25384.96	18453.25	37.56
4.股东权益	17708.19	16939.13	4.54
5.每股收益(元)	0.176	0.21	-16.15
6.每股净资产(元)	1.75	2.41	-27.39
7.净资产收益率	10.05%	8.60%	16.86
8.股东权益比率	69.76%	88.14%	-20.85

三、公司主要业务回顾

1.公司经营情况

1996年度，公司根据董事会"加强实业建设，加强资本运作，盘活资产存量，重视人才引进"的经营方针，坚持以效益为中心，以管理为重点，以稳健为原则，开展了积极工作。通过对企业经营格局的调整，现有资产存量的盘活，管理工作的强化，不断提高公司整体资产的运作效率。

公司在商品流通方面，积极参与五金交电、金属材料、家用电器等产品的经营，使主营业务收入有了稳定增长。爱使副食品公司参与"菜篮子"工程的建设，抓住市场旺季，做足生意。在客运、出租业方面，增加对爱使汽车服务公司投资，新建了1200平方米的办公经营场地，将"夏利"车全部更新为"桑塔纳"车，增强了该子公司在客运行业的竞争能力，稳定了营运收入，取得了较好的社会效益和经济效益。在生产经营方面，调整产品结构，开发生产了电子应急灯等产品，产品市场销售看好。

公司的资产经营、投资经营是公司新的效益增长点。公司一方面通过对投资项目的清理整顿，加强投资项目管理，努力盘活资产存量，回笼沉淀资金；另一方面，发挥优势，拓展新的投资渠道。抓住机遇，慎密决策，积极参与商品房的参建和销售，获得了较好的投资回报。

公司坚持推行规范化管理，不断提高企业运行质量，通过加强内部审计，促进了企业经营管理的改善，公司总部设立"五部一室"，强调精干、效能的原则。

2.主要经济指标分析

96年度在新一届董事会的领导下，公司全体员工齐心协力，克服上半年种种不利因素造成的困难，取得了较好的经营业绩。公司主要经济指标有了一定的增长，主营业务收入5146.79万元，比1995年增长2.24%；实现利润总额1983.78万元，比1995年增长26.58%；税后利润达到1779.95万元，比1995年增长27.23%。

3.前次募集资金使用情况

1996年内公司未实施配股。

前次送配股实施时间为1994年，经公司第七次股东大会审议通过，上海市证券管理办公室批准和上海证券交易所复核，公司于1994年4月实施增资送配股方案，募集资金9014.71万元于当年5月下旬全部到位(注：募集资金中已扣除发行费用)。

有关前次送配股募集资金的使用，董事会已于1995年5月5日向公司第八次股东大会作了报告，并在公司1995年年度报告中公告。

四、股本变化及股本结构情况

1.股本变化及股本结构情况

1)股本结构情况(单位：万股，每股面值一元)

	95年末	送股	转增股本	96年末
股本总额	6739.20	1010.88	2358.72	10108.8

注：本公司股票无国家股、内部职工股、外资股。已全部流通。

2)股本变动情况及原因

公司1996年9月9日临时股东大会(通信表决)决议，公司1995年度利润分配方案为每10股派送1.5股红股，资本公积金每10股转增3.5股。报经有关证券管理部门后于1996年9月16日实施。经此次送股后，公司的股本总额由6739.20万股增至为10108.80万股。

3)主要股东持股情况：

股东名称	年末持股数量(股)	占总股本比例(%)
A. 延中实业	3895405	3.85
B. 宁波工信	1401866	1.39
C. 珠翎百货	909400	0.90
D. 甬工上证	867500	0.86
E. 金山实业	746581	0.74
F. 工行信托	720108	0.71
G. 龙鑫包装	720000	0.71
H. 中航租赁	673300	0.67
I. 黄新丰	640000	0.63
J. 陈淑昆	590000	0.58

4)截止1996年12月31日，公司股东总计为45260户。

5)子公司及关联企业

单位：万元

企业名称	注册资金	拥有权益(%)	主营业务
上海爱使销售分公司	100	100	机械、电子产品
上海爱使汽车服务公司	700	100	客运、汽配
上海爱使金饰行	300	100	金银饰品及珠宝
上海爱使副食品公司	100	100	副食品
上海爱使大厦(筹)	2900(在建)	100	(商住二用)
上海爱使房地产有限公司	1030	100	房地产开发
上海爱使玻璃有限公司	60万美元	75	镀膜玻璃、中空玻璃、夹层玻璃
天台山爱使大厦(筹)	430(在建)	63	旅馆、餐饮、商场
上海爱使日用化学品厂	1120	50	护肤、护发、化妆品
上海爱使浦东公司	500	50	船务、餐饮、装潢
上海爱使二厂	120	50	电子仪器
上海爱使电器厂	30	66.7	电子应急灯

上海飞乐股份有限公司

1996年年度报告摘要（摘选）

一、公司简况

公司名称：上海飞乐股份有限公司

法人代表：秦葆禄　　　邮政编码：200050

公司地址：上海市武夷路174号

电话：021—62523309　　　传真：021—62517323

二、主要财务数据与财务指标

指标项目	本年数	上年数	增减(%)
1.主营业务收入(元)	301604644.07	303668539.48	−0.68
2.净利润(元)	40826403.36	39268807.19	+3.97
3.总资产(元)	943037320.87	725899050.72	+29.9
4.股东权益(元)	393176858.91	367683865.95	+6.93
5.每股收益(摊薄)(元)	0.266	0.282	−5.67
6.每股净资产(元)	2.56	2.54	+0.79
7.净资产收益率(摊薄)	10.38%	10.68%	−2.81
8.股东权益比率	41.69%	48.73%	−14.45

注:以上财务数据和指标均按合并报表计算，1995年度所有者权益在1995年财务报表中为353,744,401.95元，扣除了预分10%红利为13,939,464元。按证监会编制说明的要求，调整后的所有者权益为367,683,865.95元。

三、公司主要业务回顾

1．一年来公司经营情况

1996年公司重点扶植和发展电声产品及通信产品两大基础产品，并进一步对原收购兼并的上海电讯器材厂、红灯通信设备厂、美多通信设备厂、华冠通信电子设备厂进行了调整、改组、吸收、消化。主要做了几方面的工作。

1）为了提高飞乐扬声器的产品质量、档次和生产规模，实施生产手段的智能化，增强飞乐产品在国内外市场上的竞争能力，公司从95年底开始启动扬声器技术改造项目，今年又投入了1000多万元，目前该项目仍在实施中。

2）面对三机配套扬声器的市场不景气，公司加快了产品结构调整，除了开发生产电脑及汽车用扬声器外，还积极引进国外的技术力量和专门人才，经过一年的努力，电视机用扬声器已通过日本松下电子部品事业部的现场认定，收录机用扬声器已通过日本索尼音响事业部的认定。扬声器主要零部件纸盆、定位支片已接到日本、韩国等著名厂商的订单。

3）家庭影视中心系列产品，通过引进美国先进的开发和技术力量，今年已拿出样机，经小批量生产，已有200台样机在今年上海商品交易会上销售一空，社会反响较好，为大规模生产作了前期准备。

4）对上讯厂的有绳电话机转移生产基本完成，使闵行分公司形成了能生产有绳电话机、无绳电话机、数字电话机的多门类电话机生产基地。今年，电话机新品开发多，而且质量好，已初步形成内外销两个市场格局。

5）对华冠通信电子设备厂进行了组织结构调整，把技术含量比较高的、有发展前途的好产品电力无线监控设备从母体中剥离出来，轻装上阵，成立了独立法人，由于解脱了老企业沉重的社会负担，使该产品迅速得以发展，今年的增长速度是95年的5倍，销售额达到3800万元。

6）美多通信设备厂的242数字全波段接收机，今年产量比去年增加一倍。同时完成了德国R/S公司EK895数字全波段接收机和国产化方案论证，这些产品主要用于部队，市场容量较大，为97年部队订货作了准备，也为97年与R/S公司合资作了前期准备工作。

7）经上海市有关部门批准的无线通信技术改造项目，在银行贷款资金尚未落实、企业资金又十分紧张的情况下，仍按原计划实施了。SMT设备已经引进到位，目前闵行分公司场地改造正在进行，预计明年6月份将设备调试，日后将形成飞乐公司的贴片加工中心。

2．主要经济指标分析

1996年公司在生产场地调整、产品重新布局、项目投资多、企业资金又相当紧张的情况下克服各种困难，实现了主营业务收入30160万元，净利润4082万元。

四、股本变化及股本结构情况

1．股本变化及股本结构情况

1).股本结构情况　　　(单位:万元)

股本类别	95年末数	送股	96年末数	比例%
(1)尚未流通股份				
国家股	3617.4765	361.7476	3979.2241	25.95
(2)已流通股份				
境内上市的人民币普通股	10321.9875	1032.1988	11354.1863	74.05
(3)股份总数	13939.4640	1393.9464	15333.4104	100

2．本年度内公司股本变动情况及原因

根据1996年5月28日股东大会决议，并经上海市证券管理办公室沪证办(1996)259号文批准，公司于1996年7月16日实施了向全体股东每10股送1股的95年度利润分配方案，共计送股1393.9464万股，送股后总股本为15333.4104万股。

3．前十名股东持股情况

股东名称	年末持股数(万股)	持股比例%
1．仪电控股(集团)公司	3979.2241	25.95
2．范淑娥	128.00	0.83
3．严丽婉	100.00	0.65
4．深圳汉星	98.9756	0.64
5．芮丽华	85.00	0.55
6．广福仪电	80.00	0.52
7．胡玉秀	52.00	0.34
8．郑一松	48.2567	0.31
9．云南富滇	47.6774	0.31
10．黄远东	38.00	0.25

4．截止1996年12月31日，我公司注册登记的股东有77309户。

浙江省凤凰化工股份有限公司

浙江省凤凰化工股份有限公司1996年年度报告摘要

一、公司简介

1. 公司法定中文名称	浙江省凤凰化工股份有限公司
公司英文名称	ZHEJIANG PROVINCE PHOENIX CHEMICAL CO., LTD
公司英文名称缩写	ZPC
2. 公司注册地址	浙江省兰溪市大阙路18号
邮编	321100
3. 公司法定代表人	胡季强
4. 公司信息咨询机构	董事会办公室
联系人(董秘)	赵勤
电话	0579-8823485
传真	0579-8832222
5. 会计师事务所	浙江省会计师事务所
律师事务所	浙江省经济律师事务所
6. 股票代码	600656
股票简称	浙江凤凰

二、主要财务数据与财务指标

指标项目	1996年	1995年	比上年增长%
1. 主营业务收入(万元)	30123.27	32196.56	-6.44
2. 净利润(万元)	-5687.31	2446.69	-332.45
3. 总资产(万元)	43897.35	50816.63	-13.62
4. 股东权益(万元)	9407.00	15094.32	-37.68
5. 每股收益(元)	-0.61	0.31	-296.77
6. 每股净资产(元)	1.01	1.74	-41.95
7. 净资产收益率(%)	-60.46	18.07	-434.59
8. 股东权益比率(%)	21.43	26.65	-19.59

三、公司业务回顾

1996年是公司经营难度较大的一年，面对竞争激烈的市场环境和严酷的企业现实，公司以资产重组为纽带，内抓管理外拓市场，调整产品结构，开发并成功上市颇具市场潜力的"维肤康"系列洁肤护肤产品，并建立健全了全国性的营销网络，投资上千万元广告促销费用，初创了"维肤康"品牌，前不久被评为浙江省'97消费者首选品牌，增强了企业主业扭亏的后劲。全年共消化近二千万元亏损因素，但由于市场竞争激烈，产品结构老化，主业盈利能力薄弱，加上企业经营管理上也存在着较多的问题等历史和现实的诸多因素的制约，致使公司96年度仍出现巨额亏损。在此，董事会向全体股东深表歉意。

造成亏损的原因主要有：

——由于以前年度亏损和潜亏包袱，使公司始终处于被动的负债经营，造成财务费用负担过重，仅利息支出就比上年度增加1000多万元。

——产品结构老化、附加值低，不能适应消费需求，加上公司前些年缺乏对市场投入和技改投入，产品价格大幅度下跌，而主要原料椰子油等价格却居高不下，库存产品成本高于市场售价，致使三项费用支出升幅较大，导致主业出现较大亏损。

——由于以前年度投资决策失误，造成巨额增亏，91-94年先后投资近8000万元的脂肪醇、凤凰城及95年投资的纸箱项目，均未能产生预期收益。凤凰城每年增加利息支出300余万元，脂肪醇自92年投产至今，毛利连年亏损，至今累计达3000余万元，成了公司一大包袱。

——由于不完全收购对公司及制药公司所产生的不可比因素，加剧了效益的负增长。制药公司由于保健品市场萎缩等因素出现亏损，财政4500万元长期借款的资金占用费和未收购部分资产的租赁费，更加重了公司负担。

九六年公司尽管作了艰苦的努力，但仍出现较大的亏损。公司董事会将认真剖析亏损原因，提出实质性的扭亏措施，扭转亏损局面。我们相信有全体股东的大力支持，公司一定能摆脱困境，走出阴影，实现凤凰再兴。

四、股本变化及股本结构情况

1. 公司股本变动情况(数量单位：万股　每股面值：1元)

	期初数	送股数	期末数
(一)尚未流通股份			
国家拥有股份	329.538	65.9076	395.4456
境内法人持有股份	3192	638.40	3830.40
转配股	803.423	160.6846	964.1076
未流通股份总计	4324.961	864.9922	5189.9532
(二)已流通股份			
境内上市人民币普通股	3443.2428	688.6481	4131.8909
已流通股份总计	3443.2428	688.6481	4131.8909
(三)股份合计	7768.2038	1553.6403	9321.8441

2. 股份变动原因

根据1996年5月28日公司二届六次股东大会审议通过的1995年度利润分配方案，于1996年6月14日向全体股东实施了每10股送2股的送股方案。各类持股均在原基础上增加了20%，总股本由7768.2038万股增加到9321.8441万股：

3. 主要股东持股情况

股东名称	持股数(股)	持股比例(%)
浙江康恩贝集团股份有限公司	38304000	41.090
兰溪市财政局	3954456	4.240
唐　军	410000	0.439
申银嘉定	394700	0.423
李焕明	350000	0.375
黄潮光	300000	0.321
黄正邦	289600	0.310
杨　凯	260000	0.278
南方合肥	237700	0.254
朱延安	210060	0.225

注：前十名股东中，有六名为社会个人持股，均未超过5‰。

4. 股东数量

报告期末，本公司股东总数为28125户。

5. 公司董事、监事与高级管理人员持股变动情况(单位：股)

姓名	职务	年初持股数	年末持股数	变动原因
胡季强	董事长兼总经理	3000	3600	送股增加
张海权	董事、党委书记	1000	1200	送股增加
郭文华	董事	1800	2160	送股增加
赵献忠	董事	0	1000	买入

陆卓成	董事、副总经理	1000	1200	送股增加
王万里	董事	1000	1200	送股增加
黄茂清	董事、副总经理	1000	1200	送股增加
陆志国	董事	0	1000	买入
杨锦林	董事	0	0	原不持股
叶雪花	董事	0	0	〃
李　训	董事	0	0	〃
马　强	董事	0	0	〃
姚大庆	董事	0	0	〃
顾培民	董事	0	0	〃
胡汝来	监事长	1000	1200	送股增加
杜菊光	监事、工会主席	2500	3024	〃
杨光宝	监事	0	1000	买入
吴莲芝	监事	1000	1200	送股增加
郑绍俊	监事	1015	1218	〃
谢克明	监事	0	0	原不持股
方岳亮	副总经理	0	1000	买入
张　华	副总经理	1000	1200	送股增加
江家澍	副总经理	1200	1440	〃
张建潮	总经理助理	0	1170	买入

五、重要事项

1.1996年1月3日，在浙江兰溪召开了公司二届五次(临时)股东大会。到会股东59人，代表股份4114.4217万股，占总股本52.96%，会议通过如下决议：

①审议通过《产权收购协议》；

②审议通过《关于修改公司章程部分条款的议案》；

③审议通过《关于增补董事的议案》；

④审议通过《关于增补监事的议案》；

会议决定增补马强、姚大庆先生为董事，谢克明先生为监事。

2.1996年1月25日召开了公司二届董事会二十三次会议，审议并通过了公司96年度经营计划和经济责任制总体方案。

3.1996年4月17日召开了公司二届董事会二十四次会议，审议并通过了公司95年度报告和95年度利润分配方案。会议同时聘任方岳亮同志为副总经理，免去童伟同志副总经理职务。

4.1996年5月28日召开了公司二届六次股东大会，到会股东48人，代表股份3873.3202万股，占总股本的49.86%。会议通过如下决议：

①审议通过《95年度董事会工作报告》；

②审议通过《95年度监事会工作报告》；

③审议通过《95年度财务决算与96年度财务预算》；

④审议通过《95年度利润分配预案》；

⑤审议通过《申请发行企业债券的议案》；

⑥审议通过《收购康恩贝制药公司5%股权的议案》。

5.1996年8月30日召开了公司二届董事会二十六次会议，审议通过了康凤进一步资产重组方案及召开临时股东大会事宜。

6.1996年9月30日，在浙江兰溪召开了公司二届七次(临时)股东大会，到会股东45名，代表股份4553.9710万股，占总股本48.85%。会议审议通过了有关康凤进一步资产重组的重大事项。囿于国家有关政策的限制，此事受到中国证监会的通报批评。

7.经公司二届董事会二十九次会议批准，将历年累积的待处理财产净损失12896187.36元转入当期损益；1996年度维肤康广告费年度内分摊50%，计6068993.99元已计入当期损益。

8.公司以房屋、建筑物、主要机器设备及土地估价6022万元，向中国工商银行兰溪市支行进行抵押借款，借款合同规定：在1994年9月15日至1997年9月14日之间，可以分次贷款，但任何时候借款额不得超过6000万元，其中土地可自1995年11月21日至1999年11月20日折抵贷款额856.97万元。控股子公司浙江康恩贝集团制药有限公司本年度对外经济担保共十三家，总金额为2098万元，其中为公司本部担保300万元，为所属子公司担保50万元。其余1,748万元为对外单位担保，担保金额较大的单位如下：

兰溪市种子公司	300万元
金康公司	300万元
兰溪进出口公司	290万元
兰溪能源公司	280万元
兰溪经济技术开发公司	200万元

9.公司96年度经营业绩出现亏损，亏损额为5687.31万元。

10.公司注册地址、会计事务所、法律事务所无变化。

11.本报告期内，公司无重大诉讼仲裁事项。

六、子公司及关联企业

企业名称	注册资本(万元)	出资额(万元)	占股权比例(%)
浙江康恩贝集团制药有限公司	5000	4750	95
浙江凤凰公司房地产开发公司	500	500	100
浙江兰溪凤凰包装工业有限公司	1000	756.60	100
兰溪市佳丽化工有限公司	50	30	60
浙江凤凰公司杭州分公司	100	100	100

七、财务报告

(一)审计报告

浙会审(1997)第382号

浙江省凤凰化工股份有限公司全体股东：

我们接受委托，审计了贵公司1996年12月31日的母公司及合并资产负债表，1996年度母公司及合并利润及利润分配表和财务状况变动表。这些会计报表由贵公司负责编制，我们的责任是对这些会计报表发表审计意见。我们的审计是依据中国注册会计师独立审计准则进行的。在审计过程中，我们结合贵公司实际情况，实施了包括抽查会计记录等我们认为必要的审计程序。

我们认为，上述会计报表符合《企业会计准则》和《股份制试点企业会计制度》的有关规定，在所有重大方面公允地反映了贵公司1996年12月31日的母公司及合并财务状况，1996年度母公司及合并经营成果和资金变动情况，会计处理方法的选用遵循了一贯性原则。

此外，我们注意到：

1.贵公司于1995年12月29日收购浙江康恩贝集团制药有限公司95%股权，按照收购公告收购价为5420.9万元，已包括收购日前预计净利润，而公司在年末又将浙江康恩贝集团制药有限公司1995年度净利润的95%部分计21522234.38元重复作投资收益入帐、致使合并报表时出现合并价差19429013.28元。本所于1996年4月1日出具的浙会审字(1996)第372号审计报告对此问题已作专项保留。

2.贵公司从1993年至1995年待处理财产损失未计入当年损益，对此问题本所已在各该年度的审计报告中作了保留意见。贵公司本年度经董事会批准已核销了历年累积的待处理财产净损失12896187.36元。

3.贵公司二届董事会二十九次会议决定：贵公司决定将所持浙江康恩贝集团制药有限公司95%产权出让，此议案将提交下次股东大会审议后决定。

(二)财务报表(附后)

(三)财务报表附注

1.主要会计政策

(1)合并报表的编制方法

合并会计报表是以母公司、纳入合并范围的子公司的会计报表和其他有关资料为依据，合并各项目数额编制而成。子公司采用的主要会计政策按照母公司统一规定的会计政策厘定。公司间的重大交易和资金往来均在合并时抵销。

(2)坏帐准备

除浙江康恩贝集团制药有限公司不计提坏帐准备外,其余均按年末应收帐款余额的5‰计提。

(3)存货计价

原材料、包装物日常核算采用计划成本,期末调整为实际成本;产成品按实际成本核算,发出产成品按加权平均法计价。

低值易耗品的摊销方法采用一次摊销法。

(4)长期投资核算方法

①债券投资

按成本法核算。每期结帐时,计算应计利息收入。

②股票投资和联营投资

股票投资和联营投资占被投资企业股权比例50%(含50%)以下的投资项目按成本法核算;股权比例占50%以上的投资项目按权益法核算,并合并报表。

(5)固定资产及其折旧

固定资产折旧采用直线法平均计算,并根据固定资产类别、原价、估计经济使用年限和预计残值(原值的3%)确定其折旧率如下:

固定资产类别	年折旧率(%)
房屋及建筑物	2.43-9.7
通用设备	3.46-16.17
专用设备	4.85-12.13
运输工具	8.08-12.13

(6)递延资产及其摊销

递延资产以实际发生额核算,在以后年度按项目的受益期限分期摊销。

(7)税项

增值税	税率为17%
营业税	税率为5%
消费税	化妆品税率为17%,香皂税率为5%
城市维护建设税	按应交流转税的7%计缴
教育费附加	按应交流转税的3.5%计缴
所得税	公司本部1996年度为亏损年度,未缴所得税。浙江康恩贝集团制药有限公司1996年度所得税按兰溪市地方税务局直属所核定数缴纳。

(8)利润分配

1995年度可供分配利润根据公司二届六次股东大会《关于1995年度利润分配方案的决议》,向全体股东以每10股送红股2股。

2. 会计报表主要项目注释:

(1)货币资金期末余额为509.48万元,较年初下降73.24%,主要是年末支付原材料采购款项增加。

(2)短期投资期末余额为137.27万元,均为股票投资,较年初减少33.93%,主要是因为减少二级市场股票投资收回投资款。

(3)应收帐款期末余额为9759.81万元

①帐龄分析

1年以内	8193.49万元	占83.95%
1-2年	421.56万元	占4.32%
2-3年	472.48万元	占4.84%
3年以上	672.28万元	占6.89%
小计	9759.81万元	占100%

②关联企业往来

浙江康恩贝集团医药销售公司　　4845.84万元

(4)预付货款期末余额为2070.12万元

①帐龄分析

1年以内	1852.20万元	占89.47%
1-2年	194.41万元	占9.39%
2-3年	19.35万元	占0.93%
3年以上	4.16万元	占0.21%
小计	2070.12万元	占100%

②无关联企业往来和持本公司5%以上股份的股东往来。

(5)其他应收款期末余额为4402.75万元

①帐龄分析

1年以内	3517.25万元	占79.89%
1-2年	574.65万元	占13.05%
2-3年	169.24万元	占3.84%
3年以上	141.61万元	占3.22%
小计	4402.75万元	占100%

②无关联企业往来

③持本公司5%以上股份的股东单位往来:浙江康恩贝集团股份有限公司1928.15万元。

(6)长期投资期末余额为　3004.68万元,其中:

①债券投资　0.3万元

②应计债券利息　0.23万元

③股权投资　264万元

被投资单位名称	股数(万股)	投资金额(万元)
八达股份有限公司	150	165
大通股份有限公司	15	15
三川股份有限公司	34	34
亚伦股份有限公司	50	50
小　计	249	264

④联营投资　797.26万元

被投资单位名称	持股比例	投资期限	投资金额(万元)
金华信托投资股份有限公司	参股		251.24
兰溪市经济建设投资公司	参股		230
兰溪市供电局		15	180
兰溪市财务开发公司			55
金华黄大仙有限公司	5%		70
金华企业大厦			11.02
小　计			797.26

⑤合并价差1942.90万元。系公司本部1995年12月29日收购浙江康恩贝集团制药有限公司时,重复计算已包括在收购日前的净利润所致。

(7)一年内到期的长期债券投资期末余额为7.43万元,较年初减少88.86%,主要是因为收回96年到期的债券。

(8)在建工程期末余额为4940.94万元,较年初增长36.91%,主要是因为职工宿舍和康恩贝制药公司三期工程本年度增加投入。

(9)无形资产期末余额为158.09万元,均为本年新增土地出让金。

(10)应付票据期末余额为880.20万元,均为年度内为采购原材料所开应付银行承兑汇票。

(11)未交税金期末余额为-426.34万元,较年初增长31.08%,主要是年末多交地方财政增值税和所得税款。

(12)预提费用期末余额为1673.62万元,较年初增长6.75倍,主要是公司本部提取向兰溪市财政局借款4500万元的资金占用费。

(13)长期应付款期末余额为-190.79万元,较年初下降193.03%,主要是公司本部房改出售职工住宅亏损转入。

(14)股本期末余额为9321.84万元,年初数比1995年年末数增加1553.64万元,系公司按照二届六次股东大会审议通过的"95年度利润分配方案"、实施每10股送2股所致。

(15)资本公积期末余额为4118.08万元,均系股票溢价收入,本年没有变动。

(16)盈余公积期末余额为1250.68万元,本年没有变动

明细项目	年末数(万元)
法定公积金	343.76
法定公益金	437.81
任意盈余公积金	469.11
小　计	1250.68

(17)未分配利润期末余额为-5283.60万元,较年初下降1408.75%,主要原因是公司本年度经营亏损较大,加上经公司董事会批准核销历年累积的待处理财产净损失1289.62万元及本部摊销96-97年维肤康广告费606.90万元所致。

(18)全年实现投资收益127.82万元,较上年减少88.97%,主要是减少原联营投资浙江康恩贝集团股份有限公司收益所致。

其中:股票投资收益69.10万元,债券投资收益1.37万元,联营投资收益57.35万元。

八、其他事项

根据公司二届董事会二十九次会议决议,鉴于公司96年度出现亏损,决定96年度不进行利润分配,并将此议案提交股东大会审议。

浙江省凤凰化工股份有限公司董事会

一九九七年四月二十九日

资　产　负　债　表

编制单位:浙江省凤凰化工股份有限公司　　1996年12月31日　　单位:人民币元

资产	行次	年初数母公司	年初数合并	年末数母公司	年末数合并	负债及所有者权益	行次	年初数母公司	年初数合并	年末数母公司	年末数合并
流动资产						流动负债					
货币资金	1	4799113.07	19038410.64	1416468.54	5094765.45	短期借款	41	85228620.00	134598620.00	107502071.47	133526354.47
短期投资	2	1201134.01	2077623.71	775432.63	1372734.87	应付票据	42			6830000.00	8802000.00
应收票据	3			100000.00	100000.00	应付帐款	43	54988229.05	67670149.69	36995235.21	51218526.93
应收帐款	4	42577406.55	130110964.49	41233469.48	97598100.11	预收货款	44	2359391.94	2817479.65	1796860.19	2758692.81
减:坏账准备	5	212615.09	212615.09	206167.35	222104.25	应付福利费	45	-60544.77	104246.77	422934.24	685097.91
应收帐款净额	6	42364791.46	129898349.40	41027302.13	97375995.86	未付股利	46	4246666.00	4246666.00		
预付货款	7	17301026.91	17355369.53	20044637.52	20701163.70	未交税金	47	-2609387.93	-3277477.34	-3816271.72	-4263356.28
其他应收款	8	32144424.82	43495129.73	29556955.01	44027483.33	其他未交款	48	-12925.72	54507.29	-22823.54	91175.92
待摊费用	9	7320373.71	11335654.77	7246042.18	9243965.20	其他应付款	49	29613047.65	68618180.57	36972251.65	69140891.13
存　货	10	89680370.84	104723084.13	58029165.20	82230569.48	预提费用	50	1984404.63	2157483.69	10024330.42	16736176.65
						一年内到期的长期负债	51	9369000.00	9369000.00	5000000.00	11350000.00
						其他流动负债	52				
待处理流动资产净损失	11	10412114.89	10412114.89								
一年内到期的长期债券投资	12	364904.00	667615.62	74344.05	74344.05	流动负债合计	55	185106500.85	286358856.32	201704587.92	290045559.54
其他流动资产	13					长期负债:					
流动资产合计	15	205588253.71	339003352.42	158270347.26	260221021.94	长期借款	56	45000000.00	57850000.00	45000000.00	53650000.00
长期投资:						应付债券	57		8000000.00		
长期投资	16	85471434.38	34180863.78	95332313.13	30046843.78	长期应付款	58	644947.32	2050967.57	-2083192.59	-1907931.51
其中:合并价差	16-1		19429013.78		19429013.78	其他长期负债	60				
固定资产											
固定资产原价	17	85121149.84	129627223.80	84055845.73	136099786.19	长期负债合计	65	45644947.32	67900967.57	42916807.41	51742068.49
减:累计折旧	18	22416003.18	33517077.60	26341431.88	40460567.50	递延税项:					
固定资产净值	19	62705146.03	96110146.20	57714413.85	95639218.69	递延税款贷项	66				
在建工程	20	27284957.50	36087792.94	27261246.88	49409398.96	负债合计	67	230751448.17	354259823.89	244621395.33	341787628.03
固定资产清理	21										
待处理固定资产净损失	22	142762.85	142762.85			少数股东权益(合并报表填列)	67-1		2963274.77		3115781.50
固定资产合计	23	90132866.38	132340701.99	84975660.73	145048617.65						
无形资产及递延资产:						股东权益:					
无形资产	24				1580935.51	股本	68	93218441.00	93218441.00	93218441.00	93218441.00
递延资产	25	502053.13	2641339.89	113123.07	2076039.51	资本公积	69	41180751.57	41180751.57	41180751.57	41180751.57
无形及递延资产合计	30	502053.12	2641339.89	113123.07	3656975.02	盈余公积	70	12506823.77	12506823.77	12506823.77	12506823.77
其他长期资产:						其中:公益金	71	4378120.24	4378120.24	4378120.24	4378120.24
其他长期资产	31					未分配利润	72	4037143.08	4037143.08	-52835967.48	-52835967.48
递延税项:						外币报表折算差额	72-1				
递延税款借项	32					股东权益合计	79	150943159.42	150943159.42	94070048.86	94070048.86
资产总计	40	381694607.59	508166258.08	338691444.19	438973458.39	负债及股东权益总计	80	381694607.59	508166258.08	338691444.19	438973458.39

利润及利润分配表

编制单位:浙江省凤凰化工股份有限公司　　1996 年度　　单位:人民币元

项　目	行次	上年数(母公司)	上年数(合并)	本年数(母公司)	本年数(合并)	项　目	行次	上年数(母公司)	上年数(合并)	本年数(母公司)	本年数(合并)
一、主营业务收入	1	182957090.11	321965648.62	178470924.75	301232706.67	四、利润总额(亏以损"—"号表示)	15	24466932.60	28759681.78	-56873110.56	-53460812.91
减:营业成本	2	157032635.82	220249989.85	169398162.01	227249068.00	减:所得税	16		3160000.00		3459790.92
销售费用	3	6888481.58	36558100.16	11923758.10	43523942.90	减:少数股东损益(合并报表填列)(亏损以"—"号表示)	16-1		1132749.18		-47493.27
管理费用	4	15550821.18	28829902.41	32181737.61	52541655.38	五、净利润(亏损以"—"号表示)	17	24466932.60	24466932.60	-56873110.56	-56873110.56
财务费用	5	9223488.29	16582481.64	18899898.76	29111152.38	加:年初未分配利润(未弥补亏损以"—"号表示)	18			4037143.08	4037143.08
进货费用	6					盈余公积转入数	19				
营业税金及附加	7	1424521.20	2239849.77	1401709.11	2782531.77	六、可分配的利润(亏损以"—"号表示)	20	24466932.60	24466932.60	-52835967.48	-52835967.48
二、主营业务利润(亏损以"—"号表示)	8	-7162857.96	17505324.79	-55334340.84	-53975643.76	减:提取法定公积金	21	2446693.26	2446693.26		
加:其他业务利润(亏损以"—"号表示)	9	795201.12	1074034.47	-360457.90	-178726.30	提取法定公益金	22	2446693.26	2446693.26		
三、营业利润(亏损以"—"号表示)	10	-6367656.84	18579359.26	-55694798.74	-54154370.06	七、可供股东分配的利润(亏损以"—"号表示)	23	19573546.08	19573546.08	-52835967.48	-52835967.48
加:投资收益(损失以"—"号表示)	11	32324918.27	11588313.48	-293879.36	1278190.58	减:已分配优先股股利	24				
补贴收入	11-1					提取任意公积金	25				
营业外收入	12	270918.09	633038.11	311856.02	743005.31	已分配普通股股利	26	15536403.00	15536403.00		
减:营业外支出	13	999509.42	1518972.77	1196288.48	1327638.74	八、未分配利润(未弥补亏损以"—"号表示)	27	4037143.08	4037143.08	-52835967.48	-52835967.48
加:以前年度损益调整(调减以"—"号表示)	14	-761737.50	-522056.30								

财务状况变动表

编制单位:浙江省凤凰化工股份有限公司　　1996 年度　　单位:人民币元

流动资金来源和运用	行次	金额(母公司)	金额(合并)	流动资金各项目的变动	行次	金额(母公司)	金额(合并)
一、流动资金来源				一、流动资产本年增加数:			
1. 本年净利润	1	-56873110.56	-56873110.56	1. 货币资金	31	-3382644.53	-13943645.19
加:少数股东本期损益	2		-47493.27	2. 短期投资	32	-425701.38	-704888.84
加:不减少流动资金的费用和损失:				3. 应收票据	33	100000.00	100000.00
(1)固定资产折旧	3	4759051.23	7956984.16	4. 应收帐款净额	34	-1337489.33	-32522353.54
(2)无形资产、递延资产及其他资产摊销(减其他负债转销)	4	158534.34	376088.92	5. 预付货款	35	2743610.61	3345794.17
(3)固定资产盘亏(减盘盈)	5	202452.03	202452.03	6. 其他应收款	36	-2587469.81	532353.60
(4)处理固定资产损失(减收益)	6		26476.87	7. 待摊费用	37	-74331.53	-2091689.57
(5)递延税款	7			8. 存货净额	38	-31651205.64	-22492514.65
(6)其他不减少流动资金的费用和损失	8	142762.85	142762.85	9. 待处理流动资产净损失	39	-10412114.89	-10412114.89
小　计	10	-51610310.11	-48215839.00	10. 一年内到期的长期债券投资	40	-290559.95	-593271.57
2. 其他来源:				12. 其他流动资产	41		
(1)固定资产清理收入(减清理费用)	11	3280225.65	3281065.65		42		
(2)增加长期负债	12	-2728139.91	-3958899.08	流动资产增加净额	45	-47317906.45	-78782330.48
(3)收回长期投资	13	790559.95	2212208.27	二、流动负债本年增加数:			
(4)对外投资转出固定资产	14	7617342.19	7523022.68	1. 短期借款	46	22273451.47	-1072265.53
(5)对外投资转出无形资产	15			2. 应付票据	47	6830000.00	8802000.00
(6)资本净增加额	16			3. 应付帐款	48	-17992993.84	-16451622.76
(7)少数股东资本净增加额	16-1		200000.00	4. 预收货款	49	-562531.75	-58786.84
小　计	17	8959987.88	9257397.52	5. 应付福利费	50	483479.01	580851.14
流动资金来源合计	18	-42650322.23	-38958441.48	6. 未付股利	51	-4246666.00	-4246666.00
二、流动资金运用				7. 未交税金	52	-1206883.79	-985878.94
1. 利润分配				8. 其他未交款	53	-9897.82	36668.63
(1)提取法定公积金	19			9. 其他应付款	54	7359204.00	522710.56
(2)提取法定公益金	20			10. 预提费用	55	8039925.79	14578692.96
(3)提取任意公积金	21			11. 一年内到期的长期负债	56	-4369000.00	1981000.00
(4)转增股本	22			12. 其他流动负债	57		
(5)已分配股利	23						
小　计	24						
2. 少数股东利润分配							
3. 其他运用:							
(1)固定资产和在建工程净增加额	25	10844628.30	31840679.90				
(2)增加无形资产、递延资产及其他资产	26	-230395.71	1391724.05				
(3)偿还长期负债	27		12200000.00				

(4)增加长期投资	28	10651438.70	-1921811.73				
小　计	29	21265671.29	43510592.22				
流动资金运用合计		21265671.29	43510592.22				
外币报表折算差额				流动负债增加净额	58	16598087.07	3686703.22
流动资金增加净额	30	-63915993.52	-82469033.70	流动资金增加净额	60	-63915993.52	-82469033.70

浙江省凤凰化工股份有限公司一九九七年度中期报告

一、财务报告

1. 财务报表(未经审计)

(1)简化的资产负债表　　1997年6月30日　　单位:元

项　目	年初数		年末数	
	母公司	合并数	母公司	合并数
1)流动资产	158270347.26	260221021.94	172041115.47	283084314.28
2)长期投资	95332313.13	30046843.78	94628558.63	29500324.14
3)固定资产净值	57714413.85	95639218.69	55429462.96	92716195.77
4)在建工程	27261246.88	49409398.96	27778684.52	60327987.93
5)无形资产及递延资产	113123.07	3656975.02	113123.07	3709764.45
6)其他长期资产				
7)资产总计	338691444.19	438973458.39	349990944.65	469338586.57
8)流动负债	201704587.92	290045559.54	210944579.69	318559164.88
9)长期负债	42916807.41	51742068.49	42549133.14	51190083.50
10)负债合计	244621395.33	341787628.03	253493712.83	369749248.38
11)少数股东权益		3115781.50		3092106.37
12)股东权益	94070048.86	94070048.86	96497231.82	96497231.82
股本	93218441.00	93218441.00	93218441.00	93218441.00
资本公积金	41180751.57	41180751.57	41180751.57	41180751.57
盈余公积金	12506823.77	12506823.77	12506823.77	12506823.77
未分配利润	-52835967.48	-52835967.48	-50408784.52	-50408784.52
13)负债及股东权益合计	338691444.19	438973458.39	349990944.65	469338586.57

(2)简化的损益表　　1997年1至6月　　单位:元

项　目	去年同期数		本年数	
	母公司	合并数	母公司	合并数
1)主营业务收入	94374682.03	134106536.97	96960826.23	134302731.46
2)主营业务利润	-3582966.29	2941734.30	-338241.19	1724821.78
3)其他业务利润	1235859.28	1257712.50	64249.87	118802.41
4)投资收益	6456797.84	631116.72	2703060.58	585695.28
5)营业外收支净额	-41486.92	107713.05	-1886.30	51269.17
6)利润总额	4068203.91	4938276.57	2427182.96	2480588.64
7)所得税		600000.00		
8)净利润	4068203.91	4068203.91	2427182.96	2427182.96

2. 财务指标及说明:

项　目	97年上半年	去年同期
1)每股收益(元)	0.026	0.044
2)净资产收益率(%)	2.51	2.62
3)每股净资产(元)	1.035	1.66

今年以来,公司内抓管理,外拓市场,在降低生产成本,创立品牌等方面取得了一定的成效。但由于竞争激烈,市场开发投入较大,加上控股子公司康恩贝制药公司营业利润完成不理想,影响报告期净资产收益率及其它财务指标。

3. 财务报表附注:

1)本期财务报告所采用的会计政策,方法与上年度相互一致。

2)持有50%以上权益的控股子公司均已纳入合并范围,按规定编制合并会计报表,公司间的重大交易和资金往来均在合并时抵销。

3)财务报表中变动幅度超过30%的数据分析与说明:

①短期投资较期初减少114.63万元,主要是根据国家有关规定,收回在股票二级市场的投资款项。

②应收票据较期初增加72.14万元,是由于报告期内收到购货单位签发的未到期银行承兑汇票增加,应付票据比期初减少565.2万元,主要是本地银行控制承兑汇票规模所致。

③预收货款较期初减少135.76万元,主要是预收产品销售货款减少所致。

④预提费用较年初减少1247.37万元,原因是去年预提财政借款利息及有关费用,在报告期内已支付所致。

⑤一年内到期长期负债较年初增加416.25万元,主要是康恩贝制药公司在年初对外发行500万元短期企业债券所致。

⑥1-6月公司实现营业利润184.36万元,较去年同期减少235.58万元,一是母公司其它销售业务减少减利,二是康恩贝制药公司上半年营业利润减少所致。

4)关联方企业:

企业名称	经济性质	法定代表人	注册地址	注册资本	主营业务	与本公司关系
浙江康恩贝集团股份有限公司	股份制	葛　政	兰溪市	9720万元	医药、保健品制造、销售	母公司

本公司在报告期内与关联方企业无关联交易。

二、公司经营情况回顾和展望

上半年经营情况回顾:

上半年,公司面对现实,认真剖析亏损原因,制订扭亏措施,紧紧依靠全体员工,卧薪尝胆,负重奋进,立足主业抓扭亏,外拓市场抓经营,各项工作取得成效。

1. 瞄准市场,抓好销售。今年以来公司改革销售体制,重新布局销售网点,初步形成一个较为完整的营销网络。同时积极探索新的营销方式,建立了多支农村流动直销队,既宣传扩大了公司产品的知名度,又增加了市场份额,上半年日化产品销售收入比去年同期增长23.98%。

2. 减本降耗,深入推行"倒逼成本"。公司积极开展以学邯钢、降成本、学炼化、严管理。创星级为主体的"双学一创"活动,推行倒逼成本,实行费用切块包干管理,做到事前控制,严格考核。并引进竞争机制,大宗原材料的采购实行公开招标,降低了生产成本,挖掘了内部潜力。上半年降本增效达200多万元。同时,公司还加大应收帐款的清收力度,运用行政的和法律的手段清理应收帐款,上半年共清欠140余万元,收到成效。

3. 挖渠放水、减人增效,从公司实际出发,认真做好精减管理及后勤服务人员工作,解决人浮于事、工作效率低下的管理状况,上半年在原有管理及后勤服务人员基础上精简了16%,既减轻了人事包袱,提高了工作效率,又倡导了一种良好的工作作风。

4. 抓住市场,力创品牌。公司以市场为导向,以培植"维肤康"品牌为目标,开展了"维肤康新年有礼大行动"、"维肤康清凉皂全新包装买二送一"、"维肤康清凉皂蓉城大赠送"等一系列促销活动,并接连在省内各大城市采用多种形式召开产品订货会,使"维肤康"品牌知名度和销售额大幅度提高。维肤康香皂产品被评为浙江省97消费者购物首选品牌,成为国货香皂排名第一。

下半年展望:

上半年公司已步入良好的经营状态,下半年将再接再历做好工作,努力完成销售收入1.2亿元,实现利润700万元。具体措施是:

1. 市场是企业发展的根本所在,下半年将加大销售力度,细分市场,完善网络,实行区域销售,落实销售指标,严格考核,以大力拓展市场,增加销售,特别是维肤康产品的销售。领导班子或员分工分片抓销售,落实责任制,作为政绩考核的依据。同时继续探索销售工作新路子,在积累经验的基础上,逐步建立农村市场营销网络。

2. 抓好主业的发展。要集中有限的人、财、物力、抓好日化主业,来进一步巩固和扩大"维肤康"品牌的知名度和销量,确保日化主业的发展。要抓好化工产品的技术进步和技术改造工作,降低产品成本,增强盈利水平。同时要做好出让浙江康恩贝制药有限公司95%产权的运作,把出让资金投入主业的发展,确保盈利目标的实现。

3. 抓好新产品开发。根据市场发展趋势,要尽快做好新产品和新包装的开发、设计,适时推向市场。同时要抓紧对外合作项目的洽谈,引进高技术含量的功能性洗涤用品生产技术,以增加新的经济增长点。

4. 积极盘活存量资产,要通过出让、技改、出租等途径,做好资产盘活这篇大文章。同时,要继续做好公司包袱之一的凤凰城的处置工作,尽快卸掉包袱。

5. 市政府已确定扶持凤凰发展的优惠措施,97年公司将从中得益许多。控股公司也将一如继往,继续支持凤凰的发展。使公司能通过政府和控股公司的支持,迅速摆脱亏损状态,得到实实在在的发展,以切实维护股东利益。

三、重大事件说明

1. 公司对照《严禁国有企业和上市公司炒作股票的规定》要求,进行了认真的自查,在以往的证券投资活动中,未有违反国家政策法律的行为。6月30日,公司持有已上市流通股票情况如下:

浦东强生	3600股
万向集团	5500股
南京新百	7000股

上述流通股票公司将按有关规定进行处理。

2. 本报告期内公司无重大诉讼、仲裁事项。

四、发行在外股票的变动和股本结构的变化

1. 本报告期内,公司发行在外股票及股本结构未发生变化。其股本结构如下:

数量单位:股　　每股面值:1元

	期初数	本次变动增减(+、-) 配股	送股	公积金转股	其他	小计	期末数
一、尚未流通股份							
1. 发起人股份							
其中							
国家拥有股份	3954456						3954456
境内法人持有股份	38304000						38304000
外资法人持有股份							
其他							
2. 募集法人股							
3. 内部职工股							
4. 优先股或其他	9641076						9641076
尚未流通股份合计	51899532						51899532
二、已流通股份							
1. 境内上市的人民币普通股	41318909						41318909
2. 境内上市的外资股							
3. 境外上市的外资股							
已流通股份合计	41318909						41318909
三、股份总数	93218441						93218441

2. 截至6月27日止,公司前十名股东

股东名称	所持股份(股)	所占比例(%)
浙江康恩贝集团股份有限公司	38304000	41.09
兰溪市财政局	3954456	4.24
吴健钧	431480	0.46
郑　鹏	250000	0.27
湖州信投	245800	0.26
胡　岚	170000	0.13
龚全林	140000	0.15
刘少鹏	135000	0.14
桂林托管	134800	0.14
薛　兵	118000	0.13

五、股东大会简介

公司于1997年6月21日在浙江兰溪召开了公司1996年度股东大会,出席本次大会的股东45名,代表股份4351.9332万股,占总股本的46.69%。经大会审议,通过如下决议:

1. 审议通过公司二届董事会工作报告;

2. 审议通过公司二届监事会工作报告;

3. 审议通过公司1996年度财务决算和1997年度财务预算报告;

4. 审议通过公司1996年度利润分配方案;

公司1996年度亏损5687.31万元,根据《公司章程》的规定,决定1996年度不进行利润分配。

5. 审议通过修改《公司章程》的议案;

6. 审议通过关于出让浙江康恩贝集团制药有限公司95%产权的议案及《产权出让协议》;

7. 会议通过无记名投票方式选举产生了公司三届董事会和三届监事会。

本次大会经浙江省兰溪市公证处公证。

详见6月24日《上海证券报》

六、备查文件

1. 载有董事长签名的中期报告原本;

2. 1996年度股东大会资料汇编;

3. 查询地址:浙江省兰溪市大阙路18号董事会办公室

电话:0579-8823485

浙江省凤凰化工股份有限公司

一九九七年七月二十六日

福耀玻璃工业集团股份有限公司

1996 年年度报告摘要　(摘选)

一、公司简况

公司名称：福耀玻璃工业集团股份有限公司
法人代表：王宝光　　　　邮政编码：350301
公司地址：福建省、福清市、融侨经济技术开发区福耀工业村
电话：(0591)7576141,7576157　传真：(0591)7576140

二、主要财务数据与财务指标

指　标　项　目	96 年度	95 年度	比上年增减(%)
1.主营业务收入(万元)	29,916.26	26,729.73	+11.92%
2.净利润(万元)	40.54	4,804.59	-99.16%
3.总资产(万元)	102,986.18	76,776.21	+34.14%
4.股东权益(万元)	35,017.80	34,520.59	+1.44%
5.每股收益(元/股)	0.0016	0.25	-99.20%
6.每股净资产(元/股)	1.37	1.76	-22.16%
7.净资产收益率(%)	0.12%	13.92%	-99.14%
8.股东权益比率(%)	34.00%	44.96%	-24.38%

注：因 96 年 12 月 6 日以 10:3 比例将资本公积转增股本，以上每股收益和每股净资产指标系按全面摊薄计算，如按加权平均法计算，每股收益为 0.002 元/股，每股净资产为 1.74 元/股。

三、公司业务经营回顾

1996 年全国汽车玻璃行业的整体经济形势不容乐观：在配套方面汽车产销疲软，汽车产量不足，作为汽车工业的配套项目受到一定冲击；在出口方面，北美市场由原代理销售改为直销，主要精力放在建立自销网络和存货垫底投资。面对以上当期经营的诸多不利因素，公司正视困难，勇于挑战，仍部分完成计划指标，全年实现收入：29,916.26 万元人民币；净利润：40.54 万元人民币；每股收益：0.0016 元/股。主要完成了以下几方面的工作：

(1)随着国家支柱产业一汽车工业的地位的确立，本公司紧跟不放，不断扩大投资，本年度公司在主营业务上的投资继续以超过 30%的速度增加，加速万达二期钢化厂的建设，形成与一期配套的为 100 万辆汽车提供整车配套能力。以期形成未来足够和稳定的配套能力，同时加强海外市场的扩展和销售网络的建立。

(2)加强员工队伍的建设和培训：96 年度与全国著名学府厦门大学达成合作意向，支持和帮助福耀有关人才培训项目，创立“福耀管理学院”并立意把她办成“福耀的黄埔军校”，为福耀事业的快速良性发展，培养和储备大批适宜岗位特色的管理人才。

(3)继续强化规范经营管理，继通过国际 ISO9002 质量标准认证后又成功地通过圣戈班工业集团的质量体系认证，同时在努力争取 97 年度通过 QS9000 质量管理体系认证。

(4)加大配套市场开拓力度，96 年度又成功地为一汽大从汽车公司 JEITA、GOLF 轿车及一汽协作处的六平柴、九平柴等货车提供整车定点配套。同时成为了中国最大的轿车生产基地——上海大众汽车公司的汽车玻璃专业供应商。这是一个有象征意义的跨越，实现了为全国各大轿车厂均提供配套玻璃的突进。

(5)、96 年度母公司在克服一汽 AUDI、天津夏利、重庆奥拓等产品降价压力(降幅在 2.75%—5.56%)和铁路运费涨价的巨大压力(涨幅在 16%左右)下，公司不断规范和强化经营管理，成立节能降耗小组，打破车间承包大锅饭，实行工序岗位成品率统计考核，奖优罚劣，落实到人。夹层产品 96 年度单耗比 95 年降低了 9.16%，钢化产品单耗 96 年度比 95 年度降低了 2.28%。96 年度母公司共计实现销售收入 22,751.57 元，完成计划的 110.33%。营业利润 3,713.52 万元，完成计划的 95.11%。96 年度整个集团实现合并销售收入 29,916.26 万元完成计划的 71.23%，比 95 年增长 11.92%，实现净利润 40.54 万元，完成计划的 0.58%，比 95 年下降了 99.16%。

(二)本年度经营成果与预测差异的说明：

1996 年公司主营业务收入 29,916.26 万元，比计划 42,000 万元减少了 12,083.74 万元，实现净利润 40.54 万元，比计划减少了 6,959.46 万元。主要原因为：

(1)、配件市场竞争激烈，大幅降价，使子公司福耀汽配公司预计的销售收入减少了 4,256.60 万元。

(2)、因子公司美国绿榕公司销售计划未完成，以生产北美市场汽车玻璃为主的万达公司实际销售收入比计划减少了 5,381.11 万元。

(3)、继续加大对美国绿榕公司的投资，完善直销网络，为福耀产品通过自己的销售渠道在北美行销迈出成功的第一步。96 年度虽未能完成销售计划，但仍实现销售收入 597 万元美元。

(4)、因上述各子公司未完成预定销售收入目标而影响合并利润实现约计 4,000 万元。

(5)受配件产品降价及铁路运费涨价因素的影响，配件公司年初计划实现利润 1,000 万元的计划全部落空。另因三年以上的坏帐报损和华南批发中心试营的亏损并入的影响，96 年度子公司配件公司共计亏损 589 万元。

(6)、子公司万达公司年初计划实现利润 1,452.46 万元，由于补提原上半年未达产期间的折旧费用及降价销售和存货处理等原因，96 年度亏损 1,773.23 万元。

(三)前次募集资金使用情况的说明：

95 年 10 月份经临时股东大会决议和中国证监会批准的 10:2.3 的配股方案，由于外资及法人股股东放弃配股权，对流通股股东实施配股，配股价 5.40 元/股，扣除手续费共计募集资金 61,801,748.42 元。本次募集资金用于本公司投资万达汽车玻璃工业有限公司的资本金，并于当年使用完毕。

(四)新年度的业务发展规划：

(1)、完成万达二期工程的建设，该项目总投资为 3.5 亿人民币。

建成年产边窗玻璃 700 万片，后挡玻璃 70 万片的钢化玻璃厂，与万达一期共同形成为 100 万辆轿车玻璃整车配套的能力。目前该项目全部资金落实到位，已完成投资的 70%，97 年 6 月完成该项目的建设，并投入批量生产。

(2)、97 年的中心工作是市场拓展和市场巩固。我们将更加强调市场的指挥棒作用，加强市场研究和与客户的沟通，把优秀的人才集中到市场拓展和市场服务上。一方面配套、配件、出口应三块并重，形成市场上“三足鼎立”，“三条腿走路”的局面，加强区域市场的研究，在此基础上以明朗化的市场政策和目标指导新市场开发和客户服务；另一方面实施福耀的品牌战略，从销售队伍的培训，销售渠道和网络的设置，价格政策，新产品的开发，福耀社会责任的承担等全方位塑造福耀的名牌战略。

(3)、为保证名牌战略的实施，必须保证生产制造的优质，低消耗。本公司在此方面积累有比较成熟的经验。公司主要原材料一优质的浮法玻璃，从前几年的卖方市场转为买方市场也为我们提供了有利条件。

(4)、福耀名牌战略的实施依赖于福耀高素质的员工队伍，“福耀管理学院”的创办正是福耀发展的必然产物，它正担负为福耀选拔优秀员工和为福耀优秀员工提供终身教育的历史使命。

97 年将掀起福耀的二次创业高潮，我们的口号是“市场和客户是福耀最大的资源”，我们的目标是“为汽车玻璃专业供应商树立典范”，无论是国内的还是国际的，未来的福耀将为中国和世界汽车玻璃的供应承担更多的责任，这是我们共同的事业。

四、股本变化及股本结构情况

1. 股本变化及股本结构情况
(1)截止 1996 年末，公司股本结构如下：
1996 年度公司股份变动情况表
填报日期：96 年 12 月 31 日　　数量单位：股　每股面值：1 元

股份类别	期初数	本期变动增减(+,-) 资本公积金转股	小计	期末数
一、尚未流通股份				
1. 发起人股				
其中：				
境内法人持有股份	50,739,975.00	15,221,992.50	15,221,992.50	65,961,967.50
外资法人持有股份	82,621,305.00	24,786,391.50	24,786,391.50	107,407,696.50
尚未流通股份合计	133,361,280.00	40,008,384.00	40,008,384.00	173,369,664.00
二、已流通股份				
1. 境内上市的人民币普通股	62,581,422.00	18,774,427.00	18,774,427.00	81,355,849.00
已流通股份合计	62,581,422.00	18,774,427.00	18,774,427.00	81,355,849.00
三、股份总数	195,942,702.00	58,782,811.00	58,782,811.00	254,725,513.00

(2)股本变动原因：
公司于 1996 年 12 月 9 日以 10:3 的比例将资本公积转增股本。

(3)主要股东持股情况(前十名)

股东名称	持股数(截止 96 年末)	所占比例	备注
1)香港三益发展有限公司	63,413,532.00	24.895%	外资股
2)香港鸿侨海外有限公司	43,994,164.50	17.271%	外资股
3)福州绿榕玻璃有限公司	42,414,606.00	16.651%	法人股
4)闽辉大厦有限公司	13,827,030.75	5.428%	法人股
5)福建省外贸汽车修理厂	9,720,330.75	3.816%	法人股
6)海南洲立公司	7,476,080.00	2.935%	流通股
7)海南华强公司	4,772,159.00	1.873%	流通股
8)海南港澳信托公司	4,367,936.00	1.715%	流通股
9)海南高速公路公司	1,989,744.00	0.781%	流通股
10)赵国发	1,230,576.00	0.483%	流通股

(4). 截止到 1996 年 12 月 31 日股东总数为 15703 户，其中外资股股东 2 户，法人股东 3 户，社会公众股股东 15698 户。

上海南洋国际实业股份有限公司

1996年年度报告摘要 (摘选)

一、公司简况

公司名称：上海南洋国际实业股份有限公司

法人代表：翁史烈　　邮政编码：200030

公司地址：上海浦东金桥纬七路口17地块杉达大厦

电话：(021)64642563　　传真：(021)64690624

二、主要财务数据与财务指标

指标项目	本年数	上年数	比上年增减(%)
1.主营业务收入(万元)	6564.69	20038.52	-67.24
2.净利润(万元)	-2556.06	1502.43	-270.13
3.总资产(万元)	44469.09	43320.79	2.65
4.股东权益(万元)	24340.73	26896.79	-9.50
5.每股收益(元)	-0.29	0.17	-270.59
6.每股净资产(元)	2.77	3.07	-9.77
7.净资产收益率(%)	-10.50	5.59	-287.84
8.股东权益比率(%)	54.74	62.09	-11.84

三、公司主要业务回顾

1.经营情况回顾：

96年公司继续调整产业结构，发掘、扶持现有企业中市场适销、效益较好的产品；同时清理、关闭经济效益低下，扭亏无望的企业，从根本上改善了内部企业的总体质量。新组建的公司经营班子从转换经营机制入手规划调整了各项工作，力争在97年使公司的经营状况有明显的好转，并为今后三年的发展打好基础。

2.经济效益严重滑坡的主要原因：

(1)公司经营机制和市场经济不相适应，经营班子在转换企业内部经营机制，有效发展主导产业和扩展企业规模的力度不足。96年度全公司经营规模明显萎缩，主营业务收入仅为6564.69万元，比上年度下降67.24%，导致经济效益大幅滑坡。

(2)国家宏观经济环境偏紧，行业政策调整和市场波动造成部分子企业严重亏损，在96年成都南洋期货经纪有限公司和南洋天寅工贸公司分别亏损700多万元和450多万元。

(3)公司经营门类和地域分布过于分散，子企业数量多，经营规模小，很难抗击市场风浪，且给管理造成困难，甚至出现失控。自94年下半年开始对一批经济不善，严重亏损的子企业进行清理整顿，经过近两年的努力，于96年共关闭南洋新技术发展公司等8个扭亏无望的子企业，结转损失900多万元。

(4)科研成果转化为产品要经历一个较长和艰难的过程，产品进入市场后没有达到预期的经营规模，也使得该类企业不同程度地发生经营亏损。如蒙乃尔合金材料系列产品自投产以来累计亏损400多万元。

3.募集资金使用情况说明：

公司在本报告期内未募集资金。1993年增资配股所募集资金使用情况已于上年度年报说明。

四、股本变化及股本结构情况

1.股本结构

	96年末数(股)	比例(%)	95年末数(股)	比例(%)
A.尚未流通股份	72288067.5		72288067.5	
国家持股	6546100	7.5	6546100	7.5
发起法人持股	38334890	43.7	38334890	43.7
社会法人持股	27407077.5	31.2	27407077.5	31.2
B.已流通股份	15427500		15427500	
境内上市人民币普通股	15427500	17.6	15427500	17.6
C.合计	87715567.5	100	87715667.5	100

2.至96年末我公司股东总数为17805户。其中国家股东1户，发起法人股东1户，社会法人股东266户，社会个人股东17537户。

3.主要股东持股情况：

股东名称	持股数(股)	占总股本比例(%)
上海交通大学	38334890	43.7
上海市国有资产管理办公室	6546100	7.5
申银万国证券股份有限公司	6007695	6.8
上海自动化仪表股份有限公司	5742800	6.5
上海交大工会	1571779	1.8
上海黄浦房地产股份有限公司	825000	0.9
上海第五钢铁厂	550000	0.6
胡晓华	456043	0.5
上海英达电子仪器厂	440000	0.5
上海公交总公司	396000	0.4

4.公司董事、监事与高级管理人员持股情况：

姓名	职务	年初持股数(股)	年末持股数(股)
翁史烈	董事长	617	617
李润培	副董事长	617	617
高云霞	副董事长兼总经理	0	0
王宗光	常务董事	617	617
张定海	常务董事	617	617
王子安	董事	0	0
盛焕烨	董事	0	0
王伊宁	董事	617	617
杨朝军	董事	0	0
倪新贤	董事	0	0
季学玉	监事长	617	617
杨志勤	监事	617	617
陈继祥	监事	0	0
江胜修	监事	0	0
陈慧娟	监事	0	0

注：董事会、监事会成员均在所在单位领取报酬和享受该单位的福利。

哈尔滨医药股份有限公司

1996年年度报告摘要 (摘选)

一、公司简况

公司名称：哈尔滨医药股份有限公司

法人代表：阎喜绵　　邮政编码：150010

公司地址：黑龙江省哈尔滨市道里区工厂街94号

电话：0451—4611187　　传真：0451—4611408

二、主要财务数据与财务指标

单位：人民币万元

指标项目	本年数	上年数	比上年增减(%)
1.主营业务收入	218,324.1	203,642.9	7.21
2.合并净利润	11,243.6	10,921.1	2.95
3.总资产	248,818.1	239,817.3	3.75
4.股东权益	78,498.2	66,814.4	17.49
5.每股收益	0.45元	0.43元	4.65
6.每股净资产	3.11元	2.64元	17.80
7.净资产收益率	14.32%	16.35%	-12.42
8.股东权益比率	31.55%	27.86%	13.24

注：公司在本年度内将哈医药供销分公司的资产有偿转让，故期初、期末口径不一致。

三、公司主要业务回顾

1.一年来经营情况

1996年公司与国内其它医药生产经营企业一同经受了市场经济的严峻考验，原材料、能源、运输价格的上涨，部分主导产品价格的不断下浮，使经营呈现出速度高、效益持平、资产负债率下降、营销遇到一定困难的局面。公司及时调整工作思路，通过深入开展学邯钢活动，积极推进“两个根本转变”，特别是狠抓了技术进步和产品结构调整，在较为困难的环境中仍然取得了新的发展。1996年实现营业收入218,324万元，比上年同期增长7.2%，完成利润13,241万元，比上年同期增长1.7%。

1996年公司在消化减利因素，努力提高资本运营的质量上做了大量卓有成效的工作。按着“增畅、限平、停滞”的原则，均衡组织生产，努力实现增产增销。畅销产品产值较上年增长2.5亿元，其中氨苄青霉素增产6%、青霉素钠增产6.5%、头孢噻肟钠增产22%、西药粉针剂增产8%、中药粉针剂增产22%、胶囊增产14%。公司还不断优化资本结构，压缩在途资金，全力抓清欠，加大资金回笼工作的力度。公司为适应严酷的市场竞争，积极进行技术改造，调整产品结构。在新产品开发中，坚持以高附加值、高技术含量、独家产品为调整方向，全年新投产上市17种产品，创产值6,251万元，已实现利税353万元，公司在经营中还不断强化基础管理工作，全面推行学邯钢模拟成本倒算，实现增产增收，节约三费支出，降低采购成本。公司所属两大商业公司分别推出经营新举措，药材公司推出服务质量“三承诺”，医药公司通过了GSP验收，全年分别实现营业收入22,372万元和45,017万元，比上年同期上升了34.5%和16.4%，利税总额分别达2,216万元和3,553万元，提高了36.8%和74.9%。

2.一年经营业绩分析

年内公司主营业务收入218,324.1万元，比1995年增长7.21%；净利润11,243.6万元，比上年增长2.95%。

3.前次募集资金使用情况说明

本公司于1990年募集社会个人股6,500万元(按面值发售)，其募集资金已在之后的两个年度完成投入，主要用于以下三个技改项目，即年产200吨青霉素、年产2,000万支双黄连粉针、年产50吨头孢Ⅳ号项目。另外补充企业流动资金计2,441万元，上述三项技改项目已经陆续竣工达产，并取得良好效益，头孢Ⅳ号项目已形成年产50吨生产能力，但因技术、成本等原因尚未全面达产。

1993年8月本公司对个人股以(1:0.8比例)转配国家股计5,200万股(6,500万股×0.8)，按每股4.06元转配。资金运用情况如下：

(1)国家股1:1转个人股，已作股权变动财务处理。

(2)剩余部分158,064,400.00元(3.06元×5,200万—手续费1,055,600.00元)国家股的转让收益已全额上缴国家股东，1996年度未进行增资扩股。

四、股本变化及股本结构情况

1.股本结构情况：

截至1996年末，公司股本结构与年初比较没有变化，结构如下：

数量单位：万股　　每股面值：1元

股权类别	期初数 股份数	期初数 比例(%)	期末数 股份数	期末数 比例(%)
(1)尚未流通股份				
国家持股	13,564	53.7	13,564	53.7
(2)已流通股份				
境内上市的人民币普通股	11,700	46.3	11,700	46.3
(3)股份总数总股本	25,264	100	25,264	100

2.主要股东持股情况(前十名股东)：

名次	股东名称	年末持股数(万股)	占总股本(%)
1	哈尔滨医药集团公司(国家股)	13,564	53.7
2	汇成物业	159	0.6
3	广州欣奇	134	0.5
4	华昆农林	120	0.5
5	张仁德	67	0.3
6	唐发	66	0.3
7	唐山证券	60	0.2
8	东海农工	45	0.2
9	张美芳	37	0.1
10	刘景章	35	0.1

3.截至1996年末股东总数92539户，其中：国家股东1户。

4.公司董事、监事和经理人员持股情况：

姓名		年初持股数	年末持股数	变动原因
阎喜绵	董事长(兼总经理)	5,000	5,000	无
陈永祯	副董事长(兼副总经理)	5,000	5,000	无
张春辉	副董事长	9,000	9,000	无
姜　路	董事(兼副总经理)	5,400	5,400	无
刘存周	董事(兼副总经理)	3,600	3,600	无
杨忠臣	董事(兼副总经理)	0	0	无
付明仲	董事	1,800	1,800	无
张利君	董事	0	40	95年度漏报
汪兆金	董事	0	0	无
姜林奎	董事	0	0	无
刘　捷	监事长	0	0	无
闫青贤	监事	0	0	无
金乃晶	监事	0	0	无

上海沪昌特殊钢股份有限公司

1996年年度报告摘要（摘选）

一、公司简况

公司名称：上海沪昌特殊钢股份有限公司

法人代表：侯树庭　　　　　邮政编码：200940

公司地址：上海市宝山区同济路332号

电话：021—56126920　　　　传真：021—56128176

二、主要财务数据与财务指标

单位：万元

指标项目	本年数	上年数	比上年增减(%)
1.主营业务收入	87,815.87	64011.36	37.19
2.净利润	7,937.91	5460.61	45.37
3.总资产	108,240.17	97676.29	10.82
4.股东权益	84,509.34	76571.43	10.37
5.每股收益(元)	0.17	0.11	54.55
6.每股净资产(元)	1.76	1.60	10.00
7.净资产收益率(%)	9.39	7.13	31.70
8.股东权益比率(%)	78.08	78.39	-0.40

三、公司主要业务回顾

1996年是冶金行业生产经营形势十分严峻的一年。一年来，公司全体员工遵循董事会和股东大会确定的目标，负重奋进，努力工作，取得了较好经营业绩。1996年完成钢材产量31.1万吨，超年度计划11.1%，比上年增长1%，其中优钢产量2.48万吨，完成年度计划的80%，比上年增长60%；销售收入实现7.57亿元，比上年增长17.2%；利润总额达到9334万元，超年度计划133.35%；合格率达到97.58%，比年度计划提高0.08百分点；综合成材率达到97.66%，比年度计划提高0.16个百分点。

1996年公司主要开展了以下几方面工作：

1、强化营销管理，促进产品销售。

建立了一支从市场调研、合同开发到仓储发运的营销队伍，自主灵活地开展销售业务，拓展了产品的销售渠道，加快了资金回笼。全年产销率达到99%以上，应收帐款从年初的近2亿元下降到年末的4519万元。

2、加强成本考核，实现降本增效。

以降低吨钢轧制费用为抓手，建立成本考核体系，将"学邯钢、降成本"落到实处。抓住维修费用、非计划停机时间、成材率、合格率、各类消耗等指标，实施成本逆推和成本否决，严格管理，严格考核，取得了显著成效。全年事故停机时间从95年的841小时减少到663小时，多创效益214万元；维修费用从1400万元降低到1250万元，节约150万元；吨钢轧制费用从383元下降到353元。全年降低成本约1000万元。

3、优化品种结构，提高产品质量。

成功开发了大小两头规格的高强度Ⅲ级螺纹钢、MnCr系列齿轮钢、CK45桑车用正火材以及小规格轴承钢等品种，试轧成功了8毫米轴承钢，攻克了外国专家未能解决的技术难题。顺利通过了中国冶金工业质量体系认证中心的现场审核，取得了ISO9002国际质量体系认证证书。积极开展质量攻关，解决了轴承钢退火硬度、离线打包机包装质量等技术难题。

4、规范资本运作，提高投资收益。

为了加强对全资子公司和控股子公司的管理，发挥规模效应，按行业对对外投资项目进行归并，形成了贸易、房地产、餐饮旅游和实业开发四大板块，提高了对外投资收益。1996年对外投资收益814万元，为本公司主营业务利润的17.05%。

四、股本变化及股本结构情况

（一）股本变化及股本结构情况

1．截止1996年末公司结构如下：

单位：万股

1)尚未流通股份	期初数	期末数
其中:国家持有	21561.8	21561.8
发起法人持有	12742.2	12742.2
社会法人持有	6352.8	6352.8
尚未流通股份合计	40656.8	40656.8
2)已流通股份		
境内上市人民币普通股	7350	7350
已流通股份合计	7350	7350
3)股份合计	48006.8	48006.8

2．股本变动情况

公司1996年股本未发生变化

3．主要股东持股情况（前十名股东）

股东名称	年末持股数（万股）	占总股本（%）
1)上海市国有资产办公室(国家股)	21561.8	44.91
2)上海五钢(集团)公司	11562.2	24.08
3)上海申银万国证券公司	880.0	1.83
4)上海金属材料总公司	237.3	0.57
5)中国工商银行上海信托投资公司	196.5	0.41
6)中国人民建设银行上海信托投资公司	196.5	0.41
7)交通银行上海市分行	196.5	0.41
8)上海汽车有限公司	196.5	0.41
9)上海轴承总公司	156.7	0.33
10)上海柴油机股份有限公司	140.0	0.29

4．截到1996年末，公司股东总数为53276户。其中：法人股东566户，社会公众股股东52709户。

西南药业股份有限公司

1996年年度报告摘要 （摘选）

一、公司简况

公司名称：西南药业股份有限公司

法人代表：张逸屏　　邮政编码：630038

公司地址：重庆市沙坪坝区天星桥21号

电话：(023)65312623转5027传真：(023)65311721

二、主要财务数据与财务指标

指标项目	本年数	上年数	比上年增减(%)
1. 主营业务收入(万元)	21242.78	17137.92	23.95
2. 净利润(万元)	549.23	1343.93	-59.13
3. 总资产(万元)	27151.43	27081.36	0.26
4. 股东权益(万元)	14711.51	13402.94	9.76
5. 每股收益(元)	0.066	0.18	-63.33
6. 每股净资产(元)	1.76	1.77	-0.56
7. 净资产收益率(%)	3.73	10.03	-62.81
8. 股东权益比率(%)	54.18	49.49	9.48

三、公司主要业务回顾

1. 一年来经营情况

96年，在医药行业企业生产经营艰难，效益滑坡，亏损面增加的情况下，公司积极推行两个转变，努力克服面临的各种困难，各方面工作取得了一定成绩，完成了年度经营目标，保持了企业稳定发展。

一年来，着重抓了以下工作：

(一) 增强市场经济观念，围绕市场做好生产经营工作。公司在生产经营活动中，始终坚持“抓重点产品保利润，抓常规产品增规模”的经营方针。一是切实抓好重点产品供、产、销等各环节的衔接和资金，保障同时依据市场行情变化，适时调整常规品种生产计划，择优排产，促进了销售，减少了产品的积压，加速了资金的周转。二是抓市场开发，强化产品销售。新设6个直销网点，扩大产品销售网络，坚持薄利多销，扩大市场占有率，增加重点产品广告投入，加大推销力度，96年益保世灵等4个重点产品销量创历史最好水平。重点产品销售收入、销售利润分别占总销售收入、销售利润的59%和79%。三是严格内部考核制度，加强货款清收，96年在销售收入增长24%的情况下，应收帐款下降10%。

(二) 坚持技术进步，增强企业发展后劲。

成立了产品信息处，开展产品信息调研和新产品的选题及报批工作。建立了计算机信息系统，实现与“中国医药信息网”联网。完成了新产品雷登泰临床研究等试验工作，已获卫生部生产批文及新药证书。该产品投产问世将给公司带来新的利润增长点。

冻干车间二期工程已完成前期准备，97年将完成头孢菌素生产线的迁移工作，该项工程的实施，将大大提高头孢菌素的生产条件和质量水平。

(三) 加强企业管理，确保完成生产经营任务

深化全面质量管理，开展GMP认证，加强生产现场质量监控，认真处理用户信息反馈。狠抓节约降耗，各剂型成品率全面完成考核指标。综合能耗同比下降2.42%，开展内部审计，重点加强了对包装材料采购价格的监控，降低了采购成本。

2. 主要经济指标分析：

96年完成主营业务收入21,242.78万元，比上年增长24%，净利润549.23万元，比上年减少59%。

96年利润较95年有较大幅度下降，主要是：1. 96年一次性摊销公司改组股份制企业时，从在产品、产成品中分离出来，计入递延资产的管理费589万元。2. 新设销售网点销售费增加以及新产品广告费、促销费有较大幅度增长。3. 由于固定资产转固利息全部计入财务费用，造成财务费用的增加。4. 由于工资、差旅费、试验检验费增加，使管理费用较上年有较大增长。

3. 募集资金使用情况说明：

公司在报告期内没有募集过资金，前次(1993年)募集资金投入的项目的建设也没有延续到报告期内。

四、股本变化及股本结构情况

1. 股本结构情况及股本变化

(1) 截止1996年末公司股本变化及股本结构如下：

	期初数	本次股本增减 (+，-)送股	期末数
一、尚未流通股份			
国家拥有股份	47413836.87	4741383.13	52155220
募集法人股	1000000	100000	1100000
尚未流通股份合计	48413836.87	4841383.13	53255220
二、已流通股份			
境内上市的人民币普通股	27520000	2752000	30272000
三、股份总数	75933836.87	7593383.13	83527220

(2) 股本变动原因：

1996年5月8日，公司第六次股东大会，审议通过了1995年度每10股送红股1股的利润分配方案，公司于1996年7月3日实施了送股方案。为此公司股本总额由原来的7593.38万股增加至8352.72万股。

(3) 截止1996年末，公司股东总数为23578户，其中国家股东1户、社会法人股东1户、社会公众股东23576户。

主要股东持股情况(前十名股东)

名次	股东名称	年初持股数(万股)	占总股本(%)
1	重庆市国有资产管理局(国有股权代表)	5215.52	62.44
2	汕头南北制药厂	110	1.32
3	煤气二管	71.03	0.85
4	郑伟	37	0.44
5	何锦成	26	0.31
6	郑创宏	17.5	0.21
7	振航咨询	12	0.14
8	杨广敏	11	0.13
9	李英	10.05	0.12
10	万萍	10	0.12

(4) 子公司及关联企业

企业名称	注册资金(万元)	主营业务	本公司拥有权益
1 汕头经济特区金西药业公司	128	中西药销售	100
2 西南药业公司汕头分公司	68	中西药销售	100

无锡市太极实业股份有限公司

1996年年度报告摘要　（摘选）

一、公司简况

公司名称：无锡市太极实业股份有限公司

法人代表：吴志清　　　邮政编码：214041

公司地址：江苏无锡市锡澄路化工桥南

电话：(0510)3101894　3101371—390　　传真：(0510)3101368

二、主要财务数据与财务指标

指标项目	本年数	上年数	比上年增减(%)
1.主营业务收入(万元)	39213	44113	－11.11
2.净利润(万元)	3318	3956	－16.13
3.总资产(万元)	137969	128068	7.73
4.股东权益(万元)	57998	54903	5.64
5.每股收益(元/股)	0.13	0.17	－23.53
6.每股净资产(元/股)	2.27	2.37	－4.22
7.净资产收益率(%)	5.72	7.21	－20.67
8.股东权益比率(%)	42.04	42.87	－1.94

三、公司主要业务回顾

1．一年来经营情况：

1996年是公司发展的非常时期和关键时期，公司全体员工抓住机遇，把握自我，克服困难，实现发展，经受了严峻的考验，做到了稳定、提高、发展。

一年来，公司集中人力、财力、物力，全力以赴抓化纤生产的发展，上质量、上规模，恪守稳健原则，注重长远发展，夯实起飞基础。

(1) 国家“八五”重点原材料工程，年产8000吨涤纶浸胶帘帆布生产线于11月份全线开车投产，标志着公司已进入新一轮的经济增长期；

(2) 调整优化存量资产，完成涤纶长丝技改扩产，增加生产能力2000吨/年；

(3) 推出第三代活性降焦油丙纤过滤丝束，大大提高了产品的功能和附加值，产品以高出支率、高吸附性能、高速接装成型的优良性能深得用户青睐；

(4) 做好组建太极集团，进行资产重组的前期准备工作；

(5) 涤纶浸胶帘帆布工程与荷兰阿克苏诺贝尔公司合资洽谈有了实质性进展；

(6) 通过了ISO9002质量保证体系认证。

公司化纤产品的生产、销售数量如下：

产品名称	产量(吨)	比上年增长(%)	销量(吨)	比上年增长(%)
丙纤丝束	18146	－1.65	18216	1.16
涤纶长丝	4932	－13.7	6052	7.74
涤纶工业丝	5220	522	3807	380.7
总　计	28298	12.45	28075	14.01

公司主导产品丙纤烟用过滤丝束是中国烟草总公司的定点生产基地，96年产量占全国产量的33.8%，市场占有率35%，均居全国同行业之首。

2．主营业务收入、净利润实际完成情况分析

公司本年度主营业务收入39213万元，比上年下降11.11%，净利润3318万元，比上年下降16.13%。主要有以下原因：

(1) 今年由于涤纶长丝的原料价格下降幅度较大，造成长丝产品的成品销售价格也大幅度下降，所以公司的主营业务收入比上年下降11.11%；

(2) 公司下属的全资子公司：太极广厦房屋建筑开发公司，于1994年销售一幢位于本市经济技术开发区的楼宇，售楼款至今未到帐，为了确保公司资产的安全，决定收回该楼的房产权，另行销售，原售楼收入574万元冲减今年利润；

(3) 公司近年来络续竣工投产的柔性纺丝和超细纤维二项在建工程，调整为固定资产，今年计提折旧费223万元，支付贷款利息199万元。

上述三项共减少公司当年利润996万元，使公司净利润比上年下降16.13%。

四、股本变化及股本结构情况

股本变化及股本结构情况：

(1) 股本结构(截止1996年12月31日) 单位:万股 每股面值:1元

股份类别	期初数	本次变动增减(±)			期末数
一、尚未流通股份					
1. 发起人股	13608.048	＋1360.8048		＋1360.8048	14968.8528
其中:国家拥有股份	5505.684	＋550.5684	＋410	＋960.5684	6466.2524
境内法人持有股份	8102.364	＋810.2364	－410	＋400.2364	8502.6004
2. 募集法人股	1200	＋120		＋120	1320
尚未流通股份合计	14808.048	＋1480.8048		＋1480.8048	16288.8528
二、已流通股份					
境内上市的人民币普通股	8400	＋840		＋840	9240
已流通股份合计	8400	840		＋840	9240
三、股份总数	23208.048	＋2320.8048		＋2320.8048	25528.8528

(2) 股本变动情况及原因

a. 公司于1996年6月4日实施了向全体股东按每10股派送红股1股的95年度利润分配方案，送股后，公司股份总数从原23208.048万股增至25528.8528万股；公司股票上市流通量从原8400万股增至9240万股。

b. 无锡市国有资产管理局(国家股持有机构)协议有偿受让中国新技术创业投资公司持有的本公司法人股肆佰壹拾万股(410万股)。国家股比例从原23.72%增至25.33%，增持1.61%，中国新技术创业投资公司的持股比例从原17.76%减至16.06%。

(3) 主要股东持股情况(1996年末前十名股东)

股东名称	持股数(万股)	持股比例(%)	本年增减(万股)
无锡市国有资产管理局(国家持股)	6466.2524	25.33	＋960.5684
无锡市国有资产投资开发总公司	4106.6564	16.08	＋373.3324
中国新技术创业投资公司	4099.7382	16.06	－0.0238
江苏省证券公司	685.08	2.68	＋62.28
中国烟草物资公司	428.208	1.68	＋38.928
深新中泰公司	307.9515	1.21	
深圳天骥投资基金	237.6	0.93	＋21.6
海南中保公司	207.316	0.81	
珠海富华投资公司	132	0.52	＋12
申银万国证券公司	111.2	0.44	

(4) 年末股东户数

截止1996年末，公司股东总数为44638户，其中，国家股股东1户，法人股股东14户，社会公众股股东44623户。

浙江尖峰集团股份有限公司

1996年年度报告摘要 （摘要）

一、公司简况

公司名称：浙江尖峰集团股份有限公司

法人代表：杜自弘　　　邮政编码：321017

公司地址：浙江省金华市罗店镇

电话：0579—2376868 转 8409、8517　　传真：0579—2382832

二、主要财务数据与财务指标

单位：万元

指标项目	本年数	上年数	比上年增减(%)
1.主营业务收入	31130.86	27832.73	11.85
2.净利润	4029.69	3688.24	9.26
3.总资产	65823.60	43606.79	50.95
4.股东权益	39721.39	26792.55	48.26
5.每股收益(元)	0.22	0.25	-12.00
6.每股净资产(元)	2.13	1.79	18.99
7.净资产收益率(%)	10.14	13.77	-26.36
8.股东权益比率(%)	60.35	61.44	-1.77

三、公司主要业务回顾

1．一年来公司经营情况

公司以生产水泥及其制品为主，实行多元化发展，已涉及机电、医药、贸易、房地产等行业。1996 年度公司生产增长、管理改善、效益稳定、后劲增强，取得了较好的业绩。

公司生产经营取得良好的业绩。本年度，公司生产普通硅酸盐水泥 57.63 万吨，销售水泥 76.04 万吨(包括代销)，生产水泥压力管 249.86 千米，销售 243.90 千米；生产市内通信电缆 20.47 万对千米；销售 19.15 万对千米。公司实现利润总额 4432.23 万元(含少数股东本期利润)。净利润为 4029.69 万元，其中建材行业实现利润 2952.98 万元；通信电缆实现利润 302.18 万元；医药行业实现利润 19.76 万元；商业实现利润 92.49 万元，其他行业实现利润 662.28 万元。

公司管理水平提高。96 年度，公司推出了"AAA"级企业管理制度、在全市工业企业中首家实行大宗原燃材料采购向社会公开招标等改革举措，推动了公司管理从粗放型向集约型的进一步转变。

公司注重培育新的经济增长点，企业发展后劲增强。四十万吨高标号水泥第一条生产线于 96 年 6 月进入负荷联动试车；金航陶瓷年产 200 万平方米高档彩色大规格釉面内墙砖生产线在年末试车；96 年 6 月划归式兼并了临海制药厂；年初控股了上海通宇房地产开发公司；医药产品的开发和生产开始起步。至 96 年末，公司总资产达到 65823.60 万元，比上年增长 50.95%；净资产达到 39721.39 万元；比上年增长 48.26%。

2．根据股东大会通过的经营计划，96 年度主营业务收入计划数为 30000 万元，实际数为 31130.86 万元，完成计划的 103.77%；净利润计划数为 3658 万元，实际数为 4029.69 万元，完成计划数的 110.16%。

3．募集资金的使用情况

根据股东大会通过的增资配股方案，本年度公司实施了增资配股。本次配股募集资金总额为 8965.836 万元人民币，扣除本次配股的承销费和有关费用，实际募集资金 8816 万元。现已用于四十万吨高标号水泥生产线 6600 万元；200 万平方米高档彩色大规格釉面内墙砖生产线 2200 万元。

(1)年产 40 万吨高标号水泥生产线，系续建项目，总投资 2.14 亿元。按募集资金的使用计划，资金的 75% 投入该项目。该项目克服种种困难，第一条年产 20 万吨高标号水泥生产线于 96 年 6 月底实行负荷联动试车，至 96 年末已生产水泥 2.07 万吨，现运行正常。

(2)年产 200 万平方米高档彩色大规格釉面内墙砖生产线，该项目总投资为 4773 万元人民币(不包括流动资金 500 万元)，其中公司投资 2625 万元(不包括流动资金)，占该项目总投资的 55%；按募集资金的使用计划，资金的 25% 投向此项目。该项目工程进展顺利，96 年末进入试车阶段，并已生产出合格产品。

四、股本变化及股本结构情况

股本结构及变化情况：

1.1996 年度公司股份变化情况

填报日期:1996 年 12 月 31 日　　数量单位:股　每股面值:1 元

		本次变动增减(+、-)	
(1)尚未流通股份	期初数	配股	期末数
发起人股份	80704502	320000	81024502
其中:国家拥有股份	62061110	320000	62381110
境内法人持有股份	18643392		18643392
募集法人股	21767184		21767184
转配股		25292644	25292644
尚未流通股份合计	102471686	25612644	128084330
(2)已流通股份			
境内上市人民币普通股	46980000	11745000	58725000
流通股份合计	46980000	11745000	58725000
(3)股份总数	149451686	37357644	186809330

注:本年度公司未实行送股和公积金转股。

2．股本变化情况及原因

公司于 1996 年经中国证券监督管理委员会证监配审字[1996]11 号文复审通过实施配股,配股总数为 37357644 股，配股后股份变动公告刊登在 1996 年 7 月 19 日《上海证券报》。

3．主要股东持股情况

股东名称	年末持股数量（万股）	占总股本比例（%）
1)金华市资产经营公司(国家股)	6238.111	33.39
2)金华市经济开发区峰联实业有限公司	1514.1124	8.11
3)深圳天骥投资基金	1200	6.42
4)金华市工联实业公司	800	4.28
5)金华利民化工厂	724.5943	3.88
6)蒙百富城	392.0223	2.10
7)王兰园	174.5061	0.9
8)何怀璧	163.3975	0.87
9)辽源得亨	159.1317	0.85
10)王敏政	146.0187	0.78

4．股东数量：至本年度末，公司股东总数 25273 户，其中国家股股东 1 户，法人股股东 185 户，社会公众股股东 25087 户。

杭州天目山药业股份有限公司

1996年年度报告摘要（摘选）

一、公司简况

公司名称：杭州天目山药业股份有限公司
法人代表：　　　　　　　　邮政编码：311300
公司地址：浙江省临安市锦城镇苕溪南路
电话：0571-3722229　　传真：0571-3715401

二、主要财务数据与财务指标

指标项目	本年数	上年数	比上年增减(%)
1.主营业务收入(万元)	7412.45	6586.89	+12.53
2.净利润(万元)	2083.59	1286.80	+61.92
3.总资产(万元)	25933.37	26302.15	-1.40
4.股东权益(万元)	20090.76	17251.79	+16.46
5.普通股每股收益(元)	0.28	0.19	+45.79
6.普通股每股净资产(元)	2.63	2.57	+2.33
7.净资产收益率(%)	10.37	7.46	+39.00
8.股东权益比率(%)	77.47	65.59	+18.11

三、公司主要业务回顾

(一).一年来公司经营情况

进入"九五"计划的第一年，公司把握深化改革的机遇，落实"三改一加强"，企业取得了丰硕的成果。

1、继续贯彻"以药为主，多元经营"的方针。

公司利用要素市场的活力和企业结构调整的机遇，先后用收购、兼并、控股等形式，组建了五家子公司和一家分公司，经营范围扩展到中成药、西药、生物制药、电子、手表元件和商贸，连续三年被浙江省企业评价中心评为浙江省行业最佳经济效益工业企业和行业最大工业企业。1996年被国家经贸委、计委、统计局、财政部、劳动人事部五部委评为大型二档企业。

2、走依靠科技发展的道路，积极拓展新产品，提高企业盈利能力。

由收购破产国有企业临安造纸厂改造成立的杭州天目天伦造纸厂，应用微机监控在制品的定量、水份、改变了原来传统的靠手工和感观掌握的落后工艺，稳定了产品质量，使企业呈现生机。

生产印刷电路板的宝临公司，公司经过投入资金进行技术改造，增添具有当代先进水平的设备，提高了产品档次，通过了ISO9002质量保证体系认证，使企业的拳头产品碳膜板受到客户青睐。

在实施以科技为先导的发展战略上，突出落实"以药为主"的产业方向。一是把当代先进科技结合到传统的中药中，二是开拓生物制药工程。开发的"表皮生长因子"，现已通过国家新药评审，已建成符合GMP的标准厂房，引进的生产设备已完成了生产调试工作，预计97年二季度间试生产。公司与天津大学联合开发"基因工程重组人白细胞介素-6"项目(国家科委列为"95"重点计划项目)，年底已拿出合格中试产品。97年进入临床试验。三是开发新药克拉维酸钾羟氨苄青霉素片，计划于97年二季度投入生产。

3、优化资产质量，提高企业的竞争力。

(1)着重对手表螺钉下沙工程和天玻皮塑有限公司进行改组，使"天目药业"资产结构达到优化。

(2)根据地方经济环境选择投资项目。天工商贸大厦是服务于临安市民的农副产品最大集散地，96年完成了全额投资，以2600万元获得产权。

4、强化企业管理职能，树立"以人为本"，推动"两个文明"一起上。

企业不断引进各类人才，不搞高薪诱饵，企业的凝聚力主要靠思想政治工作、靠精神文明建设，靠党员干部的表率作用，靠职工的主人翁精神。"天目药业"的"务实创新、开拓进取"的企业精神，已在企业中深入人心。

(二)主要经济指标分析

1996年公司实现主营业务收入7412.45万元，完成年度计划的96.40%，比去年同期增长12.53%；实现净利润2083.59万元，完成年度计划的136.18%，比去年同期增长61.92%，公司由于正处于发展的后力积聚阶段，一些重大项目正在实施过程中，尚未投产出效，很大程度上影响了主营业务的快速增长，公司主要经济指标有一定幅度增加，主要是1996年度加大技改力度、优化资产结构、抓好资金运作等带来了较好的经济效益。

(三)募集资金使用情况说明

1、公司以前年度募集资金所投项目延续到报告期内的情况：

(1)临安天工商厦原计划投资2400万元，现实际投入2600万元，于1994年12月竣工使用。

(2)手表螺钉生产线下沙工程原计划投资700万元，现因手表市场疲软，手表螺钉生产线不宜再扩张，此项工程已转让，资金全部收回。该投资计划的撤消，已经公司第三届二次董事会和1996年12月18日临时股东大会审议通过。

2、公司1995年实施配股，共募集资金3808.7万元，截至1996年末，公司实际完成投资2047.59万元，占募集资金的53.8%，其使用情况如下：

项目	计划投资(万元)	实际投资(万元)	项目进展
中药饮片精制颗粒剂技改	500	488	已基本完成
基因工程药物生产线技改	2000	1009.59	(1)生物制药表皮生长因子项目已基本完成 (2)基因工程重组人白细胞介素-6项目即将进入临床，预计98年完成
天环皮塑二期工程	1000	0	已转让
青山殿水电站一期工程参股	900	550	计划97年完成

说明：(1)天环皮塑二期工程因天目天环皮塑有限公司扭亏无望，经公司第三届二次董事会和1996年临时股东大会审议批准，已将天目天环皮塑有限公司转让给杭州天目山药厂。

(2)公司第二届五次董事会和第三届一次股东大会审议通过收购破产企业临安造纸厂，投入资金1468万元。

四、股本变化及股本结构情况

1.股本变化及变化情况

数量单位：股　　每股面值：1元

股份类别	期初数	本次变动增减(+、-)	期末数
1.尚未流通股份			
(1).发起人股份	16,568,340	+2,650,934	19,219,274
其中：			
境内法人股	16,568,340	+2,650,934	19,219,274
持有股份			
(2).募集法人股	6,111,660	+977,866	7,089,526
(3).优先股	18,900,000		18,900,000
(4).法人股转配	409,648	+65,544	475,192
尚未流通股份合计	41,989,648	+3,694,344	45,683,992
2.已流通股份			
(1).境内上市的人民币普通股	36,036,000	+5,765,760	41,801,760
已流通股份合计	36,036,000	+5,765,760	41,801,760
3.股份总数	78,025,648	+9,460,104	87,485,752

(二)股本变动原因

本报告期内，公司实施了1995年利润分配方案，即向全体普通股股东每10股送红股1.6股，致使总股本由78,025,648股增加到87,485,752股。

(三).主要股东持股情况(单位：万股)

股东名称	年初持股数	年内增加	年末持股数	占股份总数
1)杭州天目山药厂	2446.8340	265.0934	2711.9274	31
2)临安市内燃机配件厂	1340.0000	38.4000	1378.4000	15.76
3)临安市医药包装品厂	74.3260	121.0598	195.3858	2.23
4)深圳天久实业有限公司	100.0000	16.0000	116.0000	1.33
5)深圳中农信贸易发展公司	100.0000	16.0000	116.0000	1.33
6)万岛实业			87.8400	1
7)临安老龄			78.8333	0.9
8)李奇才			73.0000	0.8
9)鲁国新			69.0000	0.79
10)王瑞云			62.2496	0.71

(四)年末投东户数

截至1996年末，公司股东总数为25135户，其中，法人股股东8户，社会公众股股东25127户。

四川广华化纤股份有限公司

1996年年度报告摘要（摘选）

一、公司简况

公司名称：四川广华化纤股份有限公司

法人代表：林明金　　邮政编码：618300

公司地址：四川省广汉市南昌路

电话：0838—5222333－6153　　传真：0838—5223184

二、主要财务数据与财务指标

单位：元

指标项目	本年度	上年度	比上年增减(%)
1.主营业务收入	173870241.26	184889420.33	－0.06
2.净利润	1736623.68	－9144762.94	
3.总资产	385539267.87	395599616.67	－0.03
4.股东权益	236195871.62	234254860.79	0.01
5.每股收益	0.01	－0.07	
6.每股净资产	1.71	1.70	0.01
7.净资产收益率(%)	0.74	－3.90	
8.股东权益比率(%)	61.26	59.22	0.03

三、公司主要业务回顾

1.一年来经营情况

1996年，公司共生产涤纶长丝9595吨，比95年增长7.75%。实现工业总产值18504.10万元，销售产品9200吨，实现销售收入12391万元，实现利润173万元。

96年公司实现扭亏，每股收益0.0126元，虽离广大股东的要求还相差很远，但在化纤行业持续疲软，竞争异常激烈的状况下，公司能实现扭亏实属不易。95年公司经营亏损，96年上半年化纤市场继95年大滑坡的贯性影响继续低迷，96年被迫在第一季度实行限产，因不能满负荷生产，导致公司96年上半年继续亏损。下半年，化纤市场有所复苏，公司抓住这一机遇，紧紧围绕“学邯钢、降成本、抓管理、增效益”活动开展各项工作，其具体做法是：

1)狠抓生产和设备管理，提高产品质量，降低消耗和生产成本。

紧紧围绕学习邯钢经验，坚持“高产、优质、低耗”的原则抓好各项工作。完善了生产考核制度，把提高产品质量作为工作重点来抓，从原料、工艺、设备、操作管理等环节入手，制定了一套行之有效的措施，并将这一措施落实到生产工作中的每一个具体环节，责任到人，确保了产品质量。

2)狠抓大宗原料的供应工作。

96年，全国化纤行业继续低迷，面对不利局面，公司及时收集并掌握市场信息，加强供应工作，捕捉市场机遇。7月下旬，当初片价格处于最低谷时，公司根据上、中、下游厂家的情况和有关数据综合分析后，果断决定购进了下半年所需的用料，此后市场发生变化，切片价格报复性上扬，这一正确决策为公司扭亏增盈奠定了良好的基础。

3)灵活多样，强化销售工作

96年，化纤市场总体呈现震荡下跌势态。上半年一直处于单边下滑走势，8月，涤纶长丝价格逐步开始回升，但在短短两个月内，长丝价格又回到了原来的价位，在风云变化的市场中公司采取了灵活多样的营销策略，较好地把握了市场机遇。首先，加强了对销售工作的领导，调整并充实了销售队伍，加强了对销售人员的专业培训，制订了奖惩办法，从而提高了销售人员的业务素质。在销售工作中，加强了省内市场的开拓，先后在省内各地广泛开展促销工作，全年省内销售涤纶丝3054吨，同时省外销售在巩固江、浙市场的基础上，还在甘、冀、鲁等市场结交商业伙伴，寻找机会，开发市场，并着手在山东市场派驻人员，力求在华北地区开辟新的市场，以更大的市场占有率来应付市场变化。全年共向外省销售涤纶丝6146吨。

4)苦练内功，促进企业管理上水平，上档次

96年公司十分注重企业自身素质的培养，不断改进和强化基础管理工作，积极推行目标成本管理，严格成本核算为主的全方位目标管理责任制，使公司的效益水平、技术档次、管理素质、市场营销销手段等方面不断提高，保证了企业基础管理工作处于良性循环。通过学邯钢活动的开展，实行“成本否决”，逐步形成了“千斤重担众人挑，人人肩上有指标”的责任体系，有效地调动了全体员工工作积极性。通过推行目标成本管理，全年节约经费40余万元。

四、股本变化及股本结构情况

股本变化及股本结构情况

1)截止1996年末　　单位：万股　每股面值：1元

	期初数	期末数
一、尚未流通股份		
1.发起人股份		
其中：		
国家拥有股份	5780.53	5780.53
境内法人持有股份		
外资法人持有股份		
其他		
2.募集法人股		
3.内部职工股		
4.优先股或其它		
尚未流通股份合计	5780.53	5780.53
二、已流通股份		
1.境内上市人民币普通股	8000	8000
2.境内上市的外资股		
3.境外上市的外资股		
4.其它		
已流通股份合计	8000	8000
三、股份总数	13780.53	13780.53

2)前十名主要股东持股情况

股东名称	持股数(万股)	占总股本(%)
1)广汉市国有资产管理局	5780.53	41.95
2)中京泰	236.16	1.71
3)刘洛	121.01	0.88
4)龙腾宽	98.92	0.72
5)萧立宪	67.59	0.49
6)大连康力	50.00	0.36
7)王芹	48.00	0.35
8)金华信托	45.00	0.33
9)吴际平	42.97	0.31
10)王勇	41.99	0.30

3)股东户数：35658户。

成都量具刃具股份有限公司

1996年年度报告摘要（摘选）

一、公司简况

公司名称：成都量具刃具股份有限公司

法人代表：夏义宝　　邮政编码：610056

公司地址：成都二环路东一段14号

电话：028-3331923　　传真：028-3332494

二、主要财务数据与财务指标

指标项目	本年数	上年数	比上年增减（%）
1.主营业务收入（万元）	12093	16307	−25.84
2.净利润（万元）	225	817	−72.46
3.总资产（万元）	49295	50669	−2.71
4.股东权益（万元）	24786	24539	+1.01
5.每股收益（元）	0.02	0.08	−75.00
6.每股净资产（元）	2.46	2.44	+0.82
7.净资产收益率（%）	0.91	3.33	−72.67
8.股东权益比率（%）	50.28	48.43	+3.82

三、公司主要业务回顾

1. 1996年经营情况回顾

围绕公司1996年的经营方针和目标，在建立现代企业管理制度方面取得了进展，现代企业管理制度基本确立，产品结构调整全面深入，有高新技术产品推出。同时，公司经营业绩不佳，资金非常紧张。其原因在于销售回款差，存量资金占用不合理，影响了资本的运转效率。

公司全年实现主营业务收入12093万元，完成年度计划的80%，比上年同期下降25.84%；利润总额实现225万元，比年度计划和上年同期水平都有了大幅度下降，引起下降的原因主要是销售收入减少。目前，机械行业市场疲软，工量具的市场受到很大冲击，三角债的影响和企业催收欠款力度不够，使回款不及时，收入减少，影响采购资金的筹集，从而影响生产经营。

2. 1997年工作计划

公司将加大改革力度，加快转换经营机制，推行资产授权经营责任制；进一步加强财务管理，加强成本控制，提高资金使用效率；进一步改革销售体制，发展壮大外贸创汇能力，狠抓资金回笼，从而缓解资金紧张的矛盾，使生产经营能良性循环；努力开发新产品，改进传统产品工艺；合理安排质量/价格比率，降低成本，争取市场，力争来年给股民好的投资回报。

四、股本变化及股本结构情况

填报日期　1996年12月31日　数量单位：万股　每股面值：1元

	期初数	期末数
一、尚未流通股份		
1.发起人股份		
其中：		
国家拥有股份	4282.22	4282.22
境内法人持有股份		
外资法人持有股份		
其他		
2.募集法人股	1650	1650
3.内部职工股		
4.优先股或其他		
尚未流通股份合计	5932.22	5932.22
二、已流通股份		
1.境内上市的人民币普通股	4140	4140
2.境内上市的外资股		
3.境外上市的外资股		
4.其他		
已流通股份合计	4140	4140
三、股份总数	10072.22	10072.22

主要股东持股情况（前十名股东）

名次	股东名称	年初持股数（万股）	占总股本（%）
1	成都市国有资产管理局	4282.22	42.52
2	中国四川国际经济技术合作股份有限公司	88	0.87
3	重庆特殊钢公司	88	0.87
4	上海机电设备总公司	88	0.87
5	重庆机电设备总公司	88	0.87
6	左志江	52	0.52
7	深圳广顺实业股份有限公司	44	0.46
8	张冠宇	44	0.46
9	刘燕敏	43	0.43
10	涂学彬	40	0.40

公司董事、监事与高级管理人员持股情况

姓名	职　务	年初持股数	年末持数	变动原因
夏义宝	董事长	5000	5000	
史习瑜	董事兼总经理	5160	5160	
赵显甫	董事兼副总经理	4600	4600	
张怡然	董事兼总会计师	2500	2500	
陈宝荣	董事	0	0	
曾广生	董事	0	0	
晏长明	董事	1200	1200	
唐晓林	董事	1200	1200	
贾建民	董事	1000	1000	
周天娥	董事	1000	1000	
刘文选	副总经理	4600	46000	
田辉樵	副总经理	4600	4600	
王泉富	总工程师	1500	1500	
张化余	监事会主席	5090	5090	
王　进	监事	0	0	
李和平	监事	600	600	
王皖生	监事	1090	1090	
杨桂华	监事	500	500	

子公司及关联企业

企业名称	注册资金	主营业务	本公司所有权益
1 成量出租汽车公司	925万元	出租汽车	100%
2 成量联营直柄钻头二厂	531万元	孔加工刀具	57%
3 成量联营螺纹刀具二厂	1005万元	螺纹加工刀具	75%
4 成量联营锥柄钻头二厂	362万元	孔加工刀具	75%
5 成量联营凤凰工具厂	140万元	金属切削刀具	67%
6 长城铝业有限公司	140万美元	铝材加工、经营	45%
7 四川明日集团	8000万元	房地产开发	25%

四川金顶(集团)股份有限公司

1996 年年度报告摘要 (摘选)

一、公司简况

公司名称：四川金顶(集团)股份有限公司

法人代表：白德华　　　　邮政编码：614200

公司地址：四川省峨眉山市名山路东段

电话：0833-5521562　　　传真：0833-5521205

二、主要财务数据与财务指标

指标项目	本年数	上年数	比上年增减(%)
1.主营业务收入(万元)	26,597.55	22,654.07	17.41
2.净利润(万元)	4,897.49	2,738.32	78.85
3.总资产(万元)	93,610.31	85,935.95	8.93
4.股东权益(万元)	62,536.50	59,965.61	4.29
5.每股收益(元)	0.21	0.118	77.97
6.每股净资产(元)	2.69	2.58	4.26
7.净资产收益率(%)	7.83	4.57	71.33
8.股东权益比率(%)	66.81	69.78	-4.26

三、公司主要业务回顾

1. 1996 年经营情况回顾

公司主营业务收入 2.66 亿元，比上年 2.27 亿元增加 3,943.48 万元，比上年增加 17.41%；96 年实现净利润 4,897.49 万元，比上年净利润 2,738.32 万元增加 2159.17 万元，增长了 78.85%，与 96 年度利润预测数 6000 万元相比，完成预测目标的 81.62%，按总股本 23,266 万元计算，96 年每股税后利润为 0.21 元。

1996 年，在国内水泥市场竞争激烈的情况下，我公司主营业务收入、净利润都较 95 年有了较大幅度的提高。公司 96 年累计生产水泥(含下属子公司)128.87 万吨，比上年同期增产 19.31 万吨，增长 17.63%，其中，主体厂生产 P.0525＃R 普通硅酸盐水泥 24.59 万吨，比上年增长 27%，创历史最好水平。回转窑和水泥磨的台时产量和平均运转率比上年同期都有较大提高，在全国建材行业居领先地位。

2. 对 1996 年实际经营成果与盈利预测差异的说明

1996 年，公司主导产品水泥产量达到 128.87 万吨，完成年度计划目标 115 万吨的 112.06%，净利润 4897.49 万元与 95 年度报告中的利润预测目标 6000 万元相比，完成了 81.62%，盈利完成情况与预测目标存在一定差距的主要原因在于：

(1) 原燃材料、铁运、电力价格继续上涨为影响盈利水平的主要因素。其中，96 年电力每度平均上调 0.07 元，水泥电耗每吨下降 6 度，电价影响综合总成本上升 350 万元。

(2) 尽管国家宏观经济面有所改观，国内建材市场特别是水泥市场竞争激烈，产销率有所提高，价格仍保持平稳，未能上浮。

(3) 公司部分下属子公司因市场或技改筹资等问题导致亏损，累计亏损 730 多万元并入公司，影响了公司的整体盈利水平。

3. 公司报告期内募集资金的运用情况的说明：

1996 年，公司累计向外投资 3,115 万元，向外借资 636 万元，主要投入生产，进行建设：

(1) 公司向宜昌三峡水泥有限公司注入 1,149 万元，主要用于各项筹备工作。该公司的 4000t/d 生产线被国家建材局列为全国"九·五"规划第一条国产化、低投资、建大改小的规范线，预备于九七年开工；

(2) 向四川金陵水泥有限公司投入资金 90 万元，借给资金 136 万元，用于新线建设和生产的正常运行；

(3) 借给金顶(集团)峨眉山矿泉饮料食品有限公司 500 万元，支持其生产运转；

(4) 向四川金石水泥有限公司投入资金 76 万元，用于新线建设。

4. 公司 1997 年工作安排

(1) 完善公司内部承包管理体制，继续探索公司与附属企业之间的管理模式，借鉴九六年"目标成本管理"的成功经验，继续实施"领导干部风险抵押金"制度，以奖惩分明、层层落实的科学管理体系来保证圆满完成 1997 年的各项生产经营任务。

(2) 利用政府各项优惠政策，优化资产结构，改善公司资产运营状况。一方面努力盘活公司资产存量，提高资产的有效利用率，重点抓好矿泉饮料食品公司和公司所参股的山东水泥企业的资产重组工作；另一方面，则通过并购、改组，组建新的金顶集团，扩充公司资产规模，实现政府下达的资本扩张型企业发展目标。

(3) 继续抓好金顶集团宜昌三峡水泥有限公司 4000t/d 生产线项目报批及开工前期准备工作，力争 97 年正式上马，为金顶集团股份有限公司建立新的生产点打下良好基础。

四、股本变化及股本结构情况

1. 股本结构及变动情况：

截止 1996 年末，公司股本结构如下(单位：万股；每股面值：1 元)

	期初数	配股	送股	公积金转股	期末数
一、尚未流通股份					
(1)国家拥有股份	13,116	—	—	—	13,116
(2)境内法人持有股份	550	—	—	—	550
合计	13,666	—	—	—	13,666
二、已流通股份					
境内上市人民币普通股	9,600	—	—	—	9,600
三、股份总数	23,266	—	—	—	23,266

2. 报告期内公司无送股、配股、公积金转增股本等事项，故本年度公司股本结构未发生变化。

3. 主要股东持股情况

名次	股东名称	年末持股数(万股)	占总股本(%)
(1)	乐山市国有资产管理局	13,116.00	56.38
(2)	海南深圳	509.8478	2.19
(3)	海南海口	267.5730	1.15
(4)	谭永强	209.5061	0.90
(5)	上海申银万国证券公司	200.00	0.86
(6)	乐山供电局	150.00	0.64
(7)	西昌铁路分局	100.00	0.43
(8)	深圳市乐嘉利贸易有限公司	100.00	0.43
(9)	宋朝弟	62.8661	0.27
(10)	王化伦	55.19	0.24

4. 股东数量

(1) 截止 1996 年末，公司股东总数为 54.796 户，其中国家股股东 1 户，法人股股东 4 户，社会公众股股东 54.791 户。

(2) 公司原法人股东之一乐山兴盛社会保险实业公司持有的金顶公司法人股 100 万元已于 1996 年 8 月 1 日经协议转让给深圳乐嘉利贸易有限公司。

凤 凰 股 份 有 限 公 司

1996年年度报告摘要 （摘选）

一、公司简况

公司名称：凤凰股份有限公司
法人代表：周金根　　　　邮政编码：200434
公司地址：上海市武川路111号
电话：021—65116511　　传真：021—65111093

二、主要财务数据与财务指标

单位：万元

指标项目	本年数	上年数	比上年增减(%)
1.主营业务收入	154,602	167,451	-7.67
2.净利润	-4,930	3,631	-2.36(倍)
3.总资产	199,829	192,913	+3.59
4.股东权益	106,308	107,721	-1.31
5.每股收益(元)	-0.127	0.103	-2.23(倍)
6.每股净资产(元)	2.75	3.06	-10.13
7.净资产收益率	-4.64%	3.37%	-2.38(倍)
8.股东权益比率	53.20%	55.84%	-4.73

三、公司主要业务回顾

1．一年来公司经营情况

1996年由于自行车市场疲软，全国自行车产销量比上年度有较大幅度下降，出口退税率下调，汇率变化等给公司经营带来前所未有的困难。公司通过内部挖潜和市场开拓等方面努力，虽然产品出口创历史最好水平、但由于上述因素和产销量下降，导致成本上升和经营亏损。

公司自行车产量为470万辆，销售量为470万辆，其中出口135万辆，分别占全国的18.7%、18.6%、22%，仍居全国同行业首位，市场占有率稳中有升。

2．税后利润计算方式的差异：

按中国会计准则计算，公司本年度合并除税后利润-4,930万元。

按国际会计准则计算，公司本年度合并除税后利润-9,352万元。

境内外注册会计师对本公司税后溢利审计差异调整：

按国际会计准则之调整：

金额单位：万元

呆帐准备	-3,479.7
存货准备	-449.7
其　　他	-492.6
合　　计	-4,422.0

3．主要指标分析：

(1)主营业务收入154602万元，较上年下降7.67%，其主要原因国内自行车市场疲软，销售下降及汇率变化所致。

(2)净利润-4930万元，较上年下降235.78%。

主要亏损原因：

退税因素：由于出口退税率调低，全年共减少利润3477万元。

汇率因素：由于外汇汇率变动，全年共减少利润442万元。

数量因素：由于自行车行业竞争激烈，市场疲软，公司自行车销售数量较上年有较大幅度的下降，产品销售收入同幅下降，致使减少利润1636万元。

成本因素：由于销量下降，为不使产品库存上升，公司自行车的产量较上年也有较大幅度的下降，致使制造成本上升及外购件、辅助材料、燃料动力等调价，共减少利润4364万元。

4．前次募集资金的使用情况说明：

(1)摩托车工程项目：计划投资30340万元，1996年累计投资6247万元，新开发太子式摩托车已投放市场，销售网络正逐步形成。

(2)武川路厂区综合改造项目：计划投资8320万元，本年度累计投资7503万元，该厂区泥板链罩车间，单辆成品库及集装箱设施已于年底全部竣工和投入使用。

(3)控股投资项目：计划投资3000万元，本年度累计投资2392万元，其中：投资上海凤凰自行车(玉林)有限公司1591万元，投资邯郸飞轮厂191万元，投资上海星亚国际货运有限公司610万元。

(4)上海凤凰自行车(加纳)有限公司项目：由于加纳政府对合资企业的政策变化，该项目已无法按原计划进行，拟中止该项目实施。

四、股本变化及股本结构情况

(一)股本结构情况：(单位：万股，每股面值：1元)

	期初数	送股	期末数	比例
一、尚未流通股份				
(1)国家股	22,175.97	2,217.597	24,393.567	63.04
(2)法人股	1,000.00	100.00	1,100.00	2.84
小　计	23,175.97	2,317.597	25,493.567	65.88
二、已流通股份				
(1)境内上市人民币普通股	2,000	200	2,200	5.69
(2)境内上市的外资股	10,000	1000	11,000	28.43
小　计	12,000	1200	13,200	34.12
三、股份总数	35,175.97	3,517.597	38,693.567	100

股本变动原因：

1996年5月24日公司第五次股东大会通过1995年度利润分配每10股送1股的方案，并于1996年6月24日实施，公司股本总额由35175.97万股增加至38693.567万股。

(二)主要股东持股情况(前10名股东)：

股东名称	年末持股数量(万股)	占总股率(%)
国家持股	24,393.567	63.04
SCBHK A/C BANKERS TRUST CO, S/A EMK UNITRUST/TEMPLETON	734.8	1.9
HKSBCSB A/C CMB S/A TEMPLETON DRAGON FUND INC.	645.153	1.67
HKSBCSB A/C THE CHASE MANHATTAN BANK NA.S/A TEMPLETON CHINA WORLD FUND INC.	614.828	1.59
浙江证券有限责任公司国际业务部	541.964	1.4
ABU DHABI UNITED ARAB EMIRATES	476.124	1.23
HKSBCSB A/C STB S/A IV-TOYO CHINA FUND (3002)	445.665	1.15
兴海有限公司	261.7573	0.68
SCBHK A/C ROBERT FLEMING AND CO., LTD.S/A THE FLEMING CHINESE INVESTMENT TRUST PL	251.12	0.65
HKSBCSB A/C CAISSE CENTRALE DES BANQUES POPULAIRES PARIS	239.46	0.62

(三)股东数量：

截止1996年12月31日，本公司股东总数26403户，其中国家股1户，法人股297户，流通股26105户。(其中A股24458户，B股1647户)。

上海邮电通信设备股份有限公司

1996年年度报告摘要（摘选）

一、公司简况

公司名称：上海邮电通信设备股份有限公司

法人代表：李永林　　　邮政编码：200233

公司地址：上海市宜山路700号

电话：86－21—64834310　传真：86－21—64834310

86－21—64360900－2371

二、主要财务数据与财务指标

单位:元

指标项目	本年数	上年数	比上年增减(%)
1.主营业务收入	234847401.23	231608833.56	1.40
2.净利润	46693749.83	53,073,589.59	－12.02
3.总资产	794172439.80	740,838,076.78	7.20
4.股东权益	454244405.20	422,233,989.89	7.58
5.每股收益	0.32	0.36	－11.11
6.每股净资产	3.10	2.88	7.64
7.净资产收益率(%)	10.28	12.57	－18.22
8.股东权益比率(%)	57.20	56.99	0.37

三、公司主要业务回顾

1.一年来公司经营情况

1996年是国家"九五"计划的第一年，随着社会主义市场经济体制的逐步建立，企业的生存发展空间中并存着机遇和挑战。公司全体员工紧紧围绕"优化结构、鼎新产品"的工作方针，抓住机遇，面向激烈的市场竞争，深化改革，完善内部运营体制。在市场开拓、新产品开发和技术进步，加强企业管理等方面，做出了一定的成绩。1996年，公司先后完成鉴定项目16项，其中YJH01型便携式电子资金支付终端、TM－2400二十四针点阵打印机、SYH系列收款机以及POS系统，GF8－02型2－8MB/S波分复用光纤通信终端设备四项通过上海市科委组织的设计定型鉴定,SDH光纤同步数字复用设备Ⅰ型机通过邮电部科技司的鉴定。1996年，公司还在启动综合数字增强网(IDEN)和无人值守公用电话网等项目上取得了长足的进展。

经上海大华会计师事务所注册会计师审核，公司实现销售收入23484.74万元，完成年度计划的93.94%，比上年增加323.86万元；实现税后利润4669.37万元，完成年度计划的93.39%，比上年减少637.99万元，利润下降的主要原因是财政补贴比上年减少1485万元。

2.上次募集资金的运用情况

公司于1994年10月发行人民币特种股票(B股)60,000,000股，发行价为0.396美元。大华会计师事务所出具的华业字(94)第612号《关于上海邮电通信设备股份有限公司B股投资投入资本的验证报告书》显示，扣除发行费用，实际募集的资金为22,572,000美元。公司基本按照《招股说明书》中"募集资金的运用"的预定计划投入。截止1996年底，按《招股说明书》中的投资项目已投入资金总额合计1579万美元。其中:投资490万美元，完成了程控交换机的研制和生产。该项目已从1995年起盈利；投资261万美元基本完成了对子公司电路板生产线的追加投资。该项目经报告年度试运行，将从1997年起进入盈利期；投资81万美元用于对子公司的光纤同步数字传输网(SDH)的技术引进和制造,为保持并增加产品的市场份额打下了良好的基础；投资747万美元用于金卡工程的生产装配楼，生产线，产品开发及其配套产品的子公司而增资。该项目正按计划在进行，并在1997年起实行边投入边产出。

四、股本变化及股本结构情况

1.股本结构情况

内　　容	九六年末股本情况(万股)	占总股本(%)	九五年末股本情况(万股)	占总股本(%)
(1)尚未流通股份				
国有法人持股	6189.872	42.22	6189.872	42.22
社会法人持股	1170	7.98	1170	7.98
小　　计	7359.872	50.2	7359.872	50.2
(2)已流通股份				
境内上市人民币普通股	1300	8.87	1300	8.87
境内上市的外资股	6000	40.93	6000	40.93
小　　计	7300	49.80	7300	49.80
)(3)股本合计	14659.872	100	14659.872	100

2.股本变动情况及原因

本报告期内公司股本未发生变化。

3.主要股东持股情况(前十名股东)

股东名称	年末持股数量(万股)	占总股本比例(%)
1)中国邮电工业总公司	6189.872	42.22%
2)TOYO SECURITIES ASIA LTD.	579.00	3.95%
3)海通证券有限公司	265.85	1.81%
4)SCBHK A/C NOMURA TB/NOMURA ITM	221.39	1.51%
5)HKSBCSB A/C CAISSE CENTRALE DES BANQUES POPULAIRES PARIS	212.38	1.45%
6)深圳万科企业股份有限公司	206.70	1.41%
7)深圳经济特区证券公司上海业务部	201.292	1.37%
8)NAITO SECURITIES CO.,LTD.	196.25	1.34%
9)HKSBCSB A/C STATE STREET BANK AND TRUST S/A THE CHINA FUND	181.864	1.24%
10)HKSBCSB S/A PICTET & CIE	179.98	1.23%

4.年末股东户数：

截止一九九六年十二月三十一日止,公司股东合计数为14832户。其中A股股东数为13909户，B股股东数为923户。

武汉长印(集团)股份有限公司

1996年年度报告摘要（摘选）

一、公司简况

公司名称：武汉长印(集团)股份有限公司

法人代表：李东　　　　　　　　邮政编码：430022

公司地址：武汉市汉口民意四路55号

电话：027—5866663　　　　　　传真：027—5863470

二、主要财务数据与财务指标

单位：元

指标项目	本年度	上年度	比上年增减(%)
1.主营业务收入	142,665,250	103,351,462	+38.04
2.净利润	8,364,742	3,833,502	+118.20
3.总资产	489,083,939	472,765,855	+3.45
4.股东权益	326,008,934	317,644,191	+2.63
5.每股收益	0.07	0.03	+118.20
6.每股净资产	2.73	2.66	+2.63
7.净资产收益率(%)	2.57	1.21	+112.40
8.股东权益比率(%)	66.66	67.19	-0.79

三、公司主要业务回顾

1.一年来经营情况

1996年是公司强化市场意识，打好基础管理，实现经营形势基本好转的一年。在董事会领导下，公司认真实施"以市场为中心，以管理促效益，以产品求发展"的经营策略，不断适应宏观经济走向的变化，在发展中确立公司的产业导向、产品开发和市场定位，通过优化和重组企业内部资源配置，实施全方位的产业结构和产品结构的调整，提高了在激烈市场竞争中的生存发展能力，经营工作取得较好的业绩，全年完成销售收入14267万元，比上年同期增长38.04%；实现利润1012万元，比上年同期增长100.67%。

一年来公司致力于发展企业，提高效益，在经营业务方面进行了大量的工作，主要体现在两个方面：

一是充分发挥主业优势，实现关联产品的延伸经营。企业的竞争，首先是市场的竞争，市场的竞争又集中于产品优势的竞争。一年来，公司发挥包装印刷作为主导产业的优势，加大工艺技术、设备和检测手段等硬件投入，进行技术改造和设备配套。在完善硬件的基础上，调整经营思路，确立了"包装跟着品牌走"的市场定位，通过向客户实行价格、质量、周期、服务四大承诺，争取了为国际国内10余家知名财团、知名品牌进行包装配套的业务，从而拓展了新的市场空间，扩大了名品包装的市场份额，拥有了稳定的业务来源。

在进行主业产品的调整上，公司注重发挥自身的产业优势，大力开发包装上下游关联产品，利用公司的行业地位，开展规模化纸业经营，降低了公司主要原材料的采购成本，也形成了新的利润来源。与此同时，公司适应现代包装需求，建立的具有国际水平的彩盒生产线，投入正式运行后已日渐形成规模生产能力；随着人们消费层次的提高，各种饮品的铝箔包装市场前景更加看好，为此，公司引进配置的现代铝箔包装生产线已进入实施阶段，97年可望投入生产，并将形成新的产品开发能力。

二是充分利用旅游资源，培植和壮大新的经济增长点。公司原在旅游业投资拓展的项目，经过不断地规划建设和项目的调整，补充、提高，已进入成熟发展期：在湖北咸宁温泉旅游开发区投资兴建的集餐饮、住宿、娱乐于一体的"长印温泉酒店"96年8月如期开业，在武汉东湖之滨兴建的"楚人狂欢岛"在特色上逐步形成其观赏性、参与性、文化性的优势，更加适应大众旅游消费水平，位于长江第一内环线上黄金地段的"长信大厦"26层主体建筑也于去年底顺利完成结构封顶，上述项目作为公司多元经营的一部分，已逐步成为公司稳步发展、提高效益的新的经济增长点。

四、股本变化及股本结构情况

1.股本结构情况

单位：万股　每股面值：元

	96年末数	比例(%)	95年末数	比例(%)
一、尚未流通股份				
1.国家持股	3343.6128	27.96	3343.6128	27.96
2.社会法人持股	2377.32	19.88	2377.32	19.88
3.社会公众持股	756	6.32	756	6.32
其中：受让转配	756		756	
小计	6476.9328	54.16	6476.9328	54.16
二、已流通股份				
境内上市人民币普通股	5481	45.84	5481	45.84
三、股份总数	11957.9328	100.00	11957.9328	100.00

2.前十名最大股东持股情况

股东名称	年末持股数(万股)	占总股本(%)
1)武汉市国有资产经营公司(国有股权代表)	3,343.6128	27.96
2)北京京华信托投资公司	396.00	3.31
3)万科企业股份有限公司	264.00	2.21
4)中国农业银行武汉市信托投资公司	213.312	1.78
5)中国工商银行武汉市信托投资公司	211.20	1.77
6)武汉正银实业有限公司	137.28	1.15
7)武汉市信托投资公司	137.28	1.15
8)工商银行武汉市分行桥口支行	137.28	1.15
9)湖北省保险房地产开发公司	137.28	1.15
10)深圳万科录像机配件制造有限公司	99.00	0.83

3.股本数量：

截止1996年12月31日，本公司股东户数为40224户，其中：国家股东1户，社会法人股东36户，社会个人股东40187户。

广州广船国际股份有限公司

1996年年度报告摘要（摘选）

一、公司简况

公司名称：广州广船国际股份有限公司
法人代表：胡国良　　　邮政编码：510382
公司地址：广州市芳村大道2号
电话：(020)81891712-2424　(020)81896411
传真：(020)81891575

二、主要财务数据与财务指标

(一) 按中华人民共和国会计准则编制
截至12月31日止年度
金额单位：人民币千元

指标项目	本年数	上年数	比上年增减(%)
1.主营业务收入	2,061,349	1,833,513	12.43
2.净利润	33,296	127,019	-73.79
3.资产总值	2,724,420	3,033,720	-10.19
4.股东权益	1,325,461	1,316,899	0.65
5.每股收益(人民币元)			
(按年末股数计算)	0.0673	0.2568	-73.79
6.每股净资产(人民币元)	2.68	2.66	0.75
7.净资产收益率(%)	2.51	9.65	-73.98
8.股东权益比率(%)	48.65	43.41	12.07

(二) 按香港公认会计原则编制
截至12月31日止年度
金额单位：人民币千元

	1996年	1995年
营业额	2,061,349	1,833,513
股东应占溢利	33,296	101,278
资产总值	2,533,396	2,704,141
股东资金总额	1,325,461	1,316,899
每股盈利(人民币元)		
(按年末股数计算)	0.0673	0.2047
每股净资产(人民币元)	2.68	2.66
净资产收益率(%)	2.51	7.69
股东权益比率(%)	52.31	48.70

三、公司主要业务回顾

1. 业绩

截至1996年12月31日止，本公司及其附属公司(统称"本集团")按中国会计准则计算的主营业务收入为人民币206,135万元(1995年为人民币183,351万元)，年度经审核除税以及少数股东权益后的合并净利润为人民币3,330万元(1995年为人民币12,702万元)，每股收益为人民币0.0673元(1995年为人民币0.2568元)；按香港公认会计原则计算的年度营业额为人民币206,135万元(1995年为人民币183,351万元)，年度经审核除税及少数股东权益后的股东应占溢利为人民币3,330万元(1995年为人民币10,128万元)，每股盈利为人民币0.0673元(1995年为人民币0.2047元)。

1996年度本集团主营业务收入突破20亿元人民币，比较1995年度增长12.43%，其中主要有赖于造船和钢结构业务实现了较大幅度的增长。合并净利润/股东应占溢利呈现下降，主要是受出口退税率由上年的17%调至14%后进一步下调至9%的影响，本集团收益由此减少约人民币4,693万元。船价偏低、集装箱产品的产销量及箱价下降，则是造成本年度集团盈利下降的其他主要原因。此外，与1995年盈利对比下降的原因还有，在1995年按中国会计准则编制的财务报告之盈利中包含有人民币3,028万元的转销汇兑收益，而1996年本集团盈利中则没有这个收益因素。

2. 一年来经营情况

1996年面对企业经营环境持续偏紧的压力，本公司动员全体员工努力开拓经营，发展生产，加强管理，使公司主营业务继续取得了进一步的发展。

首先是集团的造船业务取得了新的突破，年内共完工9艘大船，造船完工量超过23万载重吨，创下了本集团年造船完工量的历史最好水平。年内还新接获造船订单9艘共21万载重吨，其中包括首次在本集团造船的中国外运集团订造的27000载重吨运木散货船。

同时在本年度本集团钢结构工程业务进一步实现了快速发展，年内继完成广州解放大桥钢梁拱制作安装工作后，广东虎门大桥钢箱梁工程全面展开并按期全部完工，广州鹤洞大桥主桥梁钢结构工程亦按计划开工，从而使本集团本年度钢结构业务收入大幅度提高，较1995年增长1.69倍，年内本集团还成功接获了深圳赛格大厦一期钢结构工程，实现了集团高层建筑钢结构业务的突破。

集装箱制造业务由于受市场供求波动的影响，在上半年订单不足的困难情况下，本集团通过调整经营策略和生产组织，使下半年出现了转机。从9月份开始连续四个月实现生产线的满负荷生产，使全年集装箱产量仍达到37,388TEU。

玻璃钢船与高速船业务也取得了一定的发展，除继续完成了80客位玻璃钢高速船开发外，价值较高、技术较复杂的玻璃钢封闭式耐火救生艇进入了新加坡和韩国市场，年内生产并销售玻璃钢救生艇及高速船31艘，其中出口18艘。

此外，本年度本集团还承修了各类船舶共28艘，其中来自瑞士、泰国、新加坡以及台湾与香港地区的承修船舶12艘，生产液压机床270台，其中113台出口销往东南亚及首次进入的意大利、中东和南美等国际市场。

1996年本公司用于技术改造，包括建造210米新码头、加建1号船台尾闸以及改造顺德船厂等项目的固定资产投资额为人民币20,554万元；

供广州永联钢结构有限公司使用的厂房建设及设备安装已于1996年底完成并于1997年2月28日正式投产。

本公司于1996年10月通过了中国船舶工业总公司组织的企业安全评价，被评定达到国家安全级企业标准；于1996年12月通过了由中国船级社质量认证公司和中国新时代质量体系认证中心联审的GB/TI9001-1994idt ISO9001:1994质量体系认证和GJB/Z9002国家军用标准认证，同时还获得了国家出口商品生产企业质量体系ISO-9000工作委员会的ISO-9001质量体系认证。

四、股本变化及股本结构情况

股本变化及股本结构情况
(1) 股本结构情况

截至1996年12月31日止年度内本公司无安排任何其他新股发行及送配股和股份的拆细、合并等，公司股本无变化。公司股本结构如下：

数量单位：股
每股面值：人民币1元

	期实数	占比例(%)	增减数	期末数	占比例(%)
(一)尚未流通股份					
1. 发起人股份	210,800,080	42.61	0	210,800,080	42.61
其中：					
国家拥有股份	210,800,080	42.61	0	210,800,080	42.61
尚未流通股份合计	210,800,080	42.61	0	210,800,080	42.61
(二)已流通股份					
1. 境内上市的人民币普通股(A股)	126,479,500	25.57	0	126,479,500	25.57
2. 境外上市的外资股(H股)	157,398,000	31.82	0	157,398,000	31.82
已流通股份合计	283,877,500	57.39	0	283,877,500	57.39
(三)股份总数	494,677,580	100.00	0	494,677,580	100.00

(2) 主要股东持股情况

(一) 截至1996年12月31日止年度内持有本公司股份A股的前十名股东的名称及其年末持股数量载列如下：

序号	名　称	年末持股数(股)	持股比例(%)
1.	中国船舶工业总公司	210,800,080	42.61
2.	南方发展	2,098,478	0.42
3.	外贸信托	770,000	0.15
4.	柏　林	695,383	0.14
5.	梁晓芸	652,400	0.13
6.	杜朝霞	547,817	0.11
7.	敖　翔	401,000	0.08
8.	蔡发深	400,000	0.08
9.	沈向阳	375,400	0.07
10.	皮珍琳	336,147	0.06

(二) 截至1996年12月31日止年度内持有本公司5%以上股份的H股股东持股及变动情况如下：HKSCC Nominess Limited，年初持H股股数为13,862万股，占总股本28.02%，至年末持H股股数为14,029.7万股，占总股本28.36%。

除此外，于本报告期内本公司没有收到其他H股股东关于其持股量达到根据香港证券(公开权益)条例("公开权益条例")规定须披露的数量的通知。

厦 门 汽 车 股 份 有 限 公 司

1996年年度报告摘要（摘选）

一、公司简况

公司名称：厦门汽车股份有限公司
法人代表：黄培予　　邮政编码：361012
公司地址：福建厦门市东渡路64号
电话：0592—6015070　　传真：0592—6015076

二、主要财务数据与财务指标

单位：人民币万元

指标名称	本年数	上年数	比上年增减(%)
1.主营业务收入	36534.78	47816.03	－23.59
2.净利润	1266.63	3368.06	－62.39
3.总资产	64245.18	66217.13	－2.98
4.股东权益	22382.57	21617.22	＋3.54
5.每股收益(元)	0.12	0.40	－70.00
6.每股净资产(元)	2.22	2.43	－8.64
7.净资产收益率(%)	5.65	16.48	－65.72
8.股东权益比率(%)	34.84	30.87	＋12.86

注：1996年8月实施1995年度分红方案，按每10股送2股，公司总股本由8417.64万股增加至10101.168万股，若以上年度同口径计算，每股净资产则为2.66元。

三、公司主要业务回顾

1.一年来公司经营情况

1996年全国汽车市场仍未有明显好转，公司各投资工业企业狠抓经营管理，努力降低成本，积极开拓市场、求质量增效益，使公司主导产业汽车工业在总体上保持了持续、健康、稳定发展的良好态势。面对急剧变化的市场环境，主机厂不断在主导车型的基础上迅速开发出新产品以满足市场的需要，目前轻型客车已形成6个系列38个品种，大中型豪华旅游客车已形成5个系列20多个品种；进一步加强销售和售后服务工作，轻型客车已在全国30个主要城市设了400多个销售网点、25个指定服务站，大中型豪华旅游客车在全国设立了54个销售网点、11个维修网点。1996年公司投资的汽车工业企业生产的轻型客车、大中型豪华旅游客车的产量为2391辆，实现工业总产值5.35亿元，同比下降了15.75%，实现销售产值5.19亿元，同比下降了15.61%。在1996年全国汽车行业普遍不景气的情况下，公司各投资工业企业仍取得了较好的成绩，公司主导产业汽车工业的主要经济指标在全国汽车行业的排名中名列前茅。根据国家机械部汽车司1996年1—12月的统计资料，公司投资的汽车工业经济效益综合指数、工业全员劳动生产率、工业资金利税率指标均位居第4位。

由于国家近年来宏观经济的紧缩加剧了原本就相当激烈的市场竞争，给公司商贸业和房地产业带来了严峻的挑战。根据公司产业结构调整的目标和部署，1996年公司对商贸业和房地产业进行了一系列的整顿和改组，加大了结构的调整力度，撤并了一些主营业务开展不起来且无明显经营效益的贸易子公司。1996年商贸业全年实现进口额646.53万美元，同比下降了26.44%，出口创汇额533万美元，同比下降了64.6%。公司房地产业克服重重困难，在现有项目的情况下基本上完成了各项预定的工作。

2.主要经济指标分析：

1996年公司完成主营业务收入36,534.48万元，比上年减少23.59%；实现净利润1266.63万元，比上年减少62.39%。

主营业务收入较上年有较大幅度下降，主要是由于公司的商贸业处于结构性调整、改组阶段，撤并了一些主营业务开展不起来且无明显经济效益的贸易子公司，1996年全年进出口贸易额较上年减少10514.96万元。

根据1994年董事会确定的"以汽车工业为主导产业、商贸业和房地产业综合发展"的产业结构调整的目标和部署，1994年和1995年已取得初步成效，1996年公司加大了产业结构的调整力度，在原有的基础上进一步巩固了主导产业汽车工业的地位，对商贸业和房地产业进行了一系列的整顿和改组，对商贸业务进行了必要的削减，公司的主营业务进一步突出。1996年公司通过对内加强企业管理，有效地降低产品成本；对外加强市场营销管理，积极拓展市场，"向管理要效益"，在产量、产值与上年同比均有所降低的情况下，公司投资的汽车工业企业的利润比上年同期有较大幅度的增长，按投资比例公司可分得的工业利润比上年增加了306.02万元，同比增长了6.59%。由于1995年度投资收益中含转让厦门金龙旅行车有限公司15%股权的净收入1836万元，而1996年无此类似事项，投资收益比上年同期减少了68%，另外公司控股企业厦门金龙旅行车有限公司享有的中外合资企业所得税减免优惠，在1996年度内由原来的免税期开始进入半税期，该企业当年所得税同比增加478.27万元，故公司1996年实现净利润同比出现了较大幅度的下降。

3.募集资金使用情况说明：

前次配股(1993年度中期分红配股)于1994年8月正式实施，共募集资金8471.1万元，已在1994年、1995年内已按计划投入使用。

1996年度内公司未实施配股。

四、股本变化及股本结构情况

1、股本变化及股本结构情况：

(1)截止1996年末，公司股本结构如下：

(单位：万股　每股面值一元)　　本次变动增减(+、-)

	期初数	送股	期末数
(一)尚未流通股份			
1、发起人股份			
其中：国家拥有股份	2498.64	499.728	2998.368
2、募集法人股	2719.00	543.800	3262.800
尚未流通股份合计	5217.64	1043.528	6261.168
(二)已流通股份			
境内上市人民币普通股	3200.00	640.000	3840.000
已流通股份合计	3200.00	640.000	3840.000
(三)股份总数	8417.64	1683.528	10101.168

2、股本变动原因：

1996年6月28日在厦门金龙汽车车身有限公司会议室召开了公司1995年度股东年会(第四次股东大会)，审议通过了1995年度每10股送红股2股的分红派息方案，并于1996年8月20日实施送股，公司股本总额由1995年年末的8417.64万股增加至10101.168万股。

3、主要股东持股情况：(前10名股东)

股东名称	年末持股数量(万股)	持股比例(%)
1)厦门市财政局(国家股)	2998.368	29.68
2)海南新进工业开发有限公司	1146.000	11.35
3)力又实业(深圳)有限公司	1090.800	10.80
4)厦门永昌投资咨询有限公司	528.000	5.23
5)厦门民兴工业有限公司	240.000	2.38
6)田善甫(个人股东)	223.167	2.21
7)孙连营(个人股东)	139.320	1.38
8)深圳市天一实业有限公司	60.000	0.59
9)单增生(个人股东)	35.000	0.35
10)厦门祥业房地产公司	30.000	0.29
厦门福信房地产有限公司	30.000	0.29

注：国家股和法人股持股数量比上年末增加，系公司实施1995年度分红方案每10股送2股所致。

4、截至到1996年末公司股东总数为26,111户，其中：国家股股东1户，社会法人股股东15户，个人股股东26,095户。

上海三毛纺织股份有限公司

1996年年度报告摘要（摘选）

一、公司简况

公司名称：上海三毛纺织股份有限公司

法人代表：苏皎秋　　邮政编码：200082

公司地址：上海市许昌路1150号

电话：021—65121377　　传真：021—65453247

二、主要财务数据与财务指标

指标项目	本年数		上年数	比上年增减(%)
	合并	母公司	合并	
1.主营业务收入(万元)	27,654	24,889	23,232	19.03
2.净利润(万元)	1,024	1,221	2,025	-49.43
3.总资产(万元)	54,725	49,522	45,305	20.79
4.股东权益(万元)	27,897	28,094	27,371	1.92
5.每股收益(元/股)	0.103	0.123	0.203	-49.26
6.每股净资产(元/股)	2.801	2.821	2.748	1.94
7.净资产收益率(%)	3.67	4.35	7.68	-52.21
8.股东权益比率(%)	50.98	56.73	60.41	-15.61

注：净资产收益率指标中，净资产额按期初期末平均计算。

三、公司主要业务回顾

1. 一年来经营情况：

上海三毛纺织股份有限公司在1996年纺织经营环境和经营条件发生较大变化、毛纺规模扩大、产量猛增、市场滞销、价格下滑及出口退税政策调整、原材料价格居高不下等不利情况下，坚持以强化主业为基础，发展企业优势；以扩张名牌为龙头，扩大市场销售；以技术进步为动力，推进产品开发；以基础管理为突破，降低生产成本，使公司保持了一定的经济效益。

公司实现：主体生产规模适度扩大，并开拓了成衣深加工业务。收购原上海第十六毛纺织厂，转制后的"三翔毛纺针织厂"实现一年扭亏为盈，使公司发展了粗纺产品。

公司产品开发多次获奖，其中高支爽爽呢被评为96年度国家级新产品、"三蝶"牌精纺呢绒和"三蝶"牌服装同时被评为96年上海市名牌。ISO9002质量体系取得认证后，顺利通过复审，公司被评为上海市优秀企业。

2. 主要经济指标分析

公司主营业务收入完成27,654万元，比95年增长19.03%；净利润完成1,024万元，比95年下降49.43%，母公司净利润为1,221万元。其中因出口产品退税政策的影响，出口产品成本增加，使利润减少450万元。由于兼并上海第十六毛纺厂，消化不良资产104余万元。

四、股本变化及股本结构情况

1. 股本变化及股本结构情况：

1996年度公司股份变化情况(万股)：

	96年末数	比例(%)	95年末数	比例(%)
(1) 尚未流通股份：				
国家股	4908.83	49.29	4908.83	49.29
社会法人股	750	7.53	750	7.53
(2) 已流通股：				
境内上市人民币普通A股	1000	10.04	1000	10.04
境内上市外资股B股	3300	33.14	3300	33.14
(3) 股份总数	9958.83	100	9958.83	100

2. 主要股东持股情况：

股东名称	年末持股(万股)	占总股本(%)
(1) 国家持股	4908.83	49.29
(2) HKSBCSB A/C CAISSE CENTRALEDES BANQUES POPULAIRES PARIS	420.32	4.22
(3) HKSBCSB A/C CHASE BANK IRELAND S/A GT PRC FUND	322.26	3.24
(4) CITIBANK PTCL-BT PACIFIC BASINFUND	297.40	2.99
(5) 上海浦东发展银行	251.80	2.53
(6) 上海工业缝纫机股份有限公司	196.62	1.97
(7) SCBHK A/C STATE ST AUSTRALIA LTD S/A C.H., CHINA INV	176.50	1.77
(8) HKSBCSB A/C BERMUDA TRUST(SING-APORE) LTD S/A CLREGIONAL CHINA FUND	175.59	1.76
(9) HK SBCSB S/A PICTET & CTE	153.70	1.54
(10) HKSBSB A/C SSAL S/A SHANGHAI IATL SHANGHAI GROWTH INY. LTD	120.66	1.21

3. 股东数量：

本报告期末股东总人数为10440人。

其中：国家股东　1人；

法人股东　60人；

社会股东　9955人；

B　股　424人。

4. 公司董事、监事及高级管理人员持本公司股票情况：

姓名	职务	年初持股数	年末持股数	变动原因
苏皎秋	董事长兼总经理	5000股	5000股	—
张柏林	副董事长	5000股	5000股	—
陈菊英	董事、常务副总经理	3500股	3500股	—
吴荣根	董事、副总经理	3000股	3000股	—
庄玲妹	董事、副总会计师	3000股	3000股	—
沈雅静	董事、副总经济师	3000股	3000股	—
邱国华	董事	3000股	3000股	—
李儒训	董事	3000股	3000股	—
施邦安	董事	0股	0股	原不持股
周玉成	董事	0股	0股	原不持股
黄关从	董事	3000股	3000股	—
黄建强	董事	0股	0股	原不持股
林厚湘	董事	0股	0股	原不持股
王建华	董事、工会主席	500股	500股	—
史银海	监事长	1000股	1000股	—
高宝煜	监事	0股	0股	原不持股

青岛海尔电冰箱股份有限公司

1996年年度报告摘要　（摘选）

一、公司简况

公司名称：青岛海尔电冰箱股份有限公司

法人代表：张瑞敏　　　邮政编码：266032

公司地址：青岛市高科技工业园海尔路海尔园

电话：(0532)5832588　　传真：(0532)5821051

二、主要财务数据与财务指标

指标项目	本年数	上年数	比上年增减(%)
1.主营业务收入(万元)	264407.47	153050.13	72.76
2.净利润(万元)	17824.87	11731.03	51.95
3.总资产(万元)	131259.43	97601.08	34.49
4.股东权益(万元)	90872.92	62333.52	45.78
5.每股收益(元)	0.55	0.53	3.77
6.每股净资产(元)	2.78	2.78	0
7.净资产收益率(%)	19.62	18.82	4.25
8.股东权益比率(%)	69.23	63.87	8.39

三、公司业务经营回顾

本公司纳入合并财务报表的企业计划生产电冰箱120万台，实际完成151万台(未纳入合并报表的企业生产17万台)，完成年度计划126%，比1995年增长51%，全年实现销售收入264407.47万元。实现利润21362.91万元，分别比1995年增长72.76%和54.92%。

质量保证体系方面，公司于96年4月及11月两次顺利通过IS09001(94E版本)国际质量体系复审，8月份公司又顺利通过了ISO14001环境管理体系审核，使公司成为唯一一家拥有“国际质保体系及环保体系”的国际双保企业。

以不断优化品种结构，满足市场细分化的要求为目标，全年批量生产43个品种，形成一个多批次、小批量、快速转产的生产组织模式，至目前为止，已形成十大系列，三千多个规格的品种规模，全年共开发新产品32个，完成计划(12个)的266%，批量投放市场的有12个，大容积多功能豪华型与经济实用型冰箱齐头并进，扩大了市场覆盖范围，增强了市场应变能力。在全国范围内建成了完善的市场营销体系，形成250万台营销框架。在国际市场上，出口冰箱继续保持良好的增长势头，三批无氟绿色冰箱先后出口到法国、荷兰、美国、既拓宽了国际市场，又大大加速了创国际名牌的进程。

坚持“用户永远是对的”的服务宗旨，以高品质的服务标准和完善的服务体系，来赢得市场，赢得用户，并因此而获得了国际星级服务顶级荣誉——五星钻石奖。

1996年的市场最残酷，1996年的海尔最辉煌，在国内我们已经确立了中国家电第一名牌的地位，今后，我们将向世界家电一强的目标迈进。

四、股本变化及股本结构情况

(1) 1996年末公司股本结构如下：

数量单位：股　每股面值：1元

	本次变动前	本次变动增减(+/-) 送股	配股	小计	本次变动后
一、尚未流通股份					
1.法人股	144,095,574	31,312,495	12,466,902	43,779,397	187,874,971
2.社会公众持股受让部分		3,114,354	15,571,770	18,686,124	18,686,124
尚未流通股份合计	144,095,574	34,426,849	28,038,672	62,465,521	206,561,095
二、已流通股份					
1.境内上市的人民币普通股	76,904,426	19,995,151	23,071,328		
已流通股份合计	76,904,426	19,995,151	23,071,328	43,066,479	119,970,905
三、股份总计	221,000,000	54,422,000	51,110,000	105,532,000	326,532,000

(2) 股本变动原因：

本公司1996年上半年按10:3的比例向全体股东配股，社会公众股东还可按10:4的比例受让法人股东转让配股权；96年下半年，公司按配股后的总股份，以每10股送红股2股并派发现金红利1元(含税)的方式进行分配。

(3) 截止1996年末，公司股东总数为84928户，其中法人股股东2户，社会公众股股东84926户。

主要股东持股情况(前十名股东)

名次	股东名称	年初持股数(万股)	占总股本(%)
1	海尔集团公司	17872.9739	54.74
2	二轻联社	914.5232	2.80
3	华德正业	213.7124	
4	海通余姚	178.6516	
5	蔡再芬	163.8780	
6	陈庚如	126.5532	
7	张根妹	125.1732	
8	张祝秀	124.0819	
9	刘赛月	122.9557	
10	平安保险	101.6048	

公司董事、监事与高级管理人员持股情况

姓名	职务	年初持股数	年末持股数	变动原因
张瑞敏	董事长	6,240	12,730	送配股
杨绵绵	董事 总经理	6,240	12,730	送配股
张学金	董事	6,240	12,730	送配股
武克松	董事	6,240	12,730	送配股
邵明津	董事	6,240	12,730	送配股
柴永森	董事	5,980	12,199	送配股
王成善	董事	0	0	
周云杰	副总经理	5,000	10,200	送配股
郭文联	监事会主席	6,240	12,730	送配股
梁耀瞳	监事	5,460	11,138	送配股
王亭忠	监事	3,510	7,160	送配股
崔少华	董秘	0	0	

东新电碳股份有限公司

1996年年度报告摘要　（摘选）

一、公司简况

公司名称：东新电碳股份有限公司
法人代表：李志武　　　邮政编码：643000
公司地址：四川省自贡市自流井区东光路桌子山22号
电话：0813-2600794　　　传真：0813-2600861

二、主要财务数据与财务指标

（单位：元）

指标项目	1996年	1995年	比上年增减（%）
1.主营业务收入	54290374.37	61143503.70	-11.21
2.净利润	363728.04	3342186.65	-89.12
3.总资产	277139172.04	265219300.47	+4.49
4.股东权益	159249318.23	146006507.19	+9.07
5.每股收益	0.005	0.052	-90.38
6.每股净资产	2.061	2.267	-9.09
7.净资产收益率（%）	0.23	2.29	-89.96
8.股东权益比率（%）	57.46	55.05	+4.38

三、公司主要业务回顾

1. 一年来经营情况

1996年度，公司产品的市场依然疲软，货款回收不畅；原燃材料费用持续上涨，资金紧张，能源供应不正常，给生产经营工作带来巨大影响和压力。虽然全体员工在困难面前经受了考验，并为此付出了艰辛的努力，但效益指标仍不理想。96年公司完成工业总产值4793万元，比上年下降32%；实现主营业务收入5429.04万元，比上年下降11.21%；实现利润36.37万元，比上年下降90.63%。

面对96年严峻的经营形势，公司全体员工在董事会领导下，正视困难，坚定信心，紧紧围绕96年方针目标，从抓"管理、质量、市场、服务"四个方面入手，开展了"学邯钢、降成本、抓质量、严管理"等活动，取得了一定效果。

（1）以市场为导向，以销售为龙头，带动企业整个经营工作。根据年初市场分析和预测，为确保96年生产经营工作的正常进行，公司把揽合同、催货款作为经营工作的重点。多次召开专题会议，研究目标市场和潜在市场，把销售服务与开发相结合的销售理念贯穿于整个销售工作。同时，采取了加大销售承包力度、在全国建立三处人造金刚石碳片代销点、公司领导带头开发用户和催收货款的办法，对搞好96年销售工作起到了积极的促进作用。

（2）精打细算，加强经济管理。96年，针对货款回笼依然困难，资金依然紧张的状况，公司进一步完善了各项规章制度，制定了严禁设立"小金库"和加强财务管理、控制非生产性开支的规定。健全了核算中心，加强对资金的集中管理，进行集中结算和统一调度，提高了资金的使用效率。

（3）狠抓科研技术工作，改进工艺，提高产品质量。公司96年根据市场需求情况，制定了"科研、新产品开发实施计划"，结合"打好开发能力提高战役"进行了科研课题承包。全年开展了5项重点产品、7项新产品和4项基础科研项目；其中"柔性石墨板氯含量测定方法"获机械部科技三等奖。研究所全年完成新产品产值235.35万元，创收入234万元；在工艺技术攻关中，逐步解决了大制品开裂的关键问题，目前∮200以上大规格制品石墨化成品率达到80%，碳片新品种、大规格石墨、2561Q、R电刷、石墨设备等一批新产品研制取得了一定进展。同时，以参与实施"四川省名牌产品"及"争创名牌产品机械企业质量保证声明"为契机，贯彻名牌战略，认真宣传贯彻ISO9000系列标准，有计划、有步骤地开展了质量体系认证的准备工作。加强了工序控制和工艺纪律检查，及时反馈处理质量信息，提高了全员质量意识。

（4）克服困难，合理调配，积极组织生产。96年由于订货任务不均衡，零星、紧急及技术要求难度大的产品合同增多，加之能源、原材料因各种原因供应不正常，给生产组织带来很多困难。公司为此提出"生产围绕市场变"的口号，强化了生产计划、调度和服务工作。定期召开生产会和调度会解决生产中出现的问题。针对紧急、零星合同多的特点，加强了合同管理，生产调度人员深入现场组织生产，抓质量、抓进度，保证了销售合同的完成。同时，抓好了"八五"重大装备技术改造项目的收尾工作。国内唯一的一条从美国引进的电刷生产线已开始投入正常生产，汽车电刷和摩托车电刷产品工艺先进，性能稳定，质量优良，市场前景看好。

2. 96年主营业务收入、净利润实际完成情况分析

1996年主营业务收入54290374.37元，比1995年减少11.22%；净利润363728.04元，比1995年减少89.12%。上述两个指标下降，是由于电碳产品市场需求萎缩，公司主导产品销量减少及固定费用高居不下所致。

3. 前次募集资金的使用情况说明

95年5月，公司实施了10股配2.81股的配股方案。95年7月30日配股资金2310.4万元（含承销费）到位。根据《配股说明书》投入"合成人造金刚石碳片生产线二期扩能"项目。该项目可用于碳片生产，同时亦可用于开发工艺条件基本相同的碳素制品，截止到96年末，上述资金已投入该项目，工程已进入收尾阶段。

四、股本变化及股本结构情况

1. 股本变化及股本结构情况

（1）截至1996年末，公司股本结构如下：（单位：股 每股面值：1元）

	期初数	本次变动增减（+，-）送股	小计	期末数
(1)尚未流通股份				
a发起人股份	31061916	6212383	6212383	37274229
其中				
国家拥有股份	18401916	3680383	3680383	22082299
境内法人持有股份	12660000	2532000	2532000	15192000
b募集法人股	5653500	130700	1130700	6784200
尚未流通股合计	36715416			44058499
(2)已流通股份				
境内上市的人民币普通股	27680000	5536000	5536000	33216000
已流通股份合计	27680000			33216000
(3)股份总数	64395416	12879083	12879083	77274499

（2）股本变动原因：本报告期末总股份数比年初增加12879083股，为1996年5月28日股东大会通过95年度分红送股方案每10股送2股的增加数。股权登记日为96年7月12日，除权及送股上市交易日为96年7月15日。

2. 主要股东持股情况

股东名称	96年12月31日持股数（万股）	占总股本（%）
自贡市国有资产管理局（国家股）	2208.2299	28.58
四川省信托投资公司	360	4.66
中国银行四川省国际信托投资公司	240	3.11
自贡市银河贸易公司	240	3.11
中国人民保险公司自贡市支公司	121.2	1.57
东方电器集团财务公司	120	1.55
中国工商银行四川省信托投资公司	120	1.55
自贡市邮电局	60	0.78
四川省烟草公司自贡市分公司	60	0.78
成都华能物资供销公司	60	0.78

3. 年末股东数

截至1996年12月31日，公司股东总数21767户，其中：国家股东1户，法人股东43户，社会公众股股东21723户。

豪盛(福建)股份有限公司

1996年年度报告摘要　(摘选)

一、公司简况

公司名称：豪盛(福建)股份有限公司

法人代表：谢必荣　　邮政编码：362000

公司地址：福建省泉州市城东仕公岭

电话：(0595)2688168(18线)转股证办　　传真：(0595)2688618

二、主要财务数据与财务指标

指标项目	本年数	上年数	比上年增减(%)
1.主营业务收入(万元)	17286.73	12580.77	+37.41
2.净利润(万元)	2682.98	5289.36	−49.28
3.总资产(万元)	70194.73	65755.42	+6.75
4.股东权益(万元)	52950.66	51292.70	+3.23
5.每股收益(元)	0.1024	0.202	−49.31
6.每股净资产(元)	2.02	1.96	+3.06
7.净资产收益率(%)	5.07	10.31	−50.82
8.股东权益比率(%)	75.43	78.00	−3.29

三、公司业务经营回顾

1.1996年公司经营情况：

一九九六年宏观经济环境虽有所好转，但房地产及相关的建材市场仍极度不景气，由于不利的外部市场环境和新设立同行业的磁砖厂家激烈竞争，公司的主营业务经历了前所未有的困难，对此，为巩固扩大市场，公司董事会制定并实施一系列旨在克服困难、打好基础，谋求发展的措施：

(1)在生产、安装和服务过程中进行标准化管理，1996年12月顺利通过中国方圆标志认证委员会ISO9002国际质量标准认证审核组的年度监督检查，说明公司品质系统仍持续有效地运行。

(2)96年7月，公司以良好的发展前景及意义深远的“海峡概念”入选“上证30指数”成份股，进一步提高了公司在海内外的知名度。

(3)引进的造粒石英砖生产线及三度烧生产设备分别于96年底和97年初陆续顺利到位，预计在97年下半年即可安装完毕投入试生产。

(4)在营销管理上，公司继续在国内各大城市成立了40多家销售公司，已初步建立了一个稳定的营销网络，目前公司大部分产品是由这一销售网络经销，使96年销售收入有较大幅度增长。

(5)于95年底收购的豪盛(广东)有限公司经过公司经营管理层的大力整顿下，已迅速扭亏为盈，并成功打开市场销路。

(6)经过一年多的努力，公司持有51%股权，总投资3000万美元的豪盛(福建)卫浴有限公司的前期筹建工作已全面展开，法定地址确定在福建省泉州市清蒙科技开发区，目前土地平整完成约80%，进口设备合同已于96年底签订。

2.经营业绩

1996年公司实现主营业务收入17286.73万元、净利润2,682.98万元，分别比去年增加37.41%和下降49.28%。实际经营业绩出现如此的差距，主要是一九九六年整个房地产仍然极度的不景气，与之相关的陶瓷市场仍未走出低谷，公司受到较人的影响；其次境外许多磁砖厂家涌入国内市场，同行业间的竞争更为激烈，公司为巩固市场扩大市场份额，年初对所有产品售价进行下调，并取得一定的效果，销售量比去年有一定提高，但利润仍然有所下滑；第三是原辅材料涨价，增加成本，如进口液化气价格96年大幅度上涨，最高达56%。

由于调低产品售价和成本的上升，减少主营业务利润；公司与台湾、越南等地公司合作陶瓷机械销售业务及销售陶瓷产品95年合作合同期满，96年没有此项收入来源减少其他业务利润；另豪盛(山东)有限公司1996年度财务报告已经审计，调整中期实现的投资收益。

四、股本变化及股本结构情况

1.股本变化及股本结构情况

(1)股本结构情况

单位：万股

股份类别	期初数	期末数	比　例
一、尚未流通股份			
1.发起人股份			
其中：外资法人	11308.51	11308.51	43.16%
境内法人	5923.63	5923.63	22.61%
2.社会公众受让转配股	1615.37	1615.37	6.17%
尚未流通股份合计	18847.51	18847.51	
二、已流通股份			
社会公众股	7349.84	7349.84	28.06%
三、股份总数	26197.35	26197.35	100%

(2)本年度内公司股本总额未发生变动。

(3)1996年股东总人数52155人，其中外资法人股1户，境内法人股2户，社会公众股52152人。

2.主要股东持股情况(前十名股东)

股东名称	年末持股数(万股)	占总股本(%)
1 豪盛(香港)有限公司	11308.51	43.16
2 泉州市经济开发公司	2961.815	11.31
3 泉州市区经济发展公司	2961.815	11.31
4 王晓娟	100.00	0.38
5 虞芳	80.00	0.31
6 周丽娟	80.00	0.31
7 丁辉	60.00	0.23
8 戴德芳	50.66	0.19
9 证大富岛	46.07	0.18
10 王文元	45.00	0.17

3.公司董事、监事与高级管理人员持股情况

姓　名	职　务	年初持股数	年末持股数	变动原因
谢必荣	董事长	31499	31499	0
张剑民	副董事长	31499	31499	0
辛天赐	副董事长	0	0	0
谢炳煌	董事兼总经理	31499	31499	0
黄长焕	董事	31499	31499	0
黄坤荣	董事	31499	31499	0
陈富丰	董事	31499	31499	0
辜晓桐	董事	31499	31499	0
陈东华	董事	31499	31499	0
方晓丘	监事长	0	0	0
姚骥康	监事	0	0	0
吴舟翔	监事	29399	29399	0
庄进成	副总经理	31499	31499	0
林建星	副总经理	0	0	0

辽源得亨股份有限公司

1996年年度报告摘要　（摘选）

一、公司简况

公司名称：辽源得亨股份有限公司

法人代表：刘志杰　　邮政编码：136200

公司地址：辽源市福兴路3号

电话：0437—3223931转335

传真：0437—3228579　3223162

二、主要财务数据与财务指标

指标项目	本年数	上年数	比上年增减（%）
1.主营业务收入（万元）	7314	7265	0.67
2.净利润（万元）	46.8	71.5	-34.55
3.总资产（万元）	37820	31225	21.12
4.股东权益（万元）	20418	20371	0.23
5.每股收益（元）	0.005	0.007	-28.57
6.每股净资产（元）	2.03	2.02	0.50
7.净资产收益率（%）	0.23	0.35	-34.29
8.股东权益比率（%）	53.99	65.24	-17.24

三、公司业务经营回顾

1996年是公司发展很关键的一年。这一年里，公司的生产经营工作紧紧围绕落实、执行公司发展战略，采取各种有力措施，努力扭转主营亏损的被动局面。与此同时，加大对其它投资的工作力度，确保回报收益计划的实现。全年实现主营业务收入7314万元，主营业务利润-860万元，利润总额51.7万元，净利润46.8万元。

（一）认真执行股东大会决议，全面落实"加大资本经营力度，双轮驱动，加速公司发展"的公司发展战略。制定了"九五"期间奋斗目标，实施公司的经营工作方针。在资本经营工作上主要抓了两项工作：一是寻求资本经营伙伴，先后与十几家企业接触，探讨资产重组的方式；二是加快向集团化方向发展的步伐。1996年12月，以转贷银行贷款和承担其他债务方式收购了辽源市造纸厂部分资产，形成化纤和造纸两项主业。公司的总资产增加到37820万元，比去年增加6595万元；净资产增加到20418万元，比去年增加47万元，为公司向集团化方向发展迈出了可喜的一步。目前，集团公司审批文件已报送省有关部门。资本经营及资产重组工作仍在加紧努力工作。

（二）在总结过去经验基础上根据公司及市场的状况，经过严格的考察论证，加大了技改力度，开发市场。化纤"2500吨/年丙涤两用差别化柔性生产线项目"已经股东大会批准，正在加紧建设，预计于1997年上半年投入生产。第二主营——纸业制造，1996年已对三台玻璃卡纸机进行改造，实现年产万吨机制纸和加工纸生产能力，其中5000吨/年铸涂纸能力，是我国最大的生产基地。

（三）扎扎实实抓企业内部管理，形成了以成本核算为核心的财务管理体系，并推动了其他管理工作。实行财务统一管理，严控非生产性支出，压缩各种费用，努力降低产品成本，吨丝能源消耗由2525.8元下降到2216.38元，全年节约133万元。用阴阳离子树脂交换器代替蒸馏水发生器每年节省费用50万元；蒸汽改用喷淋加湿、供热由汽暖改为水暖，每个供热期可节约蒸汽费用24万元。还先后开发了油剂国产化、节能挖潜、降耗项目等五项，共节约开资100多万元。制定并严格实行各项管理制度和规定，对公司的人事劳动管理、物资管理、财务资金管理、价格约束管理、厂规厂法、涉外业务管理等十一个方面的工作做了明确的规定，经过近一年的实践运行证明，效果很好。

（四）全面推行ISO-9000质量管理保证体系，把质量管理推向一个新水平，1996年把抓好产品质量作为一项重点工作来做，从省有关部门请来专业人员，对公司工程技术人员、有关管理人员进行了培训，制定并实施一系列管理措施，为质量管理打下了坚实的基础，使1996年的质量水平有了一定的提高。

为寻求更大发展，在调查研究基础上，根据国家产业政策和企业实际，在有关部门的帮助支持下，1996年制定了公司"九五"期间主营发展规划：化纤形成东北最大差别化纤维生产基地；"2万吨涤纶差别化纤维系列工程项目"现已列入省政府"九五"期间35个重点技改项目之一。纸业制造将结合环保改造工程，采取国内立项国外招商的双轨办法，迅速使纸产品扩大到三万吨能力。万吨铸涂原纸项目已经通过省级批准。在资本经营和较大技术改造双轮驱动下，努力实现公司"九五"奋斗目标：收入实现5个亿，利润突破5000万。

四、股本变化及股本结构情况

截至1996年12月31日止，公司股本结构如下：

数量单位：股　　每股面值：1元

股份	期初数	期末数
1.尚未流通股份	55060994.4	55060994.4
发起人股份	43060994.4	43060994.4
其中		
国家拥有股份	31360994.4	31360994.4
境内法人持有股份	11700000	11700000
募集法人股	12000000	12000000
尚未流通股份合计	55060994.4	55060994.4
2.已流通股份	45600000	45600000
境内上市的人民币普通股	45600000	45600000
已流通股份合计	45600000	45600000
3.股份总数	100660994.4	100660994.4

主要股东持股情况（前十名股东）

名次	股东名称	年初持股数（万股）	占总股本（%）
1	辽源市国有资产管理局（国家股）	3136.09944	31.15
2	上海二纺机股份有限公司	900	8.94
3	哈尔滨阿城纺织器材公司	348	3.46
4	吉林省信托投资公司	237.6	2.36
5	吉林省国际经济技术合作公司	180	1.79
6	辽源建行信托投资公司	180	1.79
7	长春市工行信托投资公司	126	1.25
8	深圳市建筑艺术发展公司	120	1.19
9	辽源市建行城市信用合作社	120	1.19
10	中国化纤公司	90	0.89

四川沱牌曲酒股份有限公司

1996年年度报告摘要 （摘选）

一、公司简况

公司名称：四川沱牌曲酒股份有限公司

法人代表：李家顺　　邮政编码：629209

公司地址：四川省射洪县柳树镇中街149号

电话：0825—6766318、6766322　　传真：0825—6766868

二、主要财务数据与财务指标

单位：万元

指标项目	96年数(合并)	比上年增减(%)	95年数(合并)	94年数
1.主营业务收入	80039	54.43	51830	27530
2.净利润	10097	76.43	5723	3652
3.总资产	106238	58.09	67201	50046
4.股东权益	47232	89.50	24925	15459
5.每股收益(元)	0.38	-27	0.52	0.33
6.每股净资产(元)	1.79	-21.15	2.27	1.41
7.净资产收益率(%)	21.38	-1.58	22.96	24
8.股东权益比率(%)	44.88	7.75	37.13	30.9

注：按加权法计算1996年每股收益为0.78元。减去新股申购冻结资金利息的有关指标：

指标项目	1996年
1.净利润(万元)	9172.8
2.每股收益(元)	0.348
3.净资产收益率(%)	19.81

三、公司主要业务回顾

1.一年来公司经营情况

1996年，公司以建立现代企业制度试点为契机，优化资产结构，明晰产权关系，深化企业改革。坚持"以酒业为主，多元化发展"战略，以市场营销为重点，巩固老市场，积极开发新市场，提高了产品覆盖率和市场占有率，强化内部管理，提高经济效益。全年实现利润总额12366万元，较年计划增长35.22%，比上年增长82.04%，创历史最好水平，被中华全国总工会授予"全国五一劳动奖状"。

公司以生产销售中国名酒沱牌曲酒系列产品为主，96年酒类产量10.72万吨，销售10.38万吨，分别比上年增长36%和35%，产销量和市场占有率名列同行业前茅，为中国最大白酒制造企业之一。实现主营业务收入80039万元，主营业务利润11004万元，分别比去年增长54.43%、68.08%，主营业务利润是公司利润的主要来源，占88.99%。

2.主要指标分析

公司主营收入和净利润分别比盈利预测增长16.78%、29.53%，主要是公司强化产品销售，酒类销量比上年增长了35%，尤其是进一步调整优化产品结构，高附加值的大曲酒以上中高档产品销售收入占销售总收入的59%。以及公司股票发行融资项目2万吨名优曲酒技改工程施工进度迅速，1-9栋酿酒厂房于5月10日提前半年投产，名优酒生产能力扩大所致。

3.前次募集资金使用情况说明

公司于1996年5月向社会公开发行股票，募集资金1.55亿元，按《招股说明书》列示，投资于2万吨名优曲酒技改工程及其配套项目，全年完成投资1.24亿元，其中主体工程酿酒车间完成投资7700万元，生产及运输设备投资1948万元，道路、管网、消防设施投资1721万元，曲酒二厂生产办公综合楼投资1022万元。其余3100万元作为流动资金。2万吨名优曲酒工程预计在1997年7月可全部交付使用，公司生产及盈利能力将进一步增强。

四、股本变化及股本结构情况

1.股本变化及股本结构情况

1)股本变化情况(截止96年12月31日，单位：万元)

股份类别	期初数	公积金转股	期末数
一、尚未流通股份			
1.发起人股份	7592	7592	15184
其中：			
国有法人持有股份	7092	7092	14184
境内法人持有股份	500	500	1000
2.募集法人股	1180	1180	2360
3.内部职工股	1097	1097	2194
尚未流通股份合计	9869	9869	19738
二、已流通股份合计	3300	3300	6600
境内上市人民币普通股	3300	3300	6600
三、股份总计	13169	13169	26338

2)股本变动原因：公司于1996年5月9日新增发行社会公众股2204万股，内部职工股中1096万股占额度与新股于5月24日同时上市流通，流通股份变化3300万股，总股本增至13169万股。1996年11月22日公司以资本公积金按10:10比例向全体股东转增股本，总股本增至26338万股。

3)主要股东持股情况(前十名)

股东名称	年末持股数(万股)	占总股本(%)
1)四川沱牌集团有限公司	14184	53.85
2)四川射洪广厦房地产开发公司	1700	6.45
3)四川射洪顺发贸易公司	580	2.20
4)四川射洪融达房地产实业综合开发公司	400	1.52
5)中国工商银行四川省信托投资公司	300	1.14
6)遂宁市银通科技开发公司	300	1.14
7)万国宝鼎	178	0.60
8)张卫国	89	0.34
9)四川射洪金鑫公司	40	0.15
10)中国农业银行射洪县支行劳服司	40	0.15

4)年末股东情况

截止1996年末，公司股东总数为49518户，其中国有法人股1户，法人股7户，内部职工股13428户，社会公众股36082户。

常林股份有限公司

1996年年度报告摘要（摘选）

一、公司简况

公司名称：常林股份有限公司

法人代表：吴建平　　邮政编码：213002

公司地址：江苏省常州市常林路10号

电话：0519-6755304　　传真：0519-6755314

二、主要财务数据与财务指标

指标项目	本年数	上年数	比上年增减(%)
1.主营业务收入(万元)	33123.20	31362.32	5.61
2.净利润(万元)	3239.53	1985.92	63.12
3.总资产(万元)	67152.05	39110.67	71.70
4.股东权益(万元)	30473.53	11784.13	158.60
5.每股收益(元)	0.25	0.37	-32.43
6.每股净资产(元)	2.31	2.18	5.96
7.净资产收益率(%)	10.63	16.85	-36.91
8.股东权益比率(%)	45.38	30.13	50.61

注：① 本公司年初股本为5,402万元，6月份股票发行后股本为11,000万元，11月份实施公积金转增股本后为13,200万元，每股收益按加权平均法计算为0.36元。

② 本公司发行股票冻结申购资金利息7,044,280.47元，其中冻结有效申购资金利息148,825.22元进入资本公积金，冻结无效申购利息6,895,455.25元，根据中国证监会证监上字(1997)1号文规定，分五年摊销，本年分摊1,379,091.05元，进入营业外收入，剔除该部分利息后，1996年净利润为3,122.30万元，股东权益为30,356.31万元，每股收益为0.24元，每股净资产为2.30元，净资产收益率为10.29%，股东权益比率为45.21%。

三、公司主要业务回顾

（一）一年来来经营情况

1996年是公司发展史上极具战略意义的一年。这一年，公司完成股份制改制，成为上市公司，开始由生产经营向资本经营转变。这一年，公司从规范运作入手，完善企业管理制度，转换内部机制，不断发挥科技优势和产品优势，提高了市场的竞争能力，同时加强资产运作的力度，保持了稳步发展的势头。全年实现销售收入33123.20万元，比上年增长5.61%；实现利税5597.78万元，比上年增长12.57%；实现利润3811.21万元，比上年增长26.19%；净利润3239.53万元，比上年增长63.12%。主要经济效益指标创历史最好水平。

（二）主要经济指标分析

1996年度生产各类装载机1514台，销售1507台，实现主营业务收入33123.20万元，比上年增长5.61%，利润总额3811.21万元，比上年增长26.19%，净利润3239.53万元，比上年增长63.12%，年末总资产67152.05万元，股东权益30,473.53万元，整体业绩令人鼓舞。

（三）募集资金使用情况

1996年本公司公开发行人民币普通股股票4000万股，扣除发行费用后共募集资金17620万元，募集资金安排运用情况如下：

"开发振动压路机"项目已投入资金2057.80万元，主要新增焊接机器人生产线，该项目于1998年底以前竣工。"提高制造工艺水平，确保产品质量及扩大生产能力"项目投入933.16万元，主要用于增添数控机床、建造高架仓库工程。本公司与世界著名工程机械制造巨头日本小松制作所共同建立的合资企业"小松常林工程机械有限公司"生产大吨位装载机的合资项目，投入资金5733.36万元，该合资公司目前已基本建成。合资企业"小松常林铸造有限公司"为配套工程机械铸件项目，投入资金255.31万元，已竣工，正式投产。

本次募集资金尚有"开发振动压路机"项目2042.2万元，将根据该项目进度要求逐步投入，其余二个项目的余款已于1997年1月全部投入，剩余5900万元作为补充本公司流动资金。本次募集资金的使用与招股书所披露的项目完全一致。

四、股本变化及股本结构情况

（一）股权结构情况

截止1996年末，公司总股本13200万股，股权结构如下：(单位：万股)

股份类别	期初数	公积金转增	期末数
一、尚未流通股份			
1.发起人股	7000	1400	8400
2.公司职工股	400	80	480
尚未流通股份合计	7400	1480	8880
二、已流通股份			
社会公众股	3600	720	4320
已流通股份合计	3600	720	4320
三、股份总数	11000	2200	13200

（二）股本变动情况及原因

公司1996年度内股本的增加，是由于本年度内临时股东大会通过用资本公积金以10:2的比例所转增股本。

（三）股东数量

截止年末，股东总数为28649户。

主要股东持股情况(前十名股东)

名次	股东名称	年初持股数(万股)	占总股本(%)
1	中国福马林业机械集团有限公司	8400	63.64
2	华夏南京	110.68	0.83
3	华厦金贸	99.41	0.75
4	裘凯平	68	0.51
5	蓝天基金	58	0.43
6	章玉英	48.18	0.36
7	刘万琴	38.15	0.28
8	谢文焕	34.45	0.26
9	黄彩琴	30	0.22
10	黄金兰	18.97	0.14

（四）子公司及关联企业

企业名称	注册资金(万元)	主营业务	本公司拥有权益
1 常州长龄桥箱厂	600	制造销售驱动桥	83.3%
2 常州现代工程机械有限公司	800	制造销售挖掘机	40%
3 小松常林铸造有限公司	2100	制造销售铸件	21%
4 小松常林工程机械有限公司	2100	制造销售装载机	40%

注：合资企业注册资金单位美元

南京医药股份有限公司

1996年年度报告摘要（摘选）

一、公司简况

公司名称：南京医药股份有限公司

法人代表：李家森　　　　邮政编码：210002

公司地址：南京市经济技术开发区（白下区延龄巷27号）

电话：025－4520707　　　　传真：025－4523033

二、主要财务数据与财务指标

指　标　项　目	本年数	上年数	比上年增减(%)
1.主营业务收入(万元)	50280.55	48987.93	2.64
2.净利润(万元)	3022.19	1725.71	75.13
3.总资产(万元)	43511.08	27211.77	59.89
4.股东权益(万元)	21283.52	8201.10	159.52
5.每股收益(摊薄)(元)	0.364	0.28	30.00
6.每股净资产(元)	2.56	1.31	95.42
7.净资产收益率(摊薄)(%)	14.20	21.04	－32.51
8.股东权益比率(%)	48.92	30.14	62.31

注：扣除1996年发行新股申购无效部分资金的利息收入，公司净利润为2663.30万元，每股收益0.32元，净资产收益率为12.51%。

三、公司业务经营回顾

1.公司经营情况回顾

1996年是公司由定向募集公司转为社会公众公司的第一年，一年来在董事会的领导下，通过全体员工的共同努力，对内强化管理，对外抢占市场，1996年公司生产经营又取得稳步发展的可喜成绩，全年实现销售收入50280.55万元，比上年增长2.64%；实现利润总额3551.59万元，比上年增长36.18%；净利润3022.19万元，比上年增长75.13%。在全国医药同行经济效益下滑，亏损面增加的形势下，公司整体经营业绩稳中有升。1996年公司面对同行竞争不断加剧和医疗制度改革不断深化的形势，克服重重困难，解放思想，以"科工贸发展不畏竞争，紧紧瞄准市场占有，经营指标层层分解"为责任体系，增强了全体员工的市场意识，竞争意识和主人翁责任感。公司所属生命能科技开发公司新品开发取得新的进展，二类新药"活脑灵"针剂临床中期评审已获通过，新品"龙克栓"正在临床验证。目前又投入抗衰老制剂等3个新产品的开发研究。恒生制药厂开始步入良性运行，年内实现工业产值1500万元，销售收入1338.94万元。主营商贸发展平稳。在巩固原有市场的基础上，大力开展"舍尼通"良好的疗效，预示着较大的市场潜力。公司抓好生产经营的同时，1996年质量管理又上了一个新台阶。先后通过省医药局和国家医药总局的达标验收，荣获"全国医药行业质量效益型先进企业"称号。

2.公司财务状况完成情况分析

1996年度公司主营业务收入完成50280.55万元，为上年实际数48987.93万元的102.64%，为本年预测数61904.12万元的81.22%，利润总额完成3551.59万元，为上年实际数2607.92万元的136.18%。税后利润3022.19万元，为上年实际数1725.71万元的175.13%，为本年预测数3344.96万元的90.35%。主营业务和税后利润未完成预测数的主要原因是本地公费医疗制度改革的深化，市场竞争加剧以及新品报批原因，影响销售收入。利润总额上升的原因是公司新增工业项目产品销售利润及公司积极压缩各项开支费用等，以及本年度发行股票时申购无效部分资金利息收入421万元。

3.募集资金使用情况

1996年6月7日经中国证监会发审字(1996)63号文批准，公司向社会公开发行人民币普通股2076万股，每股面值1元，发行价5.98元，扣除发行费用后共募集资金11714万元，根据招股说明书投资计划，对募集资金使用情况说明如下：

公司本次募集资金主要用于年产1亿粒龙克栓胶囊生产线技改项目，年产10吨活脑灵原料药技改扩建项目；年产400万支活脑灵针剂、4000万片活脑灵片剂技改项目；年产10亿只单剂量包装滴剂生产线项目；天然药物研究开发中心项目。截止1996年12月31日公司累计投入2270万元用于上述项目，已用于购置生产用土地、部分设备和技术开发、产品临床验证。尚余部分资金暂用于补充流动资金及今后继续投入上述项目，由于临床验证时间延迟和产品报批原因，活脑灵技改扩建项目和活脑灵片剂、针剂技改项目将推迟到1998年完成。

四、股本变化及股本结构情况

1.股本变化和股本结构情况

(1)截止1996年12月31日，公司股本如下：

股　份　类　别	期初数	本次变动增减(＋、－) 配股	送股	公积金转股	其他	期末数
尚未流通股份						
发起人股份	30,757,400					30,757,400
其中：						
国家持有股份	28,257,400					28,757,400
境内法人持有股份	2,500,000					2,500,000
募集法人股	30,000,000					30,000,000
内部职工股	1,500,000					1,500,000
尚未流通股份合计	62,257,400					62,257,400
已流通股份						
境内上市的人民币普通股					20,760,000	20,760,000
已流通股份合计					20,760,000	20,760,000
股份总数	62,257,400					83,017,400

(2).股本变动原因：本年度新增发行2076万股社会公众股，使公司股体总额由年初的6225.74万股增至8301.74万股。

2.要股东持股情况（前十名股东）

股　东　名　称	年初持股数(万股)	占总股本(%)
1)南京医药集团有限责任公司	2825.74	34.04
2)原中国人民建设银行江苏省信托投资公司	659.50	7.94
3)上海申银万国证券公司	527.00	6.35
4)深圳泰华房地产有限公司	138.00	1.66
5)深圳宝安同发实业发展公司	118.50	1.43
6)南京市房产经营总公司	85.00	1.02
7)国泰证券有限公司	82.00	0.98
8)江苏鑫苏投资公司	70.00	0.84
9)南京医药大厦贸易公司	59.00	0.71
10)证大富岛	56.90	0.68

截止1996年12月31日止，本公司股东总数为12923名。其中国有法人股1户，法人股119户，内部职工股1296户，社会公众股11507户。

青海山川铁合金股份有限公司

1996年年度报告摘要（摘选）

一、公司简况

公司名称：青海山川铁合金股份有限公司

法人代表：齐忠志　　　　邮政编码：810028

公司地址：青海省西宁市朝阳西路112号

电话：(0971)5130554　　　传真：(0971)5137586

二、主要财务数据与财务指标

（单位：元）

指标项目	本年数	上年数	比上年增减(%)
1.主营业务收入	121,958,206.39	114,224,355	+6.77
2.净利润	27,146,389.23	13,660,852	+98.72
3.总资产	284,020,282.25	120,534,315	+135.63
4.股东权益	174,500,489.16	55,574,588	+213.99
5.每股收益	0.36	0.246	+46.34
6.每股净资产	2.33	1.01	+130.69
7. 股东权益比率(%)	61.44	46.11	+33.25
8.净资产收益率(%)	15.56	24.58	-36.70

三、公司主要业务回顾

1. 一年来经营情况

1996年，在国家采取适度从紧的宏观政策、宏观调控力度较大的环境下，作为我国西北地区铁合金生产企业第一家上市公司，使企业再次经受了抗经济波动能力的考验。在铁合金国际、国内市场波动较大的年份，公司不断调整经营策略，采取相应的经营管理措施，发动全体员工克服困难，以好的经营业绩维护企业形象。主要对策：一是加强同用户之间的交流与联系，靠稳定用户来稳定出口量；二是强化质量信誉，用可靠的产品质量保证来稳定产品价格。同时，严格成本管理，对原材料采购，采取最高限价的责任考核办法。对生产过程，狠抓提质降耗，把产品价格下落带来的不利影响努力降到最低限度；三是依靠地方政府的支持，把有限的电力供给上市公司，尽力保证一定的开工率，以维护上市公司的形象；四是不断拓宽经营思路，保证公司的稳定发展。

通过以上工作，使公司在极其困难的情况下，经营实绩仍有较稳步的增长，出口硅铁26499吨，出口创汇1802万美元。

2. 1996年，公司实现营业收入1.22亿元，比上年增长6.77%；税后净利润2715万元，比上年增长98.72%。公司依靠现有规模，强化营销，稳定价格，降低成本，使税后利润同比实现了大幅度的增长。

3. 公司投资情况说明

1996年5月，公司成功发行了2000万股A股，发行价4.85元，扣除发行费用，公司实际募集资金9153万元。

公司募集资金主要用于烟气净化系统改造项目、高碳铬铁技术改造项目和兴建铁合金四期工程。其中，烟气净化系统改造项目，已于1997年年初开始实施，高碳铬铁技术改造项目业已进行。本公司生产的铁合金产品是高耗能、劳动密集型产品，耗电量很大而且要求保证供电的连续性。由于本年度铁合金市场的变化以及黄河上游严重缺水导致电力供应不足，严重阻碍公司生产规模的扩大，兴建铁合金四期工程项目，将由董事会在适当时候实施。为了提高资金使用效率，增加公司收益，在确保资金安全和项目投资需要的前提下，经董事会批准，公司对募集资金进行了短期灵活运作，收益良好。

四、股本变化及股本结构情况

1. 股本变化及股本结构情况

(1) 截止1996年12月31日，公司股本结构如下：

数量单位：股　　每股面值：1元

股份类别	1996年6月6日	本期增减	期末数	占总股本
一、尚未流通股份				
1. 发起人股	55,000,000		55,000,000	73.33%
其中：国有法人股	38,417,000		38,417,000	51.22%
2. 公司职工股	2,000,000	-2,000,000	0	
二、已流通股份				
社会公众股	18,000,000	2,000,000	20,000,000	26.67%
三、股本总额	75,000,000		75,000,000	100%

(2) 说明

公司1800万社会公众股于1996年6月6日上市，200万公司职工股于1996年12月6日上市。

(3) 截止1996年12月31日，本公司10名最大股东的持股情况

名次	股东名称	年末持股数(万股)	占总股本(%)
1	青海山川铸造铁合金集团有限责任公司	3841.7	51.22
2	海南深海进出口有限公司	1018.3	13.58
3	五矿国际有色金属贸易公司	300	4.00
4	青海百货股份有限公司	220	2.93
5	海城东关(张素静)	67.6171	0.90
6	青海三普药业股份有限公司	40	0.53
7	中国冶金进出口青海公司	20	0.27
8	中国冶金进出口厦门公司	20	0.27
9	贵州省机械进出口有限公司	20	0.27
10	中国磨料磨具进出口联营公司海南分公司	20	0.27

(4) 截止1996年12月31日，本公司股东总数为13226户。

2. 公司董事、监事与高级管理人员持股情况

姓名	现任职务	年初持股数(股)	年末持股数(股)
齐忠志	董事长	1000	1000
王义敏	副董事长	1000	1000
杨念群	副董事长	0	0
阎绍祥	董　事	500	500
贺义男	董　事	500	500
尚凤和	董　事	500	500
卢少储	董　事	500	500
冯智祥	董　事	500	500
孙光学	董　事	0	0
朱　光	董　事	0	0
张德雷	董　事	0	0
赵玉梁	监事长	500	500
张宝成	监　事	200	200
尹立君	监　事	200	200
陈　伟	监　事	0	0
范　宁	监　事	0	0
张光周	董事会秘书	0	0

松辽汽车股份有限公司

1996年年度报告摘要（摘选）

一、公司简况

公司名称：松辽汽车股份有限公司

法人代表：张家文　　邮政编码：110101

公司地址：沈阳市苏家屯区白松路22号

电话：024－9811610　　传真：024－9811259

二、主要财务数据与财务指标

指标项目	本年数	上年数	比上年增减(%)
1.主营业务收入(万元)	18651	28752	－35.13
2.净利润(万元)	1592	1670	－4.68
3.总资产(万元)	73138	49582	47.51
4.股东权益(万元)	39499	20269	94.88
5.每股收益(元)	0.14	0.209	－33.01
6.每股净资产(元)	3.38	2.53	33.39
7.净资产收益率(%)	4.03	8.24	－51.09
8.股东权益比率(%)	54.01	40.88	32.12

注：扣除利息收入因素，净利润为779.2万元，每股收益0.067元，净资产收益率2.04%。

三、公司业务经营回顾

1．一年来经营情况回顾

1996年，公司全体员工认真贯彻董事会决议，以股票上市为契机，在全国汽车市场低迷的情况下，通过积极开拓市场，强化内部管理，提高产品质量，加快产品开发，调整经营策略，降低产品成本，使公司取得了一定的经济效益。1996年末固定资产10200万元，比上年同期增加0.6%。主营业收入18651万元，比上年降低35.13%；实现利润总额1750.8万元，比上年降低6.93%；实现净利润1592万元，比上年降低4.68%。公司的各项经济指标继续列全军同行业首位。

(二)关于经营成果与盈利预测差异的说明

1996年公司在招股说明书概要预测：1996年盈利预测3000万元，经过年内公司实际努力，实现利润1592万元，只完成预测的53.07%。影响实际经营成果与预测有较大差异的主要原因是：

1、1996年我国汽车市场竞争异常激烈，特别是轻型车市场有较大幅度的萎缩，同类厂家纷纷采取降价销售，我公司也对部分汽车售价进行了相应的下调，而且销售总量较往年减少，使利润相应减少。

2、由于SLQ6502新产品开发募集资金到位较晚、外委加工模具进度延误，以及原材料价格上涨、项目调整等原因，使新产品未能如期投放市场。

3、由于公司年初在盈利预测时，对汽车销售市场和新产品开发等客观因素估计不足，致使公司本年度盈利目标未能达到，公司董事会并经理班子对此向全体股东致歉。

(三)募集资金使用情况说明

公司年内发行3680万股A股股票，募集资金扣除发行费后净额为17,619.8万元，按公司按股说明书所述用途严格使用。尚待投入部分按公司招股说明书资金使用用途在1997年3月末实施。目前该项目的四大工艺中的涂装线、焊装线、总装线及动力改造、样车制造及试验均已完成，冲压线已安装结束，正在调试。全部工程完工程度为75%，预计1997年7月份产品试生产，10月份批量生产。

(四)1997年发展计划

1997年公司将以全面提高企业经济效益为中心，以产品质量为重点，以新产品开发为主线，拓宽市场闯难关，改制改组求发展。重点做好以下几方面工作：

1、抓产品。新产品SLQ6502轻型客车开发工作已经收尾，公司全体员工将发扬艰苦创业的精神，团结拼搏，保证质量，按进度、按要求把新产品开发出来，及时投放市场。

2、抓市场。今年公司将在全面启动市场上下功夫，以市场为导向，制定新的经营策略，强化销售队伍建设，优质售后服务，进一步扩大市场营销网络的规模，使公司形成吉普车、面包车、中巴车"多条腿"走路的生产营销格局。

3、抓人才。在人才的招纳、培养、使用及管理上下功夫。公司1997年准备招聘40－50名科技、营销及各类专业管理人员，并认真搞好对现有人员的培训，通过提高科技人员的福利待遇，为培养和吸收各类人才创造条件。

4、改革机制。进一步发挥股份制企业的有利条件，在企业中真正建立起活性的竞争激励机制。1997年公司将结合企业实际，认真推行岗位技能工资制，分配上拉开档次，以岗定薪，岗变薪变，调动广大员工的积极性和创造性。另外，公司还将继续按建立现代企业制度和对上市公司的要求，依法操作，规范运行。进一步深化企业综合改革，搞好结构调整，融通银企关系，完善经营管理机制，以良好的经营业绩回报股东。

5、加强企业内部管理。继续开展管理年活动，坚持把企业管理同ISO9000质量宣贯结合起来，努力在管理的内涵、标准、手段和力度上有新的突破和更高的要求。重点抓好五项管理，即成本管理、财务管理、现场管理、审计监督管理和基础管理，使公司各项管理工作符合现代企业制度的要求。

6、加强质量管理。公司在质量管理上，重点围绕ISO9000质量标准的运行，认真制定保证措施和考核办法，形成一种人人学ISO9000，人人讲ISO9000，人人推行ISO9000的良好氛围。

7、加大融资力度，推进合资合作进程。公司将通过多种渠道，广泛筹资融资，加强银企合作，弥补企业发展资金的不足。加强对内对外合作，力争尽快引进国外先进的越野车技术，开发出较高档次的军民两用的越野吉普车。

四、股本变化及股本结构情况

(1)股本结构情况

数量单位：万股　每股面值：1元

	期初数	配股	送股	公积金转股	其它	期末数
		本次增减变动(＋、－)				
尚未流通股						
其中：国家股	6200					6200
社会法人股	200					200
内部职工股	1600				－320	1280
尚未流通股合计	8000				－320	7680
已流通股						
境内上市人民币普通股A股					4000	4000
已流通股合计					4000	4000
股份总数	8000				3680	11680

(2)股本变动情况及原因

经国家证监会"证监发字(1997)77号"文件批准，公司于1996年6月12日向社会公开发行A股股票3680万股，另有320万股内部职工股随带上市。股本由发行前8000万股增至11680万股。

(3)主要股东持股情况(前十名股东)

股东名称	年末持股数(万股)	占总股本(%)
沈阳军区后勤部工厂管理局	6200	53.08
中国工商银行沈阳信托投资公司	200	1.71
深圳常恒实业	35	0.3
黄秀锋	28.2	0.24
郑创人	28	0.24
李继材	21	0.18
管惠明	21	0.18
林少荣	20	0.17
黎爱兴	17.55	0.15
白长贵	17	0.15

(4)年末股东户数

1996年末，公司股东总数为29108户。其中：国家股1户、法人股1户、社会公众股22694户、内部职工股6412户。

秦皇岛耀华玻璃股份有限公司

1996年年度报告摘要 （摘选）

一、公司简况

公司名称：秦皇岛耀华玻璃股份有限公司

法人代表：李德芳　　邮政编码：066013

公司地址：秦皇岛市西港路

电话：(0335)3031133-5142 3033844　　传真：(0335)3033844

二、主要财务数据与财务指标

指标项目	本年数	扣除申购冻结资金利息
1.主营业务收入(万元)	25256	25256
2.净利润(万元)	5283	4797
3.总资产(万元)	68297	68297
4.股东权益(万元)	51186	51171
5.每股收益(元)	0.29	0.27
6.每股净资产(元)	2.84	2.84
7.净资产收益率(%)	10.32	9.37
8.股东权益比率(%)	74.97	75.50

注释：因本公司为1996年新设立的上市公司，上年度有关财务数据与本年度不具可比性，故未列示。

三、公司主要业务回顾

1.一年来经营情况

1996年是公司实施"九五"发展规划的第一年，由于国家继续实行适度从紧的财政政策及受市场经济周期的影响，玻璃市场出现了供大于求、竞争激烈、价格、效益大幅度下滑的严峻形势，而原燃材料价格又有大幅度上涨。面对不利因素，本公司始终坚持科技先导，质量兴企总方针，依靠科技进步，开展节约挖潜，消化减利因素，努力遏制经济效益下滑的趋势。全年实现工业总产值27470万元，主营玻璃产品产量4408034.7重箱，主营业务收入累计完成25256万元，实现利润6215万元，主要来源于玻璃产品。

在本年度内，特别是改制以后，公司致力于规范化运作，努力搞好生产经营工作，重点开展了以下工作：

(1)落实"科技兴企"方针，以优质产品赢得信赖。

(2)拓展经营服务领域，狠抓市场占有率。

(3)开展"学邯钢"活动，强化内部管理。

(4)强化职工培训。

2.关于经营效果与预测差异的说明

本年度公司实际完成主营业务收入25256万元。比《招股说明书》中的预测(以下简称预测)39213万元减少13957万元，降低35.6%；实现利润总额6215万元，比预测的9369万元减少3154万元，降低33.7%。其原因主要是：

(1)由于国家宏观调控和经济周期等因素的影响，玻璃市场暂时出现了供大于求的局面，本年度玻璃价格大幅度下降，本公司浮法蓝玻售价实际为63.86元/重箱，比预测的96.72元降低了33.97%，引上平板玻璃平均售价实际为55.01元/重箱，比预测的67.72元降低了12.71%。售价降低共使主营业务收入减少11039万元，减少利润10841万元。

本公司预测的玻璃售价已考虑了经济周期影响市场价格下降的因素，比1994年实际售价降低了24.2%，比1995年上半年售价降低了15.2%。此降价幅度已超出了前一个经济周期的降价幅度(上一个周期1988年至1991年的降价幅度分别为1.7%、9.84%、3.98%、6.64%，最低点比最高点降低了19.2%)。但由于企业间竞争激烈，使实际市场价格的下降幅度远远超出了正常预测的水平，玻璃生产企业的效益受到严重影响。

(2)由于同样原因，玻璃库存量增加，销售量比预测减少43万重箱，使主营业务收入减少2918万元，减少利润708万元。

面对上述不利因素，我公司积极克服困难，采取措施，深入开展"学邯钢"活动，降低消耗，挖潜增效，在消化原燃材料涨价因素的情况下，玻璃的平均单位成本比预计降低13.6%，增加利润3061万元。另外通过压缩各项费用支出、强化资金运作，进行技术和劳务输出等各种措施，增加利润5334万元。

由于对本年度玻璃市场发生较大变化估计不足，尽管采取了一些措施，但仍未能达到预测目标，董事会并经理班子向全体股东致歉。

3.募集资金使用情况说明

根据公司招股说明书，本报告期内A股发行募集资金，用于国家"八五"重点项目耀华500吨/日浮法玻璃生产线扩建工程和九机窑改500吨/日浮法玻璃生产线技改项目(即"双加"项目)的配套工程。

项目名称	96年本公司计划投人	96年本公司实际投人	工程进度
1.耀华500吨/日浮法玻璃生产线扩建工程	18400万元	18400万元	已基本完成工程建设
2."双加"项目配套工程			
①保护气体车间、油站、燃煤锅炉房技术改造	2960万元	0	
②原料系统、35KV变电所铁路专用线技术改造	2948万元	0	
③余热锅炉房成品库子项改造	2947万元	0	

(1)耀华500吨/日浮法玻璃生产线扩建工程

该项目是经国家计委计原材[1993]1969号文批准的国家重点建设项目。本公司以A股募集资金中的18400万元作为出资，已按计划投入该项目，其它合资方的出资也已如期到位。项目建设进展情况符合计划进度，年度内已基本完成工程建设，进入基本建设后期，并已引板试生产。

(2)"双加"配套工程

由于市场发生较大变化，为了节约投入，最大限度地有效利用原有设施，本公司对"双加"项目可行性研究方案进行了部分调整，现正在履行报批手续。因此，原计划用部分募集资金进行的"双加"配套工程尚未实施。

四、股本变化及股本结构情况

1.股本变化及股本结构情况

(1)股本结构情况

截止1996年末，公司股本结构如下：

填报日期：1996年12月31日　　数量单位：股　　每股面值/元

	期初数	期末数
一、尚未流通股份		
1.发起人股份	135,000,000	135,000,000
其中：		
国家拥有股份	134,200,000	134,200,000
境内法人持有股份	800,000	800,000
2.内部职工股	4,500,000	4,500,000
尚未流通股份合计	139,500,000	139,500,000
二、已流通股份		
1.境内上市的人民币普通股	40,500,000	40,500,000
已流通股份合计	40,500,000	40,500,000
三、股份总数	180,000,000	180,000,000

注：1.期初数为公司股票上市日的股本数。

2.4,500,000股内部职工股于1997年1月6日上市流通。

3.1997年1月8日公司临时股东大会通过了用资本公积金每10股转增8股股本的决议。

(2)股本变动原因

本年度内公司股本未发生变动。

(3)主要股东持股情况

本公司持股5%以上及前十名大股东持股情况如下：

股东	持股	比例
中国耀华玻璃集团公司	13420万股	占74.56%(国有法人股)
孙立群	44.08万股	占0.24%
朱玉新	30.03万股	占0.17%
孟宪英	27.20万股	占0.15%
陈锡芬	25.00万股	占0.14%
胡陶番	22.80万股	占0.13%
肖时禹	20.34万股	占0.11%
周先勇	20.21万股	占0.11%
河北省建设投资公司	20.00万股	占0.11%
国家建材局秦皇岛玻璃工业设计研究院	20.00万股	占0.11%

(4)股东数量

截至1996年12月31日止，本公司股东总数为30634名。

甘肃祁连山水泥股份有限公司

1996年年度报告摘要 （摘选）

一、公司简况

公司名称：甘肃祁连山水泥股份有限公司

法人代表：韩超然　　邮政编码：730301

公司地址：甘肃省兰州市永登县中堡镇

电话：0931—6479298、6423861－501　传真：0931—6423671

二、主要财务数据与财务指标

单位：万元

指标项目	本年数	上年数	比上年增减(%)
1.主营业务收入	167,895,575.57	149,113,157.93	12.60
2.净利润	25,518,074.52	10,758,267.52	137.19
3.总资产	308,079,111.96	171,119,381.01	80.04
4.股东权益	182,255,556.32	72,395,905.21	151,75
5.每股收益(元)	0.365	0.242	50.83
6.每股净资产(元)	2.60	1.63	59.51
7.净资产收益率(%)	14	14.86	－5.79
8.股东权益比率(%)	59.16	42.31	39.83

注：公司发行股票冻结申购资金利息进入营业外收入150万元。扣除该部分利息后，1996年净利润为2401.81万元，每股收益为0.343元，每股净资产为2.58元，净资产收益率为13.3%。

三、公司主要业务回顾

1．一年来公司经营情况

1996年，本公司始终坚持以生产经营为中心，以提高经济效益为目标，牢牢把握生产经营工作的主动权，切合实际向提高产销率和货款回收要效益，向优化产品结构和提高产品质量要效益，全面超额完成了1996年各项奋斗目标和任务。全年公司共生产水泥（含商品熟料）680，093吨，销售水泥680，059吨，产销率为100%；实现销售收入167，895，575.57元，净利润25，518，074.52元。

2．本年度主营业务收入、净利润实际完成情况分析：

本年度公司主营业务收入167，895，575.57元，比上年增长12.6%，净利润25，518，074.52元，比上年增长137.19%，均完成了公司发行股票作出的盈利预测目标。

增长的主要原因是：公司通过大力调整产品结构，提高了市场急需的特种水泥产销量，使主营业务收入增加；通过狠抓内部管理，使管理费用和财务费用均比上年明显降低，主营业务利润比上年增长66.35%；同时，公司参与短期投资，获得较好回报以及发行股票所冻结的申购资金利息使营业外收入增加等。

3．前次募集资金的运用情况：

1996年本公司公开发行人民币普通股2558万股，扣除发行费用后，实际募集资金10，601.01万元（含发起人以货币资金认购的部分）。募集资金运用情况如下：

1)年产100万平方米高档彩釉内墙砖项目

1996年，已投入建设资金1000多万元，三通一平工程已经结束，引进设备已签订订购合同，并已制作发运，设备配套资金引进280万美元，正办理相关手续。国内各项审批手续已全部办妥。项目建设进展与计划进度基本相符。预计1998年4月份建成投产。

2)年产15万吨平凉祁连山水泥厂项目

本项目原计划于1996年下半年开工建设，但由于水泥设备和原燃材料价格上涨，通过概算，预计工程实际投资将超过原计划投资额度。而且，因国家继续实行适度从紧的货币政策，致使本地区水泥市场产大于销。为此，在公司创立大会暨第一次股东大会上要求公司董事会要本着对投资者负责的态度，对该项目进行实事求是，认真细致的调研，确保募集资金投向产生良好的经济效益。目前，董事会对建设项目作进一步评估论证，以确定资金投向该项目资金尚未投入。

四、股本变化及股本结构情况

1．股本结构情况

填报日期：1996年12月31日　　数量单位：股　面值：每股1元

股份类别	期初数	本次变动加(＋) 减(－) 配股	送股	公积金转增	其他小计	期末数
一、尚未流通股份						
1.发起人股份	44420000					44420000
其中：国有法人股	36850000					36850000
发起法人股	7570000					7570000
内部职工股	2558000					2558000
尚未流通股合计	46978000					46978000
二、已流通股份						
社会公众股	23022000					23022000
已流通股份合计	23022000					23022000
三、股份总数	70000000					70000000

2．本年度内公司股本无变化。

3．截止1996年12月31日，本公司股东总数为15648户，其中国家股股东1户，法人股股东31户，社会公众股股东15616户（其中：公司职工持股股东3537户）。

4．主要股东持股情况如下（前十名）：

股东名称	年初持股数（万股）	占总股本（%）
1)永登水泥厂	3685	52.64
2)永登永青股份合作水泥厂	277	3.96
3)兰州盛大有限公司	208.17	2.97
4)上海环球乐园	180	2.57
5)兰州铁路局兰州铁路分局	100	1.43
6)包钢综合企业（集团）公司	50	0.71
7)甘肃省建筑构件工程公司	50	0.71
8)甘肃省建筑材料总公司	50	0.71
9)平凉地区峡中水泥厂	50	0.71

沧州化学工业股份有限公司

1996 年年度报告摘要 (摘选)

一、公司简况

公司名称：沧州化学工业股份有限公司

法人代表：周振德　　　　邮政编码：061000

公司地址：河北省沧州市南环中路 18 号

电话：(0317)3030719 3042644-540　　　传真：(0317)3042321

二、主要财务数据与财务指标

指标项目	本年数	上年数	比上年增减(%)
1. 主营业务收入(万元)	40293.56	43549.6	-7.48
2. 净利润(万元)	6116.81	7203.37	-15.08
3. 总资产(万元)	60329.3	38573.44	56.4
4. 股东权益(万元)	50522.55	28521.21	77.14
5. 每股收益(元)	0.31	0.96	-67.55
6. 每股净资产(元)	2.58	3.80	-32.3
7. 净资产收益率(%)	12.11	25.26	-52.06
8. 股东权益比率(%)	83.74	73.94	13.26

三、公司主要业务回顾

1. 公司经营状况的回顾

1996 年度，在河北省委、省政府及化工部和各位股东的大力支持下，于 1996 年 6 月 4 日公开发行 2312 万股股票，并于 1996 年 6 月 26 日在上交所挂牌交易，公司本着“开拓、务实、拼搏、奉献”的企业精神在新产品开发、市场开拓、生产组织、降低成本等方面取得较大的成绩，同时培育了新的经济增长点，为今后公司经济持续、稳定、健康地发展打下了基础。

1. 按照规范化股份公司的要求，建立具有自身特色的管理体制和运行机制。

1996 年公司建立了一套符合现代企业制度的股份公司管理体制和运行机制并在公司的领导层作了一次大的调整，整个公司的领导班子向年轻化、知识化进行了过渡，为企业保持连续、持续、长远的发展奠定了基础。

2· 狠抓募集资金投向项目的建设进度，尽快形成新的经济增长点。

公司上市后，按照招股说明书中确定的募集资金投向，千方百计地加快项目建设进度，2 万吨离子膜烧碱生产装置的收购成功并产生了效益，15 万吨 PVC 树脂和三千吨级液体化学码头工程正在加紧建设。

3. 加强制度建设提高公司规范化运作水平。

上市伊始，即按照上市公司的规范化要求，牢固树立对全体股东负责和依法运行观念，系统制定出行政、人事、工资、财务、投资生产技术与管理制度，使公司运作迅速步入规范化、制度化、法制化管理轨道。

(二) 关于经营成果与预测差异的说明

1996 年公司实现主营业收入 4.03 亿元，比上年下降 7.48%，实现净利润 6116.81 万元，比上年下降 15.08%，完成盈利预测的 69.07%，原因是主导产品 PVC 树脂市场销售价格大幅下降造成的。

(三) 募集资金运用情况

1996 年经过中国证监会证监发字[1996]71 号证监发字[1996]72 号文批准于 6 月 4 日向社会公开发行 2312 万股，实际募集资金 2.06 亿元，所募集资金以 6330 万元收购 2 万吨离子膜烧碱装置，尚余部分资金暂用于补充流动资金及今后继续投入的项目，募集资金使用情况与招股说明书披露的内容一致。

四、股本变化及股本结构情况

(一) 股本结构　　　　　　　(单位：万股)

	期初数	本次变动增减(+,-)					期末数
		配股	送股	公积金转股	其他	小计	
一、尚未流通股份							
1. 发起人股份	7310			7310			14620
其中：							
国家拥有股份	7310			7310		14620	
境内法人持有股份	0			0			0
外资法人持有股份	0			0			0
其他	0			0			0
2. 募集法人股	0			0			0
3. 内部职工股	0			0			0
4. 优先股或其他	0			0			0
尚未流通股份合计	7310			7310			14620
二、已流通股份							
1. 境内上市的人民币普通股	2500			2500			5000
2. 境内上市的外资股	0			0			0
3. 境外上市的外资股	0			0			0
4. 其他	0			0			0
已流通股份合计	2500			2500			5000
三、股份总数	9810			9810			19620

(二) 股东户数：43562 人

(三) 主要股东持股情况(前十名股东)

名次	股东名称	持股数(万股)	占总股本(%)
1	沧州化工实业(集团)公司	14620	74.5
2	王秀杰	200.004	1.02
3	万泰物资	55	0.28
4	渝保合川	50	0.26
5	科辐装潢	48.3567	0.25
6	晋华煤矿	43	0.22
7	南方国投	35	0.18
8	山西工行	33.565	0.17
9	孟齐伟	25	0.13
10	袁丽萍	22.5	0.11

(四) 重要事项

1. 1996 年 3 月 1 日召开第四次股东大会，决定按 0.62 元/股向股东派发现金红利，剩余 0.20 元/股滚存至下年度分配。

2. 1996 年 6 月 4 日本公司公开发行 A 股 2312 万股，发行价格 9.18 元/股，实际募集资金 20624 万元，6 月 26 日和内部职工股 188 万股在上交所挂牌上市。

3. 1996 年 8 月 18 日公司召开第五次董事会会议，会议一致通过了《1996 年度中期报告》和利用资本公积金按 10:10 的比例转增股本的预案。

4. 1996 年 9 月 20 日公司召开 96 年度临时股东大会，会议通过了《1996 年度中期报告》和利用资本公积金按 10:10 的比例转增股本，以及修改公司章程的议案。

宁波富达电器股份有限公司

1996年年度报告摘要 （摘选）

一、公司简况

公司名称：宁波富达电器股份有限公司

法人代表：赵电驰　　邮政编码：315400

公司地址：中国浙江省余姚市阳明西路355号

电话：0574—2814275　　传真：0574—2813915

二、主要财务数据与财务指标

指标项目	1996年	比上年增减(%)	1995年	1994年
1.主营业务收入(万元)	16812.03	−6.85	18047.89	13622.66
2.净利润(万元)	2190.20	41.73	1545.34	1168.43
3.总资产(万元)	24755.09	48.34	16687.81	15901.85
4.股东权益(万元)	14268.90	170.96	5265.97	4785.79
5.每股收益(元)	0.41	5.13	0.39	0.29
6.每股净资产(元)	2.67	102.27	1.32	1.20
7.净资产收益率(%)	15.35	−47.70	29.35	24.41
8.股东权益比率(%)	57.64	82.64	31.56	30.10

三、公司主要业务回顾

1996年是富达公司充满机遇与挑战，成功和考验的一年，公司充分利用股票上市成功的有利契机，迅速扩大企业规模，积蓄发展潜力，调整产品结构，拓展内外市场，在国内市场疲软，出口退税率调低等不利因素影响下，经全体员工的共同努力，仍取得了一定的成绩，九六年全年共完成主营业务收入16812.03万元，实现净利润2190.20万元，每股收益0.41元，净资产收益率15.35%，劳动生产率20.44万元/人，人均创利2.45万元。

（一）1996年度公司主营业务概述

公司1996年度共生产不同型号吸尘器28.75万台，高速串激电机47.42万台，主营收入16812.03万元，实现税后净利润2190.20万元，分别比上年增长－6.85%和41.73%，分别完成年初计划的70%和88%，本年度未完成年初利润指标的主要原因是：

1．由于国内部分吸尘器生产厂家向国外市场低价竞销其产品，公司为确保国际市场的占有率，只得实施让利营销策略，从而导致利润相对减少。

2．今年是公司几个主要技改项目的建设期，新老设备的更替、安装及新车间搬迁等因素，也从一定程度上影响了公司的常规生产，减少了产量。

（二）报告期内公司主要生产、经营情况

1．主导产品吸尘器生产销售情况

在今年国内吸尘器市场严重疲软形势下，公司充分利用富达产品在欧洲、中东等国际市场的良好知名度，以广交会为突破口，运用公司自营进出口权的优势，积极开拓国际市场，扩大产品出口，今年共完成外贸交货值5100万元，累计外销不同型号吸尘器17.45万台。同时调整营销策略，完善国内市场的销售网络，在全国各省市及地区级大中城市建立了近300个销售网点，并加大广告投入，进一步提高富达产品在国内的知名度，预计97年的国内外销售额将会有大幅度提高。

为增强企业的市场竞争力和抗风险能力，公司加快了新产品开发力度，今年又新开发了ZL1000—44型、ZL1200—56型等不同型号吸尘器六只，以满足不同消费层次的需要。

2．质量、管理情况

为贯彻以质促销的营销方针，稳定占领并拓展国际市场，以质量保产品牌，公司用要求所有产品均须通过国际认证的强制手段提高产品质量，目前公司又有8只产品申请通过了德国的GS和欧共体CE等国际认证和国内长城认证，并严格实施去年通过的国际国内双重认证的ISO9002质量保证体系，继续完善美国"四班"公司引入的MRP－Ⅱ管理软件系统，从而使产品质量和工作质量大为提高，企业和产品的知名度和美誉度同步得到提升。

3．前次募集资金使用情况说明

1996年6月28日，公司向社会公开发行人民币普通股1340万股，发行价为每股5.80元，扣除发行费用469万元，实际募集资金7303万元，根据原招股说明书披露项目内容，具体使用如下：

（1）高速串激电机二期项目

该项目原计划投资1950万元，计划1997年1月份正式投产，为突出主业，适应日益扩大的吸尘器产量需求，经二届一次董事会讨论通过，并报下届股东大会批准，决定追加投资2000万元，再扩产30万台电机，使该项目达到年产高速串激电机60万台的规模，经工程技术人员日夜奋战，提前二个月于96年11月8日竣工验收，正式投产，从美国引进的成套设备，安装顺利，运转良好，已能月产电机5万台，预计97年能增产高速电机60万台，新增产值8000万元。新增利润1000万元，创汇500万美元。

（2）新型工业通风除尘设备项目

该项目预算投资2200万元，原计划1997年1月投产，经有关部门的紧密配合，项目土地及设备安装工程于今年12月底竣工验收，并于1997年2月初形成批量生产，该项目正常投产后，只要市场开拓得当，97年能为公司新增产值5000万元，新增利润1000万元。

（3）关于"复合共挤技术项目"

原招股说明书上披露的"复合共挤技术在宽幅树脂板材成型中应用项目"，由于意大利进口设备及原材料的大幅度提价及国内市场需求的变化，经公司二届二次董事会讨论通过，并报下届股东大会批准，决定终止开发。

四、股本变化及股本结构情况

1．1996年度公司股份变动情况表

填报日期：1996年12月31日　　数量单位：股　每股面值：1元

	期初数	本次变动增减(+、-) 配股	送股	公积金转股	期他	小计	期末数
一、尚未流通股份	40000000						40000000
1.发起人股份	35548400						35518100
其中：							
国家拥有股份							
境内法人持有股份	35548400						35548400
外资法人持有股份							
其他							
2.募集法人股	2740000						2740000
3.内部职工股	1711600						1711600
4.优先股或其他							
尚未流通股份合计	40000000						40000000
二、已流通股份							
1.境内上市的人民币普通股	0			13400000		13400000	13400000
2.境内上市的外资股							
3.境外上市的外资股							
已流通股份合计	0			13400000		13400000	13400000
三、股份总数	40000000						53400000

2．股本变动原因：本年度新增发行1340万股社会公众股，使公司股本总额由年初的4000万股增至5340万股。

3．主要股东持股情况(前十名股东)

名次	股东名称	年末持股数(万股)	占总股本(%)
1	余姚市二轻工业总公司	1603.43	30.03
2	余姚市塑料工业科技研究所	500.94	9.38
3	中国工商银行浙江省信托投资公司	500	9.36
4	中国农业银行宁波市信托投资公司	330	6.18
5	浙江省二轻企业集团	319.83	5.99
6	余姚塑料总厂	300.64	5.63
7	宁波红星纺织服装厂	200	3.75
8	李　淼	42	0.79
9	陈颂华	42	0.79
10	穆立新	31.90	0.60

4．截止1996年末公司股东总数为2409户，其中法人股股东20户，内部职工股股东612户，社会公众股股东1777户。

山东鲁北化工股份有限公司

1996年年度报告摘要（摘选）

一、公司简况

公司名称：山东鲁北化工股份有限公司

法人代表：冯怡生　　邮政编码：251907

公司地址：山东省无棣县马山子镇

电话：0543—6581474　　传真：0543—6581345

二、主要财务数据与财务指标

指标项目	本年数	上年数	比上年增减(%)
1.主营业务收入(万元)	22806.19	19865.75	14.80
2.净利润(万元)	6126.32	4220.66	45.15
3.总资产(万元)	40114.54	20952.25	91.46
4.股东权益(万元)	32458.77	10395.41	212.24
5.每股收益(元)	0.61	0.60	1.67
6.每股净资产(元)	3.25	1.48	119.59
7.净资产收益率(%)	18.87	40.60	-53.52
8.股东权益比率(%)	80.92	49.62	63.08

三、公司主要业务回顾

1．经营情况及财务概要

1996年是公司创立及"鲁北化工"发行上市的第一年，也是公司"九五"及2010年跨世纪中长期发展规划实施的第一年。一年来，公司本着对国有资产和全体股东高度负责的精神，团结带领广大员工充分发挥磷铵、硫酸、水泥联产发明专利技术工艺及国际领先的中度卤制溴及溴系列技术优势，狠抓机遇、开拓经营、转机建制、强化管理，扎实认真开展"管理效益年"活动，各项指标均创历史最好水平。全年共生产磷铵63275.08吨、硫酸64454.46吨、水泥69973.54吨、溴素及溴系列产品2531吨、三元素混配肥25000吨。主营业务收入、利润总额和净利润分别实现22806.19万元、6857.72万元和6126.32万元，分别比上年增长14.80%、8.86%和45.15%；股民享受公司成立后的可供股东分配利润为35229124.28元。公司主营业务收入、利润总额和净利润增长的主要原因：

(1) 通过技术改造，磷铵产量较原设计能力翻了一番。

(2) 水泥也大大超过了原设计能力。

(3) 各种产品价格也有不同程度的提高。

2．募集资金使用情况

公司发行3000万社会公众股，扣除发行费用，所募集资金17918.76万元，按照招股说明书和上市公告书，全部用于正在建设中的"15万吨磷铵、20万吨硫酸、30万吨水泥"国家试点放大工程。

四、股本变化及股本结构情况

截止1996年12月31日，公司总股本10000万股，其股本结构：

（单位：万股）

股份类别	期初数	期末数
1. 尚未流通股份		
(1) 国有法人股	7000	7000
(2) 内部职工股	300	300
2. 已流通股份		
A股	2700	2700
3. 股份总数	10000	10000

主要股东持股情况(前十名股东)

名次	股东名称	年初持股数(万股)	占总股本(%)
1	山东鲁北企业集团总公司	7000	70
2	国泰公司	163.07	1.63
3	李　军	50.12	0.50
4	李振泉	49.99	0.50
5	李　军	30.00	0.30
6	蔡建芬	30.00	0.30
7	张　浩	25.08	0.25
8	李伟萍	24.56	0.24
9	周伟琴	23.00	0.23
10	邱桂兰	21.60	0.21

公司董事、监事与高级管理人员持股情况

姓　名	职　务	年初持股数	年末持股数
冯怡生	董事长兼总经理	200000股	200000股
刘希岗	副董事长兼副总经理	31000股	31000股
冯久田	副董事长兼副总经理	61100股	61100股
冯怡元	董事兼副总经理	32000股	32000股
武文焕	董事兼副总经理	32000股	32000股
张式芳	董事兼副总经理	30000股	30000股
步宝和	董事兼副总经理	30000股	30000股
冯怡栋	董事兼副总经理	32000股	32000股
吕天宝	董事兼副总经理	31200股	31200股
赵振瑞	董事兼总会计师	30000股	30000股
吴玉瑞	董事兼财务部经理	21000股	21000股
李世泽	监事会主席	32000股	32000股
吴宗文	监事	5000股	5000股
余洪华	监事	11000股	11000股
田玉新	董事会秘书	10000股	10000股

子公司及关联企业

本公司无子公司，鉴于股份公司由集团公司部分改组组建，改组后，股份公司与集团总公司下属单位之间属于关联公司交易，交易价格按市场价格结算。

上海港机股份有限公司

1996年年度报告摘要（摘选）

一、公司简况

公司名称：上海港机股份有限公司
法人代表：潘钟林　　邮政编码：200125
公司地址：上海市浦东新区浦东南路3500号
电话：021-58392564　021-58395139转665分机
传真：021-58398836

二、主要财务数据与财务指标

指标项目	本年数	上年数	比上年增减(%)
1.主营业务收入(万元)	44,829.53	44,687.25	0.32
2.净利润(万元)	4,514.74	3,269.34	38.09
3.总资产(万元)	76,843	44,536.63	72.54
4.股东权益(万元)	36,966.93	13,880.75	166.32
5.每股收益(元)	0.378	0.411	-8.03
6.每股净资产(元)	3.09	1.74	77.59
7.净资产收益率(%)	12.21	23.55	-48.15
8.股东权益比率(%)	48.11	31.17	54.35

注：1.按加权平均法计算，1996年每股收益为0.469元；

2.扣除发行冻结资金利息因素，1996年净利润为4116.5万元，股东权益为36,560.88万元，每股收益为0.344元，净资产收益率为11.26%，每股净资产为3.06元，股东权益比率为47.58%。

三、公司主要业务回顾

1.一年来经营情况

公司是由上海港口机械制造厂独家发起，以该厂的主要生产经营性资产投入，并通过向社会公开募集股份的方式，于1996年8月10日成立并实际运行的股份有限公司。1996年度，是公司抓住机遇，奋力开拓，经营业绩创历史最好水平的一年。全年实现主营业务收入44829.53万元，比上年增长0.32%；完成利润总额5296.64万元，比上年增长39.13%；完成净利润4514.74万元，比上年增长38.09%；每股收益0.378元，是盈利预测的118.1%。主要经济技术指标及综合实力居全国港机制造行业的领先地位。

在日趋激烈的港口装卸机械市场竞争中，公司以面向市场为经营管理各项工作的“立足点”，开展了扎实有效的工作：

① 强化市场营销，拓展国内外市场。1996年，公司加强市场需求信息调研预测，实行重点工程项目定点跟踪，逐步建立国内外销售代理及服务网络，优化产品的售前售后服务。实行“多领域、多品种、多方式”的营销策略，在稳固国内港口机械市场的同时，大力延伸开发电厂、钢厂、船厂、三峡工程、水泥厂等行业里的起重运输机械，重点拓展东南亚和北美洲等国外港机市场。1996年，国内港机市场产品占有率达70%以上，出口创汇2569万美元。占主营业务收入的47.5%左右。

② 强化质量管理，质量保证体系与国际标准接轨。1996年，公司以贯彻ISO9001国际质量管理标准为核心，确立了“国内一流、国际先进”的质量目标，健全和完善了质量保证体系，严格了产品质检程序，开展了质量成本控制，建立了外协加工配套件质量索赔制度，顺利通过了ISO9001国际质量标准认证。主导产品的技术性能已达国际九十年代初的水平。

③ 适应市场需求，开发高新产品。1996年，公司利用自身具有较强的设计、制造能力和技术领先的优势，开发生产了国家“九五”科技攻关项目：目前世界首创机型的MQ2000型高架门座式起重机，并在三峡二期工程国际设备招标中中标；开发生产了产品技术性能已达国际水平的40.5t岸边集装箱起重机、40.5t轮胎式集装箱龙门起重机；开发生产了产品技术性能已达国内先进水平的4200吨/小时装船机、1500吨/小时装船机、1400吨/小时桥式卸船机及3000吨/小时斗轮式堆取料机。为公司的产品结构进一步调整，为实现从对产品开发的投入向提高产品的技术含量，追求高附加值的战略转移，抢占市场“制高点”奠定了有利条件。

④ 加强管理，完善内部经营机制。1996年，公司以改制股份制为契机，调整了公司内部的管理机构，深化劳动人事制度的改革；强化生产现场管理；推进目标成本核算；建立计算机辅助设计和计算机管理网络系统，被评为“全国CAD应用工程推广先进单位”，进一步提高了企业管理水平。

2.盈利预测完成情况的说明

公司1996年度盈利预测的利润总额为4500万元，净利润为3825万元。公司实际完成利润总额为5296.64万元、净利润4514.74万元，分别完成盈利预测的117.7%、118.03%，经营成果与预测计划无重大差异。

3.募集资金使用情况说明

公司在年度内发行4000万股A股，扣除发行费用后实际募资金19935万元，按招股说明书募集资金的用途分别投入有关项目，具体情况如下：

(1)总装场地再改造工程技术改造项目：项目计划总投资4000万元，现已投入资金3850万元，其中募集资金900万元，银行贷款2950万元。目前，已购置了斯太尔40t平板车等13台设备投入使用。该项目将于1997年第三季度完成。

(2)扩大大型抓斗式卸船机生产能力的技术改造项目：1996年已完成计划总投资2950万元，其中募集资金450万元，银行贷款2500万元。新建的酸洗、喷丸工程已投入试用，并购置了6.3米立式车床等28台生产加工设备，该项目将于1997年第二季度完成，预计大型抓斗式卸船机的年生产能力可增加2倍。

(3)引进加工硬齿面减速箱关健设备的技术改造项目：1996年已完成计划投资1200万元，其中募集资金200万元，银行贷款1000万元，该项目已完成并投入使用，使公司生产的硬齿面减速箱可以替代美国、日本等国外厂商生产的同类型产品。

(4)集装箱港口技术装备开发项目：项目计划总投资2050万元，现已投入资金1550万元，其中募集资金600万元，银行贷款950万元，已研制生产了40.5t轮胎式集装箱龙门起重机和40.5t岸边集装箱起重机，技术性能达到当代国际水平。该项目将于1997年按计划完成。

(5)投资参建综合大楼项目：该项目为新建24层、建筑面积为2.6万平方米的综合大楼，公司计划投入募集资金4340万元，现已投入资金2900万元。目前，大楼已基本完成结构封顶和外装饰，正在进行内装饰。该项目将于1997年第二季度竣工。

(6)新建上海港机张家港总装公司项目：该项目一期工程，计划投入募集资金4900万元，1996年投入资金1497万元，到1997年3月底共投入资金4697万元。目前，4万平方米总装场地地坪铺设已完成65%左右，起重拼装设备及水电配套工程正在施工。该项目将于1997年7月竣工，投入正常使用后，可形成增加年销售收入1亿元左右的生产能力。

同时，公司用募集资金为上述六个项目工程投入配套流动资金2535万元，偿还固定资产贷款1450万元。

四、股本变化及股本结构情况

1.股本结构如下：

填报日期：1996年12月31日　　数量单位：股　　每股面值：1元

	期初数	本次变动增减(+,-) 发行新股	期末数
一、尚未流通股份			
1.发起人股份	79,600,000	0	79,600,000
其中：境内法人持有股份	79,600,000	0	79,600,000
2.内部职工股	0	4,000,000	4,000,000
尚未流通股份合计	79,600,000	4,000,000	83,600,000
二、已流通股份			
境内上市的人民币普通股	0	36,000,000	36,000,000
已流通股份合计	0	36,000,000	36,000,000
三、股份总数	79,600,000	40,000,000	119,600,000

2.股份变动原因：

本公司于1996年7月22日向社会公开发行人民币普通股4000万股(含公司内部职工股400万股)，使股份总数由7960万股增加为11960万股。

3.股东数量

截至1996年末，公司股东总数22415户，其中：国有法人股股东1户，公司内部职工股股东5154户，社会公众股股东17260户。

4.主要股东持股情况(前十名股东)

名次	股东名称	年末持股数(万股)	占总股本(%)
1	上海港口机械制造厂	7960	66.56
2	陶全	110	0.92
3	孟鹏	107	0.89
4	潘斌	106.963	0.89
5	虞兵	40.62	0.34
6	朱爱请	30	0.25
7	王文元	30	0.25
8	华德房产	27.79	0.23
9	张树斌	25	0.21
10	陈光翠	24.507	0.20

成都前锋电子股份有限公司

1996 年年度报告摘要（摘选）

一、公司简况

公司名称：成都前锋电子股份有限公司

法人代表：关克立　　邮政编码：610051

公司地址：四川省成都市府青路二段 2 号

电话：(028)3331301—628　3345932　　传真：(028)3345932

二、主要财务数据与财务指标

指标项目	本年数	上年数	比上年增减(%)
1.主营业务收入(万元)	16048	19347	−17.05
2.净利润(万元)	2786	2058	35.37
3.总资产(万元)	34606	23571	46.82
4.股东权益(万元)	20874	12341	69.14
5.每股收益(元)	0.25	0.34	−26.47
6.每股净资产(元)	1.90	2.01	−5.47
7.净资产收益率(%)	13.35	16.68	−19.96
8.股东权益比率(%)	60.32	52.36	15.20

备注：

1. 公司每股收益说明：

以上数值按 1996 年 12 月 31 日总股本 10977 万股全面摊薄计算。

鉴于公司 1996 年 7 月 23 日发行新股 1200 万股，总股本由 6118 万股增加为 7318 万股；1996 年 11 月 22 日公司实施每 10 股送红股 3 股、资本公积转增 2 股，总股本由 7318 万股，变更为 10977 万股，若按加权平均法计算，加权的平均总股本为：(6118 万股×6＋7318 万股×4＋10977 万股×2)÷12≈7327.8 万股，每股收益 0.38 元。

2. 以上数值若扣除 1996 年公司发行股票申购无效冻结的保证金利息收入，净利润为 2066 万元，全面摊薄的每股收益为：0.19 元，净资产收益率为 10.25%。

三、公司主要业务回顾

(一) 公司经营情况的回顾

一九九六年是公司实施"九五"规划实现 1993 年提出的"两个三年翻两番"的发展战略计划承上启下的关键一年。公司紧紧围绕利润增长这一核心，在与澳大利亚合资的豪特公司建成、股票上市，新品开发、市场开拓、生产组织、降低成本等方面都取得了较大的成绩，同时培育了新的经济增长点，为今后公司经济持续、稳定、健康地发展打下了基础。96 年公司研制生产各类电子仪器 369 台，民用产品 213289 台，电子应用产品 35982 支(套、件)；完成主营业务收入 16047 万元(其中：电子仪器 915 万元，民用产品 14586.8 万元，应用产品 334.3 万元)，实现利润 3272 万元。民用产品(燃气器具类)在该行业中排名第二。公司先后获得"全国电子行业优秀企业"、"四川省电子工业 96 年优秀企业"、"成都市工业企业五十强"、"成都市 96 年纳税大户"等并被列为"成都市工业支柱产业"企业之一。企业产品连续五年经四川省技术监督局检测合格、获"96 年售后服务先进单位"、"全国质量效益型先进企业"等称号，"前锋"民用燃气类产品被列为四川省名优拳头产品、成都市支柱产品。

1) 以市场需求为导向，不断开发适销对路的新产品

公司 96 年加速产品更新换代，增加产品的附加值和技术含量，全年完成新品研制 17 项。QF4940、BP 机检测仪、QF0502/A 电子温控器、QF1933 傻瓜表、QF1056 锁相信号发生器、IC 卡气表及预收费系统和 QF24F 燃气热水器的问世，形成了较大的生产批量。QF51B、QF54、QF55 型电热水器，已初具规模。绿色产品 QF201、QF202 型太阳能热水器已开发成功，经"全国能源标准化检测咨询中心太阳能利用设备检测站"检测、各项指标全部合格，应用电子产品 QF314G、QF317、QF318 型电子秤市场潜力巨大，96 年还彻底改造二总生产线，建成电热水器生产线，并为英国 LYNXⅡ双功能热水器的投产做了大量的前期准备工作。

2) 大力拓展市场，提高服务质量

1996 年公司始终把市场开拓工作放在首要位置，围绕本年度销售目标，采取了有效的措施，加强西南以外市场的开发力度，进一步完善了市场区域责任制，为了提高产品售后服务质量，公司重点采用增设特约维修点和全国巡回服务相结合，陆续在全国配置售后服务网络，定期巡回检测，获得了中国消费者协会颁发的"1996 年度维修先进集体"的称号。

3) 加快重点技术改造项目进度，引进英国家用壁挂式供热系统技术改造正积极紧张地实施，进行强化移动通讯、广播电视检测仪器及电子产品的开发并形成生产能力的"九五"电子技术改造项目已开始启动。

4) 公司和澳大利亚南方国际投资私营有限公司合资建设的中澳合资"豪特容积热水器(成都)有限责任公司"，已于 96 年 9 月 12 日正式投产，年生产设计能力为 15 万台容积式电燃气热水器。

5) 全面加强质量管理，提高产品质量。

一年来公司主要以创名牌，向质量要效益为目标，继续推行全面质量管理，在 13 个生产车间开展质量竞赛活动，公司被中国质量管理协会评为"全国质量效益型先进企业"。前锋牌热水器也被中国质协用户委员会续评为"全国用户满意产品"。

6) 公司强化基础管理，继续加强生产、财务、物资等管理，重点开展了"挖潜革新创一流，强化管理促效益"大型活动。

(二) 关于经营成果与预测差异的说明

1996 年公司主营业务收入比预测下降了 24.9%；主营业务利润下降 29.9%，经过公司努力完成税后利润 2786 万元，实现盈利目标。主营业务收入较预测减少的主要原因是：

1) 国家提出要求执行《家用燃气快速热水器 GB6932－94 新国家标准》，该标准特别对防止不完全燃烧装置、风压过大安全装置等性能提出了更严格要求，使目前国内技术尚不成熟的 5 升直排式燃气快速热水器作重大的改进。我公司坚决贯彻 GB6932—94 国家新标准，毅然决定从 96 年 6 月 30 日起停止生产 5 升直排式燃气快速热水器，并对产品品种、产品性能和生产线进行改造。由于停产及改造影响生产近四个月，造成主营业务下降，一定程度上影响了公司收入和利润指标完成，但为今后的生产和发展打下了较为坚实的基础。

2) 在盈利预测中投资收益为 580 万元，主要来源为我公司与澳大利亚合资兴建的"中澳合资豪特容积热水器(成都)有限责任公司"的项目收益。由于始建时间延后，致使"豪特公司"达到设计生产能力的时间比可行性报告预定时间有所推迟，影响到我公司投资收益。

3) 由于公司改制前的离退休人员经费挂帐部分按有关规定，96 年摊销 98 万元，增加了成本。

4) 由于国内市场的激烈争夺，公司为了促进主导产品销售，扩大市场占有率，主动适当降低了产品销售价格，让利于消费者，加之公司产品更新换代，一定程度上影响了公司主营收入。

(三) 募集资金使用情况说明：

1996 年 7 月 23 日公司发行股票 1200 万股，实际募集资金 5880 万元，按招股说明书的承诺，此次募集资金按计划使用情况如下：

单位：万元

项目名称	项目投资计划	96 年实际投资	项目进度
家用壁挂式供热系统	2960	1890	阶段性完工
移动通讯、广播电测检测仪器	2900	690	初期阶段
补充流动资金	0	3300	

四、股本变化及股本结构情况

1. 股本变化及股本结构情况：

填报日期：1996 年 12 月 31 日　数量单位：股　每股面值：1 元

项　目	期初数	本次变动增减(＋、－) 送股、公积金转股	期末数
(1) 尚未流通股份			
发起人股份			
其中：			
国家拥有股份	30,100,000	15,050,000	45,150,000
境内法人持有股份	15,080,000	7,540,000	22,620,000
内部职工股	8,000,000	4,000,000	12,000,000
尚未流通股份合计	53,180,000	26,590,000	79,770,000
(2) 已流通股份			
境内上市人民币普通股	20,000,000	10,000,000	30,000,000
(3) 股份总额：	73,180,000	36,590,000	109,770,000

2. 股本变动原因：

1996 年 11 月 15 日临时股东大会审议通过了 1995 年度、1996 年中期股利分配方案，每 10 股送红股 3 股，每 10 股转增资本公积 2 股，并于 1996 年 11 月 22 日实施。公司总股本由 7318 万股增加至 10977 万股。

3. 主要股东持股情况(前十名股东)

名次	股东名称	年末持股数(万股)	占总股本(%)
1	成都市国有资产投资经营公司	4515	41.13
2	国家开发投资公司	465	4.24
3	成都市工商银行沙河支行	375	3.42
4	四川东方电气集团财务公司	225	2.05
5	成都市煤气公司	150	1.37
6	国光电子管总厂职工技术服务部	150	1.37
7	昆明燃气实业公司	75	0.68
8	深圳华源实业股份有限公司	75	0.68
9	许跃宁	53.7521	0.49
10	陈庚如	41.4825	0.38

截止到 1996 年末，公司股东总数为：31465 户。其中：法人股东 67 户，内部职工股东 8305 户。

新疆屯河股份有限公司

1996年年度报告摘要 （摘选）

一、公司简况

公司名称：新疆屯河股份有限公司

法人代表：何贵品　　邮政编码：831100

公司地址：新疆昌吉市河滩北路8号

电话：(0994)2346654-4005　传真：(0994)2337689

二、主要财务数据与财务指标

指标项目	本年数	上年数	比上年增减(%)
1.主营业务收入(万元)	13363.73	10583.04	26.27
2.净利润(万元)	2694.60	1892.14	42.41
3.总资产(万元)	41255.01	22492.37	83.42
4.股东权益(万元)	19639.28	7456.13	163.40
5.每股收益(元)	0.3849	0.3075	25.17
6.每股净资产(元)	2.81	1.42	97.89
7.净资产收益率(%)	13.72	26.05	-47.33
8.股东权益比率(%)	47.60	33.15	43.59

三、公司主要业务回顾

1．一年来经营情况：

1996年是"九五"计划的第一年，也是公司取得高速、高效发展实现历史性转折、全面完成"九五"计划的关键一年，在过去的一年中，公司根据董事会的发展思路，紧紧围绕提高经济效益这个中心，狠抓强化管理，节能降耗，全面完成了各项经济指标。

全年共生产水泥40万吨，比上年增长93%，生产活性石灰8.5万吨，比上年增长12%，全年实现主营业务收入13363.73万元，比上年增长26.27%，实现净利润2694.60万元，比上年增长42.41%，公司招股说明书中披露的1996年盈利预测为：主营业务收入13259.11万元，净利润2291.71万元，分别完成预测值的100.79%、117.58%。

2．募集资金使用情况说明

公司年度内发行1750万A股，募集资金10115万元，扣除发行费用630万元，实际募集资金9485万元，已按招股说明书披露的用途，投入20万吨高强水泥生产线项目8000万元，该项目已于1996年9月投产并产生效益，剩余1485万元用于补充流动资金。

四、股本变化及股本结构情况

1．股东变化及股本结构情况

(1)截至1996年末，公司股本结构如下(股份单位：股，每股面值：人民币1元)

股份类别	期初数	本次变动增减(+、-)	期末数	占总股本(%)
一、尚未流通股份				
1.发起人股份				
其中:境内法人持有股份	43,500,000		43,500,000	62.14
2.内部职工股	9,000,000		9,000,000	12.86
尚未流通股份合计	52,500,000		52,500,000	75.00
二、已流通股份				
1.境内上市的人民币普通股		+17,500,000	17,500,000	25.00
已流通股份合计			17,500,000	25.00
三、股份总数	52,500,000	17,500,000	70,000,000	100.00

(2)股本变动情况说明

经中国证监会批准，本公司于1996年7月4日—1996年7月12日以"全额预缴、比例配售、余款即退"方式发行社会公众股1750万股，并于1996年7月31日在上海证券交易所挂牌交易，上表期末数为新股发行后的股本数。

2．主要股东持股情况

股东名称	持股数量(万股)	持股比例(%)
(1)新疆屯河工贸(集团)公司	2800	40.00
(2)新疆八一钢铁总厂	737	10.53
(3)新疆德隆国际实业总公司	713	10.19
(4)志诚房产	200.14	2.86
(5)广州穗海物资公司	100	1.43
(6)候素伟	30.50	0.43
(7)蔡汉泉	26.04	0.37
(8)雷铁钢	21	0.30
(9)郭新世	19.74	0.28
(10)李美俊	19	0.27

年末股东总数为10983户，其中法人股东4户，内部职工股2067户，社会公众股东8912户。

3．公司董事、监事及高级管理人员持股情况

姓名	职务	年初持股数(股)	年末持股数(股)
何贵品	董事长	7000	7000
范方琪	副董事长	6000	6000
唐万新	副董事长	0	0
刘国山	董事、总经理	3000	3000
虞和惕	董事、副总经理	10000	10000
黄　平	董事	0	0
何建平	董事	2000	2000
李　鹏	董事、副总经理	10000	10000
张国玺	董事、副总经理	10000	10000
王树华	监事长	7000	7000
裴洪斌	副监事长	3000	3000
陈明君	监事	3000	3000
张先成	监事	10000	10000
张万军	监事	0	0
斯楚湘	总会计师	0	0
张培基	总经济师	4000	4000
顾永昌	总工程师	0	0
刘　涛	董事会秘书	0	0

4．子公司及关联企业

公司名称	注册资本(万元)	本公司拥有权益(%)	经营范围
新疆昌隆白水泥有限公司	USD 306.04	70	白水泥制造及销售
新疆金融租赁有限公司	RMB 5500	12.73	融资租赁、经营性租赁

湖北幸福(集团)实业股份有限公司

1996年年度报告摘要 (摘选)

一、公司简况

公司名称:湖北幸福(集团)实业股份有限公司

法人代表:周作亮　　邮政编码:433109

公司地址:湖北省潜江市张金镇幸福大道一号

电话:0728—6641566　　传真:0728—6641999

二、主要财务数据与财务指标

单位:元

指标项目	本年数	上年数	比上年增减(%)
1.主营业务收入	189854526.91	175455200.20	8.21
2.净利润	41213135.62	26693510.92	54.39
3.总资产	325950705.51	165308668.51	97.18
4.股东权益	256948977.41	92561333.91	177.60
5.每股收益	0.515	0.475	8.20
6.每股净资产	3.21	1.65	94.55
7.净资产收益率(%)	16.04	28.84	-44.38
8.股东权益比率(%)	78.83	55.99	40.79

注:公司发行股票冻结申购资金利息21274688.74元,其中冻结有效申购资金利息54507.88元计入资本公积金,冻结无效申购利息21220180.86元,其中4244036.17元,进入1996年营业外收入,剔除发行股票冻结申购资金利息后,会计数据和业务数据摘要为:

单位:元

指标项目	本年数	上年数	比上年增减(%)
1.净利润	37605704.88	26693510.92	40.88
2.股东权益	253341546.67	92561333.91	173.70
3.每股收益	0.47	0.476	-1.26
4.每股净资产	3.17	1.65	92.12
5.净资产收益率(%)	14.84	28.84	-48.54
8.股东权益比率(%)	83.14	55.99	48.49

三、公司主要业务回顾

1.一年来经营情况

公司主要生产经营"Palazzo"(普拉索)服装系列产品,年生产能力为350万件,年销售量238万件,1996年度实现销售收入18985.4万元,利润总额4678.5万元,完成净利润4121.3万元,分别比上年同期增长8.21%、27.6%、54.39%。

随着服装市场竞争越来越激烈,公司不断强化内部管理,狠抓产品质量,销售上实行内外并举的方针,形成了城市、农村、海外三位一体的销售市场新格局,与此同时,挖潜力、抓质量,产品质量和企业素质都得到了较大提高。生产的"Palazzo(普拉索)"衬衫在国家质检中心抽查时评为"优等品",被保护消费者协会质检中心评为"96全国消费信得过产品"。公司荣获"中国质量万里行五年回顾展览会荣誉企业"。

2.关于经营成果与预测差异的说明

公司1996年度预测的利润总额4507.5万元,净利润为4031.93万元。公司实际实现利润总额4678.6万元,净利润4121.3万元,分别完成预测的103.8%、102.2%。经营成果与预测指标无重大差异。

3.募集资金使用情况说明

公司于1996年8月通过发行人民币普通股2000万股(包括内部职工股200万元),募集资金金额为12360万元,另加发起人入股资金600万元,资金总额12960万元,扣除发行费用后,公司所募集资金使用情况说明如下:

1)公司募集的资金部分与幸福集团合资兴建了"幸福变电站",其中公司投资10240万元,占投资总额80%,幸福集团投资2560万元,占投资总额的20%。

2)余额资金2072万元,有1480万元用于偿还了技改借款,592万元补充企业流动资金。

四、股本变化及股本结构情况

1.股本结构

数量单位:股

股份类别	期初数	本次变动数	期末数
一、尚未流通股份	56133024	5866976	62000000
1.发起人股	56133024	3866976	60000000
其中:			
境内法人持有股份	56133024	3866976	60000000
2.内部职工股		2000000	2000000
二、已流通股份		18000000	18000000
其中:			
境内上市的人民币普通股		18000000	18000000
已流通股份合计		18000000	18000000
三、股份总数	56133024	23866976	80000000

2.股本变动情况及原因

1996年度公司增加的23866976股,系法人持股增加和向社会公众发行人民币普通股2000万股原因造成的。

3.公司最大股东持股情况

股东名称	年末持股数(股)	占总股本(%)
1)幸福集团公司	56133024	70.16
2)陈祖义	2207041	2.75
3)石坚	1349728	1.68
4)殷卫平	1332835	1.67
5)周刚	1172060	1.46
6)余永刚	1077686	1.35
7)牛贵恩	1016000	1.27
8)湖北环保(集团)股份有限公司	966744	1.21
深圳中农信投资实业公司	966744	1.21
湖北省国际信托投资公司	966744	1.21
湖北省潜江市制药厂	966744	1.21

4.股东数量

截止1996年末,本报告期内的股东总户数5323户,其中法人股东5户,内部职工股东1790户,社会公众股东3528户。

黄石康赛集团股份有限公司

1996年年度报告摘要　(摘选)

一、公司简况

公司名称：黄石康赛集团股份有限公司

法人代表：童施建　　邮政编码：435000

公司地址：湖北省黄石市芜湖路85号

电话：0714－6229751转329　0714－6226987　传真：0714－6223612

二、主要财务数据与财务指标

指标项目	本年数	上年数	比上年增减(%)
1.主营业务收入(万元)	12674.54	8247.42	53.68
2.净利润(万元)	4240.41	1335.53	217.51
3.总资产(万元)	38735.56	25182.63	53.82
4.股东权益(万元)	15657.46	9335.73	67.72
5.每股收益(元)	0.803	0.253	217.39
6.每股净资产(元)	2.97	1.77	67.80
7.净资产收益率(%)	27.08	14.31	89.24
8.股东权益比率(%)	40.42	37.07	9.04

三、公司业务回顾

(一)一年来的经营情况

1996年是公司发展史上最重要而又富有成效的一年。在连续5年保持30%以上高速增长的基础上，1996年又取得了突破性进展。全年实现主营业务收入12674.54万元，比上年增长53.68%；实现净利润4240.41万元，比上年增长217.51%，完成年初预测的净利润1864万元的227.49%。

过去一年，纺织服装行业市场竞争激烈，公司取得优异成绩实属来之不易，我们主要作了以下几方面的工作：

(1)完成了本公司股票在上海证券交易所的上市，并以此为契机，进一步加强了企业形象和产品形象的宣传，注重增强企业自身的竞争力，制定了公司"由生产经营型向资本经营型转变"为指导思想的"九五"发展规划。针对长期以来夏季T恤"一花"独开的局面，公司调整了产品结构，加大了春秋冬季产品的开发力度，确立了"以T恤衫为龙头，带动休闲服饰系列产品发展"的产品定位目标，推出了近1000个新产品，深受消费者喜爱。特别是进一步加大了经营力度，在北京、上海、武汉专门成立了集销售、设计、广告于一体的经营公司。公司产品的市场占有率由8%提高到10%，处于国内同类产品产量、质量、销售第一的位置，被国家权威部门命名为"中国T恤衫生产大王"和"中国最大休闲服生产基地"，并获得"国家质量金奖"以及"全国畅销产品"、"金桥奖第一名"等多项殊荣。

(2)公司进一步加强了企业依法运作的规范化管理，对全体员工进行了股份制企业规范化管理的培训，进一步在全体员工中树立了"一切令股东放心、一切令股东满意"的观念。针对本公司管理的薄弱环节，确立了"以财务管理为中心的全过程管理"的公司管理原则，注重质量管理、计划管理、劳资管理、物资管理等基础管理。为了适应公司上市后的客观现实，公司花大力气进行人才的挖掘和培养，分别在北京、上海、武汉等大城市招聘了近200名具有大学本科以上学历及相关工作经验的优秀人才，从而为公司超额完成96年计划和全面完成97"康赛计划"打下了坚实基础。

(3)进一步培育新的经济增长点。根据本公司"九五"发展规划以及"由单一服装产品向'大纺织'转变"的战略思想，投资5987万元，完成了国家重点技术改造"双加"项目－－引进生产高档针织面料生产线项目的建设。在引进设备的同时，注重了引进人才、引进技术、引进管理，实现了当年引进、当年安装、当年生产的目标，生产出"全棉60S高档双丝光针织面料"，填补了中国纺织工业的空白。与此同时，公司利用本地为"优化资本结构试点城市"、"沿江开放城市"这一优势，为企业兼并收购和资产重组、从而使自身迅速扩张做了大量的前期工作，为97年腾飞创造了有利条件。

(二)关于经营成果与预测差异的说明

1996年，公司实现主营业务收入12674.54万元，利润总额5157.81万元，净利润4240.41万元，比上年分别增长53.68%、208.17%和217.51%，比年初预测分别增长0.6%、79.53%和127.49%。实际经营成果较预测有较大增长的直接原因是：公司的产品市场扩大；新产品附加值提高；产品结构进行了调整，以及加强成本管理、降低费用、增加了劳务收入、进行了证券投资等。主要是：

(1)主营收入和主营利润大幅增加的原因主要有两个方面：一是调整了产品结构，开发了春秋冬季产品，由原来单一的夏季T恤衫生产销售变成了四季销售产品；二是由于"双加"项目建成试生产，为公司开发新产品提供了高档针织面料。利用这种面料生产出全棉高档60S双丝光T恤58425件，大大提高了产品附加值，新增利润600多万元。

(2)注重劳务收入这一新的增长形式。本公司与美国联泰集团专门签订了作为美国塞班岛劳务输出培训基地、每年选派200名劳务人员到美国塞班岛工作的劳务输出合同，并为此专门成立了劳务输出管理机构。现共有劳务人员213人在美国塞班岛和毛里求斯等地工作，全年共获得劳务收入792.9万元，比1995年增加了340.5万元，增长率为75.3%。

(3)公司明确了由单一的产品经营向资本经营转变的思路，在尽量降低资金风险的前提下，在证券投资等方面进行了新的尝试，全年投资收益为638.4万元。

(4)公司所属子公司康实、康吉两公司系1993年12月31日之前成立的外商投资公司，按国家规定在1999年之前继续享受工商统一税优惠，本年经税务部门核定超税负返还704.10万元，占全年利润总额的13.65%。

1996年，公司主营利润为3011.55万元，占全年利润的71.02%，利润结构基本趋于合理。

(三)前次募集资金的使用情况说明

本公司属历史遗留问题企业，在报告年度内没有募集资金，此前募集的资金所投入的项目建设未延续到本年度。

(四)新年度的业务发展规划

1997年是公司发展的关键一年，公司将充分利用上市公司的良好商誉，将产品市场和资本市场有机地结合起来，进一步提高企业及产品的知名度和美誉度，壮大公司的实力。1997年公司主营业务收入将达到2.5亿元，比1996年增长97.25%；净利润将达到6400万元，比1996年增加50.93%；按1996年末总股本计算，每股收益将达到1.20元。

为了达到这一宏伟目标，公司将主要采取以下措施：

(1)进一步调整产品结构，搞好新产品开发，1996年的夏季产品利润为全年利润的80%；在1997年，夏季产品和春秋冬季产品利润将各占全年利润的50%，这样可新增主营收入近8000万元。公司将进一步扩大销售网络。1997年将增建专柜、专卖店200家。1996年底召开的康赛全国夏季产品订货会成交量达1.3亿元，已超过1996年全年销售收入，这为完成'97康赛计划打下了坚实的基础。

(2)1996年国家级"双加"技改项目－－康博针织有限公司完成试生产并正式投产后，将为高档服装产品提供国内独一无二的新型全棉60S双丝光T恤面料。根据本公司制定的'97康赛计划，这类高附加值产品由原来近6万件提高到40万件，可新增销售收入近5000万元。

(3)进一步搞好劳务输出工作，完善扩大劳务输出培训基地，确保1997年的劳务收入不少于1996年。

(4)进一步加大企业改造、改组、改革的力度，并适时做出适当的选择，在资产重组和资本经营方面实现新的突破。

(5)完成"双加"项目的第二期技术改造工程。在第二期工程完成后，可新增销售收入8000万元，新增利润1000万元，并为今后的企业发展创造新的经济增长点。

总之，公司将认真地做好1997年的各项工作，为实现康赛"九五"规划所制定的"到本世纪末实现销售收入10亿元，利润2亿元"的目标而努力奋斗。

四、股本变化及股本结构情况

股本结构及变动情况(单位：股，每股面值1元)

1. 截至1996年12月31日，公司股本结构如下：

股份类别	期初数	新发行股份	期末数
尚未流通股份	34807200	0	34807200
其中：发起人股份	29839200	0	29839200
境内法人持有股份	4968000	0	4968000
已流通股份合计	17984400	0	17984400
其中：境内上市的人民币普通股	17984400	0	17984400
股份总计	52791600	0	52791600

2. 主要股东持股情况(前十名)

股东名称	年末持股数(万股)	占总股本(%)
1)黄石康赛集团有限公司	2983.92	56.52
2)襄轴股份有限公司	248.40	4.70
3)湖北省人民保险公司	124.20	2.35
4)国泰证券公司	124.20	2.35
5)北京泰瑞华商贸中心	98.572	1.87
6)海南神驰文化艺术发展公司	62.314	1.18
7)肖继宁	25.98	0.49
8)李榕	25.731	0.49
9)卢家梅	25.482	0.48
10)盛庆连	25.37	0.48

江苏索普化工股份有限公司

1996年年度报告摘要　（摘选）

一、公司简况

公司名称：江苏索普化工股份有限公司
法人代表：宋勤华　　邮政编码：212006
公司地址：江苏省镇江市谏壁镇越河街50号
电话：0511－3364472　　传真：0511－3362036

二、主要财务数据与财务指标

指标项目	本年数	上年数	比上年增减(%)
1.主营业务收入(元)	208681974.19	171046511.61	22
2.净利润(元)	24792836.18	10353450.57	139.46
3.总资产(元)	238783886.42	125117566.38	90.85
4.股东权益(元)	171702082.46	61261678.95	180.28
5.每股收益(元)	0.4425		
6.每股净资产(元)	3.06		
7.净资产收益率(%)	14.44		
8.股东权益比率(%)	71.91		

注：扣除新股申购资金利息后，各项指标为：净利润23101857.58元，股东权益170011103.86元，每股收益0.4124元，每股净资产3.03元，净资产收益率13.59%，股东权益比率71.20%。

三、公司业务经营回顾

一九九六年是江苏索普化工股份有限公司组建上市的第一年，公司本着对全体股东负责的精神，充分发挥管理决策层的整体优势，以提高经济效益为中心，以开拓经营、转换机制、强化管理、增添后劲为工作重点，扎扎实实地开展各项工作。公司主营氯碱化工，1996年氯碱产量列江苏省第四位(省氯碱同行交流资料)，ADC发泡剂产量列全国第一(ADC行业协作小组资料)，年末总资产23878万元，净资产17170万元。下列各项指标与九六年盈利预测数比较：

指标项目	本年数	预测数	比预测增减(%)	扣除新股申购利息数	比预测增减(%)
1.主营业务收入(万元)	20868	21326	－2.15		
2.实现利润(万元)	2933	2758	6.35	2734	－0.87
3.净利润(万元)	2479	2344	5.76	2310	－1.45
4.每股收益(元)	0.44	0.42	5.36	0.41	－1.81
5.每股净资产(元)	3.06	2.63	16.35	3.03	15.21

1、公司主营业务业绩概述

全年实现工业总产值18224万元，生产烧碱46370吨，ADC发泡剂5535吨，漂粉精5416吨，液氯13080吨，盐酸29288吨，固碱4061吨。

一年来，公司在开拓市场、产品开发、技术改造、规范运作等方面扎实有效地采取了以下措施：

(1)把握时机，深挖潜力，发展生产，降低成本，提高效益。

公司根据自身特点，根据市场情况，及时调整产品结构，适应市场需求。公司还积极开展"学邯钢，提质降耗活动"，制定了具体的目标和一系列的保证措施，以产品质量提高、消耗降低，压缩两项资金、控制购销价格、降低可控费用、加速流动资金周转为重点，促进了生产发展和效益提高。

(2)规范运作，强化管理，提高企业的整体素质。

公司以股票上市为契机，强化内部管理，牢固树立对全体股东负责和依法规范运营的观念，建立完善了股东会、董事会、监事会的职责、议事规则和管理程序。强化了生产管理、现场管理、质量管理、物资管理、计量管理和环保管理，加强了以技术培训教育为主体的职工队伍建设，对职工实际技能、工作业绩进行了全面的评价，鼓励推动职工学技术、内功，提高自身专业技术水平。

2、公司财务状况说明

截止1996年底，公司总资产、股东权益、长期负债分别为23878万元，17170万元和79万元，分别比年初增长90.84%、180.28%和增长12.86%。出现较大增长的主要原因是：公司在年内发行新股以及生产经营收益增加。

3、公司前次募集资金的运用情况说明。

公司在年度内发行A股1500万股，募集到资金8700万元。公司严格按照招股说明书的要求，分别将资金投入到年产6000吨ADC发泡剂扩建项目、年产10000吨固碱项目、热电厂二期工程及年产5000吨漂粉精扩建项目和年产12000吨消石灰迁移、扩建项目等五个基建技改项目中。

序号	拟投资项目	实际投资项目	进度情况
1	6千吨ADC扩建	同左	完成28%，符合预定计划
2	1万吨固碱	同左	完成88%，"
3	热电厂二期工程	"	完成80%，"
4	5千吨漂粉精扩建	"	缓建
5	1.2万吨消石灰迁移	"	"

(1)年产6000吨ADC发泡剂扩建项目，原概算993万元，后增至1111万元，已签订合同516.5万元，支付金额276.2万元，实际工作量已经完成28%。

(2)年产10000吨固碱项目，原概算1860万元，因施工取费调整，增加建设内容及物价上涨，96年底调整为2699万元，已完成投资1653.75万元。

(3)热电厂二期工程：工程总概算3765万元，到96年底实际完成投资3236万元。

(4)年产5000吨漂粉精扩建项目和年产12000吨消石灰迁移项目，总投资预算1455万元，因市场原因推迟实施。

四、股本变化及股本结构情况

(一).股本结构情况

截止1996年终，公司总股本5602万股，股权结构如下：(单位：万股)

股份类别	期初数	占总股本(%)	期末数	占总股本%
一、尚未流通股份				
1.发起人法人股	4102	100	4102	73.22
2.内部职工股	0	0	150	2.68
二、已流通股份				
A股	0	0	1350	24.10
三、股份总数	4102	100.00	5602	100.00

(二)股东户数截至1996年12月31日止，本公司股东总数为8249名。

(三).主要股东持股情况(前十名)

本公司前10名大股东持股情况如下：

股东名称	持股数(股)	持股比率(%)
1)江苏索普集团公司	39820000	71.08
2)中电信托	460000	0.82
3)镇江硫酸厂	350000	0.62
4)镇江市第二化工厂	350000	0.62
5)镇江精细化工有限公司	350000	0.62
6)高玉成	200000	0.36
7)马艳	180000	0.32
8)苏玉菊	178030	0.32
9)赵有财	155000	0.28
10)镇江江南化工厂	150000	0.27

公司董事、监事与高级管理人员持股情况

姓名	职务	年初持股数	年末持股数	变动原因
宋勤华	董事长、总经理	0	2000股	发行新股
许逸中	副董事长、副总经理	0	1500股	"
周铁柱	董事、副总经理	0	1500股	"
赵开润	董事、副总经理	0	1500股	"
陶家宁	董事	0	1500股	"
王俊秋	董事	0	1500股	"
王乃喜	董事	0	1500股	"
许长贵	监事会主席	0	1500股	"
华挹	监事	0	0股	"
金正玉	监事	0	0股	"

大连大显股份有限公司

1996年年度报告摘要 （摘选）

一、公司简况

公司名称：大连大显股份有限公司

法人代表：刘秉强　　邮政编码：116035

公司地址：辽宁省大连市甘井子区革镇堡

电话：0411—6681775－992　　传真：0411—6681328

二、主要财务数据与财务指标

单位：元

指 标 项 目	本年度	上年度	比上年增减（%）
1.主营业务收入	261451784.30	297875762.34	－12.21
2.利润总额	46677502.4	32212110.69	44.91
3.净利润	39675877.04	21582114.16	83.84
4.总资产	435038915.51	328942327.38	32.25
5.股东权益	263587088.47	101282324.20	160.25
6.每股收益	0.3091	0.3356	－2.65
7.每股净资产	2.05	1.58	29.75
8.净资产收益率（%）	15.05	21.31	－6.26
9.股东权益比率（%）	60.59	30.79	29.80

注：(1)本公司股本96年初数6430万股，同年9月公开募集2128万股，11月份资本公积金转增4279万股，年末总股本为12837万股；

(2)以上数据中，股本按12837万股为基数，每股收益按摊薄后计算的。

(3)如果扣除利息3196086.8之后，净利润为36959203.26元；每股收益为0.29元；净资产收益率为14.15%。

三、公司主要业务回顾

1.一年来经营情况

1996年是公司由定向募集公司转为社会公众公司的第一年，亦是公司发展史上最重要的一年。公司本着对全体股东高度负责的精神，充分发挥决策层、管理层的整体优势，紧紧依靠广大股东和员工，以开拓进取、转换机制、强化管理为业务工作重点，扎扎实实地开展各项工作。全年共实现主营业务收入26145万元；实现利润总额4668万元，比上年增长44.91%，净利润3968万元，比上年增长83.84%，公司处于持续、稳健的发展态势。

一年来，公司在产品结构调整、市场开拓、学邯钢降成本、规范运作等方面扎实有效地采取了以下措施：

1)积极调整产品结构，提高厚利产品的市场占有份额。

1996年，公司依据市场变化的趋势和企业自身的特点，采取了灵活而准确的经营策略，积极调整产品结构，压缩了黑白显像管及黑白电子枪的产量，同时扩大了利润率高、市场需求量大的彩色电子枪及彩色电子枪金属零件的产量，从而消化了因黑白显像管及黑白电子枪需求下滑带来的影响，提高了产品的抗风险能力，增强了公司可持续发展的后劲，使公司在主营业务收入较上年下降的情况下，仍能保持利润的高速增长，三年来，公司的利润总额以平均40%的速度递增。

1996年，公司共出口创汇914万美元，比上年增长10%。

2)推动企业技术进步，不断开发研制新产品。

1996年，公司寻原有拳头产品彩色电子枪用金属零件不断拓宽配套规格外，还根据市场需求，开发新产品。全年共开发新产品9种，其中包括技术含量高、经济效益显著、可替代进口同类产品的高分辨率显示管用电子枪。新产品的开发投产，将成为公司新的利润增长点。

3)学习邯钢经验，加强成本管理。

公司建立了目标成本考核和管理考核两个体系，大大降低了生产制造及物资采购、内部流通环节的成本和管理费用。通过学习邯钢经验，强化成本管理，公司全年节约挖潜达1670万元。

4)规范运作，强化管理，提高企业的整体素质和管理水平。

1996年，公司以股票上市为契机，强化内部管理，牢固树立对全体股东负责和依法运作的观念，进一步完善了股东会、董事会、监事会的职责和管理程序，并本着科学、高效、顺应市场的原则，修订完善了各项管理标准，使企业的管理进一步规范化。以质量认证带动质量管理，顺利地通过了ISO9002质量保证体系的认证，产品质量进一步得到提高。

公司的产品35厘米显示管通过了UL全安认证。

2.募集资金使用情况说明

公司年内发行2128万股A股，共募集资金13941万元。

1)64厘米彩管电子枪用金属零件生产技术改造项目。该项目计划总投资7982万元，1996年计划投资4110万元。公司经过周密的市场调研，对项目进行了合理的调整，决定充分依靠公司自身的科技车量和技术能力，变引进为主为自主开发为主，这样就节约了大量投资。1996年该项目实际投资2479.5万元。节省的部分投资转移到1997年的项目建设中去。目前，项目进展顺利，1997年6月底产品可批量投人市场，将成为公司的利润增长点。

2)54厘米彩色显示器件用金属零件生产线技术改造项目

该项目是对现有电子枪金属零件进行适应性改造，新增54厘米彩管用电子枪金属零件的生产能力，给大连彩虹显示器件有限公司产品配套。大连彩虹显示器件有限公司已经过国家对外贸易合作部[96]104号文批准建立。由于该公司的投资合作方情况的变化，公司的建设推期延后，该项目的建设也延期到1997年实施。

四、股本变化及股本结构情况

股本结构情况

截止1996年末

单位：股　每股面值：元

	期初数	本次变动	期末数
一、尚未流通股份			
发起人股份			
国有法人股	48000000	24000000	72000000
募集法人股(境内)	3900000	1590000	5850000
内部职工股	8680000	4340000	13020000
尚未流通股份合计	60580000	30290000	90870000
二、已流通股份			
境内上市人民币普通股	25000000	12500000	37500000
已流通股份合计	25000000	12500000	37500000
三、股份总数	85580000	42790000	128370000

2.股本变动情况和原因：

公司于1996年11月23日召开临时股东大会，向全体股东按10:5比例用资本公积金转增股本，总股本由85580000股增至128370000股。

主要股东持股情况

股 东 名 称	年末持股数（万股）	占总股本（%）
1)大连大显集团公司	7200	56.1
2)大连工商银行信托投资股份有限公司	195	1.5
3)大连经济技术开发区鑫鑫商贸公司	165	1.2
4)南京显像管厂	150	1.16
5)上海永新彩管有限公司	75	0.6
6)兰天基金	28	0.22
7)岳春江	27	0.21
8)毛振宁	25	0.19
9)龚志容	21	0.16
10)周涛	20	0.15

4.股本数量：

截止1996年12月31日，公司总股东数26518户，其中：国家股股东1户，法人股股东4户，社会公众股股东26513户。

江西东风药业股份有限公司

1996年年度报告摘要（摘选）

一、公司简介

公司名称：江西东风药业股份有限公司

法人代表：许滇雄　　邮政编码：333300

公司地址：江西省乐平市东风路15号

电话：(0798)6832100－412　传真：(0798)6832839

二、主要财务数据与财务指标

指标项目	本年数(96)	上年数(95)	比上年增减(%)
1.主营业务收入(万元)	23,168	33,802	－31.46
2.净利润(万元)	2,591	1,469	76.38
3.总资产(万元)	32,376	10,761	200.86
4.股东权益(万元)	21,937	3,730	488.12
5.每股收益(元)	0.42	0.52	－19.23
6.每股净资产(元)	3.52	1.34	162.69
7.净资产收益率(%)	11.81	39.40	－27.59
8.股东权益比率(%)	67.76	34.66	33.10

注:扣除新股冻结资金利息后,公司一九九六年度各项财务数据和财务指标为:主营业务收入23168万元,净利润914万元,总资产30699万元,股东权益20260万元,每股收益0.15元,每股净资产3.25元,净资产收益率4.51%,股东权益比率66.00%。

三、公司业务回顾

1. 一年来经营情况

1996年，是公司实施“九五”规划的第一年，也是国内医药市场出现低迷状态和抗生素产品竞争更趋激烈的一年。由于出口退税税率下降的影响和国内市场竞争的加剧，青霉素产品出现滞销和价格滑坡的局面，给公司生产经营带来很大困难。在严竣的的形势面前，公司通过内部挖潜和调整产品结构，进一步拓展市场，扩大销售，并在降低消耗、提高技术水平，促进科技成果向生产力转化方面取得实质性的进展，使公司1996年的生产经营仍取得较好的成绩：实现主营业务收入23.168万元，比上年降低31.46%；利润总额3049万元，比上年增加39.03%，年末总资产32376万元，净资产21937万元。1996年公司列全国医药行业50强第21位。

(1) 公司面对严峻的市场形势，及时调整产品结构，加速完善青霉素新品种生产工艺和扩大其制剂生产规模，并努力拓展外销渠道，成为国内独家生产和出口该品种的企业。

(2) 在国内外抗生素市场竞争激烈的情况下，公司进一步开拓国际市场，加大产品出口业务，出口产品的工业总产值占全年工业总产值的39.42%，比上年增长53.88%，其中普鲁卡因青霉素出口占全国出口量的93.03%；青霉素钠出口量占全国的73.89%，继续保持了该两个品种出口量在全国的领先地位。

(3) 继续加大科技投入和加强技术攻关，96年，公司通过不断优化菌种能力，完善和改进现有生产工艺，使主导产品青霉素的发酵单位及收率获得稳定增长，并进入全国先进水平行列。

2. 实际经营成果与盈利预测差异的说明

本公司1996年度预测主营业务收入40500万元，主营业务利润2849万元。实际经营结果为主营业务收入23168万元，主营业务利润900万元，造成差异的主要原因是：①国内抗生素市场竞争加剧，各生产厂家倾价竞销，价格下滑；②鉴于公司青霉素发酵、提炼等主要生产设施已多年未安排大修，为有利于今后生产经营的发展，故公司安排7-9月进行了停产大修理。

3. 新年度的业务发展规划

1997年，本公司将加大新产品开发力度，努力开拓新的经济增长点，由本公司和中国药科大学合作研制开发的国家新药阿斯匹林缓释胶囊，已经获得国家卫生行政部门批文，公司将尽快组织生产并投放市场。

本公司将在南昌投资成立江西四方净水公司，97年将投入营运。

97年公司还将进一步调整产品结构，扩大青霉素新品种的生产能力，提高青霉素新品种制剂产品的市场覆盖率。

4. 募集资金使用情况

本公司2400万人民币普通股1996年8月29日在上海证券交易所发行成功，募集资金16320万元，扣除发行费用697万元，实际到位资金15623万元，其中投入到200吨氨苄西林钠技改项目650万元，投入到上海久和企业发展有限公司开发“净水屋”项目720万元，其余资金将在97年度和98年度陆续按计划投入。

四、股本变化及股本结构情况

1. 股本变化及股本结构情况

(1) 股本结构

填报日期：1996年12月31日

数量单位：股　　每股面值：1元

	期初数	配股	送股	公积金转增	其它	小计	期末数
一、尚未流通股份							
1.国有法人股份	38,400,000						38,400,000
2.公司职工股	0						2,400,000
尚未流通股合计	38,400,000						40,800,000
二、已流通股份							
境内上市的人民币普通股	0						21,600,000
已流通股份合计	0						21,600,000
三、股份总计	38,400,000						62,400,000

2. 主要股东持股情况

名称	股东名称	年末持股数(万股)	占总股本比例(%)
1	江西东风制药有限责任公司	3840	61.53
2	华西证券营业部	297	4.76
3	李永进	31	0.49
4	张　辉	31	0.49
5	丁红燕	30	0.48
6	薛金柱	30	0.48
7	张　宁	30	0.48
8	肖　林	30	0.48
9	叶　江	30	0.48
10	张　伟	30	0.48

哈 慈 股 份 有 限 公 司

1996 年年度报告摘要　（摘选）

一、公司简况

公司名称：哈慈股份有限公司

法人代表：郭立文　　邮政编码：150046

公司地址：黑龙江省哈尔滨市动力区通乡街 169 号

电话：(0451)2688688—9502　传真：(0451)5696922

二、主要财务数据与财务指标

指标项目	本年数	上年数	比上年增减(%)	扣除利息收入指标
1.主营业务收入(万元)	15796	14812	6.64	15796
2.净利润(万元)	6019	3311	81.8	5685
3.总资产(万元)	36331	17944	102.47	34655
4.股东权益(万元)	31918	11370	180.7	31911
5.每股收益(元)	0.66	0.47	40.4	0.62
6.每股净资产(元)	3.51	1.61	118.0	2.51
7.净资产收益率(%)	18.86	29.12	−35.2	17.82
8.股东权益比率(%)	87.85	63.36	38.7	92.08

三、公司主要业务回顾

1. 保持行业带头人的地位，哈慈股份有限公司为中国医疗器械行业协会保健用品分会的理事长单位，公司以市场为导向，以股票公开发行为契机，加速医疗保健系列专利产品的开发、制造和销售，调整经营战略，强化内部管理，围绕着如何提高企业经济效益开展各项工作，取得了显著成绩，实现了资产增值和二次创业起步的目标，公司在本行业中优势明显，市场占有率达 40%，市场覆盖率达 100%。

2. 公司的主营业务是系列医疗保健品的生产和销售。公司 96 年主营业务收入为 15796 万元，比上年增长 6.6%；净利润 6019 万元，比上年增长 81%；主营业务利润 5249.9 万元，总资产 36330 万元。公司产品收入构成中公开发行股票募集资金投向的五行磁吸针销售收入达 3892.6 万元，占公司主营业务收入的 24.6%，公司定向募集资金投向的太阳车销售收入达 1508.2 万元，占公司主营业务收入的 9.5%，为公司提供了新的利润增长点。净利润大幅度增长的主要原因，是公司主营业务中的高科技、高附加值产品的比重上升；公司股票公募发行募集资金1.45 亿元，降低了财务费用，增加了利息收入；通过加强企业内部管理，提高产品质量，降低了产品制造成本。

3. 根据市场需要，加强了技术改造和科研准备。1996 年，公司对新的拳头产品五行磁吸针进行了三次改型，并对其生产线进行了技术改造；改型后Ⅲ型五行磁吸针产品性能、质量、效能和外观均有了很大提高，深受消费者欢迎；股票发行资金拟投向的健脑降压梳（郭氏健脑梳）于 1996 年 7 月通过了省级鉴定，并已小批量的试产；国家级星火项目加能保健服装已通过省级鉴定，投产前的技术准备工作已经完成。

4. 初步探索了“专卖店”销售方式，为公司实现二次创业探索了新的经营模式，取得了初步成果和一定经验。

5. 对前次募集资金运用。公司针对市场新思路、新环境、新特点，调整了产品结构，加大了医疗保健品生产力度，生产适销对路的五行磁吸针和郭氏健脑梳等高科技、高附加值等专利产品，抢占市场份额，增强综合实力，因本公司地处北方高寒地区，故工程项目费用在 96 年底尚未发生，流动资金正在使用中，其中 96 年投入到五行磁吸针产品流动资金 2010 万元，健脑降压梳（郭氏健脑梳）产品流动资金 820 万元，其余募集资金待 97 年根据市场预测情况，确定投资方案。

四、股本变化及股本结构情况

1. 股本变化及股本结构情况

① 股本结构情况

1996 年公司股份变动情况

数量单位：万股　　每股面值：元

	期初数	本次变动增减(+、−)					期末数
		配股	送股	公积金转数	其它	小计	
一、尚未流通股份							
1.发起人股份	5663						5663
2.内部职工股	1415				−283(上市流通)	−283	1132
尚未流通股份合计	7078						6795
二、已流通股份							
1.境内上市的人民币普通股					+2017(发行)	2017	2017
2.其它					283(职工内部股占额度上市)	283	283
已流通股份合计							2300
三、股份总数	7078					2017	9095

② 股本变动情况及原因

公司 1996 年度内股本增加 2017 万股，其原因是 1996 年 9 月 4 日经中国证监会审核同意于 1996 年 9 月 10 日在上海证券交易所上网定价方式发行 2017 万社会公众股，另有 283 万股内部股占额度上市，获准上市交易流通股份为 2300 万股。

③ 主要股东持股情况

股东名称	年末持股数量(万股)	持股比例%
哈慈集团公司	5663	62.26%
金诚产权	315	3.46%
萧立宪	60	0.66%
四川制药	47	0.52%
于广田	45.18	0.50%
林东胜	24.13	0.27%
韩亚坤	22.72	0.25%
周晓锦	21.66	0.24%
中京泰	20	0.22%
郭子峰	16	0.18%

④ 期末的股东总数

截止 1996 年 12 月 31 日，年末股东总数为 16237 户，其中职工内部股股东总数为 2014 户，社会公众股股东总数为 14223 户。

2. 公司董事、监事及高级管理人员持股情况

姓名	职务	年初持股数(股)	年末持股数(股)	变化原因
郭立文	董事长兼总经理	10,000	10,000	
刘森林	副董事长 副总经理 总经济师	1,000	1,000	
于静波	董事 党委书记	5,000	5,000	
郭尚军	董事 副总经理	5,000	5,000	
赵　力	董事 副总经理	5,000	5,000	
张文博	董事 董事会秘书 副总经理	1,000	1,000	
王承祥	董事 总会计师	0	0	
张文豪	董事 总工程师	0	0	
苗新生	董事	0	0	
郭子鉴	董事	5,000	5,000	
王　宇	董事	4,500	3,600	新增董事，任职前已售出上市流通 20%职工内部股 900 股
李剑白	董事	0	0	
孙效良	董事	0	0	
李童金	监事会主席	0	0	
葛义清	监事	5,000	4,000	新增监事，任职前已售出上市流通 20%职工内部股 1,000 股
谷万春	监事	0	0	

河南冰熊保鲜设备股份有限公司

1996年年度报告摘要（摘选）

一、公司简况

公司名称：河南冰熊保鲜设备股份有限公司
法人代表：许敏祥　　邮政编码：476800
公司地址：河南省民权县府后街22号
电话：(0370)2319148　　传真：(0370)2318293

二、主要财务数据与财务指标

指标项目	本年数	上年数	比上年增减(%)
1.主营业务收入(万元)	12011.20	19559.44	-38.59
2.净利润(万元)	2217.60	2165.25	2.42
3.总资产(万元)	37082.47	21350.54	73.68
4.股东权益(万元)	20726.68	8320.51	149.10
5.每股收益(元)	0.277		
6.每股净资产(元)	2.59		
7.净资产收益率(%)	10.70		
8.股东权益比率(%)	55.89	38.97	43.42

① 扣除新股申购利息收入因素，净利润为1166万元；每股收益为0.146元；

② 1996年3月31日，发起人河南冰熊工业集团将其所属河南冰柜厂进行整体评估，并经国家国资局确认的净资产为：90151093.76元。上述净资产根据河南省国资局(96)豫国资字第5号文批准，以1:1.5折为法人股60000000.00元。

三、公司主要业务回顾

1．一年来经营情况

1996年，公司在各级部门的支持下以及广大股东的关心帮助下，依靠广大员工，努力发展，取得了一定成绩，全年共生产各种型号的冰熊牌冷柜74160台，净利润2218万元。1996年底，冰熊冷柜的市场占有率达2.8%，一年来，公司重点做了以下工作：

(1) 公司在生产方面采取一系列措施，强化工作，协调运转机制，大力开发新产品，推出10个新品种，增加大型号冷柜比重，C型玻璃推拉门冷柜成为主要生产型号，加强技术改造。

(2) 壮大销售队伍，调动业务员和商业单位积极性，扩展销售区域，加大宣传力度，促进产品销售。

(3) 对冷一车间厂房和生产线进行扩建改造，新接车间厂房360平方米，增加了微机检测系统和电气控制系统，提高冷柜产量，扩大冷柜生产线，努力提高生产能力。

(4) 加强财务管理，盘活资金，严格控制各种费用开支，提倡节约，降低成本，尽量把资金投入到生产上去。

2．实际经营结果与盈利预测的比较说明

公司1996年主营业务收入12011万元，比1995年主营业务收19559万元减少38.59%，主要原因是市场竞争的日趋激烈及电力供应不足，正常生产无法保障所致。

1996年公司实现利润2218万元，与公司1995年净利润2165万元相比增加2.42%，主要原因是公司尽可能扩大产量，降低生产成本，提高利润率；同时新股申购的利息又使公司增加了一部分营业外收入。

本年度实现净利润2218万元，占预测本年度实现净利润2816万元的79%，由于我们公司在盈利预测时对市场估计过于乐观，致使本年度盈利目标未能达到，董事会并经理班子对此向全体股东致歉。

3．募集资金使用情况说明

(1) 公司年内发行2000万股A股，除去发行费共募集资金9760万元，按招股说明书披露内容，对募集资金使用问题，公司董事会五次会议根据公司生产发展的实际，本着多快好省，提高经济效益的原则，对扩大生产15万台冷柜生产线技改项目，建议用募集资金收购冰熊集团立式冷柜厂，将报1996年股东大会批准，使本公司达到扩大生产15万台冷柜的目的，并使原来单一的卧式冷柜向多品种冷柜发展。本次收购需投入资金近3000万元。

(2) 在招股说明书中本公司第二个项目是低温陈列柜技改项目。为加快本项目的进度，尽可能的压缩固定资产投资金额，经公司董事会五次会议决议通过，用募集资金收购冰熊集团闲置的厂房和部分有效设备。将报1996年度股东大会审议批准，经股东大会表决通过后具体实施。

四、股本变化及股本结构情况

1．股本变化及股本结构情况

	96年3月31日(万股)	期末(万股)	占总股本%
(一)尚未流通股份：			
国有法人股	6000	6000	75.0
内部职工股		200	2.5
(二)已流通股份：			
社会公众股		1800	22.5

(公司期末股本增加2000万股，其原因是1996年9月16日经中国证监会审核同意，在上交所用上网定价方式发行新股2000万股)。

2．主要股东持股情况(前十名股东)

名次	股东名称	年初持股数(万股)	占总股本(%)
1	河南冰熊制冷工业集团	6000	75
2	俞浩兵	22.36	0.28
3	贾京生	20.5745	0.26
4	姜建康	20.00	0.25
5	郑桂云	15.40	0.19
6	谢卫军	15.00	0.188
7	管道新技	12.00	0.15
8	冯　涛	9.29	0.12
9	银孚投资	8.63	0.11
10	王英德	8.50	0.106

截至1996年末，公司股东总数13256户。

3．公司董事、监事与高级管理人员持股情况

姓名	职务	年初持股数	年末持股数	变动原因
许敏祥	董事长兼总经理	4000	4000	
马维君	董事、副总经理	3000	3000	
刘玉坤	董事、副总经理	3000	3000	
赵向阳	董事、副总经理	2000	2000	
陈　峰	董事、副总经理	2000	2000	
马德伟	董事、行政总监	3000	3000	
马　剑	董事、董事会秘书	3000	6200	市场购买
冯振华	副总经理	3000	3000	
张永平	技术总监	4500	4500	
吴忠昌	高级管理人员	1500	1500	
董书玉	高级顾问	3000	3000	
赵建国	监事会召集人	2000	2000	
冯绍胜	监事	1500	1500	
林广修	监事	1000	1000	

上海华源企业发展股份有限公司

1996年年度报告摘要 （摘选）

一、公司简况

公司名称：上海华源企业发展股份有限公司

法人代表：周玉成　　　邮政编码：200120

公司地址：上海市浦东新区张杨路655号

电话：021-58206666×2010，021-58792716

传真：021-58792223

二、主要财务数据与财务指标

指标项目	本年数	上年数	比上年增减(%)
1.主营业务收入(万元)	45579.38	40126.37	13.59
2.净利润(万元)	6305.39	2613.29	141.28
3.总资产(万元)	60774.44	29049.43	109.21
4.股东权益(万元)	31998.71	9127.56	250.57
5.每股收益(元)	0.63	0.34	85.29
6.每股净资产(元)	3.20	1.18	171.19
7.净资产收益率(%)	19.71%	28.63%	-31.16
8.股东权益比率(%)	52.65%	31.42%	67.57

三、公司业务回顾

1　一年来经营情况

1996年是公司股份制重组上市的一年，10月3日公司股票在上海证券交易所上市交易，给公司带来了历史性的发展机遇，通过股份制资产重组，生产要素得到了合理配置，公司功能组合效应得以较好体现。公司1996年在保持快速发展的同时，经济运行质量得到了明显提高。全年实现主营业务收入45579.38万元，比上年增长13.59%，利润总额7438.89万元，比上年增长113.07%，净利润6305.39万元，比上年增长141.28%，完成招股说明书预测目标的104.91%，其中10-12月净利润1903.38万元，占全年的30%，公司进出口总额达2442.5万美元，其中出口创汇1851.3万美元，分别比上年增长72.7%和23.6%。年末总资产60774.44万元，股东权益31998.71万元，整体业绩令人鼓舞。

面对日益激烈的竞争和挑战，服装业发展必然将从单纯的工业生产型向工贸结合和品牌经营转变，从简单的加工型向高附加值、高创汇型转变，从单一的服装业向大服饰产业拓展。基于以上认识，96年公司适时实施了"高科技、外向型、大服饰"发展战略，以股份制重组上市为契机，在转换经营机制，强化质量管理，推进"百市千店"营销工程，发挥保税加工贸易的龙头作用，探索工贸结合，强化规范运作方面狠下功夫，采取扎实有效的措施，取得了可喜的进展。

(1) 以外贸为龙头，向功能型、规模化发展，增强整体竞争能力

通过股份制资产重组，公司已形成以国际贸易和保税加工为龙头，以大服饰生产基地为依托的功能构架。股票上市后，公司在服装和家用装饰纺织品生产基地的基础上组建了服装分公司和纺织装饰分公司。与此同时，公司充分发挥外贸优势，着力调整出口商品结构和地区结构，大力拓展远洋直接市场，提升出口商品附加值，严格控制换汇成本，在国内众多外贸企业出现滑坡的形势下，公司外贸仍然取得了规模和效益的长足发展。全年进出口贸易总额达2442.5万美元，其中出口创汇1851.3万美元，分别比95年增长72.7%和23.6%。

公司以股票上市为契机，充分发挥地处外高桥保税区的中国纺织保税贸易中心的功能优势，积极探索实践保税加工贸易新业务，投资新建了保税加工工厂，并联合会员单位，组成保税加工联合体，开展"两头在外、内外联动"的加工复出口业务，96年共进口原料591.2万美元，出口额达710.9万美元，并成为美国杜邦公司在中国销售涤纶的主要代理和荷兰艾维贝公司销售浆料、染化料的总代理。

公司对外贸易的迅速发展，特别是保税加工功能的拓展，为提高产品的国际市场竞争力，实现工贸一体化发展和进出口联动创造了良好条件。

(2) 瞄准市场，不断开发新产品

以国内外市场为导向，不断推出适应市场需求的新产品是企业保持快速发展的根本保证。1996年公司生产加工各类服装130万件，各类床上用品、装饰用布502万条。公司十分注重研究市场的特点，充实研究开发队伍，发挥技术装备领先的优势，狠抓产品品种的开发。去年共开发休闲服装系列新品种达200余款，家用装饰纺织品中开发工艺床单新品种6只，中式三配套5只，特种整理产品4只，新花型品种40只。真正做到人无我有，人有我优，季季出新品，牵着市场跑，使公司产品一直处于供不应求的热销局面。

(3) 实施品牌经营战略，推进"百市千店"营销工程

企业竞争首先是市场竞争。1996年公司推出以"雅鹿"和"双猫"品牌作为抓手，全面实施品牌经营战略。在全国百家大中城市开设千家雅鹿专卖店、店中店的"百市千店"工程是提高"雅鹿"品牌知名度、扩大市场占有率的重大举措。按照该工程的总体部署，去年公司已在上海、南京、天津、青岛、西安等地开设了200多家，使"双猫"纺织装饰分公司通过实施品牌经营战略，加大广告宣传力度。"双猫"产品在国内市场占有率已达5%左右。

(4) 健全质量保证体系，提高产品质量

质量是企业的生命，是市场竞争赖以取胜的法宝。1996年公司以学习贯彻国家质量振兴纲要为契机，在生产系统全面宣传学习ISO9000标准，实施全员质量培训计划，进一步建立健全质量保证体系，着力做好ISO9000认证的准备工作，通过ISO9000质量认证活动，推动了公司产品质量的进一步提高。

(5) 加强企业管理，进一步提高规范运作水平

2. 盈利预测完成情况说明

公司《招股说明书概要》披露1996年盈利预测为净利润6010.03万元，每股盈利0.601元。实际完成净利润6305.39万元，完成预测104.91%；每股盈利0.631元。

3. 募集资金使用情况说明

公司募集资金主要投入以下项目："休闲时装系列技改项目"已投入资金500万元，主要用于对现有生产线填平补齐，使工艺路线更加合理，提高了劳动生产率，项目的实施，使四季度效益明显提高。"引进日本绣花机技改项目"已投入资金500万元，完成项目前期准备及引进设备的商务谈判，即将试投产。"家用纺织装饰品生产线技改项目"已投入资金500万元，达到生产线的填平补齐和整体技术水平提高之目的，97年将继续实施扩建、改建和引进关键设备计划。"中国纺织保税贸易中心工程项目"已投入资金3100万元，正按计划推进。其余扩建和技改项目，将按照高起点标准归入"国际服装城"规划框架，分期分批组织实施，尚余资金用于补充公司正常经营活动所需流动资金。

四、股本变化及股本结构情况

股东结构及股东变化情况

(1)截至1996年末，公司股本结构如下：

数量单位：股　　每股面值：1元

	期初数	期末数
A、尚未流通股份		
1.发起人股份	75,000,000	75,000,000
其中：		
境内法人持有股份	67,720,000	67,720,000
外资法人持有股份	7,280,000	7,280,000
2.内部职工股	2,500,000	2,500,000
尚未流通股份合计	77,500,000	77,500,000
B、已流通股份		
境内上市人民币普通股	22,500,000	22,500,000
已流通股份合计	22,500,000	22,500,000
C、股份总数	100,000,000	100,000,000

注：以上"期初数"为1996年10月3日公司上市时股本。

(2) 本年度发行2500万股社会公众股(含内部职工股250万股)募集设立公司后，没有发生股本变化。

(3) 主要股东持股情况(前十名股东)

名次	股东名称	年末持股数(万股)	占总股本(%)
1	中国华源集团有限公司	4015	40.15
2	江苏雅鹿集团公司	1231	12.31
3	常熟被单厂	797	7.97
4	香港冠丰国际投资有限公司	485	4.85
5	上海外高桥保税区联合发展有限公司	243	2.43
6	上海嘉丰股份有限公司	243	2.43
7	上海三毛纺织股份有限公司	243	2.43
8	嘉丰纺织(香港)有限公司	243	2.43
9	包丰	142.11	1.42
10	帝恒实业	50	0.50

(4) 截至1996年末，公司股东总数为12576户，其中发起人法人股股东8户，内部职工股股东681户，社会公众股股东11887户。

山东黑豹股份有限公司

1996年年度报告摘要　（摘选）

一、公司简况

公司名称：山东黑豹股份有限公司

法人代表：孙军亮　　　邮政编码：264400

公司地址：山东省文登市龙山路107号

电话：0631—8352083　　　传真：0631—8352228

二、主要财务数据与财务指标

指标项目	本年数	上年数	比上年增减（%）
1.主营业务收入（万元）	39060.3	50307.5	-22.3
2.净利润（万元）	9728.9	7615.2	27.8
3.总资产（万元）	56829.9	34407.4	65.2
4.股东权益（万元）	38756.9	12611.3	207.3
5.每股收益（元）	1.39	1.21	14.9
6.每股净资产（元）	5.54	2.00	177.0
7.净资产收益率（%）	25.10	60.38	-58.4
8.股东权益比率（%）	68.20	36.65	86.1

本公司本年度发行股票利息收入10000000.00元，其中91000.00元进入资本公积，9909000.00元进入营业外收入。若扣除利息收入，主要财务数据与指标如下：

指标项目	本年数	上年数	比上年增减（%）
1.主营业务收入（万元）	39060.3	50307.5	-22.3
2.净利润（万元）	8886.7	7615.2	16.7
3.总资产（万元）	55978.6	34407.4	62.7
4.股东权益（万元）	37905.6	12611.3	200.6
5.每股收益（元）	1.27	1.21	4.96
6.每股净资产（元）	5.42	2.00	171.0
7.净资产收益率（%）	23.44	60.38	-61.2
8.股东权益比率（%）	67.71	36.65	84.8

三、公司主要业务回顾

1．一年来的经营情况

1996年，本公司结合机械工业部打好产品质量翻身、组织结构优化、开发能力提高"三大战役"的部署，以提高产品质量和经济效益为中心，加强内部管理，促进产品销售，在市场竞争十分激烈的情况下，仍然较好地完成了各项预期指标，主导产品的产销量在全国同行业中名列前茅，全年实现主营业务收入39060.3万元，利润总额12393.9万元，净利润9728.9万元。

（1）加强技术改造，采用先进技术。96年，公司第三期技术改造全面展开，新股发行募集资金的注入，加快了技改工程的步伐，焊装线已完成大部，漆处理线已阶段性完工并部分投入使用，公司在全国同行业中率先采用了阴极电泳底漆涂装工艺，新建的阴极电泳底漆流水线达到国际先进水平，投入使用后，车身防腐能力和整车外观质量有了大幅度提高，总装线也正在建设之中。

（2）以市场需求为导向，积极开发新产品。96年，公司进行了广泛的市场调研，针对市场需求的新趋势；在原有产品的基础上，研制开发了载重0.5吨、0.75吨、1吨和1.5吨四个系列七个品种的农用运输车，全部通过了省级技术鉴定，并编入全国目录，其中HB1205系列两个新车型已批量投放市场，呈现供不应求的销售局面。

（3）优化管理，提高效益。96年，公司调整了组织结构，严格生产管理和质量管理，积极开展节约挖潜活动，有效降低了生产消耗，生产成本逐步下降，产品质量稳步提高。96年4月，公司主导产品"黑豹"农用运输车先后两次进入中南海，接受了江泽民、李鹏等党和国家领导人的检阅。

（4）开拓市场，促进销售。96年，公司大力扩充销售队伍，在全国各地增设办事处21处，加强售后服务建设，在巩固老市场的同时，重点向南方和西南地区进军，在全行业竞争十分激烈的情况下，销售仍居全国同行业前茅。同时，积极开发国外市场，已与印尼、阿根廷等南亚、东南亚和南美国家进一步接触，就"黑豹"农用车的出口事宜达成合作意向。

2．主要经济指标分析

本公司主营业务收入来自农用运输车销售，1996年全行业一度市场疲软，影响销售总量，主营业务收入较上年有所下降，但公司内部节约挖潜成效显著，模具及冲压工艺改进大量节约了原材料并使成品率大幅度提高，产品成本降低1000多万元，销售费用、管理费用和财务费用较上年也有大幅度下降，可节支2000多万元，因而利润总额较预测水平有所增长，较上年11366万元增加1027万元，增长9%。

3．募集资金使用情况

1996年，公司向社会公众发行A股所募资金扣除发行费用后为17492.72万元，使用情况如下（下表单位：万元）：

项目名称	项目投资计划	96年实际投资	项目进度
5万辆焊装线	2950	2215.8	阶段性完工
5万辆漆处理线	2950	1221.5	阶段性完工
10万辆总装线	2816	895.6	建设中
归还二期技改借款	5000	0	
补充流动资金	3776	2356	

四、股本变化及股本结构情况

1．股本变化及股本结构情况

（1）1996年末，公司股本结构如下（单位：股）

	期初数	本次变动增减（+，-）	期末数
一、尚未流通股份			
1.发起人股份	35000000		35000000
其中：			
境内法人持有股份	35000000		35000000
2.募集法人股	7700000	-6440000	1260000
3.内部职工股	20300000	-4060000	16240000
尚未流通股份合计	63000000		52500000
二、已流通股份			
1.境内上市的人民币普通股		17500000	17500000
已流通股份合计			17500000
三、股本总数	63000000	7000000	70000000

（2）股本变动原因

本年度回购并注销募集法人股644万股，新增发行A股1344万股，内部职工股406万股随新发行A股共计1750万股上市，使股本总额由年初的5656万股增至7000万股。

（3）前十名股东持股情况

序号	股东名称	年末持股数（股）	占总股本比例（%）
1	山东黑豹集团公司	36060000	51.51
2	王志成	432015	0.62
3	李祥娣	418800	0.60
4	明道红	295332	0.42
5	王　建	258600	0.37
6	宋伟铭	244064	0.35
7	陈小鸿	200000	0.28
8	郑　梅	200000	0.28
9	威海烟草公司	200000	0.28
10	张　建	193377	0.28

（4）1996年末，公司股东总数为11612户，其中，法人股东2户，社会公众股东11610户。

安徽合力股份有限公司

1996年年度报告摘要 （摘选）

一、公司简况

公司名称：安徽合力股份有限公司
法人代表：刘汉生　　　邮政编码：230022
公司地址：安徽省合肥市望江路21号
电话：(0551)3632133-6508　传真：(0551)3633431

二、主要财务数据与财务指标

指标项目	本年数	上年数	比上年增减(%)
1.主营业务收入(万元)	43489.56	44713.69	-2.74
2.净利润(万元)	3989.59	2145.02	85.99
3.总资产(万元)	64617.91	42253.86	52.93
4.股东权益(万元)	30933.00	12690.05	143.76
5.每股收益(元)	0.41	0.31	32.26
6.每股净资产(元)	3.19	1.86	71.51
7.净资产收益率(%)	12.90	16.90	-23.67
8.股东权益比率(%)	47.87	30.03	59.41

注：1.若按加权平均法计算，每股收益0.48元。

2.公司发行股票冻结申购资金利息318.80万元，其中：2.42万元进入资本公积316.38万元进入营业外收入，若扣除利息收入1996年度净利润为4480万元，每股收益为0.39元，每股净资产3.16元，净资产收益率12.42%。

三、公司主要业务回顾

1.一年来的经营情况

继1991—1995年继续五年高速发展之后，1996年公司又继续保持高速发展的势态，产量、销量、出口创汇、利税等主要经济技术指标再夺全国同行业之冠，取得了良好的经济效益和社会效益。

1996年，公司董事会及经营班子始终坚持以技术开发为先导，以质量、成本为主线、紧紧围绕利润回报这个中心，狠抓企业内部管理，调整经营策略，使全年实现利润总额4798.80万元，超额完成了公司股票上市前盈利预测计划，取得了令人鼓舞的业绩。

(1) 以市场为导向，优化产品结构

1996年公司生产叉车4118台，较1995年增加370台，增长率为9.87%。其中老产品减少35.75%，而高技术附加值的引进型叉车和电瓶叉车分别增加了20.5%和51.5%。根据市场需求开发的液化气叉车、防爆叉车、14-16吨叉车、2吨牵引车和无人驾驶车都试制成功并逐步投放市场。

(2) 树精品意识，巩固名牌地位

为巩固和提高产品质量，公司94年开始申请GB/T19001-ISO9001质量体系认证的准备工作，强化员工精品意识，规范员工质量行为，加大质量奖惩力度，通过"双加工程"技术改造使设备新度系数达到78.3%，设备数控率接近70%。从硬件上确保产品的制造质量和加工水平。

(3) 加大技术投入，提高产品开发能力

公司在加大技改力度的同时，加大技术投入，培养和引进高水平技术人材。95年组建了全国叉车行业唯一的"国家认定企业技术中心"，是机械部第一个甩掉图板而用计算机进行设计的企业。

(4) 以服务促销售、扩大市场占有率

为提高市场占有率，以服务促销售，公司于96年7月向用户郑重承诺：保证从发生问题时起及时作出反应，做到问题不解决，服务不停止。

(5) 强化管理，规范行为，步入制度化轨道

1996年是公司由定向募集公司转为上市公司的开局之年，公司进一步完善了股东大会、董事会、监事会的职责，议事规则和管理程序。96年初开始实行全员劳动合同制，对财务体制进行了改组，对生产经营中各项经济活动作出规定，逐步建全以股份制为基本内容的现代化企业管理制度。

(6) 降低生产制造成本，提高企业经营效益

通过"学邯钢、降成本、增效益"活动及计算机辅助管理，有效地压缩和控制储备资金、生产资金、成品资金和应收帐款额，全年降低总成本900万元。

2.关于经营成果与预测差异的分析及说明

(1) 主营业务收入

1996年，公司实现主营业务收入43489.56万元，较盈利预测50100万元减少了6610.44万元，其主要原因是：根据1996年度"中叉公司"统计资料来看，由于受宏观经济规模的影响，国内叉车购买量由95年的15048台下降为14381台，减少了667台，而我公司去由95年销售叉车3806台上升到3809台。

(2) 利润总额

1996年，公司上下全面动员，开展了"学邯钢、降成本、增效益"活动，产品成本有较大幅度的下降，使全年实现利润总额4798.80元，较盈利预测的4600万元增加了198.80万元；实现净利润3989.59万元，较预测数的3910万元增加了79.59%。

3.募集资金使用情况的说明

1996年，公司股票上市募集资金14142.5万元，按《招股说明书》规定的用途，截止到96年末，累计完成项目投资13001万元。其中：设备及安装费4666万元(含用汇294万美元)，工程建筑费170万元，其他费用165万元，补充流动资金8000万元。尚有募股资金1799万元结转到97年，作为工程收尾或付余款处理。

主要引进设备有：卧式加工中心、立式加工中心、数控折弯机、数控车床、数控铣床、车削中心、三坐标测量仪、立式车床、球杆仪、电弧金属粉碎机等22台。目前设备已安装就位，陆续投入生产，具体项目见下表：(单位：万元)

项目名称	项目投资计划	96年计划	96年实际投资	项目进度
"双加"工程技术改造	14000	7900	10571	基本完成
扩大出口改造	2980	2980	2430	基本完成
合　计	16980	10880	13001	

(1) "双加"工程技术改造：根据国家经济贸易委员会国经贸改(1995)549号文件批准，本公司"双加"技改项目投资14000万元，其中：固定资产6000万元，流动资金8000万元，本项目分二个年度实施(1996年—1997年)。由于本项目公司利润自筹和贷款的形式事先筹集了部分资金，并于九五年十二月提前启动，故本项目超计划进度实施，目前已进入收尾阶段。

(2) 扩大出口技术改造：本项目是根据安徽省经济贸易委员会皖经贸技(1995)406号文批准，项目总投资为2980万元。该项目要求公司在充分利润原有生产条件的基础上，紧紧围绕扩大叉车出口及其关键零部件的生产，增加主要的关键设备，提高新产品的可靠性，故九六年公司的挥自营进出口公司的优势，经过充分调研、询价，购入13台价廉物美，真正急需并能解决关键问题的进口设备，项目按计划进度实施，尚有部分余款未付。

四、股本变化及股本结构情况

1.截止1996年12月31日，公司股本结构如下：(每股面值：人民币1元)(单位：万股)

项目	期初数	本次变动增减(+,-)						期末数
		发行新股	配股	送股	公积金转股	其他	小计	
一、尚未流通股份								
发起人股份	6700.0							6700.0
募集法人股								
内部职工股	171.5					-171.5	-171.5	0
尚未流通股份合计	6871.5							6700.0
二、已流通股份								
境内上市普通股		2828.5				171.5	3000.0	3000.0
已流通股份合计		2828.5				171.5	3000.0	3000.0
三、股份总数	6871.5	2828.5				0	2828.5	9700.0

2.股本变动情况及原因：

本年度新增发行2828.50万社会公众股，公司股本总额由发行前的6871.5万股增至9700万股。

3.期末股东总数：截止1996年12月31日，股东总数为17843户，其中国家股股东1户，社会公众股股东17842户。

北京中燕探戈羽绒制品股份有限公司

1996年年度报告摘要　（摘选）

一、公司简况

公司名称：北京中燕探戈羽绒制品股份有限公司
法人代表：肖爱军　　邮政编码：101205
公司地址：北京市平谷县北扬桥乡
电话：(010)64962032、69972854　　传真：(010)69972844

二、主要财务数据与财务指标

单位：人民币万元

指标项目	本年数	上年数	比上年增减(%)
1.主营业务收入	2619.43	6231.33	-57.96
2.净利润	1230.28	1355.27	-9.22
3.总资产	28971.78	10895.61	165.90
4.股东权益	24099.83	10019.85	140.52
5.每股收益	0.09	0.13	-30.77
6.每股净资产	1.80	1.00	80.00
7.净资产收益率(%)	5.10	13.53	-62.31
8.股东权益比率(%)	83.18	91.96	-9.55

注：扣除新股发行申购利息后，每股收益为0.07元。

净利润：942.98万元，

每股净资产：1.79元，

三、公司业务回顾

1.1996年，公司本着"以探戈牌羽绒系列制品为主导产业，不断拓展其他领域，全方位开拓，把公司建成多元化、国际化和现代化的大型综合性企业"的经营发展战略，努力开拓国际国内市场，逐步提高科技产品收益的比重，为实现在九八年内完成产业结构调整的目标奠定了基础。

1〉强化企业内部管理，提高企业整体管理水平

2〉全方位拓展主营产品市场

3〉实行全面质量管理，增强产品质量意识

4〉加快技术改造步伐和增加新产品开发力度

5〉积极引进各类专门人才，满足公司长远发展的人才需求

6〉积极拓展高科技产品领域的经营战略

2.公司全年实现主营业务收入2,619.43万元；利润总额1,836.24万元；净利润1,230.28万元，1996年每股收益为0.09元。完成96年利润预测分别为12.4%、24.8%、24.6%、24.3%。上述指标与预测利润差异较大，董事会代表公司向全体股东表示歉意。

1〉、市场因素的影响

(1)国际市场：由于国际上盛行贸易保护主义之风，一些国家降低了产品进口额度，加之假冒伪劣产品窃用公司名牌，扰乱了公司在一些国家市场的声誉，影响了出口效益和创汇额。

(2)原材料市场放开后，价格成倍增长，服装产品成本中原材料占较大比重，致使成本增加，影响了公司的经济效益。

(3)羽绒系列制品是公司的主导产品，市场营销有其明显的季节性和地区性，又因近期内在全国范围内增加了几十个大中型同行业厂家，市场竞争日趋激烈，占领国内市场困难较大。

(4)1996年度内，公司准备开发生产中高档制式服装，并在年中进入市场，但由于各类产品设计周期长，专用设备到位较晚，未形成生产规模。

(5)产品销售出口后，由于货款不能及时返还，影响了生产周期，公司不得不减少国外订单，以免造成经济损失。

2〉由于募集资金到位时间较晚，一些好的项目无法上马，错过了生产、加工、销售产品的黄金季节，使公司效益受到严重影响。如：在公司争取到国家邮电部服装定点生产厂家后，却迟迟没有资金投入，坐失良机。

3〉公司于九五年八月三十日组建，预计一年后上市，为了运作上市工作，董事会聘请了原平谷县体改委副主任张玉顺担任股份公司总经理，并得到了上级的批准。九六年一月十六日公司被批准转为社会募集公司后，董事会研究决定：在认真搞好股票上市前各项准备工作的同时，严格按《公司法》规范发展，以"探戈"牌羽绒系列产品为主导产业，不断拓展其他领域，并研究了强化企业内部管理，全方位拓展企业主营产品市场，加快技术改造步伐，增强新产品开发力度的具体措施。九六年第一季度在服装生产处于淡季时，通过领导班子的共同努力仍取得了较好的经营业绩。但是九六年六月十九日，董事长肖士太突然患脑溢血住进医院。在董事长生病住院期间，总经理在高级职员任免、资金使用上偏离了过去制定的发展战略和正确的经营方针，使公司效益受到影响，原计划的销售额无法完成。

鉴于上述情况，公司已于96年11月7日召开的董事会上决定取消其经营管理职权。

3、对募集资金的运用情况的说明

1〉1996年，服装生产车间的技术改造项目，即扩大服装生产能力，拟投资2,980万元，已实际投入800万元，其主要原因专用设备订购尚需时间，预计在97年6月底前将完成全部投资并投入使用。

2〉计划投入2,500万元，改进产品包装。经反复论证表明，由于近年生产包装箱的原材料纸张大幅度涨价，且生产厂家不断增加，市场竞争激烈，自行生产不如直接购买更合算，经董事会慎重考虑，该项目缓建。

3〉HY多信道多手机无绳电话，计划投资额950万美元，与匈牙利光明贸易公司合资生产，我公司以人民币投入5935万元，除生产无绳电话外，还准备生产高性能电话计费器。目前项目已启动。

4〉原计划投入6125万元，与莫斯科亚莎有限公司合资生产电子镇流器，由于外方资金未及时到位，经董事会研究，决定缓建。

鉴于种种原因，使部分原定项目的实施遇到困难，经公司董事会研究，决定及时采取补救措施，改变投资方向，今后的投资项目将以周期短、见效快、盈利好的短平快项目为主。

四、股本变化及股本结构情况

1.股权结构：

股份单位：股　　面值：每股1元

股份类别	年初数 股份数	年初数 比例(%)	年末数 股份数	年末数 比例(%)
1、尚未流通股份				
A.境内法人股	100,000,000	100	100,000,000	74.85
B.公司职工股			3,360,000	2.52
尚未流通股份合计	100,000,000	100	103,360,000	77.37
2、已流通股份			30,240,000	22.63
社会公众股			30,240,000	22.63
3、股份总数	100,000,000	100	133,600,000	100.00

2.主要股东持股情况

截止1996年12月31日止，本公司列前10名股东的持股情况：

股东名称	年末持股数(万股)	占股本总额比例(%)
1)北京中燕实业集团	5,250	39.30
2)北京宏思达中心(集团)	1,700	12.72
3)中土畜羽毛羽绒制品进出口公司	825	6.18
4)北京市农工商开发贸易公司	825	6.18
5)中国北京国际经济合作公司	800	5.99
6)南方证券有限公司	600	4.49
7)福建兴业	49.27	0.37
8)黄宏英	42	0.31
9)危常武	29.68	0.22
10)赵金刚	20.4	0.15

3、年末股东数

截止1996年12月31日，公司股东总人数22906人。

贵州力源液压股份有限公司

1996年年度报告摘要　（摘选）

一、公司简况

公司名称：贵州力源液压股份有限公司

法人代表：李　利

公司地址：贵州省贵阳市乌当区新添寨镇

（国家级高新技术产业开发区）

电话：(0851)2323934或2323101转211

传真：(0851)2323101转293

二、主要财务数据与财务指标

指标项目	本年度	上年度	比上年增减(%)	扣除申购利息
1.主营业务收入(万元)	5211.62	5062.70	2.94	5211.62
2.净利润(万元)	1550.61	1306.70	18.67	1369.42
3.总资产(万元)	22918.42	13992.00	63.80	22705.25
4.股东权益(万元)	15188.51	4205.60	261.15	15007.31
5.每股收益(全面摊薄元)	0.303	0.36	-15.83	0.268
6.每股收益(加权平均元)	0.402	0.36	11.67	0.355
7.每股净资产(元)	2.97	1.09	172.48	2.94
8.净资产收益率(%)	10.21	31.07	-67.14	9.13
9.股东权益比率(%)	66.27	30.05	120.53	66

三、公司业务回顾

1. 一年来经营情况

1996年是公司进行股份制改造的上市年，公司全体员工按照公司年度经营工作的基本思路和总体要求，以提高经济效益为中心，坚定信心，克服困难，开拓奋进，在促销增收，提高质量，新品开发，节支增效，科技进步，转机建制等诸方面进行了大量卓有成效的工作，有力地推进了公司科研、生产、经营等各方面工作的顺利进行，取得了较好的经营成效。

本公司是我国定点生产高压柱塞泵/马达的重点生产厂家之一；是国务院批准的基础机械和基础件220家特定企业；被机械部归口大行业列为AO类重中之重企业；是中国航空工业总公司大型二档企业；1994年公司四个系列产品被评为中国名牌产品，企业被评为中国明星企业。一九九六年，公司产品的产销量、质量、市场覆盖面、市场占有率继续保持在同行业中处于领先地位。

(1) 公司全年实现营业收入5211.62万元，比上年增长2.94%，完成年度计划的76.15%；税后净利润1550.61万元，比上年增长18.67%，完成年度计划的109.74%；年末总资产22918.42万元；净资产15188.51万元。

(2) 本公司利润94.37%来自主营业务利润。在主营业务中，高压柱塞泵/马达及轿车球笼式等速万向节产品，全年共生产和销售高压柱塞泵及马达11545台，其中泵4143台，马达5256台，球笼式等速万向节10424台。另外，全年研制开发新产品30余型，其中绝大部分新产品已达到当期开发当期提供配套市场使用。

2. 关于经营成果与预测差异的说明

1996年，公司实现主营业务收入5211.62万元，利润总额1786.48万元，净利润1550.61万元，比上年5062.7万元、1394.7万元、1306.7万元分别增长2.94%、28.09%和18.67%；比1996年预测分别降低23.86%和增长7.47%、9.74%。实际经营成果较预测有较大差异的原因是：

(1) 主营收入降低的原因主要有二个方面：一是公司在国内三角债普遍存在的情况下，及时改变营销策略，采取“先款后货、款不到不发货”的销售政策，确保了货款回收，提高了资金周转率，但对产品销售有局部影响，降低了产品订货合同的履约率，致使1996年主营收入增幅不大，与1996年盈利预测比有较大差异；二是公司通过努力，开发研制了具有高附加值的多个型号的新品，由于新品均有一个装机考核、市场培育的过程，新的经济增长点正在培育成长过程中。

(2) 公司明确了由单一产品经营向资本经营多元化发展的思路，在尽量降低资金风险的前提下，偿还“八五”技改贷款4810.00万元，发起人贵阳航空液压件厂短期借款2507.00万元，获得收益46.00万元。

(3) 1996年，公司主营利润为1458.21万元，占全年利润的94.37%，利润结构趋于合理。

3. 募集资金使用情况说明

1996年公司发行股票募集资金扣除发行费后为8300万元，按经中国证监会审定的招股说明书，计划“双加”和“球笼”两个技改项目1996年共计投入3100万元引进、购买和改造设备，同时根据项目进展情况，合理配置相应的流动资金。公司1996年实际投入20.00万元，配置流动资金1055.00万元。由于公司股票于1996年10月22日发行，资金到位已近年底，截止12月31日，募集资金只有少量投入到计划项目中，绝大部分资金将在1997年陆续按计划投入。

四、股本变化及股本结构情况

1. 公司股本结构：　数量单位：万股　每股面值：1元

	期初数	本次变动数	期末数
国有法人股：	3610	0	3610
社会公众股：	1500	0	1500
其中：内部职工股：	150	0	150
股本总额：	5110	0	5110

注：公司150万股内部职工股已全部托管，该部分股票将遵循国家法律、法定的规定，自本公司新股1996年11月6日上市交易半年后上市。

2. 主要股东持股情况：

股东名称	持股数量(万股)	持股比例%
1.贵阳航空液压件厂	3610	70.646
2.蒋文锦	40	0.783
3.徐　翔	24.079	0.471
4.刘庆真	23	0.450
5.王国峰	22.75	0.445
6.李蓉文	21.718	0.425
7.刘宝杰	21.61	0.423
8.丰　刚	21.5301	0.421
9.刘占丽	21.41	0.419
10.王亲猛	21.322	0.417

3. 股东数量

截止1996年12月31日，本公司股东总数为6325户，其中国有法人股股东1户，社会公众股东4884户，内部职工股东1440户。

江苏综艺股份有限公司

1996年年度报告摘要（摘选）

一、公司简况

公司名称：江苏综艺股份有限公司

法人代表：昝圣达　　邮政编码：226371

公司地址：江苏省通州市兴东镇黄金村

电话：0513-6563931　　传真：0513-6563932

二、主要财务数据与财务指标

指标项目	本年数	上年数	比上年增减(%)	扣除利息收入指标
①主营业务收入(万元)	9005.66	6124.26	47.05	9005.66
②净利润(万元)	3332.48	1992.97	67.22	3043.90
③总资产(万元)	34400.25	17427.47	97.39	34057.74
④股东权益(万元)	28066.95	8277.74	239.07	27778.37
⑤每股收益(元)	0.56	0.52	7.70	0.51
⑥每股净资产(元)	4.68	2.18	114.68	4.63
⑦净资产收益率(%)	11.88	24.08	-50.67	10.96
⑧股东权益比率(%)	81.59	47.50	71.77	81.57

三、公司业务经营回顾

（一）一年来经营情况

1996年是"九五"规划的第一年，也是公司发展史上极具战略意义的一年，这一年，公司由定向募集公司转为社会公众公司，实现了由生产经营向资本经营的重大转变。这一年，公司在其他方面也取得了长足的发展，主营业务收入和利润总额等主要经济指标实现了快速增长，全年实现主营业务收入9005.66万元，比上年增长47.05%，是当年预测的61.73%；利润总额3658.72万元，比上年增长59.71%；净利润3332.48万元，比上年增长67.22%，是当年预测的97.93%。一年来，公司在产品结构调整、市场开拓、规范运作等方面，采取了以下措施：

(1) 调整产品结构，提高厚利产品的市场占有份额。1996年，公司根据市场变化的趋势和企业自身特点，采取了灵活而准确的经营策略，压缩了普通三合板的产量，扩大了附加值高、市场声誉极好的"综艺"牌木芯板的产量，大大提高了公司的主营收入和利润。

(2) 积极拓展美国市场。近几年来，由于真丝服装在美国市场的泛滥，公司的真丝服装产品主要销往欧洲和日本。进入1996年后，美国市场逐渐复苏，尤其是高档真丝产品更是供不应求，根据这一情况，公司加强了驻美国办事处的力量，大力开拓市场，取得显著效果。

(3) 成功开发以"综艺"乌龙茶为代表的绿色环保系列饮料。1996年，公司与港商合作成功开发了绿色环保饮料系列，投放市场获得好评，并被中国市场经济研究会评为"优秀科技产品"，前景看好。

(4) 规范运作、强化管理，提高企业的整体素质和管理水平。1996年，公司以股票上市为契机，强化内部管理。牢固树立对全体股东负责和依法运作的观念，进一步完善了股东会、董事会、监事会的职责和管理程序，并本着科学、高效、顺应市场的原则，修订和完善了各项管理标准，使企业的管理进一步规范化。

（二）募集资金使用说明：

公司本年度内发行2200万A股，募集资金16456万元。此项募集资金于1996年11月7日到位。截至1996年12月31日止，本次募集资金使用情况如下：

(1) 根据招股说明书，投资南通综艺合板有限公司3000万元(应出资额为3585.6万元)，该项目于1996年11月28日动工，预计在1997年5月建成投产；

(2) 根据招股说明书，投资南通综艺饮品有限公司1220万元，其中700万元为归还先期投入的银行贷款部分，该项目产品已于1996年8月试投市场；

(3) 增加流动资金1609.7万元；

(4) 因资金到位较晚(1996年11月7日募集资金到位，并经注册会计师验资)，部分项目尚未实施，故剩余资金以银行存款及现金、短期投资的形式存在，留待下年度逐步投入其它项目。

四、股本变化及股本结构情况

1. 股本变化及股本结构

（一）股本结构情况：　　单位：万股

	期初数	配股送股	公积金转股	其他	期末数
(1) 尚未流通股份					
A、发起人股份	3310				3310
B、募集法人股	300				300
C、内部职工股	190				190
尚未流通股合计	3800				3800
(2) 已流通股份					
境内上市的人民币普通股	0			2200	2200
已流通股份合计	0			2200	2200
(3) 股份总数	3800			2200	6000

（二）股本变动情况及原因

公司1996年度内股本增加2200万股，其原因是1996年10月22日经中国证监会审核同意于1996年11月1日在上海证券交易所以上网定价方式向社会公开发行人民币普通股股票2200万股。

（三）主要股东持股情况(前十名股东)

名次	股东名称	年末持股数(万股)	占总股本(%)
①	南通绣衣时装集团公司	2738.59	45.64
②	南通大兴服装绣品有限公司	571.41	9.52
③	通州市建设投资中心	300.00	5.00
④	华昆农林	261.82	4.36
⑤	海南南丰	129.03	2.15
⑥	荆沙信隆	128.87	2.15
⑦	海南新业	124.41	2.07
⑧	荆沙房产	121.11	2.02
⑨	刘祝秀	38.96	0.65
⑩	范元贵	29.99	0.5

（四）至本年度末公司股东总数为12989户，其中法人股东3户，内部职工股东578户，社会公众股东12408户。

青海同仁铝业股份有限公司

1996年年度报告摘要　（摘选）

一、公司简况

公司名称：青海同仁铝业股份有限公司

法人代表：万　林　　　　　　　　　　邮政编码：

公司地址：青海省黄南藏族自治洲同仁县

电话:0973—720200　　　　　　　　传真：0973—720175

二、主要财务数据与财务指标

单位:元

指　标　项　目	本年数	上年数	比上年增减(%)
1.主营业务收入	83,128,622.73	72,379,573.18	14.85
2.净利润	11,943,934.90	10,652,708.61	12.12
3.总资产	191,813,674.11	94,670,847.48	102.60
4.股东权益	115,237,162.96	29,711,599.99	287.85
5.每股收益	0.20	0.36	-43.39
6.每股净资产	1.97	1	97
7.净资产收益率(%)	10.36	35.85	-71.1
8.股东权益比率(%)	60.08	31.38	91.45

注:按扣除股民认购股份预存资金利息收入后主要财务数据摘要:

单位:元

	本年数	比上年增减
1．主营业务收入	83,128,622.73	14.85
2．净利润	11,417,481.63	7.18
3．总资产	191,279,941.67	102.05
4．股东权益	115,229,886.46	287.83
5．每股收益	0.20	-45.83
6．每股净资产	1.97	97
7．净资产收益率(%)	10.09	-71.85
8．股东权益比率(%)	60,24	92.42

三、公司主要业务回顾

1．一年来公司经营情况

一九九六年，青海同仁铝业股份有限公司在市场不利因素多，生产经营条件变化大的情况下，坚持过去成功经验，改革创新，奋发努力，强化经营管理，加速技改扩建，在九六年铝冶炼行业效益普遍下滑的形势下，仍然取得比较好的经营业绩。全年共实现营业收入8313万元。比去年增长14.85%，实现税后利润1194万元，比去年增长12.12%。连续荣获青海省上缴利税大户称号，同时，被黄南藏族自治州人民政府表彰为优秀企业。

截止1996年底，公司总资产、股东权益、长期负债分别为19181.3万元、11523.7万元、710万元、比上年增长102.60%、287.86%和减少49.14%。

2．主要业务

1)以股份制改组股票发行为契机，勇于改革、大胆实践，彻底摈弃计划经济体制下国有企业在机构设置上的大而全，经营思想上的等、靠、要，精减行政机构，充实生产一线。组织公司员工特别是中层以上管理干部，深入学习建立现代企业制度的一系列政策法规，解放思想、转变观念，从思想上、行动上真正树立"依法经营、照章纳税"的市场经济下的现代企业管理新模式。

2)按计划完成了第二生产系列10,000吨电解铝项目的一期工程和二期土建工程，增加电解槽三十台，新增生产能力4500吨，形成公司新的利润增长点。

3)针对产品价格下降等市场减利因素多，经营压力大的具体情况，公司上下千方百计增产节约，增收节支，合理控制生产费用，下大力降低产品成本，努力提高经营效益。

4)公司九六年的大规模扩能改造，当年生产能力扩大48%，名列青海省地方铝厂首位，被青海省经济贸易委员会等部门批准划定为中型企业。标志着青海同仁铝业股份有限公司在青海省地方经济中占有突出份额，青海省政府将在电力分配、银行贷款、扶贫资金、铁路运输等方面给予政策倾斜。

5)在经营管理上突出一个"严"字，处处把抓管理、严要求，作为管理工作的指导思想，从细微深处抓起，在人事管理，劳动工作纪律，经济考核责任制等方面作了大范围的补充修改，新增加了干部管理行为准则等精神文明建设新规章，充实完善了生产指标考核责任制，做到工作严要求，管理上水平，收到良好效果。

6)鉴于本公司起点低发展快的特点，注重人才的选聘，先后从甘肃几大铝厂选聘技术骨干40多人，充实生产一线的技术力量，为保证生产，提高效率奠定了基础。

7)随着生产规模的扩大，产量增加，原有的供应销售系统，已不能适应生产发展的要求，人员的充实，供应销售方式的转变需相应调整，对此，公司从去年十二月考查市场后，拟定在山东省青岛市，江苏省无锡市建立二个驻外经销公司，有关事宜正在抓紧筹备之中。以上两个公司的开张营业，对加快产品销售，增加销售利润，提高资金周转率，扩大销售范围，树立公司形象，都将产生积极影响。

3．实际经营结果与预测效益的差异说明

1996年10月12日本公司在招股说明书中披露九六年盈利预测数和年末经营结果。

单位:万元

项　目	预测数	年末实际数	增减数
主营业务收入	122,310,000.00	83,128,622.73	-39,181,377.27
利润总额	23,810,000.00	13,728,660.80	-10,081,339.20
净利润	20,720,000.00	11,943,934.90	-8,776,065.10
每股税后利润(元)	0.35	0.20	-0.15

4．主营业务收入减少的原因

1)招股说明书中披露九六年盈利预测主营业务收入的计算依据是铝锭年产量按8523吨计算，包括二系列一期工程投产后的部分产量，但由于九六年黄河上游干旱少雨，地处黄河上游的青海龙羊峡电站水位下降，发电量减少，进入秋季以来情况更为严重，整个西北电网电力紧缺，因大网限电，使公司不能开足生产，造成公司生产严重受损，年末完成计划产量的73.67%，从而减少了公司营业收入，利润相应锐减，这是造成利润减少的主要原因。

2)为保障公司改扩建后的生产用电，解决原35KV输电线路容量小的矛盾，青海省电力局投资2500多万元架设110KV输电线路70多公里，同时在临近公司右侧新建35KV变电站一座，由于线路施工中多处跨越正在运行的35KV线路，施工地形复杂，不得不停电施工，加之变电系统的重新调试，间断性停电累计长达612小时，对公司生产造成不利影响。

3)受市场影响一九九六年市场铝价下浮幅度较大，吨铝销售价由年初的16500元下降到13000元，销售利润减少，在一定程度上影响了公司的利润完成。

公司在招股说明书中对输电线路工程施工进度，工程复杂性以及对铝市场估计过于乐观，而实际由于以上原因，致使公司预测利润未能完成，在此，董事会并经理班子向全体股东致歉。

5．募集资金使用情况说明

一九九六年，公司发行股票募集资金8588.84万元，扣除发行费用450万元后，实收股金8138.84万元(包括法起人入股资金)。根据招股说明书募集资金用途和计划，将所筹资金全部用于第二系列10,000吨电解铝项目的改扩建，具体使用情况如下:

1)一九九六年十月投入第二系列10,000吨电解铝工程全部土建及一期工程设备款5000万元。

2)一九九六年十一月支付第二系列增容电贴费911万元。

3)一九九七年一月投入第二系列二期工程设备款2227万元。

6．正在建设工程的预期进度

二系列10,000吨电解铝项目一期工程，已投产。

二系列10,000吨电解铝项目二期工程正在加紧建设之中，预计在一九九七年六月投产，使公司铝锭年产能力达到20000吨。

四、股本变化及股本结构情况

1．股本变化及变化原因

单位:万元

	96年末股本	占总股本%
1)、尚未流通股份	4510	76.96
其中:国家股	2971.16	50.70
法人股	1388.84	23.70
职工股	150	2.5
2)、已流通股份	1350	25.60
股本总额	5860	100

本公司于1996年10月经批准由同仁铝厂为主体，募集设立青海同仁铝业股份有限公司，其中，发起人股份4360万股，经中国证监会批准，向境内社会公开发行人民币普通股1500万股，其中，职工股150万股，合计股本总数5860万股。

2．主要股东持股情况(前十名)

股　东　名　称	年末持股数(万股)	占总股本(%)
1)青海省同仁县国有资产管理办公室	2,971.16	50.70
2)校办产业兰州物资总公司	648.84	11.07
3)青海省电力公司	200	3.41
4)中色(南海)恒达发展有限公司	200	3.41
5)锡山市金属材料总公司	200	3.41
6)海南正泰物业发展公司	100	1.71
7)青海西宁祥庆贸易有限公司	40	0.68
8)薛顺仙	20	0.34
9)宁夏工行	10	0.17
10)金蹄地产	8.1	0.14

其中:国家股东1户，法人股6户，社会公众股东为10431户。

1996年末公司股东总数为14038户。

南京熊猫电子股份有限公司

1996年年度报告摘要 （摘选）

一、公司简况

公司名称：南京熊猫电子股份有限公司

法人代表：陈祥兴　　　邮政编码：210002

公司地址：中国南京市南京高新技术产业开发区05幢北侧1-2层

电话：025—6641144　　　传真：025—4592578

二、主要财务数据与财务指标

单位：万元

指标项目	本年数	上年数	比上年增减(%)
1.主营业务收入	345053.23	344115.72	0.27
2.净利润	18267.16	15805.84	15.57
3.总资产	373979.70	277145.19	34.94
4.股东权益	164604.02	91468.52	79.95
5.每股收益(元)	0.2789	0.4053	-31.19
6.每股净资产(元)	2.5130	2.3453	7.15
7.净资产收益率(%)	11.10	17.28	-35.76
8.股东权益比率(%)	44.01	33.00	33.36

三、公司主要业务回顾

1.一年来公司经营情况

一九九六年是本公司H股和A股上市的第一年，在本年度，公司全体员工弘扬"争第一，创一流，讲团结，重实干"的企业精神，面对彩电厂商竞相降价，销售不畅等诸多不利因素，围绕经济效益这个中心，确保销售收入，销售利润两大目标的实现。年内公司24200万股H股于5月2日在香港联合证券交易所上市，2800万股A股于11月18日在上海证券交易所上市，为公司未来发展注入了活力。公司1996年实现销售收入345053万元，实现净利润18267万元。在经营上主要采取的措施是：

1、降低成本，提高产品竞争力。公司通过比价核价、招标批量定货、改进设计、压缩管理费用、适时决策采购和低价买进储备等明确有效的措施，使各种型号的彩电产品成本有较大幅度的下降。

2、提高生产效率，增强生产能力。公司深挖内部潜力、加强生产组织管理、强化生产调度、充分调动员工积极性和热情，在不增加设备和人力的情况下，使单班生产效率与上年度相比提高了30%左右。

3、提高产品质量，保证产品信誉。公司不断改进原有产品的设计和性能，确保产品的质量。首先将开箱合格率提高到99%以上，并对产品的透亮度、清晰度等光、电、声、色指标提出更高的要求；二是加大抽样检验的频次，严格内控标准。采取严格的措施，收到了良好的预期效果。一九九六年七月三日，国家经贸委、电子工业部、国家技术监督局经过严格检测和综合评价专门发布公告，公布熊猫牌彩电三个品种在质量和性能上已经达到和超过国外同类产品的水平。

4、加强科技开发，加快结构调整。公司重视新产品、新门类方面的开发，加大科技开发人力、财力方面的投入。年内公司先后推出二十多个彩电新品种。稀路由卫星通信系统顺利通过国家鉴定，并荣获95全国十大电子科技成果之一、电子部科技进步一等奖。此外，VCD、显示器、计算机、BP机、大哥大等产品的开发也取得了一定的成效。稀路由卫星通信系统和一点多址微波通信设备在国内外用户中也进一步推广。

5、层层细化市场，加强销售力度。年内公司不断加强市场建设，在全国范围内成立了12个经销分公司，建立了580个销售专柜；加强服务体系建设，增添近百辆维修专用车用于上门服务；增设熊猫热线电话，二十四小时为用户服务；在加大广告宣传的力度、促进产品销售方面也取得明显成效。

6、扩大生产规模，加快基本建设的速度。年内，已完成通信产品科技生产大楼大部分基建工程；对卫星通信、移动通信两个设计所进行了技术改造；扩大了晶体生产能力；新建了两条彩电生产线；以提高大屏幕等新一代彩电产品的大规模生产能力。

2.主要指标分析

1996年度，本公司营业额345053万元，比去年上升937万元，上升0.27%(1995年本公司营业额344116万元)。但未达到原预测目标营业额，这是由于公司根据市场情况，调整产品品种和生产规模，压缩了原计划的OEM生产量，以及销售价格下降等因素所致。

1996年度，本公司净利润18267万元，比去年增加2461万元，增加15.57%(1995年本公司净利润15806万元)。系降低了产品成本，不仅弥补了降价对利润的损失，还使产品毛利率有所提高。但由于本公司96年的会计政策采用期末存货按成本与市价孰低的原则进行了调整和南京爱立信公司96年的利润没有达到预期的目标，使本公司未能达到原预测的净利润目标。

3.募集资金运用情况说明

年内，本公司发行H股及A股共募集资金约6.1亿元人民币，现已按招股书披露的资金投向进行投资，投入使用的资金约3.8亿元，其余部分将会于一九九七年和一九九八年继续投入，一九九六年度募集资金具体使用情况为：

1)约5400万元人民币用于设立及购买有关发展生产卫星通信及移动通信新产品的生产设施、技术设备及其他开支，成立由国家科委批准成立的国家移动卫星通信工程技术研究中心。

2)约6140万元人民币用于与日本夏普株式会社合作成立的两家合资企业的建设。

3)约1720万元人民币用于建设本公司研究发展中心及生产设施的改造。

4)约1320万元人民币用于发展及生产显示器，电脑及其他多媒体电脑类产品。

5)约2670万元人民币用于偿还本公司投资南京双强计算机有限公司之短期贷款。

6)约900万元人民币用于成立由国家计委批准成立的国家视频音频数字化工程技术研究中心。

7)约20000万元用于补充营运资金。

余款的部分目前暂用作流动资金，必要时本公司将严格按计划和募集资金使用用途分批投入。

4.展望

一九九七年，国有企业改革将成为国家整个经济体制改革的重点。电子行业作为中国国民经济的支柱产业，因此熊猫电子集团公司作为国家120家试点企业集团之一，本公司将会受惠于国家在宏观经济政策上的支持。

一九九七年预计国内彩电市场竞争仍将激烈。但市场总体销量与上年度相比仍会有15%以上的增长，大中城市居民购买彩电仍然以25″以上大屏幕为主，而县城及农村则主要购买21″彩电。彩电市场竞争的方式也从单一的价格竞争转向产品的技术、质量、性能、服务的全方位竞争。一九九七年本公司将在继续巩固行业之领先地位的基础上，谋求稳步发展。

一九九七年本公司经营的指导思想是：重点抓好彩电及通信产品的发展，进一步加强科技开发和市场销售方面的投入。在彩电方面要保持20%左右增长速度，扩大彩电的产销规模，开发和及时推出多媒体产品(主要是电脑电视、网络电视)和数字化技术新产品。适时加大宣传力度，完善和细化销售及售后服务网络体系，进一步巩固熊猫在彩电市场上的优势地位。

随着中国电子信息产业的发展，国内对卫星通信产品、移动通信产品、计算机和显示器的需求量明显增加。一九九七年，公司将进一步加强通信产品的生产和市场销售，使通信产品的销售额在公司整个销售中的比重有所增加。同时，南京双强在1996年度已经投产，计算机、显示器的生产产量和市场占有量将有所增加。

公司之子公司——南京熊猫国际通讯有限公司将增加其产品"大哥大"和寻呼机的生产和销售能力。

本公司与瑞典爱立信公司之合资企业——南京爱立信通信有限公司将根据中国通信产品市场多变的情况，及时调整生产和销售策略。在数字程控电话交换系统及蜂房式移动电话系统这两大主导产品方面，加大开发和销售的力度，以期进一步提高市场占有率。

在投资方面、一九九七年三季度与夏普合资的两家企业按计划将投入生产，南京爱德奇宽带通信有限公司争取在一九九七年底前建成投产。

公司深信，经过以上几个方面的努力，公司的产品将会在未来的市场竞争中占据有利地位。在全体员工的竭诚努力之下，一九九七年公司的销售额及利润应会比去年取得较大增长。

四、股本变化及股本结构情况

单位：万股，每股面值1元

1.截止1996年12月31日止公司股本结构如下：

	期初数	新发行股票	期末数
尚未流通股份合计	39001.50		38501.50
其中：发起人股份	35501.50		35501.50
内部职工持有股份	3500.00		3000.00
已流通股份合计	0		27000.00
其中：境内上市人民币普通股(A)	0	2300.00	2800.00
境外上市外资股(H)	0	24200.00	24200.00
股份总计	39001.50	26500.00	65501.50

2.股本变化情况说明

(1)1996年5月，本公司在香港成功发行24200万股H股，占公司总股本的36.95%。

(2)1996年11月，本公司在上海成功上市2800万股A股。其中，向境内社会公众公开发行2300万股；职工内部股500万股，在发行结束后，随社会公众股同时上市流通。

3.主要股东持股情况(前十名股东)

股东名称	种类	年末持股数(万股)	占总股本比例(%)
1)熊猫电子集团公司		35501.50	54.20
2)HKSCC NOMINEES LIMITED	H	22387.00	34.18
3)MOTOROLA INTERNATONAL DEVELOPMENT CORPORATION	H	1210.00	1.85
4)LAM ANDREW	H	75.00	0.11
5)辽信一部	A	51.9182	0.08
6)LO KEE WAI	H	30.00	0.05
7)LO PING KEUNG	H	30.00	0.05
8)MAK SUN CHUEN	H	20.00	0.03
9)YUNG MAI KWONG	H	20.00	0.03
10)CHAN YIN LAI ANNA	H	15.00	0.02
CHAU KA YEE	H	15.00	0.02
FONG CHUNG MO	H	15.00	0.02
BO HAI CAIWU	H	15.00	0.02

贵州华联(集团)股份有限公司

贵州华联(集团)股份有限公司一九九七年中期报告

一、财务报告

(一)财务报表(未经审计)

1. 简化的资产负债表

项目	年初数(母公司)	年初数(合并)	期末数(母公司)	期末数(合并)
流动资产	77,305,140.05	86,179,071.39	111,579,840.98	127,596,075.86
长期投资	23,970,073.87	15,820,934.80	19,848,193.64	11,800,000.00
固定资产净值	59,558,391,59	61,765,553.89	61,119,256.00	63,586,437.91
在建工程		2,771,519.11	12,688,382.63	15,459,901.74
固定资产清理			970.80	9,397.02
无形资产	2,392,826.18	2,392,826.18	2,294,225.00	2,294,225.00
递延资产	830,662.52	1,026,685.41	4,472,215.62	4,654,189.91
资产总计	164,057,094.21	167,956,590.78	212,003,084.67	225,400,227.44
负债及股东权益				
流动负债	74,420,104.61	79,019,417.50	78,854,724.16	90,950,177.44
长期负债	13,923,388.27	13,923,388.27	14,201,685.64	14,201,685.64
负债合计	88,343,492.88	92,942,805.77	93,056,409.80	105,151,863.08
少数股东权益		1,300,183.68		1,301,689.49
股东权益				
股本	50,000,000.00	50,000,000.00	66,000,000.00	66,000,000.00
资本公积			27,206,633.00	27,206,633.00
盈余公积	13,358,230.53	13,358,230.53	13,358,230.53	13,358,230.53
其中:公益金	2,025,680.07	2,025,680.07	2,025,680.07	2,025,680.07
未分配利润	12,355,370.80	12,355,370.80	12,381,811.34	12,381,811.34
股东权益合计	75,713,601.33	75,713,601.33	118,946,674.87	118,946,674.87
负债及股东权益总计	164,057,094.21	169,956,590.78	212,003,084.67	225,400,227.44

2. 简化的损益表

项　目	上年同期数(母公司)	上年同期数(合并)	1997年1-6月(母公司)	1997年1-6月(合并)
主营业务收入	62,771,514.72	66,927,860.80	78,060,928.58	101,056,415.00
主营业务利润	4,037,630.31	4,022,000.80	3,889,891.67	4,165,818.18
其它业务利润	62,426.69	260,193.50	522,968.36	675,154.36
投资收益	3,796,253.20	3,620,585.80	1,706,334.62	1,365,222.98
营业外收支净额	-74,082.66	-78,347.64	969,305.43	954,596.53
利润总额	7,822,227.54	7,824,432.46	7,088,499.88	7,160,792.05
所得税	1,173,305.88	1,173,664.87	1,062,059.34	1,063,105.49
少数股东损益		1,845.93		71.246.02
净利润	6,648,921.66	6,648,921.66	6,026,440.54	6,026,440.54

(二)主要财务指标

项目	1997年1-6月	1996年1-6月
每股收益(元)	0.091	0.133
净资产收益率(%)	5.067	8.780
每股净资产(元)	1.802	1.510

附注:

①以上数据按1997年6月30日股本总额6600万元计算。

②剔除无效申购利息后,每股收益为0.08元,净资产收益率为4.43%。

(三)财务报表附注

1. 本中期报告与1996年年度报告所采用的会计政策和方法一致,合并报表中的企业与去年相同。

2. 应收票据

期末应收票据4,200,000.00元,系销售商品由贵阳邮电机械厂开具的银行承兑汇票,到期日为97年8月27日。

3. 应收帐款

期末应收帐款余额11,353,026.77元。

账　龄	金额(元)	比例(%)
一年以内的	9,936,169.03	87.52
一至二年的	894,618.51	7.88
二至三年的	279,284.46	2.46
三年以上	242,954.77	2.14

4. 存货

期末存货余额80,777,183.67元,比期初数增加43,876,760.97元,主要系新开茅台商厦购进的库存商品,以及为小河商厦及其他连锁店开业准备的货源。

5. 长期投资

期末长期投资余额11,800,000.00元,比期初数减4,020,934.80元,其中:控股子公司上海贵浦蜡染制品公司以土地使用权与上海联花土地综合开发有限公司联营建设"蔡家居住小区住宅房"工程,依据双方协议,按权益法核算应得的收益收回4,000,000.00元。

6. 在建工程

期末在建工程余额15,459,901.74元

(1)贵浦实业开发公司经营用房及设备2,771,519.11元,董事会决定自筹资金修建,总预算3,000,000.00元,已完工90%;

(2)民贸商厦、酒店装修及设备1,438,382.63元,经贵州省经济贸易委员会黔经改字(1996)416号文批准立项,总预算6,500,000.00元,已完工22.13%;

(3)购买华联小河商厦(含装修及货柜货架)1,125,000.00元,经贵阳小河经济技术开发区经济贸易局筑经开经商字(1996)第009号文批准立项,总预算18,000,000.00元,占总预算的62.5%。

7. 递延资产

期末递延资产余额4,654,189.91元,比期初数增加3,627,504.50元,主要系舞厅装修转入和茅台商厦开业开办费所致。

8. 应付票据

期末应付票据余额10,500,000.00元,比期初数增加9,570,000.00元,均为购进商品开据的银行承兑汇票。

9. 未付股利

期末未付股利6,300,275.83元,其中:未付国家股股利5,078,275.83元,未付法人股股利1,222,000.00元。

10. 未交税金

期末未交税金-324,087.90元。

11. 预提费用

期末预提费用余额893,056.80元,其中:

(1)预提修理费	523,931.67元;
(2)预提水电费	115,000.00元;
(3)预提利息	109,428.40元;
(4)预提未交的统筹退休金	144,696.73元。

12. 一年内到期的长期负债

期末一年内到期的长期负债3,791,976.71元,比期初数减少6,000,000.00元,主要为归还1994年至1996年到期的拨改贷基金所致。

13. 资本公积

期末资本公积金27,206,633.00元,系公司1997年元月27日公开上网定价发行1000万股A股股票,每股溢阶发行2.72元,溢价27,200,000.00元,有效申购的利息收入6633.00元。

14. 未分配利润

期初数	本年增加	本年减少	期末数
12,355,370.86	6,026,440.54	6,000,000.00	12,381,811.34

15. 主营业务收入及成本

业务内容	收入	成本
商品销售	72,240,067.90	58,460,796.00
餐饮住宿及娱乐	4,156,473.46	663,624.21
广告制作及装饰	1,836,296.51	1,021,829.37
汽车配件及其它	22,823,577.14	21,804,534.80
合计	101,056,415.00	81.950,784.38

16. 其它业务利润

本期其它业务利润675,154.36元,其构成:

(1)房屋租赁收入583,312.43元;

(2)汽车租赁等净收入91,841.93元。

17. 投资收益

本期投资收益1,365,222.98元,其构成:

(1)国库券收益23,221.04元;

(2)股票投资收益1,342,001,94元。

18. 营业外收入

本期营业外收入998,812.37元,其中:896,501.02元系公司公开发行股票获取的无效申购利息收入

19. 关联企业及其交易

(1)关联关系

企业名称	注册地	注册资本	主营业务	权益比例	实际投资	关系
贵州华联汽车贸易有限责任公司	贵阳	500万元	汽车及配件	80%	400万元	控股公司
上海贵浦蜡染制品公司	上海浦东	335万元	蜡染制品	93%	311.5万元	控股公司
上海贵浦实业公司	上海浦东	53万元	旅社、零售	96.4%	51.09万元	控股公司
贵州华联广告公司	贵阳	20万元	广告制作	100%	20万元	全资附属子公司

(2)关联交易

本公司不存在关联交易。

二、经营情况回顾与展望

(一)上半年经营业绩回顾

1. 上半年经营情况

公司1997年上半年坚持"商贸为主、多业并举"的战略方针,抓住"七统一"连锁经营这一龙头,在激烈的市场竞争中求发展,主要做了以下几方面的工作:

(1)组建以统一进货、统一配送、统一标识、统一核算、统一管理、统一服务、统一领导的"七统一"商业连锁经营为特征的商业公司管理系统,体现了连锁经营低成本、低价格、高效益的综合优势,取得初步成效。同时,以抓新、优、名、特商品的区域性总代理、总经销为重点,扩大销售,获得较高的市场占有率。上半年实现销售收入7224.01万元,利润296.18万元。

(2)华联酒店面对激烈的行业竞争,为适应市场变化,及时调整经营策略引进同行先进的管理经验和服务项目,以接待会议与旅行团为经营的重点,争取了客源。强化员工服务意识,扩大对外宣传,提高酒店知名度,克服封路等客观因素的影响,客房入住率达50%。同时,以华联金岛夜总会为基础,运用237万元技改贷款重新装修华联OK城,发展华联娱乐业连锁经营,已具雏形。上半年华联酒店实现销售收入415.64万元,利润92.75万元。

(3)选择性发展有前景的多元经营。今年上半年,本公司控股的贵州华联汽车贸易有限责任公司和本公司的全资附属子公司贵州华联广告公司在集团公司的扶持下依靠华联品牌和实力发展业务,取得较大发展。

a、汽车贸易公司上半年抓住庆铃汽车贵州地区总代理,成功地开发了销售市场。同时,组建配件公司与维修公司,实现了庆铃汽车的一条龙服务。半年整车销售200多台,实现销售收入2282.36万元,利润35.47万元,分别完成年计划的64.01%和50.70%,实现时间过半,任务过半。

b、华联广告公司以集团公司大厦为依托,不断向外拓展经营业务,逐步实现了广告设计、制作发布的一条龙服务。同时利用自身优势,开辟新的经营渠道,创建"天健楼"艺术画廊,将书画界名家的名作与极富贵州民族特色的工艺品同市场经营相融合,取得良好的经济效益和社会效益,半年实现销售收入183.63万元,利润5.6万元,为年利润计划的112%。

(4)加强内部管理机制建设,完善了全公司系统管理与层次管理条块结合的管理模式。建立总公司、二级公司、部门、员工的目标管理制度及考核网络。强化内部财务监督,把降低费用,提高资金使用效率、资本增值率作为监控重点,从而提高了资金运营质量,实现了资本增值。

(5)引进商业综合信息系统(MIS)管理,建立微机联网,实现管理现代化。

2. 盈利预测完成情况说明

本公司今年上半年实现销售收入1.01亿元,比去年同期增50.99%,利润总额716万元,比去年同期下降8.48%,分别完成预测的41.75%和28.43%,未能实现时间过半,任务过半,其主要原因如下:

(1)本公司所处的贵阳市中华中路于今年六月起进行市政工程改造,整条路段实行全封闭施工,工程准备工作于五月初开始,故影响公司商业销售收入2360万元,利润97.23万元;酒店客房、餐饮及娱乐业销售收入215.5万元,利润64.65万元。根据市政府有关部门的公告,此项市政工程建设预期将于今年12月31日建成开通,比原预计工期延长三个月,因而将继续对本公司下半年的经营产生较大影响。

(2)由于基建施工和装修单位工期延误,致使募集资金运用项目—贵州华联茅台商厦开业时间由今年二月延期至五月份,影响三个月销售收入1980万元,利润140.18万元。

(3)由于房地产开发商的延期交付,以及装修工程的延误,致使募集资金运用项目—贵州华联小河商厦推迟开业,影响该商厦五个月销售收入2275万元,利润161.07万元。

3. 下半年工作计划:

(1)继续实行"七统一"的连锁经营;加大对"七统一"连锁经营流程的管理力度。同时力争在今年九月完成贵州华联小河商厦和以仓储式销售为特色的贵州华联万东贵客隆的开业工作,扩大经营规模,更好的体现连锁经营优势,使主营业务迈上新台阶。

(2)运用公司获得的800万技改货款,在中华中路封路期间完成华联酒店部分客房装修改造和民贸商厦整体装修改造工程。在新建的中华中路上以极具现代商业氛围的新形象迎接四海宾客,以"全新的商品文化、全新的服务文化"满足社会需求。

(3)完成运用国内贸易部300万元科技贷款建设的集团公司微机综合管理网络并投入运行。以现代化的管理手段提高劳效,降低物耗,提高整个集团公司的经营管理水平。

(4)与贵州顺兴房地产开发公司联合,对贵阳市商业批发的黄金地段—市西路7、8号地块303#地进行开发。计划修建楼高8层,总建筑面积2万多平方米的市西商住楼。该项目前期工作已顺利展开,预计下半年将产生较好的投资回报。

(5)优化企业存量资本,实施资本经营,发挥上市公司优势,抓住机遇,做好收购、兼并、增资等方面的运作,以较少资金调动吸纳更多的存量资产,壮大公司实力。

(6)遵循“法律、监管、自律、规范”的八字方针,严格按有关证券法律法规、信息批露制度规范公司运行。

三、重要事项说明

1. 本公司经中国证监会证监发字(1997)20号文批准,于1997年1月21日在上海证券交易所上网定价发行1000万股票,并于1月30日在沪挂牌上市。总股本6000万股,流通股份1500万股,其中500万股为内部职工占额度上市。

2. 根据国务院证券委、中国人民银行、国家经贸委5月21日联合颁布的《严禁国有企业和上市公司炒作股票的规定》的要求,公司进行了认真的自查。迄今为止,本公司未从事任何违反规定的事项,并在规定期限内将所持股票全部卖出,获取收益134.2万元;现已不再持有任何上市公司股票。如公司今后从事证券投资,将严格遵循国家有关政策法规和本公司章程的规定。

3. 公司本次发行新股募集资金3720万元,已严格按《招股说明书》中承诺的募集资金运用项目投入使用。

(1)向贵州华联商业连锁店——华联茅台商厦投入募集资金1200万元,以增加其开业前的流动资金,丰富商品花色品种。该商厦已于本年5月7日正式开业。目前,是贵州省购物环境最好的现代化大型综合商厦。开业二个月,商厦累计实现销售1267万元。

(2)运用募集资金采取分期付款购买现房方式开设贵州华联商业的另一连锁店——华联小河商厦。目前,已投入购置资金1125万元(含装修及货柜货架500万元),商品资金1300万元。该商厦正在紧张地装修筹建中,预计将在本年九月份开业。

4. 本报告期内公司无重大拆讼、仲裁事项。

四、发行在外股票的变动和股权结构的变化

1. 股本变动情况

(1)新股发行情况:本公司1997年1月21日在上海证券交易所上网定价发行1000万股A股股票。发行后公司总股本为6600万股。

(2)红利分配情况:根据公司九六年年度股东大会决议通过的96年度红利分配方案,公司向全体股东每10股送红股1股,并派发现金红利1.3元(含税)。总股本由6000万股增至6000万股。

2. 股权结构情况:

填报日期:1997年6月30日　　数量单位:万股　　每股面值:1元

项目	期初数	本次变动增减(+、-)			期末数
		发行新股数	送股	小计	
一、尚未流通股份					
1. 发起人股份	2980.8429		298.0843	298.0843	3278.9272
其中					
国家拥有股份	1880.8429		188.0843	188.0843	2068.9272
境内法人持有股份	1100		110	110	1210
2. 募集法人股	1019.1571		1019157	1019157	11210728
3. 内部职工股	1000	-500	50	-450	550
尚未流通股份合计	5000		450	-50	4950
二、已流通股份					
境内上市的人民币普通股		1500	150	1650	1650
已流通股份合计		1500	150	1650	1650
三、股份总数	5000		600	1600	6600

2. 主要股东持股情况

股东名称	持有股数(万股)	占总股份(%)
贵州省国有资产管理局	2068.9272	31.34
中国商业建设开发公司	330	5
水城钢铁(集团)公司	220	3.33
贵州赤天化集团有限责任公司	220	3.33
贵州省国际信托投资公司	220	3.33
贵州省技术改造投资公司	220	3.33
珠海富华集团股份有限公司	220	3.33
中国·贵州第七砂轮股份有限公司	198	3
贵州侨谊酒店	178.2	2.7
贵阳中天(集团)股份有限公司	110	1.67
中国贵州航空工业公司	110	1.67

五、股东大会简介

公司于一九九七年五月十五日上午在贵州华联酒店召开本公司一九九六年年度股东大会。到会股东117人,代表股份36,551.650股,占公司股份总额6000万股的60.92%,符合《公司法》及公司章程的规定。会议由公司董事长郭筑鸣女士主持。经过与会股东的审议,通过了董事会的各项提案并形成以下决议:

(一)通过公司一九九六年度董事会工作报告。

(二)通过公司一九九六年度监事会工作报告。

(三)通过公司一九九六年度财务决算及一九九七年度财务预算报告。

(四)通过公司一九九六年度利润分配及分红方案。

六、备查文件

1. 载有董事长亲笔签名的中期报告原本;
2. 完整的财务报表;
3. 公司发行股票的《招股说明书》及《上市公告书》;
4. 公司一九九六年度股东大会决议。

查阅地点:公司董事会办公室
地址:贵州省贵阳市中华中路137号
电话:0851-5821644

贵州华联(集团)股份有限公司
一九九七年八月十八日

申能股份有限公司

1996年年度报告摘要 （摘选）

一、公司概况

公司名称：申能股份有限公司

法人代表：许冠庠　　　邮政编码：200040

公司地址：上海市东方路428号

电话：021－62499091×20

二、主要财务数据与财务指标：

单位：万元

数据指标项目	本年数	上年数	比上年增减(%)
1.经营收入	83490	73977	12.86
2.净利润	55758	50790	9.78
3.总资产	991114	838626	18.18
4.股东权益	454640	360539	26.10
5.每股收益	0.2118元	0.2114元	0.19
6.每股净资产	1.73元	1.50元	15.33
7.净资产收益率	12.26%	14.09%	－12.99
8.股东权益比率	45.87%	42.99%	6.70

注：(1)本公司主要从事电力能源项目的投资经营，其经营收入主要为"投资收益"，为便于客观地揭示公司的主要财务数据，上述"经营收入"包括"利润及利润分配表"中的"主营业务收入"和"投资收益"。

(2)上述财务指标中的"上年数"，按1996年度合并范围调整计算后列示。

三、公司业务回顾

(一)一年来经营回顾

1996年，在董事会领导下，在全体股东支持下，在公司职工努力下，公司抓住机遇，努力开拓，在规范投资体制，筹措电力建设资金、提高经济效益等方面做了大量工作。

为满足上海经济发展对电力不断增长的需求，公司继续以投资、经营电力项目为主。全年项目总投资8.895亿元，其中电力投资达8.735亿元，占总投资的98.21%。主要投资项目有外高桥电厂一期工程5亿元，天荒坪抽水蓄能电站2.296亿元，吴泾热电厂八期工程1.135亿元，申能星火热电厂0.304亿元。至1996年底，项目累计投资已达77.07亿元。

1996年通过配股增加2.3亿股，总股本扩大9.6%，实现净利润5.58亿元，比上年增长了9.8%，每股净利润0.2118元，比上年增长0.19%，公司总资产已达99.11亿元，比上年增长18.18%。公司净资产已达45.46亿元，比上年增长26.10%。

国家重点工程外高桥发电厂一期工程(4×30万千瓦机组)3号机组于1996年11月29日并网发电，12月21日通过满负荷运行168小时考核，已正式移交生产，运行参数达到同类机组全国历史最高水平。1996年全年发电34亿度。至1997年底，一期工程将全面建成，四台机组全部发电后，每年可生产约65亿度电量。

国家重点工程天荒坪抽水蓄能电站(6×30万千瓦机组)上水库开挖于1996年10月17日提前完成，1998年初1号机组将并网发电，2000年竣工。李鹏总理、吴邦国副总理等中央领导于1996年11月视察了工地，对天荒坪工程寄予厚望。

申能星火热电厂组建中外合作企业取得一定进展，1996年8月，项目建议书获批准。

上海吴泾热电厂八期工程(2×60万千瓦机组)前期工作正在进行中，预计2001年前后全部建成。

外高桥电厂二期工程(2×90万千瓦机组)正在作项目的前期准备工作，1996年11月，世界银行对此项目进行了预评估。

同时，公司还对崇明第二电厂(2×12.5万千瓦机组)和金山联合电厂(3套30万千瓦联合循环机组)进行了前期准备工作。

1996年，公司还以10配8转10方案进行配股，共筹集资金7.22亿元，借人国家外汇储备贷款4500万美元，人民币长期借款7000万元，保证了电力项目建设资金的投入。

(二)主要指标分析：

(1)经营收入83490万元，比1995年73977万元增加9513万元，增幅为12.86%。经营收入中售电收入和电力投资收益计73832万元，占经营收入的88.43%。

(2)经营利润64700万元，比1995年59282万元增加5418万元，增幅为9.14%。

(3)实现净利润55758万元，完成年初利润计划的106.41%；比1995年50790万元增加4968万元，增幅为9.78%；较配股说明书预测净利润55021万元，增加737万元。

(三)前次募集资金使用情况说明

公司于1992年经沪计调(92)568号和沪计调(92)699号文批复，向社会公开发行人民币普通股。其中向社会法人公开发行25000万股，向社会个人公开发行2988万股，每股发行价格为2.80元，共募集资金7.8亿元。这些资金主要投资于上海外高桥电厂一期工程、吴泾热电厂六期工程、上海石洞口第二电厂及天荒坪抽水蓄能电站等项目。

上海外高桥电厂一期工程由四台30万千瓦燃煤机组组成，电厂部分总投资54.2亿元，申能需投资28.3亿元，截止1996年底申能累计投资额为25.9亿元。

吴泾热电厂六期工程系利用世界银行贷款项目，由二台30万千瓦燃煤机组组成。该项目总投资15亿元，截止1996年底，申能累计投资11.32亿元人民币，其中内资7.2亿元，外资7044万美元。目前二台机组已分别于1991年、1992年建成投产。

上海石洞口二厂系申能股份有限公司与华能国际电力开发公司共同投资建设。由二台60万千瓦超临界机组组成，总投资34亿元。截止1996年底，申能累计投资为内资10.3亿元人民币，外资12460万美元。目前二台机组已于1991年、1992年建成投产。

浙江天荒坪抽水蓄能电站由六台30万千瓦抽水蓄能机组组成。项目总投资84亿元，其中申能计划投资10.6亿元。截止1996年底，申能累计投资额为5.5亿元，该电站于1994年正式开工，计划于2000年全部建成。

1996年12月通过配股募集的资金7.2亿元，将按照配股说明书的规定用于电力项目投资。

四、股本变化及股本结构情况：

1、股本结构：

股份单位：万股；　面值：每股1元

股份类别	年初数	本年增减	年末数
(一)尚未流通股份			
1.国有法人股	206309.67	5000	211309.67
2.法人股	25000	1899.9069	26899.9069
3.其他(社会公众股东受让国有股和法人股配股转让部分)		8964	8964
尚未流通股份合计	231309.67	15863.9069	247173.5769
(二)已流通股份			
A股	8964	7171.2	16135.2
已流通股份合计：	8964	7171.2	16135.2
(三)股份总数：	240273.67	23035.1069	263308.7769

注：公司总股本增加2.3亿股，系1996年12月实施10配8转10配股方案所致。

2、主要股东持股情况：

名　　称	年末持股数(万股)	点总股本%
1.申能(集团)有限公司(国有法人股)	211309.67	80.25%
2.上海市电力公司	1638万股	0.62%
3.华厦证券有限公司	1579.04万股	0.59%
4.国泰证券有限公司	1488.26万股	0.57%
5.上海国际信托投资公司	762.95万股	0.29%
6.上海久事公司	754.15万股	0.29%
7.华东电力集团公司	670万股	0.25%
8.安徽国际信托投资公司	605万股	0.23%
9.建行上海信托投资公司	510万股	0.19%
10.交通银行上海分行	500万股	0.19%

3、股东总数：

1996年12月31日止，股东总数为112176户。其中国有法人股为1户，社会法人股为1124户，社会公众股为111051户。

东方通信股份有限公司

东方通信股份有限公司一九九七年度中期报告

一、财务报告

本公司1997年度中期报告经浙江会计师事务所中国注册会计师郑启华、王越豪审计,并出具无保留意见的审计报告[浙会审(1997)第462号]

(一)财务报表(已审计)

1. 简化的资产负债表

单位:人民币元

项目	年初数 母公司	年初数 合并	期末数 母公司	期末数 合并
流动资产合计	2,807,575,963.29	2,830,968,273.56	3,634,302,092.18	3,735,291,079.55
长期投资	64,909,948.15	60,232,757.48	181,859,896.89	102,300,043.12
固定资产净值	170,666,064.57	175,918,443.37	164,661,209.67	170,409,603.52
在建工程	404,575.24	404,575.24	17,261,130.22	17,261,130.22
无形及递延资产	2,489,645.50	8,478,173.50	13,483,223.65	19,152,174.76
其他长期资产				
资产总计	3,046,046,196.75	3,076,002,223.15	4,011,567,552.61	4,044,414,031.17
流动负债	1,488,655,298.58	1,514,117,957.81	2,260,951,612.78	2,272,915,936.86
长期负债				
负债合计	1,488,655,298.58	1,514,117,957.81	2,260,951,612.78	2,272,915,936.86
少数股东权益		4,493,367.17		20,879,483.58
股本	380,000,000.00	380,000,000.00	380,000,000.00	380,000,000.00
资本公积	964,148,868.52	964,148,868.52	964,148,868.52	964,148,868.52
盈余公积	64,436,405.94	64,436,405.94	64,436,405.94	64,436,405.94
其中:公益金	32,218,202.97	32,218,202.97	32,218,202.97	32,218,202.97
未分配利润	148,805,623.71	148,805,623.71	342,030,665.37	342,033,336.27
股东权益合计	1,557,390,898.17	1,557,390,898.17	1,750,615,939.83	1,750,618,610.73
负债及股东权益总计	3,046,046,196.75	3,076,002,223.15	4,011,567,552.61	4,044,414,031.17

2. 简化的损益表

单位:人民币元

项目	1996年1-6月 母公司	1996年1-6月 合并	1997年1-6月 母公司	1997年1-6月 合并
主营业务收入	2,282,947,184.25	2,290,151,836.63	2,428,994,129.02	2,445,690,596.74
主营业务利润	173,578,196.33	173,377,389.43	229,142,867.61	226,354,604.68
加:其他业务利润	(1,028,018.82)	(1,028,018.82)	653,950.52	(1,306,882.48)
投资收益	(19,845.25)	82,566.27	2,124,836.33	4,491,284.98
营业外收入	39,474.59	39,474.59	171,285.04	171,485.04
减:营业外支出	1,777,487.46	1,777,487.46	2,969,036.16	2,970,396.16
利润总额	170,792,319.39	170,693,924.01	229,123,903.34	226,740,096.06
减:所得税			35,898,861.68	35,924,899.71
少数股东本期损益		(98,395.38)		(2,412,516.21)
净利润	170,792,319.39	170,792,319.39	193,225,041.66	193,227,712.56

3. 其他财务指标

	1997年1-6月	1996年1-6月
(1)每股收益(注)	0.51元	0.71元
(2)净资产收益率	11.04%	35.68%
(3)每股净资产	4.61元	1.99元

注:公司1997年6月底总股本为38000万元,1996年6月底总股本为24000万元。

(二)会计报表附注

1. 本公司执行中华人民共和国《股份制试点企业会计制度》及其补充规定。

2. 合并会计报表以母公司、纳入合并范围的子公司的会计报表和其他有关资料为依据,合并各项目数额编制而成。子公司采用的主要会计政策按照母公司统一规定的会计政策厘定,集团内公司间的重大交易和资金往来均在合并时抵消。

纳入合并范围的子公司如下:

子公司名称	注册资本	应出资额	已出资额	拥有权益
宁波亿事康通信设备有限公司	1,500万人民币元	1,485万人民币元	1,485万人民币元	99%
杭州亿事通无线通信有限公司	2,500万美元	1,875万美元	2,811,899.52美元	75%
杭州东方通信城有限公司	5,000万人民币元	3,500万人民币元	3,500万人民币元	70%
杭州东方通信上海移动电话销售服务有限公司	150万人民币元	90万人民币元	90万人民币元	60%
杭州依赛通信有限公司	300万美元	153万美元	114.75万美元	51%

3. 公司1996年度根据杭州市国家税务局杭国税二(96)字第56号文规定免征所得税,1997年起按高新技术企业以15%的税率计缴所得税。

4. 会计报表主要项目注释

(1)应收帐款 1,266,377,919.76

帐龄分析	金 额	比 例
1年以内	1,065,457,496.37	84.13%
1-2年	180,182,514.69	14.23%
2-3年	15,272,337.51	1.21%
3年以上	5,465,571.19	0.43%
合 计	1,266,377,919.76	100%

1997年6月30日应收帐款余额比1996年末增加516,987,607.04元。主要系销售规模扩大,公司为扩大市场占有率延长收款周期所致。

(2)1997年6月30日长期投资余额为102,300,043.12元,比1996年末增加42,067,285.64元。主要系本期增加对杭州摩托罗拉移动电话系统有限公司和杭州摩托罗拉移动电话用户机有限公司投资款所致。

(3)1997年6月30日未交税金余额为54,993,411.39元,比1996年末增加了29,028,379.23元,主要因为公司自1997年起,不再享受免征所得税的优惠政策,本期末有应交所得税余额30,148,576.10元。

(4)1997年1-6月管理费用发生额为81,836,304.38元,比上年同期增加25,406,740.40元。主要系技术研究开发费增加19,552,350.84和租赁费增加7,054,208.80元所致。

(5)1997年1-6月投资收益发生额为4,491,284.98元,比上年同期增加4,408,718.71元,主要系本期公司发生股票投资收益8,820,268.29元以及公司按权益法核算的非控股子公司本期亏损应占份额4,328,983.31元等共同影响所致。

5. 承诺事项

(1)杭州亿事通无线通信有限公司,成立于1996年3月28日,注册资本2,500万美元,主要生产和销售DECT个人微蜂窝移动通信系统设备。本公司应出资1,875万美元,占75%。截止1997年3月14日本公司已出资人民币23,326,112.50元(折合2,811,899.52美元)。主要因为邮电部对个人通信产品的标准尚未明确下达,目前频率范围没有体制标准,导致该公司至1997年6月30日尚未开业。

(2)杭州摩托罗拉蜂窝移动电话用户机有限公司,成立于1996年3月27日,注册资本1,500万美元,主要制造及销售CDMA蜂窝电话手机,本公司占42%股权比例,应出资630万美元,已足额缴付,该公司至今尚处筹建期。

(3)杭州摩托罗拉蜂窝移动电话系统有限公司,成立于1996年3月27日,注册资本1,500万美元,主要制造及销售CDMA蜂窝数字系统设备,本公司占43%股权比例,已缴足应出资额645万美元,该公司业已投产。

(4)1996年10月10日,公司与德国西门子利多富信息系统股份公司签订自动柜员机(ATM)技术转让合同,引进ATM生产技术,项目总投资人民币4,000万元,该ATM生产线已于1997年5月开通投产。

6. 或有事项

1997年3月28日,中信实业银行杭州分行(甲方、贷款方)、湖北省黄岗市邮电局等14家邮电部门(乙方,设备买方、借款方)湖北省邮电管理局(丙方、第一顺序借款担保人)与本公司(丁方、设备卖方、第二顺序借款担保人)共同签订《买方信贷协议》。贷款总金额为15600万元,分二次支付,每笔期限为12个月。乙方同意将购销合同项下的设备抵押给丙方和本公司,作为对贷款提供担保的反担保。截止1997年6月30日,该项买方信贷实际已发生贷款人民币5,782万元。

除此之外,公司未为其他单位提供信贷担保,并无牵涉任何重大诉讼或仲裁;而据各董事所知,公司也无任何尚未了结或面临威胁的重大诉讼或索赔要求。

7. 关联方关系及其交易

(1)关联方关系

a:存在控制关系的关联方:

企业名称	主营业务	与本企业关系	经济性质或类型	法定代表人
杭州通信有限责任公司	工业加工	母公司	有限责任公司	张庆忠
宁波亿事康通信有限公司	国际贸易、转口贸易、出口加工、保税仓储;经营设备租赁;通信和电子产品生产、销售及服务	子公司	有限责任公司	施继兴
杭州亿事通无线通信有限公司	生产销售DECT个人微蜂窝移动通信系统设备及工程技术服务	子公司	合资经营企业	施继兴
杭州东方通信城有限公司	通信(含无线)设备、办公自动化设备、金融机具设备,电子计算机及配件的批发、零售	子公司	有限责任公司	施继兴
杭州东方通信上海移动电话销售服务有限公司	销售通信设备、电子产品、计算机及维修、租赁,电线电缆、橡塑制品、机电产品及配件	子公司	有限责任公司	俞长铭
杭州依赛通信有限公司	生产销售(SDH)同步数字序列传输设备并提供相关的工程及售后服务	子公司	合资经营企业	谢雨普

b. 存在控制关系的关联方所持股份或权益及其变化:

企业名称	期初数		期末数	
	金额	比例(%)	金额	比例(%)
杭州通信有限责任公司	240,000,000.00	63.16	240,000,000.00	63.16
宁波亿事康通信设备有限公司			14,850,000.00	99.00
杭州亿事通无线通信有限公司			$2,811,899.52	100.00
杭州东方通信城有限公司			35,000,000.00	70.00
杭州东方通信上海移动电话销售服务有限公司			900,000.00	60.00
杭州依赛通信有限公司	$765,000.00	51.00	$1,147,500.00	51.00

(2)关联方交易

a. 不存在控制关系的关联方关系的性质:

企业名称	与本企业的关系
杭州大通通信部件厂	同一母公司
杭州鸿通实业公司	同一母公司
杭州汇通电子设备厂	同一母公司
杭州华磁通信器材联合开发公司	同一母公司
杭州灵通通信实业公司	同一母公司
杭州天通通信配件厂	同一母公司
杭州华通通信设备厂	同一母公司
杭州通信设备厂物资经营部	同一母公司
杭州兴通通信设备有限公司	同一母公司
杭州神通移动通信技术开发公司	同一母公司

b. 采购货物

企业名称	1997年1-6月份金额	1996年1-6月份金额
杭州通信有限责任公司	2,046,284.44	103,732.93
杭州大通通信部件厂	1,626,122.22	47,007.00
杭州鸿通实业公司	8,507,004.98	29,809.91
杭州汇通电子设备厂	30,220.22	22,216.25
杭州华磁通信器材联合开发公司	472,285.26	340,269.83
杭州灵通通信实业公司	20,905,994.85	692,880.36
杭州天通通信配件厂	1,578,862.89	1,722,631.96
杭州华通通信设备厂	981,568.82	556,342.82
合　计	36,148,343.68	3,514,891.06

c. 销售货物

企业名称	1997年1-6月份金额	1996年1-6月份金额
杭州通信有限责任公司	1,645,145.33	2,728,083.31
杭州大通通信部件厂	191,452.99	2,189,302.56
杭州鸿通实业公司	10,158.84	1,176,803.17
杭州灵通通信实业公司	11,569,416.69	4,982,584.04
杭州天通通信配件厂	723,427.08	1,000,220.77
杭州华通通信设备厂	1,007,057.01	6,861,477.49
杭州通信设备厂物资经营部	42,081,239.33	19,372,094.04
杭州兴通通信设备有限公司	77,008.55	900,000.00
合　计	57,304,905.82	39,210,565.38

d. 关联方应收应付款项余额:

项　目	期末余额	
	1997年6月30日	1996年12月31日
应收帐款:		
杭州通信有限责任公司	121,000.00	318,000.00
杭州鸿通实业公司	96,092.94	--
杭州灵通通信实业公司	797,500.00	10,000.00
杭州华通通信设备厂	211,821.22	1,715,939.14
杭州通信设备厂物资经营部	10,000,000.00	--
杭州兴通通信设备有限公司	27,000.00	407,000.00
应付帐款:		
杭州通信有限责任公司	1,053.33	--
杭州大通通信部件厂	481,910.74	11,151.50
杭州灵通通信实业公司	360,000.00	
杭州天通通信配件厂	227,206.65	--
杭州华通通信设备厂	366,625.50	-
预收货款:		
杭州神通移动通信技术开发公司	246,922.82	--

(3)1997年1-6月,公司按照《综合服务协议》和《房产租赁合同》支付给杭州通信有限责任公司有关费用为14,238,156.03元,上年同期支付的此项费用为14,184,400.19元。

(4)1997年1-6月,公司支付给关键管理人员的平均报酬为24,519.16元,上年同期为14,113.35元。

二、经营情况的回顾与展望

1. 上半年经营情况的回顾

今年上半年,公司各级经理、各事业部和管理部室遵照董事会和股东大会确立的经营目标和工作方针,全面创新、积极调整、扎实奋进,在竞争激烈的市场环境中,取得了良好的业绩。

根据国内会计师的审计结果,上半年公司共完成销售收入24,46亿元,完成利润(税前)2.27亿元,比去年同期分别提高6.79%和32.83%。其中移动电话系统部、传输设备部业务增长较快,是公司总体业绩增长的主要原因。

在生产经营方面取得不凡成绩的同时,公司在目标管理方面也取得了显著成果。

(1)新投资项目顺利启动

与摩托罗拉合资的CDMA系统公司已于一月份顺利投产,CDMA用户机公司的厂房等基础设施正在顺利实施。自动取款机生产线在5月份正式开通。移动系统部的GSM生产线第一期工程已完成。

(2)加强内部管理,进一步开发人力资源,推进各项制度改革

公司的内部管理网络已逐渐走向健全。公司严格实施财务预决算制度,规范总经理办公会议、生产经营分析会议等各项制度,并进行认真跟踪实施,取得一定成效。

公司上半年在大力引进各类人才的基础上,通过各种途径对各级经理、员工进行有计划的培训和选拔,进一步充实了公司的人力资源。

(3)完善市场网络,进一步树立企业形象

革新市场策略,组织TACS、GSM、CDMA产品立体开发、拓展销售网络,公司已在国内11个城市建立起办事处并已开始运行。随着公司商标注册的完成及公司“东信(EASTCOM)”品牌的即将推出,公司的企业形象将更为丰满和完善。

(4)技术创新取得新进展

通过了ISO9002的年度复审,ISO9001的贯标工作已完成大量工作,现已进入运行阶段,技术中心的研究开发工作走上正轨,技术中心的第一个产品研制工作已基本完成,将赴电路试验,其他几个传输产品也正在顺利地按计划进行。技术中心的中试线已初具规模。

(5)公司跨国经营迈出第一步

在境外设立子公司及开发机构的报批手续已全部完成,自营进出口权也已经得到政府有关部门的批准。

2. 下半年计划

(1)进一步完善市场营销网络

下半年,公司要建立终端产品销售公司,建立并完善终端产品的营销网络。积极扭转公司在移动电话手机销售市场不利的局面,加大GSM和CDMA的市场开发力度。全力推进ATM自动取款机的销售工作。

(2)加速启动新项目,增强公司的利润增长后劲

传输设备类新产品将准备开始生产,确保今年有小批量产品供应市场,为明年大规模发展做好准备。下半年将进行GC87C型手机的生产线改造及生产;努力做好GSM交换机与基站的联试,争取做好电路试验工作并完成设备的进网许可,为明年推向市场打下基础。继续加大新产品和新技术开发的力度,争取通过ISO9001质量认证。

(3)搞好资本运行工作

下半年公司将在运用自己的资本实力,搞好资本运作,提高资本的运营效率方面加大力度,抓好信息产业、通信营运业投资项目的实施。

三、重大事件的说明

1. 根据《严禁国有企业和上市公司炒作股票的规定》,公司进行了认真的自查,本公司及子公司未有违规行为,目前公司未持有任何上市流通股票。

2. 根据1996年A、B股招股书所批露的投资项目及股东大会通过的投资项目,1997年上半年继续投入17391万元,项目为:

(1)GSM技术引进及改造项目投入1305万元;

(2)GDMA手机合资公司资本投入2613万元;

(3)CDMA系统合资公司资本投入2026万元;

(4)杭州依赛公司资本投入317万元;

(5)技术中心项目开发投入2400万元;

(6)设立办事处投入112万元;

(7)ATM技术引进项目投入1301万元;

(8)个人移动通信项目投入2332万元;

(9)东方通信城生产基地投入3500万元;

(10)宁波亿事康公司投入1485万元;

3. 中期分配预案:公司董事会决定拟用资本公积金向全体股东每10股转增5股。公积金转增方案实行后。公司的股本扩大到5.7亿元人民币,资本公积金由原来人民币964,148,868.52元降至人民币774,148,868.52元。以上方案将提交临时股东大会审议通过。

4.1997年上半年按国际会计准则编制的合并财务报表显示:主营业务收入为人民币282607万元,净利润为人民币18983万元,与按中国会计准则编制的合并财务报表相比,主营业务收入多人民币38038万元,系国际、国内会计准则对分期收款发出商品销售确认基准不同所致;净利润少人民币340万元,主要系销售确认基准之差异增加利润1919万元,坏帐准备减少利润942万元,存货准备减少利润1291万元,其他因素减少利润26万元。

5. 本报告期内公司无重大诉讼、仲裁事项。

四、发行在外股票的变动和股权结构的变化

1.1997年5月26日,公司内部职工股上市交易,流通股份由年初的13050万股增加至14000万股。

2. 截止1997年6月30日,公司的股本结构如下:

数量单位:股　　每股面值:1元

	期初数	本次变动增减(+、-)职工股上市	期末数
一、尚未流通股份			
1. 发起人股份	240,000,000		240,000,000
其中:			
境内法人持有股份	240,000,000		240,000,000
2. 内部职工股	9,500,000	-9,500,000	0
二、已流通股份			
1. 境内上市的人民币普通股	30,500,000	+9,500,000	40,000,000
2. 境内上市的人民币外资股	100,000,000		100,000,000
已流通股份合计	130,500,000	+9,500,000	140,000,000
三、股份总数	380,000,000		380,000,000

3. 前10名股东持股情况

股东姓名	持股数(股)	所占比例
1. 杭州通信有限责任公司	240000000	63.16%
2.MSCIL S/A SR GLOBAL FUND INC	7286300	1.92%
3.SCBHK A/C BBH BOSTON S/A MERRILL LYNCH DEVELOPING CAPITAL MARKETS FUND. INC	6573000	1.73%
4.NAITO SECURTTIES CO.,LTD。	6012200	1.58%
5.TOYO SECURITIES ASIA LTD A/C CLIENT	5707231	1.50%
6. 成愉有限公司	5304850	1.40%
7.MOTOROLA INTERNATIONAL DEVELOPMENT CORPORATION	5000000	1.32%
8.CHASE S/A SHELL PENSIONS TRUST LIMITED AS TRT OF THE SHELL CONTRIBUTORY PENSION	4552400	1.20%
9.WAH CHUN INTERNATIONAL LIMITED	4145700	1.09%
10.CREDIT LYONNAIS SECURITIES	2370000	0.62%

(ASIA)LTD

注:前2至10名均为B股股东。

五、股东大会简介

公司1996年度股东大会于1997年5月8日在杭州黄龙饭店召开,出席会议的股东及股东代表共106人,代表股份250286398股,占公司股份总额38000万股的65.86%,符合法定要求。本次股东大会审议通过了如下决议:

一、审议通过了1996年董事会报告及总经理业务报告,审议通过了1997年度公司的投资计划;

二、审计通过了1996年财务决算和1997年财务预算报告;

三、审议通过了1996年度监事会报告;

四、审议通过了1996年度利润分配方案。

1996年度公司实现税后利润322,182,029.65元(按国际会计准则审计实现的税后利润为291,618,000元)分别按10%提取公积金,公益金32,218,202.97元,根据孰低分配原则,可供股东分配的利润总额为227,181,594.06元。公司向现有股东派发可分配利润的48%作为股息,按照招股说明书披露的加权平均法的股利分配原则,向国有法人股股东每10股派发现金红利人民币3.73元(含税,下同)。B股股东每10股派发现金红利人民币1.75元,社会公众股及内部职工股股东每10股派发现金红利人民币0.48元,共分红利10,894万元,余下部分148,805,623.71元结转下年。

六、备查文件

1. 载有董事长、总经理亲笔签名的中期报告原本;
2. 浙江会计师事务所出具的1997年中期审计报告原本;
3. 毕马威国际会计公司出具的1997年中期审计报告原本。

查询地址:杭州市文三路80号东方通信大厦1907室投资部

电话:0571-8865242

东方通信股份有限公司

一九九七年八月十三日

四川制药股份有限公司

1996年年度报告摘要　（摘选）

一、公司简况

公司名称：四川制药股份有限公司

法人代表：杨培明　　　　邮政编码：610051

公司地址：成都市杉板桥路1号

电话：(028)4316212—203　传真：(028)4332344

二、主要财务数据与财务指标

（单位：元）

指标项目	本年数	上年数	比上年增减(%)
1.主营业务收入	310,606,711.65	381,979,787.42	-18.68
2.净利润	28,675,115.77	21,119,278.07	35.78
3.总资产	534,948,418.18	340,918,418.28	56.91
4.股东权益	281,425,733.47	132,258,805.55	112.78
5.每股收益	0.258	0.25	3.20
6.每股净资产	2.54	1.57	38.22
7.股东权益比率(%)	52.61	38.79	35.63
8.净资产收益率(%)	10.16	15.92	-36.18

三、公司主要业务回顾

1．一年来经营情况

四川制药股份有限公司在1996年经营环境和经营条件发生较大变化、医药产品产量猛增、市场滞销、价格下滑的不利情况下，经营实绩稳步增长，新产品开发和技术改造按计划实施，新的经济增长点已基本形成。全年实现营业收入3.10亿元，比上年降低18.68%；税后净利润2868万元，比上年增长35.78%，年末总资产5.35亿元；净资产2.81亿元。

公司的抗生素生产取得良好的经济效益，1996年抗生素原料药总量1505吨，比上年同期增长17.17%；主营业务收入31061万元，比上年同期下降18.68%；工业总产值33969万元，比上年同期增长4.56%。产品质量稳定提高率100%；抗生素产品盐酸四环素顺利通过美国食品药物管理局(简称FDA)质量认证复查；公司实现安全生产，无重大事故发生；公司节能工作显著，被国家医药管理局授予"八五节能先进企业"荣誉称号，与此同时，公司获得"四川省劳动卫生先进单位"荣誉称号，目前公司已获经营进出口业务自主权。

2．募集资金使用情况

由于股票发行于1996年11月20日才付诸实施，资金到位已近年底，故该部分资金截止1996年12月31日暂未投入到"双加"工程中去。

目前，第一期"双加"工程已投入资金6500万元，第一期"双加"工程的6000万元专项贷款由中国人民建行成都市二支行1996年按计划执行。技改工程的各项内容正按计划紧张进行：

(1) 第一期"双加"工程全面施工，目前已投入6500万元，其中空压站、冷冻站及合成大楼已竣工；

(2) 冻干机设备安装进入收尾工程；

(3) 6-APA形成300吨/年生产能力。新产品阿莫西林形成50吨/年生产能力；

(4) "7-ADCA系列产品技改工程"(计划投资1.2亿元)被国家经贸委列入第二期"双加"工程，并已准予立项。7-ADCA中试实验投入150万元，目前已完成80%工作量；

(5) 新产品头孢氨苄、头孢拉定小试成功。

四、股本变化及股本结构情况

1．股本变化及股本结构情况　　（单位：万股）

	期初数	本次变动增减(+，-) 配股	送股	公积金转股	其他	小计	期末数
一、尚未流通股份							
1.发起人股份	5958.3784						5958.3784
其中：国家拥有股份	5958.3784						5958.3784
2.募集法人股	1500						1500
3.内部职工股	980				-490	-490	490
尚未流通股合计	8438.3784				-490	-490	7947.3784
二、已流通股份							
境内上市的人民币普通股	0				3150	3150	3150
已流通股份合计	0				3150	3150	3150
三、股份总数	8438.3784				2660	2660	11098.3784

2．主要股东持股情况

名次	单位名称	持股数	占总股本的比例(%)
1	国家股	5958.3784	53.69
2	成都市自强药业制剂包装材料厂	338.75	3.05
3	成都市新科物资贸易公司	300	2.70
4	成都菊乐企业股份有限公司(集团)公司	55	0.50
5	成都淀粉厂	50	0.45
6	山西省大同第二制药厂	50	0.45
7	成都金牛油脂公司	50	0.45
8	成都市金堂淀粉厂	50	0.45
9	成都红光粮油食品公司	50	0.45
10	广州天心药业股份有限公司	50	0.45
11	成都蓝风实业股份有限公司	50	0.45

注：原中国工商银行成都市滨江支行所持300万股法人股已通过四川省证券交易中心转让给成都新科物资贸易公司持有。

3．本公司董事、监事及高级管理人员持本公司股票情况：

姓名	职务	年初持股数(股)	年末持股数(股)
杨培明	董事长	5000	5000
廖　兵	副董事长、副总经理	4000	4000
王齐勋	董事、总经理	4000	4000
杨小郁	董事	4000	4000
龙　勇	董事	4000	4000
童恩文	董事	4000	4000
徐学成	董事、副总经理	4000	4000
蔡惠忠	副总经理	3000	3000
周新伟	副总经理	3000	3000
郭海安	监事、监事会主席	4000	4000
刘绍熙	监事	3000	3000
胡世骏	监事	3000	3000
陶德贵	监事	3000	3000
鞠友彬	监事	3000	3000
合计		51000	51000

山西通宝能源股份有限公司

1996年年度报告摘要（摘选）

一、公司简况

公司名称：山西通宝能源股份有限公司

法人代表：陈瑜　　邮政编码：030006

公司地址：山西省太原市高新技术产业开发区学府工业园区 V-6 区

电话：(0351)4163807　传真：(0351)4163807

二、主要财务数据与财务指标

指标项目	本年数	上年数	比上年增减(%)
1.主营业务收入(万元)	9,467.24	8,245.94	14.81
2.净利润(万元)	2,352.47	1,603.32	46.72
3.总资产(万元)	34,334.93	17,129.40	100.44
4.股东权益(万元)	21,493.13	7,088.95	203.19
5.每股收益(元)			
全面摊薄	0.264	0.25	5.60
加权平均	0.356	0.25	42.40
6.每股净资产(元)	2.41	1.11	117.12
7.净资产收益率(%)	10.95	22.62	-51.59
8.股东权益比率(%)	62.60	41.38	51.28

注：公司发行股票冻结申购资金利息2,296,943.93元，其中申购成功的投资者其资金在冻结期所产生的存款利息收入18,562.50元，计入资本公积，申购无效的投资者其资金在冻结期所产生的存款利息收入2,278,381.43元，计入营业外收入。剔除发行股票冻结申购资金利息后，财务数据与财务指标摘要为：

指标项目	本年数	上年数	比上年增减(%)
1.主营业务收入(万元)	9,467.24	8,245.94	14.81
2.净利润(万元)	2,158.81	1,603.32	34.65
3.总资产(万元)	34,105.24	17,129.40	99.10
4.股东权益(万元)	21,297.61	7,088.95	200.43
5.每股收益(元)			
全面摊薄	0.24	0.25	-4.00
加权平均	0.33	0.25	32.00
6.每股净资产(元)	2.39	1.11	115.32
7.净资产收益率(%)	10.14	22.62	-55.17
8.股东权益比率(%)	62.45	41.38	50.92

三、公司主要业务回顾

1．经营情况

1996年，公司围绕提高经济效益这一目标，有重点、有措施地开展了经营工作，共生产原煤19.5万吨，发运原煤30万吨，发运精煤8万吨，发运焦炭12万吨。但由于受煤炭市场供求关系、价格因素、政策环境方面影响，使公司生产经营工作遇到了很大困难。面对这一现实，公司克服困难，内抓管理，外抓市场并适当调整投资方向，加大清欠力度，努力降低了不利因素的影响，全年公司主营业务收入9,467万元，比上年增加14.81%，实现利润总额2,766万元，比上年增长16.5%，税后利润2,352万元，比上年增长46.7%。

2．募股资金使用情况：

1996年11月21日，公司公开发行2,500万股人民币普通股股票，共募集资金11,250万元。募集资金到位后，到1996年12月31日，公司投入古交煤矿141万元，离石煤矿167万元，共计308万元。

3．实际经营成果与盈利预测差异说明

1996年公司预计实现利润2,988万元，实际实现利润2,766万元，比预测利润数低222万元，主要有以下几方面原因：

(1) 股票发行接近年终，资金到位迟，直接影响了煤矿生产和煤焦运销业务。

(2) 受外部环境的影响

① 煤炭市场疲软、经营成本上升，而用户接受价格不能到位。② 工业企业流动资金短缺，煤焦货款拖欠严重，煤焦企业资金紧张的矛盾难以缓解。

(3) 受煤炭运销政策影响，降低了公司煤炭发运的获利水平。

四、股本变化及股本结构情况

1．股本变化及股本结构情况(单位：股)

	期初数	期末数
(1)股本结构情况		
尚未流通股份：		
1)发起人股份	31,200,000	31,200,000
其中：国家法人股	0	0
2)募集法人股	20,000,000	20,000,000
3)内部职工股	12,800,000	12,800,000
尚未流通股份合计	64,000,000	64,000,000
已流通股份		
4)境内上市人民币普通股	0	25,000,000
已流通股份合计	0	25,000,000
股份总额	64,000,000	89,000,000

(2) 公司在本年度内无任何送配，股本结构没有变化。

(3) 主要股东持股情况(前十名股东)

名次	股东名称	年末持股数	占总股本比例(%)
1、	国家开发投资公司	20,000,000	22.47
2、	西山矿务局	5,600,000	6.29
3、	阳泉矿务局	5,500,000	6.18
4、	山西煤矿机械厂	5,100,000	5.73
5、	中国煤炭工业进出口总公司	5,000,000	5.62
6、	潞安矿务局	3,000,000	3.37
7、	晋城矿务局	3,000,000	3.37
8、	山西统配煤炭经销公司	2,000,000	2.25
9、	太原煤炭气化总公司	1,000,000	1.12
10、	山西省信托投资公司	1,000,000	1.12

(4) 截至1996年末，公司股东总数26597户，其中社会法人股股东1户，募集法人股股东9户，社会公众股东23437户，内部职工股东3150户。

上海民丰实业股份有限公司

1996 年年度报告摘要 （摘选）

一、公司简况

公司名称：上海民丰实业股份有限公司

法人代表：郑逢利　　邮政编码：200025

公司地址：上海市徐家汇路 300 号

电话：021-63843680 转 2、3、79 分机　　传真：021-63841960

二、主要财务数据与财务指标

指标项目	1996 年	比上年增减(%)	1995 年	1994 年
1.主营业务收入(万元)	21286	+3.38	20591	21917
2.净利润(万元)	2365	+45.00	1631	1778
3.总资产(万元)	43239	+23.53	35004	25284
4.股东权益(万元)	22356	+104.00	10959	9766
5.每股收益(元)	0.27	+12.50·	0.24	0.26
6.每股净资产(元)	2.57	+57.67	1.63	1.45
7.净资产收益率(%)	10.58	-28.90	14.88	18.20
8.股东权益比率(%)	51.70	+65.12	31.31	38.63

三、公司主要业务回顾

1. 公司经营情况回顾

1996 年公司在遵循现代企业制度要求，转换机制、规范上市和生产经营进行实质运转以及公司坚持多元化经营道路，不断取得新的经济增长点等各方面都取得了可喜的成绩。特别是公司实现股票公开发行和上市，为公司生产经营发展、引进社会监督机制以及实现资本扩张等方面奠定了基础，具有重要而深远的意义。

一年来公司以经济效益为中心，以市场为导向，围绕董事会提出的年度经营目标，坚持"一业为主，多元经营"的策略，为满足国际市场需求，产品品种日趋扩大，国外市场占有率不断上升，各项质量指标在全国同行业中处于领先地位，出口率达到 90% 以上，并成为国外一些商社、公司的指定生产厂。1996 年公司继续保持经济效益列行业首位的显著业绩，已连续三年被上海市外商投资企业协会评为"上海外商投资先进企业"，被上海市外资委评为"合格产品出口型企业"。

公司在松江泗泾东部工业区的大型出口绒类织物生产基地主厂房有 23975 平方米已基本建成将进入设备安装阶段，该基地引进多功能后整理设备，发展国外市场适销对路的中、高档产品，将使公司的出口创汇能力有较大的提高。

公司通过资产运作，投资参股上海嘉好珠宝饰品有限公司、上海悦洋经济发展有限公司，并拟对优质资产进一步增资扩股。

公司物业管理呈良性循环，本公司与卢湾区有关部门合作的卢湾商务中心、诚元建筑装璜总汇等项目取得良好的投资回报。

公司下属的上海兴丰物资实业有限公司、上海顺丰储运有限公司、北京起源出租汽车公司等多种经营项目，取得较好的效益，使本公司的多种经营项目有长足的发展。

2. 经营指标分析

1996 年公司主营业务收入为 21286 万元，比上年增加 +3.38%，净利润 2365 万元，比去年增加 45%，比 96 年预测增加了 3.14%。

3. 本次募集资金的使用情况说明

本次公开发行 1950 万股 A 股的募集资金为 9555 万元，扣除发行费用 525.525 万元，96 年 11 月资金全部足额到位，公司按预定的资金使用方向按计划投入资金。资金的使用是安全的，项目的收益，基本可达到预期效果，取得良好的投资回报。

四、股本结构

单位：万股

	期初数	本次变动数	期末数
(一)尚未流通股份			
(1)发起人股份	5439.344	+50	5489.344
其中：			
国家拥有股份			
境内法人持有股份	2447.705	+50	2497.705
外资法人持有股份	2991.639		2991.639
其他			
(2)募集法人股	1000	-50	950
(3)内部职工股	300		0
(4)优先股或其他			
尚未流通股份合计	6739.344	-300	6439.344
(二)已流通股份			
(1)境内上市的人民币普通股	0		2250
(2)境内上市的外资股			
(3)境外上市的外资股			
(4)其他			
已流通股份合计	0		2250
(三)股本总数	6739.344	+1950	8689.344

2. 股本变动情况及原因

经国家证监会[证监发字(1996)328 号、329 号]文件批准，公司于 1996 年 11 月 26 日向社会公开发行 A 股股票 1950 万股，另有 300 万股内部职工股占额度随本次发行一起上市。股本由发行前 6739.344 万股增至 8689.344 万股。

3. 主要股东持股情况(前十名股东)　　单位：万股

	年末持股数	占总股本(%)
香港金礼发展有限公司	2719.672	31.299%
上海第十印染厂	2447.705	28.169%
香港民亿实业有限公司	271.967	3.130%
上海市社会保险事业基金结算管理中心	258	2.969%
松江县泗泾镇工业公司	140	1.611%
山东烟台市宏大公司	50.2	0.578%
上海棉纺织印染联合有限公司	50	0.575%
上海真如实业公司	45	0.518%
上海裕丰供销经营部	35	0.403%
上海第五印染厂	30	0.345%

四 砂 股 份 有 限 公 司

四砂股份有限公司简介

一、企业概况

四砂股份有限公司的前身是国家机械工业部原直属大型企业中国第四砂轮厂。1950年投资兴建。1988年以该厂为主体改制而成社会募集股份制企业。1993年被国家体改委确认为规范化股份制试点企业。是我国首批89家股份制试点企业之一，同时也是我国磨料工业第一家、山东省第二家、淄博市第一家股份制改制企业。1996年被省体改委批准为首批规范化股份公司。公司总股本8682万股，其中国家股5682万股，占总股本的65.44%；法人股440万股，占5.07%；社会公众股2560万股，占29.49%。经国家证监会批准，2560万股社会公众股在上海证交所上市交易。

公司以优越的地理环境、优异的经营业绩、优良的产品品质、优秀的高素质人才为世人所瞩目。其主导产品"泰山"及"MT"牌磨料、磨具、硅碳棒、金刚石及制品、金属镁及镁合金系列产品质地优良，在国内国际市场树立了良好的企业形象和产品形象。

公司自改制组建以来，坚持"改革开放"的总方针，贯彻"发展进步"的总思路，实施"多元扩张"的总策略，公司规模迅速扩大，资产总量急剧扩张。目前已发展成长为管理特色鲜明、技术实力雄厚、经营业绩突出、发展前景广阔，集科工贸为一体，生产经营、科技开发、商贸投资并驾齐驱，在国际磨料磨具市场上具有较大影响的现代化企业。

公司创新并实施的"按股份制运作、按集团化经营、按国际惯例管理"的发展战略，使公司尽快形成了"跳出行业、跨出国门、一业为主、多元发展"的集团化经营格局。多元产业群迅速崛起，经济结构日趋合理。由改制前单一产品结构，发展为以磨料、磨具、硅碳棒三大产品为主营，金刚石及其制品、金属镁及延伸产品、结合剂产品、进出口贸易、商贸、投资等相关产品、相关行业并举的大型企业集团公司。公司总资产已达3.7亿元，净资产1.6亿元。公司已连续五年经济效益综合指数在国内同行业中名列前茅。95年有5项主要经济技术指标名列国内同行业第一名。荣获"全国机械工业优秀企业"称号；被山东省选树为"山东省管理示范企业"和"中国机床工具行业综合效益第一名"；"山东省工交财贸系统分行业综合经济效益排头兵企业"。

公司坚持实施外向带动战略。在1988年被国务院批准为首批国家机电产品出口创汇基地企业之后，出口创汇额连年剧增，1995年出口创汇额达1216万美元。出口产品的急剧扩大，促进了外向型经济的迅猛发展。公司在大力引进外资、建成两家中外合资企业(中日合资青岛泰富磨具有限公司、中港合资淄博泰益树脂砂轮有限公司)之后，又将发展触角伸向国外，在美国建成国内同行业第一家境外合资企业——美国洛杉矶金刚石工具公司。在日本、韩国等先进工业国家创办境外合资企业的意向已初步达成，目前正在抓紧筹划；国际上知名的大公司、大财团欲与我公司进行合资、合作，有关问题正在探讨洽谈，加快了向世界级企业迈进的步伐。

公司把创中国磨料磨具行业"第一品牌"作为引导经营战略的重要课题。为确保名牌战略的正确性和实效性，公司近几年投资5000万元围绕创名牌进行大规模的技术改造，引进了德国、意大利、美国、日本等国家先进的磨具加工、烧成、检测等关键设备，使产品水平达到或已超过了世界先进水平。目前，公司有两种产品获国家银质奖(行业最高奖)、13种产品获部、省优质产品称号。自1986年以来，公司生产的陶瓷砂轮和白刚玉磨料质量均列国内同行业之首；出口的磨料产品被国家列为免检产品；磨料、磨具、硅碳棒三大产品优一等品率达到了60%以上，保持了国内同行业领先水平。96年底，公司在原"国家队"行业成员厂中第一个通过了ISO—9001质量体系认证。

今后几年，公司将根据国家产业政策，以追求企业发展效益最大化和给予股民最大回报为目标，贯彻执行以内涵为主的发展方针、加速实施外向带动、名牌竞争战略、多元发展战略、资本运营战略。在突出主业的同时，实施全方位的集团化经营战略，形成生产、商贸、证券三者并驾齐驱的新格局。在最短的时间内，把我公司建成国内能够生产世界上质量最好的优质白刚玉产品基地、国内能够生产世界上最大的专用、精密、高效砂轮产品基地、国内生产工艺最先进，生产成本最低的我国新的金属镁及镁合金系列产品基地和涂附磨具生产基地。进一步壮大实力，使之迅速成长为集科工贸为一体、生产、科技、证券等多元化经营、全方位发展的跨国集团公司。公司将竭尽全力、力争在最短的时间内、使公司总资产达到16.7亿元，销售收入28亿元，利润3.5亿元。

二、公司荣誉称号

全国设备管理优秀单位 (1996年)
(已连续获得第二、三届，全国同行业独家获此殊荣)

全国机械工业优秀企业
(全国机械工业中共100家) (1995年)

全国机械工业出口创汇受表彰单位 (1995年)

中国机床工具行业综合效益第一名 (1995年)

山东省管理示范企业
(全省工交财贸系统企业中共50家、淄博市仅此一家) (1996年)

山东省工交财贸系统分行业综合经济效益排头兵企业 (1995年)

山东省"重合同、守信用"企业 (1995年)

山东省技术改造先进单位 (1996年)

山东省出口创汇先进企业 (1995年)

三、公司主要领导简介

董事长：孙致太先生，本科毕业于清化大学动力系，研究生班就读于清华大学管理系，他学识渊博，具有较高的决策能力和丰富的企业管理经验，领导艺术独特，曾多次被评为山东省和淄博市的优秀企业家和先进管理工作者，曾任第四砂轮厂总经济师副厂长、厂长。现任四砂股份有限公司董事长。

总经理：王笃福先生，大学本科毕业于山东冶金工业学院。他年富力强，富有开拓精神，求实进取，企业管理经验丰富、独到，他今年34岁，是年轻有为的公司经营管理的指挥者、组织者。曾任第四砂轮厂磨料分厂厂长，机械动力厂厂工、书记工程处处长，设计室主任，第四砂轮厂厂长助理，副厂长，四砂股份有限公司副总经理，常务副总经理。现任四砂股份有限公司总经理。

四砂股份有限公司1996年年度报告摘要

一、公司简况

股票代码:600783

股票简称:四砂股份

公司法定中文名称:四砂股份有限公司

公司英文名称:SI SHA CO.,Ltd.

公司英文名称缩写:SSC。

公司注册地址:山东省淄博市张店区南定车站街69号

公司办公地址:山东省淄博市张店区南定车站街69号

邮编:255055

公司法定代表:孙致太

公司咨询服务机构:公司董事会秘书处

电话:(0533)2980151转8300、7349

传真:(0533)2980888

联系人:董事会秘书　史秀珉

分司财务部副部长　傅怀宝　刘涛

会计师事务所:上海大华会计师事务所

电话:021-63070768

律师事务所:北京信利律师事务所

电话:010-65237536、65237537

二、主要财务数据与财务指标

指标项目:	本年数	上年数	比上年增减(%)
1.主营业务收入	176,856,977.98	184,002,577.32	-3.88
2.净利润	24,532,272.89	16,252,418.78	50.94
3.总资产	379,392,651.56	345,248,953.24	9.89
4.股东权益	167,868,113.19	143,326,376.31	17.12
5.每股收益	0.2826	0.1872	50.96
6.每股净资产	1.93	1.65	16.97
7.净资产收益率	14.61%	11.34%	28.83
8.股东权益比率	44.25%	41.51%	6.60

三、公司业务回顾

一年来,公司坚定的贯彻实施"按股份制运作、按集团化经营、按国际惯例管理"的发展战略,严格按照《公司法》和公司《章程》的基本要求规范公司行为,各项事业均取得了长足的进步与发展。

1.把实施"多元扩张"作为企业发展的总思路。一年来,公司坚持"精主业、兴多业、加速推进产业多元化"的方针,强化生产经营主体,活化营销商贸、发展证券和对外投资业务,在公司内部初步形成了生产经营、商贸营销、证券投资的"三足鼎立"之势,96年,公司主营业务利润1587.36万元,比95年增长3.08%;其他业务利润520万元,比95年增长248%;投资收益488万元,比95年增长266%。全年,公司实现主营业务收入17,685.70万元,比95年提高-3.88%;实现利润总额2729万元,比95年增长47.38%;年末资产总额37939万元,比95年末增加3414万元。

2.把扩大产品出口创汇,作为公司实现利润最大化的重要策略。96年,在资金异常紧张、出口退税率降低的情况下,公司发挥国家机电产品出口创汇基地和自营出口企业的优势,努力提高出口产品质量,扩大国际市场占有份额,全年出口创汇1304.5万美元,比95年提高7.32%,保持了行业出口创汇额的领先水平。

3.把加强企业管理与坚持科技进步作为企业前进的双足。96年,公司把强化管理作为提高企业整体素质的基础,把科技进步作为加快企业发展的支撑,在公司内部深入开展了"质量管理效益年"活动和实施科技兴企战略、名牌战略。通过"学邯钢、实施倒逼成本法",公司主营业务成本96年比95年下降了9.96%;经过一年不懈的努力,公司顺利通过了ISO9001质量体系认证;开发研制成功了绿碳化硅微粉快速沉降法,绿碳化硅微粉静止沉降分级工艺、高质量专用微粉、高温氧化铝微粉以及高厚度砂轮吊具设计、陶瓷砂轮螺丝紧固、砂轮嵌件灌注工艺、砂轮改制刃具等新产品、新工艺,其中高质量专用微粉和高温氧化铝微粉,其质量基本达到国际先进水平,替代了进口;经过一年的努力,11000吨优质白刚玉加工线主体工程基本完成,能够生产世界上最大砂轮的3150吨专用压机已基本安装就位,金属镁项目于96年5月18日一次试生产成功,具有国内领先水平的陶瓷砂轮混配料线工程已交付使用。

4.把良好的资金运作,作为公司经营的血脉。96年,公司着力在保证合理的资金结构、提高资金的使用效益、实现资金的良性循环上下功夫。充分发挥公司内部银行的作用,强化资金管理,96年财务费用比95年下降了15.36%;通过盘活资金,狠抓清欠,积极组织资金回笼,年末,公司应收帐款比年初降幅达4.04%,减少了不合理的资金占用,盘活了公司营运资金。

5.盈利预测完成情况说明:

公司《上市公告书》披露1996年盈利预测为净利润2425.81万元,每股盈利0.28元。实际完成净利润2453.23万元,完成预测的101.13%,每股盈利0.2826元。

四、股本结构及股本变化情况

1.股本结构

内容	期初数(元)	比例(%)	本年境内上市	期末数	比例(%)
1.尚未流通部					
(1).发起人股份					
A国家持有股份	56822000.00	65.44	--	56822000.00	65.44
B境内法人持有股份	4400000.00	5.07	--	4400000.00	5.07
(2).社会公众股	25600000.00	29.49	-25600000.00	--	
合计	86822000.00	100.00	-25600000.00	61222000.00	70.51
2.已流通股份					
境内上市的人民币普通股	--	--	25600000.00	25600000.00	29.49
3.股份总数	86822000.00	100.00	25600000.00	86822000.00	100.00

2.主要股东持股情况

股东名称	年末持股数(万股)	占总股本比例(%)
(1)淄博市国有资产管理局	5682.20	65.44
(2)淄博泰利磨具公司	310.00	3.57
(3)深圳天骥投资基金	130.00	1.5
(4)王会玲	82.35	0.95
(5)刘秀林	40.00	0.46
(6)余志健	35.10	0.4
(7)陈庚如	30.98	0.35
(8)阮勇	28.03	0.33
(9)李勤	28.00	0.32
(10)熊建社	26.57	0.31

3.年末持股户数:

国家股股东1家、社会法人股股东2家、社会公众股股东2398名。

4、公司董事、监事及高级管理人员持股情况

职务	姓名	年初持股数	年末持股数
董事长	孙致太	1000	1000
副董事长、党委书记	王寿	1000	1000
副董事长、常务副总经理	柳长信	1000	1000

董事、总经理	王笃福	1000	1000
董事、副总经理	王砚清	1000	1000
董事、副总经理	王建国	1000	1000
董事、工会主席	李孔让	800	800
董事、董事会秘书、总经理助理	史秀珉	600	600
董事	李勇	0	0
董事	郑爱民	0	0
监事会召集人、党委副书记、纪委书记	丁慎宏	600	600
监事	周祖卫	300	300
监事	冯兰珍	800	800
监事	秦芬	600	600
监事	孟庆源	600	600
副总经理	黄庆珍	1000	1000
总经理助理	梁志宏	600	600
总经理助理	纪忠睦	600	600
总经理助理	朱秀玉	600	600
总经理助理	翟纯锌	600	600
总经理助理	刘连民	600	600

五、重要事项

1.1996 年 12 月 13 日,中国证券监督管理委员会以证监字(1996)387 号文,通过对本公司股票上市资格审查,上海证券交易所以上证所字(1996)第 114 号文通知本公司股票于 1996 年 12 月 25 日在上海证券交易所挂牌交易。

2. 公司第二届三次股东大会于 1996 年 5 月 20 日在公司本部召开。会议审议通过了 1995 年度董事会工作报告,1995 年度监事会工作报告,1995 年度财务决算和 1996 年度财务预算方案;决定了公司 1996 年经营方针和投资计划。

3.1996 年山东省体改委以“鲁政股字(1996)第 18 号”文件,批准本公司为规范化股份有限公司。

4. 按照国家关于对规范化股份有限公司登记注册的规定,本公司于 1996 年 10 月 11 日由在淄博市登记注册改为在山东省工商行政管理局登记注册。注册号为 16309829-2。

5.1996 年 12 月 5 日本公司正式通过 ISO9001 质量体系认证。

6. 本报告期内公司无发生实施配股和企业并购事项。

7. 本报告期内公司的注册地址、会计师事务所、法律顾问均未发生过变动。

8. 本报告期内无重大诉讼、仲裁事项。

六、子公司及关联企业

企业名称	注册资本(万元)	所占权益	主要业务
1. 淄博泰山磨料磨具进出口公司	219	100%	磨料、磨具、硅碳棒、机电产品进出口
2. 淄博泰益树脂砂轮有限公司(中外合资)	740	75%	生产及销售树脂磨具
3. 第四砂轮厂青岛联合公司	292	77%	生产及销售陶瓷磨具
4. 青岛泰富磨具有限公司(中外合资)	2 亿日元	35%	生产及销售树脂磨具

七、财务报告

(一)、公司财务报告经上海大华会计师事务所朱鸣里、朱蕾蕾注册会计师审计,并出具了无保留意见的审计报告。【化业字(97)第 745 号】

(二)、财务报表:【见附表】

1. 资产负债表【合并及母公司】

2. 利润及利润分配表【合并及母公司】

3. 财务状况变动表【合并及母公司】

(三)、财务报表附注

1. 重要会计政策:

公司会计报表及本附注所载财务数据是根据《企业会计准则》、《股份制试点企业会计制度》及国家有关法律、法规、政策而编制的。

(1)公司执行的会计制度:

《股份制试点企业会计制度》

(2)会计期间:

公历 1 月 1 日至 12 月 31 日

(3)会计报表的编制:

A. 会计报表为合并会计报表

B. 合并范围:凡投资额占被投资单位的实收资本在 50% 以上的企业按权益法核算,并列入合并范围。

C. 编制方法:根据财政部财会字(1995)11 号《关于印发〈合并会计报表暂行规定〉的通知》的规定,以母公司和纳入合并范围的子公司的会计报表以及其它有关资料为编制基础,合并各项目数额编制而成。合并时,公司的重大内部交易和资金往来的金额均相互抵消。

D. 本年度合并范围未发生变动。E. 调整事项:除子公司淄博泰益树脂砂轮有限公司系外商投资企业,其坏帐处理系按直接转销法,年末未提取“坏帐准备”外,其它均按制度执行。

(4)记帐原则:权责发生制

计价基础:历史成本

(5)外币折算方法:

本公司以人民币为记帐本位币,会计年度内涉及外币的经济业务,按发生当月月初外汇市场汇价中间价折合为人民币入帐,月末将外币帐户余额按期末外汇市场汇价中间折合本位币进行调整,调整后的记帐本位币余额与原帐面余额之间的差额列入“财务费用-汇兑损益”。

(6)存货计价方法:

公司对存货实行永续盘存制。各类存化的购人与入库按实际成本计价,领用与发出按加权平均法计价:产品完工成本按品种法,分批法核算;低值易耗品领用时按一次摊销法计人有关费用。

(7)长期投资核算方法:

A. 债券投资的入帐价值及收益确认,按实际支付的价款记帐,利息收入按权责发生制原则核算。

B. 股权投资和联营投资:凡持股比例在 20% 以下的企业,其投资收益按成本法核算。持股比例在 20% 以上的企业,其投资收益按权益法核算,持股比例在 51% 以上的,在年终编制合并会计报表。

(8)固定资产计价及折旧方法:

A. 固定资产标准为:使用期限在一年以上,单位价值在 2000 元以上的房屋及建筑物、机械设备,运输设备以及单位价值在 2000 元以上,并且使用期限超过两年,虽不属于生产经营主要设备,但与生产经营有关的设备、器具、工具等。

B. 固定资产计价:按历史成本计价。

C. 固定资产折旧采用直线法平均计算,并按分类固定资产的原值和估计的使用年限扣除残值(原值的 3%)确定折旧率。折旧率如下:

类别	使用年限	年折旧率(%)
房屋	30	3.23
建筑物	15	6.47
机械设备	10	9.70
运输设备	6	16.17
计量仪器	5	19.40
办公设备	4	24.25

(9)无形资产摊销:土地使用权按合同规定期限摊销。

(10)税项:

A. 母公司及合并范围的子公司适用的流转税及附加税种与税率:

税种:	增值税	营业税	城建税	教育费附加
计税基础:	当期销项税额减当期进项税额	运输及劳务收入	应纳营业税额及增值税额	应纳营业税额及增值税额
税率	17%	3-5%	7%	3%

(子公司淄博泰益树脂砂轮有限公司执行中外合资经营企业税收政策,不计缴城建税和教育费附加。)

B. 所得税税率

母公司所得税:根据山东省人民政府鲁政(1996)197号文规定,按33%计征,按实际税负超过15%的部分返还。

子公司淄博泰山磨料磨具进出口公司的所得税由母公司统一计缴。

子公司淄博泰益树脂砂轮有限公司所得税率33%。

子公司第四砂轮厂青岛联合公司所得税率33%。

(11)利润分配:

根据《公司法》规定,按当年度的税后利润10%提取法定盈余公积金,5%提取法定公益金,按照公司章程提取任意盈余公积金。

2. 报表项目数据说明:

(1)货币资金:余额为256万元,比年初减少2013.70万元,降低88.72%,主要原因是95年末借入资金,96年按计划投入工程项目。

(2)短期投资:余额239.92万元,比年初增加234.92万元,增长46.98倍,主要原因是购买债券及增加股票投资。

其中:项目	成本价	期末市价
股票投资	2363898.87	2431929.00
债券投资	35300	

(3)应收帐款:余额为90751027.37元

按帐龄分析如下:

帐龄	金额(元)	占总额比例(%)
一年以下	61241644.42	67.48
一年～二年	5129623.17	5.65
二年～三年	12385843.70	13.65
三年以上	11993916.08	13.22
合计	90751027.37	100.00

本帐户余额中无持本公司5%以上股份的主要股东的欠款。

(4)预付帐款:余额为1121.76万元,比年初增加520.21万元,增长86.48%,主要原因是增加了预付原料、能源款项以及发票未收到尚未结算帐务所致。

(5)其它应收款:余额为35296460.65元

按帐龄分析如下:

帐龄	金额(元)	占总额比例(%)
一年以下	31079999.06	88.06
一年～二年	3455058.35	9.79
二年～三年	562973.89	1.59
三年以上	198429.35	0.56
合计	35296460.65	100.00

(大额款项的债务人与业务内容):

(1)垫付非经营性资产亏损弥补额13537583.67

(2)垫付88年以前退休职工工资及福利性支出:14646486.25

本项目余额中无持有本公司5%以上股份的单位的欠款。

(6)长期投资:余额为10700792.59元,其中:

A:股权投资:1665000.00元。明细如下:

被投资公司名称	股数	投资金额(元)	占被投资公司股权比例
雪银化纤	136.5万股	1665000.00	<5%

B:债券投资:706022.70元。明细如下:

债券种类:	到期日	面值(元)	年利率(%)	投资金额	已计利息	合计
(1)淄博市重点建设债券	96.1.26	25000.00	5	25000.00	6250.00	31250.00
(2)87年电力建设债券		272500.00	0	272500.00	0	272500.00
(3)87年国库券	92.7.1	90000.00	10	90000.00	45000.00	135000.00
(4)88年国库券	93.7.1	5000.00	10	5000.00	2860.00	7860.00
(5)94年国库券	97.4.1	192300.00	13.96	192300.00	67112.70	259412.70
合计						706022.70

C:联营投资:8329769.89　明细如下:

被投资企业名称	投资期限	投资比例	投资额	投资收益	小计
青岛泰富磨具有限公司	1989.5.8-2009.5.7	35%	3928526.00	158623.89	5514769.89
洛杉矶金刚石工具公司	1995年12月起	56%	2815000.00		2815000.00
小计					8329769.89

(7)固定资产及累计折旧:余额分别为138146983.95元和72243082.32元。明细内容发如下:

	期初原值	本年增加	本年减少	期末原值
A:固定资产原值:				
房屋、建筑物	46119597.87	7768636.52	6454168.99	47434065.40
机器设备	73726523.78	8430048.75	7102973.89	7505398.64
运输设备	9461805.07	1610211.00	1228422.65	9843593.42
计量设备	547430.65	135602.50	63000.00	620033.15
电子设备	3437399.34	1047172.83	43865.63	4440706.54
其它	945691.82	127935.90	318640.92	754986.80
合计	134238448.53	19119607.50	15211072.08	138146983.95
B:累计折旧:				
房屋、建筑物	15254221.74	3759805.94	2130327.42	16883700.26
机器设备	45132162.04	6889129.15	3320348.36	48700942.83
运输设备	4068885.55	1403051.59	823933.35	4645003.79
计量设备	248423.65	105707.00		354130.65
电子设备	533396.38	794860.88	20999.76	1307257.50
其它	296916.94	55130.35		352047.29
合计	65534006.30	13007684.91	6298608.89	72243082.32
C:固定资产净值:	68704442.23			65903901.63

(8)在建工程:余额为70387754.57元。

其中主要项目如下:

工程项目名称	工程进度	实际支用数	(其中利息资本化)	原预算数	批准文号	资金来源
A金属镁工程	95%	38119976.82	3689030.00	30000000.00	鲁经技改字(1993)第721号	贷款及自筹
B白刚玉加工线	90%	10260276.58	992930.00	10000000.00	鲁经技改字(1993)第721号	贷款及自筹
C混配料加工线	90%	1994728.99	211425.39	800000.00	鲁经技改字(1993)第721号	贷款及自筹
D宿舍楼	90%	2001532.23	0	1800000.00	淄计发(1994)第252号	贷款及自筹
E计算机辅助系统	95%	1518443.77	147265.62	1430000.00	鲁经技改字(1993)第721号	贷款及自筹
F3150吨大型压机	80%	4209886.27	505186	4715072.27	鲁经技改字(1993)第721号	贷款及自筹

在建工程比年初增加4554.35万元,增长183.31%,主要原因是上述工程项目增加所致。

(9)无形资产:余额为12303160.96元

其中:

无形资产项目	来源	原值	已摊销金额	期末余额	剩余摊销年限
土地使用权(母公司)	评估入帐	12809600.00	768576.00	12041024.00	47年
土地使用权	投资入帐	360438.50	98301.54	262136.96	8年

(10)短期借款:余额为70411280.00元

明细如下:

贷款单位	期末借款余额	到期日	年利率(%)	借款条件
1. 中行淄博分行	20000000.00	97.12.22	11.016	信用
2. 工行开发区支行	740000.00	97.5.6	12.078	担保

3. 工行开发区支行	1100000.00	97.9.24	11.088	担保
4. 中行山东省分行	2300000.00	97.6.17	10.098	信用
5. 中行淄博市分行	3280000.00	97.1.12	10.098	信用
6. 中行淄博市分行	1700000.00	97.9.22	10.098	信用
7. 中行淄博市分行	3319280.00	97.3.6	7.49	信用
8. 中行淄博市分行	192000.00	97.3.31	10.098	信用
9. 建行淄博市分行	3000000.00	97.7.23	11.09	信用
10. 工行四砂分理处	500000.00	97.7.26	15.12	信用
11. 淄博市财政局	1650000.00	97.7.1	9.6	担保
12. 淄博市信托投资公司	5000000.00	97.3.20	10.098	担保
13. 中行淄博市分行	4100000.00	96.12.15	10.098	信用
14. 淄博市财政局	1350000.00	96.11.30	9.6	担保
15. 中行淄博市分行	300000.00	97.4.10	10.098	信用
16. 中行淄博市分行	500000.00	97.2.5	10.692	信用
17. 中创公司	680000.00	97.4.30	12	信用
合计	70411280.0			

(11)应付帐款:余额为2273.01万元,比年初减少1516.88万元,降低40.02%。主要原因是偿还原材料、能源款项所致。

本项目中,没有应付给与本公司有关联的公司的款项。

(12)预收贷款:余额为502.47万元,比年初减少373.09万元,降低42.61%。主要原因是按订货合同要求,向预付货款的客户发货实现了收入。

本项目中,没有应付给与公司有关联的公司的款项。

(13)未付股利:年末比年初减少141.11万元,降低100%,主要原因是以前年度未付股利全部清理支出完毕。

(14)其它应付款:余额为3545.59万元,比年初增加1329.16万元,增长59.97%。主要原因是新增工程项目所欠材料工费等增加。其中没有应付给与本公司有关联的公司的款项。

(15)一年内到期的长期负债:余额为23170000.00元

比年初增加14630000.00元,主要原因为97年到期的长期借款转入。明细如下:

贷款单位	借款余额(元)	到期日	年利率(%)	借款条件	逾期原因
A. 建行淄博市分行	140000.00	94.3.3	6	信用	环保借款暂不需归还
B. 中行山东省分行	3000000.00	97.7.22	12.09	信用	
C. 中行山东省分行	20000000.00	97.10.22	10.09	信用	
D. 机械部经济资产监督司	30000.00	97.10.3	10	信用	
合计	23170000.00				

(16)长期借款:余额为42988738.00元

明细如下:

贷款单位	期末余额	期限	年利率(%)	借款条件
A. 中行淄博市分行	2900000.00	99.12.30	15.12	信用
B. 中行淄博市分行	2000000.00	99.12.30	10.98	信用
C. 中行淄博市分行	(USD459万元) 38088738.00	99.12.31	7.84325	信用
合计	42988738.00			

(17)其它长期负债:余额34581.52元,系住房周转金。

(18)股本:余额为86822000.00元,每股面值1元,均为普通股A股,结构如下:

内容	期初数(元)	比例(%)	本年境内上市	期末数	比例(%)
1. 尚未流通部分					
(1)发起人股份					
A国家持有股份	56822000.00	65.44	-	56822000.00	65.44
B境内法人持有股份	4400000.00	5.07	-	4400000.00	5.07
(2)社会公众股	25600000.00	29.49	-25600000.00	-	
合计	86822000.00	100.00	-25600000.00	61222000.00	70.51
2. 已流通股份					
境内上市的人民币普通股	-	-	25600000.00	25600000.00	29.49
3. 股份总数	86822000.00	100.00	25600000.00	86822000.00	100.00

(19)资本公积:余额为17821224.70元,比年初增加9463.99元,系子公司淄博泰益树脂砂轮有限公司于1996年度外方投入资本时产生的资本折算差额。

(20)盈余公积:余额为12087681.49元

明细如下:

项目	期初余额(元)	本年增加额(元)	期末余额(元)
A法定公积金	5605701.56	2452752.76	8058454.32
B法定公益金	2802850.79	1226376.38	4029227.17
合计	8408552.35	3679129.14	12087681.49

(21)未分配利润:余额为51137207.00元

其来源为:

1.1995年12月31日未分配利润余额为:30284063.25元

2. 加:1996年度合并净利润:24532272.89元

3. 减:1996年度提取法定公积金:2452752.76元

4. 减:1996年度提取公益金:1226376.38元

5.1996年2月31日未分配利润:51137207.00元

合并净利润比母公司净利润大4745.34元,系合并报表时抵销应收帐款后调整坏帐准备提取数而致。

(22)主营业务收入:

主营项目	本年	上年	增减(%)
1. 磨料磨具	168861939.15	176291318.98	-4.21
2. 硅碳棒	7995038.83	7711258.34	+3.68
合计	176856977.98	184002577.32	-3.88

(23)主营业务成本:

主营项目	本年	上年	增减(%)
1. 磨料磨具	117358497.55	131943215.18	-11.05
2. 硅碳棒	6425220.54	5542632.64	+15.92
合计	123783718.09	137485847.82	-9.97

(24)管理费用:本年度比上年度增加623.06万元,增长40.42%,主要原因是原列支营业外支出的劳动保险等费用,本年度列入管理费用,以及新增分公司增加了管理费用。

(25)财务费用1996年度发生额为5296093.79元

其中:

1. 利息净支出:	4989216.06
2. 汇兑损失:	260437.70
3. 银行手续费:	46440.03
合计	5296093.79

(26)其它业务利润:本年度发生额为5205756.53元,本年比上年增加370.99万元,增长2.48倍,主要原因是材料及废料出售净收入增加。其中:

1. 材料、废料出售净收入	3955178.55元
2. 运费及劳务收入	578231.26元
3. 合作经营收入(来料加工)	672346.72元
合计	5205756.53元

(27)投资收益:本年度发生额4883993.13元。

其中:1. 股票投资收益	2520903.46元
2. 债券投资收益	280644.37元
3. 非控股公司分配来利润	1233572.83元
4. 雪银化纤权证转让收益	848872.47元
合计	4883993.13元

本年比上年增长 2.66 倍，主要是增加了泰富磨具公司投资收益及雪银权证转让以及其它股票投资收益。

(28)补贴收入：本年发生额 428846.92 元，主要是财政返还新产品退增值税。

其中：

1. 母公司新产品免税实际退回的增值税　387164.92 元

2. 子公司第四砂轮厂青岛联合公司免税实际退回的增值税 41682.00 元。

(29)营业外收入：本年发生 1391688.88 元。其中：

1. 固定资产清理净收入　1105679.92 元

2. 罚款收入　277245.82 元

3. 其它　8763.14 元

　合计　1391688.88 元

(30)营业外支出：本年发生 543009.38 元，其中：

1. 固定资产清理净损失　376142.99 元

2. 罚金支出　166666.39 元

3. 捐赠支出　200 元

　合计　543009.38 元

(31)以前年度损益调整：本年发生 49831.06 元，系子公司第四砂轮厂青岛联合公司和泰益公司年度投资收益调整所致。

(四)或有事项的说明

公司无需要说明的或有事项

(五)期后事项的说明

公司无需要说明的期后事项

八、其它事项

1. 一九九七年四月十八日公司董事会召开二届六次会议会计通过了一九九六年报，讨论通过了一九九六年度财务决算报告及一九九七年度财务预算报告，审议通过了一九九六年利润分配及累计滚存未分配利润的分配预案。

2. 公司未分配利润分配预案为 10 股送红股 3 股。

四砂股份有限公司董事会

一九九七年四月十八日

资产负债表

编制单位：四砂股份有限公司　　1996 年 12 月 31 日　　金额单位：元

资产	行次	年初数(母公司)	年初数(合并)	年末数(母公司)	年末数(合并)	负债及股东权益	行次	年初数(母公司)	年初数(合并)	年末数(母公司)	年末数(合并)
流动资产:						流动负债:					
货币资金		21,299,179.71	22,697,034.71	1,849,472.81	2,559,991.19	短期借款	8	44.680,751.94	68,720,751.94	48,571,280.00	70,411,280.00
短期投资	1	50,000.00	50,000.00	2,399,198.87	2,399,198.87	应付票据				920,000.00	1,870,000.00
应收票据				400,000.00	400,000.00	应付帐款	9	31,911,903.62	37,898,920.02	21,935,541.84	22,730,128.21
应收帐款	2	74,098,213.06	94,571,084.84	77,231,233.78	90,751,027.37	预收货款	10	8,698,205.56	8,755,632.78	5,041,867.85	5,024,732.66
减:坏帐准备		339,647.29	425,218.98	386.156.17	433,680.57	应付福利费		1,172,513.71	1,493,299.03	2,340,169.99	2,772,487.00
应收帐款净额		73,758,565.77	94,145,865.86	76,845,077.61	90,317,346.80	未付股利		1,237,903.46	1,411,100.16		
预付货款		5,961,017.72	6,015,427.66	11,107,462.80	11,217,555.64	未交税金	12	231,559.21	-6,345,173.81	2,779,083.20	3,332,742.74
其他应收款	3	32,603,526.07	33,649,424.83	36.508,132.70	35,296,460.65	其他未交款	13	1,257,977.49	1,306,134.90	1,392,265.17	
待摊费用		290,061.74	490,976.19	269,027.89	468,359.01	其他应付款	11	17,694,655.29	22,164,259.01	33,285,370.03	35,455,947.46
存货		64,102,802.00	71.162,740.01	60,608,207.47	77,429,637.99	预提费用			66,550.34		
减:存货变现损失准备						一年内到期的长期负债	14	8,540,000.00	8,540,000.00	23,170,000.00	23,170,000.00
存货净额		64,102,802.00	71,162,740.01	60,608,207.47	77,429,637.99	其他流动负债					
待处理流动资产净损失											
一年内到期的长期债券投资						流动负债合计		115,425,470.28	144,011,474.37	139,360,878.98	166,159,583.33
其他流动资产						长期负债:					
流动资产合计		198,065,153.01	228,211,469.26	189,986,580.05	220,088,550.15	长期借款	15	55,525,330.00	55,525,330.00	42,988,738.00	42,988,738.00
长期投资:						应付债券					
长期投资	4	20,249,075.91	10,550,705.87	20,810,463.45	10,700,792..59	长期应付款					
合并价差(合并报表填列)(贷差以-表示)						其他长期负债	16		27,105.12		34,581.52
固定资产:											
固定资产原价	5	114,989,148.10	134,238,448.53	118,880,734,93	138,146,983.95	长期负债合计		55,525,330.00	55,552,435.12	42,988,738.00	43,023,319.52
减:累计折旧		56,428,052.15	65,534,006.30	61,902,063.83	72,243,082.32	递延税款:					
固定资产净值		58,561,095.95	68,704,442.23	56,978,671.10	65,903,901.63	递延税款贷项					
在建工程	6	24,789,818.48	24,844,215.28	70,387,754.57	70,387,754.57	负债合计		170,950,800.28	199,563,909.49	182,349,616.98	209,182,902.85
固定资产清理		314,817.24	314,817.24	8,491.66	8,491.66						
待处理固定资产净损失						少数股东权益(合并报表填列)			2,358,667.44		2,341,635.52
固定资产合计		83,665,731.67	93,863,474.75	127,374,917.33	136,300,147.86						
无形资产及递延资产:						股东权益					
无形资产	7	12,297,216.00	12,623,303.36	12,041,024.00	12,303,160.96	股本	17	86.822,000.00	86,822,000.00	86,822,000.00	86,822,000.00
递延资产						资本公积	18	17,811,760.71	17,811,760.71	17,821,224.70	17,821,224.70
无形及递延资产合计		12,297,216.00	12,623,303.36	12,041,024.00	12,303,160.96	盈余公积	19	8,408,552.35	8,408,552.35	12,087,681.49	12,087,681.49
其他长期资产						其中:公益金		2,802,850.79	2,802,850.79	4,029,227.17	4,029,227.17
其他长期资产						未分配利润(未弥补亏损以)"-"表示	20	30,284,063.25	30,284,063.25	51,132,461.66	51,137,207.00
递延税项:						外币报表折算差额(合并报表填列)					
递延税款借项						股东权益合计		143,326,376.31	143,326,376.31	167,863,367.85	167,868,113.19
资产合计		314,277,176.59	345,248,953.24	350,212,984.83	379,392,651.56	负债及股东权益总计		314,277,176.59	345,248,953.24	350,212,984.83	379,392,651.56

利润及利润分配表

编制单位　四砂股份有限公司　　1996 年度　　金额单位:元

项目	行次	上年实际数(母公司)	上年实际数(合并)	本年实际数(母公司)	本年实际数(合并)
一、主营业务收入	21	90,555,348.47	184,002,577.32	122,990,210.01	176,856,977.98
减:营业成本		62,215,893.77	137.485,847.82	85,042,397.14	123,783,718.09
销售费用		3,941,395.45	8,856,481.93	4,084,937.70	9,440,505.80
管理费用		11,881,747.60	15,411,366.96	18,978,545.18	21,641,998.21
财务费用	22	3,011,258.69	6,253,472.49	2,470,098.31	5,296,093.79
进货费用					
营业税金及附加		566,527.99	596,569.63	768,446.88	821,034.22
二、主营业务利润(亏损以"-"表示)		8,938,524.97	15,398,838.49	11,645,784.80	15,873,627.87
加:其它业务利润(亏损以"-"号表示)	23	1,423,969.75	1,495,860.87	4,979,724.68	5,205,756.53
三、营业利润(亏损以"-"号表示)		10,362,494.72	16,894,699.36	16,625,509.48	21,079,384.40
加:投资收益(损失以"-"号表示)	24	7,790,592.31	1,333,160.91	9,544,974.14	4,883,993.13
补贴收入	25			387,164.92	428,846.92
营业外收入	26	535,526.18	638,039.08	1,136,253.75	1,391,688.88
减:营业外支出	27	340,712.44	348,595.63	528,853.01	543,009.38
加:以前年度损益调整(调减以"-"号表示)	28			49,831.06	49,831.06
四、利润总额(亏损以"-"号表示)		18,347,900.77	18,517,303.72	27,214,880.34	27,290,735.01
减:所得税		2,095,481.99	2,286,539.29	2,687,352.79	2,808,346.41
减:少数股东损益(合并报表填列)(亏损以"-"号表示			-21,654.35		-49,884.29
五、净利润(亏损以"-"号表示)		16,252,418.78	16,252,418.78	24,527,527.55	24,532,272.89
加:年初未分配利润		16,469,507.29	16,469,507.29	30,284,063.25	30,284,063.25
盈余公积转入数					
六、可分配的利润(亏损以"-"号表示)		32,721,926.07	32,721,926.07	54,811,590.80	54,816,336.14
减:提取法定公积金		1,625,241.88	1,625,241.88	2,452,752.76	2,452,752.76
提取法定公益金		812,620.94	812,620.94	1,226,376.38	1,226,376.38
职工奖福基金(合并报表填列,子公司为外商投资企业项目)					
七、可供股东分配的利润(亏扣以"-"号表示)		30,284,063.25	30,284,063.25	51,132,461.66	51,137,207.00
减:已分配优先股股利					
提取任意公积金					
已分配普通股股利					
八、未分配利润(未弥补亏损以"-"号表示)		30,284,063.25	30,284,063.25	51,132,461.66	51,137,207.00

财务状况变动表

编制单位:四砂股份有限公司　　1996 年度　　金额单位:元

流动资金来源和运用	行次	金额(母公司)	金额(合并)	流动资金各项目的变动	行次	金额(母公司)	金额(合并)
一、流动资金来源				一、流动资产本年增加数			
1. 本年净利润(合并报表为合并净利润)	1	24,527,527.55	24,532,272.89	1. 货币资金	31	-19,449,706.90	-20,137,043.52
加:少数股东净利润(合并报表填列)	2		-49,884.29	2. 短期投资	32	2,349,198.87	2,349,198.87
加:不减少流动资金的费用和损失:				3. 应收票据	33	400,000.00	400,000.00
(1)固定资产折旧	3	6,926,903.43	8,401,641.77	4. 应收帐款净额	34	3,086,511.84	-3,828,519.06
(2)无形资产,递延资产及其他资产摊销(减其他负债)	4	256,192.00	320,142.40	5. 预付货款	35	5,146,445.08	5,202,127.98
(3)固定资产盘亏(减盘盈)	5			6. 其他应收款	36	3,904,606.53	1,647,035.82
(4)清理固定资产损失(减损益)	6	130,030.52	73,690.52	7. 待摊费用	37	-21,033.95	-21,617.18
(5)递延税款	7			8. 存货净额	38	-3,494,594.53	6,266,897.98
(6)其他不减少流动资金的费用和损失	8			9. 待处理流动资产净扣失	39		
小计	10	31,840,652.50	33,277,863.29	10. 一年内到期的长期债券投资	40		
2. 其他来源				12. 其他流动资产	41		
(1)固定资产清理收入(减清理费用)	11	121,898.20	391,898.20		42		
(2)增加长期负债	12	-12,536,592.00	-12,529,115.60	流动资产增加净额	45	-8,078,572.96	-8,122,919.11
(3)收回长期投资	13			二、流动负债本年增加数			
(4)对外投资转出固定资产	14			1. 短期借款	46	3,890,528.06	1,690,528.06
(5)对外投资转出无形资产	15			2. 应付票据	47	920,000.00	1,870,000.00
(6)资本净增加额	16	3,688,593.13	3,688,593.13	3. 应付帐款	48	-9,976,361.78	-15,168,791.81

(7)少数股东资本净增加额	16-1		70,841.00	4.预收货款	49	-3,683,337.71	-3,730,900.12
小计	17	-8,726,100.67	-8,377,783.27	5.应付福利费	50	1,167,656.28	1,279,188.06
流动资金来源合计	18	23,114,551.83	24,900,080.02	6.未付股利	51	-1,237,903.46	-1,411,100.16
二、流动资金运用				7.未交税金	52	2,547,524.05	9,677,916.55
1.利润分配				8.其他未交款	53	86,588.52	86,130.27
(1)提取法定公积金	19	2,452,752.76	2,452,752.76	9.其他应付款	54	15,590,714.74	13,291,688.45
(2)提取法定公益金	20	1,226,376.38	1,226,376.38	10.预提费用	55		-66,550.34
(3)提取任意公积金(减盈余公积转入)	21			11.一年内到期的长期负债	56	14,630,000.00	14,630,000.00
(4)已分配股利	22			12.其他流动负债	57		
(5)职工福利基金(合并报表中外商投资子公司)	22-1						
小计	23	3,679,129.14	3,679,129.14				
2.少数股东利润分配(合并报表填列)	23-1		37,988.63				
3.其他运用							
(1)固定资产和在建工程净增加额	24	50,888,016.81	51,303,903.60				
(2)增加无形资产、递延资产及其他资产	25						
(3)偿还长期负债	26						
(4)增加长期投资	27	561,387.54	150,086.72				
小计	28	51,449,404.35	51,453,990.32				
流动资金运用合计	29	55,128,533.49	55,171,108.09				
外币报表折算差额(合并报表填列)	29-1			流动负债增加净额	58	23,935,408.70	22,148,108.96
流动资金增加净额	30	-32,013,981.66	-30,271,028.07	流动资金增加净额	59	-32,013,981.66	-30,271,028.07

四砂股份有限公司一九九七年度中期报告

一、财务报告(未经审计)

1.简化的资产负债表

单位:元

	年初数(母公司)	年初数(合并)	期末数(母公司)	期末数(合并)
资产:				
流动资产	189986580.05	220088550.15	226190384.81	239386144.57
长期投资	20810463.45	10700792.59	19746054.27	11561035.05
固定资产净值	56978671.10	65903901.63	57830733.96	64470178.95
在建工程	70387754.57	70387754.57	78803859.18	78803859.18
固定资产清理	8491.66	8491.66	5791.66	-1656.18
无形资产	12041024	12303160.96	12041024	12286777.36
递延资产				
资产总计	350212984.83	379392651.56	394617847.88	406506338.93
负债及股东权益				
流动负债	139360878.98	166159583.33	167827556.56	177479537.05
长期负债	42988738	43023319.52	42181738	42221635.52
负债合计	182349616.98	209182902.85	210009294.56	219701172.57
少数股东权益		2341635.52		2196613.04
股本	86822000	86822000	112868600	112868600
资本公积	17821224.70	17821224.70	17821224.70	17821224.70
盈余公积	12087681.49	12087681.49	12087681.49	12087681.49
其中:公益金	4029227.17	4029227.17	4029227.17	4029227.17
未分配利润	51132461.66	51137207	41831047.13	41831047.13
股东权益合计	167863367.85	167868113.19	184608553.32	184608553.32
负债及股东权益	350212984.83	379392651.56	394617847.88	406506338.93

2.简化的损益表

单位:元

	上年同期数(母公司)	上年同期数(合并)	1997年1-6月(母公司)	1997年1-6月(合并)
主营业务收入	60413518.27	75008154.76	82880505.81	89252925.31
主营业务利润	4902345.87	6199870.77	10733524.11	10543704.62
其他业务利润	3027672.56	3374018.22	4556970.01	4600021.64
投资收益	2475262.12	526076.96	1773456.05	1875599.28
营业外收支净额	-13509.44	-11171.81	-51247.25	-28712.69
利润总额	10391771.11	10388794.14	17012702.92	16990612.85
减:所得税	872463.26	931571.06	2449481.14	2462123.28
少数股权损益		-62084.77		-34732.21
净利润	9519307.85	9519307.85	14563221.78	14563221.78

3.财务指标

	97年1-6月	上年同期数
(1)每股收益	0.13元	0.11元
(2)净资产收益率	7.89%	6.23%
(3)每股净资产	1.64元	1.76元

注:本期和去年同期每股收益和每股净资产是分别以当期期末公司总股本112868600股和86822000股为基数计算的。

4.财务报表附注

(1)本报告期所采用的会计政策和会计方法与1996年度财务报告所采用的会计政策和会计方法相互一致;

(2)合并报表原则:对公司拥有100%权益的全资附属企业和拥有50%以上权益的控股企业会计报表进行合并。合并时,公司的重大内部交易和资金往来的金额均相互抵销。

(3)纳入合并范围的子公司:(关联企业)

公司名称	注册资金	本公司所有权益(%)	主营业务范围
中国第四砂轮厂	2921700元	77	磨料、磨具、硅
青岛联合公司			碳棒的生产和销售
淄博泰益树脂砂轮有限公司	7400000元	75	生产销售树脂磨具

本公司关联企业之间在本期内不存在关联交易。

(4)货币资金563.24万元,比年初增加120.02%,主要是由于公司加强对资金收支管理,加大货款结算力度所致。

(5)短期投资为0,系公司遵照《严禁国有企业和上市公司炒作股票的规定》,在规定期限内,股票投资已全部收回,无任何违规行为。

(6)应收票据22万元,比年初减少45%,主要由于票据到期正常结算所致。

(7)待摊费用76.99万元,比年初增加64.37%,主要是本期集中购入燃料使待摊费用增加,年内将正常摊销。

(8)应付票据671.60万元,比年初增加259.14%,主要是由于本期内公司以票据方式结算,办理银行承兑汇票增加所致。

(9)应付帐款3688.89万元,比年初增加62.29%,主要是由于集中购入原料使赊购增加所致。

(10)主营业务利润1054.37万元,比去年同期增加62.21%,主要是由于主营收入增加所致。

(11)其他业务利润460万元,比去年同期增加36.34%,主要是贸易收入及其他收入增加所致。

(12)投资收益187.56万元,比去年同期增加2.57倍,主要原因是短期投资收益及联营投资收益增加所致。

(13)财务费用244.72万元,比去年同期减少35.17%,主要原因是由于公司内部实行资金有偿使用使"利息收入"增加及"汇兑损益"增加所致。

二、经营情况的回顾与展望

1. 上半年经营情况的回顾

——1997年上半年,公司主营业务收入8925.29万元,比去年同期增长18.99%;实现利润1699.06恨元,比去年同期增长63.55%;实现净利润1456.32万元,比去年同期增长52.99%。

——全面落实股东大会决议精神。上半年,公司按照"两个转变"的要求,面对日益激烈的市场竞争环境,以提高经济效益为中心,以实现公司价值最大化、给予股东丰厚回报为目标,全面分解落实股东大会决议的1997年发展目标和经营方针,强化主业、稳健经营,面向市场,多元开拓,在规范运作的同时,取得了较好的经济效益和社会效益,实现了经济效益与企业规模同步增长。上半年,公司继续保持了国内磨料同行业经济效益"排头兵"的地位。

——深化运营机制改革,今年以来,根据市场变化和公司发展的迫切需要,在强调公司整体优势、加强公司宏观调控的同时,注重发挥公司员工的积极性,激活公司基层单位。一是对公司运行机制、管理体制做了进一步调整,对主要经营部门充实了力量,"主业精、辅业兴"的运作格局基本形成;二是继续推进"抓大放小"改革举措,在公司内部对创造高额利润的单位实行政策倾斜,健全完善发展机能,对具有发展潜力、目前规模还较小的单位充分放开放活,提高"造血"功能,使其尽快壮大起来;三是以"减人增效"为突破口,加大三项制度改革力度,上半年公司精简各类人员达300余人,占职工总数的10%以上。

——强化市场营销。上半年,针对国内市场竞争更趋激烈,运作资金更为紧张的状况,公司制定并实施了"抓名优、抓清欠、抓出口"的营销策略,一方面采取了战略性限产措施,同时加大名优产品、高附加值产品的生产,努力提高公司经济效益;一方面加大了清理外欠款的力度,上半年回笼货款达12930万元;再一方面全力抓好出口产品,拓展国外销售渠道。上半年出口创汇达627.66万美元,比去年同期提高4.02%。

——加大技术进步力度。上半年,公司在新产品、新工艺的开发、研制、应用以及技术改造方面取得显著成效。SG磨料、CBN砂轮、蜗杆磨齿砂轮、双斜边砂轮以及烧纯刚玉微粉的研制工作已经全面展开,并显示了良好的研制前景;碳制品的开发取得较大进展;11000吨优质白刚玉加工线等被列入山东省"三四三"技改项目的我公司五大重点技改项目已在上半年分别竣工投产或试生产,下半年开始进入投资收获期,被列入国家"双加"项目的涂附磨具项目近期已开工建设。

——从严务实抓管理。上半年,公司在着重完善企业内部机制的同时,狠抓财务管理,把企业管理和财务职能有机结合,从而形成了以资金管理为基础、成本控制为手段、资产保值增值为目的的管理模式。公司强化资金使用的计划性,正确处理收支平衡关系,提高资金的使用效率,已初步建立起了以资金管理为基础的企业管理新体系;公司继续大力推行"倒逼成本法",把各项成本指标逐项分解落实到位、责任到人,基本形成了以成本控制为手段的企业管理新氛围。

2. 下半年业务展望

为确保股东大会决议的公司97年各项方针目标的全面实现,为股东创造了丰厚的回报,下半年公司将着力抓好以下方面:

——稳健经营抓主业,公司将在稳健经营的基础上,突出抓好主营业务。一是以价格、信誉和质量优势提高公司产品的市场占有率和竞争力。抢占"制高点",扩大高(高附加值)、精(精密磨料、精密磨具)、尖(挡住进口的尖端产品)产品的生产;二是强化实施产品营销策略,进一步加大产品促销力度,增加货款回笼,改善财务状况;三是展开对企业形象、产品形象的宣传,使"泰山"品牌日益深入人心,从而使公司主营业务有较大增长。

——强化管理抓成本。一是加强以资金使用为主线的考核体系,确立以盘活存量资产为主体的企业管理新方法;二是围绕"生产服从销售、产品服从质量、一切服从效益"做好企业内部管理工作,理顺内部关系,完善管理体制,加大考核力度;三是深入开展"学邯钢",大力推行"倒逼成本法",实施目标管理,加强成本核算,严格控制成本和费用支出。

——技术进步抓投人。一是进一步转变观念,把科技进步作为转变经济增长方式、形成新的经济增长点的重要途径来抓,重视科技,重用人才,实行重点科研开发项目责任制;二是抓好上半年已竣工投产和试生产的五大重点技改项目的完善收尾工作,使其尽快达产增效;三是抓好SG磨料,CBN砂轮等新产品的研制进度,争取尽快投入市场,增加企业效益;四是抓好涂附磨具新开工项目的实施进度,确保如期投产达产,以形成公司新的经济增长点。

三、重大事件的说明

1. 本公司于1997年6月4日正式通过ISO9001质量体系认证合格证书有效期内第一次监督检查;质量体系持续符合质量保证模式标准GB/T19001-1994 idt ISO 9001:1994的要求。

2. 五大重点项目实施情况。被列入山东省重点技改项目的我公司"三四三"项目已于今年上半年分别竣工投产或试生产,下半年开始进入投资收获期:(1)计算机应用项目。已全面投人运行,我公司成为国内同行业首家运用计算机网络进行系统化管理的企业;(2)陶瓷磨具改造项目。主体工程3150吨专用磨具压机上半年已投入试运行,已由本公司独家生产世界上直径最大(2米)、高效、精密、专用磨具;(3)11000T白刚玉磨料加工线已建成投产,世界上工艺独特、堆积密度最大、质量最佳的的白刚玉产品已批量生产;(4)气流靡项目已建成投产;(5)金属镁项目已建成投产。目前正边生产,边对生产工艺做进一步完善改进。

3. 对照国务院证券委、中国人民银行、国家经贸委5月21日联合发布的《严禁国有企业和上市公司炒股票的规定》,本公司对股票持有情况进行了自查清理。经自查,本公司对持有的上市流通股票已严格按国家有关规定办理,在规定期限内全部出售。本公司郑重保证在以往的股票投资活动中未有违反国家政策法规的行为。本公司今后如果从事股票投资,将严格遵循国家政策法规和本公司《章程》的规定。

4. 本公司在报告期内无重大诉讼、仲裁事项。

四、发行在外股票的变动和股权结构变化

1. 本公司1996年实施10股送3股的分红方案后,国家股、法人股、社会公众股同比例增长。

2. 股权结构情况

单位:万股　　每股面值:1元

	期初数	送股数	期末数
(一)尚未流通股份			
(1)发起人股份	5682.20	1704.66	7386.86

其中；

国家拥有股份	5682.20	1704.66	7386.86
(2)募集法人股	440.00	132.00	572.00
尚未流通股份合计	6122.20	1836.66	7958.86
(二)已流通股份			
(1)境内上市的人民币普通股	2560.00	768.00	3328.00
已流通股份合计	2560.00	768.00	3328.00
(三)股份总数	8682.20	2604.66	11286.86

3. 主要股东持股情况

股东名称	持有股数(股)	持股比例(%)
(1)淄博市国有资产管理局	73868600	65.44
(2)淄博泰利磨具公司	4030000	3.57
(3)深圳天骥投资基金	1690000	1.50
(4)福建兴业	1432028	1.27
(5)福建兴业	1069530	0.95
(6)李会芳	248690	0.22
(7)严玉林	169000	0.15
(8)胡杰	159000	0.14
(9)邱雁南	156000	0.138
(10)雷旭	154200	0.137

五、股东大会简介

四砂股份有限公司第二届第四次股东大会于1997年5月21日在公司下属子公司中国第四砂轮厂青岛联合公司(中国青岛经济技术开发区太行山路21号)举行。出席会议的股东代表股份5993.79万股,占公司总股本的69.03%,符合《公司法》和公司章程规定的比例;公董事、监事、高级管理人员出席了会议。经大会审议批准,表决通过了如下决议:

1. 审议通过1996年度《董事会工作报告》;

2. 审议通过1996年度《监事会工作报告》;

3. 审议通过《1996年度财务决算报告和1997年度财务预算报告》;

4. 审议通过《1996年度利润分配方案》:

1996年度股利分配向全体股东按每10股送3股红股(按每股面值壹元计算),计送出26046600元,尚余可分配利润25090607元转入下一年度;

5. 审议通过修改公司章程的议案;

6. 审议通过改聘会计师事务所的方案。聘请山东省会计师事务所为公司会计事务所;

7. 审议通过改聘法律顾问的方案。聘请山东省济南市众成律师事务所为公司法律顾问。

本次股东大会决议公告和分红公告,于1997年5月22日分别刊登在《上海证券报》、《中国证券报》。

本报告期内公司没有召开临时股东大会。

六、备查文件

1. 载有公司董事长孙致太先生、总经理王笃福先生亲笔签名的公司一九九七年度中期报告原件;

2.《四砂股份有限公司章程》;

3. 公司1996年度股东大会材料;

4. 其他相关文件。

查阅地址:山东省淄博市张店区南定车站街69号本公司董事会秘书处

查询电话:(0533)2980151-7312

传真:(0533)2980888

四砂股份有限公司董事会

一九九七年八月二十日

东方锅炉(集团)股份有限公司

1996 年年度报告摘要　（摘选）

一、公司简况

公司名称：东方锅炉(集团)股份有限公司

法人代表：江仲生　　　邮政编码：643001

公司地址：四川省自贡市五星街黄桷坪路 150 号

电话：0813-2201131-2523/3469　　传真：0813-2203200

二、财务数据和业务数据摘要

指标项目	本年数	上年数	比上年增减(%)
1.主营业务收入(万元)	86257.90	84009.80	2.68
2.净利润(万元)	4287.85	6146.87	－30.24
3.总资产(万元)	149242.39	105335.71	41.68
4.股东权益(万元)	42954.77	38666.92	11.09
5.每股收益(元)	0.203	0.291	－30.24
6.每股净资产(元)	2.033	1.830	11.09
7.净资产收益率(%)	10.00	15.90	－37.11
8.股东权益比率(%)	28.78	36.71	－7.93

注：1. 公司 1996 年 1 月 1 日前执行 15%的所得税率，95 年数按 15%的所得税率计算。96 年 1 月 1 日起执行 33%的所得税率，96 年度数按 33%的所得税率计算。因前后年度口径不一致，致使 96 年度净利润额较 95 年度降低幅度较大。

2. 1996 年度资产负债表中列示的"股东权益合计"数为 370,391,797.37 元，系已按董事会分配预案，将拟用于分配的"未分配利润"59,155,930.68 元调到"未付股利"项目。

三、公司业务回顾

1. 公司经营情况

1996 年度，公司全年实现主营业务收入 86257.90 万元，主营业务利润 6221.38 万元，利润总额 6351.68 万元，净利润 4287.85 万元。公司股票《上市公告书》中披露的 96 年度预测值为主营业务收入 85500.00 万元，主营业务利润 6450.00 万元，利润总额 6220.70 万元，净利润 4241.00 万元，实际分别完成预测值的 100.89%，96.46%，102.11%，101.10%。

● 经营面向市场，成效显著

1996 年公司高度重视市场开拓。全年新签订产品销售合同总金额约达 15 亿元，其中签订 300MW 机组锅炉 10 台，保持了在国内发电设备市场上较高的占有率。到 96 年末，公司尚有未执行的产品合同总额 32 亿元。在外贸项目上，保持了创汇的稳定增长，为伊朗阿拉克电厂 4 台 325MW 机组项目提供锅炉及配套辅机的合同正式生效，这是我国迄今为止最大的电站锅炉出口项目；签订了巴基斯坦契科华 1 台 35t/h 鼓泡床和外商在华投资的中华纸业股份有限公司 2 台 50MW 循环流化床锅炉项目等合同。上述外贸合同创汇总额将达 3000 万美元，在同行业名列前茅。在电站辅机和石化容器方面，签订的 300MW 机组辅机数量创历史最高纪录。同时，还签订了包括中温变换炉、脱硫槽等大型石化设备以及秦山核电厂高压加热器等重大产品合同。

● 开发面向市场，立足长远

1996 年公司加快了对 300MW、600MW"W"型火焰锅炉和 50MW、100MW 循环流化床锅炉等新产品项目的开发和制造工作，"依靠新产品的市场独占价值占领和巩固市场"的竞争战略收到明显效果。阳泉 1 号"W"型火焰锅炉已顺利通过 168 小时试运行，正式移交电厂投运，宁波 1 号循环流化床锅炉顺利通过了水压试验。公司立足二十一世纪长远发展而实施的"跻身核俱乐部、开发核电产品"的战略举措取得突破性进展，与法国法马通公司正式签订的广东岭澳核电厂核岛部分设备的分包合同已经生效。

● 管理面向市场，集约增效

1996 年公司精心组织生产、实施重点突破。全年完成电站锅炉 13 台共计 2072MW；完成电站辅机 1617.81 吨、电站阀门 404 吨。

● 完善质保体系，强化企业管理

完善质保体系，适应用户需求。1996 年，公司按照 ISO9001(94)版的要求，修订了质量手册和程序文件；完成了国家 A 级锅炉制造许可证和美国 ASME 规范(95)版的换证；取得了"民用核承压设备制造许可证"。公司已具备了 ISO9001、ASME 和 RCC-M 三套能有效运行的质保体系。这些都是公司参与国内、国际市场竞争，保持竞争优势的技术基础。严细管理，提高效益。围绕市场，开展价格、成本、效益管理。推行目标成本管理，按部件组织生产、经营。这一系列管理措施的实施，使公司初步形成了生产要素低投入、高产出的运行机制是保持公司竞争优势的经济基础。

2. 公司经营差异分析：

1996 年度公司实现主营业务收入 86257.90 万元，完成预测值的 100.89%，比上年增长 2.68%，这是由于公司在本年度内积极面向市场开展生产经营的结果。1996 年度实现净利润 4287.85 万元，完成预测值的 101.10%，比上年减少 30.24%，这主要是公司 1995 年按 15%所得税率计缴所得税，而从 1996 年起按 33%所得税率计缴所得税，所得税额增加所致。

3. 对前次募集资金运用的说明

公司属历史遗留问题股份制企业，在报告年度内未募集过资金。公司前次募集资金投入的项目已于 1994 年全部完成，未延续到报告年度(公司股票《上市公告书》已对此进行披露)。

四、股本变化及股本结构情况

1. 股本变化及股本结构情况

(1) 截止 1996 年末，公司股本结构如下：

数量单位：股　　　每股面值：1 元

	期初数	配股	送股	公积金转股	其他	小计	期末数
		本次变动增减(＋，－)					
尚未流通股份							
发起人股份							
其中：							
境内法人持有股	157271181						157271181
其它：							
其中：							
未上市社会公众股	54000000				－54000000		
尚未流通股份合计	211271181						157271181
已流通股份							
境内上市的人民币普通股					＋54000000		54000000
已流通股份合计							54000000
股份总数	211271181						211271181

(2) 股份变动原因

公司发行在外的 5400 万元社会公众股于 1996 年 12 月 27 日在上海证券交易所上市交易。

2. 主要股东持股情况(前十名股东)：

名次	股东名称	年初持股数(万股)	占总股本(%)
1	东方锅炉厂	15727.1181	74.440
2	浦春华	51.7100	0.245
3	潘福妹	46.0155	0.218
4	李学千	28.0000	0.133
5	任纪军	27.5000	0.130
6	刘明忠	27.1550	0.128
7	张冰峰	27.0000	0.127
8	许鼓	21.6000	0.102
9	李翊	17.3000	0.082
10	江沛宇	15.0000	0.071

3. 户数

截止于 1996 年 12 月 31 日公司股东总数为 25579 户，其中国有法人股股东 1 户，社会公众股股 25578 户。

宜宾纸业股份有限公司

宜宾纸业股份有限公司1996年年度报告摘要

一、公司简况

股票代码:600793

股票简称:宜宾纸业

公司法定中文名称:宜宾纸业股份有限公司

公司英文名称:YIBIN PAPER INDUSTRY CO.,LTD

公司英文名称缩写:YB PAPER

公司注册地址:四川省宜宾市岷江西路4号

公司办公地址:四川省宜宾市岷江西路4号

邮编:644007

公司法定代表:王立人

公司咨询服务机构:证券部

电话:(0831)3555679或3552931转437

传真:(0831)3551965

联系人(董秘):鹿彪(董事会秘书) 赵锡贵

会计师事务所:四川会计师事务所

二、主要财务数据与财务指标

指标项目	本年数	上年数	比上年增减(%)
1.主营业务收入(万元)	31758.66	28308.24	12.19
2.净利润(万元)	1970.28	2476.25	-20.43
3.总资产(万元)	66519.54	59034.03	12.68
4.股东权益(万元)	18030.12	16059.84	12.27
5.每股收益(元)	0.24	0.31	-22.58
6.每股净资产(元)	2.23	1.98	12.63
7.净资产收益率(%)	10.93	16.70	-34.55
8.股东权益比率(%)	27.10	27.20	-0.37

三、公司业务经营回顾

1.一年来的经营情况

一年来,在各级领导的关心和支持下,在公司全体股东和员工的共同努力下,面对进口新闻纸的冲击、国内新闻纸市场疲软、报社大量使用国外高速印刷机印报等不利因素,公司始终坚持以质量效益为中心,在强化内部管理,狠抓产品质量,开拓市场,加速技术改造上下功夫,取得了较为满意的效果;同时,公司在由公众公司向上市公司的发展中已取得了重大的突破,被列为全国第二批解决的历史遗留问题股票上市推荐企业。公司主营业务收入创历史最好水平,从加拿大引进的5420纸机生产线已投入试生产。

公司目前拥有资产为6.65亿元,为国家大型一级企业,在全国同行业中排行第20名。1996年被四川省人民政府列为现代企业制度试点企业。1996年年末,公司净资产总额为1.80亿元,比上年增加0.20亿元,每股净资产为2.23元。

1996年公司销售新闻纸54211吨,占新闻纸生产量的100%,在西南和西北的市场占有率为90%。完成主营业务收入3.17亿元,比上年增长12.19%;由于受进口新闻纸冲击,实现净利润1970.28万元,比上年减少20.43%。1996年预测主营业务收入3.21亿元,实际完成98.75%;净利润1868万元,实际完成105.48%;每股税后利润0.23元,实际完成104.35%,基本上完成了公司年初提出的预定目标。

2.对以前募集资金的使用情况的说明

公司自1988年5月改制以来,到1993年3月底共计发行股票2580万股,募集资金2580万元,募集资金主要用于公司经批准的几个重大技术改造项目,主要项目为:

(1)从瑞典引进的“3300”二手纸机一台,投入募集资金1500万元,于1991年投入生产,每年可创造经济效益410万元。

(2)改造安装国内最先进的国产碱回收炉一台,投入募集资金800万元,从1992年初开车生产以来,碱回收率比原来提高20%,碱自给率可达90%。

(3)从瑞典引进具有九十年代水平的机浆漂白先进设备一套,投入募集资金330万元。运行以来,效果良好每吨新闻纸可增加收入150-200元,给公司带来良好的经济效益。

四、股本变化及股本结构情况

1.公司股本结构

(1)尚未流通数: 8100万股

	年初数	本次变动数	期末数
其中:国家股	7520万股	2000万股	5520万股
社会公众股	2580万股	……	2580万股
(2)已流通数	0	……0	
(3)股份总数	10100万股	-2000万股	8100万股

(4)截止1996年12月31日,公司股东总数为5727户,其中国家股股东1户,社会公众股股东5726户。

2.本年度股本变动原因:系公司董事会根据1995年3月18日股东大会《关于调整股权、规范国有股权管理的决议》,经报请四川省国资局同意,国家国资局以国资企发(1996)27号方确认国家股为5520万元。

3.主要股东持股情况(前十名股东)

名次	股东名称	年初持股数(万股)	占总股本(%)
1	宜宾地区国有资产管理局	5520	68.15
2	吕性	18	0.22
3	鲜正万	17	0.21
4	杨明怀	17	0.21
5	马友凯	17	0.21
6	陈文军	16	0.20
7	马淑华	16	0.20
8	陈 英	16	0.20
9	廖德泽	16	0.20
10	李小蓉	16	0.20

4.公司董事、监事与高级管理人员持股情况

姓 名	职 务	年初持股数	年末持股数	变动原因
王立人	董事长兼总经理	4500	4500	无
田心和	副董事长兼副总经理	4500	4500	无
张平华	董事兼副总经理	3000	3000	无
阎子骏	董事兼副总经理	4000	4000	无
郑庆宝	董事兼副总经理	4000	4000	无
刘锡炳	董事兼副总经理	4000	4000	无
陈 雄	董事	4000	4000	无
张君兰	董事	2500	2500	无

赵联盟	董事	2400	2400	无
陈礼金	监事会主席	4500	4500	无
计林星	监事	3000	3000	无
胡光南	监事	3000	3000	无
杨为民	监事	2800	2800	无
伍梦祥	监事	3000	3000	无

五、重要事项

1.1996年3月12日,公司第二届董事会召开第五次会议,审议通过了《公司1995年年度财务报告》和《关于对1995年可供分配利润实施滚存的决议》,并决定公司第七次(1995年度)股东大会在上半年适当的时候召开。

2.1996年5月23日,公司第七次(1995年度)股东大会在俱乐部举行,会议审议并通过了《公司董事会工作报告》、《公司监事会工作报告》、《1995年度公司财务工作报告》;作出了《关于对1995年度可供分配利润实施滚存的决议》。

3.1996年11月29日,根据四川省证管办川证办(1996)70号文的通知,我公司被列入省上第二批历史遗留问题股票上市推荐企业。12月7日公司股票上市申报材料上报中国证监会。

4.报告期内无重大诉讼事项。

六、子公司及关联企业

企业名称	注册资金(万元)	主营业务	本公司拥有权益
1 西南造纸联营供销公司	240	纸张销售	9.09
2 宜宾地区交通投资开发公司	5500	交通投资与开发	2.73
3 工行宜宾地区信托投资公司	2250	金融投资	2.40

七、财务报告

1.审计意见

公司财务报告经四川会计师事务所注册会计师罗建平、王辉审计,并出具了无保留意见的审计报告。

2.财务报表

(1)资产负债表(附后)

(2)利润及利润分配表(附后)

(3)财务状况变动表(附后)

3.合并会计报表注释

注释1.重要会计政策

(1)会计制度:本公司执行《股份制试点企业会计制度》。

(2)会计期间和记帐本位币:本公司会计年度为公历每年1月1日至12月31日,以人民币为记帐本位币。

(3)记帐原则及记价基础:本公司核算以权责发生制为基础,各项财产物资除按规定进行资产评估以评估值计价外,均按取得时实际成本计价。

(4)外币折算:本公司各项外币业务发生时,以当月1日的人民币市场汇价折合为记帐本位币,期末按期末人民币市场汇价折合为记帐本位币金额与帐面记帐本位币金额的差额,作为汇兑损益,计入当期损益和按规定计入有关资产项目。

(5)存货:除产成品外所有存货均采用计划成本进行日常核算,设置"原材料成本差异",核算各类原材料实际成本与计划成本的差异。领用和发出存货时,按当月成本差异率计算当月发出存货应分摊的成本差异。低值易耗品采用一次性摊销法核算。

(6)长期投资:投资额占被投资企业资本总额不足20%时以成本法核算,20%至50%时采用权益法核算,50%以上采用权益法并以合并报表方式核算。

(7)坏帐准备:年终按应收帐款的5‰计提坏帐准备并计入当年管理费用。

(8)固定资产及其折旧:除资产评估外,本公司购置的固定资产均按实际成本计价;固定资产分类折旧率计算折旧,扣除5%的残值率,各类固定资产的折旧率如下:

类 别	使用年限	年折旧率(%)
房屋及建筑物	25-40	3.80-2.38
动力设备	18	5.28
传导设备	25	3.80
造纸设备	14	6.78
运输设备	12	7.92
工具器具	10	9.50

(9)土地使用权:自取得使用权日起按50年平均摊销。

(10)主要税项:

a.企业所得税:1996年年度按四川省人民政府办公厅川办函(1996)156号文的复函,所得税按15%执行。

b.流转税:

主要是增值税:

税 种	税 目	税率
增值税	产品销售收入	17%
	其它业务收入	17%

另外,按应纳增值税的7%和3%分别缴城市维护建设税和教育费附加,

c.房产税:以房产原值70%为基础按1.2%的税率计征。

d.其它税项按国家规定计缴。

(11)利润分配:

按《公司法》和本公司章程,税后利润按以下顺序及比例分配

a.提取法定盈余公积金10%

b.提取法定公益金10%

c.股利分配

注释2 会计报表主要项目附注

(1)货币资金 5,761,024.45元

其中:现金 112,668.41

银行现金 5,648,356.04

(2)应收帐款 41,619,684.72元,较上年增长37.71%,主要是由于部分用户销售增加所致。

帐龄分析如下:

帐龄	户数	金额	比例(%)
1年以内	83	37,267,004,58	89.54
1-2年	12	501,623.85	1.21
2-3年	11	1,421,259.59	3.41
3年以上	14	2,429,796.70	5.84
小计	120	41,619,684.72	100.00

应收帐款中无持本公司5%以上股份的主要股东的欠款。

(3)预付货款 10,450,442.28元

帐龄分析如下:

帐龄	户数	金额	比例(%)
1年以内	30	7,110,991.09	68.05
1-2年	19	3,137,805.25	30.03
2-3年	3	98,469.94	0.94
3年以上	1	103,176.00	0.98
小计	53	10,450,442.28	100.00

(4)其它应收款 17,328,146.77元

帐龄分析如下:

帐龄	户数	金额	比例(%)
1年以内	15	12,327,772.46	71.14
1-2年	8	3,276,648.29	18.91
2-3年	3	1,316,968.33	7.60
3年以上	4	406,757.69	2.35
小计	30	17,328,146.77	100.00

(5)存货　94,364,090.57元,比上年增长31.51%。主要系产成品增加所致。其中:

原材料	70,002,474.12
在途材料	2,410,390.77
在产品	1,003,225.65
产成品	20,948,000.03

(6)待摊费用　35,363.35元,比上年减少98.81%。主要是由于经主管税务机关批准将增值税期初进项税金余额2,835,106.93元全部转出抵扣本公司增值税销项税金。其中:

财产保险费	28,177.73
报刊费等	7,185.62

(7)长期投资　3,338,202.00元　其中:

投资项目	投资比例(%)	金额
西南造纸联营供销公司	9.09	220,000.00
宜宾地区交通投资开发公司	2.73	1,501,300.00
工行宜宾地区信托投资公司	2.40	540,902.00
债券投资*		1,076,000.00

*债券投资如下:

债券种类	投资金额	购买日	到期日
电力债券	200,000.00	1987,12	1998.12.31
电力债券	200,000.00	1987,12	1999.12.31
电力债券	200,000.00	1987,12	2000.12.31
电力债券	200,000.00	1987,12	2001.12.31
电力债券	200,000.00	1987,12	2002.12.31
合计	1,000,000.00		

(8)固定资产及累计折旧

固定资产年末余额为392,167,203.51元,比上年增加16,386,467.95元。累计折旧年末余额为94,090,355.88元,比上年增加17,414,760.48元。

(9)在建工程

年末余额185,140,248.16元。

其中5270纸机工程工程169,169,535.81元,系四川省经委川经(1992)技改669号文批准项目,该项目中包括利息支出11,384,086.67元。

工程项目	金额
热电站扩建	9,091,705.62
成品仓库	5,583,649.05
机浆筛选工程	783,901.44
5270纸机工程	169,169,535.81
其他零星项目	2,511,456.24

(10)无形资产

公司的土地使用权年末余额9,289,495.23元。

(11)短期借款

年末余额为122,880,000.00元。

(12)应付票据

年末余额为17,431,780.48元。

(13)应付帐款

年末余额为17,070,083.64元,计60户,余额较大的单位有(100万元以上):

天原化工股份有限公司	1,471,942.04
岷江木材调运处	1,125,193.86
宜宾地区供电局江北分局	2,009,641.69
泸州市木材调运处	1,200,594.85
宜宾劲松制浆有限公司	5,327,553.14

(14)预收货款

年末余额为667,927.74元,计12户,主要是本公司预收的纸张款。

(15)未付股利

年末余额为4,837,154.51元。主要为尚未支付的应付国家股和个人股股利。比上年减少1,618,748.16元,系根据有关部门文件弥补非生产性单位支出。

(16)未交税金

年末余额为11,802,908.24元。

(17)其他未交款

年末余额为4,209,176.85元。

(18)其他应付款

年末余额为41,120,029.11元。

(19)预提费用

年末余额为1,656,623.82元。

(20)长期借款

年末余额为164,886,568.45元。

(21)应付债券

年末余额为2,050.00元

(22)长期应付款

年末余额为43,160,000.00元,系经四川省经委川经(1994)技改211号文批准为本公司进口纸机项目的报社集资款。

(23)其他长期负债

年末余额为3,851,749.69元,均为住房周转金。

(24)主营业务收入

年末余额为317,586,588.85元,其中新闻纸收入113,948,701.24元和胶印新闻纸收入166,119,634.04元。

(25)财务费用

年末余额为33,427,443.84元,其中利息支出33,356,268.82元。

(26)其它业务利润

年末余额为-743,875.57元,其中代办运输利润-879,862.93元。

(27)投资收益

年末余额为346,947.80元。

(28)利润分配

年末未分配利润为46,007,221.21元

4.期后事项说明

本公司于1996年11月向国营五粮液酒厂借款1,600万元于1997年1月1日归还。

八、其他事项

1997年4月15日,公司召开第二届董事会第七次会议,会议根据四川会计师事务所的审计报告和经营情况,提出了1996年的分配预案,即1996年度净利润为19,702,808.61元,按10%提取法定公积金1,970,280.86元和按10%提取法定公益金1,970,280.86元后,加上1994、1995两年的利润滚存,实有未分配利润46,007,221.21元。董事会决定向全体股东按每10股送3股的比例派送红股,派出资金24,300,000.00元,剩余21,707,221,21元未分配利润结转下年度分配,此分红预案需提请下次股东大会通过,并报主管机关批准后实施。

宜宾纸业股份有限公司董事会

一九九七年四月十五日

资产负债表

编制单位： 宜宾纸业股份有限公司 1996年12月31日 单位:人民币元

资产	附注	年初数	年末数	负债及股东权益	附注	年初数	年末数
流动资产：				流动负债：			
货币资金	1	4299951.23	5761024.45	短期借款	41	82150000.00	122880000.00
短期投资	2			应付票据	42		17431780.48
应收票据	3			应付帐款	43	19269923.83	17070083.64
应收帐款	4	30221797.02	41619684.72	预收货款	44	488053.92	667927.74
减:坏帐准备	5	151108.99	208098.42	应付福利费	45	929390.33	1781812.86
应收帐款净额		30070688.03	41411586.30	未付股利	46	6455902.67	4837154.51
预付货款	7	12521828.46	10450442.28	未交税金	47	5535231.17	11802908.24
其他应收款	8	15247045.29	17328146.77	其他未交款	48	3797295.44	4209176.85
待摊费用	9	2980607.15	35363.35	其他应付款	49	19794098.78	41120029.11
存货	10	71752577.14	94364090.57	预提费用	50	2331415.17	1656623.82
待处理流动资产净损失	11			一年内到期的长期负债	51		49536400.00
一年内到期的长期债券投资	12			其他流动负债	52		
其他流动资产	13						
流动资产全计	15	136872697.30	169350653.72	流动负债合计	55	140751311.31	272993897.25
长期投资				长期负债：			
长期投资	16	3931618.20	3338202.00	长期借款	56	241060515.67	164886568.45
固定资产：				应付债券	57	11050.00	2050.00
固定资产原价	17	375780740.56	392167208.51	长期应付款	58	43800000.00	43160000.00
减：累计折旧	18	76948595.40	94090355.88				
固定资产净值	19	298832145.16	298076852.63	其他长期负债	60	4119094.75	3851749.69
在建工程	20	141213197.68	185140248.16	长期负债合计	65	288990660.42	211900368.14
固定资产清理	21			递延税项：			
待处理固定资产净损失	22			递延税款贷项	66		
固定资产合计	23	440045342.84	483217100.79	负债合计	67	429741971.73	484894265.39
无形资产及递延资产：				少数股东权益			
无形资产	24	9490691.05	9289495.15	股东权益			
递延资产	25			股本	68	81000000.00	81000000.00
无形及递延资产合计	30	9490691.05	9289495.15	资本公积	69	12876776.98	12876776.98
其他长期资产：				盈余公积	70	36476626.36	40417188.08
其他长期资产	31			其中:公益金	71	4818932.06	6789212.92
递延税项：				未分配利润	72	30244974.32	46007221.21
递延税款借项	32			股东权益合计	79	160598377.66	180301186.27
资产总计	40	590340349.39	665195451.66	负债及股东权益总计	80	590340349.39	665195451.66

利润及利润分配表

编制单位:宜宾纸业股份有限公司 1996年度 单位:人民币元

项目	附注	本年实际	上年实际
一、主营业务收入	1	317586588.85	283082400.22
减:营业成本	2	236617565.70	224182703.14
销售费用	3	446570.49	563715.10
管理费用	4	13644904.50	11760512.86
财务费用	5	33427443.84	9695839.65
进货费用	6		
营业税金及附加	7	2065375.82	1884226.36
二、主营业务利润	8	31386728.50	34990403.11
加:其他业务利润	9	−743875.57	−275552.03
三、营业利润	10	30640852.93	34714851.08
加:投资收益	11	346947.80	124597.00
营业外收入	12	57846.07	33004.57
减:营业外支出	13	7905520.03	5740121.40
加:以前年度损益调整	14		
四、利润总额	15	23140126.77	29132331.25
减:所得税	16	3437318.16	4369849.69

项　　目	附注	本年实际	上年实际
减:少数股东损益	17		
五、净利润	18	19702808.61	24762481.56
加:年初未分配利润	19	30244974.32	10434989.08
盈余公积转入数	20		
六、可分配的利润	21	49947782.93	35197470.64
减:提取法定公积金	22	1970280.86	2476248.16
提取法定公益金	23	1970280.86	2476248.16
职工奖金福利	24		
七、可供股东分配的利润	25	46007221.21	30244974.32
减:已分配优先股股利	26		
提取任意公积金	27		
已分配普通股股利	28		
八、未分配利润	29	46007221.21	30244974.32

财务状况变动表

编制单位:宜宾纸业股份有限公司　　1996 年度　　单位:人民币元

流动资金来源和运用	行次	金额	流动资金各项目的变动	行次	金额
一、流动资金来源			一、流动资金本年增加数		
1. 本年净利润	1	19702808.61	1. 货币资金	31	1461073.22
加:不减少流动资金的费用和损失:	2				
(1)少数股东本期损益	3		2. 短期投资	32	
(2)固定资产折旧	4	17141760.48	3. 应收票据	33	
(3)无形资产递延资产及其它资产摊销(减其它负债转销)	5	201195.90	4. 应收帐款净额	34	11340898.27
(4)固定资产盘亏(减盘盈)	6		5. 预付货款	35	−2071386.18
(5)清理固定资产损失(减收益)	7		6. 其他应收款	36	2081101.48
(6)其他不减少流动资金的费用和损失	8		7. 待摊费用	37	−2945243.80
小计	9	37045764.99	8. 存货	38	22611513.43
2. 其他来源:			9. 待处理流动资产净损失	39	
(1)固定资产清理收入(减清理费用)	10	3650.00	10. 一年内到期的长期债券投资	40	
(2)增加长期负债	11	6623689.47	11. 其他流动资产	41	
(3)收回长期投资	12	593416.20			
(4)对外投资转出固定资产	13		流动资产增加净额	43	32477956.42
(5)对外投资转出无形资产	14		二、流动负债本年增加数:		
(6)资本净增加额	15	3940561.72	1. 短期借款	44	40730000.00
小计		11161417.39	2. 应付票据		17431780.48
流动资金来源合计	17	48207182.38	3. 应付帐款	46	−2199840.19
二、流动资金运用:			4. 预收货款	47	179873.82
1. 利润分配:			5. 应付福利费	48	852422.53
(1)提取法定公积金	18	1970280.86	6. 未付股利	49	−1618748.16
(2)提取法定公益金	19	1970280.86	7. 未交税金	50	6267677.07
(3)提取任意公积金	20		8. 其他未交款	51	411881.41
(4)已分配股利	21		9. 其他应付款	52	21325930.33
(5)职工奖福基金(合并报表中外商投资子公司项目)	22			53	
小计	23	3940561.72	10. 预提费用	54	−674791.35
2. 少数股东利润分配(合并报表填列)					
3. 其他运用:			11. 一年内到期的长期负债	55	49536400.00
(1)固定资产和在建工程净增加额	24	60317168.43	12. 其他流动负债	56	
(2)增加无形资产递延资产及其他资产	25				
(3)偿还长期负债	26	83714081.75			
(4)增加长期投资	27				
小计	28	144031250.18			
流动资金运用合计	29	147971811.90	流动负债增加净额	57	132242585.94
流动资金增加净额	30	99764629.52	流动资金增加净额	58	−99764629.52

宜宾纸业股份有限公司1997年度中期报告

一、财务报告(未经审计)

(一)财务报表

1. 简化的资产负债表　　单位:元

	1997年6月30日	1996年12月31日
资产		
流动资产	195585276.23	185742435.74
长期投资	2838202.00	3338202.00
固定资产净值	352849134.94	298076852.63
固定资产清理	-3400.00	
在建工程	153205169.31	185140248.16
无形资产及递延资产	9205357.80	989495.15
其它长期资产		
资产总计	713679740.10	681587233.68
负债及股东权益		
流动负债	270728280.22	239849279.27
长期负债	260430201.76	261436768.14
负债合计	531158481.98	501286047.41
股东权益		
股本	105300000.00	81000000.00
资本公积	12876776.98	12876776.98
盈余公积	40417118.08	40417188.08
其中:公益金	6789212.92	6789212.92
未分配利润	23927293.06	46007221.21
股东权益合计	182521258.12	180301186.27
负债及股东权益合计	713679740.10	681587233.68

2. 简化的损益表　　单位:元

项目	1997年1—6月	上年同期数
主营业务收入	121440214.72	156396222.84
主营业务利润	5931483.17	10678303.98
其它业务利润	-8456.46	-36225.15
投资收益	61200.00	377165.80
营业外收支净额	-3372377.48	-3986914.56
利润总额	2611849.23	7032330.07
所得税	891777.38	1054859.51
净利润	2220071.85	5977480.56

(二)其它财务指标(摊薄)　　单位:元

	1997年1—6月	1996年1—6月
每股收益	0.021	0.074
净资产收益率	1.216%	3.315%
每股净资产	1.733	2.438

*注:本年度指标按股本10530万计算;去年同期指标按股本8100万计算。

(三)财务报表附注

1. 本期财务报告与1996年财务报告相比,会计政策与会计方法没有发生变化。

2. 应收帐款63296500.39元,较年初增长52%,主要系在途资金增加22%以及用户推迟支付货款所致,并无持股5%以上的股东欠款。

帐龄	户数	金额	比例(%)
一年以内	128	55954346.64	88.40
1—2年	14	2143137.22	3.39
2—3年	17	1934235.63	3.01
三年以上	30	3259780.90	5.20

3. 其他应收款15454602.10元,无持股5%以上的股东欠款。

帐龄	户数	金额	比例(%)
一年以内	10	6870383621	44.46
1—2年	21	6949270.04	45.00
2—3年	6	1259998.10	8.15
三年以上	3	374950.75	2.39

4. 待摊费用655966.30元,比年初增长1.755%,主要系待扣税金增加762570.25元所致。

5. 长期投资2838202.00元,比年初减少500000.00元,主要系公司对宜宾地区信托投资公司收回投资500000.00元。

6. 应付帐款51786807.65元,比年初增长51.15%。主要系增加采购浆板、木材等原料所致。

7. 未交税金17510258.23元,比年初增长48.36%。主要系增值税和城建税增加。

8. 预提费用7055008.61元,较年初增长325.87%。主要系大修基金和利息支出增加。

9. 股本10530万股,比年初增加30%。系根据公司1996年股东大会关于1996年度利润分配的决议和川证办〈1997〉119号文批复确认。

10. 公司资本公积金、盈余公积金期初、期末无变化,未分配利润由于实施1996年度分配方案,支出24300000.00元,加之1997年1—6月净利润,未分配利润为23927293.06元。

11. 本公司报告期内无关联企业及关联交易。

二、经营情况回顾与展望

1. 上半年经营情况回顾

1997年是公司股票公开上市的一年,也是公司面临国外进口新闻纸低价倾销冲击国内市场的一年。1996下半年开始国际市场新闻纸过剩,国外各大厂商从低于欧美市场价向中国低价倾销过剩的新闻纸,给国内的新闻纸业带来严重后果。1997年开始市场极度疲软,面对这样的形势,公司对外抓调整销售策略、稳固市场份额,对内调整产品结构、提高产品质量、扩大市场占有率、抓好企业内部管理、继续深入开展目标成本管理。经过公司全体员工的共同努力,1997年1—6月完成机制纸产量28188吨,实现销售收入121440214.72元,实现利润2611849.23元,税后利润2220071.85元。今年上半年公司在进口新闻纸大量涌入国内市场、原料价格上涨以及新闻纸销售市场极为疲软的情况下,主要采取了以下措施:

①调整产品售价,稳固市场份额。今年1—6月,国外新闻纸进口29万吨,加上去年进口新闻纸在各报社的储备,使国内新闻纸市场需求量约30%的市场份额被国外新闻纸厂商的低价倾销所占据。公司为稳固市场份额,以调整产品销售价格、提高产品质量、抓好售后服务等多方面措施,积极参与市场竞争,虽然公司上半年的销售收入、利润有所下降,但在社会塑造了良好的产品形象。

②以销定产,积极调整新产品结构。为适应市场变化,公司采取以销定产,努力提高产品档次、质量的方针。在产品结构上,公司减少普通新闻纸、包装纸产量,增加受市场欢迎的胶印新闻纸生产的份额。公司采取限产压库、部分纸机进行大修改造,为调整产品结构作好准备。

③认真学习"邯钢"经验,深化目标成本管理。针对今年公司主要原料马尾松及其它辅材料、电力价格上涨等因素,公司狠抓车间一级的成本管理,重点对产品质量和生产成本进行考核。

④争取政府加强宏观调控,规范进口,得到国家经贸委、计委及国务院主管部门的重视,并采取了力度较大的措施。

⑤国内主要新闻纸厂家联合行动,通过法律手段,组织上诉"反倾销案"。

2. 下半年工作重点及措施

①加强生产管理,坚持以科技为龙头,抓好5420mm造纸生产线胶印

新闻纸的均衡生产,提高优质纸的产量,抓好市场。深化"学邯钢,降成本"活动,加大经济责任制考核力度,加强设备管理,协调各道生产经营环节,增产降耗,提高产品的市场竞争力。

②加快新产品的组织生产工作,进一步调整产品结构,按市场需求组织好生产,争取好的效益。

③转变营销机制,抓好产品销售和售后服务,以良好的产品质量和优质的售后服务稳固、开拓市场。

④进一步深化企业内部改革,以劳动用工、劳动工资、干部人事制度改革为突破口,精干主体,分离辅助,增强激励约束机制,进一步调动广大员工的积极性。

三、重大事件说明

1. 经中国证券监督管理委员会批准,公司2580万股流通股于1997年2月20日在上海证券交易所挂牌上市。

2. 1997年3月,公司被四川省人民政府列入四川省着力培育扶持的37户扩张型企业之一。

3. 公司于1997年5月21日在《上海证券报》上刊登1996年度股东大会决议公告:1996年分配方案为向全体股东每10股送3股红股,该方案于6月26日实施,公司总股本增至10530万股。

4. 根据国务院证券委、中国人民银行、国家经贸委5月21日联合颁发的《严禁国有企业和上市公司炒作股票的规定》精神,公司进行了认真的清理自查,本公司无炒作股票行为。

5. 本公司1997年中期不分红。

6. 报告期内公司无重大诉讼、仲裁事项。

四、发行在外股票的变动和股权结构变化

1. 公司1996年度股东大会通过的1996年度以每10股送3股的分红方案,于1997年6月26日登记。公司总股本从8100万股增至10530万股,其中流通股份由2580万股增至3354万股。

2. 股权结构情况(单位:股,每股面值:1.00元人民币)

	1997年6月30日	比率(%)
(一)尚未流通股份		
发起人股份	71760000	68.15
小计	71760000	68.15
(二)已流通股份		
人民币普通股票	33540000	31.85
(三)股份总数	105300000	100.00

3. 前十名股东持股情况(截止6月30日)

股东名称	持有股数(股)	持股比例(%)
(1)宜宾市国有资产管理局	71760000	68.15
(2)东方服出	260000	0.25
(3)徐念	165635	0.16
(4)程金辉	143000	0.14
(5)恒丰集团	143000	0.14
(6)徐滨生	97500	0.09
(7)蔡先新	95744	0.09
(8)罗照付	91000	0.08
(9)郭元先	84500	0.08
(10)陈光莹	84500	0.08

五、股东大会简介

公司第八次股东大会于1997年5月21日在公司本部招待所2号会议室召开,出席会议的股东52人,代表股权5534.835万股,占公司股本总数8100万股的68.33%,符合《公司法》及《公司章程》规定的比例。经大会审议批准,表决通过了如下决议:

1. 审议通过了《公司董事会工作报告》;

2. 审议通过了《公司监事会工作报告》;

3. 审议通过了《公司1996年度财务决算报告及1997年财务预算报告》;

4. 审议通过了《公司1996年度利润分配方案》;

公司1996年度实现净利润19702808.61元,按10%提取法定公积金1970280.86元,按10%提取法定公益金1970280.86元,年末可供股东分配利润46007221.21元,决定按年末总股本8100万股为基数,向全体股东以每10股送3股,红股总数为2430万股。尚余利润21707221.21元转入下年度分配。

5. 审议通过了关于修改《公司章程》的议案;

6. 根据董事会提名,增补宫龙云先生为公司董事;聘任鹿彪先生为董事会秘书;同意聘任四川会计师事务所为本公司财务审计机构,聘期一年。

六、备查文件

1. 载有公司董事长兼总经理王立人先生亲笔签名的1997年度中期报原件;

2. 公司1996年度股东大会文件资料;

3. 公司1997年1—6月财务报告原件;

4. 公司1996年度报告原本。

宜宾纸业股份有限公司

一九九七年八二十日

云南大理造纸股份有限公司

云南大理造纸股份有限公司简介

云南大理造纸股份有限公司地处被誉为"文献名邦"、"高原明珠"、"东方瑞士"的大理市。这里曾是唐"南诏国",宋"大理国"的都城,是国务院首批公布的二十四个历史文化名城和国家级四十四个风景名胜区之一。

公司前身云南大理造纸厂1966年开始筹建,1972年建成投产,是六十年代国家轻工部定点生产纸袋纸的全国十家企业之一。公司经云南省体改委批准,由云南大理造纸厂独家发起,采取定向募集的股份有限公司组织形式成立。1996年,经云南省人民政府推荐,公司由定向募集公司改为社会募集公司,并经中国证券监督管理委员会批准,1997年3月6日在上海证券交易所挂牌上市。

公司发起人建成投产初期,只有一条年产8500吨机制纸的生产线,1988年,自筹资金2000万元,增加了日产40吨强韧箱纸板的第二条生产线,1990年产品投放市场后,为了适应云南省卷烟和烤烟发展的包装需求,1992年投资1000万元,增加了日产40吨瓦楞原纸的第三条生产线,使生产能力达到了36000吨。1993年对第二造纸车间投资1700万元,改进箱纸板流水线。在八十年代初,还建成了日处理40吨浆黑液碱回收系统,年回收活性碱3500吨。经过二十多年的填平补齐和技改扩建使浆、碱、纸生产能力和水、电、汽配套设备实现平衡,全厂设备利用率提高,实现稳定高产,经济效益逐年增加,成为云南造纸行业的重点骨干企业,规模和效益在省内同行业中名列榜首。

公司发起1988年被评为省级先进企业,1989年晋升为国家二级企业,1992年被国家批准为"大型二档企业",1992年、1993年连续两年被国务院经济技术发展研究中心和国家统计局按利税排列为"中国500家最大工业企业"和"中国行业100强"。本公司产品主要为云南省卷烟包装、水泥包装配套。80g/m卷筒纸袋纸在1990年被评为省优产品;320g/m强韧箱纸板在1995年中国昆明科技成果及新技术新产品展览交易会上荣获银奖;牛皮卡纸被评为1995年至1996年"中国王牌产品";1997年1月17日被国家对外经济合作部批准为自营进出口权的生产企业。

本公司位于大理白族自治州州府大理市北郊,北距大理古城9公里。大理市是著名历史文化名城,滇西的政治、经济、文化中心,地处滇藏公路和滇缅公路交汇点,是滇西八地州的物资集散地和主要市场。大理市通讯设备齐备,交通便利。大理机场已于1995年底通航运营,广大铁路正在兴建,楚大高等级公路预计1998年通车。大理州具有丰富的木材和水电资源。

公司经营范围:主营机制纸及纸板系列产品制造、销售;纸制品制造、销售;纸浆生产、销售;机制纸新产品开发及销售;造纸技术开发及销售;造纸技术开发、应用及咨询服务。

主要产品:1.纸袋纸:年生产能力为14000吨,产品技术质量执行GB7968-87标准,主要用于水泥、化肥、农药等工业包装,产品畅销省内外。2.箱纸板:年生产能力为12000吨,产品质量执行协商标准,主要用于制作甲级卷烟和高档家电等包装箱。该产品主要为云南省卷烟包装配套服务。此外,该产品还畅销四川、贵州、湖南,并在省内市场部分取代了同类进口纸;3.牛皮卡纸:年生产能力为6000吨,产品质量执行协商标准,主要用于制作高档包装箱。该产品从七十年代起就销往香港,是本省出口创汇产品之一,玉溪卷烟厂和昆明卷烟厂将其作为包装复烤烟叶专用纸。4.瓦楞原纸:年产4000吨,产品质量执行GB13029-91标准,主要用于制作瓦楞纸板和各种包装箱。该产品各项指标达到国家A级水平,已被用户作为替代同类进口纸使用。

资源优势:大理地区林木、水、电资源十分丰富,森林覆盖率达32%,活立林木储量达6700多万立方米,其中用材林储量达4600多万立方米。全州种植蓝桉工程林60万亩,逐年进入采伐期,此外滇西北地区及其它州县还蕴藏大量的森林资源可供利用。洱海湖面积达250平方公里,储水量30多亿立方米,水质优良,为发展造纸提供了可靠的资源条件。本地区西洱河四级电站及漫湾电站可为公司发展提供充足的电力。

云南大理造纸股份有限公司股票上市公告书

一、绪言

本公司股票发行经中国证券监督管理委员会证监发字(1997)第29号文及30号文复审通过,股票上市申请经上海证券交易所上证上字(1997)第009号文审核批准,于1997年3月6日(星期四)在上海证券交易所挂牌交易。

本次上市流通股本1750万股(含本次新发行的1578万股和原定向募集的内部职工股172万股)。发行人董事会已批准该上市公告书,确信其中不存在任何重大遗漏或者误导,并对其真实性、准确性和完整性负个别及连带责任。上市公告书中的内容由本公司董事会负责解释。

二、公司概况

(一)、概况

1.公司法定名称:云南大理造纸股份有限公司

英文名称:YUNNAN DALI PAPER MANUFACTURING CO.,LTD.

英文缩写:YDPM

2.公司注册地址:中国云南省大理市下关北郊

邮政编码:671000

3.公司法定代表人:李畅根

4.经营范围:

机制纸及纸板系列产品制造、销售;纸制品制造销售;纸浆生产、销售;塔尔油销售;机制纸新产品开发及销售;造纸技术开发、应用及咨询服务。

5.公司董事、监事和高级管理人员持股情况

姓名	职务	持股数(股)
李畅根	董事长	6700
董银	董事	5500
朱文元	董事	5500
张保振	董事	5500
杨阿定	董事	5500
普学明	董事	0
郭铁	董事	0
杨鳌	监事会主席	3450
刘世民	监事	0
张志	监事	3450

李绍义	监事	3450
刘有斌	监事	3450
穆可为	财务部经理	3240

公司董事、监事及高级管理人员共持有公司股份45740股,占总股份的0.08%,其持有股份按《公司法》规定在任职期间不得转让。

6.公司其他情况

91)所属行业为轻工行业

(2)企业类型:工业类

公司成立日期:1994年6月18日

营业执照编号:29198902—2并于1997年2月28日变更登记。

(3)公司注册资金:5608万元

(4)公司在册职工人数1171人。

(5)公司面积:本公司占地115821.7平方米。

(6)公司咨询服务

咨询电话:(0872)2124214、2125964

股东接待日期:每月10日的工作时间(节假日顺延)

股东接待和公司文件资料索阅地点:本公司证券投资部

(二)公司历史沿革

本公司前身云南大理造纸厂筹建于1996年,当时被列为国家轻工部定点生产纸袋纸的全国十家企业之一。经过二十余年的创业历程,企业在生产、经营、效益等方面获得了稳定的增长。1988年被评为省级先进企业,1989年晋升为国家二级企业,1992年被批准为国家大型二档企业,1992年、1993年连续两年被国家经济技术中心和国家统计局按利税授予"中国500家最大工业企业"、"中国行业百强企业"之称号,成为云南省造纸行业的重点骨干企业,规模和效益在省内同行业中名列榜首。

1994年6月,根据云体改生复(1993)39号文批准,由云南大理造纸厂独家发起,通过定向募集方式成立了云南大理造纸股份有限公司。

(三)公司与主要股东的关系

云南大理造纸厂作为本公司的发起人股东,依照公司章程参加股东大会,行使相应权利,承担相应的责任和义务。该厂无附属公司及全资控股子公司与本公司构成同业竞争,并已作出将不会从事对本公司产品生产和销售构成竞争的业务或活动的承诺。

三、股票发行及承销

(一)、发行

1.股票种类:人民币普通股

2.股票面值:每股人民币1元

3.股票发行价格:每股3.75元人民币

4.本次新股发行日期:1997年2月19日至1997年2月24日共6天。

5.本次股票发行方式:本次股票发行采用"全额预缴款、摇号抽签、余款转存"的方式向社会公众公开发行1578万股新股。

6.股东户数:3793户,其中持有社会公众股1000股以上(含1000股)的股东3736户。

(二).承销

1.股票发行承销机构:

主承销商:云南证券有限责任公司

副主承销商:大鹏证券有限责任公司

分销商:昆明国际信托投资公司

2.本次股票发行申购情况:申购总量为67892.6万股,中签率为2.3242%。

3.股票托管登记机构:上海证券中央登记结算公司

4.股票名称:大理造纸

5.股票代码:600794

四、股本结构及主要股东持股情况

1.股本形成过程

根据云南省体改委云体改生复(1993)39号文批准,本公司由云南大理造纸厂独家发起,以定向募集方式设立,将评估确认后的云南大理造纸厂经营性资产净值2800万元按1:1的比例折为2800万股国家股,以每股1元的价格定向募集法人股800万股、内部职工股430万股,形成总股本4030万股。

1996年11月云南省计委、云南省证券委以云计财会(96)915号文下达了本公司1750万元(按股票每股面值人民币1元计算)A股发行额度。

本公司1997年2月19日至1997年2月24日向社会公众公开发行1578万股新股,另原内部职工股按10:4比例即172万股占额度上市。此次发行后公司总股本为5608万股。

扣除发行费用,本公司共募集资金56,176,800.00元人民币已全部到位,并经云南会计师事务所(97)云会验字第7号验资报告确认。

股本形成过程表(单位:万元)

项目	国家股	法人股	内部职工股	社会公众股	合计
公司成立时股本	2800	800	430	—	4030
占总股本比例	69.48%	19.85%	10.67%	—	100%
本次上市后股本	2800	800	258	1750	5608
占总股本比例	49.93%	14.26%	4.60%	31.21%	100%

2.股本结构

本次新发A股及公司部分内部职工股上市后的股本结构如下:

股本类别	持股数(万股)	占总股本的比例(%)
(1)尚未流通股份		
国家股	2800	49.93
法人股	800	14.26
内部职工股	258	4.60
(2)可流通股份		
社会公众股	1750	31.21

3.主要股东(前十名)持股情况

名称	数量(万股)	持股比例(%)
云南大理造纸厂	2800	49.93
云南大理卷烟厂	400	7.13
昆明水泥股份有限公司	400	7.13
云南英茂有限公司	6.7	0.119
厦门龙利房产有限公司	6.7	0.119
昆明汉威科技有限公司	6.7	0.119
昆明宝恒典当第七门市	6.7	0.119
云南马龙化工建材公司磷化工厂	6.7	0.119
昆明华创实业开发公司	6.6	0.118
昆明东菊加油站	6.6	0.118

五、公司财务状况

(一)验资报告(摘要)

1.验证报告　　(97)云会验字第8号

云南证券有限责任公司:

我们接受委托,对云南大理造纸股份有限公司于1997年2月19日9点至1997年2月21日16点30分发行的社会公众股的申购股数及金额进行了审验。

经过验证,我们确认,截至1997年2月21日,本次云南大理造纸股份有限公司向社会公众公开发行股票的有效申购总数为67,765.4万股,申购金额为260,896.79万元。

云南会计师事务所

中国注册会计师:王解妹　李红斌

1997年2月22日

2.验资报告　　(97)云会验字第7号

云南大理造纸股份有限公司:

我们接受委托,对贵公司向社会公众股东实际募集的股款的真实性和合法性进行了审验。在审验过程中,我们按照《独立审计实务公告第1号—验资》的要求,实施了必要的审验程序。

根据我们的审验,截至1997年2月27日止,贵公司已收到社会公众股款总额56,176,800.00元人民币,其中股本15,780,000.00元,资本公积40,396,800.00元。与上述投入资本相关的资产总额为56,176,800.00元,全部为货币资金投入。

至此,贵公司的累计股本金为56,080,000.00元人民币,资本公积为49,832,929.45元人民币(评估增值9,436,129.45+本次股票发行溢价部分40,396,800.00)。

云南会计师事务所　中国注册会计师:王解姝　李红斌

1997年2月28日

(二)财务审计报告(摘要)　　(96)云会审字第218号

我所接受委托,审计了贵公司1994年12月31日、1995年12月31日、1996年9月30日的资产负债表及1993年度、1994年度、1995年度、1996年1—9月利润及利润分配表和1996年度财务状况变动表。这些会计报表由贵公司负责,我们的责任是对这些会计报表发表审计意见。我们的审计是依据《中国注册会计师独立审计准则》进行的。在审计过程中,我们结合贵公司实际情况,实施了包括抽查会计记录等我们认为必要的审计程序。

我们认为,上述会计报表符合《企业会计准则》和《股份制试点企业会计制度》的有关规定,在所有重大方面公允地反映了贵公司1994年12月31日、1995年12月31日和1996年9月30日的财务状况及1993年度、1994年度、1995年度、1996年1-9月份的经营成果和1995年度的资金变动情况,会计处理方法的选用遵循了一贯性原则。

云南会计师事务所

中国注册会计师:王解姝　李红斌

一九九六年十一月二十一日

(三)财务报表附注(摘要)

1.主要会计政策

(1)会计年度

采用公历制,自每年1月1日起至12月31日止。

(2)记帐本位币

以人民币为记帐本位币。

(3)计帐原则和计价基础

按权责发生制原则进行会计核算,以历史成本为计价基础。

(4)坏帐准备

采用备抵法,按年末应收帐款余额的5‰提取坏帐,并计入当期损益。

(5)存货计价方法

存货的日常核算按实际成本计价,发出和领用存货(除低值易耗品外),按加权平均法核算,低值易耗品领用采用一次摊销法。

(6)长期投资

1996年9月30日期末余额541,952.20元。其中债券投资370,961元;联营投资100,000.00元;应计利息70991.20元。

(7)固定资产及其折旧

固定资产按实际成本计价。折旧采用平均年限法计算,并根据各类固定资产的原价,使用年限和预计残值(原价的3%)确定分类折旧率。

类别	年折旧率(%)	折旧年限(年)
机器设备类	5.68%	14—28
房屋建筑类	3.76%	15—45

(8)税项

a.增值税:按应纳增值税销售收入的17%计算销项税,抵扣进项税后的余额缴纳。

b.城市维护建设税和教育费附加:分别按应交增值税额的7%和3%计算缴纳。

c.所得税:1993年度、1994年度、1995年度按应纳税所得额的33%计算,1996年按15%的税率计算。

2.应收帐款

截至1996年9月30日,就应收帐款帐龄分析如下:

	金额(千元)	占总额%
一年以内	29,892	93.31
一至二年	986	3.07
二至三年	1,139	3.56
三年以上	18	0.06
合计	32,035	100%

三年以上的应收帐款经落实均可收回。

3.其他应收款

截至1996年9月30日,其他应收款帐龄情况分析如下:

	金额(千元)	占总额%
一年以内	2,673	73.20
一至二年	776	21.24
二至三年	5	0.14
三年以上	198	5.42
合计	3,652	100

4.存货

项目	96年9月30日余额(千元)
原材料	9,634
备品备件	2,003
辅料	2,996
其他	2,317
产成品	7,492
合计	24,442

5.短期借款(人民币千元)

借款银行名称	金额	借款性质	借款条件
大理市工行	51,180	流动资金借款	担保
大理市工行开发区办事处	2,000	流动资金借款	抵押
大理州工行	1,000	流动资金借款	担保
大理经济开发区农村信用社	2,000	流动资金借款	抵押

短期借款余额较年初增加30.41%的主要原因是由于本期增加了流动资金借款。

6.应付帐款

截至1996年9月30日余额为9,695,952.00元。

主要单位	金额(千元)
大理纸业股份合作公司	2,271
云南化工厂	2,056
四川新建化工厂	682

应付帐款余额中,无关联企业的款项。

7.未交税金

项目	1996.9.30余额(千元)
应交增值税	1,688
应交城建税	155
应交所得税	1,027
未交税金合计	2,870

8.盈余公积

项目	96.9.30	95.12.31	94.12.31
一般盈余公积			
年初余额	4,052,053.01	2,335,088.16	
加:本期增加数		1,716,964.85	2,335,088.16
其中:按净利润的10%提取法定公积金		818,342.66	346,941.64
提任意盈余公积金			1,167,544.08

减免所得税转入(注2)		898,622.19	820,602.44
减:本期减少数			
期末余额	4,052,053.01	4,052,053.01	2,335,088.16
公益金			
年初余额(注1)	1,165,284.30	346,941.64	
加:本期增加数		818,342.66	346,941.64
其中:按净利润的10%提取法定公益金		818,342.66	346,941.64
减:本期减少数期末余额	1,165,284.30	1,165,284.30	346,941.64
合计	5,217,337.31	5,217,337.31	2,682,029.80

注1:公司建帐于1994年7月1日,其余额为零。

注2:减免所得税系根据大理市财政局"市财企字(1994)227号"、"市财企字(1995)第218号"关于碱回收利润减免所得税用于碱回收设备的更新。

9.未分配利润

1996年9月30日之未分配利润为12,580,320.01元,属本年度发行额。

10.主营业务收入

主营项目	96年1—9月(千元)
纸袋纸及牛皮纸	46,533
强韧箱板纸	30,623
牛皮卡纸	5,051
瓦楞原纸	446
合计	82,653

11.以前年度损益调整

96年1—9月调增收益1,380,651.37元,其中主要为调增1995年度多提电费981,858.37元,调增应计入损益的往来款项229,320.84元。

12.其它事项

减除1994年上半年净利润1,568,089.68元,系按《股份制试点企业会计制度》进行政策性调整后的1994年上半年的净利润,故不能纳入股份公司进行利润分配。

1996年11月21日

若投资者需对本公司财务情况作进一步了解,可参阅审计报告。

(四)、财务指标分析

指标名称	1996年1—9月	1995年度
1.流动比率	1.16	1.00
2.速动比率	0.81	0.66
3.应收帐款周转率(次)	3.66	9.70
4.股东权益比率%	43.95	46.56
5.股本净利率	31.22	20.31
6.每股净资产(元/股)	1.44	1.13

注:(1)上述指标是根据云南会计师事务所审计报告计算而得。

(2)速动资产为流动资产减去存货、待摊费用。

六、董事会上市之承诺

本公司董事会将严格遵守《中华人民共和国公司法》、《股票发行与交易管理暂行条例》、《上海证券交易所市场业务试行规则》和有关法律法规的规定,并自股票上市之日起向全体股东做如下承诺:

1.按照法律、法规的规定程序和要求披露重大的信息,并接受证券主管机关、上海证券交易所的监督管理。

2.及时、准确、真实地在证券主管部门指定的报刊公布中期报告、年度报告及经营业绩等资料。并备置于规定场所供投资者查阅。

3.本公司董事、监事及高级管理人员持股数量发生变化时,及时报告证券管理机关、上海证券交易所,并及时通过证券主管部门指定的报刊通告社会公众。

4.在任何公共传播媒介中出现的消息可能对本公司股票的市场价格产生误导性影响时,本公司知悉后将对该消息予以公开澄清。

5.本公司董事、监事及高级管理人员将认真听取社会公众的建议和批评,决不利用已获得的内幕消息直接或间接从事股票买卖活动。

七、重要事项揭示

1.本公司执行《股份制试点企业会计制度》。

2.此次本公司部分内部职工股上市:根据股东大会授权、公司董事会研究决定,定向募集个人股股东按各自持股数额的40%的比例上市流通,剩余部分258万股仍由上海证券中央结算登记公司集中托管。按现行政策规定,三年后上市流通。此方案已经中国证监会证监发字(1997)29号文批准。

3.本公司税后利润按以下顺序分配:

弥补亏损

提取法定公积金　10%

提取法定公益金　5%—10%

提取任意公积金

支付普通股股利

4.经信达律师事务所出具的法律意见书,本公司自设立以来,未涉及任何重大诉讼与仲裁,亦不存在尚未了结的或可预见的诉讼、仲裁案件或被行政处罚的案件。

5.本公司1996年实际负担的所得税税率为15%。

6.此次新股发行后,新老股东共享本公司1996年度利润,具体分配方案由股东大会审议决定。

7.本公司签订的重要合同:与云南大理造纸厂分别签订了《土地使用权租凭合同》、《经营服务协议》;截止1996年9月30日,本公司的主要借款合同(标的额占本公司净资产5%以上部分)三份,标的总额1468万元。

八、中介机构

(1)股票上市推荐机构:

云南证券有限责任公司

地址:云南省昆明市青年路13号

法定代表人:铁振国

联系电话:(0871)3149176

经办人:管文俊、吴苏原、杨敏

大鹏证券有限责任公司

地址:深圳深南东路333号信兴广场地王商业中心商业大楼8层

法定代表人:徐卫国

联系电话:(0755)2463388转8305

经办人:许建明、高志梅

(2)财务审计机构:云南会计师事务所

地址:云南省昆明市吴井路161号

电话:(0871)3140129

执业注册会计师:王解姝、李红斌

(3)资产评估机构:昆明会计师事务所

地址:昆明市白塔路延长线中段西侧

电话:(0871)3131939

评估经办人员:周黎、杨宁、景一兵

(4)发行人律师:信达律师事务所

地址:深圳市人民南路国际贸易中心大厦43层

电话:(755)2250444

经办律师:郑伟鹤、靳庆军、罗中伟

九、备查文件

1.各级主管机关对公司设立、股票发行的批复

2.云南省证券委、省计委关于股票上市额度及材料复审的批复

3.中国证监会复审意见书

4.公司章程

5.招股说明书

6. 上海证券交易所同意公司股票上市的文件
7. 审计报告、盈利预测审阅报告
8. 验资报告
9. 信达律师事务所的法律意见书
10. 其他有关文件

云南大理造纸股份有限公司董事会
一九九七年三月四日

资产负债表

云南大理造纸股份有限公司

单位:人民币元

资产	附注	1996年9月30日	1995年12月31日	1994年12月31日	负债及股东权益	附注	1996年9月30日	1995年12月31日	1994年12月31日
流动资产:					流动负债:				
货币资金	3(1)	23,086,222.96	5,348,682.74	762,569.37	短期借款	3(11)	56,180,000.00	43,080,000.00	33,380,000.00
短期投资					应付票据				
应收票据					应付帐款	3(12)	9,695,952.00	1,866,908.15	617,502.32
应收帐款	3(2)	32,034,972.76	13,091,280.71	9,056,623.83	预收货款	3(13)	249,029.08	742,192.23	523,184.50
减:坏帐准备		160,164.86	65,456.40	45,283.12	应付福利费		466,081.96	190,717.81	87,646.24
应收帐款净额		31,874,807.90	13,025,824.31	9,011,340.71	未付股利				
预付货款	3(3)	813,662.26	6,009,164.26	9,010,730.93	未交税金	3(14)	2,870,403.46	166,207.97	891,682.75
其他应收款	3(4)	3,651,913.63	9,633,679.70	3,740,737.64	其他未交款	3(14)	66,710.72	4,768.00	2,397.21
待摊费用	3(5)	1,150,251.10	1,162,845.32	1,227,696.70	其他应付款	3(15)	1,959,307.39	2,894,194.23	1,624,572.70
存货	3(6)	24,442,160.37	15,975,935.98	18,873,481.54	预提费用	3(16)	1,811,366.13	2,432,275.67	223,199.20
待处理流动资产净损失					一年内到期的长期负债	3(17)	300,000.00		
一年内到期的长期债券投资					其他流动负债				
其他流动资产									
流动资产合计		85,019,018.22	51,156,132.31	42,626,556.89	流动负债合计		73,598,850.74	51,377,264.06	37,350,184.92
长期投资					长期负债:				
长期投资	3(7)	541,952.20	490,697.85	906,194.85	长期借款	3(18)	500,000.00	800,000.00	10,870,000.00
固定资产					应付债券				
固定资产原价	3(8)	73,624,727.63	68,067,708.96	63,692,097.07	长期应付款			39,386.50	
减:累计折旧		33,152,750.60	28,431,457.25	27,051,965.75					
固定资产净值		40,471,977.03	39,636,251.71	36,640,131.32	其他长期负债			20,000.00	20,000.00
在建工程	3(9)	5,620,973.39	6,460,517.79	10,928,166.75					
固定资产清理			10,388.21	-826.29	长期负债合计		500,000.00	859,386.50	10,890,000.00
待处理固定资产净损失		233,073.40			递延税项:				
固定资产合计		46,326,023.82	46,107,157.71	47,567,471.78	递延税款贷项				
无形资产及递延资产:					负债合计		74,098,850.74	52,236,650.56	48,240,184.92
无形资产					股东权益				
递延资产	3(10)	309,513.82		121,991.20	股本	3(19)	40,300,000.00	40,300,000.00	40,300,000.00
无形资产及递延资产合计		309,513.82		121,991.20	资本公积				
其他长期资产:					盈余公积	3(20)	5,217,337.31	5,217,337.31	2,682,029.80
其他长期资产					其中:公益金		1,165,284.30	1,165,284.30	346,941.64
递延税项:					未分配利润	3(21)	12,580,320.01		
递延税款借项					股东权益合计		58,097,657.32	45,517,337.31	42,982,029.80
资产总计		132,196,508.06	97,753,987.87	91,222,214.72	负债及股东权益总计		132,196,508.06	97,753,987.87	91,222,214.72

利润及利润分配表

云南大理造纸股份有限公司

单位:人民币元

项目	附注	1996年1月1日-9月30	1995年度	1994年度
一、主营业务收入	3(22)	82,653,261.98	107,366,987.17	69,393,437.82
减:营业成本		55,893,791.29	77,782,477.94	50,296,942.14
销售费用		444,811.31	497,951.64	261,595.10
管理费用		6,949,011.04	10,739,926.25	7,662,458.63
财务费用	3(23)	5,193,018.42	5,537,854.41	4,117,250.57
营业税金及附加		664,296.33	345,846.73	107,341.08
二、主营业务利润		13,508,333.59	12,462,930.20	6,947,850.30
加:其他业务利润	3(24)	52,832.23		
三、营业利润		13,561,165.82	12,462,930.20	6,947,850.30
加:投资收益	3(25)	45,448.75		225,206.25

营业外收入	3(26)	73,567.01	42,425.38	413,986.70
减:营业外支出	3(27)	261,044.12	288,387.02	83,614.44
加:以前年度损益调整	3(28)	1,380,651.37		
四、利润总额		14,799,788.83	12,216,968.56	7,503,338.81
减:所得税		2,219,468.82	4,033,542.00	2,465,832.77
五、净利润		12,580,320.01	8,183,426.56	5,037,506.04
减:94年上半年净利润	3(29)			1,568,089.68
加:年初未分配利润				
盈余公积转入数				
六、可分配的利润		12,580,320.01	8,183,426.56	3,469,416.36
减:提取法定公积金			818,342.66	346,941.64
提取法定公益金			818,342.66	346,941.64
七、可供股东分配的利润		12,580,320.01	6,546,741.24	2,775,533.08
减:已分配优先股股利				
提取任意公积金				1,167,544.08
已分配普通股股利			6,546,741.24	1,607,989.00
八、未分配利润		12,580,320.01		

财务状况变动表

流动资金来源和运用	附注	1995年度	流动资金各项目的变动	附注	1995年度
一、流动资金来源			一、流动资产本年增加数		
1. 本年净利润		8,183,426.56	1. 货币资金		4,586,113.37
加:不减少流动资金的费用和损失			2. 短期投资		
(1)固定资产折旧		3,375,021.34	3. 应收票据		
(2)无形资产、递延资产及其他资产摊销(减其他负债转销)		121,991.20	4. 应收帐款净额		4,014,483.60
(3)固定资产盘亏(减盘盈)			5. 预付货款		-3,001,566.67
(4)清理固定资产损失(减收益)			6. 其他应收款		5,892,942.06
(5)递延税款			7. 待摊费用		-64,851.38
(6)其他不减少流动资金的费用和损失			8. 存货		-2,897,545.56
小计		11,680,439.10	9. 待处理流动资产净损失(减收益)		
2. 其他来源			10. 一年内到期的长期债券投资		
(1)固定资产清理收入(减清理费用)		-11,214.50	11. 其他流动资产		
(2)增加长期负债		590,000.00			
(3)收回长期投资		415,497.00			
(4)对外投资转出固定资产					
(5)对外投资转出无形资产					
(6)资本净增加额		2,535,307.51			
小计		3,529,590.01			
流动资金来源合计		15,210,029.11	流动资产增加净额		8,529,575.42
二、流动资金运用			二、流动负债本年增加数:		
1. 利润分配:			1. 短期借款		9,700,000.00
(1)提取法定公积金		818,342.66	2. 应付票据		
(2)提取法定公益金		818,342.66	3. 应付帐款		1,249,405.83
(3)已分配股利		6,546,741.24	4. 预收货款		219,007.73
			5. 应付福利费		103,071.57
小计		8,183,426.56	6. 未付股利		
2. 其他运用:			7. 未交税金		-725,474.78
(1)固定资产和在建工程净增加额		1,903,492.77	8. 其他未交款		2,370.79
(2)增加无形资产、递延资产及其他资产			9. 其他应付款		1,269,621.53
(3)偿还长期负债		10,620,613.50	10. 预提费用		2,209,076.47
(4)增加长期投资			11. 一年内到期的长期负债		
小计		12,524,106.27	12. 其他流动负债		
流动资金运用合计		20,707,532.83	流动负债增加净额		14,027,079.14
流动资金增加净额		-5,497,503.72	流动资金增加净额		-5,497,503.72

云南大理造纸股份有限公司1996年年度报告摘要

一、公司简介

1. 公司中文名称:云南大理造纸股份有限公司

英文名称:YUNNAN DALI PAPER MANUFACTURING CO. LTD.

英文缩写:YDPM

2. 公司注册地址:

云南省大理市下关北郊

邮政编码:671000

3. 公司法定代表:李畅根

4. 公司信息披露负责人:董银

5. 公司咨询服务机构:证券部

电话:(0872)2124214

传真:(0872)2123645

6. 股票简称:大理造纸

证券代码:600794

二、主要财务数据与财务指标

指标项目	本年数	上年数	比上年增长(%)
1. 主营业务收入(万元)	11064	10737	+3.04
2. 净利润(万元)	1602	818	+95.84
3. 总资产(万元)	13382	9775	+36.90
4. 股东权益(万元)	6814	4552	+49.69
5. 每股收益(元)	0.40	0.20	+100
6. 每股净资产(元)	1.69	1.13	+49.56
7. 净资产收益率(%)	23.51	17.98	+30.76
8. 股东权益比率(%)	50.92	46.56	+9.36

三、公司业务回顾

1. 一年来经营情况

1996年,公司坚持"抓销售,拓展市场,抓管理,提高效益"的经营方针,在国内造纸行业产品滞销积压,纸价下跌,原料涨价的严峻形势下,充分发挥企业在省内造纸行业的龙头骨干优势和得天独厚的资源优势,以优良的产品质量、较高的市场信誉和灵活的经营决策,重点巩固了与省内烟草和水泥包装提供配套产品的市场,积极扩大经营范围,新增省内外六家较大的用户,同时致力于公司内部的强化管理,取得了较好的生产和经营业绩。主要产品中,水泥纸袋纸和强韧箱板纸的销售价较省内同行业吨纸价格高出100元至200元。因此本年度在销售收入与上年持平的情况下,利润仍然得到大幅度提高。目前公司仍是本省最大的制浆造纸企业,规模和效益均名列本省同行业榜首。

1996年生产机制纸,纸板30140吨,完成计划的101%;主营业务收入完成11064万元,完成预测目标的98%;实现净利润1602万元,完成盈利预测目标的95%。

四、股本变化及股本结构情况

1. 股本变化及股本结构情况

公司于1993年3月经云南省体改委"云体改生复(1993)39号"文批准,由云南大理造纸厂独立发起,设立定向募集股份有限公司,公司股本总额为人民币4030万元,划分为等额股份,每股面值人民币1元,为4030万股,其中:国家股2800万元(股),法人股800万元(股),内部职工股430万元(股),共计4030万元(股)。

公司向红塔集团大理卷烟厂募集400万股,股款400万元;向昆明水泥厂募集400万股,股款400万元。发起人云南大理造纸厂内部职工认购股430万股,股款430万元;公司股份4030万股于94年8月5日全部送云南省证券登记有限公司集中托管,其中职工内部股的40%按《股票发行与交易管理暂行条例》规定获准于1997年上市交易。

本公司已获准于97年2月19日-2月27日向社会公众公开发行1750万新股,(内部职工股172万股占本次发行额度实际向社会公开发行1578万股)发行价格为3.75元/股,待1578万新股全部发行完毕股款5617.68万元将全部收入公司帐户,至此公司总股额将由4030万股增至5608万股,全部为人民币记名普通股。

1995年本公司的每股净资产为1.13元,到1996年本公司的每股净资产已增为1.69元。

2. 主要股东持股情况

截至1996年12月31日,公司总股本为4030万股,其中:云南大理造纸厂持有公司股份为2800万股,占总股本的69.48%,公司法人股2家,内部职工股股东1424户。根据云南省证券登记有限公司提供的资料,截止1996年12月31日公司前十名股东情况如下:

名次	股东名称	持股数	占总股本(%)
1	云南大理造纸厂	2800万股	69.48
2	云南红塔集团大理卷烟厂	400万股	9.93
3	昆明水泥股份有限公司	400万股	9.93
4	李升	13450股	0.033
5	余海成	7540股	0.019
6	马俊生	7450股	0.018
7	田兆壁	7450股	0.018
8	苏利仙	7240股	0.018
9	李畅根	6700股	0.017
10	刘正菲	6400股	0.016

3. 公司董事、监事与高级管理人员持股情况

姓名	职务	持股数(股)
李畅根	董事长兼总经理	6700
董银	董事兼副总经理	5500
朱文元	董事兼副总经理	5500
张保振	董事兼副总经理	5500
杨阿定	董事	5500
普学明	董事	0
郭铁	董事	0
杨鳌	监事会主席	3450
刘世民	监事	0
张　志	监事	3450
李绍义	监事	3450
刘有斌	监事	3450
穆可为	财务部部长	3240

五、重要事项

1　1996年1月5日公司召开了第一届第四次董事会会议,审议通过了:(1)召开股东大会的决定;(2)1995年度经营情况的报告、1995年度利润分配方案;(3)1996年度生产经营计划的报告。公司"九五"发展规划。

2.1996年2月8日在本公司召开第一届第三次股东大会,审议通过了《关于1995年度经营情况的报告》、《关于1996年度生产经营计划的报告》、《关于公司"九五"期间发展规划的报告》、《关于1995年度利润分配的议案》。

3.1996年2月10日公司召开第一届第五次董事会临时会议,审议通过委托云南大理造纸厂代为支付公司1995年股利的决议。

4.1996年7月5日公司召开第一届第六次董事会会议,审议通过了申请发行社会公众股,募集资金用于公司两个新建项目的议案;申请内部职工股按比例占额度上市的议案和召开股东大会的决定。

5.1996年11月13日在本公司召开临时股东大会，审议通过了《关于发行一九九六年度社会公众股并申请上市的决议》、《关于修改"公司章程"的决议》、《关于发行社会公众股后新股东是否享受1996年度利润分配的决议》、《关于解聘公司原财务负责人罗勇、聘任穆可为为公司财务负责人的决定》。

6.本报告期内公司无重大诉讼、仲裁事项。

六、财务报告

(一)审计报告

公司财务报告经云南会计师事务所李红斌、王解妹注册会计师审计，并出具无保留意见的审计报告《(97)云会审字第97号》。

(二)财务报表(附后)

(三)财务报表附注

1.主要会计政策

(1)会计制度

本公司执行《企业会计准则》、《股份制试点企业会计制度》、《股份制试点企业执行新财务会计制度若干问题的规定》等法规制度。

(2)会计年度

采用公历制，即每年自1月1日起至12月31日止。

(3)记帐原则和计价基础

按权责发生制原则进行会计核算，以历史成本为计价基础。

(4)记帐本位币

以人民币为记帐本位币。

(5)坏帐准备

采用备抵法，按年末应收帐款余额的5‰提取坏帐准备，并计入当期损益。

(6)存货计价方法

存货的日常核算按实际成本计价，发出和领用存货(除低值易耗品外)按加权平均法进行核算，低值易耗品领用采用一次摊销法。

(7)长期投资核算方法

①债券投资：按权责发生制原则核算，依据约定利率和投资额按期计算投资收益。

②股权投资和联营投资

投资额占被投资单位权益资本20%以下的按成本法核算，20%－50%的按权益法核算，50%以上的按权益法核算并编制合并报表。

(8)固定资产及其折旧

固定资产按使用年限在一年以上，单位价值在2,000元以上的标准确定。固定资产按实际成本计价。折旧采用平均年限法计算，并根据各类固定资产的原价、使用年限和预计残值确定分类折旧率，其明细情况如下表：

固定资产类别	年折旧率(%)	折旧年限(年)	残值率(%)
1.机器设备类			
①通用设备			
a.机械设备	6.93	14	3
b.动力设备	5.39	18	3
c.传导设备	3.46	28	3
②专用设备	6.93	14	3
2.房屋建筑物类			
①生产用房			
a.一般生产用房	2.43	40	3
b.受腐蚀生产用房	3.88	25	3
c.受强腐蚀生产用房	6.47	15	3
②非生产用房	2.16	45	3
③建筑物	3.88	25	3

(9)固定资产大修理费用

固定资产大修理费用经云南省大理市财政局"(94)市财企字第161号"文批准，采用预提方法，每年按固定资产原价的2‰计提。

(10)递延资产及其摊销

递延资产是指开办费和租入固定资产改良支出等。其中开办费按5年平均摊销，租入固定资产改良支出按受益期平均摊销。

(11)营业收入的确认

营业收入以产品已经发出、劳务已提供，同时收讫货款或取得索取货款的凭据时，确认营业收入的实现。

(12)税项

①增值税：按应纳增值税销售收入的17%计算销项税，抵扣进项税后的余额缴纳。

②城市维护建设税和教育费附加：分别按应交增值税额的7%和3%计算缴纳。

③所得税：1996年的所得税，根据云南省人民政府云政复[1996]146号文批复，按15%税率计缴。

(13)利润分配

本公司税后利润，按提取10%的法定盈余公积金和10%的法定公益金后，提取任意盈余公积金及分配股东股利由董事会提出分配方案交股东大会审议批准后分配。

(二)会计报表附注

1.应收帐款

帐龄	1996.12.31余额	占总额的比例
一年以内	36,479,755.53	95.81%
一至二年	400,531.88	1.05%
二至三年	1,195,788.97	3.14%
三年以上	×	×
合计	38,076,076.38	100%

其中：应收昆明水泥股份有限公司纸袋纸款973.48元。

昆明水泥股份有限公司持有本公司股份9.925%。

应收帐款较年初增长190.85%，主要原因系客户拖欠本公司货款所致。

2.其他应收款

帐龄	1996.12.31余额	占总额的比例
一年以内	10,330,271.68	92.12%
一至二年	543,892.00	4.85%
二至三年	237,566.30	2.12%
三年以上	102,441.07	0.91%
合计	11,214,171.05	100%

其中为云南大理造纸厂代垫款项8,767,881.11元。

云南大理造纸厂系持有本公司股份69.48%的股东。

3.存货

项目	1996.12.31余额
原材料	6,981,399.13
备品备件	2,279,420.90
辅料	3,785,351.49
其他	2,235,203.26
产成品	6,165,547.92
合计	21,446,922.70

存货期末余额较年初增长34.25%，主要原因是材料采购量增加；其次，三纸车间正式投入生产，产品产量比上年有较大增加，致使库存的产成品增加。

4.长期投资

1996年12月31日余额为532,521.00元。

(1)债券投资

债券种类	到期日	面值	年利率	投资金额	累计应计利息
国库券	1992.06.30	6,000.00	6.00%	6,000.00	1,800.00
电力债券	2002.07.31	150.00	不计息	150.00	×
电力债券	2002.08.16	198,811.00	不计息	198,811.00	×
重点建设债券	1994.12.31	150,000.00	7.20%	150,000.00	54,000.00
重点建设债券	1995.08.28	16,000.00	7.20%	16,000.00	5,760.00
小计		370,961.00		370,961.00	61,560.00

到期未兑债券的原因是由于国家财政政策等客观因素所致。

(2)联营投资

被投资单位名称	投资日期	持股比例	投资金额
西南造纸联营供销公司	1988.8.10	4.13%	100,000.00

西南造纸联营供销公司的注册资本总额为242万元人民币。

5. 固定资产及累计折旧

固	固定资产类别	期初价值	本期增加	本期减少	期末价值
定	建筑物	30,776,561.71	2,646,638.21	3,080,411.68	30,342,788.24
资	机器设备	35,084,642.29	14,930,791.49	41,689.44	49,973,744.34
产	电子设备	1,497,358.06	484,591.94	×	1,981,950.00
原	运输设备	709,146.90	470,101.10	×	1,179,248.00
值	合计	68,067,708.96	18,532,122.74	3,122,101.12	83,477,730.58
	房屋建筑物	13,055,224.09	2,706,358.87	3,165,104.75	12,596,478.21
累	机器设备	14,714,277.34	8,773,554.85	4,319.74	23,483,512.45
计	电子设备	517,449.91	404,094.24	550.11	920,994.04
折	运输设备	144,505.91	180,170.42	×	324,676.33
旧	合计	28,431,457.25	12,064,178.40	3,169,974.60	37,325,661.05
	房屋建筑物	17,721,337.62	-59,720.66	-84,693.07	17,746,310.03
固定	机器设备	20,370,364.95	6,157,236.64	37,369.70	26,490,231.89
资产	电子设备	979,908.15	80,497.70	-550.11	1,060,955.94
净值	运输设备	564.640.99	289,930.69		854,571.67
	合计	39,636,251.71	6,467,944.37	-47,873.48	46.152,069.53

累计折旧比上年增长31.28%,主要原因是本公司由定向募集转为社会募集时进行资产评估使其增长了16.59%。

6. 在建工程

工程名称	工程进度	原预算数	实际支用数	批准文号	资金来源
中段污水处理场	已完工正办理结算	852,000.00	2,739,181.82 (含利息30600.00)	(89)州建环字第4号	专项贷款及自筹
碱回收节能项目	设计通过,预计98年完工	59,390,000.00	719,875.48 (含利息34125.00)	云计能(96)第727号	专项贷款4000万元,其余自筹
浆间蒸球工程	已完工正办理结算	1,000,000.00	1,051,539.24	纸股技(95)第3号	自筹
动力节能改造工程	完工90%	862,000.00	739,094.63 (含利息56940.00)	云经贸技(95)403号	贷款50万元其余自筹
其他零星工程		×	458,924.39		自筹
合计		62,104,000.00	5,708,615.56		

7. 递延资产

项目	原值	已摊销金额	期末余额	剩余摊销年限
开办费	121,991.20	48,796.49	73,194.71	3年
租入固定资产改良支出	266,531.62	4,981.16	261,550.46	12.33年
合计	388,522.82	53,777.65	334,745.17	

开办费为本公司筹建期发生的费用,金额为121,991.20元,按五年摊销。

租入固定资产改良支出为对租入新料场进行分期改造修建,租期14年(1995.5.1-2009.5.1),均为本年新增。

8. 短期借款

贷款单位	借款性质	币种		借款金额		合同(月)期限
大理州工行开发区办事处	流动资金借款	人民币	担保	200万元	11.890	96.01.24—97.04.24
大理州工行	流动资金借款	人民币	担保	100万元	11.560	96.04.29—97.04.29
大理市工行龙溪路分理处	流动资金借款	人民币	担保	668万元	12.060	96.04.26—97.04.26
大理市工行龙溪路分理处	流动资金借款	人民币	担保	200万元	10.065	96.06.03—97.04.03
大理市工行龙溪路分理处	流动资金借款	人民币	担保	100万元	10.065	96.07.01—97.02.01
大理市工行龙溪路分理处	流动资金借款	人民币	担保	300万元	10.065	96.07.26—97.02.26
大理市工行龙溪路分理处	流动资金借款	人民币	担保	300万元	10.065	96.07.26—97.03.26
大理市工行龙溪路分理处	流动资金借款	人民币	担保	200万元	10.065	96.07.28—97.05.28
大理市工行龙溪路分理处	流动资金借款	人民币	担保	200万元	10.065	96.07.30—97.05.30
大理市工行龙溪路分理处	流动资金借款	人民币	担保	300万元	10.065	96.07.30—97.06.30
大理市工行龙溪路分理处	流动资金借款	人民币	担保	200万元	9.240	96.09.16—97.04.18
大理市工行龙溪路分理处	流动资金借款	人民币	担保	500万元	9.240	96.09.26—97.04.26
大理市工行龙溪路分理处	流动资金借款	人民币	担保	300万元	9.240	96.12.24—97.11.24
大理市工行龙溪路分理处	流动资金借款	人民币	抵押	620万元	8.415	96.10.28—97.03.28
大理经济开发区农村信用社	流动资金借款	人民币	抵押	200万元	11.760	96.12.20—97.04.10
合计				4388万元		

9. 应付帐款

1996年12月31日余额为8,302,158.60元

其中:主要单位有	1996.12.31余额	内容
1. 大理纸业股份合作公司	3,135,513.10	纸浆款
2. 云南化工厂	2,108,000.71	液碱暂估款
3. 大理州永华煤矿	785,818.36	煤暂估款
4. 大理州巍山县木材公司	430,434.82	木材暂估款

应付帐款较年初增长344.70%,主要原因系本期购进材料增加,且未取得结算单据暂估入库所导致。

应付帐款余额中无关联企业的款项。

10. 预收货款

1996年12月31日余额为248,757.73元

其中:主要单位有	1996.12.31余额	内容
1. 昆明布营纸箱厂	36,794.55	购纸款
2. 曲靖兴龙纸袋厂	41,207.75	购纸款
3. 玉溪北城农经站高桥纸厂	35,000.00	购纸款
4. 宜良明良煤矿服务公司	12,857.69	购纸款
5. 嵩明水泥厂	22,671.47	购纸款
6. 嵩明造纸厂	17,790.18	购纸款

预收货款余额中无关联企业的款项。

预收货款较年初下降66.48%,主要原因是本期发出产品,销售实现转入产品销售收入所致。

11. 应付福利费

1996年12月31日余额为486,738.66元。应付福利费较年初增长155.21%,主要原因是其计提基数——实发工资总额较上年增长,而支付数又较上年下降。

12. 未交税金

税种	1996.12.31余额
增值税	1,876,643.42
城市维护建设税	240,009.39
所得税	1,268,929.24
合计	3,385,532.05

应交税金较年初增长1,936.96%,主要原因是年末未交增值税,所得税增加。

13. 其他未交款

1996年12月31日余额为102,861.15元。较年初数增长2,057.32%,主要原因是教育费附加应交而未交。

14. 其他应付款

1996年12月31日余额为1,903,950.00元

其中:主要单位(项目)	1996.12.31余额	内容
1. 大理造纸厂汽车队	350,220.51	运费
2. 应付工资	670,154.43	未付工资
3. 工会经费	13,039.16	工会经费
4. 人保大理市支公司	35,242.74	代收个人保险费

其他应付款较年初下降34.21%,主要原因系应付工资较上年降低28.83%,以及归还了部分欠款所致。

云南大造纸厂汽车队系持有本公司股份69.48%的股东—云南大理造纸厂下属的独立核算单位。

15. 预提费用

项目	1996.12.31余额
电费	947,607.10
水费	39,801.70
排污费	93,153.00
利息	153,026.06
大修理基金	323,161.30
合计	1,556,749.16

"预提费用"较年初下降36.00%,主要原因是1995年度多提电费,以及本年度大修理基金开支较大。

16. 一年内到期的长期负债

贷款单位	借款性质	币种	借款条件	期末余额	年利率	借款期限
大理市排污监理站	污水处理场	人民币	财政委托	300,330.00	3.60%	94.03.01-97.03.01

17. 长期借款

贷款单位	借款性质	币种	借款条件	期末余额	年利率	借款期限
大理市财政局	节能技改	人民币	担保	501,430.00	9.36%	95.10.19-98.3.19
州工行大理经济开发区办事处	碱回收节能工程	人民币	担保	5,017,875.00	11.70%	96.12.10--2001.12.10
合计				5,519,305.00		

长期借款余款较年初增长589.91%的主要原因是借入500万元的碱回收节能工程的设备购置及土建安装工程项目的贷款。

18. 股本

项目	1996.12.31余额	占总股本比例(%)
国家股	28,000,000.00	69.48
法人股	8,000,000.00	19.85
内部职工股	4,300,000.00	10.67
合计	40,300,000.00	100.00

自公司成立至本年度末,总股本及其构成未发生变化。

19. 资本公积

1996年12月31日余额为6,596,129.45元

项目	期初数	本年增加	本年减少	期末余额	增减原因
资本溢价	×	1,000,000.00	×	1,000,000.00	
资产重估增值	×	5,596,129.45	×	5,596,129.45	根据国家国有资产管理局国资评(1996)1507号文调整
合　计		6,596,129.45	×	6,596,129.45	

20. 盈余公积

项目	期初数	本年增加	本年减少	期末余额	增减原因
法定盈余公积金	1,165,284.30	1,602,163.69	×	2,767,447.99	按净利润的10%计提
法定公益金	1,165,284.30	1,602,163.69	×	2,767,447.99	按净利润的10%计提
任意盈余公积金	1,167,544.08	×	×	1,167,544.08	
减免所得税转入	1,719,224.63	×	×	1,719,224.63	
合计	5,217,337.31	3,204,327.38	×	8,421,664.69	

21. 未分配利润

项目	1996.12.31余额
年初未分配利润	×
加:增加数(本年净利润)	16,021,636.93
减:减少数	3,204,327.38
其中:提取10%法定公积金	1,602,163.69
提取10%法定公益金	1,602,163.69
期末未分配利润	12,817,309.55

22. 主营业务收入

项目	金额
80g纸袋纸及牛皮纸	55,482,445.14
360g箱板纸	36,221,468.00
126g牛皮卡纸	5,051,134.10
250g箱板纸	586,177.43
320g强韧箱板纸	3,256,306.18
180g瓦楞原纸	3,369,005.99
水泥纸袋	6,677,682.48
合计	110,644,219.32

23. 财务费用

项目	金额
汇兑净损失	-42,775.35
利息净支出	6,883,552.99
其他费用	8,334.00
合计	6,849,111.64

24. 营业税金及附加

1996年度为928,628.32元。比1995年度的345,846.73元增长168.48%,主要原因是城市维护建设税的税率从1%提高到7%。

25. 其他业务利润

1996年度为70,852.05元,系材料销售利润。

26. 投资收益

项目	金额
债券投资收益	12.75
股权投资收益	37,552.00
合计	37,564.75

27. 营业外收入

项目	金额
处理固定资产净收益	81,026.41
罚款净收入	540.60
合计	81,567.01

营业外收入比上年度增长92.26%,主要原因为处理固定资产净收益增加。

28. 营业外支出

项目	金额
捐赠支出	164,229.50
处理固定资产净损失	68,814.62
罚款净支出	25,150.00
赞助支出	31,160.00
合计	289,354.12

29. 以前年度损益调整

项目	金额

调增应计入损益的往来款项	229,320.84
调增原挂入负债的财政贷款利息补贴	20,000.00
调增1995年度多提电费	981,858.37
调增以前年度债券投资应计未计的利息	61,560.00
调减误计入负债的非专职工会人员工资	-11,228.00
调增以前年度多摊开办费	97,592.96
合计	1,379,104.17

调整应计入损益的往来款项229,320.84元，属公司以前年度在产品销售收入中直接扣除的应付运费，手续费等款项。

调整原挂入负债的财政贷款利息补贴，属公司1994年误列入“长期应付款”的财政贷款利息补贴。

(四)期后事项

根据中国证监委证监发字[1997]29号文件批准，公司于1997年2月19日至1997年2月21日采用“全额预缴款、摇号抽签、余款转存”方式发行每股面值为1元的人民币普通股1750万股，其中1578万股向社会公众公开发行，每股发行价为3.75元，其余172万股为内部职工股占用发行额度上市。

七、其他事项

1.1996年12月8日，公司与主要股东云南大理造纸厂签订了《土地使用权租赁合同》和《经营服务协议》，并于1997年1月1日起执行，云南大理造纸厂无附属公司及全资控股子公司与本公司构成同业竞争，该厂已作出不会从事对本公司生产和销售构成竞争的业务或活动的承诺。

2.公司有关情况在1997年2月17日《中国证券报》、《云南日报》上的《云南大理造纸股份有限公司招股说明书概要》和1997年3月4日《上海证券报》上的《云南大理造纸股份有限公司股票上市公告书》中已作披露。

3.1997年4月24日公司召开第一届 第七次董事会会议，审议并通过了1996年度利润分配预案：1996年度公司实现净利润1602万元，提取10%法定公积金160万元，提取10%法定公益金160万元，可供股东分配利润1282万元，董事会建议：为利于公司发展规划的持续、稳定实施，本年度净利润暂不分配，转入下一年度。

以上分配预案尚须经股东大会表决通过。

云南大理造纸股份有限公司董事会

一九九七年四月二十八日

资产负债表

编制单位：云南大理造纸股份有限公司 单位：人民币元

资产	附注	1996年12月31日	1996年12月31日	负债及股东权益	附注	1996年12月31日	1995年12月31日
流动资产：				流动负债			
货币资金		4,529,495.91	5,348,682.74	短期借款	3(8)	43,880,000.00	43,080,000.00
短期投资		×	×	应付票据		×	×
应收票据		×	×	应付帐款	3(9)	8,302,158.60	1,866,908.15
应收帐款	3(1)	38,076,076.38	13,091,280.71	预收货款	3(10)	248,757.73	742,192.23
减：坏帐准备		190,380.38	65,456.40	应付福利费	3(11)	486,738.66	190,717.81
应收帐款净额		37,885,696.00	13,025,824.31	未付股利		×	×
预付货款		5,030,247.04	6,009,164.26	未交税金	3(12)	3,385,582.05	166,207.97
其他应收款	3(2)	11,214,171.05	9,633,679.70	其他未交款	3(13)	102,861.15	4,768.00
待摊费用		987,052.08	1,162,845.32	其他应付款	3(14)	1,903,950.00	2,894,194.23
存货	3(3)	21,446,922.70	15,975,935.98	预提费用	3(15)	1,556,749.16	2,432,275.67
待处理流动资产净损失		×	×	一年内到期的长期负债	3(16)	300,330.00	×
一年内到期的长期债券投资		×		其他流动负债		×	×
其他流动资产		×	×				
流动资产合计		81,093,584.78	51,156,132.31	流动负债合计		60,167,127.35	51,377,264.06
长期投资				长期负债：			
长期投资	3(4)	532,521.00	490,697.85	长期借款	3(17)	5.519,305.00	800,000.00
固定资产：				应付债券		×	×
固定资产原价	3(5)	83,477,730.58	68,067,708.96	长期应付款		×	39,386.50
减：累计折旧		37,325,661.05	28,431,457.25				
固定资产净值		46,152,069.53	39,636,251.71	其他长期负债		×	20,000.00
在建工程	3(6)	5,708,615.56	6,460,517.79				
固定资产清理		×	10,388.21	长期负债合计		5,519,305.00	859,386.50
待处理固定资产净损失		×	×	递延税项：			
固定资产合计		51,860,685.09	46,107,157.71	递延税款贷项		×	×
无形资产及递延资产：				负债合计		65,686,432.35	52,236,650.56
无形资产		×	×	股东权益			
递延资产	3(7)	334,745.17	×	股本	3(18)	40,300,000.00	40,300,000.00
无形资产及递延资产合计		334,745.17	×	资本公积	3(19)	6,596,129.45	×
其他长期资产：				盈余公积	3(20)	8,421,664.69	5,217,337.31
其他长期资产		×	×	其中：公益金		2,767,447.99	1,165,284.30
递延税项：				未分配利润	3(21)	12,817,309.55	×
递延税款借项		×	×				
				股东权益合计		68,135,103.69	45,517,337.31
资产总计：		133,821,536.04	97,753,987.87	负债及股东权益总计		133,821,536.04	97,753,987.87

财务状况变动表

编制单位:云南大理造纸股份有限公司　　1996 年度　　单位:人民币元

流动资金来源和运用	行次	金额	流动资金各项目的变动	行次	金额
一、流动资金来源			一、流动资产本年增加数		
1. 本年净利润	01	16,021,636.93	1. 货币资金	31	-819,186.83
加:不减少流动资金的费用和损失			2. 短期投资	32	×
(1)固定资产折旧	02	4,176,391.50	3. 应收票据	33	×
(2)无形资产、递延资产及其他资产摊销(减其他负债转销)	03	53,777.65	4. 应收帐款净额	34	24,859,871.69
(3)固定资产盘亏(减盘盈)	04	×	5. 预付货款	35	-978,917.22
(4)清理固定资产损失(减收益)	05	×	6. 其他应收款	36	1,580,491.35
(5)递延税款	06	×	7. 待摊费用	37	-175,793.24
(6)其他不减少流动资金的费用和损失	07	×	8. 存货	38	5,470,986.72
小计	09	20.251,806.08	9. 待处理流动资产净损失(减收益)	39	×
2. 其他来源:			10. 一年内到期的长期债券投资	40	×
(1)固定资产清理收入(减清理费用)	10	12,211.79	11. 其他流动资产	41	×
(2)增加长期负债	11	5,019,635.00			
(3)收回长期投资	12	57,301.60			
(4)对外投资转出固定资产	13	×			
(5)对外投资转出无形资产	14	×			
(6)资本净增加额	15	9,800,456.83			
小计	16	14,889,605.22			
流动资金来源合计	17	35,141,411.30	流动资产增加净额	45	29,937,452.47
二、流动资金运用:			二、流动负债本年增加数:		
1. 利润分配			1. 短期借款	46	800,000.00
(1)提取法定公积金	18	1,602,163.69	2. 应付票据	47	×
(2)提取法定公益金	19	1,602,163.69	3. 应付帐款	48	6,435,250.45
(3)提取任意公积金	20	×	4. 预收货款	49	-493,434.50
(4)已分配股利	21	×	5. 应付福利费	50	296,020.85
小计	23	3,204,327.38	6. 未付股利	51	×
2. 其他运用			7. 未交税金	52	3,219,374.08
(1)固定资产和在建工程净增加额	24	9,942,130.67	8. 其他未交款	53	98,093.15
(2)增加无形资产、递延资产及其他资产	25	388,522.82	9. 其他应付款	54	-990,244.23
(3)偿还长期负债	26	359,716.50	10. 预提费用	55	-875,526.51
(4)增加长期投资	27	99,124.75	11. 一年内到期的长期负债	56	300,330.00
小计	28	10,789,494.74	12. 其他流动负债	57	×
流动资金运用合计	29	13,993,822.12	流动负债增加净额	58	8,789,863.29
流动资金增加净额	30	21,147,589.18	流动资金增加净额	59	21,147,589.18

利润及利润分配表

编制单位:云南大理造纸股份有限公司　　单位:人民币元

项目	附注	本年实际数	上年实际数
一、主营业务收入	3(22)	110,644,219.32	107,366,987.17
减:营业成本		73,400,270.76	77,782,477.94
销售费用		565,920.83	497,951.64
管理费用		11,321,202.20	10,739,926.25
财务费用	3(23)	2,849,111.64	5,537,854.41
营业税金及附加	3(24)	928,528.32	345,846.73
二、主营业务利润		17,579,185.57	12,462,930.20
加:其他业务利润	3(25)	70,852.05	×
三、营业利润		17,650,037.62	12,462,930.20
加:投资收益	3(26)	37,564.75	×
营业外收入	3(27)	81,567.01	42,425.38
减:营业外支出	3(28)	289,354.12	288,387.02
加:以前年度损益调整	3(29)	1,379,104.17	×
四、利润总额		18,858,919.43	12,216,968.56

减:所得税		2,837,282.50	4,033,542.00
五、净利润		16,021,636.93	8,183,426.56
加:年初未分配利润		×	×
盈余公积转入数		×	×
六、可分配的利润		16,021,636.93	8,183,426.56
减:提取法定公积金		1,602,163.69	818,342.66
提取法定公益金		1,602,163.69	818,342.66
七、可供股东分配的利润		2,817,309.55	6,546,741.24
减:已分配优先股股利		×	×
提取任意公积金		×	×
已分配普通股股利		×	6,546,741.24
八、未分配利润		12,817,309.55	×

云南大理造纸股份有限公司一九九七年度中期报告

一、财务报告(未经审计)

(一)财务报表

1. 简化资产负债表(未经审计)

1997 年 6 月 30 日　　单位:人民币元

资产	年初数	期末数
流动资产	81,093,584.78	121,916,981.57
长期投资	532,521.00	306,761.00
固定资产净值	46,152,069.53	45,401,628.59
在建工程	5,708,615.56	22,232,177.30
无形资产及递延资产	334,745.17	312,442.03
资产总计	133,821,536.04	190,169,990.49
负债及股东权益		
流动负债	60,167,127.35	41,922,406.02
长期负债	5,519,305.00	20,518,205.00
负债合计	65,686,432.35	62,440,611.02
股东权益		
股本	40,300,000.00	56,080,000.00
资本公积	6,596,129.45	46,998,234.42
盈余公积	8,421,664.69	8,421,664.69
其中:公益金	2,767,447.99	2,767,447.99
未分配利润	12,817,309.55	16,229,480.36
股东权益合计	68,135,103.69	127,729,379.47
负债及股东权益总计	133,821,536.04	190,169,990.49

2. 简化损益表(未经审计)

单位:人民币元

项目	上年同期数	本年累计数
主营业务收入	57,909,148.07	48,059,769.78
主营业务利润	3,251,856.63	3,985,786.75
其他业务利润		1,300.85
营业利润	3,251,856.63	3,987,087.60
投资收益	37,552.00	
营业外收入	57,102.06	800.00
营业外支出	263,244.12	20,369.00
以前年度损益调整		46,800.00
利润总额	3,599,266.57	4,014,318.60
所得税	539,889.99	602,147.79
净利润	3,059,376.58	3,412,170.81

(二)财务指标

1. 每股收益 0.06 元

2. 每股净资产 2.28 元

3. 净资产收益率 2.67%

4. 股东权益比率 67.17%

(三)财务报表附注

1. 主要会计政策变动:

公司自 97 年 1 月 1 日起,对存货计价方法进行了变更,其他会计政策与上年一致,未作变更。

存货计价变更前为:存货的日常核算按实际成本计价,发出和领用存货按加权平均法进行核算,低值易耗品领用采用一次摊销法。

变更后为:对 18 种主要原材料按计划成本核算,领用发出时通过分摊材料成本差异调整为实际成本,对产成品及其他原材料按实际成本核算,领用发出时按加权平均法核算。

变更后对损益的影响:经测算,变更存货计价方法后,对当期利润影响不大。

2. 货币资金比年初增加 2883 万元,主要是 1997 年 2 月本公司发行社会公众股,募集资金所致。

3. 应收帐款比年初增加 1421 万元,其中应收昆明水泥股份有限公司纸袋款 55 万元。昆明水泥股份有限公司持有本公司股份 7.133%。应收帐款较年初增加原因系客户拖欠本公司货款所致。

4. 其他应收款比年初增加 333 万元,主要是代云南大理造纸厂垫付款项,云南大理造纸厂系持有本公司股份 49.93%的股东。

5. 存货比年初减少 208 万元,主要是材料采购量减少及压缩库存,加速资金周转。

6. 在建工程比年初增加 1652 万元,主要是支付日处理 100 吨黑液碱回收节能项目和年产两万吨强韧箱板纸工程进度款及设备款。

7. 长期投资比年初减少 21 万元,主要是兑入到期的重点建设债券的本金和利息。

8. 短期借款比年初减少 1088 万元,主要是归还了部分贷款。

9. 应付帐款比年初减少 499 万元,主要是归还货款。

10. 未交税金比年初减少 181 万元,主要是清算交缴九六年应交所得税、增值税。

11. 长期借款比年初增加 1500 万元,主要是在建工程——新碱回收项目专项贷款增加。

12. 股本比年初增加 1578 万元,原因是九七年二月发行社会公众股 1578 万股所致。

13. 资本公积经年初增加 4040 万元,原因是 1997 年 2 月发行社会公众股溢价收入。

14. 未分配利润比年初增加 341 万元,原因是本年产生的利润。

15. 主营业务收入比上年同期减少 985 万元,主要原因是市场疲软。

16. 利润总额比上年同期增加 41 万元,主要是财务费用减少。

二、经营情况的回顾与展望

1. 上半年经营情况的回顾

(1)生产经营情况

1997 年是公司由定向募集公司转为上市公司的第一年,是公司实施“九五”计划,深化改革,促进发展的关键的一年。同时,公司也面临着严峻的考验。继去年国际市场上的纸及纸板大量涌入国内市场之后,今年 1－3 月份的进口总量又较去年同期增加 58%,国内造纸行业因此受到很大冲击,大多数造纸企业处于亏损状况。由于受大环境影响,以及受造纸原材料、能源价格大幅上涨因素的影响,公司上半年生产产品减少,产品销售价格降低,应收货款增加。面对重重困难,公司董事会率领全体职工艰苦奋斗,加强内部经营管理,抓好市场建设,经过多方努力,1—6 月份仍然取得了一定的经济效益。

上半年公司主营业务入 4806 万元,实现利润 401 万元,比上年同期(360 万元)增长 12%。其中生产机制纸及纸板 13006 吨,完成年计划的 43%;回收活性碱 1634 吨,完成年计划的 43%。市场销售方面,产品总销售量虽比上年同期减少,但销售利润率上年同期上升 2 个百分点,销售状况好于上年同期。

(2)募集资金使用情况

公司本次发行的 A 股股票,共募集资金 5617.68 万元。日处理 100 吨浆黑液碱回收节能项目已于 3 月 6 日破土动工,上半年投入资金 1670 万元,完成土建工程的 40%,主要设备已定货。年产二万吨兰桉造强韧箱板纸项目已完成前期设计和环保评审工作,上半年投入资金 15 万元。剩余资金存入银行,将按招股说明书要求,全部按计划用于两个投资项目。

2. 下半年经营计划

下半年公司将继续做好公司规范运行的各项工作,不断提高营运效率。进一步强化全面质量管理、成本管理、现代化管理,开源节流,严格控制费用支出,降低成本,提高经济效益,建立新的经济增长点。在巩固现有销售渠道的基础上,不断开拓新市场,使产销率达到 90% 以上,同时积极采取有效措施,加快应收帐款的回笼,加快资金周转,积极创造条件,尽快消化各种不利因素,努力实现公司一九九七年度生产经营的各项经济指标。

下半年公司还将继续抓紧搞好两个募集投资项目的建设,争取按时或提前完成工程计划进度,为项目的最终建成投产创效益打下良好基础。

三、重大事件的说明

1.1997 年 2 月 19 日,公司经中国证券监督管理委员会证监发字(1997)29 号文和证监发字(1997)30 号文批准,采用“全额预缴款、摇号抽签,余款转存”的方式,向社会公开定价发行人民币普通股(A)股 1578 万股,每股发行价 3.75 元。

2.1997 年 3 月 6 日,公司 1750 万股社会公众股(含内部职工股 172 万股)在上海证券交易所挂牌交易。

3. 按照国务院证券委、中国人民银行、国家经贸委 5 月 21 日联合发布的《严禁国有企业和上市公司炒作股票的规定》,公司进行了认真自查,本公司未参与股票炒作。本公司今后若从事股票投资,将严格遵循国家有关的政策法规和本公司章程的规定。

4. 本公司中期不分红。

5. 本报告期内公司无重大诉讼、仲裁事项。

四、发行在外股票的变动和股权结构的变化

1. 股本变化及股本结构情况

本报告期内,公司有社会公众股发行上市。股本变化及股本结构情况如下:(单位:万股)

	期初数	本次变动增减(+/-)			期末数
		发行新股	占额度上市的内部职工股	小计	
一、尚未流通股份					
1. 发起人股份					
其中:					
国家股	2800				2800
2. 募集法人股	800				800
3. 内部职工股	430		－172		258
尚未流通股份合计	4030				3858
二、已流通股份					
1. 境内上市的人民币普通股		+1578			
2. 占额度上市的内部职工股			+172		
已流通股份合计					1750
三、股份总数	4030			+1578	5608

2. 主要股东持股情况

股东名称	持股数(股)	占总股本比例(%)
云南大理造纸厂	28,000,000	· 49.93
云南大理卷烟厂	4,000,000	7.13
昆明水泥股份有限公司	4,000.00	7.13
申银万国证券公司	1,435,665	2.56
上海财政证券公司	1,043,829	1.86
广州国际信托投资公司	237,600	0.42
张谷	235,521	0.42
朱钢	222,682	0.40
于建民	200,000	0.36
西安万国公司	175,300	0.31

五、股东大会简介

本公司 96 年度股东大会,于 1997 年 6 月 26 日上午在公司供销楼三楼会议室召开,出席会议的股东 41 人,代表股份 39,519,211 股,占公司总股本的 70.47%,符合《公司法》和本公司章程的规定。大会审议并表决通过以下决议:

1. 审议通过了董事会 1996 年度工作报告;
2. 审议通过了 1996 年生产经营总结报告;
3. 审议通过了监事会 1996 年度工作报告;
4. 审议通过了 1996 年度财务报告(决算);
5. 审议通过了 1997 年度财务计划(预算);
6. 审议通过了 1996 年度利润分配方案。

六、备查文件

1. 载有公司董事长、总经理李畅根先生亲笔签名的中期报告原件。
2. 公司 1996 年度股东大会决议及其他材料。
3. 公司 1997 年《招股说明书》、《上市公告书》。

查阅地址:云南省大理市本公司证券部。

云南大理造纸股份有限公司

一九九七年八月二十七日

浙江钱江生物化学股份有限公司

浙江钱江生物化学股份有限公司A股上市公告书

一、要览

总股本:5006.266万股

可流通股本:1255股

本次上市流通股本:1255万股

证券编码:600796

股票类型:工业股

上市时间:1997年4月8日

登记机构:上海证券中央登记结算公司

上市推荐人:中信证券有限责任公司

二、绪言

本公告书依据《中华人民共和国公司法》、《股票发行与交易管理暂行条例》、《公开发行股票公司信息披露实施细则》、《上海证券交易所交易规则》及国家有关证券管理法规的规定,为本公司股票公开上市之目的而向社会公众提供各种资料。

经中国证券监督管理委员会证监发字〈1997〉60号文和证监发字〈1997〉61号文批准,已向社会公众公开发行人民币普通股1035万股,每股面值1.00元,每股发行价5.13元;另有定向募集内部职工股220万股公司职工股占额度上市;本次上市流通的股本总数为1255万股。接上海证券交易所上证上〈1997〉011号文,本公司1255万股可流通股将于1997年4月8日在上交所挂牌交易。

本公司于1997年3月17日在《中国证券报》、《上海证券报》上刊登了《招股说明书概要》,距今不足6个月,故与其重复的内容在此不再重述。敬请投资者查阅本公司的《招股说明书概要》。

本公司董事会成员已批准该上市公告书并确信本公告书不存在重大遗漏,亦不存在任何误导和虚假成分,愿就本公告书及相关资料的真实性、准确性、完整性负个别及连带责任。

三、本公司概况

1、发行人主要发起人简介

法定名称:浙江省海宁农药厂

注册资金:588万元

法定代表人:马炎

成立日期:1989年12月24日

经营范围:主营农药

所属行业:生物农药

本公司成立后,主要发起人即已注销。

2、发行人历史沿革

(1)股份制改制过程

1993年7月,经浙江省股份制试点协调小组浙股(1993)年41号文批准,以原浙江省海宁农药厂为主体,联合两家法人浙江省煤炭运销公司海宁运销处、海宁市石料厂共同发起,分别认购本公司股票2654.82万股、10万股,30万股,采用定向募集方式设立了本公司。

原浙江省海宁农药厂在本公司成立后即注销,原企业的所有债权债务由本公司承担。

目前,本公司的非经营性资产已经全部剥离,根据非经营性资产委托管理协议,此部分非经营性资产由浙江海宁市国资办委托本公司代为管理,本公司每年向浙江海宁市国资办支付此项资产使用费。

(2)历次股票发行情况

1993年7月,经浙江省股份制试点工作协调小组浙股(1993)41号文批准,以原浙江省海宁农药厂为主体,联合另两家法人浙江省煤炭运销公司海宁运销处、海宁市石料厂共同发起,分别认购本公司股票2654.82万股、10万股,30万股,各占本公司当时总股本的86.9%、0.33%、0.98%,形成发起人股;社会法人以现金60万元投入本公司,形成60万股社会法人股,占当时总股本的1.97%;另向公司职工募集300万元,形成300万股内部职工股,占当时总股本的9.82%;总股本为3054.82万股。股本结构如下:

股份类型	股数(万股)	占总股本的比例(%)
国家股:	2,654.82	86.9
法人股:	100	3.3
内部职工股:	300	9.8
总股本:	3,054.82	100.0

1996年10月31日,经浙江省证券委浙证委(1996)27号文批复,公司以1996年中期分红的方式,向全体股东每10股派送3股红股,共派送红股916.446万股,总股本变为3971.266万股。此次送股后,股本结构如下:

股份类型	股数(万股)	占总股本的比例(%)
国家股:	3,451.266	86.9
法人股:	130	3.3
内部职工股:	390	9.8
总股本:	3,971.266	100.0

四、股票发行情况及承销

1、本次上市前的社会公众股发行情况

发行数量:1035万股

发行价格:5.13元/每股

筹资总额:5309.55万元

发行方式:上网定价发行

配售比例:0.3121%

配售户数:10350户

持1000股以上的户数:10350户

发行费用总额:396万元

每股发行费用:0.383元

发行市盈率:14.99

2、主承销商及承销团成员分销比例及数量

无

3、验资报告(浙会验(1997)第41号)

浙江钱江生物化学股份有限公司全体股东:

我们接受委托,对浙江钱江生物化学股份有限公司截至1997年3月31日止的实收股本及相关的资产和负债的真实性和合法性进行了审验。在审验过程中,我们按照《独立审计实务公告第1号－验资》的要求,实施了必要的审计程序。浙江钱江生物化学股份有限公司的责任是提供真实、合法的验资资料,保护资产的安全、完整,我们的责任是按照《独立审计实务公告第1号－验资》的要求,出具真实、合法的验资报告。

浙江钱江生物化学股份有限公司申请的注册资本为50,062,660.00

元,根据我们的审验,浙江钱江生物化学股份有限公司本次公开发行前的股本总额为39,712,660.00元,业经本所浙会验(1996)第222号验资报告验证,本次公开发行A股股票1255万元(其中内部职工股占额度上市220万元)。截到1997年3月31日,浙江钱江生物化学股份有限公司已收到募集的股本10,350,000.00元,资本公积40,827,278.25元,已全部存入中国银行海宁市支行钱江生化股份公司存款户(帐号3018011000057)。

五、董事、监事、高级管理人员持股情况:

马炎先生,本公司董事长及总经理。持有本公司股票1300股,占总股本的0.0026%;

张月康先生,现任本公司董事长、副总经理。持有本公司股票1300股,占总股本的0.0026%;

范克森先生,现任本公司董事、常务副总经理。持有本公司股票1690股,占总股本的0.0034%;

柳庆隆先生,现任本公司董事、副总经理。持有本公司股票1300股,占总股本的0.0026%;

裘国寅先生,现任本公司董事、副总经理。持有本公司股票1300股,占总股本的0.0026%;

吴慕涛先生,现任本公司董事、总会计师。持有本公司股票1300股,占总股本的0.0026%;

任相朝先生,现任本公司董事。持有本公司股票0股;

王海寿先生,现任本公司监事会主席。持有本公司股票0股。

朱顺江先生,现任本公司监事会副主席。持有本公司股票910股,占总股本的0.0018%;

顾建中先生,现任本公司监事、综合部副经理。持有本公司股票1690股,占总股本的0.0034%;

沈建浩先生,现任本公司监事。持有本公司股票1300股,占总股本的0.0026%;

顾天鸿先生,现任本公司监事。持有本公司股票1300股,占总股本的0.0026%;

胡明先生,现任本公司董事会秘书,持有本公司股票1300股,占总股本的0.0026%;

六、公司设立

本公司1996年11月25日临时股东大会作出决议:公司股票公开发行后,申请在上海证券交易所挂牌交易。

公司股权变更登记工作已经结束,详细资料如下:

注册资金:5006.266万元

注册时间:1997年4月2日

注册地点:浙江省海宁市硖石镇

营业执照注册号码:14293966-2

七、无关联企业及关联交易

八、股本结构及大股东持股情况

1、上市前的股本结构

总股本:5006.266万股

尚未流通的股份:

(1)发起人股份

国家股:3451.266万股

境内法人股:52万股

(2)募集法人股:78万股

(3)内部职工股:170万股

可流通股份:

境内上市人民币普通股:

(1)本次公开发行股份:1035万股

(2)内部职工股(占额度部分):220万股

2、前十名股东所持股数及比例

序号	股东名单	持股数	持股比例
(1)	浙江省海宁市国有资产管理办公室	34,512,660	68.94%
(2)	浙江省化工进出口公司	416,000	0.83%
(3)	浙江省海宁市石料厂	390,000	0.78%
(4)	浙江省海宁市兴达包装用品厂	260,000	0.52%
(5)	浙江省煤炭运销公司海宁市运销处	130,000	0.26%
(6)	浙江省杭州市华兴贸易公司	104,000	0.21%
(7)	孙丽华	23,790	0.048%
(8)	叶小英	32,140	0.046%
(9)	贾晓燕	22,620	0.045%
(10)	许曼莉	22,490	0.045%

九、公司财务会计资料

1、审计报告(浙会审(1997)第104号)

浙江钱江生物化学股份有限公司全体股东:

我们接受委托,审计了贵公司1994年12月31日、1995年12月31日、1996年12月31日的资产负债表及1994年度、1995年度、1996年度的利润及利润分配表和1996年度财务状况变动表。这些会计报表由贵公司负责,我们的责任是对这些会计报表发表审计意见。我们的审计是依据中国注册会计师独立审计准则进行的。在审计过程中,我们结合公司实际情况,实施了包括抽查会计记录等我们认为必要的审计程序。

我们认为,上述会计报表符合《企业会计准则》和《股份制试点企业会计制度》的规定,在所有重大方面公允地反映了贵公司1994年12月31日、1995年12月31日、1996年12月31日的财务状况和1994年度、1995年度、1996年度的经营成果及1996年度的资金变动情况,会计处理方法的选用遵循了一贯性原则。

2、资产负债表、利润表及利润分配表、财务状况变动表见附表

3、主要会计政策及财务报表附注

1、会计制度:公司执行《股份制试点企业会计制度》及其补充规定。

2、会计年度:公历1月1日起至12月31日止。本报告期为1994年1月1日-1996年12月31日。

3、记帐原则和计价基础:按权责发生制,采用实际成本计价原则。

4、坏帐准备:按期末应收帐款余额的5‰计提,计入当期损益。

5、存货:实行永续盘存制。存货的核算方法:原材料、包装物、低值易耗品采用计划成本核算;产成品实行实际成本核算,采用加权平均法结转成本;低值易耗品摊销方法采用一次摊销法。

6、长期投资核算方法:

(1)债券投资:按成本法核算。每期结帐时,计算应计利息收入。

(2)股权投资:股权比例占50%(含50%)以下的投资项目采用成本法核算,股权比例占50%以上的采用权益法核算,并合并报表。

7、固定资产及其折旧:

固定资产按实际成本计价。固定资产标准为:使用年限在1年以上的房屋及建筑物、机器设备、运输工具以及其他与生产经营有关的设备、器具、工具等;单位价值在2,000元以上,且使用年限超过二年的非经营主要设备。固定资产折旧采用分类平均年限法,估计残值为原值的3%,固定资产分类及折旧率如下:

固定资产类别	折旧年限(年)	年折旧率(%)
房屋及建筑物	15-35	2.77-6.47
专用设备	5-15	6.47-19.40
运输设备	7	13.86
其他	7-10	9.7-13.86

8、无形资产及其摊销:

土地使用权自取得使用权月份起按土地出让期限摊销。

9、递延资产及其摊销:

按项目的受益年限平均摊销。

10、在建工程　　8,167,455.24

工程名称	工程进度	实际支用数	原预算数
阿佛菌素工程	30%	7,362,711.08	30,000,000.00
		其中:资本化利息:230909.4	
九二0二期工程	90%	429,744.16	470,000.00
上海浦东兴嘉大厦	待竣工决算	375,000.00	
小计		8,167,455.24	

11、税项:

(1)增值税

糖化酶、淀粉酶、柠檬酸等税率17%;九二0等其他农药税率13%;井冈霉素本年1-3月份税率13%,根据浙江省财政厅、浙江省国家税务局(1996)财税政4号浙国税-(1996)47号文规定,从4月1日起免缴。

根据财政部、国家税务总局财税字(1996)8号文规定,用于出口的九二0农药先按5.2%的征收率计算税款。

(2)城建税、教育费附加,分别按实际缴纳流转税额的5%、3.5%缴纳。

(3)所得税:根据海宁市人民政府海政发(1993)169号文批复同意(已经浙江省地税局确认),所得税减按15%征收。

12、营业收入实现的确认:商品已经发出,商品的所有权已自卖方转移给买方,收取货款或取得收取货款的证据时,确认营业收入的实现。

13、利润分配:

利润分配顺序为:

(1)弥补亏损;

(2)提取法定盈余公积金10%;

(3)提取公益金8%;

(4)提取任意盈余公积金;

(5)支付股利。

4、主要财务指标

	1996年	1995年	1994年
流动比率	166.0%	120.3%	90.8%
速动比率	57.4%	53.9%	47.0%
应收帐款周转率	20.9次	20.4次	10.7次
存货周转率	2.5次	3.5次	3.5次
资产负债率	49.4%	52.4%	50.7%
净资产收益率	26.7%	26.0%	13.0%
销售利润率	12.9%	12.0%	7.1%
平均每股收益	0.384元	0.36元	0.15元

十、董事会上市之承诺

根据《中华人民共和国公司法》、《股票发行与交易管理暂行条例》、《公开发行股票公司信息披露实施细则(试行)》和《上海证券交易所交易规则》及国家有关证券管理法规的要求,董事会向证券主管机关、上海证券交易所、广大投资者作出如下承诺:

1、按照法律、法规的规定程序及要求披露重大的信息,并接受证券主管机关、上海证券交易所的监督管理。

2、及时、真实、准确地公布中期报告和年度报告,并备置于规定场所供投资公众查阅。

3、本公司董事、监事及高级管理人员如发生人事变动或持有本公司股份数量发生变化时,在报告证券主管机关、证券交易所的同时向投资者公布。

4、在任何公共传播媒介中出现的信息可能对本公司股票的市场价格产生误导性影响时,本公司知悉后将及时对该消息予以公开澄清。

5、本公司董事、监事及高级管理人员将认真听取社会公众的意见和批评,不利用已获得的内幕消息和其他它不正当手段直接或间接从事股票买卖活动。

6、本公司没有无记录负债。

十一、无重要事项揭示

十二、咨询机构

发行人:浙江钱江生物化学股份有限公司

法定代表人:马炎

地址:浙江省海宁市硖石镇南

电话:0573-7023955

传真:0573-7035640

联系人:胡明　张菁

主承销商:中信证券有限责任公司

法定代表人:常振明

地址:北京市朝阳区新源南路6号京城大厦

电话:021-64156091　010-64665844

传真:021-64742979　010-64661493

联系人:郭瑞　邹永新

上市推荐人:中信证券有限责任公司

十三、备查文件

1、上海证券交易所上市通知书;

2、招股说明书;

3、浙江会计师事务所的审计报告;

4、验资报告;

5、资产评估报告;

6、本公司营业执照;

7、公司章程;

8、法律意见书;

9、中国证监会关于本公司公开发行股票的批准文件;

10、浙江钱江生物化学股份有限公司1996年度临时股东大会决议。

浙江钱江生物化学股份有限公司

1997年4月3日

财务状况变动表

(1996年度)

编制单位:浙江钱江生物化学股份有限公司　　单位:人民币元

流动资金来源和运用	金额	流动资金各项目的变动	金额
一、流动资金来源:		一、流动资产本年增加数:	
1、本年净利润	15,241,852.68	1、货币资金	2,466,053.38
加:不减不少流动资金的费用和损失:		2、短期投资	0.00
(1)固定资产折旧	3,697,209.62	3、应收票据	0.00
(2)无形资产、递延资产及其他资产摊销(减:其他负债转销)	616,055.72	4、应收帐款净额	3,246,689.86
(3)固定资产盘亏(减盘盈)		5、预付货款	-5,189,337.60
(4)处理固定资产损失(减收益)	-17,332.40	6、其他应收款	-1,317,205.97

(5)递延税款		7、待摊费用	183,590.45
(6)其他不影响流动资金的费用和损失		8、存货	13,673,746.01
小计	19,537,785.62	9、待处理流动资产损失(减收益)	0.00
2、其它来源:		10、一年内到期的长期债券投资	0.00
(1)固定资产清理收入(减清理费用)	40,767.20	11、其他流动资产	0.00
(2)增加长期负债	13,152,329.37		
(3)收回长期投资	474,400.00		
(4)对外投资转出固定资产			
(5)对外投资转出无形资产			
(6)资本净增加额	8,853,173.49	流动资产增加净额	13,063,536.13
小计	22,520,670.06		
流动资金来源合计	42,058,455.68	二、流动负债本年增加数:	
二、流动资金运用:		1、短期借款	1,680,000.00
1、利润分配:		2、应付票据	0.00
(1)提取法定公积金	1,524,185.27	3、应付帐款	4,396,502.57
(2)提取法定公益金	1,219,348.22	4、预收货款	-8,847,656.92
(3)提取任意公积金		5、应付福利费	226,054.57
(4)已分配股利	6,109,640.00	6、未付股利	-3,354,351.92
		7、未交税金	1,144,595.83
		8、其他未交款	-8,065.68
小计	8,853,173.49	9、其他应付款	1,890,616.91
2、其他运用:		10、预提费用	0.00
(1)固定资产和在建工程净增加额	14,780,041.58	11、一年内到期的长期负债	-750,000.00
(2)增加无形资产、递延资产及其他资产	1,529,692.17	12、其他流动负债	0.00
(3)偿还长期负债			
(4)增加长期投资	209,707,67	小计	16,519,441.42
流动资金运用合计	25,372,614.91	流动负债增加净额	-3,622,304.64
流动资金增加净额	16,685,840.77	流动资金增加净额	16,685,840.77

利润及利润分配表

(单位:人民币元)

	1996 年度	1995 年度	1994 年度
一、主营业务收入	118,583,495.62	102,665,169.44	65,258,872.27
减:营业成本	86,834,690.88	74,759,012.08	53,022,254.39
销售费用:	3,020,774.60	3,027,807.10	1,314,925.79
管理费用	10,364,046.02	12,588,776.47	5,692,317.01
财务费用	2,027,344.95	1,741,088.94	1,732,561.25
进货费用	0.00	0.00	0.00
营业税金及附加	89,695.70	98,087.42	125,380.81
二、主营业务利润	16,246,943.47	10,450,397.43	3,371,433.52
加:其他业务利润	50,675.23	129,386.35	9,762.95
三、营业利润	16,297,618.70	10,579,783.78	3,381,196.47
加:投资收益	270,851.67	278,852.20	116,056.26
补贴收入	1,397,200.00	1,878,800.00	1,285,200.00
营业外收入	104,358.41	18,443.65	4,780.66
减:营业外支出	355,603.94	442,057.60	166,267.33
加:以前年度损益调整		0.00	0.00
四、利润总额	17,714,424.84	12,313,822.03	4,620,966.06
减:所得税	2,472,572.16	1,447,340.41	152,210.19
减:少数股东损益	0.00	0.00	0.00
五、净利润	15,241,852.68	10,866,481.62	4,468,755.87
加:年初未分配利润	235,318.40	1,871,919.82	445,320.96
盈余公积转入数	0.00	0.00	0.00
六、可分配利润	15,477,171.08	12,738,401.44	4,914,076.83
减:提取法定公积金	1,524,185.27	1,086,684.17	446,875.59
提取法定公益金	1,219,348.22	869,318.54	357,500.46

七、可供股东分配的利润	12,733,637.59	10,782,434.73	4,109,700.78
减:提取任意公积金		7,192,764.41	
已分配普通股股利	6,109,640.00	3,354,351.92	2,237,780.96
八、未分配利润	6,623,997.59	235,318.40	1,871,919.82

资产负债表

(单位:人民币元)

资产	1996年12月31日	1995年12月31日	1994年12月31日	负债及股东权益	1996年12月31日	1995年12月31日	1994年12月31日
流动资产:				流动负债:			
货币资金	7,552,881.23	5,086,827.85	4,256,949.23	短期借款	8,880,000.00	7,200,000.00	8,050,000.00
短期投资	0.00	0.00	0.00	应付票据	0.00	0.00	0.00
应收票据	0.00	0.00	0.00	应付帐款	7,899,677.09	3,503,174.52	3,200,094.72
应收帐款	7,296,878.00	4,033,873.12	6,019,575.01	预收货款	7,868,645.22	16,716,302.14	9,539,552.26
减:坏帐准备	36,484.39	20,169.37	30,097.88	应付福利费	1,664,018.57	1,437,964.00	1,180,121.16
应收帐款净额	7,260,393.61	4,013,703.75	5,989,477.13	未付股利	0.00	3,543,351.92	2,237,780.96
预付货款	1,520,583.27	6,709,920.87	2,009,850.42	未交税金	358,045.50	-786,550.33	-208,943.00
其他应收款	3,750,619.15	5,067,825.12	2,314,240.38	其他未交款	426.34	8,492.02	10,500.00
待摊费用	1,769,745.74	1,586,155.29	1,800,584.59	其他应付款	11,414,743.76	9,524,126.85	3,544,867.12
存货	41,368,114.99	27,694,368.98	15,246,289.95	预提费用	0.00	0.00	0.00
待处理流动资产净损失	0.00	0.00	0.00	一年内到期的长期负债	0.00	750,000.00	7,250,000.00
一年内到期的长期债券投资	0.00	0.00	0.00	其他流动负债	0.00	0.00	0.00
其他流动资产	0.00	0.00	0.00		0.00	0.00	0.00
	0.00	0.00	0.00	流动负债合计	38,085,556.48	41,707,861.12	34,803,973.22
流动资产合计	63,222,337.99	50,158,801.86	31,617,391.70		0.00	0.00	0.00
长期投资:	0.00	0.00	0.00	长期负债:	0.00	0.00	0.00
长期投资	1,550,607.67	1,815,300.00	1,755,007.80	长期借款	16,620,000.00	6,000,000.00	0.00
其中:合并价差	0.00	0.00	0.00	应付债券	0.00	0.00	0.00
固定资产:	0.00	0.00	0.00	长期应付款	918,306.43	-1,614,022.94	478,989.97
固定资产原价	55,997,145.58	47,539,248.84	43,689,797.94	其他长期负债	0.00	0.00	0.00
减:累计折旧	19,065,318.98	15,412,548.58	11,840,710.07		0.00	0.00	0.00
固定资产净值	36,931,826.60	32,126,700.26	31,849,087.87	长期负债合计	17,538,306.43	4,385,977.06	478,989.97
固定资产清理		0.00	0.00	递延税项:	0.00	0.00	0.00
在建工程	8,167,455.24	1,913,184.42	2,407,595.53	递延税款贷项	0.00	0.00	0.00
待处理固定资产净损失	0.00	0.00	0.00	负债合计	55,623,862.91	46,093,838.18	35,282,963.19
固定资产合计	45,099,281.84	34,039,884.68	34,256,683.40		0.00	0.00	0.00
无形资产及递延资产:	0.00	0.00	0.00	少数股东权益	0.00	0.00	0.00
无形资产	1,695,752.58	1,887,907.56	1,946,728.60	股东权益	0.00	0.00	0.00
递延资产	1,140,975.82	35,184.39	38,262.30	股本	39,712,660.00	30,548,200.00	30,548,200.00
无形及递延资产合计	2,836,728.40	1,923,091.95	1,984,990.90	盈余公积	10,748,435.40	10,893,038.13	1,744,307.01
其他长期资产:	0.00	0.00	0.00	其中:公益金	2,489,613.17	1,270,264.95	400,946.41
其他长期资产:	0.00	0.00	0.00	未分配利润	6,623,997.59	235,318.40	1,871,919.82
递延税项:	0.00	0.00	0.00	外币报表折算差	0.00	0.00	0.00
递延税款借项	0.00	0.00	0.00	股东权益合计	57,085,092.99	41,843,240.31	34,331,110.61
资产总计	112,708,955.90	87,937,078.49	69,614,073.80	负债及股东权益总计	112,708,955.90	87,937,078.49	69,614,073.80

浙江天然集团股份有限公司

浙江天然集团股份有限公司股票上市公告书

一、要览

总股本	8,000万股
可流通股本:	3,000万股
本次上市流通股本:	3,000万股
股票简称:	浙江天然
股票代码:	600797
上市地点:	上海证券交易所
上市时间:	1997年4月18日
登记机构:	上海证券中央登记结算公司

二、绪言

本上市公告书是根据《中华人民共和国公司法》、《股票发行与交易管理暂行条例》、《公开发行股票公司信息披露实施细则》和《上海证券交易所市场业务试行规则》等国家法律、法规的规定编制的。本公司股票上市申请经上海证券交易所上证上字(1997)16号文批准,于1997年4月18日(星期五)在上海证券交易所挂牌交易,本次上市流通的股票均为1997年3月25日向社会公众发行的3,000万股A股,本公司内部职工股125万股的上市日期将按国家及上海证券交易所有关规定三年后上市。

本公司于1997年3月18日在《上海证券报》和《中国证券报》上刊登了《招股说明书概要》,距今不足六个月,故与其重复内容在此不再重述,敬请投资者查阅本公司的《招股说明书概要》。

本公司董事会及各位董事确信本公告书不存在任何重大遗漏或者误导,并对其真实性、准确性、完整性负个别的和连带的责任。

三、公司概况

1. 概况

公司法定名称:浙江天然集团股份有限公司

英文名称:ZHEJIANG NATURAL HOLDING LTD.

公司法定代表人:沈水荣

公司注册地址:浙江省绍兴市胜利东路

经营范围:羽毛、羽绒及制品、防绒布、服装鞋帽、针纺织品、床上用品的制造、加工及销售,公司自产产品的出口,公司生产所需的防绒布、染化料及助剂、设备的进口,承办中外合资经营、合作生产业务,承办来料加工、来样加工业务,开展补偿贸易业务。

公司成立日期:1994年1月8日

公司营业执照注册号:14294210—8

公司所属行业:工业

公司咨询电话:(0575)5114798

联系人:商洁尔

2. 公司历史沿革

公司前身绍兴市天然羽绒制品总公司,系绍兴市供销合作总社下属的集体所有制企业,成立于1985年1月。1993年12月27日经浙江省股份制试点工作协调小组(1993)68号文件批准,公司以定向募集方式设立浙江天然股份有限公司,1994年5月4日经浙江省计划经济委员会、浙江省经济体制改革委员会浙计经企(1994)337号文批准,以浙江天然股份有限公司为核心组建"浙江天然集团",同时批准浙江天然股份有限公司更名为浙江天然集团股份有限公司。

1997年1月,本公司经浙江省人民政府证券委员会以浙证委(1997)7号文批复同意,公司股份按1:0.5的比例同比例缩股,公司总股本由此缩减为5,000万股。

四、股票发行及承销

1. 本次公开发行

发行数量:3,000万股

发行价格:6.12元/股

发行方式:上网定价

配售比例:0.49666284%

配售户数:457,475户

持有1,000股以上的户数:29,492户

发行费用总额:563.49万元

每股发行费用:0.188元

发行市盈率:13.60倍

2. 股票承销

本次公开发行的3,000万股社会公众股已全部由社会公众认购。承销团成员无包销比例及数量。

3. 验资报告(摘自宁波会计师事务所宁会验字(1997)182号)

浙江天然集团股份有限公司全体股东:

我们接受委托,对贵公司截至1997年3月31日止的注册资本、实收股本变更情况的真实性和合法性进行了审验。在审验过程中,我们按照《独立审计实务公告第1号——验资》的要求,实施了必要的审验程序。贵公司的责任是提供真实、合法、完整的验资资料,保护资产的安全、完整,我们的责任是按照《独立审计实务公告第1号——验资》的要求,出具真实、合法的验资报告。

贵公司申请的注册资本为80000000元。经我们审验,本次社会公众股(A股)发行前,贵公司的股本总额为50000000元,业经本所验证,并出具宁会验字(1997)36号验资报告。经中国证券监督管理委员会证监发字(1997)63号、64号文批准贵公司向社会公众发行人民币普通股30000000股,每股面值1元,发行价每股6.12元,应募集资金183600000元,发行结束后,贵公司共募集资金180198400元(已扣除部分发行费用3401600元),其中股本30000000元,资本公积150198400元,本次公开发行后股本总额为80000000元。

附件:变更前后注册资本、实收股本明细表

宁波会计师事务所　　　　中国注册会计师　舒国平　邱韫

中　国　宁　波　　　　一九九七年三月三十一日

五、董事、监事及高级管理人员持股情况

姓　名	职　务	持股数量(股)	持股比例(‰)
沈水荣	董事长	4,000	0.05
徐秉铎	副董事长	-	-
陈元安	副董事长	-	-
鲍世还	董事	4,000	0.05
丁训宏	董事	4,000	0.05
任继勋	董事	-	-
姚张清	董事	-	-
陈其灿	监事召集人	2,000	0.025
汤剑平	监事	-	-

周根弟	监事	3,500	0.0437
周国建	副总经理	5,000	0.0625

本公司董事、监事和高级管理人员共持有本公司股票2.25万股,占公司总股本的0.2812‰,其持有股份按照《中华人民共和国公司法》规定在任职期间不得转让。

六、公司设立

1、公司1997年1月10日第四次临时股东大会作出决议:本公司向社会公众发行的3,000万股每股面值1元的普通股在上海证券交易所上市。

2、公司注册资金8,000万元。

3、本次发行后变更注册登记时间:1997年4月10日

4、公司注册地点:浙江省绍兴市胜利东路

5、营业执照注册号码:14294210-8

七、关联企业及关联交易

(一)本公司的大股东情况

名　　称	持有股份(万股)	持股比例(%)
绍兴市天然羽绒制品总公司	3,500	43.75%
中国高新轻纺投资公司	1,000	12.50%

(二)本公司控股子公司情况

名　称	注册资金(万元)	所占比例	主要业务
绍兴天然羽绒制品一厂	1,500	100%	羽毛、羽绒、羽绒制品、服装生产加工
绍兴天然羽绒制品二厂	500	100%	羽毛、羽绒、羽绒制品、服装生产加工
深圳天然羽绒制品公司	100	100%	羽绒制品、服装、自用原料进口、自产产品出口
宁波保税区天然羽绒公司	400	100%	国际贸易、转口贸易、羽绒及制品、针织品、服装
绍兴天然贸易公司	300	100%	羽绒及制品、服装、针织品
绍兴王朝大酒店	7,500	100%	住宿、餐饮、娱乐等
绍兴天然商场	50	100%	羽绒制品、百货、五金、交电销售
浙江高尔登羽绒有限公司	USD203.5	75%	羽绒、防绒布、羽绒制品
美国天然羽绒公司	USD39.2193*	100%	销售羽绒服装、代理定单
加拿大新太阳羽绒有限公司	USD75	20%	销售羽绒服装、代理定单

八、股本结构及大股东持股情况

(一)本次上市前股本结构

股　份　名　称	股数(万股)	占总股本比例(%)
总　股　本	8,000	100.00
其中:		
1、尚未流通部分:		
(1)发起人股份:	3,650	46.63
其中:法人股	3,650	46.63
(2)募集法人股	1,225	15.31
(3)内部职工股	125	1.56
2. 可流通股份	3,000	37.50

(二)前十名股东所持股数及比例

股东名称	持有股数(万股)	占总股本比例(%)
绍兴市天然羽绒制品总公司	3,500	43.75
中国高新轻纺投资公司	1,000	12.50
浙江茶叶进出口公司第二茶厂	150	1.88
绍兴市信托投资公司	100	1.25
绍兴市越通房地产公司	50	0.625
浙江长龙电机有限公司	50	0.625
绍兴市八达大夏	25	0.313
周国建	0.5	0.006
王丽华	0.5	0.006
王增华	0.5	0.006

九、公司财务会计资料

(一)审计报告

浙江天然集团股份有限公司全体股东:

我们接受委托,审计了贵公司1994年12月31日、1995年12月31日、1996年12月31日的合并资产负债表及母公司资产负债表,各该年度的合并利润及利润分配表和母公司利润及利润分配表,1996年度合并财务状况变动表及母公司财务状况变动表。这些会计报表由贵公司负责,我们的责任是对这些会计报表发表审计意见。我们的审计是依据《中国注册会计师独立审计准则》进行的。在审计过程中,我们结合贵公司实际情况,实施了包括抽查会计记录等我们认为必要的审计程序。

我们认为,上述会计报告符合《企业会计准则》和《股份制试点企业会计制度》的有关规定,在所有重大方面公允地反映了贵公司1994年12月31日、1995年12月31日、1996年12月31日的财务状况及各该年度的经营成果和1996年度的资金变动情况,会计处理方法的选用遵循了一贯性原则。

宁波会计师事务所　　中国注册会计师　　舒国平　邱韫

中国.宁波　　一九九七年一月十五日

(二)合并资产负债表、合并损益表、合并财务状况变动表分别见表1、表2、表3

表1:合并资产负债表　　单位:元

资　　产	1996年12月31日	1995年12月31日	1994年12月31日
流动资产:			
货币资金	30,620,933.78	14,313,227.41	11,417,384.94
短期投资	1,449,887.07	96,922.66	145,000.00
应收票据			
应收帐款	87,016,201.29	25,346,277.42	44,495,682.66
减:坏帐准备	429,350,.77	159,753.16	214,671.54
应收帐款净额	86,586,850.52	25,186,524.26	44,281,011.12
预付帐款	7,955,368.33	3,277,615.68	9,570,481.06
其他应收款	53,885,386.06	68,720,025.95	46,460,262.23
存货	56,442,405.94	79,831,381.30	65,408,778.79
待摊费用	3,724,002.36	4,824,990.07	4,740,312.55
流动资产合计	240,664,834.06	196,250,687.33	182,023,230.69
长期投资	6,180,760.91	19,970,580.00	4,711,610.90
其中:合并价差(贷差"—"号		86,575.10	86,575.10
固定资产:			
固定资产原价	169,249,702.72	122,713,509.18	36,393,569.24
减:累计折旧	15,642,060.05	9,981,108.39	5,721,330.16
固定资产净值	153,607,642.67	112,732,400.79	30,672,239.08
在建工程	917,095.42	22,763,458.41	71,579,608.89
固定资产合计	154,524,738.09	135,495,859.20	102,251,847.97
无形资产	10,386,339.87	8,482,435.00	8,940,945.00
递延资产	5,765,141.68	5,720,576.76	4,482,086.79
无形及递延资产合计	16,151,481.55	14,203,011.76	13,423,031.79
资产总计	417,521,814.61	365,920,138.29	302,409,721.35
负债及所有者权益	1996年12月31日	1995年12月31日	1994年12月31日
流动负债			

短期借款	155,577,684.95	132,636,112.17	96,217,761.66
应付票据	118,589.61		
应付帐款	75,376,148.69	38,321,525.00	28,895,287.89
预收货款	7,304,693.48	5,619,334.04	22,108,359.91
应付福利费	2,070,639.08	2,008,337.50	1,692,894.51
未付股利	9,000,000.00	16,000,000.00	18,000,000.00
未交税金	-2,414,121.06	-978,547.54	-10,546,077.47
其他未交款	503,667.95	155,714.02	31,656.87
其他应付款	22,841,790.39	33,267,103.05	34,763,698.82
预提费用	8,377,305.42	2,104,055.50	30,000.00
流动负债合计	278,756,398.51	229,133,633.74	191,193,582.19
长期负债:			
长期借款	10,000,000.00	23,391,014.00	
长期负债合计	10,000,000.00	23,391,014.00	
负债合计	288,756,398.51	252,524,647.74	191,193,582.19
少数股东权益	3,241,403.88	3,350,019.97	3,573,460.57
股东权益:			
股本	100,000,000.00	100,000,000.00	100,000,000.00
资本公积	389,709.71	389,709.71	389,709.71
盈余公积	12,099,322.19	7,619,971.19	4,295,646.16
其中:公益金	3,991,184.53	2,000,361.86	1,909,176.07
未分配利润	11,731,831.92	713,202.12	1,569,054.75
外币报表折算差额	1,303,148.40	1,322,587.56	1,388,267.97
股东权益合计	125,524,012.22	110,045,470.58	107,642,678.59
负债及股东权益总计	417,521,814.61	365,920,138.29	302,409,721.35

表 2:合并损益表　　　　单位:元

项　目	1996 年度	1995 年度	1994 年度
一、主营业务收入	312,275,119.57	290,822,344.84	325,130,970.30
减:营业成本	234,799,752.41	225,154,219.44	259,893,120.77
销售费用	12,422,101.63	11,270,978.45	16,545,653.86
管理费用	26,927,280.97	26,623,006.85	15,844,989.09
财务费用	10,472,092.31	6,993,639.05	6,390,266.46
进货费用	0.00	0.00	0.00
营业税金及附加	1,459,388.97	1,722,448.76	292,772.09
二、主营业务利润	26,194,503.28	19,058,052.29	26,164,168.03
加:其他业务利润	3,895,762.99	2,129,432.77	1,096,017.22
三、营业利润	30,090,266.27	21,187,485.06	27,260,185.25
加:投资收益	360,801.89	170,368.12	200,000.00
补贴收入	502,434.26	0.00	1,868,532.43
营业外收入	110,448.82	151,807.86	512,694.25
减:营业外支出	190,796.48	816,480.95	1,635,990.82
四、利润总额	30,873,154.76	20,693,180.09	28,205,421.11
减:所得税	6,483,790.05	2,505,362.59	4,158,588.16
减:少数股东损益	-108,616.09	-280,654.90	182,132.04
五、净利润	24,497,980.80	18,468,472.40	23,864,700.91

表 3:合并财务状况变动表(96 年)　　　　单位:元

一、流动资金来源	
1. 本年净利润	24497980.80
加:不减少流动资金的费用和损失	
(1)少数股东本期损益(亏损以"-"号表示)	-108616.00
(2)固定资产折旧	5768424.47
(3)无形、递延及其他资产推销(减其他负债转销)	1311123.67
(4)清理固定资产损失(减收益)	63335.27
小　计	31532248.12
2. 其他来源	
(1)固定资产清理收入(减清理费用)	301209.92
(2)增加长期负债	
(3)收回长期投资	13789819.09
(4)资本净增加额	4479351.00
小　计	18570380.01
流动资金来源合计	50102628.13
二、流动资金运用	
1. 利润分配	
(1)提取法定公积金	2488528.33
(2)提取法定公益金	1990822.67
(3)已分配股利	9000000.00
小　计	13479351.00
2. 少数股东利润分配	
3. 其他运用	
(1)固定资产和在建工程净增加额	25161848.55
(2)增加无形资产、递延资产及其他资产	3259593.46
(3)偿还长期负债	13391014.00
小　计	41812456.01
流动资金运用合计	55291807.01
外币会计报表折算差额	-19439.16
流动资金增加净额	-5208618.04
一、流动资产本年增加数	
1. 货币资金	16307706.37
2. 短期投资	1352964.41
3. 应收帐款净额	61400326.26
4. 预付货款	4677752.65
5. 其他应收款	-14834639.89
6. 待摊费用	-1100987.71
7. 存货	-23388975.36
流动资产净增加额	44414146.73
二、流动负债本年增加数	
1. 短期借款	22941572.78
2. 应付票据	118589.61
3. 应付帐款	37054623.69
4. 预收货款	1685359.44
5. 应付福利费	62301.58
6. 未付股利	-7000000.00
7. 未交税金	-1435573.52
8. 其他未交款	347953.93
9. 其他应付款	-10425312.66
10. 预提费用	6273249.92
流动负债增加净额	49622764.77
流动资金增加净额	-5208618.04

(三)财务报表附注

1. 会计制度

本公司执行中华人民共和国《股份制试点企业会计制度》

2. 会计期间

本公司采用公历年度为会计年度,即自公历 1 月 1 日至 12 月 31 日为一个会计年度。

3. 记帐原则和计价基础

本公司采用权责发生制原则记帐,以历史成本为计价基础。

4. 外币折算方法

本公司以人民币为记帐本位币,发生涉及外币的经济业务,按发生时市场汇率折合人民币记帐,在期末按市场汇率调整,由此产生的汇兑损益计入当期的财务费用。

5. 存货计价方法

本公司存货购入按实际成本计价,发出采用加权平均法核算,低值易耗品采用一次摊销法核算。

6. 固定资产及其折旧

本公司固定资产按实际成本计价,其标准为:使用年限在一年以上且单位价值在2000元以上。固定资产的折旧以分类直线法计算。本公司根据固定资产原价、预计可使用年限和预计残值率,分类别确定的年折旧率如下:

类　别	预计使用年限	预计残值率	年折旧率
房屋及建筑物	40年	3%	2.4%
机器设备	8-12年	3%	8.1-12.1%
运输设备	5-8年	3%	12.1-19.4%
其　他	5年	3%	19.4%

7. 坏帐准备

公司采用备抵法核算,每年按年末应收帐款余额的5‰计提坏帐准备。

8. 无形资产及其摊销

本公司无形资产为土地使用权,按其使用年限平均摊销。

9. 递延资产及其摊销

递延资产主要系开办费和装修费用,其中开办费按10年平均摊销,其他按5年平均摊销。

10. 利息资本化

本公司为购建固定资产而发生的借款,在固定资产办理竣工决算前所发生的利息支出计入固定资产成本,竣工决算后的利息支出计入当期损益。

11. 销售收入的确认

本公司以产品、商品已发出,劳务已提供,商品所有权已转移给买方,货款已收到或取得了索取货款的权利作为确认销售收入的原则。

12. 税项

税种	税率	备注
增值税	17%	出口退税比照外贸企业办理
营业税	5%	税目:餐饮、客房
营业税	10%	税目:娱乐
城市维护建设税	7%	按增值税、营业税额计算
教育费附加	3.5%	按增值税、营业税额计算

所得税:本公司及投资企业绍兴天然羽绒制品一厂、绍兴天然羽绒制品二厂、绍兴市天然贸易公司、绍兴天然商场、绍兴王朝大酒店根据浙江省人民政府办公厅浙政办发(1993)137号文件、当地税务局文件,1994年至1996年按15%税率计征所得税。根据浙江省人民政府浙政发(1997)2号文批复,本公司股票上市后所得税按15%税率计征,本公司投资企业深圳天然羽绒制品公司享受经济特区优惠政策按15%税率缴纳所得税;宁波保税区天然羽绒公司根据宁波市税务局保税区分局甬保税政(1993)19号文件和甬保税政(1996)29号文件规定至1997年底享受所得税全额返还待遇;美国天然羽绒公司按累进税率缴纳联邦、州、城市所得税,1994-1996年度缴纳情况如下(单位:美元):

税　项	1996年度	1995年度	1994年度
联邦所得税	256,761	2,175	7,200
州所得税	68,239	19,490	6,944
城市所得税	54,063	12,079	5,310
合　计	379,063	33,744	19,454

13. 主要会计指标	1996年	1995年	1994年
净资产收益率(%)	20.8	17.0	22.2
每股权益(元)	2.36	2.18	2.15
每股收益(元)	0.49	0.37	0.48
流动比率	0.86	0.86	0.95
速动比率	0.66	0.51	0.61
应收帐款周转率(%)	555.83	832.80	730.70
存货周转率(%)	344.60	310.04	397.34
股东权益比率(%)	30.06	30.07	35.60

14. 会计报表部分项目附注

(1)应收帐款

帐龄	户数	金额	比例
1年以内	166	79007569.69	90.80%
1—2年	68	4516957.75	5.19%
2—3年	34	2255519.32	2.59%
3年以上	5	1236154.53	1.42%
合计	273	87016201.29	100.00%

注:公司1996年年末应收帐款金额比1995年年末增加61669923.87元,增长243.31%。主要系1996年公司有较大一批外销定单交货期集中于年末而1995年度相对比较分散。

(2)其他应收款

帐龄	户数	金额	比例
1年以内	116	43996763.79	81.65%
1—2年	24	2495206.29	4.63%
2—3年	8	876056.67	1.63%
3年以上	3	1199830.08	2.23%
小计	151	48567856.83	—
加:应收出口退税款		5317529.23	9.86%
合　计		53885386.06	100.00%

(3)长期投资

1)股权投资

被投资单位	投资金额	备注
交通银行	1220000.00	股数为110.21万股,公司持股比例为0.01%
加拿大新太阳羽绒有限公司	551711.67	原币投资额USD150000,公司持股比例为20%

2)联营投资

被投资单位	投资金额	备注
美国Over Cast有限公司	2952599.14	原币金额USD355812,系1995年美国天然羽绒公司投资用于扩大美国销售市场
美国Wang Xiang-Xiang	1244730.00	原币金额USD150000,系美国天然羽绒公司1994年12月投资用于扩大销售,协议5年内收回所有投资款

3)债券投资

项目	金额	备注
国库券	103100.00	年利率13.96%,1997.6.15到期
国库券应计利息	22045.00	
4)合并价差	86575.10	高尔登公司投资价差
合计	6180760.91	

注1:合并价差产生原因为浙江高尔登羽绒有限公司增资时中外双方投入资金时间有先后,造成折算汇率不同而形成。

注2:公司1996年年末长期投资比1995年年末减少13789819.09元,下降69.05%。主要系公司收回对绍兴天然飞越印花有限公司投资13573507.50元。

(4)在建工程

工程项目	批准文号	预算数	实际支用数	完工程度

制品一厂中央空调系统	浙天集(96)52 号	70 万元	604954.36	95%
制品一厂集体宿舍车棚	浙天集(96)93 号	8 万元	31927.51	20%
制品二厂制品车间楼装修	浙天集(96)73 号	35 万元	280213.55	90%
合计			917095.42	

注:在建工程 1996 年年末余额比 1995 年年末减少 21846362.99 元,降低 95.97%。主要系公司下属被投资企业绍兴市天然羽绒制品二厂新厂房及绍兴王朝大酒店工程竣工转入固定资产造成。

(5)资本公积

项目	期末金额	备注
资本折算差额	64709.71	浙江高尔登羽绒有限公司 1994 年度增资时资本折算差额
接受捐赠	325000.00	深圳天然羽绒制品公司 1994 年接受捐赠形成
合计	389709.71	

(6)盈余公积

项目	期末金额	
法定盈余公积	6721845.66	其中:1994 年度税后利润提取 2386470.09
		1995 年度税后利润提取 1846847.24
		1996 年度税后利润提取 2488528.33
一般盈余公积	1386292.00	其中:1995 年公司购建职工住宅由公益金转入 1386292.00
公益金	3991184.53	其中:1994 年度税后利润提取 1909176.07
		1995 年度税后利润提取 1477477.70
		1996 年度税后利润提取 1990822.67
		(减:)1995 年公司购建职工住宅由公益金转出至一般盈余公积 1386292.00
合计	12099322.19	

(7)未分配利润

1994 年度	期初未分配利润	0.00
	加:本期增加数	23864700.91
	减:本期分配数	22295646.16
	期末未分配利润	1569054.75
1995 年度	期初未分配利润	1569054.75
	加:本期增加数	18468472.40
	减:本期分配数	19324325.03
	期末未分配利润	713202.12
1996 年度	期初未分配利润	713202.12
	加:本期增加数	24497980.80
	减:本期分配数	13479351.00
	期末未分配利润	11731831.92

十、董事会上市承诺

本公司董事会将严格遵守《中华人民共和国公司法》、《股票发行与交易管理暂行条例》、《上海证券交易所市场业务试行规则》和有关法律、法规的规定,并自股票上市之日起作出如下承诺:

1. 按照法律、法规的规定程序和要求披露重大的信息,并接受证券主管机关、上海证券交易所的监督管理。

2. 及时、真实、准确地公布中期报告和年度报告,并备置于规定场所供投资者查阅。

3. 本公司董事、监事及高级管理人员如发生人事变动或持本公司股票发生变化时,在报告证券主管机关和上海证券交易所的同时向投资者公布。

4. 在任何公共传播媒介中出现的消息可能对本公司股票的市场价格产生误导性影响时,本公司知悉后将及时对该消息予以公开澄清。

5. 本公司董事、监事及高级管理人员将认真听取社会公众的意见和批评,不利用已获得的内幕消息和其他不正当手段直接或间接从事股票买卖活动。

6. 本公司没有无记录负债。

十一、重要事项揭示

1. 本公司第四次临时股东大会决议,1996 年利润分配后尚余的 1173.18 万元,由老股东和本次社会公众股东共同享有。

2. 经宁波会计师事务所宁会审字(1997)006 号文审核,本公司 1997 年预计可实现利润 3319 万元,按发行上市后公司总股本 8000 万股全面摊薄,每股税后利润为 0.41 元。

3. 根据公司章程规定,本公司的税后利润按下列顺序分配:

(1)按国家规定弥补以前年度的亏损;

(2)提取税后利润的 10%为法定盈余公积金;

(3)提取税后利润的 5%—10%为公益金;

(4)经股东大会决议提取任意盈余公积金或留存待分配利润;

(5)支付普通股股利。

本公司每年派发一次年度股利,年度股利在每一会计年度结束后的六个月内分配。经股东大会决议,本公司可决定分配中期股利。

十二、备查文件

1. 公司成立的注册登记文件
2. 招股说明书
3. 审计报告
4. 验资报告
5. 营业执照
6. 公司章程
7. 法律意见书

十三、咨询机构

发行人:浙江天然集团股份有限公司
法定代表人:沈水荣
地址:浙江省绍兴市胜利东路
电话:(0575)5114798
传真:(0575)5126892
联系人:鲍世还　商洁尔

上市推荐人:申银万国证券股份有限公司
法定代表人:阚治东
地址:上海市南京东路 99 号
电话:(0571)7089165
传真:(0571)7917370
联系人:郑益甫　吴明干　陈钢

上市推荐人:中信证券有限责任公司
法定代表人:常振明
地址:北京市朝阳区新源南路 6 号京城大厦三楼
电话:(010)64661039
传真:(010)64661041
联系人:罗先文　郑刚

浙江天然集团股份有限公司
一九九七年四月十六日

黑龙江省阿城钢铁股份有限公司

黑龙江省阿城钢铁股份有限公司股票上市公告书

一、要览

总股本	15288万股
可流通股本	7000万股
本次上市流通股本	5000万股
证券编码	600799
上市地	上海证券交易所
上市时间	1997年4月16日
登记机构	上海证券中央登记结算公司
上市推荐人	国泰证券有限公司、光大证券有限责任公司

二、绪言

本公司股票上市公告书依据《中华人民共和国公司法》、《股票发行与交易管理暂行条例》和《上海证券交易所交易市场业务试行规则》的规定编制,并已经本公司董事会批准。本公司董事会及其成员确信本公告书所载资料不存在任何重大遗漏或者误导,并对其真实性、准确性和完整性负个别及连带责任,上市公告书的内容由本公司董事会负责解释。

黑龙江省阿城钢铁股份有限公司(以下简称"本公司")的股票发行经中国证券监督管理委员会证监发字[1997]79号和证监发字[1997]80号文件批准,已向社会公开发行人民币普通股(A股)5000万股,每股面值1.00元,发行价5.25元;股票上市申请经上海证券交易所〖上证上(1997)字第014号文〗审核同意,将于1997年4月16日(星期三)在上海证券交易所上市挂牌交易。本公司总股本为15288万股,本次上市流通的股票5000万股中全部为1997年3月28日向社会公开发行的新股。本公司的2000万股内部职工股不占用本次发行额度上市,将于本次发行期满三年后上市。

三、公司概况

1. 发行人主要发起人简介

公司名称:黑龙江省阿城钢铁集团公司

注册地址:黑龙江省阿城市北环路2号

联系电话:0451—3711944

注册资金:14270万元

法定代表人:邵玉峰

成立日期:1992年8月22日

本公司所属行业:黑色冶金行业

2. 历史沿革:

本公司的前身为黑龙江省阿城钢铁集团公司。黑龙江省阿城钢铁集团公司的前身为阿城市轧钢厂,建厂于1984年10月。1988年6月,投资9800万元兴建了中型轧钢厂,并更名为黑龙江省阿鞍中型联营轧钢厂。1992年经阿城市人民政府阿政复(1992)6号文批准改组为黑龙江省阿城钢铁集团公司。

1993年3月23日,经黑龙江省经济体制改革委员会黑体改复(1993)302号文批准,黑龙江省阿城钢铁集团公司以其所属的部分经营性资产投资入股,与黑龙江三鑫激光图像技术开发公司和黑龙江省东华经济贸易公司共同发起,以定向募集方式组建了黑龙江省阿城钢铁股份有限公司。

在三家发起人中,黑龙江省阿城钢铁集团公司以其截至1993年2月28日经评估后的部分净资产94192584元投入,折成法人股8188万股;黑龙江三鑫激光图像技术开发公司投入现金920000元,折成法人股80万股;黑龙江省东华经济贸易公司投入现金23万元,折成法人股20万股。发起人投入的净资产和现金折股比例均为1.15:1。定向募集内部职工股2000万股,每股按1.30元发行(每股面值为1.00元)。

1997年3月28日,本公司公开发行社会公众股5000万股,每股面值1.00元,发行价5.25元。

四、股票发行及承销

1. 股票公开发行:

社会公众股发行数量	5000万股
发行价	5.25元
募集资金总额	26250万元
发行方式	上网定价
配售比例	1.30729618%
配售户数	45645
持1000股以上的户数	45645
发行费用总额	1120万元
每股发行费用	0.224元
发行市盈率	15倍

2. 本次公开发行之5000万股社会公众股已全部由社会公众认购。承销团成员无分销股数。

3. 验资报告

黑龙江省阿城钢铁股份有限公司全体股东:

我们接受委托,对黑龙江省阿城钢铁股份有限公司截止1997年4月10日的实收股本及相关的资产和负债的真实性和合法性进行了审验。在审验过程中,我们按照《独立审计实务公告第一号——验资》的要求,实施了必要的审验程序。贵公司的责任是提供真实、合法、完整的验资资料,我们的责任是按照《独立审计实务公告第一号——验资)的要求,出具真实、合法的验资报告。

黑龙江省阿城钢铁股份有限公司变更前注册资本为102880000元,变更后的注册资本为152880000元。根据我们的审验,截止1997年4月10日止,黑龙江省阿城钢铁股份有限公司已收到向社会公开募集资金251300000元,其中股本50000000元,资本公积199990000元(每股发行价5.25元,共计5000万股,应募集资金262500000元,扣除发行费用11200000元,扣除中介机构费用1310000元,扣除上述费用后资本公积应为199990000元。(锁定资金利息没有到位,待到位后再予以披露)。变更后黑龙江省阿城钢铁股份有限公司所有者权益总额为482490380.29元,其中股本152880000.00元,资本公积261687415.10元,盈余公积16885763.80元(其中公益金5628587.93元),未分配利润51037201.39元。与上述变更后投入资本总额相关的资产总额为1019958223.54元,负债总额为537467843.25元。

哈尔滨会计师事务所　　中国注册会计师　李岩青

中国注册会计师　李丛艳

一九九七年四月十日

五、董事、监事及高级管理人员持股情况

1. 截止1997年4月14日,招股说明书披露之本公司董事、监事及高

级管理人员没有变动。

2.公司董事、监事和高级管理人员持股情况如下:

姓名	持股数量(股)	持股比例(%)
邵玉峰	10000	0.0065
赵　孟	6000	0.0039
刘树德	2000	0.0013
赵运铎	0	0
杨廷久	2000	0.0013
关文书	0	0
于少波	0	0
翟　伦	0	0
汪晓明	2000	0.0013
毕士安	1000	0.00065
李向东	0	0
崔执珍	0	0
王长海	2000	0.0013
王　义	0	0
赵俊峰	0	0
王国军	0	0
齐继凯	2000	0.0013
合　计	27000	0.018

本公司董事、监事和高级管理人员共持有本公司股票2.7万股。占本公司总股本的0.018%,其持有股份按照《中华人民共和国公司法》规定在任职期间不得转让。

六、公司设立

本公司1996年10月16日第四次股东大会作出决议:公司股票公开发行后,申请在上海证券交易所挂牌交易。

公司股权变更登记工作已经结束,详细资料如下:

注册资金:15288万元。注册时间:1997年4月10日。注册地址:黑龙江省阿城市北环路2号。营业执照注册号码:12749631-4。

七、关联企业及关联交易

1.关联企业:

本公司的发起人——黑龙江省阿城钢铁集团、黑龙江三鑫激光图像技术开发公司和黑龙江省东华经济贸易公司是本公司的关联企业。各企业概况如下:

——黑龙江省阿城钢铁集团公司

该公司于1992年9月成立,隶属于黑龙江省乡镇企业管理局,注册地为黑龙江省阿城市北环路2号,注册资本金为14270万元。主要从事中型钢材、线材、小圆钢的加工和贸易、旅游、房地产开发、运输、餐饮服务、物业管理等业务。该公司连续几年被列为全国最佳效益500家乡镇企业之一;1995年末被批准为国家级乡镇企业集团。

——黑龙江三鑫激光图像技术开发公司

该企业于1992年4月成立,注册地为黑龙江省阿城市,注册资本金为550万元,主要从事防伪商标、彩虹图片和激光全息系列产品的加工。

——黑龙江省东华经济贸易公司

该企业于1991年12月成立,隶属于黑龙江省乡镇企业管理局,注册地为黑龙江省阿城市,注册资本金为76万元,主要从事委托代理易货贸易、销售易货商品及非酒精饮料和副食品等业务。

2.关联交易

本公司与关联企业阿钢集团存在如下两笔关联交易:

——1996年12月26日,本公司与阿钢集团签订《土地使用权租赁合同》,本公司向阿钢集团租用其198944.2平方米土地的使用权,租期49年,年租金513,226元人民币。

——1996年12月16日,本公司与阿钢集团签订《服务合同》,该合同就阿钢集团向本公司提供各类服务的项目、收费标准及相应承诺等内容作了详细规定。

上述交易均依法订立了经济合同,合同对当事人的权利、义务均作了明确约定,本公司及股东的合法权益将不会因上述关联交易受到损害,本公司今后将尽量避免与关联企业发生经济往来,以切实保护本公司及股东的利益。

八、股本结构及大股东持股情况

1.本公司上市前股本结构为:

股权分类	股数(股)	占总股本的比例(%)
尚未流通股份:	102880000	67.29
发起人法人股(境内)	82880000	54.21
内部职工股	20000000	13.08
可流通股份:		
社会公众股	50000000	32.71
总股本	152880000	100.00

2.前十名股东所持股数及比例:

	股东名称	持股数量(万股)	比例(%)
1	黑龙江省阿城钢铁集团公司	8188	53.56
2	黑龙江三鑫激光图像开发公司	80	0.52
3	张云帆	40.49	0.26
4	李威	31.85	0.21
5	许振清	30	0.20
6	王欣丰	26	0.17
7	黑龙江省东华经济贸易公司	20	0.13
8	王重华	20	0.13
9	张喜文	10	0.065
10	张清娟	10	0.065

九、公司财务会计资料

1.审计报告

黑龙江省阿城钢铁股份有限公司董事会:

我们接受委托,审计了贵公司1994年12月31日、1995年12月31日、1996年12月31日的资产负债表,1994年度、1995年度、1996年度的利润及利润分配表和1996年度的财务状况变动表,这些会计报表由贵公司负责,我们的责任是对这些会计报表发表审计意见。我们的审计是依据中国注册会计师独立审计准则进行的。在审计过程中,我们结合贵公司实际情况,实施了包括抽查会计记录等我们认为必要的审计程序。

我们认为,上述会计报表符合《企业会计准则》和《股份制试点企业会计制度》的有关规定,在所有重大方面公允地反映了贵公司1994年12月31日、1995年12月31日、1996年12月31日的财务状况及1994年度、1995年度、1996年度经营成果和1996年度资金变动情况,会计处理方法的选用遵循了一贯性原则。

哈尔滨会计师事务所

中国·哈尔滨

一九九七年一月九日

2.财务报表(附后)

3.主要会计政策和财务报表附注

主要会计政策:

(1)、会计制度:执行中华人民共和国《股份制试点企业会计制度》;

(2)、会计期间:会计年度采用公历年度,即一月一日至十二月三十一日;

(3)、记帐原则和计价基础:

本公司以权责发生制为记帐原则,以实际发生的历史成本为计价基础;

(4)、存货计价:存货按实际成本计价;存货发出采用全月一次加权平均法确定其实际成本;低值易耗品采用领用时一次摊销法核算;存货核算实行永续盘存制;

(5)、长期投资:债券投资采用历史成本法核算;

(6)、固定资产计价及其折旧方法:

固定资产的标准为使用期限超过一年的房屋、建筑物、机器、机械、运输工具以及其他与生产经营有关的设备、器具、工具等,不属于生产经营主要设备的物品,单位价值在2000元以上,并且使用期限超过2年的,也作为固定资产。

固定资产按实际成本计价,或评估确认后的金额计价;

固定资产折旧采用"直线法"计算,并按各类固定资产的原值和预计的使用年限,扣除残值(原值的5%)制定期折旧率,分类折旧率如下:

类别	使用年限(年)	年折旧率
房屋及建筑物	40年	2.2%
通用设备	18年	5.28%
专用设备	20年	4.75%
运输设备	8-12年	11.875%-7.92%
其他	8-12年	11.875%-7.92%

(7)、无形资产摊销:

无形资产——用电权按受益期限(20年)采用"直线法"摊销。

(8)、收入实现条件:

产品销售。以产品已经发出,所有权转移到买方,同时收到货款或取得收取货款的凭据时作为收入实现。

劳务销售。以劳务已经提供、收到货款或取得收取款项的凭据时,作为收入实现。

(9)、利润分配:

本公司分配当年税后利润时,提取净利润的百分之十列入公司法定公积金,提取百分之五列入公司法定公益金,其余可供股东分配的利润由董事会提出分配方案,股东大会审议决定。

(10).主要税项:

本公司增值税税率为17%,营业税税率为3%;城市维护建设税按增值税、营业税的7%交纳;教育费附加1994年按增值税、营业税的3%、1995年、1996年按增值税、营业税的4%交纳。

根据哈尔滨市人民政府哈政发[1997]5号《哈尔滨市人民政府关于同意免征阿城钢铁股份有限公司3年企业所得税的批复》的批准文件,免征所得税三年,一九九五年免交增值税1480万元。

(11).坏帐准备:

按年末应收帐款余额的3‰提取。

财务报表附注:

(1)应收帐款期末余额为171962344.13元。其中:帐龄在一年以内的81332796.67元,占总额的47.3%,90户;1-2年的52924649.22元,占总额的30.8%,98户;2—3年的23576479.43元,占总额的13.7%,77户;3年以上的14128418.81元,占总额的8.2%,59户。金额较大的帐户有:

成都双流公司	8931416.65元
齐齐哈尔车辆厂	8212517.17元
北京华丰公司	4444668.92元
通化东昌金属材料公司	4,159,348.28元
吉林二轻经销公司	3122782.64元
山西金属材料公司	2,601,219.52元
哈尔滨钢厂	1983042.83元
吉林黄金物资经销公司	1955464.64元
宜昌楚源物资公司	1655273.46元
哈尔滨市易货贸易所	1619578.64元
天津一商局	1539201.80元
东煤物资公司哈分公司	1476646.19元
齐齐哈尔车辆厂开发公司	1452154.20元
阿城乡企局供销处	1440980.32元
鞍山坦丰公司	1337725.54元
中储沈阳公司孤家子库	1186193.02元
北联冶金公司	1153421.51元
佳木斯集运物资公司	1093803.47元

(2).其他应收款期末余额为25477438.34元,其中帐龄在一年以内的9469144.48元,占总额的37.2%,往来户数为145户;帐龄在1-2年的11573594.29元,占总额的45.4%,往来户数为141户;帐龄在2-3年的1489635.62元,占总额的5.8%,往来户数为35户;帐龄在3年以上的2945063.95元,占总金额的11.6%,往来户数为19户,金额较大的有:

单位	金额	内容和性质
哈尔滨铁厂	6118197.48元	暂借款
玉泉威虎山森林公园	4176732.70元	暂借款
哈尔滨第四百货商店	1000000.00元	暂借款
阿城供电局	525086.15元	预付电费
阿城市产业物资公司	1056342.18元	暂借款
三中家属楼电费、取暖费	147778.73元	代垫款
济南东方炉技研究所	230000.00元	委托代购设备
阿城涤纶联营二厂	347284.08元	暂借款
其他	11876017.02元	
合计	25477438.34元	

其他应收款中无持有本公司5%以上股份的主要股东单位的欠款。

(3).存货期末余额为57654306.13元,其中:

原材料:44768752.31元

低值易耗品:80829.63元

产成品:12804724.19元

存货1996年12月31日较1995年12月31日降低近30%,原因如下:

1)1996年由于建设第二炼钢厂,资金比较紧张,在采购原材料的过程中,材料款不能及时承付,赊销过多,对方在没有收到材料款的情况下,为了减轻税金造成的资金压力,未及时给我公司出具增值税发票,因此没办理材料入帐手续和假入库,但为了不影响生产,在材料入厂后,先按合同价出库投入生产,形成原材料先出库后入帐,总金额达1402万元,1996年存货降低幅度较大。

2)1996年生产过程中消耗上年库存存货1574万元,其中原材料918.6万元,备品备件655.4万元,也是1996年存货降低的主要原因。

(4).长期投资期末余额100000.00元,全部为债券投资。

债券种类	到期日	面值	年利率	投资金额
国库券	1998.4	100000	13.96%	100000

(5).固定资产及累计折旧

固定资产类别及原价	期初价值	本年增加	本年减少	期末余额
一、固定资产原价	249356959.49	18970036.40	—	268326995.89
1.房屋建筑物	89263794.09	8890444.62	—	98154238.71
2.通用设备	64259993.90	640944.17	—	64900938.07
3.专用设备	86689239.50	6833985.85	—	93523225.35
4.运输设备	7801472.00	2179037.64	—	9980509.64
5.其它	1342460.00	425624.12	—	1768084.12
二、累计折旧	37226947.21	10272384.93	—	47499332.14
1.房屋建筑物	7230714.46	2082777.77	—	9313492.23
2.通用设备	10591226.98	3223228.77	—	13854455.75
3.专用设备	17781607.62	4207011.46	—	21988619.08
4.运输设备	1500814.77	642637.17	—	2143451.94

5.其它	122583.38	116729.76	—	199313.14
三、净值	212130012.28			220827663.75

(6)在建工程期末余额为199636645.95元,其中:

工程名称	工程进度	实际支出数	原预算数
第二炼钢厂	56.3%	199636645.95	354542000.00

第二炼钢厂的工程项目是哈尔滨市经济贸易委员会哈经贸技改字(1995)350、351、352、353、354号,哈经贸技改字(1996)391、392、393号文件批准的,其资金来源是通过银行贷款、发行债券及企业自筹解决的。

第二炼钢厂项目从1995年开始筹建,陆续投入大量的资金,已完成主厂房混凝土基础制作,钢结构安装和辅助工程施工以及部分设备的订货与制造,目前形象进度均为60%。此项目完工期在1997年6月,这是在建工程1996年12月31日比1995年12月31日增加153589967.50元,增加333.6的原因。

(7)无形资产期末余额为3606080.00元,其中:

无形资产种类	原　值	已摊销金额	期末余额	剩余摊销年限
用电权	5730000.00	2123920.00	3606080.00	12.59年

阿城钢铁集团公司投入阿城钢铁股份有限公司用电权为3000KV,帐面价值540万元,用电权的年限为二十年,起始时间为1989年8月,1993年2月28日,资产评估重值完全价值为573万元,净值470.433万元,截止评估时已使用3.58年,从1993年3月至1996年12月共计3年10个月,共摊销109.825万元(每年应摊销金额28.65万元),1996年12月31日无形资产一用电权余额为360.608万元,剩余摊销年限12.59年。

(8)、应付帐款期末余额为140702376.20元,其中金额较大的有:

(1)鞍钢第一初轧厂　133079962.23元

(2)鞍钢第二炼钢厂　3903453.32元

(9)、未付股利期末余额为3174659.60元,系1994年、1995年度分配的股利尚未支付的部分,尚有部分股民没领取股利。

未付股利1996年12月31日比1995年12月31日减少5554091.40元,减少63.6%,系1996年支付了1994年、1995年分配的个人股股利。

(10)、未交税金期末余额为13595740.14元,其中:

税种	金额
增值税	13277230.33元
城市维护建设税	318509.81元

未交税金1996年12月31日比1995年12月31日增加了7571062.64元,增加125.7%,主要是本公司正在建设第二炼钢厂,极缺资金,地方政府和税务部门为支持企业上新项目,而缓征增值税和城市维护建设税,已分别获得国税、地税两局的延期缴纳税款的批件。

(11).长期借款期末余额为123182000.00元,其中:

贷款单位	借款日	到期日	年利率	币种	金额	借款条件
中国农业银行阿城支行	96.6.28	98.6.27	12.24%	人民币	57182000.00	担保
中国建设银行阿城支行	96.10.22	99.10.21	10.98%	人民币	33000000.00	抵押
中国建设银行阿城支行	96.4.30	99.4.29	13.5%	人民币	20000000.00	抵押
中国建设银行阿城支行	96.2.25	2000.2.24	15.12%	人民币	13000000.00	抵押

长期借款1996年12月31日比1995年12月31日增加66000000.00元,增加115.4%,系为建设第二炼钢厂而增加的项目改造建设贷款。

(12).股本期末余额为102880000.00元。

本公司经黑龙江省经济体制改革委员会[体改委发(1993)302号]文批准,由黑龙江省阿城钢铁集团公司、黑龙江省三鑫激光图像技术开发公司、黑龙江省东华经济贸易公司三家共同发起设立定向募集股份有限公司,黑龙江省阿城钢铁集团公司以其截止1993年2月28日经评估后的净资产94192584元投入,折成法人股8188万股;黑龙江省三鑫激光图像技术开发公司投入资金920000元,折成法人股80万股;黑龙江省东华经济贸易公司投入23万元,折成法人股20万股,发起人投入的净资产和现金折股比例均为1.15:1。本公司定向募集内部职工股2000万股,每股按1.30元发行(每股面值1.00元),具体为:

股权分类	期初数(股)	增加数(股)	减少数(股)	期末数(股)
	96.2.28	—	—	96.12.31
法人股	82880000	—	—	82880000
内部职工股	20000000	—	—	20000000
总股本	102880000	—	—	102880000

(13).资本公积

	1996.12.31	1995.12.31	1994.12.31
法人股溢价收入	12432000.00	12432000.00	12432000.00
内部职工股溢价收入	6000000.00	6000000.00	6000000.00
1993年会计科目对接时形成	5968415.10	5968415.10	5968415.10
接受损赠	1000.00	1000.00	1000.00
94年法人股股利转赠	20720000.00	20720000.00	20720000.00
95年法人股股利转赠	16576000.00	16576000.00	
合计	61697415.10	61697415.10	45121415.10

(14)、盈余公积期末余额为16885763.80元,具体增减变动情况如下:

	1996.12.31	1995.12.31	1994.12.31
年度净利润	30789673.17	43303183.07	34048651.00
法定盈余公积10%	3078967.32	4330318.31	3404865.10
公益金5%	1539483.66	2165159.15	1702432.55
提取盈余公积合计	4618450.98	6495477.46	5107297.65
加:期初盈余公积	12267312.82	5771835.36	664537.71
期末盈余公积	16885763.80	12267312.82	5771835.36

1996年12月31日比1995年12月31日增加4618450.98元,增加37.6%,系按1996年度实现税后利润10%提取的法定盈余公积金3078967.32元,按5%提取的公益金1539483.66元。

(15)未分配利润期末余额为49389994.86元,具体增减变动情况如下:

	1996.12.31	1995.12.31	1994.12.31
年度净利润	30789673.17	43303183.07	34048651.00
减:提取盈余公积	4618450.98	6495477.46	5107297.64
加:年初未分配利润	23218772.67	6987067.06	3765713.71
减:分配股利	—	20576000.00	25720000.00
年末未分配利润	49389994.86	23218772.67	6987067.06

4.截至1997年4月10日,本公司无主要合同承诺与或有负债事项。

5.主要财务指标:

财务指标	1996年	1995年	1994年
流动比率	1.01	1.01	0.87
速动比率	0.76	0.70	0.52
应收帐款周转率	1.34	1.52	1.83
存货周转率	2.66	2.13	2.10
股东权益比率	33%	36%	33%
净资产收益率	14.3%	23.9%	21.2%
每股税后利润	0.30	0.42	0.33

注:以上指标按照截止于1996年12月31日的前三个会计年度的财务报表计算;

速动资产为流动资产减去存货、待摊费用、预付帐款;

应收帐款平均余额为(期初数+期末数)/2

十、董事会上市承诺

本公司董事会承诺将严格遵守《公司法》、《股票发行与交易管理暂行条例》、《公开发行股票公司信息披露实施细则》、《上海证券交易所交易市场业务试行规则》和有关法律、法规的规定,并自股票上市之日起作出如

下承诺:

1. 按照法律、法规的规定程序和要求披露重大的信息,并接受证券主管机关、上海证券交易所的监督管理。

2. 及时、真实、准确地公布中期报告和年度报告,并备置于规定场所供投资者公众查阅。

3. 本公司董事、监事及高级管理人员如发生人事变动或持本公司股票发生变化时,在报告证券主管机关、证券交易所的同时向投资者公布。

4. 在任何公共传播媒介中出现的消息可能对本公司股票的市场价格产生误导性影响时,本公司知悉后将及时对该消息予以公开澄清。

5. 本公司董事、监事及高级管理人员将认真听取社会公众的意见和批评,不利用已获得的内幕消息和其他不正当手段直接或间接从事股票买卖活动。

6. 本公司没有无记录负债。

十一、重要事项提示

本公司一九九七年预计实现销售收入 382807400 元,主营业务利润 46872000 元,利润总额 49190000 元,税后净利润 41811500 元,每股税后利润 0.273 元。

凡购买 1997 年 3 月 28 日发行的股票的投资者,将不参与本公司 1996 年的利润分配。

其他重要事项请阅读招股说明书。

十二、备查文件

1. 招股说明书
2. 哈尔滨会计师事务所的审计报告
3. 验资报告
4. 资产评估报告
5. 本公司营业执照
6. 公司章程
7. 法律意见书
8. 中国证监会关于本公司公开发行股票的批准文件
9. 黑龙江省阿城钢铁股份有限公司第四次股东大会决议

查阅地点:黑龙江省阿城钢铁股份有限公司

国泰证券有限公司

黑龙江省阿城钢铁股份有限公司

一九九七年四月十四日

资产负债表

编制单位:阿城钢铁股份有限公司　　　　金额单位:元

资　　产	1996.12.31	1995.12.31	1994.12.31	负债及股东权益	1996.12.31	1995.12.31	1994.12.31
流动资产:				流动负债:			
货币资金	6509294.62	5986553.28	2905713.87	短期借款	69314985.00	69119405.00	53999910.00
短期投资			100000.00	应付票据			2500000.00
应收帐款	171962344.13	169344565.71	133137762.56	应收帐款	140702376.20	182964557.48	200474136.82
减:坏帐准备	515887.03	508033.69	399413.29	预收帐款			
应收帐款净额	171446457.10	168836532.02	132738349.27	应付福利费	-696252.26	184345.15	281046.07
预付帐款				未付股利	3174659.60	8728751.00	4729031.00
其他应收款	25477438.34	28769095.86	24680065.98	应交税金	13595740.14	6024667.50	24618807.84
待摊费用	6546929.22	11578977.07	14269551.71	其他未交款	307118.05	324538.24	585102.10
存货	57654306.13	81117749.42	95291820.29	其他应付款	38190311.16	21235910.04	19207985.01
流动资产合计	267634425.41	296288907.65	269985501.12	预提费用	955545.86	3960134.78	2872204.80
长期投资				流动负债合计	265544483.75	292542319.19	309268223.64
长期投资	100000.00	100000.00	100000.00	长期投资:			
固定资产:				长期借款	123182000.00	57182000.00	6532000.00
固定资产原价	268326995.89	249356959.49	235960095.89	应付债券	63500000.00		
减:累计折旧	47499332.14	37226947.21	27502026.21	长期应付款			
固定资产净值	220827663.75	212130012.28	208458069.68	其他长期负债	8725157.58	8670358.58	7751383.90
在建工程	199636645.93	46046678.43	1589274.26	长期负债合计	195407157.58	65852358.58	14283383.90
				负债合计	460951641.33	358394677.77	323551607.54
固定资产合计	420465309.68	258176690.71	210047343.94	少数股东权益			
无形资产及递延资产				股东权益:			
其中:无形资产	3606080.00	3892580.00	4179080.00	股本	102880000.00	10288000.00	102880000.00
递延资产				资本公积	61697415.10	61697415.10	45121415.10
				盈余公积	16885763.80	12267312.82	5771835.36
				其中:公益金	5628587.93	4089104.27	1923945.12
				未分配利润	49389994.86	23218772.67	6987067.06
无形资产及递延资产合计	3606080.00	3892580.00	4179080.00	股东权益合计	230853173.76	200063500.59	160760317.52
资产总计	691804815.09	558458178.36	484311925.06	负债及权益合计	691804815.09	558458178.36	484311925.06

利润及利润分配表

编制单位:阿城钢铁股份有限公司　　　　金额单位:元

项　目	1996年度	1995年度	1994年度	项　目	1996年度	1995年度	1994年度
主营业务收入	227641718.99	229635830.70	246502388.67	减:营业外支出	87259.33	271659.02	152341.38
减:营业成本	184735704.05	1878878529.33	200113032.03	利润总额	30789673.17	43303183.07	34048651.00
销售费用	1768956.73	2307436.75	1561170.88	减:所得税			
管理费用	5183999.34	5455881.15	4239473.57	净利润	30789673.17	43303183.07	34048651.00
财务费用	6848183.85	8515075.25	6811163.24	加:年初未分配利润	23218772.67	6987067.06	3765713.71
营业税金及附加	218929.56	317118.37	1345405.52	可分配利润	54088445.84	50290250.13	37814364.71
主营业务利润	28885945.46	25152789.85	32432143.43	减:提取法定公积金	3078967.32	4330318.31	3404865.10
加:其它业务利润	1958188.69	2782330.86	1583293.16	提取法定公益金	1539483.66	2165159.15	1702432.55
营业利润	30844134.15	27935120.71	34015436.59	可供股东分配的利润	49389994.86	43794772.67	32707067.06
加:投资收益		12888.00		减:已分配普通股利		20576000.00	25720000.00
补贴收入		14800000.00		未分配利润	49389994.86	23218772.67	6987067.06
营业外收入	32798.35	826833.38	185555.79				

财务状况变动表

编制单位:阿城钢铁股份有限公司　　　　金额单位:元

流动资金来源和运用	金额	流动资金各项目的变动	金额
一、流动资金来源		一、流动资产本年增加数	
1.本年净利润	30789673.17	1.货币资金	522741.34
加:不减少流动资金的费用和损失:		2.短期投资	
(1)固定资产折旧	10272384.93	3.应收票据	
(2)无形资产、递延资产及其他资产摊销(减:其他负债转销)	286500.00	4.应收帐款净额	2609925.08
		5.预付货款	
(3)固定资产盘亏(减盘盈)		6.其他应收款	−3291657.52
(4)清理固定资产损失(减收益)		7.待摊费用	−5032047.85
(5)递延税款		8.存货	−23463443.29
(6)其他不减少流动资金的费用和损失		9.待处理流动资产净损失	
小计	41348558.10	10.一年内到期的长期债券投资	
2.其他来源		11.其他流动资产	
(1)固定资产清理收入(减清理费用)	186736799.00		
(2)增加长期负债			
(3)收回长期投资			
(4)对外转出固定资产			
(5)对外投资转出无形资产			
(6)资产净增加额	4618450.98		
小计	191355249.98		−28654482.24
流动资金来源合计	232703808.08	流动资产增加净额	
二、流动资金运用		二、流动负债本年增加数	195580.00
1.利润分配		1.短期借款	
(1)提取法定公积金	3078967.32	2.应付票据	
(2)提取法定公益金	1539483.66	3.应付帐款	−42262181.28
(3)提取任意公积金		4.预收帐款	
(4)已分配股利		5.应付福利费	−880597.41
小计	4618450.98	6.未付股利	−5554091.40
2.其他运用		7.未交税金	7571062.64
(1)固定资产和在建工程净增加额	172560003.90	8.其他未交款	−17420.19
(2)增加无形资产、递延资产和其他资产		9.其他应付款	16954401.12
(3)偿还长期负债	57182000.00	10.预提费用	−3004588.92
(4)增加长期投资		11.一年内到期的长期负债	
小计	229742003.90	12.其他流动负债	
流动资金运用合计	234360454.88	流动负债增加净额	−26997835.44
流动资金增加净额	−1656646.80	流动资金增加净额	−1656646.80

天津环球磁卡股份有限公司

1996年年度报告摘要　（摘选）

一、公司简况

公司名称：天津环球磁卡股份有限公司
法人代表：刘栋来　　　邮政编码：300202
公司地址：天津市河西区解放南路325号
电话：(022)28338401　　传真：(022)28319333

二、主要财务数据与财务指标

指标项目	本年数	上年数	比上年增减(%)
1.主营业务收入(万元)	12611	9207	36.97
2.净利润(万元)	4424	2799	58.06
3.总资产(万元)	38618	28117	37.35
4.股东权益(万元)	23156	18561	24.76
5.每股收益(元)	0.60	0.38	57.89
6.每股净资产(元)	3.18	2.54	25.20
7.净资产收益率(%)	19.11	15.08	26.72
8.股东权益比率(%)	59.96	66.01	-9.17

三、公司主要业务回顾

1. 一年来的经营情况

一九九六年是公司在各方面取得辉煌成绩的一年，面对竞争日益激烈的市场，公司把转变思想作为主旋律，用大市场的观念统一思想，通过加大改革力度，加强科学化管理，进一步开拓国内外两个市场，使公司在九五年高速发展的基础上，九六年继续保持了强劲的发展势头，不但保持了国内第一的市场占有率，而且抢占了国际市场，各项经济指标再创本公司历史最好水平。

全年完成主营业务收入12611万元，比九五年增长36.97%；实现利润5200万元，比九五年增长63.44%。其中主营业务利润完成3035万元，比九五年增长101.66%；净利润完成4424万元，比九五年增长58.06%。

2. 主要指标分析

(1) 九六年公司经营业绩的显著特点是"主业突出，全面发展"。全年主营业务利润完成3035万元，比一九九五年翻了一番。其中，作为公司三大主营业之一的磁卡产品产量和销售在九五年比九四年翻番的基础上，九六年生产和销售各类磁卡(含IC卡、ID卡)达到3000万片，比九五年增长119%，实现了磁卡产量和销售连续三年翻番。磁卡月产量突破300万片，比九五年最高月产量提高87%。九六年公司磁卡产品不但保持了国内第一的市场占有率，而且打入国际市场，九六年公司生产的信用卡已出口到日本、香港、斯里兰卡等国家和地区，实现了中国磁卡走向世界。

(2) 根据市场需求，加大新产品的开发和产品结构调整。九六年，根据国内市场对IC卡需求的不断增加，投资300万美元引进的第二条IC卡生产线等五台套制卡设备全部投产并生产出了高质量的IC卡投放市场。在产品品种开发方面，九六年新投入的国内住房公积金卡、税务卡、医疗卡、购物销售卡、高速公路卡、电话查询卡等共计三十多个品种，涉及住房、医疗、保险、金融、交通、通讯等与人民生活相关的社会各个领域。

(3) 通过产品结构调整，做为主营产品之一的金融票据和高档包装产品，产量和销售比九五年有大幅度增长，全年完成104万色令，按同比口径比九五年增长48.5%，同时，由于产品附加值提高，每色令平均售价比95年增长6%，均创本公司历史最好水平。

(4) 九六年公司在主营大幅增长的同时，其他业务利润和投资收益也有了一定提高，其中投资收益增长26.3%，主要是公司联营投资收入增加了700多万元。

3. 募集资金使用情况的说明

本公司自一九九三年底发行股票至九六年末尚未进行增资配股，股票发行时所募集资金除以1070万元用于归还银行贷款外，其余资金经过三年的运作主要使用情况如下：

(1) 根据原招股说明书资金运用计划，94—95年公司先后投资1119万元对原磁卡生产线填平补齐，并引进第二条生产线。此项目在九五年内全部完成并投产，该项目达产后使公司磁卡生产规模和能力位居全国第一名。

(2) 原招股说明书计划投资600万元引进的电脑票据生产线已于九四年完成，九五年投入生产。

(3) 投资1323.5万元引进国际最先进的五色CD机，该设备的引进进一步改变公司高档包装产品的结构，提高产品附加值，增强市场竞争力，该项目已于九六年二季度完成并投产达产。

(4) 经天津市计委津计工(95)306号文批复，投资421万元美元引进IC卡生产线项目，该项目一期工程已于九五年底完成投产，引进第二条IC卡生产线项目已于九六年十月完成。在上述项目全部投产达产后，IC卡生产能力已达2000万片。

(5) 在原招股说明书中计划投资的凹印模切生产线、防伪护照生产设备由于市场需求变化和对投资效益的考虑，经过董事会决定并经公司第二、三次股东大会通过，已对上述投资项目进行了调整，同时根据公司发展需要，增加了其他投资项目，所有经过调整和增加的投资项目已经公司股东大会通过并先后在公司1994年、1995年年度报告中予以披露。

四、股本变化及股本结构情况

1. 股本变化及股本结构情况

(1) 截至1996年末公司股本结构如下：(数量单位：股，每股面值1元)

本次变动增减(+，-)

项目	期初数	配股	送股	公积金转股	其他	小计	期末数
一、尚未流通股份							
1. 发起人股份	33033469						33033469
其中：							
国家拥有股份	33033469						33033469
2. 募集法人股	13800000						13800000
尚未流通股份合计	46833469						46833469
二、已流通股份							
境内上市的人民币普通股	26100000						26100000
已流通股份合计	26100000						26100000
三、股份总数	72933469						72933469

(2) 本年度内公司股本无变化。

(3) 主要股东持股情况(前10名股东)

名次	股东名称	年末持股数	所占比例(%)
1	天津市一轻总公司	33033469	45.29
2	天津芙莱实业公司	3250000	4.46
3	天津证券有限责任公司	2400000	3.29
4	天津市国际信托投资公司	2000000	2.74
5	天津立达国际商场股份有限公司	1200000	1.65
6	交通银行天津分行	1200000	1.65
7	天津劝业场股份有限公司	1000000	1.37
8	曹　利	916000	1.26
9	褚贵祥	816400	1.12
10	万杰英	690000	0.95

(4) 截至1996年末，股东总数为2901户，其中国家股股东1户，法人股股东12户，社会公众股股东2888户。

华新水泥股份有限公司

1996年年度报告摘要　（摘选）

一、公司简况

公司名称：华新水泥股份有限公司
法人代表：傅本一　　　　邮政编码：435002
公司地址：湖北省黄石市黄石大道897号
电话：(0714)6224971转474　传真：(0714)6235204

二、主要财务数据与财务指标

指标项目	本年数	上年数	比上年增减(%)
1.主营业务收入(万元)	30718.48	26926.76	14.08
2.净利润(万元)	1590.19	4814.09	-66.97
3.总资产(万元)	101216.82	92126.80	9.87
4.股东权益(万元)	54199.46	52609.27	3.02
5.每股收益(元)	0.06	0.19	-68.42
6.每股净资产(元)	2.16	2.09	3.35
7.净资产收益率(%)	2.93	9.15	-67.98
8.股东权益比率(%)	53.55	57.11	-6.23

三、公司主要业务回顾

1.主要业务概述

(1)根据市场变化，科学、合理地组织生产，充分发挥现有装备的能力，在市场疲软持续时间相对较长的1996年，公司主要产品产量和销量仍然创近年来的最好水平。全年生产水泥102.91万吨，比上年增长2.69%，其中525以上高标号水泥65.31万吨，占水泥总产量的63.36%。熟料产量98.08万吨，比上年的81.41万吨增长20.48%。

(2)为显著改善和增强市场营销能力，公司在销售硬件设施的建设方面加大了投入。本年度完成了6个水泥新园库的建设，使水泥的库存能力由2.4万吨增至6万吨；新的水泥散装、包装生产线已投入使用，公司的水泥发货能力由3000吨/日增至6000吨/日，可同时发运6个水泥品种，极大地改善了发货现场环境；建成了一个1000吨/日散装水泥水运装卸码头，为今后向沿江、沿海地区销售散装水泥创造了条件。以上销售硬件设施的建成，使公司的年发货能力提高到200万吨以上。

(3)大力推广散装水泥。以散装水泥为手段，参与武汉、上海等大城市水泥市场的高层次竞争。全年销售散装水泥33.11万吨，占水泥总销量的33.24%，比上年的19.87%上升13个百分点。

(4)充分利用公司的产品质量优势和自营进出口权的有利条件，恢复并拓宽了公司传统的东南亚出口市场，实现了自营出口业务零的突破。全年出口水泥6.89万吨、水泥熟料2.88万吨，创汇400万美元。

(5)以超常规的工作思路与工作方式，在限定的时间内，完成了五号窑的可行性研究报批及扩初设计评审工作，赢得了该项目进口设备关税减免的优惠条件。仅关税减免一项就节省投资约8000万元。在五号窑设备国际招标中，改变招标采购方式，节约近1000万美元的投资。

(6)加强企业内部管理，强化质量保证体系。公司率先在全国建材行业中通过了ISO9001质量体系认证，使公司设计、开发、生产、安装和服务的质量保证能力，符合国际规范，为公司产品更顺利地进入国际市场奠定了基础。

2.主要经营财务数据比较分析。

1996年度公司利润总额为1835.02万元，其中，主营业务利润745.18万元，占40.61%，投资收益为907.61万元，占49.46%。公司1996年实现净利润1590.19万元，比上年的4814.09万元下降66.97%。主要原因，从外部因素来看，其一，煤炭及相应的运输费用、电力政策性涨价幅度增大，平均为18%以上，而公司的产品销价只微升4%左右，难以消化购进项目引起的成本大幅上升；其二，适度从紧的财政货币政策对96年固定资产投资的抑制作用比较强烈，水泥市场持续疲软的时间相对较长，本公司同其他水泥企业一样，货款回收不畅，流动资金贷款增加，导致财务费用比上年增加。从内部因素分析，一是四号窑生产线主体在试生产期间尚存在设备磨合问题，加之与其配套的粉磨系统、熟料输送系统还未建成，直接影响四号窑能力的发挥，而另一方面，按国际会计准则的要求，四号窑主体工程1996年应计提折旧，并还本付息，从而导致减利因素大增；二是公司自身的营销观念、营销体制与营销机制虽然在改，但仍然还有诸多方面与市场经济不相适应，营销效率低，直接影响经济效益的提高。公司对此已引起高度重视。

3.前次募集资金的使用情况

95年度结转B股资金420万美元，96年度按招股时的安排，继续投入公司的在建工程：

1.日产2000吨水泥熟料干法生产线(四号窑)。开工至1996年底累计完成投资45272万元。该项目主体工程即预热分解窑已达标达产；与其配套的散装、包装系统已投入正常运行；水泥粉磨和石膏破碎系统已完成土建施工任务，进入设备安装调试阶段；碎石与熟料运输系统的隧道工程已经贯通。因水泥粉磨系统设计变更，导致施工进度延误，四号窑整条生产线的全部投产预计在1997年8月。

2.日产4000吨水泥熟料干法生产线(五号窑)。至1996年底完成投资3420万元。与四号窑联接的碎石库和熟料库已完工，进口主机设备国际招标和三通一平已经完成。

募集资金的使用情况列表如下：

投资项目	计划投资	实际投资	股本金投入 A股	B股	工程进度
四号窑	47808万元	45272万元	10600万元	1520万美元	主体投产、配套收尾
南通粉磨站		3384万元	2420万元	114万美元	设备安装、调试
纸塑复合包装袋	3258万元	3065万元	1176.97万元	196万美元	试生产
五号窑	126000万元	3420万元	502.56万元	71万美元	主机设备招标和三通一平已完成
华新宾馆			466.2万元		已营业

四、股本变化及股本结构情况

1.股本及股本结构

(1)股本结构

	96年末数(万股)	比例%	95年末数(万股)	比例
尚未流通股份				
国家拥有股份	9152.688	36.41	9152.688	36.41
社会法人股	2487.312	9.89	2487.312	9.89
小计	11640	46.30	11640	46.30
已流通股份				
境内上市的人民币普通股	4800	19.09	4800	19.09
境内上市的外资股	8700	34.61	8700	34.61
小计	13500	53.70	13500	53.70
股份合计	25140	100	25140	100

(2)期末前10名最大股东持股情况

股东名称	年末持股数(股)	占总股本%
①国家持股(由华新集团有限公司代国家持有)	91,526,880	36.41
②华新集团有限公司(法人持股)	11,994,000	4.74
③HKSBCSB A/C STB S/A IV-TOYO CHINA FUND (3002)	8,983,300	3.57
④HKSBCSB A/C CHASE BANK IRELAND S/A GT PRC FUND	6,641,800	2.64
⑤SCBHK A/C BBH LUXEMBOURG S/A CREDIS EQUITY FUND EMERGING MARKEIS	4,458,200	1.77
⑥CITTIBANK N.A S/B JARDINE FLEMING CHINA REGION FUND	4,300,000	1.71
⑦HKSBCSB A/C STATE STREET BANK AND TRUST S/A THE CHINA FUND	3,903,450	1.55
⑧SCBHK A/C NOMURA TB/NOMURA ITM	3,407,700	1.36
⑨EQUITY FUND-OF CHINA	3,407,400	1.35
⑩DEUTSCHE BANK ACPITAL MARKETS(ASIA) LTD S/A THE CHINA FUND (MG SING)	3,320,500	1.32

前10名股东中有8名是境外股东，其持股数均符合国家有关规定。

(3)股东数量

1996年末，公司股东总户数24865户。其中，国家持股1户，法人持股16户，个人持股24848户；A股股东合计24151户；B股股东697户。

福建水泥股份有限公司

1996年年度报告摘要 （摘选）

一、公司简况

公司名称：福建水泥股份有限公司

法人代表：陈福民　　邮政编码：366014

公司地址：福建省福州市湖东路157号

电话：(0598)3639050　　传真：(0598)3639051

二、主要财务数据与财务指标

（单位：元）

指标项目	本年数	上年数	比上年增减(%)
主营业务收入	345460488.37	371891781.06	-7.11
净利润	47947238.28	42816650.91	11.98
总资产	645837898.13	616344189.01	4.79
股东权益	475083994.16	402341014.10	18.08
每股收益	0.21	0.21	持平
每股净资产	2.08	1.95	6.67
净资产收益率	10.09%	10.64%	-5.17
股东权益比率	73.56%	65.27%	12.70

注：本年度报表未合并三明新型材料总厂，但上年数仍包含三明新型建材总厂数据，按同口径调整后，主营业务收入比增4.33%。

三、公司主要业务回顾

1. 一年来的经营情况

1996年，本公司以水泥生产经营为中心，加强各项管理工作，努力拓展经营，取得了较好的业绩。一九九六年，公司生产水泥113万吨，销售水泥113万吨，产销率100%，产销量比上年增长5.61%，实现销售收入34546万元，净利润4795万元，分别比上年增长4.33%和11.98%。

(1) 抓技改达产达标，实现稳产高产。3♯窑生产线技改后年初投产，公司将3♯窑达产达标列为重点工作，各单位紧密配合，边生产边调试，仅用了2个月就基本达到设计指标，发挥了“技改效应”，该生产线九六年新增水泥产量约10万吨。

(2) 抓精细管理，提高经济效益。以学邯钢降成本为主线，形成模拟市场核算的内部结算体系，消化了原燃材料价格上涨等不利因素，水泥制造成本比上年明显下降。同时，大幅度地减少了库存资金占用，盘活资金，加速周转。

(3) 抓好市场营销和对外投资管理。采取贴近市场，灵活销售的策略，尽量拓展销售渠道，保持产销平衡。坚持“一业为主，综合经营”的方针，开展多种经营，继泉州建福大厦之后，公司筹建的莆田建福大厦也开始营业，福州建福大厦即将开业，。三座大厦连锁经营，将成为公司新的利润增长点。继续抓好房地产开发，苏州“名人广场”房地产项目，总建筑面积9.8万平方米，至96年底已完成5.5万平方米，其中，“宝座”近万平方米已完成外装修，部分投入使用。该项目可望于97年第三季度全部封顶。

2. 前次募集资金的运用情况：

(1) 本公司于九三年十一月向社会公开发行股票5585万股，募集资金14787.8万元，截至九六年来，首次募集资金使用情况如下：

项　目	计划(万元)	实际(万元)	备　注
1. 石灰石破碎系统	995	1160	95年4月建成投产
2. 1♯、2♯窑技改	5175	3020.90	94年12月完成1♯窑技改2♯窑技改尚未投入
3. 鹧鸪山石灰石矿山	1150	823.09	建设中
4. 上洋岩粘土矿	425	458.55	95年初建成投产
5. 归还3♯窑基建贷款	1865	1867	
6. 扩建4♯窑前期工程	800	282.20	
7. 补充流动资金	1800	1800	
8. 福州总部大楼	1570	2949.63	已建成，94年4月30日第三次股东大会决议增加投资1300万元
9. 三明新型建材总厂	1400	—	合资各方尚未达成协议，尚未投入
10. 福州散装水泥中转站	600	600	96年7月投入
11. 常州金源房地产开发公司		1264	96年4月30日第三次股东大会决议投入
合　计	15780	14225.37	

(2) 九六年十月，公司以10:2.7比例向全体股东配股，实际募集资金53154631.98元，使用情况如下：

项　目	计划(万元)	实际(万元)	备注
1. 3♯窑技改	3000	3159.41	96年1月建成投产
2. 罗公岩石灰石矿山	3005	—	矿山征用手续正在办理中
3. 福州建福大厦	3000	820.82	
合　计	9005	3980.23	

以上项目，建设期延续至九六年度完成的项目有：福州总部大楼、福州散装水泥中转站、3♯窑技改等三个项目，福州总部大楼基建已完成，正在进行内装修，预计7月份可投入营业。福州散装水泥中转站定于93年建成投入，本次投入为偿还基建贷款及补充流动资金，降低资产负债率，改善其财务状况。3♯窑技改于96年元月建成投产，现已基本达到设计指标，年可节煤1300吨。96年已新增水泥产量约10万吨，预计97年可以全面达产达标，即年新增水泥产量15万吨，年新增利税1700万元。

四、股本变化及股本结构

1. 股本结构情况（单位：万股）

	95年末数	本次变动增减(+,-)配股	96年末数
一、非流通股份			
国家持股	14514.50	—	14514.50
募集法人股	313.50	+23.76	337.26
其他(转配股)		+583.4304	583.4304
尚未流通股份合计	14828	+607.1904	15435.1904
二、已流通股份			
境内上市人民币普通股	5830	+1574.10	7404.10
已流通股份合计	5830	+1574.10	7404.10
三、股份总数	20658	+2181.2904	22839.2904

2. 股本变动情况及原因：

根据公司第三次股东大会决议及中国证券监督管理委员会证监配审字(1996)14号文，公司以10:2.7比例向全体股东配售股票，该方案于96年9月—10月实施，截至配股缴款日，公司实际配售新股2181.2904万股。本次配股后，公司股本结构变化，总股本由20658万股增至22839.2904万股。

3. 主要股东持股情况

	股　数	占总股本比例(%)
(1) 福建省国有资产管理局	145145000	63.55
(2) 王俊兰	2810000	1.23
(3) 中京泰	2509762	1.10
(4) 杜海波	1592337	0.70
(5) 施肇元	910000	0.40
(6) 高全裕	720000	0.32
(7) 福建青山纸业股份有限公司	698500	0.31
(8) 朱月德	675526	0.30
(9) 舒义洪	600000	0.26
(10) 千帆实业	575000	0.25

4. 年末股东户数

本公司1996年末股东总户数为34418户，其中国家股1户，法人股12户，社会公众股34405户。

河北威远实业股份有限公司

1996年年度报告摘要 （摘选）

一、公司简况

公司名称：河北威远实业股份有限公司

法人代表：霍丽君　　邮政编码：050051

公司地址：河北省石家庄市中华中大街19号

电话：0311—3027141　　传真：0311—3027145

二、主要财务数据与财务指标

（单位：人民币元）

指标项目	本年数	上年数	比上年增减(%)
1.主营业务收入：	75,672,662	71,224,461	6.24
2.净利润：	17,427,094	8,826,563	97.4
3.总资产：	252,013,258	220,848,415	14.11
4.股东权益：	181,587,734	151,580,240	19.8
5.每股收益：	0.23	0.14	64.2
6.净资产收益率：	9.59%	5.38%	78.2
7.每股净资产：	2.41	2.61	-7.66
8.股东权益比率：	72.05%	74.33%	-3.06

三、公司主要业务回顾

1.一年来经营情况

1996年公司在全体股东的大力支持下，在董事会的正确领导下，通过公司全体员工的精诚合作，艰苦努力，基本完成了1996年初确定的目标：完成主营业务收入75,672,662元，实现净利润17,427,094元，分别比上年增加6.24%、97.4%。

(1)内抓管理，降低消耗，外促销售，占领市场。由于煤、电涨价，水泥生产成本不断提高。降低成本，抑制主营业务滑坡是当务之急，通过各方面努力，战胜洪涝灾害的影响，克服了种种困难，主营业务收入滑坡基本得到抑制。

(2)加快开发区新项目基建建设及"威远工业园"建设步伐。2,3,4,5——四氟苯甲酸项目正在建设过程中；威远工业园基本落成，墙面装修及地面整理正在进行；开关厂向新区搬迁工作正在进行。利用技术改造提高主导企业老产品的品质、档次和规模取得可喜效果。

(3)以市场为导向，积极调整产品结构。开关厂开发了ZW-35户外真空断路器，ZW-10户外真空断路器，10KV真空自动重合产品，提高了技术的含量。建材厂投资400万元建成的石灰石破碎系统一次试车成功，保证了石灰石的供应；投资130万元建成了皮带机输送走廊，解决了人力包装不足的问题，提高了生产效率。96年在节约挖潜方面也取得一定成绩。

(4)走产学研相结合的道路，与高等科研院校结为共同体，加快开发用以调整公司主导产业的产品。

(5)加强财务管理，实行目标成本管理，有效降低现有主导产品成本及各项费用。

2.主要经济指标对比分析

公司九六年共实现主营业务收入75,672,662万元，净利润17,427,094万元，分别比上年增长6.24%，97.4%，主要经济指标均有大幅增长，其主要原因是因为投资及营业外收入带来了明显的经济效益。

3.对前次募集资金的使用情况的说明

公司在本年度内未募集过资金，公司投资447万元与新乐市胜亚股份有限公司、药品发明人谢景龙三家合资组建的河北威亚景龙药业股份有限公司，由于投产所需的流动资金缺口较大，三方均无法解决，鉴于上述情况，我方正准备收回公司所购置的全部生产设备。

四、股本变化及股本结构情况

(一)股本变化及股本结构情况

1996年公司股份变动情况表

数量：股　　每股面值：1元

	期初数	送股	小计	期末数
一、尚未流通股份	30502000	6100400	6100400	36602400
1.发起人股份	30502000	6100400	6100400	36602400
其中：				
国家拥有股份	30502000	6100400	6100400	36602400
尚未流通股合计	30502000	6100400	6100400	36602400
二、已流通股份				
1.境内上市的人民币普通股	32400000	6480000	6480000	38880000
已流通股份合计	32400000	6480000	6480000	38880000
三、股份总数	62902000	12580400	12580400	75482400

(二)股本变动情况及原因

根据1995年度股东大会决议，公司于1996年7月19日实施了每10股送2股的95年度利润分配方案，上述方案实施后，公司股本总额由原6290.2万股增加到7548.24万股。

(三)主要股东持股情况

股东名称	年末持股数	占股本总额比例(%)
石家庄市国有资产管理局	36602400	48.5%
岑应东	1086840	1.4%
铜义证券	900000	1.2%
方文浜	723340	0.9%
北京润依	630000	0.8%
郭芳莲	545000	0.7%
成以德	485900	0.6%
周春光	337300	0.4%
何贤招	325000	0.4%
史文珏	250000	0.3%
周孝贤	235100	0.3%

(四)股东数量

截止1996年12月31日，股东总数为18993户，其中国家股东1户，社会公众股东18992户。

(五)公司董事、监事与高级管理人员持股情况(单位：股)

姓名	职务	年初持股数	年末持股数
霍丽君	董事长兼总经理	6000	7200
尚建斌	副董事长	6000	7200
盖建军	副董事长	6000	7200
张良子	董事	6000	7200
李文堂	董事	0	0
韩立军	董事	0	0
李树军	董事	0	0
王景臣	监事长	6000	7200
孙建良	监事	0	0
高瑞合	监事	6000	7200

以上人员持股数发生变化的原因是公司96年实施了每10股送2股的分红方案。

成都工益冶金股份有限公司

1996年年度报告摘要 （摘选）

一、公司简况

公司名称：成都工益冶金股份有限公司

法人代表：刘文廷　　　邮政编码：610069

公司地址：成都市经华南路3号

电话：(028)4460046　　　传真：(028)4460046

二、主要财务数据和财务指标

（单位：元）

指标项目	本年数	上年数	比上年增减（%）
1.主营业务收入	274,288,457.30	281,474,820.42	-2.55
2.净利润	11,622,191.90	11,384,563.62	2.09
3.总资产	454,187,702.22	447,677,486.57	1.45
4.股东权益	273,185,561.21	273,224,489.31	-0.01
5.每股收益	0.0997	0.0976	2.15
6.每股净资产	2.34	2.34	
7.净资产收益率	4.25%	4.17%	1.92
8.股东权益比率	60.15%	61.03%	-1.44

三、公司业务回顾

1996年国家继续实行宏观经济调控，钢铁产品市场结构性疲软，而能源、原材料价格却大幅上涨，企业资金非常紧张。本公司在股东会、董事会的领导下，立足于内部加强管理，不等不靠，深入开展"转机制、抓管理、炼内功、增效益"活动，紧紧围绕"学邯钢、降成本、开拓市场、盘活资金"的主题，在强化管理提高产品质量和效益上做了大量工作。通过全体员工的共同努力，公司取得了良好的经济效益。1996年公司钢产量完成101,310吨，比上年增长0.84%，锻钢件产量9,200吨，比上年增长-8.27%，机加工件4,386吨，比上年增加16%，堆焊轧辊385支，比去年增长32%，精密铸件71.46吨，比上年增加-7.7%。

公司在1996年完成主营业务收入274,288,457.20万元，比上年降低2.55%，其主要原因是冶金产品市场结构性疲软，竞争激烈，主导产品价格持续下滑，而1996年原材料、能源价格却不断攀升。虽然公司在抓管理、降成本，开发高附加值产品上做了大量工作，收到了一定成效，但仍未能消化掉价格下调带来的影响，致使主营业务收入未完成预期目标。

四、股本变化及股本结构情况

1. 公司股本结构（数量单位：万股　每股人民币：1元）

	期初数	本次变动数	期末数
境内法人拥有股份	4465.44	0	4465.44
(1) 已流通股份			
境内上市的			
人民币普通股	7195.68	0	7195.68
(3) 股份总额	11661.12	0	11661.12

2. 主要股东持股情况（前十名股东）　　（单位：股）

名称	持股数	占总股本（%）
成都无缝钢管厂	43214400	37.06
李小林	882882	0.76
李二金	690500	0.59
裴新春	686000	0.59
黎德军	644365	0.55
杨建光	610000	0.52
马士健	575600	0.49
肖祥中	530900	0.46
王家碧	446900	0.38
任发清	446028	0.38

3. 公司年末股东户数26238户。其中：发起人股东1户，其它法人股东15户，社会公众股股东26,222户。

4. 公司董事、监事和经理人员持股情况

姓名	职务	年初持股数	年末持股数
刘文廷	董事长	2880	2880
王群英	副董事长兼总经理	0	0
陈大富	董事	4320	4320
李加勤	董事	0	0
钟海篪	董事	2592	2592
王少敏	董事	2592	2592
姜　云	董事	2880	2880
林世进	董事兼副总经理	1440	1440
王永吉	董事	4032	4032
苏文炜	董事	1152	1152
洪鲁英	监事	2592	2592
邹宏光	监事	2880	2880
陈泽君	监事	0	0
郎华清	总会计师	2592	2592
刘　彬	副总经理	240	240

5. 子公司和关联企业

名称	地址	注册资金	主营业务	本公司所有权益
三益炼钢厂	彭州市三邑乡	4577万元	钢锭生产和销售	100%
成都锦江工益冶金贸易部	成都市经华南路11号	100万元	钢铁贸易	100%
成都工益酒家	成都市经华南路15号	18万元	餐饮、娱乐	100%
成都龙益堆焊厂	成都市龙泉驿大面镇	130万元	堆焊加工	65%

五、重要事项

1. 公司1995年度周年股东大会于1996年5月20日在成都召开，出席大会的54人，审议通过了以下决议：(1) 董事会、监事会1995年度工作报告；(2) 1995年度财务决算报告和利润分配方案；(3) 对成都三益轧钢厂投资控股60%的方案。

2. 公司于1996年9月10日召开了1996年临时股东大会（通讯表决），参加会议的股东22人，审议通过了董事会关于增补王群英女士为公司董事的提案。

3. 公司在1996年度未向股东分配1995年利润。

4. 公司董事会于7月30日聘任王群英女士为公司总经理，免去了陈大富的总经理职务。

5. 公司无重大诉讼，仲裁事项。

昆明机床股份有限公司

1996年年度报告摘要　（摘选）

一、公司简况

公司名称：昆明机床股份有限公司

法人代表：叶香瑜　　邮政编码：650203

公司地址：中华人民共和国云南省昆明市茨坝路23号

电话：86-871-5212410　　传真：86-871-5150317

二、主要财务数据与财务指标

1．按中国会计准则编制（截止1996年12月31日止）

指标项目	单位（人民币）	本年数	上年数	比上年增减（%）
主营业务收入	千元	61,790	61,264	0.87
净利润	千元	2,086	7,265	－71.28
总资产	千元	659,967	663,283	－0.5
股东权益	千元	576,805	574,719	0.36
每股收益	分/每股	0.85	3.00	－71.66
每股净资产	元/每股	2.35	2.35	—
净资产收益率		0.36%	1.26%	－71.43
股东权益比率		87.40%	86.65%	0.87

2．按香港会计准则编制（截至1996年12月31日止）

指标项目	单位（人民币）	本年数	上年数	比上年增减（%）
营业额	千元	61,790	60,805	1.26
年度溢利	千元	2,086	7,265	－71.29
总资产	千元	659,967	663,283	－0.47
股东权益	千元	576,805	574,719	0.36
每股收益	仙/每股	0.85	3.00	－71.66
每股净资产	元/每股	2.35	2.35	—
净资产收益率		0.36%	1.26%	－71.43
股东权益比率		87.40%	86.65%	0.87

三、公司主要业务回顾

1．1996年公司经营情况

截止1996年12月31日，本公司全年共生产机床19个品种86台，销售机床204台，根据中国会计准则和香港会计准则主营业务收入皆为61,790千元，净利润皆为2,086千元，主营业务收入为1995年的100.86%（根据中国会计准则）或101.62%（根据香港会计准则），净利润为1995年的28.72%。

（1）公司主营业务业绩概述

本公司主营业务范围为机床产品及配件的研制、开发与销售，公司1996年生产机床86台，其中卧式镗床21台，坐标镗床10台，加工中心9台，其它产品46台，销售机床204台，其中卧式镗床76台，坐标镗床7台，加工中心8台，其它产品113台，备品备件1216件（套）。

本公司大力调整产品结构，加快新品开发速度，1996年新产品THM5445、TH5456立式加工中心分别通过了省、市科技成果鉴定，其中TH5456立式加工中心已投放市场。新产品TH4680/2、TH69180卧式加工中心试制工作已进入最后的精调阶段，其中TH69180卧式加工中心已收到用户足额预付款，新改进设计的TX6113C卧式镗床才投入试造就已接到客户订单，市场前景看好。

本公司大型基础件厂房于1996年7月18日通过竣工验收，经昆明市工程质量监督站市查评为优良工程，目前已进入生产线的搬迁工作，与其配套的进口的关键、高效设备意大利单、双柱导轨磨床及西班牙丝杆磨床进入最后的调试交验阶段，与德国KOLB公司合作生产的VT2000五面加工中心搬迁工作已准备就绪。大规模的技术改造的顺利进行，提高了本公司的制造水平，为本公司未来发展创造了有利的条件。

2．对募集资金的运用情况的说明

诚如本公司在招股说明书中披露的一样，募集资金主要用于厂房建设、购买设备及作一般营运资金。

截止1996年12月31日，本公司使用募集资金为人民币319,237千元，其中：港币80,350千元，具体用于：

a．建设大型基础件30,000平方米中的28,352平方米厂房，累计人民币73,260千元。该项目于1996年7月18日通过竣工验收，现进入最后的设备搬迁阶段。

b．购买和进口国内国外设备累计人民币64,277千元，其中：港币50,587千元。

c．余款作为公司一般营运资金之用，对于尚未使用的募集资金港币115,880千元及人民币6,500千元，本公司将其分别存于在香港之银行及在中国之银行以及政府批准接受存款的非银行金融机构，以回避投资风险。

四、股本变化及股本结构情况

（一）股份结构：

本年度内，本公司之股本结构并无任何改变。于1996年12月31日，本公司之股本结构如下：

股份单位：股；面值：每股元

股份类别	年初数	本年增（减）	年末数
一、尚未流通股份			
其中：			
国家持有股份			
（发起人股份）	102,397,700	0	102,397,700
法人持有股份	17,609,700	0	17,609,700
尚未流通股份合计	120,007,400	0	120,007,400
二、已流通股份			
1．A股	60,000,000	0	60,000,000
2．H股	65,000,000	0	65,000,000
已流通股份合计	125,000,000	0	125,000,000
三、股份总数	245,007,400	0	245,007,400

（二）主要股东持股情况

股东名称或姓名	持股数	股份类别	占总股数比例（%）
（1）云南省人民政府	102,397,700股	A股	41.79
（2）香港中央结算（代理人）有限公司	61,302,000股	H股	25.02
（3）昆明精华公司	17,609,700股	A股	7.19
（4）哈道国债	1,547,732股	A股	0.63
（5）张　哲	667,600股	A股	0.27
（6）李　军	401,200股	A股	0.16
（7）陈咏梅	351,391股	A股	0.14
（8）刘小兰	348,100股	A股	0.14
（9）陈洪志	319,000股	A股	0.13
（10）杨宏剑	316,500股	A股	0.13

（三）股东人数

于1996年12月31日止，本公司之股东数详情如下：

股东总数：28,327个

A股股东：27,950个

国家股东：1个

法人股股东：1个

个人股东：27,948个

H股股东：377个

马鞍山钢铁股份有限公司

1996年年度报告摘要 （摘选）

一、公司简况

公司名称：马鞍山钢铁股份有限公司

法人代表：杭永益　　邮政编码：243003

公司地址：安徽省马鞍山市红旗中路8号

电话：0555—2888158　传真：0555—2887284

二、主要财务数据与财务指标

（根据中华人民共和国会计准则和制度编制　　单位：千元）

指标项目	1996年	1995年	比上年增减（%）
1.主营业务收入	6,780,405	6,216,213	9.1
2.净利润	81,165	43,201	87.88
3.总资产	17,954,604	17,770,484	1.0
4.股东权益	11,955,140	11,938,528	0.14
5.每股收益	1.26分/股	0.67分/股	88.06
6.每股净资产	1.85元/股	1.85元/股	0
7.净资产收益率（%）	0.68	0.36	88.89
8.股东权益比率（%）	67	67	0

附注：计算上述财务指标时，待转销汇兑差异计人民币1,373,630,713元计入股东权益。

三、公司主要业务回顾

1.一年来公司经营情况

截止一九九六年十二月三十一日止年度，根据中国会计准则和制度及香港会计准则计算，本公司及其附属公司（本集团），销售额为人民币6,780,405,209元，比上年增长9.1%，全年股东应占溢利为人民币81,164,916元，比上年增长87.88%。

一九九六年，中国钢铁行业呈现两个显著特点：一方面钢产量取得历史性突破，达到10110万吨，比1995年增长8.13%，居世界首位；钢材产量达到8611万吨，比1995年增加8.46%。另一方面，钢铁企业承受着煤炭、电力、重油及运输大幅度涨价和绝大多数钢材价格不同程度下跌的压力，全行业实现利润比1995年有较大幅度的减少。

一九九六年，本集团继续强化管理，增加产量，调整产品结构，降低成本，努力克服燃料、电力、运输等涨价的影响，积极开拓销售市场，保持了生产经营的平稳发展：

1）主要产品产量在上年基础上继续增长，生铁359万吨，比上年增长10.7%；钢282万吨，比上年增长9.3%；钢材219万吨，比上年增长14%。

2）炼铁焦比、喷煤比、钢铁料消耗、钢材成材率等主要技术经济指标取得进步，从而使生产成本相对降低。

3）积极组织各种推销方式，包括直供、联销、煤钢互保、电钢互保及推行钢材代理销售，拓宽了销售渠道，全年产销衔接良好，产销率达100%。

4）继续保持产品出口的良好势头，全年出口生铁39.4万吨，钢坯4.6万吨，钢材14.2万吨。

5、调整产品结构，增加高技术含量、高附加值产品，全年产量达92万吨，增强了公司产品竞争力。

经过上述多种努力，公司经营状况开始回升，盈利亦较之1995年有所改观。

1997年展望

董事会认为，1997年中国经济环境的进一步改善，将推动国内钢铁工业的发展，预计1997年中国钢材的消费量将比1996年有所增加，而钢材净进口量也将较1996年有所下降。由于国内钢铁企业将继续增加产量，因此国内钢材供需将继续维持大致平衡状况。钢材价格不会出现脱离国际市场价格水平的过度上涨局面。与此同时，预计1997年煤炭、电力、重油及运输价格仍将上调，钢铁企业利润增长的困难很大。

1997年本集团将以提高企业市场竞争力和经济效益为目标，外抓市场开拓，内抓成本降低，依靠科技，节能降耗。同时加大高技术含量、高附加值产品产量，加快多种经营步伐，以适应市场竞争的需要。

1997年本集团的主要产品生产计划为：生铁365万吨，钢290万吨，钢材225万吨。

2.募股资金运用

本公司发行A股及H股共集资人民币65亿元（扣除上市开支后），作为下列用途：

1）1994年至1996年间进行扩充本集团生产及有关辅助设施以形成年产生铁400万吨、粗钢320万吨、钢材280万吨的综合生产能力所需的资本开支；

2）作为偿还有关建设2500立方米高炉及配套设施的借款；

3）余额用作补充本集团的额外营运资金需求。

截止1996年12月31日，本集团利用募集资金进行设备更新和技术改造，建成包括2500立方米高炉系统在内的一批工程项目，明显地提高了生产能力及工艺技术装备水平，生铁和粗钢生产能力已先后达到400万吨和320万吨。原计划于1996年建成的万能型钢轧机及异型坯连铸生产线项目因土地征用及拆迁未能按预计时间进行而延迟至1997年底建成试产，正式投产后，钢材生产能力将达到320万吨。

募股资金截止于1996年12月31日止共支出人民币约48亿元。资金按A股及H股招股说明书所载计划使用。1996年底结余人民币计约17亿元。该结余资金均存入香港及国内金融机构作短期及长期存款，以配合本集团之资金运用计划。

3、1996年利润分配建议

本公司董事会1997年4月28日拟订公司1996年利润分配建议为：提取10%法定公积金，提取10%公益金。董事会建议按股东持有的股份每股派发现金人民币1分。此方案将提交1997年6月24日上午9时召开的股东周年大会表决通过。如果股东周年大会通过本方案，A股股息派发的时间和办法将另行公告。

四、股本变化及股本结构情况

1.本年度末，本公司的股本结构为（与1995年末一致）：

	股数（千股）	占本公司总股本（%）
（1）尚未流通股份		
国家股	4,034,560	62.50
法人股	87,810	1.36
（2）已流通股份		
A股	600,000	9.29
H股	1,732,930	26.85
总股本	6,455,300	100.00

本公司之H股股票于1993年10月20日至10月26日在香港公开接受公众认购并在国际上进行定向配售，每股面值人民币1元，发行价每股港币2.27元，共发行1,732,930,000股。1993年11月3日在香港联合交易所有限公司上市。

本公司之A股股票于1993年11月6日至12月25日公开接受公众认购，每股面值人民币1元，发行价人民币3.45元，共发行687,810,000股，包括87,810,000股法人股，410,000,000股社会个人股，190,000,000股职工股。社会个人股于1994年1月6日及4月4日分两批上市，职工股于1994年9月6日一次全部上市。

2.主要股东持股情况如下：

于1996年12月31日，马鞍山马钢总公司（"总公司"）持有4,036,410,000股A股，其中代表国家持有4,034,560,000股A股，占本公司总股本的62.5%。法人A股1,850,000股，占本公司总股本的0.029%。HKSCC NOMINEES LIMITED持有1,522,300,000股H股，占本公司总股本的23.58%。

其余于1996年12月31日名列本公司前10名最大股东如下：

股东名称	持股数（千股）	占总股本（%）
1）HONGKONG & SHANGHAI BANKING CORPORATION NOMINEES LTD	47,826	0.74
2）国泰证券公司	35,070	0.54
3）甘肃省21世纪广告策划公司	11,079	0.17
4）上海金隆实业有限公司	9,800	0.15
5）华德正业	4,941	0.077
6）薛顺仙	3.720	0.058
7）广州兴南企业有限公司	3,700	0.057
8）广州汇众商贸有限公司	3,600	0.056

3.年末股东户数：

于1996年12月31日，本公司股东总数为292,538名。其中：A股股东286,259名，包括国家股股东1名，法人股股东152名，社会个人股股东286,106名；H股股东总数为6,279名。

华北制药股份有限公司

1996年年度报告摘要　（摘选）

一、公司简况

公司名称：华北制药股份有限公司

法人代表：刘寿文　　邮政编码：050015

公司地址：河北省石家庄市和平东路388号

电话：(0311)5051133——2039　传真：(0311)6672188

二、主要财务数据与财务指标

单位：元

指标项目	本年数	上年数	比上年增减(%)
1.主营业务收入	1567738730.66	1402732488.78	11.76
2.净利润	205767355.10	238139912.59	-13.59
3.总资产	2779009870.24	2203023288.82	26.15
4.股东权益	1368658688.38	1164040699.12	17.58
5.每股收益	0.27	0.31	-12.90
6.每股净资产	1.77	1.51	17.22
7.净资产收益率(%)	15.03	20.46	-26.54
8.股东权益比率(%)	49.25	52.84	-6.79

三、公司主要业务回顾

1996年，是公司的生产经营极为困难的一年，抗生素市场的供求关系发生了急剧变化，供大于求，市场竞争激烈，价格大幅下跌，能源价格上涨，货款回笼困难，资金严重短缺。在这种情况下，公司充分发挥规模、质量、品牌优势，以市场为导向，强化市场营销，采取灵活的销售战略，巩固和扩大市场占有率；以提高经济效益为中心，学邯钢，抓管理，降成本，努力挖潜增效；以调整产品结构加快新产品开发为发展方向，不断调整产品结构，增加适销对路产品的开发和生产；同时加强资本运营和新项目的建设，为公司注入新的活力。经过全体员工共同努力，公司在激烈的市场竞争中仍取得了较好的业绩。

1996年，公司工业总产值、抗生素总产量、销售收入均创历史最好水平。全年共完成销售收入156774万元，比上年增长11.76%；完成净利润20577万元，比上年减少13.59%。

1996年，公司在建的四个工程中，华胜一期、新维、华盈等三个工程，分别于1996年8月、9月、10月实现一次试产成功。华胜二期预计1997年4月即可完成土建和设备安装，7月试车投产。天翔分公司工程于1996年5月28日破土动工，预计1997年5月试车投产。这些工程的建设和完工，将成为公司发展的新的经济增长点。

四、股本变化及股本结构情况

1. 股本结构情况

单位：股；面值：1元

	96年末数	比例%	95年末数	比例%
(一)尚未流通股份				
国家持股	491779100	63.68	491779100	63.68
社会公众持股(受让转配)	12593773	1.63	12593773	1.63
小　计	504372873	65.31	504372873	65.31
(二)已流通股份				
境内上市的人民币普通股	267855887	34.69	267855887	34.69
(三)股份合计	772228760	100	772228760	100

2. 股本变动情况及原因

本报告期内公司未进行送股、配股、新发行股份及资本公积转增股本等，因此公司股本及股权结构无变动。

3. 主要股东持股情况

股东名称	年末持股数(股)	占总股本%
1. 华北制药集团有限责任公司	491779100	63.68
2. 建昊实业	7692000	0.996
3. 建总信托	4179952	0.54
4. 李　莲	3857000	0.499
5. 刘赛月	3852000	0.498
6. 张祝秀	3849900	0.498
7. 许跃宁	3760000	0.487
8. 张根妹	3737665	0.484
9. 陈庚如	3734000	0.483
10. 周志红	3694000	0.478

4. 年末股东户数

1996年末股东总数为：118610户。其中国家股东一户。

6. 子公司及关联企业

企业名称	注册资金(万元)	拥有权益(%)	主营业务
河北康欣制药有限公司(中港合作)	USD1496	74.6	玉米淀粉、淀粉糖维生素B12、制剂、医疗保健产品等
河北维尔康制药有限公司(中港合作)	USD800	75	维生素C原料及系列产品
河北威可达制药有限公司(中美合资)	USD360	75	维生素B12原料及系列产品
河北华盈精细化工有限公司(中港合作)	USD750	65	精细化工原料
河北华胜制药有限公司(中、美、港合资)	USD1328.4	51	链霉素硫酸盐、双氢链霉素注射粉原药及工业盐兼营其它医药保健品
河北华日药业有限公司(中、日合作)	USD310	35.48	普鲁卡因青霉素及相关产品
河北新维制药有限公司(中港合作)	USD1919	65	维生素C原料及系列产品
华药承德公司	3051.4	100	抗生素原料药及制剂产品、兼营化工原料、货物运输配套设施建设
华药唐山公司	200	100	抗生素化学原料药、化学药、生物药制制剂制造
河北证券华药营业部	500	100	证券业务
华药天津雍阳公司	1500	51	生产经营苯氧乙酸、苯甘氨酸、苯乙酸、苯乙酸钾等高新技术化工产品和医药中间体

鞍山第一工程机械股份有限公司

1996年年度报告摘要　(摘选)

一、公司简况

公司名称：鞍山第一工程机械股份有限公司

法人代表：刘士福　　邮政编码：114042

公司地址：鞍山市立山区红旗路30号

电话：0412—6213805　　传真：0412—6211644

二、主要财务数据与财务指标

指标项目	本年数	上年数	比上年增减(%)
1.主营业务收入(万元)	18035.09	30483.79	-40.84
2.净利润(万元)	-4483.71	160.90	-2886.60
3.总资产(万元)	141934.38	135549.60	4.71
4.股东权益(万元)	45432.17	46497.63	-2.29
5.每股收益(元)	-0.174	0.0075	-2420.00
6.每股净资产(元)	1.76	2.16	-18.52
7.净资产收益率(%)	-9.87	0.35	-2920.00
8.股东权益比率(%)	32.01	34.30	-6.68

三、公司主要业务回顾

1.一年来公司经营情况

一九九六年，是公司遇到困难最大的一年，公司生产经营工作是在国内同行业激烈竞争的经济环境中艰难运行的。一年来，虽经全体员工的共同努力，公司仍未摆脱困境。各项指标完成得不尽人意。全年实现主营业务收入18035万元，利润总额-4483.7万元。

九六年，公司充分利用“八五”改造的成果，实施外向牵动战略，在调整产品结构、加快合资合作步伐等方面取得了实质性的进展。在调整产品结构方面，一是开发了七个支重轮的CA-TY115产品。二是完成了10吨通井机改造和新型通井机的设计。三是完成了T150、CA-TY105、T120型推土机操纵部分由原三杆操纵为单杆操纵的设计工作。四是积极消化吸收静液压推土机制造技术，加快了辽宁利勃海尔装载机、挖掘机两个合资厂的组建步伐。在实施外向牵动战略，加快合资合作上，一是以D6D为拳头产品牵动公司的发展，在马来西亚、印尼等国家设立代理和驻外经销机构，有重点地进行市场调查和促销。96年共出口27台推土机，创汇142万美元。二是受辽工集团的委托，托管了装载机、挖掘机和柴油机三家合资企业的中方股权。这些合资合作项目将推出新型产品，而且合资企业的结构件、组装件由我公司供应，使我公司培育了新的经济增长点。

九六年，公司亏损4483.7万元，是我们公司历史上的最低点。究其原因，主要有以下几方面：

1) 销售货款回收极其困难，硬性支出过大，生产一再减少，难以维持正常运营。我公司生产经营活动正常运行每月需要3,000万元以上，全年约需4亿元。但由于受国家宏观调控，紧缩财政金融政策的影响，用户资金紧张，销售货款难以回收，且极其缓慢，占用了企业周转资金。

2) 由于宏观调控的影响，市场需求萎缩，导致产品产量下降，销售收入也随之减少，更加剧了资金紧张局势，生产投入严重不足，生产经营在保本点以下运作。

3) 由于技术改造和产品结构调整没有及时到位，产品正处在新老型号更新换代的时期，因老产品需求量萎缩，有批量生产能力的产品销售不畅；新产品如D6D推土机，ZL50装载机等虽然是市场前景看好，由于资金、配套件方面的限制；阻碍了生产经营的发展，加之八五技改未能按期达产增效，资金回笼和周转率低，使公司失去了重要的经济增长点。同时，近年钢材市场疲软，轧钢生产受到很大冲击，企业处境艰难。

2.前次募集资金的使用情况说明

我公司在九六年没有新募集资金，但九六年之前募集的资金所投入的4个项目的建设延续到九六年之内，现做说明如下：

推土机主传动件与结构件：项目总投资9350万元，至96年末累计完成投资9216万元，其它配套资金已到位；发展新型推土机：项目总投资14810万元，至96年末累计完成投资4030万元，其它配套资金已到位；煤气发生站：项目总投资1850万元，至96年末累计投资1325万元，其它配套资金已到位；以上三个项目还在进行当中。链节生产线：项目总投资640万元，至96年末累计投资675万元，此项目已竣工验收。

四、股本变化及股本结构情况

1.股本变化及股本结构情况

1).公司股本变动情况

数量单位:股　　每股面值:1元

	期初数	送股数	期末数
(一) 尚未流通股份			
1.发起人股份	66,886,000	+13,377,200	80,263,200
其中:			
国家拥有股份	66,886,000	+13,377,200	80,263,200
2.募集法人股	65,114,000	+13,022,800	78,136,800
尚未流通股份合计	132,000,000	+26,400,000	158,400,000
(二) 已流通股份			
1.境内上市的人民币普通股	83,000,000	+16,600,000	99,600,000
已流通股合计	83,000,000	+16,600,000	99,600,000
(三) 股份总数	215,000,000	+43,000,000	258,000,000

2).股份变动原因

公司于1996年5月31日召开1995年度股东大会，经股东大会批准按每10股送2股进行分红，红股已于1996年6月10日上市交易，所以股份总数由年初的21500万股增至25800万股。

3).主要股东持股情况(前十名股东)

名次	股东名称	年末持股数(万股)	占总股本(%)
1	辽宁工程机械(集团)有限责任公司	8026.32	31.11
2	海城第三建筑公司第三分公司	730.80	2.83
3	海南银山租赁公司	720.00	2.79
4	鞍山市宏达房屋开发公司	436.32	1.69
5	鞍山铸钢厂	360.00	1.40
6	鞍山市五环实业股份有限公司	360.00	1.40
7	红拖金达经销处	295.44	1.15
8	沈阳万众企业股份有限公司	264.00	1.02
9	海南华通股份有限公司	240.00	0.93
10	灯塔县前进金属制品厂	240.00	0.93

4).股东数量

本报告期末的股东总数计50353户，其中国家股东1户，法人股东141户，个人股东50211户。

厦门工程机械股份有限公司

1996年年度报告摘要（摘选）

一、公司简况

公司名称：厦门工程机械股份有限公司

法人代表：李荣玉　　邮政编码：361004

公司地址：福建省厦门市厦禾路668号

电话：0592—2115449　　传真：0592—2036720

二、主要财务数据与财务指标

单位：元

指标项目	本年数	上年数	比上年增减(%)
1.主营业务收入	609,008,691.61	607,492,926.66	0.25%
2.净利润	52,095,700.78	64,089,283.85	-18.71%
3.总资产	1,108,929,520.66	790,082,299.02	40.36%
4.股东权益	819,022,167.51	575,965,066.73	42.20%
5.每股收益	0.17	0.27	-37.04%
6.每股净资产	2.73	2.40	13.75%
7.净资产收益率	6.36%	11.13%	-42.86%
8.股东权益比率	73.86%	72.90%	1.32%

注：按加权股本计算，96年每股收益为0.20元。

三、公司主要业务回顾

1.一年来经营情况

一九九六年公司根据机械部制定的"三大战役"的部署，努力挖掘自身潜力，发展主营业务，同时逐步从产品经营转向资产经营。学习邯钢经验，降低成本，提高资金营运效率，对较大的固定资产更新投入和技改项目进行经济评审制度，优化现行采购机制，压缩供应及运输方面的开支，强化外协加工的管理。改革营销管理体制，强化市场开拓能力，培育和健全厦工"中环"经销网络，目前已建成一个覆盖全国各地、16个办事处、60多个销售网点，221家经销商的厦工销售网络，公司主导产品ZL40、ZL50装载机在同行业同型号产品市场占有率稳定在30%左右。同时积极探索资产经营，充分利用厦工优势，优化资源配置，开拓新的经济增长点。下半年起经济效益稳步回升，各项主要经济指标位居全国同行业前茅。通过实施96年配股，净资产已超8亿元，成为国内工程机械行业规模最大企业之一。

2.主要经济指标完成情况

全年主导产品装载机产量2383台，销量2272台。公司1996年主营业务完成60901万元，利润总额完成6527万元，净利润完成5210万元。

3.前次募集资金使用情况说明：

经中国证监会证监发审字(1996)21号文批准，公司一九九六年第四季度实施配股，共募集资金227,702,916.00元(含实物配股10617万元)，基本上按配股说明书中所载投资计划投入运行。

与德国雪孚公司合资的厦门雪孚工程机械公司，已于九六年十月开始小批量生产履带式挖掘机，本年度已投入532万元。

厦门建德(泉州)工程机械有限公司九六年十月已开始批量生产ZL30机，本年度已投入400万元。

国家股东实物配股部分系厦门锻压机床总厂，净资产10617万元，公司正积极进行资产优化重组。

四、股本变化及股本结构情况

1.股本变化及股本结构情况

(1)股本结构情况

数量单位：股　　每股面值：1元

	期初数	配股数	期末数
A、尚未流通股份：			
国家持有股份	175,847,280	43,961,820	219,809,100
B、已流通股份：			
境内上市人民币普通股	63,840,000	15,960,000	79,800,000
C、股份总数	239,687,280	59,921,820	299,609,100

(2)股份变动原因

1996年9月16日，公司实施一九九六年配股方案，每10股配2.5股，每股配售价格为3.80元人民币，配售发行总量为5992.182万股。配股后，公司股本总额由95年末的23968.728万股增至29960.91万股。

(3)主要股东持股情况

持股单位	96年末持股数(股)	占总股本比例(%)
厦门国有资产投资公司	219,809,100	73.37
庄建闽	1,000,000	0.33
许金宝	941,260	0.31
大鹏证券	932,326	0.31
证大富岛	926,571	0.31
陈仁	500,000	0.17
国泰天证	500,000	0.17
刘溥	409,751	0.14
沪财金山	244,425	0.08
许道香	241,831	0.08

(4)子公司及关联企业

企业名称	主营业务	本公司所有权益	注册资金
北京厦门工程机械销售公司	工程机械及配件销售	100%	100万元
厦门锻压机床总厂	锻压机床设备	100%	934万元
中国华大工程机械集团公司	工程机械	6.74%	4496万元
重庆恒达钢业股份有限公司	钢材生产	1.89%	35344万元
上海东方建设机械租赁有限公司	建设机械租赁	2.06%	3000万元
厦门大华机械有限公司	工程机械	10.00%	120万元
厦门雪孚工程机械有限公司	工程机械	50.00%	850万美元
厦工建德(泉州)工程机械有限公司	工程机械	40.00%	2000万元
厦门佳宾商场	日常用品销售	100.00%	51万元

上海永久股份有限公司

1996年年度报告摘要（摘选）

一、公司简况

公司名称：上海永久股份有限公司

法人代表：陶国强　　邮政编码：200082

公司地址：上海市唐山路1217号

电话：021－65461544　　传真：021—65458657

二、主要财务数据与财务指标

指标项目	本年数	上年数	比上年增减（%）
1.主营业务收入（万元）	90800	80638	+12.60
2.净利润（万元）	288	1124	−74.38
3.总资产（万元）	135992	137904	−1.39
4.股东权益（万元）	55803	55494	+0.56
5.每股收益（摊薄）（元）	0.0125	0.0487	−74.33
6.每股净资产（元）	2.42	2.40	+0.83
7.净资产收益率（摊薄）（%）	0.52	2.03	−74.38
8.股东权益比率（%）	41.03	42.82	−4.18

三、公司主要业务回顾

1．一年来经营情况

1996年，对"永久"人来说，是不平凡的一年。公司的生产经营仍然面临着很大的困难和挑战，广大干部和职工在公司党政班子的领导下知难而进，以顽强的毅力和坚韧不拔的斗志，挑战极限，克服困难，开拓进取，积极贯彻96年公司"扩大新的内外市场、拓展新的发展空间、完善新的运行机制、培育新的经济增长点"的经济工作方针，在深化改革、转换机制、市场建设、拓宽销路、开发新品等方面做了大量的、艰苦的、卓有成效的工作，尤其是开展以"三减三增"为主要内容的"第四战役"取得了显著的成效，为公司战胜困难，继续做好97年的经济工作打下了良好的基础。

2．主要指标分析

主营业务收入90800万元，同比增加12.60%，净利润288万元，同比下降74.38%。

主要原因：全国自行车市场产大于销，无序的竞争日趋白热化，假冒伪劣产品的冲击以及产品结构老化，导致公司经济效益急剧下降。

其次，政府限制助动车的规定使本公司的助动车停止销售，造成公司新投资的助动车生产能力全部放空，产品严重积压，亏损严重。

另外，由于联营企业和关联企业的效益滑坡，使其他销售收入受到严重影响。

3．报告期内公司没有募集资金

四、股本变化及股本结构情况

（一）股本结构情况（单位：万股，每股面值人民币1元）

	96年末数	比例（%）	95年末数	比例（%）
尚未流通股份				
国家持股	14800.82	64.07	14800.82	64.07
法人持股	1000.00	4.33	1000.00	4.33
小计	15800.82	68.40	15800.82	68.40
已流通股份				
境内上市普通股	1300.00	5.63	1300.00	5.63
境内上市外资股	6000.00	25.97	6000.00	25.97
小计	7300.00	31.60	7300.00	31.60
共计	23100.82	100.00	23100.82	100.00

（二）主要股东持股情况

股东名称	持股权数（万股）	占总股本比例（%）
1.上海轻工控股（集团）公司	14800.82	64.07
2.HKSBCSB S/A PICTET & CIE	400.00	1.73
3.上海工业缝纫机股份有限公司	387.00	1.68
4.VIHONG NOMINESS LTD	239.92	1.04
5.晏福有	200.00	0.87
6.蓝　毅	155.03	0.67
7.SCBHK A/C ROBERT FLEMING AND CO.LTD. S/A THE FLEMING CHINESE INVESTMENT TRUST PL	150.00	0.65
8.SHANGHAI INTERNATIONAL NOMINEES (H.K.) LTD.	136.00	0.59
9.DEUTSCHE BANK CAPTIAL MARKETS (ASIA) LIMITED S/A DB INVESTMENT MANAGEMENT S.A	105.73	0.46
10.上海中桥投资股份有限公司	103.40	0.45

（三）股东数量

截止1996年12月31日止，本公司股东总数为14067户。其中国有股1户，法人股141户，流通股13925户（其中A股12776户，B股1149户）。

（四）董事、监事与高级管理人员

姓名	职　务	年初持股数	年末持股数
陶国强	董事长兼总经理	2000	2000
杨如刚	副董事长	1500	1500
张荣仁	副董事长	1500	1500
程懋海	董事兼副总经理	1500	1500
王国良	董事兼副总经理	1500	1500
何宇林	董　事	1500	1500
孙维敏	董　事	0	0
杨根兴	董　事	0	0
徐全禄	董　事	2000	2000
贺瑞林	董　事	1500	1500
朱关祥	董　事	1500	1500
刘仁德	董　事	0	0
蔡泰隆	董　事	0	0
汤兆云	董　事	1500	1500
肖宗义	监事会主席	0	0
秦家荣	监　事	800	800
郑爱兰	监　事	700	700
何智勇	监　事	0	0
卢菊娣	监　事	0	0
孟久来	副总经理	1500	1500
吴信华	副总经理	0	0
陈家谊	副总经理	0	0
叶顺强	总经理助理	0	0

注：报告期内持股数没有变化。

上海耀华皮尔金顿玻璃股份有限公司

1996年年度报告摘要　（摘选）

一、公司简况

公司名称：上海耀华皮尔金顿玻璃股份有限公司

法人代表：陈祖仁　　邮政编码：200126

公司地址：上海市浦东新区济阳路100号

电话：021—58839305　　传真：021—58801554

二、主要财务数据与财务指标

单位：元

指标项目	本年数	上年数	比上年增减(%)
1.主营业务收入	589,534,454.85	646,434,451.16	-8.80
2.净利润	113,562,535.34	263,192,783.16	-56.85
3.总资产	1,916,701,146.31	1,692,650,436.13	+13.24
4.股东权益	1,450,895,307.84	1,410,457,772.50	+2.87
5.每股收益	0.23	0.67	-65.67
6.每股净资产	2.98	3.62	-17.68
7.净资产收益率(%)	7.83	18.66	-58.04
8.股东权益比率(%)	75.70	83.33	-9.16

三、公司主要业务回顾

1．一年来公司经营情况

1996年，公司在经受住外部经营环境发生急剧变化的严峻考验的同时，抓住机遇加快发展玻璃深加工领域，为形成玻璃生产与玻璃深加工协调发展格局奠定了基础，并使公司全年经营业绩在全国同行中继续保持领先地位。公司全年实现主营业务收入58953.44万元，净利润11356.25万元，创汇1985.36万美元。主要做了以下工作：

一是适应经营环境变化，全力以赴提高市场占有率。由于前几年玻璃生产高额盈利的驱动，致使近两年玻璃生产增长过快而引发96年初全国玻璃市场的降价竞销大战，并一度出现无序竞争状态，而国际玻璃市场也因周期性变化对原片玻璃需求减少。对此，公司及时调整经营决策，充分发挥在产品品种方面的独特优势，采取一系列措施努力拓展市场，全年销售率比上年增加22.59%，其中国内销售量比上年增长152%，为公司全年实现较好业绩提供了保证。

二是强化基础管理，确保生产线稳定运行。公司以强化设备巡检与保养维修、全员技术业务培训以及成本管理为重点，通过加强企业内部各项基础管理工作，克服了SYP－1生产线使用年久设备隐患增多、SYP－2和中空、夹层玻璃生产线尚处于试生产期等种种困难，较好地实现了全年生产安全稳定运行、减人增效与降低成本的管理目标。

三是抓住机遇拓展玻璃深加工领域，使之成为新的经济增长点。公司以颁布实施"上海市使用建筑安全玻璃的规定"为契机，在加强市场调研的基础上，开展了扩建玻璃深加工二期项目立项等前期工作，并取得较快进展，为该项目在97年内全面建成投产创造了条件，从而基本形成公司玻璃生产与玻璃深加工协调发展的格局，全面增强产品综合配套能力、竞争能力和抗风险能力，提高企业经济效益。

2．本年度主营业务收入、净利润实际完成情况分析：

公司全年实现主营业务收入58953.44万元，净利润为11356.25万元，分别比上年度实际减少8.80%和56.85%，主要原因是从年初起全国玻璃市场激烈竞争导致各个品种、规格玻璃产品的售价大幅下降。

3．募集资金使用情况说明

1993年，公司通过发行股票扣除发行费用，共募集资金人民币19700万元和美元6840万元。按照公司《招股说明书》的承诺，已全部用于建设SYP－2工程及发展玻璃深加工项目。到1996年12月底，支付SYP－2工程总投资人民币69957.43万元，支付康桥玻璃深加工一期项目总投资人民币9580.12万元，合计支付人民币79537.55万元。SYP－2工程和康桥一期加工玻璃项目已分别于95年11月和96年3月建成投入试生产，96年运行情况良好，并使公司在面临空前激烈的市场竞争中以其具有较高附加值的新产品及时占领市场并取得较好业绩发挥了极期重要的作用。

四、股本变化及股本结构情况

(一).股本结构及变化情况：

(1)股本结构情况

(单位:万股)

A.尚未流通股份	期初数	公积金转股	期末数
发起法人持股	19,535.78	4,883.95	24,419.73
外资法人持股	6,511.93	1,627.98	8,139.91
社会法人持股	452.29	113.07	565.36
小　计	26,500.00	6,625.00	33,125.00
B.已流通股份			
境内上市人民币普通股	2,500.00	625.00	3,125.00
境内上市外资股	10,000.00	2,500.00	12,500.00
小　计	12,500.00	3,125.00	15,625.00
股份总计	39,000.00	9,750.00	48,750.00

(2)股本变化情况及原因

1996年5月23日公司第四次股东大会决定以资本公积金按10:2.5比例向全体股东转赠股份，共计转赠股份9,750万股，1996年6月实施完毕。公司总股本增加25%，原有股东持股比例保持不变。

3．主要股东持股情况(前十名)

股东名称	年末持股数量(万股)	占总股本比例(%)
1)中国建材技术装备总公司	8,139.91	16.70
2)中国银行上海信托咨询公司	8,139.91	16.70
3)上海耀华玻璃厂	8,139.91	16.70
4)皮尔金顿国际控股公司	4,069.95	8.35
5)联合发展(香港)有限公司	4,069.95	8.35
6)坦博顿巨龙基金	805.65	1.65
7)坦博顿发展中市场信托基金	779.53	1.60
8)阿联酋国 Abu Dhabi	625.00	1.28
9)东洋证券亚洲有限公司	582.76	1.20
10)大中国概念发展基金	568.36	1.17

哈尔滨天鹅实业股份有限公司

1996年年度报告摘要 (摘选)

一、公司简况

公司名称：哈尔滨天鹅实业股份有限公司

法人代表：丁洪利　　　邮政编码：150076

公司地址：哈尔滨市道里区共乐街182号

电话：(0451)4624174　　　传真：(0451)4624142

二、主要财务数据与财务指标

指标项目	本年数	上年数	比上年增减(%)
1.主营业务收入	264,773,330.49	264,304,929.16	0.18
2.净利润	9,606,016.38	12,698,551.69	-24.35
3.总资产	646,292,008.31	634,213,708.83	1.90
4.股东权益	413,922,768.47	408,362,716.43	1.36
5.每股收益	0.08	0.11	-27.27
6.每股净资产	3.44	3.74	-8.02
7.净资产收益率(%)	2.32	3.11	-25.40
8.股东权益比率(%)	64.05	64.39	-0.53

三、公司主要业务回顾

(一) 公司一年来的经营情况

1996年在公司董事会的领导下，按照"以水泥生产为主，多元化、多领域发展"的总体规划和"面向市场、转换机制、强化管理、努力创收"的年度经营方针指引下，面对国家宏观调控力度加大，全国建材行业的不景气局面，公司全体员工毫不气馁、克服各种困难，为完成全年的各项经济指标做出了不懈的努力。我们一是抓了企业经营机制的转换、完善了公司各项经营责任制；二是要求全公司开展学邯钢、挖潜创收活动；三是加强企业精神文明建设，为用户提供优质服务。

在公司全体员工的努力下，克服北方地区季节性销售的困难，淡季以销定产，旺季增加生产。主产品水泥产量达到91.9万吨，较上年增产4.6万吨；水泥销量达到90.7万吨，较上年增加1.8万吨，产销量创公司历史最好水平。通过学习邯钢，努力提质降耗，消化各种原、燃、电等涨价因素，使可比产品成本比上年降低2.76%；海口明星大厦已在10月份竣工待售。本报告期内公司主营业务收入26,477万元，比上年略有增加，净利润比上年减少309万元，其主要原因是主营业务利润比上年减少660万元。主营业务利润降低是由于期间费用较上年增长32.3%，原因分析如下：

1. 销售费用较上年增长35.94%。其主要原因是袋装水泥销量较上期增加，包装材料价格提高，新增销售网点费、广告费增加所致。

2. 管理费用较上年增长26.4%，其主要原因是折旧费、修理费、水电费、取暖费提高以及处理呆死帐、无形资产摊销所致。

3. 财务费用较上年增长85.37%，系哈尔滨水泥厂技改部分工程估价入帐，终止利息资本化金额增加所致。

(二) 对前次募集资金的使用情况

本公司前次募集资金12,600万元，根据招股说明书，到本报告期末累计投入哈尔滨水泥厂技术改造工程4,262万元，归还哈尔滨水泥厂技改贷款1,960万元，其中：本报告期内，公司归还哈尔滨水泥厂技术改造贷款500万元。

根据一九九五年度股东大会决议：①到本报告期末累计投入房地产开发6,306万元，其中：与工商银行短期合作投入2,000万元；②投入宏大房地产开发公司500万元'；③投入三环出租小汽车332万元；④投入市政人行过街天桥274万元。

(三) 1997年度公司经营目标

1. 公司加大改革力度，深化管理，向改革要效益，抓好干部制度、劳动制度、工资制度的改革，完善"星级达标"管理。学邯钢、抓降耗，消化各种涨价因素。

2. 全力做好技术改造竣工验收工作，努力实现4＃、5＃水泥窑达标达产。

3. 公司主营业务收入29,800万元，利润总额1,250万元。

四、股本变化及股本结构情况

(一) 股本结构情况(单位：万股，每股面值1元)

	95年末数	转增股本	96年末数	比例%
1. 未流通股	8,173	817.3	8,990.3	74.82
国家股	8,173	817.3	8,990.3	74.82
2. 已流通股	2,750	275	3,025	25.18
境内上市人民币普通股	2,750	275	3,025	25.18
3. 股本合计	10,923	1,092.3	12,015.3	100

(二) 股本变动原因

1996年5月28日在公司本部召开了1995年度股东大会，审议通过了1995年度用资本公积金每10股转增1股股本方案，并于1996年6月17日实施，公司股本总额由1995年末的10,923万股增至12,015.3万股。

(三) 主要股东持股情况(前十名股东)

名次	股东名称	年末持股数(万股)	占股本(%)
1	哈建材集团公司	8990.3	74.82
2	郑梓锋	79	0.66
3	贺忠荣	54.8	0.46
4	温开金	44.1	0.37
5	刘志贵	33	0.27
6	金秀玉	26.3	0.22
7	吴华强	22	0.18
8	安徽省财证证券公司	20.1	0.17
9	深圳深南中路司钿公司	20	0.17
10	陈明论	19.9	0.17

(四) 年末股东户数

1996年末公司股东总户数17,438户。其中：国有法人股股东1户、社会公众股股东17,437户。

(五) 子公司及关联企业

1. 子公司

公司名称	注册资金	公司拥有权益%	主要业务
哈尔滨宏大房地产开发公司	500万元	100	房地产开发
海口龙兴房地产开发公司	1000万元	100	

2. 关联企业

哈尔滨三环实业公司：投资332万元出租小汽车，协议规定不参与经营管理，不承担风险，每年按年末未收回投资额收取20%的股利。

西安黄河机电股份有限公司

1996年年度报告摘要 （摘选）

一、公司简况

公司名称：黄河机电股份有限公司

法人代表：马金泉 邮政编码：710043

公司地址：西安市幸福北路8号

电话：029—2521831

二、主要财务数据与财务指标

单位：万元

指标项目	本年数	上年数	比上年增减(%)
1.主营业务收入	17671	46246	-61.8
2.净利润	-23422	-9432	-148.3
3.总资产	70599	99525	-29
4.股东权益	5143	28565	-81.9
5.每股收益(元)	-2.10	-0.85	-147.1
6.每股净资产(元)	0.46	2.57	-82.1
7.净资产收益率(%)	-455.43	-33.02	-1279.2
8.股东权益比率(%)	7.28	28.7	-74.6

三、公司主要业务回顾

1.一年来公司经营情况

(1)1996年是公司发展史上极不平凡的一年，由于受内外部、主客观因素的影响，公司96年是在极为艰难的条件下渡过的，公司经营状况继九四年、九五年继续下滑，并且出现较大数额亏损。

(2)1996年公司共生产电视机12.2万台，较95年减少76.3%。

(3)亏损原因简析：

公司96年营业收入17671万元，比95年减少61.8%，实现利润-23422万元，出现严重亏损，究其原因：

A、处理历史遗留问题负担很重，短时间内难以得到有效解决。

B、资金匮乏，大量的资金、资产凝固，不能实行有效的运转，致使产品、产量始终上不了规模。

C、家电市场继续显现疲软状况，同时企业对流通领域的适应能力差。

D、新产品开发跟不上市场变化，产品结构单一。

E、经营观念、内部机制、改革不能适应家电市场非常激烈的竞争。

F、主要投资项目运行不好，未形成新的经济增长点。

公司全体董事及经营班子全体成员对1996年度继续出现亏损向全体股东及关注、关心黄河发展的各界人士深表歉意。目前，省政府和集团公司均十分关心支持黄河的发展，公司董事会及经营班子深感压力之大，责任之重。为此，将尽全力拼搏，改变经营观念，加大改革力度，认真抓好资产重组，产品结构调整，强化内部管理，狠抓市场营销，重塑企业形象等工作，决不辜负广大投资者期望，尽全力在九七年扭亏为盈。

2.募集资金的使用情况说明：

本报告年度内，公司未募集资金(不包括短期借贷)。

四、股本变化及股本结构情况

1、股权结构的变化情况(单位：万股)

	96年12月31日	比例(%)	95年12月31日	比例(%)
(1)尚未流通股权合计	6494.13	58.4	6494.13	58.4
其中：国家股	5919.60	53.2	5919.60	53.2
法人股	574.43	5.2	574.43	5.2
(2)已流通股份合计	4634.64	41.6	4634.64	41.6
境内上市人民币普通股	4634.64	41.6	4634.64	41.6
(3)股份合计	11128.67	100	11128.67	100

2、主要股东持股情况(前十名股东)：

股东名称	持股数量(万股)	占总股本比例(%)
1)长岭黄河集团公司	5919	53.2
2)刘小林	126.7	1.13
3)金鑫金店	78.7	0.70
4)袁文萍	60.0	0.54
5)深圳万科股份公司	35.0	0.31
6)张惠风	33.5	0.29
7)陈秀兰	22.8	0.20
8)张惠娟	20.0	0.18
9)李维真	18.0	0.15
10)北京丝绸	17.0	0.10

3、96年末股东总数31208户。

4、公司董事、监事与高级管理人员持股情况：

姓名	职务	年末持股数	年初持股数
马金泉	董事长兼总经理	2000	2000
王祥有	副董事长	1875	1875
王勇俐	副董事长兼副总经理	1875	1875
代志军	董事兼副总经理	250	250
王石	董事	0	0
李福康	董事	1875	1875
王天刚	董事兼副总经理	1875	1875
王宝山	董事兼副总经理	1000	1000
邢宪文	董事兼副总经理	200	200
李德远	董事	1000	1000
李生合	董事兼总经理助理	375	375
张迎建	董事	1200	0
宫正军	常务副总经理	0	0
顾志诚	总工程师	0	0
王旭涛	总会计师	0	0
仲跻良	总质量师	0	0
周鹏	监事会主席	1875	1875
高宏	董事会秘书	0	0
李务计	监事	200	200
景华建	监事	100	100
牛广华	监事	0	0
刘玉琴	监事	300	300

上海上菱电器股份有限公司

上海上菱电器股份有限公司1996年年度报告摘要

一、公司简况

1、公司名称：

(中文)：上海上菱电器股份有限公司

(英文)：SHANGHAI SHANGLING ELECTRIC APPLIANCES CO.,LTD

2、公司地址：

注册地址：中国上海市浦东新区建平路2号

邮政编码：200135

3、法人代表：俞友涌

4、咨询服务机构：

机构名称：投资管理部

联系人：朱秦　陈颖

电话：021—58857888-3436

传真：021—58857367

二、主要财务数据与财务指标

单位：人民币万元

指标名称	本年数	上年数	比上年增减(%)
1.主营业务收入	135,079.62	192,457.07	-29.81
2.净利润	1,036.63	16,472.72	-93.71
3.总资产	258,292.50	191,437.46	34.92
4.股东权益	116,113.40	113,254.78	2.46
5.每股收益(元)	0.032	0.60	-94.67
6.每股净资产(元)	3.54	4.14	-14.49
7.净资产收益率(%)	0.89	14.54	-93.88
8.股东权益比率(%)	44.95	59.16	-24.02

三、公司业务回顾

(一)一年来公司经营情况

一九九六年，本公司遇到了前所未有的严峻考验，国家宏观调控力度逐步增强，国内外家电诸强激烈争夺国内日益饱和的家电市场，使公司产品库存增加，应收帐款增多，业绩受到较严重的影响，首次出现了经济指标下滑的现象。

面对不利的形势，公司在董事会的正确决策下，依靠全体员工，围绕"深化改革、励精图治、促进两个转变，实施'金奖产品、金奖质量、金奖服务'工作，抢市场、抓质量、拓新品、增效益，为上菱第二次创业努力奋斗"的经营方针，克服种种困难，为摆脱困境，冲出低谷，做了大量工作，取得了来之不易的成绩。

年内，公司和日本三菱电机株式会社合资建设的空调机公司和微波炉公司推出的"Mr. Slim雾之风"空调机、NMK250燃油取暖器、"贵铂"系列微波炉等产品，以其造型新颖、功能独特受到了消费者的欢迎，"上菱牌"直冷式冰箱、吸收式冰箱等一系列新产品也已试制成功，将陆续投放市场。公司还调整充实了总公司和销售公司的领导班子，抽调了一百多名干部职工充实销售队伍，在全国新增了数百家销售网点。电冰箱的出口数量也达到了历史最好水平。公司还通过了ISO9001质量体系的认证，公司生产的无氟电冰箱获得了国家环境标志证书。

2．经营业绩分析

年内本公司主营业务收入为135,079.62万元，比一九九五年下降29.81%，净利润为1036.63万元，同比下降93.71%。

四、股本变化及股本结构情况

(一)截止一九九六年十二月三十一日的股本结构：

(单位：万股；每股面值：1元人民币)

项　目	期初数	配股	送股	公积金转股	其他	小计	年末数
1.国家持股	17665.09		3533.02				21198.11
2.境内上市的人民币普通股(A股)	1800.00		360.00				2160.00
3.境内上市的外资股(B股)	7900.00		1580.00				9480.00
股份合计	27365.09		5473.02				32838.11

(二)股本变动原因

根据一九九五年度股东大会审议通过的利润分配方案，本公司于一九九六年六月初向全体股东按每十股送二股的比例派送红股，已发行在外的股票总数相应变动。

(三)主要股东持股情况

股东名称	持股数	持股比例(%)
1)上海市轻工控股(集团)公司	211,981,080	64.55
2)HKSBCSB A/C CMB S/A TEMPLETON DRAGON FUND INC.	13,633,600	4.15
3)HKSBCSB A/C THE CHASE MANHATTAN BANK NA. S/A TEMPLETON CHIAN WORLD FUND INC.	6,866,280	2.09
4)SCBHK A/C OVERSEAS UNION NOMINEES (H.K.)LTD.	5,886,606	1.79
5)TOYO SECURITIES ASLA LTD.	4,961,160	1.51
6)HKSBCSB A/C CHASB MANHATTAN BANK NA S/A TEMPLETON DEVEL MKTS TRUST(3442)	3,391,000	1.03
7)ABU DHABI, UNITED ARAB MEIRATES.	3,060,000	0.93
8)HKSBCSB S/A PICTET & CIE.	3,000,000	0.91
9)HKSBCSB A/C STB S/A IV-TOYO CHAIR FUND (3002).	2,470,560	0.75
10)HKSBCSB A/C CHASE MANHATTAN BANK NA S/A TEMPLETON INSTITUTIONAL EMERGING MKTS.	2,363,000	0.72

(四)股东人数

记录于一九九六年十二月三十一日本公司股东名册上的股东人数及类别如下：

国家股东	1名
国内公众股东	15,618名
境外B股股东	434名
股东总人数	16,053名

(五)公司董事、监事与高级管理人员持股情况

姓名	职务	年初持股数	年末持股数	变化原因
俞友涌	董事长	0	0	
葛文宾	副董事长	3400	4080	送股
施亚龙	副董事长	3400	4080	送股
刘家笃	董事	3000	3600	送股

刘寄陈	董事	3000	3600	送股
吴建中	董事	3000	3600	送股
肖永华	董事、副总经理兼总工程师	3000	3600	送股
赵丽珍	董事	3000	3600	送股
薛尚礼	董事	3400	4080	送股
陆模全	董事、副总经理	0	0	–
顾姗姗	董事	0	0	–
董益龄	董事	0	0	–
王树民	董事	0	0	–
胡寿昌	监事长	0	0	–
陈基铨	副监事长	2500	3000	送股
金荣明	监事	1700	2040	送股
施祖康	监事	2100	2520	送股
周祥元	监事	3400	4080	送股
陈俊民	总经理	0	0	–
周济平	副总经理兼总会计师	0	0	–
王伟新	副总经理	0	0	–
赵顺年	副总经理	1000	1200	送股

五、重要事项揭示

(一)股东大会、董事会情况介绍:

一九九六年二月二十九日,本公司以通讯方式召开临时股东大会,会议通过决议,对董事会成员进行了部分调整。

本公司一九九五年度股东大会于一九九六年五月二十八日在上海召开,会议经认真审议后,表决通过了《董事会工作报告》、《总经理业务报告》、《一九九五年度财务决算和一九九六年度财务预算》、《监事会工作报告》、《一九九五年度利润分配方案》、《关于修改公司章程的报告》及《一九九六年度增资扩股方案》等决议。

在一九九六年内,公司董事会共召开了三次正式会议和一次临时会议,分别对公司董事人选的变动、年度股东大会的召开、公司高级管理人员的变动及提出年度增资扩股方案等事项作出了相应的建议和决议,免去了马玉田先生公司副总经理的职务,接受了葛文宾先生因工作调动而辞去公司总经理职务的请求,分别聘任陈俊民先生、陆模全先生为公司总经理和副总经理。

(二)报告期内公司董事变动情况:

一九九六年二月二十九日,本公司以通讯方式召开临时股东大会。会议通过决议,同意曹荣昌、沈民强先生辞去公司董事职务,选举王树民、董益龄、陆模全先生为公司董事。

(三)报告年度内,本公司注册地址、会计师事务所、法律顾问无变动。

(四)公司章程有关条款的变更:

本公司一九九五年度股东大会通过决议,对本公司章程依据公司法和公司发展的实际情况进行修订、原公司章程的部分条款有所变更。

经修订的公司章程已报上海市外国投资工作委员会备案。

(五)报告期内公司无重大诉讼、仲裁事项。

(六)报告期内分红派息情况:

根据一九九五年度股东大会通过的《一九九五年度利润分配方案》,公司于一九九六年六月初按每十股送二股的比例向全体股东派送红股。经此次送股,已发行在外的股票总数由原来的27,365.09万股,增至32,838.11万股。

(七)按国际合计准则对中国法定帐目的净利润的调整和差民原因说明:

经香港永道会计师事务所审计,按国际会计准则计算的本公司一九九六年度净利润为人民币-12,234万元。

有关按不同会计准则计算净利润的差异形成原因如下:

	净利润(万元)
根据中国法定帐目	1.037
国际会计准则和其他调整:	
-计入附属公司业绩	-65
-应占联营公司之亏损	-6,611
-存货损失备抵	-1,154
-坏帐及呆帐备抵	-4,000
-人民币官方汇率与外汇调剂价并轨所形成之调整	449
-少提模具费	-797
-少计应付工资	-562
-少计固定资产折旧	510
-其他	-21
经国际会计准则和其他调整后溢利	-12,234

(八)本公司一九九六年度报告摘要的主要内容用英文同时在香港《南华早报》刊登。

六、子公司及关联企业

企业名称	本公司拥有权益%	主营业务
1. 上海上菱电器经销部	100	电器及电器零件销售
2. 上海上菱电冰箱技术维修中心	100	维修服务
3. 上海上菱新事业发展总公司	100	投资控股
4. 上海美声电器有限公司	60	电器生产和销售
5. 上海上菱燃油取暖器厂	90	生产和销售燃油取暖器
6. 上海上菱仓储运输有限公司	90	仓储运输(筹建中)
7. 上海亚波广告有限公司	40	提供广告服务
8. 上海上菱电冰箱总厂虹三联营厂	30	生产电冰箱零件
9. 上海宝山万里制绳厂	50	生产电冰箱零件
10. 上海宝山建设装潢家具厂	30	家具生产和装修工程
11. 上海上菱电冰箱厂江海联营厂	45	生产电冰箱零件
12. 上海上菱电冰箱总厂洋泾电冰箱配件厂	50	生产电冰箱零件
13. 上海上菱天安电冰箱有限公司	50	生产和销售电冰箱
14. 上海上菱空调机电器有限公司	50	生产和销售空调器燃油取暖器
15. 上海三菱电机上菱微波炉电器有限公司	50	生产和销售微波炉等家用电器

七、财务报告

(一)审计报告

华业字〔97〕第824号

上海上菱电器股份有限公司全体股东:

我们接受委托,审计了贵公司1996年12月31日的资产负债表和合并资产负债表、1996年度利润表和合并利润表以及1996年度财务状况变动表和合并财务状况变动表。这些会计报表内容由贵公司负责,我们的责任是对这些会计报表发表审计意见。我们的审计是根据中国注册会计师独立审计准则进行的。在审计的过程中,我们结合贵公司的实际情况,实施了包括抽查会计记录等我们认为必要的审计程序。

我们认为,上述会计报表符合《企业会计准则》和《股份制试点企业会计制度》的规定;在所有重大方面公允地反映了贵公司1996年12月31日的财务状况以及1996年度的经营成果和资金变动情况,会计处理方法的选用遵循了一贯性原则。

此外,我们注意到,贵公司三家下属联营企业本年度出现大量亏损共计达人民币103,560,678.05元,按持股比例,贵公司应承担人民币51,780,339.03元,因持股比例不超过50%,所以这三家子公司的投资损益按成本法核算,也未纳入合并范围。

大华会计师事务所

中国注册会计师 陆永炜 朱蕾蕾

一九九七年四月二日

(二)财务报表(附后)

(三)财务报表项目附注:

1. 重要会计政策:

(1)公司执行的会计制度:股份制试点企业会计制度。

(2)会计期间:每年1月1日至12月31日。

(3)合并报表编制方法:

①编制方法:根据财政部财会字〔1995〕11号《关于印发<合并会计报表暂行规定>的通知》等文件的规定,以公司本部和纳入合并范围的子公司的会计报表以及其他有关资料为依据,合并各项目金额编制而成。合并时公司的重大内部交易和资金往来均相互抵销。

②合并范围:母公司拥有其50%以上(不含50%)权益性资本的被投资企业,以及母公司拥有的权益性资本虽在50%以下但能控制的子公司均纳入合并范围。

③合并单位如下:

被投资公司名称	业务性质	投资期限	母公司持股比例%	实际投资额
上菱新事业发展总公司	三产服务及房产等	无规定	100	20,391,575.52
上菱电器经销部	商业批发零售	无规定	100	817,171.47
上菱电器技术服务中心	维修服务	无规定	100	10,527,893.63
小　计				31,736,640.62

年度内合并范围未发生变动。

④母公司与子公司采用的会计政策和会计处理方法一致。

(4)记帐原则:权责发生制;计价基础:历史成本。

(5)外币折算方法:

本公司以人民币为记帐本位币,会计年度内涉及外币的经济业务,按发生当月月初中国人民银行公布的外汇市场汇价中间价折合人民币入帐。月末将外币帐户余额按月末外汇市场汇价中间价折合本位币进行调整,调整后的记帐本位币金额与原帐面余额之间的差额列入财务费用——汇兑损益。

(6)存货计价方法:

产成品按实际成本计价,领用与发出采用加权平均法;

其余存贷采用计划成本计价,领用与发出时按当月材料成本差异调整为实际成本;

低值易耗品采用领用一次摊销法。

(7)长期投资核算方法:

①债券投资的人帐价值及收益确认:按实际支付的价款记帐,利息人按权责发生制原则处理。

②股权投资和联营投资:对持股在50%以上的及虽在50%以下但系控股的企业其投资按权益法核算,持股比例在50%以下(包括50%)的企业按成本法核算。

(8)固定资产及其折旧:

①固定资产标准为:使用年限在一年以上,单位价值在2000元以上的房屋及建筑物、机器设备、运输设备以及其他与生产经营有关的设备、器具、工具等;以及单位价值在2000元以上,并且使用期超过两年的,不属于生产经营主要设备的物品。

②固定资产计价:按实际成本计价。

③固定资产折旧采用直线法平均计算,并按各类固定资产的原值和估计的使用年限扣除残值(原值的10%)制定其折旧率。

固定资产各类折旧率如下:

资产类别	使用年限	年折旧率
房屋建筑物	10－40年	2.25%－9%
机器设备	10－15年	6%－9%
电子设备	5－10年	9%－18%
运输工具	6－12年	7.5%－15%
其他设备	5－10年	9%－18%

(9)无形资产摊销:

①职工房屋使用权从发生当年起按40年摊销。

②土地使用权从发生当年起按40年摊销。

(10)递延资产摊销:

①开办费从营业当年起按5年摊销。

②固定资产大修理支出从发生当年起按30年摊销。

③待转销汇兑损益从94年起按5年摊销。

(11)税项

本公司适用的税项及附加的税种与税率:

税种:	所得税	增值税	营业税	城建税
税率:	15%	6%－17%	5%	7%
计税基数:	应纳税所得额	当期销项税额－当期进项税额	营业额	应纳营业税额和增值税额
应交款:	教育费附加	堤防费		义务兵优待金
费率:	3%	1%		0.3%
计算基数:	应纳营业税额和增值税额	应纳营业税额和增值税额		应纳营业税额和增值税额

(12)利润分配:

根据公司法和公司章程规定,按当年度的税后利润10%分别提取法定盈余公积金和法定公益金。根据董事会预分配方案,本年度不分派现金红利。

(13)收入实现的条件:

商品销售:发票开出、商品所有权移交给客户。

房地产销售收入:商品房在移交后,将结算帐单提交买方并得到认可。

(14)坏帐处理方法及坏帐准备提取比例:

坏帐处理方法为:备抵法;坏帐准备按年末应收帐款余额的5‰计提。

2、报表项目附注:

(1)应收帐款1996年12月31日余额为人民币572,983,344.25元,按帐龄分析:

帐龄	户数	金额(元)	占总额比例
三年以上	15	3,384,561.05	0.6%
二、三年	14	3,161,870.05	0.55%
一、二年	56	50,610,136.68	8.83%
一年以下	638	515,826,776.47	90.02%

本帐户余额中无持本公司5%以上股份的主要股东的欠款。

(2)其他应收款1996年12月31、日余额为人民币456,623,376.16元,按帐龄分析:

帐龄	户数	金额(元)	占总额比例
三年以上	9	925,219.47	0.2%
二、三年	11	10,275,387.76	2.25%
一、二年	20	100,314,536.29	21.97%
一年以下	60	345,108,232.64	75.58%

本帐户余额中无持本公司5%以上股份的主要股东的欠款。

大额款项的债务人和业务内容分类:

债务人	业务内容	金额(元)
上海上菱天安电冰箱有限公司	垫付款	304,038,101.64
上海上菱空调机电器有限公司	垫付款	31,608,301.21
上海上菱燃油取暖器厂	垫付款	91,121,938.59
小　计		426,768,341.44

(3)长期投资1996年12月31日余额为人民币227,281,865.82元,其中:

①股权投资(法人股)68,070,444.00元,其明细内容为:

被投资公司名称	持股数(万股)	占被投资公司股权的比例	投资金额合计
双鹿电器	199.2	<5%	7,461,700.00
冰箱压缩	195.0	<5%	7,488,000.00
氯碱化工	28.0	<5%	1,240,000.00
长江发展	500.0	<5%	7,000,000.00

申能股份	400.0	<5%	11,200,000.00
沪昌特钢	55.0	<5%	1,400,000.00
武汉商场	8.55	<5%	353,400.00
广电股份	143.55	<5%	4,901,000.00
钢管股份	330.0	<5%	12,000,000.00
第九百货	74.388	<5%	3,068,744.00
新锦江	18.0	<5%	780,000.00
浦发银行	100.00	<5%	10,000,000.00
交通银行	105.21	<5%	1,052,100.00
中百一店	2.496	<5%	125,000.00
合计	-	-	68,070,444.00

②债券投资150,700.00元,其明细内容为:

债券名称	到期日	面值(元)	年利率	投资金额
电力建设债券	2002年	50,700.00	-	50,700.00
浦东建设债券	1997年	100,000.00	10.50%	100,000.00
合计	-	150,700.00	-	150,700.00

③联营投资158,814,421.82元,其中:

被投资企业名称	投资期限	母公司持股比例	认缴资本额	实际投资额
上海上菱燃油取暖器厂*1	20年	90%	21,031,200.00	20,500,174.20
上海上菱天安电冰箱有限公司	15年	50%	27,494,000.00	27,494,000.00
上海上菱空调机电器有限公司	30年	50%	25,241,937.42	25,241,937.42
上海三菱电机上菱微波炉电器有限公司	30年	50%	60,480,061.05	60,480,061.05
上海上菱电冰箱总厂洋泾配件厂	15年	50%	10,726,911.28	10,726,911.28
上海美声电器有限公司*2	20年	60%	3,126,564.01	0.00
上菱仓储运输有限公司*3	20年	90%	4,500,000.00	4,500,000.00
上海亚波广告有限公司	10年	40%	1,400,000.00	1,400,000.00
上海二轻销售公司	无规定	参股	2,000,000.00	2,000,000.00
其他(投资额100万以下)			6,471,337.87	6,471,337.87
合 计			162,472,011.63	158,814,421.82

备注:根据财会二字〔96〕2号《关于合并报表合并范围请求的复函》的规定,以下三家联营投资未纳入合并范围:

*1上海上菱燃油取暖器厂三项指标不超过10%。

*2上海美声电器有限公司非持续经营、资不抵债,长期投资冲减为零。

*3上海上菱仓储运输有限公司处于筹建阶段。

④应计利息246,300.00元,其中:

债券种类	应计利息
建设债券	214,800.00
国库券	31,500.00
合计	246,300.00

(4)资本公积1996年12月31日余额为人民币659,592,080.08元,其明细内容如下:

	金额	项目内容
期初余额	641,372,232.89	
本年增加(1)	3,778,406.72	捐赠
(2)	14,441,440.47	对外投资资产评估增值
期末余额	659,592,080.08	

(5)盈余公积1996年12月31日余额为人民币130,443,089.94元,其明细内容如下:

明细内容	法定盈余公积	公益金	任意盈余公积	合计
期初余额	38,492,256.39	6,458,281.60	82,213,745.32	127,164,283.31
加:本期利润提取	1,639,403.32	1,639,403.31	0.00	3,278,806.63
其中:母公司提取	1,516,082.63	1,516,082.63	0.00	3,032,165.26
子公司提取	123,320.69	123,320.68	0.00	246,641.37
加:其他*	0.00	-2,013,407.00	2,013,407.00	0.00
期末余额	40,131,659.71	6,084,277.91	84,227,152.32	130,443,089.94

*本期盈余公积其他增减内容:当用住房周转金购买职工住房时相应将公益金转入任意盈余公积。

(6)未分配利润1996年12月31日余额为人民币42,717,718.46元,来源:

①1995年12月31日未分配利润余额	90,360,371.83
②加:1996年度合并净利润	10,366,333.26
③减:提取法定盈余公积金	1,516,082.63
④ 提取法定公益金	1,516,082.63
⑤减:分配1995年度股利	54,730,180.00
⑥减:1996年度子公司提取盈余公积金	246,641.37
⑦1996年12月31日未分配利润余额	42,717,718.46

(7)投资收益1996年度发生额为人民币5,299,206.30元,其中:

收益类别	金额
股票投资收益	2,676,434.36
债券投资收益	450,680.00
其他单位投资收益	1,981,765.11
其他	190,326.83

(四)财务报表中变动幅度大于30%的数据分析说明:

1.应收帐款:比上年增加35,122万元,增加比例159.65%,主要系资金回笼速度较慢所致。

2.其他应收款:比上年增加34,435万元,增加比例306.74%,主要系子公司暂借款增加所致。

3.其他流动资产:比上年增加400万元,主要系贷款保证金增加所致。

4.短期借款:比上年增加20,808万元,增加比例64.66%,主要系流动资产增加引起借款增加所致。

5.应付票据:比上年增加32,603万元,增加比例234.74%,主要系材料采购增加所致。

6.应付帐款:比上年增加18,009万元,增加比例95.4%,主要系部分材料款未及时支付所致。

7.未付股利:比上年减少4,888万元,减少比例79.77%,主要系支付国家股股利所致。

8.未交税金:比上年增加1,575万元,增加比例1,894.35%,主要系进项税额增加所致。

9.销售费用:比上年增加2,395万元,增加比例89.33%,主要系扩大了销售网点所致。

10.财务费用:比上年增加2,585万元,增加比例107.35%,主要系贷款增加所致。

11.营业税金及附加:比上年减少296万元,减少比例50%,主要系进项税大于销项税所致。

12.投资收益:比上年减少534万元,减少比例50.19%,主要系投资回报减少所致。

13.营业外收入:比上年减少501万元,减少比例79.78%,主要系1995年度有在建工程物资盘盈而96年没有所致。

八、或有事项的说明

本公司为一主要供应商及四家联营企业提供借款担保截至1996年末借款金额为人民币25,097万元,另外替一家企业提供借款担保截至1996年末借款金为日元2,800万元。折合人民币200.57万元,共计提供借款担保的借款额金额为人民币25,297.57万元。

九、其他事项

一九九六年度利润分配方案及召开年度股东大会事宜见董事会公告。

上海上菱电器股份有限公司董事会

一九九七年四月二十七日

资产负债表(1996 年 12 月 31 日)

编制单位:上海上菱电器股份有限公司　　金额单位:元

项目	行次	母公司年初数	合并年初数	母公司年末数	合并年末数
流动资产:					
货币资金	1	47082055.78	56714689.82	32755494.48	39275548.74
短期投资	2	4259813.85	4259813.85		
应收票据	3	156692751.08	156692751.08	165321076.41	166424386.41
应收帐款	4	220427712.56	219995063.04	576384602.89	572983344.25
减:坏帐准备	5	1102138.56	1099975.31	2881923.01	2864916.82
应收帐款净额	6	219325574.00	218895087.73	575302679.88	570118427.53
预付货款	7	95140955.66	96469955.66	68167622.93	70848424.93
其他应帐款	8	131092763.97	112268499.27	502965774.46	456623376.16
待摊费用	9	28427896.93	30468786.56	25015993.48	26171044.29
存货	10	426088422.18	485464902.44	479530763.53	562460492.40
减:存货变现损失准备	10－1	783463.76	783463.76	783463.76	783463.76
存货净额	10－2	425304958.42	484681438.68	478747299.77	561677028.64
待处理流动资产净损失	11	1443796.51	1443796.51		
一年内到期的长期债券投资	12	1204500.00	1204500.00	435000.00	435000.00
其他流动资产	13			4000000.00	4000000.00
流动资产合计	15	1109975066.20	1163099319.16	1850910941.41	1895573236.20
长期投资:					
长期投资	16	285665134.03	240818923.62	254781319.86	227281865.82
合并价差(合并报表填列)	16－1				
固定资产:					
固定资产原价	17	437438885.73	459964804.84	393066867.96	419737048.52
减:累计折旧	18	103225651.65	108429365.36	121816814.55	127822593.65
固定资产净值	19	334213234.08	351535439.48	271250053.41	291914454.87
在建工程	20	87318744.11	89263083.81	84649123.26	100213654.71
固定资产清理	21		115772.51		－78504.75
待处理固定资产净损失	22				
固定资产合计	23	421531978.19	440914295.80	355899176.67	392049604.83
无形资产及递延资产:					
无形资产	24	40241493.80	49332881.30	40437153.80	49528541.30
递延资产	25	17814656.37	20209139.52	16439549.72	18491731.04
无形资产及递延资产合计	30	58056150.17	69542020.82	56876703.52	68020272.34
其他长期资产:					
其他长期资产	31				
递延税项:					
递延税款借项	32				
资产总计	40	1875228328.59	1914374559.40	2518468141.46	2582924979.19
项目	行次	母公司年初数	合并年初数	母公司年末数	合并年末数
流动负债:					
短期借款	41	309795360.00	321795360.00	515874106.00	529874106.00
应付票据	42	133001629.92	138885416.57	461352503.26	464910503.26
应付帐款	43	187303127.01	188486835.84	307275856.48	368577235.04
预收货款	44	8757691.50	11363414.50	2625698.75	2999752.95
应付福利费	45	5707627.43	6881629.65	4355961.37	5554018.40
未付股利	46	61275930.20	61275930.20	12394176.44	12394176.44
未交税金	47	2823068.13	831641.43	－10698078.56	－14922586.68
其他未交款	48		39947.20	－595840.04	－574797.02
其他应付款	49	20853783.27	39100817.58	50305250.22	43350158.40
预提费用	50	2709941.19	2863421.04	561750.00	690172.45
一年内到期的长期负债	51	100000.00	100000.00		
其他流动负债	52				
流动负债合计	55	732328158.65	771624414.01	1343451383.92	1412852739.24
长期负债:					
长期借款	56	4410000.00	4410000.00	3076400.00	3076400.00
应付债券	57				
长期应付款	58	10037035.00	10037035.00	10037035.00	10037035.00
其他长期负债	60	－4244677.64	－4244677.64	－4175163.53	－4175163.53

项目	行次	母公司年初数	合并年初数	母公司年末数	合并年末数
长期负债合计	65	10202357.36	10202357.36	8938271.47	8938271.47
递延税项:					
递延税款货项	66				
负债合计	67	742530516.01	781826771.37	1352389655.39	1421791010.71
少数股东权益	67－1				
股东权益:					
股本	68	273650900.00	273650900.00	328381080.00	328381080.00
资本公积	69	641372232.89	641372232.89	659592080.08	659592080.08
盈余公积	70	121939269.57	127164283.31	124971434.83	130443089.94
其中:公益金	71	5856677.08	6458281.60	5359352.71	6084277.91
未分配利润	72	95735410.12	90360371.83	53133891.16	42717718.46
外币报表折算差额	72－1				
股东权益合计	79	1132697812.58	1132547788.03	1166078486.07	1161133968.48
负债及股东权益总计	80	1875228328.59	1914374559.40	2518468141.46	2582924979.19

利润及利润分配表(1996 年度)

编制单位:上海上菱电器股份有限公司　　　　金额单位:元

项目	行次	母公司上年数	合并上年数	母公司本期数	合并本期数
一、主营业务收入	1	1897250678.65	1924570651.91	1338276931.82	1350796162.82
减:营业成本	2	1511396789.23	1522442725.41	1115992008.79	1121670089.03
销售费用	3	26342120.00	26810633.80	48530004.41	50761337.53
管理费用	4	150325129.54	168183396.70	111860176.53	120362071.26
财务费用	5	22820417.09	24077630.73	48517088.79	49930619.77
进货费用	6		64677.25		
营业税金及附加	7	5156425.69	5920842.52	2479632.73	2962011.87
二．主营业务利润(亏损以“－”号表示)	8	181209797.10	177070745.50	10898020.57	5110033.36
加:其他业务利润(亏损以“－”号表示)	9	－127879.05	795871.27	－281808.15	142158.46
三．营业利润(亏损以“－”号表示	10	181081918.05	177866616.77	10616212.42	5252191.82
加:投资收益(损失以“－”号表示)	11	8837502.30	10641347.55	6385211.16	5299206.30
补贴收入	11－1				
营业外收入	12	6179108.88	6279436.89	1254507.57	1274108.60
减:营业外支出	13	3051777.76	3170951.50	1417837.61	1824215.68
加:以前年度损益调整(调减以“－”号表示)	14	28617.92	1446926.35	－11356.80	2164927.83
四．利润总额(亏损以“－”号表示)	15	193075369.39	193063376.06	16826736.74	12166218.87
减:所得税	16	28275531.47	28336126.85	1665910.44	1799885.61
减:少数股东损益(合并报表填列)(亏损以“－”号表示)	16－1				
五．净利润(亏损以“－”号表示)	17	164799837.92	164727249.21	15160826.30	10366333.26
加:年初未分配利润(未弥补亏损以“－”号表示)	18	5095499.26	996258.72	95735410.12	90360371.83
盈余公积转入数	19				
六．可分配的利润(亏损以“－”号表示)	20	169895337.18	165723507.93	110896236.42	100726705.09
减:提取法定公积金	21	16479983.79	17081588.31	1516082.63	1639403.32
提取法定公益金	22	16479983.79	17081588.31	1516082.63	1639403.31
职工奖金福利(合并报表填列,子公司为外商投资企业项目)	22－1				
	22－2				
七．可供股东分配的利润(亏损以“－”号表示)	23	136935369.60	131560331.31	107864071.16	97447898.46
减:已分配优先股股利	24				
提取任意公积金	25	41199959.48	41199959.48		
已分配普通股股利	26			54730180.00	54730180.00
八．未分配利润(未弥补亏损以“－”号表示)	27	95735410.12	90360371.83	53133891.16	42717718.46

财务状况变动表(1996 年度)

编制单位:上海上菱电器股份有限公司

金额单位:元

流动资金来源和运用	行次	母公司	合并金额	流动资金各项目的变动	行次	母公司	合并金额
一.流动资金来源:				一、流动资产本年增加数:			
1.本年净利润(合并报表为合并净利润)	1	15160826.30	10366333.26	1.货币资金	31	-14326561.30	-17439141.58
加:少数股东本期损益(合并报表填列)	2			2.短期投资	32	-4259813.85	-4259813.85
加:不减少流动资金的费用和损失:			0.00	3.应收票据	33	8628325.33	9731635.33
(1)固定资产折旧	3	26422045.20	29060010.63	4.应收帐款净额	34	354177105.88	351223339.80
(2)无形资产、递延资产及其他资产摊销(减其他负债转销)	4	5968465.95	6662743.71	5.预付货款	35	-26973332.73	-25621530.73
(3)固定资产盘亏(减盘盈)	5			6.其他应收款	36	371873010.49	344354876.89
(4)清理固定资产损失(减收益)	6	1029277.35	1426504.76	7.待摊费用	37	-3411903.45	-4297742.27
(5)递延税款	7		0.00	8.存货净额	38	53442341.35	76995589.96
(6)其他不减少流动资金的费用和损失	8		0.00	9.待处理流动资产净损失	39	-1443796.51	-1443796.51
小计	10	48580614.80	47515592.36	10.一年内到期的长期债券投资	40	-769500.00	-769500.00
2.其他来源:				11.其他流动资产	41	4000000.00	4000000.00
(1)固定资产清理收入(减清理费用)	11	4622335.20	6551254.93		42		
(2)增加长期负债	12	3267404.68	3267404.68	流动资产增加净额	45	740935875.21	732473917.04
(3)收回长期投资	13	117886610.84	101490081.72	二.流动负债本年增加数:			
(4)对外投资转出固定资产	14	50382510.00	50382510.00	1.短期借款	46	206078746.00	208078746.00
(5)对外投资转出无形资产	15	9894638.00	9894638.00	2.应付票据	47	328350873.34	326025086.96
(6)资本净增加额	16	75982192.45	76228833.82	3.应付帐款	48	119972729.47	180090399.20
(7)少数股东资本净增加额(合并报表填列)	16-1		0.00	4.预收货款	49	-6131992.75	-8363661.55
小计	17	262035691.17	247814723.15	5.应付福利费	50	-1351666.06	-1327611.25
流动资金来源合计	18	310616305.97	295330315.51	6.未付股利	51	-48881753.76	-48881753.76
二.流动资金运用				7.未交税金	52	-13521146.69	-15764228.11
1.利润分配				8.其它未交款	53	-595840.04	-614744.22
(1)提取法定公积金	19	1516082.63	1639403.32	9.其它应付款	54	29451466.95	4249340.82
(2)提取法定公益金	20	1516082.63	1639403.31	10.预提费用	55	-2148191.19	-2173248.59
(3)提取法定公积金(减盈余公积转入)	21			11.一年内到期的长期负债	56	-100000.00	-100000.00
(4)已分配股利	22	54730180.00	54730180.00	12.其它流动负债	57	0.00	0.00
(5)职工奖励基金	22-1	0.00	0.00				
小计	23	57762345.26	58008986.63				
2.少数股东利润分配	23-1		0.00				
3.其他运用							
(1)固定资产和在建工程增加额	24	16823366.23	38555589.35				
(2)增加无形资产、递延资产及其他资产	25	14683657.30	15035633.23				
(3)偿还长期负债	26	4531490.57	4531490.57				
(4)增加长期投资	27	87002796.67	87953023.92				
小计	28	123041310.77	146075737.07				
流动资金运用合计	29	180803656.03	204084723.70				
外币会计报表折算差额	29-1	0.00	0.00	流动负债增加净额	58	611123225.27	641228325.23
流动资金增加净额	30	129812649.94	91245591.81	流动资金增加额	59	129812649.94	91245591.81

上海上菱电器股份有限公司一九九七年度中期报告

一、财务报告(未经审计)

(一)财务报表:

1、简化的资产负债表:

金额单位:人民币元

项目	年初数 母公司	年初数 合并数	期末数 母公司	期末数 合并数
流动资产	1,850,910,941.41	1,895,573,236.20	1,744,916,297.76	1,757,942,713.51
长期投资	254,781,319.86	227,281,865.82	253,700,550.84	226,652,181.54
固定资产净值	271,250,053.41	291,914,454.87	259,256,207.63	280,317,753.69
固定资产清理	0.00	-78,504.75	0.00	187,404.51
在建工程	84,649,123.26	100,213,654.71	89,509,462.14	105,157,139.24
无形及递延资产	56,876,703.52	68,020,272.34	53,818,082.62	64,723,295.96
其它长期资产	0.00	0.00	0.00	0.00
资产总计	2,518,468,141.46	2,582,924,979.19	2,401,200,600.99	2,434,980,488.45
流动负债	1,343,451,383.92	1,412,952,739.24	1,214,295,700.35	1,250,996,152.00
长期负债	8,938,271.47	8,938,271.47	9,367,983.48	9,367,983.48
负债合计	1,352,389,655.39	1,421,791,010.71	1,223,663,683.83	1,260,364,135.48
少数股东权益	0.00	0.00	0.00	0.00
股本	328,381,080.00	328,381,080.00	328,381,080.00	328,381,080.00
资本公积	659,592,080.08	659,592,080.08	662,117,383.08	662,117,383.08
盈余公积	124,971,434.83	130,443,089.94	126,758,060.43	132,232,212.10
其中:公益金	5,359,352.71	6,084,277.91	6,006,605.51	6,732,779.00
未分配利润	53,133,891.16	42,717,718.46	60,280,393.65	51,885,677.79
股东权益合计	1,166,078,486.07	1,161,133,968.48	1,177,536,917.16	1,174,616,352.97
负债及股东权益总计	2,518,468,141.46	2,582,924,979.19	2,401,200,600.00	2,434,980,488.45

2、简化的损益表:

金额单位:人民币元

项目	上年同期数 母公司	上年同期数 合并数	1997年1-6月 母公司	1997年1-6月 合并数
主营业务收入	937,708,404.01	953,095,812.62	416,734,570.01	393,462,052.20
主营业务利润	62,666,748.71	56,954,542.91	9,987,789.61	11,069,773.13
其他业务利润	-159,320.19	158,595.46	-233,299.49	-112,293.13
投资收益	217,834.73	3,033,836.53	1,008,555.84	2,100,000.00
营业外收支净额	896,618.84	724,390.20	-289,045.56	-409,749.22
以前年度损益调整	-9,375.60	-9,277.59	0.00	-66,033.79
利润总额	63,612,506.49	60,862,087.51	10,474,000.40	12,581,696.99
所得税	9,541,875.98	9,698,012.97	1,540,872.31	1,624,615.50

净利润	54,070,630.51	51,164,074.54	8,933,128.09	10,957,081.49

3、财务指标:(以1997年6月30日股本总数328,381,080股为计算基础)

	1997年1-6月
每股收益	0.0334元
每股净资产	3.58元
净资产收益率	0.93%

4、财务报表附注:

(1)本报告期所采用的会计政策和会计方法与1996年度保持一致。

(2)本报告期内,财务报告的主体没有因合并、分立等原因发生变化。

(3)财务报表主要项目变动的说明:

a、主营业务收入同比下降559,633,760.42元,下降幅度为58.72%。主要系公司上半年销量减少所致。

b、应收帐款净额期末比期初减少155,263,251.66元,下降幅度为27.23%,主要是公司已收回了部分应收帐款。

c、投资收商2,100,000.00元,系公司对外股权投资的红利所得。

(4)关联企业和关联交易:

a、关联企业:

企业名称	投资比例	投资额
上海轻工控股(集团)公司		
上海上菱空调机电器有限公司	50%	2,000万美元
上海三菱电机上菱微波炉电器有限公司	50%	727万美元
上海三菱天安电冰箱有限公司	50%	500万美元
上海宝山万里制绳厂	50%	27.5万元
上海沪菱装璜电器塑料厂	20%	50万元
上海上菱电冰箱总厂江海联营厂	45%	65.07万元
上海浦东鑫菱电器塑料厂	20%	62.25万元
上海上菱电冰箱总厂洋泾配件厂	50%	1,072.69万元

(注:上海轻工控股(集团)公司系本公司的国家股持有单位,至1997年6月30日,持有本公司股份211,981,080股,占本公司已发行股份的64.55%。)

b、关联交易:

(a).本报告期内,本公司与各关联企业之间的购销均实行双经销,至1997年6月30日,尚有应付帐款16,779,544.71元。

(b).关联交易以市场价格为基础计价。

(5)或有负债:

本公司为某些联营公司及一主要供应商的部分银行贷款提供担保,至1997年6月30日止,该部份贷款的金额为25,600万元

二、经营情况的回顾与展望

1.上半年经营情况的回顾:

今年上半年,国内电冰箱市场的竞争依然十分严峻,公司面对持续不利的环境,在新一届董事会的领导下,突破以往的经营模式,大胆创新,根据对市场和自身资源情况的调查结果,制定了符合公司实际的发展规划。按照规划的要求,上半年公司重点抓了以下工作:

(1)对公司组织结构与管理人员按市场需求进行调整,职工根据产销需求在部分转岗的同时,依照实际生产计划安排弹性组合,以控制成本,实现减员增效。

(2)强化公司营销体系的建设,对销售队伍进行必要的调整和扩充,实行新的激励机制。上半年新增十二个销售分公司,加大销售网点建设,在巩固现有市场的同时,争取扩大市场份额。

(3)提高实用型产品的开发力度,上半年投放市场的新产品达到六个。部分品种销售趋好,对拓展市场起到了良好的促进作用。

(4)针对公司管理体制滞后于市场竞争需要的情况,公司开始对原有以生产为导向的体制进行变革,逐步实现按照市场需求组织生产。

上述工作的实施给企业带来生机。虽然受市场滑落惯性的影响,上半年销售收入和税后利润分别较96年同期下降了58.72%和78.58%,但公司实际销售质量明显提高,应收帐款比年初下降27.2%,每股收益达到了去年全年水平。

2、下半年经营情况的展望:

公司下半年将继续遵循董事会制定的方针目标,苦炼内功,加强内部管理,加大改革力度,积极拓展市场,扩大产品销售。在巩固和提高产品经营水平的同时,加强资产经营,将适时进行结构调整,使公司在产品结构、市场结构和资本结构三个方面得以优化,为公司今后发展打好坚实的基础。公司力争全年效益比96年度有较大改观,给全体股东以更好的回报。

三、重大事件的说明

1、按照《严禁国有企业和上市公司炒作股票的规定》的要求,本公司进行了认真自查,结果表明,本公司未持有已上市流通股票,如今后从事股票投资,将严格遵守国家有关法规和政策。

2、本报告期内,本公司无重大诉讼、仲裁事项。

四、发行在外股票的变动和股权结构的变化

(一)股本结构情况(单位:股)

	期初数	本期增减	期末数
1、尚未流通股份			
国家持股	211,981,080	0	211,981,080
尚未流通股份合计	211,981,080	0	211,981,080
2、已流通股份			
境内上市人民币普通股	21,600,000	0	21,600,000
境内上市外资股	94,800,000	0	94,800,000
已流通股份合计	116,400,000	0	116,400,000
3、股份总计	328,381,080	0	328,381,080

(二)主要股东持股情况

股东名称	1997年6月30日持股数(股)	占总股本的比例(%)
1.上海轻工控股(集团)公司	211,981,080	64.55
2.HKSBCSB A/C CMB S/A TEMPLETON DRAGON FUND INC.	12,323,140	3.75
3.TOYO SECURITIES ASIA LTD. A/C CLIENT	8,196,720	2.50
4.HKSBCSB A/C THE CHASE MANHATTAN BANK NA. S/A TEMPLETON CHINA WORLD FUDN INC.	5,851,280	1.78
5.HKSBCSB AJC CHASE MANHATTAN BANK NA S/A TEMPLETON DEVEL MKTS TRUST(3442)	3,065,060	0.93
6.ABU DHABI, UNITED ARAB EMIRATES	3,060,000	0.93
7.HKSBCSB S/A PICTET & CIE	3,000,000	0.91
8.SCBHK A/C ROBERT FLEMING AND CO. LTD. S/A THE FLEMING CHINESE INVESTMENT TRUST PL	2,236,320	0.68
9.SCBHK A/C OVERSEAS UNION BANK NOMINEES(H.K.)LTD.	2,180,408	0.66
10.HKSBCSB A/C CHASE MANHATTAN BANK NA S/A TEMPLETON LNSTITUTIONAL EMERGING MKTS.	2,135,870	0.65

五.股东大会介绍

1997年5月30日,本公司1996年度股东大会在上海召开。出席大会的股东及股东代表共65人,代表的股权数为215,029,540股,占公司股份总数的65.48%,符合《公司法》和公司章程的有关规定,会议决议事项如下:

1.审议通过了《1996年度董事会工作报告》;

2.审议通过了《1996年度监事会报告》;

3.审议通过了《1996年度总经理业务报告》;

4.审议通过了《1996年度财务决算和1997年度财务预算报告》;

5.审议通过了《1996年利润分配方案》;

6.审议通过了《关于修改公司章程的报告》;

7.审议通过了《关于合资 组建上菱长安电冰箱有限公司的报告》;

8.选举产生了公司第二届董事会;

9.选举产生了公司第二届监事会;

本次股东大会由上海市华联律师事务所提供见证。

六.备查文件

1.载有董事长、总经理亲笔签名的中期报告原本。

2.查阅地点:上海浦东建平路2号,本公司投资管理部。

上海上菱电器股份有限公司

一九九七年八月三十日

上海界龙实业股份有限公司

1996 年年度报告摘要　（摘选）

一、公司简况

公司名称：上海界龙实业股份有限公司

法人代表：费钧德　　邮政编码：201205

公司地址：上海市浦东新区川黄路 551 号

电话：021—63746888　　传真：021—63732586

二、主要财务数据与财务指标

指标项目	1996 年	1995 年	比上年增减(%)
1.主营业务收入(万元)	18718.21	18372.48	1.9
2.净利润(万元)	1812.62	1495.23	21.23
3.总资产(万元)	57899.97	43172.09	34.11
4.股东权益(万元)	23987.15	19073.01	25.76
5.每股收益(元)	0.20	0.19	5.3
6.每股净资产(元)	2.68	2.45	9.38
7.净资产收益率(%)	7.56	7.84	-3.57
8.股东权益比率(%)	41.43	44.18	-6.22

三、公司主要业务回顾

1. 一年来经营情况

1996 年，公司根据国家"抓大放小"方针，重点抓好几个骨干企业，上半年，由于市场竞争激烈，公司效益滑坡较大，下半年公司在抓紧开发市场同时抓好市场销售，使公司效益有比较明显改观，全年完成销售收入 18718 万元，比去年上升 1.9%，完成净利润 1812 万元，比去年上升 21.2%。

1996 年，公司几家新办企业已陆续投产，在销售业务上占有一定的市场，并且通过收购，兼并参股等方式，打破地域，行业的界限，实行资产优化组合，使公司的经济效益有了明显的改善和提高。

公司与加拿大摩亚公司合资的上海界龙摩亚商业表格和系统有限公司厂房建造已基本完成，机器设备已陆续开始运沪进行安装，上海界龙商务大楼已即将竣工，由于杨浦区卫百辛房地产公司在电、水、气等配套方面没及时跟上，整个工程估计在 97 年 6 月份竣工。

2. 募集资金使用情况

1995 年公司增资配股实募资金 4828 万元，公司配股说明书所列项目和公司董事会在 96 年 3 月 5 日刊登在《上海证券报》所列项目进行投资，更改部分投资项目在一届三次股东大会予以确认，募集资金使用如下：

项目名称	项目投资金额	项目进度
上海界龙摩亚商业表格和系统有限公司	2270 万元	部分完工
上海界龙印刷器材有限公司	1199 万元	已完工
上海界龙印铁制罐有限公司	330 万元	已完工
追加投资上海界龙浦东彩印公司	1515 万元	已完工

以上不足部分向银行贷款。

四、股本变化及股本结构情况

1. 股本变化及股本结构情况

(1) 截止 1996 年 12 月 31 日止公司股本结构如下：

	期初数	本次变动增减(+，-) 送股	期末数
一、尚未流通股份			
发起法人持有股份	40,831,310	6,124,696	46,956,006
境内法人持有股份	8,118,690	1,217,804	9,336,494
社会公众持有股份			
其中受让转配	8,750,000	1,312,500	10,062,500
尚未流通股份合计	57,700,000	8,655,000	66,355,000
二、已流通股份			
境内上市的人民币普通股	20,000,000	3,000,000	23,000,000
已流通股份合计	20,000,000	3,000,000	23,000,000
股份总数	77,000,000	11,655,000	89,355,000

(2) 股本变动原因：报告期内向全体股东按 10:1.5 比例送股，新增股本 11,655,000 股，股本由年初 77,700,000 股增加到年末 89,355,000 股。

(3) 主要股东持股情况(前十名股东)

名称	年末持股数(万股)	占总股本%
1. 上海界龙发展总公司	4695.60	52.55
2. 海通证券有限公司	381.23	4.26
3. 农行上海市信托投资公司	240.14	2.69
4. 无锡锡澄	86.89	0.90
5. 上海界龙食品有限公司	71.30	0.79
6. 中大国信	20	0.22
7. 李玫	19.87	0.22
8. 上海农业投资公司	18.4	0.20
9. 上海东方明珠股份有限公司	14.95	0.16
10. 上海浦东华厦实业公司	14.95	0.16

(4) 截止 1996 年 12 月 31 日止，公司股东总数为 21936 户，其中发起法人股东 1 户，社会法人股东 52 户，社会公众股东 21883 户。

2. 公司董事、监事与经理人员持股情况

姓名	职务	年初持股数	年末持股数	变动原因
费钧德	董事长兼总经理	11500 股	13225 股	送股增加
高祖华	董事兼副总经理	11500 股	13225 股	送股增加
周永清	董事兼副总经理	11500 股	13225 股	送股增加
费玲娣	董事	11500 股	13225 股	送股增加
诸开建	董事	11500 股	13225 股	送股增加
李济华	董事	4600 股	5290 股	送股增加
陆桐恂	董事	0 股	0 股	
费全标	监事长	11500 股	13225 股	送股增加
周国民	监事	6900 股	7935 股	送股增加
张惠娟	监事	6900 股	7935 股	送股增加

四川长虹电器股份有限公司

四川长虹电器股份有限公司1996年年度报告摘要

一、公司简况

1、公司法定中文名称：四川长虹电器股份有限公司

公司英文名称：SICHUAN CHANGHONG ELECTRICE CO.,LTD

公司英文名称缩写：CHANGHONG

2、公司注册地址：四川省绵阳市跃进路4号

邮政编码：621000

3、公司法定代表：倪润峰

4、公司咨询服务机构：证券办公室

电话：(0816)2411486

传真：(0816)2411518

联系人：曹民、吴秀丽、段学军

5、会计师事务所：四川会计师事务所

律师事务所：中维律师事务所

6、股票代码：600839

股票简称：四川长虹

二、主要财务数据与财务指标

指标项目	本年数	上年数	比上年增减(%)
1. 主营业务收入(元)	10587654642.09	6764373146.40	56.52
2. 净利润(元)	1674923032.63	1150713998.10	45.55
3. 总资产(元)	11539458896.82	6413782013.09	79.92
4. 股东权益(元)	4929250009.59	3254326976.96	51.47
5. 每股收益(元)	2.07	2.28	-9.21
6. 每股净资产(元)	6.10	6.44	-5.28
7. 净资产收益率(%)	33.98	35.36	-3.90
8. 股东权益比率(%)	42.72	50.74	-15.81

三、公司业务经营回顾

1. 一年来经营情况：

1996年，是我国"九五计划"第一年，也是长虹公司抓住市场机遇、奋力拼搏、取得丰硕成果的一年，更是中国彩电工业的"长虹年"。全年共生产各种型号的"长虹牌"电视机493.5458万台，其中彩电480.6469万台，黑白电视机12.8989万台，共销售彩电477.1494万台，黑白电视机12.6222万台；实现主营业务收入105.87亿元，实现利润总额19.63亿元，净利润16.75亿元。1996年底，长虹牌彩电市场占有率已由1995年的22%上升到27%左右。公司在全国电子行业排名中，主营业务收入、利润总额、税后利润均位居行业第一名。

(1)在对彩电市场进行深入分析研究的基础上，加强市场的开拓和营销工作，市场占有率进一步提高。

企业的竞争归根到底是市场的竞争。长虹公司的市场开拓和销售工作由总经理亲自抓，了解信息，搜集意见。1996年全年平均市场占有率由1995年的22%上升到27%左右，在国内市场继续遥遥领先。

(2)加强技术改造和新产品开发。

1996年，公司紧紧抓住大屏幕彩电这个市场，敢于向国外名牌挑战，开发出C2993,C3419等三十余种高质量、高技术含量的新产品投放市场，新产品占总产量的72%。

(3)全面加强质量管理，提高产品质量。

1996年公司以贯彻GB/T1900质量管理标准为核心，以市场为导向开展产品质量监督工作，继续牢固树立"质量是企业永恒主题"的观念，完善质量保证体系，顺利通过了ISO9001两次复审。1996年，长虹彩电开箱合格率达99.5%以上，早期返修率在0.2%以下，达到并超过了世界名品的质量水准。

(4)"以人为本"，以经济效益为中心，加大改革力度，进一步完善内部经营机制。

1996年公司"以人为本"，加强以人为中心的管理，充实了一大批优秀人才充实到生产制造、技术开发、经营管理队伍中去，实行以"纵向升迁淘汰、横向合理流动"为主的新的人事制度。在分配制度上，公司根据员工岗位、风险、技能要求的不同，分别实行年薪制、计时计件工资制、部门承包制等各种分配形式，把收入直接同技术复杂程度、风险大小及公司的经营状况相结合，充分体现按劳分配的原则。

(5)以"资本增值为中心"，实施膨胀战略。

1996年，公司控股江苏、吉林两家电视机生产厂的可行性论证准备工作已基本完成，准备1997年实施。

2. 主要经济指标分析

根据公司1995年度股东大会审议并通过的1996年度工作计划，1996年计划完成彩电400万、实现主营业务收入85.5亿元、实现利润14.38亿元。1996年实际生产各型彩色电视机480.6469万台，实现主营业务收入105.87亿元、实现利润19.63亿元，分别为计划的120.16%、123.82%、136.51%，分别比去年同期增长57.49%、56.52%、44.98%。实际经营成果比计划有较大增长的主要原因是：

(1)彩电产量比计划增长20.16%，主要是因为配股募集资金投入取得显著成效。1996年公司紧紧抓住大屏幕彩电市场，充分利用配股募集资金，先后将八条中小屏幕彩电生产线作了大屏幕生产的适应性改造，使生产能力大幅度提高。同时，加大了新产品开发投入的力度，1996年公司先后开发投产的电视机有C3419PN、C2919PK等三十余种新品种，新产品产量占全年彩电总产量的72%，由于新产品在技术性能和价格成本方面的优势，大大提高了产品市场竞争力，直接促进了公司彩电销量和利润的增长。

(2)主营业务收入比计划增长23.82%，主要原因是公司采取了正确的市场营销策略，即1996年3月26日的主动降价销售，使市场占有率由1995年的22%提高到1996年的27%左右。

(3)实现利润比计划增长36.51%，主要原因是公司开发出三十几种高附加值新产品，并增强成本意识，脚踏实地"学邯钢、抓管理、降成本、增效益"，大大降低了生产制造及物资采购、流通环节的成本，使得公司利润率仍然保持了与去年相当的水平，净利润与主营业务收入基本上同步增长。

3、募集资金使用情况说明

1995年，公司配股募集资金扣减配股费用后实收42606.72万元，根据1995年度股东大会的授权，公司于1996年6月20日召开三届董事会第二次会议，更改了部分配股募集资金用途，具体使用情况如下：

(单位：万元)

项目名称	项目投资计划	1995年实际投资	1996年实际投资	项目进度
数字彩电	20000	5003.40	0.00	阶段性完工
卫星接收机	1500	257.00	0.00	已完工
行输出	4000	579.00	2966.00	已完工

印制板	3800	3144.70	0.00	已完工
高频器件	5000	0.00	2649.80	已完工
彩电技改	16600	15960.00	231.80	已完工
补充流动资金	0	0.00	11815.74	--

四、股本变化及股本结构情况

1. 股本变化及股本结构情况

(1)截至1996年末,公司股本结构如下:

	期初数	本次变动增减(+,-) 送股	期末数
一、尚未流通股份			
1. 发起人股份			
其中:			
国有法人拥有股份	28688.4384	17213.0631	45901.5015
2. 境内法人持有股份	1546.1160	927.6696	2473.7856
3. 社会公众持有股份			
其中受让转配	4843.4239	2906.0543	7749.4782
尚未流通股份合计	35077.9783	21046.7869	56124.7653
二. 已流通股份:			
1. 境内上市的			
人民币普通股	15458.5082	9275.1049	24733.6131
已流通股份合计	15458.5082	9275.1049	24733.6131
三. 股份总数	50536.4865	30321.8919	80858.3784

(2) 股本变动原因:

1996年6月6日在公司本部召开了1995年度股东大会,审议通过了1995年度每10股送红股6股的分红派息方案,并于1996年7月2日实施送股。公司股本总额由1995年末的50536.4865万股增加至80858.3784万股。

(3) 主要股东持股情况(前十名股东)

名次	股东名称	年初持股数(万股)	占总股本(%)
1	国营长虹机器厂	45901.5015	56.77
2	中国经济开发信托投资公司	2116.4149	2.62
3	昆明国投	506.0355	0.63
4	绵阳市金建服务公司	326.4000	0.40
5	江苏证券股份有限公司	249.7430	0.30
6	华德正业	200.0000	0.25
7	朱勇	183.8640	0.23
8	中科财务有限公司	172.9783	0.21
9	周晓静	170.0100	0.21
10	金华市信托投资股份有限公司	160.6211	0.21

(4) 截止到1996年末,公司股东总数为149832户,其中:法人股东63户,社会公众股股东149,769户。

2、公司董事、监事与高级管理人员持股情况

姓名	职务	年初持股数	年末持股数	变动原因
倪润峰	董事长兼总经理	16505	26408	送股
余光银	副董事长兼副总经理	16923	27077	送股
袁邦伟	董事兼副总经理	14207	22731	送股
韩培龙	董事兼副总经理	19639	31422	送股
王凤朝	副总经理	0	0	—
赵　勇	副总经理	0	0	—
杨绪明	董事兼副总经理	14624	23398	送股
刘体斌	副总经理	0	0	—
杨学军	董事	8000	12800	送股
卓荣邦	董事	15042	24067	送股
姚富升	董事	19636	31422	送股
陈文旭	董事	6268	10029	送股
蒋志东	监事长	18803	30085	送股
包函力	监事	11000	17600	送股
赵国清	监事	5000	8000	送股
杨登云	监事	0	0	—
殷荣华	监事	0	300	买入

五、重要事项

1、报告期内的股东大会情况说明

根据第二届董事会第二十次会议决议,1996年6月6日在公司本部召开了1995年度股东大会,大会到会股东99人,合计代表股权31194万股,占公司股本总数的61.73%,符合《公司法》及公司章程的有关规定,与会股东根据公司董事会公告的议程,认真听取了公司有关人员的报告及解答,大会审议并表决通过了《1995年工作情况和1996年工作计划》、《1995年度财务决算和1996年预算报告》、《1995年度监事会工作报告》、《1995年度分红派息方案》、修改后的《公司章程》、《关于更改部分配股资金使用计划的报告》;并选举产生了第三届董事会及第二届监事会。该次股东大会的决议公告于1996年6月6日在《上海证券报》上披露。

2、报告期内的董事会情况说明

1996年3月4日召开了第二届董事会第十九次会议,分析研究了当前的经济形势、彩电市场前景与现状,决定采取主动降价的市场策略,积极抢占市场。

1996年4月20日召开了第二届董事会第二十次会议,会议讨论并通过了1996年度利润分配预案的决议。本次董事会决议公告于1996年4月26日在《上海证券报》上披露。

1996年6月6日召开了第三届董事会第一次会议,选举产生了第三届董事会及第二届监事会。

1996年6月20日召开了第三届董事会第二次会议,根据股东大会授权更改了部分配股资金用途。

1996年8月12日召开了第三届董事会第三次会议,讨论研究了公司的分配制度,决定从1996年9月1日起,在公司设计所试行年薪制改革。

3、报告期内公司章程修改情况

为进一步强化公司的规范化管理,建立健全现代化企业制度,公司董事会依据《公司法》,对原公司章程作了必要的调整、规范和补充。根据公司现有股本结构,调整了《股份及股票》章节;依据《公司法》将原"股东会"名称规范为"股东大会";按《公司法》要求,增加了《信息披露》章节,并对其它章节作了必要的规范和补充,修改后的公司章程得到了股东大会的审议通过。

4、公司董事、监事变动情况说明

1995年度股东大会选举产生了公司第三届董事会,第三届董事会由以下九名董事组成:倪润峰先生、余光银先生、卓荣邦先生、韩培龙先生、袁邦伟先生、杨绪明先生、姚富升先生、陈文旭先生、杨学军先生,新增选了杨学军先生一名董事;选举产生了第二届监事会,第二届监事会由以下五名监事组成:蒋志东先生、包函力先生、赵国清先生及由职工代表选举的杨登云先生、殷荣华先生,新增选包函力先生、赵国清先生、杨登云先生,殷荣华先生四位监事。

5、根据公司生产经营工作需要,经总经理提名、组织人事部门考察和党委讨论,公司董事会决定新增聘王凤朝先生、赵勇先生和刘体斌先生等三人为副总经理。该项人事变动于1996年8月28日在《上海证券报》披露。

6、1996年公司董事长兼总经理倪润峰先生荣获《亚洲周刊》评选的"1996年度企业家成就奖",成为中国大陆地区唯一的获奖人。

7、报告期内的分红派息情况

根据1995年度股东大会决议,公司实施了向全体股东以每10股送红股6股的1995年度利润分配方案。1996年6月29日在上海证券报刊登了《四川长虹电器股份有限公司送股公告》,长虹股票于7月2日进行

了股权登记,7月3日长虹股票除权。

8、公司于1996年7月实施了送股工作,公司注册资本由50536.4865万元变更为80858.3784万元。

9、1996年5月28日,公司与中国工商银行总行签订了10亿元人民币信贷资金的银企合作协议,有力地支持了公司的生产经营。

10、在本报告期内公司无重大诉讼、仲裁事项。

六、子公司及关联企业

	企业名称	注册资本(万美元)	主营业务	本公司拥有权益%
1	四川长虹新艺电工有限公司	1200	生产、销售FBT	70.17

七、财务报告

(一)审计报告　　川会师业-〔1997〕第28号

四川长虹电器股份有限公司全体股东:

我们接受委托,审计了贵公司1996年12月31日资产负债表、1996年度利润表及利润分配表和财务状况变动表。这些会计报表由贵公司负责,我们的责任是对这些会计报表发表审计意见。我们的审计是按照《中国注册会计师独立审计准则》进行的。在审计过程中,我们结合贵公司实际情况,实施了包括抽查会计记录等我们认为必要的审计程序。

我们认为,本报告书后附的已审财务报表及其相关附注在所有重大方面公允地反映了贵公司1996年12月31日的财务状况和1996年度经营业绩及财务状况变动情况,符合《中华人民共和国企业会计准则》和《股份制试点企业会计制度》规定,会计处理方法的选用符合一贯性原则。

四川会计师事务所　　中国注册会计师:罗建平　刘瑜

中国·四川·成都　　报告日期:1997年2月17日

(二)财务报表(见附表)

(三)财务报表附注编制说明

一)重要会计政策

1、外币折算

发生的外币业务均按其发生当日国家公布的市场汇价(中间价)折合人民币记帐;每月月末,按该日国家公布的市场汇价(中间价)调整各外币帐户的人民币帐面余额,并将其与原帐面人民币余额的差额作为"汇兑损益",列为当期财务费用。

2、存货的核算

存货实行永续盘存制。存货中的原材料(彩色显像管、电子元器件等)采用计划价格计算收、付、存金额,按当月实际领用数分配价格差异,调整当月生产成本;低值易耗品按实际成本核算,于领用时一次性摊销;库存产品按实际成本计价,按移动平均法结转产品销售成本;在途材料、在产品按实际成本计价入帐。

3、坏帐准备

于决算日,按应收帐款帐户余额的3‰计提坏帐准备,除应收帐款外的其它债权按实际确认坏帐款计入管理费用。

4、长期投资核算方法

至1995年12月31日止,本公司共有五项对外长期投资,其中对金蜂通信有限公司、中华通信系统公司、华夏证券公司、香港嘉陵公司的投资比例均在20%以下,采用"成本法"核算。只有对四川新艺电工有限公司的投资占70.17%,截止1996年12月31日,该公司的资产总额、销售收入及1996年度利润总额与本公司相比仅占5.73‰、8.59‰、0.10‰,所以在本会计年度按财政部财会工字〔96〕2号文规定仍不合并其会计报表。

5、固定资产及其折旧

固定资产按实际成本计价,固定资产折旧采用直线法分类平均计算,并按固定资产类别,依据规定使用年限和估计残值(原价的3%),确定其折旧率如下:

类　别	年折旧率
房屋及建筑物	3.30%
机器设备	10.80%
运输设备	16.60%
动力设备	10.80%
起重设备	10.80%
仪器仪表	16.60%
注塑设备及无线电专用设备	12.50%
其他	10.80%

本公司于1996年12月按财政部、国家税务局财工字〔1996〕41号文规定将本公司各科研设计部门和生产部门为开发新技术、研制新产品所购置使用的台单价值在10万元以下的设备一次性摊入1996年度管理费用,共计32,103,014.44元。

6、无形资产及其摊销方法

本公司无形资产均为国营长虹机器厂投入的土地使用权,从1992年4月起按50年期限平均摊销。

7、税项

本公司应纳税项如下:

税　项	税率	适　用　范　围
增值税	17%	产品、材料销售、废旧材料处理收入
企业所得税	15%	应税所得额

其他税项,按国家有关规定缴纳。

8、利润分配

根据本公司一九九七年二月十七日晚第三届六次董事会关于1996年度分红派息方案的决议,对1996年度可分配的利润1,697,243,455.66元,作如下分配:

①按1996年实现净利润的10%分别计提法定盈余公积金和公益金各167,492,303.26元;

②按1996年实现净利润的51%计提任意盈余公积金854,210,746.64元;

③向全体股东每10股送红股6股。(暂不作帐务处理)

二)会计报表主要项目注释

注1　应收票据

本公司应收票据1995年12月31日余额为3,434,469,847.86元;1996年12月31日余额为6,889,074,674.39元,为836家购货客户为本公司开出的银行承兑汇票。

注2　应收帐款本公司应收帐款1996年12月31日余额为162,854,769.30元,帐龄均在一年以内,其中余额较大的单位有:

常熟市五交家电总公司	5,196,712.18
雄城商贸股份有限公司	5,327,013.65
吴江华侨友谊实业总公司	4,979,499.30
中电公司西北分公司	4,757,062.64
阳泉供销社家电公司	3,401,559.72
武汉市工业品贸易中心	3,338,822.27
苏州五金交化公司	3,018,545.52
四川眉山神州家电公司	2,750,125.51
泸州市五交化公司	2,500,000.00
宝鸡市华通商厦	2,402,195.86
上海英达商业公司	9,463,202.49

注3　预付帐款

本公司预付帐款1996年12月31日余额为232,484,913.06元,共计244户,帐龄分析如下:

帐　龄	户数	金额	比例(%)
1年以内	177	224,761,786.85	96.68
1-2年	41	4,571,585.28	1.96

2-3年	21	2,919,450.51	1.26
3年以上	5	232,090.42	0.10
	244	232,484,913.06	100

注4 其他应收款

本公司1996年12月31日"其他应收款"余额为64,166,475.25元,共计31户,帐龄分析如下:

帐龄	户数	金额	比例(%)
1年以内	42	62,118,853.83	96.80
1-2年	2	2,013,887.18	3.14
2-3年	3	33,734.24	0.06
	47	64,166,475.25	100

金额较大的单位如下:

绵阳市高新区财政局(暂借款,以后抵征地款)	4,000,000.00
长虹集团运输有限公司(代垫购置汽车款、拟转为投资)	24,369,157.80
香港迈高投资有限公司(暂借款,借款期一年)	1,524,600.00
备用金	17,889,221.88
四川省电子工业厅(暂借款)	2,000,000.00
保险公司绵阳涪城区支公司(团体人身还本保险)	2,717,500.00

注5 存货

	96.12.31	95.12.31
原材料	532,591,166.29	483,525,815.81
在途材料	144,829,834.38	28,358,674.53
在产品	119,470,079.54	57,665,665.66
产成品	1,915,342,475.18	949,360,506.19
低值易耗品	1,461,708.28	692,496.78
委托加工材料	2,099,969.19	577,639.85
	2,715,795,232.86	1,520,180,798.82

注6 长期投资

被投资单位	金额	占被投资公司股权比例(%)
中华通信系统公司	15,000,000.00	9.02
华厦证券公司	5,000,000.00	0.50
香港嘉陵公司	7,818,966.53	6.67
四川长虹新艺电工有限公司	50,205,047.64	70.17
金蜂通信有限公司	20,000,000.00	16
	98,024,014.17	

注7 应付票据

本公司1995年12月31日应付票据余额合计1,072,031,330.87元;1996年12月31日余额为2,462,588,492.96元,系对253户供货客户开出的银行承兑汇票。

注8 应付帐款

本公司应付帐款1996年12月31日余额为1,097,826,883.69元,明细帐共计229户。

注9 预收帐款

本公司预收帐款1996年12月31日余额为217,336,458.95元,计2330户。

注10 未付股利

本公司未付股利1996年12月31日余额为71,280.80元。

注11 未交税金

	96-12-31	95-12-31
增值税	49,736,228.40	27,569,887.34
城建税	9,340,923.82	2,310,343.54
所得税	36,029,924.34	12,672,757.45
	95,107,076.56	42,552,988.33

注12 其他未交款

	96-12-31	95-12-31
教育费附加	4,921,102.15	893,406.33
交通建设费附加	18,407,251.64	13,714,714.27
	23,328,353.79	14,608,120.60

注13 其他应付款

本公司1995年12月31日"其他应付款"余额为247,137,644.63元;1996年12月31日余额为303,541,366.24元,共计141户。

注14 资本公积

本公司资本公积1996年12月31日余额为468,099,561.13元与年初数一致,但比1994年12月31日余额101,487,078.92元增加366,612,482.21元,系1995年度配股按每股配股价7.35元配售,增加股本和扣除承销商手续费后之金额。

注15 盈余公积

本公司盈余公积金1996年度变化情况如下:

	1996年	1995年
年初数	1,955,323,208.80	1,115,301,990.19
加:本年提取的法定公积金	167,492,303.26	115,071,399.81
本年提取的法定公益金	167,492,303.26	115,071,399.81
分配任意盈余公积金	854,210,746.64	609,878,418.99
年末数	3,144,518,561.96	1,955,323,208.80

注16 未分配利润

本公司1996年末分配利润变化情况如下:

	1996年	1995年
年初数	22,320,423.03	14,846,562.54
加:本年净利润	1,674,923,032.63	1,150,713,998.10
减:提取法定公积金、公益金	334,894,606.52	230,142,799.62
分配任意盈余公积金	854,210,746.64	609,878,418.99
分配股利		303,218,919.00
年末数	508,048,102.50	22,320,423.03

注17 财务费用

	1996年	1995年
利息支出(包括票据贴现息)	96,886,053.62	160,374,904.18
利息收入	-9,801,276.48	-7,180,270.65
汇兑损益	-4,686,734.03	-38,973,930.28
银行手续费★	3,976,910.95	6,988,658.33
	186,374,954.06	121,209,361.58

★:主要是购买原材料、半成品时向销货单位办理银行承兑汇票所支付的手续费等。

注18 投资收益本公司截止1996年12月31日投资收益600,000元,主要系投资金峰通讯有限公司于1996年6月10日收到的已分配股利。

八、其他事项

公司于1997年2月17日晚召开第三届六次董事会决定,公司1996年度利润分配预案为:1996年公司实现净利润1,674,923,032.63元,分别按10%提取法定公积金、法定公益金各计167,492,303.26元,按51%提取任意盈余公积金854,210,746.64元,加上上年未分配利润22,320,423.03元,本年度可供股东分配利润为508,048,102.49元,董事会决定1996年度股利分配预案为向全体股东每10股送红股6股,分配普通股股利485,150,270.40元,未分配利润22,897,832.10元,结转1997年度分配。以上利润分配方案尚须股东大会表决通过并报有关部门审核。

四川长虹电器股份有限公司

一九九七年二月十七日

资 产 负 债 表

编制单位:四川长虹电器股份有限公司　　1996 年 12 月 31　　金额单位:人民币元

资　产	行次	年初数	年末数	负债及股东权益	行次	年初数	年末数
流动资产				流动负债:			
货币资金	1	163172389.48	397144648.58	短期借款	29	1228529917.59	2330949612.80
短期投资	2	0.00	0.00	应付票据	30	1072031330.87	2462588492.96
应收票据	3	3434469847.86	6889074674.39	应付帐款	31	206121997.99	1097826883.69
应收帐款	4	192270656.92	162854769.30	预收帐款	32	292020360.28	217336458.95
减:坏帐准备	5	576998.45	488564.31	应付福利费	33	49260224.04	65459361.44
应收帐款净额	6	191693658.47	162366204.99	未付股利	34	692451.80	71280.80
预付帐款	7	88396843.49	232484913.06	未交税金	35	42552988.33	95107076.56
其他应收款	8	143066889.86	64166475.25	其他未交款	36	14608120.60	23328353.79
待摊费用	9	54583140.35	43863.63	其他应付款	37	247137644.63	303541366.24
存货	10	1520180798.82	2715795232.86	预提费用	38	0.00	0.00
待处理流动资产净损失	11	−5302.88	0.00	一年内到期的长期负债	39	3500000.00	0.00
一年内到期的长期债券	12	0.00	0.00	其他流动负债	40	0.00	0.00
其他流动资产	13	0.00	0.00	流动负债合计	41	3156455036.13	6596208887.23
流动资产合计	14	559558265.45	10461076012.76				
长期投资:				长期负债:			
长期投资	15	48359875.87	98024014.17	长期借款	42	3000000.00	14000000.00
固定资产:				应付债券	43	0.00	0.00
固定资产原价	16	733302789.77	996996360.08	长期应付款	44	0.00	0.00
减:累计折旧	17	165935216.04	282659943.23	其他长期负债	45	0.00	0.00
固定资产净值	18	567367573.73	714336416.85	长期负债合计	46	3000000.00	14000000.00
固定资产清理	19	334600.74	933796.33	递延税项:			
在建工程	20	191693423.51	249937066.16	递延税款贷项	47	0.00	0.00
待处理固定资产净损失	21	0.00	0.00	负债合计	48	3159455036.13	6610208887.23
固定资产合计	22	759395597.98	965207279.34	股东权益:			
无形资产及递延资产:				股本	49	808583784.00	808583784.00
无形资产	23	10468273.79	10247744.39	(注册资本 80858 万元)	50		
递延资产	24	0.00	4903846.16	资本公积	51	468099561.13	468099561.13
无形资产及递延资产合计	25	10468273.79	15151590.55	盈余公积	52	1955323208.80	3144518561.96
其他长期资产:				其中:公益金	53	300206355.47	467698658.73
其他长期资产	26	0.00	0.00	未分配利润	54	22320423.03	508048102.50
递延税项:							
递延税款借项	27	0.00	0.00	股东权益合计	56	3254326976.96	4929250009.59
资产总计	28	6413782013.09	11539458896.82	负债及股东权益合计	58	6413782013.09	11539458896.82

利润及利润分配表

编制单位:四川长虹电器股份有限公司　　1996 年 12 月 31 日　　金额单位:人民币元

项　　目	行次	本年数	上年数
一、主营业务收入	1	10587654642.09	6764373146.40
减:营业成本	2	7753409542.43	4952654421.55
销售费用	3	357946786.57	159962392.91
管理费用	4	328403114.05	152513481.80
财务费用	5	186374954.06	121209361.58
进货费用	6	0.00	0.00
营业税金及附加	7	32512384.61	32049895.74
二、主营业务利润(亏损以“−”号表示)	8	1929007860.37	1345983592.82
加:其他业务利润(亏损以“−”号表示)	9	34667273.79	10748447.07
三、营业利润(亏损以“−”号表示)	10	1963675134.16	1356732039.89
加:投资收益(亏损以“−”号表示)	11	600000.00	455000.00
营业外收入	12	801425.77	1797260.04

项　　目	行次	本年数	上年数
减:营业外支出	13	2440442.90	5101550.90
加:以前年度损益调整	14	0.00	-160692.44
四、利润总额(亏损以"—"号表示)	15	1962636117.03	1353722056.59
减:所得税	16	287713084.40	203008058.49
五、净利润	20	1674923032.63	1150713998.10
加:年初未分配利润(未弥补亏损以"—"号表示)	21	22320423.03	14846562.54
盈余公积金转入	22	0.00	0.00
六、可分配利润	23	1697243455.66	1165560560.64
减:提取法定盈余公积	24	1674923303.26	115071339.81
提取法定公益金	25	167492306.26	115071339.81
七、可供股东分配的利润	26	1362258849.14	935417761.02
减:已分配优先股股利	27	0.00	0.00
提取任意盈余公积金	28	854210746.64	609878418.99
已分配普通股股利	29		303218919.00
八、未分配利润(未弥补亏损以"—"号表示)	30	508048102.50	22320423.03

财务状况变动表

编制单位:四川长虹电器股份有限公司　　1996 年 12 月 31 日　　单位:人民币元

流动资金来源和运用	行次	金额	流动资金各项目的变动	行次	金额
一、流动资金来源			一、流动资产本年增加数:		
1、本年净利润	1	1674923032.63	1、货币资金	30	233472259.10
加:不减少流动的费用和损失	2		2、短期投资	31	
(1)固定资产折旧	3	117529163.58	3、应收票据	32	3454604826.53
(2)无形资产、递延资产及其他资产摊销(减其他负债转销)	4	445323.60	4、应收帐款净额	33	-29327453.48
(3)固定资产盘亏(减盘盈)	5		5、预付帐款	34	144088069.57
(4)清理固定资产损失(减收益)	6	130955.54	6、其他应收款	35	-78900414.61
(5)递延税款	7		7、存货	36	1195614434.04
(6)其他不减少流动资金的费用和损失	8		8、待摊费用	37	-54539276.72
小计	9	1793082476.35	9、一年内到期的长期债券投资	38	
2、其他来源			10、待处理流动资产净损失	39	5302.88
(1)固定资产清理收入(减清理费用)	10	285043.48	11、其他流动资产	40	
(2)增加长期负债	11	17500000.00		41	
(3)收回长期投资	12	24288000.00		42	
(4)对外投资转出固定资产	13	53952138.30		43	
(5)对外投资转出无形资产	14			44	
(6)资本增加净额	15	1189195353.16	流动资产增加净额	45	4865517747.31
小计	16	1285220534.94	二、流动负债本年增加数:		
流动资金来源合计	17	3078249011.29	1、短期借款	46	1102415695.21
二、流动资金运用			2、应付票据	47	1390557162.09
1、利润分配			3、应付帐款	48	891704885.70
(1)提取法定公积金	18	167492303.26	4、预收帐款	49	-74683901.33
(2)提取法定公益金	19	167492303.26	5、应付福利款	50	56403721.61
(3)提取任意公积金	20	854210746.64	6、应付福利费	51	16199137.40
(4)已分配股利	21		7、未交税金	52	52554088.23
小计	22	1189195353.16	8、未付股利	53	-621171.00
2、其他运用			9、其他未交款	54	8720233.19
(1)固定资产和在建工程净增加额	23	377708983.26	10、预提费用	55	
(2)增加无形资产、递延资产及其他资产	24	5128640.36	11、一年内到期的长期负债	56	-3500000.00
(3)偿还长期负债	25	6500000.00	12、其他流动负债	57	
(4)增加长期投资	26	73952138.30			
小计	27	463289761.92			
流动资金运用合计	28	1652485115.08	流动负债增加净额	58	3439753851.10
流动资金增加净额	29	1425763896.21	流动资金增加净额	59	1425763896.21

上海柴油机股份有限公司

1996 年年度报告摘要　（摘选）

一、公司简况

公司名称：上海柴油机股份有限公司
法人代表：陈龙兴　　　　　　　邮政编码：200432
公司地址：上海市浦东大道 2748 号
电话：021—65493506 转 2647、2207　　传真：021—65491845、65332181

二、主要财务数据与财务指标

单位：万元

指　标　项　目	1996 年	1995 年	比上年增减(%)
1. 主营业务收入	104603.14	102745.32	1.81
2. 净利润	14382.08	15116.41	−4.86
3. 总资产	247439.11	207771.81	19.09
4. 股东权益	166954.30	125311.71	33.23
5. 每股收益(元)	0.30	0.46	−34.78
6. 每股净资产(元)	3.48	3.80	−8.42
7. 净资产收益率(%)	8.61	12.06	−28.61
8. 股东权益比率(%)	67.47	60.31	11.87

注：(1)以上数据均为合并报表中的数据；
(2)此主要财务数据与指标中的上年数为 1995 年度财务报表的实际数，财务报表附表中的年初数已按 96 年度合并报表的口径进行了调整。
(3)按加权平均法计算 1996 年度每股收佃为 0.40 元。

三、公司主要业务回顾

1. 一年来经营情况

1996 年在全国中等功率柴油机需求下降，同行业降幅较大的情况下，公司仍取得了较为稳定的经营业绩。

1996 年公司生产柴油机 26122 台，销售柴油机 24573 台，生产发电机组 1727 台，销售发电机组 1482 台，主营业务收入为 104603.14 万元，利润总额 16794.6 万元，净利润 14382.08 万元，创汇 867.27 万美元。

2. 主要经济指标分析

1996 年公司主营业务收入为 104603.14 万元，比 1995 年增长 1.81%；销售柴油机 24573 台，其中 K114 柴油机销售 809 台，比 1995 年增长 216.02%，利润总额为 16794.60 万元，比 1995 年下降 1.77%，净利润为 14382.08 万元，比 1995 年下降 4.86%；其中利润指标下降的原因为水、电费调价及改革政策性措施出台等诸多因素造成。

3. 公司募集资金使用情况

1993 年 12 月公司改制为股份有限公司，通过股票募集到资金 57561 万元，至 1995 年底，各项目累计用款 50832 万元，结余资金 6729 万元，在 1996 年度中投资到位，公司所募集的资金按招股说明书上的用款计划执行完毕。（见附表 1）

1996 年 12 月公司增发 8500 万股 B 股，共募集资金（扣除发行费用）370 万美元，约折人民币 27100 万元，用于 D114 柴油机主体工程项目建设，至 1996 年底，主体工程累计已用款 2681 万元，本次募集资金尚余 24419 万元。（见附表 2）

第一次募集资金的使用情况表(附表 1)
(1993 年 12 月募集)　　　　单位：万元

序号　项　目　内　容	招股投资计划	至 95 年底累计用款	96 年度用款	至 96 年底累计用款	备注
1)引进 CAT3300B 柴油机	16110	10406	1767	12173	
2)D 系列柴油机改造项目	9250	3955	5992	9947	
3)机电一体化项目	7000				(1)
4)轮胎式工程机械	3700				(2)
5)135 增产项目	4000	4460		4460	
6)第二铸工车间改造项目	9738	3580		3580	
7)与卡特彼勒公司合资	11475	3915		3915	
8)工厂配套	12230	5043	2361	7404	
9)对外投资		3066	2436	5502	(3)
10)兼并化工院第一试验厂		2670		2670	(4)
11)归还技改项目贷款		9160	1270	10430	(5)
12)外汇调换人民币折算差价		570		570	(6)
13)参加生产调转		4006		4006	(7)
14)AVL 咨询项目			422	422	
合　计	73503	50832	14249	65080	(8)

注：(1)机电一体化项目，已纳人 D 系列柴油机和成套机组的“双加”项目。
(2)轮胎式工程机械项目，至 94 年已投人 70 万元，该项目纳人东风集团发展规划。94 年已投入的 70 万元设备，已作为 135 增产项目作了调整处理。
(3)根据股东大会决议执行。
(4)根据股东大会决议执行。
(5)归还改制股份制前的技改贷款。
(6)按照兑换当日差价计算。
(7)随着规模扩大增加流动资金。
(8)第一次股票募集资金 57561 万元，实际招股投资计划项目用款 65080 万元，募集资金与实际用款差额 7519 万元，来自本公司改制股份制后历年积累资金。

第二次募集资金的使用情况表(附表 2)
(1996 年 12 月募集)　　　　单位：万元

项目内容	招股投资计划	至 96 年底累计用款	备注
D 系列柴油机生产基地	34900	2681	
合　计	34900	2681	

四、股本变化及股本结构情况

1. 股本变化及股本结构情况

(1)1996 年末公司股本结构如下：　　单位：万股　每股面值：元

本次变动增减(+、−)

	期初数	本次变动增减(+、−)	期末数
一、尚未流通股份			
国家股	20142.44	+4028.488	24170.928
尚未流通股份合计	20142.44	+4028.488	24170.928
二、已流通股份			
1. 境内上市人民币普通股	1800	+360	2160
2. 境内上市的外资股	11000	+10700	21700
已流通股份合计	12800	+11060	23860
三、股份总数	32942.44	+15088.488	48030.928

2)股本变动原因：

1996 年 5 月 24 日，公司实施 1995 年利润分配方案为 10 送 2 股，共计增加 6588.488 万股，使公司股本总数增至 39530.928 万股。

1996 年 11 月 29 日，公司增发 8500 万股境内上市外资股(B 股)，使公司股本总数增至 48030.928 万股。

3)前十名主要股东持股情况

股　东　名　称	年末持股数(万股)	占总股本(%)
1)上海东风机械(集团)有限公司(国家股)	24170.928	50.32
2)CITIBANK PTCL－BT PACIFIC BASIN FUND	888616	1.849
3)CITIBANK N.A S/B JARDINE FLEMING CHINA REGION FUND	840	1.749
4)SCBHK A/C BROWN BROTHERS HARRIMAN &CO SUB A/C THE GREATER CHINA FUND INC	692	1.441
5)SCBHK A/C ROBERT FLEMLNG &CO., LTD. LUXEMBOUKG S/A FLEMING FLAGSHIP FUND	669.832	1.395
6)HKSBCSB A/C CAISSE CEWTRALE DES BANQUFS POPULAIRES PARIS	669.252	1.393
7)HKSBCSB A/C CHASE MANHATTAN BAMK.N.A. S/A EMERG ING MARKETS GRWTH FUND. INC	608.52	1.267
8)SCBHK A/C ROBERT FLEMING AND CO., LTD. S/A THE FLEMING CHINESE INVESTMENT TRVST PL	571.6	1.19
9)STANDARD CHARTERED BANK HONG KONG A/C CSFIRST BOSTON (HONG KONG) LTD.	490	1.02
10)ABU DHABI, UNITED ARAB EMIRATES	480	0.999

4)股本数量：

1996 年末公司股东总数 10065 户，其中：国家股股东 1 户，社会公众股股东 8922 户，境内上市外资股(B 股)股东 1142 户。

上海中西药业股份有限公司

1996 年年度报告摘要 （摘选）

一、公司简况

公司名称：上海中西药业股份有限公司
法人代表：王海钧　　　　邮政编码：200065
公司地址：上海市浦东上川路顾家宅 1 号
电话：021—56082188　　　传真：021—56083743

二、主要财务数据与财务指标

单位:元

指标项目	本年数	上年数	比上年增减(%)
1. 主营业务收入	432338398.52	308229269.32	40.27
2. 净利润	23910769.25	17243250.31	38.67
3. 总资产	776962424.84	595940470.16	30.38
4. 股东权益	235231082.47	161998336.54	45.21
5. 每股收益	0.352	0.314	12.10
6. 每股净资产	3.465	2.95	17.46
7. 净资产收益率(%)	10.16	10.64	-4.51
8. 股东权益比率(%)	30.28	27.18	11.41

三、公司主要业务回顾

1. 一年来公司经营情况

一九九六年是公司实施“九五转市”规划的第一年，也是充满困难与希望，挑战和机遇的一年。这一年中，企业克服了宏观紧缩、企业主力产品过度竞争、新投入的一批产品又尚未形成规模化产销等种种困难，在华谊集团和医药总公司关于资产重组方面的大力支持和广大员工的共同努力下，取得了较好的经济效益和社会效益，全年完成销售 4.32 亿，实现利润 2391 万元，出口创汇 1001 万美元，并被评为上海市文明单位。

九六年度，在建立现代企业制度试点工作的推动下，公司结合市、局有关精神部署制订了开展“市场营销、降本增效、科技进步”三大战役的战略构想。一是抓管理和营销体系的建立，在国内外著名管理专家的帮助下建立了产品经理和地区经理交叉的矩阵型营销网络，完善了产品经理高薪制结合地区经理高佣制的考核办法，为确定新的营销思路，市场急剧扩张做好了充分准备；二是通过依靠科技进步，抓新品开发，全年共推出了十个新产品，不但巩固了中西作为高新技术企业的优势，并且为形成新的主导产品和利润增长点奠定了基础；三是以学邯钢为契机，开展了“千斤重担众人挑，人人肩上有指标”的挖潜增效活动，使磷酸氯喹单位成本同比降低 7%，杀灭菊酯单位原料成本同比降低 11%，全年企业各项原料成本同比下降了 1179 万元，各项费用也得到了较好的控制。从而顶住了恶意市场竞争；四是抓企业的多元投资，九六年中西成功地进入了微电子和房地产行业，先后合资或参股建立了上海众玺微电子元件有限公司、上海虹祺房地产有限公司等企业，作为高技术含量的微电子元件产品已一次性投产成功，均可取得预期回报；五是在大力开展产品经营的同时，企业还积极地在资产经营上寻找契机，成功地利用 GMP 改造项目对原上海九福药业公司实施投资控股，采用资产重组、资源优化组合的手段发展新增长点，达到企业资本迅速扩张之目的，也为企业制剂药的发展奠定了基础；六是探索了中西集团化发展的新路，将通过上海中西集团的组建，使上海的农药骨干生产企业、科研机构和相关医药企业联合重组，建成全国首家跨传统行业分工，集医药、农药、家庭卫生用药，生产、经营和科研一体化的现代药业集团，促成企业急剧发展。

2. 经营情况分析：

(1)九六年公司主营业务收入 43233.8 万元，完成计划的 91.99%，同比增长 40.26%，其中医药销售收入为 22062.6 万元，完成计划的 122.57%，同比增长 60.27%；农药及卫生用药为 21171.2 万元，完成计划的 72.99%，同比增长 44.3%。九六年，部分产品市场竞争十分激烈，公司在营销上虽经多方努力，但完成情况仍与计划略有距离。

(2)九六年实现利润总额 3543.1 万元，完成计划的 141.7%，同比增长 62.3%。其中营业利润 2526.85 万元，投资收益 1319.25 万元。企业实现净利润 2391.07 万元，完成计划的 119.55%，同比增长 38.67%，指标反映企业新产品投入和新的投资增长点已初见成效，为使净利润的增长速度跟上主营业务收入的增长，企业仍需在规模效益上多下功夫，在产品成本上多挖潜力。

3. 前次募集资金使用情况说明：

公司于 96 年 6 月 13 日获中国证监委批准实施增资配股，共募集资金 5019.19 万元，主要用于以下两个项目：

(1)年产 400 吨 DV 菊酸项目，用款 3000 万元(其中用汇 280 万美元)。该项目的投入旨在用于减少 DV 菊酸的进口，随着高顺式氯氰菊酯的研制成功及其它菊酯类新品的开发，DV 菊酸的用量将还会有大幅度增加。

(2)磷酸氯喹扩产二期工程项目，用款 2912 万元。该项目用于氯喹扩产，拟建 600 吨生产装置及配套设施，提高喹啉系列产品的世界市场占有份额。

上述项目的配股募集资金于九六年八月到位，项目资金投入及项目建设均正按计划进行中。

四、股本变化及股本结构情况

(一)股本结构情况及股本变化：

1、截止 1996 年 12 月 31 日,公司股本结构如下：

单位:万股

项　目	期初数	配股(+)	送股	公积金转股	其它	小计	期末数
(一)尚未流通股份							
1. 发起人股份							
其中：							
国家股	3388.539	49.147					3437.686
境内法人持有股份							
外资法人持有股份							
其它							
2. 募集法人股	736.461	2.97					739.431
3. 内部职工股							
4. 国家股转配股		865.7585					865.7585
尚未流通股份合计	4125	917.8755					5042.8755
(二)已流通股份							
境内上市人民币普通股	1375	371.25					1746.25
境内上市外资股							
境外上市外资股							
已流通股份合计	1375	371.25					1746.25
(三)股份总数	5500	1289.1255					6789.1255

2. 股本变动原因说明

公司股份变动系 1996 年 8 月份，以 5500 万股股本为基数，按 10:2.7 的比例向全体普通股股东进行配股。国家股应配 914.9055 万股，实配 49.147 万股，向社会公众股股东有偿转让 865.7585 万股配股权；社会法人股应配 198.8455 万股，实配 2.97 万股；社会公众股股东配售 371.25 万股。至此，公司的股本总数由原来的 5500 万股增加至 6789.1255 万股。

3. 年末股东户数

截止 1996 年 12 月 31 日止，持有本公司股票的股东为 11197 户，其中国家股东 1 户，法人股东 8 户，社会公众股东 11188 户。

(二)主要股东持股情况(前十名股东)

股东名称	年初持股数(万股)	持股比例(%)
1)国家持股	3437.686	50.64
2)上海浦东星火联合发展公司	452.6610	6.67
3)上海斯米克机电陶瓷有限公司	132.000	1.94
4)余威	111.938	1.65
5)上海医药对外经济技术合作公司	110.000	1.62
6)郑宁	92.213	1.36
7)林成锋	62.2601	0.92
8)罗宇航	60.50	0.89
9)临安新民	38.6762	0.57
10)赵小宇	20.452	0.30

上海工业缝纫机股份有限公司

1996 年年度报告摘要 （摘选）

一、公司简况

公司名称：上海工业缝纫机股份有限公司

法人代表：倪永刚　　　　邮政编码：200010

公司地址：上海市浦东新区罗山路 1201 号

电话：(021)63289998×20　(021)63284316

传真：(021)63202939

二、主要财务数据与财务指标

指标项目	1996 年(合并)	1995 年(合并)	比上年增减(%)
1.主营业务收入(万元)	42,449.60	51,247.50	-17.17
2.净利润(万元)	667.70	440.44	51.60
3.总资产(万元)	132,183.14	128,348.78	2.99
4.股东权益(万元)	64,257.03	62,970.77	2.04
5.每股收益(元)	0.034	0.023	47.83
6.每股净资产(元)	3.31	3.24	2.16
7.净资产收益率(%)	1.04	0.70	48.57
8.股东权益比率(%)	48.61	49.06	-0.92

三、公司主要业务回顾

1．一年来经营情况

一九九六年由于国家经济继续实行宏观调控，银根适度从紧政策，国内缝制设备行业依然面临着市场低迷、资金紧缩的困难，面对严峻形势，公司带领全体员工坚持抓改革、抓品种、抓质量、抓管理，积极组织缝纫机高、新、优品种的开发与生产，确保市场占有率稳定在 16%以上，同时，公司坚持"一业为主、多业发展"的产业调整方向，加速发展第二工业产品和加快发展第三产业，净水工业取得了较大进展。公司的主要经济指标在全国同行中继续保持领先地位。

2．本年度主营业务收入、净利润实际完成分析

(1) 本年度主营业务收入 42,449.6 万元，比上年减少 17.17%。主营业务收入中，缝纫机业务占 88.26%，饮水机销售占 9.48%，其它收入占 2.26%。

(2) 本年度净利润 667.70 万元，比上年增加 51.60%。

其主要原因：因工业缝纫机销售收入减少，影响利润 3,859 万元；因调整产品品种结构而增加利润 474 万元；因出口退税政策变化减少利润 469.2 万元；因部分零件由进口改为自制及降低采购成本而增加利润 690.4 万元。三项期间费用比同期下降相应增利 1,191.4 万元；土地置换收入较上年增加 1,094 万元；收购破产企业上海电器二厂安置职工后剩余资产增加利润 1,196 万元等。

3．募集资金使用情况

公司改制为股份制企业后，实际募集资金 38,300.7 万元，主要投入于缝制设备改造项目，基中扩大高速平缝机生产项目已进入试生产，其余项目尚未完工。

四、股本变化及股本结构情况

1．股本变化及股本结构情况

截至 1996 年末，公司股本结构如下：

数量单位：万股　每股面值：1 元

	期初数	期末数
(一) 尚未流通股份		
其中：国家持股	9,720.49	9,720.49
社会法人持股	1,000.00	1,000.00
(二) 已流通股份		
境内上市人民币普通股	1,200.00	1,200.00
境内上市的外资股	7,500.00	7,500.00
(三) 股份合计	19,420.49	19,420.49

2．本年度内公司股本无变化。

3．主要股东持股情况

名次	股东名称	年末持股数(股)	占总股本(%0
(1)	上海轻工控股(集团)公司	97,204,900	50.05
(2)	HKSBCSB A/C CMB S/A TEMPLETON DRAGON FUND INC.	9,514,700	4.90
(3)	ABU DHABL, UNITED ARAB EMIRATES	4,050,000	2.09
(4)	上海永久股份有限公司	3,670,000	1.89
(5)	HKSBCSB A/C CHASE MANHATTAN BANK NA S/A TEMPLETON DEVEL MKTS TRUST(3442)	3,573,700	1.84
(6)	HKSBCSB A/C THE CHASE MANHATTAN BANK NA. S/A TEMPLETON CHINA WORLD FUND INC.	2,155,100	1.11
(7)	HKSBCSB S/A CHASE MANHATTAN BANK (LUXEMBOURG) S/A TGSS-EMERGING MARKETS FUND	1,492,000	0.77
(8)	上海三毛纺织股份有限公司	1,356,000	0.70
(9)	HKSBCSB A/C CHASE MANHATTAN BANK(LUXEMBOURG) S/A TGSS-FAR EAST FUND	1,047,000	0.60
(10)	HKSBCSB A/C CHASE MANHATTAN BANK NA S/A TEMPLETON EMERGING MKTS INVESTMENTS TRUS	1,047,000	0.54

4．股东持股数量

截至 1996 年末，股东总数为 9,887 户，其中国家股 1 户，法人股东 148 户，社会公众股东(A 股)8,422 户，外资股东 1,316 户。

5．公司董事、监事和高级管理人员持股情况

职务	姓名	年初持股数	年末持股数	变动原因
董事长	倪永刚	3,000	3,000	无
常务董事、总经理	何忠源	2,000	2,000	无
常务董事、副总经理	陈惠民	2,000	2,000	无
常务董事、总工程师	雷　杰	2,000	2,000	无
常务董事、总会计师	刘仁德	2,000	2,000	无
常务董事、副总经理	卜伟平	2,000	2,000	无
董事、副总经理	胡淼海	2,000	2,000	无
董事、副总经理	张恒亮	2,000	2,000	无
董事	姚惠民	2,000	2,000	无
董事	陈长保	2,000	2,000	无
董事	费方域	2,000	2,000	无
董事	刘向东	0	0	无
董事	梁民杰	0	0	无
董事	杨如刚	0	0	无
副总经理	王立喜	0	0	新增
副总经理	沈华年	0	0	新增
监事会主席	魏昌建	2,000	2,000	无
监事会副主席	沈耀鑫	2,000	2,000	无
监事	孟　克	2,000	2,000	无
监事	孙　震	2,000	2,000	无
监事	冯桂珠	2,000	2,000	无
监事	董伟成	2,000	2,000	无
监事	周永毅	2,000	2,000	无
董事会秘书	张一枫	0	300	新购

上海英雄股份有限公司

1996年年度报告摘要（摘选）

一、公司简况

公司名称：上海英雄股份有限公司

法人代表：赵松生　　邮政编码：200333

公司地址：上海祁连山路6号

电话：(021)62506261　　传真：(021)62506181

二、主要财务数据与财务指标

指标项目	本年数	上年数	比上年增减（%）
1.主营业务收入(万元)	40712.80	32175.95	+26.53
2.净利润(万元)	6231.07	5655.48	+10.19
3.总资产(万元)	83147.25	64561.66	+28.79
4.股东权益(万元)	40791.57	34059.94	+19.76
5.每股收益(元)	0.379	0.395	-4.50
6.每股净资产(元)	2.48	2.38	+4.20
7.净资产收益率(%)	15.28	16.6	-7.95
8.股东权益比率(%)	49.06	52.76	-7.00

三、公司主要业务回顾

1. 主要经营情况

1996年是上海英雄股份有限公司经济持续、健康发展的一年。公司在产业结构调整、资产经营、市场拓展、新品开发及科学管理等诸方面，都有了较大程度地发展和提高，初步形成了产品经营与资产经营相结合，主导产业和第二支柱产业共运行的新格局。

(1) 主业经营持续快速发展

公司在发展笔类产品，坚持大投入，提高产品附加值；坚持调整产品结构，开发新产品，坚持拓展国内外市场，提高占有率的策略思想指导下，今年公司投资4900多万元，主要用于改造笔类表面装饰工艺、注塑工艺、复杂型腔及引进国外先进技术和材料，促使笔类产品的结构迅速向高档化方面发展，使产品制造技术和产品质量接近和达到国际先进水平，新产品产值率连续多年保持在47%以上，花色品种增加到400多种，较好地适应了国内外市场和各层次消费者的需求。国内市场份额达到50%以上，国际市场也有较大程度的突破，产品远销西欧、北美等60多个国家和地区，自来水笔出口量占全国出口总量的70%左右。

(2) 第二支柱产业初具规模

公司的第二支柱产业主要是近年来开发的现代高级厨房设备。该产品不仅市场容量比较大，发展前景诱人，而且也充分发挥了公司已有的技术优势和市场优势，使之发展比较快速。今年高级煤气灶具售出7000多台，销售收入逾2000万元，上海、北京、广州等市场都非常好。

(3) 通过资产经营、迅速扩大英雄的规模和能力

公司通过资产经营、迅速扩大英雄的规模和能力。公司通过投资建立新企业以及采取收购、兼并、控股、参股等一系列举措，迅速实现了资产的扩张。公司在实行资产运作时，坚持从公司在行业的地位，公司的发展战略目标出发，实行"四个结合"的原则，即与公司的品牌战略相结合；与盘活存量，优化增量相结合；与提高国内外市场份额，增强公司竞争力相结合；与英雄集团在更大范围内形成合力相结合。在这些方面公司主要做了以下几件事：一是收购了原上海英雄打字机厂和上海制笔零件二厂，通过对其改制、改组和改造，在搞好小企业方面取得了一定的经验；二是以品牌之优势在丽水、常熟、南京、无锡、江阴等地投资组建5家有限责任公司；三是受让上海轻工控股(集团)公司持有的永生股份有限公司的部分国家股，共2723万股，占该公司总股本的28%，成为最大的股东。这种在上市公司之间建立资产纽带的联合，标志着购并控股、资产重组进入一个新的阶段，而且达到了我国制笔工业两强联合以及推动英雄集团迈出了实质性的一步。目前，公司已拥有全资子公司9家、控股子公司9家、合资公司3家，已形成了集团型公司的框架。总资产达13.2亿元，净资产6.5亿元，实现销售收入7.17亿元(含税)。

(全资、控股、合资企业的主要财务数据和指标)

单位：万元

指标项目	本年度	上年度	增长率%
销售收入	71710	52975	+35.37
实现利润	8338	7759	+7.46
总资产	132135.7	80588	+63.96
净资产	65647.8	47682	+37.68

2. 主要经济指标分析

单位：万元

	95年实际完成	96年计划	96年实际完成	同比增长
主营业务收入	32176	40500	40713	26.53%
税后利润	5655	6230	6231	10.19%
出口创汇	1016(万美元)	1100(万美元)	1123(万美元)	10.53%

3. 1993年发行股票募集资金的使用

截止1996年底，共投资23474万元，其中公司首次集资立项投资10704万元；建立南非英雄制笔文具公司投资1900万元；整体收购上海英雄打字机厂和上海制笔零件二厂，并进行了技术改造和产业结构、产品结构调整投资4500万元。上述十个项目的投资总额，超过了原投资计划的26%，其超过部分是公司利用盈余结果追加投资的。这些项目的投入已为公司带来了明显的经济效益，至年底这些累计实现销售收入12590万元，实现利润1628万元。

四、股本变化及股本结构情况

1. 股本变化及股本结构情况

尚未流通股份	96年末数	比例%	95年末数	比例%
国家持股	87026641	52.92	75675340	52.92
社会法人持股	10166000	6.18	8840000	6.18
小　计	97192641	59.10	84515340	59.10
已流通股份				
境内上市的人民币普通股	14950000	9.09	13000000	9.09
境内上市的外资股	52325000	31.81	45500000	31.81
小　计	67275000	40.90	58500000	40.90
股份合计	164467641	100	143015340	100

2. 股本变动情况及原因

1996年6月26日第三次股东大会通过的红利分配方案，每10股送1.5股，现金红利每10股派1.00元(含税)，1996年7月实施完毕，股本总额增加15%。

3. 主要股东持股情况(前十名)

名　称	年末持股数	占总股本%
(1)上海轻工控股(集团)公司	87026641	52.92
(2)HKSBCSB A/C CAISSE CENTRALE DES BANQUES POPULARES PARIS	4604586	2.80
(3)浙江证券有限责任公司国际业务部	2751344	1.67
(4)SKANDLA LIFE INSURANCE COMPANY LTD	1644500	1.00
(5)SCBHK A/C BROWN BROTHERS HARRIMAN AND COBOSTON S/A CMD EMERGING MARKETS FUND	1311115	0.80
(6)中国银行信托咨询公司	1136812	0.69
(7)NAITO SECURITIES CO.,LDT	922473	0.56
(8)EQUITY FUND OF CHINA	903958	0.55
(9)万国证券公司	817747	0.50
(10)张国淼	741085	0.45

4. 年末A股股东户数14613户，B股股东户数1668户。

上海钢管股份有限公司

1996年年度报告摘要　（摘选）

一、公司简况

公司名称：上海钢管股份有限公司

法人代表：龚洪林　　邮政编码：200940

公司地址：上海市逸仙路2950号

电话：021—56820901　　传真：021—56821491

021—56820888－5

二、主要财务数据与财务指标

单位：万元

指标项目	1996年	1995年	比上年增减(%)
1.主营业务收入	52946.82	51198.99	3.41
2.净利润	542.47	－904.31	－－
3.总资产	101468.62	95126.48	6.67
4.股东权益	60112.82	59542.26	0.96
5.每股收益(元)	0.02	－0.03	－－
6.每股净资产(元)	2.29	2.27	0.88
7.净资产收益率(%)	0.90	－1.52	－－
8.股东权益比率(%)	59.24	62.59	－5.35

三、公司主要业务回顾

1．一年来公司经营情况

1996年在董事会的领导下，在全体股东支持下，公司全体员工围绕"以经济效益为中心，走质量效益型发展之路"的方针目标，奋斗拼搏，狠抓企业的生产经营。通过成立营销部，招聘调整销售人员，充实销售队伍，理顺营销机制，加强营销管理，加大销售力度；通过健全销售渠道，建立网络，对边远省市派驻人员，增设网点，扩大市场覆盖面；通过调整产品结构，大幅度提高盈利产品的生产销售，提高产品附加值，增强盈利能力；通过开发新产品，进行了内螺旋管，汽车用管、轴承管的开发试制并形成批量生产，为公司开拓市场，参与竞争创造了条件。公司较好地实现了1996年度的经营目标，打了一个扭亏止滑的翻身仗。

2．主要经济指标分析

一九九六年本公司主营业务收入为52946.82万元，较上年51198.99万元，增加1747.83万元；本年度净利润为542.47万元，较上年－904.31万元增加1446.97万元。较好地完成了年度预测500万元利润目标。主要原因是高压锅炉管销售量较上年增加1.2万余吨，同时加强内部考核制度，努力降低成本费用。

3．项目进展及募集资金使用情况

通过两年多建设，公司电站用高压锅炉管工程项目新热轧车间全线建成。新热轧穿孔机。ACCU－ROLL轧机、步进加热炉、微张减径机进入试生产阶段。完成投资1.7亿元。

桑管项目中U型管车间厂房土建结束。冷轧、冷拔、退火三联跨厂房基础施工，从德国引进的SKW－50高速冷轧机安装完毕。已完成投资额5100万元。通过项目的逐步建成，实现了科技进步，特别是从国外引进的保护气氛热处理炉、漏磁探伤超声波探伤、涡流探伤光谱仪以及美国技术、国内配套的ACCU－ROLL轧机国内配套的再加热炉、微张力减径机等设备的引进和建设，使公司装备达到了国内先进水平，为开发、生产新品种奠定了基础，为公司今后的发展增强了后劲。

四、股本变化及股本结构情况

1．股本变化及股本结构情况

（单位：股，每股面值1元）

股权类别	年初数	年末数	比例%
1)、尚未流通股份			
其中：国家拥有股份	150,044,070	150,044,070	57.22
境内法人股	11,000,000	11,000,000	4.19
尚未流通股份合计	161,044,070	161,044,070	61.41
2)、已流通股份			
境内上市人民币普通股	13,200,000	13,200,000	5.03
境内上市外资股	88,000,000	88,000,000	33.56
已流通股份总计	101,200,000	101,200,000	38.59
3)、股份总数	262,244,070	262,244,070	100

2．主要股东持股情况（前十名）

股东名称	年末持股数(股)	占股本(%)
1)国家持股	150,044,070	57.22
2)PICTET & CIE	10,953,700	4.18
3)THE CHASE MANHATTAN BANK NA S/A TEMPLETON CHINA WORLD FUND INC	5,929,280	2.26
4)CMB S/A TEMPLETON DRAGON FUND INC	5,705,300	2.17
5)NORMURA BANK (LUXEMBOURG) S/A TEMPLETON ASIA FUNK	2,993,100	1.14
6)NOMURA BANK (LUXEMBOURG) SA S/A TEMPLETON EMERGING ASIA	2,421,100	0.92
7)CHASE MANHATTAN BANK NA S/A TEMPLETON INSTITUTIONAL EMERGING MKTS(42)	2,257,640	0.86
8)CHASE MANHATTAN BANK NA S/A TEMPLETON CANADA EMERGING MKTS FUND(3448)	2,087,800	0.80
9)CHASE MANHATTAN BANK NA S/A TEMPLETON SEMERGING MKTS INVESTMENTS TRUS	1,761,100	0.67
10)ROBERT FDEMING AND CO.LTD S/A SAVE AND PROSPER CHINA DRAGON FUND	1,640,000	0.63

3．股东总数：

至1995年底公司股东总数12902户。

其中：国家持股(A股)股东1户

社会法人股(A股)股东34户

社会个人股(A股)股东11638户

B股股东1229户

重庆万里蓄电池股份有限公司

1996年年度报告摘要（摘选）

一、公司简况

公司名称：重庆万里蓄电池股份有限公司

法人代表：张　净　　　邮政编码：630054

公司地址：重庆市巴南区苦竹坝31号

电话：023—62854905　　　传真：023—62851155

二、主要财务数据与财务指标

单位：万元

指标项目	本年度	上年度	比上年增减（%）
1.主营业务收入	13110.30	13806.67	-5.04
2.净利润	164.58	422.77	-61.07
3.总资产	26963.33	25598.26	5.33
4.股东权益	15963.80	15799.22	1.04
5.每股收益（元）	0.024	0.068	-64.71
6.每股净资产（元）	2.34	2.45	-4.49
7.净资产收益率	1.03%	2.79%	-1.76
8.股东权益比率	59.20%	59.30%	-0.10

三、公司主要业务回顾

1．一年来公司经营情况

1996年是公司经受严峻考验的一年，尤其是上半年，因原材料、燃料的大幅上涨和三角债的严重拖欠，造成资金紧缺，使原材料供应时有脱节，生产经营活动受到一定影响，至6月底完成主营业务收入6372万元，与前一年同期比较减少1086万元，中期经营结果亏损达745.6万元，每股收益为-0.12元。面对这种严峻的形势，公司管理层立即采取了有力的措施；一是严格基础管理，控制产品的单位铅耗量，降低成本；二是调整营销策略，改善产品销售结构，加大盈利产品促销力度等等，为全年扭亏增盈打下了坚实的基础。

1996年，公司实现主营业务收入13110.30万元，利润总额190.25万元，净利润164.58万元，分别比上年减少5.04%、62.2%、61.07%。

2．募集资金使用情况说明

公司于1992年向职工发售内部股1240万股，募集资金1240万元；1994年3月向社会公众发售个人股1550万股，募集资金5950万元，两次共募集资金7190万元。至本报告末止，公司没有实施配售新股和发行其它股票增资。根据招股说明书投资计划，现已投入32831839.99元用于在建工程，其明细列示如下：

工　程　名　称	支用金额（元）
小密车间	8743078.09
小密国内设备	7409396.39
小密引进设备	12570273.18
美式汽片机	2111968.19
装配车间	827528.85
七车间改造	266470.90
80G装配线	192509.27
摩托车电池装配线	495789.85
12T铅粉机	214825.27

注：在建工程无资本化的借款利息。

四、股本变化及股本结构情况

（填报日期：1996年12月31日，单位：万股，面值：每股人民币1元）

1.股本结构

股份类别	年初数 股数（万股）	年初数 比例%	年末数 股数（万股）	年末数 比例%
（一）尚未流通股份				
国家持股	3410	55	3751	55
（二）已流通股份				
境内上市社会公众股	2790	45	3069	45
（三）股份合计	6200	100	6820	100

注：本报告期末总股份比年初增加620万股，为1996年6月30日股东大会通过1995年度利润分配方案每10股送1股的增加数。

2、主要股东持股情况（以持股多少为序）

股东名称（或帐户）	年末持股（股）	占总股本比例（%）
1）重庆华金国有资产经营有限责任公司	37510000	55
2）永信置业	3315677	4.86
3）人保信投	3212954	4.71
4）孙继实	487000	0.71
5）章洪胜	396400	0.58
6）白玉兰	330962	0.48
7）赵思国	330700	0.48
8）曾淑芝	330300	0.48
9）刘丁山	330700	0.48
10）常家平	330042	0.48

3.股东数量

至本年度末，公司股东总数为12360户，其中国家股股东1户，其余股东12359户。

4、公司董事、监事与高级管理人员持股情况（股）

姓　名	职　务	年初持股	年末持股
张　净	董事长、总经理	2666	2933
卢斗祥	董事、副总经理	1000	1100
扬扶中	董事、副总经理	2666	2933
冉茂行	董事、总经济师	2666	2933
徐林林	董事、副总经理	1000	1100
胡学富	董事、副总经理	0	0
黄孝苍	董事、总经济师	1000	1100
徐介白	董事、副总经理	2000	2200
刁复安	董事	0	0
余智慧	监事会主席	0	0
覃兴荣	前任监事会主席	66	73
杨兴义	监事	500	550
黄月华	监事	0	0
蒋中伟	监事	0	0
张晓莉	监事	0	0

注：以上人员年末持股数比年初增加系95年度分红送股方案每10股送1股的增加数。

上海自动化仪表股份有限公司

1996年年度报告摘要 （摘选）

一、公司简况

公司名称：上海自动化仪表股份有限公司

法人代表：周永清　　　邮政编码：200040

公司地址：中国上海市北京西路1421号

电话：(021)62800705　　　传真：(021)62801680

二、主要财务数据与财务指标

指标项目	本年数	上年数	比上年增减(%)
1.主营业务收入(万元)	120512	108484	+11.09%
2.净利润(万元)	4823	5951	-18.95%
3.总资产(万元)	181898	172424	+5.49%
4.股东权益(万元)	68045	58566	+16.19%
5.每股收益(元)	0.1462	0.2074	-29.51%
6.每股净资产(元)	2.06	2.04	+0.98%
7.净资产收益率(%)	7.09	10.16	-3.07%
8.股东权益比率(%)	37.41	33.97	+3.44%

三、公司主要业务回顾

(一) 一年来经营情况：

一九九六年，本公司在日常经营活动中所遇到的市场需求不足，行业竞争激烈，资金紧缺及流通不畅等困难更为突出。面对这样的形势，全公司致力于对外开拓市场，对内加强管理，努力挖掘潜力，争取获得较好收益。

1. 全方位开拓市场，一年来，公司除了全力搞好传统的电站自控设备市场外，倾注了很大力量，努力开发冶金、化工以及新兴的核电自控设备等市场，为拓宽公司产品的服务领域，进行了大量的工作，也取得了可喜的进展。

2. 采取各种措施，加强对已投资项目的管理，努力争取早出效益，多出效益。公司前几年先后兴办的二十多个合资企业，通过一年多时间来的工作，逐步理顺了各方面的关系，产品陆续投入市场，到九六年底，已有十四个合资企业开始进入盈利期，正将逐步成为本公司新增效益的重要来源。

3. 狠抓产品质量，增强竞争能力。九六年中，公司所属的十一家制造整机产品的工厂，已全部获取ISO9000质量保证体系认证的合格证书，有MAX系列分散控制系统等七只产品获得上海市名牌产品称号，使公司产品在用户中具有更高的信誉。

4. 努力深化内部改革，加强了人员分流力度。一九九六年公司通过各种途径，将富余人员从岗位上撤离下来，全年共分流4100多人，其中净减2800人，这样将有效地降低人工成本，为达到减人增效创造了有利条件。

(二) 主要经济指标分析：

本公司1996年主营业务收入为1205115433.93元，比上年的1084838175.02元增长11.09%；利润总额为57893516.18元，比上年的71068398.33元下降18.54%；净利润为48231331.19元，比上年的59514743.19元下降18.95%。利润下降的主要原因是，在市场形势比较严峻的条件下，尽管本公司作了极大的努力，使主营业务收入有所增长，但这一增长幅度尚不能抵消通涨因素对成本的影响，再加上本年度公司原先所享受的退税政策有所变化，因此致使全年利润比上年有所下降。

(三) 本公司聘请安达信会计师事务所按国际会计准则进行了审计，审计后的税后利润及其与法定制度的差异列示如下，供境外投资者参考：

法定帐目净利润48231331.19元

根据国际会计准则所作调整：

	除税及少数股东权益后利润	
	一九九六年度	一九九五年度
本集团法定帐目余额	48,231	59,514
补提坏帐准备	(14,666)	(22,579)
调整固定资产折旧	(2,978)	(759)
调整过期之应付帐款	3,510	9,821
调整帐列流动及非流动资产中的费用	(5,771)	(3,308)
调整投资收益	(2,289)	(9,974)
冲销记录于资本公积下的固定资产处理收益	3,653	
调整销售截止	(1,269)	505
冲销内部销售未实现利润	(649)	771
调整少计的借款利息	(1,500)	(512)
其　他	(2,030)	10,268
根据国际会计准则重编之余额	24,242	43,748

根据国际会计准则调整后的主要经济指标为：

项　目	本年数	上年数	比上年增减(%)
营业收入(万元)	117017.3	110209.7	6.18
税前利润(万元)	3341.3	5435.8	-38.53
税后利润(万元)	2671.9	4519.4	-40.88
除税及少数股东权益后的利润(万元)	2424.2	4374.8	-44.59
每股收益	0.07	0.13	-46.15

四、股本变化及股本结构情况

1. 股本变化及股本结构情况

数量单位：股　　每股面值：1元

	期初数	本次送股数	期末数	占总股本(%)
一、尚未流通股份				
1. 国家拥有股份	174747100	26212065	200959165	60.91
2. 募集法人股	11000000	1650000	12650000	3.83
3. 尚未流通股份合计	185747100	27862065	213609165	64.74
二、已流通股份				
1. 境内上市人民币普通股	24200000	3630000	27830000	8.43
2. 境内上市外资股	77000000	11550000	88550000	26.83
已流通股份合计	101200000	15180000	116380000	35.26
三、股份总数	286947100	43042065	329989165	100

2. 股本变动原因：

本年来，公司总股本及各类股份均比上年增加15%，是因为实施了上年度按每10股派送1.5股红股的分配方案。

3. 主要股东持股情况：

持有本公司5%以上股权的股东只有上海仪电控股(集团)公司一户(代表国家持股)。

持有本公司股份最多的前十名股东名单如下：

股东	持股数	比例
(1)上海仪电控股(集团)公司(国家股)	200959165股	占总股本60.91%
(2)TOYO SECURITIES ASIA LTD	10643214股	占总股本3.2%
(3)上海南洋国际实业股份有限公司	10336568股	占总股本3.1%
(4)BONY A/C GMML. GIL NOMINEES A/C GEPIT	6325000股	占总股本1.9%
(5)HKSBCSB A/C CMB S/A TEMPLETON DRAGON FUND INC	5187650股	占总股本1.57%
(6)兴海有限公司	3401940股	占总股本1.03%
(7)HKSBCSB A/C CHISSE CENTRALE DES BANQUES POPULAIRES PARIS	2556290股	占总股本0.77%
(8)EQUITY FUND OF CHINA	1825993股	占总股本0.55%
(9)VIHONG NOMINESS LTD	1802000股	占总股本0.54%
(10)NAITO SECURITIES CO, LTD	1771130股	占总股本0.53%

4. 年末股东户数：

本公司年末股东总数为23518户，其中：

国家股：1户　法人股：71户　社会公众股(A)股22182户　B股1264户。

上海四药股份有限公司

1996年年度报告摘要（摘选）

一、公司简况

公司名称：上海四药股份有限公司

法人代表：葛绍圻　　邮政编码：200090

公司地址：上海浦东高桥海徐路1285号

电话：(021)65433811-239　传真：(021)65434536

二、主要财务数据与财务指标

单位：元

指标项目	本年数	上年数	比上年增减(%)
1.主营业务收入	320967340.65	337354459.15	-4.86
2.净利润：	15209910.77	18348129.97	-17.10
3.总资产：	502074674.66	449832954.60	11.61
4.股东权益：	189121609.95	182954488.78	3.37
5.每股收益：	0.2624	0.3165	-17.09
6.每股净资产：	3.26	3.16	3.16
7.净资产收益率：	8.04%	10.03%	-19.84
8.股东权益比率：	37.67%	40.67%	-7.38

三、公司主要业务回顾

1.一年来经营情况

1996年国内外药品市场竞争依然十分激烈。公司全体员工克服了部分制剂产品降价、个别产品原材料短缺及各项费用上涨等重重困难，结合公司实际现况进行了全面认真的分析。针对这些重重困难，公司认为在新形势下应正确处理好公司发展速度与效益的辩证关系，即：既要讲发展速度，更要讲经济运行质量。坚持以市场经济观念来指导生产计划，做新产品市场开发的过细工作，以优质产品积极参与市场竞争，力争确保企业年度目标的实现。1996年度公司主要成果有：经济发展实现持续稳定；适应市场变化拓展营销新局面；技术管理走上新台阶；技术改造纷纷结出经济成效之果；深化股份公司的规范化工作。

2.主要指标分析

(1) 1996年主营业务收入32096.73万元，比1995年减少4.86%，1996年公司部分制剂产品降价及1996年下半年国内药品市场剧变，这些因素减少了公司营业收入。

(2) 1996年实现利润总额为1785.72万元，比1995年下降17.21%，主要是营业收入减少及销售费用、管理费用、财务费用增幅较大，削减了利润。

(3) 1996年实现净利润为1520.99万元，比1995年下降17.10%，其下降原因与利润总额下降原因一样。

3.关于经营成果与预测差异的说明

公司1996年完成主营业务收入32096.73万元，比预测的主营业务收入37100.00万元减少13.49%；实现的利润总额为1785.72万元，比预测的利润总额2250.00万元减少20.63%，其原因是：(1)公司部分制剂产品降价及1996年下半年国内药品市场剧变，这些因素减少了公司营业收入。(2)销售费用、管理费用、财务费用增幅较大。

4.前次募集资金运用情况的说明

本报告期内公司未开展增资配股，前次募集资金即为：1993年10月8日至1993年11月30日，经上海市证券管理办公室沪证办(1993)119号文批准，公司向社会个人公开发行人民币普通股1500万股。每股发行价4.50元，总的发行市值6750万元，扣除发行费用实际募集资金6593.74万元，公司全部投资于浦东科发药厂建设。截止到1996年底，浦东科发药厂投资额为13488.06万元。该项目已于1996年12月5日通过了国家医药管理局、上海市建设委员会、上海市经济委员会及上海市医药管理局等部门的联合竣工验收。

四、股本变化及股东结构情况

1.股本结构　（单位：万股，每股面值1.00元）

	1996年末	比例%	1995年末	比例%
(1)尚未流通股份				
国家持股	4296.66	74.12	4296.66	74.12
小计	4296.66	74.12	4296.66	74.12
(2)已经流通股份				
境内上市人民币普通股	1500.00	25.88	1500.00	25.88
小计	1500.00	25.88	1500.00	25.88
(3)股份合计	5796.66	100.00	5796.66	100.00

2.1995年公司股份没有变化

3.主要股东持股情况

股东名称	年末持股数(万股)	占总股本比例%
国家股	4296.66	74.12
北海新宏源物业发展公司	18.85	0.33
贝茂生	15.95	0.28
陈培民	13.80	0.24
海南华银国际信托投资公司	13.70	0.24
黄许明	11.80	0.20
万美玉	10.00	0.17
阎贵海	9.98	0.17
李振龙	8.90	0.15
方　军	8.13	0.14

4.股东数量

截止到1996年底，公司股东总数为12046户。其中：国家股东1户，社会公众股东12045户。

5.公司董事、监事和经理人员持股情况

姓名	职务	年初持股数	年末持股数	变动情况
葛绍圻	董事长	1500股	1500股	未变动
罗英宏	董事兼总经理	1500股	1500股	未变动
叶文忠	董事兼副总经理	1500股	1500股	未变动
冯　贤	董事兼副总经理	1500股	1500股	未变动
李茂芳	董事	1500股	1500股	未变动
孙善丹	董事兼副总经理、总工程师	1500股	1500股	未变动
张荣华	董事	1300股	1300股	未变动
徐　韧	董事	1500股	1500股	未变动
林树梁	董事	3000股	3000股	未变动
陈瑞漠	董事	1500股	1500股	未变动
章国钧	董事	1500股	1500股	未变动
蒋伯仁	监事长	0股	0股	未变动
周建设	监事	300股	300股	未变动
马海萍	监事	0股	0股	未变动
袁祖荣	监事	1500股	1500股	未变动
窦建业	监事	2200股	2200股	未变动

上海海欣集团股份有限公司

1996年年度报告摘要 （摘选）

一、公司简况

公司名称：上海海欣集团股份有限公司

法人代表：陈俊民　　邮政编码：201601

公司地址：上海市松江县洞泾镇

电话：(021)－6275211762752094　传真：(021)－62752214

二、主要财务数据与财务指标

单位：元

指标项目(合并)	本年度	上年度	比上年增减(%)
1.主营业务收入	594,780,944.53	438,310,997.98	35.70
2.净利润	75,895,137.14	54,141,976.64	40.18
3.总资产	1,063,940,689.34	757,305,158.42	40.49
4.股东权益	471,685,272.13	426,889,007.23	10.49
5.每股收益	0.45	0.38	18.42
6.每股净资产	2.78	3.02	－7.95
7.净资产收益率	16.09%	12.68%	26.89
8.股东权益比率	44.33%	56.37%	－21.36

三、公司业务回顾

1.一年来的经营情况回顾：

1996年是公司历史上具有转折意义的一年，经过十年的不懈努力和发展，公司从一家中外合资企业逐步转制为上市股份公司，目前已成为拥有18家成员企业的集团公司。公司通过合理制订投资规划，有效利用资金，使整个集团公司真正成为国内规模最大、质量最优、效益最佳的长毛绒行业主导性企业。到1996年为止，公司第一阶段投资全面结束，所投资企业全部进入生产经营状态，并取得良好收益。公司本部由于生产能力的扩大，主要经济指标创历史最好水平，公司目前正由单纯的生产经营开始向集团化的资产经营过渡。

公司能够取得如此佳绩实属不易。去年前四个月，受外贸环境变化影响，订单明显减少，使正常的生产淡季比往年更淡，持续时间更长，公司各项指标均比95年度有较大滑坡；同时，应收帐款居高不下，产品核销难度增大等问题严重困扰着公司，在这样的情况下，到1996年底公司能够如期全面超额完成指标，主要得益于我们作了以下几方面的工作：

a.公司在年初即充分预见到淡季可能会给公司经营带来的不利影响，在生产淡季集中对生产设备进行保养，对职工队伍进行培训和补充，同时抓紧安装调试新购进的大毛皮生产设备，因此一进入生产旺季，公司就能保证以最大产出能力进行生产，每月的产量和销售量始终保持在较高水平。

b.继续增强公司销售力量，在95年下半年对销售部门人员充实的基础上，实行销售部门对公司承包，业务人员对部门承包的考核办法，人销售数量、收款数额、付款期限、核销情况等几个方面进行综合考核，努力为客户提供满意服务，争取了更多订单，从而保证了生产任务饱满。

c.在公司内部，根据客户对产品质量、交货期的要求日益严格，我们定期对生产过程进行全面质量检查，发现问题及时解决，紧紧围绕优质服务这个中心，不断完善公司的内部管理，保证了公司在客户中的良好信誉，在巩固老客户的前提下，又争取了一批新客户。

d.重点抓了投资企业、特别是新投资控股企业的经营管理，使集团的全部企业如期投入生产，取成了集约化整体经营的优势，保证了公司在与同行业企业的竞争中处于有利地位，并取得良好收益。

e.对公司短期投资进行了必要清理，在证券市场取得收益的情况下，及时清仓出货，利用下半年有利的市场形势，使公司的短期投资收益比上年明显改善。

2.关于经营成果与预测差异的说明：

1996年，公司预测主营业务收入为438,310,997元，利润总额为63,627,568元，净利润为54,141,976元，公司实际完成主营业务收入594,780,944元，利润总额90,897,933元，净利润75,895,137元，分别比上年增长35.7%，42.9%，40.2%。实际经营成果比预测指标有较大增长的主要原因有：

a.公司投资的生产性企业中，特别是控股企业进入生产经营状态，实现了预期的生产规模，使公司1996年度的项目投资收益比上年有显著增长。

b.公司新引进毛皮生产设备，抢时间提前安装调试使生产能力扩大后，及时抓住有利时机，实现满负荷生产，全年比上年多销售面料80万米。

c.根据市场需求变化及时调整了公司产品结构，通过技术改进和技术开发，努力提高产品档次和质量，以全新产品争取客户，同时通过品种、价格差异化营销战略提高了企业效益。

四、股本变化及股本结构情况

1.股本变化及股本结构情况

(1) 截至1996年末，本公司股本结构如下：

一、尚未流通股份	期初数	送股	期末数
1.发起人股份			
其中			
境内法人持有股份	45837605股	9167521股	55005126股
境外法人持有股份	45837605股	9167521股	55005126股
2.其他			
尚未流通股份合计	91675210股	18335042股	110010252股
二、已流通股份			
1.境内上市的人民币普通股			
	11000000股	2200000股	13200000股
2.境内上市的外资股	38500000股	7700000股	46200000股
已流通股份合计	49500000股	9900000股	59400000股
三、股份合计	141175210股	28235042股	169410252股

(2) 股本变动情况及原因：

公司总股本数根据公司第四次股东大会通过的1995年度利润分配方案：每10股送红股2股，因此本报告期末公司的总股本比年初增加28235042股。

(3) 主要股东持股情况

股东名称	持股数(股)	占总股本(%)
1.香港申海公司：	33003075.6	19.48%
2.洞泾工业公司：	27502563.0	16.23%
3.香港福欣公司：	22002050.4	12.99%
4.上海玩具公司：	16501537.8	9.74%
5.开隆投资公司：	11001025.2	6.49%
6.上海申银万国证券公司	6206192.0	3.66%
7.SCBHKA/CNOMURATB/NOMURA ITM1-1-1NIHONBASHICHUO-KU TOKYO103Janpan	1719204.0	1.01%
8.HKSBCSBA/CBANQUEDENEVFILE SCHL VMBERGERMALLETS/A PLACEMENTSCHINE	1599980.0	0.94%
9.海通A	1087884.0	0.64%
10.DEVTSCHERAVSLANVSKASSENVERLIN AGS/ACREDITSVISSE (DEVTSCHLAND) WANTSTOODTAINBOREENPLETI711 60313FRANKFVRT/MAIN1,GERMANY	1080000.0	0.64%

(4) 股东数量

至本年度末，公司的股东总户数8836户，其中发起法人股东境内3户，境外2户，A股股东7608户，B股股东1223户。

北满特殊钢股份有限公司

1996年年度报告摘要 （摘选）

一、公司简况

公司名称：北满特殊钢股份有限公司

法人代表：范广举　　邮政编码：161041

公司地址：黑龙江省齐齐哈尔市富拉尔基区红岸大街7号

电话：0452—6801292、0452—6081823

传真：0452—6801662、0452—6801551

二、主要财务数据与财务指标

指标项目	本年数	上年数	比上年增减(%)
1.主营业务收入(万元)	132301	139218	-4.97
2.净利润(万元)	4057	5425	-25.22
3.总资产(万元)	302100	293326	2.99
4.股东权益(万元)	128187	124130	3.27
5.每股收益(元)	0.084	0.11	-23.64
6.每股净资产(元)	2.65	2.56	3.52
7.净资产收益率(%)	3.17	4.37	-27.46
8.股东权益比率(%)	42.43	42.32	0.26

三、公司主要业务回顾

1.1996年公司生产经营情况

1996年钢铁行业竞争激烈，对公司而言外部环境依然较为严竣，燃料、原材料和运输费用仍呈上升趋势；同时公司的主要用户资金状况没有改善，公司在保证正常运行的压力下被迫减小生产规模，严格信用发货。公司积极调整产品结构，提高合金钢比例，提高单位产品盈利能力；同时积极挖掘内部潜力，在全公司加大成本管理力度，1996年消化了各种减利因素6970万元，其中燃料1360万元，动力1340万元。通过加强管理全年可比产品成本降低0.67%，1996年公司生产钢35.6万吨，较上年下降10.2%；生产钢材28.2万吨，较上年下降6.2%。全年实现利润4746万元，超额完成了股东大会所定的3000万元利润目标。在特钢全行业效益普遍下滑的情况下，同行业横向比较，实现利润综合经济效益指数均列前位。纵向比较，较上年有所下降。

2.1997年工作安排

围绕影响公司效益的资金和成本两大问题，计划采取并加强以下方面工作：

——加强资金管理，提高资金使用效率，努力降低人欠货款，盘活资金，降低采购成本。

——继续改善品种结构，提高高盈利品种产量，开发科技含量高市场广的新产品，扩大市场容量。

——以降低能源动力消耗为主，通过技术改造、工艺革新和加强管理，降低成本增加产品竞争力。

——为增强公司实力，新建无缝管生产线计划年内达到设计能力；四位一体短流程生产的审批工作抓紧进行。

四、股本变化及股本结构情况

1.股本变化及股本结构情况

(1)截至1996年12月31日，公司股本结构如下：

单位：万股

	期初数	增减	期末数
一、尚未流通股			
1.发起人股份	31130	0	31130
其中：国家拥有股	31130	0	31130
2.募集法人股	2310	0	2310
尚未流通股份合计	33440	0	33440
二、已流通股份			
人民币普通股	14960	0	14960
已流通股合计	14960	0	14960
三、股份总数	48400	0	48400

(2)股份变动原因

本年度内公司股本未发生变动。

(3)主要股东持股情况(前十名股东)

名次	股东名称	年初持股数(万股)	占总股本(%)
1	国家股(委托北钢集团公司管理)	31130	64.32
2	广东太阳神经济发展公司	880	1.82
3	广东佛山南发实业总公司	440	0.91
4	黑龙江省电力工业公司	220	0.45
5	长春第一汽车制造厂	220	0.45
6	哈尔滨铁路局齐齐哈尔分局	110	0.23
7	黑龙江省证券公司	110	0.23
8	齐齐哈尔证券有限公司	110	0.23
9	黑龙江省兴达经济贸易公司	110	0.23
10	交通银行齐齐哈尔支行	110	0.23

(4)截至1996年末，公司股东总数为74207户，其中：国家股东1户，社会法人股东9户，社会公众股东74197户。

2.公司董事、监事与高级管理人员持股情况

姓名	职务	年初持股数	年末持股数
范广举	董事长兼总经理	40700	40700
于志领	董事	26400	26400
常占祥	董事兼副总经理	26400	26400
所耀堂	董事兼副总经理	26400	26400
郭海洲	董事兼副总经理	26400	26400
张庆才	董事兼副总经理	25300	25300
王永成	董事	26400	26400
吴浩维	董事	28600	28600
倪国政	董事	26400	26400
郑才翔	董事	2700	2700
潘孝忠	董事	2000	2000
肖国兴	监事会主席	26400	26400
洪川	监事	9350	9350
朱首先	监事	9900	9900
于维成	监事	3300	3300
蔡丽芝	监事	2000	2000

江苏春兰制冷设备股份有限公司

1996年年度报告摘要　（摘选）

一、公司简况

公司名称：江苏春兰制冷设备股份有限公司

法人代表：张鸿志　　　　邮政编码：225300

公司地址：江苏省泰州市口泰路7号

电话：0523-6226197（直线）6222224×306（分机）

传真：0523-6226202

二、主要财务数据与财务指标

单位：人民币元

指标项目	本年数	上年数	比上年增减(%)
1.主营业务收入	1968935716.64	1797103050.44	9.56
2.净利润	254404648.04	216340471.88	17.59
3.总资产	1283817948.72	1024913875.09	25.26
4.股东权益	648481204.94	487270277.35	33.00
5.每股收益	1.93	1.80	7.22
6.每股净资产	4.91	4.06	20.94
7.净资产收益率	39.23%	44.40%	-11.64
8.股东权益比率	50.51%	47.54%	6.25

三、公司业务回顾

1．一年来经营情况

1996年公司在全体股东的支持下，特别是在春兰（集团）公司大力支持和关心下，在首届董事会的正确领导下，通过全体员工的精诚合作与艰苦努力，基本完成了公司年度生产经营计划：实现空调器产量44万台，主营业务收入19.68亿元，实现利润总额2.85亿。

(1) 公司加快新品开发步伐，开发了一机三挂变频空调器、家用柜式空调、遥控窗式空调并投入批量生产，提高了市场竞争力。

(2) 以市场为导向，积极调整产品结构，增加了柜式空调的产量。

(3) 加快开发区新厂的建设，完成了5万平方米主厂房、办公楼装饰工程、室内地下输送线的通道等，预计在97年7月将搬到新厂生产。

(4) 加强财务管理，实行目标成本管理法，有效降低产品成本及各项费用。

2．主要指标分析

经江苏会计师事务所审计，本公司1996年实现主营营业收入19.68亿元，完成税后利润2.54亿元，比去年同期增长为9.56%、17.59%。主要原因是公司主要产品销售额比去年增长。公司1996年利润来源于空调器的生产制造占88%，投资收益占12%。

3．募集资金的使用情况

公司参股投资的“江苏春兰动力制造有限公司”、“江苏春兰摩托车有限公司”、“江苏春兰机械制造有限公司”已分别进入试生产，经江苏会计师事务所审计合计产生投资收益为1473万元。公司参股投资企业“西安庆安冷机有限公司”产生投资收益1784万元。公司投资计划及取得效益，达到预期的目的。

四、股本变化及股本结构情况

1．股本结构及变动情况

数量单位：股　　每股面值：1元

	期初数	本期送股	期末数
一、尚未流通股份			
境内法人持有股份	90,000,000	9,000,000	99,000,000
尚未流通股份合计	90,000,000	9,000,000	99,000,000
二、已流通股份			
境内上市的人民币普通股	30,000,000	3,000,000	33,000,000
已流通股份合计	30,000,000	3,000,000	33,000,000
三、股份总数	120,000,000	12,000,000	132,000,000

2．股本变动情况

报告期内按照95年度利润分配方案，公司按10:1比例向全体股东送股。

3．主要股东持股情况（前十名股东情况）

股东名称	年末持股数	占总股本比例
1．江苏春兰制冷设备有限公司	97,680,000	74.00%
其中：春兰（集团）公司	64,680,000	49.00%
香港钟山有限公司	33,000,000	25.00%
2．泰州春兰特种空调器厂	792,000	0.60%
3．华德正业	665,850	0.50%
4．张根妹	591,900	0.45%
5．泰州春兰销售公司	528,000	0.40%
6．许跃宁	447,100	0.34%
7．高阳石化	428,250	0.32%
8．吴伟	401,700	0.30%
9．楼文彪	398,831	0.30%
10．曹嘉琪	392,405	0.30%

4．年末股东户数发起法人股东3户，社会公众股21357户，合计21360户。

5．公司董事、监事、经理持股情况

姓名	职务	年初持股数(股)	年末持股数(股)	变化原因
张鸿志	董事长	8000	8800	送股增加
章志伟	副董事长	0	0	
杨惟勤	董事	8000	8800	送股增加
马绍倩	董事	5000	5500	送股增加
彭　熹	董事	0	0	
董木森	监事会主席	8000	8800	送股增加
刘顺余	监事	4000	4400	送股增加
丁谦益	监事	0	0	
许承业	总经理	5000	5500	送股增加
马宝河	副总经理	0	0	
赵延山	副总经理	6000	6600	送股增加
合　计		44000	48400	送股增加

注：马宝河为新聘任副总经理，其年初持股数为聘任日持股数。

6．关联企业

关联企业名称	注册资本	主营业务范围	本公司权益
西安庆安冷机有限公司	1亿元人民币	生产制造制冷压缩机	25%
江苏春兰机械制造有限公司	2200万美元	生产销售摩托车发动机机体	40%
江苏春兰动力制造有限公司	2998万美元	生产销售摩托车发动机	30%
江苏春兰摩托车有限公司	1780万美元	生产销售各类摩托车	35%

北京旅行车股份有限公司

1996年年度报告摘要　（摘选）

一、公司简况

公司名称：北京旅行车股份有限公司
法人代表：王金权　　　邮政编码：100075
公司地址：北京市丰台区大红门西路26号
电话：010—67222480　　传真：010—67212045

二、主要财务数据与财务指标

指标项目	本年数	上年数	比上年增减（%）
主营业务收入（万元）	19715.60	31291.79	－36.99
净利润（万元）	40.89	－3150.37	101.30
总资产（万元）	53594.03	50927.11	5.83
股东权益（万元）	27002.31	28802.08	－6.25
每股收益（元）	0.003	－0.19	101.58
每股净资产（元）	1.69	1.80	－6.11
净资产收益率（%）	0.20	－10.94	101.83
股东权益比率（%）	50.38	56.56	－10.93

三、公司主要业务回顾

1．一年来经营情况

1996年是公司"十年"发展规化的第一年，在全体员工的努力和股东的支持下实现了扭亏为盈，全年实现利润59.9万元。

公司是以生产6600系列、6500系列、6400系列旅行车为主，1996年生产3268辆，销售3269辆。在这一年中，公司把抓产品适应市场做为首要措施贯穿始终，针对老产品的缺点进行改进，推出的96型轻客得到了市场的认可，加快了BE国产化的进度，使之成为公司新的经济增长点，同时加大新产品开发力度，把WFR产品做为下一个经济增长点进行认真培育。在产品结构调整的同时，强化了质量、财务、物流管理，以财务管理为龙头成本管理为核心，改进工艺降低物耗，使采购成本、制造成本和期间费用均大幅度下降。

2．公司1996年度主要经济指标实际完成和计划相比差距很大，主营业务收入实现19715.6万元，比计划减少了55.88%，全年实现净利润40.89万元，比计划减少了59%。虽然96年实现了扭亏为盈的目标，但宏观政策不利，汽车市场持续疲软，产销量极度萎缩是影响公司1996年计划完成的主要原因。

从因素上分析：减利因素

（1）生产的影响

由于96年汽车销售市场平滞，使公司旅行车销售量急剧下降，96年旅行车产量实际比计划减少4132辆，制约了公司的投入与产出使制造成本比计划上升减利599.9万元。

（2）销售的影响

因国家在控制通货膨胀上采取政策，北京地区交通管制道路按单双号行驶的规定与控办的恢复，使北京地区旅行车销售量大幅度下降。另由于公司主导产品6560系列市场优势逐渐弱化，没有竞争力，所以造成6560系列销售比计划减少4131辆，减利3236.2万元。

（3）工艺调整、产品改进使成本升高造成减利

改进6560A4使单车原材料和配套成本增加1000元，造成减利206万元。

（4）处理委托加工材料盘点不实补转成本减利280万元。

（5）原材料、配套外协件涨价造成减利

钢材由原3824.79元/吨，上涨到4324元/吨，每吨平均上涨499.21元，造成减利149.8万元；发动机由5200元/台，上涨到5650元/台，每台上涨450元，造成减利135万元；竹底板每份上调100元及煤、电、水调价造成减利92.8万元，以上共减利377.6万元。

（6）享受合资企业待遇，新增国家消费基金减利44.3万元。

以上（1）—（6）项共造成减利4744.00万元。

增利因素：

（1）公司狠抓扭亏增盈措施的落实，采取堵塞漏洞统一旅行车销售价格和相应的销售策略。通过95型、96型旅行车改进，使销售价格有所提高增加销售收入。公司把BL/BE国产化车型作为新的经济增长点进行培育，实现销售145辆，为公司96年扭亏为盈做出了一定的贡献。96年狠抓新产品开发，努力实现出口创汇，当年完成WFR旅行车出口维修备件项目，出口返销件7746件，创外汇6779万日元，通过以上措施增加收入1829.9万元。

（2）营业税金的减少对利润的影响

96年5月1日正式享受有关外商投资企业政策，免征城建税、教育费附加增利41万元。

（3）由市政府赠送北旅公司540万元技术引进奖励金，用于公司6440/6470（WFR）和6701/6709136P系列产品开发。调整96年垫付产品开发费，形成增利237万元。

（4）根据董事会撤消分、子公司的决议，合并子公司以前年度损益增利173.5万元。

（5）分公司、关联公司返利33.2万元。

（6）降低销售费用、财务费用、管理费用增利648.7万元。

以上（1）—（6）项共增利2963.3万元

弥补亏损情况说明：

根据公司1996年8月9日召开临时股东大会决议，批准用公积金弥补亏损。用资本公积金4742.39万元，盈余公积金248.65万元，弥补1995年度亏损3150.37万元及1996年1—4月份的亏损1840.67万元。弥补亏损总金额4991.04万元。

北旅公司经对外经济贸易部批准成为外商投资股份有限公司。经临时股东大会批准，已用公积金弥补1—4月份的亏损，5月1日正式按有关合资企业的规定进行生产经营活动。5—12月份实现利润经市财政局京财工（1996）2177号文函复可以视为全年的经营成果。

通过上述增利因素与减利因素抵销96年实现利润59.9万元。

四、股本变化及股本结构情况

1．股本情况

填报日期：1996年12月31日　数量单位：万股　每股面值：1元

	96年末数	比例%	95年末数	比例%
①尚未流通股份				
国家持股	209.9	1.31	209.9	1.31
发起法人持股	3748	23.42	3748.0	23.42
社会法人持股	2749.2	17.17	2749.2	17.17
外资法人持股	4002	25	4002	25
职工持股	0	0	0	0
小　计	10709.1	66.90	10709.1	66.90
②已流通股份				
境内上市的人民币普通股	5298.9	33.1	5298.9	33.1
③股份合计	16008	100	16008	100

2．股本变动情况及原因

1996年公司股本未发生变动。

3．主要股东持股情况

股东名称	年末持股数量	持股比例（%）
北京司达旅行车有限公司	3380.6	21.12
日本五十铃自动车株式会社	2401.2	15
日本伊藤忠商事株式会社	1600.8	10
北京市南郊农场旧宫分场	823.3	5.14
北京市汽车工业集团总公司	685	4.28
北京市金鹏房地产公司	500	3.12
中国汽车工业投资开发公司	367.4	2.29
国有资产	209.9	1.31
北京轻型汽车有限公司	200	1.25
中国汽车工业总公司	100	0..2

4．股东数量

根据上海证券中央登记结算公司提供的数据，截至1996年12月31日止，本公司股东总数为30686户，其中国家股东1户，法人股东34户，社会公众股东30651户。

北人印刷机械股份有限公司

1996年年度报告摘要 （摘选）

一、公司简况

公司名称：北人印刷机械股份有限公司
法人代表：张致远　　邮政编码：100022
公司地址：中国北京市朝阳区广渠路南侧44号
电话：(010)67748470　　传真：(010)67714086

二、主要财务数据与财务指标

（一）按照中华人民共和国会计准则编制

指标项目	本年数	上年数	比上年增减(%)
1.主营业务收入(人民币千元)	390,713	372,630	4.85
2.净利润(人民币千元)	73,973	88,166	(16.10)
3.总资产(人民币千元)	1,129,645	1,063,240	6.25
4.股东权益(人民币千元)	960,152	927,646	3.50
5.每股收益(人民币元)	0.185	0.22	(16.10)
6.每股净资产(人民币元)	2.40	2.32	3.45
7.净资产收益率(%)(注三(1))	7.70	9.50	(18.95)
8.股东权益比率(%)(注三(2))	85.00	87.25	(2.58)

（二）按照香港会计准则编制

指标项目	本年数	上年数	比上年增减(%)
1.营业额(人民币千元)	396,124	382,605	3.53
2.股东应占盈利(人民币千元)	73,029	91,189	(19.91)
3.总资产(人民币千元)	1,064,256	1,001,208	6.30
4.股东权益(人民币千元)	883,319	850,290	3.88
5.每股收益(人民币元)	0.183	0.228	(19.74)
6.每股净资产(人民币元)	2.208	2.126	3.86
7.净资产收益率(%)(注三(1))	8.27	10.72	(22.85)
8.股东权益比率(%)(注三(2))	83.00	84.93	(2.27)

（三）主要财务数据与财务指标附注：
(1) 净资产收益率＝(净利润或股东应占盈利/年末股东权益)×100%
(2) 股东权益比率＝(年末股东权益/年末总资产)×100%

三、公司经营情况回顾及前景展望

（一）公司经营情况的回顾

1996年是本公司着眼长远，产品上水平的一年，公司在激烈的市场竞争中，以市场为导向，展开了卓有成效的工作。上半年为了确保参加"第四届国际印刷机械"展览会的任务完成，制订了"保新让老"的方针，采取了牺牲利润占市场的策略，参展工作取得预期效果，得到用户的赞赏。本公司与国外专家合作开发的BEIREN104型对开四色胶印机，做到了与国际接轨，达到了九十年代国际同类产品的先进水平；引进的日本成熟技术，生产的商用表格印刷机，取得了较好的效果，适应了印刷行业发展，进一步拓宽了印刷机械市场。然而，下半年在全公司员工的共同努力下，96年生产经营取得了较好的业绩。实现全年营业额(按香港会计准则)人民币三亿九千六百万元，比1995年增加人民币一千三百万元。1996年本公司改善了CAD、CAPP环境，建立了设计工艺编辑系统，完成了北人计算机网络工程的实施在CIMS开发上取得了重大进展，提高了产品开发能力。

1996年本公司顺利通过了机械工业部对JS2102型对开双面胶印机和PZ4800-01B型机组式对开四色胶印机优等品复查工作。本年9月与11月国家技术监督局委托国家印刷机械检测中心对本公司生产的丁2108B对开单色胶印机和J2205对开双色机的突击监督检查中，该两产品质量稳定，保持了优质产品的水平。

本公司下属的多色机制造厂、单双色机制造厂、齿轮厂、铸造厂先后通过了ISO9001和ISO9002质量认证体系，标志着"北人牌"胶印机真正具有了参与国际竞争的通行证，保证了"北人"在全国胶印机行业的领先地位。

就中国政府近年颁布的一些税务上及其他政策上的改变包括：调低出口退税、降低出口关税及改变贷款利率等，对本公司无显著影响。而本公司正在研究有关员工住房改革措施对本公司的影响。到现实为止，本公司并未就该改革措施做出任何决定或安排。

（二）前景展望

随着中国国民经济实现软着陆，为1997年的发展打下了良好的基础，97年实行"适度从紧"货币政策的弹性空间较大，宏观经济将继续朝良好态势发展。

从国内胶印机市场来看，由于激光照排和彩色桌面系统的诞生，促使我国印刷工业向胶印印刷迅速发展。未来几年我国单张纸多色胶印机、单张纸四开以上单双色胶印机以及商用表格票证印刷机市场需求较大。

本公司将不断进行新产品的开发，以市场为导向，注重市场布局，进行市场研究和预测，发扬优势突出重点，以老养新，靠稳定可靠的老产品创效益，靠不断推出适销对路的新产品扩大市场占有率，求得企业的不断发展。本公司将继续提高产品质量，提高设备率，降低生产成本，加速资金周转，改进经营管理，继续采取与国内外合资合作生产等方式，填补产品空白，提高产品品质，发展技术中心，加大科技开发投资。

在未来几年通过技术改造加大单、双色胶印机转产力度和速度，增添部分高精生产和检测设备，填平补齐配套，以适应高精度多色胶印机的生产。形成四开单双色胶印机、对开单双色胶印机、多种规格多色胶印机和特种印刷机四个基地；通过CIMS计算机制造集成系统的实施，进一步提高产品的开发能力，加速新产品的开发，提高市场的适应能力。

本公司将把用户点滴的建议作为企业生命的源泉，加强售后服务，坚持质量效益型的发展道路，以质量求生存，以效益求发展，将不断完善现代科学的管理方法和不断更新工艺装备的手段，以人为本，精细操作，用好"北人"的品牌优势和规模优势，不满足于进行简单的扩张，而是要以更多适应用户需要的新产品占领市场，"以振兴民族工业为己任，立产业报国"的大旗，在印刷机市场树立起国产品牌的形象。

本公司根据效益原则，将不断实施多元经营战略，强化资本运营功能，加大经济结构调整步伐，向集团化发展，着力提高经济运行的质量和效益。

（三）募集资金运用情况说明

本公司1993年、1994年通过发行股票募集资金四亿六千七百万元人民币。本公司对所募集的资金主要投资厂房及改良生产设备，购买进口及国内机器设备二亿零六百二十万元人民币；偿还贷款及补充流动资金一亿五千四百八十万元人民币；技术引进科技开发费约二千一百万元人民币；到1996年底止累计人民币约三亿八千二百万元。尚未运用资金八千五百万元。

四、股本变化及股本结构情况

（一）股本结构　　（单位：千股）

	1996年末数	比例%	1995年末数	比例%
(1) 尚未流通股份				
发起人股(A)	250,000	62.5	250,000	62.5
(2) 已流通股份				
境内上市的人民币普通股(A)	50,000	12.5	50,000	12.5
境外上市外资股(H)	100,000	25.0	100,000	25.0
(3) 股份合计	400,000	100	400,000	100

（二）股本变动情况

本年度内，本公司股本无任何变动。

（三）买卖或赎回本公司之股份本年度内，本公司或其任何附属公司概无买卖或赎回本公司之股份。

（四）主要股东持股情况(前十名股东)

名次	股东名称	种类	年初持股数（千股）	占总股本(%)
1	北人集团公司	A	250,000	62.50
2	HKSCC NOMINEES LIMITED	H	91,484	22.87
3	YIP TAK SHIU	H	2,542	0.64
4	YIP LING FUNG PHILP	H	2,180	0.55
5	HUI KAU YU	H	944	0.24
6	金路公司	A	600	0.15
7	HONGKONG & SHANGHAI BANKING CORPORATION(NOMINESS) LIMITED	H	510	0.13
8	新证信息	A	462	0.12
9	CHEUNG CHU TAK	H	400	0.10
10	帅松金	A	356	0.09

注：HKSCC Nominees limited(香港中央结算(代理人)有限公司)持股91,484,000股，占本公司总股本22.87%，该系统参与者个别持有本公司股票未超过本公司股份总数的10%。

（五）年末股东户数32177户，其中，发起人法人股代表1户，境内上市人民币普通股31981户，境外上市外资股(H)股195户。

南通机床股份有限公司(集团)

1996年年度报告摘要 (摘选)

一、公司简况

公司名称:南通机床股份有限公司(集团)

法人代表:柴逸永　　邮政编码:226006

公司地址:江苏省南通市任港路23号

电话:0513—5516141　　传真:0513—5512271

二、主要财务数据与财务指标

单位:元

指标项目	本年数	上年数	比上年增减(%)
1.主营业务收入	153529048.00	175410460.02	-12.47
2.净利润	-28391027.63	3307679.57	--
3.总资产	490329258.44	493105510.51	-0.56
4.股东权益	126932757.55	152565903.88	-16.80
5.每股收益	-0.3818	0.053	--
6.每股净资产	1.71	2.46	-30.49
7.净资产收益率(%)	-22.37	2.17	--
8.股东权益比率(%)	25.89	30.94	-16.32

注:根据上市公司九六年度报告摘要编制说明中的有关规定,九六年报表口径与上年不一致的,按九六年新口径进行计算。

三、公司主要业务回顾

1.一年来公司经营情况

一九九六年,针对国家宏观经济仍然偏紧,机械工业困难局面尚未改观,国内机床行业仍在低谷中运行的不利形势,公司虽然一方面深化改革、强化管理练内功,另一方面千方百计抓生产、促销售,保证了公司各项工作的正常运转。但终因内部机制未能理顺,特别是下半年领导班子调整以后,要处理的内部历史遗留问题很多,尽管新班子的务实精神很强,但还是未能有力的扭转经济效益下滑的局面,使企业出现了亏损,以母公司为例,96年实现销售收入15120.84万元,比上年减少12.90%。

2.关于公司经营业绩亏损的原因:

第一,市场萎缩,使产品销售收入没能实现公司确定的目标。一九九六年公司董事会确定全年销售收入19500万元,由于国际国内两个市场都疲软,致使销售收入减少24.06%。

第二,由于出口退税率降低及其征税方式的改变减少利润,本年度国家对出口退税再次进行了重大的调整,在一九九五年七月一日出口退税由原来的17%下降到14%的基础上,从一九九六年一月一日起,退税率下降到9%,比一九九五年上半年下降了八个百分点。另外,取消了零税率;出口产品一律按实际收汇的17%计征销项税,实行先征后退的计算方法。仅此,公司就减少利润420多万元。

第三,长期投资没有收益。公司长期对外投资2935.16万元,一九九六年投资收益非但未能分进利润,相反还负担了投资的分亏,特别是南通竹友装饰品有限公司自投产以来连年亏损,PU件的合资项目亦没有形成效益,从而使投资收益为-22.33万元,公司新的增长点压缩机项目,由于投资资金不足和批量生产技术质量原因,使该项目达不到原来预计的生产能力,致使该项目大部分时间处于半停产状态。

第四,资金不足,生产原材料供应不上,严重影响了生产的正常进行,生产经营没有进入良性轨道,致使产量连续下降,下半年尤为突出,仅为上年同期的75.76%。

第五,内部机制未能理顺,三项制度改革停留在一般的水平上,非生产人员的压缩力度不够,制造成本不断上升,以母公司为例,销售成本率高达88.94%,与去年同口径计算,减少营业利润2134.29万元,期间费用居高不下,特别是财务费用,九六年没有碰到前两年外汇汇率大幅度调整的机遇,仅此一项,与九五年以同口径计算,直接影响效益近300万元,严重影响了经济效益。

公司董事会深信,随着内部改革的深化,资产重组的进行,机制的转变,市场的进一步拓宽,南通机床将会有良好的发展前景。

3.募集资金使用情况说明

1994年募集的7400万元股本金的使用,分别在1994年年度报告和1995年年度报告中已作说明。

四、股本变化及股本结构情况

1.公司股权结构情况:

1996年度公司股份变动情况　　股份单位:万股

股份类别	期初数	本次变动增减(+、-)			期末数
		送股	公积金转股	小计	
一、尚未流通股份					
发起人股份					
其中:					
国家股	3024.72	127.04	477.91	604.95	3629.67
境内法人股	1005.72	42.24	158.90	201.14	1206.86
尚未流通股份合计	4030.44	169.28	636.81	806.09	4836.53
二、已流通股份					
境内上市的人民币普通股	2165.55	90.95	342.16	433.11	2598.66
三、股份总数	6195.99	260.23	978.97	1239.20	7435.19

2.股本变动情况及原因:

公司1995年度实现税后利润330.77万元,实施对全体股东按每10股送2股的比例实施利润分配与公积金转增股本方案,其中当年利润按每10股送0.42股,公积金按每10股送1.58股,合每10股送2股。

3.公司前十名股东持股情况:

股东名称	年末持股数(万股)	占总股本比例(%)
1)国家股	3629.66	48.82
2)南通市文峰经济开发总公司	709.02	9.54
3)南通市芦泾实业有限公司	393.20	5.29
4)深圳大恒	131.66	1.77
5)南通市闸东实业总公司	104.64	1.41
6)周天伦	87.78	1.18
7)汪鹏	64.12	0.86
8)柴玫燕	64.05	0.86
9)丑彩虹	35.00	0.47
10)柴建修	31.01	0.42

4.年末股东户数:

国家股东:1户

法人股东:3户

社会公众股东:12145户

广东肇庆星湖味精股份有限公司

1996年年度报告摘要　（摘选）

一、公司简况

公司名称：广东肇庆星湖味精股份有限公司

法人代表：黄增麟　　　　邮政编码：526060

公司地址：广东省肇庆市工农北路67号

电话：(0758)2239449、2227148　传真：(0758)2239449

二、主要财务数据与财务指标

指标项目	本年数	上年数	比上年增减(%)
1.主营业务收入(万元)	36,283.28	34,655.66	4.70
2.净利润(万元)	3,083.94	2,026.76	52.16
3.总资产(万元)	38,532.90	35,932.07	7.24
4.股东权益(万元)	21,246.49	17,181.44	23.66
5.每股收益(元)	0.425	0.312	36.22
6.每股净资产(元)	2.93	2.64	10.98
7.净资产收益率(%)	14.52	11.80	23.05
8.股东权益比率(%)	55.14	47.82	15.31

三、公司业务回顾

1．一年来生产经营情况

1996年是公司市场环境最为困难的一年，也是公司上市以来业绩最好的一年。1996年由于市场疲软，竞争激烈，在原材料价格居高不下的情况下，产品价格较大幅度下跌(对比1995年味精价格下跌5.9%；肌苷原料药价格下跌6.8%，L－脯氨酸价格下跌19.3%)，致使上半年只完成利润计划的1/3。面对客观存在的现实，下半年公司真抓实干地围绕实现"两个根本性转变"，积极引入市场竞争机制，加大科技进步的力度，结合实际深入开展"学邯钢、降成本、增效益"活动，经过全员的努力，技术进步取得突破性的进展，主营产品成本大幅度下降，取得显著的成效，不仅夺回上半年的损失，并超额完成全年的利润任务。

1996年各项产品质量和主要生产技术水平创历史最好水平，其中肌苷生产水平取得突破性的提高，为新一年的经济增长打下了扎实的基础。1996年公司获广东省企业技术进步奖；星湖牌味精、粤宝牌肌苷获广东省名牌产品称号。

2、主要经济指标的比较分析

1996年主营业产品的生产技术指标创历史以来最好水平，尤其下半年取得突破性的提高，产品质量和技术水平继续居国内同行的前列，1996年主营业务收入36,283.28万元，完成年度计划102.2%，比上年增长4.7%；主营业利润3,115.49万元，比上年增长52.75%。

肌苷原料药：1996年产量650.93吨，比上年增长24.36%，产销率97.04%(出口137.99吨)，国内排位第一位，市场占有率80%。1996年实施发酵工艺改革，提取工艺改革等多项投入少产出高的技改技革，至1996年第四季度，肌苷产苷率达到19.58‰，糖苷转化率15.48%，提取总收率79.16%，分别比1996年上半年提高35.60%、20.28%和7.58%；第四季度对比上半年肌苷原料药生产成本下降38.62%。1996年肌苷原料药产品盈利2,071.80万元，占主营业利润的66.5%。

味精：1996年产量17,180.85吨，与上年基本持平，产销率103.2%；国内排位第四位，市场占有率5%。1996年进行选育高产酸、高转化率的菌株以及发酵工艺改革等多项技改技革，到1996年第四季度，味精平均产酵率达到9.14%，糖酸转化率57.27%，提取收率94.21%，分别比1996年上半年提高4.34%、6.53%和3.44%；第四季度对比上半年味精生产成本下降19.35%，1996年味精产品盈利813.14万元，占主营业利润的26.1%。

L－脯氨酸：1996年产量109.6吨，比上年增长70.86%，产销率58.3%(出口21.1吨)，国内排位第一位，市场占有率60%，1996年进行提高提取工艺改革和原材料单耗等多项技改技革，到1996年第四季度，L－脯氨酸产酸率达到4.81%，转化率49.5%，提取收率76.61%，分别比上半年提高13.17%、9.88%和8.15%；第四季度对比上半年生产成本L－脯氨酸下降25.08%。1996年L－脯氨酸产品盈利230.55万元，占主营业利润7.4%。

在公司完成的3,434.74万元利润总额中，主营业务利润3,115.49万元，占利润总额的90.7%；房地产等其他业务利润109.55万元，占利润总额的3.2%，其他为营业外收支净额。

3、前次募集资金使用情况说明：

1996年上半年实施配股，募集资金3882.7万元(已扣除发行费用)，已于1996年4月4日全部到位。资金按配股说明书计划投入，其中1,400万元投入肌苷原料药深加工的年产50吨病毒唑项目，2,482.7万元用于增加公司自有流动资金，截止1996年12月31日按进度计划已投入病毒唑项目1,300万元，预计该项目于1997年4月完成进入试产。

四、股本变化及股本结构情况

1.1996年度公司股份变动情况表(1)1996年度公司股份变动情况表

填报日期:1996年12月31日　　数量单位:万股　　每股面值:1元

股份类别	期初数	本年变动增减(+,-)					期末数
		配股	送股	公积金转股	其他	小计	
一、尚未流通股份							
发起人股份							
国家拥有股份	3636.96	35				35	3671.96
二、已流通股份							
境内上市的人民币							
普通股	2865.6	716.4				716.4	3582
三、股份总数	6502.56	751.4				751.4	7253.96

(2)股本变化情况及原因

本年度增加股本751.4万股是上半年实施配股，国家股东以现金认购35万股，个人股东认购716.4万股所增加。

3．主要股东持股情况(前十名)

股东名称	年末持股(万股)	占总股本(%)
1)肇庆市国有资产管理局	3671.96	50.62
2)韩秀娟	132.95	1.83
3)江苏盐城	90.30	1.24
4)陈辉	72.30	1.00
5)祝文宣	70.97	0.98
6)杨成富	64.61	0.89
7)冯声喜	57.72	0.80
8)广发证券	56.06	0.77
9)宋成丽	54.58	0.75
10)黄荣芳	49.65	0.68

厦门华侨电子股份有限公司

1996 年年度报告摘要 （摘选）

一、公司简况

公司名称：厦门华侨电子股份有限公司

法人代表：郭则理　　　　邮政编码：361006

公司地址：厦门市湖里大道 22 号

电话：(0592)6021091-203　　传真：(0592)6021331

二、主要财务数据与财务指标

单位：元

指标项目	本年数	上年数	较上年增减(%)
主营业务收入	974386971.23	863168227.71	12.88
净利润	40643687.11	38986034.79	4.25
总资产	887063408.27	421277604.11	110.57
股东权益	375626078.86	230948507.08	62.64
每股收益	0.33	0.73	－54.79
每股净资产	3.04	4.29	－29.14
净资产收益率(%)	10.82	16.88	－35.90
股东权益比率(%)	42.34	54.82	－22.77

备注：若按加权平均法计算，每股收益为 0.46 元。

因 1995 年度利润分配方案在 1996 年度实施，股东权益上年数及相关指标有做调整。

三、公司主要业务回顾

1. 一年来经营情况

(1) 大力拓展市场，在国内继续加速销售网点建设，已建成销售服务中心 28 个，销售专柜 155 个，并加强各地区的广告力度。海外为开发东欧市场，已新设立欧洲生产销售机构；在阿联酋设立销售机构，开发中东市场。

加强售后服务。公司产品实行超过国家"新三包"规定的承诺，同时，在国内首先推行"先行赔偿制"：售出的彩电如出现质量问题而商场、维修点无法解决的，由当地消费者委员会裁定，从公司预存在该委员会的基金中赔偿，此举赢得了广大消费者的信赖，根据权威机构统计，在国产彩电国内市场占有率的排名中，"厦华牌"彩电已由 95 年度的第 9 位上升至 96 年度的第 5 位。

(2) 广泛开展"质量月"活动，在全体员工中牢固树立"质量第一"的思想，反复检查落实 ISO9002 标准；完善基础工艺，加强技术培训；以提高质量为目标，改造生产手段。上述一系列的工作，促进了产品质量的提高。

(3) 加速新产品开发，96 年共开发了 31 种新机型，外观均更新为国际流行款式；64 厘米、71 厘米、74 厘米具有超重低音、环绕立体声、全功能的大屏幕彩电于三季度陆续投放市场，深受消费者欢迎，64 厘米以上的大屏幕彩电销售量较上半年增长 250.27%；单制式低成本、低售价彩电亦在旺季前投放农村市场。

(4) 继续进行彩电生产线的技术改造工程及扩大注塑、印制电路板、五金冲压等相应的自配能力。

(5) 与厦门华侨电子企业有限公司签订了承包经营其下属的彩色显示器厂协议，以开拓产品结构多元化和新的经济增长点。

(6) 深入改革、优化结构、强化管理，努力降低成本。

2. 公司主要经营业绩

报告期内，公司生产各种型号的"厦华牌"彩色电视机和彩色显示器 657956 台，销售 764802 台，其中出口 276153 台。实现主营业务收入 974386971.23 元，较上年增长 12.88%，完成年度计划的 90.22%，净利润 40643687.11 元，较上年增长 4.25%，完成年度计划的 95.67%。

1996 主营业务收入未完成年度计划，主要原因是：(1)在国内市场面临激烈的价格竞争的形势下，公司也较大幅度地降低了彩电销售价格，平均降价幅度达 10.5%，因此影响了内销营业收入计划的完成。(2)在国际市场上，由于国家出口退税率从年初起由 14%下调至 9%，为此，公司削减了部分原有微利现无效益的出口订单，以确保效益，但也影响了外销营业收入计划的完成。

3. 前次募集资金的使用情况说明

96 年度配股募集资金的使用：

经厦门市证券监督管理委员会厦证监[1996]005 号文初审，并经中国证券监督委员会证监配审字[1996]12 号文复审，公司 96 年实施了增资配股方案，法人股东以资产评估作价，全额认购其配股份额，本次配股向社会公众股股东配售 453.375 万股，实募资金 30983245.80 元。

配股募集资金的使用情况如下：

(1) 原计划生产大屏幕显示系统，投资 200 万元。公司已进行开发设计工作，97 年将发生实际投资。

(2) 开发新功能、新外型的彩电，投资 2500 万元。96 年实际投入 1382.38 万元，部分项目延续至 97 年完成。

(3) 计划在全国各大城市增设 40 个销售专柜，预计投资 200 万元，此部分资金将与 95 年募集用于销售网点建设项目的资金统筹安排。

四、股本变化及股本结构情况

1. 股本结构情况：(单位：股，每股面值 1 元)

	期初数	本次变动增减(+，-) 配股	公积金转股	小计	期末数
(1) 尚未流通股份					
发起法人持股	37500000	+10462500	+38370000	48832500	86332500
(2) 已流通股份					
境内上市的人民币普通股	16250000	+4533750	+16627000	21160750	37410750
(3) 股份总数	53750000	+14996250	+54997000	69993250	123743250

2. 股本变动情况及原因

经厦门市证券监督管理委员会厦证监[1996]005 号文初审，并经中国证券监督管理委员会证监配审字[1996]12 号文复审同意，公司实施了 1996 年增资配股方案：以 5375 万元股本为基数，按 10:2.79 的比例向全体股东配股计 1499.625 万股(详见 1996 年 6 月 21 日《上海证券报》"股本变动公告")；根据 1995 年度股东大会决议，公司实施了公积金转增股本方案：以 6874.625 万元股本为基数，向全体股东以 10:8 的比例转增股本计 5499.70 万股(详见 1996 年 6 月 25 日《上海证券报》"分红派息及送股公告")。

上述二方案的实施，股本由期初的 5375 万元增至期末的 12374.325 万元。

3. 主要股东持股情况

名次	股东名称	持股数量(股)	持股比例(%)
1	厦门华侨电子企业有限公司	84,892,500	68.60
2	厦门经济特区华夏集团	990,000	0.80
3	厦门电子器材公司	450,000	0.36
4	沈美玲	291,200	0.24
5	苏清强	200,000	0.16
6	付征南	180,000	0.15
7	李庆福	158,500	0.13
8	王水利	138,300	0.11
9	陈蓓	120,000	0.10
10	赵志海	120,000	0.10

4. 年末股东户数：截至 1996 年 12 月 31 日，公司股东总计 29693 户，其中，发起人法人股东 3 户，社会公众股股东 29690 户。

仪征化纤股份有限公司

1996年年度报告摘要　（摘选）

一、公司简况

公司名称：仪征化纤股份有限公司

法人代表：吴文英　　　　邮政编码：211900

公司地址：中华人民共和国江苏省仪征市

电话：86-514-3231888　　　传真：86-514-3235880

二、主要财务数据与财务指标

按中国会计准则及制度编制

	截至12月31日止					
	1996年		1995年		比上年增减(%)	
	人民币千元		人民币元			
	合并	母公司	合并	母公司	合并	母公司
主营业务收入	6,999,118	6,340,973	9,302,438	8,731,317	(24.76)	(27.38)
净利润	151,691	165,971	1,052,976	1,048,093	(85.59)	(84.16)
总资产	13,558,230	13,019,454	14,326,971	13,420,937	(5.37)	(2.99)
股东权益	8,252,520	8,261,917	8,364,829	8,359,946	(1.34)	(1.17)
每股收益	Rmb0.038	Rmb0.041	Rmb0.263	Rmb0.262	(85.55)	(84.35)
每股净资产	Rmb2.063	Rmb2.065	Rmb2.091	Rmb2.090	(1.34)	(1.20)
净资产收益率	1.84%	2.01%	12.59%	12.54%	(85.39)	(83.97)
股东权益比率	60.87%	63.46%	58.39%	62.29%	4.25	1.88

三、公司主要业务回顾

（一）一年来经营情况

1996年，中国纺织品国内消费下降，出口再度受阻，聚酯产品需求受到严重抑制；而国内新增聚酯产能和聚酯产品进口则大量增加，致使聚酯产品供需失衡，国内聚酯行业面临近年来最为困难的局面。全年聚酯产品价格暴跌，并引发了聚酯原料PX、PTA、MEG价格也基本呈下调走势，但调降时间相对于聚酯产品则有所滞后。面对严峻的市场形势，本集团采取了积极的应对措施，进一步完善产、供、销快速反应机制。通过跟踪、研究、预测和把握市场和经济趋势，定期进行经济活动分析，努力降低成本，增加盈利，在聚酯同业中取得了较好的经营业绩。

在产品销售方面，本集团成立了仪化康祺化纤有限责任公司（"仪化康祺"），并在全国12个重要城市成立了康祺子公司（"仪化康祺集团"），形成了目前国内生产资料行业中较为健全的产品销售网络。同时，通过在香港成立的富朗勒国际贸易（香港）公司，全面了解香港聚酯产品转口市场的情况，强化出口功能。1996年，本集团共销售聚酯产品70.92万吨，比去年同期增长18.08%。出口3.85万吨，占销售量5.43%，创汇3,483万美元。

在产品价格方面，本集团继续发挥市场稳定器的作用，联合华东地区另外三家聚酯生产厂，建立了聚酯切片联合报价制度，减少了国内同业之间的价格竞争，共同抑制进口冲击，稳定了聚酯切片市场价格。1996年，本集团产品加权平均价格比去年下降37.11%。在产品生产方面，本公司采取以销定产、紧缩库存的策略，及时调整负荷，增加生产高附加值的产品，改善产品结构。本集团全年共生产聚酯产品74.6万吨，产能利用率达91%。高附加值的涤纶长丝涤纶中空纤维的产销量均比去年有所增长。

1996年，本集团除继续与境内外主要供应商保持长期的供货协约关系外，还通过调整国内和进口采购量的比例和进度，加强与国内外供应商的价格谈判，最大限度地压低了原料价格。1996年，本集团原料加权平均采购价格比去年下降32.28%。

1996年，佛山化纤联合总公司及其关联公司（"佛化集团"）由于地处进口冲击最为严重的广东地区，市场节奏变化快，经营策略调整难度大，且公用工程费用高、不具备规模效益等原因，和国内许多同规模的聚酯厂一样出现了亏损。

四期工程项目建议书于1996年4月得到国家计委正式批准。本公司目前正全面展开各项前期准备工作，抓紧编制可行性研究报告，并着重研究合资建设PX装置的问题。

（二）主要指标分析

1996年度，本集团营业额6,999,118千元，比上年下降2,303,320千元，下降25%（1995年本集团营业额9,302,438千元），系销售价格下降所致。

1996年度，本集团净利润151,691千元，比上年减少901,285千元，下降86%（1995年本集团净利润1,052,976千元），系市场不景气和佛化集团亏损所致。

（三）募集资金运用情况说明

本公司于1994年3月、1995年1月、1995年4月分别发行10亿H股、2亿A股和4亿新H股，所得款项扣除开支后之净额为人民币4,111,768千元，其中约人民币653,000千元已用于偿还本公司一、二期工程之借款，而约人民币2,945,770千元用于售股章程（招股说明书）所述本公司第三期扩建计划与技术改进计划（包括偿还负债），上述款项未即时拨作上述用途之部分，本公司拨作短期存款。第三期扩建计划已于1995年全面完成，进入满负荷运行。

四、股本变化及股本结构情况

（一）股本结构（每股面值人民币1元）

	1996年12月31日（千股）	比例（%）
1、尚未流通股份		
(1)发起法人持股	1,680,000	42.00
(2)社会法人持股	720,000	18.00
尚未流通股份合计	2,400,000	60.00
2. 已流通股份		
(1)境内上市人民币普通股	200,000	5.00
(2)境外上市的外资股	1,400,000	35.00
已流通股份合计	1,600,000	40.00
3. 股份总数	4,000,000	100.00

3. 股份总数

（二）股本变动情况及原因

本报告期内本公司概无送、配股及发行新股和拆细、合股行为，本公司及其任何附属公司无购买、出售及赎回本公司股份，因而公司股本无变化。

（三）主要股东持股情况

截至1996年12月31日止，本公司前10名最大股东之持股情况如下：

股东名称	类别	持股数量（千股）	占总股本比例（%）	本报告期内股数增减（千股）*
仪化集团公司（"仪化"）**	A股	1,680,000	42.00	0
香港中央结算（代理人）公司	H股	1,351,532	33.79	-1,002
中国国际信托投资公司（"中信"）	A股	720,000	18.00	0
AMOCO CHEMICALS ASIA PACIFIC LTD	H股	21,500	0.54	—
HONGKONG & SHANGHAI BANKING CORP(NOMINEES) LTD A/C BR-13	H股	2,078	0.05	—
HONGKONG & SHANGHAI BANKING CORP(NOMINEES) LTD A/C BR-16	H	1,516	0.038	—
HONGKONG & SHANGHAI BANKING CORP(NOMINEES) LTD A/C BR-12	H股	1,484	0.037	—
缪美华	A股	1,300	0.033	—
王　英	A股	1,290	0.032	—
HONGKONG & SHANGHAI BANKING CORP(NOMINEES) LTD A/C BR-49	H股	1,088	0.027	—

* 本报告期内股数增减指持有本公司5%以上股份之股东的股数增减。

**仪化为1,680,000,000股A股之合法及实益持有人，亦为中国纺织总会（"纺织总会"）所全资拥有。因此根据香港证券（公开权益）条例（"公开权益条例"），以上所示仪化持有之A股亦视作属于纺织总会所持有之股份。

（四）股东数量

截至1996年12月31日止，本公司之股东总户数为113,494户，其中法人股（A股）2户，社会公众股（A股）112,886户，H股606户。

中山火炬高新技术实业股份有限公司

1996年年度报告摘要 （摘选）

一、公司简况

公司名称：中山火炬高新技术实业股份有限公司

法人代表：林眺寰　　邮政编码：528437

公司地址：广东省中山市中山火炬高技术产业开发区

电话：0760—5596818　　传真：0760—5596877

二、主要财务数据与财务指标

指标项目	本年数	上年数	比上年增减(%)
主营业务收入(万元)	31255	26832	+16.48
净利润(万元)	7737	6845	+13.02
总资产(万元)	143307	127341	+12.54
股东权益(万元)	75562	61908	+22.06
每股收益(元)	0.373	0.495	-24.65
每股净资产(元)	3.64	4.48	-18.75
净资产收益率(%)	10.24	11.05	-7.33
股东权益比率(%)	52.73	48.62	+8.45

注：本公司分配预案中股票股利的分配预案未列入本期利润分配表。

三、公司主要业务回顾

1. 一年来的经营情况

1996年，公司围绕着年初提出的“调整思路，强化管理，讲求效益，再上台阶”这一指导思想，做好从铺摊子、上项目，到抓管理、走内涵发展的转变，从优化资产组合，提高企业效益着手，克服困难，顽强拼搏，使各方面的工作都取得了一定成绩。在本年度的各项经营中，公司主营业务收入31255万元(含50%以上股权合并编制报表企业，对占20%至50%股权的企业以及租赁企业仅计算其投资净损益)，比上年增长16.48%，投资收益4338万元，比上年减少11.05%，全年实现利润7737万元，每股税后利润0.373元。

2. 主要指标分析

1996年度主要业务收入中，工业企业收入11251万元，商贸及服务业收入9144万元，基础设施开发收入10860万元，分别比1995年增长82.88%、-24.37%和26.44%。全年共实现净利润7737万元，完成年计划的103.15%。实现净利润中，工业净利润392万元，商贸及服务业净利润61万元，基础设施开发净利润7284万元(含公司本部净利润及承包企业、参股及控股企业上交利润)。

3. 前次募集资金使用情况说明

1994年11月，公司获准公开发行社会公众股2800万股，实收资金22167万元，1995年已完成格兰特镀膜玻璃有限公司等四个项目的投入，并在1995年度投产。新士达电池有限公司至1995年底投入10074万元，1996年度投入2526万元，亦已完成招股投资计划。其主体极板车间已进入试产阶段。本年度上述项目共实现销售收入10336.18万元，利润55万元(其中新士达电池有限公司本年度亏损293.89万元)。

四、股本变化及股本结构情况

1. 股本结构情况(单位：股；面值：每股1元)

本次变动增减(+、-)

	期初数	送股	其他	小计	期末数
一、尚未流通股份					
1. 发起人股份	55,750,000	+27,875,000		+27,875,000	83,625,000
其中：					
境内法人持有股份	55,750,000	+27,875,000		+27,875,000	83,625,000
其他					
2. 募集法人股	9,788,000	+4,894,000		+4,894,000	14,682,000
3. 内部职工股	17,462,000		-17,462,000	-17,462,000	
尚未流通股份合计	83,000,000			+15,307,000	98,307,000
二、已流通股份					
1. 境内上市的人民币普通股	55,277,200	+27,638,600	+26,193,000	+53,831,600	109,108,800
已流通股份合计	55,277,200			+53,831,600	109,108,800
三、股份总数	138,277,200			+69,138,600	207,415,800

2. 股本变动情况及原因

(1) 根据中国证监会同意及上海证券交易所安排，本公司内部职工股1746.2万股于1996年5月3日已上市流通。

(2) 1996年5月26日，公司股东大会就公司1995年度利润分配方案通过决议，对全体股东每10股送5股红股，该方案于1996年6月4日实施，公司总股本增至207,415,800股。

3. 主要股东持股情况

股　东	所持股份	占总股本比例(%)
中山火炬高新技术产业(集团)公司	27,750,000	13.38
中国人民建设银行信托投资公司	12,000,000	5.78
中山市信托投资公司	11,944,500	5.76
中国工商银行广东省信托投资公司	10,125,000	4.88
中国工商银行信托投资公司	9,000,000	4.34
中山市信联房地产投资公司	9,000,000	4.34
中国工商银行北京信托投资公司	5,625,000	2.71
中山市建设实业公司	5,625,000	2.71
中山市设备租赁公司	4,500,000	2.17
建昊实业	1,747,764	0.84

4. 期末股东总数：70839户。其中法人股18户，流通股70821户。

5. 公司董事、监事与高级管理人员持股情况

姓名	职　务	年初持股数	年末持股数	变动原因
葛志斌	董事、总经理	4800	7200	送红股增
李　青	监　事	1280	1920	送红股增
肖振华	总会计师	4800	7200	送红股增
邓集成	总工程师	4800	7200	送红股增
陈耀明	董事会秘书	—	1000	购　入

董事林眺寰、李文棠、姜浩、戴小兵、边疆、吴穗生、黄锦生、李韬、刘亮洲、肖卓森，监事骆定强、曾学先年初、年末持股数为零。

天津渤海化工(集团)股份有限公司

1996年年度报告摘要　(摘选)

一、公司简况

公司名称：天津渤海化工(集团)股份有限公司

法人代表：戴成文　　邮政编码：300041

公司地址：天津市和平区赤峰道63号

电话：86—22－27115354　　传真：86－22－27129310

二、主要财务数据与财务指标

按中国会计准则及制度编制

截止十二月三十一日止年度(金额单位：人民币千元)

指标项目	1996年	1995年	比上年增减(%)
1.主营业务收入	2818,815	3,009,412	-6.33
2.净利润	26.312	163.193	-83.88
3.总资产	5,679,613	4,942,006	14.87
4.股东权益	2,262,763	2,221,492	1.86
5.每股收益(元)	0.02	0.123	-83.73
6.每股净资产(元)	1.70	1.67	1.80
7.净资产收益率(%)	1.16	7.35	-84.22
8.股东权益比率(%)	39.84	44.95	-11.32

按香港公认会计准则编制

截止十二月三十一日止年度(金额单位：人民币千元)

指标项目	1996年	1995年	比上年增减(%)
1.主营业务收入	2,818,815	2,795,160	0.85
2.净利润	14,245	151,493	-90.60
3.总资产	5,586,868	4,876,288	14.57
4.股东权益	2,166,531	2,152,286	0.66
5.每股收益(元)	0.011	0.12	-90.83
6.每股净资产(元)	1.63	1.62	0.62
7.净资产收益率(%)	0.66	7.04	-90.63
8.股东权益比率(%)	38.78	44.14	-12.14

三、公司主要业务回顾

1.一年来公司经营情况

1996年是本公司成立以来生产经营最困难的一年，主要困难来自两个方面：一是国内化工市场变化较大，受种种不同原因影响，大多数化工产品供大于求，价格下滑。二是电、煤、油、水等能源价格持续上涨。特别是外购电，一年内三次提价，导致生产成本大幅上升。在上述两方面困难的“夹击”下，销售利润率明显下降。

面对困难局面，公司决策层和管理层加大工作力度，组织所属各厂及时采取有力措施，深挖企业内部潜力，竭力消化减利因素。主要措施有八项：1)根据市场需求变化，积极调整产品结构，在压缩滞销产品产量，停止生产5种微利，亏损小产品的同时，大力增产增销技术含量和附加值较高、市场需求量较大的新型化工产品。如优质重质纯碱(重灰)由上年12.6万吨增加到15.3万吨，乳液法PVC(糊树脂)由上年1.4万吨增加到2.04万吨，使这两种紧俏商品的销售量居全国第一位。2)全面推行ISO9002质量保证体系，强化员工技术培训和工艺过程的品质控制，使本公司产品在市场上保持了质量优势。3)改善营销策略。在内地省份增设直销网点，在销售人员中充实工程技术人员，以加强售后服务和应用市场的开发。同时，积极扩展国际市场，全年出口额占总销售额的10.24%，出口创汇2786万美元，比上年增长2.7%。4)加强财务管理和成本控制，全面实行支出项目的预算审计和限额支出制度，使修理费、管理费比上年明显下降。5)深化企业内部改革，精简富余职工，下岗分流，并分别实行以落实成本、利润目标为主要内容的企业经营者年薪制和全体员工的风险抵押承包，以调动广大员工降低成本、提高效益的积极性。6)加强新产品试制和投产工作。年内共完成13种新产品试制工作，并有高聚合度PVC树脂、球型PVC树脂、粒状烧碱、活性炭、高纯三氯苯等10种新产品投入生产，增加销售额近3亿元。7)发挥集团优势，发展第三产业，扩展多种经营。充分利用国家赋予集团财务公司的政策，加大融资功能，增加营业利润。8)加快技术改造和扩建项目的施工进度，开辟新的经济增长点。“天碱”合成氨增产和节能改造项目，“天化”的8.5万吨离子膜烧碱项目和2.4万吨环氧氯丙烷项目均已开工建设，预计在98年陆续投入生产。大沽化的8万吨氧氯化法PVC项目已进入试车、调整阶段；电站二期扩建项目，已在96年四季度投入试发电，当年增加自发电5000万度，缓解了外购电涨价的压力。

2.募集资金使用情况

公司三次募集资金的运用情况，已于上年年度报告中详细披露。延续到本年度运用的募集资金额共计1.41亿元。已按原来披露的资金使用计划于本年度内完成了投资。

1)用于95年未完工程结转到96年继续施工的项目有：

天津碱厂渣场二期扩建，大沽化工厂8万吨氧氯化法聚氯乙烯和4万吨离子膜烧碱的扩建及公司本部科技中心大楼收尾工程等项目。这些项目均已在96年内建成，共投入募集资金6985万元。

2)用于96年新开工的项目：

天津化工厂8.5万吨离子膜烧碱和2.4万吨环氧氯丙烷新建项目，按计划投放募集资金2400万元；天津碱厂的氨碱节能技术改造、低盐份优质重灰和合成氨节能技术改造工程综合项目，共投入股金1000万元。

3)用于与韩国LG集团合资兴建年产10万吨PVC聚合项目以及与台商合资经营PVC制品加工项目，共按计划投入募集资金1143万元。

4)用于建立国家级技术中心购置仪器，仪表等实验手段以及设立科技奖励与人才培养基金，共投入募集资金230万元。

5)公司本部购置固定资产投入募集资金1600万元。

6)公司本部其他投资使用募集资金142万元。

截止1996年12月31日，公司三次发行股票所筹集的74794.1万元，尚有余额600万元，将于97年根据具体情况适当选择投向。

四、股本变化及股本结构情况

(一)股本结构

1996年度公司股份变动情况

数量单位：股　　本次变动增减(+、-)

	期初数	配股	送股	公积金转股	其他小计	期末数
一、尚未流通股份						
1.发起人股份						
其中：						
国家拥有股份	839020000					839020000
境内法人持有股份						
外资法人持有股份						
其他						
2.募集法人股	38485000					38485000
3.内部职工股	43515000			-43515000	-43515000	
4.优先股或其他						
尚未流通股份合计	921020000			-43515000	-43515000	877505000
二、已流通股份						
1.境内上市的人民币普通股	68980000			+43515000	+43515000	112495000
2.境内上市的外资股						
3.境外上市的外资股	340000000					340000000
4.其他						
已流通股份合计	408980000			+43515000	43515000	452495000
三、股份总数	1330000000					1330000000

注：根据中国证监会“证监(1994)4号”文件批准的上市额度，并经上海证券交易所安排，本公司1992年定向募集的内部职工股4351.5万股，于1996年1月22日在上海证交所上市交易，故由未流通股份的内部职工股转为流通股份的境内上市人民币普通股。

(二)主要股东持股情况：

股东名称	类别	年末持股数量(万股)	占总股本比例(%)
1)天津渤海化工集团公司	A股	83902	63.09
2)香港中央结算公司	H股	31466.5	23.66
3)REXMORE股份有限公司	H股	655.4	0.49
4)沈阳证券公司	A股	500	0.38
5)中国银行(代理人)公司	H股	425	0.32
6)海南瑞安有限公司	A股	250	0.19
7)珠海市三灶凌宇新型建筑材料实验研究所	A股	225	0.17
8)万科企业股份有限公司	A股	160	0.12
9)中行江西信托咨询公司	A股	150	0.11
10)中行黑龙江国际信托投资公司	A股	100	0.08

注：根据香港中央结算(代理人)公司(HKSOC Nominees)Limited之声明，并没有任何一个中央结算系统参与者在中央结算系统股票户口内持有本公司H股超过公司发行股份总数的10%。

(三)年末股东户数

本报告期末的股东总户数为　65824户

其中：国家股东　1户

企业法人股东　106户

社会公众股东　65476户

外资(H股)股东　241户

东方电机股份有限公司

1996年年度报告摘要　（摘选）

一、公司简况

公司名称：东方电机股份有限公司
法人代表：袁长河　　　邮政编码：618000
公司地址：中华人民共和国四川省德阳市黄河西路13号
电话：86-838-2205358　　传真：86-838-2402125

二、主要财务数据与财务指标

按中国会计准则编制

截至十二月三十一日止年度

	一九九六年 人民币千元	一九九五年 人民币千元	比上年增加(减少) (%)
1.主营业务收入	651,047	586,135	11.07
2.净利润	56,807	91,582	(37.97)
3.总资产	2,339,116	2,095,299	11.64
4.股东权益	1,182,708	1,170,475	1.05
5.每股收益(元)	0.126	0.20	(37.00)
6.每股净资产(元)	2.63	2.60	1.15
7.净资产收益率(%)	4.80	7.82	(3.02)
8.股东权益比率(%)	50.56	55.86	(5.30)

按香港公认会计准则编制

截至十二月三十一日止年度

	一九九六年 人民币千元	一九九五年 人民币千元	比上年增加(减少) (%)
1.营业额	647,192	582,790	11.05
2.股东应占盈利	56,807	89,107	(36.25)
3.总资产	2,103,666	1,857,126	13.28
4.股东权益	1,180,528	1,168,295	1.05
5.每股收益(元)	0.126	0.212	(40.57)
6.每股净资产(元)	2.62	2.60	0.77
7.净资产收益率(%)	4.81	7.63	(2.82)
8.股东权益比率(%)	56.12	62.91	(6.79)

三、公司主要业务回顾

1. 经营情况

一九九六年对本公司来说是奋勇拼搏，积极进取的一年。在发电设备制造行业竞争日趋激烈的情况下，本公司攻克了市场疲软，任务繁重的难关，努力开拓市场，获取了大量宝贵订单，为公司的持续发展起了促进作用。

生产

本公司发电设备制造行业，为本行业在中国最大型企业之一，对国家电力建设起着极其重要的作用。年内，本公司完成水轮发电机组16套，产量达893.60MW；汽轮发电机25台，产量达2133.50MW；交流电机95台，产量达121.29MW；直流电机38台，产量达17.10MW；辅机118台。

销售及市场推广

本公司适应市场特点及时调整营销策略，有标必投，志在必夺，积极开拓国内外市场，产品订货创造了历史最高水平。年内，本公司共承接订单约人民币15亿元，其中承接国内订单约人民币12.5亿元，承接以外币定价销售订单折合人民币约2.5亿元。截至一九九七年三月三十一日止，本公司获取之订单总值超过人民币25亿元。

于年内，本公司完成营业额约人民币6.5亿元，出口创汇达2500万美元。产品主要销往四川、青海、山西、湖南、陕西、广东、新疆等地及国外叙利亚、缅甸等国家。

研究及开发

年内，本公司以市场为导向，围绕产品上水平、上规模的企业发展要求，开展了以600MW汽发试制为重点的新产品开发工作，完成了新产品开发项目3项；同时完善了一些科研手段，积极开展科研工作，全年完成了科研项目共30项。

技改投资

年内，本公司积极进行技改投资工作，全年累计完成技改投资约人民币8,600万元。主要技改项目包括线圈扩建厂房、重跨延长主体工程及铸钢厂房扩建、档案楼热交换站、五坐标数控龙门铣镗床、110KV降压站微机系统等工程。

企业管理

年内，本公司继续推行目标成本管理，加大财务成本指标的考核力度，加强了财务成本管理工作；以现场管理为重点，促进质量体系有效运行，确保实物质量稳步提高；以人为中心的现代管理落到实处，注重员工素质教育。截至一九九六年十二月三十一日止，本公司共有员工7897名，其中专业技术人员达2191名。

2. 按中国会计准则编制之主要财务指标分析

本公司一九九六年度之主营业务收入为人民币651,047,000元(一九九五年：人民币586,135,000元)，较上年增加人民币64,912,000元，上升幅度为11.07%。净利润为人民币56,807,000元(一九九五年：人民币91,582,000元)，较上年减少人民币34,775,000元，下降幅度为37.97%。其主要原因为：(1)产品销量增加导致营业额增加。本年度水电产品销量较去年上升8.19%，火电产品销量较去年上升7.28%。(2)毛利率较上年下降3%，导致利润下降。(3)期间费用较上升增长28.15%，导致利润下降。(4)新产品返还增值税及出口退税较上年减少人民币12,000,000元，导致利润下降。

3. 募集资金的使用情况说明

本公司于一九九四年五月和一九九五年七月分别发行170,000,000股境外上市外资股(H股)及60,000,000股境内上市人民币普通股(A股)，所得款项扣除费用后净额为人民币752,548,000元；其中约人民币30,427,000元已用于偿还本公司"七五"及"八五"基建技改之借款，约人民币111,271,000元已用于H股、A股招股说明书中所述的提高水电生产能力的技术改造项目，约人民币150,000,000元已用于补充营运资金，余下之款项约人民币460,850,000元本公司拨作短期存款分别存于中国银行香港分行及中国境内有关银行。

四、股本变化及股本结构情况

1. 股本结构及变动情况

	期初数 股数	占已发行股 份比例%	本期变 动增(减)	期末数 股数	占已发行股 份比例%
(一)尚未流通股份					
发起法人持股(A股)	220,000,000	48.89	0	220,000,000	48.89
(二)已流通股份					
1.境内上市的人民币普通股(A股)	60,000,000	13.33	0	60,000,000	13.33
2.境外上市的外资股(H股)	170,000,000	37.78	0	170,000,000	37.78
已流通股份合计	230,000,000	51.11	0	230,000,000	51.11
股份合计	450,000,000	100.00	0	450,000,000	100.00

2. 主要股东持股情况

股东名称	类别	年末持股数 (股)	占已发行 A股股本 比例(%)	占已发行 H股股本 比例(%)	占总股本 比例(%)	本报告期内股 数增减(股)
东方电机厂([东电])	A股	220,000,000	78.57	—	48.89	0
香港中央结算(代理人)有限公司	H股	169,330,000	—	99.61	37.63	0
蓝天基金	A股	1,082,700	0.39	—	0.24	—
王文元	A股	800,000	0.29	—	0.18	—
钟海清	A股	745,003	0.27	—	0.17	—
陈代友	A股	608,809	0.22	—	0.14	—
廖仕敏	A股	530,656	0.19	—	0.12	—
于占昆	A股	473,143	0.17	—	0.11	—
陈正确	A股	370,000	0.13	—	0.08	—
林　立	A股	350,000	0.13	—	0.08	—

(1) 东电为本公司220,000,000股发起法人持股的法定持有者。

(2) 根据香港中央结算(代理人)有限公司确认，香港上海汇丰银行有限公司、渣打银行及美国大通银行于一九九六年十二月三十一日分别持有本公司H股55,379,700股、23,710,000股及38,614,000股，占本公司已发行H股股本32.58%、13.59%、及22.71%。根据香港上海汇丰银行有限公司、渣打银行及美国大通银行之有关方面确认，上述银行持有之H股股份乃代表多个客户所持有，并无任何个别客户持有本公司已发行H股股本10%或以上之权益。

(3) 除本年度报告披露外，董事会并无得悉任何人士直接或间接持有须根据香港证券(公开权益)条例第十六(一)条之规定予以记录在已发行股份登记名册内之权益或按照中国有关规定须予申报之持股数量。

(4) 本公司并未设有内部职工股。

3. 股东总数

于一九九六年十二月三十一日，本公司之股东总数为51,038户，其中发起法人持股(A股)1户，境内上市人民币普通股(A股)50,957户，境外上市外资股(H股)80户。

洛阳玻璃股份有限公司

1996年年度报告摘要　（摘选）

一、公司简况

公司名称：洛阳玻璃股份有限公司

法人代表：郭晓賽　　邮政编码：471009

公司地址：河南省洛阳市西工区唐宫中路9号

电话：86－379—3908588　　传真：86－379—3947984

86－379—3908586

二、主要财务数据与财务指标

(一)按中国会计准则及制度编制

单位：千元

指标项目	1996年	1995年	比上年增减(%)
1.主营业务收入	603,746	948,397	－36.34
2.净利润	21,619	244,604	－91.16
3.总资产	3,239,273	2,971,423	9.01
4.股东权益	2,017,370	1,995,751	1.08
5.每股收益(元)	0.031	0.349	－91.12
6.每股净资产(元)	2.88	2.85	1.05
7.净资产收益率(%)	1.07	12.26	－91.12
8.股东权益比率(%)	62.28	67.16	－7.27

(二)按国际会计准则编制

单位：千元

指标项目	1996年	1995年	比上年增减(%)
1.营业额	599,959	942,003	－36.31
2.除税及少数股东权益后利润	21,619	244,604	－91.16
3.总资产	3,225,014	2,937,768	9.78
4.股东权益	2,017.370	1,995,751	1.08
5.每股收益(元)	0.031	0.369	－91.60
6.每股净资产(元)	2.88	2.85	1.05
7.净资产收益率(%)	1.07	12.26	－91.27
8.股东权益比率(%)	62.55	67.93	－7.92

注：盈利及其它财务指标的计算是按年度内股数700,000,000股计算。

三、公司主要业务回顾

1.一年来公司经营情况

一九九六年，中国的浮法玻璃生产线已由九五年的40余条增至50余条，年产浮法玻璃约400万吨。生产总量的迅猛增加，导致在全国平板玻璃市场出现暂时供大于求的局面，同业竞争更趋激烈，库存量显著增加，平均价格持续下跌，整体效益下滑。本集团作为中国最大的唯一拥有六条浮法玻璃生产线的生产商和销售商，也遇到了前所未有的挑战，公司为保证市场占有率，价格比去年同期降低约三成，同时由于各种原燃材料价格涨价因素，造成成本升高4,903万元，如：主要燃料重油价格比去年同期上升23.49%，电力价格比去年同期上升22.06%。在产品市场供大于求，原料市场成本升高等情况下，本公司董事会及经理班子充分利用多条生产线能生产多品种玻璃的优势，根据市场需要及时、准确和灵活地调整品种和价格，提高销售服务质量，最大限度地满足用户需求，同时加强财务管理，降低各种费用支出，加强企业内部管理，提高成品率，降低能源和各种物料消耗，较好地消化了因原材料价格大幅上升而导致产品成本升高的不利因素，继续保持了本公司市场占有率及经济效益在同行业的领先地位。

在国际市场方面，本集团主要出口市场为东南亚各国，由于一九九三年后各国新生产线陆续投产，生产能力进一步增大，市场竞争也十分激烈，导致出口数量和价格皆呈下降态势，但本集团根据市场需求，推出受国外市场欢迎的绿色浮法玻璃，使出口市场被动的局面有所缓和。

本集团一九九六年共生产浮法玻璃36.6万吨，其中：无色玻璃8.86万吨，绿色玻璃9.16万吨，蓝色玻璃8.89万吨，茶色玻璃9.7万吨，因浮法二线、龙玻生产线的冷修改造及浮法一线的技术改造，致使玻璃产量比去年减少约7万吨。深加工玻璃产量为36万平方米，比去年降低21.7%。

本集团之不同颜色浮法玻璃所占销售数量比为：无色玻璃23.07%，绿色玻璃26.22%，蓝色玻璃24.72%，茶色玻璃25.99%。本集团产品主要销售地区为广东及东南沿海之省份，其各地区所占销售额之比如下：华南地区21.58%，中南地区33.32%，华东地区17.2%，华北地区7.23%，西南地区7.1%，东北地区1.69%，西北地区6.18%，海外8.7%。

本集团及时地开发出了具备市场潜力的牡丹绿玻璃和海洋蓝色玻璃。新产品投入市场后，受到了用户的欢迎，为本集团在市场困难之形势下增加了盈利。

本集团一九九六年度对浮法二线、龙玻浮法线进行了大修改造。使其生产技术水平、工艺装备水平和技术操作水平均比以往有所提高。本公司亦与德国西门子公司合作，致力提高生产自动化的控制水平。

本集团继续做好贯彻ISO9000标准的基础工作，完善了质量保证体系，推出了《产品质量保证书》和《服务质量承诺书》，为本集团开拓国内外市场、扩大产品市场占有率奠定基础。

本公司九六年度外汇状况良好并有盈余。

本公司于九五年在公司A股招股说明书中，根据当时生产经营及市场情况，并依据会计原理和制度编制了一九九六年盈利预测。但受利益驱动，玻璃行业盲目建设，近两年新上二十余条玻璃生产线，导致国内玻璃生产量猛增，产品供大于求，而主要燃料重油及主要原料价格上涨，导致成本上升，各个厂家为增加市场占有额竞相降价。公司为保持市场占有率及回收资金，亦将玻璃价格适时下调，致使销售利润微薄，同时加工玻璃一期工程延期投产，延缓有关投资项目的收益，造成本年度实际经营结果与盈利预测有重大差异。

中国政府于一九九五年及一九九六年初实施了一系列经济政策和措施，包括调低出口退税率、降低关税、调整贷款利率等，其对本集团造成了不同程度的影响：本集团产品以内销为主，出口产品仅占销售产量的5%，因此出口退税率调低对本集团负面影响并不显著；国外玻璃产品进入中国市场，因需付出高昂的运输成本而增加销售价格，而目前国内玻璃市场供大于求，价格大幅下调，洛玻的产品价格及档次更适应属发展中国家的中国市场，故对本集团之负面影响不大；调整贷款利率对本公司影响也很小。

五、股本变化及股本结构情况

1.股本结构情况：

截止日期：1996年12月31日　　数量单位：股　　每股面值：1元

股份类别	年初数	本年增减	年末数
(一)尚未流通股份			
1)发起人股份			
国有法人股	400,000,000	0	400,000,000
2)内部职工股	10,000,000	(10,000,000)	0
尚未流通股份合计	410,000,000	(10,000,000)	400,000,000
(二)已流通股份			
1)境内上市人民币普通股(A股)	40,000,000	10,000,000	50,000,000
2)境外上市的外资股(H股)	250,000,000	0	250,000,000
已流通股份合计	290,000,000	10,000,000	300,000,000
(三)股份总数	700,000,000	0	700,000,000

2.股本变动情况：

本年度内本公司总股本无变化，1000万内部职工股A股于一九九六年五月十日全部获准上市，截止一九九六年十二月三十一日止，除董事、监事及高级管理人员外其它内部职工所持股份全部转让。

3.股东数量：

截止一九九六年十二月三十一日止，本公司之股东总人数为35043户，其中国有法人股1户，A股34938户，H股84户。

4.主要股东持股情况(前十名)

股东名称	股种	持股数量(股)	占总股本比例(%)
1)中国洛阳浮法玻璃集团有限责任公司	A股	400000000	57.14
2)香港中央结算(代理人)有限公司	H股	242761000	34.68
3)YIP LING RING HPILIP	H股	5088000	0.73
4)建昊实业	A股	1227468	0.17
5)蓝天基金	A股	500000	0.07
6)YIP TAK SHIU	H股	500000	0.07
7)TANG MAN KWONG	H股	400000	0.06
8)怀源化工	A股	299500	0.04
9)白忠福	A股	240000	0.03
10)汪光忠	A股	220700	0.03

武汉电缆集团股份有限公司

1996年年度报告摘要　（摘选）

一、公司简况

公司名称：武汉电缆集团股份有限公司

法人代表：张　进

公司地址：湖北省武汉市古田路2号

电话：(027)3831630　　传真：(027)3834012

二、主要财务数据与财务指标

指标项目	1996年	1995年	比上年增减(%)
1.主营业务收入(万元)	10,962.80	10,794.50	1.56
2.净利润(万元)	1,577.71	1,044.97	50.98
3.总资产(万元)	38,878.93	30,666.66	26.78
4.股东权益(万元)	12,462.78	9,808.55	27.06
5.每股收益(元)	0.21	0.20	5.00
6.每股净资产(元)	1.62	1.91	−15.18
7.净资产收益率(%)	12.66	10.65	18.87
8.股东权益比率(%)	32.06	31.98	0.25

注：表中每股收益指标按照1996年送红股及转增股本后的股本摊薄计算。

三、公司主要业务回顾

1996年按照公司"九五"开好局的总体要求，团结全体员工，以锐意改革为动力，牢牢抓住市场，不仅在激烈的产品竞争中站稳了脚跟，同时战胜了百年难遇的洪涝灾害带来的影响。通过深化企业内部改革，加大市场和技改投入，加强质量管理，盘活存量资产等方面的强有力措施，较好地完成了全年的经营目标：

实现主营业务收入10,962.80万元，比上年增长1.56%；

实现净利润　　1,577.11万元，比上年增长50.98%。

公司作为机械部生产电线电缆产品的骨干企业之一，是国家政策支持和优先发展的朝阳产业，公司紧紧抓住市场，取得了较好的业绩。利润率等指标在全国同行业保持先进水平，主要经济指标列为全市机械工业前茅，被武汉市机械局评为1996年优秀企业，湖北省机械厅授予"八五"技改先进企业。1996年公司主要抓了以下工作：

1.发挥上市公司优势，深化内部改革。

公司通过几年企业新机制的探索和运行，已逐步构建了现代企业制度的新框架。总公司对下属单位着手进行了转机建制，责任目标一贯到底，进一步理顺了经营管理结构。各职能部门加大对基层单位内部利润指标的考核力度，并在全公司推行学邯钢经验，鼓励各单位向内挖潜，收到良好的成效。

2.狠抓销售，开拓市场。

公司把紧盯市场，强化销售作为经营工作的重点。一是加强销售工作的领导，加强对销售人员的责任感教育。二是强化对销售工作的考核，把争取合同，实现销售及货款回笼作为考核的硬指标。三是利用公司产品优势，把形成拳头的产品和附加值高的产品作为推销宣传的重点，打开了销售局面。四是发挥多种销售渠道的作用，激活经营机制，把遍布省内外的门市经营网点纳入公司商贸统一管理，以规模化承接合同，形成整体经营优势。

3.狠抓向内挖潜，节支创收。

根据市场变化及时调整经营方向，决定将滞销的和赢利较低的产品限产压产。各分厂对消耗超标的设备、生产线进行了重点整改，加强投入产出核算管理，使产品成本逐步降到较合理的区间，产品价格逐渐显露出竞争实力。

4.加强技术改造，开辟新型电缆产品市场。

公司从加强技术改造、开发新产品、积极蓄存实力入手，从"七五"、"八五"开始进行深层次改造，使企业一跃进入全国同行业先进水平，铝镁硅合金系列电线电缆，填补了国内空白，成为替代进口产品。1996年，公司最大的改造项目，引进英国的盐浴硫化生产线，在英国专家指导下，上半年完成调试，下半年进入产品试生产阶段，该生产线可年生产3000公里矿用阻燃橡套电缆、1000公里交联电缆，年收入可达15200万元，年创利润1200万元。该产品主要为三峡工程等国家重点工程、城市电网改造及矿山建设提供优质电缆，使公司产品结构进一步调整。由三峡工程指挥部、国家和湖北省电力部门分别组织三批专家团，对公司软硬件设备及产品进行了全面考察，正式被认定为三峡工程配套重点企业，公司生产的铝合金架空线、光纤复合地线、高压交联电缆、阻燃电缆、异型多孔管等新产品均已批量进入市场，受到用户欢迎，正在取代传统电线电缆市场，产品向高科技领域进军的格局已经形成。

四、股本变化及股本结构情况

1.股本结构情况

	期初数(股)	送股(股)	公积金转股(股)	期末数(股)
(1)尚未流通股份				
其中：国家拥有股份	22127135	4425427	6638140	33190702
境内法人持有股份	1821760	364352	546528	2732640
募集法人股	2300000	460000	690000	3450000
合　计	26248895	5249779	7874668	39373342
(2)已流通股份				
境内上市人民币普通股	25000000	5000000	7500000	37500000
(3)股份总数	51248895	10249779	15374668	76873342

2.股本变动情况说明：

年初公司总股本为5124.89万股，通过按每10股送2股分配1994年度、1995年度红利，股份增加1,024.98万股，变为6,149.87万股。1996年临时股东大会决定用资本公积金按每10股转增2.5股计1,537.46万股，年末总股本为7687.33万股。

3.主要股东持股情况

股东名称	期末持股数(万股)	占总股本比例(%)
武汉国有资产经营公司	3319.07	43.18
武汉爆破线厂	157.23	2.04
武汉长江电缆电气成套公司	116.04	1.51
武汉九通实业(集团)股份有限公司	150.00	1.95
中国机械工业供销中南公司	150.00	1.95
上海泛亚工贸公司	45.00	0.59
益来房产	188.47	2.45
张　晋	176.58	2.30
钟红云	157.68	2.05
恒生广告	147.53	1.92

4.截止1996年末，公司股东总数为2547户，其中国家股股东1户，法人股股东6户，社会公众股股东2540户。

四川电器股份有限公司

1996年年度报告摘要　（摘选）

一、公司简况

公司名称：四川电器股份有限公司

法人代表：熊　进

公司地址：四川省成都市郫县唐昌镇南外街2号

电话：(028)7869001-2528　7773448

传真：(028)7869242　7784748

二、主要财务数据与财务指标

（单位：元）

指标名称	本年数	上年数	比上年增减(%)
1.主营业务收入	96,493,956.56	103,984,807.20	-7.20
2.净利润	18,153,759.20	21,077,677.45	-13.87
3.总资产	251,313,091.59	244,560,415.75	2.76
4.股东权益	135,399,092.02	117,437,063.20	15.30
5.每股收益(摊薄)	0.28	0.422	-33.33
6.每股净资产(摊薄)	2.08	2.35	-11.49
7.净资产收益率(%)	13.41	17.95	-25.29
8.股东权益比率(%)	53.88	48.02	12.20

三、公司业务回顾

1996年本公司受合同不足的影响，主营业务收入和利润总额分别比上年下降7%、17.8%。

在1996年经营工作中，公司以中央提出的实现“两个转变”为指导思想，坚持“质量新品促竞争，按期齐套争市场，改革转机练内功，发展稳定增效益”的经营方针，各专项工作进展良好。

1. 在全公司开展了“质量整顿年”活动。结合质量整顿，实施“名牌战略”和“优质工程”，先后推出了太钢、叙利亚、广电部等“优质工程”，省名牌产品KYN8-10开关柜在保优基础上通过了瑞士EWI公司专家质量认证。

2. 新产品开发起步高、见效快，从丹麦引进具有国际90年代先进水平的CUBIC低压开关柜，通过消化、吸收、试制，现已具备批量生产能力，96年已承接该产品订货上千万元。全年完成新产品开发20项，为年计划的87%，新产品产值率保持在50%以上。

3. 技术改造和技术进步有新的突破。推行“静电粉末喷涂”新工艺，提高了产品外观质量，具有国内一流水平的钣金FMS控制系统完成联机运行，新建立体仓库和开卷线以及供销大楼即将全面峻工附用，MRPⅡ系统已完成项目启动、系统定义及环境开发，其中CAD系统已进入产品辅助设计，随着该系统全面建成投用，将大大加速公司现代化管理进程。

4. 实行“抓大、突重、放开”的营销策略和重点地区、重点产品首长负责制，扭转了订货不足的局面，先后取得了南昆铁路、山东煤气、广电部等重大工程的订货中标成果。去年11月，国家对南昆电气化铁路所需电气化铁道开关举行国际招标，公司生产的27.5KV铁道真空开关在此项招标中夺标，为该项工程提供铁道真空开关设备200台，总价格900万元人民币，极大扩展了公司铁道专用开关销售市场。截止1996年底，公司订货比95年同期上升14.2%，为97年开局创造良好条件。

报告年内公司总股本比上年扩大30%，总资产上升2.76%，股东权益上升15.3%，公司实力正在得到加强。

四、股本变化及结构情况

（一）股本结构情况

填报日期　1996年12月31日　数量单位：万股　每股面值：元

	期初数	本次变动增(+)减(-) 配股	送股	公积金转股	其他	小计	期末数
1.尚未流通股份							
(1)发起人股份							
其中：							
国家拥有股份	2249.59		674.87				2924.46
境内法人持有股份							
其他							
(2)募集法人股	1450.41		435.13				1885.54
(3)内部职工股							
(4)优先股或其他尚未流通股份							
合计	3700.00		1100.00				4810.00
2.已流通股份							
(1)境内上市的人民币普通股	1300.00		390.00				1690.00
(2)境内上市的外资股							
(3)境外上市的外资股							
(4)其他							
已流通股份合计	1300.00		390.00				1690.00
3.股份总额	5000.00		1500.00				6500.00

（二）股本变动情况及原因

上表中公司年末股本比年初增加数量1500万股，是因为年度内实施了按每10股送3股的九五年度利润分配方案。

（三）年末股东数量

根据上海证券交易中央登记结算公司提供的数据，截止九六年十二月三十一日，本公司股东总数为5759名。

（四）主要股东持股情况

股东名称	年末持股数(万股)	占总股本比例(%)
成都市国有资产管理局	2924.467	44.99
贵州万东实业股份有限公司	195.00	3.00
深圳巨安投资有限公司	130.00	2.00
深圳天极光电实业股份有限公司	130.00	2.00
四川天歌集团股份有限公司	130.00	2.00
深圳天俊投资有限公司	130.00	2.00
深圳农村信用合作联社	130.00	2.00
深圳市华宝(集团)股份有限公司	130.00	2.00
海口疆海实业联合公司	117.00	1.80
吉林轻工股份有限公司	104.00	1.60

山东农药工业股份有限公司

1996年年度报告摘要　（摘选）

一、公司简况

公司名称：山东农药工业股份有限公司

法人代表：陈国营　　　　　　　　邮政编码：255009

公司地址：山东省淄博市张店区洪沟路25号

电话：0533—2183042-502　　　　　传真:0533—2184511

二、主要财务数据与财务指标

单位:万元

指　标　项　目	本年数	上年数	比上年增减(%)
1.主营业务收入	33455.56	29558.52	13.18
2.净利润	2832.93	2453.40	15.47
3.总资产	52369.11	41556.54	26.02
4.股东权益	21441.85	18608.88	15.22
5.每股收益(元)	0.246	0.213	15.49
6.每股净资产(元)	1.86	1.62	14.81
7.净资产收益率(%)	13.21	13.18	0.23
8.股东权益比率(%)	40.94	44.78	-8.58

注:上年数不是合并数。

三、公司主要业务回顾

1.一年来经营情况

公司上市一年来，以提高经济效益、实现资本保值增值为中心，以扩大生产能力、重点工程投产达产为重点，以规范和完善股份制、建立现代企业制度为目标，进一步深化改革、强化管理、开拓市场，公司各项工作取得显著成绩，各项主要技术经济指标继95年后再创历史最好水平，实现了效益速度同步增长，为今后的发展奠定了坚实的基础。1996年，公司实现工业总产值36555万元，同比增长21.22%；化学农药总量(100%)完成8457吨，同比增长18.88%；主要化工产品烧碱产量(100%)47549吨，同比增长9.9%；实现主营业务收入33456万元，同比增长13.18%；利润总额3314万元，同比增长15.07%；净利润2833万元，同比增长15.47%。

2.主要经济指标的分析

主营业务收入和利润增长的主要原因是农药销售量增加及产品结构调整，扩大了盈利产品的生产，缩减了微利或亏损产品的生产。

3.前次募集资金的使用说明

本年度公司未募集资金，以前募集资金已按计划投入使用。其中，三万吨离子膜烧碱工程于1996年10月正式开工，目前该项目处于产品导入期，尚未达产达效。

四、股本变化及股本结构情况

1.股本结构情况

单位:万股　每股面值:元

	期初数	期末数
一、尚未流通股份		
发起人股		
其中:		
国家拥有股份	6459.14	6459.14
募集法人股	111.03	111.03
尚未流通股份合计	6570.17	6570.17
二、已流通股份		
境内上市人民币普通股	4950	4950
已流通股份合计	4950	4950
三、股份总数	11520.17	11520.17

2.本报告期内本公司发行在外股票无变动。

3.前十名主要股东持股情况

股　东　名　称	年末持股数(万股)	占总股本(%)
1)淄博市国有资产管理局	6459.14	56.06
2)宋萍	73	0.63
3)张秀春	54.0265	0.47
4)淄博市张店向阳化工厂	53	0.46
5)黄耀山	52.19	0.45
6)王树俊	49.2	0.43
7)井美娜	47.609	0.41
8)刘建康	47	0.41
9)胡端昂	43.4324	0.38
10)安锦莲	43	0.37

4.股本数量:

截止1996年末，公司股东总数为27366户，其中国家股股东1户，法人股股东15户，社会公众股股东27350户。

5.公司董事、监事与高级管理人员持股情况

单位:股

姓　名	职　　务	年初持股数	年末持股数	变动原因
陈国营	董事长、总经理	5000	5000	
丁维山	副董事长、副总经理	4200	4200	
高中华	董事、副总经理	5800	5800	
许　伟	董事、副总经理	4100	4100	
刘元臣	董事	10400	10400	
刘持良	董事	0	0	
耿佃朋	董事	6400	6400	
许才本	董事	4000	4000	
张东业	董事、总会计师	0	0	
张正玉	董事	0	0	
唐　勇	董事	0	0	
叶恒生	监事长	0	0	
孙洪琴	副监事长	2200	2200	
邱希胜	监事	2500	2500	
冯乃水	监事	0	0	
李顺彦	监事	0	0	

云南省保山水泥股份有限公司

云南省保山水泥股份有限公司1996年年度报告摘要

一、公司简况

1. 公司名称：云南省保山水泥股份有限公司

英文名称：YUNNAN BAOSHAN CEMENT CO. LTD

英文缩写：YBCC

2. 注册地址：云南省保山市汉庄镇

邮政编码：678000

3. 公司法定代表：杨朝湘先生

4. 咨询服务机构：公司证券部

联系人：章炳先生（董事会秘书）

联系电话：(0875)2160811

传真：(0875)2122555

二、主要财务数据与财务指标

指标项目	本年数	上年数	比上年增减%
1. 主营业务收入(元)	39.625.576.42	34.121.635.25	16.13
2. 净利润(元)	3.910.226.69	6.704.386.31	-41.67
3. 总资产(元)	112.977.626.43	114.767.987.06	-1.56
4. 股东权益(元)	89.744.667.55	85.834.440.86	4.55
5. 每股收益(元/股)	0.0575	0.098	-41.32
6. 每股净资产(元/股)	1.319	1.262	4.51
7. 净资产收益率(%)	4.36	7.81	-44.17
8. 股东权益比率(%)	79.43	74.8	6.19

三、公司业务回顾

(一)一年来经营情况

一九九六年在国家宏观调控力度加大，实现经济调整"软着陆"的大背景下，本公司在建材行业市场需求不旺、价格趋降、企业盈利水平降低、效益下滑的大环境中，公司全体员工上下团结一致，同心协力，克服困难，艰辛倍尝，坚持以经济效益为中心，认真学习贯彻"两个根本转变"，立足土业，以市场为导向，生产运行基本正常，产品质量保持不断稳定提高，经济效益较好，实现了"九五"开好局起好步的目标。面对水泥市场供大于求不景气的现实，一是学邯钢，进一步深化企业内部改革，转机制、降消耗、保质量、增效益；二是继续保持和发扬抓质量、抓科技进步，重视企业信誉的优良传统。积极努力，改善经营管理，产品产量增加，技改工程项目如期完成投入试生产。产品质量继续保持了出厂水泥、富裕标号、袋重三个合格率均为100%，公司继1994年获"全国水泥质量百佳企业"殊荣后，1996年公司的主导产品425R复合硅酸盐水泥又获国家技术监督局颁发的《采用国际标准产品标志证书》和《产品采用国际标准认可合格证书》。公司在云南省"行检创名牌"质量检评中排列第三名，生产的PC425R水泥获《云南省建材行业推荐产品》奖牌，同时首批获《云南省名牌产品》称号，并被命名为"云南省质量管理活动优秀企业"。九六年在原燃材料涨价等减利因素有增未减的情况下，仍然获得了较好的经济效益。全年生产水泥13.55万吨，销售水泥13.14万吨，均创历史最好水平，在全区同行业中继续排列第一。实现利润总额456.7万元，占年计划的83.03%，在本地区工业企业中排列第二名，继续是保山地区水泥行业和全区工业企业经济效益较好的企业，是保山地区工业的骨干和支撑，是云南省建材行业的骨干企业之一。

(二)主要指标分析：

96年公司主营业务收入计划4485万元，净利润计划467.5万元。经决算，完成主营业务收入39,625,576.42元，占计划数的88.35%，完成净利润3,910,226.69元，占计划数的83.64%。主营业务收入和净利润未完成计划的主要原因是受宏观调控力度加大的影响，市场和需求不旺，竞争激烈，产品价格在低位水平上很难上扬，电及原燃材料涨价成本增加，收入和成本增长的比例不能同步，企业盈利水平下降。

完成利润总额：4.567.337.34元。其中：建材业4.753.757.37元，金属结构制造业-186.420.03元。

(三)前次募集资金的使用情况：

本报告年度内公司未新募集资金；报告年度前所募资金投入项目，也没有延续建设至本年度的工程。

四、股本变化及股本结构情况

1. 股本结构情况 （股份单位：万股）

股份类别	96年末数	比例%	95年末数	比例%
(一)、尚未流通股份				
①发起人股份	4,000	58.82	4,000	58.82
其中：国家拥有股份	4,000	58.82	4,000	58.82
②募集法人股	1,000	14.71	1,000	14.71
尚未流通股份合计	5,000	73.53	5,000	73.53
(二)、已流通股份				
①境内上市的人民币普通股	1,800	26.47	1,800	26.47
(三)股份总数	6,800	100	6,800	100

2. 股本变动情况及原因

本报告期内公司股本总额及股本结构未发生增减变化。

3. 主要股东持股情况

股东名称	年末持股数(万股)	持股比例(%)
1)云南省保山建材实业集团公司	4,000	58.82
2)北京百峰新技术开发股份有限公司	500	7.35
3)云南省设计院	100	1.47
4)云南省腾冲县保腾商号	100	1.47
5)中泰公司	64.07	0.94
6)刘建生	63.06	0.93
7)李迎春	57.77	0.85
8)中京泰	53.00	0.78
9)刘燎原	52.94	0.78
10)建总信托	52.45	0.77

公司发行在外的普通股，持有5%以上股票的股东，本报告期内持股数量未发生增减变动。

4. 年末股东户数：96年末公司股东总户数为8747户。其中，国有法人股股东1户。募集法人股股东38户、社会公众股股东8708户。

5. 公司董事、监事、经理人员持股情况：

姓名	职务	年初持股数(股)	年末持股数(股)
杨朝湘	董事长兼总经理	20,000	20,000
穆立兴	副董事长兼副总经理	10,000	10,000
连宝祥	副董事长兼副总经理	3,000	3,000
王先霖	董事	5,000	5,000
董力民	董事	0	0

陈启善	董事	1,000	1,000
王寿昌	董事	10,000	10,000
陶明光	董事	0	0
章炳	董事	1,000	1,000
姜绍和	监事会召集人	5,000	5,000
李端	监事	1,000	1,000
王拓	监事	4,000	4,000
梅润忠	监事	5,000	5,000
徐世和	监事	5,000	5,000

本报告年度内,以上董事(包括新增选的二名董事)、监事、经理人员所持股份未发生增减变动。

五、重要事项

1.公司于1996年6月6日在公司礼堂召开了一九九五年度股东大会,到会股东32人,持股4,894.9万股,占总股本的71.98%。经大会审议表决,批准了九五年度董事会工作报告、九五年度监事会工作报告、九五年度财务决算报告、九六年财务预算报告及九五年利润分配方案;批准了按《公司法》要求修改的《公司章程》;因工作需要增选了董力民和陶明光二位董事,增选后,董事由原有的7人增到9人。

2.本报告期内按照公司九五年度股东大会决定,对94年、95年两年合计可供股东分配的利润14,412,718.32元。每股按0.20元(含税)向全体股东派发现金,共派发1360万元,剩余812,718.32元结转一九九六年度分配。

3.本报告期内公司共召开了三次董事会议,即第二届七次、八次、九次会议,监事会成员列席每次会议。第七次董事会会议,认真讨论了提交95年度股东大会审议批准的1995年度董事会工作报告等六项议案;审议通过了1995年年度报告及年度报告摘要;第八次会议审议通过了1996年度中期报告,并对拟投资(参股)筹建保山澜沧江啤酒厂和与云南省第一公路桥梁工程公司共同筹建保山凤仪物资仓储中转站以及使用天然气代替煤煅烧熟料等项目进行了研究;第九次(临时)会议决定了赵家根先生年老退体离任总会计师职务。

4.报告期内重大事件披露情况:

(1)公司1995年年度报告摘要刊登于1996年4月30日的《上海证券报》。

(2)公司1995年度股东大会决议公告刊登于1996年6月8日的《上海证券报》和6月18日的《保山报》。

(3)公司分红派息公告(含九四、九五年度)刊登于1996年7月13日的《上海证券报》和7月17日的《云南日报》

(4)公司1996年中期报告刊登于1996年8月16日的《上海证券报》。

5.本报告期内公司无重大诉讼、仲裁事项。

六、子公司及关联企业

子公司名称:保山银晨有限责任公司

注册资金:220万元

本公司拥有权益:68.5%

主营业务:纸制品及金属结构构件制造

七、财务报告

1.审计意见:

公司财务报告经云南会计师事务所金德华、李文群注册会计师审计,并出具无保留意见的审计报告。[(97)云会审字第16号]

2.财务报表(附后)

3.财务报表附注:

附注1 主要会计政策

1.会计期间,采用公历年度为会计期间,即每年从1月1日起到12月31日止为一个会计年度。

2.计帐方法和记帐本位币:采用复式借贷记帐法记帐;以人民币为记帐本位币。

3.坏帐准备:坏帐准备按年末应收帐款余额的千分之五计提。

4.存货计价方法:原材料、包装物按计划成本进行日常核算,月末按材料成本差异率将计划成本调整为实际成本;产成品在入库时按实际成本计价,发出时采用"加权平均法"计算结转销售成本。

5.产品成本核算方法:采用逐步结转分步法计算产品成本。

6.长期投资核算方法

A.债券投资:按成本法核算,以票面利率和面值分期计算债券利息,计入各期的投资收益。

B.股权投资:持有20%以下股权的投资采用成本法核算;持有20%以上股权的投资采用权益法核算;持有50%以上股权的投资,在采用权益法核算的同时,编制合并财务报表。

7.固定资产标准及折旧

A.固定资产标准:使用年限在一年以上的主要生产经营设备、设施和使用年限在一年以上且单位价值在2,000元以上的非主要生产经营设备、设施,列为固定资产。

B.固定资产折旧:固定资产实行分类折旧,以帐面原值扣除3%的预计残值后,按照预计使用年限采用直线法计提固定资产折旧。

8.无形资产及其摊销:公司的无形资产系指土地使用权、采用直线法摊销,摊销期限50年。

9.递延资产摊销:递延资产按受益期限采用直线法进行摊销。

10.主要税项及税率:增值税17%;资源税(石灰石2.00元/吨、粘土0.50元/吨);营业税3%;城建税1%(应纳增值税、营业税额的1%);所得税15%。

注:合并财务报表纳入合并范围的子公司执行18%的所得税税率。

11.利润分配;税后利润按公司章程及有关财务制度规定按下列顺序分配。

(1)弥补亏损;

(2)提取法定公积金10%;

(3)提取法定公益金5%—10%;

(4)提取任意公积金;

(5)支付普通股股利;

附注2 应收帐款:本报告期末数为4,529,706.88

其中一年以内的应收帐款	3,423,831.77
一年至二年以内的应收帐款	804.82
二年至三年以内的应收帐款	880,904.97
三年以上的应收帐款	224,165.32

期末数中持本公司5%以上股份的主要股东单位的欠款2,692,611.72

附注3 其他应收款:本报告期末数为5,146,053.41元

其中一年以内的其他应收款	5,099,533.26
一年至二年以内的其他应收款	36,900.00
二年至三年以内的其他应收款	5,579.80
三年以上的其他应收款	4,040.35

期末数中持本公司5%以上股份的主要股东单位的欠款9,069.81

附注4 长期投资:本报告期末为900,000.00元;全为股权投资。

被投资公司名称 股数(股) 占被投资公司股权的比例 投资金额(元)

北京百峰新技术开发股份有限公司 500,000 1% 900,000.00

附注5 资本公积金:年初数为10,185,855.94元,年末数与年初数相同,本报告期内未发行增减变动。

附注6 盈余公积金:本报告期期初数为6,835,866.60元,本期增加586,534.00元,本期减少数为零,本期末为7,422,400.60元。

附注7 未分配利润:本年期初数为812,718.32元,本期增加

3,323,692.69元。根据董事会的预分配方案，本期减少为零，本年末为4,136,411.01元。

附注8　投资收益：本报告期为60,310.00元，其中：分得对外投资收益56,250.00元，兑付到期国库券收益4,060.00元。

附注9　短期投资：本报告期内，公司没有短期投资。

八、其他事项

关于召开96年度股东大会事项，详见公告

云南省保山水泥股份有限公司董事会

一九九七年三月十四日

合并资产负债表（1996年度12月31日）

编制单位：云南保山水泥股份有限公司　　金额单位：元

项目	行次	母公司年初数	合并年初数	母公司年末数	合并年末数	项目	行次	母公司年初数	合并年初数	母公司年末数	合并年末数
资产						负债及股东权益					
流动资产						流动负债：					
货币资金	1	1456542.97	1476159.34	936110.44	1005257.83	短期借款	41	1500000.00	1500000.00	4300000.00	4940000.00
短期投资	2					应付票据	42				
应收票据	3					应付帐款	43,	424752.52	460549.12	3111141.26	3430330.69
应收帐款	4	8273041.47	8275496.29	4416506.58	4529706.88	预收货款	44	5080.18	170468.00	311514.19	314848.59
减：坏帐准备	5	41365.21	41365.21	22082.53	22648.53	应付福利款	45	693672.22	703402.76	769275.65	793480.95
应收帐款净额	6	8231676.26	8234131.08	4394424.00	4507058.35	未付股利	46	13600000.00	13600000.00		
预付货款	7	1126821.55	1126821.55	674180.12	683550.12	未交税金	47	371845.15	374112.74	578973.90	557963.83
其他应收款	8	6251774.49	6277258.66	5826200.15	5146053.41	其他未交款	48	7684.25	7745.20	19400.01	19731.79
待摊费用	9	302153.84	304914.73	787482.44	820854.38	其他应付款	49	6499353.38	6554813.00	7167014.35	7355151.63
存货	10	3945187.06	4578343.05	5639278.13	6412438.68	预提费用	50			30530.50	86460.33
减：存货变现损失准备	10-1					一年内到期的长期负债	51				
存货净额	10-2	3945187.06	4573343.05	5639278.13	6412438.68						
待处理财产净损失	11					其他流动负债	52				
一年内到期债券投资	12					流动负债合计	55	23102387.70	23371090.82	16287849.86	17498517.81
其他流动资产	13					长期负债：					
流动资产合计	14	21314156.17	21997628.41	18257675.28	18575212.77	长期借款	56	4800000.00	4800000.00	5100000.00	5100000.00
长期投资：						应付债券	57				
长期投资	16	2345016.14	907000.00	2279610.42	900000.00	长期应付款	58				
合并价差	16-1					其他长期负债	60				
固定资产：						长期负债合计	65	4800000.00	4800000.00	5100000.00	5100000.00
固定资产原价	17	100860736.03	102278331.76	105487359.49	106853559.53	长期负债合计					
减：累计折旧	18	21802474.63	21902832.16	26229744.40	26382987.93	递延税项	66				
固定资产净值	19	79058261.40	80375499.60	79257615.09	80470571.60	递延税项贷项					
在建工程	20	6909119.34	6913315.34	7060641.82	8341330.89	负债合计	67	27902387.70	28171090.82	21387849.86	22598517.81
固定资产清理	21			72868.35	72868.35						
待处理固定资产净损失	22					少数股东权益	67-1		762455.38		634441.07
固定资产合计	23	85967380.74	87288814.94	86391125.26	88884770.84						
无形资产及递延资产						股东权益：					
无形资产	24	3528197.87	3932797.87	3454693.79	3847733.79	股本	68	68000000.00	68000000.00	68000000.00	68000000.00
递延资产	25	582077.64	641745.84	749412.66	769909.03	资本公积	69	10185855.94	10185855.94	10185855.94	10185855.94
无形及递延资产合计	30	4110275.51	4574543.71	4204106.45	4617642.82	盈余公积	70	6835866.60	6835866.60	7422400.60	7422400.60
其他长期资产：						其中：公益金	71	2020579.37	2020579.37	2216090.70	2216090.70
其他长期资产	31					未分配利润	72	812718.32	812718.32	4136411.01	4136411.01
递延税项：						外币报表折算差额	72-1				
递延税款借项	32					股东权益合计	79	85834440.86	85834440.86	89744667.55	89744667.55
资产总计	40	113736828.56	114767987.06	111132617.41	112977626.43	负债及股东权益总计	79	113736828.56	114767987.06	111132517.41	112977626.43

合并利润及利润分配表（1996年度）

编制单位：云南保山水泥股份有限公司　　金额单位：元

项目	行次	母公司上年数	合并上年数	母公司本期数	合并本期数
一、主营业务收入	1	33960728.16	34121635.25	39057363.92	39625576.42
减：营业成本	2	19972796.90	20052579.63	25202465.11	25881932.75
销售费用	3	3024269.73	3029125.13	4682530.93	4684328.93
管理费用	4	1884621.67	1952734.41	2978018.89	3025246.70
财务费用	5	87504.31	87610.93	303993.24	304336.04
进货费用	6				
营业税金及附加	7	164900.15	170210.11	436690.85	453655.30

项目	行次	母公司上年数	合并上年数	母公司本期数	合并本期数
二、主营业务利润(亏损以"—"号表示)	8	8826635.40	8829375.04	5453664.90	5276076.40
加:其他业务利润(亏损以"-"号表示)	9	-626139.49	-628367.36	-278483.22	-279991.37
三、营业利润(亏损以"-"号表示)	10	8200495.91	8201007.68	5175181.68	4996085.03
加:投资收益(损失以"-"号表示)	11	308.14		-67387.72	60310.00
补贴收入	12				
营业外收入	13	319030.48	319093.73	88635.85	88635.85
减:营业外支出	14	629435.67	629435.67	570370.16	577693.54
加:以前年度损益调整(亏损以"-"号表示)	15				
四、利润总额(亏损以"-"号表示)	16	7890898.86	7890665.74	4626059.65	4567337.84
减:所得税	17	11860012.55	1186116.05	715832.96	715832.96
减:少数股权	18		163.38		-58722.81
五、净利润	19	6704386.31	6704386.31	3910226.69	3910226.69
加:年初未分配利润(未弥补亏损以"-"号表示)	20	9989.96	9989.96	812718.32	812718.32
盈余公积转入数	21				
六、可分配利润	22	6714376.27	6714376.27	4722945.01	4722945.01
减:提取法定公积金	23	670438.63	670438.63	391022.67	391022.67
提取法定公益金	24	335219.32	335219.32	195511.33	195511.33
职工奖金福利	25				
	26				
七、可供股东分配的利润	27	5708718.32	5708718.32	4186411.01	4186411.01
减:已分配优先股股利	28				
提取任意公积	29				
已分配普通股股利	30	4896000.00	4896000.00		
八、未分配利润(未弥补亏损以"—"号表示)	31	812718.32	812718.32	4136411.01	4136411.01

合并财务状况变动表(1996年度)

编制单位:云南保山水泥股份有限公司　　　　金额单位:元

流动资金来源和运用	行次	母公司金额	合并金额	流动资金各项目的变动	行次	母公司金额	合并金额
一、流动资金来源				一、流动资产本年增加数:	30		
1. 本年净利润(合并报表为合并净利润)	1	3910226.69	3910226.69	1. 货币资金	31	-520482.53	-470901.51
加:少数股东本期损益(合并报表填列)	2			2. 短期投资	32		
加:不减少流动资金的费用和损失				3. 应收票据	33		
(1)固定资产折旧	3	5011190.36	5069550.88	4. 应收帐款净额			
(2)无形资产、递延资产及其他资产摊销(减其他负债转销)	4	382976.25	452778.81				
(3)固定资产盘亏(减盘盈)	5			5. 应收帐款净额	34	-3337252.26	-3727072.73
(4)清理固定资产损失(减收益)	6	481698.85	489017.23	6. 预付货款	35	-452641.43	443271.43
(5)递延税款	8			7. 其他应收款	36	-425574.34	-1131205.25
(6)其他不减少流动资金的费用损失	7			8. 待摊费用	37	485328.60	515939.65
小 计	10	9786087.15	9862851.30	9. 存货			
2. 其他来源				减:存货变现损失准备			
(1)固定资产清理收入(减清理费用)	11	381273.40	438810.50	10. 存货净额	38	1694091.07	1834095.63
(2)增加长期负债	12	900000.00	900000.00	11. 待处理流动资产净损失	39		
(3)收回长期投资	13	7000.00	7000.00	12. 一年内到期的长期债券投资	40		
(4)对外投资转出固定资产	14			13. 其他流动资产	41		
(5)对外投资转出无形资产	5						
(6)资本增加净额	16	586534.00	586534.00				
(7)少数股东资本净增加额(合并报表填列)	16-1		-69292.00				
小计	18	1874807.40	1863061.50	流动资产增加净额	43	-3056430.89	-3422415.64
流动资金来源合计		11660894.55	11725912.80	二、流动负债本年增加数:	44		
二、流动资金运用				1. 短期借款	45	2800000.00	3440000.00
1. 利润分配				2. 应付票据	46		
(1)提取法定公积金	19	391022.67	391022.67	3. 应付帐款	47	2686388.74	3970331.57
(2)提取法定公益金	20	195511.33	195511.33	4. 预收货款	48	306434.01	144380.59
(3)提取任意公积金	21			5. 应付福利款	49	75603.43	90078.19
(4)已分配股利	22			6. 未付股利		-13600000.00	-13600000.00

流动资金来源和运用	行次	母公司金额	合并金额	流动资金各项目的变动	行次	母公司金额	合并金额
5. 职工奖福基金				7. 未交税金	50	207128.75	183851.09
(5)小计	23	586534.00	586534.00				
2. 少数股东利润分配(合并报表填列)	23-1			8. 其他未交款	51	11715.76	11986.59
3. 其他运用				9. 其他应付款	52	667660.97	800338.63
(1)固定资产和在建工程净增加额	24	6297902.13	7593343.51	10. 预提费用	53	80530.50	86460.33
(2)增加无形资产、递延资产及其他资产	25	476307.19	495877.92	11. 一年内到期的长期负债	54		
(3)偿还长期负债	26	60000.00	60000.00	12. 其他流动负债	55		
(4)增加长期投资	27	-58405.72					
小计	28	7816303.60	8689221.43		57		
流动资金运用合计	29	7902337.60	9275755.43	流动负债增加净额	58	-6814537.84	-5872573.01
流动资金增加净额	30	3758056.95	2450157.37	流动资金增加净额	59	3758056.95	2450157.37

云南省保山水泥股份有限公司一九九七年度中期报告

一、财务报告

(一)财务报表(未经审计)

1. 简化的资产负债表　　金额单位:人民币元

项目	1997年6月30日		1996年12月31日	
	合并	母公司	合并	母公司
流动资产	19120985.80	19064929.11	18575212.77	18257675.28
长期投资	2200000.00	3471182.95	900000.00	2279610.42
固定资产净值	86440729.83	83879295.10	80470571.60	79257615.09
在建工程	1370234.87	1379234.87	8341330.80	70606411.82
无形资产及递延资产	4382537.48	3976185.35	4617642.82	4204106.45
其他长期资产				
资产总计	113574389.73	111821729.13	112877626.43	111132517.41
流动负债	14106050.35	12937970.02	17498517.81	16287949.86
长期负债	5100000.00	5100000.00	5100000.00	5100000.00
负债合计	19206050.35	18037970.02	22598517.81	21387849.86
少数股东权益	584580.27		834441.07	
股本	68000000.00	68000000.00	68000000.00	68000000.00
资本公积	10451345.27	10451345.27	10185855.94	10185855.94
盈余公积	7422400.60	7422400.60	7422400.60	7422400.00
未分配利润	7910013.24	7910013.24	4136411.01	4136411.01
股东权益合计	93783759.11	93783759.11	89744667.55	89744667.44
负债及股东权益总计	113574389.73	111821729.13	112977626.43	111132517.41

2. 简化的合并损益表　　金额单位:人民币元

项目	1997年1—6月实际数		1996年1—6月实际数	
	合并	母公司	合并	母公司
主营业务收入	25273509.73	25250103.22	19465286.81	19275382.44
主营业务利润	5757651.71	5921852.23	2394299.40	2479308.28
其他业务利润	-69010.10	-74910.74	-223128.27	220528.74
投资收益	—	-108427.47	—	-57252.41
营业外收支净额	-56213.89	-56225.50	-65243.81	-65243.81
利润总额	5632427.72	5682288.52	2105927.32	2136283.32
所得税	1908686.29	1908686.29	704973.49	704973.49
净利润	3773602.23	3773602.23	1431309.83	1431309.83

3. 其他财务指标

指标名称	1997年6月30日止指标数
(1)每股收益(元/股)	0.055
(2)净资产收益率(%)	4.02
(3)每股净资产(元/股)	1.379

财务指标是以6月30日止的股本总数全面摊薄计算的。

(二)财务报表附注

1. 本报告期所采用的会计政策与核算方法除固定资产折旧率外,与上年度一致。

2. 鉴于公司生产系统尚需局部完善,同时由于市场不十分景气,各主机运转率平均不到60%,因此公司的固定资产使用年限经董事会决定,报经地区财政批准,从1997年1月1日起,按分类折旧率计算后的综合折旧率,由7.5%调整为5.1885%。由于折旧率的调整1997年1—6月增加利润43.6万元。但由于部分完工的在建工程已于年初转入生产,上半年提取的折旧费比去年同期增加31.78万元。

3. 公司的所得税税率,按照云南省人民政府云政复[1997]24号文和保山地区保署函[1997]13号文的通知,执行"企业所得税税率超过15%的部分,享受'先征后返'的政策照顾,并于次年第一季度内返还企业"。年度内仍按33%计缴所得税,待财政返还给公司所得税时再按规定处理。

4. 应收帐款六月末为5242936.32元,持本公司5%以上股份的主要股东单位无欠款,其中:

一年以内 4278846.99

一年至二年 99385.55

三年以上 864703.78

5. 其他应收款六月末为3956773.25元,持本公司5%以上股份的主要股东单位无欠款,其中:

一年以内　　3861393.17

一年至二年　　84427.08

二年至三年　　1522.41

三年以上　　9430.59

6. 货币资金六月末为1535980.00元,比年初数增加530722.17元,是由于公司强化资金管理,加大货款结算力度,从而增加了货币资金结余。

7. 预付货款六月末为898918.80元,比年初数增加215368.68元,主要是预付购货款增加。

8. 待摊费用六月末为447470.24元,比年初数减少373384.14元,主要是摊销减少。

9. 长期投资六月末为220万元,比年初数增加130万元,系指对联营企业保凤物资仓储中转站投资而增加。

10. 固定资产清理六月末为50901.75元,比年初数减少21966.60元,是因收回报废固定资产的残值收入而减少。

11. 在建工程六月末为1379234.87元,比年初数减少6962096.02元,主要是2#窑技改工程完工交付使用减少。

12. 未交税金六月末为368548.14元,比年初数减少189415.69元,是因年初数反映的是上年12月计提的各项税金,而本年1—5月的税金已缴完,六月份计缴税金的基数比上年12月减少,因此,未交税金减少。相应的反映按税金计缴教育费附加的其他未交款六月末也比年初数减少。

13. 预提费用六月末为128751.53元,比年初数增加42291.20元,主要是子公司预提了二季度的借款利息。

14. 资本公积六月末为 10451345.27 元,比年初数增加 265489.33 元,是因为公司用地区散办拨给的散设基金购置储散发散设施转入而增加。

15. 未分配利润六月末为 7910013.24 元,比年初数增加 3773602.23 元,是由于增加了报告期内实现的净利润。

16. 财务费用 1—6 月为 459069.16 元,比上年同期增加 314853.02 元,主要是 3#线技改工程于上年底完工交付,原由 3#线技改工程承担的借款利息,转为生产承担而增加。

17. 主营业务利润 1—6 月为 5757651.71 元,比上年同期增加 3363352.31 元,主要是报告期内产品销售量比去年同期增加 12.5%,抓了集约经营,单位营业成本和销售费用比去年同期减少了 11.03%,同时根据市场情况稳妥的调低了批量销售优惠价格,每吨水泥实际销售收入比去年同期增加 16.4%,从而增加了主营业务利润。

18. 其他业务利润 1—6 月为 -69010.10 元,比上年同期减亏 154118.17 元,主要是公司在抓主业的同时,加强对其他业务的管理,进一步加强三级核算,汽车营运亏损 97 年 1—6 月 80897.01 元,比去年同期减少 66.37%。

19. 利润总额和净利润,公司 6 月末利润总额为 5632427.72 元,比去年同期增加 3526500.40 元,主要是主营业务利润增加,其它业务亏损减少,营业外支出减少 14.45%。由于利润总额增加净利润亦相应增加。

20. 关联关系及交易:

(1)关联企业:

企业名称	云南省保山建材实业集团公司	云南省保山银晨有限责任公司
注册地址	保山市汉庄镇黑石头	保山市南小区民航路
主营业务	投资和批发零售	工业加工
与本企业关系	母公司	子公司
经济类别	国有	有限责任公司
法定代表	杨朝湘	穆立兴
注册资本 期初	5200 万元	220 万元
注册资本 期末	5200 万元	220 万元
持本公司股份及比例 / 本公司占权益及比例 期初	4000 万股,占 58.82%	150.7 万元,占 68.5%
持本公司股份及比例 / 本公司占权益及比例 期末	4000 万股,占 58.82%	150.7 万元,占 68.5%

(2)关联交易:

A. 本公司向云南省保山建材实业集团公司销售水泥,6 月 30 日止交易额为 1250.04 万元,占 49.51%,去年同期交易额为 733.04 万元,占 38.03%。

B. 本公司向云南省保山银晨有限责任公司购进水泥包装纸塑复合袋,6 月 30 日止交易额为 80.99 万元,占 32.8%,去年同期因该公司未生产,故交易额为零。

定价政策:按市场价格定价。

(3)其他事项:

①本公司为银晨公司有偿提供了 92.48 万元的资金,用于购买纸袋生产设备及经营周转。

②本公司为银晨公司提供 72 万元银行借款信誉担保。

21. 本公司在报告日内未发行承诺事项及重大期后事项。

二、经营情况的回顾与展望

1. 上半年经营情况回顾

1997 年上半年,公司共生产水泥 7.48 万吨,占年计划的 49.86%,比去年同期减少 2.07%;销售水泥 7.57 万吨,占年计划的 50.48%,比去年同期增加 9.79%。

完成主营业务收入 2527.35 万元,占年计划的 54.88%,比去年同期增加 29.83%;实现利润总额 563.24 万元,占年计划的 86.04%,比去年同期增加 167.46%,实现净利润 377.36 万元,占年计划的 86.04%,比去年同期增加 163.65%。

上半年公司继续认真地抓"两个根本转变",立足主业,在市场好于上年但又竞争激烈的情况下,生产经营继续端正了"市场为导向,质量是保证,效益是目的"的指导思想,坚持走质量效益型道路,按市场需求组织生产,产销基本平衡。在煤、电、石膏、铁矿等原燃材料继上年又涨价的情况下,狠抓集约经营,努力降低单位消耗,上半年实现利润总额比去年同期增加 167.46%,主要是:①严把进厂原燃材料质量关,促使成本下降,如烧成标准煤耗比去年同期下降 1.4%,同时熟料标号提高 5 兆帕以上,所以尽管原煤进厂价上扬了 60 多元/t,而每包水泥成本却下降了 17 元多;②上半年正是枯期高电价时期,认真抓好丰、谷、平各期用电管理工作,使水泥综合电耗比去年同期减少 3.51%;③适时稳妥的调低了产品批量销售的优惠差价,收入增加;④抓好主业的同时,加强对其它业务的管理,从而使报告期内其它业务亏损比去年同期下降。

2. 下半年计划

由于今年的降雨比去年同期晚,去年 5 至 6 月已进入雨水天,而今年 7 月份才进入雨水天,为更好的完成 1997 年的经营目标,公司将继续发挥"抓质量、抓科技、重视企业信誉"的优良传统,以学邯钢促内部管理,下半年重点抓好以下几方面工作。

(1)抓紧组织完成技改工程项目。抓住雨季天生产销售处于平淡的时间,集中力量进行 1 号包装机、1 号单冷机、矿山 2 号线链板机的改造,硫化泵供料为螺运机供料及 1 号窑尾环保降耗等技改工程,使其年内完成,尽快发挥节能降耗的作用,同时为下年四月前的生产销售旺季打下坚实的基础。

(2)以市场为导向,按照市场需求组织生产。抓住本地区旧城改造和国道改造的契机,发挥名牌产品的优势,继续保持生产和销售的协调平衡,以优质产品和销售服务满足用户和市场,继续保持主营业务有一定的增长。

(3)强化质量管理,巩固名牌。严把原燃材料进厂关和各道工序质量关,继续确保水泥产品质量不断稳定提高。

(4)盘活资金存量,加快资金周转,继续催收货款。进一步做好老的拖欠资金的清理和回收。协调好资金的使用,保证生产、技改的正常运行。

(5)深化内部改革。以行署经贸委把本公司列为学邯钢的试点企业为动力,进一步深入开发"学邯钢、抓管理、增效益",切实实现"两个根本转变",增强市场观念、效益观念,最大限度的调动各方面的积极性,在技改工作中组织好修旧利废,在产品生产中努力消化煤、电、运费等原材料涨价的增支减利因素,使生产经营指标再创新业绩,各项管理工作再上新台阶。

(6)加速筹办云南省澜沧江啤酒集团保山有限公司的工作。

三、重大事件的说明

1. 公司 1996 年度股东大会换届选举的第三届董事会第一次会议于 1997 年 5 月 13 日召开,会议继续选举杨朝湘先生为董事长,选举李三友先生为副董事长,聘任杨朝湘先生为总经理,穆立兴、连宝祥为公司副总经理。换届选举的第三届监事会第一次会议于 1997 年 5 月 13 日召开,会议推选徐晓鹰先生为监事会召集人。

2. 本公司对照 5 月 21 日国务院证券委、中国人民银行、国家经贸委联合发布的《严禁国有企业和上市公司炒作股票的规定》,进行了认真的自查。至今为止,本公司及子公司尚未在境内任何证券经营机构开设买卖已上市流通股票的帐户;本公司今后如果从事股票投资,将严格遵循国家政策法规和本公司章程的规定。

3. 本报告期内公司无重大诉讼、仲裁事项。

四、发行在外股票的变动和股权结构的变化

1. 股权结构情况:

填报日期:1997 年 6 月 30 日　数量单位:股　每股面值:1 元

	1996 年末数	本次变动增减(+、-)	期末数	比例%

	配股	送股	公积金转股	其他	小计	
一、尚未流通股份						
1.发起人股份	40000000			—	40000000	58.82
其中:国家拥有股份	40000000			—	40000000	58.82
2.募集法人股	10000000			—	10000000	14.71
尚未流通股份合计	50000000			—	50000000	73.53
二、已流通股份						
1.境内上市的人民币普通股	18000000			—	18000000	26.47
已流通股份合计	18000000			—	18000000	26.47
三、股份总数	68000000			—	68000000	100

2. 主要股东持股情况

股东名称	1997年6月30日持股数(万股)	比例(%)
1)云南省保山建材实业集团公司	4000	58.82
2)北京中鼎创业科技发展股份有限公司	500	7.35
3)湖北工行	102.64	1.51
4)云南省设计院	100	1.47
5)云南省腾冲县保腾商号	100	1.47
6)王志明	33.01	0.49
7)赖志蓉	33	0.49
8)云南建筑材料机械厂	30	0.44
9)保山市永昌村镇建设开发有限责任公司	22.2	0.33
10)张雪萍	21.5	0.32

3. 报告期内,公司股本总额及股权结构没有发生增减变动情况。持有本公司股份5%以上的股东所持股份亦无增减变动。

五、股东大会简介

1. 本公司于1997年5月13日在公司会议室召开了一九九六年度股东大会,到会股东23人,代表股权4817.5万股,占公司总股份的70.85%。经到会股东表决,大会审议通过了如下决议:

(1)批准董事会1996年度工作报告;

(2)批准监事会1996年度工作报告;

(3)批准1996年度财务决算和1997年财务预算报告;

(4)批准1996年度利润分配及分红方案;

1996年度公司实现利润总额4626059.65元,税后利润为3910226.69元,提取10%法定公积金391022.67元和5%法定公益金195511.33元后,可供股东分配的利润为3323692.69元,加上年结转的未分配利润812718.32元,合计可供股东分配的利润为4136411.01元。为集中资金进行当年投入当年见效的节能降耗技改项目,大会决定本年股利暂不分配,并入以后年度分配。

(5)批准换届选举第三届董事会、监事会的报告。选举了第三届董事会、监事会成员。

(6)批准三个计划投资项目:(1)与云县澜沧江啤酒集团共同投资筹建云南省澜沧江啤酒集团保山有限公司;(2)投资共建保凤物资仓储中转站;(3)使用天然气代替煤煅烧熟料技改工程。

(7)决定续聘云南会计师事务所,聘期一年。

(8)授权董事会审核批准投资数额为上年末公司净资产的20%以内的计划投资项目。授权期限三年即1997年至1999年。

公司1996年度股东大会决议公告,刊登于1997年5月15日《上海证券报》

2. 本报告期内,公司没有召开临时股东大会。

六、备查文件

本公司备置的备查文件齐备、完整,备查文件有:

1. 董事长兼总经理亲笔签名的1997年中期报告原本。

2. 1996年度股东大会文件。

3. 查阅地址:云南省保山市汉庄黑石头本公司证券部。

电话:0875—2160811/2122590

云南省保山水泥股份有限公司董事会

一九九七年八月二十日

武汉双虎涂料集团股份有限公司

1996年年度报告摘要　（摘选）

一、公司简况

公司名称：武汉双虎涂料集团股份有限公司

法人代表：郭金华　　邮政编码：430035

公司地址：武汉市桥口区古田路17号

电话：(027)3833770　　传真：(027)3833770

二、主要财务数据与财务指标

指标项目	本年数	上年数	比上年增减(%)
1.主营业务收入	18129.40万元	21189.68万元	-14.44
2.净利润	158.62万元	1394.30万元	-88.62
3.总资产	44447.16万元	39761.14万元	11.79
4.股东权益	21065.13万元	14176.78万元	48.59
5.每股收益	0.022元	0.26元	-91.54
6.每股净资产	2.95元	2.66元	10.90
7.净资产收益率	0.75%	9.84%	-92.38
8.股东权益比率	47.39%	35.65%	32.93

附注：扣除公司股票冻结无效申购资金利息278.08万元，净利润-119.46万元，每股收益-0.017元，净资产收益率-0.57%。

三、公司主要业务回顾

1. 一年来经营情况

(1) 1996年是公司发展极为不平凡的一年，在全国涂料行业整体仍不景气情况下，公司生产经营面临较大困难，尽管如此，公司一方面着力调整营销策略，建立新的营销体制，扩大对工业大户直销，建立全国性地区总代理和本地区营销连锁店，组织开展CI企业识别系统设计，塑造企业市场形象；适时调整产品结构，适应市场需求，重点开发建筑涂料等新产品，取得明显成效，其中建筑涂料的销售收入和利润实现成倍增长。另一方面，注重向内使劲，强化基础管理，提高企业整体素质。11月8日，经中国质量管理协会质量保证中心严格审核，取得中质协质保中心GB/T19002-1994 idt 9002:1994质量体系认证证书，使本公司成为全国涂料及湖北省化工企业首家通过国际标准质量体系认证的企业。并经国家对外贸易经济合作部批准，公司取得"经营进出口权"，其主导产品"双虎油漆"，被湖北省人民政府授予湖北省第一批"精品名牌"产品。

2. 经营实绩与盈利预测比较

然而虽经努力，主营收入与预期目标差距较大，实现利润更不尽人意，经武汉中华会计师事务所注册会计师审核，公司实现主营收入18129.40万元和实现利润203.09万元，分别为年初披露的盈利预测数的62.95%和10.47%。

经济效益大幅度下滑的主要原因是：

由于涂料行业为国民经济配套产业，国外涂料厂商大举进占国内市场，市场竞争异常激烈，涂料行业整体呈负增长，处于微利水平，经济景气回升有一定滞后性。公司重点投资的高附加值产品汽车涂料，刚开始走向市场，市场正在形成，受汽车产业调整的制约，市场需求受到抑制，市场现状与当初市场预测差距甚远，同时受经营三角债、假冒伪劣产品及企业历史负担的困扰，影响公司的经济效益；加之本年度开始的销售体制改革未及时到位，也一定程度影响了公司的经济效益。在此，公司董事长和总经理向全体股东深表歉意，1997年公司将坚持一业为主，多种经营的方针，采取得力措施，力争公司经济效益有较大改观。

3. 募集资金使用情况说明

公司年内向社会公众发行股票(A股)1800万股，募集资金6720万元(已扣除发行费用)。

1) 投入8000吨/年汽车漆技改项目2950万元，工程已完成90%；

2) 偿还用于与美国埃塞克斯公司(原法国雷弗柯公司)合资项目的二期投资所发行企业债券500余万元，工程已基本完工；

3) 投入汽车涂料涂装应用中心112万元；

4) 投入建筑涂料扩建项目550万元，项目已完成；

5) 投资15万元作建立树脂中心的前期工作；

余下的2593万元，暂作流动资金使用。

四、股本变化及股本结构情况

1. 股本变化及股本结构情况

(1) 股本结构情况(单位：万股)

1996年12月31日　　面值：1元

股份类别	期初数	本次变动 增减(+、-)	期末数
一、尚未流通股份			
1. 发起人股份	3146.26		3146.26
其中：			
国家拥有股份	2846.26	-2613	233.26
境内法人持有股份	300	+2613	2913
2. 募集法人股	1246		1246
3. 内部职工股	940		940
尚未流通股份合计	5332.26		5332.26
二、已流通股份			
境内上市人民币普通股	0	+1800	1800
已流通股份合计	0	+1800	1800
三、股份总数	5332.26	+1800	7132.26

(2) 股本变动情况及原因

本年度新增1800万股社会公众股，公司总股本由此增至7132.26万股，海南赛格实业股份有限公司受让2613万股国家股，使国家股减少2613万股。

(3) 主要股东(前十名)持股情况

股东名称	持股数(万股)	占总股本比例(%)
1. 海南赛格实业股份有限公司	2613	36.64
2. 武汉市国有资产经营公司(国家股)	233.26	3.27
3. 武汉市建行信托投资有限公司	200	2.80
4. 深圳蓝天基金管理公司	133.56	1.87
5. 湖北省工商银行信托投资公司	100	1.40
6. 铁道部第四勘测设计院	60	0.84
7. 武汉市化四节能新技术开发部	55	0.77
8. 武汉证券公司	50	0.70
9. 湖北省嘉鱼县农业银行信托部	40	0.56
10. 南方证券有限公司武汉分公司	30	0.42

(4) 股东数量

本报告期末：股东总数为22816户，其中：国家股股东1户，法人股股东102户，内部职工股股东9367户，社会公众股股东13446户。

湖北兴化股份有限公司

1996年年度报告摘要　（摘选）

一、公司简况

公司名称：湖北兴化股份有限公司

法人代表：马金魁　　　邮政编码：448002

公司地址：湖北省荆门市台庙路63号

电话：0724—2210574　　　传真：0724—2210632

二、主要财务数据与财务指标

指标项目	1996实际数	比上年增减(%)	1995实际数	比上年增减(%)	1994实际数
1.主营业务收入	613666529.59	187.90%	213156267.64	67.29%	127416182.34
2.净利润	122860071.00	78.35%	68885305.77	81.94%	37862587.73
3.总资产	483245444.03	53.35%	315133255.59	108.72%	150981694.76
4.股东权益	269406822.85	129.52%	117380516.85	23.35%	95161181.28
5.每股收益	1.003	-15.00%	1.18	81.94%	0.65
6.每股净资产	2.20	9.45%	2.01	23.35%	1.63
7.净资产收益率	45.60%	-22.25%	58.65%	47.07%	39.88%
8.股东权益比率	55.75%	49.66%	37.25%	-40.94%	63.03%

三、公司主要业务回顾

1．一年来经营情况

(1) 公司全年生产、销售产品总量368885吨，产销率为100%，实现主营业务收入6.14亿元。

(2) 公司"九五"重点工程80万吨/年重油催化裂化工程，投资3.76亿元，已于1996年8月5日建成投产，开工一次成功；公司重点项目聚丙烯扩建工程，投资1300万元，已于1996年6月27日建成投产，开工一次成功。

(3) 公司股票1996年7月1日入选首届上证30指数样本股。

2．主要指标分析

主营业务收入61366.65万元，比上年增长187.90%；净利润12286.01万元，比上年增长78.35%。主营业务收入和净利润增长的主要原因是公司的80万吨/年重油催化裂化装置并工投产，运行情况良好，在保证本公司生产任务的同时，重油催化裂化装置及气分装置还为荆门石油化工总厂代加工各类石油产品10万吨，收取代加工费1500万元。

湖北会计师事务所曾于1995年8月对本公出具盈利预测鉴证报告，预测1996年度净利润9280万元，1996年实际完成利润额超过预测32.39%。

四、股本变化及股本结构情况

1．股本变动情况及原因

根据本公司1996年5月17日第五次股东大会决议，公司1995年度红利分配以送红股和派发现金红利的方式进行，分配方案为每10股送红股5股，派发现金红利3元(含税)。

根据本公司1996年10月16日临时股东大会决议，公司1996年度中期分红方案为每10股送红股2股；用资本公积金每10股转增2股。

经过两次股本变动，本公司股本由上市时的5833万股变为12250万股。

附：1996年度公司股份变动情况

1996年度公司股份变动情况

填报日期：1997年2月26日　数量单位：股　每股面值：1元

	期初数	本年度变动增减(+，-)				期末数
		送股(一)	送股(二)	公积金转股	小计	
一、尚未流通股份						
国家拥有股份	33257818	16628909	9977345.5	9977345.5	36583600	69841418
境内法人持有股份	2855814	1427907	856744	856744	3141395	5997209
尚未流通股份合计	36113632	18056816	10834089.5	10834089.5	39724995	75838627
二、已流通股份						
境内上市的人民币普通股	22218837	11109419	6665651.5	6665651.5	24440722	46659559
已流通股份合计	22218837	11109419	6665651.5	6665651.5	24440722	46659559
三、股份总数	58332469	29166235	17499741	17499741	64165717	122498186

注：① 送股(一)为1995年度利润分配，送股(二)为1996年度中期分红；

② 由于送股(二)与资本公积金转增股本合并实施，故存在零股。

2．主要股东持股情况

股东名称	1996年末持股数	占总股本比例
中国石化荆门石油化工总厂	6984.14万股	57.01%
湖北省石油总公司	280.52万股	2.29%
上海浦东实华经济发展公司	172.20万股	1.41%
中国石化销售中南公司	105.00万股	0.86%
武汉京昌商贸发展中心	42.00万股	0.34%
中信上海	144.21万股	1.18%
恒银投资	88.78万股	0.72%
谢仁国	78.00万股	0.64%
振崇建材	77.30万股	0.63%
陈传银	56.50万股	0.46%

3．股东数量

本报告期末，公司股东总数21099户，其中国有法人股东1户，法人股东4户，社会公众股东21094户。

4．公司董事、监事及高级管理人员持股情况

姓名	职务	年初持股数(股)	年末持股数(股)
马金魁	董事长、总经理	4500	9450
王瑞光	名誉董事长	4500	9450
王运兴	副董事长	4500	9450
赵克礼	副董事长	4500	9450
石　川	董事	0	0
孔庆伟	董事	0	0
朱德启	董事	3000	6300
张纯杰	董事	3000	6300
郭新环	董事	3000	6300
郑国华	董事	3000	6300
程　美	董事	3000	6300
佃国炎	董事、常务副总经理	2000	4200
熊家解	董事	3000	6300
吴尚清	董事	3000	6300
刘　辉	董事	3000	6300
沈宪章	监事长	2000	4200
蔡宏大	监事	2000	4200
周廷才	监事	2000	4200
翟　稳	监事	2000	4200
文汉洲	监事	0	0
丁　江	副总经理	1700	3570
凌传金	副总经理	2000	4200

内蒙古伊利实业股份有限公司

1996年年度报告摘要　（摘选）

一、公司简况

公司名称：内蒙古伊利实业股份有限公司

法人代表：郑俊怀　　　邮政编码：010031

公司地址：内蒙古呼和浩特市石西路泉源巷31号

电话：(0471)5961457　5974986

传真：(0471)5961457　5971600

二、主要财务数据与财务指标

1. 含新股发行利息数据

项目	单位	1996年	96年比95年增长%	1995年	1994年
主营业务收入	万元	35498.41	69.76	20911.52	10216.39
净利润	万元	3339.08	106.92	1613.71	852.85
总资产	万元	27601.34	84.75	14939.98	9634.18
股东权益	万元	16747.98	237.50	4962.32	3076.77
每股收益	元/股	0.67	36.73	0.49	0.33
每股净资产	元/股	3.34	122.67	1.50	1.22
净资产收益率	%	19.95	−38.65	32.52	27.72
股东权益比率	%	60.68	82.66	33.22	31.94

2. 剔除新股发行利息数据

项目	单位	1996年	96年比95年增长%	1995年	1994年
主营业务收入	万元	35498.41	69.76	20911.52	10216.39
净利润	万元	3159.20	95.77	1613.71	852.85
总资产	万元	27421.47	83.54	14939.98	9634.18
股东权益	万元	16568.10	233.88	4692.32	3076.77
每股收益	元/股	0.63	28.57	0.49	0.33
每股净资产	元/股	3.30	120.00	1.50	1.22
净资产收益率	%	19.07	−41.36	32.52	27.72
股东权益比率	%	60.42	81.88	33.22	31.94

三、公司主要业务回顾

1. 一年来经营情况

一年来，公司严格按照《公司法》及《公司章程》的基本要求规范企业行为，各项事业均取得了长足的进步和发展。

公司是以生产经营冷冻食品、乳制品、饮料、面食、饲料为主的畜产品深加工企业，产品现已销往东北、华北、西北的大部分地区和山东、河南、湖北、江苏、上海、广东等全国二十六个省市自治区、一百八十多个城市，被内蒙古自治区政府列为全区30家重点企业和全区13家现代企业制度试点企业之一，居内蒙古同行业榜首，步入全国最大冰淇淋生产企业行列。

公司注重新产品的研制与开发和产品质量的不断提高，伊利雪糕、冰淇淋、奶粉奶茶粉等六种产品被中国绿色食品发展中心授予使用绿色食品标志，并走出国门，获96亚特兰大奥运会中国大陆唯一特许产品。1996年12月公司所属冷冻食品公司、奶粉厂获得北京九千标准质量体系认证中心颁发的BG/T19002-ISO9002标准质量体系认证书。

公司96年完成主营业务收入3.5亿元，比95年增长69.76%；实现净利润3339万元，比95年增长106.92%，利润主要来源于公司主营产品冷冻食品系列与乳制品系列，主要增长原因是：

① 大力调整产品结构，加强新产品的开发与研制，全年共开发新产品48种。新产品的不断推向市场，受到广大消费者的好评，销售量进一步增加，产品的市场占有率和知名度不断提高。

② 稳步提高产品质量，搞好企业内部的挖潜改造，实行科学规范管理，在发展主业的同时，积极拓宽经营之路，选好投资点，加快了公司在矿泉水、肉制品加工、房地产开发等项目的投资尝试，公司的部分投资已向国家技改项目延伸，项目的确立会大大促进公司的发展

③ 公司实行资源转化战略，充分消化当地奶源，积极带动地方经济的发展。96年公司进行了二期冷冻食品扩建工程、冰淇淋工程扩建、奶粉奶茶粉等项目的建设，目前上述项目均已运转正常，为公司带来了可观的经济效益。

2. 前次募集资金的使用情况说明

按照1995年度股东大会决议：

① 新建日产100吨冷冻食品厂项目

共投入资金6490万元(其中固定资产5490万元，配套流动资金1000万元)。项目于1995年8月下旬开工，1996年2月竣工投产，项目已达到预测效益。

② 奶粉奶茶粉项目

共投入资金750万元，具有现代化生产水平，项目于96年10月竣工达产。该项目的建设进一步提高了该产品的生产档次及生产能力。

③ 奶源基地的建设

共投入500余万元，广泛培植乡村奶牛户，采取“分散饲养，集中挤奶，统一收购”的方式，在互惠互利的原则基础上与奶户充分建立利益共同体关系，进一步稳定了公司的奶源供应，为公司的日常生产提供了可靠的保障，该项目正在建设中。

④ 冰淇淋扩建工程

公司生产的冰淇淋由于口味纯正、物美价廉，投入市场后颇受广大消费者的欢迎，因此公司加大了这方面的投资力度，以满足消费者对产品需求日益增长的需要。经公司95年度股东大会授权，公司投资1450万元对现有冰淇淋生产线进行了扩建，目前已基本完工。

⑤ 无菌奶项目

经公司95年度股东大会授权，审议通过的公司投资计划，引进国外先进设备在金川开发区兴建一条年产7000吨无菌奶的生产线，先期投入120万元，预计1997年8月建成投产。

⑥ 微机配套工程

科学管理是现代企业制度重要特征之一，为适应公司的高速发展，公司共投入380万元进行微机配套工程，该项目正在进行建设中。

四、股本变化及股本结构情况

1. 股本变化及股本结构情况

① 股本结构情况

股份单位(股)　　面值：每股元

股份类别	期初数	本次变动增减(+、−)	期末数
(一)尚未流通股份			
1. 发起人股	28,215,073	0	28,215,073
其中：			
国家拥有股份	12,703,363	0	12,703,363
境内法人持有股份	15,511,710	0	15,511,710
2. 募集法人股	1,362,488	0	1,362,488
3. 内部职工股	2,585,868	0	2,585,868
尚未流通股合计	32,163,429	0	32,163,429
(二)已流通股份			
境内上市的人民币普通股	18,000,000	0	18,000,000
已流通股份合计	18,000,000	0	18,000,000
(三)股份总数	50,163,429	0	50,163,429

② 股本情况说明

因公司为1996年新上市公司，期初数据摘录自公司上市公告书(见1996年3月9日上海证券报、中国证券报)，年度内股本未发生变化。

③ 主要股东持股情况

股东	持股数(万股)	占总股本(%)
呼和浩特市国有资产管理处(持国家股)	1270.34	25.32
呼和浩特立鑫实业开发公司	310.47	6.19
呼和浩特市租赁公司	196.50	3.92
呼和浩特市诚信经济贸易公司	144.10	2.87
内蒙古财信实业有限公司	131.00	2.61
包头市桂圆集团有限总公司	131.00	2.61
内蒙古富源经贸公司	115.28	2.30
包头陆丰房产开发有限公司	85.10	1.70
内蒙古贵兔皮革有限公司	78.60	1.57
北京华冠乳品公司	67.73	1.35

④ 股东总数(1996年年末数)：5437户。

新疆众和股份有限公司

1996年年度报告摘要　（摘选）

一、公司简况

公司名称：新疆众和股份有限公司

法人代表：张英千　　　邮政编码：830013

公司地址：新疆维吾尔自治区乌鲁木齐市喀什东路18号

电话：(0991)3835306　3835029　3835038

传真：(0991)3837493

二、主要财务数据与财务指标

指标项目	1996年	1995年	比上年增减(%)
1.主营业务收入(万元)	31666	32297	-1.95
2.净利润(万元)	2533	2515	0.72
3.总资产(万元)	53783	35869	49.94
4.股东权益(万元)	21172	9647	119.47
5.每股收益(元)	0.318	0.44	-27.73
6.每股净资产(元)	2.66	1.69	57.40
7.股东权益比率(%)	39.37	26.89	46.41
8.净资产收益率(%)	11.96	26.12	-54.21

三、公司业务回顾

（一）一年来经营情况回顾

本年度，公司的经营环境和经营条件发生了较大的变化，特别是铝价的大幅度下滑和电费、运费的上调给我们完成全年的生产经营目标造成了很大的困难。但我们本着为全体股东谋取最大投资回报的宗旨，抓住股票发行与上市的有利时机，加快现代企业制度的建立步伐，加强企业的内部管理，在产品成本、销售费用、管理费用、财务费用等各个方面确定目标成本，并辅以严格的考核，使本年度的成本、费用都有不同程度的降低和减少。

经过全体员工的共同努力，全年完成主营业务收入31666万元，实现税后利润2533万元，分别完成年初预测的83.28%、55.16%，每股收益0.318元。实现主营业务利润2915万元，占公司利润总额的96.3%。

在普铝生产方面，公司共生产原铝21867吨，较上年增长1.12%，占全国铝产量的1.25%。

在高纯铝(精铝)生产方面，1996年公司的产量、质量和工艺技术仍居全国第一。其中：精铝产量创本公司历史最高水平，新的生产工艺——偏析法也已在本公司研制成功。

1996年公司加大了科技开发的投入，新产品高压大比容电子铝箔和低压大比容电子铝箔已分别于本年8月和7月试制成功，高压电子铝箔的质量达到日本同类产品水平。

（二）对公司实际经营结果与盈利预测的重大差异的说明

1996年公司实现税后利润2533万元，较年初盈利预测的4592万元减少了2059万元，完成率为55.16%，这主要受以下几个方面因素的影响：

1. 由于国际有色金属市场受日本“住友事件”的影响，价格暴跌，造成国内铝产品价格大幅度下滑，使公司铝锭的年平均销售价格只有15094元/吨，比年初预测的16400元/吨低了1306元/吨，从而减少销售收入2433万元、税后利润1696万元，占全部差额的82.37%。特别是进入四季度后，铝锭价格曾跌到12800元/吨左右，四季度的平均售价只有12900元/吨，比预测的售价低3120元/吨，由此减少销售收入1453万元、税后利润约1013万元，占全年差额的49.20%。

2. 由于公司新建的电子铝箔生产线的部分设备未能按期到货，致使工程峻工日期推迟了两个月，加之试生产中设备的磨合期比预计延长，致使正常生产日期推后，因此电子铝箔产品未能完成预期的利润。

3. 由于公司铝型材产品的出口渠道未能打开，加之低品质铝型材涌入新疆市场，致使本公司铝型材产品的产量和销售率偏低，因此铝型材产品未能成为公司1996年新的利润增长点。

由于我们年初在盈利预测时对市场估计过于乐观，而经营措施又不够得力，致使公司本年度的盈利目标未能达到，董事会并经理班子对此向全体股东致歉。

（三）对前次募集资金运用情况的说明

截止1996年2月3日，公司所募资金已全部到位。共募资金9690万元，均按募集资金运用计划投入到两个新建项目，具体使用情况如下：

1. 投入高压及低压大比容电子铝箔生产线6661万元。

该项目的主要设备冷轧机、热轧机的安装调试按进度计划于1996年6月份完成，低压箔于1996年7月份投入试生产并生产出合格产品；高压箔部分设备于8月份安装调试完毕(比计划进度推迟两个月)后，投入试生产并生产出合格产品，9月末整条生产线投入批量生产。

该项目原批准概算为6661万元，后来因为部分修改设计和原材料、设备调价，经设计单位核算并经自治区主管部门确认，总概算调整为9700万元，截止1996年12月31日，该项目实际投入资金9489万元，完成工程形象进度的90%。工程全部完工后，预计总投资达到10500万元，比调整后的概算增加800万元，增加率为8.25%。

本项目所需资金缺口3839万元，主要通过银行贷款解决，目前已到位资金3773万元，尚需66万元，由公司自有资金解决。

2. 归还建设铝型材项目到期贷款600万元

按募集资金运用计划应偿还该项目贷款3029万元，本年度因部分借款还未到期，所以只偿还了到期部分。

四、股本变化与股本结构情况

（一）股本结构及变动情况

1. 股本结构(单位：万股　每股面值1元)

	期初数	本期增减(+，-)	期末数	比例(%)
(1)尚未流通股份				
国家持有的普通股	4962	0	4962	62.39
境内法人持有的普通股	741	0	741	9.32
小计	5703	0	5703	71.71
(2)已流通股份				
境内上市人民币普通股	0	2250	2250	28.29
小计	0	2250	2250	28.29
(3)股份总数	5703	2250	7953	100.00

2. 股本变动原因

公司1996年度股本增加2250万股，其原因是1996年1月12日经中国证监会审核同意于1996年1月17日至2月3日采取与储蓄存单挂钩方式发行2250万股社会公众股(包括内部职工股225万股)。社会公众股获准于2月15日上市流通，内部职工股获准于9月10日上市流通。

3. 主要股东持股情况

股东名称	持有数量(万股)	比例(%)
①自治区国有资产投资经营公司	4962.00	62.39
②新疆有色金属工业公司	292.50	3.68
③新疆新保房地产开发公司	149.50	1.88
④深圳大通实业股份有限公司	149.50	1.88
⑤深圳市诺信投资有限公司	149.50	1.88
⑥金华信托	40.00	0.50
⑦万科财务	22.20	0.28
⑧申银证券	18.10	0.23
⑨郭芳莲	16.30	0.20
⑩于泉	10.90	0.14

注：持有本公司5%以上股份的股东本报告期内持股情况未有变动。

4. 股东数量

到96年年末公司股东总数为17493户。其中国家股股东1户，法人股股东35户，社会公众股股东17457户。

南京化纤股份有限公司

1996年年度报告摘要 （摘选）

一、公司简况

公司名称：南京化纤股份有限公司

法人代表：余寿松　　邮政编码：210038

公司地址：南京市栖霞区中央门外燕子矶伏家场

电话：(025)5561011—685　传真：(025)5562252

二、主要财务数据与财务指标

单位：元

指标项目	1996年	比上年增减(%)	1995年
1.主营业务收入	270,759,587.19	-27.36	372,735,688.05
2.净利润	25,551,146.94	+11.07	23,004,760.27
3.总资产	406,496,068.27	+52.45	266,636,327.35
4.股东权益	237,489,854.46	+88.76	125,815,494.35
5.每股收益	0.28	-20.00	0.35
6.每股净资产	2.60	+36.84	1.90
7.净资产收益率	10.76%	-41.14	18.28%
8.股东权益比率	58.42%	+23.80	47.19%

注：若扣除新股申购冻结利息收入，净利润为2,342.9万元，每股收益0.257元，净资产收益率为10.00%。

三、公司主要业务回顾

1. 一年来经营情况

一九九六年对本公司来说是挑战与机遇并存、困难与希望同在的一年。公司全体员工面对严峻的形势，振奋精神，迎接挑战；从我做起，严格管理；抓住机遇，加快发展；齐心协力，真抓实干，实现了经济效益持续稳步发展。

公司主产品粘胶长丝和粘胶短纤一九九六年共计销售13227吨，其中：粘胶长丝3798吨，粘胶短纤9429吨；公司落实自备水厂新增生产能力5万吨/日自来水的用户，增加扩容收入1000万元。公司全年实现主营业务收入270,759,587.19元，实现利润总额27,815,752.16元，利润总额比上年增长2.36%。

公司全年取得上述较好的经济效益，主要采取了以下措施：

(1) 以人为本，强化管理。为在竞争中立于不败之地，在逆境中求得发展，公司坚持以人为本，严格管理，调整充实二级领导班子，加大考核力度，健全和完善经济承包责任制，把公司员工的经济利益与生产(工作)实绩以及公司经营状况结合起来，充分体现按劳分配的原则，调动全体员工的积极性，抓好生产、经营和管理，降低消耗，节约开支，减本增利。全年累计平均单位成本比上年降低4.38%(粘胶长丝)和6.02%(粘胶短纤)。

(2) 开发新品，占领市场。公司实施"销售围着市场转，生产围着销售转"的生产经营策略，根据市场对产品的需求，发挥公司的技术优势，及时调整产品结构，开发新品种，以此占领市场。公司非常规品种的粘胶长丝产量已占粘胶长丝总产量的58%以上，有色粘胶长丝成为市场热销产品。

(3) 强化营销，拓展市场。公司在原有的基础上，充实销售人员，提高人员素质，改善营销手段，优化销售服务，加大考核力度，推行"四包"责任制，健全激励机制，调动销售人员积极性，保证了多层次、多渠道地巩固老市场，开辟新市场，扩大产品市场覆盖面。

(4) 扩大经营，开辟财源。公司在抓好粘胶纤维生产经营的同时，扩大经营，开辟财源，增加效益。公司抓住南京新港工业区高速发展、需要提供成套服务的时机，充分发挥水厂扩建工程竣工新增生产能力5万吨/日的优势，增加扩容收入1000万元。此外，公司发行"南京化纤"股票，无效申购资金冻结期间的银行利息212.17万元，按照财政部的规定纳入公司权益。

2. 关于经营成果与预测差异的说明

公司根据一九九五年生产经营实绩以及一九九六年粘胶纤维市场展望，拟订公司主产品粘胶长丝和粘胶短纤生产销售计划，并据此预测主营业务收入为39544.11万元，利润总额为3779.56万元，净利润为3212.63万元。实际经营业绩与预测存在一定的差异，实现的主营业务收入、利润总额和净利润分别为预测的68.47%、73.60%和79.53%。

公司一九九六年实际经营情况与预测存在一定差异的原因，主要是本年度由于国家出口贸易管理体制的改革以及进出口关税政策的调整，国内棉纺织、丝绸行业受到冲击，并波及化纤工业，从一季度开始，粘胶纤维市场出乎人们的意料和预测，呈现极其疲软态势，销售艰难，售价猛跌，全国粘胶纤维生产出现了三十多年来未曾发生的经济效益严重下滑的严峻形势。公司上半年主产品粘胶长丝和粘胶短纤实际销售4819吨，比预测减少3906吨，实际销售价格比预测平均每吨下降4125元(粘胶长丝)、4977元(粘胶短纤)，实现利润83.12万元，比预测减少1806万元。

面对严峻的现实情况，公司全体员工齐心协力，共同拼搏，下半年采取灵活有效的营销策略及其他措施，并在地方政府以及与本公司长期协作的产品用户和原料供应单位的支持下，下半年利润比上半年有较大幅度增长，其主要因素有三个方面：

(1) 产品销售打开新局面，下半年共计销售粘胶长丝和粘胶短纤8408吨，占全年总销售量的63.57%，比上半年增加销售3589吨，全年主营业务利润实现6,325,370.36元；

(2) 合理营运资金，加强内部管理，规避市场风险，开展对外短期投资，增加收益606.8万元；

(3) 公司自来水厂长期以来承担对市民和企业供水，减轻了市政建设压力，为此，市政府给予供水财政补贴1350万元。

由于今年市场出现急剧变化，公司对此估计不足，致使本年度盈利预测目标未能实现，董事会并经理班子向全体股东致歉。

3. 筹集资金运用情况

公司于一九九六年二月通过发行"南京化纤"A股2500万股，共计募集资金8607.29万元，按照招股说明书的承诺，投入粘胶长丝扩建工程。第一期1000吨/年粘胶长丝技改工程，历时14个月零3天，已于一九九六年十二月十六日正式竣工投产。该项工程实施过程中，统筹兼顾二期工程建设，经有关主管部门批准，在土建、公用设施等方面，依照3000吨/年总体规划建设实施，现已投入资金8405万元。该项工程的竣工投产，新增生产能力可达1200吨/年，使公司粘胶长丝生产规模趋于经济合理，并为国家经贸委已批准可行性研究报告的本公司"双加"项目3000吨/年粘胶长丝技改工程的全面实施奠定了基础。

四、股本变化及股本结构情况

1. 股本变化及股本结构情况

(1) 截至1996年末，公司股本结构如下：

填报日期：1996年12月31日　数量单位：股　每股面值：1元

	年初数	年末数
一、尚未流通股份		
1. 发起人股份	54,280,977	54,280,977
其中：		
境内法人持有股份	54,280,977	54,280,977
2. 募集法人股	4,000,000	4,000,000
3. 内部职工股	7,948,000	7,948,000
尚未流通股份合计	66,228,977	66,228,977
二、已流通股份		
1. 境内上市的人民币普通股	——	25,000,000
已流通股份合计		25,000,000
三、股份总数	66,228,977	91,228,977

(2) 股本变动原因

本年度新增发行2500万股社会公众股，公司总股本由年初的6122.9万股增至9122.9万股。

(3) 主要股东持股情况

本公司前十名大股东持股情况如下：

	股东名称	持股数量(万股)	持股比例(%)
1	南京化学纤维厂	5428.1	59.50
2	东方散社	392.4	4.30
3	南京信业股份有限公司	80.0	0.88
4	张华	45.0	0.49
5	马鞍山市硫酸厂	30.0	0.33
6	南京市棉麻公司	25.0	0.27
7	南京纺织工贸实业总公司	20.0	0.22
8	浙江余杭工商经营开发公司	10.0	0.11
9	杭州化纤(集团)公司	10.0	0.11
10	海南金碧实业有限公司	10.0	0.11

(4) 股东数量

截至1996年12月31日，公司股东总数为13278户；其中：国有法人股股东1户，法人股股东42户，内部职工股4601户，社会公众股股东8634户。

长春长铃实业股份有限公司

长春长铃实业股份有限公司1996年年度报告摘要

一、公司简况

股票代码:600890
股票简称:长春长铃
公司法定中文名称:长春长铃实业股份有限公司
（原长春汽油机股份有限公司）
公司英文名称:CHANGCHUN CHANGLIN INDUSTRY & COMMERCE CO.,LTD
公司英名称缩写:CHANGLIN
公司注册地址:长春市小南街31号
公司办公地址:长春市小南街31号
邮政编码:130052
公司法定代表:黄振山
公司咨询服务机构:证券部
电话:0431—2936024
传真:0431—2930397
联系人(董秘):刘相云
会计师事务所:长春会计师事务所
律师事务所:吉林省国际经济贸易律师事务所

二、主要财务数据与财务指标

指标项目	本年数	上年数	比上年增减(%)
1.主营业务收入(万元)	72,884.91	83,006.23	−12.72
2.净利润(万元)	7,295.34	6,311.75	15.58
3.总资产(万元)	94,105.52	65,089.64	44.58
4.股东权益(万元)	48,646.79	20,076.47	142.30
5.每股收益(元)	0.50	0.56	−10.71
6.每股净资产(元)	3.37	1.78	89.33
7.净资产收益率(%)	14.99	31.44	−52.32
8.股东权益比率(%)	51.69	30.84	67.61

(注)本公司股票于1996年2月12日发行，新股申购利息44010.65元，因数额较小故不列示，剔除申购利息后的各项指标。

三、公司业务经营回顾

1.一年来经营情况

1996年摩托车市场竞争十分激烈，各公司各种型号的摩托车价格在大幅度下降，给本公司的生产和经营带来较大的困难。面对目前市场竞争激烈，本公司继续实施名牌战略，公司一直把技术改造、产品开发、市场开拓、提高产品质量和企业管理工作作为工作重点。采取强化销售队伍，提高销售人员的素质，搞好产品宣传和技术服务等措施，作好产品销售工作和售后服务，及时做好用户来访和上门服务工作，使企业的信誉在市场中不断的提高。保证了生产计划的实施使企业在产品销售十分困难的情况下，仍取得了比较好的经济效益。居全国同行业前十位之列。

1996年实现主营业务收入72,884.91万元，净利润7295.34万元，分别比1995年减少和增加12.72%和15.58%。

本年度新产品开发工作取得了丰硕的成果，共开发六种车型，均完成了产品鉴定，使企业产品形成50cc到150cc的产品系列。

2.前次募集资金使用情况

经中国证监会批准本年度内发行新股3205万股，共募集资金21,473.5万元，解决了公司技术改造工作的资金，使公司发展规划得以顺利进行，具体使用情况如下:

1)对长铃发动机有限公司投资2601万元，新增建筑面积15966平方米，引进设备99台套。

2)对摩托车配套件本年度按计划投入3460万元。

3)公司出资9,139.2万元人民币，受让长铃摩托车有限公司51%的股权。此投资计划已于1997年1月31日临时股东大会通过。

四、股本变化及股本结构情况

(一)股本结构(单位:股　每股面值一元)

	96年末数	所占比例%	本年增减	95年末数	所占比例%
1.尚未流通股份					
其中:国家股	80384000	55.61	0	80384000	71.45
法人股	9900000	6.85	0	9900000	8.80
内部职工股	17766000	12.29	−4450000	22216000	19.75
2.已流通股份					
境内上市					
人民币普通股	36500000	25.25	36500000	0	0
3.股份合计	144550000	100	32050000	112500000	100

注:96年获发行额度3650万股，其中内部职工股445万股占额度上市。

(二)主要股东持股情况(前十名股东)

名次	股东名称	年初持股数(万股)	占总股本(%)
1	长铃集团有限公司	8038.40	55.61
2	深圳中汇	264.29	1.83
3	广州大进贸易发展有限公司	200.00	1.38
4	长春信托投资股份有限公司	200.00	1.38
5	深圳市宝安深宝摩托车销售公司	150.00	1.04
6	华夏南京	100.79	0.70
7	广州五金交电采购供应站	100.00	0.69
8	黄永权	77.60	0.54
9	候　军	70.83	0.49
10	付银子	65.50	0.45

注:深圳市宝安深宝摩托车销售公司已经将其股份转让给深圳市恒增工贸有限公司，但经长春市中级人民法院判决转让无效。

截止1996年12月31日公司股东总数为22686户，其中国家股股东1户，法人股股东18户，社会公众股股东18112户，内部职工股股东4555户。

(三)公司董事、监事与高级管理人员持股情况

姓　名	职　务	年初持股数	年末持股数	变动原因
黄振山	董事长兼总经理	20000	20000	
王立恺	副董事长	20000	20000	
王志杰	副董事长	10000	10000	
鲁兴财	董事	10000	10000	
曾昭胜	董事	10000	10000	
李守仁	董事	10000	10000	
张瑞霞	董事、总会计师	5000	5000	
刘胜娣	董事	5000	5000	
王连杰	董事	7000	7000	
齐怀生	监事会主席	10000	10000	
杨岱荣	监事	1000	1000	
袁海光	监事	0	0	
段晓刚	监事	0	0	
曲学芝	监事	0	0	

五、重要事项

一、股东会简介

本公司于1996年3月8日在长春汽油机股份有限公司五楼会议室召开1995年度股东大会,到会股东206人,代表股份9689.1万股,占公司总股本的67%,符合《公司法》及《公司章程》有关规定,决议有效。本次股东大会通过以下决定:

1. 审议通过公司1995年度董事会工作报告
2. 审议通过公司1995年度监事会工作报告
3. 审议通过公司1995年度财务决算报告和96年财务预算方案
4. 审议通过公司1995年度股利分配方案:向全体股东每10股派发红利现金3.45元
5. 审议通过公司董事会和监事会的换届选举:免去张继荣董事职务,新增选张瑞霞女士为公司董事,新增选刘胜娣女士为公司董事,免去其原监事职务
6. 审议通过公司修改后的公司章程

二、新股发行情况

1996年2月12日经中国证监会证监发审字〔1996〕6号文和证监发字〔1996〕18号文批准,公司向社会公开发行3205万股(面值每股一元)股票,募集资金21,473.5万元,中签率为90.58%。1996年3月18日经上海证券交易所上证上〔1996〕字第008号文审核批准,公司3650万社会公众股(含445万股内部职工股)股票在上海证券交易所正式挂牌交易。注册资本由11250万元增至14455万元。

三、本报告期期后事项

本公司于1997年1月31日召开临时股东大会,审议通过以下决议:

1、公司名称由长春汽油机股份有限公司变更为长春长铃实业股份有限公司

2、公司出资9,139.2万元人民币受让长春长铃摩托车有限公司51%的股权

四、本公司因深圳市宝安深宝摩托车销售公司拖欠货款105.5万元及拖欠货款期间应付的利息37.3万元,已于1996年末向长春市中级人民法院诉讼,此案正在审理中,现未结案。

公司截止1996年12月31日止,无其他法律诉讼事件。

六、子公司及关联企业

企业名称	注册资金(万元)	主营业务	本公司拥有权益
1 长铃摩托车有限公司	17920	摩托车制造	51%
2 长铃发动机有限公司	17430	发动机制造	51%
3 大长江摩托车实业总公司	12234	摩托车制造	32.55%

七、财务报告

1、审计意见:公司财务报告经长春会计师事务所注册会计师赵擎麾、陈思滨审计,并出具无保留意见的审计报告【长会师报字〔97〕第5号】

2、财务报表

A 资产负债表(附后)

B 利润及利润分配表(附后)

C 财务状况变动表(附后)

3、财务报表附注

(一)公司的主要会计政策

1、公司执行的会计制度:公司执行《股份制试点企业会计制度》和《股份制试点企业财务管理若干问题的暂行规定》

2、合并报表的编制方法:公司按财政部颁布的《合并会计报表暂行规定》,对母公司及应纳入合并范围的子公司个别会计报表经充分抵消内部投资、内部交易和内部债权、债务等内部会计事项后合并编制的,已纳入公司合并报表的子公司为长春长铃发动机有限公司(原长春摩托车发动机有限公司)

3、会计期间:自每年公历1月1日起至12月31日止

4、记帐本位币:公司以人民币为记帐本位币

5、记帐原则及计价基础:公司会计核算以权责发生制为原则,除资产评估增值外,均按历史成本计价

6、外币折算方法:发生外币业务时,以发生当日外汇市场汇率折合为人民币记帐,期末将各种外币帐户的外币期末金额,按照期末市场汇价折合为人民币金额,其差额计入"财务费用"

7、存货计价方法:库存商品按实际成本核算,采用先进先出法结转成本,原材料、低值易耗品采用计划成本核算,按期结转其应负担的成本差异,将计划成本调整为实际成本;低值易耗品一次摊销

8、坏帐准备:按应收帐款年末余额的3‰计提坏帐准备计入当期损益

9、长期投资:股权投资占被投资企业权益性资本20%以上均按权益法核算;其中占被投资企业权益性资本50%以上的编制合并会计报表

10、固定资产及其折旧:固定资产标准单位价值为人民币2000元以上(含2000元),按实际成本计价,其折旧采用平均年限法,按原值的1%预计残值实行分类折旧,分类折旧率如下:

固定资产类别	使用年限(年)	年折旧率
房屋及建筑物	30	3.3%
机器设备	10	9.9%
运输设备	10	9.9%
电子设备	10	9.9%

11、无形资产及其摊销:商标使用权、专有技术按10年期限平均摊销;职工住房使用权,按5年期限平均摊销

12、递延资产及其摊销:开办费按5年期限平均摊销

13、税项:公司目前主要税种有增值税、城建税、消费税、所得税、教育费附加,其中:

(1)所得税税率33%,经长春市财政局长财税政字〔1996〕76号文批准,按33%税率计算缴纳,年度终了财政局将按18%的税率返还企业

(2)其它税种按国家有关规定缴纳

(二)财务报表附注

1. 短期投资

短期投资期末余额56,604,126.50元,均系债券投资,按1996年12月31日市价计算为61,628,298.40元。

2. 应收帐款

应收帐款期末余额为149,687,241.52元,帐龄如下:

帐龄	金 额	占应收帐款总额比例
1年以内	88,092,741.71	58.9%
1-2年	49,441,996.57	33%
2-3年	189,485.99	0.1%
3年以上	11,963,017.25	8%
合计	149,687,241.52	100%

本项目中无持有5%以上股东的欠款。

3. 其他应收款

其他应收款期末余额为60,620,673.13元,较年初增长150.7%,主要系长春长铃发动机有限公司技术改造项目设备付款增加所致,帐龄如下:

帐龄	金 额	占其他应收总额比例
1年以内	43,292,999.57	71.4%
1-2年	14,046,291.91	23.2%
2-3年	1,954,532.97	3.2%
3年以上	1,326,848.68	2.2%
合计	60,620,673.13	100%

本项目中无持有5%以上股东的欠款。

4. 长期投资

长期投资期末余额62,431,632.16元,较年初增长94.5%,主要系股权投资按权益法核算增加的权益所致,其列示如下:

被投资单位名称	投入资本	占被投资单位股权比例	投资金额合计
江门市大长江摩托车有限公司	39,822,975.92	32.55%	62,431,632.16

根据大长江摩托车有限公司董事会决议,扩大投资规模,投资各方需增加投资。因此长铃实业股份有限公司将投资收益转为股本,长期投资变为39,822,975.92元,投资比例变为32.55%。

5. 在建工程

在建工程期末余额24,580,885.90元,列示如下:

工程名称	工程进度	实际支用数	原预算数	批准文件	资金来源
22万辆摩托车土建改造项目	90%	17,719,855.07	17,870,000.00	外经贸吉府长经字〔1994〕020号	贷款及自筹
配件分公司移地建设项目	70%	6,861,030.83	10,000,000.00	长计汽〔1995〕第236号	自筹
合 计		24,580,885.90	27,870,000.00		

6、资本公积

资本公积期末余额 239,438,210.79 元,较年初增长 329.3%均系本次发行股票溢价净收入增加所致,列示如下:

项目	年初数	本年增加	年末数
评估增值	52,333,280.02		52,333,280.02
资本溢价	3,256,636.27	183,659,254.50	186,915,890.77
接受捐赠	189,040.00		189,040.00
合　计	55,778,956.29	183,659,254.50	239,438,210.79

7. 盈余公积

盈余公积期末余额 41,240,996.31 元,列示如下:

项目	年初数	本年增加	本年减少	年末数
盈余公积	24,690,293.69	19,771,458.31	3,220,755.69	41,240,996.31
其中:公益金	11,806,066.05	6,766,055.44	3,220,755.69	15,351,365.80

注:(1)本年母公司提取盈余公积金 13,532,110.88 元,其中:公益金 6,766,055.44 元;控股公司长春长铃发动机有限公司本年提取储备基金、企业发展基金中属于公司的盈余公积 3,018,591.74 元。

(2)本年公益金减少 3,220,755.69 元,系企业购建职工住宅支出,按现行会计制度规定,调减"盈余公积－公益金"科目同时调增"盈余公积－一般盈余公积"科目。

8. 投资收益

1996 年末累计数为 23,011,380.94 元

其中:股票投资收益	6,198.40
债券投资收益	10,526.30
股权投资收益	22,994,656.24
合　　计	23,011,380.94

注:(1)投资收益较 1995 年增长 43.98%,系股权投资收益增加所致。

(2)股权投资收益,系依据广东省江门市审计事务所【江审所查字〔1997〕26 号审计报告】审计后的江门市大长江摩托车有限公司的当年损益,按权益法核算确定的。

9. 补贴收入

补贴收入 10,110,443.44 元,系经长春市财政局批准列入返还的 1996 年、1995 年所得税。

10. 当年新股申购冻结资金存款利息收入 44010.65 元,根据财政部工字〔1996〕434 号文规定,申购成功的投资者其资金冻结期所产生存款利息收入 39864.85 元,计入资本公积金;申购无效的投资者其资金在冻结期所产生的存款利息收入 4145.80 元,计入营业外收入。

11. 未分配利润:

本年净利润经提取法定盈余公积,公益金和扣除子公司提取的职工奖励及福利基金后为 53,443,287.81 元,加年初未分配利润 7,795,419.65 元,可供股东分配的利润 61,238,707.46 元,根据 1997 年 3 月 17 日董事会确定的 1996 年利润分配预案,股利暂不分配,期末未分配利润 61,238,707.46 元。

八、其他事项

公司备查文件:

1、载有董事长签名的年度报告原本

2、1996 年度审计报告原本

3、1995 年度股东大会文件

4、年度内发行新股时的《招股说明书》、《上市公告书》

长春长铃实业股份有限公司

一九九七年三月十九日

合 并 资 产 负 债 表

编制单位:长春长铃实业股份有限公司　　1996 年 12 月 31 日　　金额单位:人民币元

资　产	行次	年初数(母公司)	年初数(合并)	年末数(母公司)	年末数(合并)
流动资产					
货币资金	1	37165859.21	66336948.83	51018581.67	85516771.31
短期投资	2			56604126.50	56604126.50
应收票据	3	764575.00	68696616.56		121469630.00
应收帐款	4	30682663.66	148843328.70	24856495.38	149687241.52
减:坏帐准备	5	92047.99	446529.99	74569.48	449061.72
应收帐款净额	6	30590615.67	148396798.71	24781925.90	149238179.80
预付货款	7	2605625.64	22924439.13		
其他应收款	8	74580467.75	24178023.86	172666685.82	60620673.13
待摊费用	9	462856.57	631339.81	550175.53	640518.54
存货	10	7614924.30	142385474.71	11326311.05	213703984.06
减:存货变现损失准备	10－1				
存货净额	10　2	7614924 30	142385474.71	11326311.05	213703984.06
待处理财产净损失	11				
一年内到期债券投资	12			15170.00	15170.00
其他流动资产	13				
流动资产合计	15	153784924.14	473549641.61	316962976.47	687809053.34
长期投资:					
长期投资	16	153389991.51	32104130.18	202747821.79	62431632.16
合并价差	16－1				
长期投资合计		153389991.51	32104130.18	202747821.79	62431632.16
固定资产:					
固定资产原价	17	19670991.82	114228353.61	45951158.32	174309650.07
减:累计折旧	18	3819206.56	11059516.30	5063005.35	20191224.15
固定资产净值	19	15851785.26	103168837.31	40888152.97	154118425.92
在建工程	20	9601175.80	24093786.47	6861030.83	24580885.90
固定资产清理	21				
待处理固定资产净损失	22				
固定资产合计	23	25452961.06	127262623.78	47749183.80	178699311.82
无形及递延资产					
无形资产	24	17933590.44	17933590.44	16118559.57	17552050.46
递延资产	25		46400.00		34860.00
无形资产及递延资产合计	30	17933590.44	17979990.44	16118559.57	17586910.46
其他长期资产:					

资　　产	行次	年初数（母公司）	年初数（合并）	年末数（母公司）	年末数（合并）
其他长期资产	31				
递延税项：					
递延税款借项	32				
资产总计	40	350561467.15	650896386.01	583578541.63	946526907.78
负债及股东权益	行次	年初数（母公司）	年初数（合并）	年末数（母公司）	年末数（合并）
流动负债：					
短期借款	41	750000.00	25750000.00		21600000.00
应付票据	42		20100000.00		21308825.64
应付帐款	43	28517056.59	122563803.38	60121482.67	176336145.48
预收货款	44	9553949.22	25796258.61	794457.76	794457.76
应付福利费	45	2218292.72	2218292.72	2259983.77	4971883.44
未付股利	46	51026443.58	51026443.58	709994.77	709994.77
未交税金	47	31031565.47	40933556.67	4215315.42	10992688.85
其他未交款	48	2070135.22	2070135.22	461206.34	461206.34
其他应付款	49	21146959.01	32948581.12	26828860.47	75487179.55
预提费用	50				501970.45
一年内到期的长期负债	51				20000000.00
其他流动负债	52				
流动负债合计	55	146314401.81	323407071.30	95391301.20	333164352.28
长期负债：					
长期借款	56		20000000.00		
应付债券	57				
长期应付款	58				
其他长期负债	60	819528.84	819528.84	938978.11	938978.11
长期负债合计	65	819528.84	20819528.84	938978.11	938978.11
递延税项					
递延税款贷项	66				
负债合计	67	147133930.65	344226600.14	96330279.31	334103330.39
少数股东权益	67-1		105905116.24		125955662.83
股东权益：					
股本	68	112500000.00	112500000.00	144550000.00	144550000.00
资本公积	69	55778956.29	55778956.29	239438210.79	239438210.79
盈余公积	70	24690293.69	24690293.69	38222404.57	41240996.31
其中：公益金	71	11806066.05	11806066.05	15351365.80	15351365.80
未分配利润	72	10458286.52	7795419.65	65037646.96	61238707.46
外币报表折算差额	72-1				
股东权益合计	79	203427536.50	200764669.63	487248262.32	486467914.56
负债及股东权益总计	80	350561467.15	650896386.01	583578541.63	946526907.78

合并利润及利润分配表

编制单位：长春长铃实业股份有限公司　　1996年12月31日　　金额单位：元

项目	行次	母公司上年实际数	母公司本年实际数	合并上年实际数	合并本年实际数
一、主营业务收入	1	99225938.13	66240642.42	835062311.60	728849128.62
减：营业成本	2	72944834.93	49506123.36	617927295.73	532819530.46
销售费用	3	378678.04	194876.92	32285580.08	53087416.90
管理费用	4	4364849.83	6060912.01	22142219.83	27034844.81
财务费用	5	-7390231.37	-4637235.33	289790.39	-471669.41
进货费用	6				
营业税金及附加	7	1037361.29	424462.51	80709184.72	72748913.30
二、主营业务利润(亏损以“-”号表示)	8	27890445.41	14691502.95	81708240.85	43630092.56
加：其他业务利润(亏损以“-”号表示)	9	2127840.00	15894298.40	6962772.15	16807756.23
三、营业利润(亏损以“-”号表示)	10	30018285.41	30585801.35	88671013.00	60437848.79
加：投资收益(亏损以“-”号表示)	11	46268492.09	38399278.07	15982630.76	23011380.94
补贴收入	12		10110443.44		10110443.44
营业外收入	13	953149.61	1523473.43	1021067.41	1587729.20
减：营业外支出	14	2308677.05	3006259.04	3871621.11	4732328.87
加：以前年度损益调整	15				
四、利润总额(亏损以“-”号表示)	16	74931250.06	77612737.25	101803090.06	90415073.50
减：所得税	17	9587370.73	9501265.93	9587370.73	9501265.93

项目	行次	母公司上年实际数	母公司本年实际数	合并上年实际数	合并本年实际数
减:少数股权	18			29098180.50	7960413.47
五、净利润	19	65343879.33	68111471.32	63117538.83	72953394.10
加:年初未分配利润(未弥补亏损以"-"号表示)	20	8108991.63	10458286.52	7672465.26	7795419.65
盈余公积转入数	21				
六、可分配利润	22	73452870.96	78569757.84	70790004.09	80748813.75
减:提取法定盈余公积	23	6562442.22	6766055.44	6562442.22	9784647.18
提取法定公益金	24	6562442.22	6766055.44	6562442.22	6766055.44
职工奖励福利	25				2959403.67
	26				
七、可供股东分配的利润	27	60327986.52	65037646.96	57665119.65	61238707.46
减:已分配优先股股利	28				
提取任意公积	29				
已分配普通股股利	30	49869700.00		49869700.00	
八、未分配利润(未弥补亏损以"-"号表示)	31	10458286.52	65037646.96	7795419.65	61238707.46

合并财务状况变动表

编制单位:长春长铃实业股份有限公司

1996年12月31日

单位:元

流动资金来源和运用	行次	金额(母公司)	金额(合并)	流动资金各项目的变动	行次	金额(母公司)	金额(合并)
一.流动资金来源				一、流动资产本年增加数:			
1.本年净利润(合并报表为合并净利润)	1	68111471.32	72953394.10	1.货币资金	31	13852722.46	19179822.48
加:少数股东本期损益(合并报表填列)	2		7960413.47	2.短期投资	32	56604126.50	56604126.50
加:不减少流动资金的费用和损失:				3.应收票据	33	-764575.00	52773013.44
(1)固定资产折旧	3	1243798.79	9245347.96	4.应收帐款净额	34	-5808689.77	841381.09
(2)无形资产、递延资产及其他资产摊销减其他负债转销	4	2025440.83	2056624.65	5.预付货款	35	-2605625.64	-22924439.13
(3)固定资产盘亏(减盘盈)	5	-996000.00	-996000.00	6.其他应收款	36	98086218.07	36442649.27
(4)清理固定资产损失(减收益)	6	360.00	150087.12	7.待摊费用	37	87318.96	9178.73
(5)递延税款	7			8.存货净额	38	3711386.75	71318509.35
(6)其他不减少流动资金的费用和损失	8			9.待处理流动资产净损失	39		
小计	10	70385070.94	91369867.30	10.一年内到期的长期债券投资	40	15170.00	15170.00
2.其他来源				12.其他流动资产	41		
(1)固定资产清理收入(减清理费用)	11	995640.00	1012950.26				
(2)增加长期负债	12	119449.27	-19880550.73	流动资产增加净额	45	163178052.33	214259411.73
(3)收回长期投资	13	22846438.83	478910.21	二.流动负债本年增加(减少)数			
(4)对外投资转出固定资产	14			1.短期借款	46	-750000.00	-4150000.00
(5)对外投资转出无形资产	15			2.应付票据	47		1208825.64
(6)资本净增加额	16	229241365.38	232259957.12	3.应付帐款	48	31604426.08	53772342.10
(7)少数股东资本净增加额(合并报表填列)	16-1		29690348.74	4.预收货款	49	-8759491.46	-25001800.85
小计	17	253202893.48	243561615.60	5.应付福利费	50	41691.05	2753590.72
流动资金来源合计	18	323587964.42	334931482.90	6.未付股利	51	-50316448.81	-50316448.81
二.流动资金运用:				7.未交税金	52	-26816250.05	-29940867.82
1.利润分配				8.其他未交款	53	1608928.88	-1608928.88
(1)提取法定公积金	19	6766055.44	9784647.18	9.其他应付款	54	5681901.46	42538598.43
(2)提取法定公益金	20	6766055.44	6766055.44	10.预提费用	55		501970.45
(3)提取任意公积金(减盈余公积转入)	21			11.一年内到期的长期负债	56		20000000.00
(4)已分配股利	22			12.其他流动负债	57		
(5)职工奖福基金(合并报表中外商投资子公司项目)	22-1		2959403.67				
小计	23	13532110.88	19510106.29				
2.少数股东利润分配(合并报表填列)	23-1		17600215.62				
3.其他运用							
(1)固定资产和在建工程净增加额	24	23540021.53	60849073.38				
(2)增加无形资产、递延资产及其他资产	25	210409.96	1663544.67				
(3)偿还长期负债	26						
(4)增加长期投资	27	72204269.11	30806412.19				
小计	28	95954700.60	93319030.24				
流动资金运用合计	29	109486811.48	130429352.15				
外币会计报表折算差额(合并报表填列)	29-1			流动负债增加净额	58	-50923100.61	9757280.98
流动资金增加净额	30	214101152.94	204502130.75	流动资金增加净额	59	214101152.94	204502130.75

广州钢铁股份有限公司

1996年年度报告摘要 （摘选）

一、公司简况

公司名称：广州钢铁股份有限公司

法人代表：陈明德　　邮政编码：510381

公司地址：广州市芳村区白鹤洞

电话传真：020—81809182

二、主要财务数据与财务指标

单位:元

指标项目	1996年	比上年增减(%)	1995年	1994年
1.主营业务收入	2,498,875,874.38	17.11	2,133,778,464.93	1,892,648,126.87
2.净利润	117,880,609.01	7.34	109,816,749.55	103,229,219.97
3.总资产	2,826,306,066.90	9.70	2,576,399,852.92	2,559,363,180.10
4.股东权益	1,286,617,567.39	17.52	1,094,804,902.79	1,047,988,153.24
5.每股收益	0.20	-35.48	0.31	0.29
6.每股净资产	2.14	-30.29	3.07	2.94
7.净资产收益率(%)	9.16	-8.67	10.03	9.85
8.股东权益比率(%)	45.52	7.13	42.49	40.95

注：扣除新股申购冻结资金利息收入后，则上述主要财务指标为：

1)净利润(元)	116,773,535.28
2)股东权益(元)	1,285,510,493.66
3)每股收益(元)	0.1954
4)每股净资产(元)	2.14
5)净资产收益率(%)	9.08
6)股东权益比例(%)	45.48

三、公司主要业务回顾

1. 一年来经营情况

1996年公司在董事会的领导下，通过全体员工的共同努力，克服重量困难，强化内部管理，对内挖潜降耗，对外力促销售，提高效益。1996年公司生产经营又取得稳步发展的可喜成绩。公司的生产经营计划全面超额完成，全年实现主营业务收入249887.6万元，比上年增长17.11%；实现利润总额12916.69万元，比上年增长9.42%，净利润11788.06万元，比上年增长7.34%，完成了预测的104.67%，整体经营业绩令人鼓舞。

随着我国社会主义市场经济的逐步建立以及我国经济成功实现“软着陆”。国内经济对冶金企业的管理、生产规模、产品质量、品种结构等都提出了更高的要求。面对这一挑战与机遇，公司充分利用股票上市带来的机遇，加大技术进步和管理进步的力度，扩大市场销售渠道，1996年公司超额完成“双九十万”的奋斗目标。实现钢产量91.1万吨，比上年增长12.71%；钢材产量94.32万吨，比上年增长14.12%；实现产销率100.03%。1996年公司再次被评为广东省质量效益型先进企业，公司的热轧带肋钢筋被评为广州市认定的“广州名牌产品”。公司发行股票筹资投入的转炉2#连铸机、废钢破碎机如期投入使用，并初见成效。

1)把“学邯钢、降成本、创效益”放在一切工作的首位。

2)精心组织生产，确保实现“双九十万”的年度生产目标完成。

3)把握市场“脉搏”，千方百计，力促销售。

4)全面加强质量管理，提高产品质量。

5)加大技术改造的力度推进技术进步。

6)切实抓好企业内部管理，进一步提高规范运作水平。

2. 募集资金使用情况说明

1996年，公司募股资金15529.32万元，扣减发行费用后实际募集资金14567.32万元。到1996年底，除转炉分厂配套改造和一电炉分厂扩建工程项目外，其余，都已按期完成。具体情况如下表：

单位：万元

项目名称	投资计划	96年计划	96年实际投资	项目进度
转炉分厂配套改造	5462	3450	3574.10	基本完成
一电炉分厂配套改造	1300	975	1563.42	已竣工投产
废钢破碎工程配套改造	4400	4400	4288.50	已竣工投产
一电炉分厂扩建工程	26860	15000	1706.80	正在建设
合计	38022	23825	11132.82	

四、股本变化及股本结构情况

1. 股本变化及股本结构情况

单位：股　每股面值：1元

	期初数	公积金转增	期末数
一、尚未流通股份			
1. 发起人股份	331863000	+165931500	497794500
其中：			
国有法人拥有股份	231309940	+115654970	346964910
境外法人拥有股份	100553060	+50276530	150829590
2. 内部职工股	8137000	+4068500	12205500
尚未流通股份合计	340000000	+170000000	510000000
二、已流通股份			
境内上市人民币普通股	60000000	+30000000	90000000
已流通股份合计	60000000	+30000000	90000000
三、股份总数	400000000	+200000000	600000000

注：期初数为新股发行上市后的股份数。

2)股本变动情况及原因：

1996年2月28日—3月6日发行4313.7万股社会公众股，公司股本总额由期初的35686.3万股增至40000万股。

1996年11月4日经临时股东大会审议通过资本公积金转增股本，转增比例为10∶5，使公司股本总额由期初（发行后）的40000万股增至60000万股。

3)主要股东持股情况

股东名称	年末持股数（股）	占总股本（%）
1)广州钢铁集团公司	346964910	57.827
2)香港粤海企业(集团)有限公司	150829590	25.138
3)朱萍	580000	0.0900
4)王建忠	450000	0.0750
5)危常武	300850	0.0501
6)万国祥	300000	0.0500
7)潘秀	273045	0.0455
8)天平化轻	230000	0.0383
9)祝丰	228800	0.0381
10)梁钢	220000	0.0367

4)股东户数：

截止1996年末，公司股东总数为81628户，其中国有法人股东1户，境外法人股东1户，社会公众股东68335户，内部职工股东13291户。

2. 董事、监事与高级管理人员持股情况见报

浙江信联股份有限公司

1996年年度报告摘要　（摘选）

一、公司简况

公司名称：浙江信联股份有限公司

法人代表：方梓松　　邮政编码：310014

公司地址：中国杭州市朝晖路68号

电话：(0571)5132641-3171　传真：(0571)5134526

二、主要财务数据与财务指标

指标项目	1996年	1995年	比上年增减(%)
1.主营业务收入	199,066,769.71	227,522,346.20	-12.51
2.净利润	28,795,760.64	23,188,599.10	24.18
3.总资产	362,438,076.84	238,013,010.62	52.58
4.股东权益	261,200,648.70	134,035,071.32	94.92
5.每股收益	0.26	0.29	-10.34
6.每股净资产	2.36	1.67	41.32
7.净资产收益率(%)	11.02	17.30	-36.30
8.股东权益比率(%)	72.07	55.31	30.30

注：扣除新股申购冻结资金利息帐收入后，则上述主要财务指标为：

1．净利润	28,011,169.79
2．股东权益	260,416,057.90
3．每股收益	0.253
4．每股净资产	2.35
5．净资产收益率(%)	10.76
6．股东权益比率(%)	71.85

三、公司主要业务回顾

1．一年来公司经营情况

一九九六年是浙江信联股份有限公司的改革之年、奋斗之年和发展之年。

(1) 在这一年里，公司完成了原浙江二轻轧钢厂的整体改组和股份公开发行、上市工作，从而使本公司成为浙江省手工业联社首家具有现代企业制度特色的股份上市公司。

(2) 一年来，公司通过全体员工的共同努力，克服市场疲软，竞争激烈的困难，狠抓主导产品的生产管理，在降低成本上下功夫，依靠低消耗、高产出，渡过难关。尽管主营利润受市场大环境及开坯车间搬迁试生产的影响，有一定幅度的下降，但公司通过内部挖潜及资本的合理使用，弥补了不足，基本上完成了预期目标，全年完成热轧生产19万吨，主营业务收入19906.68万元，净利润2879.6万元，比上年增加24.2%，完成预期目标的96.6%。

(3) 由于募集资金的到位，加快了热轧易地改造工程的建设进度，一期工程开坯车间建成，自9月初开始按两班制进行试生产，克服新老交替、两地生产管理所带来的诸多困难，管理上逐步理顺，产量逐步提高。二期工程，线材车间的建设正紧锣密鼓地开展"奋战60天"活动，进入最后的设备安装阶段。按原定计划可望于九七年三季度投入试生产。

(4) 对于老厂区的开发，董事会通过决议，于年底成立了"浙江信联房地产开发有限公司"。

2．募集资金使用情况说明

1996年，公司募集资金11400万元，扣减发行费用后实际募集资金10950万元。到1996年年底，已经全部投入热轧易地改造项目，具体情况如下表：

(单位：万元)

项目名称	投资计划	96年计划	96年实际	项目进度
热轧车间易地改造主体工程	10000	5290	10833	已进入设备安装阶段
开坯技改项目	3200	3200	3597	已竣工投产
补交土地出让金	940	658	658	尚余30%于8月底交纳
合　计	14140	9148	15088	

(1) 公司热轧易地改造工程(含开坯技改)在招股说明书中披露预计总投资为13200万元，至1996年底实际已投入14430万元，预计扫尾阶段尚需投入2000万元。

(2) 开坯车间于96年9月份投入试生产，经过几个月的试产磨合，目前产量逐步提高，成本逐渐下降，但尚未达到设计水平。

(3) 线材车间已进入设备安装阶段，预计二季度末可以调试。

四、股本变化及股本结构情况

1．股本变化及股本结构情况

(1) 公司股本变动情况(单位：万股，每股面值：1元)

股份类别	期初数	期末数
(一) 尚未流通股份		
发起人(法人)股	8060	8060
(二) 已流通股份		
境内上市人民币普通股	0	3000
(三) 股份总额	8060	11060

(2) 股份变动原因

1996年3月26日至4月6日发行了3000万股社会公众股，公司股本总额由年初8060万股增至11060万股。

(3) 主要股东持股情况

股东名称	年末持股数	占总股本%
1．浙江省手工业合作社联合社	79890000	72.23
2．天地投资	5003638	4.52
3．李军	530601	0.48
4．龚辉	505924	0.46
5．于梦鹿	503551	0.46
6．高松华	485435	0.44
7．戴建秋	460000	0.42
8．国泰公司	334035	0.30
9．梁玉贵	307124	0.28
10．浙江省建行信托	300000	0.27

(4) 截止1996年末，公司股东总数为12246户，其中发起人(法人)股东5户，社会公众股东12241户。

2．董事、监事与高级管理人员持股情况

本公司董事、监事与高级管理人员不持有本公司股份。

上海金泰股份有限公司

1996年年度报告摘要 （摘选）

一、公司简况

公司名称：上海金泰股份有限公司

法人代表：杨志超　　　　邮政编码：201805

公司地址：上海安亭洛浦路45号

电话：021—59577280　　59574887

传真：021—59577391　　59575187

二、主要财务数据与财务指标

单位：万元

1996年1月1日—1996年12月31日

1.主营业务收入	16276.7
2.净利润	－686.3
3.总资产	53223.9
4.股东权益	36440.5
5.每股收益(元)	－0.037
6.每股净资产(元)	1.97
7.净资产收益率(%)	－1.88
8.股东权益比率(%)	68.47

注：因本公司成立于1995年7月，因此无全部的1995年数据。

三、公司主要业务回顾

1．一年来公司经营情况

一九九六年是国家"九五"规划的第一年。由于本公司所属行业的产品的社会需求减少，市场竞争更加激烈。面对此严峻形势，公司按照"市场千方百计拓一块，管理费用想方设法压一块，产品成本实实在在降一块，多元经营发展增一块"的工作思路，一手抓经营发展，一手抓企业内部管理，使公司各项工作逐步走上规范化的轨道。

为了克服竞争中的困难，公司主动出击，在全国范围内广泛建立经销网点，使国内特约经销网点由95年的50余家，发展到96年的80余家，并先后在宁波、南京、西安、济南、广州、武汉等地建立了办事处或服务中心，加强并开拓了销售渠道，使公司的主导产品在严峻的市场形势下，仍保持较高的市场份额。

针对东南亚国家经济正处发展的势头，公司采取"抢滩入市"的经营战略，在印尼、越南、缅甸等国家积极开展展销、技术服务等活动，并选择合适的伙伴进行合作经营，取得了较好的经营效果，公司产品的出口量大幅度增长，为95年的近二倍。

在开拓市场的同时，公司眼睛向内，通过多种办法降低了产品成本，减少了费用开支。

在投资方面，96年底已完成打桩机扩产项目；引进日本车辆株式会社NH100液压打桩锤，已开始实施；与德国一家公司合资生产地下连续墙机械的准备工作已基本就绪。96年还完成了JB－60打桩架、GPS－10B工程钻机等一系列新产品的开发。

2．主要经济指标分析

公司1996年实现销售16276.7万元(含出口728万美元)，完成年计划的76.8%，其中：打桩锤96台，计3774万元；各类钻机240台，计3780万元；压路机404台，计4617万元；其它产品及配件计4116万元。实现利润－686.29万元。

销售收入和利润完成不理想的主要原因，一是本公司主导产品市场总需求减少，销路不畅，导致销售收入减少；二是市场竞争激烈，产品价格下降；三是由于市场需求原因，产品结构发生变化，毛利率较高的产品比例下降。

3．募集资金的运用情况

公司共计募集资金数为：

B股：0.277美元/股×8,000万股－发行费＝2,078.6万美元。

募集资金的使用情况：

用于项目投资共计3439万元，主要是用于打桩机扩产项目。

四、股本变化及股本结构情况

1.股本结构情况：

	股数	%
A．尚未流通股份		
国家股	105,300,000	56.83
B．已流通股份		
境内上市外资股	80,000,000	43.17
C．股份合计	185,300,000	100.00

2．股本变化情况

报告期内公司股本未发生变化

3．主要股东持股情况(前十名股东)：

股东名称	持股数(万股)	占总股本(%)
1)上海东风机械(集团)有限公司	10530	56.83
2)申银	830.34	4.48
3)郭申	691.44	3.73
4)俞宝珠	421.1	2.27
5)TOYOSECURITIESASIALTD	274.6	1.48
6)范祖坚	236.85	1.28
7)SBCHK(NOMINEES) LTD－GENERAL A/C	200	1.08
8)中国纺织机械股份有限公司	174.45	0.94
9)GRATEWARDLTD.	145.5	0.79
10)乐吉军	142.32	0.77

4．年末股东数量

截止1996年末，公司股东总数1987人，其中国家股东1人，社会股东1986人。

5．公司董事、监事与高级管理人员情况

因本公司尚未发行境内上市人民币股票(A股)，公司的董事、监事与高级管理人员未持有本公司股票。

五、关联企业

	注册资本	权益	主要业务
1．上海金泰上探钻具厂	260万元	69%	钻具及配件
2．云南东风机械有限公司	120万元	16.7%	工程机械
3．上海东机广告公司	50万元	20%	广告设计、制作

内蒙古鄂尔多斯羊绒制品股份有限公司

1996年年度报告摘要 （摘选）

一、公司简况

公司名称：内蒙古鄂尔多斯羊绒制品股份有限公司
法人代表：王林祥　　　　邮政编码：017000
公司地址：内蒙古东胜市达拉特南路102号
电话：(860477)8336699 8325834-3277
传真：(860477)8323812

二、主要财务数据与财务指标

指标项目	本年数	上年数	比上年增减(%)
主营业务收入(千元)	1,010,005	777,220	29.95%
净利润(千元)	185,967	173,380	7.26%
总资产(千元)	1,980,989	1,446,462	36.95%
股东权益(千元)	836,076	757,630	10.35%
每股收益(元)	0.55	0.52	5.8%
每股净资产(元)	2.488	2.225	11.82%
净资产收益率(%)	22%	23%	-4.35%
股东权益比率(%)	42%	52%	-19.23%

说明：上年数为安达信会计师事务所假设公司1995年1月1日存在而编写1995年全年财务指标。

三、公司主要业务回顾

1996年公司以盈利和发展为主题，抓住机遇，深化改革，继续实施名牌战略，拓宽国内外市场，认真搞好原料收购，全面开展争名升位、达标创优工作，根本转变企业经济效益增长方式，组织全体员工连续大干，创造了本公司有史以来最好的经济效益。

1．公司主营业务业绩概述

本公司是全世界最大的羊绒制品加工企业，1995年被国家统计局评为中国羊绒制品大王。本公司主要产品有无毛绒、羊绒纱、羊绒衫、羊绒大衣系列、丝绒混纺系列、羊绒时装系列等50多个品类，其中，"KVSS"牌无毛绒被世界羊绒界公认为品质最优的"中国一号无毛绒""鄂尔多斯"牌羊绒衫12次被评为区优，6次被评为部优，两次获国优金奖。产品销往日本、美国、意大利、法国、瑞士、荷兰、澳大利亚、香港等30多个国家和地区，在国内45个大中城市设有88家产品专卖店直销鄂尔多斯羊绒衫，鄂尔多斯羊绒衫的销售面覆盖全国。

本公司投产16年来，连年盈利，1994年实现税后利润12,343万元，1995年实现税后利润17,383万元，连续被国家统计局审评为全国纺织系统利税十强企业。1996年公司全面落实了各项生产经营任务，经济效益再创新水平，共生产经营无毛绒530吨，羊绒纱600吨，羊绒衫190万件，销售收入101,001万元，经境内审计实现净利润18,597万元，经境外审计实现净利润18,108万元。

1996年，公司进一步加强职工技术培训，实施名牌战略，以发展国优名牌创造世界名牌为目标，积极推行ISO9000质量认证体系，使产品合格率继续保持了100%。加强羊绒制品的质量管理，利用B股募集资金进行了多项卓有成效的技术改造，增加了羊绒制品的特殊功能，羊绒衫的"三防"(防虫蛀、防起球、防缩水)改造成效显著，"三防"性能在世界羊绒界处于领先地位。

1996年，公司强化内部管理，开展了"争名升位"管理竞赛活动，全公司形成了纵横交织的现代化网络管理体系，大大促进了企业的各项管理工作。积极推进计算机在生产经营中的应用，职能部门与生产组织建成了计算机网络系统，提高了工作效率。认真把好原料收购关，按期完成了原料收购储备工作。

本年度公司被评为内蒙古自治区优秀股份制企业；鄂尔多斯羊绒系列产品在"'3.15'让消费者说好"全国市场调查国产产品排行前10名评选中，被评为羊毛羊绒行业"市场占有率第一名"、"受欢迎程度(市场竞争力)第一名"、"知名度(市场影响力)第一名"；获内蒙古自治区技术监督局授予的免检产品称号。

本公司聘请安达信华强会计师事务所进行1996年度本公司的财务审计工作，按照国际会计准则审计净利润为18,108万元，按照中国会计准则审计净利润为18,597万元。

差异原因：

1995年10月15日至12月31日及1996年

	净利润		净资产	
	1995年10月15日至12月31日		1995年10月15日至12月31日	
	1996年度	会计期间	1996年度	会计期间
	人民币千元	人民币千元	人民币千元	人民币千元
本公司报表金额(依据中国会计制度)	185,967	33,944	943,597	757,630
国际会计准则调整之净影响				
计提职工福利及奖励基金			(752)	(752)
对固定资产折旧的调整	(1,510)	(671)	(6,618)	(5,107)
计提呆帐、坏帐准备金	(549)	(67)	(905)	(357)
计提存货备抵	(2,144)	-	(4,328)	(2,184)
其他	(680)	-	-	680
调整后结果	181,084	33,206	930,994	749,910

2．募集资金使用情况说明：

(1) 继续进行了羊绒衫防虫蛀、防起球、防缩水二期技术改造，增加羊绒制品的内在高科技含量，使鄂尔多斯羊绒衫在国优名牌的基础上迅速发展为世界名牌。

(2) 投资6549万元收购了东昊羊绒制品有限公司、东伟羊绒制品有限公司、东马羊绒制品有限公司、东奇羊绒制品有限公司的由鄂尔多斯集团公司持有的股权。

(3) 投入356.9万美元引进企业急需国内目前没有的国外先进设备，进行了技术改造，提高了公司的装备水平和生产效率。

(4) 投入300万美元，继续实施分梳机二期技术改造工程，进一步提高了分梳机的制成率。

(5) 投入400万美元，继续进行原料示范基地建设，从根本上扩充羊绒原料资源。

(6) 利用发行B股募集资金和部分银行贷款4.5亿元人民币，收购优质原绒1777吨。

四、股本变化及股本结构情况

1．股本结构情况(截止1996年12月31日)

总股本33600万股，其中，尚未流通股份：国有股22600万股，占总股本的67.3%；已流通股份：境内上市外资股(B股)11000万股，占总股本的32.7%。

2．本年度内股本没有变化

3．主要股东持股情况

	股东名称	持股数	持股比例
(1)	鄂尔多斯集团公司(国有法人股)	226,000,000	67.3%
(2)	wah chun international limited	6,417,577	1.91%
(3)	hksbcsb a/c chase manhattan bank n. a. s/a templeton smaller co. growth fund	6,200,000	1.85%
(4)	bony a/c asian seleection fund plc	3,310,000	0.99%
(5)	chase s/a shallpensions trust limited as trt of the shell contributory pension	3,079,800	0.92%
(6)	credit lyonnais securities(asia)ltd	2,571,630	0.77%
(7)	hksbcsb a/c caisse centrale des banques populaires paris	2,518,000	0.75%
(8)	hksbcsb s/a pictet & cie	2,236,000	0.67%
(9)	scbhk a/c robert fdeming and co. ltd s/a save and prosper china dragon fund	2,221,000	0.66%
(10)	hksbcsb a/c banque cantonale vaudoise s/a china fund	2,200,000	0.65%

4．股东数量

截至1996年度末股东总数718户，其中国有法人股股东1户，B股股东717户。

上海开开实业股份有限公司

1996年年度报告摘要 （摘选）

一、公司简况

公司名称：上海开开实业股份有限公司

法人代表：江玉森　　邮政编码：200040

公司地址：上海市西康路379号

电话：86-21-62671376　　传真：86-21-62569186

二、主要财务数据与财务指标

指标项目	本年数	上年数	比上年增减(%)
1.主营业务收入(万元)	32745.1	31759.4	3.10
2.净利润(万元)	6017.5	3342.4	80.04
3.总资产(万元)	65036.3	36683.5	77.29
4.股东权益(万元)	37221.3	15139.4	145.86
5.每股收益(元)	0.304	0.363	-16.25
6.每股净资产(元)	1.880	1.644	14.36
7.净资产收益率(%)	16.17	22.08	-26.77
8.股东权益比率(%)	57.23	41.27	38.67

注：1.上表数据均为公司合并报表内容数。

2.B股股本8000万元于1996年12月31日到位，不参与96年度利润分配，如减除B股股本计算，则"每股收益"为0.51元。

三、公司主要业务回顾

1.一年来的经营情况

上海开开实业股份有限公司在1996年市场经济环境和经营条件发生较大变化的情况下，继续以市场为导向，以品牌为龙头，以资产为纽带，以管理为中心的指导思想。积极拓展"开开牌"产品在全国市场的份额，品牌声誉不断提升，产品质量保持领先，资产运作势头良好，经营业绩稳中有升。销售比上年增长3.1%，税后利润6017.5万元，比上年增长80.04%，年末总资产6.5亿元，净资产3.72亿元。

公司荣获96年中国服装行业销售第八名，利税第六名，利润总额第五名；荣获96年上海市文明单位称号；通过ISO9002服务体系质量认证。

2.募集资金的运用情况

公司在1996年12月经国务院证券委员会批准发行B股8000万股，发行价每股0.256美元，扣除募集费用后净计1914.88万美元，折算人民币为15890万元，于12月31日到位存入银行，年内未使用。

四、股本变化及股本结构情况

1.股本结构：

	B股发售前		B股发售完成后	
	股份数目	股份百分比	股份数目	股份百分比(%)
一、尚未流通股份：				
国家股(由开开集团有限公司持有)	71,740,000	60.80	71,740,000	36.23
法人股	31,260,000	26.49	31,260,000	15.79
个人股(内部职工股)	15,000,000	12.71	15,000,000	7.58
二、已流通股份				
境内上市外资股	—	—	80,000,000	40.40
总　额：	118,000,000	100.00	198,000,000	100.00

2.年末股东人数：

截止1996年12月31日公司股东总人数为4174人，其中：国家股股东1人；法人股股东为77人；内部职工股股东为3589人；境内上市外资股股东为507人。

主要股东持股情况（前十名股东）

名次	股东名称	年末持股数(万股)	占总股本(%)
1	国家股	7174	36.23
2	Shenyin Wanguo Sec(HK)Ltd	2293	11.58
3	Exetravagant Pearl Limited	791	4.00
4	上海石油总公司油站公司	450	2.27
5	华润(集团)有限公司驻上海办事处	450	2.27
6	上海东方明珠股份有限公司	300	1.52
7	上海金兴贸易公司	300	1.52
8	上海华怡建筑装饰有限公司	228	1.15
9	Samyang Merchant Bank	210	1.06
10	A/C Pendal	195	0.98

3.公司董事、监事与高级管理人员持股情况：

姓　名	职　务	年初持股数	年末持股数
江玉森	董事长	36000	36000
黄佳康	副董事长	18000	18000
陈重远	董事、总经理	36000	36000
裘云洛	董事	3000	3000
盛亚飞	董事	6000	6000
马和勋	董事	18000	18000
窦福龙	董事	8400	8400
楼新国	董事	12000	12000
朱　雷	董事	18000	18000
沈士祥	董事	6300	6300
于培志	董事	30000	30000
宋培咪	监事长	18000	18000
朱铁成	监事	无	无
姚祖裕	监事	13500	13500

4.子公司及关联企业

企业名称	注册资金(万元)	主营业务	本公司拥有权益(%)
1 上海开开商厦	100	零售日用百货	100
2 上海开开衬衫总厂	100	生产衬衫	100
3 上海开开制衣公司	200	批发及零售衬衫	100
4 上海开开羊毛衫针织有限公司	100	批发及零售羊毛衫	100
5 上海开开羊毛衫总厂	100	生产羊毛衫	100
6 上海开开商城	1000	零售日用百货	100
7 上海开开广告公司	50	广告设计、代理等	100
8 上海开开国际贸易公司	85	进出口服装及原料	100
9 上海开开集团上虞开开衬衫厂	700	生产衬衫	100
10 上海开开国际商城	145	零售服装及工艺品	100
11 上海开开纺织品有限公司	50	针仿织品、服装等	60
12 上海开开一天德制衣有限公司	129.34	生产衬衫	55
13 桐乡市新华羊毛衫有限责任公司	275	生产羊毛衫	25
14 浙江开富制衣有限公司	123.47	生产衬衫	25.92
15 苏州开开天德制衣有限公司	224.06	生产衬衫	24.37

江苏五菱柴油机股份有限公司

江苏五菱柴油机股份有限公司上市公告书

一、释义

在本上市公告书中,除非文意另有所指,下列词语有如下意义:

本公司: 指江苏五菱柴油机股份有限公司

武柴厂: 指武进柴油机厂、本公司之控股股东

交易所: 上海证券交易所

B股: 每股面值人民币1.00元的境内上市外资股100,000,000股

主承销商:指申银万国证券股份有限公司

元: 指人民币元

美元: 指美利坚合众国法定货币。

二、绪 言

本上市公告书是根据《中华人民共和国公司法》、《股票发行与交易管理暂行条例》、《公开发行股票公司信息披露实施细则》《国务院关于股份有限公司境内上市外资股的规定》、《股份有限公司境内上市外资股规定的实施细则》等法律、法规编制。

经国务院证券委证委发[1997]60号文批准和上海证券管理办公室沪证市[1997]024号批准,本公司已成功地发行了每股面值人民币1.00元的境内上市外资股100,000,000股。经上海证券交易所上证上(97)字第087号文审核批准,本公司B股将于1997年10月16日(星期四)在上海证券交易所挂牌交易。

本公司董事会及各位董事确认本公司上市公告书中不存在任何重大遗漏或误导,并对其真实性、准确性、完整性承担个别的和连带责任。

三、公司概况

1.简介

1)发行人名称:江苏五菱柴油机股份有限公司

2)英文名称:Jiangsu Wuling Diesel Engine Co.,Ltd.

3)注册资本:25,000万元

4)法定代表人:张建新

5)成立日期:1997年10月10日

6)注册地址:江苏省武进市湖塘镇武宜路229号

7)营业执照注册号:13479659-3

8)经营范围:柴油机制造、销售

9)所属行业:农机内燃机

10)联系电话:(0519)6552246

2.公司历史沿革

江苏五菱柴油机股份有限公司是由武进柴油机厂主要发起,以募集方式设立的公司。本公司前身创立于一九五六年,是中国最早生产农用机械的厂家之一。经过四十年的发展,截止一九九六年底,公司综合实力列全国农机内燃机行业(小柴行业)的第二位。公司主要生产S195型单缸柴油机(首批部优产品);S1100型单缸柴油机(全国同类产品中唯一的金质奖产品);S1110型单缸柴油机(所有权专利产品)。一九九六年公司的质量管理通过了ISO9001质量保证体系认证,成为同行业中第一个获得此项认证的企业。产品畅销全国29个省、市、自治区,并出口越南、缅甸、印尼、菲律宾等10多个国家和地区。

公司单缸柴油机产品1996年在全国市场占有率为12.12%,居行业第二位。其中具有功率和性能优势的11.3千瓦以上单缸柴油机(包括S1100型、S1105型及S1110型),1996年产量约占全国该类产品产量的18.73%。

四、股票发行及承销

1.本次配售情况

1)境内上市外资股数量:100,000,000股

(若15%超额配售获全面行使则境内上市外资股数量:115,000,000股)

2)发行价格:每股4.31元人民币,折合0.52美元

3)募集资金总额(已扣除发行费用):40,514万元人民币

4)发行方式:私募发行,承销商包销

5)配售户数:214户

6)发行费用总额:2586万元人民币

7)每股发行费用:0.26元人民币

8)发行市盈率:(以国际会计准则)

全面摊薄:9.79倍

备考全面摊薄:8.71倍

2.股票承销

承销团包销股票的数量:100,000,000万股

主承销商及承销团分销比例及数量:

公司名称:	分销比例(%)	分销数量(股)
申银万国证券股份有限公司	39.5	39,500,000
里昂证券有限公司	43.0	43,000,000
百富勤融资有限公司	5.0	5,000,000
申银万国融资(香港)有限公司	5.0	5,000,000
中国国际融资有限公司	1.5	1,500,000
新加坡发展亚洲融资有限公司	1.5	1,500,000
君安证券(香港)有限公司	1.5	1,500,000
LG证券有限公司	1.5	1,500,000
新日本证券国际(香港)有限公司	1.5	1,500,000

3.验资报告

一九九七年十月八日,安达信·华强会计师事务所出具了验资报告。以下为该验资报告正文

致江苏五菱柴油机股份有限公司(筹):

安达信·华强会计师事务所(以下简称"我们")接受江苏五菱柴油机股份有限公司(筹)(以下简称"贵公司")的委托,对贵公司截至一九九七年九月三十日止实收资本及相关的资产和负债的真实性进行审验。在审验过程中,我们按照中华人民共和国《独立审计实务公告第一号-验资》(以下简称"验资实务公告")的要求,实施了必要的审计程序。贵公司的责任是提供真实、合法、完整的验资资料,保护资产的安全与完整。我们的责任是按照"验资实务公告"的要求,出具真实的验资报告。

贵公司的申请注册资本为人民币250,000,000元。经过我们的审验,截至一九九七年九月三十日止,贵公司已收到发起人投入的净资产计人民币223,521,330元,向社会公众募集境内上市外资股(以下简称"B股")股款48,880,000美元(折合人民币405,141,880元),总计人民币628,663,210元。其中包括实收股本人民币250,000,000元,股本溢价人民币378,663,210元。与上述发起人投入的净资产相关的资产总额为人民币636,531,246元,负债及少数股本权益总额为人民币413,009,916元。

由于上述审验程序并不构成按照中国注册会计师独立审计准则的审计过程,因此我们对贵公司的会计科目或财务报表的任何部分不发表意见。

此报告是按照《中华人民共和国公司法》的规定,并为满足政府有关部门的需要而编制,并不适用于任何其他目的。

安达信·华强会计师事务所
中国注册会计师　贾健　李燕玉
一九九七年十月八日

五、董事、监事、高级管理人员及持股情况

姓名	职务
张建新	董事长
吴中达	副董事长
汪平川	董事
蒋炳火	董事
赵田芳	董事
戴耀良	董事
谢　锋	董事
徐国忠	董事
吴柏松	董事
张仲放	监事会主席
李玉明	监事
朱明珠	监事
庄文龙	监事
苏　源	监事
唐云龙	董事会秘书

本公司董事、监事和高级管理人员均不持有本公司股票。

六、公司设立

1. 公司创立大会暨首届股东大会决议

本公司于1997年10月10日在江苏省武进市武柴厂召开了本公司创立大会暨首届股东大会,出席会议的股东或经股东授权的代理人共代表股份17850万股,占本公司总股本的71.4%,符合《中华人民共和国公司法》和《公司章程》规定。经大会审议和表决,通过以下决议:

(1)通过了《关于江苏五菱柴油机股份有限公司筹建工作的报告》的决议;

(2)通过了《设立江苏五菱柴油机股份有限公司的议案》的决议;

(3)通过了《江苏五菱柴油机股份有限公司章程》的决议;

(4)选举产生了公司首届董事会成员;

(5)选举产生了公司首届监事会成员;

(6)通过了《公司股票在上海证券交易所上市的议案》的决议;

(7)其他事项

2. 公司注册资本:250,000,000元

3. 公司注册时间:1997年10月10日

4. 公司注册地址:江苏省武进市湖塘镇武宜路229号

5. 营业执照注册号码:13479659-3

七、关联企业及关联交易

武柴厂为本公司的控股股东,持有本公司股份的59.2%,为本公司关联企业。武柴厂按产权管理原则享受所有权益,作为控股股东还将受公司章程中若干有关保障少数股东规则的限制。

武柴厂作为本公司主要发起人,持本次B股发行完成后,武柴厂仍将成为本公司的最大股东。鉴于本公司与武柴厂为同一行业的企业,武柴厂与本公司签订了《不竞争承诺协议》,在此协议中,武柴厂承诺将不直接或间接从事或参与任何在商业上对本公司有竞争的活动。

本公司成立后有完整独立的生产管理体系、市场销售体系和生产环境。虽然在后勤服务和生产协作方面与武柴厂发生关系,但遵照公平的市场原则进行业务往来,就此,本公司与武柴厂之间签订了《生活服务和生产协作协议》,根据该协议,武柴厂已同意向本公司提供若干服务,以辅助本公司的业务运作。

八、股本结构及大股东持股情况

1. 股本结构

本次100,000,000股B股发行结束后,本公司的股本结构如下:

	股份	占总股本比例
发起人股:		
国家股	14,800万股	59.2%
境内法人股	200万股	0.8%
流通股:		
境内上市外资股(B股)	10,000万股	40.0%
总股本	25,000万股	100.0%

根据国务院证券委证委发[1997]60号文批准和上海证券管理办公室沪证市[1997]024号批准,在本次发行中将可行使不超过发行额度15%的超额配售权,若超额配售获全面行使,则本公司股本结构将作如下调整:

	股份	占总股本比例
发起人股:		
国家股	14,800万股	55.850%
境内法人股	200万股	0.755%
流通股:		
外资股(B股)	11,500万股	43.395%
总股本	26,500万股	100,000%

2. 前十名股东所持股数及比例

序号	股东名称	持股数量	占总股本比例
1	武进柴油机厂	148,000,000	59.20%
2	Credit Lyonnais Securties(Asia)Ltd	9,794,000	3.92%
3	HYUNDAI Securties Co.,Ltd	5,000,000	2.00%
4	DBS S/A DBSAM Trust Account-Clients	4,442,000	1.78%
5	申银万国APS投资管理公司	4,000,000	1.60%
6	HKSBCSB S/A-BANQUE INT. A LUXEMBOURG S/A HSBC GLOBAL INV. Funds Chinese Equit	3,400,000	1.36%
7	HKSBCSB S/A HSBC(NOM)S/A ABN AMRO Bank NV	2,350,000	0.94%
8	NAITO Securties Co.,Ltd	2,300,000	0.92%
9	招银证券公司	2,000,000	0.80%
10	TOYO Securties Asia Ltd. Dealing A/C	2,000,000	0.80%

九、公司财务会计资料

1. 审计报告[常会审(1997)内94号]:

江苏五菱柴油机股份有限公司(筹备委员会):

我们接受委托,对贵公司(筹)1994年12月31日、1995年12月31日、1996年12月31日和1997年3月31日的资产负债表、合并资产负债表以及1994年度、1995年度、1996年度和1997年1月-3月的利润表及利润分配表、合并利润及利润分配表以及1996年度和1997年1月-3月的财务状况变动表、合并财务状况变动表进行了审计。这些会计报表由贵公司(筹)负责,我们的责任是对这些会计报表发表审计意见。我们的审计是依据《中国注册会计师独立审计准则》进行的。在审计过程中,我们结合贵公司(筹)实际情况,实施了包括抽查会计记录等我们认为必要的审计程序。

我们认为,上述会计报表符合《企业会计准则》和《股份制试点企业会计制度》及其补充规定,在所有重大方面公允地反映了贵公司(筹)1994年12月31日、1995年12月31日、1996年12月31日和1997年3月31日的财务状况和1994年度、1995年度、1996年度和1997年1月-3月的经营成果以及1996年度和1997年1月-3月的资金变动情况。会计处

理方法的选用遵循了一贯性原则。

常州会计师事务所

中国注册会计师　王文凯　倪建新

1997年5月15日

2. 财务报告

(1)以下为常州会计师事务所出具的审计报告中资产负债表的主要数据：

单位:人民币元

	1997.3.31	1996.12.31	1995.12.31	1994.12.31
流动资产				
货币资金	6,453,303	27,124,957	23,109,101	16,594,493
应收票据	27,000,000	59,969,361	22,620,645	1,250,000
应收帐款	340,351,794	258,987,815	121,560,236	64,972,546
预付货款	10,583,750	11,860,964	15,931,882	7,318,739
其他应收款	33,278,895	26,493,709	7,918,145	7,471,187
待摊费用	4,025,434	4,148,585	4,000,421	6,219,226
存货	94,112,064	74,920,315	72,725,118	44,721,805
流动资产合计	515,805,240	463,505,706	267,865,548	148,547,996
长期投资:	10,630,450	9,363,736	——	——
固定资产:				
固定资产原值	131,170,800	86,966,322	76,445,831	51,764,593
减:累计折旧	40,920,940	24,540,426	19,756,336	15,862,002
固定资产净值	90,249,860	62,455,896	56,689,495	35,902,591
在建工程	6,369,279	5,128,056	11,523,785	12,392,699
固定资产合计	96,619,139	67,583,952	68,213,280	48,295,290
无形及其他资产				
无形资产	——	——	——	——
递延资产	——	——	——	——
资产总计	623,054,829	540,453,394	336,078,828	196,843,286
流动负债:				
短期借款	88,850,000	81,050,000	48,150,000	30,650,000
应付票据	32,750,000	15,100,000	——	——
应付帐款	139,396,447	126,240,363	31,876,177	15,266,459
预收货款	22,734,033	18,005,075	22,962,052	14,722,112
应付福利费	6,752,640	6,666,959	4,265,300	1,089,857
未交税金	45,976,518	32,462,219	32,956,421	5,260,182
其他未交款	8,424,030	7,290,730	6,618,020	4,121,737
其他应付款	34,850,612	40,779,543	9,569,062	5,546,028
预提费用	7,579,501	35,005,646	25,533,275	4,828,569
一年内到期的长期负债	——	——	——	——
流动负债合计	387,313,781	362,600,535	181,930,307	81,484,944
长期负债:				
长期借款	15,200,000	20,200,000	19,200,000	19,400,000
负债合计	402,513,781	382,800,535	201,130,307	100,884,944
少数股东权益	——	——	——	——
股东权益:				
股本	61,199,052	61,199,052	61,199,052	61,199,052
资本公积	60,089,900	30,432,864	27,164,224	9,279,675
盈余公积	66,020,944	66,020,943	46,585,245	25,479,615
未分配利润	33,231,152	——	——	——
股东权益合计	220,541,048	157,652,859	134,948,521	95,958,342
负债及股东权益总计	623,054,829	540,453,394	336,078,828	196,843,286

(2)以下为常州会计师事务所出具的审计报告中利润及利润分配表的主要数据：

单位:人民币元

	1997年1-3月	1996年	1995年	1994年
主营业务收入	274,890,737	860,962,871	912,840,756	530,465,332
减:营业成本	209,855,998	651,568,507	692,245,236	439,959,339
销售费用	9,106,965	35,486,691	39,616,267	18,430,715
管理费用	12,636,906	51,286,710	56,954,371	32,570,544
财务费用	1,456,056	6,332,183	4,864,246	3,623,405
营业税金及附加	407,287	——	334,233	1,732,625
主营业务利润	41,427,525	116,288,780	118,826,403	34,148,704
加:其他业务利润	33,861	4,853,865	2,439,463	2,446,651
营业利润	41,461,386	121,142,645	121,265,866	36,595,355
加:营业外收入	4,750	256,023	252,809	470,510
减:营业外支出	1,500,252	4,754,755	5,963,843	4,161,564
利润总额	40,425,012	118,174,393	115,554,832	32,904,301
减:所得税	7,193,860	20,995,904	10,026,687	2,300,000
净利润	33,231,152	97,178,489	105,528,145	30,604,301
可供分配利润	33,231,152	97,178,489	105,528,145	30,604,301
减:法定公积金	——	9,717,849	10,552,815	3,060,430
法定公益金	——	9,717,849	10,552,815	3,060,430
可供股东分配利润	33,231,152	77,742,791	84,422,515	24,483,441
减:已分配普通股股利	——	77,742,791	84,422,515	24,483,441
未分配利润	33,231,152	——	——	——

(3)以下为按国际会计准则调整对除税及少数股东权益后净利及净资产的影响。

单位:人民币千元

	除税后溢利				资产净值
	1994*	1995*	1996	1997.3.31	1997年3月31日
境内会计师根据中国会计准则审计后	30,604	105,528	97,178	33,231	190,884
调整:					
-提列坏帐准备	(3,334)	(15,923)	(17,596)	(4,852)	(46,961)
-提列存货变现损失准备	(100)	(230)	(240)	(1,490)	(2,060)
-固定资产及累计折旧的调整	351	2,163	2,321	631	(3,232)
-其他	——	(156)	712	1.688	(651)
按国际会计准则重编后之余额	27,521	91,382	82,375	29,208	137,980

说明:*未经安达信公司审核

十、董事会上市承诺

本公司董事会将严格遵守《中华人民共和国公司法》、《股票发行与交易管理暂行条例》、《公开发行股票公司信息披露实施细则》、《国务院关于股份有限公司境内上市外资股的规定》、《股份有限公司境内上市外资股规定的实施细则》等证券法律、法规,并自股票上市之日起作出如下承诺:

1. 按照法律、法规的规定程序和要求披露重大信息,并接受证券主管机关、上海证券交易所的监督管理。

2. 及时、真实、准确地公布中期报告和年度报告、并备置于规定场所供投资者公众查阅。

3. 本公司董事、监事及高级管理人员如发生人事变动,或持本公司股票发生变化时,在报告证券主管机关、证券交易所的同时向投资者公布。

4. 在任何公共传播媒介中出现的消息可能对本公司股票的市场价格产生误导性影响时,本公司知悉后将及时对该消息予以公开澄清。

5. 本公司董事、监事及高级管理人员将认真听取社会的意见和批评,不利用已获得的内幕消息和其他不正当手段直接或间接从事股票买卖活动。

6. 本公司没有无记录负债。

十一、重要事项揭示

1. 利润分配

此次发行的B股在各方面与A股享有同等权益,包括有权收取或于其后宣派,作出或派付的所有股息及分派(但不包括本公司成立前所宣派,作出或派付的任何股息及分派)。B股股东将有权享有自本公司成立日起的可分配利润。

2. 重大合同

(1)1997年6月28日本公司与武柴厂签订的生活服务和生产协作协议

(2)1997年6月28日本公司与武柴厂签订的商标使用许可协议

(3)1997年6月28日本公司与武柴厂签订的土地使用权租赁合同

(4)1997年6月28日本公司与武柴厂签订的专利许可协议

(5)1997年6月28日本公司与武柴厂签订的不竞争承诺协议

(6)1997年9月20日本公司与申银万国证券股份有限公司签订的承销协议

十二、备查文件目录及查阅地点

下列文件可在一般办公时间于江苏五菱柴油机股份有限公司办公室(江苏省武进市武宜路229号)查阅。

1. 常州会计师事务所出具的《财务报表及其注释和审计报告》;
2. 常州资产评估事务所出具的《资产评估报告》;
3. 资料备忘录
4. 招股说明书概要;
5. 公司章程;
6. 承销协议;
7. 竞天律师事务所的法律意见书;
8. 方达律师事务所的法律意见书;
9. 重大合约;
10. 其它有关文件。

十三、咨询机构

1. 发行人:江苏五菱柴油机股份有限公司

地址:中国江苏省武进市武宜路229号

电话:86-519-6552246

传真:86-519-6556245

联系人:唐云龙

2. 主承销及上市推荐人:申银万国证券股份有限公司

地址:中国上海市南京东路99号

电话:86-21-64310938

传真:86-21-64315584

联系人:唐卫忠、宋锐

江苏五菱柴油机股份有限公司

一九九七年十月十四日

大化集团大连化工股份有限公司

大化集团大连化工股份有限公司(筹)境内上市外资股(B股)招股说明书概要

一、释义

在本招股书中,除非文意另有所指,下列简列具有如下特定意义:

本公司(发行人):指大化集团大连化工股份有限公司

集团公司(发起人):指大化集团有限责任公司

B股:指本公司每股面值人民币1.00元的境内上市外资股

主承销商(上市推荐人):指湖北证券公司

国际协调人:指海裕证券有限公司

上市:指本公司股票获准在上海证券交易所挂牌交易

元:指人民币元

证交所:指上海证券交易所

证监会:指中国证券监督管理委员会

二、绪言

本招股说明书概要根据《中华人民共和国公司法》、《股票发行与交易管理暂行条例》、《国务院关于股份有限公司境内上市外资股的规定》、《股份有限公司境内上市外资股规定的实施细则》以及国家与地方政府制定的与股票发行有关的其它法律、法规编制。本公司发起人全体候任董事已批准本招股说明书概要,确信其中不存在任何重大遗漏或误导,并愿意对其真实性、准确性、完整性负个别及连带的责任。

经国务院证券委员会证委发(1997)59号文及上海证券管理办公室沪证市(1997)025号文批准,本公司本次发行每股面值人民币1.00元的境内上市外资股(B股)100,000,000股,加15%超额配股权,每股发行价人民币2.58元,股款须于认购时以美元支付,每股美元0.311元。

本次发行的股票是根据本说明书概要所载明的资料以及本公司准备的日期为1997年9月22日的信息备忘录(全称为"招股文件")申请发行的。除本发行人、主承销商和国际协调人外,没有委托或授权任何其他人提供未在招股文件中列载的信息和对招股文件作任何解释或者说明。

因买卖本公司股票依法所需缴纳之税款,由投资人自行负担,发行人、承销商和上市推荐人对此不承担任何责任。

三、与B股发行有关的当事人

(一)发行人:大化集团大连化工股份有限公司(筹)

地址:大连市甘井子区工兴路10号

电话:0411—6673546

传真:0411—6673546

联系人:傅世宁　王兆波　苑春成　李建涛

(二)主承销商及上市推荐人:湖北证券公司

法定代表人:陈浩武

地址:武汉市武昌彭刘杨路232号

电话:021—63298982

传真:021—63297336

联系人:罗天生　高建明　徐卫明

(三)国际协调人:海裕证券有限公司

地址:香港中环遮打道16号历山大厦三十二至三十四楼

电话:(852)28435684

传真:(852)28773410

(四)副主承销商:招银证券公司

地址:深圳市振华路3号深纺大厦C座一楼

电话:0755—3362974

(五)联席国际协调人:

新加坡发展亚洲融资有限公司

地址:香港金钟道88号太古广场2座3318室

电话:00852—29180399

新鸿基投资服务有限公司

地址:香港金钟道88号太古广场一座十二楼

电话:021—63200688

(六)承销商:

湖北证券公司

海裕证券有限公司

招银证券公司

新加坡发展亚洲融资有限公司

新鸿基投资服务有限公司

乐金证券公司

地址:韩国汉城永登浦区汝矣岛洞34—6

电话:021—62493623

中信证券有限责任公司

地址:北京朝阳区新源南路6号京城大厦3层

电话:010—64660088—8324

长城证券有限责任公司

地址:深圳市福田区八卦三路平安大厦四楼

电话:0755—2414856

(七)本公司法律顾问和经办律师:大连联合律师事务所

地址:大连市中山区向前街36号

电话:0411—2803509

传真:0411—2647014

经办律师:刘宝有、包敬欣

(八)承销团的境内法律顾问和经办律师:上海市金茂律师事务所

地址:上海市静安区愚园路168号环球世界大厦21楼3A

电话:021—62496040

传真:021—62495611

经办律师:吴伯庆　虞咏霖　李志强

(九)承销团的境外法律顾问和经办律师:高特兄弟律师事务所

地址:香港中环皇后大道九号二十五楼

电话:(852)28104111

传真:(852)28459021

经办律师:尹小微

(十)境外会计师:安达信公司

地址:香港中环干诺道中111号

电话:(8621)63866688

传真:(8621)63862288

经办会计师:柯镇洪　黄锦龙

(十一)国内会计师:大连会计师事务所

地址:大连市西岗区东北路94号

电话:0411—3601719

传真:0411—361808

经办注册会计师:张立云　石笛侠

(十二)资产评估机构:中信会计师事务所

地址:北京市朝阳区和平西街3号三川大厦202室

电话:010—64200910

传真:010—64200912

经办评估师:魏松涛　陈磊

(十三)收款机构:香港上海汇丰银行有限公司

地址:上海浦东大道1号船舶大厦5楼

电话:021—58761111

传真:021—58792238

(十四)股票登记机构:上海证券中央登记结算公司

住所:上海市闵行路67号

电话:021—63068888

传真:021—63257454

(十五)上市交易所:上海证券交易所

地址:上海市黄浦路15号

电话:021—63038888

传真:021—63063076

四、本次B股发行的基本情况

(一)股票名称:大化集团大连化工股份有限公司境内上市外资股(B股)

(二)股票类型:记名式普通股

(三)每股面值:人民币1.00元

(四)发行数量:本次发行B股100,000,000股加15%超额配股权,但最高发行量不超过115,000,000股。

(五)发行价格:每股人民币2.58元,认购时以美元缴足,每股0.311美元。

(六)每股税后利润及市盈率:

按安达信公司提供的1997年度盈利预测报告:

本年公司预测税后但未计非经常项目前利润将不少于人民币8,050万元

(A)备考全面摊薄0.326元

(B)全面摊薄0.293元

发售B股统计数据

B股市值　　2.58亿元(仅计B股)

预计B股市盈率

(A)备考全面摊薄　　7.91倍

(B)全面摊薄　　8.81倍

每股经调整资产净值1.84元

(七)股票发行和承销方式:

股票发行采取私募方式,承销采取包销方式。

(八)承销日期:

1997年9月29日起至1997年9月30日

(九)发行对象:境内上市外资股投资者,限于:

外国的自然人、法人和其他组织;

中国香港、澳门、台湾地区的自然人、法人和其他组织;

定居在国外的中国公民;

国务院证券委规定的境内上市外资股其他投资者

(十)上市交易:本公司已经申请并获得上海证券交易所承诺将本次发行的B股在上海证券交易所挂牌上市。

五、风险因素与对策

投资者在评价本发行人此次发售的股票时,除本招股说明书其它部分所载的资料外,应特别认真地考虑下述各项风险因素。

(一)国家风险

○政治及经济因素

中国经济在多方面有别于其他经济发展较为成熟的国家,其中包括其架构、政府干预程度,资源分配、增长率及通胀率。中国的普遍经济状况会对本公司的财政前景造成重大影响。

自1978年起,中国政府开始实行改革开放政策,逐步减低国家计划经济的重要性,转而增加利用市场力量作主导。由于中国的新经济体系尚未发展完善,许多法规有待于进一步修订才能确定完备的架构。为加速改革过程,中国政府将继续调整及改善经济体系,这些措施大部分可能对中国企业(包括本公司)构成直接影响,董事相信,在可见的将来,中国改革政策的方向将不会出现任何根本性改变,而整体上本公司将可受惠。

○汇率风险

由于中国政府控制其外汇储备,故中国法定货币人民币现时不可自由兑换为外币,本公司须面对无法按可接受的汇率兑换充足的外币应付其需要的风险。

根据国务院于1997年1月14日颁布生效的《中华人民共和国外汇管理条例》,经常项目中的外汇需求可在一家指定外汇银行根据有关外汇销售、购买及支付规则并出具证明文件而予以满足。

本公司预期日后不会在取得充足外汇方面遇上任何困难,惟不能绝对保证在指定银行欠缺外汇的情况下,本公司将不会在取得充足的外汇以支付其股息方面受阻。

○股市规模及流通性:

本公司已申请B股在上海证交所上市及买卖,上海证交所为一发展中市场,在此上市的境内上市外资股(B股)的总市值及股份成交量比成熟的金融市场相对较小,这意味着在上海证券市场买卖的B股的规模较小,流通程度可能会较低,价格波动也可能较大。

○会计准则

本公司须根据中国财政部颁布的有关会计准则及规例编制公司帐目。但投资者务请注意,中国与其他发展成熟的金融市场在有关会计、审计、财务报告标准及惯例与披露规定方面,确定存在差异,尤其在计算折旧、过时存货、递延税项、物业估值以及或然负债等方面有明显差别。

○中国法律及规例

中国于1978年开始着手发展一套完备的法律制度,在颁布有关如公司组织及监管、外国投资、商务、税收及贸易等经济事务的法律与法规方面已取得重大进展,这些法律与法规已大大加强对外国投资者的保障。

1994年7月1日开始生效的中国公司法,与其它发达国家的公司法有所差别,尤其在保障投资者及资料披露方面。

目前,中国尚无一套全面适用的国家证券法,中国证券法规仍处于发展阶段。1995年12月颁布的《国务院关于股份有限公司境内上市外资股的规定》和1996年5月颁布的《股份有限公司境内上市外资股规定的实施细则》,规定了B股的上市及买卖方法,并且确定了B股投资者的权利和权益。

(二)业务风险

○竞争

目前,国内另有数家大型纯碱生产企业,其生产能力与本公司相似,有意投资者应注意可能因国内纯碱生产商增加供应量而令竞争加剧,可能对本公司的销售额构成负面影响。然而,董事相信,本公司作为中国现时最大的综合性制碱企业,又拥有富经验的管理专才及具有成本效益的生产设施,比其他国内纯碱生产商更具竞争优势。董事认为本公司日后拓展联合制碱法生产设备将重新确立本公司在纯碱业的竞争优势,并提高成本效益。

○对母公司的依赖

本次B股配售成功后，集团将拥有本公司约64%已发行股本，为本公司控股股东。由于本公司与集团公司之间存在着不可避免的关联交易，有意投资者应留意一旦任何此类与集团公司或其附属公司的业务关系中止，将对本公司的业务造成严重打击。本公司已就与母公司及其任何附属公司提供的服务签订了多份协议，包括原材料供应、能源供应、产品运输、外销等方面，以确保股东权益不受侵犯。董事认为本公司与母公司或其任何附属公司之间的和谐关系将于可见将来持续下去，有利于本公司在纯碱业市场占据有利地位。

〇利益冲突

母公司部分附属公司亦从事化工产品制造业务，同时本公司部分董事在母公司担当重要职务，因而可能出现利益及角色冲突情况，虽母公司已在不竞争承诺中表明避免及减少此类冲突，然不能保证此类冲突在所有情况下均得以免除。

〇税务

根据国务院颁布并在1994年1月1日生效的《中华人民共和国企业所得税暂行条例》，本公司须按照33%的税率缴纳企业所得税。

根据大连市人民政府一1997年5月9日签发的[大政](1997)33号文，本公司自上市后，所得税执行先征收后返还的优惠政策，按33%的税率计征，除财政返还18%，实际所得税赋为15%，返还的部分计入当年利润。董事预期此项税务优惠政策在可见的将来应可延续，然此项优惠政策并无特定年期并且不能保证能无限期延续，由此，未来存在国家有关部门取消本公司享受所得税优惠政策的可能。

(三)行业风险及对策

〇纯碱业的未来发展

公司的主营业务之一是纯碱的生产，纯碱是 种基本的化工原材料，广泛用于多种不同工业。纯碱行业市场容量的扩张与整个国民经济的发展具有正相关。随着中国整体经济的迅速发展。国内对纯碱的需求将稳定增长。董事相信，现有政策的实行，纯碱的供应和消费将趋于平衡，其售价亦会渐趋稳定。

〇生产过程的潜在危险

基于本公司业务的性质，公司的雇员及现有生产设施须面对一定的危险。本公司已制定及实行一整套安全措施，务求尽量降低潜在危险，此外，本公司的所有员工及有关生产设施均已投保，以减少意外对本公司可能造成的损失。

在过去十年内，本公司从未发生任何致命或对本公司造成重大损失的严重意外。

〇中国加入世贸所产生的影响

目前，本公司的海外销售透过大化国际经济贸易公司进行，若中国加入世贸，本公司产品出口至海外的关税税率将会降低，有助于本公司扩大其出口销售。同时，由于进口关税税率的降低，本公司的产品在国内市场面对外国产品的竞争可能加剧。董事相信，本公司目前的产品已可媲美其他国外竞争对手，同时，现时纯碱的国内售价与其国际市场售价差异不大，因此，中国加入世贸不会对本公司的业务造成严重影响。

(四)统计数字：

本招股说明书所载有关中国经济及其化工行业的资料与统计数字主要摘自多份官方刊物。尽管董事已小心确保所提供的资料与统计数字均准确转载自有关刊物，然本公司对这些资料与统计数字的准确程度不作任何声明，故有意投资者不宜过度倚赖这些资料与统计数字。

六、募集资金的运用

本次B股发行所得款项，在扣除有关支出后预计约为23,000万元。目前，董事拟将所得款项净额用作下列用途：

(一)17500万元用于向集团公司购入18万吨/年生产能力的氯化铵生产装置，现拟将该生产装置并入现有的生产设备，以便将联合制碱法的年产量由现时的30万吨提高至48万吨。该工程已于1996年8月26日经国家经济贸易委员会国经贸改[1996]555号文件批准立项。上述18万吨氯化铵生产装置已于1997年8月建成投产，本公司购入后每年将新增利润约束3500万元，投资回收期3.5年。

(二)1000万元用于进一步改良已投入试生产的200,000吨重质碱生产设备，以令其早日达到设计生产能力。该项目已于1992年8月8日经大连市经济委员会大经发[1992]226号文批准立项。

(三)余额用作本公司的额外营运资金。

七、股利分配政策

(一)根据本公司章程草案，本公司缴纳所得税后的利润，按以下顺序分配：

1. 弥补以前年度亏损；

2. 提取法定公积金，法定公积金按公司年度净利润的10%提取。但当其累计额达到公司注册资本50%时，可不再提取；

3. 提取法定公益金，法定公益金按公司净利润的5%—10%提取；

4. 提取任意公积金，任意公积金在从公司净利润中提取后按公司股东大会决议提取；

5. 支付普通股股利。

(二)本公司依照同股同利的原则，按各股东持有股份比例分配股利，股利分配可采取现金或股票两种形式。

(三)本公司在利润分配时，所依据的可分配利润根据境内会计准则编制的财务报表和境外会计准则调整的财务报表中两个累计税后可分配利润数按孰低原则确定。

(四)B股股息将以人民币计价和宣布，以美元派发，人民币对美元的汇率根据股东大会决议批准股利分配后的首个营业日中国人民银行公布的美元现汇交易的中间价计算，外汇股利可按国家规定汇出境外。

(五)公司每年的税后利润分配须经股东大会批准后实施，B股股东将不享受截止1996年12月31日前的股息。B股股东与国有股股东共同享有股份公司1997年1月1日起的股息。

八、发行人情况

(一)发行人名称：大化集团大连化工股份有限公司(筹)

英文名称：DAHUA GROUP DALIAN CHEMICAL INDUSTRY CO., LTD.

(二)发行人拟注册地：大连市甘井子区工兴路10号

(三)发行人历史沿革

本公司的发展历史可追溯至三十年代的满洲曹达株式会社，当时装备的氨碱法生产设施的年生产能力约为36,000吨纯碱，是三十年代末期中国化工业内纯碱生产的先驱之一。

1951年，满洲曹达株式会社发展成为大连碱厂，由东北人民政府工业部化学工业管理局所管理。1958年，大连碱厂与大连化学厂合并，成立大连化工厂并于1960年成立大连化学工业公司，即母公司的前身，是中国当时最大的纯碱生产商。

自中国建国以来，本公司曾经历不同的发展阶段，当中又以生产纯碱为发展重点，在第一个五年计划期间，本公司进行了一连串的扩展计划，此举大大加强了其在纯碱业的市场竞争优势，纯碱生产能力由1952年的约97,000吨增至1958年的约387,300吨。此外，本公司于1956年开始生产碳酸氢氨，此为本公司研制出的食品添加剂的新产品。

1962年，联合制碱法生产装置投入生产，本公司成为中国第一个使用联碱法制碱的生产商，并开始从事生产氯化铵的业务。

1976年至1985年间，本公司先后两次进行大规模扩展计划，以提高纯碱的年生产能力。这些计划完成后，本公司成为当时中国最大的纯碱生产商，年生产能力约700,000吨。

1997年，大化集团有限责任公司(即母公司)通过资产剥离与重组，在集团公司下属碱厂的基础上，独家发起募集设立大化集团大连化工股份有限公司(即本公司)，本公司的设立已经大连市人民政府[大政(1997)46号]文批准。设立后的公司组织结构如图一所示，设立后的公司总股本为 27,500 万股,其中国有法人股 17,500 万股,境内上市外资股(B)股 10,000 万股(若全面行使 15%的超额配股权,本公司的境内上市外资股将达到 11500 万股)。本次发行完毕后将在大连市工商行政管理局注册登记。

(四)经营范围:

碱产品及副产品的生产及销售,技术开发、售后服务,境内外企业的合作与投资。

大化集团大连化工股份有限公司组织结构图(见附图)

(五)主要产品和业务

本公司是中国最大的综合性制碱企业,也是使用联合制碱法的最大纯碱生产商之一,公司主要业务乃生产无机化工产品,包括纯碱、农业用氯化铵、烧碱及碳酸氢氨等。

本公司主导产品为纯碱,是一种广泛应用于多种工业领域的基本化学原料,目前年生产能力约为 750,000 吨(其中氨碱法生产 450,000 吨,联碱法生产 300,000 吨);本公司亦生产农业用氯化铵,是一种广泛用于耕种的化肥,目前年生产能力约为 300,000 吨。纯碱和氨化铵的销售额分别占本公司 1996 年度总销售额的约 75%和约 16%。

本公司生产的纯碱曾于一九八三年荣获国家经济委员会颁发的国家质量奖金奖,而农业用氯化铵则曾于一九八九年获国家质量奖银奖,以嘉许本公司该类产品的卓越品质。

(六)职工及福利:

本公司目前聘有合共 3584 名雇员,其结构为:

生产	2121
设备维修	855
品质控制	203
销售与市场推广	96
行政与管理	123
原材料采购	41
环境保护	20
安全	16
其他	109

董事因应本公司的财政状况及员工的表现,不时调整员工工资及花红,以激励全体员工为本公司发展尽全力。本公司亦根据中国及辽宁省大连市的规定,为雇员提供完善的福利,如养老保险金、医疗保险金、住房公积金及失业保险金等。

(七)原料和能源供应

目前,本公司的采购部有员工 41 人,专责采购原料。公司所采用的主要原料有海盐、石灰石、二氧化碳及氨,所有原料皆自国内市场购入。由于本公司位处大连市的优越位置,而且历年来与其供应商建立了稳固的业务关系,因而在获取原料方面从未出现任何困难。

本公司的能源主要来自电力和蒸汽。所需能源自母公司的全资附属公司大化集团公司热电厂购买。本公司过去未曾在电力和蒸汽供应方面出现短缺,董事相信在可见的将来仍可获得充足的能源供应。

(八)市场推广与销售

本公司现有逾 96 名销售人员,负责销售及推广本公司的产品,并向客户提供售后服务。销售人员定期走访客户,以维持长期关系,并每年至少举行一次销售大会,推广本公司的主要产品。

(九)竞争

根据业内的统计数字,中国约有超过 60 家的纯碱企业。本公司的年生产能力在过去数年一直居纯碱生产商前三位之列,董事相信本公司目前较竞争对手拥有多方面的优势,包括产品质量与种类、规模经济、专用技术、原料供应等方面。

由于本公司全部产品均符合国际认可标准,董事相信本公司的产品大致上可与海外国家的产品媲美。为提高其核心产品(即纯碱)的竞争力,公司不时重置并改造其生产设备。此外,公司已安装新生产设备以生产重质纯碱,以便进一步拓展产品组合,提高其在出口市场的竞争力。

本公司主要产品如纯碱和农业用氯化铵的售价,与海外国家所市场同类产品的进口价基本相同。董事认为,中国加入世贸亦不会对本公司的业务造成任何重要影响。基于本公司产品质量优良、价格适宜,再加上充分了解区内的客户和市场,以及具备完善运输设施等方面的便利,董事相信,本公司在面对潜在的外来竞争时占有优势。

(十)研究及产品开发

本公司现时的研究及产品开发主要由母公司提供。母公司设有完备的研究院,其拥有多名研究人员,其中部分人员专门从事与本公司业务有关的技术与产品开发的研究及开发。本公司将于 B 股配售完成后,享有购入母公司所开发新产品的优先选择权,或将不时物色机会以独立途径研制产品。

(十一)环境保护

本公司产品生产过程中产生的主要废料是氯化钙,须通过进一步的废料处理设施排放,其他废料还有碳酸钙、污水等,本公司在排放废料时均严格遵守一切有关的政府标准和规例,经处理合格后才予以外排。本公司从未因污染环境而被有关政府机关和部门处以罚款,并相信其现有环保设施令本公司容许其在各重要方面遵守适用的国家、省级及地方环保法例和规例。

(十二)工业产权及无形资产:

本公司所有产品可以登记于母公司名下的[工联]和[大地]两个品牌买卖,直至 2003 年 2 月 28 日止,费用为每年人民币 102 万元。

(十三)关联交易及不予竞争的承诺:

本公司原为母公司的分公司,本公司在生产经营过程中与母公司存在着不可分割的关联关系。这些关系包括:

1. 本公司原材料及产品的运输使用母公司的交通设施(包括铁路及港口)

2. 母公司全资附属公司复州湾盐场向本公司供应充足的海盐;

3. 本公司全部所需的氨和二氧化碳由母公司供应;

4. 母公司向本公司供应全部所需的电力和蒸汽;

5. 本公司所占用的全部土地的土地使用权属母公司所有,由本公司向母公司租赁使用;

6. 本公司在取得的产品出口权之前,产品透过母公司所属的国贸公司出口。

本公司已与母公司及其全资子公司按照市场价格订立综合服务协议,确立相互之间的服务关系。同时,母公司于承销协议内已向本公司承诺,母公司不会及促使母公司属下的成员公司参与或从事与本公司的业务直接或间接造成或可能造成竞争的业务。

九、董事、监事、高级管理人员候选人

(一)董事

母公司拟于本公司创立大会上提议下列人士为本公司首届董事会成员:

顾孔仁先生,54 岁,本公司董事长候选人,大学本科文化程度,高级工程师。现任母公司副董事长兼副总经理。顾先生亦是中国纯碱协会副理事长,常务理事。

宋孚成先生,50 岁,本公司副董事长候选人,研究生文化程度,高级工程师,1969 年加入母公司,曾任母公司政策研究室主任,企业管理处处长,华迪公司总经理,母公司总经理助理。现任母公司副总经理。

韩世奇先生,52 岁,本公司董事候选人,大学本科文化程度,高级工程师,现任母公司总经理助理兼生产处处长。

宋砚敏先生,36 岁,本公司董事候选人,大学本科文化程度,经济师。现任母公司总经理助理兼企业管理处处长。

姜树林先生,46 岁,本公司董事候选人。现任母公司董事、销售处处长。

傅世宁先生,43 岁,本公司董事候选人,大学专科文化程度,高级会

计师。现任母公司资产经营部部长。

戚树智先生,47岁,本公司董事兼总经理候选人,大学专科文化程度,工程师。现任碱厂厂长。

王兆波先生,44岁,本公司董事兼财务总监候选人,大学本科文化程度,高级会计师。现任母公司财务处处长。

王玉琨先生,51岁,本公司董事候选人,大学本科文化程度,高级工程师。现任母公司劳动工资处处长。

徐志明先生,51岁,本公司董事兼副总经理候选人,大学本科文化程度,高级工程师。现任碱厂第一副厂长兼总工程师。

赵杰先生,50岁,本公司董事候选人,中专文化程度,助理工程师。现任母公司工会副主席。

(二)监事

母公司及本公司拟于本公司创立大会上提议下列人士为本公司首届监事会成员:

高云生先生,49岁,本公司监事会召集人候选人,大学专科文化程度,工程师。现任母公司监事、母公司纪委副书记、审计监察处处长。

梁英群先生,50岁,本公司监事候选人,大学专科文化程度,经济师。现任母公司法律事务处处长。

王心明先生,52岁,本公司监事候选人,大学专科文化程度,高级会计师。现任母公司审计处副处长。

张为钢先生,37岁,本公司监事候选人,大学专科文化程度。现任碱厂党群办公室主任。

葛义芳先生,50岁,本公司监事候选人,大学专科文化程度,工程师。现任碱厂劳动人事科科长。

(三)高级管理人员

其他主要高级管理人员简历如下:

李建涛先生,33岁,本公司董事会秘书候选人,大学本科文化程度,工程师。现任碱厂计划调度科调度员。

张伟先生,39岁,本公司副总经理候选人,大学专科文化程度,助理经济师。现任碱厂副厂长。

肖正吉先生,45岁,本公司副总经理候选人,高中文化程度,工程师。现任碱厂副厂长。

赵国伦先生,46岁,本公司副总经理候选人,大学专科文化程度。现任碱厂副厂长。

十、经营业绩

(一)主营业务收入与利润情况:

以下资料根据安达信会计师事务所出具的审计报告列示:

(单位:人民币千元)

项目	截至1997年3月31日止三个月	截至12月31日止年度 1996年	1995年*	1994年*
销售收入净额	246,663	956,931	937,590	968,595
营业利润	21,578	92,232	94,557	127,226
税后利润	17,484	77,591	75,168	106,819

*仅经安达信公司有限度审阅

(二)产品市场情况:

截至1996年12月31日止年度,本公司产品的内销与外销占总销售额的百分比分别为约82.5%和约17.5%。

目前公司拥有逾500名客户,主要为工业制造商和物资供应公司,这些客户主要位于东北地区、华南及华东等地,分别占本公司1996年度总销售额的约41%,24%和16%;本公司的外销产品先售给集团公司的全资子公司大化集团国际贸易公司,然后再通过它销往其他国家,其主要海外市场为东南亚国家如新加坡、泰国等。

(三)产品质量情况:

本公司的品质控制部门由逾80名专业人士组成,负责对原料及制成品进行详细鉴定,并在生产过程中严格执行品质控制工作。本公司非常重视产品质量,大部分产品均按照国际品质标准生产。本公司现正在生产过程的品质控制程序中大部分产品均按照国际品质标准生产。本公司正在生产过程的品质控制程序中推行ISO9000国际标准,董事对现行的品质管理系统充满信心,认为本公司可于日后获取ISO9000认证。

本公司的产品在中国及海外市场均享负盛名,并以"工联"、"大地"商标在国内出售。由于本公司产品质量卓越,公司在过去数年获颁发多个奖项,各主要奖项概述如下:

产品类别	奖项名称	发奖机关
纯碱	国家质量奖金奖	国家经济委员会
氯化铵	国家质量奖银奖	国家经济委员会
烧碱	优质奖	辽宁省政府
碳酸氢氨	国家质量奖金奖	国家经济委员会

十一、股本

1996年12月31日止,本公司评估后的净资产为26,800.53万元。根据国家国有资产管理局文件国资企发[1997]101号文的批复折合成国有法人股17500万股。本次向境内上市外资股配售B股10,000万股,本次配售结束后,本公司的股本结构如下:

	股本(万股)	占总股本百分比(%)
国家拥有股份	17500	63.6
境内上市外资股	10000	36.4
总计	27500	100

若全面行使超额配股权,本公司的总股本将变为29000万股。

十二、债项

于1997年3月31日(就本债务声明而言,本招股说明书付印前的最后实际可行日期)工作时间结束时,本公司银行短期借款计人民币16,700,000元。

除上述负债外,本公司于1997年3月31日,并未有任何其他未偿还的按揭、抵押、债券、借贷资本、银行透支及承兑负债或承兑信贷、贷款或其他贷款性质的债务、债务证券或其他类似债项、租购承担、任何担保或其他重大或有负债。

本公司董事确认,自1997年3月31日以来,本公司的债项及或然负债并无任何重大变动。

十三、主要固定资产

根据安达信会计师事务所出具的审计报告,本公司1997年3月31日的主要固定资产情况如下:

(单位:千元)

主要固定资产	成本	累计折旧	净值
房屋及建筑物	96,767	17,169	
机器设备	287,310	139,426	
运输设备	6,520,	1,993	
家具、办公及其他设备	388	340	
合计	390,985	158,928	232,057

固定资产按成本减累计折旧计价。折旧按减除估计残值后的成本,依估计可使用年限以直线法计提。估计可使用年限如下:

房屋及建筑物	8—45年
机器设备	9—22年
运输设备	6—12年
家具、办公及其他设备	9—14年

为配合B股发行,本公司聘请中国的专业评估师对本公司1996年12月31日的资产进行评估,评估值与法定帐目资产余额比较增值约人民币58,005,000元,已经由国有资产管理局于1997年5月28日批复,拟于本公司成立时入帐。

十四、主要财务会计资料

(一)大连会计师事务所出具的公司三年审计报告:

1. 资产负债表

(单位:人民币千元)

项目	1997.3.31	1996.12.31	1995.12.31	1994.12.31
流动资产:				
货币资金	16,211.84	16,306.53	19,589.95	6,260.01
短期投资				
应收票据				
应收帐款	147,046.44	147,179.22	207,484.33	178,831.48
减:坏帐准备	735.23	735.90	1,037.42	894.16
应收帐款净额	146,311.21	146,443.33	206,446.91	177,937.32
预付帐款	4,734.45	3,771.93	1,094.30	4,822.95
其他应收款	791.37	801.90	15,292.83	24,141.16
存　货	76,103.94	92,008.28	56,988.87	75,015.22
待摊费用	248.64	469.57	373.58	340.11
待处理流动资产净损失				
一年内到期的债券投资				
其他流动资产				
流动资产合计	244,401.45	259,801.54	299,786.45	288,516.77
长期投资:				
长期投资				
固定资产:				
固定资产原价	560,541.27	551,784.56	371,109.48	279,227.00
减:累计折旧	246,162.87	240,221.28	164,935.34	179,067.96
固定资产净值	314,378.40	311,563.28	206,174.14	100,159.04
在建工程	1,675.92	9,150.10	45,967.56	118,356.60
固定资产清理				
待处理固定资产净损失				
固定资产合计	316,054.32	320,713.38	252,141.70	218,515.63
无形资产及递延资产:				
无形资产				
递延资产				
无形资产及递延资产合计				
其他长期资产				
递延税项:				
递延税款借项				
资 产 总 计	560,455.77	580,514.92	551,928.15	507,032.40
流动负债:				
短期借款	16,700.00	15,600.00		
应付票据				
应付帐款	127,344.78	151,930.09	245,084.80	257,744.92
预付货款	43,371.51	59,220.68	88,741.30	28,784.52
其他应付款	9,196.98	9,359.23	8,102.05	10,502.95
应付工资				
应付福利费	—18.29			
未付股利				
未交税金				
其他未交款				
预提费用	2,336.03			
一年内到期的长期负债				
其他流动负债				
流动负债合计	198,931.00	236,109.99	341,928.15	297,032.40
长期负债:				
长期借款				
应付债券				
长期应付款	76,399.58	76,399.58		
其他长期负债				
其中:住房周转金				
长期负债合计	76,399.58	76,399.58		
递延税项:				
递延税项贷项				
负 债 合 计	275,330.58	312,509.57	341,928.15	297,032.40
股东权益:				
股　本	175,000.00	175,000.00	210,000.00	210,000.00
资本公积	93,005.34	93,005.34		
盈余公积				
其中:公益金				
未分配利润	17,119.84			
股东权益合计	285,125.18	268,005.34	210,000.00	210,000.00
负债及股东权益合计	560,455.77	580,514.92	551,928.15	507,032.40

2. 利润及利润分配表

(单位:人民币千元)

项目	1997年1—3月	1996年度	1995年度	1994年度
一、主营业务收入	247,662.20	960,854.99	941,392.56	972,427.51
减:营业成本	215,945.69	825,324.03	798,589.17	781,559.11
销售收入	965.52	3,579.75	4,189.16	4,886.01
管理费用	8,538.19	36,979.94	30,655.79	40,674.10
财务费用	451.23	470.41	—387.75	—187.80
进货费用				
营业税金及附加	998.82	3,924.10	3,802.29	3,832.15
二、主营业务利润	20,762.75	90,576.77	104,543.91	141,663.94
加:其他业务利润	—621.76	—638.40	—877.60	262.11
三、营业利润	20,140.99	89,938.37	103,666.32	141,926.05
加:投资收益				
营业外收入				
减:营业外支出		56.50	5,206.32	450.36
加:补贴收入				
以前年度损益调整				
四、利润总额	20,140.99	89,881.86	98,460.00	141,475.70
减:所得税	3,021.15	13,482.28	14,769.00	21,221.35
五、净利润	17,119.84	76,399.58	83,691.00	120,254.34
加:年初未分配利润				
盈余公积转入数				
六、可分配的利润	17,119.84	76,399.58	83,691.00	120,254.34
减:提取法定公积金				
提取法定公益金				
七、可供股东分配的利润	17,119.84	76,399.58	83,691.00	120,254.34
减:已分配优先股股利				
提取任意公积金				
已分配普通股股利		76,399.58	83,691.00	120,254.34
八、未分配利润	17,119.84			

(二)安达信会计师事务所出具的审计报告:

1. 资产负债表:

(单位:千元)

项　目	1997年3月31日
固定资产净值	232,057
在建工程	1,676
流动资产	
现金及银行存款	16,212
应收帐款净值	122,225
存货	73,838
应收关联公司款项	6,175
预付货款	3,080
其他流动资产	827

流动资产合计	222,357
流动负债	
短期银行借款	16,700
应付帐款	103,423
预收货款	43,369
应付关联公司款项	25,991
其他流动负债	7,577
流动负债合计	197,060
净流动资产	25,297
应付大化集团款项	(76,400)
净资产	182,630

2. 利润表:

本公司1996年1月1日至12月31日及1997年1月1日至3月31日的经营业绩已经国际会计师审计。

单位:人民币千元

项目	截至1997年3月31日止三个月	截至12月31日止年度 1996年	1995年*	1994年*
销售收入净额	246,663	956,931	937,590	968,595
销售成本	(215,580)	(823,885)	(796,729)	(779,558)
销售毛利	31,083	133,046	140,861	189,037
税前利润	20,505	91,073	89,937	128,040
税项	(3,021)	(13,482)	(14,769)	(21,221)
税后利润	17,484	77,591	75,168	106,819

*仅经安达信公司有限度审阅

3. 国际会计准则调整对税后利润及净资产的影响。

(单位:人民币千元)

项目	税后利润 一月一日至三月三十一日 一九九七年	截至十二月三十一日止年度 一九九六年	一九九五年*	一九九四年*	净资产 一九九七年三月三十一日
境内会计师报告根据中国会计准则审计后的金额	17,119	76,400	83,691	120,254	285,125
调整:					
—提列坏帐损失准备	(1)	(254)	(11,459)	(16,251)	(27,965)
—回转以前年度固定资产重估增值	—	—	—	—	(23,047)
—同转固定资产重固增值多计提的折旧	366	1,540	2,039	2,690	6,689
—处理重估固定资产损失	—	6	1,076	851	1,897
—计提闲置固定资产折旧	—	(101)	(233)	(689)	(2,063)
—回转1996年12月31日资产重估增值	—	—	—	—	(58,006)
按国际会计准则重编后之金额	17,484	77,591	75,168	106,819	182,630

*仅经安达信公司有限度审阅

十五、盈利预测

以下为经安达信会计师事务所审核的1997年盈利预测:

(单位:千元)

项目	1997年1—3月实际数	1997年4—12月预测数	1997年1—12月合计数
销售收入	247,662	841,478	1,089,140
销售成本	(215,580)	(729,742)	(946,322)
销售费用	(965)	(3,775)	(4,740)
管理费用	(8,539)	(29,768)	(38,307)
经营利润	21,579	76,034	96,613
营业外收入(费用)			
利息收入、净额	(451)	(1,252)	(1,703)
其他收入(费用),净额	(622)	722	100
税前利润	20,506	75,504	95,010
所得税	(3,021)	(11,380)	(14,251)
税后利润	17,485	64,124	80,759

假设基准:

1. 盈利预测乃按照符合国际会计准则的会计政策而编制;

2. 本公司所遵循的有关法律、法规、政策或经济状况无重大变化;

3. 现行利率,汇率和物价水平无重大变动;

4. 原料市场的供求关系将不会有重大变化;

5. 无其他不可抗力因素及不可预见因素造成之重大不利影响。

十六、未来计划与前景

目前,本公司是中国最大的综合性纯碱企业,由于中国经济的不断增长,对化工产品的需求将愈趋殷切,使得本公司的发展充满了机会,为把握目前的发展机会,本公司将致力于以下三个方面:

(一)改造现有生产设备,改进生产工艺,提高产品市场竞争力。

本公司计划通过向集团公司购入18万吨氯化铵生产设备,通过整合,将现有18万吨氨碱法生产装置改造成为联碱法生产,以改善其核心产品—纯碱的生产过程,整个项目完成后,纯碱的生产工艺将得到改进,生产成本降低,纯碱产品的市场竞争力将得到加强。

(二)本公司拟多元化发展产品组合,借助提高农业用氯化铵和重质纯碱的产量而增强盈利能力。

中国人口众多,传统上以农立国,国内对化肥的需求一直有增无减,通过向集团公司收购18万吨氯化铵生产设备,本公司的氯化铵生产能力将由30万吨提升至48万吨,成为中国最大的氯化铵生产基地。

重质纯碱是生产优质玻璃产品及玻璃建材的重要原料。预计到2000年,国内需求将持续增长,待重质纯碱生产设备安装完成后,本公司的重质纯碱的生产能力将达到20万吨,董事深信以上诸项目的完成,将成为公司新的利润增长点。

(三)开拓市场,以保持公司在纯碱行业的领导地位

除了稳固本公司原有在中国东北部地区的销售网,本公司拟扩大华东与华南市场,并已在上海、厦门及广州派驻销售人员,以把握该地区市场增长所提供的机遇。董事深信,凭借本公司优质产品、合理的价格及便利的运输条件,与国内其他纯碱生产商相比,本公司拥有足够的竞争优势扩大华东及华南市场。

另一方面,本公司计划在拓展国内市场的同时,亦将致力开拓东南亚一带的外销市场。

十七、重要合同及重大诉讼事项

(一)重要合同

1. 重组协议及不竞争承诺:本公司与大化集团公司于1997年5月30日签订了重组协议,自本公司注册成立之日起,母公司与本公司资产和负债分离。大化集团公司并于1997年5月向本公司作出了不竞争承诺。

2. 承销协议:本公司与承销商于1997年9月22日订立承销协议。据此,承销商将配售及承销本次发行的B股。

3. 综合服务协议:母公司及其附属公司向本公司提供主要货物与服务的协议。

4. 收购协议:本公司与母公司于1997年5月15日签订,本公司将以部分募股资金购买母公司之180,000吨氯化铵生产设备。

5. 土地租赁协议:本公司与母公司于1997年5月22日签订,期限5年,届时期满可续签。

6. 购销协议:本公司与母公司之全资附属公司大化国际经济贸易公司于1997年5月15日签订。

(二)本公司没有任何种类的正在发生的或可预见的诉讼、仲裁或被

行政处罚的案件,至今没有应由本公司承担义务或经济赔偿责任的法院判决、仲裁裁决或行政处罚。

十八、备查文件

(一)供查阅的有关文件

(1)国际会计师报告

(2)国内会计师报告

(3)包销协议

(4)公司章程

(5)法律意见书

(6)公司营业执照

(7)信息备忘录及上市承诺书

(8)有关重要合同

(9)有关批准文件

(二)查阅地点

大化集团大连化工股份有限公司

地址:大连市甘井子区工兴路 10 号

电话:0411—6672312—2288

传真:0411—6673546

联系人:付世宁　苑春成

湖北证券公司

地址:上海市汉口路 130 号

电话:021—63297336

传真:021—63298982

联系人:徐卫明　李文静

大化集团大连化工股份有限公司

1997 年 9 月 27 日

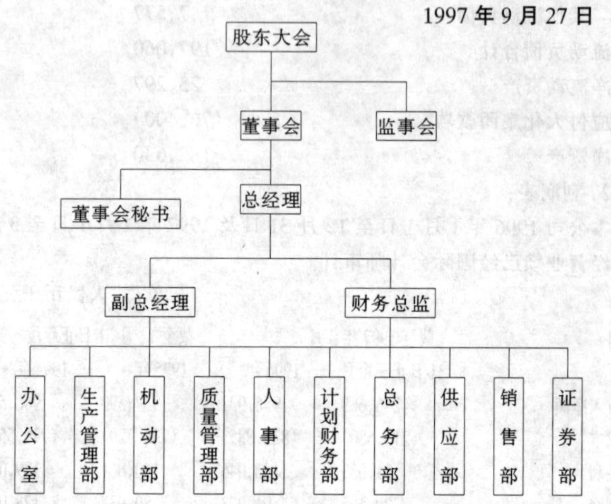

大化集团大连化工股份有限公司境内上市外资股(B 股)股票上市公告书

一、要览

总股本:27500 万股

可流通股本:10000 万股

本次上市流通股本:10000 万股

股票简称:大化 B 股

股票代码:900951

上市地点:上海证券交易所

上市时间:1997 年 10 月 21 日

股票登记机构:上海证券中央登记结算公司

上市推荐人:湖北证券公司

二、绪言

本上市公告书是根据《中华人民共和国公司法》、《股票发行与交易管理暂行条例》、《公开发行股票公司信息披露实施细则》、《国务院关于股份有限公司境内上市外资股的规定》、《股份有限公司境内上市外资股规定的实施细则》等有关证券管理法律、法规编写的,旨在向投资者提供本公司基本情况及有关资料。

经国务院证券委员会证委发(1997)59 号文及上海证券管理办公室沪证市(1997)025 号文批准,本公司已成功地发行每股面值为 1.00 元人民币的境内上市外资股 10000 万股(并未行使不超过本次 B 股发行额度 15%的超额配售权)。股票上市申请经上海证券交易所上证上(97)字第 089 号文审核批准,本公司 B 股股票将于 1997 年 10 月 21 日在上海证券交易所挂牌交易。

本公司于 1997 年 9 月 27 日在《上海证券报》、《中国证券报》和《证券时报》上刊登了《招股说明书概要》,距今不足 6 个月,故与其相重复的内容在此不再重述,敬请投资者查阅本公司的《招股说明书概要》。

本公司董事会已批准本上市公告书,确信其中不存在任何重大遗漏或误导,并对其准确性、完整性、真实性负个别的及连带的责任。

三、公司概况

(一)概况:

公司名称:大化集团大连化工股份有限公司

英文名称:DAHUA GROUP DALIAN CHEMICAL INDUSTRY CO., LTD.

注册资金:27,500 万元

法定代表人:顾孔仁

成立日期:1997 年 10 月 17 日

经营范围:碱产品及副产品的生产及销售,技术开发、售后服务,境内外企业的合作与投资。

注册地址:大连市甘井子区工兴路 10 号

联系电话:(86411)6673546

(二)公司历史沿革:

本公司的发展历史可追溯至三十年代的满州曹达株式会社,当时装备的氨碱发生产设施的年生产能力约为 36,000 吨纯碱,是三十年代末期中国化工业内纯碱生产的先驱之一。

1951 年,满洲曹达株式会社发展成为大连碱厂,由东北人民政府工业部化学工业管理局所管理。1958 年,大连碱厂与大连化学厂合并,成立大连化工厂并于 1960 年成立大连化学工业公司,即母公司的前身,是中国当时最大的纯碱生产商。

1962 年,联合制碱法生产装置投人生产,本公司成为中国第一个使用联碱法制碱的生产商,并开始从事生产氯化铵的业务。

1976 年至 1985 年间,本公司先后两次进行大规模扩展计划,以提高纯碱的年生产能力。这些计划完成后,本公司成为当时中国最大的纯碱生产商,年生产能力约 700,000 吨。

1997 年,大化集团有限责任公司(即母公司)通过资产剥离与重组,在集团公司下属碱厂的基础上,独家发起募集设立大化集团大连化工股份有限公司(即本公司),本公司的设立已经大连市人民政府[(1997)46

号]文批准。根据国务院证券委员会证委发(1997)59号文,大化集团大连化工股份有限公司获准发行10,000万股B股(若全面行使15%的超额配股权,本公司的境内上市外资股将达到11,500万股)。

四、股票发行与承销

(一)本次私募配售:

本次B股配售由以湖北证券公司为主承销商的承销团包销,现已圆满结束,以下是本次配售的基本情况:

1. 境内上市外资股数量:10,000万股(若15%的超额配售权全面行使,境内上市外资股的数量:11,500万股)

2. 股票发行价格:人民币2.58元/股,折合美元0.311元/股。

3. 募集资金总额(已扣除发行费用):237,131,904.01元

4. 发行方式:私募配售,股票承销采用承销商包销方式

5. 配售户数:232户

6. 发行费用总额:20,868,095.99元

7. 每股发行费用:0.209元

8. 预计每股市盈率:

备考全面摊薄 7.91倍

全面摊薄 8.81倍

(二)股票承销:

主承销商及承销团分销比例及数量:

承销商	分销数量(股)	分销比例
湖北证券公司	40,000,000	40%
海裕证券有限公司	40,000,000	40%
招银证券公司	5,000,000	5%
新加坡发展亚洲融资有限公司	5,000,000	5%
新鸿基投资服务有限公司	4,000,000	4%
中信证券有限责任公司	2,000,000	2%
乐金证券公司	2,000,000	2%
长城证券有限责任公司	2,000,000	2%
合计	100,000,000	100%

(三)验资报告

大会师内验字(1997)23号

大化集团大连化工股份有限公司(筹):

我们接受委托,对贵公司(筹)截至1997年10月13日止的实收股本及相关的资产和负债的真实性和合法性进行了审验。在审验过程中,我们按照《独立审计实务公告第一号—验资》的要求,实施了必要的审验程序。大化集团大连化工股份有限公司(筹)的责任是提供真实、合法、完整的验资资料,保护资产的安全、完整。我们的责任是按照《独立审计实务公告第一号—验资》的要求,出具真实、合法的验资报告。

大化集团大连化工股份有限公司(筹)申请的注册资本为275,000,000.00元。根据我们的审验,截至1997年10月13日止,大化集团大连化工股份有限公司(筹)已收到其股东投入的资本人民币565,330,536.47元,其中:股本275,000,000.00元(发起人大化集团有限责任公司投入的国有法人股175,000,000.00元,境内上市外资股(B股)100,000,000.00元);资本公积230,137,248.47元;未分配利润60,193,288.00元。与上述投入资本相关的资产总额为899,605,397.79元,负债总额为334,274,861.32元。

大连会计师事务所　　中国注册会计师　张立云

中国注册会计师　石迪侠

一九九七年十月十三日

五、董事、监事和高级管理人员的持股情况

大化集团大连化工股份有限公司创立大会选举公司董事会、监事会成员及高级管理人员如下:

顾孔仁先生	任	董事长
宋孚成先生	任	副董事长
戚树智先生	任	董事兼总经理
韩世奇先生	任	董事
宋砚敏先生	任	董事
姜树林先生	任	董事
傅世宁先生	任	董事
王兆波先生	任	董事兼财务负责人
王玉琨先生	任	董事
徐志明先生	任	董事兼副总经理
赵杰先生	任	董事
高云生先生	任	监事长
梁英群先生	任	监事
王心明先生	任	监事
张为钢先生	任	监事
葛义芳先生	任	监事
李建涛先生	任	董事会秘书
张伟先生	任	副总经理
肖正吉先生	任	副总经理
赵国伦先生	任	副总经理

本公司所有董事、监事及高级管理人员均未持有本公司股票。

六、公司设立

(一)本公司的创立大会暨首届股东大会1997年10月15日在大化集团有限责任公司第二会议室举行,与会股东及其代理人共5人,代表股份19682.7万股,占公司总股数的71.6%。会议作出决议,本公司本次私募发行的面值为1.00人民币元的10,000万股B股将于1997年10月21日在上海证券交易所上市。

(二)公司注册资金为:27,500万元人民币

(三)公司注册时间:1997年10月17日

(四)公司注册地点:大连市甘井子区工兴路10号

(五)营业执照号码:大工商企法字24183247—3

七、关联企业与关联交易

本公司原为大化集团有限责任公司(即母公司)的分公司,本公司在生产经营过程中与母公司存在着不可避免的关联关系,这些关系包括:

1. 本公司原材料及产品的运输使用母公司的交通设施(包括铁路及港口);

2. 母公司全资附属公司复州湾盐场向本公司供应充足的海盐;

3. 本公司全部所需的氨和二氧化碳由母公司供应;

4. 母公司向本公司供应全部所需的电力和蒸汽;

5. 本公司所占用的全部土地的土地使用权属母公司所有,由本公司向母公司租赁使用;

6. 本公司在取得的产品出口权之前,产品透过母公司所属的国贸公司出口。

本公司已与母公司及其全资子公司按照市场价格订立综合服务协议,确立相互之间的服务关系。同时,母公司于承销协议内已向本公司承诺,母公司不会及促使母公司属下的成员公司参与或从事与本公司的业务直接或间接造成或可能造成竞争的业务。

八、股本结构及主要股东持股情况

(一)发行后的股本结构

类别	股份数(万股)	所占比率(%)
尚未流通部分		
国有法人股	17,500	63.64
可流通部分		
境内上市外资股	10,000	36.36
合计	27,500	100

若全面行使超额配售权,本公司的总股本将增至29,000万股,股本结构如下:

类别	股份数(万股)	所占比率(%)
尚未流通部分		
国有法人股	17,500	60.34
可流通部分		
境内上市外资股	11,500	39.66
合计	29,000	100

(二)前十名股东及所持股数

股东名称	持股数量(股)	占总股本的比例
大化集团有限责任公司	175,000,000	63.64%
招银证券公司	5,000,000	1.82%
FUKI INVESTMENTS LIMITED	4,800,000	1.75%
NEW SUCCESS INVESTMENTS LIMITED	4,200,000	1.53%
VIHONG NOMINESS LTD	2,800,000	1.02%
DBS SECURITIES NOMINEES(HK)LTD	2,400,000	0.87%
BTFE S/A SEAPOWER ASSET MANAGEMENT CO LTD	2,400,000	0.87%
光大证券有限公司	2,110,000	0.77%
HONGKONG SUCCESS LTD	2,000,000	0.73%
香港鸿发集团有限公司	2,000,000	0.73%

九、财务会计资料

本公司的会计资料已经大连会计师事务所和安达信公司审核或做有限度审阅。大连会计师事务所对本公司按中国会计准则的1994年12月31日、1995年12月31日、1996年12月31日、1997年3月31日的资产负债表以及上述三个年度和1997年1—3月的利润及利润分配表以及1996年度、1997年1—3月的财务状况变动表出具了无保留意见的审计报告。安达信公司则对本公司按照国际会计准则列示的1997年3月31日的净资产情况和1996年度、1997年1月1日—3月31日的经营业绩出具了无保留意见的审计报告。

(一)按照中国会计准则编制的资产负债表、利润及利润分配表:

1. 资产负债表

(单位:人民币千元)

项 目	1997.3.31	1996.12.31	1995.12.31	1994.12.31
流动资产:				
货币资金	16,211.84	16,306.53	19,589.95	6,260.01
短期投资				
应收票据				
应收帐款	147,046.44	147,179.22	207,484.33	178,831.48
减:坏帐准备	735.23	735.90	1,037.42	894.16
应收帐款净额	146,311.21	146,443.33	206,446.91	177,937.32
预付帐款	4,734.45	3,771.93	1,094.30	4,822.95
其他应收款	791.37	801.90	15,292.83	24,141.16
存货	76,103.94	92,008.28	56,988.87	75,015.22
待摊费用	248.64	469.57	373.58	340.11
待处理流动资产净损失				
一年内到期的债券投资				
其他流动资产				
流动资产合计	244,401.45	259,801.54	299,786.45	288,516.77
长期投资:				
长期投资				
固定资产:				
固定资产原价	560,541.27	551,784.56	371,109.48	279,227.00
减:累计折旧	246,162.87	240,221.28	164,935.34	179,067.96
固定资产净值	314,378.40	311,563.28	206,174.14	100,159.04
在建工程	1,675.92	9,150.10	45,967.56	118,356.60
固定资产清理				
待处理固定资产净损失				
固定资产合计	316,054.32	320,713.38	252,141.70	218,515.63
无形资产及递延资产:				
无形资产				
递延资产				
无形资产及递延资产合计				
其他长期资产				
递延税项:				
递延税款借项				
资产总计	560,455.77	580,514.92	551,928.15	507,032.40
流动负债:				
短期借款	16,700.00	15,600.00		
应付票据				
应付帐款	127,344.78	151,930.09	245,084.80	257,744.92
预收货款	43,371.51	59,220.68	88,741.30	28,784.52
其他应付款	9,196.98	9,359.23	8,102.05	10,502.95
应付工资				
应付福利费	—18.29			
未付股利				
未交税金				
其他未交款				
预提费用	2,336.03			
一年内到期的长期负债				
其他流动负债				
流动负债合计	198,931.00	236,109.99	341,928.15	297,032.40
长期负债:				
长期借款				
应付债券				
长期应付款	76,399.58	76,399.58		
其他长期负债				
其中:住房周转金				
长期负债合计	76,399.58	76,399.58		
递延税项:				
递延税项贷项				
负债合计	275,330.58	312,509.57	341,928.15	297,032.40
股东权益:				
股本	175,000.00	175,000.00	210,000.00	210,000.00
资本公积	93,005.34	93,005.34		
盈余公积				
其中:公益金				
未分配利润	17,119.84			
股东权益合计	285,125.18	268,005.34	210,000.00	210,000.00
负债及股东权益合计	560,455.77	580,514.92	551,928.15	507,032.40

2. 利润及利润分配表

(单位:人民币千元)

项目	1997年1—3月	1996年度	1995年度	1994年度
一、主营业务收入	247,662.20	960,854.99	941,392.56	972,427.51
减:营业成本	215,945.69	825,324.03	798,589.17	781,559.11
销售收入	965.52	3,579.75	4,189.16	4,886.01
管理费用	8,538.19	36,979.94	30,655.79	40,674.10
财务费用	451.23	470.41	—387.75	—187.80
进货费用				
营业税金及附加	998.82	3,924.10	3,802.29	3,832.15
二、主营业务利润	20,762.75	90,576.77	104,543.91	141,663.94

加:其他业务利润	—621.76	—638.40	—877.60	262.11
二、营业利润	20,140.99	89,938.37	103,666.32	141,926.05
加:投资收益				
营业外收入				
减:营业外支出		56.50	5,206.32	450.36
加:补贴收入				
以前年度损益调整				
四、利润总额	20,140.99	89,881.86	98,460.00	141,475.70
减:所得税	3,021.15	13,482.28	14,769.00	21,221.35
五、净利润	17,119.84	76,399.58	83,691.00	120,254.34
加:年初未分配利润				
盈余公积转入数				
六、可分配的利润	17,119.84	76,399.58	83,691.00	120,254.34
减:提取法定公积金				
提取法定公益金				
七、可供股东分配的利润	17,119.84	76,399.58	83,691.00	120,254.34
减:已分配优先股股利				
提取任意公积金				
已分配普通股股利		76,399.58	83,691.00	120,254.34
八、未分配利润	17,119.84			

3. 主要会计政策:

(1)会计制度

执行《股份制试点企业会计制度》。

(2)会计期间

公司采用公历年度从1月1日至12月31日为一个完整会计期间。

(3)记帐本位币及货币换算

公司以人民币为记帐本位币。

(4)记帐方法

公司采用借贷记帐法。

(5)记帐原则及计价基础

公司按权责发生制进行会计核算,以实际成本为计价基础。

(6)坏帐准备

公司按期末应收帐款余额的千分之五计提坏帐准备。

(7)存货计价方法

公司存货包括原材料、包装物、在产品、产成品等。原材料中的辅助材料、修理用备件和包装物按计划成本计价,并按大类计算材料成本差异。其他存货按实际成本计价,存货发出计价采用加权平均法。低值易耗品按一次摊销法摊销。在产品按主要材料成本计价。

(8)固定资产计价及其折旧

公司固定资产按实际成本计价。

公司固定资产标准为使用年限在一年以上,单位价值在2000元以上的房屋建筑物、机械设备、运输设备以及其他与生产经营有关的家具、办公及其他设备。固定资产折旧采用直线法计算,折旧年限与分类按《工业企业财务制度》规定确定,预留残值千分之三。

各类固定资产折旧年限及年折旧率列示如下:

类别	折旧年限(年)	年折旧率(%)
房屋建筑物	8—45	12.12—2.15
机械设备	9—22	10.78—3.19
运输设备	6—12	16.17—5.83
其他设备	9—14	10.78—6.93

(9)收入实现条件

以产品已经发出,劳务已经提供,款项已经收到或取得收取款项的凭据时确认为产品销售收入实现。

(10)产品成本核算方法

公司采用分步法核算产品生产成本;以半成品和产成品为核算对象,按不同工序分步归集材料、人工及制造费用,期末在产品按主要材料成本计价。

(11)税项

a. 增值税:按产品销售收入的17%(纯碱、烧碱、碳铵、精铵)和13%(粗铵)税率计算销项税额,扣除当期允许抵扣的进项税额后的余额缴纳。

b. 城建税:按当期应缴增值税的7%计缴。

c. 教育费附加:按当期应缴增值税的3%计缴。

d. 费用性税金:包括房产税、车船牌照使用税、印花税等,按有关规定上缴,计入当期损益。

e. 所得税:经大连市人民政府同意,公司股票发行上市后,公司所得税税负为15%。

(12)利润分配

股份公司上市后,税后利润将依据国家有关法规按如下程序进行分配:

a. 弥补以前年度未弥补亏损;

b. 提取法定盈余公积金10%;

c. 提取公益金5%—10%;

d. 提取任意公积金

e. 支付普通股股利。

(二)按照国际会计准则编制的资产负债表、利润表:

1. 资产负债表:

(单位:千元)

项目	1997年3月31日
固定资产净值	232,057
在建工程	1,676
流动资产	
现金及银行存款	16,212
应收帐款净值	122,225
存货	73,838
应收关联公司款项	6,175
预付货款	3,080
其他流动资产	827
流动资产合计	222,357
流动负债	
短期银行借款	16,700
应付帐款	103,423
预收货款	43,369
应付关联公司款项	25,991
其他流动负债	7,577
流动负债合计	197,060
净流动资产	25,297
应付大化集团款项	(76,400)
净资产	182,630

2. 利润表:

本公司1996年1月1日至12月31日及1997年1月1日至3月31日的经营业绩已经国际会计师审计。

单位:人民币千元

项目	截至1997年3月31日止三个月	截至12月31日止年度 1996年	1995年*	1994年*
销售收入,净额	246,663	956,931	937,590	968,595
销售成本	(215,580)	(823,885)	(796,729)	(779,558)
销售毛利	31,083	133,046	140,861	189,037
税前利润	20,505	91,073	89,937	128,040
税项	(3,021)	(13,482)	(14,769)	(21,221)
税后利润	17,484	77,591	75,168	106,819

＊仅经安达信公司有限度审阅

3．国际会计准则调整对税后利润及净资产的影响

(单位:人民币千元)

项目	税后利润				净资产
	1月1日至3月31日	截至12月31日止年度			1997年3月31日
	1997年	1996年	1995年＊	1994年＊	
境内会计师报告根据中国会计准则审计后的金额	17,119	76,400	83,691	120,254	285,125
调整:					
—提列坏帐损失准备	(1)	(254)	(11,459)	(16,251)	(27,965)
—回转以前年度固定资产重估增值	—	—	—	—	(23,047)
—回转固定资产重固增值	366	1,540	2,039	2,690	6,689
多计提的折旧					
—处理重估固定资产损失	—	6	1,076	851	1,897
—计提闲置固定资产折旧	—	(101)	(233)	(689)	(2,063)
—回转1996年12月31日资产重估增值	—	—	—	—	(58,006)
按国际会计准则重编后之金额	17,484	77,591	75,168	106,819	182,603

＊仅经安达信公司有限度审阅

十、董事会承诺

本公司董事会将严格遵守《中华人民共和国公司法》、《股票发行与交易管理暂行条例》、《公开发行股票公司信息披露实施细则》、《上海证券交易所交易规则》和有关法律、法规的规定,并自股票上市之日起向全体股东作出如下承诺:

1．按照法律、法规的规定程序和要求披露重大的信息、并接受证券主管机关、上海证券交易所的监督管理。

2．准确、及时地公告本公司中期报告和年度报告、并备置于规定场所供投资者公众查阅。

3．本公司董事、监事及高级管理人员如发生人事变动、或持本公司股份数量发生变化时,在报告证券主管机关、证券交易所的同时向投资者公布。

4．在任何公共传播媒介中出现的消息可能对本公司股票的市场价格产生误导性影响时,本公司知悉后将及时对该消息予以公开澄清。

5．本公司董事、监事及高级管理人员将认真听取社会公众的意见和批评,不利用已获得的内幕消息和其他不正当手段直接或间接从事股票买卖活动。

6．本公司没有无记录负债。

十一、重要事项说明

1．本公司已授予主承销商超额配售权,可要求本公司增加发行不多于本次B股发行额的15%,即1500万股B股。该超额配售权可于本公司B股在上海证券交易所上市日起三十日内行使。

2．公司每年的税后利润分配须经股东大会批准后实施,B股股东与国有股股东共同享有股份公司1997年1月1日起的股息。

十二、备查文件

1．公司营业执照
2．公司章程
3．本公司招股说明书
4．国务院证券委批准本公司发行B股的批准文件
5．上海证券交易所上市通知书
6．国内会计师审计报告
7．国际会计师审计报告
8．验资报告
9．其他备查文件

大化集团大连化工股份有限公司

1997年10月18日

宁波联合集团股份有限公司

NINGBO UNITED GROUP CO., LTD.

高新技术产业

房产业

地址：浙江省宁波经济技术开发区东海路1号联合大厦　邮编 315803
电话：(0574) 6221609 6221001　传真：(0574) 6221320

公司简介

宁波联合集团股份有限公司创立于1988年5月，是目前宁波市发展规模最大的上市公司，也是宁波经济技术开发区内唯一的上市公司。

公司现有股本总额为16800万股，其中社会公众股4200万股。主要股东方为宁波经济技术开发区控股公司、中国五金矿产进出口总公司、中国机械进出口集团有限公司。

目前公司的主营业务为高新技术项目及产品投资、开发、生产，能源、交通、通讯项目及市政基础设施建设。随着宁波经济技术开发区联合开发区域的建设日趋完善，公司将在稳定发展原来业务的基础上，不断加大高新技术项目及产品的投资开发，使高新技术产业成为公司新的利润增长点。

截至1997年6月，公司总资产为14.19亿元，净资产为7.57亿元。

公司的前身—宁波经济技术开发区联合（集团）股份有限总公司1995年在由国家国有资产管理局组织的评比中被评为“中国的脊梁—国有企业500强”之一。

浙江广厦建筑集团股份有限公司

ZHEJIANGGUANGXIAJIANZHUJITUANGUFENYOUXIANGONGSI

董事长：楼忠福

浙江广厦建筑集团股份有限公司是以建筑业为主体，集建筑设计、承包施工、房地产综合开发、建材和建筑机械生产经营、工、商、贸、科、金融、服务为一体的上市公司。拥有总股本2.52亿股，总资产6.43亿元，员工10000余名，其中具有高级职称的50余人，中级职称的280人，初级职称的800余人。96年总产值8亿余元，创利税8500余万元，97年中期主营业务收入5.12亿元，完成净利润4200万元。发展势头迅猛。是“中国建筑业优秀企业”、“全国企业形象最佳单位”、浙江省百家现代企业制度试点企业、浙江省“五个一批”重点骨干企业——第一批大集团、大企业之一。

广厦建筑集团股份有限公司的龙头企业东阳市第三建筑工程公司。该公司为国家一级建筑资质，95年获中国集体建筑企业全面质量管理优秀奖（金屋奖），连续8年被评为浙江省“先进集体建筑企业”和“信用特级企业”，是全国500家最佳经济效益建筑企业之一。曾荣获上海市“白玉兰杯”、浙江省“钱江杯”和“西湖杯”、“双龙杯”等省、地级优质工程奖二十多项。目前以承接高、大、难工程为主，是浙江省实力雄厚的建筑劲旅之一。

上海康泰公寓

广厦建筑集团股份有限公司总部设在杭州。在杭州、上海、北京、广西、湖南等二十多个省市自治区和美国均设有子公司或贸易窗口，同俄罗斯、塞拉里昂、香港等国家和特区建立了良好的业务关系，正迅速同国际经济接轨。

安得广厦千万间，装点江山俱欢颜。广厦集团将恪守企业宗旨，广纳天下英才，务实奉献，竭诚为中外客户服务。热忱欢迎国内外各界朋友光临指导与合作。

广厦大厦

上海公寓楼

津沪大厦

公司总部

浙江省杭州市保叔路221号

电　　话：(0571)796380

传　　真：(0571)796381

股票简称：浙江广厦

股票代码：600052

邮　　编：310007

江西纸业股份有限公司

JIANGXIZHIYEGUFENYOUXIANGONGSI

董事长：姜和平

“江西纸业”是全国八大新闻纸定点生产企业之一，在册员工1929人，主导产品为新闻纸，年生产能力为10万吨，每年优质品产值占公司总产值的85%以上，主导产品“松竹”牌胶印新闻纸先后荣获江西省名牌产品、全国轻工名牌产品和‘96中国国际造纸工业博览会名优产品等称号。经过“八五”期间的技术改造，公司的生产规模和产品质量均上了一个新台阶，经济效益在全国同行业中排名第四位，通过引进国外先进技术及有关设备，企业的安全生产、内部管理得到进一步增强。近几年来江纸公司注重加大环保投入，目前企业在环保方面已达到国家级环保要求。

“江西纸业”管理基础工作扎实，重视科技进步，多次受到国家有关部门的表彰。近年来先后荣获全国“降损”工作先进单位、国家科技进步二等奖、全国造林绿化先进单位江西省质量管理先进企业、江西省企业管理优胜单位、江西省企业改革管理先进单位、江西省省级先进企业、江西省优秀企业等荣誉称号。

近三年来，江纸公司实现的利润连年大幅度增长，成为全国1000戶重点联系企业之一、江西省利稅大戶和江西省60戶重点调度盈利企业之一（20重中之重企业之一）。本公司拟通过“九五”技改使生产能力达到20万吨，进入全国同行业前三強。

纸业有先贤　江纸无等闲　岂赖左思赋　敢问天下先

公司厂区面貌

公司造纸三厂两台正在运行的3150/m纸机

公司先进的生产调度中心

地　　址：江西省南昌市董家窑112号
电　　话：(0791) 8621141-2515 8632392
传　　真：(0791) 8632392　邮政编码：330006
股票简称：江西纸业　　股票代码：600053

鐵嶺精工（集團）股份有限公司

TIELING JINGGONG (GROUP) CO.,LTD

董事长兼总经理：迟庆余先生

铁岭精工集团股份有限公司位于辽宁省铁岭市银州区汇工街98号，距京哈铁路铁岭站500米，哈大高速公路铁岭出口2000米，公路、铁路到达省会沈阳和桃仙机场仅需1小时，交通十分便利。公司现有在职员工1800多人，总股本8009.6万元，其中流通股2272万元。公司主要生产经营干燥设备和自动化立体仓库及其配套产品，是世界上最大的干燥设备生产企业，在我干燥设备行业中，率先通过了ISO9001质量体系认证，1995年全面引进韩国自动化体仓库先进技术，成为我国物流设备行业排头兵企业和第一出口企业。

用户是上帝，股东是主人。目前，精工集团正积极发挥上市公司的优势，以超国际先进水平为目标，加快现代企业制度建设步伐，卓有成效的开展产品经营资本经营，以求为用户提供更好的服务，为股东提供更好的回报。

GHR管束式干燥机

自动化立体仓库

铁岭精工（集团）股份有限公司

TIELING JINGGONG (GROUP) CO.,LTD

地址：辽宁省铁岭市银州区汇工街98号

电话：(0410)4840311 4840312

传真：(0410)4847979 4832675

邮编：112002

股票简称：精工集团

股票代码：600077

董事长兼总经理

包头黄河化工股份有限公司
黄河化工
地址：内蒙古包头火车站南二公里
邮政编码：014013
电话：(0472) 5963072
传真：(0472) 5963075
股票简称：黄河化工
股票代码：600091

中油龙昌（集团）股份有限公司

副董事长兼总经理：赵从贵

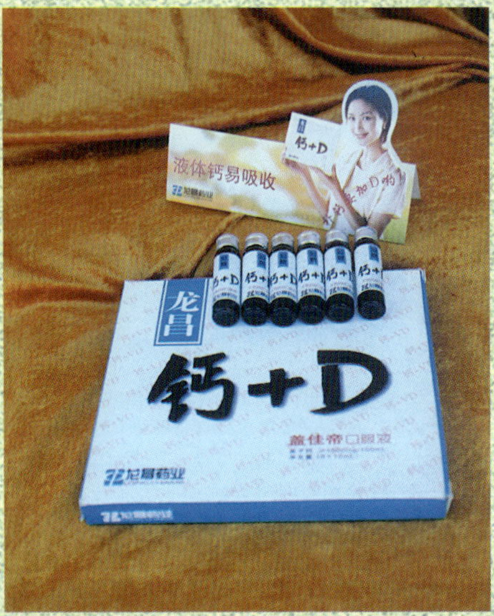

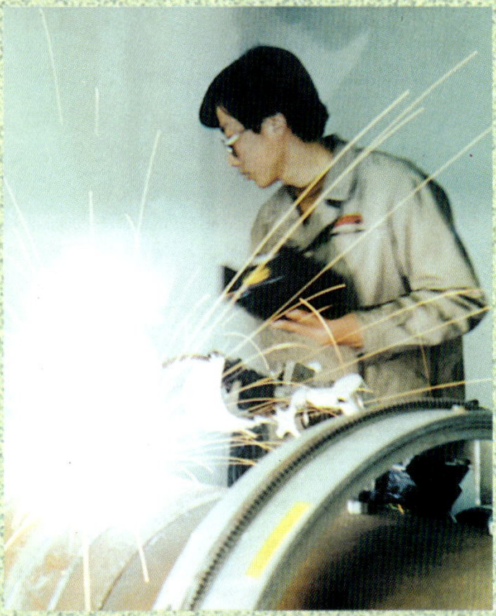

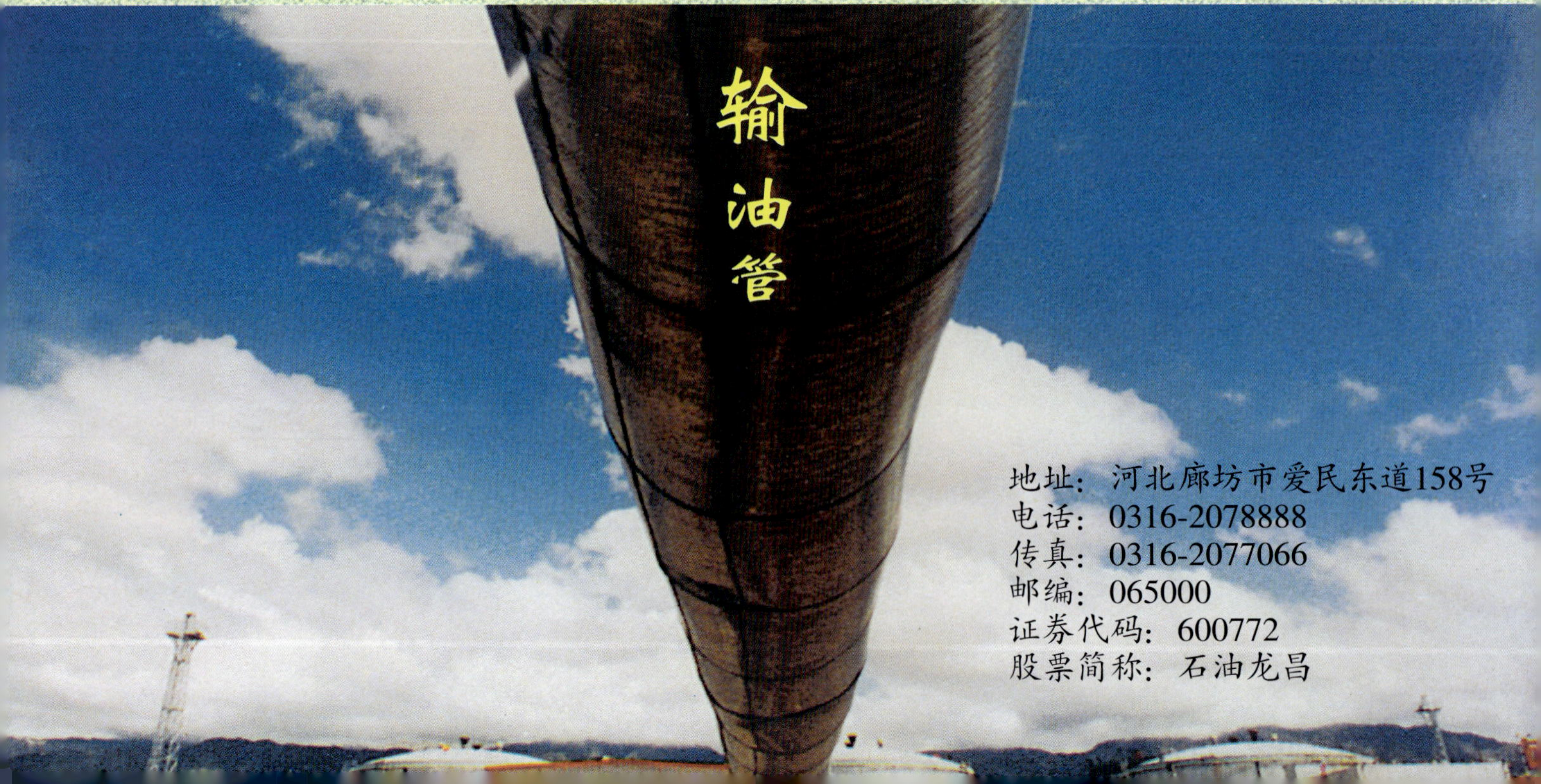

地址：河北廊坊市爱民东道158号
电话：0316-2078888
传真：0316-2077066
邮编：065000
证券代码：600772
股票简称：石油龙昌

武汉祥龙电业股份有限公司
董事长兼总经理：江洚清
地址：湖北武汉市洪山区葛化街化工路 31 号
邮编：430078
电话：(027) 7600333
传真：(027) 7600367
股票代码：600769
股票简称：祥龙电业

ITG XIAMEN INTERNATIONAL TRADE GROUP CORP., LTD

厦门国贸集团股份有限公司

公司董事长兼总裁：苏春成先生

公司荣誉室一隅

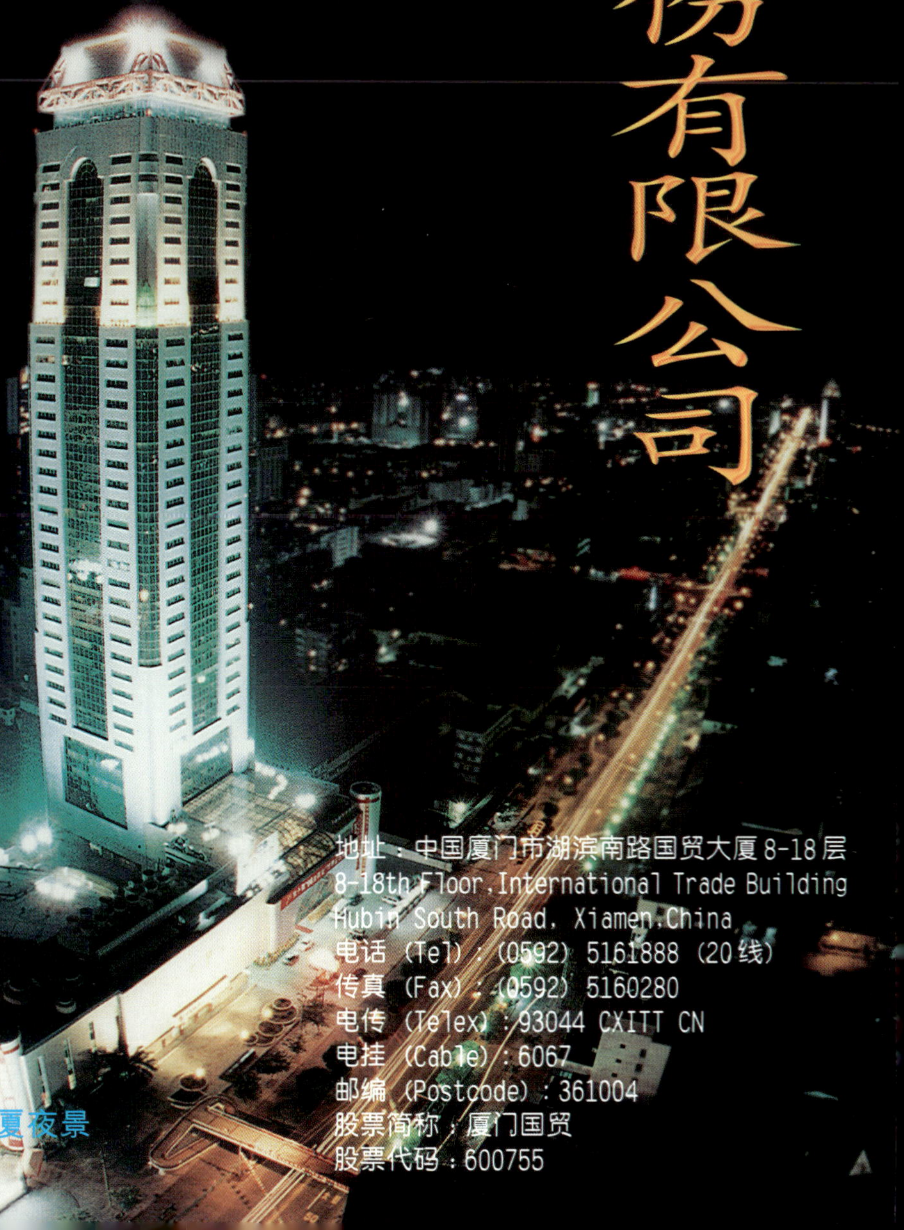

公司独资兴建的福建省最高楼宇—国贸大厦夜景

地址：中国厦门市湖滨南路国贸大厦8-18层
8-18th Floor, International Trade Building
Hubin South Road, Xiamen, China
电话（Tel）：(0592) 5161888（20线）
传真（Fax）：(0592) 5160280
电传（Telex）：93044 CXITT CN
电挂（Cable）：6067
邮编（Postcode）：361004
股票简称：厦门国贸
股票代码：600755

粗精苯产品贮罐群

董事长兼总经理：薛佩珍

林立的焦油加工贮罐

公司生产区鸟瞰图

辽宁成大股份有限公司

LIAONING CHENG DA CO.,LTD.

公司董事长：尚书志先生

公司总经理：张德仲先生

公司办公大楼

辽宁成大股份有限公司是经辽宁省体改委辽体改发[1993] 147号文件批准，在改组辽宁省针棉毛织品进出口公司的基础上，以定向募集方式设立的，股本总额为5000万股。1996年3月29日辽宁省计委、证券委辽计发 [1996] 171号文件批准分配给公司国内A股股票发行额度1550万元；经国家证监会“证监发字 [1996] 122、123号”文件批准，公司以1：8.28溢价比例，向社会公开发行人民币普通股1200万股，另有350万内部职工股 占额度上市，1996年8月6日公司股票在上海证券交易所上网定价发行并获成功，总股本增至6200万股；经上交所上证上 [96] 字第066号文批准，公司股票于1996年8月19日在上交所挂牌上市。

公司主营业务是针棉毛织品进出口及国家规定统一经营外的商品进出口；上述产品内销业务；承包境外工程和境 内国际招标工程，上述工程所需的设备、材料出口及劳务输出；举办境 外企业。公司目前是中国最大500家进出口企业之一；东北地区最大针棉毛织品出口企业；辽宁省外经贸行业首家上市公司。

地址：大连市中山区人民路71号　邮编：116001
电话：(0411) -2803736　传真：(0411) 2656051

重庆百货大楼股份有限公司

CHONGQING DEPARTMENT STORE CO., LTD

重庆百货大楼股份有限公司

重庆百货大楼股份有限公司前身为重庆百货大楼，成立于1950年是西南地区最早一家国营大型零售企业，地处重庆解放碑商业黄金地区中心。1979年企业扩大自主权，成为重庆市“以税代利，自负盈亏”的试点单位，1983年企业实行经理负责制，1988年企业 实行“利税分流，税后承包”。逐步成为相对独立，自主经营，自负盈亏，自我发展的经济实体。经过1992年股份制改革，公司逐渐发展成了以零售为主，下属22家分、子公司，经营范围涉及房地产、贸易等领域的大型综合性商业企业。经营业绩逐年提高，连续多届被评为“全国百家规模最大效益最佳零售商业企业”。96年实现销售9.28亿元，利润6650万元，在全国100家最大零售商业企业中排名第22位，利润排名第11位，被重庆市国有资产管理局评称为10名“重庆经济的脊梁”之一。1996年7月2日，公司经中国证监会、上交所批准3000万A股在沪挂 牌交易，为公司进一步发展奠定了基础。

重百杨家坪商厦

重百北碚商场

重百阳光商场

地址：重庆市渝中区民权路2号 电话：023-63844133

邮编：400010 传真：023-63844133

哈尔滨工大高新技术产业开发股份有限公司

HARBIN GONG DA HICH-TECH ENTERPRISE DEVELONT-CO.,LTD

公司董事长、总经理：

张大成，1954年2月出生，中共党员，工学硕士，研究员，现任哈尔滨工业大学副校长、航天工大集团总裁、荣获美国美中人民友好协会颁发的“国际优秀企业家贡献奖”。

团结　求实　开拓　奉献

李鹏总理在董事长张大成（左一）的陪同下视察公司产品——圣日电池

地址：哈尔滨市南岗区护军街40 号
邮编：150001
电话：0451 — 6208756
传真：0451 — 6253555

哈尔滨工大高新技术产业开发股份有限公司（简称“工大高新”）1993年7月28日以定向募集方式成立，1996年5月28日在上海证券交易所上市交易。是中国航天工业总公司国内首家股票上市的企业。该公司致力于高新技术的商品化、产业化和国际化。现公司总股本1·57亿元，资产总值为5·7亿元，净资产为4·8 亿元，1996年每股税后利润为0·353元。

该公司母体为中国航天工大集团（与中国航天工业总公司所属航天长城企业集团、航天科技国际集团并列的三大集团之一），它依托集团的科技、人才项目优势，近几年实施了股本、资产、效益的同步扩张，表现出良好的成长性。

公司所属企业植物精炼油生产设备

济南轻骑摩托车股份有限公司

JINAN QINGQI MOTORCYCLE CO.,LTD

近几年，济南轻骑主营业务收入和税后利润稳步增长，市场份额逐年上升，现市场占有率已达18%以上，取得如此良好的业绩，与公司狠抓产品质量，不断推进技术进步是分不开的。公司先后实施了以强化产品质量为目标的“树梢工程”和以年节能降耗10-30%为目标的“三零工程”，从轻骑员工意识和产品成本及配套厂家的优选上强化产品质量。公司还组建了国内唯一的国家级企业技术中心，研制开发能力强大。主要产品已获得德国TUV和美国DOT出口认证，现在公司产品已拥有8个系列60余个品种，品种之多雄居全国同行之冠，“轻骑·木兰”荣获全国畅销国产商品“金桥奖”四连冠，并被授予“全国最畅销国产名牌商品”称号。上图为第二总装厂生产的轻骑·木兰QM125-4踏板车，该系列具有50cc-125cc的多个品种，其性能卓越，乘骑舒适，可选性大。

董事长总裁：张家岭

济南轻骑摩托车股份有限公司于1993年10月20日公开发行A股股票，并于同年12月6日公开上市，1997年6月17日该公司再次成功发行B股，是1997年用国家额度在上海发行和上市的第一家B股公司，山东省及国内同行业第一家同时拥有A、B股股票上市的公司。公司由中国轻骑集团总公司原三个核心部分（发动机厂、第一总装厂、第二总装厂）改组而成，具有先进的生产装配线（如上图）、烤漆生产线和焊接、机加工装备，资产总计达26亿元，职工6400余人，各类专业技术人员1200余人，是国家特大型企业——中国轻骑集团的核心组成部分。

济南轻骑摩托车股份有限公司通过股份制改造，转换了企业经营机制，募集了企业发展的急需资金，并抓住了企业发展的有利时机，取得了明显的经济效益和社会效益。产品品种、档次、质量均具国内同行业之首。目前，国内产品市场占有率达18%，出口欧、美、亚洲等30个国家和地区，出口量超过总产量的10%，跻身于中国进出口额最大500家企业。

QINGQI

地址：山东省济南市历下区和平路34号
邮政编码：250014
电话：(0531) 6953325
传真：(0531) 6954219

上海石油化工股份有限公司
SHANGHAI PETROCHEMICAL COMPANY LIMITED

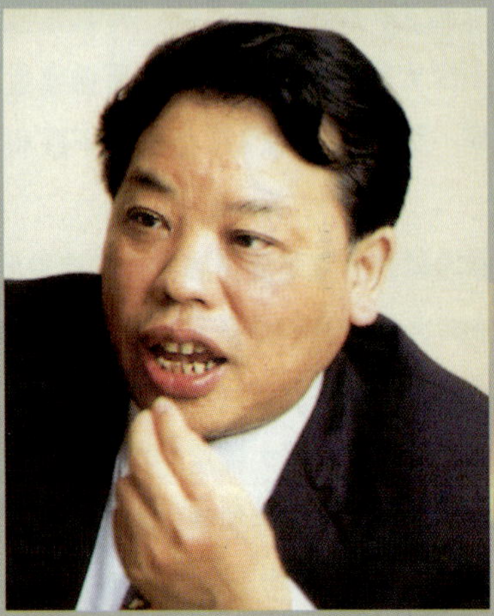

董事长：王基铭

总经理：吴亦新

地址：中国上海市金山卫　　电话：(8621) 57943143
邮编：200540　　传真：(8621) 57940050

广州

电力企业集团股份有限公司

董事长、总经理：[签名]

广州电力企业集团股份有限公司是由广州发展集团属下广州电力企业集团有限公司独家发起，整体改制后向社会公开募集人民币普通股设立的股份有限公司。1997年月，广州市人民政府穗府函［1997］82号文《关于筹备设立广州电力企业集团股份有限公司问题的批复》批准，广州电力企业集团有限公司将其在广州珠江电力有限公司 50%的权益、广州东方电力有限公司 65%的权益及其从事电力生产、建设、燃料供应、电力设备维护、检修的下属全资子公司全部经营性资产连同相应的负债投入本公司。评估后，净资产为87.183万元，折成发起人股56,600万股。本公司改制完成后于1997年6月23日获中国证监会证监发字［1997］364号《关于广州电力企业集团股份有限公司(筹)申请公开发行股票的批复1997年6月27日向社会成功发行1亿股公众股，其中包括1000万股公司职工股，募集资金7.87亿元人民币，并于7月11日注册成立，注册资本6.66亿元人民币，7月18日本公司股票在上海证券交易所挂牌上市。

广州电力企业集团股份有限公司主营业务是从事电力产业项目的设计、投资、工程总承包建设、生产、管理、销售、从事基础设施项目投资和经营管理；从事工业、商业、房地产及其它产业项目的投资和经营管理；兼营：从事煤炭、石油制品、电力设备及与电力相关产品的贸易服务；从事有关市场、融资、投资、管理等方面的咨询业务。

目前公司管理和控制的电力装机容量达120万千瓦，占目前广州市燃煤发电装机容量的56%，年售电量达60亿千瓦时，是广州地区电力供应的最重要来源。

经过多年的发展，现已形成以电力生产、建设和经营为核心业务，并辅以燃料、检修、物资、科研、开发等专业化配套系统的电力产业投资、生产、建设、经营一体化的大型电力集团，成为广州市最大的电力生产企业。1996年被广州市政府列为重点扶持的56家大型企业集团之一，也是唯一被列入重点扶持企业中的电力企业。

广州十五万吨乙烯工程

中国广州市麓景路三号13—18楼
电话：(020)83573188
传真：(020)83573568
邮编：510091

四川禾嘉股份有限公司

SICHUAN HEJIA CO., LTD.

禾嘉股份 HEJIA

董事长：夏朝嘉

国家科委主任宋健（右一）视察蔬果脆片基地，四川禾嘉股份有限公司董事长夏朝嘉（左二）陪同。

联合国粮农组织水稻专家组顾问尹华奇博士（右三）、国家杂交水稻工程技术研究中心专家罗崇善（左三）同禾嘉股份公司董事长夏朝嘉（左二）一起视察了国家水稻研究中心禾嘉眉山基地。

四川禾嘉股份有限公司是于1997年4月经四川省人民政府川府函[1997]129号文件批准，在对四川禾嘉实业集团有限公司的全资公司四川实味食品有限公司进行整体改组的基础上以募集方式设立的股份有限公司。公司注册资本为7500万元，其中禾嘉实业集团有限公司等发起单位占总股本的60%，另向社会公开发行股票3000万股，总募集资金24150万元。

公司宗旨：禾嘉股份将以市场为导向，以科技为先导，积极拓展农业、农产品加工工业及其他相关产业的发展空间，大力开发高科技含量和高效益的农产品及其深度加工产品，以满足市场需求，推进我国农业的产业化和现代化。

经营范围：粮种培育、作物种植、蔬果及其他农副产品加工销售、食品机械的设计、制做，提供粮种及作物种植技术、食品工程技术咨询、设备安装调试、技术转让和人员培训；

兼营：商贸、房地产及其他经批准的项目。

经营方式：科研设计、生产、加工、销售、租赁、投资、服务。

地址：四川省成都市高新技术开发区第九区　邮编：610041

电话：(028)5181928　　传真：(028)5184384

股票简称：禾嘉股份　　股票代码：600093

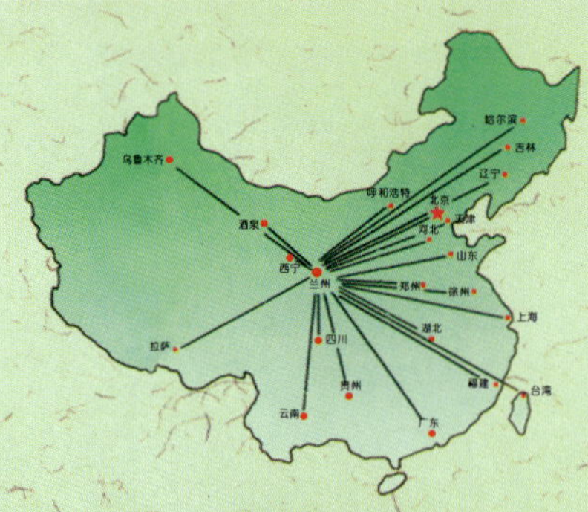

产品销售网络图（国内）

硫化黄片碱

滴水灌溉工程

YASHENG

甘肃亚盛实业（集团）股份有限公司，是一家以高科技农业、盐业化工生产为龙头的国家大型综合性企业集团，是甘肃省十大企业集团之一，是97年度甘肃最大的上市公司，是中国西北农业开发第一股。公司目前拥有土地面积19万亩，职工12000名，总资产32亿元。

公司多年来努力适应市场需求，利用丰富的土地资源和矿产储备，加大科技攻关和产品开发力度，已形成以“亚盛”为商标的盐业化工系列产品：元明粉、黄碱、硫化片碱和固碱、工业用盐、芒硝，以及啤酒花、啤酒大麦、黑瓜子、棉花、玉米、甘草等农副业产品。其中，低碳低铁黄色硫化碱的生产规模全国第一；元明粉的生产规模全国第三；人工种植甘草的面积和产量均为全国第一；啤酒花、黑瓜子、啤酒大麦等产品是国家有关部门认定的绿色食品。元明粉、硫化碱等化工系列产品国内主要销往东北、华北等23个省市自治区，国外主要销往日本、韩国、加拿大、东南亚、泰国、美国、西德等10多个国家。

公司通过建立健全股份经济运行，给企业注入大量资金，为实现又一次腾飞提供了条件。公司抓住机遇，加快低成本扩张步伐，与部分企业形成强强联合兼并，使集团公司迅速壮大，使原有的白酒生产、服装、维尼纶、电石、聚乙烯醇、醋酸乙烯及其它产业得到长足发展。同时引进以色列农业滴灌模式，一九九八年将建成我国规模最大的滴水灌溉工程，从根本上改变传统的农艺耕作方式。至下世纪初，公司可望建成国家的又一个最大的高效农业生产基地和无机盐生产基地。

董事长：周长生
总经理：向光武
地　址：中国甘肃兰州市张掖路219号

电　话：(0931)8483195
8483179
传　真：(0931)8483195
邮　编：730000

甘肃亚盛实业(集团)股份有限公司

GANSU YASHENG INDUSTRIAL(GROUP)CO.LTD

投资东日　如日东升

浙江东日股份有限公司

董事长兼总经理　滕增寿

- 全国劳动模范
- 全国优秀企业家
- 十大中国改革风云人物
- 全国 **10** 名全心全意依靠职工办企业的优秀领导干部

浙江东方集团公司系全国512户重点国有企业，曾荣获全国建材行业和浙江省优秀企业、全国首批转换经营机制好的典型国有企业和全国五一劳动奖状。现由浙江东方集团公司作为独家发起人，以其发展前景好、经济效益高的两块资产—东方管道公司、东方灯具大市场组建设立浙江东日股份有限公司。

HOBAS（国际名牌商标）大口径管道全自动生产线一角

东方灯具大市场第一街

公司地址：浙江省温州市矮凳桥92号　联系电话：(0577)-8318888　8332195　8332288　传真：(0577)-8332287　邮编：325003

三峡水利
服务三峡
重庆三峡水利电力(集团)股份有限公司
三峡电力集团
地址：重庆万县市鸽子沟72号
邮编：634000
电话：(0819)8234759 8251153
传真：(0819)8251153
上市地点：上海证券交易所
股票简称：三峡水利
股票代码：600116
董事长：于和平
总经理：邹小剑

JIANGSU ARTS &CRAFTS IMP. & EXP. GROUP CORPORATION

江苏省工艺品进出口集团股份有限公司

董事长兼总经理：刘绥芝
江苏省优秀企业家

公司简介

江苏省工艺品进出口集团股份有限公司是全国最大的工艺品专业外贸公司，经营工艺品对外贸易已有18年历史。其特色商品如工艺鞋帽、红漆木制品、草柳制品、绣品、抽纱、牙、玉雕刻品、国画等出口额位居全国同行业前列。年出口创汇均保持在1.2亿美元以上，人均创汇超过40万美元、创利超过10万元。公司曾获全国最大出口企业第142位，国家外经贸系统企业管理先进单位，省外贸企业综合实力前10强及省出口创汇先进企业等荣誉。

致辞

江苏作为文化大省，自古人文荟萃，传统工艺源远流长，不少工艺精品早已成为中华瑰宝，是世界文化的重要组成部分。江苏工艺有幸成为中国工艺行业第一家上市公司，能为落实江泽民总书记"弘扬民族文化、发展传统工艺"为我司题词精神，能为广大股东在新领域提供投资机会深感责任重大。值此机会，我谨代表公司董事会暨全体员工，向长期以来关心和支持我们的各级领导、各位股东、社会各界朋友表示谢意和敬意。

巧夺天工的工艺品是高智慧、高技艺的结晶，可得以天魂，给以美的享受，激发爱国热情。精美的工艺品又可保值增值，是投资的最佳选择。

公司决心把传统工艺引入有效的市场机制，努力实施精品战略，将传统工艺制作与现代创意有机结合，以精品制作为龙头，集生产创作、对外贸易、收藏展示、旅游鉴赏、拍卖展销、研究开发为一体，以取得最佳效益。

我们将对公司全体股东负责，维护公司及公司股票的良好声誉和形象，给以满意的回报。

江苏省工艺品进出口集团股份有限公司
董事长 刘绥芝
九六.八.十一

紫檀木雕《九州大团圆》
作品由21条龙组成，造型生动，形态各异，翻腾起伏，代表着中华民族的繁荣昌盛，象征中华九州的大团圆情景。

大型白玉雕《白菜螳螂》
作品中的白菜螳螂是用一块和田白玉雕刻的栩栩如生，那别致的造型巧妙的构思，精湛的雕刻技艺，使白玉生辉，放出异彩。

大型乱针绣《黄河》
以苏绣奇葩乱针绣绣制。作品针法活泼，色彩丰富，气势宏伟，绣出了黄河波澜壮阔、奔腾不息的壮美景观。

股票简称：江苏工艺
股票代码：600128
流通股：3500万
上市地点：上海证券交易所

中国南京市中山南路明瓦廊131号
总机：(025) 4466181
传真：025-4462442 4462502
电传：34123ACJNJ CN
邮编：210005

131 MINGWALANG SOUTH ZHONGSHAN ROAD
NANJING 210005 CHINA
EMAIL ADDR : J SACGRP @ PUBLICI. PTT. JS.CN
TEL : (025) 4466181 FAX : (025) 4462442 4462502

青岛啤酒股份有限公司
TSINGTAO BEER
TRADE MARK
青島啤酒
TSINGTAO BREWERY
TSINGTAO, CHINA
董事长：李桂荣先生
总经理：彭作义先生
地址：中国青岛市黄台路10号 电话：86-532-2817038 传真：86-532-3838470 邮编：266012

西安达尔曼实业股份有限公司

XI'AN DIAMOND CO., LTD

董事长兼总经理：许宗林

西安达尔曼实业股份有限公司是一九九三年七月二十五日经西安市体改委市体改字（1993）95号文批准，于一九九三年十月二十日成立的定向募集股份有限公司，注册资本5000万元。一九九四年度，公司部分公积金转增股本，股本增至5500万元。一九九六年十二月，经中国证监会批准，西安达尔曼实业股份有限公司向社会公开发行人民币普通股2100万股，股本增至7600万元。公司成立以来，始终以珠宝产品生产为主导产业，同时向多种经营并举的方向迈进，截止1996年12月31日，公司总资产达到43006.79万元，净资产34752万元。

西安翠宝花园度假村

西安翠宝金店

公司主营业务范围：

珠宝、玉器、工艺美术品、包装礼品盒、机械设备、电子产品的加工、销售；非专项审批的天然食品色素、活性蛋白和多钛、葡萄糖酸内脂加工、制造；现代陶瓷材料制品研制、开发加工；花卉种植、养殖、旅游度假服务。

地址：陕西省西安市韩森寨爱民路19号

电话：(029) 3237280

传真：(029) 3237503

邮编：710043

股票简称：达尔曼

证券代码：600788

SHEN MA

神马实业股份有限公司

SHENMA INDUSTRY CO.,LTD

公司董事长：宋春迎先生

神马实业宽敞明亮的生产车间

地址：河南省平顶山市建设中路63号

邮编：467000

传真：(0375) 3921100

电话：(0375) 3921266

上海上菱电器股份有限公司
SHANGHAI SHANGLING ELECTRIC APPLIANCES CO.,LTD.

上海同济科技实业股份有限公司

SHANGHAI TONGJI SCIENCE & TECHNOLOGY INDUSTRIAL CO.,LTD.

总经理：钱刚

简介

上海同济科技实业股份公司，依托著名的同济大学，是一家高科技上市公司。公司注册资金**7271**万元，公司拥有国家二级工程总承包资质、综合甲级设计资质、甲级工程监理资质、一级室内工程设计资质。公司参与了南浦大桥、杨浦大桥、内环线、成都路高架、地铁工程、合流污水工程等一系列市政重大工程以及众多高层建筑的设计和监理。公司总承包了建设部、上海市建委的“安居工程”－浦东“三林苑”试点小区建设。公司完成了徐州电视塔、青岛电视塔等耸钢结构的设计。公司承接了淮海路美美商厦、乍浦路凯福娱乐城、上海金虹国际俱乐部、普陀山小庄等数十座高级宾馆的室内设计。公司还承接了大楼的综合布线系统的设计和安装。公司具有较强的定向爆破技术，完成了上海闸北发电厂拆除工程以及数十个位于市中心，人口稠密处的废旧结构特殊拆除工程。

公司还具有机电和计算机产品、环保产品、生物制品的开发能力和生产能力。公司生产的空调器、粘度计、水处理器、放射免疫分析试剂盒等都拥有一定的市场。

公司拥有自营进口权和设计咨询外经权。公司把目标瞄准国外建筑市场，并与许多国家和地区建立了合作关系。

为中央电视塔设计制作的艺术灯光大放异彩

地址：上海市赤峰路198号

邮编：200092

电话：(021) 65015860

传真：(021) 65014903

为旧城改造开路的爆破技术沪上逞雄

总承包建设的浦东三林苑获国家鲁班奖

嘉陵工业
JIALING
中國嘉陵工業股份有限公司(集團)
CHINA JIALING INDUSTRIAL CO.,LTD.(GROUP)
董事长、总裁：郝振堃
嘉陵工业 品质尽善尽美 服务至诚至
嘉陵工业
JALIN
嘉陵摩托专卖服务中心
遍布全国的嘉陵摩托车专卖服务中心
启用科技动力，传感全新时代
JH1250
装配线
中國嘉陵工業股份有限公司(集團)
CHINA JIALING INDUSTRIAL CO.,LTD.(GROUP)
地址：中国重庆双碑
ADD: Shuangbei, Chongqing, China
电话(TEL)：(023)65315118
传真(FAX)：(023)65306478
邮编(ZIP)：400032

SHANGHAI ZHANGJIANG HI-TECH PARK DEVELOPMENT CO.,LTD

上海张江高科技园区开发股份有限公司

上海张江高科技园区开发股份有限公司成立于1996年4月，公司注册资本1.5亿元，主要承担高新技术产业基地的土地开发经营、市政基础设施建设和产业化高科技项目的投资与经营。

公司成立以来，遵循“以管理为基础、以市场为导向、以效益为中心、以稳健为原则”的经营指导思想，积极致力于国家级张江高科技园区的开发建设和高新技术项目的投资。目前已吸引了美国联信、日本松下、挪威奈科明、日本麒麟等一批知名跨国公司前来投资。同时，公司还积极开拓投资领域，参与高新技术项目的投资。

随着国家上海生物医药科技产业基地落户张江园区并正式启动，公司的发展前景广阔。公司将秉承“公、信、实、卓”的经营理念，力求以一流的人才、一流的管理，创造一流的业绩，塑造一流的上市公司形象。

公司董事会成员合影

董事、副总经理 花明　董事、副总经理 于体健　董事 王雅丽

董事 毛德明　副董事长 张桂娟　董事长 钱人杰　董事、总经理 刘正义

公司办公大楼

1996年8月2日，国家科委、卫生部、国家医药管理局和上海市人民政府在北京人民大会堂签约，决定在张江高科技园区共建“国家上海生物医药科技产业基地”

地址：上海市浦东新区龙东大道200号
法人代表：钱人杰
电话：(021) 58913456
传真：(021) 58914492　邮编：201204
股票代码：600895 股票简称：张江高科